Bankrecht

dtv

Schnellübersicht

Bankrecht

Textausgabe mit Sachverzeichnis
und einer Einführung
von Prof. Dr. Lars Klöhn

49., neu bearbeitete Auflage
Stand: 1. Januar 2022

dtv

Redaktioneller Hinweis:

Paragraphenüberschriften in eckigen Klammern sind nichtamtlich.
Sie sind ebenso wie alle übrigen nichtamtlichen Bestandteile urheber- und wettbewerbsrechtlich geschützt.
Die Angaben zum Stand der Sammlung auf dem Titelblatt beziehen sich auf das Ausgabedatum der maßgeblichen Gesetz-, Verordnungs- und Amtsblätter.
Für Hinweise, Anregungen und Kritik ist der Verlag stets dankbar.
Richten Sie diese bitte an den Verlag C. H. Beck,
Postfach 40 03 40, 80703 München

www.dtv.de
www.beck.de

Sonderausgabe
dtv Verlagsgesellschaft mbH & Co. KG,
Tumblingerstraße 21, 80337 München

Gesamtherstellung: Druckerei C. H. Beck, Nördlingen
(Adresse der Druckerei: Wilhelmstraße 9, 80801 München)
Umschlagtypographie auf der Grundlage
der Gestaltung von Celestino Piatti

CO_2 neutral
chbeck.de/nachhaltig

ISBN 978-3-423-53144-3 (dtv)
ISBN 978-3-406-78883-3 (C. H. Beck)

9 783406 788833

Inhaltsverzeichnis[1]

---

[1] Das früher in dieser Sammlung enthaltene Kapitel **Kapitalmarktrecht** erscheint aus Umfanggründen nunmehr separat als **Beck-Texte im dtv Band 5783**.

Abkürzungsverzeichnis

Abl. EU	Amtsblatt der Europäischen Union
AbrStV	Abrechnungsstellenverordnung
Abs.	Absatz
AEUV	EU-Arbeitsweisevertrag
aF	alte Fassung
AG	Aktiengesellschaft
AGB	Allgemeine Geschäftsbedingungen
AGBBanken	AGB-Banken
AGBSpk	AGB-Sparkassen
AktG	Aktiengesetz
AnlEntG	Anlegerentschädigungsgesetz
Anm.	Anmerkung
AnzV	Anzeigenverordnung
Art.	Artikel
BaFin	Bundesanstalt für Finanzdienstleistungsaufsicht
BAKred	Bundesaufsichtsamt für das Kreditwesen
BankBiRiLiG	Bankbilanzrichtlinie-Gesetz
Banz.	Bundesanzeiger
BausparkG	Gesetz über Bausparkassen
BausparkV	Bausparkassen-Verordnung
BBankG	Gesetz über die Deutsche Bundesbank
BBK	Deutsche Bundesbank
BBkOrg	Organisationsstatut für die Deutsche Bundesbank
BedÜbVk	Bedingungen für den Überweisungsverkehr
Bek.	Bekanntmachung
BelWertV	Beleihungswertermittlungsverordnung
ber.	berichtigt
BGB	Bürgerliches Gesetzbuch
CRR	Capital Requirements Regulation (VO (EU) Nr. 575/2013)
DeckRegV	Deckungsregisterverordnung
DepotG	Depotgesetz
ECSP	European Crowdfunding Service Providers
EG	Europäische Gemeinschaft
EGBGB	Einführungsgesetz zum Bürgerlichen Gesetzbuche
EinSiG	Einlagensicherungsgesetz
ESZB	Europäisches System der Zentralbanken
EU	Europäische Union
EWS	Europäisches Währungssystem
EZB	Europäische Zentralbank
EZBSatzProt	Protokoll über die Satzung des Europäischen Systems der Zentralbanken und der Europäischen Zentralbank

EZB-VO .... VO (EG) Nr. 1745/2003 der Europäischen Zentralbank über die Auferlegung einer Mindestreservepflicht

FinaRisikoV .... Finanz- und RisikotragfähigkeitsinformationenVO
FinDAG .... Finanzdienstleistungsaufsichtsgesetz
FkAG .... Finanzkonglomerate-Aufsichtsgesetz
FMS .... Finanzmarkstabilisierungsfonds
FNA .... Fundstellennachweis Teil A zum Bundesgesetzbaltt Teil I (erscheint jährlich)
FRUG .... Finanzmarktrichtlinie-Umsetzungsgesetz

G .... Gesetz
GG .... Grundgesetz für die Bundesrepublik Deutschland
GroMiKV .... Großkredit- und Millionenkreditverordnung
GVBl. .... Gesetz- und Verordnungsblatt
GwG .... Geldwäschegesetz

HGB .... Handelsgesetzbuch

idF .... in der Fassung
IFR .... Investment Firm Regulation
IMM .... Interne Modelle Methode
InhKontrollV .... Inhaberkontrollverordnung
IRBA .... auf Internen Ratings Basierender Ansatz
iSd .... im Sinne des
IWF .... Internationaler Währungsfonds

Kap. .... Kapitel
KGaA .... Kommanditgesellschaft auf Aktien
KSA .... Kreditrisiko-Standardansatz
KWG .... Gesetz über das Kreditwesen
KWGVermV .... KWG-Vermittlerverordnung

LiqV .... Liquiditätsverordnung
LZB .... Landeszentralbank

MündelPfandBrV ... Mündelsicherheitsverordnung Pfandbriefe

Nr. .... Nummer

OECD .... Organisation für wirtschaftliche Zusammenarbeit und Entwicklung
OLG .... Oberlandesgericht

PfandBarwertV .... Pfandbrief-Barwertverordnung
PfandBG .... Pfandbriefgesetz

RechKredV .... Kreditinstituts-Rechnungslegungsverordnung
RGBl. .... Reichsgesetzblatt

SAG	Sanierungs- und Abwicklungsgesetz
ScheckG	Scheckgesetz
SchiffsBelWertV	Schiffsbeleihungswertermittlungsverordnung
SEPA	Single Euro Payments Area
SM	Standardmethode
SoBedTermin	Sonderbedingungen für Termingeschäfte
SoBedWP	Sonderbedingungen für Wertpapiergeschäfte
SolvV	Solvabilitätsverordnung
SRM-VO	Verordnung (EU) Nr. 806/2014
SSM-VO	Verordnung (EU) Nr. 1024/2013
StGB	Strafgesetzbuch
StPO	Strafprozessordnung
SWIFT	Society for Worldwide Interbank Financial Telecommunication
v. H.	vom Hundert
VO	Verordnung
WG	Wechselgesetz
WpIG	Wertpapierinstitutsgesetz
ZAG	Zahlungsdiensteaufsichtsgesetz
zB	zum Beispiel
Ziff.	Ziffer
ZKG	Zahlungskontengesetz
ZIdPrüfV	Zahlungskonto-Identitätsprüfungsverordnung

Einführung

Von Universitätsprofessor Dr. Lars Klöhn, Berlin

I. Bankrecht

1. Begriff

Was ist Bankrecht? Eine genaue Definition dieses Rechtsgebiets fällt schwer. Nach einer gängigen Begriffsbestimmung ist das Bankrecht „die Summe der rechtlichen Vorgaben für die einzelnen Bankgeschäfte und (...) der Vorschriften, die das Bankgewerbe regeln." Das Bankrecht erfasst demnach zwei im Ausgangspunkt völlig unterschiedliche Rechtsbereiche – nämlich das Bankprivat-, vor allem das Bankvertragsrecht, und das öffentliche Bankaufsichtsrecht. Diese Rechtsgebiete werden unter dem Dach des Bankrechts miteinander verbunden, weil sie für dieselbe Akteurin bedeutsam sind, nämlich die Bank. Den Umfang des Bankrechts kann also definieren, wer den Begriff der Bank bestimmen kann.

Genau dies ist jedoch erstens schwer und zweitens müßig. Müßig ist die Definition, weil das einschlägige Bankrecht zum größten Teil gar nicht an den Begriff der Bank anknüpft, sondern an den des Kreditinstituts. Schwer ist die Definition, weil der Begriff des Kreditinstituts im deutschen Bankrecht viel weiter verstanden wird als im europäischen Bankrecht (s. noch u.), es also gar keinen einheitlichen Begriff des Kreditinstituts gibt. Hinzukommt, dass viele Normen des Bankaufsichtsrechts nicht nur für Kreditinstitute gelten, sondern auch für Wertpapierfirmen oder Zahlungsinstitute.

All dies hat dazu geführt, dass der Begriff des Bankrechts mittlerweile nur noch grob erfasst, was in den Rechtsakten dieser Textsammlung geregelt ist: das Zentralbank- und Währungsrecht, das Bank- und Finanzdienstleistungsaufsichtsrecht, das Bankinsolvenz-, -abwicklungs- und -sanierungsrecht sowie die privatrechtlichen Grundlagen des traditionellen Bankgeschäfts, vor allem mit Privatkunden. Gleichwohl ist der Begriff des Bankrechts in der Praxis sehr geläufig und weniger sperrig als etwa der des „Bankvertrags- und Finanzdienstleistungsaufsichtsrechts".

2. Charakteristika

a) Mehrebenensystem

Wer schnell erfassen möchte, wie es ist, Bankrecht zu praktizieren, sollte einige kennzeichnende Merkmale des Bankrechts betrachten. Das erste Charakteristikum ist die Vielschichtigkeit bankrechtlicher Normen. Sie finden sich nicht nur im deutschen Recht. Ein großer Teil ist auf EU-Ebene geregelt, und zwar nicht nur in Richtlinien, sondern auch in Verordnungen, d. h. in unmittelbar anwendbaren europäischen Rechtsakten. Sowohl im nationalen als auch im EU-Recht lassen sich sodann verschiedene Normebenen unterscheiden: im deutschen Recht vor allem Parlamentsgesetze und Rechtsverordnungen, im EU-Recht Rechtsakte auf Level 1 und Level 2 des Lamfalussy-Verfahrens, eines spezifischen Gesetzgebungsverfahrens im Bereich der Finanzmarktgesetzgebung.[1] Hinzu kommen zahlreiche „weiche" Rechtsquellen, vor allem Stellungnahmen von Aufsichtsbehörden, die zwar keine Rechtsqualität haben, aber in der Praxis wie geltendes Recht behandelt werden (zB EBA-Leitlinien, Rundschreiben der BaFin etc.). Schließlich beruhen einige Rechtsakte des deutschen und europäischen Bankrechts auf völkerrechtlichen Übereinkünften oder internationalen Empfehlungen ohne Rechtsqualität. Das bekannteste Beispiel ist die EU-Bankaufsichtsverordnung (Capital Requirements Regulation, CRR, **6**) sowie die Kapitaladäquanzrichtlinie (Capital Requirements Directive, CRD V), in denen die Leitlinien des Basler Ausschusses für Bankenaufsicht über Eigenmittel und Liquidität umgesetzt werden.

Innerhalb seines Anwendungs- und Regelungsbereichs geht das EU-Recht dem deutschen Recht vor. Dies führt zu zahlreichen, mitunter sehr anspruchsvollen Folgefragen: Wie weit geht der Anwendungsbereich des EU-Rechts? Wie weit ist sein Regelungsbereich? Handelt es sich um eine minimalharmonisierende Norm, die den Mitgliedstaaten die Möglichkeit lässt, über die Vorgaben hinauszugehen (*gold plating*), oder folgt die Norm dem Prinzip der Maximalharmonisierung, sodass jegliche abweichende Regelung der Mitgliedstaaten untersagt ist?

Schließlich ist die Aufsicht über Kreditinstitute, die sowohl das Einlagen- als auch das Kreditgeschäft betreiben, aufgrund der SSM-VO (**5**) zum Teil auf die Europäische Zentralbank (EZB), d. h. auf ein Organ der Europäischen Union, übertragen worden. Die EZB wendet im Rahmen ihrer Zuständigkeit nicht nur EU-Recht an, sondern auch nationales Recht, das zur Umsetzung bestimmter EU-Richtlinien erlassen wurde, also zB das deutsche KWG. Daraus resultieren sehr komplexe Verwaltungsverhältnisse, in denen man mitunter trefflich darüber streiten kann, ob sich eine bestimmte Rechtsfrage nach EU- oder nationalem Recht beurteilt.

b) Querschnittsmaterie und zweigleisige Rechtsdurchsetzung

Bankrecht ist eine Querschnittsmaterie. Die in diesem Band zusammengetragenen Rechtsakte reichen von Normen des Privatrechts über das Verwaltungs- bis in das Strafrecht. Wer Bankrecht praktizieren will, braucht eine gute Grundausbildung in all diesen Rechtsgebieten und muss mit den wesentlichen Entwicklungen dieser Rechtsgebiete Schritt halten. Zur Beantwortung von Spezialfragen des Bankrechts benötigt man zudem Detailkenntnisse vieler angrenzender Rechtsbereiche. Wer sich etwa mit den aufsichtsrechtlichen Eigenmittelanforderungen beschäftigt, muss (Bank-)Bilanzrecht können, wer mit der Abwicklung und Sanierung von Banken betraut ist, muss in Fragen des Insolvenzrechts firm sein.

Außerdem wird im Bankrecht dieselbe Verhaltensnorm häufig sowohl mit Mitteln des Privat- als auch des Straf- oder Bußgeldrechts durchgesetzt. Es kommt also zur Kombination von Mechanismen des *private enforcement* und des *public enforcement*. Wer zB das Bankgeschäft in Deutschland ohne Erlaubnis der zuständigen Aufsichtsbehörde betreibt, macht sich unter bestimmten Voraussetzungen strafbar oder begeht eine Ordnungswidrigkeit. Ebenso haftet er zivilrechtlich, weil § 32 KWG nach ständiger Rechtsprechung des BGH ein Schutzgesetz iSv § 823 Abs. 2 BGB ist.

---

[1] Vgl. dazu das Vorwort in der Gesetzessammlung KapMR.

c) Internationalität

Im Bankrecht begegnet man häufig grenzüberschreitenden Sachverhalten – zB einer luxemburgischen Bank, die Anlageberatung in Deutschland erbringen möchte, einem Berliner FinTech, das Fest- und Tagesgelder europäischer Banken an seine deutschen Kunden vermittelt, einem Konsortialkredit, der von einer englischen, einer deutschen und einer französischen Bank vergeben wird. Der Grund für die Häufigkeit grenzüberschreitender Fälle liegt darin, dass das Bankgeschäft auf Skalierbarkeit ausgerichtet ist. Wer eine Bank betreibt, möchte seine Dienste meist einer möglichst hohen Anzahl von Personen anbieten, weil die Grenzkosten des Angebots an weitere Personen meist sehr gering sind. Dies gelingt am besten, wenn man grenzüberschreitend tätig ist. Wer Bankrecht praktiziert, muss daher nicht nur mit den Grundzügen des deutschen Internationalen Privatrechts (IPR) vertraut sein, sondern sich auch auf die teils sehr komplizierten Regelungen des territorialen Anwendungsbereichs und der internationalen Zuständigkeit im europäischen Bankaufsichtsrecht einlassen.

d) Detailtiefe und Schnelllebigkeit

Bankrecht weist – vor allem im Bereich des Aufsichtsrechts – eine teils erstaunliche Detailtiefe auf. Das liegt vor allem an dem europäischen Gesetzgeber, der seit der Finanzkrise 2008 immer mehr Fragen auf immer feingliedrigere Art und Weise geregelt hat, um eine einheitliche Aufsicht in der EU sicherzustellen. Obwohl die hier vorliegende Textsammlung eine beeindruckende Seitenzahl erreicht, bildet sie nur einen Teil der potenziell anwendbaren bankrechtlichen Normen ab. All diese Normen unterliegen zudem einem starken Wandel. In Abwandlung eines vielzitierten Wortes *Wolfgang Zöllners* kann man Bankrecht als „Reform in Permanenz" umschreiben; es handelt sich um eine gesetzgeberische Dauerbaustelle.

e) Schwerer Zugang

Schon aus den soeben genannten Charakteristika ergibt sich, dass Bankrecht eine Materie ist, die nur von wenigen Spezialistinnen und Spezialisten beherrscht wird. Wer sich mit Bankrecht beschäftigt, tut in der Regel nur dies, und hat keine Zeit, sich auch um andere Fragen des Wirtschaftsrechts zu kümmern. Für diejenigen, die Bankrecht lernen wollen, ist dies Fluch und Segen zugleich: Fluch, weil man sich nicht leicht in die Materie einarbeiten kann und viel Zeit investieren muss, um auf dem Stand der Dinge zu bleiben; Segen, weil die Konkurrenz auf dem Beratungsmarkt für Bankrecht zumindest im Highend-Bereich überschaubar ist und selbst Marktführer ihre Position angesichts der Schnelllebigkeit des Bankrechts verlieren können.

Der schwere Zugang zum Bankrecht beruht aber nicht nur auf der Vielschichtigkeit der einschlägigen Normen, ihrer thematischen Breite, ihrem hohen Detailgrad und der relativ geringen Halbwertzeit bankrechtlichen Wissens. Hinzukommt eine Besonderheit des Normsetzungsprozesses: Da Bankrecht nur von wenigen beherrscht wird, kommt den Aufsichtsbehörden eine herausragende Stellung beim Erlass bankaufsichtsrechtlicher Normen zu. Obwohl sie selbstverständlich keine Gesetzgeber sind, stammen die Entwürfe, die in das Gesetzgebungsverfahren gelangen, häufig von Aufsichtsbehörden; sie werden von dem jeweiligen Initiator des Gesetzgebungsverfahrens meist mit der Ausarbeitung dieser Entwürfe betraut. Sie nehmen auch im weiteren Normsetzungsprozess Einfluss auf den Inhalt bankrechtlicher Normen – teils ist dies sogar explizit vorgesehen, so insbesondere bei den Level-2-Rechtsakten des EU-Bankrechts.

Die Einbindung von Aufsichtsbehörden in die Rechtsetzung hat offensichtliche Vorteile. Der größte ist ihre geballte Expertise. Einer der Nachteile besteht darin, dass Aufsichtsbehörden – vorsichtig ausgedrückt – nicht gerade als Meister der Gesetzgebungskunst bekannt sind. Wenn Mitarbeiterinnen und Mitarbeiter von Aufsichtsbehörden Gesetzesentwürfe ausarbeiten, denken sie in erster Linie an die künftigen Fälle ihrer Aufsichtspraxis, nicht aber daran, ein sprachlich elegantes, widerspruchsfreies und einfach zugängliches Recht zu schaffen. Stattdessen ist Bankaufsichtsrecht in vielen Bereichen „Recht von Aufsichtsbehörden für Aufsichtsbehörden".

Zudem ergeben sich viele Antworten auf bankrechtliche Fragen erst aus der Praxis der jeweiligen Aufsichtsbehörde. Dies schafft Informationsasymmetrien zwischen denjenigen, die Bankrecht schon länger praktizieren, und denjenigen, die damit erst anfangen wollen. Beide Aspekte zusammengenommen erklären, warum Bankrecht eine klassische „Praktikermaterie" ist, die trotz ihrer hohen gesamtgesellschaftlichen Bedeutung nur an wenigen juristischen Fakultäten gelehrt wird.

II. Banken, Kreditinstitute und Wertpapierfirmen

Schon oben wurde darauf hingewiesen, dass die Definition des Begriffs der Bank müßig ist, weil das Bankrecht kaum von Banken, dafür aber von Kredit- und Finanzdienstleistungsinstituten spricht. Der Begriff des Kreditinstituts wird im deutschen Recht sehr weit definiert. Gem. § 1 Abs. 1 Satz 1 KWG ist Kreditinstitut ein Unternehmen, das Bankgeschäfte iSv § 1 Abs. 1 Satz 2 KWG gewerbsmäßig oder in einem Umfang betreibt, der einen in kaufmännischer Weise eingerichteten Geschäftsbetrieb erfordert. Darunter fallen also nicht nur klassische Banken, die Einlagen entgegennehmen und Kredite vergeben, sondern zB auch reine Depotbanken oder zentrale Gegenparteien im Bereich des Derivategeschäfts.

Der europarechtliche Begriff des Kreditinstituts ist demgegenüber enger. Gem. Art. 4 Abs. 1 Nr. 1 CRR ist Kreditinstitut ein Unternehmen, dessen Tätigkeit darin besteht, Einlagen oder andere rückzahlbare Gelder des Publikums entgegenzunehmen und Kredite für eigene Rechnung zu gewähren. Der Begriff ist also auf diejenigen Unternehmen beschränkt, die das traditionelle Kerngeschäft der Banken anbieten, d. h. Einlagen entgegennehmen und Kredite vergeben. Im KWG wurden diese Unternehmen früher „Einlagenkreditinstitute" genannt, heute spricht das KWG von „CRR-Kreditinstituten". Realbeispiele von Kreditinstituten sind etwa die Deutsche Bank, die Commerzbank, die Internetbank N26 oder die Hamburger Sparkasse.

Das aufsichtsrechtliche Seitenstück zu den Kreditinstituten sind Wertpapierfirmen. Dabei handelt es sich um Unternehmen, die gewerbsmäßig Wertpapierdienstleistungen iSd EU-Finanzmarktrichtlinie (Markets in Financial Instruments Directive, MiFID II) erbringen, also zB Brokerage (Finanzkommissionsgeschäft oder Abschlussvermittlung), Anlageberatung, Anlagevermittlung oder Portfolioverwaltung. Realbeispiele sind das FinTech Scalable Capital und der Neobroker Trade Republic. Der Begriff der Wertpapierfirma ist ein Begriff des EU-Rechts. Im deutschen Aufsichtsrecht werden Wertpapierfirmen in verschiedenen Rechtsakten geregelt und heißen – je nach Rechtsakt – Wertpapierdienstleistungsunternehmen (WpHG), Wertpapierinstitut (WpIG) oder Finanzdienstleistungsinstitut (KWG). Komplett wird die terminologische Verwirrung dadurch, dass bestimmte Wertpapierfirmen als CRR-Kreditinstitute gelten (Art. 4 Abs. 1 Nr. 1 lit. b CRR).

III. Warum Banken regulieren?

1. Überblick

Kaum jemand wird bezweifeln, dass Banken wertvoll für ihre Eigentümer sind, viele Arbeitsplätze schaffen und einen nicht unerheblichen Beitrag zur Volkswirtschaft leisten. Aber ebenso wichtig, wenn nicht vielleicht noch wichtiger, erscheinen – gemessen an diesen Kriterien – zB Autohersteller. Warum ist das Bankgeschäft so detailliert geregelt, während sich kaum Vorgaben über die interne Organisation, die Eigenkapitalausstattung, die Liquidität oder die Abwicklung und Sanierung von Autoherstellern finden? Die Gründe liegen einerseits in den ökonomischen Funktionen von Banken, andererseits in deren notwendig fragiler Finanzierungsstruktur. Regulierung ist notwendig, weil Banken einerseits öffentliche Güter bereitstellen, andererseits nicht schon aus Gründen der Marktdisziplin einen Anreiz haben, eine aus gesamtgesellschaftlicher Sicht optimale Kapital- und Liquiditätsausstattung sowie Corporate-Governance-Struktur zu wählen.

2. Funktionen von Banken

In der ökonomischen Literatur unterscheidet man üblicherweise zwischen der Geld- und Zahlungsfunktion von Banken auf der einen und ihrer Allokationsfunktion auf der anderen Seite, wobei sich letztere wiederum gliedert in die Transformations- und Kontrollfunktion. Diese Funktionen erhellen, dass Banken viel stärker mit der restlichen Volkswirtschaft verzahnt sind als alle anderen Unternehmen, zB die Autoindustrie.

- Banken stellen Konten zur Verfügung, nehmen täglich fällige Einlagen an und offerieren Zahlungs- und Abrechnungsdienste. Sie schöpfen damit (Buch-)Geld und sind Teil des nationalen Zahlungssystems. In ökonomischen Termini schaffen sie ein öffentliches Gut. Jeder profitiert, wenn Zahlungen sicher, schnell und kostengünstig abgewickelt werden können. Alle leiden, wenn diese Bedingungen nicht erfüllt sind. Wie wichtig diese Funktionen für die Gesamtwohlfahrt sind, erkennt man an den sog. *unbanked countries*, deren wirtschaftliche Entwicklung u. a. dadurch behindert wird, dass niemand transaktionskostenarmen und rechtssicheren Zahlungsverkehr zur Verfügung stellt. Glücklicherweise profitieren viele dieser Länder aktuell von der zunehmenden Digitalisierung des Zahlungsverkehrs.
- Banken bringen Kapitalgeber und Kapitalnehmer zusammen, indem sie Einlagen von Sparern entgegennehmen und dieses Geld in Form von Krediten an Unternehmer weiterleiten. Sie transformieren kurzfristige, liquide, risikoarme Einlagen in langfristige, illiquide, risikoreiche Kreditforderungen und treten als Intermediär zwischen Kapitalgeber und Kapitalnehmer. Diese Transformationsleistungen werden im ökonomischen Schrifttum als Losgrößen- oder Liquiditäts-, Fristen- und Risikotransformation bezeichnet. Ablesen kann man sie an der typischen Struktur der Bankbilanz: Ein Großteil der Passivseite besteht aus Einlagenverbindlichkeiten (kurzfristig, liquide und risikoarm), ein wesentlicher Teil der Aktivseite aus Kreditforderungen (langfristig, illiquide und risikoreich).

- Banken haben einen Anreiz, darüber zu wachen, wie Kreditnehmer mit den Kreditmitteln umgehen. Dies fördert die Kapitalallokation, denn die Kontrolle reduziert die Gefahr, dass Kreditnehmer das Geld abredewidrig zum eigenen Vorteil ausgeben (*moral hazard*). Dabei erwerben Banken spezifisches Wissen und erzielen aufgrund ihrer Größe und ihrer Eigenschaft als „Wiederholungsspieler" (*repeat player*) Skaleneffekte. Sie können Kreditnehmer kostengünstig kontrollieren und senken die gesamtgesellschaftlichen Kosten der Kapitalallokation.

3. Die notwendig fragile Finanzierungsstruktur von Banken

Banken weisen aufgrund ihres Geschäftsmodells eine *notwendig fragile Finanzierungsstruktur* auf. Diese Zerbrechlichkeit beruht auf der Diskrepanz zwischen der Aktivseite und der Passivseite der Bankbilanz, die schon oben erwähnt wurde: Auf der Passivseite stehen kurzfristige, liquide, risikoarme Verbindlichkeiten (vor allem gegenüber Einlegern). Auf der Aktivseite stehen langfristige, illiquide, risikoreiche Vermögensgegenstände (vor allem Kreditforderungen gegenüber Unternehmen).

Diese Fragilität ist die Kehrseite der Transformationsleistung, die Banken erbringen. Sie ist unverzichtbarer Bestandteil jedes Bankensystems und bringt der Realwirtschaft enorme Vorteile. Gleichzeitig birgt sie erhebliches Zerstörungspotenzial, sobald die Bank nicht über genügend Liquidität verfügt, um alle fällig werdenden Verbindlichkeiten zu erfüllen, oder der Wert der Aktiva unter den Betrag der Verbindlichkeiten sinkt und die Bank überschuldet wird. Es droht dann der vielzitierte „Sturm auf die Bank" (*bank run*).

Das Fatale an solchen Bankenstürmen ist folgender Aspekt: Obwohl *bank runs* allein von der *Sorge* vor einer finanziellen Schieflage der Bank ausgelöst werden, können sie zur *selbsterfüllenden Prophezeiung* werden. Muss die Bank Vermögensgegenstände verkaufen, um sich Liquidität zu verschaffen, geschieht dies aufgrund der Dringlichkeit häufig mit einem Abschlag (*fire sale*), was letztlich in der Überschuldung münden kann. Die Vertrauenskrise führt also zur Liquiditätskrise, aus der wiederum eine Solvenzkrise folgt. Zudem leiden unter der Krise einer einzelnen Bank häufig auch andere Banken, die der krisengeschüttelten Bank zB kurzfristige Kredite auf dem Interbankenmarkt gegeben oder ausstehende Forderungen im Rahmen des Derivatehandels erworben haben. Geraten auch sie in Liquiditätsschwierigkeiten, kann sich die Liquiditätskrise einer einzelnen Bank zur Systemkrise des gesamten Bankensektors entwickeln – so wie 2008 im Falle von *Lehman Brothers*.

4. Kein Verlass auf die Disziplinierungswirkung des Marktes

Selbstverständlich haben Banken bzw. deren Manager und Aktionäre ein Eigeninteresse daran, Zahlungsunfähigkeit und Überschuldung zu vermeiden. Sie tragen jedoch nicht sämtliche sozialen Kosten der Bankeninsolvenz, denn es besteht eine gewisse Wahrscheinlichkeit, dass sie im schlimmsten Fall vom Staat gerettet werden (*Too big to fail*-Problematik). Aus einer sozialen Perspektive haben Banken daher Anreize zur Eingehung exzessiver Risiken. Deshalb muss der Staat Anforderungen an die Eigenkapitalausstattung, das Liquiditätsmanagement, die Unternehmensführung (Corporate Governance) und andere Aspekte der Organisationsstruktur und der Ausübung des Bankgeschäfts formulieren, *die ein gewissenhafter Bankeigentümer aufstellen würde, wenn er sämtliche sozialen Kosten des Scheiterns der Bank selbst tragen würde.* Die meisten Regeln des Bank(aufsichts-)rechts lassen sich auf diesen Zweck zurückführen.

IV. Inhalt dieser Textsammlung

1. Währung

Im ersten Abschnitt der Textsammlung finden sich die rechtlichen Grundlagen des Zentralbank- und Währungssystems der Europäischen Union bzw. des Euroraums und Deutschlands. Dabei geht es zum einen um die Organisation, das Verfahren und die Befugnisse der Europäischen Zentralbank (EZB), zum anderen um die rechtlichen Grundlagen der Deutschen Bundesbank.

Organisation, Arbeitsweise und Befugnisse der EZB sind in den Artt. 127 ff. AEUV (**1**) und in der EZB-Satzung (**2**) geregelt. Die Verordnung der EZB über die Auferlegung einer Mindestreservepflicht (**3**) bildet den rechtlichen Rahmen eines der wichtigsten Instrumente der Geldpolitik, das für die Geldschöpfungsfunktion der Banken von zentraler Bedeutung ist und mit dem die EZB die Geldmenge im Euroraum kontrollieren und insbesondere an die erwartete Inflation anpassen kann. Die Vorschriften über die Organisation, das Verfahren und die Befugnisse der Deutschen Bundesbank sind einerseits im BBankG (**4**), andererseits in dem Organisationsstatut für die Deutsche Bundesbank (**4a**) geregelt.

2. Aufsicht

Den größten Teil der Textsammlung machen die Vorschriften des Bankaufsichtsrechts aus, die sich in Vorschriften der allgemeinen Aufsicht und der Sonderaufsicht einteilen lassen. Am Anfang steht die EU-Verordnung über den Einheitlichen Aufsichtsmechanismus (SSM-VO, **5**). Sie ist neben dem Einheitlichen Abwicklungsmechanismus und der Einlagensicherung eine der drei Säulen der EU-Bankenunion. In der SSM-VO wird erstmals die direkte Aufsichtszuständigkeit eines Organs der Europäischen Union über Marktteilnehmer begründet: Demnach beaufsichtigt die EZB diejenigen CRR-Kreditinstitute, die gemessen an verschiedenen Kriterien (v. a. ihrer Größe, Relevanz für die Volkswirtschaft und Verflechtung mit der Realwirtschaft) als bedeutend einzustufen sind. Weniger bedeutende CRR-Kreditinstitute unterliegen weiterhin der unmittelbaren Aufsicht durch die Aufsichtsbehörden der Mitgliedstaaten, allerdings werden diese nicht autonom, sondern als Teil des SSM tätig. Zudem kann die EZB auch in diesem Bereich die Aufsicht unter bestimmten Voraussetzungen an sich ziehen. Abseits des Anwendungs- und Regelungsbereichs des SSM bleibt es bei der nationalen Zuständigkeitsordnung. Vor allem Kreditinstitute iSd KWG, die keine CRR-Kreditinstitute sind, sowie Wertpapierfirmen unterliegen daher der allgemeinen, nicht durch die SSM-VO modifizierten Aufsicht durch die Bundesanstalt für Finanzdienstleistungsaufsicht (BaFin). Deren Organisation, Verfahren und Befugnisse sind im FinDAG (**8**) geregelt.

Die wichtigsten Quellen des materiellen Aufsichtsrechts sind die CRR, die IFR, das KWG und das WpIG. In der CRR (**6**) finden sich in erster Linie die Anforderungen an die Eigenkapitalausstattung und Liquidität von CRR-Kreditinstituten. Diese Regeln wollen die Gefahren eindämmen, die sich aus der notwendig fragilen Finanzierungsstruktur von Banken ergeben. Dabei setzen die Eigenkapitalregeln an der Passivseite der Bilanz an, die Liquiditätsregeln machen Vorgaben für die Aktivseite. Ergänzt werden diese Vorschriften durch Offenlegungsanforderungen, die dem Markt eine Einschätzung der finanziellen Verfassung der Institute ermöglichen sollen. Darüber hinaus enthält die CRR Vorgaben über die Vergabe von Großkrediten, die ein besonderes Risiko für die finanzielle Stabilität bergen. Durchführungsbestimmungen dazu enthält die GroMiKV (**9a**).

Das KWG (**9**) ist das „Grundgesetz" des deutschen Bankaufsichtsrechts. Doch auch dieses Gesetz ist nicht frei von europarechtlichen Einflüssen, im Gegenteil: viele KWG-Vorschriften beruhen auf europäischen Richtlinien, insbesondere der CRD V. Das KWG regelt die Zulassungsvoraussetzungen zum Bankgeschäft sowie die laufende Aufsicht über Kreditinstitute. Durchführungsbestimmungen finden sich u. a. in der KWGVermV (**9c**). Darüber hinaus enthält das KWG die in der Praxis wichtigen Vorschriften über Eigenkapitalpuffer, welche die Eigenmittelanforderungen der CRR flankieren. Ergänzungs- und Durchführungsbestimmungen finden sich insoweit in der SolvV (**9d**). Liquiditätsvorgaben macht das KWG für Kreditinstitute, für die die Anforderungen der CRR nicht gelten. Konkretisiert werden diese Anforderungen in der LiqV (**9b**). Ein weiterer wichtiger Teil des KWG sind die Vorschriften über die Organisationsstruktur von Kredit- und Finanzinstituten. Sie werden vor allem durch die InstitutsVergV (**9f**) ergänzt. Andere Ergänzungsvorschriften zu verschiedenen, hier nicht spezifisch behandelten Regelungsbereichen des KWG enthalten die FinaRisikoV (**9e**), die AnzV (**9g**) sowie die InhKontrollV (**9h**).

Früher galt ein Großteil des KWG auch für Wertpapierfirmen, die im KWG als Finanzdienstleistungsinstitute erfasst waren. Seit 2021 gilt ein differenziertes Regelungsregime. Demnach ergeben sich die aufsichtsrechtliche Erlaubnispflicht wie auch die weiteren aufsichtsrechtlichen Anforderungen an Wertpapierfirmen grundsätzlich aus dem WpIG (**10**) bzw. aus der IFR (**7**). Innerhalb dieser Rechtsakte wird wiederum zwischen mittleren und kleinen Wertpapierfirmen (Wertpapierinstituten) differenziert. Große Wertpapierfirmen müssen (zusätzlich) die meisten Anforderungen an CRR-Kreditinstitute einhalten, wenn sie nicht ohnehin als CRR-Kreditinstitute gelten (dazu bereits o.). Weitere aufsichtsrechtliche Anforderungen an Wertpapierfirmen, vor allem Wohlverhaltens- und Informationspflichten gegenüber Kunden sowie Organisationspflichten, finden sich in Rechtsakten, die in der Textsammlung KapMR abgedruckt sind, etwa im WpHG oder in der Offenlegungs-VO.

Kreditinstitute und Wertpapierfirmen sind nicht die einzigen Adressaten des Bankrechts. Ein anderer ist das Finanzkonglomerat. Es steht im Zentrum des FKAG (**11**), mit dem die in der Finanzbranche tätigen Unternehmensgruppen einer zusätzlichen Aufsicht unterworfen werden. Zahlungsinstitute sind im ZAG (**12**) geregelt. Einheitliche aufsichtsrechtliche Vorschriften über grenzüberschreitende Zahlungen, vor allem über deren Entgelte, finden sich zudem in der VO (EU) 2021/1230 (**13**).

Bankenstürme kann man nicht nur durch Anforderungen an die Eigenmittel und Liquidität von Kreditinstituten und Wertpapierfirmen verhindern, sondern auch, indem man Ein- und Anleger gegen das Risiko des Zahlungsausfalls und der Überschuldung von Kreditinstituten und Wertpapierfirmen versichert. Exakt dies ist Zweck des AnlEntG (**14**) und des EinSiG (**15**). Sie verpflichten ihre Adressaten dazu, Verbindlichkeiten aus dem Wertpapier- bzw. Einlagengeschäft durch Zugehörigkeit zu einer Entschädigungseinrichtung zu sichern. Im Entschädigungsfall haben die Gläubiger einen Anspruch gegen die Entschädigungseinrichtung. Die Höhe dieses Entschädigungsanspruchs ist allerdings begrenzt, im Falle der Einlagensicherung beträgt die Deckungssumme grundsätzlich 100.000 €.

Komplettiert wird der Abschnitt über die allgemeine Aufsicht durch das ZKG (**16**), die RechKredV (**17**), in der sich Vorschriften des Bankbilanzrechts finden, durch das GwG (**18**) sowie die zur Durchführung des GwG erlassene ZIdPrüfV (**18a**).

Materien der Sonderaufsicht sind die EU-Verordnung über Europäische Schwarmfinanzierungsdienstleister (ECSP-VO, **19**), die es u. a. Crowdinvesting-Plattformen ermöglicht, ihre Dienstleistungen europaweit anzubieten, sofern sie über eine entsprechende Erlaubnis verfügen. Das PfandBG (**20**) regelt die Aufsicht über Pfandbriefbanken und das Geschäft mit Pfandbriefen. Das BauSparkG (**21**) und die BausparkV (**21a**) bilden den Rechtsrahmen für die Aufsicht über Bausparkassen.

3. Sanierung, Abwicklung, Stabilisierung

Wenn juristische Personen zahlungsunfähig oder überschuldet werden, müssen ihre Geschäftsleiter einen Insolvenzantrag stellen. Im Insolvenzverfahren wird das Unternehmen entweder von dem Insolvenzverwalter oder in Eigenverwaltung geführt und entweder abgewickelt, so dass es vom Markt verschwindet, oder restrukturiert, so dass es in finanziell gesunder Verfassung an den Markt zurückkehrt. Bestandteil jeder Restrukturierung ist grundsätzlich, dass zumindest die bisherigen Eigentümer des Unternehmens (die Gesellschafter) einen Teil ihrer Beteiligung zugunsten der Gläubiger oder neuer Investoren verlieren. Dass Unternehmen in der Insolvenz abgewickelt oder auf Kosten der Gesellschafter restrukturiert werden, ist ein wichtiger Disziplinierungsmechanismus und Kernbestandteil jeder Marktwirtschaft.

Auf Banken lassen sich diese Grundsätze nicht ohne Weiteres übertragen: Erstens erfüllen Banken für die Volkswirtschaft zentrale Funktionen und stellen öffentliche Güter bereit. Sie sind viel stärker mit der Realwirtschaft verflochten als alle anderen Unternehmen (s.o.). Von ihrer Insolvenz sind daher mehr Personen betroffen als nur ihre Gläubiger und Eigentümer. Zweitens sind Bankeninsolvenzen meist um ein Vielfaches komplexer als die Insolvenzen anderer (großer) Unternehmen. Drittens sind Banken miteinander verwoben, so dass die Insolvenz einer Bank die Insolvenz oder zumindest finanzielle Schieflage anderer Banken zur Folge haben kann (Ansteckungsgefahr). Aufgrund ihrer Komplexität lassen sich die Folgen von Bankeninsolvenzen daher bei Eintritt von Überschuldung und Zahlungsunfähigkeit häufig nicht rechtssicher abschätzen.

All diese Gründe sprechen dafür, Banken nicht abzuwickeln, sondern sie notfalls mit Steuergeldern zu sanieren bzw. von vornherein nicht insolvent gehen zu lassen. Dies hätte aber desaströse Auswirkungen auf die Anreize von Bankmanagern und -eigentümern. Die allzu freundliche Stützung von krisengeschüttelten Banken würde das gesamte Bankaufsichtsrecht konterkarieren. Sie würde die *Too big to fail*-Problematik verschärfen, die das Bankaufsichtsrecht gerade verhindern möchte. Es bedarf daher fein austarierter Regelungen darüber, unter welchen Voraussetzungen Banken saniert und abgewickelt werden.

In Europa sind diese Regeln nach der europäischen Schuldenkrise in dem Einheitlichen Abwicklungsmechanismus (Single Resolution Mechanism, SRM) vereinheitlicht worden. Er ist eine Säule der EU-Bankenunion und besteht aus der EU-Verordnung über den einheitlichen Abwicklungsmechanismus

(SRM-VO, **22**) sowie aus der Abwicklungsrichtlinie (Bank Recovery and Resolution Directive, BRRD), die in Deutschland im Sanierungs- und Abwicklungsgesetz (SAG, **23**) umgesetzt wurde.

4. Zahlungsverkehr und Kredit sowie Geschäftsbedingungen der Kreditinstitute

Vervollständigt wird die Textsammlung durch die wichtigsten zivilrechtlichen Materien des Bankgeschäfts. So sind die privatrechtlichen Grundlagen der AGB-Kontrolle, des Zahlungsverkehrs, des Kreditgeschäfts und des Verbraucherrechts im BGB (**24**) enthalten. Ergänzende Vorschriften über bestimmte Informationspflichten sowie temporär anwendbare Bestimmungen zu Verbraucherdarlehen anlässlich der Covid-19-Pandemie finden sich im EGBGB (**25**). Das ScheckG (**26**) nebst AbrStV (**26a**) und das WG (**27**) bilden den Kern des deutschen Wertpapierrechts, obwohl die praktische Bedeutung dieser Rechtsakte stark abgenommen hat.

Die Privatrechtsverhältnisse zwischen den Banken und ihren Kunden sind zu einem guten Teil in Allgemeinen Geschäftsbedingungen geregelt. Obwohl jede Bank ihre eigenen AGB verwenden könnte, nutzen die deutschen Banken einheitlich die von bestimmten Interessenverbänden (zB dem Bundesverband deutscher Banken oder dem Deutschen Sparkassen- und Giroverband) erlassenen Entwürfe. Die wichtigsten AGB sind am Schluss dieser Textsammlung abgedruckt (**28–34**).

1. Vertrag über die Arbeitsweise der Europäischen Union[1) 2) 3)]

In der Fassung der Bekanntmachung vom 9. Mai 2008[4)]
(ABl. C 115 S. 47)
(ABl. 2010 C 83 S. 47)[5)]
(ABl. 2012 C 326 S. 47)[5)]
(ABl. 2016 C 202 S. 47, ber. ABl. C 400 S. 1)[6)]

Celex-Nr. 1 1957 E

zuletzt geänd. durch Art. 2 ÄndBeschl. 2012/419/EU v. 11.7.2012 (ABl. L 204 S. 131)

– Auszug –

Dritter Teil. Die internen Politiken und Maßnahmen der Union

Titel VIII. Die Wirtschafts- und Währungspolitik

Kapitel 2. Die Währungspolitik

Art. 127 [Ziele und Aufgaben des ESZB] (1) [1] Das vorrangige Ziel des Europäischen Systems der Zentralbanken (im Folgenden „ESZB“) ist es, die Preisstabilität zu gewährleisten. [2] Soweit dies ohne Beeinträchtigung des Zieles der Preisstabilität möglich ist, unterstützt das ESZB die allgemeine Wirtschaftspolitik in der Union, um zur Verwirklichung der in Artikel 3 des Vertrags über die Europäische Union festgelegten Ziele der Union beizutragen. [3] Das ESZB handelt im Einklang mit dem Grundsatz einer offenen Marktwirtschaft mit freiem Wettbewerb, wodurch ein effizienter Einsatz der Ressourcen gefördert wird, und hält sich dabei an die in Artikel 119 genannten Grundsätze.

(2) Die grundlegenden Aufgaben des ESZB bestehen darin,
– die Geldpolitik der Union festzulegen und auszuführen,
– Devisengeschäfte im Einklang mit Artikel 219 durchzuführen,

---

[1)] Vertragsparteien sind Belgien, Bulgarien, Dänemark, Deutschland, Estland, Finnland, Frankreich, Griechenland, Irland, Italien, Kroatien, Lettland, Litauen, Luxemburg, Malta, die Niederlande, Österreich, Polen, Portugal, Rumänien, Schweden, Slowakei, Slowenien, Spanien, Tschechien, Ungarn und Zypern; die EU-Mitgliedschaft des Vereinigten Königreichs Großbritannien und Nordirland endete mit Ablauf des 31.1.2020 (siehe ABl. L 29 vom 31.1.2020, S. 189).

[2)] Die Artikelfolge und Verweise/Bezugnahmen auf Vorschriften des EUV sind gemäß Art. 5 des Vertrags von Lissabon iVm den Übereinstimmungstabellen zum EUV bzw. AEUV an die neue Nummerierung angepasst worden.

[3)] Zu den Assoziationsregelungen und sonstigen Vereinbarungen und Vorschriften, die sich auf den EU-Arbeitsweisevertrag beziehen, vgl. den jährlich zum 31.12. abgeschlossenen Fundstellennachweis B der geltenden völkerrechtlichen Vereinbarungen der Bundesrepublik Deutschland unter dem Datum 25.3.1957.

[4)] Konsolidierte Fassung des Vertrags zur Gründung der Europäischen Gemeinschaft v. 25.3.1957 (BGBl. II S. 766). Die Bundesrepublik Deutschland hat dem Vertrag von Lissabon mit G. v. 8.10.2008 (BGBl. II S. 1038) zugestimmt; Inkrafttreten am 1.12.2009, siehe Bek. v. 13.11.2009 (BGBl. II S. 1223).

[5)] Der Wortlaut dieser konsolidierten Fassung entspricht dem hier wiedergegebenen.

[6)] Der Wortlaut dieser konsolidierten Fassung (inkl. Berichtigung) entspricht dem hier wiedergegebenen.

– die offiziellen Währungsreserven der Mitgliedstaaten zu halten und zu verwalten,
– das reibungslose Funktionieren der Zahlungssysteme zu fördern.

(3) Absatz 2 dritter Gedankenstrich berührt nicht die Haltung und Verwaltung von Arbeitsguthaben in Fremdwährungen durch die Regierungen der Mitgliedstaaten.

(4) *[1]* Die Europäische Zentralbank wird gehört
– zu allen Vorschlägen für Rechtsakte der Union im Zuständigkeitsbereich der Europäischen Zentralbank,
– von den nationalen Behörden zu allen Entwürfen für Rechtsvorschriften im Zuständigkeitsbereich der Europäischen Zentralbank, und zwar innerhalb der Grenzen und unter den Bedingungen, die der Rat nach dem Verfahren des Artikels 129 Absatz 4 festlegt.

[2] Die Europäischen Zentralbank kann gegenüber den zuständigen Organen, Einrichtungen und sonstigen Stellen der Union und gegenüber den nationalen Behörden Stellungnahmen zu in ihren Zuständigkeitsbereich fallenden Fragen abgeben.

(5) Das ESZB trägt zur reibungslosen Durchführung der von den zuständigen Behörden auf dem Gebiet der Aufsicht über die Kreditinstitute und der Stabilität des Finanzsystems ergriffenen Maßnahmen bei.

(6) Der Rat kann einstimmig durch Verordnungen gemäß einem besonderen Gesetzgebungsverfahren und nach Anhörung des Europäischen Parlaments und der Europäischen Zentralbank besondere Aufgaben im Zusammenhang mit der Aufsicht über Kreditinstitute und sonstige Finanzinstitute mit Ausnahme von Versicherungsunternehmen der Europäischen Zentralbank übertragen.

Art. 128 [Ausgabe von Banknoten und Münzen] (1) [1] Die Europäische Zentralbank hat das ausschließliche Recht, die Ausgabe von Euro-Banknoten innerhalb der Union zu genehmigen. [2] Die Europäische Zentralbank und die nationalen Zentralbanken sind zur Ausgabe dieser Banknoten berechtigt. [3] Die von der Europäischen Zentralbank und den nationalen Zentralbanken ausgegebenen Banknoten sind die einzigen Banknoten, die in der Union als gesetzliches Zahlungsmittel gelten.

(2) [1] Die Mitgliedstaaten haben das Recht zur Ausgabe von Euro-Münzen, wobei der Umfang dieser Ausgabe der Genehmigung durch die Europäische Zentralbank bedarf. [2] Der Rat kann auf Vorschlag der Kommission und nach Anhörung des Europäischen Parlaments und der Europäischen Zentralbank Maßnahmen erlassen, um die Stückelung und die technischen Merkmale aller für den Umlauf bestimmten Münzen so weit zu harmonisieren, wie dies für deren reibungslosen Umlauf innerhalb der Union erforderlich ist.

Art. 129 [Struktur des ESZB; Satzung] (1) Das ESZB wird von den Beschlussorganen der Europäischen Zentralbank, nämlich dem Rat der Europäischen Zentralbank und dem Direktorium, geleitet.

(2) Die Satzung des Europäischen Systems der Zentralbanken und der Europäischen Zentralbank[1)] (im Folgenden „Satzung des ESZB und der EZB") ist in einem den Verträgen beigefügten Protokoll festgelegt.

(3) [1] Das Europäische Parlament und der Rat können die Artikel 5.1, 5.2, 5.3, 17, 18, 19.1, 22, 23, 24, 26, 32.2, 32.3, 32.4, 32.6, 33.1 Buchstabe a und 36 der Satzung des ESZB und der EZB gemäß dem ordentlichen Gesetzgebungsverfahren ändern. [2] Sie beschließen entweder auf Empfehlung der Europäischen Zentralbank nach Anhörung der Kommission oder auf Empfehlung der Kommission nach Anhörung der Europäischen Zentralbank.

(4) Der Rat erlässt entweder auf Vorschlag der Kommission und nach Anhörung des Europäischen Parlaments und der Europäischen Zentralbank oder auf Empfehlung der Europäischen Zentralbank und nach Anhörung des Europäischen Parlaments und der Kommission die in den Artikeln 4, 5.4, 19.2, 20, 28.1, 29.2, 30.4 und 34.3 der Satzung des ESZB und der EZB genannten Bestimmungen.

Art. 130 [Unabhängigkeit von EZB und nationalen Zentralbanken]

[1] Bei der Wahrnehmung der ihnen durch die Verträge und die Satzung des ESZB und der EZB[1)] übertragenen Befugnisse, Aufgaben und Pflichten darf weder die Europäische Zentralbank noch eine nationale Zentralbank noch ein Mitglied ihrer Beschlussorgane Weisungen von Organen, Einrichtungen oder sonstigen Stellen der Union, Regierungen der Mitgliedstaaten oder anderen Stellen einholen oder entgegennehmen. [2] Die Organe, Einrichtungen oder sonstigen Stellen der Union sowie die Regierungen der Mitgliedstaaten verpflichten sich, diesen Grundsatz zu beachten und nicht zu versuchen, die Mitglieder der Beschlussorgane der Europäischen Zentralbank oder der nationalen Zentralbanken bei der Wahrnehmung ihrer Aufgaben zu beeinflussen.

Art. 131 [Anpassungspflicht der Mitgliedstaaten] Jeder Mitgliedstaat stellt sicher, dass seine innerstaatlichen Rechtsvorschriften einschließlich der Satzung seiner nationalen Zentralbank mit den Verträgen sowie mit der Satzung des ESZB und der EZB[1)] im Einklang stehen.

Art. 132 [Rechtsakte] (1) Zur Erfüllung der dem ESZB übertragenen Aufgaben werden von der Europäischen Zentralbank gemäß den Verträgen und unter den in der Satzung des ESZB und der EZB[1)] vorgesehenen Bedingungen

– Verordnungen erlassen, insoweit dies für die Erfüllung der in Artikel 3.1 erster Gedankenstrich, Artikel 19.1, Artikel 22 oder Artikel 25.2 der Satzung des ESZB und der EZB festgelegten Aufgaben erforderlich ist; sie erlässt Verordnungen ferner in den Fällen, die in den Rechtsakten des Rates nach Artikel 129 Absatz 4 vorgesehen werden,
– Beschlüsse erlassen, die zur Erfüllung der dem ESZB nach den Verträgen und der Satzung des ESZB und der EZB übertragenen Aufgaben erforderlich sind,
– Empfehlungen und Stellungnahmen abgegeben.

(2) Die Europäische Zentralbank kann die Veröffentlichung ihrer Beschlüsse, Empfehlungen und Stellungnahmen beschließen.

[1)] Nr. **2**.

(3) Innerhalb der Grenzen und unter den Bedingungen, die der Rat nach dem Verfahren des Artikels 129 Absatz 4 festlegt, ist die Europäische Zentralbank befugt, Unternehmen bei Nichteinhaltung der Verpflichtungen, die sich aus ihren Verordnungen und Beschlüssen ergeben, mit Geldbußen oder in regelmäßigen Abständen zu zahlenden Zwangsgeldern zu belegen.

Art. 133 [Rechtsakte betreffend den Euro] [1]Unbeschadet der Befugnisse der Europäischen Zentralbank erlassen das Europäische Parlament und der Rat gemäß dem ordentlichen Gesetzgebungsverfahren die Maßnahmen, die für die Verwendung des Euro als einheitliche Währung erforderlich sind. [2]Diese Maßnahmen werden nach Anhörung der Europäischen Zentralbank erlassen.

Kapitel 3. Institutionelle Bestimmungen

Art. 134 [Wirtschafts- und Finanzausschuss] (1) Um die Koordinierung der Politiken der Mitgliedstaaten in dem für das Funktionieren des Binnenmarkts erforderlichen Umfang zu fördern, wird ein Wirtschafts- und Finanzausschuss eingesetzt.

(2) *[1]* Der Wirtschafts- und Finanzausschuss hat die Aufgabe,
- auf Ersuchen des Rates oder der Kommission oder von sich aus Stellungnahmen an diese Organe abzugeben;
- die Wirtschafts- und Finanzlage der Mitgliedstaaten und der Union zu beobachten und dem Rat und der Kommission regelmäßig darüber Bericht zu erstatten, insbesondere über die finanziellen Beziehungen zu dritten Ländern und internationalen Einrichtungen;
- unbeschadet des Artikels 240 an der Vorbereitung der in Artikel 66, Artikel 75, Artikel 121 Absätze 2, 3, 4 und 6, Artikel 122, Artikel 124, Artikel 125, Artikel 126, Artikel 127 Absatz 6, Artikel 128 Absatz 2, Artikel 129 Absätze 3 und 4, Artikel 138, Artikel 140 Absätze 2 und 3, Artikel 143, Artikel 144 Absätze 2 und 3 und Artikel 219 genannten Arbeiten des Rates mitzuwirken und die sonstigen ihm vom Rat übertragenen Beratungsaufgaben und vorbereitenden Arbeiten auszuführen;
- mindestens einmal jährlich die Lage hinsichtlich des Kapitalverkehrs und der Freiheit des Zahlungsverkehrs, wie sie sich aus der Anwendung der Verträge und der Maßnahmen des Rates ergeben, zu prüfen; die Prüfung erstreckt sich auf alle Maßnahmen im Zusammenhang mit dem Kapital- und Zahlungsverkehr; der Ausschuss erstattet der Kommission und dem Rat Bericht über das Ergebnis dieser Prüfung.

[2] Jeder Mitgliedstaat sowie die Kommission und die Europäische Zentralbank ernennen jeweils höchstens zwei Mitglieder des Ausschusses.

(3) [1]Der Rat legt auf Vorschlag der Kommission und nach Anhörung der Europäische Zentralbank und des in diesem Artikel genannten Ausschusses im Einzelnen fest, wie sich der Wirtschafts- und Finanzausschuss zusammensetzt. [2]Der Präsident des Rates unterrichtet das Europäische Parlament über diesen Beschluss.

(4) Sofern und solange es Mitgliedstaaten gibt, für die eine Ausnahmeregelung nach Artikel 139 gilt, hat der Ausschuss zusätzlich zu den in Absatz 2 beschriebenen Aufgaben die Währungs- und Finanzlage sowie den allgemeinen Zahlungsverkehr der betreffenden Mitgliedstaaten zu beobachten und dem Rat und der Kommission regelmäßig darüber Bericht zu erstatten.

Art. 135 [Empfehlungen und Vorschläge der Kommission] [1]Bei Fragen, die in den Geltungsbereich von Artikel 121 Absatz 4, Artikel 126 mit Ausnahme von Absatz 14, Artikel 138, Artikel 140 Absatz 1, Artikel 140 Absatz 2 Unterabsatz 1, Artikel 140 Absatz 3 und Artikel 219 fallen, kann der Rat oder ein Mitgliedstaat die Kommission ersuchen, je nach Zweckmäßigkeit eine Empfehlung oder einen Vorschlag zu unterbreiten. [2]Die Kommission prüft dieses Ersuchen und unterbreitet dem Rat umgehend ihre Schlussfolgerungen.

Kapitel 4. Besondere Bestimmungen für die Mitgliedstaaten, deren Währung der Euro ist

Art. 136 [Haushaltsdisziplin; Grundzüge der Wirtschaftspolitik]

(1) Im Hinblick auf das reibungslose Funktionieren der Wirtschafts- und Währungsunion erlässt der Rat für die Mitgliedstaaten, deren Währung der Euro ist, Maßnahmen nach den einschlägigen Bestimmungen der Verträge und dem entsprechenden Verfahren unter den in den Artikeln 121 und 126 genannten Verfahren, mit Ausnahme des in Artikel 126 Absatz 14 genannten Verfahrens, um

a) die Koordinierung und Überwachung ihrer Haushaltsdisziplin zu verstärken,
b) für diese Staaten Grundzüge der Wirtschaftspolitik auszuarbeiten, wobei darauf zu achten ist, dass diese mit den für die gesamte Union angenommenen Grundzügen der Wirtschaftspolitik vereinbar sind, und ihre Einhaltung zu überwachen.

(2) *[1]* Bei den in Absatz 1 genannten Maßnahmen sind nur die Mitglieder des Rates stimmberechtigt, die die Mitgliedstaaten vertreten, deren Währung der Euro ist.

[2] Die qualifizierte Mehrheit dieser Mitglieder bestimmt sich nach Artikel 238 Absatz 3 Buchstabe a.

(3) [1]Die Mitgliedstaaten, deren Währung der Euro ist, können einen Stabilitätsmechanismus einrichten, der aktiviert wird, wenn dies unabdingbar ist, um die Stabilität des Euro-Währungsgebiets insgesamt zu wahren. [2]Die Gewährung aller erforderlichen Finanzhilfen im Rahmen des Mechanismus wird strengen Auflagen unterliegen.

Art. 137 [Tagungen der Euro-Gruppe] Die Einzelheiten für die Tagungen der Minister der Mitgliedstaaten, deren Währung der Euro ist, sind in dem Protokoll betreffend die Euro-Gruppe festgelegt.

Art. 138 [Euro im internationalen Währungssystem] (1) [1]Zur Gewährleistung der Stellung des Euro im internationalen Währungssystem erlässt der Rat auf Vorschlag der Kommission einen Beschluss zur Festlegung der innerhalb der zuständigen internationalen Einrichtungen und Konferenzen im Finanzbereich einzunehmenden gemeinsamen Standpunkte zu den Fragen, die von besonderer Bedeutung für die Wirtschafts- und Währungsunion sind. [2]Der Rat beschließt nach Anhörung der Europäischen Zentralbank.

(2) [1]Der Rat kann auf Vorschlag der Kommission geeignete Maßnahmen mit dem Ziel erlassen, eine einheitliche Vertretung bei den internationalen Einrichtungen und Konferenzen im Finanzbereich sicherzustellen. [2]Der Rat beschließt nach Anhörung der Europäischen Zentralbank.

(3) *[1]* Bei den in den Absätzen 1 und 2 genannten Maßnahmen sind nur die Mitglieder des Rates stimmberechtigt, die die Mitgliedstaaten vertreten, deren Währung der Euro ist.

[2] Die qualifizierte Mehrheit dieser Mitglieder bestimmt sich nach Artikel 238 Absatz 3 Buchstabe a.

Kapitel 5. Übergangsbestimmungen

Art. 139 [Mitgliedstaaten mit Ausnahmeregelung] (1) Die Mitgliedstaaten, für die der Rat nicht beschlossen hat, dass sie die erforderlichen Voraussetzungen für die Einführung des Euro erfüllen, werden im Folgenden als „Mitgliedstaaten, für die eine Ausnahmeregelung gilt" oder „Mitgliedstaaten mit Ausnahmeregelung" bezeichnet.

(2) *[1]* Auf die Mitgliedstaaten, für die eine Ausnahmeregelung gilt, finden die im Folgenden aufgeführten Bestimmungen der Verträge keine Anwendung:

a) Annahme der das Euro-Währungsgebiet generell betreffenden Teile der Grundzüge der Wirtschaftspolitik (Artikel 121 Absatz 2);
b) Zwangsmittel zum Abbau eines übermäßigen Defizits (Artikel 126 Absätze 9 und 11);
c) Ziele und Aufgaben des ESZB (Artikel 127 Absätze 1, 2, 3 und 5);
d) Ausgabe des Euro (Artikel 128);
e) Rechtsakte der Europäischen Zentralbank (Artikel 132);
f) Maßnahmen bezüglich der Verwendung des Euro (Artikel 133);
g) Währungsvereinbarungen und andere Maßnahmen bezüglich der Wechselkurspolitik (Artikel 219);
h) Ernennung der Mitglieder des Direktoriums der Europäischen Zentralbank (Artikel 283 Absatz 2);
i) Beschlüsse zur Festlegung der innerhalb der zuständigen internationalen Einrichtungen und Konferenzen im Finanzbereich einzunehmenden gemeinsamen Standpunkte zu den Fragen, die von besonderer Bedeutung für die Wirtschafts- und Währungsunion sind (Artikel 138 Absatz 1);
j) Maßnahmen zur Sicherstellung einer einheitlichen Vertretung bei den internationalen Einrichtungen und Konferenzen im Finanzbereich (Artikel 138 Absatz 2).

[2] Somit sind „Mitgliedstaaten" im Sinne der in den Buchstaben a bis j genannten Artikel die Mitgliedstaaten, deren Währung der Euro ist.

(3) Die Mitgliedstaaten, für die eine Ausnahmeregelung gilt, und deren nationale Zentralbanken sind nach Kapitel IX der Satzung des ESZB und der EZB[1)] von den Rechten und Pflichten im Rahmen des ESZB ausgeschlossen.

(4) *[1]* Das Stimmrecht der Mitglieder des Rates, die Mitgliedstaaten mit Ausnahmeregelung vertreten, ruht beim Erlass von Maßnahmen nach den in Absatz 2 genannten Artikeln durch den Rat sowie bei

a) Empfehlungen an die Mitgliedstaaten, deren Währung der Euro ist, im Rahmen der multilateralen Überwachung, einschließlich Empfehlungen zu den Stabilitätsprogrammen und Verwarnungen (Artikel 121 Absatz 4);

---

1) Nr. 2.

b) Maßnahmen bei übermäßigem Defizit von Mitgliedstaaten, deren Währung der Euro ist (Artikel 126 Absätze 6, 7, 8, 12 und 13).

[2] Die qualifizierte Mehrheit der übrigen Mitglieder des Rates bestimmt sich nach Artikel 238 Absatz 3 Buchstabe a.

Art. 140 [Konvergenzbericht] (1) *[1]* [1] Mindestens einmal alle zwei Jahre oder auf Antrag eines Mitgliedstaats, für den eine Ausnahmeregelung gilt, berichten die Kommission und die Europäische Zentralbank dem Rat, inwieweit die Mitgliedstaaten, für die eine Ausnahmeregelung gilt, bei der Verwirklichung der Wirtschafts- und Währungsunion ihren Verpflichtungen bereits nachgekommen sind. [2] In ihren Berichten wird auch die Frage geprüft, inwieweit die innerstaatlichen Rechtsvorschriften jedes einzelnen dieser Mitgliedstaaten einschließlich der Satzung der jeweiligen nationalen Zentralbank mit Artikel 130 und Artikel 131 sowie der Satzung des ESZB und der EZB[1)] vereinbar sind. [3] Ferner wird darin geprüft, ob ein hoher Grad an dauerhafter Konvergenz erreicht ist; Maßstab hierfür ist, ob die einzelnen Mitgliedstaaten folgende Kriterien erfüllen:

– Erreichung eines hohen Grades an Preisstabilität, ersichtlich aus einer Inflationsrate, die der Inflationsrate jener – höchstens drei – Mitgliedstaaten nahe kommt, die auf dem Gebiet der Preisstabilität das beste Ergebnis erzielt haben;
– eine auf Dauer tragbare Finanzlage der öffentlichen Hand, ersichtlich aus einer öffentlichen Haushaltslage ohne übermäßiges Defizit im Sinne des Artikels 126 Absatz 6;
– Einhaltung der normalen Bandbreiten des Wechselkursmechanismus des Europäischen Währungssystems seit mindestens zwei Jahren ohne Abwertung gegenüber dem Euro;
– Dauerhaftigkeit der von dem Mitgliedstaat mit Ausnahmeregelung erreichten Konvergenz und seiner Teilnahme am Wechselkursmechanismus, die im Niveau der langfristigen Zinssätze zum Ausdruck kommt.

[2] [1] Die vier Kriterien in diesem Absatz sowie die jeweils erforderliche Dauer ihrer Einhaltung sind in einem den Verträgen beigefügten Protokoll näher festgelegt. [2] Die Berichte der Kommission und der Europäischen Zentralbank berücksichtigen auch die Ergebnisse bei der Integration der Märkte, den Stand und die Entwicklung der Leistungsbilanzen, die Entwicklung bei den Lohnstückkosten und andere Preisindizes.

(2) *[1]* Der Rat beschließt nach Anhörung des Europäischen Parlaments und nach Aussprache im Europäischen Rat auf Vorschlag der Kommission, welche der Mitgliedstaaten, für die eine Ausnahmeregelung gilt, die auf den Kriterien des Absatzes 1 beruhenden Voraussetzungen erfüllen, und hebt die Ausnahmeregelungen der betreffenden Mitgliedstaaten auf.

[2] Der Rat beschließt auf Empfehlung einer qualifizierten Mehrheit derjenigen seiner Mitglieder, die Mitgliedstaaten vertreten, deren Währung der Euro ist. Diese Mitglieder beschließen innerhalb von sechs Monaten nach Eingang des Vorschlags der Kommission beim Rat.

[1)] Nr. **2**.

[3] Die in Unterabsatz 2 genannte qualifizierte Mehrheit dieser Mitglieder bestimmt sich nach Artikel 238 Absatz 3 Buchstabe a.

(3) Wird nach dem Verfahren des Absatzes 2 beschlossen, eine Ausnahmeregelung aufzuheben, so legt der Rat aufgrund eines einstimmigen Beschlusses der Mitgliedstaaten, deren Währung der Euro ist, und des betreffenden Mitgliedstaats auf Vorschlag der Kommission und nach Anhörung der Europäischen Zentralbank den Kurs, zu dem dessen Währung durch den Euro ersetzt wird, unwiderruflich fest und ergreift die sonstigen erforderlichen Maßnahmen zur Einführung des Euro als einheitliche Währung in dem betreffenden Mitgliedstaat.

Art. 141 [Erweiterter Rat der EZB] (1) Sofern und solange es Mitgliedstaaten gibt, für die eine Ausnahmeregelung gilt, wird unbeschadet des Artikels 129 Absatz 1 der in Artikel 44 der Satzung des ESZB und der EZB[1)] bezeichnete Erweiterte Rat der Europäischen Zentralbank als drittes Beschlussorgan der Europäischen Zentralbank errichtet.

(2) Sofern und solange es Mitgliedstaaten gibt, für die eine Ausnahmeregelung gilt, ist es die Aufgabe der Europäischen Zentralbank, in Bezug auf diese Mitgliedstaaten

– die Zusammenarbeit zwischen den nationalen Zentralbanken zu verstärken;
– die Koordinierung der Geldpolitiken der Mitgliedstaaten mit dem Ziel zu verstärken, die Preisstabilität aufrechtzuerhalten;
– das Funktionieren des Wechselkursmechanismus zu überwachen;
– Konsultationen zu Fragen durchzuführen, die in die Zuständigkeit der nationalen Zentralbanken fallen und die Stabilität der Finanzinstitute und -märkte berühren;
– die seinerzeitigen Aufgaben des Europäischen Fonds für währungspolitische Zusammenarbeit, die zuvor vom Europäischen Währungsinstitut übernommen worden waren, wahrzunehmen.

Art. 142 [Wechselkurspolitik] [1]Jeder Mitgliedstaat, für den eine Ausnahmeregelung gilt, behandelt seine Wechselkurspolitik als eine Angelegenheit von gemeinsamem Interesse. [2]Er berücksichtigt dabei die Erfahrungen, die bei der Zusammenarbeit im Rahmen des Wechselkursmechanismus gesammelt worden sind.

Art. 143 [Zahlungsbilanzschwierigkeiten] (1) *[1]* [1]Ist ein Mitgliedstaat, für den eine Ausnahmeregelung gilt, hinsichtlich seiner Zahlungsbilanz von Schwierigkeiten betroffen oder ernstlich bedroht, die sich entweder aus einem Ungleichgewicht seiner Gesamtzahlungsbilanz oder aus der Art der ihm zur Verfügung stehenden Devisen ergeben, und sind diese Schwierigkeiten geeignet, insbesondere das Funktionieren des Binnenmarkts oder die Verwirklichung der gemeinsamen Handelspolitik zu gefährden, so prüft die Kommission unverzüglich die Lage dieses Staates sowie die Maßnahmen, die er getroffen hat oder unter Einsatz aller ihm zur Verfügung stehenden Mittel nach den Verträgen treffen kann. [2]Die Kommission gibt die Maßnahmen an, die sie dem betreffenden Mitgliedsstaat empfiehlt.

---

1) Nr. 2.

[2] Erweisen sich die von einem Mitgliedstaat mit Ausnahmeregelung ergriffenen und die von der Kommission angeregten Maßnahmen als unzureichend, die aufgetretenen oder drohenden Schwierigkeiten zu beheben, so empfiehlt die Kommission dem Rat nach Anhörung des Wirtschafts- und Finanzausschusses einen gegenseitigen Beistand und die dafür geeigneten Methoden.

[3] Die Kommission unterrichtet den Rat regelmäßig über die Lage und ihre Entwicklung.

(2) [1] Der Rat gewährt den gegenseitigen Beistand; er erlässt Richtlinien oder Beschlüsse, welche die Bedingungen und Einzelheiten hierfür festlegen. [2] Der gegenseitige Beistand kann insbesondere erfolgen

a) durch ein abgestimmtes Vorgehen bei anderen internationalen Organisationen, an die sich die Mitgliedstaaten, für die eine Ausnahmeregelung gilt, wenden können;

b) durch Maßnahmen, die notwendig sind, um Verlagerungen von Handelsströmen zu vermeiden, falls der in Schwierigkeiten befindliche Mitgliedstaat mit Ausnahmeregelung mengenmäßige Beschränkungen gegenüber dritten Ländern beibehält oder wieder einführt;

c) durch Bereitstellung von Krediten in begrenzter Höhe seitens anderer Mitgliedstaaten; hierzu ist ihr Einverständnis erforderlich.

(3) *[1]* Stimmt der Rat dem von der Kommission empfohlenen gegenseitigen Beistand nicht zu oder sind der gewährte Beistand und die getroffenen Maßnahmen unzureichend, so ermächtigt die Kommission den in Schwierigkeiten befindlichen Mitgliedstaat mit Ausnahmeregelung, Schutzmaßnahmen zu treffen, deren Bedingungen und Einzelheiten sie festlegt.

[2] Der Rat kann diese Ermächtigung aufheben und die Bedingungen und Einzelheiten ändern.

Art. 144 [Plötzliche Zahlungsbilanzkrise; Schutzmaßnahmen]

(1) [1] Gerät ein Mitgliedstaat, für den eine Ausnahmeregelung gilt, in eine plötzliche Zahlungsbilanzkrise und wird ein Beschluss im Sinne des Artikels 143 Absatz 2 nicht unverzüglich getroffen, so kann der betreffende Staat vorsorglich die erforderlichen Schutzmaßnahmen ergreifen. [2] Sie dürfen nur ein Mindestmaß an Störungen im Funktionieren des Binnenmarkts hervorrufen und nicht über das zur Behebung der plötzlich aufgetretenen Schwierigkeiten unbedingt erforderliche Ausmaß hinausgehen.

(2) [1] Die Kommission und die anderen Mitgliedstaaten werden über die Schutzmaßnahmen spätestens bei deren Inkrafttreten unterrichtet. [2] Die Kommission kann dem Rat den gegenseitigen Beistand nach Artikel 143 empfehlen.

(3) Auf Empfehlung der Kommission und nach Anhörung des Wirtschafts- und Finanzausschusses kann der Rat beschließen, dass der betreffende Mitgliedstaat diese Schutzmaßnahmen zu ändern, auszusetzen oder aufzuheben hat.

Sechster Teil. Institutionelle Bestimmungen und Finanzvorschriften

Titel I. Vorschriften über die Organe

Kapitel 1.[1] Die Organe

Abschnitt 6. Die Europäische Zentralbank

Art. 282 [Aufgaben und Maßnahmen; Rechtspersönlichkeit; Unabhängigkeit; Anhörungsrecht] (1) [1]Die Europäische Zentralbank und die nationalen Zentralbanken bilden das Europäische System der Zentralbanken (ESZB). [2]Die Europäische Zentralbank und die nationalen Zentralbanken der Mitgliedstaaten, deren Währung der Euro ist, bilden das Eurosystem und betreiben die Währungspolitik der Union.

(2) [1]Das ESZB wird von den Beschlussorganen der Europäischen Zentralbank geleitet. [2]Sein vorrangiges Ziel ist es, die Preisstabilität zu gewährleisten. [3]Unbeschadet dieses Zieles unterstützt es die allgemeine Wirtschaftspolitik in der Union, um zur Verwirklichung ihrer Ziele beizutragen.

(3) [1]Die Europäische Zentralbank besitzt Rechtspersönlichkeit. [2]Sie allein ist befugt, die Ausgabe des Euro zu genehmigen. [3]Sie ist in der Ausübung ihrer Befugnisse und der Verwaltung ihrer Mittel unabhängig. [4]Die Organe, Einrichtungen oder sonstigen Stellen der Union sowie die Regierungen der Mitgliedstaaten achten diese Unabhängigkeit.

(4) [1]Die Europäische Zentralbank erlässt die für die Erfüllung ihrer Aufgaben erforderlichen Maßnahmen nach den Artikeln 127 bis 133 und Artikel 138 und nach Maßgabe der Satzung des ESZB und der EZB[2]. [2]Nach diesen Artikeln behalten die Mitgliedstaaten, deren Währung nicht der Euro ist, sowie deren Zentralbanken ihre Zuständigkeiten im Währungsbereich.

(5) Die Europäische Zentralbank wird in den Bereichen, auf die sich ihre Befugnisse erstrecken, zu allen Entwürfen für Rechtsakte der Union sowie zu allen Entwürfen für Rechtsvorschriften auf einzelstaatlicher Ebene gehört und kann Stellungnahmen abgeben.

Art. 283 [Organstruktur] (1) Der Rat der Europäischen Zentralbank besteht aus den Mitgliedern des Direktoriums der Europäischen Zentralbank und den Präsidenten der nationalen Zentralbanken der Mitgliedstaaten, deren Währung der Euro ist.

(2) *[1]* Das Direktorium besteht aus dem Präsidenten, dem Vizepräsidenten und vier weiteren Mitgliedern.

[2] Der Präsident, der Vizepräsident und die weiteren Mitglieder des Direktoriums werden vom Europäischen Rat auf Empfehlung des Rates, der hierzu das Europäische Parlament und den Rat der Europäischen Zentralbank anhört, aus dem Kreis der in Währungs- oder Bankfragen anerkannten und erfahrenen Persönlichkeiten mit qualifizierter Mehrheit ausgewählt und ernannt.

[3] Ihre Amtszeit beträgt acht Jahre; Wiederernennung ist nicht zulässig.

---

[1] Vgl. zu diesem Kapitel auch die „Erklärung zur Erweiterung der Europäischen Union" (Erklärung Nr. 20) zur Schlussakte v. 16.2.2001 (ABl. C 80 S. 70) der Konferenz von Nizza.
[2] Nr. 2.

[4] Nur Staatsangehörige der Mitgliedstaaten können Mitglieder des Direktoriums werden.

Art. 284 [Teilnahmerechte; Jahresbericht] (1) [1] Der Präsident des Rates und ein Mitglied der Kommission können ohne Stimmrecht an den Sitzungen des Rates der Europäischen Zentralbank teilnehmen. [2] Der Präsident des Rates kann dem Rat der Europäischen Zentralbank einen Antrag zur Beratung vorlegen.

(2) Der Präsident der Europäischen Zentralbank wird zur Teilnahme an den Tagungen des Rates eingeladen, wenn dieser Fragen im Zusammenhang mit den Zielen und Aufgaben des ESZB erörtert.

(3) *[1]* [1] Die Europäische Zentralbank unterbreitet dem Europäischen Parlament, dem Rat und der Kommission sowie auch dem Europäischen Rat einen Jahresbericht über die Tätigkeit des ESZB und die Geld- und Währungspolitik im vergangenen und im laufenden Jahr. [2] Der Präsident der Europäischen Zentralbank legt den Bericht dem Rat und dem Europäischen Parlament vor, das auf dieser Grundlage eine allgemeine Aussprache durchführen kann.

[2] Der Präsident der Europäischen Zentralbank und die anderen Mitglieder des Direktoriums können auf Ersuchen des Europäischen Parlaments oder auf ihre Initiative hin von den zuständigen Ausschüssen des Europäischen Parlaments gehört werden.

2. Protokoll über die Satzung des Europäischen Systems der Zentralbanken und der Europäischen Zentralbank[1]

Vom 7. Februar 1992

(ABl. C 191 S. 68)

Celex-Nr. 1 1992 M/PRO/SEBC/00

zuletzt geänd. durch Art. 1 Abs. 4 Buchst. b, Abs. 5 Buchst. a, Abs. 6 Buchst. a, Abs. 8 Buchst. b, Abs. 11 Protokoll Nr. 1 zum Vertrag von Lissabon[2] v. 13.12.2007 (ABl. C 306 S. 165, ber. 2008 C 111 S. 56 und 2009 C 290 S. 1)

Nichtamtliche Inhaltsübersicht

---

[1] Die Verweise/Bezugnahmen auf Vorschriften des EUV und/oder AEUV sind bereits gemäß Art. 5 des Vertrags von Lissabon iVm der Übereinstimmungstabelle an die neue Nummerierung angepasst worden; die Artikelfolge des Protokoll ist gemäß Art. 2 Abs. 1 des Protokolls Nr. 1 zum Vertrag von Lissabon iVm der Übereinstimmungstabelle im Anhang zum Protokoll Nr. 1 an die neue Nummerierung angepasst worden.

[2] Die Bundesrepublik Deutschland hat mWv 15.10.2008 durch G v. 8.1.2008 (BGBl. II S. 1038) dem Vertrag von Lissabon zugestimmt; Inkrafttreten am **1.12.2009**, siehe die Bek. v. 13.11.2009 (BGBl. II S. 1223).

DIE HOHEN VERTRAGSPARTEIEN –

IN DEM WUNSCH, die in Artikel 129 Absatz 2 des Vertrages über die Arbeitsweise der Europäischen Union[1)] vorgesehene Satzung des Europäischen Systems der Zentralbanken und der Europäischen Zentralbank festzulegen,

SIND über folgende Bestimmungen ÜBEREINGEKOMMEN, die dem Vertrag über die Europäische Union und dem Vertrag über die Arbeitsweise der Europäischen Union[2)] beigefügt sind:

Kapitel I. Das Europäische System der Zentralbanken

Art. 1 Das Europäische System der Zentralbanken. *[1]* [1] Die Europäische Zentralbank (EZB) und die nationalen Zentralbanken bilden nach Artikel 282 Absatz 1 des Vertrags über die Arbeitsweise der Europäischen Union[1)] das Europäische System der Zentralbanken (ESZB). [2] Die EZB und die nationalen Zentralbanken der Mitgliedstaaten, deren Währung der Euro ist, bilden das Eurosystem.

[2] Das ESZB und die EZB nehmen ihre Aufgaben und ihre Tätigkeit nach Maßgabe der Verträge und dieser Satzung wahr.

Kapitel II. Ziele und Aufgaben des ESZB

Art. 2 Ziele. [1] Nach Artikel 127 Absatz 1 und Artikel 282 Absatz 2 des Vertrags über die Arbeitsweise der Europäischen Union[1)] ist es das vorrangige Ziel des ESZB, die Preisstabilität zu gewährleisten. [2] Soweit dies ohne Beein-

---

[1)] Nr. 1.
[2)] Auszugsweise abgedruckt unter Nr. 1.

trächtigung des Zieles der Preisstabilität möglich ist, unterstützt das ESZB die allgemeine Wirtschaftspolitik in der Union, um zur Verwirklichung der in Artikel 3 des Vertrags über die Europäische Union festgelegten Ziele der Union beizutragen. [3] Das ESZB handelt im Einklang mit dem Grundsatz einer offenen Marktwirtschaft mit freiem Wettbewerb, wodurch ein effizienter Einsatz der Ressourcen gefördert wird, und hält sich dabei an die in Artikel 119 des Vertrags über die Arbeitsweise der Europäischen Union genannten Grundsätze.

Art. 3 Aufgaben. 3.1. Nach Artikel 127 Absatz 2 des Vertrags über die Arbeitsweise der Europäischen Union[1)] bestehen die grundlegenden Aufgaben des ESZB darin,

– die Geldpolitik der Union festzulegen und auszuführen,
– Devisengeschäfte im Einklang mit Artikel 219 des genannten Vertrags durchzuführen,
– die offiziellen Währungsreserven der Mitgliedstaaten zu halten und zu verwalten,
– das reibungslose Funktionieren der Zahlungssysteme zu fördern.

3.2. Nach Artikel 127 Absatz 3 des genannten Vertrags[1)] berührt Artikel 3.1 dritter Gedankenstrich nicht die Haltung und Verwaltung von Arbeitsguthaben in Fremdwährungen durch die Regierungen der Mitgliedstaaten.

3.3. Das ESZB trägt nach Artikel 127 Absatz 5 des genannten Vertrags[1)] zur reibungslosen Durchführung der von den zuständigen Behörden auf dem Gebiet der Aufsicht über die Kreditinstitute und der Stabilität des Finanzsystems ergriffenen Maßnahmen bei.

Art. 4 Beratende Funktionen. Nach Artikel 127 Absatz 4 des Vertrags über die Arbeitsweise der Europäischen Union[1)]

a) wird die EZB gehört
   – zu allen Vorschlägen für Rechtsakte der Union im Zuständigkeitsbereich der EZB;
   – von den nationalen Behörden zu allen Entwürfen für Rechtsvorschriften im Zuständigkeitsbereich der EZB, und zwar innerhalb der Grenzen und unter den Bedingungen, die der Rat nach dem Verfahren des Artikels 41 festlegt;

b) kann die EZB gegenüber den Organen, Einrichtungen oder sonstigen Stellen der Union und gegenüber den nationalen Behörden Stellungnahmen zu in ihren Zuständigkeitsbereich fallenden Fragen abgeben.

Art. 5[2)] Erhebung von statistischen Daten. 5.1. [1] Zur Wahrnehmung der Aufgaben des ESZB holt die EZB mit Unterstützung der nationalen Zentralbanken die erforderlichen statistischen Daten entweder von den zuständigen nationalen Behörden oder unmittelbar von den Wirtschaftssubjekten ein. [2] Zu diesem Zweck arbeitet sie mit den Organen, Einrichtungen oder sonstigen Stellen der Union und den zuständigen Behörden der Mitgliedstaaten oder dritter Länder sowie mit internationalen Organisationen zusammen.

---

1) Nr. 1.
2) Siehe hierzu die DBBank-Mitteilung Nr. 8001/2015 v. 13.5.2015 (BAnz AT 29.05.2015 B1).

5.2. Die in Artikel 5.1 bezeichneten Aufgaben werden soweit wie möglich von den nationalen Zentralbanken ausgeführt.

5.3. Soweit erforderlich, fördert die EZB die Harmonisierung der Bestimmungen und Gepflogenheiten auf dem Gebiet der Erhebung, Zusammenstellung und Weitergabe von statistischen Daten in den in ihre Zuständigkeit fallenden Bereichen.

5.4. Der Kreis der berichtspflichtigen natürlichen und juristischen Personen, die Bestimmungen über die Vertraulichkeit sowie die geeigneten Vorkehrungen zu ihrer Durchsetzung werden vom Rat nach dem Verfahren des Artikel 41 festgelegt.

Art. 6 Internationale Zusammenarbeit. 6.1. Im Bereich der internationalen Zusammenarbeit, die die dem ESZB übertragenen Aufgaben betrifft, beschließt die EZB, wie das ESZB vertreten wird.

6.2. Die EZB und, soweit diese zustimmt, die nationalen Zentralbanken sind befugt, sich an internationalen Währungseinrichtungen zu beteiligen.

6.3. Die Artikel 6.1 und 6.2 finden unbeschadet des Artikels 138 des Vertrags über die Arbeitsweise der Europäischen Union[1)] Anwendung.

Kapitel III. Organisation des ESZB

Art. 7 Unabhängigkeit. [1] Nach Artikel 130 des Vertrags über die Arbeitsweise der Europäischen Union[1)] darf bei der Wahrnehmung der ihnen durch die Verträge und diese Satzung übertragenen Befugnisse, Aufgaben und Pflichten weder die EZB noch eine nationale Zentralbank noch ein Mitglied ihrer Beschlußorgane Weisungen von Organen, Einrichtungen oder sonstigen Stellen der Union, Regierungen der Mitgliedstaaten oder anderen Stellen einholen oder entgegennehmen. [2] Die Organe, Einrichtungen oder sonstigen Stellen der Union sowie die Regierungen der Mitgliedstaaten verpflichten sich, diesen Grundsatz zu beachten und nicht zu versuchen, die Mitglieder der Beschlußorgane der EZB oder der nationalen Zentralbanken bei der Wahrnehmung ihrer Aufgaben zu beeinflussen.

Art. 8 Allgemeiner Grundsatz. Das ESZB wird von den Beschlußorganen der EZB geleitet.

Art. 9 Die Europäische Zentralbank. 9.1. Die EZB, die nach Artikel 282 Absatz 3 *dieses Vertrags*[2)] mit Rechtspersönlichkeit ausgestattet ist, besitzt in jedem Mitgliedstaat die weitestgehende Rechts- und Geschäftsfähigkeit, die juristischen Personen nach dessen Rechtsvorschriften zuerkannt ist; sie kann insbesondere bewegliches und unbewegliches Vermögen erwerben und veräußern sowie vor Gericht stehen.

9.2. Die EZB stellt sicher, daß die dem ESZB nach Artikel 127 Absätze 2, 3 und 5 des genannten Vertrags[1)] übertragenen Aufgaben entweder durch ihre eigene Tätigkeit nach Maßgabe dieser Satzung oder durch die nationalen Zentralbanken nach den Artikeln 12.1 und 14 erfüllt werden.

[1)] Nr. **1**.

[2)] Berichtigung vmtl. fehlerhaft: es ist der Vertrag über die Arbeitsweise der Europäischen Union (auszugsweise abgedruckt unter Nr. **1**) gemeint.

9.3. Die Beschlußorgane der EZB sind nach Artikel 129 Absatz 3 des genannten Vertrags[1] der EZB-Rat und das Direktorium.

Art. 10 Der EZB-Rat. 10.1. Nach Artikel 283 Absatz 1 des Vertrags über die Arbeitsweise der Europäischen Union[1] besteht der EZB-Rat aus den Mitgliedern des Direktoriums der EZB und den Präsidenten der nationalen Zentralbanken der Mitgliedstaaten, deren Währung der Euro ist.

10.2. *[1]* [1] Jedes Mitglied des EZB-Rates hat eine Stimme. [2] Ab dem Zeitpunkt, zu dem die Anzahl der Mitglieder des EZB-Rates 21 übersteigt, hat jedes Mitglied des Direktoriums eine Stimme und beträgt die Anzahl der stimmberechtigten Präsidenten der nationalen Zentralbanken 15. [3] Die Verteilung und Rotation dieser Stimmrechte erfolgt wie im Folgenden dargelegt:

- Ab dem Zeitpunkt, zu dem die Anzahl der Präsidenten der nationalen Zentralbanken 15 übersteigt, und bis zu dem Zeitpunkt, zu dem diese 22 beträgt, werden die Präsidenten der nationalen Zentralbanken aufgrund der Position des Mitgliedstaats ihrer jeweiligen nationalen Zentralbank, die sich aus der Größe des Anteils des Mitgliedstaats ihrer jeweiligen nationalen Zentralbank am aggregierten Bruttoinlandsprodukt zu Marktpreisen und an der gesamten aggregierten Bilanz der monetären Finanzinstitute der Mitgliedstaaten, deren Währung der Euro ist, ergibt, in zwei Gruppen eingeteilt. Die Gewichtung der Anteile am aggregierten Bruttoinlandsprodukt zu Marktpreisen und an der gesamten aggregierten Bilanz der monetären Finanzinstitute beträgt ⅚ bzw. ⅙. Die erste Gruppe besteht aus fünf Präsidenten der nationalen Zentralbanken und die zweite Gruppe aus den übrigen Präsidenten der nationalen Zentralbanken. Die Präsidenten der nationalen Zentralbanken, die in die erste Gruppe eingeteilt werden, sind nicht weniger häufig stimmberechtigt als die Präsidenten der nationalen Zentralbanken der zweiten Gruppe. Vorbehaltlich des vorstehenden Satzes werden der ersten Gruppe vier Stimmrechte und der zweiten Gruppe elf Stimmrechte zugeteilt.
- Ab dem Zeitpunkt, zu dem die Anzahl der Präsidenten der nationalen Zentralbanken 22 beträgt, werden die Präsidenten der nationalen Zentralbanken nach Maßgabe der sich aufgrund der oben genannten Kriterien ergebenden Position in drei Gruppen eingeteilt. Die erste Gruppe, der vier Stimmrechte zugeteilt werden, besteht aus fünf Präsidenten der nationalen Zentralbanken. Die zweite Gruppe, der acht Stimmrechte zugeteilt werden, besteht aus der Hälfte aller Präsidenten der nationalen Zentralbanken, wobei jeder Bruchteil auf die nächste ganze Zahl aufgerundet wird. Die dritte Gruppe, der drei Stimmrechte zugeteilt werden, besteht aus den übrigen Präsidenten der nationalen Zentralbanken.
- Innerhalb jeder Gruppe sind die Präsidenten der nationalen Zentralbanken für gleich lange Zeiträume stimmberechtigt.
- Artikel 29.2 gilt für die Berechnung der Anteile am aggregierten Bruttoinlandsprodukt zu Marktpreisen. Die gesamte aggregierte Bilanz der monetären Finanzinstitute wird gemäß dem zum Zeitpunkt der Berechnung in der Europäischen Union geltenden statistischen Berichtsrahmen berechnet.
- Bei jeder Anpassung des aggregierten Bruttoinlandsprodukts zu Marktpreisen gemäß Artikel 29.3 oder bei jeder Erhöhung der Anzahl der Präsidenten der

---

[1] Nr. **1**.

nationalen Zentralbanken wird die Größe und/oder die Zusammensetzung der Gruppen nach den oben genannten Grundsätzen angepasst.

– Der EZB-Rat trifft mit einer Mehrheit von zwei Dritteln seiner stimmberechtigten und nicht stimmberechtigten Mitglieder alle zur Durchführung der oben genannten Grundsätze erforderlichen Maßnahmen und kann beschließen, den Beginn des Rotationssystems bis zu dem Zeitpunkt zu verschieben, zu dem die Anzahl der Präsidenten der nationalen Zentralbanken 18 übersteigt.

[2] [1] Das Stimmrecht wird persönlich ausgeübt. [2] Abweichend von dieser Bestimmung kann in der in Artikel 12.3 genannten Geschäftsordnung vorgesehen werden, dass Mitglieder des EZB-Rates im Wege einer Telekonferenz an der Abstimmung teilnehmen können. [3] In der Geschäftsordnung wird ferner vorgesehen, dass ein für längere Zeit an der Teilnahme an Sitzungen des EZB-Rates verhindertes Mitglied einen Stellvertreter als Mitglied des EZB-Rates benennen kann.

[3] Die Stimmrechte aller stimmberechtigten und nicht stimmberechtigten Mitglieder des EZB-Rates gemäß den Artikeln 10.3, 40.2 und 40.3 bleiben von den Bestimmungen der vorstehenden Absätze unberührt.

[4] [1] Soweit in dieser Satzung nichts anderes bestimmt ist, beschließt der EZB-Rat mit einfacher Mehrheit seiner stimmberechtigten Mitglieder. [2] Bei Stimmengleichheit gibt die Stimme des Präsidenten den Ausschlag.

[5] [1] Der EZB-Rat ist beschlussfähig, wenn mindestens zwei Drittel seiner stimmberechtigten Mitglieder an der Abstimmung teilnehmen. [2] Ist der EZB-Rat nicht beschlussfähig, so kann der Präsident eine außerordentliche Sitzung einberufen, bei der für die Beschlussfähigkeit die Mindestteilnahmequote nicht erforderlich ist.

10.3. [1] Für alle Beschlüsse im Rahmen der Artikel 28, 29, 30, 32 und 33 werden die Stimmen im EZB-Rat nach den Anteilen der nationalen Zentralbank am gezeichneten Kapital der EZB gewogen. [2] Die Stimmen der Mitglieder des Direktoriums werden mit Null gewogen. [3] Ein Beschluß, der die qualifizierte Mehrheit der Stimmen erfordert, gilt als angenommen, wenn die abgegebenen Ja-Stimmen mindestens zwei Drittel des gezeichneten Kapitals der EZB und mindestens die Hälfte der Anteilseigner vertreten. [4] Bei Verhinderung eines Präsidenten einer nationalen Zentralbank kann dieser einen Stellvertreter zur Abgabe seiner gewogenen Stimme benennen.

10.4. [1] Die Aussprachen in den Ratssitzungen sind vertraulich. [2] Der EZB-Rat kann beschließen, das Ergebnis seiner Beratungen zu veröffentlichen.

10.5. Der EZB-Rat tritt mindestens zehnmal im Jahr zusammen.

Art. 11 Das Direktorium. 11.1. [1] Nach Artikel 283 Absatz 2 Buchstabe a des Vertrags über die Arbeitsweise der Europäischen Union[1)] besteht das Direktorium aus dem Präsidenten, dem Vizepräsidenten und vier weiteren Mitgliedern. [2] Die Mitglieder erfüllen ihre Pflichten hauptamtlich. [3] Ein Mitglied darf weder entgeltlich noch unentgeltlich einer anderen Beschäftigung nachgehen, es sei denn, der EZB-Rat erteilt hierzu ausnahmsweise seine Zustimmung.

11.2. *[1]* Nach Artikel 283 Absatz 2 Buchstabe b des genannten Vertrags[1)] werden der Präsident, der Vizepräsident und die weiteren Mitglieder des

---

[1)] Nr. **1**.

Direktoriums vom Europäischen Rat auf Empfehlung des Rates, der hierzu das Europäische Parlament und den EZB-Rat anhört, aus dem Kreis der in Währungs- oder Bankfragen anerkannten und erfahrenen Persönlichkeiten mit qualifizierter Mehrheit ernannt.

[2] Ihre Amtszeit beträgt acht Jahre; Wiederernennung ist nicht zulässig.

[3] Nur Staatsangehörige der Mitgliedstaaten können Mitglieder des Direktoriums sein.

11.3. [1] Die Beschäftigungsbedingungen für die Mitglieder des Direktoriums, insbesondere ihre Gehälter und Ruhegehälter sowie andere Leistungen der sozialen Sicherheit, sind Gegenstand von Verträgen mit der EZB und werden vom EZB-Rat auf Vorschlag eines Ausschusses festgelegt, der aus drei vom EZB-Rat und drei vom Rat ernannten Mitgliedern besteht. [2] Die Mitglieder des Direktoriums haben in den in diesem Absatz bezeichneten Angelegenheiten kein Stimmrecht.

11.4. Ein Mitglied des Direktoriums, das die Voraussetzungen für die Ausübung seines Amtes nicht mehr erfüllt oder eine schwere Verfehlung begangen hat, kann auf Antrag des EZB-Rates oder des Direktoriums durch den Gerichtshof seines Amtes enthoben werden.

11.5. [1] Jedes persönlich anwesende Mitglied des Direktoriums ist berechtigt, an Abstimmungen teilzunehmen, und hat zu diesem Zweck eine Stimme. [2] Soweit nichts anderes bestimmt ist, beschließt das Direktorium mit der einfachen Mehrheit der abgegebenen Stimmen. [3] Bei Stimmengleichheit gibt die Stimme des Präsidenten den Ausschlag. [4] Die Abstimmungsmodalitäten werden in der in Artikel 12.3 bezeichneten Geschäftsordnung geregelt.

11.6. Das Direktorium führt die laufenden Geschäfte der EZB.

11.7. Freiwerdende Sitze im Direktorium sind durch Ernennung eines neuen Mitglieds nach Artikel 11.2 zu besetzen.

Art. 12 Aufgaben der Beschlußorgane. 12.1. *[1]* [1] Der EZB-Rat erläßt die Leitlinien und Beschlüsse, die notwendig sind, um die Erfüllung der dem ESZB nach den Verträgen und dieser Satzung übertragenen Aufgaben zu gewährleisten. [2] Der EZB-Rat legt die Geldpolitik der Union fest, gegebenenfalls einschließlich von Beschlüssen in Bezug auf geldpolitische Zwischenziele, Leitzinssätze und die Bereitstellung von Zentralbankgeld im ESZB, und erläßt die für ihre Ausführung notwendigen Leitlinien.

[2] [1] Das Direktorium führt die Geldpolitik gemäß den Leitlinien und Beschlüssen des EZB-Rates aus. [2] Es erteilt hierzu den nationalen Zentralbanken die erforderlichen Weisungen. [3] Ferner können dem Direktorium durch Beschluß des EZB-Rates bestimmte Befugnisse übertragen werden.

[3] Unbeschadet dieses Artikels nimmt die EZB die nationalen Zentralbanken zur Durchführung von Geschäften, die zu den Aufgaben des ESZB gehören, in Anspruch, soweit dies möglich und sachgerecht erscheint.

12.2. Die Vorbereitung der Sitzungen des EZB-Rates obliegt dem Direktorium.

12.3. Der EZB-Rat beschließt eine Geschäftsordnung, die die interne Organisation der EZB und ihrer Beschlußorgane regelt.

12.4. Der EZB-Rat nimmt die in Artikel 4 genannten beratenden Funktionen wahr.

12.5. Der EZB-Rat trifft die Beschlüsse nach Artikel 6.

Art. 13 Der Präsident. 13.1. Den Vorsitz im EZB-Rat und im Direktorium der EZB führt der Präsident oder, bei seiner Verhinderung, der Vizepräsident.

13.2. Unbeschadet des Artikels 38 vertritt der Präsident oder eine von ihm benannte Person die EZB nach außen.

Art. 14 Nationale Zentralbanken. 14.1. Nach Artikel 131 des Vertrags über die Arbeitsweise der Europäischen Union[1] stellt jeder Mitgliedstaat sicher, daß seine innerstaatlichen Rechtsvorschriften einschließlich der Satzung seiner Zentralbank mit den Verträgen und dieser Satzung im Einklang stehen.

14.2. *[1]* In den Satzungen der nationalen Zentralbanken ist insbesondere vorzusehen, daß die Amtszeit des Präsidenten der jeweiligen nationalen Zentralbank mindestens fünf Jahre beträgt.

[2] [1] Der Präsident einer nationalen Zentralbank kann aus seinem Amt nur entlassen werden, wenn er die Voraussetzungen für die Ausübung seines Amtes nicht mehr erfüllt oder eine schwere Verfehlung begangen hat. [2] Gegen einen entsprechenden Beschluss kann der betreffende Präsident einer nationalen Zentralbank oder der EZB-Rat wegen Verletzung der Verträge oder einer bei ihrer Durchführung anzuwendenden Rechtsnorm den Gerichtshof anrufen. [3] Solche Klagen sind binnen zwei Monaten zu erheben; diese Frist läuft je nach Lage des Falles von der Bekanntgabe des betreffenden Beschlusses, ihrer Mitteilung an den Kläger oder in Ermangelung dessen von dem Zeitpunkt an, zu dem der Kläger von diesem Beschluss Kenntnis erlangt hat.

14.3. [1] Die nationalen Zentralbanken sind integraler Bestandteil des ESZB und handeln gemäß den Leitlinien und Weisungen der EZB. [2] Der EZB-Rat trifft die notwendigen Maßnahmen, um die Einhaltung der Leitlinien und Weisungen der EZB sicherzustellen, und kann verlangen, daß ihm hierzu alle erforderlichen Informationen zur Verfügung gestellt werden.

14.4. [1] Die nationalen Zentralbanken können andere als die in dieser Satzung bezeichneten Aufgaben wahrnehmen, es sei denn, der EZB-Rat stellt mit Zweidrittelmehrheit der abgegebenen Stimmen fest, daß diese Aufgaben nicht mit den Zielen und Aufgaben des ESZB vereinbar sind. [2] Derartige Aufgaben werden von den nationalen Zentralbanken in eigener Verantwortung und auf eigene Rechnung wahrgenommen und gelten nicht als Aufgaben des ESZB.

Art. 15 Berichtspflichten. 15.1. Die EZB erstellt und veröffentlicht mindestens vierteljährlich Berichte über die Tätigkeit des ESZB.

15.2. Ein konsolidierter Ausweis des ESZB wird wöchentlich veröffentlicht.

15.3. Nach Artikel 284 Absatz 3 des Vertrags über die Arbeitsweise der Europäischen Union unterbreitet die EZB dem Europäischen Parlament, dem Rat und der Kommission sowie auch dem Europäischen Rat einen Jahresbericht über die Tätigkeit des ESZB und die Geld- und Währungspolitik im vergangenen und im laufenden Jahr.

15.4. Die in diesem Artikel bezeichneten Berichte und Ausweise werden Interessenten kostenlos zur Verfügung gestellt.

---

[1] Nr. 1.

Art. 16 Banknoten. *[1]* [1] Nach Artikel 128 Absatz 1 des Vertrags über die Arbeitsweise der Europäischen Union[1)] hat der EZB-Rat das ausschließliche Recht, die Ausgabe von Euro-Banknoten innerhalb der Union zu genehmigen. [2] Die EZB und die nationalen Zentralbanken sind zur Ausgabe dieser Banknoten berechtigt. [3] Die von der EZB und den nationalen Zentralbanken ausgegebenen Banknoten sind die einzigen Banknoten, die in der Union als gesetzliches Zahlungsmittel gelten.

[2] Die EZB berücksichtigt so weit wie möglich die Gepflogenheiten bei der Ausgabe und der Gestaltung von Banknoten.

Kapitel IV. Währungspolitische Aufgaben und Operationen des ESZB

Art. 17 Konten bei der EZB und den nationalen Zentralbanken.

Zur Durchführung ihrer Geschäfte können die EZB und die nationalen Zentralbanken für Kreditinstitute, öffentliche Stellen und andere Marktteilnehmer Konten eröffnen und Vermögenswerte, einschließlich Schuldbuchforderungen, als Sicherheit hereinnehmen.

Art. 18 Offenmarkt- und Kreditgeschäfte. 18.1. Zur Erreichung der Ziele des ESZB und zur Erfüllung seiner Aufgaben können die EZB und die nationalen Zentralbanken

– auf den Finanzmärkten tätig werden, indem sie auf Euro oder sonstige Währungen lautende Forderungen und börsengängige Wertpapiere sowie Edelmetalle endgültig (per Kasse oder Termin) oder im Rahmen von Rückkaufsvereinbarungen kaufen und verkaufen oder entsprechende Darlehensgeschäfte tätigen;
– Kreditgeschäfte mit Kreditinstituten und anderen Marktteilnehmern abschließen, wobei für die Darlehen ausreichende Sicherheiten zu stellen sind.

18.2. Die EZB stellt allgemeine Grundsätze für ihre eigenen Offenmarkt- und Kreditgeschäfte und die der nationalen Zentralbanken auf; hierzu gehören auch die Grundsätze für die Bekanntmachung der Bedingungen, zu denen sie bereit sind, derartige Geschäfte abzuschließen.

Art. 19 Mindestreserven. 19.1. [1] Vorbehaltlich des Artikels 2 kann die EZB zur Verwirklichung der geldpolitischen Ziele verlangen, daß die in den Mitgliedstaaten niedergelassenen Kreditinstitute Mindestreserven auf Konten bei der EZB und den nationalen Zentralbanken unterhalten. [2] Verordnungen über die Berechnung und Bestimmung des Mindestreservesolls können vom EZB-Rat erlassen werden. [3] Bei Nichteinhaltung kann die EZB Strafzinsen erheben und sonstige Sanktionen mit vergleichbarer Wirkung verhängen.

19.2. Zum Zwecke der Anwendung dieses Artikels legt der Rat nach dem Verfahren des Artikels 41 die Basis für die Mindestreserven und die höchstzulässigen Relationen zwischen diesen Mindestreserven und ihrer Basis sowie die angemessenen Sanktionen fest, die bei Nichteinhaltung anzuwenden sind.

[1)] Nr. **1**.

Art. 20 Sonstige geldpolitische Instrumente. *[1]* Der EZB-Rat kann mit der Mehrheit von zwei Dritteln der abgegebenen Stimmen über die Anwendung anderer Instrumente der Geldpolitik entscheiden, die er bei Beachtung des Artikels 2 für zweckmäßig hält.

[2] Der Rat legt nach dem Verfahren des Artikels 41 den Anwendungsbereich solcher Instrumente fest, wenn sie Verpflichtungen für Dritte mit sich bringen.

Art. 21 Geschäfte mit öffentlichen Stellen. 21.1. Nach Artikel 123 des Vertrags über die Arbeitsweise der Europäischen Union sind Überziehungs- oder andere Kreditfazilitäten bei der EZB oder den nationalen Zentralbanken für Organe, Einrichtungen oder sonstige Stellen der Union, Zentralregierungen, regionale oder lokale Gebietskörperschaften oder andere öffentlich-rechtliche Körperschaften, sonstige Einrichtungen des öffentlichen Rechts oder öffentliche Unternehmen der Mitgliedstaaten ebenso verboten wie der unmittelbare Erwerb von Schuldtiteln von diesen durch die EZB oder die nationalen Zentralbanken.

21.2. Die EZB und die nationalen Zentralbanken können als Fiskalagent für die in Artikel 21.1 bezeichneten Stellen tätig werden.

21.3. Die Bestimmungen dieses Artikels gelten nicht für Kreditinstitute in öffentlichem Eigentum; diese werden von der jeweiligen nationalen Zentralbank und der EZB, was die Bereitstellung von Zentralbankgeld betrifft, wie private Kreditinstitute behandelt.

Art. 22 Verrechnungs- und Zahlungssysteme. Die EZB und die nationalen Zentralbanken können Einrichtungen zur Verfügung stellen und die EZB kann Verordnungen erlassen, um effiziente und zuverlässige Verrechnungs- und Zahlungssysteme innerhalb der Union und im Verkehr mit dritten Ländern zu gewährleisten.

Art. 23 Geschäfte mit dritten Ländern und internationalen Organisationen. Die EZB und die nationalen Zentralbanken sind befugt,

- mit Zentralbanken und Finanzinstituten in dritten Ländern und, soweit zweckdienlich, mit internationalen Organisationen Beziehungen aufzunehmen;
- alle Arten von Devisen und Edelmetalle per Kasse und per Termin zu kaufen und zu verkaufen; der Begriff „Devisen" schließt Wertpapiere und alle sonstigen Vermögenswerte, die auf beliebige Währungen oder Rechnungseinheiten lauten, unabhängig von deren Ausgestaltung ein;
- die in diesem Artikel bezeichneten Vermögendwerte zu halten und zu verwalten;
- alle Arten von Bankgeschäften, einschließlich der Aufnahme und Gewährung von Krediten, im Verkehr mit dritten Ländern sowie internationalen Organisationen zu tätigen.

Art. 24 Sonstige Geschäfte. Die EZB und die nationalen Zentralbanken sind befugt, außer den mit ihren Aufgaben verbundenen Geschäften auch Geschäfte für ihren eigenen Betrieb und für ihre Bediensteten zu tätigen.

Kapitel V. Aufsicht

Art. 25 Aufsicht. 25.1. Die EZB kann den Rat, die Kommission und die zuständigen Behörden der Mitgliedstaaten in Fragen des Geltungsbereichs und der Anwendung der Rechtsvorschriften der Union hinsichtlich der Aufsicht über die Kreditinstitute sowie die Stabilität des Finanzsystems beraten und von diesen konsultiert werden.

25.2. Aufgrund von Verordnungen des Rates nach Artikel 127 Absatz 6 des Vertrags über die Arbeitsweise der Europäischen Union[1] kann die EZB besondere Aufgaben im Zusammenhang mit der Aufsicht über die Kreditinstitute und sonstige Finanzinstitute mit Ausnahme von Versicherungsunternehmen wahrnehmen.

Kapitel VI. Finanzvorschriften des ESZB

Art. 26 Jahresabschlüsse. 26.1. Das Geschäftsjahr der EZB und der nationalen Zentralbanken beginnt am 1. Januar und endet am 31. Dezember.

26.2. [1] Der Jahresabschluß der EZB wird vom Direktorium nach den vom EZB-Rat aufgestellten Grundsätzen erstellt. [2] Der Jahresabschluß wird vom EZB-Rat festgestellt und sodann veröffentlicht.

26.3. Für Analyse- und Geschäftsführungszwecke erstellt das Direktorium eine konsolidierte Bilanz des ESZB, in der die zum ESZB gehörenden Aktiva und Passiva der nationalen Zentralbanken ausgewiesen werden.

26.4. Zur Anwendung dieses Artikel erläßt der EZB-Rat die notwendigen Vorschriften für die Standardisierung der buchmäßigen Erfassung und der Meldung der Geschäfte der nationalen Zentralbanken.

Art. 27 Rechnungsprüfung. 27.1 [1] Die Jahresabschlüsse der EZB und der nationalen Zentralbanken werden von unabhängigen externen Rechnungsprüfern, die vom EZB-Rat empfohlen und vom Rat anerkannt wurden, geprüft. [2] Die Rechnungsprüfer sind befugt, alle Bücher und Konten der EZB und der nationalen Zentralbanken zu prüfen und alle Auskünfte über deren Geschäfte zu verlangen.

27.2. Artikel 287 des Vertrags über die Arbeitsweise der Europäischen Union ist nur auf eine Prüfung der Effizienz der Verwaltung der EZB anwendbar.

Art. 28 Kapital der EZB. 28.1. [1] Das Kapital der EZB beträgt 5 Milliarden Euro. [2] Das Kapital kann durch einen Beschluß des EZB-Rates mit der in Artikel 10.3 vorgesehenen qualifizierten Mehrheit innerhalb der Grenzen und unter den Bedingungen, die der Rat nach dem Verfahren des Artikels 41 festgelegt, erhöht werden.

28.2. [1] Die nationalen Zentralbanken sind alleinige Zeichner und Inhaber des Kapitals der EZB. [2] Die Zeichnung des Kapitals erfolgt nach dem gemäß Artikel 29 festgelegten Schlüssel.

28.3. Der EZB-Rat bestimmt mit der in Artikel 10.3 vorgesehenen qualifizierten Mehrheit, in welcher Höhe und welcher Form das Kapital einzuzahlen ist.

---

[1] Nr. 1.

28.4. Vorbehaltlich des Artikels 28.5 können die Anteile der nationalen Zentralbanken am gezeichneten Kapital der EZB nicht übertragen, verpfändet oder gepfändet werden.

28.5. [1] Im Falle einer Anpassung des in Artikel 29 bezeichneten Schlüssels sorgen die nationalen Zentralbanken durch Übertragungen von Kapitalanteilen untereinander dafür, daß die Verteilung der Kapitalanteile dem angepaßten Schlüssel entspricht. [2] Die Bedingungen für derartige Übertragungen werden vom EZB-Rat festgelegt.

Art. 29 Schlüssel für die Kapitalzeichnung. 29.1. *[1]* Der Schlüssel für die Zeichnung des Kapitals der EZB, der 1998 bei der Errichtung des ESZB erstmals festgelegt wurde, wird festgelegt, indem jede nationale Zentralbank in diesem Schlüssel einen Gewichtsanteil, der der Summe folgender Prozentsätze entspricht, erhält:

- 50 % des Anteils des jeweiligen Mitgliedstaats an der Bevölkerung der Union im vorletzten Jahr vor der Errichtung des ESZB;
- 50 % des Anteils des jeweiligen Mitgliedstaats am Bruttoinlandsprodukt der Union zu Marktpreisen in den fünf Jahren vor dem vorletzten Jahr vor der Errichtung des ESZB.

[2] Die Prozentsätze werden zum nächsten Vielfachen von 0,0001 Prozentpunkten ab- oder aufgerundet.

29.2. Die zur Anwendung dieses Artikels zu verwendenden statistischen Daten werden von der Kommission nach den Regeln bereitgestellt, die der Rat nach dem Verfahren des Artikels 41 festlegt.

29.3. [1] Die den nationalen Zentralbanken zugeteilten Gewichtsanteile werden nach Errichtung des ESZB alle fünf Jahre unter sinngemäßer Anwendung der Bestimmungen des Artikels 29.1 angepaßt. [2] Der neue Schlüssel gilt jeweils vom ersten Tag des folgenden Jahres an.

29.4. Der EZB-Rat trifft alle weiteren Maßnahmen, die zur Anwendung dieses Artikels erforderlich sind.

Art. 30 Übertragung von Währungsreserven auf die EZB. 30.1. [1] Unbeschadet des Artikels 28 wird die EZB von den nationalen Zentralbanken mit Währungsreserven, die jedoch nicht aus Währungen der Mitgliedstaaten, Euro, IWF-Reservepositionen und SZR gebildet werden dürfen, bis zu einem Gegenwert von 50 Milliarden Euro ausgestattet. [2] Der EZB-Rat entscheidet über den von der EZB nach ihrer Errichtung einzufordernden Teil sowie die zu späteren Zeitpunkten einzufordernden Beträge. [3] Die EZB hat das uneingeschränkte Recht, die ihr übertragenen Währungsreserven zu halten und zu verwalten sowie für die in dieser Satzung genannten Zwecke zu verwenden.

30.2. Die Beiträge der einzelnen nationalen Zentralbanken werden entsprechend ihrem jeweiligen Anteil am gezeichneten Kapital der EZB bestimmt.

30.3. [1] Die EZB schreibt jeder nationalen Zentralbank eine ihrem Beitrag entsprechende Forderung gut. [2] Der EZB-Rat entscheidet über die Denominierung und Verzinsung dieser Forderungen.

30.4. Die EZB kann nach Artikel 30.2 über den in Artikel 30.1 festgelegten Betrag hinaus innerhalb der Grenzen und unter den Bedingungen, die der Rat nach dem Verfahren des Artikels 41 festlegt, die Einzahlung weiterer Währungsreserven fordern.

30.5. Die EZB kann IWF-Reservepositionen und SZR halten und verwalten sowie die Zusammenlegung solcher Aktiva vorsehen.

30.6. Der EZB-Rat trifft alle weiteren Maßnahmen, die zur Anwendung dieses Artikels erforderlich sind.

Art. 31 Währungsreserven der nationalen Zentralbanken. 31.1. Die nationalen Zentralbanken sind befugt, zur Erfüllung ihrer Verpflichtungen gegenüber internationalen Organisationen nach Artikel 23 Geschäfte abzuschließen.

31.2. Alle sonstigen Geschäfte mit den Währungsreserven, die den nationalen Zentralbanken nach den in Artikel 30 genannten Übertragungen verbleiben, sowie von Mitgliedstaaten ausgeführte Transaktionen mit ihren Arbeitsguthaben in Fremdwährungen bedürfen oberhalb eines bestimmten, im Rahmen des Artikels 31.3 festzulegenden Betrags der Zustimmung der EZB, damit Übereinstimmung mit der Wechselkurs- und der Währungspolitik der Union gewährleistet ist.

31.3. Der EZB-Rat erläßt Richtlinien mit dem Ziel, derartige Geschäfte zu erleichtern.

Art. 32 Verteilung der monetären Einkünfte der nationalen Zentralbanken. 32.1. Die Einkünfte, die den nationalen Zentralbanken aus der Erfüllung der währungspolitischen Aufgaben des ESZB zufließen (im folgenden als „monetäre Einkünfte" bezeichnet), werden am Ende eines jeden Geschäftsjahrs nach diesem Artikel verteilt.

32.2. [1] Der Betrag der monetären Einkünfte einer jeden nationalen Zentralbank entspricht ihren jährlichen Einkünften aus Vermögenswerten, die sie als Gegenposten zum Bargeldumlauf und zu ihren Verbindlichkeiten aus Einlagen der Kreditinstitute hält. [2] Diese Vermögenswerte werden von den nationalen Zentralbanken gemäß den vom EZB-Rat zu erlassenden Richtlinien gesondert erfaßt.

32.3. Wenn nach der Einführung des Euro die Bilanzstrukturen der nationalen Zentralbanken nach Auffassung des EZB-Rates die Anwendung des Artikels 32.2 nicht gestatten, kann der EZB-Rat mit qualifizierter Mehrheit beschließen, daß die monetären Einkünfte für einen Zeitraum von höchstens fünf Jahren abweichend von Artikel 32.2 nach einem anderen Verfahren bemessen werden.

32.4. *[1]* Der Betrag der monetären Einkünfte einer jeden nationalen Zentralbank vermindert sich um den Betrag etwaiger Zinsen, die von dieser Zentralbank auf ihre Verbindlichkeiten aus Einlagen der Kreditinstitute nach Artikel 19 gezahlt werden.

[2] [1] Der EZB-Rat kann beschließen, daß die nationalen Zentralbanken für Kosten in Verbindung mit der Ausgabe von Banknoten oder unter außergewöhnlichen Umständen für spezifische Verluste aus für das ESZB unternommenen währungspolitischen Operationen entschädigt werden. [2] Die Entschädigung erfolgt in einer Form, die der EZB-Rat für angemessen hält; diese Beträge können mit den monetären Einkünften der nationalen Zentralbanken verrechnet werden.

32.5. Die Summe der monetären Einkünfte der nationalen Zentralbanken wird vorbehaltlich etwaiger Beschlüsse des EZB-Rates nach Artikel 33.2 unter den nationalen Zentralbanken entsprechend ihren eingezahlten Anteilen am Kapital der EZB verteilt.

32.6. Die Verrechnung und den Ausgleich der Salden aus der Verteilung der monetären Einkünfte nimmt die EZB gemäß den Richtlinien des EZB-Rates vor.

32.7. Der EZB-Rat trifft alle weiteren Maßnahmen, die zur Anwendung dieses Artikels erforderlich sind.

Art. 33 Verteilung der Nettogewinne und Verluste der EZB. 33.1. Der Nettogewinn der EZB wird in der folgenden Reihenfolge verteilt:

a) Ein vom EZB-Rat zu bestimmender Betrag, der 20 % des Nettogewinns nicht übersteigen darf, wird dem allgemeinen Reservefonds bis zu einer Obergrenze von 100 % des Kapitals zugeführt;

b) der verbleibende Nettogewinn wird an die Anteilseigner der EZB entsprechend ihren eingezahlten Anteilen ausgeschüttet.

33.2. Falls die EZB einen Verlust erwirtschaftet, kann der Fehlbetrag aus dem allgemeinen Reservefonds der EZB und erforderlichenfalls nach einem entsprechenden Beschluß des EZB-Rates aus den monetären Einkünften des betreffenden Geschäftsjahrs im Verhältnis und bis in Höhe der Beträge gezahlt werden, die nach Artikel 32.5 an die nationalen Zentralbanken verteilt werden.

Kapitel VII. Allgemeine Bestimmungen

Art. 34 Rechtsakte. 34.1. Nach Artikel 132 des Vertrags über die Arbeitsweise der Europäischen Union[1)] werden von der EZB

– Verordnungen erlassen, insoweit dies für die Erfüllung der in Artikel 3.1 erster Gedankenstrich, Artikel 19.1, Artikel 22 oder Artikel 25.2 festgelegten Aufgaben erforderlich ist; sie erläßt Verordnungen ferner in den Fällen, die in den Rechtsakten des Rates nach Artikel 41 vorgesehen werden,

– die Beschlüsse erlassen, die zur Erfüllung der dem ESZB nach den Verträgen und dieser Satzung übertragenen Aufgaben erforderlich sind,

– Empfehlungen und Stellungnahmen abgegeben.

34.2 Die EZB kann die Veröffentlichung ihrer Entscheidungen, Empfehlungen und Stellungnahmen beschließen.

34.3. Innerhalb der Grenzen und unter den Bedingungen, die der Rat nach dem Verfahren des Artikels 41 festlegt, ist die EZB befugt, Unternehmen bei Nichteinhaltung der Verpflichtungen, die sich aus ihren Verordnungen und Beschlüssen ergeben, mit Geldbußen oder in regelmäßigen Abständen zu zahlenden Strafgeldern zu belegen.

Art. 35 Gerichtliche Kontrolle und damit verbundene Angelegenheiten. 35.1. [1] Die Handlungen und Unterlassungen der EZB unterliegen in den Fällen und unter den Bedingungen, die in den Verträgen vorgesehen sind, der Überprüfung und Auslegung durch den Gerichtshof der Europäischen Union. [2] Die EZB ist in den Fällen und unter den Bedingungen, die in den Verträgen vorgesehen sind, klageberechtigt.

[1)] Nr. **1**.

35.2. Über Rechtsstreitigkeiten zwischen der EZB einerseits und ihren Gläubigern, Schuldnern oder dritten Personen andererseits entscheiden die zuständigen Gerichte der einzelnen Staaten vorbehaltlich der Zuständigkeiten, die dem Gerichtshof der Europäischen Union zuerkannt sind.

35.3. [1] Die EZB unterliegt der Haftungsregelung des Artikels 340 des Vertrags über die Arbeitsweise der Europäischen Union. [2] Die Haftung der nationalen Zentralbanken richtet sich nach dem jeweiligen innerstaatlichen Recht.

35.4. Der Gerichtshof der Europäischen Union ist für Entscheidungen aufgrund einer Schiedsklausel zuständig, die in einem von der EZB oder für ihre Rechnung abgeschlossenen öffentlich-rechtlichen oder privatrechtlichen Vertrag enthalten ist.

35.5. Für einen Beschluß der EZB, den Gerichtshof der Europäischen Union anzurufen, ist der EZB-Rat zuständig.

35.6. [1] Der Gerichtshof der Europäischen Union ist für Streitsachen zuständig, die die Erfüllung der Verpflichtungen aus den Verträgen und dieser Satzung durch eine nationale Zentralbank betreffen. [2] Ist die EZB der Auffassung, daß eine nationale Zentralbank einer Verpflichtung aus den Verträgen und dieser Satzung nicht nachgekommen ist, so legt sie in der betreffenden Sache eine mit Gründen versehene Stellungnahme vor, nachdem sie der nationalen Zentralbank Gelegenheit zur Vorlage von Bemerkungen gegeben hat. [3] Entspricht die nationale Zentralbank nicht innerhalb der von der EZB gesetzten Frist deren Stellungnahme, so kann die EZB den Gerichtshof der Europäischen Union anrufen.

Art. 36 Personal. 36.1. Der EZB-Rat legt auf Vorschlag des Direktoriums die Beschäftigungsbedingungen für das Personal der EZB fest.

36.2. Der Gerichtshof der Europäischen Union ist für alle Streitsachen zwischen der EZB und deren Bediensteten innerhalb der Grenzen und unter den Bedingungen zuständig, die sich aus den Beschäftigungsbedingungen ergeben.

Art. 37 Geheimhaltung. 37.1. Die Mitglieder der Leitungsgremien und des Personals der EZB und der nationalen Zentralbanken dürfen auch nach Beendigung ihres Dienstverhältnisses keine der Geheimhaltungspflicht unterliegenden Informationen weitergeben.

37.2. Auf Personen mit Zugang zu Daten, die unter Unionsvorschriften fallen, die eine Verpflichtung zur Geheimhaltung vorsehen, finden diese Unionsvorschriften Anwendung.

Art. 38 Unterschriftsberechtigte. Die EZB wird Dritten gegenüber durch den Präsidenten oder zwei Direktoriumsmitglieder oder durch die Unterschriften zweier vom Präsidenten zur Zeichnung im Namen der EZB gehörig ermächtigter Bediensteter der EZB rechtswirksam verpflichtet.

Art. 39 Vorrechte und Befreiungen. Die EZB genießt im Hoheitsgebiet der Mitgliedstaaten die zur Erfüllung ihrer Aufgabe erforderlichen Vorrechte und Befreiungen nach Maßgabe des Protokolls über die Vorrechte und Befreiungen der Europäischen Union[1)].

Kapitel VIII. Änderung der Satzung und ergänzende Rechtsvorschriften

Art. 40 Vereinfachtes Änderungsverfahren. 40.1. Nach Artikel 129 Absatz 5 des Vertrags über die Arbeitsweise der Europäischen Union[2)] können das Europäische Parlament und der Rat gemäß dem ordentlichen Gesetzgebungsverfahren die Artikel 5.1, 5.2, 5.3, 17, 18, 19.1, 22, 23, 24, 26, 32.2, 32.3, 32.4, 32.6, 33.1.a und 36 dieser Satzung entweder auf Empfehlung der EZB nach Anhörung der Kommission oder auf Vorschlag der Kommission nach Anhörung der EZB ändern.

40.2. [1] Artikel 10.2 kann durch einen Beschluss des Europäischen Rates entweder auf Empfehlung der Europäischen Zentralbank nach Anhörung des Europäischen Parlaments und der Kommission oder auf Empfehlung der Kommission nach Anhörung des Europäischen Parlaments und der Europäischen Zentralbank einstimmig geändert werden. [2] Diese Änderungen treten erst nach Zustimmung der Mitgliedstaaten im Einklang mit ihren jeweiligen verfassungsrechtlichen Vorschriften in Kraft.

40.3. Eine Empfehlung der EZB nach diesem Artikel erfordert einen einstimmigen Beschluß des EZB-Rates.

Art. 41 Ergänzende Rechtsvorschriften. Nach Artikel 129 Absatz 6 des Vertrags über die Arbeitsweise der Europäischen Union[2)] erläßt der Rat entweder auf Vorschlag der Kommission nach Anhörung des Europäischen Parlaments und der EZB oder auf Empfehlung der EZB nach Anhörung des Europäischen Parlaments und der Kommission die in den Artikeln 4, 5.4, 19.2, 20, 28.1, 29.2, 30.4 und 34.3 dieser Satzung genannten Bestimmungen.

Kapitel IX. Übergangsbestimmungen und sonstige Bestimmungen für das ESZB

Art. 42 Allgemeine Bestimmungen. 42.1. Eine Ausnahmeregelung nach Artikel 139 des Vertrags über die Arbeitsweise der Europäischen Union[2)] bewirkt, daß folgende Artikel diese Satzung für den betreffenden Mitgliedstaat keinerlei Rechte oder Verpflichtungen entstehen lassen: Artikel 3, 6, 9.2, 12.1, 14.3, 16, 18, 19, 20, 22, 23, 26.2, 27, 30, 31, 32, 33, 34 und 49.

42.2. Die Zentralbanken der Mitgliedstaaten, für die eine Ausnahmeregelung nach Artikel 139 des genannten Vertrags[2)] gilt, behalten ihre währungspolitischen Befugnisse nach innerstaatlichem Recht.

[1)] S. hierzu auch das Abkommen zwischen der Regierung der Bundesrepublik Deutschland und der Europäischen Zentralbank über den Sitz der Europäischen Zentralbank v. 18.9.1998 (BGBl. II S. 2995, 2996), das mit Ausnahme seiner Art. 4, 6, und 14 Abs. 3 seit dem 9.12.1998 vorläufig angewendet wird (Bek. v. 12.1.1999 , BGBl. II S. 81) und am 4.3.1999 in Kraft getreten ist (Bek. v. 18.3.1999, BGBl. II S. 367).

[2)] Nr. 1.

42.3. In den Artikeln 3, 11.2 und 19 bezeichnet der Ausdruck „Mitgliedstaaten“ gemäß Artikel 139 des genannten Vertrags[1] die „Mitgliedstaaten, deren Währung der Euro ist“.

42.4. In den Artikeln 9.2, 10.2, 10.3, 12.1, 16, 17, 18, 22, 23, 27, 30, 31, 32, 33.2 und 49 dieser Satzung ist der Ausdruck „nationale Zentralbanken“ im Sinne von „Zentralbanken der Mitgliedstaaten, deren Währung der Euro ist“ zu verstehen.

42.5. In den Artikeln 10.3 und 33.1 bezeichnet der Ausdruck „Anteilseigner“ die „Zentralbanken der Mitgliedstaaten, deren Währung der Euro ist“.

42.6. In den Artikeln 10.3 und 30.2 ist der Ausdruck „gezeichnetes Kapital der EZB“ im Sinne von „Kapital der EZB, das von den Zentralbanken der Mitgliedstaaten gezeichnet wurde, deren Währung der Euro ist“ zu verstehen.

Art. 43 Vorübergehende Aufgaben der EZB. *[1]* Die EZB übernimmt die in Artikel 141 Absatz 2 des Vertrags über die Arbeitsweise der Europäischen Union[1] genannten früheren Aufgaben des EWI, die infolge der für einen oder mehrere Mitgliedstaaten geltenden Ausnahmeregelungen nach Einführung des Euro noch erfüllt werden müssen.

[2] Bei der Vorbereitung der Aufhebung der Ausnahmeregelungen nach Artikel 140 des genannen Vertrags[1] nimmt die EZB eine beratende Funktion wahr.

Art. 44 Der Erweiterte Rat der EZB. 44.1. Unbeschadet des Artikels 129 Absatz 3 des Vertrags über die Arbeitsweise der Europäischen Union[1] wird der Erweiterte Rat als drittes Beschlußorgan der EZB eingesetzt.

44.2. [1]Der Erweiterte Rat besteht aus dem Präsidenten und dem Vizepräsidenten der EZB sowie den Präsidenten der nationalen Zentralbanken. [2]Die weiteren Mitglieder des Direktoriums können an den Sitzungen des Erweiterten Rates teilnehmen, besitzen aber kein Stimmrecht.

44.3. Die Verantwortlichkeiten des Erweiterten Rates sind in Artikel 46 dieser Satzung vollständig aufgeführt.

Art. 45 Geschäftsordnung des Erweiterten Rates. 45.1. Der Präsident oder bei seiner Verhinderung der Vizepräsident der EZB führt den Vorsitz im Erweiterten Rat der EZB.

45.2. Der Präsident des Rates und ein Mitglied der Kommission können an den Sitzungen des Erweiterten Rates teilnehmen, besitzen aber kein Stimmrecht.

45.3. Der Präsident bereitet die Sitzungen des Erweiterten Rates vor.

45.4. Abweichend von Artikel 12.3 gibt sich der Erweiterte Rat eine Geschäftsordnung.

45.5. Das Sekretariat des Erweiterten Rates wird von der EZB gestellt.

Art. 46 Verantwortlichkeiten des Erweiterten Rates. 46.1. Der Erweiterte Rat

– nimmt die in Artikel 43 aufgeführten Aufgaben wahr,

---

[1] Nr. **1**.

– wirkt bei der Erfüllung der Beratungsfunktionen nach den Artikeln 4 und 25.1 mit.

46.2. Der Erweiterte Rat wirkt auch mit bei
– der Erhebung der statistischen Daten im Sinne von Artikel 5;
– den Berichtstätigkeiten der EZB im Sinne von Artikel 15;
– der Festlegung der erforderlichen Regeln für die Anwendung von Artikel 26 gemäß Artikel 26.4;
– allen sonstigen erforderlichen Maßnahmen zur Anwendung von Artikel 29 gemäß Artikel 29.4;
– der Festlegung der Beschäftigungsbedingungen für das Personal der EZB gemäß Artikel 36.

46.3. Der Erweiterte Rat trägt zu den Vorarbeiten bei, die erforderlich sind, um für die Währungen der Mitgliedstaaten, für die eine Ausnahmeregelung gilt, die Wechselkurse gegenüber dem Euro gemäß Artikel 140 Absatz 3 des Vertrags über die Arbeitsweise der Europäischen Union[1)] unwiderruflich festzulegen.

46.4. Der Erweiterte Rat wird vom Präsidenten der EZB über die Beschlüsse des EZB-Rates unterrichtet.

Art. 47 Übergangsbestimmungen für das Kapital der EZB. [1]Nach Artikel 29.1 wird jeder nationalen Zentralbank ein Gewichtsanteil in dem Schlüssel für die Zeichnung des Kapitals der EZB zugeteilt. [2]Abweichend von Artikel 28.3 zahlen Zentralbanken von Mitgliedstaaten, für die eine Ausnahmeregelung gilt, das von ihnen gezeichnete Kapital nicht ein, es sei denn, daß der Erweiterte Rat mit der Mehrheit von mindestens zwei Dritteln des gezeichneten Kapitals der EZB und zumindest der Hälfte der Anteilseigner beschließt, daß als Beitrag zu den Betriebskosten der EZB ein Mindestprozentsatz eingezahlt werden muß.

Art. 48 Zurückgestellte Einzahlungen von Kapital, Reserven und Rückstellungen der EZB. 48.1. [1]Die Zentralbank eines Mitgliedstaats, dessen Ausnahmeregelung aufgehoben wurde, zahlt den von ihr gezeichneten Anteil am Kapital der EZB im selben Verhältnis wie die Zentralbanken von anderen Mitgliedstaaten ein, deren Währung der Euro ist, und überträgt der EZB Währungsreserven gemäß Artikel 30.1. [2]Die Höhe der Übertragungen bestimmt sich durch Multiplikation des in Euro zum jeweiligen Wechselkurs ausgedrückten Wertes der Währungsreserven, die der EZB schon gemäß Artikel 30.1 übertragen wurden, mit dem Faktor, der das Verhältnis zwischen der Anzahl der von der betreffenden nationalen Zentralbank gezeichneten Anteile und der Anzahl der von den anderen nationalen Zentralbanken bereits eingezahlten Anteile ausdrückt.

48.2. [1]Zusätzlich zu der Einzahlung nach Artikel 48.1 leistet die betreffende Zentralbank einen Beitrag zu den Reserven der EZB und zu den diesen Reserven gleichwertigen Rückstellungen sowie zu dem Betrag, der gemäß dem Saldo der Gewinn- und Verlustrechnung zum 31. Dezember des Jahres vor der Aufhebung der Ausnahmeregelung noch für die Reserven und Rückstellungen bereitzustellen ist. [2]Die Höhe des zu leistenden Beitrags bestimmt

---

1) Nr. 1.

sich durch Multiplikation des in der genehmigten Bilanz der EZB ausgewiesenen Betrags der Reserven im Sinne der obigen Definition mit dem Faktor, der das Verhältnis zwischen der Anzahl der von der betreffenden Zentralbank gezeichneten Anteile und der Anzahl der von den anderen Zentralbanken bereits eingezahlten Anteile ausdrückt.

48.3. [1] Wenn ein Land oder mehrere Länder Mitgliedstaaten werden und ihre jeweiligen nationalen Zentralbanken sich dem ESZB anschließen, erhöht sich automatisch das gezeichnete Kapital der EZB und der Höchstbetrag der Währungsreserven, die der EZB übertragen werden können. [2] Die Erhöhung bestimmt sich durch Multiplikation der dann jeweils geltenden Beträge mit dem Faktor, der das Verhältnis zwischen dem Gewichtsanteil der betreffenden beitretenden nationalen Zentralbanken und dem Gewichtsanteil der nationalen Zentralbanken, die bereits Mitglied des ESZB sind, im Rahmen des erweiterten Schlüssels für die Zeichnung des Kapitals ausdrückt. [3] Der Gewichtsanteil jeder nationalen Zentralbank am Schlüssel für die Zeichnung des Kapitals wird analog zu Artikel 29.1 und nach Maßgabe des Artikels 29.2 berechnet. [4] Die Bezugszeiträume für die statistischen Daten entsprechen denjenigen, die für die letzte der alle fünf Jahre vorzunehmenden Anpassungen der Gewichtsanteile nach Artikel 29.3 herangezogen wurden.

Art. 49 Umtausch von auf Währungen der Mitgliedstaaten lautenden Banknoten. Im Anschluß an die unwiderrufliche Festlegung der Wechselkurse nach Artikel 140 Absatz 3 des Vertrags über die Arbeitsweise der Europäischen Union[1)] ergreift der EZB-Rat die erforderlichen Maßnahmen, um sicherzustellen, daß Banknoten, die auf Währungen mit unwiderruflich festgelegten Wechselkursen lauten, von den nationalen Zentralbanken zu ihrer jeweiligen Parität umgetauscht werden.

Art. 50 Anwendbarkeit der Übergangsbestimmungen. Sofern und solange es Mitgliedstaaten gibt, für die eine Ausnahmeregelung gilt, sind die Artikel 42 bis 47 anwendbar.

[1)] Nr. **1**.

3. Verordnung (EU) 2021/378 der Europäischen Zentralbank vom 22. Januar 2021 über die Auferlegung einer Mindestreservepflicht

(Neufassung)
(EZB/2021/1)

vom 22. Januar 2021
(ABl. L 73 S. 1)

Celex-Nr. 3 2021 R 0378

Nichtamtliche Inhaltsübersicht

DER EZB-RAT –

gestützt auf den Vertrag über die Arbeitsweise der Europäischen Union[1)],

gestützt auf die Satzung des Europäischen Systems der Zentralbanken und der Europäischen Zentralbank, insbesondere auf Artikel 19.1[2)],

gestützt auf die Verordnung (EG) Nr. 2531/98 des Rates vom 23. November 1998 über die Auferlegung einer Mindestreservepflicht durch die Europäische Zentralbank[3)],

gestützt auf die Verordnung (EG) Nr. 2532/98 des Rates vom 23. November 1998 über das Recht der Europäischen Zentralbank, Sanktionen zu verhängen[4)],

in Erwägung nachstehender Gründe:

(1) Die Verordnung (EG) Nr. 1745/2003 der Europäischen Zentralbank (EZB/2003/9)[5)] wurde mehrmals wesentlich geändert. Da weitere Änderungen vorzunehmen sind, empfiehlt es sich, diese Verordnung aus Gründen der Klarheit neu zu fassen.

(2) Nach Artikel 6 der Verordnung (EG) Nr. 2531/98 hat die Europäische Zentralbank (EZB) das Recht, die zur Anwendung der Mindestreservepflicht erforderlichen Daten von den Instituten einzuholen und die Richtigkeit und Qualität der Daten zu überprüfen, die die Institute als Nachweis ihrer

---

[1)] Auszugsweise abgedruckt unter Nr. **1**.

[2)] Nr. **2**.

[3)] **Amtl. Anm.:** ABl. L 318 vom 27.11.1998, S. 1.

[4)] **Amtl. Anm.:** ABl. L 318 vom 27.11.1998, S. 4.

[5)] **Amtl. Anm.:** Verordnung (EG) Nr. 1745/2003 der Europäischen Zentralbank vom 12. September 2003 über die Auferlegung einer Mindestreservepflicht (EZB/2003/9) (ABl. L 250 vom 2.10.2003, S. 10).

Erfüllung dieser Mindestreservepflicht liefern. Zur Verringerung des Meldeaufwands insgesamt ist es angemessen, dass die gemäß der Verordnung (EU) 2021/379 der Europäischen Zentralbank (EZB/2021/2)[1] erhobenen statistischen Daten der monatlichen Bilanzstatistik für die regelmäßige Berechnung der Mindestreservebasis der Kreditinstitute verwendet werden.

(3) Bezüglich einer Reihe von Aspekten im Zusammenhang mit der Auferlegung einer Mindestreservepflicht sind verstärkte Transparenz und Klarheit erforderlich, insbesondere im Hinblick auf: a) die Bedingungen für die Auferlegung der Mindestreservepflicht der Institute; b) die Tatsache, dass nationale Zentralbanken (NZBen) der Mitgliedstaaten, deren Währung der Euro ist (NZBen des Euro-Währungsgebiets), entscheiden können, Institute vorübergehend oder dauerhaft vom Zugang zu den Offenmarktgeschäften und den ständigen Fazilitäten (den geldpolitischen Geschäften des Eurosystems) auszuschließen; c) die Bedingungen für die Anrechnung von Geldbeträgen als Reserven für die Zwecke der Erfüllung der Mindestreservepflicht; d) die Bestimmungen für den Antrag auf Erteilung einer Erlaubnis, Mindestreserven indirekt über ein zwischengeschaltetes Institut zu unterhalten und e) die Bedingungen für den Widerruf der Erlaubnis, Mindestreserven indirekt über ein zwischengeschaltetes Institut zu unterhalten.

(4) Damit das Instrument der Mindestreservepflicht des Eurosystems wirksam ist, ist es zudem erforderlich, die Mindestreservepflicht im Hinblick auf die Berechnung, Meldung, Anerkennung und Haltung von Mindestreserven sowie die Berichterstattung und Überprüfung genauer zu bestimmen.

(5) Es ist angemessen, dass die Mittler umfassende Daten über die Mindestreservebasis melden, um eine genaue Berichterstattung nach der Verordnung (EU) 2021/379 (EZB/2021/2) zu ermöglichen. Wird darüber hinaus dem Mutterinstitut gemäß dieser Verordnung die Erlaubnis erteilt, die Mindestreservebasis auf aggregierter Basis zu melden, ist es angebracht, dass es die Daten über die Mindestreservebasis nach der Verordnung (EU) 2021/379 (EZB/2021/2) auf aggregierter Basis an die betreffende NZB meldet.

(6) Um einen angemessenen Ausgleich zwischen der Gewährleistung der Richtigkeit der Daten über Mindestreserven und der reibungslosen Anwendung des regulatorischen Rahmens sicherzustellen und um zu vermeiden, dass eine wirksame und anwendbare Erlaubnis erneut erteilt werden muss, sollten die Mittler, denen die Erlaubnis zur Meldung der Mindestreservebasis auf aggregierter Basis gemäß der Verordnung (EG) Nr. 1745/2003 (EZB/2003/9) erteilt worden ist, diese Meldung weiterhin vornehmen können, ohne eine neue Erlaubnis beantragen zu müssen.

(7) Nach Artikel 19.1 der Satzung des Europäischen Systems der Zentralbanken und der Europäischen Zentralbank kann die EZB von Kreditinstituten, die in den Mitgliedstaaten niedergelassen sind, deren Währung der Euro ist (Mitgliedstaaten des Euro-Währungsgebiets), verlangen, Mindestreserven auf Konten bei der EZB und den NZBen des Euro-Währungsgebiets zu unterhalten. Da die Kreditinstitute Konten bei der NZB in ihrem jeweiligen Rechtsraum unterhalten, ist es sachgerecht, diese Mindestreserven ausschließlich auf Konten bei den NZBen zu unterhalten.

(8) Nach der Verordnung (EG) Nr. 2531/98 und der Verordnung (EG) Nr. 2532/98 hat die EZB das Recht, bei Verstößen gegen die statistischen Berichtspflichten, einschließlich der Nichteinhaltung der in dieser Verordnung festgelegten Mindestreservepflicht, Sanktionen zu verhängen.

(9) Zur Gewährleistung der Rechtssicherheit ist es erforderlich, dass die Bestimmungen der vorliegenden Verordnung, die an die Änderung der Begriffsbestimmung des „Kreditinstituts" der Verordnung (EU) Nr. 575/2013[2] des Europäischen Parlaments und des Rates[3] (gemäß der Verordnung (EU) 2019/2033[4] des Europäischen Parlaments und des Rates[5]) angepasst worden sind, zur gleichen Zeit wie die genannte Änderung am 26. Juni 2021 Anwendung finden. Aus operativen Gründen ist es jedoch notwendig, dass die Bestimmungen über die Haltung von Mindestreserven ab dem 28. Juli 2021, dem ersten Tag der fünften Mindestreserve-Erfüllungsperiode in 2021, Anwendung finden –

---

[1] **Amtl. Anm.:** Verordnung (EU) 2021/379 der Europäischen Zentralbank vom 22. Januar 2021 über die Bilanzpositionen der Kreditinstitute und des Sektors der monetären Finanzinstitute (EZB/2021/2) (siehe Seite 16 dieses Amtsblatts *[Red. Anm.: ABl. L 73 vom 3.3.2021]*).

[2] Nr. **6**.

[3] **Amtl. Anm.:** Verordnung (EU) Nr. 575/2013 des Europäischen Parlaments und des Rates vom 26. Juni 2013 über Aufsichtsanforderungen an Kreditinstitute und Wertpapierfirmen und zur Änderung der Verordnung (EU) Nr. 648/2012 (ABl. L 176 vom 27.6.2013, S. 1).

[4] Nr. **7**.

[5] **Amtl. Anm.:** Verordnung (EU) 2019/2033 des Europäischen Parlaments und des Rates vom 27. November 2019 über Aufsichtsanforderungen an Wertpapierfirmen und zur Änderung der Verordnungen (EU) Nr. 1093/2010, (EU) Nr. 575/2013, (EU) Nr. 600/2014 und (EU) Nr. 806/2014 (ABl. L 314 vom 5.12.2019, S. 1).

HAT FOLGENDE VERORDNUNG ERLASSEN:

Art. 1 Gegenstand und Geltungsbereich. Mit dieser Verordnung wird die Mindestreservepflicht für folgende Institute festgelegt:

a) Kreditinstitute, die entweder
   i) nach Artikel 8 der Richtlinie 2013/36/EU des Europäischen Parlaments und des Rates[1] zugelassen sind, oder
   ii) nach Artikel 2 Absatz 5 der Richtlinie 2013/36/EU von dieser Zulassung ausgenommen sind;

b) Zweigstellen von Kreditinstituten, dazu zählen auch Zweigstellen mit Sitz in Mitgliedstaaten, deren Währung der Euro ist (Mitgliedstaaten des Euro-Währungsgebiets), von Kreditinstituten, deren satzungsmäßiger Sitz oder Hauptverwaltung sich nicht in einem Mitgliedstaat des Euro-Währungsgebiets befindet; ausgenommen sind jedoch Zweigstellen mit Sitz außerhalb von Mitgliedstaaten des Euro-Währungsgebiets von Kreditinstituten mit Sitz in einem Mitgliedstaat des Euro-Währungsgebiets.

Art. 2 Begriffsbestimmungen. Im Sinne dieser Verordnung sind die nachfolgend aufgeführten Begriffe wie folgt zu verstehen:

1. „Mindestreserve" bzw. „Mindestreserve-Soll" der Geldbetrag, den ein Institut als Reserve auf seinen Mindestreservekonten bei der betreffenden nationalen Zentralbank zu halten verpflichtet ist;
2. „Mindestreservepflicht" sämtliche Pflichten, denen Institute gemäß dieser Verordnung in Bezug auf die Mindestreserve im Zusammenhang mit der Berechnung, Meldung, Anerkennung und Haltung von Mindestreserven sowie mit der Berichterstattung und der Überprüfung nachkommen müssen;
3. „Mitgliedstaat des Euro-Währungsgebiets" ein Mitgliedstaat, dessen Währung der Euro ist;
4. „Kreditinstitut" ein „Kreditinstitut" im Sinne von Artikel 4 Absatz 1 Nummer 1 der Verordnung (EU) Nr. 575/2013[2];
5. „Zweigstelle" eine „Zweigstelle" im Sinne von Artikel 4 Absatz 1 Nummer 17 der Verordnung (EU) Nr. 575/2013;
6. „betreffende NZB" die nationale Zentralbank (NZB) des Mitgliedstaats des Euro-Währungsgebiets, in dem das Institut ansässig ist;
7. „Mindestreservekonten" die Konten, auf denen ein Institut seine Mindestreserven bei der betreffenden NZB unterhält;
8. „Mindestreservebasis" die Summe der reservepflichtigen Verbindlichkeiten für die Berechnung der Mindestreserve eines Instituts;
9. „Mindestreservesatz" der Prozentsatz, der zur Berechnung der Mindestreserve eines Instituts auf die Positionen der Mindestreservebasis angewendet wird;
10. „Mindestreserve-Erfüllungsperiode" der Zeitraum, für den die Erfüllung der Mindestreservepflicht geprüft wird;

---

[1] **Amtl. Anm.:** Richtlinie 2013/36/EU des Europäischen Parlaments und des Rates vom 26. Juni 2013 über den Zugang zur Tätigkeit von Kreditinstituten und die Beaufsichtigung von Kreditinstituten und Wertpapierfirmen, zur Änderung der Richtlinie 2002/87/EG und zur Aufhebung der Richtlinien 2006/48/EG und 2006/49/EG (ABl. L 176 vom 27.6.2013, S. 338).

[2] Nr. **6**.

11. „Tagesendstand" Mindestreserveguthaben nach Abschluss aller Zahlungen und Durchführung aller Buchungen von Eingängen hinsichtlich des Zugangs zu den ständigen Fazilitäten des Eurosystems;
12. „NZB-Geschäftstag" jeder Tag, an dem eine bestimmte NZB für die Durchführung der geldpolitischen Geschäfte des Eurosystems geöffnet ist;
13. „TARGET2-Geschäftstag" jeder Tag, an dem TARGET2 zur Abwicklung von Zahlungsaufträgen gemäß der Leitlinie EZB/2012/27 der Europäischen Zentralbank[1)] geöffnet ist;
14. „Gebietsansässiger" jede natürliche oder juristische Person, die in einem der Mitgliedstaaten des Euro-Währungsgebiets ansässig ist im Sinne von Artikel 1 Nummer 4 der Verordnung (EG) Nr. 2533/98 des Rates[2)];
15. „Verschmelzung" Vorgang, durch den ein Kreditinstitut oder mehrere Kreditinstitute (die „übernommenen Institute") zum Zeitpunkt ihrer Auflösung ohne Abwicklung ihr gesamtes Aktiv- und Passivvermögen auf ein anderes Kreditinstitut (das „übernehmende Institut"), gegebenenfalls ein neu gegründetes Kreditinstitut, übertragen;
16. „Spaltung" Vorgang, durch den ein Kreditinstitut (das „übertragende Institut") zum Zeitpunkt seiner Auflösung ohne Abwicklung sein gesamtes Aktiv- und Passivvermögen auf mehrere Institute (die „übernehmenden Institute"), gegebenenfalls neu gegründete Kreditinstitute, überträgt.

Art. 3[3)] Haltung von Mindestreserven. (1) *[1]* Die in Artikel 1 genannten Institute unterhalten Mindestreserven, die gemäß Artikel 6 berechnet werden, wie folgt:

a) der durchschnittliche Tagesendstand eines oder mehrerer Mindestreservekonten innerhalb der Mindestreserve-Erfüllungsperiode entspricht dem oder übersteigt den Betrag, der gemäß Artikel 6 für diesen Zeitraum berechnet wurde;
b) die Mindestreserven werden auf in Euro geführten Mindestreservekonten bei den betreffenden NZBen in jedem Mitgliedstaat des Euro-Währungsgebiets unterhalten, in dem die Institute niedergelassen sind;
c) für die Zwecke dieser Verordnung können Zahlungsverkehrskonten bei den NZBen als Mindestreservekonten verwendet werden;
d) Guthaben, die rechtlichen, vertraglichen, regulatorischen oder sonstigen Beschränkungen unterliegen, die das Institut daran hindern würden, diese Guthaben während der maßgeblichen Mindestreserve-Erfüllungsperiode zu liquidieren, zu übertragen, abzutreten oder zu veräußern, sind von der Haltung von Mindestreserven ausgenommen.

[2] Für die Zwecke von Buchstabe d teilen die Institute den betreffenden NZBen etwaige, in Buchstabe d genannte Beschränkungen unverzüglich mit.

(2) Betreibt ein Institut mehrere Zweigstellen in demselben Mitgliedstaat des Euro-Währungsgebiets, finden die folgenden Bestimmungen Anwendung:

[1)] **Amtl. Anm.:** Leitlinie EZB/2012/27 der Europäischen Zentralbank vom 5. Dezember 2012 über ein transeuropäisches automatisiertes Echtzeit-Brutto-Express-Zahlungsverkehrssystem (ABl. L 30 vom 30.1.2013, S. 1).

[2)] **Amtl. Anm.:** Verordnung (EG) Nr. 2533/98 des Rates vom 23. November 1998 über die Erfassung statistischer Daten durch die Europäische Zentralbank (ABl. L 318 vom 27.11.1998, S. 8).

[3)] Art. 3 gilt ab dem 28.7.2021, dem ersten Tag der fünften Mindestreserve- Erfüllungsperiode des Jahres 2021.

a) der satzungsmäßige Sitz bzw. die Hauptverwaltung, sofern sich dieser bzw. diese in dem betreffenden Mitgliedstaat befindet, hat die in diesem Artikel für die sich in dem betreffenden Mitgliedstaat befindenden Zweigstellen festgelegte Mindestreservepflicht zu erfüllen;
b) befinden sich weder der satzungsmäßige Sitz noch die Hauptverwaltung in dem betreffenden Mitgliedstaat, hat dieses Institut eine seiner sich in demselben Mitgliedstaat befindenden Zweigstellen für die Zwecke der Erfüllung der in diesem Artikel festgelegten Mindestreservepflicht zu benennen;
c) die betreffende NZB prüft anhand des jeweiligen Tagesendstands auf den Mindestreservekonten der sich in demselben Mitgliedstaat befindenden Zweigstellen dieses Instituts, ob Absatz 1 Buchstabe a dieses Artikels erfüllt ist.

(3) Die Europäische Zentralbank (EZB) veröffentlicht die folgenden Listen von Instituten auf ihrer Website:
a) nach dieser Verordnung der Mindestreservepflicht unterliegenden Institute;
b) nach Artikel 4 von der Mindestreservepflicht befreite Institute, mit Ausnahme der in Artikel 4 Absatz 2 Buchstaben a bis c genannten Institute.

Art. 4 Befreiungen von der Mindestreservepflicht. (1) Institute werden von der Mindestreservepflicht nach Artikel 3 befreit, wenn eine der folgenden Alternativen zutrifft:
a) die in Artikel 1 Buchstabe a Ziffer i genannte Zulassung wird entzogen oder aufgegeben oder
b) ein Institut wird einem Abwicklungsverfahren gemäß der Richtlinie 2001/24/EG des Europäischen Parlaments und des Rates[1] unterzogen.

(2) *[1]* Die EZB kann auf Antrag der betreffenden NZBen Befreiungen von der Mindestreservepflicht nach Artikel 3 gewähren, wenn eine der folgenden Alternativen zutrifft:
a) ein Institut wird einer Sanierungsmaßnahme gemäß der Richtlinie 2001/24/EG unterzogen;
b) ein Institut unterliegt einer von der Union oder einem Mitgliedstaat verhängten verfügungsbeschränkenden Maßnahme oder von der Union nach Artikel 75 des Vertrags verhängten Maßnahmen, durch die das Institut in der Verfügung über seine Gelder eingeschränkt ist;
c) ein Institut wird nach Maßgabe der Leitlinie (EU) 2015/510 (EZB/2014/60)[2] von der EZB und den NZBen (Eurosystem) vorübergehend oder dauerhaft vom Zugang zu den Offenmarktgeschäften oder zu den ständigen Fazilitäten des Eurosystems ausgeschlossen;
d) es ist nicht angebracht, von einem Institut die Erfüllung der Mindestreservepflicht zu verlangen.

[2] Wenn der Zugang des Instituts zu den Offenmarktgeschäften oder ständigen Fazilitäten des Eurosystems vom EZB-Rat gemäß Artikel 158 der Leitlinie (EU) 2015/510 (EZB/2014/60) wiederhergestellt wurde, gilt für die Zwecke von

---

[1] **Amtl. Anm.:** Richtlinie 2001/24/EG des Europäischen Parlaments und des Rates vom 4. April 2001 über die Sanierung und Liquidation von Kreditinstituten (ABl. L 125 vom 5.5.2001, S. 15).

[2] **Amtl. Anm.:** Leitlinie (EU) 2015/510 der Europäischen Zentralbank vom 19. Dezember 2014 über die Umsetzung des geldpolitischen Handlungsrahmens des Eurosystems (Leitlinie allgemeine Dokumentation) (EZB/2014/60) (ABl. L 91 vom 2.4.2015, S. 3).

Unterabsatz 1 Buchstabe c die Befreiung mit Beginn der nächsten Mindestreserve-Erfüllungsperiode nicht mehr.

(3) *[1]* Für die Zwecke der Gewährung von Befreiungen gemäß Absatz 2 Buchstabe d berücksichtigen die betreffenden NZBen und die EZB Folgendes:

a) Es handelt sich um ein Institut, das lediglich als Spezialinstitut zugelassen ist;

b) dem Kreditinstitut ist die aktive Ausübung von Bankgeschäften im Wettbewerb mit anderen Kreditinstituten untersagt;

c) alle Einlagen des Instituts sind aufgrund einer rechtlichen Verpflichtung zweckgebundene Einlagen für die regionale und/oder internationale Entwicklungshilfe.

[2] Für die Zwecke von Buchstabe a ist ein Institut lediglich als Spezialinstitut zugelassen, wenn es spezifische Aufgaben der öffentlichen Verwaltung wahrnimmt oder es ihm gesetzlich oder satzungsgemäß untersagt ist, die Tätigkeit der Kreditinstitute wahrzunehmen.

(4) Die in diesem Artikel genannten Befreiungen finden vom Beginn der Mindestreserve-Erfüllungsperiode an Anwendung, in der das betreffende Ereignis eintritt.

Art. 5 Mindestreservebasis. (1) *[1]* Die Institute berechnen ihre Mindestreservebasis anhand der statistischen Daten über die folgenden Verbindlichkeiten, die gemäß der Verordnung (EU) 2021/379 (EZB/2021/2) gemeldet werden:

a) Einlagen;

b) ausgegebene Schuldverschreibungen.

[2] Hat ein Institut Verbindlichkeiten gegenüber einer sich außerhalb des Euro-Währungsgebiets befindlichen Zweigstelle desselben Rechtssubjekts oder gegenüber einer sich außerhalb des Euro-Währungsgebiets befindlichen Hauptniederlassung bzw. einem sich außerhalb des Euro-Währungsgebiets befindlichen Geschäftssitz desselben Rechtssubjekts, erfasst es solche Verbindlichkeiten in der Mindestreservebasis.

(2) Die Institute nehmen die folgenden Verbindlichkeiten von der nach Absatz 1 zu berechnenden Mindestreservebasis aus:

a) Verbindlichkeiten gegenüber einem anderen Institut, wenn dieses Institut
   i) der Mindestreservepflicht gemäß dieser Verordnung unterliegt und
   ii) nicht befreit ist oder keine Befreiung von der Mindestreservepflicht nach Artikel 4 erhalten hat;

b) Verbindlichkeiten gegenüber der EZB oder einer NZB eines Mitgliedstaats des Euro-Währungsgebiets.

(3) *[1]* Werden Verbindlichkeiten gemäß Absatz 2 von der Mindestreservebasis ausgenommen,

a) unterrichtet das Institut unverzüglich die betreffende NZB über den ausgenommenen Betrag;

b) legt das Institut Nachweise über diese Verbindlichkeiten vor;

c) zieht das Institut den Betrag dieser Verbindlichkeiten von der Mindestreservebasis ab, nachdem es der betreffenden NZB entsprechende Nachweise über deren Höhe gemäß Buchstabe b vorgelegt hat.

[2] Kann ein Institut für die Zwecke von Buchstabe b den Nachweis über die Höhe der Verbindlichkeiten der Kategorie „ausgegebene Schuldverschreibungen" gegenüber der betreffenden NZB nicht erbringen, muss dieses Institut den auf der Website der EZB veröffentlichten Standardabzug auf den ausstehenden Betrag der Schuldverschreibungen anwenden, die es ausgegeben hat und die eine Ursprungslaufzeit von bis zu einschließlich zwei Jahren haben.

(4) Bei der Bestimmung des Standardabzugs, der auf Verbindlichkeiten der in Absatz 3 genannten Kategorie Schuldverschreibungen mit einer Laufzeit von bis zu zwei Jahren anwendbar ist, berücksichtigt die EZB das für das Euro-Währungsgebiet geltende Verhältnis („macro ratio") zwischen dem Bestand aller betreffenden Papiere, die von Kreditinstituten ausgegeben und von anderen Kreditinstituten und von der EZB und den betreffenden NZBen gehalten werden, und den ausstehenden Gesamtbeträgen dieser von den Kreditinstituten ausgegebenen Papiere.

(5) Die Institute berechnen ihre Mindestreservebasis für eine bestimmte Mindestreserve-Erfüllungsperiode anhand der Daten für den Monat, der zwei Monate vor dem Monat liegt, in dem die Mindestreserve-Erfüllungsperiode beginnt.

(6) [1] In das „Cutting-off-the-tail"-Verfahren einbezogene Institute im Sinne von Artikel 2 der Verordnung (EU) 2021/379 (EZB/2021/2) berechnen ihre Mindestreservebasis für zwei aufeinander folgende Mindestreserve-Erfüllungsperioden ab der Mindestreserve-Erfüllungsperiode, die im dritten Monat nach dem Quartalsende beginnt, auf der Basis der Quartalsenddaten, die gemäß der Verordnung (EU) 2021/379 (EZB/2021/2) gemeldet werden. [2] Diese Institute melden der betreffenden NZB ihr Mindestreserve-Soll gemäß Artikel 7.

Art. 6 Berechnung des Mindestreserve-Solls. (1) Das nach Artikel 3 von den Instituten unterhaltene Mindestreserve-Soll wird durch Anwendung der folgenden Mindestreservesätze auf jede der in Artikel 5 genannten Verbindlichkeiten der Mindestreservebasis berechnet:

a) Für die nachstehend aufgeführten Kategorien, die in Anhang II Teil 2 der Verordnung (EU) 2021/379 (EZB/2021/2) aufgeführt werden, gilt ein Mindestreservesatz von 0 %:
   i) Einlagen, die eine der folgenden Voraussetzungen erfüllen:
      – sie haben eine vereinbarte Laufzeit von über zwei Jahren;
      – sie haben eine vereinbarte Kündigungsfrist von mehr als zwei Jahren;
      – sie sind Repogeschäfte;
   ii) Schuldverschreibungen mit einer Ursprungslaufzeit von über zwei Jahren.
b) Für alle anderen in die Mindestreservebasis einbezogenen Verbindlichkeiten gilt ein Mindestreservesatz von 1 %.

(2) Vorbehaltlich der Bestimmungen der Artikel 10 bis 12 zieht die NZB oder das Institut bei der Berechnung des Mindestreserve-Solls des Instituts einen pauschalen Freibetrag in Höhe von 100 000 EUR ab.

(3) Die NZBen verwenden das gemäß Artikel 6 berechnete Mindestreserve-Soll für

a) die Verzinsung der Mindestreserveguthaben;
b) die Beurteilung der Einhaltung der Bestimmungen von Artikel 3 Absatz 1 Buchstabe a.

Art. 7 Meldung des Mindestreserve-Solls. (1) [1] Die NZBen legen das Verfahren zur Meldung des jeweiligen Mindestreserve-Solls der Institute fest. [2] In Rahmen dieses Verfahrens wird bestimmt, ob die betreffende NZB oder das Institut das Mindestreserve-Soll gemäß Artikel 6 berechnet.

(2) Berechnet nach Absatz 1 die betreffende NZB das Mindestreserve-Soll eines Instituts, finden alle folgenden Bestimmungen Anwendung:

a) die betreffende NZB meldet dem Institut spätestens drei NZB-Geschäftstage vor Beginn der Mindestreserve-Erfüllungsperiode dessen Mindestreserve-Soll;
b) das Institut erkennt sein Mindestreserve-Soll spätestens an dem NZB-Geschäftstag an, der dem Beginn der Mindestreserve-Erfüllungsperiode vorangeht;
c) antwortet das Institut bis zum Ende des NZB-Geschäftstages, der dem Beginn der Mindestreserve-Erfüllungsperiode vorangeht, nicht auf die in Buchstabe a genannte Meldung, gilt dies als Anerkennung gemäß Buchstabe b, und das gemeldete Mindestreserve-Soll findet für die betreffende Mindestreserve-Erfüllungsperiode Anwendung auf dieses Institut.

(3) Berechnet nach Absatz 1 ein Institut sein Mindestreserve-Soll, finden alle folgenden Bestimmungen Anwendung:

a) das Institut meldet der betreffenden NZB spätestens drei NZB-Geschäftstage vor Beginn der Mindestreserve-Erfüllungsperiode das Mindestreserve-Soll;
b) die betreffende NZB erkennt das Mindestreserve-Soll des Instituts spätestens an dem NZB-Geschäftstag an, der dem Beginn der Mindestreserve-Erfüllungsperiode vorangeht;
c) antwortet die betreffende NZB bis zum Ende des NZB-Geschäftstages, der dem Beginn der Mindestreserve-Erfüllungsperiode vorangeht, nicht auf die in Buchstabe a genannte Meldung, gilt dies als Anerkennung gemäß Buchstabe b, und das gemeldete Mindestreserve-Soll findet für die betreffende Mindestreserve-Erfüllungsperiode Anwendung auf dieses Institut.

(4) Für die Zwecke der Absätze 2 und 3 kann die betreffende NZB das Fristende für die Meldung des Mindestreserve-Solls vorverlegen.

(5) [1] Die NZBen können die Bedingungen und Fristen für Berichtigungen der Mindestreservebasis und des nach diesem Artikel gemeldeten Mindestreserve-Solls durch die Institute festlegen. [2] Nach Anerkennung des Mindestreserve-Solls gemäß den Absätzen 2 und 3 sind keine Berichtigungen zulässig.

(6) Die betreffenden NZBen veröffentlichen zur Durchführung der in diesem Artikel genannten Verfahren Kalender mit den Fristen für die Meldung und Anerkennung von für die Berechnung des Mindestreserve-Solls relevanten Daten.

(7) Ist ein Institut der Pflicht, die in der Verordnung (EU) 2021/379 (EZB/2021/2) genannten statistischen Daten zu melden, nicht nachgekommen, schätzt die betreffende NZB das für die jeweilige Mindestreserve-Erfüllungsperiode maßgebliche Mindestreserve-Soll des Instituts auf der Grundlage früherer Meldungen des Instituts sowie sonstiger relevanter Daten und meldet dem Institut spätestens drei NZB-Geschäftstage vor Beginn der Mindestreserve-Erfüllungsperiode dessen Mindestreserve-Soll.

Art. 8 Mindestreserve-Erfüllungsperiode. (1) Sofern nicht anders vom EZB-Rat festgelegt, beginnt eine Mindestreserve-Erfüllungsperiode am Tag der Abwicklung des Hauptrefinanzierungsgeschäfts, der auf die Sitzung des EZB-

Rates folgt, in der die Beurteilung des geldpolitischen Kurses vorgesehen ist, und endet am Tag vor dem Beginn der folgenden Mindestreserve-Erfüllungsperiode.

(2) [1] Das Direktorium der EZB veröffentlicht einen Kalender der Mindestreserve-Erfüllungsperioden auf der Website der EZB. [2] Die NZBen veröffentlichen ebenfalls diesen Kalender auf ihren jeweiligen Websites. [3] Der Kalender wird von der EZB und den NZBen spätestens drei Monate vor Beginn jedes Kalenderjahres veröffentlicht.

(3) [1] Der EZB-Rat kann den in Absatz 2 genannten Kalender ändern. [2] Der geänderte Kalender wird auf der Website der EZB bzw. den Websites der NZBen vor Beginn der Mindestreserve-Erfüllungsperiode veröffentlicht, auf die sich die Änderung bezieht.

Art. 9 Verzinsung. (1) *[1]* Die betreffende NZB verzinst die Mindestreserveguthaben auf den Mindestreservekonten zum durchschnittlichen Zinssatz für die Hauptrefinanzierungsgeschäfte des Eurosystems über die Mindestreserve-Erfüllungsperiode (gewichtet nach der Anzahl der Kalendertage) nach der folgenden Formel, wobei das Ergebnis auf den nächsten vollen Cent gerundet wird.

$$R_t = \frac{H_t \cdot n_t \cdot r_t}{100 \cdot 360}$$

$$r_t = \sum_{i=1}^{n_t} \frac{MR_i}{n_t}$$

[2] Hierbei ist:

R_t = die Zinsen, die für die Mindestreserveguthaben in der Mindestreserve-Erfüllungsperiode *t* anfallen;

H_t = die tagesdurchschnittlichen Mindestreserveguthaben in der Mindestreserve-Erfüllungsperiode *t*;

n_t = die Anzahl der Kalendertage der Mindestreserve-Erfüllungsperiode *t*;

r_t = der Zinssatz auf Mindestreserveguthaben in der Mindestreserve-Erfüllungsperiode *t*; der Zinssatz wird standardmäßig auf zwei Dezimalstellen gerundet;

i = der *i*-te Kalendertag der Mindestreserve-Erfüllungsperiode *t*;

MR_i = der marginale Zinssatz des aktuellsten Refinanzierungsgeschäfts, das am oder vor dem Kalendertag *i* abgewickelt wurde.

(2) Die betreffende NZB schreibt die Zinsen für die Mindestreserveguthaben am zweiten TARGET2-Geschäftstag nach Ablauf der Mindestreserve-Erfüllungsperiode gut, in der die Zinsen angefallen sind.

Art. 10 Indirekte Haltung von Mindestreserven über einen Mittler.

(1) Die Institute können bei der betreffenden NZB die Erlaubnis beantragen, alle ihre Mindestreserven indirekt über ein zwischengeschaltetes Institut zu unterhalten, wobei dieses zwischengeschaltete Institut

a) in demselben Mitgliedstaat ansässig ist;

b) der Mindestreservepflicht unterliegt;

c) über die Haltung der Mindestreserven hinaus regelmäßig bestimmte laufende Aufgaben (z.B. Finanzdisposition) für das Institut durchführt.

(2) *[1]* [1] Beantragt ein Institut im Sinne von Absatz 1 die Erlaubnis, alle seine Mindestreserven indirekt über ein zwischengeschaltetes Institut zu unterhalten, schließt es eine entsprechende Vereinbarung mit dem zwischengeschalteten Institut. [2] In der Vereinbarung ist mindestens Folgendes anzugeben:

a) ob das antragstellende Institut Zugang zu den ständigen Fazilitäten und Offenmarktgeschäften des Eurosystems wünscht;

b) eine Kündigungsfrist von mindestens zwölf Monaten, vorbehaltlich der Bestimmungen von Artikel 10 Absatz 7 Buchstabe b.

[2] Kündigt ein Institut gemäß Buchstabe b, teilt es dies der betreffenden NZB unverzüglich mit.

(3) Konsolidiert das Mutterinstitut einer Gruppe in seinen statistischen Meldungen die Geschäftsaktivitäten seiner Tochterunternehmen, die in demselben Mitgliedstaat ansässig sind, nach Artikel 6 Absatz 1 der Verordnung (EU) 2021/379 (EZB/2021/2), kann dieses Mutterinstitut bei der betreffenden NZB die Erlaubnis beantragen, die Mindestreserven der Gruppe als zwischengeschaltetes Institut zu unterhalten.

(4) [1] Beantragt ein Mutterinstitut gemäß Absatz 3 die Erlaubnis, die Mindestreserven der Gruppe als zwischengeschaltetes Institut zu unterhalten, schließt dieses Mutterinstitut mit jedem Institut der Gruppe eine Vereinbarung über die Tätigkeit als zwischengeschaltetes Institut. [2] In diesen Vereinbarungen ist mindestens Folgendes anzugeben:

a) ob das Mutterinstitut oder die Tochterunternehmen Zugang zu den ständigen Fazilitäten und Offenmarktgeschäften des Eurosystems erhalten;

b) eine Kündigungsfrist von mindestens zwölf Monaten.

(5) *[1]* [1] Die betreffende NZB kann dem antragstellenden Institut die Erlaubnis erteilen, Mindestreserven über ein zwischengeschaltetes Institut zu unterhalten, und unterrichtet unverzüglich das Institut und das zwischengeschaltete Institut entsprechend. [2] Die Erlaubnis wird mit Beginn der ersten Mindestreserve-Erfüllungsperiode nach der Erteilung der Erlaubnis wirksam und gilt für die Dauer der in Absatz 2 oder Absatz 4 genannten Vereinbarung oder bis zum Widerruf der Erlaubnis gemäß den Absätzen 7 und 8.

[2] Die einem Institut erteilte Erlaubnis, Mindestreserven über ein zwischengeschaltetes Institut gemäß Artikel 10 der Verordnung (EG) Nr. 1745/2003 (EZB/2003/9) zu unterhalten, gilt für die Zwecke der vorliegenden Verordnung als im Einklang mit diesem Absatz erteilte Erlaubnis.

(6) Unterhält ein zwischengeschaltetes Institut gemäß Absatz 1 dieses Artikels Mindestreserven für ein anderes Institut, sind die Mindestreserven neben den eigenen nach Maßgabe dieser Verordnung gehaltenen Mindestreserven auf den eigenen Mindestreservekonten zu unterhalten.

(7) Die EZB oder die betreffende NZB kann die gemäß Absatz 5 erteilte Erlaubnis jederzeit widerrufen, wenn eine der der folgenden Alternativen zutrifft:

a) eine der Parteien der in Absatz 2 oder Absatz 4 genannten Vereinbarung entspricht den Anforderungen dieser Verordnung nicht;

b) eine der Parteien der in Absatz 2 oder Absatz 4 genannten Vereinbarung beantragt einen Widerruf der Erlaubnis gemäß diesem Artikel;

c) die Bedingungen für die indirekte Haltung von Mindestreserven gemäß Absatz 1 sind nicht mehr erfüllt;

d) es liegen aufsichtsrechtliche Gründe in Bezug auf das zwischengeschaltete Institut vor.

(8) Die betreffende NZB oder die EZB berücksichtigt bei der Entscheidung darüber, ob die Erlaubnis nach Absatz 7 widerrufen wird, folgende Umstände:

a) ob die Parteien übereingekommen sind, die Vereinbarung im gegenseitigen Einvernehmen zu beenden;

b) ob das Institut, das seine Mindestreserven indirekt über ein zwischengeschaltetes Institut unterhält, in der Lage ist, seinen eigenen Mindestreservepflichten nachzukommen.

(9) Widerruft die betreffende NZB oder die EZB die Erlaubnis nach Absatz 7, finden die folgenden Bestimmungen Anwendung:

a) der Widerruf der Erlaubnis wird zum Ende einer laufenden Mindestreserve-Erfüllungsperiode wirksam, es sei denn, die Erlaubnis wird gemäß Absatz 7 Buchstabe d entzogen;

b) erfolgt der Widerruf der Erlaubnis nach Absatz 7 Buchstabe d, wird dieser unmittelbar wirksam, und die in Buchstabe c dieses Absatzes vorgesehene Mindestanzeigefrist findet keine Anwendung;

c) die betreffende NZB oder die EZB benachrichtigt beide Parteien der in Absatz 2 oder 4 genannten Vereinbarung über den Widerruf mindestens fünf Arbeitstage vor Ablauf der Mindestreserve-Erfüllungsperiode, für die die Erlaubnis gilt.

(10) Verhängt die EZB Sanktionen gemäß der Verordnung (EG) Nr. 2532/98 des Rates, können diese gegen das zwischengeschaltete Institut und gegen das Institut, für das es Mindestreserven unterhält, verhängt werden.

Art. 11 Aggregierte Meldung der Mindestreservebasis. (1) [1] Beantragt ein Institut bei der betreffenden NZB die Erlaubnis, gemäß Artikel 10 Absatz 3 alle seine Mindestreserven indirekt über ein Mutterinstitut zu unterhalten, kann dieses Mutterinstitut bei der betreffenden NZB die Erlaubnis beantragen, seine Mindestreservebasis und die Mindestreservebasis der Institute dieser Gruppe auf aggregierter Basis und gemäß der Verordnung (EU) 2021/379 (EZB/2021/2) zu melden. [2] Die NZBen können den Mutterinstituten die Erlaubnis erteilen, die Mindestreservebasis auf aggregierter Basis und gemäß der Verordnung (EU) 2021/379 (EZB/2021/2) zu melden.

(2) Beantragt ein Mutterinstitut nach Absatz 1 bei der betreffenden NZB die Erlaubnis, die Mindestreservebasis auf aggregierter Basis zu melden, stellt die betreffende NZB sicher, dass die in Artikel 10 Absatz 4 genannte Vereinbarung eine Anerkennung des möglichen Verlusts des Abzugs des pauschalen Freibetrags gemäß Artikel 6 Absatz 2 auf Einzelinstitutsebene vorsieht.

(3) [1] Erteilt die betreffende NZB einem Mutterinstitut nach Absatz 1 die Erlaubnis zur Meldung der Mindestreservebasis auf aggregierter Basis, setzt sie das betreffende Institut hiervon unverzüglich in Kenntnis. [2] Die Erlaubnis wird mit Beginn der ersten Mindestreserve-Erfüllungsperiode nach der Erteilung der Er-

laubnis wirksam und gilt für die Dauer der in Absatz 2 genannten Vereinbarung oder bis zum Widerruf der Erlaubnis.

(4) Erteilt die betreffende NZB einem Mutterinstitut nach Absatz 1 die Erlaubnis zur Meldung der Mindestreservebasis auf aggregierter Basis, wird ein in Artikel 6 Absatz 2 genannter pauschaler Freibetrag automatisch von den vom zwischengeschalteten Institut gehaltenen Mindestreserven abgezogen.

(5) Für die Zwecke dieser Verordnung gilt die einem Institut durch die EZB erteilte Erlaubnis zur Meldung der Mindestreservebasis auf aggregierter Basis gemäß Artikel 11 der Verordnung (EG) Nr. 1745/2003 (EZB/2003/9) als wirksam und anwendbar, bis diese Erlaubnis widerrufen wird.

Art. 12 Verschmelzungen und Spaltungen. (1) Wird eine Verschmelzung während einer Mindestreserve-Erfüllungsperiode wirksam, finden alle folgenden Bestimmungen Anwendung:

a) das übernehmende Institut kommt den für das übernommene Institut geltenden Verpflichtungen aus dieser Verordnung nach;

b) das Mindestreserve-Soll des übernehmenden Instituts wird um jeden gemäß Artikel 6 Absatz 2 anwendbaren pauschalen Freibetrag gekürzt;

c) die NZBen beurteilen anhand der Tagesendguthaben auf den Mindestreservekonten sowohl des übernehmenden als auch des übernommenen Instituts, ob die Institute die Anforderungen gemäß Artikel 3 Absatz 1 Buchstabe a erfüllen.

(2) *[1]* Während der Mindestreserve-Erfüllungsperiode, die unmittelbar auf die in Absatz 1 genannte Mindestreserve-Erfüllungsperiode folgt, gilt Folgendes:

a) das Mindestreserve-Soll des übernehmenden Instituts wird nur um einen pauschalen Freibetrag nach Artikel 6 Absatz 2 gekürzt, und

b) das Mindestreserve-Soll des übernehmenden Instituts wird für die Zwecke von Artikel 6 auf der Grundlage einer Mindestreservebasis errechnet, die sich aus den Mindestreservebasen der übernommenen Institute und des übernehmenden Instituts zusammensetzt.

[2] Für die Zwecke von Buchstabe b werden gemäß den Vorschriften in Anhang III Teil 2 der Verordnung (EU) 2021/379 (EZB/2021/2) für die Berechnung die Mindestreservebasen jedes Instituts herangezogen, die für die maßgebliche Mindestreserve-Erfüllungsperiode ohne Verschmelzung zugrunde gelegt worden wären.

[3] Unterabsatz 1 gilt auch für nachfolgende Mindestreserve-Erfüllungsperioden, in denen die Bedingungen von Anhang III Teil 2 Nummer 4 der Verordnung (EU) 2021/379 (EZB/2021/2) erfüllt werden.

(3) Wird eine Spaltung während einer Mindestreserve-Erfüllungsperiode wirksam, finden folgende Bestimmungen Anwendung:

a) übernehmende Institute, die Kreditinstitute sind, kommen den für das übertragende Institut geltenden Verpflichtungen dieser Verordnung nach;

b) jedes der übernehmenden Kreditinstitute kommt den Verpflichtungen dieser Verordnung in Bezug auf den von ihm übernommenen Anteil an der Mindestreservebasis des übertragenden Instituts nach;

c) die Mindestreserven, die vom übertragenden Institut unterhalten werden, werden proportional auf die übernehmenden Institute aufgeteilt;

d) der in Artikel 6 Absatz 2 genannte pauschale Freibetrag wird von den Mindestreserven jedes übernehmenden Instituts abgezogen.

(4) Während der Mindestreserve-Erfüllungsperiode, die unmittelbar auf die Mindestreserve-Erfüllungsperiode folgt, in der die Spaltung wirksam wird, und bis die übernehmenden Institute ihre jeweilige Mindestreservebasis gemäß der Verordnung (EU) 2021/379 (EZB/2021/2) melden, finden die folgenden Bestimmungen Anwendung:

a) jedes der übernehmenden Institute kommt den Verpflichtungen dieser Verordnung in Bezug auf den gegebenenfalls von ihm übernommenen Anteil an der Mindestreservebasis des übertragenden Instituts nach, und
b) der in Artikel 6 Absatz 2 genannte pauschale Freibetrag wird von den Mindestreserven jedes übernehmenden Instituts abgezogen.

Art. 13 Übertragung von Befugnissen im Falle der Einführung des Euro. (1) *[1]* Der EZB-Rat ermächtigt hiermit das Direktorium der EZB in den Fällen, in denen ein Mitgliedstaat den Euro gemäß dem Vertrag einführt, unter Berücksichtigung der Ansichten des Ausschusses für Marktoperationen des ESZB[1)] Folgendes zu bestimmen:

a) die Daten der übergangsweise geltenden Mindestreserve-Erfüllungsperiode für Institute mit Sitz im betreffenden Mitgliedstaat hinsichtlich der Auferlegung der Mindestreservepflicht nach Artikel 3, wobei diese Periode mit dem Datum der Einführung des Euro im betreffenden Mitgliedstaat beginnt;
b) die Art und Weise der Berechnung der Mindestreservebasis gemäß Artikel 5 während der in Buchstabe a genannten übergangsweise geltenden Mindestreserve-Erfüllungsperiode;
c) die Frist für die Berechnung und Überprüfung der Mindestreserven für die übergangsweise geltende Mindestreserve-Erfüllungsperiode durch die in diesem Mitgliedstaat niedergelassenen Institute oder durch die betreffende NZB.

[2] Das Direktorium erlässt und veröffentlicht spätestens zwei Monate vor der Einführung des Euro im betreffenden Mitgliedstaat eine Entscheidung gemäß Unterabsatz 1 und unterrichtet den EZB-Rat davon.

(2) *[1]* Des Weiteren ermächtigt der EZB-Rat das Direktorium, Instituten mit Sitz in einem anderen Mitgliedstaat des Euro-Währungsgebiets zu gestatten, für die betreffenden Mindestreserve-Erfüllungsperioden während und unmittelbar nach der in Absatz 1 Buchstabe a genannten übergangsweise geltenden Mindestreserve-Erfüllungsperiode Verbindlichkeiten gegenüber Instituten mit Sitz in dem den Euro einführenden Mitgliedstaat von ihrer Mindestreservebasis abzuziehen.

[2] [1] Unterabsatz 1 gilt, wenn die Institute zum Zeitpunkt der Berechnung der Mindestreserven in dem den Euro einführenden Mitgliedstaat nicht auf der in Artikel 3 Absatz 3 Buchstabe a genannten Liste aufgeführt sind. [2] In diesem Fall können die vom Direktorium erlassenen Entscheidungen zur Genehmigung des Abzugs gemäß diesem Absatz genauere Angaben darüber enthalten, auf welche Weise der Abzug dieser Verbindlichkeiten berechnet wird.

Art. 14 Überprüfung. (1) Das in Artikel 6 Absatz 3 der Verordnung (EG) Nr. 2531/98 vorgesehene Recht, die Richtigkeit und Qualität der Daten über die

---

1) Nr. 2.

Mindestreservebasis zu überprüfen, die von den Instituten vorgelegt werden, kann von den betreffenden NZBen ausgeübt werden.

(2) Meldet ein Institut seine Berechnung des Mindestreserve-Solls gemäß Artikel 7 Absatz 3, überprüft die betreffende NZB die Richtigkeit dieser Berechnung und kontrolliert die Übereinstimmung mit den nach der Verordnung (EU) 2021/379 (EZB/2021/2) gemeldeten statistischen Daten.

Art. 15 Aufhebung. (1) Die Verordnung (EG) Nr. 1745/2003 (EZB/2003/9) wird mit Wirkung vom 26. Juni 2021 aufgehoben.

(2) Bezugnahmen auf die aufgehobene Verordnung gelten als Bezugnahmen auf die vorliegende Verordnung und sind nach der Entsprechungstabelle in Anhang II zu lesen.

Art. 16 Schlussbestimmungen. *[1]* Diese Verordnung tritt am fünften Tag nach ihrer Veröffentlichung[1)] im *Amtsblatt der Europäischen Union* in Kraft.

[2] [1] Sie gilt ab dem 26. Juni 2021. [2] Artikel 3 gilt jedoch ab dem 28. Juli 2021, dem ersten Tag der fünften Mindestreserve-Erfüllungsperiode des Jahres 2021.

Diese Verordnung ist in allen ihren Teilen verbindlich und gilt gemäß den Verträgen unmittelbar in den Mitgliedstaaten.

Geschehen zu Frankfurt am Main am 22. Januar 2021.

Anhang I. Aufgehobene Verordnung mit Liste ihrer nachfolgenden Änderungen

Verordnung (EG) Nr. 1745/2003 der Europäischen Zentralbank (EZB/2003/9) (ABl. L 250 vom 2.10. 2003, S. 10).

Verordnung (EG) Nr. 1052/2008 der Europäischen Zentralbank (EZB/2008/10) (ABl. L 282 vom 25.10.2008, S. 14).

Verordnung (EU) Nr. 1358/2011 der Europäischen Zentralbank (EZB/2011/26) (ABl. L 338 vom 21.12.2011, S. 51).

Verordnung (EU) Nr. 1376/2014 der Europäischen Zentralbank (EZB/2014/52) (ABl. L 366 vom 20.12.2014, S. 79).

Verordnung (EU) 2016/1705 der Europäischen Zentralbank (EZB/2016/26) (ABl. L 257 vom 23.9. 2016, S. 10).

Anhang II. Entsprechungstabelle

Verordnung (EG) Nr. 1745/2003	Vorliegende Verordnung
Artikel 1	Artikel 2
Artikel 2 Absatz 1	Artikel 1
Artikel 2 Absatz 2 Unterabsatz 1	Artikel 4 Absatz 1
Artikel 2 Absatz 2 Unterabsatz 2	Artikel 4 Absatz 2, Artikel 4 Absatz 3
Artikel 2 Absatz 3	Artikel 3 Absatz 3
–	Artikel 3 Absatz 1 Buchstabe d und Artikel 3 Absatz 4
Artikel 3 Absatz 1	Artikel 5 Absatz 1
Artikel 3 Absatz 2	Artikel 5 Absatz 2
Artikel 3 Absatz 2a Unterabsatz 1	Artikel 5 Absatz 3
Artikel 3 Absatz 2a Unterabsatz 2	Artikel 5 Absatz 4
–	Artikel 5 Absatz 5
Artikel 3 Absatz 3	Artikel 5 Absatz 6

1) Veröffentlicht am 3.3.2021.

Verordnung (EG) Nr. 1745/2003	Vorliegende Verordnung
Artikel 3 Absatz 4	Artikel 5 Absatz 7
Artikel 4 Absatz 1	Artikel 6 Absatz 1 Buchstabe a
Artikel 4 Absatz 2	Artikel 6 Absatz 1 Buchstabe b
Artikel 5 Absatz 1	Artikel 6 Absatz 1 Einleitungssatz und Artikel 6 Absatz 3
Artikel 5 Absatz 2	Artikel 6 Absatz 2
Artikel 5 Absatz 3	Artikel 7 Absätze 1 bis 5
Artikel 5 Absatz 4	Artikel 7 Absatz 6
Artikel 5 Absatz 5	Artikel 7 Absatz 7
Artikel 6 Absatz 1 Sätze 1 und 2	Artikel 3 Absatz 1 Buchstabe b
Artikel 6 Absatz 1 Satz 3	Artikel 3 Absatz 1 Buchstabe c
Artikel 6 Absatz 2	Artikel 3 Absatz 1 Buchstabe a
Artikel 6 Absatz 3	Artikel 3 Absatz 2
Artikel 7	Artikel 8
Artikel 8	Artikel 9
Artikel 9	Artikel 14 Absatz 1
Artikel 10 Absätze 1 und 2	Artikel 10 Absätze 1 und 2, Artikel 10 Absatz 5
Artikel 10 Absatz 3	Artikel 10 Absätze 6 und 10
Artikel 10 Absatz 4	Artikel 10 Absatz 7 und Artikel 10 Absatz 9 Buchstaben a und c
Artikel 10 Absatz 5	Artikel 10 Absatz 9 Buchstabe b
–	Artikel 10 Absätze 4 bis 5 und 8
Artikel 10 Absatz 6	Erwägungsgrund 5, Artikel 14 Absatz 2
Artikel 11	Artikel 11
Artikel 12	–
Artikel 13	Artikel 12
Artikel 13a	Artikel 13
Artikel 14	Artikel 15
–	
Artikel 15	Artikel 16
–	Anhänge I und II

4. Gesetz über die Deutsche Bundesbank[1)]

In der Fassung der Bekanntmachung vom 22. Oktober 1992[2)]
(BGBl. I S. 1782)

FNA 7620-1

zuletzt geänd. durch Art. 14 Abs. 3 G zur Regelung des Erscheinungsbilds von Beamtinnen und Beamten sowie zur Änd. weiterer dienstrechtlicher Vorschriften v. 28.6.2021 (BGBl. I S. 2250)

Nichtamtliche Inhaltsübersicht

[1)] Siehe hierzu ua:
Bundesbank-Mitteilung Nr. 2007/2018 v. 24.10.2018 (BAnz AT 07.11.2018 B5),
Bundesbank-Mitteilung Nr. 2008/2018 v. 24.10.2018 (BAnz AT 07.11.2018 B6).

[2)] Neubekanntmachung des G über die Deutsche Bundesbank v. 26.7.1957 (BGBl. I S. 745) in der ab 1.11.1992 geltenden Fassung.

Erster Abschnitt. Rechtsform und Aufgabe

§ 1 *(aufgehoben)*

§ 2 Rechtsform, Grundkapital und Sitz. [1]Die Deutsche Bundesbank ist eine bundesunmittelbare juristische Person des öffentlichen Rechts. [2]Ihr Grundkapital im Betrage von 2,5 Milliarden Euro steht dem Bund zu. [3]Die Bank hat ihren Sitz in Frankfurt am Main.

§ 3 Aufgaben. [1]Die Deutsche Bundesbank ist als Zentralbank der Bundesrepublik Deutschland integraler Bestandteil des Europäischen Systems der Zentralbanken. [2]Sie wirkt an der Erfüllung seiner Aufgaben mit dem vorrangigen Ziel mit, die Preisstabilität zu gewährleisten, hält und verwaltet die Währungsreserven der Bundesrepublik Deutschland, sorgt für die bankmäßige Abwicklung des Zahlungsverkehrs im Inland und mit dem Ausland und trägt zur Stabilität der Zahlungs- und Verrechnungssysteme bei. [3]Sie nimmt darüber hinaus die ihr nach diesem Gesetz oder anderen Rechtsvorschriften übertragenen Aufgaben wahr.

§ 4 Beteiligungen. Die Deutsche Bundesbank ist unbeschadet des Artikels 6 Abs. 2 der Satzung des Europäischen Systems der Zentralbanken und der Europäischen Zentralbank berechtigt, sich an der Bank für Internationalen Zahlungsausgleich und mit Zustimmung der Bundesregierung an anderen Einrichtungen zu beteiligen, die einer übernationalen Währungspolitik oder dem internationalen Zahlungs- und Kreditverkehr dienen oder sonst geeignet sind, die Erfüllung ihrer Aufgabe zu fördern.

Zweiter Abschnitt. Organisation

§§ 5–6 *(aufgehoben)*

§ 7 Vorstand. (1) [1]Organ der Deutschen Bundesbank ist der Vorstand. [2]Er leitet und verwaltet die Bank. [3]Er beschließt ein Organisationsstatut[1)], das die Zuständigkeiten innerhalb des Vorstands und die Aufgaben, die den Haupt-

[1)] Nr. **4a**.

verwaltungen übertragen werden können, festlegt. [4]Der Vorstand kann die Wahrnehmung bestimmter Angelegenheiten einem Mitglied zur eigenverantwortlichen Erledigung übertragen.

(2) [1]Der Vorstand besteht aus dem Präsidenten und dem Vizepräsidenten und vier weiteren Mitgliedern. [2]Die Mitglieder des Vorstands müssen besondere fachliche Eignung besitzen.

(3) [1]Die Mitglieder des Vorstands werden vom Bundespräsidenten bestellt. [2]Die Bestellung des Präsidenten und des Vizepräsidenten sowie eines weiteren Mitglieds erfolgt auf Vorschlag der Bundesregierung, die der übrigen drei Mitglieder auf Vorschlag des Bundesrates im Einvernehmen mit der Bundesregierung. [3]Für die Bestellung des Vizepräsidenten kann der Bundesrat der Bundesregierung einen Vorschlag zuleiten. [4]Die Bundesregierung und der Bundesrat haben bei ihren Vorschlägen den Vorstand anzuhören. [5]Die Mitglieder werden für acht Jahre, ausnahmsweise auch für kürzere Zeit, mindestens jedoch für fünf Jahre bestellt. [6]Bestellung und Ausscheiden sind im Bundesanzeiger zu veröffentlichen.

(4) [1]Die Mitglieder des Vorstands stehen in einem öffentlich-rechtlichen Amtsverhältnis. [2]Ihre Rechtsverhältnisse gegenüber der Bank, insbesondere die Gehälter, Ruhegehälter und Hinterbliebenenbezüge, werden durch Verträge mit dem Vorstand geregelt. [3]Die Verträge bedürfen der Zustimmung der Bundesregierung.

(5) [1]Der Vorstand berät unter dem Vorsitz des Präsidenten oder des Vizepräsidenten. [2]Er fasst seine Beschlüsse mit einfacher Mehrheit der abgegebenen Stimmen. [3]Bei Stimmengleichheit gibt die Stimme des Vorsitzenden den Ausschlag. [4]Bei der Verteilung der Zuständigkeiten innerhalb des Vorstands kann nicht gegen den Präsidenten entschieden werden.

§ 8 Hauptverwaltungen. (1) Die Deutsche Bundesbank unterhält je eine Hauptverwaltung für den Bereich

1. des Landes Baden-Württemberg,
2. des Freistaates Bayern,
3. der Länder Berlin und Brandenburg,
4. der Freien Hansestadt Bremen und der Länder Niedersachsen und Sachsen-Anhalt,
5. der Freien und Hansestadt Hamburg und der Länder Mecklenburg-Vorpommern und Schleswig-Holstein,
6. des Landes Hessen,
7. des Landes Nordrhein-Westfalen,
8. der Länder Rheinland-Pfalz und Saarland,
9. der Freistaaten Sachsen und Thüringen.

(2) [1]Die Hauptverwaltungen werden jeweils von einem Präsidenten geleitet, der dem Vorstand der Deutschen Bundesbank untersteht. [2]Diese tragen die Bezeichnung Präsident der Hauptverwaltung.

§ 9 Beiräte bei den Hauptverwaltungen. (1) Bei jeder Hauptverwaltung besteht ein Beirat, der regelmäßig mit dem Präsidenten der Hauptverwaltung zusammentrifft und mit ihm über die Durchführung der in seinem Bereich anfallenden Arbeiten berät.

(2) [1] Der Beirat besteht aus höchstens vierzehn Mitgliedern, die besondere Kenntnisse auf dem Gebiet des Kreditwesens haben sollen. [2] Höchstens die Hälfte der Mitglieder soll aus den verschiedenen Zweigen des Kreditgewerbes, die übrigen Mitglieder sollen aus der gewerblichen Wirtschaft, dem Handel, der Versicherungswirtschaft, der Freien Berufe, der Landwirtschaft sowie der Arbeiter- und Angestelltenschaft ausgewählt werden. [3] Der Beirat soll zweimal im Jahr zusammentreten.

(3) Die Mitglieder des Beirats werden auf Vorschlag der zuständigen Landesregierungen durch den Präsidenten der Deutschen Bundesbank auf die Dauer von drei Jahren berufen.

(4) [1] Den Vorsitz im Beirat führt der Präsident der Hauptverwaltung. [2] Bei Beratungsgegenständen, die ihrer Natur nach vertraulich sind oder die der Vorsitzende ausdrücklich als vertraulich bezeichnet hat, sind die Teilnehmer an den Sitzungen des Beirats zur Verschwiegenheit verpflichtet.

§ 10 Filialen. Die Deutsche Bundesbank darf Filialen unterhalten, die der zuständigen Hauptverwaltung unterstehen.

§ 11 Vertretung. (1) [1] Die Deutsche Bundesbank wird gerichtlich und außergerichtlich durch den Vorstand vertreten. [2] § 31 Abs. 2 und § 41 Abs. 4 bleiben unberührt.

(2) [1] Willenserklärungen sind für die Deutsche Bundesbank verbindlich, wenn sie von zwei Mitgliedern des Vorstands oder von zwei bevollmächtigten Vertretern abgegeben werden. [2] Zur Rechtswirksamkeit einer der Bank gegenüber abzugebenden Willenserklärung genügt die Erklärung gegenüber einem Vertretungsberechtigten.

(3) Die Vertretungsbefugnis kann durch die Bescheinigung eines Urkundsbeamten der Deutschen Bundesbank nachgewiesen werden.

(4) Klagen gegen die Deutsche Bundesbank, die auf den Geschäftsbetrieb einer Hauptverwaltung oder einer Filiale Bezug haben, können auch bei dem Gericht des Sitzes der Hauptverwaltung erhoben werden.

Dritter Abschnitt. Bundesregierung und Bundesbank

§ 12 Verhältnis der Bank zur Bundesregierung. [1] Die Deutsche Bundesbank ist bei der Ausübung der Befugnisse, die ihr nach diesem Gesetz zustehen, von Weisungen der Bundesregierung unabhängig. [2] Soweit dies unter Wahrung ihrer Aufgabe als Bestandteil des Europäischen Systems der Zentralbanken möglich ist, unterstützt sie die allgemeine Wirtschaftspolitik der Bundesregierung.

§ 13 Zusammenarbeit. (1) Die Deutsche Bundesbank hat die Bundesregierung in Angelegenheiten von wesentlicher währungspolitischer Bedeutung zu beraten und ihr auf Verlangen Auskunft zu geben.

(2) Die Bundesregierung soll den Präsidenten der Deutschen Bundesbank zu ihren Beratungen über Angelegenheiten von währungspolitischer Bedeutung zuziehen.

Vierter Abschnitt. Währungspolitische Befugnisse

§ 14 Notenausgabe. (1) [1]Die Deutsche Bundesbank hat unbeschadet des Artikels 128 Absatz 1 des Vertrages über die Arbeitsweise der Europäischen Union[1)] das ausschließliche Recht, Banknoten im Geltungsbereich dieses Gesetzes auszugeben. [2]Auf Euro lautende Banknoten sind das einzige unbeschränkte gesetzliche Zahlungsmittel. [3]Die Deutsche Bundesbank hat die Stückelung und die Unterscheidungsmerkmale der von ihr ausgegebenen Noten öffentlich bekannt zu machen.

(2) [1]Die Deutsche Bundesbank kann unbeschadet des Artikels 128 Absatz 1 des Vertrages über die Arbeitsweise der Europäischen Union[1)] Noten zur Einziehung aufrufen. [2]Aufgerufene Noten werden nach Ablauf der beim Aufruf bestimmten Umtauschfrist ungültig.

§§ 15–16 *(aufgehoben)*

§ 17 *(aufgehoben)*

§ 18[2)] Statistische Erhebungen. [1]Die Deutsche Bundesbank ist berechtigt, zur Erfüllung ihrer Aufgabe Statistiken auf dem Gebiet des Bank- und Geldwesens bei allen Kreditinstituten, Kapitalverwaltungsgesellschaften und extern verwalteten Investmentgesellschaften anzuordnen und durchzuführen. [2]§§ 9, 15 und 16 des Bundesstatistikgesetzes sind entsprechend anzuwenden. [3]Die Deutsche Bundesbank kann die Ergebnisse der Statistiken für allgemeine Zwecke veröffentlichen. [4]Die Veröffentlichungen dürfen keine Einzelangaben enthalten. [5]Den nach § 13 Abs. 1 Auskunftsberechtigten dürfen Einzelangaben nur mitgeteilt werden, wenn und soweit es in der Anordnung über die Statistik vorgesehen ist.

Fünfter Abschnitt. Geschäftskreis

§ 19 Geschäfte mit Kreditinstituten und anderen Marktteilnehmern. Die Deutsche Bundesbank darf mit Kreditinstituten und anderen Marktteilnehmern unbeschadet des Kapitels IV der Satzung des Europäischen Systems der Zentralbanken und der Europäischen Zentralbank (BGBl. 1992 II S. 1251, 1297) folgende Geschäfte betreiben:

1. Darlehen gegen Sicherheiten gewähren sowie am offenen Markt Forderungen, börsengängige Wertpapiere und Edelmetalle endgültig (per Kasse oder Termin) oder im Rahmen von Rückkaufsvereinbarungen kaufen oder verkaufen; bei Pfändern ist die Bank mit Eintritt der Pfandreife berechtigt, das Pfand durch einen ihrer Mitarbeiter oder durch eine zu Versteigerungen befugte Person zu versteigern oder, wenn der verpfändete Gegenstand einen Börsen- oder Marktpreis hat, durch eine der vorgenannten Personen oder einen Handelsmakler zum laufenden Preis zu verkaufen und sich aus dem Erlös für Kosten, Zinsen und Kapital zu befriedigen oder sich den verpfändeten Gegenstand anzueignen, wobei die Ansprüche der Bank in Höhe des Börsen- oder Marktpreises erlöschen; diese Rechte stehen der Bank auch

[1)] Nr. **1**.
[2)] Siehe hierzu die DBBank-Mitteilung Nr. 8001/2015 v. 13.5.2015 (BAnz AT 29.05.2015 B1).

gegenüber anderen Gläubigern und gegenüber der Insolvenzmasse des Schuldners sowie auch im Falle einer vorhergehenden Sicherungsmaßnahme gegen den Schuldner zu; sie gelten auch, wenn die Bank die Verwertung für ein anderes Mitglied des Europäischen Systems der Zentralbanken vornimmt;
2. Giroeinlagen und andere Einlagen annehmen;
3. Wertgegenstände, insbesondere Wertpapiere, in Verwahrung und Verwaltung nehmen; die Ausübung des Stimmrechts aus den von ihr verwahrten oder verwalteten Wertpapieren ist der Bank untersagt;
4. Schecks, Lastschriften, Wechsel, Anweisungen, Wertpapiere und Zinsscheine zum Einzug übernehmen und nach Deckung Zahlung leisten, soweit nicht die Bank für die Gutschrift des Gegenwertes für Schecks, Lastschriften und Anweisungen etwas anderes bestimmt;
5. andere bankmäßige Auftragsgeschäfte nach Deckung ausführen;
6. auf eine andere Währung als Euro lautende Zahlungsmittel einschließlich Wechsel und Schecks, Forderungen und Wertpapiere sowie Gold, Silber und Platin kaufen und verkaufen;
7. alle Bankgeschäfte im Verkehr mit dem Ausland vornehmen.

§ 20 Geschäfte mit öffentlichen Verwaltungen. [1] Die Deutsche Bundesbank darf mit dem Bund, den Sondervermögen des Bundes, den Ländern und anderen öffentlichen Verwaltungen die in § 19 Nr. 2 bis 7 bezeichneten Geschäfte vornehmen; dabei darf die Bank im Verlauf eines Tages Kontoüberziehungen zulassen. [2] Für diese Geschäfte darf die Bank dem Bund, den Sondervermögen des Bundes und den Ländern keine Kosten und Gebühren berechnen.

§ 21 *(aufgehoben)*

§ 22 Geschäfte mit jedermann. Die Deutsche Bundesbank darf mit natürlichen und juristischen Personen im In- und Ausland die in § 19 Nr. 2 bis 7 bezeichneten Geschäfte betreiben.

§ 23 Bestätigung von Schecks. (1) [1] Die Deutsche Bundesbank darf Schecks, die auf sie gezogen sind, nur nach Deckung bestätigen. [2] Aus dem Bestätigungsvermerk wird sie dem Inhaber zur Einlösung verpflichtet; für die Einlösung haftet sie auch dem Aussteller und dem Indossanten.

(2) Die Einlösung des bestätigten Schecks darf auch dann nicht verweigert werden, wenn inzwischen über das Vermögen des Ausstellers das Insolvenzverfahren eröffnet worden ist.

(3) [1] Die Verpflichtung aus der Bestätigung erlischt, wenn der Scheck nicht binnen acht Tagen nach der Ausstellung zur Zahlung vorgelegt wird. [2] Für den Nachweis der Vorlegung gilt Artikel 40 des Scheckgesetzes[1)].

(4) Der Anspruch aus der Bestätigung verjährt in zwei Jahren vom Ablauf der Vorlegungsfrist an.

[1)] Nr. **26**.

(5) Auf die gerichtliche Geltendmachung von Ansprüchen auf Grund der Bestätigung sind die für Wechselsachen geltenden Zuständigkeits- und Verfahrensvorschriften entsprechend anzuwenden.

§ 24 *(aufgehoben)*

§ 25 Andere Geschäfte. Die Deutsche Bundesbank soll andere als die in den §§ 19, 20, 22 und 23 oder auf der Grundlage der Satzung des Europäischen Systems der Zentralbanken und der Europäischen Zentralbank zugelassenen Geschäfte nur zur Durchführung und Abwicklung zugelassener Geschäfte oder für den eigenen Betrieb oder für ihre Betriebsangehörigen vornehmen.

Sechster Abschnitt. Jahresabschluss, Kostenrechnung, Gewinnverteilung

§ 26 Jahresabschluss, Kostenrechnung. (1) Das Geschäftsjahr der Deutschen Bundesbank ist das Kalenderjahr.

(2) [1] Das Rechnungswesen der Deutschen Bundesbank hat den Grundsätzen ordnungsmäßiger Buchführung zu entsprechen. [2] Der Jahresabschluß ist unter Berücksichtigung der Aufgaben der Deutschen Bundesbank, insbesondere als Bestandteil des Europäischen Systems der Zentralbanken, aufzustellen und mit den entsprechenden Erläuterungen offenzulegen; die Haftungsverhältnisse brauchen nicht vermerkt zu werden. [3] Soweit sich aus Satz 2 keine Abweichungen ergeben, sind für die Wertansätze die Vorschriften des Handelsgesetzbuchs für Kapitalgesellschaften entsprechend anzuwenden. [4] Die Bildung von Passivposten im Rahmen der Ergebnisermittlung auch für allgemeine Wagnisse im In- und Auslandsgeschäft, wie sie unter Berücksichtigung der Aufgabe der Deutschen Bundesbank im Rahmen vernünftiger kaufmännischer Beurteilung für zulässig gehalten wird, bleibt unberührt.

(3) [1] Der Vorstand hat sobald wie möglich den Jahresabschluß aufzustellen. [2] Der Abschluss ist durch einen oder mehrere vom Vorstand im Einvernehmen mit dem Bundesrechnungshof bestellte Wirtschaftsprüfer zu prüfen und alsdann zu veröffentlichen. [3] Der Prüfungsbericht des Wirtschaftsprüfers dient dem Bundesrechnungshof als Grundlage für die von ihm durchzuführende Prüfung.

(4) [1] Zur Unterstützung ihrer Leitung und Verwaltung erstellt die Deutsche Bundesbank eine Kostenrechnung. [2] Vor Beginn eines Geschäftsjahres stellt die Deutsche Bundesbank eine Plankostenrechnung und einen Investitionsplan auf. [3] Nach Abschluss des Geschäftsjahres stellt sie den Planzahlen die tatsächlich angefallenen Kosten und Investitionen in einer Plan/Ist-Analyse gegenüber. [4] Die Plan/Ist-Analyse ist vom Wirtschaftsprüfer gesondert zu prüfen.

(5) [1] Der Jahresabschluss, die Plankostenrechnung, der Investitionsplan, die Plan/Ist-Analyse und die Prüfungsberichte des Wirtschaftsprüfers sind dem Bundesministerium der Finanzen und dem Bundesrechnungshof zuzuleiten. [2] Der Deutsche Bundestag erhält den Jahresabschluss, die Plan/Ist-Analyse und die Prüfungsberichte des Wirtschaftsprüfers.

(6) Der Bundesrechnungshof berichtet dem Deutschen Bundestag über seine Feststellungen nach Absatz 3.

§ 27 Gewinnverteilung. Der Reingewinn ist in nachstehender Reihenfolge zu verwenden:

1. zwanzig vom Hundert des Gewinns, jedoch mindestens zweihundertfünfzig Millionen Euro, sind einer gesetzlichen Rücklage, soweit sie den Betrag von 2,5 Milliarden Euro unterschreitet, bis zu ihrer Auffüllung zuzuführen; die gesetzliche Rücklage darf nur zum Ausgleich von Wertminderungen und zur Deckung anderer Verluste verwendet werden;
2. der Restbetrag ist an den Bund abzuführen.

§ 28 *(aufgehoben)*

Siebenter Abschnitt. Allgemeine Bestimmungen

§ 29 Sonderstellung der Deutschen Bundesbank. (1) [1]Der Vorstand mit der Zentrale am Sitz der Bank hat die Stellung einer obersten Bundesbehörde. [2]Die Hauptverwaltungen und Filialen haben die Stellung von Bundesbehörden.

(2) Die Deutsche Bundesbank und ihre Bediensteten genießen die Vergünstigungen, die in Bau-, Wohnungs- und Mietangelegenheiten für den Bund und seine Bediensteten gelten.

(3) Die Vorschriften des Handelsgesetzbuchs über die Eintragungen in das Handelsregister sowie die Vorschriften über die Zugehörigkeit zu den Industrie- und Handelskammern sind auf die Deutsche Bundesbank nicht anzuwenden.

§ 30 Urkundsbeamte. [1]Der Präsident der Deutschen Bundesbank kann für die Zwecke des § 11 Abs. 3 Urkundsbeamte bestellen. [2]Sie müssen die Befähigung zum Richteramt besitzen.

§ 31[1)] Rechtsverhältnisse der Beamten, Angestellten und Arbeiter der Deutschen Bundesbank. (1) Die Deutsche Bundesbank beschäftigt Beamte, Angestellte und Arbeiter.

(2) [1]Der Präsident der Deutschen Bundesbank ernennt die Beamten der Bank. [2]Er ist oberste Dienstbehörde und vertritt insoweit die Bank gerichtlich und außergerichtlich. [3]Als oberste Dienstbehörde stehen ihm sämtliche Disziplinarbefugnisse zu; er verhängt die Disziplinarmaßnahmen, soweit ihre Verhängung nicht den zuständigen Gerichten vorbehalten ist. [4]Der Präsident kann seine Befugnisse nach diesem Absatz auf ein Mitglied des Vorstands mit der Möglichkeit der Weiterübertragung übertragen.

[1)] Siehe hierzu
- die VO zur Übertragung von Verordnungsermächtigungen der Bundesregierung nach § 31 BBankG v. 9.4.2009 (BGBl. I S. 813)
- die BundesbanklaufbahnVO v. 6.8.2010 (BGBl. I S. 1142)
- die VO über die Ausbildung und Prüfung für den mittleren Bankdienst der Deutschen Bundesbank (MBankDAPrV) v. 11.8.2011 (BGBl. I S. 1717), aufgeh. mit Ablauf des 30.9.2017 durch VO v. 30.8.2017 (BGBl. I S. 3316)
- die VO über die Ausbildung und Prüfung für den gehobenen Bankdienst der Deutschen Bundesbank (GBankDAPrV) v. 24.2.2011 (BGBl. I S. 318), aufgeh. mit Ablauf des 30.9.2017 durch VO v. 30.8.2017 (BGBl. I S. 3316)
- die Laufbahn-, Ausbildungs- und PrüfungsO für die Laufbahn des höheren Bankdienstes bei der Deutschen Bundesbank (LAPO-höhD) v. 30.10.1998 (BAnz. Nr. 223 S. 16638), aufgeh. durch VO v. 28.8.2012 (BGBl. I S. 1858)

(3) [1]Die Beamten der Deutschen Bundesbank sind Bundesbeamte. [2]Soweit nicht in diesem Gesetz etwas anderes bestimmt ist, sind die für Bundesbeamte allgemein geltenden Vorschriften anzuwenden. [3]An die Stelle des Inkrafttretens des Bundesbeamtengesetzes tritt das Inkrafttreten dieses Gesetzes.

(4) [1]Die Bundesregierung wird ermächtigt, durch Rechtsverordnung ohne Zustimmung des Bundesrates die Rechtsverhältnisse der Beamten, Angestellten und Arbeiter der Deutschen Bundesbank zu regeln, soweit die Bedürfnisse eines geordneten und leistungsfähigen Bankbetriebes es erfordern. [2]In der Rechtsverordnung nach Satz 1 kann nur bestimmt werden,

1. dass für die Beamten der Deutschen Bundesbank von folgenden Vorschriften des Bundesbeamtenrechts abgewichen wird:
   a) von den §§ 19, 22 Absatz 5, § 28 Abs. 1 und 2, § 33 Abs. 2, § 99 Abs. 1 Satz 2 Nr. 3 und § 100 Abs. 1 Nr. 2 des Bundesbeamtengesetzes und von § 11 Nr. 3 Buchstabe a des Beamtenversorgungsgesetzes;
   b) von den §§ 42 bis 49 des Bundesbesoldungsgesetzes in ihrer jeweils geltenden Fassung, soweit eine widerrufliche, nicht ruhegehaltfähige Bankzulage für eine Verwendung in der Zentrale bis zur Höhe von 9 vom Hundert des Grundgehalts und für eine Verwendung in den Hauptverwaltungen bis zur Höhe von 5 vom Hundert sowie in der Zentrale, den Hauptverwaltungen und Filialen eine Zuwendung für besondere Leistungen in Form einer Zulage oder einer Einmalzahlung gewährt werden;
   c) von den Vorschriften über die Gewährung von Unterhaltszuschüssen für Beamte im Vorbereitungsdienst;
2. dass, soweit die Bankzulage nach Nummer 1 Buchstabe b durch das Haushaltsbegleitgesetz 2006 mit Wirkung vom 1. August 2006 weggefallen oder gekürzt wurde, eine Ausgleichszulage gewährt wird in Höhe des Unterschiedsbetrages zwischen der bisherigen und der neuen Zulage, bei Wegfall der Zulage in Höhe der bisherigen Zulage. Maßgebend ist die Höhe der am 31. Juli 2006 gewährten Bankzulage. Für an diesem Tag Beurlaubte ist die Bankzulage maßgebend, die ohne Beurlaubung an diesem Tag zugestanden hätte. Die Ausgleichszulage wird gezahlt, soweit und solange die bisherigen Anspruchsvoraussetzungen weiter erfüllt sind. Die Ausgleichszulage vermindert sich bei jeder Erhöhung der Dienstbezüge um die Hälfte des Erhöhungsbetrages; dies gilt nicht für Erhöhungen, die der Anpassung an die Bezüge im bisherigen Bundesgebiet dienen. Dienstbezüge in diesem Sinne sind Grundgehalt, Amts- und Stellenzulagen. Zu den Dienstbezügen rechnen auch Überleitungszulagen und Ausgleichszulagen, soweit sie wegen des Wegfalls oder der Verminderung solcher Dienstbezüge gewährt werden;
3. dass die Angestellten der Deutschen Bundesbank
   a) zur Ausübung einer der in § 99 Abs. 1 Satz 2 Nr. 3 und § 100 Abs. 1 Nr. 2 des Bundesbeamtengesetzes bezeichneten Nebentätigkeiten der vorherigen Genehmigung bedürfen,
   b) die in Nummer 1 Buchstabe b bezeichneten Bezüge sowie die Ausgleichszulage nach Nummer 2 entsprechend erhalten;
4. dass die Arbeiter die in Nummer 1 Buchstabe b bezeichnete Zuwendung für besondere Leistungen erhalten.

[3]Die Bundesregierung kann die Befugnis nach Satz 1 durch Rechtsverordnung ohne Zustimmung des Bundesrates auf den Vorstand der Deutschen Bundes-

bank übertragen. [4] Rechtsverordnungen des Vorstandes der Deutschen Bundesbank bedürfen des Einvernehmens des Bundesministeriums des Innern, für Bau und Heimat und des Bundesministeriums der Finanzen.

(5) [1] Die in Absatz 4 Satz 2 Nr. 1 Buchstabe b bezeichneten Zuwendungen für besondere Leistungen dürfen insgesamt ein Zwanzigstel der Ausgaben für die Besoldung und Vergütung und Löhne der Beamten, Angestellten und Arbeiter der Deutschen Bundesbank nicht übersteigen. [2] Die Bankzulage nimmt ab dem 1. August 2006 nicht an allgemeinen Erhöhungen der Besoldung teil.

(6) [1] Die Bundesregierung wird ermächtigt, zum Zweck eines geordneten und leistungsfähigen Bankbetriebs durch Rechtsverordnung die Vorschriften über die Vorbildung und die Laufbahnen der Beamten der Deutschen Bundesbank sowie die besonderen Vorschriften für die einzelnen Laufbahnen (Laufbahn-, Ausbildungs- und Prüfungsordnungen) der Beamten der Deutschen Bundesbank zu erlassen. [2] In der Rechtsverordnung nach Satz 1 kann von den Vorschriften des Bundesbeamtenrechts über die Dauer des Vorbereitungsdienstes und der Probezeit sowie über die Dauer der Bewährungszeit für Beförderungen im gehobenen Dienst und für die Zulassung zum Aufstieg in den höheren Dienst abgewichen werden. [3] Die Bundesregierung kann die Befugnis nach Satz 1 durch Rechtsverordnung auf den Vorstand der Deutschen Bundesbank übertragen. [4] Rechtsverordnungen des Vorstands der Deutschen Bundesbank über die Vorbildung und die Laufbahnen bedürfen des Einvernehmens des Bundesministeriums des Innern, für Bau und Heimat und des Bundesministeriums der Finanzen; Rechtsverordnungen über die einzelnen Laufbahnen (Laufbahn-, Ausbildungs- und Prüfungsordnungen) bedürfen des Einvernehmens des Bundesministeriums des Innern, für Bau und Heimat.

§ 32 Schweigepflicht. [1] Sämtliche Personen im Dienste der Deutschen Bundesbank haben über die Angelegenheiten und Einrichtungen der Bank sowie über die von ihr geschlossenen Geschäfte Schweigen zu bewahren. [2] Sie dürfen über die ihnen hierüber bei ihrer Tätigkeit bekanntgewordenen Tatsachen auch nach ihrem Ausscheiden aus dem Dienste der Bank ohne Genehmigung weder vor Gericht noch außergerichtlich aussagen oder Erklärungen abgeben. [3] Die Genehmigung wird, soweit es sich um das Interesse der Bank handelt, den Mitgliedern des Vorstands von diesem, anderen Bediensteten der Bank vom Präsidenten erteilt, der diese Befugnis auf ein Mitglied des Vorstands mit der Möglichkeit der Weiterübertragung übertragen kann; die Genehmigung darf für eine gerichtliche Vernehmung nur versagt werden, wenn es das Wohl des Bundes oder die Interessen der Allgemeinheit erfordern.

§ 33 Veröffentlichungen. Die Deutsche Bundesbank hat ihre für die Öffentlichkeit bestimmten Bekanntmachungen, insbesondere den Aufruf von Noten sowie die Anordnung von Statistiken im Bundesanzeiger zu veröffentlichen.

§ 34 *(aufgehoben)*

Achter Abschnitt. Strafbestimmungen und Vorschriften über das Anhalten von Falschgeld

§ 35 Unbefugte Ausgabe und Verwendung von Geldzeichen. (1) Mit Freiheitsstrafe bis zu fünf Jahren oder mit Geldstrafe wird bestraft,

1. wer unbefugt Geldzeichen (Marken, Münzen, Scheine oder andere Urkunden, die geeignet sind, im Zahlungsverkehr an Stelle der gesetzlich zugelassenen Münzen oder Banknoten verwendet zu werden) oder unverzinsliche Inhaberschuldverschreibungen ausgibt, auch wenn ihre Wertbezeichnung nicht auf Euro lautet;
2. wer unbefugt ausgegebene Gegenstände der in Nummer 1 genannten Art zu Zahlungen verwendet.

(2) Der Versuch ist strafbar.

(3) Handelt der Täter in den Fällen des Absatzes 1 Nr. 2 fahrlässig, so ist die Strafe Freiheitsstrafe bis zu sechs Monaten oder Geldstrafe bis zu einhundertachtzig Tagessätzen.

§ 36 Anhalten von Falschgeld sowie unbefugt ausgegebener Geldzeichen. (1) [1] Die Deutsche Bundesbank sowie die Stellen und deren Beschäftigte, die in Artikel 6 Absatz 1 der Verordnung (EG) Nr. 1338/2001 des Rates vom 28. Juni 2001 zur Festlegung von zum Schutz des Euro gegen Geldfälschung erforderlichen Maßnahmen (ABl. L 181 vom 4.7.2001, S. 6) in der jeweils geltenden Fassung genannt sind, sind verpflichtet, nachgemachte oder verfälschte Banknoten oder Münzen (Falschgeld), als Falschgeld verdächtige Banknoten oder Münzen sowie unbefugt ausgegebene Gegenstände im Sinne des § 35 unverzüglich anzuhalten. [2] Dem Betroffenen ist eine Empfangsbescheinigung zu erteilen.

(2) Falschgeld oder Gegenstände der in § 35 genannten Art sind von den Verpflichteten mit einem beigefügten Bericht unverzüglich der zuständigen Polizeibehörde zu übermitteln.

(3) [1] Als Falschgeld verdächtige Banknoten oder Münzen sind von den Verpflichteten mit einem beigefügten Bericht unverzüglich der Deutschen Bundesbank zu übermitteln. [2] Stellt diese die Unechtheit der Banknoten oder Münzen fest, so übermittelt sie der zuständigen Polizeibehörde ein Gutachten und benachrichtigt die übermittelnde Stelle.

(4) Ordnungswidrig handelt, wer vorsätzlich oder fahrlässig

1. entgegen Absatz 1 Satz 1 Falschgeld oder einen dort genannten Gegenstand nicht anhält,
2. entgegen Absatz 2 oder Absatz 3 Satz 1, jeweils auch in Verbindung mit einer Rechtsverordnung nach § 36a Satz 1, Falschgeld oder einen dort genannten Gegenstand nicht oder nicht rechtzeitig übermittelt,
3. entgegen § 37a Absatz 1 Satz 1 eine Auskunft nicht, nicht richtig, nicht vollständig oder nicht rechtzeitig erteilt,
4. entgegen § 37a Absatz 2 Satz 2 eine dort genannte Maßnahme nicht duldet oder
5. einer vollziehbaren Anordnung nach § 37a Absatz 3 zuwiderhandelt.

(4a) Ordnungswidrig handelt, wer entgegen Artikel 6 Absatz 1 der Verordnung (EG) Nr. 1338/2001 des Rates vom 28. Juni 2001 zur Festlegung von zum Schutz des Euro gegen Geldfälschung erforderlichen Maßnahmen (ABl. L 181 vom 4.7.2001, S. 6), die durch die Verordnung (EG) Nr. 44/2009 (ABl. L 17 vom 22.1.2009, S. 1) geändert worden ist, nicht sicherstellt, dass die dort genannten Euro-Banknoten und Euro-Münzen auf Echtheit geprüft werden, oder nicht dafür Sorge trägt, dass Fälschungen aufgedeckt werden.

(5) Die Ordnungswidrigkeit kann mit einer Geldbuße bis zu einhunderttausend Euro geahndet werden.

(6) Verwaltungsbehörde im Sinne des § 36 Abs. 1 Nr. 1 des Gesetzes über Ordnungswidrigkeiten ist die Deutsche Bundesbank.

§ 36a Verordnungsermächtigung. [1] Das Bundesministerium der Finanzen wird ermächtigt, im Benehmen mit der Deutschen Bundesbank durch Rechtsverordnung ohne Zustimmung des Bundesrates nähere Bestimmungen zur Art und Weise sowie zum Umfang der Übermittlungspflichten nach § 36 Absatz 2 und 3 und der in diesem Zusammenhang zu übermittelnden Angaben zu regeln. [2] In der Rechtsverordnung nach Satz 1 kann insbesondere bestimmt werden, dass Verpflichtete, die Banknoten wieder in Umlauf geben, die Inbetriebnahme und Außerbetriebnahme von Systemen zur Banknotenbearbeitung sowie Art und Umfang der mit diesen Systemen vorgenommenen Transaktionen der Deutschen Bundesbank zu melden haben. [3] In der Rechtsverordnung nach Satz 1 kann auch geregelt werden, dass die Deutsche Bundesbank im Rahmen der Prüfungen nach § 37a Absatz 2 Stichproben der bearbeiteten Banknoten entnehmen kann, sofern deren Gegenwert dem Verpflichteten erstattet wird. [4] Das Bundesministerium der Finanzen kann die Befugnis nach den Sätzen 1 bis 3 durch Rechtsverordnung ohne Zustimmung des Bundesrates auf den Vorstand der Deutschen Bundesbank übertragen. [5] Rechtsverordnungen des Vorstandes der Deutschen Bundesbank bedürfen des Einvernehmens des Bundesministeriums der Finanzen.

§ 37 Einziehung. (1) Unbefugt ausgegebene Gegenstände der in § 35 genannten Art können eingezogen werden.

(2) [1] Nach Absatz 1 eingezogene Gegenstände sowie nach § 150 des Strafgesetzbuchs eingezogenes Falschgeld sind von der Deutschen Bundesbank aufzubewahren. [2] Sie können, wenn der Täter ermittelt worden ist, nach Ablauf von zehn Jahren und, wenn der Täter nicht ermittelt worden ist, nach Ablauf von zwanzig Jahren nach Rechtskraft des die Einziehung aussprechenden Urteils vernichtet werden.

§ 37a Auskünfte und Prüfungen, Untersagung der Wiederausgabe von Banknoten. (1) [1] Verpflichtete nach § 36 Absatz 1, die Banknoten wieder in Umlauf geben wollen, haben der Deutschen Bundesbank auf Verlangen Auskünfte über die Herkunft der Banknoten, deren Bearbeitung sowie die verwendeten Banknotenbearbeitungsgeräte zu erteilen und Unterlagen vorzulegen. [2] Die Auskunft kann verweigert werden, wenn die Beantwortung den Verpflichteten oder einen der in § 383 Absatz 1 Nummer 1 bis 3 der Zivilprozessordnung bezeichneten Angehörigen der Gefahr strafrechtlicher Verfolgung oder eines Verfahrens nach dem Gesetz über Ordnungswidrigkeiten aussetzen würde.

(2) [1] Die Deutsche Bundesbank kann, auch ohne besonderen Anlass, bei den Verpflichteten nach § 36 Absatz 1 Prüfungen vornehmen und die Geschäftsräume innerhalb der üblichen Betriebs- und Geschäftszeiten betreten; das gilt auch für Unternehmen, auf die die Verpflichteten ihre Tätigkeiten ausgelagert haben. [2] Die Betroffenen haben diese Maßnahmen zu dulden.

(3) Verstößt ein Verpflichteter nach § 36 Absatz 1 gegen die nach dem Beschluss EZB/2010/14 der Europäischen Zentralbank vom 16. September 2010 über die Prüfung der Echtheit und Umlauffähigkeit und über die Wiederausgabe von Euro-Banknoten (ABl. L 267 vom 9.10.2010, S. 1) zu erfüllenden Prüfpflichten, soll die Deutsche Bundesbank dem Verpflichteten untersagen, Banknoten oder bestimmte Banknotenstückelungen wieder in den Umlauf zu geben oder mittels bestimmter Systeme zur Banknotenbearbeitung zu prüfen.

Neunter Abschnitt. Übergangs- und Schlußbestimmungen

§ 38 Übergangsvorschrift für die Mitglieder der Organe der Bank.

[1] Die Mitglieder des Direktoriums, mit Ausnahme des Präsidenten, scheiden mit Inkrafttreten des Änderungsgesetzes aus ihren Ämtern aus; sie erhalten für die restliche Dauer ihrer vertraglich vorgesehenen Amtszeit die Amtsbezüge als Ruhegehalt und anschließend die vertragliche Regelversorgung, es sei denn, ein Vertrag nach § 7 Abs. 4 Satz 2 des Gesetzes über die Deutsche Bundesbank in der Fassung der Bekanntmachung vom 22. Oktober 1992 (BGBl. I S. 1782) enthält eine abweichende Regelung über die Folgen des Ausscheidens vor Ablauf der Amtszeit aufgrund eines Gesetzes zur Änderung des Gesetzes über die Deutsche Bundesbank. [2] Die Präsidenten der Landeszentralbanken werden für die restliche Dauer ihrer vertraglich vorgesehenen Amtszeit unter Fortgeltung ihrer Verträge im Übrigen als Präsidenten der Hauptverwaltungen übernommen. [3] Die Vizepräsidenten und weiteren Vorstandsmitglieder der Landeszentralbanken, deren Verträge die Beendigung ihres Vertragsverhältnisses im Falle eines Ausscheidens aufgrund eines Gesetzes zur Änderung des Gesetzes über die Deutsche Bundesbank vorsehen, scheiden mit Inkrafttreten des Änderungsgesetzes aus ihren Ämtern aus; die übrigen Vizepräsidenten und weiteren Vorstandsmitglieder werden für die restliche Dauer ihrer vertraglich vorgesehenen Amtszeit unter Fortgeltung ihrer Verträge im Übrigen unter Beachtung von § 8 dieses Gesetzes übernommen.

§ 39 Übergangsvorschrift für die Vorstände der Landeszentralbanken und die Beiräte. (1) [1] Die Mitglieder der Vorstände der am 1. November 1992 bestehenden Landeszentralbanken, deren Bereiche sich gemäß § 8 Abs. 1 Nr. 4, 5 und 8 verändern, scheiden am 1. November 1992 aus ihren Ämtern. [2] Sie erhalten für die restliche Dauer ihrer vertraglich vorgesehenen Amtszeit die Amtsbezüge als Ruhegehalt und anschließend die vertragliche Regelversorgung.

(2) Die am 1. November 1992 bestehenden Beiräte bei den Landeszentralbanken werden aufgelöst.

§ 40 Änderung der Dienstverhältnisse. (1) [1] Mit dem Inkrafttreten dieses Gesetzes werden die Beamten, Angestellten und Arbeiter der Bank deutscher Länder, der bisherigen Landeszentralbanken und der Berliner Zentralbank Beamte, Angestellte und Arbeiter der Deutschen Bundesbank. [2] Beamte auf

Lebenszeit oder auf Probe erhalten die Rechtsstellung eines Beamten auf Lebenszeit oder auf Probe nach dem Bundesbeamtengesetz; Beamte auf Widerruf erhalten die Rechtsstellung eines Beamten auf Widerruf nach dem Bundesbeamtengesetz, soweit sie nicht bei Vorliegen der Voraussetzungen des § 6 Abs. 3 des Bundesbeamtengesetzes zu Beamten auf Probe ernannt werden; in Höhe der Unterschiedsbeträge zwischen bisherigen höheren Bezügen und den nach Inkrafttreten dieses Gesetzes zustehenden Bezügen wird eine nicht ruhegehaltfähige Ausgleichszulage so lange gewährt, bis sie durch Erhöhung der Bezüge ausgeglichen wird; Erhöhungen infolge einer Änderung des Familienstandes oder eines Wechsels der Ortsklasse sowie allgemeine Erhöhungen der Besoldungen infolge einer Änderung der wirtschaftlichen Verhältnisse bleiben außer Betracht.

(2) [1] Im übrigen sind die Vorschriften des Abschnitts 11 des Bundesbeamtengesetzes anzuwenden. [2] Dabei darf bei einem in den einstweiligen Ruhestand versetzten Beamten der Deutschen Bundesbank das Ruhegehalt für die Dauer von fünf Jahren nicht hinter fünfzig vom Hundert der ruhegehaltfähigen Dienstbezüge, berechnet aus der Endstufe seiner Besoldungsgruppe, zurückbleiben. [3] Dies gilt nicht für die Berechnung der Hinterbliebenenbezüge.

(3) [1] Mit dem Inkrafttreten dieses Gesetzes werden die Ruhestandsbeamten, Witwen, Waisen und sonstigen Versorgungsempfänger der Bank deutscher Länder, der bisherigen Landeszentralbanken und der Berliner Zentralbank Versorgungsempfänger der Deutschen Bundesbank. [2] § 180 des Bundesbeamtengesetzes ist entsprechend anzuwenden; dabei tritt an die Stelle des Inkrafttretens des Bundesbeamtengesetzes das Inkrafttreten dieses Gesetzes. [3] Für frühere Beamte der Bank deutscher Länder, der bisherigen Landeszentralbanken und der Berliner Zentralbank und ihre Hinterbliebenen gilt § 180 Abs. 4 des Bundesbeamtengesetzes.

(4) Absatz 3 ist auf die Beamten der Deutschen Reichsbank, die nach dem 8. Mai 1945 bei einer Dienststelle der Deutschen Reichsbank im Bundesgebiet entsprechend ihrer früheren Rechtsstellung wiederverwendet und in den Ruhestand getreten sind, ohne vorher in den Dienst der Bank deutscher Länder, einer bisherigen Landeszentralbank oder der Berliner Zentralbank übernommen worden zu sein, sowie auf ihre Hinterbliebenen sinngemäß anzuwenden.

(5) [1] Die nach den Bundesgesetzen zur Regelung der Wiedergutmachung nationalsozialistischen Unrechts für Angehörige des öffentlichen Dienstes und zur Regelung der Wiedergutmachung nationalsozialistischen Unrechts für die im Ausland lebenden Angehörigen des öffentlichen Dienstes bestehenden Ansprüche von Personen,

1. die im Bereich der Deutschen Reichsbank geschädigt worden sind oder
2. bei denen als Angehörigen oder ehemaligen Angehörigen der Bank deutscher Länder, der bisherigen Landeszentralbanken oder der Berliner Zentralbank die Voraussetzungen des § 22 Abs. 3 des *Gesetzes zur Regelung der Wiedergutmachung nationalsozialistischen Unrechts für Angehörige des öffentlichen Dienstes*[1)] gegeben sind,

richten sich gegen die Deutsche Bundesbank. [2] Dies gilt in den Fällen der Nummer 1 nicht, wenn ein anderer Dienstherr nach § 22 Abs. 3 des vorgenannten Gesetzes zur Wiedergutmachung verpflichtet ist.

[1)] **Aufgehoben mWv 1.10.1994** durch G v. 10.9.1994 (BGBl. I S. 2442).

(6) Für Personen, die Versorgungsbezüge nach dem *Gesetz zur Regelung der Rechtsverhältnisse der unter Artikel 131 des Grundgesetzes*[1]) fallenden Personen erhielten oder hätten erhalten können, gilt § 41 dieses Gesetzes.

(7) (gegenstandslose Überleitungsvorschrift)

§ 41 Rechtsverhältnisse der unter Artikel 131 des Grundgesetzes fallenden Personen. (1) Die Deutsche Bundesbank ist entsprechende Einrichtung im Sinne des § 61 des *Gesetzes zur Regelung der Rechtsverhältnisse der unter Artikel 131 des Grundgesetzes fallenden Personen*[1]) gegenüber der Deutschen Reichsbank, der Nationalbank für Böhmen und Mähren und ausländischen Notenbanken (Nr. 19 der Anlage A zu § 2 Abs. 1 des Gesetzes).

(2) Auf Beamte, Angestellte und Arbeiter der Deutschen Reichsbank, die am 8. Mai 1945 bei Dienststellen der Deutschen Reichsbank im Bundesgebiet und im Land Berlin im Dienst standen und

1. ihr Amt oder ihren Arbeitsplatz aus anderen als beamten- oder tarifrechtlichen Gründen verloren haben und noch nicht entsprechend ihrer früheren Rechtsstellung wiederverwendet worden sind oder
2. vor Inkrafttreten des in Absatz 1 bezeichneten Gesetzes das fünfundsechzigste Lebensjahr vollendet haben oder dienstunfähig geworden sind und aus anderen als beamten- oder tarifrechtlichen Gründen keine oder keine entsprechende Versorgung erhalten,

ist § 62 des in Absatz 1 bezeichneten Gesetzes entsprechend anzuwenden.

(3) [1] Bei Ruhestandsbeamten der Deutschen Reichsbank, die vor dem 1. September 1953 in den Ruhestand getreten sind (§ 5 Abs. 1 Nr. 1, § 6 Abs. 2, § 35 Abs. 1, § 48 des in Absatz 1 bezeichneten Gesetzes), bleibt es vorbehaltlich der Abweichungen, die sich aus §§ 7, 8, 29 Abs. 2 und 3 sowie §§ 30, 31 und 35 Abs. 3 des in Absatz 1 bezeichneten Gesetzes und §§ 108, 112, 117 Abs. 1, § 140 Abs. 2 und 3 Satz 1 und 2, § 156 Abs. 1, §§ 181a und 181b des Bundesbeamtengesetzes ergeben, bei der bisherigen Bemessungsgrundlage nach dem Deutschen Beamtengesetz in der Bundesfassung (ruhegehaltfähige Dienstbezüge, Ruhegehaltssätze); liegt der Berechnung der ruhegehaltfähigen Dienstzeit eine dem § 117 Abs. 2 des Bundesbeamtengesetzes oder dem § 181 Abs. 5 des Bundesbeamtengesetzes in der am 30. Juni 1975 geltenden Fassung entsprechende Vorschriften zugrunde, gilt § 117 Abs. 3 des Bundesbeamtengesetzes entsprechend. [2] Das Ruhegehalt darf fünfundsiebzig vom Hundert der ruhegehaltfähigen Dienstbezüge nicht übersteigen. [3] Entsprechendes gilt für die Hinterbliebenen. [4] § 64 Abs. 1 Satz 6 Halbsatz 2 des in Absatz 1 bezeichneten Gesetzes ist anzuwenden.

(4) [1] Der Präsident der Deutschen Bundesbank ist oberste Dienstbehörde für die Personen, auf die die Vorschriften der Absätze 1 und 2 anzuwenden sind. [2] Er vertritt insoweit die Bank gerichtlich und außergerichtlich. [3] Er kann seine Aufgaben und Befugnisse nach den Sätzen 1 und 2 auf ein Mitglied des Vorstands übertragen. [4] In den Fällen des Absatzes 1 tritt er, soweit in dem dort bezeichneten Gesetz und den danach anzuwendenden beamtenrechtlichen Vorschriften die Mitwirkung des Bundesministeriums der Finanzen vorgesehen ist, an dessen Stelle.

---

[1]) **Aufgehoben mWv 1.10.1994** durch G v. 10.9.1994 (BGBl. I S. 2442).

§ 42 Ausgabe von Liquiditätspapieren. (1) [1]Der Bund hat der Deutschen Bundesbank auf Verlangen Schatzwechsel oder unverzinsliche Schatzanweisungen in einer Stückelung und Ausstattung nach deren Wahl als Liquiditätspapiere bis zum Höchstbetrag von 25 Milliarden Euro zur Verfügung zu stellen. [2]Die Liquiditätspapiere sind bei der Bank zahlbar. [3]Die Bank ist gegenüber dem Bund verpflichtet, alle Verbindlichkeiten aus den Liquiditätspapieren zu erfüllen.

(2) [1]Der Nennbetrag der begebenen Liquiditätspapiere ist von der Deutschen Bundesbank auf einem besonderen Konto zu verbuchen. [2]Der Betrag darf nur zur Einlösung fälliger oder von der Bank vor Verfall zurückgekaufter Liquiditätspapiere verwendet werden.

(3) Das Bundesministerium der Finanzen wird ermächtigt, Liquiditätspapiere gemäß Absatz 1 zu begeben.

(4) Die Deutsche Bundesbank darf auf Euro lautende Schuldverschreibungen in einer Stückelung und Ausstattung nach ihrer Wahl begeben.

§ 43 (Aufhebung und Änderung von Rechtsvorschriften)

§ 44 Auflösung. [1]Die Deutsche Bundesbank kann nur durch Gesetz aufgelöst werden. [2]Das Auflösungsgesetz bestimmt über die Verwendung des Vermögens.

§ 45 Weitere Übergangsvorschriften. (1) [1]§ 2 Satz 2 und § 27 Nr. 1, jeweils in der Fassung des Sechsten Gesetzes zur Änderung des Gesetzes über die Deutsche Bundesbank, sind erstmals auf den Jahresabschluß zu dem Stichtag anzuwenden, der dem Beginn des ersten Jahres der Teilnahme der Bundesrepublik Deutschland an der dritten Stufe der Währungsunion gemäß Artikel 109j des EG-Vertrages unmittelbar vorausgeht. [2]§ 26 Abs. 2 Satz 2 und 3 in der Fassung des Sechsten Gesetzes zur Änderung des Gesetzes über die Deutsche Bundesbank ist erstmals auf das darauf folgende Geschäftsjahr anzuwenden.

(2) [1]Die bisher nach § 27 Nr. 2 in der bis zum Tage vor dem in Artikel 2 Satz 2 des Sechsten Gesetzes zur Änderung des Gesetzes über die Deutsche Bundesbank bestimmten Inkrafttreten dieses Gesetzes geltenden Fassung gebildete Rücklage und die gesetzliche Rücklage, soweit sie den Betrag von fünf Milliarden Deutsche Mark übersteigt, werden im Jahresabschluß zu dem Stichtag aufgelöst, der dem Beginn des ersten Jahres der Teilnahme der Bundesrepublik Deutschland an der dritten Stufe der Währungsunion gemäß Artikel 109j des EG-Vertrages unmittelbar vorausgeht. [2]Die sich aus der Auflösung ergebenden Beträge werden in das Grundkapital eingestellt, bis dieses fünf Milliarden Deutsche Mark beträgt. [3]Der überschießende Betrag wird dem Reingewinn zugeführt.

(3) [1]§ 2 Satz 2 und § 27 Nr. 1, jeweils in der Fassung des Siebenten Gesetzes zur Änderung des Gesetzes über die Deutsche Bundesbank, sind erstmals auf den Jahresabschluss zu dem Stichtag anzuwenden, der dem Zeitpunkt des Inkrafttretens[1)] des genannten Gesetzes unmittelbar nachfolgt. [2]Der 2,5 Milliarden Euro übersteigende Teil des Grundkapitals wird der gesetzlichen Rücklage zugeführt. [3]Falls die gesetzliche Rücklage nach einer Zuweisung aus dem

[1)] Inkrafttreten gem. Art. 2 G v. 23.3.2002 (BGBl. I S. 1159) am 30.4.2002.

Jahresabschluss zu dem Stichtag, der dem Inkrafttreten nach Satz 1 nachfolgt, 2,5 Milliarden Euro übersteigt, wird der überschießende Betrag dem Reingewinn zugeführt.

(4) Abweichend von § 7 Abs. 2 Satz 1 in der ab dem 20. Juli 2007 geltenden Fassung kann der Vorstand bis zum 30. April 2009 aus dem Präsidenten, dem Vizepräsidenten und fünf weiteren Mitgliedern bestehen.

(5) Das auf Grundlage von § 31 Abs. 4 in der am 11. Februar 2009 geltenden Fassung erlassene Personalstatut gilt bis zum Inkrafttreten einer das Personalstatut ersetzenden Rechtsverordnung nach § 31 Abs. 4 weiter, längstens jedoch bis zum 30. Juni 2009.

§ 46 (weggefallen)

§ 47 (Inkrafttreten)

4a. Organisationsstatut für die Deutsche Bundesbank[1)] [2)]

Vom 8. Mai 2002, zuletzt geändert am 8.3.2016

I. Allgemeine Bestimmungen

§ 1 [Organisation, Zuständigkeiten] (1) Der Vorstand leitet und verwaltet die Bank in gemeinsamer Verantwortung.

(2) Der Vorstand berät den Präsidenten der Deutschen Bundesbank in seiner Eigenschaft als Mitglied des EZB-Rates und des Erweiterten Rates.

(3) [1] Der Vorstand beschließt über die Verteilung der Zuständigkeiten unter seinen Mitgliedern (Geschäftsverteilungsplan); ein solcher Beschluss soll nur bei Anwesenheit aller Mitglieder und kann nicht gegen die Stimme des Präsidenten gefasst werden. [2] Die einzelnen Vorstandsmitglieder übernehmen jeweils Eigenverantwortung für die ihnen übertragenen Geschäftsbereiche.

(4) [1] Die Verteilung der Zuständigkeiten befreit kein Mitglied des Vorstands von der gemeinschaftlichen Verantwortung für die Führung der Geschäfte. [2] Die Mitglieder des Vorstands setzen sich fortlaufend und rechtzeitig über alle wichtigen Entscheidungen und Geschäftsvorfälle in Kenntnis, um jedem Mitglied zu ermöglichen, seine Auffassung zu wichtigen Geschäftsvorgängen rechtzeitig zur Geltung zu bringen.

(5) [1] Die Vertretung der Vorstandsmitglieder regelt der Geschäftsverteilungsplan. [2] Bei vorübergehender Abwesenheit des zuständigen Vorstandsmitglieds dürfen grundlegende Entscheidungen und organisatorische Veränderungen nicht ohne zwingenden Grund von dem Vertreter veranlasst werden.

(6) [1] In Angelegenheiten, die die Zuständigkeiten mehrerer Vorstandsmitglieder berühren, haben sich die betroffenen Vorstandsmitglieder abzustimmen. [2] Ein Vorstandsmitglied kann ausnahmsweise allein handeln, wenn dies nach pflichtgemäßem Ermessen zur Vermeidung unmittelbar drohender Nachteile für die Deutsche Bundesbank erforderlich erscheint. [3] Die Maßnahme darf nicht weitergehen, als es zur Vermeidung der Nachteile notwendig ist. [4] Das in diesem Fall betroffene, aber nicht beteiligte Vorstandsmitglied ist umgehend in Kenntnis zu setzen.

(7) Die Plankostenrechnung und der Investitionsplan unterliegen der Beschlussfassung des Vorstands.

II. Sitzungen und Beschlüsse des Vorstands

§ 2 [Vorstandssitzungen] (1) [1] Sitzungen des Vorstands finden auf Einladung des Präsidenten der Deutschen Bundesbank statt. [2] Der Vorstand tritt in der Regel in Abständen von einer Woche zusammen. [3] Sitzungen sind ferner auf Antrag von mindestens zwei Mitgliedern anzuberaumen.

[1)] **Amtl. Anm.:** Beschluss des Vorstands der Deutschen Bundesbank vom 8. Mai 2002 gemäß § 7 Abs. 1 Satz 3 BBankG, zuletzt geändert durch Beschluss des Vorstands der Deutschen Bundesbank vom 8. März 2016.

[2)] Siehe hierzu: https://www.bundesbank.de/resource/blob/604130/acee15d0173ccfbd0f1dad2d58835d24/mL/organisationsstatut-deutsche-bundesbank-data.pdf; abgerufen am 23.4.2019.

(2) Jedes Mitglied des Vorstands kann verlangen, dass eine Angelegenheit, auch wenn sie nicht zu seinem Geschäftsbereich gehört, in einer Vorstandssitzung behandelt wird.

(3) Beschlüsse über die Aufstellung des Jahresabschlusses, der Plankostenrechnung und des Investitionsplans sollen nur bei Anwesenheit aller Vorstandsmitglieder gefasst werden.

§ 3 [Beschlüsse] (1) [1]Der Vorstand berät unter dem Vorsitz des Präsidenten oder des Vizepräsidenten. [2]Bei gleichzeitiger Verhinderung des Präsidenten und des Vizepräsidenten führt das Vorstandsmitglied mit der längsten Dienstzeit im obersten Leitungsgremium der Deutschen Bundesbank den Vorsitz.

(2) Der Vorstand ist beschlussfähig, wenn mindestens die Hälfte seiner Mitglieder anwesend sind.

(3) Beschlussfassung durch schriftliche, telefonische oder technisch gleichwertige Stimmabgabe ist zulässig, es sei denn mindestens zwei Mitglieder widersprechen.

(4) [1]Der Vorstand fasst seine Beschlüsse mit einfacher Mehrheit der Stimmen. [2]Bei Stimmengleichheit gibt die Stimme des Vorsitzenden den Ausschlag. [3]Bei der Verteilung der Zuständigkeiten innerhalb des Vorstands kann nicht gegen den Präsidenten entschieden werden.

(5) [1]Bei Beschlüssen des Vorstands in personellen Angelegenheiten, die ein Mitglied des Vorstands betreffen, wird geheim abgestimmt. [2]Jedes Mitglied des Vorstands kann beantragen, auch über andere Angelegenheiten geheim abzustimmen.

(6) Werden persönliche Angelegenheiten eines Vorstandsmitglieds beraten, so hat dieses Mitglied die Möglichkeit zur Stellungnahme, nimmt jedoch an der Beratung und Beschlussfassung nicht teil.

§ 4 [Verträge] Die vom Vorstand beschlossenen Verträge mit den Mitgliedern des Vorstands werden für den Vorstand von dem Präsidenten der Deutschen Bundesbank, in seinem Falle vom Vizepräsidenten und jeweils einem weiteren vom Vorstand zu benennenden Mitglied unterzeichnet.

III. Ausschüsse

§ 5 [Ausschüsse] Der Vorstand kann Ausschüsse zur Beratung, Koordinierung und Entscheidungsvorbereitung einrichten.

IV. Zentralbereiche

§ 6 [Zentralbereiche] [1]Die Zentralbereiche sind für die Erfüllung der ihnen vom Vorstand übertragenen Aufgaben verantwortlich und berichten über das für sie zuständige Mitglied des Vorstands an den Vorstand. [2]Über die Errichtung von Servicezentren beschließt der Vorstand.

V. Hauptverwaltungen und Filialen

§ 7 [Hauptverwaltung] [1]Die Hauptverwaltungen werden von einem Präsidenten geleitet und sind für die Erfüllung der ihnen vom Vorstand übertragenen Aufgaben nach dessen Vorgaben verantwortlich. [2]Sie berichten an den jeweils fachlich zuständigen Zentralbereich.

§ 8 [Filialen] [1]Über die Errichtung und Schließung von Filialen beschließt der Vorstand. [2]Die Filialen berichten an die übergeordnete Hauptverwaltung.

VI. Verschiedenes

§ 9 [Verschiedenes] Im jährlichen Geschäftsbericht der Deutschen Bundesbank sind die Gesamtbezüge der amtierenden und ehemaligen Mitglieder des Vorstands bzw. des Direktoriums der Deutschen Bundesbank bzw. des Zentralbankrats und des Direktoriums der Bank deutscher Länder und der Vorstände der Landeszentralbanken einschließlich ihrer Hinterbliebenen in einer Summe anzugeben.

VII. Übergangsbestimmungen

§ 10 [Übergangsbestimmungen] Soweit in Rechtsvorschriften und Dienstvorschriften der Deutschen Bundesbank der Zentralbankrat der Deutschen Bundesbank, das Direktorium der Deutschen Bundesbank, die Präsidenten oder Vorstände der Landeszentralbanken genannt sind, tritt an ihre Stelle der Vorstand.

5. Verordnung (EU) Nr. 1024/2013 des Rates vom 15. Oktober 2013 zur Übertragung besonderer Aufgaben im Zusammenhang mit der Aufsicht über Kreditinstitute auf die Europäische Zentralbank[1)]

(ABl. L 287 S. 63, ber. 2015 L 218 S. 82)

Celex-Nr. 3 2013 R 1024

DER RAT DER EUROPÄISCHEN UNION –

gestützt auf den Vertrag über die Arbeitsweise der Europäischen Union, insbesondere auf Artikel 127 Absatz 6,

auf Vorschlag der Europäischen Kommission,

nach Zuleitung des Entwurfs des Gesetzgebungsakts an die nationalen Parlamente,

nach Stellungnahme des Europäischen Parlaments,

nach Stellungnahme der Europäischen Zentralbank,

gemäß einem besonderen Gesetzgebungsverfahren,

in Erwägung nachstehender Gründe:

(1) Die Union hat in den letzten Jahrzehnten erhebliche Fortschritte bei der Schaffung eines Binnenmarkts für Bankdienstleistungen gemacht. In vielen Mitgliedstaaten halten Bankengruppen, deren Hauptsitz sich in einem anderen Mitgliedstaat befindet, daher beträchtliche Marktanteile, und die Kreditinstitute haben ihre Geschäftstätigkeiten sowohl innerhalb als auch außerhalb des Euro-Währungsgebiets geografisch diversifiziert.

(2) Die derzeitige Finanz- und Wirtschaftskrise hat gezeigt, dass die Fragmentierung des Finanzsektors eine Gefahr für die Integrität der gemeinsamen Währung und des Binnenmarkts darstellen kann. Daher muss die Integration der Bankenaufsicht unbedingt vorangetrieben werden, um die Union zu stärken, die Finanzmarktstabilität wiederherzustellen und die Voraussetzungen für eine wirtschaftliche Erholung zu schaffen.

(3) Die Aufrechterhaltung und Vertiefung des Binnenmarkts für Bankdienstleistungen ist für die Förderung des Wirtschaftswachstums in der Union und einer angemessenen Finanzierung der Realwirtschaft von entscheidender Bedeutung. Dies erweist sich jedoch zunehmend als Herausforderung. Die Integration der Bankenmärkte in der Union kommt derzeit nachweislich zum Stillstand.

(4) Angesichts der aus der Finanzkrise der letzten Jahre zu ziehenden Lehren müssen – neben der Annahme eines verbesserten Regelungsrahmens der Union – die Aufsichtsbehörden gleichzeitig ihre Aufsicht verstärken und in der Lage sein, hoch komplexe und miteinander vernetzte Märkte und Institute zu überwachen.

(5) Für die Beaufsichtigung der einzelnen Kreditinstitute in der Union sind nach wie vor im Wesentlichen die nationalen Behörden zuständig. Die Abstimmung zwischen den Aufsichtsbehörden ist zwar entscheidend, aber die Krise hat gezeigt, dass Abstimmung allein insbesondere im Zusammenhang mit einer gemeinsamen Währung nicht ausreicht. Um die Finanzstabilität in der Union zu erhalten und die positiven Auswirkungen der Marktintegration auf Wachstum und Wohlstand zu fördern, sollte die Integration der aufsichtlichen Verantwortlichkeiten stärker

---

[1)] Siehe hierzu ua:
- DB 2014/77/EU zur Durchführung der VO (EU) 1024/2013 v. 11.2.2014 (ABl. L 41 S. 19)
- Beschluss (EU) 2015/2218 der Europäischen Zentralbank zum Verfahren bei Ausnahmen für Mitarbeiter von der Annahme ihres wesentlichen Einflusses auf das Risikoprofil eines beaufsichtigten Kreditinstituts (EZB/2015/38) v. 20.11.2015 (ABl. L 314 S. 66)
- B EZB/2015/36 zur SSM-Leistungsbeurteilung v. 18.11.2015 (ABl. 2016 L 1 S. 4), aufgeh. durch Beschl. v. 10.2.2017 (ABl. L 40 S. 72)
- LL EZB/2016/37 zur Koordination zwischen EZB und NCAs bzgl. IPS-Bewertung und IPS-Überwachung v. 4.11.2016 (ABl. L 306 S. 32)
- LL EZB/2016/38 zur Anerkennung institutsbezogener Sicherungssysteme für Aufsichtszwecke v. 4.11.2016 (ABl. L 306 S. 37)

vorangetrieben werden. Dies ist von besonderer Bedeutung, damit stets ein genauer Überblick über ganze Bankengruppen und deren Solidität gewährleistet ist, und würde auch das Risiko von Diskrepanzen bei der Bewertung und widersprüchlichen Entscheidungen auf Ebene der einzelnen Unternehmen verringern.

(6) Die Stabilität der Kreditinstitute ist heute noch immer in vielen Fällen eng mit dem Mitgliedstaat der Niederlassung verknüpft. Zweifel an der langfristigen Tragfähigkeit der Staatsverschuldung, den Aussichten für das Wirtschaftswachstum und der Existenzfähigkeit von Kreditinstituten haben negative, sich gegenseitig verstärkende Markttrends hervorgebracht. Dies kann Risiken für die Existenzfähigkeit einiger Kreditinstitute sowie für die Stabilität des Finanzsystems im Euro-Währungsgebiet und der Union als Ganzes mit sich bringen und die ohnehin schon angespannten öffentlichen Finanzen der betroffenen Mitgliedstaaten schwer belasten.

(7) Die Europäische Aufsichtsbehörde (Europäische Bankenaufsichtsbehörde) (EBA), die im Jahr 2011 gemäß der Verordnung (EU) Nr. 1093/2010 des Europäischen Parlaments und des Rates vom 24. November 2010 zur Errichtung einer Europäischen Aufsichtsbehörde (Europäische Bankenaufsichtsbehörde)[1] eingerichtet wurde, und das Europäische Finanzaufsichtssystem (ESFS), das mit Artikel 2 der genannten Verordnung und Artikel 2 der Verordnung (EU) Nr. 1094/2010 des Europäischen Parlaments und des Rates vom 24. November 2010 zur Errichtung einer Europäischen Aufsichtsbehörde (Europäische Aufsichtsbehörde für das Versicherungswesen und die betriebliche Altersversorgung)[2] (EIOPA) und Artikel 2 der Verordnung (EU) Nr. 1095/2010 des Europäischen Parlaments und des Rates vom 24. November 2010 zur Errichtung einer Europäischen Aufsichtsbehörde (Europäische Wertpapier- und Marktaufsichtsbehörde)[3] (ESMA) eingerichtet wurde, haben die Zusammenarbeit zwischen den Bankenaufsichtsbehörden in der Union erheblich verbessert. Die EBA leistet einen wichtigen Beitrag zur Schaffung eines einheitlichen Regelwerks für Finanzdienstleistungen in der Union und war bei der einheitlichen Durchführung der auf dem Euro-Gipfel vom 26. Oktober 2011 beschlossenen Rekapitalisierung großer Kreditinstitute in der Union im Einklang mit den von der Kommission angenommenen Leitlinien und Auflagen im Zusammenhang mit staatlichen Beihilfen von zentraler Bedeutung.

(8) Das Europäische Parlament hat bei mehreren Gelegenheiten dazu aufgerufen, eine europäische Einrichtung zu schaffen, die für bestimmte Aufgaben bei der Beaufsichtigung von Finanzinstituten unmittelbar zuständig ist, so erstmals in seinen Entschließungen vom 13. April 2000 zu der Mitteilung der Kommission „Umsetzung des Finanzmarktrahmens: Aktionsplan“[4] und vom 21. November 2002 zu den aufsichtsrechtlichen Vorschriften in der Europäischen Union[5].

(9) In den Schlussfolgerungen des Europäischen Rates vom 29. Juni 2012 wurde der Präsident des Europäischen Rates gebeten, einen Fahrplan für die Verwirklichung einer echten Wirtschafts- und Währungsunion auszuarbeiten. Am selben Tag stellte der Euro-Gipfel in Aussicht, dass der Europäische Stabilitätsmechanismus (ESM) nach einem ordentlichen Beschluss die Möglichkeit haben könnte, Banken direkt zu rekapitalisieren, sobald unter Einbeziehung der Europäischen Zentralbank (EZB) ein wirksamer einheitlicher Aufsichtsmechanismus für Banken des Euro-Währungsgebiets eingerichtet worden ist; diese Möglichkeit wäre an angemessene Bedingungen geknüpft, darunter die Einhaltung der Vorschriften über staatliche Beihilfen.

(10) Der Europäische Rat gelangte auf seiner Tagung vom 19. Oktober 2012 zu dem Schluss, dass die Entwicklung hin zu einer vertieften Wirtschafts- und Währungsunion auf dem institutionellen und rechtlichen Rahmen der Union aufbauen und von Offenheit und Transparenz gegenüber den Mitgliedstaaten, deren Währung nicht der Euro ist, und von der Wahrung der Integrität des Binnenmarkts geprägt sein sollte. Im integrierten Finanzrahmen wird es einen einheitlichen Aufsichtsmechanismus geben, der so weit wie möglich allen Mitgliedstaaten offensteht, die eine Teilnahme wünschen.

(11) Es sollte daher eine Bankenunion in der Union geschaffen werden, die sich auf ein umfassendes und detailliertes einheitliches Regelwerk für Finanzdienstleistungen im Binnenmarkt als Ganzes stützt und einen einheitlichen Aufsichtsmechanismus sowie neue Rahmenbedingungen für die Einlagensicherung und die Abwicklung von Kreditinstituten umfasst. Angesichts der engen Verbindungen und Interaktionen zwischen den Mitgliedstaaten, deren Währung der Euro ist, sollte

---

[1] **Amtl. Anm.:** ABl. L 331 vom 15.12.2010, S. 12

[2] **Amtl. Anm.:** ABl. L 331 vom 15.12.2010, S. 48.

[3] **Amtl. Anm.:** ABl. L 331 vom 15.12.2010, S. 84.

[4] **Amtl. Anm.:** ABl. C 40 vom 7.2.2001, S. 453.

[5] **Amtl. Anm.:** ABl. C 25 E vom 29.1.2004, S. 394.

die Bankenunion zumindest alle Mitgliedstaaten des Euro-Währungsgebiets umfassen. Im Hinblick auf die Aufrechterhaltung und Vertiefung des Binnenmarkts sollte die Bankenunion aber auch anderen Mitgliedstaaten offenstehen, soweit die institutionellen Möglichkeiten dies zulassen.

(12) Als erster Schritt zur Schaffung der Bankenunion sollte ein einheitlicher Aufsichtsmechanismus sicherstellen, dass die Politik der Union hinsichtlich der Beaufsichtigung von Kreditinstituten kohärent und wirksam umgesetzt wird, dass das einheitliche Regelwerk für Finanzdienstleistungen auf die Kreditinstitute in allen betroffenen Mitgliedstaaten ebenso angewandt wird und dass bei der Beaufsichtigung dieser Kreditinstitute höchste, von nicht-aufsichtsrechtlichen Überlegungen unbeeinflusste Standards Anwendung finden. Der einheitliche Aufsichtsmechanismus sollte insbesondere mit den Abläufen im Binnenmarkt für Finanzdienstleistungen und dem freien Kapitalverkehr im Einklang stehen. Ein einheitlicher Aufsichtsmechanismus ist die Grundlage für die nächsten Schritte in Richtung der Bankenunion. Dies entspricht dem Grundsatz, dass der ESM nach einem ordentlichen Beschluss die Möglichkeit haben wird, Banken direkt zu rekapitalisieren, sobald ein wirksamer einheitlicher Aufsichtsmechanismus eingerichtet worden ist. Der Europäische Rat stellte in seinen Schlussfolgerungen vom 13./14. Dezember 2012 Folgendes fest: „In einem Umfeld, in dem die Bankenaufsicht effektiv einem einheitlichen Aufsichtsmechanismus übertragen wird, ist auch ein einheitlicher Abwicklungsmechanismus erforderlich, der mit den notwendigen Befugnissen ausgestattet ist, um sicherzustellen, dass jede Bank in den teilnehmenden Mitgliedstaaten mit geeigneten Instrumenten abgewickelt werden kann", und „[e]r sollte auf Beiträgen des Finanzsektors selbst basieren und eine geeignete und wirksame Letztsicherung („Backstop") einschließen".

(13) Als Zentralbank des Euro-Währungsgebiets verfügt die EZB über umfangreiches Fachwissen in makroökonomischen und die Finanzstabilität betreffenden Fragen und ist damit gut geeignet, eindeutig festgelegte Aufsichtsaufgaben wahrzunehmen, mit einem Schwerpunkt auf dem Schutz der Stabilität des Finanzsystems der Union. Viele Zentralbanken der Mitgliedstaaten sind bereits für die Bankenaufsicht zuständig. Der EZB sollten daher besondere Aufgaben im Zusammenhang mit der Aufsicht über Kreditinstitute in den teilnehmenden Mitgliedstaaten übertragen werden.

(14) Die EZB und die zuständigen Behörden von Mitgliedstaaten, die nicht teilnehmende Mitgliedstaaten sind (im Folgenden: „nicht teilnehmende Mitgliedstaaten") sollten eine Vereinbarung eingehen, in der allgemein beschrieben wird, wie ihre Zusammenarbeit bei der Wahrnehmung ihrer Aufsichtsaufgaben nach dem Unionsrecht in Bezug auf die in dieser Verordnung genannten Finanzinstitute gestaltet werden soll. In der Vereinbarung könnten unter anderem die Konsultation in Bezug auf Beschlüsse der EZB mit Auswirkung auf in einem nicht teilnehmenden Mitgliedstaat niedergelassene Tochtergesellschaften oder Zweigstellen, deren Muttergesellschaft in einem teilnehmenden Mitgliedstaat niedergelassen ist, sowie die Zusammenarbeit in Ausnahmesituationen einschließlich Frühwarnmechanismen im Einklang mit den im einschlägigen Unionsrecht festgelegten Verfahren präzisiert werden. Die Vereinbarung sollte regelmäßig überprüft werden.

(15) Die besonderen Aufsichtsaufgaben, die für eine kohärente und wirksame Umsetzung der Politik der Union hinsichtlich der Beaufsichtigung von Kreditinstituten entscheidend sind, sollten der EZB übertragen werden, während andere Aufgaben bei den nationalen Behörden verbleiben sollten. Die Aufgaben der EZB sollten vorbehaltlich spezieller Regelungen, die der Rolle der nationalen Aufsichtsbehörden Rechnung tragen, Maßnahmen zur Sicherstellung der makroprudenziellen Stabilität umfassen.

(16) Die Sicherheit und Solidität großer Kreditinstitute sind für die Gewährleistung der Stabilität des Finanzsystems von entscheidender Bedeutung. In der jüngsten Vergangenheit hat sich jedoch gezeigt, dass auch von kleineren Kreditinstituten Risiken für die Finanzmarktstabilität ausgehen können. Die EZB sollte daher in Bezug auf alle in teilnehmenden Mitgliedstaaten zugelassenen Kreditinstitute und alle Zweigstellen in teilnehmenden Mitgliedstaaten Aufsichtsaufgaben ausüben können.

(17) Bei der Wahrnehmung der ihr übertragenen Aufgaben sollte die EZB unbeschadet des Ziels, die Sicherheit und Solidität der Kreditinstitute zu gewährleisten, die Vielfalt der Kreditinstitute, ihre Größe und ihre Geschäftsmodelle sowie die systemischen Vorteile der Vielfalt im Bankensektor der Union in vollem Umfang berücksichtigen.

(18) Durch die Ausübung ihrer Aufgaben sollte die EZB insbesondere dazu beitragen, dass die Kreditinstitute alle durch ihre Tätigkeiten entstandenen Kosten vollständig internalisieren, damit sorgloses Verhalten und die daraus resultierende übermäßige Risikobereitschaft vermieden werden. Sie sollte den jeweiligen makroökonomischen Bedingungen in den Mitgliedstaaten, insbesondere der Stabilität der Kreditversorgung und der Erleichterung der Produktionstätigkeiten für die Volkswirtschaften insgesamt, in vollem Umfang Rechnung tragen.

(19) Kein Teil dieser Verordnung sollte dahin gehend ausgelegt werden, dass er den nach anderen Rechtsakten der Union und nationalem Recht anwendbaren Rechnungslegungsrahmen ändert.

(20) Die Zulassung von Kreditinstituten vor der Aufnahme der Geschäftstätigkeit ist ein wichtiges aufsichtsrechtliches Mittel, um sicherzustellen, dass diese Tätigkeiten nur von Unternehmen ausgeübt werden, die über eine solide wirtschaftliche Grundlage, eine geeignete Organisation für den Umgang mit den besonderen Risiken des Einlagen- und Kreditgeschäfts sowie über geeignete Geschäftsleiter verfügen. Die EZB sollte daher vorbehaltlich spezieller Regelungen, die der Rolle der nationalen Aufsichtsbehörden Rechnung tragen, mit der Zulassung von Kreditinstituten beauftragt werden, die in einem teilnehmenden Mitgliedstaat gegründet werden sollen, und diese Zulassungen auch entziehen können.

(21) Neben den im Unionsrecht vorgesehenen Bedingungen für die Zulassung von Kreditinstituten und den Entzug dieser Zulassungen können die Mitgliedstaaten derzeit weitere Bedingungen für die Zulassung von Kreditinstituten und Gründe für den Entzug der Zulassung festlegen. Die EZB sollte daher ihre Aufgaben in Bezug auf die Zulassung von Kreditinstituten und den Entzug dieser Zulassung bei Nichteinhaltung nationaler Rechtsvorschriften auf der Grundlage eines Vorschlags der betreffenden nationalen zuständigen Behörde, die die Einhaltung der einschlägigen, im nationalen Recht festgelegten Bedingungen prüft, wahrnehmen.

(22) Die Beurteilung der Eignung eines neuen Eigentümers im Vorfeld des Erwerbs einer erheblichen Beteiligung an einem Kreditinstitut ist ein unverzichtbares Mittel, um die Eignung und finanzielle Solidität der Eigentümer von Kreditinstituten kontinuierlich sicherzustellen. Als Organ der Union verfügt die EZB über gute Voraussetzungen für die Durchführung einer solchen Beurteilung, ohne dass dies den Binnenmarkt unangemessen einschränkt. Die EZB sollte daher beauftragt werden, den Erwerb und die Veräußerung erheblicher Anteile an Kreditinstituten, außer im Rahmen einer Bankenabwicklung, zu beurteilen.

(23) Die Einhaltung von Unionsvorschriften, die Kreditinstitute dazu verpflichten, gegen die Risiken ihrer Geschäftstätigkeit Eigenmittel in bestimmter Höhe vorzuhalten, die Höhe der Forderungen gegenüber einzelnen Gegenparteien zu begrenzen, Informationen zu ihrer Finanzlage zu veröffentlichen, ausreichend liquide Aktiva vorzuhalten, um Spannungen an den Märkten standhalten zu können, und den Verschuldungsgrad zu begrenzen, ist Voraussetzung für die aufsichtsrechtliche Solidität von Kreditinstituten. Es sollte Aufgabe der EZB sein, die Einhaltung dieser Vorschriften sicherzustellen, was insbesondere die für die Zwecke dieser Vorschriften vorgesehene Erteilung von Genehmigungen, Erlaubnissen, Ausnahmen oder Freistellungen einschließt.

(24) Zusätzliche Kapitalpuffer, wie Kapitalerhaltungspuffer, antizyklische Kapitalpuffer, mit denen sichergestellt wird, dass Kreditinstitute in Phasen des Wirtschaftswachstums eine ausreichende Eigenmittelgrundlage aufbauen, um Verluste in schwierigeren Zeiten absorbieren zu können, globale und andere Puffer für systemrelevante Institute sowie sonstige Maßnahmen zur Abwendung von Systemrisiken oder makroprudenziellen Risiken sind wesentliche Aufsichtsinstrumente. Im Interesse einer umfassenden Abstimmung sollte die EZB ordnungsgemäß unterrichtet werden, wenn die nationalen zuständigen Behörden oder nationalen benannten Behörden solche Maßnahmen treffen. Außerdem sollte die EZB erforderlichenfalls vorbehaltlich einer engen Abstimmung mit den nationalen Behörden strengere Anforderungen und Maßnahmen anwenden können. Die Bestimmungen in dieser Verordnung über Maßnahmen zur Abwendung von Systemrisiken oder makroprudenziellen Risiken lassen alle Abstimmungsverfahren, die in anderen Rechtsakten der Union vorgesehen sind, unberührt. Die nationalen zuständigen Behörden oder nationalen benannten Behörden und die EZB müssen jedes in diesen Rechtsakten vorgesehene Abstimmungsverfahren berücksichtigen, nachdem sie die Verfahren gemäß dieser Verordnung angewandt haben.

(25) Die Sicherheit und Solidität von Kreditinstituten hängen auch von der Vorhaltung von internem Kapital in angemessener, den möglichen Risiken entsprechender Höhe sowie von geeigneten internen Organisationsstrukturen und Regelungen für die Unternehmensführung ab. Die EZB sollte daher mit der Festlegung von Anforderungen beauftragt werden, mit denen sichergestellt wird, dass Kreditinstitute in den teilnehmenden Mitgliedstaaten über solide Regelungen für die Unternehmensführung, Verfahren und Mechanismen verfügen, einschließlich Strategien und Verfahren zur Prüfung und Aufrechterhaltung der Angemessenheit ihres internen Kapitals. Bei Unzulänglichkeiten sollte die EZB zudem die Aufgabe haben, geeignete Maßnahmen zu treffen, einschließlich besonderer zusätzlicher Eigenmittelanforderungen, besonderer Offenlegungspflichten und besonderer Liquiditätsanforderungen.

(26) Risiken für die Sicherheit und Solidität von Kreditinstituten können sowohl auf der Ebene einzelner Kreditinstitute als auch auf der Ebene von Bankengruppen oder Finanzkonglomeraten entstehen. Besondere Aufsichtsregelungen zur Verringerung dieser Risiken sind wichtig, um die

Sicherheit und Solidität von Kreditinstituten zu gewährleisten. Neben der Einzelaufsicht über Kreditinstitute sollten die Aufgaben der EZB auch die Beaufsichtigung auf konsolidierter Basis, ergänzende Aufsichtsaufgaben sowie die Beaufsichtigung von Finanzholdinggesellschaften und von gemischten Finanzholdinggesellschaften, nicht aber von Versicherungsunternehmen umfassen.

(27) Zur Erhaltung der Finanzstabilität muss eine Verschlechterung der finanziellen und wirtschaftlichen Situation eines Kreditinstituts in einem frühen Stadium behoben werden. Die EZB sollte daher beauftragt werden, im einschlägigen Unionsrecht vorgesehene Frühinterventionsmaßnahmen durchzuführen. Sie sollte ihre Frühinterventionsmaßnahmen jedoch mit den zuständigen Abwicklungsbehörden koordinieren. Solange die nationalen Behörden für die Abwicklung von Kreditinstituten zuständig sind, sollte die EZB ihr Handeln darüber hinaus in geeigneter Weise mit den betroffenen nationalen Behörden koordinieren, um sich über die jeweiligen Zuständigkeiten im Krisenfall, insbesondere im Rahmen der für diese Zwecke eingerichteten grenzüberschreitenden Krisenmanagementgruppen und künftigen Abwicklungskollegien, zu verständigen.

(28) Der EZB nicht übertragene Aufsichtsaufgaben sollten bei den nationalen Behörden verbleiben. Dazu zählen die Befugnis zur Entgegennahme von Mitteilungen der Kreditinstitute im Zusammenhang mit dem Niederlassungsrecht und der Dienstleistungsfreiheit, die Beaufsichtigung von Einrichtungen, die keine Kreditinstitute im Sinne des Unionsrechts sind, die aber nach nationalem Recht wie Kreditinstitute zu beaufsichtigen sind, die Beaufsichtigung von Kreditinstituten aus Drittländern, die in der Union eine Zweigstelle errichten oder grenzüberschreitend Dienstleistungen erbringen, die Überwachung von Zahlungsdienstleistungen, die Durchführung der täglichen Überprüfung von Kreditinstituten, die Wahrnehmung der Funktionen der zuständigen Behörden in Bezug auf Kreditinstitute hinsichtlich der Märkte für Finanzinstrumente und die Bekämpfung des Missbrauchs des Finanzsystems für Geldwäsche und Terrorismusfinanzierung sowie der Verbraucherschutz.

(29) Die EZB sollte, soweit angemessen, uneingeschränkt mit den nationalen Behörden zusammenarbeiten, die dafür zuständig sind, ein hohes Verbraucherschutzniveau und die Bekämpfung der Geldwäsche sicherzustellen.

(30) Die EZB sollte die ihr übertragenen Aufgaben mit dem Ziel wahrnehmen, gemäß dem einheitlichen Regelwerk für Finanzdienstleistungen in der Union die Sicherheit und Solidität der Kreditinstitute, die Stabilität des Finanzsystems der Union und der einzelnen teilnehmenden Mitgliedstaaten sowie die Einheit und Integrität des Binnenmarkts und somit auch den Einlegerschutz zu gewährleisten und die Funktionsweise des Binnenmarkts zu verbessern. Insbesondere sollte die EZB den Grundsatz der Gleichbehandlung und den Grundsatz der Nichtdiskriminierung gebührend beachten.

(31) Die Übertragung von Aufsichtsaufgaben auf die EZB sollte mit dem ESFS und dem zugrunde liegenden Ziel der Ausarbeitung eines einheitlichen Regelwerks und der Stärkung der Konvergenz der Aufsichtspraktiken in der gesamten Union im Einklang stehen. Für die Behandlung von Fragen von gemeinsamem Interesse sowie für eine ordnungsgemäße Beaufsichtigung von Kreditinstituten, die zusätzlich im Versicherungs- und Wertpapierbereich tätig sind, ist auch die Zusammenarbeit zwischen Bankenaufsichtsbehörden und Aufsichtsbehörden für die Versicherungs- und Wertpapiermärkte von Bedeutung. Die EZB sollte daher verpflichtet werden eng mit der EBA, der ESMA, der EIOPA, dem Europäischen Ausschuss für Systemrisiken (ESRB) und anderen am ESFS teilnehmenden Behörden zusammenzuarbeiten. Die EZB sollte ihre Aufgaben im Einklang mit den Bestimmungen dieser Verordnung und unbeschadet der Zuständigkeiten und Aufgaben der anderen Teilnehmer im Rahmen des ESFS wahrnehmen. Sie sollte ferner verpflichtet werden, mit den jeweiligen Abwicklungsbehörden und Fazilitäten zusammenzuarbeiten, die direkte oder indirekte öffentliche Finanzhilfen finanzieren.

(32) Die EZB sollte ihre Aufgaben gemäß und in Übereinstimmung mit dem einschlägigen Unionsrecht ausüben, einschließlich des gesamten Primär- und Sekundärrechts der Union, der Beschlüsse der Kommission zu staatlichen Beihilfen, der Wettbewerbsvorschriften und der Bestimmungen zur Fusionskontrolle sowie des für alle Mitgliedstaaten geltenden einheitlichen Regelwerks. Die EBA hat den Auftrag, technische Standards, Leitlinien und Empfehlungen auszuarbeiten, um die aufsichtsrechtliche Konvergenz und die Kohärenz der Aufsichtsergebnisse innerhalb der Union sicherzustellen. Diese Aufgaben sollten bei der EBA verbleiben, weshalb die EZB gemäß Artikel 132 des Vertrags über die Arbeitsweise der Europäischen Union[1] (AEUV) und den Rechtsakten der Union, die die Europäische Kommission auf der Grundlage von Entwürfen der

[1] Nr. **1**.

EBA erlassen hat, und vorbehaltlich des Artikels 16 der Verordnung (EU) Nr. 1093/2010, Verordnungen erlassen sollte.

(33) Soweit erforderlich sollte die EZB mit den zuständigen Behörden, die für die Märkte für Finanzinstrumente zuständig sind, Vereinbarungen eingehen, in denen allgemein beschrieben wird, wie ihre Zusammenarbeit miteinander bei der Wahrnehmung ihrer Aufsichtsaufgaben nach Unionsrecht in Bezug auf die in dieser Verordnung genannten Finanzinstitute ausgestaltet werden soll. Diese Vereinbarungen sollten dem Europäischen Parlament, dem Rat und den zuständige Behörden aller Mitgliedstaaten zur Verfügung gestellt werden.

(34) Zur Wahrnehmung ihrer Aufgaben und zur Ausübung ihrer Aufsichtsbefugnisse sollte die EZB die materiellen Vorschriften für die Beaufsichtigung von Kreditinstituten anwenden. Diese Vorschriften sind die des einschlägigen Unionsrechts, insbesondere unmittelbar geltende Verordnungen oder Richtlinien, wie diejenigen über die Eigenmittelausstattung von Kreditinstituten und über Finanzkonglomerate. Liegen die materiellen Vorschriften für die Beaufsichtigung von Kreditinstituten in Form von Richtlinien vor, so sollte die EZB die nationalen Rechtsvorschriften zur Umsetzung der betreffenden Richtlinien anwenden. Soweit das einschlägige Unionsrecht aus Verordnungen besteht, sollte die EZB in Bereichen, in denen diese Verordnungen den Mitgliedstaaten zum Zeitpunkt des Inkrafttretens dieser Verordnung ausdrücklich Wahlrechte einräumen, auch die nationalen Rechtsvorschriften anwenden, durch die diese Wahlrechte ausgeübt werden. Diese Wahlrechte sollten dahin gehend ausgelegt werden, dass sie Wahlrechte ausschließen, die alleine den zuständigen oder benannten Behörden vorbehalten sind. Der Grundsatz des Vorrangs des Unionsrechts wird hierdurch nicht berührt. Daraus folgt, dass die EZB ihre Leitlinien oder Empfehlungen sowie ihre Beschlüsse auf das einschlägige bindende Unionsrecht stützen und im Einklang mit diesem erlassen sollte.

(35) Im Rahmen der der EZB übertragenen Aufgaben werden den nationalen zuständigen Behörden durch das nationale Recht bestimmte Befugnisse übertragen, die bisher durch Unionsrecht nicht gefordert waren, einschließlich der Befugnis zu frühzeitigem Eingreifen und zum Ergreifen von Vorsichtsmaßnahmen. Die EZB sollte die nationalen Behörden in den teilnehmenden Mitgliedstaaten auffordern dürfen, von diesen Befugnissen Gebrauch zu machen, um die Ausübung einer umfassenden und wirksamen Beaufsichtigung innerhalb des einheitlichen Aufsichtsmechanismus sicherzustellen.

(36) Zur Sicherstellung der Anwendung der Aufsichtsregeln und -beschlüsse durch Kreditinstitute, Finanzholdinggesellschaften und gemischte Finanzholdinggesellschaften sollten im Falle eines Verstoßes wirksame, verhältnismäßige und abschreckende Sanktionen verhängt werden. Gemäß Artikel 132 Absatz 3 AEUV[1] und der Verordnung (EG) Nr. 2532/98 des Rates vom 23. November 1998 über das Recht der Europäischen Zentralbank, Sanktionen zu verhängen[2], ist die EZB berechtigt, Unternehmen mit Geldbußen oder Zwangsgeldern zu belegen, wenn sie ihre Verpflichtungen aus den Verordnungen und Beschlüssen der EZB nicht einhalten. Damit die EZB ihre Aufgaben im Zusammenhang mit der Durchsetzung der Aufsichtsregeln des unmittelbar anwendbaren Unionsrechts wirksam wahrnehmen kann, sollte sie die Befugnis erhalten, bei Verstößen gegen solche Bestimmungen Geldbußen gegen Kreditinstitute, Finanzholdinggesellschaften und gemischte Finanzholdinggesellschaften zu verhängen. Die nationalen Behörden sollten bei Verstößen gegen Verpflichtungen aus nationalen Rechtsvorschriften zur Umsetzung von Unionsrichtlinien weiterhin Sanktionen verhängen können. Hält die EZB es für die Erfüllung ihrer Aufgaben für angebracht, bei solchen Verstößen eine Sanktion zu verhängen, sollte sie die Angelegenheit zu diesem Zweck an die nationalen zuständigen Behörden weiterleiten können.

(37) Die nationalen Aufsichtsbehörden verfügen über umfangreiche, langjährige Erfahrung mit der Beaufsichtigung von Kreditinstituten in ihrem Hoheitsgebiet sowie über umfangreiches Fachwissen der jeweiligen wirtschaftlichen, organisatorischen und kulturellen Besonderheiten. Dazu wurde ein engagierter und hoch qualifizierter Mitarbeiterstab eingerichtet. Um die Einhaltung höchster Standards bei der Beaufsichtigung auf Unionsebene sicherzustellen, sollten die nationalen zuständigen Behörden dafür verantwortlich sein, die EZB bei der Vorbereitung und Umsetzung von Rechtsakten im Zusammenhang mit der Wahrnehmung ihrer Aufsichtsaufgaben zu unterstützen. Dazu sollten insbesondere die laufende tägliche Bewertung der Lage eines Kreditinstituts und die damit verbundenen Prüfungen vor Ort gehören.

---

[1] Nr. **1**.
[2] **Amtl. Anm.:** ABl. L 318 vom 27.11.1998, S. 4.

(38) Die in dieser Verordnung festgelegten Kriterien, anhand derer ermittelt wird, welche Institute auf konsolidierter Basis als weniger bedeutend anzusehen sind, sollten auf der obersten Konsolidierungsebene innerhalb des teilnehmenden Mitgliedstaats auf der Grundlage konsolidierter Daten angewandt werden. Wenn die EZB die ihr durch diese Verordnung übertragenen Aufgaben in Bezug auf eine Gruppe wahrnimmt, die auf konsolidierter Basis nicht als weniger bedeutend gilt, sollte sie dies in Bezug auf die Gruppe von Kreditinstituten auf konsolidierter Basis und in Bezug auf die Tochterbanken und Zweigstellen jener Gruppe in den teilnehmenden Mitgliedstaaten auf Ebene des einzelnen Kreditinstituts tun.

(39) Diese in dieser Verordnung festgelegten Kriterien, anhand derer ermittelt wird, welche Institute auf konsolidierter Basis als weniger bedeutend anzusehen sind, sollten in einem Rahmenwerk näher bestimmt werden, das von der EZB in Abstimmung mit den nationalen zuständigen Behörden angenommen und veröffentlicht wird. Auf dieser Grundlage sollte die EZB dafür verantwortlich sein, diese Kriterien anzuwenden und mittels eigener Berechnungen zu überprüfen, ob sie erfüllt sind. Die Anforderung von Informationen durch die EZB für ihre Berechnungen, sollte die Institute nicht dazu zwingen, andere Rechnungslegungsrahmen anzuwenden als diejenigen, die gemäß anderen Rechtsakten der Union und nationalen Rechtsakten für sie anwendbar sind.

(40) Wurde ein Kreditinstitut als bedeutend oder weniger bedeutend eingestuft, so sollte diese Bewertung im Allgemeinen innerhalb von 12 Monaten nicht öfter als einmal geändert werden, es sei denn, die Bankengruppen wurden strukturellen Änderungen, wie Zusammenschlüssen oder Veräußerungen, unterzogen.

(41) Wenn die EZB – im Anschluss an eine Anzeige einer nationalen zuständigen Behörde – darüber entscheidet, ob ein Institut für die betreffende Volkswirtschaft bedeutend ist und daher von der EZB beaufsichtigt werden sollte, sollte sie allen relevanten Umständen, einschließlich Überlegungen hinsichtlich gleicher Voraussetzungen, Rechnung tragen.

(42) Hinsichtlich der Beaufsichtigung grenzüberschreitend tätiger Kreditinstitute, die sowohl innerhalb als auch außerhalb des Euro-Währungsgebiets tätig sind, sollte die EZB eng mit den zuständigen Behörden der nicht teilnehmenden Mitgliedstaaten zusammenarbeiten. Als zuständige Behörde sollte die EZB den im Unionsrecht festgelegten Verpflichtungen zur Zusammenarbeit und zum Informationsaustausch unterliegen und an den Aufsichtskollegien uneingeschränkt teilnehmen. Da die Wahrnehmung von Aufsichtsaufgaben durch ein Unionsorgan mit klaren Vorteilen für die Finanzstabilität und eine nachhaltige Marktintegration verbunden ist, sollten Mitgliedstaaten, deren Währung nicht der Euro ist ebenfalls am einheitlichen Aufsichtsmechanismus teilnehmen können. Unabdingbare Voraussetzung für die wirksame Ausübung von Aufsichtsaufgaben ist jedoch die vollständige und unverzügliche Umsetzung von Aufsichtsbeschlüssen. Mitgliedstaaten, die am einheitlichen Aufsichtsmechanismus teilnehmen möchten, sollten sich daher verpflichten, dafür zu sorgen, dass ihre nationalen zuständigen Behörden alle von der EZB geforderten Maßnahmen in Bezug auf Kreditinstitute befolgen und umsetzen. Die EZB sollte eine enge Zusammenarbeit mit den zuständigen Behörden von Mitgliedstaaten, deren Währung nicht der Euro ist, eingehen können. Sie sollte verpflichtet sein, eine solche Zusammenarbeit einzugehen, wenn die in dieser Verordnung festgelegten Bedingungen erfüllt sind.

(43) Da teilnehmende Mitgliedstaaten, deren Währung nicht der Euro ist, bis zur Einführung des Euro gemäß dem AEUV nicht im EZB-Rat vertreten sind und von anderen Mechanismen für Mitgliedstaaten, deren Währung der Euro ist, nicht in vollem Umfang profitieren können, sind in dieser Verordnung zusätzliche Garantien im Beschlussfassungsverfahren geregelt. Diese Garantien, insbesondere die Möglichkeit für teilnehmende Mitgliedstaaten, deren Währung nicht der Euro ist, um die unmittelbare Beendigung der engen Zusammenarbeit zu ersuchen, nach Mitteilung an den EZB-Rat in einer begründeten Stellungnahme, dass sie einem Beschlussentwurf des Aufsichtsgremiums nicht zustimmen, sollten jedoch nur in hinreichend begründeten Ausnahmefällen Anwendung finden. Sie sollten nur Anwendung finden, solange diese besonderen Umstände vorliegen. Die Garantien bestehen aufgrund der besonderen Umstände, die in Mitgliedstaaten, deren Währung nicht der Euro ist, nach dieser Verordnung vorliegen, weil sie im EZB-Rat nicht vertreten sind und von anderen Mechanismen für Mitgliedstaaten, deren Währung der Euro ist, nicht in vollem Umfang profitieren können. Daher können und sollten die Garantien nicht als Präzedenzfall für andere Bereiche der Unionspolitik verstanden werden.

(44) Durch keinen Teil dieser Verordnung sollte der bestehende Rahmen für die Änderung der Rechtsform von Tochtergesellschaften oder Zweigstellen bzw. die Anwendung eines solchen Rahmens in irgendeiner Weise geändert werden; noch sollte irgendein Teil dieser Verordnung in einer Weise ausgelegt oder angewandt werden, die einen Anreiz für eine solche Änderung darstellt. Diesbezüglich sollte die Zuständigkeit der zuständigen Behörden der nicht teilnehmen-

den Mitgliedstaaten in vollem Umfang geachtet werden, damit diese Behörden gegenüber in ihrem Hoheitsgebiet tätigen Kreditinstituten weiterhin über ausreichende Instrumente und Befugnisse verfügen, um diese Zuständigkeit wahrzunehmen und die Finanzmarktstabilität und das öffentliche Interesse wirksam wahren zu können. Um die zuständigen Behörden bei der Wahrnehmung ihrer Aufgaben zu unterstützen, sollten sowohl Einlegern und als auch den zuständigen Behörden außerdem rechtzeitig Informationen über die Änderung der Rechtsform einer Tochtergesellschaft oder Zweigstelle bereitgestellt werden.

(45) Damit die EZB ihre Aufgaben wahrnehmen kann, sollte sie angemessene Aufsichtsbefugnisse haben. Die Rechtsvorschriften der Union über die Beaufsichtigung von Kreditinstituten übertragen zu diesen Zwecken bestimmte Befugnisse auf die von den Mitgliedstaaten benannten zuständigen Behörden. Soweit diese Befugnisse die der EZB übertragenen Aufsichtsaufgaben betreffen, sollte die EZB für die teilnehmenden Mitgliedstaaten als zuständige Behörde gelten und über die Befugnisse verfügen, die den zuständigen Behörden nach dem Unionsrecht erteilt wurden. Dazu gehören die den zuständigen Behörden des Herkunfts- und Aufnahmemitgliedstaates mit diesen Rechtsakten übertragenen Befugnisse und die den benannten Behörden erteilten Befugnisse.

(46) Die EZB sollte die Aufsichtsbefugnis haben, ein Mitglied eines Leitungsorgans gemäß dieser Verordnung abzuberufen.

(47) Im Interesse einer wirksamen Wahrnehmung ihrer Aufgaben sollte die EZB berechtigt sein, alle erforderlichen Informationen anzufordern sowie gegebenenfalls in Zusammenarbeit mit den zuständigen nationalen Behörden Untersuchungen und Prüfungen vor Ort durchzuführen. Die EZB und die nationalen zuständigen Behörden sollten auf dieselben Informationen zugreifen können, so dass Kreditinstitute diese Daten nicht mehrfach bereitstellen müssen.

(48) Das Privileg der Angehörigen von Rechtsberufen ist ein grundlegendes Prinzip des Unionsrechts, das die Vertraulichkeit der Kommunikation zwischen natürlichen oder juristischen Personen und ihren Rechtsbeiständen nach den von der Rechtsprechung des Gerichtshofs der Europäischen Union (EUGH) entwickelten Bedingungen schützt.

(49) Benötigt die EZB Informationen von einer Person, die in einem nicht teilnehmenden Mitgliedstaat niedergelassen ist, aber zu einem Kreditinstitut, einer Finanzholdinggesellschaft oder einer gemischten Finanzholdinggesellschaft gehört, das/die in einem teilnehmenden Mitgliedstaat niedergelassen ist, oder auf die das betreffende Kreditinstitut bzw. die Finanzholdinggesellschaft oder gemischte Finanzholdinggesellschaft betriebliche Funktionen oder Tätigkeiten ausgelagert hat, und ist ein solches Informationsersuchen in dem nicht teilnehmenden Mitgliedstaat nicht wirksam oder vollstreckbar, so sollte sich die EZB mit der zuständigen Behörde des nicht teilnehmenden Mitgliedstaats abstimmen.

(50) Durch diese Verordnung wird die Anwendung der Bestimmungen nach Maßgabe der Artikel 34 und 42 des dem Vertrag über die Europäische Union (EUV) und dem AEUV beigefügten Protokolls Nr. 4 über die Satzung des Europäischen Systems der Zentralbanken und der Europäischen Zentralbank (im Folgenden „Satzung des ESZB und der EZB") nicht berührt. Gemäß diesem Protokoll und dem dem EUV und dem AEUV beigefügten Protokoll Nr. 15 über einige Bestimmungen betreffend das Vereinigte Königreich Großbritannien und Nordirland sollten die von der EZB im Rahmen dieser Verordnung angenommenen Rechtsakte nicht teilnehmenden Mitgliedstaaten keinerlei Rechte einräumen und keinerlei Verpflichtungen auferlegen, es sei denn diese Rechtsakte stehen im Einklang mit dem einschlägigen Unionsrecht.

(51) Hinsichtlich der Ausübung des Niederlassungsrechts oder des Rechts zur Erbringung von Dienstleistungen in einem anderen Mitgliedstaat sowie in Fällen, in denen mehrere Unternehmen einer Gruppe in unterschiedlichen Mitgliedstaaten niedergelassen sind, sieht das Unionsrecht besondere Verfahren und die Aufteilung der Zuständigkeiten zwischen den betroffenen Mitgliedstaaten vor. Soweit die EZB bestimmte Aufsichtsaufgaben für alle teilnehmenden Mitgliedstaaten übernimmt, sollten diese Verfahren und Aufteilungen nicht für die Ausübung des Niederlassungsrechts oder des Rechts auf Dienstleistungserbringung in einem anderen teilnehmenden Mitgliedstaat gelten.

(52) Bei der Wahrnehmung ihrer Aufgaben im Rahmen dieser Verordnung und bei ihren Amtshilfeersuchen an nationale zuständige Behörden sollte die EZB auf eine ausgewogene Beteiligung aller betroffenen nationalen zuständigen Behörden achten, die den im maßgebenden Unionsrecht festgelegten Verantwortlichkeiten für die Einzelaufsicht sowie die Aufsicht auf teilkonsolidierter und konsolidierter Basis entspricht.

(53) Kein Teil dieser Verordnung sollte dahin gehend ausgelegt werden, dass er der EZB die Befugnis überträgt, Sanktionen gegen natürliche oder andere juristische Personen als Kreditinstitute, Finanzholdinggesellschaften oder gemischte Finanzholdinggesellschaften zu verhängen; dies gilt

unbeschadet der Befugnis der EZB, von den nationalen zuständigen Behörden zu verlangen, dass sie Maßnahmen ergreifen, um sicherzustellen, dass geeignete Sanktionen verhängt werden.

(54) Die EZB wurde durch die Verträge errichtet und ist damit ein Organ der Union als Ganzes. Sie sollte bei ihren Beschlussfassungsverfahren an Unionsvorschriften und allgemeine Grundsätze für ein ordnungsgemäßes Verfahren und Transparenz gebunden sein. Das Recht der Adressaten der EZB-Beschlüsse auf Anhörung sowie ihr Recht, gemäß den in dieser Verordnung festgelegten Bestimmungen eine Überprüfung der EZB-Beschlüsse zu beantragen, sollte umfassend geachtet werden.

(55) Die Übertragung von Aufsichtsaufgaben geht mit einer erheblichen Verantwortung der EZB für den Schutz der Finanzmarktstabilität in der Union und mit der Verpflichtung einher, die Aufsichtsbefugnisse auf möglichst wirksame und verhältnismäßige Weise auszuüben. Bei einer Verlagerung von Aufsichtsbefugnissen von den Mitgliedstaaten auf die EU-Ebene sollte durch entsprechende Anforderungen hinsichtlich Transparenz und Rechenschaftspflicht für ausgewogene Verhältnisse gesorgt werden. Die EZB sollte daher dem Europäischen Parlament und dem Rat als den demokratisch legitimierten Organen, die die Bürger der Union und der Mitgliedstaaten vertreten, hinsichtlich der Ausübung dieser Aufgaben Rechenschaft ablegen. Dies sollte die regelmäßige Berichterstattung und die Beantwortung von Fragen des Europäischen Parlaments gemäß seiner Geschäftsordnung sowie der Euro-Gruppe gemäß ihrer Verfahrensregeln umfassen. Alle Berichterstattungspflichten sollten den einschlägigen beruflichen Geheimhaltungspflichten unterliegen.

(56) Die EZB sollte die Berichte, die sie an das Europäische Parlament und den Rat richtet, auch den nationalen Parlamenten der teilnehmenden Mitgliedstaaten zuleiten. Die nationalen Parlamente der teilnehmenden Mitgliedstaaten sollten die Möglichkeit haben, Bemerkungen und Fragen an die EZB bezüglich der Ausübung ihrer Aufsichtsaufgaben zu richten, zu denen die EZB sich äußern kann. Die internen Vorschriften dieser nationalen Parlamente sollten den Einzelheiten der einschlägigen Verfahren und Regelungen für die Übermittlung von Bemerkungen und Fragen an die EZB Rechnung tragen. Hierbei sollte besonderes Augenmerk auf Bemerkungen oder Fragen im Zusammenhang mit dem Entzug der Zulassung von Kreditinstituten gerichtet werden, in Bezug auf welche die nationalen zuständigen Behörden gemäß dem Verfahren nach dieser Verordnung Maßnahmen zur Abwicklung oder zum Erhalt der Finanzmarktstabilität ergriffen haben. Das nationale Parlament eines teilnehmenden Mitgliedstaats sollte ferner den Vorsitzenden oder einen Vertreter des Aufsichtsgremiums ersuchen können, gemeinsam mit einem Vertreter der nationalen zuständigen Behörde an einem Gedankenaustausch über die Beaufsichtigung von Kreditinstituten in diesem Mitgliedstaat teilzunehmen. Diese Rolle der nationalen Parlamente ist aufgrund der potenziellen Auswirkungen, die die Aufsichtsmaßnahmen auf die öffentlichen Finanzen, die Kreditinstitute, deren Kunden und Angestellte sowie auf die Märkte in den teilnehmenden Mitgliedstaaten haben können, durchaus angemessen. Ergreifen nationale zuständige Behörden Maßnahmen gemäß dieser Verordnung, so sollten auch weiterhin nationale Rechenschaftspflichten Anwendung finden.

(57) Das Recht des Europäischen Parlaments auf Einsetzung eines nichtständigen Untersuchungsausschusses zur Prüfung behaupteter Verstöße gegen das Unionsrecht oder Missstände bei der Anwendung desselben gemäß Artikel 226 AEUV oder auf Ausübung seiner politischen Kontrollfunktion nach Maßgabe der Verträge, einschließlich seines Rechts, Stellungnahmen abzugeben oder Entschließungen anzunehmen, wenn es dies für angemessen erachtet, bleibt von dieser Verordnung unberührt.

(58) Die EZB sollte im Einklang mit den Grundsätzen für ein ordnungsgemäßes Verfahren und für Transparenz handeln.

(59) Durch die in Artikel 15 Absatz 3 AEUV genannte Verordnung sollten gemäß dem AEUV detaillierte Vorschriften festgelegt werden, mit denen der Zugang zu Dokumenten ermöglicht wird, die sich infolge der Wahrnehmung von Aufsichtsaufgaben im Besitz der EZB befinden.

(60) Nach Artikel 263 AEUV obliegt es dem EUGH, die Rechtmäßigkeit der Maßnahmen, die auf die Herbeiführung von Rechtswirkungen gegenüber Dritten gerichtet sind – unter anderem solche der EZB, soweit es sich nicht um Empfehlungen oder Stellungnahmen handelt – zu überwachen.

(61) Im Einklang mit Artikel 340 AEUV sollte die EZB den durch sie oder ihre Bediensteten in Ausübung ihrer Amtstätigkeit verursachten Schaden nach den allgemeinen Rechtsgrundsätzen, die den Rechtsordnungen der Mitgliedstaaten gemeinsam sind, ersetzen. Die Haftung der nationalen zuständigen Behörden für den durch sie oder ihre Bediensteten in Ausübung ihrer Amtstätigkeit verursachten Schaden nach nationalem Recht sollte davon unberührt bleiben.

(62) Für die EZB gilt gemäß Artikel 342 AEUV die Verordnung Nr. 1 des Rates zur Regelung der Sprachenfrage für die Europäische Wirtschaftsgemeinschaft[1].

(63) Wenn die EZB prüft, ob das Recht Betroffener auf Akteneinsicht beschränkt werden sollte, sollte sie die Grundrechte wahren und die in der Charta der Grundrechte der Europäischen Union verankerten Grundsätze, insbesondere das Recht auf einen wirksamen Rechtsbehelf und ein unparteiisches Gericht, achten.

(64) Die EZB sollte vorsehen, dass natürliche und juristische Personen die Überprüfung von an sie gerichteten oder sie direkt individuell betreffenden Beschlüssen verlangen können, die die EZB aufgrund der ihr durch diese Verordnung übertragenen Befugnissen erlassen hat. Die Überprüfung sollte sich auf die verfahrensmäßige und materielle Übereinstimmung solcher Beschlüsse mit dieser Verordnung erstrecken, wobei gleichzeitig der der EZB überlassene Ermessensspielraum, über die Zweckmäßigkeit dieser Beschlüsse zu entscheiden, zu achten ist. Für diesen Zweck und aus Gründen der Verfahrensökonomie sollte die EZB einen administrativen Überprüfungsausschuss einrichten, der diese internen Überprüfungen vornimmt. Der EZB-Rat sollte Persönlichkeiten von hohem Ansehen in diesen Ausschuss berufen. Bei seiner Auswahl sollte der EZB-Rat soweit wie möglich eine ausgewogene Zusammensetzung nach geografischer Herkunft und Geschlechtern aus den Mitgliedstaaten sicherstellen. Das Verfahren für die Überprüfung sollte vorsehen, dass das Aufsichtsgremium seinen vorherigen Beschlussentwurf gegebenenfalls überarbeitet.

(65) Die EZB übt gemäß Artikel 127 Absatz 1 AEUV[2] geldpolitische Funktionen zur Erhaltung der Preisstabilität aus. Die Ausübung von Aufsichtsaufgaben dient dem Schutz der Sicherheit und Solidität von Kreditinstituten und der Stabilität des Finanzsystems. Beide Funktionen sollten daher vollständig voneinander getrennt sein, um Interessenkonflikte zu vermeiden und zu gewährleisten, dass jede Funktion gemäß den jeweiligen Zielen ausgeübt wird. Die EZB sollte in der Lage sein sicherzustellen, dass der EZB-Rat seine geldpolitischen und seine aufsichtlichen Funktionen in vollkommen getrennter Weise wahrnimmt. Diese Abgrenzung sollte zumindest eine strikte Trennung der Sitzungen und der Tagesordnungen umfassen.

(66) Die organisatorische Trennung des Personals sollte alle für unabhängige geldpolitische Zwecke benötigte Dienste betreffen und sicherstellen, dass die Wahrnehmung der durch diese Verordnung übertragenen Aufgaben in vollem Umfang der demokratischen Rechenschaftspflicht und Aufsicht nach Maßgabe dieser Verordnung unterliegt. Das Personal, das an der Wahrnehmung der der EZB durch diese Verordnung übertragenen Aufgaben beteiligt ist, sollte dem Vorsitzenden des Aufsichtsgremiums Bericht erstatten.

(67) Insbesondere sollte in der EZB ein Aufsichtsgremium eingerichtet werden, das für die Vorbereitung von Beschlüssen in aufsichtlichen Angelegenheiten zuständig ist und sich auf die spezifischen Kenntnisse der nationalen Aufsichtsbehörden stützen kann. Das Gremium sollte daher einen Vorsitzenden und einen stellvertretenden Vorsitzenden haben und Vertreter der EZB und der nationalen zuständigen Behörden umfassen. Bei der Besetzung des Aufsichtsgremiums nach Maßgabe dieser Verordnung sollten die Grundsätze der Ausgewogenheit der Geschlechter, der Erfahrung und der Qualifikation geachtet werden. Alle Mitglieder des Aufsichtsgremiums sollten fristgerecht und umfassend über die Tagesordnungspunkte ihrer Sitzungen informiert werden, damit die Beratungen und die Ausarbeitung der Beschlussentwürfe möglichst wirksam durchgeführt werden können.

(68) Bei der Ausübung seiner Aufgaben sollte das Aufsichtsgremium allen relevanten Tatsachen und Umständen in den teilnehmenden Mitgliedstaaten Rechnung tragen und seine Pflichten im Interesse der Union als Ganzes wahrnehmen.

(69) Unter uneingeschränkter Achtung der durch die Verträge festgelegten institutionellen Vorkehrungen und der Abstimmungsmodalitäten sollte das Aufsichtsgremium der EZB ein zentrales Gremium für die Ausübung der Aufsichtsaufgaben sein, die bislang in den Händen der nationalen zuständigen Behörden lagen. Aus diesem Grund sollte dem Rat die Befugnis übertragen werden, einen Durchführungsbeschluss zur Ernennung des Vorsitzenden und des stellvertretenden Vorsitzenden des Aufsichtsgremiums zu erlassen. Nach Anhörung des Aufsichtsgremiums sollte die EZB dem Europäischen Parlament einen Vorschlag für die Ernennung des Vorsitzenden und des stellvertretenden Vorsitzenden zur Billigung übermitteln. Nach der Billigung dieses Vorschlags sollte der Rat den Durchführungsbeschluss erlassen. Der Vorsitzende sollte auf der Grundlage

---

[1] **Amtl. Anm.:** ABl. 17 vom 6.10.1958, S. 385

[2] Nr. **1**.

eines offenen Auswahlverfahrens ausgewählt werden, über das das Europäische Parlament und der Rat ordnungsgemäß unterrichtet werden sollten.

(70) Zur Ermöglichung einer angemessenen Rotation bei gleichzeitiger Gewährleistung der vollständigen Unabhängigkeit des Vorsitzenden sollte dessen Amtszeit fünf Jahre nicht überschreiten und nicht erneuerbar sein. Im Interesse einer umfassenden Abstimmung mit den Tätigkeiten der EBA und den aufsichtspolitischen Tätigkeiten der Union sollte das Aufsichtsgremium die EBA und die Kommission als Beobachter einladen können. Nachdem die Europäische Abwicklungsbehörde eingerichtet ist, sollte ihr Vorsitzender als Beobachter an den Sitzungen des Aufsichtsgremiums teilnehmen.

(71) Das Aufsichtsgremium sollte von einem Lenkungsausschuss mit kleinerer Zusammensetzung unterstützt werden. Der Lenkungsausschuss sollte die Sitzungen des Aufsichtsgremiums vorbereiten, seine Pflichten nur im Interesse der Union als Ganzes wahrnehmen und in völliger Transparenz mit dem Aufsichtsgremium zusammenarbeiten.

(72) Der EZB-Rat sollte die Vertreter teilnehmender Mitgliedstaaten, deren Währung nicht der Euro ist, jedes Mal einladen, wenn er erwägt, Einwände gegen einen Beschlussentwurf des Aufsichtsgremiums zu erheben, oder wenn die betroffenen nationalen zuständigen Behörden dem EZB-Rat in einer begründeten Stellungnahme mitteilen, dass sie einen Beschlussentwurf des Aufsichtsgremiums ablehnen, soweit dieser Beschluss an die nationalen Behörden gerichtet ist und sich auf Kreditinstitute aus teilnehmenden Mitgliedstaaten, deren Währung nicht der Euro ist, bezieht.

(73) Um die Trennung zwischen geldpolitischen und aufsichtlichen Aufgaben sicherzustellen, sollte die EZB verpflichtet werden, eine Schlichtungsstelle einzurichten. Die Einrichtung der Stelle und insbesondere ihre Zusammensetzung sollten sicherstellen, dass sie Meinungsverschiedenheiten auf ausgewogene Weise und im Interesse der Union als Ganzes beilegen.

(74) Das Aufsichtsgremium, der Lenkungsausschuss und die Mitarbeiter der EZB, die Aufsichtsaufgaben wahrnehmen, sollten angemessenen Geheimhaltungspflichten unterliegen. Ähnliche Anforderungen sollten auch für den Informationsaustausch mit Mitarbeitern der EZB gelten, die nicht an den Aufsichtstätigkeiten beteiligt sind. Dies sollte die EZB nicht davon abhalten, innerhalb der in den einschlägigen Unionsrechtsakten festgelegten Grenzen und unter den darin vorgesehenen Bedingungen Informationen auszutauschen, einschließlich mit der Kommission für die Zwecke ihrer Aufgaben gemäß den Artikeln 107 und 108 AEUV und gemäß den Unionsvorschriften über eine verstärkte wirtschaftliche und haushaltspolitische Überwachung.

(75) Im Interesse einer wirksamen Wahrnehmung ihrer Aufsichtsaufgaben sollte die EZB die ihr übertragenen Aufsichtsaufgaben vollständig unabhängig ausüben, insbesondere frei von ungebührlicher politischer Einflussnahme sowie von Einmischungen der Industrie, die ihre operative Unabhängigkeit beeinträchtigen würden.

(76) Die Anwendung von Zeiträumen den Unvereinbarkeit in Aufsichtsbehörden trägt wesentlich dazu bei, die Wirksamkeit und Unabhängigkeit der von diesen Behörden durchgeführten Beaufsichtigung sicherzustellen. Unbeschadet der Anwendung strengerer nationaler Vorschriften sollte die EZB zu diesem Zweck umfassende und formelle Verfahren, einschließlich verhältnismäßiger Überprüfungszeiträume, einrichten und beibehalten, um mögliche Konflikte mit den berechtigten Interessen des einheitlichen Aufsichtsmechanismus/der EZB bereits im Voraus zu beurteilen und abzuwenden, wenn ein früheres Mitglied des Aufsichtsgremiums eine Stelle in der Bankenindustrie antritt, der zuvor von diesem Mitglied beaufsichtigt wurde.

(77) Im Interesse einer wirksamen Wahrnehmung ihrer Aufsichtsaufgaben sollte die EZB über angemessene Ressourcen verfügen. Sie sollte diese Ressourcen auf eine Weise beschaffen, die ihre Unabhängigkeit von einer ungebührlichen Einflussnahme der nationalen zuständigen Behörden und der Marktteilnehmer sicherstellt und die Trennung zwischen geldpolitischen und aufsichtlichen Aufgaben gewährleistet. Die Kosten der Beaufsichtigung sollten von den beaufsichtigten Unternehmen übernommen werden. Die Ausübung von Aufsichtsaufgaben durch die EZB sollte daher durch jährliche Gebühren finanziert werden, die in den teilnehmenden Mitgliedstaaten niedergelassene Kreditinstitute entrichten. Die EZB sollte auch von in einem teilnehmenden Mitgliedstaat niedergelassenen Zweigstellen eines in einem nicht teilnehmenden Mitgliedstaat niedergelassenen Kreditinstituts Gebühren erheben dürfen, um ihre Kosten der Beaufsichtigung dieser Zweigstellen als Aufsichtsbehörde des Aufnahmemitgliedstaats zu decken. Wird ein Kreditinstitut oder eine Zweigstelle auf konsolidierter Basis beaufsichtigt, sollte die Gebühr auf der obersten Ebene eines Kreditinstituts innerhalb der betreffenden Gruppe mit Niederlassungen in den teilnehmenden Mitgliedstaaten erhoben werden. Bei der Berechnung der Gebühren sollten Tochtergesellschaften in nicht teilnehmenden Mitgliedstaaten unberücksichtigt bleiben.

(78) Ist ein Kreditinstitut in die Aufsicht auf konsolidierter Basis einbezogen, so sollte die Gebühr auf der obersten Konsolidierungsebene innerhalb teilnehmender Mitgliedstaaten berechnet werden und von den in die Aufsicht auf konsolidierter Basis einbezogenen Kreditinstituten in einem teilnehmenden Mitgliedstaat auf der Grundlage objektiver Kriterien, die an die Bedeutung und das Risikoprofil, einschließlich der risikogewichteten Aktiva, anknüpfen, erhoben werden.

(79) Hoch motivierte, gut ausgebildete und unparteiische Mitarbeiter sind für eine wirksame Aufsicht von entscheidender Bedeutung. Im Interesse der Einrichtung eines wirklich integrierten Aufsichtsmechanismus sollten daher ein angemessener Austausch mit und zwischen allen nationalen Aufsichtsbehörden der teilnehmenden Mitgliedstaaten und der EZB sowie die Entsendung von Mitarbeitern an diese Behörden gewährleistet sein. Um eine kontinuierliche Kontrolle unter Gleichgestellten insbesondere bei der Beaufsichtigung großer Kreditinstitute zu gewährleisten, sollte die EZB die nationalen zuständigen Behörden auffordern können, Mitarbeiter der zuständigen Behörden anderer teilnehmender Mitgliedstaaten in die jeweiligen Teams einzubeziehen, wodurch ermöglicht wird, Aufsichtsteams von geografischer Diversität mit speziellem Fachwissen und Profil aufzustellen. Durch den Austausch und die Entsendung von Mitarbeitern sollte eine gemeinsame Aufsichtskultur geschaffen werden. Die EZB sollte regelmäßig Informationen darüber zur Verfügung stellen, wie viele Mitarbeiter der nationalen zuständigen Behörden für die Zwecke des einheitlichen Aufsichtsmechanismus an die EZB entsandt sind.

(80) Angesichts der Globalisierung der Bankdienstleistungen und der wachsenden Bedeutung internationaler Standards sollte die EZB ihre Aufgaben gemäß internationalen Standards und im Dialog sowie in enger Zusammenarbeit mit Aufsichtsbehörden außerhalb der Union wahrnehmen, ohne jedoch die internationale Rolle der EBA zu duplizieren. Sie sollte die Befugnis erhalten, in Zusammenarbeit mit der EBA und unter umfassender Berücksichtigung der bestehenden Rollen und jeweiligen Zuständigkeiten der Mitgliedstaaten und der Organe der Union Kontakte mit den Aufsichtsbehörden und -stellen von Drittländern sowie mit internationalen Organisationen zu knüpfen und mit ihnen Verwaltungsvereinbarungen einzugehen.

(81) Die Richtlinie 95/46/EG des Europäischen Parlaments und des Rates vom 24. Oktober 1995 zum Schutz natürlicher Personen bei der Verarbeitung personenbezogener Daten und zum freien Datenverkehr[1] und die Verordnung (EG) Nr. 45/2001 des Europäischen Parlaments und des Rates vom 18. Dezember 2000 zum Schutz natürlicher Personen bei der Verarbeitung personenbezogener Daten durch die Organe und Einrichtungen der Gemeinschaft und zum freien Datenverkehr[2] finden auf die Verarbeitung personenbezogener Daten durch die EZB für die Zwecke dieser Verordnung ohne Einschränkung Anwendung.

(82) Die Verordnung (EG) Nr. 1073/1999 des Europäischen Parlaments und des Rates vom 25. Mai 1999 über die Untersuchungen des Europäischen Amtes für Betrugsbekämpfung (OLAF)[3] gilt auch für die EZB. Die EZB hat den Beschluss EZB/2004/11[4] über die Bedingungen und Modalitäten der Untersuchungen des Europäischen Amtes für Betrugsbekämpfung in der Europäischen Zentralbank angenommen.

(83) Um sicherzustellen, dass Kreditinstitute einer von nicht-aufsichtsrechtlichen Überlegungen unbeeinflussten Beaufsichtigung nach höchsten Standards unterliegen und dass die sich gegenseitig verstärkenden negativen Auswirkungen von Marktentwicklungen auf Kreditinstitute und Mitgliedstaaten rechtzeitig und wirksam behoben werden können, sollte die EZB die ihr übertragenen besonderen Aufsichtsaufgaben so bald wie möglich übernehmen. Die Übertragung von Aufsichtsaufgaben von den nationalen Aufsichtsbehörden auf die EZB erfordert jedoch eine gewisse Vorbereitungszeit. Daher sollte ein angemessener Übergangszeitraum vorgesehen werden.

(84) Die EZB sollte bei der Festlegung der detaillierten operativen Bestimmungen für die Wahrnehmung der ihr durch diese Verordnung übertragenen Aufgaben Übergangsregelungen vorsehen, durch die der Abschluss der laufenden Aufsichtsverfahren, einschließlich aller vor dem

---

[1] **Amtl. Anm.:** ABl. L 281 vom 23.11.1995, S. 31

[2] **Amtl. Anm.:** ABl. L 8 vom 12.1.2001, S. 1.

[3] **Amtl. Anm.:** ABl. L 136 vom 31.5.1999, S. 1.

[4] **Amtl. Anm.:** Beschluss EZB/2004/11 der Europäischen Zentralbank vom 3. Juni 2004 über die Bedingungen und Modalitäten der Untersuchungen des Europäischen Amtes für Betrugsbekämpfung in der Europäischen Zentralbank Bekämpfung von Betrug, Korruption und sonstigen rechtswidrigen Handlungen zum Nachteil der finanziellen Interessen der Europäischen Gemeinschaften und zur Änderung der Beschäftigungsbedingungen für das Personal der Europäischen Zentralbank (ABl. L 230 vom 30.6.2004, S. 56).

Inkrafttreten dieser Verordnung gefassten Beschlüsse und/oder ergriffenen Maßnahmen oder begonnenen Untersuchungen, sichergestellt wird.

(85) Die Kommission hat in ihrer Mitteilung vom 28. November 2012 über ein Konzept für eine vertiefte und echte Wirtschafts- und Währungsunion erklärt, dass Artikel 127 Absatz 6 AEUV[1] geändert werden könnte, um das ordentliche Gesetzgebungsverfahren zur Anwendung zu bringen und einige der rechtlichen Beschränkungen zu beseitigen, die derzeit beim einheitlichen Aufsichtsmechanismus bestehen (z.B. Aufnahme einer Klausel für eine direkte, unwiderrufliche Beteiligung von Mitgliedstaaten, deren Währung nicht der Euro ist, am einheitlichen Aufsichtsmechanismus über das Modell der „engen Zusammenarbeit" hinaus, gleichberechtigte Teilnahme dieser Mitgliedstaaten, die für den einheitlichen Aufsichtsmechanismus optieren, an der Beschlussfassung der EZB und weitergehende interne Trennung zwischen der Beschlussfassung zu Währungs- und zu Aufsichtsfragen). Ferner hat sie festgestellt, dass ein Anliegen, das mit einer Vertragsänderung zu bewerkstelligen wäre, die Stärkung der demokratischen Rechenschaftspflicht der EZB ist, soweit sie als Bankenaufseher tätig ist. Es sei daran erinnert, dass im EUV vorgesehen ist, dass Vorschläge für eine Vertragsänderung von der Regierung jedes Mitgliedstaats, dem Europäischen Parlament oder der Kommission übermittelt werden können und sich auf jeden Aspekt der Verträge beziehen können.

(86) Diese Verordnung wahrt die Grundrechte und achtet die in der Charta der Grundrechte der Europäischen Union verankerten Grundsätze, insbesondere das Recht auf den Schutz personenbezogener Daten, die unternehmerische Freiheit, das Recht auf einen wirksamen Rechtsbehelf und ein unparteiisches Gericht, und ist gemäß diesen Rechten und Grundsätzen anzuwenden.

(87) Da die Ziele dieser Verordnung, nämlich die Schaffung eines effizienten und wirksamen Rahmens für die Ausübung besonderer Aufgaben im Zusammenhang mit der Beaufsichtigung von Kreditinstituten durch ein Organ der Union und die Sicherstellung der kohärenten Anwendung des einheitlichen Regelwerks für Kreditinstitute, auf der Ebene der Mitgliedstaaten nicht ausreichend verwirklicht werden können und angesichts der unionsweiten Struktur des Bankenmarkts und der Auswirkungen des Zusammenbruchs von Kreditinstituten auf andere Mitgliedstaaten besser auf Unionsebene zu verwirklichen sind, kann die Union gemäß dem in Artikel 5 EUV niedergelegten Subsidiaritätsprinzip tätig werden. Entsprechend dem in demselben Artikel genannten Grundsatz der Verhältnismäßigkeit geht diese Verordnung nicht über das zur Erreichung dieser Ziele erforderliche Maß hinaus –

HAT FOLGENDE VERORDNUNG ERLASSEN:

Kapitel I. Gegenstand und Begriffsbestimmungen

Art. 1 Gegenstand und Geltungsbereich. *[1]* Durch diese Verordnung werden der EZB mit voller Rücksichtnahme auf und unter Wahrung der Sorgfaltspflicht für die Einheit und Integrität des Binnenmarkts auf der Grundlage der Gleichbehandlung der Kreditinstitute mit dem Ziel, Aufsichtsarbitrage zu verhindern, besondere Aufgaben im Zusammenhang mit der Aufsicht über Kreditinstitute übertragen, um einen Beitrag zur Sicherheit und Solidität von Kreditinstituten sowie zur Stabilität des Finanzsystems in der Union und jedem einzelnen Mitgliedstaat zu leisten.

[2] [1]Die in Artikel 2 Absatz 5 der Richtlinie 2013/36/EU des Europäischen Parlaments und des Rates vom 26. Juni 2013 über den Zugang zur Tätigkeit von Kreditinstituten und die Beaufsichtigung von Kreditinstituten und Wertpapierfirmen[2] genannten Institutionen sind von den der EZB gemäß Artikel 4 dieser Verordnung übertragenen Aufsichtsaufgaben ausgenommen. [2]Der Umfang der Aufsichtsaufgaben der EZB beschränkt sich auf die Beaufsichtigung von Kreditinstituten gemäß dieser Verordnung. [3]Durch diese Verordnung werden der EZB keine weiteren Aufsichtsaufgaben, wie beispielsweise Aufgaben im Zusammenhang mit der Aufsicht über zentrale Gegenparteien, übertragen.

---

[1] Nr. **1**.

[2] **Amtl. Anm.:** ABl. L 176 vom 27.6.2013, S. 338.

[3] Bei der Wahrnehmung ihrer Aufgaben gemäß dieser Verordnung berücksichtigt die EZB unbeschadet des Ziels, die Sicherheit und Solidität von Kreditinstituten zu gewährleisten, in vollem Umfang die verschiedenen Arten, Geschäftsmodelle und die Größe der Kreditinstitute.

[4] Die Maßnahmen, Vorschläge oder Strategien der EZB dürfen in keiner Weise, weder direkt noch indirekt, einen Mitgliedstaat oder eine Gruppe von Mitgliedstaaten als Ort für die Bereitstellung von Leistungen von Bank- oder anderen Finanzdienstleistungen in jeglicher Währung benachteiligen.

[5] Diese Verordnung berührt nicht die Verantwortlichkeiten und dazu gehörenden Befugnisse der zuständigen Behörden der teilnehmenden Mitgliedstaaten zur Wahrnehmung von Aufsichtsaufgaben, die der EZB nicht durch diese Verordnung übertragen wurden.

[6] Diese Verordnung berührt auch nicht die Verantwortlichkeiten und dazu gehörenden Befugnisse der zuständigen oder benannten Behörden der teilnehmenden Mitgliedstaaten zur Anwendung von nicht durch einschlägige Rechtsakte der Union vorgesehenen makroprudenziellen Instrumenten.

Art. 2 Begriffsbestimmungen. Im Sinne dieser Verordnung bezeichnet der Ausdruck

1. „teilnehmender Mitgliedstaat" einen Mitgliedstaat, dessen Währung der Euro ist, bzw. einen Mitgliedstaat, dessen Währung nicht der Euro ist, sofern er eine enge Zusammenarbeit nach Maßgabe des Artikels 7 eingegangen ist;
2. „nationale zuständige Behörde" eine nationale zuständige Behörde, die von den teilnehmenden Mitgliedstaaten im Einklang mit der Verordnung (EU) Nr. 575/2013[1)] des Europäischen Parlaments und des Rates vom 26. Juni 2013 über Aufsichtsanforderungen an Kreditinstitute und Wertpapierfirmen[2)] und der Richtlinie 2013/36/EU benannt worden ist;
3. „Kreditinstitut" ein Kreditinstitut im Sinne des Artikels 4 Absatz 1 Nummer 1 der Verordnung (EU) Nr. 575/2013;
4. „Finanzholdinggesellschaft" eine Finanzholdinggesellschaft im Sinne des Artikels 4 Absatz 1 Nummer 20 der Verordnung (EU) Nr. 575/2013;
5. „gemischte Finanzholdinggesellschaft" eine gemischte Finanzholdinggesellschaft im Sinne des Artikels 2 Nummer 15 der Richtlinie 2002/87/EG des Europäischen Parlaments und des Rates vom 16. Dezember 2002 über die zusätzliche Beaufsichtigung der Kreditinstitute, Versicherungsunternehmen und Wertpapierfirmen eines Finanzkonglomerats[3)];
6. „Finanzkonglomerat" ein Finanzkonglomerat im Sinne des Artikels 2 Nummer 14 der Richtlinie 2002/87/EG;
7. „nationale benannte Behörde" eine benannte Behörde eines teilnehmenden Mitgliedstaats im Sinne des einschlägigen Unionsrechts;
8. „qualifizierte Beteiligung" eine qualifizierte Beteiligung im Sinne des Artikels 4 Absatz 1 Nummer 36 der Verordnung (EU) Nr. 575/2013;
9. „Einheitlicher Aufsichtsmechanismus" das Finanzaufsichtssystem, das sich aus der EZB und den nationalen zuständigen Behörden teilnehmender Mitglied-

---

1) Nr. **6**.
2) **Amtl. Anm.:** ABl. L 176 vom 27.6.2013, S. 1.
3) **Amtl. Anm.:** ABl. L 35 vom 11.2.2003, S. 1.

staaten entsprechend der Beschreibung in Artikel 6 dieser Verordnung zusammensetzt.

Kapitel II. Zusammenarbeit und Aufgaben

Art. 3 Zusammenarbeit. (1) *[1]* Die EZB arbeitet eng mit der EBA, der ESMA, der EIOPA sowie dem Europäischen Ausschuss für Systemrisiken (ESRB) und den anderen Behörden zusammen, die Teil des ESFS sind und in der Union für eine angemessene Regulierung und Beaufsichtigung sorgen.

[2] [1] Erforderlichenfalls geht die EZB Vereinbarungen mit den zuständigen Behörden der Mitgliedstaaten ein, die für die Märkte für Finanzinstrumente verantwortlich sind. [2] Diese Vereinbarungen werden dem Europäischen Parlament, dem Rat und den zuständigen Behörden aller Mitgliedstaaten zur Verfügung gestellt.

(2) Für die Zwecke dieser Verordnung ist die EZB unter den Bedingungen des Artikels 40 der Verordnung (EU) Nr. 1093/2010 im Rat der Aufseher der EBA vertreten.

(3) Die EZB nimmt ihre Aufgaben im Einklang mit dieser Verordnung und unbeschadet der Zuständigkeiten und Aufgaben der EBA, ESMA, EIOPA und des ESRB wahr.

(4) Die EZB arbeitet eng mit den Behörden zusammen, die zur Abwicklung von Kreditinstituten ermächtigt sind, einschließlich bei der Vorbereitung von Abwicklungsplänen.

(5) Vorbehaltlich der Artikel 1, 4 und 6 arbeitet die EZB eng mit jeder Fazilität für eine öffentliche finanzielle Unterstützung zusammen, einschließlich der Europäischen Finanzstabilisierungsfazilität (EFSF) und dem ESM, insbesondere wenn eine solche Fazilität einem Kreditinstitut, für das Artikel 4 gilt, eine direkte oder indirekte finanzielle Unterstützung gewährt bzw. voraussichtlich gewähren wird.

(6) *[1]* [1] Die EZB und die zuständigen Behörden der nicht teilnehmenden Mitgliedstaaten gehen eine Vereinbarung ein, in der allgemein beschrieben wird, wie ihre Zusammenarbeit bei der Wahrnehmung ihrer Aufsichtsaufgaben nach dem Unionsrecht in Bezug auf die in Artikel 2 genannten Finanzinstitute gestaltet werden soll. [2] Die Vereinbarung wird regelmäßig überprüft.

[2] Unbeschadet des ersten Unterabsatzes geht die EZB eine Vereinbarung mit der zuständigen Behörde jedes nicht teilnehmenden Mitgliedstaats ein, der Herkunftsstaat mindestens eines global systemrelevanten Instituts im Sinne des Unionsrechts ist.

[3] Jede Vereinbarung wird regelmäßig überprüft und vorbehaltlich der angemessenen Behandlung vertraulicher Informationen veröffentlicht.

Art. 4 Der EZB übertragene Aufgaben. (1) Im Rahmen des Artikels 6 ist die EZB im Einklang mit Absatz 3 ausschließlich für die Wahrnehmung der folgenden Aufgaben zur Beaufsichtigung sämtlicher in den teilnehmenden Mitgliedstaaten niedergelassenen Kreditinstitute zuständig:

a) Zulassung von Kreditinstituten und Entzug der Zulassung von Kreditinstituten vorbehaltlich der Bestimmungen des Artikels 14;

b) für in einem teilnehmenden Mitgliedstaat niedergelassene Kreditinstitute, die in einem nicht teilnehmenden Mitgliedstaat eine Zweigstelle errichten oder grenzüberschreitende Dienstleistungen erbringen wollen, Wahrnehmung der Aufgaben, die die zuständige Behörde des Herkunftsmitgliedstaats nach Maßgabe des einschlägigen Unionsrechts hat;

c) Beurteilung der Anzeige über den Erwerb oder die Veräußerung von qualifizierten Beteiligungen an Kreditinstituten, außer im Fall einer Bankenabwicklung und vorbehaltlich des Artikels 15;

d) Gewährleistung der Einhaltung der in Artikel 4 Absatz 3 Unterabsatz 1 genannten Rechtsakte, die Aufsichtsanforderungen an Kreditinstitute in Bezug auf Eigenmittelanforderungen, Verbriefung, Beschränkungen für Großkredite, Liquidität, Verschuldungsgrad sowie Meldung und Veröffentlichung entsprechender Informationen festlegen;

e) Gewährleistung der Einhaltung der in Artikel 4 Absatz 3 Unterabsatz 1 genannten Rechtsakte, die Anforderungen an Kreditinstitute hinsichtlich solider Regelungen für die Unternehmensführung, einschließlich Eignungsanforderungen an die für die Geschäftsführung der Kreditinstitute verantwortlichen Personen, Risikomanagementverfahren, interner Kontrollmechanismen, Vergütungspolitiken und -praktiken sowie wirksamer Verfahren zur Beurteilung der Angemessenheit des internen Kapitals, einschließlich auf internen Ratings basierender Modelle festlegen;

f) Durchführung von aufsichtlichen Überprüfungen – wenn dies angebracht ist auch in Abstimmung mit der EBA –, Stresstests und deren etwaiger Veröffentlichung zur Feststellung, ob die Regelungen, Strategien, Verfahren und Mechanismen der Kreditinstitute und ihre Eigenmittelausstattung ein solides Risikomanagement und eine solide Risikoabdeckung gewährleisten, und auf der Grundlage dieser aufsichtlichen Überprüfung Festlegung besonderer zusätzlicher Eigenmittelanforderungen, besonderer Offenlegungspflichten, besonderer Liquiditätsanforderungen und sonstiger Maßnahmen für Kreditinstitute, sofern diese Befugnisse nach dem einschlägigen Unionsrecht ausdrücklich den zuständigen Behörden zustehen;

g) Beaufsichtigung auf konsolidierter Basis der in einem teilnehmenden Mitgliedstaat niedergelassenen Muttergesellschaften von Kreditinstituten, einschließlich der Finanzholdinggesellschaften und der gemischten Finanzholdinggesellschaften, sowie Mitwirkung an der Beaufsichtigung auf konsolidierter Basis von Muttergesellschaften, die nicht in einem teilnehmenden Mitgliedstaat niedergelassen sind, einschließlich in Aufsichtskollegien unbeschadet der Beteiligung der nationalen zuständigen Behörden als Beobachter in diesen Aufsichtskollegien;

h) Mitwirkung an der zusätzlichen Beaufsichtigung eines Finanzkonglomerats in Bezug auf zugehörige Kreditinstitute und Wahrnehmung der Aufgaben eines Koordinators, wenn die EZB nach Maßgabe der im einschlägigen Unionsrecht festgelegten Kriterien als Koordinator für ein Finanzkonglomerat benannt ist;

i) Wahrnehmung von Aufsichtsaufgaben in Bezug auf Sanierungspläne und frühzeitiges Eingreifen, wenn ein Kreditinstitut oder eine Gruppe, für die die EZB die konsolidierende Aufsichtsbehörde ist, die geltenden aufsichtsrechtlichen Anforderungen nicht erfüllt oder voraussichtlich nicht erfüllen wird, sowie – nur in den im einschlägigen Unionsrecht für die zuständigen Behörden ausdrücklich vorgesehenen Fällen – in Bezug auf erforderliche strukturelle Änderungen bei Kreditinstituten zur Verhinderung finanzieller

Stresssituationen oder von Zusammenbrüchen, jedoch ausschließlich jeglicher Abwicklungsbefugnisse.

(2) Für in einem nicht teilnehmenden Mitgliedstaat niedergelassene Kreditinstitute, die in einem teilnehmenden Mitgliedstaat eine Zweigstelle errichten oder grenzüberschreitende Dienstleistungen erbringen, nimmt die EZB im Rahmen des Geltungsbereichs von Absatz 1 die Aufgaben wahr, für die die nationalen zuständigen Behörden im Einklang mit dem einschlägigen Unionsrecht verantwortlich sind.

(3) *[1]* [1] Zur Wahrnehmung der ihr durch diese Verordnung übertragenen Aufgaben und mit dem Ziel, hohe Aufsichtsstandards zu gewährleisten, wendet die EZB das einschlägige Unionsrecht an, und wenn dieses Unionsrecht aus Richtlinien besteht, wendet sie die nationalen Rechtsvorschriften an, mit denen diese Richtlinien umgesetzt wurden. [2] Wenn das einschlägige Unionsrecht aus Verordnungen besteht und den Mitgliedstaaten durch diese Verordnungen derzeit ausdrücklich Wahlrechte eingeräumt werden, wendet die EZB auch die nationalen Rechtsvorschriften an, mit denen diese Wahlrechte ausgeübt werden.

[2] [1] Zu diesem Zweck nimmt die EZB – vorbehaltlich des einschlägigen Unionsrechts und insbesondere aller Rechtsakte mit und ohne Gesetzescharakter, einschließlich der Rechtsakte gemäß den Artikeln 290 und 291 AEUV, und im Einklang mit diesen – Leitlinien sowie Empfehlungen an und fasst Beschlüsse. [2] Dabei unterliegt sie insbesondere den von der EBA ausgearbeiteten und von der Kommission gemäß den Artikeln 10 bis 15 der Verordnung (EU) Nr. 1093/2010 erlassenen verbindlichen technischen Regulierungs- und Durchführungsstandards, dem Artikel 16 der genannten Verordnung sowie den Bestimmungen jener Verordnung zum von der EBA im Einklang mit jener Verordnung ausgearbeiteten europäischen Aufsichtshandbuch. [3] Die EZB kann auch Verordnungen erlassen, allerdings nur soweit dies für die Gestaltung oder Festlegung der Modalitäten zur Wahrnehmung der ihr durch die vorliegende Verordnung übertragenen Aufgaben erforderlich ist.

[3] Vor dem Erlass einer Verordnung führt die EZB offene öffentliche Anhörungen durch und analysiert die potenziell anfallenden Kosten und den potenziellen Nutzen, es sei denn, solche Anhörungen und Analysen sind im Verhältnis zum Anwendungsbereich und zu den Auswirkungen der betreffenden Verordnungen oder im Verhältnis zur besonderen Dringlichkeit der Angelegenheit unangemessen; in diesem Fall begründet die EZB diese Dringlichkeit.

[4] Erforderlichenfalls trägt die EZB in jeglicher teilnehmenden Rolle zur Erstellung eines Entwurfs technischer Regulierungs- bzw. Durchführungsstandards durch die EBA gemäß der Verordnung (EU) Nr. 1093/2010 bei oder weist die EBA auf die etwaige Notwendigkeit hin, der Kommission einen Entwurf für Standards zur Änderung bestehender technischer Regulierungs- oder Durchführungsstandards vorzulegen.

Art. 5 Makroprudenzielle Aufgaben und Instrumente. (1) [1] Soweit zweckmäßig oder erforderlich und unbeschadet des Absatzes 2 dieses Artikels legen die nationalen zuständigen Behörden oder die nationalen benannten Behörden der teilnehmenden Mitgliedstaaten Anforderungen für Kapitalpuffer fest, die Kreditinstitute auf der nach dem einschlägigen Unionsrecht jeweils vorgeschriebenen Ebene zusätzlich zu den Eigenmittelanforderungen nach Artikel 4 Absatz 1 Buchstabe d dieser Verordnung vorhalten müssen, einschließlich der Quoten für antizyklische Puffer, und sonstige Maßnahmen zur Abwendung von Systemrisiken oder makroprudenziellen Risiken gemäß der Verordnung (EU) Nr. 575/2013[1)] und der Richtlinie 2013/36/EU und vorbehaltlich der darin festgelegten Verfahren in den im einschlägigen Unionsrecht ausdrücklich festgelegten Fällen. [2]Die betreffende Behörde teilt der EZB zehn Arbeitstage, bevor sie eine solche Entscheidung fasst, diese Absicht ordnungsgemäß mit. [3]Erhebt die EZB Einwände, so begründet sie diese innerhalb von fünf Arbeitstagen schriftlich. [4]Die betreffende Behörde trägt der Begründung der EZB gebührend Rechnung, bevor sie die Beschlussfassung gegebenenfalls fortsetzt.

(2) Vorbehaltlich der Bedingungen der Absätze 4 und 5 kann die EZB erforderlichenfalls anstelle der nationalen zuständigen Behörden oder nationalen benannten Behörden des teilnehmenden Mitgliedstaats strengere als die von diesen festgelegten Anforderungen für Kapitalpuffer, die Kreditinstitute auf der nach dem einschlägigen Unionsrecht jeweils vorgeschriebenen Ebene zusätzlich zu den Eigenmittelanforderungen nach Artikel 4 Absatz 1 Buchstabe d dieser Verordnung vorhalten müssen, einschließlich der Quoten für antizyklische Puffer, und strengere Maßnahmen zur Abwendung von Systemrisiken oder makroprudenziellen Risiken auf Ebene der Kreditinstitute vorbehaltlich der in der Verordnung (EU) Nr. 575/2013 und der Richtlinie 2013/36/EU festgelegten Verfahren in den im einschlägigen Unionsrecht ausdrücklich bestimmten Fällen festlegen.

(3) Jede nationale zuständige Behörde oder eine nationale benannte Behörde kann der EZB vorschlagen, im Rahmen von Absatz 2 tätig zu werden, um der besonderen Situation des Finanzsystems und der Wirtschaft in ihrem Mitgliedstaat zu begegnen.

(4) [1]Beabsichtigt die EZB gemäß Absatz 2 vorzugehen, so arbeitet sie eng mit den nationalen benannten Behörden der betreffenden Mitgliedstaaten zusammen. [2]Sie teilt ihre Absicht insbesondere den betreffenden nationalen zuständigen Behörden oder nationalen benannten Behörden zehn Arbeitstage, bevor sie einen solchen Beschluss fasst, mit. [3]Erhebt eine der betreffenden Behörden Einwände, so begründet sie diese innerhalb von fünf Arbeitstagen schriftlich. [4]Die EZB trägt dieser Begründung gebührend Rechnung, bevor sie die Beschlussfassung gegebenenfalls fortsetzt.

(5) Bei der Wahrnehmung der in Absatz 2 genannten Aufgaben trägt die EZB der besonderen Situation des Finanzsystems, der Wirtschaftslage und des Konjunkturzyklus in den einzelnen Mitgliedstaaten oder Teilen von Mitgliedstaaten Rechnung.

Art. 6 Zusammenarbeit innerhalb des einheitlichen Aufsichtsmechanismus. (1) [1]Die EZB nimmt ihre Aufgaben innerhalb eines einheitlichen Aufsichtsmechanismus wahr, der aus der EZB und den nationalen zuständigen Behörden besteht. [2]Die EZB ist dafür verantwortlich, dass der einheitliche Aufsichtsmechanismus wirksam und einheitlich funktioniert.

(2) *[1]* Sowohl die EZB als auch die nationalen zuständigen Behörden unterliegen der Pflicht zur loyalen Zusammenarbeit und zum Informationsaustausch.

[1)] Nr. **6**.

[2] Unbeschadet der Befugnis der EZB, Informationen, die von den Kreditinstituten regelmäßig zu übermitteln sind, direkt zu erhalten oder direkt auf sie zuzugreifen, stellen die nationalen zuständigen Behörden der EZB insbesondere alle Informationen zur Verfügung, die sie zur Wahrnehmung der ihr durch diese Verordnung übertragenen Aufgaben benötigt.

(3) [1] Gegebenenfalls und unbeschadet der Verantwortung und der Rechenschaftspflicht der EZB für die ihr durch diese Verordnung übertragenen Aufgaben sind die nationalen zuständigen Behörden dafür verantwortlich, die EZB gemäß den Bedingungen des in Absatz 7 dieses Artikels genannten Rahmenwerks bei der Vorbereitung und Durchführung sämtlicher Rechtsakte im Zusammenhang mit den Aufgaben nach Artikel 4 in Bezug auf alle Kreditinstitute, einschließlich bei Überprüfungstätigkeiten, zu unterstützen. [2] Bei der Wahrnehmung der Aufgaben nach Artikel 4 folgen sie den Anweisungen der EZB.

(4) *[1]* In Bezug auf die Aufgaben nach Artikel 4 – mit Ausnahme von Absatz 1 Buchstaben a und c – haben die EZB die Zuständigkeiten gemäß Absatz 5 dieses Artikels und die nationalen zuständigen Behörden die Zuständigkeiten gemäß Absatz 6 dieses Artikels – innerhalb des in Absatz 7 dieses Artikels festgelegten Rahmenwerks und vorbehaltlich der darin festgelegten Verfahren – für die Beaufsichtigung folgender Kreditinstitute, Finanzholdinggesellschaften oder gemischter Finanzholdinggesellschaften oder in teilnehmenden Mitgliedstaaten niedergelassenen Zweigstellen von in nicht teilnehmenden Mitgliedstaaten niedergelassenen Kreditinstituten:

– auf konsolidierter Basis weniger bedeutende Institute, Gruppen oder Zweigstellen, wenn die oberste Konsolidierungsebene in den teilnehmenden Mitgliedstaaten liegt, oder einzeln im speziellen Fall von in teilnehmenden Mitgliedstaaten niedergelassenen Zweigstellen von in nicht teilnehmenden Mitgliedstaaten niedergelassenen Kreditinstituten. Die Bedeutung wird anhand folgender Kriterien bestimmt:
  i) Größe
  ii) Relevanz für die Wirtschaft der Union oder eines teilnehmenden Mitgliedstaats
  iii) Bedeutung der grenzüberschreitenden Tätigkeiten.

[2] Sofern nicht durch besondere Umstände, die in der Methodik zu benennen sind, gerechtfertigt, gilt in Bezug auf Unterabsatz 1 ein Kreditinstitut, eine Finanzholdinggesellschaft oder eine gemischte Finanzholdinggesellschaft nicht als weniger bedeutend, wenn eine der folgende Bedingungen erfüllt ist:

i) der Gesamtwert der Aktiva übersteigt 30 Mrd. EUR,

ii) das Verhältnis der gesamten Aktiva zum BIP des teilnehmenden Mitgliedstaats der Niederlassung übersteigt 20 %, es sei denn, der Gesamtwert der Aktiva liegt unter 5 Mrd. EUR,

iii) nach der Anzeige der nationalen zuständigen Behörde, dass sie ein solches Institut als bedeutend für die betreffende Volkswirtschaft betrachtet, fasst die EZB nach einer umfassenden Bewertung, einschließlich einer Bilanzbewertung, des betreffenden Kreditinstituts ihrerseits einen Beschluss, der diese Bedeutung bestätigt.

[3] Die EZB kann ein Institut auch von sich aus als bedeutend betrachten, wenn es Tochterbanken in mehr als einem teilnehmenden Mitgliedstaat errichtet hat und seine grenzüberschreitenden Aktiva oder Passiva einen wesentlichen

Teil seiner gesamten Aktiva oder Passiva darstellen, vorbehaltlich der nach der Methodik festgelegten Bedingungen.

[4] Die Institute, für die eine direkte öffentliche finanzielle Unterstützung durch die EFSF oder den ESM beantragt oder entgegengenommen wurde, gelten nicht als weniger bedeutend.

[5] Ungeachtet der vorhergehenden Unterabsätze und sofern nicht durch besondere Umstände gerechtfertigt, übt die EZB die ihr durch diese Verordnung übertragenen Aufgaben in Bezug auf die drei bedeutendsten Kreditinstitute in jedem teilnehmenden Mitgliedstaat aus.

(5) In Bezug auf die in Absatz 4 genannten Kreditinstitute und innerhalb des in Absatz 7 festgelegten Rahmenwerks

a) erlässt die EZB gegenüber den nationalen zuständigen Behörden Verordnungen, Leitlinien oder allgemeine Weisungen, nach denen die nationalen zuständigen Behörden die Aufgaben nach Artikel 4 – mit Ausnahme von Absatz 1 Buchstaben a und c – wahrnehmen und Aufsichtsbeschlüsse fassen. Diese Weisungen können sich auf die besonderen Befugnisse nach Artikel 16 Absatz 2 in Bezug auf Gruppen oder Arten von Kreditinstituten beziehen, um die Kohärenz der Aufsichtsergebnisse innerhalb des einheitlichen Aufsichtsmechanismus sicherzustellen;

b) kann die EZB jederzeit von sich aus, wenn dies für die Sicherstellung der kohärenten Anwendung hoher Aufsichtsstandards erforderlich ist, nach Konsultation der nationalen zuständigen Behörden oder auf Ersuchen einer nationalen zuständigen Behörde beschließen, sämtliche einschlägigen Befugnisse in Bezug auf ein oder mehrere in Absatz 4 genannte Kreditinstitute unmittelbar selbst auszuüben, einschließlich in den Fällen, in denen eine indirekte finanzielle Unterstützung durch die EFSF oder den ESM beantragt oder entgegengenommen wurde;

c) übt die EZB auf der Grundlage der in diesem Artikel und insbesondere in Absatz 7 Buchstabe c festgelegten Zuständigkeiten und Verfahren die Aufsicht über das Funktionieren des Systems aus;

d) kann die EZB jederzeit von den in den Artikeln 10 bis 13 genannten Befugnissen Gebrauch machen;

e) kann die EZB auch auf Ad-hoc-Basis oder auf kontinuierlicher Basis Informationen von den nationalen zuständigen Behörden über die Ausübung der von ihnen gemäß diesem Artikel wahrgenommenen Aufgaben anfordern.

(6) *[1]* Unbeschadet des Absatzes 5 dieses Artikels nehmen die nationalen zuständigen Behörden in Bezug auf die in Absatz 4 Unterabsatz 1 dieses Artikels genannten Kreditinstitute innerhalb des in Absatz 7 dieses Artikels genannten Rahmenwerks und vorbehaltlich der darin festgelegten Verfahren die in Artikel 4 Absatz 1 Buchstaben b, d bis g und i genannten Aufgaben wahr und sind für diese sowie für die Annahme aller einschlägigen Aufsichtsbeschlüsse verantwortlich.

[2] [1] Unbeschadet der Artikel 10 bis 13 behalten die nationalen zuständigen Behörden und die nationalen benannten Behörden die Befugnis, nach nationalem Recht Informationen von Kreditinstituten, Holdinggesellschaften, gemischten Holdinggesellschaften und Unternehmen, die in die konsolidierte Finanzlage eines Kreditinstituts einbezogen sind, einzuholen und vor Ort Prüfungen dieser Kreditinstitute, Holdinggesellschaften, gemischten Holding-

gesellschaften und Unternehmen durchzuführen. [2] Die nationalen zuständigen Behörden unterrichten die EZB im Einklang mit dem in Absatz 7 dieses Artikels festgelegten Rahmenwerks über die gemäß diesem Absatz ergriffenen Maßnahmen und koordinieren diese in enger Zusammenarbeit mit der EZB.

[3] Die nationalen zuständigen Behörden erstatten der EZB regelmäßig Bericht über die Ausübung der von ihnen gemäß diesem Artikel wahrgenommenen Aufgaben.

(7) [1] Die EZB nimmt in Abstimmung mit den nationalen zuständigen Behörden und auf Grundlage eines Vorschlags des Aufsichtsgremiums ein Rahmenwerk zur Gestaltung der praktischen Modalitäten für die Durchführung dieses Artikels an und veröffentlicht ihn. [2] Das Rahmenwerk umfasst zumindest Folgendes:

a) die besondere Methodik für die Bewertung der in Absatz 4 Unterabsätze 1 bis 3 genannten Kriterien, die Umstände, unter denen Absatz 4 Unterabsatz 4 für ein bestimmtes Kreditinstitut nicht mehr gilt, und die sich ergebenden Vereinbarungen für die Durchführung der Absätze 5 und 6. Diese Vereinbarungen und die Methodik für die Bewertung der in Absatz 4 Unterabsätze 1 bis 3 genannten Kriterien werden überprüft, um wichtige Änderungen zu berücksichtigen, und stellen sicher, dass – wenn ein Kreditinstitut als bedeutend oder als weniger bedeutend eingestuft wurde – diese Bewertung nur aufgrund wesentlicher und nicht vorübergehender Änderungen von Umständen, insbesondere der Umstände, die sich auf die Situation des Kreditinstituts beziehen und die für diese Bewertung von Belang sind, geändert wird;

b) die Festlegung der Verfahren, einschließlich Fristen, und die Möglichkeit, Beschlussentwürfe zur Übermittlung an die EZB zur Berücksichtigung auszuarbeiten, betreffend das Verhältnis zwischen der EZB und den nationalen zuständigen Behörden in Bezug auf die Beaufsichtigung von Kreditinstituten, die gemäß Absatz 4 nicht als weniger bedeutend betrachtet werden;

c) die Festlegung der Verfahren, einschließlich Fristen, für das Verhältnis zwischen der EZB und den nationalen zuständigen Behörden in Bezug auf die Beaufsichtigung von Kreditinstituten, die gemäß Absatz 4 als weniger bedeutend betrachtet werden. Diese Verfahren verpflichten die nationalen zuständigen Behörden insbesondere je nach den in dem Rahmenwerk festgelegten Fällen,
   i) die EZB über jedes wesentliche Aufsichtsverfahren zu informieren,
   ii) auf Ersuchen der EZB bestimmte Aspekte des Verfahrens weiter zu bewerten,
   iii) der EZB Entwürfe von wesentlichen Aufsichtsbeschlüssen zu übermitteln, zu denen die EZB eine Stellungnahme abgeben kann.

(8) Wird die EZB bei der Wahrnehmung der ihr durch diese Verordnung übertragenen Aufgaben von nationalen zuständigen Behörden oder nationalen benannten Behörden unterstützt, so halten die EZB und die nationalen zuständigen Behörden dabei die in den einschlägigen Rechtsakten der Union enthaltenen Bestimmungen hinsichtlich der Verteilung der Zuständigkeiten und der Zusammenarbeit zwischen den zuständigen Behörden verschiedener Mitgliedstaaten ein.

Art. 7 Enge Zusammenarbeit mit den zuständigen Behörden der teilnehmenden Mitgliedstaaten, deren Währung nicht der Euro ist.

(1) *[1]* Innerhalb der Grenzen dieses Artikels nimmt die EZB die Aufgaben in den in Artikel 4 Absätze 1 und 2 sowie in Artikel 5 genannten Bereichen in Bezug auf Kreditinstitute wahr, die in einem Mitgliedstaat niedergelassen sind, dessen Währung nicht der Euro ist, wenn zwischen der EZB und der nationalen zuständigen Behörde dieses Mitgliedstaats eine enge Zusammenarbeit nach Maßgabe dieses Artikels eingegangen wurde.

[2] Zu diesem Zweck kann die EZB Anweisungen an die nationale zuständige Behörde oder die nationalen benannten Behörden des teilnehmenden Mitgliedstaats richten, dessen Währung nicht der Euro ist.

(2) Die EZB geht in der Form des Erlasses eines Beschlusses eine enge Zusammenarbeit mit der nationalen zuständigen Behörde eines teilnehmenden Mitgliedstaats ein, dessen Währung nicht der Euro ist, wenn die folgenden Voraussetzungen erfüllt sind:

a) der betreffende Mitgliedstaat teilt den anderen Mitgliedstaaten, der Kommission, der EZB und der EBA sein Ersuchen mit, eine enge Zusammenarbeit nach Maßgabe von Artikel 6 mit der EZB hinsichtlich der Wahrnehmung der Aufgaben nach den Artikeln 4 und 5 in Bezug auf sämtliche in dem betreffenden Mitgliedstaat niedergelassenen Kreditinstitute einzugehen;

b) in der Mitteilung verpflichtet sich der betreffende Mitgliedstaat,
   - sicherzustellen, dass seine nationale zuständige Behörde bzw. seine nationale benannte Behörde allen Leitlinien und Aufforderungen der EZB nachkommen wird; und
   - sämtliche Informationen zu den in diesem Mitgliedstaat niedergelassenen Kreditinstituten vorzulegen, die die EZB zum Zwecke der Durchführung einer umfassenden Bewertung dieser Kreditinstitute möglicherweise anfordert.

c) der betreffende Mitgliedstaat hat einschlägige nationale Rechtsvorschriften erlassen, die gewährleisten, dass seine nationale zuständige Behörde verpflichtet ist, sämtliche Maßnahmen in Bezug auf Kreditinstitute zu ergreifen, zu denen die EZB im Einklang mit Absatz 4 auffordert.

(3) [1]Der Beschluss nach Absatz 2 wird im *Amtsblatt der Europäischen Union* veröffentlicht. [2]Der Beschluss gilt nach Ablauf von 14 Tagen nach seiner Veröffentlichung.

(4) *[1]* Ist die EZB der Auffassung, dass die nationale zuständige Behörde eines betreffenden Mitgliedstaats in Bezug auf ein Kreditinstitut, eine Finanzholdinggesellschaft oder eine gemischte Finanzholdinggesellschaft eine Maßnahme im Zusammenhang mit den Aufgaben nach Absatz 1 ergreifen sollte, so richtet sie unter Vorgabe eines entsprechenden Zeitrahmens Anweisungen an diese Behörde.

[2] [1]Dieser Zeitrahmen sollte mindestens 48 Stunden betragen, sofern nicht eine frühzeitigere Durchführung unabdingbar ist, um einen nicht wieder gutzumachenden Schaden abzuwenden. [2]Die nationale zuständige Behörde des betroffenen Mitgliedstaats ergreift gemäß der in Absatz 2 Buchstabe c genannten Verpflichtung alle notwendigen Maßnahmen.

(5) *[1]* Die EZB kann beschließen, dem betroffenen Mitgliedstaat in den folgenden Fällen eine Verwarnung dahin gehend zu erteilen, dass die enge

Zusammenarbeit ausgesetzt oder beendet wird, sofern keine entscheidenden Korrekturmaßnahmen ergriffen werden:

a) der betroffene Mitgliedstaat erfüllt nach Auffassung der EZB nicht länger die Voraussetzungen nach Absatz 2 Buchstaben a bis c, oder

b) die nationale zuständige Behörde des betroffenen Mitgliedstaats handelt nach Auffassung der EZB nicht gemäß der Verpflichtung nach Absatz 2 Buchstabe c.

[2] Werden innerhalb von 15 Tagen nach Mitteilung einer solchen Verwarnung keine Korrekturmaßnahmen ergriffen, so kann die EZB die enge Zusammenarbeit mit diesem Mitgliedstaat aussetzen oder beenden.

[3] [1]Der Beschluss über die Aussetzung oder die Beendigung der engen Zusammenarbeit wird dem betreffenden Mitgliedstaat mitgeteilt und im *Amtsblatt der Europäischen Union* veröffentlicht. [2]In dem Beschluss wird der Zeitpunkt angegeben, ab dem er gilt, wobei der Wirksamkeit der Aufsicht und den legitimen Interessen von Kreditinstituten gebührend Rechnung getragen wird.

(6) [1]Nach Ablauf von drei Jahren nach dem Datum der Veröffentlichung des Beschlusses der EZB zur Aufnahme einer engen Zusammenarbeit im *Amtsblatt der Europäischen Union* kann ein Mitgliedstaat die EZB jederzeit um die Beendigung der engen Zusammenarbeit ersuchen. [2]In dem Ersuchen werden die Gründe für die Beendigung erläutert, gegebenenfalls einschließlich der potenziellen erheblichen nachteiligen Auswirkungen hinsichtlich der haushaltspolitischen Verantwortlichkeit des Mitgliedstaats. [3]In diesem Fall leitet die EZB unverzüglich den Erlass eines Beschlusses zur Beendigung der engen Zusammenarbeit ein und gibt den Zeitpunkt an, ab dem er gilt – spätestens innerhalb von drei Monaten –, wobei der Wirksamkeit der Aufsicht und den legitimen Interessen von Kreditinstituten gebührend Rechnung getragen wird. [4]Der Beschluss wird im *Amtsblatt der Europäischen Union* veröffentlicht.

(7) *[1]* Teilt ein teilnehmender Mitgliedstaat, dessen Währung nicht der Euro ist, der EZB im Einklang mit Artikel 26 Absatz 8 in einer begründeten Stellungnahme mit, dass er dem Widerspruch des EZB-Rates gegen einen Beschlussentwurf des Aufsichtsgremiums nicht zustimmt, so äußert sich der EZB-Rat innerhalb einer Frist von 30 Tagen zu dieser begründeten Stellungnahme des Mitgliedstaats, wobei er seinen Widerspruch unter Angabe seiner Gründe entweder bestätigt oder zurückzieht.

[2] Bestätigt der EZB-Rat seinen Widerspruch, kann der teilnehmende Mitgliedstaat, dessen Währung nicht der Euro ist, der EZB mitteilen, dass er durch den möglichen Beschluss betreffend einen etwaigen geänderten Beschlussentwurf des Aufsichtsgremiums nicht gebunden ist.

[3] Die EZB erwägt dann unter gebührender Berücksichtigung der Wirksamkeit der Aufsicht die Möglichkeit einer Aussetzung oder Beendigung der engen Zusammenarbeit mit diesem Mitgliedstaat und erlässt diesbezüglich einen Beschluss.

[4] Die EZB berücksichtigt dabei insbesondere Folgendes:

a) ob das Absehen von einer solchen Aussetzung oder Beendigung die Integrität des einheitlichen Aufsichtsmechanismus gefährden oder erhebliche nachteilige Auswirkungen hinsichtlich der haushaltspolitischen Verantwortlichkeit der Mitgliedstaaten haben könnte;

b) ob eine solche Aussetzung oder Beendigung erhebliche nachteilige Auswirkungen hinsichtlich der haushaltspolitischen Verantwortlichkeit des Mitgliedstaats haben könnte, der seine begründete Stellungnahme gemäß Artikel 26 Absatz 8 mitgeteilt hat;

c) ob die betroffene nationale zuständige Behörde nachweislich Maßnahmen ergriffen hat, die nach Auffassung der EZB
- gewährleisten, dass die Kreditinstitute in dem Mitgliedstaat, der seine begründete Stellungnahme gemäß dem vorherigen Unterabsatz mitgeteilt hat, keine günstigere Behandlung erhalten als die Kreditinstitute in den anderen teilnehmenden Mitgliedstaaten, und
- zur Erreichung der Ziele des Artikels 1 und zur Gewährleistung der Einhaltung des einschlägigen Unionsrechts genauso wirksam sind wie der Beschluss des EZB-Rates gemäß Unterabsatz 2 dieses Absatzes.

[5] Die EZB berücksichtigt diese Erwägungen in ihrem Beschluss und teilt sie dem betroffenen Mitgliedstaat mit.

(8) [1] Lehnt ein teilnehmender Mitgliedstaat, dessen Währung nicht der Euro ist, einen Beschlussentwurf des Aufsichtsgremiums ab, so teilt er dem EZB-Rat seine Ablehnung in einer begründeten Stellungnahme innerhalb von fünf Arbeitstagen nach Erhalt des Beschlussentwurfs mit. [2] Das Aufsichtsgremium beschließt dann innerhalb von fünf Arbeitstagen in der Sache unter umfassender Berücksichtigung jener Gründe und erläutert dem betroffenen Mitgliedstaat seinen Beschluss schriftlich. [3] Der betroffene Mitgliedstaat kann die EZB ersuchen, die enge Zusammenarbeit unmittelbar zu beenden, und ist durch den anschließenden Beschluss nicht gebunden.

(9) Ein Mitgliedstaat, der seine enge Zusammenarbeit mit der EZB beendet hat, darf vor Ablauf von drei Jahren nach Veröffentlichung des EZB-Beschlusses zur Beendigung der engen Zusammenarbeit im *Amtsblatt der Europäischen Union* keine erneute enge Zusammenarbeit mit ihr eingehen.

Art. 8 Internationale Beziehungen. [1] Unbeschadet der jeweiligen Zuständigkeiten der Mitgliedstaaten und der übrigen Organe und Einrichtungen der Union, mit Ausnahme der EZB, einschließlich der EBA, kann die EZB in Bezug auf die ihr durch diese Verordnung übertragenen Aufgaben vorbehaltlich einer angemessenen Abstimmung mit der EBA Kontakte zu Aufsichtsbehörden, internationalen Organisationen und den Verwaltungen von Drittländern aufbauen und Verwaltungsvereinbarungen mit ihnen schließen. [2] Diese Vereinbarungen schaffen keine rechtlichen Verpflichtungen für die Union und ihre Mitgliedstaaten.

Kapitel III. Befugnisse der EZB

Art. 9 Aufsichts- und Untersuchungsbefugnisse. (1) *[1]* Ausschließlich zum Zweck der Wahrnehmung der ihr nach Artikel 4 Absätze 1 und 2 und Artikel 5 Absatz 2 übertragenen Aufgaben gilt die EZB nach Maßgabe des einschlägigen Unionsrechts in den teilnehmenden Mitgliedstaaten je nach Sachlage als die zuständige oder die benannte Behörde.

[2] [1] Ausschließlich zu demselben Zweck hat die EZB sämtliche in dieser Verordnung genannten Befugnisse und Pflichten. [2] Ebenso hat sie sämtliche Befugnisse und Pflichten, die zuständige und benannte Behörden nach dem

einschlägigen Unionsrecht haben, sofern diese Verordnung nichts anderes vorsieht. [3] Insbesondere hat die EZB die in den Abschnitten 1 und 2 dieses Kapitels genannten Befugnisse.

[3] [1] Soweit zur Wahrnehmung der ihr durch diese Verordnung übertragenen Aufgaben erforderlich, kann die EZB die nationalen Behörden durch Anweisung auffordern, gemäß und im Einklang mit ihrem jeweiligen nationalen Recht von ihren Befugnissen in den Fällen Gebrauch zu machen, in denen diese Verordnung der EZB die entsprechenden Befugnisse nicht übertragen hat. [2] Die nationalen Behörden unterrichten die EZB in vollem Umfang über die Ausübung dieser Befugnisse.

(2) [1] Die EZB übt die Befugnisse nach Absatz 1 dieses Artikels im Einklang mit den in Artikel 4 Absatz 3 Unterabsatz 1 genannten Rechtsakten aus. [2] Bei der Ausübung ihrer jeweiligen Aufsichts- und Untersuchungsbefugnisse arbeiten die EZB und die nationalen zuständigen Behörden eng zusammen.

(3) Abweichend von Absatz 1 dieses Artikels übt die EZB in Bezug auf Kreditinstitute, die in teilnehmenden Mitgliedstaaten niedergelassen sind, deren Währung nicht der Euro ist, ihre Befugnisse gemäß Artikel 7 aus.

Abschnitt 1. Untersuchungsbefugnisse

Art. 10 Informationsersuchen. (1) Unbeschadet der Befugnisse nach Artikel 9 Absatz 1 und vorbehaltlich der im einschlägigen Unionsrecht vorgesehenen Bedingungen kann die EZB von den folgenden juristischen oder natürlichen Personen vorbehaltlich des Artikels 4 die Vorlage sämtlicher Informationen verlangen, die sie für die Wahrnehmung der ihr durch diese Verordnung übertragenen Aufgaben benötigt, einschließlich der Informationen, die in regelmäßigen Abständen und in festgelegten Formaten zu Aufsichts- und entsprechenden Statistikzwecken zur Verfügung zu stellen sind:

a) Kreditinstitute, die in den teilnehmenden Mitgliedstaaten niedergelassen sind,
b) Finanzholdinggesellschaften, die in den teilnehmenden Mitgliedstaaten niedergelassen sind,
c) gemischte Finanzholdinggesellschaften, die in den teilnehmenden Mitgliedstaaten niedergelassen sind,
d) gemischte Holdinggesellschaften, die in den teilnehmenden Mitgliedstaaten niedergelassen sind,
e) Personen, die zu den Körperschaften im Sinne der Buchstaben a bis d gehören,
f) Dritte, auf die die unter den Buchstaben a bis d genannten Unternehmen Funktionen oder Tätigkeiten ausgelagert haben.

(2) [1] Die in Absatz 1 genannten Personen stellen die verlangten Informationen zur Verfügung. [2] Vorschriften über die Geheimhaltung führen nicht dazu, dass Personen von der Pflicht freigestellt werden, diese Informationen zur Verfügung zu stellen. [3] Die Bereitstellung dieser Informationen gilt nicht als Verstoß gegen die Geheimhaltungspflicht.

(3) Erhält die EZB Informationen direkt von den in Absatz 1 genannten juristischen oder natürlichen Personen, so übermittelt sie diese den betroffenen nationalen zuständigen Behörden.

Art. 11 Allgemeine Untersuchungen. (1) *[1]* Zur Wahrnehmung der ihr durch diese Verordnung übertragenen Aufgaben kann die EZB vorbehaltlich anderer Bedingungen nach dem einschlägigen Unionsrecht im Hinblick auf jede in Artikel 10 Absatz 1 genannte Person, die in einem teilnehmenden Mitgliedstaat niedergelassen oder ansässig ist, alle erforderlichen Untersuchungen durchführen.

[2] Zu diesem Zweck hat die EZB das Recht,

a) die Vorlage von Unterlagen zu verlangen,
b) die Bücher und Aufzeichnungen von Personen im Sinne des Artikels 10 Absatz 1 zu prüfen und Kopien oder Auszüge dieser Bücher und Aufzeichnungen anzufertigen,
c) von einer Person im Sinne des Artikels 10 Absatz 1 oder deren Vertretern oder Mitarbeitern schriftliche oder mündliche Erklärungen einzuholen,
d) jede andere Person zu befragen, die dieser Befragung zum Zweck der Einholung von Informationen über den Gegenstand einer Untersuchung zustimmt.

(2) *[1]* Personen im Sinne des Artikels 10 Absatz 1 müssen sich den durch einen Beschluss der EZB eingeleiteten Untersuchungen unterziehen.

[2] Behindert eine Person die Durchführung einer Untersuchung, leistet die nationale zuständige Behörde des teilnehmenden Mitgliedstaats, in dem sich die betroffenen Räumlichkeiten befinden, die erforderliche Amtshilfe im Einklang mit dem jeweiligen nationalen Recht, einschließlich – in den in den Artikeln 12 und 13 genannten Fällen – Hilfe beim Zugang der EZB zu den Geschäftsräumen von juristischen Personen im Sinne des Artikels 10 Absatz 1, so dass die obengenannten Rechte ausgeübt werden können.

Art. 12 Prüfungen vor Ort. (1) [1] Zur Wahrnehmung der ihr durch diese Verordnung übertragenen Aufgaben kann die EZB vorbehaltlich anderer Bedingungen nach dem einschlägigen Unionsrecht im Einklang mit Artikel 13 und nach vorheriger Unterrichtung der betroffenen nationalen zuständigen Behörde alle erforderlichen Prüfungen vor Ort in den Geschäftsräumen von juristischen Personen im Sinne des Artikels 10 Absatz 1 und von sonstigen Unternehmen, die in die Beaufsichtigung auf konsolidierter Basis einbezogen sind und für die die EZB nach Artikel 4 Absatz 1 Buchstabe g die konsolidierende Aufsichtsbehörde ist, durchführen. [2] Die EZB kann die Prüfung vor Ort ohne vorherige Mitteilung an diese juristischen Personen durchführen, wenn die ordnungsgemäße Durchführung und die Effizienz der Prüfung dies erfordern.

(2) Die Bediensteten der EZB und sonstige von ihr zur Durchführung der Prüfungen vor Ort bevollmächtigte Personen sind befugt, die Geschäftsräume und Grundstücke der juristischen Personen, gegen die sich der Beschluss der EZB über die Einleitung einer Untersuchung richtet, zu betreten, und verfügen über sämtliche in Artikel 11 Absatz 1 genannten Befugnisse.

(3) Prüfungen vor Ort bei juristischen Personen im Sinne des Artikels 10 Absatz 1 erfolgen auf der Grundlage eines Beschlusses der EZB.

(4) [1] Die Bediensteten der nationalen zuständigen Behörde des Mitgliedstaats, in dem die Prüfung vorgenommen werden soll, sowie andere von dieser Behörde entsprechend bevollmächtigte oder bestellte Begleitpersonen unterstützen unter Aufsicht und Koordinierung der EZB die Bediensteten der EZB

und sonstige von ihr bevollmächtigte Personen aktiv. [2]Sie verfügen hierzu über die in Absatz 2 genannten Befugnisse. [3]Die Bediensteten der nationalen zuständigen Behörde des betroffenen teilnehmenden Mitgliedstaats haben ferner das Recht, an den Prüfungen vor Ort teilzunehmen.

(5) [1]Stellen die Bediensteten der EZB und andere von ihr bevollmächtigte oder bestellte Begleitpersonen fest, dass sich eine Person einer nach Maßgabe dieses Artikels angeordneten Prüfung widersetzt, so leistet die nationale zuständige Behörde des betroffenen teilnehmenden Mitgliedstaats im Einklang mit ihrem nationalen Recht die erforderliche Amtshilfe. [2]Soweit dies für die Prüfung erforderlich ist, schließt diese Amtshilfe die Versiegelung jeglicher Geschäftsräume und Bücher oder Aufzeichnungen ein. [3]Verfügt die betreffende nationale zuständige Behörde nicht über die dafür erforderliche Befugnis, so nutzt sie ihre Befugnisse, um die erforderliche Amtshilfe von anderen nationalen Behörden anzufordern.

Art. 13 Gerichtliche Genehmigung. (1) Ist für eine Prüfung vor Ort nach Artikel 12 Absätze 1 und 2 oder für die Amtshilfe nach Artikel 12 Absatz 5 nach nationalem Recht eine gerichtliche Genehmigung erforderlich, so muss diese eingeholt werden.

(2) [1]Wird eine Genehmigung nach Absatz 1 dieses Artikels beantragt, so prüft das nationale Gericht, ob der Beschluss der EZB echt ist und ob die beabsichtigten Zwangsmaßnahmen im Hinblick auf den Gegenstand der Prüfung nicht willkürlich oder unverhältnismäßig sind. [2]Bei der Prüfung der Verhältnismäßigkeit der Zwangsmaßnahmen kann das nationale Gericht die EZB um detaillierte Erläuterungen bitten, insbesondere in Bezug auf die Gründe, aus denen die EZB annimmt, dass ein Verstoß gegen die in Artikel 4 Absatz 3 Unterabsatz 1 genannten Rechtsakte vorliegt, sowie die Schwere des mutmaßlichen Verstoßes und die Art der Beteiligung der den Zwangsmaßnahmen unterworfenen Person. [3]Das nationale Gericht prüft jedoch weder die Notwendigkeit der Prüfung noch verlangt es die Übermittlung der in den Akten der EZB enthaltenen Informationen. [4]Die Rechtmäßigkeit des Beschlusses der EZB unterliegt ausschließlich der Prüfung durch den EUGH.

Abschnitt 2. Besondere Aufsichtsbefugnisse

Art. 14 Zulassung. (1) Anträge auf Zulassung zur Aufnahme der Tätigkeit eines Kreditinstituts in einem teilnehmenden Mitgliedstaat werden bei den nationalen zuständigen Behörden des Mitgliedstaats eingereicht, in dem das Kreditinstitut seinen Sitz haben soll, im Einklang mit den Anforderungen des einschlägigen nationalen Rechts.

(2) [1]Erfüllt der Antragsteller alle Zulassungsbedingungen des einschlägigen nationalen Rechts dieses Mitgliedstaats, so erlässt die nationale zuständige Behörde innerhalb der im einschlägigen nationalen Recht festgelegten Frist einen Beschlussentwurf, mit dem der EZB die Erteilung der Zulassung vorgeschlagen wird. [2]Der Beschlussentwurf wird der EZB und dem Antragsteller mitgeteilt. [3]Andernfalls lehnt die nationale zuständige Behörde den Antrag auf Zulassung ab.

(3) [1]Der Beschlussentwurf gilt als von der EZB angenommen, wenn sie nicht innerhalb eines Zeitraums von höchstens zehn Arbeitstagen, der in hinreichend begründeten Fällen einmal um den gleichen Zeitraum verlängert

werden kann, widerspricht. [2]Die EZB erhebt nur dann Widerspruch gegen den Beschlussentwurf, wenn die Voraussetzungen des einschlägigen Unionsrechts für die Zulassung nicht erfüllt sind. [3]Sie teilt die Gründe für die Ablehnung schriftlich mit.

(4) Der gemäß den Absätzen 2 und 3 erlassene Beschluss wird dem Antragsteller von der nationalen zuständigen Behörde mitgeteilt.

(5) *[1]* [1]Vorbehaltlich des Absatzes 6 kann die EZB die Zulassung von sich aus nach Konsultation der nationalen zuständigen Behörde des teilnehmenden Mitgliedstaats, in dem das Kreditinstitut niedergelassen ist, oder auf Vorschlag einer solchen nationalen zuständigen Behörde in den im Unionsrecht festgelegten Fällen entziehen. [2]Diese Konsultation stellt insbesondere sicher, dass die EZB vor einem Beschluss über den Entzug einer Zulassung den nationalen Behörden ausreichend Zeit einräumt, um über die notwendigen Korrekturmaßnahmen, einschließlich etwaiger Abwicklungsmaßnahmen, zu entscheiden, und diesen Rechnung trägt.

[2] [1]Ist nach Auffassung der nationalen zuständigen Behörde, die die Zulassung gemäß Absatz 1 vorgeschlagen hat, die Zulassung nach dem einschlägigen nationalen Recht zu entziehen, so legt sie der EZB einen entsprechenden Vorschlag vor. [2]In diesem Fall erlässt die EZB einen Beschluss über den vorgeschlagenen Entzug der Zulassung, wobei sie die von der nationalen zuständigen Behörde vorgelegte Begründung in vollem Umfang berücksichtigt.

(6) [1]Solange die nationalen Behörden für die Abwicklung von Kreditinstituten zuständig sind, teilen sie in den Fällen, in denen sie der Auffassung sind, dass die angemessene Durchführung der für eine Abwicklung oder die Aufrechterhaltung der Finanzmarktstabilität erforderlichen Maßnahmen durch den Entzug der Zulassung beeinträchtigt würde, der EZB ihre Bedenken rechtzeitig mit und erläutern im Einzelnen, welche nachteiligen Auswirkungen der Entzug mit sich bringen würde. [2]In diesen Fällen sieht die EZB während eines gemeinsam mit den nationalen Behörden vereinbarten Zeitraums vom Entzug der Zulassung ab. [3]Die EZB kann entscheiden, diesen Zeitraum zu verlängern, wenn sie der Ansicht ist, dass ausreichende Fortschritte gemacht wurden. [4]Stellt die EZB in einem begründeten Beschluss fest, dass die nationalen Behörden keine angemessenen zur Aufrechterhaltung der Finanzmarktstabilität erforderlichen Maßnahmen ergriffen haben, so wird der Entzug der Zulassung unmittelbar wirksam.

Art. 15 Beurteilung des Erwerbs von qualifizierten Beteiligungen.

(1) Ungeachtet der Ausnahmen nach Artikel 4 Absatz 1 Buchstabe c werden alle Anzeigen über den Erwerb einer qualifizierten Beteiligung an einem in einem teilnehmenden Mitgliedstaat niedergelassenen Kreditinstitut und alle damit zusammenhängenden Informationen im Einklang mit dem einschlägigen, auf die Rechtsakte nach Artikel 4 Absatz 3 Unterabsatz 1 gestützten nationalen Recht an die nationalen zuständigen Behörden gerichtet, in dem das Kreditinstitut niedergelassen ist.

(2) Die nationale zuständige Behörde prüft den geplanten Erwerb und leitet die Anzeige gemeinsam mit einem Vorschlag für einen Beschluss, mit dem der Erwerb auf Grundlage der in den Rechtsakten nach Artikel 4 Absatz 3 Unterabsatz 1 festgelegten Kriterien abgelehnt oder nicht abgelehnt wird, der EZB spätestens zehn Arbeitstage vor Ablauf des jeweiligen im Unionsrecht festgeleg-

ten Beurteilungszeitraums zu und unterstützt die EZB nach Maßgabe des Artikels 6.

(3) Die EZB beschließt auf Grundlage der Beurteilungskriterien des Unionsrechts und im Einklang mit den darin geregelten Verfahren und innerhalb des darin festgelegten Beurteilungszeitraums, ob der Erwerb abzulehnen ist.

Art. 16 Aufsichtsbefugnisse. (1) Zur Wahrnehmung der ihr durch Artikel 4 Absatz 1 übertragenen Aufgaben und unbeschadet anderer ihr übertragenen Befugnisse, verfügt die EZB über die in Absatz 2 dieses Artikels genannten Befugnisse, jedes Kreditinstitut und jede Finanzholdinggesellschaft oder gemischte Finanzholdinggesellschaft in den teilnehmenden Mitgliedstaaten zu verpflichten, frühzeitig Maßnahmen zu ergreifen, die erforderlich sind, etwaigen Problemen zu begegnen, wenn eine der folgenden Situationen vorliegt:

a) das Kreditinstitut erfüllt nicht die Anforderungen der Rechtsakte nach Artikel 4 Absatz 3 Unterabsatz 1;

b) der EZB ist nachweislich bekannt, dass das Kreditinstitut die innerhalb der nächsten zwölf Monate voraussichtlich gegen die Anforderungen der Rechtsakte nach Artikel 4 Absatz 3 Unterabsatz 1 verstoßen wird;

c) die EZB hat im Rahmen einer aufsichtlichen Überprüfung gemäß Artikel 4 Absatz 1 Buchstabe f festgestellt, dass die von dem Kreditinstitut angewandten Regelungen, Strategien, Verfahren und Mechanismen sowie seine Eigenmittelausstattung und Liquidität kein solides Risikomanagement und keine solide Risikoabdeckung gewährleisten.

(2) Für die Zwecke des Artikels 9 Absatz 1 hat die EZB insbesondere folgende Befugnisse:

a) von Instituten zu verlangen, dass sie über die Anforderungen der Rechtsakte nach Artikel 4 Absatz 3 Unterabsatz 1 hinaus Eigenmittel zur Unterlegung von nicht durch die einschlägigen Rechtsakte der Union erfassten Risikokomponenten und Risiken vorhalten;

b) eine Verstärkung der Regelungen, Verfahren, Mechanismen und Strategien zu verlangen;

c) von den Instituten die Vorlage eines Plans die Rückkehr zur Erfüllung der Aufsichtsanforderungen gemäß den Rechtsakten nach Artikel 4 Absatz 3 Unterabsatz 1 zu verlangen und eine Frist für die Durchführung dieses Plans zu setzen, sowie gegebenenfalls Nachbesserungen hinsichtlich seinen Anwendungsbereichs und Zeitrahmens zu verlangen;

d) Instituten eine bestimmte Rückstellungspolitik oder eine bestimmte Behandlung ihrer Aktiva bezüglich der Eigenmittelanforderungen vorzuschreiben;

e) die Geschäftsbereiche, die Tätigkeiten oder das Netz von Instituten einzuschränken oder zu begrenzen oder die Veräußerung von Geschäftszweigen, die für die Solidität des Instituts mit zu großen Risiken verbunden sind, zu verlangen;

f) eine Verringerung des mit den Tätigkeiten, Produkten und Systemen von Instituten verbundenen Risikos zu verlangen;

g) Instituten vorzuschreiben, die variable Vergütung auf einen Prozentsatz der Nettoeinkünfte zu begrenzen, sofern diese Vergütung nicht mit der Erhaltung einer soliden Kapitalausstattung zu vereinbaren ist;

h) von den Instituten zu verlangen, Nettogewinne zur Stärkung der Eigenmittel einzusetzen;

i) Ausschüttungen des Instituts an Anteilseigner, Gesellschafter oder Inhaber von Instrumenten des zusätzlichen Kernkapitals einzuschränken oder zu untersagen, sofern die Nichtzahlung nicht ein Ausfallereignis für das Institut darstellt;

j) zusätzliche Meldepflichten oder eine häufigere Meldung, auch zur Eigenmittel- und Liquiditätslage vorzuschreiben;

k) besondere Liquiditätsanforderungen vorzuschreiben, einschließlich der Beschränkung von Laufzeitinkongruenzen zwischen Aktiva und Passiva;

l) ergänzende Informationen zu verlangen;

m) Mitglieder des Leitungsorgans von Kreditinstituten, die den Anforderungen der Rechtsakte nach Artikel 4 Absatz 3 Unterabsatz 1 nicht entsprechen, jederzeit abzuberufen.

Art. 17 Befugnisse der Behörden des Aufnahmemitgliedstaats und Zusammenarbeit bei der Beaufsichtigung auf konsolidierter Basis.

(1) Zwischen den teilnehmenden Mitgliedstaaten gelten die Verfahren des einschlägigen Unionsrechts in Bezug auf Kreditinstitute, die die Errichtung einer Zweigstelle oder die Ausübung des freien Dienstleistungsverkehrs durch Ausübung ihrer Tätigkeit im Hoheitsgebiet eines anderen Mitgliedstaats anstreben, und die damit verbundenen Befugnisse des Herkunfts- und des Aufnahmemitgliedstaats nur für die Zwecke der Aufgaben, die nicht durch Artikel 4 der EZB übertragen worden sind.

(2) Die Vorschriften des einschlägigen Unionsrechts für die Zusammenarbeit zwischen den zuständigen Behörden verschiedener Mitgliedstaaten bei der Beaufsichtigung auf konsolidierter Basis finden keine Anwendung, soweit die EZB die einzige beteiligte zuständige Behörde ist.

(3) Bei der Wahrnehmung ihrer Aufgaben gemäß den Artikeln 4 und 5 achtet die EZB auf ein ausgeglichenes Verhältnis zwischen allen teilnehmenden Mitgliedstaaten im Einklang mit Artikel 6 Absatz 8, und in ihrer Beziehung zu nicht teilnehmenden Mitgliedstaaten beachtet sie das Gleichgewicht zwischen den Herkunfts- und den Aufnahmemitgliedstaaten gemäß dem einschlägigen Unionsrecht.

Art. 18 Verwaltungssanktionen. (1) Wenn Kreditinstitute, Finanzholdinggesellschaften oder gemischte Finanzholdinggesellschaften vorsätzlich oder fahrlässig gegen eine Anforderung aus direkt anwendbaren Rechtsakten der Union verstoßen und den zuständigen Behörden nach dem Unionsrecht wegen dieses Verstoßes die Möglichkeit, Verwaltungsgeldbußen zu verhängen, zur Verfügung gestellt wird, kann die EZB für die Zwecke der Wahrnehmung der ihr durch diese Verordnung übertragenen Aufgaben Verwaltungsgeldbußen bis zur zweifachen Höhe der aufgrund des Verstoßes erzielten Gewinne oder verhinderten Verluste – sofern diese sich beziffern lassen – oder von bis zu 10 % des jährlichen Gesamtumsatzes im Sinne des einschlägigen Unionsrechts einer juristischen Person im vorangegangenen Geschäftsjahr oder gegebenenfalls andere im einschlägigen Unionsrecht vorgesehene Geldbußen verhängen.

(2) Handelt es sich bei der juristischen Person um die Tochtergesellschaft einer Muttergesellschaft, so ist der relevante jährliche Gesamtumsatz nach

Absatz 1 der jährliche Gesamtumsatz, der im vorangegangenen Geschäftsjahr im konsolidierten Abschluss der an der Spitze stehenden Muttergesellschaft ausgewiesen ist.

(3) [1] Die Sanktionen müssen wirksam, verhältnismäßig und abschreckend sein. [2] Bei der Entscheidung, ob eine Sanktion zu verhängen ist und welche Art von Sanktion geeignet ist, handelt die EZB im Einklang mit Artikel 9 Absatz 2.

(4) Die EZB wendet diesen Artikel nach Maßgabe der Rechtsakte nach Artikel 4 Absatz 3 Unterabsatz 1 dieser Verordnung einschließlich – soweit angemessen – der Verfahren nach der Verordnung (EG) Nr. 2532/98 an.

(5) *[1]* [1] In von Absatz 1 dieses Artikels nicht erfassten Fällen kann die EZB, wenn dies für die Zwecke der Wahrnehmung der ihr durch diese Verordnung übertragenen Aufgaben erforderlich ist, von den nationalen zuständigen Behörden verlangen, Verfahren einzuleiten, damit Maßnahmen ergriffen werden, um sicherzustellen, dass im Einklang mit den Rechtsakten nach Artikel 4 Absatz 3 Unterabsatz 1 und allen einschlägigen nationalen Rechtsvorschriften, die besondere Befugnisse zuweisen, die bisher durch Unionsrecht nicht gefordert waren, geeignete Sanktionen verhängt werden. [2] Die Sanktionen der nationalen zuständigen Behörden müssen wirksam, verhältnismäßig und abschreckend sein.

[2] Unterabsatz 1 dieses Absatzes gilt insbesondere für Geldbußen, die gegen Kreditinstitute, Finanzholdinggesellschaften oder gemischte Finanzholdinggesellschaften wegen eines Verstoßes gegen nationale Rechtsvorschriften zu verhängen sind, mit denen einschlägige Richtlinien umgesetzt werden, und für Verwaltungssanktionen oder -maßnahmen, die gegen Mitglieder des Leitungsorgans eines Kreditinstituts, einer Finanzholdinggesellschaft oder einer gemischten Finanzholdinggesellschaft oder andere Personen zu verhängen sind, die nach nationalem Recht für einen Verstoß eines Kreditinstituts, einer Finanzholdinggesellschaft oder einer gemischten Finanzholdinggesellschaft verantwortlich sind.

(6) Die EZB veröffentlicht jede Sanktion nach Absatz 1 unabhängig davon, ob gegen sie Beschwerde eingelegt worden ist oder nicht in den im einschlägigen Unionsrecht vorgesehenen Fällen und im Einklang mit den darin festgelegten Bedingungen.

(7) Unbeschadet der Absätze 1 bis 6 kann die EZB für die Zwecke der Wahrnehmung der ihr durch diese Verordnung übertragenen Aufgaben im Fall eines Verstoßes gegen ihre Verordnungen oder Beschlüsse nach Maßgabe der Verordnung (EG) Nr. 2532/98 Sanktionen verhängen.

Kapitel IV. Organisatorische Grundsätze

Art. 19 Unabhängigkeit. (1) [1] Bei der Wahrnehmung der der EZB durch diese Verordnung übertragenen Aufgaben handeln die EZB und die nationalen zuständigen Behörden, die innerhalb des einheitlichen Aufsichtsmechanismus handeln, unabhängig. [2] Die Mitglieder des Aufsichtsgremiums und des Lenkungsausschusses handeln unabhängig und objektiv im Interesse der Union als Ganzes und dürfen von den Organen oder Einrichtungen der Union, von der Regierung eines Mitgliedstaats oder von öffentlichen oder privaten Stellen weder Weisungen anfordern noch entgegennehmen.

(2) Die Organe, Einrichtungen, Ämter und Agenturen der Union sowie die Regierungen der Mitgliedstaaten und alle anderen Einrichtungen achten diese Unabhängigkeit.

(3) Nachdem das Aufsichtsgremium die Notwendigkeit eines Verhaltenskodexes geprüft hat, erstellt und veröffentlicht der EZB-Rat einen Verhaltenskodex für die Mitarbeiter und leitenden Angestellten der EZB, die an der Bankenaufsicht beteiligt sind, insbesondere in Bezug auf Interessenkonflikte.

Art. 20 Rechenschaftspflicht und Berichterstattung. (1) Die EZB ist nach Maßgabe dieses Kapitels dem Europäischen Parlament und dem Rat für die Durchführung dieser Verordnung rechenschaftspflichtig.

(2) Die EZB legt dem Europäischen Parlament, dem Rat, der Kommission und der Euro-Gruppe jährlich einen Bericht über die Wahrnehmung der ihr durch diese Verordnung übertragenen Aufgaben vor, der auch Informationen über die voraussichtliche Entwicklung der Struktur und der Höhe der Aufsichtsgebühren gemäß Artikel 30 enthält.

(3) Der Vorsitzende des Aufsichtsgremiums der EZB stellt diesen Bericht öffentlich dem Europäischen Parlament und der Euro-Gruppe im Beisein von Vertretern der teilnehmenden Mitgliedstaaten, deren Währung nicht der Euro ist, vor.

(4) Der Vorsitzende des Aufsichtsgremiums der EZB kann von der Euro-Gruppe auf deren Verlangen im Beisein von Vertretern der teilnehmenden Mitgliedstaaten, deren Währung nicht der Euro ist, zur Wahrnehmung seiner Aufsichtsaufgaben gehört werden.

(5) Der Vorsitzende des Aufsichtsgremiums der EZB nimmt auf Verlangen des Europäischen Parlaments an einer Anhörung zur Wahrnehmung seiner Aufsichtsaufgaben teil, die von den zuständigen Ausschüssen des Europäischen Parlaments durchgeführt wird.

(6) Die EZB antwortet im Beisein von Vertretern der teilnehmenden Mitgliedstaaten, deren Währung nicht der Euro ist, mündlich oder schriftlich auf Fragen, die ihr vom Europäischen Parlament oder von der Euro-Gruppe gemäß ihrer eigenen Verfahren gestellt werden.

(7) Der Europäische Rechnungshof trägt bei der Prüfung der Effizienz der Verwaltung der EZB nach Artikel 27.2 der Satzung des ESZB und der EZB auch den der EZB durch diese Verordnung übertragenen Aufsichtsaufgaben Rechnung.

(8) [1] Auf Verlangen führt der Vorsitzende des Aufsichtsgremiums der EZB mit dem Vorsitzenden und den stellvertretenden Vorsitzenden des zuständigen Ausschusses des Europäischen Parlaments unter Ausschluss der Öffentlichkeit vertrauliche Gespräche in Bezug auf seine Aufsichtsaufgaben, sofern solche Gespräche erforderlich sind, damit das Europäische Parlament seine Befugnisse gemäß dem AEUV wahrnehmen kann. [2] Das Europäische Parlament und die EZB schließen eine Vereinbarung über die detaillierten Modalitäten für die Durchführung solcher Gespräche im Hinblick auf die Gewährleistung absoluter Vertraulichkeit gemäß den Vertraulichkeitspflichten, die der EZB als zuständige Behörde gemäß dem einschlägigen Unionsrecht auferlegt wurden.

(9) [1] Die EZB beteiligt sich unter Wahrung des AEUV loyal an jeglichen Untersuchungen des Europäischen Parlaments. [2] Die EZB und das Europäische Parlament schließen angemessene Vereinbarungen über die praktischen Moda-

litäten für die Ausübung der demokratischen Rechenschaftspflicht und die Kontrolle über die Wahrnehmung der der EZB durch diese Verordnung übertragenen Aufgaben. [3]Diese Vereinbarungen umfassen u.a. den Zugang zu Informationen, die Zusammenarbeit bei Untersuchungen und die Unterrichtung über das Verfahren zur Auswahl des Vorsitzenden des Aufsichtsgremiums.

Art. 21 Nationale Parlamente. (1) *[1]* Gleichzeitig mit der Vorlage des Berichts nach Artikel 20 Absatz 2 leitet die EZB diesen Bericht den nationalen Parlamenten der teilnehmenden Mitgliedstaaten unmittelbar zu.

[2] Die nationalen Parlamente können der EZB begründete Stellungnahmen zu diesem Bericht übermitteln.

(2) Die nationalen Parlamente der teilnehmenden Mitgliedstaaten können die EZB im Rahmen ihrer eigenen Verfahren ersuchen, schriftlich auf ihre an die EZB gerichteten Bemerkungen oder Fragen zu den Aufgaben der EZB nach dieser Verordnung zu antworten.

(3) Das nationale Parlament eines teilnehmenden Mitgliedstaats kann den Vorsitzenden oder ein Mitglied des Aufsichtsgremiums einladen, gemeinsam mit einem Vertreter der nationalen zuständigen Behörde an einem Gedankenaustausch über die Beaufsichtigung von Kreditinstituten in diesem Mitgliedstaat teilzunehmen.

(4) Diese Verordnung berührt nicht die Rechenschaftspflicht der nationalen zuständigen Behörden gegenüber ihren nationalen Parlamenten nach Maßgabe des nationalen Rechts in Bezug auf die Ausübung der Aufgaben, die der EZB durch diese Verordnung nicht übertragen werden, sowie auf die Ausübung ihrer Tätigkeit nach Artikel 6.

Art. 22 Ordnungsgemäßes Verfahren für die Annahme von Aufsichtsbeschlüssen. (1) *[1]* [1]Vor dem Erlass von Aufsichtsbeschlüssen im Einklang mit Artikel 4 und Kapitel III Abschnitt 2 gibt die EZB den Personen, auf die sich das Verfahren bezieht, Gelegenheit, gehört zu werden. [2]Die EZB stützt ihre Beschlüsse nur auf die Beschwerdepunkte, zu denen sich die betreffenden Parteien äußern konnten.

[2] [1]Unterabsatz 1 gilt nicht für den Fall dringender Maßnahmen, die ergriffen werden müssen, um ernsthaften Schaden vom Finanzsystem abzuwenden. [2]In einem solchen Fall kann die EZB einen vorläufigen Beschluss fassen und muss den betreffenden Personen die Gelegenheit geben, so bald wie möglich nach Erlass ihres Beschlusses gehört zu werden.

(2) *[1]* [1]Die Verteidigungsrechte der betroffenen Personen müssen während des Verfahrens in vollem Umfang gewahrt werden. [2]Die Personen haben Recht auf Einsicht in die EZB-Akten, vorbehaltlich des berechtigten Interesses anderer Personen an der Wahrung ihrer Geschäftsgeheimnisse. [3]Das Recht auf Akteneinsicht gilt nicht für vertrauliche Informationen.

[2] Die Beschlüsse der EZB sind zu begründen.

Art. 23 Meldung von Verstößen. [1]Die EZB sorgt dafür, dass wirksame Mechanismen für die Meldung von Verstößen gegen die in Artikel 4 Absatz 3 genannten Rechtsakte durch Kreditinstitute, Finanzholdinggesellschaften oder gemischte Finanzholdinggesellschaften bzw. zuständige Behörden in den teilnehmenden Mitgliedstaaten eingerichtet werden, einschließlich spezieller Verfahren für die Entgegennahme von Meldungen über Verstöße und ihre Weiterbehandlung. [2]Solche Verfahren müssen mit den einschlägigen Rechtsvorschriften der Union im Einklang stehen und gewährleisten, dass die folgenden Grundsätze eingehalten werden: angemessener Schutz von Personen, die Verstöße melden, Schutz personenbezogener Daten sowie angemessener Schutz der beschuldigten Person.

Art. 24 Administrativer Überprüfungsausschuss. (1) [1]Die EZB richtet einen administrativen Überprüfungsausschuss ein, der eine interne administrative Überprüfung der Beschlüsse vornimmt, die die EZB im Rahmen der Ausübung der ihr durch diese Verordnung übertragenen Befugnisse erlassen hat, nachdem nach Absatz 5 die Überprüfung eines Beschlusses beantragt wurde. [2]Die interne administrative Überprüfung erstreckt sich auf die verfahrensmäßige und materielle Übereinstimmung solcher Beschlüsse mit dieser Verordnung.

(2) [1]Der administrative Überprüfungsausschuss besteht aus fünf Personen, die ein hohes Ansehen genießen, aus den Mitgliedstaaten stammen und nachweislich über einschlägige Kenntnisse und berufliche Erfahrungen, auch im Aufsichtswesen, von ausreichend hohem Niveau im Bankensektor oder im Bereich anderer Finanzdienstleistungen verfügen und nicht zum aktuellen Personal der EZB, der zuständigen Behörden oder anderer Organe, Einrichtungen, Ämter und Agenturen der Mitgliedstaaten oder der Union gehören, das an der Wahrnehmung der Aufgaben, die der EZB durch diese Verordnung übertragen wurden, beteiligt ist. [2]Der administrative Überprüfungsausschuss verfügt über ausreichende Ressourcen und ausreichendes Fachwissen, um die Ausübung der Befugnisse durch die EZB nach dieser Verordnung beurteilen zu können. [3]Die Mitglieder des administrativen Überprüfungsausschusses und zwei stellvertretende Mitglieder werden von der EZB für eine Amtszeit von fünf Jahren, die einmal verlängert werden kann, im Anschluss an eine im *Amtsblatt der Europäischen Union* veröffentlichte Aufforderung zur Interessenbekundung ernannt. [4]Sie sind an keinerlei Weisungen gebunden.

(3) Der administrative Überprüfungsausschuss fasst seine Beschlüsse mit einer Mehrheit von mindestens drei seiner fünf Mitglieder.

(4) [1]Die Mitglieder des administrativen Überprüfungsausschusses handeln unabhängig und im öffentlichen Interesse. [2]Zu diesem Zweck geben sie eine öffentliche Verpflichtungserklärung und eine öffentliche Interessenerklärung ab, in der angegeben wird, welche direkten oder indirekten Interessen bestehen, die als ihre Unabhängigkeit beeinträchtigend angesehen werden könnten, oder in der angegeben wird, dass keine solchen Interessen bestehen.

(5) [1]Jede natürliche oder juristische Person kann in den Fällen des Absatzes 1 die Überprüfung eines Beschlusses der EZB nach dieser Verordnung beantragen, der an diese Person gerichtet ist oder sie unmittelbar und individuell betrifft. [2]Ein Antrag auf Überprüfung eines Beschlusses des EZB-Rates im Sinne des Absatzes 7 ist nicht zulässig.

(6) Der Antrag auf Überprüfung ist schriftlich zu stellen, hat eine Begründung zu enthalten und ist bei der EZB innerhalb eines Monats nach Bekanntgabe des Beschlusses an die eine Überprüfung verlangende Person oder, sofern eine solche Bekanntgabe nicht erfolgt ist, innerhalb eines Monats ab dem Zeitpunkt, zu dem sie von dem Beschluss Kenntnis erlangt hat, einzureichen.

(7) [1]Nach einer Entscheidung über die Zulässigkeit der Überprüfung gibt der administrative Überprüfungsausschuss innerhalb einer Frist, die der Dringlichkeit der Angelegenheit angemessen ist, spätestens jedoch zwei Monate nach

Eingang des Antrags, eine Stellungnahme ab und überweist den Fall zwecks Ausarbeitung eines neuen Beschlussentwurfs an das Aufsichtsgremium. [2]Das Aufsichtsgremium unterbreitet dem EZB-Rat unverzüglich einen neuen Beschlussentwurf, der der Stellungnahme des administrativen Überprüfungsausschusses Rechnung trägt. [3]Der neue Beschlussentwurf hebt den ursprünglichen Beschluss auf oder ersetzt ihn durch einen Beschluss desselben Inhalts oder durch einen geänderten Beschluss. [4]Der neue Beschlussentwurf gilt als angenommen, wenn der EZB-Rat nicht innerhalb eines Zeitraums von höchstens zehn Arbeitstagen widerspricht.

(8) [1]Ein Antrag auf Überprüfung nach Absatz 5 hat keine aufschiebende Wirkung. [2]Der EZB-Rat kann jedoch auf Vorschlag des administrativen Überprüfungsausschusses den Vollzug des angefochtenen Beschlusses aussetzen, wenn die Umstände dies nach seiner Auffassung erfordern.

(9) Die Stellungnahme des administrativen Überprüfungsausschusses, der neue Beschlussentwurf des Aufsichtsgremiums und der vom EZB-Rat nach Maßgabe dieses Artikels gefasste Beschluss sind zu begründen und den Parteien bekanntzugeben.

(10) Die EZB erlässt einen Beschluss, mit dem die Vorschriften für die Arbeitsweise des administrativen Überprüfungsausschusses festgelegt werden.

(11) Dieser Artikel berührt nicht das Recht, gemäß den Verträgen ein Verfahren vor dem EUGH anzustrengen.

Art. 25 Trennung von der geldpolitischen Funktion. (1) Bei der Wahrnehmung der ihr durch diese Verordnung übertragenen Aufgaben verfolgt die EZB ausschließlich die Ziele dieser Verordnung.

(2) *[1]* [1]Die EZB nimmt die ihr durch diese Verordnung übertragenen Aufgaben unbeschadet und getrennt von ihren Aufgaben im Bereich der Geldpolitik und von sonstigen Aufgaben wahr. [2]Die der EZB durch diese Verordnung übertragenen Aufgaben dürfen weder ihre Aufgaben im Bereich der Geldpolitik beeinträchtigen noch durch diese bestimmt werden. [3]Ebenso wenig dürfen die der EZB durch diese Verordnung übertragenen Aufgaben ihre Aufgaben im Zusammenhang mit dem ESRB und sonstige Aufgaben beeinträchtigen. [4]Die EZB berichtet dem Europäischen Parlament und dem Rat darüber, wie sie diese Bestimmung eingehalten hat. [5]Die der EZB durch diese Verordnung übertragenen Aufgaben ändern nicht die laufende Überwachung der Solvenz ihrer Geschäftspartner für geldpolitische Geschäfte.

[2] Das mit der Wahrnehmung der der EZB durch diese Verordnung übertragenen Aufgaben befasste Personal ist von dem mit der Wahrnehmung anderer der EZB übertragener Aufgaben befassten Personal organisatorisch getrennt und unterliegt einer von diesem Personal getrennten Berichterstattung.

(3) Für die Zwecke der Absätze 1 und 2 erlässt und veröffentlicht die EZB die erforderlichen internen Vorschriften, einschließlich der Regelungen zum Berufsgeheimnis und zum Informationsaustausch zwischen den beiden funktionellen Bereichen.

(4) [1]Die EZB stellt sicher, dass der EZB-Rat seine geldpolitischen und aufsichtlichen Funktionen in vollkommen getrennter Weise wahrnimmt. [2]Diese Unterscheidung umfasst eine strikte Trennung der Sitzungen und Tagesordnungen.

(5) [1] Um die Trennung zwischen den geldpolitischen und aufsichtlichen Aufgaben sicherzustellen, richtet die EZB eine Schlichtungsstelle ein. [2] Diese Schlichtungsstelle legt Meinungsverschiedenheiten der zuständigen Behörden der betroffenen teilnehmenden Mitgliedstaaten in Bezug auf Einwände des EZB-Rates gegen einen Beschlussentwurf des Aufsichtsgremiums bei. [3] Sie besteht aus einem Mitglied je teilnehmendem Mitgliedstaat, das von jedem Mitgliedstaat unter den Mitgliedern des EZB-Rates und des Aufsichtsgremiums ausgewählt wird, und fasst ihre Beschlüsse mit einfacher Mehrheit, wobei jedes Mitglied über eine Stimme verfügt. [4] Die EZB erlässt eine Verordnung[1)] zur Einrichtung dieser Schlichtungsstelle und zur Festlegung ihrer Geschäftsordnung *an*[2)] und veröffentlicht diese.

Art. 26 Aufsichtsgremium. (1) *[1]* [1] Die Planung und Ausführung der der EZB übertragenen Aufgaben erfolgt uneingeschränkt durch ein internes Organ, das sich aus seinen gemäß Absatz 3 ernannten Vorsitzenden und stellvertretenden Vorsitzenden, vier gemäß Absatz 5 ernannten Vertretern der EZB und jeweils einem Vertreter der für die Beaufsichtigung von Kreditinstituten in den einzelnen teilnehmenden Mitgliedstaaten verantwortlichen nationalen zuständigen Behörden zusammensetzt (im Folgenden „Aufsichtsgremium"). [2] Alle Mitglieder des Aufsichtsgremiums handeln im Interesse der Union als Ganzes.

[2] [1] Handelt es sich bei der zuständigen Behörde nicht um eine Zentralbank, so kann das in Unterabsatz 1 genannte Mitglied des Aufsichtsgremiums beschließen, einen Vertreter der Zentralbank des Mitgliedstaats mitzubringen. [2] Für die Zwecke des Abstimmungsverfahrens nach Maßgabe des Absatzes 6 gelten die Vertreter der Behörden eines Mitgliedstaats als ein einziges Mitglied.

(2) Bei der Besetzung des Aufsichtsgremiums nach Maßgabe dieser Verordnung werden die Grundsätze der Ausgewogenheit der Geschlechter, der Erfahrung und der Qualifikation geachtet.

(3) *[1]* [1] Nach Anhörung des Aufsichtsgremiums übermittelt die EZB dem Europäischen Parlament einen Vorschlag für die Ernennung des Vorsitzenden und des stellvertretenden Vorsitzenden zur Billigung. [2] Nach Billigung dieses Vorschlags erlässt der Rat einen Durchführungsbeschluss zur Ernennung des Vorsitzenden und des stellvertretenden Vorsitzenden des Aufsichtsgremiums. [3] Der Vorsitzende wird auf der Grundlage eines offenen Auswahlverfahrens, über das das Europäische Parlament und der Rat ordnungsgemäß unterrichtet werden, aus dem Kreis der in Banken- und Finanzfragen anerkannten und erfahrenen Persönlichkeiten, die nicht Mitglied des EZB-Rates sind, ausgewählt. [4] Der stellvertretende Vorsitzende des Aufsichtsgremiums wird aus den Mitgliedern des Direktoriums der EZB ausgewählt. [5] Der Rat beschließt mit qualifizierter Mehrheit, ohne Berücksichtigung der Stimmen der Mitglieder des Rates, die nicht teilnehmende Mitgliedstaaten sind.

[2] [1] Nach seiner Ernennung nimmt der Vorsitzende sein Amt als Vollzeitbeschäftigter wahr und darf kein anderes Amt bei den nationalen zuständigen Behörden bekleiden. [2] Seine Amtszeit beträgt fünf Jahre und ist nicht verlängerbar.

---

1) Siehe die VO (EU) Nr. 673/2014 der Europäischen Zentralbank über die Einrichtung einer Schlichtungsstelle und zur Festlegung ihrer Geschäftsordnung (EZB/2014/26) v. 2.6.2014 (ABl. L 179 S. 72).

2) Wortlaut amtlich.

(4) *[1]* ¹Erfüllt der Vorsitzende des Aufsichtsgremiums die für die Ausübung seines Amtes erforderlichen Voraussetzungen nicht mehr oder hat er sich eines schweren Fehlverhaltens schuldig gemacht, so kann der Rat auf Vorschlag der EZB, der vom Europäischen Parlament gebilligt wurde, einen Durchführungsbeschluss erlassen, mit dem der Vorsitzende seines Amtes enthoben wird. ²Der Rat beschließt mit qualifizierter Mehrheit, wobei die Stimmen der Mitglieder des Rates, die nicht teilnehmende Mitgliedstaaten sind, keine Berücksichtigung finden.

[2] ¹Nachdem der stellvertretende Vorsitzende des Aufsichtsgremiums von Amts wegen als Mitglied des Direktoriums gemäß der Satzung des ESZB und der EZB entlassen worden ist, kann der Rat auf Vorschlag der EZB, der vom Europäischen Parlament gebilligt wurde, einen Durchführungsbeschluss erlassen, mit dem der stellvertretende Vorsitzende seines Amtes enthoben wird. ²Der Rat beschließt mit qualifizierter Mehrheit, wobei die Stimmen der Mitglieder des Rates, die nicht teilnehmende Mitgliedstaaten sind, keine Berücksichtigung finden.

[3] Für diese Zwecke können das Europäische Parlament oder der Rat die EZB darüber unterrichten, dass ihres Erachtens die Voraussetzungen erfüllt sind, um den Vorsitzenden oder den stellvertretenden Vorsitzenden des Aufsichtsgremiums seines Amtes zu entheben; die EZB nimmt dazu Stellung.

(5) ¹Die vier vom EZB-Rat ernannten Vertreter der EZB nehmen keine Aufgaben im direkten Zusammenhang mit der geldpolitischen Funktion der EZB wahr. ²Alle Vertreter der EZB sind stimmberechtigt.

(6) ¹Das Aufsichtsgremium fasst seine Beschlüsse mit der einfachen Mehrheit seiner Mitglieder. ²Jedes Mitglied hat eine Stimme. ³Bei Stimmengleichheit gibt die Stimme des Vorsitzenden den Ausschlag.

(7) ¹Abweichend von Absatz 6 fasst das Aufsichtsgremium Beschlüsse zum Erlass von Verordnungen aufgrund von Artikel 4 Absatz 3 mit der qualifizierten Mehrheit seiner Mitglieder im Sinne des Artikels 16 Absatz 4 des EUV und des Artikels 3 des dem EUV und dem AEUV beigefügten Protokolls Nr. 36 über die Übergangsbestimmungen in Bezug auf die die Behörden der teilnehmenden Mitgliedstaaten vertretenden Mitglieder. ²Jeder der vier vom EZB-Rat benannten Vertreter der EZB hat eine Stimme, die dem Median der Stimmen der anderen Mitglieder entspricht.

(8) ¹Unbeschadet des Artikels 6 übernimmt das Aufsichtsgremium nach einem von der EZB festzulegenden Verfahren die Vorbereitungstätigkeiten für die der EZB übertragenen Aufsichtsaufgaben und schlägt dem EZB-Rat fertige Beschlussentwürfe zur Annahme vor. ²Die Beschlussentwürfe werden gleichzeitig den nationalen zuständigen Behörden der betroffenen Mitgliedstaaten übermittelt. ³Ein Beschlussentwurf gilt als angenommen, wenn der EZB-Rat nicht innerhalb einer Frist, die im Rahmen des obengenannten Verfahrens festgelegt wird, jedoch höchstens zehn Arbeitstage betragen darf, widerspricht. ⁴Lehnt jedoch ein teilnehmender Mitgliedstaat, dessen Währung nicht der Euro ist, einen Beschlussentwurf des Aufsichtsgremiums ab, findet das Verfahren des Artikels 7 Absatz 8 Anwendung. ⁵In Ausnahmesituationen beträgt die genannte Frist höchstens 48 Stunden. ⁶Widerspricht der EZB-Rat einem Beschlussentwurf, so begründet er seinen Widerspruch schriftlich, insbesondere durch Verweis auf geldpolitische Erwägungen. ⁷Wird ein Beschluss infolge eines Widerspruchs des EZB-Rates geändert, so kann ein teilnehmender Mitglied-

staat, dessen Währung nicht der Euro ist, der EZB in einer begründeten Stellungnahme mitteilen, dass er dem Widerspruch nicht zustimmt; in diesem Fall findet das Verfahren des Artikels 7 Absatz 7 Anwendung.

(9) Das Aufsichtsgremium wird bei seiner Tätigkeit von einem Sekretariat auf Vollzeitbasis unterstützt, das auch die Sitzungen vorbereitet.

(10) *[1]* Das Aufsichtsgremium richtet durch eine Abstimmung gemäß der Regelung nach Absatz 6 aus den Reihen seiner Mitglieder einen Lenkungsausschuss mit kleinerer Zusammensetzung ein, der seine Tätigkeiten, einschließlich der Vorbereitung der Sitzungen, unterstützt.

[2] [1] Der Lenkungsausschuss des Aufsichtsgremiums hat keine Beschlussfassungsbefugnisse. [2] Den Vorsitz des Lenkungsausschusses nimmt der Vorsitzende oder – bei außergewöhnlicher Abwesenheit des Vorsitzenden – der stellvertretende Vorsitzende des Aufsichtsgremiums wahr. [3] Die Zusammensetzung des Lenkungsausschusses gewährleistet ein ausgewogenes Verhältnis und eine Rotation zwischen den nationalen zuständigen Behörden. [4] Er besteht aus höchstens zehn Mitgliedern, einschließlich des Vorsitzenden, des stellvertretenden Vorsitzenden und eines zusätzlichen Vertreters der EZB. [5] Der Lenkungsausschuss führt die ihm obliegenden vorbereitenden Arbeiten im Interesse der Union als Ganzes aus und arbeitet in völliger Transparenz mit dem Aufsichtsgremium zusammen.

(11) [1] Ein Vertreter der Kommission kann nach entsprechender Einladung als Beobachter an den Sitzungen des Aufsichtsgremiums teilnehmen. [2] Beobachter haben keinen Zugriff auf vertrauliche Informationen über einzelne Institute.

(12) [1] Der EZB-Rat erlässt interne Vorschriften, in denen sein Verhältnis zum Aufsichtsgremium detailliert geregelt wird. [2] Das Aufsichtsgremium legt durch eine Abstimmung nach der Regelung nach Absatz 6 auch seine Verfahrensordnung fest. [3] Beide Regelwerke werden veröffentlicht. [4] Die Verfahrensordnung des Aufsichtsgremiums stellt die Gleichbehandlung aller teilnehmenden Mitgliedstaaten sicher.

Art. 27 Geheimhaltung und Informationsaustausch. (1) *[1]* Die Mitglieder des Aufsichtsgremiums, die Mitarbeiter der EZB und von den teilnehmenden Mitgliedstaaten abgeordnetes Personal, die Aufsichtsaufgaben wahrnehmen, unterliegen auch nach Beendigung ihrer Amtstätigkeit den Geheimhaltungspflichten nach Artikel 37 der Satzung des ESZB und der EZB und den einschlägigen Rechtsakten der Union.

[2] Die EZB stellt sicher, dass Einzelpersonen, die direkt oder indirekt, ständig oder gelegentlich Dienstleistungen im Zusammenhang mit der Wahrnehmung von Aufsichtsaufgaben erbringen, entsprechenden Geheimhaltungspflichten unterliegen.

(2) Zur Wahrnehmung der ihr durch diese Verordnung übertragenen Aufgaben ist die EZB befugt, innerhalb der im einschlägigen Unionsrecht festgelegten Grenzen und gemäß den darin vorgesehenen Bedingungen Informationen mit nationalen Behörden oder Behörden und sonstigen Einrichtungen der Union in den Fällen auszutauschen, in denen die einschlägigen Rechtsakte der Union es den nationalen zuständigen Behörden gestatten, solchen Stellen Informationen zu übermitteln, oder in denen die Mitgliedstaaten nach dem einschlägigen Unionsrecht eine solche Weitergabe vorsehen können.

Art. 28 Ressourcen. Die EZB ist dafür verantwortlich, die für die Wahrnehmung der ihr durch diese Verordnung übertragenen Aufgaben erforderlichen finanziellen Mittel sowie das dafür erforderliche Personal einzusetzen.

Art. 29 Haushalt und Jahresabschlüsse. (1) Die Ausgaben der EZB für die Wahrnehmung der ihr durch diese Verordnung übertragenen Aufgaben sind im Haushaltsplan der EZB gesondert ausgewiesen.

(2) [1] Die EZB legt in dem Bericht nach Artikel 20 auch die Einzelheiten ihres Haushaltsplans für ihre Aufsichtsaufgaben dar. [2] Die von der EZB gemäß Artikel 26.2 der Satzung des ESZB und der EZB erstellten und veröffentlichten Jahresabschlüsse enthalten die Einnahmen und Ausgaben im Zusammenhang mit den Aufsichtsaufgaben.

(3) Der Abschnitt der Jahresabschlüsse, der der Beaufsichtigung gewidmet ist, wird im Einklang mit Artikel 27.1 der Satzung des ESZB und der EZB geprüft.

Art. 30 Aufsichtsgebühren. (1) [1] Die EZB erhebt bei den in den teilnehmenden Mitgliedstaaten niedergelassenen Kreditinstituten und bei den in teilnehmenden Mitgliedstaaten niedergelassenen Zweigstellen von in nicht teilnehmenden Mitgliedstaat niedergelassenen Kreditinstituten eine jährliche Aufsichtsgebühr. [2] Diese Gebühren decken die Ausgaben der EZB für die Wahrnehmung der ihr durch die Artikel 4 bis 6 dieser Verordnung übertragenen Aufgaben. [3] Diese Gebühren dürfen die Ausgaben im Zusammenhang mit diesen Aufgaben nicht übersteigen.

(2) *[1]* Der Betrag der von einem Kreditinstitut oder einer Zweigstelle erhobenen Gebühr wird gemäß den von der EZB festgelegten und vorab veröffentlichten Modalitäten berechnet.

[2] Vor der Festlegung dieser Modalitäten führt die EZB offene öffentliche Anhörungen durch, analysiert die potenziell anfallenden Kosten und den potenziellen Nutzen und veröffentlicht die Ergebnisse beider Maßnahmen.

(3) *[1]* Die Gebühren werden auf der obersten Konsolidierungsebene innerhalb eines teilnehmenden Mitgliedstaats anhand objektiver Kriterien in Bezug auf die Bedeutung und das Risikoprofil des betreffenden Kreditinstituts, einschließlich seiner risikogewichteten Aktiva, berechnet.

[2] [1] Grundlage für die Berechnung der jährlichen Aufsichtsgebühr für ein bestimmtes Kalenderjahr sind die Ausgaben für die Beaufsichtigung von Kreditinstituten und Zweigstellen für das betreffende Jahr. [2] Die EZB kann Vorauszahlungen auf die jährliche Aufsichtsgebühr verlangen, die auf der Grundlage eines angemessenen Voranschlags berechnet werden. [3] Sie verständigt sich vor der Entscheidung über die endgültige Höhe der Gebühr mit den nationalen zuständigen Behörden, um sicherzustellen, dass die Kosten für die Beaufsichtigung für alle Kreditinstitute und Zweigstellen tragbar und angemessen sind. [4] Sie unterrichtet die Kreditinstitute und Zweigstellen über die Grundlage für die Berechnung der jährlichen Aufsichtsgebühr.

(4) Die EZB erstattet gemäß Artikel 20 Bericht.

(5) Dieser Artikel steht dem Recht nationaler zuständiger Behörden nicht entgegen, nach Maßgabe ihres nationalen Rechts und soweit Aufsichtsaufgaben nicht der EZB übertragen wurden oder gemäß dem einschlägigen Unionsrecht und vorbehaltlich der Bestimmungen zur Durchführung dieser Verordnung, einschließlich der Artikel 6 und 12, für Kosten aufgrund der Zusammenarbeit

mit der EZB, ihrer Unterstützung und der Ausführung ihrer Anweisungen Gebühren zu erheben.

Art. 31 Personal und Austausch von Personal. (1) Die EZB legt gemeinsam mit allen nationalen zuständigen Behörden Regelungen fest, um für einen angemessenen Austausch mit und zwischen den nationalen zuständigen Behörden und für eine angemessene gegenseitige Entsendung von Mitarbeitern zu sorgen.

(2) Die EZB kann, wenn dies angebracht ist, verlangen, dass Aufsichtsteams der nationalen zuständigen Behörden, die in Bezug auf ein Kreditinstitut, eine Finanzholdinggesellschaft oder eine gemischte Finanzholdinggesellschaft in einem teilnehmenden Mitgliedstaat Aufsichtsmaßnahmen nach Maßgaben dieser Verordnung ergreifen, auch Mitarbeiter der nationalen zuständigen Behörden anderer teilnehmender Mitgliedstaaten einbeziehen.

(3) *[1]* Die EZB richtet umfassende und formelle Verfahren einschließlich Ethikverfahren und verhältnismäßiger Überprüfungszeiträume ein und erhält diese aufrecht, um etwaige Interessenkonflikte aufgrund einer innerhalb von zwei Jahren erfolgenden Anschlussbeschäftigung von Mitgliedern des Aufsichtsgremiums und Mitarbeitern der EZB, die an Aufsichtstätigkeiten beteiligt waren, bereits im Voraus zu beurteilen und abzuwenden, und sieht eine angemessene Offenlegung unter Einhaltung der geltenden Datenschutzvorschriften vor.

[2] [1] Diese Verfahren gelten unbeschadet der Anwendung strengerer nationaler Vorschriften. [2] Für Mitglieder des Aufsichtsgremiums, die Vertreter nationaler zuständiger Behörden sind, werden diese Verfahren, unbeschadet der geltenden nationalen Rechtsvorschriften, in Zusammenarbeit mit den nationalen zuständigen Behörden eingerichtet und umgesetzt.

[3] Für Mitarbeiter der EZB, die an Aufsichtstätigkeiten beteiligt sind, werden durch diese Verfahren die Arbeitsplatzkategorien, für die eine solche Beurteilung gilt, sowie Zeiträume festgelegt, die in einem angemessenen Verhältnis zu den Funktionen stehen, die diese Mitarbeiter bei den Aufsichtstätigkeiten während ihrer Beschäftigung bei der EZB wahrgenommen haben.

(4) *[1]* Die in Absatz 3 genannten Verfahren sehen vor, dass die EZB prüft, ob Einwände dagegen bestehen, dass Mitglieder des Aufsichtsgremiums nach Beendigung ihrer Amtstätigkeit bezahlte Arbeit bei Instituten des Privatsektors annehmen, die der aufsichtlichen Zuständigkeit der EZB unterliegen.

[2] Die in Absatz 3 genannten Verfahren gelten grundsätzlich für eine Dauer von zwei Jahren nach Beendigung der Amtstätigkeit der Mitglieder des Aufsichtsgremiums und können auf der Grundlage einer hinreichenden Begründung in einem angemessen Verhältnis zu den Funktionen, die während der Amtstätigkeit wahrgenommen wurden, und zur Dauer dieser Amtstätigkeit angepasst werden.

(5) Der Jahresbericht der EZB gemäß Artikel 20 enthält detaillierte Informationen, einschließlich statistischer Daten, über die Anwendung der in den Absätzen 3 und 4 dieses Artikels genannten Verfahren.

Kapitel V. Allgemeine und Schlussbestimmungen

Art. 32 Überprüfung. *[1]* [1]Die Kommission veröffentlicht spätestens am 31. Dezember 2015 und danach alle drei Jahre einen Bericht über die Anwendung dieser Verordnung, wobei sie einen besonderen Schwerpunkt auf die Überwachung der möglichen Auswirkungen auf das reibungslose Funktionieren des Binnenmarkts legt. [2]In dem Bericht wird unter anderem Folgendes bewertet:

a) das Funktionieren des einheitlichen Aufsichtsmechanismus innerhalb des Europäischen Finanzaufsichtssystems und die Auswirkungen der Aufsichtstätigkeiten der EZB auf die Interessen der Union als Ganzes und auf die Kohärenz und Integrität des Binnenmarkts für Finanzdienstleistungen, einschließlich der möglichen Auswirkungen auf die Strukturen der nationalen Bankensysteme innerhalb der Union, und in Bezug auf die Wirksamkeit der Zusammenarbeit und der Informationsaustauschregelungen zwischen dem einheitlichen Aufsichtsmechanismus und den zuständigen Behörden der nicht teilnehmenden Mitgliedstaaten;

b) die Aufteilung der Aufgaben zwischen der EZB und den nationalen zuständigen Behörden innerhalb des einheitlichen Aufsichtsmechanismus, die Wirksamkeit der von der EZB angenommenen praktischen Modalitäten der Organisation sowie die Auswirkungen des einheitlichen Aufsichtsmechanismus auf das Funktionieren der noch bestehenden Aufsichtskollegien;

c) die Wirksamkeit der Aufsichtsbefugnisse und Sanktionsbefugnisse der EZB sowie die Angemessenheit der Übertragung zusätzlicher Sanktionsbefugnisse auf die EZB, auch in Bezug auf andere Personen als Kreditinstitute, Finanzholdinggesellschaften oder gemischte Finanzholdinggesellschaften;

d) die Zweckmäßigkeit der Regelungen des Artikels 5 hinsichtlich der makroprudenziellen Aufgaben und Instrumente sowie der Regelungen des Artikels 14 für die Erteilung und den Entzug von Zulassungen;

e) die Wirksamkeit der Regelungen bezüglich der Unabhängigkeit und der Rechenschaftspflicht;

f) das Zusammenwirken von EZB und EBA;

g) die Zweckmäßigkeit der Regelungen für die Unternehmensfuhrung einschließlich der Zusammensetzung und der Abstimmungsmodalitäten des Aufsichtsgremiums und seines Verhältnisses zum EZB-Rat sowie der Zusammenarbeit im Aufsichtsgremium zwischen den Mitgliedstaaten, deren Währung der Euro ist, und den anderen am einheitlichen Aufsichtsmechanismus teilnehmenden Mitgliedstaaten;

h) das Zusammenwirken von EZB und nationalen zuständigen Behörden nicht teilnehmender Mitgliedstaaten und die Auswirkungen des einheitlichen Aufsichtsmechanismus auf diese Mitgliedstaaten;

i) die Wirksamkeit des Beschwerdemechanismus gegen Beschlüsse der EZB;

j) die Kosteneffizienz des einheitlichen Aufsichtsmechanismus;

k) die möglichen Auswirkungen der Anwendung des Artikels 7 Absätze 6, 7 und 8 auf das Funktionieren und die Integrität des einheitlichen Aufsichtsmechanismus;

l) die Wirksamkeit der Trennung zwischen den aufsichtlichen und geldpolitischen Funktionen innerhalb der EZB sowie der Trennung der den Aufsichtsaufgaben gewidmeten finanziellen Mittel vom Haushalt der EZB, wobei jeglichen Änderungen der einschlägigen gesetzlichen Bestimmungen, auch auf Ebene des Primärrechts, Rechnung zu tragen ist;

m) die Auswirkungen der Aufsichtsbeschlüsse des einheitlichen Aufsichtsmechanismus auf die Haushalte der teilnehmenden Mitgliedstaaten sowie die Auswirkungen jeglicher Entwicklungen im Zusammenhang mit den Regelungen in Bezug auf die Abwicklungsfinanzierung;

n) die Möglichkeiten, den einheitlichen Aufsichtsmechanismus weiterzuentwickeln, wobei jegliche Änderungen der einschlägigen Bestimmungen, auch auf Ebene des Primärrechts, sowie die Frage zu berücksichtigen sind, ob die Begründung für die institutionellen Bestimmungen in dieser Verordnung nicht mehr besteht, einschließlich der Möglichkeit, die Rechte und Pflichten der Mitgliedstaaten, deren Währung der Euro ist, und der anderen teilnehmenden Mitgliedstaaten vollständig anzugleichen.

[2] [1] Der Bericht wird dem Europäischen Parlament und dem Rat übermittelt. [2] Die Kommission macht gegebenenfalls begleitende Vorschläge.

Art. 33 Übergangsbestimmungen. (1) Die EZB veröffentlicht das Rahmenwerk nach Artikel 5 Absatz 7 bis zum 4. Mai 2014.

(2) *[1]* Die EZB übernimmt die ihr durch diese Verordnung übertragenen Aufgaben am 4. November 2014, vorbehaltlich der Durchführungsbestimmungen und Maßnahmen dieses Absatzes.

[2] Nach dem 3. November 2013 veröffentlicht die EZB im Wege von Verordnungen und Beschlüssen die detaillierten operativen Bestimmungen zur Wahrnehmung der ihr durch diese Verordnung übertragenen Aufgaben.

[3] Ab dem 3. November 2013 übermittelt die EZB dem Europäischen Parlament, dem Rat und der Kommission vierteljährlich einen Bericht über die Fortschritte bei der operativen Durchführung dieser Verordnung.

[4] Wird aus den in Unterabsatz 3 dieses Absatzes genannten Berichten und nach Beratungen im Europäischen Parlament und im Rat über diese Berichte deutlich, dass die EZB ihre Aufgaben am 4. November 2014 nicht in vollem Umfang wahrnehmen können wird, so kann sie einen Beschluss erlassen, um ein späteres als das in Unterabsatz 1 dieses Absatzes genannte Datum festzulegen, damit während des Übergangs von der nationalen Aufsicht zum einheitlichen Aufsichtsmechanismus die Kontinuität und, je nach der Verfügbarkeit von Personal, die Einführung geeigneter Berichtsverfahren und Vereinbarungen über die Zusammenarbeit mit den nationalen zuständigen Behörden gemäß Artikel 6 gewährleistet ist.

(3) *[1]* Unbeschadet des Absatzes 2 und der Ausübung der ihr durch diese Verordnung übertragenen Untersuchungsbefugnisse kann die EZB ab dem 3. November 2013 mit der Wahrnehmung der ihr durch diese Verordnung übertragenen Aufgaben, mit Ausnahme des Erlasses von Aufsichtsbeschlüssen, in Bezug auf Kreditinstitute, Finanzholdinggesellschaften oder gemischte Finanzholdinggesellschaften beginnen, nachdem den betroffenen Unternehmen und den nationalen zuständigen Behörden ein entsprechender Beschluss zugeleitet wurde.

[2] Wenn die EZB vom ESM einstimmig ersucht wird, als Voraussetzung für die direkte Rekapitalisierung eines Kreditinstituts, einer Finanzholdinggesellschaft oder einer gemischten Finanzholdinggesellschaft dessen bzw. deren di-

rekte Beaufsichtigung zu übernehmen, kann sie unbeschadet des Absatzes 2 unverzüglich mit der Wahrnehmung der ihr durch diese Verordnung übertragenen Aufgaben in Bezug auf Kreditinstitute, Finanzholdinggesellschaften oder gemischte Finanzholdinggesellschaften beginnen, nachdem den betroffenen Unternehmen und den betroffenen nationalen zuständigen Behörden ein entsprechender Beschluss zugeleitet wurde.

(4) [1] Ab dem 3. November 2013 kann die EZB mit Blick auf die Übernahme ihrer Aufgaben die nationalen zuständigen Behörden und Personen im Sinne des Artikels 10 Absatz 1 auffordern, alle Informationen vorzulegen, die für sie von Belang sind, um eine umfassende Prüfung der Kreditinstitute des teilnehmenden Mitgliedstaats, einschließlich einer Bilanzbewertung, durchzuführen. [2] Sie nimmt eine solche Bewertung mindestens für Kreditinstitute vor, die nicht unter Artikel 6 Absatz 4 fallen. [3] Das Kreditinstitut und die zuständige Behörde legen die verlangten Informationen vor.

(5) [1] Von den teilnehmenden Mitgliedstaaten am 3. November 2013 oder gegebenenfalls an den in den Absätzen 2 und 3 dieses Artikels genannten Tagen zugelassene Kreditinstitute gelten als gemäß Artikel 14 zugelassen und dürfen ihre Tätigkeit weiterhin ausüben. [2] Die nationalen zuständigen Behörden teilen der EZB vor dem Geltungsbeginn dieser Verordnung oder gegebenenfalls vor dem in den Absätzen 2 und 3 dieses Artikels genannten Tag die Identität dieser Kreditinstitute mit und legen einen Bericht über die bisherige Aufsichtsbilanz und das Risikoprofil der betreffenden Institute sowie alle weiteren von der EZB angeforderten Informationen vor. [3] Die Informationen sind in dem von der EZB verlangten Format vorzulegen.

(6) Unbeschadet des Artikels 26 Absatz 7 finden bis zum 31. Dezember 2015 sowohl Abstimmungen mit qualifizierter Mehrheit als auch Abstimmungen mit einfacher Mehrheit zum Erlass der in Artikel 4 Absatz 3 genannten Verordnungen Anwendung.

Art. 34 Inkrafttreten. Diese Verordnung tritt am fünften Tag nach ihrer Veröffentlichung[1)] im *Amtsblatt der Europäischen Union* in Kraft.

Diese Verordnung ist in allen ihren Teilen verbindlich und gilt unmittelbar in jedem Mitgliedstaat.

[1)] Veröffentlicht am 29.10.2013.

6. Verordnung (EU) Nr. 575/2013 des Europäischen Parlaments und des Rates vom 26. Juni 2013 über Aufsichtsanforderungen an Kreditinstitute und zur Änderung der Verordnung (EU) Nr. 648/2012[1) 2) 3)]

(Text von Bedeutung für den EWR)

(ABl. L 176 S. 1, ber. L 208 S. 68, L 321 S. 6, 2015 L 193 S. 166, 2017 L 20 S. 3)

Celex-Nr. 3 2013 R 0575

zuletzt geänd. durch Art. 1 VO (EU) 2021/558 v. 31.3.2021 (ABl. L 116 S. 25)

Nichtamtliche Inhaltsübersicht

---

1) Die Änderungen durch VO v. 20.5.2019 (ABl. L 150 S. 1) gelten teilweise erst **mWv 28.6.2023** und mit noch unbestimmten Datum und sind insoweit im Text noch nicht berücksichtigt.

2) Die Änderungen durch VO v. 27.11.2019 (ABl. L 328 S. 1) gelten erst **mWv 8.7.2022** und sind im Text noch nicht berücksichtigt.

3) Zum Inkrafttreten und Geltungsbeginn siehe Art. 521.

Art.

DAS EUROPÄISCHE PARLAMENT UND DER RAT DER EUROPÄISCHEN UNION –

gestützt auf den Vertrag über die Arbeitsweise der Europäischen Union[1], insbesondere auf Artikel 114,

auf Vorschlag der Europäischen Kommission,

nach Zuleitung des Entwurfs des Gesetzgebungsakts an die nationalen Parlamente,

nach Stellungnahme der Europäischen Zentralbank[2],

nach Stellungnahme des Europäischen Wirtschafts- und Sozialausschusses[3],

gemäß dem ordentlichen Gesetzgebungsverfahren,

in Erwägung nachstehender Gründe:

(1) In der G20-Erklärung zur Stärkung des Finanzsystems vom 2. April 2009 wurden international abgestimmte Anstrengungen gefordert, um Transparenz, Rechenschaftspflicht und Regulierung durch eine quantitative und qualitative Verbesserung der Kapitalbasis im Bankensystem zu stärken, sobald die wirtschaftliche Erholung sichergestellt ist. Zudem wurde in der Erklärung gefordert, ein ergänzendes, nicht risikobasiertes Modell einzuführen, um das Anwachsen der Verschuldung im Bankensystem einzudämmen, und einen Rahmen für solidere Liquiditätspuffer zu entwickeln. Im September 2009 beschloss die Gruppe der Notenbankpräsidenten und Leiter der Aufsichtsbehörden (Group of Governors and Heads of Supervision – GHOS) als Reaktion auf den Auftrag der G20 verschiedene Maßnahmen für eine stärkere Regulierung im Banken-

---

[1] Auszugsweise abgedruckt unter Nr. **1**.
[2] **Amtl. Anm.:** ABl. C 105 vom 11.4.2012, S. 1.
[3] **Amtl. Anm.:** ABl. C 68 vom 6.3.2012, S. 9.

sektor. Diese Maßnahmen wurden auf dem G20-Gipfel von Pittsburgh vom 24./25. September 2009 bestätigt und im Dezember 2009 im Einzelnen dargelegt. Im Juli und September 2010 veröffentlichte die GHOS zwei weitere Ankündigungen bezüglich der Gestaltung und Kalibrierung dieser neuen Maßnahmen und im Dezember 2010 veröffentlichte der Baseler Ausschuss für Bankenaufsicht (Basler Ausschuss) die endgültige Fassung der Maßnahmen, die sogenannte Basel-III-Rahmenregelung.

(2) Die Hochrangige Expertengruppe für Finanzaufsicht unter dem Vorsitz von Jacques de Larosière (de Larosière-Gruppe) forderte die Union auf, die Regulierung der Finanzmärkte stärker zu harmonisieren. Auch auf der Tagung des Europäischen Rates vom 18. und 19. Juni 2009 wurde vor dem Hintergrund der künftigen europäischen Aufsichtsarchitektur auf die Notwendigkeit hingewiesen, ein gemeinsames europäisches Regelwerk für alle Kreditinstitute und Wertpapierfirmen auf dem Binnenmarkt einzuführen.

(3) Wie im Bericht der de Larosière-Gruppe vom 25. Februar 2009 (De-Larosière-Bericht) dargelegt, sollten „die Mitgliedstaaten (...) die Möglichkeit haben, strengere Regulierungsmaßnahmen zu beschließen, wenn sie diese zum Schutz der Finanzmarktstabilität des eigenen Landes für erforderlich halten und dabei die Grundsätze des Binnenmarkts und die vereinbarten Mindeststandards einhalten".

(4) Die Richtlinie 2006/48/EG des Europäischen Parlaments und des Rates vom 14. Juni 2006 über die Aufnahme und Ausübung der Tätigkeit der Kreditinstitute[1] und die Richtlinie 2006/49/EG des Europäischen Parlaments und des Rates vom 14. Juni 2006 über die angemessene Eigenkapitalausstattung von Wertpapierfirmen und Kreditinstituten[2]wurden mehrfach in erheblichem Umfang geändert. Viele Bestimmungen der Richtlinien 2006/48/EG und 2006/49/EG gelten für Kreditinstitute und Wertpapierfirmen gleichermaßen. Aus Gründen der Klarheit und einer kohärenten Anwendung dieser Bestimmungen sollten sie in neuen Gesetzgebungsakten zusammengefasst werden, die sowohl für Kreditinstitute als auch für Wertpapierfirmen gelten, und zwar dieser Verordnung und der Richtlinie 2013/36/EU des Europäischen Parlaments und des Rates vom 26. Juni 2013[3]. Zwecks leichterer Zugänglichkeit sollten die Bestimmungen in den Anhängen der Richtlinien 2006/48/EG und 2006/49/EU in den verfügenden Teil der Richtlinie 2013/36/EU und dieser Verordnung integriert werden.

(5) Diese Verordnung und die Richtlinie 2013/36/EU sollten zusammen den Rechtsrahmen für den Zugang zur Tätigkeit, den Aufsichtsrahmen und die Aufsichtsvorschriften für Kreditinstitute und Wertpapierfirmen (im Folgenden „Institute") bilden. Daher sollte diese Verordnung zusammen mit jener Richtlinie gelesen werden.

(6) Die Richtlinie 2013/36/EU, deren Rechtsgrundlage Artikel 53 Absatz 1 des Vertrags über die Funktionsweise der Europäischen Union (AEUV) ist, sollte unter anderem die Bestimmungen über den Zugang zur Tätigkeit von Instituten, die Modalitäten der Unternehmensführung und -kontrolle und den Aufsichtsrahmen festlegen, d.h. Bestimmungen über die Zulassung der betreffenden Institute, den Erwerb qualifizierter Beteiligungen, die Ausübung der Niederlassungs- und der Dienstleistungsfreiheit, die diesbezüglichen Befugnisse der zuständigen Behörden der Herkunfts- und der Aufnahmemitgliedstaaten sowie Bestimmungen über das Anfangskapital und die aufsichtliche Überprüfung von Instituten enthalten.

(7) Mit dieser Verordnung sollten unter anderem die Aufsichtsanforderungen für Institute festgelegt werden, die sich strikt auf die Funktionsweise der Bank- und Finanzdienstleistungsmärkte beziehen und die Finanzstabilität der Wirtschaftsteilnehmer an diesen Märkten sichern sowie einen hohen Grad an Anleger- und Einlegerschutz gewährleisten sollen. Diese Verordnung soll in entscheidender Weise zum reibungslosen Funktionieren des Binnenmarkts beitragen und sollte sich deshalb auf Artikel 114 AEUV in der Auslegung der ständigen Rechtsprechung des Gerichtshofs der Europäischen Union stützen.

(8) Die Richtlinien 2006/48/EG und 2006/49/EG haben zwar zu einer gewissen Harmonisierung der Aufsichtsvorschriften der Mitgliedstaaten geführt, bieten aber den Mitgliedstaaten zahlreiche Optionen und Möglichkeiten, strengere Vorschriften als die jener Richtlinien vorzusehen. Daraus ergeben sich Divergenzen zwischen nationalen Rechtsvorschriften, die die grenzüberschreitende Erbringung von Dienstleistungen und die Niederlassungsfreiheit beeinträchtigen könnten und so das reibungslose Funktionieren des Binnenmarkts behindern.

---

[1] **Amtl. Anm.:** ABl. L 177 vom 30.6.2006, S. 1.
[2] **Amtl. Anm.:** ABl. L 177 vom 30.6.2006, S. 201.
[3] **Amtl. Anm.:** ABl. L 176 vom 27.6.2013, S. 338.

(9) Aus Gründen der Rechtssicherheit und der Notwendigkeit gleicher Wettbewerbsbedingungen innerhalb der Union ist ein einheitliches Regelwerk für alle Marktteilnehmer ein zentrales Element für das Funktionieren des Binnenmarktes. Zur Vermeidung von Marktstörungen und Aufsichtsarbitrage sollten aufsichtliche Mindestvorschriften größtmögliche Harmonisierung gewährleisten. Folglich sind die Übergangszeiträume gemäß dieser Verordnung für ihre reibungslose Umsetzung und zur Vermeidung von Unsicherheiten auf den Märkten von zentraler Bedeutung.

(10) Unter Bezugnahme auf die Arbeit der „Standards Implementation Group“ des Basler Ausschusses betreffend die Kontrolle und Überprüfung der Umsetzung der Basel-III-Rahmenregelung durch die Mitgliedsländer sollte die Kommission regelmäßig – zumindest aber im Anschluss an die Veröffentlichung jedes Fortschrittsberichts des Basler Ausschusses zur Umsetzung der Basel-III-Vereinbarung – aktuelle Berichte vorlegen über die Umsetzung und innerstaatliche Annahme der Basel-III-Rahmenregelung in anderen wichtigen Rechtsordnungen, einschließlich einer Bewertung dessen, inwieweit die Rechtsvorschriften oder Regelungen anderer Länder den internationalen Mindeststandards entsprechen, damit Unterschiede aufgedeckt werden können, die Anlass zu Bedenken in Bezug auf die Gleichheit der Wettbewerbsbedingungen geben könnten.

(11) Um Handelshemmnisse und Wettbewerbsverzerrungen aufgrund divergierender nationaler Rechtsvorschriften zu beseitigen und neue Handelshemmnisse und signifikante Wettbewerbsverzerrungen zu vermeiden, ist es deshalb notwendig, eine Verordnung zu verabschieden, die einheitliche und in allen Mitgliedstaaten geltende Vorschriften festlegt.

(12) Die Festlegung von Aufsichtsanforderungen in Form einer Verordnung würde sicherstellen, dass diese Anforderungen direkt anwendbar sind. Damit würden Abweichungen bei den nationalen Anforderungen zur Umsetzung einer Richtlinie vermieden und einheitliche Bedingungen geschaffen. Mit dieser Verordnung würden alle Institute in der gesamten Union zur Einhaltung derselben Bestimmungen verpflichtet, was – insbesondere in Stressphasen – auch das Vertrauen in die Stabilität von Instituten stärken würde. Eine Verordnung würde die Komplexität der Vorschriften und die Befolgungskosten für die Firmen – insbesondere für grenzüberschreitend tätige Institute – verringern und dazu beitragen, Wettbewerbsverzerrungen zu beseitigen. Aufgrund der Besonderheiten von Immobilienmärkten, die je nach wirtschaftlicher Entwicklung und rechtlichen Besonderheiten nicht in allen Mitgliedstaaten, Regionen oder lokalen Räumen die gleichen Merkmale aufweisen, sollten die zuständigen Behörden die Möglichkeit haben, auf der Grundlage ihrer Erfahrungen mit Ausfallwerten und der erwarteten Marktentwicklungen hinsichtlich durch Immobilien besicherter Risikopositionen in bestimmten Gebieten höhere Risikogewichte festzulegen oder strengere Kriterien anzuwenden.

(13) Die zuständigen Behörden oder Mitgliedstaaten sollten die Möglichkeit haben, nationale Vorschriften in nicht unter diese Verordnung fallenden Bereichen, beispielsweise dynamische Rückstellungen, nationale Vorschriften für gedeckte Schuldverschreibungen, die keinen Bezug zur Behandlung gedeckter Schuldverschreibungen gemäß dieser Verordnung haben, oder Erwerb und Halten von Beteiligungen an Finanz- und Nichtfinanzunternehmen zu Zwecken, die keinen Bezug zu den Aufsichtsanforderungen dieser Verordnung haben, zu erlassen, sofern diese nicht im Widerspruch zu dieser Verordnung stehen.

(14) Die bedeutendsten Empfehlungen des De-Larosière-Berichts, die später in der Union umgesetzt wurden, bestanden in der Schaffung eines einheitlichen Regelwerks und eines europäischen Regelungsrahmens für die Finanzaufsicht auf Makroebene, die beide zusammen Finanzstabilität sicherstellen sollen. Das einheitliche Regelwerk gewährleistet einen soliden und einheitlichen Regelungsrahmen, der dem Binnenmarkt förderlich ist und Aufsichtsarbitrage verhindert. Innerhalb des Binnenmarkts für Finanzdienstleistungen können sich die Makroaufsichtsrisiken allerdings aufgrund der Bandbreite nationaler Besonderheiten in mancher Hinsicht insofern unterscheiden, als dass beispielsweise Struktur und Größe des Bankensektors im Vergleich zur Wirtschaft allgemein und der Kreditzyklus variieren.

(15) In dieser Verordnung und der Richtlinie 2013/36/EU sind eine Reihe von Instrumenten zur Abwendung und Eindämmung von Makroaufsichts- und Systemrisiken vorgesehen, um einerseits Flexibilität und andererseits eine angemessene Kontrolle der Nutzung dieser Instrumente zu gewährleisten, damit das reibungslose Funktionieren des Binnenmarkts nicht beeinträchtigt wird, und auch sicherzustellen, dass diese Instrumente in transparenter und kohärenter Weise angewendet werden.

(16) Betreffen Makroaufsichts- oder Systemrisiken lediglich einen Mitgliedstaat, sollte es den zuständigen oder benannten Behörden dieses Mitgliedstaats möglich sein, über den in der Richtlinie 2013/36/EU vorgesehenen Systemrisikopuffer hinaus bestimmte spezifische nationale Maß-

nahmen der Makroaufsicht zu ergreifen, wenn dies als wirksameres Mittel zur Abwendung dieser Risiken erachtet wird. Der durch die Verordnung (EU) Nr. 1092/2010 des Europäischen Parlaments und des Rates vom 24. November 2010[1] eingesetzte Europäische Ausschuss für Systemrisiken (ESRB) und die durch die Verordnung (EU) Nr. 1093/2010 des Europäischen Parlaments und des Rates vom 24. November 2010[2] errichtete Europäische Aufsichtsbehörde (Europäische Bankenaufsichtsbehörde) (EBA) sollten Gelegenheit haben, sich dazu zu äußern, ob die Voraussetzungen für das Ergreifen solcher nationaler Makroaufsichtsmaßnahmen gegeben sind, und es sollte einen Mechanismus auf Unionsebene geben, der verhindert, dass solche Maßnahmen ergriffen werden, wenn sehr starke Anhaltspunkte dafür vorliegen, dass die betreffenden Voraussetzungen nicht gegeben sind. Während mit dieser Verordnung einheitliche Regeln für die Beaufsichtigung von Instituten auf Mikroebene festgelegt werden, verbleibt die Hauptverantwortung für die Finanzaufsicht auf Makroebene bei den Mitgliedstaaten, da sie über das entsprechende Fachwissen verfügen und bestimmte Verantwortlichkeiten in Bezug auf die Finanzstabilität haben. In diesem besonderen Fall, in dem die Entscheidung, nationale Maßnahmen der Makroaufsicht zu erlassen, bestimmte Bewertungen in Bezug auf Risiken beinhaltet, die letztendlich Auswirkungen auf die gesamtwirtschaftliche, die finanzpolitische und die Haushaltslage des betreffenden Mitgliedstaats haben können, ist es erforderlich, dass die Befugnis, die vorgeschlagenen nationalen Makroaufsichtsmaßnahmen abzulehnen, im Einklang mit Artikel 291 AEUV dem Rat übertragen wird, der auf Vorschlag der Kommission tätig wird.

17.[3] Hat die Kommission dem Rat einen Vorschlag zur Ablehnung nationaler Maßnahmen der Makroaufsicht vorgelegt, sollte der Rat diesen unverzüglich prüfen und entscheiden, ob die nationalen Maßnahmen abzulehnen sind oder nicht. Auf Antrag eines Mitgliedstaats oder der Kommission könnte im Einklang mit der Geschäftsordnung des Rates[4] abgestimmt werden. Im Einklang mit Artikel 296 AEUV sollte der Rat seinen Beschluss unter Bezugnahme auf die Wahrung der in dieser Verordnung festgelegten Voraussetzungen für sein Tätigwerden begründen. In Anbetracht der Bedeutung des Makroaufsichts- und des Systemrisikos für den Finanzmarkt des betroffenen Mitgliedstaats und damit der Notwendigkeit schnellen Handelns, ist es wichtig, als Frist für den Erlass eines solchen Beschlusses des Rates einen Monat festzusetzen. Gelangt der Rat nach eingehender Prüfung des Vorschlags der Kommission zur Ablehnung der vorgeschlagenen nationalen Maßnahme zu dem Schluss, dass die Voraussetzungen dieser Verordnung für eine Ablehnung nicht erfüllt sind, sollte er dies stets klar und unzweideutig begründen.

(18) Bis zur Harmonisierung der Liquiditätsanforderungen im Jahr 2015 und der Verschuldungsquote im Jahr 2018 sollten die Mitgliedstaaten solche Maßnahmen nach eigenem Ermessen ergreifen können; dies gilt auch für die Eindämmung eines Makroaufsichts- oder Systemrisikos in einem bestimmten Mitgliedstaat.

(19) Es sollte möglich sein, Systemrisikopuffer oder individuelle Maßnahmen, mit denen Mitgliedstaaten sie betreffende Systemrisiken angehen, für den gesamten Bankensektor oder für einen oder mehrere seiner Teilbereiche, d.h. für Institute mit ähnlichen Risikoprofilen in ihrer Geschäftstätigkeit, oder für Risikopositionen in einem oder mehreren einheimischen Wirtschaftszweigen oder geografischen Bereichen im gesamten Bankensektor zu ergreifen.

(20) Stellen benannte Behörden von zwei oder mehr Mitgliedstaaten dieselben Veränderungen in der Intensität des Makroaufsichts- oder des Systemrisikos fest und stellen diese Veränderungen eine Gefahr für die nationale Finanzstabilität in jedem dieser Mitgliedstaaten dar, die nach Ansicht der benannten Behörden besser mit Hilfe nationaler Maßnahmen bekämpft werden sollte, können die Mitgliedstaaten dem Rat, der Kommission, dem ESRB und der EBA eine entsprechende gemeinsame Mitteilung vorlegen. Die Mitgliedstaaten sollten dieser Mitteilung an den Rat, die Kommission, den ESRB und die EBA einschlägige Nachweise, einschließlich einer Begründung für die gemeinsame Mitteilung beifügen.

(21) Der Kommission sollte ferner die Befugnis übertragen werden, einen delegierten Rechtsakt zur vorübergehenden Erhöhung der vorzuhaltenden Eigenmittel oder mit strengeren Anforderungen an Großkredite und die Offenlegung zu erlassen. Solche Bestimmungen sollten für einen Zeitraum von einem Jahr gelten, es sei denn, das Europäische Parlament oder der Rat haben

---

[1] **Amtl. Anm.:** ABl. L 331 vom 15.12.2010, S. 1

[2] **Amtl. Anm.:** ABl. L 331 vom 15.12.2010, S. 10.

[3] Richtig wohl: „(17)“.

[4] **Amtl. Anm.:** Beschluss 2009/937/EU des Rates vom 1. Dezember 2009 zur Annahme seiner Geschäftsordnung (ABl. L 325 vom 11.12.2009, S. 35).

innerhalb von drei Monaten Einwände gegen den delegierten Rechtsakt erhoben. Die Kommission sollte die Gründe für die Anwendung dieses Verfahrens angeben. Die Kommission sollte lediglich dann befugt sein, strengere Aufsichtsanforderungen für Risiken festzulegen, wenn diese sich aus Marktentwicklungen in der Union oder außerhalb der Union mit negativen Auswirkungen auf alle Mitgliedstaaten ergeben.

(22) Eine Überprüfung der Vorschriften für die Makrofinanzaufsicht ist dadurch gerechtfertigt, dass die Kommission so unter anderem bewerten kann, ob die Instrumente der Makrofinanzaufsicht dieser Verordnung oder der Richtlinie 2013/36/EU wirksam, effizient und transparent sind, ob neue Instrumente vorgeschlagen werden sollten, ob die Deckung und das Ausmaß etwaiger Überschneidungen der auf ähnliche Risiken ausgerichteten Instrumente der Makrofinanzaufsicht in dieser Verordnung oder der Richtlinie 2013/36/EU angemessen sind und wie international vereinbarte Standards für systemrelevante Institute mit den Bestimmungen dieser Verordnung oder der Richtlinie 2013/36/EU zusammenwirken.

(23) Wenn Mitgliedstaaten Leitlinien von allgemeiner Tragweite verabschieden, so dürfen diese Leitlinien – insbesondere in Bereichen, in denen Entwürfe technischer Standards der Kommission anstehen, – weder gegen das Unionsrecht verstoßen noch dessen Anwendung untergraben.

(24) Diese Verordnung steht dem nicht entgegen, dass Mitgliedstaaten an Unternehmen, die nicht unter den Anwendungsbereich der Verordnung fallen, gegebenenfalls gleichwertige Anforderungen stellen.

(25) Die allgemeinen Aufsichtsanforderungen dieser Verordnung werden durch individuelle Regelungen ergänzt, die die zuständigen Behörden infolge ihrer laufenden aufsichtlichen Überprüfung einzelner Institute beschließen. Das Spektrum derartiger Aufsichtsregelungen sollte unter anderem in der Richtlinie 2013/36/EU festgelegt werden, weil die zuständigen Behörden in der Lage sein sollten, selbst zu entscheiden, welche Regelungen anzuwenden sind.

(26) Diese Verordnung sollte dem nicht entgegenstehen, dass die zuständigen Behörden im Rahmen der aufsichtlichen Überprüfung und Bewertung gemäß der Richtlinie 2013/36/EU spezifische Anforderungen festlegen, die auf das Risikoprofil der betreffenden Kreditinstitute und Wertpapierfirmen zugeschnitten sind.

(27) Mit der Verordnung (EU) Nr. 1093/2010 wird eine Verbesserung der Qualität und Kohärenz der nationalen Beaufsichtigung und eine Stärkung der Beaufsichtigung grenzüberschreitend tätiger Gruppen angestrebt.

(28) Angesichts der Zunahme in der Zahl der Aufgaben, die der EBA mit dieser Verordnung und der Richtlinie 2013/36/EU übertragen werden, sollten das Europäische Parlament, der Rat und die Kommission sicherstellen, dass angemessene personelle und finanzielle Ressourcen umgehend bereitgestellt werden.

(29) Die EBA handelt laut der Verordnung (EU) Nr. 1093/2010 innerhalb des Anwendungsbereichs der Richtlinien 2006/48/EG und 2006/49/EG. Ferner ist die EBA im Hinblick auf die Tätigkeiten von Instituten verpflichtet, in Fragen tätig zu werden, die nicht direkt durch diese beiden Richtlinien abgedeckt sind, sofern solche Maßnahmen erforderlich sind, um eine wirksame und kohärente Anwendung jener Richtlinien zu gewährleisten. Diese Verordnung sollte der Rolle und Aufgabe der EBA Rechnung tragen und die Ausübung der in der Verordnung (EU) Nr. 1093/2010 beschriebenen Befugnisse der EBA erleichtern.

(30) Nach Ablauf des Beobachtungszeitraums und der vollständigen Einführung einer Liquiditätsdeckungsanforderung gemäß dieser Verordnung sollte die Kommission prüfen, ob es die Bildung und das Funktionieren zusammengefasster Liquiditätsuntergruppen in der Praxis und die Feststellung, ob die Kriterien für eine spezielle gruppeninterne Behandlung grenzüberschreitend tätiger Institute erfüllt sind, erleichtern würde, wenn der EBA die Befugnis übertragen würde, in Bezug auf gemeinsame Entscheidungen der zuständigen Behörden nach den Artikeln 20 und 21 dieser Verordnung von sich aus als verbindliche Vermittlerin aufzutreten. Daher sollte die Kommission zu jenem Zeitpunkt im Rahmen eines ihrer regelmäßigen Berichte über die Tätigkeit der EBA nach Artikel 81 der Verordnung (EU) Nr. 1093/2010 besonders prüfen, ob der EBA eine derartige Befugnis übertragen werden sollte und das Ergebnis dieser Prüfung, gegebenenfalls zusammen mit entsprechenden Vorschlägen, in den Bericht aufnehmen.

(31) Laut dem De-Larosière-Bericht kann die Aufsicht auf Einzelunternehmensebene die Stabilität des Finanzsystems nur wirksam schützen, wenn sie den Entwicklungen auf gesamtwirtschaftlicher Ebene angemessen Rechnung trägt, während gesamtwirtschaftliche Aufsicht nur dann sinnvoll ist, wenn sie sich in irgendeiner Weise auf Unternehmensebene auswirkt. Eine enge Zusammenarbeit zwischen der EBA und dem ESRB ist entscheidend, damit die Funktionsweise des ESRB und die Reaktionen auf seine Warnungen und Empfehlungen ihre Wirksamkeit voll

entfalten können. Insbesondere sollte die EBA in der Lage sein, dem ESRB alle wichtigen Informationen zu übermitteln, die die zuständigen Behörden gemäß den in dieser Verordnung festgelegten Anforderungen an Berichterstattung und Meldung erhoben haben.

(32) Vor dem Hintergrund der verheerenden Auswirkungen der letzten Finanzkrise bestehen die allgemeinen Ziele dieser Verordnung darin, wirtschaftlich nützliche Banktätigkeiten zu fördern, die dem allgemeinen Interesse dienen, und untragbare Finanzspekulationen, die keinen echten Mehrwert erzeugen, zurückzudrängen. Dazu bedarf es einer umfassenden Reform der Art und Weise, in der Ersparnisse in Richtung produktiver Anlagen geleitet werden. Um ein dauerhaft tragfähiges und vielfältiges Bankenumfeld in der Union zu erhalten, sollten die zuständigen Behörden ermächtigt werden, für systemrelevante Institute, die aufgrund ihrer Geschäftstätigkeit eine Gefahr für die Weltwirtschaft darstellen können, höhere Eigenmittelanforderungen vorzuschreiben.

(33) Um Sparern vergleichbare Sicherheiten zu bieten und gerechte Bedingungen für den Wettbewerb zwischen vergleichbaren Gruppen von Instituten zu gewährleisten, die Geld oder Wertpapiere ihrer Kunden halten, müssen an Institute gleichwertige finanzielle Anforderungen gestellt werden.

(34) Da Institute im Binnenmarkt in direktem Wettbewerb zueinander stehen, sollten die aufsichtsrechtlichen Vorschriften in der gesamten Union unter Berücksichtigung der unterschiedlichen Risikoprofile der Institute gleichwertig sein.

(35) Wenn es im Zuge der Aufsicht notwendig ist, den Umfang der konsolidierten Eigenmittel einer Gruppe von Instituten zu ermitteln, sollte die Berechnung gemäß dieser Verordnung erfolgen.

(36) Dieser Verordnung zufolge gelten die Eigenmittelanforderungen auf Einzelbasis und auf konsolidierter Basis, es sei denn, die zuständigen Behörden verzichten auf die Einzelaufsicht, wo sie dies für angemessen halten. Die Beaufsichtigung auf Einzelbasis, auf konsolidierter und auf grenzüberschreitender Basis stellen nützliche Instrumente zur Überwachung von Instituten dar.

(37) Um eine angemessene Solvenz von Instituten einer Gruppe zu gewährleisten, müssen die Eigenmittelanforderungen für die Institute dieser Gruppe unbedingt auf konsolidierter Basis gelten. Um sicherzustellen, dass die Eigenmittel innerhalb der Gruppe angemessen verteilt und bei Bedarf zum Schutz der Einlagen verfügbar sind, sollten die Eigenmittelanforderungen für jedes einzelne Institut einer Gruppe gelten, es sei denn, dieses Ziel kann auf anderem Wege wirksam erreicht werden.

(38) Die Minderheitsbeteiligungen aus zwischengeschalteten Finanzholdinggesellschaften, die den Vorschriften dieser Verordnung auf teilkonsolidierter Basis unterliegen, können (innerhalb der einschlägigen Grenzen) ebenfalls als Teil des harten Kernkapitals der Gruppe auf konsolidierter Basis anerkannt werden, da das harte Kernkapital einer zwischengeschalteten Finanzholdinggesellschaft, das Minderheitsbeteiligungen zuzuordnen ist, und der Teil desselben Kapitals, der dem Mutterunternehmen zuzuordnen ist, gleichrangig für die etwaigen Verluste ihrer Tochtergesellschaften einstehen.

(39) Die Bilanzierungstechnik, die für die Berechnung der Eigenmittel, ihrer Angemessenheit für das Risiko, dem ein Institut ausgesetzt ist, sowie für die Bewertung der Konzentration von Krediten im Einzelnen anzuwenden ist, sollte entweder den Bestimmungen der Richtlinie 86/635/EWG des Rates vom 8. Dezember 1986 über den Jahresabschluss und den konsolidierten Abschluss von Banken und anderen Finanzinstituten[1], die eine Reihe von Anpassungen der Bestimmungen der Siebenten Richtlinie 83/349/EWG des Rates vom 13. Juni 1983 über den konsolidierten Abschluss[2] enthält, oder der Verordnung (EG) Nr. 1606/2002 des Europäischen Parlaments und des Rates vom 19. Juli 2002 betreffend die Anwendung internationaler Rechnungslegungsstandards[3] Rechnung tragen, je nachdem, welche Bestimmungen nach nationalem Recht für die Rechnungslegung der Institute verbindlich sind.

(40) Um eine angemessene Solvenz sicherzustellen, sollte bei der Festlegung von Eigenmittelanforderungen auf eine risikogerechte Gewichtung der Aktiva und außerbilanziellen Posten geachtet werden.

(41) Am 26. Juni 2004 verabschiedete der Basler Ausschuss eine Rahmenvereinbarung über die internationale Konvergenz der Kapitalmessung und Eigenmittelanforderungen („Basel-II-Rahmenregelung"). Die in diese Verordnung übernommenen Bestimmungen der Richtlinien 2006/

---

[1] **Amtl. Anm.:** ABl. L 372 vom 31.12.1986, S. 1.
[2] **Amtl. Anm.:** ABl. L 193 vom 18.7.1983, S. 1.
[3] **Amtl. Anm.:** ABl. L 243 vom 11. 9. *2992* [richtig wohl: „2002"], S. 1.

48/EG und 2006/49/EG sind den Bestimmungen der Basel-II-Rahmenregelung gleichwertig. Folglich ist diese Verordnung durch Aufnahme der ergänzenden Elemente der Basel-III-Regelung den Bestimmungen der Basel-II- und der Basel-III-Rahmenregelung gleichwertig.

(42) Da der Vielfalt der Institute in der Union unbedingt Rechnung zu tragen ist, sollten bei der Berechnung der Eigenmittelanforderungen für das Kreditrisiko verschiedene Ansätze mit unterschiedlich hohem Grad an Risikosensitivität und Differenziertheit vorgesehen werden. Durch die Verwendung externer Bonitätsbeurteilungen und der von den Instituten selbst vorgenommenen Schätzungen einzelner Kreditrisikoparameter gewinnen die Bestimmungen zum Kreditrisiko erheblich an Risikosensitivität und aufsichtsrechtlicher Solidität. Institute sollten zu einer Umstellung auf Ansätze mit höherer Risikosensitivität angehalten werden. Wenn Institute die zur Anwendung der in dieser Verordnung vorgesehenen Ansätze zur Ermittlung des Kreditrisikos benötigten Schätzungen vorlegen, sollten sie ihre Verfahren für Kreditrisikomessung und Kreditrisikomanagement verbessern, damit für die Festlegung der aufsichtsrechtlichen Eigenmittelanforderungen Methoden zur Verfügung stehen, die der Art, dem Umfang und der Komplexität der Verfahren der einzelnen Institute Rechnung tragen. In dieser Hinsicht sollte zur Datenverarbeitung im Zusammenhang mit der Vergabe und der Verwaltung von Krediten an Kunden auch die Entwicklung und Validierung von Systemen für das Kreditrisikomanagement und die Kreditrisikomessung gehören. Dies dient nicht nur den legitimen Interessen von Instituten, sondern auch dem Ziel dieser Verordnung, bessere Methoden für Risikomessung und -management anzuwenden und diese Methoden auch im Hinblick auf die vorgeschriebenen Eigenmittel zu nutzen. Ungeachtet dessen erfordern Ansätze mit höherer Risikosensitivität erhebliche Sachkenntnisse und Ressourcen sowie qualitativ hochwertige und ausreichende Daten. Institute sollten daher hohen Standards genügen, bevor sie diese Ansätze im Hinblick auf die vorgeschriebenen Eigenmittel nutzen. Angesichts der laufenden Arbeiten, die sicherstellen sollen, dass interne Modelle über angemessene Sicherheitsmechanismen verfügen, sollte die Kommission einen Bericht über die Möglichkeit, die Basel-I-Untergrenze auszudehnen, erstellen und diesem gegebenenfalls einen Gesetzgebungsvorschlag beifügen.

(43) Die Eigenmittelanforderungen sollten in einem angemessenen Verhältnis zu den jeweiligen Risiken stehen. Insbesondere sollten sie der Tatsache Rechnung tragen, dass eine große Anzahl relativ kleiner Kredite risikomindernd wirkt.

(44) Kleine und mittlere Unternehmen (KMU) sind wegen ihrer grundlegenden Bedeutung für die Schaffung von wirtschaftlichem Wachstum und Arbeitsplätzen einer der Stützpfeiler der Wirtschaft der Union. Aufschwung und künftiges Wachstum der Wirtschaft der Union hängen in großem Maße von der Kapitalausstattung und Mittelvergabe an kleine und mittlere Unternehmen in der Union ab, damit sie die notwendigen Investitionen zur Übernahme neuer Technologien und Ausrüstungen tätigen und dadurch ihre Wettbewerbsfähigkeit verbessern können. Die beschränkte Zahl alternativer Finanzierungsquellen haben in der Union niedergelassene KMU noch anfälliger für die Auswirkungen der Bankenkrise gemacht. Es ist daher wichtig, die vorhandene Finanzierungslücke für KMU zu schließen und im derzeitigen Umfeld ein angemessenes Maß der Kreditvergabe durch Banken an KMU sicherzustellen. Die Eigenmittelunterlegung von Risikopositionen gegenüber KMU sollten durch Anwendung eines Unterstützungsfaktors von 0,7619 reduziert werden, damit Kreditinstitute ihre Darlehensvergabe an KMU erhöhen können. Im Hinblick auf dieses Ziel sollten Kreditinstitute die Lockerung der Eigenmittelanforderung infolge der Anwendung des Unterstützungsfaktors tatsächlich verwenden, um für einen angemessenen Kreditfluss an in der Union niedergelassene KMU zu sorgen. Die zuständigen Behörden sollten regelmäßig den Gesamtbetrag der Risikopositionen von Kreditinstituten gegenüber KMU und den Gesamtbetrag der Eigenmittelabzüge überwachen.

(45) Im Einklang mit dem Beschluss des Basler *Ausschuss*[1], den die GHOS am 10. Januar 2011 befürworteten, sollten alle Instrumente des zusätzlichen Kernkapitals und des Ergänzungskapitals eines Instituts, dessen Fortbestand nicht mehr gegeben ist, zur Gänze und dauerhaft abgeschrieben oder in hartes Kernkapital umwandelt werden können. Die Rechtsvorschriften, die erforderlich sind, damit der zusätzliche Verlustauffangmechanismus für Eigenmittelinstrumente gilt, sollten als Teil der Anforderungen im Zusammenhang mit der Sanierung und Abwicklung von Kreditinstituten und Wertpapierfirmen in das Unionsrecht aufgenommen werden. Wurden bis zum 31. Dezember 2015 keine Rechtsvorschriften der Union erlassen, die vorschreiben, dass Kapitalinstrumente vollständig und dauerhaft abgeschrieben oder in Instrumente des harten Eigenkapitals umgewandelt werden können, wenn der Fortbestand eines Instituts nicht mehr gegeben ist, sollte die Kommission prüfen, ob eine solche Vorschrift in diese Verordnung

---

[1] Richtig wohl: „Ausschusses".

aufgenommen werden sollte und darüber Bericht erstatten, wobei sie im Lichte jener Prüfung auch geeignete Gesetzgebungsvorschläge unterbreiten sollte.

(46) Die Bestimmungen dieser Verordnung wahren den Grundsatz der Verhältnismäßigkeit, da sie insbesondere im Hinblick auf Größe und Umfang der getätigten Geschäfte und des Tätigkeitsbereichs den Unterschieden zwischen Instituten Rechnung tragen. Die Wahrung des Grundsatzes der Verhältnismäßigkeit bedeutet auch, dass für Risikopositionen des Mengengeschäfts selbst im Rahmen des auf internen Beurteilungen basierenden Ansatzes („IRB-Ansatz") möglichst einfache Verfahren zur Bonitätsbeurteilung anerkannt werden. Die Mitgliedstaaten sollten sicherstellen, dass die Anforderungen dieser Verordnung in angemessenem Verhältnis zu Art, Umfang und Komplexität der Risiken stehen, die mit dem Geschäftsmodell und der Tätigkeit eines Instituts einhergehen. Die Kommission sollte sicherstellen, dass delegierte Rechtsakte und Durchführungsrechtsakte, technische Regulierungsstandards und technische Durchführungsstandards dem Prinzip der Verhältnismäßigkeit genügen, um zu gewährleisten, dass diese Verordnung in angemessener Weise angewandt wird. Die EBA sollte daher sicherstellen, dass alle technischen Regulierungs- und Durchführungsstandards in einer Weise formuliert sind, die mit dem Grundsatz der Verhältnismäßigkeit vereinbar ist und diesen aufrechterhält.

(47) Die zuständigen Behörden sollten den Fällen angemessene Aufmerksamkeit schenken, in denen der Verdacht besteht, dass Angaben als Geschäftsgeheimnis oder als vertraulich eingestuft werden, um ihre Offenlegung zu vermeiden. Entscheidet sich ein Institut dafür, als Geschäftsgeheimnis oder als vertraulich eingestufte Angaben nicht offenzulegen, befreit es diese Einstufung nicht von der Haftung aufgrund der Nichtveröffentlichung der betreffenden Angaben, wenn dieser Nichtveröffentlichung eine wesentliche Tragweite zugesprochen wird.

(48) Der „evolutive" Charakter dieser Verordnung ermöglicht es Instituten, in Bezug auf das Kreditrisiko zwischen drei Ansätzen unterschiedlicher Komplexität zu wählen. Um insbesondere kleinen Instituten die Möglichkeit zu bieten, sich für den risikosensitiveren IRB-Ansatz zu entscheiden, sind die einschlägigen Bestimmungen so auszulegen, dass Risikopositionsklassen alle Risikopositionen einschließen, die ihnen in dieser Verordnung direkt oder indirekt zugeordnet werden. Die zuständigen Behörden sollten bei der Beaufsichtigung grundsätzlich nicht zwischen den drei Ansätzen unterscheiden, d.h., Institute, die den Standardansatz anwenden, sollten nicht allein aus diesem Grund einer strengeren Aufsicht unterliegen.

(49) Kreditrisikominderungstechniken sollten verstärkt anerkannt werden, wobei der rechtliche Rahmen insgesamt gewährleisten muss, dass die Solvenz nicht durch eine unzulässige Anerkennung beeinträchtigt wird. Die in den Mitgliedstaaten banküblichen Sicherheiten zur Minderung von Kreditrisiken sollten, wenn möglich, im Standardansatz, aber auch in den anderen Ansätzen, anerkannt werden.

(50) Um sicherzustellen, dass sich die Risiken und risikomindernden Effekte aus Verbriefungen und Investitionen von Instituten angemessen in deren Eigenmittelanforderungen niederschlagen, müssen Bestimmungen erlassen werden, die eine risikosensitive und aufsichtsrechtlich solide Behandlung dieser Transaktionen und Investitionen garantieren. Zu diesem Zweck wird eine klare und umfassende Bestimmung des Begriffs der Verbriefung benötigt, der alle Geschäfte und Strukturen erfasst, bei denen das mit einer Risikoposition oder einem Pool von Risikopositionen verbundene Kreditrisiko in Tranchen unterteilt wird. Eine Risikoposition, die für ein Geschäft oder eine Struktur eine direkte Zahlungsverpflichtung aus der Finanzierung oder dem Betrieb von Sachanlagen schafft, sollte nicht als Risikoposition in einer Verbriefung gelten, selbst wenn die Zahlungsverpflichtungen aufgrund des Geschäfts oder der Struktur unterschiedlichen Rang haben.

(51) Neben der Überwachung zur Sicherstellung der Finanzstabilität sind Mechanismen zur Verstärkung und Weiterentwicklung einer wirksamen Überwachung und Vermeidung möglicher Blasen vonnöten, um in Anbetracht der makroökonomischen Herausforderungen und Ziele, insbesondere hinsichtlich langfristiger Investitionen in die Realwirtschaft, eine optimale Kapitalallokation sicherzustellen.

(52) Institute tragen ein erhebliches operationelles Risiko, das durch Eigenmittel unterlegt werden muss. Da der Vielfalt der Institute in der Union unbedingt Rechnung zu tragen ist, sollten bei der Berechnung der Eigenmittelanforderungen für das operationelle Risiko verschiedene Ansätze mit unterschiedlich hohem Grad an Risikosensitivität und Differenziertheit vorgesehen werden. Den Instituten sollten angemessene Anreize zu einer Umstellung auf Ansätze mit höherer Risikosensitivität gegeben werden. Da die Techniken für Messung und Management des operationellen Risikos noch in Entwicklung befindlich sind, sollten diese Vorschriften regelmäßig überprüft und bei Bedarf aktualisiert werden, auch im Hinblick auf die Eigenmittelanforderungen für unterschiedliche Geschäftsfelder und die Anerkennung von Risikomin-

derungstechniken. Besondere Aufmerksamkeit sollte in diesem Zusammenhang der Berücksichtigung von Versicherungen in den einfachen Ansätzen zur Berechnung der Eigenmittelanforderungen für das operationelle Risiko gelten.

(53) Die Überwachung und Kontrolle der Risikopositionen eines Instituts sollte fester Bestandteil der Beaufsichtigung sein. Eine zu starke Konzentration von Krediten auf einen einzigen Kunden oder eine Gruppe verbundener Kunden kann ein inakzeptables Verlustrisiko zur Folge haben. Eine derartige Situation kann der Solvenz eines Instituts als abträglich angesehen werden.

(54) Bei der Feststellung, ob eine Gruppe verbundener Kunden vorliegt und die Risikopositionen somit ein einziges Risiko darstellen, sind auch die Risiken zu berücksichtigen, die sich aus einer gemeinsamen Quelle signifikanter Finanzierungen des Instituts selbst, seiner Finanzgruppe oder der mit ihnen verbundenen Parteien ergeben.

(55) Auch wenn die Kalkulation des Risikopositionswerts auf die für die Bestimmung der Eigenmittelanforderungen vorgesehene Berechnung gestützt werden sollte, ist es doch sinnvoll, für die Überwachung von Großkrediten Vorschriften ohne Risikogewichte oder Risikograde festzulegen. Außerdem wurde bei der Entwicklung der Kreditrisikominderungstechniken für die Solvenzordnung von der Annahme eines weit diversifizierten Kreditrisikos ausgegangen. Bei Großkrediten mit dem Risiko einer Konzentration auf eine einzige Adresse ist das Kreditrisiko nicht weit diversifiziert. Die Auswirkungen solcher Techniken sollten daher aufsichtsrechtlichen Sicherheitsvorkehrungen unterliegen. Bei Großkrediten muss in diesem Zusammenhang eine wirksame Kreditbesicherung vorgesehen werden.

(56) Da ein Verlust aus einem Kredit an ein Institut ebenso schwer ausfallen kann wie bei jedem anderen Kredit, sollten diese Kredite wie alle anderen behandelt und gemeldet werden. Es wurde eine alternative quantitative Obergrenze eingeführt, um unverhältnismäßige Auswirkungen dieses Ansatzes auf kleinere Institute abzuschwächen. Darüber hinaus sind sehr kurzfristige Risikopositionen im Zusammenhang mit Diensten des Zahlungsverkehrs, einschließlich Zahlungs-, Clearing- und Abwicklungs- sowie Verwahrdiensten für den Kunden, ausgenommen, um ein reibungsloses Funktionieren der Finanzmärkte und der damit zusammenhängenden Infrastruktur zu erleichtern. Zu diesen Diensten zählen beispielsweise Liquiditätsausgleich und -abrechnung sowie ähnliche Tätigkeiten zur Erleichterung der Abrechnung. Die damit verbundenen Risikopositionen umfassen Positionen, die gegebenenfalls nicht vorhersehbar sind und daher nicht der vollen Kontrolle eines Kreditinstituts unterliegen, unter anderem Guthaben auf Interbankenkonten, die sich aus Kundenzahlungen, einschließlich kreditierter oder debitierter Gebühren und Zinsen, und anderen Zahlungen für Kundendienstleistungen ergeben, sowie geleistete oder gestellte Sicherheiten.

(57) Die Interessen von Unternehmen, die Kredite in handelbare Wertpapiere und andere Finanzinstrumente „umverpacken" (Originatoren oder Sponsoren), und Unternehmen, die in diese Wertpapiere oder Instrumente investieren (Anleger), müssen in Einklang gebracht werden. Um dies zu gewährleisten, sollte der Originator oder Sponsor ein signifikantes Interesse an den zugrunde liegenden Aktiva behalten. Daher ist es wichtig, dass ein Teil des Risikos aus den betreffenden Krediten bei den Originatoren oder Sponsoren verbleibt. Generell sollten Verbriefungstransaktionen nicht so strukturiert sein, dass diese Pflicht zum Selbstbehalt – insbesondere durch Gebühren- und/oder Prämienstrukturen – umgangen wird. Die Selbstbehaltpflicht sollte in allen Situationen gelten, in denen es um die wirtschaftliche Substanz einer Verbriefung geht, ungeachtet der rechtlichen Strukturen oder Instrumente, die verwendet werden, um diese wirtschaftliche Substanz zu erhalten. Insbesondere wenn durch eine Verbriefung Kreditrisiken übertragen werden, sollten die Anleger ihre Entscheidungen erst nach gebührend sorgfältiger Abwägung treffen, weshalb sie hinreichend über die Verbriefungen informiert sein müssen.

(58) Diese Verordnung sieht ferner vor, dass die Vorschriften über die Haltepflicht nicht mehrfach zur Anwendung gebracht werden. Bei einer Verbriefungstransaktion genügt es, wenn nur der Originator, der Sponsor oder der ursprüngliche Kreditgeber unter die Pflicht zum Selbstbehalt fällt. Desgleichen sollte bei Verbriefungstransaktionen, denen andere Verbriefungen zugrunde liegen, die Selbstbehaltpflicht nur für die Verbriefung gelten, die Gegenstand der Investition ist. Angekaufte Forderungen sollten nicht unter die Selbstbehaltpflicht fallen, wenn sie aus einer Unternehmenstätigkeit stammen und zur Finanzierung einer solchen Tätigkeit mit einem Abschlag übertragen oder verkauft werden. Die zuständigen Behörden sollten im Falle nicht unerheblicher Verstöße gegen Grundsätze und Verfahren, die für die Analyse der zugrunde liegenden Risiken relevant sind, das Risikogewicht für die Nichterfüllung von Sorgfalts- und Risikomanagementpflichten bei Verbriefungen anwenden. Die Kommission sollte ebenfalls prüfen, ob der Grundsatz, nach dem die Vorschriften über die Selbstbehaltpflicht nicht mehrfach

zur Anwendung gebracht werden, zur Umgehung der Haltepflicht führen könnte und ob die Vorschriften für Verbriefungen von den zuständigen Behörden wirksam durchgesetzt werden.

(59) Um die Risiken, die sich aus verbrieften Krediten für Handelsbuch und Anlagebuch ergeben, korrekt bewerten zu können, sollte die gebotene Sorgfalt angewendet werden. Die Sorgfaltspflichten müssen zudem verhältnismäßig sein. Verfahren zur Wahrung der Sorgfaltspflicht sollten zu mehr Vertrauen zwischen Originatoren, Sponsoren und Anlegern führen. Deshalb wäre es wünschenswert, dass einschlägige Informationen zu diesen Verfahren ordnungsgemäß offen gelegt werden.

(60) Wenn ein Institut seinem Mutterunternehmen oder anderen Tochterunternehmen dieses Mutterunternehmens Kredite gewährt, ist besondere Vorsicht geboten. Eine solche Kreditgewährung seitens eines Instituts sollte völlig autonom, nach den Prinzipien einer soliden Geschäftsführung und ohne Berücksichtigung sonstiger Gesichtspunkte erfolgen. Dies ist insbesondere bei Großkrediten und in Fällen, die nicht nur mit der gruppeninternen Verwaltung oder üblichen gruppeninternen Geschäften im Zusammenhang stehen, von Bedeutung. Die zuständigen Behörden sollten solchen gruppeninternen Krediten besondere Aufmerksamkeit schenken. Von einer Anwendung dieser Normen kann jedoch abgesehen werden, wenn das Mutterunternehmen eine Finanzholdinggesellschaft oder ein Kreditinstitut ist oder die anderen Tochterunternehmen Kreditinstitute, Finanzinstitute oder Anbieter von Nebendienstleistungen sind und all diese Unternehmen in die Beaufsichtigung des Kreditinstituts auf konsolidierter Basis einbezogen werden.

(61) In Anbetracht der Risikosensitivität der Eigenmittelanforderungen sollte regelmäßig überprüft werden, ob diese signifikante Auswirkungen auf den Konjunkturzyklus haben. Die Kommission sollte dem Europäischen Parlament und dem Rat unter Berücksichtigung des Beitrags der Europäischen Zentralbank (EZB) darüber Bericht erstatten.

(62) Die Eigenmittelanforderungen an Warenhändler, einschließlich der Händler, die derzeit von den Anforderungen der Richtlinie 2004/39/EG des Europäischen Parlaments und des Rates vom 21. April 2004 über Märkte für Finanzinstrumente[1)] ausgenommen sind, sollten überprüft werden.

(63) Die Liberalisierung der Gas- und Elektrizitätsmärkte ist sowohl in wirtschaftlicher als auch in politischer Hinsicht ein wichtiges Ziel der Union. Daher sollten die Eigenmittelanforderungen und sonstigen Aufsichtsvorschriften für Unternehmen, die in diesen Märkten tätig sind, verhältnismäßig sein und die Verwirklichung der Liberalisierung nicht ungebührlich behindern. Das Ziel der Liberalisierung sollte insbesondere auch bei Überarbeitungen dieser Verordnung berücksichtigt werden.

(64) Institute, die in Wiederverbriefungen investieren, sollten auch in Bezug auf die zugrunde liegenden Verbriefungen und die unverbrieften Basispositionen die gebotene Sorgfalt walten lassen. Institute sollten prüfen, ob Risikopositionen aus Programmen forderungsgedeckter Geldmarktpapiere Wiederverbriefungspositionen darstellen, einschließlich Risikopositionen aus Programmen, bei denen vorrangige Tranchen getrennter Darlehens-Portfolios erworben werden, bei denen keines der Darlehen eine Verbriefungs- oder Wiederverbriefungsposition darstellt und die Erstverlustbesicherung jeder Anlage vom Verkäufer des Kredits übernommen wird. Im zuletzt genannten Fall sollte eine poolspezifische Liquiditätsfazilität generell nicht als Wiederverbriefungsposition betrachtet werden, da sie eine Tranche eines einzelnen Pools von Vermögenswerten darstellt (nämlich des jeweiligen Darlehens-Portfolios), der keine Verbriefungspositionen beinhaltet. Im Gegensatz dazu würde es sich bei einer programmweiten Bonitätsverbesserung, die nur einen Teil der Verluste abdeckt, die oberhalb der vom Verkäufer abgesicherten Verluste für die verschiedenen Pools liegen, generell um eine Tranchierung des Verlustrisikos eines Pools unterschiedlicher Vermögenswerte, der mindestens eine Verbriefungsposition beinhaltet, handeln und somit eine Wiederverbriefungsposition darstellen. Finanziert sich ein solches Emissionsprogramm jedoch vollständig über eine einzige Kategorie von Geldmarktpapieren und ist entweder die programmweite Bonitätsverbesserung keine Wiederverbriefung oder wird das Geldmarktpapier von dem Sponsor-Institut vollständig unterstützt, so dass der die Geldmarktpapiere erwerbende Anleger effektiv das Ausfallrisiko des Sponsor-Kreditinstituts und nicht das des zugrunde liegenden Pools oder der zugrunde liegenden Vermögenswerte trägt, sollten derartige Geldmarktpapiere generell nicht als Wiederverbriefungsposition betrachtet werden.

[1)] **Amtl. Anm.:** ABl. L 145 vom 30.4.2004, S. 1.

(65) Die Bestimmungen zur vorsichtigen Bewertung des Handelsbuchs sollten für alle zum beizulegenden Zeitwert bewerteten Instrumente gelten, unabhängig davon, ob sie im Handels- oder im Anlagebuch von Instituten erfasst sind. Es sollte klargestellt werden, dass in Fällen, in denen die vorsichtige Bewertung einen niedrigeren als den tatsächlich angesetzten Buchwert zur Folge hätte, der absolute Wert der Differenz von den Eigenmitteln abgezogen werden sollte.

(66) Institute sollten wählen können, ob sie Verbriefungspositionen, denen nach dieser Verordnung ein Risikogewicht von 1 250 % zugewiesen wird, mit Eigenmitteln unterlegen oder vom harten Kernkapital abziehen, wobei es keine Rolle spielt, ob diese Positionen im Handels- oder im Anlagebuch erfasst sind.

(67) Originatoren oder Sponsoren sollten das Verbot der impliziten Kreditunterstützung nicht durch die Verwendung ihres Handelsbuches für solche Zwecke umgehen können.

(68) Unbeschadet der in dieser Verordnung ausdrücklich vorgeschriebenen Angaben sollten die Offenlegungspflichten zum Ziel haben, den Marktteilnehmern präzise und umfassende Angaben zum Risikoprofil einzelner Institute zur Verfügung zu stellen. Aus diesem Grund sollte Instituten die Offenlegung zusätzlicher, in dieser Verordnung nicht ausdrücklich genannter Angaben vorgeschrieben werden, wenn eine solche Offenlegung zur Erreichung dieses Ziels erforderlich ist. Gleichzeitig sollten die zuständigen Behörden den Fällen angemessene Aufmerksamkeit schenken, in denen der Verdacht besteht, dass ein Institut Angaben als Geschäftsgeheimnis oder als vertraulich einstuft, um ihre Offenlegung zu vermeiden.

(69) Werden bei einer externen Bonitätsbeurteilung für eine Verbriefungsposition die Auswirkungen einer Besicherung durch das investierende Institut selbst berücksichtigt, sollte das Institut nicht von dem aus dieser Besicherung resultierenden niedrigeren Risikogewicht profitieren können. Wenn es andere Wege gibt, das Risikogewicht dem tatsächlichen Risiko der Position entsprechend zu bestimmen, ohne dabei diese Besicherung zu berücksichtigen, sollte die Verbriefungsposition nicht von den Eigenmitteln abgezogen werden.

(70) Angesichts der schwachen Ergebnisse in jüngerer Zeit sollten die Standards für interne Modelle zur Berechnung der Eigenmittelanforderungen für das Marktrisiko angehoben werden. Insbesondere die Risikoerfassung sollte mit Blick auf die Kreditrisiken im Handelsbuch vervollständigt werden. Darüber hinaus sollten die Eigenmittelanforderungen eine Komponente für Stresssituationen enthalten, um die Anforderungen bei sich verschlechternden Marktbedingungen zu stärken und mögliche prozyklische Wirkungen zu verringern. Ebenso sollten Institute umgekehrte Stresstests durchführen, um zu prüfen, welche Szenarien eine Gefahr für den Fortbestand des Instituts darstellen könnten, es sei denn, sie können nachweisen, dass auf einen solchen Test verzichtet werden kann. Angesichts der jüngst festgestellten besonderen Schwierigkeiten bei der Verwendung interner Modelle für Verbriefungspositionen sollte die Anerkennung der Modelle von *Institute*[1] zur Berechnung der Eigenmittelanforderung für ihre Verbriefungsrisiken im Handelsbuch begrenzt und für Verbriefungspositionen im Handelsbuch eine standardisierte Eigenmittelunterlegung vorgeschrieben werden.

(71) Mit dieser Verordnung werden begrenzte Ausnahmen für bestimmte Korrelationshandelsaktivitäten festgelegt, gemäß denen es Instituten von ihren Aufsichtsbehörden gestattet werden kann, eine Eigenmittelanforderung für das Gesamtrisiko zu berechnen, wobei jedoch strenge Anforderungen zu erfüllen sind. In solchen Fällen sollte von den Instituten verlangt werden, für die Korrelationshandelsaktivitäten den Betrag der Eigenmittelanforderung gemäß dem internen Ansatz oder 8 % der Eigenmittelanforderung für das spezifische Risiko nach dem Standard-Messverfahren, wenn dieser Betrag höher ist, zu verwenden. Von den Instituten sollte nicht verlangt werden, diese Positionen in den Ansatz für zusätzliche Risiken einzubeziehen, allerdings sollten sie in die Modelle für das Risikopotenzial („Value-at-Risk") und die Modelle für das Risikopotenzial unter Stressbedingungen („Stressed Value-at-risk") einbezogen werden.

(72) Angesichts der Art und des Umfangs der unerwarteten Verluste, die Institute in der Wirtschafts- und Finanzkrise erlitten haben, müssen die Qualität der von Instituten vorzuhaltenden Eigenmittel verbessert und die Harmonisierung in diesem Bereich weiter vorangebracht werden. Dies sollte auch die Einführung einer neuen Definition der Kernelemente der zum Auffangen unerwarteter Verluste verfügbaren Eigenmittel umfassen sowie Verbesserungen der Definition von Hybridkapital und die Vereinheitlichung der aufsichtlichen Anpassungen in Bezug auf die Eigenmittel. Ferner müssen die Untergrenzen für die Eigenmittelausstattung deutlich angehoben und neue Kapitalquoten festgelegt werden, wobei der Schwerpunkt auf den zum Auffangen entstehender Verluste verfügbaren Kernbestandteilen der Eigenmittel liegt. Es wird erwartet, dass

[1] Richtig wohl: „Instituten".

Institute, deren Aktien zum Handel an einem geregelten Markt zugelassen sind, die für sie geltenden Eigenmittelanforderungen hinsichtlich der Kernbestandteile der Eigenmittel ausschließlich durch diese Aktien, die strengen Kriterien für die Kerninstrumente der Eigenmittel genügen müssen, und die offengelegten Rücklagen des Instituts decken. Um die Vielfalt der Rechtsformen, unter denen Institute in der Union betrieben werden, ausreichend zu berücksichtigen, sollten die strengen Kriterien für die Kernkapitalinstrumente gewährleisten, dass diese Instrumente für Institute, deren Aktien nicht zum Handel an einem geregelten Markt zugelassen sind, von höchster Qualität sind. Unbeschadet dessen sollten Institute für Aktien, an die ein geringeres oder kein Stimmrecht geknüpft ist, Dividenden in mehrfacher Höhe der Dividenden für Aktien mit relativ höherem Stimmrecht ausschütten dürfen, sofern die strengen Kriterien in Bezug auf Instrumente des harten Kernkapitals, einschließlich derjenigen hinsichtlich der Flexibilität bei Ausschüttungen unabhängig vom Umfang der Stimmrechte eingehalten werden und sofern im Ausschüttungsfall etwaige Dividenden für alle von dem Institut begebenen Aktien zu zahlen sind.

(73) Risikopositionen aus der Handelsfinanzierung unterscheiden sich zwar in ihrer Art, teilen jedoch bestimmte Eigenschaften wie einen geringen Positionswert und kurze Laufzeiten und haben eine feststellbare Rückzahlungsquelle. Sie stützen sich auf den Austausch von Waren und Dienstleistungen, mit dem die Realwirtschaft unterstützt wird, und helfen in den meisten Fällen kleineren Unternehmen bei ihrem Tagesgeschäft und fördern so Wachstum und Beschäftigung. Zuflüssen stehen in der Regel Abflüsse in gleicher Höhe gegenüber, wodurch das Liquiditätsrisiko begrenzt wird.

(74) Es ist angebracht, dass die EBA ein laufend aktualisiertes Verzeichnis aller Arten von Kapitalinstrumenten in jedem Mitgliedstaat führt, die als Instrumente des harten Kernkapitals akzeptiert werden. Sie sollte nach dem Inkrafttreten dieser Verordnung begebene Instrumente, die keine Instrumente der staatlichen Beihilfe sind und die die Kriterien dieser Verordnung nicht erfüllen, aus diesem Verzeichnis löschen und diese Löschung bekanntmachen. Werden Instrumente, die die EBA aus dem Verzeichnis gelöscht hat, nach der Bekanntmachung der EBA weiter anerkannt, sollte die EBA uneingeschränkt Gebrauch von ihren Befugnissen machen, insbesondere denen, die ihr gemäß Artikel 17 der Verordnung (EU) Nr. 1093/2010 in Bezug auf Verstöße gegen Unionsrecht übertragen worden sind. Bekanntlich gibt es einen dreistufigen Mechanismus, der bei nicht ordnungsgemäßer oder unzureichender Befolgung des Unionsrechts eine dem jeweiligen Fall entsprechende Reaktion ermöglicht; dabei ist die EBA in der ersten Stufe befugt, behauptete Fälle nicht ordnungsgemäßer oder unzureichender Einhaltung von Vorschriften des Unionsrechts in der Aufsichtspraxis einzelstaatlicher Behörden zu untersuchen und daraufhin eine Empfehlung auszusprechen. Kommt die zuständige nationale Behörde der Empfehlung nicht nach, ist die Kommission zweitens befugt, eine förmliche Stellungnahme abzugeben, in der sie die zuständige Behörde unter Berücksichtigung der Empfehlung der EBA auffordert, die die Befolgung des Unionsrechts durch entsprechende Maßnahmen zu gewährleisten. Um Ausnahmesituationen ein Ende zu setzen, in denen die zuständige Behörde anhaltend nicht reagiert, hat die EBA drittens als letztes Mittel die Befugnis, Beschlüsse zu erlassen, die an einzelne Finanzinstitute gerichtet sind. Ferner ist die Kommission bekanntlich nach Artikel 258 AEUV befugt, den Gerichtshof der Europäischen Union anzurufen, wenn sie der Auffassung ist, dass ein Mitgliedstaat gegen eine Verpflichtung aus den Verträgen verstoßen hat.

(75) Die zuständigen Behörden sollten unbeschadet dieser Verordnung weiterhin in der Lage sein, Voraberlaubnisverfahren in Bezug auf Verträge über Instrumente für zusätzliches Kernkapital und Ergänzungskapital durchzuführen. In diesen Fällen sollten solche Kapitalinstrumente nur dann dem zusätzlichen Kernkapital oder dem Ergänzungskapital des Instituts zugerechnet werden, wenn sie diese Verfahren erfolgreich durchlaufen haben.

(76) Um Marktdisziplin und Finanzstabilität zu stärken, müssen detailliertere Offenlegungspflichten hinsichtlich Form und Art der aufsichtsrechtlichen Eigenmittel sowie der aufsichtlichen Anpassungen eingeführt werden, die gewährleisten, dass An- und Einleger in ausreichendem Maße über die Solvenz der Kreditinstitute und Wertpapierfirmen informiert sind.

(77) Darüber hinaus müssen die zuständigen Behörden, zumindest in zusammengefasster Form, Kenntnis von der Höhe von Rückkaufsvereinbarungen, Wertpapierleihgeschäften und allen Formen der Belastung von Vermögenswerten haben. Diese Angaben sollten den zuständigen Behörden zu melden sein. Um die Marktdisziplin zu stärken, sollten ausführlichere Pflichten in Bezug auf die Offenlegung von Rückkaufsvereinbarungen und gesicherten Finanzierungen eingeführt werden.

(78) Bei der neuen Definition der Eigenmittel und der aufsichtsrechtlichen Eigenmittelanforderungen sollten die unterschiedlichen nationalen Ausgangspositionen und Gegebenheiten berück-

sichtigt werden, wobei sich die anfänglichen Abweichungen von den neuen Standards im Laufe des Übergangszeitraums verringern werden. Um hinsichtlich der Höhe der vorgehaltenen Eigenmittel eine angemessene Kontinuität sicherzustellen, genießen im Rahmen einer Rekapitalisierungsmaßnahme gemäß den Vorschriften für staatliche Beihilfen und vor dem Datum der Anwendung dieser Verordnung begebene Instrumente während des Übergangszeitraums Bestandsschutz. Der Rückgriff auf staatliche Beihilfen sollte in Zukunft so weit wie möglich zurückgefahren werden. Sofern staatliche Beihilfen jedoch in bestimmten Situationen notwendig sind, sollte diese Verordnung einen Rahmen für solche Fälle vorsehen. Sie sollte insbesondere präzisieren, wie im Kontext einer Rekapitalisierungsmaßnahme gemäß den Vorschriften für staatliche Beihilfen begebene Eigenmittelinstrumente behandelt werden sollten. Es sollten strikte Voraussetzungen zu erfüllen sein, wenn Institute eine solche Behandlung nutzen wollen. Darüber hinaus sollte diese Behandlung, insofern sie Abweichungen von den neuen Kriterien über die Güte von Eigenmittelinstrumenten zulässt, diese Abweichungen so weit wie möglich einschränken. Die Behandlung vorhandener im Kontext einer Rekapitalisierungsmaßnahme gemäß den Vorschriften für staatliche Beihilfen begebener Eigenmittelinstrumente sollte deutlich zwischen Instrumenten, die den Anforderungen dieser Verordnung genügen und denen, die das nicht tun, unterscheiden. Für letztere sollten daher in dieser Verordnung geeignete Übergangsmaßnahmen vorgesehen werden.

(79) Gemäß der Richtlinie 2006/48/EG mussten Kreditinstitute bis zum 31. Dezember 2011 Eigenmittel in einer vorgeschriebenen Mindesthöhe vorhalten. Da der Bankensektor die Auswirkungen der Finanzkrise noch nicht überwunden hat und die vom Basler Ausschuss verabschiedeten Übergangsbestimmungen für die Eigenmittelanforderungen verlängert wurden, sollte für einen beschränkten Zeitraum erneut ein niedrigerer Grenzwert eingeführt werden, bis im Einklang mit den in dieser Verordnung festgelegten Übergangsbestimmungen, die ab dem Datum der Anwendung dieser Verordnung bis 2019 schrittweise eingeführt werden, Eigenmittel in ausreichender Höhe konstituiert wurden.

(80) Für Gruppen mit signifikanter Banken- oder Anlage- und Versicherungstätigkeit wurden in die Richtlinie 2002/87/EG des Europäischen Parlaments und des Rates vom 16. Dezember 2002 über die zusätzliche Beaufsichtigung von Kreditinstituten, Versicherungsunternehmen und Wertpapierfirmen in einem Finanzkonglomerat[1] eigene Vorschriften über die „Doppelbelegung" von Eigenmitteln aufgenommen. Die Richtlinie 2002/87/EG stützt sich auf international anerkannte Prinzipien für den Umgang mit Risiken in unterschiedlichen Branchen. Diese Verordnung stärkt die Anwendung dieser Vorschriften für Finanzkonglomerate auf Banken- und Wertpapierfirmengruppen und gewährleistet eine konsequente und kohärente Anwendung. Weitere Änderungen, die sich gegebenenfalls als nötig erweisen, werden bei der 2015 erwarteten Überarbeitung der Richtlinie 2002/87/EG behandelt.

(81) In der Finanzkrise hat sich deutlich gezeigt, dass Institute das Gegenparteiausfallrisiko bei OTC-Derivaten erheblich unterschätzten. Deshalb wurde auf dem G20-Gipfel vom September 2009 für mehr OTC-Derivate ein Clearing über eine zentrale Gegenpartei (ZGP) gefordert. Zudem wurde verlangt, OTC-Derivate, für die ein zentrales Clearing nicht möglich ist, strengeren Eigenmittelanforderungen zu unterwerfen, um die höheren Risiken, die mit diesen Produkten verbunden sind, angemessen widerzuspiegeln.

(82) Im Anschluss an diese Forderung der G20 hat der Basler Ausschuss als Teil der Basel-III-Rahmenregelung die Regelung für das Gegenparteiausfallrisiko erheblich geändert. Die Basel-III-Rahmenregelung wird die Eigenmittelanforderungen für OTC-Derivate und Wertpapierfinanzierungsgeschäfte von Instituten voraussichtlich deutlich verschärfen und für diese starke Anreize schaffen, zentrale Gegenparteien in Anspruch zu nehmen. Die Basel-III-Rahmenregelung dürfte auch weitere Anreize bieten, das Risikomanagement von Risikopositionen gegenüber Gegenparteien zu verbessern, und die aktuelle Regelung für den Umgang mit dem Gegenparteiausfallrisiko hinsichtlich ZGP ändern.

(83) Institute sollten zusätzliche Eigenmittel vorhalten, um dem Risiko einer Anpassung der Kreditbewertung von OTC-Derivaten Rechnung zu tragen. Ferner sollten Institute bei der Berechnung der Eigenmittelanforderungen für Gegenparteiausfallrisiko-Positionen aus OTC-Derivaten und Wertpapierfinanzierungsgeschäften für bestimmte Finanzinstitute eine höhere Vermögenswert-Korrelation anwenden. Institute sollten auch verpflichtet sein, die Messung des Gegenparteiausfallrisikos und den Umgang damit deutlich zu verbessern und zu diesem Zweck

---

[1] **Amtl. Anm.:** ABl. L 35 vom 11.2.2003, S. 1.

Korrelationsrisiken, Gegenparteien mit hohem Fremdfinanzierungsgrad und Sicherheiten genauer prüfen und Rückvergleiche und Stresstests entsprechend verbessern.

(84) Auf Handelsrisikopositionen gegenüber ZGP wird üblicherweise der multilaterale Aufrechnungs- und Verlustübernahmemechanismus der ZGP angewandt. Diese Positionen haben deshalb ein sehr niedriges Gegenparteiausfallrisiko und sollten nur sehr niedrigen Eigenmittelanforderungen unterliegen. Die Anforderung sollte jedoch im positiven Bereich liegen, um sicherzustellen, dass Institute ihre Risikopositionen gegenüber ZGP im Rahmen eines guten Risikomanagements aufzeichnen und überwachen, und um zu zeigen, dass selbst Handelsrisikopositionen gegenüber ZGP nicht risikofrei sind.

(85) Ausfallfonds der ZGP sind Mechanismen, die eine Aufteilung (Umlage) von Verlusten zwischen den Clearingmitgliedern der ZGP ermöglichen. Sie werden genutzt, wenn die nach Ausfall eines Clearingmitglieds eintretenden Verluste der ZGP höher sind als die Einschüsse und die Beiträge des betreffenden Clearingmitglieds zum Ausfallfonds sowie jeglicher sonstige Schutzmechanismus, den die ZGP vor einem Zugriff auf die Beiträge der anderen Clearingmitglieder zum Ausfallfonds nutzen kann. Vor diesem Hintergrund ist das Verlustrisiko aufgrund von Risikopositionen aus Beiträgen zu Ausfallfonds höher als das Risiko aus Handelsrisikopositionen. Deshalb sollten für diese Art von Risikopositionen höhere Eigenmittelanforderungen gelten.

(86) Die „hypothetische Kapitalanforderung" einer ZGP sollte eine Variable sein, die bei der Berechnung der Eigenmittelunterlegung der Risikopositionen eines Clearingmitglieds aus seinen Beiträgen zum Ausfallfonds einer ZGP berücksichtigt wird. Es sollte keine andere Bedeutung haben. Es sollte insbesondere nicht als das Kapital verstanden werden, das eine ZGP auf Verlangen ihrer zuständigen Behörde vorhalten muss.

(87) Die Überprüfung der Behandlung des Gegenparteiausfallrisikos und insbesondere die Festlegung höherer Eigenmittelanforderungen für bilaterale Derivatkontrakte, deren höheres Risiko für das Finanzsystem besser reflektiert werden soll, ist fester Bestandteil der Anstrengungen der Kommission zur Schaffung effizienter, sicherer und solider Derivatemärkte. Somit ergänzt diese Verordnung die Verordnung (EU) Nr. 648/2012 des Europäischen Parlaments und des Rates vom 4. Juli 2012 über OTC-Derivate, zentrale Gegenparteien und Transaktionsregister[1].

(88) Die Kommission sollte die einschlägigen Ausnahmen für Großkredite bis 31. Dezember 2015 überprüfen. Bis die Ergebnisse dieser Überprüfung vorliegen, sollten die Mitgliedstaaten während einer ausreichend langen Übergangszeit weiterhin die Möglichkeit haben, für bestimmte Großkredite eine Ausnahme von diesen Vorschriften zu gewähren. Aufbauend auf den Arbeiten im Rahmen der Ausarbeitung und Aushandlung der Richtlinie 2009/111/EG des Europäischen Parlaments und des Rates vom 16. September 2009 zur Änderung der Richtlinien 2006/48/EG, 2006/49/EG und 2007/64/EG hinsichtlich Zentralorganisationen zugeordneter Banken, bestimmter Eigenmittelbestandteile, Großkredite, Aufsichtsregelungen und Krisenmanagement[2] und unter Berücksichtigung der Entwicklungen in diesen Fragen auf internationaler und auf Unionsebene sollte die Kommission prüfen, ob diese Ausnahmen weiterhin individuell oder auf allgemeinere Weise angewandt werden sollten, und darüber, ob die mit diesen Krediten verbundenen Risiken durch andere, in dieser Verordnung festgelegte wirksame Maßnahmen erfasst werden.

(89) Um sicherzustellen, dass von den zuständigen Behörden gewährte Ausnahmen für Kredite die Kohärenz der mit dieser Verordnung festgelegten einheitlichen Vorschriften nicht dauerhaft gefährden, sollten die zuständigen Behörden nach einer Übergangszeit – und falls die Überprüfung keine Ergebnisse bringt – die EBA dazu konsultieren, ob es nach wie vor zweckmäßig ist, die Möglichkeit, Ausnahmen für bestimmte Kredite zu gewähren, zu nutzen.

(90) Die Jahre vor Ausbruch der Finanzkrise waren durch ein exzessives Wachstum der Risikopositionen von Instituten im Verhältnis zu ihren Eigenmitteln (Verschuldung) gekennzeichnet. Während der Finanzkrise sahen sich Institute aufgrund von Verlusten und Refinanzierungsengpässen gezwungen, diese Verschuldung innerhalb eines sehr kurzen Zeitraums deutlich zu verringern. Dies verstärkte den Abwärtsdruck auf Vermögenspreise und führte zu weiteren Verlusten für Kreditinstitute und Wertpapierfirmen, so dass sich deren Eigenmittel weiter verringerten. Infolge dieser Negativspirale kam es zu einer Kreditknappheit in der Realwirtschaft und es entstand eine tiefere und länger andauernde Krise.

(91) Risikobasierte Eigenmittelanforderungen sind von wesentlicher Bedeutung, um sicherzustellen, dass genügend Eigenmittel zur Deckung unerwarteter Verluste zur Verfügung stehen. Die Krise

[1] **Amtl. Anm.:** ABl. L 201 vom 27.7.2012, S. 1.
[2] **Amtl. Anm.:** ABl. L 302 vom 17.11.2009, S. 97.

hat jedoch gezeigt, dass diese Anforderungen alleine nicht ausreichen, um Institute davon abzuhalten, exzessive, auf Dauer nicht tragbare Verschuldungsrisiken einzugehen.

(92) Im September 2009 wurde auf dem G20-Gipfel beschlossen, international anerkannte Regeln zu erarbeiten, die einer exzessiven Verschuldung entgegenwirken. Zu diesem Zweck wurde die Einführung einer Verschuldungsquote als ergänzende Maßnahme zur Basel-II-Rahmenregelung befürwortet.

(93) Im Dezember 2010 veröffentlichte der Basler Ausschuss Leitlinien, in denen eine Methodik für die Berechnung der Verschuldungsquote beschrieben ist. In den einschlägigen Bestimmungen ist ein Beobachtungszeitraum vorgesehen, der vom 1. Januar 2013 bis zum 1. Januar 2017 läuft und dazu dient, die Verschuldungsquote, ihre Komponenten und die Wechselwirkungen mit der risikobasierten Eigenmittelunterlegung zu überwachen. Je nach den Ergebnissen dieses Beobachtungszeitraums plant der Basler Ausschuss, in der ersten Jahreshälfte 2017 etwaige letzte Anpassungen der Definition und Kalibrierung der Verschuldungsquote vorzunehmen, um am 1. Januar 2018 zu einer verpflichtenden Anforderung überzugehen, die auf einer angemessenen Definition und Kalibrierung basiert. In den Leitlinien des Basler Ausschusses ist auch die Offenlegung der Verschuldungsquote und ihrer Komponenten ab dem 1. Januar 2015 vorgesehen.

(94) Die Verschuldungsquote ist ein neues Regelungs- und Aufsichtsinstrument der Union. Es sollte im Einklang mit internationalen Vereinbarungen zunächst als ergänzendes Werkzeug eingeführt werden, das nach Ermessen der Aufsichtsbehörden auf einzelne Institute angewandt werden kann. Die Meldepflichten der Institute würden eine angemessene Überprüfung und Kalibrierung und einen Übergang zu einer verbindlichen Maßnahme im Jahr 2018 ermöglichen.

(95) Bei der Prüfung der Auswirkungen der Verschuldungsquote auf verschiedene Geschäftsmodelle sollte Geschäftsmodellen mit anscheinend niedrigem Risiko, z.B. Hypothekendarlehen und Spezialfinanzierungen für regionale oder lokale Gebietskörperschaften oder öffentliche Stellen besondere Aufmerksamkeit geschenkt werden. Ausgehend von den übermittelten Daten und den Ergebnissen der aufsichtlichen Überprüfung während eines Beobachtungszeitraums sollte die EBA in Zusammenarbeit mit den zuständigen Behörden eine Klassifikation der Geschäftsmodelle und Risiken ausarbeiten. Gestützt auf geeignete Analysen und unter Berücksichtigung von historischen Daten und Stressszenarien sollte bewertet werden, welche Stufen der Verschuldungsquote geeignet sind, um die Widerstandsfähigkeit der verschiedenen Geschäftsmodelle zu sichern und ob die Stufen als Schwellenwerte oder als Bandbreiten festgelegt werden sollten. Nach dem Beobachtungszeitraum und der Kalibrierung der jeweiligen Stufen der Verschuldungsquote kann die EBA ausgehend von der Bewertung eine geeignete statistische Überprüfung, einschließlich Mittelwerten und Standardabweichungen, der Verschuldungsquote veröffentlichen. Nach ihrer Annahme sollte die EBA eine geeignete statistische Überprüfung, einschließlich Mittelwerten und Standardabweichungen, der Verschuldungsquote in Bezug auf die festgelegten Kategorien von Instituten veröffentlichen.

(96) Institute sollten im Rahmen des Verfahrens zur Beurteilung der Angemessenheit ihres internen Kapitals (ICAAP) Höhe und Veränderungen der Verschuldungsquote und des Verschuldungsrisikos überwachen. Diese Überwachung sollte in die aufsichtliche Überprüfung eingegliedert werden. Insbesondere sollten die zuständigen Behörden nach dem Inkrafttreten der Anforderungen an die Verschuldungsquote die Entwicklungen der Geschäftsmodelle und der zugehörigen Risikoprofile beobachten, damit die Klassifikation der Institute stets aktuell und korrekt ist.

(97) Strukturen der verantwortlichen Unternehmensführung, Transparenz und Offenlegung sind für eine solide Vergütungspolitik von wesentlicher Bedeutung. Um dem Markt gegenüber eine angemessene Transparenz ihrer Vergütungsstrukturen und den damit verbundenen Risiken zu gewährleisten, sollten Institute ihre Vergütungspolitik und -praxis sowie die aus Vertraulichkeitsgründen aggregierten Vergütungssummen für alle Beschäftigten, deren berufliche Tätigkeiten sich wesentlich auf das Risikoprofil des Instituts auswirken, detailliert offenlegen. Diese Information sollte der Öffentlichkeit zugänglich gemacht werden. Diese besonderen Anforderungen sollten branchenübergreifend geltende allgemeinere Offenlegungspflichten hinsichtlich der Vergütungspolitik nicht berühren. Darüber hinaus sollten Mitgliedstaaten Instituten vorschreiben dürfen, ausführlichere Angaben zu Vergütungen zur Verfügung zu stellen.

(98) Die Anerkennung einer Ratingagentur als externe Ratingagentur (ECAI) darf nicht dazu führen, dass sich ein Markt, der bereits von drei großen Unternehmen beherrscht wird, noch weiter abschottet. Ohne das Verfahren einfacher oder weniger anspruchsvoll zu machen, sollten die EBA und die Zentralbanken des ESZB dafür sorgen, dass mehr Ratingagenturen als ECAI anerkannt werden, um den Markt für andere Unternehmen zu öffnen.

(99) Bei der Verarbeitung personenbezogener Daten für die Zwecke dieser Verordnung sollten die Richtlinie 95/46/EG des Europäischen Parlaments und des Rates vom 24. Oktober 1995 zum Schutz natürlicher Personen bei der Verarbeitung personenbezogener Daten und zum freien Datenverkehr[1] und die Verordnung (EG) Nr. 45/2001 des Europäischen Parlaments und des Rates vom 18. Dezember 2000 zum Schutz natürlicher Personen bei der Verarbeitung personenbezogener Daten durch die Organe und Einrichtungen der Gemeinschaft und zum freien Datenverkehr[2] uneingeschränkt angewandt werden.

(100) Institute sollten einen diversifizierten Puffer liquider Aktiva halten, um bei kurzfristig angespannter Liquiditätslage den Liquiditätsbedarf decken zu können. Da es nicht möglich ist, im Vorhinein mit Sicherheit zu wissen, welche Vermögenswerte innerhalb jeder Anlageklasse im Nachhinein Schocks ausgesetzt sein werden, ist es angebracht, die Schaffung eines diversifizierten und hochwertigen, *aus verschiedenen Kategorien Vermögenswerten bestehenden Liquiditätspuffer*[3] zu fördern. Eine Konzentration von Vermögenswerten und ein übermäßiger Rückgriff auf Marktliquidität schaffen Systemrisiken für den Finanzsektor und sollten vermieden werden. Während eines ersten Beobachtungszeitraums, der zur Ausarbeitung einer Definition einer Liquiditätsdeckungsanforderung dienen wird, sollte daher eine große Bandbreite hochwertiger Vermögenswerte in Betracht gezogen werden. Bei der Ausarbeitung einer einheitlichen Definition von liquiden Aktiva sollte davon ausgegangen werden, dass zumindest Staatsanleihen und gedeckte Schuldverschreibungen, die mit einem laufenden Umsatz an transparenten Märkten gehandelt werden, als Aktiva mit äußerst hoher Liquidität und Kreditwürdigkeit gelten. Es wäre ferner angebracht, dass Vermögenswerte im Sinne des Artikels 416 Absatz 1 Buchstaben a bis c ohne Einschränkung in den Puffer einbezogen werden. Wenn Institute auf diesen Liquiditätsbestand zurückgreifen, sollten sie einen Plan zur Wiederauffüllung ihrer Bestände an liquiden Aktiva erstellen, dessen Angemessenheit und Umsetzung durch die zuständigen Behörden sicherzustellen ist.

(101) Der Bestand an liquiden Aktiva sollte jederzeit verfügbar sein, um auf Liquiditätsabflüsse reagieren zu können. Die Höhe des Liquiditätsbedarfs bei kurzfristig angespannter Liquiditätslage sollte nach einem Standardkonzept ermittelt werden, um einheitliche Solidität und gleiche Wettbewerbsbedingungen sicherzustellen. Dabei ist zu gewährleisten, dass eine solche standardisierte Ermittlung keine unerwünschten Auswirkungen auf Finanzmärkte, Kreditvergabe und Wirtschaftswachstum hat, wobei auch die unterschiedlichen Geschäfts- und Anlagemodelle und Refinanzierungsbedingungen von Instituten in der Union zu berücksichtigen sind. Deshalb sollte für die Liquiditätsdeckungsanforderung ein Beobachtungszeitraum angesetzt werden. Der Kommission sollte die Befugnis übertragen werden, auf der Grundlage dieser Beobachtungen und gestützt auf Berichte der EBA, einen delegierten Rechtsakt zur zeitnahen Einführung einer detaillierten und harmonisierten Liquiditätsdeckungsanforderung für die Union zu erlassen. Um eine globale Harmonisierung im Bereich der Liquiditätsvorschriften zu gewährleisten, sollte jeder delegierte Rechtsakt zur Einführung der Liquiditätsdeckungsanforderung unter Berücksichtigung unionsspezifischer und nationaler Besonderheiten der Liquiditätsdeckungsquote vergleichbar sein, die die endgültige internationale Vereinbarung über Messung, Standards und Überwachung in Bezug auf das Liquiditätsrisiko des Basler Ausschusses vorsieht.

(102) Zu diesem Zweck sollte die EBA im Beobachtungszeitraum unter anderem prüfen und bewerten, ob ein Schwellenwert von 60 % für liquide Aktiva der Stufe 1, eine Begrenzung der Zuflüsse auf 75 % der Abflüsse und die schrittweise Einführung der Liquiditätsdeckungsanforderung von 60 % ab dem 1. Januar 2015 und stufenweise auf 100 % ansteigend angemessen sind. Bei der Bewertung und Berichterstattung über die einheitlichen Begriffsbestimmungen des Bestands an liquiden Aktiva sollte die EBA von der Definition der erstklassigen liquiden Aktiva des Basler Ausschusses ausgehen und dabei unionsspezifische und nationale Besonderheiten berücksichtigen. Die EBA sollte zum einen die Währungen ermitteln, bei denen der Bedarf von in der Union niedergelassenen Instituten an liquiden Aktiva deren Verfügbarkeit in der betreffenden Währung übersteigt, und zum anderen jährlich prüfen, ob Ausnahmen, einschließlich derjenigen dieser Verordnung gewährt werden sollten. Des Weiteren sollte sie jährlich bewerten, ob die Inanspruchnahme solcher Ausnahmen sowie der nach dieser Verordnung bereits gewährten Ausnahmen durch in der Union niedergelassene Institute an zusätzliche Bedingungen

---

[1] **Amtl. Anm.:** ABl. L 281 vom 23.11.1995, S. 31.
[2] **Amtl. Anm.:** ABl. L 8 vom 12.1.2001, S. 1.
[3] Richtig wohl: „aus verschiedenen Kategorien von Vermögenswerten bestehenden Liquiditätspuffers".

geknüpft werden sollte oder die bestehenden Bedingungen überprüft werden sollten. Sie sollte die Ergebnisse ihrer Analyse der Kommission in einem Jahresbericht vorlegen.

(103) Um die Effizienz zu erhöhen und Verwaltungslasten zu senken, sollte die EBA einen kohärenten Melderahmen auf der Grundlage eines harmonisierten Satzes von Standards für Liquiditätsanforderungen einrichten, der in der gesamten Union angewandt werden sollte. Zu diesem Zweck sollte sie einheitliche Meldeformate und IT-Lösungen ausarbeiten, die den Bestimmungen dieser Verordnung und der Richtlinie 2013/36/EU Rechnung tragen. Bis zum Datum der Anwendung der vollständigen Liquiditätsanforderungen sollten Institute weiterhin ihre nationalen Meldepflichten erfüllen.

(104) Die EBA sollte in Zusammenarbeit mit dem ESRB Orientierungen zu den Grundsätzen für die Verwendung des liquiden Bestands in Stresssituationen herausgeben.

(105) Es sollte nicht mit Sicherheit davon ausgegangen werden, dass Institute, die Schwierigkeiten haben, ihren Zahlungsverpflichtungen nachzukommen, Liquiditätsstützen von anderen Instituten derselben Gruppe erhalten. Die zuständigen Behörden sollten jedoch unter strengen Voraussetzungen und sofern jede der daran beteiligten zuständigen Behörden dem zustimmt, die Möglichkeit haben, von der Anwendung der Liquiditätsanforderung auf einzelne Institute abzusehen und für diese Institute konsolidierte Anforderungen festzulegen, damit sie die Möglichkeit haben, ihre Liquidität zentral, auf Gruppen- oder Untergruppenebene, zu steuern.

(106) Ebenso sollten, wenn keine Ausnahme gewährt wird und sobald die Liquiditätsanforderung verbindlich ist, für die Liquiditätsflüsse zwischen zwei Instituten derselben Gruppe, die einer Beaufsichtigung auf konsolidierter Basis unterliegen, günstigere Prozentsätze für Zu- und Abflüsse nur dann gelten, wenn sämtliche erforderlichen Schutzbestimmungen gegeben sind. Eine solche spezifische günstigere Behandlung sollte genau definiert und an die Erfüllung einer Reihe strenger und objektiver Bedingungen geknüpft werden. Die für einen bestimmten gruppeninternen Liquiditätsfluss geltende spezifische Behandlung sollte sich aus einer Methodik ergeben, bei der die spezifische Höhe der Zu- bzw. Abflüsse zwischen dem Institut und der Gegenpartei anhand objektiver Kriterien und Parameter bestimmt wird. Auf der Grundlage von Beobachtungen und gestützt auf den Bericht der EBA sollte der Kommission gegebenenfalls und im Rahmen des aufgrund dieser Verordnung erlassenen delegierten Rechtsakts zur Präzisierung der Liquiditätsdeckungsanforderung die Befugnis übertragen werden, delegierte Rechtsakte zur Festlegung dieser spezifischen gruppeninternen Behandlungen, der Methodik und der objektiven Kriterien, an die sie geknüpft sind, sowie der Modalitäten für gemeinsame Entscheidungen zur Bewertung dieser Kriterien zu erlassen.

(107) Von der irischen National Asset Management Agency (NAMA) begebene Anleihen sind für die Sanierung der irischen Banken von großer Bedeutung; ihre Ausgabe wurde zuvor von den Mitgliedstaaten gebilligt und von der Kommission als Beihilfe genehmigt, mit der die Auslagerung wertgeminderter Aktiva aus der Bilanz bestimmter Kreditinstitute unterstützt werden soll. Die Emission derartiger Anleihen, eine vorübergehende, von der Kommission und der EZB gestützte Maßnahme, ist Bestandteil der Umstrukturierung des irischen Bankensektors. Die Anleihen sind von der irischen Regierung garantiert und werden von den Währungsbehörden als anerkennungsfähige Sicherheit akzeptiert. Die Kommission sollte die Frage besonderer Mechanismen für den Bestandsschutz übertragbarer Vermögenswerte, die von Körperschaften mit einer Genehmigung der Union für staatliche Beihilfen begeben oder garantiert werden, im Rahmen des aufgrund dieser Verordnung erlassenen delegierten Rechtsakts zur Präzisierung der Liquiditätsdeckungsanforderung prüfen. Dabei sollte sie berücksichtigen, dass es Instituten gestattet sein sollte, bei der Berechnung der Liquiditätsdeckungsanforderungen gemäß dieser Verordnung vorrangige Anleihen der NAMA bis Dezember 2019 als Aktiva mit äußerst hoher Liquidität und Kreditqualität einzubeziehen.

(108) Ebenso sind die von der spanischen Vermögensverwaltungsgesellschaft begebenen Anleihen von besonderer Bedeutung für die Sanierung des spanischen Bankensektors und stellen eine von der Kommission und der EZB unterstützte vorübergehende Maßnahme dar, die Bestandteil der Umstrukturierung des spanischen Bankensystems ist. Da ihre Ausgabe in der von der Kommission und der spanischen Regierung am 23. Juli 2012 unterzeichneten Gemeinsamen Absichtserklärung (Memorandum of Understanding on Financial Sector Policy Conditionality) vorgesehen ist und die Übertragung der Vermögenswerte durch die Kommission als Maßnahme der staatlichen Beihilfe zur Auslagerung wertgeminderter Aktiva aus der Bilanz bestimmter Kreditinstitute genehmigt werden muss, und insofern als sie von der spanischen Regierung garantiert und von den Währungsbehörden als anerkennungsfähige Sicherheit akzeptiert werden, sollte die Kommission die Frage besonderer Mechanismen für den Bestandsschutz übertragbarer Vermögenswerte, die von Körperschaften mit einer Genehmigung der Union für staatliche Bei-

hilfen begeben oder garantiert werden, prüfen. Dabei sollte sie berücksichtigen, dass es Instituten gestattet sein sollte, bei der Berechnung der Liquiditätsdeckungsanforderungen gemäß dieser Verordnung vorrangige Anleihen der spanischen Vermögensverwaltungsgesellschaft mindestens bis Dezember 2023 als Aktiva mit äußerst hoher Liquidität und Kreditqualität einzubeziehen.

(109) Ausgehend von den von der EBA vorzulegenden Berichten sollte die Kommission bei der Ausarbeitung ihres Vorschlags für einen delegierten Rechtsakt über die Liquiditätsanforderungen auch prüfen, ob vorrangige Anleihen, die von Körperschaften begeben werden, die der irischen NAMA und der spanischen Vermögensverwaltungsgesellschaft vergleichbar sind, zu demselben Zweck gegründet wurden und von besonderer Bedeutung für die Sanierung von Banken in einem anderen Mitgliedstaat sind, ebenso behandelt werden sollten, insofern sie von der Zentralregierung des betreffenden Mitgliedstaats garantiert und von den Währungsbehörden als anerkennungsfähige Sicherheit akzeptiert werden.

(110) Bei der Ausarbeitung der Entwürfe technischer Regulierungsstandards zur Festlegung von Methoden zur Messung des zusätzlichen Liquiditätsabflusses sollte die EBA einen standardisierten Ansatz des historischen Rückblicks als Methode für diese in Betracht ziehen.

(111) Bis zur Einführung der strukturellen Liquiditätsquote (NSFR) als verbindlichem Mindeststandard sollten Institute die allgemeine Pflicht in Bezug auf die Refinanzierung einhalten. Diese allgemeine Pflicht sollte nicht in einer vorgeschriebenen Quote bestehen. Wird im Wege einer einzelstaatlichen Vorschrift eine stabile Refinanzierungsquote eingeführt, solange die NSFR noch nicht eingeführt wurde, sollten Institute diesen Mindeststandard entsprechend einhalten.

(112) Über die Regelung des kurzfristigen Liquiditätsbedarfs hinaus sollten Institute auch Refinanzierungsstrukturen schaffen, die auf längere Sicht Stabilität bieten. Im Dezember 2010 beschloss der Basler Ausschuss, die NSFR bis zum 1. Januar 2018 zu einem Mindeststandard zu machen und strikte Meldeverfahren zur Überwachung dieser Quote während eines Übergangszeitraums zu schaffen; die Auswirkungen dieser Standards auf Finanzmärkte, Kreditvergabe und Wirtschaftswachstum werden weiterhin beobachtet und unerwünschte Folgen erforderlichenfalls angegangen. Deshalb beschloss der Basler Ausschuss einen Beobachtungszeitraum und eine Revisionsklausel für die NSFR. Die EBA sollte in diesem Zusammenhang anhand der vorgeschriebenen Meldungen nach dieser Verordnung beurteilen, wie eine Anforderung an die stabile Refinanzierung gestaltet werden sollte. Die Kommission sollte auf der Grundlage dieser Untersuchung dem Europäischen Parlament und dem Rat Bericht erstatten und gegebenenfalls geeignete Vorschläge zur Einführung einer solchen Anforderung bis zum Jahr 2018 unterbreiten.

(113) Defizite in der Unternehmensführung bei einer Reihe von Instituten haben zu einer übermäßigen und unvorsichtigen Übernahme von Risiken im Bankensektor beigetragen, was zum Ausfall einzelner Institute und zu Systemproblemen geführt hat.

(114) Um die Überwachung der Unternehmensführung der einzelnen Institute zu vereinfachen und die Marktdisziplin zu verbessern, sollten Institute ihre Unternehmensführungsregelungen öffentlich bekanntmachen. Ihre Leitungsorgane sollten eine Erklärung verfassen und veröffentlichen, damit die Öffentlichkeit sicher sein kann, dass diese Regelungen angemessen und effizient sind.

(115) Um der Vielfalt der Geschäftsmodelle von Instituten im Binnenmarkt gerecht zu werden, sollten bestimmte langfristige strukturelle Anforderungen wie die NSFR und die Verschuldungsquote genau geprüft werden, um eine Vielzahl solider Bankenstrukturen zu fördern, die bislang Dienstleistungen für die Wirtschaft der Union erbracht haben und dies auch weiterhin tun sollten.

(116) Damit Haushalten und Unternehmen stets Finanzdienstleistungen bereitgestellt werden können, sind stabile Refinanzierungsstrukturen erforderlich. Langfristige Refinanzierungsströme in auf Banken gestützten Finanzsystemen können in vielen Mitgliedstaaten generell andere Merkmale aufweisen als die in anderen internationalen Märkten. Zusätzlich wurden in den Mitgliedstaaten spezifische Refinanzierungsstrukturen entwickelt, um eine stabile Refinanzierung langfristiger Investitionen zu gewährleisten, einschließlich dezentralisierter Bankenstrukturen zur Kanalisierung von Liquidität oder hypothekarisch gesicherter Wertpapiere, die an Märkten mit hoher Liquidität gehandelt werden oder für Anleger mit langfristigen Anlagestrategien in Betracht kommen. Diese strukturellen Faktoren sollten sorgfältig geprüft werden. Zu diesem Zweck müssen die EBA und der ESRB – sobald internationale Standards vorliegen – anhand der vorgeschriebenen Meldungen nach dieser Verordnung beurteilen, wie eine Anforderung an die stabile Refinanzierung unter Berücksichtigung der verschiedenen Refinanzierungsstrukturen des Bankenmarktes in der Union gestaltet werden sollte.

(117) Um während eines Übergangszeitraums die Höhe der Eigenmittel und die auf die unionsweite Eigenmitteldefinition einerseits und auf die Eigenmitteldefinition dieser Verordnung andererseits angewandten aufsichtlichen Anpassungen allmählich aneinander anzugleichen, sollten die Eigenmittelanforderungen dieser Verordnung stufenweise eingeführt werden. Dabei muss sichergestellt werden, dass diese stufenweise Einführung mit den jüngsten Anpassungen der Mitgliedstaaten hinsichtlich der geforderten Höhe der Eigenmittel und hinsichtlich der in den Mitgliedstaaten geltenden Eigenmitteldefinition vereinbar ist. Zu diesem Zweck sollten die zuständigen Behörden während des Übergangszeitraums innerhalb vorgegebener Unter- und Obergrenzen festlegen, wie schnell die geforderte Höhe der Eigenmittel erreicht und die aufsichtlichen Anpassungen eingeführt werden.

(118) Um einen reibungslosen Übergang von den derzeit divergierenden aufsichtlichen Anpassungen in den Mitgliedstaaten zu dem in dieser Verordnung festgelegten einheitlichen Satz aufsichtlicher Anpassungen zu gewährleisten, sollten die zuständigen Behörden während eines Übergangszeitraums von den Instituten weiterhin in beschränktem Umfang von dieser Verordnung abweichende aufsichtliche Anpassungen der Eigenmittel verlangen können.

(119) Um sicherzustellen, dass die Institute über ausreichend Zeit für die Erfüllung der neuen Anforderungen an Höhe und Definition der Eigenmittel verfügen, sollte die Anerkennung bestimmter Kapitalinstrumente, die die Definition von Eigenmitteln dieser Verordnung nicht erfüllen, zwischen dem 1. Januar 2013 und dem 31. Dezember 2021 schrittweise eingestellt werden. Zudem sollten bestimmte von staatlicher Seite geführte Instrumente während eines befristeten Zeitraums voll als Eigenmittel anerkannt werden. Ferner sollte das Agio, das mit Posten verbunden ist, die nach den nationalen Maßnahmen zur Umsetzung der Richtlinie 2006/48/EG als Eigenmittel anerkannt wurden, unter bestimmten Umständen als hartes Kernkapital anerkannt werden.

(120) Um eine allmähliche Konvergenz zu einheitlichen Offenlegungspflichten der Institute zu erreichen und den Marktteilnehmern genaue und umfassende Informationen über das Risikoprofil einzelner Institute zu bieten, sollten schrittweise Offenlegungspflichten eingeführt werden.

(121) Um den Marktentwicklungen und den Erfahrungen mit der Anwendung dieser Verordnung Rechnung zu tragen, sollte die Kommission verpflichtet sein, dem Europäischen Parlament und dem Rat – gegebenenfalls zusammen mit entsprechenden Gesetzgebungsvorschlägen – Berichte zu unterbreiten, in denen sie auf mögliche Auswirkungen der Eigenmittelanforderungen auf den Konjunkturzyklus eingeht sowie auf die Eigenmittelunterlegung von Risikopositionen in Form gedeckter Schuldverschreibungen, Großkredite, Liquiditätsanforderungen, Verschuldungsgrad, Risikopositionen aus übertragenem Kreditrisiko, das Gegenparteiausfallrisiko und die Ursprungsrisikomethode, Risikopositionen aus dem Mengengeschäft, die Definition anrechenbarer Eigenmittel und den Umfang der Anwendung dieser Verordnung.

(122) Der Rechtsrahmen für Kreditinstitute sollte in erster Linie das Funktionieren von für die Realwirtschaft lebensnotwendigen Dienstleistungen sicherstellen und dabei das Risiko unvorsichtigen Verhaltens begrenzen. Die strukturelle Trennung von Privatkunden- und Anlagegeschäft innerhalb einer Bankengruppe könnte im Hinblick auf dieses Ziel ein wichtiges Instrument sein. Daher sollte der derzeitige aufsichtsrechtliche Rahmen der Einführung von Maßnahmen, die einer solchen Trennung dienen, nicht entgegenstehen. Die Kommission sollte aufgefordert werden, die Frage der strukturellen Trennung zu untersuchen und dem Europäischen Parlament und dem Rat einen Bericht, gegebenenfalls mit entsprechenden Gesetzgebungsvorschlägen, vorzulegen.

(123) Ebenso sollten Mitgliedstaaten zum Schutze der Einleger und zur Wahrung der Finanzstabilität strukturelle Maßnahmen ergreifen dürfen, um von in dem betreffenden Mitgliedstaat zugelassenen Kreditinstituten zu verlangen, ihre Risikopositionen gegenüber verschiedenen Rechtsträgern je nach deren Tätigkeiten, aber unabhängig vom Ort, an dem diese ausgeübt werden, zu verringern. Da solche Maßnahmen sich jedoch wegen der Aufsplitterung des Binnenmarktes negativ auswirken, sollten sie nur unter strengen Auflagen und bis zum Inkrafttreten eines künftigen Gesetzgebungsakts zu ihrer ausdrücklichen Harmonisierung gebilligt werden.

(124) Zur Präzisierung der Anforderungen dieser Verordnung sollte der Kommission die Befugnis zur Verabschiedung von Rechtsakten nach Artikel 290 AEUV übertragen werden, um durch technische Anpassungen dieser Verordnung Begriffsbestimmungen zu klären und eine einheitliche Anwendung dieser Verordnung sicherzustellen oder den Entwicklungen an den Finanzmärkten Rechnung zu tragen; die Terminologie und die Formulierung der Begriffsbestimmungen an spätere einschlägige Rechtsakte anzupassen; die Eigenmittelbestimmungen dieser Verordnung an Entwicklungen bei den Rechnungslegungsstandards oder im Unionsrecht oder im Hinblick auf die Konvergenz der Aufsichtspraktiken anzupassen; die Verzeichnisse der Risikopositionsklassen

für die Zwecke des Standardansatzes oder des IRB-Ansatzes zu erweitern und die Entwicklungen an den Finanzmärkten zu berücksichtigen; bestimmte für diese Risikopositionsklassen relevante Beträge an die Inflation anzupassen; das Verzeichnis und die Klassifizierung der außerbilanziellen Posten anzupassen; spezielle Vorschriften und technische Kriterien für die Behandlung von Gegenparteiausfallrisiken, den Standardansatz und den IRB-Ansatz, die Kreditrisikominderung, Verbriefungen, das operationelle Risiko, das Marktrisiko, die Liquidität, die Verschuldung und die Offenlegung an Entwicklungen an den Finanzmärkten oder bei den Rechnungslegungsstandards oder im Unionsrecht oder im Hinblick auf die Konvergenz bei der Aufsichtspraxis und der Risikobewertung anzupassen und die Ergebnisse der Überprüfung verschiedener Aspekte im Zusammenhang mit dem Anwendungsbereich der Richtlinie 2004/39/EG zu berücksichtigen.

(125) Die Befugnis, Rechtsakte nach Artikel 290 AEUV zu erlassen, sollte der Kommission auch übertragen werden, um eine vorübergehende Herabsetzung der Eigenmittelanforderungen oder der gemäß dieser Verordnung festgelegten Risikogewichte zur Berücksichtigung besonderer Umstände vorzuschreiben; für bestimmte Risikopositionen gewährte Ausnahmen von der Anwendung der Bestimmungen dieser Verordnung über Großkredite zu klären; zur Berücksichtigung wirtschaftlicher und währungspolitischer Entwicklungen die für die Berechnung der Eigenmittelanforderungen für das Handelsbuch relevanten Beträge festzulegen; die Kategorien von Wertpapierfirmen anzupassen, denen zur Berücksichtigung von Entwicklungen an den Finanzmärkten bestimmte Ausnahmen von der erforderlichen Höhe der Eigenmittel gewährt werden können; im Interesse einer einheitlichen Anwendung dieser Verordnung die Anforderung, dass Wertpapierfirmen Eigenmittel in Höhe eines Viertels ihrer fixen Gemeinkosten des Vorjahres halten müssen, zu präzisieren; festzulegen, von welchen Eigenmittelbestandteilen Beteiligungen eines Instituts an Instrumenten relevanter Unternehmen abgezogen werden sollten; ergänzende Übergangsbestimmungen für die Behandlung versicherungsmathematischer Gewinne und Verluste bei der Messung der Verbindlichkeiten aufgrund Pensionsleistungszusagen von Instituten einzuführen. Es ist besonders wichtig, dass die Kommission bei ihren Vorbereitungsarbeiten – auch auf Sachverständigenebene – angemessene Konsultationen durchführt. Bei der Vorbereitung und Ausarbeitung delegierter Rechtsakte sollte die Kommission die zeitgleiche, zügige und angemessene Weiterleitung relevanter Dokumente an das Europäische Parlament und den Rat gewährleisten.

(126) Gemäß der Erklärung Nr. 39 zu Artikel 290 AEUV sollte die Kommission bei der Ausarbeitung ihrer Entwürfe für delegierte Rechtsakte im Bereich der Finanzdienstleistungen nach ihrer üblichen Vorgehensweise weiterhin von den Mitgliedstaaten benannte Experten konsultieren.

(127) Technische Standards für die Finanzdienstleistungsbranche sollten eine Harmonisierung, einheitliche Bedingungen und einen angemessenen Schutz von Einlegern, Anlegern und Verbrauchern in der gesamten Union gewährleisten. Da die EBA über spezialisierte Fachkräfte verfügt, wäre es sinnvoll und angemessen, ihr die Aufgabe zu übertragen, für technische Regulierungs- und Durchführungsstandards, die keine politischen Entscheidungen erfordern, Entwürfe auszuarbeiten und der Kommission vorzulegen. Die EBA sollte bei der Ausarbeitung technischer Standards effiziente Verwaltungs- und Meldeverfahren gewährleisten. Die Meldeformate sollten der Art, dem Umfang und der Komplexität der Geschäfte des Instituts angemessen sein.

(128) Die Entwürfe technischer Regulierungsstandards, die die EBA in Bezug auf Gegenseitigkeitsgesellschaften, Genossenschaften, Sparkassen und ähnliche Institute, bestimmte Eigenmittelinstrumente, aufsichtliche Anpassungen, Abzüge von Eigenmitteln, zusätzliche Eigenmittelinstrumente, Minderheitsbeteiligungen, Hilfstätigkeiten zur Banktätigkeit, Verfahren bei Kreditrisikoanpassungen, Ausfallwahrscheinlichkeit, Verlustquote bei Ausfall, Ansätze für die Risikogewichtung von Vermögenswerten, Konvergenz der Aufsichtspraxis, Liquidität und Übergangsbestimmungen für Eigenmittel ausarbeitet, sollten von der Kommission im Wege delegierter Rechtsakte gemäß Artikel 290 AEUV und gemäß den Artikeln 10 bis 14 der Verordnung (EU) Nr. 1093/2010 erlassen werden. Es ist von besonderer Bedeutung, dass die Kommission im Zuge ihrer Vorbereitungsarbeit angemessene Konsultationen, auch auf der Ebene von Sachverständigen, durchführt. Die Kommission und die EBA sollten sicherstellen, dass diese Standards und Anforderungen von allen betroffenen Instituten auf eine Weise angewandt werden können, die der Art, dem Umfang und der Komplexität dieser Institute und ihrer Tätigkeiten angemessen ist.

(129) Die Anwendung einiger der in dieser Verordnung vorgesehenen delegierten Rechtsakte, beispielsweise des delegierten Rechtsakts betreffend die Liquiditätsdeckungsanforderung, hat möglicherweise wesentliche Auswirkungen auf beaufsichtigte Institute und die Realwirtschaft. Die Kommission sollte sicherstellen, dass das Europäische Parlament und der Rat bereits vor der

Veröffentlichung der delegierten Rechtsakte stets ausreichend über die einschlägigen Entwicklungen auf internationaler Ebene und aktuelle Überlegungen bei der Kommission unterrichtet sind.

(130) Der Kommission sollte außerdem die Befugnis übertragen werden, von der EBA ausgearbeitete technische Durchführungsstandards in Bezug auf Konsolidierung, gemeinsame Entscheidungen, Meldepflichten, Offenlegung, durch Immobilien besicherte Risikopositionen, Risikobewertung, Ansätze für die Risikogewichtung von Vermögenswerten, Risikogewichte und Spezifikation bestimmter Risikopositionen, Behandlung von Optionen und Optionsscheinen, Positionen in Eigenkapitalinstrumenten und Fremdwährungen, Verwendung interner Modelle, Verschuldung und außerbilanzielle Positionen mittels Durchführungsrechtsakten gemäß Artikel 291 AEUV und gemäß Artikel 15 der Verordnung (EU) Nr. 1093/2010 zu erlassen.

(131) Angesichts der Ausführlichkeit und der Zahl der technischen Regulierungsstandards, die gemäß dieser Verordnung zu erlassen sind, sollte – wenn die Kommission einen technischen Regulierungsstandard erlässt, der mit dem von der EBA vorgelegten Entwurf identisch ist – der Zeitraum, innerhalb dessen das Europäische Parlament oder der Rat Einwände gegen einen technischen Regulierungsstandard erheben können, gegebenenfalls um einen weiteren Monat verlängert werden. Ferner sollte die Kommission die technischen Regulierungsstandards möglichst so rechtzeitig erlassen, dass das Europäische Parlament und der Rat unter Berücksichtigung des Umfangs und der Komplexität technischer Regulierungsstandards sowie der Besonderheiten der Geschäftsordnungen, der Arbeitsplanung und der Zusammensetzung des Europäischen Parlaments und des Rates eine vollständige Prüfung vornehmen können.

(132) Um ein hohes Maß an Transparenz zu gewährleisten, sollte die EBA Konsultationen zu den in dieser Verordnung genannten Entwürfen technischer Standards einleiten. Die EBA und die Kommission sollten so rasch wie möglich mit der Erstellung ihrer nach dieser Verordnung vorgesehenen Berichte über Liquiditätsanforderungen und Verschuldung beginnen.

(133) Um einheitliche Bedingungen für die Durchführung dieser Verordnung zu gewährleisten, sollten der Kommission Durchführungsbefugnisse übertragen werden. Diese Befugnisse sollten gemäß der Verordnung (EU) Nr. 182/2011 des Europäischen Parlaments und des Rates vom 16. Februar 2011 zur Festlegung der allgemeinen Regeln und Grundsätze, nach denen die Mitgliedstaaten die Wahrnehmung der Durchführungsbefugnisse durch die Kommission kontrollieren[1)], wahrgenommen werden.

(134) Im Einklang mit Artikel 345 AEUV, wonach die Verträge die Eigentumsordnung in den verschiedenen Mitgliedstaaten unberührt lassen, werden die Eigentumsverhältnisse, die in den Anwendungsbereich dieser Verordnung fallen, durch sie weder gefördert noch benachteiligt.

(135) Der Europäische Datenschutzbeauftragte wurde im Einklang mit Artikel 28 Absatz 2 der Verordnung (EG) Nr. 45/2001 konsultiert und hat eine Stellungnahme[2)] abgegeben.

(136) Die Verordnung (EU) Nr. 648/2012 sollte daher geändert werden –

HABEN FOLGENDE VERORDNUNG ERLASSEN:

Teil 1. Allgemeine Bestimmungen

Titel I. Gegenstand, Anwendungsbereich und Begriffsbestimmungen

Art. 1 Anwendungsbereich *[1]* [1] Diese Verordnung legt einheitliche Regeln für allgemeine Aufsichtsanforderungen fest, die im Rahmen der Richtlinie 2013/36/EU beaufsichtigte Institute, Finanzholdinggesellschaften und gemischte Finanzholdinggesellschaften im Hinblick auf folgende Punkte erfüllen müssen:

a) Eigenmittelanforderungen im Hinblick auf vollständig quantifizierbare, einheitliche und standardisierte Komponenten von Kredit-, Markt-, operationellem und Abwicklungsrisiko sowie Verschuldung,

b) Vorschriften zur Begrenzung von Großkrediten,

[1)] **Amtl. Anm.:** ABl. L 55 vom 28.2.2011, S. 13.

[2)] **Amtl. Anm.:** ABl. C 175 vom 19.6.2012, S. 1.

c) Liquiditätsanforderungen im Hinblick auf vollständig quantifizierbare, einheitliche und standardisierte Komponenten des Liquiditätsrisikos,
d) Berichtspflichten hinsichtlich der Buchstaben a, b und c,
e) Offenlegungspflichten.

²Diese Verordnung legt einheitliche Regeln hinsichtlich der Anforderungen an Eigenmittel und berücksichtigungsfähige Verbindlichkeiten fest, die Abwicklungseinheiten, bei denen es sich um global systemrelevante Institute (G-SRI) handelt oder die Teil von G-SRI sind, sowie bedeutende Tochterunternehmen von Nicht-EU-G-SRI erfüllen müssen.

[2] Diese Verordnung gilt nicht für die Bekanntmachungspflichten der zuständigen Behörden im Bereich der Aufsichtsvorschriften und der Beaufsichtigung von Instituten gemäß der Richtlinie 2013/36/EU.

Art. 2 Aufsichtsbefugnisse. (1) Um die Einhaltung der Bestimmungen dieser Verordnung zu gewährleisten, werden die zuständigen Behörden mit den in der Richtlinie 2013/36/EU und in dieser Verordnung genannten Befugnissen ausgestattet und wenden die darin beschriebenen Verfahren an.

(2) Um die Einhaltung der Bestimmungen dieser Verordnung zu gewährleisten, werden die Abwicklungsbehörden mit den in der Richtlinie 2014/59/EU des Europäischen Parlaments und des Rates[1)] und in dieser Verordnung genannten Befugnissen ausgestattet und wenden die darin beschriebenen Verfahren an.

(3) Um die Einhaltung der Anforderungen an die Eigenmittel und berücksichtigungsfähigen Verbindlichkeiten zu gewährleisten, arbeiten die zuständigen Behörden und die Abwicklungsbehörden zusammen.

(4) Um die Einhaltung der Verpflichtungen im Rahmen ihrer jeweiligen Befugnisse zu gewährleisten, sorgen der durch Artikel 42 der Verordnung (EU) Nr. 806/2014[2)] des Europäischen Parlaments und des Rates[3)] geschaffene Einheitliche Abwicklungsausschuss und die Europäische Zentralbank, wenn es um Angelegenheiten geht, welche die ihr durch die Verordnung (EU) Nr. 1024/2013[4)] des Rates[5)] übertragenen Aufgaben betreffen, für den regelmäßigen und zuverlässigen Informationsaustausch untereinander.

(5) Bei der Anwendung der Bestimmungen in Artikel 1 Absatz 2 und Artikel 1 Absatz 5 der Verordnung (EU) 2019/2033[6)] des Europäischen Par-

---

[1)] **Amtl. Anm.:** Richtlinie 2014/59/EU des Europäischen Parlaments und des Rates vom 15. Mai 2014 zur Festlegung eines Rahmens für die Sanierung und Abwicklung von Kreditinstituten und Wertpapierfirmen und zur Änderung der Richtlinie 82/891/EWG des Rates, der Richtlinien 2001/24/EG, 2002/47/EG, 2004/25/EG, 2005/56/EG, 2007/36/EG, 2011/35/EU, 2012/30/EU und 2013/36/EU sowie der Verordnungen (EU) Nr. 1093/2010 und (EU) Nr. 648/2012 des Europäischen Parlaments und des Rates (ABl. L 173 vom 12.6.2014, S. 190).

[2)] Nr. **22**.

[3)] **Amtl. Anm.:** Verordnung (EU) Nr. 806/2014 des Europäischen Parlaments und des Rates vom 15. Juli 2014 zur Festlegung einheitlicher Vorschriften und eines einheitlichen Verfahrens für die Abwicklung von Kreditinstituten und bestimmten Wertpapierfirmen im Rahmen eines einheitlichen Abwicklungsmechanismus und eines einheitlichen Abwicklungsfonds sowie zur Änderung der Verordnung (EU) Nr. 1093/2010 (ABl. L 225 vom 30.7.2014, S. 1).

[4)] Nr. **5**.

[5)] **Amtl. Anm.:** Verordnung (EU) Nr. 1024/2013 des Rates vom 15. Oktober 2013 zur Übertragung besonderer Aufgaben im Zusammenhang mit der Aufsicht über Kreditinstitute auf die Europäische Zentralbank (ABl. L 287 vom 29.10.2013, S. 63).

[6)] Nr. **7**.

laments und des Rates[1)] behandeln die zuständigen Behörden im Sinne des Artikels 3 Absatz 1 Nummer 5 der Richtlinie (EU) 2019/2034 des Europäischen Parlaments und des Rates[2)] die genannten Wertpapierfirmen so, als wären diese „Institute" gemäß der vorliegenden Verordnung.

Art. 3 Anwendung strengerer Anforderungen durch Institute. Diese Verordnung hindert Institute nicht daran, mehr Eigenmittel und Eigenmittelkomponenten zu halten als in dieser Verordnung gefordert oder strengere als die in dieser Verordnung festgelegten Maßnahmen anzuwenden.

Art. 4 Begriffsbestimmungen. (1) Für die Zwecke dieser Verordnung bezeichnet der Ausdruck

1. „Kreditinstitut" ein Unternehmen, dessen Tätigkeit in einer der folgenden Aktivitäten besteht:
   a) Einlagen oder andere rückzahlbare Gelder des Publikums entgegenzunehmen und Kredite für eigene Rechnung zu gewähren;
   b) eine der in Anhang I Abschnitt A Nummern 3 und 6 der Richtlinie 2014/65/EU des Europäischen Parlaments und des Rates[3)] genannten Tätigkeiten auszuüben, sofern das Unternehmen kein Waren- und Emissionszertifikatehändler, Organismus für gemeinsame Anlagen oder Versicherungsunternehmen ist und einer der folgenden Sachverhalte zutrifft:
      i) der Gesamtwert der konsolidierten Bilanzsumme des Unternehmens beträgt 30 Mrd. EUR oder mehr;
      ii) der Gesamtwert der Vermögenswerte des Unternehmens liegt unter 30 Mrd. EUR und das Unternehmen gehört einer Gruppe an, in der der Gesamtwert der konsolidierten Bilanzsumme aller Unternehmen der Gruppe, die einzeln über Gesamtvermögenswerte von weniger als 30 Mrd. EUR verfügen und eine der in Anhang I Abschnitt A Nummern 3 und 6 der Richtlinie 2014/65/EU genannten Tätigkeiten ausüben, 30 Mrd. EUR oder mehr beträgt, oder
      iii) der Gesamtwert der Vermögenswerte des Unternehmens liegt unter 30 Mrd. EUR und das Unternehmen gehört einer Gruppe an, in der der Gesamtwert der konsolidierten Bilanzsumme aller Unternehmen der Gruppe, die eine der in Anhang I Abschnitt A Nummern 3 und 6 der Richtlinie 2014/65/EU genannten Tätigkeiten ausüben, 30 Mrd. EUR oder mehr beträgt, wobei die konsolidierende Aufsichtsbehörde in Abstimmung mit dem Aufsichtskollegium eine entsprechende Entscheidung trifft, um mög-

---

[1)] **Amtl. Anm.:** Verordnung (EU) 2019/2033 des Europäischen Parlaments und des Rates vom 27. November 2019 über Aufsichtsanforderungen an Wertpapierfirmen und zur Änderung der Verordnungen (EU) Nr. 1093/2010, (EU) Nr. 575/2013, (EU) Nr. 600/2014 und (EU) Nr. 806/2014 (ABl. L 314 vom 5.12.2019, S. 1).

[2)] **Amtl. Anm.:** Richtlinie (EU) 2019/2034 des Europäischen Parlaments und des Rates vom 27. November 2019 über die Beaufsichtigung von Wertpapierfirmen und zur Änderung der Richtlinien 2002/87/EG, 2009/65/EG, 2011/61/EU, 2013/36/EU, 2014/59/EU und 2014/65/EU (ABl. L 314 vom 5.12.2019, S. 64).

[3)] **Amtl. Anm.:** Richtlinie 2014/65/EU des Europäischen Parlaments und des Rates vom 15. Mai 2014 über Märkte für Finanzinstrumente sowie zur Änderung der Richtlinien 2002/92/EG und 2011/61/EU (ABl. L 173 vom 12.6.2014, S. 349);

lichen Umgehungsrisiken und potenziellen Risiken für die Finanzstabilität der Union entgegenzuwirken.

Für den Zweck des Buchstaben b Ziffern ii und iii werden in dem Fall, dass das Unternehmen einer Drittlandgruppe angehört, die gesamten Vermögenswerte jeder Zweigstelle der Drittlandgruppe, die in der Union zugelassen ist, in den kombinierten Gesamtwert der Vermögenswerte aller Unternehmen der Gruppe eingerechnet.

2. „Wertpapierfirma" eine Wertpapierfirma im Sinne des Artikels 4 Absatz 1 Nummer 1 der Richtlinie 2014/65/EU, die gemäß der genannten Richtlinie zugelassen wurde, mit Ausnahme von Kreditinstituten;
3. „Institut" ein gemäß Artikel 8 der Richtlinie 2013/36/EU zugelassenes Kreditinstitut oder ein in Artikel 8a Absatz 3 hierzu genanntes Unternehmen;
4. *(aufgehoben)*
5. „Versicherungsunternehmen" ein Versicherungsunternehmen im Sinne des Artikels 13 Nummer 1 der Richtlinie 2009/138/EG des Europäischen Parlaments und des Rates vom 25. November 2009 betreffend die Aufnahme und Ausübung der Versicherungs- und der Rückversicherungstätigkeit (Solvabilität II)[1];
6. „Rückversicherungsunternehmen" ein Rückversicherungsunternehmen im Sinne des Artikels 13 Nummer 4 der Richtlinie 2009/138/EG;
7. „Organismus für gemeinsame Anlagen" und „OGA" einen Organismus für gemeinsame Anlagen in Wertpapieren (OGAW) im Sinne des Artikels 1 Nummer 2 der Richtlinie 2009/65/EG des Europäischen Parlaments und des Rates[2] oder einen alternativen Investmentfonds (AIF) im Sinne des Artikels 4 Absatz 1 Buchstabe a der Richtlinie 2011/61/EU des Europäischen Parlaments und des Rates[3];
8. „öffentliche Stelle" eine Verwaltungseinrichtung ohne Erwerbszweck, die Zentralstaaten, regionalen oder lokalen Gebietskörperschaften oder Behörden, die die gleichen Aufgaben wie regionale und lokale Behörden wahrnehmen, unterstehen oder ein im Besitz von Zentralstaaten oder regionalen oder lokalen Gebietskörperschaften befindliches oder von diesen errichtetes und gefördertes Unternehmen ohne Erwerbszweck, für das eine einer ausdrücklichen Garantie gleichstehende Haftung gilt, und kann selbstverwaltete Einrichtungen des öffentlichen Rechts, die einer öffentlichen Beaufsichtigung unterliegen, einschließen;
9. „Leitungsorgan" ein Leitungsorgan im Sinne des Artikels 3 Absatz 1 Nummer 7 der Richtlinie 2013/36/EU;
10. „Geschäftsleitung" eine Geschäftsleitung im Sinne des Artikels 3 Absatz 1 Nummer 9 der Richtlinie 2013/36/EU;

---

[1] **Amtl. Anm.:** ABl. L 335 vom 17.12.2009, S. 1.

[2] **Amtl. Anm.:** Richtlinie 2009/65/EG des Europäischen Parlaments und des Rates vom 13. Juli 2009 zur Koordinierung der Rechts- und Verwaltungsvorschriften betreffend bestimmte Organismen für gemeinsame Anlagen in Wertpapieren (OGAW) (ABl. L 302 vom 17.11.2009, S. 32).

[3] **Amtl. Anm.:** Richtlinie 2011/61/EU des Europäischen Parlaments und des Rates vom 8. Juni 2011 über die Verwalter alternativer Investmentfonds und zur Änderung der Richtlinien 2003/41/EG und 2009/65/EG und der Verordnungen (EG) Nr. 1060/2009 und (EU) Nr. 1095/2010 (ABl. L 174 vom 1.7.2011, S. 1).

11. „Systemrisiko" das Systemrisiko im Sinne des Artikels 3 Absatz 1 Nummer 10 der Richtlinie 2013/36/EU;
12. „Modellrisiko" das Modellrisiko im Sinne des Artikels 3 Absatz 1 Nummer 11 der Richtlinie 2013/36/EU;
13. „Originator" einen Originator im Sinne des Artikels 2 Nummer 3 der Verordnung (EU) 2017/2402[1];
14. „Sponsor" einen Sponsor im Sinne des Artikels 2 Nummer 5 der Verordnung (EU) 2017/2402;

14a. „ursprünglicher Kreditgeber" einen ursprünglichen Kreditgeber im Sinne des Artikels 2 Nummer 20 der Verordnung (EU) 2017/2402;

15. „Mutterunternehmen"
    a) ein Mutterunternehmen im Sinne der Artikel 1 und 2 der Richtlinie 83/349/EWG,
    b) für die Zwecke von Titel VII Kapitel 3 und 4 Abschnitt 2 und Titel VIII der Richtlinie 2013/36/EU und Teil 5 dieser Verordnung ein Mutterunternehmen im Sinne des Artikels 1 Absatz 1 der Richtlinie 83/349/EWG sowie jedes Unternehmen, das tatsächlich einen beherrschenden Einfluss auf ein anderes Unternehmen ausübt;
16. „Tochterunternehmen"
    a) ein Tochterunternehmen im Sinne der Artikel 1 und 2 der Richtlinie 83/349/EWG,
    b) ein Tochterunternehmen im Sinne des Artikels 1 Absatz 1 der Richtlinie 83/349/EWG sowie jedes Unternehmen, auf das ein Mutterunternehmen tatsächlich einen beherrschenden Einfluss ausübt.

    Tochterunternehmen von Tochterunternehmen gelten ebenfalls als Tochterunternehmen des ursprünglichen Mutterunternehmens;
17. „Zweigstelle" eine Betriebsstelle, die einen rechtlich unselbständigen Teil eines Instituts bildet und sämtliche Geschäfte oder einen Teil der Geschäfte, die mit der Tätigkeit eines Instituts verbunden sind, unmittelbar betreibt;
18. „Anbieter von Nebendienstleistungen" ein Unternehmen, dessen Haupttätigkeit im Besitz oder in der Verwaltung von Immobilien, der Verwaltung von Datenverarbeitungsdiensten oder einer ähnlichen Tätigkeit besteht, die im Verhältnis zur Haupttätigkeit eines oder mehrerer Institute den Charakter einer Nebentätigkeit hat;
19. „Vermögensverwaltungsgesellschaft" eine Vermögensverwaltungsgesellschaft im Sinne des Artikels 2 Nummer 5 der Richtlinie 2002/87/EG oder einen AFIM im Sinne des Artikels 4 Nummer 1 Buchstabe b der Richtlinie 2011/61/EU einschließlich – sofern nicht anders festgelegt – Unternehmen eines Drittlandes, die ähnliche Tätigkeiten ausüben und die dem Recht eines Drittlandes unterliegen, dessen aufsichtliche und rechtliche Anforderungen denen der Union zumindest gleichwertig sind;

---

[1] **Amtl. Anm.:** Verordnung (EU) 2017/2402 des Europäischen Parlaments und des Rates vom 12. Dezember 2017 zur Festlegung eines allgemeinen Rahmens für Verbriefungen und zur Schaffung eines spezifischen Rahmens für einfache, transparente und standardisierte Verbriefung und zur Änderung der Richtlinien 2009/65/EG, 2009/138/EG, 2011/61/EU und der Verordnungen (EG) Nr. 1060/2009 und (EU) Nr. 648/2012 (ABl. L 347 vom 28.12.2017, S. 35).

20. „Finanzholdinggesellschaft" ein Finanzinstitut, das keine gemischte Finanzholdinggesellschaft ist und dessen Tochterunternehmen ausschließlich oder hauptsächlich Institute oder Finanzinstitute sind; die Tochterunternehmen eines Finanzinstituts sind dann hauptsächlich Institute oder Finanzinstitute, wenn mindestens eines dieser Tochterunternehmen ein Institut ist und wenn über 50 % des Eigenkapitals, der konsolidierten Bilanzsumme, der Einkünfte, des Personals des Finanzinstituts oder eines anderen von der zuständigen Behörde als relevant erachteten Indikators Tochterunternehmen zuzuordnen sind, bei denen es sich um Institute oder Finanzinstitute handelt;
21. „gemischte Finanzholdinggesellschaft" eine gemischte Finanzholdinggesellschaft im Sinne des Artikels 2 Nummer 15 der Richtlinie 2002/87/EG;
22. „gemischte Holdinggesellschaft" ein Mutterunternehmen, das weder eine Finanzholdinggesellschaft noch ein Institut noch eine gemischte Finanzholdinggesellschaft ist und zu deren Tochterunternehmen mindestens ein Institut gehört;
23. „Drittland-Versicherungsunternehmen" ein Drittland-Versicherungsunternehmen im Sinne des Artikels 13 Nummer 3 der Richtlinie 2009/138/EG;
24. „Drittland-Rückversicherungsunternehmen" ein Drittland-Rückversicherungsunternehmen im Sinne des Artikels 13 Nummer 6 der Richtlinie 2009/138/EG;
25. „anerkannte Drittland-Wertpapierfirma" eine Firma, die die folgenden Bedingungen erfüllt:
    a) sie würde unter die Definition der Wertpapierfirma fallen, wenn sie ihren Sitz in der Union hätte,
    b) sie ist in einem Drittland zugelassen,
    c) sie unterliegt und befolgt Aufsichtsregeln, die nach Auffassung der zuständigen Behörden mindestens genauso streng sind wie die Aufsichtsregeln gemäß dieser Verordnung oder der Richtlinie 2013/36/EU;
26. „Finanzinstitut" ein Unternehmen, das kein Institut und keine reine Industrieholdinggesellschaft ist und dessen Haupttätigkeit darin besteht, Beteiligungen zu erwerben oder eines oder mehrere der in Anhang I Nummern 2 bis 12 und 15 der Richtlinie 2013/36/EU genannten Geschäfte zu betreiben; diese Definition schließt Wertpapierfirmen, Finanzholdinggesellschaften, gemischte Finanzholdinggesellschaften, Investmentholdinggesellschaften, Zahlungsinstitute im Sinne der Richtlinie (EU) 2015/2366 des Europäischen Parlaments und des Rates[1)] und Vermögensverwaltungsgesellschaften ein, jedoch nicht Versicherungsholdinggesellschaften und gemischte Versicherungsholdinggesellschaften im Sinne des Artikels 212 Absatz 1 Buchstaben f und g der Richtlinie 2009/138/EG;
27. „Unternehmen der Finanzbranche":

[1)] **Amtl. Anm.:** Richtlinie (EU) 2015/2366 des Europäischen Parlaments und des Rates vom 25. November über Zahlungsdienste im Binnenmarkt, zur Änderung der Richtlinien 2002/65/EG, 2009/110/EG und 2013/36/EU und der Verordnung (EU) Nr. 1093/2010 und zur Aufhebung der Richtlinie 2007/64/EG (ABl. L 337 vom 23.12.2015, S. 35).

a) ein Institut,
b) ein Finanzinstitut,
c) einen in die konsolidierte Finanzlage eines Instituts einbezogenen Anbieter von Nebendienstleistungen,
d) ein Versicherungsunternehmen,
e) ein Drittland-Versicherungsunternehmen,
f) ein Rückversicherungsunternehmen,
g) ein Drittland-Rückversicherungsunternehmen,
h) eine Versicherungs-Holdinggesellschaft im Sinne des Artikels 212 Absatz 1 Buchstabe f der Richtlinie 2009/138/EG,
i), j) *(nicht belegt)*
k) ein gemäß den Bedingungen des Artikels 4 der Richtlinie 2009/138/EG aus dem Anwendungsbereich jener Richtlinie ausgenommenes Unternehmen,
l) ein Drittlandsunternehmen, dessen Hauptgeschäftstätigkeit der eines Unternehmens unter den Buchstaben a bis k vergleichbar ist;

28. „Mutterinstitut in einem Mitgliedstaat" ein Institut in einem Mitgliedstaat, das ein Institut, ein Finanzinstitut oder einen Anbieter von Nebendienstleistungen als Tochter hat oder eine Beteiligung an einem Institut, einem Finanzinstitut oder einem Anbieter von Nebendienstleistungen hält und nicht selbst Tochterunternehmen eines anderen im selben Mitgliedstaat zugelassenen Instituts oder einer im selben Mitgliedstaat errichteten Finanzholdinggesellschaft oder gemischten Finanzholdinggesellschaft ist;
29. „EU-Mutterinstitut" ein Mutterinstitut in einem Mitgliedstaat, das nicht Tochterunternehmen eines anderen, in einem Mitgliedstaat zugelassenen Instituts oder einer in einem Mitgliedstaat errichteten Finanzholdinggesellschaft oder gemischten Finanzholdinggesellschaft ist;

29a. „Mutterwertpapierfirma in einem Mitgliedstaat" ein Mutterinstitut in einem Mitgliedstaat, bei dem es sich um eine Wertpapierfirma handelt;

29b. „EU-Mutterwertpapierfirma" ein EU-Mutterinstitut, bei dem es sich um eine Wertpapierfirma handelt;

29c. „Mutterkreditinstitut in einem Mitgliedstaat" ein Mutterinstitut in einem Mitgliedstaat, bei dem es sich um ein Kreditinstitut handelt;

29d. „EU-Mutterkreditinstitut, ein EU-Mutterinstitut" bei dem es sich um ein Kreditinstitut handelt;

30. „Mutterfinanzholdinggesellschaft in einem Mitgliedstaat" eine Finanzholdinggesellschaft, die nicht Tochterunternehmen eines im selben Mitgliedstaat zugelassenen Instituts oder einer im selben Mitgliedstaat errichteten Finanzholdinggesellschaft oder gemischten Finanzholdinggesellschaft ist;
31. „EU-Mutterfinanzholdinggesellschaft" eine Mutterfinanzholdinggesellschaft in einem Mitgliedstaat, die nicht Tochterunternehmen eines in einem Mitgliedstaat zugelassenen Instituts oder einer anderen, in einem Mitgliedstaat errichteten Finanzholdinggesellschaft oder gemischten Finanzholdinggesellschaft ist;
32. „gemischte Mutterfinanzholdinggesellschaft in einem Mitgliedstaat" eine gemischte Finanzholdinggesellschaft, die nicht Tochterunternehmen eines im selben Mitgliedstaat zugelassenen Instituts oder einer im selben Mit-

gliedstaat errichteten Finanzholdinggesellschaft oder gemischten Finanzholdinggesellschaft ist;

33. „gemischte EU-Mutterfinanzholdinggesellschaft" eine gemischte Mutterfinanzholdinggesellschaft in einem Mitgliedstaat, die nicht Tochterunternehmen eines in einem Mitgliedstaat zugelassenen Instituts oder einer anderen, in einem Mitgliedstaat errichteten Finanzholdinggesellschaft oder gemischten Finanzholdinggesellschaft ist;

34. „zentrale Gegenpartei" oder „ZGP" eine zentrale Gegenpartei im Sinne des Artikels 2 Nummer 1 der Verordnung (EU) Nr. 648/2012;

35. „Beteiligung" eine Beteiligung im Sinne des Artikels 17 Satz 1 der Vierten Richtlinie 78/660/EWG des Rates vom 25. Juli 1978 über den Jahresabschluss von Gesellschaften bestimmter Rechtsformen[1] oder das direkte oder indirekte Halten von mindestens 20 % der Stimmrechte oder des Kapitals an einem anderen Unternehmen;

36. „qualifizierte Beteiligung" das direkte oder indirekte Halten von mindestens 10 % des Kapitals oder der Stimmrechte eines Unternehmens oder eine andere Möglichkeit der Wahrnehmung eines maßgeblichen Einflusses auf die Geschäftsführung dieses Unternehmens;

37. „Kontrolle" das Verhältnis zwischen einem Mutter- und einem Tochterunternehmen im Sinne des Artikels 1 der Richtlinie 83/349/EWG, oder der Rechnungslegungsstandards, die gemäß der Verordnung (EU) Nr. 1606/2002 für ein Institut gelten, oder ein vergleichbares Verhältnis zwischen einer natürlichen oder juristischen Person und einem Unternehmen;

38. „enge Verbindung" eine Situation, in der zwei oder mehr natürliche oder juristische Personen auf eine der folgenden Weisen miteinander verbunden sind:
    a) über eine Beteiligung in Form des direkten Haltens oder durch Kontrolle von mindestens 20 % der Stimmrechte oder des Kapitals an einem Unternehmen,
    b) durch Kontrolle,
    c) über ein dauerhaftes Kontrollverhältnis beider oder aller mit ein und derselben dritten Person;

39. „Gruppe verbundener Kunden" jeden der folgenden Fälle:
    a) zwei oder mehr natürliche oder juristische Personen, die – sofern nicht das Gegenteil nachgewiesen wird – im Hinblick auf das Risiko insofern eine Einheit bilden, als eine von ihnen über eine direkte oder indirekte Kontrolle über die andere oder die anderen verfügt,
    b) zwei oder mehr natürliche oder juristische Personen, zwischen denen kein Kontrollverhältnis im Sinne des Buchstabens a besteht, die aber im Hinblick auf das Risiko als Einheit anzusehen sind, da zwischen ihnen Abhängigkeiten bestehen, die es wahrscheinlich erscheinen lassen, dass bei finanziellen Schwierigkeiten, insbesondere Finanzierungs- oder Rückzahlungsschwierigkeiten, eines dieser Kunden auch andere bzw. alle anderen auf Finanzierungs- oder Rückzahlungsschwierigkeiten stoßen.

---

[1] **Amtl. Anm.:** ABl. L 222 vom 14.8.1978, S. 11.

Übt ein Zentralstaat die direkte Kontrolle über mehr als eine natürliche oder juristische Person aus oder besteht zwischen einem Zentralstaat und mehr als einer natürlichen oder juristischen Person eine direkte Abhängigkeit, so kann unbeschadet der Buchstaben a und b die Gruppe aus dem Zentralstaat und allen natürlichen oder juristischen Personen, die er gemäß Buchstabe a direkt oder indirekt kontrolliert oder die gemäß Buchstabe b mit ihm verbunden sind, als Gruppe betrachtet werden, die keine Gruppe verbundener Kunden ist. Stattdessen kann die Existenz einer aus dem Zentralstaat und anderen natürlichen oder juristischen Personen bestehenden Gruppe verbundener Kunden für jede gemäß Buchstabe a direkt vom Zentralstaat kontrollierte oder gemäß Buchstabe b direkt mit dem Zentralstaat verbundene Person und alle natürlichen oder juristischen Personen, die gemäß Buchstabe a von dieser Person kontrolliert werden oder gemäß Buchstabe b mit dieser Person verbunden sind, einschließlich der Zentralregierung, gesondert beurteilt werden. Dies gilt auch im Falle von regionalen und lokalen Gebietskörperschaften, auf die Artikel 115 Absatz 2 Anwendung findet.

Zwei oder mehr natürliche oder juristische Personen, die die unter Buchstabe a oder b genannten Bedingungen aufgrund ihrer direkten Risikoposition gegenüber derselben ZGP zu Zwecken von Clearingtätigkeiten erfüllen, werden nicht als Gruppe betrachtet, die eine Gruppe verbundener Kunden bildet;

40. „zuständige Behörde“ eine nach einzelstaatlichem Recht offiziell anerkannte öffentliche Behörde oder Einrichtung, die nach diesem Recht zur Beaufsichtigung von Instituten als Teil des in dem betreffenden Mitgliedstaat geltenden Aufsichtssystems befugt ist;
41. „konsolidierende Aufsichtsbehörde“ eine zuständige Behörde, die gemäß Artikel 111 der Richtlinie 2013/36/EG für die Ausübung der Aufsicht auf konsolidierter Basis verantwortlich ist;
42. „Zulassung“ einen Hoheitsakt gleich welcher Form, mit dem die Behörden das Recht zur Ausübung der Geschäftstätigkeit erteilen;
43. „Herkunftsmitgliedstaat“ den Mitgliedstaat, in dem einem Institut die Zulassung erteilt wurde;
44. „Aufnahmemitgliedstaat“ den Mitgliedstaat, in dem ein Institut eine Zweigstelle hat oder Dienstleistungen erbringt;
45. „Zentralbanken des ESZB“ die nationalen Zentralbanken, die Mitglieder des Europäischen Systems der Zentralbanken (ESZB) sind, und die Europäische Zentralbank (EZB);
46. „Zentralbanken“ die Zentralbanken des ESZB sowie Zentralbanken dritter Länder;
47. „konsolidierte Lage“ die Lage, die sich ergibt, wenn die Anforderungen dieser Verordnung gemäß Teil 1 Titel II Kapitel 2 so auf ein Institut angewandt werden, als bildete dieses Institut zusammen mit einem oder mehreren anderen Unternehmen ein einziges Institut;
48. „auf konsolidierter Basis“ auf Basis der konsolidierten Lage;
49. „auf teilkonsolidierter Basis“ auf Basis der konsolidierten Lage eines Mutterinstituts, einer Finanzholdinggesellschaft oder einer gemischten Finanzholdinggesellschaft unter Ausschluss einer Teilgruppe von Unternehmen, oder auf Basis der konsolidierten Lage eines Mutterinstituts, einer Finanz-

holdinggesellschaft oder einer gemischten Finanzholdinggesellschaft, das/die nicht oberstes Mutterinstitut bzw. oberste Finanzholdinggesellschaft oder gemischte Finanzholdinggesellschaft ist;

50. „Finanzinstrument"
    a) einen Vertrag, der für eine der beteiligten Seiten einen finanziellen Vermögenswert und für die andere Seite eine finanzielle Verbindlichkeit oder ein Eigenkapitalinstrument schafft,
    b) ein in Anhang I Abschnitt C der Richtlinie 2004/39/EG genanntes Instrument,
    c) ein derivatives Finanzinstrument,
    d) ein Primärfinanzinstrument,
    e) ein Kassainstrument.

    Die unter den Buchstaben a, b und c genannten Instrumente sind nur dann als Finanzinstrumente zu betrachten, wenn ihr Wert sich aus dem Kurs eines zugrunde liegenden Finanzinstruments oder eines anderen Basiswerts, einem Satz oder einem Index errechnet;
51. „Anfangskapital" die in Artikel 12 der Richtlinie 2013/36/EU genannten Beträge und Arten von Eigenmitteln;
52. „operationelles Risiko" das Risiko von Verlusten, die durch die Unangemessenheit oder das Versagen von internen Verfahren, Menschen und Systemen oder durch externe Ereignisse verursacht werden, einschließlich Rechtsrisiken;
53. „Verwässerungsrisiko" das Risiko, dass sich der Betrag einer Forderung durch bare oder unbare Ansprüche des Schuldners vermindert;
54. „Ausfallwahrscheinlichkeit" und „PD" die Wahrscheinlichkeit des Ausfalls einer Gegenpartei im Laufe eines Jahres;
55. „Verlustquote bei Ausfall" und „LGD" die Höhe des Verlusts für eine Risikoposition bei Ausfall der Gegenpartei gemessen am Betrag der zum Zeitpunkt des Ausfalls ausstehenden Risikopositionen;
56. „Umrechnungsfaktor" das Verhältnis zwischen dem gegenwärtig nicht in Anspruch genommenen Betrag einer Zusage, der in Anspruch genommen werden könnte und daher bei Ausfall ausstünde, und dem gegenwärtig nicht in Anspruch genommenen Betrag dieser Zusage, wobei sich der Umfang der Zusage nach dem mitgeteilten Limit bestimmt, es sei denn, das nicht mitgeteilte Limit ist höher;
57. „Kreditrisikominderung" ein Verfahren, das ein Institut einsetzt, um das mit einer oder mehreren Risikopositionen, die es im Bestand behält, verbundene Kreditrisiko herabzusetzen;
58. „Besicherung mit Sicherheitsleistung" ein Verfahren der Kreditrisikominderung, bei dem sich das mit der Risikoposition eines Instituts verbundene Kreditrisiko dadurch vermindert, dass das Institut das Recht hat, bei Ausfall der Gegenpartei oder bei bestimmten anderen, mit der Gegenpartei zusammenhängenden Kreditereignissen bestimmte Vermögenswerte oder Beträge zu verwerten, ihren Transfer oder ihre Aneignung zu erwirken oder sie einzubehalten oder aber den Risikopositionsbetrag auf die Differenz zwischen diesem und dem Betrag einer Forderung gegen das Institut herabzusetzen bzw. diesen durch diese Differenz zu ersetzen;

59. „Absicherung ohne Sicherheitsleistung" ein Verfahren der Kreditrisikominderung, bei dem sich das mit der Risikoposition eines Instituts verbundene Kreditrisiko durch die Verpflichtung eines Dritten vermindert, bei Ausfall des Kreditnehmers oder bestimmten anderen Kreditereignissen eine Zahlung zu leisten;
60. „bargeldnahes Instrument" ein Einlagenzertifikat, eine Schuldverschreibung, einschließlich einer gedeckten Schuldverschreibung, oder ein ähnliches nicht nachrangiges Instrument, das ein Institut oder eine Wertpapierfirma ausgegeben hat, für das das Institut oder die Wertpapierfirma bereits die vollständige Zahlung erhalten hat und das das Institut oder die Wertpapierfirma uneingeschränkt zum Nennwert zurückzahlen muss;
61. „Verbriefung" eine Verbriefung im Sinne des Artikels 2 Nummer 1 der Verordnung (EU) 2017/2402;
62. „Verbriefungsposition" eine Verbriefungsposition im Sinne des Artikels 2 Nummer 19 der Verordnung (EU) 2017/2402;
63. „Wiederverbriefung" eine Wiederverbriefung im Sinne des Artikels 2 Nummer 4 der Verordnung (EU) 2017/2402;
64. „Wiederverbriefungsposition" eine Risikoposition in einer Wiederverbriefung;
65. „Bonitätsverbesserung" eine vertragliche Vereinbarung, durch die die Kreditqualität einer Verbriefungsposition gegenüber dem Stand ohne eine solche Vereinbarung verbessert wird; dazu zählen auch Verbesserungen, die durch nachrangigere Tranchen in der Verbriefung und andere Arten der Besicherung erzielt werden;
66. „Verbriefungszweckgesellschaft" eine Verbriefungszweckgesellschaft im Sinne des Artikels 2 Nummer 2 der Verordnung (EU) 2017/2402;
67. „Tranche" eine Tranch im Sinne des Artikels 2 Nummer 6 der Verordnung (EU) 2017/2402;
68. „Bewertung zu Marktpreisen" die Bewertung von Positionen auf der Grundlage einfach feststellbarer Glattstellungspreise, die aus neutralen Quellen bezogen werden, einschließlich Börsenkursen, über Handelssysteme angezeigten Preisen oder Quotierungen von verschiedenen unabhängigen, angesehenen Brokern;
69. „Bewertung zu Modellpreisen" jede Bewertung, die aus einem oder mehreren Marktwerten abgeleitet, extrapoliert oder auf andere Weise errechnet werden muss;
70. „unabhängige Preisüberprüfung" den Prozess der regelmäßigen Überprüfung von Marktpreisen und Modellparametern auf Exaktheit und Unabhängigkeit;
71. „anrechenbare Eigenmittel" folgende Komponenten:
    a) für die Zwecke des Teils 2 Titel III die Summe folgender Komponenten:
        i) Kernkapital im Sinne des Artikels 25 ohne die Abzüge nach Artikel 36 Absatz 1 Buchstabe k Ziffer i,
        ii) Ergänzungskapital im Sinne des Artikels 71 in Höhe von höchstens einem Drittel des nach Ziffer i berechneten Kernkapitals;
    b) für die Zwecke des Artikels 97 die Summe folgender Komponenten:
        i) Kernkapital im Sinne des Artikels 25,

ii) Ergänzungskapital im Sinne des Artikels 71 in Höhe von höchstens einem Drittel des Kernkapitals;

72. „anerkannte Börse" eine Börse, die die folgenden Bedingungen erfüllt:
   a) Sie ist ein geregelter Markt oder ein Markt eines Drittlands, der gemäß dem Verfahren nach Artikel 25 Absatz 4 Buchstabe a der Richtlinie 2014/65/EU als einem geregelten Markt gleichwertig angesehen wird;
   b) sie verfügt über einen Clearingmechanismus, der für die in Anhang II genannten Geschäfte eine tägliche Berechnung der Einschussforderungen vorsieht und damit nach Auffassung der zuständigen Behörden einen angemessenen Schutz bietet;

73. „freiwillige Altersversorgungsleistungen" eine verbesserte Altersversorgung, die einem Mitarbeiter von einem Institut nach Ermessen im Rahmen seines variablen Vergütungspakets gewährt wird; Anwartschaften eines Mitarbeiters im Rahmen des betrieblichen Altersversorgungssystems fallen nicht darunter;

74. „Beleihungswert" den Wert einer Immobilie, der bei einer vorsichtigen Bewertung ihrer künftigen Marktgängigkeit unter Berücksichtigung ihrer langfristigen dauerhaften Eigenschaften, der normalen und örtlichen Marktbedingungen, der derzeitigen Nutzung sowie angemessener Alternativnutzungen bestimmt wird;

75. „Wohnimmobilie" eine Wohnung oder ein Wohnhaus, die/das vom Eigentümer oder Mieter bewohnt wird, einschließlich des Wohnrechts in Wohnungsgenossenschaften in Schweden;

76. „Marktwert" im Hinblick auf Immobilien den geschätzten Betrag, zu dem die Immobilie am Tag der Bewertung nach angemessener Vermarktung im Rahmen eines zu marktüblichen Konditionen getätigten Geschäfts, das die Parteien in Kenntnis der Sachlage, umsichtig und ohne Zwang abschließen, von einem veräußerungswilligen Verkäufer auf einen kaufwilligen Käufer übergehen dürfte;

77. „geltender Rechnungslegungsrahmen" die Rechnungslegungsstandards, denen ein Institut gemäß der Verordnung (EG) Nr. 1606/2002 oder der Richtlinie 86/635/EWG unterliegt;

78. „Einjahresausfallquote" das Verhältnis der während des Zeitraums von einem Jahr bis zum Zeitpunkt T eingetretenen Ausfälle zur Anzahl der ein Jahr vor diesem Datum dieser Klasse bzw. diesem Pool zugeordneten Schuldner;

79. „spekulative Immobilienfinanzierung" Darlehen zum Zwecke des Erwerbs, der Entwicklung oder des Baus von oder im Zusammenhang mit Immobilien bzw. Flächen für solche Immobilien mit der Absicht, diese gewinnbringend zu verkaufen;

80. „Handelsfinanzierung" Finanzierungstätigkeiten einschließlich Bürgschaften im Zusammenhang mit dem Austausch von Gütern und Dienstleistungen durch Finanzprodukte mit fester kurzer Laufzeit (im Allgemeinen weniger als ein Jahr) ohne automatische Verlängerung;

81. „öffentlich unterstützte Exportkredite" Darlehen oder Kredite zur Finanzierung der Ausfuhr von Gütern und Dienstleistungen, für die eine offizielle Exportversicherungsagentur Bürgschaften, Versicherungen oder Direktfinanzierungen bereitstellt;

82. „Rückkaufsvereinbarung" und „umgekehrte Rückkaufsvereinbarung" eine Vereinbarung, durch die ein Institut oder seine Gegenpartei Wertpapiere oder Waren oder garantierte Rechtsansprüche auf Wertpapiere oder Waren – wenn die Garantie von einer anerkannten Börse, die die Rechte an den Wertpapieren oder Waren hält, gegeben wird und die Vereinbarung es dem Institut nicht erlaubt, ein bestimmtes Wertpapier oder eine bestimmte Ware gleichzeitig mehr als einer Gegenpartei zu übertragen oder zu verpfänden, und die Übertragung in Verbindung mit einer Rückkaufzusage erfolgt – oder ersatzweise auf Wertpapiere oder Waren derselben Ausstattung zu einem festen Preis und zu einem vom Pensionsgeber festgesetzten oder noch festzusetzenden späteren Zeitpunkt überträgt; dabei handelt es sich für das Institut, das die Wertpapiere oder Waren veräußert, um eine Rückkaufsvereinbarung und für das Institut, das sie erwirbt, um eine umgekehrte Rückkaufsvereinbarung;
83. „Pensionsgeschäft" jedes Geschäft, das als „Rückkaufsvereinbarung" oder „umgekehrte Rückkaufsvereinbarung" gilt;
84. „einfache Rückkaufsvereinbarung" ein Pensionsgeschäft mit einem einzigen Vermögenswert oder mit ähnlichen nichtkomplexen Vermögenswerten im Gegensatz zu einem Korb von Vermögenswerten;
85. „Positionen, die mit Handelsabsicht gehalten werden",
    a) Eigenhandelspositionen und Positionen, die sich aus Kundenbetreuung und Marktpflege ergeben,
    b) Positionen, die zum kurzfristigen Wiederverkauf gehalten werden,
    c) Positionen, bei denen die Absicht besteht, aus bestehenden oder erwarteten kurzfristigen Kursunterschieden zwischen Ankaufs- und Verkaufskurs oder aus anderen Kurs- oder Zinsschwankungen Profit zu ziehen;
86. „Handelsbuch" alle Positionen in Finanzinstrumenten und Waren, die ein Institut entweder mit Handelsabsicht oder zur Absicherung von mit Handelsabsicht gehaltenen Positionen gemäß Artikel 104 hält;
87. „multilaterales Handelssystem" ein multilaterales Handelssystem im Sinne des Artikels 4 Nummer 15 der Richtlinie 2004/39/EG;
88. „qualifizierte zentrale Gegenpartei" oder „qualifizierte ZGP" eine zentrale Gegenpartei, die entweder nach Artikel 14 der Verordnung (EU) Nr. 648/2012 zugelassen oder nach Artikel 25 jener Verordnung anerkannt wurde;
89. „Ausfallfonds" einen von einer zentralen Gegenpartei gemäß Artikel 42 der Verordnung (EU) Nr. 648/2012 eingerichteten und gemäß Artikel 45 jener Verordnung genutzten Fonds;
90. „vorfinanzierter Beitrag zum Ausfallfonds einer ZGP" einen in den Ausfallfonds einer zentralen Gegenpartei eingezahlten Beitrag eines Instituts;
91. „Handelsrisikoposition" eine aus Geschäften im Sinne des Artikels 301 Absatz 1 Buchstaben a, b und c sowie aus der Einschussforderung herrührende aktuelle Risikoposition, einschließlich eines einem Clearingmitglied zustehenden und noch nicht eingegangenen Nachschusses, und jede potenzielle künftige Risikoposition eines Clearingmitglieds oder eines Kunden gegenüber einer ZGP;
92. „geregelter Markt" einen geregelten Markt im Sinne des Artikels 4 Nummer 14 der Richtlinie 2004/39/EG;

93. „Verschuldung“ die an den Eigenmitteln eines Instituts gemessene relative Höhe der Aktiva, außerbilanziellen Verpflichtungen und Eventualverpflichtungen zu Zahlung, Lieferung oder dem Stellen von Sicherheiten, einschließlich Verpflichtungen aus erhaltenen Finanzierungen, gegebenen Zusagen, Derivaten oder Rückkaufsvereinbarungen, aber ausschließlich Verpflichtungen, die nur bei Liquidation des Instituts eingefordert werden können;
94. „Risiko einer übermäßigen Verschuldung“ das Risiko, das aus der Anfälligkeit eines Instituts aufgrund von Verschuldung oder Eventualverschuldung erwächst, die möglicherweise unvorgesehene Korrekturen seines Geschäftsplans erfordert, einschließlich der Veräußerung von Aktiva in einer Notlage, was zu Verlusten oder Bewertungsanpassungen der verbleibenden Aktiva führen könnte;
95. „Kreditrisikoanpassung“ den Betrag der spezifischen und allgemeinen Rückstellungen für Kreditverluste zur Unterlegung der Kreditrisiken, die gemäß dem geltenden Rechnungslegungsrahmen im Jahresabschluss des Instituts anerkannt wurden;
96. „internes Sicherungsgeschäft“ eine Position, die die Risikobestandteile zwischen einer Position im Handelsbuch und einer oder mehreren Positionen im Anlagebuch oder zwischen zwei Handelstischen im Wesentlichen ausgleicht;
97. „Referenzverbindlichkeit“ eine Verbindlichkeit, die zur Bestimmung der Höhe des Barausgleichs für ein Kreditderivat herangezogen wird;
98. „externe Ratingagentur“ oder „ECAI“ eine gemäß der Verordnung (EG) Nr. 1060/2009 des Europäischen Parlaments und des Rates vom 16. September 2009 über Ratingagenturen[1] zugelassene oder zertifizierte Ratingagentur oder eine Zentralbank, die Bonitätsbeurteilungen abgibt, die von der Anwendung der genannten Verordnung ausgenommen sind;
99. „benannte ECAI“ eine von einem Institut benannte ECAI;
100. „kumuliertes sonstiges Ergebnis“ ein kumuliertes sonstiges Ergebnis im Sinne des nach Maßgabe der Verordnung (EG) Nr. 1606/2002 anwendbaren internationalen Rechnungslegungsstandards (IAS) 1;
101. „Basiseigenmittel“ Eigenmittel im Sinne des Artikels 88 der Richtlinie 2009/138/EG;
102. „Kernkapital von Versicherungsunternehmen“ die Bestandteile der Basiseigenmittel von Unternehmen, die den Anforderungen der Richtlinie 2009/138/EG unterliegen, wenn diese Bestandteile gemäß Artikel 94 Absatz 1 jener Richtlinie in die Klasse „Tier 1“ im Sinne jener Richtlinie eingestuft werden;
103. „zusätzliches Kernkapital von Versicherungsunternehmen“ Bestandteile der Basiseigenmittel von Unternehmen, die den Anforderungen der Richtlinie 2009/138/EG unterliegen, wenn diese Bestandteile gemäß Artikel 94 Absatz 1 jener Richtlinie in die Klasse „Tier 1“ im Sinne jener Richtlinie eingestuft werden und die Einbeziehung dieser Bestandteile durch gemäß Artikel 99 jener Richtlinie erlassene delegierte Rechtsakte begrenzt wird;

---

[1] **Amtl. Anm.:** ABl. L 302 vom 17.11.2009, S. 1.

104. „Ergänzungskapital von Versicherungsunternehmen" Bestandteile der Basiseigenmittel von Unternehmen, die den Anforderungen der Richtlinie 2009/138/EG unterliegen, wenn diese Bestandteile gemäß Artikel 94 Absatz 2 jener Richtlinie in die Klasse „Tier 2" im Sinne jener Richtlinie eingestuft werden;

105. „Drittrangmittel von Versicherungsunternehmen" Bestandteile der Basiseigenmittel von Unternehmen, die den Anforderungen der Richtlinie 2009/138/EG unterliegen, wenn diese Bestandteile gemäß Artikel 94 Absatz 3 jener Richtlinie in die Klasse „Tier 3" im Sinne jener Richtlinie eingestuft werden;

106. „latente Steueransprüche" latente Steueransprüche im Sinne des geltenden Rechnungslegungsrahmens;

107. „von der künftigen Rentabilität abhängige latente Steueransprüche" latente Steueransprüche, deren künftiger Wert nur realisiert werden kann, wenn das Institut in Zukunft ein zu versteuerndes Ergebnis erzielt;

108. „latente Steuerschulden" latente Steuerschulden im Sinne des geltenden Rechnungslegungsrahmens;

109. „Vermögenswerte aus Pensionsfonds mit Leistungszusage" die Vermögenswerte aus einem Pensionsfonds oder einem Altersversorgungsplan mit Leistungszusage nach Abzug der Verbindlichkeiten dieses Fonds bzw. Plans;

110. „Ausschüttung" jede Art der Auszahlung von Dividenden oder Zinsen;

111. „Finanzunternehmen" ein Finanzunternehmen im Sinne des Artikels 13 Nummer 25 Buchstaben b und d der Richtlinie 2009/138/EG;

112. „Fonds für allgemeine Bankrisiken" einen Fonds für allgemeine Bankrisiken im Sinne des Artikels 38 der Richtlinie 86/635/EWG;

113. „Geschäfts- oder Firmenwert" den Geschäfts- oder Firmenwert im Sinne des geltenden Rechnungslegungsrahmens;

114. „indirekte Position" eine Risikoposition gegenüber einem Intermediär, der Risikopositionen aus Kapitalinstrumenten eines Unternehmens der Finanzbranche hält, wobei im Falle einer endgültigen Abschreibung der Kapitalinstrumente des Unternehmens der Finanzbranche der dem Institut dadurch entstehende Verlust nicht wesentlich von dem Verlust abweichen würde, der ihm aus dem direkten Halten jener Kapitalinstrumente des Unternehmens der Finanzbranche erwachsen würde;

115. „immaterielle Vermögenswerte" immaterielle Vermögenswerte im Sinne des geltenden Rechnungslegungsrahmens, einschließlich des Geschäfts- bzw. Firmenwerts;

116. „andere Kapitalinstrumente" von Unternehmen der Finanzbranche begebene Kapitalinstrumente, die nicht zu den Instrumenten des harten Kernkapitals, des zusätzlichen Kernkapitals oder des Ergänzungskapitals oder zum Kernkapital von Versicherungsunternehmen, dem zusätzlichen Kernkapital von Versicherungsunternehmen, dem Ergänzungskapital von Versicherungsunternehmen oder den Drittrangmitteln von Versicherungsunternehmen zählen;

117. „sonstige Rücklagen" Rücklagen im Sinne des geltenden Rechnungslegungsrahmens, die gemäß dem geltenden Rechnungslegungsstandard offengelegt werden müssen, ausschließlich aller Beträge, die bereits im

kumulierten sonstigen Ergebnis oder in den einbehaltenen Gewinnen ausgewiesen sind;

118. „Eigenmittel" die Summe aus Kernkapital und Ergänzungskapital;

119. „Eigenmittelinstrumente" Kapitalinstrumente des Instituts, die zu den Instrumenten des harten Kernkapitals, des zusätzlichen Kernkapitals oder des Ergänzungskapitals zählen;

120. „Minderheitsbeteiligung" den Betrag des harten Kernkapitals eines Tochterunternehmens eines Instituts, der nicht in den aufsichtlichen Konsolidierungskreis des Instituts einbezogenen natürlichen oder juristischen Personen zuzurechnen ist;

121. „Gewinn" Gewinn im Sinne des geltenden Rechnungslegungsrahmens;

122. „Überkreuzbeteiligung" die Beteiligung eines Instituts an Eigenmittelinstrumenten oder anderen Kapitalinstrumenten von Unternehmen der Finanzbranche, die selbst Eigenmittelinstrumente des betreffenden Instituts halten;

123. „einbehaltene Gewinne" die nach Zuweisung des endgültigen Ergebnisses gemäß dem geltenden Rechnungslegungsrahmen fortgeschriebenen Gewinne und Verluste;

124. „Agio" das Agio im Sinne des geltenden Rechnungslegungsrahmens;

125. „temporäre Differenzen" temporäre Differenzen im Sinne des geltenden Rechnungslegungsrahmen;

126. „synthetische Position" die Investition eines Instituts in ein Finanzinstrument, dessen Wert direkt an den Wert der Kapitalinstrumente eines Unternehmens der Finanzbranche gekoppelt ist;

127. „Haftungsverbund" ein System, das alle nachstehenden Voraussetzungen erfüllt:

a) Die Institute gehören demselben institutsbezogenen Sicherungssystem wie in Artikel 113 Absatz 7 genannt an oder sind im Rahmen eines Netzes einer Zentralorganisation ständig zugeordnet;

b) die Institute sind gemäß Artikel 1 Absatz 1 Buchstaben b, c und d oder Artikel 1 Absatz 2 der Richtlinie 83/349/EWG voll konsolidiert und in die Aufsicht auf konsolidierter Basis eines Instituts, das Mutterinstitut in einem Mitgliedstaat im Sinne des Teils 1 Titel II Kapitel 2 dieser Verordnung ist, einbezogen, und unterliegen Eigenmittelanforderungen,

c) das Mutterinstitut in einem Mitgliedstaat und die Tochterunternehmen befinden sich im selben Mitgliedstaat und unterliegen den Zulassungsvoraussetzungen und Kontrollen derselben zuständigen Behörde,

d) das Mutterinstitut in einem Mitgliedstaat und die Tochterunternehmen haben eine vertragliche oder satzungsmäßige Haftungsvereinbarung geschlossen, die diese Institute schützt und insbesondere ihre Liquidität und Solvenz gewährleistet, um einen Konkurs zu vermeiden, falls dies erforderlich wird,;[1]

e) es wurden Vereinbarungen getroffen, die eine sofortige Bereitstellung finanzieller Mittel in Form von Kapital und Liquidität gewährleisten,

---

[1] Zeichensetzung amtlich.

sofern dies nach der vertraglichen oder satzungsmäßigen Haftungsvereinbarung gemäß Buchstabe d erforderlich ist,

f) die Angemessenheit der Vereinbarungen gemäß den Buchstaben d und e wird von den jeweiligen zuständigen Behörden regelmäßig kontrolliert,

g) die Mindestfrist für die Bekanntgabe des freiwilligen Ausscheidens eines Tochterunternehmens aus der Haftungsvereinbarung beträgt zehn Jahre,

h) die jeweils zuständige Behörde ist befugt, das freiwillige Ausscheiden eines Tochterunternehmens aus der Haftungsvereinbarung zu untersagen;

128. „ausschüttungsfähige Posten" den Gewinn am Ende des letzten Finanzjahres zuzüglich etwaiger vorgetragener Gewinne und für diesen Zweck verfügbarer Rücklagen, vor der Ausschüttung an die Eigner von Eigenmittelinstrumenten, abzüglich etwaiger vorgetragener Verluste, etwaiger gemäß Unionsrechtsvorschriften oder nationalen Rechtsvorschriften oder der Satzung des Instituts nicht ausschüttungsfähiger Gewinne und gemäß nationalen Rechtsvorschriften oder der Satzung des Instituts in die nicht ausschüttungsfähigen Rücklagen eingestellter Beträge, jeweils in Bezug auf die spezifische Kategorie von Eigenmittelinstrumenten, auf die sich die Unionsrechtsvorschriften, die nationalen Rechtsvorschriften, die Satzung des Instituts oder das Statut beziehen, wobei diese Gewinne, Verluste und Rücklagen ausgehend vom Einzelabschluss des jeweiligen Instituts und nicht auf der Basis des konsolidierten Abschlusses festgestellt werden;

129. „Forderungsverwalter" ein Forderungsverwalter im Sinne des Artikels 2 Nummer 13 der Verordnung (EU) 2017/2402.

130. „Abwicklungsbehörde" eine Abwicklungsbehörde im Sinne des Artikels 2 Absatz 1 Nummer 18 der Richtlinie 2014/59/EU;

131. „Abwicklungseinheit" eine Abwicklungseinheit im Sinne des Artikels 2 Absatz 1 Nummer 83a der Richtlinie 2014/59/EU;

132. „Abwicklungsgruppe" eine Abwicklungsgruppe im Sinne des Artikels 2 Absatz 1 Nummer 83b der Richtlinie 2014/59/EU;

133. „global systemrelevantes Institut" oder „G-SRI" ein G-SRI, das im Einklang mit Artikel 131 Absätze 1 und 2 der Richtlinie 2013/36/EU ermittelt wurde;

134. „global systemrelevantes Nicht-EU-Institut" oder „Nicht-EU-G-SRI" eine global systemrelevante Bankengruppe oder Bank (G-SIB), bei der es sich nicht um ein G-SRI handelt und die in der vom Rat für Finanzstabilität veröffentlichten und regelmäßig aktualisierten Liste aufgeführt ist;

135. „bedeutendes Tochterunternehmen" ein Tochterunternehmen, das auf Einzelbasis oder konsolidierter Basis eine der folgenden Bedingungen erfüllt:

a) Das Tochterunternehmen hält mehr als 5 % der konsolidierten risikogewichteten Aktiva seines ursprünglichen Mutterunternehmens;

b) das Tochterunternehmen generiert mehr als 5 % der gesamten betrieblichen Erträge seines ursprünglichen Mutterunternehmens;

c) die in Artikel 429 Absatz 4 der vorliegenden Verordnung genannte Gesamtrisikopositionsmessgröße des Tochterunternehmens übersteigt

5 % der konsolidierten Gesamtrisikopositionsmessgröße seines ursprünglichen Mutterunternehmens;

für den Zweck der Bestimmung des bedeutenden Tochterunternehmens zählen – sofern Artikel 21b Absatz 2 der Richtlinie 2013/36/EU Anwendung findet – die zwei zwischengeschalteten EU-Mutterunternehmen unter Zugrundelegung ihrer konsolidierten Lage als ein einziges Tochterunternehmen;

136. „G-SRI-Einheit" eine Einheit mit Rechtspersönlichkeit, bei der es sich um ein G-SRI handelt oder die Teil eines G-SRI oder eines Nicht-EU-G-SRI ist;

137. „Bail-in-Instrument" ein Bail-in-Instrument im Sinne des Artikels 2 Absatz 1 Nummer 57 der Richtlinie 2014/59/EU;

138. „Gruppe" eine Gruppe von Unternehmen, von denen mindestens eines ein Institut ist und die aus einem Mutterunternehmen und seinen Tochterunternehmen oder aus Unternehmen besteht, die untereinander in der in Artikel 22 der Richtlinie 2013/34/EU des Europäischen Parlaments und des Rates[1] bezeichneten Beziehung stehen;

139. „Wertpapierfinanzierungsgeschäft" oder ein Pensionsgeschäft, ein Wertpapier- oder Warenverleih- oder -leihgeschäft oder ein Lombardgeschäft;

140. „Ersteinschuss" jede Sicherheit, bei der es sich nicht um einen Nachschuss handelt und die von einer Einheit entgegengenommen oder geleistet wird, um aktuelle und potenzielle künftige Risikopositionen eines Geschäfts oder eines Portfolios von Geschäften in dem Zeitraum zu decken, der zur Verwertung dieser Geschäfte notwendig ist, oder um deren Marktrisiko infolge eines Ausfalls der Gegenpartei des Geschäfts oder des Portfolios von Geschäften neu abzusichern;

141. „Marktrisiko" das aus Marktpreisbewegungen, einschließlich Wechselkurs- oder Warenpreisbewegungen, erwachsende Verlustrisiko;

142. „Fremdwährungsrisiko" das aus Wechselkursbewegungen erwachsende Verlustrisiko;

143. „Warenpositionsrisiko" das aus Warenpreisbewegungen erwachsende Verlustrisiko;

144. „Handelstisch" eine genau definierte Gruppe von Händlern, die von einem Institut für die gemeinsame Verwaltung eines Portfolios von Handelsbuchpositionen im Einklang mit einer genau festgelegten und kohärenten Geschäftsstrategie eingerichtet wurde und innerhalb derselben Risikomanagementstruktur agiert;

145. „kleines und nicht komplexes Institut" ein Institut, das alle folgenden Bedingungen erfüllt:

   a) Es ist kein großes Institut;

   b) der Gesamtwert seiner Vermögenswerte ist auf Einzelbasis oder gegebenenfalls auf konsolidierter Basis gemäß dieser Verordnung und der Richtlinie 2013/36/EU während des Vierjahreszeitraums, der dem

---

[1] **Amtl. Anm.:** Richtlinie 2013/34/EU des Europäischen Parlaments und des Rates vom 26. Juni 2013 über den Jahresabschluss, den konsolidierten Abschluss und damit verbundene Berichte von Unternehmen bestimmter Rechtsformen und zur Änderung der Richtlinie 2006/43/EG des Europäischen Parlaments und des Rates und zur Aufhebung der Richtlinien 78/660/EWG und 83/349/EWG des Rates (ABl. L 182 vom 29.6.2013, S. 19).

laufenden jährlichen Berichtszeitraum unmittelbar vorangeht, im Durchschnitt kleiner oder gleich dem Schwellenwert von 5 Mrd. EUR; die Mitgliedstaaten können einen niedrigeren Schwellenwert festsetzen;

c) es unterliegt keinen Anforderungen oder unterliegt vereinfachten Anforderungen in Bezug auf die Sanierungs- und Abwicklungsplanung im Einklang mit Artikel 4 der Richtlinie 2014/59/EU;

d) seine Handelsbuchtätigkeiten werden als von geringem Umfang im Sinne des Artikels 94 Absatz 1 eingestuft;

e) der Gesamtwert seiner Derivatepositionen des Instituts, die mit Handelsabsicht gehalten werden, übersteigt nicht 2 % seiner gesamten bilanziellen und außerbilanziellen Vermögenswerte; und der Gesamtwert seiner gesamten Derivatepositionen übersteigt nicht 5 %, wobei beide Werte gemäß Artikel 273a Absatz 3 berechnet werden;

f) mehr als 75 % sowohl der konsolidierten Gesamtaktiva als auch der konsolidierten Gesamtpassiva des Instituts, in beiden Fällen mit Ausnahme der gruppeninternen Risikopositionen, betreffen Tätigkeiten mit Gegenparteien, die ihren Sitz im Europäischen Wirtschaftsraum haben;

g) das Institut verwendet keine internen Modelle, um seine Aufsichtsanforderungen gemäß dieser Verordnung zu erfüllen; hiervon ausgenommen sind Tochterunternehmen, die auf Gruppenebene entwickelte interne Modelle verwenden, sofern die Gruppe den Offenlegungspflichten nach Artikel 433a oder Artikel 433c auf konsolidierter Basis unterliegt;

h) das Institut hat sich nicht bei der zuständigen Behörde gegen eine Qualifizierung als kleines und nicht komplexes Institut ausgesprochen;

i) die zuständige Behörde hat nicht entschieden, dass das Institut auf der Grundlage einer Analyse der Größe, Verflechtung, Komplexität oder des Risikoprofils nicht als kleines und nicht komplexes Institut zu betrachten ist;

146. „großes Institut" ein Institut, das eine der folgenden Bedingungen erfüllt:

a) Es handelt sich um ein G-SRI;

b) es wurde gemäß Artikel 131 Absätze 1 und 3 der Richtlinie 2013/36/EU als anderes systemrelevantes Institut („A-SRI") ermittelt;

c) es zählt in dem Mitgliedstaat, in dem es niedergelassen ist, nach dem Gesamtwert der Vermögenswerte zu den drei größten Instituten;

d) der Gesamtwert seiner Vermögenswerte auf Einzelbasis oder gegebenenfalls auf Basis der konsolidierten Gesamtlage gemäß dieser Verordnung und der Richtlinie 2013/36/EU ist größer oder gleich 30 Mrd. EUR;

147. „großes Tochterunternehmen" ein Tochterunternehmen, das zu den großen Instituten zählt;

148. „nicht börsennotiertes Institut" ein Institut, das keine Wertpapiere emittiert hat, die zum Handel an einem geregelten Markt eines Mitgliedstaats im Sinne des Artikels 4 Absatz 1 Nummer 21 der Richtlinie 2014/65/EU zugelassen sind;

149. „Finanzbericht" – für die Zwecke von Teil 8 – einen Finanzbericht im Sinne der Artikel 4 und 5 der Richtlinie 2004/109/EG des Europäischen Parlaments und des Rates[1)];

150. „Waren- und Emissionszertifikatehändler" Unternehmen, deren Haupttätigkeit ausschließlich darin besteht, Wertpapierdienstleistungen oder Anlagetätigkeiten im Zusammenhang mit den in Anhang I Abschnitt C der Richtlinie 2014/65/EU unter den Nummern 5, 6, 7, 9 und 10 genannten Warenderivaten oder Warenderivatkontrakten, den im gleichen Abschnitt unter Nummer 4 genannten Derivaten in Bezug auf Emissionszertifikate oder den in Anhang I Abschnitt C Nummer 11 genannten Emissionszertifikaten zu erbringen bzw. auszuüben;

(2) [1] Bezugnahmen auf Immobilien, Wohnimmobilien oder Gewerbeimmobilien oder auf Grundpfandrechte auf solche Immobilien in dieser Verordnung schließen auch Anteile an finnischen Wohnungsbaugesellschaften im Sinne des finnischen Gesetzes von 1991 über Wohnungsbaugesellschaften oder nachfolgender entsprechender Gesetze ein. [2] Die Mitgliedstaaten oder ihre zuständigen Behörden können zulassen, dass Anteile, die eine entsprechende indirekte Beteiligung an Immobilien darstellen, wie eine direkte Beteiligung an Immobilien behandelt werden, wenn eine solche indirekte Beteiligung im nationalen Recht des betreffenden Mitgliedstaates ausdrücklich geregelt ist und wenn sie, als Sicherheit gestellt, Gläubigern einen gleichwertigen Schutz bietet.

(3) Handelsfinanzierungen im Sinne des Absatzes 1 Nummer 80 sind im Allgemeinen nicht fest zugesagt und erfordern zufriedenstellende Belege über alle Transaktionen für jeden Kreditantrag, sodass eine Ablehnung der Finanzierung möglich wird, wenn Zweifel an der Kreditwürdigkeit oder den Belegen über die Transaktionen auftreten; die Rückzahlung von Risikopositionen aus der Handelsfinanzierung ist in der Regel unabhängig vom Kreditnehmer, vielmehr stammen die Mittel aus Zahlungen von Importeuren oder den Erlösen aus dem Verkauf der zugrundeliegenden Güter.

(4) *[1]* Die EBA arbeitet Entwürfe technischer Regulierungsstandards aus, um zu präzisieren, unter welchen Umständen die in Absatz 1 Nummer 39 festgelegten Bedingungen erfüllt sind.

[2] Die EBA übermittelt der Kommission diese Entwürfe technischer Regulierungsstandards bis zum 28. Juni 2020.

[3] Der Kommission wird die Befugnis übertragen, die in Unterabsatz 1 genannten technischen Regulierungsstandards gemäß den Artikeln 10 bis 14 der Verordnung (EU) Nr. 1093/2010 zur Ergänzung dieser Verordnung zu erlassen.

Art. 5 Besondere Begriffsbestimmungen für Eigenmittelanforderungen für das Kreditrisiko. Für die Zwecke des Teils 3 Titel II bezeichnet der Ausdruck

1. „Risikoposition" einen Aktivposten (Vermögenswert) oder einen außerbilanziellen Posten;

[1)] **Amtl. Anm.:** Richtlinie 2004/109/EG des Europäischen Parlaments und des Rates vom 15. Dezember 2004 zur Harmonisierung der Transparenzanforderungen in Bezug auf Informationen über Emittenten, deren Wertpapiere zum Handel auf einem geregelten Markt zugelassen sind, und zur Änderung der Richtlinie 2001/34/EG (ABl. L 390 vom 31.12.2004, S. 38).

2. „Verlust" den wirtschaftlichen Verlust einschließlich wesentlicher Diskontierungseffekte sowie wesentlicher direkter und indirekter Kosten der Beitreibung;
3. „erwarteter Verlust" und „EL" das Verhältnis der Höhe des Verlusts, der bei einem etwaigen Ausfall der Gegenpartei oder bei Verwässerung über einen Einjahreszeitraum zu erwarten ist, zu dem zum Zeitpunkt des Ausfalls ausstehenden Betrag;[1)]

Titel II. Anwendungsebenen

Kapitel 1. Erfüllung der Anforderungen auf Einzelbasis

Art. 6 Allgemeine Grundsätze. (1) Die Institute halten die Anforderungen, die in den Teilen 2, 3, 4, 7, 7A und 8 der vorliegenden Verordnung und in Kapitel 2 der Verordnung (EU) 2017/2402 festgelegt sind, auf Einzelbasis ein; hiervon ausgenommen ist Artikel 430 Absatz 1 Buchstabe d der vorliegenden Verordnung.

(1a) *[1]* Abweichend von Absatz 1 des vorliegenden Artikels halten lediglich die als Abwicklungseinheiten eingestuften Institute, bei denen es sich außerdem um G-SRI-Einheiten handelt und die keine Tochterunternehmen haben, die in Artikel 92a festgelegten Anforderungen auf Einzelbasis ein.

[2] Bedeutende Tochterunternehmen eines Nicht-EU-G-SRI halten Artikel 92b auf Einzelbasis ein, wenn sie alle folgenden Bedingungen erfüllen:

a) Sie sind keine Abwicklungseinheiten,
b) sie haben keine Tochterunternehmen,
c) sie sind nicht die Tochterunternehmen eines EU-Mutterinstituts.

(2) Kein Institut, das im Mitgliedstaat seiner Zulassung und Beaufsichtigung entweder Tochterunternehmen oder Mutterunternehmen ist, und kein Institut, das in die Konsolidierung nach Artikel 18 einbezogen ist, ist gehalten, die Anforderungen der Artikel 89, 90 und 91 auf Einzelbasis einzuhalten.

(3) *[1]* Kein Institut, das entweder ein Mutterunternehmen oder ein Tochterunternehmen ist, und kein Institut, das in die Konsolidierung nach Artikel 18 einbezogen ist, ist gehalten, die Anforderungen des Teils 8 auf Einzelbasis einzuhalten.

[2] [1] Abweichend von Unterabsatz 1 des vorliegenden Absatzes müssen die in Absatz 1a des vorliegenden Artikels genannten Institute Artikel 437a und Artikel 447 Buchstabe h auf Einzelbasis einhalten.

(4) *[1]* Institute müssen die Anforderungen gemäß Teil 6 und gemäß Artikel 430 Absatz 1 Buchstabe d der vorliegenden Verordnung auf Einzelbasis einhalten.

[2] Die folgenden Institute sind nicht verpflichtet, Artikel 413 Absatz 1 und die damit verbundenen Anforderungen an die Liquiditätsüberwachung in Teil 7A der vorliegenden Verordnung einzuhalten:

a) Institute, die auch gemäß Artikel 14 der Verordnung (EU) Nr. 648/2012 zugelassen sind,
b) Institute, die auch gemäß Artikel 16 und Artikel 54 Absatz 2 Buchstabe a der Verordnung (EU) Nr. 909/2014 des Europäischen Parlaments und des Ra-

---

[1)] Zeichensetzung amtlich.

tes[1] zugelassen sind, sofern sie keine Fristentransformation in erheblichem Umfang durchführen, und

c) Institute, die gemäß Artikel 54 Absatz 2 Buchstabe b der Verordnung (EU) Nr. 909/2014 benannt sind, sofern

   i) ihre Tätigkeiten sich auf bankartige Dienstleistungen, wie in Abschnitt C des Anhangs der genannten Verordnung aufgeführt beschränken, die sie gemäß Artikel 16 der genannten Verordnung zugelassenen Zentralverwahrern anbieten, und

   ii) sie keine Fristentransformation in erheblichem Umfang durchführen.

(5) Institute, für die die zuständigen Behörden die Ausnahmen gemäß Artikel 7 Absatz 1 oder Absatz 3 der vorliegenden Verordnung gewährt haben, und Institute, die auch gemäß Artikel 14 der Verordnung (EU) Nr. 648/2012 zugelassen sind, sind nicht verpflichtet, die Anforderungen gemäß Teil 7 und die damit verbundenen Meldepflichten zur Verschuldensquote in Teil 7A der vorliegenden Verordnung auf Einzelbasis einzuhalten.

Art. 7 Ausnahmen von der Anwendung der Aufsichtsanforderungen auf Einzelbasis. (1) Die zuständigen Behörden können Tochterunternehmen eines Instituts von der Anwendung des Artikels 6 Absatz 1 ausnehmen, wenn sowohl das Tochterunternehmen als auch das Institut von dem betreffenden Mitgliedstaat zugelassen und beaufsichtigt werden, das Tochterunternehmen in die konsolidierte Beaufsichtigung des Mutterunternehmens einbezogen ist und alle nachstehenden Bedingungen erfüllt sind, so dass eine angemessene Verteilung der Eigenmittel zwischen dem Mutterunternehmen und den Tochterunternehmen gewährleistet ist:

a) ein wesentliches tatsächliches oder rechtliches Hindernis für die unverzügliche Übertragung von Eigenmitteln oder die Rückzahlung von Verbindlichkeiten durch das Mutterunternehmen ist weder vorhanden noch abzusehen;

b) entweder das Mutterunternehmen erfüllt in Bezug auf die umsichtige Führung des Tochterunternehmens die Anforderungen der zuständigen Behörde und hat mit deren Genehmigung erklärt, dass es für die von seinem Tochterunternehmen eingegangenen Verpflichtungen bürgt, oder die durch das Tochterunternehmen verursachten Risiken können vernachlässigt werden;

c) die Risikobewertungs-, -mess- und -kontrollverfahren des Mutterunternehmens erstrecken sich auch auf das Tochterunternehmen;

d) das Mutterunternehmen hält mehr als 50 % der mit den Anteilen oder Aktien des Tochterunternehmens verbundenen Stimmrechte oder ist zur Bestellung oder Abberufung der Mehrheit der Mitglieder des Leitungsorgans des Tochterunternehmens berechtigt.

(2) Die zuständigen Behörden können von der in Absatz 1 genannten Möglichkeit Gebrauch machen, wenn es sich bei dem Mutterunternehmen um eine Finanzholdinggesellschaft oder gemischte Finanzholdinggesellschaft handelt, die im gleichen Mitgliedstaat wie das Institut errichtet wurde, und sofern

---

[1] **Amtl. Anm.:** Verordnung (EU) Nr. 909/2014 des Europäischen Parlaments und des Rates vom 23. Juli 2014 zur Verbesserung der Wertpapierlieferungen und -abrechnungen in der Europäischen Union und über Zentralverwahrer sowie zur Änderung der Richtlinien 98/26/EG und 2014/65/EU und der Verordnung (EU) Nr. 236/2012 (ABl. L 257 vom 28.8.2014, S. 1).

sie – insbesondere im Hinblick auf die in Artikel 11 Absatz 1 festgelegten Standards – der gleichen Aufsicht unterliegt wie Institute.

(3) *[1]* Die zuständigen Behörden können ein Mutterinstitut in einem Mitgliedstaat, in dem das Institut der Zulassung und Beaufsichtigung durch den betreffenden Mitgliedstaat unterliegt und es in die Beaufsichtigung auf konsolidierter Basis eingebunden ist, von der Anwendung des Artikels 6 Absatz 1 ausnehmen, wenn alle nachstehenden Voraussetzungen erfüllt sind, so dass eine angemessene Verteilung der Eigenmittel zwischen dem Mutterunternehmen und den Tochterunternehmen gewährleistet ist:

a) ein wesentliches tatsächliches oder rechtliches Hindernis für die unverzügliche Übertragung von Eigenmitteln oder die Rückzahlung von Verbindlichkeiten an das Mutterinstitut in einem Mitgliedstaat ist weder vorhanden noch abzusehen;
b) die für eine konsolidierte Beaufsichtigung erforderlichen Risikobewertungs-, -mess- und -kontrollverfahren erstrecken sich auch auf das Mutterinstitut in einem Mitgliedstaat.

[2] Die zuständige Behörde, die diese Bestimmung anwendet, unterrichtet die zuständigen Behörden aller anderen Mitgliedstaaten.

Art. 8 Ausnahmen von der Anwendung der Liquiditätsanforderungen auf Einzelbasis. (1) *[1]* Die zuständigen Behörden können ein Institut und alle oder einige seiner Tochterunternehmen in der Union vollständig oder teilweise von der Anwendung des Teils 6 ausnehmen und diese als zusammengefasste Liquiditätsuntergruppe überwachen, solange folgende Voraussetzungen erfüllt sind:

a) die Anforderungen des Teils 6 werden von dem Mutterinstitut auf konsolidierter Basis bzw. von einem Tochterinstitut auf teilkonsolidierter Basis eingehalten;
b) die Liquiditätspositionen aller Institute der ausgenommenen Gruppe bzw. Untergruppe werden von dem Mutterinstitut auf konsolidierter Basis oder dem Tochterinstitut auf teilkonsolidierter Basis kontinuierlich verfolgt und überwacht und die Refinanzierungspositionen aller Institute der ausgenommenen Gruppe bzw. Untergruppe werden – bei Ausnahme von der Anwendung der in Teil 6 Titel IV festgelegten Anforderung der strukturellen Liquiditätsquote – von dem Mutterinstitut auf konsolidierter Basis oder dem Tochterinstitut auf teilkonsolidierter Basis kontinuierlich verfolgt und überwacht, und es gewährleistet ein ausreichend hohes Liquiditätsniveau und – bei Ausnahme von der Anwendung der in Teil 6 Titel IV festgelegten Anforderung der strukturellen Liquiditätsquote – eine stabile Refinanzierung aller betroffenen Institute;
c) die Institute haben Verträge abgeschlossen, die nach Überzeugung der zuständigen Behörden einen freien Fluss finanzieller Mittel zwischen ihnen gewährleisten, so dass sie ihren individuellen und gemeinsamen Verpflichtungen bei Fälligkeit nachkommen können;
d) ein wesentliches tatsächliches oder rechtliches Hindernis für die Erfüllung der Verträge nach Buchstabe c ist weder vorhanden noch abzusehen.

[2] Bis zum 1. Januar 2014 erstattet die Kommission dem Europäischen Parlament und dem Rat Bericht über rechtliche Hürden, die die Anwendung von Buchstabe c des ersten Unterabsatzes verhindern können und sollte gege-

benenfalls bis zum 31. Dezember 2015 einen geeigneten Gesetzgebungsvorschlag dazu vorlegen, welche dieser Hürden beseitigt werden sollten.

(2) Die zuständigen Behörden können Institute und alle oder einige ihrer Tochterunternehmen vollständig oder teilweise von der Anwendung des Teils 6 ausnehmen, wenn alle Institute der zusammengefassten Liquiditätsuntergruppe im selben Mitgliedstaat zugelassen und die Bedingungen des Absatzes 1 erfüllt sind.

(3)[1] Sind Institute der zusammengefassten Liquiditätsuntergruppe in verschiedenen Mitgliedstaaten zugelassen, so wird Absatz 1 erst nach Anwendung des Verfahrens nach Artikel 21 und nur auf Institute angewandt, deren zuständige Behörden hinsichtlich der folgenden Elemente derselben Auffassung sind:

a) ihre Beurteilung der Einhaltung der Anforderungen des Artikels 86 der Richtlinie 2013/36/EU hinsichtlich der Organisation und der Behandlung des Liquiditätsrisikos innerhalb der zusammengefassten Liquiditätsuntergruppe;
b) die Verteilung der Beträge, der Belegenheit und des Eigentums an den erforderlichen liquiden Aktiva, die in der zusammengefassten Liquiditätsuntergruppe bei Ausnahme von der Anwendung der Anforderung der Liquiditätsdeckungsquote gemäß dem delegierten Rechtsakt nach Artikel 460 Absatz 1 gehalten werden müssen, und die Verteilung der Beträge und der Belegenheit der verfügbaren stabilen Refinanzierung in der zusammengefassten Liquiditätsuntergruppe bei Ausnahme von der Anwendung der in Teil 6 Titel IV festgelegten Anforderung der strukturellen Liquiditätsquote;
c) die Festlegung der Mindestbeträge an liquiden Aktiva, die Institute halten müssen, die von der Anwendung der Anforderung der Liquiditätsdeckungsquote gemäß dem delegierten Rechtsakt nach Artikel 460 Absatz 1 ausgenommen sind, und die Festlegung der Mindestbeträge der verfügbaren stabilen Refinanzierung, die Institute halten müssen, die von der Anwendung der in Teil 6 Titel IV festgelegten Anforderung der strukturellen Liquiditätsquote ausgenommen sind;
d) die Notwendigkeit strengerer Parameter als in Teil 6 vorgesehen;
e) unbeschränkter Austausch lückenloser Informationen zwischen den zuständigen Behörden;
f) das umfassende Verständnis der Auswirkungen einer solchen Befreiung.

(4) [1] Die zuständigen Behörden können die Absätze 1, 2 und 3 auch auf Institute anwenden, die Mitglied desselben institutsbezogenen Sicherungssystems im Sinne des Artikels 113 Absatz 7 sind, sofern sie alle Voraussetzungen jenes Artikels erfüllen, sowie auf andere Institute, die in einer Beziehung im Sinne des Artikels 113 Absatz 6 zueinander stehen, sofern sie alle dort genannten Voraussetzungen erfüllen. [2] Die zuständigen Behörden bestimmen in diesem Fall eines der unter die Ausnahme fallenden Institute, das Teil 6 auf Basis der konsolidierten Lage aller Institute der zusammengefassten Liquiditätsuntergruppe erfüllen muss.

(5) Wurde eine Ausnahmegenehmigung nach Absatz 1 oder 2 erteilt, können die zuständigen Behörden auch Artikel 86 der Richtlinie 2013/36/EU ganz oder teilweise auf Ebene der zusammengefassten Liquiditätsuntergruppe

---

[1] Art. 8 Abs. 3 gilt gem. Art. 521 Abs. 2 UAbs. 1 Buchst. a ab dem 1.1.2015.

anwenden und auf Einzelbasis von der Anwendung des Artikels 86 der Richtlinie 2013/36/EU oder Teilen davon absehen.

(6) Nimmt eine zuständige Behörde gemäß dem vorliegenden Artikel ein Institut vollständig oder teilweise von der Anwendung des Teils 6 aus, so kann sie dieses Institut auch von der Anwendung der zugehörigen Meldepflichten zur Liquidität gemäß Artikel 430 Absatz 1 Buchstabe d ausnehmen.

Art. 9 Konsolidierung auf Einzelbasis. (1) Die zuständigen Behörden können vorbehaltlich der Absätze 2 und 3 und des Artikels 144 Absatz 3 der Richtlinie 2013/36/EU Mutterinstituten auf Einzelfallbasis gestatten, in ihre Berechnung nach Artikel 6 Absatz 1 Tochterunternehmen einzubeziehen, die die Bedingungen des Artikels 7 Absatz 1 Buchstaben c und d erfüllen und deren wesentliche Risikopositionen oder Verbindlichkeiten gegenüber diesem Mutterinstitut bestehen.

(2) Die Behandlung gemäß Absatz 1 ist nur zulässig, wenn das Mutterinstitut den zuständigen Behörden die Umstände und Vorkehrungen, einschließlich rechtlicher Vereinbarungen, uneingeschränkt offenlegt, wonach ein wesentliches tatsächliches oder rechtliches Hindernis für die unverzügliche Übertragung von Eigenmitteln oder die Begleichung fälliger Verbindlichkeiten des Tochterunternehmens gegenüber dem Mutterunternehmen weder vorhanden noch abzusehen ist.

(3) [1] Macht eine zuständige Behörde von ihrem Ermessen gemäß Absatz 1 Gebrauch, so unterrichtet sie regelmäßig, mindestens jedoch einmal jährlich die zuständigen Behörden aller übrigen Mitgliedstaaten über die Anwendung von Absatz 1 sowie über die Umstände und Vorkehrungen nach Absatz 2. [2] Befindet sich das Tochterunternehmen in einem Drittland, so unterrichten die zuständigen Behörden die zuständigen Behörden dieses Drittlandes in gleicher Weise.

Art. 10 Ausnahmen für Kreditinstitute, die einer Zentralorganisation ständig zugeordnet sind. (1) *[1]* Die zuständigen Behörden können nach Maßgabe des nationalen Rechts ein Institut oder mehrere Institute, die im selben Mitgliedstaat niedergelassen und ständig einer Zentralorganisation im selben Mitgliedstaat, die sie beaufsichtigt, zugeordnet sind, ganz oder teilweise von den Anforderungen gemäß den Teilen 2 bis 8 der vorliegenden Verordnung und des Kapitels 2 der Verordnung (EU) 2017/2402 ausnehmen, vorausgesetzt dass

a) die Verbindlichkeiten der Zentralorganisation und der ihr angeschlossenen Institute gemeinsame Verbindlichkeiten sind oder die Verbindlichkeiten der angeschlossenen Institute von der Zentralorganisation in vollem Umfang garantiert werden,
b) die Solvenz und Liquidität der Zentralorganisation sowie aller angeschlossenen Institute insgesamt auf der Grundlage konsolidierter Abschlüsse dieser Institute überwacht werden,
c) die Leitung der Zentralorganisation befugt ist, der Leitung der angeschlossenen Institute Weisungen zu erteilen.

[2] Die Mitgliedstaaten dürfen nationale Rechtsvorschriften, die die Gewährung der Ausnahmen nach Unterabsatz 1 betreffen, beibehalten und anwenden,

so lange diese nicht mit denen dieser Verordnung oder denen der Richtlinie 2013/36/EU kollidieren.

(2) Haben sich die zuständigen Behörden davon überzeugt, dass die Voraussetzungen nach Absatz 1 erfüllt sind und werden die Verbindlichkeiten der Zentralorganisation in vollem Umfang von den angeschlossenen Instituten garantiert, können sie die Zentralorganisation auf Einzelbasis von den Anforderungen gemäß den Teilen 2 bis 8 ausnehmen.

Kapitel 2. Aufsichtliche Konsolidierung

Abschnitt 1. Anwendung der Anforderungen auf konsolidierter Basis

Art. 10a Anwendung der Aufsichtsanforderungen auf konsolidierter Basis, wenn Wertpapierfirmen Mutterunternehmen sind. Für die Zwecke der Anwendung dieses Kapitels gelten Wertpapierfirmen als Mutterfinanzholdinggesellschaften in einem Mitgliedstaat oder als Unions-Mutterfinanzholdinggesellschaften, wenn diese Wertpapierfirmen Mutterunternehmen eines Instituts oder einer dieser Verordnung unterliegenden Wertpapierfirma nach Artikel 1 Absatz 2 oder Absatz 5 der Verordnung (EU) 2019/2033[1)] sind.

Art. 11 Allgemeine Behandlung. (1) [1] Mutterinstitute in einem Mitgliedstaat erfüllen die in den Teilen 2, 3, 4, 7 und 7A festgelegten Pflichten in dem in Artikel 18 vorgesehenen Umfang und der dort vorgesehenen Weise auf Basis der konsolidierten Lage; hiervon ausgenommen ist Artikel 430 Absatz 1 Buchstabe d. [2] Die Mutter- und ihre Tochterunternehmen, die unter diese Verordnung fallen, errichten eine angemessene Organisationsstruktur und geeignete interne Kontrollmechanismen, um sicherzustellen, dass die für die Konsolidierung erforderlichen Daten ordnungsgemäß verarbeitet und weitergeleitet werden. [3] Sie stellen insbesondere sicher, dass die nicht unter diese Verordnung fallenden Tochterunternehmen Regelungen, Verfahren und Mechanismen schaffen, die eine ordnungsgemäße Konsolidierung gewährleisten.

(2) *[1]* Um sicherzustellen, dass die Anforderungen dieser Verordnung auf konsolidierter Basis angewendet werden, beziehen sich die Bezeichnungen „Institut", „Mutterinstitut in einem Mitgliedstaat", „EU-Mutterinstitut" und „Mutterunternehmen" gegebenenfalls auch auf

a) eine gemäß Artikel 21a der Richtlinie 2013/36/EU zugelassene Finanzholdinggesellschaft und eine gemischte Finanzholdinggesellschaft,
b) ein benanntes Institut, das von einer Mutterfinanzholdinggesellschaft oder einer gemischten Mutterfinanzholdinggesellschaft kontrolliert wird, sofern diese Muttergesellschaft gemäß Artikel 21a Absatz 4 der Richtlinie 2013/36/EU nicht zugelassen werden muss,
c) eine gemäß Artikel 21a Absatz 6 Buchstabe d der Richtlinie 2013/36/EU benannte Finanzholdinggesellschaft, gemischte Finanzholdinggesellschaft oder ein solches Institut.

[2] [1] Die konsolidierte Lage eines Unternehmens nach Unterabsatz 1 Buchstabe b dieses Absatzes ist die konsolidierte Lage der Mutterfinanzholdinggesellschaft oder der gemischten Mutterfinanzholdinggesellschaft, die gemäß Artikel 21a Absatz 4 der Richtlinie 2013/36/EU nicht zugelassen werden muss. [2] Die konsolidierte Lage eines Unternehmens nach Unterabsatz 1 Buchstabe c

[1)] Nr. 7.

dieses Absatzes ist die konsolidierte Lage seiner Mutterfinanzholdinggesellschaft oder gemischten Mutterfinanzholdinggesellschaft.

(3) *(aufgehoben)*

(3a) *[1]* Abweichend von Absatz 1 des vorliegenden Artikels erfüllen lediglich die als Abwicklungseinheiten eingestuften Mutterinstitute, bei denen es sich um G-SRI-Einheiten handelt, Artikel 92adieser Verordnung in dem in Artikel 18 dieser Verordnung vorgesehenen Umfang und der dort vorgesehenen Weise auf konsolidierter Basis.

[2] [1] Lediglich EU-Mutterunternehmen, bei denen es sich um bedeutende Tochterunternehmen von Nicht-EU-G-SRI und nicht um Abwicklungseinheiten handelt, erfüllen Artikel 92b dieser Verordnung in dem in Artikel 18 dieser Verordnung vorgesehenen Umfang und der dort vorgesehenen Weise auf konsolidierter Basis. [2] Findet Artikel 21b Absatz 2 der Richtlinie 2013/36/EU Anwendung, so muss jedes der zwei zwischengeschalteten EU-Mutterunternehmen, die zusammen als ein bedeutendes Tochterunternehmen eingestuft werden, Artikel 92b dieser Verordnung auf Basis ihrer konsolidierten Lage einhalten.

(4) *[1]* EU-Mutterinstitute erfüllen Teil 6 und Artikel 430 Absatz 1 Buchstabe d dieser Verordnung auf Basis ihrer konsolidierten Lage, sofern die Gruppe ein oder mehrere Kreditinstitute oder Wertpapierfirmen umfasst, die für die Erbringung der in Anhang I Abschnitt A Nummern 3 und 6 der Richtlinie 2014/65/EU genannten Wertpapierdienstleistungen und Anlagetätigkeiten zugelassen sind.

[2] Wurde eine Ausnahme nach Artikel 8 Absätze 1 bis 5 gewährt, erfüllen die Institute und gegebenenfalls die Finanzholdinggesellschaften oder gemischten Finanzholdinggesellschaften, die Teil einer Liquiditätsuntergruppe sind, Teil 6 und Artikel 430 Absatz 1 Buchstabe d der vorliegenden Verordnung auf konsolidierter Basis oder auf teilkonsolidierter Basis der Liquiditätsuntergruppe.

(5) Findet Artikel 10 dieser Verordnung Anwendung, so muss die dort genannte Zentralorganisation die Anforderungen nach den Teilen 2 bis 8 der vorliegenden Verordnung und Kapitel 2 der Verordnung (EU) 2017/2402 auf Basis der konsolidierten Gesamtlage der Zentralorganisation und der ihr angeschlossenen Institute einhalten.

(6) *[1]* Zusätzlich zu den in den Absätzen 1 bis 5 dieses Artikels festgelegten Anforderungen und unbeschadet anderer Bestimmungen dieser Verordnung und der Richtlinie 2013/36/EU können die zuständigen Behörden verlangen, dass ein Institut die Anforderungen der Teile 2 bis 8 dieser Verordnung und des Titels VII der Richtlinie 2013/36/EU auf teilkonsolidierter Basis einhält, wenn dies zu Aufsichtszwecken aufgrund der Besonderheiten des Risikos oder der Kapitalstruktur eines Instituts oder wenn Mitgliedstaaten nationale Rechtsvorschriften erlassen, die die strukturelle Trennung von Tätigkeiten innerhalb einer Bankengruppe vorschreiben, gerechtfertigt ist.

[2] Die Anwendung des Ansatzes nach Unterabsatz 1 darf die wirksame Aufsicht auf konsolidierter Basis nicht berühren und weder unverhältnismäßig nachteilige Auswirkungen auf das Finanzsystem anderer Mitgliedstaaten insgesamt oder auf Teile davon oder das Finanzsystem in der Union insgesamt haben noch ein Hindernis für das Funktionieren des Binnenmarktes bilden oder schaffen.

Art. 12 *(aufgehoben)*

Art. 12a Konsolidierte Berechnung für G-SRI mit mehreren Abwicklungseinheiten. *[1]* [1]Handelt es sich bei mindestens zwei G-SRI-Einheiten, die derselben G-SRI angehören, um Abwicklungseinheiten, so berechnet das EU-Mutterinstitut dieses G-SRI den Betrag der Eigenmittel und der berücksichtigungsfähigen Verbindlichkeiten nach Artikel 92a Absatz 1 Buchstabe a dieser Verordnung. [2]Diese Berechnung erfolgt auf Basis der konsolidierten Lage des EU-Mutterinstituts so, als sei es die einzige Abwicklungseinheit des G-SRI.

[2] Ist der im Einklang mit Absatz 1 des vorliegenden Artikels berechnete Betrag höher als die Summe der Beträge der Eigenmittel und berücksichtigungsfähigen Verbindlichkeiten nach Artikel 92a Absatz 1 Buchstabe a dieser Verordnung aller zu dem G-SRI gehörenden Abwicklungseinheiten, so können die Abwicklungsbehörden im Einklang mit Artikel 45d Absatz 3 und Artikel 45h Absatz 2 der Richtlinie 2014/59/EU vorgehen.

[3] Ist der im Einklang mit Absatz 1 des vorliegenden Artikels berechnete Betrag höher als die Summe der Beträge der Eigenmittel und berücksichtigungsfähigen Verbindlichkeiten nach Artikel 92a Absatz 1 Buchstabe a dieser Verordnung aller zu dem G-SRI gehörenden Abwicklungseinheiten, so können die Abwicklungsbehörden im Einklang mit Artikel 45d Absatz 4 und Artikel 45h Absatz 2 der Richtlinie 2014/59/EU vorgehen.

Art. 13 Anwendung der Offenlegungspflichten auf konsolidierter Basis. (1) *[1]* EU-Mutterinstitute müssen Teil 8 auf Basis der konsolidierten Lage erfüllen.

[2] Große Tochterunternehmen von EU-Mutterinstituten legen die in den Artikeln 437, 438, 440, 442, 450, 451, 451a und 453 spezifizierten Informationen auf Einzelbasis oder gegebenenfalls im Einklang mit dieser Verordnung und der Richtlinie 2013/36/EU auf teilkonsolidierter Basis offen.

(2) Als Abwicklungseinheiten eingestufte Institute, bei denen es sich um G-SRI-Einheiten handelt, erfüllen Artikel 437a und Artikel 447 Buchstabe h auf der Basis der konsolidierten Lage ihrer Abwicklungsgruppe.

(3) *[1]* Absatz 1 Unterabsatz 1 findet keine Anwendung auf EU-Mutterinstitute, EU-Mutterfinanzholdinggesellschaften, gemischte EU-Mutterfinanzholdinggesellschaften oder Abwicklungseinheiten, wenn von einem Mutterunternehmen mit Sitz in einem Drittland bereits gleichwertige Angaben auf konsolidierter Basis veröffentlicht werden.

[2] Absatz 1 Unterabsatz 2 findet Anwendung auf Tochterunternehmen von Mutterunternehmen mit Sitz in einem Drittland, wenn diese Tochterunternehmen als große Tochterunternehmen gelten.

(4) [1]Findet Artikel 10 Anwendung, so muss die Zentralorganisation im Sinne jenes Artikels Teil 8 auf Basis der konsolidierten Lage der Zentralorganisation erfüllen. [2]Auf die Zentralorganisation findet Artikel 18 Absatz 1 Anwendung, die angeschlossenen Institute werden als Tochterunternehmen der Zentralorganisation behandelt.

Art. 14 Anwendung der Anforderungen nach Artikel 5 der Verordnung (EU) 2017/2402 auf konsolidierter Basis. (1) [1]Die Mutterunternehmen und ihre Tochterunternehmen, soweit sie unter die vorliegende Verordnung fallen, müssen die in Artikel 5 der Verordnung (EU) 2017/2402 festgelegten Pflichten auf konsolidierter oder teilkonsolidierter Basis erfüllen, um sicherzustellen, dass die von ihnen aufgrund jener Bestimmungen eingeführten Regelungen, Verfahren und Mechanismen kohärent und gut aufeinander abgestimmt sind und alle für die Aufsicht relevanten Daten und Informationen vorgelegt werden können. ²Sie stellen insbesondere sicher, dass die nicht unter die vorliegende Verordnung fallenden Tochterunternehmen Regelungen, Verfahren und Mechanismen schaffen, die die Einhaltung dieser Bestimmungen gewährleisten.

(2) Institute setzen bei Anwendung von Artikel 92 der vorliegenden Verordnung auf konsolidierter oder teilkonsolidierter Basis ein zusätzliches Risikogewicht gemäß Artikel 270a der vorliegenden Verordnung an, wenn auf Ebene eines in einem Drittland niedergelassenen und in die Konsolidierung gemäß Artikel 18 der vorliegenden Verordnung einbezogenen Unternehmens gegen die Anforderungen des Artikels 5 der Verordnung (EU) 2017/2402 verstoßen wird und es sich im Hinblick auf das Gesamtrisikoprofil der Gruppe dabei um einen wesentlichen Verstoß handelt.

Art. 15 *(aufgehoben)*

Art. 16 Ausnahme von der Anwendung der Anforderungen hinsichtlich der Verschuldungsquote auf konsolidierter Basis auf Wertpapierfirmengruppen. Sind alle Unternehmen einer Wertpapierfirmengruppe, einschließlich des Mutterunternehmens, Wertpapierfirmen, die auf Einzelbasis gemäß Artikel 6 Absatz 5 von der Anwendung der Anforderungen des Teils 7 ausgenommen sind, so kann die Mutterwertpapierfirma entscheiden, die Anforderungen gemäß Teil 7 und die zugehörigen Meldepflichten zur Verschuldensquote gemäß Teil 7A auf konsolidierter Basis nicht anzuwenden.

Art. 17 *(aufgehoben)*

Abschnitt 2. Methoden der aufsichtlichen Konsolidierung

Art. 18 Methoden der aufsichtlichen Konsolidierung. (1)[1] *[1]* ¹Institute, Finanzholdinggesellschaften und gemischte Finanzholdinggesellschaften, die den in Abschnitt 1 dieses Kapitels genannten Anforderungen auf Basis ihrer konsolidierten Lage unterliegen, nehmen eine Vollkonsolidierung aller Institute und Finanzinstitute vor, die ihre Tochterunternehmen sind. ²Die Absätze 3 bis 6 und 9 des vorliegenden Artikels finden keine Anwendung, wenn Teil 6 und Artikel 430 Absatz 1 Buchstabe d auf Basis der konsolidierten Lage eines Instituts, einer Finanzholdinggesellschaft oder einer gemischten Finanzholdinggesellschaft oder bei einer Liquiditätsuntergruppe gemäß den Artikeln 8 und 10 auf teilkonsolidierter Basis angewandt werden.

[2] Für die Zwecke des Artikels 11 Absatz 3a gilt, dass Institute, die den in Artikel 92a oder 92b genannten Anforderungen auf Basis ihrer konsolidierten Lage unterliegen, eine Vollkonsolidierung aller Institute und Finanzinstitute vornehmen, bei denen es sich um ihre Tochterunternehmen in den einschlägigen Abwicklungsgruppen handelt.

---

[1] Art. 18 Abs. 1 UAbs. 2 neu gef. mWv 27.6.2019 durch VO v. 20.5.2019 (ABl. L 150 S. 1, ber. 2021 L 65 S. 62).

(2) Die Anbieter von Nebendienstleistungen werden in den Fällen und gemäß den Methoden, die in diesem Artikel festgelegt sind, in die Konsolidierung einbezogen.

(3) Stehen Unternehmen untereinander in der in Artikel 22 Absatz 7 der Richtlinie 2013/34/EU bezeichneten Beziehung, so bestimmen die zuständigen Behörden, in welcher Form die Konsolidierung erfolgt.

(4) Die konsolidierende Aufsichtsbehörde verlangt eine proportionale Konsolidierung entsprechend dem Kapitalanteil von Beteiligungen an Instituten und Finanzinstituten, die von einem in die Konsolidierung einbezogenen Unternehmen gemeinsam mit einem oder mehreren nicht in die Konsolidierung einbezogenen Unternehmen geleitet werden, wenn die Haftung der betreffenden Unternehmen auf ihren Kapitalanteil beschränkt ist.

(5) [1] In anderen als den in den Absätzen 1 und 4 genannten Fällen von Beteiligungen oder sonstigen Kapitalbeziehungen entscheiden die zuständigen Behörden, ob und in welcher Form die Konsolidierung zu erfolgen hat. [2] Sie können insbesondere die Anwendung der Äquivalenzmethode gestatten oder vorschreiben. [3] Die Anwendung dieser Methode bedeutet jedoch nicht, dass die betreffenden Unternehmen in die Beaufsichtigung auf konsolidierter Basis einbezogen werden.

(6) *[1]* Die zuständigen Behörden bestimmen in den folgenden Fällen, ob und in welcher Form die Konsolidierung vorzunehmen ist:

a) ein Institut übt nach Auffassung der zuständigen Behörden einen signifikanten Einfluss auf ein oder mehrere Institute oder Finanzinstitute aus, ohne jedoch eine Beteiligung an diesen Instituten zu halten oder andere Kapitalbeziehungen zu diesen Instituten zu haben, und

b) zwei oder mehr Institute oder Finanzinstitute unterstehen einer einheitlichen Leitung, ohne dass diese vertraglich oder satzungsmäßig festgelegt ist.

[2] [2] Die zuständigen Behörden können insbesondere die Anwendung der in Artikel 22 Absätze 7, 8 und 9 der Richtlinie 2013/34/EU beschriebenen Methode gestatten oder vorschreiben. [3] Die Anwendung dieser Methode bedeutet jedoch nicht, dass die betreffenden Unternehmen in die Beaufsichtigung auf konsolidierter Basis einbezogen werden.

(7) *[1]* [1] Hat ein Institut ein Tochterunternehmen, das ein anderes Unternehmen als ein Institut, ein Finanzinstitut oder ein Anbieter von Nebendienstleistungen ist, oder hält es eine Beteiligung an einem solchen Unternehmen, so wendet es auf dieses Tochterunternehmen oder diese Beteiligung die Äquivalenzmethode an. [2] Die Anwendung dieser Methode bedeutet jedoch nicht, dass die betreffenden Unternehmen in die Beaufsichtigung auf konsolidierter Basis einbezogen werden.

[2] Abweichend von Unterabsatz 1 können zuständige Behörden Instituten gestatten oder ihnen vorschreiben, dass sie eine andere Methode auf solche Tochterunternehmen oder Beteiligungen anwenden, einschließlich der nach Maßgabe des geltenden Rechnungslegungsrahmens erforderlichen Methode, sofern

a) das Institut die Äquivalenzmethode am 28. Dezember 2020 noch nicht anwendet,

b) die Anwendung der Äquivalenzmethode unverhältnismäßig aufwendig wäre oder die Äquivalenzmethode die Risiken, die das in Unterabsatz 1 genannte Unternehmen für das Institut darstellt, nicht angemessen widerspiegelt und
c) die Methode im Ergebnis nicht zu einer Vollkonsolidierung oder proportionalen Konsolidierung dieses Unternehmens führt.

(8) Die zuständigen Behörden können eine Vollkonsolidierung oder proportionale Konsolidierung eines Tochterunternehmens oder eines Unternehmens, an dem ein Institut eine Beteiligung hält, vorschreiben, wenn dieses Tochterunternehmen oder Unternehmen kein Institut, Finanzinstitut oder Anbieter von Nebendienstleistungen ist, und wenn alle folgenden Bedingungen erfüllt sind:
a) bei dem Unternehmen handelt es sich nicht um ein Versicherungsunternehmen, ein Drittlands-Versicherungsunternehmen, ein Rückversicherungsunternehmen, ein Drittland-Rückversicherungsunternehmen, eine Versicherungsholdinggesellschaft oder ein Unternehmen, das gemäß Artikel 4 der Richtlinie 2009/138/EG aus dem Anwendungsbereich der genannten Richtlinie ausgenommen ist;
b) es besteht ein erhebliches Risiko, dass das Institut beschließt, für dieses Unternehmen unter Stressbedingungen finanzielle Unterstützung bereitzustellen, selbst wenn es keinen vertraglichen Verpflichtungen unterliegt, solche Unterstützung bereitzustellen, oder auch über bestehende vertragliche Verpflichtungen in diesem Sinne hinaus.

(9)[1] *[1]* Die EBA arbeitet Entwürfe technischer Regulierungsstandards zur Festlegung der Bedingungen für eine Konsolidierung in den in den Absätzen 3 bis 6 und 8 beschriebenen Fällen aus.

[2] Die EBA legt der Kommission diese Entwürfe technischer Regulierungsstandards bis zum 31. Dezember 2020 vor.

[3] Der Kommission wird die Befugnis übertragen, die in Unterabsatz 1 genannten technischen Regulierungsstandards gemäß den Artikeln 10 bis 14 der Verordnung (EU) Nr. 1093/2010 zur Ergänzung dieser Verordnung zu erlassen.

Abschnitt 3. Aufsichtlicher Konsolidierungskreis

Art. 19 Aus dem aufsichtlichen Konsolidierungskreis ausgenommene Unternehmen. (1) Institute, Finanzinstitute oder Anbieter von Nebendienstleistungen, die Tochterunternehmen sind oder an denen eine Beteiligung gehalten wird, dürfen aus dem Konsolidierungskreis ausgenommen werden, wenn die Gesamtsumme der Vermögenswerte und außerbilanziellen Posten des betreffenden Unternehmens unter dem niedrigeren der beiden folgenden Beträge liegt:
a) 10 Millionen EUR,
b) 1 % der Gesamtsumme der Vermögenswerte und außerbilanziellen Posten des Mutterunternehmens oder des Unternehmens, das die Beteiligung hält.

(2) Die gemäß Artikel 111 der Richtlinie 2013/36/EU für die Beaufsichtigung auf konsolidierter Basis zuständigen Behörden können im Einzelfall darauf verzichten, Institute, Finanzinstitute oder Anbieter von Nebendienst-

[1] Art. 18 Abs. 9 neu gef. mWv 27.6.2019 durch VO v. 20.5.2019 (ABl. L 150 S. 1).

leistungen, die Tochterunternehmen sind oder an denen eine Beteiligung gehalten wird, in die Konsolidierung einzubeziehen, wenn

a) das betreffende Unternehmen seinen Sitz in einem Drittland hat, in dem der Übermittlung der notwendigen Informationen rechtliche Hindernisse im Wege stehen;

b) das betreffende Unternehmen im Hinblick auf die Ziele der Aufsicht über die Institute vernachlässigt werden kann;

c) nach Auffassung der zuständigen Behörden, die für die Beaufsichtigung auf konsolidierter Basis verantwortlich sind, eine Konsolidierung der Finanzlage des betreffenden Unternehmens in Bezug auf die Ziele der Beaufsichtigung von Instituten ungeeignet oder irreführend wäre.

(3) Wenn in den Fällen nach Absatz 1 und Absatz 2 Buchstabe b mehrere Unternehmen die dort genannten Kriterien erfüllen, werden sie dennoch in die Konsolidierung einbezogen, wenn sie in Bezug auf die erwähnten Ziele zusammengenommen von nicht unerheblicher Bedeutung sind.

Art. 20 Gemeinsame Entscheidungen über Aufsichtsanforderungen.

(1) *[1]* Die zuständigen Behörden arbeiten in umfassender Abstimmung zusammen

a) bei Anträgen eines EU-Mutterinstituts und seiner Tochterunternehmen oder Anträgen der Gesamtheit der Tochterunternehmen einer EU-Mutterfinanzholdinggesellschaft oder einer gemischten EU-Mutterfinanzholdinggesellschaft auf Genehmigung gemäß Artikel 143 Absatz 1, Artikel 151 Absätze 4 und 9, Artikel 283, Artikel 312 Absatz 2 bzw. Artikel 363, um zu entscheiden, ob dem Antrag stattgegeben wird und an welche Bedingungen die Genehmigung gegebenenfalls geknüpft werden sollte;

b) um festzustellen, ob die in Artikel 422 Absatz 9 und Artikel 425 Absatz 5 genannten, durch die in Artikel 422 Absatz 10 und Artikel 425 Absatz 6 technischen Regulierungsstandards der EBA ergänzten Kriterien für eine spezielle gruppeninterne Behandlung erfüllt sind.

[2] Anträge werden ausschließlich bei der konsolidierenden Aufsichtsbehörde gestellt.

[3] [1]Dem Antrag nach Artikel 312 Absatz 2 wird eine Beschreibung der Allokationsmethodik beigefügt, nach der die Eigenmittel zur Unterlegung des operationellen Risikos auf die verschiedenen Unternehmen der Gruppe verteilt werden. [2]In dem Antrag ist zudem anzugeben, ob und wie im Risikomesssystem Diversifizierungseffekte berücksichtigt werden sollen.

(2) *[1]* Die zuständigen Behörden setzen alles daran, innerhalb von sechs Monaten zu einer gemeinsamen Entscheidung zu gelangen über

a) den Antrag nach Absatz 1 Buchstabe a,

b) die Bewertung der Kriterien und die Festlegung der speziellen Behandlung gemäß Absatz 1 Buchstabe b.

[2] Diese gemeinsame Entscheidung wird dem Antragsteller in einem Dokument, das eine vollständige Begründung enthält, durch die in Absatz 1 genannte zuständige Behörde zugeleitet.

(3) Die in Absatz 2 genannte Frist beginnt

a) mit dem Tag des Eingangs des vollständigen Antrags nach Absatz 1 Buchstabe a bei der konsolidierenden Aufsichtsbehörde. Die konsolidierende Aufsichtsbehörde leitet den vollständigen Antrag umgehend an die anderen zuständigen Behörden weiter;
b) mit dem Tag des Eingangs eines von der konsolidierenden Aufsichtsbehörde erstellten Berichts über die gruppeninternen Verpflichtungen innerhalb der Gruppe bei den zuständigen Behörden.

(4) *[1]* [1] Wenn die zuständigen Behörden nicht innerhalb von sechs Monaten zu einer gemeinsamen Entscheidung gelangen, entscheidet die konsolidierende Aufsichtsbehörde selbst über den Antrag nach Absatz 1 Buchstabe a. [2] Die Entscheidung der konsolidierenden Aufsichtsbehörde beschneidet nicht die Befugnisse der zuständigen Behörden gemäß Artikel 105 der Richtlinie 2013/36/EU.

[2] Die Entscheidung wird in einem Dokument dargelegt, das die vollständige Begründung enthält und die von den anderen zuständigen Behörden innerhalb des Zeitraums von sechs Monaten geäußerten Standpunkte und Vorbehalte berücksichtigt.

[3] Die konsolidierende Aufsichtsbehörde übermittelt die Entscheidung dem EU-Mutterinstitut, der EU-Mutterfinanzholdinggesellschaft oder der gemischten EU-Mutterfinanzholdinggesellschaft und den anderen zuständigen Behörden.

[4] [1] Hat eine der betreffenden zuständigen Behörden bei Ende der Sechsmonatsfrist die Angelegenheit gemäß Artikel 19 der Verordnung (EU) Nr. 1093/2010 an die EBA verwiesen, so stellt die konsolidierende Aufsichtsbehörde ihre Entscheidung in Bezug auf Absatz 1 Buchstabe a zurück, bis ein Beschluss der EBA gemäß Artikel 19 Absatz 3 jener Verordnung über ihre Entscheidung ergangen ist, und entscheidet dann in Übereinstimmung mit dem Beschluss der EBA. [2] Die Sechsmonatsfrist gilt als Frist für die Beilegung von Meinungsverschiedenheiten im Sinne jener Verordnung. [3] Die EBA beschließt binnen eines Monats. [4] Nach Ablauf der Sechsmonatsfrist oder sobald eine gemeinsame Entscheidung vorliegt, kann die Angelegenheit nicht mehr an die EBA verwiesen werden.

(5) *[1]* Gelangen die zuständigen Behörden nicht innerhalb von sechs Monaten zu einer gemeinsamen Entscheidung, entscheidet die für die Beaufsichtigung des Tochterunternehmens auf Einzelbasis zuständige Behörde selbst über den Antrag nach Absatz 1 Buchstabe b.

[2] Die Entscheidung wird in einem Dokument dargelegt, das die vollständige Begründung enthält und die von den anderen zuständigen Behörden innerhalb des Zeitraums von sechs Monaten geäußerten Standpunkte und Vorbehalte berücksichtigt.

[3] Die Entscheidung wird der konsolidierenden Aufsichtsbehörde mitgeteilt, die sie dem EU-Mutterinstitut, der EU-Mutterfinanzholdinggesellschaft oder der gemischten EU-Mutterfinanzholdinggesellschaft übermittelt.

[4] [1] Hat die konsolidierende Aufsichtsbehörde bei Ende der Sechsmonatsfrist die Angelegenheit gemäß Artikel 19 der Verordnung (EU) Nr. 1093/2010 an die EBA verwiesen, so stellt die für die Beaufsichtigung des Tochterunternehmens auf Einzelbasis zuständige Behörde ihre Entscheidung in Bezug auf Absatz 1 Buchstabe b zurück, bis ein Beschluss der EBA gemäß Artikel 19 Absatz 3 jener Verordnung über ihre Entscheidung ergangen ist, und entschei-

det dann in Übereinstimmung mit dem Beschluss der EBA. [2]Die Sechsmonatsfrist gilt als Frist für die Beilegung von Meinungsverschiedenheiten im Sinne der genannten Verordnung. [3]Die EBA trifft ihren Beschluss binnen eines Monats. [4]Nach Ablauf der Sechsmonatsfrist oder sobald eine gemeinsame Entscheidung vorliegt, kann die Angelegenheit nicht mehr an die EBA verwiesen werden.

(6) Wenden ein EU-Mutterinstitut und seine Tochterunternehmen, die Tochterunternehmen einer EU-Mutterfinanzholdinggesellschaft oder gemischten EU-Mutterfinanzholdinggesellschaft einen fortgeschrittenen Messansatz nach Artikel 312 Absatz 2 oder den IRB-Ansatz nach Artikel 143 einheitlich an, so gestatten die zuständigen Behörden, dass Mutter und Töchter die Kriterien der Artikel 321 und 322 oder des Teils 3 Titel II Kapitel 3 Abschnitt 6 gemeinsam und in einer Weise erfüllen, die mit der Struktur der Gruppe und ihren Risikomanagementsystemen, -verfahren und -methoden vereinbar ist.

(7) Die Entscheidungen gemäß den Absätzen 2, 4 und 5 werden von den zuständigen Behörden in den betreffenden Mitgliedstaaten als maßgebend anerkannt und angewandt.

(8) *[1]* Um gemeinsame Entscheidungen zu erleichtern, arbeitet die EBA Entwürfe technischer Durchführungsstandards zur Spezifizierung des Verfahrens für gemeinsame Entscheidungen nach Absatz 1 Buchstabe a über Anträge auf Genehmigungen nach Artikel 143 Absatz 1, Artikel 151 Absätze 4 und 9, Artikel 283, Artikel 312 Absatz 2 und Artikel 363 aus.

[2] Die EBA legt der Kommission diese Entwürfe technischer Durchführungsstandards bis zum 31. Dezember 2014 vor.

[3] Der Kommission wird die Befugnis übertragen, die technischen Durchführungsstandards nach Unterabsatz 1 gemäß Artikel 15 der Verordnung (EU) Nr. 1093/2010 zu erlassen.

Art. 21[1)] Gemeinsame Entscheidungen über die Anwendungsebene von Liquiditätsanforderungen. (1) *[1]* Bei Anträgen eines EU-Mutterinstituts oder einer EU-Mutterfinanzholdinggesellschaft oder einer gemischten EU-Mutterfinanzholdinggesellschaft oder eines teilkonsolidierten Tochterunternehmens eines EU-Mutterinstituts oder einer EU-Mutterfinanzholdinggesellschaft oder einer gemischten EU-Mutterfinanzholdinggesellschaft setzen die konsolidierende Aufsichtsbehörde und die in einem Mitgliedstaat für die Beaufsichtigung von Tochterunternehmen eines EU-Mutterinstituts oder einer EU-Mutterfinanzholdinggesellschaft oder einer gemischten EU-Mutterfinanzholdinggesellschaft zuständigen Behörden alles daran, zu einer gemeinsamen Entscheidung darüber zu gelangen, ob die Voraussetzungen des Artikels 8 Absatz 1 Buchstaben a bis d erfüllt sind und um für die Anwendung des Artikels 8 eine zusammengefasste Liquiditätsuntergruppe zu bestimmen.

[2] [1]Die gemeinsame Entscheidung wird innerhalb von sechs Monaten nach Vorlage eines Berichts der konsolidierenden Aufsichtsbehörde getroffen, in dem diese auf der Grundlage der Kriterien des Artikels 8 eine zusammengefasste Liquiditätsuntergruppe bestimmt. [2]Besteht vor Ablauf dieser Sechsmonatefrist Uneinigkeit, so konsultiert die konsolidierende Aufsichtsbehörde auf Ver-

[1)] Art. 21 gilt gem. Art. 521 Abs. 2 UAbs. 1 Buchst. a ab dem 1.1.2015.

langen einer anderen zuständigen Behörde die EBA. ³Die konsolidierende Aufsichtsbehörde kann die EBA auch von sich aus konsultieren.

[3] In der gemeinsamen Entscheidung können auch Beschränkungen hinsichtlich der Belegenheit und des Eigentums an liquiden Aktiva auferlegt und den von der Anwendung des Teils 6 ausgenommenen Instituten das Halten bestimmter Mindestbeträge an liquiden Aktiva vorgeschrieben werden.

[4] Die gemeinsame Entscheidung wird in einem Dokument mit einer vollständigen Begründung dargelegt, das die konsolidierende Aufsichtsbehörde dem Mutterinstitut der betroffenen zusammengefassten Liquiditätsuntergruppe übermittelt.

(2) *[1]* Liegt innerhalb von sechs Monaten keine gemeinsame Entscheidung vor, so entscheidet jede für die Einzelaufsicht zuständige Behörde allein über den Antrag.

[2] ¹Während des Sechsmonatezeitraums kann sich jedoch jede zuständige Behörde mit Fragen hinsichtlich der Erfüllung der Voraussetzungen von Artikel 8 Absatz 1 Buchstaben a bis d an die EBA wenden. ²In diesem Fall kann die EBA ihre nicht bindende Vermittlertätigkeit gemäß Artikel 31 Buchstabe c der Verordnung (EU) Nr. 1093/2010 wahrnehmen und alle beteiligten zuständigen Behörden stellen ihre Entscheidung bis zum Abschluss der nicht bindenden Vermittlertätigkeit zurück. ³Erzielen die zuständigen Behörden während der Vermittlung innerhalb von drei Monaten keine Einigung, so entscheidet jede für die Einzelaufsicht zuständige Behörde allein unter Berücksichtigung der Verhältnismäßigkeit von Nutzen und Risiken sowohl auf der Ebene des Mitgliedstaats des Mutterinstituts als auch auf der Ebene des Mitgliedstaats des Tochterunternehmens. ⁴Nach Ablauf der Sechsmonatsfrist oder sobald eine gemeinsame Entscheidung vorliegt, kann die Angelegenheit nicht mehr an die EBA verwiesen werden.

[3] Die gemeinsame Entscheidung nach Absatz 1 und die Entscheidungen gemäß Unterabsatz 2 sind verbindlich.

(3) ¹Ferner kann jede zuständige Behörde während des Sechsmonatszeitraums die EBA konsultieren, wenn Uneinigkeit über die Voraussetzungen des Artikels 8 Absatz 3 Buchstaben a bis d besteht. ²In diesem Fall kann die EBA ihre nicht bindende Vermittlertätigkeit gemäß Artikel 31 Buchstabe c der Verordnung (EU) Nr. 1093/2010 wahrnehmen. ³Die beteiligten zuständigen Behörden stellen ihre Entscheidung bis zum Abschluss der nicht bindenden Vermittlertätigkeit zurück. ⁴Erzielen die zuständigen Behörden während der Vermittlung innerhalb von drei Monaten keine Einigung, so entscheidet jede für die Einzelaufsicht zuständige Behörde allein.

Art. 22 Teilkonsolidierung von Unternehmen in Drittländern.

(1) Tochterinstitute wenden die in den Artikeln 89, 90 und 91 und den Teilen 3, 4, und 7 festgelegten Anforderungen und die zugehörigen Meldepflichten gemäß Teil 7A auf teilkonsolidierter Basis an, wenn die betreffenden Institute oder ihre Mutterunternehmen – sollte es sich dabei um eine Finanzholdinggesellschaft oder eine gemischte Finanzholdinggesellschaft handeln – ein Institut oder ein Finanzinstitut als Tochterunternehmen in einem Drittland haben oder eine Beteiligung an einem solchen Unternehmen halten.

(2) Abweichend von Absatz 1 des vorliegenden Artikels dürfen Tochterinstitute entscheiden, die in den Artikeln 89, 90 und 91 und den Teilen 3, 4

und 7 festgelegten Anforderungen und die zugehörigen Meldepflichten gemäß Teil 7A nicht auf teilkonsolidierter Basis anzuwenden, wenn die Summe der Aktiva und außerbilanziellen Posten der Tochterunternehmen und Beteiligungen in Drittländern weniger als 10 % der Summe der Aktiva und außerbilanziellen Posten des Tochterinstituts ausmacht.

Art. 23 Unternehmen in Drittländern. Für die Zwecke der Beaufsichtigung auf konsolidierter Basis gemäß diesem Kapitel schließen die Begriffe „Wertpapierfirma", „Kreditinstitut", „Finanzinstitut" und „Institut" auch in Drittländern niedergelassene Unternehmen ein, die, wenn sie in der Union niedergelassen wären, unter die Bestimmung dieser Begriffe nach Artikel 4 fallen würden.

Art. 24 Bewertung von Vermögenswerten und außerbilanziellen Posten. (1) Vermögenswerte und außerbilanzielle Posten werden nach dem geltenden Rechnungslegungsrahmen bewertet.

(2) Abweichend von Absatz 1 können die zuständigen Behörden verlangen, dass Institute die Bewertung von Vermögenswerten und außerbilanziellen Posten und die Ermittlung der Eigenmittel gemäß den Internationalen Rechnungslegungsstandards nach Maßgabe der Verordnung (EG) Nr. 1606/2002 vornehmen.

Teil 2. Eigenmittel und berücksichtigungsfähige Verbindlichkeiten

Titel I. Bestandteile der Eigenmittel

Kapitel 1. Kernkapital

Art. 25 Kernkapital. Das Kernkapital eines Instituts besteht aus der Summe des harten Kernkapitals und des zusätzlichen Kernkapitals.

Kapitel 2. Hartes Kernkapital

Abschnitt 1. Posten und Instrumente des harten Kernkapitals

Art. 26 Posten des harten Kernkapitals. (1) *[1]* Das harte Kernkapital eines Instituts umfasst folgende Posten:

a) Kapitalinstrumente, die die Voraussetzungen des Artikels 28, oder gegebenenfalls des Artikels 29 erfüllen,
b) das mit den Instrumenten nach Buchstabe a verbundene Agio,
c) einbehaltene Gewinne,
d) das kumulierte sonstige Ergebnis,
e) sonstige Rücklagen,
f) den Fonds für allgemeine Bankrisiken.

[2] Die unter den Buchstaben c bis f genannten Posten werden nur dann als hartes Kernkapital anerkannt, wenn sie dem Institut uneingeschränkt und unmittelbar zur sofortigen Deckung von Risiken oder Verlusten zur Verfügung stehen.

(2)[1)] *[1]* [1] Institute dürfen vor dem offiziellen Beschluss zur Bestätigung ihres endgültigen Jahresergebnisses Zwischengewinne oder Gewinne zum Jahresende nur nach vorheriger Erlaubnis der zuständigen Behörde für die Zwecke von Absatz 1 Buchstabe c zum harten Kernkapital rechnen. [2] Die zuständige Behörde gibt die Erlaubnis, vorausgesetzt

a) die Gewinne wurden durch Personen überprüft, die vom Institut unabhängig und für dessen Buchprüfung zuständig sind;

b) das Institut hat den zuständigen Behörden hinreichend nachgewiesen, dass alle vorhersehbaren Abgaben oder Dividenden von dem Gewinnbetrag abgezogen wurden.

[2] Eine Überprüfung der Zwischengewinne oder Jahresendgewinne des Instituts muss in angemessenem Maße gewährleisten, dass diese Gewinne im Einklang mit den Grundsätzen des geltenden Rechnungslegungsrahmens ermittelt wurden.

(3) *[1]* [1] Die zuständigen Behörden bewerten, ob die Emissionen von Kapitalinstrumenten die Kriterien des Artikels 28 oder gegebenenfalls des Artikels 29 erfüllen. [2] Emissionen von Kapitalinstrumenten werden von den Instituten nur dann als Instrumente des harten Kernkapitals eingestuft, wenn die zuständigen Behörden zuvor die Erlaubnis gegeben haben.

[2] [1] Abweichend von Unterabsatz 1 können Institute spätere Emissionen einer Art von Instrumenten des harten Kernkapitals als Instrumente des harten Kernkapitals einstufen, wenn sie für diese bereits diese Erlaubnis erhalten haben, sofern die folgenden beiden Bedingungen erfüllt sind:

a) die für diese späteren Emissionen geltenden Bestimmungen sind im Wesentlichen identisch mit den Bestimmungen, die für die Emissionen gelten, für die die Institute bereits eine Erlaubnis erhalten haben;

b) die Institute haben diese späteren Emissionen den zuständigen Behörden rechtzeitig vor der Einstufung als Instrumente des harten Kernkapitals mitgeteilt.

[3] [1] Bevor die zuständigen Behörden die Erlaubnis für die Einstufung neuer Arten von Kapitalinstrumenten als Instrumente des harten Kernkapitals erteilen, holen sie die Stellungnahme der EBA ein. [2] Die zuständigen Behörden berücksichtigen die Stellungnahme der EBA gebührend und richten in dem Fall, dass sie beschließen, hiervon abzuweichen, innerhalb von drei Monaten ab dem Tag des Eingangs der Stellungnahme der EBA ein Schreiben an die EBA, in dem sie die Beweggründe für die Abweichung von der Stellungnahme darlegen. [3] Dieser Unterabsatz gilt nicht für die in Artikel 31 genannten Kapitalinstrumente.

[4] [1] Auf der Grundlage der Angaben der zuständigen Behörden erstellt, führt und veröffentlicht die EBA ein Verzeichnis sämtlicher Arten von Kapitalinstrumenten in jedem Mitgliedstaat, die als Instrumente des harten Kernkapitals akzeptiert werden. [2] Gemäß Artikel 35 der Verordnung (EU) Nr. 1093/2010 kann die EBA alle Informationen im Zusammenhang mit Instrumenten des harten Kernkapitals einholen, die sie für erforderlich hält, um die Einhaltung

---

[1)] Siehe hierzu Beschluss (EU) 2015/656 der Europäischen Zentralbank über die Bedingungen, unter denen Kreditinstitute gemäß Artikel 26 Absatz 2 der VO (EU) Nr. 575/2013 Zwischen- oder Jahresendgewinne dem harten Kernkapital (CET1) zurechnen dürfen (EZB/2015/4) v. 4.2.2015 (ABl. L 107 S. 76).

der Kriterien des Artikels 28 oder gegebenenfalls des Artikels 29 der vorliegenden Verordnung zu überprüfen und das in diesem Unterabsatz genannte Verzeichnis zu führen und zu aktualisieren.

[5] [1] Nach der Prüfung gemäß Artikel 80 kann die EBA, sofern es hinreichende Belege dafür gibt, dass die einschlägigen Kapitalinstrumente die Kriterien des Artikels 28 oder gegebenenfalls des Artikels 29 nicht oder nicht mehr erfüllen, je nach Lage des Falls beschließen, diese Instrumente nicht in das Verzeichnis nach Unterabsatz 4 aufzunehmen oder sie aus diesem Verzeichnis zu streichen. [2] Die EBA veröffentlicht eine entsprechende Bekanntmachung, in der auch auf den diesbezüglich einschlägigen Standpunkt der zuständigen Behörde Bezug genommen wird. [3] Dieser Unterabsatz gilt nicht für die in Artikel 31 genannten Kapitalinstrumente.

(4) *[1]* Die EBA arbeitet Entwürfe technischer Regulierungsstandards zur Klärung des Begriffs „vorhersehbar" aus, wenn ermittelt wird, ob alle vorhersehbaren Abgaben oder Dividenden in Abzug gebracht wurden.

[2] Die EBA legt der Kommission diese Entwürfe technischer Regulierungsstandards bis zum 28. Juli 2013 vor.

[3] Der Kommission wird die Befugnis übertragen, die technischen Regulierungsstandards nach Unterabsatz 1 gemäß den Artikeln 10 bis 14 der Verordnung (EU) Nr. 1093/2010 zu erlassen.

Art. 27 Zu den Posten des harten Kernkapitals zählende Kapitalinstrumente von Gegenseitigkeitsgesellschaften, Genossenschaften, Sparkassen und ähnlichen Instituten. (1) *[1]* Posten des harten Kernkapitals umfassen alle von einem Institut gemäß seiner Satzung begebenen Kapitalinstrumente, vorausgesetzt

a) das Institut hat eine im maßgebenden einzelstaatlichen Recht definierte Unternehmensform und gilt nach Auffassung der zuständige Behörde für die Zwecke dieses Teils als
   i) Gegenseitigkeitsgesellschaft,
   ii) Genossenschaft,
   iii) Sparkasse,
   iv) ähnliches Institut,
   v) Kreditinstitut im vollständigen Eigentum eines unter Ziffer i bis iv genannten Instituts, das mit Genehmigung der jeweils zuständigen Behörde diesen Artikel nutzen darf, sofern und solange 100 % seiner ausgegebenen Stammaktien direkt oder indirekt von einem unter Ziffer i bis iii genannten Institut gehalten werden;
b) die Bedingungen des Artikels 28, oder gegebenenfalls des Artikels 29 sind erfüllt;[1)]

[2] Nach geltendem einzelstaatlichen Recht vor dem 31. Dezember 2012 als solche anerkannte Gegenseitigkeitsgesellschaften, Genossenschaften oder Sparkassen gelten für die Zwecke dieses Teils weiter als solche, sofern und solange die anerkennungsbegründenden Voraussetzungen erfüllt sind.

[1)] Zeichensetzung amtlich.

(2) *[1]* Die EBA arbeitet Entwürfe technischer Regulierungsstandards aus, in denen die Bedingungen präzisiert werden, anhand *deren*[1] die zuständigen Behörden entscheiden können, ob eine im maßgebenden einzelstaatlichen Recht anerkannte Unternehmensform für die Zwecke dieses Teils als Gegenseitigkeitsgesellschaft, Genossenschaft, Sparkasse oder ähnliches Institut gilt.

[2] Die EBA übermittelt der Kommission diesen Entwurf eines technischen Regulierungsstandards bis zum 28. Juli 2013.

[3] Der Kommission wird die Befugnis übertragen, die technischen Regulierungsstandards nach Unterabsatz 1 gemäß den Artikeln 10 bis 14 der Verordnung (EU) Nr. 1093/2010 zu erlassen.

Art. 28 Instrumente des harten Kernkapitals. (1) *[1]* Kapitalinstrumente gelten nur dann als Instrumente des harten Kernkapitals, wenn alle folgenden Bedingungen erfüllt sind:

a) sie werden vom Institut mit vorheriger Zustimmung der Eigentümer oder – wenn dies nach *einzelstaatlichen*[2] Recht zulässig ist – des Leitungsorgans des Instituts direkt begeben;
b) sie sind voll eingezahlt, und der Erwerb des Eigentums an diesen Instrumenten wird weder direkt noch indirekt durch das Institut finanziert;
c) sie erfüllen hinsichtlich ihrer Einstufung alle folgenden Bedingungen:
   i) sie gelten als Kapital im Sinne des Artikels 22 der Richtlinie 86/635/EWG,
   ii) sie gelten als Eigenkapital im Sinne des geltenden Rechnungslegungsrahmens,
   iii) sie gelten gegebenenfalls nach Maßgabe einzelstaatlicher Insolvenzvorschriften als Eigenkapital zum Zwecke der Feststellung der Insolvenz aufgrund buchmäßiger Überschuldung,
d) sie sind in der Bilanz des Jahresabschlusses des Instituts eindeutig und gesondert offengelegt;
e) sie sind zeitlich unbefristet;
f) ihr Kapitalbetrag darf nur in einem der beiden folgenden Fälle verringert oder zurückgezahlt werden:
   i) Liquidation des Instituts,
   ii) Rückkäufe der Instrumente nach Ermessen oder andere Ermessensmaßnahmen zur Verringerung der Eigenmittel nach vorheriger Erlaubnis der zuständigen Behörde gemäß Artikel 77,
g) die für das Instrument geltenden Bestimmungen lassen weder explizit noch implizit erkennen, dass sein Kapitalbetrag außer im Fall der Liquidation des Instituts verringert oder zurückgezahlt werden kann oder darf, und das Institut gibt vor oder während der Emission der Instrumente auch anderweitig keinen dahingehenden Hinweis, außer im Hinblick auf die in Artikel 27 genannten Instrumente, wenn eine Rückzahlungsweigerung des Instituts für solche Instrumente nach einzelstaatlichem Recht verboten ist;
h) sie erfüllen hinsichtlich Ausschüttungen die folgenden Bedingungen:

---

[1] Richtig wohl: „derer“.
[2] Richtig wohl: „einzelstaatlichem“.

i) es gibt keine Vorzugsbehandlung in Bezug auf die Reihenfolge der Ausschüttungen, auch nicht im Zusammenhang mit anderen Instrumenten des harten Kernkapitals, und in den für das Instrument geltenden Bestimmungen sind keine Vorzugsrechte für die Auszahlung von Ausschüttungen vorgesehen,

ii) Ausschüttungen an die Inhaber der Instrumente dürfen nur aus ausschüttungsfähigen Posten ausgezahlt werden,

iii) die für das Instrument geltenden Bestimmungen sehen außer im Falle der in Artikel 27 genannten Instrumente keine Obergrenze oder andere Beschränkung des Höchstbetrags der Ausschüttungen vor,

iv) die Höhe der Ausschüttungen wird außer im Falle der in Artikel 27 genannten Instrumente nicht auf der Grundlage des Anschaffungspreises der Instrumente bestimmt,

v) die für das Instrument geltenden Bestimmungen sehen keine Ausschüttungspflicht des Instituts vor, und das Institut unterliegt auch anderweitig keiner solchen Verpflichtung,

vi) die Nichtzahlung von Ausschüttungen stellt keinen Ausfall des Instituts dar,

vii) durch die Streichung von Ausschüttungen werden dem Institut keine Beschränkungen auferlegt;

i) die Instrumente tragen, gemessen an allen vom Institut begebenen Kapitalinstrumenten, bei Auftreten von Verlusten deren ersten und proportional größten Anteil, und jedes Instrument trägt Verluste im gleichen Grad wie alle anderen Instrumente des harten Kernkapitals;

j) die Instrumente sind bei Insolvenz oder Liquidation des Instituts nachrangig gegenüber allen anderen Ansprüchen;

k) die Instrumente verleihen ihren Eigentümern einen Anspruch auf die Restaktiva des Instituts, der im Falle der Liquidation und nach Zahlung aller vorrangigen Forderungen proportional zur Summe der ausgegebenen Instrumente besteht, keinen festen Wert hat und keiner Obergrenze unterliegt, außer im Falle der in Artikel 27 genannten Kapitalinstrumente;

l) die Instrumente sind nicht durch eines der folgenden Unternehmen besichert oder Gegenstand einer von ihnen gestellten Garantie, die den Ansprüchen einen höheren Rang verleiht:

i) das Institut oder seine Tochterunternehmen,

ii) das Mutterunternehmen des Instituts oder dessen Tochterunternehmen,

iii) die Mutterfinanzholdinggesellschaft oder ihre Tochterunternehmen;[1]

iv) die gemischte Holdinggesellschaft oder ihre Tochterunternehmen,

v) die gemischte Finanzholdinggesellschaft und ihre Tochterunternehmen,

vi) jedes Unternehmen mit engen Verbindungen zu den unter den Ziffern i bis v genannten Unternehmen;

m) es bestehen keine vertraglichen oder sonstigen Vereinbarungen in Bezug auf die Instrumente, die den Ansprüchen aus den Instrumenten bei Insolvenz oder Liquidation einen höheren Rang verleihen.

---

[1] Zeichensetzung amtlich.

[2] Sofern die Instrumente gleichrangig sind, gilt die Bedingung nach Unterabsatz 1 Buchstabe j ungeachtet dessen, dass sie dem zusätzlichen Kernkapital oder dem Ergänzungskapital zugerechnet werden, kraft Artikel 484 Absatz 3 als erfüllt.

[3] Für die Zwecke von Unterabsatz 1 Buchstabe b kann nur der Teil eines Kapitalinstruments, der voll eingezahlt ist, als Instrument des harten Kernkapitals gelten.

(2) *[1]* Die Bedingungen nach Absatz 1 Buchstabe i gelten unbeschadet einer dauerhaften Wertberichtigung des Kapitalbetrags von Instrumenten des zusätzlichen Kernkapitals oder des Ergänzungskapitals als erfüllt.

[2] Die Bedingung nach Absatz 1 Buchstabe f gilt als erfüllt, selbst wenn der Kapitalbetrag des Instruments im Rahmen eines Abwicklungsverfahrens oder infolge einer von der für das Institut zuständigen Abwicklungsbehörde geforderten Wertminderung von Kapitalinstrumenten herabgesetzt wird.

[3] Die Bedingung nach Absatz 1 Buchstabe g gilt als erfüllt, selbst wenn die für das Kapitalinstrument geltenden Bestimmungen ausdrücklich oder implizit vorsehen, dass der Kapitalbetrag des Instruments im Rahmen eines Abwicklungsverfahrens oder infolge einer von der für das Institut zuständigen Abwicklungsbehörde geforderten Wertminderung von Kapitalinstrumenten möglicherweise herabgesetzt wird oder werden kann.

(3) *[1]* Die Bedingung nach Absatz 1 Buchstabe h Ziffer iii gilt als erfüllt, selbst wenn auf das Instrument eine Mehrfachdividende gezahlt wird, vorausgesetzt diese Mehrfachdividende führt nicht zu einer Ausschüttung, die einen unverhältnismäßig hohen Abfluss bei den Eigenmitteln verursacht.

[2] Die Bedingung nach Absatz 1 Unterabsatz 1 Buchstabe h Ziffer v gilt als erfüllt, selbst wenn für ein Tochterunternehmen ein Ergebnisabführungsvertrag mit seinem Mutterunternehmen gilt, nach dem das Tochterunternehmen verpflichtet ist, nach Erstellung seines Jahresabschlusses sein Jahresergebnis an sein Mutterunternehmen zu überweisen, wenn alle folgenden Bedingungen erfüllt sind:

a) Mindestens 90 % der Stimmrechte und des Kapitals des Tochterunternehmens befinden sich im Eigentum des Mutterunternehmens;

b) das Mutterunternehmen und das Tochterunternehmen sind im selben Mitgliedstaat niedergelassen;

c) der Vertrag wurde zu rechtmäßigen Steuerzwecken geschlossen;

d) das Tochterunternehmen hat bei der Erstellung seines Jahresabschlusses einen Ermessensspielraum für die Verringerung des Betrags der Ausschüttungen dadurch, dass es seine Gewinne ganz oder teilweise in seine eigenen Rücklagen einstellt oder dem Fonds für allgemeine Bankrisiken zuweist, bevor es eine Zahlung an sein Mutterunternehmen leistet;

e) das Mutterunternehmen ist nach dem Vertrag verpflichtet, dem Tochterunternehmen einen vollen Ausgleich für alle Verluste des Tochterunternehmens zu gewähren;

f) der Vertrag sieht eine Kündigungsfrist vor, der zufolge der Vertrag nur am Ende eines Geschäftsjahres – mit Wirkung der Kündigung frühestens ab dem Beginn des folgenden Geschäftsjahres – beendet werden kann, wodurch sich nichts an der Verpflichtung des Mutterunternehmens ändert, dem Tochterunternehmen einen vollen Ausgleich für alle während des laufenden Geschäftsjahres entstandenen Verluste zu gewähren.

[3] [1] Hat ein Institut einen Ergebnisabführungsvertrag geschlossen, so teilt es dies der zuständigen Behörde unverzüglich mit und übermittelt der zuständigen Behörde eine Kopie des Vertrags. [2] Das Institut muss zudem der zuständigen Behörde unverzüglich alle Änderungen des Ergebnisabführungsvertrags und die Kündigung dieses Vertrags mitteilen. [3] Ein Institut darf nicht mehr als einen Ergebnisabführungsvertrag schließen.

(4) [1] Für die Zwecke des Absatzes 1 Buchstabe h Ziffer i dürfen Unterschiede bei der Ausschüttung nur Ausdruck von Unterschieden bei den Stimmrechten sein. [2] Hierbei darf eine höhere Ausschüttung nur für Instrumente des harten Kernkapitals vorgenommen werden, an die weniger oder keine Stimmrechte geknüpft sind.

(5) *[1]* Die EBA arbeitet Entwürfe technischer Regulierungsstandards aus, in denen Folgendes präzisiert wird:

a) die anwendbaren Formen und Arten indirekter Finanzierung von Eigenmittelinstrumenten,
b) ob und wann Mehrfachausschüttungen einen unverhältnismäßig hohen Abfluss bei den Eigenmitteln verursachen,
c) die Bedeutung des Begriffs Vorzugsausschüttung.

[2] Die EBA legt der Kommission diese Entwürfe technischer Regulierungsstandards bis zum 28. Juli 2013 vor.

[3] Der Kommission wird die Befugnis übertragen, die technischen Regulierungsstandards nach Unterabsatz 1 gemäß den Artikeln 10 bis 14 der Verordnung (EU) Nr. 1093/2010 zu erlassen.

Art. 29 Kapitalinstrumente von Gegenseitigkeitsgesellschaften, Genossenschaften, Sparkassen und ähnlichen Instituten. (1) Von Gegenseitigkeitsgesellschaften, Genossenschaften, Sparkassen und ähnlichen Instituten begebene Kapitalinstrumente gelten nur dann als Instrumente des harten Kernkapitals, wenn die Bedingungen des Artikels 28, mit den durch die Anwendung dieses Artikels bedingten Änderungen, erfüllt sind.

(2) Die Rückzahlung der Kapitalinstrumente unterliegt folgenden Voraussetzungen:

a) das Institut kann die Rückzahlung der Instrumente verweigern, es sei denn, dies ist nach einzelstaatlichem Recht verboten;
b) kann das Institut die Rückzahlung der Instrumente laut einzelstaatlichem Recht nicht verweigern, so wird ihm in den für das Instrument geltenden Bestimmungen die Möglichkeit gegeben, die Rückzahlung zu beschränken;
c) die Verweigerung oder Beschränkung der Rückzahlung der Instrumente stellt keinen Ausfall des Instituts dar.

(3) Die Kapitalinstrumente dürfen nur dann eine Obergrenze oder eine Beschränkung des Ausschüttungshöchstbetrags vorsehen, wenn diese Obergrenze oder Beschränkung im einzelstaatlichen Recht oder in der Satzung des Instituts vorgesehen ist.

(4) *[1]* Haben die Inhaber der Kapitalinstrumente bei Insolvenz oder Liquidation des Instituts Ansprüche auf dessen Rücklagen und sind diese Ansprüche

auf den Nennwert der Instrumente beschränkt, so gilt diese Beschränkung gleichermaßen für die Inhaber aller anderen von diesem Institut begebenen Instrumente des harten Kernkapitals.

[2] Unbeschadet der Bedingung nach Unterabsatz 1 kann eine Gegenseitigkeitsgesellschaft, Genossenschaft, Sparkasse oder ein ähnliches Institut im Rahmen ihres (seines) harten Kernkapitals Instrumente anerkennen, die dem Inhaber kein Stimmrecht gewähren und die alle folgenden Bedingungen erfüllen:

a) die Ansprüche der Inhaber der nicht stimmberechtigten Instrumente im Falle der Insolvenz oder Liquidation des Instituts entspricht dem Anteil dieser nicht stimmberechtigten Instrumente an der Gesamtheit der Instrumente des harten Kernkapitals;

b) die Instrumente gelten in übriger Hinsicht als Instrumente des harten Kernkapitals.

(5) Haben die Inhaber der Kapitalinstrumente bei Insolvenz oder Liquidation des Instituts Ansprüche auf dessen Vermögenswerte und haben diese Ansprüche einen festen Wert oder unterliegen einer Obergrenze, so gilt diese Beschränkung gleichermaßen für alle Inhaber aller von diesem Institut aufgelegten Instrumente des harten Kernkapitals.

(6) *[1]* Die EBA arbeitet Entwürfe technischer Regulierungsstandards zur Spezifizierung der Art der Rückzahlungsbeschränkungen aus, die erforderlich sind, wenn eine Weigerung des Instituts, Eigenmittelinstrumente zurückzuzahlen, nach einzelstaatlichem Recht verboten ist.

[2] Die EBA legt der Kommission diese Entwürfe technischer Regulierungsstandards bis zum 28. Juli 2013 vor.

[3] Der Kommission wird die Befugnis übertragen, die technischen Regulierungsstandards nach Unterabsatz 1 gemäß den Artikeln 10 bis 14 der Verordnung (EU) Nr. 1093/2010 zu erlassen.

Art. 30 Nichterfüllung der Bedingungen für Instrumente des harten Kernkapitals. Wenn hinsichtlich eines Instruments des harten Kernkapitals die Bedingungen des Artikels 28 oder gegebenenfalls des Artikels 29 nicht länger erfüllt sind, gilt Folgendes:

a) das betreffende Instrument gilt mit unmittelbarer Wirkung nicht länger als Instrument des harten Kernkapitals,

b) das mit dem betreffenden Instrument verbundene Agio gilt mit unmittelbarer Wirkung nicht länger als Posten des harten Kernkapitals.

Art. 31 Von staatlichen Stellen im Notfall gezeichnete Kapitalinstrumente. (1) In Notfällen können die zuständigen Behörden einem Institut gestatten, Kapitalinstrumente zum harten Kernkapital zu rechnen, die mindestens die Bedingungen des Artikels 28 Absatz 1 Buchstaben b bis e erfüllen,[1] sofern die folgenden Bedingungen erfüllt sind:

a) Die Kapitalinstrumente werden nach dem 1. Januar 2014 begeben;

b) Sie werden von der Kommission als Instrumente der staatlichen Beihilfe eingestuft;

---

[1] Komma fehlt im ABl.EU.

c) Sie werden im Rahmen von Rekapitalisierungsmaßnahmen gemäß den zu jenem Zeitpunkt geltenden Vorschriften betreffend staatliche Beihilfen begeben;
d) Sie sind voll eingezahlt und werden vom Staat oder einer einschlägigen staatlichen Stelle oder Einrichtung in staatlichem Eigentum gehalten;
e) Sie sind geeignet, Verluste aufzufangen;
f) Außer bei Kapitalinstrumenten im Sinne des Artikels 27 verleihen die Kapitalinstrumente im Liquidationsfall ihren Inhabern einen Anspruch auf die nach der Befriedigung aller vorrangigen Ansprüche verbleibenden Vermögenswerte des Instituts;
g) Es sind angemessene Mechanismen für den Ausstieg des Staates bzw. der einschlägigen *staatliche*[1] Stelle oder der Einrichtung in staatlichem Eigentum vorgesehen;
h) Die zuständige Behörde hat zuvor die Erlaubnis gegeben und ihre Entscheidung zusammen mit deren Begründung veröffentlicht.

(2) Auf begründeten Antrag der jeweils zuständigen Behörde und in Zusammenarbeit mit dieser betrachtet die EBA die in Absatz 1 genannten Kapitalinstrumente für die Zwecke dieser Verordnung als Instrumenten des harten Kernkapitals gleichwertig.

Abschnitt 2. Aufsichtliche Korrekturposten

Art. 32 Verbriefte Aktiva. (1) Institute schließen von den Bestandteilen der Eigenmittel jeglichen Anstieg des Eigenkapitals nach dem geltenden Rechnungslegungsrahmen aus, wenn dieser Anstieg sich aus verbrieften Aktiva ergibt, einschließlich:
a) eines Anstiegs im Zusammenhang mit künftigen Margenerträgen, die einen Veräußerungsgewinn für das Institut darstellen,
b) wenn das Institut Originator einer Verbriefung ist, der Nettoerträge aus der Kapitalisierung künftiger Erträge aus verbrieften Aktiva, die eine Bonitätsverbesserung für Verbriefungspositionen bieten.

(2) *[1]* Die EBA arbeitet Entwürfe technischer Regulierungsstandards zur weiteren Klärung des in Absatz 1 Buchstabe a genannten Konzepts der Verkaufsgewinne aus.

[2] Die EBA übermittelt der Kommission diese Entwürfe technischer Regulierungsstandards bis zum 28. Juli 2013.

[3] Der Kommission wird die Befugnis übertragen, die technischen Regulierungsstandards nach Unterabsatz 1 gemäß dem Verfahren nach den Artikeln 10 bis 14 der Verordnung (EU) Nr. 1093/2010 zu erlassen.

Art. 33 Sicherungsgeschäfte für Zahlungsströme und Wertänderungen eigener Verbindlichkeiten. (1) Institute schließen aus den Bestandteilen der Eigenmittel folgende Posten aus:
a) Rücklagen aus Gewinnen oder Verlusten aus zeitwertbilanzierten Geschäften zur Absicherung von Zahlungsströmen für nicht zeitwertbilanzierte Finanzinstrumente, einschließlich erwarteter Zahlungsströme,

---

[1] Richtig wohl: „staatlichen".

b) durch Veränderungen der eigenen Bonität bedingte Gewinne oder Verluste des Instituts aus zum beizulegenden Zeitwert bewerteten eigenen Verbindlichkeiten,
c) Gewinne und Verluste aus zum Zeitwert bilanzierten Derivatverbindlichkeiten des Instituts, die aus Veränderungen seines eigenen Kreditrisikos resultieren.

(2) Für die Zwecke des Absatzes 1 Buchstabe c dürfen Institute die aus dem eigenen Kreditrisiko resultierenden Zeitwertgewinne und -verluste nicht gegen solche aus ihrem Gegenparteiausfallrisiko aufrechnen.

(3) Unbeschadet des Absatzes 1 Buchstabe b dürfen Institute den Betrag an Gewinnen und Verlusten bei ihren Eigenmitteln berücksichtigen, wenn alle folgenden Bedingungen erfüllt sind:
a) die Verbindlichkeiten sind Schuldverschreibungen im Sinne des Artikels 52 Absatz 4 der Richtlinie 2009/65/EG,
b) die Wertänderungen der Aktiva und Passiva des Instituts sind Folge derselben Änderung der Bonität des Instituts,
c) zwischen dem Wert der Schuldverschreibungen nach Buchstabe a und dem Wert der Aktiva des Instituts besteht enge Übereinstimmung,
d) die Hypothekenkredite können durch Rückkauf der diese Kredite finanzierenden Hypothekenanleihen zum Nenn- oder Marktwert abgelöst werden.

(4) *[1]* Die EBA arbeitet Entwürfe technischer Regulierungsstandards aus, um zu präzisieren, was eine enge Übereinstimmung zwischen dem Wert der Schuldverschreibungen und dem Wert der Aktiva im Sinne des Absatzes 3 Buchstabe c darstellt.

[2] Die EBA übermittelt der Kommission diese Entwürfe technischer Regulierungsstandards bis zum 30. September 2015.

[3] Der Kommission wird die Befugnis übertragen, die technischen Regulierungsstandards nach Unterabsatz 1 gemäß den Artikeln 10 bis 14 der Verordnung (EU) Nr. 1093/2010 zu erlassen.

Art. 34 Zusätzliche Bewertungsanpassungen. Institute wenden bei der Berechnung ihrer Eigenmittel die Anforderungen des Artikels 105 auf all ihre zeitwertbilanzierten Vermögenswerte an und ziehen vom harten Kernkapital den Betrag der erforderlichen zusätzlichen Bewertungsanpassungen ab.

Art. 35 Aus der Zeitwertbilanzierung resultierende nicht realisierte Gewinne und Verluste. Institute nehmen keine Bewertungsanpassungen vor, die dem Ziel dienen, von den Eigenmitteln nicht realisierte,[1)] Gewinne und Verluste aus zum Zeitwert bilanzierten Aktiva oder Passiva auszunehmen, es sei denn, dies betrifft die in Artikel 33 genannten Posten.

Abschnitt 3. Abzüge von den Posten des harten Kernkapitals, Ausnahmen und Alternativen

Unterabschnitt 1. Abzüge von den Posten des harten Kernkapitals

Art. 36 Abzüge von den Posten des harten Kernkapitals. (1) Die Institute ziehen von den Posten ihres harten Kernkapitals folgende Positionen ab:

[1)] Zeichensetzung amtlich.

a) Verluste des laufenden Geschäftsjahres,
b) immaterielle Vermögenswerte,
c) von der künftigen Rentabilität abhängige latente Steueransprüche,
d) für Institute, die risikogewichtete Positionsbeträge nach dem auf internen Beurteilungen basierenden Ansatz (IRB-Ansatz) berechnen, die negativen Beträge aus der Berechnung der erwarteten Verlustbeträge nach den Artikeln 158 und 159,
e) in der Bilanz des Instituts ausgewiesene Vermögenswerte aus Pensionsfonds mit Leistungszusage,
f) direkte, indirekte und synthetische Positionen eines Instituts in eigenen Instrumenten des harten Kernkapitals, einschließlich eigener Instrumente des harten Kernkapitals, die das Institut aufgrund einer bestehenden vertraglichen Verpflichtung tatsächlich oder möglicherweise zu kaufen verpflichtet ist,
g) direkte, indirekte und synthetische Positionen in Instrumenten des harten Kernkapitals von Unternehmen der Finanzbranche, die eine Überkreuzbeteiligung mit dem Institut eingegangen sind, die nach Ansicht der zuständigen Behörden dem Ziel dient, dessen Eigenmittel künstlich zu erhöhen,
h) den maßgeblichen Betrag der direkten, indirekten und synthetischen Positionen in Instrumenten des harten Kernkapitals von Unternehmen der Finanzbranche, an denen das Institut keine wesentliche Beteiligung hält,
i) den maßgeblichen Betrag der direkten, indirekten und synthetischen Positionen in Instrumenten des harten Kernkapitals von Unternehmen der Finanzbranche, an denen das Institut eine wesentliche Beteiligung hält,
j) den Betrag der gemäß Artikel 56 von den Posten des zusätzlichen Kernkapitals in Abzug zu bringenden Posten, der die Posten des zusätzlichen Kernkapitals des Instituts überschreitet,
k) den Risikopositionsbetrag aus folgenden Posten, denen ein Risikogewicht von 1 250 % zuzuordnen ist, wenn das Institut als Alternative zur Anwendung eines Risikogewichts von 1 250 % jenen Risikopositionsbetrag vom Betrag der Posten des harten Kernkapitals abzieht:
   i) qualifizierte Beteiligungen außerhalb des Finanzsektors,
   ii) Verbriefungspositionen gemäß Artikel 244 Absatz 1 Buchstabe b, Artikel 245 Absatz 1 Buchstabe b und Artikel 253,
   iii) Vorleistungen gemäß Artikel 379 Absatz 3,
   iv) Positionen in einem Korb, deren Risikogewichte ein Institut gemäß Artikel 153 Absatz 8 nicht nach dem IRB-Ansatz bestimmen kann,;[1]
   v) Beteiligungspositionen im Rahmen eines auf internen Modellen basierenden Ansatzes gemäß Artikel 155 Absatz 4,
l) jede zum jeweiligen Berechnungszeitpunkt vorhersehbare steuerliche Belastung auf Posten des harten Kernkapitals, es sei denn, das Institut passt den Betrag der Posten des harten Kernkapitals in angemessener Form an, wenn eine solche steuerliche Belastung die Summe, bis zu der diese Posten zur Deckung von Risiken oder Verlusten dienen können, verringert,
m) den maßgeblichen Betrag der unzureichenden Deckung notleidender Risikopositionen,

---

[1] Zeichensetzung amtlich.

n) für eine Mindestwertzusage nach Artikel 132c Absatz 2 jeden Betrag, um den der aktuelle Marktwert der Anteile eines OGA, die der Mindestwertzusage zugrunde liegen, den Barwert der Mindestwertzusage unterschreitet und für den das Institut noch keine Verringerung der Posten des harten Kernkapitals vorgenommen hat.

(2) *[1]* Die EBA arbeitet Entwürfe technischer Regulierungsstandards aus, um die Anwendung der Abzüge nach Absatz 1 Buchstaben a, c, e, f, h, i und l sowie der entsprechenden Abzüge nach Artikel 56 Buchstaben a, c, d und f und Artikel 66 Buchstaben a, c und d zu präzisieren.

[2] Die EBA übermittelt der Kommission diese Entwürfe technischer Regulierungsstandards bis zum 28. Juli 2013.

[3] Der Kommission wird die Befugnis übertragen, die technischen Regulierungsstandards nach Unterabsatz 1 gemäß den Artikeln 10 bis 14 der Verordnung (EU) Nr. 1093/2010 zu erlassen.

(3) *[1]* Die EBA arbeitet Entwürfe technischer Regulierungsstandards aus, um zu präzisieren welche Arten von Kapitalinstrumenten von Finanzinstituten und – in Abstimmung mit der durch die Verordnung (EU) Nr. 1094/2010 des Europäischen Parlaments und des Rates vom 24. November 2010[1)] *errichtete*[2)] Europäischen Aufsichtsbehörde (Europäische Aufsichtsbehörde für das Versicherungswesen und die betriebliche Altersversorgung) (EIOPA) – von Drittland-Versicherungsunternehmen und -Rückversicherungsunternehmen sowie Unternehmen, die gemäß Artikel 4 der Richtlinie 2009/138/EG von deren Anwendungsbereich ausgenommen sind, von den folgenden Eigenmittelelementen in Abzug gebracht werden:

a) Posten des harten Kernkapitals,

b) Posten des zusätzlichen Kernkapitals,

c) Posten des Ergänzungskapitals.

[2] Die EBA übermittelt der Kommission diese Entwürfe technischer Regulierungsstandards bis zum 28. Juli 2013.

[3] Der Kommission wird die Befugnis übertragen, die technischen Regulierungsstandards nach Unterabsatz 1 gemäß den Artikeln 10 bis 14 der Verordnung (EU) Nr. 1093/2010 zu erlassen.

(4) *[1]* Die EBA arbeitet Entwürfe technischer Regulierungsstandards aus, in denen die Anwendung der Abzüge nach Absatz 1 Buchstabe b präzisiert wird, einschließlich der Wesentlichkeit der negativen Auswirkungen auf den Wert, die nicht zu aufsichtlichen Bedenken Anlass geben.

[2] Die EBA übermittelt der Kommission diese Entwürfe technischer Regulierungsstandards bis zum 28. Juni 2020.

[3] Der Kommission wird die Befugnis übertragen, die in Unterabsatz 1 genannten technischen Regulierungsstandards gemäß den Artikeln 10 bis 14 der Verordnung (EU) Nr. 1093/2010 zur Ergänzung dieser Verordnung zu erlassen.

---

1) **Amtl. Anm.:** ABl. L 331 vom 15.12.2010, S. 48.
2) Richtig wohl: „errichteten".

Art. 37 Abzug immaterieller Vermögenswerte. Die Institute ermitteln den in Abzug zu bringenden Betrag der immateriellen Vermögenswerte gemäß folgenden Grundsätzen:

a) der in Abzug zu bringende Betrag wird um den Betrag der verbundenen latenten Steuerschulden verringert, die aufgehoben würden, wenn die immateriellen Vermögenswerte wertgemindert worden wären oder nach dem geltenden Rechnungslegungsrahmen aus der Bilanz ausgebucht würden;

b) der in Abzug zu bringende Betrag umfasst den in den Wertansätzen der wesentlichen Beteiligungen des Instituts enthaltenen Geschäfts- oder Firmenwert;

c) der in Abzug zu bringende Betrag wird um den Betrag der bilanziellen Neubewertung der sich aus der Konsolidierung von Tochterunternehmen ergebenden immateriellen Vermögenswerte der Tochterunternehmen verringert, die anderen Personen als den in die Konsolidierung nach Teil 1 Titel II Kapitel 2 einbezogenen Unternehmen zuzurechnen sind.

Art. 38 Abzug von der künftigen Rentabilität abhängiger latenter Steueransprüche. (1) Die Institute ermitteln den in Abzug zu bringenden Betrag der von der künftigen Rentabilität abhängigen latenten Steueransprüche gemäß diesem Artikel.

(2) Der Betrag der von der künftigen Rentabilität abhängigen latenten Steueransprüche wird nicht um den Betrag der verbundenen latenten Steuerschulden des Instituts verringert, es sei denn, die in Absatz 3 festgelegten Bedingungen sind erfüllt.

(3) Der Betrag der von der künftigen Rentabilität abhängigen latenten Steueransprüche kann um den Betrag der verbundenen latenten Steuerschulden des Instituts verringert werden, wenn folgende Bedingungen erfüllt sind:

a) das Institut hat nach dem maßgebenden einzelstaatlichen Recht ein einklagbares Recht zur Aufrechnung der tatsächlichen Steuererstattungsansprüche gegen tatsächliche Steuerschulden;

b) die latenten Steueransprüche und verbundenen latenten Steuerschulden beziehen sich auf Steuern, die von derselben Steuerbehörde für dasselbe Steuersubjekt erhoben werden.

(4) Verbundene latente Steuerschulden des Instituts, die zu Zwecken des Absatzes 3 genutzt werden, dürfen keine latenten Steuerschulden einschließen, die den in Abzug zu bringenden Betrag der immateriellen Vermögenswerte oder der Vermögenswerte von Pensionsfonds mit Leistungszusage verringern.

(5) *[1]* Der in Absatz 4 genannte Betrag der verbundenen latenten Steuerschulden wird zwischen folgenden Posten aufgeteilt:

a) von der künftigen Rentabilität abhängige latente Steueransprüche, die aus temporären Differenzen resultieren und gemäß Artikel 48 Absatz 1 nicht abgezogen werden,

b) alle anderen von der künftigen Rentabilität abhängigen latenten Steueransprüche.

[2] Die Institute weisen die verbundenen latenten Steuerschulden entsprechend dem jeweiligen Anteil, den die unter den Buchstaben a und b genannten Posten darstellen, den von der künftigen Rentabilität abhängigen latenten Steueransprüchen zu.

Art. 39 Steuerüberzahlungen, Verlustrückträge und nicht von der künftigen Rentabilität abhängige latente Steueransprüche. (1) Folgende Posten werden nicht von den Eigenmitteln in Abzug gebracht und unterliegen dem jeweils anwendbaren Risikogewicht nach Teil 3 Titel II Kapitel 2 oder 3:

a) Steuerüberzahlungen des Instituts im laufenden Jahr,

b) im laufenden Jahr entstandene, auf frühere Jahre übertragene steuerliche Verluste des Instituts, aus denen ein Anspruch oder eine Forderung gegenüber dem Zentralstaat, einer regionalen oder lokalen Gebietskörperschaft oder einer lokalen Steuerbehörde erwächst.

(2) *[1]* Nicht von der künftigen Rentabilität abhängige latente Steueransprüche beschränken sich auf latente Steueransprüche, die vor dem 23. November 2016 entstanden sind und die aus temporären Differenzen resultieren, wobei alle folgenden Bedingungen erfüllt sein müssen:

a) sie werden unverzüglich automatisch und zwingend durch eine Steuergutschrift ersetzt, falls das Institut bei der förmlichen Feststellung seines Jahresabschlusses einen Verlust ausweist oder im Falle der Liquidation oder Insolvenz des Instituts;

b) ein Institut kann im Rahmen des maßgebenden einzelstaatlichen Steuerrechts eine Steuergutschrift nach Buchstabe a mit seiner eigenen Steuerschuld oder der jedes Unternehmens, das für Steuerzwecke gemäß jenem Steuerrecht in dieselbe Konsolidierung wie es selbst einbezogen ist, oder der jedes Unternehmens, das der Beaufsichtigung auf konsolidierter Basis gemäß Teil 1 Titel II Kapitel 2 unterliegt, verrechnen;

c) übersteigt der Betrag der Steuergutschriften nach Buchstabe b die dort erwähnte Steuerschuld, so wird der entsprechende Saldo unverzüglich durch einen direkten Anspruch gegenüber der Zentralregierung des Mitgliedstaats, in dem das Institut seinen Sitz hat, ersetzt.

[2] Institute wenden auf latente Steueransprüche ein Risikogewicht von 100 %, wenn die Bedingungen der Buchstaben a, b und c erfüllt sind.

Art. 40 Abzug negativer Beträge aus der Berechnung der erwarteten Verlustbeträge. Der gemäß Artikel 36 Absatz 1 Buchstabe d in Abzug zu bringende Betrag wird nicht durch eine Erhöhung des Betrags der von der künftigen Rentabilität abhängigen latenten Steueransprüche oder durch andere zusätzliche Steuereffekte verringert, die eintreten könnten, wenn Wertberichtigungen auf den Betrag der in Teil 3 Titel II Kapitel 3 Abschnitt 3 genannten erwarteten Verlustbeträge ansteigen.

Art. 41 Abzug der Vermögenswerte aus Pensionsfonds mit Leistungszusage. (1) *[1]* Für die Zwecke des Artikels 36 Absatz 1 Buchstabe e wird der in Abzug zu bringende Betrag der Vermögenswerte aus Pensionsfonds mit Leistungszusage um folgende Beträge verringert:

a) den Betrag jeglicher verbundener latenter Steuerschulden, die aufgehoben werden können, wenn die Vermögenswerte wertgemindert oder nach dem geltenden Rechnungslegungsrahmen aus der Bilanz ausgebucht würden;

b) den Betrag der Vermögenswerte aus Pensionsfonds mit Leistungszusage, die das Institut – vorbehaltlich der vorherigen Erlaubnis der zuständigen Behörde – uneingeschränkt nutzen darf.

[2] Die zur Verringerung des in Abzug zu bringenden Betrags genutzten Vermögenswerte erhalten ein Risikogewicht gemäß Teil 3 Titel II Kapitel 2 oder 3.

(2) *[1]* Die EBA arbeitet Entwürfe technischer Regulierungsstandards zur Klärung der Kriterien aus, nach denen zuständige Behörden Instituten die Verringerung des Betrags der Vermögenswerte aus Pensionsfonds mit Leistungszusage gemäß Absatz 1 Buchstabe b gestatten.

[2] Die EBA übermittelt der Kommission diese Entwürfe technischer Regulierungsstandards bis zum 28. Juli 2013.

[3] Der Kommission wird die Befugnis übertragen, die technischen Regulierungsstandards nach Unterabsatz 1 gemäß den Artikeln 10 bis 14 der Verordnung (EU) Nr. 1093/2010 zu erlassen.

Art. 42 Abzug von Positionen in eigenen Instrumenten des harten Kernkapitals. Für die Zwecke des Artikels 36 Absatz 1 Buchstabe f berechnen Institute Positionen in eigenen Instrumenten des harten Kernkapitals auf der Grundlage der Bruttokaufpositionen, wobei folgende Ausnahmen gelten:

a) Institute dürfen den Betrag von Positionen in eigenen Instrumenten des harten Kernkapitals auf der Grundlage der Nettokaufposition berechnen, sofern die beiden nachstehenden Bedingungen erfüllt sind:
   i) die Kauf- und Verkaufspositionen beziehen sich auf die gleiche zugrunde liegende Risikoposition und die Verkaufspositionen unterliegen keinem Gegenparteiausfallrisiko;
   ii) die Kauf- und die Verkaufsposition werden entweder beide im Handelsbuch oder beide im Anlagebuch gehalten;

b) die Institute ermitteln den für direkte, indirekte und synthetische Positionen in Indexpapieren in Abzug zu bringenden Betrag durch Berechnung der zugrunde liegenden Risikopositionen gegenüber eigenen Instrumenten des harten Kernkapitals, die in den entsprechenden Indizes enthalten sind;

c) die Institute dürfen Bruttokaufpositionen in eigenen Instrumenten des harten Kernkapitals, die aus Positionen in Indexpapieren resultieren, gegen Verkaufpositionen in eigenen Instrumenten des harten Kernkapitals, die aus Verkaufpositionen in den zugrunde liegenden Indizes resultieren, aufrechnen, auch wenn für diese Verkaufpositionen ein Gegenparteiausfallrisiko besteht, sofern die beiden nachstehenden Bedingungen erfüllt sind:
   i) die Kauf- und Verkaufspositionen beziehen sich auf dieselben zugrunde liegenden Indizes;
   ii) die Kauf- und die Verkaufsposition werden entweder beide im Handelsbuch oder beide im Anlagebuch gehalten;[1)]

Art. 43 Wesentliche Beteiligung an einem Unternehmen der Finanzbranche. Eine Beteiligung an einem Unternehmen der Finanzbranche gilt für die Zwecke des Abzugs als wesentlich, wenn eine der folgenden Voraussetzungen erfüllt ist:

a) Mehr als 10 % der von dem betreffenden Unternehmen ausgegebenen Instrumente des harten Kernkapitals befinden sich im Eigentum des Instituts;

[1)] Zeichensetzung amtlich.

b) das Institut hat enge Verbindungen zu dem betreffenden Unternehmen und ist Eigentümer von von diesem ausgegebenen Instrumenten des harten Kernkapitals;
c) das Institut ist Eigentümer von von dem betreffenden Unternehmen ausgegebenen Instrumenten des harten Kernkapitals, und das Unternehmen ist nicht in eine Konsolidierung gemäß Teil 1 Titel II Kapitel 2 einbezogen, für die Zwecke der Rechnungslegung nach dem geltenden Rechnungslegungsrahmen aber im gleichen konsolidierten Abschluss berücksichtigt wie das Institut.

Art. 44 Abzug von Positionen in Instrumenten des harten Kernkapitals von Unternehmen der Finanzbranche und bei Überkreuzbeteiligung eines Instituts mit dem Ziel der künstlichen Erhöhung der Eigenmittel. Institute nehmen die in Artikel 36 Absatz 1 Buchstaben g, h und i genannten Abzüge wie folgt vor:
a) Positionen in Instrumenten des harten Kernkapitals und anderen Kapitalinstrumenten von Unternehmen der Finanzbranche werden auf der Grundlage der Bruttokaufpositionen berechnet;
b) Kernkapital von Versicherungsunternehmen wird für die Zwecke des Abzugs wie Positionen in Instrumenten des harten Kernkapitals behandelt.

Art. 45 Abzug von Positionen in Instrumenten des harten Kernkapitals von Unternehmen der Finanzbranche. Institute nehmen die gemäß Artikel 36 Absatz 1 Buchstaben h und i erforderlichen Abzüge wie folgt vor:
a) sie dürfen direkte, indirekte und synthetische Positionen in Unternehmen des harten Kernkapitals von Unternehmen der Finanzbranche auf der Grundlage der Nettokaufposition in der gleichen zugrunde liegenden Risikoposition berechnen, sofern die beiden nachstehenden Bedingungen erfüllt sind:
   i) der Fälligkeitstermin der Verkaufsposition entspricht entweder dem Fälligkeitstermin der Kaufposition oder er fällt auf einen Zeitpunkt nach dem zuletzt genannten Termin, oder die Restlaufzeit der Verkaufsposition beträgt mindestens ein Jahr;
   ii) die Kauf- und die Verkaufsposition werden entweder beide im Handelsbuch oder beide im Anlagebuch gehalten;
b) sie ermitteln den für direkte, indirekte und synthetische Positionen in Indexpapieren in Abzug zu bringenden Betrag durch Berechnung der zugrunde liegenden Risikopositionen gegenüber den Kapitalinstrumenten der Unternehmen der Finanzbranche in den entsprechenden Indizes.

Art. 46 Abzug von Positionen in Instrumenten des harten Kernkapitals von Unternehmen der Finanzbranche, an denen ein Institut keine wesentliche Beteiligung hält. (1) Die Institute berechnen für die Zwecke von Artikel 36 Absatz 1 Buchstabe h den in Abzug zu bringenden Betrag durch Multiplikation des unter Buchstabe a genannten Betrags mit dem aus der Berechnung gemäß Buchstabe b abgeleiteten Faktor:
a) Gesamtbetrag, um den die direkten, indirekten und synthetischen Positionen des Instituts in den Instrumenten des harten Kernkapitals, zusätzlichen Kernkapitals und Ergänzungskapitals von Unternehmen der Finanzbranche, an

denen es keine wesentliche Beteiligung hält, 10 % des Gesamtbetrags der Posten des harten Kernkapitals des Instituts überschreiten, berechnet nach Anwendung folgender Bestimmungen auf die Posten des harten Kernkapitals:

i) Artikel 32 bis 35,

ii) die Abzüge nach Artikel 36 Absatz 1 Buchstaben a bis g, Buchstabe k Ziffern ii bis v und Buchstabe l, mit Ausnahme des in Abzug zu bringenden Betrags für von der künftigen Rentabilität abhängige latente Steueransprüche, die aus temporären Differenzen resultieren,

iii) Artikel 44 und 45;

b) Quotient aus dem Betrag der direkten, indirekten und synthetischen Positionen des Instituts in Instrumenten des harten Kernkapitals der Unternehmen der Finanzbranche, an denen es keine wesentliche Beteiligung hält, und dem Gesamtbetrag der direkten, indirekten und synthetischen Positionen des Instituts in den Instrumenten des harten Kernkapitals, des zusätzlichen Kernkapitals und des Ergänzungskapitals jener Unternehmen der Finanzbranche.

(2) Institute berücksichtigen bei dem Betrag nach Absatz 1 Buchstabe a und der Berechnung des Faktors nach Absatz 1 Buchstabe b keine mit Übernahmegarantie versehenen Positionen, die sie seit höchstens fünf Arbeitstagen halten.

(3) [1] Der gemäß Absatz 1 in Abzug zu bringende Betrag wird auf alle gehaltenen Instrumente des harten Kernkapitals aufgeteilt. [2] Die Institute ermitteln den gemäß Absatz 1 in Abzug zu bringenden Betrag jeden Instruments des harten Kernkapitals durch Multiplikation des Betrags nach Buchstabe a mit dem Anteil nach Buchstabe b:

a) Betrag der gemäß Absatz 1 in Abzug zu bringenden Positionen,

b) auf jedes gehaltene Instrument des harten Kernkapitals entfallender Anteil am Gesamtbetrag der direkten, indirekten und synthetischen Positionen des Instituts in den Instrumenten des harten Kernkapitals von Unternehmen der Finanzbranche, an denen das Institut keine wesentliche Beteiligung hält.

(4) Der Betrag der Positionen nach Artikel 36 Absatz 1 Buchstabe h, der nach Anwendung des Absatzes 1 Buchstabe a Ziffern i bis iii höchstens 10 % der Posten des harten Kernkapitals des Instituts entspricht, wird nicht in Abzug gebracht und unterliegt den anwendbaren Risikogewichten nach Teil 3 Titel II Kapitel 2 beziehungsweise Kapitel 3 und gegebenenfalls den Anforderungen des Teils 3 Titel IV.

(5) Institute ermitteln den Betrag jeden Instruments des harten Kernkapitals, das gemäß Absatz 4 ein Risikogewicht erhält, durch Multiplikation des Betrags nach Buchstabe a mit dem Betrag nach Buchstabe b:

a) Betrag der gemäß Absatz 4 mit einem Risikogewicht zu versehenden Positionen,

b) aus der Berechnung nach Absatz 3 Buchstabe b resultierender Anteil.

Art. 47 Abzug von Positionen in Instrumenten des harten Kernkapitals, wenn ein Institut eine wesentliche Beteiligung an einem Unternehmen der Finanzbranche hält. Für die Zwecke des Artikels 36 Absatz 1 Buchstabe i werden in dem von den Posten des harten Kernkapitals in Abzug zu bringenden Betrag keine mit einer Übernahmegarantie versehenen Positionen, die seit höchstens fünf Arbeitstagen gehalten werden, berücksichtigt und wird dieser Betrag gemäß den Artikeln 44 und 45 und Unterabschnitt 2 ermittelt.

Art. 47a Notleidende Risikopositionen. (1) Für die Zwecke des Artikels 36 Absatz 1 Buchstabe m werden als „Risikoposition" alle folgenden Posten berücksichtigt, sofern sie nicht im Handelsbuch des Instituts geführt werden:

a) Schuldtitel, insbesondere auch Schuldverschreibungen, Darlehen, Kredite und Sichteinlagen;

b) erteilte Kreditzusagen, erteilte Finanzgarantien oder sonstige erteilte Zusagen, unabhängig davon, ob sie widerruflich oder unwiderruflich sind, mit Ausnahme nicht in Anspruch genommener Kreditfazilitäten, die jederzeit uneingeschränkt und fristlos widerrufen werden können, oder bei denen eine Bonitätsverschlechterung beim Kreditnehmer automatisch zum Widerruf führt.

(2) *[1]* Für die Zwecke des Artikels 36 Absatz 1 Buchstabe m ist der Risikopositionswert eines Schuldtitels dessen Buchwert, der ohne Berücksichtigung spezifischer Kreditrisikoanpassungen, zusätzlicher Bewertungsanpassungen gemäß den Artikeln 34 und 105, gemäß Artikel 36 Absatz 1 Buchstabe m abgezogener Beträge, sonstiger mit der Risikoposition verknüpfter Verringerungen der Eigenmittel oder teilweiser Abschreibungen, die das Institut seit der letzten Einstufung der Risikoposition als notleidend vorgenommen hat, bemessen wird.

[2] Für die Zwecke des Artikels 36 Absatz 1 Buchstabe m umfasst der Risikopositionswert eines Schuldtitels, der zu einem Preis gekauft wurde, der niedriger als der vom Schuldner geschuldete Betrag ist, auch die Differenz zwischen dem Kaufpreis und dem vom Schuldner geschuldeten Betrag.

[3] [1] Für die Zwecke des Artikels 36 Absatz 1 Buchstabe m ist der Risikopositionswert einer erteilten Kreditzusage, einer erteilten Finanzgarantie oder einer sonstigen gemäß Absatz 1 Buchstabe b dieses Artikels erteilten Zusage deren Nominalwert, der die höchstmögliche Belastung des Instituts durch Kreditrisiken ohne Berücksichtigung einer etwaigen Besicherung mit oder Absicherung ohne Sicherheitsleistung angibt. [2] Der Nominalwert einer erteilten Kreditzusage entspricht dem nicht in Anspruch genommenen Betrag, zu dessen Ausleihung sich das Institut verpflichtet hat, und der Nominalwert einer erteilten Finanzgarantie entspricht dem höchstmöglichen Betrag, den das Unternehmen bei einer Inanspruchnahme der Garantie zahlen müsste.

[4] Der in Unterabsatz 3 dieses Absatzes genannte Nominalwert bemisst sich ohne Berücksichtigung spezifischer Kreditrisikoanpassungen, zusätzlicher Bewertungsanpassungen gemäß den Artikeln 34 und 105, gemäß Artikel 36 Absatz 1 Buchstabe m abgezogener Beträge oder sonstiger mit der Risikoposition verknüpfter Verringerungen der Eigenmittel.

(3) *[1]* Für die Zwecke des Artikels 36 Absatz 1 Buchstabe m werden die folgenden Risikopositionen als notleidend eingestuft:

a) eine Risikoposition, bei der ein Ausfall gemäß Artikel 178 als eingetreten gilt;

b) eine Risikoposition, die nach dem geltenden Rechnungslegungsrahmen als wertgemindert betrachtet wird;

c) eine gemäß Absatz 7 im Probezeitraum befindliche Risikoposition, wenn zusätzliche Stundungsmaßnahmen gewährt werden oder wenn die Risikoposition mehr als 30 Tage überfällig wird;
d) eine Risikoposition in Form einer Zusage, die im Falle der Inanspruchnahme oder anderweitigen Verwendung wahrscheinlich nicht ohne eine Verwertung von Sicherheiten in voller Höhe zurückgezahlt wird;
e) eine Risikoposition in Form einer Finanzgarantie, die wahrscheinlich vom Garantienehmer in Anspruch genommen wird, und zwar insbesondere auch dann, wenn die von der Garantie abgedeckte zugrunde liegende Risikoposition die Kriterien für eine Einstufung als notleidend erfüllt.

[2] Für die Zwecke des Buchstaben a werden für den Fall, dass ein Institut bilanzielle Risikopositionen gegenüber einem Schuldner hat, die mehr als 90 Tage überfällig sind und mehr als 20 % aller bilanziellen Risikopositionen gegenüber diesem Schuldner ausmachen, alle bilanziellen und außerbilanziellen Risikopositionen gegenüber diesem Schuldner als notleidend angesehen.

(4) Risikopositionen, die nicht Gegenstand einer Stundungsmaßnahme waren, werden für die Zwecke des Artikels 36 Absatz 1 Buchstabe m nicht mehr als notleidend eingestuft, wenn alle folgenden Bedingungen erfüllt sind:

a) die Risikoposition erfüllt die Kriterien, die das Institut für die Aufhebung der Einstufung als wertgemindert im Einklang mit dem geltenden Rechnungslegungsrahmen und der Einstufung als ausgefallen im Einklang mit Artikel 178 anwendet;
b) die Lage des Schuldners hat sich so weit verbessert, dass das Institut von der Wahrscheinlichkeit einer vollständigen und fristgerechten Rückzahlung überzeugt ist;
c) der Schuldner ist mit keiner Zahlung mehr als 90 Tage in Verzug.

(5) Die Einstufung einer notleidenden Risikoposition als zur Veräußerung gehaltener langfristiger Vermögenswert nach dem geltenden Rechnungslegungsrahmen hat nicht die Aufhebung ihrer Einstufung als notleidend für die Zwecke des Artikels 36 Absatz 1 Buchstabe m zur Folge.

(6) *[1]* Notleidende Risikopositionen, die Gegenstand von Stundungsmaßnahmen sind, werden für die Zwecke des Artikels 36 Absatz 1 Buchstabe m nicht mehr als notleidend eingestuft, wenn alle folgenden Bedingungen erfüllt sind:

a) bei den Risikopositionen liegt kein Sachverhalt mehr vor, der ihre Einstufung als notleidend gemäß Absatz 3 zur Folge hätte;
b) seit dem Zeitpunkt, zu dem die Stundungsmaßnahmen gewährt wurden, oder dem Zeitpunkt, zu dem die Risikopositionen als notleidend eingestuft wurden, je nachdem, welcher der spätere ist, ist mindestens ein Jahr vergangen;
c) seit Anwendung der Stundungsmaßnahmen sind keine Zahlungen mehr überfällig, und das Institut ist aufgrund der Analyse der Finanzlage des Schuldners von der Wahrscheinlichkeit der vollständigen und fristgerechten Rückzahlung überzeugt.

[2] Eine vollständige und fristgerechte Rückzahlung kann als wahrscheinlich angesehen werden, wenn der Schuldner regelmäßige und fristgerechte Zahlungen in einer Höhe geleistet hat, die einem der folgenden Beträge entspricht:

a) dem Betrag, der vor der Stundungsmaßnahme überfällig war, wenn Beträge überfällig waren;

b) dem Betrag, der im Rahmen der Stundungsmaßnahme abgeschrieben wurde, wenn keine Beträge überfällig waren.

(7) Wird eine notleidende Risikoposition gemäß Absatz 6 nicht mehr als notleidend eingestuft, befindet sich diese Risikoposition solange im Probezeitraum, bis alle folgenden Bedingungen erfüllt sind:

a) seit dem Tag, an dem die Risikoposition, die Gegenstand von Stundungsmaßnahmen ist, wieder als vertragsgemäß bedient eingestuft wurde, sind mindestens zwei Jahre vergangen;

b) während mindestens der Hälfte des Zeitraums, in dem sich die Risikoposition im Probezeitraum befand, wurden regelmäßige und fristgerechte Zahlungen geleistet, sodass insgesamt ein wesentlicher Tilgungs- oder Zinsbetrag gezahlt wurde;

c) keine der Risikopositionen gegenüber dem Schuldner ist mehr als 30 Tage überfällig.

Art. 47b Stundungsmaßnahmen. (1) [1] Eine „Stundungsmaßnahme" ist eine Konzession eines Instituts an einen Schuldner, der Schwierigkeiten hat oder wahrscheinlich haben wird, seinen finanziellen Verpflichtungen nachzukommen. [2] Eine Konzession kann für den Kreditgeber einen Verlust mit sich bringen und bezeichnet eine der folgenden Maßnahmen:

a) eine Änderung der Bedingungen einer Kreditverpflichtung, wenn diese Änderung nicht eingeräumt worden wäre, wenn der Schuldner keine Schwierigkeiten gehabt hätte, seinen finanziellen Verpflichtungen nachzukommen;

b) eine vollständige oder teilweise Refinanzierung einer Kreditverpflichtung, wenn diese Refinanzierung nicht eingeräumt worden wäre, wenn der Schuldner keine Schwierigkeiten gehabt hätte, seinen finanziellen Verpflichtungen nachzukommen.

(2) Mindestens die folgenden Sachverhalte werden als Stundungsmaßnahmen angesehen:

a) die neuen Vertragsbedingungen sind für den Schuldner günstiger als die vorherigen Vertragsbedingungen, wenn der Schuldner Schwierigkeiten hat oder wahrscheinlich haben wird, seinen finanziellen Verpflichtungen nachzukommen;

b) die neuen Vertragsbedingungen sind für den Schuldner günstiger als die Vertragsbedingungen, die dasselbe Institut Schuldnern mit ähnlichem Risikoprofil zur gleichen Zeit anbietet, wenn der Schuldner Schwierigkeiten hat oder wahrscheinlich haben wird, seinen finanziellen Verpflichtungen nachzukommen;

c) die nach den ursprünglichen Vertragsbedingungen bestehende Risikoposition wurde vor der Änderung der Vertragsbedingungen als notleidend eingestuft oder wäre ohne die Änderung der Vertragsbedingungen als notleidend eingestuft worden;

d) die Maßnahme führt zur vollständigen oder teilweisen Annullierung der Kreditverpflichtung;

e) das Institut stimmt der Ausübung von Klauseln zu, die dem Schuldner eine Möglichkeit zur Änderung der Vertragsbedingungen geben, und die Risikoposition wurde vor der Ausübung der Klauseln als notleidend eingestuft oder wäre ohne die Ausübung der Klauseln als notleidend eingestuft worden;

f) zu oder nahe dem Zeitpunkt der Kreditgewährung hat der Schuldner Tilgungs- oder Zinszahlungen für eine andere Kreditverpflichtung gegenüber demselben Institut geleistet, die als notleidende Risikoposition eingestuft wurde oder ohne diese Zahlungen als notleidend eingestuft worden wäre;

g) die Änderung der Vertragsbedingungen zieht Rückzahlungen durch Verwertung von Sicherheiten nach sich, wenn diese Änderung eine Konzession darstellt.

(3) Die folgenden Umstände sind Hinweise darauf, dass Stundungsmaßnahmen beschlossen worden sein könnten:

a) der ursprüngliche Vertrag war in den drei Monaten vor seiner Änderung mindestens einmal mehr als 30 Tage überfällig oder wäre ohne die Änderung mehr als 30 Tage überfällig;

b) zu oder nahe dem Zeitpunkt des Abschlusses des Kreditvertrags hat der Schuldner Tilgungs- oder Zinszahlungen für eine andere Kreditverpflichtung gegenüber demselben Institut geleistet, die in den drei Monaten vor der Gewährung des neuen Kredits mindestens einmal mehr als 30 Tage überfällig war;

c) das Institut stimmt der Ausübung von Klauseln zu, die dem Schuldner eine Möglichkeit zur Änderung der Vertragsbedingungen geben, und die Risikoposition ist 30 Tage überfällig oder wäre ohne die Ausübung der Klauseln 30 Tage überfällig.

(4) Für die Zwecke dieses Artikels werden die Schwierigkeiten eines Schuldners, seinen finanziellen Verpflichtungen nachzukommen, auf der Ebene des Schuldners beurteilt, wobei alle in den Konsolidierungskreis für Rechnungslegungszwecke fallenden juristischen Personen in der Gruppe des Schuldners sowie die natürlichen Personen, die diese Gruppe kontrollieren, berücksichtigt werden.

Art. 47c Abzug für notleidende Risikopositionen. (1) *[1]* Für die Zwecke des Artikels 36 Absatz 1 Buchstabe m ermitteln die Institute für jede notleidende Risikoposition gesondert den maßgeblichen Betrag der unzureichenden Deckung, der von den Posten des harten Kernkapitals abzuziehen ist, indem sie den unter Buchstabe b dieses Absatzes ermittelten Betrag von dem unter Buchstabe a dieses Absatzes ermittelten Betrag abziehen, wenn der in Buchstabe a genannte Betrag über dem in Buchstabe b genannten Betrag liegt:

a) die Summe aus:
   i) dem unbesicherten Teil jeder notleidenden Risikoposition, sofern vorhanden, multipliziert mit dem in Absatz 2 genannten anwendbaren Faktor;
   ii) dem besicherten Teil jeder notleidenden Risikoposition, sofern vorhanden, multipliziert mit dem in Absatz 3 genannten anwendbaren Faktor;

b) die Summe aus folgenden Posten, sofern sie sich auf dieselbe notleidende Risikoposition beziehen:
   i) den spezifischen Kreditrisikoanpassungen;

ii) den zusätzlichen Bewertungsanpassungen gemäß den Artikeln 34 und 105;

iii) den sonstigen Verringerungen der Eigenmittel;

iv) für Institute, die risikogewichtete Risikopositionsbeträge nach dem auf internen Beurteilungen basierenden Ansatz berechnen, dem absoluten Wert der gemäß Artikel 36 Absatz 1 Buchstabe d in Abzug gebrachten Beträge, die sich auf notleidende Risikopositionen beziehen, wobei der jeder notleidenden Risikoposition zurechenbare absolute Wert ermittelt wird, indem die gemäß Artikel 36 Absatz 1 Buchstabe d in Abzug gebrachten Beträge mit dem Beitrag des erwarteten Verlustbetrags für die notleidende Risikoposition zu den gesamten erwarteten Verlustbeträgen für ausgefallene oder nicht ausgefallene Risikopositionen, je nach Anwendbarkeit, multipliziert werden;

v) wenn eine notleidende Risikoposition zu einem Preis gekauft wurde, der unter dem vom Schuldner geschuldeten Betrag liegt, der Differenz zwischen dem Kaufpreis und dem vom Schuldner geschuldeten Betrag;

vi) den Beträgen, die von dem Institut seit der Einstufung der Risikoposition als notleidend abgeschrieben wurden.

[2] Der besicherte Teil einer notleidenden Risikoposition ist derjenige Teil der Risikoposition, bei dem für die Zwecke der Berechnung der Eigenmittelanforderungen nach Teil 3 Titel II davon ausgegangen wird, dass eine Besicherung mit Sicherheitsleistung oder eine Absicherung ohne Sicherheitsleistung besteht oder dass er vollständig durch Grundpfandrechte besichert ist.

[3] Der unbesicherte Teil einer notleidenden Risikoposition entspricht der Differenz, sofern vorhanden, zwischen dem Wert der in Artikel 47a Absatz 1 genannten Risikoposition und dem besicherten Teil der Risikoposition, sofern vorhanden.

(2) Für die Zwecke des Absatzes 1 Buchstabe a Ziffer i werden folgende Faktoren angewandt:

a) 0,35 für den unbesicherten Teil einer notleidenden Risikoposition in der Zeitspanne, die am ersten Tag des dritten Jahres nach ihrer Einstufung als notleidend beginnt und am letzten Tag des dritten Jahres nach ihrer Einstufung als notleidend endet;

b) 1 für den unbesicherten Teil einer notleidenden Risikoposition ab dem ersten Tag des vierten Jahres nach ihrer Einstufung als notleidend.

(3) Für die Zwecke des Absatzes 1 Buchstabe a Ziffer ii werden folgende Faktoren angewandt:

a) 0,25 für den besicherten Teil einer notleidenden Risikoposition in der Zeitspanne, die am ersten Tag des vierten Jahres nach ihrer Einstufung als notleidend beginnt und am letzten Tag des vierten Jahres nach ihrer Einstufung als notleidend endet;

b) 0,35 für den besicherten Teil einer notleidenden Risikoposition in der Zeitspanne, die am ersten Tag des fünften Jahres nach ihrer Einstufung als notleidend beginnt und am letzten Tag des fünften Jahres nach ihrer Einstufung als notleidend endet;

c) 0,55 für den besicherten Teil einer notleidenden Risikoposition in der Zeitspanne, die am ersten Tag des sechsten Jahres nach ihrer Einstufung als notleidend beginnt und am letzten Tag des sechsten Jahres nach ihrer Einstufung als notleidend endet;

d) 0,70 für den gemäß Teil 3 Titel II durch Immobilien besicherten Teil einer notleidenden Risikoposition oder für denjenigen Teil, der ein durch einen anerkennungsfähigen Sicherungsgeber nach Artikel 201 garantierter Kredit für Wohnimmobilien ist, in der Zeitspanne, die am ersten Tag des siebten Jahres nach ihrer Einstufung als notleidend beginnt und am letzten Tag des siebten Jahres nach ihrer Einstufung als notleidend endet;

e) 0,80 für den Teil einer notleidenden Risikoposition, für den eine andere Besicherung mit oder Absicherung ohne Sicherheitsleistung gemäß Teil 3 Titel II besteht, in der Zeitspanne, die am ersten Tag des siebten Jahres nach ihrer Einstufung als notleidend beginnt und am letzten Tag des siebten Jahres nach ihrer Einstufung als notleidend endet;

f) 0,80 für den gemäß Teil 3 Titel II durch Immobilien besicherten Teil einer notleidenden Risikoposition oder für denjenigen Teil, der ein durch einen anerkennungsfähigen Sicherungsgeber nach Artikel 201 garantierter Kredit für Wohnimmobilien ist, in der Zeitspanne, die am ersten Tag des achten Jahres nach ihrer Einstufung als notleidend beginnt und am letzten Tag des achten Jahres nach ihrer Einstufung als notleidend endet;

g) 1 für den Teil einer notleidenden Risikoposition, für den eine andere Besicherung mit oder Absicherung ohne Sicherheitsleistung gemäß Teil 3 Titel II besteht, ab dem ersten Tag des achten Jahres nach ihrer Einstufung als notleidend;

h) 0,85 für den gemäß Teil 3 Titel II durch Immobilien besicherten Teil einer notleidenden Risikoposition oder für denjenigen Teil, der ein durch einen anerkennungsfähigen Sicherungsgeber nach Artikel 201 garantierter Kredit für Wohnimmobilien ist, in der Zeitspanne, die am ersten Tag des neunten Jahres nach ihrer Einstufung als notleidend beginnt und am letzten Tag des neunten Jahres nach ihrer Einstufung als notleidend endet;

i) 1 für den gemäß Teil 3 Titel II durch Immobilien besicherten Teil einer notleidenden Risikoposition oder für denjenigen Teil, der ein durch einen anerkennungsfähigen Sicherungsgeber nach Artikel 201 garantierter Kredit für Wohnimmobilien ist, ab dem ersten Tag des zehnten Jahres nach ihrer Einstufung als notleidend.

(4) Abweichend von Absatz 3 des vorliegenden Artikels werden folgende Faktoren auf den Teil der notleidenden Risikoposition angewandt, für den eine Garantie oder Versicherung einer offiziellen Exportversicherungsagentur besteht oder für den eine Garantie oder Rückbürgschaft eines anerkennungsfähigen Sicherungsgebers nach Artikel 201 Absatz 1 Buchstaben a bis e besteht, wenn unbesicherten Risikopositionen gegenüber diesen gemäß Teil 3 Titel II Kapitel 2 ein Risikogewicht von 0 % zugewiesen würde:

a) 0 für den besicherten Teil der notleidenden Risikoposition in der Zeitspanne, die ein Jahr nach ihrer Einstufung als notleidend beginnt und sieben Jahre nach ihrer Einstufung als notleidend endet, und

b) 1 für den besicherten Teil der notleidenden Risikoposition ab dem ersten Tag des achten Jahres nach ihrer Einstufung als notleidend.

(5) *[1]* [1] Die EBA bewertet die Bandbreite der zur Bewertung von besicherten notleidenden Risikopositionen angewandten Verfahren und kann Leitlinien

ausarbeiten, um eine gemeinsame Methodik – einschließlich etwaiger zeitlicher Mindestvorgaben für die Neubewertung und Ad-hoc-Verfahren – festzulegen, die bei der aufsichtsrechtlichen Bewertung anerkennungsfähiger Formen der Besicherung mit und Absicherung ohne Sicherheitsleistung, insbesondere in Bezug auf die Annahmen für ihre Einbringlichkeit und Durchsetzbarkeit, anzuwenden ist. [2]Diese Leitlinien können auch eine gemeinsame Methodik für die Bestimmung des besicherten Teils einer notleidenden Risikoposition gemäß Absatz 1 enthalten.

[2] Diese Leitlinien werden gemäß Artikel 16 der Verordnung (EU) Nr. 1093/2010 herausgegeben.

(6) *[1]* Abweichend von Absatz 2 gilt für den Fall, dass für eine Risikoposition eine Stundungsmaßnahme in der Zeitspanne, die ein Jahr nach ihrer Einstufung als notleidend beginnt und zwei Jahre nach ihrer Einstufung als notleidend endet, gewährt wurde, der zum Zeitpunkt der Gewährung der Stundungsmaßnahme anwendbare Faktor gemäß Absatz 2 für ein weiteres Jahr.

[2] Abweichend von Absatz 3 gilt für den Fall, dass für eine Risikoposition eine Stundungsmaßnahme in der Zeitspanne, die zwei Jahre nach ihrer Einstufung als notleidend beginnt und sechs Jahre nach ihrer Einstufung als notleidend endet, gewährt wurde, der zum Zeitpunkt der Gewährung der Stundungsmaßnahme anwendbare Faktor gemäß Absatz 3 für ein weiteres Jahr.

[3] Dieser Absatz kommt nur in Bezug auf die erste Stundungsmaßnahme zur Anwendung, die seit der Einstufung der Risikoposition als notleidend gewährt wurde.

Unterabschnitt 2. Abzug von Posten des harten Kernkapitals – Ausnahmen und Alternativen

Art. 48 Schwellenwerte für Ausnahmen vom Abzug von Posten des harten Kernkapitals. (1) Institute brauchen bei den Abzügen nach Artikel 36 Absatz 1 Buchstaben c und i die Beträge der unter den Buchstaben a und b genannten Posten nicht abzuziehen, die zusammengerechnet den Schwellenwert nach Absatz 2 nicht überschreiten:

a) von der künftigen Rentabilität abhängige latente Steueransprüche, die aus temporären Differenzen resultieren und zusammengerechnet höchstens 10 % der Posten des harten Kernkapitals des Instituts ausmachen, berechnet nach Anwendung folgender Bestimmungen:
   i) Artikel 32 bis 35,
   ii) Artikel 36 Absatz 1 Buchstaben a bis h, Buchstabe k Ziffern ii bis v und Buchstabe l, ausgenommen von der künftigen Rentabilität abhängige latente Steueransprüche, die aus temporären Differenzen resultieren;

b) wenn ein Institut eine wesentliche Beteiligung an einem Unternehmen der Finanzbranche hält, seine direkten, indirekten und synthetischen Positionen in Instrumenten des harten Kernkapitals des betreffenden Unternehmens, die zusammengerechnet höchstens 10 % der Posten des harten Kernkapitals betragen, berechnet nach Anwendung folgender Bestimmungen:
   i) Artikel 32 bis 35,
   ii) Artikel 36 Absatz 1 Buchstaben a bis h, Buchstabe k Ziffern ii bis v und Buchstabe l, ausgenommen von der künftigen Rentabilität abhängige latente Steueransprüche, die aus temporären Differenzen resultieren.

(2) Für die Zwecke des Absatzes 1 entspricht der Schwellenwert dem Betrag nach Buchstabe a multipliziert mit dem Prozentsatz nach Buchstabe b:

a) verbleibender Betrag der Posten des harten Kernkapitals nach vollständiger Anwendung der Anpassungen und Abzüge gemäß den Artikeln 32 bis 36 und ohne Anwendung der Schwellenwerte für Ausnahmen gemäß diesem Artikel;

b) 17,65 %.

(3) *[1]* Für die Zwecke des Absatzes 1 ermittelt ein Institut den Anteil der latenten Steueransprüche am Gesamtbetrag der Posten, der nicht abgezogen werden muss, indem es den Quotienten aus dem Betrag nach Buchstabe a und der Summe nach Buchstabe b berechnet:

a) Betrag der von der künftigen Rentabilität abhängigen latenten Steueransprüche, die aus temporären Differenzen resultieren und zusammengerechnet höchstens 10 % der Posten des harten Kernkapitals des Instituts ausmachen;

b) die Summe aus

i) dem Betrag nach Buchstabe a,

ii) dem Betrag der direkten, indirekten und synthetischen Positionen des Instituts in den Eigenmittelinstrumenten von Unternehmen der Finanzbranche, an denen es eine wesentliche Beteiligung hält, und die zusammengerechnet höchstens 10 % der Posten seines harten Kernkapitals entsprechen.

[2] Der Anteil wesentlicher Beteiligungen am Gesamtbetrag der Posten, der nicht abgezogen werden muss, entspricht dem Wert von eins abzüglich des Anteils gemäß Unterabsatz 1.

(4) Der Betrag der gemäß Absatz 1 nicht in Abzug gebrachten Posten erhält ein Risikogewicht von 250 %.

Art. 49 Erfordernis von Abzügen im Falle von Konsolidierung, zusätzlicher Beaufsichtigung oder institutsbezogenen Sicherungssystemen. (1) *[1]* Wenn die zuständigen Behörden für die Zwecke der Berechnung der Eigenmittel auf Einzel-, teilkonsolidierter oder konsolidierter Basis Instituten vorschreiben oder gestatten, die in Anhang I der Richtlinie 2002/87/EG beschriebenen Methoden 1, 2 oder 3 anzuwenden, können sie ihnen auch gestatten, die Positionen in Eigenmittelinstrumenten eines Unternehmens der Finanzbranche, an dem das Mutterinstitut, die Mutterfinanzholdinggesellschaft oder gemischte Mutterfinanzholdinggesellschaft oder das Institut eine wesentliche Beteiligung hält, nicht in Abzug zu bringen, sofern die nachstehend unter den Buchstaben a bis e genannten Bedingungen erfüllt sind:

a) das Unternehmen der Finanzbranche ist ein Versicherungsunternehmen, ein Rückversicherungsunternehmen oder eine Versicherungsholdinggesellschaft;

b) das Versicherungsunternehmen, Rückversicherungsunternehmen oder die Versicherungsholdinggesellschaft ist in die gleiche zusätzliche Beaufsichtigung gemäß der Richtlinie 2002/87/EG einbezogen wie das Mutterinstitut, die Mutterfinanzholdinggesellschaft oder gemischte Mutterfinanzholdinggesellschaft oder das Institut, das bzw. die die Beteiligung hält;

c) das Institut hat vorab eine entsprechende Erlaubnis der zuständigen Behörden erhalten;

d) die zuständigen Behörden überzeugen sich vor der Erteilung der Erlaubnis nach Buchstabe c und danach kontinuierlich davon, dass das integrierte Management, das Risikomanagement und die interne Kontrolle hinsichtlich der gemäß Methode 1, 2 oder 3 in den Konsolidierungskreis einbezogenen Unternehmen in angemessenem Umfang gegeben sind;

e) die Positionen in dem betreffenden Unternehmen gehören
   i) dem Mutterkreditinstitut,
   ii) der Mutterfinanzholdinggesellschaft,
   iii) der gemischten Mutterfinanzholdinggesellschaft,
   iv) dem Institut oder
   v) einem Tochterunternehmen eines der unter den Ziffern i bis iv genannten Unternehmen, die in die Konsolidierung nach Teil 1 Titel II Kapitel 2 einbezogen ist.

[2] Die gewählte Methode ist auf Dauer einheitlich anzuwenden.

(2) *[1]* Institute, die der Beaufsichtigung auf konsolidierter Basis gemäß *Teil I*[1] Titel II Kapitel 2 unterliegen, bringen bei der Berechnung der Eigenmittel auf Einzel- und auf teilkonsolidierter Basis Positionen in Eigenmittelinstrumenten von Unternehmen der Finanzbranche, die in den Konsolidierungskreis einbezogen sind, nicht in Abzug, es sei denn, die zuständigen Behörden entscheiden, dass diese Abzüge für spezifische Zwecke, insbesondere die strukturelle Trennung von Banktätigkeiten, und für die Abwicklungsplanung vorzunehmen sind.

[2] Die Anwendung des Ansatzes nach Unterabsatz 1 darf keine unverhältnismäßigen nachteiligen Auswirkungen auf das Finanzsystem anderer Mitgliedstaaten insgesamt oder auf Teile davon oder das Finanzsystem der Union insgesamt in Form oder durch Schaffung eines Hindernisses für das Funktionieren des Binnenmarktes nach sich ziehen.

[3] Dieser Absatz findet keine Anwendung bei der Berechnung von Eigenmitteln für die Zwecke der in den Artikeln 92a und 92b festgelegten Anforderungen, die im Einklang mit dem in Artikel 72e Absatz 4 festgelegten Rahmen für Abzüge berechnet werden müssen.

(3) Für die Zwecke der Ermittlung der Eigenmittel auf Einzel- oder teilkonsolidierter Basis können die zuständigen Behörden Instituten gestatten, Positionen in Eigenmittelinstrumenten in folgenden Fällen nicht in Abzug zu bringen:

a) ein Institut hält eine Beteiligung an einem anderen Institut und die Voraussetzungen der Ziffern i bis v sind erfüllt,
   i) die Institute fallen unter das gleiche institutsbezogene Sicherungssystem nach Artikel 113 Absatz 7,
   ii) die zuständigen Behörden haben die Erlaubnis nach Artikel 113 Absatz 7 erteilt,
   iii) die Bedingungen des Artikels 113 Absatz 7 sind erfüllt,
   iv) das institutsbezogene Sicherungssystem erstellt eine konsolidierte Bilanz nach Artikel 113 Absatz 7 Buchstabe e oder – falls es keinen konsolidierten Abschluss aufzustellen braucht – eine erweiterte Zusammenfassungs-

---

[1] Richtig wohl: „Teil 1".

rechnung, die nach Auffassung der zuständigen Behörden den Bestimmungen der Richtlinie 86/635/EWG, die bestimmte Anpassungen der Richtlinie 83/349/EWG enthält, oder denen der Verordnung (EG) Nr. 1606/2002, die die konsolidierten Abschlüsse von Kreditinstitutegruppen regelt, gleichwertig ist. Die Gleichwertigkeit der erweiterten Zusammenfassungsrechnung wird durch einen externen Abschlussprüfer überprüft, der insbesondere bestätigt, dass die Mehrfachbelegung anerkennungsfähiger Eigenmittelbestandteile und jede etwaige unangemessene Bildung von Eigenmitteln zwischen den Mitgliedern des institutsbezogenen Sicherungssystems bei der Berechnung beseitigt wurden. Die konsolidierte Bilanz oder die erweiterte Zusammenfassungsrechnung wird den zuständigen Behörden so häufig wie in den in Artikel 430 Absatz 7 genannten technischen Durchführungsstandards vorgeschrieben vorgelegt.[1)]

v) die in das jeweilige institutsbezogene Sicherungssystem einbezogenen Institute erfüllen zusammen auf konsolidierter Basis oder auf Basis der erweiterten Zusammenfassungsrechnung die Anforderungen nach Artikel 92 und melden die Einhaltung dieser Anforderungen nach Maßgabe des Artikels 430. Innerhalb eines institutsbezogenen Sicherungssystems wird der Abzug von Beteiligungen, die Genossen oder nicht dem System angehörenden Rechtsträgern gehören, nicht gefordert, wenn die Mehrfachbelegung möglicher Eigenmittelbestandteile und jede etwaige unangemessene Schaffung von Eigenmitteln zwischen den Mitgliedern des institutsbezogenen Sicherungssystems und dem Minderheitsaktionär – sofern dieser ein Institut ist – beseitigt wird,

b) ein regionales Kreditinstitut hält eine Beteiligung an seinem Zentralkreditinstitut oder einem anderen regionalen Kreditinstitut, und die Voraussetzungen nach Buchstabe a Ziffern i bis v sind erfüllt.

(4) Die gemäß Absatz 1, 2 oder 3 nicht in Abzug gebrachten Beteiligungen gelten als Risikopositionen und erhalten ein Risikogewicht gemäß Teil 3 Titel II Kapitel 2 beziehungsweise Kapitel 3.

(5) Wendet ein Institut die Methode 1, 2 oder 3 des Anhangs I der Richtlinie 2002/87/EG an, legt es die zusätzliche Eigenmittelanforderung und den Eigenkapitalkoeffizienten des Finanzkonglomerats offen, die sich aus der Berechnung nach Maßgabe des Artikels 6 und des Anhangs I jener Richtlinie ergeben.

(6) *[1]* Die EBA, die EIOPA und die durch die Verordnung (EU) Nr. 1095/2010 des Europäischen Parlaments und des Rates vom 24. November 2010 errichtete Europäische Aufsichtsbehörde (Europäische Wertpapier- und Marktaufsichtsbehörde)[2)] (ESMA) arbeiten über den Gemeinsamen Ausschuss Entwürfe technischer Regulierungsstandards aus, um für die Zwecke dieses Artikels die Bedingungen für die Anwendung der in Anhang I Teil II der Richtlinie 2002/87/EG genannten Berechnungsmethoden für die Alternativen zum Abzug gemäß Absatz 1 festzulegen.

[2] Die EBA, die EIOPA und die ESMA übermitteln der Kommission diese Entwürfe technischer Regulierungsstandards bis zum 28. Juli 2013.

[1)] Zeichensetzung amtlich.
[2)] **Amtl. Anm.:** ABl. L 331 vom 15.12.2010, S. 84.

[3] Der Kommission wird die Befugnis übertragen, die technischen Regulierungsstandards nach Unterabsatz 1 gemäß den Artikeln 10 bis 14 der Verordnung (EU) Nr. 1093/2010, der Verordnung (EU) Nr. 1094/2010 bzw. der Verordnung (EU) Nr. 1095/2010 zu erlassen.

Abschnitt 4. Hartes Kernkapital

Art. 50 Hartes Kernkapital. Das harte Kernkapital eines Instituts besteht aus den Posten des harten Kernkapitals nach den gemäß den Artikeln 32 bis 35 erforderlichen Anpassungen, den in Artikel 36 vorgesehenen Abzügen und nach Anwendung der in den Artikeln 48, 49 und 79 beschriebenen Ausnahmen und Alternativen.

Kapitel 3. Zusätzliches Kernkapital

Abschnitt 1. Posten und Instrumente des zusätzlichen Kernkapitals

Art. 51 Posten des zusätzlichen Kernkapitals. *[1]* Die Posten des zusätzlichen Kernkapitals bestehen aus:

a) Kapitalinstrumenten, die die Voraussetzungen von Artikel 52 Absatz 1 erfüllen;
b) dem mit den Instrumenten gemäß Buchstabe a verbundenen Agio.

[2] Die unter Buchstabe a genannten Instrumente gelten nicht als Posten des harten Kernkapitals oder des Ergänzungskapitals.

Art. 52 Instrumente des zusätzlichen Kernkapitals. (1) *[1]* Kapitalinstrumente zählen nur dann zu den Instrumenten des zusätzlichen Kernkapitals, wenn alle folgenden Bedingungen erfüllt sind:

a) die Instrumente sind unmittelbar von einem Institut ausgegeben und voll eingezahlt,
b) die Instrumente sind nicht Eigentum von
   i) dem Institut oder seinen Tochterunternehmen,
   ii) einem Unternehmen, an dem das Institut eine Beteiligung in Form des direkten Haltens oder durch Kontrolle von mindestens 20 % der Stimmrechte oder des Kapitals jenes Unternehmens hält,
c) der Erwerb des Eigentums an den Instrumenten wird weder direkt noch indirekt durch das Institut finanziert,
d) die Instrumente sind bei Insolvenz des Instituts nachrangig gegenüber Instrumenten des Ergänzungskapitals,
e) die Instrumente sind nicht durch eines der folgenden Unternehmen besichert oder Gegenstand einer von ihnen gestellten Garantie, die den Ansprüchen einen höheren Rang verleiht:
   i) das Institut oder seine Tochterunternehmen,
   ii) das Mutterunternehmen des Instituts oder dessen Tochterunternehmen,
   iii) die Mutterfinanzholdinggesellschaft oder ihre Tochterunternehmen,
   iv) die gemischte Holdinggesellschaft oder ihre Tochterunternehmen,
   v) die gemischte Finanzholdinggesellschaft und ihre Tochterunternehmen,
   vi) ein Unternehmen mit engen Verbindungen zu den unter den Ziffern i bis v genannten Unternehmen,

f) es bestehen keine vertraglichen oder sonstigen Vereinbarungen in Bezug auf die Instrumente, die den Ansprüchen aus den Instrumenten bei Insolvenz oder Liquidation einen höheren Rang verleihen,

g) die Instrumente sind zeitlich unbefristet, und die für die Instrumente geltenden Bestimmungen enthalten keinen Tilgungsanreiz für das Institut,

h) enthalten die Instrumente eine oder mehrere Optionen zur vorzeitigen Tilgung einschließlich Optionen zur Kündigung, so können diese nur nach Ermessen des Emittenten ausgeübt werden,

i) die Instrumente können nur gekündigt, zurückgezahlt oder zurückgekauft werden, wenn die Voraussetzungen des Artikels 77 erfüllt sind und das Emissionsdatum mindestens fünf Jahre zurückliegt, es sei denn, die Voraussetzungen des Artikels 78 Absatz 4 sind erfüllt,

j) die für die Instrumente geltenden Bestimmungen lassen weder explizit noch implizit erkennen, dass das Institut die Instrumente – außer im Falle der Insolvenz oder Liquidation des Instituts – gegebenenfalls kündigen, tilgen oder zurückkaufen wird, und das Institut gibt auch anderweitig keinen dahingehenden Hinweis,

k) das Institut liefert weder explizite noch implizite Hinweise darauf, dass die zuständige Behörde einem Antrag auf Kündigung, Rückzahlung oder Rückkauf der Instrumente stattgeben könnte,

l) Ausschüttungen auf die Instrumente erfüllen folgende Voraussetzungen:
   i) sie werden aus ausschüttungsfähigen Posten ausgezahlt,
   ii) die Höhe der Ausschüttungen auf die Instrumente wird nicht aufgrund der Bonität des Instituts oder seines Mutterunternehmens angepasst,
   iii) die für die Instrumente geltenden Bestimmungen verleihen dem Institut das Recht, die Ausschüttungen auf die Instrumente jederzeit nach eigenem Ermessen für unbefristete Zeit und auf nicht kumulierter Basis ausfallen zu lassen, und das Institut kann die Mittel aus den ausgefallenen Auszahlungen uneingeschränkt zur Erfüllung seiner eigenen Verpflichtungen bei deren Fälligkeit nutzen,
   iv) der Ausfall von Ausschüttungen stellt keinen Ausfall des Instituts dar,
   v) durch den Ausfall von Ausschüttungen werden dem Institut keine Beschränkungen auferlegt,

m) die Instrumente tragen nicht zur Feststellung bei, dass die Verbindlichkeiten eines Instituts seine Vermögenswerte überschreiten, wenn eine solche Feststellung gemäß dem einzelstaatlichen Recht einen Insolvenztatbestand darstellt,

n) laut den für die Instrumente geltenden Bestimmungen muss bei Eintreten eines Auslöseereignisses der Kapitalbetrag der Instrumente dauerhaft oder vorübergehend herabgeschrieben oder die Instrumente in Instrumente des harten Kernkapitals umgewandelt werden,

o) die für die Instrumente geltenden Bestimmungen enthalten kein Merkmal, das eine Rekapitalisierung des Instituts behindern könnte,

p) hat der Emittent seinen Sitz in einem Drittland und wurde er gemäß Artikel 12 der Richtlinie 2014/59/EU als Teil einer Abwicklungsgruppe benannt, deren Abwicklungseinheit ihren Sitz in der Union hat, oder hat der Emittent seinen Sitz in einem Mitgliedstaat, so muss laut den für die Instrumente geltenden Rechtsvorschriften oder Vertragsbestimmungen auf

Beschluss der Abwicklungsbehörde, von ihrer Herabschreibungs- oder Umwandlungsbefugnis gemäß Artikel 59 der genannten Richtlinie Gebrauch zu machen, der Kapitalbetrag der Instrumente dauerhaft herabgeschrieben werden oder die Instrumente müssen in Instrumente des harten Kernkapitals umgewandelt werden.

Hat der Emittent seinen Sitz in einem Drittland und wurde er nicht gemäß Artikel 12 der Richtlinie 2014/59/EU als Teil einer Abwicklungsgruppe benannt, deren Abwicklungseinheit ihren Sitz in der Union hat, so muss laut den für die Instrumente geltenden Rechtsvorschriften oder Vertragsbestimmungen auf Beschluss der zuständigen Drittlandsbehörde der Kapitalbetrag der Instrumente dauerhaft herabgeschrieben werden oder die Instrumente müssen in Instrumente des harten Kernkapitals umgewandelt werden,

q) hat der Emittent seinen Sitz in einem Drittland und wurde er gemäß Artikel 12 der Richtlinie 2014/59/EU als Teil einer Abwicklungsgruppe benannt, deren Abwicklungseinheit ihren Sitz in der Union hat, oder hat der Emittent seinen Sitz in einem Mitgliedstaat, so dürfen die Instrumente nur dann gemäß den Rechtsvorschriften eines Drittlands begeben werden oder anderweitig solchen Rechtsvorschriften unterliegen, wenn nach diesen Vorschriften die Ausübung der Herabschreibungs- oder Umwandlungsbefugnis gemäß Artikel 59 der genannten Richtlinie auf der Grundlage gesetzlicher Bestimmungen oder rechtlich durchsetzbarer Vertragsbestimmungen, in denen Abwicklungs- oder andere Herabschreibungs- oder Umwandlungsmaßnahmen anerkannt sind, wirksam und durchsetzbar ist,

r) die Instrumente unterliegen keinen Aufrechnungs- oder Nettingvereinbarungen, die deren Verlustabsorptionsfähigkeit beeinträchtigen würden.

[2] Sofern die Instrumente gleichrangig sind, gilt die Bedingung nach Unterabsatz 1 Buchstabe d als erfüllt, selbst wenn sie kraft Artikel 484 Absatz 3 dem zusätzlichen Kernkapital oder dem Ergänzungskapital zugerechnet werden.

[3] Für die Zwecke von Unterabsatz 1 Buchstabe a kann nur der Teil eines Kapitalinstruments, der voll eingezahlt ist, als Instrument des zusätzlichen Kernkapitals gelten.

(2) *[1]* Die EBA arbeitet Entwürfe technischer Regulierungsstandards aus, in denen Folgendes präzisiert wird:

a) Form und Art der Tilgungsanreize,

b) die Art einer Wiederzuschreibung des Kapitalbetrags eines Instruments des zusätzlichen Kernkapitals nach einer vorübergehenden Herabschreibung seines Kapitalbetrags,

c) Verfahren und Zeitplan für
   i) die Feststellung eines Auslöseereignisses,
   ii) die Wiederzuschreibung des Kapitalbetrags eines Instruments des zusätzlichen Kernkapitals nach einer vorübergehenden Herabschreibung seines Kapitalbetrags,

d) Merkmale von Instrumenten, die eine Rekapitalisierung des Instituts behindern könnten,

e) die Nutzung von Zweckgesellschaften für die indirekte Ausgabe von Eigenmittelinstrumenten.

[2] Die EBA übermittelt der Kommission diese Entwürfe technischer Regulierungsstandards bis zum 28. Juli 2013.

[3] Der Kommission wird die Befugnis übertragen, die technischen Regulierungsstandards nach Unterabsatz 1 gemäß den Artikeln 10 bis 14 der Verordnung (EU) Nr. 1093/2010 zu erlassen.

Art. 53 Beschränkungen hinsichtlich des Ausfalls von Ausschüttungen aus Instrumenten des zusätzlichen Kernkapitals und Merkmale von Instrumenten, die eine Rekapitalisierung des Instituts behindern könnten. Für die Zwecke von Artikel 52 Absatz 1 Buchstabe l Ziffer v und Buchstabe o enthalten Bestimmungen für Instrumente des zusätzlichen Kernkapitals keine

a) Verpflichtung zur Leistung von Ausschüttungen auf die Instrumente, wenn auf ein vom Institut begebenes Instrument, das gegenüber einem Instrument des zusätzlichen Kernkapitals, einschließlich eines Instruments des harten Kernkapitals, gleich- oder nachrangig ist, eine Ausschüttung geleistet wird,
b) Verpflichtung zum Ausfall von Ausschüttungen auf Instrumente des harten Kernkapitals, des zusätzlichen Kernkapitals und des Ergänzungskapitals, wenn auf die betreffenden Instrumente des zusätzlichen Kernkapitals keine Ausschüttung geleistet wird,
c) Verpflichtung, die Auszahlung von Zinsen oder Dividenden durch eine Auszahlung in anderer Form zu ersetzen. Das Institut unterliegt auch nicht anderweitig einer solchen Verpflichtung.

Art. 54 Herabschreibung oder Umwandlung von Instrumenten des zusätzlichen Kernkapitals. (1) Für die Zwecke von Artikel 52 Absatz 1 Buchstabe n gelten für Instrumente des zusätzlichen Kernkapitals folgende Bestimmungen:

a) ein Auslöseereignis liegt vor, wenn die in Artikel 92 Absatz 1 Buchstabe a genannte harte Kernkapitalquote des Instituts unter einen der folgenden Werte fällt:
   i) 5,125 %,
   ii) einen über 5,125 % liegenden Wert, der vom Institut festgelegt und in den für das Instrument geltenden Bestimmungen spezifiziert wurde;
b) die Institute dürfen in den für das Instrument geltenden Bestimmungen zusätzlich zu dem unter Buchstabe a genannten Auslöseereignis ein oder mehrere weitere Auslöseereignisse festlegen;
c) sehen die für die Instrumente geltenden Bestimmungen bei Eintreten eines Auslöseereignisses eine Umwandlung in Instrumente des harten Kernkapitals vor, so ist in diesen Bestimmungen Folgendes zu spezifizieren:
   i) entweder die Quote einer solchen Umwandlung und eine Obergrenze für die gestattete Umwandlungsmenge
   ii) oder eine Spanne, innerhalb *dessen*[1] die Instrumente in Instrumente des harten Kernkapitals umgewandelt werden;
d) sehen die für das Instrument geltenden Bestimmungen bei Eintreten eines Auslöseereignisses eine Herabschreibung des Kapitalbetrags vor, so führt diese Herabschreibung zur Verminderung

---

[1] Richtig wohl: „derer".

i) der Forderung des Inhabers des Instruments im Falle der Insolvenz oder Liquidation des Instituts,

ii) der bei Kündigung oder Rückzahlung des Instruments auszuzahlenden Summe und

iii) der Ausschüttungen auf das Instrument;

e) wurden die Instrumente des zusätzlichen Kernkapitals von einem Tochterunternehmen mit Sitz in einem Drittland ausgegeben, so wird das unter Buchstabe a genannte Auslöseereignis mit einem Wert von mindestens 5,125 % nach dem nationalen Recht dieses Drittlandes oder Vertragsbestimmungen für die Instrumente berechnet, vorausgesetzt, die zuständige Behörde ist nach Konsultation der EBA davon überzeugt, dass diese Bestimmungen den Anforderungen dieses Artikels mindestens gleichwertig sind.

(2) Aus der Herabschreibung oder Umwandlung eines Instruments des zusätzlichen Kernkapitals müssen sich nach dem geltenden Rechnungslegungsrahmen Posten ergeben, die zu den Posten des harten Kernkapitals gerechnet werden können.

(3) Der Betrag der in den Posten des zusätzlichen Kernkapitals anerkannten Instrumente des zusätzlichen Kernkapitals ist beschränkt auf den Mindestbetrag der Posten des harten Kernkapitals, der sich ergeben würde, wenn der Kapitalbetrag der Instrumente des zusätzlichen Kernkapitals vollständig herabgeschrieben oder in Instrumente des harten Kernkapitals umgewandelt würde.

(4) Der Gesamtbetrag der Instrumente des zusätzlichen Kernkapitals, der bei Eintreten eines Auslöseereignisses herabzuschreiben oder umzuwandeln ist, darf den niedrigeren der beiden folgenden Werte nicht unterschreiten:

a) den Betrag, der zur vollständigen Wiederherstellung der harten Kernkapitalquote des Instituts von 5,125 % erforderlich ist,

b) den vollständigen Kapitalbetrag des Instruments.

(5) Bei Eintreten eines Auslöseereignisses verfahren die Institute wie folgt:

a) sie setzen unverzüglich die zuständige Behörde in Kenntnis,

b) sie unterrichten die Inhaber der Instrumente des zusätzlichen Kernkapitals,

c) gemäß den Anforderungen dieses Artikels nehmen sie unverzüglich, spätestens jedoch innerhalb eines Monats, eine Herabschreibung des Kapitalbetrags der Instrumente vor oder wandeln diese in Instrumente des harten Kernkapitals um.

(6) [1] Ein Institut, das Instrumente des zusätzlichen Kernkapitals begibt, die bei Eintreten eines Auslöseereignisses in Instrumente des harten Kernkapitals umgewandelt werden, stellt sicher, dass sein genehmigtes Stammkapital jederzeit ausreicht, um sämtliche umwandelbaren Instrumente des zusätzlichen Kernkapitals bei Eintreten eines Auslöseereignisses in Aktien umzuwandeln. [2] Zum Zeitpunkt der Ausgabe derartiger Wandelinstrumente des zusätzlichen Kernkapitals müssen alle erforderlichen Bewilligungen vorliegen. [3] Das Institut verfügt zu jedwedem Zeitpunkt über die erforderliche Vorabbewilligung zur Ausgabe von Instrumenten des harten Kernkapitals, in die die Instrumente des zusätzlichen Kernkapitals bei Eintreten eines Auslöseereignisses umgewandelt würden.

(7) Ein Institut, das Instrumente des zusätzlichen Kernkapitals begibt, die bei Eintreten eines Auslöseereignisses in Instrumente des harten Kernkapitals um-

gewandelt werden, stellt sicher, dass einer solchen Umwandlung keine verfahrenstechnischen Hindernisse aufgrund seiner Satzung oder anderer satzungsmäßiger oder vertraglicher Regelungen entgegen stehen.

Art. 55 Nichterfüllung der Bedingungen für Instrumente des zusätzlichen Kernkapitals. Wenn hinsichtlich eines Instruments des zusätzlichen Kernkapitals die in Artikel 52 Absatz 1 festgelegten Bedingungen nicht länger erfüllt sind, gilt Folgendes:

a) das betreffende Instrument gilt mit unmittelbarer Wirkung nicht länger als Instrument des zusätzlichen Kernkapitals,

b) der Teil des Agios, der mit dem betreffenden Instrument verbunden ist, gilt mit unmittelbarer Wirkung nicht länger als Posten des zusätzlichen Kernkapitals.

Abschnitt 2. Abzüge von Posten des zusätzlichen Kernkapitals

Art. 56 Abzüge von Posten des zusätzlichen Kernkapitals. Die Institute ziehen von ihrem zusätzlichen Kernkapital folgende Posten ab:

a) direkte, indirekte und synthetische Positionen eines Instituts in eigenen Instrumenten des zusätzlichen Kernkapitals, einschließlich eigener Instrumente des zusätzlichen Kernkapitals, zu deren Kauf das Institut aufgrund bestehender vertraglicher Verpflichtungen verpflichtet sein könnte;

b) direkte, indirekte und synthetische Positionen in Instrumenten des zusätzlichen Kernkapitals von Unternehmen der Finanzbranche, mit denen das Institut Überkreuzbeteiligungen hält, die nach Ansicht der zuständigen Behörde dem Ziel dienen, die Eigenmittel des Instituts künstlich zu erhöhen;

c) den gemäß Artikel 60 ermittelten Betrag der direkten, indirekten und synthetischen Positionen in Instrumenten des zusätzlichen Kernkapitals von Unternehmen der Finanzbranche, an denen das Institut keine wesentliche Beteiligung hält;

d) direkte, indirekte und synthetische Positionen des Instituts in Instrumenten des zusätzlichen Kernkapitals von Unternehmen der Finanzbranche, an denen das Institut eine wesentliche Beteiligung hält, ausgenommen mit Übernahmegarantie versehene Positionen, die das Institut seit höchstens fünf Arbeitstagen hält;

e) den Betrag der gemäß Artikel 66 von den Posten des Ergänzungskapitals in Abzug zu bringenden Posten, der die Posten des Ergänzungskapitals des Instituts überschreitet;

f) jede zum Berechnungszeitpunkt vorhersehbare steuerliche Belastung aus Posten des zusätzlichen Kernkapitals, es sei denn, das Institut passt den Betrag der Posten des zusätzlichen Kernkapitals in angemessener Form an, wenn eine solche steuerliche Belastung die Summe, bis zu der diese Posten zur Deckung von Risiken oder Verlusten dienen können, verringert.

Art. 57 Abzug von Positionen in eigenen Instrumenten des zusätzlichen Kernkapitals. Für die Zwecke des Artikels 56 Buchstabe a berechnen Institute Positionen in eigenen Instrumenten des zusätzlichen Kernkapitals auf der Grundlage der Bruttokaufpositionen, wobei folgende Ausnahmen gelten:

a) Institute dürfen den Betrag von Positionen in eigenen Instrumenten des zusätzlichen Kernkapitals auf der Grundlage der Nettokaufposition berechnen, sofern die beiden nachstehenden Bedingungen erfüllt sind:
   i) die Kauf- und Verkaufspositionen beziehen sich auf die gleiche zugrunde liegende Risikoposition und die Verkaufspositionen unterliegen keinem Gegenparteiausfallrisiko,
   ii) die Kauf- und die Verkaufsposition werden entweder beide im Handelsbuch oder beide im Anlagebuch gehalten;
b) die Institute ermitteln den für direkte, indirekte oder synthetische Positionen in Indexpapieren in Abzug zu bringenden Betrag durch Berechnung der zugrunde liegenden Risikopositionen gegenüber eigenen Instrumenten des zusätzlichen Kernkapitals in den entsprechenden Indizes;
c) die Institute dürfen Bruttokaufpositionen in eigenen Instrumenten des zusätzlichen Kernkapitals, die aus Positionen in Indexpapieren resultieren, gegen Verkaufspositionen in eigenen Instrumenten des zusätzlichen Kernkapitals, die aus Verkaufspositionen in den zugrunde liegenden Indizes resultieren, aufrechnen, auch wenn für diese Verkaufspositionen ein Gegenparteiausfallrisiko besteht, sofern die beiden nachstehenden Bedingungen erfüllt sind:
   i) die Kauf- und Verkaufspositionen beziehen sich auf dieselben zugrunde liegenden Indizes,
   ii) die Kauf- und die Verkaufsposition werden entweder beide im Handelsbuch oder beide im Anlagebuch gehalten.

Art. 58 Abzug von Positionen in Instrumenten des zusätzlichen Kernkapitals von Unternehmen der Finanzbranche und bei Überkreuzbeteiligung eines Instituts mit dem Ziel der künstlichen Erhöhung der Eigenmittel. Die Institute nehmen die gemäß Artikel 56 Buchstaben b, c und d erforderlichen Abzüge wie folgt vor:

a) Positionen in Instrumenten des zusätzlichen Kernkapitals werden auf der Grundlage der Bruttokaufpositionen berechnet,
b) zusätzliches Kernkapital von Versicherungsunternehmen wird für die Zwecke des Abzugs wie Positionen in Instrumenten des zusätzlichen Kernkapitals behandelt.

Art. 59 Abzug von Positionen in Instrumenten des zusätzlichen Kernkapitals von Unternehmen der Finanzbranche. Die Institute nehmen die gemäß Artikel 56 Buchstaben c und d erforderlichen Abzüge wie folgt vor:

a) sie dürfen direkte, indirekte und synthetische Positionen in Instrumenten des zusätzlichen Kernkapitals von Unternehmen der Finanzbranche auf der Grundlage der Nettokaufposition in derselben zugrunde liegenden Risikoposition berechnen, sofern die beiden nachstehenden Bedingungen erfüllt sind:
   i) der Fälligkeitstermin der Verkaufsposition entspricht entweder dem Fälligkeitstermin der Kaufposition oder er fällt auf einen Zeitpunkt nach dem zuletzt genannten Termin, oder die Restlaufzeit der Verkaufsposition beträgt mindestens ein Jahr,
   ii) die Kauf- und die Verkaufsposition werden entweder beide im Handelsbuch oder beide im Anlagebuch gehalten;

b) sie ermitteln den für direkte, indirekte und synthetische Positionen in Indexpapieren in Abzug zu bringenden Betrag durch Berechnung der zugrunde liegenden Risikopositionen aus den Kapitalinstrumenten der Unternehmen der Finanzbranche in den entsprechenden Indizes.

Art. 60 Abzug von Positionen in Instrumenten des zusätzlichen Kernkapitals von Unternehmen der Finanzbranche, an denen ein Institut keine wesentliche Beteiligung hält. (1) Die Institute berechnen für die Zwecke des Artikels 56 Buchstabe c den in Abzug zu bringenden Betrag durch Multiplikation des Betrags nach Buchstabe a mit dem aus der Berechnung gemäß Buchstabe b abgeleiteten Faktor:

a) Gesamtbetrag, um den die direkten, indirekten und synthetischen Positionen des Instituts in den Instrumenten des harten Kernkapitals, des zusätzlichen Kernkapitals und des Ergänzungskapitals von Unternehmen der Finanzbranche, an denen es keine wesentliche Beteiligung hält, 10 % der Posten des harten Kernkapitals des Instituts überschreiten, berechnet nach Anwendung folgender Bestimmungen:
   i) Artikel 32 bis 35,
   ii) Artikel 36 Absatz 1 Buchstaben a bis g, Buchstabe k Ziffern ii bis v und Buchstabe l, ausgenommen von der künftigen Rentabilität abhängige latente Steueransprüche, die aus temporären Differenzen resultieren,
   iii) Artikel 44 und 45;

b) Quotient aus dem Betrag der direkten, indirekten und synthetischen Positionen des Instituts in Instrumenten des zusätzlichen Kernkapitals der Unternehmen der Finanzbranche, an denen es keine wesentliche Beteiligung hält, und dem Gesamtbetrag aller seiner direkten, indirekten und synthetischen Positionen in den Instrumenten des harten Kernkapitals, des zusätzlichen Kernkapitals und des Ergänzungskapitals jener Unternehmen der Finanzbranche.

(2) Institute berücksichtigen bei dem Betrag nach Absatz 1 Buchstabe a und der Berechnung des Faktors nach Absatz 1 Buchstabe b keine mit Übernahmegarantie versehenen Positionen, die sie seit höchstens fünf Arbeitstagen halten.

(3) [1] Der gemäß Absatz 1 in Abzug zu bringende Betrag wird auf alle gehaltenen Instrumente des zusätzlichen Kernkapitals aufgeteilt. [2] Die Institute ermitteln den gemäß Absatz 1 in Abzug zu bringenden Betrag jeden Instruments des zusätzlichen Eigenkapitals durch Multiplikation des Betrags nach Buchstabe a mit dem Anteil nach Buchstabe b:

a) Betrag der gemäß Absatz 1 in Abzug zu bringenden Positionen,

b) auf jedes gehaltene Instrument des zusätzlichen Kernkapitals entfallender Anteil am Gesamtbetrag der direkten, indirekten und synthetischen Positionen des Instituts in den Instrumenten des zusätzlichen Kernkapitals von Unternehmen der Finanzbranche, an denen das Institut keine wesentliche Beteiligung hält.

(4) Der Betrag der Positionen nach Artikel 56 Absatz 1 Buchstabe c, der nach Anwendung des Absatzes 1 Buchstabe a Ziffern i, ii und iii höchstens 10 % der Posten des harten Kernkapitals des Instituts entspricht, wird nicht in Abzug gebracht und unterliegt den anwendbaren Risikogewichten nach Teil 3

Titel II Kapitel 2 beziehungsweise Kapitel 3 und gegebenenfalls den Anforderungen des Teils 3 Titel IV.

(5) Institute ermitteln den Betrag jeden Instruments des zusätzlichen Kernkapitals, das gemäß Absatz 4 ein Risikogewicht erhält, durch Multiplikation des Betrags nach Buchstabe a mit dem Betrag nach Buchstabe b:

a) Betrag der gemäß Absatz 4 mit einem Risikogewicht zu versehenden Positionen;

b) aus der Berechnung nach Absatz 3 Buchstabe b resultierender Anteil.

Abschnitt 3. Zusätzliches Kernkapital

Art. 61 Zusätzliches Kernkapital. Das zusätzliche Kernkapital eines Instituts besteht aus den Posten des zusätzlichen Kernkapitals nach Abzug der in Artikel 56 genannten Posten und nach Anwendung des Artikels 79.

Kapitel 4. Ergänzungskapital

Abschnitt 1. Posten und Instrumente des Ergänzungskapitals

Art. 62 Posten des Ergänzungskapitals. *[1]* Posten des Ergänzungskapitals bestehen aus:

a) Kapitalinstrumenten, die die Voraussetzungen des Artikels 63 erfüllen, und zwar in dem in Artikel 64 festgelegten Umfang,

b) dem Agio, das mit unter Buchstabe a genannten Instrumenten verbunden ist,

c) für Institute, die risikogewichtete Positionsbeträge gemäß Teil 3 Titel II Kapitel 2 berechnen, allgemeinen Kreditrisikoanpassungen – vor Abzug von Steuereffekten – bis zu 1,25 % der gemäß Teil 3 Titel II Kapitel 2 berechneten risikogewichteten Positionsbeträge,[1)]

d) für Institute, die risikogewichtete Positionsbeträge gemäß Teil 3 Titel II Kapitel 3 berechnen, positiven Beträgen – vor Abzug von Steuereffekten – aus der in den Artikeln 158 und 159 beschriebenen Berechnung bis zu 0,6 % der gemäß Teil 3 Titel II Kapitel 3 berechneten risikogewichteten Positionsbeträge.

[2] Die unter Buchstabe a genannten Posten gelten nicht als Posten des harten Kernkapitals oder des zusätzlichen Kernkapitals.

Art. 63 Instrumente des Ergänzungskapitals. (1) Kapitalinstrumente zählen zu den Ergänzungskapitalinstrumenten, wenn die folgenden Bedingungen erfüllt sind:

a) die Instrumente werden unmittelbar von einem Institut ausgegeben und sind voll eingezahlt,

b) die Instrumente sind nicht Eigentum von
   i) dem Institut oder seinen Tochterunternehmen,
   ii) einem Unternehmen, an dem das Institut eine Beteiligung in Form des direkten Haltens oder durch Kontrolle von mindestens 20 % der Stimmrechte oder des Kapitals jenes Unternehmens hält,

c) der Erwerb des Eigentums an den Instrumenten wird weder direkt noch indirekt durch das Institut finanziert,

---

1) Komma fehlt im ABl.EU.

d) Ansprüche auf den Kapitalbetrag der Instrumente sind laut den für die Instrumente geltenden Bestimmungen etwaigen Ansprüchen aus Instrumenten berücksichtigungsfähiger Verbindlichkeiten gegenüber nachrangig,
e) die Instrumente sind nicht durch eines der folgenden Unternehmen besichert oder Gegenstand einer von ihnen gestellten Garantie, die den Ansprüchen einen höheren Rang verleiht:
   i) das Institut oder seine Tochterunternehmen,
   ii) das Mutterunternehmen des Instituts oder dessen Tochterunternehmen,
   iii) die Mutterfinanzholdinggesellschaft oder ihre Tochterunternehmen,
   iv) die gemischte Holdinggesellschaft oder ihre Tochterunternehmen,
   v) die gemischte Finanzholdinggesellschaft oder ihre Tochterunternehmen,
   vi) ein Unternehmen mit engen Verbindungen zu den unter den Ziffern i bis v genannten Unternehmen,
f) für die Instrumente bestehen keine Vereinbarungen, denen zufolge die Ansprüche aufgrund der Instrumente einen höheren Rang erhalten,
g) die Instrumente haben eine Ursprungslaufzeit von mindestens fünf Jahren,
h) die für die Instrumente geltenden Bestimmungen enthalten für das Institut keinen Anreiz, den Kapitalbetrag der Instrumente vor dessen Fälligkeit gegebenenfalls zu tilgen oder zurückzuzahlen,
i) enthalten die Instrumente eine oder mehrere Optionen zur vorzeitigen Rückzahlung einschließlich Optionen zur Kündigung, so können diese nur nach Ermessen des Emittenten ausgeübt werden,
j) die Instrumente können nur vorzeitig gekündigt, getilgt, zurückgezahlt oder zurückgekauft werden, wenn die Voraussetzungen des Artikels 77 erfüllt sind und der Zeitpunkt der Emission mindestens fünf Jahre zurückliegt, es sei denn, die Voraussetzungen des Artikels 78 Absatz 4 sind erfüllt,
k) die für die Instrumente geltenden Bestimmungen lassen weder explizit noch implizit erkennen, dass das Institut die Instrumente – außer im Falle der Insolvenz oder Liquidation des Instituts – gegebenenfalls vorzeitig kündigen, tilgen, zurückzahlen oder zurückkaufen wird, und das Institut gibt auch anderweitig keinen dahingehenden Hinweis,
l) die für das Instrument geltenden Bestimmungen verleihen dem Inhaber nicht das Recht, die künftige planmäßige Auszahlung von Zinsen oder des Kapitalbetrags zu beschleunigen, es sei denn im Fall der Insolvenz oder der Liquidation des Instituts,
m) die Höhe der auf das Instrument fälligen Zins- bzw. Dividendenzahlungen wird nicht aufgrund der Bonität des Instituts oder seines Mutterunternehmens angepasst,
n) hat der Emittent seinen Sitz in einem Drittland und wurde er gemäß Artikel 12 der Richtlinie 2014/59/EU als Teil einer Abwicklungsgruppe benannt, deren Abwicklungseinheit ihren Sitz in der Union hat, oder hat der Emittent seinen Sitz in einem Mitgliedstaat, so muss laut den für die Instrumente geltenden Rechtsvorschriften oder Vertragsbestimmungen auf Beschluss der Abwicklungsbehörde, von ihrer Herabschreibungs- oder Umwandlungsbefugnis gemäß Artikel 59 der genannten Richtlinie Gebrauch zu machen, der Kapitalbetrag der Instrumente dauerhaft herabgeschrieben werden oder die Instrumente müssen in Instrumente des harten Kernkapitals umgewandelt werden.

Hat der Emittent seinen Sitz in einem Drittland und wurde er nicht gemäß Artikel 12 der Richtlinie 2014/59/EU als Teil einer Abwicklungsgruppe benannt, deren Abwicklungseinheit ihren Sitz in der Union hat, so muss laut den für die Instrumente geltenden Rechtsvorschriften oder Vertragsbestimmungen auf Beschluss der zuständigen Drittlandsbehörde der Kapitalbetrag der Instrumente dauerhaft herabgeschrieben werden oder die Instrumente müssen in Instrumente des harten Kernkapitals umgewandelt werden,

o) hat der Emittent seinen Sitz in einem Drittland und wurde er gemäß Artikel 12 der Richtlinie 2014/59/EU als Teil einer Abwicklungsgruppe benannt, deren Abwicklungseinheit ihren Sitz in der Union hat, oder hat der Emittent seinen Sitz in einem Mitgliedstaat, so dürfen die Instrumente nur dann gemäß den Rechtsvorschriften eines Drittlands begeben werden oder anderweitig solchen Rechtsvorschriften unterliegen, wenn nach diesen Vorschriften die Ausübung der Herabschreibungs- oder Umwandlungsbefugnis gemäß Artikel 59 der genannten Richtlinie auf der Grundlage gesetzlicher Bestimmungen oder rechtlich durchsetzbarer Vertragsbestimmungen, in denen Abwicklungs- oder andere Herabschreibungs- oder Umwandlungsmaßnahmen anerkannt sind, wirksam und durchsetzbar ist,

p) die Instrumente unterliegen keinen Aufrechnungs- oder Nettingvereinbarungen, die deren Verlustabsorptionsfähigkeit beeinträchtigen würden.

(2) Für die Zwecke von Absatz 1 Buchstabe a kann nur der Teil eines Kapitalinstruments, der voll eingezahlt ist, als Ergänzungskapitalinstrument gelten.

Art. 64 Amortisierung von Ergänzungskapitalinstrumenten. (1) Ergänzungskapitalinstrumente mit einer Restlaufzeit von mehr als fünf Jahren gelten in voller Höhe als Posten des Ergänzungskapitals.

(2) In welchem Umfang Ergänzungskapitalinstrumente während der letzten fünf Jahre ihrer Laufzeit als Posten des Ergänzungskapitals gelten, wird durch Multiplikation des Ergebnisses aus der Berechnung nach Buchstabe a mit dem unter Buchstabe b genannten Betrag wie folgt ermittelt:

a) Buchwert der Instrumente am ersten Tag der letzten Fünfjahresperiode der vertraglichen Laufzeit, geteilt durch die Anzahl der Tage in dieser Periode;

b) Anzahl der verbleibenden Tage der vertraglichen Laufzeit der Instrumente.

Art. 65 Nichterfüllung der Bedingungen für Ergänzungskapitalinstrumente. Sind hinsichtlich eines Ergänzungskapitalinstruments die Bedingungen des Artikels 63 nicht länger erfüllt, gilt Folgendes:

a) Das betreffende Instrument gilt mit unmittelbarer Wirkung nicht länger als Instrument des Ergänzungskapitals,

b) der Teil des Agios, der mit dem betreffenden Instrument verbunden ist, gilt mit unmittelbarer Wirkung nicht länger als Posten des Ergänzungskapitals.

Abschnitt 2. Abzüge von Posten des Ergänzungskapitals

Art. 66 Abzüge von Posten des Ergänzungskapitals. Von den Posten des Ergänzungskapitals werden folgende Elemente abgezogen:

a) direkte, indirekte und synthetische Positionen eines Instituts in eigenen Ergänzungskapitalinstrumenten, einschließlich eigener Ergänzungskapitalinstrumente, zu deren Kauf das Institut aufgrund bestehender vertraglicher Verpflichtungen verpflichtet sein könnte,
b) direkte, indirekte und synthetische Positionen in Ergänzungskapitalinstrumenten von Unternehmen der Finanzbranche, mit denen das Institut gegenseitige Überkreuzbeteiligungen hält, die nach Ansicht der zuständigen Behörde dem Ziel dienen, die Eigenmittel des Instituts künstlich zu erhöhen,
c) den gemäß Artikel 70 ermittelten Betrag der direkten, indirekten und synthetischen Positionen in Ergänzungskapitalinstrumenten von Unternehmen der Finanzbranche, an denen das Institut keine wesentliche Beteiligung hält,
d) direkte, indirekte und synthetische Positionen des Instituts in Instrumenten des Ergänzungskapitals von Unternehmen der Finanzbranche, an denen das Institut eine wesentliche Beteiligung hält, ausgenommen mit einer Übernahmegarantie versehene Positionen, die das Institut seit weniger als fünf Arbeitstagen hält,
e) der Betrag der gemäß Artikel 72e von den Posten der berücksichtigungsfähigen Verbindlichkeiten in Abzug zu bringenden Posten, der die Posten der berücksichtigungsfähigen Verbindlichkeiten des Instituts überschreitet.

Art. 67 Abzüge von Positionen in eigenen Ergänzungskapitalinstrumenten. Für die Zwecke des Artikels 66 Buchstabe a berechnen Institute Positionen auf der Grundlage der Bruttokaufpositionen, wobei folgende Ausnahmen gelten:

a) Institute dürfen den Betrag von Positionen auf der Grundlage der Nettokaufposition berechnen, sofern die beiden nachstehenden Bedingungen erfüllt sind:
   i) die Kauf- und Verkaufspositionen resultieren aus der gleichen zugrunde liegenden Risikoposition und die Verkaufspositionen unterliegen keinem Gegenparteiausfallrisiko,
   ii) die Kauf- und die Verkaufsposition werden entweder beide im Handelsbuch oder beide im Anlagebuch gehalten;
b) die Institute ermitteln den für direkte, indirekte und synthetische Positionen in Indexpapieren in Abzug zu bringenden Betrag durch Berechnung der zugrunde liegenden Risikopositionen gegenüber eigenen Ergänzungskapitalinstrumenten in den entsprechenden Indizes;
c) die Institute dürfen Bruttokaufpositionen in eigenen Ergänzungskapitalinstrumenten, die aus Positionen in Indexpapieren resultieren, gegen Verkaufspositionen in eigenen Ergänzungskapitalinstrumenten, die aus Verkaufspositionen in den zugrunde liegenden Indizes resultieren, aufrechnen, auch wenn für diese Verkaufspositionen ein Gegenparteiausfallrisiko besteht, sofern die beiden nachstehenden Bedingungen erfüllt sind:
   i) die Kauf- und Verkaufspositionen beziehen sich auf dieselben zugrunde liegenden Indizes,
   ii) die Kauf- und die Verkaufsposition werden entweder beide im Handelsbuch oder beide im Anlagebuch gehalten.

Art. 68 Abzug von Positionen in Ergänzungskapitalinstrumenten von Unternehmen der Finanzbranche und bei Überkreuzbeteiligung eines Instituts mit dem Ziel der künstlichen Erhöhung der Eigenmittel.

Die Institute nehmen die gemäß Artikel 66 Buchstaben b, c und d erforderlichen Abzüge wie folgt vor:

a) Positionen in Ergänzungskapitalinstrumenten werden auf der Grundlage der Bruttokaufpositionen berechnet,

b) Ergänzungskapital und Drittrangmittel von Versicherungsunternehmen werden für die Zwecke des Abzugs wie Positionen in Ergänzungskapitalinstrumenten behandelt.

Art. 69 Abzug von Positionen in Ergänzungskapitalinstrumenten von Unternehmen der Finanzbranche. Die Institute nehmen die gemäß Artikel 66 Buchstaben c und d erforderlichen Abzüge wie folgt vor:

a) sie dürfen direkte, indirekte und synthetische Positionen in Ergänzungskapitalinstrumenten von Unternehmen der Finanzbranche auf der Grundlage der Nettokaufposition in derselben zugrunde liegenden Risikoposition berechnen, sofern die beiden nachstehenden Bedingungen erfüllt sind:
   i) der Fälligkeitstermin der Verkaufsposition entspricht entweder dem Fälligkeitstermin der Kaufposition oder er fällt auf einen Zeitpunkt nach dem zuletzt genannten Termin, oder die Restlaufzeit der Verkaufsposition beträgt mindestens ein Jahr,
   ii) die Kauf- und die Verkaufsposition werden entweder beide im Handelsbuch oder beide im Anlagebuch gehalten;

b) sie ermitteln den in Abzug zu bringenden Betrag für direkte, indirekte und synthetische Positionen in Indexpapieren durch Berechnung der zugrunde liegenden Risikopositionen aus den Kapitalinstrumenten der Unternehmen der Finanzbranche in den entsprechenden Indizes.

Art. 70 Abzug von Ergänzungskapitalinstrumenten, wenn ein Institut keine wesentliche Beteiligung an einem relevanten Unternehmen hält.

(1) Die Institute berechnen für die Zwecke des Artikels 66 Buchstabe c den in Abzug zu bringenden Betrag durch Multiplikation des Betrags nach Buchstabe a mit dem aus der Berechnung gemäß Buchstabe b abgeleiteten Faktor:

a) Gesamtbetrag, um den die direkten, indirekten und synthetischen Positionen des Instituts in den Instrumenten des harten Kernkapitals, des zusätzlichen Kernkapitals und des Ergänzungskapitals von Unternehmen der Finanzbranche, an denen es keine wesentliche Beteiligung hält, 10 % der Posten des harten Kernkapitals des Instituts überschreiten, berechnet nach Anwendung folgender Bestimmungen:
   i) Artikel 32 bis 35,
   ii) Artikel 36 Absatz 1 Buchstaben a bis g, Buchstabe k Ziffern ii bis v und Buchstabe l, mit Ausnahme des in Abzug zu bringenden Betrags für von der künftigen Rentabilität abhängige latente Steueransprüche, die aus temporären Differenzen resultieren,
   iii) Artikel 44 und 45;

b) Quotient aus dem Betrag der direkten, indirekten und synthetischen Positionen des Instituts an Ergänzungskapitalinstrumenten von Unternehmen der

Finanzbranche, an denen es keine wesentliche Beteiligung hält, und dem Gesamtbetrag aller direkten, indirekten und synthetischen Positionen des Instituts in den Instrumenten des harten Kernkapitals, des zusätzlichen Kernkapitals und des Ergänzungskapitals jener Unternehmen der Finanzbranche.

(2) Institute berücksichtigen bei dem Betrag nach Absatz 1 Buchstabe a und der Berechnung des Faktors nach Absatz 1 Buchstabe b keine mit Übernahmegarantie versehenen Positionen, die sie seit höchstens fünf Arbeitstagen halten.

(3) [1] Der gemäß Absatz 1 in Abzug zu bringende Betrag wird auf alle gehaltenen Instrumente des Ergänzungskapitals aufgeteilt. [2] Die Institute ermitteln den gemäß Absatz 1 in Abzug zu bringenden Betrag jeden Instruments des Ergänzungskapitals durch Multiplikation des Betrags nach Buchstabe a mit dem Anteil nach Buchstabe b:

a) Gesamtbetrag der gemäß Absatz 1 in Abzug zu bringenden Positionen,

b) auf jedes gehaltene Instrument des harten Kernkapitals entfallender Anteil am Gesamtbetrag der direkten, indirekten und synthetischen Positionen des Instituts in den Instrumenten des Ergänzungskapitals von Unternehmen der Finanzbranche, an denen das Institut keine wesentliche Beteiligung hält.

(4) Der Betrag der Positionen nach Artikel 66 Absatz 1 Buchstabe c, der nach Anwendung des Absatzes 1 Buchstabe a Ziffern i bis iii höchstens 10 % der Posten des harten Kernkapitals des Instituts entspricht, wird nicht in Abzug gebracht und unterliegt den anwendbaren Risikogewichten nach Teil 3 Titel II Kapitel 2 beziehungsweise Kapitel 3 und gegebenenfalls den Anforderungen des Teils 3 Titel IV.

(5) Institute ermitteln den Betrag jeden Instruments des Ergänzungskapitals, der gemäß Absatz 4 ein Risikogewicht erhält, durch Multiplikation des Betrags nach Buchstabe a mit dem Betrag nach Buchstabe b:

a) Betrag der gemäß Absatz 4 mit einem Risikogewicht zu versehenden Positionen;

b) aus der Berechnung nach Absatz 3 Buchstabe b resultierender Anteil.

Abschnitt 3. Ergänzungskapital

Art. 71 Ergänzungskapital. Das Ergänzungskapital eines Instituts besteht aus den Posten des Ergänzungskapitals nach den Abzügen gemäß Artikel 66 und nach Anwendung des Artikels 79.

Kapitel 5. Eigenmittel

Art. 72 Eigenmittel. Die Eigenmittel eines Instituts ergeben sich aus der Summe von Kernkapital und Ergänzungskapital.

Kapitel 5a. Berücksichtigungsfähige Verbindlichkeiten

Abschnitt 1. Posten und Instrumente berücksichtigungsfähiger Verbindlichkeiten

Art. 72a Posten berücksichtigungsfähiger Verbindlichkeiten. (1) Sofern die Posten der berücksichtigungsfähigen Verbindlichkeiten nicht in eine der in Absatz 2 des vorliegenden Artikels genannten Kategorien der ausgenommenen Verbindlichkeiten fallen, und zwar in dem in Artikel 72c festgelegten Umfang, umfassen sie Folgendes:

a) Instrumente berücksichtigungsfähiger Verbindlichkeiten, wenn die in Artikel 72b festgelegten Bedingungen erfüllt sind, sofern die Instrumente nicht als Posten des harten Kernkapitals, des zusätzlichen Kernkapitals oder des Ergänzungskapitals gelten;
b) Ergänzungskapitalinstrumente mit einer Restlaufzeit von mindestens einem Jahr, in dem Umfang, in dem sie nicht als Ergänzungskapitalposten nach Artikel 64 gelten.

(2) *[1]* Die folgenden Verbindlichkeiten gelten nicht als Posten der berücksichtigungsfähigen Verbindlichkeiten:

a) gedeckte Einlagen,
b) Sichteinlagen und kurzfristige Einlagen mit einer ursprünglichen Laufzeit von weniger als einem Jahr,
c) der Teil erstattungsfähiger Einlagen von natürlichen Personen, Kleinstunternehmen und kleinen und mittleren Unternehmen, der die in Artikel 6 der Richtlinie 2014/49/EU des Europäischen Parlaments und des Rates[1)] festgelegte Deckungssumme überschreitet,
d) Einlagen, die als erstattungsfähige Einlagen von natürlichen Personen, Kleinstunternehmen und kleinen und mittleren Unternehmen gelten würden, wenn sie nicht auf Zweigstellen von Instituten mit Sitz in der Union zurückgehen würden, die sich außerhalb der Union befinden,
e) besicherte Verbindlichkeiten einschließlich gedeckter Schuldverschreibungen und Verbindlichkeiten in Form von Finanzinstrumenten, die zu Absicherungszwecken verwendet werden, die einen festen Bestandteil des Deckungsstocks bilden und die nach nationalem Recht ähnlich wie gedeckte Schuldverschreibungen besichert sind, sofern sämtliche besicherten Vermögenswerte im Zusammenhang mit einem Deckungsstock für gedeckte Schuldverschreibungen weiterhin unberührt bleiben, getrennt behandelt werden und mit ausreichenden Mitteln ausgestattet sind, unter Ausschluss jeglichen Teils einer mit Sicherheiten unterlegten Verbindlichkeit oder einer Verbindlichkeit, für die eine Sicherheit gestellt wurde, die den Wert der Vermögenswerte, des als Sicherheit gestellten Pfands, des Zurückbehaltungsrechts oder der Sicherheit, gegen die sie besichert ist, übersteigt,
f) jegliche Verbindlichkeiten aus der wahrgenommenen Verwaltung von Kundenvermögen oder Kundengeldern, darunter Kundenvermögen oder Kundengelder, die im Namen von Organismen für gemeinsame Anlagen in Wertpapieren hinterlegt wurden, sofern der jeweilige Kunde durch das anwendbare Insolvenzrecht geschützt ist,
g) jegliche Verbindlichkeiten aus einem Treuhandverhältnis zwischen der Abwicklungseinheit oder einem ihrer Tochterunternehmen (als Treuhänder) und einer anderen Person (als Begünstigtem), sofern der Begünstigte durch das anwendbare Insolvenz- oder Zivilrecht geschützt ist,
h) Verbindlichkeiten gegenüber Instituten mit einer ursprünglichen Laufzeit von weniger als sieben Tagen, ausgenommen Verbindlichkeiten gegenüber Einheiten, die Teil derselben Gruppe sind,
i) Verbindlichkeiten mit einer Restlaufzeit von weniger als sieben Tagen gegenüber

---

[1)] **Amtl. Anm.:** Richtlinie 2014/49/EU des Europäischen Parlaments und des Rates vom 16. April 2014 über Einlagensicherungssysteme (ABl. L 173 vom 12.6.2014, S. 149).

i) Systemen oder Betreibern von Systemen, die gemäß der Richtlinie 98/26/EG des Europäischen Parlaments und des Rates[1]) angesehen wurden,

ii) Teilnehmern an einem gemäß der Richtlinie 98/26/EG angesehenen System, und die aus der Teilnahme an einem solchen System resultieren, oder

iii) zentralen Gegenparteien aus Drittländern, die gemäß Artikel 25 der Verordnung (EU) Nr. 648/2012 anerkannt wurden,

j) Verbindlichkeiten gegenüber

i) Beschäftigten aufgrund ausstehender Lohnforderungen, Rentenleistungen oder anderer fester Vergütungen; hiervon ausgenommen sind variable Vergütungsbestandteile, die nicht tarifvertraglich geregelt sind, und die variable Komponente von Vergütungen von Trägern eines erheblichen Risikos nach Artikel 92 Absatz 2 der Richtlinie 2013/36/EU,

ii) Geschäfts- oder Handelsgläubigern, wenn die Verbindlichkeit aufgrund von Lieferungen von Gütern oder der Erbringung von Dienstleistungen für das Institut oder das Mutterunternehmen entsteht, die für den alltäglichen Geschäftsbetrieb des Instituts oder des Mutterunternehmens wesentlich sind, einschließlich IT-Diensten, Versorgungsdiensten sowie Anmietung, Bewirtschaftung und Instandhaltung von Gebäuden,

iii) Steuer- und Sozialversicherungsbehörden, sofern es sich nach dem anwendbaren Recht um vorrangige Verbindlichkeiten handelt,

iv) Einlagensicherungssystemen, wenn die Verbindlichkeit aus fälligen Beiträgen nach der Richtlinie 2014/49/EU entsteht,

k) aus Derivaten entstehende Verbindlichkeiten,

l) aus Schuldinstrumenten mit eingebetteten Derivaten entstehende Verbindlichkeiten.

[2] Für die Zwecke von Unterabsatz 1 Buchstabe l werden Schuldinstrumente mit Optionen zur vorzeitigen Tilgung, die nach Ermessen des Emittenten oder des Inhabers ausgeübt werden können, und Schuldinstrumente mit variabler Verzinsung, die sich aus einem in großem Umfang genutzten Referenzsatz, wie Euribor oder LIBOR, ableitet, nicht allein wegen dieser Merkmale als Schuldinstrumente, die eingebettete Derivate umfassen, betrachtet.

Art. 72b Instrumente berücksichtigungsfähiger Verbindlichkeiten.

(1) Verbindlichkeiten gelten als Instrumente berücksichtigungsfähiger Verbindlichkeiten, sofern sie die in diesem Artikel festgelegten Bedingungen erfüllen, und zwar lediglich in dem in diesem Artikel genannten Umfang.

(2) *[1]* Verbindlichkeiten gelten als Instrumente berücksichtigungsfähiger Verbindlichkeiten, sofern alle folgenden Bedingungen erfüllt sind:

a) Die Verbindlichkeiten werden unmittelbar von einem Institut begeben bzw. aufgenommen und sind voll eingezahlt;

b) die Verbindlichkeiten sind nicht Eigentum

i) des Instituts oder einer Einheit derselben Abwicklungsgruppe,

---

[1]) **Amtl. Anm.:** Richtlinie 98/26/EG des Europäischen Parlaments und des Rates vom 19. Mai 1998 über die Wirksamkeit von Abrechnungen in Zahlungs- sowie Wertpapierliefer- und -abrechnungssystemen (ABl. L 166 vom 11.6.1998, S. 45).

ii) eines Unternehmens, an dem das Institut eine direkte oder indirekte Beteiligung in Form des direkten Haltens oder durch Kontrolle von mindestens 20 % der Stimmrechte oder des Kapitals jenes Unternehmens hält;

c) der Erwerb des Eigentums an den Verbindlichkeiten wird weder direkt noch indirekt durch die Abwicklungseinheit finanziert;

d) Ansprüche auf den Kapitalbetrag der Verbindlichkeiten sind laut den für die Instrumente geltenden Bestimmungen den Ansprüchen aus den ausgenommenen Verbindlichkeiten nach Artikel 72a Absatz 2 in voller Höhe nachrangig; diese Anforderung in Bezug auf die Nachrangigkeit gilt in jeder der folgenden Situationen als erfüllt:

i) In den für die Verbindlichkeiten geltenden Vertragsbestimmungen ist spezifiziert, dass im Falle eines regulären Insolvenzverfahrens gemäß Artikel 2 Absatz 1 Nummer 47 der Richtlinie 2014/59/EU Ansprüche auf den Kapitalbetrag der Instrumente den Ansprüchen aus den ausgenommenen Verbindlichkeiten nach Artikel 72a Absatz 2 dieser Verordnung nachrangig sind,

ii) in den geltenden Rechtsvorschriften ist spezifiziert, dass im Falle eines regulären Insolvenzverfahrens gemäß Artikel 2 Absatz 1 Nummer 47 der Richtlinie 2014/59/EU Ansprüche auf den Kapitalbetrag der Instrumente den Ansprüchen aus den ausgenommenen Verbindlichkeiten nach Artikel 72a Absatz 2 dieser Verordnung nachrangig sind,

iii) die Instrumente werden von einer Abwicklungseinheit begeben, deren Bilanz keine ausgenommenen Verbindlichkeiten nach Artikel 72a Absatz 2 dieser Verordnung enthält, die Instrumenten berücksichtigungsfähiger Verbindlichkeiten gleichrangig oder nachrangig sind;

e) die Verbindlichkeiten sind nicht durch eines der folgenden Unternehmen besichert oder Gegenstand einer von ihnen gestellten Garantie oder einer anderen Regelung, die den Ansprüchen einen höheren Rang verleiht:

i) das Institut oder seine Tochterunternehmen,

ii) das Mutterunternehmen des Instituts oder dessen Tochterunternehmen,

iii) ein Unternehmen mit engen Verbindungen zu den unter den Ziffern i und ii genannten Unternehmen;

f) die Verbindlichkeiten unterliegen keinen Aufrechnungs- oder Nettingvereinbarungen, die deren Verlustabsorptionsfähigkeit bei der Abwicklung beeinträchtigen würden;

g) die für die Verbindlichkeiten geltenden Bestimmungen enthalten keinen Anreiz für das Institut, ihren Kapitalbetrag gegebenenfalls vor der Fälligkeit zu kündigen, zu tilgen oder zurückzukaufen bzw. vorzeitig zurückzuzahlen; hiervon ausgenommen sind die in Artikel 72c Absatz 3 genannten Fälle;

h) die Verbindlichkeiten sind nicht von den Inhabern der Instrumente vor Fälligkeit rückzahlbar; hiervon ausgenommen sind die in Artikel 72c Absatz 2 genannten Fälle;

i) vorbehaltlich von Artikel 72c Absätze 3 und 4 gilt: enthalten die Verbindlichkeiten eine oder mehrere Optionen zur vorzeitigen Rückzahlung einschließlich Optionen zur Kündigung, so können diese nur nach Ermessen des Emittenten ausgeübt werden; hiervon ausgenommen sind die in Artikel 72c Absatz 2 genannten Fälle;

j) die Verbindlichkeiten können nur dann vorzeitig gekündigt, getilgt, zurückgezahlt oder zurückgekauft werden, wenn die Anforderungen der Artikel 77 und 78a erfüllt sind;
k) die für die Verbindlichkeiten geltenden Bestimmungen lassen weder explizit noch implizit erkennen, dass die Abwicklungseinheit die Verbindlichkeiten – außer im Falle der Insolvenz oder Liquidation des Instituts – gegebenenfalls vorzeitig kündigen, tilgen, zurückzahlen oder zurückkaufen wird, und das Institut gibt auch anderweitig keinen dahingehenden Hinweis;
l) die für die Verbindlichkeiten geltenden Bestimmungen verleihen dem Inhaber nicht das Recht, die planmäßige künftige Auszahlung von Zinsen oder des Kapitalbetrags zu beschleunigen, außer im Falle der Insolvenz oder Liquidation der Abwicklungseinheit;
m) die Höhe der auf die Verbindlichkeiten fälligen Zins- bzw. Dividendenzahlungen wird nicht aufgrund der Bonität der Abwicklungseinheit oder ihres Mutterunternehmens angepasst;
n) für nach dem 28. Juni 2021 ausgegebene Instrumente wird in den einschlägigen Vertragsunterlagen und gegebenenfalls im Prospekt im Zusammenhang mit ihrer Emission explizit auf die mögliche Ausübung der Herabschreibungs- und Umwandlungsbefugnisse gemäß Artikel 48 der Richtlinie 2014/59/EU hingewiesen.

[2] Für die Zwecke von Unterabsatz 1 Buchstabe a können nur die Teile von Verbindlichkeiten, die voll eingezahlt sind, als Instrumente berücksichtigungsfähiger Verbindlichkeiten gelten.

[3] Wenn einige der in Artikel 72a Absatz 2 genannten ausgenommenen Verbindlichkeiten gemäß einzelstaatlichem Insolvenzrecht den gewöhnlichen unbesicherten Forderungen nachrangig sind, unter anderem da sie von einem Gläubiger gehalten werden, der enge Verbindungen zu dem Schuldner hat, da er ein Anteilseigner war oder ist, da er in einem Kontrollverhältnis oder Konzernverhältnis war oder ist, da er Mitglied eines Verwaltungsorgans war oder ist oder mit einer dieser Personen verwandt war oder ist, ist die Nachrangigkeit für die Zwecke von Unterabsatz 1 Buchstabe d des vorliegenden Artikels nicht unter Bezugnahme auf Forderungen, die aus solchen ausgenommenen Verbindlichkeiten entstehen, zu beurteilen.

(3) Zusätzlich zu den Verbindlichkeiten nach Absatz 2 des vorliegenden Artikels kann die Abwicklungsbehörde gestatten, dass Verbindlichkeiten bis zu einem aggregierten Betrag, der 3,5 % des im Einklang mit Artikel 92 Absätze 3 und 4 berechneten Gesamtrisikobetrags nicht übersteigt, als Instrumente berücksichtigungsfähiger Verbindlichkeiten gelten, sofern

a) sämtliche Bedingungen des Absatzes 2, ausgenommen die Bedingung nach Absatz 2 Unterabsatz 1 Buchstabe d, erfüllt sind;
b) die Verbindlichkeiten den am niedrigsten eingestuften ausgenommenen Verbindlichkeiten nach Artikel 72a Absatz 2 gleichrangig sind; hiervon ausgenommen sind die ausgenommenen Verbindlichkeiten nach Absatz 2 Unterabsatz 3 des vorliegenden Artikels, die nach nationalem Insolvenzrecht gewöhnlichen unbesicherten Forderungen nachrangig sind; und
c) die Einbeziehung dieser Verbindlichkeiten in die Posten berücksichtigungsfähiger Verbindlichkeiten nicht zu einem wesentlichen Risiko für eine erfolgreiche rechtliche Anfechtung oder berechtigte Entschädigungsansprüche gemäß entsprechender Bewertung der Abwicklungsbehörde im Zusam-

menhang mit den in Artikel 34 Absatz 1 Buchstabe g und Artikel 75 der Richtlinie 2014/59/EU genannten Grundsätzen führen würde.

(4) Die Abwicklungsbehörde kann gestatten, dass Verbindlichkeiten zusätzlich zu den Verbindlichkeiten nach Absatz 2 als Instrumente berücksichtigungsfähiger Verbindlichkeiten gelten, sofern

a) es dem Institut nicht gestattet ist, Verbindlichkeiten nach Absatz 3 in die Posten berücksichtigungsfähiger Verbindlichkeiten einzubeziehen;

b) sämtliche Bedingungen des Absatzes 2, ausgenommen die Bedingung nach Absatz 2 Unterabsatz 1 Buchstabe d, erfüllt sind;

c) die Verbindlichkeiten den am niedrigsten eingestuften ausgenommenen Verbindlichkeiten nach Artikel 72a Absatz 2 gleichrangig oder höherrangig sind; hiervon ausgenommen sind die ausgenommenen Verbindlichkeiten nach Absatz 2 Unterabsatz 3 des vorliegenden Artikels, die nach nationalem Insolvenzrecht gewöhnlichen unbesicherten Forderungen nachrangig sind;

d) der Betrag der ausgenommenen Verbindlichkeiten nach Artikel 72a Absatz 2, die diesen Verbindlichkeiten bei einer Insolvenz gleichrangig oder nachrangig sind, in der Bilanz des Instituts 5 % des Betrags der Eigenmittel und berücksichtigungsfähigen Verbindlichkeiten des Instituts nicht überschreitet;

e) die Einbeziehung dieser Verbindlichkeiten in die Posten berücksichtigungsfähiger Verbindlichkeiten nicht zu einem wesentlichen Risiko für eine erfolgreiche rechtliche Anfechtung oder berechtigte Entschädigungsansprüche gemäß entsprechender Bewertung der Abwicklungsbehörde im Zusammenhang mit den in Artikel 34 Absatz 1 Buchstabe g und Artikel 75 der Richtlinie 2014/59/EU genannten Grundsätzen führen würde.

(5) Die Abwicklungsbehörde kann einem Institut nur gestatten, Verbindlichkeiten, auf die entweder in Absatz 3 oder in Absatz 4 Bezug genommen wird, als Posten berücksichtigungsfähiger Verbindlichkeiten einzubeziehen.

(6) Bei der Überprüfung, ob die Bedingungen dieses Artikels erfüllt sind, konsultiert die Abwicklungsbehörde die zuständige Behörde.

(7) *[1]* Die EBA arbeitet Entwürfe technischer Regulierungsstandards aus, in denen Folgendes präzisiert wird:

a) die anwendbaren Formen und Arten indirekter Finanzierung von Instrumenten berücksichtigungsfähiger Verbindlichkeiten,

b) die Form und Art von Tilgungsanreizen für die Zwecke der Bedingung nach Absatz 2 Unterabsatz 1 Buchstabe g des vorliegenden Artikels und Artikel 72c Absatz 3.

[2] Diese Entwürfe technischer Regulierungsstandards werden in vollem Umfang an den in Artikel 28 Absatz 5 Buchstabe a und in Artikel 52 Absatz 2 Buchstabe a genannten delegierten Rechtsakt angeglichen.

[3] Die EBA übermittelt der Kommission diese Entwürfe technischer Regulierungsstandards bis zum 28. Dezember 2019.

[4] Der Kommission wird die Befugnis übertragen, die in Unterabsatz 1 genannten technischen Regulierungsstandards gemäß den Artikeln 10 bis 14 der Verordnung (EU) Nr. 1093/2010 zur Ergänzung dieser Verordnung zu erlassen.

Art. 72c Amortisierung von Instrumenten berücksichtigungsfähiger Verbindlichkeiten. (1) *[1]* Instrumente berücksichtigungsfähiger Verbindlichkeiten mit einer Restlaufzeit von mindestens einem Jahr gelten in voller Höhe als Posten berücksichtigungsfähiger Verbindlichkeiten.

[2] Instrumente berücksichtigungsfähiger Verbindlichkeiten mit einer Restlaufzeit von weniger als einem Jahr gelten nicht als Posten berücksichtigungsfähiger Verbindlichkeiten.

(2) Umfasst ein Instrument berücksichtigungsfähiger Verbindlichkeiten eine Rückzahlungsoption für den Inhaber, die vor der ursprünglich festgelegten Laufzeit des Instruments ausübbar ist, so endet für die Zwecke von Absatz 1 die Laufzeit des Instruments zum frühestmöglichen Zeitpunkt, zu dem der Inhaber die Rückzahlungsoption ausüben und die Tilgung oder Rückzahlung des Instruments fordern kann.

(3) Umfasst ein Instrument berücksichtigungsfähiger Verbindlichkeiten einen Anreiz für den Emittenten, das Instrument vor der ursprünglich festgelegten Fälligkeit des Instruments vorzeitig zu kündigen, zu tilgen, zurückzuzahlen oder zurückzukaufen, so wird für die Zwecke von Absatz 1 die Laufzeit des Instruments definiert als der frühestmögliche Zeitpunkt, zu dem der Emittent diese Option ausüben und die Tilgung bzw. Rückzahlung des Instruments fordern kann.

(4) Umfasst ein Instrument berücksichtigungsfähiger Verbindlichkeiten Optionen zur vorzeitigen Tilgung, die nur nach Ermessen des Emittenten vor der ursprünglich festgelegten Fälligkeit des Instruments ausgeübt werden können, ohne dass jedoch in den für das Instrument geltenden Bestimmungen ein Anreiz, das Instrument vor seiner Fälligkeit zu kündigen, zu tilgen, zurückzuzahlen oder zurückzukaufen, oder eine in das Ermessen der Inhaber gestellte Tilgungs- bzw. Rückzahlungsoption vorgesehen ist, so wird für die Zwecke des Absatzes 1 die Laufzeit definiert als die ursprünglich festgelegte Fälligkeit.

Art. 72d Folgen der Nichterfüllung der Bedingungen für die Berücksichtigungsfähigkeit. *[1]* Sind hinsichtlich eines Instruments berücksichtigungsfähiger Verbindlichkeiten die Bedingungen des Artikels 72b nicht länger erfüllt, so gelten die Verbindlichkeiten sofort nicht mehr als Instrumente berücksichtigungsfähiger Verbindlichkeiten.

[2] Verbindlichkeiten nach Artikel 72b Absatz 2 können weiter zu den Instrumenten berücksichtigungsfähiger Verbindlichkeiten gerechnet werden, solange sie nach Artikel 72b Absatz 3 oder Absatz 4 als Instrumente berücksichtigungsfähiger Verbindlichkeiten gelten.

Abschnitt 2. Abzüge von Posten berücksichtigungsfähiger Verbindlichkeiten

Art. 72e Abzüge von Posten berücksichtigungsfähiger Verbindlichkeiten. (1) Institute, die Artikel 92a unterliegen, ziehen von den Posten berücksichtigungsfähiger Verbindlichkeiten Folgendes ab:

a) direkte, indirekte und synthetische Positionen des Instituts in eigenen Instrumenten berücksichtigungsfähiger Verbindlichkeiten, einschließlich eigener Verbindlichkeiten, zu deren Kauf das Institut aufgrund bestehender vertraglicher Verpflichtungen verpflichtet sein könnte;

b) direkte, indirekte und synthetische Positionen des Instituts in Instrumenten berücksichtigungsfähiger Verbindlichkeiten von G-SRI-Einheiten, mit denen das Institut Überkreuzbeteiligungen hält, die nach Ansicht der zuständigen Behörde dem Ziel dienen, die Verlustabsorptions- und Rekapitalisierungsfähigkeit der Abwicklungseinheit künstlich zu erhöhen;

c) den gemäß Artikel 72i ermittelten Betrag der direkten, indirekten und synthetischen Positionen in Instrumenten berücksichtigungsfähiger Verbindlichkeiten von G-SRI-Einheiten, an denen das Institut keine wesentliche Beteiligung hält;

d) direkte, indirekte und synthetische Positionen des Instituts in Instrumenten berücksichtigungsfähiger Verbindlichkeiten von G-SRI-Einheiten, an denen das Institut eine wesentliche Beteiligung hält, ausgenommen mit einer Übernahmegarantie versehene Positionen, die das Institut seit höchstens fünf Geschäftstagen hält.

(2) Für die Zwecke dieses Abschnitts werden sämtliche Instrumente, die Instrumenten berücksichtigungsfähiger Verbindlichkeiten gleichrangig sind, als Instrumente berücksichtigungsfähiger Verbindlichkeiten behandelt, ausgenommen Instrumente, die als berücksichtigungsfähige Verbindlichkeiten gemäß Artikel 72b Absätze 3 und 4 anerkannten Instrumenten gleichrangig sind.

(3) Für die Zwecke dieses Abschnitts können die Institute den Betrag der Positionen in Instrumenten berücksichtigungsfähiger Verbindlichkeiten nach Artikel 72b Absatz 3 wie folgt berechnen:

$$h = \sum_i \left(H_i \cdot \frac{l_i}{L_i} \right)$$

dabei gilt:

h	=	Betrag der Positionen in Instrumenten berücksichtigungsfähiger Verbindlichkeiten nach Artikel 72b Absatz 3;
i	=	Index, der das emittierende Institut bezeichnet;
H_i	=	Gesamtbetrag der Positionen in berücksichtigungsfähigen Verbindlichkeiten des emittierenden Instituts i nach Artikel 72b Absatz 3;
l_i	=	Betrag der von dem emittierenden Institut innerhalb der in Arti kel 72b Absatz 3 festgelegten Grenzen in die Posten berücksichtigungsfähiger Verbindlichkeiten einbezogenen Verbindlichkeiten gemäß den letzten Offenlegungen des emittierenden Instituts; und
L_i	=	Gesamtbetrag der ausstehenden Verbindlichkeiten des emittierenden Instituts i nach Artikel 72b Absatz 3 gemäß den letzten Offenlegungen des Emittenten.

(4) *[1]* [1] Hält ein EU-Mutterinstitut oder ein Mutterinstitut in einem Mitgliedstaat, das Artikel 92a unterliegt, direkte, indirekte oder synthetische Positionen in Eigenmittelinstrumenten oder Instrumenten berücksichtigungsfähiger Verbindlichkeiten eines oder mehrerer Tochterunternehmen, die nicht zur selben Abwicklungsgruppe wie das Mutterinstitut gehören, so kann die Abwicklungsbehörde dieses Mutterinstituts nach gebührender Berücksichtigung der Stellungnahme der Abwicklungsbehörden etwaiger betroffener Tochterunternehmen dem Mutterinstitut erlauben, solche Positionen in Abzug zu bringen, indem ein von der Abwicklungsbehörde dieses Mutterinstituts fest-

gelegter geringerer Betrag in Abzug gebracht wird. [2]Dieser angepasste Betrag muss mindestens so hoch sein wie der wie folgt berechnete Betrag m:

$$m_i = \max\{0; OP_i + LP_i - \max\{0; \beta \cdot [O_i + L_i - r_i \cdot aRWA_i]\}\}$$

dabei gilt:

LP_i = Betrag der von dem Tochterunternehmen i begebenen und von dem Mutterinstitut gehaltenen Instrumente berücksichtigungsfähiger Verbindlichkeiten;

β = prozentualer Anteil der Eigenmittelinstrumente und der Instrumente berücksichtigungsfähiger Verbindlichkeiten, der von dem Tochterunternehmen i begeben und vom Mutterunternehmen gehalten wird, ermittelt aus:

$$\beta = \frac{(OP_i + LP_i)}{\text{Betrag aller von einem Tochterunternehmen i begebenden Eigenmittelinstrumente und Instrumente berücksichtigungsfähiger Verbindlichkeiten}}$$

O_i = Betrag der Eigenmittel des Tochterunternehmens i, wobei der gemäß diesem Absatz berechnete Abzug nicht berücksichtigt wird;

L_i = Betrag der berücksichtigungsfähigen Verbindlichkeiten des Tochterunternehmens i, wobei der gemäß diesem Absatz berechnete Abzug nicht berücksichtigt wird;

r_i = die auf das Tochterunternehmen i auf Ebene ihrer Abwicklungsgruppe gemäß Artikel 92a Absatz 1 Buchstabe a dieser Verordnung und Artikel 45c Absatz 3 Unterabsatz 1 Buchstabe a der Richtlinie 2014/59/EU anwendbare Quote; und

[2] Darf ein Mutterinstitut gemäß Unterabsatz 1 den angepassten Betrag in Abzug bringen, so zieht das Tochterunternehmen die Differenz zwischen dem Betrag der Positionen in Eigenmittelinstrumenten und Instrumenten berücksichtigungsfähiger Verbindlichkeiten nach Unterabsatz 1 und diesem angepassten Betrag ab.

Art. 72f Abzug von Positionen in eigenen Instrumenten berücksichtigungsfähiger Verbindlichkeiten. Für die Zwecke des Artikels 72e Absatz 1 Buchstabe a berechnen die Institute die Positionen auf der Grundlage der Bruttokaufpositionen, wobei folgende Ausnahmen gelten:

a) Institute dürfen den Betrag von Positionen auf der Grundlage der Nettokaufposition berechnen, sofern die beiden nachstehenden Bedingungen erfüllt sind:
   i) die Kauf- und Verkaufspositionen beziehen sich auf die gleiche zugrunde liegende Risikoposition und die Verkaufspositionen unterliegen keinem Gegenparteiausfallrisiko;
   ii) die Kauf- und die Verkaufsposition werden entweder beide im Handelsbuch oder beide im Anlagebuch gehalten;
b) die Institute ermitteln den für direkte, indirekte und synthetische Positionen in Indexpapieren in Abzug zu bringenden Betrag durch Berechnung der zugrunde liegenden Risikoposition aus eigenen Instrumenten berücksichtigungsfähiger Verbindlichkeiten in den entsprechenden Indizes;

c) die Institute dürfen Bruttokaufpositionen in eigenen Instrumenten berücksichtigungsfähiger Verbindlichkeiten, die aus Positionen in Indexpapieren resultieren, gegen Verkaufspositionen in eigenen Instrumenten berücksichtigungsfähiger Verbindlichkeiten, die aus Verkaufspositionen in zugrunde liegenden Indizes resultieren, aufrechnen, auch wenn für diese Verkaufspositionen ein Gegenparteiausfallrisiko besteht, sofern die beiden nachstehenden Bedingungen erfüllt sind:
   i) die Kauf- und Verkaufspositionen beziehen sich auf dieselben zugrunde liegenden Indizes;
   ii) die Kauf- und die Verkaufsposition werden entweder beide im Handelsbuch oder beide im Anlagebuch gehalten.

Art. 72g Abzugsbasis für Posten berücksichtigungsfähiger Verbindlichkeiten. Für die Zwecke des Artikels 72e Absatz 1 Buchstaben b, c und d bringen die Institute die Bruttokaufpositionen vorbehaltlich der in den Artikeln 72h und 72i festgelegten Ausnahmen in Abzug.

Art. 72h Abzug von Positionen in berücksichtigungsfähigen Verbindlichkeiten von anderen G-SRI-Einheiten. Institute, die nicht die Ausnahme nach Artikel 72j in Anspruch nehmen, nehmen die Abzüge nach Artikel 72e Absatz 1 Buchstaben c und d nach folgenden Regeln vor:

a) sie dürfen direkte, indirekte und synthetische Positionen in Instrumenten berücksichtigungsfähiger Verbindlichkeiten auf der Grundlage der Nettokaufposition in derselben zugrunde liegenden Risikoposition berechnen, sofern die beiden nachstehenden Bedingungen erfüllt sind:
   i) der Fälligkeitstermin der Verkaufsposition entspricht entweder dem Fälligkeitstermin der Kaufposition oder er fällt auf einen Zeitpunkt nach dem zuletzt genannten Termin, oder die Restlaufzeit der Verkaufsposition beträgt mindestens ein Jahr;
   ii) die Kauf- und die Verkaufsposition werden entweder beide im Handelsbuch oder beide im Anlagebuch gehalten;

b) sie ermitteln den für direkte, indirekte und synthetische Positionen in Indexpapieren in Abzug zu bringenden Betrag durch Berechnung der zugrunde liegenden Risikopositionen gegenüber den Instrumenten berücksichtigungsfähiger Verbindlichkeiten in den entsprechenden Indizes.

Art. 72i Abzug von berücksichtigungsfähigen Verbindlichkeiten, wenn das Institut keine wesentliche Beteiligung an G-SRI-Einheiten hält. (1) Die Institute berechnen für die Zwecke des Artikels 72e Absatz 1 Buchstabe c den in Abzug zu bringenden Betrag durch Multiplikation des unter Buchstabe a des vorliegenden Absatzes genannten Betrags mit dem aus der Berechnung gemäß Buchstabe b des vorliegenden Absatzes abgeleiteten Faktor:

a) Gesamtbetrag, um den die direkten, indirekten und synthetischen Positionen des Instituts in den Instrumenten des harten Kernkapitals, des zusätzlichen Kernkapitals und des Ergänzungskapitals von Unternehmen der Finanzbranche sowie in Instrumenten berücksichtigungsfähiger Verbindlichkeiten von G-SRI-Einheiten, an denen das Institut keine wesentliche Beteiligung hält, 10 % der Posten des harten Kernkapitals des Instituts nach Anwendung folgender Bestimmungen überschreiten:

i) Artikel 32 bis 35,
ii) Artikel 36 Absatz 1 Buchstaben a bis g, Buchstabe k Ziffern ii bis v und Buchstabe l, mit Ausnahme des in Abzug zu bringenden Betrags für von der künftigen Rentabilität abhängige latente Steueransprüche, die aus temporären Differenzen resultieren,
iii) Artikel 44 und 45;

b) Quotient aus dem Betrag der direkten, indirekten und synthetischen Positionen des Instituts in Instrumenten berücksichtigungsfähiger Verbindlichkeiten von G-SRI-Einheiten, an denen das Institut keine wesentliche Beteiligung hält, und dem Gesamtbetrag der direkten, indirekten und synthetischen Positionen des Instituts in den Instrumenten des harten Kernkapitals, des zusätzlichen Kernkapitals, des Ergänzungskapitals jener Unternehmen der Finanzbranche sowie in den Instrumenten berücksichtigungsfähiger Verbindlichkeiten von G-SRI-Einheiten, an denen die Abwicklungsbehörde keine wesentliche Beteiligung hält.

(2) Die Institute berücksichtigen bei den Beträgen nach Absatz 1 Buchstabe a und der Berechnung des Faktors gemäß Absatz 1 Buchstabe b keine mit Übernahmegarantie versehenen Positionen, die sie für höchstens fünf Geschäftstage halten.

(3) [1] Der gemäß Absatz 1 in Abzug zu bringende Betrag wird auf alle Instrumente berücksichtigungsfähiger Verbindlichkeiten einer G-SRI-Einheit, die von dem Institut gehalten werden, aufgeteilt. [2] Die Institute ermitteln den gemäß Absatz 1 in Abzug zu bringenden Betrag jedes Instruments der berücksichtigungsfähigen Verbindlichkeiten durch Multiplikation des Betrags nach Buchstabe a des vorliegenden Absatzes mit dem Anteil nach Buchstabe b des vorliegenden Absatzes:

a) Betrag der gemäß Absatz 1 in Abzug zu bringenden Positionen;
b) auf jedes von dem Institut gehaltene Instrument der berücksichtigungsfähigen Verbindlichkeiten entfallender Anteil am Gesamtbetrag der direkten, indirekten und synthetischen Positionen des Instituts in den Instrumenten berücksichtigungsfähiger Verbindlichkeiten von G-SRI-Einheiten, an denen das Institut keine wesentliche Beteiligung hält.

(4) Der Betrag der Positionen nach Artikel 72e Absatz 1 Buchstabe c, der nach Anwendung des Absatzes 1 Buchstabe a Ziffern i, ii und iii des vorliegenden Artikels höchstens 10 % der Posten des harten Kernkapitals des Instituts entspricht, wird nicht in Abzug gebracht und unterliegt den anwendbaren Risikogewichten im Einklang mit Teil 3 Titel II Kapitel 2 beziehungsweise Kapitel 3 und gegebenenfalls den Anforderungen des Teils 3 Titel IV.

(5) Die Institute ermitteln den Betrag jedes Instruments der berücksichtigungsfähigen Verbindlichkeiten, der gemäß Absatz 4 ein Risikogewicht erhält, durch Multiplikation des für eine Risikogewichtung nach Absatz 4 erforderlichen Betrags der Positionen mit dem aus der Berechnung nach Absatz 3 Buchstabe b resultierenden Anteil.

Art. 72j Ausnahme von Abzügen von Posten berücksichtigungsfähiger Verbindlichkeiten für Positionen des Handelsbuchs. (1) Die Institute können beschließen, einen bestimmten Teil ihrer direkten, indirekten und synthetischen Positionen in Instrumenten berücksichtigungsfähiger Verbindlichkeiten, der aggregiert und gemessen an den Bruttokaufpositionen nach

Anwendung der Artikel 32 bis 36 höchstens 5 % der Posten des harten Kernkapitals des Instituts entspricht, nicht in Abzug zu bringen, sofern alle folgenden Bedingungen erfüllt sind:

a) es handelt sich um im Handelsbuch enthaltene Positionen;

b) die Instrumente berücksichtigungsfähiger Verbindlichkeiten werden höchstens 30 Geschäftstage gehalten.

(2) Der Betrag der gemäß Absatz 1 nicht in Abzug gebrachten Posten unterliegt den Eigenmittelanforderungen für Posten im Handelsbuch.

(3) Falls bei Positionen, die nicht gemäß Absatz 1 in Abzug gebracht wurden, die in diesem Absatz festgelegten Bedingungen nicht länger erfüllt sind, werden die Positionen im Einklang mit Artikel 72g ohne Anwendung der in den Artikeln 72h und 72i festgelegten Ausnahmeregelungen in Abzug gebracht.

Abschnitt 3. Eigenmittel und berücksichtigungsfähige Verbindlichkeiten

Art. 72k Berücksichtigungsfähige Verbindlichkeiten. Die berücksichtigungsfähigen Verbindlichkeiten eines Instituts bestehen aus den Posten berücksichtigungsfähiger Verbindlichkeiten des Instituts nach den Abzügen gemäß Artikel 72e.

Art. 72l Eigenmittel und berücksichtigungsfähige Verbindlichkeiten. Die Eigenmittel und berücksichtigungsfähigen Verbindlichkeiten eines Instituts ergeben sich aus der Summe seiner Eigenmittel und seiner berücksichtigungsfähigen Verbindlichkeiten.

Kapitel 6. Allgemeine Anforderungen an Eigenmittel und berücksichtigungsfähige Verbindlichkeiten

Art. 73 Ausschüttungen auf Instrumente. (1) Kapitalinstrumente und Verbindlichkeiten, bei denen ein Institut allein entscheiden kann, ob es Ausschüttungen in einer anderen Form als Bargeld oder Eigenmittelinstrumenten vornimmt, können nicht als Instrumente des harten Kernkapitals, des zusätzlichen Kernkapitals, des Ergänzungskapitals oder Instrumente berücksichtigungsfähiger Verbindlichkeiten gelten, es sei denn, das Institut hat die vorherige Erlaubnis der zuständigen Behörde erhalten.

(2) *[1]* Die zuständigen Behörden geben die vorherige Erlaubnis gemäß Absatz 1 nur, wenn sie der Ansicht sind, dass alle folgenden Bedingungen erfüllt sind:

a) Die Fähigkeit des Instituts, Zahlungen im Rahmen des Instruments zu streichen, wird durch die Ermessensbefugnis gemäß Absatz 1 oder durch die Form, in der die Ausschüttungen erfolgen können, nicht beeinträchtigt;

b) die Fähigkeit des Kapitalinstruments oder der Verbindlichkeit, Verluste zu absorbieren, wird durch die Ermessensbefugnis gemäß Absatz 1 oder durch die Form, in der die Ausschüttungen erfolgen können, nicht beeinträchtigt;

c) die Qualität des Kapitalinstruments oder der Verbindlichkeit wird durch die Ermessensbefugnis gemäß Absatz 1 oder durch die Form, in der die Ausschüttungen erfolgen können, in keiner anderen Weise verringert.

[2] Die zuständige Behörde konsultiert die Abwicklungsbehörde hinsichtlich der Erfüllung dieser Bedingungen durch ein Institut, bevor die vorherige Erlaubnis gemäß Absatz 1 gewährt wird.

(3) Kapitalinstrumente und Verbindlichkeiten, bei denen eine andere juristische Person als das begebende Institut entscheiden oder fordern kann, dass Ausschüttungen auf diese Instrumente oder Verbindlichkeiten in einer anderen Form als Bargeld oder Eigenmittelinstrumenten zu erfolgen haben, können nicht als Instrumente des harten Kernkapitals, des zusätzlichen Kernkapitals, des Ergänzungskapitals oder Instrumente berücksichtigungsfähiger Verbindlichkeiten gelten.

(4) Die Institute können einen breiten Marktindex als eine der Grundlagen für die Bestimmung der Höhe der Ausschüttungen auf Instrumente des zusätzlichen Kernkapitals, des Ergänzungskapitals und der Instrumente berücksichtigungsfähiger Verbindlichkeiten heranziehen.

(5) Absatz 4 gilt nicht, wenn das Institut ein Referenzunternehmen in diesem breiten Marktindex ist, es sei denn die beiden folgenden Bedingungen sind erfüllt:

a) Das Institut ist der Ansicht, dass zwischen den Bewegungen in diesem breiten Marktindex und seiner Bonität oder der seines Mutterinstituts oder seiner Mutterfinanzholdinggesellschaft oder gemischten Mutterfinanzholdinggesellschaft oder gemischten Mutterholdinggesellschaft keine wesentliche Korrelation besteht;

b) die zuständige Behörde ist in Bezug auf Buchstabe a zu keinem anderen Schluss gelangt.

(6) Die Institute melden und veröffentlichen die breiten Marktindizes, auf die sich ihre Kapitalinstrumente und Instrumente berücksichtigungsfähiger Verbindlichkeiten stützen.

(7) *[1]* Die EBA arbeitet Entwürfe technischer Regulierungsstandards zur Präzisierung der Bedingungen aus, unter denen Indizes als breite Marktindizes für die Zwecke des Absatzes 4 angesehen werden.

[2] Die EBA übermittelt der Kommission diese Entwürfe technischer Regulierungsstandards bis zum 28. Juli 2013.

[3] Der Kommission wird die Befugnis übertragen, die technischen Regulierungsstandards nach Unterabsatz 1 gemäß den Artikeln 10 bis 14 der Verordnung (EU) Nr. 1093/2010 zu erlassen.

Art. 74 Positionen in von beaufsichtigten Unternehmen der Finanzbranche begebenen Kapitalinstrumenten, die nicht zu den aufsichtsrechtlichen Eigenmitteln zählen. [1] Institute ziehen von keinem Bestandteil der Eigenmittel direkte, indirekte oder synthetische Positionen in von einem beaufsichtigten Unternehmen der Finanzbranche begebenen Kapitalinstrumenten ab, die nicht zu den aufsichtsrechtlichen Eigenmitteln dieses Unternehmens zählen. [2] Institute wenden auf solche Positionen Risikogewichte gemäß Teil 3 Titel II Kapitel 2 beziehungsweise Kapitel 3 an.

Art. 75 Abzüge und Laufzeitanforderungen für Verkaufspositionen.

Die Laufzeitanforderungen für Verkaufspositionen gemäß Artikel 45 Buchstabe a, Artikel 59 Buchstabe a, Artikel 69 Buchstabe a und Artikel 72h Buchstabe a werden in Bezug auf solche Positionen als erfüllt betrachtet, sofern alle folgenden Bedingungen erfüllt sind:

a) Das Institut besitzt das vertragliche Recht, die abgesicherte Kaufposition zu einem bestimmten künftigen Zeitpunkt an die sicherungsgebende Gegenpartei zu verkaufen;

b) die sicherungsgebende Gegenpartei des Instituts ist vertraglich verpflichtet, dem Institut die Kaufposition nach Buchstabe a zu diesem bestimmten künftigen Zeitpunkt abzukaufen.

Art. 76 Indexpositionen von Kapitalinstrumenten und Verbindlichkeiten. (1) Für die Zwecke von Artikel 42 Buchstabe a, Artikel 45 Buchstabe a, Artikel 57 Buchstabe a, Artikel 59 Buchstabe a, Artikel 67 Buchstabe a, Artikel 69 Buchstabe a, Artikel 72f Buchstabe a und Artikel 72h Buchstabe a dürfen Institute den Betrag einer Kaufposition in einem Kapitalinstrument oder einer Verbindlichkeit um den Anteil eines Indexes verringern, der aus derselben abgesicherten zugrunde liegenden Risikoposition besteht, sofern alle folgenden Bedingungen erfüllt sind:

a) Die abgesicherte Kaufposition und die zur Absicherung dieser Kaufposition verwendete Verkaufsposition in einem Index werden entweder beide im Handelsbuch oder beide im Anlagebuch gehalten;

b) die Positionen nach Buchstabe a werden in der Bilanz des Instituts mit dem beizulegenden Zeitwert ausgewiesen;

c) die Verkaufsposition nach Buchstabe a gilt nach den internen Kontrollverfahren des Instituts als wirksame Absicherung;

d) die zuständigen Behörden bewerten die Angemessenheit der unter Buchstabe c genannten internen Kontrollverfahren mindestens einmal jährlich und haben sich von deren andauernder Eignung überzeugt.

(2) Ein Institut darf vorbehaltlich der vorherigen Erlaubnis der zuständigen Behörde eine konservative Schätzung seiner zugrunde liegenden Risikoposition aus in Indizes enthaltenen Kapitalinstrumenten oder Verbindlichkeiten als Alternative zur Berechnung der Risikopositionen aus den unter einen oder mehrere der folgenden Punkte fallenden Posten vornehmen:

a) in Indizes enthaltene eigene Instrumente des harten Kernkapitals, des zusätzlichen Kernkapitals, des Ergänzungskapitals und Instrumente berücksichtigungsfähiger Verbindlichkeiten;

b) in Indizes enthaltene Instrumente des harten Kernkapitals, des zusätzlichen Kernkapitals und des Ergänzungskapitals von Unternehmen der Finanzbranche;

c) in Indizes enthaltene Instrumente berücksichtigungsfähiger Verbindlichkeiten von Instituten.

(3) Die zuständigen Behörden geben die vorherige Erlaubnis nach Absatz 2 nur dann, wenn das Institut ihnen hinreichend nachgewiesen hat, dass die Überwachung seiner zugrunde liegenden Risikopositionen aus den in einem oder gegebenenfalls mehreren Buchstaben von Absatz 2 genannten Posten mit hohem betrieblichem Aufwand verbunden wäre.

(4) *[1]* Die EBA arbeitet Entwürfe technischer Regulierungsstandards aus, in denen Folgendes präzisiert wird:

a) wann eine Schätzung nach Absatz 2, die als Alternative zur Berechnung der zugrunde liegenden Risikoposition vorgenommen wird, ausreichend konservativ ist,
b) welche Bedeutung der Begriff „hoher betrieblicher Aufwand" für die Zwecke von Absatz 3 hat.

[2] Die EBA übermittelt der Kommission diese Entwürfe technischer Regulierungsstandards bis zum 28. Juli 2013.

[3] Der Kommission wird die Befugnis übertragen, die technischen Regulierungsstandards nach Unterabsatz 1 gemäß den Artikeln 10 bis 14 der Verordnung (EU) Nr. 1093/2010 zu erlassen.

Art. 77 Bedingungen für die Verringerung von Eigenmitteln und berücksichtigungsfähigen Verbindlichkeiten. (1) Ein Institut holt für jede der folgenden Handlungen zuvor die Erlaubnis der zuständigen Behörde ein:
a) Verringerung, Tilgung oder Rückkauf von Instrumenten des harten Kernkapitals, die das Institut begeben hat, in einer gemäß dem einzelstaatlichen Recht zulässigen Weise;
b) Verringerung oder Ausschüttung des mit Eigenmittelinstrumenten verbundenen Agios oder dessen Neueinstufung als anderer Eigenmittelposten;
c) Kündigung, Tilgung, Rückzahlung oder Rückkauf von Instrumenten des zusätzlichen Kernkapitals oder des Ergänzungskapitals vor ihrer vertraglichen Fälligkeit.

(2) Ein Institut holt die vorherige Erlaubnis der Abwicklungsbehörde ein, wenn es nicht unter Absatz 1 fallende Instrumente berücksichtigungsfähiger Verbindlichkeiten vor ihrer vertraglichen Fälligkeit kündigen, tilgen, zurückzahlen oder zurückkaufen will.

Art. 78 Erlaubnis der Aufsichtsbehörden zur Verringerung von Eigenmitteln. (1) *[1]* Die zuständige Behörde gibt einem Institut die Erlaubnis zu Verringerung, Kündigung, Tilgung, Rückzahlung oder Rückkauf von Instrumenten des harten Kernkapitals, des zusätzlichen Kernkapitals oder des Ergänzungskapitals oder zu Verringerung, Ausschüttung oder Neueinstufung des mit solchen Instrumenten verbundenen Agios, wenn eine der folgenden Bedingungen erfüllt ist:
a) das Institut ersetzt die Instrumente oder das damit verbundene Agio nach Artikel 77 Absatz 1 vor oder gleichzeitig mit jeder der Handlungen nach Artikel 77 Absatz 1 durch Eigenmittelinstrumente zumindest gleicher Qualität zu Bedingungen, die im Hinblick auf die Ertragsmöglichkeiten des Instituts nachhaltig sind;
b) das Institut hat der zuständigen Behörde hinreichend nachgewiesen, dass seine Eigenmittel und berücksichtigungsfähigen Verbindlichkeiten nach der in Artikel 77 Absatz 1 dieser Verordnung genannten Handlung die Anforderungen nach dieser Verordnung und in den Richtlinien 2013/36/EU und 2014/59/EU um eine Spanne übersteigen, die die zuständige Behörde für erforderlich hält.

[2] [1] Trifft ein Institut ausreichende Vorkehrungen hinsichtlich seiner Fähigkeit, mit Eigenmitteln, die die in dieser Verordnung und der Richtlinie 2013/36/EU vorgeschriebenen Beträge übersteigen, tätig zu sein, so kann die zu-

ständige Behörde diesem Institut für jede der Handlungen nach Artikel 77 Absatz 1 dieser Verordnung eine allgemeine vorherige Erlaubnis erteilen, die Kriterien unterliegt, die sicherstellen, dass jede derartige künftige Handlung im Einklang mit den im vorliegenden Absatz unter den Buchstaben a und b festgelegten Bedingungen vonstattengeht. [2] Diese allgemeine vorherige Erlaubnis darf nur für einen bestimmten Zeitraum gewährt werden, der auf ein Jahr begrenzt ist und danach verlängert werden kann. [3] Die allgemeine vorherige Erlaubnis wird für einen bestimmten vorab festgelegten Betrag gewährt, der von der zuständigen Behörde bestimmt wird. [4] Bei Instrumenten des harten Kernkapitals ist dieser vorab festgelegte Betrag auf höchstens 3 % der einschlägigen Ausgabe beschränkt und darf 10 % des Betrags, um den das harte Kernkapital die Summe aus dem gemäß dieser Verordnung, der Richtlinie 2013/36/EU und der Richtlinie 2014/59/EU vorzuhaltenden harten Kernkapital übersteigt, sowie eine Spanne nicht übersteigen, die die zuständige Behörde für erforderlich hält. [5] Bei Instrumenten des zusätzlichen Kernkapitals oder Ergänzungskapitalinstrumenten ist dieser vorab festgelegte Betrag auf höchstens 10 % der einschlägigen Ausgabe beschränkt und darf 3 % des Gesamtbetrags der Umlaufinstrumente des zusätzlichen Eigenkapitals oder des Ergänzungskapitals, falls anwendbar, nicht übersteigen.

[3] Die zuständigen Behörden entziehen einem Institut die allgemeine vorherige Erlaubnis, wenn es die für die Zwecke der Erlaubnis maßgeblichen Kriterien nicht mehr erfüllt.

(2) Bei der Bewertung der Nachhaltigkeit der Ersatzinstrumente im Hinblick auf die Ertragsmöglichkeiten des Instituts gemäß Absatz 1 Buchstabe a berücksichtigen die zuständigen Behörden das Ausmaß, in dem diese Ersatz-Kapitalinstrumente kostspieliger für das Institut wären als die Kapitalinstrumente oder Agios, die sie ersetzen würden.

(3) Nimmt ein Institut eine in Artikel 77 Absatz 1 Buchstabe a genannte Handlung vor und ist die Verweigerung der Rückzahlung der in Artikel 27 genannten Instrumente des harten Kernkapitals nach einzelstaatlichem Recht verboten, so kann die zuständige Behörde eine Befreiung von den in Absatz 1 festgelegten Bedingungen unter der Voraussetzung gewähren, dass sie vom Institut eine angemessene Beschränkung der Rückzahlung solcher Instrumente verlangt.

(4) Die zuständigen Behörden können einem Institut die Kündigung, Tilgung bzw. Rückzahlung oder den Rückkauf von Instrumenten des zusätzlichen Kernkapitals oder des Ergänzungskapitals oder des damit verbundenen Agios innerhalb von fünf Jahren nach dem Zeitpunkt ihrer Ausgabe gestatten, wenn die Bedingungen nach Absatz 1 erfüllt sind sowie eine der folgenden Bedingungen zutrifft:

a) die aufsichtsrechtliche Einstufung der betreffenden Instrumente ändert sich, was wahrscheinlich zu ihrem Ausschluss aus den Eigenmitteln oder ihrer Neueinstufung als Eigenmittel geringerer Qualität führen würde, und die beiden folgenden Bedingungen sind erfüllt:
   i) die zuständige Behörde hält es für ausreichend sicher, dass eine solche Änderung stattfindet,
   ii) das Institut weist der zuständigen Behörde hinreichend nach, dass zum Zeitpunkt der Emission der Instrumente die aufsichtsrechtliche Neueinstufung nicht vernünftigerweise vorherzusehen war;

b) die geltende steuerliche Behandlung der betreffenden Instrumente ändert sich, und das Institut weist der zuständigen Behörde hinreichend nach, dass diese wesentlich ist und zum Zeitpunkt der Emission der Instrumente nicht vorherzusehen war;

c) die Instrumente und das damit verbundene Agio fallen unter den Bestandsschutz nach Artikel 494b;

d) das Institut ersetzt die Instrumente oder das damit verbundene Agio nach Artikel 77 Absatz 1 vor oder gleichzeitig mit der Handlung nach Artikel 77 Absatz 1 durch Eigenmittelinstrumente zumindest gleicher Qualität zu Bedingungen, die im Hinblick auf die Ertragsmöglichkeiten des Instituts nachhaltig sind, und die zuständige Behörde hat die Handlung auf der Grundlage der Feststellung erlaubt, dass sie aus aufsichtlicher Sicht vorteilhaft und durch außergewöhnliche Umstände gerechtfertigt ist;

e) die Instrumente des zusätzlichen Kernkapitals oder die Ergänzungskapitalinstrumente werden für Market-Making-Zwecke zurückgekauft.

(5) *[1]* Die EBA arbeitet Entwürfe technischer Regulierungsstandards aus, in denen Folgendes präzisiert wird:

a) die Bedeutung des Ausdrucks „im Hinblick auf die Ertragsmöglichkeiten des Instituts nachhaltig",

b) die angemessene Beschränkung der Rückzahlung im Sinne des Absatzes 3,

c) die Verfahrensanforderungen, einschließlich der Fristen und Modalitäten für die vorherige Erteilung der Erlaubnis durch die zuständigen Behörden für eine Handlung nach Artikel 77 Absatz 1, und die Datenanforderungen für den Antrag eines Instituts auf Erlaubnis der zuständigen Behörde zur Vornahme einer dort genannten Handlung, einschließlich des Verfahrens, das im Falle des Rückkaufs der an Genossen ausgegebenen Anteile anzuwenden ist, und der Fristen für die Bearbeitung eines solchen Antrags.

[2] Die EBA legt der Kommission diese Entwürfe technischer Regulierungsstandards bis zum 28. Juli 2013 vor.

[3] Der Kommission wird die Befugnis übertragen, die in Unterabsatz 1 genannten technischen Regulierungsstandards gemäß den Artikeln 10 bis 14 der Verordnung (EU) Nr. 1093/2010 zu erlassen.

Art. 78a Erlaubnis zur Verringerung von Instrumenten berücksichtigungsfähiger Verbindlichkeiten. (1) *[1]* Die Abwicklungsbehörde erteilt einem Institut die Erlaubnis zur Kündigung, zur Tilgung, zur Rückzahlung oder zum Rückkauf von Instrumenten berücksichtigungsfähiger Verbindlichkeiten, wenn eine der folgenden Bedingungen erfüllt ist:

a) das Institut ersetzt die Instrumente berücksichtigungsfähiger Verbindlichkeiten vor oder gleichzeitig mit jeder der Handlungen nach Artikel 77 Absatz 2 durch Eigenmittelinstrumente oder Instrumente berücksichtigungsfähiger Verbindlichkeiten zumindest gleicher Qualität zu Bedingungen, die im Hinblick auf die Ertragsmöglichkeiten des Instituts nachhaltig sind;

b) das Institut hat der Abwicklungsbehörde hinreichend nachgewiesen, dass seine Eigenmittel und berücksichtigungsfähigen Verbindlichkeiten nach der Handlung nach Artikel 77 Absatz 2 der vorliegenden Verordnung die Anforderungen an Eigenmittel und berücksichtigungsfähige Verbindlichkeiten nach dieser Verordnung, den Richtlinien 2013/36/EU und 2014/59/EU um eine Spanne übersteigen, die die Abwicklungsbehörde im Einvernehmen mit der zuständigen Behörde für erforderlich hält;

c) das Institut der Abwicklungsbehörde hinreichend nachgewiesen hat, dass die teilweise oder vollständige Ersetzung der berücksichtigungsfähigen Verbindlichkeiten durch Eigenmittelinstrumente erforderlich ist, um die Einhaltung der Eigenmittelanforderungen gemäß dieser Verordnung und der Richtlinie 2013/36/EU zum Zwecke einer dauerhaften Zulassung zu gewährleisten.

[2] [1] Trifft ein Institut ausreichende Vorkehrungen hinsichtlich seiner Fähigkeit, mit Eigenmitteln und berücksichtigungsfähigen Verbindlichkeiten, die den in den Anforderungen dieser Verordnung, der Richtlinien 2013/36/EU und 2014/59/EU festgelegten Betrag übersteigen, tätig zu sein, so kann die Abwicklungsbehörde nach Rücksprache mit der zuständigen Behörde diesem Institut vorab eine allgemeine Erlaubnis erteilen, Kündigungen, Tilgungen bzw. Rückzahlungen oder Rückkäufe von Instrumenten berücksichtigungsfähiger Verbindlichkeiten vorzunehmen, die Kriterien unterliegen, die sicherstellen, dass jede derartige künftige Handlung im Einklang mit den in diesem Absatz unter den Buchstaben a und b festgelegten Bedingungen vonstattengeht. [2] Diese allgemeine vorherige Erlaubnis darf nur für einen bestimmten Zeitraum gewährt werden, der auf ein Jahr begrenzt ist und danach verlängert werden kann. [3] Die allgemeine vorherige Erlaubnis wird für einen bestimmten vorab festgelegten Betrag gewährt, der von der Abwicklungsbehörde bestimmt wird. [4] Die Abwicklungsbehörden unterrichten die zuständigen Behörden über jedwede erteilte allgemeine vorherige Erlaubnis.

[3] Die Abwicklungsbehörde entzieht einem Institut die allgemeine vorherige Erlaubnis, wenn es die für die Zwecke der Erlaubnis maßgeblichen Kriterien nicht mehr erfüllt.

(2) Bei der Bewertung der Nachhaltigkeit der Ersatzinstrumente im Hinblick auf die Ertragsmöglichkeiten des Instituts nach Absatz 1 Buchstabe a berücksichtigen die Abwicklungsbehörden das Ausmaß, in dem diese Ersatz-Kapitalinstrumente oder diese als Ersatz dienenden berücksichtigungsfähigen Verbindlichkeiten kostspieliger für das Institut wären als die Instrumente, die sie ersetzen würden.

(3) *[1]* Die EBA arbeitet Entwürfe technischer Regulierungsstandards aus, in denen Folgendes präzisiert wird:

a) das Verfahren für die Zusammenarbeit zwischen der zuständigen Behörde und der Abwicklungsbehörde,

b) das Verfahren, einschließlich der Fristen und Informationsanforderungen, für die Erteilung der Erlaubnis gemäß Absatz 1 Unterabsatz 1,

c) das Verfahren, einschließlich der Fristen und Informationsanforderungen, für die Erteilung der allgemeinen vorherigen Erlaubnis gemäß Absatz 1 Unterabsatz 2,

d) die Bedeutung des Ausdrucks „im Hinblick auf die Ertragsmöglichkeiten des Instituts nachhaltig".

[2] Für die Zwecke von Unterabsatz 1 Buchstabe d dieses Absatzes werden die Entwürfe technischer Regulierungsstandards in vollem Umfang an den in Artikel 78 genannten delegierten Rechtsakt angeglichen.

[3] Die EBA übermittelt der Kommission diese Entwürfe technischer Regulierungsstandards bis zum 28. Dezember 2019.

[4] Der Kommission wird die Befugnis übertragen, die in Unterabsatz 1 genannten technischen Regulierungsstandards gemäß den Artikeln 10 bis 14 der Verordnung (EU) Nr. 1093/2010 zur Ergänzung dieser Verordnung zu erlassen.

Art. 79 Befristete Ausnahme vom Abzug von den Eigenmitteln und berücksichtigungsfähigen Verbindlichkeiten. (1) Hält ein Institut Kapitalinstrumente oder Verbindlichkeiten, die als Eigenmittelinstrumente eines Unternehmens der Finanzbranche oder als Instrumente berücksichtigungsfähiger Verbindlichkeiten eines Instituts gelten, und dienen diese Positionen nach Ansicht der zuständigen Behörde dem Zweck einer finanziellen Stützungsaktion zur Sanierung und Wiederherstellung der Existenzfähigkeit des genannten Unternehmens oder Instituts, so kann sie eine befristete Ausnahme von den ansonsten für diese Instrumente geltenden Abzugsbestimmungen gewähren.

(2) [1] Die EBA arbeitet Entwürfe technischer Regulierungsstandards zur Präzisierung des Konzepts der Befristung für die Zwecke von Absatz 1 und der Bedingungen, unter denen eine zuständige Behörde davon ausgehen kann, dass diese befristet gehaltenen Positionen dem Zweck einer finanziellen Stützungsaktion zur Sanierung und Rettung eines relevanten Unternehmens dienen.

[2] Die EBA übermittelt der Kommission diese Entwürfe technischer Regulierungsstandards bis zum 28. Juli 2013.

[3] Der Kommission wird die Befugnis übertragen, die technischen Regulierungsstandards nach Unterabsatz 1 gemäß den Artikeln 10 bis 14 der Verordnung (EU) Nr. 1093/2010 zu erlassen.

Art. 79a Bewertung der Einhaltung der Anforderungen an Eigenmittelinstrumente und Instrumente berücksichtigungsfähiger Verbindlichkeiten. [1] Die Institute müssen bei der Bewertung der Einhaltung der in Teil 2 festgelegten Anforderungen die wesentlichen Merkmale von Instrumenten und nicht nur deren rechtliche Form berücksichtigen. [2] Bei der Bewertung der wesentlichen Merkmale eines Instruments muss allen Vereinbarungen in Bezug auf die Instrumente Rechnung getragen werden, auch wenn diese nicht ausdrücklich in den Bedingungen der Instrumente selbst aufgeführt sind, damit bestimmt werden kann, dass die kombinierten wirtschaftlichen Auswirkungen dieser Vereinbarungen mit der Zielsetzung der einschlägigen Bestimmungen in Einklang stehen.

Art. 80 Kontinuierliche Prüfung der Qualität von Eigenmittelinstrumenten und Instrumenten berücksichtigungsfähiger Verbindlichkeiten. (1) [1] Die EBA überwacht die Qualität von Eigenmittelinstrumenten und Instrumenten berücksichtigungsfähiger Verbindlichkeiten, die Institute in der gesamten Union begeben, und unterrichtet die Kommission unverzüglich, wenn es signifikante Belege dafür gibt, dass jene Instrumente die jeweiligen in dieser Verordnung festgelegten Kriterien für die Berücksichtigungsfähigkeit nicht erfüllen.

[2] Die zuständigen Behörden übermitteln der EBA auf deren Ersuchen unverzüglich alle Angaben zu neu begebenen Kapitalinstrumenten oder neuen Arten von Verbindlichkeiten, die diese für erforderlich hält, um die Qualität der von Instituten in der gesamten Union begebenen Eigenmittelinstrumente

und Instrumente berücksichtigungsfähiger Verbindlichkeiten zu überwachen zu können.

(2) Eine Mitteilung umfasst Folgendes:

a) eine detaillierte Beschreibung der Art und des Ausmaßes der festgestellten Mängel,
b) technische Hinweise zu den Maßnahmen, die die Kommission nach Ansicht der EBA ergreifen sollte,
c) wichtige Entwicklungen in der EBA-Stresstestmethodik zur Prüfung der Solvenz von Instituten.

(3) Die EBA berät die Kommission zu technischen Aspekten jeglicher bedeutsamer Veränderungen, die ihrer Ansicht nach an der Definition von Eigenmitteln und berücksichtigungsfähigen Verbindlichkeiten in folgenden Fällen vorgenommen werden sollten:

a) bei einschlägigen Entwicklungen in Marktstandards oder -praxis,
b) bei Änderungen der einschlägigen Rechts- oder Rechnungslegungsstandards,
c) bei wichtigen Entwicklungen in der EBA-Stresstestmethodik zur Prüfung der Solvenz von Instituten.

(4) [1] Die EBA berät die Kommission bis zum 1. Januar 2014 zu technischen Aspekten eines anderen Umgangs mit zeitwertbilanzierten nicht realisierten Gewinnen als der ohne Anpassung vorgenommenen Zurechnung zum harten Kernkapital. [2] Bei einschlägigen Empfehlungen werden relevante Entwicklungen bei den internationalen Rechnungslegungsstandards und den internationalen Vereinbarungen über Aufsichtsstandards für Banken berücksichtigt.

Titel II. Minderheitsbeteiligungen und durch Tochterunternehmen begebene Instrumente des zusätzlichen Kernkapitals und des Ergänzungskapitals

Art. 81 Minderheitsbeteiligungen, die zum konsolidierten harten Kernkapital zählen. (1) Minderheitsbeteiligungen umfassen die Summe der Posten des harten Kernkapitals eines Tochterunternehmens, wenn die folgenden Bedingungen erfüllt sind:

a) Das Tochterunternehmen ist
   i) ein Institut,
   ii) ein Unternehmen, das gemäß den anwendbaren nationalen Rechtsvorschriften den Anforderungen dieser Verordnung und der Richtlinie 2013/36/EU unterliegt,
   iii) eine zwischengeschaltete Finanzholdinggesellschaft oder eine zwischengeschaltete Finanzholdinggesellschaft, die den Anforderungen der vorliegenden Verordnung auf teilkonsolidierter Basis unterliegt, oder eine Investmentholdinggesellschaft, die den Anforderungen der Verordnung (EU) 2019/2033[1)] auf konsolidierter Basis unterliegt,
   iv) eine Wertpapierfirma,
   v) eine zwischengeschaltete Finanzholdinggesellschaft in einem Drittland, die genauso strengen Aufsichtsanforderungen unterliegt wie sie für Kre-

---

[1)] Nr. 7.

ditinstitute dieses Drittlands gelten, und bezüglich derer die Kommission gemäß Artikel 107 Absatz 4 einen Beschluss erlassen hat, dass diese Aufsichtsanforderungen den in dieser Verordnung enthaltenen Vorschriften mindestens gleichwertig sind,

b) das Tochterunternehmen ist vollständig in die Konsolidierung nach Teil 1 Titel II Kapitel 2 einbezogen;

c) die im einleitenden Teil dieses Absatzes genannten Posten des harten Kernkapitals sind Eigentum anderer Personen als der in die Konsolidierung nach Teil 1 Titel II Kapitel 2 einbezogenen Unternehmen.

(2) Minderheitsbeteiligungen, die das Mutterunternehmen des Instituts oder seine Tochterunternehmen über eine Zweckgesellschaft oder anderweitig direkt oder indirekt finanzieren, zählen nicht zum konsolidierten harten Kernkapital.

Art. 82 Qualifiziertes zusätzliches Kernkapital, Kernkapital, Ergänzungskapital und qualifizierte Eigenmittel. Qualifiziertes zusätzliches Kernkapital, Kernkapital, Ergänzungskapital und qualifizierte Eigenmittel umfassen die Minderheitsbeteiligungen und die Instrumente des zusätzlichen Kernkapitals bzw. des Ergänzungskapitals, zuzüglich der verbundenen Agios, eines Tochterunternehmens, wenn die folgenden Bedingungen erfüllt sind:

a) Das Tochterunternehmen ist
   i) ein Institut,
   ii) ein Unternehmen, das gemäß den anwendbaren nationalen Rechtsvorschriften den Anforderungen dieser Verordnung und der Richtlinie 2013/36/EU unterliegt,
   iii) eine zwischengeschaltete Finanzholdinggesellschaft oder eine zwischengeschaltete Finanzholdinggesellschaft, die den Anforderungen der vorliegenden Verordnung auf teilkonsolidierter Basis unterliegt, oder eine Investmentholdinggesellschaft, die den Anforderungen der Verordnung (EU) 2019/2033[1] auf konsolidierter Basis unterliegt,
   iv) eine Wertpapierfirma,
   v) eine zwischengeschaltete Finanzholdinggesellschaft in einem Drittland, die genauso strengen Aufsichtsanforderungen unterliegt wie sie für Kreditinstitute dieses Drittlands gelten, und bezüglich derer die Kommission gemäß Artikel 107 Absatz 4 einen Beschluss erlassen hat, dass diese Aufsichtsanforderungen den in dieser Verordnung enthaltenen Vorschriften mindestens gleichwertig sind,

b) das Tochterunternehmen ist vollständig in die Konsolidierung nach Teil 1 Titel II Kapitel 2 einbezogen;

c) die im einleitenden Teil des vorliegenden Absatzes genannten Posten des harten Kernkapitals, des zusätzlichen Kernkapitals und des Ergänzungskapitals sind Eigentum anderer Personen als der in die Konsolidierung nach Teil 1 Titel II Kapitel 2 einbezogenen Unternehmen.

Art. 83 Qualifiziertes zusätzliches Kernkapital und Ergänzungskapital einer Zweckgesellschaft. (1) *[1]* Von einer Zweckgesellschaft begebene Instrumente des zusätzlichen Kernkapitals und des Ergänzungskapitals und das

---

[1] Nr. **7**.

damit verbundene Agio zählen nur dann bis zum 31. Dezember 2021 zum qualifizierten zusätzlichen Kernkapital, Kernkapital, Ergänzungskapital bzw. den qualifizierten Eigenmitteln, wenn die folgenden Bedingungen erfüllt sind:

a) Die Zweckgesellschaft, die die betreffenden Instrumente begibt, ist vollständig in die Konsolidierung nach Teil 1 Titel II Kapitel 2 einbezogen,[1)]

b) die Instrumente und das verbundene Agio werden dem qualifizierten zusätzlichen Kernkapital nur zugerechnet, wenn die Bedingungen des Artikels 52 Absatz 1 erfüllt sind,

c) die Instrumente und das verbundene Agio werden dem qualifizierten Ergänzungskapital nur zugerechnet, wenn die Bedingungen des Artikels 63 erfüllt sind,

d) der einzige Vermögenswert der Zweckgesellschaft ist ihre Beteiligung an den Eigenmitteln des Mutterunternehmens oder eines vollständig in die Konsolidierung nach Teil 1 Titel II Kapitel 2 einbezogenen Tochterunternehmens dieses Mutterunternehmens, der aufgrund seiner Form den Bedingungen des Artikels 52 Absatz 1 bzw. Artikel 63 genügt.

[2] Ist die zuständige Behörde der Ansicht, dass die Vermögenswerte einer Zweckgesellschaft, die nicht deren Anteil an den Eigenmitteln des Mutterunternehmens oder eines in die Konsolidierung nach Teil 1 Titel II Kapitel 2 einbezogenen Tochterunternehmens dieses Mutterunternehmens sind, sehr gering und für die Gesellschaft nicht wesentlich sind, so kann sie davon absehen, die Bedingung nach Unterabsatz 1 Buchstabe d anzuwenden.

(2) *[1]* Die EBA arbeitet Entwürfe technischer Regulierungsstandards zur Klärung der Arten von Vermögenswerten, die dem Betrieb von Zweckgesellschaften zugeordnet werden können, und der in Absatz 1 Unterabsatz 2 genannten Konzepte des sehr geringen und nicht signifikanten Vermögenswerts aus.

[2] Die EBA übermittelt der Kommission diese Entwürfe technischer Regulierungsstandards bis zum 28. Juli 2013.

[3] Der Kommission wird die Befugnis übertragen, die technischen Regulierungsstandards nach Unterabsatz 1 gemäß den Artikeln 10 bis 14 der Verordnung (EU) Nr. 1093/2010 zu erlassen.

Art. 84 Zum konsolidierten harten Kernkapital gerechnete Minderheitsbeteiligungen. (1) Die Institute ermitteln den Betrag der Minderheitsbeteiligungen eines Tochterunternehmens, die dem konsolidierten harten Kernkapital zugerechnet werden, indem sie von den Minderheitsbeteiligungen des betreffenden Unternehmens das Ergebnis der Multiplikation des unter Buchstabe a genannten Betrags mit dem unter Buchstabe b genannten Prozentsatz abziehen, wie folgt:

a) hartes Kernkapital des Tochterunternehmens, abzüglich des niedrigeren Wertes

i) des Betrags des harten Kernkapitals des betreffenden Tochterunternehmens, der erforderlich ist, um

– die Summe aus der Anforderung nach Artikel 92 Absatz 1 Buchstabe a der vorliegenden Verordnung, den Anforderungen nach den Artikeln

---

[1)] Komma fehlt im ABl.EU.

458 und 459 der vorliegenden Verordnung, den speziellen Eigenmittelanforderungen nach Artikel 104 der Richtlinie 2013/36/EU, der kombinierten Kapitalpufferanforderung im Sinne des Artikels 128 Nummer 6 jener Richtlinie und etwaigen zusätzlichen lokalen aufsichtsrechtlichen Vorschriften dritter Länder zu erreichen, soweit das harte Kernkapital diese Anforderungen erfüllen muss;

– (wenn das Tochterunternehmen eine Wertpapierfirma ist) die Summe aus der Anforderung nach Artikel 11 der Verordnung (EU) 2019/2033[1)], den speziellen Eigenmittelanforderungen nach Artikel 39 Absatz 2 Buchstabe a der Richtlinie (EU) 2019/2034 über die Beaufsichtigung von Wertpapierfirmen und etwaigen zusätzlichen lokalen aufsichtsrechtlichen Vorschriften dritter Länder zu erreichen, soweit das harte Kernkapital diese Anforderungen erfüllen muss;

ii) des sich auf jenes Tochterunternehmen beziehenden Betrags des konsolidierten harten Kernkapitals, der auf konsolidierter Basis erforderlich ist, um die Summe aus der Anforderung nach Artikel 92 Absatz 1 Buchstabe a der vorliegenden Verordnung, den Anforderungen nach den Artikeln 458 und 459 der vorliegenden Verordnung, den speziellen Eigenmittelanforderungen nach Artikel 104 der Richtlinie 2013/36/EU, der kombinierten Kapitalpufferanforderung im Sinne des Artikels 128 Nummer 6 jener Richtlinie und etwaigen zusätzlichen lokalen aufsichtsrechtlichen Vorschriften dritter Länder zu erreichen, soweit das harte Kernkapital diese Anforderungen erfüllen muss;

b) Minderheitsbeteiligungen des Tochterunternehmens, ausgedrückt als Prozentanteil aller Posten des harten Kernkapitals des betreffenden Unternehmens.

(2) *[1]* Die Berechnung nach Absatz 1 wird auf teilkonsolidierter Basis für jedes Tochterunternehmen gemäß Artikel 81 Absatz 1 vorgenommen.

[2] [1] Ein Institut kann entscheiden, diese Berechnung für ein Tochterunternehmen im Sinne des Artikels 81 Absatz 1 nicht vorzunehmen. [2] In diesem Fall darf die Minderheitsbeteiligung jenes Tochterunternehmens nicht dem konsolidierten harten Kernkapital zugerechnet werden.

(3) Sieht eine zuständige Behörde gemäß Artikel 7 der vorliegenden Verordnung oder gegebenenfalls gemäß Artikel 6 der Verordnung (EU) 2019/2033 von der Anwendung der Aufsichtsanforderungen auf Einzelbasis ab, werden Minderheitsbeteiligungen innerhalb der Tochterunternehmen, für die die Ausnahme gilt, nicht den Eigenmitteln auf teilkonsolidierter bzw. konsolidierter Basis zugerechnet.

(4) *[1]* Die EBA arbeitet Entwürfe technischer Regulierungsstandards zur Spezifizierung der Teilkonsolidierungsberechnung aus, die für Absatz 2 und für die Artikel 85 und 87 erforderlich ist.

[2] Die EBA übermittelt der Kommission diese Entwürfe technischer Regulierungsstandards bis zum 28. Juli 2013.

[3] Der Kommission wird die Befugnis übertragen, die technischen Regulierungsstandards nach Unterabsatz 1 gemäß den Artikeln 10 bis 14 der Verordnung (EU) Nr. 1093/2010 zu erlassen.

[1)] Nr. **7**.

(5) *[1]* Die zuständigen Behörden können eine Mutterfinanzholdinggesellschaft, die alle nachstehenden Voraussetzungen erfüllt, von der Anwendung dieses Artikels ausnehmen:

a) Haupttätigkeit der Gesellschaft ist der Erwerb von Beteiligungen,

b) sie unterliegt einer Aufsicht auf konsolidierter Basis,

c) zu ihrem Konsolidierungskreis gehört ein Tochterinstitut, an dem sie – gemäß der Definition eines Kontrollverhältnisses des Artikels 1 der Richtlinie 83/349/EWG – nur eine Minderheitsbeteiligung hält,

d) bei einer Berechnung auf teilkonsolidierter Basis stammt das geforderte konsolidierte harte Kernkapital zu mehr als 90 % von dem Tochterinstitut nach Buchstabe c.

[2] Wird eine Mutterfinanzholdinggesellschaft, die alle Voraussetzungen des Unterabsatzes 1 erfüllt, nach dem 28. Juni 2013 zu einer gemischten Finanzholdinggesellschaft, können die zuständigen Behörden die Freistellung nach Unterabsatz 1 dieser gemischten Mutterfinanzholdinggesellschaft gewähren, sofern sie die Voraussetzungen des Unterabsatzes 1 erfüllt.

(6) Wenn Kreditinstitute, die in einem Verbund einer Zentralorganisation ständig zugeordnet sind, und Institute, die einem institutsbezogenen Sicherungssystem unter den Bedingungen des Artikels 113 Absatz 7 angeschlossen sind, einen Haftungsverbund eingerichtet haben, *dass*[1] sicherstellt, dass einer Übertragung von Eigenmitteln von der Gegenpartei auf das Kreditinstitut über die aufsichtsrechtlichen Anforderungen hinaus keine vorhandenen oder absehbaren wesentlichen, tatsächlichen oder rechtlichen Hindernisse entgegenstehen, werden diese Institute von den Bestimmungen dieses Artikels bezüglich Abzügen befreit und dürfen Minderheitsbeteiligungen innerhalb des Haftungsverbunds vollständig anrechnen.

Art. 85 Zum konsolidierten Kernkapital zählende qualifizierte Kernkapitalinstrumente. (1) Die Institute ermitteln den Betrag des zu den konsolidierten Eigenmitteln zählenden qualifizierten Kernkapitals eines Tochterunternehmens, indem sie von dem qualifizierten Kernkapital des betreffenden Unternehmens das Ergebnis der Multiplikation des unter Buchstabe a genannten Betrags mit dem unter Buchstabe b genannten Prozentsatz abziehen, wie folgt:

a) Kernkapital des Tochterunternehmens, abzüglich des niedrigeren Wertes

i) des Betrags des Kernkapitals des betreffenden Tochterunternehmens, der erforderlich ist, um

– die Summe aus der Anforderung nach Artikel 92 Absatz 1 Buchstabe b der vorliegenden Verordnung, den Anforderungen nach den Artikeln 458 und 459 der vorliegenden Verordnung, den speziellen Eigenmittelanforderungen nach Artikel 104 der Richtlinie 2013/36/EU, der kombinierten Kapitalpufferanforderung im Sinne des Artikels 128 Nummer 6 jener Richtlinie und etwaigen zusätzlichen lokalen aufsichtsrechtlichen Vorschriften dritter Länder zu erreichen, soweit das Kernkapital diese Anforderungen erfüllen muss;

[1] Richtig wohl: „der".

– wenn das Tochterunternehmen eine Wertpapierfirma ist – die Summe aus der Anforderung nach Artikel 11 der Verordnung 2019/2033[1], den spezifischen Eigenmittelanforderungen nach Artikel 39 Absatz 2 Buchstabe a der Richtlinie 2019/2034 und etwaigen zusätzlichen lokalen aufsichtsrechtlichen Vorschriften dritter Länder zu erreichen, soweit das Kernkapital diese Anforderungen erfüllen muss;

ii) des sich auf das Tochterunternehmen beziehenden Betrags des konsolidierten Kernkapitals, der auf konsolidierter Basis erforderlich ist, um die Summe aus der Anforderung nach Artikel 92 Absatz 1 Buchstabe b der vorliegenden Verordnung, den Anforderungen nach den Artikeln 458 und 459 der vorliegenden Verordnung, den speziellen Eigenmittelanforderungen nach Artikel 104 der Richtlinie 2013/36/EU, der kombinierten Kapitalpufferanforderung im Sinne des Artikels 128 Nummer 6 jener Richtlinie und etwaigen zusätzlichen lokalen aufsichtsrechtlichen Vorschriften dritter Länder zu erreichen, soweit das Kernkapital diese Anforderungen erfüllen muss;

b) qualifiziertes Kernkapital des Tochterunternehmens, ausgedrückt als Prozentanteil aller Posten des harten Kernkapitals und zusätzlichem Kernkapital des betreffenden Unternehmens.

(2) *[1]* Die Berechnung nach Absatz 1 wird auf teilkonsolidierter Basis für jedes Tochterunternehmen gemäß Artikel 81 Absatz 1 vorgenommen.

[2] [1] Ein Institut kann entscheiden, diese Berechnung für ein Tochterunternehmen im Sinne des Artikels 81 Absatz 1 nicht vorzunehmen. [2] In diesem Fall darf das qualifizierte Kernkapital dieses Tochterunternehmens nicht dem konsolidierten Kernkapital zugerechnet werden.

(3) Sieht eine zuständige Behörde gemäß Artikel 7 der vorliegenden Verordnung bzw. gemäß Artikel 6 der Verordnung (EU) 2019/2033 von der Anwendung der Aufsichtsanforderungen auf Einzelbasis ab, werden Instrumente des Kernkapitals innerhalb der Tochterunternehmen, für die die Ausnahme gilt, nicht den Eigenmitteln auf teilkonsolidierter bzw. konsolidierter Basis zugerechnet.

Art. 86 Zum konsolidierten zusätzlichen Kernkapital zählendes qualifiziertes Kernkapital. Unbeschadet des Artikels 84 Absätze 5 oder 6 ermitteln Institute den Betrag des zum konsolidierten zusätzlichen Kernkapital zählenden qualifizierten Kernkapitals eines Tochterunternehmens, indem sie vom qualifizierten Kernkapital des betreffenden Unternehmens, das zum konsolidierten Kernkapital zählt, die Minderheitsbeteiligungen des betreffenden Unternehmens, die dem konsolidierten harten Kernkapital zugerechnet werden, abziehen.

Art. 87 Zu den konsolidierten Eigenmitteln zählende qualifizierte Eigenmittel. (1) Die Institute ermitteln den Betrag der zu den konsolidierten Eigenmitteln zählenden qualifizierten Eigenmittel eines Tochterunternehmens, indem sie von den qualifizierten Eigenmitteln des betreffenden Unternehmens das Ergebnis der Multiplikation des unter Buchstabe a genannten Betrags mit dem unter Buchstabe b genannten Prozentsatz abziehen, wie folgt:

---

[1] Nr. 7.

a) Eigenmittel des Tochterunternehmens, abzüglich des niedrigeren Wertes
   i) des Betrags der Eigenmittel des Tochterunternehmens, der erforderlich ist, um
      – die Summe aus der Anforderung nach Artikel 92 Absatz 1 Buchstabe c der vorliegenden Verordnung, den Anforderungen nach den Artikeln 458 und 459 der vorliegenden Verordnung, den speziellen Eigenmittelanforderungen nach Artikel 104 der Richtlinie 2013/36/EU, der kombinierten Kapitalpufferanforderung im Sinne des Artikels 128 Nummer 6 jener Richtlinie und etwaigen zusätzlichen lokalen aufsichtsrechtlichen Vorschriften dritter Länder zu erreichen;
      – wenn das Tochterunternehmen eine Wertpapierfirma ist — die Summe aus der Anforderung nach Artikel 11 der Verordnung (EU) 2019/2033[1)], den spezifischen Eigenmittelanforderungen nach Artikel 39 Absatz 2 Buchstabe a der Richtlinie 2019/2034 und etwaigen zusätzlichen lokalen aufsichtsrechtlichen Vorschriften dritter Länder zu erreichen;
   ii) des sich auf das Tochterunternehmen beziehenden Betrags der Eigenmittel, der auf konsolidierter Basis erforderlich ist, um die Summe aus der Anforderung nach Artikel 92 Absatz 1 Buchstabe c der vorliegenden Verordnung, den Anforderungen nach den Artikeln 458 und 459 der vorliegenden Verordnung, den speziellen Eigenmittelanforderungen nach Artikel 104 der Richtlinie 2013/36/EU, der kombinierten Kapitalpufferanforderung im Sinne des Artikels 128 Nummer 6 jener Richtlinie und etwaigen zusätzlichen lokalen aufsichtsrechtlichen Vorschriften dritter Länder zu erreichen;

b) qualifizierte Eigenmittel des Unternehmens, ausgedrückt als Prozentanteil der Summe aller Posten des harten Kernkapitals, des zusätzlichen Kernkapitals und des Ergänzungskapitals des betreffenden Unternehmens, mit Ausnahme der in Artikel 62 Buchstaben c und d genannten Beträge.

(2) *[1]* Die Berechnung nach Absatz 1 wird auf teilkonsolidierter Basis für jedes Tochterunternehmen gemäß Artikel 81 Absatz 1 vorgenommen.

[2] [1] Ein Institut kann sich dafür entscheiden, diese Berechnung für ein Tochterunternehmen im Sinne des Artikels 81 Absatz 1 nicht vorzunehmen. [2] In diesem Fall dürfen die qualifizierten Eigenmittel dieser Tochtergesellschaft nicht den konsolidierten Eigenmitteln zugerechnet werden.

(3) Sieht eine zuständige Behörde gemäß Artikel 7 der vorliegenden Verordnung bzw. gemäß Artikel 6 der Verordnung 2019/2033 von der Anwendung der Aufsichtsanforderungen auf Einzelbasis ab, werden Eigenmittelinstrumente innerhalb der Tochterunternehmen, für die die Ausnahme gilt, nicht den Eigenmitteln auf teilkonsolidierter bzw. konsolidierter Basis zugerechnet.

Art. 88 Zum konsolidierten Ergänzungskapital zählende qualifizierte Eigenmittelinstrumente. Unbeschadet des Artikels 84 Absätze 5 und 6 ermitteln Institute den Betrag der zum konsolidierten Ergänzungskapital zählenden qualifizierten Eigenmittel eines Tochterunternehmens, indem sie von den qualifizierten Eigenmitteln des betreffenden Unternehmens, die zu den konsolidierten Eigenmitteln zählen, das qualifizierte Kernkapital des betreffenden Unternehmens, das zum konsolidierten Kernkapital zählt, abziehen.

[1)] Nr. **7**.

Art. 88a Qualifizierte Instrumente berücksichtigungsfähiger Verbindlichkeiten. Verbindlichkeiten, die von einem in der Union ansässigen Tochterunternehmen, das Teil derselben Abwicklungsgruppe ist wie die Abwicklungseinheit, ausgegeben werden, können den konsolidierten Instrumenten berücksichtigungsfähiger Verbindlichkeiten eines Instituts, das Artikel 92a unterliegt, zugerechnet werden, sofern alle folgenden Bedingungen erfüllt sind:

a) Sie werden gemäß Artikel 45f Absatz 2 Buchstabe a der Richtlinie 2014/59/EU ausgegeben;

b) sie werden von einem vorhandenen Anteilseigner, der nicht Teil derselben Abwicklungsgruppe ist, erworben, sofern die Ausübung der Herabschreibungs- oder Umwandlungsbefugnisse gemäß den Artikeln 59 bis 62 der Richtlinie 2014/59/EU die Kontrolle des Tochterunternehmens durch die Abwicklungseinheit nicht beeinträchtigt;

c) sie übersteigen nicht den Betrag, der sich nach Abzug des Betrags nach Ziffer i von dem Betrag nach Ziffer ii ergibt:

i) Summe der Verbindlichkeiten, die an die Abwicklungseinheit begeben und von dieser erworben werden, entweder direkt oder indirekt über andere Unternehmen derselben Abwicklungsgruppe, und der Betrag der gemäß Artikel 45f Absatz 2 Buchstabe b der Richtlinie 2014/59/EU begebenen Eigenmittelinstrumente;

ii) gemäß Artikel 45f Absatz 1 der Richtlinie 2014/59/EU erforderlicher Betrag.

Titel III. Qualifizierte Beteiligungen außerhalb des Finanzsektors

Art. 89 Risikogewichtung und Verbot qualifizierter Beteiligungen außerhalb des Finanzsektors. (1) Qualifizierte Beteiligungen, deren Betrag 15 % der anrechenbaren Eigenmittel des Instituts überschreitet, unterliegen den Bestimmungen von Absatz 3, wenn sie an einem anderen als den nachstehend genannten Unternehmen gehalten werden:

a) einem Unternehmen der Finanzbranche,

b) einem Unternehmen, das kein Unternehmen der Finanzbranche ist und Tätigkeiten ausübt, die nach Ansicht der zuständigen Behörde eine der folgenden Tätigkeiten ist:

i) eine direkte Verlängerung der Banktätigkeit,

ii) eine Hilfstätigkeit zur Banktätigkeit,

iii) Leasing, Factoring, Verwaltung von Investmentfonds oder von Rechenzentren oder andere ähnliche Tätigkeiten.

(2) Der Gesamtbetrag der qualifizierten Beteiligungen eines Instituts an anderen als den unter Absatz 1 Buchstaben a und b genannten Unternehmen, der 60 % der anrechenbaren Eigenmittel des Instituts überschreitet, unterliegt den Bestimmungen von Absatz 3.

(3) *[1]* Die zuständigen Behörden wenden auf die in den Absätzen 1 und 2 genannten qualifizierten Beteiligungen von Instituten die Bestimmungen der Buchstaben a oder b an:

a) Zur Berechnung der Mindestkapitalanforderung gemäß Teil 3 wenden die Institute auf den größeren der folgenden Beträge ein Risikogewicht von 1 250 % an:

i) den Betrag der in Absatz 1 genannten qualifizierten Beteiligungen, der 15 % der anrechenbaren Eigenmittel des Instituts überschreitet,

ii) den Gesamtbetrag der in Absatz 2 genannten qualifizierten Beteiligungen, der 60 % der anrechenbaren Eigenmittel des Instituts überschreitet,

b) die zuständigen Behörden untersagen Instituten das Halten der in den Absätzen 1 und 2 genannten qualifizierten Beteiligungen, deren Betrag den in diesen Absätzen festgelegten Prozentanteil an den anrechenbaren Eigenmitteln des Instituts überschreitet.

[2] Die zuständigen Behörden machen ihre Entscheidung für den Buchstaben a oder den Buchstaben b bekannt.

(4) *[1]* Für die Zwecke des Absatzes 1 Buchstabe b gibt die EBA Leitlinien zur Präzisierung folgender Begriffe heraus:

a) Tätigkeiten, die eine direkte Verlängerung zur Banktätigkeit darstellen,

b) Hilfstätigkeiten zur Banktätigkeit,

c) ähnliche Tätigkeiten.

[2] Diese Leitlinien werden gemäß Artikel 16 der Verordnung (EU) Nr. 1093/2010 angenommen.

Art. 90 Alternative zum Risikogewicht von 1 250 %. Alternativ zur Anwendung eines Risikogewichts von 1 250 % auf Beträge, die die Höchstgrenzen nach Artikel 89 Absätze 1 und 2 überschreiten, dürfen Institute diese Beträge gemäß Artikel 36 Absatz 1 Buchstabe k von den Posten des harten Kernkapitals abziehen.

Art. 91 Ausnahmen. (1) Aktien oder Anteile anderer Unternehmen als der im Sinne des Artikels 89 Absatz 1 Buchstaben a und b werden bei der Berechnung der Höchstgrenzen jenes Artikels für die anrechenbaren Eigenmittel nicht berücksichtigt, wenn eine der folgenden Bedingungen zutrifft:

a) die Aktien oder Anteile werden vorübergehend für eine finanzielle Stützungsaktion im Sinne des Artikels 79 gehalten,

b) diese gehaltenen Aktien oder Anteile sind eine mit einer Übernahmegarantie versehene Position, die seit höchstens fünf Arbeitstagen gehalten wird,

c) die Aktien oder Anteile werden im Namen des Instituts und für Rechnung Dritter gehalten.

(2) Aktien oder Anteile, die keine Finanzanlagen im Sinne des Artikels 35 Absatz 2 der Richtlinie 86/635/EWG sind, werden in die Berechnung nach Artikel 89 nicht einbezogen.

Teil 3. Eigenmittelanforderungen

Titel I. Allgemeine Anforderungen, Bewertung und Meldung

Kapitel 1. Mindesthöhe der Eigenmittel

Abschnitt 1. Eigenmittelanforderungen an Institute

Art. 92 Eigenmittelanforderungen. (1) Unbeschadet der Artikel 93 und 94 müssen Institute zu jedem Zeitpunkt folgende Eigenmittelanforderungen erfüllen:

a) eine harte Kernkapitalquote von 4,5 %,

b) eine Kernkapitalquote von 6 %,
c) eine Gesamtkapitalquote von 8 %,
d) eine Verschuldungsquote von 3 %.

(2) Die Institute berechnen ihre Kapitalquoten wie folgt:

a) Die harte Kernkapitalquote ergibt sich aus dem harten Kernkapital des Instituts, ausgedrückt als Prozentsatz des Gesamtrisikobetrags,
b) die Kernkapitalquote ergibt sich aus dem Kernkapital des Instituts, ausgedrückt als Prozentsatz des Gesamtrisikobetrags,
c) die Gesamtkapitalquote ergibt sich aus den Eigenmitteln des Instituts, ausgedrückt als Prozentsatz des Gesamtrisikobetrags.

(3) Der Gesamtrisikobetrag berechnet sich als Summe der Elemente unter den Buchstaben a bis f dieses Absatzes unter Berücksichtigung der Anforderungen nach Absatz 4:

a) die gemäß Titel II und Artikel 379 berechneten risikogewichteten Positionsbeträge für das Kredit- und das Verwässerungsrisiko in allen Geschäftsfeldern eines Instituts, ausschließlich der risikogewichteten Positionsbeträge aus der Handelsbuchtätigkeit des Instituts,
b) die Eigenmittelanforderungen für die Handelsbuchtätigkeiten des Instituts für
   i) das gemäß Titel IV dieses Teils ermittelte Marktrisiko, ausgenommen die Ansätze nach den Kapiteln 1a und 1b des genannten Titels;
   ii) die gemäß Teil 4 ermittelten Großkredite oberhalb der Obergrenzen gemäß Artikel 395 bis 401, soweit dem Institut eine Überschreitung jener Obergrenzen gestattet ist;
c) die gemäß Titel IV dieses Teils ermittelten Eigenmittelanforderungen für das Marktrisiko für sämtliche Geschäftstätigkeiten, die ein Fremdwährungsrisiko oder ein Warenpositionsrisiko bergen, ausgenommen die Ansätze nach den Kapiteln 1a und 1b des genannten Titels;
ca) die gemäß Titel V dieses Teils mit Ausnahme des Artikels 379 für das Abwicklungsrisiko berechneten Eigenmittelanforderungen,
d) die gemäß Titel VI berechneten Eigenmittelanforderungen für das Risiko einer Anpassung der Kreditbewertung bei OTC-Derivaten außer anerkannten Kreditderivaten zur Verringerung der risikogewichteten Positionsbeträge für das Kreditrisiko,
e) die gemäß Titel III bestimmten Eigenmittelanforderungen für das operationelle Risiko,
f) die gemäß Titel II ermittelten risikogewichteten Positionsbeträge für das Gegenparteirisiko aus der Handelsbuchtätigkeit des Instituts für folgende Arten von Geschäften und Vereinbarungen:
   i) in Anhang II genannte Geschäfte sowie Kreditderivate,
   ii) Pensionsgeschäfte, Wertpapier- oder Warenverleih- oder -leihgeschäfte,
   iii) Lombardgeschäfte auf der Grundlage von Wertpapieren oder Waren,
   iv) Geschäfte mit langer Abwicklungsfrist.

(4) Für die Berechnung des in Absatz 3 genannten Gesamtrisikobetrags gelten folgende Bestimmungen:

a) die Eigenmittelanforderungen nach Absatz 3 Buchstaben c bis e umfassen die Anforderungen aus allen Geschäftsfeldern eines Instituts;
b) die Institute multiplizieren die Eigenmittelanforderungen nach Absatz 3 Buchstaben b bis e mit dem Faktor 12,5.

Art. 92a Anforderungen an Eigenmittel und berücksichtigungsfähige Verbindlichkeiten für G-SRI. (1) Vorbehaltlich der Artikel 93 und 94 und der in Absatz 2 dieses Artikels genannten Ausnahmeregelungen müssen als Abwicklungseinheiten eingestufte Institute, bei denen es sich um G-SRI-Einheiten handelt, zu jedem Zeitpunkt die folgenden Anforderungen an die Eigenmittel und berücksichtigungsfähigen Verbindlichkeiten erfüllen:
a) eine risikobasierte Quote von 18 %, die den Eigenmitteln und berücksichtigungsfähigen Verbindlichkeiten des Instituts, ausgedrückt als Prozentsatz des gemäß Artikel 92 Absätze 3 und 4 berechneten Gesamtrisikobetrags, entspricht;
b) eine nicht-risikobasierte Quote von 6,75 %, die den Eigenmitteln und berücksichtigungsfähigen Verbindlichkeiten des Instituts, ausgedrückt als Prozentsatz der Gesamtrisikopositionsmessgröße nach Artikel 429 Absatz 4, entspricht.

(2) Die in Absatz 1 festgelegten Anforderungen finden in folgenden Zeiträumen keine Anwendung:
a) für einen Zeitraum von drei Jahren ab dem Tag, an dem das Institut oder die Gruppe, der das Institut angehört, als G-SRI eingestuft wurde;
b) für einen Zeitraum von zwei Jahren ab dem Tag, an dem die Abwicklungsbehörde das Bail-in-Instrument im Einklang mit der Richtlinie 2014/59/EU angewandt hat;
c) für einen Zeitraum von zwei Jahren ab dem Tag, an dem die Abwicklungseinheit eine alternative Maßnahme der Privatwirtschaft nach Artikel 32 Absatz 1 Buchstabe b der Richtlinie 2014/59/EU eingeführt hat, durch die Kapitalinstrumente und andere Verbindlichkeiten herabgeschrieben oder in Posten des harten Kernkapitals umgewandelt worden sind, um die Abwicklungseinheit ohne Anwendung von Abwicklungsinstrumenten zu rekapitalisieren.

(3) Übersteigt der Gesamtbetrag, der aus der Anwendung der Anforderung nach Absatz 1 Buchstabe a des vorliegenden Artikels auf jede Abwicklungseinheit derselben G-SRI-Einheit resultiert, die gemäß Artikel 12a dieser Verordnung berechnete Anforderung an die Eigenmittel und berücksichtigungsfähigen Verbindlichkeiten, so darf die Abwicklungsbehörde des EU-Mutterinstituts nach Rücksprache mit den anderen einschlägigen Abwicklungsbehörden gemäß Artikel 45d Absatz 4 oder Artikel 45h Absatz 2 der Richtlinie 2014/59/EU vorgehen.

Art. 92b Anforderungen an Eigenmittel und berücksichtigungsfähige Verbindlichkeiten für Nicht-EU-G-SRI. (1) Institute, bei denen es sich um bedeutende Tochterunternehmen von Nicht-EU-G-SRI handelt und die keine Abwicklungseinheiten sind, erfüllen zu jedem Zeitpunkt Anforderungen an Eigenmittel und berücksichtigungsfähige Verbindlichkeiten, die 90 % der in Artikel 92a festgelegten Anforderungen an Eigenmittel und berücksichtigungsfähige Verbindlichkeiten entsprechen.

(2) Für den Zweck der Einhaltung von Absatz 1 werden Instrumente des zusätzlichen Kernkapitals, Ergänzungskapitalinstrumente und Instrumente berücksichtigungsfähiger Verbindlichkeiten nur dann berücksichtigt, wenn diese Instrumente sich im Eigentum des obersten Mutterunternehmens des Nicht-EU-G-SRI befinden und direkt oder indirekt über andere Einheiten in derselben Gruppe ausgegeben wurden, vorausgesetzt, dass alle diese Einheiten ihren Sitz in demselben Drittland wie das oberste Mutterunternehmen oder in einem Mitgliedstaat haben.

(3) Ein Instrument berücksichtigungsfähiger Verbindlichkeiten wird für die Zwecke der Einhaltung des Absatzes 1 nur dann berücksichtigt, wenn es alle folgenden zusätzlichen Bedingungen erfüllt:

a) im Falle eines regulären Insolvenzverfahrens im Sinne des Artikels 2 Absatz 1 Nummer 47 der Richtlinie 2014/59/EU ist die sich aus der Verbindlichkeit ergebende Forderung gegenüber Forderungen, die sich aus Verbindlichkeiten ergeben, welche die in Absatz 2 des vorliegenden Artikels genannten Bedingungen nicht erfüllen und nicht als Eigenmittel gelten können, nachrangig;

b) es unterliegt den Herabschreibungs- oder Umwandlungsbefugnissen gemäß den Artikeln 59 bis 62 der Richtlinie 2014/59/EU.

Art. 93 Anfangskapitalanforderung an bereits bestehende Unternehmen. (1) Die Eigenmittel eines Instituts dürfen nicht unter den zum Zeitpunkt seiner Zulassung als Anfangskapital geforderten Betrag fallen.

(2) [1]Kreditinstitute, die am 1. Januar 1993 bereits bestanden, dürfen ihre Tätigkeiten fortsetzen, auch wenn der Betrag ihrer Eigenmittel den als Anfangskapital geforderten Betrag nicht erreicht. [2]In diesem Fall darf der Betrag der Eigenmittel dieser Institute nicht unter den seit dem 22. Dezember 1989 erreichten Höchstbetrag absinken.

(3) *(aufgehoben)*

(4) Wenn die Kontrolle über ein Institut, das unter die in Absatz 2 genannte Kategorie fällt, von einer anderen natürlichen oder juristischen Person als derjenigen übernommen wird, die zuvor die Kontrolle über das Institut ausgeübt hat, so muss der Betrag der Eigenmittel dieses Instituts den als Anfangskapital geforderten Betrag erreichen.

(5) Bei einem Zusammenschluss von zwei oder mehr Instituten der in Absatz 2 genannten Kategorie darf der Betrag der Eigenmittel des aus dem Zusammenschluss hervorgehenden Instituts nicht unter die zum Zeitpunkt des Zusammenschlusses bestehende Summe der Eigenmittel der zusammengeschlossenen Institute fallen, bis der als Anfangskapital geforderte Betrag erreicht wird.

(6) Ist es nach Ansicht der zuständigen Behörden erforderlich, dass die Anforderung nach Absatz 1 erfüllt wird, um die Solvenz eines Instituts sicherzustellen, so kommen die Absätze 2, 4 und 5 nicht zur Anwendung.

Art. 94 Ausnahme für Handelsbuchtätigkeiten von geringem Umfang. (1) Abweichend von Artikel 92b Absatz 3 Buchstabe b dürfen Institute die Eigenmittelanforderung für ihre Handelsbuchtätigkeiten gemäß Absatz 2 des vorliegenden Artikels berechnen, sofern der Umfang der bilanziellen und außerbilanziellen Handelsbuchtätigkeiten des Instituts auf der Grundlage einer monatlichen Bewertung, die unter Heranziehung der zum letzten Tag des Monats verzeichneten Daten erfolgt, die beiden folgenden Schwellenwerte nicht überschreitet:

a) 5 % der Gesamtaktiva des Instituts,

b) 50 Mio. EUR.

(2) Sind die beiden in Absatz 1 Buchstaben a und b festgelegten Bedingungen erfüllt, können die Institute die Eigenmittelanforderung für ihre Handelsbuchtätigkeiten wie folgt berechnen:

a) in Bezug auf die in Anhang II Nummer 1 aufgelisteten Geschäfte, Geschäfte im Zusammenhang mit Vermögenswerten, die in Nummer 3 des genannten Anhangs genannt werden, und Kreditderivate dürfen die Institute die betreffenden Positionen von der Eigenmittelanforderung nach Artikel 92 Absatz 3 Buchstabe b ausnehmen;

b) in Bezug auf andere als die unter Buchstabe a dieses Absatzes genannten Handelsbuchpositionen dürfen die Institute die Eigenmittelanforderung nach Artikel 92 Absatz 3 Buchstabe b durch die gemäß Artikel 92 Absatz 3 Buchstabe a berechnete Eigenmittelanforderung ersetzen.

(3) Für die Zwecke von Absatz 1 berechnen die Institute den Umfang ihrer bilanziellen und außerbilanziellen Handelsbuchtätigkeiten auf Grundlage der zum letzten Tag jedes Monats verzeichneten Daten im Einklang mit den folgenden Anforderungen:

a) alle gemäß Artikel 104 im Handelsbuch gehaltenen Positionen werden in der Berechnung berücksichtigt, mit Ausnahme von

   i) Fremdwährungs- und Warenpositionen;

   ii) Positionen in Kreditderivaten, die als internes Sicherungsgeschäft gegen Kreditrisiken oder Gegenparteirisiken des Anlagebuchs anerkannt sind, und Kreditderivatgeschäften, die das Marktrisiko dieser internen Sicherungsgeschäfte gemäß Artikel 106 Absatz 3 vollständig ausgleichen;

b) alle in der Berechnung nach Buchstabe a berücksichtigten Positionen werden zum Marktwert zu diesem bestimmten Datum bewertet; lässt sich der Marktwert einer Position zu einem bestimmten Datum nicht ermitteln, so verwenden die Institute den zu diesem Datum beizulegenden Zeitwert für diese Position; lassen sich der Marktwert und der beizulegende Zeitwert einer Position zu einem bestimmten Datum nicht ermitteln, so verwenden die Institute den aktuellsten Marktwert oder beizulegenden Zeitwert für diese Position;

c) der absolute Wert von Kaufpositionen und der absolute Wert von Verkaufspositionen werden zusammenaddiert.

(4) Sind die beiden Bedingungen nach Absatz 1 Buchstaben a und b dieses Artikels – unabhängig von den Verpflichtungen nach den Artikeln 74 und 83 der Richtlinie 2013/36/EU – erfüllt, so finden Artikel 102 Absätze 3 und 4 sowie die Artikel 103 und 104b dieser Verordnung keine Anwendung.

(5) Die Institute unterrichten die zuständigen Behörden, wenn sie die Eigenmittelanforderungen für ihre Handelsbuchtätigkeiten gemäß Absatz 2 berechnen oder nicht mehr berechnen.

(6) Ein Institut, das eine oder mehrere der Bedingungen gemäß Absatz 1 nicht mehr erfüllt, teilt dies der zuständigen Behörde unverzüglich mit.

(7) Ein Institut stellt die Berechnung der Eigenmittelanforderungen für seine Handelsbuchtätigkeiten gemäß Absatz 2 innerhalb von drei Monaten ein, wenn einer der folgenden Fälle eintritt:

a) Das Institut erfüllt während drei aufeinanderfolgender Monate nicht die Bedingung gemäß Absatz 1 Buchstabe a oder b;

b) das Institut erfüllt während mehr als sechs der letzten zwölf Monate nicht die Bedingung gemäß Absatz 1 Buchstabe a oder b.

(8) Berechnet ein Institut die Eigenmittelanforderungen für seine Handelsbuchtätigkeiten nicht mehr gemäß diesem Artikel, so darf es die Eigenmittelanforderungen für seine Handelsbuchtätigkeiten erst dann wieder gemäß diesem Artikel berechnen, wenn es gegenüber der zuständigen Behörde nachweist, dass alle Bedingungen von Absatz 1 während eines gesamten Jahres ununterbrochen erfüllt worden sind.

(9) Die Institute gehen keine Handelsbuchposition ein noch kaufen oder verkaufen sie eine Handelsposition allein zum Zweck der Einhaltung der in Absatz 1 genannten Bedingungen während der monatlichen Bewertung.

Abschnitt 2. Eigenmittelanforderungen an Wertpapierfirmen mit beschränkter Zulassung für die Erbringung von Finanzdienstleistungen

Art. 95 Eigenmittelanforderungen an Wertpapierfirmen mit beschränkter Zulassung für die Erbringung von Finanzdienstleistungen.

(1) Für die Zwecke des Artikels 92 Absatz 3 berechnen Wertpapierfirmen, die keine Zulassung für die Erbringung der in Anhang I Abschnitt A Nummern 3 und 6 der Richtlinie 2004/39/EG genannten Wertpapierdienstleistungen und Anlagetätigkeiten haben, den Gesamtrisikobetrag nach der in Absatz 2 beschriebenen Methode.

(2) *[1]* Wertpapierfirmen im Sinne des Absatzes 1 und Firmen im Sinne des Artikels 4 Absatz 1 Nummer 2 Buchstabe c, die die in Anhang I Abschnitt A Nummern 2 und 4 der Richtlinie 2004/39/EG genannten Wertpapierdienstleistungen und Anlagetätigkeiten erbringen, berechnen den Gesamtrisikobetrag als den höheren der folgenden Beträge:

a) Summe der in Artikel 92 Absatz 3 Buchstaben a bis d und f genannten Posten nach Anwendung des Artikels 92 Absatz 4,

b) in Artikel 97 genannter Betrag, multipliziert mit dem Faktor 12,5.

[2] Firmen im Sinne des Artikels 4 Absatz 1 Nummer 2 Buchstabe c, die die in Anhang I Abschnitt A Nummern 2 und 4 der Richtlinie 2004/39/EG genannten Wertpapierdienstleistungen und Anlagetätigkeiten erbringen, müssen die Anforderungen des Artikels 92 Absätze 1 und 2, ausgehend von dem Gesamtrisikobetrag nach Unterabsatz 1 berechnen.

[3] Die zuständigen Behörden können als Eigenmittelanforderungen an Firmen im Sinne des Artikels 4 Absatz 1 Nummer 2 Buchstabe c, die die in Anhang I Abschnitt A Nummern 2 und 4 der Richtlinie 2004/39/EG über Märkte für Finanzdienstleistungen genannten Wertpapierdienstleistungen und Anlagetätigkeiten erbringen, die Eigenmittelanforderungen festlegen, die für diese Firmen aufgrund der einzelstaatlichen Maßnahmen zur Umsetzung der Richtlinien 2006/49/EG und 2006/48/EG am 31. Dezember 2013 gelten.

(3) Die Wertpapierfirmen nach Absatz 1 unterliegen sämtlichen anderen Bestimmungen des Titels VII Kapitel 2 Abschnitt 2 Unterabschnitt 2 der Richtlinie 2013/36/EU über das operationelle Risiko.

Art. 96 Eigenmittelanforderungen an Wertpapierfirmen mit einem Anfangskapital in der in Artikel 28 Absatz 2 der Richtlinie 2013/36/EU festgelegten Höhe. (1) Für die Zwecke des Artikels 92 Absatz 3 berechnen folgende Kategorien von Wertpapierfirmen, die Anfangskapital gemäß den Anforderungen des Artikels 28 Absatz 2 der Richtlinie 2013/36/EU vorhalten, den Gesamtrisikobetrag nach der in Absatz 2 beschriebenen Methode:

a) Wertpapierfirmen, die für eigene Rechnung ausschließlich zum Zwecke der Erfüllung oder Ausführung eines Kundenauftrags oder des möglichen Zugangs zu einem Clearing- und Abwicklungssystem oder einer anerkannten Börse handeln, sofern sie kommissionsweise tätig sind oder einen Kundenauftrag ausführen;

b) Wertpapierfirmen, die sämtliche nachstehenden Bedingungen erfüllen:
   i) sie halten keine Kundengelder oder -wertpapiere,
   ii) sie treiben nur Handel für eigene Rechnung,
   iii) sie haben keine externen Kunden,
   iv) sie lassen ihre Geschäfte unter der Verantwortung eines Clearinginstituts ausführen und abwickeln, wobei letzteres die Garantie dafür übernimmt.

(2) Für die in Absatz 1 genannten Wertpapierfirmen wird der Gesamtrisikobetrag als Summe folgender Summanden berechnet:

a) die in Artikel 92 Absatz 3 Buchstaben a bis d und f genannten Posten nach Anwendung des Artikels 92 Absatz 4,

b) der in Artikel 97 genannte Betrag, multipliziert mit dem Faktor 12,5.

(3) Wertpapierfirmen im Sinne des Absatzes 1 unterliegen sämtlichen anderen Bestimmungen des Titels VII Kapitel 3 Abschnitt 2 Unterabschnitt 1 der Richtlinie 2013/36/EU über das operationelle Risiko.

Art. 97 Eigenmittel auf der Grundlage der fixen Gemeinkosten. (1) Im Einklang mit den Artikeln 95 und 96 halten Wertpapierfirmen und Firmen im Sinne des Artikels 4 Absatz 1 Nummer 2 Buchstabe c, die die in Anhang I Abschnitt A Nummern 2 und 4 der Richtlinie 2004/39/EG genannten Wertpapierdienstleistungen und Anlagetätigkeiten erbringen, anrechenbare Eigenmittel von mindestens einem Viertel der im vorausgegangen Jahr angefallenen fixen Gemeinkosten vor.

(2) Ist seit dem vorausgegangenen Jahr eine nach Ansicht der zuständigen Behörde wesentliche Änderung der Geschäftstätigkeit einer Wertpapierfirma eingetreten, kann die zuständige Behörde die Anforderung nach Absatz 1 anpassen.

(3) Wertpapierfirmen, die ihre Geschäftstätigkeit seit weniger als einem Jahr (ab dem Tag der Aufnahme der Geschäftstätigkeit) ausüben, müssen anrechenbare Eigenmittel in Höhe von mindestens einem Viertel der im Geschäftsplan veranschlagten fixen Gemeinkosten vorhalten, sofern die zuständige Behörde nicht eine Anpassung dieses Plans verlangt.

(4) *[1]* Die EBA arbeitet in Abstimmung mit der ESMA Entwürfe technischer Regulierungsstandards aus, in denen Folgendes präzisiert wird:

a) die Berechnung der Anforderung, anrechenbare Eigenmittel in Höhe von mindestens einem Viertel der im vorausgegangenen Jahr angefallenen fixen Gemeinkosten vorzuhalten,

b) die Bedingungen für die Anpassung der Anforderung, anrechenbare Eigenmittel in Höhe von mindestens einem Viertel der im vorausgegangenen Jahr angefallenen fixen Gemeinkosten vorzuhalten, durch die zuständige Behörde,[1)]

c) die Berechnung der veranschlagten fixen Gemeinkosten von Wertpapierfirmen, die ihre Geschäftstätigkeit seit weniger als einem Jahr ausüben.

[2] Die EBA legt der Kommission diese Entwürfe technischer Regulierungsstandards bis zum 1. März 2014 vor.

[3] Der Kommission wird die Befugnis übertragen, die technischen Regulierungsstandards nach Unterabsatz 1 gemäß den Artikeln 10 bis 14 der Verordnung (EU) Nr. 1093/2010 zu erlassen.

Art. 98 Eigenmittel von Wertpapierfirmen auf konsolidierter Basis.

(1) Bei Wertpapierfirmen im Sinne des Artikels 95 Absatz 1, die einer Gruppe angehören, die keine Kreditinstitute umfasst, wendet die Mutterwertpapierfirma in einem Mitgliedstaat Artikel 92 auf konsolidierter Basis wie folgt an:

a) Berechnung des Gesamtrisikobetrags gemäß Artikel 95 Absatz 2,

b) Berechnung der Eigenmittel auf der Grundlage der konsolidierten Lage der Mutterwertpapierfirma, Finanzholdinggesellschaft bzw. gemischten Finanzholdinggesellschaft.

(2) Bei Wertpapierfirmen im Sinne des Artikels 96 Absatz 1, die einer Gruppe angehören, die keine Kreditinstitute umfasst, wenden eine Mutterwertpapierfirma in einem Mitgliedstaat und eine von einer Finanzholdinggesellschaft oder einer gemischten Finanzholdinggesellschaft kontrollierte Wertpapierfirma Artikel 92 auf konsolidierter Basis wie folgt an:

a) Berechnung des Gesamtrisikobetrags gemäß Artikel 96 Absatz 2,

b) Berechnung der Eigenmittel auf der Grundlage der konsolidierten Lage der Mutterwertpapierfirma, Finanzholdinggesellschaft bzw. gemischten Finanzholdinggesellschaft und gemäß Teil 1 Titel II Kapitel 2.

Kapitel 2. *(aufgehoben)*

Art. 99–101 *(aufgehoben)*

Kapitel 3. Handelsbuch

Art. 102 Anforderungen für das Handelsbuch. (1) Positionen im Handelsbuch unterliegen entweder keinen Beschränkungen in Bezug auf ihre Marktfähigkeit oder können abgesichert werden.

(2) Die Handelsabsicht wird anhand der Strategien, Regeln und Verfahren nachgewiesen, die vom Institut aufgestellt wurden, um die Position oder das Portfolio im Sinne der Artikel 103, 104 und 104a zu führen.

[1)] Komma fehlt im ABl.EU.

(3) Die Institute führen Systeme und Kontrollen ein, die der Führung ihres Handelsbuchs im Sinne des Artikels 103 dienen, und erhalten diese aufrecht.

(4) Für die Zwecke der Meldepflichten gemäß Artikel 430b Absatz 3 werden Handelsbuchpositionen den gemäß Artikel 104b eingerichteten Handelstischen zugeordnet.

(5) Handelsbuchpositionen unterliegen den in Artikel 105 festgelegten Anforderungen für eine vorsichtige Bewertung.

(6) Die Institute behandeln interne Sicherungsgeschäfte gemäß Artikel 106.

Art. 103 Führung des Handelsbuchs. (1) [1] Die Institute verfügen über klar definierte Regeln und Verfahren für die Gesamtführung ihres Handelsbuchs. [2] Diese Regeln und Verfahren betreffen zumindest Folgendes:

a) die Tätigkeiten, die das Institut im Hinblick auf die Eigenmittelanforderungen als Handelstätigkeit und als Bestandteil des Handelsbuchs betrachtet;
b) das Ausmaß, in dem eine Position täglich zum Marktwert bewertet werden kann („marked-to-market"), mit Bezug auf einen aktiven, aus Käufer- und Verkäufersicht hinreichend liquiden Markt;
c) im Fall von Positionen, die zu Modellpreisen bewertet werden („marked-to-model"), das Ausmaß, in dem das Institut
   i) alle wesentlichen Risiken der Position ermitteln kann,
   ii) alle wesentlichen Risiken der Position durch Instrumente absichern kann, für die ein aktiver, aus Käufer- und Verkäufersicht hinreichend liquider Markt besteht,
   iii) verlässliche Schätzungen für die wichtigsten Annahmen und Parameter, die im Modell Verwendung finden, ableiten kann;
d) das Ausmaß, in dem das Institut in der Lage und verpflichtet ist, Bewertungen für die Position zu liefern, die extern einheitlich validiert werden können;
e) das Ausmaß, in dem rechtliche Beschränkungen oder andere operative Anforderungen die Fähigkeit des Instituts behindern würden, kurzfristig eine Veräußerung oder Absicherung der Position vorzunehmen;
f) das Ausmaß, in dem das Institut in der Lage und verpflichtet ist, die Risiken der Positionen aktiv innerhalb seiner Handelstätigkeiten zu steuern;
g) das Ausmaß, in dem das Institut Risiken oder Positionen zwischen dem Anlagebuch und dem Handelsbuch neueinstufen kann, und die Anforderungen für solche Neueinstufungen nach Artikel 104a.

(2) Das Institut erfüllt bei der Führung von Positionen bzw. Portfolios von Positionen im Handelsbuch alle folgenden Anforderungen:

a) Das Institut verfolgt für die Position oder die Portfolios im Handelsbuch eine klar dokumentierte Handelsstrategie, die von der Geschäftsleitung genehmigt ist und die erwartete Haltedauer beinhaltet;
b) das Institut verfügt über klar definierte Regeln und Verfahren für die aktive Steuerung von Positionen oder Portfolios im Handelsbuch; diese enthalten Folgendes:
   i) die Positionen oder Portfolios, die von den einzelnen Handelstischen oder gegebenenfalls von benannten Händlern eingegangen werden dürfen;

ii) die Festlegung von Positionslimits und Überwachung ihrer Angemessenheit;

iii) die Gewährleistung, dass Händler im Rahmen festgelegter Limits und der genehmigten Strategie eigenständig Positionen eingehen und steuern können;

iv) die Gewährleistung der Berichterstattung über die Positionen an die Geschäftsleitung als fester Bestandteil des Risikomanagementverfahrens des Instituts;

v) die Gewährleistung, dass Positionen unter Bezug auf Informationsquellen aus dem Markt aktiv überwacht werden, wobei die Marktfähigkeit oder die Absicherungsmöglichkeiten der Position bzw. der Risiken ihrer Bestandteile beurteilt werden; hierzu gehören auch die Beurteilung, die Qualität und die Verfügbarkeit von Marktinformationen für das Bewertungsverfahren, die Umsatzvolumina am Markt und die Größe der am Markt gehandelten Positionen;

vi) Verfahren und Kontrollen zur aktiven Verhinderung von Betrug;

c) das Institut verfügt über klar definierte Regeln und Verfahren zur Überwachung der Positionen auf Übereinstimmung mit der Handelsstrategie des Instituts, einschließlich der Überwachung des Umsatzes und der Positionen, deren ursprünglich beabsichtigte Haltedauer überschritten wurde.

Art. 104 Einbeziehung in das Handelsbuch. [1] Institute haben entsprechend den Anforderungen des Artikels 102 und der Definition des Handelsbuchs in Artikel 4 Absatz 1 Nummer 86 sowie unter Berücksichtigung der eigenen Risikomanagement-Fähigkeiten und -Praxis klar definierte Grundsätze und Verfahren zur Ermittlung der Positionen, die für die Berechnung ihrer Eigenmittelanforderungen dem Handelsbuch zuzurechnen sind. [2] Die Institute dokumentieren die Einhaltung dieser Grundsätze und Verfahren vollständig und unterziehen sie einer regelmäßigen internen Überprüfung.

Art. 104b Anforderungen an Handelstische. (1) [1] Für die Zwecke der Meldepflichten gemäß Artikel 430b Absatz 3 richten die Institute Handelstische ein und ordnen jede ihrer Handelsbuchpositionen einem dieser Handelstische zu. [2] Handelsbuchpositionen werden nur dann demselben Handelstisch zugeordnet, wenn sie der vereinbarten Geschäftsstrategie des Handelstischs entsprechen und stetig gemäß Absatz 2 des vorliegenden Artikels verwaltet und überwacht werden.

(2) Die Handelstische der Institute genügen zu jedem Zeitpunkt sämtlichen folgenden Anforderungen:

a) jeder Handelstisch verfolgt eine klare und eindeutige Geschäftsstrategie und verfügt über eine ihrer Geschäftsstrategie angemessene Risikomanagementstruktur;

b) jeder Handelstisch verfügt über eine klare Organisationsstruktur; die Positionen eines bestimmten Handelstischs werden von benannten Händlern innerhalb des Instituts verwaltet; jeder Händler nimmt bestimmte Funktionen des Handelstischs wahr; jeder Händler wird nur einem Handelstisch zugeordnet;

c) innerhalb jedes Handelstischs werden im Einklang mit der Geschäftsstrategie des Handelstischs Positionslimits festgesetzt;

d) Berichte über die Tätigkeiten, die Rentabilität, das Risikomanagement und die rechtlichen Anforderungen an den Handelstisch werden mindestens wöchentlich erstellt und dem Leitungsorgan regelmäßig übermittelt;

e) für jeden Handelstisch gibt es einen klaren jährlichen Geschäftsplan, der eine genau festgelegte Vergütungspolitik umfasst, die auf soliden Kriterien für die Erfolgsmessung gründet;

f) Berichte über fällig werdende Positionen, über Verstöße gegen innerhalb eines Tages geltende Handelsobergrenzen, Verstöße gegen für einen Tag geltende Handelsobergrenzen und die von dem Institut ergriffenen Gegenmaßnahmen sowie über die Bewertungen der Marktliquidität werden monatlich für jeden Handelstisch erstellt und den zuständigen Behörden zur Verfügung gestellt.

(3) Abweichend von Absatz 2 Buchstabe b kann ein Institut einen Händler mehr als einem Handelstisch zuordnen, sofern das Institut seiner zuständigen Behörde hinreichend nachweist, dass die Zuordnung aus geschäftlichen oder ressourcenbezogenen Erwägungen vorgenommen wurde und dass die anderen in diesem Artikel dargelegten qualitativen Anforderungen, die für Händler und Handelstische gelten, im Zuge dieser Zuordnung erhalten bleiben.

(4) [1] Die Institute unterrichten die zuständigen Behörden darüber, in welcher Form sie Absatz 2 genügen. [2] Die zuständigen Behörden können von einem Institut verlangen, dass es die Struktur oder die Organisation seiner Handelstische ändert, um die Anforderungen dieses Artikels zu erfüllen.

Art. 105 Anforderungen für eine vorsichtige Bewertung. (1) [1] Alle zeitwertbilanzierten Handelsbuchpositionen und Anlagebuchpositionen unterliegen den in diesem Artikel festgelegten Standards für eine vorsichtige Bewertung. [2] Die Institute stellen insbesondere sicher, dass mit der vorsichtigen Bewertung ihrer Handelsbuchpositionen ein angemessener Grad an Sicherheit erzielt wird, der dem dynamischen Charakter der zeitwertbilanzierten Handelsbuchpositionen und Anlagebuchpositionen, den Anforderungen der aufsichtlichen Solidität sowie der Funktionsweise und dem Zweck der Eigenmittelanforderungen im Hinblick auf die zeitwertbilanzierten Handelsbuchpositionen und Anlagebuchpositionen Rechnung trägt.

(2) [1] Die Institute führen angemessene Systeme und Kontrollen ein und erhalten diese aufrecht, um vorsichtige und zuverlässige Schätzwerte zu liefern. [2] Diese Systeme und Kontrollen beinhalten zumindest die folgenden Elemente:

a) schriftlich niedergelegte Regeln und Verfahren für den Bewertungsprozess, einschließlich klar definierter Zuständigkeiten für die verschiedenen an der Bewertung beteiligten Bereiche, der Quellen für die Marktinformationen und die Überprüfung von deren Eignung, von Leitlinien für die Verwendung von nicht beobachtbaren Parametern, die die Annahmen des Instituts über die von den Marktteilnehmern für die Preisbildung verwendeten Größen widerspiegeln, der Häufigkeit der unabhängigen Bewertung, des Zeitpunkts für die Erhebung der Tagesschlusspreise, des Vorgehens bei Bewertungsanpassungen sowie Monatsend- und Ad-hoc-Verifikationsverfahren,

b) Berichtswege für die Bewertungsabteilung, die klar und unabhängig von denen der Handelsabteilung sind und in letzter Instanz beim Leitungsorgan enden.

(3) [1] Die Institute bewerten die zeitwertbilanzierten Handelsbuchpositionen mindestens einmal täglich neu. [2] Wertänderungen dieser Positionen werden in der Gewinn- und Verlustrechnung des Instituts ausgewiesen.

(4) Die Institute bewerten ihre zeitwertbilanzierten Handelsbuchpositionen und Anlagebuchpositionen wann immer möglich zu Marktpreisen, auch bei der Anwendung der einschlägigen Eigenmittelvorschriften auf diese Positionen.

(5) [1] Bei der Bewertung zu Marktpreisen verwendet das Institut die vorsichtigere Seite der Geld- und Briefkurse, es sei denn, das Institut kann zu Mittelkursen („mid market") glattstellen. [2] Machen Institute von dieser Ausnahme Gebrauch, melden sie ihren zuständigen Behörden alle sechs Monate die betroffenen Positionen und weisen nach, dass sie zu Mittelkursen glattstellen können.

(6) Wenn eine Bewertung zu Marktpreisen nicht möglich ist, nehmen die Institute eine vorsichtige Bewertung ihrer Positionen und Portfolios zu Modellpreisen vor, auch bei der Berechnung der Eigenmittelanforderungen für Positionen im Handelsbuch und für zeitwertbilanzierte Anlagebuchpositionen.

(7) *[1]* Die Institute erfüllen bei der Bewertung zu Modellpreisen die folgenden Anforderungen:

a) Der Geschäftsleitung ist bekannt, welche Elemente des Handelsbuchs oder andere zum Zeitwert bewertete Positionen zu Modellpreisen bewertet werden, und ihm ist die Bedeutung des Unsicherheitsfaktors bewusst, der dadurch in die Berichterstattung über die Risiken/Erfolgsbeiträge des Geschäftsfelds einfließt;

b) die Institute beziehen die Marktdaten, soweit möglich, im Einklang mit den Marktpreisen und überprüfen häufig die Eignung der Marktdaten für die Bewertung der Position sowie die Parameter des Modells;

c) soweit verfügbar, verwenden die Institute für bestimmte Finanzinstrumente oder Waren der marktüblichen Praxis entsprechende Bewertungsmethoden;

d) wenn das Modell vom Institut selbst entwickelt wurde, basiert es auf geeigneten Annahmen, die von angemessen qualifizierten Dritten, die nicht in den Entwicklungsprozess eingebunden waren, beurteilt und kritisch geprüft worden sind;

e) die Institute verfügen über formale Verfahren für die Kontrolle von Änderungen, bewahren eine Sicherheitskopie des Modells auf und verwenden diese regelmäßig, um die Bewertungen zu prüfen,

f) das Risikomanagement kennt die Schwächen des verwendeten Modells und weiß, wie diese am besten in den Bewertungsergebnissen zu berücksichtigen sind und

g) die Modelle der Institute werden regelmäßig überprüft, um die Genauigkeit ihrer Ergebnisse festzustellen, einschließlich einer Beurteilung, ob die Annahmen weiterhin angemessen sind, einer Analyse der Gewinne und Verluste gegenüber den Risikofaktoren und einem Vergleich der tatsächlichen Glattstellungspreise mit den Modellergebnissen.

[2] Für die Zwecke von Unterabsatz 1 Buchstabe d wird das Modell unabhängig von den Handelstischen entwickelt bzw. abgenommen und einer unabhängigen Prüfung unterzogen, einschließlich einer Bewertung der mathematischen Grundlagen, der Annahmen und der Softwareimplementierung.

(8) [1]Die Institute nehmen eine unabhängige Preisüberprüfung vor, zusätzlich zur täglichen Marktbewertung oder Modellbewertung. [2]Die Überprüfung der Marktpreise und Modellparameter wird von einer Person bzw. Einheit, die unabhängig von den Personen bzw. Einheiten ist, denen das Handelsbuch zugute kommt, mindestens einmal pro Monat durchgeführt (oder häufiger, je nach Art des Markt- oder Handelsgeschäfts). [3]Falls keine unabhängigen Quellen für die Preisbildung verfügbar sind oder diese eher subjektiv sind, sind unter Umständen vorsichtige Schätzungen wie Bewertungsanpassungen angemessen.

(9) Die Institute führen Verfahren für die Berücksichtigung von Bewertungsanpassungen ein und erhalten diese aufrecht.

(10) Die Institute berücksichtigen ausdrücklich die folgenden Bewertungsanpassungen: noch nicht eingenommene Kreditrisikoprämien (Kreditspreads), Glattstellungskosten, operationelle Risiken, Marktpreisunsicherheit, vorzeitige Vertragsbeendigung, Geldanlage- und Finanzierungskosten sowie künftige Verwaltungskosten und gegebenenfalls Modellrisiken.

(11) [1]Die Institute führen Verfahren für die Berechnung einer Anpassung der aktuellen Bewertung von weniger liquiden Positionen ein und erhalten diese aufrecht, wobei diese weniger liquiden Positionen insbesondere von Marktereignissen oder institutsbedingten Situationen herrühren können, wie konzentrierten Positionen und/oder Positionen, deren ursprünglich beabsichtigte Haltedauer überschritten wurde. [2]Die Institute nehmen solche Anpassungen gegebenenfalls zusätzlich zu den für Rechnungslegungszwecke erforderlichen Wertberichtigungen der Position vor und gestalten diese so, dass sie die Illiquidität der Position widerspiegeln. [3]Bei diesem Verfahren ziehen die Institute verschiedene Faktoren in Betracht, wenn sie darüber entscheiden, ob eine Bewertungsanpassung für weniger liquide Positionen notwendig ist. [4]Diese Faktoren enthalten

a) die zusätzliche Zeit, die notwendig wäre, um die Position oder die Positionsrisiken über die Liquiditätshorizonte hinaus abzusichern, die den Risikofaktoren der Position gemäß Artikel 325bd zugewiesen worden sind,
b) die Volatilität und den Durchschnitt von Geld-/Briefspannen,
c) die Verfügbarkeit von Marktnotierungen (Anzahl und Identität der Marktpfleger) und die Volatilität und den Durchschnitt der Handelsvolumina, einschließlich in Stressphasen an den Märkten,
d) Marktkonzentrationen,
e) die Alterung von Positionen,
f) das Ausmaß, in dem die Bewertung auf einer Bewertung zu Modellpreisen beruht,
g) die Auswirkungen anderer Modellrisiken.

(12) [1]Beim Rückgriff auf die Bewertungen Dritter bzw. auf Bewertungen zu Modellpreisen prüfen die Institute die Notwendigkeit einer Bewertungsanpassung. [2]Zudem wägen die Institute ab, ob Anpassungen für weniger liquide Positionen *vorzunehmen*[1)] und überprüfen regelmäßig deren Zweckmäßigkeit. [3]Die Institute prüfen ferner ausdrücklich, ob im Zusammenhang mit der Unsicherheit der in den Modellen verwendeten Parameter Bewertungsanpassungen erforderlich sind.

[1)] Richtig wohl: „vorzunehmen sind,".

(13) Die Institute prüfen bei komplexen Produkten, einschließlich Verbriefungspositionen und n-ter-Ausfall-Kreditderivaten ausdrücklich, ob Bewertungsanpassungen erforderlich sind, um dem Modellrisiko, das mit der Verwendung einer möglicherweise falschen Bewertungsmethodik verknüpft ist, und dem Modellrisiko, das mit der Verwendung von nicht beobachtbaren (und möglicherweise falschen) Kalibrierungsparametern im Bewertungsmodell verknüpft ist, Rechnung zu tragen.

(14) *[1]* Die EBA arbeitet Entwürfe technischer Regulierungsstandards zur Klärung der Modalitäten für die Anwendung der Anforderungen nach Artikel 105 für die Zwecke von Absatz 1 aus.

[2] Die EBA übermittelt der Kommission diese Entwürfe technischer Regulierungsstandards bis zum 28. Juli 2013.

[3] Der Kommission wird die Befugnis übertragen, die technischen Regulierungsstandards nach Unterabsatz 1 gemäß den Artikeln 10 bis 14 der Verordnung (EU) Nr. 1093/2010 zu erlassen.

Art. 106 Interne Sicherungsgeschäfte. (1) Ein internes Sicherungsgeschäft erfüllt insbesondere die folgenden Anforderungen:

a) Es wird nicht in erster Linie dazu verwendet, die Eigenmittelanforderungen zu umgehen oder zu mindern,

b) es wird angemessen dokumentiert und unterliegt speziellen internen Genehmigungs- und Auditverfahren,

c) es wird zu Marktbedingungen durchgeführt,

d) das durch interne Absicherungen hervorgerufene Marktrisiko wird im Handelsbuch innerhalb der zulässigen Grenzen dynamisch gesteuert,

e) es wird anhand angemessener Verfahren sorgfältig überwacht.

(2) Die Anforderungen nach Absatz 1 lassen die Anforderungen unberührt, die für abgesicherte *Position*[1] im Anlagebuch gelten.

(3) [1] Wenn ein Institut ein Kreditrisiko oder ein Gegenparteirisiko des Anlagebuchs absichert, indem es über ein internes Sicherungsgeschäft ein in seinem Handelsbuch verbuchtes Kreditderivat verwendet, gilt abweichend von den Absätzen 1 und 2 das Kreditrisiko oder das Gegenparteirisiko des Anlagebuchs für die Berechnung der risikogewichteten Positionsbeträge als nicht abgesichert, es sei denn, das Institut kauft von einem anerkannten dritten Sicherungsgeber ein Kreditderivat, das die Anforderungen für eine Absicherung ohne Sicherheitsleistung im Anlagebuch erfüllt. [2] Wenn eine solche Drittabsicherung gekauft und für die Berechnung der Eigenmittelanforderungen als Absicherung für ein Anlagebuchrisiko anerkannt wird, werden unbeschadet des Artikels 299 Absatz 2 Buchstabe h weder die interne noch die externe Absicherung durch ein Kreditderivat für die Berechnung der Eigenmittelanforderungen im Handelsbuch erfasst.

Titel II. Eigenmittelanforderungen für das Kreditrisiko

Kapitel 1. Allgemeine Grundsätze

Art. 107 Ansätze zur Ermittlung des Kreditrisikos. (1) Zur Berechnung ihrer risikogewichteten Positionsbeträge im Sinne des Artikels 92 Absatz 3

[1] Richtig wohl: „Positionen".

Buchstaben a und f wenden die Institute entweder den Standardansatz nach Kapitel 2 oder – wenn die zuständigen Behörden dies gemäß Artikel 143 gestattet haben – den auf internen Beurteilungen basierenden Ansatz (IRB-Ansatz) nach Kapitel 3 an.

(2) [1] Für Handelsrisikopositionen und Beiträge zum Ausfallfonds einer zentralen Gegenpartei wenden die Institute zur Berechnung ihrer risikogewichteten Positionsbeträge im Sinne von Artikel 92 Absatz 3 Buchstaben a und f die Behandlung gemäß Kapitel 6 Abschnitt 9 an. [2] Institute behandeln alle anderen Arten von Risikopositionen gegenüber zentralen Gegenparteien wie folgt:

a) andere Arten von Risikopositionen gegenüber einer qualifizierten zentralen Gegenpartei wie Risikopositionen gegenüber einem Institut,
b) andere Arten von Risikopositionen gegenüber einer nicht qualifizierten zentralen Gegenpartei wie Risikopositionen gegenüber einem Unternehmen.

(3) Für die Zwecke dieser Verordnung werden Risikopositionen gegenüber einer Drittland-Wertpapierfirma, einem Drittland-Kreditinstitut und einer Drittland-Börse nur dann wie Risikopositionen gegenüber einem Institut behandelt, wenn die aufsichtlichen und rechtlichen Anforderungen des Drittlands an das betreffende Unternehmen jenen der Union zumindest gleichwertig sind.

(4) [1] Für die Zwecke des Absatzes 2 kann die Kommission im Wege von Durchführungsrechtsakten und vorbehaltlich des in Artikel 464 Absatz 2 genannten Prüfverfahrens einen Beschluss dazu erlassen, ob die aufsichtlichen und rechtlichen Anforderungen eines Drittlands denen der Union zumindest gleichwertig sind. [2] Solange kein solcher Beschluss erlassen wurde, dürfen Institute bis zum 1. Januar 2015 Risikopositionen gegenüber in Absatz 3 genannten Unternehmen weiterhin wie Risikopositionen gegenüber Instituten behandeln, sofern die jeweiligen zuständigen Behörden vor dem 1. Januar 2014 diese Behandlung als für das betreffende Drittland zulässig anerkannt haben.

Art. 108 Verwendung des Verfahrens zur Kreditrisikominderung gemäß dem Standard- und dem IRB-Ansatz. (1) Im Fall einer Risikoposition, für die ein Institut den Standardansatz nach Kapitel 2 oder den IRB-Ansatz nach Kapitel 3 anwendet, aber keine eigenen Schätzungen der Verlustquote bei Ausfall (LGD) und der Umrechnungsfaktoren gemäß Artikel 151 verwendet, darf es bei der Berechnung risikogewichteter Positionsbeträge im Sinne des Artikels 92 Absatz 3 Buchstaben a und f oder gegebenenfalls erwarteter Verlustbeträge für die Berechnung nach Artikel 36 Absatz 1 Buchstabe d und Artikel 62 Buchstabe c eine Kreditrisikominderung gemäß Kapitel 4 anwenden.

(2) Im Fall einer Risikoposition, für die ein Institut den IRB-Ansatz anwendet und dabei seine eigenen Schätzungen der LGD und der Umrechnungsfaktoren gemäß Artikel 151 verwendet, darf es eine Kreditrisikominderung gemäß Kapitel 3 anwenden.

Art. 109 Behandlung von Verbriefungspositionen. Die Institute berechnen den risikogewichteten Positionsbetrag für eine Position, die sie in einer Verbriefung halten, im Einklang mit Kapitel 5.

Art. 110 Behandlung der Kreditrisikoanpassung. (1) Institute, die den Standardansatz anwenden, behandeln allgemeine Kreditrisikoanpassungen gemäß Artikel 62 Buchstabe c.

(2) *[1]* Institute, die den IRB-Ansatz anwenden, behandeln allgemeine Kreditrisikoanpassungen gemäß Artikel 159, Artikel 62 Buchstabe d und Artikel 36 Absatz 1 Buchstabe d.

[2] Allgemeine und spezifische Kreditrisikoanpassungen schließen für die Zwecke dieses Artikels und der Kapitel 2 und 3 den Fonds für allgemeine Bankrisiken aus.

(3) Institute, die zwar den IRB-Ansatz verwenden, aber auf konsolidierter bzw. Einzelbasis für einen Teil ihrer Risikopositionen gemäß den Artikeln 148 und 150 den Standardansatz anwenden, bestimmen den Teil der allgemeinen Kreditrisikoanpassung, der der Behandlung nach dem Standardansatz bzw. der Behandlung nach dem IRB-Ansatz zugewiesen wird, nach den folgenden Kriterien:

a) Wendet ein in die Konsolidierung einbezogenes Institut ausschließlich den IRB-Ansatz an, werden die allgemeinen Kreditrisikoanpassungen dieses Instituts gegebenenfalls der Behandlung nach Absatz 2 zugewiesen;
b) wendet ein in die Konsolidierung einbezogenes Institut ausschließlich den Standardansatz an, werden die allgemeinen Kreditrisikoanpassungen dieses Instituts gegebenenfalls der Behandlung nach Absatz 1 zugewiesen;
c) die restlichen Kreditrisikoanpassungen werden auf einer anteilsmäßigen Basis nach dem Anteil der risikogewichteten Positionsbeträge, der unter den Standardansatz bzw. den IRB-Ansatz fällt, zugewiesen.

(4) *[1]* Die EBA arbeitet Entwürfe technischer Regulierungsstandards aus, um die Berechnung der spezifischen und allgemeinen Kreditrisikoanpassungen nach dem geltenden Rechnungslegungsrahmen festzulegen für:

a) den Risikopositionswert nach dem Standardansatz gemäß Artikel 111,
b) den Risikopositionswert nach dem IRB-Ansatz gemäß den Artikeln 166 bis 168,
c) die Behandlung der erwarteten Verlustbeträge gemäß Artikel 159,
d) den Risikopositionswert für die Berechnung der risikogewichteten Positionsbeträge für eine Verbriefungsposition gemäß den Artikeln 246 und 266,
e) die Feststellung eines Ausfalls *Im*[1)] Sinne des Artikels 178.

[2] Die EBA übermittelt der Kommission diese Entwürfe technischer Regulierungsstandards bis zum 28. Juli 2013.

[3] Der Kommission wird die Befugnis übertragen, die technischen Regulierungsstandards nach Unterabsatz 1 gemäß den Artikeln 10 bis 14 der Verordnung (EU) Nr. 1093/2010 zu erlassen.

Kapitel 2. Standardansatz

Abschnitt 1. Allgemeine Grundsätze

Art. 111 Risikopositionswert. (1) *[1]* [1]Der Risikopositionswert einer Aktivposition ist der nach spezifischen Kreditrisikoanpassungen gemäß Artikel 110, zusätzlichen Bewertungsanpassungen gemäß den Artikeln 34 und 105, gemäß

[1)] Richtig wohl: „im“.

Artikel 36 Absatz 1 Buchstabe m abgezogenen Beträgen sowie weiteren mit der Aktivposition verknüpften Verringerungen der Eigenmittel verbleibende Buchwert. [2] Der Risikopositionswert einer in Anhang I genannten außerbilanziellen Position entspricht dem folgenden Prozentsatz des Nominalwerts nach Abzug spezifischer Kreditrisikoanpassungen und gemäß Artikel 36 Absatz 1 Buchstabe m abgezogenen Beträgen:

a) 100 % bei Positionen mit hohem Risiko,

b) 50 % bei Positionen mit mittlerem Risiko,

c) 20 % bei Posten mit mittlerem/niedrigem Risiko,

d) 0 % bei Positionen mit niedrigem Risiko.

[2] Die in Unterabsatz 1 Satz 3 genannten außerbilanziellen Positionen werden den in Anhang I genannten Risikokategorien zugeordnet.

[3] Wendet ein Institut die umfassende Methode zur Berücksichtigung finanzieller Sicherheiten nach Artikel 223 an, so wird der Risikopositionswert von Wertpapieren oder Waren, die im Rahmen eines Pensions-, Wertpapier- oder Warenverleih- oder -leihgeschäfts veräußert, hinterlegt oder verliehen werden, und von Lombardgeschäften um die nach Maßgabe der Artikel 223 bis 225 für solche Wertpapiere oder Waren angemessene Volatilitätsanpassung heraufgesetzt.

(2) [1] Der Risikopositionswert eines in Anhang II genannten Derivats wird nach Kapitel 6 ermittelt, wobei den Auswirkungen von Schuldumwandlungsverträgen und sonstigen Netting-Vereinbarungen für diese Methoden nach Maßgabe des Kapitels 6 Rechnung getragen wird. [2] Der Risikopositionswert von Pensionsgeschäften, Wertpapier- oder Warenverleih- oder -leihgeschäften, Geschäften mit langer Abwicklungsfrist und Lombardgeschäften kann entweder nach Kapitel 6 oder nach Kapitel 4 bestimmt werden.

(3) Ist eine Risikoposition durch eine Sicherheitsleistung besichert, kann der Risikopositionswert für diese Position gemäß Kapitel 4 angepasst werden.

Art. 112 Risikopositionsklassen. Jede Risikoposition wird einer der folgenden Risikopositionsklassen zugeordnet:

a) Risikopositionen gegenüber Zentralstaaten oder Zentralbanken,

b) Risikopositionen gegenüber regionalen oder lokalen Gebietskörperschaften,

c) Risikopositionen gegenüber öffentlichen Stellen,

d) Risikopositionen gegenüber multilateralen Entwicklungsbanken,

e) Risikopositionen gegenüber internationalen Organisationen,

f) Risikopositionen gegenüber Instituten,

g) Risikopositionen gegenüber Unternehmen,

h) Risikopositionen aus dem Mengengeschäft,

i) durch Immobilien besicherte Risikopositionen,

j) ausgefallene Risikopositionen,

k) mit besonders hohen Risiken verbundene Risikopositionen,

l) Risikopositionen in Form von gedeckten Schuldverschreibungen,

m) Positionen, die Verbriefungspositionen darstellen,

n) Risikopositionen gegenüber Instituten und Unternehmen mit kurzfristiger Bonitätsbeurteilung,

o) Risikopositionen in Form von Anteilen an Organismen für Gemeinsame Anlagen (OGA),
p) Beteiligungsrisikopositionen,
q) sonstige Posten.

Art. 113 Berechnung der risikogewichteten Positionsbeträge.

(1) [1] Zur Berechnung der risikogewichteten Positionsbeträge werden allen Risikopositionen, sofern sie nicht von den Eigenmitteln abgezogen werden, Risikogewichte nach Maßgabe des Abschnitts 2 zugewiesen. [2] Die Zuweisung der Risikogewichte richtet sich nach der Risikopositionsklasse, der die Risikoposition zugeordnet wird, und, soweit in Abschnitt 2 vorgesehen, nach deren Bonität. [3] Zur Ermittlung der Bonität können die Bonitätsbeurteilungen von ECAI oder gemäß Abschnitt 3 die Bonitätsbeurteilungen von Exportversicherungsagenturen herangezogen werden.

(2) Für die Zuweisung eines Risikogewichts gemäß Absatz 1 wird der Risikopositionswert mit dem nach Abschnitt 2 festgelegten oder ermittelten Risikogewicht multipliziert.

(3) Besteht für eine Risikoposition eine Kreditabsicherung, kann das Risikogewicht für diese Position gemäß Kapitel 4 angepasst werden.

(4) Risikogewichtete Positionsbeträge für verbriefte Risikopositionen werden gemäß Kapitel 5 berechnet.

(5) Risikopositionen, für die in Abschnitt 2 keine Berechnungsformel vorgesehen ist, wird ein Risikogewicht von 100 % zugewiesen.

(6) *[1]* [1] Mit Ausnahme von Risikopositionen, die Posten des harten Kernkapitals, des zusätzlichen Kernkapitals oder des Ergänzungskapitals begründen, kann ein Institut, nach vorheriger Genehmigung der zuständigen Behörden, beschließen, die Anforderungen aus Absatz 1 dieses Artikels nicht auf Risikopositionen dieses Instituts gegenüber einer Gegenpartei anzuwenden, wenn diese Gegenpartei sein Mutterunternehmen, sein Tochterunternehmen, ein Tochterunternehmen seines Mutterunternehmens oder ein Unternehmen ist, mit dem es durch eine Beziehung im Sinne des Artikels 12 Absatz 1 der Richtlinie 83/349/EWG verbunden ist. [2] Die zuständigen Behörden sind befugt, die Genehmigung zu erteilen, sofern die folgenden Bedingungen erfüllt sind:

a) Die Gegenpartei ist ein Institut, ein Finanzinstitut oder ein Anbieter von Nebendienstleistungen und unterliegt angemessenen Aufsichtsvorschriften,
b) die Gegenpartei ist in dieselbe Vollkonsolidierung einbezogen wie das Institut,
c) die Gegenpartei unterliegt den gleichen Risikobewertungs-, Risikomess- und Risikokontrollverfahren wie das Institut,
d) die Gegenpartei hat ihren Sitz in demselben Mitgliedstaat wie das Institut,
e) ein wesentliches tatsächliches oder rechtliches Hindernis für die unverzügliche Übertragung von Eigenmitteln von der Gegenpartei auf das Institut oder die Rückzahlung von Verbindlichkeiten an das Institut durch die Gegenpartei ist weder vorhanden noch abzusehen.

[2] Ist es einem Institut im Einklang mit diesem Absatz gestattet, die Anforderungen des Absatzes 1 nicht anzuwenden, darf ein Risikogewicht von 0 % zugewiesen werden.

(7) *[1]* [1]Mit Ausnahme von Risikopositionen, die Posten des harten Kernkapitals, des zusätzlichen Kernkapitals und des Ergänzungskapitals begründen, darf ein Institut nach vorheriger Erlaubnis der zuständigen Behörden Risikopositionen gegenüber Gegenparteien, mit denen es ein institutsbezogenes Sicherungssystem gebildet hat, d.h. eine vertragliche oder satzungsmäßige Haftungsvereinbarung geschlossen hat, die Institute absichert und insbesondere bei Bedarf ihre Liquidität und Solvenz sicherstellt, um einen Konkurs zu vermeiden, von den Anforderungen nach Absatz 1 ausnehmen. [2]Die zuständigen Behörden sind befugt, die Erlaubnis zu geben, sofern die folgenden Voraussetzungen erfüllt sind:

a) die Anforderungen gemäß Absatz 6 Buchstaben a, d und e sind erfüllt,

b) die Haftungsvereinbarung stellt sicher, dass das institutsbezogene Sicherungssystem im Rahmen seiner Verpflichtung die notwendige Unterstützung aus sofort verfügbaren Mitteln gewähren kann,

c) das institutsbezogene Sicherungssystem verfügt über geeignete und einheitlich geregelte Systeme für die Überwachung und Einstufung der Risiken, wodurch ein vollständiger Überblick über die Risikosituationen der einzelnen Mitglieder und das institutsbezogene Sicherungssystem insgesamt geliefert wird, mit entsprechenden Möglichkeiten der Einflussnahme; diese Systeme stellen eine angemessene Überwachung von Risikopositionsausfällen gemäß Artikel 178 Absatz 1 sicher,

d) das institutsbezogene Sicherungssystem führt eine eigene Risikobewertung durch, die den einzelnen Mitgliedern mitgeteilt wird,

e) das institutsbezogene Sicherungssystem erstellt und veröffentlicht jährlich einen konsolidierten Bericht mit der Bilanz, der Gewinn- und Verlustrechnung, dem Lagebericht und dem Risikobericht über das institutsbezogene Sicherungssystem insgesamt oder einen Bericht mit der aggregierten Bilanz, der aggregierten Gewinn- und Verlustrechnung, dem Lagebericht und dem Risikobericht zum institutsbezogenen Sicherungssystem insgesamt,

f) die Mitglieder des institutsbezogenen Sicherungssystems sind verpflichtet, ihre Absicht, aus dem System auszuscheiden, mindestens 24 Monate im Voraus zu melden,

g) die mehrfache Nutzung von für die Berechnung von Eigenmitteln anerkennungsfähigen Bestandteilen („Mehrfachbelegung") sowie jegliche unangemessene Bildung von Eigenmitteln zwischen den Mitgliedern des institutsbezogenen Sicherungssystems wird unterlassen,

h) das institutsbezogene Sicherungssystem stützt sich auf eine breite Mitgliedschaft von Kreditinstituten mit einem überwiegend homogenen Geschäftsprofil,

i) die Angemessenheit der Systeme nach den Buchstaben c und d wird von den jeweiligen zuständigen Behörden bestätigt und regelmäßig überwacht.

[2] Sollte ein Institut im Einklang mit diesem Absatz beschließen, die Anforderungen von Absatz 1 nicht anzuwenden, darf ein Risikogewicht von 0 % zugewiesen werden.

Abschnitt 2. Risikogewichte

Art. 114 Risikopositionen gegenüber Zentralstaaten oder Zentralbanken. (1) Risikopositionen gegenüber Zentralstaaten und Zentralbanken wird ein Risikogewicht von 100 % zugewiesen, es sei denn, es wird eine Behandlung nach den Absätzen 2 bis 7 angewandt.

(2) Risikopositionen gegenüber Zentralstaaten und Zentralbanken, für die eine Bonitätsbeurteilung einer benannten ECAI vorliegt, wird ein Risikogewicht nach Tabelle 1 zugewiesen, das gemäß Artikel 136 der Bonitätsbeurteilung der ECAI entspricht.

Tabelle 1

Bonitätsstufe	1	2	3	4	5	6
Risikogewicht	0 %	20 %	50 %	100 %	100 %	150 %

(3) Risikopositionen gegenüber der EZB wird ein Risikogewicht von 0 % zugewiesen.

(4) Risikopositionen gegenüber Zentralstaaten und Zentralbanken der Mitgliedstaaten, die auf die Landeswährung dieses Zentralstaats und dieser Zentralbank lauten und in dieser Währung refinanziert sind, wird ein Risikogewicht von 0 % zugewiesen.

(5) *(nicht belegt)*

(6) *(aufgehoben)*

(7) *[1]* Weisen die zuständigen Behörden eines Drittlands, dessen aufsichtliche und rechtliche Vorschriften denen der Union mindestens gleichwertig sind, den Risikopositionen gegenüber ihrem Zentralstaat und ihrer Zentralbank, die auf die Landeswährung dieses Drittlands lauten und in dieser Währung refinanziert sind, ein niedrigeres Risikogewicht zu als in den Absätzen 1 und 2 vorgesehen ist, so können die Institute solche Risikopositionen in der gleichen Weise gewichten.

[2] [1] Für die Zwecke dieses Absatzes kann die Kommission im Wege von Durchführungsrechtsakten vorbehaltlich des in Artikel 464 Absatz 2 genannten Prüfverfahrens einen Beschluss dazu erlassen, ob die aufsichtlichen und rechtlichen Vorschriften eines Drittlands denen der Union mindestens gleichwertig sind. [2] Solange kein solcher Beschluss erlassen wurde, dürfen Institute bis zum 1. Januar 2015 Risikopositionen gegenüber dem Zentralstaat oder der Zentralbank eines Drittlands weiterhin gemäß diesem Absatz behandeln, sofern die jeweiligen zuständigen Behörden vor dem 1. Januar 2014 diese Behandlung als für das Drittland zulässig anerkannt haben.

Art. 115 Risikopositionen gegenüber regionalen oder lokalen Gebietskörperschaften. (1) [1] Risikopositionen gegenüber regionalen oder lokalen Gebietskörperschaften werden mit demselben Risikogewicht belegt wie Risikopositionen gegenüber Instituten, es sei denn, sie werden wie Risikopositionen gegenüber Zentralstaaten gemäß den Absätzen 2 oder 4 behandelt oder erhalten ein Risikogewicht gemäß Absatz 5. [2] Die günstigere Behandlung für kurzfristige Risikopositionen nach den Artikeln 119 Absatz 2 und 120 Absatz 2 findet keine Anwendung.

(2) *[1]* Risikopositionen gegenüber regionalen oder lokalen Gebietskörperschaften werden behandelt wie Risikopositionen gegenüber dem Zentralstaat, in deren Hoheitsgebiet sie sich befinden, sofern kein Unterschied zwischen den Risiken solcher Positionen aufgrund der speziellen Steuererhebungsbefugnisse dieser Gebietskörperschaften und aufgrund der besonderen institutionellen

Vorkehrungen besteht, die zur Verringerung ihres Ausfallrisikos getroffen wurden.

[2] Die EBA betreibt eine öffentlich zugängliche Datenbank, in der all jene regionalen und lokalen Gebietskörperschaften in der Union erfasst werden, bei denen die zuständigen Behörden die Risikopositionen wie Risikopositionen gegenüber ihrem jeweiligen Zentralstaat behandeln.

(3) [1] Risikopositionen gegenüber Kirchen oder Religionsgemeinschaften werden wie Risikopositionen gegenüber regionalen und lokalen Gebietskörperschaften behandelt, sofern sich diese Kirchen oder Religionsgemeinschaften als juristische Person des öffentlichen Rechts konstituiert haben und im Rahmen entsprechender gesetzlicher Befugnisse Abgaben erheben. [2] In diesem Fall gilt Absatz 2 nicht und für die Zwecke des Artikels 150 Absatz 1 Buchstabe a wird die Genehmigung der Anwendung des Standardansatzes nicht verweigert.

(4) *[1]* Behandeln die zuständigen Behörden eines Drittlands, dessen aufsichtliche und rechtliche Vorschriften denen der Union mindestens gleichwertig sind, Risikopositionen gegenüber regionalen oder lokalen Gebietskörperschaften wie Risikopositionen gegenüber ihrem Zentralstaat und besteht kein Unterschied zwischen den Risiken solcher Positionen aufgrund der speziellen Steuererhebungsbefugnisse dieser Gebietskörperschaften und aufgrund der besonderen institutionellen Vorkehrungen, die zur Verringerung ihres Ausfallrisikos getroffen wurden, dürfen die Institute Risikopositionen gegenüber solchen regionalen oder lokalen Gebietskörperschaften in derselben Weise gewichten.

[2] [1] Für die Zwecke dieses Absatzes kann die Kommission im Wege von Durchführungsrechtsakten vorbehaltlich des in Artikel 464 Absatz 2 genannten Prüfverfahrens einen Beschluss dazu erlassen, ob die aufsichtlichen und rechtlichen Vorschriften eines Drittlands denen der Union mindestens gleichwertig sind. [2] Solange kein solcher Beschluss erlassen wurde, dürfen Institute bis zum 1. Januar 2015 das Drittland weiterhin gemäß diesem Absatz behandeln, sofern die jeweiligen zuständigen Behörden vor dem 1. Januar 2014 diese Behandlung als für das Drittland zulässig anerkannt haben.

(5) Risikopositionen gegenüber regionalen oder lokalen Gebietskörperschaften der Mitgliedstaaten, die nicht unter die Absätze 2 bis 4 fallen und die auf die Landeswährung dieser regionalen oder lokalen Gebietskörperschaft lauten und in dieser Währung refinanziert sind, wird ein Risikogewicht von 20 % zugewiesen.

Art. 116 Risikopositionen gegenüber öffentlichen Stellen. (1) *[1]* Risikopositionen gegenüber öffentlichen Stellen, für die keine Bonitätsbeurteilung einer benannten ECAI vorliegt, wird gemäß Tabelle 2 ein Risikogewicht nach der Bonitätsstufe zugewiesen, der Risikopositionen gegenüber dem Zentralstaat zugeordnet sind, in deren Hoheitsgebiet die öffentliche Stelle ihren Sitz hat:

Tabelle 2

Bonitätsstufe des Zentralstaats	1	2	3	4	5	6
Risikogewicht	20 %	50 %	100 %	100 %	100 %	150 %

[2] Risikopositionen gegenüber öffentlichen Stellen mit Sitz in einem Land, dessen Zentralstaat unbeurteilt ist, werden mit einem Risikogewicht von 100 % belegt.

(2) [1] Risikopositionen gegenüber öffentlichen Stellen, für die eine Bonitätsbeurteilung einer benannten ECAI vorliegt, werden gemäß Artikel 120 behandelt. [2] Die günstigere Behandlung kurzfristiger Risikopositionen nach den Artikeln 119 Absatz 2 und 120 Absatz 2 findet keine Anwendung auf diese Stellen.

(3) Risikopositionen gegenüber öffentlichen Stellen mit einer ursprünglichen Laufzeit von drei Monaten oder weniger wird ein Risikogewicht von 20 % zugewiesen.

(4) In Ausnahmefällen können Risikopositionen gegenüber öffentlichen Stellen behandelt werden wie Risikopositionen gegenüber dem Zentralstaat oder der regionalen oder lokalen Gebietskörperschaft, in dessen bzw. deren Hoheitsgebiet sie ansässig sind, sofern nach Ansicht der zuständigen Behörden des betreffenden Hoheitsgebiets aufgrund einer vom Zentralstaat oder der regionalen oder lokalen Gebietskörperschaft gestellten angemessenen Garantie kein Unterschied zwischen den Risiken der Positionen besteht.

(5) *[1]* [1] Behandeln die zuständigen Behörden eines Drittlands, dessen aufsichtliche und rechtliche Vorschriften jenen der Union mindestens gleichwertig sind, Risikopositionen gegenüber öffentlichen Stellen gemäß Absatz 1 oder 2, so dürfen die Institute Risikopositionen gegenüber diesen öffentlichen Stellen in derselben Weise gewichten. [2] Andernfalls setzen die Institute ein Risikogewicht von 100 % an.

[2] [1] Für die Zwecke dieses Absatzes kann die Kommission im Wege von Durchführungsrechtsakten vorbehaltlich des in Artikel 464 Absatz 2 genannten Prüfverfahrens einen Beschluss dazu erlassen, ob die aufsichtlichen und rechtlichen Vorschriften eines Drittlands denen der Union mindestens gleichwertig sind. [2] Solange kein solcher Beschluss erlassen wurde, dürfen die Institute bis zum 1. Januar 2015 das Drittland weiterhin gemäß diesem Absatz behandeln, sofern die jeweiligen zuständigen Behörden vor dem 1. Januar 2014 diese Behandlung als für das Drittland zulässig anerkannt haben.

Art. 117 Risikopositionen gegenüber multilateralen Entwicklungsbanken. (1) *[1]* [1] Risikopositionen gegenüber multilateralen Entwicklungsbanken, die nicht unter Absatz 2 fallen, werden behandelt wie Risikopositionen gegenüber Instituten. [2] Die günstigere Behandlung für kurzfristige Risikopositionen nach Artikel 119 Absatz 2, Artikel 120 Absatz 2 und Artikel 121Absatz 3 findet keine Anwendung.

[2] Die Interamerikanische Investitionsgesellschaft (IIC), die Schwarzmeer-Handels- und Entwicklungsbank, die Zentralamerikanische Bank für wirtschaftliche Integration und die lateinamerikanische Entwicklungsbank CAF gelten als multilaterale Entwicklungsbanken (MDB).

(2) *[1]* Risikopositionen gegenüber den folgenden multilateralen Entwicklungsbanken wird ein Risikogewicht von 0 % zugewiesen:

a) Internationale Bank für Wiederaufbau und Entwicklung,

b) Internationale Finanz-Corporation,

c) Interamerikanische Entwicklungsbank,

d) Asiatische Entwicklungsbank,

e) Afrikanische Entwicklungsbank,

f) Entwicklungsbank des Europarates,

g) Nordische Investitionsbank,
h) Karibische Entwicklungsbank,
i) Europäische Bank für Wiederaufbau und Entwicklung,
j) Europäische Investitionsbank,
k) Europäischer Investitionsfonds,
l) Multilaterale Investitions-Garantie-Agentur,
m) Internationale Finanzierungsfazilität für Impfungen,
n) Islamische Entwicklungsbank,
o) Internationale Entwicklungsorganisation,
p) Asiatische Infrastruktur-Investitionsbank.

[2] Der Kommission wird die Befugnis übertragen, die vorliegende Verordnung durch den Erlass delegierter Rechtsakte gemäß Artikel 462 abzuändern, um die Liste der multilateralen Entwicklungsbanken nach Unterabsatz 1 im Einklang mit internationalen Standards zu ändern.

(3) Dem nicht eingezahlten Teil des gezeichneten Kapitals des Europäischen Investitionsfonds wird ein Risikogewicht von 20 % zugewiesen.

Art. 118 Risikopositionen gegenüber internationalen Organisationen. Risikopositionen gegenüber folgenden internationalen Organisationen wird ein Risikogewicht von 0 % zugewiesen:

a) Europäische Union und Europäische Atomgemeinschaft,
b) Internationaler Währungsfonds,
c) Bank für Internationalen Zahlungsausgleich,
d) Europäische Finanzstabilitätsfazilität,
e) Europäischer Stabilitätsmechanismus;
f) ein internationales Finanzinstitut, das von zwei oder mehr Mitgliedstaaten mit dem Ziel eingerichtet wurde, für diejenigen seiner Mitglieder, die schwerwiegende Finanzierungsprobleme haben oder denen solche Probleme drohen, finanzielle Mittel zu mobilisieren und ihnen finanzielle Hilfe zu gewähren.

Art. 119 Risikopositionen gegenüber Instituten. (1) [1] Für Risikopositionen gegenüber Instituten, für die eine Bonitätsbeurteilung einer benannten ECAI vorliegt, wird eine Risikogewichtung gemäß Artikel 120 vorgenommen. [2] Für Risikopositionen gegenüber Instituten, für die keine Bonitätsbeurteilung einer benannten ECAI vorliegt, wird eine Risikogewichtung gemäß Artikel 121 vorgenommen.

(2) Risikopositionen gegenüber Instituten mit einer Restlaufzeit von drei Monaten oder weniger, die auf die Landeswährung des Kreditnehmers lauten und in dieser Währung refinanziert sind, werden mit einem Risikogewicht belegt, das um eine Stufe ungünstiger ist als das Vorzugs-Risikogewicht nach Artikel 114 Absätze 4 bis 7, das Risikopositionen gegenüber dem Zentralstaat, in dessen Hoheitsgebiet das Institut seinen Sitz hat, zugewiesen wird.

(3) In keinem Fall erhalten Risikopositionen mit einer Restlaufzeit von drei Monaten oder weniger, die auf die Landeswährung des Kreditnehmers lauten und in dieser Währung refinanziert sind, ein Risikogewicht von unter 20 %.

(4) Risikopositionen gegenüber einem Institut in Form von Mindestreserven, die von einem Institut aufgrund von Auflagen der EZB oder der Zentralbank eines Mitgliedstaats zu halten sind, dürfen mit demselben Risikogewicht belegt werden wie Risikopositionen gegenüber der Zentralbank des betreffenden Mitgliedstaats, sofern

a) die Reserven gemäß der Verordnung (EG) Nr. 1745/2003 der Europäischen Zentralbank vom 12. September 2003 über die Auferlegung einer Mindestreservepflicht[1] oder gemäß nationalen Anforderungen, die jener Verordnung in allen sachlichen Aspekten gleichwertig sind, gehalten werden,

b) die Reserven im Falle des Konkurses oder der Insolvenz des Instituts, bei dem sie gehalten werden, rechtzeitig in vollem Umfang an das Institut zurückgezahlt und nicht zur Deckung anderer Verbindlichkeiten des Instituts zur Verfügung gestellt werden.

(5) *[1]* Risikopositionen gegenüber Finanzinstituten, die von den zuständigen Behörden zugelassen wurden und beaufsichtigt werden und hinsichtlich der Robustheit vergleichbaren Aufsichtsvorschriften unterliegen wie Institute, werden wie Risikopositionen gegenüber Instituten behandelt.

[2] Für die Zwecke dieses Absatzes gelten die Aufsichtsanforderungen der Verordnung (EU) 2019/2033[2] als den Anforderungen an Institute in Bezug auf die Robustheit gleichwertig.

Art. 120 Risikopositionen gegenüber beurteilten Instituten. (1) Risikopositionen gegenüber Instituten mit einer Restlaufzeit von über drei Monaten, für die eine Bonitätsbeurteilung einer benannten ECAI vorliegt, wird ein Risikogewicht nach Tabelle 3 zugewiesen, das gemäß Artikel 136 der Bonitätsbeurteilung der ECAI entspricht.

Tabelle 3

Bonitätsstufe	1	2	3	4	5	6
Risikogewicht	20 %	50 %	50 %	100 %	100 %	150 %

(2) Risikopositionen gegenüber Instituten mit einer Restlaufzeit von bis zu drei Monaten, für die eine Bonitätsbeurteilung einer benannten ECAI vorliegt, wird ein Risikogewicht nach Tabelle 4 zugewiesen, das gemäß Artikel 136 der Bonitätsbeurteilung der ECAI entspricht.

Tabelle 4

Bonitätsstufe	1	2	3	4	5	6
Risikogewicht	20 %	20 %	20 %	50 %	50 %	150 %

(3) Die Interaktion zwischen der Behandlung kurzfristiger Bonitätsbeurteilungen nach Artikel 131 und der generellen Vorzugsbehandlung kurzfristiger Risikopositionen gemäß Absatz 2 verläuft wie folgt:

a) Liegt für eine Risikoposition keine kurzfristige Bonitätsbeurteilung vor, wird auf alle Risikopositionen gegenüber Instituten mit einer Restlaufzeit von bis zu drei Monaten die generelle Vorzugsbehandlung kurzfristiger Risikopositionen gemäß Absatz 2 angewandt;

[1] **Amtl. Anm.:** ABl. L 250 vom 2.10.2003, S. 10.
[2] Nr. **7**.

b) liegt eine kurzfristige Bonitätsbeurteilung vor und zieht diese ein günstigeres Risikogewicht als die Anwendung der generellen Vorzugsbehandlung kurzfristiger Risikopositionen gemäß Absatz 2 oder dasselbe Risikogewicht nach sich, wird die kurzfristige Bonitätsbeurteilung nur für diese bestimmte Risikoposition verwendet. Auf andere kurzfristige Risikopositionen wird die generelle Vorzugsbehandlung kurzfristiger Risikopositionen gemäß Absatz 2 angewandt;

c) liegt eine kurzfristige Bonitätsbeurteilung vor und zieht diese ein weniger günstiges Risikogewicht nach sich als die Anwendung der generellen Vorzugsbehandlung kurzfristiger Risikopositionen gemäß Absatz 2, so wird die *generellen*[1] Vorzugsbehandlung kurzfristiger Risikopositionen nicht angewandt und allen unbeurteilten kurzfristigen Risikopositionen dasselbe Risikogewicht zugewiesen, das sich aus der spezifischen kurzfristigen Bonitätsbeurteilung ergibt.

Art. 121 Risikopositionen gegenüber unbeurteilten Instituten.

(1) Risikopositionen gegenüber Instituten, für die keine Bonitätsbeurteilung einer benannten ECAI vorliegt, wird gemäß Tabelle 5 ein Risikogewicht nach der Bonitätsstufe zugewiesen, die Risikopositionen gegenüber dem Zentralstaat zugewiesen wurde, in dessen Hoheitsgebiet das Institut seinen Sitz hat.

Tabelle 5

Bonitätsstufe des Zentralstaats	1	2	3	4	5	6
Risikogewicht der Position	20 %	50 %	100 %	100 %	100 %	150 %

(2) Risikopositionen gegenüber unbeurteilten Instituten mit Sitz in einem Land, dessen Zentralstaat unbeurteilt ist, wird ein Risikogewicht von 100 % zugewiesen.

(3) Risikopositionen gegenüber unbeurteilten Instituten mit einer ursprünglichen effektiven Laufzeit von drei Monaten oder weniger wird ein Risikogewicht von 20 % zugewiesen.

(4) Unbeschadet der Absätze 2 und 3 wird Risikopositionen aus Handelsfinanzierungsgeschäften – im Sinne des Artikels 162 Absatz 3 Unterabsatz 2 Buchstabe b mit unbeurteilten Instituten ein Risikogewicht von 50 % zugewiesen und ein Risikogewicht von 20 %, wenn die Restlaufzeit solcher Risikopositionen noch höchstens drei Monate beträgt.

Art. 122 Risikopositionen gegenüber Unternehmen. (1) Risikopositionen, für die eine Bonitätsbeurteilung einer benannten ECAI vorliegt, wird ein Risikogewicht nach Tabelle 6 zugewiesen, das gemäß Artikel 136 der Bonitätsbeurteilung der ECAI entspricht.

Tabelle 6

Bonitätsstufe	1	2	3	4	5	6
Risikogewicht	20 %	50 %	100 %	100 %	150 %	150 %

(2) Risikopositionen, für die keine *solches*[2] Bonitätsbeurteilung vorliegt, wird ein Risikogewicht von 100 % zugewiesen oder das Risikogewicht für

[1] Richtig wohl: „generelle".
[2] Richtig wohl: „solche".

Risikopositionen gegenüber dem Zentralstaat, in dessen Hoheitsgebiet das Unternehmen seinen Sitz hat, falls dieses höher ist.

Art. 123 Risikopositionen aus dem Mengengeschäft. *[1]* Einer Risikoposition, die die folgenden Kriterien erfüllt, wird ein Risikogewicht von 75 % zugewiesen:

a) Sie besteht entweder gegenüber einer natürlichen *Personen*[1] oder einem kleinen oder mittleren Unternehmen (KMU),

b) sie ist eine von vielen Risikopositionen mit ähnlichen Merkmalen, so dass die Risiken dieser Darlehensgeschäfte erheblich reduziert werden,

c) der dem Institut sowie dem Mutterunternehmen und dessen Tochterunternehmen von dem Kunden oder der Gruppe verbundener Kunden insgesamt geschuldete Betrag einschließlich etwaiger überfälliger Positionen, mit Ausnahme von Risikopositionen, die vollständig durch Wohnimmobilien besichert sind und die der in Artikel 112 Buchstabe i genannten Risikopositionsklasse zugewiesen wurden, ist – soweit dem Institut bekannt – nicht höher als 1 Mio. EUR. Das Institut unternimmt angemessene Schritte, um sich diese Kenntnis zu verschaffen.

[2] Wertpapiere werden in der Risikopositionsklasse „Mengengeschäft" nicht anerkannt.

[3] Risikopositionen, die die Kriterien des Unterabsatzes 1 Buchstaben a bis c nicht erfüllen, werden in der Risikopositionsklasse „Mengengeschäft" nicht anerkannt.

[4] Der Gegenwartswert von Mindestleasingzahlungen im Mengengeschäft wird in der Risikopositionsklasse „Mengengeschäft" anerkannt.

[5] Risikopositionen, die aus Darlehen herrühren, die ein Kreditinstitut Rentenempfängern oder Beschäftigten mit einem unbefristeten Vertrag gegen die unbedingte Übertragung eines Teils der Rentenbezüge oder des Gehalts des Darlehensnehmers an dieses Kreditinstitut gewährt hat, wird ein Risikogewicht von 35 % zugewiesen, sofern alle folgenden Bedingungen erfüllt sind:

a) um das Darlehen zurückzuzahlen, ermächtigt der Darlehensnehmer den Pensionsfonds oder den Arbeitgeber uneingeschränkt, direkte Zahlungen an das Kreditinstitut zu leisten, indem die monatlichen Zahlungen für das Darlehen von den monatlichen Rentenbezügen oder dem monatlichen Gehalt des Darlehensnehmers einbehalten werden;

b) die Risiken des Todes, der Arbeitsunfähigkeit, der Arbeitslosigkeit oder der Verringerung der monatlichen Nettorentenbezüge oder des monatlichen Nettogehalts des Darlehensnehmers werden ordnungsgemäß durch eine Versicherungspolice gedeckt, die der Darlehensnehmer zugunsten des Kreditinstituts zeichnet;

c) die monatlichen Zahlungen, die der Darlehensnehmer für sämtliche Darlehen, die die Bedingungen der Buchstaben a und b erfüllen, zu leisten hat, übersteigen zusammengenommen nicht 20 % der monatlichen Nettorentenbezüge oder des monatlichen Nettogehalts des Darlehensnehmers;

d) die maximale Ursprungslaufzeit des Darlehens beträgt höchstens zehn Jahre.

---

[1] Richtig wohl: „Person".

Art. 124 Durch Grundpfandrechte an Immobilien besicherte Risikopositionen. (1) *[1]* [1]Risikopositionen oder Teilen einer Risikoposition, die durch Grundpfandrechte an Immobilien vollständig besichert sind – ausgenommen Teile der Risikoposition, die einer anderen Risikopositionsklasse zugeordnet sind –, wird ein Risikogewicht von 100 % zugewiesen, wenn die Bedingungen nach Artikel 125 oder Artikel 126 nicht erfüllt sind. [2]Dem über den Wert des Grundpfandrechts an der Immobilie hinausgehenden Teil der Risikoposition wird das Risikogewicht für unbesicherte Risikopositionen gegenüber der beteiligten Gegenpartei zugewiesen.

[2] Der Teil einer Risikoposition, der als durch eine Immobilie vollständig besichert behandelt wird, übersteigt nicht den als Sicherheit hinterlegten Betrag des Marktwerts bzw. im Fall der Mitgliedstaaten, deren Rechts- und Verwaltungsvorschriften strenge Vorgaben für die Bemessung des Beleihungswerts setzen, den Beleihungswert der betreffenden Immobilie.

(1a) *[1]* [1]Die Mitgliedstaaten benennen eine Behörde, die für die Anwendung des Absatzes 2 zuständig ist. [2]Diese Behörde ist die zuständige Behörde oder die benannte Behörde.

[2] Ist die von dem Mitgliedstaat für die Anwendung dieses Artikels benannte Behörde die zuständige Behörde, so stellt sie sicher, dass die relevanten nationalen Stellen und Behörden, die ein makroprudenzielles Mandat haben, gebührend darüber unterrichtet sind, dass die zuständige Behörde beabsichtigt, von diesem Artikel Gebrauch zu machen, und dass sie an der Bewertung der Bedenken hinsichtlich der Finanzstabilität in ihrem Mitgliedstaat im Einklang mit Absatz 2 in angemessener Weise beteiligt werden.

[3] [1]Ist die von dem Mitgliedstaat für die Anwendung dieses Artikels benannte Behörde nicht die zuständige Behörde, so trifft der Mitgliedstaat die notwendigen Vorkehrungen, um eine ordnungsgemäße Koordinierung und einen ordnungsgemäßen Informationsaustausch zwischen der zuständigen und der benannten Behörde sicherzustellen, damit dieser Artikel ordnungsgemäß angewendet wird. [2]Insbesondere müssen die Behörden eng zusammenarbeiten und alle Informationen gemeinsam nutzen, die für die angemessene Erfüllung der Pflichten, die der benannten Behörde gemäß diesem Artikel obliegen, erforderlich sein können. [3]Mit dieser Zusammenarbeit soll jede Form von sich überschneidenden oder nicht miteinander zu vereinbarenden Maßnahmen zwischen der zuständigen und der benannten Behörde vermieden sowie auch sichergestellt werden, dass die Wechselwirkung mit anderen Maßnahmen, insbesondere solchen, die gemäß Artikel 458 dieser Verordnung und Artikel 133 der Richtlinie 2013/36/EU ergriffen werden, gebührend berücksichtigt wird.

(2) *[1]* [1]Auf der Grundlage der nach Artikel 430a erhobenen Daten und aller anderen maßgeblichen Indikatoren bewertet die gemäß Absatz 1a des vorliegenden Artikels benannte Behörde regelmäßig, mindestens jedoch einmal jährlich, ob das Risikogewicht von 35 % für mit einem oder mehreren Immobiliensegmenten in Zusammenhang stehende und durch Grundpfandrechte an Wohnimmobilien besicherte Risikopositionen nach Artikel 125, die in einem oder mehreren Teilen des Hoheitsgebiets des Mitgliedstaats der jeweiligen Behörde belegen sind, und das Risikogewicht von 50 % für durch Grundpfandrechte an Gewerbeimmobilien besicherte Risikopositionen nach Artikel 126, die in einem oder mehreren Teilen des Hoheitsgebiets des Mitgliedstaats der jeweiligen Behörde belegen sind, sich in angemessener Weise auf Folgendes stützen:

a) die Verlusterfahrungswerte für durch Immobilien besicherte Risikopositionen;

b) zukunftsorientierte Immobilienmarktentwicklungen.

[2]Kommt die gemäß Absatz 1a des vorliegenden Artikels benannte Behörde auf der Grundlage der Bewertung nach Unterabsatz 1 des vorliegenden Absatzes zu dem Schluss, dass die Risikogewichte nach Artikel 125 Absatz 2 oder Artikel 126 Absatz 2 die tatsächlichen Risiken nicht in angemessener Weise widerspiegeln, die mit einem oder mehreren Immobiliensegmenten von Risikopostionen verbunden sind, welche durch Grundpfandrechte an in einem oder mehreren Teilen des Hoheitsgebiets des Mitgliedstaats der jeweiligen Behörde belegenen Wohnimmobilien oder Gewerbeimmobilien vollständig besichert sind, und ist sie der Auffassung, dass die Unangemessenheit der Risikogewichte sich negativ auf die gegenwärtige oder künftige Finanzstabilität in ihrem Mitgliedstaat auswirken könnte, so kann sie die für diese Risikopositionen anwendbaren Risikogewichte innerhalb der in Unterabsatz 4 des vorliegenden Absatzes festgelegten Spannen erhöhen oder strengere Kriterien einführen als in Artikel 125 Absatz 2 oder Artikel 126 Absatz 2 festgelegt.

[2] [1]Die gemäß Absatz 1a des vorliegenden Artikels benannte Behörde teilt der EBA und dem ESRB jegliche Anpassungen der Risikogewichte und der angewandten Kriterien nach diesem Absatz mit. [2]Innerhalb eines Monats nach Eingang dieser Mitteilung übermitteln die EBA und der ESRB dem betreffenden Mitgliedstaat ihre Stellungnahme. [3]Die EBA und der ESRB veröffentlichen die Risikogewichte und Kriterien für Risikopositionen nach den Artikeln 125 und 126 und Artikel 199 Absatz 1 Buchstabe a, wie sie von der jeweiligen Behörde umgesetzt werden.

[3] Für die Zwecke des Unterabsatzes 2 dieses Absatzes kann die gemäß Absatz 1a benannte Behörde die Risikogewichte innerhalb der folgenden Spannen festsetzen:

a) zwischen 35 % und 150 % für durch Grundpfandrechte an Wohnimmobilien besicherte Risikopositionen;

b) zwischen 50 % und 150 % für durch Grundpfandrechte an Gewerbeimmobilien besicherte Risikopositionen.

(3) Setzt die gemäß Absatz 1a benannte Behörde gemäß Absatz 2 Unterabsatz 2 höhere Risikogewichte fest oder führt sie strengere Kriterien ein, so verfügen die Institute über einen sechsmonatigen Übergangszeitraum, um diese anzuwenden.

(4)[1)] *[1]* Die EBA arbeitet in enger Zusammenarbeit mit dem ESRB Entwürfe technischer Regulierungsstandards aus, in denen die strengen Kriterien für die Bemessung des Beleihungswerts gemäß Absatz 1 und die Arten von Faktoren, die bei der Bewertung der Angemessenheit der Risikogewichte nach Absatz 2 Unterabsatz 1 berücksichtigt werden müssen, festgelegt sind.

[2] Die EBA legt der Kommission diese Entwürfe technischer Regulierungsstandards bis zum 31. Dezember 2019 vor.

[3] Der Kommission wird die Befugnis übertragen, die in Unterabsatz 1 genannten technischen Regulierungsstandards gemäß den Artikeln 10 bis 14

[1)] Art. 124 Abs. 4 und 5 gelten bereits mWv 27.6.2019, siehe hierzu VO v. 20.5.2019 (ABl. L 150 S. 1).

der Verordnung (EU) Nr. 1093/2010 zur Ergänzung dieser Verordnung zu erlassen.

(5)[1] Der ESRB kann den gemäß Absatz 1a des vorliegenden Artikels benannten Behörden durch Empfehlungen nach Artikel 16 der Verordnung (EU) Nr. 1092/2010 und in enger Zusammenarbeit mit der EBA Orientierungen zu Folgendem vorgeben:

a) den Faktoren, die „sich negativ auf die gegenwärtige oder künftige Finanzstabilität auswirken könnten" wie in Absatz 2 Unterabsatz 2 angeführt;

b) den indikativen Referenzwerten, die die gemäß Absatz 1a benannte Behörde bei der Festlegung höherer Risikogewichte berücksichtigen muss.

(6) Die Institute eines Mitgliedstaats wenden die Risikogewichte und Kriterien, die von den zuständigen Behörden eines anderen Mitgliedstaats gemäß Absatz 2 festgelegt wurden, auf alle ihre entsprechenden Risikopositionen an, die durch Grundpfandrechte an in einem oder mehreren Teilen dieses anderen Mitgliedstaats belegenen Wohnimmobilien oder Gewerbeimmobilien besichert sind.

Art. 125 Durch Wohnimmobilien vollständig besicherte Risikopositionen. (1) Soweit die zuständigen Behörden nicht gemäß Artikel 124 Absatz 2 anders entschieden haben, werden durch Grundpfandrechte auf Wohnimmobilien vollständig besicherte Risikopositionen wie folgt behandelt:

a) Risikopositionen oder Teile einer Risikoposition, die durch Grundpfandrechte auf Wohnimmobilien vollständig besichert sind, welche vom Eigentümer bzw. im Falle einer privaten Beteiligungsgesellschaft vom begünstigten Eigentümer gegenwärtig oder künftig selbst genutzt oder vermietet werden, wird ein Risikogewicht von 35 % zugewiesen;

b) Risikopositionen gegenüber einem Leasingnehmer in Immobilien-Leasing-Geschäften mit Wohnimmobilien, bei denen ein Institut der Leasinggeber ist und der Leasingnehmer eine Kaufoption hat, wird ein Risikogewicht von 35 % zugewiesen, sofern die Risikoposition des Instituts durch sein Eigentum an der Immobilie vollständig besichert ist.

(2) Die Institute betrachten eine Risikoposition oder einen Teil einer Risikoposition nur dann als vollständig besichert im Sinne von Absatz 1, wenn die folgenden Bedingungen erfüllt sind:

a) Der Wert der Immobilie hängt nicht wesentlich von der Bonität des Schuldners ab. Bei der Bestimmung der Wesentlichkeit einer solchen Abhängigkeit können die Institute Fälle ausklammern, in denen rein makroökonomische Faktoren sowohl den Wert der Immobilie als auch die Leistungsfähigkeit des Schuldners beeinträchtigen;

b) das Risiko des Schuldners hängt nicht wesentlich von der Wertentwicklung der zugrunde liegenden Immobilie oder des Projekts ab, sondern von der Fähigkeit des Schuldners, seine Schulden aus anderen Quellen zurückzuzahlen, so dass auch die Rückzahlung der Fazilität nicht wesentlich von Zahlungsströmen abhängt, die durch die als Sicherheit gestellte Immobilie generiert werden. Für diese anderen Quellen legen die Institute im Rahmen ihrer

---

[1] Art. 124 Abs. 4 und 5 gelten bereits mWv 27.6.2019, siehe hierzu VO v. 20.5.2019 (ABl. L 150 S. 1).

Kreditpolitik Höchstwerte für das Verhältnis zwischen Darlehenshöhe und Einkommen fest und verlangen bei der Kreditvergabe einen geeigneten Einkommensnachweis;

c) die Anforderungen des Artikels 208 und die Bewertungsgrundsätze nach Artikel 229 Absatz 1 werden eingehalten;

d) sofern nach Artikel 124 Absatz 2 nichts anderes bestimmt ist, übersteigt der Teil des Darlehens, dem ein Risikogewicht von 35 % zugewiesen wird, in den Mitgliedstaaten, die in ihren Rechts- und Verwaltungsvorschriften strenge Vorgaben für die Bemessung des Beleihungswerts festgelegt haben, nicht *80 % –*[1] des Marktwerts der betreffenden Immobilie bzw. 80 % des Beleihungswerts der betreffenden Immobilie.

(3) Bei Risikopositionen, die durch Grundpfandrechte auf in einem Mitgliedstaat belegene Wohnimmobilien vollständig besichert sind, dürfen Institute von Absatz 2 Buchstabe b abweichen, wenn die zuständige Behörde dieses Mitgliedstaats Nachweise dafür veröffentlicht hat, dass es im Gebiet dieses Mitgliedstaats einen gut entwickelten, seit langem etablierten Wohnimmobilienmarkt gibt, dessen Verlustraten folgende Obergrenzen nicht überschreiten:

a) Die Verluste aus Darlehensgeschäften, die – sofern in Artikel 124 Absatz 2 nichts anderes bestimmt ist – bis zu 80 % des Marktwerts oder 80 % des Beleihungswerts durch Wohnimmobilien besichert sind, gehen in keinem Jahr über 0,3 % der ausstehenden, durch Wohnimmobilien besicherten Darlehen hinaus;

b) die Gesamtverluste aus Darlehensgeschäften, die durch Wohnimmobilien besichert sind, gehen in keinem Jahr über 0,5 % der ausstehenden, durch Wohnimmobilien besicherten Darlehen hinaus.

(4) Wird eine der beiden Voraussetzungen unter Absatz 3 in einem Jahr nicht erfüllt, so kann Absatz 3 nicht mehr angewandt werden und gilt die Voraussetzung unter Absatz 2 Buchstabe b, bis die Voraussetzungen unter Absatz 3 in einem der Folgejahre erfüllt sind.

Art. 126 Durch Gewerbeimmobilien vollständig besicherte Risikopositionen. (1) Soweit die zuständigen Behörden nicht gemäß Artikel 124 Absatz 2 anders entschieden haben, werden durch Grundpfandrechte auf Gewerbeimmobilien vollständig besicherte Risikopositionen wie folgt behandelt:

a) Risikopositionen oder Teilen einer Risikoposition, die durch Grundpfandrechte auf Büro- oder sonstige Gewerbeimmobilien vollständig besichert sind, kann ein Risikogewicht von 50 % zugewiesen werden;

b) Risikopositionen in Verbindung mit Immobilien-Leasing-Geschäften, die Büro- oder sonstige Gewerbeimmobilien betreffen, bei denen ein Institut der Leasinggeber ist und der Leasingnehmer eine Kaufoption hat, kann ein Risikogewicht von 50 % zugewiesen werden, sofern die Risikoposition des Instituts durch sein Eigentum an der Immobilie vollständig besichert ist.

(2) Die Institute betrachten eine Risikoposition oder einen Teil einer Risikoposition nur dann als vollständig besichert im Sinne von Absatz 1, wenn die folgenden Bedingungen erfüllt sind:

---

[1] Richtig wohl: „80 %".

a) Der Wert der Immobilie hängt nicht wesentlich von der Bonität des Schuldners ab. Bei der Bestimmung der Wesentlichkeit einer solchen Abhängigkeit können die Institute Fälle ausklammern, in denen rein makroökonomische Faktoren sowohl den Wert der Immobilie als auch die Leistungsfähigkeit des Schuldners beeinträchtigen;
b) das Risiko des Schuldners hängt nicht wesentlich von der Wertentwicklung der zugrunde liegenden Immobilie oder des Projekts ab, sondern von der Fähigkeit des Schuldners, seine Schulden aus anderen Quellen zurückzuzahlen, so dass auch die Rückzahlung der Fazilität nicht wesentlich von Zahlungsströmen abhängt, die durch die als Sicherheit gestellte Immobilie generiert werden.
c) die Anforderungen des Artikels 208 und die Bewertungsgrundsätze nach Artikel 229 Absatz 1 werden eingehalten;
d) sofern nach Artikel 124 Absatz 2 nichts anderes bestimmt ist, wird das Risikogewicht von 50 % dem Teil des Darlehens zugewiesen, der in den Mitgliedstaaten, die in ihren Rechts- und Verwaltungsvorschriften strenge Vorgaben für die Bemessung des Beleihungswerts festgelegt haben, 50 % des Marktwerts der Immobilie bzw. 60 % des Beleihungswerts der betreffenden Immobilie – sofern nach Artikel 124 Absatz 2 nichts anderes bestimmt ist – nicht übersteigt.

(3) Bei Risikopositionen, die durch Grundpfandrechte auf in einem Mitgliedstaat gelegene Gewerbeimmobilien vollständig besichert sind, dürfen Institute von Absatz 2 Buchstabe b abweichen, wenn die zuständige Behörde dieses Mitgliedstaats Nachweise dafür veröffentlicht hat, dass es im Gebiet dieses Mitgliedstaats einen gut entwickelten, seit langem etablierten Markt für Gewerbeimmobilien gibt, dessen Verlustraten folgende Obergrenzen nicht überschreiten:

a) die Verluste aus Darlehensgeschäften, die – sofern Artikel 124 Absatz 2 nichts anderes vorsieht – bis zu 50 % des Marktwerts oder 60 % des Beleihungswerts durch Gewerbeimmobilien besichert sind, gehen nicht über 0,3 % der ausstehenden, durch Gewerbeimmobilien besicherten Darlehen hinaus;
b) die Gesamtverluste aus Darlehensgeschäften, die durch Gewerbeimmobilien besichert sind, gehen nicht über 0,5 % der ausstehenden, durch Gewerbeimmobilien besicherten Darlehen hinaus.

(4) Wird eine der beiden Voraussetzungen unter Absatz 3 in einem Jahr nicht erfüllt, so kann Absatz 3 nicht mehr angewandt werden und gilt die Voraussetzung unter Absatz 2 Buchstabe b, bis die Voraussetzungen unter Absatz 3 in einem der Folgejahre erfüllt sind.

Art. 127 Ausgefallene Positionen. (1) Dem unbesicherten Teil einer Risikoposition, bei dem ein Ausfall des Schuldners gemäß Artikel 178 eingetreten ist, oder – im Fall von Risikopositionen des Mengengeschäfts – dem unbesicherten Teil einer Kreditfazilität, bei der ein Ausfall nach Artikel 178 eingetreten ist, wird folgendes Risikogewicht zugewiesen:

a) 150 %, wenn die Summe der spezifischen Kreditrisikoanpassungen und der gemäß Artikel 36 Absatz 1 Buchstabe m abgezogenen Beträge weniger als 20 % des Werts des unbesicherten Teils der Risikoposition beträgt, wenn diese spezifischen Kreditrisikoanpassungen und Abzüge nicht vorgenommen würden;

b) 100 %, wenn die Summe der spezifischen Kreditrisikoanpassungen und der gemäß Artikel 36 Absatz 1 Buchstabe m abgezogenen Beträge nicht weniger als 20 % des Werts des unbesicherten Teils der Risikoposition beträgt, wenn diese spezifischen Kreditrisikoanpassungen und Abzüge nicht vorgenommen würden.

(2) Für die Zwecke der Bestimmung des besicherten Teils der überfälligen Position gelten dieselben Sicherheiten und Garantien als anerkennungsfähig wie für die Kreditrisikominderung nach Kapitel 4.

(3) Dem nach den spezifischen Kreditrisikoanpassungen verbleibenden Positionswert von Risikopositionen, die nach Maßgabe des Artikels 125 durch Grundpfandrechte auf Wohnimmobilien vollständig besichert sind, wird ein Risikogewicht von 100 % zugewiesen, wenn ein Ausfall gemäß Artikel 178 eingetreten ist.

(4) Dem nach den spezifischen Kreditrisikoanpassungen verbleibenden Positionswert von Risikopositionen, die nach Maßgabe von Artikel 126 durch Grundpfandrechte auf Gewerbeimmobilien vollständig besichert sind, wird ein Risikogewicht von 100 % zugewiesen, wenn ein Ausfall gemäß Artikel 178 eingetreten ist.

Art. 128 Mit besonders hohem Risiko verbundene Positionen.

(1) Die Institute weisen Risikopositionen, die mit besonders hohen Risiken verbunden sind, ein Risikogewicht von 150 % zu.

(2) Für die Zwecke dieses Artikels behandeln die Institute jede der folgenden Risikopositionen als mit besonders hohen Risiken verbundene Risikopositionen:

a) Beteiligungen an Risikokapitalgesellschaften, es sei denn, diese Beteiligungen werden gemäß Artikel 132 behandelt;
b) Positionen aus privatem Beteiligungskapital, es sei denn, diese Positionen werden gemäß Artikel 132 behandelt;
c) spekulative Immobilienfinanzierungen.

(3) *[1]* Bei der Beurteilung, ob eine Position, die nicht in Absatz 2 genannt ist, mit besonders hohen Risiken verbunden ist, tragen die Institute den folgenden Risikomerkmalen Rechnung:

a) Es besteht ein hohes Verlustrisiko infolge eines Ausfalls des Schuldners,
b) es kann nicht eindeutig ermittelt werden, ob die Position unter Buchstabe a fällt.

[2] Die EBA gibt Leitlinien heraus, in denen geklärt wird, welche Arten von Positionen unter welchen Umständen mit besonders hohem Risiko verbunden sind.

[3] Diese Leitlinien werden gemäß Artikel 16 der Verordnung (EU) Nr. 1093/2010 angenommen.

Art. 129 Risikopositionen in Form gedeckter Schuldverschreibungen.

(1) *[1]* ***[bis 7.7.2022:*** Damit Schuldverschreibungen im Sinne des Artikels 52 Absatz 4 der Richtlinie 2009/65/EG (gedeckte Schuldverschreibungen) für die günstigere Behandlung nach den Absätzen 3 und 4 in Betracht kommen können, müssen sie den Anforderungen des Absatzes 7 genügen und durch einen der folgenden anerkennungsfähigen Vermögenswerte besichert sein:***][ab 8.7.***

***2022:** Damit Schuldverschreibungen im Sinne des Artikels 3 Nummer 1 der Richtlinie (EU) 2019/2162 des Europäischen Parlaments und des Rates*[1] *für die günstigere Behandlung nach den Absätzen 4 und 5 des vorliegenden Artikels in Betracht kommen können, müssen sie den Anforderungen der Absätze 3, 3a und 3b des vorliegenden Artikels genügen und durch einen der folgenden anerkennungsfähigen Vermögenswerte besichert sein:]*

a) Risikopositionen, die gegenüber Zentralstaaten, Zentralbanken des ESZB, öffentlichen Stellen oder regionalen oder lokalen Gebietskörperschaften in der Union bestehen oder von diesen garantiert werden;

b) Risikopositionen, die gegenüber dem Zentralstaat dritter Länder, Zentralbanken dritter Länder, multilateralen Entwicklungsbanken, internationalen Organisationen der Bonitätsstufe 1 gemäß diesem Kapitel bestehen oder von diesen garantiert werden, sowie Risikopositionen, die gegenüber öffentlichen Stellen oder regionalen oder lokalen Gebietskörperschaften dritter Länder bestehen oder von diesen garantiert werden, und denen dasselbe Risikogewicht zugewiesen wurde wie Risikopositionen nach Artikel 115 Absätze 1 und 2 oder Artikel 116 Absätze 1, 2 bzw. 4 gegenüber Instituten bzw. Zentralstaaten und Zentralbanken der Bonitätsstufe 1 gemäß diesem Kapitel, sowie Risikopositionen im Sinne dieses Buchstabens, die gemäß diesem Kapitel mindestens der Bonitätsstufe 2 zugeordnet werden, sofern sie 20 % des Nominalbetrags der ausstehenden gedeckten Schuldverschreibungen der Emissionsinstitute nicht übersteigen;

[Buchst. c bis 7.7.2022:]

c) Risikopositionen gegenüber Instituten, die gemäß diesem Kapitel der Bonitätsstufe 1 zuzuordnen sind. Die Gesamtrisikoposition dieser Art übersteigt nicht 15 % des Nominalbetrags der ausstehenden gedeckten Schuldverschreibungen des Emissionsinstituts. Risikopositionen gegenüber Instituten in der Union mit einer Fälligkeit von bis zu 100 Tagen fallen nicht unter die Anforderungen der Bonitätsstufe 1, sind allerdings gemäß diesem Kapitel mindestens der Bonitätsstufe 2 zuzuordnen.

[Buchst. c ab 8.7.2022:]

c) Risikopositionen gegenüber Kreditinstituten, die der Bonitätsstufe 1 oder 2 zuzuordnen sind, oder Risikopositionen gegenüber Kreditinstituten, die der Bonitätsstufe 3 zuzuordnen sind, sofern diese Risikopositionen in Form von

i) kurzfristigen Einlagen mit einer ursprünglichen Laufzeit von höchstens 100 Tagen, sofern diese Einlagen für die Erfüllung der Anforderungen eines Liquiditätspuffers für den Deckungspool gemäß Artikel 16 der Richtlinie (EU) 2019/2162 genutzt werden, oder

ii) Derivatekontrakten, die die Anforderungen des Artikels 11 Absatz 1 der genannten Richtlinie erfüllen, sofern sie von den zuständigen Behörden zugelassen sind.

[Buchst. d bis 7.7.2022:]

d) Darlehen, die besichert sind durch

---

[1] **Amtl. Anm.:** Richtlinie (EU) 2019/2162 des Europäischen Parlaments und des Rates vom 27. November 2019 über die Emission gedeckter Schuldverschreibungen und die öffentliche Aufsicht über gedeckte Schuldverschreibungen und zur Änderung der Richtlinien 2009/65/EG und 2014/59/EU (ABl. L […] vom 18.12.2019, S. [29] einfügen)] *[Red. Anm.: Fundstellenangabe amtlich.]*.

i) Wohnimmobilien bis zur Höhe des Werts der Grundpfandrechte einschließlich aller vorrangigen Grundpfandrechte oder 80 % des Werts der als Sicherheit gestellten Immobilien, falls dieser niedriger ist, oder

ii) vorrangige Anteile, die von französischen Fonds Communs de Titrisation oder durch gleichwertige unter das Recht eines Mitgliedstaats fallende Verbriefungsorganismen, die Risikopositionen im Zusammenhang mit Wohnimmobilien verbriefen, ausgegeben wurden. Werden solche vorrangigen Anteile als Sicherheiten verwendet, so stellt die jeweilige öffentliche Aufsicht zum Schutz der Inhaber von Schuldverschreibungen gemäß Artikel 52 Absatz 4 der Richtlinie 2009/65/EG sicher, dass die diesen Anteilen zugrunde liegenden Vermögenswerte für die gesamte Dauer ihrer Einbeziehung in den Deckungspool mindestens zu 90 % aus *Grundpfandrechte*[1)] auf Wohnimmobilien einschließlich aller vorrangigen Grundpfandrechte bis zur Höhe des Werts der nach diesen Anteilen fälligen Darlehensbeträge, des Werts der Grundpfandrechte oder 80 % des Werts der als Sicherheit gestellten Immobilien – je nach dem, welcher Wert niedriger ist – bestehen, dass die Anteile gemäß diesem Kapitel der Bonitätsstufe 1 zuzuordnen sind und dass diese Anteile 10 % des Nominalwerts der ausstehenden Emission nicht übersteigen;

[Buchst. d ab 8.7.2022:]

d) *Darlehen, die besichert sind durch Wohnimmobilien bis zur Höhe des Werts der Grundpfandrechte einschließlich aller vorrangigen Grundpfandrechte oder 80 % des Werts der als Sicherheit gestellten Immobilien, falls dieser niedriger ist;*

e) durch einen anerkennungsfähigen Sicherungsgeber im Sinne des Artikels 201 garantierte Darlehen für Wohnimmobilien, die gemäß diesem Kapitel mindestens der Bonitätsstufe 2 zuzuordnen sind, sofern der Anteil jedes Darlehens, der dazu verwendet wird, die Anforderungen dieses Absatzes in Bezug auf die Besicherung der gedeckten Schuldverschreibung zu erfüllen, höchstens 80 % des Werts der entsprechenden in Frankreich belegenen Wohnimmobilie beträgt und sofern das Verhältnis von Kredithöhe zu Einkommen nach Gewährung des Darlehens 33 % nicht überschreitet. Die Wohnimmobilie darf bei Gewährung des Darlehens nicht mit einem Grundpfandrecht belastet sein und bei ab dem 1. Januar 2014 gewährten Darlehen darf der Darlehensnehmer kein solches Pfandrecht ohne Zustimmung des das Darlehen vergebenden Kreditinstituts bestellen. Das Verhältnis von Kredithöhe zu Einkommen misst den Anteil des Bruttoeinkommens des Darlehensnehmers, der für die Rückzahlung des Darlehens einschließlich Zinsen verwendet wird. Der Sicherungsgeber ist entweder ein durch die zuständigen Behörden zugelassenes und beaufsichtigtes Finanzinstitut, das Aufsichtsanforderungen unterliegt, die ebenso solide sind wie die für Institute geltenden, oder ein Institut oder Versicherungsunternehmen. Er richtet einen Kreditgarantiefonds oder einen vergleichbaren Schutz für Versicherungsunternehmen ein, um Kreditverluste aufzufangen, dessen Kalibrierung von den zuständigen Behörden regelmäßig überprüft wird. Sowohl das Kreditinstitut als auch der Sicherungsgeber führen eine Prüfung der Kreditwürdigkeit des Schuldners durch;

[Buchst. f bis 7.7.2022:]

f) Darlehen, die besichert sind durch

---

1) Richtig wohl: „Grundpfandrechten".

i) Gewerbeimmobilien bis zur Höhe des Werts der Grundpfandrechte einschließlich aller vorrangigen Grundpfandrechte oder 60 % des Werts der als Sicherheit gestellten Immobilien, falls dieser niedriger ist oder

ii) vorrangige Anteile, die von französischen Fonds Communs de Titrisation oder durch gleichwertige unter das Recht eines Mitgliedstaats fallende Verbriefungsorganismen, die Risikopositionen im Zusammenhang mit Gewerbeimmobilien verbriefen, ausgegeben wurden. Werden solche vorrangigen Anteile als Sicherheiten verwendet, so stellt die jeweilige öffentliche Aufsicht zum Schutz der Inhaber von Schuldverschreibungen gemäß Artikel 52 Absatz 4 der Richtlinie 2009/65/EG sicher, dass die diesen Anteilen zugrunde liegenden Vermögenswerte für die gesamte Dauer ihrer Einbeziehung in den Deckungspool mindestens zu 90 % aus *Grundpfandrechte*[1] auf Gewerbeimmobilien einschließlich aller vorrangigen Grundpfandrechte bis zur Höhe des Werts der nach diesen Anteilen fälligen Darlehensbeträge, des Werts der Grundpfandrechte oder 60 % des Werts der als Sicherheit gestellten Immobilien – je nachdem, welcher Wert niedriger ist – bestehen, dass die Anteile gemäß diesem Kapitel der Bonitätsstufe 1 zuzuordnen sind und dass diese Anteile 10 % des Nominalwerts der ausstehenden Emission nicht übersteigen.

Durch Gewerbeimmobilien besicherte Darlehen sind anerkennungsfähig, wenn der Beleihungsauslauf von 60 % bis zu einer Obergrenze von maximal 70 % überschritten wird, der Wert der gesamten Vermögenswerte, die für die gedeckten Schuldverschreibungen als Sicherheiten gestellt werden, den ausstehenden Nominalbetrag der gedeckten Schuldverschreibung um mindestens 10 % übersteigt und die Forderung des Schuldverschreibungsinhabers die in Kapitel 4 festgelegten Anforderungen hinsichtlich der Rechtssicherheit erfüllt. Die Forderung des Schuldverschreibungsinhabers hat Vorrang vor allen anderen Ansprüchen auf die Sicherheit;

[Buchst. f ab 8.7.2022:]

f) Darlehen, die besichert sind durch Gewerbeimmobilien bis zur Höhe des Werts der Grundpfandrechte einschließlich aller vorrangigen Grundpfandrechte oder 60 % des Werts der als Sicherheit gestellten Immobilien, falls dieser niedriger ist. Durch Gewerbeimmobilien besicherte Darlehen sind anerkennungsfähig, wenn der Beleihungsauslauf von 60 % bis zu einer Obergrenze von maximal 70 % überschritten wird, der Wert der gesamten Vermögenswerte, die für die gedeckten Schuldverschreibungen als Sicherheiten gestellt werden, den ausstehenden Nominalbetrag der gedeckten Schuldverschreibung um mindestens 10 % übersteigt und die Forderung des Schuldverschreibungsinhabers die in Kapitel 4 festgelegten Anforderungen an die Rechtssicherheit erfüllt. Die Forderung des Schuldverschreibungsinhabers hat Vorrang vor allen anderen Ansprüchen auf die Sicherheit;

g) durch Schiffspfandrechte besicherte Darlehen, deren Betrag höchstens der Differenz zwischen 60 % des Werts des als Sicherheit gestellten Schiffs und aller vorrangigen Schiffspfandrechte ausmacht.

[UAbs. 2 bis 7.7.2022:]

[2] Für die Zwecke des Unterabsatzes 1 Buchstabe c, Buchstabe d Ziffer ii und Buchstabe f Ziffer ii werden Risikopositionen, die durch die Übertragung und Verwaltung von Zahlungen der Schuldner bzw. des Liquidationserlöses

[1] Richtig wohl: „Grundpfandrechten".

von durch Immobilien besicherten Krediten an die Inhaber gedeckter Schuldverschreibungen entstehen, bei der Berechnung der in den jeweiligen Bestimmungen genannten Grenzen nicht berücksichtigt.

[UAbs. 2 ab 8.7.2022:]

[2] Für die Zwecke des Absatzes 1a werden Risikopositionen, die durch die Übertragung und Verwaltung der Zahlungen der Schuldner von an Immobilien besicherten Krediten oder durch die Übertragung und Verwaltung von Liquidationserlösen für diese Kredite entstehen, bei der Berechnung der in jenem Absatz genannten Grenzen nicht berücksichtigt.

[UAbs. 3 bis 7.7.2022:]

[3] Die zuständigen Behörden können nach Konsultation der EBA die Anwendung des Unterabsatzes 1 Buchstabe c teilweise aussetzen und für bis zu 10 % der Gesamtrisikoposition des Nominalbetrags der ausstehenden gedeckten Schuldverschreibungen des Emissionsinstituts die Bonitätsstufe 2 genehmigen, wenn in den betroffenen Mitgliedstaaten erhebliche potenzielle Konzentrationsprobleme infolge der Anwendung der Bonitätsstufe 1 gemäß jenem Buchstaben belegt werden können.

[Abs. 1a ab 8.7.2022:]

(1a) Für die Zwecke des Absatzes 1 Unterabsatz 1 Buchstabe c gilt Folgendes:

a) Risikopositionen gegenüber Kreditinstituten, die der Bonitätsstufe 1 zuzuordnen sind, dürfen 15 % des Nominalbetrags der ausstehenden gedeckten Schuldverschreibungen des Emissionsinstituts nicht überschreiten;

b) Risikopositionen gegenüber Kreditinstituten, die der Bonitätsstufe 2 zuzuordnen sind, dürfen 10 % des Nominalbetrags der ausstehenden gedeckten Schuldverschreibungen des Emissionsinstituts nicht überschreiten;

c) Risikopositionen gegenüber Kreditinstituten, die der Bonitätsstufe 3 zuzuordnen sind, in Form von kurzfristigen Einlagen gemäß Absatz 1 Unterabsatz 1 Buchstabe c Ziffer i dieses Artikels oder in Form von Derivatekontrakten gemäß Absatz 1 Unterabsatz 1 Buchstabe c Ziffer ii dieses Artikels, dürfen insgesamt 8 % des Nominalbetrags der ausstehenden gedeckten Schuldverschreibungen des Emissionsinstituts nicht überschreiten; die gemäß Artikel 18 Absatz 2 der Richtlinie (EU) 2019/2162 benannten zuständigen Behörden dürfen – nach Anhörung der EBA – Risikopositionen gegenüber Kreditinstituten, die der Bonitätsstufe 3 in Form von Derivatekontrakten zuzuordnen sind, genehmigen, sofern erhebliche potenzielle Konzentrationsprobleme in den betreffenden Mitgliedstaaten infolge der Anwendung der Anforderungen für die Bonitätsstufen 1 und 2 gemäß dem vorliegenden Absatz belegt werden können;

d) die Gesamtrisikoposition gegenüber Kreditinstituten, die der Bonitätsstufe 1, 2 oder 3 zuzuordnen sind, darf 15 % des Nominalbetrags der ausstehenden gedeckten Schuldverschreibungen des Emissionsinstituts nicht überschreiten, und die Gesamtrisikoposition gegenüber Kreditinstituten, die der Bonitätsstufe 2 oder 3 zuzuordnen sind, darf 10 % des Nominalbetrags der ausstehenden gedeckten Schuldverschreibungen des Emissionsinstituts nicht überschreiten.

[Abs. 1b ab 8.7.2022:]

(1b) Absatz 1a dieses Artikels gilt nicht für die Verwendung gedeckter Schuldverschreibungen als anerkennungsfähige Sicherheiten gemäß Artikel 8 der Richtlinie (EU) 2019/2162.

[Abs. 1c ab 8.7.2022:]

(1c) Für die Zwecke des Absatzes 1 Unterabsatz 1 Buchstabe d gilt die Obergrenze von 80 % auf der Ebene der einzelnen Darlehen, sie bestimmt den Anteil des Darlehens, der zur Deckung der mit der gedeckten Schuldverschreibung verbundenen Verbindlichkeiten beiträgt, und findet über die gesamte Laufzeit des Darlehens Anwendung.

[Abs. 1d ab 8.7.2022:]

(1d) Für die Zwecke des Absatzes 1 Unterabsatz 1 Buchstaben f und g gelten die Obergrenzen von 60 % oder 70 % auf der Ebene der einzelnen Darlehen, sie bestimmen den Anteil des Darlehens, der zur Deckung der mit der gedeckten Schuldverschreibung verbundenen Verbindlichkeiten beiträgt, und finden über die gesamte Laufzeit des Darlehens Anwendung.

(2) Die Fälle nach Absatz 1 Buchstaben a bis f beziehen sich auch auf Sicherheiten, die nach den geltenden Rechtsvorschriften ausschließlich für den Schutz der Schuldverschreibungsinhaber vor Verlusten bestimmt sind.

[Abs. 3 bis 7.7.2022:]

(3) Die Institute erfüllen bei der Besicherung gedeckter Schuldverschreibungen mit Immobilien die Anforderungen von Artikel 208 sowie die Bewertungsgrundsätze von Artikel 229 Absatz 1.

[Abs. 3 ab 8.7.2022:]

(3) [1] Bei der Besicherung gedeckter Schuldverschreibungen mit Immobilien und Schiffen gemäß den Anforderungen dieser Verordnung sind die Anforderungen des Artikels 208 zu erfüllen. [2] Die Überwachung des Eigentumswerts gemäß Artikel 208 Absatz 3 Buchstabe a wird häufig, mindestens jedoch jährlich für alle Immobilien und Schiffe durchgeführt.

[Abs. 3a ab 8.7.2022:]

(3a) [1] Zusätzlich zur Besicherung durch die in Absatz 1 dieses Artikels genannten anerkennungsfähigen Vermögenswerte gilt für gedeckte Schuldverschreibungen ein Mindestgrad der Übersicherung im Sinne des Artikels 3 Nummer 14 der Richtlinie (EU) 2019/2162 in Höhe von 5 %.

[2] Für die Zwecke des Unterabsatzes 1 dieses Artikels entspricht der Gesamtnominalbetrag aller Deckungswerte im Sinne des Artikels 3 Nummer 4 der genannten Richtlinie mindestens dem Gesamtnominalbetrag der ausstehenden gedeckten Schuldverschreibungen („Nominalprinzip") und setzt sich aus anerkennungsfähigen Vermögenswerten im Sinne des Absatzes 1 dieses Artikels zusammen.

[3] Die Mitgliedstaaten können für gedeckte Schuldverschreibungen eine niedrigere Mindestübersicherungsquote festlegen oder ihren zuständigen Behörden die Festlegung einer entsprechenden Quote gestatten, sofern:

a) entweder die Berechnung der Übersicherung auf einem formalen Ansatz beruht, bei dem das zugrunde liegende Risiko der Vermögenswerte berücksichtigt wird oder die Bewertung der Vermögenswerte nach dem Beleihungswert vorgenommen wird;

b) die Mindestübersicherungsquote 2 % nicht unterschreitet, wobei das Nominalprinzip gemäß Artikel 15 Absatz 6 und Absatz 7 der Richtlinie (EU) 2019/2162 zugrunde gelegt wird.

[4] Die Vermögenswerte, die zur Mindestübersicherungsquote beitragen, unterliegen nicht den in Absatz 1a genannten Obergrenzen für Risikopositionen und werden nicht auf diese Obergrenzen angerechnet.

[Abs. 3b ab 8.7.2022:]

(3b) Die in Absatz 1 dieses Artikels aufgeführten anerkennungsfähigen Vermögenswerte können in den Deckungspool aufgenommen werden als Substitutionswerte im Sinne des Artikels 3 Nummer 13 der Richtlinie (EU) 2019/2162, vorbehaltlich der in Absatz 1 und Absatz 1a des vorliegenden Artikels genannten Grenzen für Bonität und Umfang der Risikoposition.

(4) Gedeckten Schuldverschreibungen, für die eine Bonitätsbeurteilung einer benannten ECAI vorliegt, wird ein Risikogewicht nach Tabelle 6a zugewiesen, das gemäß Artikel 136 der Bonitätsbeurteilung der ECAI entspricht.

Tabelle 6a

Bonitätsstufe	1	2	3	4	5	6
Risikogewicht	10 %	20 %	20 %	50 %	50 %	100 %

(5) [1] Gedeckten Schuldverschreibungen, für die keine Bonitätsbeurteilung einer benannten ECAI vorliegt, wird ein Risikogewicht zugewiesen, das sich auf das Risikogewicht vorrangiger unbesicherter Risikopositionen gegenüber dem emittierenden Institut stützt. [2] Für die Risikogewichte gelten folgende Entsprechungen:

a) gilt für die Risikoposition gegenüber dem Institut ein Risikogewicht von 20 %, wird der gedeckten Schuldverschreibung ein Risikogewicht von 10 % zugewiesen;

b) gilt für die Risikoposition gegenüber dem Institut ein Risikogewicht von 50 %, wird der gedeckten Schuldverschreibung ein Risikogewicht von 20 % zugewiesen;

c) gilt für die Risikoposition gegenüber dem Institut ein Risikogewicht von 100 %, wird der gedeckten Schuldverschreibung ein Risikogewicht von 50 % zugewiesen;

d) gilt für die Risikoposition gegenüber dem Institut ein Risikogewicht von 150 %, wird der gedeckten Schuldverschreibung ein Risikogewicht von 100 % zugewiesen.

[Abs. 6 bis 7.7.2022:]

(6) [1] Vor dem 31. Dezember 2007 ausgegebene gedeckte Schuldverschreibungen fallen nicht unter die Anforderungen der Absätze 1 und 3. [2] Auf sie darf bis zu ihrer Fälligkeit die günstigere Behandlung nach den Absätzen 4 und 5 angewandt werden.

[Abs. 6 ab 8.7.2022:]

(6) [1] Vor dem 31. Dezember 2007 begebene gedeckte Schuldverschreibungen fallen nicht unter die Anforderungen der Absätze 1, 1a, 3, 3a und 3b. [2] Auf sie darf bis zu ihrer Fälligkeit die günstigere Behandlung nach den Absätzen 4 und 5 angewandt werden.

[Abs. 7 bis 7.7.2022:]

(7) Auf Risikopositionen in Form gedeckter Schuldverschreibungen darf eine günstigere Behandlung angewandt werden, wenn das Institut, das in sie investiert, den zuständigen Behörden nachweisen kann, dass

a) es Portfolio-Informationen zumindest in Bezug auf Folgendes erhält:

i) den Wert des Deckungspools und der noch nicht getilgten gedeckten Schuldverschreibungen,

ii) geographische Verteilung und Art der Deckungsaktiva, Darlehenshöhe, Zinssatz- und Währungsrisiken,

iii) Fälligkeitsstruktur der Deckungsaktiva und der gedeckten Schuldverschreibungen,

iv) Prozentsatz der seit mehr als neunzig Tagen überfälligen Darlehen,

b) der Emittent die Angaben nach Buchstabe a dem Institut mindestens halbjährlich zur Verfügung stellt.

[Abs. 7 ab 8.7.2022:]

(7) [1] Gedeckte Schuldverschreibungen, die vor dem 8. Juli 2022 begeben wurden und die Anforderungen dieser Verordnung in der zum Zeitpunkt der Emission geltenden Fassung erfüllen, unterliegen nicht den Anforderungen der Absätze 3a und 3b. [2] Auf sie darf bis zu ihrer Fälligkeit die günstigere Behandlung nach den Absätzen 4 und 5 angewandt werden.

Art. 130 Verbriefungspositionen. Risikogewichtete Positionsbeträge für Verbriefungspositionen werden gemäß Kapitel 5 ermittelt.

Art. 131 Risikopositionen gegenüber Instituten und Unternehmen mit kurzfristiger Bonitätsbeurteilung. Risikopositionen gegenüber Instituten und Unternehmen, für die eine kurzfristige Bonitätsbeurteilung einer benannten ECAI vorliegt, wird ein Risikogewicht nach Tabelle 7 zugewiesen, das gemäß Artikel 136 der Bonitätsbeurteilung der ECAI entspricht.

Tabelle 7

Bonitätsstufe	1	2	3	4	5	6
Risikogewicht	20 %	50 %	100 %	150 %	150 %	150 %

Art. 132 Eigenmittelanforderungen für Risikopositionen in Form von Anteilen an OGA. (1) Die Institute berechnen den risikogewichteten Positionsbetrag ihrer Risikopositionen in Form von Anteilen an OGA durch Multiplikation der nach den in Absatz 2 Unterabsatz 1 beschriebenen Ansätzen berechneten risikogewichteten Positionsbeträge der Risikopositionen eines OGA mit dem Prozentsatz der von dem betreffenden Institut gehaltenen Anteile.

(2) *[1]* Sind die Bedingungen nach Absatz 3 des vorliegenden Artikels erfüllt, so dürfen die Institute den Transparenzansatz gemäß Artikel 132a Absatz 1 oder den mandatsbasierten Ansatz gemäß Artikel 132a Absatz 2 anwenden.

[2] Vorbehaltlich des Artikels 132b Absatz 2 weisen Institute, die weder den Transparenzansatz noch den mandatsbasierten Ansatz anwenden, ihren Positionen in Form von Anteilen an OGA ein Risikogewicht von 1 250 % („Ausweichkonzept") zu.

[3] Die Institute können die risikogewichteten Positionsbeträge ihrer Risikopositionen in Form von Anteilen an OGA durch eine Kombination von in diesem Absatz genannten Ansätzen berechnen, sofern die Bedingungen für die Verwendung dieser Ansätze erfüllt sind.

(3) *[1]* [1] Die Institute dürfen den risikogewichteten Positionsbetrag von Risikopositionen eines OGA im Einklang mit den in Artikel 132a genannten Ansätzen bestimmen, sofern alle folgenden Bedingungen erfüllt sind:

a) bei dem OGA handelt es sich um

i) einen Organismus für gemeinsame Anlagen in Wertpapieren (OGAW) gemäß der Richtlinie 2009/65/EG;
ii) einen AIF, der von einem nach Artikel 3 Absatz 3 der Richtlinie 2011/61/EU registrierten EU-AIFM verwaltet wird;
iii) einen AIF, der von einem nach Artikel 6 der Richtlinie 2011/61/EU zugelassenen EU-AIFM verwaltet wird;
iv) einen AIF, der von einem nach Artikel 37 der Richtlinie 2011/61/EU zugelassenen Nicht-EU-AIFM verwaltet wird;
v) einen Nicht-EU-AIF, der von einem Nicht-EU-AIFM verwaltet und nach Artikel 42 der Richtlinie 2011/61/EU vertrieben wird;
vi) einen Nicht-EU-AIF, der nicht in der Union vertrieben und von einem in einem Drittland niedergelassenen Nicht-EU-AIFM verwaltet wird, der unter einen delegierten Rechtsakt gemäß Artikel 67 Absatz 6 der Richtlinie 2011/61/EU fällt;

b) der Prospekt oder die gleichwertigen Unterlagen des OGA enthalten folgende Angaben:
i) die Kategorien von Vermögenswerten, in die der OGA investieren darf;
ii) falls Anlagehöchstgrenzen gelten, die entsprechenden Grenzen und die Methoden zu ihrer Berechnung;

c) die Berichterstattung des OGA oder der OGA-Verwaltungsgesellschaft an das Institut erfüllt die folgenden Anforderungen:
i) über die Risikopositionen des OGA wird mindestens so häufig Bericht erstattet wie über jene des Instituts;
ii) die Granularität der Finanzinformationen reicht aus, um dem Institut zu ermöglichen, den risikogewichteten Positionsbetrag des OGA nach dem von dem Institut gewählten Ansatz zu berechnen;
iii) wendet das Institut den Transparenzansatz an, werden die Informationen über die zugrunde liegenden Risikopositionen durch einen unabhängigen Dritten geprüft.

[2] Abweichend von Unterabsatz 1 Buchstabe a des vorliegenden Absatzes können multilaterale und bilaterale Entwicklungsbanken und andere Institute, die gemeinsam mit multilateralen oder bilateralen Entwicklungsbanken in einen OGA investieren, den risikogewichteten Positionsbetrag der Risikopositionen dieses OGA gemäß den in Artikel 132a festgelegten Ansätzen bestimmen, sofern die Bedingungen von Unterabsatz 1 Buchstaben b und c des vorliegenden Absatzes erfüllt sind und das Anlagemandat des OGA die Arten von Vermögenswerten, in die der OGA investieren kann, auf Vermögenswerte beschränkt, die eine nachhaltige Entwicklung in Entwicklungsländern fördern.

[2] Die Institute teilen ihrer zuständigen Behörde die OGA mit, auf die sie die in Unterabsatz 2 genannte Behandlung anwenden.

[3] Abweichend von Unterabsatz 1 Buchstabe c Ziffer i gilt Folgendes: Bestimmt das Institut den risikogewichteten Positionsbetrag der Risikopositionen eines OGA gemäß dem mandatsbasierten Ansatz, so kann die Berichterstattung des OGA oder der OGA-Verwaltungsgesellschaft an das Institut auf das Anlagemandat des OGA und jegliche Änderungen dieses Mandats beschränkt sein und nur dann erfolgen, wenn das Institut erstmals die Risikoposition gegenüber dem OGA eingeht und wenn es eine Änderung beim Anlagemandat des OGA gibt.

(4) *[1]* Institute, die über keine ausreichenden Daten oder Informationen zur Berechnung des risikogewichteten Positionsbetrags der Risikopositionen eines OGA gemäß den in Artikel 132a festgelegten Ansätzen verfügen, können sich auf die Berechnungen von Dritten stützen, sofern alle folgenden Bedingungen erfüllt sind:

a) Der betreffende Dritte ist

  i) die Verwahrstelle bzw. das verwahrende Finanzinstitut des OGA, sofern der OGA ausschließlich in Wertpapiere investiert und sämtliche Wertpapiere bei dieser Verwahrstelle bzw. diesem verwahrenden Finanzinstitut hinterlegt, oder

  ii) im Fall von OGA, die nicht unter Ziffer i des vorliegenden Buchstabens fallen, die OGA-Verwaltungsgesellschaft, sofern diese die in Absatz 3 Buchstabe a festgelegte Bedingung erfüllt;

b) der Dritte führt die Berechnung gemäß den Ansätzen nach Artikel 132a Absätze 1, 2 bzw. 3 durch;

c) ein externer Prüfer hat die Richtigkeit der Berechnung des Dritten bestätigt.

[2] Institute, die sich auf die Berechnungen Dritter stützen, multiplizieren den aus diesen Berechnungen resultierenden risikogewichteten Positionsbetrag der Risikopositionen eines OGA mit dem Faktor 1,2.

[3] [1] Abweichend von Unterabsatz 2 gilt Folgendes: Hat das Institut uneingeschränkten Zugriff auf die detaillierten Berechnungen des Dritten, so findet der Faktor 1,2 keine Anwendung. [2] Das Institut stellt diese Berechnungen seiner zuständigen Behörde auf Anfrage bereit.

(5) [1] Wendet ein Institut für den Zweck der Berechnung des risikogewichteten Positionsbetrags der Risikopositionen eines OGA („OGA der Stufe 1") die in Artikel 132a genannten Ansätze an, und handelt es sich bei einer der zugrunde liegenden Risikopositionen des OGA der Stufe 1 um eine Risikoposition in Form von Anteilen an einem anderen OGA („OGA der Stufe 2"), so darf der risikogewichtete Positionsbetrag der Risikopositionen des OGA der Stufe 2 unter Verwendung eines der drei in Absatz 2 des vorliegenden Artikels beschriebenen Ansätze berechnet werden. [2] Das Institut darf den Transparenzansatz zur Berechnung der risikogewichteten Positionsbeträge der Risikopositionen von OGA in Stufe 3 und darüber nur dann verwenden, wenn es diesen Ansatz für die Berechnung in der vorangegangenen Stufe verwendet hat. [3] In jedem anderen Szenario verwendet es das Ausweichkonzept.

(6) Für den nach dem Transparenzansatz und dem mandatsbasierten Ansatz gemäß Artikel 132a Absätze 1 und 2 berechneten risikogewichteten Positionsbetrag der Risikopositionen eines OGA besteht eine Obergrenze, die dem nach dem Ausweichkonzept berechneten risikogewichteten Betrag der Risikopositionen dieses OGA entspricht.

(7) Abweichend von Absatz 1 des vorliegenden Artikels können die Institute, die den Transparenzansatz nach Artikel 132a Absatz 1 anwenden, den risikogewichteten Positionsbetrag ihrer Risikopositionen in Form von Anteilen an OGA durch Multiplikation der nach Artikel 111 berechneten Risikopositionswerte dieser Risikopositionen mit einem nach der Formel gemäß Artikel 132c berechneten Risikogewicht (RW^{*}_{i}) berechnen, sofern die folgenden Bedingungen erfüllt sind:

a) die Institute bilanzieren den Wert ihrer Anteilsbestände an OGA zu den Anschaffungskosten, aber bei Anwendung des Transparenzansatzes bilanzieren sie den Wert der zugrunde liegenden Vermögenswerte des OGA zum Zeitwert;

b) eine Änderung des Marktwerts der Anteile, für die die Institute den Wert zu den Anschaffungskosten bilanzieren, ändert weder den Betrag der Eigenmittel dieser Institute noch den mit diesen Beständen verbundenen Risikopositionswert.

Art. 132a Ansätze für die Berechnung der risikogewichteten Positionsbeträge von OGA. (1) Sind die Bedingungen nach Artikel 132 Absatz 3 erfüllt und verfügt das Institut über ausreichende Informationen über die einzelnen zugrunde liegenden Risikopositionen eines OGA, berechnet das Institut die risikogewichteten Positionsbeträge des OGA mittels Durchschau auf diese Risikopositionen und nimmt die Risikogewichtung aller zugrunde liegenden Risikopositionen des OGA so vor, als würden sie direkt von diesem Institut gehalten.

(2) *[1]* Sind die Bedingungen nach Artikel 132 Absatz 3 erfüllt, dürfen Institute, die über keine ausreichenden Informationen über die einzelnen zugrunde liegenden Risikopositionen eines OGA verfügen, um den Transparenzansatz zu verwenden, den risikogewichteten Positionsbetrag dieser Risikopositionen gemäß den im Mandat des OGA festgelegten Höchstgrenzen und den einschlägigen Rechtsvorschriften berechnen.

[2] Die Institute führen die in Unterabsatz 1 genannten Berechnungen unter der Annahme durch, dass der OGA zunächst bis zur laut seinem Mandat oder den einschlägigen Rechtsvorschriften zulässigen Höchstgrenze in Risikopositionsklassen mit der höchsten Eigenmittelanforderung Risikopositionen eingeht und in der Folge Risikopositionen in absteigender Reihenfolge eingeht, bis die maximale gesamte Höchstgrenze für Risikopositionen erreicht ist, und dass der OGA eine Verschuldung bis zur laut seinem Mandat oder den einschlägigen Rechtsvorschriften zulässigen Höchstgrenze eingeht, soweit dies in Frage kommt.

[3] Die Institute führen die in Unterabsatz 1 genannten Berechnungen nach den in diesem Kapitel, in Kapitel 5 und in Kapitel 6 Abschnitt 3, 4 oder 5 festgelegten Methoden durch.

(3) *[1]* Abweichend von Artikel 92 Absatz 3 Buchstabe d können Institute, die den risikogewichteten Positionsbetrag der Risikopositionen eines OGA gemäß Absatz 1 oder Absatz 2 berechnen, die Eigenmittelanforderungen für das Risiko einer Anpassung der Kreditbewertung von Derivate-Risikopositionen des betreffenden OGA als einen Betrag berechnen, der 50 % der Eigenmittelanforderungen für diese Derivate-Risikopositionen entspricht, die gemäß Kapitel 6 Abschnitt 3, 4 oder 5 dieses Titels berechnet wurden.

[2] Abweichend von Unterabsatz 1 kann ein Institut jene Derivate-Risikopositionen von der Berechnung der Eigenmittelanforderungen für das Risiko einer Anpassung der Kreditbewertung ausnehmen, die dieser Anforderung nicht unterworfen wären, wenn sie direkt vom Institut gehalten würden.

(4)[1] *[1]* Die EBA arbeitet Entwürfe technischer Regulierungsstandards aus, um festzulegen, wie Institute den in Absatz 2 genannten risikogewichteten Positionsbetrag berechnen, wenn einer oder mehrere der für die Berechnung notwendigen Bestandteile nicht verfügbar sind.

[2] Die EBA übermittelt der Kommission diese Entwürfe technischer Regulierungsstandards bis zum 28. März 2020.

[3] Der Kommission wird die Befugnis übertragen, die in Unterabsatz 1 genannten technischen Regulierungsstandards gemäß den Artikeln 10 bis 14 der Verordnung (EU) Nr. 1093/2010 zur Ergänzung dieser Verordnung zu erlassen.

Art. 132b Ausnahmen von den Ansätzen zur Berechnung der risikogewichteten Positionsbeträge von OGA. (1) Die Institute können Instrumente des harten Kernkapitals, des zusätzlichen Kernkapitals und des Ergänzungskapitals sowie Instrumente berücksichtigungsfähiger Verbindlichkeiten, die ein OGA hält und die gemäß Artikel 36 Absatz 1 und den Artikeln 56, 66 bzw. 72e abzuziehen sind, von den Berechnungen nach Artikel 132 ausnehmen.

(2) Die Institute können in Artikel 150 Absatz 1 Buchstaben g und h genannte Risikopositionen in Form von Anteilen an OGA von den Berechnungen nach Artikel 132 ausnehmen und diese stattdessen gemäß Artikel 133 behandeln.

Art. 132c Behandlung außerbilanzieller Risikopositionen in OGA. (1) Die Institute berechnen den risikogewichteten Positionsbetrag für ihre außerbilanziellen Posten, die in Risikopositionen in Form von Anteilen an OGA umgewandelt werden können, durch Multiplikation der nach Artikel 111 berechneten Risikopositionswerte dieser Risikopositionen mit dem folgenden Risikogewicht:

a) für alle Risikopositionen, für die Institute einen der Ansätze nach Artikel 132a verwenden:

$$RW_i^* = \frac{RWAE_i}{E_i^*} \cdot \frac{A_i}{EQ_i}$$

dabei gilt:

RW^*_i	=	das Risikogewicht
i	=	der Index, der den OGA bezeichnet;
$RWAE_i$	=	der nach Artikel 132a für einen OGA_i berechnete Wert;
E^*_i	=	der Risikopositionswert der Risikopositionen des OGA_i;
A_i	=	der Buchwert der Vermögenswerte des OGA_i; und
EQ_i	=	der Buchwert des Eigenkapitals des OGA_i;

b) für alle anderen Risikopositionen: RW^*_i = 1 250 %.

(2) *[1]* [1] Die Institute berechnen den Risikopositionswert einer Mindestwertzusage, die die Bedingungen gemäß Absatz 3 des vorliegenden Artikels erfüllt,

[1] Art. 132a Abs. 4 gilt bereits ab 27.6.2019.

als den abgezinsten Barwert des garantierten Betrags unter Verwendung eines ausfallrisikofreien Diskontierungsfaktors. [2]Die Institute können den Risikopositionswert der Mindestwertzusage um etwaige erfasste Verluste in Bezug auf die Mindestwertzusage gemäß dem geltenden Rechnungslegungsstandard verringern.

[2] Die Institute berechnen den risikogewichteten Positionsbetrag für außerbilanzielle Risikopositionen, die aus Mindestwertzusagen herrühren, die alle Bedingungen gemäß Absatz 3 des vorliegenden Artikels erfüllen, indem sie den Risikopositionswert dieser Risikopositionen mit einem Umrechnungsfaktor von 20 % und dem gemäß Artikel 132 oder Artikel 152 abgeleiteten Risikogewicht multiplizieren.

(3) Die Institute bestimmen den risikogewichteten Positionsbetrag für außerbilanzielle Risikopositionen, die aus Mindestwertzusagen herrühren, gemäß Absatz 2, wenn alle folgenden Bedingungen erfüllt sind:

a) bei der außerbilanziellen Risikoposition des Instituts handelt es sich um eine Mindestwertzusage für eine Anlage in Anteilen an einem oder mehreren OGA, nach der das Institut nur zur Auszahlung im Rahmen der Mindestwertzusage verpflichtet ist, wenn der Marktwert der zugrunde liegenden Risikopositionen des oder der OGA entsprechend dem Vertrag zu einem oder mehreren Zeitpunkten unter einem vorab festgelegten Schwellenwert liegt;

b) bei dem OGA handelt es sich um
   i) einen OGAW im Sinne der Richtlinie 2009/65/EG oder
   ii) einen AIF im Sinne des Artikels 4 Absatz 1 Buchstabe a der Richtlinie 2011/61/EU, der ausschließlich in Wertpapiere oder andere in Artikel 50 Absatz 1 der Richtlinie 2009/65/EG genannte liquide Finanzanlagen investiert, sofern das Mandat des AIF keine höhere Verschuldung erlaubt als im Einklang mit Artikel 51 Absatz 3 der Richtlinie 2009/65/EG zulässig;

c) der aktuelle Marktwert der zugrunde liegenden Risikopositionen des OGA, die der Mindestwertzusage zugrunde liegen, entspricht – ohne Berücksichtigung der Auswirkungen der außerbilanziellen Mindestwertzusagen – dem Barwert des in der Mindestwertzusage angegebenen Schwellenwerts oder übersteigt diesen;

d) wenn der Betrag, um den der Marktwert der zugrunde liegenden Risikopositionen des oder der OGA den Barwert der Mindestwertzusage überschreitet, abnimmt, kann das Institut oder ein anderes Unternehmen – soweit es durch die Aufsicht auf konsolidierter Basis abgedeckt ist, der das Institut gemäß dieser Verordnung und der Richtlinie 2013/36/EU oder der Richtlinie 2002/87/EG selbst unterliegt – die Zusammensetzung der zugrunde liegenden Risikopositionen des oder der OGA beeinflussen oder die Möglichkeit einer weiteren Verringerung des Überschreitungsbetrags auf andere Weise beschränken;

e) der direkte oder indirekte Endbegünstigte der Mindestwertzusage ist in der Regel ein Kleinanleger im Sinne des Artikels 4 Absatz 1 Nummer 11 der Richtlinie 2014/65/EU.

Art. 133 Beteiligungsrisikopositionen. (1) Die folgenden Risikopositionen werden als Beteiligungsrisikopositionen betrachtet:

a) nicht durch Schuldtitel gebildete Risikopositionen, die einen nachrangigen Residualanspruch auf die Vermögenswerte oder die Einkünfte des Emittenten darstellen,

b) durch Schuldtitel gebildete Risikopositionen und andere Wertpapiere, Partnerschaften, Derivate oder sonstige Instrumente mit ähnlicher wirtschaftlicher Substanz wie die unter Buchstabe a genannten Risikopositionen.

(2) Beteiligungspositionen wird ein Risikogewicht von 100 % zugewiesen, sofern sie nicht gemäß Teil 2 abgezogen werden müssen, ein Risikogewicht von 250 % gemäß Artikel 48 Absatz 4 bzw. ein Risikogewicht von 1 250 % gemäß Artikel 89 Absatz 3 erhalten oder gemäß Artikel 128 als Positionen mit besonders hohem Risiko behandelt werden.

(3) Anlagen in von Instituten begebene Eigenkapitalinstrumente oder Instrumente der aufsichtsrechtlichen Eigenmittel werden als Beteiligungspositionen eingestuft, sofern sie nicht von den Eigenmitteln abgezogen werden oder ein Risikogewicht von 250 % gemäß Artikel 48 Absatz 4 erhalten oder gemäß Artikel 128 als Positionen mit besonders hohem Risiko behandelt werden.

Art. 134 Sonstige Positionen. (1) Sachanlagen im Sinne von Artikel 4 Überschrift „Aktiva" Posten 10 der Richtlinie 86/635/EWG wird ein Risikogewicht von 100 % zugewiesen.

(2) Rechnungsabgrenzungsposten, bei denen ein Institut die Gegenpartei nicht nach Maßgabe der Richtlinie 86/635/EWG bestimmen kann, wird ein Risikogewicht von 100 % zugewiesen.

(3) [1] Im Einzug befindliche Kassenpositionen werden mit einem Risikogewicht von 20 % belegt. [2] Dem Kassenbestand und gleichwertigen Positionen wird ein Risikogewicht von 0 % zugewiesen.

(4) Goldbarren, die in eigenen Tresoren oder in Gemeinschaftsverwaltung gehalten werden, wird ein Risikogewicht von 0 % zugewiesen, soweit sie durch entsprechende Goldverbindlichkeiten gedeckt sind.

(5) Bei Anlagenverkäufen und Rückkaufsvereinbarungen sowie Terminkäufen mit vereinbartem Erfüllungstag (outright forward) wird das Risikogewicht den betreffenden Vermögenswerten, nicht den beteiligten Gegenparteien zugewiesen.

(6) [1] Stellt ein Institut eine Besicherung für mehrere Risikopositionen unter der Bedingung, dass der n-te bei diesen Risikopositionen eintretende Ausfall die Zahlung auslöst und dieses Kreditereignis auch den Kontrakt beendet, werden die Risikogewichte der im Korb enthaltenen Risikopositionen, ohne n-1 Risikopositionen, bis maximal 1 250 % aggregiert und mit dem durch das Kreditderivat abgesicherten Nominalbetrag multipliziert, um den risikogewichteten Positionsbetrag zu ermitteln. [2] Die aus der Aggregation auszunehmenden n-1 Risikopositionen werden so bestimmt, dass zu ihnen jede Risikoposition gehört, die einen risikogewichteten Positionsbetrag ergibt, der niedriger ist als der risikogewichtete Positionsbetrag jeder in die Aggregation eingehenden Risikoposition.

(7) [1] Bei einem Leasing entspricht der Risikopositionswert den abgezinsten Mindestleasingzahlungen. [2] Mindestleasingzahlungen sind Zahlungen, zu denen der Leasingnehmer über den Leasingzeitraum verpflichtet ist oder verpflichtet werden kann und jede günstige Kaufoption, deren Ausübung nach vernünftigen Maßstäben als sicher erscheint. [3] Eine andere Partei als der Leasingnehmer

kann zu einer Zahlung für den Restwert eines geleasten Vermögenswerts verpflichtet werden; diese Zahlungsverpflichtung erfüllt die in Artikel 201 für die Anerkennungsfähigkeit von Sicherungsgebern festgelegten Bedingungen sowie die in den Artikeln 213 bis 215 für die Anerkennung anderer Garantiearten vorgesehenen Anforderungen und kann gemäß Kapitel 4 als Absicherung ohne Sicherheitsleistung berücksichtigt werden. [4]Diese werden in Einklang mit Artikel 112 der entsprechenden Risikopositionsklasse zugewiesen. [5]Handelt es sich bei der Risikoposition um den Restwert von geleasten Vermögenswerten, wird der risikogewichtete Positionsbetrag wie folgt berechnet: 1/t * 100 % * Restwert, wobei t entweder 1 ist oder der nächstliegenden Anzahl voller Jahre der verbleibenden Leasingdauer entspricht, je nachdem welcher Wert höher ist.

Abschnitt 3. Anerkennung und Zuordnung von Bonitätsbeurteilungen

Unterabschnitt 1. Anerkennung von ECAI

Art. 135 Verwendung der Bonitätsbeurteilungen von ECAI. (1) Eine externe Bonitätsbeurteilung darf nur dann für die Bestimmung des Risikogewichts einer Risikoposition nach diesem Kapitel herangezogen werden, wenn sie von einer ECAI stammt oder von einer ECAI in Einklang mit der Verordnung (EG) Nr. 1060/2009 bestätigt wurde.

(2) Die EBA veröffentlicht das Verzeichnis der ECAI im Einklang mit Artikel 2 Absatz 4 und Artikel 18 Absatz 3 der Verordnung (EG) Nr. 1060/2009 auf ihrer Website.

Unterabschnitt 2. Zuordnung der Bonitätsbeurteilungen von ECAI

Art. 136 Zuordnung der Bonitätsbeurteilungen von ECAI.

(1) *[1]* [1]EBA, EIOPA und ESMA arbeiten über den Gemeinsamen Ausschuss Entwürfe technischer Durchführungsstandards aus, um für alle ECAI festzulegen, welcher Bonitätsstufe nach Abschnitt 2 die jeweilige Bonitätsbeurteilung der ECAI entspricht („Zuordnung"). [2]Bei dieser Zuordnung wird objektiv und einheitlich verfahren.

[2] EBA, EIOPA und ESMA legen der Kommission diese Entwürfe technischer Durchführungsstandards bis 1. Juli 2014 vor und legen gegebenenfalls überarbeitete Entwürfe technischer Durchführungsstandards vor.

[3] Der Kommission wird die Befugnis übertragen, die technischen Durchführungsstandards nach Unterabsatz 1 gemäß Artikel 15 der Verordnung (EU) Nr. 1093/2010, der Verordnung (EU) Nr. 1094/2010 bzw. der Verordnung (EU) Nr. 1095/2010 zu erlassen.

(2) EBA, EIOPA und ESMA legen die Zuordnung von Bonitätsbeurteilungen in Einklang mit den folgenden Anforderungen fest:

a) Um zwischen den relativen Risikograden, die mit jeder Bonitätsbeurteilung zum Ausdruck gebracht werden, zu differenzieren, *berücksichtige*[1)] EBA, EIOPA und ESMA quantitative Faktoren wie die langfristige Ausfallrate aller Posten mit derselben Bonitätsbeurteilung. Von neuen ECAI oder Ratingagenturen, die erst eine kurze Aufzeichnung von Ausfalldaten erstellt haben, verlangen EBA, EIOPA und ESMA von den ECAI eine Schätzung der langfristigen Ausfallrate sämtlicher Posten mit derselben Bonitätsbeurteilung;

[1)] Richtig wohl: „berücksichtigen".

b) um zwischen den relativen Risikograden, die mit jeder Bonitätsbeurteilung zum Ausdruck gebracht werden, zu differenzieren, berücksichtigen EBA, EIOPA und ESMA qualitative Faktoren wie den von der ECAI beurteilten Emittentenkreis, die Bandbreite ihrer Bonitätsbeurteilungen, die Bedeutung jeder Bonitätsbeurteilung und die von der ECAI verwendete Ausfalldefinition;

c) EBA, EIOPA und ESMA vergleichen die für jede Bonitätsbeurteilung einer bestimmten ECAI verzeichneten Ausfallraten und *stellt*[1] sie einem Referenzwert gegenüber, der anhand der von anderen ECAI verzeichneten Ausfallraten für einen mit gleichwertigem Kreditrisiko behafteten Emittentenkreis ermittelt wurde;

d) sind die für die Bonitätsbeurteilungen einer bestimmten ECAI verzeichneten Ausfallraten wesentlich und systematisch höher als der Referenzwert, weisen EBA, EIOPA und ESMA die Bonitätsbeurteilung dieser ECAI einer höheren Bonitätsstufe zu;

e) wenn EBA, EIOPA und ESMA das Risikogewicht für eine bestimmte Bonitätsbeurteilung einer bestimmten ECAI angehoben haben, können sie es in der Skala der ECAI-Bonitätsbeurteilungen auf die ursprüngliche Bonitätsstufe zurücksetzen, wenn die für die Bonitätsbeurteilungen dieser ECAI verzeichneten Ausfallraten nicht mehr wesentlich und systematisch über dem Referenzwert liegen.

(3) *[1]* EBA, EIOPA und ESMA arbeiten Entwürfe technischer Durchführungsstandards aus, um die quantitativen Faktoren nach Absatz 2 Buchstabe a, die qualitativen Faktoren nach Buchstabe b und den Referenzwert nach Buchstabe c festzulegen.

[2] EBA, EIOPA und ESMA legen der Kommission diese Entwürfe technischer Durchführungsstandards bis 1. Juli 2014 vor.

[3] Der Kommission wird die Befugnis übertragen, die technischen Durchführungsstandards nach Unterabsatz 1 gemäß Artikel 15 der Verordnung (EU) Nr. 1093/2010 zu erlassen.

Unterabschnitt 3. Verwendung der Bonitätsbeurteilungen von Exportversicherungsagenturen

Art. 137 Verwendung der Bonitätsbeurteilungen von Exportversicherungsagenturen. (1) Für die Zwecke von Artikel 114 dürfen Institute die Bonitätsbeurteilungen einer von ihnen benannten Exportversicherungsagentur verwenden, wenn eine der folgenden Voraussetzungen erfüllt ist:

a) Es handelt sich um die Konsensländerklassifizierung von Exportversicherungsagenturen, die die OECD-Vereinbarung über die Leitlinien für öffentlich unterstützte Exportkredite anerkannt haben;

b) die Exportversicherungsagentur veröffentlicht ihre Bonitätsbeurteilungen und wendet die OECD-Methode an, und der Bonitätsbeurteilung ist eine der acht bei der OECD-Methode vorgesehenen Mindestprämien für Exportversicherungen (MEIP) zugeordnet. Ein Institut darf die Benennung einer Exportversicherungsagentur widerrufen. Ein Institut begründet den Widerruf, wenn es konkrete Hinweise darauf gibt, dass dem Widerruf die Absicht zugrunde liegt, die Eigenmittelanforderungen zu verringern.

---

[1] Richtig wohl: „stellen".

(2) Risikopositionen, für die die Bonitätsbeurteilung einer Exportversicherungsagentur für die Risikogewichtung anerkannt wird, erhalten ein Risikogewicht nach Tabelle 9.

Tabelle 9

MEIP	0	1	2	3	4	5	6	7
Risikogewicht	0%	0%	20%	50%	100%	100%	100%	150%

Abschnitt 4. Verwendung der Bonitätsbeurteilungen von ECAI zur Bestimmung des Risikogewichts

Art. 138 Allgemeine Anforderungen. [1]Ein Institut kann eine oder mehrere ECAI benennen, die für die Ermittlung der den Aktiva und außerbilanziellen Posten zuzuweisenden Risikogewichten herangezogen werden. [2]Ein Institut darf die Benennung einer ECAI widerrufen. [3]Ein Institut begründet den Widerruf, wenn es konkrete Hinweise darauf gibt, dass dem Widerruf die Absicht zugrunde liegt, die Eigenmittelanforderungen zu verringern. [4]Eine selektive Nutzung einzelner Bonitätsbeurteilungen ist nicht zulässig. [5]Ein Institut verwendet in Auftrag gegebene Bonitätsbeurteilungen. [6]Es darf jedoch auch ohne Auftrag abgegebene Bonitätsbeurteilungen verwenden, wenn die EBA bestätigt hat, dass zwischen ohne Auftrag abgegebenen Bonitätsbeurteilungen einer ECAI und in Auftrag gegebenen Bonitätsbeurteilungen dieser ECAI keine Qualitätsunterschiede bestehen. [7]Die EBA verweigert oder widerruft diese Bestätigung insbesondere dann, wenn die ECAI eine ohne Auftrag abgegebene Bonitätsbeurteilung dazu verwendet hat, das beurteilte Unternehmen unter Druck zu setzen, damit dieses eine Bonitätsbeurteilung oder andere Dienstleistungen in Auftrag gibt. [8]Bei der Verwendung von Bonitätsbeurteilungen halten Institute die folgenden Anforderungen ein:

a) Ein Institut, das die von einer ECAI für eine bestimmte Klasse von Posten abgegebenen Bonitätsbeurteilungen heranzieht, verwendet diese Bonitätsbeurteilungen durchgängig für sämtliche zu dieser Klasse gehörenden Risikopositionen;

b) ein Institut, das die von einer ECAI abgegebenen Bonitätsbeurteilungen heranzieht, verwendet diese fortlaufend und im Zeitablauf einheitlich;

c) ein Institut verwendet nur die Bonitätsbeurteilungen von ECAI, die alle Beträge sowohl von Kapital- als auch von Zinsforderungen berücksichtigen;

d) liegt für eine beurteilte Position nur eine einzige Bonitätsbeurteilung einer benannten ECAI vor, wird diese zur Bestimmung des auf diese Position anzuwendenden Risikogewichts herangezogen;

e) liegen für eine beurteilte Position zwei Bonitätsbeurteilungen von benannten ECAI vor, die unterschiedlichen Risikogewichten entsprechen, wird das jeweils höhere Risikogewicht angewandt;

f) liegen für eine beurteilte Position mehr als zwei Bonitätsbeurteilungen von benannten ECAI vor, werden die beiden Bonitätsbeurteilungen zugrunde gelegt, die zu den beiden niedrigsten Risikogewichten führen. Sind die beiden niedrigsten Risikogewichte unterschiedlich, wird das höhere Risikogewicht zugewiesen. Sind die beiden niedrigsten Risikogewichte identisch, wird dieses Risikogewicht zugewiesen.

Art. 139 Bonitätsbeurteilung von Emittenten und Emissionen.

(1) Gehört der Posten, der eine Risikoposition begründet, zu einem bestimmten Emissionsprogramm oder einer bestimmten Fazilität und liegt für dieses Programm bzw. diese Fazilität eine Bonitätsbeurteilung vor, wird diese für die Bestimmung des diesem Posten zuzuweisenden Risikogewichts verwendet.

(2) *[1]* Liegt für einen bestimmten Posten keine direkt anwendbare Bonitätsbeurteilung vor, hingegen eine Bonitätsbeurteilung eines bestimmten Emissionsprogramms oder einer bestimmten Fazilität, zu dem/der der Posten, der die Risikoposition begründet, nicht gehört, oder liegt eine allgemeine Bonitätsbeurteilung des Emittenten vor, wird diese in einem der folgenden Fälle verwendet:

a) wenn sie zu einem höheren Risikogewicht führt als es sonst der Fall wäre und die fragliche Risikoposition in jeder Hinsicht den gleichen oder einen niedrigeren Rang hat als das betreffende Emissionsprogramm, die betreffende Fazilität bzw. vorrangigen unbesicherten Risikopositionen des Emittenten;

b) wenn sie zu einem niedrigeren Risikogewicht führt und die fragliche Risikoposition in jeder Hinsicht den gleichen oder einen höheren Rang hat als das betreffende Emissionsprogramm, die betreffende Fazilität bzw. die vorrangigen unbesicherten Risikopositionen des Emittenten.

[2] In allen anderen Fällen wird die Risikoposition wie eine unbeurteilte Risikoposition behandelt.

(3) Die Absätze 1 und 2 stehen der Anwendung des Artikels 129 nicht entgegen.

(4) Bonitätsbeurteilungen von Emittenten aus einer Unternehmensgruppe dürfen nicht als Bonitätsbeurteilung anderer Emittenten in derselben Unternehmensgruppe verwendet werden.

Art. 140 Lang- und kurzfristige Bonitätsbeurteilungen. (1) Kurzfristige Bonitätsbeurteilungen dürfen nur für Umlaufvermögen und außerbilanzielle Positionen in Form von Risikopositionen gegenüber Instituten und Unternehmen verwendet werden.

(2) Kurzfristige Bonitätsbeurteilungen werden nur für die Position, auf die sie sich beziehen, verwendet, nicht jedoch dazu, Risikogewichte für andere Positionen abzuleiten, mit Ausnahme der folgenden Fälle:

a) Wenn einer Fazilität mit einer kurzfristigen Bonitätsbeurteilung ein Risikogewicht von 150 % zugewiesen wird, wird auch allen unbeurteilten unbesicherten lang- oder kurzfristigen Risikopositionen dieses Schuldners ein Risikogewicht von 150 % zugewiesen;

b) wenn einer Fazilität mit einer kurzfristigen Bonitätsbeurteilung ein Risikogewicht von 50 % zugewiesen wird, wird keiner unbeurteilten kurzfristigen Risikoposition ein Risikogewicht unter 100 % zugewiesen.

Art. 141 Positionen in der Landeswährung und in ausländischer Währung. *[1]* Eine Bonitätsbeurteilung einer auf die Landeswährung des Schuldners lautenden Position darf nicht verwendet werden, um ein Risikogewicht für eine andere auf eine ausländische Währung lautende Risikoposition desselben Schuldners abzuleiten.

[2] Entsteht eine Risikoposition durch die Beteiligung eines Instituts an einem von einer multilateralen Entwicklungsbank vergebenen Kredit, deren Status als bevorrechtigter Gläubiger am Markt anerkannt ist, darf die Bonitätsbeurteilung für die auf die Landeswährung des Schuldners lautende Position für Risikogewichtungen herangezogen werden.

Kapitel 3. Auf internen Einstufungen basierender Ansatz (IRB-Ansatz)

Abschnitt 1. Erlaubnis der zuständigen Behörden zur Anwendung des IRB-Ansatzes

Art. 142 Begriffsbestimmungen. (1) Für die Zwecke dieses Kapitels bezeichnet der Ausdruck

1. „Ratingsystem" alle Methoden, Prozesse, Kontrollen, Datenerhebungs- und IT-Systeme, die zur Beurteilung von Kreditrisiken, zur Zuordnung von Risikopositionen zu Bonitätsstufen oder -pools sowie zur Quantifizierung von Ausfall- und Verlustschätzungen für eine bestimmte Risikopositionsart dienen,
2. „Risikopositionsart" eine Gruppe einheitlich gesteuerter Risikopositionen, die von einer bestimmten Art von Fazilitäten gebildet werden und auf ein einziges Unternehmen oder eine einzige Untergruppe von Unternehmen in einer Gruppe beschränkt werden können, sofern dieselbe Risikopositionsart in anderen Unternehmen der Gruppe unterschiedlich gesteuert wird,
3. „Geschäftsbereich" getrennte organisatorische oder rechtliche Einheiten, Geschäftsfelder oder geografische Standorte,
4. „großes Unternehmen der Finanzbranche" ein Unternehmen der Finanzbranche, das folgenden Kriterien genügt:
   a) seine auf Einzel- oder konsolidierter Basis berechnete Bilanzsumme erreicht mindestens den Schwellenwert von 70 Mrd. EUR, wobei zur Ermittlung der Bilanzsumme der jüngste geprüfte Jahresabschluss bzw. konsolidierte Jahresabschluss herangezogen wird, und
   b) das Unternehmen selbst oder eines seiner Tochterunternehmen unterliegt Aufsichtsvorschriften in der Union oder dem Recht eines Drittlandes, das aufsichtliche und rechtliche Anforderungen anwendet, die denen der Union zumindest gleichwertig sind,
5. „nicht beaufsichtigtes Unternehmen der Finanzbranche" jedes andere Unternehmen, das kein beaufsichtigtes Unternehmen der Finanzbranche ist, aber als Haupttätigkeit eine oder mehrere der in Anhang I der Richtlinie 2013/36/EU bzw. in Anhang I der Richtlinie 2004/39/EG genannten Tätigkeiten ausübt,
6. „Schuldnerklasse" eine Risikokategorie innerhalb der Schuldner-Ratingskala eines Ratingsystems, der Schuldner auf der Grundlage von festgelegten und eindeutigen Ratingkriterien zugeordnet werden und von der Schätzungen in Bezug auf die Ausfallwahrscheinlichkeit (PD) abgeleitet werden;
7. „Fazilitätsklasse" eine Risikokategorie innerhalb der Fazilitäts-Ratingskala eines Ratingsystems, der Risikopositionen auf der Grundlage von festgelegten und eindeutigen Ratingkriterien zugeordnet werden und von der eigene Schätzungen der LGD abgeleitet werden;
8. *(aufgehoben)*

(2) [1] Für die Zwecke von Absatz 1 Nummer 4 Buchstabe b kann die Kommission im Wege von Durchführungsrechtsakten vorbehaltlich des in Artikel 464 Absatz 2 genannten Prüfverfahrens einen Beschluss dazu erlassen, ob die aufsichtlichen und rechtlichen Vorschriften eines Drittlandes denen der Europäischen Union mindestens gleichwertig sind. [2] Solange kein solcher Beschluss erlassen wurde, dürfen Institute bis zum 1. Januar 2015 ein Drittland weiterhin gemäß diesem Absatz behandeln, sofern die jeweiligen zuständigen Behörden vor dem 1. Januar 2014 diese Behandlung als das für das betreffende Drittland zulässig anerkannt haben.

Art. 143 Erlaubnis zur Verwendung des IRB-Ansatzes. (1) Wenn die Bedingungen dieses Abschnitts erfüllt sind, gestattet die zuständige Behörde den Instituten, ihre risikogewichteten Positionsbeträge anhand des auf internen Einstufungen basierenden Ansatzes (im Folgenden „IRB-Ansatz") zu berechnen.

(2) Die Verwendung des IRB-Ansatzes, einschließlich eigener Schätzungen der LGD und der Umrechnungsfaktoren, muss für jede Risikopositionsklasse und jedes Ratingsystem, für jeden auf internen Modellen basierenden Ansatz für Beteiligungspositionen und für jeden Ansatz für Schätzungen der LGD und Umrechnungsfaktoren zuvor erlaubt werden.

(3) *[1]* Institute müssen für folgende Änderungen zuvor die Erlaubnis der zuständigen Behörden einholen:

a) wesentliche Änderungen des Anwendungsbereichs eines Ratingsystems oder eines auf internen Modellen basierenden Ansatzes für Beteiligungspositionen, dessen Verwendung dem Institut erlaubt worden ist,

b) wesentliche Änderungen eines Ratingsystems oder eines auf internen Modellen basierenden Ansatzes für Beteiligungspositionen, dessen Verwendung dem Institut erlaubt worden ist.

[2] Der Anwendungsbereich eines Ratingsystems erstreckt sich auf alle Positionen der jeweiligen Risikopositionsart, für die dieses Ratingsystem entwickelt wurde.

(4) Die Institute zeigen den zuständigen Behörden alle Änderungen der Ratingsysteme und der auf internen Modellen basierenden Ansätze für Beteiligungspositionen an.

(5) *[1]* Die EBA arbeitet Entwürfe technischer Regulierungsstandards aus, um die Bedingungen festzulegen, nach denen beurteilt wird, ob die Verwendung eines bestehenden Ratingsystems für weitere Risikopositionen, die nicht bereits durch dieses Ratingsystem erfasst sind, und Änderungen der Ratingsysteme und der auf internen Modellen basierenden Ansätze für Beteiligungspositionen gemäß dem IRB-Ansatz wesentlich sind.

[2] Die EBA legt der Kommission diese Entwürfe technischer Regulierungsstandards bis zum 31. Dezember 2013 vor.

[3] Der Kommission wird die Befugnis übertragen, die technischen Regulierungsstandards nach Unterabsatz 1 gemäß den Artikeln 10 bis 14 der Verordnung (EU) Nr. 1093/2010 zu erlassen.

Art. 144 Prüfung eines Antrags auf Verwendung des IRB-Ansatzes durch die zuständigen Behörden. (1) *[1]* Die zuständige Behörde erteilt einem Institut die Erlaubnis gemäß Artikel 143 zur Anwendung des IRB-

Ansatzes, einschließlich der Verwendung eigener Schätzungen der LGD und der Umrechnungsfaktoren nur, wenn sie davon überzeugt ist, dass die Anforderungen dieses Kapitels, insbesondere des Abschnitts 6, erfüllt sind und die Systeme des Instituts für die Steuerung und die Einstufung von Kreditrisikopositionen solide sind und unter Sicherstellung ihrer Integrität angewandt werden, wobei insbesondere das Institut gegenüber der zuständigen Behörde glaubhaft nachgewiesen haben muss, dass die folgenden Standards eingehalten werden:

a) Die Ratingsysteme des Instituts liefern eine aussagekräftige Beurteilung der Merkmale von Schuldner und Geschäft, eine aussagekräftige Risikodifferenzierung sowie genaue und einheitliche quantitative Risikoschätzungen;

b) die bei der Berechnung der Eigenmittelanforderungen verwendeten internen Einstufungen, Ausfall- und Verlustschätzungen sowie die damit zusammenhängenden Systeme und Verfahren spielen eine wesentliche Rolle beim Risikomanagement und im Entscheidungsprozess sowie bei der Kreditbewilligung, der Allokation des internen Kapitals und der Unternehmensführung des Instituts;

c) das Institut hat eine Stelle für die Kreditrisikoüberwachung, die für seine Ratingsysteme zuständig ist, über das notwendige Maß an Unabhängigkeit verfügt und vor ungebührlicher Einflussnahme geschützt ist;

d) das Institut erfasst und speichert alle relevanten Daten, um die Kreditrisikomessung und das Kreditrisikomanagement wirksam zu unterstützen;

e) das Institut dokumentiert seine Ratingsysteme sowie die Begründung für ihre Gestaltung und validiert diese Systeme;

f) das Institut hat jedes Ratingsystem und jeden auf internen Modellen basierenden Ansatz für Beteiligungspositionen innerhalb eines angemessenen Zeitraums vor der Erlaubnis, dieses Ratingsystem oder den auf internen Modellen basierenden Ansatz für Beteiligungspositionen zu verwenden, validiert, innerhalb dieses Zeitraums geprüft, ob das Ratingsystem oder der auf internen Modellen basierende Ansatz für Beteiligungspositionen für den Anwendungsbereich des Ratingsystems oder des auf internen Modellen basierenden Ansatzes für Beteiligungspositionen geeignet ist und die aufgrund dieser Prüfung erforderlichen Änderungen an diesen Ratingsystemen oder auf internen Modellen basierenden Ansätzen für Beteiligungspositionen vorgenommen;

g) das Institut hat die sich aus seinen Risikoparameterschätzungen ergebenden Eigenmittelanforderungen nach dem IRB-Ansatz berechnet und ist in der Lage, die Meldung gemäß Artikel 430 einzureichen;

h) das Institut hat jede Risikoposition im Anwendungsbereich eines Ratingsystems einer Ratingklasse oder einem Pool dieses Ratingsystems zugeordnet und führt diese Zuordnungen weiter durch; das Institut hat jede Risikoposition im Anwendungsbereich eines Ansatzes für Beteiligungspositionen diesem auf internen Modellen basierenden Ansatz zugeordnet und führt diese Zuordnungen weiter durch.

[2] Die Anforderungen für die Anwendung des IRB-Ansatzes, einschließlich der Verwendung eigener Schätzungen der LGD und der Umrechnungsfaktoren, finden auch Anwendung, wenn ein Institut ein Ratingsystem bzw. ein in einem Ratingsystem verwendetes Modell anwendet, das es von einem Dritten erworben hat.

(2) *[1]* Die EBA arbeitet Entwürfe technischer Regulierungsstandards aus, um die Bewertungsmethode festzulegen, anhand derer die zuständigen Behörden beurteilen, ob ein Institut die Anforderungen für die Anwendung des IRB-Ansatzes einhält.

[2] Die EBA legt der Kommission diese Entwürfe technischer Regulierungsstandards bis zum 31. Dezember 2014 vor.

[3] Der Kommission wird die Befugnis übertragen, die technischen Regulierungsstandards nach Unterabsatz 1 gemäß den Artikeln 10 bis 14 der Verordnung (EU) Nr. 1093/2010 zu erlassen.

Art. 145 Erfahrung mit der Verwendung von IRB-Ansätzen. (1) Ein Institut, das die Anwendung des IRB-Ansatzes beantragt, muss für die betreffenden IRB-Risikopositionsklassen mindestens drei Jahre lang Ratingsysteme verwendet haben, die den Anforderungen des Abschnitts 6 an die interne Risikomessung und das interne Risikomanagement im Wesentlichen entsprechen, bevor es berechtigt ist, den IRB-Ansatz zu verwenden.

(2) Ein Institut, das die Anwendung seiner eigenen Schätzungen der LGD und der Umrechnungsfaktoren beantragt, weist den zuständigen Behörden glaubhaft nach, dass es seine eigenen Schätzungen der LGD und der Umrechnungsfaktoren mindestens drei Jahre lang in einer Weise ermittelt und verwendet hat, die den Anforderungen des Abschnitts 6 an die Nutzung eigener Schätzungen für diese Parameter im Wesentlichen entspricht, bevor es berechtigt ist, den IRB-Ansatz zu verwenden.

(3) [1] Wenn ein Institut die Verwendung des IRB-Ansatzes nach der ursprünglichen Erlaubnis ausweitet, muss seine Erfahrung ausreichend groß sein, um die Anforderungen der Absätze 1 und 2 in Bezug auf die zusätzlichen Risikopositionen zu erfüllen. [2] Wird die Verwendung von Ratingsystemen auf Risikopositionen ausgeweitet, die sich wesentlich von dem bestehenden Anwendungsbereich unterscheiden, so dass die Erfahrung nicht eindeutig als ausreichend betrachtet werden kann, um die Anforderungen dieser Bestimmungen in Bezug auf die zusätzlichen Risikopositionen zu erfüllen, finden die Anforderungen der Absätze 1 und 2 für diese zusätzlichen Risikopositionen getrennt Anwendung.

Art. 146 Erforderliche Maßnahmen bei Nichterfüllung der Anforderungen dieses Kapitels. Erfüllt ein Institut die Anforderungen dieses Kapitels nicht mehr, setzt es die zuständige Behörde davon in Kenntnis und ergreift eine der folgenden Maßnahmen:

a) Es legt der zuständigen Behörde einen Plan zur zeitnahen Wiedereinhaltung der Anforderungen vor und setzt diesen Plan innerhalb eines mit der zuständigen Behörde vereinbarten Zeitraums um;
b) es weist gegenüber den zuständigen Behörden glaubhaft nach, dass die Nichterfüllung keine wesentlichen Auswirkungen hat.

Art. 147 Methode für die Zuordnung von Risikopositionen zu Risikopositionsklassen. (1) Das Institut verwendet bei der Zuordnung von Risikopositionen zu verschiedenen Risikopositionsklassen eine geeignete und dauerhaft kohärente Methode.

(2) Jede Risikoposition wird einer der folgenden Risikopositionsklassen zugeordnet:

a) Risikopositionen gegenüber Zentralstaaten und Zentralbanken,
b) Risikopositionen gegenüber Instituten,
c) Risikopositionen gegenüber Unternehmen,
d) Risikopositionen aus dem Mengengeschäft,
e) Beteiligungsrisikopositionen,
f) Positionen, die Verbriefungspositionen darstellen,
g) sonstige Aktiva ohne Kreditverpflichtungen.

(3) Die folgenden Risikopositionen werden der Risikopositionsklasse nach Absatz 2 Buchstabe a zugeordnet:

a) Risikopositionen gegenüber regionalen oder lokalen Gebietskörperschaften oder öffentlichen Stellen, die gemäß den Artikeln 115 und 116 wie Risikopositionen gegenüber Zentralstaaten behandelt werden,
b) Risikopositionen gegenüber multilateralen Entwicklungsbanken im Sinne des Artikels 117 Absatz 2;
c) Risikopositionen gegenüber internationalen Organisationen, denen gemäß Artikel 118 ein Risikogewicht von 0 % zugewiesen wird.

(4) Die folgenden Risikopositionen werden der Risikopositionsklasse nach Absatz 2 Buchstabe b zugeordnet:

a) Risikopositionen gegenüber regionalen oder lokalen Gebietskörperschaften, die nicht gemäß Artikel 115 Absätze 2 und 4 wie Risikopositionen gegenüber Zentralstaaten behandelt werden,
b) Risikopositionen gegenüber öffentlichen Stellen, die nicht gemäß Artikel 116 Absatz 4 wie Risikopositionen gegenüber Zentralstaaten behandelt werden,
c) Risikopositionen gegenüber multilateralen Entwicklungsbanken, denen nicht gemäß Artikel 117 ein Risikogewicht von 0 % zugewiesen wurde, und
d) Risikopositionen gegenüber Finanzinstituten, die gemäß Artikel 119 Absatz 5 wie Risikopositionen gegenüber Instituten behandelt werden.

(5) *[1]* Um der Risikopositionsklasse „Mengengeschäft" nach Absatz 2 Buchstabe d zugeordnet werden zu können, müssen Risikopositionen die folgenden Kriterien erfüllen:

a) Es sind
   i) Risikopositionen gegenüber einer oder mehreren natürlichen Person (Personen),
   ii) Risikopositionen gegenüber einem KMU, wenn in diesem Fall der dem Institut und den Mutterunternehmen und dessen Tochterunternehmen von dem Kunden oder der Gruppe verbundener Kunden insgesamt geschuldete Betrag, einschließlich etwaiger überfälliger Risikopositionen, jedoch mit Ausnahme von Risikopositionen, die durch Wohneigentum besichert sind, soweit dem Institut bekannt nicht über 1 Mio. EUR hinausgeht; das Institut muss angemessene Schritte unternommen haben, um sich von der Richtigkeit seines Kenntnisstands zu überzeugen;
b) sie werden vom Institut im Risikomanagement im Zeitverlauf konsistent und in vergleichbarer Weise behandelt;
c) sie werden nicht genau so individuell wie Risikopositionen der Risikopositionsklasse „Risikopositionen gegenüber Unternehmen" gesteuert;

d) sie sind jeweils Teil einer größeren Zahl ähnlich gesteuerter Risikopositionen.

[2] Zusätzlich zu den in Unterabsatz 1 genannten Risikopositionen umfasst die Risikopositionsklasse „Mengengeschäft" den Gegenwartswert von Mindestleasingzahlungen im Mengengeschäft.

(6) Die folgenden Risikopositionen werden der Risikopositionsklasse „Beteiligungsrisikopositionen" nach Absatz 2 Buchstabe e zugeordnet:

a) nicht durch Schuldtitel gebildete Risikopositionen, die einen nachrangigen Residualanspruch auf die Vermögenswerte oder die Einkünfte des Emittenten darstellen,

b) durch Schuldtitel gebildete Risikopositionen und andere Wertpapiere, Partnerschaften, Derivate oder sonstige Instrumente mit ähnlicher wirtschaftlicher Substanz wie die unter Buchstabe a genannten Risikopositionen.

(7) Kreditverpflichtungen, die nicht den in Absatz 2 Buchstaben a, b, d, e und f genannten Risikopositionsklassen zugeordnet sind, werden der Risikopositionsklasse „Risikopositionen gegenüber Unternehmen" nach Absatz 2 Buchstabe c zugeordnet.

(8) Innerhalb der Risikopositionsklasse „Risikopositionen gegenüber Unternehmen" nach Absatz 2 Buchstabe c werden Risikopositionen mit folgenden Merkmalen von den Instituten getrennt als Spezialfinanzierungspositionen bezeichnet:

a) die Risikoposition besteht gegenüber einem speziell zur Finanzierung oder zum Betrieb von Sachanlagen errichteten Rechtsträger oder ist eine wirtschaftlich vergleichbare Risikoposition;

b) die vertraglichen Vereinbarungen verschaffen dem Kreditgeber einen erheblichen Einfluss auf die betreffenden Vermögenswerte und die durch diese generierten Einkünfte;

c) die Rückzahlung der Verpflichtung speist sich in erster Linie aus den durch die finanzierten Vermögenswerte generierten *Einkünfte*[1)] und nicht aus der unabhängigen Zahlungsfähigkeit eines größeren Wirtschaftsunternehmens.

(9) Der Restwert von Leasingobjekten wird der in Absatz 2 Buchstabe g genannten Risikopositionsklasse zugeordnet, sofern er nicht bereits Bestandteil der Risikoposition aus Leasinggeschäften gemäß Artikel 166 Absatz 4 ist.

(10) Die Risikoposition, die sich aus der Sicherungsstellung im Rahmen eines Risikopositionskorb-Kreditderivats des Typs n-ter-Ausfall-Kreditderivat ergibt, wird derselben Klasse gemäß Absatz 2 zugeordnet, der die Risikopositionen des Korbs zugeordnet würden, außer wenn die einzelnen Risikopositionen im Korb unterschiedlichen Risikopositionsklassen zugeordnet würden – in diesem Fall wird die Risikoposition der Risikopositionsklasse „Risikopositionen gegenüber Unternehmen" nach Absatz 2 Buchstabe c zugeordnet.

Art. 148 Bedingungen für die Einführung des IRB-Ansatzes in verschiedenen Risikopositionsklassen und Geschäftsbereichen. (1) *[1]* Institute und jedes Mutterunternehmen und seine Tochterunternehmen wenden den IRB-Ansatz auf alle Risikopositionen an, es sei denn, sie haben die

---

[1)] Richtig wohl: „Einkünften".

Erlaubnis der zuständigen Behörden erhalten, im Einklang mit Artikel 150 dauerhaft den Standardansatz zu verwenden.

[2] Soweit von den zuständigen Behörden zuvor erlaubt, kann die Einführung schrittweise über die verschiedenen Risikopositionsklassen nach Artikel 147 innerhalb desselben Geschäftsbereichs, über die verschiedenen Geschäftsbereiche innerhalb derselben Gruppe oder für die Verwendung eigener Schätzungen der LGD und der Umrechnungsfaktoren zur Berechnung der Risikogewichte von Risikopositionen gegenüber Unternehmen, Instituten, Zentralstaaten und Zentralbanken erfolgen.

[3] Im Fall der Risikopositionsklasse „Mengengeschäft" nach Artikel 147 Absatz 5 kann die Einführung schrittweise über die Risikopositionskategorien, denen die verschiedenen in Artikel 154 genannten Korrelationen entsprechen, erfolgen.

(2) [1] Die zuständigen Behörden legen die Frist fest, bis zu der ein Institut und jedes Mutterunternehmen und seine Tochterunternehmen den IRB-Ansatz für alle Risikopositionen einführen müssen. [2] Diese Frist ist diejenige, die die zuständigen Behörden angesichts der Art und des Umfangs der Tätigkeiten der Institute oder des Mutterunternehmens und seiner Tochterunternehmen sowie der Anzahl und Art der einzuführenden Ratingsysteme als angemessen betrachten.

(3) [1] Die Institute führen den IRB-Ansatz nach den von den zuständigen Behörden festgelegten Bedingungen ein. [2] Die zuständige Behörde gestaltet diese Bedingungen so, dass sie sicherstellen, dass der in Absatz 1 eingeräumte Spielraum nicht selektiv mit dem Ziel genutzt wird, niedrigere Eigenmittelanforderungen für die noch in den IRB-Ansatz oder die Verwendung eigener Schätzungen der LGD und der Umrechnungsfaktoren einzubeziehenden Risikopositionsklassen oder Geschäftsbereiche zu erreichen.

(4) Institute, die den IRB-Ansatz erst nach dem 1. Januar 2013 erstmals angewandt haben oder bis zu diesem Datum entsprechend den Anforderungen der zuständigen Behörden in der Lage sein mussten, bei der Berechnung ihrer Eigenmittelanforderungen den Standardansatz anzuwenden, müssen während der Übergangsfrist weiterhin in der Lage sein, bei der Berechnung der Eigenmittelanforderungen für alle ihre Risikopositionen den Standardansatz anzuwenden, bis sie von den zuständigen Behörden darüber in Kenntnis gesetzt werden, dass diese die Gewissheit haben, dass die Umsetzung des IRB-Ansatzes mit hinreichender Sicherheit durchgeführt wird.

(5) Ein Institut, dem erlaubt worden ist, den IRB-Ansatz auf irgendeine Risikopositionsklasse anzuwenden, wendet den IRB-Ansatz auch auf die Risikopositionsklasse Beteiligungsrisikopositionen nach Artikel 147 Absatz 2 Buchstabe e – es sei denn, ihm wurde gemäß Artikel 150 erlaubt, auf Beteiligungsrisikopositionen den Standardansatz anzuwenden – und auf die Risikopositionsklasse „Sonstige Aktiva ohne Kreditverpflichtungen" nach Artikel 147 Absatz 2 Buchstabe g an.

(6) *[1]* Die EBA arbeitet Entwürfe technischer Regulierungsstandards aus, um die Kriterien zu präzisieren, nach denen die zuständigen Behörden die geeignete Vorgehensweise und den Zeitplan bei der schrittweisen Ausweitung des IRB-Ansatzes auf die in Absatz 3 genannten Risikopositionsklassen festlegen.

[2] Die EBA legt der Kommission diese Entwürfe technischer Regulierungsstandards bis zum 31. Dezember 2014 vor.

[3] Der Kommission wird die Befugnis übertragen, die technischen Regulierungsstandards nach Unterabsatz 1 gemäß den Artikeln 10 bis 14 der Verordnung (EU) Nr. 1093/2010 zu erlassen.

Art. 149 Bedingungen für die Rückkehr zu weniger anspruchsvollen Ansätzen. (1) Ein Institut, das auf eine bestimmte Risikopositionsklasse oder Risikopositionsart den IRB-Ansatz anwendet, behält diese Anwendung bei und gibt sie für die Berechnung der risikogewichteten Positionsbeträge nicht zugunsten des Standardansatzes auf, es sei denn, die folgenden Bedingungen sind erfüllt:

a) Das Institut hat den zuständigen Behörden glaubhaft nachgewiesen, dass es die Anwendung des Standardansatzes nicht vorschlägt, um seine Eigenmittelanforderungen zu verringern, und die Anwendung dieses Ansatzes angesichts der Art und der Komplexität des Gesamtbestands seiner Risikopositionen dieser Art notwendig ist und weder seine Solvenz noch seine Fähigkeit, Risiken wirksam zu steuern, wesentlich beeinträchtigen würde;

b) Es hat vorab eine entsprechende Erlaubnis der zuständigen Behörde erhalten.

(2) Institute, denen nach Artikel 151 Absatz 9 die Verwendung ihrer eigenen Schätzungen der LGD und der Umrechnungsfaktoren gestattet wurde, kehren nicht zur Verwendung der LGD-Werte und Umrechnungsfaktoren nach Artikel 151 Absatz 8 zurück, es sei denn, die folgenden Bedingungen sind erfüllt:

a) Das Institut hat den zuständigen Behörden glaubhaft nachgewiesen, dass es die Verwendung der LGD-Werte und Umrechnungsfaktoren nach Artikel 151 Absatz 8 für eine bestimmte Risikopositionsklasse oder Risikopositionsart nicht vorschlägt, um seine Eigenmittelanforderungen zu verringern, und diese Verwendung angesichts der Art und der Komplexität des Gesamtbestands seiner Risikopositionen dieser Art notwendig ist und weder seine Solvenz noch seine Fähigkeit, Risiken wirksam zu steuern, wesentlich beeinträchtigen würde;

b) Es hat vorab eine entsprechende Erlaubnis der zuständigen Behörde erhalten.

(3) Die Anwendung der Absätze 1 und 2 unterliegt den von den zuständigen Behörden in Einklang mit Artikel 148 festgelegten Bedingungen für eine Ausweitung des IRB-Ansatzes und der Erlaubnis zur dauerhaften teilweisen Verwendung gemäß Artikel 150.

Art. 150 Bedingungen für eine dauerhafte teilweise Verwendung.

(1) *[1]* Soweit sie zuvor die Erlaubnis der zuständigen Behörden erhalten haben, dürfen Institute, denen für die Berechnung der risikogewichteten Positionsbeträge und der erwarteten Verlustbeträge für eine oder mehrere Risikopositionsklassen die Verwendung des IRB-Ansatzes erlaubt worden ist, auf folgende Risikopositionen den Standardansatz anwenden:

a) die Risikopositionsklasse nach Artikel 147 Absatz 2 Buchstabe a, wenn die Zahl der bedeutenden Gegenparteien begrenzt ist und die Einrichtung eines Ratingsystems für diese Gegenparteien für das Institut mit einem unverhältnismäßig großen Aufwand verbunden wäre;

b) die Risikopositionsklasse nach Artikel 147 Absatz 2 Buchstabe b, wenn die Zahl der bedeutenden Gegenparteien begrenzt ist und die Einrichtung eines

Ratingsystems für diese Gegenparteien für das Institut mit einem unverhältnismäßig großen Aufwand verbunden wäre;

c) Risikopositionen in unbedeutenden Geschäftsbereichen sowie Risikopositionsklassen oder Risikopositionsarten, die hinsichtlich Volumen und wahrgenommenem Risikoprofil unwesentlich sind;

d) Risikopositionen gegenüber den Zentralstaaten und Zentralbanken der Mitgliedstaaten und deren regionalen und lokalen Gebietskörperschaften, Verwaltungseinrichtungen und öffentlichen Stellen, wenn

   i) es zwischen Risikopositionen gegenüber diesem Zentralstaat und dieser Zentralbank und den genannten anderen Risikopositionen infolge besonderer öffentlicher Vorkehrungen keine Risikounterschiede gibt, und

   ii) den Risikopositionen gegenüber den Zentralstaaten und den Zentralbanken gemäß Artikel 114 Absatz 2 oder 4 ein Risikogewicht von 0 % zugewiesen wird;

e) Risikopositionen eines Instituts gegenüber einer Gegenpartei, die sein Mutterunternehmen, ein Tochterunternehmen oder eine Tochter seines Mutterunternehmens ist, wenn diese Gegenpartei ein Institut oder eine Finanzholdinggesellschaft, eine gemischte Finanzholdinggesellschaft, ein Finanzinstitut, eine Vermögensverwaltungsgesellschaft oder ein Anbieter von Nebendienstleistungen ist und angemessenen Aufsichtsvorschriften unterliegt, oder ein verbundenes Unternehmen im Sinne des Artikels 12 Absatz 1 der Richtlinie 83/349/EWG ist;

f) Risikopositionen zwischen Instituten, die die Anforderungen des Artikels 113 Absatz 7 erfüllen;

g) Beteiligungsrisikopositionen gegenüber Unternehmen, deren Kreditverpflichtungen gemäß Kapitel 2 ein Risikogewicht von 0 % zugewiesen wird, einschließlich Beteiligungspositionen an öffentlich geförderten Unternehmen, denen ein Risikogewicht von 0 % zugewiesen werden kann;

h) Beteiligungsrisikopositionen im Rahmen staatlicher Programme zur Förderung bestimmter Wirtschaftszweige, die dem Institut für die Investition erhebliche Zuschüsse zur Verfügung stellen und mit einer gewissen staatlichen Aufsicht und gewissen Beschränkungen für die Investition in die Beteiligungen verbunden sind, wobei solche Risikopositionen insgesamt nur bis zu einem Höchstwert von 10 % der Eigenmittel vom IRB-Ansatz ausgenommen werden können;

i) Risikopositionen im Sinne des Artikels 119 Absatz 4, sofern sie die Bedingungen dieses Artikels erfüllen;

j) die in Artikel 215 Absatz 2 genannten staatlichen und staatlich rückverbürgten Garantien.

[2] [1] Die zuständigen Behörden erlauben die Anwendung des Standardansatzes auf Beteiligungspositionen nach Unterabsatz 1 Buchstaben g und h, für die eine solche Behandlung in anderen Mitgliedstaaten erlaubt wurde. [2] Die EBA veröffentlicht auf ihrer Website ein Verzeichnis der Risikopositionen im Sinne jener Buchstaben, die gemäß dem Standardansatz zu behandeln sind, und aktualisiert dieses regelmäßig.

(2) [1] Für die Zwecke von Absatz 1 wird die Risikopositionsklasse „Beteiligungsrisikopositionen" eines Instituts als wesentlich angesehen, wenn ihr Gesamtwert, ohne die in Absatz 1 Buchstabe h genannten Beteiligungsrisiko-

positionen im Rahmen staatlicher Programme, im Durchschnitt des Vorjahres mehr als 10 % der Eigenmittel des Instituts beträgt. [2]Liegt die Zahl dieser Beteiligungsrisikopositionen unter 10 einzelnen Beteiligungen, ist diese Schwelle bei 5 % der Eigenmittel des Instituts festgesetzt.

(3) *[1]* Die EBA arbeitet Entwürfe technischer Regulierungsstandards aus, um die Kriterien für die Anwendung von Absatz 1 Buchstaben a, b und c festzulegen.

[2] Die EBA legt der Kommission diese Entwürfe technischer Regulierungsstandards bis zum 31. Dezember 2014 vor.

[3] Der Kommission wird die Befugnis übertragen, die technischen Regulierungsstandards nach Unterabsatz 1 gemäß den Artikeln 10 bis 14 der Verordnung (EU) Nr. 1093/2010 zu erlassen.

(4) *[1]* Die EBA gibt 2018 Leitlinien zur Anwendung des Absatzes 1 Unterabsatz 1 Buchstabe d heraus, in denen sie Grenzwerte, ausgedrückt als Prozentsatz der Bilanzsumme oder der risikogewichteten Vermögenswerte, empfiehlt, bis zu denen die Berechnung nach dem Standardansatz erfolgen sollte.

[2] Diese Leitlinien werden gemäß Artikel 16 der Verordnung (EU) Nr. 1093/2010 erlassen.

Abschnitt 2. Berechnung risikogewichteter Positionsbeträge

Unterabschnitt 1. Behandlung nach Art der Risikopositionsklasse

Art. 151 Behandlung nach Risikopositionsklasse. (1) Die risikogewichteten Positionsbeträge für das Kreditrisiko von Positionen, die unter eine der in Artikel 147 Absatz 2 Buchstaben a bis e und g genannten Risikopositionsklassen fallen, werden – sofern sie nicht von den Eigenmitteln abgezogen werden – in Einklang mit Unterabschnitt 2 berechnet, es sei denn diese Positionen werden von den Posten des harten Kernkapitals, des zusätzlichen Kernkapitals oder des Ergänzungskapitals abgezogen.

(2) [1]Die risikogewichteten Positionsbeträge für das Verwässerungsrisiko bei gekauften Forderungen werden nach Artikel 157 berechnet. [2]Hat ein Institut für das Ausfall- und für das Verwässerungsrisiko volles Rückgriffsrecht auf den Verkäufer der gekauften Forderungen, finden die Bestimmungen dieses Artikels und des Artikels 152 sowie Artikel 158 Absätze 1 bis 4 in Bezug auf gekaufte Forderungen keine Anwendung und die Position wird als besicherte Risikoposition behandelt.

(3) [1]Die risikogewichteten Positionsbeträge für das Kredit- und das Verwässerungsrisiko werden anhand der mit der jeweiligen Risikoposition verbundenen Parameter berechnet. [2]Dazu zählen die PD, die LGD, die effektive Restlaufzeit (im Folgenden „M“) und der Risikopositionswert. [3]PD und LGD können nach Maßgabe von Abschnitt 4 gesondert oder gemeinsam berücksichtigt werden.

(4) [1]Institute berechnen die risikogewichteten Positionsbeträge für das Kreditrisiko für alle Risikopositionen der Risikopositionsklasse „Beteiligungsrisikopositionen“ nach Artikel 147 Absatz 2 Buchstabe e gemäß Artikel 155. [2]Sie dürfen die Ansätze nach Artikel 155 Absätze 3 und 4 verwenden, sofern sie die vorherige Erlaubnis der zuständigen Behörden erhalten haben. [3]Die zuständigen Behörden erlauben einem Institut die Verwendung des auf internen Modellen basierenden Ansatzes nach Artikel 155 Absatz 4, sofern das Institut die Anforderungen des Abschnitts 6 Unterabschnitt 4 erfüllt.

(5) Die risikogewichteten Positionsbeträge für das mit Spezialfinanzierungsrisikopositionen verbundene Kreditrisiko werden gemäß Artikel 153 Absatz 5 berechnet.

(6) Für Risikopositionen der Risikopositionsklassen nach Artikel 147 Absatz 2 Buchstaben a bis d nehmen die Institute nach Maßgabe von Artikel 143 und Abschnitt 6 ihre eigenen PD-Schätzungen vor.

(7) Für Risikopositionen der Risikopositionsklasse nach Artikel 147 Absatz 2 Buchstabe d nehmen die Institute nach Maßgabe des Artikels 143 und des Abschnitts 6 ihre eigenen Schätzungen der LGD und der Umrechnungsfaktoren vor.

(8) Für Risikopositionen der Risikopositionsklassen nach Artikel 147 Absatz 2 Buchstaben a bis c verwenden die Institute die in Artikel 161 Absatz 1 festgelegten LGD-Werte und die in Artikel 166 Absatz 8 Buchstaben a bis d festgelegten Umrechnungsfaktoren, es sei denn, ihnen wurde gemäß Absatz 9 die Verwendung eigener Schätzungen der LGD und der Umrechnungsfaktoren für diese Risikopositionsklassen gestattet.

(9) Für Risikopositionen der Risikopositionsklassen nach Artikel 147 Absatz 2 Buchstaben a bis c erlauben die zuständigen Behörden den Instituten die Verwendung ihrer eigenen Schätzungen der LGD und der Umrechnungsfaktoren nach Maßgabe des Artikels 143 und des Abschnitts 6.

(10) Die risikogewichteten Positionsbeträge für verbriefte Risikopositionen und Risikopositionen der Risikopositionsklasse nach Artikel 147 Absatz 2 Buchstabe f werden nach Kapitel 5 berechnet.

Art. 152 Behandlung von Risikopositionen in Form von Anteilen an OGA. (1) Die Institute berechnen die risikogewichteten Positionsbeträge ihrer Risikopositionen in Form von Anteilen an OGA durch Multiplikation der nach den in den Absätzen 2 und 5 beschriebenen Ansätzen berechneten risikogewichteten Positionsbeträge von OGA mit dem Prozentsatz der von den betreffenden Instituten gehaltenen Anteile.

(2) Sind die Bedingungen nach Artikel 132 Absatz 3 erfüllt und verfügt das Institut über ausreichende Informationen über die einzelnen zugrunde liegenden Risikopositionen eines OGA, so berechnet das Institut die risikogewichteten Positionsbeträge des OGA mittels Durchschau auf diese zugrunde liegenden Risikopositionen und nimmt die Risikogewichtung aller zugrunde liegenden Risikopositionen des OGA so vor, als würden sie direkt vom Institut gehalten.

(3) *[1]* Abweichend von Artikel 92 Absatz 3 Buchstabe d können Institute, die den risikogewichteten Positionsbetrag des OGA gemäß Absatz 1 oder Absatz 2 des vorliegenden Artikels berechnen, die Eigenmittelanforderungen für das Risiko einer Anpassung der Kreditbewertung von Derivate-Risikopositionen des betreffenden OGA als einen Betrag berechnen, der 50 % der Eigenmittelanforderungen für diese Derivate-Risikopositionen entspricht, die gemäß Kapitel 6 Abschnitt 3, 4 oder 5 dieses Titels berechnet wurden.

[2] Abweichend von Unterabsatz 1 kann ein Institut jene Derivate-Risikopositionen von der Berechnung der Eigenmittelanforderungen für das Risiko einer Anpassung der Kreditbewertung ausnehmen, die dieser Anforderung nicht unterworfen wären, wenn sie direkt vom Institut gehalten würden.

(4) *[1]* Institute, die den Transparenzansatz gemäß den Absätzen 2 und 3 des vorliegenden Artikels anwenden und die die Bedingungen für eine dauerhafte

Teilanwendung gemäß Artikel 150 erfüllen oder die Bedingungen für die Anwendung der in diesem Kapitel beschriebenen Methoden oder einer oder mehrerer der in Kapitel 5 beschriebenen Methoden für alle oder einen Teil der zugrunde liegenden Risikopositionen des OGA nicht erfüllen, berechnen die risikogewichteten Positionsbeträge und erwarteten Verlustbeträge nach den folgenden Grundsätzen:

a) Im Fall von Risikopositionen, die der Klasse „Beteiligungsrisikopositionen" gemäß Artikel 147 Absatz 2 Buchstabe e zugeordnet sind, wenden die Institute den einfachen Risikogewichtungsansatz nach Artikel 155 Absatz 2 an;

b) im Fall von Risikopositionen, die der „Klasse Positionen" die Verbriefungspositionen darstellen, gemäß Artikel 147 Absatz 2 Buchstabe f zugeordnet sind, wenden die Institute die Behandlung gemäß Artikel 254 so an, als würden diese Risikopositionen direkt von diesen Instituten gehalten;

c) im Fall aller anderen zugrunde liegenden Risikopositionen wenden die Institute den Standardansatz nach Kapitel 2 dieses Titels an.

[2] Ist das Institut nicht in der Lage, für die Zwecke von Unterabsatz 1 Buchstabe a zwischen privaten Beteiligungsrisikopositionen und börsengehandelten sowie sonstigen Risikopositionen zu unterscheiden, so behandelt es die betreffenden Risikopositionen als sonstige Beteiligungsrisikopositionen.

(5) [1] Wenn die Bedingungen nach Artikel 132 Absatz 3 erfüllt sind, dürfen Institute, die über keine ausreichenden Informationen über die einzelnen zugrunde liegenden Risikopositionen eines OGA verfügen, den risikogewichteten Positionsbetrag für diese Risikopositionen gemäß dem mandatsbasierten Ansatz nach Artikel 132a Absatz 2 berechnen. [2] Im Falle von Risikopositionen gemäß Absatz 4 Buchstaben a, b und c des vorliegenden Artikels wenden die Institute jedoch die dort beschriebenen Ansätze an.

(6) Vorbehaltlich des Artikels 132b Absatz 2 wenden Institute, die nicht den Transparenzansatz gemäß den Absätzen 2 und 3 des vorliegenden Artikels oder den mandatsorientierten Ansatz gemäß Absatz 5 anwenden, das in Artikel 132 Absatz 2 genannte Ausweichkonzept an.

(7) Die Institute können die risikogewichteten Positionsbeträge ihrer Risikopositionen in Form von Anteilen an OGA durch eine Kombination von im vorliegenden Artikel genannten Ansätzen berechnen, sofern die Bedingungen für die Verwendung dieser Ansätze erfüllt sind.

(8) *[1]* Institute, die über keine ausreichenden Daten oder Informationen zur Berechnung des risikogewichteten Positionsbetrags eines OGA gemäß den Ansätzen nach den Absätzen 2, 3, 4 und 5 verfügen, können sich auf die Berechnungen von Dritten stützen, sofern alle folgenden Bedingungen erfüllt sind:

a) Der betreffende Dritte ist

   i) die Verwahrstelle bzw. das verwahrende Finanzinstitut des OGA, sofern der OGA ausschließlich in Wertpapiere investiert und sämtliche Wertpapiere bei dieser Verwahrstelle bzw. diesem verwahrenden Finanzinstitut hinterlegt, oder

   ii) im Fall von OGA, die nicht unter Ziffer i dieses Buchstabens fallen, die OGA-Verwaltungsgesellschaft, sofern diese die in Artikel 132 Absatz 3 Buchstabe a festgelegten Kriterien erfüllt;

b) im Fall von anderen als den in Absatz 4 Buchstaben a, b und c dieses Artikels genannten Risikopositionen führt der Dritte die Berechnung gemäß dem Transparenzansatz nach Artikel 132a Absatz 1 durch;

c) im Fall der in Absatz 4 Buchstaben a, b und c genannten Risikopositionen führt der Dritte die Berechnung gemäß den dort beschriebenen Ansätzen durch;

d) ein externer Prüfer hat die Richtigkeit der Berechnung des Dritten bestätigt.

[2] Institute, die sich auf die Berechnungen Dritter stützen, multiplizieren die aus diesen Berechnungen resultierenden risikogewichteten Positionsbeträge der Risikopositionen eines OGA mit dem Faktor 1,2.

[3] [1] Abweichend von Unterabsatz 2 gilt Folgendes: Hat das Institut uneingeschränkten Zugriff auf die detaillierten Berechnungen des Dritten, so findet der Faktor 1,2 keine Anwendung. [2] Das Institut stellt diese Berechnungen seiner zuständigen Behörde auf Anfrage bereit.

(9) [1] Für die Zwecke dieses Artikels finden Artikel 132 Absätze 5 und 6 und Artikel 132b Anwendung. [2] Für die Zwecke dieses Artikels findet Artikel 132c Anwendung, unter Verwendung der gemäß Kapitel 3 dieses Titels berechneten Risikogewichte.

Unterabschnitt 2. Berechnung der risikogewichteten Positionsbeträge für das Kreditrisiko

Art. 153 Risikogewichtete Positionsbeträge für Risikopositionen gegenüber Unternehmen, Instituten, Zentralstaaten und Zentralbanken.

(1) Vorbehaltlich der Anwendung der spezifischen Behandlungen gemäß den Absätzen 2, 3 bzw. 4 werden die risikogewichteten Positionsbeträge für Risikopositionen gegenüber Unternehmen, Instituten, Zentralstaaten und Zentralbanken gemäß den nachstehenden Formeln berechnet:

$$\textit{risikogewichteter Positionsbetrag} = RW \times \textit{Risikopositionsbetrag}$$

wobei das Risikogewicht (RW) wie folgt festgelegt ist:

i) wenn PD = 0, ist RW = 0;

ii) wenn PD = 1, d.h. bei ausgefallenen Risikopositionen:

– wenn ein Institut die LGD-Werte nach Artikel 161 Absatz 1 verwendet, ist RW = 0;

– wenn ein Institut eigene LGD-Schätzungen verwendet, ist $RW = max\,\{0;12{,}5 \cdot (LGD - ELBE)\}$,

wobei die genaueste Schätzung des zu erwarteten Verlusts (im Folgenden „ELBE“ expected loss best estimate) die bestmögliche Schätzung des Instituts für den aufgrund des Ausfalls der Risikoposition zu erwarteten Verlust gemäß Artikel 181 Absatz 1 Buchstabe h ist;

iii) wenn 0 < PD < 1, ist

$$RW = \left(LGD \cdot N\left(\frac{1}{\sqrt{1-R}} \cdot G(PD) + \sqrt{\frac{R}{1-R}} \cdot G(0.999) \right) - LGD \cdot PD \right) \cdot \frac{1+(M-2{,}5)\cdot b}{1-1{,}5\cdot b} \cdot 12{,}5 \cdot 1{,}06$$

dabei entspricht

N(x) = der kumulativen Verteilungsfunktion einer standardnormalverteilten Zufallsvariablen (d.h. der Wahrscheinlichkeit, dass eine normalverteilte Zufallsvariable mit einem Erwartungswert von null und einer Standardabweichung von eins kleiner oder gleich x ist),

G(Z) = der inversen kumulativen Verteilungsfunktion einer standardnormalverteilten Zufallsvariablen (d.h. dem Wert von x, so dass N(x) = z),

R = dem Korrelationskoeffizienten, festgelegt als

$$R = 0.12 \cdot \frac{1-e^{-50 \cdot PD}}{1-e^{-50}} + 0.24 \cdot \left(1 - \frac{1-e^{-50 \cdot PD}}{1-e^{-50}}\right)$$

b = dem Laufzeitanpassungsfaktor, festgelegt als

$$b = (0.11852 - 0.05478 \cdot ln(PD))^2.$$

(2) [1] Bei allen Risikopositionen gegenüber großen Unternehmen der Finanzbranche wird der Korrelationskoeffizient nach Absatz 1 Ziffer iii mit 1,25 multipliziert. [2] Bei allen Risikopositionen gegenüber nicht beaufsichtigten Finanzunternehmen werden die Korrelationskoeffizienten nach Absatz 1 Ziffer iii bzw. Absatz 4 mit 1,25 multipliziert.

(3) *[1]* Der risikogewichtete Positionsbetrag darf für jede Risikoposition, die die Anforderungen der Artikel 202 und 217, nach folgender Formel angepasst werden:

risikogewichteter Positionsbetrag = *RW* × *Risikopositionswert* × (0,15 + 160 × PD_{pp})

dabei entspricht

PD_{pp} = der PD des Sicherungsgebers.

[2] [1] Das RW wird anhand der entsprechenden Formel gemäß Absatz 1 für die Risikoposition, die Ausfallwahrscheinlichkeit des Schuldners und die LGD einer vergleichbaren direkten Risikoposition gegenüber dem Sicherungsgeber berechnet. [2] Der Laufzeitfaktor b) wird anhand der PD des Sicherungsgebers oder der PD des Schuldners berechnet, je nachdem, welche niedriger ist.

(4) *[1]* [1] Für Risikopositionen gegenüber Unternehmen, die einer Gruppe angehören, deren konsolidierter Gesamtjahresumsatz weniger als 50 Mio. EUR beträgt, darf ein Institut zur Berechnung der Risikogewichte für Risikopositionen gegenüber Unternehmen nach Absatz 1 Ziffer iii folgende Korrelationsformel verwenden. [2] In dieser Formel wird S als Gesamtjahresumsatz in Millionen Euro angegeben, wobei gilt: 5 Mio. EUR ≤ S ≤ 50 Mio. EUR. [3] Gemeldete Umsätze von unter 5 Mio. EUR werden wie Umsätze von 5 Mio. EUR behandelt. [4] Bei gekauften Forderungen errechnet sich der Gesamtjahresumsatz aus dem gewichteten Durchschnitt der einzelnen Risikopositionen des Pools.

$$R = 0.12 \cdot \frac{1-e^{-50 \cdot PD}}{1-e^{-50}} + 0.24 \cdot \left(1 - \frac{1-e^{-50 \cdot PD}}{1-e^{-50}}\right) - 0.04 \cdot \left(1 - \frac{min\{max\{5,S\},50\}-5}{45}\right)$$

[2] Die Institute ersetzen den Gesamtjahresumsatz durch die Bilanzsumme der konsolidierten Gruppe, wenn der Gesamtjahresumsatz kein sinnvoller Indikator für die Unternehmensgröße ist und die Bilanzsumme als Indikator sinnvoller ist.

(5) *[1]* Bei Spezialfinanzierungsrisikopositionen, deren Ausfallwahrscheinlichkeit ein Institut nicht schätzen kann oder bei denen die PD-Schätzungen des Instituts die Anforderungen des Abschnitts 6 nicht erfüllen, weist das Institut diesen Risikopositionen Risikogewichte gemäß Tabelle 1 zu:

Tabelle 1

Restlaufzeit	Kategorie 1	Kategorie 2	Kategorie 3	Kategorie 4	Kategorie 5
Unter 2,5 Jahren	50 %	70 %	115 %	250 %	0 %
2,5 Jahre oder länger	70 %	90 %	115 %	250 %	0 %

[2] Bei der Zuteilung von Risikogewichten für Spezialfinanzierungsrisikopositionen berücksichtigen die Institute folgende Faktoren: Finanzkraft, politische und rechtliche Rahmenbedingungen, Transaktions- und/oder Vermögenswertmerkmale, Stärke des Geldgebers und des Trägers unter Berücksichtigung etwaiger Einkünfte aus öffentlich-privaten Partnerschaften sowie Absicherungspaket.

(6) [1] Die Institute halten hinsichtlich ihrer gekauften Unternehmensforderungen die Anforderungen des Artikels 184 ein. [2] Bei gekauften Unternehmensforderungen, die außerdem die Bedingungen des Artikels 154 Absatz 5 erfüllen, dürfen die Standards für die Risikoquantifizierung von Risikopositionen aus dem Mengengeschäft gemäß Abschnitt 6 angewandt werden, wenn die Anwendung der Standards für die Risikoquantifizierung von Risikopositionen gegenüber Unternehmen ein Institut unverhältnismäßig belasten würde.

(7) [1] Bei gekauften Unternehmensforderungen können erstattungsfähige Kaufpreisnachlässe, Sicherheiten oder Teilgarantien, die eine Erstverlustabsicherung gegen Ausfallverluste, Verwässerungsverluste oder beide bieten, vom Käufer der Forderungen oder vom Begünstigten der Sicherheit oder der Teilgarantie im Einklang mit Kapitel 5 Abschnitt 3 Unterabschnitte 2 und 3 als Erstverlustabsicherung behandelt werden. [2] Der Verkäufer, der den erstattungsfähigen Kaufpreisnachlass anbietet, und der Geber einer Sicherheit oder Teilgarantie behandeln diese gemäß Kapitel 5 Abschnitt 3 Unterabschnitte 2 und 3 als Risikoposition in einer Erstverlustposition.

(8) [1] Stellt ein Institut eine Besicherung für mehrere Risikopositionen unter der Bedingung, dass der n-te bei diesen Risikopositionen eintretende Ausfall die Zahlung auslöst und dieses Kreditereignis auch den Kontrakt beendet, werden die Risikogewichte der im Korb enthaltenen Risikopositionen, ohne n-1 Risikopositionen, aggregiert, wobei die Summe des erwarteten Verlustbetrags multipliziert mit 12,5 und der Betrag des risikogewichteten Positionsbetrags den durch das Kreditderivat abgesicherten Nominalbetrag um das 12,5-Fache nicht überschreiten darf. [2] Die aus der Aggregation auszunehmenden n-1 Risikopositionen werden so bestimmt, dass zu ihnen jede Risikoposition gehört, die einen risikogewichteten Positionsbetrag ergibt, der niedriger ist als der risikogewichtete Positionsbetrag jeder in die Aggregation eingehenden Risikoposition. [3] Ein Risikogewicht von 1 250 % soll für alle Positionen im Korb angesetzt werden, für die ein Institut das Risikogewicht nicht nach dem IRB-Ansatz bestimmen kann.

(9) *[1]* Die EBA arbeitet Entwürfe technischer Regulierungsstandards aus, um zu präzisieren, wie Institute die Faktoren nach in Absatz 5 Unterabsatz 2 bei der Zuweisung von Risikogewichten für Spezialfinanzierungen berücksichtigen müssen.

[2] Die EBA legt der Kommission diese Entwürfe technischer Regulierungsstandards bis zum 31. Dezember 2014 vor.

[3] Der Kommission wird die Befugnis übertragen, die technischen Regulierungsstandards nach Unterabsatz 1 gemäß den Artikeln 10 bis 14 der Verordnung (EU) Nr. 1093/2010 zu erlassen.

Art. 154 Risikogewichtete Positionsbeträge von Risikopositionen aus dem Mengengeschäft. (1) Die risikogewichteten Positionsbeträge von Risikopositionen aus dem Mengengeschäft werden nach den folgenden Formeln berechnet:

$$\textit{risikogewichteter Positionsbetrag} = RW \times \textit{Risikopositionswert}$$

wobei das Risikogewicht (RW) wie folgt definiert ist:

i) wenn PD = 1, d.h. bei ausgefallenen Risikopositionen, beträgt

$$RW = max\,\{0;12{,}5 \cdot (LGD - EL_{BE})\};$$

wobei EL_{BE} die bestmögliche Schätzung des Instituts für den aufgrund des Ausfalls der Risikoposition *zu erwarteten*[1] Verlust gemäß Artikel 181 Absatz 1 Buchstabe h ist;

ii) wenn 0 < PD < 1, d.h. für jeden anderen möglichen Wert von PD außerdem unter Ziffer ii genannten Wert:

$$RW = \left(LGD \cdot N\left(\frac{1}{\sqrt{1-R}} \cdot G(PD) + \sqrt{\frac{R}{1-R}} \cdot G(0.999) \right) - LGD \cdot PD \right) \cdot 12{,}5 \cdot 1{,}06$$

dabei entspricht

N(x) = der kumulativen Verteilungsfunktion einer standardnormalverteilten Zufallsvariablen (d.h. der Wahrscheinlichkeit, dass eine normalverteilte Zufallsvariable mit einem Erwartungswert von null und einer Standardabweichung von eins kleiner oder gleich x ist),

G (Z) = der inversen kumulativen Verteilungsfunktion einer standardnormalverteilten Zufallsvariablen (d.h. der Wert von x, so dass N(x) = z),

R = dem Korrelationskoeffizienten, festgelegt als

$$R = 0.03 \cdot \frac{1-e^{-35 \cdot PD}}{1-e^{-35}} + 0.16 \cdot \left(1 - \frac{1-e^{-35 \cdot PD}}{1-e^{-35}} \right)$$

[1] Richtig wohl: „zu erwartenden".

(2) Der risikogewichtete Positionsbetrag für jede Risikoposition gegenüber einem KMU im Sinne des Artikels 147 Absatz 5, die die Anforderungen der Artikel 202 und 217 erfüllt, darf gemäß Artikel 153 Absatz 3 berechnet werden.

(3) Bei Risikopositionen aus dem Mengengeschäft, die durch Immobilien besichert sind, wird die sich aus der Korrelationsformel gemäß Absatz 1 ergebende Zahl durch einen Korrelationskoeffizienten (R) von 0,15 ersetzt.

(4) *[1]* Bei qualifizierten revolvierenden Risikopositionen aus dem Mengengeschäft im Sinne der Buchstaben a bis e wird die sich aus der Korrelationsformel gemäß Absatz 1 ergebende Zahl durch einen Korrelationskoeffizienten (R) von 0,04 ersetzt.

[2] Risikopositionen gelten als qualifizierte revolvierende Risikopositionen aus dem Mengengeschäft, wenn folgende Voraussetzungen erfüllt sind:

a) Die Risikopositionen bestehen gegenüber natürlichen Personen;

b) die Risikopositionen sind revolvierend, unbesichert und, soweit sie nicht in Anspruch genommen werden, vom Institut jederzeit und unbedingt kündbar. In diesem Zusammenhang sind revolvierende Risikopositionen definiert als Risikopositionen, bei denen die Kreditinanspruchnahme bis zu einem vom Institut gesetzten Limit durch Inanspruchnahmen und Rückzahlungen nach dem freien Ermessen des Kunden schwanken darf. Nicht in Anspruch genommene Zusagen können als unbedingt kündbar betrachtet werden, wenn die Vertragsbedingungen es dem Institut erlauben, die nach dem Verbraucherschutzrecht und den damit verbundenen Rechtsvorschriften bestehenden Kündigungsmöglichkeiten voll auszuschöpfen;

c) die maximale Risikoposition gegenüber einer einzigen natürlichen Person in dem Unterportfolio beträgt höchstens 100 000 EUR;

d) die in diesem Absatz angegebene Korrelation wird nur auf Portfolios angewandt, die im Vergleich zu ihren durchschnittlichen Verlustraten eine geringe Volatilität der Verlustraten aufweisen, insbesondere in den niedrigen PD-Bereichen;

e) die Behandlung als qualifizierte revolvierende Risikoposition aus dem Mengengeschäft entspricht den zugrunde liegenden Risikomerkmalen des Unterportfolios.

[3] [1] Abweichend von Buchstabe b findet die Anforderung, dass eine Risikoposition unbesichert zu sein hat, im Fall von besicherten Kreditfazilitäten in Verbindung mit einem Gehaltskonto keine Anwendung. [2] In diesem Falle werden die eingezogenen Beträge aus dieser Sicherheit bei der LGD-Schätzung nicht berücksichtigt.

[4] Die zuständigen Behörden überprüfen die relative Volatilität der Verlustraten in den verschiedenen Unterportfolios und dem aggregierten Portfolio der qualifizierten revolvierenden Risikopositionen aus dem Mengengeschäft und tauschen Informationen über die typischen Merkmale der Verlustraten bei qualifizierten revolvierenden Risikopositionen aus dem Mengengeschäft in den verschiedenen Mitgliedstaaten aus.

(5) Um für die Behandlung als Risikoposition aus dem Mengengeschäft in Frage zu kommen, müssen gekaufte Forderungen die Anforderungen des Artikels 184 sowie die folgenden Voraussetzungen erfüllen:

a) Das Institut hat die Forderungen von einem nicht mit ihm verbundenen Dritten gekauft, und seine Risikoposition gegenüber dem Schuldner beinhaltet keine Risikopositionen, die von ihm direkt oder indirekt begründet wurden;

b) die gekauften Forderungen sind im Rahmen eines zu marktüblichen Konditionen geschlossenen Geschäfts zwischen Forderungsverkäufer und Schuldner entstanden. Als solches sind unternehmensinterne Kontoforderungen und Forderungen im Zusammenhang mit Gegenkonten zwischen Unternehmen, die in wechselseitigen Kauf- und Verkaufsbeziehungen stehen, nicht zulässig;

c) das kaufende Institut hat einen Anspruch auf alle Erträge aus den gekauften Forderungen oder ist anteilig an diesen Erträgen beteiligt; und

d) das Portfolio der gekauften Forderungen ist ausreichend diversifiziert.

(6) [1] Bei gekauften Mengengeschäftsforderungen können erstattungsfähige Kaufpreisnachlässe, Sicherheiten oder Teilgarantien, die eine Erstverlustabsicherung gegen Ausfallverluste, Verwässerungsverluste oder beide bieten, vom Käufer der Forderungen oder vom Begünstigten der Sicherheit oder der Teilgarantie im Einklang mit Kapitel 5 Abschnitt 3 Unterabschnitte 2 und 3 als Erstverlustabsicherung behandelt werden. [2] Der Verkäufer, der den erstattungsfähigen Kaufpreisnachlass anbietet, und der Geber einer Sicherheit oder einer Teilgarantie behandeln diese gemäß Kapitel 5 Abschnitt 3 Unterabschnitte 2 und 3 als Risikoposition in einer Erstverlustposition.

(7) Bei hybriden Pools gekaufter Forderungen aus dem Mengengeschäft, bei denen das kaufende Institut durch Immobilien besicherte Risikopositionen und qualifizierte revolvierende Risikopositionen aus dem Mengengeschäft nicht von anderen Risikopositionen aus dem Mengengeschäft trennen kann, wird die Risikogewichtsfunktion angewandt, die die höchste Eigenmittelanforderung für diese Risikopositionen nach sich zieht.

Art. 155 Risikogewichtete Positionsbeträge von Beteiligungspositionen. (1) *[1]* [1] Institute ermitteln die risikogewichteten Positionsbeträge ihrer Beteiligungspositionen, mit Ausnahme derer, die nach Maßgabe des Teils 2 abgezogen werden oder für die gemäß Artikel 48 ein Risikogewicht von 250 % gilt, gemäß den Ansätzen nach den Absätzen 2, 3 und 4. [2] Ein Institut darf auf die verschiedenen Beteiligungsportfolios unterschiedliche Ansätze anwenden, wenn es selbst unterschiedliche Ansätze für das interne Risikomanagement verwendet. [3] Wendet ein Institut unterschiedliche Ansätze an, wird die Entscheidung für den PD-/LGD-Ansatz oder die Verwendung interner Modelle einheitlich – auch im Zeitverlauf – sowie in Übereinstimmung mit dem für das interne Risikomanagement der jeweiligen Beteiligungsposition verwendeten Ansatz getroffen und nicht durch Aufsichtsarbitrageerwägungen bestimmt.

[2] Institute dürfen Beteiligungspositionen gegenüber Anbietern von Nebendienstleistungen auf dieselbe Weise behandeln wie sonstige Aktiva ohne Kreditverpflichtungen.

(2) *[1]* Bei dem einfachen Risikogewichtungsansatz werden die risikogewichteten Positionsbeträge nach der Formel „risikogewichteter Positionsbetrag = RW * Positionswert" für jede der nachstehenden Risikopositionen berechnet, wobei

Risikogewicht (RW) = 190 % für Positionen aus privatem Beteiligungskapital in ausreichend diversifizierten Portfolios,

Risikogewicht (RW) = 290 % für börsengehandelte Beteiligungspositionen,

Risikogewicht (RW) = 370 % für alle sonstigen Beteiligungspositionen.

[2] [1] Kassa-Verkaufspositionen und derivative Instrumente, die im Anlagebuch gehalten werden, dürfen mit Kaufpositionen in der gleichen Aktie verrechnet werden, vorausgesetzt, dass diese Instrumente ausdrücklich zur Absicherung bestimmter Beteiligungspositionen benutzt werden und eine Absicherung für mindestens ein weiteres Jahr bieten. [2] Andere Verkaufspositionen sind wie Kaufpositionen zu behandeln, wobei das entsprechende Risikogewicht dem absoluten Wert einer jeden Position zuzuweisen ist. [3] Bei laufzeitinkongruenten Positionen wird dieselbe Methode angewandt wie die Methode nach Artikel 162 Absatz 5 für Risikopositionen gegenüber Unternehmen.

[3] Institute dürfen eine Absicherung von Beteiligungspositionen ohne Sicherheitsleistung gemäß den Methoden nach Kapitel 4 anerkennen.

(3) *[1]* [1] Im Rahmen des PD-/LGD-Ansatzes werden die risikogewichteten Positionsbeträge nach den Formeln des Artikels 153 Absatz 1 berechnet. [2] Verfügen die Institute nicht über ausreichende Informationen, um die Ausfalldefinition des Artikels 178 anzuwenden, wird den Risikogewichten ein Skalierungsfaktor von 1,5 zugewiesen.

[2] Auf Ebene der einzelnen Risikoposition darf die Summe des 12,5-fachen erwarteten Verlustbetrags und des risikogewichteten Positionsbetrags den 12,5-fachen Risikopositionswert nicht übersteigen.

[3] [1] Institute dürfen eine Absicherung von Beteiligungspositionen ohne Sicherheitsleistung gemäß den Methoden nach Kapitel 4 anerkennen. [2] Dabei ist für die Risikoposition gegenüber dem Sicherungsgeber eine LGD von 90 % vorgegeben. [3] Bei Positionen aus privatem Beteiligungskapital in ausreichend diversifizierten Portfolios darf eine LGD von 65 % angewandt werden. [4] Für diese Zwecke beträgt M fünf Jahre.

(4) *[1]* [1] Im Rahmen des auf internen Modellen basierenden Ansatzes entspricht der risikogewichtete Positionsbetrag dem potenziellen Verlust aus den Beteiligungspositionen des Instituts, der mittels interner Risikopotenzial-Modelle ermittelt wird, die dem 99. Perzentil eines einseitigen Konfidenzintervalls der über einen langen Zeitraum hinweg berechneten Differenz zwischen dem vierteljährlichen Ertrag und einem angemessenen risikolosen Zinssatz multipliziert mit dem Faktor 12,5 unterliegen. [2] Die risikogewichteten Positionsbeträge auf der Ebene des Beteiligungsportfolios dürfen nicht geringer sein als die Gesamtsummen der

a) nach dem PD-/LGD-Ansatz vorgeschriebenen risikogewichteten Positionsbeträge und

b) der entsprechenden erwarteten Verlustbeträge, multipliziert mit dem Faktor 12,5.

[2] Die Beträge nach den Buchstaben a und b werden auf der Grundlage der PD-Werte nach Artikel 165 Absatz 1 und der entsprechenden LGD-Werte nach Artikel 165 Absatz 2 berechnet.

[3] Institute dürfen eine Absicherung von Beteiligungspositionen ohne Sicherheitsleistung anerkennen.

Art. 156 Risikogewichtete Positionsbeträge von sonstigen Aktiva ohne Kreditverpflichtungen. Die risikogewichteten Positionsbeträge sonstiger Aktiva ohne Kreditverpflichtungen werden nach der folgenden Formel berechnet

$$\textit{risikogewichteter Positionsbetrag} = 100\,\% \times \textit{Risikopositionswert};$$

davon ausgenommen sind

a) der Kassenbestand und gleichwertige Positionen sowie Goldbarren, die in eigenen Tresoren oder in Gemeinschaftsverwaltung gehalten werden, denen ein Risikogewicht von 0 % zugewiesen wird, soweit sie durch Goldverbindlichkeiten gedeckt sind,

b) Risikopositionen, bei denen es sich um den Restwert von Leasingobjekten handelt; in diesem Fall werden die risikogewichteten Positionsbeträge wie folgt berechnet:

$$\frac{1}{t} \cdot 100\% \cdot \textit{Forderungswert}$$

wobei t entweder 1 ist oder der nächstliegenden Anzahl voller Jahre der verbleibenden Leasingdauer entspricht, je nachdem welcher Wert höher ist.

Unterabschnitt 3. Berechnung der risikogewichteten Positionsbeträge für das *Verwässerungrisiko*[1] gekaufter Forderungen

Art. 157 Risikogewichtete Positionsbeträge für das Verwässerungsrisiko gekaufter Forderungen. (1) Die Institute berechnen die risikogewichteten Positionsbeträge für das Verwässerungsrisiko gekaufter Unternehmens- und Mengengeschäftsforderungen nach der Formel des Artikels 153 Absatz 1.

(2) Die Institute bestimmen die PD- und LGD-Parameter gemäß Abschnitt 4.

(3) Die Institute bestimmen den Risikopositionswert gemäß Abschnitt 5.

(4) Für die Zwecke dieses Artikels beträgt der Wert von M ein Jahr.

(5) Die zuständigen Behörden befreien ein Institut von der Berechnung und Anerkennung risikogewichteter Positionsbeträge für das Verwässerungsrisiko einer Art von Risikopositionen, das von gekauften Unternehmens- oder Mengengeschäftsforderungen verursacht wird, wenn das Institut gegenüber der zuständigen Behörde glaubhaft nachgewiesen hat, dass für dieses Institut das Verwässerungsrisiko für diese Art von Risikopositionen unerheblich ist.

Abschnitt 3. Erwartete Verlustbeträge

Art. 158 Behandlung nach Risikopositionsart. (1) Bei der Berechnung der erwarteten Verlustbeträge werden für jede Risikoposition dieselben PD-, LGD- und Risikopositionswerte zugrunde gelegt wie bei der Berechnung der risikogewichteten Positionsbeträge gemäß Artikel 151.

(2) Bei Verbriefungspositionen werden die erwarteten Verlustbeträge nach Kapitel 5 ermittelt.

---

[1] Richtig wohl: „Verwässerungsrisiko".

(3) Bei Risikopositionen der Risikopositionsklasse „Sonstige Aktiva ohne Kreditverpflichtungen" nach Artikel 147 Absatz 2 Buchstabe g ist der erwartete Verlustbetrag Null.

(4) Bei Risikopositionen in Form von Anteilen an einem OGA im Sinne des Artikels 152 werden die erwarteten Verlustbeträge *nach den Methoden dieses Artikels Methoden*[1] ermittelt.

(5) *[1]* Bei Risikopositionen gegenüber Unternehmen, Instituten, Zentralstaaten und Zentralbanken sowie bei Risikopositionen aus dem Mengengeschäft werden der erwartete Verlust (EL) und die erwarteten Verlustbeträge nach folgenden Formeln ermittelt:

$$\textit{Erwarteter Verlust (EL)} = PD \star LGD$$

Erwarteter Verlustbetrag = EL × Risikopositionswert.

[2] Bei ausgefallenen Risikopositionen (PD = 100 %), für die Institute eigene LGD-Schätzungen zugrunde legen, ist EL = ELBE, d.h. die bestmögliche Schätzung des Instituts für den aufgrund des *Ausfall der Risikoposition zu erwarteten*[2] Verlust gemäß Artikel 181 Absatz 1 Buchstabe h.

[3] Bei Risikopositionen, bei denen nach Artikel 153 Absatz 3 verfahren wird, ist EL gleich 0 %.

(6) Bei Spezialfinanzierungen, die von den Instituten nach den Methoden nach Artikel 153 Absatz 5 risikogewichtet werden, werden die EL-Werte nach Tabelle 2 zugewiesen.

Tabelle 2

Restlaufzeit	Kategorie 1	Kategorie 2	Kategorie 3	Kategorie 4	Kategorie 5
Unter 2,5 Jahren	0 %	0,4 %	2,8 %	8 %	50 %
2,5 Jahre oder mehr	0,4 %	0,8 %	2,8 %	8 %	50 %

(7) [1] Bei Beteiligungspositionen, bei denen die risikogewichteten Positionsbeträge nach dem einfachen Risikogewichtungsansatz berechnet werden, werden die erwarteten Verlustbeträge nach folgender Formel ermittelt:

$$\textit{Erwarteter Verlustbetrag} = EL \times \textit{Risikopositionswert}$$

[2] Die EL-Werte werden wie folgt angesetzt:

Erwarteter Verlust (EL) = 0,8 % für Positionen aus privatem Beteiligungskapital in hinreichend diversifizierten Portfolios,

Erwarteter Verlust (EL) = 0,8 % für börsengehandelte Beteiligungspositionen,

Erwarteter Verlust (EL) = 2,4 % für alle übrigen Beteiligungspositionen.

(8) Bei Beteiligungspositionen, bei denen die risikogewichteten Positionsbeträge nach dem PD-/LGD-Ansatz berechnet werden, werden der erwartete Verlust und die erwarteten Verlustbeträge nach folgenden Formeln ermittelt:

$$\textit{Erwarteter Verlust (EL)} = PD \times LGD$$

$$\textit{Erwarteter Verlustbetrag} = EL \times \textit{Risikopositionswert}.$$

(9) Bei Beteiligungspositionen, bei denen die risikogewichteten Positionsbeträge nach einem internen Modell berechnet werden, werden die erwarteten Verlustbeträge mit Null angesetzt.

---

[1] Richtig wohl: „nach den Methoden dieses Artikels".

[2] Richtig wohl: „Ausfalls der Risikoposition zu erwartenden".

(9a) Bei einer Mindestwertzusage, die alle Anforderungen gemäß Artikel 132c Absatz 3 erfüllt, wird der erwartete Verlustbetrag mit Null angesetzt.

(10) Die erwarteten Verlustbeträge für das Verwässerungsrisiko bei angekauften Forderungen werden nach folgender Formel berechnet:

Erwarteter Verlust (EL) = PD × LGD

Erwarteter Verlustbetrag = EL × Risikopositionswert.

Art. 159 Behandlung erwarteter Verlustbeträge. [1] Institute ziehen die nach Artikel 158 Absätze 5, 6 und 10 ermittelten erwarteten Verlustbeträge von den für die entsprechenden Risikopositionen vorgenommenen allgemeinen und spezifischen Kreditrisikoanpassungen gemäß Artikel 110, zusätzlichen Bewertungsanpassungen gemäß den Artikeln 34 und 105 sowie weiteren Verringerungen der Eigenmittel mit Ausnahme von Abzügen nach Artikel 36 Absatz 1 Buchstabe m ab. [2] Abschläge auf zum Zeitpunkt des Ankaufs bereits ausgefallene bilanzielle Risikopositionen im Sinne des Artikels 166 Absatz 1 werden behandelt wie spezifische Kreditrisikoanpassungen. [3] Spezifische Kreditrisikoanpassungen für ausgefallene Risikopositionen werden nicht zur Deckung der bei anderen Risikopositionen erwarteten Verlustbeträge verwendet. [4] Die bei verbrieften Risikopositionen erwarteten Verlustbeträge sowie die für diese Risikopositionen vorgenommenen allgemeinen und spezifischen Kreditrisikoanpassungen werden nicht in diese Berechnung einbezogen.

Abschnitt 4. PD, LGD *Und*[1] Laufzeit

Unterabschnitt 1. Risikopositionen gegenüber Unternehmen, Instituten, Zentralstaaten und Zentralbanken

Art. 160 Ausfallwahrscheinlichkeit (PD) (1) Die PD einer Risikoposition gegenüber einem Unternehmen oder Institut beträgt mindestens 0,03 %.

(2) Bei angekauften Unternehmensforderungen, deren Ausfallwahrscheinlichkeit ein Institut nicht schätzen kann oder bei denen die PD-Schätzungen des Instituts die Anforderungen des Abschnitts 6 nicht erfüllen, wird die Ausfallwahrscheinlichkeit nach folgenden Methoden bestimmt:

a) Bei vorrangigen Ansprüchen auf angekaufte Unternehmensforderungen ist die PD der vom Institut geschätzte erwartete Verlust (EL), geteilt durch die Verlustquote bei Ausfall (LGD) dieser Forderungen;[2]

b) Bei nachrangigen Ansprüchen auf angekaufte Unternehmensforderungen ist die PD der vom Kreditinstitut geschätzte EL;[2]

c) Ein Institut, das gemäß Artikel 143 *die Genehmigung über*[3] Unternehmen eigene LGD-Schätzungen zu verwenden, und in der Lage ist, seine EL-Schätzungen für angekaufte Unternehmensforderungen in einer Weise in PD und LGD aufzulösen, die die zuständige Behörde für zuverlässig hält, darf die aus dieser Auflösung resultierende PD-Schätzung verwenden.

(3) Die PD ausgefallener Schuldner beträgt 100 %.

(4) [1] Gemäß Kapitel 4 dürfen Institute bei der PD eine Absicherung ohne Sicherheitsleistung berücksichtigen. [2] Zur Absicherung des Verwässerungsrisi-

---

[1] Richtig wohl: „und".
[2] Zeichensetzung amtlich.
[3] Richtig wohl: „die Genehmigung erhalten hat, über".

kos kann neben den in Artikel 201 Absatz 1 Buchstabe g genannten Sicherungsgebern auch der Verkäufer der angekauften Forderungen als Sicherungsgeber anerkannt werden, sofern folgende Bedingungen erfüllt sind:

a) Für das Unternehmen liegt eine Bonitätsbeurteilung einer ECAI vor, die von der EBA nach den Vorschriften des Kapitels 2 über die Risikogewichtung von Risikopositionen gegenüber Unternehmen mit einer Bonitätsstufe von mindestens 3 gleichgesetzt wird.

b) Für das Unternehmen liegt im Fall von Instituten, die die risikogewichteten Positionsbeträge und erwarteten Verlustbeträge nach dem IRB-Ansatz berechnen, keine Bonitätsbeurteilung einer benannten ECAI vor und es wird nach der internen Beurteilung eine PD angesetzt, die der Bonitätsbeurteilung einer benannten ECAI gleichwertig ist, welche von der EBA nach den Vorschriften des Kapitels 2 über die Risikogewichtung von Risikopositionen gegenüber Unternehmen mit einer Bonitätsstufe von mindestens 3 gleichgesetzt wird.

(5) Institute, die eigene LGD-Schätzungen verwenden, können eine Absicherung ohne Sicherheitsleistung vorbehaltlich des Artikels 161 Absatz 3 durch Anpassung der PD anerkennen.

(6) [1] Für das Verwässerungsrisiko bei angekauften Unternehmensforderungen wird die PD mit der EL-Schätzung des Instituts für das Verwässerungsrisiko gleichgesetzt. [2] Ein Institut, dem die zuständige Behörde gemäß Artikel 143 erlaubt hat, für Risikopositionen gegenüber Unternehmen eigene LGD-Schätzungen zu verwenden, und das in der Lage ist, seine EL-Schätzungen für das Verwässerungsrisiko bei angekauften Unternehmensforderungen in einer Weise in PD und LGD aufzulösen, die die zuständige Behörde für zuverlässig hält, darf die aus dieser Auflösung resultierende PD-Schätzung verwenden. [3] Bei der Ermittlung der PD dürfen Institute gemäß Kapitel 4 eine Absicherung ohne Sicherheitsleistung anerkennen. [4] Zur Absicherung des Verwässerungsrisikos kann neben den in Artikel 201 Absatz 1 Buchstabe g genannten Sicherungsgebern auch der Verkäufer der angekauften Forderungen als Sicherungsgeber anerkannt werden, sofern die Bedingungen des Absatzes 4 erfüllt sind.

(7) *[1]* Abweichend von Artikel 201 Absatz 1 Buchstabe g können Unternehmen, die die Bedingungen des Absatzes 4 erfüllen, als Sicherungsgeber anerkannt werden.

[2] Ein Institut, das die Erlaubnis der zuständigen Behörde gemäß Artikel 143 erhalten hat, für das Verwässerungsrisiko bei angekauften Unternehmensforderungen eigene LGD-Schätzungen zu verwenden, darf eine Absicherung ohne Sicherheitsleistung vorbehaltlich des Artikels 161 Absatz 3 durch Anpassung der PD anerkennen.

Art. 161 Verlustquote bei Ausfall (LGD) (1) Die Institute verwenden die folgenden LGD-Werte:

a) vorrangige Risikopositionen ohne anerkannte Sicherheit: 45 %,

b) nachrangige Risikopositionen ohne anerkannte Sicherheit: 75 %,

c) bei der Ermittlung der LGD dürfen die Institute gemäß Kapitel 4 eine Besicherung mit und eine Absicherung ohne Sicherheitsleistung anerkennen,

d) gedeckten Schuldverschreibungen, die für eine Behandlung nach Artikel 129 Absätze 4 oder 5 in Frage kommen, darf ein LGD-Wert von 11,25 % zugewiesen werden,

e) angekaufte vorrangige Unternehmensforderungen, wenn ein Institut nicht in der Lage ist, die PD zu schätzen oder die PD-Schätzungen des Instituts die Anforderungen des Abschnitts 6 nicht erfüllen: 45 %,

f) angekaufte nachrangige Unternehmensforderungen, wenn ein Institut nicht in der Lage ist, die PD zu schätzen oder die PD-Schätzungen des Instituts die Anforderungen des Abschnitts 6 nicht erfüllen: 100 %,

g) Verwässerungsrisiko bei angekauften Unternehmensforderungen: 75 %.

(2) Hat ein Institut die Erlaubnis der zuständigen Behörde gemäß Artikel 143 erhalten, für Risikopositionen gegenüber Unternehmen eigene LGD-Schätzungen zu verwenden, und kann es seine EL-Schätzungen für angekaufte Unternehmensforderungen in einer Weise in PD und LGD auflösen, die die zuständige Behörde für zuverlässig hält, darf es in Bezug auf das Verwässerungs- und das Ausfallrisiko die LGD-Schätzung für angekaufte Unternehmensforderungen verwenden.

(3) [1] Hat ein Institut die Erlaubnis der zuständigen Behörde gemäß Artikel 143 erhalten, für Risikopositionen gegenüber Unternehmen, Instituten, Zentralstaaten und Zentralbanken eigene LGD-Schätzungen zu verwenden, kann eine Absicherung ohne Sicherheitsleistung vorbehaltlich der Anforderungen in Abschnitt 6 und der Genehmigung der zuständigen Behörden durch Anpassung von PD oder LGD anerkannt werden. [2] Ein Institut darf garantierten Risikopositionen keine angepasste PD oder LGD zuweisen, wenn dies dazu führen würde, dass das angepasste Risikogewicht niedriger wäre als das einer vergleichbaren direkten *Risikopositionen*[1)] gegenüber dem Garantiegeber.

(4) Für die Zwecke der in Artikel 153 Absatz 3 genannten Unternehmen ist die LGD einer vergleichbaren direkten Risikoposition gegenüber dem Sicherungsgeber die LGD, die entweder für eine nicht abgesicherte Fazilität für den Garantiegeber oder für die nicht abgesicherte Fazilität des Schuldners angesetzt ist, je nachdem, ob für den Fall, dass sowohl Garantiegeber als auch Schuldner während der Laufzeit des abgesicherten Geschäfts ausfallen, die zur Verfügung stehenden Informationen und die Struktur der Garantie darauf hindeuten, dass die Höhe des wiedererlangten Betrags von der Finanzlage des Garantiegebers bzw. des Schuldners abhängt.

Art. 162 Laufzeit. (1) *[1]* Institute, die keine Erlaubnis erhalten haben, für Risikopositionen gegenüber Unternehmen, Instituten, Zentralstaaten oder Zentralbanken eigene LGD und eigene Umrechnungsfaktoren zu verwenden, weisen den aus Pensionsgeschäften oder Wertpapier- oder Warenleih- oder -verleihgeschäften resultierenden Risikopositionen eine effektive Restlaufzeit (M) von 0,5 Jahren und allen anderen Risikopositionen eine M von 2,5 Jahren zu.

[2] Alternativ dazu entscheiden die zuständigen Behörden, wenn sie die Erlaubnis nach Artikel 143 geben, ob das Institut für jede Risikoposition gemäß Absatz 2 die effektive Restlaufzeit (M) berechnen muss.

---

1) Richtig wohl: „Risikoposition".

(2) [1] Institute, die die Erlaubnis der zuständigen Behörde erhalten haben, für Risikopositionen gegenüber Unternehmen, Instituten, Zentralstaaten oder Zentralbanken eigene LGD und eigene Umrechnungsfaktoren zu verwenden, berechnen M für jede dieser Risikopositionen gemäß den Buchstaben a bis e und vorbehaltlich der Absätze 3 bis 5. [2] M darf nicht mehr als fünf Jahre betragen, außer in den Fällen nach Artikel 384 Absatz 1, in denen der dort für M festgelegte Wert verwendet wird.

a) Bei einem Instrument mit festgelegtem Zins- und Tilgungsplan wird M nach folgender Formel berechnet:

$$M = max\left\{1, min\left\{\frac{\sum_t t \cdot CF_t}{\sum_t CF_t}, 5\right\}\right\}$$

wobei CF_t die vertraglichen Zahlungsströme (Nominalbetrag, Zinsen und Gebühren) bezeichnet, die der Schuldner in Periode t zu leisten hat.

b) Bei Derivaten, die einer Netting-Rahmenvereinbarung unterliegen, ist M die gewichtete durchschnittliche Restlaufzeit der Risikoposition, wobei M mindestens ein Jahr beträgt und für die Gewichtung der Laufzeit der Nominalbetrag der einzelnen Risikopositionen herangezogen wird.

c) Bei Risikopositionen aus vollständig oder nahezu vollständig besicherten Derivatgeschäften der Liste in Anhang II und vollständig oder nahezu vollständig besicherten Lombardgeschäften, die einer Netting-Rahmenvereinbarung unterliegen, ist M die gewichtete durchschnittliche Restlaufzeit, wobei M mindestens 10 Tage beträgt.

d) Bei Pensionsgeschäften oder Wertpapier- oder Warenleih- oder -verleihgeschäften, die einer Netting-Rahmenvereinbarung unterliegen, ist M die gewichtete durchschnittliche Restlaufzeit, wobei M mindestens 5 Tage beträgt. Für die Gewichtung der Laufzeit wird der Nominalbetrag des einzelnen Geschäfts herangezogen.

e) Bei einem Institut, das die Erlaubnis der zuständigen Behörde gemäß Artikel 138 erhalten hat, für angekaufte Unternehmensforderungen eigene PD-Schätzungen zu verwenden, ist M bei in Anspruch genommenen Beträgen gleich der gewichteten durchschnittlichen Laufzeit der angekauften Forderungen, wobei M mindestens 90 Tage beträgt. Der gleiche M-Wert wird auch für nicht in Anspruch genommene Beträge im Rahmen einer Ankaufszusage verwendet, sofern die Fazilität wirksame Vertragsbestandteile, Auslöser für eine vorzeitige Tilgung oder andere Merkmale enthält, die das ankaufende Institut über die gesamte Fazilitätslaufzeit gegen wesentliche Qualitätsverschlechterungen bei künftigen Forderungen absichern. Fehlen solche wirksamen Absicherungen, so ist M für die nicht in Anspruch genommenen Beträge die Summe aus der Forderung mit der im Rahmen der Ankaufvereinbarung potenziell längsten Laufzeit und der Restlaufzeit der Fazilität, wobei M mindestens 90 Tage beträgt.

f) Bei allen anderen in diesem Absatz *genannten nicht*[1)] Instrumenten oder wenn ein Institut M nicht gemäß Buchstabe a berechnen kann, ist M gleich der

---

[1)] Richtig wohl: „nicht genannten".

maximalen Zeitspanne (in Jahren), die dem Schuldner zur vollständigen Erfüllung seiner vertraglichen Pflichten zur Verfügung steht, beträgt aber mindestens ein Jahr.

g) Institute, die zur Berechnung der Risikopositionswerte die auf einem internen Modell beruhende Methode gemäß Kapitel 6 Abschnitt 6 verwenden, ermitteln für Risikopositionen, bei denen sie nach dieser Methode verfahren und bei denen die Laufzeit des Vertrags mit der längsten Laufzeit im Netting-Satz mehr als ein Jahr beträgt, M nach folgender Formel:

$$M = min\left\{\frac{\sum_k Effective\,EE_{t_k} \cdot \Delta t_k \cdot df_{t_k} \cdot s_{t_k} + \sum_k EE_{t_k} \cdot \Delta t_k \cdot df_{t_k} \cdot \left(1 - s_{t_k}\right)}{\sum_k Effective\,EE_{t_k} \cdot \Delta t_k \cdot df_{t_k} \cdot s_{t_k}}, 5\right\}$$

dabei entspricht

S_{t_k} = einer Scheinvariablen, deren Wert im künftigen Zeitraum tk gleich 0 ist, wenn tk > 1 Jahr und gleich 1, wenn tk ≤ 1,

EE_{t_k} = dem zum künftigen Zeitraum tk erwarteten Wiederbeschaffungswert,

$Effective\,EE_{t_k}$ = dem zum künftigen Zeitraum tk erwarteten effektiven Wiederbeschaffungswert,

df_{t_k} = dem risikolosen Abzinsungsfaktor für den künftigen Zeitraum tk,

$\Delta t_k = t_k - t_{k-1}$.

h) Ein Institut, das zur Berechnung einer einseitigen kreditrisikobezogenen Bewertungsanpassung ein internes Modell verwendet, darf bei entsprechender Genehmigung der zuständigen Behörden die anhand eines internen Modells geschätzte effektive Kreditlaufzeit als M einsetzen.
Vorbehaltlich des Absatzes 2 gilt für Netting-Sätze, bei denen alle Verträge eine Ursprungslaufzeit von weniger als einem Jahr haben, die Formel nach Buchstabe a;[1)]

i) Bei Instituten, die zur Berechnung der Risikopositionswerte die auf einem internen Modell beruhende Methode nach Kapitel 6 Abschnitt 6 verwenden, und denen gemäß Teil 3 Titel IV Kapitel 5 erlaubt wurde, für das spezifische Risiko gehandelter Schuldinstrumente ein internes Modell zu verwenden, wird M *in der in*[2)] Formel nach Artikel 153 Absatz 1 gleich 1

[1)] Zeichensetzung amtlich.
[2)] Richtig wohl: „in der".

gesetzt, sofern das Institut den zuständigen Behörden gegenüber nachweisen kann, dass sein gemäß Artikel 383 angewandtes internes Modell für das spezifische Risiko gehandelter Schuldinstrumente den Auswirkungen von Ratingmigrationen Rechnung trägt.

j) Für die Zwecke des Artikels 153 Absatz 3 ist M gleich der effektiven Laufzeit der Kreditabsicherung, beträgt aber mindestens ein Jahr.

(3) *[1]* Sofern die Dokumentation tägliche Nachschusszahlungen und eine tägliche Neubewertung vorschreibt und Bestimmungen enthält, die bei Ausfall oder ausbleibenden Nachschusszahlungen die umgehende Verwertung oder Verrechnung der Sicherheiten ermöglichen, beträgt M in nachstehend genannten Fällen mindestens einen Tag:

a) bei vollständig oder nahezu vollständig abgesicherten Derivatgeschäften der Liste in Anhang II,

b) bei vollständig oder nahezu vollständig abgesicherten Lombardgeschäften,

c) bei Pensionsgeschäften und Wertpapier- oder Warenleih- oder -verleihgeschäften.

[2] [1] Auch bei anerkennungsfähigen kurzfristigen Risikopositionen, die nicht Teil einer fortlaufenden Finanzierung des Schuldners durch das Institut sind, beträgt M mindestens einen Tag. [2] Anerkennungsfähige kurzfristige Risikopositionen sind unter anderem:

a) Risikopositionen gegenüber Instituten oder Wertpapierfirmen, die sich aus der Abwicklung von Fremdwährungsverbindlichkeiten ergeben,

b) sich selbst liquidierende kurzfristige Handelsfinanzierungsgeschäfte im Zusammenhang mit dem Austausch von Waren oder Dienstleistungen mit maximal einjähriger Restlaufzeit im Sinne des Artikels 4 Absatz 1 Nummer 80,

c) Risikopositionen, die sich aus der Abrechnung von Wertpapieran- und -verkäufen innerhalb der üblichen Lieferfrist oder innerhalb von zwei Geschäftstagen ergeben,

d) Risikopositionen, die sich aus dem elektronischen Barausgleich, der Abrechnung elektronischer Zahlungsvorgänge und im Voraus beglichener Kosten ergeben, einschließlich Überziehungen, die durch fehlgeschlagene Geschäfte bedingt sind und nicht über eine vereinbarte geringe Anzahl von Geschäftstagen hinausgehen.

(4) [1] Bei Risikopositionen gegenüber Unternehmen mit Sitz in der Union sowie einem konsolidierten Jahresumsatz und einer konsolidierten Bilanzsumme von weniger als 500 Mio. EUR können Institute sich dafür entscheiden, M durchgängig nach Absatz 1 anstatt nach Absatz 2 festzulegen. [2] Bei Unternehmen, deren Geschäft im Wesentlichen im Besitz und in der Vermietung nicht spekulativer Wohnobjekte besteht, dürfen die Institute den Betrag von 500 Mio. EUR für die Bilanzsumme durch 1 000 Mio. EUR ersetzen.

(5) Laufzeitinkongruenzen werden gemäß Kapitel 4 behandelt.

Unterabschnitt 2. Risikopositionen aus dem Mengengeschäft

Art. 163 Ausfallwahrscheinlichkeit (PD) (1) Die PD einer Risikoposition beträgt mindestens 0,03 %.

(2) Die PD von Schuldnern oder für den Fall, dass von der Fazilität ausgegangen wird, von ausgefallenen Risikopositionen beträgt 100 %.

(3) [1] Für das Verwässerungsrisiko bei angekauften Forderungen wird die PD mit den EL-Schätzungen für das Verwässerungsrisiko gleichgesetzt. [2] Kann ein Institut seine EL-Schätzungen für das Verwässerungsrisiko bei angekauften Forderungen in einer Weise in PD und LGD auflösen, die die zuständigen Behörden für zuverlässig halten, darf die PD-Schätzung verwendet werden.

(4) [1] Einer Absicherung ohne Sicherheitsleistung kann vorbehaltlich des Artikels 164 Absatz 2 durch Anpassung der PD Rechnung getragen werden. [2] Zur Absicherung des Verwässerungsrisikos kann neben den in Artikel 201 Absatz 1 Buchstabe g genannten Sicherungsgebern auch der Verkäufer der angekauften Forderungen als Sicherungsgeber anerkannt werden, wenn die Bedingungen des Artikels 160 Absatz 4 erfüllt sind.

Art. 164 Verlustquote bei Ausfall (LGD) (1) [1] Vorbehaltlich der Anforderungen des Abschnitts 6 dieses Kapitels und der Erlaubnis der zuständigen Behörden nach Artikel 143 legen die Institute eigene LGD-Schätzungen vor. [2] Für das Verwässerungsrisiko bei angekauften Forderungen wird ein LGD-Wert von 75 % angesetzt. [3] Kann ein Institut seine EL-Schätzungen für das Verwässerungsrisiko bei angekauften Forderungen verlässlich in PD und LGD auflösen, darf es seine eigene LGD-Schätzung verwenden.

(2) [1] Eine Absicherung ohne Sicherheitsleistung kann vorbehaltlich der Anforderungen des Artikels 183 Absätze 1, 2 und 3 und der entsprechenden Erlaubnis der zuständigen Behörden zur Unterlegung einer einzelnen Risikoposition oder eines Risikopositionen-Pools durch Anpassung der PD- oder LGD-Schätzungen als anerkennungsfähig anerkannt werden. [2] Ein Institut darf garantierten Risikopositionen keine angepasste PD oder LGD zuweisen, wenn dies dazu führen würde, dass das angepasste Risikogewicht niedriger wäre als das einer vergleichbaren direkten Risikoposition gegenüber dem Garantiegeber.

(3) Für die Zwecke des Artikels 154 Absatz 2 ist die in Artikel 153 Absatz 3 genannte LGD einer vergleichbaren direkten Risikoposition gegenüber dem Sicherungsgeber die LGD, die entweder für eine nicht abgesicherte Fazilität für den Garantiegeber oder für die nicht abgesicherte Fazilität des Schuldners angesetzt ist, je nachdem, ob für den Fall, dass sowohl Garantiegeber als auch der Schuldner während der Laufzeit des abgesicherten Geschäfts ausfallen, die zur Verfügung stehenden Informationen und die Struktur der Garantie darauf hindeuten, dass die Höhe des wiedererlangten Betrags von der Finanzlage des Garantiegebers bzw. des Schuldners abhängt.

(4) *[1]* Bei allen durch Wohnimmobilien besicherten Risikopositionen aus dem Mengengeschäft, für die keine Garantie eines Zentralstaats besteht, beträgt die risikopositionsgewichtete durchschnittliche LGD mindestens 10 %.

[2] Bei allen durch Gewerbeimmobilien besicherten Risikopositionen aus dem Mengengeschäft, für die keine Garantie eines Zentralstaats besteht, beträgt die risikopositionsgewichtete durchschnittliche LGD mindestens 15 %.

(5) *[1]* [1] Die Mitgliedstaaten benennen eine Behörde, die für die Anwendung von Absatz 6 zuständig ist. [2] Diese Behörde ist die zuständige Behörde oder die benannte Behörde.

[2] Ist die von dem Mitgliedstaat für die Anwendung dieses Artikels benannte Behörde die zuständige Behörde, so stellt sie sicher, dass die relevanten nationalen Stellen und Behörden, die ein makroprudenzielles Mandat haben, gebührend darüber unterrichtet sind, dass die zuständige Behörde beabsichtigt, von diesem Artikel Gebrauch zu machen, und dass sie an der Bewertung der Bedenken hinsichtlich der Finanzstabilität in ihrem Mitgliedstaat im Einklang mit Absatz 6 in angemessener Weise beteiligt werden.

[3] [1] Ist die von dem Mitgliedstaat für die Anwendung dieses Artikels benannte Behörde nicht die zuständige Behörde, so trifft der Mitgliedstaat die notwendigen Vorkehrungen, um eine ordnungsgemäße Koordinierung und einen ordnungsgemäßen Informationsaustausch zwischen der zuständigen und der benannten Behörde sicherzustellen, damit dieser Artikel ordnungsgemäß angewendet wird. [2] Insbesondere müssen die Behörden eng zusammenarbeiten und alle Informationen gemeinsam nutzen, die für die angemessene Erfüllung der Pflichten, die der benannten Behörde gemäß diesem Artikel obliegen, erforderlich sein können. [3] Mit dieser Zusammenarbeit soll jede Form von sich überschneidenden oder nicht miteinander zu vereinbarenden Maßnahmen zwischen der zuständigen und der benannten Behörde vermieden sowie auch sichergestellt werden, dass die Wechselwirkung mit anderen Maßnahmen, insbesondere solchen, die gemäß Artikel 458 dieser Verordnung und Artikel 133 der Richtlinie 2013/36/EU ergriffen werden, gebührend berücksichtigt wird.

(6) *[1]* Auf der Grundlage der nach Artikel 430a erhobenen Daten und aller anderen relevanten Indikatoren sowie unter Berücksichtigung zukunftsorientierter Immobilienmarktentwicklungen bewertet die gemäß Absatz 5 des vorliegenden Artikels benannte Behörde regelmäßig, mindestens jedoch jährlich, ob die LGD-Mindestwerte nach Absatz 4 des vorliegenden Artikels für Risikopositionen angemessen sind, die durch Grundpfandrechte an in einem oder mehreren Teilen des Hoheitsgebiets des Mitgliedstaats der jeweiligen Behörde belegenen Wohn- oder Gewerbeimmobilien besichert sind.

[2] [1] Kommt die gemäß Absatz 5 benannte Behörde auf der Grundlage der Bewertung nach Unterabsatz 1 zu dem Schluss, dass die LGD-Mindestwerte nach Absatz 4 nicht angemessen sind, und ist sie der Auffassung, dass die Unangemessenheit der LGD-Werte sich negativ auf die gegenwärtige oder künftige Finanzstabilität in ihrem Mitgliedstaat auswirken könnte, so kann sie höhere LGD-Mindestwerte für die betreffenden Risikopositionen, die in einem oder mehreren Teilen des Hoheitsgebiets des Mitgliedstaats der jeweiligen Behörde belegen sind, festsetzen. [2] Diese höheren Mindestwerte können auch auf Ebene eines oder mehrerer Immobiliensegmente solcher Risikopositionen angewendet werden.

[3] [1] Die gemäß Absatz 5 benannte Behörde informiert die EBA und den ESRB, bevor sie die Entscheidung nach diesem Absatz trifft. [2] Innerhalb eines Monats nach Eingang dieser Mitteilung übermitteln die EBA und der ESRB dem betreffenden Mitgliedstaat ihre Stellungnahme. [3] Die EBA und der ESRB veröffentlichen diese LGD-Werte.

(7) Setzt die gemäß Absatz 5 benannte Behörde gemäß Absatz 6 höhere LGD-Mindestwerte fest oder führt sie strengere Kriterien ein, so verfügen die Institute über einen sechsmonatigen Übergangszeitraum, um diese anzuwenden.

(8)[1)] *[1]* Die EBA arbeitet in enger Zusammenarbeit mit dem ESRB Entwürfe technischer Regulierungsstandards für die Festlegung der Bedingungen aus, die die gemäß Absatz 5 benannte Behörde bei der Bewertung der Angemessenheit von LGD-Werten als Teil der Bewertung nach Absatz 6 zu berücksichtigen hat.

[2] [1]Die EBA legt der Kommission diese Entwürfe technischer Regulierungsstandards bis zum 31. Dezember 2019 vor. [2]Der Kommission wird die Befugnis übertragen, die in Unterabsatz 1 genannten technischen Regulierungsstandards gemäß den Artikeln 10 bis 14 der Verordnung (EU) Nr. 1093/2010 zur Ergänzung dieser Verordnung zu erlassen.

(9)[1)] Der ESRB kann den gemäß Absatz 5 benannten Behörden durch Empfehlungen nach Artikel 16 der Verordnung (EU) Nr. 1092/2010 und in enger Zusammenarbeit mit der EBA Orientierungen zu Folgendem vorgeben:

a) den Faktoren, die „sich negativ auf die gegenwärtige oder künftige Finanzstabilität auswirken könnten" wie in Absatz 6 angeführt, und

b) den indikativen Referenzwerten, die die gemäß Absatz 5 benannte Behörde bei der Festlegung höherer LGD-Mindestwerte berücksichtigen muss.

(10) Die Institute eines Mitgliedstaats wenden die höheren LGD-Mindestwerte, die von den Behörden eines anderen Mitgliedstaats gemäß Absatz 6 festgelegt wurden, auf alle ihre entsprechenden Risikopositionen an, die durch Grundpfandrechte an in einem oder mehreren Teilen dieses anderen Mitgliedstaats belegenen Wohnimmobilien oder Gewerbeimmobilien besichert sind.

Unterabschnitt 3. Beteiligungspositionen, bei denen nach der PD-/LGD-Methode verfahren werden muss

Art. 165 Beteiligungspositionen, bei denen nach der PD/LGD-Methode verfahren werden muss. (1) *[1]* PD werden nach den für Risikopositionen gegenüber Unternehmen geltenden Methoden ermittelt.

[2] Es gelten folgende Mindestwerte für PD:

a) 0,09 % für börsengehandelte Beteiligungspositionen, wenn die Beteiligung im Rahmen einer langjährigen Kundenbeziehung eingegangen wird,

b) 0,09 % für nicht börsengehandelte Beteiligungspositionen, bei denen die Renditen auf regelmäßig wiederkehrenden Zahlungen und nicht auf Kursgewinnen basieren,

c) 0,40 % für börsengehandelte Beteiligungspositionen einschließlich sonstiger Verkaufspositionen gemäß Artikel 155 Absatz 2,

d) 1,25 % für alle übrigen Beteiligungspositionen einschließlich sonstiger Verkaufspositionen gemäß Artikel 155 Absatz 2.

(2) [1]Bei Positionen aus privatem Beteiligungskapital in hinreichend diversifizierten Portfolios darf die LGD mit 65 % angesetzt werden. [2]Bei allen anderen derartigen Positionen wird die LGD mit 90 % angesetzt.

(3) M wird bei allen Positionen mit fünf Jahren angesetzt.

[1)] Art. 164 Abs. 8 und 9 gelten bereits mWv 27.6.2019, siehe hierzu VO v. 20.5.2019 (ABl. L 150 S. 1).

Abschnitt 5. Risikopositionswert

Art. 166 Risikopositionen gegenüber Unternehmen, Instituten, Zentralstaaten und Zentralbanken sowie Risikopositionen aus dem Mengengeschäft. (1) *[1]* Sofern nicht anders angegeben, ist der Wert bilanzieller Risikopositionen der Buchwert, der ohne Berücksichtigung etwaiger Kreditrisikoanpassungen bemessen wird.

[2] Dies gilt auch für Vermögenswerte, die zu einem anderen Preis als dem geschuldeten Betrag angekauft wurden.

[3] Bei angekauften Vermögenswerten wird die beim Ankauf in der Bilanz des Instituts erfasste Differenz zwischen dem geschuldeten Betrag und dem nach spezifischen Kreditrisikoanpassungen verbleibenden Buchwert als Abschlag bezeichnet, wenn der geschuldete Betrag größer ist, und als Prämie, wenn er kleiner ist.

(2) Macht ein Institut bei Pensionsgeschäften oder Wertpapier- oder *Warenverleih*[1)] oder -leihgeschäften von Netting-Rahmenvereinbarungen Gebrauch, so wird der Risikopositionswert gemäß Kapitel 4 oder 6 berechnet.

(3) Für das Netting bilanzierter Kredite und Einlagen berechnen die Institute den Risikopositionswert nach den in Kapitel 4 beschriebenen Methoden.

(4) [1] Bei einem Leasinggeschäft entspricht der Risikopositionswert den abgezinsten Mindestleasingzahlungen. [2] Mindestleasingzahlungen umfassen Zahlungen, zu denen der Leasingnehmer über den Leasingzeitraum verpflichtet ist oder verpflichtet werden kann und jede günstige Kaufoption (d.h. eine Option, deren Ausübung nach vernünftigen Maßstäben als sicher erscheint). [3] Kann eine andere Partei als der Leasingnehmer zur Zahlung des Restwerts eines geleasten Vermögenswerts verpflichtet werden und genügt diese Zahlungsverpflichtung den Bedingungen des Artikels 201 für die Anerkennungsfähigkeit von Sicherungsgebern sowie den Anforderungen des Artikels 213 für die Anerkennung anderer Garantiearten, kann die Zahlungsverpflichtung gemäß Kapitel 4 als Absicherung ohne Sicherheitsleistung anerkannt werden.

(5) Bei den in Anhang II genannten Geschäften wird der Risikopositionswert nach den in Kapitel 6 beschriebenen Methoden ermittelt, wobei etwaige Kreditrisikoanpassungen unberücksichtigt bleiben.

(6) Der Risikopositionswert zur Berechnung der risikogewichteten Positionsbeträge angekaufter Risikopositionen ist der nach Absatz 1 ermittelte Wert abzüglich der Eigenmittelanforderungen für das Verwässerungsrisiko vor Anwendung von Risikominderungstechniken.

(7) [1] Bei Risikopositionen in Form von Wertpapieren oder Waren, die im Rahmen von Pensions-, Wertpapier- oder Warenleihgeschäften, Geschäften mit langer Abwicklungsfrist und Lombardgeschäften veräußert, hinterlegt oder verliehen werden, ist der Risikopositionswert der nach Artikel 24 ermittelte Wert der Wertpapiere oder Waren. [2] Wird die umfassende Methode zur Berücksichtigung finanzieller Sicherheiten nach Artikel 223 angewandt, wird auf den Risikopositionswert die nach Maßgabe dieser Methode für solche Wertpapiere oder Waren als angemessen anzusehende Volatilitätsanpassung aufgeschlagen. [3] Der Risikopositionswert von Pensionsgeschäften, Wertpapier- oder Warenleihgeschäften, Geschäften mit langer Abwicklungsfrist und Lom-

---

[1)] Richtig wohl: „Warenverleih-".

bardgeschäften kann entweder nach Kapitel 6 oder nach Artikel 220 Absatz 2 bestimmt werden.

(8) *[1]* [1] In nachstehend genannten Fällen errechnet sich der Risikopositionswert aus dem zugesagten, aber nicht in Anspruch genommenen Betrag, multipliziert mit einem Umrechnungsfaktor. [2] Zu diesem Zweck verwenden die Institute gemäß Artikel 151 Absatz 8 die folgenden Umrechnungsfaktoren für Risikopositionen gegenüber Unternehmen, Instituten, Zentralstaaten und Zentralbanken:

a) Für Kreditlinien, die ein Institut jederzeit unangekündigt und bedingungslos kündigen kann, oder die bei einer Verschlechterung der Bonität des Kreditnehmers automatisch eine Kündigung nach sich ziehen, gilt ein Umrechnungsfaktor von 0 %. Um einen Umrechnungsfaktor von 0 % anwenden zu können, überwachen die Institute die Finanzlage des Schuldners aktiv und verfügen über interne Kontrollsysteme, die es ihnen ermöglichen, eine Bonitätsverschlechterung beim Schuldner sofort festzustellen. Nicht in Anspruch genommene Kreditlinien können als uneingeschränkt kündbar angesehen werden, wenn die Vertragsbedingungen es dem Institut erlauben, die nach dem Verbraucherschutzrecht und den damit verbundenen Rechtsvorschriften zulässigen Kündigungsmöglichkeiten voll auszuschöpfen;

b) für kurzfristige Dokumentenakkreditive, die anlässlich eines Warentransfers ausgestellt werden, gilt sowohl für das emittierende als auch für das bestätigende Institut ein Umrechnungsfaktor von 20 %;

c) für nicht in Anspruch genommene Ankaufszusagen für revolvierende angekaufte Risikopositionen, die uneingeschränkt kündbar sind oder deren Vertragsbedingungen die Möglichkeit einer jederzeitigen unangekündigten automatischen Kündigung durch das Institut vorsehen, gilt ein Umrechnungsfaktor von 0 %. Um einen Umrechnungsfaktor von 0 % anwenden zu können, überwachen die Institute die Finanzlage des Schuldners aktiv und verfügen über interne Kontrollsysteme, die es ihnen ermöglichen, eine Bonitätsverschlechterung beim Schuldner sofort festzustellen;

d) für sonstige Kreditlinien, Absicherungsfazilitäten („note issuance facilities", NIF) und Fazilitäten zur revolvierenden Platzierung von Geldmarktpapieren („revolving underwriting facilities", RUF) gilt ein Umrechnungsfaktor von 75 %.

[2] Institute, die die Anforderungen des Abschnitts 6 für die Verwendung eigener Umrechnungsfaktor-Schätzungen erfüllen, können mit Genehmigung der zuständigen Behörden bei den unter den Buchstaben a bis d genannten verschiedenen Produktarten ihre eigenen Umrechnungsfaktor-Schätzungen verwenden.

(9) Hat eine Zusage die Verlängerung einer anderen Zusage zum Gegenstand, so wird von den für die einzelnen Zusagen geltenden Umrechnungsfaktoren der niedrigere verwendet.

(10) *[1]* Bei allen anderen, nicht in den Absätzen 1 bis 8 genannten außerbilanziellen Positionen ist der Risikopositionswert der folgende Prozentsatz seines Werts:

a) 100 % bei Positionen mit hohem Risiko,

b) 50 % bei Positionen mit mittlerem Risiko,

c) 20 % bei Positionen mit mittlerem/niedrigem Risiko,

d) 0 % bei Positionen mit niedrigem Risiko.

[2] Für die Zwecke dieses Absatzes werden die außerbilanziellen Positionen gemäß Anhang I Risikokategorien zugeordnet.

Art. 167 Beteiligungspositionen. (1) Der Risikopositionswert von Beteiligungspositionen ist der nach spezifischen Kreditrisikoanpassungen verbleibende Buchwert.

(2) Der Risikopositionswert außerbilanzieller Beteiligungspositionen ist der Nominalwert abzüglich spezifischer Kreditrisikoanpassungen für die betreffende Risikoposition.

Art. 168 Sonstige Aktiva ohne Kreditverpflichtungen. Der Risikopositionswert sonstiger Aktiva ohne Kreditverpflichtungen ist der nach spezifischen Kreditrisikoanpassungen verbleibende Buchwert.

Abschnitt 6. Anforderungen an die Anwendung des IRB-Ansatzes

Unterabschnitt 1. Ratingsysteme

Art. 169 Allgemeine Grundsätze. (1) Verwendet ein Institut mehrere unterschiedliche Ratingsysteme, so werden die Kriterien für die Zuordnung eines Schuldners oder eines Geschäfts zu einem Ratingsystem dokumentiert und so angewandt, dass dem jeweiligen Risiko angemessen Rechnung getragen wird.

(2) Die Zuordnungskriterien und -verfahren werden in regelmäßigen Abständen im Hinblick darauf überprüft, ob sie für das aktuelle Portfolio und die externen Bedingungen weiterhin angemessen sind.

(3) Verwendet ein Institut für einzelne Schuldner oder Risikopositionen direkte Risikoparameter-Schätzungen, so können diese als den Ratingstufen einer fortlaufenden Risikoeinstufungsskala zugeordnete Schätzungen betrachtet werden.

Art. 170 Struktur von Ratingsystemen. (1) Ratingsysteme für Risikopositionen gegenüber Unternehmen, Instituten, Zentralstaaten und Zentralbanken sind so strukturiert, dass sie folgende Anforderungen erfüllen:

a) Ein Ratingsystem trägt den Risikomerkmalen von Schuldner und Geschäft Rechnung;

b) ein Ratingsystem beinhaltet eine Risikoeinstufungsskala für Schuldner, die ausschließlich die Höhe des Schuldnerausfallrisikos erfasst. Diese Skala umfasst mindestens 7 Ratingstufen für nicht ausgefallene Schuldner und eine Stufe für ausgefallene Schuldner;

c) die Institute dokumentieren, in welchem Verhältnis die Schuldner-Ratingstufen, gemessen an der Höhe des jeweiligen Ausfallrisikos der einzelnen Stufen, zueinander stehen, und anhand welcher Kriterien diese Ausfallrisikohöhe bestimmt wird;

d) Institute, deren Portfolios sich auf ein bestimmtes Marktsegment und eine bestimmte Ausfallrisikospanne konzentrieren, verfügen innerhalb dieser Spanne über eine ausreichende Anzahl von Schuldner-Ratingstufen, um eine übermäßige Konzentration von Schuldnern innerhalb einer Ratingstufe zu vermeiden. Bei erheblichen Konzentrationen in einer Schuldner-Ratingstufe wird durch überzeugende empirische Nachweise belegt, dass diese Ratingstufe eine hinreichend enge PD-Spanne abdeckt und das Ausfallrisiko aller Schuldner dieser Ratingstufe innerhalb dieser Spanne liegt;

e) um von der zuständigen Behörde für die Verwendung eigener LGD-Schätzungen zur Berechnung der Eigenmittelanforderung anerkannt zu werden, beinhaltet ein Ratingsystem eine gesonderte Risikoeinstufungsskala für Fazilitäten, die ausschließlich LGD-bezogene Merkmale von Geschäften erfasst. Die Definition der Fazilitäts-Ratingstufe umfasst sowohl eine Beschreibung, wie Risikopositionen der jeweiligen Ratingstufe zugeordnet werden, als auch eine Beschreibung der Kriterien, anhand deren die Höhe des Risikos von Stufe zu Stufe abgegrenzt wird;

f) bei erheblichen Konzentrationen in einer Fazilitäts-Ratingstufe wird durch überzeugende empirische Nachweise belegt, dass diese Ratingstufe eine hinreichend enge LGD-Spanne abdeckt und das mit allen Risikopositionen dieser Stufe verbundene Risiko innerhalb dieser Spanne liegt;[1)]

(2) [1] Institute, die die Risikogewichtung bei Spezialfinanzierungen nach den Methoden des Artikels 153 Absatz 5 vornehmen, müssen nicht über eine Risikoeinstufungsskala für Schuldner verfügen, die ausschließlich die Höhe des Schuldnerausfallrisikos erfasst. [2] Diese Institute sehen für diese Risikopositionen mindestens 4 Ratingstufen für nicht ausgefallene Schuldner und mindestens eine Stufe für ausgefallene Schuldner vor.

(3) Ratingsysteme für Risikopositionen aus dem Mengengeschäft sind so strukturiert, dass sie folgende Anforderungen erfüllen:

a) Die Ratingsysteme bringen sowohl das Schuldner- als auch das Transaktionsrisiko zum Ausdruck und erfassen alle relevanten Schuldner- und Transaktionsmerkmale;

b) der Grad der Risikodifferenzierung gewährleistet, dass die Zahl der Risikopositionen in einer bestimmten Ratingstufe oder einem bestimmten Risikopool ausreicht, um eine aussagekräftige Quantifizierung und Validierung der Verlusteigenschaften auf Ebene der Stufe bzw. des Pools zu ermöglichen. Die Risikopositionen und Schuldner verteilen sich so auf die verschiedenen Stufen oder Pools, dass übermäßige Konzentrationen vermieden werden;

c) das Verfahren für die Zuordnung von Risikopositionen zu Ratingstufen oder Risikopools gewährleistet eine aussagekräftige Differenzierung der Risiken und eine Zusammenfassung hinreichend gleichartiger Risikopositionen und ermöglicht eine genaue und konsistente Schätzung der Verlusteigenschaften auf Ebene der Stufe bzw. des Pools. Bei gekauften Forderungen spiegelt die Zusammenfassung die Kreditvergabepraxis des Verkäufers und die Heterogenität seiner Kundenstruktur wider.

(4) Bei der Zuordnung von Risikopositionen zu Ratingstufen oder Risikopools tragen die Institute folgenden Risikofaktoren Rechnung:

a) Risikomerkmale des Schuldners,

b) Risikomerkmale der des Geschäfts, einschließlich der Art des Produkts und/ oder der Sicherheiten. Die Institute berücksichtigen insbesondere Fälle, in denen ein und dieselbe Sicherheit für mehrere einzelne Risikopositionen gestellt wird,

---

[1)] Zeichensetzung amtlich.

c) Verzugsstatus, außer ein Institut weist seiner zuständigen Behörde nach, dass der Verzugsstatus für die betreffende Risikoposition keinen wesentlichen Risikofaktor darstellt.

Art. 171 Zuordnung zu Ratingstufen oder Risikopools. (1) Ein Institut verfügt über genau festgelegte Definitionen, Prozesse und Kriterien für die Zuordnung von Risikopositionen zu den Ratingstufen oder Risikopools eines Ratingsystems; diese erfüllen die folgenden Anforderungen:

a) Die Definitionen der Ratingstufen und Risikopools sind detailliert genug, um die für die Zuordnung von Bonitätsbeurteilungen zuständigen Personen in die Lage zu versetzen, Schuldner oder Fazilitäten, die vergleichbare Risiken darstellen, in konsistenter Weise derselben Stufe bzw. demselben Pool zuzuordnen. Diese Konsistenz wird über Geschäftsfelder, Abteilungen und geographische Standorte hinweg gewahrt;

b) die Dokumentation des Ratingprozesses gibt Dritten die Möglichkeit, die Zuordnung von Risikopositionen zu Ratingstufen oder Risikopools nachzuvollziehen, zu reproduzieren und ihre Angemessenheit zu beurteilen;

c) die Zuordnungskriterien stimmen außerdem mit den internen Kreditvergaberichtlinien und den internen Vorschriften des Instituts für den Umgang mit problembehafteten Kreditnehmern und Fazilitäten überein.

(2) [1] Bei der Zuordnung von Schuldnern und Fazilitäten zu einer Ratingstufe oder einem Risikopool trägt ein Institut allen relevanten Informationen Rechnung. [2] Die Informationen sind aktuell und ermöglichen dem Institut eine Prognose der künftigen Entwicklung der Risikoposition. [3] Je weniger Informationen einem Institut zur Verfügung stehen, desto konservativer verfährt es bei der Zuordnung von Risikopositionen zu Schuldner- bzw. Fazilitäts-*Ratingsstufen*[1)] oder Risikopools. [4] Stützt sich ein Institut bei der Festlegung einer internen Beurteilung hauptsächlich auf eine externe Bonitätsbeurteilung, so stellt es sicher, dass auch andere relevante Informationen berücksichtigt werden.

Art. 172 Zuordnung von Risikopositionen. (1) Bei Risikopositionen gegenüber Unternehmen, Instituten, Zentralstaaten und Zentralbanken sowie bei Beteiligungspositionen, auf die ein Institut den PD-/LGD-Ansatz nach Artikel 155 Absatz 3 anwendet, erfolgt die Zuordnung nach folgenden Kriterien:

a) Im Zuge des Kreditgenehmigungsverfahrens wird jeder Schuldner einer Schuldner-Ratingstufe zugeordnet;

b) bei Risikopositionen, für die ein Institut gemäß Artikel 143 die Erlaubnis der zuständigen Behörde erhalten hat, eigene LGD- und Umrechnungsfaktorschätzungen zu verwenden, wird im Zuge des Kreditgenehmigungsverfahrens außerdem jede Risikoposition einer Fazilitäts-Ratingstufe zugeordnet;

c) Institute, die die Risikogewichtung bei Spezialfinanzierungen nach den Methoden des Artikels 153 Absatz 5 vornehmen, ordnen jede dieser Risikopositionen einer der Ratingstufen nach *Artikel 1170 Absatz 2*[2)] zu;

d) jeder einzelne Rechtsträger, gegenüber dem ein Institut eine Risikoposition hat, wird gesondert beurteilt. Ein Institut verfügt über angemessene Vor-

---

[1)] Richtig wohl: „Ratingstufen".
[2)] Richtig wohl: „Artikel 170 Absatz 2".

schriften für die Behandlung von einzelnen Schuldnern/Kunden und von Gruppen verbundener Kunden;

e) getrennte Risikopositionen gegenüber demselben Schuldner werden ungeachtet etwaiger Unterschiede in der Art des einzelnen Geschäfts derselben Schuldner-Ratingstufe zugeordnet. Getrennte Risikopositionen gegenüber demselben Schuldner können jedoch verschiedenen Ratingstufen zugeordnet werden, wenn

   i) ein Transferrisiko vorliegt, was davon abhängt, ob die Risikopositionen auf Landeswährung oder eine ausländische Währung lauten,

   ii) die mit einer Risikoposition verbundenen Garantien durch angepasste Zuordnung zu einer Schuldner-Ratingstufe berücksichtigt werden dürfen,

   iii) Verbraucherschutzbestimmungen, Rechtsvorschriften über das Bankgeheimnis oder andere Rechtsvorschriften den Austausch von Kundendaten untersagen.

(2) Bei Risikopositionen aus dem Mengengeschäft wird im Zuge des Kreditgenehmigungsverfahrens jede Position einer Ratingstufe oder einem Risikopool zugeordnet.

(3) [1] Im Hinblick auf die Zuordnung zu Ratingstufen und Risikopools dokumentieren die Institute, in welchen Fällen die Eingaben und Ergebnisse des Zuordnungsprozesses durch individuelle Beurteilung verändert werden dürfen und von wem derartige Abänderungen zu genehmigen sind. [2] Die Institute dokumentieren die Abänderungen und die dafür verantwortlichen Mitarbeiter. [3] Die Institute analysieren die Wertentwicklung der Risikopositionen, deren Zuordnung abgeändert wurde. [4] Diese Analyse umfasst eine Bewertung der Wertentwicklung von Risikopositionen, deren Bonitätsbeurteilung durch eine bestimmte Person abgeändert wurde, wobei über alle verantwortlichen Mitarbeiter Buch geführt wird.

Art. 173 Integrität des Zuordnungsprozesses. (1) Bei Risikopositionen gegenüber Unternehmen, Instituten, Zentralstaaten und Zentralbanken sowie bei Beteiligungspositionen, für die ein Institut den PD-/LGD-Ansatz nach Artikel 155 Absatz 3 anwendet, erfüllt das Zuordnungsverfahren die folgenden Integritätsanforderungen:

a) Die Zuordnungen und deren regelmäßige Überprüfung werden von einer unabhängigen Partei vorgenommen oder genehmigt, die keinen unmittelbaren Nutzen aus Entscheidungen über die Kreditvergabe zieht;

b) die Institute überprüfen die Zuordnungen mindestens einmal jährlich und passen eine Zuordnung an, wenn das Ergebnis der Überprüfung die Aufrechterhaltung der bisherigen Zuordnung nicht rechtfertigt. Schuldner mit hohem Risiko und problembehaftete Risikopositionen werden in kürzeren Intervallen überprüft. Die Institute nehmen eine neue Zuordnung vor, wenn wesentliche Informationen über den Schuldner oder die Risikoposition bekannt werden;

c) ein Institut verfügt über ein wirksames Verfahren, um maßgebliche Informationen über Schuldnermerkmale mit Auswirkungen auf die PD und über Geschäftsmerkmale mit Auswirkungen auf die LGD oder die Umrechnungsfaktoren zu beschaffen und auf dem neuesten Stand zu halten.

(2) [1]Bei Risikopositionen aus dem Mengengeschäft überprüft ein Institut mindestens einmal jährlich die Schuldner- und Fazilitätszuordnungen und passt eine Zuordnung an, wenn das Ergebnis der Überprüfung die Aufrechterhaltung der bisherigen Zuordnung nicht rechtfertigt, bzw. überprüft mindestens einmal jährlich die Verlusteigenschaften und den Verzugsstatus der einzelnen Risikopools. [2]Ein Institut überprüft außerdem mindestens einmal jährlich anhand einer repräsentativen Stichprobe den Status der einzelnen Risikopositionen innerhalb jedes Pools, um sicherzustellen, dass die Positionen nach wie vor dem richtigen Pool zugeordnet sind, und passt die Zuordnung an, wenn das Ergebnis der Überprüfung die Aufrechterhaltung der bisherigen Zuordnung nicht rechtfertigt.

(3) *[1]* Die EBA arbeitet Entwürfe technischer Regulierungsstandards für die Methoden aus, anhand deren die zuständigen Behörden die Integrität des Zuordnungsprozesses und eine regelmäßige und unabhängige Risikobewertung beurteilen.

[2] Die EBA legt der Kommission diese Entwürfe technischer Regulierungsstandards bis zum 31. Dezember 2014 vor.

[3] Der Kommission wird die Befugnis übertragen, die technischen Regulierungsstandards nach Unterabsatz 1 gemäß den Artikeln 10 bis 14 der Verordnung (EU) Nr. 1093/2010 zu erlassen.

Art. 174 Verwendung von Modellen. Verwendet ein Institut für die Zuordnung von Risikopositionen zu Schuldner- bzw. Fazilitäts-Ratingstufen oder Risikopools statistische Modelle und andere *algorithmisch*[1)] Verfahren, erfüllt es dabei die folgenden Anforderungen:

a) Die Prognosefähigkeit des Modells ist gut, und die Eigenmittelanforderungen werden durch seine Verwendung nicht verzerrt. Die Input-Variablen bilden eine vernünftige und effektive Grundlage für die daraus resultierenden Prognosen. Das Modell darf keine wesentlichen systematischen Fehler enthalten;

b) das Institut verfügt über ein Verfahren zur Überprüfung der in das Modell einfließenden Daten, das eine Bewertung der Genauigkeit, Vollständigkeit und Angemessenheit der Daten umfasst;

c) die für die Entwicklung des Modells herangezogenen Daten sind repräsentativ für die aktuelle Schuldner- und Risikopositionsstruktur des Instituts;

d) das Institut führt regelmäßig Modellvalidierungen durch, die die Überwachung der Leistung und Stabilität des Modells, die Überprüfung der Modellspezifikation und die Gegenüberstellung der Modellergebnisse mit den tatsächlichen Ergebnissen umfassen;

e) um die modellgestützten Zuordnungen zu überprüfen und zu gewährleisten, dass die Modelle ordnungsgemäß verwendet werden, ergänzt das Institut das statistische Modell durch individuelle Beurteilung und Kontrolle. Die Überprüfungsverfahren zielen darauf ab, durch Modellschwächen bedingte Fehler zu finden und zu begrenzen. Im Rahmen der individuellen Beurteilung tragen die zuständigen Mitarbeiter allen einschlägigen Informationen Rechnung, die durch das Modell nicht erfasst werden. Das Institut legt schriftlich

---

1) Richtig wohl: „algorithmische".

nieder, wie die individuelle Beurteilung durch Mitarbeiter und die Modellergebnisse miteinander zu kombinieren sind.

Art. 175 Dokumentierung von Ratingsystemen. (1) [1] Die Institute dokumentieren die Gestaltung und die operationellen Einzelheiten ihrer Ratingsysteme. [2] Die Dokumentation belegt, dass die Anforderungen dieses Abschnitts eingehalten werden, und gibt unter anderem Aufschluss über die Portfoliodifferenzierung, die Kriterien für die Bonitätsbeurteilung (Ratingkriterien), die Verantwortlichkeiten der für die Bonitätsbeurteilung von Schuldnern und Risikopositionen zuständigen Stellen, die Intervalle für die Überprüfung der Zuordnungen und die Überwachung des Verfahrens der Bonitätsbeurteilung durch das Management.

(2) [1] Das Institut dokumentiert die Gründe für die Wahl seiner Ratingkriterien und belegt sie durch Analysen. [2] Das Institut dokumentiert alle größeren Änderungen des Risikorating-Verfahrens; aus dieser Dokumentation müssen die Änderungen des Risikorating-Verfahrens seit der letzten Überprüfung durch die zuständigen Behörden eindeutig hervorgehen. [3] Auch die Organisation der Zuordnung von Beurteilungen einschließlich des Zuordnungsverfahrens und der internen Kontrollstrukturen wird dokumentiert.

(3) Die Institute dokumentieren die intern verwendeten Ausfall- und Verlustdefinitionen und weisen nach, dass sie mit den Begriffsbestimmungen dieser Verordnung übereinstimmen.

(4) [1] Setzt ein Institut im Rahmen des Verfahrens der Bonitätsbeurteilung statistische Modelle ein, so dokumentiert es deren Methodik. [2] Diese Dokumentation umfasst

a) eine detaillierte Beschreibung der Theorie, der Annahmen und der mathematischen und empirischen Basis für die Zuordnung von Schätzwerten zu Ratingstufen, einzelnen Schuldnern, Risikopositionen oder Risikopools sowie der Datenquelle(n), die für die Schätzung des Modells herangezogen werden,

b) einen strengen statistischen Prozess einschließlich Leistungsfähigkeitstests außerhalb des Beobachtungszeitraums (out-of-time) und außerhalb der Stichprobe (out-of-sample) zur Validierung des Modells,

c) Hinweise auf sämtliche Umstände, unter denen das Modell nicht effizient arbeitet.

(5) Hat ein Institut ein Ratingsystem oder ein innerhalb eines Ratingsystems verwendetes Modell von einem Dritten erworben und verweigert oder beschränkt dieser Verkäufer unter Verweis auf den Schutz des Geschäftsgeheimnisses den Zugang des Instituts zu Informationen über die Methodik des betreffenden Systems oder Modells oder zu Basisdaten, die zur Entwicklung dieser Methodik oder dieses Modells verwendet wurden, so weist das Institut seiner zuständigen Behörde nach, dass die Anforderungen dieses Artikels erfüllt sind.

Art. 176 Datenpflege. (1) Die Institute erfassen und speichern Daten zu bestimmten Aspekten ihrer internen Beurteilungen nach Maßgabe des Teils 8.

(2) In Bezug auf Risikopositionen gegenüber Unternehmen, Instituten, Zentralstaaten und Zentralbanken sowie in Bezug auf Beteiligungspositionen,

für die ein Institut den PD-/LGD-Ansatz nach Artikel 155 Absatz 3 anwendet, erfassen und speichern die Institute Folgendes:

a) die lückenlose Beurteilungshistorie der Schuldner und anerkannten Garantiegeber,
b) die Vergabedaten der Beurteilungen,
c) die zur Ableitung der Beurteilungen herangezogenen wichtigsten Daten und Methodik,
d) den Namen der für die Zuordnung der Beurteilungen verantwortlichen Person,
e) die ausgefallenen Schuldner und Risikopositionen,
f) den Zeitpunkt und die Umstände dieser Ausfälle,
g) Daten zu den Ausfallwahrscheinlichkeiten (PD) und den tatsächlichen Ausfallraten, die mit den Ratingstufen und der Ratingmigration verbunden sind.

(3) Institute, die keine eigenen LGD- und Umrechnungsfaktorschätzungen verwenden, erfassen und speichern die Daten, die zu den Vergleichen zwischen den tatsächlichen LGD und den in Artikel 161 Absatz 1 genannten Werten und zwischen den tatsächlichen Umrechnungsfaktoren und den in Artikel 166 Absatz 8 genannten Werten vorliegen.

(4) Institute, die eigene LGD- und Umrechnungsfaktorschätzungen verwenden, erfassen und speichern Folgendes:

a) die lückenlosen Datenhistorien der Fazilitätsratings sowie die zu jeder einzelnen Risikoeinstufungsskala gehörenden LGD- und Umrechnungsfaktorschätzungen,
b) das Datum, an dem die Beurteilungen zugeordnet und die Schätzungen vorgenommen wurden,
c) die zur Ableitung der Fazilitätsratings sowie der LGD- und Umrechnungsfaktorschätzungen herangezogenen wichtigsten Daten und Methodik,
d) den Namen der Person, von der das Fazilitätsrating vergeben wurde, und den Namen der Person, von der die LGD- und Umrechnungsfaktorschätzungen geliefert wurden,
e) Daten über die geschätzten und tatsächlichen LGD und Umrechnungsfaktoren für jede einzelne ausgefallene Risikoposition,
f) bei Instituten, die die kreditrisikomindernde Wirkung von Garantien oder Kreditderivaten bei der LGD berücksichtigen, Daten über die LGD der Risikoposition vor und nach Bewertung der Auswirkungen einer Garantie oder eines Kreditderivats,
g) Daten über die Verlustkomponenten bei jeder einzelnen ausgefallenen Risikoposition.

(5) In Bezug auf Risikopositionen aus dem Mengengeschäft erfassen und speichern die Institute Folgendes:

a) die bei der Zuordnung von Risikopositionen zu Ratingstufen oder Risikopools verwendeten Daten,
b) Daten über die geschätzten PD, LGD und Umrechnungsfaktoren für Ratingstufen oder Pools von Risikopositionen,
c) die ausgefallenen Schuldner und Risikopositionen,
d) bei ausgefallenen Risikopositionen Daten über die Ratingstufen oder Risikopools, denen die Risikopositionen während des Jahres vor dem Ausfall

zugeordnet waren, sowie die tatsächlichen LGD- und Umrechnungsfaktorwerte,

e) Daten über die Verlustquoten bei qualifizierten revolvierenden Risikopositionen aus dem Mengengeschäft.

Art. 177 Stresstests zur Beurteilung der Angemessenheit der Eigenmittelausstattung. (1) [1] Ein Institut verfügt zur Bewertung der Angemessenheit seiner Eigenmittelausstattung über solide Stresstest-Verfahren. [2] Bei den Stresstests sind auch mögliche Ereignisse oder künftige Veränderungen der ökonomischen Rahmenbedingungen zu ermitteln, die sich nachteilig auf die Kreditrisikopositionen eines Instituts auswirken könnten, wobei auch die Fähigkeit des Instituts zu bewerten ist, derartigen Veränderungen standzuhalten.

(2) [1] Ein Institut führt regelmäßig Kreditrisiko-Stresstests durch, um den Einfluss bestimmter Bedingungen auf seine gesamten Eigenmittelanforderungen für das Kreditrisiko abzuschätzen. [2] Der Test wird vom Institut vorbehaltlich der aufsichtlichen Überprüfung ausgewählt. [3] Der zu verwendende Test ist aussagekräftig und berücksichtigt die Auswirkungen schwerer, aber plausibler Rezessionsszenarios. [4] Ein Institut beurteilt die Ratingmigration unter den Bedingungen der Stresstest-Szenarien. [5] Die im Rahmen der Stresstests untersuchten Portfolios umfassen die überwiegende Mehrheit aller Risikopositionen des Instituts.

(3) Institute, die nach Artikel 153 Absatz 3 verfahren, berücksichtigen im Rahmen ihrer Stresstests die Auswirkungen einer Bonitätsverschlechterung von Sicherungsgebern, insbesondere die Auswirkungen der Tatsache, dass Sicherungsgeber die Anerkennungskriterien nicht mehr erfüllen.

Unterabschnitt 2. Risikoquantifizierung

Art. 178 Schuldnerausfall. (1) *[1]* Der Ausfall eines bestimmten Schuldners gilt als gegeben, wenn einer oder beide der folgenden Fälle eingetreten sind:

a) Das Institut sieht es als unwahrscheinlich an, dass der Schuldner seine Verbindlichkeiten gegenüber dem Institut, seinem Mutterunternehmen oder einem seiner Tochterunternehmen in voller Höhe begleichen wird, ohne dass das Institut auf Maßnahmen wie die Verwertung von Sicherheiten zurückgreift.

b) Eine wesentliche Verbindlichkeit des Schuldners gegenüber dem Institut, seinem Mutterunternehmen oder einem seiner Tochterunternehmen ist mehr als 90 Tage überfällig. Die zuständigen Behörden dürfen für durch Wohnimmobilien oder für durch Gewerbeimmobilien von KMU besicherte Risikopositionen der Risikopositionsklasse „Mengengeschäft" und für Risikopositionen gegenüber öffentlichen Stellen den Zeitraum von 90 Tagen durch 180 Tage ersetzen. Der Zeitraum von 180 Tagen gilt nicht für die Zwecke des Artikels 36 Absatz 1 Buchstabe m oder des Artikels 127.

[2] Bei Risikopositionen aus dem Mengengeschäft dürfen die Institute so verfahren, dass sie die Ausfalldefinition gemäß Unterabsatz 1 Buchstaben a und b auf einzelne Kreditfazilitäten anwenden und nicht auf die gesamten Verbindlichkeiten eines Kreditnehmers.

(2) Für die Zwecke von Absatz 1 Buchstabe b gilt Folgendes:

a) bei Überziehungen beginnt die Überfälligkeit mit dem Tag, an dem der Kreditnehmer ein mitgeteiltes Limit überschritten hat, ihm ein geringeres

Limit als die aktuelle Inanspruchnahme mitgeteilt wurde oder er einen nicht genehmigten Kredit in Anspruch genommen hat und der zugrunde liegende Betrag erheblich ist;

b) für die Zwecke von Buchstabe a ist ein mitgeteiltes Limit jedes vom Institut festgelegte Kreditlimit, das dem Schuldner von dem Institut mitgeteilt worden ist;

c) bei Kreditkarten beginnt die Überfälligkeit mit dem frühesten Fälligkeitstag;

d) die Erheblichkeit einer überfälligen Verbindlichkeit wird durch Vergleich mit einer von den zuständigen Behörden festgelegten Schwelle beurteilt. Diese Schwelle spiegelt die von der zuständigen Behörde als vertretbar angesehene Risikohöhe wider;

e) die Institute verfügen über schriftlich niedergelegte Grundsätze für die Zählung von Verzugstagen, insbesondere für das Zurücksetzen („Re-ageing") der Kreditfazilitäten und die Gewährung von Verlängerungen, Änderungen oder Zahlungsaufschüben, Erneuerungen und die Verrechnung bestehender Konten. Diese Grundsätze werden im Zeitverlauf konsistent angewandt und stehen mit dem internen Risikomanagement und dem internen Entscheidungsprozess des Instituts in Einklang.

(3) Für die Zwecke von Absatz 1 Buchstabe a sind die nachstehenden Elemente als Hinweis darauf anzusehen, dass eine Verbindlichkeit wahrscheinlich nicht beglichen wird:

a) das Institut verzichtet auf die laufende Belastung von Zinsen,

b) das Institut erfasst eine erhebliche Kreditrisikoanpassung, weil sich die Bonität nach der Vergabe des Kredits durch das Institut deutlich verschlechtert hat,

c) das Institut veräußert die Verbindlichkeit mit einem bedeutenden bonitätsbedingten wirtschaftlichen Verlust,

d) das Institut stimmt einer krisenbedingten Restrukturierung der Verbindlichkeit zu, wenn dies voraussichtlich dazu führt, dass sich die finanzielle Verpflichtung durch einen bedeutenden Erlass oder durch Stundung des Nominalbetrags, der Zinsen oder gegebenenfalls der Gebühren verringert. Bei Beteiligungen, die nach dem PD/LGD-Ansatz beurteilt werden, schließt dies die krisenbedingte Restrukturierung der Beteiligung selbst ein,

e) das Institut hat Antrag auf Insolvenz des Schuldners gestellt oder eine vergleichbare Maßnahme in Bezug auf die Verbindlichkeiten des Schuldners gegenüber dem Institut, seinem Mutterunternehmen oder einem seiner Tochterunternehmen ergriffen,

f) der Schuldner hat Insolvenz beantragt, wurde für insolvent erklärt oder unter einen vergleichbaren Schutz gestellt, so dass die Rückzahlung einer Verbindlichkeit gegenüber dem Institut, dem Mutterunternehmen oder einem seiner Tochterunternehmen verhindert oder verzögert würde.

(4) Institute, die externe Daten verwenden, die nicht mit der Ausfalldefinition des Absatzes 1 übereinstimmen, nehmen angemessene Anpassungen vor, um eine weitgehende Übereinstimmung mit dieser Definition zu erreichen.

(5) [1] Ist das Institut der Auffassung, dass auf eine zuvor als ausgefallen eingestufte Risikoposition keiner der für diese Einstufung maßgeblichen Faktoren mehr zutrifft, so weist es dem Schuldner oder der Fazilität eine Einstufung wie

für eine nicht ausgefallene Risikoposition zu. [2] Wird die Ausfalldefinition später wieder ausgelöst, so gilt ein weiterer Ausfall als eingetreten.

(6) *[1]* Die EBA arbeitet Entwürfe technischer Regulierungsstandards aus, in denen festgelegt wird, nach welchen Kriterien eine zuständige Behörde die in Absatz 2 Buchstabe d genannte Schwelle festzulegen hat.

[2] Die EBA legt der Kommission diese Entwürfe technischer Regulierungsstandards bis zum 31. Dezember 2014 vor.

[3] Der Kommission wird die Befugnis übertragen, die technischen Regulierungsstandards nach Unterabsatz 1 gemäß den Artikeln 10 bis 14 der Verordnung (EU) Nr. 1093/2010 zu erlassen.

(7) [1] Die EBA gibt für die Anwendung dieses Artikels Leitlinien heraus. [2] Diese Leitlinien werden gemäß Artikel 16 der Verordnung (EU) Nr. 1093/2010 erlassen.

Art. 179 Allgemeine Anforderungen an Schätzungen. (1) *[1]* Bei der Quantifizierung der Risikoparameter für bestimmte Bonitätsstufen oder -pools halten die Institute folgende Vorgaben ein:

a) In die institutseigenen Risikoparameter-, PD-, LGD-, Umrechnungsfaktor- und EL-Schätzungen fließen alle einschlägigen Daten, Informationen und Methoden ein. Die Schätzungen werden aus historischen Werten und empirischen Nachweisen abgeleitet und dürfen nicht allein auf wertenden Erwägungen beruhen. Die Schätzungen sind plausibel und einleuchtend und beruhen auf den wesentlichen Bestimmungsfaktoren für die jeweiligen Risikoparameter. Je weniger Daten einem Institut zur Verfügung stehen, desto konservativer ist seine Schätzung;

b) das Institut kann seine Verlust-Erfahrungswerte, d.h. Ausfallhäufigkeit, LGD, Umrechnungsfaktor bzw. Verlust bei Verwendung von EL-Schätzungen nach den Faktoren aufschlüsseln, die es als Hauptbestimmungsfaktoren für die jeweiligen Risikoparameter ansieht. Die Schätzungen des Instituts geben die langfristigen Erfahrungen repräsentativ wieder;

c) jede Änderung in der Kreditvergabepraxis oder beim Prozess der Sicherheitenverwertung, die in den Beobachtungszeiträumen nach Artikel 180 Absatz 1 Buchstabe h und Absatz 2 Buchstabe e, Artikel 181 Absatz 1 Buchstabe j und Absatz 2 und Artikel 182 Absätze 2 und 3 eintritt, wird berücksichtigt. Die Auswirkungen technischer Fortschritte, neuer Daten und sonstiger Informationen werden in den Schätzungen eines Instituts berücksichtigt, sobald sie verfügbar sind. Die Institute überprüfen ihre Schätzungen, sobald neue Informationen vorliegen, mindestens aber einmal jährlich;

d) die Grundgesamtheit der Risikopositionen, die den für die Schätzungen herangezogenen Daten zugrunde liegen, sowie die zum Zeitpunkt der Datenerhebung geltenden Kreditvergaberichtlinien und sonstigen relevanten Merkmale sind mit der aktuellen Kreditstruktur und den aktuellen Risikopositionen und Standards des Instituts vergleichbar. Die wirtschaftlichen Rahmenbedingungen und das Marktumfeld aus der Zeit, auf die sich die Daten beziehen, treffen auf die gegenwärtigen und absehbaren Verhältnisse ebenso zu. Die Zahl der in der Stichprobe enthaltenen Risikopositionen und der für die Quantifizierung genutzte Erhebungszeitraum sind so bemessen, dass das Institut von einer genauen und soliden Schätzung ausgehen kann;

e) bei angekauften Forderungen berücksichtigen die Schätzungen alle maßgeblichen Informationen, die dem ankaufenden Institut in Bezug auf die Qualität der zugrunde liegenden Forderungen zur Verfügung stehen, einschließlich der vom Verkäufer, vom ankaufenden Institut oder aus externen Quellen stammenden Daten für vergleichbare Pools. Das ankaufende Institut unterzieht alle vom Verkäufer gelieferten verwendeten Daten einer Bewertung;
f) ein Institut sieht bei seinen Schätzungen eine Sicherheitsspanne vor, die in Relation zum erwarteten Schätzfehlerbereich steht. Werden die Methoden und Daten als weniger zufriedenstellend angesehen, ist der erwartete Fehlerbereich größer und die Sicherheitsspanne entsprechend höher anzusetzen.

[2] [1] Verwendet ein Institut für die Berechnung der Risikogewichte und für interne Zwecke unterschiedliche Schätzungen, wird dies dokumentiert und muss vertretbar sein. [2] Kann ein Institut seinen zuständigen Behörden nachweisen, dass für die vor dem 1. Januar 2007 erhobenen Daten angemessene Anpassungen vorgenommen wurden, um weitgehende Übereinstimmung mit der Ausfalldefinition des Artikels 178 oder der Verlustdefinition herzustellen, so können die zuständigen Behörden ihm eine gewisse Flexibilität bei der Anwendung der geforderten Datenstandards einräumen.

(2) Greift ein Institut auf institutsübergreifend in einem Pool zusammengefasste Daten zurück, erfüllt es dabei die folgenden Anforderungen:
a) Die Ratingsysteme und -kriterien der anderen Institute im Pool sind mit seinen eigenen vergleichbar,
b) der Pool ist für das Portfolio, für das die zusammengefassten Daten verwendet werden, repräsentativ,
c) das Institut nutzt die zusammengefassten Daten über längere Zeit kohärent für seine Schätzungen,
d) das Institut bleibt für die Integrität seiner Ratingsysteme verantwortlich,
e) das Institut verfügt auch weiterhin über ausreichende interne Kenntnisse über sein Ratingsystem, wozu auch die Fähigkeit einer wirksamen Überwachung und Prüfung des Ratingprozesses zählt.

Art. 180 Besondere Anforderungen an PD-Schätzungen. (1) Bei der Quantifizierung der Risikoparameter für bestimmte Bonitätsstufen oder -pools wenden die Institute bei PD-Schätzungen für Risikopositionen gegenüber Unternehmen, Instituten, Zentralstaaten und Zentralbanken sowie für Beteiligungspositionen, für die sie den PD-/LGD-Ansatz nach Artikel 155 Absatz 3 anwenden, die folgenden besonderen Anforderungen an:
a) Die Institute schätzen die PD für die einzelnen Schuldner-Bonitätsstufen ausgehend von den langfristigen Durchschnitten der jährlichen Ausfallraten. Bei PD-Schätzungen für Schuldner mit hoher Fremdkapitalquote oder Schuldner, deren Aktiva vorwiegend gehandelte Vermögenswerte sind, wird der Wertentwicklung der zugrunde liegenden Aktiva in Zeiten hoher Volatilität Rechnung getragen;
b) bei angekauften Forderungen an Unternehmen dürfen Institute den Wert für EL für die einzelnen Schuldnerstufen ausgehend von den langfristigen Durchschnitten der jährlich realisierten Ausfallraten schätzen;
c) leitet ein Institut langfristige PD- und LGD-Durchschnittsschätzungen für angekaufte Unternehmensforderungen von einer EL-Schätzung und einer

angemessenen PD- oder LGD-Schätzung ab, so erfolgt die Schätzung der Gesamtverluste nach den in diesem Teil für die PD- und LGD-Schätzung festgelegten allgemeinen Standards und das Ergebnis ist mit dem LGD-Konzept nach Artikel 181 Absatz 1 Buchstabe a vereinbar;

d) die Institute wenden PD-Schätzverfahren nur in Kombination mit ergänzenden Analysen an. Bei Zusammenführung der Ergebnisse der verschiedenen Verfahren und bei Anpassungen, die aufgrund technischer oder informationsbedingter Beschränkungen vorgenommen werden, berücksichtigen die Institute die Bedeutung wertender Erwägungen;

e) nutzt ein Institut für seine PD-Schätzungen eigene Ausfallerfahrungswerte, so tragen diese Schätzungen den Kreditvergaberichtlinien sowie allen etwaigen Unterschieden zwischen dem die Daten liefernden Ratingsystem und dem aktuell verwendeten Ratingsystem Rechnung. Haben sich die Kreditvergaberichtlinien oder Ratingsysteme geändert, sieht das Institut in seiner PD-Schätzung eine höhere Sicherheitsspanne vor;

f) soweit ein Institut seine internen Bonitätsstufen *mit der*[1] Bonitätsskala einer ECAI oder vergleichbarer Einrichtungen zuordnet oder auf einer solchen Skala abbildet und anschließend die für die Stufen der externen Organisation beobachteten Ausfallraten seinen internen Stufen zuordnet, erfolgt diese Zuordnung anhand eines Vergleichs zwischen den internen Einstufungskriterien und den Kriterien der externen Organisation und eines Vergleichs zwischen internen und externen Einstufungen etwaiger gemeinsamer Schuldner. Verzerrungen oder Inkonsistenzen im Zuordnungsverfahren oder bei den zugrunde liegenden Daten werden dabei vermieden. Die Kriterien der externen Organisation, die den für die Quantifizierung herangezogenen Daten zugrunde liegen, sind ausschließlich auf das Ausfallrisiko ausgerichtet und spiegeln keine Transaktionsmerkmale wider. Die vom Institut durchgeführte Analyse umfasst vorbehaltlich der Anforderungen des Artikels 178 auch einen Vergleich der verwendeten Ausfalldefinitionen. Das Institut dokumentiert die Grundlagen einer derartigen Zuordnung;

g) verwendet ein Institut zur Ausfallvorhersage statistische Modelle, so darf es den einfachen Durchschnitt der Ausfallwahrscheinlichkeitsschätzungen für einzelne Schuldner einer bestimmten Stufe als PD verwenden. Verwendet ein Institut zu diesem Zweck Modelle zur Schätzung der Ausfallwahrscheinlichkeit, so hält es dabei die Standards des Artikels 174 ein;

h) unabhängig davon, ob ein Institut für seine PD-Schätzung externe, interne oder zusammengefasste Datenquellen oder eine Kombination daraus verwendet, muss der zugrunde liegende historische Beobachtungszeitraum für zumindest eine Datenquelle mindestens fünf Jahre betragen. Wurde eine Datenquelle über einen längeren Zeitraum beobachtet und sind die entsprechenden Daten relevant, so wird dieser längere Beobachtungszeitraum herangezogen. Dies gilt auch für den PD/LGD-Ansatz bei Beteiligungen. Bei entsprechender Genehmigung der zuständigen Behörden können Institute, die keine Genehmigung der zuständigen Behörde gemäß Artikel 143 erhalten haben, eigene LGD- oder Umrechnungsfaktorschätzungen zu verwenden, bei der Anwendung des IRB-Ansatzes relevante Daten aus einem Zweijahreszeitraum verwenden. Dieser Zeitraum verlängert sich jährlich um ein Jahr, bis relevante Daten für einen Zeitraum von fünf Jahren vorliegen.

---

[1] Richtig wohl: „der".

(2) *[1]* Für Risikopositionen aus dem Mengengeschäft gelten die folgenden Anforderungen:

a) Die Institute schätzen die PD für die einzelnen Schuldnerstufen oder -pools anhand der langfristigen Durchschnitte der jährlichen Ausfallraten;
b) die PD-Schätzungen dürfen auch von einer Gesamtverlustschätzung und von geeigneten LGD-Schätzungen abgeleitet werden;
c) die Institute betrachten die internen Daten für die Zuordnung von Risikopositionen zu Stufen oder Pools als primäre Informationsquelle für die Schätzung der Verlustmerkmale. Für die Quantifizierung können die Institute externe (einschließlich zusammengefasster) Daten oder statistische Modelle heranziehen, wenn die beiden folgenden engen Verbindungen bestehen:
   i) zwischen dem Verfahren, das das Institut für die Zuordnung von Risikopositionen zu Stufen oder Pools verwendet, und dem von der externen Datenquelle eingesetzten Verfahren und
   ii) zwischen dem internen Risikoprofil des Instituts und der Zusammensetzung der externen Daten;
d) leitet ein Institut langfristige PD- und LGD-Durchschnittsschätzungen für Risikopositionen aus dem Mengengeschäft von einer Gesamtverlustschätzung und einer angemessenen PD- oder LGD-Schätzung ab, so erfolgt die Schätzung der Gesamtverluste nach den in diesem Teil für die PD- und LGD-Schätzung festgelegten allgemeinen Standards und das Ergebnis ist mit dem LGD-Konzept nach Artikel 181 Absatz 1 Buchstabe a vereinbar;
e) unabhängig davon, ob ein Institut für seine Schätzung der Verlustmerkmale externe, interne oder zusammengefasste Datenquellen oder eine Kombination daraus verwendet, muss der zugrunde liegende historische Beobachtungszeitraum für zumindest eine Datenquelle mindestens fünf Jahre betragen. Wurde eine Datenquelle über einen längeren Zeitraum beobachtet und sind die entsprechenden Daten relevant, so wird dieser längere Beobachtungszeitraum herangezogen. Wenn sich neuere Daten besser zur Vorhersage der Verlustquoten eignen, muss ein Institut historischen Daten nicht die gleiche Bedeutung beimessen. Bei entsprechender Genehmigung der zuständigen Behörden können Institute bei der Anwendung des IRB-Ansatzes relevante Daten aus einem Zweijahreszeitraum verwenden. Dieser Zeitraum verlängert sich jährlich um ein Jahr, bis relevante Daten für einen Zeitraum von fünf Jahren vorliegen;
f) die Institute ermitteln und analysieren die erwarteten Veränderungen der Risikoparameter während der Laufzeit einer Risikoposition (Saisoneffekte).

[2] [1] Bei angekauften Risikopositionen aus dem Mengengeschäft können die Institute externe und interne Referenzdaten verwenden. [2] Die Institute ziehen alle einschlägigen Datenquellen für Vergleichszwecke heran.

(3) *[1]* Die EBA arbeitet Entwürfe technischer Regulierungsstandards aus, in denen Folgendes präzisiert wird:

a) die Bedingungen, unter denen zuständige Behörden die in Absatz 1 Buchstabe h und Absatz 2 Buchstabe e genannte Genehmigung erteilen dürfen,
b) die Methoden, nach denen zuständige Behörden gemäß Artikel 143 die von einem Institut zur PD-Schätzung verwendete Methode bewerten.

[2] Die EBA legt der Kommission diese Entwürfe technischer Regulierungsstandards bis zum 31. Dezember 2014 vor.

[3] Der Kommission wird die Befugnis übertragen, die technischen Regulierungsstandards nach Unterabsatz 1 gemäß den Artikeln 10 bis 14 der Verordnung (EU) Nr. 1093/2010 zu erlassen.

Art. 181 Besondere Anforderungen an eigene LGD-Schätzungen.

(1) Bei der Quantifizierung der Risikoparameter für bestimmte Bonitätsstufen oder -pools halten die Institute die folgenden besonderen Anforderungen an eigene LGD-Schätzungen ein:

a) Die Institute schätzen die LGD für die einzelnen Stufen oder Pools von Kreditfazilitäten anhand der in den einzelnen Fazilitätsstufen bzw. -pools im Durchschnitt realisierten LGD, wobei alle innerhalb der Datenquellen verzeichneten Ausfälle einbezogen werden (ausfallgewichteter Durchschnitt);

b) die Institute verwenden einem Konjunkturabschwung angemessene LGD-Schätzungen, falls diese konservativer sind als der langfristige Durchschnitt. Ist ein Ratingsystem so ausgelegt, dass es die realisierten LGD im Zeitverlauf konstant nach Stufen bzw. Pools liefert, so passen die Institute ihre Risikoparameterschätzungen für die einzelnen Stufen bzw. Pools an, um die Auswirkungen eines Konjunkturabschwungs auf die Eigenmittel zu begrenzen;

c) ein Institut berücksichtigt den Umfang etwaiger Abhängigkeiten zwischen dem Risiko des Schuldners und dem Risiko der Sicherheit bzw. des Sicherheitengebers. Signifikante Abhängigkeiten sind in vorsichtiger Weise zu berücksichtigen;

d) Währungsinkongruenzen zwischen der zugrunde liegenden Verbindlichkeit und der Sicherheit werden bei der LGD-Bewertung des Instituts in vorsichtiger Weise berücksichtigt;

e) werden bei den LGD-Schätzungen Sicherheiten berücksichtigt, so wird dabei nicht nur der geschätzte Marktwert der Sicherheit zugrunde gelegt. Die LGD-Schätzungen tragen der Tatsache Rechnung, dass die Institute möglicherweise nicht in der Lage sein werden, rasch auf die Sicherheiten zuzugreifen und sie zu verwerten;

f) werden bei den LGD-Schätzungen Sicherheiten berücksichtigt, legen die Institute interne Anforderungen an Sicherheitenmanagement, Rechtssicherheit und Risikomanagement fest, die im Großen und Ganzen mit den in Kapitel 4 Abschnitt 3 festgelegten Anforderungen in Einklang stehen;

g) erkennt ein Institut zur Bestimmung des Risikopositionswerts für das Gegenparteiausfallrisiko gemäß Kapitel 6 Abschnitt 5 oder 6 Sicherheiten an, werden Beträge, die aus den Sicherheiten erwartet werden, bei den LGD-Schätzungen nicht berücksichtigt;

h) im Sonderfall bereits ausgefallener Risikopositionen legt das Institut die Gesamtsumme der besten eigenen Schätzung der erwarteten Verluste aus jeder einzelnen Risikoposition unter Berücksichtigung der aktuellen wirtschaftlichen Situation und des Status der Risikoposition und der eigenen Schätzung des Anstiegs der Verlustquote infolge der Möglichkeit zusätzlicher unerwarteter Verluste während des Verwertungszeitraums, d.h. zwischen dem Ausfallzeitpunkt und der endgültigen Abwicklung der Risikoposition, zugrunde;

i) noch nicht entrichtete Verzugsgebühren werden der Risikoposition bzw. dem Verlust in dem Umfang hinzugerechnet, wie sie von dem Institut bereits erfolgswirksam verbucht wurden;

j) bei Risikopositionen gegenüber Unternehmen, Instituten, Zentralstaaten und Zentralbanken stützen sich die LGD-Schätzungen zumindest für eine Datenquelle auf einen mindestens fünfjährigen Zeitraum, der jährlich nach der Umsetzung um ein Jahr verlängert wird, bis ein Minimum von sieben Jahren erreicht ist. Wurde eine Datenquelle über einen längeren Zeitraum beobachtet und sind die entsprechenden Daten relevant, so wird dieser längere Beobachtungszeitraum herangezogen.

(2) *[1]* Bei Risikopositionen aus dem Mengengeschäft dürfen die Institute

a) LGD-Schätzungen von tatsächlichen Verlusten und geeigneten PD-Schätzungen ableiten,
b) künftige Inanspruchnahmen entweder in ihren Umrechnungsfaktoren oder in ihren LGD-Schätzungen berücksichtigen,
c) zur Schätzung der LGD externe und interne Referenzdaten verwenden, wenn es sich um angekaufte Risikopositionen aus dem Mengengeschäft handelt.

[2] [1]Bei Risikopositionen aus dem Mengengeschäft stützen sich die LGD-Schätzungen auf Daten eines mindestens fünfjährigen Zeitraums. [2]Wenn sich neuere Daten besser zur Vorhersage der Verlustquoten eignen, muss ein Institut historischen Daten nicht die gleiche Bedeutung beimessen. [3]Bei entsprechender Erlaubnis der zuständigen Behörden können Institute bei der Anwendung des IRB-Ansatzes relevante Daten aus einem Zweijahreszeitraum verwenden. [4]Dieser Zeitraum verlängert sich jährlich um ein Jahr, bis relevante Daten für einen Zeitraum von fünf Jahren vorliegen.

(3) *[1]* Die EBA arbeitet Entwürfe technischer Regulierungsstandards aus, in denen Folgendes präzisiert wird:

a) die Art, Schwere und Dauer eines Konjunkturabschwungs im Sinne des Absatzes 1,
b) die Bedingungen, unter denen eine zuständige Behörde einem Institut, wenn es den IRB-Ansatz anwendet, nach Absatz 2 gestatten kann, relevante Daten aus einem Zweijahreszeitraum zu verwenden.

[2] Die EBA legt der Kommission diese Entwürfe technischer Regulierungsstandards bis zum 31. Dezember 2014 vor.

[3] Der Kommission wird die Befugnis übertragen, die technischen Regulierungsstandards nach Unterabsatz 1 gemäß den Artikeln 10 bis 14 der Verordnung (EU) Nr. 1093/2010 zu erlassen.

Art. 182 Besondere Anforderungen an eigene Umrechnungsfaktorschätzungen. (1) Bei der Quantifizierung der Risikoparameter für bestimmte Bonitätsstufen oder -pools halten die Institute die folgenden besonderen Anforderungen an eigene Umrechnungsfaktorschätzungen ein:

a) Die Institute schätzen die Umrechnungsfaktoren für die einzelnen Stufen oder Pools von Kreditfazilitäten anhand der in den einzelnen Fazilitätsstufen bzw. -pools im Durchschnitt realisierten Umrechnungsfaktoren, wobei sie den ausfallgewichteten Durchschnitt aus allen innerhalb der Datenquelle verzeichneten Ausfällen heranziehen;
b) die Institute verwenden die einem Konjunkturabschwung angemessenen Umrechnungsfaktorschätzungen, falls diese konservativer sind als der langfristige Durchschnitt. Ist ein Ratingsystem so ausgelegt, dass es die realisier-

ten Umrechnungsfaktoren im Zeitverlauf konstant nach Stufen bzw. Pools liefert, so passen die Institute ihre Risikoparameterschätzungen für die einzelnen Stufen bzw. Pools an, um die Auswirkungen eines Konjunkturabschwungs auf die Eigenmittel zu begrenzen.[1)]

c) bei der Schätzung der Umrechnungsfaktoren berücksichtigen die Institute die Möglichkeit zusätzlicher Inanspruchnahmen durch den Schuldner bis zum Zeitpunkt und nach Eintritt des Ausfalls. Auf die Umrechnungsfaktorschätzung wird eine höhere Sicherheitsspanne vorgesehen, wenn von einer starken positiven Korrelation zwischen der Ausfallhäufigkeit und der Größe des Umrechnungsfaktors auszugehen ist;

d) bei der Schätzung der Umrechnungsfaktoren berücksichtigen die Institute ihre spezifischen Grundsätze und Strategien, die sie für Kontoüberwachung und Zahlungsabwicklung festgelegt haben. Die Institute berücksichtigen auch, inwieweit sie imstande und bereit sind, in anderen Situationen als einem Zahlungsausfall, wie Vertragsverletzungen oder anderen technisch bedingten Ausfällen, weitere Inanspruchnahmen zu verhindern;

e) die Institute verfügen über angemessene Systeme und Verfahren, um die Höhe von Kreditfazilitäten, die aktuelle Inanspruchnahme zugesagter Kreditlinien und Veränderungen bei der Inanspruchnahme nach Schuldnern und Klassen zu überwachen. Das Institut ist in der Lage, offene Salden auf täglicher Basis zu überwachen;

f) verwendet ein Institut für die Berechnung der risikogewichteten Positionsbeträge und für interne Zwecke unterschiedliche Umrechnungsfaktorschätzungen, wird dies dokumentiert und muss vertretbar sein.

(2) [1] Bei Risikopositionen gegenüber Unternehmen, Instituten, Zentralstaaten und Zentralbanken stützen sich die Umrechnungsfaktorschätzungen zumindest bei einer Datenquelle auf einen mindestens fünfjährigen Zeitraum, der jährlich nach der Umsetzung um ein Jahr verlängert wird, bis ein Minimum von sieben Jahren erreicht ist. [2] Wurde eine Datenquelle über einen längeren Zeitraum beobachtet und sind die entsprechenden Daten relevant, so wird dieser längere Beobachtungszeitraum herangezogen.

(3) *[1]* Bei Risikopositionen aus dem Mengengeschäft dürfen die Institute künftige Inanspruchnahmen entweder in ihren Umrechnungsfaktoren oder in ihren LGD-Schätzungen berücksichtigen.

[2] [1] Bei Risikopositionen aus dem Mengengeschäft stützen sich die Umrechnungsfaktorschätzungen auf Daten eines mindestens fünfjährigen Zeitraums. [2] Abweichend von Absatz 1 Buchstabe a braucht ein Institut historischen Daten nicht die gleiche Bedeutung beizumessen, wenn sich neuere Daten besser zur Vorhersage zusätzlicher Inanspruchnahmen eignen. [3] Bei entsprechender Erlaubnis der zuständigen Behörden dürfen Institute bei der Anwendung des IRB-Ansatzes relevante Daten aus einem Zweijahreszeitraum verwenden. [4] Dieser Zeitraum verlängert sich jährlich um ein Jahr, bis relevante Daten für einen Zeitraum von fünf Jahren vorliegen.

(4) *[1]* Die EBA arbeitet Entwürfe technischer Regulierungsstandards aus, in denen Folgendes präzisiert wird:

[1)] Zeichensetzung amtlich.

a) die Art, Schwere und Dauer eines Konjunkturabschwungs im Sinne des Absatzes 1,

b) die Bedingungen, unter denen eine zuständige Behörde einem Institut bei erstmaliger Anwendung des IRB-Ansatzes gestatten kann, relevante Daten aus einem Zweijahreszeitraum zu verwenden.

[2] Die EBA legt der Kommission diese Entwürfe technischer Regulierungsstandards bis zum 31. Dezember 2014 vor.

[3] Der Kommission wird die Befugnis übertragen, die technischen Regulierungsstandards nach Unterabsatz 1 gemäß den Artikeln 10 bis 14 der Verordnung (EU) Nr. 1093/2010 zu erlassen.

Art. 183 Anforderungen an die Bewertung der Auswirkungen von Garantien und Kreditderivaten auf Risikopositionen gegenüber Unternehmen, Instituten, Zentralstaaten und Zentralbanken, wenn dabei eigene LGD-Schätzungen verwendet werden, und bei Risikopositionen aus dem Mengengeschäft. (1) In Bezug auf anerkennungsfähige Garantiegeber und Garantien gelten die folgenden Anforderungen:

a) Institute haben klar festgelegte Kriterien dafür, welche Arten von Garantiegebern sie für die Berechnung der risikogewichteten Positionsbeträge anerkennen,

b) für anerkannte Garantiegeber gelten dieselben Regeln wie für Schuldner (Artikel 171, 172 und 173),

c) die Garantie liegt in Schriftform vor, kann vom Garantiegeber nicht widerrufen werden, gilt (nach Maßgabe der Höhe und Laufzeit der Garantieerklärung) bis zur vollständigen Erfüllung der Zahlungsverpflichtung und kann in dem Rechtsraum, in dem der Garantiegeber über Vermögenswerte verfügt, die durch ein vollstreckbares Urteil gepfändet werden können, gegenüber dem Garantiegeber rechtlich durchgesetzt werden. Bedingte Garantien, bei denen festgelegt ist, unter welchen Bedingungen der Garantiegeber unter Umständen von seiner Pflicht zur Garantieerfüllung befreit ist, können bei entsprechender Erlaubnis der zuständigen Behörden anerkannt werden. Die Zuordnungskriterien zu Klassen oder Pools tragen möglichen Verschlechterungen der Kreditsicherungseigenschaften angemessen Rechnung.

(2) *[1]* [1] Institute haben klar festgelegte Kriterien, nach denen sie Klassen, Pools oder LGD-Schätzungen und im Falle von Risikopositionen aus dem Mengengeschäft und anerkennungsfähigen angekauften Forderungen auch den Prozess der Zuordnung von Risikopositionen zu Klassen oder Pools anpassen, um bei der Berechnung der risikogewichteten Positionsbeträge der Auswirkung von Garantien Rechnung zu tragen. [2] Diese Kriterien entsprechen den Anforderungen der Artikel 171, 172 und 173.

[2] [1] Die Kriterien sind plausibel und einleuchtend. [2] Sie berücksichtigen die Fähigkeit und die Bereitschaft des Garantiegebers, seinen Verpflichtungen aus der Garantie nachzukommen, den wahrscheinlichen Zeitpunkt der Zahlungen, den Grad der Korrelation zwischen der Fähigkeit des Garantiegebers, seinen Verpflichtungen aus der Garantie nachzukommen, und der Rückzahlungsfähigkeit des Schuldners sowie das möglicherweise für den Schuldner verbleibende Restrisiko.

(3) *[1]* [1]Die Anforderungen dieses Artikels an Garantien gelten auch für Einzeladressen-Kreditderivate. [2]Bei Inkongruenz zwischen der zugrunde liegenden Verbindlichkeit und der Referenzverbindlichkeit des Kreditderivats oder der Verbindlichkeit, die zur Bestimmung des Eintritts eines Kreditereignisses herangezogen wird, gelten die Anforderungen des Artikels 216 Absatz 2. [3]Bei Risikopositionen aus dem Mengengeschäft und anerkennungsfähigen angekauften Forderungen gilt dieser Absatz für die Zuordnung von Risikopositionen zu Klassen oder Pools.

[2] [1]Die Kriterien berücksichtigen die Auszahlungsstruktur des Kreditderivats und tragen deren Einfluss auf Höhe und Zeitpunkt der Rückflüsse in konservativer Weise Rechnung. [2]Das Institut berücksichtigt, in welchem Umfang andere Arten von Restrisiken verbleiben.

(4) [1]Die Anforderungen der Absätze 1 bis 3 gelten nicht für Garantien von Instituten, Zentralstaaten und Zentralbanken sowie Unternehmen, die die Anforderungen des Artikels 201 Absatz 1 Buchstabe g erfüllen, wenn das Institut die Erlaubnis erhalten hat, bei Risikopositionen gegenüber solchen Adressen gemäß den Artikeln 148 und 150 nach dem Standardansatz zu verfahren. [2]In diesem Fall gelten die Anforderungen des Kapitels 4.

(5) Bei Garantien an Privatkunden gelten die Anforderungen der Absätze 1, 2 und 3 auch für die Zuordnung von Risikopositionen zu Klassen oder Pools und die PD-Schätzung.

(6) *[1]* Die EBA arbeitet Entwürfe technischer Regulierungsstandards zur Festlegung der Bedingungen aus, unter denen zuständige Behörden die Anerkennung bedingter Garantien gestatten können.

[2] Die EBA legt der Kommission diese Entwürfe technischer Regulierungsstandards nach Unterabsatz 1 bis zum 31. Dezember 2014 vor.

[3] Der Kommission wird die Befugnis übertragen, die technischen Regulierungsstandards nach Unterabsatz 1 gemäß den Artikeln 10 bis 14 der Verordnung (EU) Nr. 1093/2010 zu erlassen.

Art. 184 Anforderungen an angekaufte Forderungen. (1) Bei der Quantifizierung der Risikoparameter für die Bonitätsstufen oder -pools für angekaufte Forderungen stellen die Institute sicher, dass die Bedingungen der Absätze 2 bis 6 erfüllt sind.

(2) [1]Die Struktur der Fazilität gewährleistet, dass das Institut unter allen vorhersehbaren Umständen der tatsächliche Eigentümer der Geldeingänge aus den Forderungen ist und diese kontrolliert. [2]Leistet der Schuldner Zahlungen direkt an einen Verkäufer oder Forderungsverwalter, überzeugt sich das Institut regelmäßig davon, dass die Zahlungen in voller Höhe und gemäß der vertraglichen Vereinbarung weitergeleitet werden. [3]Die Institute stellen durch geeignete Verfahren sicher, dass das Eigentum an den Forderungen und Geldeingängen vor Forderungen aus Konkursverfahren und sonstigen Rechtsansprüchen geschützt ist, die die Möglichkeiten des Kreditgebers zum Einzug oder zur Übertragung der Forderungen oder zur fortgeführten Ausübung der Kontrolle über die Geldeingänge erheblich verzögern könnten.

(3) [1]Das Institut überwacht sowohl die Qualität der angekauften Forderungen als auch die Finanzlage des Verkäufers und des Forderungsverwalters. [2]Es gilt Folgendes:

a) Das Institut bewertet die Korrelation zwischen der Qualität der angekauften Forderungen und der Finanzlage des Verkäufers und des Forderungsverwalters und verfügt über interne Grundsätze und Verfahren, die eine angemessene Absicherung gegen alle Eventualitäten bieten, unter anderem indem jedem Verkäufer und Forderungsverwalter eine interne Beurteilung zugeordnet wird;

b) zur Feststellung der Anerkennungsfähigkeit von Verkäufer und Forderungsverwalter verfügt das Institut über klare und wirksame Grundsätze und Verfahren. Das Institut oder dessen Beauftragter unterzieht Verkäufer und Forderungsverwalter in regelmäßigen Abständen einer Überprüfung, um sich von der Richtigkeit ihrer Berichte zu überzeugen, Betrugsfälle und betriebliche Schwachstellen aufzudecken und die Qualität der Kreditvergabepraktiken des Verkäufers bzw. der Auswahlvorschriften und -verfahren des Forderungsverwalters zu überprüfen. Die Ergebnisse dieser Überprüfungen werden dokumentiert;

c) das Institut bewertet die Merkmale des Pools angekaufter Forderungen, einschließlich etwaiger Überziehungen (over-advances), der bisherigen Zahlungsrückstände, uneinbringlichen Forderungen und Wertberichtigungen auf uneinbringliche Forderungen des Verkäufers, sowie der Zahlungsbedingungen und etwaiger Gegenkonten;

d) das Institut hat wirksame Grundsätze und Verfahren, um sowohl innerhalb eines Pools aus angekauften Forderungen als auch über verschiedene solcher Pools hinweg Konzentrationen auf einzelne Schuldner auf aggregierter Basis überwachen zu können;

e) das Institut stellt sicher, dass es vom Forderungsverwalter zeitnahe und ausreichend detaillierte Berichte über die Laufzeitenstruktur (Alterung) und Verwässerung der Forderungen erhält, um die Einhaltung der Anerkennungsfähigkeitskriterien und der Vorauszahlungsleitlinien des Instituts für angekaufte Forderungen sicherzustellen und die Verkaufskonditionen des Verkäufers und die Verwässerung wirksam überwachen und beurteilen zu können.

(4) [1] Das Institut hat Systeme und Verfahren, um eine Verschlechterung der Finanzlage des Verkäufers und der Qualität der angekauften Forderungen frühzeitig feststellen und aufkommenden Problemen proaktiv begegnen zu können. [2] Es hat insbesondere klare und wirksame Grundsätze, Verfahren und IT-Systeme zur Überwachung von Vertragsverletzungen sowie klare und wirksame Grundsätze und Verfahren für die Einleitung rechtlicher Schritte und den Umgang mit problembehafteten Forderungsankäufen.

(5) [1] Das Institut hat klare und wirksame Grundsätze und Verfahren für die Überwachung der angekauften Forderungen, der Kreditgewährung und der Zahlungen. [2] Insbesondere werden in schriftlich niedergelegten internen Grundsätzen alle wesentlichen Elemente des Forderungsankaufsprogramms spezifiziert, einschließlich Vorauszahlungen, anerkennungsfähiger Sicherheiten, erforderlicher Dokumentationen, Konzentrationslimits und der Behandlung von Geldeingängen. [3] Diese Elemente berücksichtigen in angemessener Weise alle relevanten und wesentlichen Faktoren, einschließlich der Finanzlage des Verkäufers und des Forderungsverwalters, Risikokonzentrationen und Trends bei der Entwicklung der Qualität der angekauften Forderungen sowie des Kundenstammes des Verkäufers; die internen Systeme stellen außerdem sicher, dass

Vorauszahlungen nur gegen genau bezeichnete Sicherheiten und eine genau bezeichnete Dokumentation erfolgen.

(6) [1] Das Institut hat wirksame interne Verfahren, um die Einhaltung sämtlicher internen Grundsätze und Verfahren beurteilen zu können. [2] Diese Verfahren umfassen unter anderem regelmäßige Überprüfungen aller kritischen Phasen des Forderungsankaufsprogramms des Instituts, eine Überprüfung der Aufgabentrennung erstens zwischen der Beurteilung des Verkäufers und des Forderungsverwalters auf der einen und der Beurteilung des Schuldners auf der anderen Seite sowie zweitens zwischen der Beurteilung des Verkäufers und des Forderungsverwalters auf der einen und der externen Revision des Verkäufers und des Forderungsverwalters auf der anderen Seite sowie eine Bewertung der Abwicklung, mit besonderem Augenmerk auf Qualifikation, Erfahrung und Anzahl der eingesetzten Mitarbeiter, sowie der unterstützenden maschinellen Systeme.

Unterabschnitt 3. Validierung der internen Schätzungen

Art. 185 Validierung interner Schätzungen. Institute validieren ihre internen Schätzungen unter Einhaltung der folgenden Anforderungen:

a) Die Institute verfügen über robuste Systeme für die Validierung der Genauigkeit und Konsistenz von Ratingsystemen, Verfahren und der Schätzung aller relevanten Risikoparameter. Der interne Validierungsprozess muss dem Institut die Möglichkeit geben, die Leistungsfähigkeit der Systeme der internen Beurteilung und der Risikoschätzung konsistent und aussagekräftig zu beurteilen;

b) die Institute vergleichen die tatsächlichen Ausfallraten in den einzelnen Stufen regelmäßig mit den entsprechenden PD-Schätzungen; liegen die tatsächlichen Ausfallraten außerhalb der für die betreffende Stufe erwarteten Bandbreite, so analysieren die Institute insbesondere die Gründe für die Abweichung. Institute, die eigene LGD- und Umrechnungsfaktorschätzungen verwenden, führen auch für diese Schätzungen eine entsprechende Analyse durch. Für solche Vergleiche werden historische Daten herangezogen, die einen möglichst langen Zeitraum abdecken. Die Institute dokumentieren die für solche Vergleiche verwendeten Methoden und Daten. Diese Analyse und Dokumentation wird mindestens einmal jährlich aktualisiert;

c) die Institute ziehen auch andere quantitative Validierungsinstrumente und Vergleiche mit relevanten externen Datenquellen heran. Die Analyse stützt sich auf Daten, die dem entsprechenden Portfolio angemessen sind, regelmäßig aktualisiert werden und einen aussagekräftigen Beobachtungszeitraum abdecken. Zur internen Bewertung der Leistungsfähigkeit ihrer Ratingsysteme ziehen die Institute einen möglichst langen Zeitraum heran;

d) für die quantitative Validierung werden durchgängig die gleichen Methoden und Daten verwendet. Veränderungen bei Schätz- und Validierungsmethoden und -daten (sowohl der Datenquellen als auch der herangezogenen Zeiträume) werden dokumentiert;

e) die Institute verfügen über solide interne Standards für den Fall, dass die tatsächlichen PD, LGD, Umrechnungsfaktoren und die Gesamtverluste – bei Verwendung von EL – so signifikant von den Erwartungen abweichen, dass die Validität der Schätzungen in Frage gestellt wird. Diese Standards tragen Konjunkturzyklen und ähnlichen systematischen Schwankungen der Ausfallwerte Rechnung. Liegen die tatsächlichen Werte kontinuierlich über den Erwartungen, setzen die Institute ihre Schätzungen herauf, um ihren Ausfall- und Verlusterfahrungswerten Rechnung zu tragen.

Unterabschnitt 4. Anforderungen an Beteiligungspositionen bei der Verwendung interner Modelle

Art. 186 Eigenmittelanforderung und Risikoquantifizierung. Bei der Berechnung der Eigenmittelanforderungen halten Institute die folgenden Standards ein:

a) Die Schätzung des Verlustpotenzials hält ungünstigen Marktbewegungen, die für das langfristige Risikoprofil der Beteiligungen des Instituts an bestimmten Unternehmen relevant sind, stand. Die zur Herleitung der Ertragsausschüttung verwendeten Daten reichen soweit wie möglich in die Vergangenheit zurück und spiegeln das Risikoprofil der Beteiligungen des Instituts an bestimmten Unternehmen aussagekräftig wider. Die verwendeten Daten reichen aus, um konservative, statistisch verlässliche und robuste Verlustschätzungen zu liefern, die nicht auf rein subjektiven oder wertenden Überlegungen basieren. Der unterstellte Schock führt zu einer konservativen Schätzung der potenziellen Verluste innerhalb eines relevanten langfristigen Markt- oder Konjunkturzyklus. Um realistische und konservative Modellergebnisse zu erzielen, kombiniert das Institut die empirische Analyse der verfügbaren Daten mit Anpassungen, die sich auf unterschiedliche Faktoren stützen. Beim Aufbau von Value-at-Risk-(VaR-)Modellen zur Schätzung potentieller Quartalsverluste können die Institute Quartalsdaten verwenden oder Daten mit kürzerem Zeithorizont mit einer analytisch angemessenen, durch empirische Daten gestützten Methode auf der Basis wohl durchdachter und dokumentierter Überlegungen und Analysen in Quartalsdaten umwandeln. Dabei ist konservativ und im Zeitverlauf konsistent zu verfahren. Sind relevante Daten nur eingeschränkt verfügbar, sieht das Institut angemessene Sicherheitsspannen vor;

b) die verwendeten Modelle bilden alle wesentlichen, mit den Eigenkapitalrenditen verbundenen Risiken adäquat ab, einschließlich des allgemeinen Marktrisikos und der speziellen Risiken des Beteiligungsportfolios des Instituts. Die internen Modelle erklären die historischen Preisschwankungen in angemessener Weise, stellen sowohl die Größenordnung als auch Veränderungen bei der Zusammensetzung potentieller Konzentrationen dar und halten widrigen Rahmenbedingungen am Markt stand. Die Risiken, die in den für die Schätzung verwendeten Daten enthalten sind, entsprechen in hohem Maße den mit den Beteiligungspositionen des Instituts verbundenen Risiken oder sind zumindest mit diesen vergleichbar;

c) das interne Modell ist dem Risikoprofil und der Komplexität des Beteiligungsportfolios des Instituts angemessen. Hält ein Institut wesentliche Beteiligungen, deren Wertentwicklung naturgemäß alles andere als linear verläuft, sind die internen Modelle so ausgelegt, dass sie die mit solchen Instrumenten verbundenen Risiken angemessen erfassen;

d) die Zuordnung einzelner Positionen zu Näherungswerten, Marktindizes und Risikofaktoren ist plausibel, einleuchtend und konzeptionell solide;

e) die Institute weisen durch empirische Analysen nach, dass die Risikofaktoren angemessen sind und insbesondere das allgemeine wie das besondere Risiko abdecken können;

f) für die Schätzungen der Renditevolatilität von Beteiligungspositionen werden relevante und verfügbare Daten, Informationen und Methoden herangezogen. Verwendet werden interne Daten, die von unabhängiger Seite geprüft wurden, oder Daten aus externen Quellen (einschließlich zusammengefasster Daten);
g) es ist ein rigoroses und umfassendes Stresstest-Programm vorhanden.

Art. 187 Risikomanagement-Prozess und -Kontrollen. [1] Die Institute legen für die Entwicklung und den Einsatz interner Modelle zur Berechnung der Eigenmittelanforderungen Grundsätze, Verfahren und Kontrollen fest, um die Integrität des Modells und des Modellierungsprozesses sicherzustellen. [2] Diese Grundsätze, Verfahren und Kontrollen beinhalten unter anderem Folgendes:
a) Die vollständige Integration des internen Modells in die allgemeinen Management-Informationssysteme des Instituts und in die Verwaltung des im Anlagebuch geführten Beteiligungsportfolios. Werden interne Modelle insbesondere bei der Messung und Bewertung der Wertentwicklung eines Beteiligungsportfolios (einschließlich der risikobereinigten Wertentwicklung), der Allokation des internen Kapitals auf die verschiedenen Beteiligungspositionen und der Bewertung der Gesamtkapitaladäquanz und des Anlagemanagements eingesetzt, werden sie vollständig in die Risikomanagement-Infrastruktur des Instituts integriert;
b) etablierte Managementsysteme, -verfahren und -kontrollfunktionen zur Gewährleistung einer regelmäßigen und unabhängigen Überprüfung aller Bestandteile des internen Modellierungsprozesses, einschließlich der Genehmigung von Modelländerungen, der sachkundigen Beurteilung der Modelleingaben und der Überprüfung der Modellergebnisse, wie die direkte Nachprüfung von Risikoberechnungen. Im Rahmen dieser Überprüfungen wird die Genauigkeit, Vollständigkeit und Angemessenheit der Modelleingaben und -ergebnisse eingeschätzt und der Schwerpunkt darauf gelegt, potenzielle Fehler, die durch bekannte Modellschwächen bedingt sind, zu erkennen und zu begrenzen sowie bis dato unbekannte Schwächen des Modells aufzudecken. Derartige Überprüfungen können von einer unabhängigen internen Abteilung oder von einer unabhängigen externen Partei durchgeführt werden;
c) angemessene Systeme und Verfahren zur Überwachung von Anlagelimits und Risiken bei Beteiligungspositionen;
d) funktionelle Unabhängigkeit der für die Entwicklung und Anwendung des Modells verantwortlichen Abteilungen von den für die Verwaltung der einzelnen Anlagen verantwortlichen Abteilungen;
e) angemessene Qualifikation all derjenigen, die in irgendeiner Weise an der Modellentwicklung beteiligt sind. Das Management weist der Modellentwicklung ausreichende personelle Ressourcen mit der erforderlichen Qualifikation und Kompetenz zu.

Art. 188 Validierung und Dokumentierung. *[1]* [1] Die Institute verfügen über robuste Systeme zur Validierung der Genauigkeit und Schlüssigkeit ihrer internen Modelle und Modellierungsverfahren. [2] Alle wesentlichen Komponenten der internen Modelle sowie die Modellentwicklung und -validierung werden dokumentiert.

[2] Für Validierung und Dokumentierung der internen Modelle und der Modellentwicklung der Institute gelten folgende Anforderungen:

a) Die Institute nutzen den internen Validierungsprozess, um die Leistungsfähigkeit ihrer internen Modelle und Prozesse kohärent und aussagekräftig zu bewerten;

b) für die quantitative Validierung werden durchgängig die gleichen Methoden und Daten verwendet. Veränderungen bei Schätz- und Validierungsmethoden und -daten (sowohl bei Datenquellen als auch bei zugrunde gelegten Zeiträumen) werden dokumentiert;

c) die Institute vergleichen die tatsächlichen Eigenkapitalrenditen, die anhand der realisierten und nicht realisierten Gewinne und Verluste ermittelt werden, regelmäßig mit den Modellschätzungen. Für solche Vergleiche werden historische Daten herangezogen, die einen möglichst langen Zeitraum abdecken. Die Institute dokumentieren die für solche Vergleiche herangezogenen Methoden und Daten. Diese Analyse und Dokumentation wird mindestens einmal jährlich aktualisiert;[1)]

d) die Institute nutzen andere quantitative Validierungsinstrumente und Vergleiche mit externen Datenquellen. Die Analyse stützt sich auf Daten, die dem entsprechenden Portfolio angemessen sind, regelmäßig aktualisiert werden und einen aussagekräftigen Beobachtungszeitraum abdecken. Zur internen Bewertung der Leistungsfähigkeit ihrer Modelle stützen sich die Institute auf einen möglichst langen Zeitraum;

e) die Institute verfügen über solide interne Standards für den Fall, dass ein Vergleich der tatsächlichen Eigenkapitalrenditen mit den Modellschätzungen die Validität der Schätzungen oder der Modelle selbst in Frage stellt. Diese Standards tragen Konjunkturzyklen und ähnlichen systematischen Schwankungen der Eigenkapitalrenditen Rechnung. Alle Anpassungen, die als Reaktion auf eine Modellüberprüfung an den internen Modellen vorgenommen werden, werden dokumentiert und stehen mit den Modellüberprüfungsstandards des Instituts in Einklang;

f) internes Modell und Modellentwicklung werden dokumentiert, was auch für die Pflichten der an der Modellentwicklung, der Modellabnahme sowie der Modellüberprüfung Beteiligten gilt.

Unterabschnitt 5. Interne Unternehmensführung und Überwachung

Art. 189 Unternehmensführung. (1) [1] Alle wesentlichen Aspekte der Rating- und Schätzverfahren werden vom Leitungsorgan des Instituts bzw. von einem seiner zu diesem Zweck benannten Ausschüsse und der Geschäftsleitung gebilligt. [2] Die Mitglieder dieser Gremien verfügen über allgemeine Kenntnisse der Ratingsysteme des Instituts und genaue Kenntnisse der damit zusammenhängenden Managementberichte.

(2) *[1]* Die Geschäftsleitung erfüllt folgende Anforderungen:

a) Es setzt das Leitungsorgan oder einen seiner zu diesem Zweck benannten Ausschüsse über wesentliche Änderungen an oder Abweichungen von etablierten Grundsätzen in Kenntnis, die erhebliche Auswirkungen auf die Funktionsweise der Ratingsysteme des Instituts haben werden;

[1)] Semikolon fehlt im Abl.EU.

b) es verfügt über gute Kenntnisse des Aufbaus und der Funktionsweise der Ratingsysteme;

c) es stellt fortlaufend sicher, dass die Ratingsysteme ordnungsgemäß funktionieren.

[2] Die Geschäftsleitung wird von den für die Kreditrisikoüberwachung zuständigen Stellen regelmäßig über die Leistungsfähigkeit des Beurteilungsprozesses, die verbesserungsbedürftigen Bereiche und den Stand der Arbeiten an der Behebung festgestellter Schwächen unterrichtet.

(3) [1] Die auf internen Einstufungen basierende Analyse des Kreditrisikoprofils des Instituts ist wesentlicher Bestandteil der Berichterstattung an die Geschäftsleitung. [2] Die Berichterstattung betrifft zumindest die Risikoprofile je Stufe, die Ratingmigration zwischen Stufen, die Schätzung der einschlägigen Parameter je Klasse und den Vergleich der tatsächlichen Ausfallraten und, soweit eigene Schätzungen verwendet werden, der realisierten LGD und realisierten Umrechnungsfaktoren mit den Erwartungen und Stresstest-Ergebnissen. [3] Die Berichtsintervalle richten sich nach der Signifikanz und Art der Informationen sowie der Hierarchiestufe des Empfängers.

Art. 190 Kreditrisikoüberwachung. (1) [1] Die für die Kreditrisikoüberwachung zuständige Stelle ist von den Personal- und Managementfunktionen, die für die Eröffnung und Verlängerung von Positionen verantwortlich sind, unabhängig und unmittelbar der Geschäftsleitung unterstellt. [2] Sie ist für die Gestaltung bzw. Wahl, Umsetzung, Überwachung und Leistungsfähigkeit der Ratingsysteme verantwortlich. [3] Sie erstellt und analysiert regelmäßig Berichte über die Ergebnisse dieser Systeme.

(2) Die Aufgaben der für die Kreditrisikoüberwachung zuständige(n) Stelle (n) umfassen unter anderem:

a) Das Testen und Überwachen von Bonitätsstufen und -pools,

b) die Erstellung und Auswertung von zusammenfassenden Berichten der Ratingsysteme des Instituts,

c) die Umsetzung von Verfahren zur Überprüfung, ob die Stufen- und Pooldefinitionen in allen Abteilungen und geographischen Gebieten durchgängig angewandt werden,

d) Überprüfung und Dokumentierung aller etwaigen Änderungen am Beurteilungsprozess unter Angabe der Gründe für die Änderungen,

e) Überprüfung der Ratingkriterien im Hinblick darauf, ob sie für die Risikoeinschätzung weiterhin aussagekräftig sind. Änderungen am Beurteilungsprozess, an den Kriterien oder den einzelnen Beurteilungsparametern werden dokumentiert und archiviert,

f) aktive Beteiligung an der Gestaltung bzw. Wahl, Umsetzung und Validierung der im Beurteilungsprozess eingesetzten Modelle,

g) Beaufsichtigung und Überwachung der im Beurteilungsprozess eingesetzten Modelle,

h) fortlaufende Überprüfung und Änderung der im Beurteilungsprozess eingesetzten Modelle.

(3) Institute, die gemäß Artikel 179 Absatz 2 zusammengefasste Daten verwenden, können folgende Aufgaben auslagern:

a) Zusammenstellung von Informationen, die für das Testen und Überwachen von Bonitätsstufen und -pools relevant sind,

b) Erstellung zusammenfassender Berichte der Ratingsysteme des Instituts,

c) Zusammenstellung von Informationen, die für die Überprüfung der Ratingkriterien im Hinblick darauf, ob diese für die Risikoeinschätzung weiterhin aussagekräftig sind, relevant sind,

d) Dokumentierung der Änderungen am Beurteilungsprozess, an den Kriterien oder den einzelnen Beurteilungsparametern,

e) Zusammenstellung von Informationen, die für die aktuelle Überprüfung und Änderung der im Beurteilungsprozess eingesetzten Modelle relevant sind.

(4) Institute, die von Absatz 3 Gebrauch machen, stellen sicher, dass die zuständigen Behörden auf alle einschlägigen Informationen dieses Dritten, die zur Überprüfung der Einhaltung der Anforderungen notwendig sind, zugreifen können, und dass die zuständigen Behörden Vor-Ort-Prüfungen im gleichen Umfang durchführen können wie bei dem Institut selbst.

Art. 191 Innenrevision. [1] Die Innenrevision oder eine andere vergleichbare unabhängige Revisionsstelle prüft mindestens einmal jährlich die Ratingsysteme des Instituts und deren Funktionsweise, einschließlich der Tätigkeit der Kreditabteilung sowie der PD-, LGD-, EL- und Umrechnungsfaktor-Schätzungen. [2] Überprüft wird die Einhaltung aller geltenden Anforderungen.

Kapitel 4. Kreditrisikominderung

Abschnitt 1. Begriffsbestimmungen und allgemeine Anforderungen

Art. 192 Begriffsbestimmungen. Für die Zwecke dieses Kapitels bezeichnet der Ausdruck

1. „kreditgebendes Institut“ das Institut, das die betreffende Risikoposition hält;
2. „besicherte Kreditvergabe“ jedes Geschäft, das eine sicherheitsunterlegte Risikoposition begründet und keine Klausel enthält, die dem Institut das Recht auf mindestens tägliche Nachschusszahlungen einräumt;
3. „Kapitalmarkttransaktion“ jedes Geschäft, das eine sicherheitsunterlegte Risikoposition begründet und eine Klausel enthält, die dem Institut das Recht auf mindestens tägliche Nachschusszahlungen einräumt;
4. „Basis-OGA“ einen OGA, dessen Anteile von einem anderen OGA erworben wurden.

Art. 193 Grundsätze für die Anerkennung der Wirkung von Kreditrisikominderungstechniken. (1) Keine Risikoposition, für die ein Institut eine Kreditrisikominderung erreicht hat, darf einen höheren risikogewichteten Positionsbetrag oder höheren erwarteten Verlustbetrag ergeben als eine Risikoposition, für die keine Kreditrisikominderung vorliegt, die ansonsten aber identisch ist.

(2) Wird eine Kreditabsicherung bereits gemäß Kapitel 2 oder Kapitel 3 beim risikogewichteten Positionsbetrag berücksichtigt, beziehen die Institute diese Kreditabsicherung nicht in die im vorliegenden Kapitel vorgesehenen Berechnungen ein.

(3) Sind die Bestimmungen der Abschnitte 2 und 3 erfüllt, können die Institute die Berechnung der risikogewichteten Positionsbeträge nach dem Standardansatz und die Berechnung der risikogewichteten Positionsbeträge und erwarteten Verlustbeträge nach dem IRB-Ansatz gemäß den Bestimmungen der Abschnitte 4, 5 und 6 anpassen.

(4) Barmittel, Wertpapiere oder Waren, die im Rahmen eines Pensions- oder Wertpapier- bzw. Warenleihgeschäfts erworben, geliehen oder eingeliefert werden, werden von den Instituten wie Sicherheiten behandelt.

(5) Hat ein Institut, das die risikogewichteten Positionsbeträge nach dem Standardansatz berechnet, für eine Risikoposition mehr als eine Form der Kreditrisikominderung, so verfährt es wie folgt:

a) Es unterteilt die Risikoposition in die durch die jeweiligen Kreditrisikominderungsinstrumente abgedeckten Einzelteile und

b) berechnet den risikogewichteten Positionsbetrag für jeden gemäß Buchstabe a erhaltenen Einzelteil gesondert nach den Bestimmungen des Kapitels 2 und des vorliegenden Kapitels.

(6) Unterlegt ein Institut, das die risikogewichteten Positionsbeträge nach dem Standardansatz berechnet, eine einzelne Risikoposition mit der Besicherung eines einzigen Sicherungsgebers und hat diese Besicherung unterschiedliche Laufzeiten, so verfährt es wie folgt:

a) Es unterteilt die Risikoposition in die durch die jeweiligen Kreditrisikominderungsinstrumente abgedeckten Einzelteile und

b) berechnet den risikogewichteten Positionsbetrag für jeden gemäß Buchstabe a erhaltenen Einzelteil gesondert nach den Bestimmungen des Kapitels 2 und des vorliegenden Kapitels.

Art. 194 Grundsätze für die Anerkennungsfähigkeit von Kreditrisikominderungstechniken. (1) *[1]* Das zur Besicherung eingesetzte Verfahren gewährleistet zusammen mit den Maßnahmen, Schritten, Verfahren und Grundsätzen des kreditgebenden Instituts eine Besicherung, die in allen relevanten Rechtsräumen rechtswirksam und durchsetzbar ist.

[2] Das kreditgebende Institut stellt auf Anforderung der zuständigen Behörde die jüngste Fassung des/der unabhängigen, schriftlichen und mit einer Begründung versehenen Rechtsgutachten(s) bereit, das/die es verwendet hat, um zu ermitteln, ob seine Sicherungsvereinbarung(en) die in Unterabsatz 1 festgelegte Voraussetzung erfüllt/erfüllen.

(2) Das kreditgebende Institut ergreift alle Maßnahmen, die erforderlich sind, um die Wirksamkeit der Besicherung zu gewährleisten und die damit verbundenen Risiken anzugehen.

(3) Institute dürfen eine Besicherung mit Sicherheitsleistung bei der Berechnung der Wirkung einer Kreditrisikominderung nur anerkennen, wenn die zur Besicherung dienenden Vermögenswerte die beiden folgenden Bedingungen erfüllen:

a) Sie sind in der jeweiligen Aufstellung der anerkennungsfähigen Vermögenswerte in den Artikeln 197 bis 200 genannt;

b) sie sind ausreichend liquide und ihr Wert ist im Zeitverlauf ausreichend stabil, so dass sie unter Berücksichtigung des zur Berechnung der risikogewichteten Positionsbeträge verwendeten Ansatzes und des zulässigen Maßes an Anerkennung als angemessene Besicherung angesehen werden können.

(4) [1] Institute dürfen eine Besicherung mit Sicherheitsleistung bei der Berechnung der Wirkung einer Kreditrisikominderung nur anerkennen, wenn das kreditgebende Institut das Recht hat, bei Ausfall, Insolvenz oder Konkurs – oder einem anderen in der entsprechenden Vereinbarung genannten Kreditereignis – des Schuldners bzw. gegebenenfalls des Sicherheitenverwahrers die als Sicherheit zur Verfügung gestellten Vermögenswerte zeitnah zu liquidieren oder einzubehalten. [2] Der Grad an Korrelation zwischen den zur Besicherung dienenden Vermögenswerten und der Bonität des Schuldners darf nicht zu hoch sein.

(5) Bei einer Absicherung ohne Sicherheitsleistung kann ein Sicherungsgeber nur anerkannt werden, wenn er in der Aufstellung anerkennungsfähiger Sicherungsgeber in den Artikeln 201 bzw. 202 genannt ist.

(6) Bei einer Absicherung ohne Sicherheitsleistung kann eine Sicherungsvereinbarung nur anerkannt werden, wenn sie die beiden folgenden Bedingungen erfüllt:

a) Sie ist in der jeweiligen Aufstellung der anerkennungsfähigen Sicherungsvereinbarungen in den Artikeln 203 und 204 Absatz 1 genannt;
b) sie ist in den relevanten Rechtsräumen rechtswirksam und durchsetzbar, so dass sie angemessene Gewissheit hinsichtlich der gebotenen Absicherung – unter Berücksichtigung des zur Berechnung der risikogewichteten Positionsbeträge verwendeten Ansatzes und des zulässigen Maßes an Anerkennung – bietet;
c) der Sicherungsgeber erfüllt die Kriterien des Absatzes 5.

(7) Eine Kreditabsicherung erfüllt gegebenenfalls die Anforderungen des Abschnitts 3.

(8) Ein Institut muss den zuständigen Behörden nachweisen können, dass es ein angemessenes Risikomanagement hat, um die Risiken, die ihm aus dem Einsatz von Kreditrisikominderungstechniken erwachsen können, kontrollieren zu können.

(9) [1] Ungeachtet der Berücksichtigung kreditrisikomindernder Maßnahmen bei der Berechnung der risikogewichteten Positionsbeträge und gegebenenfalls der erwarteten Verlustbeträge berücksichtigt werden, bewerten die Institute das Kreditrisiko der zugrunde liegenden Risikoposition fortlaufend umfassend und können den zuständigen Behörden gegenüber die Einhaltung dieser Auflage nachweisen. [2] Bei Pensionsgeschäften und Wertpapierleih- oder Warenleih- oder -verleihgeschäften gilt nur für die Zwecke dieses Absatzes der Nettobetrag der Risikoposition als zugrunde liegende Risikoposition.

(10) *[1]* Die EBA arbeitet Entwürfe technischer Regulierungsstandards aus, in denen präzisiert wird, was für die Zwecke des Absatzes 3 als ausreichend liquide Vermögenswerte gilt und wann für die Zwecke des Absatzes 3 der Wert von Vermögenswerten als ausreichend stabil angesehen werden kann.

[2] Die EBA arbeitet diese Entwürfe technischer Regulierungsstandards aus und legt sie bis zum 30. Juni 2014 der Kommission vor.

[3] Der Kommission wird die Befugnis übertragen, die technischen Regulierungsstandards nach Unterabsatz 1 gemäß den Artikeln 10 bis 14 der Verordnung (EU) Nr. 1093/2010 zu erlassen.

Abschnitt 2. Zulässige Formen der Kreditrisikominderung

Unterabschnitt 1. Besicherung mit Sicherheitsleistung

Art. 195 Netting von Bilanzpositionen. *[1]* Bilanzielles Netting gegenseitiger Forderungen des Instituts und der Gegenpartei ist für ein Institut eine zulässige Form der Kreditrisikominderung.

[2] [1]Unbeschadet des Artikels 196 ist die Zulässigkeit auf gegenseitige Barguthaben beschränkt. [2]Institute dürfen die risikogewichteten Positionsbeträge und gegebenenfalls die erwarteten Verlustbeträge nur für Darlehen und Einlagen anpassen, die bei ihnen selbst eingeliefert wurden und die einer Vereinbarung über das Netting von Bilanzpositionen unterliegen.

Art. 196 Netting-Rahmenvereinbarungen, die Pensionsgeschäfte, Wertpapier- oder Warenverleih- oder -leihgeschäfte oder andere Kapitalmarkttransaktionen betreffen. [1]Institute, die die umfassende Methode zur Berücksichtigung finanzieller Sicherheiten nach Artikel 223 anwenden, dürfen die Auswirkungen bilateraler Nettingvereinbarungen für Pensionsgeschäfte, Wertpapier- oder Warenverleih- oder -leihgeschäfte oder andere Kapitalmarkttransaktionen mit einer Gegenpartei berücksichtigen. [2]Unbeschadet des Artikels 299 müssen die im Rahmen solcher Vereinbarungen entgegengenommenen Sicherheiten und ausgeliehenen Wertpapiere oder Waren die Voraussetzungen der Artikel 197 und 198 für die Anerkennungsfähigkeit von Sicherheiten erfüllen.

Art. 197 Anerkennungsfähigkeit von Sicherheiten unabhängig von Ansatz und Methode. (1) Institute dürfen die folgenden Positionen bei allen Ansätzen und Methoden als Sicherheit verwenden:

a) Bareinlagen beim kreditgebenden Institut oder von diesem verwahrte bargeldähnliche Instrumente,

b) Schuldverschreibungen von Zentralstaaten oder Zentralbanken, deren Wertpapiere eine Bonitätsbeurteilung einer für die Zwecke des Kapitels 2 anerkannten ECAI oder Exportversicherungsagentur haben, die von der EBA gemäß den Bestimmungen des Kapitels 2 über die Risikogewichtung von Risikopositionen gegenüber Zentralstaaten und Zentralbanken mit einer Bonitätsstufe von mindestens 4 gleichgesetzt wird,

c) Schuldverschreibungen von Instituten oder Wertpapierfirmen, deren Wertpapiere eine Bonitätsbeurteilung einer ECAI haben, die von der EBA gemäß den Bestimmungen des Kapitels 2 über die Risikogewichtung von Risikopositionen gegenüber Instituten mit einer Bonitätsstufe von mindestens 3 gleichgesetzt wird,

d) Schuldverschreibungen anderer Emittenten, deren Wertpapiere eine Bonitätsbeurteilung einer ECAI haben, die von der EBA gemäß den Bestimmungen des Kapitels 2 über die Risikogewichtung von Risikopositionen gegenüber Unternehmen mit einer Bonitätsstufe von mindestens 3 gleichgesetzt wird,

e) Schuldverschreibungen, die eine kurzfristige Bonitätsbeurteilung einer ECAI haben, die von der EBA gemäß den Bestimmungen des Kapitels 2 über die Risikogewichtung kurzfristiger Risikopositionen mit einer Bonitätsstufe von mindestens 3 gleichgesetzt wird,

f) in einem Hauptindex vertretene Aktien oder Wandelschuldverschreibungen,

g) Gold,

h) Verbriefungspositionen, außer Wiederverbriefungspositionen, die gemäß den Artikeln 261 bis 264 mit einer Risikogewichtung von 100 % oder weniger belegt sind.

(2) Die in Absatz 1 Buchstabe b genannten „Schuldverschreibungen von Zentralstaaten oder Zentralbanken" umfassen

a) Schuldverschreibungen von regionalen oder lokalen Gebietskörperschaften, deren Schuldtitel im Rahmen von Artikel 115 Absatz 2 wie Risikopositionen gegenüber dem Zentralstaat, dem sie zuzuordnen sind, behandelt werden,

b) Schuldverschreibungen öffentlicher Stellen, die gemäß Artikel 116 Absatz 4 wie Risikopositionen gegenüber Zentralstaaten behandelt werden,

c) Schuldverschreibungen multilateraler Entwicklungsbanken, denen nach Artikel 117 Absatz 2 ein Risikogewicht von 0 % zugewiesen wird,

d) Schuldverschreibungen internationaler Organisationen, denen nach Artikel 118 ein Risikogewicht von 0 % zugewiesen wird.

(3) Die in Absatz 1 Buchstabe c genannten „Schuldverschreibungen von Instituten" umfassen

a) Schuldverschreibungen von regionalen oder lokalen Gebietskörperschaften mit Ausnahme der in Absatz 2 Buchstabe a genannten Schuldverschreibungen,

b) Schuldverschreibungen öffentlicher Stellen, deren Schuldtitel gemäß Artikel 116 Absätze 1 und 2 behandelt werden,

c) Schuldverschreibungen multilateraler Entwicklungsbanken, die kein Risikogewicht von 0 % gemäß Artikel 117 Absatz 2 erhalten.

(4) Ein Institut darf Schuldverschreibungen anderer Institute, die keine Bonitätsbeurteilung einer ECAI haben, als Sicherheit verwenden, wenn folgende Kriterien erfüllt sind:

a) Sie werden an einer anerkannten Börse notiert;

b) sie sind vorrangig zu bedienen;

c) alle gleichrangigen, beurteilten Wertpapiere des Instituts haben eine Bonitätsbeurteilung einer ECAI, die von der EBA gemäß den Bestimmungen des Kapitels 2 über die Risikogewichtung von Risikopositionen gegenüber Instituten oder kurzfristigen Risikopositionen mit einer Bonitätsstufe von mindestens 3 gleichgesetzt wird;

d) dem kreditgebenden Institut liegen keine Hinweise dafür vor, dass für das Wertpapier eine schlechtere Bonitätsbeurteilung als das unter c genannte gerechtfertigt wäre;

e) die Marktliquidität des Instruments ist für diese Zwecke ausreichend.

(5) *[1]* Institute dürfen Anteile an OGA als Sicherheiten verwenden, wenn alle folgenden Bedingungen erfüllt sind:

a) Der Kurs der Anteile wird täglich festgestellt,

b) die OGA dürfen nur in Instrumente investieren, die gemäß den Absätzen 1 und 4 anerkennungsfähig sind,

c) die OGA erfüllen die Bedingungen des Artikels 132 Absatz 3.

[2] Erwirbt ein OGA Anteile eines anderen OGA, so gelten die in Unterabsatz 1 Buchstaben a bis c festgelegten Bedingungen für den Basis-OGA gleichermaßen.

[3] Sichert ein OGA zulässige Anlagen durch Derivate ab, so steht dies der Anerkennungsfähigkeit seiner Anteile als Sicherheiten nicht im Wege.

(6) *[1]* Für die Zwecke des Absatzes 5 können Institute für den Fall, dass ein OGA (der „ursprüngliche OGA") oder einer seiner Basis-OGA in seinen Anlagen nicht auf die nach den Absätzen 1 und 4 anerkennungsfähigen Instrumente beschränkt ist, Anteile an diesem OGA bis zu einem Betrag als Sicherheit nutzen, der dem Wert der anerkennungsfähigen Vermögenswerte entspricht, die dieser OGA hält, wobei unterstellt wird, dass er selbst oder einer seiner Basis-OGA in dem nach seinem Mandat maximal zulässigen Maß in nicht anerkennungsfähige Vermögenswerte investiert hat.

[2] Hat ein Basis-OGA seinerseits Basis-OGA, so können die Institute Anteile am ursprünglichen OGA als anerkennungsfähige Sicherheit nutzen, sofern sie die in Unterabsatz 1 beschriebene Methode anwenden.

[3] Können nicht anerkennungsfähige Vermögenswerte aufgrund von Verbindlichkeiten oder Eventualverbindlichkeiten, die mit ihrem Eigentum verbunden sind, einen negativen Wert annehmen, verfahren die Institute wie folgt:

a) Sie berechnen den Gesamtwert der nicht anerkennungsfähigen Vermögenswerte und

b) ziehen für den Fall, dass der nach Buchstabe a ermittelte Wert negativ ist, den absoluten Wert des betreffenden Betrags vom Gesamtwert der anerkennungsfähigen Vermögenswerte ab.

(7) [1] Liegen für ein Wertpapier zwei Bonitätsbeurteilungen von ECAI vor, so gilt in Bezug auf Absatz 1 Buchstaben b bis e die ungünstigere von beiden. [2] Liegen für ein Wertpapier mehr als zwei Bonitätsbeurteilungen von ECAI vor, so legen die Institute die beiden besten zugrunde. [3] Weichen die beiden besten voneinander ab, legen die Institute die ungünstigere von beiden zugrunde.

(8) *[1]* Die ESMA arbeitet Entwürfe technischer Durchführungsstandards aus, in denen Folgendes präzisiert wird:

a) die in Absatz 1 Buchstabe f, Artikel 198 Absatz 1 Buchstabe a, Artikel 224 Absätze 1 und 4 und Artikel 299 Absatz 2 Buchstabe e genannten Hauptindizes,

b) die in Absatz 4 Buchstabe a, Artikel 198 Absatz 1, Artikel 224 Absätze 1 und 4, Artikel 299 Absatz 2 Buchstabe e, Artikel 400 Absatz 2 Buchstabe k, Artikel 416 Absatz 3 Buchstabe d, Artikel 428 Absatz 1 Buchstabe c und Anhang III Teil 3 Nummer 12 genannten anerkannten Börsen gemäß den Bedingungen des Artikels 4 Absatz 1 Nummer 72.

[2] Die ESMA legt der Kommission diese Entwürfe technischer Durchführungsstandards bis zum 31. Dezember 2014 vor.

[3] Der Kommission wird die Befugnis übertragen, die technischen Durchführungsstandards nach Unterabsatz 1 gemäß Artikel 15 der Verordnung (EU) Nr. 1095/2010 zu erlassen.

Art. 198 Zusätzliche Anerkennungsfähigkeit von Sicherheiten bei der umfassenden Methode zur Berücksichtigung finanzieller Sicherheiten.

(1) *[1]* Institute, die die umfassende Methode zur Berücksichtigung finanzieller Sicherheiten nach Artikel 223 anwenden, dürfen zusätzlich zu den in Artikel 197 genannten Sicherheiten Folgendes als Sicherheit verwenden:

a) Aktien oder Wandelschuldverschreibungen, die nicht in einem Hauptindex vertreten sind, aber an einer anerkannten Börse gehandelt werden,

b) Anteile an OGA, wenn die beiden folgenden Bedingungen erfüllt sind:

i) Der Kurs der Anteile wird täglich festgestellt,

ii) der OGA darf nur in Instrumente, die nach Artikel 197 Absätze 1 und 4 anerkannt werden können, sowie in die unter Buchstabe a genannten Werte investieren.

[2] Erwirbt ein OGA Anteile eines anderen OGA, gelten die Buchstaben a und b für den Basis-OGA gleichermaßen.

[3] Sichert ein OGA zulässige Anlagen durch Derivate ab, so steht dies der Anerkennungsfähigkeit seiner Anteile als Sicherheiten nicht im Wege.

(2) *[1]* Ist der OGA oder einer seiner Basis-OGA in seinen Anlagen nicht auf die nach Artikel 197 Absätze 1 und 4 anerkennungsfähigen Instrumente und die in Absatz 1 Buchstabe a genannten Werte beschränkt, können die Institute Anteile an diesem OGA bis zu einem Betrag als Sicherheit nutzen, der dem Wert der anerkennungsfähigen Vermögenswerte entspricht, die dieser OGA hält, wobei unterstellt wird, dass er selbst oder einer seiner Basis-OGA in dem nach seinem Mandat maximal zulässigen Maß in nicht anerkennungsfähige Vermögenswerte investiert hat.

[2] Können nicht anerkennungsfähige Vermögenswerte aufgrund von Verbindlichkeiten oder Eventualverbindlichkeiten, die mit ihrem Eigentum verbunden sind, einen negativen Wert annehmen, verfahren die Institute wie folgt:

a) Sie berechnen den Gesamtwert der nicht anerkennungsfähigen Vermögenswerte und

b) ziehen für den Fall, dass der nach Buchstabe a ermittelte Wert negativ ist, den absoluten Wert des betreffenden Betrags vom Gesamtwert der anerkennungsfähigen Vermögenswerte ab.

Art. 199 Zusätzliche Anerkennungsfähigkeit von Sicherheiten beim IRB-Ansatz. (1) Institute, die die risikogewichteten Positionsbeträge und erwarteten Verlustbeträge nach dem IRB-Ansatz berechnen, dürfen zusätzlich zu den in den Artikeln 197 und 198 genannten Sicherheiten folgende Arten von Sicherheiten verwenden:

a) Immobiliensicherheiten gemäß den Absätzen 2, 3 und 4,

b) Forderungen gemäß Absatz 5,

c) sonstige Sachsicherheiten gemäß den Absätzen 6 und 8,

d) Leasing gemäß Absatz 7.

(2) Sofern in Artikel 124 Absatz 2 nicht anders festgelegt, können die Institute Wohnimmobilien, die vom Eigentümer selbst oder, im Falle von persönlichen Investitionsunternehmen, vom Nutznießer genutzt oder vermietet werden bzw. werden sollen, sowie Gewerbeimmobilien einschließlich Büro-

und sonstige Gewerberäume als Sicherheit einsetzen, wenn die beiden folgenden Bedingungen erfüllt sind:

a) Der Wert der Immobilie hängt nicht wesentlich von der Bonität des Schuldners ab. Bei der Bestimmung der Wesentlichkeit einer solchen Abhängigkeit können die Institute Fälle ausklammern, in denen rein makroökonomische Faktoren sowohl den Wert der Immobilie als auch die Leistungsfähigkeit des Schuldners beeinträchtigen;
b) das Risiko des Kreditnehmers hängt nicht wesentlich von der Wertentwicklung der Immobilie/des Vorhabens ab, sondern von seiner Fähigkeit, seine Schulden aus anderen Quellen zurückzuzahlen, so dass auch die Rückzahlung des Kredits nicht wesentlich von Zahlungsströmen abhängt, die durch die als Sicherheit gestellte Immobilie generiert werden.

(3) *[1]* Bei Risikopositionen, die durch in einem Mitgliedstaat belegene Wohnimmobilien besichert sind, können die Institute von Absatz 2 Buchstabe b abweichen, wenn die zuständige Behörde dieses Mitgliedstaats Nachweise dafür veröffentlicht hat, dass es im Gebiet dieses Mitgliedstaats einen gut entwickelten, seit langem etablierten Wohnimmobilienmarkt gibt, dessen Verlustraten folgende Obergrenzen nicht überschreiten:

a) Die Verluste aus Darlehen, die – sofern in Artikel 124 Absatz 2 nicht anders bestimmt – bis zu 80 % des Marktwerts oder 80 % des Beleihungswerts durch Wohnimmobilien besichert sind, gehen in keinem Jahr über 0,3 % der ausstehenden, durch Wohnimmobilien besicherten Darlehen hinaus;
b) die Gesamtverluste aus Darlehen, die durch Wohnimmobilien besichert sind, gehen in keinem Jahr über 0,5 % der ausstehenden, durch Wohnimmobilien besicherten Darlehen hinaus.

[2] Ist eine der Bedingungen nach Unterabsatz 1 Buchstaben a und b in einem bestimmten Jahr nicht erfüllt, verfahren die Institute so lange nicht nach diesem Unterabsatz, bis in einem Folgejahr beide Bedingungen erfüllt sind.

(4) *[1]* Bei Risikopositionen, die durch in einem Mitgliedstaat belegene Gewerbeimmobilien besichert sind, können die Institute von Absatz 2 Buchstabe b abweichen, wenn die zuständige Behörde dieses Mitgliedstaats Nachweise dafür veröffentlicht hat, dass es im Gebiet dieses Mitgliedstaats einen gut entwickelten, seit langem etablierten Gewerbeimmobilienmarkt gibt, dessen Verlustraten folgende Obergrenzen nicht überschreiten:

a) Die Verluste aus Darlehen, die bis zu 50 % des Marktwerts oder 60 % des Beleihungswerts durch Gewerbeimmobilien besichert sind, gehen in keinem Jahr über 0,3 % der ausstehenden, durch Gewerbeimmobilien besicherten Darlehen hinaus;
b) die Gesamtverluste aus Darlehen, die durch Gewerbeimmobilien besichert sind, gehen in keinem Jahr über 0,5 % der ausstehenden, durch Gewerbeimmobilien besicherten Darlehen hinaus.

[2] Ist eine der Bedingungen nach Unterabsatz 1 Buchstaben a und b in einem bestimmten Jahr nicht erfüllt, verfahren die Institute so lange nicht nach diesem Unterabsatz, bis in einem Folgejahr beide Bedingungen erfüllt sind.

(5) [1] Die Institute dürfen Forderungen, die mit einer kommerziellen Transaktion oder mit Transaktionen mit einer ursprünglichen Laufzeit von maximal einem Jahr zusammenhängen, als Sicherheit verwenden. [2] Nicht anerkennungsfähig sind Forderungen, die mit Verbriefungen, Unterbeteiligungen oder Kre-

ditderivaten zusammenhängen, oder Beträge, die von verbundenen Unternehmen geschuldet werden.

(6) *[1]* Die zuständigen Behörden gestatten einem Institut, Sachsicherheiten mit Ausnahme der in den Absätzen 2, 3 und 4 genannten als Sicherheit zu verwenden, wenn alle folgenden Bedingungen erfüllt sind:

a) Für die rasche und wirtschaftliche Verwertung der Sicherheit bestehen liquide Märkte, deren Existenz durch häufige Transaktionen entsprechend der Art der Aktiva erwiesen ist. Ob diese Voraussetzung erfüllt ist, bewerten die Institute regelmäßig sowie immer dann, wenn Hinweise auf wesentliche Marktveränderungen vorliegen;

b) für die Sicherheit existieren allgemein anerkannte, öffentlich verfügbare Marktpreise. Die Institute können Marktpreise als allgemein anerkannt betrachten, wenn sie aus verlässlichen Quellen, wie einem öffentlichen Index, stammen und den Preis der Transaktionen unter normalen Bedingungen widerspiegeln. Die Institute können Marktpreise als öffentlich verfügbar betrachten, wenn sie veröffentlicht werden, leicht zugänglich und regelmäßig sowie ohne ungebührlichen administrativen oder finanziellen Aufwand erhältlich sind;

c) das Institut analysiert die Marktpreise, den zur Verwertung der Sicherheit erforderlichen Zeit- und Kostenaufwand und die mit der Sicherheit erzielten Erlöse;

d) das Institut weist nach, dass bei mehr als 10 % aller Liquidierungen bei einer bestimmten Art von Sicherheit die erzielten Erlöse nicht unter 70 % des Werts der Sicherheit liegen. Ist bei den Marktpreisen eine erhebliche Volatilität zu verzeichnen, weist das Institut den zuständigen Behörden gegenüber hinreichend nach, dass es die Sicherheit ausreichend konservativ bewertet hat.

[2] Die Institute dokumentieren, dass sie die die in Unterabsatz 1 Buchstaben a bis d und in Artikel 210 genannten Bedingungen erfüllen.

(7) Risikopositionen aus Leasinggeschäften, bei denen ein Institut der Leasinggeber und ein Dritter der Leasingnehmer ist, können – sofern die Anforderungen des Artikels 211 erfüllt sind – vorbehaltlich der Bestimmungen des Artikels 230 Absatz 2 wie Darlehen behandelt werden, die durch die gleiche Art von Gegenstand wie das Leasingobjekt besichert sind.

(8) Die EBA veröffentlicht ein Verzeichnis der Arten von Sachsicherheiten, bei denen Institute voraussetzen können, dass die Bedingungen des Absatzes 6 Buchstaben a und b erfüllt sind.

Art. 200 Andere Formen der Besicherung mit Sicherheitsleistung.

Die Institute dürfen die nachstehend genannten anderen Formen der Besicherung mit Sicherheitsleistung als Sicherheit verwenden:

a) Bareinlagen bei einem Drittinstitut oder von diesem verwahrte bargeldähnliche Instrumente, die nicht im Rahmen eines Depotvertrags verwahrt werden und an das kreditgebende Institut verpfändet wurden,

b) an das kreditgebende Institut verpfändete Lebensversicherungen,

c) von Drittinstituten oder Wertpapierfirmen emittierte Instrumente, die von diesem Institut oder von dieser Wertpapierfirma auf Verlangen zurückgekauft werden.

Unterabschnitt 2. Absicherung ohne Sicherheitsleistung

Art. 201 Ansatzunabhängige Anerkennungsfähigkeit von Sicherungsgebern. (1) Die Institute dürfen folgende Parteien als Steller einer Absicherung ohne Sicherheitsleistung nutzen:

a) Zentralstaaten und Zentralbanken,
b) regionale und lokale Gebietskörperschaften,
c) multilaterale Entwicklungsbanken,
d) internationale Organisationen, wenn Risikopositionen ihnen gegenüber nach Artikel 117 ein Risikogewicht von 0 % zugewiesen wird,
e) öffentliche Stellen, wenn Ansprüche an sie gemäß Artikel 116 behandelt werden,
f) Institute und Finanzinstitute, bei denen Risikopositionen gegenüber dem Finanzinstitut wie Risikopositionen gegenüber Instituten gemäß Artikel 119 Absatz 5 behandelt werden,
g) andere Unternehmen, einschließlich Mutterunternehmen, Tochterunternehmen und verbundene Unternehmen des Instituts, wenn eine der folgenden Bedingungen erfüllt ist:
   i) für diese anderen Unternehmen liegt eine Bonitätsbeurteilung einer ECAI vor,
   ii) im Fall von Instituten, die die risikogewichteten Positionsbeträge und erwarteten Verlustbeträge nach dem IRB-Ansatz ermitteln, liegt für diese anderen Unternehmen keine Bonitätsbeurteilung einer anerkannten ECAI vor und sie werden von dem jeweiligen Institut intern beurteilt,
h) qualifizierte zentrale Gegenparteien.

(2) *[1]* Bei Instituten, die die risikogewichteten Positionsbeträge und erwarteten Verlustbeträge nach dem IRB-Ansatz berechnen, kann ein Garantiegeber nur dann als Steller einer Absicherung ohne Sicherheitsleistung anerkannt werden, wenn seine Bonität von dem Institut gemäß den Bestimmungen des Kapitels 3 Abschnitt 6 intern bewertet wird.

[2] Die zuständigen Behörden führen und veröffentlichen ein Verzeichnis der Finanzinstitute, die anerkennungsfähige Steller von Absicherungen ohne Sicherheitsleistung im Sinne des Absatzes 1 Buchstabe f sind, oder die Kriterien zur Ermittlung solcher anerkennungsfähigen Steller von Absicherungen ohne Sicherheitsleistung samt einer Beschreibung der maßgebenden Aufsichtsanforderungen und stellen dieses Verzeichnis gemäß Artikel 117 der Richtlinie 2013/36/EU den anderen zuständigen Behörden zur Verfügung.

Art. 202 Anerkennungsfähigkeit von Sicherungsgebern, die die Voraussetzungen für die Behandlung nach Artikel 153 Absatz 3 erfüllen, im Rahmen des IRB-Ansatzes. *[1]* Ein Institut darf Institute, Wertpapierfirmen, Versicherungs- und Rückversicherungsgesellschaften sowie Exportversicherungsagenturen als Steller von Absicherungen ohne Sicherheitsleistung, die die Voraussetzungen für die Behandlung nach Artikel 153 Absatz 3 erfüllen, nutzen, wenn diese alle folgenden Bedingungen erfüllen:

a) Sie verfügen über ausreichende Sachkenntnis im Stellen von Absicherungen ohne Sicherheitsleistung;
b) sie unterliegen einem den Bestimmungen dieser Verordnung gleichwertigen Regelwerk oder haben zum Zeitpunkt der Absicherung eine Bonitätsbeur-

teilung einer anerkannten ECAI, das von der EBA gemäß den Bestimmungen des Kapitels 2 über die Risikogewichtung von Risikopositionen gegenüber Unternehmen mit einer Bonitätsstufe von mindestens 3 gleichgesetzt wird;

c) für sie liegt zum Zeitpunkt der Absicherung oder für jeden darauffolgenden Zeitraum eine interne Beurteilung mit einer PD vor, die gemäß den Bestimmungen des Kapitels 2 über die Risikogewichtung von Risikopositionen gegenüber Unternehmen mit einer Bonitätsstufe von mindestens 2 gleichgesetzt wird;

d) für sie liegt eine interne Beurteilung mit einer PD vor, die gemäß den Bestimmungen des Kapitels 2 über die Risikogewichtung von Risikopositionen gegenüber Unternehmen mit einer Bonitätsstufe von mindestens 3 gleichgesetzt wird.

[2] Für die Zwecke dieses Artikels darf eine von Exportversicherungsagenturen gestellte Absicherung nicht durch eine ausdrückliche Rückbürgschaft eines Zentralstaats abgesichert sein.

Art. 203 Anerkennungsfähigkeit von Garantien als Absicherung ohne Sicherheitsleistung. Institute dürfen Garantien als anerkennungsfähige Absicherung ohne Sicherheitsleistung verwenden.

Unterabschnitt 3. Arten von Derivaten

Art. 204 Anerkennungsfähige Arten von Kreditderivaten. (1) *[1]* Die Institute dürfen die folgenden Arten von Kreditderivaten sowie Instrumente, die sich aus solchen Kreditderivaten zusammensetzen oder wirtschaftlich die gleiche Wirkung haben, als Kreditbesicherung verwenden:

a) Kreditausfallswaps,

b) Gesamtrendite-Swaps,

c) synthetische Unternehmensanleihen („Credit Linked Notes"), soweit diese mit Barmitteln unterlegt sind.

[2] Erwirbt ein Institut eine Kreditbesicherung in Form eines Gesamtrendite-Swaps und erfasst die Nettozahlungen aus dem Swap als Nettoertrag, trägt jedoch dem den Zahlungen gegenüberstehenden Wertverlust der abgesicherten Forderung nicht durch Herabsetzung des beizulegenden Zeitwerts oder durch Erhöhung der Risikovorsorge Rechnung, so ist diese Kreditbesicherung nicht anerkennungsfähig.

(2) *[1]* Tätigt ein Institut mit Hilfe eines Kreditderivats ein internes Sicherungsgeschäft, kann die Kreditbesicherung für die Zwecke dieses Kapitels nur dann anerkannt werden, wenn das auf das Handelsbuch übertragene Kreditrisiko auf einen oder mehrere Dritte übertragen wird.

[2] Wurde ein internes Sicherungsgeschäft gemäß Unterabsatz 1 getätigt und sind die Anforderungen dieses Kapitels erfüllt, so berechnen die Institute bei Erwerb einer Absicherung ohne Sicherheitsleistung die risikogewichteten Positionsbeträge und erwarteten Verlustbeträge nach den Vorschriften der Abschnitte 4 bis 6.

Abschnitt 3. Anforderungen

Unterabschnitt 1. Besicherung mit Sicherheitsleistung

Art. 205 Anforderungen an Vereinbarungen über bilanzielles Netting (außer Netting-Rahmenvereinbarungen im Sinne des Artikels 206)

Vereinbarungen über die Aufrechnung (Netting) von Bilanzpositionen mit Ausnahme von Aufrechnungs(Netting)-Rahmenvereinbarungen im Sinne des Artikels 206 können als Form der Kreditrisikominderung anerkannt werden, wenn alle folgenden Bedingungen erfüllt sind:

a) Die Vereinbarungen sind selbst bei Insolvenz oder Konkurs der Gegenpartei in allen relevanten Rechtsräumen rechtswirksam und rechtlich durchsetzbar;

b) die Institute sind jederzeit in der Lage, die unter die Vereinbarungen fallenden Forderungen und Verbindlichkeiten zu bestimmen;

c) die Institute überwachen und steuern die mit der Beendigung der Besicherung verbundenen Risiken kontinuierlich;

d) die Institute überwachen und steuern die betreffenden Risikopositionen auf Nettobasis kontinuierlich.

Art. 206 Anforderungen an Aufrechnungs(Netting)-Rahmenvereinbarungen für Pensionsgeschäfte, Wertpapier- oder Warenverleih- oder -leihgeschäfte oder andere Kapitalmarkttransaktionen. Aufrechnungs (Netting)-Rahmenvereinbarungen, die Pensionsgeschäfte, Wertpapier- oder Warenleih- oder -leihgeschäfte oder andere Kapitalmarkttransaktionen betreffen, können als Form der Kreditrisikominderung anerkannt werden, wenn die im Rahmen solcher Vereinbarungen gestellte Sicherheit allen Anforderungen des Artikels 207 Absätze 2 bis 4 genügt und alle nachstehenden Bedingungen erfüllt sind:

a) Die Vereinbarungen sind selbst bei Konkurs oder Insolvenz der Gegenpartei in allen relevanten Rechtsräumen rechtswirksam und rechtlich durchsetzbar;

b) sie geben der nicht ausfallenden Partei das Recht, bei einem Ausfall, einschließlich Konkurs oder Insolvenz der Gegenpartei, alle unter die Vereinbarung fallenden Geschäfte zeitnah zu beenden und glattzustellen;

c) sie sehen die Aufrechnung (Netting) der Gewinne und Verluste aus den im Rahmen einer Vereinbarung verrechneten Transaktionen vor, so dass die eine Partei der anderen einen einzigen Nettobetrag schuldet.

Art. 207 Anforderungen an Finanzsicherheiten. (1) Finanzsicherheiten und Gold können unabhängig von Ansatz und Methode als Sicherheit anerkannt werden, wenn alle Anforderungen der Absätze 2 bis 4 erfüllt sind.

(2) *[1]* [1]Zwischen der Bonität des Schuldners und dem Wert der Sicherheit darf keine wesentliche positive Korrelation bestehen. [2]Eine erhebliche Verringerung des Werts der Sicherheit bedeutet für sich allein genommen keine erhebliche Verschlechterung der Bonität des Schuldners. [3]Ein Absinken der Bonität des Schuldners auf ein kritisches Niveau bedeutet für sich allein genommen keine erhebliche Verringerung des Werts der Sicherheit.

[2] [1]Vom Schuldner oder einem verbundenen Unternehmen emittierte Wertpapiere können nicht als Sicherheit anerkannt werden. [2]Vom Schuldner selbst emittierte gedeckte Schuldverschreibungen, die unter Artikel 129 fallen, können jedoch als Sicherheit anerkannt werden, wenn sie als Sicherheit für ein

Pensionsgeschäft hinterlegt werden und die Bedingung nach Unterabsatz 1 erfüllen.

(3) *[1]* Die Institute erfüllen alle vertraglichen und gesetzlichen Anforderungen an die Durchsetzbarkeit ihres Sicherungsrechts in ihrem Rechtssystem und leiten alle zu diesem Zweck notwendigen Schritte ein.

[2] [1] Die Institute haben sich durch ausreichende rechtliche Prüfungen von der Durchsetzbarkeit der Sicherungsvereinbarung in allen relevanten Rechtsräumen überzeugt. [2] Um eine kontinuierliche Durchsetzbarkeit zu gewährleisten, wiederholen sie diese Prüfungen bei Bedarf.

(4) Die Institute erfüllen alle folgenden operationellen Anforderungen:

a) Sie dokumentieren die Sicherungsvereinbarungen angemessen und verfügen über ein klares und solides Verfahren für die zeitnahe Verwertung der Sicherheiten;

b) zur Steuerung der Risiken, die aus dem Einsatz von Sicherheiten resultieren, setzen sie solide Verfahren und Prozesse ein – zu diesen Risiken zählen eine ausbleibende oder unzureichende Besicherung, Bewertungsrisiken, das Risiko einer möglichen Aufkündigung der Besicherung; das mit dem Einsatz von Sicherheiten verbundene Konzentrationsrisiko und Wechselwirkungen mit dem Gesamtrisikoprofil des Instituts;

c) sie verfügen in der Frage, welche Arten von Sicherheiten akzeptiert werden und bis zu welchem Betrag diese gehen können, über dokumentierte Vorschriften und Verfahren;

d) sie berechnen den Marktwert der Sicherheiten und bewerten ihn mindestens alle sechs Monate sowie immer dann neu, wenn sie Grund zu der Annahme haben, dass der Marktwert erheblich gesunken ist;

e) wird die Sicherheit von einem Dritten verwahrt, so ergreifen sie angemessene Maßnahmen, um zu gewährleisten, dass dieser Dritte die Sicherheit von seinem eigenen Vermögen trennt;

f) sie stellen sicher, dass sie für die ordnungsgemäße Funktionsweise von Nachschussvereinbarungen mit den Gegenparteien bei OTC-Derivatgeschäften und Wertpapierfinanzierungen ausreichend Ressourcen bereitstellen, was sich an Rechtzeitigkeit und Genauigkeit ihrer ausgehenden Nachschussforderungen und den Antwortzeiten auf eingehende Nachschussforderungen ablesen lässt;

g) sie verfügen über Vorschriften zur Sicherheitenverwaltung, anhand deren Folgendes kontrolliert, überwacht und gemeldet werden kann:

   i) die Risiken, denen sie aufgrund von Nachschussvereinbarungen ausgesetzt sind,

   ii) das Konzentrationsrisiko bei bestimmten Arten von als Sicherheit dienenden Vermögenswerten,

   iii) die Wiederverwendung von Sicherheiten einschließlich potenzieller Liquiditätsdefizite, die durch die Wiederverwendung der von Gegenparteien erhaltenen Sicherheiten bedingt sind,

   iv) der Verzicht auf Rechte an bei Gegenparteien hinterlegten Sicherheiten.

(5) Damit eine Finanzsicherheit im Rahmen der einfachen Methode als Sicherheit anerkannt werden kann, muss zusätzlich zur Erfüllung aller in den Absätzen 2 bis 4 genannten Anforderungen die Restlaufzeit der Besicherung zumindest so lang sein wie die Restlaufzeit der Risikoposition.

Art. 208 Anforderungen an Immobiliensicherheiten. (1) Immobilien können nur dann als Sicherheit anerkannt werden, wenn alle Anforderungen der Absätze 2 bis 5 erfüllt sind.

(2) Anforderungen an die Rechtssicherheit:

a) Eine Hypothek oder ein Sicherungspfandrecht ist in allen zum Zeitpunkt des Kreditvertragsschlusses relevanten Rechtsräumen durchsetzbar und ist ordnungsgemäß und fristgerecht eingetragen;

b) alle rechtlichen Anforderungen zum Nachweis des Pfands sind erfüllt;

c) die Sicherungsvereinbarung und das ihr zugrunde liegende rechtliche Verfahren versetzen das Institut in die Lage, die Sicherheit innerhalb eines angemessenen Zeitraums zu verwerten.

(3) *[1]* Anforderungen an die Überwachung des Immobilienwerts und die Immobilienbewertung:

a) Die Institute überwachen den Wert der Immobilie häufig, mindestens jedoch einmal jährlich bei Gewerbeimmobilien und alle drei Jahre bei Wohnimmobilien. Ist der Markt starken Schwankungen ausgesetzt, findet diese Überprüfung häufiger statt;

b) liegen den Instituten Hinweise darauf vor, dass die Immobilie im Verhältnis zu den allgemeinen Marktpreisen erheblich an Wert verloren haben könnte, so wird die Bewertung von einem Sachverständigen überprüft, der über die zur Durchführung einer solchen Bewertung erforderlichen Qualifikationen, Fähigkeiten und Erfahrungen verfügt und von der Kreditvergabeentscheidung unabhängig ist. Bei Krediten, die über 3 Mio. EUR oder 5 % der Eigenmittel des Instituts hinausgehen, wird die Bewertung mindestens alle drei Jahre von einem solchen Sachverständigen überprüft.

[2] Die Institute können zur Überprüfung des Immobilienwerts und zur Ermittlung derjenigen Immobilien, die einer Neubewertung bedürfen, statistische Verfahren heranziehen.

(4) Welche Arten von Wohnimmobilien und Gewerbeimmobilien die Institute als Sicherheiten akzeptieren, wird samt der diesbezüglichen Grundsätze für die Kreditvergabe von den Instituten klar dokumentiert.

(5) Die Institute verfügen über Verfahren, mit denen sie überwachen, dass die als Sicherheit akzeptierte Immobilie angemessen gegen Schäden versichert ist.

Art. 209 Anforderungen an Forderungen. (1) Forderungen können nur dann als Sicherheit anerkannt werden, wenn alle Anforderungen der Absätze 2 und 3 erfüllt sind.

(2) Anforderungen an die Rechtssicherheit:

a) Der rechtliche Mechanismus, über den die Sicherheit dem kreditgebenden Institut gestellt wird, ist robust und wirksam und sichert die eindeutigen Rechte des Instituts an der Sicherheit einschließlich des Rechts am Erlös ihres Verkaufs;

b) die Institute leiten alle notwendigen Schritte ein, um die ortsüblichen Anforderungen an die Durchsetzbarkeit der Sicherungsrechte zu erfüllen. Kreditgebende Institute haben einen erstrangigen Anspruch auf die Sicherheit, wenngleich derartige Forderungen immer noch den in Rechtsbestimmungen festgelegten Forderungen bevorrechtigter Gläubiger nachgeordnet sein können;

c) die Institute haben sich durch ausreichende rechtliche Prüfungen von der Durchsetzbarkeit der Sicherungsvereinbarung in allen relevanten Rechtsräumen überzeugt;

d) die Institute dokumentieren ihre Sicherungsvereinbarungen angemessen und verfügen über klare und solide Verfahren für die zeitnahe Verwertung der Sicherheiten;

e) die Institute verfügen über Verfahren, die gewährleisten, dass alle zur Feststellung der Zahlungsunfähigkeit eines Kreditnehmers und zur zeitnahen Verwertung der Sicherheit notwendigen rechtlichen Voraussetzungen erfüllt sind;

f) bei Zahlungsschwierigkeiten oder Ausfall eines Kreditnehmers haben die Institute das Recht, die Forderungen ohne Zustimmung des Forderungsschuldners zu verkaufen oder auf andere Parteien zu übertragen.

(3) Anforderungen an das Risikomanagement:

a) Ein Institut verfügt über ein zuverlässiges Verfahren zur Bestimmung des mit den Forderungen verbundenen Kreditrisikos. Bei einem solchen Verfahren werden unter anderem das Unternehmen und die Branche sowie die Arten von Kunden des Kreditnehmers analysiert. Verlässt sich das Institut bei der Ermittlung des Kreditrisikos dieser Kunden auf die Angaben seiner Kreditnehmer, so überprüft es deren Kreditvergabepraxis auf ihre Solidität und Glaubwürdigkeit hin;

b) die Differenz zwischen der Höhe der eigenen Risikoposition und dem Wert der verpfändeten Forderungen trägt allen wesentlichen Faktoren Rechnung, einschließlich der Inkassokosten, der Konzentration innerhalb der einzelnen verpfändeten Forderungspools und möglicher Konzentrationsrisiken im Gesamtkreditbestand des Instituts, die nicht vom generellen Risikomanagement des Instituts erfasst werden. Die Institute stellen eine den Forderungen angemessene fortlaufende Überwachung sicher. Darüber hinaus überprüfen sie regelmäßig, ob Kreditauflagen, Umweltauflagen und andere rechtliche Anforderungen erfüllt sind;

c) die von einem Kreditnehmer verpfändeten Forderungen sind diversifiziert und nicht übermäßig mit diesem Kreditnehmer korreliert. Wenn eine wesentliche positive Korrelation besteht, tragen die Institute den damit verbundenen Risiken bei der Festlegung von Sicherheitsabschlägen für den Forderungspool als Ganzen Rechnung,

d) Forderungen von mit dem Kreditnehmer verbundenen Adressen, einschließlich Tochterunternehmen und *Beschäftigen*[1)], werden von den Instituten nicht als anerkennungsfähige Kreditbesicherung eingesetzt;

e) die Institute verfügen über ein dokumentiertes Verfahren für das Forderungsinkasso bei Zahlungsschwierigkeiten. Die Institute verfügen über die hierfür erforderlichen Einrichtungen, auch wenn normalerweise ihre Kreditnehmer für das Inkasso zuständig sind.

[1)] Richtig wohl: „Beschäftigten".

Art. 210 Anforderungen an sonstige Sachsicherheiten. Sachsicherheiten außer Immobiliensicherheiten können im Rahmen des IRB-Ansatzes als Sicherheiten anerkannt werden, wenn alle folgenden Bedingungen erfüllt sind:

a) Die Sicherungsvereinbarung, in deren Rahmen einem Institut eine Sachsicherheit gestellt wird, ist in allen relevanten Rechtsräumen rechtswirksam und durchsetzbar und versetzt das betreffende Institut in die Lage, die Sicherheit innerhalb eines angemessenen Zeitraums zu verwerten;

b) abgesehen von der einzigen Ausnahme der in Artikel 209 Absatz 2 Buchstabe b genannten erstrangigen Ansprüche können nur erstrangige Pfandrechte oder Ansprüche auf Sicherheiten als Sicherheiten anerkannt werden, und ein Institut hat bei den realisierten Erlösen aus der Sicherheit Vorrang vor allen anderen Gläubigern;

c) die Institute überprüfen den Wert der Sicherheit häufig, mindestens jedoch einmal jährlich. Ist der Markt starken Schwankungen ausgesetzt, findet diese Überprüfung häufiger statt;

d) der Kreditvertrag enthält eine detaillierte Beschreibung der Sicherheiten sowie umfassende Angaben zu Art und Häufigkeit der Neubewertung;

e) aus den internen Kreditvergabevorschriften und -verfahren der Institute, die für eine Überprüfung zur Verfügung stehen, geht eindeutig hervor, welche Arten von Sachsicherheiten die Institute akzeptieren und welche Grundsätze und Verfahrensweisen sie bei der Bestimmung der für den Kreditbetrag angemessenen Höhe der verschiedenen Sicherheitsarten anwenden;

f) in Bezug auf die Transaktionsstruktur müssen die Kreditvergabegrundsätze von Instituten Folgendes betreffen:
   i) der Höhe des Kredits angemessene Anforderungen an die Sicherheiten,
   ii) die Möglichkeit einer raschen Verwertung der Sicherheit,
   iii) die Fähigkeit der objektiven Feststellung eines Preises oder Marktwerts,
   iv) die Häufigkeit, mit der dieser Preis problemlos erzielt werden kann (einschließlich einer Schätzung oder Bewertung durch einen Spezialisten),
   v) die Volatilität oder eine repräsentative Variable der Volatilität des Sicherheitenwerts;

g) wenn Institute Bewertungen und Neubewertungen vornehmen, tragen sie jeder Wertminderung oder Veralterung der Sicherheiten in vollem Umfang Rechnung und richten bei mode- oder terminabhängigen Sicherheiten ihr Augenmerk insbesondere auf den Faktor Zeit;

h) die Institute haben das Recht, den Sicherungsgegenstand materiell zu prüfen. Sie verfügen ferner über Vorschriften und Verfahren, die die Wahrnehmung ihres Rechts auf materielle Prüfung zum Gegenstand haben;

i) die akzeptierte Kreditsicherheit ist angemessen gegen Schäden versichert und die Institute verfügen über Verfahren, um dies zu überwachen.

Art. 211 Anforderungen, die erfüllt sein müssen, um Leasingrisikopositionen als besichert ansehen zu können. Risikopositionen aus Leasinggeschäften werden von den Instituten als durch das Leasingobjekt besichert angesehen, wenn alle folgenden Bedingungen erfüllt sind:

a) Die Bedingungen nach Artikel 208 bzw. 210 für die Anerkennung der betreffenden Art von Leasingobjekt als Sicherheit sind erfüllt;

b) der Leasinggeber verfügt im Hinblick auf den Verwendungszweck des geleasten Vermögenswertes, dessen Standort, Alter und geplante Nutzungsdauer über ein solides Risikomanagement, das auch eine angemessene Überwachung des Wertes der Sicherheit einschließt;

c) der Leasinggeber ist rechtlicher Eigentümer des Leasingobjekts und zur zeitnahen Wahrnehmung seiner Eigentumsrechte in der Lage;

d) soweit nicht bereits bei der Berechnung der LGD-Höhe festgestellt, geht die Differenz zwischen dem noch nicht getilgten Betrag und dem Marktwert der Sicherheit nicht über den kreditrisikomindernden Effekt des Leasingobjekts hinaus.

Art. 212 Anforderungen an sonstige Arten der Besicherung mit Sicherheitsleistung. (1) Bareinlagen bei einem Drittinstitut oder von diesem verwahrte bargeldähnliche Instrumente können gemäß Artikel 232 Absatz 1 behandelt werden, wenn alle folgenden Bedingungen erfüllt sind:

a) Die Forderung des Kreditnehmers gegenüber dem Drittinstitut wurde offen an das kreditgebende Institut verpfändet oder abgetreten und diese Verpfändung oder Abtretung ist in allen relevanten Rechtsräumen rechtswirksam und rechtlich durchsetzbar und zugleich uneingeschränkt und unwiderruflich;

b) dem Drittinstitut wurde die Verpfändung bzw. Abtretung mitgeteilt;

c) aufgrund dieser Mitteilung darf das Drittinstitut Zahlungen nur an das kreditgebende Institut oder Zahlungen an andere Parteien nur mit vorheriger Zustimmung des kreditgebenden Instituts vornehmen.

(2) An das kreditgebende Institut verpfändete Lebensversicherungen können als Sicherheit anerkannt werden, wenn alle folgenden Bedingungen erfüllt sind:

a) Die Lebensversicherung wurde offen an das kreditgebende Institut verpfändet oder abgetreten;

b) der betreffende Lebensversicherer wurde über die Verpfändung bzw. Abtretung in Kenntnis gesetzt und darf aufgrund dieser Mitteilung die im Rahmen des Vertrags fälligen Beträge nur mit vorheriger Zustimmung des kreditgebenden Instituts auszahlen;

c) das kreditgebende Institut hat bei Ausfall des Kreditnehmers das Recht auf Kündigung des Vertrags und Auszahlung des Rückkaufswerts;

d) das kreditgebende Institut wird über jeden Zahlungsrückstand des Versicherungsnehmers informiert;

e) die Sicherheit wird für die Laufzeit des Darlehens gestellt. Ist dies nicht möglich, weil das Versicherungsverhältnis bereits vor Ablauf der Kreditbeziehung endet, so stellt das Institut sicher, dass der aus dem Versicherungsvertrag fließende Betrag ihm bis zum Ende der Laufzeit des Darlehensvertrages als Sicherheit dient;

f) das Pfand oder die Abtretung ist in allen zum Zeitpunkt der Darlehensvereinbarung relevanten Rechtsräumen rechtswirksam und durchsetzbar;

g) der Rückkaufswert wird vom Lebensversicherer deklariert und kann nicht herabgesetzt werden;

h) der Rückkaufswert ist vom Lebensversicherer auf einen entsprechenden Antrag hin zeitnah auszuzahlen;

i) die Auszahlung des Rückkaufswerts wird nicht ohne vorherige Zustimmung des Instituts beantragt;

j) das Versicherungsunternehmen unterliegt der Richtlinie 2009/138/EG des Europäischen Parlaments und des Rates oder der Aufsicht der zuständigen Behörde eines Drittlandes, dessen Aufsichts- und Regulierungsvorschriften mindestens den in der Europäischen Union geltenden Vorschriften entsprechen.

Unterabschnitt 2. Absicherung ohne Sicherheitsleistung und synthetische Unternehmensanleihen (Credit Linked Notes)

Art. 213 Gemeinsame Anforderungen an Garantien und Kreditderivate. (1) Vorbehaltlich des Artikels 214 Absatz 1 kann eine Absicherung, die sich aus einer Garantie oder einem Kreditderivat herleitet, als Absicherung ohne Sicherheitsleistung anerkannt werden, wenn alle folgenden Bedingungen erfüllt sind:

a) Die Absicherung ist unmittelbar;

b) der Umfang der Absicherung ist eindeutig festgelegt und unstrittig;

c) der Sicherungsvertrag enthält keine Klausel, deren Einhaltung sich dem direkten Einfluss des Kreditgebers entzieht, und die
   i) dem Sicherungsgeber die einseitige Kündigung der Kreditabsicherung ermöglichen würde,
   ii) bei einer Verschlechterung der Kreditqualität der abgesicherten Risikoposition die tatsächlichen Kosten der Absicherung in die Höhe treiben würde,
   iii) den Sicherungsgeber für den Fall, dass *der der*[1] ursprüngliche Schuldner seinen Zahlungsverpflichtungen nicht nachkommt oder bei Ablauf des Leasingvertrags für die Zwecke der Anerkennung des garantierten Restwerts gemäß Artikel 134 Absatz 7 und Artikel 166 Absatz 4, von seiner Pflicht befreien könnte, zeitnah zu zahlen,
   iv) es dem Sicherungsgeber ermöglichen könnte, die Laufzeit der Absicherung zu verkürzen;

d) der Sicherungsvertrag ist in allen zum Zeitpunkt der Darlehensvereinbarung relevanten Rechtsräumen rechtswirksam und durchsetzbar.

(2) [1]Das Institut weist den zuständigen Behörden gegenüber nach, dass es über Systeme verfügt, mit denen etwaige, durch den Einsatz von Garantien und Kreditderivaten bedingte Risikokonzentrationen gesteuert werden können. [2]Das Institut kann den zuständigen Behörden gegenüber hinreichend darlegen, wie die von ihm beim Einsatz von Kreditderivaten und Garantien verfolgte Strategie und sein Management des Gesamtrisikoprofils zusammenwirken.

(3) *[1]* Ein Institut erfüllt alle vertraglichen und gesetzlichen Anforderungen, die nach dem für seinen Anteil an der Absicherung maßgeblichen Recht für die Durchsetzbarkeit seiner Absicherung ohne Sicherheitsleistung gelten, und leitet alle zu diesem Zweck notwendigen Schritte ein.

[2] [1]Das Institut hat sich durch ausreichende rechtliche Prüfungen von der Durchsetzbarkeit der Absicherung ohne Sicherheitsleistung in allen relevanten

---

[1] Richtig wohl: „der".

Rechtsräumen überzeugt. [2]Um eine kontinuierliche Durchsetzbarkeit zu gewährleisten, wiederholt es diese Prüfungen bei Bedarf.

Art. 214 Rückbürgschaften von Staaten und anderen öffentlichen Stellen. (1) Institute dürfen die in Absatz 2 genannten Risikopositionen wie Risikopositionen behandeln, die durch eine von den dort genannten Stellen geleistete Garantie abgesichert sind, wenn alle folgenden Bedingungen erfüllt sind:

a) Die Rückbürgschaft deckt sämtliche Kreditrisiken der Forderung ab;

b) sowohl die Erstgarantie als auch die Rückbürgschaft erfüllen die Anforderungen nach Artikel 213 und Artikel 215 Absatz 1 an Garantien, mit der Ausnahme, dass die Rückbürgschaft nicht direkt sein muss;

c) die Absicherung ist solide und in Anbetracht der bisherigen Erfahrungen deutet nichts darauf hin, dass die Rückbürgschaft weniger werthaltig ist als eine direkte Garantie der betreffenden Stelle.

(2) Die Behandlung nach Absatz 1 wird auf Risikopositionen angewandt, die durch eine Garantie abgesichert sind, für die eine der folgenden Stellen eine Rückbürgschaft gestellt hat:

a) ein Zentralstaat oder eine Zentralbank,

b) eine regionale oder lokale Gebietskörperschaft,

c) eine öffentliche Einrichtung, deren Schuldtitel gemäß Artikel 116 Absatz 4 wie Risikopositionen gegenüber dem Zentralstaat behandelt werden,

d) eine multilaterale Entwicklungsbank oder internationale Organisation, der nach Artikel 117 Absatz 2 bzw. Artikel 118 ein Risikogewicht von 0 % zugewiesen wird,

e) eine öffentliche Stelle, deren Schuldtitel gemäß Artikel 116 Absätze 1 und 2 behandelt werden.

(3) Die Institute wenden die Behandlung nach Absatz 1 auch auf Risikopositionen an, für die keine Rückbürgschaft einer der in Absatz 2 genannten Stellen besteht, die Rückbürgschaften für diese Risikopositionen aber direkt von einer dieser Stellen garantiert werden und die in Absatz 1 genannten Bedingungen erfüllt sind.

Art. 215 Zusätzliche Anforderungen an Garantien. (1) Garantien können als Absicherung ohne Sicherheitsleistung anerkannt werden, wenn alle in Artikel 213 sowie alle nachstehend genannten Bedingungen erfüllt sind:

a) Bei dem die Garantie auslösenden Ausfall oder bei Zahlungsversäumnis der Gegenpartei hat das kreditgebende Institut das Recht, den Garantiegeber zeitnah für alle Zahlungen in Anspruch zu nehmen, die im Rahmen der von ihm abgesicherten Forderung ausstehen, und die Zahlung des Garantiegebers darf nicht unter dem Vorbehalt stehen, dass das kreditgebende Institut den geschuldeten Betrag zunächst beim Schuldner einfordern muss.
Deckt eine Absicherung ohne Sicherheitsleistung Hypothekendarlehen auf Wohnimmobilien ab, so sind die Anforderungen nach Artikel 213 Absatz 1 Buchstabe c Ziffer iii und Unterabsatz 1 dieses Absatzes lediglich innerhalb von 24 Monaten zu erfüllen;

b) die Garantie ist eine ausdrücklich dokumentierte, vom Garantiegeber eingegangene Verpflichtung.

c) Eine der folgenden Bedingungen ist erfüllt:
   i) Die Garantie erstreckt sich auf alle Arten von Zahlungen, die der Schuldner im Rahmen der Forderung zu leisten hat;
   ii) sind bestimmte Zahlungsarten von der Garantie ausgenommen, hat das kreditgebende Institut den anerkannten Garantiebetrag entsprechend herabgesetzt.

(2) Bei Garantien, die im Rahmen von Bürgschaftsprogrammen oder von den in Artikel 214 Absatz 2 genannten Stellen gestellt werden, oder für die eine Rückbürgschaft Letzterer vorliegt, gelten die in Absatz 1 Buchstabe a genannten Anforderungen als erfüllt, wenn eine der folgenden Bedingungen erfüllt ist:

a) Das kreditgebende Institut hat das Recht, vom Garantiegeber zeitnah eine vorläufige Zahlung zu erwirken, die die beiden folgenden Bedingungen erfüllt:
   i) ihre Höhe wird durch eine robuste Schätzung der Verluste ermittelt, die dem kreditgebenden Institut entstehen dürften, wozu auch Verluste zählen, die durch die Einstellung von Zins- und sonstigen Zahlungen, zu denen der Kreditnehmer verpflichtet ist, verursacht werden,
   ii) sie ist proportional zur Garantiedeckung;
b) das kreditgebende Institut kann den zuständigen Behörden nachweisen, dass die Auswirkungen der Garantie, die sich auch auf Verluste erstreckt, die durch die Einstellung von Zins- und sonstigen Zahlungen, zu denen der Kreditnehmer verpflichtet ist, verursacht werden, eine solche Behandlung rechtfertigen.

Art. 216 Zusätzliche Anforderungen an Kreditderivate. (1) *[1]* Kreditderivate können als Absicherung ohne Sicherheitsleistung anerkannt werden, wenn alle in Artikel 213 sowie alle nachstehend genannten Bedingungen erfüllt sind:

a) Die im Vertrag vereinbarten Kreditereignisse umfassen
   i) das Versäumnis, die fälligen Zahlungen nach den zum Zeitpunkt des Versäumnisses geltenden Konditionen der zugrunde liegenden Verbindlichkeit zu erbringen, wobei die Nachfrist der der zugrunde liegenden Verbindlichkeit entspricht oder darunter liegt,
   ii) den Konkurs, die Insolvenz oder die Unfähigkeit des Schuldners zur Bedienung seiner Schulden oder sein schriftliches Eingeständnis, generell nicht mehr zur Begleichung fällig werdender Schulden in der Lage zu sein, sowie ähnliche Ereignisse,
   iii) die Neustrukturierung der zugrunde liegenden Verbindlichkeit, verbunden mit einem Erlass oder einer Stundung der Darlehenssumme, der Zinsen oder der Gebühren, die zu einem Verlust auf Seiten des Kreditgebers führt;
b) für Kreditderivate, die einen Barausgleich ermöglichen, gilt:
   i) die Institute verfügen über ein solides Bewertungsverfahren, das eine zuverlässige Verlustschätzung ermöglicht,
   ii) für die Bewertung der zugrunde liegenden Verbindlichkeit nach dem Kreditereignis besteht eine genaue zeitliche Vorgabe;
c) setzt die Erfüllung das Recht und die Fähigkeit des Sicherungsnehmers zur Übertragung der zugrunde liegenden Verbindlichkeit an den Sicherungs-

geber voraus, so muss aus den Konditionen der zugrunde liegenden Verbindlichkeit hervorgehen, dass eine gegebenenfalls erforderliche Einwilligung zu einer solchen Übertragung nicht ohne angemessenen Grund versagt werden darf;

d) es ist eindeutig festgelegt, wer darüber entscheidet, ob ein Kreditereignis vorliegt;

e) diese Entscheidung obliegt nicht allein dem Sicherungsgeber;

f) der Käufer der Absicherung hat das Recht oder die Möglichkeit, den Sicherungsgeber über den Eintritt eines Kreditereignisses zu informieren.

[2] Sollten die Kreditereignisse keine Neustrukturierung der zugrunde liegenden Verbindlichkeit im Sinne von Buchstabe a Ziffer iii umfassen, kann die Absicherung vorbehaltlich einer Herabsetzung des Werts gemäß Artikel 233 Absatz 2 dennoch anerkannt werden.

(2) Eine Inkongruenz zwischen der zugrunde liegenden Verbindlichkeit und der Referenzverbindlichkeit des Kreditderivats oder zwischen der zugrunde liegenden Verbindlichkeit und der Verbindlichkeit, anhand deren bestimmt wird, ob ein Kreditereignis eingetreten ist, ist nur zulässig, wenn die beiden folgenden Bedingungen erfüllt sind:

a) Die Referenzverbindlichkeit bzw. die Verbindlichkeit, anhand deren bestimmt wird, ob ein Kreditereignis eingetreten ist, ist der zugrunde liegenden Verbindlichkeit im Rang gleich- oder nachgestellt:[1)]

b) die zugrunde liegende Verbindlichkeit und die Referenzverbindlichkeit bzw. die Verbindlichkeit, anhand deren bestimmt wird, ob ein Kreditereignis eingetreten ist, haben denselben Schuldner und beinhalten rechtlich durchsetzbare wechselseitige Ausfall- oder Vorfälligkeitsklauseln.

Art. 217 Anforderungen, die für eine Behandlung nach Artikel 153 Absatz 3 erfüllt sein müssen. (1) Um für die Behandlung nach Artikel 153 Absatz 3 in Frage zu kommen, muss eine Absicherung, die sich aus einer Garantie oder einem Kreditderivat herleitet, die folgenden Bedingungen erfüllen:

a) Die zugrunde liegende Verbindlichkeit bezieht sich auf eine der folgenden Risikopositionen:
   i) eine Risikoposition gegenüber einem Unternehmen im Sinne des Artikels 147, mit Ausnahme von Versicherungs- und Rückversicherungsgesellschaften,
   ii) eine Risikoposition gegenüber einer *regionale oder lokale*[2)] Gebietskörperschaft oder *eine öffentliche*[3)] Stelle, die nicht gemäß Artikel 147 als Risikoposition gegenüber einem Zentralstaat oder einer Zentralbank behandelt wird,
   iii) einer Risikoposition gegenüber einem KMU, die gemäß Artikel 147 Absatz 5 als Risikoposition aus dem Mengengeschäft eingestuft ist;

b) die abgesicherten Kreditnehmer gehören nicht der gleichen Gruppe an wie der Sicherungsgeber;

---

1) Zeichensetzung amtlich.
2) Richtig wohl: „regionalen oder lokalen".
3) Richtig wohl: „einer öffentlichen".

c) *Die*[1] Risikoposition wird durch eines der folgenden Instrumente abgesichert:

   i) auf einzelne Adressen bezogene Kreditderivate ohne Sicherheitsleistung oder auf einzelne Adressen bezogene Garantien,

   ii) Forderungskorbprodukte, bei denen der erste Ausfall der im Korb enthaltenen Forderungen die Zahlung auslöst („First-to-Default Basket Products"),

   iii) Forderungskorbprodukte, bei denen der n-te Ausfall der im Korb enthaltenen Forderungen die Zahlung auslöst („Nth-to-Default Basket Products");

d) die Absicherung erfüllt die Anforderungen des Artikels 213, 215 bzw. 216;

e) das Risikogewicht, das der Risikoposition vor Anwendung der Behandlung nach Artikel 153 Absatz 3 zugewiesen wurde, trägt noch keinem Aspekt der Absicherung Rechnung;

f) das Institut hat das Recht und die Erwartung, dass der Sicherungsgeber zahlt, ohne dass es rechtliche Schritte zur Beitreibung der Zahlung bei der Gegenpartei einleiten muss. Das Institut überzeugt sich so weit wie möglich selbst davon, dass der Sicherungsgeber im Falle eines Kreditereignisses zur umgehenden Zahlung bereit ist;

g) die erworbene Absicherung deckt alle beim abgesicherten Teil der Risikoposition erlittenen Verluste, die durch Eintritt der im Kontrakt bestimmten Kreditereignisse bedingt sind, ab;

h) ist im Rahmen einer Absicherung die effektive Lieferung vorgesehen, so besteht hinsichtlich der Lieferbarkeit eines Darlehens, einer Anleihe oder einer Eventualverpflichtung Rechtssicherheit;

i) hat ein Institut die Absicht, anstelle der zugrunde liegenden Risikoposition eine andere Verbindlichkeit zu liefern, so stellt es sicher, dass die lieferbare Verbindlichkeit so liquide ist, dass es sie zur vertragsgemäßen Lieferung ankaufen könnte;

j) die Konditionen von Sicherungsvereinbarungen sind sowohl vom Sicherungsgeber als auch vom Institut rechtsgültig schriftlich bestätigt;

k) das Institut verfügt über Verfahren zur Ermittlung eines übermäßigen Korrelationsrisikos zwischen der Bonität eines Sicherungsgebers und dem abgesicherten Kreditnehmer, das darauf beruht, dass ihr Geschäftsergebnis von gemeinsamen Faktoren, die über den systematischen Risikofaktor hinausgehen, abhängig ist;.[2]

l) bei einer Absicherung des Verwässerungsrisikos gehört der Verkäufer der angekauften Forderungen nicht derselben Gruppe an wie der Sicherungsgeber.

(2) Für die Zwecke des Absatzes 1 Buchstabe c Ziffer ii wenden die Institute die Behandlung nach Artikel 153 Absatz 3 auf die Forderung des Korbes mit dem niedrigsten risikogewichteten Positionsbetrag an.

(3) [1] Für die Zwecke des Absatzes 1 Buchstabe c Ziffer iii kann die erlangte Absicherung nur dann innerhalb dieses Rahmens berücksichtigt werden, wenn ebenfalls eine anerkennungsfähige Absicherung für den (n-1)ten Ausfall vorliegt

---

[1] Richtig wohl: „die".

[2] Zeichensetzung amtlich.

oder (n-1) der im Korb enthaltenen Forderungen bereits ausgefallen sind. [2] Ist dies der Fall, wenden die Institute die Behandlung nach Artikel 153 Absatz 3 auf diejenige Forderung des Korbes mit dem niedrigsten risikogewichteten Positionsbetrag an.

Abschnitt 4. Berechnung der Auswirkungen der Kreditrisikominderung

Unterabschnitt 1. Besicherung mit Sicherheitsleistung

Art. 218 Synthetische Unternehmensanleihen („Credit Linked Notes") [1] Anlagen in synthetische Unternehmensanleihen („Credit Linked Notes"), die von dem kreditgebenden Institut ausgegeben werden, können zwecks Berechnung der Auswirkungen der Kreditrisikominderung gemäß diesem Unterabschnitt wie Barsicherheiten behandelt werden, wenn der in die synthetische Unternehmensanleihe eingebettete Kreditausfallswap als Absicherung ohne Sicherheitsleistung anerkannt werden kann. [2] Um festzustellen, ob der in die synthetische Unternehmensanleihe eingebettete Kreditausfallswap als Absicherung ohne Sicherheitsleistung anerkannt werden kann, darf das Institut die Voraussetzung des Artikels 194 Absatz 6 Buchstabe c als erfüllt betrachten.

Art. 219 Netting von Bilanzpositionen. Zur Berechnung der Auswirkung einer Besicherung mit Sicherheitsleistung derjenigen Darlehen und Einlagen des kreditgebenden Instituts, bei denen ein bilanzielles Netting vorgenommen wird, die auf dieselbe Währung lauten, sind Darlehen an das kreditgebende Institut und Einlagen bei diesem, bei denen ein bilanzielles Netting vorgenommen wird, von diesem Institut wie Barsicherheiten zu behandeln.

Art. 220 Verwendung der aufsichtlichen oder der auf eigenen Schätzungen beruhenden Volatilitätsanpassungen bei Netting-Rahmenvereinbarungen. (1) *[1]* Bei der Berechnung des „vollständig angepassten Risikopositionswerts" (E*) von Risikopositionen, die einer anerkennungsfähigen Netting-Rahmenvereinbarung für Pensionsgeschäfte, Wertpapier- oder Warenverleih- oder -leihgeschäfte oder andere Kapitalmarkttransaktionen unterliegen, legen die Institute für die erforderlichen Volatilitätsanpassungen entweder die aufsichtlichen oder die auf eigenen Schätzungen beruhenden Volatilitätsanpassungen zugrunde; beide Verfahren sind in den Artikeln 223 bis 226 für die umfassende Methode zur Berücksichtigung finanzieller Sicherheiten dargelegt.

[2] Für die auf eigenen Schätzungen beruhende Methode gelten dieselben Bedingungen und Anforderungen wie für die umfassende Methode zur Berücksichtigung finanzieller Sicherheiten.

(2) Bei der Berechnung von E* verfahren die Institute wie folgt:

a) Sie berechnen die Nettoposition für jede Wertpapiergruppe oder Warenart, indem sie den Betrag aus Ziffer ii von dem Betrag aus Ziffer i abziehen:
   i) Gesamtwert einer aufgrund der Netting-Rahmenvereinbarung verliehenen, verkauften oder gelieferten Gruppe von Wertpapieren oder Waren derselben Art,
   ii) Gesamtwert einer aufgrund der Netting-Rahmenvereinbarung geliehenen, angekauften oder entgegengenommenen Gruppe von Wertpapieren oder Waren derselben Art;
b) sie berechnen die Nettoposition für jede Währung außer der Verrechnungswährung der Netting-Rahmenvereinbarung, indem sie den Betrag aus Ziffer ii von dem Betrag aus Ziffer i abziehen:

i) Gesamtwert der aufgrund der Netting-Rahmenvereinbarung verliehenen, verkauften oder gelieferten und auf die betreffende Währung lautenden Wertpapiere plus Betrag an Bargeld, der im Rahmen dieser Vereinbarung in dieser Währung ausgeliehen oder übertragen wurde,

ii) Gesamtwert der aufgrund der Netting-Rahmenvereinbarung geliehenen, angekauften oder entgegengenommenen und auf die betreffende Währung lautenden Wertpapiere plus Betrag an Bargeld, der im Rahmen dieser Vereinbarung in dieser Währung geliehen oder entgegengenommen wurde;

c) sie nehmen die für eine bestimmte Wertpapiergruppe oder Barmittelposition angemessene Volatilitätsanpassung am absoluten Wert der positiven oder negativen Nettoposition der Wertpapiere in dieser Gruppe vor;

d) sie nehmen die Volatilitätsanpassung für das Wechselkursrisiko (fx) an der positiven oder negativen Nettoposition jeder Währung außer der Verrechnungswährung der Netting-Rahmenvereinbarung vor.

(3) Institute berechnen E* nach folgender Formel:

$$E^* = max\left\{0, \left(\sum_i E_i - \sum_i C_i\right) + \sum_j \left|E_j^{sec}\right| \cdot H_j^{sec} + \sum_k \left|E_k^{fx}\right| \cdot H_k^{fx}\right\}$$

dabei entspricht

E_i = dem Risikopositionswert jeder einzelnen im Rahmen der Vereinbarung bestehenden Risikoposition i, der bei fehlender Besicherung zur Anwendung käme, wenn die Institute die risikogewichteten Positionsbeträge nach dem Standardansatz berechnen oder sie die risikogewichteten Positionsbeträge und erwarteten Verlustbeträge nach dem IRB-Ansatz berechnen,

C_i = dem Wert der Wertpapiere in jeder Gruppe oder Waren derselben Art, die in Bezug auf jede Risikoposition i geliehen, angekauft oder eingeliefert werden, oder der Barmittel, die in Bezug auf jede Risikoposition i geliehen oder eingeliefert werden,

E_j^{sec} = der (positiven oder negativen) Nettoposition in einer bestimmten Wertpapiergruppe j,

E_k^{fx} = der (positiven oder negativen) Nettoposition in einer anderen Währung (Währung k) als der Verrechnungswährung der Vereinbarung, die nach Absatz 2 Buchstabe b errechnet wird,

H_j^{sec} = der für eine bestimmte Wertpapiergruppe j angemessenen Volatilitätsanpassung,

H_k^{fx} = der Volatilitätsanpassung für das Wechselkursrisiko bei Währung k.

(4) Zur Berechnung der risikogewichteten Positionsbeträge und erwarteten Verlustbeträge bei Pensionsgeschäften, Wertpapier- oder Warenverleih- oder

-leihgeschäften oder anderen Kapitalmarkttransaktionen, für die Netting-Rahmenvereinbarungen gelten, setzen die Institute für die Zwecke des Artikels 113 im Rahmen des Standardansatzes und des Kapitels 3 im Rahmen des IRB-Ansatzes den nach Absatz 3 berechneten Wert E* als Wert der Risikoposition gegenüber der Gegenpartei ein, die aus den von der Netting-Rahmenvereinbarung erfassten Geschäften resultiert.

(5) Für die Zwecke der Absätze 2 und 3 bezeichnet „Wertpapiergruppe" Wertpapiere, die von ein und demselben Emittenten am selben Tag ausgegeben wurden, die gleiche Laufzeit haben, den gleichen Bedingungen und Konditionen unterliegen und für die die gleichen, in Artikel 224 beziehungsweise 225 genannten Verwertungszeiträume gelten.

Art. 221 Verwendung interner Modelle für Netting-Rahmenvereinbarungen. (1) Mit Erlaubnis der zuständigen Behörden können die Institute alternativ zu den von der Aufsicht vorgegebenen oder auf eigenen Schätzungen beruhenden Volatilitätsanpassungen für die Berechnung des vollständig angepassten Risikopositionswerts (E*), der sich aus der Anwendung einer anerkennungsfähigen Netting-Rahmenvereinbarung für Pensionsgeschäfte, Wertpapier- oder Warenverleih- oder -leihgeschäfte oder andere Kapitalmarkttransaktionen, bei denen es sich nicht um Derivatgeschäfte handelt, ergibt, interne Modelle verwenden, sofern diese Modelle Korrelationseffekten zwischen Wertpapierpositionen, die von der Netting-Rahmenvereinbarung erfasst werden, sowie der Liquidität der betreffenden Instrumente Rechnung tragen.

(2) Mit Erlaubnis der zuständigen Behörden dürfen Institute ihre internen Modelle auch für Lombardgeschäfte verwenden, wenn für diese eine bilaterale Netting-Rahmenvereinbarung gilt, die die Anforderungen des Kapitels 6 Abschnitt 7 erfüllt.

(3) *[1]* [1] Ein Institut kann unabhängig davon, ob es zur Berechnung der risikogewichteten Positionsbeträge nach dem Standardansatz oder dem IRB-Ansatz verfährt, beschließen, auf ein internes Modell zurückzugreifen. [2] Hat sich ein Institut jedoch für die Verwendung eines internen Modells entschieden, so wendet es dieses auf alle Gegenparteien und Wertpapiere an, außer auf unwesentliche Portfolios, bei denen es gemäß Artikel 220 die aufsichtlichen oder die auf eigenen Schätzungen beruhenden Volatilitätsanpassungen zugrunde legen kann.

[2] [1] Institute, die im Rahmen von Titel IV Kapitel 5 die Genehmigung für ein internes Risikomessmodell erhalten haben, können auf interne Modelle zurückgreifen. [2] Hat ein Institut eine solche Genehmigung nicht erhalten, kann es bei den zuständigen Behörden dennoch beantragen, für die Zwecke dieses Artikels interne Modelle verwenden zu dürfen.

(4) Die zuständigen Behörden gestatten einem Institut die Nutzung interner Modelle nur dann, wenn sie sich davon überzeugt haben, dass das System, mit dem das Institut die Risiken aus den unter die Netting-Rahmenvereinbarung fallenden Geschäften steuert, konzeptionell solide ist, unter Sicherstellung seiner Integrität angewandt wird und den folgenden Qualitätsstandards genügt:

a) Das interne Risikomessmodell, das zur Ermittlung der potenziellen Preisvolatilität verwendet wird, ist in das tägliche Risikomanagement eingebettet und dient als Grundlage für die Meldung von Risiken an die Geschäftsleitung des Instituts;

b) das Institut hat eine Abteilung „Risikoüberwachung“, die alle folgenden Anforderungen erfüllt:

i) Sie ist vom Handelsbereich unabhängig und erstattet der Geschäftsleitung unmittelbar Bericht,

ii) sie ist für die Gestaltung und Umsetzung des Risikomanagementsystems des Instituts verantwortlich;

iii) sie erstellt und analysiert täglich Berichte über die Ergebnisse des Risikomessmodells und über die Maßnahmen, die im Hinblick auf Positionslimitierungen getroffen werden sollten;

c) die von dieser Abteilung erstellten Tagesberichte werden von einer Managementebene geprüft, die über ausreichende Befugnisse verfügt, um die Herabsetzung übernommener Positionen und des Gesamtrisikos durchzusetzen;

d) das Institut beschäftigt in dieser Abteilung eine ausreichende Zahl in der Verwendung komplexer Modelle geschulter Mitarbeiter;

e) das Institut hat Verfahren eingerichtet, um die Einhaltung der schriftlich niedergelegten internen Grundsätze für das Risikomesssystem und die dazugehörigen Kontrollen zu gewährleisten;

f) die Modelle des Instituts haben in der Vergangenheit eine ausreichend präzise Risikomessung gewährleistet, was durch Rückvergleiche der Ergebnisse mit den Daten von mindestens einem Jahr nachgewiesen werden kann;

g) das Institut führt im Rahmen eines strengen Stresstest-Programms häufig Tests durch, deren Ergebnisse von der Geschäftsleitung geprüft und in den von ihm festgelegten Grundsätzen und Obergrenzen berücksichtigt werden;

h) das Institut unterzieht sein Risikomesssystem im Rahmen der Innenrevision einer unabhängigen Prüfung. Diese umfasst sowohl die Tätigkeiten der Handelsabteilungen als auch der unabhängigen Abteilung „Risikoüberwachung“;

i) das Institut unterzieht sein Risikomanagement mindestens einmal jährlich einer Prüfung;

j) das interne Modell erfüllt die Anforderungen der Artikel 292 Absätze 8 und 9 und Artikel 294.

(5) *[1]* Das interne Risikomessmodell eines Instituts trägt einer ausreichenden Zahl von Risikofaktoren Rechnung, damit alle wesentlichen Kursrisiken erfasst werden.

[2] Ein Institut kann innerhalb der einzelnen Risikokategorien und kategorienübergreifend empirische Korrelationen verwenden, wenn sein System zur Messung der Korrelationen solide ist und unter Sicherstellung seiner Integrität angewandt wird.

(6) *[1]* Institute, die interne Modelle verwenden, berechnen E* nach folgender Formel:

$$E^* = max\left\{0, \left(\sum_i E_i - \sum_i C_i\right) + potenzielle\ Wertänderung\right\}$$

dabei entspricht

E_i = dem Risikopositionswert jeder einzelnen im Rahmen der Vereinbarung bestehenden Risikoposition i, der bei fehlender Besicherung zur Anwendung käme, wenn die Institute die risikogewichteten Positionsbeträge nach dem Standardansatz berechnen oder sie die risikogewichteten Positionsbeträge und erwarteten Verlustbeträge nach dem IRB-Ansatz berechnen,

C_i = dem Wert der Wertpapiere, die in Bezug auf jede Risikoposition i geliehen, angekauft oder geliefert werden, oder der Barmittel, die in Bezug auf jede Risikoposition i geliehen oder geliefert werden.

[2] Institute, die die risikogewichteten Positionsbeträge mit Hilfe interner Modelle berechnen, verwenden zu diesem Zweck die Modellergebnisse des vorangegangenen Handelstags.

(7) *[1]* Für die Berechnung der in Absatz 6 genannten potenziellen Wertänderung gelten alle folgenden Standards:

a) Die Berechnung erfolgt mindestens einmal pro Tag;
b) sie stützt sich auf ein einseitiges Konfidenzniveau von 99 %,
c) sie legt einen Verwertungszeitraum von fünf Tagen zugrunde, außer bei Geschäften, bei denen es sich nicht um Wertpapierpensionsgeschäfte oder Wertpapierleihgeschäfte handelt, für die ein Verwertungszeitraum von zehn Tagen zugrunde gelegt wird;
d) sie stützt sich auf einen effektiven historischen Beobachtungszeitraum von mindestens einem Jahr, es sei denn, aufgrund einer erheblichen Zunahme der Preisvolatilität ist ein kürzerer Beobachtungszeitraum gerechtfertigt;
e) die bei der Berechnung verwendeten Daten werden alle drei Monate aktualisiert.

[2] Hat ein Institut ein Pensionsgeschäft, ein Wertpapier- oder Warenverleih- oder -leihgeschäft und ein Lombard- oder ähnliches Geschäft oder einen Netting-Satz in seinem Bestand, das/der die Kriterien des Artikels 285 Absätze 2, 3 und 4 erfüllt, so wird die Mindesthaltedauer der Nachschuss-Risikoperiode angeglichen, die gemäß diesen Absätzen in Verbindung mit Artikel 285 Absatz 5 gelten würde.

(8) Zur Berechnung der risikogewichteten Positionsbeträge und erwarteten Verlustbeträge bei Pensionsgeschäften, Wertpapier- oder Warenleihgeschäften oder Wertpapier- oder Warenverleihgeschäften oder anderen Kapitalmarkttransaktionen, für die Netting-Rahmenvereinbarungen gelten, setzen die Institute für die Zwecke des Artikels 113 im Rahmen des Standardansatzes und des Kapitels 3 im Rahmen des IRB-Ansatzes den nach Absatz 6 berechneten Wert E^* als Wert der Risikoposition gegenüber der Gegenpartei ein, die aus den von der Netting-Rahmenvereinbarung erfassten Geschäften resultiert.

(9) *[1]* Die EBA arbeitet Entwürfe technischer Regulierungsstandards aus, in denen Folgendes präzisiert wird:

a) was für die Zwecke von Absatz 3 ein unwesentliches Portfolio darstellt,
b) die Kriterien, anhand deren für den Zweck der Absätze 4 und 5 und von Netting-Rahmenvereinbarungen entschieden wird, ob ein internes Modell solide ist und unter Sicherstellung seiner Integrität angewandt wird.

[2] Die EBA legt der Kommission diese Entwürfe technischer Regulierungsstandards bis zum 31. Dezember 2015 vor.

[3] Der Kommission wird die Befugnis übertragen, die technischen Regulierungsstandards nach Unterabsatz 1 gemäß den Artikeln 10 bis 14 der Verordnung (EU) Nr. 1093/2010 zu erlassen.

Art. 222 Einfache Methode zur Berücksichtigung finanzieller Sicherheiten. (1) [1] Institute dürfen die einfache Methode zur Berücksichtigung finanzieller Sicherheiten nur anwenden, wenn sie die risikogewichteten Positionsbeträge nach dem Standardansatz berechnen. [2] Außer für die Zwecke des Artikels 148 Absatz 1 und des Artikels 150 Absatz 1 wenden die Institute nicht gleichzeitig die einfache und die umfassende Methode zur Berücksichtigung finanzieller Sicherheiten an. [3] Die Institute nutzen diese Ausnahme nicht selektiv dazu, niedrigere Eigenmittelanforderungen zu erreichen oder um Aufsichtsarbitrage zu betreiben.

(2) Bei der einfachen Methode zur Berücksichtigung finanzieller Sicherheiten setzen die Institute anerkennungsfähige Finanzsicherheiten zu ihrem nach Artikel 207 Absatz 4 Buchstabe d bestimmten Marktwert an.

(3) *[1]* [1] Den durch den Marktwert der anerkennungsfähigen Sicherheit gedeckten Teilen der Risikopositionswerte weisen die Institute das Risikogewicht zu, das sie nach Kapitel 2 ansetzen würden, wenn das kreditgebende Institut eine direkte Risikoposition aus dem Sicherungsinstrument hätte. [2] Der Risikopositionswert eines in Anhang I genannten außerbilanziellen Postens wird zu diesem Zweck nicht mit dem in Artikel 111 Absatz 1 genannten Risikopositionswert, sondern mit 100 % seines Werts angesetzt.

[2] [1] Das Risikogewicht des besicherten Teils beträgt (mit Ausnahme der in den Absätzen 4 bis 6 genannten Fälle) mindestens 20 %. [2] Dem übrigen Teil der Risikoposition weisen die Institute das Risikogewicht zu, das sie nach Kapitel 2 für eine unbesicherte Risikoposition an die Gegenpartei ansetzen würden.

(4) [1] Dem besicherten Teil einer Risikoposition aus Pensions- und Wertpapierverleih- oder -leihgeschäften, die die Kriterien des Artikels 227 erfüllen, weisen die Institute das Risikogewicht 0 % zu. [2] Ist die Gegenpartei eines solchen Geschäfts kein wesentlicher Marktteilnehmer, weisen die Institute ein Risikogewicht von 10 % zu.

(5) *[1]* Den Risikopositionswerten, die nach Kapitel 6 für die in Anhang II genannten, durch Bargeld oder bargeldähnliche Instrumente abgesicherten Derivatgeschäfte mit täglicher Marktbewertung bestimmt werden, weisen die Institute – wenn keine Währungsinkongruenz vorliegt – in der Höhe der Besicherung das Risikogewicht 0 % zu.

[2] Sind die genannten Geschäfte durch Schuldverschreibungen von Zentralstaaten oder Zentralbanken abgesichert, die nach Kapitel 2 ein Risikogewicht von 0 % erhalten, weisen die Institute den Risikopositionswerten in der Höhe der Besicherung das Risikogewicht 10 % zu.

(6) Nicht in den Absätzen 4 und 5 genannten Geschäften können Institute ein Risikogewicht von 0 % zuweisen, wenn Risikoposition und Sicherheit auf dieselbe Währung lauten und eine der folgenden Bedingungen erfüllt ist:

a) Die Sicherheit besteht aus einer Bareinlage oder einem bargeldähnlichen Instrument;
b) die Sicherheit besteht aus Schuldverschreibungen von Zentralstaaten oder Zentralbanken, die nach Artikel 114 das Risikogewicht 0 % erhalten können und auf deren Marktwert ein 20 %iger Abschlag vorgenommen wurde.

(7) Für die Zwecke der Absätze 5 und 6 umfassen Schuldverschreibungen von Zentralstaaten oder Zentralbanken:

a) Schuldverschreibungen von regionalen oder lokalen Gebietskörperschaften, deren Schuldtitel im Rahmen von Artikel 115 wie Risikopositionen gegenüber dem Zentralstaat, dem sie zuzuordnen sind, behandelt werden,

b) Schuldverschreibungen multilateraler Entwicklungsbanken, denen nach Artikel 117 Absatz 2 ein Risikogewicht von 0 % zugewiesen wird,

c) Schuldverschreibungen internationaler Organisationen, denen nach Artikel 118 ein Risikogewicht von 0 % zugewiesen wird.[1)]

d) Schuldverschreibungen öffentlicher Stellen, die gemäß Artikel 116 Absatz 4 wie Risikopositionen gegenüber Zentralstaaten behandelt werden.

Art. 223 Umfassende Methode zur Berücksichtigung finanzieller Sicherheiten. (1) *[1]* Um der Kursvolatilität Rechnung zu tragen, nehmen Institute bei der Bewertung einer finanziellen Sicherheit im Rahmen der umfassenden Methode zur Berücksichtigung finanzieller Sicherheiten am Marktwert der Sicherheit gemäß den Artikeln 224 bis 227 Volatilitätsanpassungen vor.

[2] Lauten Sicherheit und zugrunde liegende Risikoposition auf unterschiedliche Währungen, nehmen Institute zusätzlich zu der nach den Artikeln 224 bis 227 für die Sicherheit angemessenen Volatilitätsanpassung eine weitere Anpassung für die Wechselkursvolatilität vor.

[3] [1] Bei OTC-Derivaten, für die eine von den zuständigen Behörden gemäß Kapitel 6 anerkannte Netting-Vereinbarung gilt, nehmen die Institute eine Anpassung für die Wechselkursvolatilität immer dann vor, wenn sich die Währung der Sicherheit und die Verrechnungswährung nicht decken. [2] Auch wenn die von der Netting-Vereinbarung erfassten Geschäfte in mehreren Währungen abgewickelt werden, nehmen die Institute nur eine Volatilitätsanpassung vor.

(2) *[1]* Institute berechnen den zu berücksichtigenden volatilitätsangepassten Wert der Sicherheit (CVA) wie folgt:

$$C_{VA} = C \cdot (1 - H_C - H_{fx})$$

dabei entspricht

C = dem Wert der Sicherheit,

H_C = der nach den Artikeln 224 und 227 berechneten, der Sicherheit angemessenen Volatilitätsanpassung,

H_{fx} = der nach den Artikeln 224 und 227 berechneten, der Währungsinkongruenz angemessenen Volatilitätsanpassung.

[2] Diese Formel verwenden die Institute bei allen Geschäften mit Ausnahme solcher, die von anerkannten Netting-Rahmenvereinbarungen erfasst werden und für die die Bestimmungen der Artikel 220 und 221 gelten.

(3) *[1]* Institute berechnen den zu berücksichtigenden volatilitätsangepassten Wert der Risikoposition (EVA) wie folgt:

$$E_{VA} = E \cdot (1 + H_E)$$

dabei entspricht

E = dem Risikopositionswert, der nach Kapitel 2 oder 3 als angemessen festgesetzt würde, wäre die Risikoposition unbesichert,

---

1) Zeichensetzung amtlich.

HE = der nach den Artikeln 224 und 227 berechneten, der Risikoposition angemessenen Volatilitätsanpassung.

[2] Bei OTC-Derivaten berechnen die Institute, die die Methode gemäß Kapitel 6 Abschnitt 6 verwenden, E_{VA} wie folgt:

$$E_{VA} = E.$$

(4) Für die Berechnung von E in Absatz 3 gilt Folgendes:

a) Institute, die die risikogewichteten Positionsbeträge nach dem Standardansatz berechnen, setzen den Risikopositionswert eines in Anhang I genannten außerbilanziellen Postens nicht mit dem in Artikel 111 Absatz 1 genannten Risikopositionswert, sondern mit 100 % seines Werts an;

b) Institute, die die risikogewichteten Positionsbeträge nach dem IRB-Ansatz berechnen, ermitteln den Risikopositionswert der in Artikel 166 Absätze 8 bis 10 aufgeführten Posten, indem sie anstelle der dort genannten Umrechnungsfaktoren oder Prozentsätze einen Umrechnungsfaktor von 100 % zugrunde legen.

(5) *[1]* Institute berechnen den vollständig angepassten Risikopositionswert ($E^\star$), der sowohl der Volatilität als auch den risikomindernden Auswirkungen der Sicherheit Rechnung trägt, wie folgt:

$$E^\star = max\,\{0, E_{VA} - C_{VAM}\}$$

dabei entspricht

E_{VA} = dem nach Absatz 3 berechneten volatilitätsangepassten Wert der Risikoposition,

C_{VAM} = CVA mit weiteren Anpassungen für etwaige Laufzeitinkongruenzen gemäß Abschnitt 5.

[2] Bei OTC-Derivaten tragen Institute, die die Methoden nach Kapitel 6 Abschnitte 3, 4 und 5 verwenden, den risikomindernden Auswirkungen der Sicherheit gemäß den Bestimmungen von Abschnitt 3, 4 bzw. 5 des Kapitels 6 Rechnung.

(6) *[1]* Institute dürfen Volatilitätsanpassungen entweder anhand der aufsichtlichen Volatilitätsanpassungen nach Artikel 224 oder anhand eigener Schätzungen gemäß Artikel 225 berechnen.

[2] Ein Institut kann sich unabhängig davon, ob es zur Berechnung der risikogewichteten Positionsbeträge nach dem Standardansatz oder dem IRB-Ansatz verfährt, für die Verwendung der aufsichtlichen Volatilitätsanpassungen oder die Verwendung der auf eigenen Schätzungen beruhenden Methode entscheiden.

[3] Wendet ein Institut allerdings die auf eigenen Schätzungen beruhende Methode an, so wendet es diese auf alle Arten von Instrumenten an, außer auf unwesentliche Portfolios, bei denen es nach der auf aufsichtlichen Vorgaben beruhenden Methode verfahren kann.

(7) Wenn eine Sicherheit sich aus mehreren anerkennungsfähigen Werten zusammensetzt, berechnen die Institute die Volatilitätsanpassung (H) wie folgt:

$$H = \sum_i a_i H_i$$

dabei entspricht

a_i = dem Anteil eines anerkennungsfähigen Werts i an der Sicherheit insgesamt,

H_i = der für den anerkennungsfähigen Wert i geltenden Volatilitätsanpassung.

Art. 224 Aufsichtliche Volatilitätsanpassungen bei der umfassenden Methode zur Berücksichtigung finanzieller Sicherheiten. (1) Bei der auf aufsichtlichen Vorgaben beruhenden Methode nehmen die Institute (unter der Voraussetzung einer täglichen Neubewertung) die in den Tabellen 1 bis 4 genannten Volatilitätsanpassungen vor.

Volatilitätsanpassungen

Tabelle 1

der Bonitätsbeurteilung der Schuldverschreibung zugeordnete Bonitätsstufe	Restlaufzeit	Volatilitätsanpassungen für Schuldverschreibungen der in Artikel 197 Absatz 1 Buchstabe b bezeichneten Emittenten			Volatilitätsanpassungen für Schuldverschreibungen der in Artikel 197 Absatz 1 Buchstaben c und d bezeichneten Emittenten			Volatilitätsanpassungen für Verbriefungspositionen, die die Kriterien des Artikels 197 Absatz 1 Buchstabe h erfüllen		
		20-täg. Verwertungszeitraum	10-täg. Verwertungszeitraum	5-täg. Verwertungszeitraum	20-täg. Verwertungszeitraum	10-täg. Verwertungszeitraum	5-täg. Verwertungszeitraum	20-täg. Verwertungszeitraum	10-täg. Verwertungszeitraum	5-täg. Verwertungszeitraum
1	≤ 1 Jahr	0,707	0,5	0,354	1,414	1	0,707	2,829	2	1,414
	1 ≤ 5 Jahre	2,828	2	1,414	5,657	4	2,828	11,314	8	5,657
	> 5 Jahre	5,657	4	2,828	11,314	8	5,657	22,628	16	11,313
2–3	≤ 1 Jahr	1,414	1	0,707	2,828	2	1.,14[1]	5,657	4	2,828
	1 ≤ 5 Jahre	4,243	3	2,121	8,485	6	4,243	16,971	12	8,485
	> 5 Jahre	8,485	6	4,243	16,971	12	8,485	33,942	24	16,970
4	≤ 1 Jahr	21,213	15	10,607	Entfällt	Entfällt	Entfällt	Entfällt	Entfällt	Entfällt
	1 ≤ 5 Jahre	21.,213[2]	15	10,607	Entfällt	Entfällt	Entfällt	Entfällt	Entfällt	Entfällt
	> 5 Jahre	21,213	15	10,607	Entfällt	Entfällt	Entfällt	Entfällt	Entfällt	Entfällt

Tabelle 2

[1] Richtig wohl: „1,14".
[2] Richtig wohl: „21,213".

der Bonitätsbeurteilung einer kurzfristigen Schuldverschreibung zugeordnete Bonitätsstufe	Volatilitätsanpassungen für Schuldverschreibungen von Emittenten mit kurzfristiger Bonitätsbeurteilung nach Artikel 197 Absatz 1 Buchstabe b			Volatilitätsanpassungen für Schuldverschreibungen von Emittenten mit kurzfristiger Bonitätsbeurteilung nach Artikel 197 Absatz 1 Buchstaben c und d			Volatilitätsanpassungen für Verbriefungspositionen, die die Kriterien des Artikels 197 Absatz 1 Buchstabe h erfüllen		
	20-täg. Verwertungszeitraum	10-täg. Verwertungszeitraum	5-täg. Verwertungszeitraum	20-täg. Verwertungszeitraum	10-täg. Verwertungszeitraum	5-täg. Verwertungszeitraum	20-täg. Verwertungszeitraum	10-täg. Verwertungszeitraum	5-täg. Verwertungszeitraum
1	0,707	0,5	0,354	1,414	1	0,707	2,829	2	1,414
2–3	1,414	1	0,707	2,828	2	1,414	5,657	4	2,828

Tabelle 3

Sonstige Arten von Sicherheiten oder Risikopositionen

	20-täg. Verwertungszeitraum	10-täg. Verwertungszeitraum	5-täg. Verwertungszeitraum
Hauptindex-Aktien, Hauptindex-Wandelschuldverschreibungen	21,213	15	10,607
Andere an einer anerkannten Börse gehandelte Aktien oder Wandelschuldverschreibungen	35,355	25	17,678
Bargeld	0	0	0
Gold	21,213	15	10,607

Tabelle 4

Volatilitätsanpassungen für Währungsinkongruenzen

20-täg. Verwertungszeitraum	10-täg. Verwertungszeitraum	5-täg. Verwertungszeitraum
11,314	8	5,657

(2) *[1]* Für die Berechnung der Volatilitätsanpassungen gemäß Absatz 1 gelten folgende Bedingungen:

a) Bei besicherten Kreditvergaben beträgt der Verwertungszeitraum 20 Handelstage.

b) Bei Pensionsgeschäften – sofern diese nicht mit der Übertragung von Waren oder garantierten Eigentumsrechten an diesen Waren verbunden sind – und Wertpapierverleih- oder -leihgeschäften beträgt der Verwertungszeitraum 5 Handelstage.

c) Bei anderen Kapitalmarkttransaktionen beträgt der Verwertungszeitraum 10 Handelstage.

[2] Hat ein Institut ein Geschäft oder einen Netting-Satz im Bestand, das/der die Kriterien des Artikels 285 Absätze 2, 3 und 4 erfüllt, so wird die Mindesthaltedauer der Nachschuss-Risikoperiode angeglichen, die gemäß diesen Absätzen gelten würde.

(3) *[1]* Bei den in Absatz 1 Tabellen 1 bis 4 und in den Absätzen 4 bis 6 genannten, mit einer Bonitätsbeurteilung von Schuldverschreibungen verknüpften Bonitätsstufen handelt es sich um die Stufen, die von der EBA gemäß Kapitel 2 einer bestimmten Bonitätsbeurteilung zugeordnet wurden.

[2] Für die Zwecke der Festlegung der Bonitätsstufe nach Unterabsatz 1, die einer Bonitätsbeurteilung von Schuldverschreibungen zugeordnet ist, findet auch Artikel 197 Absatz 7 Anwendung.

(4) Bei nicht anerkennungsfähigen Wertpapieren oder bei Waren, die im Rahmen von Pensions- oder Wertpapier- oder Warenleihgeschäften oder Wert-

papier- oder Warenverleihgeschäften verliehen oder veräußert werden, wird die gleiche Volatilitätsanpassung vorgenommen wie bei Aktien, die nicht in einem Hauptindex vertreten, aber an einer anerkannten Börse notiert sind.

(5) *[1]* Bei anerkennungsfähigen Anteilen an OGA entspricht die Volatilitätsanpassung dem gewichteten Durchschnitt der Volatilitätsanpassungen, der unter Berücksichtigung des in Absatz 2 genannten Verwertungszeitraums für die Vermögenswerte, in die der Fonds investiert hat, gelten würde.

[2] Sind die Vermögenswerte, in die der Fonds investiert hat, dem Institut unbekannt, so entspricht die Volatilitätsanpassung dem Höchstwert, der für jeden Titel, in den der Fonds investieren darf, gelten würde.

(6) Bei unbeurteilten Schuldverschreibungen von Instituten oder Wertpapierfirmen, die nach Artikel 197 Absatz 4 anerkannt werden können, wird die gleiche Volatilitätsanpassung vorgenommen wie bei Titeln von Instituten oder Unternehmen, deren Bonitätsbeurteilung mit den Bonitätsstufen 2 oder 3 gleichgesetzt wird.

Art. 225 Auf eigenen Schätzungen beruhende Volatilitätsanpassungen bei der umfassenden Methode zur Berücksichtigung finanzieller Sicherheiten. (1) *[1]* [1] Die zuständigen Behörden gestatten den Instituten, bei der Berechnung der Volatilitätsanpassungen für Sicherheiten und Risikopositionen ihre eigenen Volatilitätsschätzungen zu verwenden, wenn die Institute die Anforderungen der Absätze 2 und 3 erfüllen. [2] Institute, denen die Verwendung eigener Volatilitätsschätzungen gestattet wurde, kehren nicht zu anderen Methoden zurück, es sei denn, es bestehen dafür nachweislich triftige Gründe und die zuständigen Behörden haben dies genehmigt.

[2] Bei Schuldverschreibungen, die von einer ECAI als „Investment Grade" oder besser eingestuft wurden, können die Institute für jede Wertpapierkategorie eine Volatilitätsschätzung ermitteln.

[3] Für Schuldverschreibungen, die von einer ECAI schlechter als „Investment Grade" eingestuft wurden, und für sonstige anerkennungsfähige Sicherheiten ermitteln die Institute die Volatilitätsanpassungen für jedes Papier einzeln.

[4] Institute, die nach der auf eigenen Schätzungen basierenden Methode verfahren, lassen bei der Schätzung der Volatilität der Sicherheit oder der Währungsinkongruenz etwaige Korrelationen zwischen der unbesicherten Risikoposition, der Sicherheit und/oder Wechselkursen außer Acht.

[5] [1] Bei der Abgrenzung der Wertpapierkategorien tragen die Institute der Art des Emittenten, der Bonitätsbeurteilung der Wertpapiere, ihrer Restlaufzeit und ihrer modifizierten Laufzeit Rechnung. [2] Volatilitätsschätzungen sind für die Wertpapiere, die das Institut in die Kategorie aufgenommen hat, repräsentativ.

(2) Die Berechnung der Volatilitätsanpassungen erfüllt alle folgenden Kriterien:

a) Die Institute legen bei der Berechnung ein einseitiges Konfidenzniveau von 99 % zugrunde;
b) die Institute legen bei der Berechnung die folgenden Verwertungszeiträume zugrunde:
   i) 20 Handelstage für besicherte Kreditvergaben,

ii) 5 Handelstage für Pensionsgeschäfte, sofern diese nicht mit der Übertragung von Waren oder garantierten Eigentumsrechten an diesen Waren verbunden sind, und für Wertpapierverleih- oder -leihgeschäfte,

iii) 10 Handelstage für andere Kapitalmarkttransaktionen;

c) die Institute können für die Volatilitätsanpassung Werte verwenden, die unter Zugrundelegung kürzerer oder längerer Verwertungszeiträume berechnet und für das betreffende Geschäft mit Hilfe nachstehender Wurzel-Zeit-Formel auf den unter Buchstabe b angegebenen Verwertungszeitraum herauf- oder herabskaliert werden:

$$H_M = H_N \cdot \sqrt{\frac{T_M}{T_N}}$$

dabei entspricht

T_M = dem jeweiligen Verwertungszeitraum,

H_M = der auf dem Verwertungszeitraum T_M basierenden Volatilitätsanpassung,

H_N = der auf dem Verwertungszeitraum T_N basierenden Volatilitätsanpassung;

d) die Institute tragen der Illiquidität von Aktiva geringerer Qualität Rechnung. Bestehen Zweifel an der Liquidität einer Sicherheit, verlängern sie den Verwertungszeitraum. Sie stellen ferner fest, wo historische Daten möglicherweise eine Unterschätzung der potenziellen Volatilität bewirken. In solchen Fällen werden die Daten einem Stresstest unterzogen;

e) der historische Beobachtungszeitraum, den die Institute für die Berechnung der Volatilitätsanpassungen heranziehen, beträgt mindestens ein Jahr. Bei Instituten, die ein Gewichtungsschema oder andere Methoden verwenden, beträgt der effektive Beobachtungszeitraum mindestens ein Jahr. Die zuständigen Behörden können einem Institut ferner vorschreiben, seine Volatilitätsanpassungen anhand eines kürzeren Beobachtungszeitraums zu berechnen, wenn sie dies aufgrund eines signifikanten Anstiegs der Kursvolatilität für gerechtfertigt halten;

f) die Institute aktualisieren ihre Daten und berechnen ihre Volatilitätsanpassungen mindestens alle drei Monate. Darüber hinaus bewerten sie ihre Daten bei jeder wesentlichen Änderung der Marktpreise neu;[1)]

(3) Die Schätzung der Volatilitätsanpassungen erfüllt alle folgenden qualitativen Kriterien:

a) Das Institut nutzt die Volatilitätsschätzungen in seinem täglichen Risikomanagement – auch in Bezug auf seine internen Risikolimits;

b) ist der Verwertungszeitraum, den das Institut bei seinem täglichen Risikomanagement zugrunde legt, länger als der, der in diesem Abschnitt für den betreffenden Transaktionstyp festgelegt ist, so skaliert es die Volatilitätsanpassungen nach der in Absatz 2 Buchstabe c angegebenen Wurzel-Zeit-Formel nach oben;

[1)] Zeichensetzung amtlich.

c) das Institut hat Verfahren, um die Einhaltung der schriftlich niedergelegten Grundsätze für die Schätzung der Volatilitätsanpassungen und die Integration dieser Schätzungen in sein Risikomanagement sowie die dazugehörigen Kontrollen zu gewährleisten;

d) das System, das das Institut zur Schätzung der Volatilitätsanpassungen anwendet, wird im Rahmen der Innenrevision regelmäßig einer unabhängigen Prüfung unterzogen. Das gesamte System für die Schätzung der Volatilitätsanpassungen und deren Einbettung in das Risikomanagement des Instituts wird mindestens einmal jährlich überprüft. Diese Überprüfung umfasst zumindest
   i) die Einbeziehung der geschätzten Volatilitätsanpassungen in das tägliche Risikomanagement,
   ii) die Validierung jeder wesentlichen Änderung des Schätzverfahrens,
   iii) die Konsistenz, Zeitnähe und Zuverlässigkeit der Datenquellen, auf die sich das Institut bei der Schätzung der Volatilitätsanpassungen stützt, einschließlich der Unabhängigkeit dieser Quellen,
   iv) die Genauigkeit und Angemessenheit der Volatilitätsannahmen.

Art. 226 Heraufskalierung von Volatilitätsanpassungen bei der umfassenden Methode zur Berücksichtigung finanzieller Sicherheiten. [1] Die Volatilitätsanpassungen nach Artikel 224 gelten für den Fall einer täglichen Neubewertung. [2] Ebenso stellt ein Institut, das gemäß Artikel 225 seine eigenen Schätzungen verwendet, seine Berechnungen zunächst auf der Grundlage einer täglichen Neubewertung an. [3] Erfolgt die Neubewertung seltener als einmal täglich, so nehmen die Institute größere Volatilitätsanpassungen vor. [4] Diese werden von den Instituten anhand nachstehender Wurzel-Zeit-Formel durch Heraufskalierung der auf einer täglichen Neubewertung basierenden Volatilitätsanpassungen ermittelt:

$$H = H_M \cdot \sqrt{\frac{N_R + (T_M - 1)}{T_M}}$$

dabei entspricht

H	=	der vorzunehmenden Volatilitätsanpassung,
H_M	=	der Volatilitätsanpassung bei täglicher Neubewertung,
N_R	=	der tatsächlichen Zahl der Handelstage zwischen Neubewertungen,
T_M	=	dem Verwertungszeitraum für das betreffende Geschäft.

Art. 227 Bedingungen für eine 0 %ige Volatilitätsanpassung bei der umfassenden Methode zur Berücksichtigung finanzieller Sicherheiten.

(1) [1] Wenn die Bedingungen des Absatzes 2 Buchstaben a bis h erfüllt sind, dürfen Institute, die nach der auf aufsichtlichen Vorgaben beruhenden Methode nach Artikel 224 oder der auf eigenen Schätzungen basierenden Methode nach Artikel 225 verfahren, bei Pensionsgeschäften und Wertpapierverleih- oder *Leihgeschäften*[1)] anstelle der nach den Artikeln 224 bis 226 berechneten Volatili-

---

[1)] Richtig wohl: „-leihgeschäften".

tätsanpassungen eine Anpassung von 0 % vornehmen. [2] Institute, die interne Modelle nach Artikel 221 verwenden, machen keinen Gebrauch von der in diesem Artikel festgelegten Behandlung.

(2) Die Institute können eine Volatilitätsanpassung von 0 % vornehmen, wenn alle folgenden Bedingungen erfüllt sind:

a) Sowohl die Risikoposition als auch die Sicherheit sind Barmittel oder Schuldverschreibungen von Zentralstaaten oder Zentralbanken im Sinne von Artikel 197 Absatz 1 Buchstabe b, die nach Kapitel 2 mit einem Risiko von 0 % gewichtet werden können;
b) Risikoposition und Sicherheit lauten auf dieselbe Währung;
c) entweder die Laufzeit des Geschäfts beträgt nicht mehr als einen Tag oder sowohl die Risikoposition als auch die Sicherheit werden täglich zu Marktpreisen bewertet und unterliegen täglichen Nachschussverpflichtungen;
d) zwischen der letzten Neubewertung vor dem Versäumnis der Gegenpartei, Sicherheiten nachzuliefern, und der Veräußerung der Sicherheit liegen nicht mehr als vier Handelstage;
e) das Geschäft wird in einem für diese Art von Geschäft bewährten Abrechnungssystem abgewickelt;
f) die für die Vereinbarung oder das Geschäft maßgeblichen Dokumente sind die für Pensionsgeschäfte oder Leih- oder Verleihgeschäfte mit den betreffenden Wertpapieren üblichen Standarddokumente;
g) aus den für das Geschäft maßgeblichen Dokumenten geht hervor, dass das Geschäft fristlos kündbar ist, wenn die Gegenpartei ihrer Verpflichtung zur Einlieferung von Barmitteln oder Wertpapieren oder zur Leistung von Nachschusszahlungen nicht nachkommt oder in anderer Weise ausfällt;
h) die Gegenpartei wird von den zuständigen Behörden als wesentlicher Marktteilnehmer angesehen.

(3) Die in Absatz 2 Buchstabe h genannten wesentlichen Marktteilnehmer umfassen

a) die in Artikel 197 Absatz 1 Buchstabe b bezeichneten Emittenten, deren Titel nach Kapitel 2 ein Risikogewicht von 0 % erhalten,
b) Institute,
ba) Wertpapierfirmen,
c) sonstige Finanzunternehmen im Sinne des Artikels 13 Nummer 25 Buchstaben b und d der Richtlinie 2009/138/EG, deren Schuldtiteln nach dem Standardansatz ein Risikogewicht von 20 % zugewiesen wird, oder die – sollte es sich um Institute handeln, die die risikogewichteten Positionsbeträge und erwarteten Verlustbeträge nach dem IRB-Ansatz ermitteln – keine Bonitätsbeurteilung einer anerkannten ECAI haben und von dem Institut intern beurteilt werden,
d) beaufsichtigte OGA, die Eigenmittelanforderungen oder Verschuldungslimits unterliegen,
e) beaufsichtigte Pensionsfonds,
f) anerkannte Clearing-Organisationen.

Art. 228 Berechnung der risikogewichteten Positionsbeträge und erwarteten Verlustbeträge bei der umfassenden Methode zur Berücksichtigung finanzieller Sicherheiten. (1) [1] Im Rahmen des Standardansatzes verwenden Institute für die Zwecke des Artikels 113 als Risikopositionswert den nach Artikel 223 Absatz 5 berechneten Wert E*. [2]Bei den in Anhang I genannten außerbilanziellen Posten legen die Institute E* als den Wert zugrunde, auf den die in Artikel 111 Absatz 1 genannten Prozentsätze angewandt werden, um den Risikopositionswert zu ermitteln.

(2) [1]Im Rahmen des IRB-Ansatzes setzen die Institute für die Zwecke des Kapitels 3 den tatsächlichen Wert der LGD (LGD*) als LGD-Wert an. [2]Die Institute berechnen LGD* wie folgt:

$$LGD^* = LGD \cdot \frac{E^*}{E}$$

dabei entspricht

LGD = der LGD, die nach Kapitel 3 für die Risikoposition gelten würde, wäre sie unbesichert,

E = dem Risikopositionswert gemäß Artikel 223 Absatz 3,

E* = dem vollständig angepassten Risikopositionswert gemäß Artikel 223 Absatz 5.

Art. 229 Bewertungsgrundsätze für sonstige anerkennungsfähige Sicherheiten beim IRB-Ansatz. (1) *[1]* [1]Bei Immobiliensicherheiten wird die Sicherheit von einem unabhängigen Sachverständigen zum oder unter Marktwert bewertet. [2]Das Institut verpflichtet den Sachverständigen, den Marktwert transparent und klar zu dokumentieren.

[2] [1]In Mitgliedstaaten, deren Rechts- und Verwaltungsvorschriften strenge Vorgaben für die Bemessung des Beleihungswerts setzen, kann die Immobilie stattdessen von einem unabhängigen Sachverständigen zum oder unter Beleihungswert bewertet werden. [2]Institute verlangen, dass der unabhängige Sachverständige bei der Bestimmung des Beleihungswerts spekulative Elemente außer Acht lässt und diesen Wert auf transparente und klare Weise dokumentiert.

[3] Der Wert der Sicherheit ist der Markt- oder Beleihungswert, der gegebenenfalls aufgrund der Ergebnisse der in Artikel 208 Absatz 3 vorgesehenen Überprüfung und eventueller vorrangiger Forderungen auf die Immobilie herabgesetzt wird.

(2) Bei Forderungen ist der Wert der Forderungsbetrag.

(3) [1]Sachsicherheiten, bei denen es sich nicht um Immobiliensicherheiten handelt, werden von den Instituten zum Marktwert bewertet. [2]Für die Zwecke dieses Artikels ist der Marktwert der geschätzte Betrag, zu dem die Sicherheit am Tag der Bewertung im Rahmen eines zu marktüblichen Konditionen geschlossenen Geschäfts vom Besitz eines veräußerungswilligen Verkäufers in den Besitz eines kaufwilligen Käufers übergehen dürfte.

Art. 230 Berechnung der risikogewichteten Positionsbeträge und erwarteten Verlustbeträge für andere anerkennungsfähige Sicherheiten beim IRB-Ansatz. (1) *[1]* Institute verwenden für die Zwecke des Kapitels 3 als LGD die nach diesem Absatz und nach Absatz 2 berechnete LGD*.

[2] [1] Fällt das Verhältnis des Werts der Sicherheit (C) zum Risikopositionswert (E) unter den in Tabelle 5 für die Risikoposition vorgeschriebenen Mindestbesicherungsgrad (C*), so ist LGD* gleich der in Kapitel 3 für unbesicherte Risikopositionen an die Gegenpartei festgelegten LGD. [2] Zu diesem Zweck legen die Institute bei der Berechnung des Risikopositionswerts der in Artikel 166 Absätze 8 bis 10 aufgeführten Posten anstelle der dort genannten Umrechnungsfaktoren oder Prozentsätze einen Umrechnungsfaktor oder Prozentsatz von 100 % zugrunde.

[3] Übersteigt das Verhältnis des Werts der Sicherheit zum Risikopositionswert die in Tabelle 5 festgelegte zweite, höhere Schwelle C**, so ist LGD* gleich dem in Tabelle 5 vorgeschriebenen Wert.

[4] Wird der erforderliche Grad an Besicherung C** für die Risikoposition insgesamt nicht erreicht, so behandeln die Institute die Risikoposition wie zwei Risikopositionen – eine, bei der der erforderliche Grad an Besicherung C** gegeben ist und eine (der verbleibende Teil), bei der dies nicht der Fall ist.

(2) Welcher Wert für LGD* anzusetzen ist und welcher Grad an Besicherung für die besicherten Risikopositionsteile erforderlich ist, ist Tabelle 5 zu entnehmen:

Tabelle 5

Mindest-LGD für besicherte Risikopositionsteile

	LGD* bei vorrangigen Risikopositionen	LGD* bei nachrangigen Risikopositionen	Erforderlicher Grad an Mindestbesicherung der Risikoposition (C*)	Erforderlicher Grad an Mindestbesicherung der Risikoposition (C**)
Forderungen	35 %	65 %	0 %	125 %
Wohnimmobilien/ Gewerbeimmobilien	35 %	65 %	30 %	140 %
Sonstige Sicherheiten	40 %	70 %	30 %	140 %

(3) Alternativ zu der Behandlung nach den Absätzen 1 und 2 und vorbehaltlich des Artikels 124 Absatz 2 dürfen Institute dem Teil der Risikoposition, der innerhalb der in Artikel 125 Absatz 2 Buchstabe d bzw. Artikel 126 Absatz 2 Buchstabe d festgelegten Grenzen in voller Höhe durch Wohnimmobilien oder Gewerbeimmobilien im Hoheitsgebiet eines Mitgliedstaats besichert ist, ein Risikogewicht von 50 % zuweisen, wenn alle in Artikel 199 Absatz 3 oder 4 genannten Bedingungen erfüllt sind.

Art. 231 Berechnung der risikogewichteten Positionsbeträge und erwarteten Verlustbeträge bei gemischten Sicherheitenpools. (1) Der Wert der zugrunde zu legenden LGD* wird von einem Institut als LGD für die Zwecke von Kapitel 3 nach den Absätzen 2 und 3 berechnet, wenn die beiden folgenden Bedingungen erfüllt sind:

a) Das Institut berechnet die risikogewichteten Positionsbeträge und erwarteten Verlustbeträge nach dem IRB-Ansatz;

b) die Risikoposition ist sowohl durch Finanzsicherheiten als auch durch andere anerkennungsfähige Sicherheiten besichert.

(2) Die Institute sind dazu verpflichtet, den volatilitätsangepassten Wert der Risikoposition, den sie erhalten, indem sie am Risikopositionswert die in Artikel 223 Absatz 5 genannte Volatilitätsanpassung vornehmen, in verschiede-

ne Teile aufzuteilen, so dass sich ein durch anerkennungsfähige finanzielle Sicherheiten unterlegter Anteil, ein durch Forderungsabtretungen besicherter Anteil, ein durch Gewerbe- oder Wohnimmobilien besicherter Anteil, ein durch sonstige anerkennungsfähige Sicherheiten unterlegter Anteil sowie gegebenenfalls der unbesicherte Anteil ergibt.

(3) Die Institute ermitteln die LGD* nach den einschlägigen Bestimmungen dieses Kapitels für jeden der nach Absatz 2 ermittelten Anteile gesondert.

Art. 232 Andere Formen der Besicherung mit Sicherheitsleistung.

(1) Sind die Bedingungen des Artikels 212 Absatz 1 erfüllt, können Einlagen bei Drittinstituten wie eine Garantie dieses Drittinstituts behandelt werden.

(2) *[1]* Sind die Bedingungen des Artikels 212 Absatz 2 erfüllt, verfahren die Institute mit dem Teil der Risikoposition, der durch den gegenwärtigen Rückkaufswert der an das kreditgebende Institut verpfändeten Lebensversicherungen besichert ist, wie folgt:

a) Wenn für die Risikoposition der Standardansatz verwendet wird, wird ihr eines der in Absatz 3 festgelegten Risikogewichte zugewiesen;

b) wenn für die Risikoposition der IRB-Ansatz, nicht aber die institutseigenen LGD-Schätzungen verwendet werden, wird ihr eine LGD von 40 % zugewiesen.

[2] Im Falle einer Währungsinkongruenz setzen die Institute den gegenwärtigen Rückkaufswert gemäß Artikel 233 Absatz 3 herab, wobei der Wert der Besicherung dem gegenwärtigen Rückkaufswert der Lebensversicherung entspricht.

(3) Für die Zwecke des Absatzes 2 Buchstabe a weisen die Institute die folgenden Risikogewichte zu, wobei das Risikogewicht einer vorrangigen unbesicherten Risikoposition gegenüber dem Lebensversicherer als Grundlage dient:

a) ein Risikogewicht von 20 %, wenn der vorrangigen unbesicherten Risikoposition gegenüber dem Lebensversicherer ein Risikogewicht von 20 % zugeordnet wird,

b) ein Risikogewicht von 35 %, wenn der vorrangigen unbesicherten Risikoposition gegenüber dem Lebensversicherer ein Risikogewicht von 50 % zugeordnet wird,

c) ein Risikogewicht von 70 %, wenn der vorrangigen unbesicherten Risikoposition gegenüber dem Lebensversicherer ein Risikogewicht von 100 % zugeordnet wird,

d) ein Risikogewicht von 150 %, wenn der vorrangigen unbesicherten Risikoposition gegenüber dem Lebensversicherer ein Risikogewicht von 150 % zugeordnet wird.

(4) [1] Institute dürfen auf Anforderung zurückgekaufte Instrumente, die nach Artikel 200 Buchstabe c anerkennungsfähig sind, wie eine Garantie des emittierenden Instituts behandeln. [2] Der Wert der anerkennungsfähigen Besicherung ist Folgender:

a) Wird der Titel zu seinem Nennwert zurückgekauft, so gilt als Besicherungswert dieser Betrag;

b) wird das Instrument zum Marktpreis zurückgekauft, so wird der Besicherungswert nach dem gleichen Verfahren ermittelt wie bei den Schuldverschreibungen, die die Bedingungen des Artikels 197 Absatz 4 erfüllen.

Unterabschnitt 2. Absicherung ohne Sicherheitsleistung

Art. 233 Bewertung. (1) Für die Berechnung der Auswirkungen einer Absicherung ohne Sicherheitsleistung gemäß diesem Unterabschnitt wird als Wert der Absicherung ohne Sicherheitsleistung (G) der Betrag angesetzt, zu dessen Zahlung sich der Sicherungsgeber für den Fall verpflichtet hat, dass der Kreditnehmer ausfällt, seinen Zahlungsverpflichtungen nicht nachkommt oder ein bestimmtes anderes Kreditereignis eintritt.

(2) Für Kreditderivate, bei denen eine Neustrukturierung der zugrunde liegenden Verbindlichkeit, verbunden mit einem Erlass oder einer Stundung der Darlehenssumme, der Zinsen oder der Gebühren, die zu einem Verlust auf Seiten des Kreditgebers führt, nicht als Kreditereignis angesehen wird, gilt Folgendes:

a) Wenn der Betrag, zu dessen Zahlung sich der Sicherungsgeber verpflichtet hat, den Risikopositionswert nicht übersteigt, setzen die Institute den nach Absatz 1 ermittelten Wert der Absicherung um 40 % herab;
b) wenn der Betrag, zu dessen Zahlung sich der Sicherungsgeber verpflichtet hat, den Risikopositionswert übersteigt, darf der Wert der Absicherung höchstens 60 % des Risikopositionswerts betragen.

(3) *[1]* Lautet eine Absicherung ohne Sicherheitsleistung auf eine andere Währung als die Risikoposition, so setzen die Institute den Wert der Absicherung mit Hilfe einer Volatilitätsanpassung wie folgt herab:

$$G^\star = G \cdot (1 - H_{fx})$$

dabei entspricht

$G^\star$ = dem an das Fremdwährungsrisiko angepassten Betrag der Absicherung,

G = dem Nominalbetrag der Absicherung,

H_{fx} = der nach Absatz 4 ermittelten Volatilitätsanpassung für etwaige Währungsinkongruenzen zwischen der Absicherung und der zugrunde liegenden Verbindlichkeit.

[2] Liegt keine Währungsinkongruenz vor, ist H_{fx} gleich Null.

(4) [1] Bei Volatilitätsanpassungen für Währungsinkongruenzen legen die Institute unter der Annahme einer täglichen Neubewertung einen Verwertungszeitraum von zehn Handelstagen zugrunde und können bei der Berechnung dieser Anpassungen nach der auf aufsichtlichen Vorgaben oder der auf eigenen Schätzungen beruhenden Methode (Artikel 224 bzw. 225) verfahren. [2] Die Institute skalieren die Volatilitätsanpassungen gemäß Artikel 226 herauf.

Art. 234 Berechnung der risikogewichteten Positionsbeträge und erwarteten Verlustbeträge im Falle einer Teilabsicherung und Unterteilung in Tranchen. [1] Überträgt das Institut einen Teil des Kreditrisikos auf eine oder mehrere Tranchen, so gelten die Regeln des Kapitels 5. [2] Die Institute können Erheblichkeitsschwellen für Zahlungen, unterhalb derer im Falle eines Verlusts keine Zahlungen geleistet werden, mit zurückbehaltenen Erstverlust-Positionen gleichsetzen und als Risikotransfer in Tranchen betrachten.

Art. 235 Berechnung der risikogewichteten Positionsbeträge beim Standardansatz. (1) Die Institute berechnen die risikogewichteten Positionsbeträge für die Zwecke des Artikels 113 Absatz 3 nach folgender Formel:

$$\max \{0, E - G_A\} \cdot r + G_A \cdot g$$

dabei entspricht

E = dem Risikopositionswert gemäß Artikel 111; der Risikopositionswert eines in Anhang I genannten außerbilanziellen Postens wird zu diesem Zweck nicht mit dem in Artikel 111 Absatz 1 genannten Risikopositionswert, sondern mit 100 % seines Werts angesetzt,

G_A = der nach Artikel 233 Absatz 3 errechneten Höhe der Absicherung (G*), die nach Maßgabe des Abschnitts 5 an etwaige Laufzeitinkongruenzen angepasst wird,

r = dem in Kapitel 2 genannten Risikogewicht von Risikopositionen gegenüber dem Schuldner,

g = dem Risikogewicht von Risikopositionen gegenüber dem Sicherungsgeber gemäß in Kapitel 2.

(2) Ist der abgesicherte Betrag (G_A) geringer als die Risikoposition (E), dürfen die Institute die Formel in Absatz 1 nur anwenden, wenn die abgesicherten und nicht abgesicherten Teile der Risikoposition gleichrangig sind.

(3) Institute dürfen die Behandlung nach Artikel 114 Absätze 4 und 7 auf Risikopositionen oder Teile von Risikopositionen ausdehnen, für die eine Garantie des Zentralstaats oder der Zentralbank besteht, wenn diese Garantie auf die Landeswährung des Kreditnehmers lautet und auch in dieser Währung abgesichert ist.

Art. 236 Berechnung der risikogewichteten Positionsbeträge und erwarteten Verlustbeträge beim IRB-Ansatz. (1) [1] Für den auf dem angepassten Wert der Kreditabsicherung G_A basierenden abgesicherten Teil des Risikopositionswerts (E) darf für den Fall, dass eine vollständige Substitution nicht gerechtfertigt erscheint, für die Zwecke des Kapitels 3 Abschnitt 4 als PD die PD des Sicherungsgebers oder eine PD zwischen der des Kreditnehmers und der des Garanten angesetzt werden. [2] Bei nachrangigen Risikopositionen und einer nicht nachrangigen Absicherung ohne Sicherheitsleistung können die Institute für die Zwecke von Kapitel 3 Abschnitt 4 als LGD die LGD vorrangiger Risikopositionen heranziehen.

(2) Für jeden unbesicherten Teil des Risikopositionswerts (E) wird als PD die PD des Kreditnehmers und als LGD die LGD der zugrunde liegenden Risikoposition verwendet.

(3) [1] Für die Zwecke dieses Artikels ist G_A der nach Artikel 233 Absatz 3 ermittelte Wert G*, der nach Maßgabe des Abschnitts 5 an etwaige Laufzeitinkongruenzen angepasst wird. [2] E ist der gemäß Kapitel 3 Abschnitt 5 ermittelte Risikopositionswert. [3] Zu diesem Zweck legen die Institute bei der Berechnung des Risikopositionswerts der in Artikel 166 Absätze 8 bis 10 genannten Posten anstelle der dort genannten Umrechnungsfaktoren oder Prozentsätze einen Umrechnungsfaktor oder Prozentsatz von 100 % zugrunde.

Abschnitt 5. Laufzeitinkongruenz

Art. 237 Laufzeitinkongruenz. (1) [1] Bei der Berechnung der risikogewichteten Positionsbeträge liegt eine Laufzeitinkongruenz dann vor, wenn die Restlaufzeit der Kreditbesicherung kürzer ist als die der besicherten Risikoposition. [2] Eine Besicherung, deren Restlaufzeit weniger als drei Monate beträgt und deren Laufzeit kürzer ist als die der zugrunde liegenden Risikoposition, stellt keine anerkennungsfähige Besicherung dar.

(2) Liegt eine Laufzeitinkongruenz vor, kann eine Besicherung nicht anerkannt werden, wenn eine der folgenden Bedingungen erfüllt ist:

a) Die Ursprungslaufzeit der Besicherung beträgt weniger als ein Jahr.

b) Bei der Risikoposition handelt es sich um eine kurzfristige Risikoposition, bei der nach den Vorgaben der zuständigen Behörden für die effektive Restlaufzeit (M) gemäß Artikel 162 Absatz 3 anstelle der Untergrenze von einem Jahr eine Untergrenze von einem Tag gilt.

Art. 238 Laufzeit der Kreditbesicherung. (1) [1] Vorbehaltlich einer Höchstgrenze von 5 Jahren entspricht die effektive Laufzeit der zugrunde liegenden Verbindlichkeiten dem Zeitraum, nach dessen Ablauf der Schuldner seine Verpflichtungen spätestens erfüllt haben muss. [2] Vorbehaltlich des Absatzes 2 entspricht die Laufzeit der Kreditbesicherung dem Zeitraum bis zum frühestmöglichen Termin des Ablaufs bzw. der Kündigung der Besicherung.

(2) [1] Hat der Sicherungsgeber die Möglichkeit, die Besicherung zu kündigen, so setzen die Institute den Zeitraum bis zur frühestmöglichen Kündigung als Laufzeit der Besicherung an. [2] Hat der Sicherungsnehmer die Möglichkeit, die Besicherung zu kündigen, und bieten die vertraglichen Konditionen bei Abschluss des Sicherungsgeschäfts dem Institut einen Anreiz, die Transaktion vor Ablauf der vertraglichen Laufzeit zu kündigen, so setzt das Institut den Zeitraum bis zur frühestmöglichen Kündigung als Laufzeit der Besicherung an; in allen anderen Fällen kann das Institut annehmen, dass sich die Kündigungsmöglichkeit nicht auf die Laufzeit der Besicherung auswirkt.

(3) Darf ein Kreditderivat vor Ablauf der Toleranzzeiträume enden, die zur Feststellung eines Ausfalls wegen Zahlungsversäumnis bei der zugrunde liegenden Verbindlichkeit erforderlich sind, so setzen die Institute die Laufzeit der Besicherung um die Dauer des Toleranzzeitraums herab.

Art. 239 Bewertung der Besicherung. (1) Liegt bei durch finanzielle Sicherheiten besicherten Geschäften,[1)] eine Inkongruenz zwischen der Laufzeit der Risikoposition und der Laufzeit der Besicherung vor, werden diese Sicherheiten bei Anwendung der einfachen Methode zur Berücksichtigung finanzieller Sicherheiten nicht anerkannt.

(2) *[1]* Bei Geschäften, die durch finanzielle Sicherheiten besichert sind, tragen Institute bei Anwendung der umfassenden Methode zur Berücksichtigung finanzieller Sicherheiten den Laufzeiten der Besicherung und der Risikoposition beim angepassten Wert der Sicherheit nach folgender Formel Rechnung:

---

1) Zeichensetzung amtlich.

$$C_{VAM} = C_{VA} \cdot \frac{t - t^*}{T - t^*}$$

dabei entspricht

CVA = dem volatilitätsangepassten Wert der Sicherheit gemäß Artikel 223 Absatz 2 oder dem Risikopositionsbetrag, wenn dieser niedriger ist,

t = der verbleibenden Zahl von Jahren bis zu dem nach Artikel 238 errechneten Fälligkeitstermin der Kreditbesicherung oder T, wenn dieser Wert niedriger ist,

T = der verbleibenden Anzahl von Jahren bis zu dem nach Artikel 238 bestimmten Fälligkeitstermin der Risikoposition oder fünf Jahren, wenn dieser Wert niedriger ist,

t* = 0,25.

[2] Institute verwenden in der Formel nach Artikel 223 Absatz 5 für die Berechnung des vollständig angepassten Risikopositionswerts (E*) CVAM als den weiter um Laufzeitinkongruenz angepassten CVA.

(3) *[1]* Bei Geschäften mit Absicherung ohne Sicherheitsleistung tragen Institute den Laufzeiten der Absicherung und der Risikoposition beim angepassten Wert der Sicherheit nach folgender Formel Rechnung:

$$G_A = G^* \cdot \frac{t - t^*}{T - t^*}$$

dabei entspricht

GA = dem um etwaige Laufzeitinkongruenzen angepassten Wert G*,

G* = dem um etwaige Währungsinkongruenzen angepassten Betrag der Absicherung,

t = der verbleibenden Zahl von Jahren bis zu dem nach Artikel 238 errechneten Fälligkeitstermin der Kreditbesicherung oder T, wenn dieser Wert niedriger ist,

T = der verbleibenden Zahl von Jahren bis zu dem nach Artikel 238 errechneten Fälligkeitstermin der Risikoposition oder fünf Jahren, wenn dieser Wert niedriger ist,

t* = 0,25.

[2] Für die Zwecke der Artikel 233 bis 236 verwenden Institute GA als Wert der Absicherung.

Abschnitt 6. Kreditrisikominderungstechniken für Forderungskörbe

Art. 240 Erstausfall-Kreditderivate (First-to-default credit derivatives) *[1]* Erwirbt ein Institut für einen Forderungskorb eine Besicherung, bei der der erste Ausfall in diesem Korb die Zahlung auslöst und dieses Kreditereignis den Kontrakt beendet, so darf das Institut die Berechnung des risikogewichteten Positionsbetrags und gegebenenfalls des erwarteten Verlustbetrags,

die ohne die Kreditbesicherung den niedrigsten risikogewichteten Positionsbetrag ergäbe, gemäß diesem Kapitel anpassen;[1]

a) Bei Instituten, die den Standardansatz verwenden, entspricht der risikogewichtete Positionsbetrag dem nach diesem Standardansatz berechneten risikogewichteten Positionsbetrag;

b) bei Instituten, die den IRB-Ansatz verwenden, entspricht der risikogewichtete Positionsbetrag der Summe aus dem nach dem IRB-Ansatz berechneten risikogewichteten Positionsbetrag und dem 12,5fachen des erwarteten Verlustbetrags.

[2] Das Verfahren nach diesem Artikel wird nur angewandt, wenn der Risikopositionswert den Wert der Kreditbesicherung nicht übersteigt.

Art. 241 N-ter-Ausfall-Kreditderivate (Nth-to-default credit derivatives) *[1]* [1] Löst der n-te Ausfall im Korb laut Besicherungskonditionen die Zahlung aus, so darf das die Besicherung erwerbende Institut diese bei der Berechnung der risikogewichteten Positionsbeträge und gegebenenfalls der erwarteten Verlustbeträge nur dann berücksichtigen, wenn die Besicherung auch für die Ausfälle 1 bis n-1 erworben wurde oder wenn bereits n-1 Ausfälle eingetreten sind. [2] In solchen Fällen darf das Institut die Berechnung des risikogewichteten Positionsbetrags und gegebenenfalls des erwarteten Verlustbetrags anpassen, die ohne die Kreditbesicherung den n-ten niedrigsten risikogewichteten Positionsbetrag gemäß diesem Kapitel ergäbe. [3] Institute berechnen den n-ten niedrigsten Betrag wie in Artikel 240 Buchstaben a und b angegeben.

[2] Das Verfahren nach diesem Artikel wird nur angewandt, wenn der Risikopositionswert den Wert der Kreditbesicherung nicht übersteigt.

[3] Alle Risikopositionen im Korb erfüllen die Anforderungen nach Artikel 204 Absatz 2 und Artikel 216 Absatz 1 Buchstabe d.

Kapitel 5. Verbriefung

Abschnitt 1. Begriffsbestimmungen und Kriterien für einfache, transparente und standardisierte Verbriefungen

Art. 242 Begriffsbestimmungen. Für die Zwecke dieses Kapitels bezeichnet der Ausdruck

1. „Rückführungsoption“ (Clean-up call option) eine vertragliche Option, die den Originator berechtigt, die Verbriefungspositionen vor der vollständigen Rückzahlung aller verbrieften Risikopositionen zu kündigen – entweder durch den Rückkauf der im Pool verbliebenen zugrunde liegenden Risikopositionen im Falle einer traditionellen Verbriefung oder durch die Beendigung der Besicherung im Falle von synthetischen Verbriefungen –, wenn der Restbetrag der noch ausstehenden zugrunde liegenden Risikopositionen auf oder unter eine bestimmte Schwelle fällt;
2. „bonitätsverbessernder Zinsstrip“ einen in der Bilanz ausgewiesenen Vermögenswert, der eine Bewertung der Zahlungsströme im Zusammenhang mit künftigen Margenerträgen darstellt und bei dem es sich um eine nachrangige Tranche in der Verbriefung handelt;

---

[1] Zeichensetzung amtlich.

3. „Liquiditätsfazilität" eine Liquiditätsfazilität im Sinne des Artikels 2 Nummer 14 der Verordnung (EU) 2017/2402;
4. „unbeurteilte Position" eine Verbriefungsposition, für die keine anerkennungsfähige Bonitätsbeurteilung gemäß Abschnitt 4 vorliegt;
5. „beurteilte Position" eine Verbriefungsposition, für die eine anerkennungsfähige Bonitätsbeurteilung gemäß Abschnitt 4 vorliegt;
6. „vorrangige Verbriefungsposition" eine Position, die durch einen erstrangigen Anspruch auf die Gesamtheit der zugrunde liegenden Risikopositionen unterlegt oder besichert wird, wobei für diese Zwecke keine Beträge berücksichtigt werden, die sich aus Zins- oder Währungsderivategeschäften, Gebühren oder anderen ähnlichen Zahlungen ergeben, und auch keine Unterschiede in der Laufzeit bei einer oder mehreren anderen vorrangigen Tranchen, mit denen diese Position anteilmäßig Verluste teilt;
7. „IRB-Pool" einen Pool zugrunde liegender Risikopositionen einer Sorte, für die das Institut den IRB-Ansatz verwenden darf und die risikogewichteten Positionsbeträge gemäß Kapitel 3 für all diese Risikopositionen berechnen kann;
8. „gemischter Pool" einen Pool zugrunde liegender Risikopositionen einer Sorte, für die das Institut den IRB-Ansatz verwenden darf und die risikogewichteten Positionsbeträge gemäß Kapitel 3 für einige, jedoch nicht alle, dieser Risikopositionen berechnen kann;
9. „Übersicherung" jede Form der Bonitätsverbesserung, durch die für die zugrunde liegenden Risikopositionen ein Wert ausgewiesen wird, der höher als der Wert der Verbriefungspositionen ist;
10. „einfache, transparente und standardisierte Verbriefung" oder „STS-Verbriefung" eine Verbriefung, die die Anforderungen des Artikels 18 der Verordnung (EU) 2017/2402 erfüllt;
11. „Programm forderungsgedeckter Geldmarktpapiere" oder „ABCP-Programm" ein Programm forderungsgedeckter Geldmarktpapiere oder ABCP-Programm im Sinne des Artikels 2 Nummer 7 der Verordnung (EU) 2017/2402;
12. „Transaktion mit forderungsgedeckten Geldmarktpapieren" oder „ABCP-Transaktion" eine Transaktion mit forderungsgedeckten Geldmarktpapieren oder ABCP-Transaktion im Sinne des Artikels 2 Nummer 8 der Verordnung (EU) 2017/2402;
13. „traditionelle Verbriefung" eine traditionelle Verbriefung im Sinne des Artikels 2 Nummer 9 der Verordnung (EU) 2017/2402;
14. „synthetische Verbriefung" eine synthetische Verbriefung im Sinne des Artikels 2 Nummer 10 der Verordnung (EU) 2017/2402;
15. „revolvierende Risikoposition" eine revolvierende Risikoposition im Sinne des Artikels 2 Nummer 15 der Verordnung (EU) 2017/2402;
16. „Klausel der vorzeitigen Rückzahlung" eine Klausel der vorzeitigen Rückzahlung im Sinne des Artikels 2 Nummer 17 der Verordnung (EU) 2017/2402;
17. „Erstverlust-Tranche" eine Erstverlust-Tranche im Sinne des Artikels 2 Nummer 18 der Verordnung (EU) 2017/2402;
18. „mezzanine Verbriefungsposition" eine Verbriefungsposition, die der vorrangigen Verbriefungsposition im Rang nachgeht und der Erstverlust-

Tranche im Rang vorgeht und der ein Risikogewicht von weniger als 1 250 % und mehr als 25 % im Einklang mit Abschnitt 3 Abschnitte 2 und 3 zugewiesen wurde;

19. „Fördereinrichtung“ ein Unternehmen oder eine Einrichtung, das/die von der Zentralregierung, einer regionalen oder einer lokalen Gebietskörperschaft eines Mitgliedstaats eingerichtet wurde, das/die Förderdarlehen oder Fördergarantien vergibt und dessen/deren primäres Ziel nicht die Erzielung von Gewinnen oder die Maximierung von Marktanteilen, sondern die Förderung der Gemeinwohlziele der betreffenden Regierung oder Gebietskörperschaft ist, sofern – vorbehaltlich der Vorschriften über staatliche Beihilfen – diese Regierung oder Gebietskörperschaft verpflichtet ist, die wirtschaftliche Grundlage des Unternehmens/der Einrichtung zeit seines/ihres Bestehens zu schützen und seine/ihre Lebensfähigkeit zu sichern, oder sofern mindestens 90 % seines/ihres ursprünglichen Kapitals oder seiner/ihrer ursprünglichen Finanzierung oder des von ihm/ihr vergebenen Förderdarlehens direkt oder indirekt von der Zentralregierung, der regionalen oder der lokalen Gebietskörperschaft des Mitgliedstaats garantiert werden;
20. „synthetischer Zinsüberschuss“ einen synthetischen Zinsüberschuss im Sinne von Artikel 2 Nummer 29 der Verordnung (EU) 2017/2402.

Art. 243 Kriterien für STS-Verbriefungen, die für eine differenzierte Eigenmittelbehandlung in Frage kommen. (1) *[1]* Positionen in einem ABCP-Programm oder einer ABCP-Transaktion, die als Positionen in einer STS-Verbriefung gelten, kommen für die Behandlung gemäß den Artikeln 260, 262 und 264 in Frage, wenn die folgenden Anforderungen erfüllt sind:

a) Die zugrunde liegenden Risikopositionen erfüllen zum Zeitpunkt der Aufnahme in das ABCP-Programm nach bestem Wissen des Originators oder des ursprünglichen Kreditgebers die Bedingungen, um nach dem Standardansatz und unter Berücksichtigung aller zulässigen Kreditrisikominderungen auf individueller Basis eine Risikogewichtung von 75 % oder weniger, sofern es sich um eine Risikoposition aus dem Mengengeschäft handelt, oder eine Risikogewichtung von 100 % für alle sonstigen Risikopositionen zu erhalten; und
b) der aggregierte Risikopositionswert aller auf einen einzigen Schuldner bezogenen Risikopositionen auf Ebene eines ABCP-Programms darf 2 % des aggregierten Risikopositionswerts aller Risikopositionen im Rahmen des ABCP- Programms zum Zeitpunkt, zu dem die Risikopositionen dem ABCP-Programm hinzugefügt wurden, nicht überschreiten. Für die Zwecke dieser Berechnung gelten Darlehen oder Leasinggeschäfte mit einer Gruppe verbundener Kunden – nach bestem Wissen des Sponsors – als auf einen einzigen Schuldner bezogene Risikopositionen.

[2] Im Fall von Handelsforderungen findet Unterabsatz 1 Buchstabe b keine Anwendung, wenn das Kreditrisiko dieser Handelsforderungen in vollem Umfang durch eine anerkennungsfähige Besicherung nach Kapitel 4 gedeckt ist, vorausgesetzt, dass es sich in diesem Fall beim Sicherungsgeber um ein Institut, eine Wertpapierfirma, ein Versicherungsunternehmen oder ein Rückversicherungsunternehmen handelt.

[3] Im Falle verbriefter Restwerte aus Leasinggeschäften findet Unterabsatz 1 Buchstabe b keine Anwendung, wenn bei diesen Werten nicht das Risiko einer

Refinanzierung oder eines Weiterverkaufs besteht, da sich ein gemäß Artikel 201 Absatz 1 anerkennungsfähiger Dritter rechtsverbindlich verpflichtet hat, die Risikoposition zu einem im Voraus festgelegten Betrag zurückzukaufen oder zu refinanzieren.

[4] Abweichend von Unterabsatz 1 Buchstabe a beträgt die Risikogewichtung, die das Institut einer Liquiditätsfazilität zuordnen würde, die die im Rahmen des Programms emittierten forderungsgedeckten Geldmarktpapiere vollständig deckt, 100 % oder weniger, wenn dieses Institut Artikel 248 Absatz 3 anwendet oder ihm gestattet wurde, den Internen Bemessungsansatz nach Artikel 265 anzuwenden.

(2) Positionen in einer Verbriefung, bei der es sich nicht um ein ABCP-Programm oder eine ABCP-Transaktion handelt, die als Positionen in einer STS-Verbriefung gelten, kommen für die Behandlung gemäß den Artikeln 260, 262 und 264 in Frage, wenn die folgenden Anforderungen erfüllt sind:

a) zum Zeitpunkt der Aufnahme in die Verbriefung übersteigt der aggregierte Risikopositionswert aller auf einen einzigen Schuldner bezogenen Risikopositionen im Pool nicht 2 % der Positionswerte der aggregierten ausstehenden Risikopositionen des Pools zugrunde liegender Risikopositionen. Für die Zwecke dieser Berechnung gelten Darlehen oder Leasinggeschäfte mit einer Gruppe verbundener Kunden als auf einen einzigen Schuldner bezogene Risikopositionen.
Im Falle verbriefter Restwerte aus Leasinggeschäften findet Unterabsatz 1 dieses Buchstabens keine Anwendung, wenn bei diesen Werten nicht das Risiko einer Refinanzierung oder eines Weiterverkaufs besteht, da sich ein gemäß Artikel 201 Absatz 1 anerkennungsfähiger Dritter rechtsverbindlich verpflichtet hat, die Risikoposition zu einem im Voraus festgelegten Betrag zurückzukaufen oder zu refinanzieren;

b) zum Zeitpunkt ihrer Aufnahme in die Verbriefung erfüllen die zugrunde liegenden Risikopositionen die Bedingungen, um nach dem Standardansatz und unter Berücksichtigung aller zulässigen Kreditrisikominderungen eine Risikogewichtung zu erhalten, die folgenden Werten entspricht oder darunter liegt:
   i) 40 % auf der Grundlage eines nach dem Risikopositionswert gewichteten Durchschnitts für das Portfolio, wenn es sich bei den Risikopositionen um durch Hypotheken auf Wohnimmobilien besicherte Darlehen oder in vollem Umfang garantierte Darlehen für Wohnimmobilien gemäß Artikel 129 Absatz 1 Buchstabe e handelt;
   ii) 50 % auf der Grundlage einzelner Risikopositionen, wenn es sich bei der Risikoposition um ein durch eine Hypothek auf Gewerbeimmobilien besichertes Darlehen handelt;
   iii) 75 % auf der Grundlage einzelner Risikopositionen, wenn es sich bei der Risikoposition um eine Risikoposition aus dem Mengengeschäft handelt;
   iv) 100 % auf der Grundlage einzelner Risikopositionen für alle sonstigen Risikopositionen;

c) findet Buchstabe b Ziffern i und ii Anwendung, so werden die durch niederrangige Sicherungsrechte an einem bestimmten Vermögenswert besicherten Darlehen nur dann in die Verbriefung aufgenommen, wenn alle durch bevorrechtigte Sicherungsrechte an diesem Vermögenswert besicherten Darlehen auch Gegenstand der Verbriefung sind;

d) findet Buchstabe b Ziffer i dieses Absatzes Anwendung, so darf die gemäß Artikel 129 Absatz 1 Buchstabe d Ziffer i und Artikel 229 Absatz 1 gemessene Beleihungsquote bei keinem Darlehen im Pool der zugrunde liegenden Risikopositionen zum Zeitpunkt der Aufnahme in die Verbriefung mehr als 100 % betragen.

Abschnitt 2. Anerkennung der Übertragung eines signifikanten Risikos

Art. 244 Traditionelle Verbriefung. (1) Der Originator einer traditionellen Verbriefung kann die zugrunde liegenden Risikopositionen von seiner Berechnung der risikogewichteten Positionsbeträge und gegebenenfalls der erwarteten Verlustbeträge ausnehmen, wenn eine der folgenden Bedingungen erfüllt ist:

a) Ein mit den zugrunde liegenden Risikopositionen verbundenes signifikantes Kreditrisiko wurde auf Dritte übertragen;

b) der Originator setzt für alle Verbriefungspositionen, die er in der Verbriefung hält, ein Risikogewicht von 1 250 % an oder zieht diese Verbriefungspositionen gemäß Artikel 36 Absatz 1 Buchstabe k von seinem harten Kernkapital ab.

(2) *[1]* Ein signifikantes Kreditrisiko ist in einem der folgenden Fälle als übertragen zu betrachten:

a) Die risikogewichteten Positionsbeträge der von dem Originator an der Verbriefung gehaltenen mezzaninen Verbriefungspositionen gehen nicht über 50 % der risikogewichteten Positionsbeträge aller mezzaninen Verbriefungspositionen bei dieser Verbriefung hinaus;

b) der Originator hält nicht mehr als 20 % am Risikopositionswert der Erstverlust-Tranche in der Verbriefung, sofern die folgenden beiden Bedingungen erfüllt sind:

  i) der Originator kann nachweisen, dass der Risikopositionswert der Erstverlust-Tranche erheblich über eine begründete Schätzung des für die zugrunde liegenden Risikopositionen erwarteten Verlusts hinausgeht;

  ii) die Verbriefung umfasst keine mezzaninen Positionen.

[2] Ist die mögliche Verringerung der risikogewichteten Positionsbeträge, die der Originator durch die Verbriefung nach den Buchstaben a oder b erreichen würde, nicht durch eine entsprechende Übertragung von Kreditrisiko auf Dritte gerechtfertigt, können die zuständigen Behörden im Einzelfall entscheiden, dass keine Übertragung eines signifikanten Kreditrisikos auf Dritte vorliegt.

(3) [1] Abweichend von Absatz 2 können die zuständigen Behörden einem Originator gestatten, eine Übertragung eines signifikanten Kreditrisikos im Zusammenhang mit einer Verbriefung zu berücksichtigen, wenn der Originator für jeden Fall nachweisen kann, dass die Verringerung der Eigenmittelanforderungen, die er durch die Verbriefung erreicht, durch eine entsprechende Übertragung von Kreditrisiko auf Dritte gerechtfertigt ist. [2] Diese Erlaubnis wird nur erteilt, wenn das Institut die beiden folgenden Bedingungen erfüllt:

a) Es verfügt über angemessene interne Risikomanagementstrategien und Methoden zur Beurteilung der Kreditrisikoübertragung;

b) es hat in jedem einzelnen Fall die Risikoübertragung auf Dritte auch bei seinem internen Risikomanagement und der Allokation seines internen Kapitals berücksichtigt.

(4) Zusätzlich zu den Anforderungen der Absätze 1, 2 und 3 sind alle folgenden Bedingungen zu erfüllen:

a) Aus den Unterlagen der Transaktion geht die wirtschaftliche Substanz der Verbriefung hervor;
b) die Verbriefungspositionen stellen für den Originator keine Zahlungsverpflichtung dar;
c) auf die zugrunde liegenden Risikopositionen kann von Seiten des Originators und seiner Gläubiger im Einklang mit den Anforderungen des Artikels 20 Absatz 1 der Verordnung (EU) 2017/2402 nicht zurückgegriffen werden;
d) der Originator behält nicht die Kontrolle über die zugrunde liegenden Risikopositionen. Es wird davon ausgegangen, dass ein Originator die Kontrolle über die zugrunde liegenden Risikopositionen behalten hat, wenn er das Recht hat, vom Käufer der Risikopositionen die zuvor übertragenen Risikopositionen zurückzukaufen, um deren Gewinne zu realisieren, oder wenn er anderweitig verpflichtet ist, die übertragenen Risiken erneut zu übernehmen. Der Verbleib der Verwaltung von Rechten und Pflichten in Bezug auf die zugrunde liegenden Risikopositionen beim Originator stellt als solche keine Kontrolle über die Risikopositionen dar;
e) die Unterlagen der Verbriefung enthalten keine Bestimmungen oder Bedingungen, die
   i) den Originator zur Änderung der zugrunde liegenden Risikopositionen verpflichten, um die Durchschnittsqualität des Pools zu verbessern; oder
   ii) die an die Inhaber von Positionen zu zahlende Rendite erhöhen oder die Positionen in der Verbriefung anderweitig verbessern, wenn es zu einer Verschlechterung der Kreditqualität der zugrunde liegenden Risikopositionen kommt;
f) gegebenenfalls wird in den Unterlagen der Transaktion präzisiert, dass der Originator oder Sponsor nur dann Verbriefungspositionen kaufen oder zurückkaufen oder die zugrunde liegenden Risikopositionen über die vertraglichen Verpflichtungen hinaus zurückkaufen, umstrukturieren oder ersetzen darf, wenn dies im Einklang mit den vorherrschenden Marktbedingungen durchgeführt wird und die jeweiligen Parteien in ihrem eigenen Interesse und als freie und unabhängige Parteien handeln (zu marktüblichen Konditionen);
g) Rückführungsoptionen erfüllen darüber hinaus alle folgenden Bedingungen:
   i) ihre Ausübung liegt im Ermessen des Originators;
   ii) sie können nur ausgeübt werden, wenn maximal 10 % des ursprünglichen Werts der zugrunde liegenden Risikopositionen ungetilgt sind;
   iii) sie sind nicht im Hinblick darauf strukturiert, die Zuweisung von Verlusten zu Bonitätsverbesserungspositionen oder anderen von den Anlegern im Rahmen der Verbriefung gehaltenen Positionen zu vermeiden, und sind auch nicht anderweitig im Hinblick auf eine Bonitätsverbesserung strukturiert;

h) der Originator hat ein Gutachten eines qualifizierten Rechtsberaters erhalten, das bestätigt, dass die Verbriefung die in Buchstabe c dieses Absatzes genannten Bedingungen erfüllt.

(5) Die zuständigen Behörden unterrichten die EBA über die Fälle, in denen sie entschieden haben, dass die mögliche Verringerung der risikogewichteten Positionsbeträge nicht durch eine entsprechende Übertragung von Kreditrisiko auf Dritte im Einklang mit Absatz 2 gerechtfertigt ist, sowie über Fälle, in denen die Institute entschieden haben, von Absatz 3 Gebrauch zu machen.

(6) *[1]* [1] Die EBA überwacht die Bandbreite der Aufsichtspraktiken in Bezug auf die Anerkennung der Übertragung eines signifikanten Risikos bei traditionellen Verbriefungen gemäß diesem Artikel. [2] Insbesondere überprüft die EBA:

a) die Bedingungen für die Übertragung eines signifikanten Kreditrisikos auf Dritte im Einklang mit den Absätzen 2, 3 und 4;

b) die Auslegung des Konzepts der entsprechenden Übertragung von Kreditrisiko auf Dritte für die Zwecke der in Absatz 2 Unterabsatz 2 und in Absatz 3 vorgesehenen Bewertung durch die zuständigen Behörden;

c) die Voraussetzungen für die von den zuständigen Behörden vorgenommene Bewertung von Verbriefungstransaktionen, für die der Originator sich um eine Anerkennung der Übertragung eines signifikanten Kreditrisikos auf Dritte gemäß Absatz 2 oder 3 bemüht.

[2] [1] Die EBA meldet der Kommission ihre Ergebnisse bis zum 2. Januar 2021. [2] Die Kommission kann nach Berücksichtigung des Berichts der EBA einen delegierten Rechtsakt gemäß Artikel 462 erlassen, um diese Verordnung durch eine genauere Festlegung der unter den Buchstaben a, b und c genannten Elemente zu ergänzen.

Art. 245 Synthetische Verbriefung. (1) Der Originator einer synthetischen Verbriefung kann die risikogewichteten Positionsbeträge und gegebenenfalls die erwarteten Verlustbeträge in Bezug auf die zugrunde liegenden Risikopositionen gemäß den Artikeln 251 und 252 berechnen, wenn eine der folgenden Bedingungen erfüllt ist:

a) Ein signifikantes Kreditrisiko wurde durch Besicherung mit oder Absicherung ohne Sicherheitsleistung auf Dritte übertragen;

b) der Originator setzt für alle Verbriefungspositionen, die er an der Verbriefung hält, ein Risikogewicht von 1 250 % an oder zieht diese Verbriefungspositionen gemäß Artikel 36 Absatz 1 Buchstabe k von seinem harten Kernkapital ab.

(2) *[1]* Ein signifikantes Kreditrisiko ist in einem der folgenden Fälle als übertragen zu betrachten:

a) Die risikogewichteten Positionsbeträge der von dem Originator an der Verbriefung gehaltenen mezzaninen Verbriefungspositionen gehen nicht über 50 % der risikogewichteten Positionsbeträge aller mezzaninen Verbriefungspositionen bei dieser Verbriefung hinaus;

b) der Originator hält nicht mehr als 20 % am Risikopositionswert der Erstverlust-Tranche in der Verbriefung, sofern die folgenden beiden Bedingungen erfüllt sind:

i) der Originator kann nachweisen, dass der Risikopositionswert der Erstverlust-Tranche erheblich über eine begründete Schätzung des für die zugrunde liegenden Risikopositionen erwarteten Verlusts hinausgeht;

ii) es gibt keine mezzaninen Verbriefungspositionen.

[2] Ist die mögliche Verringerung der risikogewichteten Positionsbeträge, die der Originator durch die Verbriefung erreichen würde, nicht durch eine entsprechende Übertragung des Kreditrisikos auf Dritte gerechtfertigt, können die zuständigen Behörden im Einzelfall entscheiden, dass keine Übertragung eines signifikanten Kreditrisikos auf Dritte vorliegt.

(3) [1] Abweichend von Absatz 2 können die zuständigen Behörden einem Originator gestatten, eine Übertragung eines signifikanten Kreditrisikos im Zusammenhang mit einer Verbriefung zu berücksichtigen, wenn der Originator für jeden Fall nachweisen kann, dass die Verringerung der Eigenmittelanforderungen, die er durch die Verbriefung erreicht, durch eine entsprechende Übertragung von Kreditrisiko auf Dritte gerechtfertigt ist. [2] Diese Erlaubnis wird nur erteilt, wenn das betreffende Institut die folgenden beiden Bedingungen erfüllt:

a) Es verfügt über angemessene interne Risikomanagementstrategien und Methoden zur Beurteilung der Risikoübertragung;

b) es hat in jedem einzelnen Fall die Risikoübertragung auf Dritte auch bei seinem internen Risikomanagement und der Allokation seines internen Kapitals berücksichtigt.

(4) Zusätzlich zu den Anforderungen der Absätze 1, 2 und 3 sind alle folgenden Bedingungen zu erfüllen:

a) Aus den Unterlagen der Transaktion geht die wirtschaftliche Substanz der Verbriefung hervor;

b) die Besicherung, durch die das Kreditrisiko übertragen wird, entspricht Artikel 249;

c) die Unterlagen der Verbriefung enthalten keine Bestimmungen oder Bedingungen, die

i) wesentliche Erheblichkeitsschwellen festlegen, unterhalb deren eine Besicherung nicht als ausgelöst gilt, wenn ein Kreditereignis eintritt,

ii) die Kündigung der Besicherung ermöglichen, wenn sich die Kreditqualität der zugrunde liegenden Risikopositionen verschlechtert,

iii) den Originator zur Änderung der Zusammensetzung der zugrunde liegenden Risikopositionen verpflichten, um die Durchschnittsqualität des Pools zu verbessern; oder

iv) die Kosten des Instituts für die Besicherung erhöhen bzw. die an die Inhaber von Verbriefungspositionen zu zahlende Rendite aufstocken, wenn sich die Kreditqualität des zugrunde liegenden Pools verschlechtert hat;

d) die Besicherung ist in allen relevanten Rechtsräumen durchsetzbar;

e) gegebenenfalls wird in den Unterlagen der Transaktion präzisiert, dass der Originator oder Sponsor nur dann Verbriefungspositionen kaufen oder zurückkaufen oder die zugrunde liegenden Risikopositionen über die vertraglichen Verpflichtungen hinaus zurückkaufen, umstrukturieren oder ersetzen darf, wenn diese im Einklang mit den vorherrschenden Marktbedingungen durchgeführt werden und die jeweiligen Parteien in ihrem eigenen Interesse und als freie und unabhängige Parteien handeln (zu marktüblichen Konditionen);

f) Rückführungsoptionen erfüllen alle folgenden Bedingungen:

i) sie können im Ermessen des Originators ausgeübt werden;

ii) sie können nur ausgeübt werden, wenn maximal 10 % des ursprünglichen Werts der zugrunde liegenden Risikopositionen ungetilgt sind;

iii) sie sind nicht im Hinblick darauf strukturiert, die Zuweisung von Verlusten zu Bonitätsverbesserungspositionen oder anderen von den Anlegern im Rahmen der Verbriefung gehaltenen Positionen zu vermeiden, und sind auch nicht anderweitig im Hinblick auf eine Bonitätsverbesserung strukturiert;

g) der Originator hat ein Gutachten eines qualifizierten Rechtsberaters erhalten, das bestätigt, dass die Verbriefung die in Buchstabe d dieses Absatzes genannten Bedingungen erfüllt.

(5) Die zuständigen Behörden unterrichten die EBA über die Fälle, in denen sie entschieden haben, dass die mögliche Verringerung der risikogewichteten Positionsbeträge nicht durch eine entsprechende Übertragung von Kreditrisiko auf Dritte im Einklang mit Absatz 2 gerechtfertigt ist, sowie über Fälle, in denen die Institute entschieden haben, von Absatz 3 Gebrauch zu machen.

(6) *[1]* [1] Die EBA überwacht die Bandbreite der Aufsichtspraktiken in Bezug auf die Anerkennung der Übertragung eines signifikanten Risikos bei synthetischen Verbriefungen gemäß diesem Artikel. [2] Insbesondere überprüft die EBA:

a) Die Bedingungen für die Übertragung eines signifikanten Kreditrisikos auf Dritte im Einklang mit den Absätzen 2, 3 und 4;

b) die Auslegung des Konzepts der entsprechenden Übertragung von Kreditrisiko auf Dritte für die Zwecke der in Absatz 2 Unterabsatz 2 und in Absatz 3 vorgesehenen Bewertung durch die zuständigen Behörden; und

c) die Voraussetzungen für die von den zuständigen Behörden vorgenommene Bewertung von Verbriefungstransaktionen, für die der Originator sich um eine Anerkennung der Übertragung eines signifikanten Kreditrisikos auf Dritte gemäß Absatz 2 oder 3 bemüht.

[2] [1] Die EBA meldet der Kommission ihre Ergebnisse bis zum 2. Januar 2021. [2] Die Kommission kann nach Berücksichtigung des Berichts der EBA einen delegierten Rechtsakt gemäß Artikel 462 erlassen, um diese Verordnung durch eine genauere Festlegung der unter den Buchstaben a, b und c genannten Elemente zu ergänzen.

Art. 246 Operationelle Anforderungen für Klauseln der vorzeitigen Rückzahlung. Umfasst die Verbriefung revolvierende Risikopositionen und Klauseln der vorzeitigen Rückzahlung oder ähnliche Bestimmungen, so gilt ein signifikantes Kreditrisiko nur dann als vom Originator übertragen, wenn die in den Artikeln 244 und 245 festgelegten Anforderungen erfüllt sind und die einmal ausgelöste Klausel der vorzeitigen Rückzahlung nicht Folgendes bewirkt:

a) der vorrangige oder gleichrangige Anspruch des Instituts auf die zugrunde liegenden Risikopositionen wird gegenüber den Ansprüchen anderer Anleger als nachrangig behandelt;

b) der Anspruch des Instituts auf die zugrunde liegenden Risikopositionen wird gegenüber den Ansprüchen anderer Parteien als weiter nachrangig behandelt; oder

c) es ergibt sich ein anderweitiger Anstieg der mit den zugrunde liegenden revolvierenden Risikopositionen verbundenen Verlustrisiken des Instituts.

Abschnitt 3. Berechnung der risikogewichteten Positionsbeträge

Unterabschnitt 1. Allgemeine Bestimmungen

Art. 247 Berechnung der risikogewichteten Positionsbeträge.

(1) Hat ein Originator ein mit den zugrunde liegenden Risikopositionen der Verbriefung verbundenes signifikantes Kreditrisiko gemäß Abschnitt 2 übertragen, so kann er

a) bei einer traditionellen Verbriefung die zugrunde liegenden Risikopositionen von seiner Berechnung der risikogewichteten Positionsbeträge und gegebenenfalls der Berechnung der erwarteten Verlustbeträge ausnehmen;

b) bei einer synthetischen Verbriefung die risikogewichteten Positionsbeträge und gegebenenfalls die erwarteten Verlustbeträge in Bezug auf die zugrunde liegenden Risikopositionen gemäß den Artikeln 251 und 252 berechnen.

(2) *[1]* Hat der Originator sich für die Anwendung des Absatzes 1 entschieden, so berechnet er die in diesem Kapitel festgelegten risikogewichteten Positionsbeträge für die Positionen, die er gegebenenfalls in der Verbriefung hält.

[2] Hat der Originator ein signifikantes Kreditrisiko nicht übertragen oder sich gegen eine Anwendung des Absatzes 1 entschieden, so ist er nicht verpflichtet, für Positionen, die er gegebenenfalls in der Verbriefung hält, risikogewichtete Positionsbeträge zu berechnen, sondern bezieht die zugrunde liegenden Risikopositionen auch weiterhin so in seine Berechnung der risikogewichteten Positionsbeträge und gegebenenfalls der Berechnung der erwarteten Verlustbeträge ein, als hätte keine Verbriefung stattgefunden.

(3) [1] Besteht eine Risikoposition gegenüber Positionen in verschiedenen Tranchen einer Verbriefung, so werden die zu jeweils einer Tranche gehörigen Teile dieser Risikoposition als gesonderte Verbriefungspositionen betrachtet. [2] Die Sicherungssteller bei Verbriefungspositionen werden als Anleger in diese Verbriefungspositionen betrachtet. [3] Verbriefungspositionen schließen auch Risikopositionen aus einer Verbriefung ein, die aus Zins- oder Währungsderivategeschäften, die das Institut mit der Transaktion eingegangen ist, resultieren.

(4) Sofern eine Verbriefungsposition nicht gemäß Artikel 36 Absatz 1 Buchstabe k vom harten Kernkapital abgezogen wird, wird der risikogewichtete Positionsbetrag für die Zwecke des Artikels 92 Absatz 3 in die Gesamtsumme der risikogewichteten Positionsbeträge des Instituts aufgenommen.

(5) Der risikogewichtete Positionsbetrag einer Verbriefungsposition wird ermittelt, indem der gemäß Artikel 248 berechnete Risikopositionswert der Position mit dem relevanten Gesamtrisikogewicht multipliziert wird.

(6) Das Gesamtrisikogewicht ist die Summe der in diesem Kapitel festgelegten Risikogewichte plus aller etwaigen zusätzlichen Risikogewichte gemäß Artikel 270a.

Art. 248 Risikopositionswert. (1) *[1]* Der Risikopositionswert einer Verbriefungsposition wird wie folgt berechnet:

a) Der Risikopositionswert einer in der Bilanz ausgewiesenen Verbriefungsposition ist ihr Buchwert, der nach der Anwendung jeglicher einschlägigen spezifischen Kreditrisikoanpassungen auf die Verbriefungsposition gemäß Artikel 110 verbleibt;

b) der Risikopositionswert einer nicht in der Bilanz ausgewiesenen Verbriefungsposition ist ihr Nominalwert abzüglich aller etwaigen einschlägigen spezifischen Kreditrisikoanpassungen auf die Verbriefungsposition gemäß Artikel 110, multipliziert mit dem in diesem Buchstaben festgelegten einschlägigen Umrechnungsfaktor. Außer im Fall von Barkreditfazilitäten beträgt dieser Umrechnungsfaktor 100 %. Zur Bestimmung des Risikopositionswerts des nicht in Anspruch genommenen Teils der Barkreditfazilitäten kann auf den Nominalwert einer uneingeschränkt kündbaren Liquiditätsfazilität ein Umrechnungsfaktor von 0 % angewandt werden, wenn die Rückzahlung von Ziehungen aus der Fazilität vor allen anderen Ansprüchen auf Zahlungsströme aus den zugrunde liegenden Risikopositionen Vorrang hat und wenn das Institut der zuständigen Behörde glaubhaft nachgewiesen hat, dass es eine angemessen konservative Methode für die Berechnung des Betrags des nicht in Anspruch genommenen Teils anwendet;

c) der Risikopositionswert für das Gegenparteiausfallrisiko einer Verbriefungsposition, die aus einem der in Anhang II genannten Derivatgeschäfte resultiert, wird nach Kapitel 6 festgelegt;

d) ein Originator kann von dem Risikopositionswert einer Verbriefungsposition, die gemäß Unterabschnitt 3 mit einem Risikogewicht von 1 250 % belegt wird oder gemäß Artikel 36 Absatz 1 Buchstabe k von seinem harten Kernkapital abgezogen wird, den Betrag der spezifischen Kreditrisikoanpassungen in Bezug auf die zugrunde liegenden Risikopositionen gemäß Artikel 110 und alle nicht erstattungsfähigen Kaufpreisnachlässe im Zusammenhang mit solchen zugrunde liegenden Risikopositionen insoweit abziehen, als diese Nachlässe zu einer Verringerung seiner Eigenmittel geführt haben ***[bis 9.4.2022: .][ab 10.4.2022: ;]***

[Buchst. e ab 10.4.2022:]

e) der Risikopositionswert eines synthetischen Zinsüberschusses umfasst, soweit anwendbar, Folgendes:

i) alle Erträge aus verbrieften Risikopositionen, die der Originator nach Maßgabe des geltenden Rechnungslegungsrahmens bereits in der Gewinn- und Verlustrechnung verbucht und vertraglich für die Transaktion als synthetische Zinsüberschüsse bestimmt hat und die noch zum Ausgleich von Verlusten zur Verfügung stehen;

ii) alle synthetischen Zinsüberschüsse, die der Originator in früheren Zeiträumen vertraglich bestimmt hat und die noch zum Ausgleich von Verlusten zur Verfügung stehen;

iii) alle synthetischen Zinsüberschüsse, die der Originator für den aktuellen Zeitraum vertraglich bestimmt hat und die noch zum Ausgleich von Verlusten zur Verfügung stehen;

iv) alle synthetischen Zinsüberschüsse, die der Originator für künftige Zeiträume vertraglich bestimmt hat.

Für die Zwecke dieses Buchstabens werden Beträge, die als Sicherheit oder zur Bonitätsverbesserung im Zusammenhang mit der synthetischen Verbriefung bereit-

gestellt werden und bereits nach Maßgabe dieses Kapitels einer Eigenmittelanforderung unterliegen, beim Risikopositionswert nicht berücksichtigt.

[2] Die EBA arbeitet Entwürfe technischer Regulierungsstandards aus, um zu präzisieren, was eine angemessen konservative Methode für die Berechnung des Betrags des nicht in Anspruch genommenen Teils gemäß Unterabsatz 1 Buchstabe b darstellt.

[3] Die EBA legt der Kommission diese Entwürfe technischer Regulierungsstandards bis zum 18. Januar 2019 vor.

[4] Der Kommission wird die Befugnis übertragen, diese Verordnung durch Erlass der in Unterabsatz 3 dieses Absatzes genannten technischen Regulierungsstandards gemäß den Artikeln 10 bis 14 der Verordnung (EU) Nr. 1093/2010 zu ergänzen.

(2) *[1]* Hat ein Institut zwei oder mehr sich überschneidende Positionen in einer Verbriefung, so bezieht es in seine Berechnung der risikogewichteten Positionsbeträge nur eine der Positionen ein.

[2] [1] Überschneiden sich die Positionen teilweise, so kann das Institut die Position in zwei Teile aufteilen und die Überschneidungen in Bezug auf nur einen Teil gemäß Unterabsatz 1 berücksichtigen. [2] Alternativ dazu kann das Institut die Positionen so behandeln, als würden sie sich vollständig überschneiden, indem die Position, für die die risikogewichteten Positionsbeträge höher ausfallen, zur Berechnung der Eigenmittelanforderungen erweitert wird.

[3] Das Institut darf eine Überschneidung auch bei den Eigenmittelanforderungen für das spezifische Risiko von Positionen im Handelsbuch einerseits und den Eigenmittelanforderungen für Positionen im Anlagebuch andererseits berücksichtigen, wenn es in der Lage ist, die Eigenmittelanforderungen für die betreffenden Positionen zu berechnen und zu vergleichen.

[4] Für die Zwecke dieses Absatzes ist eine Überschneidung von zwei Positionen dann gegeben, wenn sie sich gegenseitig so ausgleichen, dass das Institut in der Lage ist, die aus einer Position resultierenden Verluste auszuschließen, indem die aufgrund der anderen Position einzuhaltenden Verpflichtungen erfüllt werden.

(3) [1] Ist Artikel 270c Buchstabe d auf Positionen in einem forderungsgedeckten Geldmarktpapier anzuwenden, so darf das Institut zur Berechnung des risikogewichteten Positionsbetrags für das Geldmarktpapier das einer Liquiditätsfazilität zugewiesene Risikogewicht verwenden, sofern die im Rahmen des Programms forderungsgedeckter Geldmarktpapiere emittierten Geldmarktpapiere zu 100 % von der Liquiditätsfazilität gedeckt sind und die Liquiditätsfazilität mit dem Geldmarktpapier gleichrangig ist, sodass sie eine sich überschneidende Position bilden. [2] Das Institut setzt die zuständigen Behörden davon in Kenntnis, wenn es die in diesem Absatz festgelegten Bestimmungen angewandt hat. [3] Für die Zwecke der Bestimmung des in diesem Absatz festgelegten Deckungsgrads von 100 % kann das Institut andere Liquiditätsfazilitäten im Rahmen des Programms forderungsgedeckter Geldmarktpapiere berücksichtigen, sofern sie eine sich überschneidende Position mit dem Geldmarktpapier bilden.

[Abs. 4 ab 10.4.2022:]

(4) [1] Die EBA arbeitet Entwürfe technischer Regulierungsstandards aus, in denen präzisiert wird, wie die Originatoren den in Absatz 1 Buchstabe e genannten Risiko-

positionswert zu bestimmen haben, wobei die einschlägigen Verluste, die durch synthetische Zinsüberschüsse gedeckt werden sollen, zu berücksichtigen sind.

[2] Die EBA übermittelt der Kommission diese Entwürfe technischer Regulierungsstandards bis zum 10. Oktober 2021.

[3] Der Kommission wird die Befugnis übertragen, die in Unterabsatz 1 genannten technischen Regulierungsstandards gemäß den Artikeln 10 bis 14 der Verordnung (EU) Nr. 1093/2010 zur Ergänzung dieser Verordnung zu erlassen.

Art. 249 Anerkennung der Kreditrisikominderung bei Verbriefungspositionen. (1) Besteht für eine Verbriefungsposition eine Besicherung mit oder eine Absicherung ohne Sicherheitsleistung, so darf ein Institut diese vorbehaltlich der Anforderungen an die Kreditrisikominderung gemäß diesem Kapitel und des Kapitels 4 anerkennen.

(2) *[1]* Als Besicherung mit Sicherheitsleistung anerkannt werden können nur Finanzsicherheiten, die gemäß Kapitel 4 für die Berechnung der risikogewichteten Positionsbeträge nach Kapitel 2 anerkennungsfähig sind, und für die Anerkennung der Kreditrisikominderung müssen die in Kapitel 4 festgelegten einschlägigen Anforderungen erfüllt sein.

[2] Als Absicherungen ohne Sicherheitsleistung und Steller einer Absicherung ohne Sicherheitsleistung anerkannt werden können nur solche, die im Einklang mit Kapitel 4 anerkennungsfähig sind, und für die Anerkennung der Kreditrisikominderung müssen die in Kapitel 4 festgelegten einschlägigen Anforderungen erfüllt sein.

(3) *[1]* Abweichend von Absatz 2 dieses Artikels muss den in Artikel 201 Absatz 1 Buchstabe g aufgeführten anerkennungsfähigen Stellern von Absicherungen ohne Sicherheitsleistung zum Zeitpunkt der erstmaligen Anerkennung der Absicherung von einer anerkannten ECAI eine Bewertung der Bonitätsstufe 2 oder höher zugewiesen worden sein und derzeit die Bonitätsstufe 3 oder höher aufweisen.

[2] Institute, die auf eine direkte Risikoposition gegenüber dem Sicherungsgeber den IRB-Ansatz anwenden dürfen, können die Anerkennungsfähigkeit anhand des ersten Unterabsatzes und ausgehend von der Äquivalenz zwischen der PD des Sicherungsgebers und der PD, die mit der in Artikel 136 angegebenen Bonitätsstufe verknüpft ist, bewerten.

(4) Abweichend von Absatz 2 können Verbriefungszweckgesellschaften als Sicherungsgeber anerkannt werden, wenn sämtliche der folgenden Bedingungen erfüllt sind:

a) Die Verbriefungszweckgesellschaft besitzt Vermögenswerte, die als Finanzsicherheiten im Einklang mit Kapitel 4 qualifiziert sind;

b) auf die unter Buchstabe a genannten Vermögenswerte bestehen keine Rechte oder Anwartschaften, die den Anwartschaften des Instituts, das die Absicherung ohne Sicherheitsleistung erhält, im Rang vorausgehen oder gleichstehen; und

c) alle in Kapitel 4 genannten Anforderungen an die Anerkennung von Finanzsicherheiten sind erfüllt.

(5) Für die Zwecke des Absatzes 4 ist der gemäß Kapitel 4 um etwaige Währungs- oder Laufzeitinkongruenzen bereinigte Absicherungsbetrag (GA) auf den volatilitätsangepassten Marktwert dieser Vermögenswerte beschränkt

und wird das Risikogewicht von Risikopositionen gegenüber dem Sicherungsgeber gemäß dem Standardansatz (g) als gewichtetes Durchschnittsrisikogewicht berechnet, das im Rahmen des Standardansatzes für solche Vermögenswerte als Finanzsicherheit angesetzt würde.

(6) Kommt einer Verbriefungsposition eine Besicherung in vollem Umfang oder eine anteilige Besicherung zugute, so gelten folgende Anforderungen:

a) Das die Besicherung stellende Institut berechnet die risikogewichteten Positionsbeträge für den Teil der Verbriefungsposition, dem die Besicherung gemäß Unterabschnitt 3 zugutekommt, als ob es diesen Teil der Position direkt hielte;

b) das Institut, das die Besicherung erwirbt, berechnet die risikogewichteten Positionsbeträge gemäß Kapitel 4 für den besicherten Teil.

(7) In allen nicht von Absatz 6 abgedeckten Fällen gelten die folgenden Anforderungen:

a) Das die Besicherung stellende Institut behandelt den Teil der Position, dem die Besicherung zugutekommt, als eine Verbriefungsposition und berechnet die risikogewichteten Positionsbeträge, als ob es diese Position direkt im Einklang mit Unterabschnitt 3 hielte, vorbehaltlich der Absätze 8, 9 und 10;

b) das Institut, das die Besicherung erwirbt, berechnet die risikogewichteten Positionsbeträge für den besicherten Teil der Position, auf die in Buchstabe a Bezug genommen wird, gemäß Kapitel 4. Das Institut behandelt den Teil der Verbriefungsposition, dem keine Besicherung zugutekommt, als eine gesonderte Verbriefungsposition und berechnet die risikogewichteten Positionsbeträge im Einklang mit Unterabschnitt 3, vorbehaltlich der Absätze 8, 9 und 10.

(8) Institute, die den auf internen Beurteilungen basierenden Ansatz (SEC-IRBA) oder den Standardansatz für Verbriefungen (SEC-SA) nach Unterabschnitt 3 verwenden, bestimmen den unteren Tranchierungspunkt (A) und den oberen Tranchierungspunkt (D) gesondert für jede der im Einklang mit Absatz 7 abgeleiteten Positionen, als ob diese zum Zeitpunkt der Originierung der Transaktion als gesonderte Verbriefungspositionen emittiert worden wären. Der Wert von K_{irb} bzw. K_{SA} wird unter Berücksichtigung des ursprünglichen Pools von Risikopositionen, die der Verbriefung zugrunde liegen, berechnet.

(9) Institute, die für die ursprüngliche Verbriefungsposition den auf externen Beurteilungen basierenden Ansatz (SEC-ERBA) nach Unterabschnitt 3 verwenden, berechnen die risikogewichteten Positionsbeträge für die im Einklang mit Absatz 7 abgeleiteten Positionen wie folgt:

a) Wenn die abgeleitete Position höherrangig ist, wird ihr das Risikogewicht der ursprünglichen Verbriefungsposition zugewiesen;

b) wenn die abgeleitete Position niederrangig ist, kann ihr ein abgeleitetes Rating im Einklang mit Artikel 263 Absatz 7 zugewiesen werden. Der Parameter für die Dicke der Tranche (T) wird in diesem Fall allein auf der Grundlage der abgeleiteten Position berechnet. Kann kein Rating abgeleitet werden, so wendet das Institut das jeweils höhere Risikogewicht an, das sich aus Folgendem ergibt:

i) der Anwendung des SEC-SA im Einklang mit Absatz 8 und Unterabschnitt 3; oder

ii) dem Risikogewicht der ursprünglichen Verbriefungsposition nach dem SEC-ERBA.

(10) Die niederrangige abgeleitete Position ist selbst dann als nicht vorrangige Verbriefungsposition zu behandeln, wenn die ursprüngliche Verbriefungsposition vor der Besicherung als vorrangig gilt.

Art. 250 Außervertragliche Kreditunterstützung. (1) Ein Sponsor oder ein Originator, der bei der Berechnung der risikogewichteten Positionsbeträge in Bezug auf eine Verbriefung von Artikel 247 Absätze 1 und 2 Gebrauch gemacht oder Instrumente aus seinem Handelsbuch veräußert hat, sodass er für die mit diesen Instrumenten verbundenen Risiken keine Eigenmittel mehr vorhalten muss, darf die Verbriefung weder direkt noch indirekt über seine vertraglichen Verpflichtungen hinaus unterstützen, um dadurch die potenziellen oder tatsächlichen Verluste der Anleger zu verringern.

(2) [1] Eine Transaktion gilt nicht als Kreditunterstützung für die Zwecke des Absatzes 1, wenn es bei der Beurteilung der Übertragung eines signifikanten Kreditrisikos gebührend berücksichtigt wurde und beide Parteien die Transaktion in ihrem eigenen Interesse und als freie und unabhängige Parteien durchgeführt haben (zu marktüblichen Konditionen). [2] Zu diesen Zwecken nimmt das Institut eine vollständige Kreditprüfung der Transaktion vor und trägt dabei zumindest sämtlichen der folgenden Elemente Rechnung:

a) dem Rückkaufspreis;
b) der Kapital- und Liquiditätslage des Instituts vor und nach dem Rückkauf;
c) der Wertentwicklung der zugrunde liegenden Risikopositionen;
d) der Wertentwicklung der Verbriefungspositionen;
e) den Auswirkungen der Kreditunterstützung auf die erwarteten Verluste des Originators im Verhältnis zu denen der Anleger.

(3) Der Originator und der Sponsor teilen der zuständigen Behörde jede Transaktion mit, die in Bezug auf die Verbriefung gemäß Absatz 2 eingegangen wurde.

(4) Die EBA gibt gemäß Artikel 16 der Verordnung (EU) Nr. 1093/2010 Leitlinien im Hinblick darauf heraus, was für die Zwecke des vorliegenden Artikels unter marktüblichen Konditionen zu verstehen ist und die Umstände unter denen eine Transaktion so strukturiert ist, dass sie keine Kreditunterstützung darstellt.

(5) Hält ein Originator oder Sponsor bei einer Verbriefung Absatz 1 nicht ein, so muss er alle zugrunde liegenden Risikopositionen dieser Verbriefung in seiner Berechnung der risikogewichteten Positionsbeträge so berücksichtigen, wie er sie ohne Verbriefung hätte berücksichtigen müssen, und Folgendes offenlegen:

a) seine Unterstützung für die Verbriefung entgegen Absatz 1; und
b) die Auswirkungen der geleisteten Unterstützung im Hinblick auf die Eigenmittelanforderungen.

Art. 251 Berechnung der risikogewichteten Positionsbeträge für Risikopositionen, die Gegenstand einer synthetischen Verbriefung sind, durch den Originator. (1) [1] Für die Zwecke der Berechnung der risikogewichteten Positionsbeträge für die zugrunde liegenden Risikopositionen wendet der Originator einer synthetischen Verbriefung gegebenenfalls nicht die in Kapitel 2, sondern die in diesem Abschnitt festgelegten Berechnungsmethoden an. [2] Bei Instituten, die die risikogewichteten Positionsbeträge und gegebenenfalls die erwarteten Verlustbeträge in Bezug auf die zugrunde liegenden Risikopositionen gemäß Kapitel 3 berechnen, beträgt der bei solchen Risikopositionen erwartete Verlustbetrag null.

(2) [1] Die in Absatz 1 des vorliegenden Artikels genannten Anforderungen gelten für den gesamten Risikopositionspool, der Gegenstand der Verbriefung ist. [2] Vorbehaltlich des Artikels 252 berechnet der Originator die risikogewichteten Positionsbeträge für alle Tranchen in der Verbriefung gemäß dieses Abschnitts, darunter fallen auch Positionen, bei denen das Institut eine Kreditrisikominderung gemäß Artikel 249 anerkennen kann. [3] Das für Positionen, denen die Kreditrisikominderung zugutekommt, anzusetzende Risikogewicht darf gemäß Kapitel 4 angepasst werden.

Art. 252 Behandlung von Laufzeitinkongruenzen bei synthetischen Verbriefungen. Für die Zwecke der Berechnung der risikogewichteten Positionsbeträge gemäß Artikel 251 wird jeder Laufzeitinkongruenz zwischen der Besicherung, durch die die Übertragung des Risikos erreicht wird, und den zugrunde liegenden Risikopositionen wie folgt Rechnung getragen:

a) Als Laufzeit der zugrunde liegenden Risikopositionen wird vorbehaltlich einer Höchstdauer von fünf Jahren die längste in der Verbriefung vertretene Laufzeit angesetzt. Die Laufzeit der Besicherung wird gemäß Kapitel 4 ermittelt;

b) bei der Berechnung der risikogewichteten Positionsbeträge für Verbriefungspositionen, die im Einklang mit diesem Abschnitt mit einem Risikogewicht von 1 250 % belegt werden, lässt der Originator etwaige Laufzeitinkongruenzen außer Acht. Bei allen anderen Positionen wird der in Kapitel 4 dargelegte Umgang mit Laufzeitinkongruenzen nach folgender Formel erfasst:

$$RW^{*} = RW_{SP} \cdot [(t - t^{*})/(T - t^{*})] + RW_{Ass} \cdot [(T - t)/(T - t^{*})]$$

dabei entspricht

RW^{*} = den risikogewichteten Positionsbeträgen für die Zwecke des Artikels 92 Absatz 3 Buchstabe a,

RW_{Ass} = den risikogewichteten Positionsbeträgen für die zugrunde liegenden Risikopositionen, die anteilmäßig wie für unverbriefte Risikopositionen berechnet werden,

RW_{SP} = den risikogewichteten Positionsbeträgen, die nach Artikel 251 berechnet werden, als gäbe es keine Laufzeitinkongruenz,

T = der Laufzeit der zugrunde liegenden Risikopositionen in Jahren,

t = der Laufzeit der Besicherung in Jahren,

t^{*} = 0,25.

Art. 253 Verringerung der risikogewichteten Positionsbeträge.

(1) [1] Wird einer Verbriefungsposition ein Risikogewicht von 1 250 % gemäß diesem Abschnitt zugewiesen, können die Institute – alternativ zur Einbeziehung der Position in ihre Berechnung der risikogewichteten Positionsbeträge – den Risikopositionswert einer solchen Position vom harten Kernkapital im

Einklang mit Artikel 36 Absatz 1 Buchstabe k abziehen. [2]Zu diesem Zweck kann eine anerkennungsfähige Besicherung mit Sicherheitsleistung bei der Berechnung des Risikopositionswerts im Einklang mit Artikel 249 berücksichtigt werden.

(2) Macht ein Institut von der Alternative nach Absatz 1 Gebrauch, so kann es den gemäß Artikel 36 Absatz 1 Buchstabe k in Abzug gebrachten Betrag von dem Betrag abziehen, der in Artikel 268 als maximale Kapitalanforderung genannt wird, die für die zugrunde liegenden Risikopositionen berechnet würde, als hätte keine Verbriefung stattgefunden.

Unterabschnitt 2. Rangfolge der Ansätze und gemeinsame Parameter

Art. 254 Rangfolge der Ansätze. (1) Die Institute verwenden eine der in Unterabschnitt 3 dargelegten Methoden, um die risikogewichteten Positionsbeträge gemäß der folgenden Rangfolge zu berechnen:

a) Sind die Anforderungen des Artikels 258 erfüllt, verwendet das Institut den SEC-IRBA gemäß den Artikeln 259 und 260;

b) darf der SEC-IRBA nicht verwendet werden, zieht das Institut den SEC-SA gemäß den Artikeln 261 und 262 heran;

c) darf der SEC-SA nicht verwendet werden, so zieht das Institut den SEC-ERBA gemäß den Artikeln 263 und 264 für beurteilte Positionen oder Positionen, für die ein abgeleitetes Rating verwendet werden darf, heran.

(2) Für beurteilte Positionen oder Positionen, für die ein abgeleitetes Rating verwendet werden darf, verwendet das Institut in jedem der folgenden Fälle anstelle des SEC-SA den SEC-ERBA:

a) wenn das Risikogewicht für Positionen, die als Positionen in einer STS-Verbriefung gelten, bei Anwendung des SEC-SA über 25 % läge;

b) wenn das Risikogewicht für Positionen, die nicht als Positionen in einer STS-Verbriefung gelten, bei Anwendung des SEC-SA über 25 % oder bei Anwendung des SEC-ERBA über 75 % läge;

c) im Falle von Verbriefungstransaktionen, denen Pools von Darlehen für Kfz-Käufe sowie von Geschäften betreffend das Leasing von Kfz und Ausrüstungsgegenständen zugrunde liegen.

(3) *[1]* In nicht von Absatz 2 erfassten Fällen und abweichend von Absatz 1 Buchstabe b darf das Institut entscheiden, auf alle seine beurteilten Verbriefungspositionen oder Positionen, für die ein abgeleitetes Rating verwendet werden darf, anstelle des SEC-SA den SEC-ERBA anzuwenden.

[2] Für die Zwecke des Unterabsatzes 1 teilen die Institute ihre Entscheidung der zuständigen Behörde spätestens am 17. November 2018 mit.

[3] Alle späteren Entscheidungen über weitere Änderungen des auf alle ihre beurteilten Verbriefungspositionen angewendeten Ansatzes teilen die Institute ihrer zuständigen Behörde vor dem unmittelbar auf die betreffende Entscheidung folgenden 15. November mit.

[4] [1]Erhebt die zuständige Behörde bis zu dem unmittelbar auf die in Unterabsatz 2 oder gegebenenfalls Unterabsatz 3 genannte Frist folgenden 15. Dezember keine Einwände, so wird die von dem betreffenden Institut mitgeteilte Entscheidung am 1. Januar des folgenden Jahres wirksam und gilt bis zum Inkrafttreten einer anschließend mitgeteilten Entscheidung. [2]Das Institut darf im Laufe ein und desselben Jahres keine unterschiedlichen Ansätze anwenden.

(4) [1]Abweichend von Absatz 1 können die zuständigen Behörden den Instituten im Einzelfall die Anwendung des SEC-SA untersagen, wenn der aus der Anwendung des SEC-SA resultierende risikogewichtete Positionsbetrag nicht den Risiken für das betreffende Institut oder die Finanzstabilität angemessen ist, was auch das mit den der Verbriefung zugrunde liegenden Risikopositionen verbundene Kreditrisiko einschließt, aber nicht darauf beschränkt ist. [2]Im Fall von Risikopositionen, die nicht als Positionen in einer STS-Verbriefung gelten, sind Verbriefungen mit hochgradig komplexen und risikoreichen Merkmalen besonders zu berücksichtigen.

(5) [1]Unbeschadet des Absatzes 1 des vorliegenden Artikels darf das Institut den Internen Bemessungsansatz zur Berechnung der risikogewichteten Positionsbeträge in Bezug auf eine unbeurteilte Position in einem ABCP-Programm oder einer ABCP-Transaktion gemäß Artikel 266 verwenden, sofern die in Artikel 265 aufgeführten Bedingungen erfüllt sind. [2]Hat ein Institut die Genehmigung zur Anwendung des Internen Bemessungsansatzes gemäß Artikel 265 Absatz 2 erhalten und fällt eine spezifische Position in einem ABCP-Programm oder einer ABCP-Transaktion in den Geltungsbereich einer solchen Genehmigung, so wendet das Institut für die Berechnung des betreffenden risikogewichteten Positionsbetrags diesen Ansatz an.

(6) Für eine Position in einer Wiederverbriefung wenden die Institute den SEC-SA gemäß Artikel 261 mit den Änderungen gemäß Artikel 269 an.

(7) In allen anderen Fällen wird Verbriefungspositionen ein Risikogewicht von 1 250 % zugewiesen.

(8) [1]Die zuständigen Behörden unterrichten die EBA über jede gemäß Absatz 3 des vorliegenden Artikels erfolgte Mitteilung. [2]Die EBA überwacht die Auswirkungen des vorliegenden Artikels auf die Eigenmittelanforderungen und das Spektrum an Aufsichtspraktiken in Verbindung mit Absatz 4 des vorliegenden Artikels, erstattet der Kommission jährlich über ihre Erkenntnisse Bericht und gibt Leitlinien gemäß Artikel 16 der Verordnung (EU) Nr. 1093/2010 heraus.

Art. 255 Bestimmung von K_{irb} und K_{SA}. (1) Wendet ein Institut den SEC-IRBA gemäß Unterabschnitt 3 an, berechnet es K_{irb} gemäß den Absätzen 2 bis 5.

(2) [1]K_{irb} wird von den Instituten bestimmt, indem die risikogewichteten Positionsbeträge, die gemäß Kapitel 3 in Bezug auf die zugrunde liegenden Risikopositionen berechnet würden, als wären diese nicht verbrieft worden, mit dem Quotienten aus 8 % und dem Risikopositionswert der zugrunde liegenden Risikopositionen multipliziert werden. [2]K_{irb} wird als Dezimalwert zwischen null und eins ausgedrückt.

(3) Für die Zwecke der Berechnung von K_{irb} umfassen die risikogewichteten Positionsbeträge, die gemäß Kapitel 3 in Bezug auf die zugrunde liegenden Risikopositionen berechnet würden, Folgendes:

a) den Betrag der erwarteten Verluste im Zusammenhang mit allen zugrunde liegenden Risikopositionen der Verbriefung, einschließlich der ausgefallenen zugrunde liegenden Risikopositionen, die weiterhin gemäß Kapitel 3 Teil des Pools sind; und

b) den Betrag der unerwarteten Verluste im Zusammenhang mit allen zugrunde liegenden Risikopositionen, einschließlich der ausgefallenen zugrunde liegenden Risikopositionen im Pool gemäß Kapitel 3.

(4) [1] Die Institute können K_{irb} in Bezug auf die zugrunde liegenden Risikopositionen der Verbriefung im Einklang mit den Bestimmungen des Kapitels 3 zur Berechnung der Eigenmittelanforderungen für angekaufte Forderungen berechnen. [2] Für diese Zwecke werden die Risikopositionen des Mengengeschäfts als angekaufte Mengengeschäftsforderungen und die Nicht-Mengengeschäfts-Risikopositionen als angekaufte Unternehmensforderungen behandelt.

(5) *[1]* Die Institute berechnen K_{irb} gesondert für das Verwässerungsrisiko in Bezug auf die zugrunde liegenden Risikopositionen einer Verbriefung, bei der das Verwässerungsrisiko für derartige Risikopositionen erheblich ist.

[2] [1] Werden Verluste aus Verwässerungs- und Kreditrisiken in aggregierter Form in der Verbriefung behandelt, so fassen die Institute K_{irb} für das Verwässerungsrisiko und K_{irb} für das Kreditrisiko in einem einzigen Wert für K_{irb} im Sinne des Unterabschnitts 3 zusammen. [2] Besteht zur Deckung von Verlusten aus dem Kredit- oder Verwässerungsrisiko ein einziger Reservefonds oder eine Übersicherung, so kann dies als Hinweis auf eine aggregierte Behandlung dieser Risiken angesehen werden.

[3] Werden das Verwässerungs- und das Kreditrisiko nicht in aggregierter Form in der Verbriefung behandelt, so passen die Institute die Behandlung gemäß Unterabsatz 2 an, um K_{irb} für das Verwässerungsrisiko und K_{irb} für das Kreditrisiko umsichtig zusammenzufassen.

(6) *[1]* [1] Wendet ein Institut den SEC-SA gemäß Unterabschnitt 3 an, so berechnet es K_{SA}, indem es die risikogewichteten Positionsbeträge, die nach Kapitel 2 in Bezug auf die zugrunde liegenden Risikopositionen berechnet würden, als wären diese nicht verbrieft worden, mit dem Quotienten aus 8 % und dem Wert der zugrunde liegenden Risikopositionen multipliziert. [2] K_{SA} wird als Dezimalwert zwischen null und eins ausgedrückt.

[2] Für die Zwecke dieses Absatzes berechnen die Institute den Positionswert der zugrunde liegenden Risikopositionen ohne Saldierung etwaiger spezifischer Kreditrisikoanpassungen und zusätzlicher Bewertungsanpassungen gemäß den Artikeln 34 und 110 sowie weiterer Verringerungen der Eigenmittel.

(7) *[1]* [1] Für die Zwecke der Absätze 1 bis 6 werden bei Verbriefungsstrukturen, die die Verwendung einer Verbriefungszweckgesellschaft beinhalten, alle Risikopositionen der Verbriefungszweckgesellschaft im Zusammenhang mit der Verbriefung als zugrunde liegende Risikopositionen behandelt. [2] Dessen unbeschadet kann das Institut die Risikopositionen der Verbriefungszweckgesellschaft aus dem Pool der zugrunde liegenden Risikopositionen für die Zwecke der Berechnung von K_{irb} oder K_{SA} ausschließen, wenn das aus den Risikopositionen der Verbriefungszweckgesellschaft erwachsende Risiko unerheblich ist oder die Verbriefungsposition des Instituts nicht beeinträchtigt.

[2] Bei synthetischen Verbriefungen mit Sicherheitsleistung werden alle erheblichen Erträge aus der Emission von synthetischen Unternehmensanleihen (Credit Linked Notes) oder anderen Verpflichtungen mit Sicherheitsleistungen der Verbriefungszweckgesellschaft, die als Sicherheiten für die Rückzahlung der Verbriefungspositionen dienen, in die Berechnung von K_{irb} oder K_{SA}

einbezogen, wenn das Kreditrisiko der Sicherheit der in Tranchen unterteilten Verlustzuweisung unterliegt.

(8) Für die Zwecke von Absatz 5 Unterabsatz 3 des vorliegenden Artikels gibt die EBA Leitlinien gemäß Artikel 16 der Verordnung (EU) Nr. 1093/2010 über geeignete Methoden heraus, wie K_{irb} für das Verwässerungsrisiko und K_{irb} für das Kreditrisiko zusammengefasst werden können, wenn diese Risiken nicht in aggregierter Form in einer Verbriefung behandelt werden.

(9) *[1]* Die EBA arbeitet Entwürfe technischer Regulierungsstandards zur weiteren Präzisierung der Bedingungen aus, nach denen die Institute K_{irb} für die Pools zugrunde liegender Risikopositionen gemäß Absatz 4 berechnen können, insbesondere mit Blick auf

a) die internen Kreditvergabevorschriften und Modelle für die Berechnung von K_{irb} für Verbriefungen;
b) die Einbeziehung verschiedener Risikofaktoren im Zusammenhang mit dem Pool zugrunde liegender Risikopositionen und – bei Nichtverfügbarkeit ausreichender genauer oder zuverlässiger Daten zu diesem Pool – die Einbeziehung von Näherungswerten zwecks PD- und LGD-Schätzungen; und
c) die Anforderungen in Bezug auf Sorgfaltspflichten bei der Überwachung der Tätigkeit und des Geschäftsgebarens der Verkäufer von Forderungen oder anderer Originatoren.

[2] Die EBA übermittelt der Kommission diese Entwürfe technischer Regulierungsstandards spätestens am 18. Januar 2019.

[3] Der Kommission wird die Befugnis übertragen, diese Verordnung durch Erlass der in Unterabsatz 2 dieses Absatzes genannten technischen Regulierungsstandards gemäß den Artikeln 10 bis 14 der Verordnung (EU) Nr. 1093/2010 ergänzen.

Art. 256 Bestimmung von unterem Tranchierungspunkt (Attachment Point) (A) und oberem Tranchierungspunkt (Detachment Point) (D)

(1) *[1]* Für die Zwecke des Unterabschnitts 3 setzen die Institute den unteren Tranchierungspunkt (A) bei dem Schwellenwert fest, ab dem Verluste innerhalb des Pools der zugrunde liegenden Risikopositionen der betreffenden Verbriefungsposition zugeordnet würden.

[2] Der untere Tranchierungspunkt (A) wird ausgedrückt als ein Dezimalwert zwischen null und eins und ist gleich null oder – sollte dieser Wert höher sein – gleich dem Verhältnis zwischen dem offenen Saldo beim Pool aus den der Verbriefung zugrunde liegenden Risikopositionen abzüglich des offenen Saldos bei allen Tranchen, die gegenüber der Tranche mit der betreffenden Verbriefungsposition, einschließlich der Risikoposition selbst, vorrangig oder gleichrangig sind, und dem offenen Saldo bei allen der Verbriefung zugrunde liegenden Risikopositionen.

(2) *[1]* Für die Zwecke des Unterabschnitts 3 setzen die Institute den oberen Tranchierungspunkt (D) bei dem Schwellenwert fest, bei dem Verluste innerhalb des Pools der zugrunde liegenden Risikopositionen einen kompletten Verlust des eingesetzten Kapitals bei der Tranche mit der betreffenden Verbriefungsposition bewirken würden.

[2] Der obere Tranchierungspunkt (D) wird ausgedrückt als ein Dezimalwert zwischen null und eins und ist gleich null oder – sollte dieser Wert höher sein –

gleich dem Verhältnis zwischen dem offenen Saldo beim Pool aus den der Verbriefung zugrunde liegenden Risikopositionen abzüglich des offenen Saldos bei allen Tranchen, die gegenüber der Tranche mit der betreffenden Verbriefungsposition vorrangig sind, und dem offenen Saldo bei allen der Verbriefung zugrunde liegenden Risikopositionen.

(3) Für die Zwecke der Absätze 1 und 2 behandeln die Institute Übersicherungen und Reservekonten mit Sicherheitsleistung als Tranchen und die Vermögenswerte, die solche Konten einschließen, als zugrunde liegende Risikopositionen.

(4) [1] Unberücksichtigt lassen die Institute für die Zwecke der Absätze 1 und 2 Reservekonten ohne Sicherheitsleistung und Vermögenswerte, die keine Bonitätsverbesserung bieten, wie solche, die lediglich eine Liquiditätsunterstützung darstellen, Währungs- oder Zinsswaps und Barreservekonten für diese Positionen in der Verbriefung. [2] Bei Reservekonten mit Sicherheitsleistung und Vermögenswerten, die eine Bonitätsverbesserung darstellen, behandeln die Institute nur die verlustausgleichenden Teile dieser Konten oder Vermögenswerte als Verbriefungspositionen.

(5) Haben zwei oder mehr Positionen einer Transaktion unterschiedliche Laufzeiten, aber die gleiche anteilige Verlustzuweisung, so basiert die Berechnung der unteren Tranchierungspunkte (A) und der oberen Tranchierungspunkte (D) auf dem aggregierten offenen Saldo dieser Positionen; die resultierenden unteren Tranchierungspunkte (A) und oberen Tranchierungspunkte (D) sind identisch.

[Abs. 6 ab 10.4.2022:]

(6) [1] Für die Zwecke der Berechnung der unteren Tranchierungspunkte (A) und der oberen Tranchierungspunkte (D) einer synthetischen Verbriefung behandelt der Originator der Verbriefung den Risikopositionswert der Verbriefungsposition, der dem in Artikel 248 Absatz 1 Buchstabe e genannten synthetischen Zinsüberschuss entspricht, als Tranche und passt die unteren Tranchierungspunkte (A) und die oberen Tranchierungspunkte (D) der anderen von ihm gehaltenen Tranchen an, indem er diesen Risikopositionswert und den offenen Saldo beim Pool aus den der Verbriefung zugrunde liegenden Risikopositionen addiert. [2] Institute, bei denen es sich nicht um den Originator handelt, dürfen diese Anpassung nicht vornehmen.

Art. 257 Bestimmung der Laufzeit einer Tranche (M_T). (1) Für die Zwecke des Unterabschnitts 3 und vorbehaltlich des Absatzes 2 können die Institute die Laufzeit einer Tranche (M_T) bemessen als

a) die gewichtete durchschnittliche Laufzeit der innerhalb der Tranche fälligen vertraglichen Zahlungen nach folgender Formel:

$$\sum_t t \cdot CF_t / \sum_t CF_t,$$

wobei CF_t alle vom Kreditnehmer im Zeitraum t zu leistenden vertraglichen Zahlungen (Kapitalbetrag, Zinsen und Gebühren) bezeichnet, oder

b) die rechtliche Endfälligkeit der Tranche nach folgender Formel:
$M_T = 1 + (M_L - 1) \star 80\,\%$,

wobei M_L die rechtliche Endfälligkeit der Tranche bezeichnet.

(2) Für die Zwecke des Absatzes 1 gilt für die Bestimmung der Laufzeit einer Tranche (M_T) in jedem Fall eine Untergrenze von einem Jahr und eine Obergrenze von fünf Jahren.

(3) [1] Besteht einem Kontrakt zufolge die Möglichkeit, dass ein Institut potenzielle Verluste aus den zugrunde liegenden Risikopositionen tragen muss, so berücksichtigt es bei der Bestimmung der Laufzeit der Verbriefungsposition die Laufzeit des Kontrakts zuzüglich der längsten Laufzeit der zugrunde liegenden Risikopositionen. [2] Bei revolvierenden Risikopositionen ist die längste vertraglich mögliche Restlaufzeit der Risikoposition zugrunde zu legen, die in der revolvierenden Periode hinzugefügt werden kann.

(4) Die EBA überwacht die verschiedenen Vorgehensweisen in diesem Bereich unter besonderer Berücksichtigung der Anwendung des Absatzes 1 Buchstabe a des vorliegenden Artikels und gibt gemäß Artikel 16 der Verordnung (EU) Nr. 1093/2010 bis zum 31. Dezember 2019 Leitlinien heraus.

Unterabschnitt 3. Methoden zur Berechnung der risikogewichteten Positionsbeträge

Art. 258 Bedingungen für die Verwendung des auf internen Beurteilungen basierenden Ansatzes (SEC-IRBA) (1) Die Institute berechnen die risikogewichteten Positionsbeträge für eine Verbriefungsposition nach dem SEC-IRBA, wenn folgende Bedingungen erfüllt sind:

a) die Position ist durch einen IRB-Pool oder einen gemischten Pool unterlegt und das Institut kann K_{irb} in letztgenanntem Fall gemäß Abschnitt 3 für mindestens 95 % der zugrunde liegenden Positionsbeträge berechnen;

b) zu den der Verbriefung zugrunde liegenden Risikopositionen liegen ausreichende Informationen vor, die dem Institut die Berechnung von K_{irb} ermöglichen; und

c) das Institut wurde bei einer bestimmten Verbriefungsposition nicht gemäß Absatz 2 an der Verwendung des SEC-IRBA gehindert.

(2) [1] Weisen Verbriefungen hochgradig komplexe oder risikoreiche Merkmale auf, so können die zuständigen Behörden die Institute im Einzelfall an der Verwendung des SEC-IRBA hindern. [2] Als hochgradig komplexes oder risikoreiches Merkmal kann für diese Zwecke Folgendes angesehen werden:

a) eine Bonitätsverbesserung, die aus anderen Gründen als Portfolioverlusten aufgezehrt werden kann;

b) Pools zugrunde liegender Risikopositionen, die aufgrund einer Konzentration von Risikopositionen in einzelnen Sektoren oder geografischen Gebieten ein hohes Maß an interner Korrelation aufweisen;

c) Transaktionen, bei denen die Rückzahlung der Verbriefungspositionen in hohem Maße von Risikotreibern abhängt, die sich an K_{irb} nicht ablesen lassen; oder

d) hochkomplexe Verlustzuweisungen zwischen den Tranchen.

Art. 259 Berechnung der risikogewichteten Positionsbeträge bei dem auf internen Beurteilungen basierenden Ansatz (SEC-IRBA) (1) Beim SEC-IRBA wird der risikogewichtete Positionsbetrag für eine Verbriefungsposition berechnet, indem der nach Artikel 248 ermittelte Risikopositionswert mit dem anzuwendenden Risikogewicht, das wie folgt zu bestimmen ist, multipliziert wird, wobei in jedem Fall eine Untergrenze von 15 % gilt:

RW = 1 250 % wenn $D \leq K_{irb}$

$$RW = 12{,}5 \cdot K_{SSFA(K_{irb})}$$ wenn $A \geq K_{irb}$

$$RW = \left[\left(\frac{K_{IRB}-A}{D-A}\right) \cdot 12.5\right] + \left[\left(\frac{D-K_{IRB}}{D-A}\right) \cdot 12.5 \cdot K_{SSFA(K_{IRB})}\right]$$ wenn $A < K_{irb} < D$

dabei ist:

K_{irb} die in Artikel 255 definierte Eigenmittelanforderung für den Pool zugrunde liegender Risikopositionen

D der gemäß Artikel 256 bestimmte obere Tranchierungspunkt

A der gemäß Artikel 256 bestimmte untere Tranchierungspunkt

$$K_{SSFA(K_{IRB})} = \frac{e^{a \cdot u} - e^{a \cdot l}}{a(u-l)}$$

dabei ist:

a = $-(1/(p \star K_{irb}))$

u = $D - K_{irb}$

l = $\max(A - K_{irb}; 0)$

dabei ist:

$p = \max[0{,}3; (A + B^{\star} (1/N) + C \star K_{IRB} + D^{\star}LGD + E^{\star} M_T)]$

dabei ist:

N die gemäß Absatz 4 berechnete effektive Zahl der Risikopositionen im Pool der zugrunde liegenden Risikopositionen;

LGD die gemäß Absatz 5 für den Pool der zugrunde liegenden Risikopositionen berechnete risikopositionsgewichtete durchschnittliche Verlustquote bei Ausfall;

M_T die gemäß Artikel 257 bestimmte Laufzeit der Tranche;

die Parameter A, B, C, D und E werden nach folgender Tabelle bestimmt:

		A	B	C	D	E
Nicht-Mengengeschäft	Vorrangig, granular (N ≥ 25)	0	3,56	–1,85	0,55	0,07
	Vorrangig, nicht granular (N < 25)	0,11	2,61	–2,91	0,68	0,07
	Nicht vorrangig, granular (N ≥ 25)	0,16	2,87	–1,03	0,21	0,07
	Nicht vorrangig, nicht granular (N < 25)	0,22	2,35	–2,46	0,48	0,07
Mengengeschäft	Vorrangig	0	0	–7,48	0,71	0,24
	Nicht vorrangig	0	0	–5,78	0,55	0,27

(2) [1] Umfasst der zugrunde liegende IRB-Pool sowohl Mengengeschäfts- als auch Nicht-Mengengeschäfts-Risikopositionen, so wird er in einen Mengengeschäfts- und einen Nicht-Mengengeschäfts-Teilpool unterteilt und wird für jeden Teilpool ein gesonderter p-Parameter (samt der entsprechenden Input-Parameter N, K_{irb} und LGD) geschätzt. [2] Anschließend wird ausgehend von den p-Parametern jedes einzelnen Teilpools und der Nominalgröße der Risikopositionen in jedem einzelnen Teilpool ein gewichteter durchschnittlicher p-Parameter für die Transaktion berechnet.

(3) [1] Wendet ein Institut den SEC-IRBA auf einen gemischten Pool an, so berechnet es den p-Parameter anhand der zugrunde liegenden Risikopositionen, bei denen ausschließlich nach dem IRB-Ansatz verfahren wird. [2] Zugrunde liegende Risikopositionen, bei denen nach dem Standardansatz verfahren wird, bleiben für diese Zwecke unberücksichtigt.

(4) *[1]* Die effektive Zahl der Risikopositionen (N) wird wie folgt berechnet:

$$N = \frac{\left(\sum_i EAD_i\right)^2}{\sum_i EAD_i^2}$$

wobei EAD_i den mit der i-ten Risikoposition im Pool verbundenen Risikopositionswert bezeichnet.

[2] Mehrere auf ein und denselben Schuldner bezogene Risikopositionen werden konsolidiert und als eine einzige Risikoposition behandelt.

(5) *[1]* Die risikopositionsgewichtete durchschnittliche LGD wird wie folgt berechnet:

$$LGD = \frac{\sum_i LGD_i \cdot EAD_i}{\sum_i EAD_i}$$

wobei LGD_i die durchschnittliche LGD aller auf den i-ten Schuldner bezogenen Risikopositionen bezeichnet.

[2] [1] Werden bei einer Verbriefung das Kredit- und das Verwässerungsrisiko bei angekauften Forderungen aggregiert gesteuert, so gilt der LGD-Input beim Kreditrisiko als gewichteter LGD-Durchschnitt und beim Verwässerungsrisiko

als 100%ige LGD. [2]Die Gewichte stellen jeweils die unabhängigen Eigenmittelanforderungen nach dem IRB-Ansatz für das Kredit- und das Verwässerungsrisiko dar. [3]Besteht zur Deckung von Verlusten aus dem Kredit- oder Verwässerungsrisiko ein einziger Reservefonds oder eine Übersicherung, so kann dies für diese Zwecke als Hinweis auf eine aggregierte Steuerung dieser Risiken angesehen werden.

(6) *[1]* Macht der Anteil der größten zugrunde liegenden Risikoposition am Pool (C_1) nicht mehr als 3 % aus, so können die Institute N und die risikopositionsgewichteten durchschnittlichen LGDs nach folgender vereinfachter Methode berechnen:

$$N = \left(C_1 \cdot C_m + \left(\frac{C_m - C_1}{m-1} \right) \cdot \max\{1 - m \cdot C_1, 0\} \right)^{-1}$$

LGD = 0,50

wobei

C_m den der Summe der größten m-Risikopositionen entsprechenden Anteil am Pool bezeichnet; und

m vom Institut festgesetzt wird.

[2] Ist nur C_1 verfügbar und geht dessen Wert nicht über 0,03 hinaus, so kann das Institut die LGD als 0,50 und N als $1/C_1$ festsetzen.

(7) Ist die Position durch einen gemischten Pool unterlegt und das Institut in der Lage, K_{irb} gemäß Artikel 258 Absatz 1 Buchstabe a für mindestens 95 % der zugrunde liegenden Risikopositionsbeträge zu berechnen, so berechnet das Institut die Eigenmittelanforderung für den Pool zugrunde liegender Risikopositionen als:

$$d \cdot K_{IRB} + (1 - d) \cdot K_{SA},$$

wobei

d der Anteil des Betrags der zugrunde liegenden Risikopositionen ist, für die das Institut K_{irb} über den Betrag aller zugrunde liegenden Risikopositionen berechnen kann.

(8) *[1]* Bei einer Verbriefungsposition in Form eines Derivats zur Absicherung gegen Marktrisiken, einschließlich Zins- oder Währungsrisiken, kann das Institut diesem Derivat ein abgeleitetes Risikogewicht zuweisen, das dem Risikogewicht der nach diesem Artikel berechneten Referenzposition entspricht.

[2] Für die Zwecke des Unterabsatzes 1 ist unter Referenzposition die Position zu verstehen, die mit dem Derivat in jeder Hinsicht gleichrangig ist, oder – falls keine gleichrangige Position vorhanden ist – die Position, die dem Derivat im Rang unmittelbar folgt.

Art. 260 Behandlung von STS-Verbriefungen beim SEC-IRBA.

Beim SEC-IRBA wird das Risikogewicht für eine Position in einer STS-Verbriefung gemäß Artikel 259 berechnet, wobei allerdings folgende Änderungen vorzunehmen sind:

Risikogewichtsuntergrenze für vorrangige Verbriefungspositionen = 10 %

$p = \max [0{,}3; 0{,}5 \cdot (A + B \cdot (1/N) + C \cdot K_{IRB} + D \cdot LGD + E \cdot M_T)]$

Art. 261 Berechnung der risikogewichteten Positionsbeträge beim Standardansatz (SEC-SA) (1) Beim SEC-SA wird der risikogewichtete Positionsbetrag für eine Verbriefungsposition berechnet, indem der nach Artikel 248 berechnete Risikopositionswert mit dem anzuwendenden Risikogewicht, das wie folgt zu bestimmen ist, multipliziert wird, wobei in jedem Fall eine Untergrenze von 15 % gilt:

$RW = 1\,250\,\%$ wenn $D \leq K_A$

$RW = 12{,}5 \cdot K_{SSFA(K_A)}$ wenn $A \geq K_A$

$$RW = \left[\left(\frac{K_A - A}{D - A}\right) \cdot 12.5\right] + \left[\left(\frac{D - K_A}{D - A}\right) \cdot 12.5 \cdot K_{SSFA(K_A)}\right]$$ wenn $A < K_A < D$

dabei ist:

D	der gemäß Artikel 256 bestimmte obere Tranchierungspunkt
A	der gemäß Artikel 256 bestimmte obere Tranchierungspunkt
K_A	ein gemäß Absatz 2 berechneter Parameter

$$K_{SSFA(K_A)} = \frac{e^{a \cdot u} - e^{a \cdot l}}{a(u - l)}$$

dabei ist:

a =	$-(1/(p \cdot K_A))$
u =	$D - K_A$
l =	$\max (A - K_A; 0)$
p =	1 bei Risikopositionen in Verbriefungen, bei denen es sich nicht um eine Wiederverbriefung handelt

(2) *[1]* Für die Zwecke des Absatzes 1 wird K_A wie folgt berechnet:

$K_A = (1 - W) \cdot K_{SA} + W \cdot 0.5$

dabei ist:

K_{SA} die in Artikel 255 definierte Eigenmittelanforderung für den zugrunde liegenden Pool

W das Verhältnis:

a) der Summe des Nominalbetrags der ausgefallenen zugrunde liegenden Risikopositionen

b) zur Summe des Nominalbetrags aller zugrunde liegenden Risikopositionen.

[2] Für diese Zwecke ist eine ausgefallene Risikoposition eine zugrunde liegende Risikoposition, die entweder i) seit mindestens 90 Tagen überfällig ist, ii) einem Konkurs- oder Insolvenzverfahren unterliegt, iii) einem Zwangsvollstreckungs- oder ähnlichen Verfahren unterliegt, oder iv) den Verbriefungsunterlagen zufolge als ausgefallen anzusehen ist.

[3] Kennt ein Institut bei maximal 5 % der zugrunde liegenden Forderungen im Pool nicht den Verzugsstatus, kann es den SEC-SA anwenden, sofern es bei der Berechnung von K_A die folgende Anpassung vornimmt.

$$K_A = \left(\frac{EAD_{\text{Teilpool 1 wenn W bekannt}}}{\text{EAD Gesamt}} \times K_A^{\text{Teilpool 1 wenn W bekannt}}\right) + \frac{EAD_{\text{Teilpool 2 wenn W unbekannt}}}{\text{EAD Gesamt}}$$

[4] Kennt das Institut bei mehr als 5 % der zugrunde liegenden Forderungen im Pool nicht den Verzugsstatus, muss die Position in der Verbriefung mit 1 250 % risikogewichtet werden.

(3) *[1]* Bei einer Verbriefungsposition in Form eines Derivats zur Absicherung gegen Marktrisiken, einschließlich Zins- oder Währungsrisiken, kann das Institut diesem Derivat ein abgeleitetes Risikogewicht zuweisen, das dem Risikogewicht der nach diesem Artikel berechneten Referenzposition entspricht.

[2] Für die Zwecke dieses Absatzes ist unter Referenzposition die Position zu verstehen, die mit dem Derivat in jeder Hinsicht gleichrangig ist, oder – falls keine gleichrangige Position vorhanden ist – die Position, die dem Derivat im Rang unmittelbar folgt.

Art. 262 Behandlung von STS-Verbriefungen beim SEC-SA. Beim SEC-SA wird das Risikogewicht für eine Position in einer STS-Verbriefung gemäß Artikel 261 berechnet, wobei allerdings folgende Änderungen vorzunehmen sind:

Risikogewichtsuntergrenze für vorrangige Verbriefungspositionen = 10 %

p = 0,5

Art. 263 Berechnung der risikogewichteten Positionsbeträge bei dem auf externen Beurteilungen basierenden Ansatz (SEC-ERBA) (1) Beim SEC-ERBA wird der risikogewichtete Positionsbetrag für eine Verbriefungsposition berechnet, indem der nach Artikel 248 ermittelte Risikopositionswert mit dem nach dem vorliegenden Artikel anzuwendenden Risikogewicht multipliziert wird.

(2) Für Risikopositionen mit Kurzzeit-Bonitätsbeurteilungen oder in Fällen, in denen ein auf einer Kurzzeit-Bonitätsbeurteilung beruhendes Rating gemäß Absatz 7 abgeleitet werden kann, gelten folgende Risikogewichte:

Tabelle 1

Bonitätsstufe	1	2	3	Alle sonstigen Ratings
Risikogewicht	15 %	50 %	100 %	1 250 %

(3) Für Risikopositionen mit Langzeit-Bonitätsbeurteilungen oder in Fällen, in denen ein auf einer Langzeit-Bonitätsbeurteilung beruhendes Rating gemäß Absatz 7 des vorliegenden Artikels abgeleitet werden kann, gelten die in Tabelle 2 festgelegten Risikogewichte, die gegebenenfalls gemäß Artikel 257 und Absatz 4 des vorliegenden Artikels nach Maßgabe der Laufzeit der Tranche (M_T) und bei nicht vorrangigen Tranchen gemäß Absatz 5 des vorliegenden Artikels nach Maßgabe der Tranchendicke anzupassen sind:

Tabelle 2

Bonitätsstufe	Vorrangige Tranche		Nicht vorrangige (dünne) Tranche	
	Restlaufzeit der Tranche (M_T)		Restlaufzeit der Tranche (M_T)	
	1 Jahr	5 Jahre	1 Jahr	5 Jahre
1	15 %	20 %	15 %	70 %
2	15 %	30 %	15 %	90 %
3	25 %	40 %	30 %	120 %
4	30 %	45 %	40 %	140 %
5	40 %	50 %	60 %	160 %
6	50 %	65 %	80 %	180 %
7	60 %	70 %	120 %	210 %
8	75 %	90 %	170 %	260 %
9	90 %	105 %	220 %	310 %
10	120 %	140 %	330 %	420 %
11	140 %	160 %	470 %	580 %
12	160 %	180 %	620 %	760 %
13	200 %	225 %	750 %	860 %
14	250 %	280 %	900 %	950 %
15	310 %	340 %	1 050 %	1 050 %
16	380 %	420 %	1 130 %	1 130 %
17	460 %	505 %	1 250 %	1 250 %
Alle sonstigen	1 250 %	1 250 %	1 250 %	1 250 %

(4) Bei Tranchen mit einer Restlaufzeit zwischen einem Jahr und fünf Jahren bestimmen die Institute das Risikogewicht durch lineare Interpolation zwischen den Risikogewichten, die gemäß Tabelle 2 bei Restlaufzeiten von einem Jahr bzw. fünf Jahren anzuwenden sind.

(5) Um der Tranchendicke Rechnung zu tragen, berechnen die Institute das Risikogewicht für nicht vorrangige Tranchen wie folgt:

RW = [RW nach Anpassung an die Restlaufzeit gemäß Absatz 4] · [1 - min(T; 50 %)]

dabei ist

T = Dicke der Tranche, gemessen als D – A

dabei ist

D der gemäß Artikel 256 bestimmte obere Tranchierungspunkt

A der gemäß Artikel 256 bestimmte untere Tranchierungspunkt

(6) [1]Das aus den Absätzen 3, 4 und 5 resultierende Risikogewicht für nicht vorrangige Tranchen muss mindestens 15 % betragen. [2]Auch darf es nicht niedriger sein als das Risikogewicht für eine hypothetische vorrangige Tranche derselben Verbriefung mit derselben Bonitätsbeurteilung und derselben Restlaufzeit.

(7) Zwecks Verwendung abgeleiteter Ratings weisen die Institute einer unbeurteilten Position ein abgeleitetes Rating zu, das der Bonitätsbeurteilung einer beurteilten Referenzposition entspricht, die alle folgenden Bedingungen erfüllt:

a) die Referenzposition ist in jeder Hinsicht mit der unbeurteilten Verbriefungsposition gleichrangig oder geht ihr – falls keine gleichrangige Position vorhanden ist – im Rang unmittelbar nach;

b) für die Referenzposition bestehen keinerlei Garantien Dritter oder sonstige Bonitätsverbesserungen, die für die unbeurteilte Position nicht zur Verfügung stehen;

c) die Referenzposition hat die gleiche oder eine längere Laufzeit als die betreffende unbeurteilte Position;

d) jedes abgeleitete Rating wird laufend aktualisiert, um etwaigen Änderungen bei der Bonitätsbeurteilung der Referenzposition Rechnung zu tragen.

(8) *[1]* Bei einer Verbriefungsposition in Form eines Derivats zur Absicherung gegen Marktrisiken, einschließlich Zins- oder Währungsrisiken, kann das Institut diesem Derivat ein abgeleitetes Risikogewicht zuweisen, das dem Risikogewicht der nach diesem Artikel berechneten Referenzposition entspricht.

[2] Für die Zwecke des Unterabsatzes 1 ist unter Referenzposition die Position zu verstehen, die mit dem Derivat in jeder Hinsicht gleichrangig ist, oder – falls keine gleichrangige Position vorhanden ist – die Position, die dem Derivat im Rang unmittelbar folgt.

Art. 264 Behandlung von STS-Verbriefungen beim SEC-ERBA.

(1) Beim SEC-ERBA wird das Risikogewicht für eine Position in einer STS-Verbriefung gemäß Artikel 263 berechnet, wobei allerdings die im vorliegenden Artikel festgelegten Änderungen vorzunehmen sind.

(2) Für Risikopositionen mit Kurzzeit-Bonitätsbeurteilungen oder in Fällen, in denen ein auf einer Kurzzeit-Bonitätsbeurteilung beruhendes Rating gemäß Artikel 263 Absatz 7 abgeleitet werden kann, gelten folgende Risikogewichte:

Tabelle 3

Bonitätsstufe	1	2	3	Alle sonstigen Ratings
Risikogewicht	10 %	30 %	60 %	1 250 %

(3) Für Risikopositionen mit Langzeit-Bonitätsbeurteilungen oder in Fällen, in denen ein auf einer Langzeit-Bonitätsbeurteilung beruhendes Rating gemäß Artikel 263 Absatz 7 abgeleitet werden kann, werden die Risikogewichte nach Tabelle 4 bestimmt und gemäß Artikel 257 und Artikel 263 Absatz 4 nach Maßgabe der Laufzeit der Tranche (M_T) und bei nicht vorrangigen Tranchen gemäß Artikel 263 Absatz 5 nach Maßgabe der Tranchendicke angepasst:

Tabelle 4

Bonitätsstufe	Vorrangige Tranche		Nicht vorrangige (dünne) Tranche	
	Restlaufzeit der Tranche (M_T)		Restlaufzeit der Tranche (M_T)	
	1 Jahr	5 Jahre	1 Jahr	5 Jahre
1	10 %	10 %	15 %	40 %
2	10 %	15 %	15 %	55 %
3	15 %	20 %	15 %	70 %
4	15 %	25 %	25 %	80 %
5	20 %	30 %	35 %	95 %
6	30 %	40 %	60 %	135 %
7	35 %	40 %	95 %	170 %
8	45 %	55 %	150 %	225 %
9	55 %	65 %	180 %	255 %
10	70 %	85 %	270 %	345 %
11	120 %	135 %	405 %	500 %
12	135 %	155 %	535 %	655 %
13	170 %	195 %	645 %	740 %
14	225 %	250 %	810 %	855 %
15	280 %	305 %	945 %	945 %
16	340 %	380 %	1 015 %	1 015 %
17	415 %	455 %	1 250 %	1 250 %
Alle sonstigen	1 250 %	1 250 %	1 250 %	1 250 %

Art. 265 Interner Bemessungsansatz – Anwendungskreis und operationelle Anforderungen. (1) *[1]* Institute können die risikogewichteten Positionsbeträge für unbeurteilte Positionen in ABCP-Programmen oder ABCP-Transaktionen gemäß Artikel 266 nach dem Internen Bemessungsansatz berechnen, wenn die in Absatz 2 des vorliegenden Artikels festgelegten Bedingungen erfüllt sind.

[2] Hat ein Institut eine Genehmigung zur Anwendung des Internen Bemessungsansatzes gemäß Absatz 2 des vorliegenden Artikels erhalten und fällt eine spezifische Position in einem ABCP-Programm oder einer ABCP-Transaktion in den Geltungsbereich einer solchen Genehmigung, so wendet das Institut für die Berechnung des betreffenden risikogewichteten Positionsbetrags diesen Ansatz an.

(2) Die zuständigen Behörden gestatten den Instituten, innerhalb eines genau festgelegten Anwendungskreises den Internen Bemessungsansatz anzuwenden, wenn alle folgenden Bedingungen erfüllt sind:

a) für alle im Rahmen des ABCP-Programms emittierten Geldmarktpapiere liegt ein Rating vor;

b) die interne Beurteilung der Kreditqualität der Position vollzieht die öffentlich verfügbare Methode einer oder mehrerer ECAI zur Bonitätsbeurteilung von Verbriefungspositionen, die durch zugrunde liegende Risikopositionen des verbrieften Typs unterlegt sind, nach;

c) die Emission von Geldmarktpapieren im Rahmen des ABCP-Programms erfolgt überwiegend an Drittinvestoren;

d) das interne Bemessungsverfahren des Instituts ist insbesondere in Bezug auf Stressfaktoren und andere relevante quantitative Elemente mindestens ebenso konservativ wie die öffentlich verfügbaren Bemessungen der ECAI, die für das im Rahmen des ABCP-Programms emittierte Geldmarktpapier ein externes Rating abgegeben haben;

e) die interne Bemessungsmethode des Instituts trägt allen relevanten, öffentlich verfügbaren Ratingmethoden der ECAI Rechnung, die für das Geldmarktpapier des ABCP-Programms ein Rating abgeben, und beinhaltet Ratingklassen, die den Bonitätsbeurteilungen von ECAI entsprechen. Das Institut bewahrt mit seinen internen Unterlagen eine Erklärung auf, aus der hervorgeht, wie es die unter diesem Punkt dargelegten Anforderungen erfüllt, und aktualisiert diese Erklärung regelmäßig;

f) das Institut nutzt die interne Bemessungsmethode für sein internes Risikomanagement, was auch seine Entscheidungsprozesse, die Unterrichtung des Managements und die internen Kapitalallokationsprozesse einschließt;

g) der interne Bemessungsprozess und die Qualität der internen Beurteilung der Kreditqualität der Risikopositionen, die ein Institut in einem ABCP-Programm oder einer ABCP-Transaktion hält, werden von internen oder externen Prüfern, einer ECAI oder der institutsinternen Kreditprüfungsstelle oder Risikomanagementfunktion regelmäßig überprüft;

h) um die Leistungsfähigkeit seiner internen Bemessungsmethode zu bewerten, verfolgt das Institut die Zuverlässigkeit seiner internen Beurteilungen im Zeitverlauf und nimmt an seiner Methode die notwendigen Korrekturen vor, wenn die Wertentwicklung der Risikopositionen regelmäßig von den internen Beurteilungen abweicht;

i) das ABCP-Programm enthält Standards für die Emissionsübernahme und das Passiv-Management in Form von Leitlinien an den Programmadministrator, die zumindest Folgendes umfassen:

   i) vorbehaltlich des Buchstaben j die Kriterien für die Anerkennungsfähigkeit von Vermögenswerten;

   ii) die Art und den monetären Wert der aus der Bereitstellung von Liquiditätsfazilitäten und Bonitätsverbesserungen resultierenden Risikopositionen;

   iii) die Verlustverteilung zwischen den in dem ABCP-Programm oder der ABCP-Transaktion enthaltenen Verbriefungspositionen;

   iv) die rechtliche und wirtschaftliche Trennung der übertragenen Vermögenswerte von der sie veräußernden Einrichtung;

j) die im Rahmen des ABCP-Programms für die Anerkennungsfähigkeit von Vermögenswerten geltenden Kriterien sehen zumindest Folgendes vor:
   i) Ausschluss des Ankaufs von Vermögenswerten, die in hohem Maße überfällig oder ausgefallen sind;
   ii) Einschränkung einer übermäßigen Konzentration auf einen einzelnen Schuldner oder ein einzelnes geografisches Gebiet; und
   iii) Begrenzung der Laufzeit der anzukaufenden Vermögenswerte;
k) Kreditrisiko und Geschäftsprofil des Vermögenswertverkäufers werden einer Analyse unterzogen, wobei zumindest Folgendes beurteilt wird:
   i) vergangenes und erwartetes künftiges finanzielles Ergebnis;
   ii) aktuelle Marktposition und erwartete künftige Wettbewerbsfähigkeit;
   iii) Verschuldungsgrad, Zahlungsströme, Zinsdeckung und Schuldtitel-Rating; und
   iv) Emissionsübernahmestandards, Kundenbetreuungsfähigkeiten und Inkassoverfahren;
l) das ABCP-Programm verfügt über Inkassogrundsätze und -verfahren, die der operativen Kapazität und der Bonität des Forderungsverwalters Rechnung tragen und beinhaltet Elemente, die leistungsbezogene Risiken des Verkäufers und des Forderungsverwalters abschwächen. Für die Zwecke dieses Buchstabens können leistungsbezogene Risiken durch Auslöser, die sich auf die aktuelle Bonität des Verkäufers oder des Forderungsverwalters stützen, gemindert werden, um bei Ausfall des Verkäufers oder des Forderungsverwalters die Vermengung von Geldern zu verhindern;
m) bei der aggregierten Verlustschätzung für einen Pool von Vermögenswerten, der im Rahmen des ABCP-Programms angekauft werden kann, wird allen potenziellen Risiken, wie dem Kredit- und dem Verwässerungsrisiko, Rechnung getragen;
n) wenn sich die vom Verkäufer bereitgestellte Bonitätsverbesserung in ihrer Höhe lediglich auf kreditbezogene Verluste stützt und das Verwässerungsrisiko für den betreffenden Pool von Vermögenswerten erheblich ist, umfasst das ABCP-Programm eine gesonderte Rücklage für das Verwässerungsrisiko;
o) bei der Berechnung des Umfangs der beim ABCP-Programm erforderlichen Bonitätsverbesserung wird den historischen Informationen mehrerer Jahre Rechnung getragen, was Verluste, Ausfälle, Verwässerungen und die Umschlagshäufigkeit der Forderungen einschließt;
p) das ABCP-Programm weist in Bezug auf den Ankauf von Risikopositionen strukturelle Merkmale auf, die eine potenzielle Verschlechterung der Kreditqualität des zugrunde liegenden Portfolios abmindern sollen. Dazu können u.a. poolspezifische Auslöser für eine Abwicklung zählen;
q) das Institut bewertet die Charakteristika des zugrunde liegenden Pools von Vermögenswerten, wie sein durchschnittsgewichtetes Kreditscoring und ermittelt etwaige Konzentrationen auf einen einzelnen Schuldner oder ein einzelnes geografisches Gebiet und die Granularität des Vermögenswert-Pools.

(3) Wird die in Absatz 2 Buchstabe g vorgesehene Überprüfung von internen Prüfern, der institutsinternen Kreditprüfungsstelle oder der Risikomanagementfunktion des Instituts durchgeführt, dann sind diese Funktionen von den

für das ABCP-Programm und die Beziehungen zu Kunden zuständigen internen Funktionen unabhängig.

(4) Institute, denen die Anwendung des Internen Bemessungsansatz gestattet worden ist, dürfen bei den in den Anwendungskreis des Internen Bemessungsansatz fallenden Positionen nur dann zu anderen Methoden zurückkehren, wenn die beiden folgenden Bedingungen erfüllt sind:

a) Das Institut hat den zuständigen Behörden glaubhaft nachgewiesen, dass es gute Gründe für diesen Schritt hat.

b) Es hat vorab eine entsprechende Erlaubnis der zuständigen Behörde erhalten.

Art. 266 Berechnung der risikogewichteten Positionsbeträge beim Internen Bemessungsansatz. (1) [1] Beim Internen Bemessungsansatz weist das Institut die unbeurteilte Position des ABCP-Programms oder der ABCP-Transaktion ausgehend von seiner internen Bemessung einer der in Artikel 265 Absatz 2 Buchstabe e bestimmten Ratingklassen zu. [2] Der Position wird ein abgeleitetes Rating zugewiesen, das mit den Bonitätsbeurteilungen übereinstimmt, die dieser Ratingklasse gemäß Artikel 265 Absatz 2 Buchstabe e entsprechen.

(2) Das gemäß Absatz 1 abgeleitete Rating hat bei seiner erstmaligen Vergabe zumindest der Stufe „Investment Grade" oder besser zu entsprechen und ist für die Zwecke der Berechnung der risikogewichteten Positionsbeträge gemäß Artikel 263 bzw. Artikel 264 als anerkennungsfähige Bonitätsbeurteilung einer ECAI anzusehen.

Unterabschnitt 4. Obergrenzen für Verbriefungspositionen

Art. 267 Maximales Risikogewicht für vorrangige Verbriefungspositionen: Transparenzansatz. (1) Ein Institut, das die Zusammensetzung der zugrunde liegenden Risikopositionen jederzeit kennt, kann der vorrangigen Verbriefungsposition als maximales Risikogewicht das risikopositionsgewichtete durchschnittliche Risikogewicht zuweisen, das für die zugrunde liegenden Risikopositionen gelten würde, als wären diese nicht verbrieft worden.

(2) *[1]* Bei Pools zugrunde liegender Risikopositionen, bei denen das Institut ausschließlich nach dem Standard- oder dem IRB-Ansatz verfährt, ist das maximale Risikogewicht der vorrangigen Verbriefungsposition gleich dem risikopositionsgewichteten durchschnittlichen Risikogewicht, das nach Kapitel 2 bzw. 3 auf die zugrunde liegenden Risikopositionen angewandt würde, als wären diese nicht verbrieft worden.

[2] Bei gemischten Pools wird das maximale Risikogewicht wie folgt berechnet:

a) wendet das Institut den SEC-IRBA an, wird dem unter den Standardansatz fallenden und dem unter den IRB-Ansatz fallenden Teil des zugrunde liegenden Pools das dem jeweiligen Ansatz entsprechende Risikogewicht zugeordnet;

b) wendet das Institut den SEC-SA oder den SEC-ERBA an, ist das maximale Risikogewicht für vorrangige Verbriefungspositionen gleich dem durchschnittsgewichteten Risikogewicht, das den zugrunde liegenden Risikopositionen beim Standardansatz zugeordnet wird.

(3) Für die Zwecke dieses Artikels umfasst das Risikogewicht, das gemäß Kapitel 3 beim IRB-Ansatz zuzuordnen wäre, das Verhältnis

a) der erwarteten Verluste multipliziert mit dem Faktor 12,5 zu

b) dem Risikopositionswert der zugrunde liegenden Risikopositionen.

(4) Ist das nach Absatz 1 berechnete maximale Risikogewicht niedriger als die in den Artikeln 259 bis 264 genannte Risikogewichtsuntergrenze, ist stattdessen Ersteres zu verwenden.

Art. 268 Maximale Eigenmittelanforderungen. (1) [1]Ein Originator, ein Sponsor oder ein anderes Institut, der bzw. das den SEC-IRBA anwendet, oder ein Originator oder Sponsor, der den SEC-SA oder den SEC-ERBA anwendet, kann als maximale Eigenmittelanforderung für die von ihm gehaltene Verbriefungsposition die Eigenmittelanforderungen ansetzen, die nach Kapitel 2 oder 3 für die zugrunde liegenden Risikopositionen berechnet würden, als wären diese nicht verbrieft worden. [2]Für die Zwecke dieses Artikels umfasst die auf dem IRB-Ansatz basierende Eigenmittelanforderung sowohl die nach Kapitel 3 berechneten, bei diesen Risikopositionen erwarteten Verluste als auch die unerwarteten Verluste.

(2) Bei gemischten Pools wird die maximale Eigenmittelanforderung bestimmt, indem der risikopositionsgewichtete Durchschnitt der Eigenmittelanforderungen für die unter den IRB-Ansatz und den Standardansatz fallenden Teile der zugrunde liegenden Risikopositionen gemäß Absatz 1 berechnet wird.

(3) Die maximale Eigenmittelanforderung ergibt sich durch Multiplikation des nach den Absätzen 1 oder 2 berechneten Betrags mit dem als Prozentsatz ausgedrückten größten Anteil, den das Institut in den betreffenden Tranchen hält (V); dieser wird wie folgt ermittelt:

a) bei einem Institut, das in einer einzigen Tranche eine oder mehrere Verbriefungspositionen hält, ist V gleich dem Verhältnis des Nominalbetrags der von dem Institut in dieser Tranche gehaltenen Verbriefungspositionen zum Nominalbetrag der Tranche;

b) bei einem Institut, das in verschiedenen Tranchen Verbriefungspositionen hält, ist V gleich dem maximalen Anteil über alle Tranchen. Für diese Zwecke wird der Anteil für jede einzelne Tranche gemäß Buchstabe a berechnet.

(4) Bei der Berechnung der maximalen Eigenmittelanforderung für eine Verbriefungsposition gemäß diesem Artikel sind alle etwaigen Gewinne aus Verkäufen und bonitätsverbessernde Zinsstrips aus der Verbriefungstransaktion gemäß Artikel 36 Absatz 1 Buchstabe k in voller Höhe von den Posten des harten Kernkapitals abzuziehen.

Unterabschnitt 5. Sonstige Vorschriften

Art. 269 Wiederverbriefungen. (1) Auf Wiederverbriefungspositionen wenden die Institute den SEC-SA gemäß Artikel 261 an, nehmen dabei aber folgende Änderungen vor:

a) W = 0 für jede Risikoposition in einer Verbriefungstranche innerhalb des Pools zugrunde liegender Risikopositionen;

b) p = 1,5;

c) für das daraus resultierende Risikogewicht gilt eine Risikogewichtsuntergrenze von 100 %.

(2) K_{SA} für die zugrunde liegende Verbriefungsrisikoposition wird nach Unterabschnitt 2 berechnet.

(3) Die in Unterabschnitt 4 genannten maximalen Eigenmittelanforderungen gelten nicht für Wiederverbriefungspositionen.

(4) Ist der Pool der zugrunde liegenden Risikopositionen eine Mischung aus Verbriefungstranchen und anderen Vermögenswerten, so ist der Parameter K_A als der nominale risikopositionsgewichtete Durchschnitt des für jede Untergruppe von Risikopositionen einzeln berechneten K_A festzulegen.

Art. 269a Behandlung von Verbriefungen notleidender Risikopositionen (NPE) (1) Für die Zwecke dieses Artikels bezeichnet der Ausdruck

a) „NPE-Verbriefung" eine NPE-Verbriefung im Sinne von Artikel 2 Nummer 25 der Verordnung (EU) 2017/2402;

b) „qualifizierte traditionelle NPE-Verbriefung" eine traditionelle NPE-Verbriefung, bei der der nicht erstattungsfähige Kaufpreisabschlag mindestens 50 % des zum Zeitpunkt des Transfers der zugrunde liegenden Risikopositionen an die Verbriefungszweckgesellschaft ausstehenden Betrags der zugrunde liegenden Risikopositionen beträgt.

(2) [1] Das Risikogewicht für eine Position in einer NPE-Verbriefung wird gemäß Artikel 254 oder 267 berechnet. [2] Für das Risikogewicht gilt eine Untergrenze von 100 %, es sei denn, Artikel 263 findet Anwendung.

(3) Abweichend von Absatz 2 dieses Artikels weisen die Institute der vorrangigen Verbriefungsposition in einer qualifizierten traditionellen NPE-Verbriefung ein Risikogewicht von 100 % zu, es sei denn, Artikel 263 findet Anwendung.

(4) Institute, die den IRB-Ansatz auf Risikopositionen im Pool der zugrunde liegenden Risikopositionen nach Kapitel 3 anwenden und für solche Risikopositionen keine eigenen LGD-Schätzungen und Umrechnungsfaktoren verwenden dürfen, dürfen für die Berechnung risikogewichteter Positionsbeträge für eine Risikoposition in einer NPE-Verbriefung nicht den SEC-IRBA verwenden und dürfen weder Absatz 5 noch Absatz 6 anwenden.

(5) *[1]* Für die Zwecke von Artikel 268 Absatz 1 werden erwartete Verluste im Zusammenhang mit qualifizierten traditionellen NPE-Verbriefungen zugrunde liegenden Risikopositionen nach Abzug des nicht erstattungsfähigen Kaufpreisabschlags und etwaiger zusätzlicher spezifischer Kreditrisikoanpassungen einbezogen.

[2] Die Institute führen die Berechnung nach folgender Formel durch:

$$CR_{max} = RWEA_{IRB} \cdot 8\% + \max\left[EL_{IRB} - NRPPD \cdot \frac{EV_{IRB}}{EV_{Pool}} - SCRA_{IRB}; 0\right] + RWEA_{SA} \cdot 8\%$$

[3] Dabei ist

CR_{max} = die maximale Eigenmittelanforderung einer qualifizierten traditionellen NPE-Verbriefung;

$RWEA_{IRB}$ = die Summe der risikogewichteten Positionsbeträge der zugrunde liegenden Risikopositionen, die dem IRB-Ansatz unterliegen;

EL_{IRB} = die Summe der erwarteten Verlustbeträge der zugrunde liegenden Risikopositionen, die dem IRB-Ansatz unterliegen;

NRPPD = der nicht erstattungsfähige Kaufpreisabschlag;

EV_{IRB} = die Summe der Risikopositionswerte der zugrunde liegenden Risikopositionen, die dem IRB-Ansatz unterliegen;

EV_{Pool} = die Summe der Risikopositionswerte aller zugrunde liegenden Risikopositionen im Pool;

$SCRA_{IRB}$ = bei Originatoren, die spezifischen Kreditrisikoanpassungen, die das Institut in Bezug auf die dem IRB-Ansatz unterliegenden zugrunde liegenden Risikopositionen vornimmt, sofern und soweit diese Anpassungen den NRPPD überschreiten; bei Anlegerinstituten ist der Betrag Null;

$RWEA_{SA}$ = die Summe der risikogewichteten Positionsbeträge der zugrunde liegenden Risikopositionen, die dem Standardansatz unterliegen.

(6) *[1]* Abweichend von Absatz 3 können Institute in den Fällen, in denen das nach dem Transparenzansatz nach Artikel 267 berechnete risikopositionsgewichtete durchschnittliche Risikogewicht weniger als 100 % beträgt, das niedrigere Risikogewicht mit einer Untergrenze von 50 % für das Risikogewicht anwenden.

[2] Für die Zwecke des ersten Unterabsatzes ziehen Originatoren, die den SEC-IRBA auf eine Position anwenden und für alle zugrunde liegenden Risikopositionen, die dem IRB-Ansatz gemäß Kapitel 3 unterliegen, eigene LGD-Schätzungen und Umrechnungsfaktoren verwenden dürfen, den nicht erstattungsfähigen Kaufpreisabschlag und etwaige zusätzliche spezifische Kreditrisikoanpassungen von den erwarteten Verlusten und Risikopositionswerten der zugrunde liegenden Risikopositionen, die mit einer vorrangigen Position in einer qualifizierten traditionellen NPE- Verbriefung verbunden sind, nach folgender Formel ab:

$$RW_{max} = \frac{RWEA_{IRB} + \max\left[12.5 \cdot \left(EL_{IRB} - NRPPD \cdot \frac{EV_{IRB}}{EV_{Pool}} - SCRA_{IRB}\right); 0\right] + RWEA_{SA}}{\max\left[EV_{IRB} - NRPPD \cdot \frac{EV_{IRB}}{EV_{Pool}} - SCRA_{IRB}; 0\right] + EV_{SA}}$$

[3] Dabei ist

RW_{max} = das Risikogewicht vor Anwendung der Untergrenze, das für eine vorrangige Position in einer qualifizierten traditionellen NPE-Verbriefung gilt, wenn der Transparenzansatz verwendet wird;

$RWEA_{IRB}$ = die Summe der risikogewichteten Positionsbeträge der zugrunde liegenden Risikopositionen, die dem IRB-Ansatz unterliegen;

$RWEA_{SA}$	=	die Summe der risikogewichteten Positionsbeträge der zugrunde liegenden Risikopositionen, die dem Standardansatz unterliegen;
EL_{IRB}	=	die Summe der erwarteten Verlustbeträge der zugrunde liegenden Risikopositionen, die dem IRB-Ansatz unterliegen;
NRPPD	=	der nicht erstattungsfähige Kaufpreisabschlag;
EV_{IRB}	=	die Summe der Risikopositionswerte der zugrunde liegenden Risikopositionen, die dem IRB-Ansatz unterliegen;
EV_{pool}	=	die Summe der Risikopositionswerte aller zugrunde liegenden Risikopositionen im Pool;
EV_{SA}	=	die Summe der Risikopositionswerte der zugrunde liegenden Risikopositionen, die dem Standardansatz unterliegen;
$SCRA_{IRB}$	=	die spezifischen Kreditrisikoanpassungen, die der Originator in Bezug auf die dem IRB-Ansatz unterliegenden zugrunde liegenden Risikopositionen vornimmt, sofern und soweit diese Anpassungen den NRPPD überschreiten.

(7) *[1]* Für die Zwecke dieses Artikels wird der nicht erstattungsfähige Kaufpreisabschlag berechnet, indem der Betrag nach Buchstabe b von dem Betrag nach Buchstabe a subtrahiert wird:

a) der ausstehende Betrag der zugrunde liegenden Risikopositionen der NPE-Verbriefung zum Zeitpunkt der Übertragung dieser Risikopositionen auf die Verbriefungszweckgesellschaft;

b) die Summe aus

i) dem Erstverkaufspreis der Tranchen oder, falls vorhanden, der Teile der Tranchen der NPE-Verbriefung, die Drittanlegern verkauft wurden, und

ii) den zum Zeitpunkt der Übertragung der zugrunde liegenden Risikopositionen auf die Verbriefungszweckgesellschaft ausstehende Betrag der Tranchen oder, falls vorhanden, der Teile von Tranchen dieser Verbriefung, die der Originator hält.

[2] [1] Für die Zwecke der Absätze 5 und 6 wird die Berechnung des nicht erstattungsfähigen Kaufpreisabschlags während der gesamten Laufzeit der Transaktion unter Berücksichtigung der realisierten Verluste nach unten korrigiert. [2] Durch Verringerungen des ausstehenden Betrags der zugrunde liegenden Risikopositionen, die sich aus realisierten Verlusten ergibt, verringert sich der nicht erstattungsfähige Kaufpreisabschlag bis zu einer Untergrenze von null.

[3] Gestaltet sich ein Abschlag dermaßen, dass er dem Originator ganz oder teilweise erstattet werden kann, so gilt dieser Abschlag für die Zwecke dieses Artikels nicht als nicht erstattungsfähiger Kaufpreisabschlag.

Art. 270 Vorrangige Positionen bei STS-Bilanzverbriefungen.

(1) Ein Originator kann die risikogewichteten Positionsbeträge einer Verbriefungsposition in einer in Artikel 26a Absatz 1 der Verordnung (EU) 2017/2402 genannten STS-Bilanzverbriefung gemäß Artikel 260, 262 oder 264 der vorliegenden Verordnung berechnen, wenn diese Position die beiden folgenden Bedingungen erfüllt:

a) Die Verbriefung erfüllt die in Artikel 243 Absatz 2 genannten Anforderungen;
b) die Position erfüllt die Voraussetzungen, um als vorrangige Verbriefungsposition gelten zu können.

(2) Die EBA überwacht die Anwendung von Absatz 1 insbesondere in Bezug auf
a) das Marktvolumen und den Marktanteil der STS-Bilanzverbriefungen, auf die der Originator Absatz 1 anwendet, für verschiedene Anlageklassen;
b) die beobachtete Zuweisung von Verlusten zur vorrangigen Tranche und zu anderen Tranchen STS-Bilanzverbriefungen, wenn der Originator Absatz 1 in Bezug auf die bei solchen Verbriefungen gehaltene vorrangige Position anwendet;
c) die Auswirkungen der Anwendung von Absatz 1 auf die Verschuldung der Institute;
d) die Auswirkungen der Verwendung von STS-Bilanzverbriefungen, auf die der Originator Absatz 1 anwendet, auf die Emission von Kapitalinstrumenten durch die jeweiligen Originatoren.

(3) Die EBA übermittelt der Kommission bis zum 10. April 2023 einen Bericht über ihre Erkenntnisse.

(4) [1] Bis zum 10. Oktober 2023 legt die Kommission auf der Grundlage des in Absatz 3 genannten Berichts dem Europäischen Parlament und dem Rat einen Bericht über die Anwendung dieses Artikels vor, in dem insbesondere auf das Risiko einer übermäßigen Verschuldung eingegangen wird, das sich durch die Verwendung von STS-Bilanzverbriefungen, die für die Behandlung nach Absatz 1 infrage kommen, ergibt, und auf den möglichen Ersatz der Emission von Kapitalinstrumenten durch Originatoren durch die genannte Verwendung. [2] Gegebenenfalls wird diesem Bericht ein Gesetzgebungsvorschlag beigefügt.

Art. 270a Zusätzliches Risikogewicht. (1) [1] Sind die in Kapitel 2 der Verordnung (EU) 2017/2402 festgelegten Anforderungen aufgrund von Fahrlässigkeit oder Unterlassung seitens des Instituts in einem wesentlichen Punkt nicht erfüllt, so verhängen die zuständigen Behörden ein angemessenes zusätzliches Risikogewicht von mindestens 250 %, begrenzt auf 1 250 %, des Risikogewichts, das für die einschlägigen Verbriefungspositionen in der in den Artikeln 247 Absatz 6 bzw. 337 Absatz 3 dieser Verordnung spezifizierten Weise gilt. [2] Das zusätzliche Risikogewicht wird mit jedem weiteren Verstoß gegen die Sorgfalts- und Risikomanagementbestimmungen schrittweise angehoben. [3] Den in Artikel 6 Absatz 5 der Verordnung (EU) 2017/2402 für bestimmte Verbriefungen vorgesehenen Ausnahmen tragen die zuständigen Behörden durch Herabsetzung des Risikogewichts Rechnung, das sie andernfalls gemäß dem vorliegenden Artikel bei einer Verbriefung verhängen würden, auf die Artikel 6 Absatz 5 der Verordnung (EU) 2017/2402 Anwendung findet.

(2) *[1]* [1] Die EBA arbeitet Entwürfe technischer Durchführungsstandards aus, um die Konvergenz der Aufsichtspraktiken bezüglich der Anwendung des Absatzes 1, einschließlich der bei einem Verstoß gegen die Sorgfalts- und Risikomanagementpflichten zu ergreifenden Maßnahmen, zu erleichtern. [2] Die EBA legt der Kommission diese Entwürfe technischer Durchführungsstandards bis 1. Januar 2014 vor.

[2] Der Kommission wird die Befugnis übertragen, die technischen Durchführungsstandards nach Unterabsatz 1 gemäß Artikel 15 der Verordnung (EU) Nr. 1093/2010 zu erlassen.

Abschnitt 4. Externe Bonitätsbeurteilungen

Art. 270b Verwendung der Bonitätsbeurteilungen von ECAI. Institute dürfen Bonitätsbeurteilungen nur dann zur Bestimmung des Risikogewichts einer Verbriefungsposition nach diesem Kapitel heranziehen, wenn die Bonitätsbeurteilung von einer ECAI abgegeben oder gemäß der Verordnung (EG) Nr. 1060/2009 von einer ECAI bestätigt wurde.

Art. 270c Anforderungen, die die Bonitätsbeurteilungen der ECAI erfüllen müssen. Institute greifen für die Berechnung der risikogewichteten Positionsbeträge gemäß Abschnitt 3 nur dann auf die Bonitätsbeurteilung einer ECAI zurück, wenn alle folgenden Bedingungen erfüllt sind:

a) Es besteht keine Inkongruenz zwischen der Art der Zahlungen, die in die Bonitätsbeurteilung eingeflossen sind, und der Art der Zahlungen, auf die das Institut im Rahmen des Vertrags, der zu der betreffenden Verbriefungsposition geführt hat, Anspruch hat;

b) die ECAI veröffentlicht die Bonitätsbeurteilungen sowie Informationen über Verlust- und Zahlungsstromanalysen, über die Empfindlichkeit der Ratings gegenüber Veränderungen bei den ihnen zugrunde liegenden Annahmen, einschließlich der Wertentwicklung der zugrunde liegenden Risikopositionen, und über die Verfahren, Methoden, Annahmen und die für die Bonitätsbeurteilungen wesentlichen Elemente gemäß der Verordnung (EG) Nr. 1060/2009. Für die Zwecke dieses Buchstabens sind Informationen dann als öffentlich verfügbar anzusehen, wenn sie in zugänglicher Form veröffentlicht werden. Informationen, die nur einem eingeschränkten Empfängerkreis zur Verfügung gestellt werden, gelten nicht als öffentlich verfügbar;

c) die Bonitätsbeurteilungen fließen in die Übergangsmatrix der ECAI ein;

d) die Bonitätsbeurteilung stützt sich weder ganz noch teilweise auf eine vom Institut selbst bereitgestellte Unterstützung ohne Sicherheitsleistung. Stützt sich eine Position ganz oder teilweise auf eine Unterstützung ohne Sicherheitsleistung, so behandelt das Institut diese Position – wenn es für diese die risikogewichteten Positionsbeträge gemäß Abschnitt 3 berechnet – wie eine unbeurteilte Position;

e) die ECAI hat zugesagt, Erläuterungen im Hinblick darauf zu veröffentlichen, wie die Wertentwicklung der zugrunde liegenden Risikopositionen die Bonitätsbeurteilung beeinflusst.

Art. 270d Verwendung von Bonitätsbeurteilungen. (1) Ein Institut darf entscheiden, eine oder mehrere ECAI zu benennen, deren Bonitätsbeurteilungen es bei der Berechnung seiner risikogewichteten Positionsbeträge gemäß diesem Kapitel verwendet („benannte ECAI“).

(2) Ein Institut nutzt die Bonitätsbeurteilungen für seine Verbriefungspositionen durchgängig und nicht selektiv und erfüllt für diese Zwecke die folgenden Anforderungen:

a) Ein Institut darf nicht für seine Positionen in einigen Tranchen die Bonitätsbeurteilung einer ECAI und für seine Positionen in anderen Tranchen derselben Verbriefung die Bonitätsbeurteilung einer anderen ECAI verwenden, unabhängig davon, ob für Letztere eine Bonitätsbeurteilung der ersten ECAI vorliegt oder nicht;

b) liegen für eine Position zwei Bonitätsbeurteilungen von benannten ECAI vor, verwendet das Institut die ungünstigere von beiden;

c) liegen für eine Position drei oder mehr Bonitätsbeurteilungen von benannten ECAI vor, werden die beiden günstigsten verwendet. Weichen die beiden günstigsten voneinander ab, wird die ungünstigere von beiden verwendet;

d) ein Institut darf nicht aktiv um die Zurücknahme ungünstigerer Bonitätsbeurteilungen nachsuchen.

(3) [1] Besteht für die einer Verbriefung zugrunde liegenden Risikopositionen eine vollständige oder teilweise, nach Kapitel 4 anerkennungsfähige Besicherung, und wurden die Auswirkungen dieser Besicherung bei der Bonitätsbeurteilung einer Verbriefungsposition durch eine benannte ECAI berücksichtigt, so verwendet das Institut das dieser Bonitätsbeurteilung zugeordnete Risikogewicht. [2] Ist die in diesem Absatz genannte Besicherung nach Kapitel 4 nicht anerkennungsfähig, wird die Bonitätsbeurteilung nicht anerkannt und die Verbriefungsposition wie eine unbeurteilte Position behandelt.

(4) Besteht für eine Verbriefungsposition eine nach Kapitel 4 anerkennungsfähige Kreditbesicherung und wurden die Auswirkungen dieser Besicherung bei der betreffenden Bonitätsbeurteilung durch eine benannte ECAI berücksichtigt, so behandelt das Institut die Verbriefungsposition wie eine unbeurteilte Position und berechnet die risikogewichteten Positionsbeträge nach Kapitel 4.

Art. 270e Zuordnung von Verbriefungen. *[1]* [1] Die EBA arbeitet Entwürfe technischer Durchführungsstandards aus, um die in diesem Kapitel beschriebenen Bonitätsstufen auf objektive und konsistente Weise den relevanten Bonitätsbeurteilungen sämtlicher ECAI zuzuordnen. [2] Für die Zwecke dieses Artikels verfährt die EBA dabei insbesondere wie folgt:

a) Sie unterscheidet zwischen den relativen Risikograden, die in den einzelnen Bonitätsbeurteilungen zum Ausdruck kommen;

b) sie berücksichtigt quantitative Faktoren, wie Ausfall- oder Verlustquoten sowie das Abschneiden der Bonitätsbeurteilungen jeder ECAI im Zeitverlauf bei den verschiedenen Anlageklassen;

c) sie berücksichtigt qualitative Faktoren, wie das Spektrum der von der ECAI beurteilten Transaktionen, deren Methodik und die Bedeutung ihrer Bonitätsbeurteilungen, insbesondere, ob diese den erwarteten Verlust oder die Ausfallwahrscheinlichkeit („Verlust des ersten Euro“) sowie die fristgerechte Zahlung der Zinsen oder die letztendliche Zahlung der Zinsen berücksichtigen;

d) die EBA versucht zu gewährleisten, dass Verbriefungspositionen, die aufgrund der Bonitätsbeurteilungen von ECAI mit dem gleichen Risikogewicht belegt sind, einem gleich hohen Kreditrisiko unterliegen.

[2] Die EBA legt der Kommission diese Entwürfe technischer Durchführungsstandards bis 1. Juli 2014 vor.

[3] Der Kommission wird die Befugnis übertragen, die technischen Durchführungsstandards nach Unterabsatz 1 dieses Absatzes gemäß Artikel 15 der Verordnung (EU) Nr. 1093/2010 zu erlassen.

Kapitel 6. Gegenparteiausfallrisiko

Abschnitt 1. Begriffsbestimmungen

Art. 271 Ermittlung des Risikopositionswerts. (1) Den Risikopositionswert der in Anhang II genannten Derivatgeschäfte ermittelt ein Institut nach diesem Kapitel.

(2) Bei der Ermittlung des Risikopositionswerts von Pensionsgeschäften, Wertpapier- oder Warenleihgeschäften oder Wertpapier- oder Warenverleihgeschäften, Geschäften mit langer Abwicklungsfrist und Lombardgeschäften kann ein Institut anstatt nach Kapitel 4 nach diesem Kapitel verfahren.

Art. 272 Begriffsbestimmungen. Für die Zwecke dieses Kapitels und des Titels VI dieses Teils bezeichnet der Ausdruck

Allgemeine Begriffe

1. „Gegenparteiausfallrisiko" und „CCR" das Risiko des Ausfalls der Gegenpartei eines Geschäfts vor der abschließenden Abwicklung der mit diesem Geschäft verbundenen Zahlungen;

Geschäftstypen

2. „Geschäfte mit langer Abwicklungsfrist" Geschäfte, bei denen eine Gegenpartei sich dazu verpflichtet, zu einem Termin, der laut Vertrag nach der für diesen Geschäftstyp marktüblichen Frist oder – wenn diese Zeitspanne kürzer ist – fünf Geschäftstage nach dem Geschäftsabschluss liegt, ein Wertpapier, eine Ware oder einen Betrag in Fremdwährung gegen Bargeld, andere Finanzinstrumente oder Waren, oder umgekehrt, zu liefern;
3. „Lombardgeschäfte" Geschäfte, bei denen ein Kreditinstitut im Zusammenhang mit dem Kauf, Verkauf, Halten oder Handel von Wertpapieren einen Kredit ausreicht. Andere Darlehen, die durch Sicherheiten in Form von Wertpapieren besichert sind, fallen nicht unter Lombardgeschäfte;

Netting-Sätze, Hedging-Sätze und damit zusammenhängende Begriffe

4. „Netting-Satz" eine Gruppe von Geschäften zwischen einem Institut und einer einzigen Gegenpartei, die einer rechtlich durchsetzbaren bilateralen Nettingvereinbarung unterliegt, die nach Abschnitt 7 und Kapitel 4 anerkannt ist.
   Jedes Geschäft, das keiner nach Abschnitt 7 anerkannten, rechtlich durchsetzbaren bilateralen Nettingvereinbarung unterliegt, wird für die Zwecke dieses Kapitels als eigenständiger Netting-Satz behandelt.
   Bei der in Abschnitt 6 beschriebenen auf einem internen Modell beruhenden Methode können alle Netting-Sätze mit einer einzigen Gegenpartei als ein einziger Netting-Satz behandelt werden, wenn die simulierten negativen Marktwerte der einzelnen Netting-Sätze bei der Schätzung des erwarteten Wiederbeschaffungswerts (nachstehend „EE") gleich null gesetzt werden;
5. „Standardmethode-Risikoposition" eine Risikomaßzahl, die einem Geschäft nach der in Abschnitt 5 beschriebenen Standardmethode nach einem im Voraus festgelegten Algorithmus zugeordnet wird;
6. „Hedging-Satz" eine Gruppe von Geschäften innerhalb eines einzigen Netting-Satzes, bei denen für die Bestimmung des potenziellen künftigen Risikopositionswerts gemäß den Methoden nach Abschnitt 3 oder 4 eine vollständige oder teilweise Aufrechnung erlaubt ist;

7. „Nachschussvereinbarung" eine Vereinbarung oder Bestimmungen einer Vereinbarung, wonach eine Gegenpartei einer anderen Sicherheiten liefern muss, wenn eine Risikoposition Letzterer gegenüber Ersterer eine bestimmte Höhe überschreitet;

7a. „asymmetrische Nachschussvereinbarung" eine Nachschussvereinbarung, wonach ein Institut Nachschusszahlungen an eine Gegenpartei leisten muss, aber keinen Anspruch auf Erhalt einer Nachschusszahlung von dieser Gegenpartei hat oder umgekehrt;

8. „Nachschuss-Schwelle" die Höhe, die eine ausstehende Risikoposition maximal erreichen darf, bevor eine Partei das Recht auf Anforderung von Sicherheiten hat;

9. „Nachschuss-Risikoperiode" den Zeitraum zwischen dem letzten Austausch von Sicherheiten, die den mit einer ausfallenden Gegenpartei bestehenden Netting-Satz besichern, und dem Zeitpunkt, zu dem die Geschäfte glattgestellt sind und das resultierende Marktrisiko erneut abgesichert ist;

10. „effektive Restlaufzeit" für einen Netting-Satz mit mehr als einjähriger Restlaufzeit bei der auf einem internen Modell beruhenden Methode das Verhältnis zwischen der Summe der über die Laufzeit der Geschäfte eines Netting-Satzes mit einem risikolosen Zinssatz abdiskontierten erwarteten Wiederbeschaffungswerte und der Summe der im Laufe eines Jahres bei diesem Netting-Satz mit einem risikolosen Zinssatz abdiskontierten erwarteten Wiederbeschaffungswerte.
Diese effektive Restlaufzeit kann zur Berücksichtigung des Anschlussrisikos angepasst werden, indem der erwartete Wiederbeschaffungswert bei Prognosezeiträumen unter einem Jahr durch den effektiven erwarteten Wiederbeschaffungswert ersetzt wird;

11. „produktübergreifendes Netting" die Zusammenfassung von Geschäften unterschiedlicher Produktkategorien in einem Netting-Satz nach den in diesem Kapitel für das produktübergreifende Netting festgelegten Regeln;

12. „aktueller Marktwert oder CMV" den Nettomarktwert aller in einem Netting-Satz enthaltenen Geschäfte, ohne Berücksichtigung gehaltener oder gestellter Sicherheiten, wobei für die Berechnung des CMV positive und negative Marktwerte gegeneinander aufgerechnet werden;

12a. „unabhängiger Netto-Sicherheitenbetrag oder NICA" die Summe des volatilitätsangepassten Werts der in Bezug auf den Netting-Satz erhaltenen bzw. gestellten Nettosicherheiten außer Nachschusszahlungen;

Wahrscheinlichkeitsverteilungen

13. „Verteilung der Marktwerte" die prognostizierte Wahrscheinlichkeitsverteilung der Nettomarktwerte der in einem Netting-Satz zusammengefassten Geschäfte zu einem künftigen Zeitpunkt (dem Prognosehorizont) unter Zugrundelegung des zum Zeitpunkt der Prognose realisierten Marktwerts dieser Geschäfte;

14. „Verteilung der Wiederbeschaffungswerte" die prognostizierte Wahrscheinlichkeitsverteilung der Marktwerte, wobei die prognostizierten negativen Nettomarktwerte auf Null gesetzt werden;

15. „risikoneutrale Wahrscheinlichkeitsverteilung" eine Verteilung von Marktwerten oder Wiederbeschaffungswerten über einen künftigen Zeitraum,

die auf der Grundlage von durch Marktpreise implizierten Bewertungsparametern, wie impliziten Volatilitäten, ermittelt wird;

16. „tatsächliche Wahrscheinlichkeitsverteilung" eine Verteilung von Marktwerten oder Wiederbeschaffungswerten zu einem künftigen Zeitpunkt, die auf Grundlage in der Vergangenheit beobachteter Werte ermittelt wird, etwa über anhand vergangener Preis- oder Kursänderungen errechnete Volatilitäten;

Messgrößen für den Wiederbeschaffungswert und Anpassungen

17. „aktueller Wiederbeschaffungswert" je nachdem, welcher Wert der höhere ist, Null oder den Marktwert eines Geschäfts bzw. eines in einem Netting-Satz enthaltenen Portfolios von Geschäften, der bei Ausfall der Gegenpartei für den Fall, dass von dem Wert dieser Geschäfte bei Insolvenz oder Liquidation nichts zurückerlangt werden kann, verloren wäre;
18. „Spitzenwiederbeschaffungswert" ein hohes Perzentil der Verteilung der Wiederbeschaffungswerte zu einem bestimmten künftigen Zeitpunkt vor Fälligkeit des Geschäfts, das von den im Netting-Satz enthaltenen die längste Laufzeit hat;
19. „erwarteter Wiederbeschaffungswert" und „EE" den Durchschnitt der Verteilung der Wiederbeschaffungswerte zu einem bestimmten künftigen Zeitpunkt vor Fälligkeit des Geschäfts, das von den im Netting-Satz enthaltenen die längste Laufzeit hat;
20. „effektiver erwarteter Wiederbeschaffungswert zu einem bestimmten Zeitpunkt" und „effektiver EE" den höchsten erwarteten Wiederbeschaffungswert zu dem betreffenden oder einem früheren Zeitpunkt. Er kann alternativ für einen bestimmten Zeitpunkt auch definiert werden als der erwartete Wiederbeschaffungswert zu dem betreffenden Zeitpunkt oder – wenn dieser höher ist – der effektive erwartete Wiederbeschaffungswert zu jedwedem früheren Zeitpunkt;
21. „erwarteter positiver Wiederbeschaffungswert" und „EPE" einen im Zeitverlauf ermittelten gewichteten Durchschnitt der erwarteten Wiederbeschaffungswerte, wobei die Gewichte den proportionalen Anteil eines einzelnen erwarteten Wiederbeschaffungswerts am gesamten Zeitintervall widerspiegeln.
    Bei der Berechnung der Eigenmittelanforderung legt ein Institut den Durchschnitt für das erste Jahr oder, sofern die Restlaufzeit sämtlicher Kontrakte des Netting-Satzes weniger als ein Jahr beträgt, für den Zeitraum bis zur Fälligkeit des Kontrakts mit der längsten Laufzeit im Netting-Satz zugrunde;
22. „effektiver erwarteter positiver Wiederbeschaffungswert" und „effektiver EPE" den gewichteten Durchschnitt der erwarteten effektiven Wiederbeschaffungswerte während des ersten Jahres nach Einrichtung eines Netting-Satzes oder, sofern die Restlaufzeit sämtlicher Kontrakte des Netting-Satzes weniger als ein Jahr beträgt, während der Laufzeit des Kontrakts, der von den im Netting-Satz enthaltenen die längste Laufzeit hat, wobei die Gewichte den proportionalen Anteil eines einzelnen erwarteten Wiederbeschaffungswerts am gesamten Zeitintervall widerspiegeln;

CCR-bezogene Risiken

23. „Anschlussfinanzierungsrisiko" den Betrag, um den EPE zu niedrig angesetzt wird, wenn zu erwarten ist, dass mit einer Gegenpartei auch in Zukunft laufend neue Geschäfte getätigt werden.
Der durch diese künftigen Geschäfte entstehende zusätzliche Wiederbeschaffungswert bleibt bei der Berechnung von EPE unberücksichtigt;
24. „Gegenpartei" für die Zwecke des Abschnitts 7 jede natürliche oder juristische Person, die eine Nettingvereinbarung schließt und vertraglich dazu berechtigt ist;
25. „vertragliche produktübergreifende Nettingvereinbarung" eine bilaterale vertragliche Vereinbarung zwischen einem Institut und einer Gegenpartei, die eine (auf der Aufrechnung der abgedeckten Geschäfte beruhende) einzige rechtliche Verpflichtung begründet, die für alle unter die Vereinbarung fallenden bilateralen Mastervereinbarungen und Geschäfte in unterschiedlichen Produktkategorien gilt.
Für die Zwecke dieser Begriffsbestimmung bezeichnet „unterschiedliche Produktkategorien"
a) Pensionsgeschäfte, Wertpapier- und *Warenverleih*[1] und -leihgeschäfte,
b) Lombardgeschäfte,
c) die in Anhang II genannten Geschäfte;
26. „Zahlungskomponente" die Zahlung, die bei einem OTC-Derivatgeschäft mit linearem Risikoprofil, das den Austausch eines Finanzinstruments gegen Zahlung vorsieht, vereinbart wurde.
Bei Geschäften, die eine Zahlung gegen Zahlung vorsehen, bestehen diese beiden Zahlungskomponenten aus den vertraglich vereinbarten Bruttozahlungen einschließlich des nominellen Betrags des Geschäfts.

Abschnitt 2. Methoden zur Berechnung des Risikopositionswerts

Art. 273 Methoden zur Berechnung des Risikopositionswerts.

(1) *[1]* Die Institute berechnen den Risikopositionswert der in Anhang II genannten Geschäfte nach einer der in den Abschnitten 3 bis 6 dargelegten Methoden im Einklang mit diesem Artikel.

[2] [1] Ein Institut, das die Bedingungen gemäß Artikel 273a Absatz 1 nicht erfüllt, darf nicht nach der in Abschnitt 4 beschriebenen Methode verfahren. [2] Ein Institut, das die Bedingungen gemäß Artikel 273a Absatz 2 nicht erfüllt, darf nicht nach der in Abschnitt 5 beschriebenen Methode verfahren.

[3] [1] Institute dürfen eine Kombination der Methoden nach den Abschnitten 3 bis 6 innerhalb einer Gruppe dauerhaft anwenden. [2] Ein einzelnes Institut darf eine Kombination der Methoden nach den Abschnitten 3 bis 6 nicht dauerhaft anwenden.

(2) Bei entsprechender Genehmigung der zuständigen Behörden gemäß Artikel 283 Absätze 1 und 2 darf ein Institut den Risikopositionswert für nachstehend genannte Geschäfte nach der in Abschnitt 6 beschriebenen auf einem internen Modell beruhenden Methode ermitteln:
a) die in Anhang II genannten Geschäfte,
b) Pensionsgeschäfte,
c) Wertpapier- oder Warenverleih- oder -leihgeschäfte,

---

[1] Richtig wohl: „Warenverleih-".

d) Lombardgeschäfte.[1)]

e) Geschäfte mit langer Abwicklungsfrist.

(3) *[1]* Sichert ein Institut eine Anlagebuchposition oder eine mit Gegenparteiausfallrisiko behaftete Position durch Erwerb eines Kreditderivats ab, so kann es seine Eigenmittelanforderung für die abgesicherte Position auf eine der folgenden Weisen berechnen:

a) nach den Artikeln 233 bis 236,

b) gemäß Artikel 153 Absatz 3 oder Artikel 183, falls eine Genehmigung gemäß Artikel 143 erteilt wurde.

[2] Der Risikopositionswert für das Gegenparteiausfallrisiko bei diesen Kreditderivaten ist Null, es sei denn, ein Institut verfährt nach Artikel 299 Absatz 2 Buchstabe h Ziffer ii.

(4) Unbeschadet des Absatzes 3 ist es einem Institut freigestellt, bei der Berechnung der Eigenmittelanforderungen für das Gegenparteiausfallrisiko alle nicht zum Handelsbuch gehörenden Derivate, die zur Absicherung einer nicht im Handelsbuch gehaltenen Risikoposition oder zur Absicherung des Gegenparteiausfallrisikos erworben wurden, durchgängig einzubeziehen, wenn die Kreditabsicherung gemäß dieser Verordnung anerkannt wird.

(5) Werden die von einem Institut verkauften Kreditausfallswaps von einem Institut als eine von Ersterem gestellte Kreditbesicherung behandelt und unterliegen einer Kreditrisiko-Eigenmittelanforderung für den vollen Nominalbetrag, so beträgt die Risikoposition im Hinblick auf das Gegenparteiausfallrisiko im Anlagebuch Null.

(6) *[1]* Nach den in den Abschnitten 3 bis 6 beschriebenen Methoden ist der Risikopositionswert für eine bestimmte Gegenpartei gleich der Summe der Risikopositionswerte, die für jeden mit dieser Gegenpartei bestehenden Netting-Satz berechnet werden.

[2] Wenn eine Nachschussvereinbarung für mehrere Netting-Sätze mit dieser Gegenpartei gilt und das Institut zur Berechnung des Risikopositionswerts dieser Netting-Sätze eine der Methoden nach den Abschnitten 3 bis 6 verwendet, so wird der Risikopositionswert abweichend von Unterabsatz 1 gemäß dem betreffenden Abschnitt berechnet.

[3] [1] Für eine bestimmte Gegenpartei ist der nach diesem Kapitel berechnete Risikopositionswert für einen aus den in Anhang II genannten OTC-Derivaten bestehenden Netting-Satz gleich Null oder gleich der Differenz zwischen der Summe der Risikopositionswerte aller mit dieser Gegenpartei bestehenden Netting-Sätze und der Summe der kreditrisikobezogenen Bewertungsanpassungen für diese Gegenpartei, die von dem Institut bereits als Abschreibung erfasst wurden, wenn dieser Wert höher ist. [2] Bei der Berechnung der kreditrisikobezogenen Bewertungsanpassungen werden etwaige ausgleichende bereits gemäß Artikel 33 Absatz 1 Buchstabe c von den Eigenmitteln ausgeschlossene Anpassungen der Wertstellung von Belastungen, die dem eigenen Kreditrisiko der Firma zugerechnet werden, nicht berücksichtigt.

(7) *[1]* Bei der Berechnung des Risikopositionswerts gemäß den Methoden nach den Abschnitten 3, 4 und 5 können die Institute zwei OTC-Derivate-

---

[1)] Zeichensetzung amtlich.

kontrakte derselben Nettingvereinbarung, die sich völlig ausgleichen, wie einen einzigen Kontrakt mit einem Nominalwert gleich Null behandeln.

[2] Zwei OTC-Derivatekontrakte gleichen sich für die Zwecke von Unterabsatz 1 völlig aus, wenn sie alle folgenden Bedingungen erfüllen:

a) Sie haben entgegengesetzte Risikopositionen;

b) sie haben mit Ausnahme des Handelsdatums identische Merkmale;

c) ihre Zahlungsströme gleichen sich in vollem Umfang aus.

(8) [1] Bei Risikopositionen, die sich aus Geschäften mit langer Abwicklungsfrist ergeben, berechnen die Institute den Risikopositionswert nach einer der in den Abschnitten 3 bis 6 beschriebenen Methoden, unabhängig davon, nach welcher Methode sie bei OTC-Derivatgeschäften und Pensionsgeschäften, Wertpapier- oder Warenverleih- oder -leihgeschäften und Lombardgeschäften verfahren. [2] Institute, die nach dem in Kapitel 3 beschriebenen Ansatz verfahren, können bei der Berechnung der Eigenmittelanforderungen für Geschäfte mit langer Abwicklungsfrist unabhängig von der Wesentlichkeit dieser Positionen dauerhaft die Risikogewichte des in Kapitel 2 beschriebenen Ansatzes ansetzen.

(9) Bei den Methoden nach den Abschnitten 3 bis 6 verfahren Institute bei Geschäften, bei denen ein spezielles Korrelationsrisiko festgestellt wurde, nach Artikel 291 Absätze 2, 4, 5 und 6.

Art. 273a Bedingungen für die Verwendung vereinfachter Methoden zur Berechnung des Risikopositionswerts. (1) Ein Institut darf den Risikopositionswert seiner Derivatepositionen nach der in Abschnitt 4 beschriebenen Methode berechnen, sofern der Umfang seiner bilanziellen und außerbilanziellen Geschäfte mit Derivaten auf der Grundlage einer monatlichen Bewertung unter Nutzung der Daten zum letzten Tag des Monats keinen der folgenden Schwellenwerte überschreitet:

a) 10 % der gesamten Vermögenswerte des Instituts;

b) 300 Millionen EUR.

(2) Ein Institut darf den Risikopositionswert seiner Derivatepositionen nach der in Abschnitt 5 beschriebenen Methode berechnen, sofern der Umfang seiner bilanziellen und außerbilanziellen Geschäfte mit Derivaten auf der Grundlage einer monatlichen Bewertung unter Nutzung der Daten zum letzten Tag des Monats keinen der beiden folgenden Schwellenwerte überschreitet:

a) 5 % der gesamten Vermögenswerte des Instituts;

b) 100 Millionen EUR.

(3) Für die Zwecke der Absätze 1 und 2 berechnen die Institute den Umfang ihrer bilanziellen und außerbilanziellen Geschäfte mit Derivaten auf der Grundlage der Daten zum letzten Tag jeden Monats gemäß den folgenden Anforderungen:

a) Derivatepositionen werden zum Marktwert an diesem Datum bewertet; lässt sich der Marktwert einer Position zu einem bestimmten Datum nicht ermitteln, so verwenden die Institute den zu diesem Datum beizulegenden Zeitwert für diese Position; lassen sich der Marktwert und der beizulegende Zeitwert einer Position zu einem bestimmten Datum nicht ermitteln, so verwenden die Institute den aktuellsten Marktwert oder beizulegenden Zeitwert für diese Position;

b) der absolute Wert von Kaufderivatepositionen und der absolute Wert von Verkaufsderivatepositionen werden zusammenaddiert;

c) alle Derivatepositionen werden einbezogen, außer Kreditderivaten, die als internes Sicherungsgeschäft gegen Kreditrisiken des Anlagebuchs anerkannt sind.

(4) Übersteigen die Geschäfte mit Derivaten auf konsolidierter Basis nicht die Schwellenwerte nach Absatz 1 bzw. 2, so kann sich ein Institut, das in die Konsolidierung einbezogen ist und das die Methode nach Abschnitt 3 bzw. 4 anwenden müsste, weil es diese Schwellenwerte auf Einzelbasis überschreitet, abweichend von Absatz 1 bzw. 2 und vorbehaltlich der Erlaubnis der zuständigen Behörden stattdessen für die Anwendung der Methode entscheiden, die auf konsolidierter Basis Anwendung finden würde.

(5) Die Institute benachrichtigen die zuständigen Behörden über die Methoden nach Abschnitt 4 oder 5, die sie zur Berechnung des Risikopositionswerts ihrer Derivatepositionen anwenden bzw. nicht mehr anwenden.

(6) Die Institute tätigen keine Derivatgeschäfte oder kaufen oder verkaufen keine Derivate zu dem alleinigen Zweck der Einhaltung der in den Absätzen 1 und 2 genannten Bedingungen während der monatlichen Bewertung.

Art. 273b Nichteinhaltung der Bedingungen für die Verwendung vereinfachter Methoden zur Berechnung des Risikopositionswerts von Derivaten. (1) Ein Institut, das eine oder mehrere der Bedingungen gemäß Artikel 273a Absatz 1 oder 2 nicht mehr erfüllt, teilt dies der zuständigen Behörde unverzüglich mit.

(2) Ein Institut stellt die Berechnung der Risikopositionswerte seiner Derivatepositionen gemäß Abschnitt 4 bzw. 5 innerhalb von drei Monaten ein, sobald eines der folgenden Ereignisse eingetreten ist:

a) Das Institut erfüllt während drei aufeinanderfolgender Monate nicht die Bedingungen nach Artikel 273a Absatz 1 Buchstabe a bzw. Absatz 2 Buchstabe a oder die Bedingungen nach Artikel 273a Absatz 1 Buchstabe b bzw. Absatz 2 Buchstabe b;

b) das Institut erfüllte im Verlauf der vorangegangenen zwölf Monate während mehr als sechs Monaten nicht die Bedingungen nach Artikel 273a Absatz 1 Buchstabe a bzw. Absatz 2 Buchstabe a oder die Bedingungen nach Artikel 273a Absatz 1 Buchstabe b bzw. Absatz 2 Buchstabe b.

(3) Hat ein Institut die Berechnung der Risikopositionswerte seiner Derivatepositionen gemäß Abschnitt 4 bzw. 5 eingestellt, so darf es die Berechnung der Risikopositionswerte seiner Derivatepositionen gemäß Abschnitt 4 oder 5 nur dann wiederaufnehmen, wenn es gegenüber der zuständigen Behörde nachweist, dass alle Bedingungen von Artikel 273a Absatz 1 oder 2 während eines Jahres ohne Unterbrechung erfüllt wurden.

Abschnitt 3. Standardansatz für das Gegenparteiausfallrisiko

Art. 274 Risikopositionswert. (1) *[1]* Ein Institut darf für alle Geschäfte, die unter eine vertragliche Nettingvereinbarung fallen, einen einzigen Risikopositionswert auf Ebene des Netting-Satzes berechnen, wenn alle folgenden Bedingungen erfüllt sind:

a) Die Nettingvereinbarung gehört zu einer der in Artikel 295 genannten Arten vertraglicher Nettingvereinbarungen;

b) die Nettingvereinbarung wurde von zuständigen Behörden gemäß Artikel 296 anerkannt;

c) das Institut erfüllt in Bezug auf die Nettingvereinbarung die in Artikel 297 festgelegten Verpflichtungen.

[2] Wird eine der in Unterabsatz 1 dargelegten Bedingungen nicht erfüllt, so behandelt das Institut jedes Geschäft wie seinen eigenen Netting-Satz.

(2) Die Institute berechnen den Risikopositionswert eines Netting-Satzes gemäß dem Standardansatz für das Gegenparteiausfallrisiko wie folgt:

$$\text{Risikopositionswert} = \alpha \cdot (RC + PFE)$$

dabei gilt:

RC = die gemäß Artikel 275 berechneten Wiederbeschaffungskosten; und

PFE = der gemäß Artikel 278 berechnete potenzielle künftige Risikopositionswert;

α = 1,4.

(3) Der Risikopositionswert eines Netting-Satzes, der einer vertraglichen Nachschussvereinbarung unterliegt, darf nicht höher sein als der Risikopositionswert desselben Netting-Satzes, der keiner Form von Nachschussvereinbarung unterliegt.

(4) Wenn für denselben Netting-Satz mehrere Nachschussvereinbarungen gelten, so ordnen die Institute jede Nachschussvereinbarung der Gruppe von Geschäften des Netting-Satzes zu, für den diese Nachschussvereinbarung vertraglich gilt, und berechnen für jedes dieser gruppierten Geschäfte einen getrennten Risikopositionswert.

(5) Institute können den Risikopositionswert eines Netting-Satzes mit Null ansetzen, wenn dieser alle folgenden Bedingungen erfüllt:

a) Der Netting-Satz besteht ausschließlich aus verkauften Optionen;

b) der aktuelle Marktwert des Netting-Satzes ist zu jedem Zeitpunkt negativ;

c) das Institut hat die Prämien aller Optionen des Netting-Satzes im Voraus zur Garantie der Ausführung der Verträge erhalten;

d) der Netting-Satz unterliegt keiner Nachschussvereinbarung.

(6) [1] Für die Zwecke der Berechnung des Risikopositionswerts des Netting-Satzes gemäß diesem Abschnitt ersetzen die Institute in einem Netting-Satz Geschäfte, bei denen es sich um eine endliche lineare Kombination gekaufter oder verkaufter Kauf- oder Verkaufsoptionen handelt, durch alle, als einzelnes Geschäft betrachtete Optionen, die die lineare Kombination ausmachen. [2] Jede derartige Kombination von Optionen wird wie ein einzelnes Geschäft in einem Netting-Satz behandelt, in dem die Kombination für die Zwecke der Berechnung des Risikopositionswerts enthalten ist.

(7) Der Risikopositionswert eines Kreditderivategeschäfts, das eine Kaufposition in dem Basiswert darstellt, kann auf den Betrag der ausstehenden unbezahlten Prämien begrenzt werden, sofern er als sein eigener Netting-Satz behandelt wird, der keiner Nachschussvereinbarung unterliegt.

Art. 275 Wiederbeschaffungskosten. (1) Die Institute berechnen die Wiederbeschaffungskosten RC für Netting-Sätze, die keiner Nachschussvereinbarung unterliegen, nach der folgenden Formel:

$$RC = \max\{CMV - NICA, 0\}$$

(2) Die Institute berechnen die Wiederbeschaffungskosten für einzelne Netting-Sätze, die einer Nachschussvereinbarung unterliegen, nach der folgenden Formel:

$$RC = \max\{CMV - VM - NICA, TH + MTA - NICA, 0\}$$

dabei gilt:

RC = die Wiederbeschaffungskosten;

VM = der volatilitätsangepasste Wert der zur Abschwächung von Schwankungen des CMV des Netting-Satzes regelmäßig erhaltenen bzw. hinterlegten Netto-Nachschusszahlung;

TH = die im Rahmen der Nachschussvereinbarung für den Netting-Satz geltende Nachschuss-Schwelle, unterhalb der das Institut keine Sicherheiten fordern kann; und

MTA = der im Rahmen der Nachschussvereinbarung für den Netting-Satz geltende Mindesttransferbetrag.

(3) *[1]* Die Institute berechnen die Wiederbeschaffungskosten für mehrere Netting-Sätze, die derselben Nachschussvereinbarung unterliegen, nach der folgenden Formel:

$$RC = \max\left\{\sum_i \max\{CMV_i, 0\} - \max\{VM_{MA} + NICA_{MA}, 0\}, 0\right\} + \max\left\{\sum_i \min\{CMV_i, 0\} - \min\{VM_{MA} + NICA_{MA}, 0\}, 0\right\}$$

dabei gilt:

RC = die Wiederbeschaffungskosten;

i = der Index, der die Netting-Sätze, die der einzigen Nachschussvereinbarung unterliegen, bezeichnet;

CMV_i = der CMV des Netting-Satzes „i";

VM_{MA} = die Summe des volatilitätsangepassten Werts der zur Abschwächung von Schwankungen des CMV in Bezug auf mehrere Netting-Sätze regelmäßig erhaltenen bzw. hinterlegten Sicherheiten; und

$NICA_{MA}$ = die Summe des volatilitätsangepassten Werts der in Bezug auf mehrere Netting-Sätze erhaltenen bzw. hinterlegten Sicherheiten außer VM_{MA}.

[2] Für die Zwecke von Unterabsatz 1 kann $NICA_{MA}$, je nachdem, für welche Ebene die Nachschussvereinbarung gilt, auf Ebene der Geschäfte, auf Ebene des Netting-Satzes oder auf Ebene aller Netting-Sätze, für die die Nachschussvereinbarung gilt, berechnet werden.

Art. 276 Anerkennung und Behandlung von Sicherheiten. (1) Für die Zwecke dieses Abschnitts berechnen die Institute den Sicherheitenbetrag für VM, VM_{MA}, NICA und $NICA_{MA}$ unter Einhaltung aller folgenden Anforderungen:

a) Werden alle Geschäfte eines Netting-Satzes im Handelsbuch geführt, so werden nur Sicherheiten, die nach den Artikeln 197 und 299 infrage kommen, anerkannt;
b) Wird zumindest ein Geschäft eines Netting-Satzes im Anlagebuch geführt, so werden nur Sicherheiten, die nach Artikel 197 infrage kommen, anerkannt;
c) von einer Gegenpartei erhaltene Sicherheiten werden mit positivem Vorzeichen und bei einer Gegenpartei hinterlegte Sicherheiten mit negativem Vorzeichen anerkannt;
d) der volatilitätsangepasste Wert erhaltener oder hinterlegter Sicherheiten jeglicher Art wird gemäß Artikel 223 berechnet; die Institute verwenden für die Zwecke dieser Berechnung nicht die Methode nach Artikel 225;
e) ein und dieselbe Sicherheit fließt nicht in die Berechnung von VM und gleichzeitig in die Berechnung von NICA ein;
f) ein und dieselbe Sicherheit fließt nicht in die Berechnung von VM_{MA} und gleichzeitig in die Berechnung von $NICA_{MA}$ ein;
g) bei der Gegenpartei hinterlegte Sicherheiten, die von den Vermögenswerten der Gegenpartei getrennt werden und bei Ausfall oder Insolvenz der betreffenden Gegenpartei infolge dieser Trennung insolvenzgeschützt sind, werden bei der Berechnung von NICA und $NICA_{MA}$ nicht anerkannt.

(2) [1] Bei der Berechnung des volatilitätsangepassten Werts von gemäß Absatz 1 Buchstabe d des vorliegenden Artikels hinterlegten Sicherheiten ersetzen die Institute die in Artikel 223 Absatz 2 dargelegte Formel durch folgende Formel:

$$C_{VA} = C \cdot (1 + H_C + H_{fx})$$

dabei gilt:

C_{VA} = der volatilitätsangepasste Wert der hinterlegten Sicherheiten; und
C = die Sicherheiten;

[2] H_c und H_{fx} sind gemäß Artikel 223 Absatz 2 festgelegt.

(3) Für die Zwecke von Absatz 1 Buchstabe d wenden die Institute als Verwertungszeitraum für die Berechnung des volatilitätsangepassten Werts erhaltener oder hinterlegter Sicherheiten einen der folgenden Zeithorizonte an:
a) ein Jahr für die Netting-Sätze gemäß Artikel 275 Absatz 1;
b) die gemäß Artikel 279c Absatz 1 Buchstabe b ermittelte Nachschuss-Risikoperiode für die Netting-Sätze gemäß Artikel 275 Absätze 2 und 3.

Art. 277 Zuordnung von Geschäften zu Risikokategorien. (1) Zur Ermittlung des potenziellen künftigen Risikopositionswerts des Netting-Satzes gemäß Artikel 278 ordnen die Institute jedes Geschäft eines Netting-Satzes einer der folgenden Risikokategorien zu:
a) Zinsrisiko;
b) Fremdwährungsrisiko;
c) Kreditrisiko;
d) Aktienkursrisiko;
e) Warenpositionsrisiko;
f) sonstige Risiken.

(2) [1]Die Institute nehmen die Zuordnung gemäß Absatz 1 auf der Grundlage der primären Risikofaktoren der Derivatgeschäfte vor. [2]Der primäre Risikofaktor gilt als einziger wesentlicher Risikofaktor eines Derivatgeschäfts.

(3) [1]Abweichend von Absatz 2 ordnen die Institute Derivatgeschäfte mit mehr als einem wesentlichen Risikofaktor mehr als einer Risikokategorie zu. [2]Gehören alle wesentlichen Risikofaktoren eines solchen Geschäfts zur gleichen Risikokategorie, so müssen die Institute dieses Geschäft dieser Risikokategorie lediglich einmal auf der Grundlage des wesentlichsten Risikofaktors zuordnen. [3]Gehören die wesentlichen Risikofaktoren eines solchen Geschäfts zu verschiedenen Risikokategorien, so ordnen die Institute dieses Geschäft einmal jeder Risikokategorie, für die das Geschäft zumindest einen wesentlichen Risikofaktor hat, zu und stützen sich dabei auf den wesentlichsten Risikofaktor der betreffenden Risikokategorie.

(4) Ungeachtet der Absätze 1, 2 und 3 erfüllen die Institute bei der Zuordnung von Geschäften zu den in Absatz 1 aufgeführten Risikokategorien folgende Anforderungen:

a) Ist der primäre Risikofaktor eines Geschäfts oder der wesentlichste Risikofaktor in einer bestimmten Risikokategorie für Geschäfte nach Absatz 3 eine Inflationsvariable, so ordnen die Institute das Geschäft der Kategorie „Zinsrisiko“ zu;

b) ist der primäre Risikofaktor eines Geschäfts oder der wesentlichste Risikofaktor in einer bestimmten Risikokategorie für Geschäfte nach Absatz 3 eine Variable für klimatische Bedingungen, so ordnen die Institute das Geschäft der Kategorie „Warenpositionsrisiko“ zu.

(5)[1)] *[1]* Die EBA arbeitet Entwürfe technischer Regulierungsstandards aus, in denen Folgendes präzisiert wird:

a) die Methode zur Ermittlung der Geschäfte mit nur einem wesentlichen Risikofaktor;

b) die Methode zur Ermittlung der Geschäfte mit mehr als einem wesentlichen Risikofaktor und zur Ermittlung des wesentlichsten Risikofaktors für die Zwecke von Absatz 3.

[2] Die EBA übermittelt der Kommission diese Entwürfe technischer Regulierungsstandards bis zum 28. Dezember 2019.

[3] Der Kommission wird die Befugnis übertragen, die in Unterabsatz 1 genannten technischen Regulierungsstandards gemäß den Artikeln 10 bis 14 der Verordnung (EU) Nr. 1093/2010 zur Ergänzung dieser Verordnung zu erlassen.

Art. 277a Hedging-Sätze. (1) *[1]* Die Institute legen für jede Risikokategorie eines Netting-Satzes entsprechende Hedging-Sätze fest und ordnen jedes Geschäft diesen Hedging-Sätzen wie folgt zu:

a) Geschäfte der Kategorie „Zinsrisiko“ werden nur dann demselben Hedging-Satz zugeordnet, wenn ihr primärer Risikofaktor oder der wesentlichste Risikofaktor in der bestimmten Risikokategorie für Geschäfte nach Artikel 277 Absatz 3 auf die gleiche Währung lautet;

---

1) Art. 277 Abs. 5 gilt bereits ab dem 27.6.2019.

b) Geschäfte der Kategorie „Fremdwährungsrisiko“ werden nur dann demselben Hedging-Satz zugeordnet, wenn ihr primärer Risikofaktor oder der wesentlichste Risikofaktor in der bestimmten Risikokategorie für Geschäfte nach Artikel 277 Absatz 3 das gleiche Währungspaar betrifft;
c) alle Geschäfte der Kategorie „Kreditrisiko“ werden demselben Hedging-Satz zugeordnet;
d) alle Geschäfte der Kategorie „Aktienkursrisiko“ werden demselben Hedging-Satz zugeordnet;
e) Geschäfte der Kategorie „Warenpositionsrisiko“ werden je nach ihrem primärem Risikofaktor oder dem wesentlichsten Risikofaktor in der bestimmten Risikokategorie für Geschäfte nach Artikel 277 Absatz 3 einem der folgenden Hedging-Sätze zugeordnet:
   i) Energie,
   ii) Metalle,
   iii) landwirtschaftliche Erzeugnisse,
   iv) sonstige Waren,
   v) klimatische Bedingungen;
f) Geschäfte der Kategorie „sonstige Risiken“ werden nur dann demselben Hedging-Satz zugeordnet, wenn ihr primärer Risikofaktor oder der wesentlichste Risikofaktor in der bestimmten Risikokategorie für Geschäfte nach Artikel 277 Absatz 3 identisch ist.

[2] [1] Für die Zwecke von Unterabsatz 1 Buchstabe a dieses Absatzes werden Geschäfte der Kategorie „Zinsrisiko“, deren primärer Risikofaktor eine Inflationsvariable ist, getrennten Hedging-Sätzen zugeordnet und nicht den Hedging-Sätzen für Geschäfte der Kategorie „Zinsrisiko“, deren primärer Risikofaktor nicht eine Inflationsvariable ist. [2] Diese Geschäfte werden nur dann demselben Hedging-Satz zugeordnet, wenn ihr primärer Risikofaktor oder der wesentlichste Risikofaktor in der bestimmten Risikokategorie für Geschäfte nach Artikel 277 Absatz 3 auf die gleiche Währung lautet.

(2) *[1]* Abweichend von Absatz 1 dieses Artikels legen die Institute in jeder Risikokategorie getrennte Hedging-Sätze für folgende Geschäfte fest:
a) Geschäfte, bei denen der primäre Risikofaktor oder der wesentlichste Risikofaktor in der bestimmten Risikokategorie für Geschafte nach Artikel 277 Absatz 3 entweder die marktbedingte Volatilität oder die realisierte Volatilität eines Risikofaktors oder die Korrelation zwischen den beiden Risikofaktoren ist;
b) Geschäfte, bei denen der primäre Risikofaktor oder der wesentlichste Risikofaktor in der bestimmten Risikokategorie für Geschäfte nach Artikel 277 Absatz 3 die Differenz zwischen zwei Risikofaktoren derselben Risikokategorie ist, oder Geschäfte, die aus zwei auf die gleiche Währung lautenden Zahlungskomponenten bestehen und bei denen die Zahlungskomponente, die nicht den primären Risikofaktor enthält, einen Risikofaktor derselben Risikokategorie wie der primäre Risikofaktor enthält.

[2] Für die Zwecke von Unterabsatz 1 Buchstabe a dieses Absatzes ordnen die Institute Geschäfte nur dann demselben Hedging-Satz der einschlägigen Risikokategorie zu, wenn ihr primärer Risikofaktor oder der wesentlichste Risikofaktor in der bestimmten Risikokategorie für Geschäfte nach Artikel 277 Absatz 3 identisch ist.

[3] [1] Für die Zwecke von Unterabsatz 1 Buchstabe b ordnen die Institute Geschäfte nur dann demselben Hedging-Satz der einschlägigen Risikokategorie zu, wenn das dort genannte Paar der Risikofaktoren dieser Geschäfte identisch ist und die beiden Risikofaktoren dieses Paars positiv korrelieren. [2] Ansonsten weisen die Institute Geschäfte nach Unterabsatz 1 Buchstabe b auf der Grundlage von nur einem der beiden in Unterabsatz 1 Buchstabe b genannten Risikofaktoren einem der gemäß Absatz 1 festgelegten Hedging-Sätze zu.

(3) Die Institute teilen den zuständigen Behörden auf Verlangen die Anzahl der gemäß Absatz 2 des vorliegenden Artikels für jede Risikokategorie festgelegten Hedging-Sätze mit, einschließlich der Angabe des primären Risikofaktors oder des wesentlichsten Risikofaktors in der bestimmten Risikokategorie für Geschäfte nach Artikel 277 Absatz 3 bzw. des Paars von Risikofaktoren jedes dieser Hedging-Sätze und der Anzahl der Geschäfte in jedem dieser Hedging-Sätze.

Art. 278 Potenzieller künftiger Risikopositionswert. (1) *[1]* Die Institute berechnen den potenziellen künftigen Risikopositionswert eines Netting-Satzes wie folgt:

$$PFE = \text{Multiplikator} \cdot \sum_a \text{AddOn}^{(a)}$$

dabei gilt:

PFE	=	der potenzielle künftige Risikopositionswert;
a	=	der Index, der die in die Berechnung des potenziellen künftigen Risikopositionswerts des Netting-Satzes einbezogenen Risikokategorien bezeichnet;
$\text{AddOn}^{(a)}$	=	der Aufschlag für die Risikokategorie „a", jeweils berechnet nach den Artikeln 280a bis 280f; und
Multiplikator	=	der Multiplikationsfaktor, berechnet nach der Formel gemäß Absatz 3.

[2] Für die Zwecke dieser Berechnung berücksichtigen die Institute bei der Berechnung des potenziellen künftigen Risikopositionswerts eines Netting-Satzes den Aufschlag für eine bestimmte Risikokategorie, wenn zumindest ein Geschäft des Netting-Satzes dieser Risikokategorie zugeordnet wurde.

(2) Der potenzielle künftige Risikopositionswert von mehreren Netting-Sätzen, die einer Nachschussvereinbarung unterliegen, im Sinne von Artikel 275 Absatz 3 errechnet sich als Summe der potenziellen künftigen Risikopositionswerte aller einzelnen Netting-Sätze, als wären diese nicht Gegenstand irgendeiner Nachschussvereinbarung.

(3) Für die Zwecke von Absatz 1 wird der Multiplikator wie folgt berechnet:

$$\text{Multiplikator} = \begin{cases} 1 \text{ if } z \geq 0 \\ \text{Min}\left\{1, \text{Floor}_m + (1 - \text{Floor}_m) \cdot \exp\left(\frac{z}{y}\right)\right\} \text{ if } z < 0 \end{cases}$$

dabei gilt:

$Floor_m = 5\,\%$;

$y = 2 \cdot (1 - Floor_m) \cdot \Sigma_a AddOn^{(a)}$

$$z = \begin{cases} CMV - NICA \text{ für Netting-Sätze nach Artikel 275 Absatz 1} \\ CMV - VM - NICA \text{ für Netting-Sätze nach Artikel 275 Absatz 2} \\ CMV_i - NICA_i \text{ für Netting-Sätze nach Artikel 275 Absatz 3} \end{cases}$$

$NICA_i$ = der unabhängige Netto-Sicherheitenbetrag, der nur für im Netting-Satz „i" enthaltene Geschäfte berechnet wird. $NICA_i$ wird nach Maßgabe der Nachschussvereinbarung auf Ebene der Geschäfte oder auf Ebene des Netting-Satzes berechnet.

Art. 279 Berechnung der Risikoposition. Für die Zwecke der Berechnung der Aufschläge für die Risikokategorien gemäß den Artikeln 280a bis 280f berechnen die Institute die Risikoposition jedes Geschäfts eines Netting-Satzes wie folgt:

$$\text{Risikoposition} = \delta \cdot AdjNot \cdot MF$$

dabei gilt:

δ = das Aufsichtsdelta des Geschäfts, berechnet gemäß der Formel nach Artikel 279a;

AdjNot = der angepasste Nominalbetrag des Geschäfts, berechnet gemäß der Formel nach Artikel 279b; und

MF = der Laufzeitfaktor des Geschäfts, berechnet gemäß der Formel nach Artikel 279c.

Art. 279a Aufsichtsdelta. (1) Die Institute berechnen das Aufsichtsdelta wie folgt:

a) Für Kauf- und Verkaufsoptionen, die dem Käufer das Recht geben, ein Basisinstrument zu einem oder mehreren bestimmten Daten in der Zukunft zu einem positiven Preis zu kaufen oder zu verkaufen, und die nicht der Kategorie „Zinsrisiko" zugeordnet wurden, verwenden die Institute folgende Formel:

$$\delta = sign \cdot N\left(Typ \cdot \frac{\ln(P/K) + 0{,}5 \cdot \sigma^2 \cdot T}{\sigma \cdot \sqrt{T}}\right)$$

dabei gilt:

δ = das Aufsichtsdelta;

sign = – 1 bei Verkauf von Kaufoptionen oder Kauf von Verkaufsoptionen;

sign = + 1 bei Kauf von Kaufoptionen oder Verkauf von Verkaufsoptionen;

Typ = – 1 bei Verkaufsoptionen;

Typ = + 1 bei Kaufoptionen;

N(x) = die kumulative Verteilungsfunktion einer standardnormalverteilten Zufallsvariablen (d.h. die Wahrscheinlichkeit, dass eine normalverteilte Zufallsvariable mit einem Erwartungswert von null und einer Standardabweichung von eins kleiner oder gleich „x" ist);

P = der Kassa- oder Terminkurs des Basisinstruments der Option; für Optionen, deren Zahlungsströme von einem Durchschnittswert des Preises des Basisinstruments abhängen, ist P gleich dem Durchschnittswert zum Berechnungszeitpunkt;

K = der Ausübungspreis der Option;

T = der Zeitraum zwischen dem Ablaufdatum der Option (T_{exp}) und dem Meldestichtag; für Optionen, die nur zu einem einzigen Datum ausgeübt werden können, ist das Ablaufdatum T_{exp} gleich diesem Datum. Für Optionen, die zu mehreren Daten ausgeübt werden können, ist das Ablaufdatum T_{exp} gleich dem letzten dieser Daten; T wird in Jahren nach einschlägiger Geschäftstagekonvention ausgedrückt; und

σ = die aufsichtliche Volatilität der Option gemäß Tabelle 1, bestimmt auf der Grundlage der Risikokategorie des Geschäfts und der Art des Basisinstruments der Option.

Tabelle 1

Kategorie	Basisinstrument	Aufsichtliche Volatilität
Fremdwährungsrisiko	Alle	15 %
Kreditrisiko	Einzeladressen-Instrument	100 %
	Mehrfachadressen-Instrument	80 %
Aktienkursrisiko	Einzeladressen-Instrument	120 %
	Mehrfachadressen-Instrument	75 %
Warenpositionsrisiko	Strom	150 %
	Sonstige Waren (außer Strom)	70 %
Sonstige Risiken	Alle	150 %

Institute, die den Terminkurs des Basisinstruments einer Option verwenden, stellen sicher, dass:

i) der Terminkurs mit den Merkmalen der Option vereinbar ist;

ii) der Terminkurs auf der Grundlage eines zum Zeitpunkt der Meldung geltenden, relevanten Zinssatzes berechnet wird;

iii) der Terminkurs die erwarteten Zahlungsströme des Basisinstruments vor Ablauf der Option berücksichtigt;

b) für Tranchen einer synthetischen Verbriefung und ein n-ter-Ausfall-Kreditderivat verwenden die Institute die folgende Formel:

$$\delta = \text{sign} \cdot \frac{15}{(1 + 14 \cdot A) \cdot (1 + 14 \cdot D)}$$

dabei gilt:

sign = { + 1 bei erworbener Kreditbesicherung

– 1 bei geleisteter Kreditbesicherung

A = der untere Tranchierungspunkt; für ein n-ter-Ausfall-Kreditderivategeschäft auf der Grundlage von Referenzeinheiten „k", A = (n – 1)/k; und

D = der obere Tranchierungspunkt; für ein n-ter-Ausfall-Kreditderivategeschäft auf der Grundlage von Referenzeinheiten „k", D = n/k;

c) Für nicht unter Buchstabe a oder b genannte Geschäfte verwenden die Institute folgendes Aufsichtsdelta:

$$\delta = \begin{cases} +1 \text{ „bei Kaufpositionen im primären Risikofaktor oder im wesentlichsten Risikofaktor in der bestimmten Risikokategorie"} \\ -1 \text{ „bei Verkaufspositionen im primären Risikofaktor oder im wesentlichsten Risikofaktor in der bestimmten Risikokategorie"} \end{cases}$$

(2) Für die Zwecke dieses Abschnitts bedeutet eine Kaufposition im primären Risikofaktor oder im wesentlichsten Risikofaktor in der bestimmten Risikokategorie für Geschäfte nach Artikel 277 Absatz 3, dass sich der Marktwert des Geschäfts bei steigendem Wert dieses Risikofaktors erhöht, und eine Verkaufsposition im primären Risikofaktor oder im wesentlichsten Risikofaktor in der bestimmten Risikokategorie für Geschäfte nach Artikel 277 Absatz 3, dass der Marktwert des Geschäfts bei steigendem Wert dieses Risikofaktors sinkt.

(3)[1)] *[1]* Die EBA arbeitet Entwürfe technischer Regulierungsstandards aus, in denen Folgendes präzisiert wird:

a) die Formel, die Institute im Einklang mit den internationalen rechtlichen Entwicklungen zur Berechnung des Aufsichtsdeltas von Kauf- und Verkaufsoptionen der Kategorie „Zinsrisiko" verwenden, unter Berücksichtigung von Marktbedingungen mit möglicherweise negativen Zinssätzen und einer für die Formel angemessenen aufsichtlichen Volatilität;

b) die Methode, um zu bestimmen, ob es sich bei einem Geschäft um eine Kauf- oder Verkaufsposition im primären Risikofaktor oder im wesentlichsten Risikofaktor in der bestimmten Risikokategorie für Geschäfte nach Artikel 277 Absatz 3 handelt

[2] Die EBA übermittelt der Kommission diese Entwürfe technischer Regulierungsstandards bis zum 28. Dezember 2019.

[3] Der Kommission wird die Befugnis übertragen, die in Unterabsatz 1 genannten technischen Regulierungsstandards gemäß den Artikeln 10 bis 14 der Verordnung (EU) Nr. 1093/2010 zur Ergänzung dieser Verordnung zu erlassen.

Art. 279b Angepasster Nominalwert. (1) Die Institute berechnen den angepassten Nominalwert wie folgt:

a) Bei Geschäften der Kategorien „Zinsrisiko" oder „Kreditrisiko" berechnen die Institute den angepassten Nominalwert als Produkt aus dem Nominalwert des Derivatkontrakts und des aufsichtlichen Durationsfaktors, der wie folgt berechnet wird:

---

1) Art. 279a Abs. 3 gilt bereits ab dem 27.6.2019.

$$\text{aufsichtlicher Durationsfaktor} = \max\left\{\frac{\exp(-R \cdot S) - \exp(-R \cdot E)}{R}; 10/\text{Ein Geschäftsjahr}\right\}$$

dabei gilt:

R = der aufsichtliche Diskontsatz; R = 5 %;

S = der Zeitraum zwischen dem Startdatum eines Geschäfts und dem Meldestichtag, der in Jahren nach einschlägiger Geschäftstagekonvention ausgedrückt wird;

E = der Zeitraum zwischen dem Enddatum eines Geschäfts und dem Meldestichtag, der in Jahren nach einschlägiger Geschäftstagekonvention ausgedrückt wird; und „Ein Geschäftsjahr = ein Jahr" ausgedrückt in Geschäftstagen nach einschlägiger Geschäftstagekonvention.

Das Startdatum eines Geschäfts entspricht dem frühesten Zeitpunkt, ab dem im Rahmen eines Geschäfts zumindest eine vertraglich vereinbarte Zahlung an oder von dem Institut festgelegt oder geleistet wird, ausgenommen Zahlungen im Zusammenhang mit dem Austausch von Sicherheiten im Rahmen einer Nachschussvereinbarung. Wurden bei dem Geschäft bereits am Meldestichtag Zahlungen festgelegt oder geleistet, so ist das Startdatum des Geschäfts gleich 0.

Umfasst ein Geschäft ein oder mehrere vertraglich vereinbarte künftige Daten, zu denen das Institut oder die Gegenpartei beschließen kann, das Geschäft vor dem vertraglichen Laufzeitende zu kündigen, so entspricht das Startdatum des Geschäfts dem frühesten der folgenden Daten:

i) dem Datum bzw. dem frühesten mehrerer künftiger Daten, zu dem bzw. denen das Institut oder die Gegenpartei beschließen kann, das Geschäft vor dem vertraglichen Laufzeitende zu kündigen;

ii) dem Datum, ab dem bei einem Geschäft Zahlungen festgelegt oder geleistet werden, ausgenommen Zahlungen im Zusammenhang mit dem Austausch von Sicherheiten im Rahmen einer Nachschussvereinbarung.

Wenn das Basisinstrument eines Geschäfts ein Finanzinstrument ist, aus dem zusätzlich zu den vertraglichen Verpflichtungen des Geschäfts weitere vertragliche Verpflichtungen erwachsen können, wird das Startdatum des Geschäfts ausgehend vom frühestmöglichen Datum, zu dem bei dem Basisinstrument Zahlungen festgelegt oder geleistet werden, bestimmt.

Das Enddatum eines Geschäfts entspricht dem letztmöglichen Datum, zu dem im Rahmen eines Geschäfts an oder von dem Institut eine vertraglich vereinbarte Zahlung geleistet wird bzw. geleistet werden kann.

Wenn ein Basisinstrument eines Geschäfts ein Finanzinstrument ist, aus dem zusätzlich zu den vertraglichen Verpflichtungen des Geschäfts weitere vertragliche Verpflichtungen erwachsen können, wird das Enddatum des Geschäfts ausgehend von der letzten vertraglich vereinbarten Zahlung des Basisinstruments des Geschäfts bestimmt.

Bei Geschäften, die so strukturiert sind, dass die ausstehende Risikoposition zu festgelegten Zahlungsterminen zu begleichen ist, und die Vertragsbedingungen neu festgesetzt werden, sodass der Marktwert des Geschäfts zu diesen Terminen gleich Null ist, gilt die Begleichung der ausstehenden Risikoposition zu diesen festgelegten Terminen als vertraglich vereinbarte Zahlung im Rahmen desselben Geschäfts;

b) bei Geschäften der Kategorie „Fremdwährungsrisiko" berechnen die Institute den angepassten Nominalwert wie folgt:
   i) Bei Geschäften mit einer Zahlungskomponente entspricht der angepasste Nominalwert dem Nominalwert des Derivatkontrakts;
   ii) bei Geschäften mit zwei Zahlungskomponenten, bei denen der Nominalwert einer Zahlungskomponente auf die Währung der Rechnungslegung des Instituts lautet, entspricht der angepasste Nominalwert dem Nominalwert der anderen Zahlungskomponente;
   iii) bei Geschäften mit zwei Zahlungskomponenten, bei denen der Nominalwert beider Zahlungskomponenten auf eine andere als die Währung der Rechnungslegung des Instituts lautet, entspricht der angepasste Nominalwert dem höchsten Nominalwert der beiden Zahlungskomponenten nach Umwandlung der Beträge in die Währung der Rechnungslegung des Instituts zum jeweiligen Devisenkassakurs;

c) bei Geschäften der Kategorie „Aktienkursrisiko" oder „Warenpositionsrisiko" berechnen die Institute den angepassten Nominalwert als Produkt aus dem Marktpreis eines Anteils des Basisinstruments des Geschäfts und der Anzahl der Anteile des durch das Geschäft referenzierten Basisinstruments; ist ein Geschäft der Kategorie „Aktienkursrisiko" oder „Warenpositionsrisiko" im Vertrag als Nominalwert angegeben, so verwenden die Institute den Nominalwert des Geschäfts anstelle der Anzahl der Anteile des Basisinstruments als angepassten Nominalwert;

d) bei Geschäften der Kategorie „sonstige Risiken" berechnen die Institute den angepassten Nominalwert auf der Grundlage der Methode, die je nach Art und Merkmalen des Basisinstruments des Geschäfts von den unter den Buchstaben a, b und c festgelegten Methoden am besten geeignet ist.

(2) Für die Zwecke der Berechnung des angepassten Nominalwerts eines Geschäfts gemäß Absatz 1 bestimmen die Institute den Nominalwert oder die Anzahl der Anteile des Basisinstruments wie folgt:

a) Wenn der Nominalwert oder die Anzahl der Anteile des Basisinstruments eines Geschäfts nicht bis zum Ablauf von dessen Vertragslaufzeit festgelegt sind:
   i) Im Falle deterministischer Nominalwerte und einer deterministischen Anzahl der Anteile des Basisinstruments entspricht der Nominalwert dem gewichteten Durchschnitt aller deterministischen Beträge von Nominalwerten bzw. der deterministischen Anzahl der Anteile des Basisinstruments bis zum Ablauf der Vertragslaufzeit des Geschäfts, wobei als Gewicht der proportionale Anteil des Zeitraums, während dessen jeder Betrag des Nominalwerts gilt, verwendet wird;
   ii) im Falle stochastischer Nominalwerte und einer stochastischen Anzahl der Anteile des Basisinstruments entspricht der Nominalwert dem Betrag, der sich aus der Festsetzung aktueller Marktwerte in der Formel für die Berechnung der künftigen Marktwerte ergibt;

b) bei Kontrakten mit mehrmaligem Austausch des Nominalwerts wird dieser mit der Anzahl der laut den Kontrakten noch zu leistenden Zahlungen multipliziert;

c) sieht der Kontrakt eine Multiplikation der Zahlungsströme oder des Basisinstruments des Derivatkontrakts vor, so passt das Institut den Nominalwert an, um den Auswirkungen der Multiplikation auf die Risikostruktur dieses Kontrakts Rechnung zu tragen.

(3) Wenn für die Berechnung des angepassten Nominalwerts gemäß diesem Artikel ein vertraglicher Nominalwert oder Marktpreis für die Anzahl der Anteile des Basisinstruments herangezogen wird, der auf eine andere Währung lautet, rechnen die Institute den angepassten Nominalwert eines Geschäfts zum jeweiligen Devisenkassakurs in die Währung ihrer Rechnungslegung um.

Art. 279c Laufzeitfaktor. (1) Die Institute berechnen den Laufzeitfaktor wie folgt:

a) Für in den Netting-Sätzen gemäß Artikel 275 Absatz 1 erfasste Geschäfte verwenden die Institute folgende Formel:

$$MF = \sqrt{\min\{\max\{M, 10/\text{EinGeschäftsjahr}\}, 1\}}$$

dabei gilt:

MF	=	der Laufzeitfaktor;
M	=	die Restlaufzeit des Geschäfts, die dem zur Erfüllung aller vertraglichen Verpflichtungen des Geschäfts erforderlichen Zeitraum entspricht; jegliche Optionalität eines Derivatkontrakts wird zu diesem Zweck als vertragliche Verpflichtung betrachtet; die Restlaufzeit wird in Jahren nach einschlägiger Geschäftstagekonvention ausgedrückt; bei Geschäften, deren Basisinstrument ein anderer Derivatkontrakt ist, aus dem zusätzlich zu den vertraglichen Verpflichtungen des Geschäfts weitere vertragliche Verpflichtungen erwachsen können, entspricht die Restlaufzeit des Geschäfts dem zur Erfüllung aller vertraglichen Verpflichtungen des Basisinstruments erforderlichen Zeitraum; bei Geschäften, die so strukturiert sind, dass die ausstehende Risikoposition zu festgelegten Zahlungsterminen zu begleichen ist, und die Vertragsbedingungen neu festgesetzt werden, so dass der Marktwert des Geschäfts zu diesen Terminen gleich Null ist, entspricht die Restlaufzeit des Geschäfts der Zeit bis zur nächsten Neufestsetzung; und
„Ein Geschäftsjahr“	=	ein Jahr, ausgedrückt in Geschäftstagen nach einschlägiger Geschäftstagekonvention;

b) für in den Netting-Sätzen gemäß Artikel 275 Absätze 2 und 3 erfasste Geschäfte ist der Laufzeitfaktor wie folgt definiert:

$$MF = \frac{3}{2}\sqrt{\frac{MPOR}{EinGeschäftsjahr}}$$

dabei gilt:

MF	=	der Laufzeitfaktor;
MPOR	=	die gemäß Artikel 285 Absätze 2 bis 5 bestimmte Nachschuss-Risikoperiode des Netting-Satzes; und
„Ein Geschäftsjahr“	=	ein Jahr, ausgedrückt in Geschäftstagen nach einschlägiger Geschäftstagekonvention.

Bei Bestimmung der Nachschuss-Risikoperiode für Geschäfte zwischen einem Kunden und einem Clearingmitglied ersetzen Institute, die entweder als Kunde oder als Clearingmitglied auftreten, den Mindestzeitraum gemäß Artikel 285 Absatz 2 Buchstabe b durch einen Zeitraum von fünf Geschäftstagen.

(2) Für die Zwecke von Absatz 1 entspricht die Restlaufzeit der Zeit bis zur nächsten Neufestsetzung für Geschäfte, bei denen eine ausstehende Risikoposition zu festgelegten Zahlungsterminen beglichen wird und die Vertragsbedingungen neu festgesetzt werden, so dass der Marktwert des Kontrakts zu diesen Zahlungsterminen gleich Null ist.

Art. 280 Aufsichtsfaktor-Koeffizient für Hedging-Sätze. Für die Zwecke der Berechnung des Aufschlags für einen Hedging-Satz gemäß den Artikeln 280a bis 280f entspricht der Aufsichtsfaktor-Koeffizient „ε“ folgenden Werten:

$$\varepsilon = \begin{cases} 1 \text{ für Hedging – Sätze gemäß Artikel gemäß Artikel 277a Absatz 1} \\ 5 \text{ für die Hedging – Sätze gemäß Artikel 277a Absatz 2 Buchstabe a} \\ 0{,}5 \text{ für die Hedging – Sätze gemäß Artikel 277a Absatz 2 Buchstabe b} \end{cases}$$

Art. 280a Aufschlag für die Kategorie „Zinsrisiko“. (1) Für die Zwecke von Artikel 278 berechnen die Institute den Aufschlag für die Kategorie „Zinsrisiko“ eines bestimmten Netting-Satzes wie folgt:

$$AddOn^{IR} = \sum_j AddOn_j^{IR}$$

dabei gilt:

$AddOn^{IR}$	=	der Aufschlag für die Kategorie „Zinsrisiko“;
j	=	der Index aller gemäß Artikel 277a Absatz 1 Buchstabe a und Artikel 277a Absatz 2 für den Netting-Satz geschaffener Zinsrisiko-Hedging-Sätze; und
$AddOn^{IR}_j$	=	der Aufschlag für den Hedging-„Satz j“ der Kategorie „Zinsrisiko“, berechnet gemäß Absatz 2.

(2) Die Institute berechnen den Aufschlag für den Hedging-Satz „j“ der Kategorie „Zinsrisiko“ wie folgt:

$$AddOn_j^{IR} = \epsilon_j \cdot SF^{IR} \cdot EffNot_j^{IR}$$

dabei gilt:

ε_j = der Aufsichtsfaktor-Koeffizient des Hedging-Satzes „j", bestimmt anhand des laut Artikel 280 anzuwendenden Werts;

SF^{IR} = der Aufsichtsfaktor für die Kategorie „Zinsrisiko" mit einem Wert von 0,5 %; und

$EffNot^{IR}{}_j$ = der effektive Nominalwert des Hedging-Satzes „j", berechnet nach Maßgabe des Absatzes 3.

(3) *[1]* [1] Für die Zwecke der Berechnung des effektiven Nominalwerts des Hedging-Satzes „j" ordnen die Institute zunächst jedes Geschäft des Hedging-Satzes dem entsprechenden Zeitfenster laut Tabelle 2 zu. [2] Sie stützen sich dabei auf das gemäß Artikel 279b Absatz 1 Buchstabe a ermittelte Enddatum jedes Geschäfts.

Tabelle 2

Zeitfenster	Enddatum (in Jahren)
1	> 0 und <= 1
2	> 1 und <= 5
3	> 5

[2] Die Institute berechnen dann den effektiven Nominalwert des Hedging-Satzes „j" nach folgender Formel:

$$EffNot_j^{IR} = \sqrt{\left[(D_{j,1})^2 + (D_{j,2})^2 + (D_{j,3})^2 + 1{,}4 \cdot D_{j,1} \cdot D_{j,2} + 1{,}4 \cdot D_{j,2} \cdot D_{j,3} + 0{,}6 \cdot D_{j,1} \cdot D_{j,3}\right]}$$

dabei gilt:

$EffNot^{IR}{}_j$ = der effektive Nominalwert des Hedging-Satzes „j"; und

$D_{j,k}$ = der effektive Nominalwert des Zeitfensters „k" des Hedging-Satzes „j", berechnet wie folgt:

$$D_{j,k} = \sum_{l \in \text{Zeitfenster } k} \text{Risikoposition}_l$$

dabei gilt:

l = der Index, der die Risikoposition bezeichnet.

Art. 280b Aufschlag für die Kategorie „Fremdwährungsrisiko".

(1) Für die Zwecke von Artikel 278 berechnen die Institute den Aufschlag für die Kategorie „Fremdwährungsrisiko" eines bestimmten Netting-Satzes wie folgt:

$$AddOn^{FX} = \sum_j AddOn_j^{FX}$$

dabei gilt:

$AddOn^{FX}$	=	der Aufschlag für die Kategorie „Fremdwährungsrisiko“,
j	=	der Index, der die gemäß Artikel 277a Absatz 1 Buchstabe b und Artikel 277a Absatz 2 für den Netting-Satz geschaffenen Fremdwährungsrisiko-Hedging-Sätze bezeichnet; und
$AddOn^{FX}_j$	=	der Aufschlag für den Hedging-Satz „j“ der Kategorie „Fremdwährungsrisiko“, berechnet gemäß Absatz 2.

(2) Die Institute berechnen den Aufschlag für den Hedging-Satz „j“ der Kategorie „Fremdwährungsrisiko“ wie folgt:

$$AddOn_j^{FX} = \epsilon_j \cdot SF^{FX} \cdot \left| EffNot_j^{FX} \right|$$

dabei gilt:

ε_j	=	der Aufsichtsfaktor-Koeffizient des Hedging-Satzes „j“, ermittelt gemäß Artikel 280;
SF^{FX}	=	der Aufsichtsfaktor für die Kategorie „Fremdwährungsrisiko“ mit einem Wert von 4 %;
$EffNot^{FX}_j$	=	der effektive Nominalwert des Hedging-Satzes „j“, berechnet wie folgt:

$$EffNot_j^{FX} = \sum_{l \in \text{Hedging-Satz } j} \text{Risikoposition}_l$$

dabei gilt:

l = der Index, der die Risikoposition bezeichnet.

Art. 280c Aufschlag für die Kategorie „Kreditrisiko“. (1) Für die Zwecke von Absatz 2 legen die Institute die einschlägigen Kreditreferenzeinheiten für Netting-Sätze wie folgt fest:

a) Festlegung einer Kreditreferenzeinheit für jeden Emittenten eines Referenzschuldtitels, der einem auf eine Einzeladresse bezogenen Geschäft der Kategorie „Kreditrisiko“ zugrunde liegt; auf Einzeladressen bezogene Geschäfte werden nur dann der gleichen Kreditreferenzeinheit zugeordnet, wenn der zugrunde liegende Referenzschuldtitel dieser Geschäfte vom gleichen Emittenten ausgegeben wurde;

b) Festlegung einer Kreditreferenzeinheit für jede Gruppe von Referenzschuldtiteln oder Einzeladressen-Kreditderivaten, die einem Mehrfachadressen-Geschäft der Kategorie „Kreditrisiko“ zugrunde liegen; Mehrfachadressen-Geschäfte werden nur dann der gleichen Kreditreferenzeinheit zugeordnet, wenn die Gruppe der diesen Geschäften zugrunde liegenden Referenzschuldtitel oder Einzeladressen-Kreditderivate die gleichen Bestandteile haben.

(2) Für die Zwecke von Artikel 278 berechnen die Institute den Aufschlag für die Kategorie „Kreditrisiko" eines bestimmten Netting-Satzes wie folgt:

$$AddOn^{Credit} = \sum_j AddOn_j^{Credit}$$

dabei gilt:

$AddOn^{Credit}$ = der Aufschlag für die Kategorie „Kreditrisiko";

j = der Index, der alle gemäß Artikel 277a Absatz 1 Buchstabe c und Artikel 277a Absatz 2 für den Netting-Satz geschaffenen Kreditrisiko-Hedging-Sätze bezeichnet; und

$AddOn^{Credit}{}_j$ = der Aufschlag für den Hedging-Satz „j" der Kategorie „Kreditrisiko", berechnet gemäß Absatz 3.

(3) Die Institute berechnen den Aufschlag für die Kategorie „Kreditrisiko" für den Hedging-Satz „j" wie folgt:

$$AddOn_j^{Credit} = \epsilon_j \sqrt{\left(\sum_k \rho_k^{Credit} \cdot AddOn(Entity_k)\right)^2 + \sum_k \left(1 - \left(\rho_k^{Credit}\right)^2\right) \cdot \left(AddOn(Entity_k)\right)^2}$$

dabei gilt:

$AddOn^{Credit}{}_j$ = der Aufschlag für die Kategorie „Kreditrisiko" für den Hedging-Satz „j";

ε_j = der Aufsichtsfaktor-Koeffizient des Hedging-Satzes „j", ermittelt gemäß Artikel 280;

k = der Index, der die gemäß Absatz 1 festgelegten Kreditreferenzeinheiten des Netting-Satzes bezeichnet;

$\rho^{Credit}{}_k$ = der Korrelationsfaktor der Kreditreferenzeinheit „k"; wird die Kreditreferenzeinheit „k" gemäß Absatz 1 Buchstabe a festgelegt, so gilt $\rho^{Credit}{}_k = 50\,\%$, wird die Kreditreferenzeinheit „k" gemäß Absatz 1 Buchstabe b festgelegt, so gilt $\rho^{Credit}{}_k = 80\,\%$; und

$AddOn(Entity_k)$ = der Aufschlag für die Kreditreferenzeinheit „k", ermittelt gemäß Absatz 4.

(4) Die Institute berechnen den Aufschlag für die Kreditreferenzeinheit „k" wie folgt:

$$AddOn(Entity_k) = EffNot^{Credit}{}_k$$

dabei gilt:

$EffNot^{Credit}{}_k$ = der effektive Nominalwert der Kreditreferenzeinheit „k", berechnet wie folgt:

$$EffNot_k^{Credit} = \sum_{l \in \text{Kreditreferenzeinheit } k} SF_{k,l}^{Credit} \cdot Risikoposition_l$$

dabei gilt:

l = der Index, der die Risikoposition bezeichnet; und

$SF^{Credit}{}_{k,l}$ = der für die Kreditreferenzeinheit „k" anzuwendende Aufsichtsfaktor, berechnet gemäß Absatz 5.

(5) Die Institute berechnen den für die Kreditreferenzeinheit „k" anzuwendenden Aufsichtsfaktor wie folgt:

a) Für die gemäß Absatz 1 Buchstabe a festgelegte Kreditreferenzeinheit „k" wird $SF^{Credit}{}_{k,l}$ auf der Grundlage einer externen Bonitätsbeurteilung durch eine benannte externe Ratingagentur (ECAI) des betreffenden Einzelemittenten einem der sechs Aufsichtsfaktoren nach Tabelle 3 dieses Absatzes zugeordnet. liegt für einzelne Emittenten keine Bonitätsbeurteilung einer benannten ECAI vor, so wird wie folgt vorgegangen:

   i) Institute, die den Ansatz nach Kapitel 3 verwenden, ordnen die interne Beurteilung des Einzelemittenten einer externen Bonitätsbeurteilung zu;

   ii) Institute, die den Ansatz nach Kapitel 2 verwenden, weisen dieser Kreditreferenzeinheit $SF^{Credit}{}_{k,l}$ = 0,54 % zu; wendet ein Institut auf diesen Einzelemittenten jedoch das Risikogewicht von mit Gegenparteiausfallrisiko behafteten Positionen gemäß Artikel 128 an, so wird dieser Kreditreferenzeinheit $SF^{Credit}{}_{k,l}$ = 1,6 % zugewiesen.

b) Für die gemäß Absatz 1 Buchstabe b festgelegte Kreditreferenzeinheit „k" gilt Folgendes:

   i) Ist eine der Kreditreferenzeinheit „k" zugeordnete Risikoposition „l" ein auf einer anerkannten Börse notierender Kreditindex, so wird $SF^{Credit}{}_{k,l}$ entsprechend der Bonität, die der Mehrheit der einzelnen Indexkomponenten entspricht, einem der beiden Aufsichtsfaktoren gemäß Tabelle 4 dieses Absatzes zugeordnet;

   ii) für eine nicht unter Ziffer i des vorliegenden Buchstaben genannte, der Kreditreferenzeinheit „k" zugeordnete Risikoposition „l" entspricht $SF^{Credit}{}_{k,l}$ dem gewichteten Durchschnitt der Aufsichtsfaktoren, die jedem einzelnen Bestandteil gemäß der Methode nach Buchstabe a zugeordnet werden, wobei die Gewichte entsprechend dem proportionalen Anteil der Nominalwerte der Bestandteile dieser Position festgelegt werden.

Tabelle 3

Bonitätsstufe	Aufsichtsfaktoren für Einzeladressen-Geschäfte
1	0,38 %
2	0,42 %
3	0,54 %
4	1,06 %
5	1,6 %

Bonitätsstufe	Aufsichtsfaktoren für Einzeladressen-Geschäfte
6	6,0 %

Tabelle 4

Beherrschende Bonität	Aufsichtsfaktor für notierte Indizes
mit Investment-Grade-Rating	0,38 %
ohne Investment-Grade-Rating	1,06 %

Art. 280d Aufschlag für die Kategorie „Aktienkursrisiko". (1) Für die Zwecke von Absatz 2 legen die Institute die einschlägigen Beteiligungsreferenzeinheiten für Netting-Sätze wie folgt fest:

a) Festlegung einer Beteiligungsreferenzeinheit für jeden Emittenten eines Referenzbeteiligungsinstruments, das einem auf eine Einzeladresse bezogenen Geschäft der Kategorie „Aktienkursrisiko" zugrunde liegt; auf Einzeladressen bezogene Geschäfte werden nur dann der gleichen Beteiligungsreferenzeinheit zugeordnet, wenn das zugrunde liegende Referenzbeteiligungsinstrument dieser Geschäfte vom gleichen Emittenten begeben wird;

b) Festlegung einer Beteiligungsreferenzeinheit für jede Gruppe von Referenzbeteiligungsinstrumenten oder Einzeladressen-Eigenkapitalderivaten, die einem Mehrfachadressen-Geschäft der Kategorie „Aktienkursrisiko" zugrunde liegen; Mehrfachadressen-Geschäfte werden nur dann der gleichen Beteiligungsreferenzeinheit zugeordnet, wenn die Gruppe der diesen Geschäften zugrunde liegenden Referenzbeteiligungsinstrumente bzw. Einzeladressen-Eigenkapitalderivate die gleichen Bestandteile hat.

(2) Für die Zwecke von Artikel 278 berechnen die Institute den Aufschlag für die Kategorie „Aktienkursrisiko" eines bestimmten Netting-Satzes wie folgt:

$$AddOn^{Equity} = \sum_j AddOn_j^{Equity}$$

dabei gilt:

$AddOn_{Equity}$	=	der Aufschlag für die Kategorie „Aktienkursrisiko";
j	=	der Index, der alle gemäß Artikel 277a Absatz 1 Buchstabe d und Artikel 277a Absatz 2 für den Netting-Satz geschaffenen Aktienkursrisiko-Hedging-Sätze bezeichnet; und
$AddOn^{Equity}_j$	=	der Aufschlag für den Hedging-Satz „j" der Kategorie „Aktienkursrisiko", berechnet gemäß Absatz 3.

(3) Die Institute berechnen den Aufschlag für die Kategorie „Aktienkursrisiko" für den Hedging-Satz „j" wie folgt:

$$AddOn_j^{Equity} = \epsilon_j \sqrt{\left(\sum_k \rho_k^{Equity} \cdot AddOn(Entity_k)\right)^2 + \sum_k \left(1 - \left(\rho_k^{Equity}\right)^2\right) \cdot \left(AddOn(Entity_k)\right)^2}$$

dabei gilt:

$AddOn^{Equity}{}_j$ = der Aufschlag für die Kategorie „Aktienkursrisiko“ für den Hedging-Satz „j“;

ε_j = der Aufsichtsfaktor-Koeffizient des Hedging-Satzes „j“, ermittelt gemäß Artikel 280;

k = der Index, der die gemäß Absatz 1 festgelegten Beteiligungsreferenzeinheiten des Netting-Satzes bezeichnet;

$\rho^{Equity}{}_k$ = der Korrelationsfaktor der Beteiligungsreferenzeinheit „k“; wird die Beteiligungsreferenzeinheit „k“ gemäß Absatz 1 Buchstabe a festgelegt, so gilt $\rho^{Equity}{}_k$ = 50 %; wird die Beteiligungsreferenzeinheit „k“ gemäß Absatz 1 Buchstabe b festgelegt, so gilt $\rho^{Equity}{}_k$ = 80 %; und

$AddOn(Entity_k)$ = der Aufschlag für die Beteiligungsreferenzeinheit „k“, ermittelt gemäß Absatz 4.

(4) Die Institute berechnen den Aufschlag für die Beteiligungsreferenzeinheit „k“ wie folgt:

$$AddOn(Entity_k) = SF_k^{Equity} \cdot EffNot_k^{Equity}$$

dabei gilt:

$AddOn(Entity_k)$ = der Aufschlag für die Beteiligungsreferenzeinheit „k“;

$SF^{Equity}{}_k$ = der Aufsichtsfaktor für die Beteiligungsreferenzeinheit „k“: wird die Beteiligungsreferenzeinheit „k“, gemäß Absatz 1 Buchstabe a festgelegt, so gilt $SF^{Equity}{}_k$ = 32 %; wird die Beteiligungsreferenzeinheit „k“, gemäß Absatz 1 Buchstabe b festgelegt, so gilt $SF^{Equity}{}_k$ = 20 %; und

$EffNot^{Equity}{}_k$ = der effektive Nominalwert der Beteiligungsreferenzeinheit „k“, berechnet wie folgt:

$$EffNot_k^{Equity} = \sum_{l \in \text{Beteiligungsreferenzeinheit } k} \text{Risikoposition}_l$$

dabei gilt:

l = der Index, der die Risikoposition bezeichnet.

Art. 280e Aufschlag für die Kategorie „Warenpositionsrisiko“.

(1) Für die Zwecke von Artikel 278 berechnen die Institute den Aufschlag für die Kategorie „Warenpositionsrisiko“ eines bestimmten Netting-Satzes wie folgt:

$$AddOn^{Com} = \sum_j AddOn_j^{Com}$$

dabei gilt:

$AddOn^{Com}$ = der Aufschlag für die Kategorie „Warenpositionsrisiko“;

j = Index, der die gemäß Artikel 277a Absatz 1 Buchstabe e und Artikel 277a Absatz 2 für den Netting-Satz geschaffenen Warenpositionsrisiko-Hedging-Sätze bezeichnet; und

$AddOn^{Com}_j$ = der Aufschlag für den Hedging-Satz „j“ der Kategorie „Warenpositionsrisiko“, berechnet gemäß Absatz 4.

(2) [1] Für die Zwecke der Berechnung des Aufschlags für einen Hedging-Satz für Warenpositionen eines bestimmten Netting-Satzes gemäß Absatz 4 legen die Institute für jeden Hedging-Satz entsprechende Warenreferenztypen fest. [2] Warenderivatgeschäfte werden nur dann dem gleichen Warenreferenztyp zugeordnet, wenn das dem Geschäft zugrunde liegende Wareninstrument gleicher Art ist, ungeachtet des Lieferorts und der Qualität des Wareninstruments.

(3) [1] Abweichend von Absatz 2 können die zuständigen Behörden einem Institut, das dem Basisrisiko von verschiedenen Positionen gleicher Art nach Absatz 2 wesentlich ausgesetzt ist, vorschreiben, bei der Festlegung der Warenreferenztypen für diese Positionen mehr Merkmale als nur die Art des zugrunde liegenden Wareninstruments heranzuziehen. [2] In einem solchen Fall werden Warenderivatgeschäfte nur dann dem gleichen Warenreferenztyp zugeordnet, wenn sie diese Merkmale aufweisen.

(4) Die Institute berechnen den Aufschlag für die Kategorie „Warenpositionsrisiko“ für den Hedging-Satz „j“ wie folgt:

$$AddOn_j^{Com} = \epsilon_j \sqrt{\left(\rho^{Com} \cdot \sum_k AddOn\left(Type_k^j\right)\right) + (1 - (\rho^{Com})^2) \cdot \sum_k \left(AddOn\left(Type_k^j\right)\right)^2}$$

dabei gilt:

$AddOn^{Com}_j$ = der Aufschlag für die Kategorie „Warenpositionsrisiko“ für den Hedging-Satz „j“;

ε_j = der Aufsichtsfaktor-Koeffizient des Hedging-Satzes „j“, ermittelt gemäß Artikel 280;

ρ^{Com} = der Korrelationsfaktor der Kategorie „Warenpositionsrisiko“ mit einem Wert von 40 %;

k = der Index der gemäß Absatz 2 festgelegten Warenreferenztypen des Netting-Satzes; und

$AddOn(Type^j_k)$ = der Aufschlag für den Warenreferenztyp „k“, berechnet gemäß Absatz 5.

(5) Die Institute berechnen den Aufschlag für den Warenreferenztyp „k“ wie folgt:

$$AddOn(Type_k^j) = SF_k^{Com} \cdot EffNot_k^{Com}$$

dabei gilt:

AddOnTypekj = der Aufschlag für den Warenreferenztyp „k“;

SF_k^{Com} der Aufsichtsfaktor für den Warenreferenztyp „k“; wenn der Warenreferenztyp „k“ Geschäften entspricht, die dem Hedging-Satz nach Artikel 277a Absatz 1 Buchstabe e zugeordnet sind, ausgenommen Geschäfte in Bezug auf Elektrizität, so gilt SF_k^{Com} = 18 % für Geschäfte in Bezug auf Elektrizität gilt SF_k^{Com} = 40 % und

$EffNot^{Com}{}_k$ = der effektive Nominalwert des Warenreferenztyps „k“, berechnet wie folgt:

$$EffNot_k^{Com} = \sum_{l \in \text{Warenreferenztyp } k} Risikoposition_l$$

dabei gilt:

l = der Index, der die Risikoposition bezeichnet.

Art. 280f Aufschlag für die Kategorie „sonstige Risiken“. (1) Für die Zwecke von Artikel 278 berechnen die Institute den Aufschlag für die Kategorie „sonstige Risiken“ eines bestimmten Netting-Satzes wie folgt:

$$AddOn^{Other} = \sum_j AddOn_j^{Other}$$

dabei gilt:

$AddOn^{Other}$ = der Aufschlag für die Kategorie „sonstige Risiken“;

j = der Index, der die gemäß Artikel 277a Absatz 1 Buchstabe f und Artikel 277a Absatz 2 für den Netting-Satz geschaffenen Hedging-Sätze für die Kategorie „sonstige Risiken“ bezeichnet; und

$AddOn^{Other}{}_j$ = der Aufschlag für die Kategorie „sonstige Risiken“ für den Hedging-Satz „j“, berechnet gemäß Absatz 2.

(2) Die Institute berechnen den Aufschlag für die Kategorie „sonstige Risiken“ für den Hedging-Satz „j“ wie folgt:

$$AddOn_j^{Other} = \epsilon_j \cdot SF^{Other} \cdot \left| EffNot_j^{Other} \right|$$

dabei gilt:

$AddOn^{Other}{}_j$ = der Aufschlag für die Kategorie „sonstige Risiken“ für den Hedging-Satz „j“;

ε_j = der Aufsichtsfaktor-Koeffizient des Hedging-Satzes „j“, ermittelt gemäß Artikel 280; und

SF^{Other} = der Aufsichtsfaktor für die Kategorie „sonstige Risiken“ mit einem Wert von 8 %;

$EffNot^{Other}{}_j$ = der effektive Nominalwert des Hedging-Satzes „j“, berechnet wie folgt:

$$EffNot_j^{Other} = \sum_{l \in \text{Hedging-Satz } j} \text{Risikoposition}_l$$

dabei gilt:

l = der Index, der die Risikoposition bezeichnet.

Abschnitt 4. Vereinfachter Standardansatz für das Gegenparteiausfallrisiko

Art. 281 Berechnung des Risikopositionswerts. (1) Die Institute berechnen gemäß Abschnitt 3 und vorbehaltlich der Bestimmungen von Absatz 2 des vorliegenden Artikels einen einzigen Risikopositionswert auf Ebene des Netting-Satzes.

(2) Der Risikopositionswert eines Netting-Satzes wird gemäß den folgenden Anforderungen berechnet:

a) Die Institute wenden nicht die Behandlung gemäß Artikel 274 Absatz 6 an;

b) abweichend von Artikel 275 Absatz 1 berechnen die Institute für andere als die in Artikel 275 Absatz 2 genannten Netting-Sätze die Wiederbeschaffungskosten nach folgender Formel:

$$RC = \max\{CMV, 0\}$$

dabei gilt:

RC = die Wiederbeschaffungskosten; und

CMV = der aktuelle Marktwert;

c) abweichend von Artikel 275 Absatz 2 der vorliegenden Verordnung berechnen die Institute für Netting-Sätze von Geschäften, die an einer anerkannten Börse gehandelt werden, die zentral von einer gemäß Artikel 14 der Verordnung (EU) Nr. 648/2012 zugelassenen oder gemäß Artikel 25 der genannten Verordnung anerkannten zentralen Gegenpartei gecleart werden oder für die gemäß Artikel 11 der genannten Verordnung mit der Gegenpartei bilateral Sicherheiten ausgetauscht werden, die Wiederbeschaffungskosten nach folgender Formel:

$$RC = TH + MTA$$

dabei gilt:

RC = die Wiederbeschaffungskosten;

TH = die im Rahmen der Nachschussvereinbarung für den Netting-Satz geltende Nachschuss-Schwelle, unterhalb der das Institut keine Sicherheiten fordern kann; und

MTA = der im Rahmen der Nachschussvereinbarung für den Netting-Satz geltende Mindesttransferbetrag;

d) abweichend von Artikel 275 Absatz 3 berechnen Institute für mehrere Netting-Sätze, für die eine Nachschussvereinbarung gilt, die Wiederbeschaffungskosten als Summe der Wiederbeschaffungskosten der einzelnen Netting-Sätze, berechnet nach Absatz 1, als wären sie nicht durch Nachschüsse unterlegt;

e) alle Hedging-Sätze werden gemäß Artikel 277a Absatz 1 festgelegt;

f) Institute setzen in der Formel zur Berechnung des potenziellen künftigen Risikopositionswerts nach Artikel 278 Absatz 1 den Multiplikator auf 1 wie folgt:

$$PFE = \sum_{a} AddOn^{(a)}$$

dabei gilt:

PFE	=	der potenzielle künftige Risikopositionswert; und
$AddOn^{(a)}$	=	der Aufschlag für Risikokategorie a;

g) abweichend von Artikel 279a Absatz 1 berechnen Institute das Aufsichtsdelta für alle Geschäfte wie folgt:

$$\delta = \begin{cases} +1 \text{ „bei Kaufpositionen im primären Risikofaktor"} \\ -1 \text{ „bei Verkaufspositionen im primären Risikofaktor"} \end{cases}$$

dabei gilt:

δ	=	das Aufsichtsdelta;

h) die Formel nach Artikel 279b Absatz 1 Buchstabe a zur Berechnung des aufsichtlichen Durationsfaktors lautet wie folgt:

aufsichtlicher Durationsfaktor = E – S

dabei gilt:

E	=	der Zeitraum zwischen dem Enddatum eines Geschäfts und dem Meldestichtag; und
S	=	der Zeitraum zwischen dem Startdatum eines Geschäfts und dem Meldestichtag;

i) der Laufzeitfaktor nach Artikel 279c Absatz 1 wird wie folgt berechnet:

i) für Geschäfte im Rahmen der in Artikel 275 Absatz 1 genannten Netting-Sätze gilt: MF = 1;

ii) für Geschäfte im Rahmen der in Artikel 275 Absätze 2 und 3 genannten Netting-Sätze gilt: MF = 0,42;

j) die Formel nach Artikel 280a Absatz 3 zur Berechnung des effektiven Nominalwerts des Hedging-Satzes „j" lautet wie folgt:

$$EffNot_j^{IR} = |D_{j,1}| + |D_{j,2}| + |D_{j,3}|$$

dabei gilt:

$EffNot^{IR}_j$	=	der effektive Nominalwert des Hedging-Satzes „j"; und
$D_{j,k}$	=	der effektive Nominalwert der Unterklasse k des Hedging-Satzes „j";

k) die Formel nach Artikel 280c Absatz 3 zur Berechnung des Aufschlags für die Kategorie „Kreditrisiko" des Hedging-Satzes „j" lautet wie folgt:

$$AddOn_j^{Credit} = \sum_k \left| AddOn(Entity_k) \right|$$

dabei gilt:

$AddOn^{Credit}_j$ = der Aufschlag für die Kategorie „Kreditrisiko" des Hedging-Satzes„j"; und

$AddOn(Entity_k)$ = der Aufschlag für die Kreditreferenzeinheit „k";

l) die Formel nach Artikel 280d Absatz 3 zur Berechnung des Aufschlags für die Kategorie „Aktienkursrisiko" des Hedging-Satzes „j" lautet wie folgt:

$$AddOn_j^{Equity} = \sum_k \left| AddOn(Entity_k) \right|$$

dabei gilt:

$AddOn^{Equity}_j$ = der Aufschlag für die Kategorie „Aktienkursrisiko" des Hedging-Satzes „j"; und

$AddOn(Entity_k)$ = der Aufschlag für die Kreditreferenzeinheit „k";

m) die Formel nach Artikel 280e Absatz 4 zur Berechnung des Aufschlags für die Kategorie „Warenpositionsrisiko" des Hedging-Satzes „j" lautet wie folgt:

$$AddOn_j^{Com} = \sum_k \left| AddOn(Type_k^j) \right|$$

dabei gilt:

$AddOn^{Com}_j$ = der Aufschlag für die Kategorie „Warenpositionsrisiko" des Hedging-Satzes „j"; und

$AddOn(Type^j_k)$ = der Aufschlag für den Warenreferenztyp „k".

Abschnitt 5. Ursprungsrisikomethode

Art. 282 Berechnung des Risikopositionswerts. (1) [1] Die Institute können für alle Geschäfte, die unter die gleiche vertragliche Nettingvereinbarung fallen, einen einzigen Risikopositionswert berechnen, wenn alle in Artikel 274 Absatz 1 genannten Bedingungen erfüllt sind. [2] Ansonsten berechnen die Institute für jedes Geschäft einen eigenen Risikopositionswert und behandeln die Geschäfte dabei wie einen eigenen Netting-Satz.

(2) Der Risikopositionswert eines Netting-Satzes oder eines Geschäfts ist die 1,4-fache Summe der laufenden Wiederbeschaffungskosten und dem potenziellen künftigen Risikopositionswert.

(3) *[1]* Die laufenden Wiederbeschaffungskosten gemäß Absatz 2 werden wie folgt berechnet:

a) Für Netting-Sätze von Geschäften, die an einer anerkannten Börse gehandelt werden, die zentral von einer gemäß Artikel 14 der Verordnung (EU)

Nr. 648/2012 zugelassenen oder gemäß Artikel 25 der genannten Verordnung anerkannten zentralen Gegenpartei gecleart werden oder für die gemäß Artikel 11 der Verordnung (EU) Nr. 648/2012 mit der Gegenpartei bilateral Sicherheiten ausgetauscht werden, verwenden die Institute folgende Formel:

$$RC = TH + MTA$$

dabei gilt:

RC = die Wiederbeschaffungskosten;

TH = die im Rahmen der Nachschussvereinbarung für den Netting-Satz geltende Nachschuss-Schwelle, unterhalb der das Institut keine Sicherheiten fordern kann; und

MTA = der im Rahmen der Nachschussvereinbarung für den Netting-Satz geltende Mindesttransferbetrag;

b) für alle anderen Netting-Sätze oder einzelne Geschäfte verwenden die Institute folgende Formel:

$$RC = \max\{CMV, 0\}$$

dabei gilt:

RC = die Wiederbeschaffungskosten; und

CMV = der aktuelle Marktwert.

[2] Zur Berechnung der laufenden Wiederbeschaffungskosten aktualisieren die Institute den aktuellen Marktwert mindestens einmal monatlich.

(4) *[1]* Die Institute berechnen den potenziellen künftigen Risikopositionswert gemäß Absatz 2 wie folgt:

a) Der potenzielle künftige Risikopositionswert eines Netting-Satzes entspricht der Summe der potenziellen künftigen Risikopositionswerte aller Geschäfte des Netting-Satzes, berechnet gemäß Buchstabe b;

b) der potenzielle künftige Risikopositionswert eines einzigen Geschäfts entspricht seinem Nominalwert, multipliziert mit

i) dem Produkt aus 0,5 % und der Restlaufzeit des Geschäfts, ausgedrückt in Jahren, bei Zinsderivatkontrakten;

ii) dem Produkt aus 6 % und der Restlaufzeit des Geschäfts, ausgedrückt in Jahren, bei Kreditderivatkontrakten;

iii) 4 % bei Fremdwährungsderivaten;

iv) 18 % bei gold- und warenunterlegten Derivaten mit Ausnahme von Stromderivaten;

v) 40 % bei Stromderivaten;

vi) 32 % bei Eigenkapitalderivaten;

c) der Nominalwert nach Buchstabe b wird bei allen unter diesem Buchstaben genannten Derivaten gemäß Artikel 279b Absätze 2 und 3 ermittelt; zudem wird der Nominalwert der unter Buchstabe b Ziffern iii bis vi genannten Derivate gemäß Artikel 279b Absatz 1 Buchstaben b und c ermittelt;

d) der potenzielle künftige Risikopositionswert von Netting-Sätzen gemäß Absatz 3 Buchstabe a wird mit 0,42 multipliziert.

[2] Bei der Berechnung der potenziellen Risikoposition von Zinsderivaten und Kreditderivaten gemäß Buchstabe b Ziffern i und ii kann ein Institut anstelle der Restlaufzeit der Verträge die Ursprungslaufzeit verwenden.

Abschnitt 6. Auf einem internen Modell beruhende Methode

Art. 283 Erlaubnis zur Verwendung der auf einem internen Modell beruhenden Methode. (1) *[1]* Sofern die zuständigen Behörden sich davon überzeugt haben, dass ein Institut die in Absatz 2 festgelegten Anforderungen erfüllt, gestatten sie diesem Institut, zur Berechnung des Risikopositionswerts der nachstehend genannten Geschäfte die auf einem internen Modell beruhende Methode (IMM) zu verwenden:

a) Geschäfte gemäß Artikel 273 Absatz 2 Buchstabe a,

b) Geschäfte gemäß Artikel 273 Absatz 2 Buchstaben b, c und d,

c) Geschäfte gemäß Artikel 273 Absatz 2 Buchstaben a bis d.

[2] Darf ein Institut den Risikopositionswert eines der in Unterabsatz 1 Buchstaben a bis c genannten Geschäfte nach der IMM ermitteln, so darf es die IMM auch auf die in Artikel 273 Absatz 2 Buchstabe e genannten Geschäfte anwenden.

[3] [1] Unbeschadet des Artikels 273 Absatz 1 Unterabsatz 3 darf ein Institut Risikopositionen mit unerheblichem Umfang und Risiko von dieser Methode ausnehmen. [2] In einem solchen Fall wendet ein Institut auf diese Risikopositionen eine der Methoden der Abschnitte 3 bis 5 an, wenn die jeweiligen Anforderungen dafür erfüllt sind.

(2) Die zuständigen Behörden gestatten die Anwendung der IMM für eine der in Absatz 1 genannten Berechnungen nur dann, wenn das betreffende Institut nachgewiesen hat, dass es die in diesem Abschnitt festgelegen Anforderungen erfüllt und die zuständigen Behörden sich davon überzeugt haben, dass die Systeme des Instituts für das CCR-Management solide sind und ordnungsgemäß angewandt werden.

(3) [1] Die zuständigen Behörden können einem Institut für begrenzte Zeit gestatten, die IMM nacheinander auf verschiedene Geschäftstypen anzuwenden. [2] Während dieser Zeit können die Institute bei den Geschäftstypen, bei denen die IMM nicht zur Anwendung kommt, auf die Methoden nach Abschnitt 3 oder Abschnitt 5 zurückgreifen.

(4) [1] Bei allen OTC-Derivatgeschäften und Geschäften mit langer Abwicklungsfrist, für die einem Institut die Anwendung der IMM gemäß Absatz 1 nicht gestattet wurde, wendet das Institut die Methoden nach Abschnitt 3 an. [2] Innerhalb einer Gruppe kann dauerhaft auf eine Kombination aus diesen Methoden zurückgegriffen werden.

(5) [1] Ein Institut, dem nach Absatz 1 die Verwendung der IMM gestattet wurde, kehrt nicht zu den Methoden nach Abschnitt 3 oder Abschnitt 5 zurück, es sei denn, dies würde von der zuständigen Behörde genehmigt. [2] Eine solche Genehmigung erteilen die zuständigen Behörden nur, wenn das Institut nachweist, dass es hierfür triftige Gründe hat.

(6) Wenn ein Institut die in diesem Abschnitt festgelegten Anforderungen nicht mehr erfüllt, teilt es dies der zuständigen Behörde mit und trifft eine der folgenden Maßnahmen:

a) Es legt der zuständigen Behörde einen Plan vor, aus dem hervorgeht, wie es die Anforderungen rasch wieder erfüllen will;

b) es weist den zuständigen Behörden glaubhaft nach, dass die Nichterfüllung keine wesentlichen Auswirkungen hat.

Art. 284 Risikopositionswert. (1) *[1]* Darf ein Institut gemäß Artikel 283 Absatz 1 den Risikopositionswert einiger oder aller dort genannten Geschäfte nach der IMM berechnen, so ermittelt es den Risikopositionswert dieser Geschäfte für den Netting-Satz insgesamt.

[2] Bei dem von dem Institut zu diesem Zweck verwendeten Modell

a) wird die Verteilung zukünftiger Änderungen des Marktwerts des Netting-Satzes, die auf gemeinsame Veränderungen von maßgeblichen Marktvariablen, wie Zinssätze und Wechselkurse, zurückzuführen sind, berechnet;

b) wird ausgehend von den gemeinsamen Veränderungen von Marktvariablen der Wiederbeschaffungswert des Netting-Satzes zu jedem der künftigen Zeitpunkte berechnet.

(2) Damit das Modell die Auswirkungen von Nachschüssen erfassen kann, muss das Modell des Sicherheitenwerts die qualitativen, quantitativen und datenbezogenen Anforderungen an das IMM gemäß diesem Abschnitt erfüllen, und das Institut darf in seine Schätzung der Verteilung zukünftiger Änderungen des Marktwerts des Netting-Satzes nur anerkennungsfähige Finanzsicherheiten im Sinne der Artikel 197, 198 und 299 Absatz 2 Buchstaben c und d einbeziehen.

(3) Die Eigenmittelanforderung für das Gegenparteiausfallrisiko von Risikopositionen gegenüber Gegenparteien, auf die ein Institut die IMM anwendet, entspricht dem höheren der beiden folgenden Werte:

a) der Eigenmittelanforderung für diese Risikopositionen, die auf Basis des effektiven EPE unter Verwendung aktueller Marktdaten berechnet wird,

b) der Eigenmittelanforderung für diese Risikopositionen, die auf Basis des effektiven EPE unter Verwendung einer einzigen kohärenten Kalibrierung unter Stressbedingungen für alle Risikopositionen gegenüber Gegenparteien, auf die das Institut die IMM anwendet, berechnet wird.

(4) *[1]* Außer für die unter Artikel 291 Absätze 4 und 5 fallenden Gegenparteien, für die ein spezielles Korrelationsrisiko ermittelt wurde, berechnen die Institute den Risikopositionswert als Produkt aus Alpha (α) und dem effektiven EPE:

$$\textit{Risikopositionswert} = \alpha \times \textit{Effektiver EPE}$$

dabei entspricht

α = 1,4, es sei denn, die zuständigen Behörden schreiben für α einen höheren Wert vor oder gestatten den Instituten nach Absatz 9, ihre eigenen Schätzungen zu verwenden.

[2] Der effektive EPE wird ermittelt, indem der erwartete Wiederbeschaffungswert (EE_t) als durchschnittlicher Wiederbeschaffungswert zu einem künftigen Zeitpunkt t errechnet wird, wobei der Durchschnitt über mögliche künftige Werten für relevante Marktrisikofaktoren gebildet wird.

[3] Im Rahmen des Modells wird EE für eine Reihe künftiger Zeitpunkte t1, t2, t3 usw. geschätzt.

(5) Der effektive EE wird rekursiv errechnet als

$$\textit{Effektive } EE_{tk} = \max\{\textit{Effektive } EE_{tk-1}, EE_{tk}\}$$

dabei

wird das aktuelle Datum als t_0 bezeichnet,

ist der effektive EE_{t0} gleich dem aktuellen Wiederbeschaffungswert.

(6) [1] Der effektive EPE ist der durchschnittliche effektive EE im ersten Jahr der Laufzeit der Kontrakte des Netting-Satzes. [2] Werden sämtliche Kontrakte des Netting-Satzes vor Ablauf eines Jahres fällig, so ist EPE der Durchschnitt der erwarteten Wiederbeschaffungswerte bis zur Fälligkeit aller Kontrakte im Netting-Satz. [3] Der effektive EPE wird als gewichteter Durchschnitt des effektiven EE berechnet:

$$\mathit{Effektiver\ EPE} = \frac{1}{\min\{1\ year,\ maturity\}} \cdot \sum_{k=1}^{\min\{1\ year,\ maturity\}} \mathit{Effektiver\ EE}_{t_k} \cdot \Delta t_k$$

wobei die Gewichte $\Delta t_k = t_k - t_{k-1}$ es ermöglichen, den künftigen Wiederbeschaffungswert für zeitlich ungleichmäßig verteilte Zeitpunkte zu errechnen.

(7) Die Institute berechnen die erwarteten Wiederbeschaffungswerte oder die Spitzenwiederbeschaffungswerte ausgehend von einer Verteilung der Wiederbeschaffungswerte, in der Abweichungen von der Normalverteilungseigenschaft berücksichtigt sind.

(8) Ein Institut darf eine konservativere Messgröße der nach der IMM berechneten Verteilung verwenden als das nach der Gleichung in Absatz 4 für jede Gegenpartei berechnete Produkt aus α und dem effektiven EPE.

(9) *[1]* Unbeschadet des Absatzes 4 können die zuständigen Behörden den Instituten gestatten, ihre eigenen Schätzungen für α zu verwenden, wobei

a) α gleich dem Verhältnis zwischen dem internen Kapital, das sich aus einer vollständigen Simulierung der Risikopositionen gegenüber allen Gegenparteien ergibt (Zähler), und dem auf der Grundlage des EPE bestimmten internen Kapital (Nenner) ist,

b) im Nenner EPE wie ein feststehender Forderungsbetrag verwendet wird.

[2] Wenn α nach diesem Absatz geschätzt wird, darf sein Wert nicht unter 1,2 liegen.

(10) [1] Für eine α-Schätzung gemäß Absatz 9 stellt ein Institut sicher, dass Zähler und Nenner hinsichtlich der Modellierungsmethode, den Parameterspezifikationen und der Portfoliozusammensetzung in konsistenter Weise berechnet werden. [2] Der zur Schätzung von α verwendete Ansatz muss sich auf den Ansatz des Instituts für das interne Kapital stützen, gut dokumentiert sein und von unabhängiger Seite validiert werden. [3] Zusätzlich dazu überprüft ein Institut seine α-Schätzungen mindestens einmal im Quartal und bei im Zeitverlauf variierender Portfoliozusammensetzung noch häufiger. [4] Ein Institut bewertet auch das Modellrisiko.

(11) [1] Ein Institut weist den zuständigen Behörden gegenüber hinreichend nach, dass seine internen α-Schätzungen im Zähler wesentliche Ursachen für eine Abhängigkeit der Verteilung vom Marktwert von Geschäften oder Portfolios von Geschäften mit den verschiedenen Gegenparteien erfassen. [2] Interne α-Schätzungen tragen der Granularität von Portfolios Rechnung.

(12) Wenn die zuständigen Behörden die Verwendung von Schätzungen gemäß Absatz 9 beaufsichtigen, tragen sie der erheblichen Abweichung in den α-Schätzungen Rechnung, die aus dem Potenzial für Fehlspezifikationen bei

den für den Zähler verwendeten Modellen resultiert, vor allem, wenn Konvexität vorliegt.

(13) Wenn angebracht, berücksichtigen die bei der gemeinsamen Modellierung von Markt- und Kreditrisiken angesetzten Volatilitäten und Korrelationen bei Marktrisikofaktoren den Kreditrisikofaktor, um einem potenziellen Anstieg der Volatilität oder Korrelation bei einem wirtschaftlichen Abschwung Rechnung zu tragen.

Art. 285 Risikopositionswert bei Netting-Sätzen mit Nachschussvereinbarung. (1) *[1]* [1] Besteht für den Netting-Satz eine Nachschussvereinbarung und wird er täglich zu Marktpreisen bewertet, berechnet das Institut den effektiven EPE gemäß diesem Absatz. [2] *erfasst*[1)] das interne Modell bei der Schätzung von EE die Auswirkungen von Nachschüssen, so kann das Institut die EE-Messgröße des Modells bei entsprechender Erlaubnis der zuständigen Behörde unmittelbar in die Gleichung in Artikel 284 Absatz 5 einsetzen. [3] Eine solche Erlaubnis geben die zuständigen Behörden nur, wenn sie sich davon überzeugt haben, dass das Modell bei der Schätzung von EE den Auswirkungen von Nachschüssen angemessen Rechnung trägt. [4] Hat ein Institut keine entsprechende Erlaubnis der zuständigen Behörden erhalten, verwendet es eine der folgenden effektiven EPE-Messgrößen:

a) Den effektiven EPE, berechnet ohne Berücksichtigung etwaiger Sicherheiten, die als Nachschuss gehalten oder gestellt werden, zuzüglich etwaiger Sicherheiten, die der Gegenpartei unabhängig von der täglichen Bewertung und Nachschussberechnung oder dem aktuellen Wiederbeschaffungswert gestellt wurden;

b) den effektiven EPE, berechnet als die potenzielle Erhöhung der Risikoposition während der Nachschuss-Risikoperiode, zuzüglich des größeren der beiden folgenden Beträge:

   i) aktueller Wiederbeschaffungswert einschließlich aller aktuell gehaltenen oder gestellten Sicherheiten außer abgerufenen oder strittigen Sicherheiten,

   ii) der höchste Netto-Wiederbeschaffungswert, einschließlich der im Rahmen der Nachschussvereinbarung bereits vorhandenen Sicherheiten, der gerade noch keinen Abruf weiterer Sicherheiten auslöst. In diesem Betrag sind alle in der Nachschussvereinbarung festgelegten Schwellen, Mindesttransferbeträge, Zusatzbeträge (independent amounts) und Einschüsse berücksichtigt.

[2] [1] Für die Zwecke des Buchstabens b berechnen die Institute den Aufschlag als die erwartete positive Veränderung des Marktwerts zu Marktpreisen der Geschäfte während der Nachschuss-Risikoperiode. [2] Veränderungen beim Wert der Sicherheiten wird durch Rückgriff auf die von der Aufsicht vorgegebenen Volatilitätsanpassungen gemäß Kapitel 4 Abschnitt 4 oder die im Rahmen der umfassenden Methode zur Berücksichtigung finanzieller Sicherheiten durchgeführten eigenen Schätzungen der Volatilitätsanpassungen Rechnung getragen, wobei allerdings während der Nachschuss-Risikoperiode keine Sicherheitszahlungen angenommen werden dürfen. [3] Für die Nachschuss-Risikoperiode gelten die in den Absätzen 2 bis 5 festgelegten Mindestfristen.

[1)] Richtig wohl: „Erfasst".

(2) Bei Geschäften mit täglichen Nachschüssen und täglicher Bewertung zu Marktpreisen darf die bei der Modellierung des Risikopositionswerts bei Nachschussvereinbarungen zugrunde gelegte Nachschuss-Risikoperiode nicht kürzer sein als

a) 5 Handelstage bei Netting-Sätzen, die ausschließlich aus Pensionsgeschäften, Wertpapier- oder Warenverleih- oder -leihgeschäften und Lombardgeschäften bestehen,

b) 10 Handelstage bei allen anderen Netting-Sätzen.

(3) *[1]* Von Absatz 2 Buchstaben a und b gelten folgende Ausnahmen:

a) Bei allen Netting-Sätzen, bei denen die Anzahl der Geschäfte zu jedem beliebigen Zeitpunkt eines Quartals über 5 000 hinausgeht, darf die Nachschuss-Risikoperiode für das darauffolgende Quartal nicht weniger als 20 Handelstage betragen. Handelsrisikopositionen von Instituten sind von dieser Ausnahme ausgenommen;

b) bei Netting-Sätzen mit einem oder mehreren Geschäften, bei denen entweder die Sicherheit illiquide ist oder ein OTC-Derivat sich nicht ohne Weiteres ersetzen lässt, darf die Nachschuss-Risikoperiode nicht weniger als 20 Handelstage betragen.

[2] Ein Institut ermittelt, ob eine Sicherheit illiquide ist oder OTC-Derivate bei angespannten Marktbedingungen nicht ohne Weiteres ersetzbar sind, wobei angespannte Marktbedingungen durch das Fehlen ununterbrochen aktiver Märkte gekennzeichnet sind, an denen eine Gegenpartei innerhalb von maximal zwei Tagen mehrere Preisangebote erhalten würde, die den Markt nicht in Bewegung versetzen oder keinen Preis darstellen würden, der (im Falle einer Sicherheit) mit einem Abschlag oder (bei einem OTC-Derivat) einem Aufschlag einherginge.

[3] Ein Institut berücksichtigt, ob die von ihm als Sicherheit gehaltenen Geschäfte oder Wertpapiere auf eine bestimmte Gegenpartei konzentriert sind und es für den Fall, dass diese Gegenpartei den Markt überstürzt verlässt, zur Ersetzung dieser Geschäfte und Wertpapiere in der Lage wäre.

(4) War ein Institut in den unmittelbar vorangegangenen zwei Quartalen bei einem bestimmten Netting-Satz an mehr als zwei Streitigkeiten über die Nachschusshöhe beteiligt, die länger andauerten als die nach den Absätzen 2 und 3 geltende Nachschuss-Risikoperiode, so legt das Institut in den anschließenden zwei Quartalen für diesen Netting-Satz eine Nachschuss-Risikoperiode zugrunde, die mindestens doppelt so lang ist wie der in den Absätzen 2 und 3 für diesen Netting-Satz genannte Zeitraum.

(5) Bei Nachschussprozessen mit einer Frequenz von N Tagen ist die Dauer der Nachschuss-Risikoperiode zumindest gleich dem in den Absätzen 2 und 3 festgelegten Zeitraum (= F) plus N Tagen minus einem Tag, d.h.:

$$\textit{Nachschuss-Risikoperiode} = F + N - 1.$$

(6) Berücksichtigt das interne Modell die Auswirkungen von Nachschüssen auf Veränderungen des Marktwerts des Netting-Satzes, so modelliert das Institut bei seinen Berechnungen des Wiederbeschaffungswerts für OTC-Derivate und Wertpapierfinanzierungsgeschäften Sicherheiten (außer Barsicherheiten, die auf die gleiche Währung lauten wie die Risikoposition selbst) zusammen mit der Risikoposition.

(7) Ist ein Institut nicht zur gemeinsamen Modellierung von Sicherheiten und Risikopositionen in der Lage, so setzt es bei seinen Berechnungen der Wiederbeschaffungswerte für OTC-Derivate und Wertpapierfinanzierungsgeschäfte die Auswirkungen keiner anderen Sicherheiten als Barsicherheiten, die auf dieselbe Währung lauten wie die Risikoposition selbst, an, es sei denn, es nimmt auf eigenen Schätzungen beruhende Volatilitätsanpassungen vor, die den Standards der umfassenden Methode zur Berücksichtigung finanzieller Sicherheiten entsprechen, oder es nimmt gemäß Kapitel 4 die von der Aufsicht vorgegebenen Volatilitätsanpassungen vor.

(8) Ein Institut, das die IMM verwendet, lässt in seinen Modellen die Auswirkungen einer Herabsetzung des Wiederbeschaffungswerts außer Acht, die auf eine Klausel in einer Sicherungsvereinbarung zurückgeht, wonach eine Bonitätsverschlechterung bei der Gegenpartei die Einlieferung von Sicherheiten erfordert.

Art. 286 Management des Gegenparteiausfallrisikos (CCR) – Grundsätze, Verfahren und Systeme. (1) *[1]* Ein Institut schafft und erhält ein Rahmenkonzept für das CCR-Management, das folgende Komponenten beinhaltet:

a) Grundsätze, Prozesse und Systeme, die die Ermittlung, Messung, Steuerung und Genehmigung des Gegenparteiausfallrisikos und die interne Berichterstattung darüber sicherstellen,

b) Verfahren, die die Einhaltung dieser Grundsätze, Prozesse und Systeme gewährleisten.

[2] [1] Diese Grundsätze, Prozesse und Systeme sind konzeptionell solide und werden unter Sicherstellung ihrer Integrität angewandt sowie dokumentiert. [2] In dieser Dokumentation wird dargelegt, mit welchen empirischen Techniken das Gegenparteiausfallrisiko gemessen wird.

(2) [1] Das nach Absatz 1 vorgeschriebene CCR-Management-Rahmenkonzept trägt den mit dem Gegenparteiausfallrisiko einhergehenden Markt-, Liquiditäts- sowie rechtlichen und operationellen Risiken Rechnung. [2] Es stellt insbesondere sicher, dass das Institut die folgenden Grundsätze einhält:

a) Es geht keine Geschäftsbeziehung mit einer Gegenpartei ein, ohne deren Kreditwürdigkeit beurteilt zu haben;

b) es trägt dem bei und vor Abwicklung bestehenden Kreditrisiko gebührend Rechnung;

c) es steuert diese Risiken auf Ebene der Gegenpartei (durch Aggregation der Risikopositionswerte für Gegenparteiausfallrisiken mit anderen Kreditrisikopositionen) und auf Unternehmensebene so umfassend wie möglich.

(3) *[1]* Ein Institut, das die IMM verwendet, gewährleistet und weist der zuständigen Behörde glaubhaft nach, dass sein CCR-Management-Rahmenkonzept den Liquiditätsrisiken aller nachstehend genannten Faktoren Rechnung trägt:

a) möglicherweise eingehende Nachschussforderungen im Zusammenhang mit dem Austausch von Nachschüssen oder anderer Sicherheitenarten, wie Einschüssen oder unabhängigen Einschussbeträgen, bei ungünstigen Marktschocks,

b) möglicherweise eingehende Rückgabeforderungen für überschüssige, von Gegenparteien gestellte Sicherheiten,

c) Nachschussforderungen infolge einer möglichen Herabstufung der eigenen externen Bonitätsbeurteilung.

[2] Ein Institut stellt sicher, dass Art und zeitlicher Umfang einer Weiterverwendung von Sicherheiten mit seinem Liquiditätsbedarf in Einklang stehen und seine Fähigkeit zur rechtzeitigen Stellung oder Rückgabe von Sicherheiten nicht beeinträchtigen.

(4) [1] Leitungsorgan und Geschäftsleitung eines Instituts sind aktiv am CCR-Management beteiligt und gewährleisten, dass es mit ausreichenden Ressourcen ausgestattet ist. [2] Ein förmliches Verfahren sorgt dafür, dass die Geschäftsleitung die Grenzen des Modells und die diesem zugrunde liegenden Annahmen kennt und über die möglichen Auswirkungen dieser Grenzen und Annahmen auf die Verlässlichkeit der Ergebnisse auf dem Laufenden ist. [3] Die Geschäftsleitung kennt auch die Unwägbarkeiten der Marktrahmenbedingungen und die betrieblichen Aspekte und weiß, wie diese sich im Modell niederschlagen.

(5) Die Tagesberichte, die gemäß Artikel 287 Absatz 2 Buchstabe b über die CCR-behafteten Risikopositionen eines Instituts erstellt werden, werden von einer Managementebene überprüft, die über ausreichende Befugnisse und Autorität verfügt, um sowohl eine Reduzierung der von einzelnen Kreditmanagern oder Händlern übernommenen Positionen als auch eine Reduzierung des gesamten Gegenparteiausfallrisikos des Instituts durchzusetzen.

(6) [1] Das gemäß Absatz 1 geschaffene CCR-Management-Rahmenkonzept eines Instituts wird in Kombination mit den internen Kredit- und Handelsvolumenobergrenzen eingesetzt. [2] Zu diesem Zweck sind Kredit- und Handelsvolumenobergrenzen mit dem Risikomessmodell des Instituts in einer Weise verknüpft, die im Zeitablauf konsistent ist und für Kreditmanager, Händler und Geschäftsleitung gut nachvollziehbar ist. [3] Ein Institut verfügt über ein förmliches Verfahren, um Verstöße gegen Risikolimits bei der angemessenen Managementebene zu melden.

(7) [1] Bei der Messung des Gegenparteiausfallrisikos eines Instituts wird auch die tägliche und die Innertages-Inanspruchnahme von Kreditlinien ermittelt. [2] Die aktuellen Wiederbeschaffungswerte werden unter Einbeziehung und unter Ausschluss der hinterlegten Sicherheiten gemessen. [3] Das Institut berechnet und überwacht für einzelne Portfolios und Gegenparteien den Spitzen- oder den potenziellen künftigen Wiederbeschaffungswert (PFE) zu dem von ihm gewählten Konfidenzniveau. [4] Das Institut trägt dabei großen oder konzentrierten Positionen, auch in Bezug auf Gruppen verbundener Gegenparteien, Branchen und Märkte Rechnung.

(8) [1] Ein Institut schafft und erhält ein routinemäßiges, rigoroses Stresstest-Programm. [2] Die Ergebnisse dieser Stresstests werden regelmäßig, mindestens aber vierteljährlich von der Geschäftsleitung überprüft und in den vom Leitungsorgan oder der Geschäftsleitung festgelegten CCR-Grundsätzen und -obergrenzen berücksichtigt. [3] Ergeben Stresstests eine besondere Anfälligkeit für eine bestimmte Fallkonstellation, so leitet das Institut unverzüglich Schritte zur Steuerung dieser Risiken ein.

Art. 287 Organisationsstrukturen für das CCR-Management.

(1) Ein Institut, das die IMM verwendet, schafft und erhält Folgendes:

a) eine Abteilung „Risikoüberwachung", die den Vorgaben des Absatzes 2 entspricht,
b) eine Abteilung für die Sicherheitenverwaltung, die den Vorgaben des Absatzes 3 entspricht.

(2) Die Abteilung „Risikoüberwachung" ist für die Gestaltung und Umsetzung des CCR-Managements zuständig, wozu auch die erstmalige und die laufende Validierung des internen Modells zählen, nimmt die nachstehend genannten Aufgaben wahr und erfüllt die nachstehend genannten Anforderungen:
a) Sie ist für Gestaltung und Umsetzung des institutseigenen CCR-Managementsystems zuständig;
b) sie erstellt täglich Berichte über die Ergebnisse des institutseigenen Risikomessmodells und analysiert diese Ergebnisse. Im Rahmen dieser Analyse wird auch die Beziehung zwischen Messgrößen des Gegenparteiausfallrisikos und Handelsvolumenobergrenzen bewertet;
c) sie kontrolliert die in das Modell einfließenden Daten auf ihre Integrität und erstellt und analysiert Berichte über die Ergebnisse des institutseigenen Risikomessmodells, wozu auch eine Bewertung der Beziehung zwischen Risikomessgrößen und Kredit- und Handelsvolumenobergrenzen gehört;
d) sie ist von den Abteilungen, die für die Schaffung oder die Verlängerung von Risikopositionen oder den Handel mit diesen zuständig sind, unabhängig und frei von jeder ungebührlichen Einflussnahme;
e) sie verfügt über eine angemessene Personalausstattung;
f) sie untersteht unmittelbar der Geschäftsleitung des Instituts;
g) ihre Arbeiten sind eng mit dem täglichen Kreditrisikomanagement des Instituts verzahnt;
h) ihre Ergebnisse sind integraler Bestandteil der Planung, Überwachung und Kontrolle des Kredit- und Gesamtrisikoprofils des Instituts.

(3) Die Abteilung für die Sicherheitenverwaltung hat folgende Aufgaben und Funktionen:
a) Berechnung und Anforderung von Nachschüssen, Bearbeitung von Streitigkeiten über die Höhe von Nachschüssen und die genaue tägliche Berichterstattung zu Zusatzbeträgen, Einschüssen und Nachschüssen,
b) Kontrolle der Integrität der zur Anforderung von Nachschüssen verwendeten Daten und Sicherstellung, dass die Daten konsistent sind und regelmäßig mit allen relevanten Datenquellen innerhalb des Instituts abgeglichen werden,
c) Rückverfolgung des Umfangs, in dem Sicherheiten weiterverwendet werden, und etwaiger Änderungen der Rechte des Instituts auf die oder im Zusammenhang mit den von ihm gestellten Sicherheiten,
d) Unterrichtung der geeigneten Managementebene darüber, welche Kategorien von Sicherheiten weiterverwendet werden und welchen Bedingungen eine solche Weiterverwendung unterliegt, einschließlich Instrument, Bonität und Laufzeit,
e) Rückverfolgung, ob bei den von dem Institut akzeptierten Sicherheiten eine Konzentration auf einzelne Vermögenswertkategorien zu verzeichnen ist,

f) regelmäßige, mindestens aber vierteljährliche Unterrichtung der Geschäftsleitung über die Sicherheitenverwaltung, wozu auch Informationen über die Arten von erhaltenen und gestellten Sicherheiten sowie Umfang, Altersstruktur und Ursachen von Streitigkeiten über die Nachschusshöhe zählen. Diese interne Berichterstattung muss auch Trendentwicklungen in diesen Daten aufzeigen.

(4) [1] Die Geschäftsleitung stattet die nach Absatz 1 Buchstabe b vorgeschriebene Abteilung für die Sicherheitenverwaltung mit ausreichenden Ressourcen aus, damit deren Systeme ein angemessenes Maß an betrieblicher Leistungsfähigkeit erreichen, das sich an der Rechtzeitigkeit und Korrektheit der ausgehenden Nachschussforderungen und der Reaktionszeit bei eingehenden Nachschussforderungen ablesen lässt. [2] Die Geschäftsleitung stellt eine ausreichende Personalausstattung dieser Abteilung sicher, damit diese Nachschussforderungen und Streitfälle selbst bei schweren Marktkrisen rechtzeitig bearbeiten und das Institut so in die Lage versetzen kann, die Zahl der durch hohe Geschäftsvolumina bedingten großen Streitfälle zu begrenzen.

Art. 288 Überprüfung des CCR-Managementsystems. [1] Ein Institut unterzieht sein CCR-Managementsystem im Rahmen seiner Innenrevision regelmäßig einer unabhängigen Überprüfung. [2] Diese schließt die Tätigkeiten der nach Artikel 287 vorgeschriebenen Abteilungen für die Risikoüberwachung und die Sicherheitenverwaltung ein und umfasst mindestens Folgendes:

a) die Angemessenheit der in Artikel 286 vorgeschriebenen Dokumentation von CCR-Managementsystem und -verfahren,

b) die Organisation der nach Artikel 287 Absatz 1 Buchstabe a vorgeschriebenen Abteilung für die Überwachung des Gegenparteiausfallrisikos,

c) die Organisation der nach Artikel 287 Absatz 1 Buchstabe b vorgeschriebenen Abteilung für die Sicherheitenverwaltung,

d) die Einbettung der CCR-Messung in das tägliche Risikomanagement,

e) das Genehmigungsverfahren für die von den Mitarbeitern des Handels- und des Abwicklungsbereichs verwendeten Risikobepreisungsmodelle und Bewertungssysteme,

f) die Validierung aller wesentlichen Änderungen beim CCR-Messverfahren,

g) den Umfang der vom Risikomessmodell erfassten Gegenparteiausfallrisiken,

h) die Integrität des Managementinformationssystems,

i) die Genauigkeit und Vollständigkeit der CCR-Daten,

j) die genaue Abbildung der rechtlichen Bedingungen von Sicherheiten- und Nettingvereinbarungen in der Messung der Wiederbeschaffungswerte,

k) die Verifizierung der Schlüssigkeit, Zeitnähe und Verlässlichkeit der für interne Modelle verwendeten Datenquellen, wozu auch deren Unabhängigkeit zählt,

l) die Genauigkeit und Angemessenheit der Annahmen in Bezug auf Volatilitäten und Korrelationen,

m) die Genauigkeit der Bewertungs- und Risikotransformationsberechnungen,

n) die Verifizierung der Modellgenauigkeit durch häufige Rückvergleiche im Sinne von Artikel 293 Absatz 1 Buchstaben b bis e,

o) die Einhaltung der einschlägigen rechtlichen Anforderungen durch die Abteilungen für die Überwachung des Gegenparteiausfallrisikos und die Sicherheitenverwaltung.

Art. 289 Praxistest. (1) Die Institute stellen sicher, dass die Verteilung der Wiederbeschaffungswerte, die sich aus dem zur Berechnung des effektiven EPE verwendeten Modell ergibt, eng in das tägliche CCR-Management des Instituts einbezogen wird und das Ergebnis des Modells bei der Kreditvergabe, dem CCR-Management, der Allokation des internen Kapitals und der Unternehmensführung berücksichtigt wird.

(2) Das Institut weist den zuständigen Behörden gegenüber hinreichend nach, dass es zur Berechnung der Verteilungen der Wiederbeschaffungswerte, auf die sich die EPE-Berechnung stützt, seit mindestens einem Jahr vor der Erlaubnis der zuständigen Behörden zur Verwendung der IMM gemäß Artikel 283 ein den Anforderungen dieses Abschnitts weitgehend entsprechendes internes Modell verwendet.

(3) [1] Das zur Ermittlung der Verteilung der Wiederbeschaffungswerte verwendete interne Modell ist Teil des nach Artikel 286 vorgeschriebenen CCR-Management-Rahmenkonzepts. [2] Dieses Rahmenkonzept umfasst auch die Messung der Inanspruchnahme von Kreditlinien durch Aggregation von Risikopositionswerten für Gegenparteiausfallrisiken mit anderen Kreditrisikopositionen und die Allokation des internen Kapitals.

(4) [1] Zusätzlich zum EPE misst und steuert ein Kreditinstitut auch seine aktuellen Wiederbeschaffungswerte. [2] Diese werden gegebenenfalls unter Einbeziehung und unter Ausschluss der hinterlegten Sicherheiten gemessen. [3] Der Praxistest gilt als bestanden, wenn ein Institut für das Gegenparteiausfallrisiko andere Maßeinheiten, wie den Spitzenwiederbeschaffungswert, verwendet, die auf einer anhand desselben Modells zur Berechnung des EPE ermittelten Verteilung der Wiederbeschaffungswerte beruhen.

(5) [1] Ein Institut muss zu einer täglichen EE-Schätzung in der Lage sein, es sei denn, es weist den zuständigen Behörden gegenüber glaubhaft nach, dass sein Gegenparteiausfallrisiko eine seltenere Berechnung rechtfertigt. [2] Das Institut schätzt ein EE-Zeitprofil auf Basis von Zeitpunkten, die die zeitliche Struktur künftiger Zahlungsströme und die Fälligkeit der Geschäfte angemessen widerspiegelt und das in einer Weise, die der Bedeutung und der Zusammensetzung der Risikopositionen gerecht wird.

(6) [1] Der Wiederbeschaffungswert wird für die Laufzeit sämtlicher Kontrakte des Netting-Satzes und nicht nur bis zum Einjahreshorizont gemessen, überwacht und kontrolliert. [2] Das Institut verfügt über Verfahren zur Ermittlung und Kontrolle der Risiken für Gegenparteien für den Fall, dass der Wiederbeschaffungswert über den Einjahreshorizont hinausgeht. [3] Die prognostizierte Erhöhung des Wiederbeschaffungswerts fließt in das institutsinterne Modell zur Bestimmung des internen Kapitals ein.

Art. 290 Stresstests. (1) Ein Institut verfügt über ein umfassendes Stresstest-Programm für das Gegenparteiausfallrisiko, das auch bei der Beurteilung der Eigenmittelanforderungen für das Gegenparteiausfallrisiko zum Einsatz kommt und die Anforderungen der Absätze 2 bis 10 erfüllt.

(2) Dabei werden mögliche Ereignisse oder künftige Veränderungen bei den ökonomischen Rahmenbedingungen ermittelt, die sich nachteilig auf die Wie-

derbeschaffungswerte von Positionen eines Instituts auswirken könnten, und die Fähigkeit des Instituts bewertet, derartigen Veränderungen standzuhalten.

(3) Die im Rahmen des Programms durchgeführten Stress-Messungen werden mit den Risikolimits abgeglichen und vom Institut im Rahmen des Verfahrens nach Artikel 81 der Richtlinie 2013/36/EU geprüft.

(4) Das Programm erfasst alle Geschäfte und aggregierten Risikopositionen auf Ebene einzelner Gegenparteien für alle Arten von Gegenparteiausfallrisiken in einem für regelmäßige Stresstests ausreichenden zeitlichen Rahmen.

(5) [1] Es sieht für alle Gegenparteien zumindest monatliche Stresstests für Wiederbeschaffungswerte im Hinblick auf die wichtigsten Marktrisikofaktoren, wie Zinsen, Wechselkurse, Aktien, Kreditrisikospreads und Rohstoffpreise vor, um übermäßige Konzentrationen bei bestimmten direktionalen Risiken zu ermitteln und dem Institut erforderlichenfalls deren Verringerung zu ermöglichen. [2] Die Stresstests für Wiederbeschaffungswerte – einschließlich der Tests für einzelne und mehrere Risikofaktoren sowie für wesentliche nicht direktionale Risiken – sowie gemeinsame Stresstests für Wiederbeschaffungswerte und Bonität werden auf Ebene einzelner Gegenparteien, auf Ebene von Gegenparteigruppen sowie für das institutsweite Gegenparteiausfallrisiko durchgeführt.

(6) [1] Das Programm legt mindestens vierteljährliche Stresstests auf Basis von Multifaktor-Szenarien zugrunde und bewertet wesentliche nicht direktionale Risiken, einschließlich Zinskurvenrisiko und Basisrisiken. [2] Multifaktor-Stresstests beinhalten zumindest die folgenden Szenarien:

a) Eintritt schwerwiegender konjunktureller Ereignisse oder Marktstörungen,

b) erheblicher Rückgang der allgemeinen Marktliquidität,

c) Glattstellung der Positionen eines großen Finanzintermediärs.

(7) [1] Die Schwere der für die zugrunde gelegten Risikofaktoren simulierten Schocks sollte mit dem Zweck des Stresstests in Einklang stehen. [2] Bei der Analyse der Solvenz unter Stressbedingungen müssen die für die zugrunde gelegten Risikofaktoren simulierten Schocks schwer genug sein, um extreme historische Marktrahmenbedingungen und extreme, aber plausible angespannte Marktbedingungen zu erfassen. [3] Die Stresstests ermöglichen es, die Auswirkungen dieser Schocks auf die Eigenmittel, die Eigenmittelanforderungen und die Erträge zu bewerten. [4] Für die tägliche Portfolioüberwachung, Absicherung und Steuerung von Risikokonzentrationen werden im Rahmen des Programms außerdem weniger schwerwiegende Szenarien mit höherer Wahrscheinlichkeit betrachtet.

(8) [1] Um extreme, aber plausible Szenarien zu ermitteln, die zu erheblich schlechteren Ergebnissen führen könnten, sieht das Programm gegebenenfalls auch umgekehrte Stresstests vor. [2] Bei umgekehrten Stresstests werden die Auswirkungen wesentlicher Nichtlinearitäten im Portfolio berücksichtigt.

(9) [1] Die Ergebnisse der im Rahmen des Programms durchgeführten Stresstests werden der Geschäftsleitung regelmäßig, mindestens aber vierteljährlich, mitgeteilt. [2] Die Berichte und Ergebnisanalysen geben Aufschluss über die größten Auswirkungen auf die einzelnen Gegenparteien im gesamten Portfolio, über wesentliche Risikokonzentrationen in einzelnen Portfoliosegmenten (innerhalb der gleichen Branche oder Region) sowie über relevante Trends auf Portfolio- und Gegenparteiebene.

(10) [1] Die Geschäftsleitung übernimmt bei der Integration der Stresstests in das Risikomanagement-Rahmenkonzept und die Risikokultur des Instituts eine führende Rolle und stellt sicher, dass die Ergebnisse aussagekräftig sind und zur Steuerung des Gegenparteiausfallrisikos eingesetzt werden. [2] Die Ergebnisse, die die Stresstests für wesentliche Wiederbeschaffungswerte ergeben, werden anhand der Richtlinien für die Risikobereitschaft des Instituts bewertet und für den Fall, dass die Tests unangemessen hohe Risiken oder Risikokonzentrationen ergeben, zur Diskussion und gegebenenfalls Veranlassung von Maßnahmen an die Geschäftsleitung weitergeleitet.

Art. 291 Korrelationsrisiko. (1) Für die Zwecke dieses Artikels bezeichnet der Ausdruck

a) „allgemeines Korrelationsrisiko" das Risiko, das entsteht, wenn eine positive Korrelation zwischen der Ausfallwahrscheinlichkeit von Gegenparteien und allgemeinen Marktrisikofaktoren besteht;

b) „spezielles Korrelationsrisiko" das Risiko, das entsteht, wenn aufgrund der Art der Geschäfte mit einer Gegenpartei die Ausfallwahrscheinlichkeit der Gegenpartei positiv mit dem künftigen Wiederbeschaffungswert aus den Geschäften mit dieser bestehenden Gegenpartei korreliert. Ein Institut ist einem speziellen Korrelationsrisiko ausgesetzt, wenn zu erwarten ist, dass der künftige Wiederbeschaffungswert aus den Geschäften mit einer bestimmten Gegenpartei dann hoch ist, wenn auch die Ausfallwahrscheinlichkeit der Gegenpartei hoch ist.

(2) Ein Institut schenkt Risikopositionen, die mit einem erheblichen allgemeinen und speziellen Korrelationsrisiko verbunden sind, gebührende Beachtung.

(3) [1] Zur Ermittlung allgemeiner Korrelationsrisiken entwickelt ein Institut Stresstests und Szenarioanalysen, mit denen es Risikofaktoren, die zur Bonität der Gegenpartei in einem ungünstigen Verhältnis stehen, Stressbedingungen aussetzt. [2] Solche Tests tragen der Möglichkeit Rechnung, dass es nach einer Veränderung in den Beziehungen zwischen Risikofaktoren zu schweren Schocks kommt. [3] Ein Institut überwacht das allgemeine Korrelationsrisiko nach Produkten, Regionen, Branchen oder anderen für seine Geschäftstätigkeit relevanten Kategorien.

(4) Ein Institut wendet kontinuierlich Verfahren an, mit denen für jedes einzelne Unternehmen spezielle Korrelationsrisiken vom Geschäftsabschluss an über die gesamte Laufzeit des Geschäfts hinweg ermittelt, verfolgt und kontrolliert werden können.

(5) Für Geschäfte, bei denen ein spezielles Korrelationsrisiko festgestellt wurde und bei denen eine rechtliche Verbindung zwischen der Gegenpartei und dem Emittenten des Basiswerts des OTC-Derivats oder des Basiswerts der in Artikel 273 Absatz 2 Buchstaben b, c und d bezeichneten Geschäfte besteht, berechnen Institute die Eigenmittelanforderungen für das Gegenparteiausfallrisiko nach folgenden Grundsätzen:

a) Die Instrumente, bei denen ein spezielles Korrelationsrisiko besteht, werden nicht in den gleichen Netting-Satz aufgenommen wie die anderen Geschäfte mit der Gegenpartei, sondern jeweils als separater Netting-Satz behandelt;

b) innerhalb jedes solchen separaten Netting-Satzes ist der Risikopositionswert von Einzeladressen-Kreditausfallswaps gleich dem gesamten erwarteten Verlust des verbleibenden Zeitwerts der Basisinstrumente unter der Annahme der Liquidation des zugrunde liegenden Emittenten;

c) Institute, die den Ansatz nach Kapitel 3 verwenden, setzen die LGD für solche Swap-Geschäfte mit 100 % an;

d) Institute, die den Ansatz nach Kapitel 2 verwenden, setzen das Risikogewicht eines unbesicherten Geschäfts an;

e) *Bei*[1] allen anderen auf eine Einzeladresse bezogenen Geschäften in einem solchen separaten Netting-Satz erfolgt die Berechnung des Risikopositionswerts unter der Annahme eines Kreditausfallereignisses bei den zugrunde liegenden Verbindlichkeiten, bei denen eine rechtliche Verbindung zwischen dem Emittenten und der Gegenpartei besteht. Bei auf einen Adressenkorb oder einen Index bezogenen Geschäften wird gegebenenfalls das Kreditausfallereignis bei denjenigen zugrunde liegenden Verbindlichkeiten, bei denen eine rechtliche Verbindung zwischen dem Emittenten und der Gegenpartei besteht, angenommen, sofern es wesentlich ist;

f) sofern hierbei vorhandene Marktrisikoberechnungen verwendet werden, die gemäß Titel IV Kapitel 5 Abschnitt 4 zur Ermittlung der Eigenmittelanforderungen für das zusätzliche Ausfall- und Migrationsrisiko durchgeführt wurden, und die sich bereits auf eine LGD-Annahme stützen, wird in der Formel für LGD 100 % angesetzt.

(6) Die Institute legen der Geschäftsleitung und dem zuständigen Ausschuss des Leitungsorgans regelmäßig Berichte sowohl über spezielle als auch über allgemeine Korrelationsrisiken vor und nennen darin die zur Steuerung dieser Risiken eingeleiteten Schritte.

Art. 292 Integrität des Modellierungsprozesses. (1) Ein Institut gewährleistet die Integrität des Modellierungsprozesses gemäß Artikel 284 zumindest durch Folgendes:

a) Das Modell trägt den Konditionen und Spezifikationen eines Geschäfts zeitnah, umfassend und konservativ Rechnung;

b) diese Konditionen umfassen zumindest Nominalbeträge, Laufzeit, Referenzaktiva, Nachschussvereinbarungen und Nettingvereinbarungen;

c) diese Konditionen und Spezifikationen sind in einer Datenbank gespeichert, die in regelmäßigen Abständen einer förmlichen Überprüfung unterzogen wird;

d) es besteht ein Verfahren zur Anerkennung von Nettingvereinbarungen, bei dem die Mitarbeiter der Rechtsabteilung sich versichern müssen, dass das Netting im Rahmen dieser Vereinbarungen rechtlich durchsetzbar ist;

e) die nach Buchstabe d vorgeschriebene Überprüfung wird von einer unabhängigen Abteilung in der unter Buchstabe c genannten Datenbank festgehalten;

f) die Übertragung der Konditionen und Spezifikationsdaten auf das EPE-Modell wird im Rahmen der Innenrevision überprüft;

g) es bestehen Verfahren für den förmlichen Abgleich der Datensysteme des internen Modells mit den Ausgangsdatensystemen, damit laufend sicher-

[1] Richtig wohl: „bei".

gestellt werden kann, dass die Geschäftskonditionen und Spezifikationen im EPE korrekt oder zumindest konservativ abgebildet sind.

(2) *[1]* [1] Zur Bestimmung der aktuellen Wiederbeschaffungswerte werden aktuelle Marktdaten verwendet. [2] Ein Institut darf bei der Kalibrierung seines EPE-Modells zur Festlegung der Parameter der zugrunde liegenden stochastischen Prozesse wie Drift, Volatilität und Korrelation entweder historische Marktdaten oder vom Markt implizierte Daten heranziehen. [3] Zieht ein Institut historische Daten heran, so umfassen diese einen Zeitraum von mindestens drei Jahren. [4] Die Daten werden quartalsweise oder – sollten die Marktverhältnisse dies erfordern – häufiger aktualisiert.

[2] Zur Berechnung des effektiven EPE mit einer auf Stressbedingungen ausgerichteten Kalibrierung kalibriert ein Institut den effektiven EPE entweder anhand einer Datenhistorie von drei Jahren, die eine Stressphase für die Kreditrisikoprämien (Kreditspreads) seiner Gegenparteien beinhaltet, oder anhand impliziter Marktdaten aus einer solchen Stressphase.

[3] Zu diesem Zweck erfüllt das Institut die in den Absätzen 3, 4 und 5 genannten Anforderungen.

(3) [1] Ein Institut weist der zuständigen Behörde gegenüber mindestens einmal im Quartal hinreichend nach, dass die für die Berechnung nach diesem Absatz zugrunde gelegte Stressphase für eine repräsentative Auswahl ihrer Gegenparteien, deren Risikoprämien gehandelt werden, mit einem Zeitraum zusammenfällt, in dem die Risikoprämien für Kreditausfallswaps oder andere Schuldtitel (wie Darlehen oder Unternehmensanleihen) steigen. [2] Verfügt ein Institut nicht über angemessene Daten zu den Risikoprämien für eine Gegenpartei, so ordnet es dieser ausgehend von der Region, der internen Beurteilung und den Geschäftsarten spezifische Prämiendaten zu.

(4) Das EPE-Modell für alle Gegenparteien stützt sich auf historische oder implizite Daten, die auch Daten aus der Stressphase einschließen, und setzt diese Daten in einer mit der Methode für die Kalibrierung des EPE-Modells auf Basis aktueller Daten übereinstimmenden Weise ein.

(5) *[1]* [1] Um die Wirksamkeit seiner Stresstest-Kalibrierung für den EEPE zu beurteilen, schafft das Institut mehrere Referenzportfolios, die für die gleichen Hauptrisikofaktoren anfällig sind wie das Institut selbst. [2] Das Risiko aus diesen Referenzportfolios wird a) anhand einer Stresstest-Methodik berechnet, bei der aktuelle Marktwerte und Modellparameter zu angespannten Marktbedingungen kalibriert werden, und b) anhand des in dieser Stressphase erzeugten Risikos ermittelt, allerdings unter Anwendung der in diesem Abschnitt dargelegten Methode (Marktpreis am Ende der Stressphase, Volatilitäten und Korrelationen aus der dreijährigen Stressphase).

[2] Weichen die Risiken aus diesen Referenzportfolios erheblich voneinander ab, schreiben die zuständigen Behörden dem Institut eine Korrektur der Stresstest-Kalibrierung vor.

(6) [1] Das Institut unterzieht das Modell einem Validierungsverfahren, das in den Vorschriften und Verfahren des Instituts genau festgelegt ist. [2] Dabei wird

a) bestimmt, welche Tests erforderlich sind, um die Integrität des Modells zu gewährleisten, und unter welchen Bedingungen die dem Modell zugrunde liegenden Annahmen unangemessen sind und deshalb einen zu niedrigen Ansatz des EPE bewirken können,

b) die Vollständigkeit des Modells überprüft.

(7) [1] Ein Institut überwacht die maßgeblichen Risiken und verfügt über Verfahren, mit denen es seine EEPE-Schätzung anpassen kann, sollten diese Risiken ein erhebliches Ausmaß erreichen. [2] Um diesen Absatz zu erfüllen, muss ein Institut

a) seine speziellen Korrelationsrisiken im Sinne des Artikels 291 Absatz 1 Buchstabe b und seine allgemeinen Korrelationsrisiken im Sinne des Artikels 291 Absatz 1 Buchstabe a ermitteln und steuern,
b) bei Risikopositionen, deren Risikoprofil sich nach einem Jahr erhöht, regelmäßig die für den Zeitraum von einem Jahr geschätzte relevante Risikomessgröße mit derselben Risikomessgröße über die gesamte Laufzeit der Risikoposition vergleichen,
c) bei Risikopositionen mit einer Restlaufzeit von weniger als einem Jahr regelmäßig den Wiedereindeckungsaufwand (aktueller Wiederbeschaffungswert) mit dem tatsächlichen Risikoprofil vergleichen und Daten, die einen solchen Vergleich ermöglichen würden, speichern.

(8) Ein Institut verfügt über interne Verfahren, mit deren Hilfe es sich vor Aufnahme eines Geschäfts in einen Netting-Satz vergewissern kann, dass dieses Geschäft einer rechtlich durchsetzbaren Netting-Vereinbarung unterliegt, die die Anforderungen des Abschnitts 7 erfüllt.

(9) Ein Institut, das zur Minderung seines Gegenparteiausfallrisikos auf Sicherheiten zurückgreift, verfügt über interne Verfahren, mit deren Hilfe es sich vor Berücksichtigung der Sicherheiten in seinen Berechnungen vergewissern kann, dass diese das nach Kapitel 4 vorgeschriebene Maß an Rechtssicherheit erfüllen.

(10) Die EBA überwacht die Bandbreite der Praxis in diesem Bereich und gibt gemäß Artikel 16 der Verordnung (EU) Nr. 1093/2010 Leitlinien für die Anwendung dieses Artikels heraus.

Art. 293 Anforderungen an das Risikomanagementsystem. (1) Ein Institut erfüllt die folgenden Anforderungen:

a) Es erfüllt die qualitativen Anforderungen des Teils 3 Titel IV Kapitel 5;
b) es führt regelmäßig Rückvergleiche durch, bei denen die im Rahmen des Modells ermittelten Risikomessgrößen mit den realisierten Risikomessgrößen und auf gleichbleibenden Positionen basierende hypothetische Veränderungen mit den realisierten Messgrößen verglichen werden;
c) es unterzieht sein CCR-Wiederbeschaffungswert-Modell sowie die im Rahmen dieses Modells ermittelten Risikomessgrößen einer ersten Validierung sowie einer regelmäßigen Überprüfung. Validierung und Überprüfung müssen von der Modellentwicklung unabhängig sein;
d) Leitungsorgan und Geschäftsleitung sind an der Risikoüberwachung beteiligt und sorgen dafür, dass für die Überwachung von Kreditrisiko und Gegenparteiausfallrisiko ausreichende Ressourcen bereitgestellt werden. Zu diesem Zweck werden die Tagesberichte, die von der nach Artikel 287 Absatz 1 Buchstabe a eingerichteten unabhängigen Abteilung „Risikoüberwachung“ erstellt werden, von einer Managementebene überprüft, die über ausreichende Befugnisse und Autorität verfügt, um sowohl eine Reduzierung der von

einzelnen Händlern übernommenen Positionen als auch eine Reduzierung des eingegangenen Gesamtrisikos des Instituts durchzusetzen;

e) das interne Risikomessmodell ist in das tägliche Risikomanagement des Instituts eingebunden;

f) das Risikomesssystem wird in Kombination mit den internen Handelsvolumen und Risikopositionsobergrenzen eingesetzt. Zu diesem Zweck sind Risikopositionsobergrenzen in einer Weise mit dem Risikomessmodell des Instituts verknüpft, die im Zeitablauf konsistent ist und für Händler, Kreditabteilung und die Geschäftsleitung gut nachvollziehbar ist;

g) ein Institut stellt sicher, dass sein Risikomanagement-System gut dokumentiert ist. Es verfügt insbesondere über schriftlich festgelegte interne Vorschriften, Kontrollen und Verfahren für das Risikomesssystem sowie über Regelungen, die die Einhaltung dieser Vorschriften gewährleisten;

h) im Rahmen der Innenrevision wird das Risikomesssystem regelmäßig einer unabhängigen Prüfung unterzogen. Diese Prüfung umfasst sowohl die Tätigkeiten der Handelsabteilungen als auch der unabhängigen Abteilung „Risikoüberwachung". Das allgemeine Risikomanagement wird regelmäßig (mindestens jedoch jährlich) einer Prüfung unterzogen, wobei zumindest alle in Artikel 288 genannten Punkte zu behandeln sind;

i) die laufende Validierung der CCR-Modelle wird einschließlich der Rückvergleiche regelmäßig von einer Managementebene überprüft, die über ausreichende Autorität verfügt, um über die zur Beseitigung von Schwächen in den Modellen einzuleitenden Schritte zu entscheiden.

(2) [1] Wenn die zuständigen Behörden gemäß Artikel 284 Absatz 4 die Höhe von α festlegen, berücksichtigen sie dabei, in welchem Umfang ein Institut die in Absatz 1 festgelegten Anforderungen erfüllt. [2] Für die Anwendung des Mindestmultiplikationsfaktors kommen nur Institute in Frage, die diese Anforderungen in vollem Umfang erfüllen.

(3) [1] Ein Institut dokumentiert seine Vorgehensweise bei der erstmaligen und der laufenden Validierung seines CCR-Wiederbeschaffungswert-Modells und bei der Berechnung der im Rahmen der Modelle ermittelten Risikomessgrößen so detailliert, dass ein Dritter die Analyse bzw. Risikomessgrößen nachvollziehen könnte. [2] In dieser Dokumentation werden die Häufigkeit der Rückvergleichsanalyse und sonstiger laufender Validierungen, die Art und Weise, in der die Validierungen im Hinblick auf Datenströme und Portfolios durchgeführt werden, sowie die verwendeten Analysen festgehalten.

(4) Ein Institut legt Kriterien für die Bewertung seiner CCR-Wiederbeschaffungswert-Modelle und der Modelle, die die Eingangsparameter für die Berechnung der Risikopositionswerte liefern, fest und verfügt über schriftliche Grundsätze, in denen dargelegt wird, wie eine unannehmbare Leistung des Modells festgestellt und behoben wird.

(5) Ein Institut legt fest, wie repräsentative Gegenpartei-Portfolios für die Validierung eines CCR-Wiederbeschaffungswert-Modells und seiner Risikomessgrößen zusammengestellt werden.

(6) Bei der Validierung von CCR-Wiederbeschaffungswert-Modellen und ihren Risikomessgrößen, mit denen Verteilungen prognostiziert werden, wird mehr als nur ein statistisches Maß der Prognoseverteilung berücksichtigt.

Art. 294 Validierungsanforderungen. (1) Ein Institut sorgt bei der erstmaligen und der laufenden Validierung seines CCR-Wiederbeschaffungswert-Modells und dessen Risikomessgrößen für die Einhaltung folgender Anforderungen:

a) Das Institut nimmt vor der Erlaubnis der zuständigen Behörden nach Artikel 283 Absatz 1 anhand historischer Daten über Veränderungen bei den Marktrisikofaktoren Rückvergleiche vor. Diese Rückvergleiche legen eine Reihe unterschiedlicher Prognosehorizonte (mindestens bis zu einem Jahr) mit unterschiedlichen Anfangsdaten zugrunde und decken dabei ein breites Spektrum von Marktbedingungen ab;

b) ein Institut, das nach Artikel 285 Absatz 1 Buchstabe b verfährt, validiert sein Modell regelmäßig, um zu testen, ob die tatsächlichen Wiederbeschaffungswerte mit den Prognosen für alle Nachschuss-Risikoperioden eines Jahres übereinstimmen. Haben einige der im Netting-Satz enthaltenen Geschäfte eine Laufzeit von weniger als einem Jahr, und ist die Sensitivität gegenüber Änderungen der Risikofaktoren des Netting-Satzes ohne diese Geschäfte höher, so wird dies bei der Validierung berücksichtigt;

c) es testet die Leistung seines CCR-Wiederbeschaffungswert-Modells und dessen relevanter Risikomessgrößen sowie die Prognosen für Marktrisikofaktoren im Rückvergleich. Bei der Auswahl der Prognosehorizonte für besicherte Geschäfte werden auch die bei besicherten oder durch Einschüsse bzw. Nachschüsse unterlegten Geschäften üblichen Nachschuss-Risikoperioden einbezogen;

d) deutet die Modellvalidierung darauf hin, dass der effektive EPE zu niedrig angesetzt wird, leitet das Institut die zur Beseitigung der Modellungenauigkeit notwendigen Schritte ein;

e) es testet die Preisfindungsmodelle, mit denen die CCR-Wiederbeschaffungswerte für ein bestimmtes Szenario künftiger Schocks bei den Marktrisikofaktoren berechnet werden, im Rahmen der erstmaligen und der laufenden Modellvalidierung. Preisfindungsmodelle für Optionen tragen der Nichtlinearität des Optionswerts in Bezug auf Marktrisikofaktoren Rechnung;

f) das CCR-Wiederbeschaffungswert-Modell erfasst die geschäftsspezifischen Informationen, die zur Zusammenfassung der Wiederbeschaffungswerte auf Ebene des Netting-Satzes erforderlich sind. Ein Institut vergewissert sich, dass im Rahmen des Modells Geschäfte dem richtigen Netting-Satz zugeordnet werden;

g) das CCR-Wiederbeschaffungswert-Modell bezieht geschäftsspezifische Informationen mit ein, die die Auswirkungen von Nachschüssen erfassen. Berücksichtigt werden dabei neben dem aktuellen Betrag des Ein- bzw. Nachschusses auch künftige zwischen den Gegenparteien zu übertragende Nachschüsse. Ein solches Modell trägt der Art der Nachschussvereinbarungen (ein- oder zweiseitig), der Häufigkeit von Nachschussforderungen, der Nachschuss-Risikoperiode, der Schwelle, bis zu der das Institut bereit ist, eine nicht durch Nachschüsse begrenzte Risikoposition zu akzeptieren, und dem Mindesttransferbetrag Rechnung. Bei einem solchen Modell werden entweder die Änderungen des Marktwerts der hinterlegten Sicherheiten geschätzt oder die in Kapitel 4 festgelegten Regeln angewandt;

h) bei der Modellvalidierung werden repräsentative Gegenpartei-Portfolios statischen historischen Rückvergleichen unterzogen. Solche Rückvergleiche nimmt ein Institut in regelmäßigen Abständen bei einer Reihe repräsentativer (tatsächlicher oder hypothetischer) Gegenpartei-Portfolios vor. Kriterien für die Repräsentativität der Portfolios sind deren Sensitivität gegenüber den wesentlichen Risikofaktoren und Kombinationen aus Risikofaktoren, denen das Institut ausgesetzt ist;

i) ein Institut führt auch Rückvergleiche durch, die auf eine Überprüfung der grundlegenden Annahmen des CCR-Wiederbeschaffungswert-Modells und dessen relevanter Risikomessgrößen abstellen, einschließlich der im Modell abgebildeten Beziehung zwischen unterschiedlichen Laufzeiten desselben Risikofaktors und der im Modell abgebildeten Beziehungen zwischen Risikofaktoren;

j) die Leistungsfähigkeit von *CRR*[1)]-Wiederbeschaffungswert-Modellen und ihrer Risikomessgrößen wird durch sachgerechte Rückvergleiche überprüft. Diese Rückvergleiche müssen es ermöglichen, Schwachstellen bei der Leistung der Risikomessgrößen eines EPE-Modells aufzudecken;

k) ein Institut validiert seine CCR-Wiederbeschaffungswert-Modelle samt aller Risikomessgrößen für Zeithorizonte, die der Laufzeit der Geschäfte entsprechen, deren Risikopositionswert nach Artikel 283 unter Verwendung der IMM berechnet wird;

l) ein Institut testet die Preisfindungsmodelle, mit denen die Wiederbeschaffungswerte berechnet werden, im Rahmen des laufenden Modellvalidierungsverfahrens regelmäßig im Vergleich mit angemessenen unabhängigen Referenzwerten;

m) bei der laufenden Validierung des CCR-Wiederbeschaffungswert-Modells des Instituts und der relevanten Risikomessgrößen wird ebenfalls bewertet, ob die Leistung in jüngster Zeit als angemessen zu betrachten ist;

n) die Abstände, in denen die Parameter eines CCR-Wiederbeschaffungswert-Modells aktualisiert werden, beurteilt das Institut im Rahmen der erstmaligen und der laufenden Validierung;

o) bei der erstmaligen und der laufenden Validierung von CCR-Wiederbeschaffungswert-Modellen wird bewertet, ob die Berechnungen des Wiederbeschaffungswerts auf Ebene der Gegenpartei und des Nettingsatzes angemessen sind.

(2) [1] Mit vorheriger Erlaubnis der zuständigen Behörden darf anstelle des Produkts aus α und dem effektiven EPE eine konservativere Messgröße verwendet werden als für die Berechnung der aufsichtlichen Risikopositionswerte für jede einzelne Gegenpartei. [2] Wie konservativ diese Messgröße im Verhältnis ist, wird bei der Erlaubnis durch die zuständigen Behörden und bei den regelmäßigen aufsichtsbehördlichen Überprüfungen der EPE-Modelle bewertet. [3] Der Konservativitätsgrad der Messgröße wird von dem Institut regelmäßig validiert. [4] In die laufende Bewertung der Leistungsfähigkeit des Modells werden alle Gegenparteien einbezogen, für die die Modelle verwendet werden.

(3) Lassen Rückvergleiche darauf schließen, dass ein Modell nicht genau genug ist, so widerrufen die zuständigen Behörden dem Modell die Genehmi-

---

[1)] Richtig wohl: „CCR".

gung oder verhängen angemessene Maßnahmen, um zu gewährleisten, dass das Modell umgehend verbessert wird.

Abschnitt 7. Vertragliches Netting

Art. 295 Anerkennung der risikomindernden Effekte von vertraglichem Netting. *[1]* Ein Institut kann nur die nachstehend genannten Arten vertraglicher Nettingvereinbarungen gemäß Artikel 298 als risikomindernd behandeln und dies auch nur, wenn die Vereinbarung gemäß Artikel 296 von den zuständigen Behörden anerkannt wurde und das Institut die Anforderungen des Artikels 297 erfüllt:

a) bilaterale Schuldumwandlungsverträge zwischen einem Institut und seinem Vertragspartner, durch die gegenseitige Forderungen und Verbindlichkeiten automatisch so zusammengefasst werden, dass sich bei jeder Schuldumwandlung ein einziger Nettobetrag ergibt und so ein einziger neuer Vertrag entsteht, der alle früheren Verträge und alle aus diesen Verträgen erwachsenden Pflichten der Vertragsparteien ersetzt und für alle Seiten rechtsverbindlich ist;

b) sonstige bilaterale Aufrechnungsvereinbarungen zwischen einem Institut und seinem Vertragspartner;

c) produktübergreifende vertragliche Nettingvereinbarungen von Instituten, die die Genehmigung erhalten haben, die Methode nach Abschnitt 6 auf von dieser Methode erfasste Geschäfte anzuwenden. Die zuständigen Behörden übermitteln der EBA ein Verzeichnis der genehmigten produktübergreifenden vertraglichen Nettingvereinbarungen.

[2] Das übergreifende Netting von Geschäften, die von verschiedenen Unternehmen einer Gruppe geschlossen wurden, wird nicht für die Berechnung der Eigenmittelanforderungen anerkannt.

Art. 296 Anerkennung vertraglicher Nettingvereinbarungen. (1) Eine vertragliche Nettingvereinbarung wird von den zuständigen Behörden nur anerkannt, wenn die in Absatz 2 und – falls relevant – Absatz 3 genannten Bedingungen erfüllt sind.

(2) *[1]* Alle vertraglichen Nettingvereinbarungen, die von einem Institut gemäß diesem Teil zur Ermittlung des Risikopositionswerts verwendet werden, erfüllen die folgenden Voraussetzungen:

a) Das Institut hat mit seinem Vertragspartner eine vertragliche Nettingvereinbarung geschlossen, die für alle erfassten Geschäfte eine einzige rechtliche Verpflichtung begründet, so dass das Institut bei Ausfall des Vertragspartners nur auf den Saldo der positiven und negativen Marktwerte der erfassten Einzelgeschäfte einen Anspruch hat oder zu dessen Zahlung verpflichtet ist;

b) das Institut hat den zuständigen Behörden schriftliche, mit einer Begründung versehene Rechtsgutachten vorgelegt, aus denen hervorgeht, dass die Ansprüche und Zahlungsverpflichtungen des Instituts bei einer rechtlichen Anfechtung der Nettingvereinbarung nicht über die unter Buchstabe a genannten Ansprüche und Verpflichtungen hinausgehen würden. Das Rechtsgutachten stützt sich auf das anwendbare Recht, d.h.:

i) das Recht des Landes, in dem der Vertragspartner seinen Sitz hat,

ii) ist eine Zweigniederlassung eines Unternehmens beteiligt, die sich in einem anderen Land befindet als dem, in dem das Unternehmen seinen

Sitz hat, das Recht des Landes, in dem sich die Zweigniederlassung befindet,

iii) das Recht des Landes, das für die unter die Nettingvereinbarung fallenden einzelnen Geschäfte maßgeblich ist,

iv) das Recht des Landes, das für die zur Erbringung des vertraglichen Nettings notwendigen Verträge oder Vereinbarungen maßgeblich ist;

c) das Kreditrisiko in Bezug auf jeden einzelnen Vertragspartner wird zusammengefasst, um für alle Geschäfte mit jedem einzelnen Vertragspartner eine einzelne rechtliche Risikoposition zu erhalten. Dieser Zusammenfassung wird bei den Kreditvolumenobergrenzen und im internen Kapital Rechnung getragen;

d) der Vertrag enthält keine Klausel, die bei Ausfall einer Vertragspartei einer vertragserfüllenden Partei die Möglichkeit gibt, nur begrenzte oder gar keine Zahlungen in die Konkursmasse zu leisten, auch wenn die ausfallende Partei ein Nettogläubiger ist (sogenannte Ausstiegsklausel).

[2] [1] Wurde einer der zuständigen Behörden nicht ausreichend nachgewiesen, dass das vertragliche Netting nach dem Recht aller unter Buchstabe b genannten Länder rechtsgültig und durchsetzbar ist, wird die Nettingvereinbarung für keine der Vertragsparteien als risikomindernd anerkannt. [2] Die zuständigen Behörden setzen einander hiervon in Kenntnis.

(3) [1] Die unter Buchstabe b genannten Rechtsgutachten können für Arten von vertraglichem Netting erstellt sein. [2] Produktübergreifende vertragliche Nettingvereinbarungen erfüllen darüber hinaus die folgenden Voraussetzungen:

a) Der Saldo nach Absatz 2 Buchstabe a ist die Nettosumme der positiven und negativen Schlusswerte aller eingeschlossenen individuellen bilateralen Mastervereinbarungen und der positiven und negativen Marktwerte der einzelnen Geschäfte („produktübergreifender Nettobetrag");

b) in den Rechtsgutachten nach Absatz 2 Buchstabe b werden die Gültigkeit und Durchsetzbarkeit der gesamten produktübergreifenden vertraglichen Nettingvereinbarung anhand ihrer Konditionen bewertet und die Auswirkung der Nettingvereinbarung auf die wesentlichen Bestimmungen aller eingeschlossenen individuellen bilateralen Mastervereinbarungen beurteilt.

Art. 297 Pflichten der Institute. (1) Ein Institut schafft und erhält Verfahren, die gewährleisten, dass die Rechtsgültigkeit und Durchsetzbarkeit seines vertraglichen Nettings überprüft wird, um Änderungen der Rechtsvorschriften der Länder nach Artikel 296 Absatz 2 Buchstabe b Rechnung zu tragen.

(2) Das Institut bewahrt alle vorgeschriebenen Unterlagen im Zusammenhang mit seinem vertraglichen Netting in seinen Akten auf.

(3) Das Institut bezieht die Auswirkungen von Netting in die Messung der Gesamtrisikoposition gegenüber jeder einzelnen Gegenpartei ein und steuert sein Gegenparteiausfallrisiko dementsprechend.

(4) *[1]* Bei produktübergreifenden vertraglichen Nettingvereinbarungen nach Artikel 295 behält das Institut die in Artikel 296 Absatz 2 Buchstabe c genannten Verfahren bei, um sich davon zu überzeugen, dass alle Geschäfte, die in einen Netting-Satz aufgenommen werden sollen, durch ein Rechtsgutachten gemäß Artikel 296 Absatz 2 Buchstabe b erfasst werden.

[2] Unter Berücksichtigung der produktübergreifenden vertraglichen Nettingvereinbarung erfüllt das Institut weiterhin in Bezug auf alle einbezogenen individuellen bilateralen Mastervereinbarungen und Geschäfte die Voraussetzungen für die Anerkennung von bilateralem Netting und gegebenenfalls die Anforderungen des Kapitels 4 zur Anerkennung der Kreditrisikominderung.

Art. 298 Folgen der Anerkennung der risikomindernden Effekte von vertraglichem Netting. Für die Zwecke der Abschnitte 3 bis 6 wird vertragliches Netting nach Maßgabe der dortigen Bestimmungen anerkannt.

Abschnitt 8. Positionen im Handelsbuch

Art. 299 Positionen im Handelsbuch. (1) Für die Anwendung dieses Artikels enthält Anhang II einen Verweis auf die in Anhang I Abschnitt C Nummer 8 der Richtlinie 2004/39/EG genannten derivativen Instrumente für die Übertragung von Kreditrisiken.

(2) Bei der Berechnung der risikogewichteten Positionsbeträge für das Gegenparteiausfallrisiko bei Handelsbuchpositionen halten die Institute die folgenden Grundsätze ein:

a) *(aufgehoben)*

b) zur Anerkennung der Auswirkungen finanzieller Sicherheiten greifen Institute nicht auf die einfache Methode zur Berücksichtigung finanzieller Sicherheiten nach Artikel 222 zurück;

c) bei Pensionsgeschäften und Wertpapier- oder Warenverleih- oder -leihgeschäften, die im Handelsbuch verbucht werden, dürfen Institute als Sicherheit alle Finanzinstrumente und Waren anerkennen, die für eine Aufnahme ins Handelsbuch in Frage kommen;

d) bei Risikopositionen aus OTC-Derivaten, die im Handelsbuch verbucht werden, dürfen Institute Waren, die für eine Aufnahme ins Handelsbuch in Frage kommen, als Sicherheit anerkennen;

e) zur Berechnung der Volatilitätsanpassung in den Fällen, in denen Finanzinstrumente oder Waren, die nach Kapitel 4 nicht anerkennungsfähig sind, mittels einer Sicherheit oder anderweitig verliehen, veräußert oder bereitgestellt bzw. ausgeliehen, angekauft oder entgegengenommen werden und ein Institut die aufsichtlichen Volatilitätsanpassungen nach Kapitel 4 Abschnitt 3 anwendet, so behandeln Institute solche Instrumente und Waren wie Aktien eines Nebenindexes, die an einer anerkannten Börse notiert sind;

f) verwendet ein Institut für Finanzinstrumente oder Waren, die nach Kapitel 4 nicht anerkennungsfähig sind, die auf eigenen Schätzungen beruhenden Volatilitätsanpassungen nach Kapitel 4 Abschnitt 3, so berechnet es die Volatilitätsanpassungen für jeden einzelnen Posten. Hat ein Institut die Erlaubnis zur Verwendung der auf internen Modellen beruhenden Methode nach Kapitel 4 erhalten, darf es diese Methode auch für das Handelsbuch verwenden;

g) bei Netting-Rahmenvereinbarungen für Pensionsgeschäfte, Wertpapier- oder Warenverleih- oder -leihgeschäfte oder andere Kapitalmarkttransaktionen erkennen Institute die Aufrechnung von Positionen im Handels- und im Anlagebuch nur an, wenn die aufgerechneten Geschäfte die folgenden Bedingungen erfüllen:

i) Alle Geschäfte werden täglich zu Marktkursen neubewertet,

ii) alle im Rahmen der Geschäfte ausgeliehenen, angekauften oder entgegengenommenen Posten können ohne Anwendung der Buchstaben c bis f als finanzielle Sicherheit gemäß Kapitel 4 anerkannt werden;

h) ist ein im Handelsbuch geführtes Kreditderivat Teil eines internen Absicherungsgeschäfts und ist diese Absicherung gemäß Artikel 204 im Rahmen dieser Verordnung anerkannt, wenden Institute eine der folgenden Methoden an:

i) Sie verfahren so, als bestünde bei der Position in diesem Kreditderivat kein Gegenparteiausfallrisiko;

ii) wenn die Kreditbesicherung nach Kapitel 4 anerkennungsfähig ist, beziehen sie alle im Handelsbuch geführten Kreditderivate, die Bestandteil der internen Absicherungsgeschäfte sind oder zur Absicherung einer CCR-Risikoposition erworben wurden, durchgängig in die Berechnung der Eigenmittelanforderungen für das Gegenparteiausfallrisiko ein.

Abschnitt 9. Eigenmittelanforderungen für Risikopositionen gegenüber einer zentralen Gegenpartei

Art. 300 Begriffsbestimmungen. Für die Zwecke dieses Abschnitts und des Teils 7 bezeichnet der Ausdruck

1. „insolvenzgeschützt" in Bezug auf Kundenvermögenswerte den Umstand, dass wirksame Vereinbarungen bestehen, die verhindern, dass bei Insolvenz einer zentralen Gegenpartei (ZGP) oder eines Clearingmitglieds die Gläubiger dieser zentralen Gegenpartei bzw. dieses Clearingmitglieds auf jene Vermögenswerte zugreifen können, oder dass das Clearingmitglied auf die Vermögenswerte zugreifen kann, um Verluste abzudecken, die es aufgrund des Ausfalls eines oder mehrerer anderer Kunden als jener, die diese Vermögenswerte eingebracht haben, erlitten hat;
2. „ZGP-bezogenes Geschäft" einen Kontrakt oder ein Geschäft nach Artikel 301 Absatz 1 zwischen einem Kunden und einem Clearingmitglied, der/das unmittelbar mit einem Kontrakt oder einem Geschäft nach jenem Absatz zwischen diesem Clearingmitglied und einer ZGP in Beziehung steht;
3. „Clearingmitglied" ein Clearingmitglied im Sinne des Artikels 2 Nummer 14 der Verordnung (EU) Nr. 648/2012;
4. „Kunde" einen Kunden im Sinne des Artikels 2 Nummer 15 der Verordnung (EU) Nr. 648/2012 oder ein Unternehmen, das gemäß Artikel 4 Absatz 3 der Verordnung (EU) Nr. 648/2012 eine indirekte Clearingvereinbarung mit einem Clearingmitglied getroffen hat;
5. „Bargeschäft" ein Geschäft in Barmitteln, Schuldtiteln oder Beteiligungsinstrumenten, ein Fremdwährungskassageschäft oder ein Warenkassageschäft; Pensionsgeschäfte, Wertpapier- oder Warenverleihgeschäfte und Wertpapier- oder Warenleihgeschäfte sind jedoch keine Bargeschäfte;
6. „indirekte Clearingvereinbarung" eine Regelung, die die Bedingungen von Artikel 4 Absatz 3 Unterabsatz 2 der Verordnung (EU) Nr. 648/2012 erfüllt;
7. „Kunde auf höherer Ebene" ein Unternehmen, das Clearingdienstleistungen für Kunden auf niedrigerer Ebene erbringt;
8. „Kunde auf niedrigerer Ebene" ein Unternehmen, das Dienstleistungen einer ZGP über einen Kunden auf höherer Ebene in Anspruch nimmt;

9. „mehrstufige Kundenstruktur" eine indirekte Clearingvereinbarung, unter der für ein Institut Clearingdienstleistungen durch ein Unternehmen erbracht werden, das selbst kein Clearingmitglied, aber Kunde eines Clearingmitglieds oder eines Kunden auf höherer Ebene ist;
10. „nicht vorfinanzierter Beitrag zu einem Ausfallfonds" einen Beitrag, dessen Zahlung ein als Clearingmitglied auftretendes Institut einer ZGP vertraglich zugesagt hat, wenn diese die Mittel ihres Ausfallfonds verbraucht hat, um nach dem Ausfall eines oder mehrerer ihrer Clearingmitglieder die dadurch bedingten Verluste abzudecken;
11. „vollständig garantiertes Einlagenverleih- oder -leihgeschäft" ein vollständig besichertes Geldmarktgeschäft, bei dem zwei Gegenparteien Einlagen austauschen und eine ZGP als Mittler auftritt, um die Ausführung der Zahlungsverpflichtungen der beiden Gegenparteien zu gewährleisten.

Art. 301 Sachlicher Geltungsbereich. (1) *[1]* Dieser Abschnitt gilt für die nachstehend genannten Kontrakte und Geschäfte, solange sie bei einer ZGP ausstehend sind:

a) die in Anhang II genannten Derivatkontrakte sowie Kreditderivate,
b) Wertpapierfinanzierungsgeschäfte und vollständig garantierte Einlagenverleih- oder -leihgeschäfte und
c) Geschäfte mit langer Abwicklungsfrist.

[2] 1 Dieser Abschnitt gilt nicht für Risikopositionen, die aus der Abwicklung von Bargeschäften entstehen. 2 Institute wenden auf aus diesen Geschäften entstehende Handelsrisikopositionen die Behandlung gemäß Titel V und auf Beiträge zum Ausfallfonds zur ausschließlichen Deckung dieser Geschäfte ein Risikogewicht von 0 % an. 3 Institute wenden auf Beiträge zum Ausfallfonds, die ergänzend zu Bargeschäften der Deckung der in Unterabsatz 1 dieses Absatzes aufgeführten Kontrakte dienen, die Behandlung nach Artikel 307 an.

(2) Für die Zwecke dieses Abschnitts gelten die folgenden Anforderungen:

a) Die Einschüsse umfassen nicht Beiträge zu einer ZGP für gemeinschaftliche Verlustbeteiligungsvereinbarungen;
b) die Einschüsse umfassen Sicherheiten, die ein als Clearingmitglied auftretendes Institut oder ein Kunde über den von der ZGP oder dem als Clearingmitglied auftretenden Institut vorgeschriebenen Mindestbetrag hinaus hinterlegt, sofern die ZGP oder das als Clearingmitglied auftretende Institut im einschlägigen Fall das als Clearingmitglied auftretende Institut oder den Kunden daran hindern können, solche überschüssigen Sicherheiten zurückzuziehen;
c) nutzt eine ZGP die Einschüsse zur Vergemeinschaftung von Verlusten unter seinen Clearingmitgliedern, so behandeln als Clearingmitglieder auftretende Institute diese Einschüsse als Beitrag zum Ausfallfonds.

Art. 302 Überwachung der Risikopositionen gegenüber zentralen Gegenparteien. (1) Institute überwachen alle ihre Risikopositionen gegenüber zentralen Gegenparteien und richten Verfahren zur regelmäßigen Information der Geschäftsleitung sowie des/der zuständigen Ausschusses/Ausschüsse des Leitungsorgans über diese Risikopositionen ein.

(2) Institute bewerten anhand geeigneter Szenarioanalysen und Stresstests, ob die Höhe der Eigenmittel zur Unterlegung der Risikopositionen gegenüber einer zentralen Gegenpartei, einschließlich der potenziellen künftigen oder eventuellen Kreditrisikopositionen, Risikopositionen aus Beiträgen zu Ausfallfonds und – wenn das Institut als Clearingmitglied auftritt – Risikopositionen aus vertraglichen Vereinbarungen gemäß Artikel 304 die diesen Geschäften innewohnenden Risiken angemessen widerspiegelt.

Art. 303 Behandlung der Risikopositionen von Clearingmitgliedern gegenüber zentralen Gegenparteien. (1) Ein Institut, das entweder für eigene Zwecke oder als Finanzintermediär zwischen einem Kunden und einer ZGP als Clearingmitglied auftritt, berechnet die Eigenmittelanforderungen für seine Risikopositionen gegenüber einer ZGP wie folgt:

a) Es wendet auf seine Handelsrisikopositionen gegenüber der ZGP die Behandlung nach Artikel 306 an;

b) es wendet auf seine Beiträge zum Ausfallfonds der ZGP die Behandlung nach Artikel 307 an.

(2) Für die Zwecke von Absatz 1 darf die Summe der Eigenmittelanforderungen eines Instituts für Risikopositionen gegenüber einer qualifizierten ZGP aufgrund von Handelsrisikopositionen und Beiträgen zum Ausfallfonds eine Obergrenze in Höhe der Summe der Eigenmittelanforderungen, die auf diese Risikopositionen angewandt würden, wenn die ZGP keine qualifizierte ZGP wäre, nicht überschreiten.

Art. 304 Behandlung der Risikopositionen von Clearingmitgliedern gegenüber Kunden. (1) Ein Institut, das als Clearingmitglied und in dieser Funktion als Finanzintermediär zwischen einem Kunden und einer ZGP auftritt, berechnet die Eigenmittelanforderungen für seine ZGP-bezogenen Geschäfte mit diesem Kunden gemäß den Abschnitten 1 bis 8 dieses Kapitels, gemäß Kapitel 4 Abschnitt 4 dieses Titels bzw. gemäß Titel VI.

(2) Schließt ein Institut, das als Clearingmitglied auftritt, mit dem Kunden eines anderen Clearingmitglieds eine vertragliche Vereinbarung, die für diesen Kunden im Einklang mit Artikel 48 Absätze 5 und 6 der Verordnung (EU) Nr. 648/2012 die Übertragung von Positionen und Sicherheiten nach Artikel 305 Absatz 2 Buchstabe b erleichtert, und ergibt sich aus dieser vertraglichen Vereinbarung eine Eventualverbindlichkeit für das Institut, so darf es dieser Eventualverbindlichkeit einen Risikopositionswert von Null zuweisen.

(3) Für ein Institut, das als Clearingmitglied auftritt und die Eigenmittelanforderung für seine Risikopositionen anhand der Methoden nach den Abschnitten 3 oder 6 dieses Kapitels berechnet, gelten folgende Bestimmungen:

a) Abweichend von Artikel 285 Absatz 2 kann das Institut für seine Risikopositionen gegenüber Kunden eine Nachschuss-Risikoperiode von mindestens fünf Geschäftstagen anwenden;

b) für seine Risikopositionen gegenüber einer ZGP wendet das Institut eine Nachschuss-Risikoperiode von mindestens zehn Geschäftstagen an;

c) abweichend von Artikel 285 Absatz 3 kann das Institut bei Netting-Sätzen, die in die Berechnung einbezogen werden und die Voraussetzung nach Buchstabe a erfüllen, die unter diesem Buchstaben genannte Frist missachten, sofern der betreffende Netting-Satz nicht die Bedingung nach Buchstabe b erfüllt und keine Handelsstreitigkeiten oder exotischen Optionen enthält;

d) wenn eine ZGP für ein Geschäft Nachschüsse einbehält und die Sicherheiten des Instituts nicht vor einer Insolvenz der ZGP geschützt sind, wendet das Institut eine Nachschuss-Risikoperiode an, die einem Jahr oder – wenn dieser Zeitraum kürzer ist – der Restlaufzeit des Geschäfts entspricht, eine Untergrenze von zehn Geschäftstagen aber nicht unterschreitet.

(4) Abweichend von Artikel 281 Absatz 2 Buchstabe i darf ein Institut, das als Clearingmitglied auftritt und die Eigenmittelanforderungen für seine Risikopositionen gegenüber Kunden anhand der Methode nach Abschnitt 4 berechnet, seiner Berechnung einen Laufzeitfaktor von 0,21 zugrunde legen.

(5) Abweichend von Artikel 282 Absatz 4 Buchstabe d darf ein Institut, das als Clearingmitglied auftritt und die Eigenmittelanforderungen für seine Risikopositionen gegenüber Kunden anhand der Methode nach Abschnitt 5 berechnet, seiner Berechnung einen Laufzeitfaktor von 0,21 zugrunde legen.

(6) Ein Institut, das als Clearingmitglied auftritt, darf für die Zwecke der Berechnung seiner Eigenmittelanforderungen für das CVA-Risiko im Einklang mit Titel VI die aus den Berechnungen gemäß den Absätzen 3, 4 und 5 resultierende verringerte Risikoposition bei Ausfall anwenden.

(7) *[1]* Ein als Clearingmitglied auftretendes Institut, das von einem Kunden Sicherheiten für ein ZGP-bezogenes Geschäft entgegennimmt und diese an die ZGP weitergibt, kann diese Sicherheiten zur Verringerung seiner Risikoposition gegenüber dem Kunden in Bezug auf das ZGP-bezogene Geschäft anerkennen.

[2] Bei einer mehrstufigen Kundenstruktur kann die Behandlung gemäß Unterabsatz 1 auf jeder Ebene dieser Struktur angewandt werden.

Art. 305 Behandlung der Risikopositionen von Kunden. (1) Ist ein Institut Kunde, so berechnet es die Eigenmittelanforderungen für seine ZGP-bezogenen Geschäfte mit seinem Clearingmitglied gemäß den Abschnitten 1 bis 8 dieses Kapitels, gemäß Kapitel 4 Abschnitt 4 bzw. gemäß Titel VI.

(2) *[1]* Unbeschadet der Vorgehensweise gemäß Absatz 1 darf ein Institut, das Kunde ist, die Eigenmittelanforderungen für seine Handelsrisikopositionen aus ZGP-bezogenen Geschäften mit seinem Clearingmitglied nach Artikel 306 berechnen, sofern alle nachstehenden Bedingungen erfüllt sind:

a) Die mit diesen Geschäften zusammenhängenden Positionen und Vermögenswerte des Instituts sind sowohl auf Ebene des Clearingmitglieds als auch auf Ebene der ZGP von den Positionen und Vermögenswerten des Clearingmitglieds und seiner anderen Kunden abgegrenzt und getrennt, so dass sie aufgrund dieser Abgrenzung und Trennung bei Ausfall oder Insolvenz des Clearingmitglieds oder eines oder mehrerer seiner Kunden insolvenzgeschützt sind;

b) die für dieses Institut oder die ZGP jeweils geltenden Gesetze, Vorschriften und Regeln sowie bindenden vertraglichen Vereinbarungen erleichtern die Übertragung der Positionen, die der Kunde in diesen Kontrakten und Geschäften hält, samt der zugehörigen Sicherheiten auf ein anderes Clearingmitglied innerhalb der maßgeblichen Nachschuss-Risikoperiode, wenn das ursprüngliche Clearingmitglied ausfällt oder Insolvenz anmeldet. In einem solchen Fall werden die Positionen des Kunden und die Sicherheiten zum

Marktwert übertragen, sofern der Kunde nicht die Glattstellung der Position zum Marktwert verlangt;

c) der Kunde hat eine hinreichend gründliche rechtliche Prüfung durchgeführt, die er auf dem neuesten Stand hält und die bestätigt, dass die Regelungen, die die Erfüllung der Bedingung nach Buchstabe b sicherstellen, nach den geltenden Rechtsvorschriften der jeweiligen Rechtsordnung bzw. Rechtsordnungen rechtmäßig, gültig, verbindlich und durchsetzbar sind;

d) die ZGP ist eine qualifizierte ZGP.

[2] Ein Institut kann bei der Bewertung der Erfüllung der Bedingung nach Unterabsatz 1 Buchstabe b eindeutige Präzedenzfälle für die Übertragung von Kundenpositionen und der entsprechenden Sicherheiten an eine ZGP sowie jegliche Absicht der Branche, diese Praxis fortzusetzen, berücksichtigen.

(3) Abweichend von Absatz 2 gilt Folgendes: Ist ein Institut, das Kunde ist, nicht gegen Verlust geschützt, falls das Clearingmitglied und einer von dessen anderen Kunden gemeinsam ausfallen, und erfüllt deshalb nicht die Bedingung nach Buchstabe a, so darf es, sofern alle anderen Bedingungen nach den Buchstaben a bis d des genannten Absatzes erfüllt sind, die Eigenmittelanforderungen für seine Handelsrisikopositionen aus ZGP-bezogenen Geschäften mit seinem Clearingmitglied nach Artikel 306 berechnen, wenn es dabei anstelle des Risikogewichts von 2 % gemäß Artikel 306 Absatz 1 Buchstabe a ein Risikogewicht von 4 % ansetzt.

(4) Im Falle einer mehrstufigen Kundenstruktur kann ein Institut, das Kunde auf niedrigerer Ebene ist und die Dienstleistungen einer ZGP über einen Kunden auf höherer Ebene in Anspruch nimmt, die Behandlung nach Absatz 2 oder nach Absatz 3 nur dann anwenden, wenn die darin enthaltenen Bedingungen auf allen Ebenen der Kundenstruktur erfüllt sind.

Art. 306 Eigenmittelanforderungen für Handelsrisikopositionen.

(1) Ein Institut behandelt seine Handelsrisikopositionen gegenüber ZGP wie folgt:

a) Es wendet auf die Risikopositionswerte aller seiner Handelsrisikopositionen gegenüber qualifizierten ZGP ein Risikogewicht von 2 % an;

b) es setzt für alle seine Handelsrisikopositionen gegenüber nicht qualifizierten ZGP das Risikogewicht gemäß dem Standardansatz für das Kreditrisiko nach Artikel 107 Absatz 2 Buchstabe b an;

c) tritt ein Institut als Finanzintermediär zwischen einem Kunden und einer ZGP auf und ist es nach den Bedingungen des ZGP-bezogenen Geschäfts nicht verpflichtet, dem Kunden bei einem Ausfall der ZGP Verluste aufgrund von Wertänderungen des betreffenden Geschäfts zu erstatten, so darf es den Risikopositionswert der Handelsrisikoposition mit der ZGP, die dem ZGP-bezogenen Geschäft entspricht, mit Null ansetzen;

d) tritt ein Institut als Finanzintermediär zwischen einem Kunden und einer ZGP auf und ist es nach den Bedingungen des ZGP-bezogenen Geschäfts verpflichtet, dem Kunden bei einem Ausfall der ZGP Verluste aufgrund von Wertänderungen des betreffenden Geschäfts zu erstatten, so wendet es auf die Handelsrisikoposition mit der ZGP, die dem ZGP-bezogenen Geschäft entspricht, die Behandlung nach Buchstabe a bzw. b an.

(2) Abweichend von Absatz 1 darf ein Institut für den Fall, dass die für eine ZGP oder ein Clearingmitglied als Sicherheit gestellten Vermögenswerte bei Insolvenz der ZGP, des Clearingmitglieds oder eines oder mehrerer Kunden des Clearingmitglieds geschützt sind, für die bei diesen Vermögenswerten vom Gegenparteiausfallrisiko betroffenen Positionen einen Risikopositionswert von Null ansetzen.

(3) Ein Institut berechnet die Risikopositionswerte seiner Handelsrisikopositionen gegenüber einer ZGP gemäß den Abschnitten 1 bis 8 dieses Kapitels bzw. gemäß Kapitel 4 Abschnitt 4.

(4) Für die Zwecke des Artikels 92 Absatz 3 berechnet ein Institut die risikogewichteten Positionsbeträge für seine Handelsrisikopositionen gegenüber ZGP, indem es die Summe der nach den Absätzen 2 und 3 berechneten Risikopositionswerte seiner Handelsrisikopositionen gegenüber ZGP mit dem nach Absatz 1 bestimmten Risikogewicht multipliziert.

Art. 307 Eigenmittelanforderungen für Beiträge zum Ausfallfonds einer ZGP. Ein Institut, das als Clearingmitglied auftritt, behandelt die aus seinen Beiträgen zum Ausfallfonds einer ZGP resultierenden Risikopositionen wie folgt:

a) Es berechnet die Eigenmittelanforderung zur Unterlegung seiner vorfinanzierten Beiträge zum Ausfallfonds einer qualifizierten ZGP gemäß dem Ansatz nach Artikel 308;

b) es berechnet die Eigenmittelanforderung zur Unterlegung seiner vorfinanzierten und nicht vorfinanzierten Beiträge zum Ausfallfonds einer nicht qualifizierten ZGP gemäß dem Ansatz nach Artikel 309;

c) es berechnet die Eigenmittelanforderung zur Unterlegung seiner nicht vorfinanzierten Beiträge zum Ausfallfonds einer qualifizierten ZGP gemäß der Behandlung nach Artikel 310.

Art. 308 Eigenmittelanforderungen für vorfinanzierte Beiträge zum Ausfallfonds einer qualifizierten ZGP. (1) Der Risikopositionswert des vorfinanzierten Beitrags eines Instituts zum Ausfallfonds einer qualifizierten ZGP (DF_i) ist der eingezahlte Betrag oder der Marktwert der von dem betreffenden Institut gelieferten Vermögenswerte, abzüglich des Teils des Beitrags, den die qualifizierte ZGP bereits verwendet hat, um ihre Verluste infolge des Ausfalls eines oder mehrerer ihrer Clearingmitglieder aufzufangen.

(2) Ein Institut berechnet die Eigenmittelanforderung zur Unterlegung der aus ihrem vorfinanzierten Beitrag resultierenden Risikopositionen nach folgender Formel:

$$K_i = \max\left\{ K_{CCP} \cdot \frac{DF_i}{DF_{CCP} + DF_{CM}}, 8\,\% \cdot 2\,\% \cdot DF_i \right\}$$

dabei gilt:

K_i = die Eigenmittelanforderung;

i = der Index für das Clearingmitglied;

K_{CCP} = das hypothetische Kapital der qualifizierten ZGP, das dem Institut von der qualifizierten ZGP gemäß Artikel 50c der Verordnung (EU) Nr. 648/2012 mitgeteilt wird;

DF_i = der vorfinanzierte Beitrag;

DF_{CCP} = die vorfinanzierten finanziellen Mittel der ZGP, die dem Institut von der ZGP gemäß Artikel 50c der Verordnung (EU) Nr. 648/2012 mitgeteilt werden; und

DF_{CM} = die Summe der vorfinanzierten Beiträge aller Clearingmitglieder der qualifizierten ZGP, die dem Institut von der qualifizierten ZGP gemäß Artikel 50c der Verordnung (EU) Nr. 648/2012 mitgeteilt wird.

(3) Für die Zwecke des Artikels 92 Absatz 3 berechnet ein Institut die risikogewichteten Positionsbeträge für die aus seinem vorfinanzierten Beitrag zum Ausfallfonds einer qualifizierten ZGP resultierenden Risikopositionen, indem es die nach Absatz 2 des vorliegenden Artikels berechnete Eigenmittelanforderung mit 12,5 multipliziert.

Art. 309 Eigenmittelanforderungen für vorfinanzierte Beiträge zum Ausfallfonds einer nicht qualifizierten ZGP und für nicht vorfinanzierte Beiträge zu einer nicht qualifizierten ZGP. (1) Ein Institut berechnet die Eigenmittelanforderung für die Risikopositionen aus seinen vorfinanzierten Beiträgen zum Ausfallfonds einer nicht qualifizierten ZGP und aus nicht vorfinanzierten Beiträgen zu einer solchen ZGP nach folgender Formel:

$$K = DF + UC$$

dabei gilt:

K = die Eigenmittelanforderung;

DF = die vorfinanzierten Beiträge zum Ausfallfonds einer nicht qualifizierten ZGP; und

UC = die nicht vorfinanzierten Beiträge zum Ausfallfonds einer nicht qualifizierten ZGP.

(2) Für die Zwecke des Artikels 92 Absatz 3 berechnet ein Institut die risikogewichteten Positionsbeträge für die aus seinem Beitrag zum Ausfallfonds einer nicht qualifizierten ZGP resultierenden Risikopositionen, indem es die nach Absatz 1 des vorliegenden Artikels berechnete Eigenmittelanforderung mit 12,5 multipliziert.

Art. 310 Eigenmittelanforderungen für nicht vorfinanzierte Beiträge zum Ausfallfonds einer qualifizierten ZGP. Ein Institut wendet auf seine nicht vorfinanzierten Beiträge zum Ausfallfonds einer qualifizierten ZGP ein Risikogewicht von 0 % an.

Art. 311 Eigenmittelanforderungen für Risikopositionen gegenüber ZGP, die bestimmte Bedingungen nicht mehr erfüllen. (1) Die Institute wenden die Behandlung gemäß diesem Artikel an, wenn sie – nach einer öffentlichen Bekanntmachung oder durch eine Mitteilung der für eine von ihnen genutzte ZGP zuständigen Behörde oder der betreffenden ZGP selbst – davon Kenntnis erhalten, dass die ZGP die Bedingungen für ihre Zulassung bzw. Anerkennung nicht länger erfüllen wird.

(2) Ist die Bedingung nach Absatz 1 erfüllt, gehen die Institute innerhalb von drei Monaten, nachdem sie von dem darin genannten Umstand Kenntnis erhalten haben, oder zu einem früheren Zeitpunkt, wenn ihre zuständigen Behörden dies verlangen, hinsichtlich ihrer Risikopositionen gegenüber der betreffenden ZGP wie folgt vor:

a) Sie behandeln ihre Handelsrisikopositionen gegenüber der betreffenden ZGP gemäß Artikel 306 Absatz 1 Buchstabe b;

b) sie behandeln ihre vorfinanzierten Beiträge zum Ausfallfonds der betreffenden ZGP und ihre nicht vorfinanzierten Beiträge zu der betreffenden ZGP gemäß Artikel 309;

c) sie behandeln ihre Risikopositionen gegenüber der betreffenden ZGP – außer den Risikopositionen nach den Buchstaben a und b – wie Risikopositionen gegenüber einem Unternehmen gemäß dem Standardansatz für das in Kapitel 2 festgelegte Kreditrisiko.

Titel III. Eigenmittelanforderungen für das operationelle Risiko

Kapitel 1. Allgemeine Grundsätze für die Verwendung der verschiedenen Ansätze

Art. 312 Genehmigung und Anzeige. (1) *[1]* [1] Den Standardansatz dürfen nur Institute verwenden, die die Bedingungen des Artikels 320 und außerdem die allgemeinen Risikomanagement-Standards nach den Artikeln 74 und 85 der Richtlinie 2013/36/EU erfüllen. [2] Die Institute setzen die zuständigen Behörden vor einer Verwendung des Standardansatzes in Kenntnis.

[2] Die zuständigen Behörden gestatten den Instituten, für die Geschäftsfelder „Privatkundengeschäft" und „Firmenkundengeschäft" einen alternativen maßgeblichen Indikator zu verwenden, sofern die Bedingungen des Artikels 319 Absatz 2 und des Artikels 320 erfüllt sind.

(2) *[1]* Die zuständigen Behörden gestatten den Instituten, fortgeschrittene Messansätze zu verwenden, die auf ihrem eigenen System für die Messung des operationellen Risikos basieren, sofern sämtliche qualitativen und quantitativen Anforderungen der Artikel 321 bzw. 322 erfüllt sind und die Institute die allgemeinen Risikomanagement-Standards der *Artikeln*[1)] 74 und 85 der Richtlinie 2013/36/EU und des Titels VII Kapitel 3 Abschnitt 2 jener Richtlinie einhalten.

[2] [1] Beabsichtigen Institute, diese fortgeschrittenen Messansätze wesentlich zu erweitern oder zu ändern, so beantragen sie bei ihren zuständigen Behörden ebenfalls eine Erlaubnis. [2] Die zuständigen Behörden geben die Erlaubnis nur, wenn die Institute die in Unterabsatz 1 genannten Anforderungen und Standards nach diesen wesentlichen Erweiterungen und Änderungen weiterhin erfüllen.

(3) Institute zeigen den zuständigen Behörden jede Änderung ihrer Modelle fortgeschrittener Messansätze an.

(4) *[1]* Die EBA arbeitet Entwürfe technischer Regulierungsstandards aus, in denen Folgendes präzisiert wird:

[1)] Richtig wohl: „Artikel".

a) die Beurteilungsmethode, nach der die zuständigen Behörden den Instituten die Verwendung von AMA gestatten,

b) die Kriterien für die Beurteilung, ob die Erweiterungen und Änderungen der fortgeschrittenen Messansätze wesentlich sind,

c) die Einzelheiten der Anzeige nach Absatz 3.

[2] Die EBA legt der Kommission diese Entwürfe technischer Regulierungsstandards bis zum 31. Dezember 2014 vor.

[3] Der Kommission wird die Befugnis übertragen, die technischen Regulierungsstandards nach Unterabsatz 1 gemäß den Artikeln 10 bis 14 der Verordnung (EU) Nr. 1093/2010 zu erlassen.

Art. 313 Rückkehr zu weniger komplizierten Ansätzen. (1) Institute, die den Standardansatz verwenden, kehren nicht zur Anwendung des Basisindikatoransatzes zurück, es sei denn, die Voraussetzungen nach Absatz 3 sind erfüllt.

(2) Institute, die fortgeschrittene Messansätze verwenden, kehren nicht zur Anwendung des Standardansatzes oder des Basisindikatoransatzes zurück, es sei denn, die Voraussetzungen nach Absatz 3 sind erfüllt.

(3) Ein Institut darf nur dann zu einem weniger komplizierten Ansatz für das operationelle Risiko zurückkehren, wenn die beiden folgenden Voraussetzungen erfüllt sind:

a) Das Institut hat den zuständigen Behörden nachgewiesen, dass es die Anwendung eines weniger komplizierten Ansatzes nicht vorschlägt, um die Eigenmittelanforderungen für das operationelle Risiko des Instituts zu verringern, und dass die Anwendung eines solchen Ansatzes angesichts der Art und der Komplexität des Instituts notwendig ist und weder die Solvenz des Instituts noch dessen Fähigkeit, operationelle Risiken wirksam zu steuern, wesentlich beeinträchtigen würde;

b) es hat vorab eine entsprechende Genehmigung der zuständigen Behörde erhalten.

Art. 314 Kombination verschiedener Ansätze. (1) [1] Institute dürfen verschiedene Ansätze kombinieren, sofern die zuständigen Behörden dies gestatten. [2] Die zuständigen Behörden geben eine solche Erlaubnis, sofern die einschlägigen Voraussetzungen der Absätze 2 bis 4 erfüllt sind.

(2) Ein Institut darf einen fortgeschrittenen Messansatz mit dem Basisindikatoransatz oder dem Standardansatz kombinieren, sofern die beiden folgenden Voraussetzungen erfüllt sind:

a) Die Kombination der Ansätze erfasst sämtliche operationellen Risiken des Instituts, und die zuständigen Behörden halten die von dem Institut verwendete Methodik zur Erfassung der verschiedenen Tätigkeiten, geografischen Standorte, Rechtsstrukturen oder sonstigen wesentlichen intern vorgenommenen Aufteilungen für überzeugend.

b) Die Bedingungen des Artikels 320 und die Standards nach Maßgabe der Artikel 321 und 322 sind hinsichtlich der Tätigkeiten, auf die der Standardansatz bzw. die fortgeschrittenen Messansätze angewandt werden, erfüllt.

(3) Die zuständigen Behörden verlangen von Instituten, die einen fortgeschrittenen Messansatz mit dem Basisindikatoransatz oder mit dem Standard-

ansatz kombinieren wollen, dass für die Erteilung einer Genehmigung zusätzlich folgende Voraussetzungen erfüllt sind:

a) Zum Zeitpunkt seiner erstmaligen Anwendung erfasst ein fortgeschrittener Messansatz einen erheblichen Teil der operationellen Risiken des Instituts;

b) das Institut verpflichtet sich, den fortgeschrittenen Messansatz nach einem den zuständigen Behörden vorgelegten und durch diese genehmigten Zeitplan auf einen wesentlichen Teil seiner Tätigkeiten anzuwenden.

(4) *[1]* Ein Institut darf nur im Ausnahmefall bei einer zuständigen Behörde eine Genehmigung für die Verwendung einer Kombination aus dem Basisindikatoransatz und dem Standardansatz beantragen, beispielsweise bei der Übernahme eines neuen Geschäfts, auf das der Standardansatz möglicherweise erst nach einer Übergangszeit angewandt werden kann.

[2] Eine zuständige Behörde erteilt eine solche Genehmigung nur, wenn das Institut sich verpflichtet hat, den Standardansatz nach dem den zuständigen Behörden vorgelegten und durch diese genehmigten Zeitplan anzuwenden.

(5) *[1]* Die EBA arbeitet Entwürfe technischer Regulierungsstandards aus, in denen Folgendes präzisiert wird:

a) die von den zuständigen Behörden bei der Beurteilung der Methodik im Sinne von Absatz 2 Buchstabe a zu berücksichtigenden Voraussetzungen,

b) die von den zuständigen Behörden bei der Entscheidung, ob die Erfüllung zusätzlicher Voraussetzungen nach Absatz 3 zu verlangen ist, zu berücksichtigenden Kriterien.

[2] Die EBA legt der Kommission diese Entwürfe technischer Regulierungsstandards bis zum 31. Dezember 2016 vor.

[3] Der Kommission wird die Befugnis übertragen, die technischen Regulierungsstandards nach Unterabsatz 1 gemäß den Artikeln 10 bis 14 der Verordnung (EU) Nr. 1093/2010 zu erlassen.

Kapitel 2. Basisindikatoransatz

Art. 315 Eigenmittelanforderung. (1) *[1]* Beim Basisindikatoransatz beträgt die Eigenmittelanforderung für das operationelle Risiko 15 % des Dreijahresdurchschnitts des maßgeblichen Indikators gemäß Artikel 316.

[2] [1] Die Institute berechnen den Dreijahresdurchschnitt des maßgeblichen Indikators aus den letzten drei Zwölfmonatsbeobachtungen zum Abschluss des Geschäftsjahres. [2] Liegen keine geprüften Zahlen vor, so können die Institute Schätzungen heranziehen.

(2) Ist ein Institut seit weniger als drei Jahren tätig, kann es bei der Berechnung des maßgeblichen Indikators zukunftsgerichtete Schätzungen verwenden, sofern es zur Verwendung historischer Daten übergeht, sobald diese verfügbar sind.

(3) [1] Kann ein Institut seiner zuständigen Behörde nachweisen, dass die Verwendung eines Dreijahresdurchschnitts zur Berechnung des maßgeblichen Indikators wegen einer Verschmelzung, einem Erwerb oder einer Veräußerung von Unternehmen oder Geschäftsbereichen die Schätzung der Eigenmittelanforderung für das operationelle Risiko verzerren würde, kann die zuständige Behörde dem Institut gestatten, die Berechnung dahin gehend anzupassen, dass solche Ereignisse berücksichtigt werden; sie zeigt dies der EBA ordnungsgemäß

an. [2] Unter solchen Umständen kann die zuständige Behörde auch von sich aus von einem Institut verlangen, die Berechnung anzupassen.

(4) [1] Ist der maßgebliche Indikator in einem der Beobachtungszeiträume negativ oder gleich Null, so beziehen die Institute diesen Wert nicht in die Berechnung des Dreijahresdurchschnitts ein. [2] Die Institute berechnen den Dreijahresdurchschnitt als die Summe der positiven Werte, geteilt durch die Anzahl der positiven Werte.

Art. 316 Maßgeblicher Indikator. (1) *[1]* [1] Für Institute, die die Rechnungslegungsvorschriften der Richtlinie 86/635/EWG unter Zugrundelegung der Gliederung der Gewinn- und Verlustrechnung von Instituten nach Artikel 27 jener Richtlinie anwenden, ist der maßgebliche Indikator die Summe der in Tabelle 1 genannten Posten. [2] Die Institute berücksichtigen in der Summe jeden Wert mit seinem positiven oder negativen Vorzeichen.

Tabelle 1

1	Zinserträge und ähnliche Erträge
2	Zinsaufwendungen und ähnliche Aufwendungen
3	Erträge aus Aktien, anderen Anteilsrechten und nicht festverzinslichen/festverzinslichen Wertpapieren
4	Erträge aus Provisionen und Gebühren
5	Aufwendungen für Provisionen und Gebühren
6	Ertrag/Aufwand aus Finanzgeschäften
7	Sonstige betriebliche Erträge

[2] Die Institute passen diese Posten an, um den folgenden Bestimmungen gerecht zu werden:

a) Die Institute berechnen den maßgeblichen Indikator vor Abzug der Rückstellungen, Risikovorsorge und Betriebsausgaben. Die Institute berücksichtigen in den Betriebsausgaben Gebühren für die Auslagerung von Dienstleistungen, die von Dritten erbracht werden, die weder ein Mutter- noch ein Tochterunternehmen des Instituts sind noch ein Tochterunternehmen eines Mutterunternehmens, das auch das Mutterunternehmen des Instituts ist. Die Institute dürfen Aufwendungen für Auslagerungen von Dienstleistungen, die durch Dritte erbracht werden, verwenden, um den maßgeblichen Indikator zu mindern, wenn die Aufwendungen von einem Unternehmen erhoben werden, auf das diese Verordnung oder gleichwertige Vorschriften Anwendung finden;

b) folgende Posten dürfen von den Instituten nicht in die Berechnung des maßgeblichen Indikators einbezogen werden:
   i) realisierte Gewinne/Verluste aus der Veräußerung von Positionen, die nicht dem Handelsbuch zuzurechnen sind,
   ii) außerordentliche oder unregelmäßige Erträge,
   iii) Erträge aus Versicherungstätigkeiten;

c) werden Neubewertungen von Handelsbuchpositionen in der Gewinn- und Verlustrechnung verbucht, so dürfen die Institute diese in die Berechnung einbeziehen. Bei einer Anwendung von Artikel 36 Absatz 2 der Richtlinie 86/635/EWG sind die in der Gewinn- und Verlustrechnung verbuchten Neubewertungen einzubeziehen.

[3] Abweichend von Unterabsatz 1 dieses Absatzes können die Institute anstelle der Gliederung der Gewinn- und Verlustrechnung nach Artikel 27 der Richtlinie 86/635/EWG für Finanzierungsleasing und operatives Leasing für die Zwecke der Berechnung des maßgeblichen Indikators

a) Zinserträge aus Finanzierungsleasing und operativem Leasing und Gewinne aus geleasten Vermögenswerten in die in Tabelle 1 unter Nummer 1 genannte Kategorie aufnehmen,

b) Zinsaufwendungen aus Finanzierungsleasing und operativem Leasing, Verluste, Abschreibungen und Wertminderungen von operativ geleasten Vermögenswerten in die in Tabelle 1 unter Nummer 2 genannte Kategorie aufnehmen.

(2) Wenden die Institute andere Rechnungslegungsvorschriften als die der Richtlinie 86/635/EWG an, so berechnen sie den maßgeblichen Indikator anhand von Daten, die der Definition dieses Artikels am nächsten kommen.

(3) *[1]* Die EBA arbeitet Entwürfe technischer Regulierungsstandards aus, um die Methodik zur Berechnung des maßgeblichen Indikators gemäß Absatz 2 zu präzisieren.

[2] Die EBA legt der Kommission diese Entwürfe technischer Regulierungsstandards bis zum 31. Dezember 2017 vor.

[3] Der Kommission wird die Befugnis übertragen, die technischen Regulierungsstandards nach Unterabsatz 1 gemäß den Artikeln 10 bis 14 der Verordnung (EU) Nr. 1093/2010 zu erlassen.

Kapitel 3. Standardansatz

Art. 317 Eigenmittelanforderung. (1) Beim Standardansatz ordnen die Institute ihre Tätigkeiten den in der Tabelle 2 in Absatz 4 genannten Geschäftsfeldern und gemäß den Grundsätzen nach Artikel 318 zu.

(2) [1] Die Institute berechnen die Eigenmittelanforderung für das operationelle Risiko als Dreijahresdurchschnitt der Summe der jährlichen Eigenmittelanforderungen in sämtlichen Geschäftsfeldern der Tabelle 2 in Absatz 4. [2] Die jährliche Eigenmittelanforderung jedes Geschäftsfelds entspricht dem Produkt des einschlägigen in der Tabelle enthaltenen Beta-Faktors und dem Anteil des maßgeblichen Indikators, der dem betreffenden Geschäftsfeld zugeordnet wird.

(3) [1] In jedem Jahr können die Institute eine aus einem negativen Anteil des maßgeblichen Indikators resultierende negative Eigenmittelanforderung in einem Geschäftsfeld unbegrenzt mit den positiven Eigenmittelanforderungen in anderen Geschäftsfeldern verrechnen. [2] Ist jedoch die gesamte Eigenmittelanforderung für alle Geschäftsfelder in einem bestimmten Jahr negativ, so setzen die Institute den Beitrag zum Zähler für dieses Jahr mit Null an.

(4) *[1]* [1] Die Institute berechnen den Dreijahresdurchschnitt der Summe im Sinne von Absatz 2 aus den letzten drei Zwölfmonatsbeobachtungen zum Abschluss des Geschäftsjahres. [2] Liegen keine geprüften Zahlen vor, so können die Institute Schätzungen heranziehen.

[2] [1] Kann ein Institut seiner zuständigen Behörde nachweisen, dass die Verwendung eines Dreijahresdurchschnitts zur Berechnung des maßgeblichen Indikators wegen einer Verschmelzung, eines Erwerbs oder einer Veräußerung von Unternehmen oder Geschäftsbereichen die Schätzung der Eigenmittelanforderung für das operationelle Risiko verzerren würde, kann die zuständige

Behörde dem Institut gestatten, die Berechnung dahin gehend anzupassen, dass solche Ereignisse berücksichtigt werden; sie zeigt dies der EBA ordnungsgemäß an. 2 Unter solchen Umständen kann die zuständige Behörde auch von sich aus von einem Institut verlangen, die Berechnung anzupassen.

[3] Ist ein Institut seit weniger als drei Jahren tätig, kann es bei der Berechnung des maßgeblichen Indikators zukunftsgerichtete Schätzungen verwenden, sofern es zur Verwendung historischer Daten übergeht, sobald diese verfügbar sind.

Tabelle 2

Geschäftsfeld	Liste der Tätigkeiten	Prozentsatz (Beta-Faktor)
Unternehmensfinanzierung/-beratung (Corporate Finance)	Emission oder Platzierung von Finanzinstrumenten mit fester Übernahmeverpflichtung Dienstleistungen im Zusammenhang mit dem Emissionsgeschäft Anlageberatung Beratung von Unternehmen bezüglich Kapitalstruktur, Geschäftsstrategie und damit verbundenen Fragen sowie Beratungs- und sonstige Serviceleistungen im Zusammenhang mit Verschmelzungen und Übernahmen Investment Research und Finanzanalyse sowie andere Arten von allgemeinen Empfehlungen zu Transaktionen mit Finanzinstrumenten	18 %
Handel (Trading and Sales)	Eigenhandel Geldmaklergeschäfte Entgegennahme und Weiterleitung von Aufträgen im Zusammenhang mit einem oder mehreren Finanzinstrumenten Auftragsausführung für Kunden Platzierung von Finanzinstrumenten ohne feste Übernahmeverpflichtung Betrieb multilateraler Handelssysteme	18 %
Wertpapierprovisionsgeschäft (Retail Brokerage) (Geschäfte mit natürlichen Personen oder KMU, die nach Artikel 123 als Mengengeschäft einzustufen sind)	Entgegennahme und Weiterleitung von Aufträgen im Zusammenhang mit einem oder mehreren Finanzinstrumenten Auftragsausführung für Kunden Platzierung von Finanzinstrumenten ohne feste Übernahmeverpflichtung	12 %
Firmenkundengeschäft (Commercial Banking)	Annahme von Einlagen und sonstigen rückzahlbaren Geldern Kreditvergabe Finanzierungsleasing Bürgschaften und Verpflichtungen	15 %
Privatkundengeschäft (Retail Banking) (Geschäfte mit natürlichen Personen oder KMU, die nach Artikel 123 als Mengengeschäft einzustufen sind)	Annahme von Einlagen und sonstigen rückzahlbaren Geldern Kreditvergabe Finanzierungsleasing Bürgschaften und Verpflichtungen	12 %
Zahlungsverkehr und Verrechnung (Payment and Settlement)	Geldtransferdienstleistungen Ausgabe und Verwaltung von Zahlungsmitteln	18 %
Depot- und Treuhandgeschäfte (Agency Services)	Verwahrung und Verwaltung von Finanzinstrumenten für Rechnung von Kunden, einschließlich Depotver-	15 %

Geschäftsfeld	Liste der Tätigkeiten	Prozentsatz (Beta-Faktor)
	wahrung und verbundene Dienstleistungen wie Liquiditätsmanagement und Sicherheitenverwaltung	
Vermögensverwaltung (Asset Management)	Portfoliomanagement OGAW-Verwaltung Sonstige Arten der Vermögensverwaltung	12 %

Art. 318 Grundsätze für die Zuordnung zu Geschäftsfeldern.

(1) [1] Die Institute erarbeiten und dokumentieren spezifische Vorschriften und Kriterien für die Zuordnung des maßgeblichen Indikators aus den eigenen aktuellen Geschäftsfeldern und Tätigkeiten in das Grundgerüst des Standardansatzes gemäß Artikel 317. [2] Sie überprüfen diese Vorschriften und Kriterien und passen sie gegebenenfalls an neue oder sich verändernde Geschäftstätigkeiten und -risiken an.

(2) Die Institute wenden für die Zuordnung zu Geschäftsfeldern folgende Grundsätze an:

a) Die Institute ordnen alle Tätigkeiten in einer zugleich überschneidungsfreien und erschöpfenden Art und Weise einem Geschäftsfeld zu;

b) die Institute ordnen jede Tätigkeit, die nicht ohne Weiteres innerhalb dieses Grundgerüsts einem Geschäftsfeld zugeordnet werden kann, die aber eine ergänzende Tätigkeit zu einer im Grundgerüst enthaltenen Tätigkeit ist, dem Geschäftsfeld zu, das sie unterstützt. Wenn mehr als ein Geschäftsfeld durch diese ergänzende Tätigkeit unterstützt wird, wenden die Institute ein objektives Zuordnungskriterium an;

c) kann eine Tätigkeit keinem bestimmten Geschäftsfeld zugeordnet werden, so legen die Institute das Geschäftsfeld mit dem höchsten Prozentsatz zugrunde. Dieses Geschäftsfeld gilt dann auch für die der betreffenden Tätigkeit zugeordneten unterstützenden Tätigkeiten;

d) die Institute können interne Verrechnungsmethoden anwenden, um den maßgeblichen Indikator auf die Geschäftsfelder aufzuteilen. Können in einem Geschäftsfeld generierte Kosten einem anderen Geschäftsfeld zugerechnet werden, so dürfen sie auf dieses andere Geschäftsfeld übertragen werden;

e) die zur Berechnung der Eigenmittelanforderung für das operationelle Risiko vorgenommene Zuordnung der Tätigkeiten zu Geschäftsfeldern steht mit den von den Instituten für das Kredit- und Marktrisiko verwendeten Kategorien im Einklang;

f) die Geschäftsleitung ist unter Aufsicht des Leitungsorgans des Instituts für die Zuordnungsgrundsätze verantwortlich;

g) *Die*[1)] Institute unterziehen den Zuordnungsprozess einer unabhängigen Überprüfung.

(3) *[1]* Die EBA arbeitet Entwürfe technischer Durchführungsstandards aus, um die Kriterien für die Anwendung der in diesem Artikel vorgesehenen Grundsätze für die Zuordnung nach Geschäftsfeldern zu bestimmen.

[2] Die EBA legt der Kommission diese Entwürfe technischer Durchführungsstandards bis 31. Dezember 2017 vor.

---

1) Richtig wohl: „die".

[3] Der Kommission wird die Befugnis übertragen, die technischen Durchführungsstandards nach Unterabsatz 1 gemäß Artikel 15 der Verordnung (EU) Nr. 1093/2010 zu erlassen.

Art. 319 Alternativer Standardansatz. (1) Beim alternativen Standardansatz berücksichtigen die Institute für die Geschäftsfelder „Privatkundengeschäft" und „Firmenkundengeschäft" Folgendes:

a) Der maßgebliche Indikator, der ein normierter Ertragsindikator ist, entspricht dem 0,035-fachen des nominalen Betrags der Darlehen und Kredite;

b) die Darlehen und Kredite bestehen aus der Gesamtsumme der in den entsprechenden Kreditportfolios in Anspruch genommenen Beträge. Beim Geschäftsfeld „Firmenkundengeschäft" rechnen die Institute in den nominalen Betrag der Darlehen und Kredite auch die im Anlagebuch gehaltenen Wertpapiere ein;[1)]

(2) Für die Anwendung des alternativen Standardansatzes muss ein Institut sämtliche der folgenden Voraussetzungen erfüllen:

a) Mindestens 90 % seiner Erträge entfallen auf sein Privatkunden- und/oder Firmenkundengeschäft;

b) ein erheblicher Teil seines Privatkunden- und/oder Firmenkundengeschäfts umfasst Darlehen mit hoher Ausfallwahrscheinlichkeit (PD);

c) der alternative Standardansatz bietet eine angemessene Grundlage für die Berechnung der Eigenmittelanforderung für das operationelle Risiko.

Art. 320 Bedingungen für die Verwendung des Standardansatzes. Bei den Bedingungen nach Artikel 312 Absatz 1 Unterabsatz 1 handelt es sich um Folgende:

a) Ein Institut verfügt über ein gut dokumentiertes System für die Bewertung und Steuerung des operationellen Risikos und weist die Zuständigkeiten und Verantwortung für dieses System klar zu. Es ermittelt seine Gefährdung durch operationelle Risiken und sammelt die relevanten Daten zum operationellen Risiko, einschließlich der Daten zu wesentlichen Verlusten. Das System unterliegt einer regelmäßigen unabhängigen Überprüfung durch eine interne oder externe Stelle, die die dafür erforderlichen Kenntnisse besitzt;

b) das System zur Bewertung des operationellen Risikos des Instituts ist eng in die Risikomanagementprozesse des Instituts eingebunden. Seine Ergebnisse sind fester Bestandteil der Prozesse für die Überwachung und Kontrolle des operationellen Risikoprofils des Instituts;

c) ein Institut führt ein System zur Berichterstattung an die Geschäftsleitung ein, damit den maßgeblichen Funktionen innerhalb des Instituts über das operationelle Risiko berichtet wird. Ein Institut verfügt über Verfahren, um entsprechend den in den Berichten an das Management enthaltenen Informationen geeignete Maßnahmen ergreifen zu können.

[1)] Zeichensetzung amtlich.

Kapitel 4. Fortgeschrittene Messansätze

Art. 321 Qualitative Anforderungen. Die qualitativen Anforderungen nach Artikel 312 Absatz 2 sind Folgende:

a) Das interne System eines Instituts für die Messung des operationellen Risikos ist eng in seine laufenden Risikomanagementprozesse eingebunden;
b) ein Institut verfügt über eine unabhängige Risikomanagement-Funktion für das operationelle Risiko;
c) ein Institut verfügt sowohl über eine regelmäßige Berichterstattung über die Gefährdung durch operationelle Risiken und die erlittenen Verluste als auch über Verfahren, um angemessene Korrekturmaßnahmen ergreifen zu können;
d) das Risikomanagement-System eines Instituts ist gut dokumentiert. Ein Institut verfügt über Verfahren, die die Rechtsbefolgung (Compliance) gewährleisten, und über Grundsätze für die Behandlung von Verstößen;
e) ein Institut unterzieht seine Verfahren für die Steuerung des operationellen Risikos und die Risikomesssysteme einer regelmäßigen Überprüfung durch die interne Revision oder externe Prüfer;
f) die institutsinternen Validierungsprozesse sind solide und wirksam;
g) die Datenflüsse und Prozesse im Zusammenhang mit dem Risikomesssystem eines Instituts sind transparent und zugänglich.

Art. 322 Quantitative Anforderungen. (1) Die quantitativen Anforderungen nach Artikel 312 Absatz 2 umfassen die Anforderungen der Absätze 2 bis 6 hinsichtlich Verfahren, internen Daten, externen Daten, Szenarioanalysen und Faktoren, die das Geschäftsumfeld und die internen Kontrollsysteme betreffen.

(2) Die Anforderungen hinsichtlich Verfahren sind Folgende:

a) Ein Institut berechnet seine Eigenmittelanforderung unter Einbeziehung sowohl der erwarteten als auch der unerwarteten Verluste, es sei denn, der erwartete Verlust wird durch seine interne Geschäftspraxis bereits in angemessener Weise erfasst. Die Messung des operationellen Risikos erfasst potenziell schwerwiegende Ereignisse am Rande der Verteilung und erreicht einen Soliditätsstandard, der mit einem Konfidenzniveau von 99,9 % über eine Halteperiode von einem Jahr vergleichbar ist;
b) das System eines Instituts für die Messung des operationellen Risikos umfasst die Heranziehung der in den Absätzen 3 bis 6 genannten internen Daten, externen Daten, Szenarioanalysen und Faktoren, die das Geschäftsumfeld und die internen Kontrollsysteme betreffen. Ein Institut verfügt über einen gut dokumentierten Ansatz für die Gewichtung dieser vier Elemente in seinem System für die Messung des operationellen Risikos;
c) das Risikomesssystem eines Instituts erfasst die wichtigsten Risikotreiber, die die Form der Ränder der geschätzten Verlustverteilungen beeinflussen;
d) ein Institut berücksichtigt Korrelationen bei Verlusten aufgrund von operationellen Risiken zwischen einzelnen Schätzungen der operationellen Risiken nur dann, wenn seine Systeme zur Messung der Korrelationen solide sind, unter Sicherstellung ihrer Integrität angewandt werden und der Unsicherheit bei der Schätzung von Korrelationen, insbesondere in Stressphasen, Rechnung tragen. Ein Institut überprüft seine Korrelationsannahmen anhand geeigneter quantitativer und qualitativer Verfahren;

e) das Risikomesssystem eines Instituts ist intern kohärent und schließt eine Mehrfachzählung von qualitativen Bewertungen oder Risikominderungstechniken, die in anderen Teilen dieser Verordnung anerkannt werden, aus.

(3) Die Anforderungen hinsichtlich interner Daten sind Folgende:

a) Ein Institut baut seine internen Messungen des operationellen Risikos auf einem mindestens fünf Jahre umfassenden Beobachtungszeitraum auf. Wenn ein Institut erstmals einen fortschrittlichen Messansatz verwendet, kann ein dreijähriger Beobachtungszeitraum verwendet werden;

b) ein Institut muss seine historischen internen Verlustdaten den Geschäftsfeldern nach Artikel 317 und den Ereigniskategorien nach Artikel 324 zuordnen und diese Daten auf Verlangen den zuständigen Behörden zur Verfügung stellen können. In Ausnahmefällen darf ein Institut Verlustereignisse, die das gesamte Institut betreffen, einem zusätzlichen Geschäftsfeld „Gesamtunternehmen" (Corporate Items) zuordnen. Ein Institut muss über dokumentierte und objektive Kriterien verfügen, nach denen die Verluste den entsprechenden Geschäftsfeldern und Ereigniskategorien zugeordnet werden. Ein Institut erfasst Verluste aufgrund des operationellen Risikos, die im Zusammenhang mit Kreditrisiken stehen und in der Vergangenheit in eine interne Kreditrisiko-Datenbank eingeflossen sind, in der Datenbank für das operationelle Risiko und nennt diese separat. Derartige Verluste unterliegen keiner Eigenmittelanforderung für das operationelle Risiko, sofern das Institut sie für die Berechnung der Eigenmittelanforderung weiterhin als Kreditrisiko behandeln muss. Verluste aufgrund von operationellen Risiken, die im Zusammenhang mit Marktrisiken stehen, werden von einem Institut in der Berechnung der Eigenmittelanforderung für operationelle Risiken berücksichtigt;

c) die internen Verlustdaten eines Instituts sind so umfassend, dass sie sämtliche wesentlichen Tätigkeiten und Gefährdungen aller einschlägigen Subsysteme und geografischen Standorte erfassen. Ein Institut ist in der Lage, nachzuweisen, dass nicht erfasste Tätigkeiten und Gefährdungen, sowohl einzeln als auch kombiniert betrachtet, keinen wesentlichen Einfluss auf die Gesamtrisikoschätzungen hätten. Ein Institut legt angemessene Bagatellgrenzen für die interne Verlustdatensammlung fest;

d) neben den Informationen über die Bruttoverlustbeträge sammelt ein Institut auch Informationen zum Datum des Verlustereignisses und etwaigen Rückflüssen der Bruttoverlustbeträge sowie Beschreibungen von Treibern und Ursachen des Verlustereignisses;

e) ein Institut verfügt über spezifische Kriterien zur Erfassung von Verlustdaten für Verlustereignisse in zentralen Funktionen oder aus Tätigkeiten, die mehr als ein Geschäftsfeld betreffen, sowie für Verlustereignisse, die zwar zeitlich aufeinander folgen, aber miteinander verbunden sind;

f) ein Institut verfügt über dokumentierte Verfahren, um die fortlaufende Relevanz historischer Verlustdaten zu beurteilen; zu berücksichtigen ist dabei auch, in welchen Situationen, bis zu welchem Grad und durch wen Ermessensentscheidungen, Skalierungen oder sonstige Anpassungen erfolgen können.

(4) Die Anforderungen hinsichtlich externer Daten sind Folgende:

a) In dem Messsystem eines Instituts für das operationelle Risiko werden relevante externe Daten eingesetzt, insbesondere wenn Grund zu der Annahme besteht, dass das Institut seltenen, aber potenziell schwerwiegenden Verlusten ausgesetzt ist. Ein Institut bestimmt in einem systematischen Prozess die Situationen, in denen externe Daten genutzt werden, und die Methodik für die Verarbeitung der Daten in seinem Messsystem;
b) ein Institut überprüft regelmäßig die Bedingungen und Verfahren für die Nutzung externer Daten und dokumentiert und unterzieht sie periodisch einer Prüfung durch eine unabhängige Stelle.

(5) [1] Ein Institut setzt auf der Grundlage von Expertenmeinungen in Verbindung mit externen Daten Szenarioanalysen ein, um seine Gefährdung durch sehr schwerwiegende Risikoereignisse zu bewerten. [2] Diese Bewertungen werden von dem Institut im Laufe der Zeit überprüft und durch Vergleich mit den tatsächlichen Verlusterfahrungen angepasst, um ihre Aussagekraft sicherzustellen.

(6) Die Anforderungen hinsichtlich Faktoren, die das Geschäftsumfeld und die internen Kontrollsysteme betreffen, sind Folgende:
a) Die firmenweite Risikobewertungsmethodik eines Instituts erfasst die entscheidenden Faktoren des Geschäftsumfelds und des internen Kontrollsystems, die sein operationelles Risikoprofil beeinflussen können;
b) ein Institut begründet jeden als bedeutenden Risikotreiber ausgewählten Faktor auf der Grundlage der Erfahrungen und unter Einbeziehung des Expertenurteils der betroffenen Geschäftsbereiche;
c) ein Institut muss in der Lage sein, den zuständigen Behörden gegenüber die Sensitivität der Risikoschätzungen bezüglich Veränderungen dieser Faktoren und deren relative Gewichtung zu begründen. Zusätzlich zur Erfassung von Risikoveränderungen aufgrund verbesserter Risikokontrollen deckt das Grundgerüst zur Risikomessung eines Instituts auch einen möglichen Risikoanstieg aufgrund gestiegener Komplexität in den Tätigkeiten oder aufgrund eines vergrößerten Geschäftsvolumens ab;
d) ein Institut dokumentiert sein Grundgerüst zur Risikomessung und unterzieht es einer unabhängigen institutsinternen Überprüfung sowie einer Überprüfung durch die zuständigen Behörden. Das Verfahren und die Ergebnisse werden von einem Institut im Laufe der Zeit durch Vergleich mit den tatsächlichen internen Verlusterfahrungen sowie den relevanten externen Daten überprüft und neu bewertet.

Art. 323 Auswirkung von Versicherungen und anderen Risikoübertragungsmechanismen. (1) Die zuständigen Behörden gestatten Instituten, die Auswirkungen von Versicherungen, sofern die Bedingungen der Absätze 2 bis 5 erfüllt sind, sowie anderer Risikoübertragungsmechanismen, zu berücksichtigen, sofern sie nachweisen können, dass ein nennenswerter Risikominderungseffekt erzielt wird.

(2) Der Versicherungsgeber verfügt über die Zulassung zum Versicherungs- oder Rückversicherungsgeschäft und besitzt eine von einer ECAI abgegebene Mindest-Bonitätsbeurteilung der Zahlungsfähigkeit, die von der EBA gemäß den Bestimmungen für die Risikogewichtung bei Risikopositionen gegenüber Instituten nach Titel II Kapitel 2 der Bonitätsstufe 3 oder höher zugeordnet wurde.

(3) Die Versicherung und der Versicherungsrahmen der Institute müssen sämtliche der folgenden Voraussetzungen erfüllen:

a) Die Versicherungspolice hat eine Ursprungslaufzeit von mindestens einem Jahr. Bei Versicherungspolicen mit einer Restlaufzeit von weniger als einem Jahr nimmt das Institut angemessene Sicherheitsabschläge vor, um die abnehmende Restlaufzeit der Police zu berücksichtigen, und zwar bis hin zu einem 100 %igen Abschlag für Policen mit einer Restlaufzeit von 90 Tagen oder weniger;

b) die Versicherungspolice hat eine Mindestkündigungsfrist von 90 Tagen;

c) die Versicherungspolice beinhaltet keine Ausschlussklauseln oder Begrenzungen für den Fall eines aufsichtlichen Eingreifens, oder Klauseln, die beim Ausfall eines Instituts verhindern, dass der Konkursverwalter des Instituts oder Personen mit ähnlichen Aufgaben für Schäden oder Aufwand, die dem Institut entstanden sind, Entschädigungen einholen, mit Ausnahme von Ereignissen, die nach der Eröffnung des Konkursverfahrens oder ähnlicher Verfahren eingetreten sind. Durch den Versicherungsvertrag können jedoch Geldbußen, Strafen oder Zuschläge mit Strafcharakter aufgrund eines aufsichtlichen Eingreifens ausgeschlossen werden;

d) die Risikominderungskalkulationen spiegeln die Deckungssumme der Versicherung so wider, dass sie in einem transparenten und konsistenten Verhältnis zu den Größen tatsächliche Verlustwahrscheinlichkeit und Verlustauswirkung steht, die bei der Ermittlung der Eigenmittelanforderung für das operationelle Risiko insgesamt verwendet werden;

e) die Versicherung wird durch eine dritte Partei gewährt. Für den Fall, dass die Versicherung durch firmeneigene Versicherungsunternehmen oder verbundene Gesellschaften gewährt wird, wird das versicherte Risiko auf eine unabhängige dritte Partei übertragen, die ihrerseits die in Absatz 2 aufgeführten Zulassungskriterien erfüllt;

f) der Rahmen für die Anerkennung von Versicherungen ist wohl begründet und dokumentiert.

(4) Bei der Methodik für die Anerkennung von Versicherungen werden mittels Abzügen oder Abschlägen sämtliche der folgenden Faktoren berücksichtigt:

a) die Restlaufzeit der Versicherungspolice, wenn sie weniger als ein Jahr beträgt,

b) die für die Versicherungspolice geltenden Kündigungsfristen, wenn sie weniger als ein Jahr betragen,

c) die Zahlungsunsicherheit sowie Inkongruenzen bei den von den Versicherungspolicen abgedeckten Risiken.

(5) Die aus der Anerkennung von Versicherungsschutz und sonstigen Risikoübertragungsmechanismen resultierende Verringerung der Eigenmittelanforderung darf 20 % der gesamten Eigenmittelanforderung für das operationelle Risiko vor Anerkennung von Risikominderungstechniken nicht übersteigen.

Art. 324 Klassifizierung der Verlustereignisse. Die Verlustereignisse nach Artikel 322 Absatz 3 Buchstabe b sind Folgende:

Tabelle 3

Ereigniskategorie	Begriffsbestimmung
Interner Betrug	Verluste aufgrund von Handlungen mit betrügerischer Absicht, Veruntreuung von Eigentum, Umgehung von Verwaltungs-, Rechts- oder internen Vorschriften, mit Ausnahme von Verlusten aufgrund von Diskriminierung oder sozialer und kultureller Verschiedenheit, wenn mindestens eine interne Partei beteiligt ist.
Externer Betrug	Verluste aufgrund von Handlungen mit betrügerischer Absicht, Veruntreuung von Eigentum oder Umgehung von Rechtsvorschriften durch einen Dritten.
Beschäftigungspraxis und Arbeitsplatzsicherheit	Verluste aufgrund von Handlungen, die gegen Beschäftigungs-, Gesundheitsschutz- oder Sicherheitsvorschriften bzw. -vereinbarungen verstoßen, Verluste aufgrund von Schadenersatzzahlungen wegen Körperverletzung, Verluste aufgrund von Diskriminierung auch aufgrund sozialer und kultureller Verschiedenheit.
Kunden, Produkte und Geschäftsgepflogenheiten	Verluste aufgrund einer unbeabsichtigten oder fahrlässigen Nichterfüllung geschäftlicher Verpflichtungen gegenüber bestimmten Kunden (einschließlich Anforderungen an Treuhänder und in Bezug auf Angemessenheit der Dienstleistung), Verluste aufgrund der Art oder Struktur eines Produkts.
Sachschäden	Verluste aufgrund von Beschädigungen oder des Verlustes von Sachvermögen durch Naturkatastrophen oder andere Ereignisse.
Geschäftsunterbrechungen und Systemstörungen	Verluste aufgrund von Geschäftsunterbrechungen oder Systemstörungen.
Ausführung, Lieferung und Prozessmanagement	Verluste aufgrund von Fehlern bei der Geschäftsabwicklung oder im Prozessmanagement, Verluste aus Beziehungen zu Geschäftspartnern und Lieferanten/Anbietern.

Titel IV. Eigenmittelanforderungen für das Marktrisiko

Kapitel 1. Allgemeine Bestimmungen

Art. 325 Ansätze für die Berechnung der Eigenmittelanforderungen für das Marktrisiko. (1) Ein Institut berechnet die Eigenmittelanforderungen für das Marktrisiko aller Handelsbuchpositionen und aller Anlagebuchpositionen, die einem Fremdwährungs- oder Warenpositionsrisiko unterliegen, nach folgenden Ansätzen:

a) dem Standardansatz nach Absatz 2;

b) dem auf einem internen Modell beruhenden Ansatz nach Kapitel 5 dieses Titels für Risikokategorien, für die dem Institut die Erlaubnis zur Anwendung dieses Ansatzes gemäß Artikel 363 erteilt wurde.

(2) Die gemäß dem Standardansatz nach Absatz 1 Buchstabe a berechneten Eigenmittelanforderungen für das Marktrisiko entsprechen der Summe der folgenden jeweils anwendbaren Eigenmittelanforderungen:

a) Eigenmittelanforderungen für das Positionsrisiko gemäß Kapitel 2;

b) Eigenmittelanforderungen für das Fremdwährungsrisiko gemäß Kapitel 3;

c) Eigenmittelanforderungen für das Warenpositionsrisiko gemäß Kapitel 4.

(3) Ein Institut, das nicht gemäß Artikel 325a von den Meldepflichten nach Artikel 430b ausgenommen ist, meldet die Berechnung gemäß Artikel 430b für alle Handelsbuchpositionen und alle Anlagebuchpositionen, die einem Fremdwährungs- oder Warenpositionsrisiko unterliegen, nach folgenden Ansätzen:

a) dem alternativen Standardansatz gemäß Kapitel 1a,

b) dem alternativen auf einem internen Modell beruhenden Ansatz gemäß Kapitel 1b.

(4) Ein Institut kann gemäß Artikel 363 innerhalb einer Gruppe dauerhaft eine Kombination der Ansätze nach Absatz 1 Buchstaben a und b des vorliegenden Artikels anwenden.

(5) Institute wenden den Ansatz nach Absatz 3 Buchstabe b nicht für Instrumente in ihrem Handelsbuch an, bei denen es sich um Verbriefungspositionen oder gemäß den Absätzen 6, 7 und 8 in das alternative Korrelationshandelsportfolio einbezogene Positionen handelt.

(6) *[1]* In das alternative Korrelationshandelsportfolio werden Verbriefungspositionen und n-ter-Ausfall-Kreditderivate einbezogen, die sämtliche nachstehenden Kriterien erfüllen:

a) Bei den Positionen handelt es sich weder um Wiederverbriefungspositionen, Optionen auf Verbriefungstranchen noch um sonstige Derivate auf Verbriefungspositionen, bei denen keine anteiligen Ansprüche auf die Erträge aus einer Verbriefungstranche bestehen;

b) alle zugrunde liegenden Instrumente sind

   i) auf einen einzelnen Referenzschuldner oder Vermögenswert bezogene Instrumente, einschließlich Einzeladressen-Kreditderivate, für die ein aus Käufer- und Verkäufersicht hinreichend liquider Markt besteht, oder

   ii) herkömmlich gehandelte Indizes auf die Instrumente nach Ziffer i.

[2] Ein aus Käufer- und Verkäufersicht hinreichend liquider Markt wird als vorhanden angenommen, wenn unabhängige ernsthafte Kauf- und Verkaufsangebote existieren, sodass innerhalb eines Tages ein Preis bestimmt werden kann, der mit den letzten Verkaufspreisen oder gegenwärtigen konkurrenzfähigen ernsthaften Kauf- und Verkaufsquotierungen angemessen in Verbindung steht, und zu diesem Preis innerhalb relativ kurzer Zeit ein Geschäft im Einklang mit den Handelsusancen abgewickelt werden kann.

(7) Positionen mit einem der folgenden zugrunde liegenden Instrumente werden nicht in das alternative Korrelationshandelsportfolio aufgenommen:

a) zugrunde liegende Instrumente, die den Risikopositionsklassen nach Artikel 112 Buchstabe h oder i zugeordnet sind;

b) eine Risikoposition gegenüber einer Zweckgesellschaft, die direkt oder indirekt durch eine Position, die gemäß Absatz 6 selbst nicht für die Aufnahme in das alternative Korrelationshandelsportfolio in Betracht käme, besichert ist.

(8) Institute dürfen in ihr alternatives Korrelationshandelsportfolio Positionen aufnehmen, die weder Verbriefungspositionen noch n-ter-Ausfall-Kreditderivate sind, jedoch andere Positionen in diesem Portfolio absichern, sofern für das Instrument oder die ihm zugrunde liegenden Instrumente ein aus Käufer- und Verkäufersicht hinreichend liquider Markt gemäß Absatz 6 Unterabsatz 2 besteht.

(9) *[1]* Die EBA arbeitet Entwürfe technischer Regulierungsstandards aus, in denen festgelegt wird, wie die Institute die Eigenmittelanforderungen für das Marktrisiko bezüglich Anlagebuchpositionen, die einem Fremdwährungs- oder Warenpositionsrisiko unterliegen, gemäß den Ansätzen nach Absatz 3 Buchstaben a und b berechnen.

[2] Die EBA übermittelt der Kommission diese Entwürfe technischer Regulierungsstandards bis zum 28. September 2020.

[3] Der Kommission wird die Befugnis übertragen, die in Unterabsatz 1 genannten technischen Regulierungsstandards gemäß den Artikeln 10 bis 14 der Verordnung (EU) Nr. 1093/2010 zur Ergänzung dieser Verordnung zu erlassen.

Art. 325a Befreiungen von den besonderen Meldepflichten für das Marktrisiko. (1) Ein Institut wird von der Meldepflicht gemäß Artikel 430b befreit, sofern der Umfang seiner bilanziellen und außerbilanziellen Geschäfte, die einem Marktrisiko unterliegen, auf der Grundlage einer monatlichen Bewertung anhand der Daten zum letzten Tag des Monats keinen der folgenden Schwellenwerte überschreitet:

a) 10 % seiner gesamten Vermögenswerte,

b) 500 Mio. EUR.

(2) Institute berechnen den Umfang ihrer bilanziellen und außerbilanziellen Geschäfte, die einem Marktrisiko unterliegen, anhand der Daten zum letzten Tag jeden Monats gemäß den folgenden Anforderungen:

a) Es werden alle Positionen im Handelsbuch einbezogen, außer Kreditderivaten, die als internes Sicherungsgeschäft gegen Kreditrisiken im Anlagebuch anerkannt sind, und Kreditderivatgeschäften, die das Marktrisiko der internen Sicherungsgeschäfte gemäß Artikel 106 Absatz 3 vollständig ausgleichen;

b) es werden alle Positionen im Anlagebuch einbezogen, die Fremdwährungs- oder Warenpositionsrisiken unterliegen;

c) alle Positionen werden zu ihrem Marktwert zu dem betreffenden Datum bewertet, mit Ausnahme der Positionen gemäß Buchstabe b; lässt sich der Marktwert einer Position im Handelsbuch zu einem bestimmten Datum nicht ermitteln, so verwenden Institute den zu diesem Datum beizulegenden Zeitwert für diese Position im Handelsbuch; lassen sich der beizulegende Zeitwert und der Marktwert einer Position im Handelsbuch zu einem bestimmten Datum nicht ermitteln, so verwenden Institute den aktuellsten Marktwert oder beizulegenden Zeitwert für diese Position;

d) alle Positionen im Anlagebuch, die Fremdwährungsrisiken unterliegen, werden als gesamte Netto-Fremdwährungsposition betrachtet und gemäß Artikel 352 bewertet;

e) alle Positionen im Anlagebuch, die Warenpositionsrisiken unterliegen, werden gemäß den Artikeln 357 und 358 bewertet;

f) der absolute Wert der Kaufpositionen wird dem absoluten Wert der Verkaufspositionen hinzuaddiert.

(3) Institute, die ihre Eigenmittelanforderungen für das Marktrisiko nach Maßgabe dieses Artikels berechnen oder nicht mehr berechnen, unterrichten die zuständigen Behörden entsprechend.

(4) Ein Institut das eine oder mehrere der Bedingungen nach Absatz 1 nicht mehr erfüllt, teilt dies der zuständigen Behörde unverzüglich mit.

(5) Die Geltungsdauer der Befreiung von den Meldepflichten gemäß Artikel 430b endet innerhalb von drei Monaten, nachdem einer der folgenden Fälle eingetreten ist:

a) Das Institut erfüllt während drei aufeinanderfolgender Monate nicht die Bedingung gemäß Absatz 1 Buchstabe a oder b oder

b) das Institut erfüllt während mehr als sechs der letzten zwölf Monate nicht die Bedingung gemäß Absatz 1 Buchstabe a oder b.

(6) Ist ein Institut gemäß Absatz 5 des vorliegenden Artikels den Meldepflichten gemäß Artikel 430b unterstellt worden, so wird es von diesen Meldepflichten nur befreit, wenn es gegenüber der zuständigen Behörde nachweist, dass alle in Absatz 1 des vorliegenden Artikels genannten Bedingungen während eines Zeitraums von einem Jahr ununterbrochen erfüllt wurden.

(7) Die Institute gehen keine Position ein noch kaufen oder verkaufen sie eine Position allein zum Zweck der Einhaltung der in Absatz 1 genannten Bedingungen während der monatlichen Bewertung.

(8) Ein Institut, das für die Behandlung gemäß Artikel 94 in Frage kommt, wird von der Meldepflicht gemäß Artikel 430b befreit.

Art. 325b Genehmigung von Anforderungen auf konsolidierter Basis.

(1) Vorbehaltlich des Absatzes 2 und nur für die Zwecke der Berechnung der Nettopositionen und Eigenmittelanforderungen auf konsolidierter Basis gemäß diesem Titel dürfen Institute Positionen in einem Institut oder Unternehmen verwenden, um sie gegen Positionen in einem anderen Institut oder Unternehmen aufzurechnen.

(2) Institute dürfen Absatz 1 nur mit der Genehmigung der zuständigen Behörden anwenden, die gewährt wird, sofern alle folgenden Voraussetzungen erfüllt sind:

a) Die Eigenmittel innerhalb der Gruppe sind angemessen aufgeteilt;
b) der regulierungsrechtliche, rechtliche oder vertragliche Rahmen für die Tätigkeit der Institute garantiert den gegenseitigen finanziellen Beistand innerhalb der Gruppe.

(3) Handelt es sich um in Drittländern niedergelassene Unternehmen, so sind zusätzlich zu den in Absatz 2 genannten Voraussetzungen alle folgenden Voraussetzungen zu erfüllen:

a) Die Unternehmen wurden in einem Drittland zugelassen und entsprechen entweder der Definition für Kreditinstitute oder sind anerkannte Wertpapierfirmen eines Drittlands;
b) die Unternehmen erfüllen auf Einzelbasis Eigenmittelanforderungen, die den in dieser Verordnung vorgeschriebenen Eigenmittelanforderungen gleichwertig sind;
c) in den betreffenden Drittländern bestehen keine Vorschriften, durch die der Kapitaltransfer innerhalb der Gruppe erheblich beeinträchtigt werden könnte.

Kapitel 1A. Alternativer Standardansatz

Abschnitt 1. Allgemeine Bestimmungen

Art. 325c Anwendungsbereich und Struktur des alternativen Standardansatzes. (1) Der alternative Standardansatz gemäß diesem Kapitel darf nur für die Zwecke der in Artikel 430b Absatz 1 festgelegten Meldepflichten angewandt werden.

(2) Die Institute berechnen die Eigenmittelanforderungen für das Marktrisiko gemäß dem alternativen Standardansatz für ein Portfolio von Handels-

buchpositionen oder Anlagebuchpositionen, die Fremdwährungs- oder Warenpositionsrisiken unterliegen, als Summe der folgenden drei Komponenten:

a) die Eigenmittelanforderung gemäß der sensitivitätsgestützten Methode nach Abschnitt 2;

b) die Eigenmittelanforderung für das Ausfallrisiko gemäß Abschnitt 5, die nur für die in diesem Abschnitt genannten Handelsbuchpositionen gilt;

c) die Eigenmittelanforderung für Restrisiken gemäß Abschnitt 4, die nur für die in diesem Abschnitt genannten Handelsbuchpositionen gilt.

Abschnitt 2. Sensitivitätsgestützte Methode zur Berechnung der Eigenmittelanforderung

Art. 325d Begriffsbestimmungen. Für die Zwecke dieses Kapitels bezeichnet der Ausdruck

1. „Risikoklasse" eine der folgenden sieben Kategorien:
   i) allgemeines Zinsrisiko;
   ii) Kreditspreadrisiko (CSR) bei Nicht-Verbriefungspositionen;
   iii) Kreditspreadrisiko bei nicht in das alternative Korrelationshandelsportfolio einbezogenen Verbriefungspositionen (CSR außerhalb des alternativen Korrelationshandelsportfolios);
   iv) Kreditspreadrisiko bei in das alternative Korrelationshandelsportfolio einbezogenen Verbriefungspositionen (CSR des alternativen Korrelationshandelsportfolios);
   v) Aktienkursrisiko;
   vi) Warenpositionsrisiko;
   vii) Fremdwährungsrisiko;
2. „Sensitivität" die relative Veränderung des Werts einer Position infolge einer Veränderung des Werts einer der relevanten Risikofaktoren der Position, berechnet nach dem Bewertungsmodell des Instituts gemäß Abschnitt 3 Unterabschnitt 2;
3. „Unterklasse" eine Unterkategorie von Positionen innerhalb einer Risikoklasse mit ähnlichem Risikoprofil, der ein Risikogewicht gemäß Abschnitt 3 Unterabschnitt 1 zugewiesen wird.

Art. 325e Komponenten der sensitivitätsgestützten Methode.

(1) Institute berechnen die Eigenmittelanforderungen für das Marktrisiko anhand der sensitivitätsgestützten Methode durch Aggregation der drei folgenden Eigenmittelanforderungen gemäß Artikel 325h:

a) Eigenmittelanforderungen für das Delta-Faktor-Risiko zur Erfassung des Risikos von Wertänderungen eines Instruments infolge von Bewegungen seiner nicht volatilitätsbedingten Risikofaktoren;

b) Eigenmittelanforderungen für das Vega-Risiko zur Erfassung des Risikos von Wertänderungen eines Instruments infolge von Bewegungen seiner volatilitätsbedingten Risikofaktoren;

c) Eigenmittelanforderungen für das Krümmungsrisiko zur Erfassung des Risikos von Wertänderungen eines Instruments infolge von Bewegungen der wichtigsten nicht volatilitätsbedingten Risikofaktoren, die nicht durch die Eigenmittelanforderungen für das Delta-Faktor-Risiko erfasst sind.

(2) *[1]* Für die Zwecke der Berechnung nach Absatz 1 gilt Folgendes:

a) Alle Positionen von Instrumenten mit Optionalität werden zur Abdeckung der Risiken, die nicht aus exotischen Basiswerten der in Artikel 325u Absatz 2 Buchstabe a genannten Instrumente resultieren, mit den in Absatz 1 Buchstaben a, b und c genannten Eigenmittelanforderungen belegt;

b) alle Positionen von Instrumenten ohne Optionalität werden zur Abdeckung der Risiken, die nicht aus exotischen Basiswerten der in Artikel 325u Absatz 2 Buchstabe a genannten Instrumente resultieren, mit den in Absatz 1 Buchstabe a genannten Eigenmittelanforderungen belegt.

[2] [1] Für die Zwecke dieses Kapitels umfassen Instrumente mit Optionalität u.a. Kaufoptionen, Verkaufsoptionen, Optionen mit Ober- und Untergrenzen, Swaptions, Barrier-Optionen und exotische Optionen. [2] Eingebettete Optionen, wie vorzeitige Rückzahlungsoptionen oder verhaltensabhängige Optionen, gelten für die Zwecke der Berechnung der Eigenmittelanforderungen für das Marktrisiko als eigenständige Positionen in Optionen.

[3] Für die Zwecke dieses Kapitels werden Instrumente, deren Zahlungsströme als lineare Funktion des Nominalbetrags des Basiswerts geschrieben werden können, als Instrumente ohne Optionalität betrachtet.

(3) *[1]* Abweichend von Absatz 2 Buchstabe b kann ein Institut sich dafür entscheiden, alle Positionen von Instrumenten ohne Optionalität mit den in Absatz 1 Buchstaben a und c genannten Eigenmittelanforderungen zu belegen.

[2] [1] Entscheidet sich ein Institut für die in Unterabsatz 1 dargelegte Vorgehensweise, teilt es dies der zuständigen Behörde mindestens drei Monate im Voraus mit. [2] Nach Ablauf dieser drei Monate kann das Institut, sofern die zuständige Behörde dies nicht abgelehnt hat, wie beschrieben verfahren, bis die zuständige Behörde die Erlaubnis widerruft.

[3] [1] Will ein Institut die in Unterabsatz 1 dargelegte Vorgehensweise einstellen, so teilt es dies der zuständigen Behörde mindestens drei Monate im Voraus mit. [2] Sofern die zuständige Behörde dies nicht innerhalb der drei Monate abgelehnt hat, kann das Institut diese Vorgehensweise einstellen.

Art. 325f Eigenmittelanforderungen für Delta-Faktor- und Vega-Risiken. (1) Institute wenden bei der Berechnung der Eigenmittelanforderungen für die Delta-Faktor- und Vega-Risiken die in Abschnitt 3 Unterabschnitt 1 beschriebenen Delta- und Vega-Risikofaktoren an.

(2) Institute berechnen die Eigenmittelanforderungen für die Delta-Faktor- und Vega-Risiken nach dem Verfahren gemäß den Absätzen 3 bis 8.

(3) [1] Die Sensitivität aller den Eigenmittelanforderungen für Delta-Faktor- und Vega-Risiken unterliegenden Instrumente gegenüber den anwendbaren Delta- oder Vega-Risikofaktoren der betreffenden Risikoklasse wird für jede Risikoklasse anhand der entsprechenden Formeln nach Abschnitt 3 Unterabschnitt 2 berechnet. [2] Wenn der Wert eines Instruments von mehreren Risikofaktoren abhängt, wird die Sensitivität getrennt für jeden Risikofaktor ermittelt.

(4) Die Sensitivitäten werden innerhalb jeder Risikoklasse einer Unterklasse „b" zugeordnet.

(5) Innerhalb jeder Unterklasse „b" werden die positiven und negativen Sensitivitäten gegenüber dem gleichen Risikofaktor zu Netto-Sensitivitäten (s_k) für jeden Risikofaktor k innerhalb einer Unterklasse aufgerechnet.

(6) Die Netto-Sensitivitäten jedes Risikofaktors innerhalb jeder Unterklasse werden mit den Risikogewichten nach Abschnitt 6 multipliziert, sodass jeder Risikofaktor der betreffenden Unterklasse eine gewichtete Sensitivität erhält, die nach folgender Formel berechnet wird:

$$WS_k = RW_k \cdot s_k$$

dabei gilt:

WS_k = die gewichteten Sensitivitäten;
RW_k = die Risikogewichte; und
s_k = der Risikofaktor.

(7) [1] Die gewichteten Sensitivitäten gegenüber den verschiedenen Risikofaktoren innerhalb jeder Unterklasse werden gemäß nachstehender Formel zur unterklassespezifischen Sensitivität aggregiert, wobei der Wert innerhalb der Quadratwurzelfunktion nicht niedriger als Null sein kann. [2] Dabei werden die Korrelationen für gewichtete Sensitivitäten innerhalb der gleichen Unterklasse (ρ_{kl}) nach Abschnitt 6 verwendet.

$$K_b = \sqrt{\sum_k WS_k^2 + \sum_k \sum_{k \neq l} \rho_{kl} WS_k WS_l}$$

dabei gilt:

K_b = die unterklassespezifische Sensitivität; und
WS = die gewichteten Sensitivitäten.

(8) *[1]* [1] Die unterklassespezifische Sensitivität wird für jede Unterklasse innerhalb einer Risikoklasse gemäß den Absätzen 5, 6 und 7 berechnet. [2] Nach Berechnung der unterklassespezifischen Sensitivität für alle Unterklassen werden die gewichteten Sensitivitäten aller Risikofaktoren über die einzelnen Unterklassen hinweg gemäß der nachstehenden Formel und unter Verwendung der entsprechenden Korrelationen γ_{bc} für gewichtete Sensitivitäten in verschiedenen Unterklassen nach Abschnitt 6 zu einer risikoklassespezifische Eigenmittelanforderung für ein Delta-Faktor- oder Vega-Risiko aggregiert:

$$\text{Risikoklassespezifische Eigenmittelanforderung für ein Delta} - \text{Faktor} - \text{oder Vega} - \text{Risiko} = \sqrt{\sum_b K_b^2 + \sum_b \sum_{c \neq b} \gamma_{bc} S_b S_c}$$

dabei entspricht

S_b = ΣkWSk allen Risikofaktoren der Unterklasse b und S_c = ΣkWSk allen Risikofaktoren der Unterklasse c. Ergeben diese Werte für *Sb* und *Sc* eine negative Gesamtsumme von $\sum_b K_b^2 + \sum_b \sum_{c \neq b} \gamma_{bc} S_b S_c$, so berechnet das Institut die risikoklassespezifische Eigenmittelanforderung für ein Delta-Faktor- oder Vega-Risiko mittels einer alternativen Spezifizierung, wobei

S_b = max [min (Σk WSk, Kb), – Kb] allen Risikofaktoren der Unterklasse b und

S_c = max [min (Σk WSk, Kc), – Kc] allen Risikofaktoren der Unterklasse c entspricht.

[2] Die risikoklassespezifischen Eigenmittelanforderungen für das Delta-Faktor- oder Vega-Risiko werden für die einzelnen Risikoklassen gemäß den Absätzen 1 bis 8 berechnet.

Art. 325g Eigenmittelanforderungen für das Krümmungsrisiko.

(1) [1] Außer für die in Absatz 3 genannten Risikofaktoren führen die Institute die in Absatz 2 festgelegten Berechnungen für jeden Risikofaktor der Instrumente durch, die der Eigenmittelanforderung für das Krümmungsrisiko unterliegen. [2] Die Institute führen diese Berechnungen für einen gegebenen Risikofaktor bei Instrumenten, die der Eigenmittelanforderung für das Krümmungsrisiko unterliegen und den betreffenden Risikofaktor aufweisen, über alle Positionen hinweg auf Nettobasis durch.

(2) [1] Für einen gegebenen Risikofaktor k bei einem oder mehreren der in Absatz 1 genannten Instrumente berechnen die Institute die Aufwärts-Nettokrümmungsrisikoposition (CVR_k^+) und die Abwärts-Nettokrümmungsrisikoposition (CVR_k^-) wie folgt:

$$CVR_k^+ = -\sum_i CVR_{ik}^+$$

$$CVR_k^- = -\sum_i CVR_{ik}^-$$

$$CVR_{ik}^+ = V_i\left(x_k^{RW(Curvature)^+}\right) - V_i(x_k) - RW_k^{Curvature} \times s_{ik}$$

$$CVR_{ik}^- = V_i\left(x_k^{RW(Curvature)^-}\right) - V_i(x_k) + RW_k^{Curvature} \times s_{ik}$$

[2] Dabei gilt:

i = Index aller Positionen der in Absatz 1 genannten Instrumente mit dem Risikofaktor k;

x_k = aktueller Wert des Riskofaktors k;

V_i (x_k) = Wert des Instruments i gemäß dem Bewertungsmodell des Instituts unter Zugrundelegung des aktuellen Werts des Risikofaktors k;

$V_i\left(x_k^{RW(Curvature)^+}\right)$	=	Wert des Instruments i gemäß dem Bewertungsmodell des Instituts unter Zugrundelegung eines Wertanstiegs bei Risikofaktor k;
$V_i\left(x_k^{RW(Curvature)^-}\right)$	=	Wert des Instruments i gemäß dem Bewertungsmodell des Instituts unter Zugrundelegung eines Wertverlusts bei Risikofaktor k;
$RW_k^{Curvature}$	=	gemäß Abschnitt 6 bestimmtes Risikogewicht für Risikofaktor k;
s_{ik}	=	gemäß Artikel 325r berechnete Delta-Sensitivität des Instruments i gegenüber dem Risikofaktor k.

(3) *[1]* Abweichend von Absatz 2 führen die Institute die in Absatz 6 festgelegten Berechnungen bei Kurven von Risikofaktoren, die den Risikoklassen allgemeines Zinsrisiko (GIRR), Kreditspreadrisiko (CSR) und Warenpositionsrisiko zuzuordnen sind, auf Ebene der gesamten Kurve und nicht auf Ebene der einzelnen Risikofaktoren der Kurve durch.

[2] Für die Zwecke der in Absatz 2 genannten Berechnung ist s_{ik} für den Fall, dass x_k eine Kurve von Risikofaktoren der Risikoklassen GIRR, CSR und Warenpositionsrisiko ist, die Summe der Delta-Sensitivitäten gegenüber dem Risikofaktor der Kurve über alle Laufzeiten der Kurve hinweg.

(4) [1] Um auf Ebene der Unterklasse eine Eigenmittelanforderung für das Krümmungsrisiko zu bestimmen, aggregieren die Institute die gemäß Absatz 2 berechneten Aufwärts- und Abwärts-Nettokrümmungsrisikopositionen aller Risikofaktoren, die dieser Unterklasse gemäß Abschnitt 3 Unterabschnitt 1 zugeordnet werden, nach folgender Formel:

$$K_b = \begin{cases} max(K_b^+, K_b^-), \text{where } K_b^+ \neq K_b^- \\ K_b^+, \text{where } K_b^+ = K_b^- \text{ and} \\ K_b^-, \text{otherwise} \end{cases} \sum_k CVR_k^+ > \sum_k CVR_k^-$$

[2] Dabei gilt:

b	=	Index einer Unterklasse einer bestimmten Risikoklasse;
K_b	=	Eigenmittelanforderungen für das Krümmungsrisiko bei Unterklasse b;

$$K_b^+ = \sqrt{max\left(0, \sum_k max(CVR_k^+, 0)^2 + \sum_{l \neq k} \sum_k p_{kl}\, CVR_k^+ CVR_l^+ \psi(CVR_k^+, CVR_l^+)\right)}$$

;

$$K_b^- = \sqrt{max\left(0, \sum_k max(CVR_k^-, 0)^2 + \sum_{l \neq k}\sum_k p_{kl}\, CVR_k^- CVR_l^- \psi(CVR_k^-, CVR_l^-)\right)}.$$

;

$$\psi(x,y) = \begin{cases} 0, \text{where } x < 0 \text{ and } y < 0 \\ 1, \text{otherwise} \end{cases}$$

;

p_{kl} = in Abschnitt 6 vorgeschriebene Korrelationen zwischen den Risikofaktoren k und l innerhalb der Unterklasse;

k, l = Indizes aller Risikofaktoren der in Absatz 1 genannten Instrumente, die der Unterklasse b zugeordnet werden;

(CVR_k^+) = Aufwärts-Nettokrümmungsrisikoposition;

(CVR_k^-) = Abwärts-Nettokrümmungsrisikoposition.

(5) Abweichend von Absatz 4 werden bei Unterklasse 18 des Artikels 325ah, Unterklasse 18 des Artikels 325ak, Unterklasse 25 des Artikels 325am und Unterklasse 11 des Artikels 325ap die Eigenmittelanforderungen für das Krümmungsrisiko auf Ebene der Unterklasse nach folgender Formel berechnet:

$$K_b = max\left(\sum_k max(CVR_k^+, 0), \sum_k max(CVR_k^-, 0)\right)$$

(6) [1] Die Institute berechnen die Risikoklasse-Eigenmittelanforderungen (RCCR) für das Krümmungsrisiko, indem sie alle in der betreffenden Risikoklasse auf Ebene der Unterklasse bestehenden Eigenmittelanforderungen für das Krümmungsrisiko wie folgt aggregieren:

$$RCCR = \sqrt{max\left(0, \sum_b K_b^2 + \sum_{c \neq b}\sum_b \gamma_{bc} S_b S_c\, \psi(S_b, S_c)\right)}$$

[2] Dabei gilt:

b, c = Indizes aller Unterklassen einer bestimmten Risikoklasse, die den in Absatz 1 genannten Instrumenten entspricht;

K_b = Eigenmittelanforderungen für das Krümmungsrisiko bei Unterklasse b;

$$S_b = \begin{cases} \sum_k CVR_k^+, \text{ where } K_b = K_b^+ \text{ in accordance with paragraph 4} \\ \sum_k CVR_k^-, \text{ otherwise} \end{cases}$$

;

$$\psi(x,y) = \begin{cases} 0, \text{where } x < 0 \text{ and } y < 0 \\ 1, \text{otherwise} \end{cases}$$

;

γ_{bc} = in Abschnitt 6 festgelegte, zwischen den Unterklassen bestehende Korrelationen zwischen den Unterklassen b und c.

(7) Die Eigenmittelanforderung für das Krümmungsrisiko ist die Summe der Risikoklasse-Eigenmittelanforderungen für das Krümmungsrisiko, die gemäß Absatz 6 über all diejenigen Risikoklassen hinweg berechnet werden, die zumindest einen Risikofaktor der in Absatz 1 genannten Instrumente aufweisen.

Art. 325h Aggregation der risikoklassespezifischen Eigenmittelanforderungen für Delta-Faktor-, Vega- und Krümmungsrisiken. (1) Institute aggregieren die risikoklassespezifischen Eigenmittelanforderungen für Delta-Faktor-, Vega- und Krümmungsrisiken nach dem Verfahren gemäß den Absätzen 2, 3 und 4.

(2) [1] Das in den Artikeln 325f und 325g beschriebene Verfahren zur Berechnung der risikoklassespezifischen Eigenmittelanforderungen für Delta-Faktor-, Vega- und Krümmungsrisiken wird für jede Risikoklasse drei Mal unter Verwendung eines jeweils unterschiedlichen Satzes von Korrelationsparametern ρ_{kl} (Korrelation zwischen Risikofaktoren innerhalb einer Unterklasse) und γ_{bc} (Korrelation zwischen Unterklassen einer Risikoklasse) durchgeführt. [2] Jeder dieser drei Sätze entspricht einem unterschiedlichen Szenario wie im Folgenden dargelegt:

a) dem Szenario „mittlere Korrelation", bei dem die in Abschnitt 6 spezifizierten Korrelationsparameter ρ_{kl} und γ_{bc} unverändert bleiben;

b) dem Szenario „hohe Korrelation", bei dem die in Abschnitt 6 spezifizierten Korrelationsparameter ρ_{kl} und γ_{bc} mit dem Faktor 1,25 multipliziert werden, wobei ρ_{kl} und γ_{bc} einer Obergrenze von 100 % unterliegen;

c) dem Szenario „niedrige Korrelation", wobei die in Abschnitt 6 aufgeführten Korrelationsparameter ρ_{kl} und γ_{bc} durch $\rho_{kl}^{low} = max(2 \cdot \rho_{kl} - 100\%; 75\% \cdot \rho_{kl})$ bzw. $\gamma_{bc}^{low} = max(2 \cdot \gamma_{bc} - 100\%; 75\% \cdot \gamma_{bc})$ ersetzt werden.

(3) Institute berechnen zur Bestimmung der drei szenariospezifischen Eigenmittelanforderungen die Summe der risikoklassespezifischen Eigenmittelanforderungen für Delta-Faktor-, Vega- und Krümmungsrisiken für jedes Szenario.

(4) Die gemäß der sensitivitätsgestützten Methode ermittelte Eigenmittelanforderung ist die höchste der drei szenariospezifischen Eigenmittelanforderungen nach Absatz 3.

Art. 325i Behandlung von Indexinstrumenten und Instrumenten mit multiplen Basiswerten. (1) Bei Indexinstrumenten und Instrumenten mit multiplen Basiswerten verfahren die Institute nach dem Transparenzansatz und gehen dabei wie folgt vor:

a) für die Berechnung der Eigenmittelanforderungen für das Delta-Faktor- und das Krümmungsrisiko gehen die Institute davon aus, dass sie einzelne Positionen in den Basiswerten, die Bestandteil des Indexes sind, oder in anderen Instrumenten mit multiplen Basiswerten direkt halten – davon ausgenommen sind Index-Positionen, die im alternativen Korrelationshandelsportfolio enthalten sind, und bei denen eine einzige Sensitivität gegenüber dem Index berechnet werden muss;

b) mit Ausnahme von Positionen im alternativen Korrelationshandelsportfolio dürfen die Institute die Sensitivitäten gegenüber einem Risikofaktor eines Bestandteils eines Indexinstruments oder eines anderen Instruments mit multiplen Basiswerten und die Sensitivitäten gegenüber dem gleichen Risikofaktor des gleichen Bestandteils von Einzeladressen-Instrumenten gegeneinander aufrechnen;

c) für die Berechnung der Eigenmittelanforderungen für das Vega-Risiko können die Institute entweder davon ausgehen, dass sie einzelne Positionen in den Basiswerten, die Bestandteil des Indexes sind, oder in anderen Instrumenten mit multiplen Basiswerten direkt halten, oder eine einzige Sensitivität gegenüber dem Basiswert dieses Instruments berechnen. Im letztgenannten Fall ordnen die Institute die einzige Sensitivität gemäß Abschnitt 6 Unterabschnitt 1 der betreffenden Unterklasse zu und verfahren dabei wie folgt:

   i) wenn unter Berücksichtigung der Gewichtungen dieses Indexes mehr als 75 % seiner Bestandteile derselben Unterklasse zugeordnet würden, reihen die Institute die Sensitivität in diese Unterklasse ein und behandeln sie innerhalb dieser Unterklasse wie eine Einzeladressen-Sensitivität;

   ii) in allen anderen Fällen reihen die Institute die Sensitivität in die betreffende Index-Unterklasse ein.

(2) [1] Abweichend von Absatz 1 Buchstabe a können die Institute für die Berechnung der Eigenmittelanforderungen für das Delta-Faktor- und das Krümmungsrisiko eine einzige Sensitivität gegenüber einer Position in einem börsennotierten Aktien- oder Kreditindex berechnen, wenn der börsennotierte Aktien- oder Kreditindex die in Absatz 3 festgelegten Bedingungen erfüllt. [2] In diesem Fall ordnen die Institute die einzige Sensitivität gemäß Abschnitt 6 Unterabschnitt 1 der betreffenden Unterklasse zu und verfahren dabei wie folgt:

a) wenn unter Berücksichtigung der Gewichtungen dieses börsennotierten Indexes mehr als 75 % seiner Bestandteile derselben Unterklasse zugeordnet würden, ist diese Sensitivität in diese Unterklasse einzureihen und innerhalb dieser Unterklasse wie eine Einzeladressen-Sensitivität zu behandeln;

b) in allen anderen Fällen reihen die Institute die Sensitivität in die betreffende Index-Unterklasse ein.

(3) Bei Instrumenten, die auf einen börsennotierten Aktien- oder Kreditindex bezogen sind, können die Institute gemäß Absatz 2 verfahren, wenn alle folgenden Bedingungen erfüllt sind:

a) Die Bestandteile des börsennotierten Indexes und deren jeweilige Gewichtungen in diesem Index sind bekannt.

b) Der börsennotierte Index setzt sich aus mindestens 20 Bestandteilen zusammen.

c) Kein Bestandteil des börsennotierten Indexes macht für sich genommen mehr als 25 % der Gesamtmarktkapitalisierung dieses Indexes aus.

d) Kein Satz, der ein Zehntel der Gesamtanzahl der Bestandteile des börsennotierten Indexes enthält, macht (aufgerundet auf die nächsthöhere ganze Zahl) mehr als 60 % der Gesamtmarktkapitalisierung dieses Indexes aus.

e) Die Gesamtmarktkapitalisierung aller Bestandteile des börsennotierten Indexes liegt nicht unter 40 Mrd. EUR.

(4) [1] Ein Institut verfährt mit allen Instrumenten, die auf einen börsennotierten Aktien- oder Kreditindex bezogen sind, der die in Absatz 3 genannten Bedingungen erfüllt, durchgängig nur nach Absatz 1 oder nur nach Absatz 2. [2] Bevor ein Institut von einem Ansatz zum anderen wechselt, holt es die Erlaubnis der zuständigen Behörde ein.

(5) Wenn für einen Index oder ein sonstiges Instrument mit multiplen Basiswerten das Delta-Faktor- und das Krümmungsrisiko berechnet werden, müssen die eingegebenen Sensitivitäten konsistent sein, unabhängig davon, nach welchem Ansatz bei diesem Instrument verfahren wird.

(6) Indexinstrumente oder Instrumente mit multiplen Basiswerten, die wie in Artikel 325u Absatz 5 dargelegt mit Restrisiken verbunden sind, werden mit dem in Abschnitt 4 vorgesehenen Aufschlag für Restrisiken belegt.

Art. 325j Behandlung von Organismen für Gemeinsame Anlagen (OGA) (1) *[1]* Ein Institut berechnet die Eigenmittelanforderungen für das Marktrisiko einer OGA-Position nach einem der folgenden Ansätze:

a) Kann sich das Institut ausreichende Informationen über die einzelnen zugrunde liegenden Risikopositionen des OGA beschaffen, so berechnet es die Eigenmittelanforderungen für das Marktrisiko dieser OGA-Position mittels Durchschau auf die zugrunde liegende Positionen des OGA, so als hielte es diese Positionen direkt.

b) Kann sich das Institut keine ausreichenden Informationen über die einzelnen zugrunde liegenden Risikopositionen des OGA beschaffen, kennt aber den Inhalt des Mandats des OGA und kann sich die täglichen Preisnotierungen des OGA beschaffen, so berechnet es die Eigenmittelanforderungen für das Marktrisiko dieser OGA-Position nach einem der folgenden Ansätze:

i) Das Institut kann die OGA-Position als eine einzige Aktienposition der in Artikel 325ap Absatz 1 Tabelle 8 aufgeführten Unterklasse „Sonstige Sektoren" betrachten;

ii) bei Erlaubnis der zuständigen Behörde kann ein Institut die Eigenmittelanforderungen für das Marktrisiko des OGA gemäß den im Mandat des OGA festgelegten Limits und den einschlägigen Rechtsvorschriften berechnen.

c) Erfüllt das Institut weder die unter Buchstabe a noch die unter Buchstabe b genannten Bedingungen, ordnet es den OGA dem Bankenbuch zu.

[2] Verfährt ein Institut nach einem der unter Buchstabe b festgelegten Ansätze, so wendet es die in Abschnitt 5 dieses Kapitels festgelegte Eigenmittelanforderung für das Ausfallrisiko und den in Abschnitt 4 dieses Kapitels festgelegten Aufschlag für Restrisiken an, wenn das Mandat des OGA impliziert, dass einige Risikopositionen im OGA mit den genannten Eigenmittelanforderungen zu belegen sind.

[3] Verfährt ein Institut nach dem unter Buchstabe b Ziffer ii festgelegten Ansatz, so kann es die Eigenmittelanforderungen für das Gegenparteiausfallrisiko und die Eigenmittelanforderungen für das Risiko einer Anpassung der Kreditbewertung bei Derivatpositionen des OGA anhand des in Artikel 132a Absatz 3 festgelegten vereinfachten Verfahrens berechnen.

(2) *[1]* 1 Abweichend von Absatz 1 kann ein Institut, das eine Position in einem OGA hält, der eine Index-Benchmark nachbildet, sodass die Differenz zwischen der Jahresrendite des OGA und der von diesem nachgebildeten Index-Benchmark in den vorangegangenen zwölf Monaten ohne Gebühren und Provisionen in absoluten Zahlen unter 1 % liegt, diese Position als eine einzelne Position in der nachgebildeten Index-Benchmark behandeln. 2 Ob diese Bedingung erfüllt ist, überprüft das Institut, wenn es die Position eingeht und danach mindestens einmal jährlich.

[2] Liegen nicht für den gesamten vorangegangenen Zwölfmonatszeitraum Daten vor, kann ein Institut mit Erlaubnis der zuständigen Behörde hinsichtlich der Differenz zwischen den Jahresrenditen Daten aus einem Zeitraum von weniger als zwölf Monaten verwenden.

(3) 1 Ein Institut kann für seine OGA-Positionen auf eine Kombination der in Absatz 1 Buchstaben a, b und c dargelegten Ansätze zurückgreifen. 2 Allerdings darf ein Institut bei den Positionen in ein und demselben OGA nur nach einem dieser Ansätze verfahren.

(4) *[1]* Für die Zwecke von Absatz 1 Buchstabe b führt ein Institut seine Berechnungen wie folgt durch:

a) Für die Berechnung der Eigenmittelanforderung nach der in Abschnitt 2 dargelegten sensitivitätsgestützten Methode zieht der OGA zuerst in dem nach seinem Mandat oder den einschlägigen Rechtsvorschriften maximal zulässigen Umfang Risikopositionen heran, die mit den nach diesem Abschnitt höchsten Eigenmittelanforderungen belegt sind, und danach solange Positionen in absteigender Reihenfolge, bis das maximale Gesamtverlustlimit erreicht ist;

b) Für die in Abschnitt 5 festgelegten Eigenmittelanforderungen für das Ausfallrisiko zieht der OGA zuerst in dem nach seinem Mandat oder den einschlägigen Rechtsvorschriften maximal zulässigen Umfang Risikopositionen heran, die mit den nach diesem Abschnitt höchsten Eigenmittelanforderungen für das Marktrisiko belegt sind, und danach solange Positionen in absteigender Reihenfolge, bis das maximale Gesamtverlustlimit erreicht ist;

c) Falls relevant, setzt der OGA in dem nach seinem Mandat oder den einschlägigen Rechtsvorschriften maximal zulässigen Umfang Hebeleffekte ein.

[2] Die Eigenmittelanforderungen für sämtliche Positionen in ein und demselben OGA, für die auf die in Unterabsatz 1 genannten Berechnungen zurück-

gegriffen wird, werden für sich genommen als separates Portfolio nach dem in diesem Kapitel festgelegten Ansatz berechnet.

(5) Ein Institut darf nur nach den in Absatz 1 Buchstaben a oder b genannten Ansätzen verfahren, wenn der OGA alle in Artikel 132 Absatz 3 und Artikel 132 Absatz 4 Buchstabe a genannten Bedingungen erfüllt.

Art. 325k Mit einer Übernahmegarantie versehene Positionen.

(1) Institute können die Eigenmittelanforderungen für das Marktrisiko von mit einer Übernahmegarantie versehenen Positionen in Schuld- oder Eigenkapitalinstrumenten nach dem in diesem Artikel beschriebenen Verfahren berechnen.

(2) *[1]* Institute wenden einen der einschlägigen Multiplikationsfaktoren gemäß Tabelle 1 auf die Netto-Sensitivitäten aller mit einer Übernahmegarantie versehenen Positionen in den einzelnen Emittenten an, außer bei Übernahmepositionen, die Dritte auf der Grundlage einer förmlichen Vereinbarung gezeichnet oder mitgarantiert haben, und berechnen die Eigenmittelanforderungen für das Marktrisiko gemäß dem in diesem Kapitel dargelegten Ansatz auf der Grundlage der bereinigten Netto-Sensitivitäten.

Tabelle 1

Geschäftstag 0	0 %
Geschäftstag 1	10 %
Geschäftstage 2 und 3	25 %
Geschäftstag 4	50 %
Geschäftstag 5	75 %
nach Geschäftstag 5	100 %

[2] Für die Zwecke dieses Artikels bezeichnet „Geschäftstag 0" den Geschäftstag, an dem das Institut die uneingeschränkte Verpflichtung eingegangen ist, eine bestimmte Menge von Wertpapieren zu einem vereinbarten Preis zu übernehmen.

(3) Institute benachrichtigen die zuständigen Behörden über die Anwendung des in diesem Artikel festgelegten Verfahrens.

Abschnitt 3. Bestimmung der Begriffe „Risikofaktor" und „Sensitivität"

Unterabschnitt 1. Bestimmung des Begriffs „Risikofaktor"

Art. 325l Risikofaktoren des allgemeinen Zinsrisikos. (1) *[1]* Für alle Risikofaktoren des allgemeinen Zinsrisikos, einschließlich des Inflationsrisikos und des Basis-Währungsrisikos, gibt es eine Unterklasse pro Währung mit jeweils anderen Arten von Risikofaktoren.

[2] [1]Die für zinsreagible Instrumente geltenden Delta-Risikofaktoren des allgemeinen Zinsrisikos sind die maßgeblichen risikofreien Zinssätze pro Währung für jede der folgenden Laufzeiten: 0,25 Jahre, 0,5 Jahre, 1 Jahr, 2 Jahre, 3 Jahre, 5 Jahre, 10 Jahre, 15 Jahre, 20 Jahre, 30 Jahre. [2]Institute weisen den spezifizierten Punkten Risikofaktoren zu, und zwar entweder per linearer Interpolation oder mittels einer Methode, die am besten mit den Bewertungsfunktionen der unabhängigen Risikokontrollstelle des Instituts zur Meldung des Marktrisikos oder von Gewinnen und Verlusten an das höhere Management vereinbar ist.

(2) Institute bestimmen die risikofreien Renditesätze pro Währung aus den im Handelsbuch des Instituts geführten Geldmarktinstrumenten mit dem niedrigsten Kreditrisiko, wie Tagesgeldsatz-Swaps.

(3) *[1]* Können Institute den Ansatz nach Absatz 2 nicht anwenden, so basieren die risikofreien Zinssätze auf einer oder mehreren marktimplizierten Swapkurven, die das Institut zur Bewertung von Positionen am Markt verwendet, wie die Zins-Swapkurven des Interbankengeschäfts.

[2] Gibt es keine ausreichenden Daten über marktimplizierte Swapkurven gemäß Absatz 2 und Unterabsatz 1, so können die risikofreien Zinssätze für eine bestimmte Währung aus der am besten geeigneten Kurve für Staatsanleihen abgeleitet werden.

[3] [1] Verwenden Institute für öffentliche Schuldtitel die gemäß dem Verfahren nach Unterabsatz 2 abgeleiteten Risikofaktoren des allgemeinen Zinsrisikos, so wird das betreffende öffentliche Schuldinstrument nicht von den Eigenmittelanforderungen für das Kreditspreadrisiko ausgenommen. [2] Ist es in diesen Fällen nicht möglich, den risikofreien Zinssatz von der Komponente des Kreditspreadrisikos zu trennen, so wird die Sensitivität gegenüber dem Risikofaktor beiden Risikoklassen („allgemeines Zinsrisiko" und „Kreditspreadrisiko") zugeordnet.

(4) *[1]* [1] Bei Risikofaktoren des allgemeinen Zinsrisikos stellt jede Währung eine eigene Unterklasse dar. [2] Institute weisen Risikofaktoren innerhalb der gleichen Unterklasse, aber mit unterschiedlichen Laufzeiten unterschiedliche Risikogewichte gemäß Abschnitt 6 zu.

[2] [1] Institute wenden auf Schuldtitel, deren Zahlungsströme funktional von Inflationsraten abhängig sind, zusätzliche Risikofaktoren des Inflationsrisikos an. [2] Diese zusätzlichen Risikofaktoren bestehen aus einem Vektor für marktimplizierte Inflationsraten verschiedener Laufzeiten pro Währung. [3] Der Vektor enthält für jedes Instrument so viele Komponenten wie Inflationsraten im Bewertungsmodell des Instituts für dieses Instrument als Variablen verwendet werden.

(5) [1] Institute berechnen die Sensitivität des Instruments gegenüber dem zusätzlichen Risikofaktor des Inflationsrisikos nach Absatz 4 als Veränderung des Werts des Instruments gemäß ihrem Bewertungsmodell infolge einer Verschiebung jeder Komponente des Vektors um einen Basispunkt. [2] Jede Währung stellt eine eigene Unterklasse dar. [3] Institute behandeln, ungeachtet der Anzahl der Komponenten jedes Vektors, die Inflation innerhalb jeder Unterklasse als eigenen Risikofaktor. [4] Institute nehmen innerhalb der Unterklassen eine Aufrechnung der gemäß diesem Absatz berechneten Inflationssensitivitäten vor, um pro Unterklasse eine einzige Netto-Sensitivität zu erhalten.

(6) *[1]* [1] Schuldtitel, die Zahlungen in verschiedenen Währungen implizieren, unterliegen in Bezug auf diese Währungen auch einem Basis-Währungsrisiko. [2] Für die Zwecke der sensitivitätsgestützten Methode wenden Institute als Risikofaktoren das Basis-Währungsrisiko jeder Währung gegenüber dem US-Dollar oder Euro an. [3] Institute rechnen die Währungsbasen, die sich nicht auf die Basis zu US-Dollar oder die Basis zu Euro beziehen, entweder als Basis zu US-Dollar oder Basis zu Euro.

[2] [1] Die Risikofaktoren des Basis-Währungsrisikos bestehen aus je einem Vektor für eine Währungsbasis mit verschiedenen Laufzeiten pro Währung. [2] Der Vektor enthält für jedes Schuldinstrument so viele Komponenten wie Währungsbasen im Bewertungsmodell des Instituts für dieses Instrument als

Variablen verwendet werden. [3]Jede Währung stellt eine unterschiedliche Unterklasse dar.

[3] [1]Institute berechnen die Sensitivität des Instruments gegenüber dem Risikofaktor des Basis-Währungsrisikos als Veränderung des gemäß ihrem Bewertungsmodell ermittelten Werts des Instruments infolge einer Verschiebung jeder Komponente des Vektors um einen Basispunkt. [2]Jede Währung stellt eine eigene Unterklasse dar. [3]Innerhalb jeder Unterklasse gibt es unabhängig von der Anzahl der Komponenten der einzelnen Währungsbasisvektoren zwei mögliche getrennte Risikofaktoren: Basis zu Euro und Basis zu US-Dollar. [4]Pro Unterklasse kann es höchstens zwei Netto-Sensitivitäten geben.

(7) *[1]* [1]Die für Optionen mit zinsreagiblen Basiswerten geltenden Vega-Risikofaktoren des allgemeinen Zinsrisikos entsprechen den impliziten Volatilitäten der maßgeblichen risikofreien Zinssätze gemäß den Absätzen 2 und 3, die je nach Währung Unterklassen zugeteilt und innerhalb der Unterklasse folgenden Laufzeiten zugeordnet werden: 0,5 Jahre, 1 Jahr, 3 Jahre, 5 Jahre, 10 Jahre. [2]Es gibt eine Unterklasse pro Währung.

[2] Für Netting-Zwecke betrachten Institute implizite Volatilitäten, die den gleichen risikofreien Zinssätzen und den gleichen Laufzeiten zugeordnet sind, als gleichen Risikofaktor.

[3] Wenn Institute implizite Volatilitäten den Laufzeiten gemäß diesem Absatz zuordnen, gelten folgende Anforderungen:

a) Wenn die Laufzeit der Option auf die Laufzeit des Basiswerts abgestimmt ist, wird ein einziger Risikofaktor betrachtet, der dieser Laufzeit zugeordnet wird;

b) wenn die Laufzeit der Option kürzer als die Laufzeit des Basiswerts ist, werden die Risikofaktoren wie folgt betrachtet:

   i) Der erste Risikofaktor wird der Laufzeit der Option zugeordnet;

   ii) der zweite Risikofaktor wird der Restlaufzeit des Basiswerts der Option nach Ablaufdatum der Option zugeordnet.

(8) [1]Die von den Instituten anzuwendenden Krümmungsrisikofaktoren des allgemeinen Zinsrisikos bestehen aus einem Vektor für die im Hinblick auf eine spezifische risikofreie Ertragskurve repräsentativen risikofreien Zinssätze pro Währung. [2]Jede Währung stellt eine unterschiedliche Unterklasse dar. [3]Der Vektor enthält für jedes Instrument so viele Komponenten wie unterschiedliche Laufzeiten risikofreier Zinssätze im Bewertungsmodell des Instituts für dieses Instrument als Variablen verwendet werden.

(9) *[1]* [1]Institute berechnen die Sensitivität des Instruments gegenüber jedem Risikofaktor, der in der Krümmungsrisikoformel gemäß Artikel 325g verwendet wird. [2]Für die Zwecke des Krümmungsrisikos betrachten Institute Vektoren unterschiedlicher Ertragskurven und mit unterschiedlicher Anzahl von Komponenten als gleichen Risikofaktor, sofern die Vektoren sich auf die gleiche Währung beziehen. [3]Institute nehmen eine Aufrechnung der Sensitivitäten gegenüber dem gleichen Risikofaktor vor. [4]Es gibt nur eine Netto-Sensitivität pro Unterklasse.

[2] Es gibt keine Eigenmittelanforderungen in Bezug auf das Krümmungsrisiko für das Inflations- und das Basis-Währungsrisiko.

Art. 325m Risikofaktoren des Kreditspreadrisikos bei Nicht-Verbriefungspositionen. (1) [1]Bei Nicht-Verbriefungsinstrumenten mit Sensitivität gegenüber dem Kreditspreadrisiko wenden Institute als Delta-Risikofaktoren des Kreditspreadrisikos die Kreditspread-Sätze der Emittenten für diese Instrumente an, die aus den betreffenden Schuldtiteln und Kreditausfallswaps abgeleitet und den folgenden Laufzeiten zugeordnet werden: 0,5 Jahre, 1 Jahr, 3 Jahre, 5 Jahre, 10 Jahre. [2]Institute wenden einen Risikofaktor pro Emittent und Laufzeit an, unabhängig davon, ob die Kreditspread-Sätze des Emittenten aus Schuldtiteln oder Kreditausfallswaps abgeleitet sind. [3]Die Unterklassen sind sektorale Unterklassen gemäß Abschnitt 6, und jede Unterklasse enthält alle dem jeweiligen Sektor zugeordneten Risikofaktoren.

(2) [1]Bei Optionen, denen Nicht-Verbriefungspositionen mit Sensitivität gegenüber dem Kreditspreadrisiko zugrunde liegen, wenden Institute als Vega-Risikofaktoren des Kreditspreadrisikos die impliziten Volatilitäten der gemäß Absatz 1 abgeleiteten Kreditspread-Sätze des Emittenten der Basiswerte an, die je nach Laufzeit der den Eigenmittelanforderungen unterliegenden Option folgenden Laufzeiten zugeordnet werden: 0,5 Jahre, 1 Jahr, 3 Jahre, 5 Jahre, 10 Jahre. [2]Verwendet werden die gleichen Unterklassen wie für das Delta-Kreditspreadrisiko bei Nicht-Verbriefungspositionen.

(3) [1]Bei Nicht-Verbriefungsinstrumenten wenden Institute als Krümmungsrisikofaktoren des Kreditspreadrisikos einen Vektor für im Hinblick auf eine Kreditspread-Kurve eines bestimmten Emittenten repräsentative Kreditspread-Sätze an. [2]Der Vektor enthält für jedes Instrument so viele Komponenten wie unterschiedliche Laufzeiten von Kreditspread-Sätzen im Bewertungsmodell des Instituts für dieses Instrument als Variablen verwendet werden. [3]Verwendet werden die gleichen Unterklassen wie für das Delta-Kreditspreadrisiko bei Nicht-Verbriefungspositionen.

(4) [1]Institute berechnen die Sensitivität des Instruments gegenüber jedem Risikofaktor, der in der Krümmungsrisikoformel gemäß Artikel 325g verwendet wird. [2]Für die Zwecke des Krümmungsrisikos betrachten Institute von einschlägigen Schuldtiteln oder Kreditausfallswaps abgeleitete Vektoren mit einer unterschiedlichen Anzahl von Komponenten als gleichen Risikofaktor, sofern die Vektoren sich auf den gleichen Emittenten beziehen.

Art. 325n Risikofaktoren des Kreditspreadrisikos bei Verbriefungspositionen. (1) *[1]* Institute wenden auf Verbriefungspositionen, die in das alternative Korrelationshandelsportfolio gemäß Artikel 325 Absätze 6, 7 und 8 einbezogen sind, die Risikofaktoren des Kreditspreadrisikos nach Absatz 3 an.

[2] Institute wenden auf Verbriefungspositionen, die nicht in das alternative Korrelationshandelsportfolio gemäß Artikel 325 Absätze 6, 7 und 8 einbezogen sind, die Risikofaktoren des Kreditspreadrisikos nach Absatz 5 an.

(2) *[1]* Für das Kreditspreadrisiko bei Verbriefungspositionen, die in das alternative Korrelationshandelsportfolio einbezogen sind, gelten die gleichen Unterklassen wie für das Kreditspreadrisiko bei Nicht-Verbriefungspositionen gemäß Abschnitt 6.

[2] Für das Kreditspreadrisiko bei nicht in das alternative Korrelationshandelsportfolio einbezogenen Verbriefungspositionen gelten spezifische Unterklassen für die betreffende Risikoklassenkategorie gemäß Abschnitt 6.

(3) Institute wenden auf in das alternative Korrelationshandelsportfolio einbezogene Verbriefungspositionen folgende Risikofaktoren des Kreditspreadrisikos an:

a) Die Delta-Risikofaktoren sind alle relevanten Kreditspread-Sätze der Emittenten der zugrunde liegenden Risikopositionen der Verbriefungsposition, abgeleitet aus den betreffenden Schuldtiteln und Kreditausfallswaps, für jede der folgenden Laufzeiten: 0,5 Jahre, 1 Jahr, 3 Jahre, 5 Jahre, 10 Jahre.

b) Für Optionen, denen in das alternative Korrelationshandelsportfolio einbezogene Verbriefungspositionen zugrunde liegen, gelten als Vega-Risikofaktoren die impliziten Volatilitäten der Kreditspreads der Emittenten der zugrunde liegenden Risikopositionen der Verbriefungsposition, die gemäß Buchstabe a abgeleitet und je nach Laufzeit der entsprechenden Eigenmittelanforderungen unterliegenden Option folgenden Laufzeiten zugeordnet werden: 0,5 Jahre, 1 Jahr, 3 Jahre, 5 Jahre, 10 Jahre.

c) Die Krümmungsrisikofaktoren sind die relevanten Kreditspread-Zinskurven der Emittenten der zugrunde liegenden Risikopositionen der Verbriefungsposition, dargestellt als Vektor von Kreditspread-Sätzen unterschiedlicher Laufzeiten, die gemäß Buchstabe a abgeleitet werden; der Vektor enthält für jedes Instrument so viele Komponenten wie unterschiedliche Laufzeiten von Kreditspread-Sätzen im Bewertungsmodell des Instituts für dieses Instrument als Variablen verwendet werden.

(4) [1] Institute berechnen die Sensitivität der Verbriefungsposition gegenüber jedem Risikofaktor, der in der Krümmungsrisikoformel gemäß Artikel 325g verwendet wird. [2] Für die Zwecke des Krümmungsrisikos betrachten Institute von einschlägigen Schuldtiteln oder Kreditausfallswaps abgeleitete Vektoren mit einer unterschiedlichen Anzahl von Komponenten als gleichen Risikofaktor, sofern die Vektoren sich auf den gleichen Emittenten beziehen.

(5) Die Risikofaktoren des Kreditspreadrisikos, die von Instituten auf nicht in das alternative Korrelationshandelsportfolio einbezogene Verbriefungspositionen anzuwenden sind, beziehen sich nicht auf den Spread der zugrunde liegenden Instrumente, sondern auf den Spread der Tranche und entsprechen folgenden Risikofaktoren:

a) Die Delta-Risikofaktoren sind die Kreditspread-Sätze der betreffenden Tranche, die je nach Laufzeit der Tranche folgenden Laufzeiten zugeordnet werden: 0,5 Jahre, 1 Jahr, 3 Jahre, 5 Jahre, 10 Jahre;

b) die Vega-Risikofaktoren für Optionen, denen nicht in das alternative Korrelationshandelsportfolio einbezogene Verbriefungspositionen zugrunde liegen, sind die impliziten Volatilitäten der Kreditspreads der Tranchen, die je nach Laufzeit der Eigenmittelanforderungen unterliegenden Option jeweils folgenden Laufzeiten zugeordnet werden: 0,5 Jahre, 1 Jahr, 3 Jahre, 5 Jahre, 10 Jahre;

c) die Krümmungsrisikofaktoren sind dieselben wie in Buchstabe a; auf all diese Risikofaktoren wird ein gemeinsames Risikogewicht gemäß Abschnitt 6 angewandt.

Art. 325o Risikofaktoren des Aktienkursrisikos. (1) Für alle Risikofaktoren des Aktienkursrisikos gelten die Unterklassen gemäß Abschnitt 6.

(2) *[1]* Institute wenden als Delta-Risikofaktoren des Aktienkursrisikos alle Eigenkapital-Kassakurse und alle Eigenkapital-Reposätze an.

[2] [1] Für die Zwecke des Aktienkursrisikos gilt eine spezifische Eigenkapital-Repokurve als ein einziger Risikofaktor, der als Vektor von Reposätzen unterschiedlicher Laufzeiten ausgedrückt wird. [2] Der Vektor enthält für jedes Instrument so viele Komponenten wie unterschiedliche Laufzeiten von Reposätzen im Bewertungsmodell des Instituts für dieses Instrument als Variablen verwendet werden.

[3] [1] Institute berechnen die Sensitivität eines Instruments gegenüber einem Risikofaktor des Aktienkursrisikos als Veränderung des gemäß ihrem Bewertungsmodell ermittelten Werts des Instruments infolge einer Verschiebung jeder Komponente des Vektors um einen Basispunkt. [2] Institute nehmen unabhängig von der Anzahl der Komponenten der einzelnen Vektoren eine Aufrechnung der Sensitivitäten gegenüber dem Reposatz-Risikofaktor des gleichen Eigenkapitaltitels vor.

(3) [1] Bei Optionen, deren Basiswerte eine Sensitivität gegenüber dem Aktienkursrisiko aufweisen, wenden Institute als Vega-Risikofaktoren die impliziten Volatilitäten der Aktien-Kassakurse an, die je nach Laufzeit der Eigenmittelanforderungen unterliegenden Optionen folgenden Laufzeiten zugeordnet werden: 0,5 Jahre, 1 Jahr, 3 Jahre, 5 Jahre, 10 Jahre. [2] Es gibt keine Eigenmittelanforderungen für das Vega-Risiko von Eigenkapital-Reposätzen.

(4) [1] Bei Optionen, deren Basiswerte eine Sensitivität gegenüber dem Aktienkursrisiko aufweisen, wenden Institute als Krümmungsrisikofaktoren alle Aktien-Kassakurse, unabhängig von der Laufzeit der entsprechenden Optionen, an. [2] Es gibt keine Eigenmittelanforderungen für das Krümmungsrisiko von Eigenkapital-Reposätzen.

Art. 325p Risikofaktoren des Warenpositionsrisikos. (1) Für alle Risikofaktoren des Warenpositionsrisikos gelten die sektoralen Unterklassen gemäß Abschnitt 6.

(2) [1] Bei Instrumenten mit Sensitivität gegenüber dem Warenpositionsrisiko wenden Institute als Delta-Risikofaktoren des Warenpositionsrisikos alle Waren-Kassakurse pro Warenart für jede der folgenden Laufzeiten an: 0,25 Jahre, 0,5 Jahre, 1 Jahr, 2 Jahre, 3 Jahre, 5 Jahre, 10 Jahre, 15 Jahre, 20 Jahre, 30 Jahre. [2] Institute betrachten zwei Rohstoffpreise der gleichen Warenart mit gleicher Laufzeit nur dann als gleichen Risikofaktor, wenn die rechtlichen Bestimmungen in Bezug auf den Lieferort identisch sind.

(3) [1] Bei Optionen, deren Basiswerte eine Sensitivität gegenüber dem Warenpositionsrisiko aufweisen, wenden Institute als Vega-Risikofaktoren des Warenpositionsrisikos die impliziten Volatilitäten der Rohstoffpreise pro Warenart an, die je nach Laufzeit der Eigenmittelanforderungen unterliegenden Optionen folgenden Laufzeiten zugeordnet werden: 0,5 Jahre, 1 Jahr, 3 Jahre, 5 Jahre, 10 Jahre. [2] Institute betrachten Sensitivitäten gegenüber der gleichen Warenart mit der gleichen Laufzeit als einen einzigen Risikofaktor, den sie aufrechnen.

(4) *[1]* [1] Bei Optionen, deren Basiswerte eine Sensitivität gegenüber dem Warenpositionsrisiko aufweisen, wenden Institute als Krümmungsrisikofaktoren des Warenpositionsrisikos einen Satz von Rohstoffpreisen mit unterschiedlichen Laufzeiten pro Warenart an, ausgedrückt als Vektor. [2] Der Vektor enthält für jedes Instrument so viele Komponenten wie Preise für diesen Rohstoff im Bewertungsmodell des Instituts für dieses Instrument als Variablen verwendet

werden. [3] Institute nehmen bei den Rohstoffpreisen keine Unterscheidung nach dem Lieferort vor.

[2] [1] Die Sensitivität des Instruments gegenüber jedem in der Krümmungsrisikoformel verwendeten Risikofaktor wird gemäß Artikel 325g berechnet. [2] Für die Zwecke des Krümmungsrisikos betrachten Institute Vektoren mit einer unterschiedlichen Anzahl von Komponenten als gleichen Risikofaktor, sofern sich diese Vektoren auf die gleiche Warenart beziehen.

Art. 325q Risikofaktoren des Fremdwährungsrisikos. (1) [1] Bei Instrumenten mit Sensitivität gegenüber dem Fremdwährungsrisiko wenden Institute als Delta-Faktor-Risikofaktoren des Fremdwährungsrisikos alle Devisenkassakurse zwischen der Währung, auf die ein Instrument lautet, und der Währung der Rechnungslegung des Instituts oder für den Fall, dass das Institut gemäß Absatz 7 eine Basiswährung verwendet, der Basiswährung des Instituts an. [2] Es gibt eine Unterklasse pro Währungspaar mit einem einzigen Risikofaktor und einer einzigen Netto-Sensitivität.

(2) [1] Bei Optionen, deren Basiswerte eine Sensitivität gegenüber dem Fremdwährungsrisiko aufweisen, wenden Institute als Vega-Risikofaktoren des Fremdwährungsrisikos die impliziten Volatilitäten der Wechselkurse zwischen den Währungspaaren gemäß Absatz 1 an. [2] Diese impliziten Volatilitäten der Wechselkurse werden je nach Laufzeit der Eigenmittelanforderungen unterliegenden Optionen folgenden Laufzeiten zugeordnet: 0,5 Jahre, 1 Jahr, 3 Jahre, 5 Jahre, 10 Jahre.

(3) Bei Instrumenten, deren Basiswerte eine Sensitivität gegenüber dem Fremdwährungsrisiko aufweisen, wenden Institute als Krümmungsrisikofaktoren des Fremdwährungsrisikos die in Absatz 1 genannten Delta-Faktor-Risikofaktoren des Fremdwährungsrisikos an.

(4) Die Institute sind nicht dazu verpflichtet, bei allen Delta-, Vega- und Krümmungsrisikofaktoren des Fremdwährungsrisikos zwischen Onshore- und Offshore-Varianten einer Währung zu unterscheiden.

(5) Bezieht sich ein Wechselkurs, der einem Instrument i zugrunde liegt, das mit Eigenmittelanforderungen für das Krümmungsrisiko belegt ist, weder auf die Rechnungslegungswährung noch auf die Basiswährung des Instituts, kann das Institut die in Artikel 325g Absatz 2 festgelegten entsprechenden Komponenten CVR_{ik}^- und CVR_{ik}^+, bei denen xk der Fremdwährungsrisikofaktor zwischen einer der beiden Währungen des zugrunde liegenden Wechselkurses und der Rechnungslegungswährung oder gegebenenfalls der Basiswährung des Instituts ist, durch 1,5 dividieren.

(6) Bei entsprechender Erlaubnis der zuständigen Behörde kann ein Institut die in Artikel 325g Absatz 2 festgelegten Komponenten CVR_k^- und CVR_k^+ bei allen Fremdwährungsrisikofaktoren von Instrumenten, die sich auf einen Wechselkurs beziehen und einer Eigenmittelanforderung für das Krümmungsrisiko unterliegen, durchgängig durch 1,5 dividieren, sofern alle etwaigen Fremdwährungsrisikofaktoren im Zusammenhang mit der Rechnungslegungswährung des Instituts oder gegebenenfalls der Basiswährung des Instituts, die in die Berechnung dieser Komponenten einbezogen werden, gleichzeitig verschoben werden.

(7) [1] Abweichend von den Absätzen 1 und 3 kann ein Institut bei entsprechender Erlaubnis der zuständigen Behörde bei allen Devisenkassakursen für

die Angabe der Delta-Faktor- und Krümmungsrisikofaktoren des Fremdwährungsrisikos seine Rechnungslegungswährung durch eine andere Währung („die Basiswährung") ersetzen, wenn alle nachstehend genannten Voraussetzungen erfüllt sind:

a) Das Institut verwendet nur eine Basiswährung.

b) Das Institut nutzt die Basiswährung durchgängig für alle Positionen seines Handels- und seines Bankenbuchs.

c) Das Institut hat der zuständigen Behörde gegenüber überzeugend nachgewiesen, dass

   i) die Verwendung der gewählten Basiswährung das Risiko seiner mit Fremdwährungsrisiken verbundenen Positionen angemessen widerspiegelt;

   ii) die Wahl der Basiswährung mit der Art und Weise der internen Steuerung dieser Fremdwährungsrisiken vereinbar ist;

   iii) die Wahl der Basiswährung nicht hauptsächlich auf das Bestreben zurückzuführen ist, die Eigenmittelanforderungen des Instituts herabzusetzen.

d) Das Institut trägt dem mit der Umrechnung zwischen Rechnungslegungswährung und Basiswährung verbundenen Risiko Rechnung.

[2] Ein Institut, dem gemäß Unterabsatz 1 die Verwendung einer Basiswährung gestattet wurde, rechnet die daraus resultierenden Eigenmittelanforderungen für das Fremdwährungsrisiko in die Rechnungslegungswährung um und verwendet dabei den aktuellen Devisenkassakurs für den Umtausch zwischen Basiswährung und Rechnungslegungswährung.

Unterabschnitt 2. Begriffsbestimmungen von Sensitivitäten

Art. 325r Delta-Risikosensitivitäten. (1) Institute berechnen die Delta-Sensitivitäten gegenüber dem allgemeinen Zinsrisiko wie folgt:

a) Die Sensitivitäten gegenüber Risikofaktoren aus risikofreien Zinssätzen werden wie folgt berechnet:

$$S_{r_{kt}} = \frac{V_i(r_{kt} + 0{,}0001, x, y \ldots) - V_i(r_{kt}, x, y \ldots)}{0{,}0001}$$

dabei gilt:

$S_{r_{kt}}$	=	die Sensitivitäten gegenüber Risikofaktoren aus risikofreien Zinssätzen;
r_{kt}	=	der Satz einer risikofreien Kurve k mit der Laufzeit t;
V_i (.)	=	die Bewertungsfunktion des Instruments i; und
x,y	=	andere Risikofaktoren als r_{kt} in der Bewertungsfunktion V_i;

b) die Sensitivitäten gegenüber Risikofaktoren aus Inflationsrisiko und Basis-Währungsrisiko werden wie folgt berechnet:

$$S_{x_j} = \frac{V_i(\bar{x}_{ji} + 0{,}0001\,\overline{I_m}, y, z \ldots) - V_i(\bar{x}_{ji}, y, z \ldots)}{0{,}0001}$$

dabei gilt:

S_{x_j}	=	die Sensitivitäten gegenüber Risikofaktoren aus Inflationsrisiko und Basis-Währungsrisiko;
$\overline{x}_{ji}$	=	ein Vektor mit m Komponenten für die implizite Inflationskurve oder die Währungsbasiskurve einer bestimmten Währung j, wobei m der Anzahl der im Bewertungsmodell des Instruments i verwendeten inflations- oder währungsrelevanten Variablen entspricht;
$\overline{I_m}$	=	die Einheitsmatrix der Dimension (1 · m);
V_i (.)	=	die Bewertungsfunktion des Instruments i; und
y, z	=	sonstige Variablen des Bewertungsmodells.

(2) Institute berechnen die Delta-Risikosensitivitäten gegenüber dem Kreditspreadrisiko für alle Verbriefungs- und Nicht-Verbriefungspositionen wie folgt:

$$S_{CS_{kt}} = \frac{V_i(CS_{kt} + 0{,}0001, x, y \ldots) - V_i(CS_{kt}, x, y \ldots)}{0{,}0001}$$

dabei gilt:

$S_{CS_{kt}}$	=	die Delta-Risikosensitivitäten gegenüber dem Kreditspreadrisiko für alle Verbriefungs- und Nicht-Verbriefungspositionen;
$cs_{kt.}$	=	der Wert des Kreditspread-Satzes eines Emittenten j bei Fälligkeit t;
V_i (.)	=	die Bewertungsfunktion des Instruments i; und
x, y	=	andere Risikofaktoren als cs_{kt} in der Bewertungsfunktion V_i.

(3) Institute berechnen die Delta-Risikosensitivitäten gegenüber dem Aktienkursrisiko wie folgt:

a) Die Sensitivitäten gegenüber den Risikofaktoren aus Eigenkapital-Kassakursen werden wie folgt berechnet:

$$S_k = \frac{V_i(1{,}01\ EQ_k, x, y, \ldots) - V_i(EQ_k, x, y, \ldots)}{0{,}01}$$

dabei gilt:

s_k	=	die Sensitivitäten gegenüber den Risikofaktoren aus Eigenkapital-Kassakursen;
k	=	ein spezifischer Eigenkapitaltitel;
EQ_k	=	der Wert des Kassakurses dieses Eigenkapitaltitels;
V_i (.)	=	die Bewertungsfunktion des Instruments i; und
x, y	=	andere Risikofaktoren als EQ_k in der Bewertungsfunktion V_i;

b) die Sensitivitäten gegenüber Risikofaktoren aus Eigenkapital-Reposätzen werden wie folgt berechnet:

$$S_{x_k} = \frac{V_i(\overline{x}_{ki} + 0{,}0001\,\overline{I_m}, y, z \ldots) - V_i(\overline{x}_{ji}, y, z \ldots)}{0{,}0001}$$

dabei gilt:

S_{x_k} = die Sensitivitäten gegenüber Risikofaktoren aus Eigenkapital-Reposätzen;

k = der Index des Eigenkapitals;

$\overline{x}_{ki}$ = ein Vektor mit m Komponenten zur Darstellung der Struktur der Repo-Laufzeit für ein bestimmtes Eigenkapital k, wobei m der Anzahl der im Bewertungsmodell des Instruments i verwendeten Repo-Sätze für verschiedene Laufzeiten entspricht;

$\overline{I_m}$ = die Einheitsmatrix der Dimension (1 · m);

V_i (.) = die Bewertungsfunktion des Instruments i; und

y, z = andere Risikofaktoren als

$\overline{x}_{ki}$

in der Bewertungsfunktion V_i.

(4) Institute berechnen die Delta-Risikosensitivitäten gegenüber dem Warenpositionsrisiko für jeden Risikofaktor k wie folgt:

$$S_k = \frac{V_i(1{,}01\ CTY_k, y, z \ldots) - V_i(CTY_k, y, z \ldots)}{0{,}01}$$

dabei gilt:

s_k = die Delta-Risikosensitivitäten gegenüber dem Warenpositionsrisiko;

k = ein bestimmter Risikofaktor des Warenpositionsrisikos;

CTY_k = der Wert des Risikofaktors k;

V_i (.) = die Bewertungsfunktion des Instruments i; und

y, z = andere Risikofaktoren als CTY_k im Bewertungsmodell des Instruments i.

(5) Institute berechnen die Delta-Risikosensitivitäten gegenüber dem Fremdwährungsrisiko für jeden Risikofaktor k wie folgt:

$$S_k = \frac{V_i(1{,}01\ FX_k, y, z \ldots) - V_i(FX_k, y, z \ldots)}{0{,}01}$$

dabei gilt:

s_k = die Delta-Risikosensitivitäten gegenüber dem Fremdwährungsrisiko;
k = ein bestimmter Risikofaktor des Fremdwährungsrisikos;
FX_k = der Wert des Risikofaktors;
V_i (.) = die Bewertungsfunktion des Instruments i; und
y, z = andere Risikofaktoren als FX_k im Bewertungsmodell des Instruments i.

Art. 325s Vega-Risikosensitivitäten. (1) Institute berechnen die Vega-Risikosensitivitäten einer Option gegenüber einem Risikofaktor k wie folgt:

$$s_k = \frac{V_i(0{,}01 + vol_k, x, y) - V_i(vol_k, x, y)}{0{,}01}$$

dabei gilt:

s_k = die Vega-Risikosensitivität einer Option;
k = ein spezifischer Vega-Risikofaktor aus einer impliziten Volatilität;
vol_k = der als Prozentsatz auszudrückende Wert dieses Risikofaktors; und
x, y = andere Risikofaktoren als vol_k in der Bewertungsfunktion V_i.

(2) [1] Im Falle von Risikokategorien, bei denen die Vega-Risikofaktoren zwar eine Laufzeitdimension haben, die Vorschriften für die Zuordnung der Risikofaktoren aber nicht anwendbar sind, weil die Optionen keine Laufzeit haben, ordnen Institute diese Risikofaktoren der längsten vorgeschriebenen Laufzeit zu. [2] Diese Optionen unterliegen dem Aufschlag für Restrisiken.

(3) [1] Bei anderen Optionen als Strike- oder Barrier-Optionen und bei Optionen mit multiplen Strike- oder Barrier-Möglichkeiten wenden Institute zur Bewertung der Option die intern vom Institut verwendete Zuordnung zu Strikes und Laufzeiten an. [2] Diese Optionen unterliegen ebenfalls dem Aufschlag für Restrisiken.

(4) [1] Institute berechnen kein Vega-Risiko für Verbriefungstranchen des alternativen Korrelationshandelsportfolios gemäß Artikel 325 Absätze 6, 7 und 8, für die es keine implizite Volatilität gibt. [2] Die Eigenmittelanforderungen für Delta-Faktor- und Krümmungsrisiken werden für diese Verbriefungstranchen berechnet.

Art. 325t Anforderungen bezüglich der Berechnung von Sensitivitäten. (1) *[1]* Institute leiten Sensitivitäten unter Verwendung der in diesem Unterabschnitt festgelegten Formeln aus den Bewertungsmodellen des Instituts ab, die als Grundlage für die Meldung von Gewinnen und Verlusten an das höhere Management dienen.

[2] Abweichend von Unterabsatz 1 können die zuständigen Behörden einem Institut, dem die Erlaubnis zur Verwendung des alternativen auf internen Modellen basierenden Ansatzes gemäß Kapitel 1b erteilt worden ist, vorschreiben, bei der Berechnung von Sensitivitäten gemäß diesem Kapitel für die Berechnung und Meldung der Eigenmittelanforderungen für das Marktrisiko gemäß Artikel 430b Absatz 3 die Bewertungsfunktionen des Risikomesssystems ihres auf internen Modellen basierenden Ansatzes zu verwenden.

(2) Institute können bei der Berechnung von Delta-Risikosensitivitäten der Instrumente mit Optionalität nach Artikel 325e Absatz 2 Buchstabe a von konstanten impliziten volatilitätsbedingten Risikofaktoren ausgehen.

(3) Bei der Berechnung von Vega-Risikosensitivitäten der Instrumente mit Optionalität nach Artikel 325e Absatz 2 Buchstabe b gelten die folgenden Anforderungen:

a) Institute gehen bei dem allgemeinen Zinsrisiko und dem Kreditspreadrisiko für jede Währung davon aus, dass der Basiswert der volatilitätsbedingten Risikofaktoren, für die das Vega-Risiko berechnet wird, bei den für diese Instrumente verwendeten Bewertungsmodellen entweder einer Lognormal- oder einer Normalverteilung folgt;

b) Institute gehen bei dem Aktienkursrisiko, dem Warenpositionsrisiko und dem Fremdwährungsrisiko davon aus, dass der Basiswert der volatilitätsbedingten Risikofaktoren, für die das Vega-Risiko berechnet wird, bei den für diese Instrumente verwendeten Bewertungsmodellen einer Lognormalverteilung folgt.

(4) Institute berechnen alle Sensitivitäten mit Ausnahme der Sensitivitäten gegenüber Anpassungen der Kreditbewertung (CVA).

(5) Abweichend von Absatz 1 kann ein Institut vorbehaltlich der Erlaubnis der zuständigen Behörden bei der Berechnung der Eigenmittelanforderungen für eine Handelsbuchposition gemäß diesem Kapitel alternative Begriffsbestimmungen für Delta-Risikosensitivitäten verwenden, sofern es alle folgenden Voraussetzungen erfüllt:

a) Diese alternativen Begriffsbestimmungen werden für das interne Risikomanagement und zur Meldung von Gewinnen und Verlusten an das höhere Management durch eine unabhängige Abteilung „Risikoüberwachung" innerhalb des Instituts verwendet;

b) das Institut weist nach, dass sich mit diesen alternativen Begriffsbestimmungen die Sensitivitäten für die Position besser erfassen lassen als mit den in diesem Unterabschnitt festgelegten Formeln und dass sich die daraus ergebenden Sensitivitäten nicht wesentlich von diesen Formeln unterscheiden.

(6) Abweichend von Absatz 1 kann ein Institut vorbehaltlich der Erlaubnis der zuständigen Behörden bei der Berechnung der Eigenmittelanforderungen für eine Handelsbuchposition gemäß diesem Kapitel Vega-Sensitivitäten auf der Grundlage einer linearen Transformation der alternativen Begriffsbestimmungen für Sensitivitäten berechnen, sofern es die beiden folgenden Voraussetzungen erfüllt:

a) Diese alternativen Begriffsbestimmungen werden für das interne Risikomanagement und die Meldung von Gewinnen und Verlusten an das höhere Management durch eine unabhängige Abteilung „Risikoüberwachung" innerhalb des Instituts verwendet;

b) das Institut weist nach, dass sich mit diesen alternativen Begriffsbestimmungen die Sensitivitäten für die Position besser erfassen lassen als mit den in diesem Unterabschnitt festgelegten Formeln, und dass die lineare Transformation nach Unterabsatz 1 eine Vega-Risikosensitivität widerspiegelt.

Abschnitt 4. Aufschlag für Restrisiken

Art. 325u Eigenmittelanforderungen für Restrisiken. (1) Neben den Eigenmittelanforderungen für das Marktrisiko gemäß Abschnitt 2 wenden Institute auf Instrumente, die gemäß diesem Artikel Restrisiken ausgesetzt sind, zusätzliche Eigenmittelanforderungen an.

(2) Es ist davon auszugehen, dass Instrumente Restrisiken ausgesetzt sind, wenn eine der folgenden Voraussetzungen erfüllt ist:

a) Das Instrument nutzt als Referenz einen exotischen Basiswert, d.h. – für die Zwecke dieses Kapitels – ein Handelsbuchinstrument nutzt als Referenz eine zugrunde liegende Risikoposition, die nicht unter die Behandlung für das Delta-Faktor-, Vega- oder Krümmungsrisiko gemäß der sensitivitätsgestützten Methode nach Abschnitt 2 oder die Eigenmittelanforderungen für das Ausfallrisiko nach Abschnitt 5 fällt;

b) es handelt sich um ein Instrument, das anderen Restrisiken unterliegt, d.h. – für die Zwecke dieses Kapitels – es handelt sich um eines der folgenden Instrumente:

   i) Instrumente, die gemäß der sensitivitätsgestützten Methode nach Abschnitt 2 Eigenmittelanforderungen für das Vega- und Krümmungsrisiko unterliegen und Erträge generieren, die nicht als endliche lineare Kombination von Plain-Vanilla-Optionen mit einem einzigen zugrunde liegenden Aktienkurs, Rohstoffpreis, Wechselkurs, Anleihekurs, Kreditausfallswapkurs oder Zinsswap repliziert werden können;

   ii) Instrumente, die in das alternative Korrelationshandelsportfolio gemäß Artikel 325 Absatz 6 einbezogene Positionen sind; in dieses alternative Korrelationshandelsportfolio gemäß Artikel 325 Absatz 8 einbezogene Absicherungen werden nicht berücksichtigt.

(3) Institute berechnen die zusätzlichen Eigenmittelanforderungen nach Absatz 1 als Summe des Brutto-Nominalwerts der Instrumente nach Absatz 2, multipliziert mit folgenden Risikogewichten:

a) 1,0 % im Fall von Instrumenten nach Absatz 2 Buchstabe a;

b) 0,1 % im Fall von Instrumenten nach Absatz 2 Buchstabe b.

(4) Abweichend von Absatz 1 wenden die Institute keine Eigenmittelanforderungen für Restrisiken auf Instrumente an, die eine der folgenden Voraussetzungen erfüllen:

a) Das Instrument ist an einer anerkannten Börse notiert;

b) das Instrument kommt für ein zentrales Clearing gemäß der Verordnung (EU) Nr. 648/2012 in Betracht;

c) das Instrument gleicht das Marktrisiko einer anderen Position im Handelsbuch vollständig aus; in diesem Fall werden diese beiden völlig kongruenten Handelsbuchpositionen von den Eigenmittelanforderungen für Restrisiken ausgenommen.

(5) *[1]* Die EBA arbeitet Entwürfe technischer Regulierungsstandards aus, in denen festgelegt wird, was ein exotischer Basiswert ist und welche Instrumente für die Zwecke von Absatz 2 als Instrumente gelten, die Restrisiken ausgesetzt sind.

[2] Bei der Ausarbeitung dieser Entwürfe technischer Regulierungsstandards prüft die EBA zumindest, ob Langlebigkeitsrisiko, Wetter, Naturkatastrophen

und künftig realisierte Volatilität als exotische Basiswerte betrachtet werden sollten.

[3] Die EBA übermittelt der Kommission diese Entwürfe technischer Regulierungsstandards bis zum 28. Juni 2021.

[4] Der Kommission wird die Befugnis übertragen, die in Unterabsatz 1 genannten technischen Regulierungsstandards gemäß den Artikeln 10 bis 14 der Verordnung (EU) Nr. 1093/2010 zur Ergänzung dieser Verordnung zu erlassen.

Abschnitt 5. Eigenmittelanforderungen für das Ausfallrisiko

Art. 325v Begriffsbestimmungen und allgemeine Bestimmungen.

(1) Für die Zwecke dieses Abschnitts bezeichnet der Ausdruck

a) „Short-Risikoposition" eine Position, die bei Ausfall eines Emittenten oder einer Gruppe von Emittenten unabhängig von der Art des Instruments oder Geschäfts, aus dem diese Risikoposition entsteht, zu einem Gewinn für das Institut führt;

b) „Long-Risikoposition" eine Position, die bei Ausfall eines Emittenten oder einer Gruppe von Emittenten unabhängig von der Art des Instruments oder Geschäfts, aus dem diese Risikoposition entsteht, zu einem Verlust für das Institut führt;

c) „Jump-to-Default-Bruttobetrag" oder „JTD-Bruttobetrag" den geschätzten Umfang des Verlusts oder Gewinns, den der Ausfall des Schuldners in einer bestimmten Risikoposition bewirken würde;

d) „Jump-to-Default-Nettobetrag" oder „JTD-Nettobetrag" den geschätzten Umfang des Verlusts oder Gewinns, der einem Institut aufgrund des Ausfalls eines Schuldners nach Aufrechnung der JTD-Bruttobeträge entstehen würde;

e) „Verlustquote bei Ausfall" oder „LGD" die Verlustquote bei Ausfall des Schuldners in Bezug auf ein von diesem Schuldner begebenes Instrument, ausgedrückt als Anteil am Nominalbetrag des Instruments;

f) „Ausfallrisikogewicht" die in Prozent angegebene, geschätzte Ausfallwahrscheinlichkeit der einzelnen Schuldner entsprechend ihrer Bonität.

(2) [1] Eigenmittelanforderungen für das Ausfallrisiko gelten für Schuldtitel und Eigenkapitalinstrumente, Derivate, denen solche Instrumente zugrunde liegen, und Derivate, deren Erträge oder beizulegenden Zeitwerte bei Ausfall eines anderen Schuldners als der Gegenpartei des Derivats selbst beeinträchtigt werden. [2] Institute berechnen die Anforderungen für das Ausfallrisiko für jede der folgenden Arten von Instrumenten getrennt: Nicht-Verbriefungspositionen, Verbriefungspositionen, die nicht in das alternative Korrelationshandelsportfolio einbezogen wurden, und Verbriefungspositionen, die in das alternative Korrelationshandelsportfolio einbezogen wurden. [3] Die endgültigen von einem Institut anzuwendenden Eigenmittelanforderungen für das Ausfallrisiko ergeben sich aus der Summe dieser drei Komponenten.

Unterabschnitt 1. Eigenmittelanforderungen für das Ausfallrisiko bei Nicht-Verbriefungspositionen

Art. 325w Jump-to-Default-Bruttobeträge. (1) Institute berechnen die JTD-Bruttobeträge für jede Long-Risikoposition in Schuldtiteln wie folgt:

$$JTD_{long} = \max \{LGD\ V_{notional} + P\&L_{long} + Adjustment_{long}; 0\}$$

dabei gilt:

JTD_{long} =	der JTD-Bruttobetrag für die Long-Risikoposition;
$V_{notional}$ =	der Nominalbetrag des Instruments, aus dem sich die Risikoposition ergibt;
$P\&L_{long}$ =	ein Term für die Anpassung von Gewinnen oder Verlusten, die das Institut durch Änderungen des beizulegenden Zeitwerts des Instruments, das die Long-Risikoposition begründet, bereits einbezogen hat; Gewinne erhalten in der Formel ein positives, Verluste ein negatives Vorzeichen; und
$Adjustment_{long}$ =	wenn es sich bei dem Instrument, aus dem sich die Risikoposition ergibt, um ein Derivat handelt, der Betrag, um den der Verlust des Instituts aufgrund der Struktur des Derivats im Falle eines Ausfalls im Vergleich zu einem vollständigen Verlust des zugrunde liegenden Instruments steigen oder sinken würde; ein gestiegener Betrag erhält in der Formel ein positives, ein gesunkener Betrag ein negatives Vorzeichen.

(2) Institute berechnen die JTD-Bruttobeträge für jede Short-Risikoposition in Schuldtiteln wie folgt:

$$JTD_{short} = \min \{LGD\ V_{notional} + P\&L_{short} + Adjustment_{short}; 0\}$$

dabei gilt:

JTD_{short} =	der JTD-Bruttobetrag für die Short-Risikoposition;
$V_{notional}$ =	der Nominalbetrag des Instruments, aus dem sich die Risikoposition ergibt, der in der Formel ein negatives Vorzeichen erhält;
$P\&L_{short}$ =	ein Term für die Anpassung von Gewinnen oder Verlusten, die das Institut durch Änderungen des beizulegenden Zeitwerts des Instruments, das die Short-Risikoposition begründet, bereits einbezogen hat; Gewinne erhalten in der Formel ein positives, Verluste ein negatives Vorzeichen; und
$Adjustment_{short}$ =	wenn es sich bei dem Instrument, aus dem sich die Risikoposition ergibt, um ein Derivat handelt, der Betrag, um den der Gewinn des Instituts aufgrund der Struktur des Derivats im Falle eines Ausfalls im Vergleich zu einem vollständigen Verlust des zugrunde liegenden Instruments steigen oder sinken würde; ein gesunkener Betrag erhält in der Formel ein positives, ein gestiegener Betrag ein negatives Vorzeichen.

(3) Für die Zwecke der Berechnung gemäß den Absätzen 1 und 2 wenden Institute auf Schuldtitel die folgenden LGD an:

a) Risikopositionen in nicht vorrangigen Schuldtiteln erhalten eine LGD von 100 %;
b) Risikopositionen in vorrangigen Schuldtiteln erhalten eine LGD von 75 %;

c) Risikopositionen in gedeckten Schuldverschreibungen nach Artikel 129 erhalten eine LGD von 25 %.

(4) Für die Zwecke der Berechnungen nach den Absätzen 1 und 2 werden die Nominalbeträge wie folgt ermittelt:

a) Im Fall von Anleihen entspricht der Nominalbetrag dem Nennwert der Anleihe;

b) im Fall eines Verkaufs einer Verkaufsoption einer Anleihe, entspricht der Nominalbetrag dem Nominalbetrag der Option; im Fall eines Kaufs einer Kaufoption einer Anleihe ist der Nominalbetrag 0.

(5) Für Risikopositionen in Eigenkapitalinstrumenten berechnen Institute die JTD-Bruttobeträge wie folgt:

$$JTD_{long} = \max \{LGD \cdot Vnotional + P\&Llong + Adjustmentlong; 0\}$$

$$JTD_{short} = \min \{LGD \cdot Vnotional + P\&Lshort + Adjustmentshort; 0\}$$

dabei gilt:

JTD_{long} = der JTD-Bruttobetrag für die Long-Risikoposition;

$V_{notional}$ = der Nominalbetrag des Instruments, aus dem sich die Risikoposition ergibt; der Nominalbetrag ist der beizulegende Zeitwert des Eigenkapitals der Barmittelinstrumente; für die Formel JTD_{short} erhält der Nominalbetrag des Instruments in der Formel ein negatives Vorzeichen;

$P\&L_{long}$ = ein Term für die Anpassung von Gewinnen oder Verlusten, die das Institut durch Änderungen des beizulegenden Zeitwerts des Instruments, das die Long-Risikoposition begründet, bereits einbezogen hat; Gewinne erhalten in der Formel ein positives, Verluste ein negatives Vorzeichen;

$Adjustment_{long}$ = der Betrag, um den der Verlust des Instituts aufgrund der Struktur des Derivats im Falle eines Ausfalls im Vergleich zu einem vollständigen Verlust des zugrunde liegenden Instruments steigen oder sinken würde; ein gestiegener Betrag erhält in der Formel ein positives, ein gesunkener Betrag ein negatives Vorzeichen;

JTD_{short} = der JTD-Bruttobetrag für die Short-Risikoposition;

$P\&L_{short}$ = ein Term für die Anpassung von Gewinnen oder Verlusten, die das Institut durch Änderungen des beizulegenden Zeitwerts des Instruments, das die Short-Risikoposition begründet, bereits einbezogen hat; Gewinne erhalten in der Formel ein positives, Verluste ein negatives Vorzeichen;

$Adjustment_{short}$ = der Betrag, um den der Gewinn des Instituts aufgrund der Struktur des Derivats im Falle eines Ausfalls im Vergleich zu einem vollständigen Verlust des zugrunde liegenden Instruments steigen oder sinken würde; ein gesunkener Betrag erhält in der Formel ein positives, ein gestiegener Betrag ein negatives Vorzeichen.

(6) Institute weisen Eigenkapitalinstrumenten für die Zwecke der Berechnung nach Absatz 5 eine LGD von 100 % zu.

(7) Im Fall von Risikopositionen mit Ausfallrisiko in Derivaten, deren Auszahlungen bei Ausfall des Schuldners nicht im Zusammenhang mit dem Nominalbetrag eines spezifischen, von diesem Schuldner begebenen Instruments

oder der LGD des Schuldners oder einem von diesem Schuldner begebenen Instrument stehen, verwenden Institute alternative Methoden, um die JTD-Bruttobeträge zu schätzen.

(8) *[1]* [1] Die EBA arbeitet Entwürfe technischer Regulierungsstandards aus, in denen Folgendes festgelegt wird:

a) Wie Institute die Komponenten $P\&L_{long}$, $P\&L_{short}$, $Adjustment_{long}$ und Adjustmentshort für die Berechnung der JTD-Beträge für die verschiedenen Arten von Instrumenten gemäß diesem Artikel bestimmen müssen;

b) welche alternative Methoden Institute verwenden müssen, um die JTD-Bruttobeträge nach Absatz 7 zu schätzen;

c) die Nominalbeträge von Instrumenten außer den in Absatz 4 Buchstaben a und b genannten.

[2] Die EBA übermittelt der Kommission diese Entwürfe technischer Regulierungsstandards bis zum 28. Juni 2021.

[3] Der Kommission wird die Befugnis übertragen, die in Unterabsatz 1 genannten technischen Regulierungsstandards gemäß den Artikeln 10 bis 14 der Verordnung (EU) Nr. 1093/2010 zur Ergänzung dieser Verordnung zu erlassen.

Art. 325x Jump-to-Default-Nettobeträge. (1) [1] Institute berechnen die JTD-Nettobeträge durch Aufrechnung der JTD-Bruttobeträge von Short-Risikopositionen und Long-Risikopositionen. [2] Eine Aufrechnung ist nur zwischen Risikopositionen gegenüber demselben Schuldner möglich, wenn die Short-Risikopositionen den gleichen Rang wie die Long-Risikopositionen oder einen niedrigeren Rang als die Long-Risikopositionen haben.

(2) Die Aufrechnung wird je nach Laufzeiten der aufzurechnenden Risikopositionen vollständig oder teilweise vorgenommen:

a) Eine vollständige Aufrechnung erfolgt, wenn alle Risikopositionen Laufzeiten von mindestens einem Jahr haben;

b) eine teilweise Aufrechnung erfolgt, wenn mindestens eine der aufzurechnenden Risikopositionen eine Laufzeit von weniger als einem Jahr hat; in diesem Fall wird die Höhe des JTD-Betrags jeder Risikoposition mit einer Laufzeit von weniger als einem Jahr mit dem Verhältnis zwischen der Laufzeit der Risikoposition und einem Jahr multipliziert.

(3) [1] Wenn keine Aufrechnung möglich ist, werden die JTD-Bruttobeträge bei Risikopositionen mit einer Laufzeit von mindestens einem Jahr mit den JTD-Nettobeträgen gleichgesetzt. [2] JTD-Bruttobeträge mit einer Laufzeit von weniger als einem Jahr werden für die Berechnung der JTD-Nettobeträge mit dem Verhältnis zwischen der Laufzeit der Risikoposition und einem Jahr bei einer Untergrenze von drei Monaten multipliziert.

(4) [1] Für die Zwecke der Absätze 2 und 3 werden die Laufzeiten der Derivatkontrakte, nicht die Laufzeiten ihrer Basiswerte, betrachtet. [2] Beteiligungspositionen in Barmitteln wird nach Ermessen des Instituts eine Laufzeit von entweder einem Jahr oder von drei Monaten zugewiesen.

Art. 325y Berechnung der Eigenmittelanforderungen für das Ausfallrisiko. (1) Die JTD-Nettobeträge werden unabhängig von der Art der Gegenpartei mit den ihrer Bonität entsprechenden, in Tabelle 2 spezifizierten Ausfallrisikogewichten multipliziert:

Tabelle 2

Bonitätskategorie	Ausfallrisikogewicht
Bonitätsstufe 1	0,5 %
Bonitätsstufe 2	3 %
Bonitätsstufe 3	6 %
Bonitätsstufe 4	15 %
Bonitätsstufe 5	30 %
Bonitätsstufe 6	50 %
Nicht bewertet	15 %
Ausgefallen	100 %

(2) Risikopositionen, denen gemäß dem Standardansatz für das Kreditrisiko gemäß Titel II Kapitel 2 ein Risikogewicht von 0 % zugewiesen würde, erhalten bezüglich der Eigenmittelanforderungen für das Ausfallrisiko ein Risikogewicht von 0 %.

(3) Der gewichtete Netto-JTD wird in folgende Unterklassen eingeteilt: Unternehmen, Staaten und Gebietskörperschaften/Kommunen.

(4) *[1]* Die gewichteten JTD-Nettobeträge werden innerhalb jeder Unterklasse nach folgender Formel aggregiert:

$$DRC_b = \max \{(\Sigma_{i \in long} RW_i \cdot net\,JTD_i)\ WtS \cdot (\Sigma_{i \in short} RW_i\ |net\,JTD_i|);\ 0\}$$

dabei gilt:

DRC_b = die Eigenmittelanforderung für das Ausfallrisiko für Unterklasse b;

i = der Index eines Instruments der Unterklasse b;

RW_i = das Risikogewicht; und

WtS = eine Quote zur Berücksichtigung der Vorteile von Sicherungsbeziehungen innerhalb einer Unterklasse, berechnet wie folgt:

$$WtS = \frac{\sum netJTD_{long}}{\sum netJTD_{long} + \sum |netJTD_{short}|}$$

[2] Für die Zwecke der Berechnung von DRC_b und WtS werden die Kauf- und Verkaufspositionen für alle Positionen einer Unterklasse unabhängig von der Bonitätsstufe der betreffenden Positionen zu unterklassespezifischen Eigenmittelanforderungen für das Ausfallrisiko aggregiert.

(5) Die endgültige Eigenmittelanforderung für das Ausfallrisiko bei Nicht-Verbriefungspositionen wird als einfache Summe der Eigenmittelanforderungen auf Ebene der Unterklasse berechnet.

Unterabschnitt 2. Eigenmittelanforderungen für das Ausfallrisiko bei nicht in das alternative Korrelationshandelsportfolio einbezogenen Verbriefungspositionen

Art. 325z Jump-to-Default-Beträge. (1) Die Jump-to-Default-Bruttobeträge für Verbriefungspositionen sind ihre Marktwerte oder, wenn sich ihre Marktwerte nicht ermitteln lassen, ihre gemäß dem geltenden Rechnungslegungsrahmen bestimmten beizulegenden Zeitwerte.

(2) [1] Die Jump-to-Default-Nettobeträge werden durch Aufrechnung der Jump-to-Default-Bruttobeträge von Kaufpositionen und der Jump-to-Default-Bruttobeträge von Verkaufspositionen bestimmt. [2] Eine Aufrechnung ist nur zwischen Verbriefungspositionen möglich, denen die gleichen Aktiva-Pools zugrunde liegen und die zu derselben Tranche gehören. [3] Nicht zulässig ist die Aufrechnung zwischen Verbriefungspositionen mit unterschiedlichen zugrunde liegenden Aktiva-Pools, selbst wenn der untere und der obere Tranchierungspunkt gleich sind.

(3) Wenn durch Aufschlüsselung oder Kombination bestehender Verbriefungspositionen andere bestehende Verbriefungspositionen – mit Ausnahme der Laufzeitdimension – perfekt nachgebildet werden können, dürfen für die Zwecke der Aufrechnung anstelle der bestehenden Verbriefungspositionen die Risikopositionen verwendet werden, die sich aus dieser Aufschlüsselung oder Kombination ergeben.

(4) [1] Wenn durch Aufschlüsselung oder Kombination bestehender Risikopositionen in zugrunde liegenden Referenzwerten die gesamte Tranchenstruktur einer bestehenden Verbriefungsposition perfekt nachgebildet werden kann, dürfen für die Zwecke der Aufrechnung anstelle der bestehenden Verbriefungspositionen die Risikopositionen verwendet werden, die sich aus dieser Aufschlüsselung oder Kombination ergeben. [2] Wenn zugrunde liegende Referenzwerte auf diese Weise genutzt werden, werden sie bei der Behandlung der Ausfallrisiken von Nicht-Verbriefungspositionen nicht mehr berücksichtigt.

(5) [1] Artikel 325x gilt sowohl für bestehende Verbriefungspositionen als auch für gemäß Absatz 3 oder 4 des vorliegenden Artikels verwendete Verbriefungspositionen. [2] Die relevanten Laufzeiten sind die Laufzeiten der Verbriefungstranchen.

Art. 325aa Berechnung der Eigenmittelanforderung für das Ausfallrisiko bei Verbriefungspositionen. (1) Die JTD-Nettobeträge von Verbriefungspositionen werden mit 8 % des Risikogewichts der einschlägigen Verbriefungsposition, einschließlich STS-Verbriefungen, im Anlagebuch gemäß der Rangfolge der Ansätze gemäß Titel II Kapitel 5 Abschnitt 3 multipliziert, und zwar unabhängig von der Art der Gegenpartei.

(2) Für alle Tranchen, deren Risikogewichte nach SEC-IRBA und SEC-ERBA berechnet werden, wird eine Laufzeit von einem Jahr angewendet.

(3) Die risikogewichteten JTD-Beträge der einzelnen Barverbriefungspositionen können den beizulegenden Zeitwert der Position nicht überschreiten.

(4) *[1]* Die risikogewichteten JTD-Nettobeträge werden folgenden Unterklassen zugeordnet:

a) einer gemeinsamen Unterklasse für alle Unternehmen, unabhängig von der Region;
b) 44 unterschiedlichen Unterklassen mit jeweils einer Unterklasse pro Region für jede der elf in Unterabsatz 2 definierten Anlageklassen.

[2] [1] Für die Zwecke des Unterabsatzes 1 sind die elf Anlageklassen ABCP, Kfz-Darlehen und -Leasings, durch private Wohnimmobilien besicherte Wertpapiere (RMBS), Kreditkarten, durch Gewerbeimmobilien besicherte Wertpapiere (CMBS), durch einen Anleihepool besicherte Wertpapiere, quadrierte forderungsbesicherte Schuldverschreibungen (CDO-squared), Darlehen an kleine und mittlere Unternehmen (KMU), Studiendarlehen, sonstige Privat-

und sonstige Großkundenkredite. [2]Die vier Regionen sind Asien, Europa, Nordamerika und übrige Welt.

(5) [1]Institute nehmen die Zuordnung von Verbriefungspositionen zu einer Unterklasse anhand einer marktüblichen Klassifizierung vor. [2]Institute ordnen jede Verbriefungsposition nur einer der in Absatz 4 genannten Unterklassen zu. [3]Verbriefungspositionen, die ein Institut keiner Unterklasse für eine Anlageklasse oder Region zuordnen kann, werden den Kategorien „sonstige Privatkredite“ oder „sonstige Großkundenkredite“ bzw. der Region „übrige Welt“ zugeordnet.

(6) Gewichtete JTD-Nettobeträge werden innerhalb jeder Unterklasse gemäß der Formel nach Artikel 325y Absatz 4 in gleicher Weise wie beim Ausfallrisiko von Nicht-Verbriefungspositionen zu einer Eigenmittelanforderung für das Ausfallrisiko jeder Unterklasse aggregiert.

(7) Die endgültige Eigenmittelanforderung für das Ausfallrisiko von nicht in das alternative Korrelationshandelsportfolio einbezogenen Verbriefungspositionen wird als einfache Summe der Eigenmittelanforderungen auf Ebene der Unterklasse berechnet.

Unterabschnitt 3. Eigenmittelanforderungen für das Ausfallrisiko bei in das alternative Korrelationshandelsportfolio einbezogenen Verbriefungspositionen

Art. 325ab Geltungsbereich. (1) [1]Für das alternative Korrelationshandelsportfolio umfassen die Eigenmittelanforderungen das Ausfallrisiko bei Verbriefungspositionen und Absicherungen, die keine Verbriefungsposition darstellen. [2]Diese Absicherungen werden bei den Berechnungen des Ausfallrisikos bei Nicht-Verbriefungspositionen nicht berücksichtigt. [3]Es werden keine Diversifizierungsvorteile zwischen den Eigenmittelanforderungen für das Ausfallrisiko bei Nicht-Verbriefungspositionen, den Eigenmittelanforderungen für das Ausfallrisiko bei nicht in das alternative Korrelationshandelsportfolio einbezogenen Verbriefungspositionen und den Eigenmittelanforderungen für das Ausfallrisiko bei in das alternative Korrelationshandelsportfolio einbezogenen Verbriefungspositionen gewährt.

(2) Bei gehandelten Kredit- und Eigenkapitalderivaten, die keine Verbriefungsposition darstellen, werden die JTD-Beträge für die einzelnen Komponenten anhand des Transparenzansatzes bestimmt.

Art. 325ac Jump-to-Default-Beträge für das alternative Korrelationshandelsportfolio. (1) Für die Zwecke dieses Artikels bedeutet

a) „Aufschlüsselung anhand eines Bewertungsmodells“, dass eine Einzeladressen-Komponente einer Verbriefungsposition als Differenz zwischen dem uneingeschränkten Wert der Verbriefungsposition und dem eingeschränkten Wert der Verbriefungsposition unter der Annahme einer Verlustquote von 100 % bei Ausfall der Einzeladresse bewertet wird;

b) „Replikation“ die Kombination einzelner Verbriefungsindextranchen zur Nachbildung einer anderen Tranche der gleichen Indexreihe oder einer nicht tranchierten Position in der Indexreihe;

c) „Aufschlüsselung“ die Replikation eines Index durch eine Verbriefungsposition, deren zugrunde liegenden Risikopositionen im Pool mit den Einzeladressen-Risikopositionen, aus denen sich der Index zusammensetzt, identisch sind.

(2) Die JTD-Bruttobeträge für Verbriefungspositionen und Nicht-Verbriefungspositionen des alternativen Korrelationshandelsportfolios sind ihre Marktwerte oder, wenn sich ihre Marktwerte nicht ermitteln lassen, ihre gemäß dem geltenden Rechnungslegungsrahmen bestimmten beizulegenden Zeitwerte.

(3) [1] N-te-Ausfall-Produkte werden als tranchierte Produkte mit dem folgenden unteren und oberen Tranchierungspunkt behandelt:

a) unterer Tranchierungspunkt = (N – 1) / Gesamtadressen;
b) oberer Tranchierungspunkt = N / Gesamtadressen;
dabei bezeichnet „Gesamtadressen" die Gesamtzahl der Adressen des zugrunde liegenden Korbs oder Pools.

(4) [1] Die JTD-Nettobeträge werden durch Aufrechnung der JTD-Bruttobeträge von Kaufpositionen und der JTD-Bruttobeträge von Verkaufspositionen bestimmt. [2] Eine Aufrechnung ist nur zwischen Risikopositionen möglich, die abgesehen von der Laufzeit völlig identisch sind. [3] Eine Aufrechnung ist nur wie folgt möglich:

a) Bei Indizes, Indextranchen und maßgeschneiderten Tranchen ist eine Aufrechnung zwischen Laufzeiten derselben Indexfamilie, -reihe und -tranche vorbehaltlich der Bestimmungen für Risikopositionen mit einer Laufzeit von weniger als einem Jahr gemäß Artikel 325x möglich; JTD-Bruttobeträge von Kaufpositionen und JTD-Bruttobeträge von Verkaufspositionen, die perfekte Replikationen voneinander sind, können durch Aufschlüsselung in gleichwertige Einzeladressen-Risikopositionen anhand eines Bewertungsmodells aufgerechnet werden; in solchen Fällen wird die Summe der JTD-Bruttobeträge der durch Aufschlüsselung erhaltenen gleichwertigen Einzeladressen-Risikopositionen mit dem JTD-Bruttobetrag der nicht aufgeschlüsselten Risikoposition gleichgesetzt;
b) bei Wiederverbriefungen oder Derivaten auf Verbriefungspositionen ist eine Aufrechnung durch Aufschlüsselung gemäß Buchstabe a nicht zulässig;
c) bei Indizes und Indextranchen ist eine Aufrechnung zwischen Laufzeiten derselben Indexfamilie, -reihe und -tranche durch Replikation oder durch Aufschlüsselung möglich; wenn die Long- und die Short-Risikopositionen abgesehen von einer Restkomponente gleichwertig sind, ist eine Aufrechnung zulässig und spiegelt der JTD-Nettobetrag das Restrisiko wider;
d) unterschiedliche Tranchen derselben Indexreihe, unterschiedliche Reihen desselben Index und unterschiedliche Indexfamilien dürfen nicht gegeneinander aufgerechnet werden.

Art. 325ad Berechnung der Eigenmittelanforderungen für das Ausfallrisiko des alternativen Korrelationshandelsportfolios. (1) JTD-Nettobeträge werden

a) bei tranchierten Produkten mit den Ausfallrisikogewichten entsprechend ihrer Bonität gemäß Artikel 325y Absätze 1 und 2 multipliziert;
b) bei nicht tranchierten Produkten mit den Ausfallrisikogewichten gemäß Artikel 325aa Absatz 1 multipliziert.

(2) Risikogewichtete JTD-Nettobeträge werden Unterklassen zugewiesen, die einem Index entsprechen.

(3) Gewichtete JTD-Nettobeträge werden innerhalb jeder Unterklasse nach folgender Formel berechnet:

$$DRC_b = \max\{(\Sigma_{i \in long} RW_i \cdot net\ JTD_i) - WtS_{ACTP} \cdot (\Sigma_{i \in short} RW_i \cdot |net\ JTD_i|); 0\}$$

dabei gilt:

DRC_b = die Eigenmittelanforderung für das Ausfallrisiko für Unterklasse b;

i = ein Instrument der Unterklasse b; und

WtS_{ACTP} = die Quote zur Berücksichtigung der Vorteile von Sicherungsbeziehungen innerhalb einer Unterklasse, berechnet gemäß der WtS-Formel nach Artikel 325y Absatz 4, wobei allerdings nicht nur die Positionen der entsprechenden Unterklasse, sondern die Kaufpositionen und Verkaufspositionen des gesamten alternativen Korrelationshandelsportfolios verwendet werden.

(4) Institute berechnen die Eigenmittelanforderungen für das Ausfallrisiko des alternativen Korrelationshandelsportfolios nach folgender Formel:

$$DRC_{ACTP} = \max\left\{\sum_b (\max\{DRC_b, 0\} + 0{,}5 \cdot \min\{DRC_b, 0\}); 0\right\}$$

dabei gilt:

DRC_{ACTP} = die Eigenmittelanforderung für das Ausfallrisiko des alternativen Korrelationshandelsportfolios; und

DRC_b = die Eigenmittelanforderung für das Ausfallrisiko für die Unterklasse b.

Abschnitt 6. Risikogewichte und Korrelationen

Unterabschnitt 1. Risikogewichte und Korrelationen für das Delta-Faktor-Risiko

Art. 325ae Risikogewichte für das allgemeine Zinsrisiko. (1) Bei Währungen, die nicht gemäß Artikel 325bd Absatz 7 Buchstabe b in die Untergruppe der liquidesten Währungen aufgenommen wurden, sind die Risikogewichte der Sensitivitäten gegenüber Risikofaktoren des risikolosen Zinssatzes folgende:

Tabelle 3

Unterklasse	Laufzeit	Risikogewicht
1	0,25 Jahre	1,7 %
2	0,5 Jahre	1,7 %
3	1 Jahr	1,6 %
4	2 Jahre	1,3 %
5	3 Jahre	1,2 %
6	5 Jahre	1,1 %
7	10 Jahre	1,1 %
8	15 Jahre	1,1 %
9	20 Jahre	1,1 %
10	30 Jahre	1,1 %

(2) Die Institute weisen allen Sensitivitäten gegenüber Risikofaktoren des Inflationsrisikos sowie des Basis-Währungsrisikos ein Risikogewicht von 1,6 % zu.

(3) Für die Währungen, die in die liquideste Währungsunterkategorie gemäß Artikel 325bd Absatz 7 Buchstabe b aufgenommen sind, und die Landeswährung des Instituts gelten die Risikogewichte der Risikofaktoren des risikolosen Zinssatzes gemäß Tabelle 3, geteilt durch √2.

Art. 325af Innerhalb der Unterklasse anwendbare Korrelationen des allgemeinen Zinsrisikos. (1) Zwischen zwei gewichteten Sensitivitäten gegenüber Risikofaktoren des allgemeinen Zinsrisikos WS_k und WS_l der gleichen Unterklasse und mit gleicher zugeordneter Laufzeit, aber mit unterschiedlichen Kurven gilt eine Korrelation ρ_{kl} von 99,90 %.

(2) Zwischen zwei gewichteten Sensitivitäten gegenüber Risikofaktoren des allgemeinen Zinsrisikos WS_k und WS_l der gleichen Unterklasse mit gleicher Kurve, aber unterschiedlichen Laufzeiten wird die Korrelation gemäß folgender Formel berechnet:

$$\max\left[e^{\left(-\vartheta\cdot\frac{|T_k - T_l|}{\min\{T_k;T_l\}}\right)}; 40\,\%\right]$$

dabei gilt:

T_k (bzw. T_l) = die Laufzeit bezüglich des risikofreien Zinssatzes;

ϑ = 3 %.

(3) Zwischen zwei gewichteten Sensitivitäten gegenüber Risikofaktoren des allgemeinen Zinsrisikos WS_k und WS_l der gleichen Unterklasse mit unterschiedlichen Kurven und unterschiedlichen Laufzeiten entspricht die Korrelation ρ_{kl} dem Korrelationsparameter nach Absatz 2, multipliziert mit 99,90 %.

(4) Zwischen jeder gewichteten Sensitivität gegenüber Risikofaktoren des allgemeinen Zinsrisikos WS_k und jeder gewichteten Sensitivität gegenüber Risikofaktoren des Inflationsrisikos WS_l gilt eine Korrelation von 40 %.

(5) Zwischen jeder gewichteten Sensitivität gegenüber Risikofaktoren des Basis-Währungsrisikos WS_k und jeder gewichteten Sensitivität gegenüber Risikofaktoren des allgemeinen Zinsrisikos WS_l, einschließlich eines weiteren Risikofaktors des Basis-Währungsrisikos, gilt eine Korrelation von 0 %.

Art. 325ag Über Unterklassen hinweg anwendbare Korrelationen des allgemeinen Zinsrisikos. (1) Zur Aggregation von Risikofaktoren verschiedener Unterklassen wird der Parameter γ_{bc} = 50 % angewandt.

(2) Zur Aggregation eines Risikofaktors des Zinsrisikos in einer Währung nach Artikel 325av Absatz 3 und eines Risikofaktors des Zinsrisikos in Euro wird der Parameter γ_{bc} = 80 % angewandt.

Art. 325ah Risikogewichte des Kreditspreadrisikos bei Nicht-Verbriefungspositionen. (1) Für alle Laufzeiten (0,5 Jahre, 1 Jahr, 3 Jahre, 5 Jahre, 10 Jahre) gelten die gleichen Risikogewichte für die Sensitivitäten gegenüber Kreditspreadrisikofaktoren bei Nicht-Verbriefungspositionen innerhalb jeder Unterklasse in Tabelle 4:

Tabelle 4

<table>
<tr><th>Unterklasse</th><th>Bonität</th><th>Sektor</th><th>Risikogewicht</th></tr>
<tr><td>1</td><td>Sämtliche Bonitätsstufen</td><td>Zentralstaat, einschließlich Zentralbanken eines Mitgliedstaats</td><td>0,5 %</td></tr>
<tr><td>2</td><td rowspan="7">Bonitätsstufen 1 bis 3</td><td>Zentralstaat, einschließlich Zentralbanken eines Drittlands sowie in Artikel 117 Absatz 2 bzw. Artikel 118 genannte multilaterale Entwicklungsbanken und internationale Organisationen</td><td>0,5 %</td></tr>
<tr><td>3</td><td>Regionale oder lokale Gebietskörperschaften und öffentliche Stellen</td><td>1,0 %</td></tr>
<tr><td>4</td><td>Unternehmen der Finanzbranche, einschließlich von einem Zentralstaat, einer regionalen oder einer lokalen Gebietskörperschaft gegründeter Kreditinstitute, und Geber von Förderdarlehen</td><td>5,0 %</td></tr>
<tr><td>5</td><td>Grundstoffe, Energie, Industriegüter, Landwirtschaft, verarbeitendes Gewerbe/Herstellung von Waren, Bergbau und Gewinnung von Steinen und Erden</td><td>3,0 %</td></tr>
<tr><td>6</td><td>Verbrauchsgüter und Dienstleistungen, Verkehr und Lagerung, Erbringung sonstiger wirtschaftlicher Dienstleistungen</td><td>3,0 %</td></tr>
<tr><td>7</td><td>Technologie, Telekommunikation</td><td>2,0 %</td></tr>
<tr><td>8</td><td>Gesundheitswesen, Versorgungsunternehmen, freiberufliche und technische Tätigkeiten</td><td>1,5 %</td></tr>
<tr><td>9</td><td rowspan="2">Bonitätsstufe 1</td><td>Von Kreditinstituten mit Sitz in einem Mitgliedstaat begebene gedeckte Schuldverschreibungen</td><td>1,0 %</td></tr>
<tr><td rowspan="2">10</td><td rowspan="2">Von Kreditinstituten in Drittländern begebene gedeckte Schuldverschreibungen</td><td>1,5 %</td></tr>
<tr><td>Bonitätsstufen 2 bis 3</td><td>2,5 %</td></tr>
<tr><td>11</td><td rowspan="2">Bonitätsstufen 4 bis 6 (ohne Rating)</td><td>Zentralstaat, einschließlich Zentralbanken, eines Drittlands sowie in Artikel 117 Absatz 2 bzw. Artikel 118 genannte multilaterale Entwicklungsbanken und internationale Organisationen</td><td>2 %</td></tr>
<tr><td>12</td><td>Regionale oder lokale Gebietskörperschaften und öffentliche Stellen</td><td>4,0 %</td></tr>
</table>

Unterklasse	Bonität	Sektor	Risikogewicht
13		Unternehmen der Finanzbranche, einschließlich von einem Zentralstaat, einer regionalen oder einer lokalen Gebietskörperschaft gegründeter Kreditinstitute, und Geber von Förderdarlehen	12,0 %
14		Grundstoffe, Energie, Industriegüter, Landwirtschaft, verarbeitendes Gewerbe/Herstellung von Waren, Bergbau und Gewinnung von Steinen und Erden	7,0 %
15		Verbrauchsgüter und Dienstleistungen, Verkehr und Lagerung, Erbringung sonstiger wirtschaftlicher Dienstleistungen	8,5 %
16		Technologie, Telekommunikation	5,5 %
17		Gesundheitswesen, Versorgungsunternehmen, freiberufliche und technische Tätigkeiten	5,0 %
18	Sonstige Sektoren		12,0 %
19	Börsennotierte Kreditindizes, deren einzelne Bestandteile mehrheitlich als „Investment Grade" eingestuft sind		1,5 %
20	Börsennotierte Kreditindizes, deren einzelne Bestandteile mehrheitlich nicht als „Investment Grade" eingestuft sind oder nicht über ein Rating verfügen		5 %

(2) [1] Institute stützen sich bei der Zuordnung von Risikopositionen zu einem Sektor auf eine marktübliche Klassifikation für die Zuordnung von Emittenten zu Sektoren. [2] Institute ordnen jeden Emittenten jeweils nur einer der Sektor-Unterklassen in Tabelle 4 zu. [3] Risikopositionen in Emittenten, die ein Institut nicht auf diese Weise einem Sektor zuordnen kann, werden der Unterklasse 18 in Tabelle 4 zugewiesen.

Art. 325ai Innerhalb der Unterklasse anwendbare Korrelationen des Kreditspreadrisikos bei Nicht-Verbriefungspositionen. (1) Zwischen zwei der gleichen Unterklasse zugehörigen Sensitivitäten WS_k und WS_l wird der Korrelationsparameter ρ_{kl} wie folgt festgelegt:

$$\rho_{kl} = \rho^{(name)}{}_{kl} \cdot \rho^{(tenor)}{}_{kl} \cdot \rho^{(basis)}{}_{kl}$$

dabei gilt:

$\rho_{kl}{}^{(name)}$ entspricht dem Wert 1, wenn die beiden Namen der Sensitivitäten k und l identisch sind, und in allen anderen Fällen 35 %;

$\rho_{kl}{}^{(tenor)}$ entspricht dem Wert 1, wenn die beiden Scheitelpunkte der Sensitivitäten k und l identisch sind, und in allen anderen Fällen 65 %; und

$\rho_{kl}{}^{(basis)}$ entspricht dem Wert 1, wenn sich die beiden Sensitivitäten auf die gleichen Kurven beziehen, und in allen anderen Fällen 99,90 %.

(2) [1]Die Korrelationsparameter nach Absatz 1 gelten nicht für die Unterklasse 18 in der Tabelle 4 in Artikel 325ah Absatz 1. [2]Die Kapitalanforderung für die Delta-Faktor-Risiko-Aggregationsformel innerhalb der Unterklasse 18 entspricht der Summe der absoluten Werte der gewichteten Netto-Sensitivitäten dieser Unterklasse:

$$K_{b(\text{Unterklasse 18})} = \sum_k |WS_k|$$

Art. 325aj Über Unterklassen hinweg anwendbare Korrelationen des Kreditspreadrisikos bei Nicht-Verbriefungspositionen. Der Korrelationsparameter γ_{bc} für die Aggregation von Sensitivitäten zwischen verschiedenen Unterklassen wird wie folgt festgelegt:

$$\gamma_{bc} = \gamma^{(\text{rating})}{}_{bc} \cdot \gamma^{(\text{sector})}{}_{bc}$$

dabei gilt:

$\gamma_{bc}{}^{(\text{rating})}$ entspricht dem Wert 1, wenn die beiden Unterklassen der gleichen Bonitätskategorie (Bonitätsstufe 1 bis 3 oder Bonitätsstufe 4 bis 6) zugehören, und in allen anderen Fällen 50 %; für die Zwecke dieser Berechnung wird die Unterklasse 1 als der gleichen Bonitätskategorie zugehörig betrachtet wie Unterklassen der Bonitätsstufen 1 bis 3; und

$\gamma_{bc}{}^{(\text{sector})}$ entspricht dem Wert 1, wenn die beiden Unterklassen dem gleichen Sektor zugehören, und in allen anderen Fällen dem entsprechenden Prozentsatz gemäß Tabelle 5:

Tabelle 5

Unterklasse	1, 2 und 11	3 und 12	4 und 13	5 und 14	6 und 15	7 und 16	8 und 17	9 und 10	18	19	20
1, 2 und 11		75 %	10 %	20 %	25 %	20 %	15 %	10 %	0 %	45 %	45 %
3 und 12			5 %	15 %	20 %	15 %	10 %	10 %	0 %	45 %	45 %
4 und 13				5 %	15 %	20 %	5 %	20 %	0 %	45 %	45 %
5 und 14					20 %	25 %	5 %	5 %	0 %	45 %	45 %
6 und 15						25 %	5 %	15 %	0 %	45 %	45 %
7 und 16							5 %	20 %	0 %	45 %	45 %
8 und 17								5 %	0 %	45 %	45 %
9 und 10									0 %	45 %	45 %
18										0 %	0 %
19											75 %
20											

Art. 325ak Risikogewichte für das Kreditspreadrisiko bei in das alternative Korrelationshandelsportfolio einbezogenen Verbriefungspositionen. Innerhalb jeder Unterklasse gelten für alle Laufzeiten (0,5 Jahre, 1 Jahr, 3 Jahre, 5 Jahre, 10 Jahre) die gleichen Risikogewichte für die Sensitivitäten gegenüber Kreditspreadrisikofaktoren bei in das alternative Korrelationshandelsportfolio einbezogenen Verbriefungspositionen, und diese Risikogewichte werden für jede Unterklasse in Tabelle 6 gemäß dem delegierten Rechtsakt nach Artikel 461a spezifiziert.

Tabelle 6

Unterklasse	Bonität	Sektor	Risikogewicht
1	Sämtliche Bonitätsstufen	Zentralstaat, einschließlich Zentralbanken eines Mitgliedstaats	4,0 %
2	Bonitätsstufen 1 bis 3	Zentralstaat, einschließlich Zentralbanken eines Drittlands sowie in Artikel 117 Absatz 2 bzw. Artikel 118 genannte multilaterale Entwicklungsbanken und internationale Organisationen	4,0 %
3		Regionale oder lokale Gebietskörperschaften und öffentliche Stellen	4,0 %
4		Unternehmen der Finanzbranche, einschließlich von einem Zentralstaat, einer regionalen oder einer lokalen Gebietskörperschaft gegründeter Kreditinstitute, und Geber von Förderdarlehen	8,0 %
5		Grundstoffe, Energie, Industriegüter, Landwirtschaft, verarbeitendes Gewerbe/Herstellung von Waren, Bergbau und Gewinnung von Steinen und Erden	5,0 %
6		Verbrauchsgüter und Dienstleistungen, Verkehr und Lagerung, Erbringung sonstiger wirtschaftlicher Dienstleistungen	4,0 %
7		Technologie, Telekommunikation	3,0 %
8		Gesundheitswesen, Versorgungsunternehmen, freiberufliche und technische Tätigkeiten	2,0 %
9		Von Kreditinstituten mit Sitz in einem Mitgliedstaat begebene gedeckte Schuldverschreibungen	3,0 %
10		Von Kreditinstituten in Drittländern begebene gedeckte Schuldverschreibungen	6,0 %
11	Bonitätsstufen 4 bis 6 (ohne Rating)	Zentralstaat, einschließlich Zentralbanken, eines Drittlands sowie in Artikel 117 Absatz 2 bzw. Artikel 118 genannte multilaterale Entwicklungsbanken und internationale Organisationen	13,0 %
12		Regionale oder lokale Gebietskörperschaften und öffentliche Stellen	13,0 %
13		Unternehmen der Finanzbranche, einschließlich von einem Zentralstaat, einer regionalen oder einer lokalen Gebietskörperschaft gegründeter Kreditinstitute, und Geber von Förderdarlehen	16,0 %
14		Grundstoffe, Energie, Industriegüter, Landwirtschaft, verarbeitendes Gewerbe/	10,0 %

Unterklasse	Bonität	Sektor	Risikogewicht
		Herstellung von Waren, Bergbau und Gewinnung von Steinen und Erden	
15		Verbrauchsgüter und Dienstleistungen, Verkehr und Lagerung, Erbringung sonstiger wirtschaftlicher Dienstleistungen	12,0 %
16		Technologie, Telekommunikation	12,0 %
17		Gesundheitswesen, Versorgungsunternehmen, freiberufliche und technische Tätigkeiten	12,0 %
18	Sonstige Sektoren		13,0 %

Art. 325al Korrelationen für das Kreditspreadrisiko von in das alternative Korrelationshandelsportfolio einbezogenen Verbriefungspositionen. (1) Die Delta-Faktor-Risiko-Korrelation ρ_{kl} wird gemäß Artikel 325ai abgeleitet; für die Zwecke dieses Absatzes entspricht $\rho^{(basis)}{}_{kl}$ jedoch dem Wert 1, wenn sich die beiden Sensitivitäten auf die gleichen Kurven beziehen, und in allen anderen Fällen 99,00 %.

(2) Die Korrelation γ_{bc} wird gemäß Artikel 325aj abgeleitet.

Art. 325am Risikogewichte für das Kreditspreadrisiko bei nicht in das alternative Korrelationshandelsportfolio einbezogenen Verbriefungspositionen. (1) Innerhalb jeder Unterklasse gelten für alle Laufzeiten (0,5 Jahre, 1 Jahr, 3 Jahre, 5 Jahre, 10 Jahre) die gleichen Risikogewichte für die Sensitivitäten gegenüber Kreditspreadrisikofaktoren bei nicht in das alternative Korrelationshandelsportfolio einbezogenen Verbriefungspositionen, und diese Risikogewichte werden für jede Unterklasse in Tabelle 7 gemäß dem delegierten Rechtsakt nach Artikel 461a spezifiziert:

Tabelle 7

Unterklasse	Bonität	Sektor	Risikogewicht
1	Erstrangig und Bonitätsstufen 1 bis 3	RMBS – Prime	0,9 %
2		RMBS – Mid-Prime	1,5 %
3		RMBS – Sub-Prime	2,0 %
4		CMBS	2,0 %
5		Forderungsbesicherte Wertpapiere (ABS) – Studiendarlehen	0,8 %
6		ABS – Kreditkarten	1,2 %
7		ABS – Kfz-Darlehen	1,2 %
8		Nicht in das alternative Korrelationshandelsportfolio einbezogene, durch einen Anleihepool besicherte Wertpapiere (CLO)	1,4 %
9	Nicht erstrangig und Boni-	RMBS – Prime	1,125 %
10		RMBS – Mid-Prime	1,875 %

Unterklasse	Bonität	Sektor	Risikogewicht
11	tätsstufen 1 bis 3	RMBS – Sub-Prime	2,5 %
12		CMBS	2,5 %
13		ABS – Studiendarlehen	1 %
14		ABS – Kreditkarten	1,5 %
15		ABS – Kfz-Darlehen	1,5 %
16		Nicht in das alternative Korrelationshandelsportfolio einbezogene CLO	1,75 %
17	Bonitätsstufen 4 bis 6 (ohne Rating)	RMBS – Prime	1,575 %
18		RMBS – Mid-Prime	2,625 %
19		RMBS – Sub-Prime	3,5 %
20		CMBS	3,5 %
21		ABS – Studiendarlehen	1,4 %
22		ABS – Kreditkarten	2,1 %
23		ABS – Kfz-Darlehen	2,1 %
24		Nicht in das alternative Korrelationshandelsportfolio einbezogene CLO	2,45 %
25	Sonstige Sektoren		3,5 %

(2) [1] Die Institute stützen sich bei der Zuordnung von Risikopositionen zu einem Sektor auf eine marktübliche Klassifikation für die Zuordnung von Emittenten zu Sektoren. [2] Die Institute ordnen jede Tranche jeweils nur einer der Sektor-Unterklassen in Tabelle 7 zu. [3] Risikopositionen in einer Tranche, die ein Institut nicht auf diese Weise einem Sektor zuordnen kann, werden der Unterklasse 25 zugewiesen.

Art. 325an Innerhalb der Unterklasse anwendbare Korrelationen für das Kreditspreadrisiko von nicht in das alternative Korrelationshandelsportfolio einbezogenen Verbriefungspositionen. (1) Zwischen zwei der gleichen Unterklasse zugehörigen Sensitivitäten WS_k und WS_l wird der Korrelationsparameter ρ_{kl} wie folgt festgelegt:

$$\rho_{kl} = \rho^{(tranche)}{}_{kl} \cdot \rho^{(tenor)}{}_{kl} \cdot \rho^{(basis)}{}_{kl}$$

dabei gilt:

$\rho^{(tranche)}{}_{kl}$ entspricht dem Wert 1, wenn die beiden Namen der Sensitivitäten k und l der gleichen Unterklasse zugehören und sich auf die gleiche Verbriefungstranche (Überschneidung von mindestens 80 % nominal) beziehen, und in allen anderen Fällen 40 %;

$\rho^{(tenor)}{}_{kl}$ entspricht dem Wert 1, wenn die beiden Scheitelpunkte der Sensitivitäten k und l identisch sind, und in allen anderen Fällen 80 %; und

$\rho^{(basis)}{}_{kl}$ entspricht dem Wert 1, wenn sich die beiden Sensitivitäten auf die gleichen Kurven beziehen, und in allen anderen Fällen 99,90 %.

(2) [1] Die Korrelationsparameter nach Absatz 1 gelten nicht für die Unterklasse 25. [2] Die Eigenmittelanforderung der Aggregationsformel für das Delta-

Faktor-Risiko innerhalb der Unterklasse 25 entspricht der Summe der absoluten Werte der gewichteten Netto-Sensitivitäten dieser Unterklasse:

$$K_{b(\text{Unterklasse } 25)} = \sum_k |WS_k|$$

Art. 325ao Über Unterklassen hinweg anwendbare Korrelationen für das Kreditspreadrisiko bei nicht in das alternative Korrelationshandelsportfolio einbezogenen Verbriefungspositionen. (1) Der Korrelationsparameter γ_{bc} wird für die Aggregation von Sensitivitäten zwischen verschiedenen Unterklassen auf 0 % festgesetzt.

(2) Die Eigenmittelanforderung der Unterklasse 25 wird dem Gesamtkapital der Risikoklasse hinzuaddiert; es werden keine Diversifizierungs- oder Absicherungseffekte mit anderen Unterklassen anerkannt.

Art. 325ap Risikogewichte des Aktienkursrisikos. (1) Die Risikogewichte für die Sensitivitäten gegenüber Risikofaktoren des Aktienkursrisikos und des Eigenkapital-Reposatzes werden für jede Unterklasse in Tabelle 8 gemäß dem delegierten Rechtsakt nach Artikel 461a spezifiziert.

Tabelle 8

Unterklasse	Marktkapitalisierung	Art der Volkswirtschaft	Sektor	Risikogewicht Aktienkassakurs	Risikogewicht Aktien-Reposatz
1	Hohe Marktkapitalisierung	Aufstrebende Volkswirtschaft	Verbrauchsgüter und Dienstleistungen, Verkehr und Lagerung, Erbringung sonstiger wirtschaftlicher Dienstleistungen, Gesundheitswesen, Versorgungsunternehmen	55 %	0,55 %
2			Telekommunikation, Industriegüter	60 %	0,60 %
3			Grundstoffe, Energie, Landwirtschaft, verarbeitendes Gewerbe/Herstellung von Waren, Bergbau und Gewinnung von Steinen und Erden	45 %	0,45 %
4			Finanzunternehmen, einschließlich staatlich geförderter Unternehmen, Grundstücks- und Wohnungswesen, Technologie	55 %	0,55 %
5		Fortschrittli-	Verbrauchsgüter und Dienstleistungen, Verkehr und Lagerung, Erbringung sonstiger	30 %	0,30 %

Unterklasse	Marktkapitalisierung	Art der Volkswirtschaft	Sektor	Risikogewicht Aktienkassakurs	Risikogewicht Aktien-Reposatz
		che Volkswirtschaft	wirtschaftlicher Dienstleistungen, Gesundheitswesen, Versorgungsunternehmen		
6			Telekommunikation, Industriegüter	35 %	0,35 %
7			Grundstoffe, Energie, Landwirtschaft, verarbeitendes Gewerbe/Herstellung von Waren, Bergbau und Gewinnung von Steinen und Erden	40 %	0,40 %
8			Finanzunternehmen, einschließlich staatlich geförderter Unternehmen, Grundstücks- und Wohnungswesen, Technologie	50 %	0,50 %
9	Geringe Marktkapitalisierung	Aufstrebende Volkswirtschaft	Alle Sektoren der Unterklassen 1, 2, 3 und 4	70 %	0,70 %
10		Fortschrittliche Volkswirtschaft	Alle Sektoren der Unterklassen 5, 6, 7 und 8	50 %	0,50 %
11	Sonstige Sektoren			70 %	0,70 %
12	Indizes hohe Marktkapitalisierung, fortschrittliche Volkswirtschaften			15 %	0,15 %
13	Sonstige Indizes			25 %	0,25 %

(2) Für die Zwecke dieses Artikels wird in den technischen Regulierungsstandards nach Artikel 325bd Absatz 7 festgelegt, was unter einer geringen und einer hohen Marktkapitalisierung zu verstehen ist.

(3) *[1]* Für die Zwecke dieses Artikels arbeitet die EBA Entwürfe technischer Regulierungsstandards aus, in denen festgelegt wird, was unter einer aufstrebenden und was unter einer fortschrittlichen Volkswirtschaft zu verstehen ist.

[2] Die EBA übermittelt der Kommission diese Entwürfe technischer Regulierungsstandards bis zum 28. Juni 2021.

[3] Der Kommission wird die Befugnis übertragen, die in Unterabsatz 1 genannten technischen Regulierungsstandards gemäß den Artikeln 10 bis 14 der Verordnung (EU) Nr. 1093/2010 zur Ergänzung dieser Verordnung zu erlassen.

(4) [1]Die Institute stützen sich bei der Zuordnung von Risikopositionen zu einem Sektor auf eine marktübliche Klassifikation für die Zuordnung von Emittenten zu Sektoren. [2]Die Institute ordnen jeden Emittenten einer der Unterklassen in Tabelle 8 zu und ordnen jeden Emittenten der gleichen Branche dem gleichen Sektor zu. [3]Risikopositionen in Emittenten, die ein Institut nicht auf diese Weise einem Sektor zuordnen kann, werden der Unterklasse 11 in Tabelle 8 zugewiesen. [4]In mehreren Ländern oder Sektoren tätige Emittenten werden ihrer Unterklasse auf der Grundlage der wichtigsten Region und des wichtigsten Sektors, in dem sie tätig sind, zugeordnet.

Art. 325aq Innerhalb der Unterklasse anwendbare Korrelationen für das Aktienkursrisiko. (1) Der Delta-Faktor-Risiko-Korrelationsparameter ρ_{kl} wird zwischen zwei der gleichen Unterklasse zugehörigen Sensitivitäten S und S auf 99,90 % festgesetzt, wobei sich eine der Sensitivitäten auf den Aktien-Kassakurs und die andere auf den Aktien-Reposatz bezieht und sich beide Sensitivitäten auf die gleiche Emittenten-Adresse beziehen.

(2) In anderen Fällen als den in Absatz 1 genannten wird der Korrelationsparameter ρ_{kl} zwischen zwei der gleichen Unterklasse zugehörigen Sensitivitäten WS_k und WS_l gegenüber dem Aktien-Kassakurs wie folgt festgelegt:

a) 15 % zwischen zwei der gleichen Unterklasse zugehörigen Sensitivitäten der Kategorie „hohe Marktkapitalisierung" aufstrebende Volkswirtschaften, (Unterklasse 1, 2, 3 oder 4);

b) 25 % zwischen zwei der gleichen Unterklasse zugehörigen Sensitivitäten der Kategorie „hohe Marktkapitalisierung" fortschrittliche Volkswirtschaften, (Unterklasse 5, 6, 7 oder 8);

c) 7,5 % zwischen zwei der gleichen Unterklasse zugehörigen Sensitivitäten der Kategorie „geringe Marktkapitalisierung" aufstrebende Volkswirtschaften, (Unterklasse 9);

d) 12,5 % zwischen zwei der gleichen Unterklasse zugehörigen Sensitivitäten der Kategorie „geringe Marktkapitalisierung" fortschrittliche Volkswirtschaften, (Unterklasse 10);

e) 80 % zwischen zwei der gleichen Unterklasse zugehörigen Sensitivitäten einer der beiden Index-Unterklassen (Unterklasse 12 oder 13).

(3) Der Korrelationsparameter ρ_{kl} zwischen zwei der gleichen Unterklasse zugehörigen Sensitivitäten WS_k und WS_l gegenüber dem Aktien-Reposatz wird gemäß Absatz 2 Buchstaben a bis d festgelegt.

(4) Bezieht sich von den beiden der gleichen Unterklasse zugehörigen Sensitivitäten WS_k und WS_l eine auf einen Aktien-Kassakurs und die andere auf einen Eigenkapital-Reposatz und beziehen sich beide Sensitivitäten auf eine unterschiedliche Emittenten-Adresse, so entspricht der Korrelationsparameter ρ_{kl} den Korrelationsparametern nach Absatz 2, multipliziert mit 99,90 %.

(5) [1]Die Korrelationsparameter nach den Absätzen 1 bis 4 gelten nicht für die Unterklasse 11. [2]Die Kapitalanforderung der Aggregationsformel für das Delta-Faktor-Risiko innerhalb der Unterklasse 11 entspricht der Summe der absoluten Werte der gewichteten Netto-Sensitivitäten dieser Unterklasse:

$$K_{b(\text{Unterklasse } 11)} = \sum_k |WS_k|$$

Art. 325ar Über Unterklassen hinweg anwendbare Korrelationen des Aktienkursrisikos. *[1]* Der Korrelationsparameter $_c$ gilt für die Aggregation von Sensitivitäten zwischen verschiedenen Unterklassen.

[2] Für die in Artikel 325ap Tabelle 8 genannten Unterklassen wird er wie folgt festgesetzt:

a) 15 %, wenn beide Unterklassen zu den Unterklassen 1 bis 10 zählen;

b) 0 %, wenn eine der beiden Unterklassen die Unterklasse 11 ist;

c) 75 %, wenn beide Unterklassen zu den Unterklassen 12 bis 13 zählen;

d) 45 % in allen anderen Fällen.

Art. 325as Risikogewichte für das Warenpositionsrisiko. Den Sensitivitäten gegenüber Warenpositionsrisikofaktoren werden folgende Risikogewichte zugewiesen:

Tabelle 9

Unterklasse	Bezeichnung der Unterklasse	Risikogewicht
1	Energie – feste Brennstoffe	30 %
2	Energie – flüssige Brennstoffe	35 %
3	Energie – Strom- und Emissionshandel	60 %
4	Güterbeförderung	80 %
5	Unedle Metalle	40 %
6	Gasförmige Brennstoffe	45 %
7	Edelmetalle (einschließlich Gold)	20 %
8	Körner und Ölsaaten	35 %
9	Vieh- und Milchwirtschaft	25 %
10	Weichwaren und andere Agrarerzeugnisse	35 %
11	Sonstige Waren	50 %

Art. 325at Innerhalb der Unterklasse anwendbare Korrelationen für das Warenpositionsrisiko. (1) Für die Zwecke dieses Artikels werden zwei Waren als getrennte Waren betrachtet, wenn es auf dem Markt zwei Kontrakte gibt, die sich ausschließlich im Hinblick auf die zugrunde liegende Ware, die vertragsgemäß zu liefern ist, unterscheiden.

(2) Zwischen zwei der gleichen Unterklasse zugehörigen Sensitivitäten WS_k und WS_l wird der Korrelationsparameter ρ_{kl} wie folgt festgelegt:

$$\rho_{kl} = \rho^{(commodity)}{}_{kl} \cdot \rho^{(tenor)}{}_{kl} \cdot \rho^{(basis)}{}_{kl}$$

dabei gilt:

$\rho_{kl}{}^{(commodity)}$ entspricht dem Wert 1, wenn die beiden Waren der Sensitivitäten k und l identisch sind, und in allen anderen Fällen den innerhalb der Unterklasse anwendbaren Korrelationen in Tabelle 10;

$\rho^{(tenor)}_{kl}$ entspricht dem Wert 1, wenn die beiden Scheitelpunkte der Sensitivitäten k und l identisch sind, und in allen anderen Fällen 99 %; und

$\rho^{(basis)}_{kl}$ entspricht dem Wert 1, wenn die beiden Sensitivitäten hinsichtlich des Lieferorts der Ware identisch sind, und in allen anderen Fällen 99,90 %.

(3) Die innerhalb der Unterklasse anwendbaren Korrelationen $\rho^{(commodity)}_{kl}$ sind

Tabelle 10

Unterklasse	Bezeichnung der Unterklasse	Korrelation $\rho^{(commodity)}_{kl}$
1	Energie - feste Brennstoffe	55 %
2	Energie - flüssige Brennstoffe	95 %
3	Energie - Elektrizität und Emissionshandel	40 %
4	Güterbeförderung	80 %
5	unedle Metalle	60 %
6	gasförmige Brennstoffe	65 %
7	Edelmetalle (einschließlich Gold)	55 %
8	Körner und Ölsaat	45 %
9	Vieh- und Milchwirtschaft	15 %
10	Weichwaren und andere Agrarerzeugnisse	40 %
11	andere Erzeugnisse	15 %

(4) Ungeachtet des Absatzes 1 gilt Folgendes:

a) Zwei Risikofaktoren, die der Unterklasse 3 in Tabelle 10 zugeordnet sind und Strom betreffen, der in unterschiedlichen Regionen erzeugt wird oder vertragsgemäß in unterschiedlichen Zeiträumen geliefert wird, sind als voneinander unabhängige Risikofaktoren des Warenpositionsrisikos zu betrachten;

b) Zwei Risikofaktoren, die der Unterklasse 4 in Tabelle 10 zugeordnet sind und die Beförderung von Gütern betreffen, die auf unterschiedlichen Strecken befördert oder nicht in derselben Woche ausgeliefert werden, sind als voneinander unabhängige Risikofaktoren des Warenpositionsrisikos zu betrachten.

Art. 325au Über Unterklassen hinweg anwendbare Korrelationen des Warenpositionsrisikos. Der Korrelationsparameter γ_{bc} wird für die Aggregation von Sensitivitäten zwischen verschiedenen Unterklassen wie folgt festgesetzt:

a) 20 %, wenn beide Unterklassen zu den Unterklassen 1 bis 10 zählen;

b) 0 %, wenn eine der beiden Unterklassen die Unterklasse 11 ist.

Art. 325av Risikogewichte des Fremdwährungsrisikos. (1) Allen Sensitivitäten von Fremdwährungsrisikofaktoren wird ein Risikogewicht von 15 % zugewiesen.

(2) Das Risikogewicht für Risikofaktoren des Fremdwährungsrisikos bei Währungspaaren aus dem Euro und der Währung eines an der zweiten Stufe der Wirtschafts- und Währungsunion (WKM II) teilnehmenden Mitgliedstaats ist entweder

a) das Risikogewicht nach Absatz 1 dividiert durch 3; oder

b) die Höchstschwankung innerhalb der zwischen dem Mitgliedstaat und der Europäischen Zentralbank offiziell vereinbarten Schwankungsbandbreite, wenn diese kleiner ist als die im Rahmen des WKM II festgelegte Schwankungsbandbreite.

(3) Ungeachtet des Absatzes 2 ist für Risikofaktoren des Fremdwährungsrisikos bei in Absatz 2 genannten Währungen, die mit einer offiziell vereinbarten Schwankungsbandbreite am WKM II teilnehmen, die kleiner ist als die Standardbandbreite von +/– 15 %, das Risikogewicht gleich der prozentualen Höchstschwankung innerhalb dieser kleineren Bandbreite.

(4) Das Risikogewicht für Risikofaktoren des Fremdwährungsrisikos der liquidesten Währungspaarunterkategorie gemäß Artikel 325bd Absatz 7 Buchstabe c ist das Risikogewicht nach Absatz 1 des vorliegenden Artikels, dividiert durch $\sqrt{2}$.

(5) Geht aus den täglichen Wechselkursen der vorangegangenen drei Jahre hervor, dass ein Währungspaar, das aus Euro und einer anderen Währung als Euro eines Mitgliedstaats besteht, konstant ist und das Institut jederzeit eine Geld-Brief-Spanne von Null für die jeweiligen Abschlüsse in Bezug auf dieses Währungspaar erwarten kann, so darf das Institut das Risikogewicht nach Absatz 1 dividiert durch 2 anwenden, sofern ihm dies von seiner zuständigen Behörde ausdrücklich genehmigt wurde.

Art. 325aw Korrelationen des Fremdwährungsrisikos. Für die Aggregation von Wechselkurs-Sensitivitäten gilt ein einheitlicher Korrelationsparameter γ_{bc} von 60 %.

Unterabschnitt 2. Risikogewichte und Korrelationen für Vega- und Krümmungsrisiken

Art. 325ax Risikogewichte für Vega- und Krümmungsrisiken.

(1) Für Vega-Risikofaktoren gelten die Delta-Unterklassen nach Unterabschnitt 1.

(2) Das Risikogewicht für einen bestimmten Vega-Risikofaktor k wird als Anteil am aktuellen Wert dieses Risikofaktors k bestimmt, der die implizite Volatilität des Basiswerts gemäß Abschnitt 3 angibt.

(3) Der in Absatz 2 genannte Anteil ist abhängig von der angenommenen Liquidität des jeweiligen Risikofaktortyps gemäß folgender Formel:

$$RW_k = (\text{Wert des Risikofaktors k}) \cdot \min\left\{ RW_\sigma \cdot \frac{\sqrt{LH_{\text{risk class}}}}{\sqrt{10}} ; 100\,\% \right\}$$

dabei gilt:

RW_k = das Risikogewicht für einen bestimmten Vega-Risikofaktor k;

RW_σ wird auf 55 % festgesetzt; und

$LH_{risk\ class}$ entspricht dem regulierungsrechtlichen Liquiditätshorizont, der bei der Bestimmung jedes Vega-Risikofaktors k vorgegeben wird. $LH_{risk\ class}$ wird gemäß folgender Tabelle bestimmt:

Tabelle 11

Risikoklasse	$LH_{Risikoklasse}$	Risikogewichte
Allgemeines Zinsrisiko	60	100 %
Kreditspreadrisiko bei Nicht-Verbriefungspositionen	120	100 %
Kreditspreadrisiko bei in das alternative Korrelationshandelsportfolio einbezogenen Verbriefungspositionen	120	100 %
Kreditspreadrisiko bei nicht in das alternative Korrelationshandelsportfolio einbezogenen Verbriefungspositionen	120	100 %
Aktienkurs (hohe Marktkapitalisierung und Indizes)	20	77,78 %
Aktienkurs (geringe Marktkapitalisierung und sonstige Sektoren)	60	100 %
Waren	120	100 %
Fremdwährung	40	100 %

(4) Im Hinblick auf das Krümmungsrisiko werden – vorbehaltlich anderer Vorgaben in diesem Kapitel – die im Zusammenhang mit dem Delta-Faktor-Risiko gemäß Unterabschnitt 1 verwendeten Unterklassen angewandt.

(5) Im Hinblick auf Krümmungsrisikofaktoren des Fremdwährungsrisikos und des Aktienkursrisikos werden die Risikogewichte des Krümmungsrisikos als relative Verschiebungen entsprechend den Risikogewichten des Delta-Faktor-Risikos gemäß Unterabschnitt 1 angewandt.

(6) Im Hinblick auf Krümmungsrisikofaktoren des allgemeinen Zinsrisikos, Kreditspreadrisikos und Warenpositionsrisikos werden die Risikogewichte des Krümmungsrisikos als parallele Verschiebungen aller Scheitelpunkte jeder Kurve auf der Grundlage des höchsten, in Unterabschnitt 1 für die jeweilige Risikoklasse genannten Delta-Risikogewichts angewandt.

Art. 325ay Korrelationen für Vega- und Krümmungsrisiko. (1) Zwischen Vega-Risikosensitivitäten innerhalb derselben Unterklasse der Klasse des allgemeinen Zinsrisikos (GIRR-Risikoklasse) wird der Korrelationsparameter ρ_{kl} wie folgt festgelegt:

$$\rho_{kl} = \{\min \rho^{(option\ maturity)}{}_{kl} \cdot \rho^{(underlying\ maturity)}{}_{kl}; 1\}$$

dabei gilt:

$\rho^{(option\ maturity)}{}_{kl}$ entsprichte

$$e^{-\alpha \cdot \frac{|T_k - T_l|}{\min\{T_k; T_l\}}}$$

, wobei α auf 1 % festgesetzt wird, während T_k und T_l den Laufzeiten der Optionen entsprechen, für die die Vega-Sensitivitäten abgeleitet werden, ausgedrückt in Jahren; und

$\rho^{(\text{underlying maturity})}{}_{kl}$ entsprichte

$$e^{-\alpha \cdot \frac{\left|T_k^U - T_l^U\right|}{\min\left\{T_k^U; T_l^U\right\}}}$$

, wobei α auf 1 % festgesetzt wird, während $T^U{}_k$ und $T^U{}_l$ den Laufzeiten der Basiswerte der Optionen entsprechen, für die die Vega-Sensitivitäten abgeleitet werden, abzüglich der Laufzeiten der entsprechenden Optionen, in beiden Fällen ausgedrückt in Jahren.

(2) Zwischen Vega-Risikosensitivitäten innerhalb einer Unterklasse der anderen Risikoklassen wird der Korrelationsparameter ρ_{kl} wie folgt festgesetzt:

$$\rho_{kl} = \{\min \rho^{(\text{DELTA})}{}_{kl} \cdot \rho^{(\text{option maturity})}{}_{kl}; 1\}$$

dabei gilt:

$\rho^{(\text{DELTA})}{}_{kl}$ entspricht der innerhalb der Unterklasse anwendbaren Delta-Korrelation für die Unterklasse, der die Vega-Risikofaktoren k und l zugewiesen würden; und

$\rho^{(\text{option}_{kl}\ \text{maturity})}$ wird gemäß Absatz 1 festgesetzt.

(3) Im Hinblick auf über Unterklassen hinweg anwendbare Vega-Risikosensitivitäten innerhalb einer Risikoklasse (GIRR und Nicht-GIRR) wird im Zusammenhang mit dem Vega-Risiko der in Abschnitt 4 für Delta-Korrelationen jeder Risikoklasse festgelegte Korrelationsparameter für γ_{bc} angewandt.

(4) [1] Es wird zwischen Vega-Risikofaktoren und Delta-Risikofaktoren keine im Standardansatz anerkannte Diversifizierungs- oder Absicherungseffekte geben. [2] Vega-Risikoanforderungen und Delta-Risikoanforderungen werden mittels einfacher Summierung aggregiert.

(5) Die Korrelationen des Krümmungsrisikos entsprechen dem Quadrat der entsprechenden Delta-Risikokorrelationen ρ_{kl} und γ_{bc} nach Unterabschnitt 1.

Kapitel 1B. Alternativer auf einem internen Modell beruhender Ansatz

Abschnitt 1. Erlaubnis und Eigenmittelanforderungen

Art. 325az Alternativer auf einem internen Modell beruhender Ansatz und Erlaubnis zur Verwendung alternativer interner Modelle.

(1) Der alternative auf einem internen Modell beruhende Ansatz gemäß diesem Kapitel darf nur für die Zwecke der in Artikel 430b Absatz 3 festgelegten Meldepflicht angewandt werden.

(2) *[1]* Nachdem die zuständigen Behörden überprüft haben, dass die Institute die Anforderungen der Artikel 325bh, 325bi und 325bj erfüllen, erteilen sie diesen die Erlaubnis, für das Portfolio sämtlicher Positionen, die einem Han-

delstisch zugewiesen sind, ihre Eigenmittelanforderungen anhand ihrer alternativen internen Modelle nach Artikel 325ba zu berechnen, sofern alle folgenden Anforderungen erfüllt sind:

a) Die Handelstische wurden gemäß Artikel 104b eingerichtet;

b) das Institut hat der zuständigen Behörde eine Begründung für die Einbeziehung von Handelstischen im Rahmen des alternativen auf einem internen Modell beruhenden Ansatzes vorgelegt;

c) die Handelstische erfüllen seit einem Jahr die in Artikel 325bf Absatz 3 genannten Rückvergleichsanforderungen;

d) das Institut hat den zuständigen Behörden die Ergebnisse der in Artikel 325bg festgelegten Anforderung für die Handelstische hinsichtlich der Gewinn- und Verlustzuweisung (P&L) gemeldet;

e) Handelstische, denen mindestens eine der Handelsbuchpositionen nach Artikel 325bl zugewiesen wurde, erfüllen in Bezug auf das interne Modell zur Erfassung von Ausfallrisiken die in Artikel 325bm festgelegten Anforderungen;

f) den Handelstischen wurden weder Verbriefungs- noch Wiederverbriefungspositionen zugewiesen.

[2] Für die Zwecke von Unterabsatz 1 Buchstabe b des vorliegenden Absatzes darf die Nicht-Einbeziehung eines Handelstisches im Rahmen des alternativen auf einem internen Modell beruhenden Ansatzes nicht damit begründet werden, dass dadurch die Eigenmittelanforderung, die anhand des alternativen Standardansatzes gemäß Artikel 325 Absatz 3 Buchstabe a berechnet wird, niedriger wäre als die Eigenmittelanforderung, die anhand des alternativen auf einem internen Modell beruhenden Ansatzes berechnet wird.

(3) Institute, denen die Erlaubnis zur Verwendung des alternativen auf einem internen Modell beruhenden Ansatzes erteilt wurde, erstatten den zuständigen Behörden gemäß Artikel 430b Absatz 3 Meldung.

(4) [1] Ein Institut, dem die Erlaubnis nach Absatz 2 erteilt wurde, meldet den zuständigen Behörden unverzüglich, dass einer seiner Handelstische zumindest eine der in dem genannten Absatz festgelegten Anforderungen nicht mehr erfüllt. [2] Ab dem nächsten Meldestichtag und solange das Institut den zuständigen Behörden gegenüber nicht nachweist, dass dieser Handelstisch erneut alle in Absatz 2 festgelegten Anforderungen erfüllt, darf es das vorliegende Kapitel auf keine der diesem Handelstisch zugewiesenen Positionen mehr anwenden und berechnet die Eigenmittelanforderungen für das Marktrisiko für alle diesem Handelstisch zugewiesenen Positionen gemäß dem in Kapitel 1a dargelegten Ansatz.

(5) [1] Abweichend von Absatz 4 und unter außergewöhnlichen Umständen können die zuständigen Behörden einem Institut, wenn ein Handelstisch die in Absatz 2 Buchstabe c des vorliegenden Artikels und in Artikel 325bg Absatz 1 festgelegten Anforderungen nicht mehr erfüllt, erlauben, seine Eigenmittelanforderungen für das Marktrisiko dieses Handelstisches weiterhin anhand seiner alternativen internen Modelle zu berechnen. [2] Wenn eine zuständige Behörde eine solche Erlaubnis erteilt, unterrichtet sie die EBA und begründet ihre Entscheidung.

(6) [1] Für die Positionen, die den Handelstischen zugewiesen sind, für die einem Institut keine Erlaubnis nach Absatz 2 erteilt wurde, berechnet dieses

Institut die Eigenmittelanforderungen für das Marktrisiko gemäß Kapitel 1a dieses Titels. [2] Für die Zwecke dieser Berechnung werden alle diese Positionen als eigenständige Einzelportfolios betrachtet.

(7) *[1]* Wesentliche Änderungen bei der Verwendung der alternativen internen Modelle, deren Verwendung einem Institut gestattet wurde, die Erweiterung der Verwendung dieser gestatteten Modelle sowie wesentliche Änderungen bei der durch das Institut getroffenen Auswahl der Untergruppe der modellierbaren Risikofaktoren nach Artikel 325bc Absatz 2 erfordern eine gesonderte Erlaubnis der zuständigen Behörden.

[2] Die Institute melden den zuständigen Behörden alle sonstigen Erweiterungen und Änderungen bei der den Instituten gestatteten Verwendung der alternativen internen Modelle.

(8) *[1]* Die EBA arbeitet Entwürfe technischer Regulierungsstandards aus, in denen Folgendes festgelegt wird:

a) die Bedingungen für die Beurteilung der Wesentlichkeit von Erweiterungen und Änderungen bei der Verwendung der alternativen internen Modelle und von Änderungen bei der Untergruppe der modellierbaren Risikofaktoren nach Artikel 325bc;

b) die Beurteilungsmethode, nach der die zuständigen Behörden prüfen, ob ein Institut die Anforderungen der Artikel 325bh, 325bi, 325bn, 325bo und 325bp erfüllt.

[2] Die EBA übermittelt der Kommission diese Entwürfe technischer Regulierungsstandards bis zum 28. Juni 2024.

[3] Der Kommission wird die Befugnis übertragen, die in Unterabsatz 1 genannten technischen Regulierungsstandards gemäß den Artikeln 10 bis 14 der Verordnung (EU) Nr. 1093/2010 zur Ergänzung dieser Verordnung zu erlassen.

(9) *[1]* Die EBA arbeitet Entwürfe technischer Regulierungsstandards aus, in denen festgelegt wird, unter welchen außergewöhnlichen Umständen die zuständigen Behörden einem Institut erlauben können,

a) seine Eigenmittelanforderungen für das Marktrisiko eines Handelstisches, der die in Absatz 2 Buchstabe c des vorliegenden Artikels und in Artikel 325bg Absatz 1 festgelegten Anforderungen nicht mehr erfüllt, weiterhin anhand seiner alternativen internen Modelle zu berechnen;

b) den Aufschlag auf den Wert zu beschränken, der sich für die Überschreitungen aus Rückvergleichen der hypothetischen Änderungen ergibt.

[2] Die EBA übermittelt der Kommission diese Entwürfe technischer Regulierungsstandards bis zum 28. Juni 2024.

[3] Der Kommission wird die Befugnis übertragen, die in Unterabsatz 1 genannten technischen Regulierungsstandards gemäß den Artikeln 10 bis 14 der Verordnung (EU) Nr. 1093/2010 zur Ergänzung dieser Verordnung zu erlassen.

Art. 325ba Eigenmittelanforderungen bei der Verwendung alternativer interner Modelle. (1) Jedes Institut, das ein alternatives internes Modell verwendet, berechnet für das Portfolio sämtlicher Positionen, die den Handelstischen zugewiesen sind, für die dem Institut eine Erlaubnis nach Artikel 325az

Absatz 2 erteilt wurde, eine Eigenmittelanforderung, die dem höheren der folgenden Werte entspricht:

a) Summe der folgenden Werte:

i) Vortageswert des gemäß Artikel 325bb berechneten Expected Shortfall (ESt-1) des Instituts und

ii) Vortageswert des gemäß Abschnitt 5 berechneten Stressszenario-Risikomaßes (SSt-1) des Instituts; oder

b) Summe der folgenden Werte:

i) Durchschnitt der Tageswerte des gemäß Artikel 325bb berechneten Expected Shortfall des Instituts für die vorausgegangenen 60 Geschäftstage (ES^{avg}) multipliziert mit dem Multiplikationsfaktor (m_c) und

ii) Durchschnitt der Tageswerte des gemäß Abschnitt 5 berechneten Stressszenario-Risikomaßes des Instituts für die vorausgegangenen 60 Geschäftstage (SS^{avg}).

(2) Institute, die den Handelstischen nach Absatz 1 zugewiesene Positionen in gehandelten Schuldtiteln und Aktieninstrumenten halten, die im internen Modell zur Erfassung von Ausfallrisiken berücksichtigt werden, erfüllen eine zusätzliche Eigenmittelanforderung, die dem höheren der folgenden Werte entspricht:

a) letzte verfügbare gemäß Abschnitt 3 berechnete Eigenmittelanforderung für das Ausfallrisiko;

b) Durchschnittswert des Betrags nach Buchstabe a während der vorausgegangenen zwölf Wochen.

Abschnitt 2. Allgemeine Anforderungen

Art. 325bb Risikomaß Expected Shortfall. (1) Die Institute berechnen den in Artikel 325ba Absatz 1 Buchstabe a genannten Expected Shortfall für jeden Tag t und jedes Portfolio von Handelsbuchpositionen und Positionen im Anlagebuch, die einem Fremdwährungs- oder Warenpositionsrisiko unterliegen, wie folgt:

$$ES_t = \rho \cdot (UES_t) + (1 - \rho) \cdot \sum_i UES_t^i$$

dabei gilt:

ES_t	=	der Expected Shortfall;
i	=	der Index der Risikofaktorgruppe gemäß den fünf in der ersten Spalte von Tabelle 2 in Artikel 325bd angeführten Risikofaktorgruppen;
UES_t	=	der undiversifizierte Expected Shortfall gemäß folgender Berechnung:

$$UES_t = PES_t^{RS} \cdot \max\left(\frac{PES_t^{FC}}{PES_t^{RC}}, 1\right)$$

UES^i_t = der undiversifizierte Expected Shortfall für die Risikofaktorgruppe i gemäß folgender Berechnung:

$$UES_t^i = PES_t^{RS,i} \cdot \max\left(\frac{PES_t^{FC,i}}{PES_t^{RC,i}}, 1\right)$$

ρ = der aufsichtliche Korrelationsfaktor für die Risikofaktorgruppen; $\rho = 50\,\%$;

PES^{RS}_t = der partielle Expected Shortfall, der für alle Positionen des Portfolios gemäß Artikel 325bc Absatz 2 berechnet wird;

PES^{RC}_t = der partielle Expected Shortfall, der für alle Positionen des Portfolios gemäß Artikel 325bc Absatz 3 berechnet wird;

PES^{FC}_t = der partielle Expected Shortfall, der für alle Positionen des Portfolios gemäß Artikel 325bc Absatz 4 berechnet wird;

$PES^{RS,i}_t$ = der partielle Expected Shortfall für die Risikofaktorgruppe i, der für alle Positionen des Portfolios gemäß Artikel 325bc Absatz 2 berechnet wird;

$PES^{RC,i}_t$ = der partielle Expected Shortfall für die Risikofaktorgruppe i, der für alle Positionen des Portfolios gemäß Artikel 325bc Absatz 3 berechnet wird; und

$PES^{FC,i}_t$ = der partielle Expected Shortfall für die Risikofaktorgruppe i, der für alle Positionen des Portfolios gemäß Artikel 325bc Absatz 4 berechnet wird.

(2) Bei der Bestimmung der jeweiligen in die Berechnung des Expected Shortfall nach Absatz 1 einfließenden partiellen Expected Shortfalls wenden die Institute nach Artikel 325bc Szenarien künftiger Schocks jeweils nur auf die Untergruppe der modellierbaren Risikofaktoren des jeweiligen partiellen Expected Shortfall an.

(3) Wenn mindestens eine Transaktion des Portfolios mindestens einen modellierbaren Risikofaktor aufweist, der der Risikofaktorgruppe i gemäß Artikel 325bd zugeordnet werden kann, berechnet das Institut den undiversifizierten Expected Shortfall für die Risikofaktorgruppe i und setzt diesen in die in Absatz 1 des vorliegenden Artikels angegebene Formel für den Expected Shortfall ein.

(4) Abweichend von Absatz 1 kann ein Institut die Häufigkeit der Berechnung der undiversifizierten Expected Shortfalls UES^i_t und der partiellen Expected Shortfalls $PES^{RS,i}_t$, $PES^{RC,i}_t$ und $PES^{FC,i}_t$ für alle Risikofaktorgruppen i von täglich zu wöchentlich verringern, sofern die beiden folgenden Bedingungen erfüllt sind:

a) Das Institut ist in der Lage, der zuständigen Behörde gegenüber nachzuweisen, dass das Marktrisiko der betreffenden Handelsbuchpositionen bei der Berechnung des undiversifizierten Expected Shortfall UES^i_t nicht unterschätzt wird;

b) das Institut ist in der Lage, die Häufigkeit der Berechnung von UES^{i}_{t}, $PES^{RS,i}_{t}$, $PES^{RC,i}_{t}$ und $PES^{FC,i}_{t}$ von wöchentlich zu täglich zu erhöhen, wenn dies von der zuständigen Behörde verlangt wird.

Art. 325bc Berechnung der partiellen Expected Shortfalls. (1) Für die Berechnung sämtlicher in Artikel 325bb Absatz 1 genannten partiellen Expected Shortfalls gehen die Institute wie folgt vor:

a) tägliche Berechnung der partiellen Expected Shortfalls;

b) einseitiges Konfidenzintervall von 97,5 %;

c) Institute berechnen für ein bestimmtes Portfolio von Handelsbuchpositionen und ositionen im Anlagebuch, die einem Fremdwährungs- oder Warenpositionsrisiko unterliegen, den partiellen Expected Shortfall zum Zeitpunkt ‚t' nach folgender Formel:

$$PES_t = \sqrt{\left(PES_t(T)\right)^2 + \sum_{j\geq 2}\left(PES_t(T,j)\cdot\sqrt{\frac{(LH_j - LH_{j-1})}{10}}\right)^2}$$

dabei gilt:

PES_t = der partielle Expected Shortfall zum Zeitpunkt t;

j = der Index des Liquiditätshorizonts gemäß den fünf in der ersten Spalte von Tabelle 1 aufgeführten Liquiditätshorizonten;

LH_j = die Dauer des Liquiditätshorizonts j in Tagen gemäß Tabelle 1;

T = der Basishorizont; dabei gilt T = 10 Tage;

$PES_t(T)$ = der partielle Expected Shortfall, der sich ergibt, wenn gemäß den Absätzen 2, 3 und 4 für jeden partiellen Expected Shortfall nach Artikel 325bb Absatz 1 Szenarien künftiger Schocks mit einem Zeithorizont von 10 Tagen nur auf die Untergruppe modellierbarer Risikofaktoren der Positionen des Portfolios angewandt werden; und

$PES_t(T, j)$ = der partielle Expected Shortfall, der sich ergibt, wenn gemäß den Absätzen 2, 3 und 4 für jeden partiellen Expected Shortfall nach Artikel 325bb Absatz 1 Szenarien künftiger Schocks mit einem Zeithorizont von 10 Tagen nur auf die Untergruppe modellierbarer Risikofaktoren der Positionen des Portfolios angewandt werden, deren effektiver Liquiditätshorizont nach Artikel 325bd Absatz 2 mindestens LH_j beträgt.

Tabelle 1

Liquiditätshorizont j	Dauer des Liquiditätshorizonts j (in Tagen)
1	10

Liquiditätshorizont j	Dauer des Liquiditätshorizonts j (in Tagen)
2	20
3	40
4	60
5	120

(2) Für die Berechnung der in Artikel 325bb Absatz 1 genannten partiellen Expected Shortfalls PES^{RS}_t und $PES^{RS,i}_t$ erfüllen die Institute neben den Anforderungen nach Absatz 1 des vorliegenden Artikels die folgenden Anforderungen:

a) Bei der Berechnung von PES^{RS}_t wenden die Institute die Szenarien künftiger Schocks lediglich auf die modellierbaren Risikofaktoren derjenigen Positionen des Portfolios an, die der Untergruppe der modellierbaren Risikofaktoren angehören, die das Institut im Einvernehmen mit der zuständigen Behörde in einer Weise ausgewählt hat, die sicherstellt, dass auf der Grundlage der über die letzten 60 Geschäftstage gebildeten Summe die folgende Bedingung erfüllt wird:

$$\frac{1}{60} \cdot \sum_{k=0}^{59} \frac{PES^{RC}_{t-k}}{PES^{FC}_{t-k}} \geq 75\,\%$$

Wenn ein Institut die in Absatz 1 genannte Anforderung nicht mehr erfüllt, unterrichtet es unverzüglich die zuständigen Behörden und aktualisiert die Untergruppe der modellierbaren Risikofaktoren innerhalb von zwei Wochen, sodass die Anforderung erneut erfüllt wird; erfüllt das Institut die Anforderung nach Ablauf von zwei Wochen nicht, so berechnet das Institut die Eigenmittelanforderungen für das Marktrisiko für bestimmte Handelstische gemäß dem in Kapitel 1a dargelegten Ansatz, bis es der zuständigen Behörde gegenüber nachweisen kann, dass es die in Unterabsatz 1 genannte Anforderung erfüllt;

b) bei der Berechnung von $PES^{RS,i}_t$ enden die Institute die Szenarien künftiger Schocks lediglich auf die modellierbaren Risikofaktoren derjenigen Positionen des Portfolios an, die der Untergruppe der modellierbaren Risikofaktoren angehören, die das Institut für die Zwecke des Buchstabens a des vorliegenden Absatzes ausgewählt hat und die der Risikofaktorgruppe i gemäß Artikel 325bd zugeordnet wurden;

c) die Szenarien künftiger Schocks, die auf die unter den Buchstaben a und b genannten modellierbaren Risikofaktoren angewandt werden, basieren auf Daten, die anhand von historischen Daten eines ununterbrochenen Zwölfmonatszeitraums mit Finanzstress kalibriert werden, den das Institut so wählt, dass der partielle Expected Shortfall PES^{RS}_t maximiert wird. Für die Ermittlung der Stressphase legen die Institute im Einvernehmen mit den zuständigen Behörden einen Beobachtungszeitraum zugrunde, der spätestens am 1. Januar 2007 beginnt; und

d) das Institut kalibriert die in den partiellen Expected Shortfall $PES^{RS,i}_t$ einfließenden Daten anhand des Zwölfmonatszeitraums mit Finanzstress, den es für die Zwecke des Buchstabens c festgelegt hat.

(3) Für die Berechnung der in Artikel 325bb Absatz 1 genannten partiellen Expected Shortfalls PES^{RC}_t und PES^{RC}_t erfüllen die Institute neben den Anforderungen nach Absatz 1 des vorliegenden Artikels die folgenden Anforderungen:

a) Bei der Berechnung von PES^{RC}_t wenden die Institute die Szenarien künftiger Schocks lediglich auf die modellierbaren Risikofaktoren derjenigen Positionen des Portfolios an, die der Untergruppe der modellierbaren Risikofaktoren gemäß Absatz 2 Buchstabe a angehören;
b) bei der Berechnung von $PES^{RC,i}_t$ wenden die Institute die Szenarien künftiger Schocks lediglich auf die modellierbaren Risikofaktoren derjenigen Positionen des Portfolios an, die der Untergruppe der modellierbaren Risikofaktoren gemäß Absatz 2 Buchstabe b angehören;
c) die Szenarien künftiger Schocks, die auf die unter den Buchstaben a und b des vorliegenden Absatzes genannten modellierbaren Risikofaktoren angewandt werden, basieren auf Daten, die anhand der in Absatz 4 Buchstabe c genannten historischen Daten kalibriert werden; diese Daten werden mindestens monatlich aktualisiert.

(4) Für die Berechnung der in Artikel 325bb Absatz 1 genannten partiellen Expected Shortfalls PES^{FC}_t und $PES^{FC,i}_t$ erfüllen die Institute neben den Anforderungen nach Absatz 1 des vorliegenden Artikels die folgenden Anforderungen:

a) Bei der Berechnung von PES^{FC}_t wenden die Institute die Szenarien künftiger Schocks auf sämtliche modellierbaren Risikofaktoren der Positionen des Portfolios an;
b) bei der Berechnung von $PES^{FC,i}_t$ wenden die Institute die Szenarien künftiger Schocks auf sämtliche modellierbaren Risikofaktoren der Positionen des Portfolios an, die der Risikofaktorgruppe i gemäß Artikel 325bd zugeordnet wurden;
c) die Szenarien künftiger Schocks, die auf die in den Buchstaben a und b genannten modellierbaren Risikofaktoren angewandt werden, basieren auf Daten, die anhand von historischen Daten des vorausgehenden Zwölfmonatszeitraums kalibriert werden; kommt es bei einer erheblichen Zahl modellierbarer Risikofaktoren eines Portfolios eines Instituts, die keiner Untergruppe der modellierbaren Risikofaktoren gemäß Absatz 2 Buchstabe a angehören, zu einem signifikanten Anstieg der Kursvolatilität, so können die zuständigen Behörden das Institut anweisen, historische Daten eines kürzeren als des vorausgehenden Zwölfmonatszeitraums zu verwenden, wobei dieser kürzere Zeitraum nicht kürzer als der vorausgehende Sechsmonatszeitraum sein darf; die zuständigen Behörden melden der EBA jede Entscheidung, mit der sie ein Institut anweisen, historische Daten aus einem kürzeren als einem Zwölfmonatszeitraum zu verwenden, und begründen diese Entscheidung.

(5) Bei der Berechnung eines partiellen Expected Shortfall nach Artikel 325bb Absatz 1 behalten die Institute für partielle Expected Shortfalls, auf deren modellierbare Risikofaktoren sie nicht gemäß den Absätzen 2, 3 oder 4

des vorliegenden Artikels Szenarien künftiger Schocks anwenden müssen, die Werte der modellierbaren Risikofaktoren bei.

Art. 325bd Liquiditätshorizonte. (1) Die Institute ordnen jeden Risikofaktor von Positionen, die den Handelstischen zugewiesen sind, für die ihnen die in Artikel 325az Absatz 2 genannte Erlaubnis erteilt wurde oder eine Erlaubnis beantragt wurde, einer der in Tabelle 2 aufgeführten Risikofaktorgruppen sowie einer der dort aufgeführten Risikofaktor-Untergruppen zu.

(2) Der Liquiditätshorizont eines Risikofaktors für Positionen nach Absatz 1 ist der Liquiditätshorizont der entsprechenden Risikofaktor-Untergruppe, der dieser Faktor zugeordnet wurde.

(3) *[1]* [1]Abweichend von Absatz 1 des vorliegenden Artikels kann ein Institut für einen bestimmten Handelstisch beschließen, anstelle des Liquiditätshorizonts der Risikofaktor-Untergruppe nach Tabelle 2 des vorliegenden Artikels einen längeren Liquiditätshorizont nach Tabelle 1 des Artikels 325bc zu verwenden. [2]Beschließt ein Institut diese Vorgehensweise, so gilt für die Zwecke der Berechnung der partiellen Expected Shortfalls gemäß Artikel 325bc Absatz 1 Buchstabe c dieser längere Liquiditätshorizont für sämtliche modellierbaren Risikofaktoren der diesem Handelstisch zugewiesenen Positionen, die dieser Risikofaktor-Untergruppe zugeordnet wurden.

[2] Die Institute melden den zuständigen Behörden, für welche Handelstische und welche Risikofaktor-Untergruppen sie die in Unterabsatz 1 beschriebene Vorgehensweise beschließen.

(4) Zum Zwecke der Berechnung der partiellen Expected Shortfalls gemäß Artikel 325bc Absatz 1 Buchstabe c wird der effektive Liquiditätshorizont jedes modellierbaren Risikofaktors einer Handelsbuchposition oder einer Position im Anlagebuch, die einem Fremdwährungs- oder Warenpositionsrisiko unterliegt, wie folgt berechnet:

$$\text{EffectiveLH} = \begin{cases} \text{SubCatLH if Mat} > LH_5 \\ \min(\text{SubCatLH}, \min_j\{LH_j / LH_j \geq \text{Mat}\}) \text{ if } LH_1 \leq \text{Mat} \leq LH_5 \\ LH_1 \text{ if Mat} < LH_1 \end{cases}$$

dabei gilt:

EffectiveLH	=	der effektive Liquiditätshorizont;
Mat	=	die Laufzeit der Handelsbuchposition;
SubCatLH	=	der Liquiditätshorizont des gemäß Absatz 1 ermittelten modellierbaren Risikofaktors; und
$\min_j \{LH_j / LH_j \geq \text{Mat}\}$	=	der in Artikel 325bc Tabelle 1 aufgeführte Liquiditätshorizont, der als erster Liquiditätshorizont auf die Laufzeit der Handelsbuchposition folgt.

(5) Innerhalb der Risikofaktorgruppe „Fremdwährung" in Tabelle 2 zählen Währungspaare aus dem Euro und der Währung eines Mitgliedstaats, der am WKM II teilnimmt, zu der Untergruppe der liquidesten Währungspaare.

(6) Die Institute überprüfen die Angemessenheit der Zuordnung nach Absatz 1 mindestens monatlich.

(7) *[1]* [1]Die EBA arbeitet Entwürfe technischer Regulierungsstandards aus, in denen Folgendes festgelegt wird:

a) das Verfahren, nach dem die Institute für die Zwecke des Absatzes 1 die Risikofaktoren von Positionen nach Absatz 1 den Risikofaktorgruppen und den Risikofaktor-Untergruppen zuordnen müssen;
b) die Währungen, die innerhalb der Risikofaktorgruppe „Zinssatz“ in Tabelle 2 der Untergruppe der liquidesten Währungen zuzurechnen sind;
c) die Währungspaare, die innerhalb der Risikofaktorgruppe „Fremdwährung“ in Tabelle 2 der Untergruppe der liquidesten Währungspaare zuzurechnen sind;
d) die Definitionen einer geringen Marktkapitalisierung und einer hohen Marktkapitalisierung für die Zwecke der Untergruppen „Aktiennotierung“ und „Volatilität“ der Risikofaktorgruppe „Aktien“ in Tabelle 2.

[2] [2] Die EBA übermittelt der Kommission diese Entwürfe technischer Regulierungsstandards bis zum 28. März 2020.

[3] Der Kommission wird die Befugnis übertragen, die in Unterabsatz 1 genannten technischen Regulierungsstandards gemäß den Artikeln 10 bis 14 der Verordnung (EU) Nr. 1093/2010 zur Ergänzung dieser Verordnung zu erlassen.

Tabelle 2

Risikofaktorgruppe	Risikofaktor-Untergruppe	Liquiditätshorizont	Dauer des Liquiditätshorizonts (in Tagen)
Zinssatz	Liquideste Währungen und Landeswährung	1	10
	Sonstige Währungen (ohne die liquidesten Währungen)	2	20
	Volatilität	4	60
	Sonstige Arten	4	60
Kreditspread	Zentralstaat, einschließlich Zentralbanken, der Mitgliedstaaten	2	20
	Gedeckte Schuldverschreibungen, die von Kreditinstituten mit Sitz in einem Mitgliedstaat begeben wurden („Investment grade“)	2	20
	Forderungen gegenüber Staaten („Investment grade“)	2	20
	Forderungen gegenüber Staaten („High yield“)	3	40
	Forderungen gegenüber Unternehmen („Investment grade“)	3	40
	Forderungen gegenüber Unternehmen („High yield“)	4	60
	Volatilität	5	120
	Sonstige Arten	5	120

Risikofaktor-gruppe	Risikofaktor-Untergruppe	Liquiditätshorizont	Dauer des Liquiditätshorizonts (in Tagen)
Aktien	Aktiennotierung (hohe Marktkapitalisierung)	1	10
	Aktiennotierung (geringe Marktkapitalisierung)	2	20
	Volatilität (hohe Marktkapitalisierung)	2	20
	Volatilität (geringe Marktkapitalisierung)	4	60
	Sonstige Arten	4	60
Fremdwährung	Liquideste Währungspaare	1	10
	Sonstige Währungspaare (ohne die liquidesten Währungspaare)	2	20
	Volatilität	3	40
	Sonstige Arten	3	40
Warenpositionen	Energiepreis und Kohlenstoffemissionspreis	2	20
	Edelmetallpreis und Buntmetallpreis	2	20
	Sonstige Rohstoffpreise (ohne Energie, Kohlenstoff, Edelmetalle und Buntmetalle)	4	60
	Volatilität der Energie- und Kohlenstoffemissionspreise	4	60
	Volatilität der Edelmetall- und Buntmetallpreise	4	60
	Volatilität der sonstigen Rohstoffpreise (ohne Energie, Kohlenstoff, Edelmetalle und Buntmetalle)	5	120
	Sonstige Arten	5	120

Art. 325be Bewertung der Modellierbarkeit von Risikofaktoren.

(1) Die Institute bewerten die Modellierbarkeit sämtlicher Risikofaktoren für Positionen, die den Handelstischen zugewiesen sind, für die ihnen die in Artikel 325ba Absatz 2 genannte Erlaubnis erteilt wurde oder eine Erlaubnis beantragt wurde.

(2) Im Rahmen der in Absatz 1 des vorliegenden Artikels genannten Bewertung berechnen die Institute die Eigenmittelanforderungen für Marktrisiken für die nicht modellierbaren Risikofaktoren gemäß Artikel 325bk.

(3) *[1]* Die EBA arbeitet Entwürfe technischer Regulierungsstandards aus, in denen die Kriterien für die Bewertung der Modellierbarkeit der Risikofaktoren gemäß Absatz 1 und die Häufigkeit dieser Bewertung festgelegt werden.

[2] Die EBA übermittelt der Kommission diese Entwürfe technischer Regulierungsstandards bis zum 28. März 2020.

[3] Der Kommission wird die Befugnis übertragen, die in Unterabsatz 1 genannten technischen Regulierungsstandards gemäß den Artikeln 10 bis 14 der Verordnung (EU) Nr. 1093/2010 zur Ergänzung dieser Verordnung zu erlassen.

Art. 325bf Anforderungen an aufsichtliche Rückvergleiche und Multiplikationsfaktoren. (1) Für die Zwecke dieses Artikels liegt eine Überschreitung dann vor, wenn die Eintagesänderung des Werts eines Portfolios, das aus sämtlichen dem Handelstisch zugewiesenen Positionen besteht, die entsprechende Maßzahl des Risikopotenzials überschreitet, die auf der Grundlage des alternativen internen Modells des Instituts gemäß den folgenden Anforderungen errechnet wird:

a) für die Berechnung des Risikopotenzials gilt eine Haltedauer von einem Tag;

b) auf die Risikofaktoren der Positionen des Handelstisches gemäß Artikel 325bg Absatz 3, die gemäß Artikel 325be als modellierbar anzusehen sind, werden Szenarien künftiger Schocks angewandt;

c) die Szenarien künftiger Schocks, die auf die modellierbaren Risikofaktoren angewandt werden, basieren auf Daten, die anhand der in Artikel 325bc Absatz 4 Buchstabe c genannten historischen Daten kalibriert werden;

d) sofern in diesem Artikel nichts anderes angegeben ist, beruht das alternative interne Modell des Instituts auf den gleichen Modellannahmen, die auch der Berechnung des Expected Shortfall gemäß Artikel 325ba Absatz 1 Buchstabe a zugrunde liegen.

(2) Die Institute zählen die täglichen Überschreitungen durch Rückvergleiche der hypothetischen und tatsächlichen Änderungen des Werts des Portfolios, das aus sämtlichen dem Handelstisch zugewiesenen Positionen besteht.

(3) Es ist davon auszugehen, dass ein Handelstisch eines Instituts die Rückvergleichsanforderung erfüllt, wenn er in den unmittelbar vorausgegangenen 250 Geschäftstagen nicht mehr als die folgende Höchstzahl von Überschreitungen verzeichnen musste:

a) 12 Überschreitungen der mit einem einseitigen Konfidenzintervall von 99 % auf der Grundlage von Rückvergleichen der hypothetischen Änderungen des Portfoliowerts berechneten Maßzahl des Risikopotenzials;

b) 12 Überschreitungen der mit einem einseitigen Konfidenzintervall von 99 % auf der Grundlage von Rückvergleichen der tatsächlichen Änderungen des Portfoliowerts berechneten Maßzahl des Risikopotenzials;

c) 30 Überschreitungen der mit einem einseitigen Konfidenzintervall von 97,5 % auf der Grundlage von Rückvergleichen der hypothetischen Änderungen des Portfoliowerts berechneten Maßzahl des Risikopotenzials;

d) 30 Überschreitungen der mit einem einseitigen Konfidenzintervall von 97,5 % auf der Grundlage von Rückvergleichen der tatsächlichen Änderungen des Portfoliowerts berechneten Maßzahl des Risikopotenzials.

(4) Die Institute ermitteln die täglichen Überschreitungen gemäß den folgenden Grundsätzen:

a) Ein Rückvergleich der hypothetischen Änderungen des Portfoliowerts beruht auf dem Vergleich zwischen dem Tagesendwert des Portfolios und dem

Wert des Portfolios am Ende des darauf folgenden Tages unter der Annahme unveränderter Positionen;

b) ein Rückvergleich der tatsächlichen Änderungen des Portfoliowerts beruht auf dem Vergleich zwischen dem Tagesendwert des Portfolios und seinem tatsächlichen Wert am Ende des darauf folgenden Tages, ohne Gebühren und Provisionen;

c) eine Überschreitung liegt vor, wenn das Institut für einen Geschäftstag den Portfoliowert nicht bewerten oder die Maßzahl des Risikopotenzials gemäß Absatz 3 nicht berechnen kann.

(5) Die Institute berechnen für das Portfolio sämtlicher Positionen, die den Handelstischen zugewiesen sind, für die ihnen eine Erlaubnis zur Verwendung alternativer interner Modelle nach Artikel 325az Absatz 2 erteilt wurde, gemäß den Absätzen 6 und 7 des vorliegenden Artikels den in Artikel 325ba genannten Multiplikationsfaktor m_c.

(6) *[1]* [1]Der Multiplikationsfaktor mc entspricht der Summe aus 1,5 und einem Aufschlag zwischen 0 und 0,5 gemäß Tabelle 3. [2]Für das in Absatz 5 genannte Portfolio errechnet sich dieser Aufschlag auf der Grundlage der Zahl der Überschreitungen, die bei den Rückvergleichen der gemäß Buchstabe a des vorliegenden Unterabsatzes berechneten Maßzahl des Risikopotenzials des Instituts während der unmittelbar vorausgegangenen 250 Geschäftstage zu verzeichnen waren. [3]Die Berechnung des Aufschlags erfüllt die folgenden Bedingungen:

a) Eine Überschreitung liegt vor, wenn die Eintagesänderung des Portfoliowerts die entsprechende Maßzahl des Risikopotenzials überschreitet, die mit Hilfe des internen Modells des Instituts gemäß den folgenden Anforderungen errechnet wird:
   i) Haltedauer von einem Tag;
   ii) einseitiges Konfidenzintervall von 99 %;
   iii) auf die Risikofaktoren der Positionen des Handelstisches gemäß Artikel 325bg Absatz 3, die gemäß Artikel 325be als modellierbar anzusehen sind, werden Szenarien künftiger Schocks angewandt;
   iv) die Szenarien künftiger Schocks, die auf die modellierbaren Risikofaktoren angewandt werden, basieren auf Daten, die anhand der in Artikel 325bc Absatz 4 Buchstabe c genannten historischen Daten kalibriert werden;
   v) sofern in diesem Artikel nichts anderes angegeben ist, beruht das interne Modell des Instituts auf den gleichen Modellannahmen, die auch der Berechnung des Expected Shortfall gemäß Artikel 325ba Absatz 1 Buchstabe a zugrunde liegen.

b) Die Zahl der Überschreitungen entspricht der Zahl der Überschreitungen bei den hypothetischen oder den tatsächlichen Änderungen des Portfoliowerts, je nachdem, welche Zahl höher ist.

Tabelle 3

Zahl der Überschreitungen	Aufschlag
Weniger als 5	0,00
5	0,20
6	0,26

Zahl der Überschreitungen	Aufschlag
7	0,33
8	0,38
9	0,42
Mehr als 9	0,50

[2] Unter außergewöhnlichen Umständen können die zuständigen Behörden den Aufschlag auf den Wert beschränken, der sich für die Überschreitungen bei Rückvergleichen der hypothetischen Änderungen ergibt, wenn die Zahl der Überschreitungen bei Rückvergleichen der tatsächlichen Änderungen nicht auf Defekte des internen Modells zurückzuführen sind.

(7) [1] Die zuständigen Behörden überwachen die Angemessenheit des Multiplikationsfaktors nach Absatz 5 und die Einhaltung der Rückvergleichsanforderungen nach Absatz 3 durch die Handelstische. [2] Die Institute melden den zuständigen Behörden unverzüglich und in jedem Fall binnen fünf Geschäftstagen nach einer Überschreitung, wenn bei ihren Rückvergleichen Überschreitungen ausgewiesen werden, und begründen diese Überschreitungen.

(8) [1] Abweichend von den Absätzen 2 und 6 des vorliegenden Artikels können die zuständigen Behörden einem Institut gestatten, eine Überschreitung nicht zu berücksichtigen, wenn eine Eintagesänderung des Wertes seines Portfolios, die die entsprechende, nach dem internen Modell des Instituts berechnete Maßzahl des Risikopotenzials übersteigt, auf einen nicht modellierbaren Risikofaktor zurückzuführen ist. [2] In diesem Fall weist das Institut der zuständigen Behörde gegenüber nach, dass das gemäß Artikel 325bk berechnete Stressszenario-Risikomaß des nicht modellierbaren Risikofaktors größer ist als die positive Differenz zwischen der Änderung des Portfoliowerts des Instituts und der entsprechenden Maßzahl des Risikopotenzials.

(9) *[1]* Die EBA arbeitet Entwürfe technischer Regulierungsstandards aus, in denen festgelegt wird, welche konkreten Elemente für die Zwecke dieses Artikels in den hypothetischen und tatsächlichen Änderungen des Portfoliowerts eines Instituts zu berücksichtigen sind.

[2] Die EBA übermittelt der Kommission diese Entwürfe technischer Regulierungsstandards bis zum 28. März 2020.

[3] Der Kommission wird die Befugnis übertragen, die in Unterabsatz 1 genannten technischen Regulierungsstandards gemäß den Artikeln 10 bis 14 der Verordnung (EU) Nr. 1093/2010 zur Ergänzung dieser Verordnung zu erlassen.

Art. 325bg Anforderung hinsichtlich der Gewinn- und Verlustzuweisung (P&L-Attribution) (1) Die Anforderungen hinsichtlich der Gewinn- und Verlustzuweisung eines Handelstisches eines Instituts gelten als erfüllt, wenn dieser Handelstisch den im vorliegenden Artikel genannten Anforderungen genügt.

(2) Die Anforderung hinsichtlich der Gewinn- und Verlustzuweisung stellt sicher, dass die auf dem Risikomessmodell des Instituts beruhenden theoretischen Änderungen des Werts des Portfolios eines Handelstisches den auf dem Bewertungsmodell des Instituts beruhenden hypothetischen Änderungen des Werts des Portfolios dieses Handelstisches ausreichend gut entsprechen.

(3) Erfüllt ein Institut die Anforderung hinsichtlich der Gewinn- und Verlustzuweisung, so werden für jede Position eines Handelstisches bestimmte Risikofaktoren ermittelt, anhand deren sich überprüfen lässt, ob das Institut der in Artikel 325bf genannten Rückvergleichsanforderung genügt.

(4) *[1]* Die EBA arbeitet Entwürfe technischer Regulierungsstandards aus, in denen Folgendes festgelegt wird:

a) die Kriterien, die erforderlich sind, um sicherzustellen, dass die theoretischen Änderungen des Werts des Portfolios eines Handelstisches den hypothetischen Änderungen des Werts des Portfolios dieses Handelstisches für die Zwecke des Absatzes 2 ausreichend gut entsprechen, wobei die internationalen regulierungsrechtlichen Entwicklungen zu berücksichtigen sind;
b) die Auswirkungen für ein Institut, wenn die theoretischen Änderungen des Werts des Portfolios eines Handelstisches den hypothetischen Änderungen des Werts des Portfolios dieses Handelstisches für die Zwecke des Absatzes 2 nicht ausreichend gut entsprechen;
c) die Häufigkeit der von einem Institut vorzunehmenden Gewinn- und Verlustzuweisung;
d) die technischen Elemente, die für die Zwecke dieses Artikels in den theoretischen und hypothetischen Änderungen des Werts des Portfolios eines Handelstisches zu berücksichtigen sind;
e) die Art und Weise, in der die Institute, die das interne Modell anwenden, die Gesamteigenmittelanforderung für das Marktrisiko für alle ihre Handelsbuchpositionen und Anlagebuchpositionen, die einem Fremdwährungs- oder Warenpositionsrisiko unterliegen, unter Berücksichtigung der in Buchstabe b genannten Auswirkungen aggregieren müssen.

[2] Die EBA übermittelt der Kommission diese Entwürfe technischer Regulierungsstandards bis zum 28. März 2020.

[3] Der Kommission wird die Befugnis übertragen, die in Unterabsatz 1 genannten technischen Regulierungsstandards gemäß den Artikeln 10 bis 14 der Verordnung (EU) Nr. 1093/2010 zur Ergänzung dieser Verordnung zu erlassen.

Art. 325bh Anforderungen an die Risikomessung. (1) Sofern ein Institut zur Berechnung der Eigenmittelanforderungen für das Marktrisiko nach Artikel 325ba ein internes Risikomessmodell einsetzt, stellt es sicher, dass dieses Modell alle folgenden Anforderungen erfüllt:

a) Das interne Risikomessmodell trägt einer ausreichenden Zahl von Risikofaktoren und mindestens den in Kapitel 1a Abschnitt 3 Unterabschnitt 1 genannten Risikofaktoren Rechnung, es sei denn, das Institut weist den zuständigen Behörden gegenüber nach, dass unberücksichtigte Risikofaktoren die Ergebnisse der in Artikel 325bg festgelegten Anforderung hinsichtlich der Gewinn- und Verlustzuweisung nicht wesentlich beeinflussen; das Institut muss den zuständigen Behörden gegenüber rechtfertigen können, weshalb es einen Risikofaktor in seinem Bewertungsmodell, nicht aber in seinem internen Risikomessmodell berücksichtigt;
b) das interne Risikomessmodell erfasst die Nichtlinearitäten von Optionen und anderen Produkten sowie das Korrelationsrisiko und das Basisrisiko;
c) das interne Risikomessmodell enthält Risikofaktoren für die Zinssätze in jeder Währung, in der das Institut zinsreagible bilanzwirksame und außer-

bilanzielle Positionen hält; das Institut berechnet die Zinsstrukturkurven nach einem allgemein anerkannten Verfahren; die Zinsstrukturkurve wird in verschiedene Laufzeitsegmente unterteilt, um der unterschiedlichen Volatilität der Zinssätze für die verschiedenen Laufzeiten Rechnung zu tragen; bei wesentlichen, mit einem Zinsänderungsrisiko behafteten Risikopositionen in den wichtigsten Währungen und Märkten ist die Zinsstrukturkurve unter Verwendung von mindestens sechs Laufzeitsegmenten zu modellieren, und die Zahl der bei der Modellierung der Zinsstrukturkurve berücksichtigten Risikofaktoren ist der Art und Komplexität der Handelsstrategien des Instituts angemessen; das Modell erfasst ferner die Risikostreuung der nicht vollkommen korrelierten Entwicklungen der verschiedenen Zinsstrukturkurven oder der verschiedenen Finanzinstrumente ein und desselben zugrunde liegenden Emittenten;

d) das interne Risikomessmodell enthält Risikofaktoren für Gold und für die einzelnen Fremdwährungen, auf die die Positionen des Instituts lauten; für OGA werden die tatsächlichen Fremdwährungspositionen der OGA berücksichtigt; die Institute können den Ausweis von Fremdwährungspositionen in OGA heranziehen, der vonseiten Dritter vorgenommen wurde, sofern die Korrektheit dieses Ausweises ausreichend sichergestellt ist; Fremdwährungspositionen in einem OGA, die den Instituten nicht bekannt sind, werden bei dem auf internen Modellen basierenden Ansatz nicht berücksichtigt und gemäß Kapitel 1a behandelt;

e) der Detaillierungsgrad der Modellierungsverfahren steht in einem angemessenen Verhältnis zur Bedeutung der Aktienmarkttätigkeiten des Instituts; das interne Risikomessmodell enthält mindestens für jeden Aktienmarkt, auf dem das Institut Positionen in erheblichem Umfang hält, einen gesonderten Risikofaktor sowie mindestens einen Risikofaktor, der systemische Veränderungen der Aktienkurse und die Abhängigkeit zwischen diesem Risikofaktor und den einzelnen Risikofaktoren für einen jeden Aktienmarkt erfasst;

f) das interne Risikomessmodell enthält mindestens für jede Ware, in der das Institut Positionen in erheblichem Umfang hält, einen gesonderten Risikofaktor, es sei denn, die aggregierten Warenmarktpositionen des Instituts sind im Vergleich zu seinem Gesamthandelsvolumen gering, sodass es einen gesonderten Risikofaktor pro Warenpositionsreferenztyp anwenden kann; bestehen wesentliche Warenmarktrisiken, so erfasst das Modell das Risiko nicht vollkommen korrelierter Entwicklungen ähnlicher, aber nicht identischer Waren, das Risiko einer Änderung der Terminkurse aufgrund von Fristeninkongruenzen sowie die Verfügbarkeitsprämie zwischen Derivate- und Kassapositionen;

g) die verwendeten Näherungswerte bilden die tatsächliche Wertveränderung der Position in der Vergangenheit gut ab, werden mit der notwendigen Vorsicht bestimmt und werden nur dann verwendet, wenn die verfügbaren Daten nicht ausreichen, beispielsweise in Stressphasen nach Artikel 325bc Absatz 2 Buchstabe c;

h) bestehen bei Instrumenten mit Optionalität wesentliche Volatilitätsrisiken, so erfasst das interne Risikomessmodell die Abhängigkeit von impliziten Volatilitäten für die verschiedenen Ausübungspreise und Laufzeiten der Optionen.

(2) Die Institute können innerhalb der Risikofaktorgruppen – und für die Zwecke der Berechnung des undiversifizierten Expected Shortfall UES_t nach

Artikel 325bb Absatz 1 auch risikofaktorgruppenübergreifend – empirische Korrelationen verwenden, sofern ihr Ansatz zur Korrelationsmessung solide ist, den anwendbaren Liquiditätshorizonten Rechnung trägt und unter Sicherstellung seiner Integrität angewandt wird.

(3) Die EBA gibt bis zum 28. September 2020 gemäß Artikel 16 der Verordnung (EU) Nr. 1093/2010 Leitlinien heraus, in denen Kriterien für die Verwendung der in das Risikomessmodell einfließenden Daten nach Artikel 325bc festgelegt werden.

Art. 325bi Qualitative Anforderungen. (1) *[1]* Jedes für die Zwecke dieses Kapitels verwendete interne Risikomessmodell beruht auf einem soliden Ansatz, wird unter Sicherstellung seiner Integrität berechnet und angewandt und erfüllt alle folgenden qualitativen Anforderungen:

a) Jedes zur Berechnung der Eigenmittelanforderungen für das Marktrisiko verwendete interne Risikomessmodell ist eng in das tägliche Risikomanagement des Instituts eingebunden und dient als Grundlage für die Meldung von Risikopositionen an die Geschäftsleitung;

b) die Institute verfügen über eine vom Handelsbereich unabhängige Abteilung zur Risikosteuerung und -überwachung, die direkt der Geschäftsleitung unterstellt ist; diese Abteilung ist für die Gestaltung und Umsetzung der internen Risikomessmodelle zuständig; die Abteilung führt die erste und die laufende Validierung der für die Zwecke dieses Kapitels verwendeten internen Modelle durch und ist für das gesamte Risikomanagement-System verantwortlich; sie erstellt und analysiert täglich Berichte über die Ergebnisse des zur Berechnung der Eigenmittelanforderungen für das Marktrisiko eingesetzten internen Modells und Berichte über die Angemessenheit der im Hinblick auf die Handelsvolumenbegrenzung gebotenen Maßnahmen;

c) das Leitungsorgan und die Geschäftsleitung sind aktiv an der Risikosteuerung und -überwachung beteiligt, und die täglichen Berichte der Abteilung zur Risikosteuerung und -überwachung werden auf einer Leitungsebene geprüft, die über hinreichende Befugnisse verfügt, um die Reduzierung von Positionen einzelner Händler und die Reduzierung des vom Institut eingegangenen Gesamtrisikos zu verlangen;

d) die Institute beschäftigen eine ausreichende Zahl Mitarbeiter, die im Hinblick auf die internen Risikomessmodelle ausreichend qualifiziert sind, und eine ausreichende Zahl Mitarbeiter, die die Bereiche Handel, Risikosteuerung und -überwachung, Revision und Abwicklung gut beherrschen;

e) die Institute verfügen über dokumentierte Grundsätze, Verfahren und Kontrollen, die die Funktionsweise ihrer internen Risikomessmodelle vollumfänglich gewährleisten;

f) jedes interne Risikomessmodell, einschließlich aller Bewertungsmodelle, hat in der Vergangenheit nachweislich eine ausreichend präzise Risikomessung gewährleistet und unterscheidet sich nicht wesentlich von den Modellen, die das Institut für sein internes Risikomanagement verwendet;

g) die Institute führen regelmäßig gründliche Stresstestprogramme durch, die auch umgekehrte Stresstests enthalten und alle internen Risikomessmodelle erfassen; die Ergebnisse dieser Stresstests werden mindestens monatlich von der Geschäftsleitung überprüft und genügen den vom Leitungsorgan des Instituts festgelegten Grundsätzen und Obergrenzen; zeigen diese Stresstests, dass die Handelstätigkeit des Instituts unter bestimmten Umständen zu übermäßigen Verlusten führen kann, so trifft das Institut geeignete Maßnahmen;

h) die Institute unterziehen ihre internen Risikomessmodelle entweder im Rahmen ihrer regelmäßigen Innenrevisionstätigkeit oder durch Beauftragung eines Dritten einer unabhängigen Prüfung, die zur Zufriedenheit der zuständigen Behörden durchgeführt wird.

[2] Für die Zwecke des Buchstabens h des Unterabsatzes 1 ist ein Dritter ein Unternehmen, das Prüfungs- oder Beratungsdienste für Institute anbietet und dessen Mitarbeiter über ausreichende Qualifikationen im Bereich des Marktrisikos im Handelsgeschäft verfügen.

(2) [1] Die unter Absatz 1 Buchstabe h genannte Prüfung erstreckt sich sowohl auf die Tätigkeiten der Handelstische als auch auf die Tätigkeiten der unabhängigen Abteilung zur Risikosteuerung und -überwachung. [2] Die Institute prüfen mindestens jährlich ihr gesamtes Risikomanagementsystem. [3] Bei dieser Prüfung wird Folgendes bewertet:

a) die Angemessenheit der Dokumentation von Risikomanagementsystem und -verfahren und die Organisation der Abteilung zur Risikosteuerung und -überwachung;
b) die Einbeziehung der Risikomessungen in das tägliche Risikomanagement und die Integrität des Management-Informationssystems;
c) die Genehmigungsverfahren des Instituts für die von den Mitarbeitern der Handels- und der Abwicklungsabteilungen verwendeten Risikobepreisungsmodelle und Bewertungssysteme;
d) die Bandbreite der von dem Modell erfassten Risiken, die Genauigkeit und Angemessenheit des Risikomesssystems und die Validierung etwaiger wesentlicher Änderungen des internen Risikomessmodells;
e) die Richtigkeit und Vollständigkeit der Positionsdaten, die Richtigkeit und Angemessenheit der Volatilitäts- und Korrelationsannahmen, die Richtigkeit der Bewertungs- und Risikosensitivitätsberechnungen sowie – falls nicht genügend Daten vorliegen, um die Anforderungen dieses Kapitels zu erfüllen – die Richtigkeit und Angemessenheit der Ermittlung von Näherungswerten;
f) die Verifizierungsverfahren des Instituts zur Bewertung der Einheitlichkeit, Aktualität und Zuverlässigkeit sowie der Unabhängigkeit der in seinen internen Risikomessmodellen verwendeten Datenquellen;
g) die Verifizierungsverfahren, die das Institut zur Bewertung der Rückvergleichsanforderungen und der Anforderungen hinsichtlich der Gewinn- und Verlustzuweisung einsetzt, um die Genauigkeit seines internen Risikomessmodells zu beurteilen;
h) sofern die Prüfung gemäß Absatz 1 Buchstabe h des vorliegenden Artikels von einem Dritten vorgenommen wird, die Verifizierung, dass das interne Validierungsverfahren nach Artikel 325bj den Zielen gerecht wird.

(3) Die Institute aktualisieren die Techniken und Verfahren, die sie bei den für die Zwecke dieses Kapitels verwendeten internen Risikomessmodellen einsetzen, um der Entwicklung neuer Techniken und bewährter Verfahren, die sich in Bezug auf diese internen Risikomessmodelle herausbilden, Rechnung zu tragen.

Art. 325bj Interne Validierung. (1) Die Institute verfügen über Verfahren, die gewährleisten, dass ihre für die Zwecke dieses Kapitels verwendeten internen Risikomessmodelle von entsprechend qualifizierten Stellen, die von der Entwicklung unabhängig sind, angemessen validiert wurden, damit sichergestellt ist, dass sie konzeptionell solide sind und alle wesentlichen Risiken angemessen erfassen.

(2) In den folgenden Fällen nehmen die Institute die in Absatz 1 genannte Validierung vor:

a) bei der Einführung und bei jeder wesentlichen Änderung eines internen Risikomessmodells;

b) in regelmäßigen Zeitabständen und nach wesentlichen Marktveränderungen oder jeder Änderung der Portfoliozusammensetzung, wenn dies dazu führen könnte, dass das interne Risikomessmodell nicht mehr angemessen ist.

(3) Die Validierung der internen Risikomessmodelle eines Instituts beschränkt sich nicht auf die Rückvergleichsanforderungen und die Anforderungen hinsichtlich der Gewinn- und Verlustzuweisung, sondern umfasst zusätzlich mindestens Folgendes:

a) Tests, um zu überprüfen, ob alle im internen Modell verwendeten Annahmen angemessen sind und keine Unterschätzung oder Überschätzung des Risikos zur Folge haben;

b) zusätzlich zu den vorgeschriebenen Rückvergleichen eigene Tests zur Validierung des internen Modells, die Rückvergleiche in Bezug auf die Risiken und die Struktur der Portfolios umfassen;

c) den Einsatz hypothetischer Portfolios, um sicherzustellen, dass das interne Risikomessmodell eventuell auftretende, besondere strukturelle Merkmale, wie erhebliche Basisrisiken und das Konzentrationsrisiko oder Risiken im Zusammenhang mit der Verwendung von Näherungswerten, erfassen kann.

Art. 325bk Berechnung des Stressszenario-Risikomaßes. (1) Das Stressszenario-Risikomaß eines bestimmten nicht modellierbaren Risikofaktors gibt den Verlust an, der für alle im Portfolio enthaltenen Handelsbuchpositionen oder Anlagebuchpositionen, die einem Fremdwährungs- oder Warenpositionsrisiko unterliegen, die diesen nicht modellierbaren Risikofaktor enthalten, entsteht, wenn auf diesen Risikofaktor ein extremes Szenario künftiger Schocks angewandt wird.

(2) Die Institute entwickeln für alle nicht modellierbaren Risikofaktoren geeignete extreme Szenarien künftiger Schocks, für die sie die Einwilligung der zuständigen Behörden erlangen.

(3) *[1]* Die EBA arbeitet Entwürfe technischer Regulierungsstandards aus, in denen Folgendes festgelegt wird:

a) die Vorgehensweise, nach der die Institute für nicht modellierbare Risikofaktoren geeignete extreme Szenarien künftiger Schocks entwickeln und auf diese Risikofaktoren anwenden müssen;

b) ein vorgeschriebenes extremes Szenario künftiger Schocks für jede in Artikel 325bd in Tabelle 2 aufgeführte Risikofaktor-Untergruppe, das die Institute anwenden können, wenn sie nicht in der Lage sind, ein extremes Szenario künftiger Schocks gemäß Buchstabe a des vorliegenden Unterabsatzes zu entwickeln, und dessen Anwendung die zuständigen Behörden

papiere desselben Schuldners sowie Kauf- und Verkaufspositionen gegenüber verschiedenen Emittenten nur berücksichtigen, wenn sie die Bruttokauf- und -verkaufspositionen der verschiedenen Instrumente und die Basisrisiken zwischen verschiedenen Emittenten explizit modellieren.

(3) [1] In ihren internen Modellen zur Erfassung von Ausfallrisiken erfassen die Institute die wesentlichen Risiken zwischen einem Absicherungsinstrument und einem abgesicherten Instrument, die im Zeitraum zwischen dem Ablauf des Absicherungsinstruments und dem einjährigen Zeithorizont eintreten könnten, sowie das Potenzial für signifikante Basisrisiken in den Absicherungsstrategien aufgrund von Unterschieden hinsichtlich Produktart, Rang in der Kapitalstruktur, interner oder externer Bonitätsbeurteilungen, Laufzeit, Jahrgang der originären Kreditgewährung (Vintage) und anderen Unterschieden. [2] Die Institute erfassen ein Absicherungsinstrument nur, soweit es auch dann haltbar ist, wenn sich der Schuldner einem Kreditereignis oder sonstigen Ereignis nähert.

Art. 325bp Besondere Anforderungen für interne Modelle zur Erfassung von Ausfallrisiken. (1) [1] Das interne Modell zur Erfassung von Ausfallrisiken nach Artikel 325bm Absatz 1 kann den Ausfall einzelner Emittenten sowie den gleichzeitigen Ausfall mehrerer Emittenten modellieren und berücksichtigt die Auswirkungen dieser Ausfälle bei den Marktwerten der von diesem Modell abgedeckten Positionen. [2] Zu diesem Zweck wird der Ausfall jedes einzelnen Emittenten unter Verwendung von zwei verschiedenartigen systematischen Risikofaktoren modelliert.

(2) Das interne Modell zur Erfassung von Ausfallrisiken trägt der Konjunkturentwicklung Rechnung und berücksichtigt insbesondere die Abhängigkeiten zwischen Erlösquoten und systematischen Risikofaktoren nach Absatz 1.

(3) [1] Das interne Modell zur Erfassung von Ausfallrisiken trägt den nichtlinearen Auswirkungen von Optionen und anderen Positionen mit wesentlichem nichtlinearem Verhalten in Bezug auf Preisveränderungen Rechnung. [2] Das inhärente Modellrisiko der Bewertung und Schätzung der mit diesen Produkten verbundenen Preisrisiken wird von den Instituten ebenfalls gebührend berücksichtigt.

(4) Das interne Modell zur Erfassung von Ausfallrisiken basiert auf objektiven und aktuellen Daten.

(5) Für die Simulation von Emittentenausfällen verwenden die Institute in ihrem internen Modell zur Erfassung von Ausfallrisiken Ausfallwahrscheinlichkeitsschätzungen, die die folgenden Anforderungen erfüllen:

a) Die Ausfallwahrscheinlichkeiten betragen mindestens 0,03 %;

b) sofern in diesem Abschnitt nichts anderes angegeben ist, basieren die Ausfallwahrscheinlichkeiten auf einem einjährigen Zeithorizont;

c) die Ausfallwahrscheinlichkeiten stützen sich – ausschließlich oder in Verbindung mit jeweiligen Marktpreisen – auf historische Daten eines Zeitraums von mindestens fünf Jahren in Bezug auf beobachtete tatsächliche Ausfälle und extreme Marktpreisrückgänge, die Ausfällen entsprechen; die ausschließliche Heranziehung von jeweiligen Marktpreisen ist nicht gestattet;

d) wurde einem Institut die Erlaubnis erteilt, die Ausfallwahrscheinlichkeiten gemäß Titel II Kapitel 3 Abschnitt 1 zu schätzen, so berechnet es die Ausfallwahrscheinlichkeiten anhand der in Titel II Kapitel 3 Abschnitt 1 dargelegten Methode;

e) wurde einem Institut keine Erlaubnis erteilt, die Ausfallwahrscheinlichkeiten gemäß Titel II Kapitel 3 Abschnitt 1 zu schätzen, so entwickelt es eine interne Methode oder verwendet es externe Quellen zur Schätzung der Ausfallwahrscheinlichkeiten; in beiden Fällen erfüllen die Ausfallwahrscheinlichkeitsschätzungen die Anforderungen des vorliegenden Artikels.

(6) Für die Simulation von Emittentenausfällen verwenden die Institute in ihrem internen Modell zur Erfassung von Ausfallrisiken Schätzungen für die Verlustquote bei Ausfall, die die folgenden Anforderungen erfüllen:

a) Die Schätzungen für die Verlustquote bei Ausfall betragen mindestens 0 %;

b) die Schätzungen für die Verlustquote bei Ausfall tragen dem Rang der jeweiligen Position Rechnung;

c) wurde einem Institut die Erlaubnis erteilt, die Verlustquote bei Ausfall gemäß Titel II Kapitel 3 Abschnitt 1 zu schätzen, so berechnet es die geschätzte Verlustquote bei Ausfall anhand der dort dargelegten Methode;

d) wurde einem Institut keine Erlaubnis erteilt, die Verlustquote bei Ausfall gemäß Titel II Kapitel 3 Abschnitt 1 zu schätzen, so entwickelt es eine interne Methode oder verwendet externe Quellen zur Schätzung der Verlustquote bei Ausfall; in beiden Fällen erfüllen die Schätzungen für die Verlustquote bei Ausfall die Anforderungen des vorliegenden Artikels.

(7) *[1]* Im Rahmen der unabhängigen Prüfung und der Validierung der internen Modelle, die sie für die Zwecke dieses Kapitels, einschließlich für die Zwecke des Risikomesssystems, verwenden, nehmen die Institute Folgendes vor:

a) eine Überprüfung, ob der Modellierungsansatz für Änderungen der Korrelationen und Preise für ihr Portfolio geeignet ist, auch in Bezug auf die Auswahl und Gewichtung der systematischen Risikofaktoren des Modells;

b) verschiedene Stresstests, einschließlich Sensitivitätsanalysen und Szenarioanalysen, um die qualitative und quantitative Angemessenheit des internen Modells zur Erfassung von Ausfallrisiken, insbesondere in Bezug auf die Behandlung von Konzentrationen, zu bewerten; und

c) eine angemessene quantitative Validierung einschließlich der einschlägigen internen Referenzwerte für die Modellierung.

[2] Die unter Buchstabe b genannten Tests werden nicht auf in der Vergangenheit eingetretene Ereignisse beschränkt.

(8) Das interne Modell zur Erfassung von Ausfallrisiken spiegelt Emittentenkonzentrationen und Konzentrationen, die innerhalb von Produktklassen und über Produktklassen hinweg unter Stressbedingungen entstehen können, angemessen wider.

(9) Das interne Modell zur Erfassung von Ausfallrisiken steht mit den internen Risikomanagement-Methoden des Instituts für die Ermittlung, Messung und Steuerung von Handelsrisiken in Einklang.

(10) Die Institute verfügen über eindeutig definierte Regeln und Verfahren für die Bestimmung der Annahmen für Ausfallkorrelationen zwischen verschiedenen Emittenten gemäß Artikel 325bn Absatz 1 Buchstabe c und die Wahl der Methode, die für die Schätzung der Ausfallwahrscheinlichkeiten gemäß Absatz 5

Buchstabe e des vorliegenden Artikels und der Verlustquote bei Ausfall gemäß Absatz 6 Buchstabe d des vorliegenden Artikels bevorzugt wird.

(11) Die Institute dokumentieren ihre internen Modelle, sodass die Korrelationsannahmen und anderen Modellannahmen für die zuständigen Behörden transparent sind.

(12) *[1]* Die EBA arbeitet Entwürfe technischer Regulierungsstandards aus, in denen die Anforderungen festgelegt werden, die die interne Methode des Instituts und die externen Quellen erfüllen müssen, die für die Schätzung der Ausfallwahrscheinlichkeiten gemäß Absatz 5 Buchstabe e und der Verlustquoten bei Ausfall gemäß Absatz 6 Buchstabe d herangezogen werden.

[2] Die EBA übermittelt der Kommission diese Entwürfe technischer Regulierungsstandards bis zum 28. September 2020.

[3] Der Kommission wird die Befugnis übertragen, die in Unterabsatz 1 genannten technischen Regulierungsstandards gemäß den Artikeln 10 bis 14 der Verordnung (EU) Nr. 1093/2010 zur Ergänzung dieser Verordnung zu erlassen.

Kapitel 2. Eigenmittelanforderungen für das Positionsrisiko

Abschnitt 1. Allgemeine *bestimmungen*[1] und spezifische Instrumente

Art. 326 Eigenmittelanforderungen für das Positionsrisiko. [1]Die Eigenmittelanforderungen des Instituts für das Positionsrisiko entsprechen der Summe der Eigenmittelanforderungen für das allgemeine und das spezifische Risiko seiner Positionen in Schuldtiteln und Aktieninstrumenten. [2]Verbriefungspositionen im Handelsbuch werden wie Schuldtitel behandelt.

Art. 327 Berechnung der Nettoposition. (1) [1]Der absolute Wert des Überschusses der Kauf-(Verkaufs-)positionen des Instituts über seine Verkaufs-(Kauf-)positionen in den gleichen Aktien, Schuldtiteln und Wandelanleihen sowie in identischen Finanzterminkontrakten, Optionen, Optionsscheinen und Fremdoptionsscheinen ist seine Nettoposition in Bezug auf jedes dieser Instrumente. [2]Bei der Berechnung der Nettoposition werden Positionen in Derivaten wie in den Artikeln 328 bis 330 dargelegt behandelt. [3]Der von den Instituten gehaltene Bestand an eigenen Schuldtiteln wird bei der Berechnung der Eigenmittelanforderungen für das spezifische Risiko gemäß Artikel 336 nicht berücksichtigt.

(2) [1]Eine Aufrechnung der Positionen in Wandelanleihen gegen Positionen in den zugrunde liegenden Instrumenten ist nicht zulässig, es sei denn, die zuständigen Behörden wählen ein Verfahren, das die Wahrscheinlichkeit, dass eine bestimmte Wandelanleihe umgewandelt wird, berücksichtigt, oder sie legen eine Eigenmittelanforderung zur Deckung möglicher Verluste, die bei der Umwandlung entstehen könnten, fest. [2]Derartige Ansätze oder Eigenmittelanforderungen sind der EBA mitzuteilen. [3]Die EBA überwacht die Bandbreite der Praxis in diesem Bereich und gibt im Einklang mit Artikel 16 der Verordnung (EU) Nr. 1093/2010 Leitlinien heraus.

(3) Alle Nettopositionen werden unabhängig von ihrem Vorzeichen vor der Summierung auf Tagesbasis zum jeweiligen Devisenkassakurs in die Währung der Rechnungslegung des Instituts umgerechnet.

---

[1] Richtig wohl: „Bestimmungen".

Art. 328 Zinsterminkontrakte und Terminpositionen. (1) [1] Zinsterminkontrakte, Zinsausgleichsvereinbarungen („Forward Rate Agreements", FRA) und Terminpositionen bezüglich des Kaufs oder Verkaufs von Schuldtiteln werden als Kombination von Kauf- und Verkaufspositionen behandelt. [2] Eine Kaufposition in Zinsterminkontrakten wird demnach als Kombination einer Kreditaufnahme, die zum Liefertag des Terminkontrakts fällig wird, und dem Halten eines Vermögenswerts mit einem Fälligkeitstermin, der dem des Basisinstruments oder der dem betreffenden Terminkontrakt zugrunde liegenden fiktiven Position entspricht, behandelt. [3] Ebenso wird eine verkaufte Zinsausgleichsvereinbarung als eine Kaufposition mit einem Fälligkeitstermin behandelt, der dem Abwicklungstermin zuzüglich des Vertragszeitraums entspricht, und als eine Verkaufsposition mit einem Fälligkeitstermin, der dem Abwicklungstermin entspricht. [4] Sowohl die Kreditaufnahme als auch der Besitz von Vermögenswerten wird bei der Berechnung der Eigenmittelanforderung für das spezifische Risiko der Zinsterminkontrakte und der Zinsausgleichsvereinbarungen in die erste Kategorie der Tabelle 1 in Artikel 336 eingeordnet. [5] Eine Terminposition für den Kauf eines Schuldtitels wird als Kombination einer Kreditaufnahme, die zum Liefertag fällig wird, und einer (Kassa-) Kaufposition in dem Schuldtitel selbst behandelt. [6] Die Kreditaufnahme wird in die erste Kategorie der Tabelle 1 in Artikel 336 für das spezifische Risiko und der Schuldtitel in die entsprechende Spalte derselben Tabelle eingeordnet.

(2) Für die Zwecke dieses Artikels ist eine „Kaufposition" eine Position, für die ein Institut den Zinssatz festgesetzt hat, den es zu einem bestimmten Zeitpunkt in der Zukunft erhalten wird, und eine „Verkaufsposition" eine Position, für die es den Zinssatz festgesetzt hat, den es zu einem bestimmten Zeitpunkt in der Zukunft zahlen wird.

Art. 329 Optionen und Optionsscheine. (1) [1] Zinsoptionen und -optionsscheine sowie Optionen und Optionsscheine auf Schuldtitel, Aktien, Aktienindizes, Finanzterminkontrakte, Swaps und Fremdwährungen werden wie Positionen behandelt, deren Wert dem Wert des zugrunde liegenden Instruments entspricht, nachdem dieser für die Zwecke dieses Kapitels mit dessen Delta-Faktor multipliziert wurde. [2] Die letztgenannten Positionen können gegen jede entgegengesetzte Position in dem gleichen zugrunde liegenden Wertpapier oder Derivat aufgerechnet werden. [3] Als Delta-Faktor ist derjenige der betreffenden Börse zu verwenden. [4] Bei nicht börsengehandelten Optionen oder wenn der Delta-Faktor von der betreffenden Börse nicht erhältlich ist, darf das Institut den Delta-Faktor vorbehaltlich der Genehmigung durch die zuständigen Behörden unter Verwendung eines geeigneten Modells selbst berechnen. [5] Die Genehmigung wird erteilt, sofern mit dem Modell eine angemessene Schätzung der Änderungsrate für den Wert der Option oder des Optionsscheins bei geringfügigen Änderungen des Marktpreises des Basiswerts vorgenommen wurde.

(2) Die Institute spiegeln – abgesehen vom Delta-Faktor-Risiko – andere Risiken, die mit Optionen im Bereich der Eigenmittelanforderungen verbunden sind, adäquat wider.

(3) *[1]* Die EBA arbeitet Entwürfe technischer Regulierungsstandards aus, um in einer dem Umfang und der Komplexität der Tätigkeiten der Institute im Bereich Optionen und Optionsscheine angemessenen Weise die verschiedenen Methoden zur Berücksichtigung anderer Risiken nach Absatz 2 – abgesehen

e) bei einem Erstausfall-Kreditderivat („first-asset-to-default credit derivative") wird eine Position in einer Verbindlichkeit gegenüber einer jeden Referenzeinheit in Höhe des Nominalwertes geschaffen. Ist das Volumen der maximalen Kreditereigniszahlung niedriger als die Eigenmittelanforderung aufgrund der im ersten Satz genannten Methode, kann der maximale Zahlungsbetrag als Eigenmittelanforderung für das spezifische Risiko angesehen werden;

bei einem n-ter-Ausfall-Kreditderivat („n-th-asset-to-default credit derivative") wird eine Position in einer Verbindlichkeit gegenüber einer jeden Referenzeinheit in Höhe des Nominalwertes, ausgenommen die n-1 Referenzeinheit mit der niedrigsten Eigenmittelanforderung für das spezifische Risiko, geschaffen. [5] Ist das Volumen der maximalen Kreditereigniszahlung niedriger als die Eigenmittelanforderung aufgrund der im ersten Satz genannten Methode, kann dieser Zahlungsbetrag als Eigenmittelanforderung für das spezifische Risiko angesehen werden.

[2] Liegt für ein n-ter-Ausfall-Kreditderivat eine externe Bonitätsbeurteilung vor, muss der Sicherungsgeber die Eigenmittelanforderung für das spezifische Risiko unter Berücksichtigung der Bonitätsbeurteilung des Derivats berechnen und die jeweils geltenden Risikogewichte für Verbriefungen anwenden.

(2) [1] Für die Partei, die das Kreditrisiko überträgt („Sicherungsnehmer"), werden die Positionen genau spiegelbildlich („mirror principle") zu denen des Sicherungsgebers bestimmt, ausgenommen bei einer synthetischen Unternehmensanleihe (die in Bezug auf den Emittenten keine Verkaufsposition schafft). [2] Bei der Berechnung der Eigenmittelanforderung für den Sicherungsnehmer ist der Nominalwert des Kreditderivatekontrakts zugrunde zu legen. [3] Unbeschadet des Satzes 1 kann das Institut beschließen, den Nominalwert durch den Nominalwert zuzüglich der Nettomarktwertänderung des Kreditderivats seit Geschäftsabschluss zu ersetzen, wobei eine Nettowertverringerung aus der Sicht des Sicherungsgebers ein negatives Vorzeichen trägt. [4] Existiert zu einem bestimmten Zeitpunkt ein Kündigungsrecht (Kaufoption) in Verbindung mit einer Kostenanstiegsklausel, so wird dieser Zeitpunkt als die Fälligkeit der Sicherung angesehen.

(3) Kreditderivate gemäß Artikel 338 Absatz 1 oder 3 werden nur in die Bestimmung der Eigenmittelanforderung für das spezifische Risiko gemäß Artikel 338 Absatz 4 einbezogen.

Art. 333 Im Rahmen von Rückkaufsvereinbarungen übertragene oder verliehene Wertpapiere. Die Wertpapiere oder garantierte Rechtsansprüche auf Wertpapiere übertragende Partei im Rahmen einer Rückkaufsvereinbarung und die verleihende Partei in einem Wertpapierverleihgeschäft beziehen die betreffenden Wertpapiere in die Berechnung ihrer Eigenmittelanforderungen gemäß diesem Kapitel ein, sofern diese Wertpapiere Handelsbuchpositionen sind.

Abschnitt 2. Schuldtitel

Art. 334 Nettopositionen in Schuldtiteln. Nettopositionen werden jeweils in der Währung bewertet, auf die sie lauten, und die Eigenmittelanforderungen werden für das allgemeine und das spezifische Risiko für jede Währung getrennt berechnet.

Unterabschnitt 1. Spezifisches Risiko

Art. 335 Obergrenze der Eigenmittelanforderung für eine Nettoposition. [1] Das Institut kann die Eigenmittelanforderung für das spezifische Risiko einer Nettoposition in einem Schuldtitel auf den höchstmöglichen Verlust aus dem Ausfallrisiko beschränken. [2] Für eine Verkaufsposition kann diese Obergrenze als die Wertänderung berechnet werden, die sich ergeben würde, wenn der Schuldtitel bzw. die zugrunde liegenden Referenzwerte sofort ausfallrisikofrei würden.

Art. 336 Eigenmittelanforderung für Schuldtitel, die keine Verbriefungspositionen darstellen. (1) [1] Das Institut ordnet seine gemäß Artikel 327 berechneten Nettopositionen im Handelsbuch, die aus Instrumenten resultieren, die keine Verbriefungspositionen sind, in die entsprechenden Kategorien der Tabelle 1 ein, und zwar auf der Grundlage des Emittenten oder Schuldners, der externen oder internen Bonitätsbeurteilung und der Restlaufzeit, und multipliziert sie anschließend mit den in dieser Tabelle angegebenen Gewichtungen. [2] Die gewichteten Positionen, die sich aus der Anwendung dieses Artikels ergeben, werden – unabhängig davon, ob es sich um eine Kauf- oder um eine Verkaufsposition handelt – addiert, um die Eigenmittelanforderung für das spezifische Risiko zu berechnen.

Tabelle 1

Kategorien	Eigenmittelanforderung für das spezifische Risiko
Schuldverschreibungen, bei denen gemäß dem Standardansatz für Kreditrisiken ein Risikogewicht von 0 % anzusetzen ist	0 %
Schuldverschreibungen, bei denen gemäß dem Standardansatz für Kreditrisiken ein Risikogewicht von 20 % oder 50 % anzusetzen ist, und andere qualifizierte Positionen gemäß Absatz 4	0,25 % (Restlaufzeit von höchstens 6 Monaten) 1,00 % (Restlaufzeit zwischen 6 und 24 Monaten) 1,60 % (Restlaufzeit von mehr als 24 Monaten)
Schuldverschreibungen, bei denen gemäß dem Standardansatz für Kreditrisiken ein Risikogewicht von 100 % anzusetzen ist	8,00 %
Schuldverschreibungen, bei denen gemäß dem Standardansatz für Kreditrisiken ein Risikogewicht von 150 % anzusetzen ist	12,00 %

(2) Damit Institute, die auf die Risikopositionsklasse, zu der der Emittent des Schuldtitels gehört, den IRB-Ansatz anwenden, gemäß dem Standardansatz für Kreditrisiken ein Risikogewicht im Einklang mit Absatz 1 zuordnen können, muss der Emittent der Risikoposition bei der internen Beurteilung entweder die gleiche PD erhalten haben, wie sie nach dem Standardansatz für die entsprechende Bonitätsstufe vorgesehen ist, oder einer darunter liegenden PD zugeordnet worden sein.

(3) Institute dürfen die Eigenmittelanforderungen für das spezifische Risiko für Schuldverschreibungen, bei denen entsprechend der Behandlung nach Artikel 129 Absätze 4, 5 und 6 ein Risikogewicht von 10 % angesetzt werden kann, als die Hälfte der anzuwendenden Eigenmittelanforderungen für das spezifische Risiko für die zweite Kategorie in Tabelle 1 berechnen.

(4) *[1]* Andere qualifizierte Positionen sind

a) Kauf- und Verkaufspositionen in Vermögenswerten, für die eine Bonitätsbeurteilung durch eine benannte ECAI nicht verfügbar ist und die sämtliche der folgenden Bedingungen erfüllen:
   i) Sie werden von dem betreffenden Institut als ausreichend liquide angesehen;
   ii) ihre Anlagequalität ist nach institutseigener Einschätzung zumindest der Anlagequalität der in Tabelle 1 Zeile 2 genannten Vermögenswerte gleichwertig;
   iii) sie werden zumindest an einem geregelten Markt in einem Mitgliedstaat oder an der Börse eines Drittlandes gehandelt, vorausgesetzt, diese Börse wird von den zuständigen Behörden des entsprechenden Mitgliedstaats anerkannt;
b) Kauf- und Verkaufspositionen in Vermögenswerten, die von den Instituten vorbehaltlich der Eigenmittelanforderungen im Sinne dieser Verordnung begeben wurden und die von den betreffenden Instituten als ausreichend liquide angesehen werden und deren Anlagequalität nach institutseigener Einschätzung zumindest der Anlagequalität der in Tabelle 1 Zeile 2 genannten Vermögenswerte gleichwertig ist;
c) von Instituten begebene Wertpapiere, deren Kreditqualität als gleichwertig oder höher als diejenige angesehen wird, der nach dem Standardansatz für Kreditrisiken für Risikopositionen eines Instituts eine Bonitätsstufe von 2 zugeordnet wird, und die aufsichtlichen und rechtlichen Vorschriften unterliegen, die denen dieser Verordnung und der Richtlinie 2013/36/EU vergleichbar sind.

[2] Institute, die von der Möglichkeit nach Buchstabe a oder b Gebrauch machen, verfügen über eine dokumentierte Methodik zur Bewertung, ob Vermögenswerte die unter diesen Buchstaben erläuterten Anforderungen erfüllen, und geben diese Methodik den zuständigen Behörden an.

Art. 337 Eigenmittelanforderung für Verbriefungsinstrumente.

(1) Bei Instrumenten im Handelsbuch, bei denen es sich um Verbriefungspositionen handelt, gewichtet das Institut die nach Artikel 327 Absatz 1 berechneten Nettopositionen mit 8 % des Risikogewichts, das es diesen Positionen gemäß Titel II Kapitel 5 Abschnitt 3 außerhalb des Handelsbuchs zuweisen würde.

(2) *[1]* [1]Bei der Bestimmung der Risikogewichte für die Zwecke des Absatzes 1 dürfen PD- und LGD-Schätzungen sich auch auf Schätzungen stützen, die von einem internen Modell für das zusätzliche Ausfall- und Migrationsrisiko (IRC-Modell) eines Instituts abgeleitet sind, dem die Erlaubnis erteilt wurde, für das spezifische Risiko von Schuldtiteln ein internes Modell zu verwenden. [2]Diese Alternative darf nur nach der Genehmigung durch die zuständigen Behörden angewandt werden, die erteilt wird, sofern die Schätzungen die quantitativen Anforderungen an den IRB-Ansatz nach Titel II Kapitel 3 erfüllen.

[2] Die EBA gibt im Einklang mit Artikel 16 der Verordnung (EU) Nr. 1093/2010 Leitlinien zur Verwendung von einfließenden PD- und LGD-Schätzungen heraus, wenn diese auf der Grundlage eines IRC-Modells ermittelt wurden.

(3) Für Verbriefungspositionen, für die ein zusätzliches Risikogewicht gemäß Artikel 247 Absatz 6 vorgegeben ist, wird ein Wert von 8 % des gesamten Risikogewichts angewandt.

(4) Zur Berechnung der Eigenmittelanforderungen für das spezifische Risiko addiert das Institut bis auf die unter Artikel 338 Absatz 4 fallenden Verbriefungspositionen seine gewichteten Positionen, die sich aus der Anwendung der Absätze 1, 2 und 3 ergeben, unabhängig davon, ob es sich um Kauf- oder Verkaufspositionen handelt.

(5) *[1]* Wenn der Originator einer traditionellen Verbriefung die in Artikel 244 genannten Bedingungen für die Übertragung eines signifikanten Risikos nicht erfüllt, so bezieht er die der Verbriefung zugrunde liegenden Risikopositionen in die Berechnung seiner Eigenmittelanforderung ein, als wären diese nicht verbrieft worden.

[2] Wenn der Originator einer synthetischen Verbriefung die in Artikel 245 genannten Bedingungen für die Übertragung eines signifikanten Risikos nicht erfüllt, so bezieht er die der Verbriefung zugrunde liegenden Risikopositionen in die Berechnung seiner Eigenmittelanforderung ein, als wären diese nicht verbrieft worden, und lässt die Auswirkungen der synthetischen Verbriefung für Besicherungszwecke außer Acht.

Art. 338 Eigenmittelanforderung für das Korrelationshandelsportfolio. (1) *[1]* Das Korrelationshandelsportfolio umfasst Verbriefungspositionen und n-ter-Ausfall-Kreditderivate, die sämtliche nachstehende Kriterien erfüllen:

a) Bei den Positionen handelt es sich weder um Wiederverbriefungspositionen, Optionen auf Verbriefungstranchen noch um sonstige Derivate auf Verbriefungspositionen, bei denen keine anteiligen Ansprüche auf die Erträge aus einer Verbriefungstranche bestehen.

b) Sämtliche Referenztitel sind entweder

   i) auf einen einzelnen Referenzschuldner oder Vermögenswert bezogene Instrumente, einschließlich Einzeladressen-Kreditderivate, für die ein aus Käufer- und Verkäufersicht hinreichend liquider Markt besteht, oder

   ii) herkömmlich gehandelte Indizes auf diese Referenzeinheiten.

[2] Ein aus Käufer- und Verkäufersicht hinreichend liquider Markt wird als vorhanden angenommen, wenn unabhängige ernsthafte Kauf- und Verkaufsangebote existieren, sodass ein mit den letzten Verkaufspreisen oder gegenwärtigen konkurrenzfähigen ernsthaften Kauf- und Verkaufsquotierungen angemessen in Verbindung stehender Preis innerhalb eines Tages bestimmt werden kann und zu einem solchen Preis innerhalb relativ kurzer Zeit ein Geschäft im Einklang mit den Handelsusancen abgewickelt werden kann.

(2) Eine Position kann nicht Bestandteil des Korrelationshandelsportfolios sein, wenn ihre Referenz

a) eine zugrunde liegende Risikoposition ist, die im Anlagebuch eines Instituts nach dem Standardansatz für Kreditrisiken den Risikopositionsklassen „Mengengeschäft" oder „durch Immobilien besicherte Risikopositionen" zugeordnet werden könnte, oder

b) eine Risikoposition gegenüber einer Zweckgesellschaft ist, die direkt oder indirekt durch eine Position besichert ist, die selbst nicht für die Aufnahme in das Korrelationshandelsportfolio gemäß Absatz 1 und diesem Absatz in Betracht käme.

(3) Ein Institut darf in sein Korrelationshandelsportfolio Positionen aufnehmen, die weder Verbriefungspositionen noch n-ter-Ausfall-Kreditderivate sind, jedoch andere Positionen dieses Portfolios absichern, sofern für das Instrument oder die ihm zugrunde liegenden Risikopositionen ein aus Käufer- und Verkäufersicht hinreichend liquider Markt im Sinne von Absatz 1 letzter Unterabsatz besteht.

(4) Ein Institut ermittelt den größeren der folgenden Beträge als Eigenmittelanforderung für das spezifische Risiko des Korrelationshandelsportfolios:

a) die Eigenmittelanforderung für das spezifische Risiko insgesamt, die lediglich für die Nettokaufpositionen des Korrelationshandelsportfolios gelten würde;

b) die Eigenmittelanforderung für das spezifische Risiko insgesamt, die lediglich für die Nettoverkaufspositionen des Korrelationshandelsportfolios gelten würde.

Unterabschnitt 2. Allgemeines Risiko

Art. 339 Laufzeitbezogene Berechnung des allgemeinen Risikos.

(1) [1] Zur Berechnung der Eigenmittelanforderungen für das allgemeine Risiko sind alle Positionen wie in Absatz 2 erläutert gemäß ihrer Laufzeit zu gewichten, um den Betrag der erforderlichen Eigenmittel zu ermitteln. [2] Diese Eigenmittelanforderung wird verringert, wenn sich innerhalb des gleichen Laufzeitbands gewichtete Positionen mit entgegengesetzten Vorzeichen gegenüberstehen. [3] Die Eigenmittelanforderung darf auch gesenkt werden, wenn die gewichteten Positionen mit entgegengesetzten Vorzeichen in unterschiedliche Laufzeitbänder fallen, wobei der Umfang dieser Senkung einerseits davon abhängt, ob die beiden Positionen in die gleiche Zone fallen, und andererseits von den jeweiligen Zonen abhängig ist, in die sie fallen.

(2) [1] Das Institut ordnet seine Nettopositionen in die entsprechenden Laufzeitbänder in der zweiten bzw. dritten Spalte von Tabelle 2 in Absatz 4 ein. [2] Dabei legt es im Fall festverzinslicher Wertpapiere die Restlaufzeit zugrunde und im Fall von Wertpapieren, deren Zinssatz bis zur Tilgung variabel ist, den Zeitraum bis zur nächsten Zinsfestsetzung. [3] Außerdem unterscheidet es zwischen Schuldtiteln mit einem Coupon von 3 % oder mehr und solchen mit einem Coupon von weniger als 3 % und ordnet diese entsprechend in die zweite oder dritte Spalte von Tabelle 2 ein. [4] Dann multipliziert es jedes Wertpapier mit der in der vierten Spalte von Tabelle 2 für das betreffende Laufzeitband angegebenen Gewichtung.

(3) [1] Anschließend ermittelt das Institut für jedes Laufzeitband die Summe der gewichteten Kaufpositionen sowie die Summe der gewichteten Verkaufspositionen. [2] Der Betrag der erstgenannten Positionen, die innerhalb jedes Laufzeitbands gegen die letztgenannten aufgerechnet werden, entspricht der ausgeglichenen gewichteten Position für das betreffende Laufzeitband, während die verbleibende Kauf- oder Verkaufsposition die nicht ausgeglichene gewichtete Position für das Laufzeitband darstellt. [3] Anschließend wird die Gesamtsumme der ausgeglichenen gewichteten Positionen sämtlicher Laufzeitbänder errechnet.

(4) [1] Das Institut errechnet die Gesamtbeträge der nicht ausgeglichenen gewichteten Kaufpositionen für die in den einzelnen Zonen von Tabelle 2

enthaltenen Bänder, um für jede Zone die nicht ausgeglichene gewichtete Kaufposition zu ermitteln. [2]Entsprechend wird die Summe der nicht ausgeglichenen gewichteten Verkaufspositionen für jedes Laufzeitband in einer bestimmten Zone ermittelt, um die nicht ausgeglichene gewichtete Verkaufsposition für diese Zone zu erhalten. [3]Der Teil der nicht ausgeglichenen gewichteten Kaufpositionen für eine bestimmte Zone, der durch die nicht ausgeglichene gewichtete Verkaufsposition für dieselbe Zone ausgeglichen wird, ist die ausgeglichene gewichtete Position für die betreffende Zone. [4]Der Teil der nicht ausgeglichenen gewichteten Kaufposition bzw. nicht ausgeglichenen gewichteten Verkaufsposition für eine Zone, der nicht in dieser Weise ausgeglichen werden kann, stellt die nicht ausgeglichene gewichtete Position für die betreffende Zone dar.

Tabelle 2

Zone	Laufzeitband		Gewicht (in %)	Angenommene Zinssatzänderung (in %)
	Coupon von 3 % oder mehr	Coupon von weniger als 3 %		
Eins	0 ≤ 1 Monat	0 ≤ 1 Monat	0,00	–
	> 1 ≤ 3 Monate	> 1 ≤ 3 Monate	0,20	1,00
	> 3 ≤ 6 Monate	> 3 ≤ 6 Monate	0,40	1,00
	> 6 ≤ 12 Monate	> 6 ≤ 12 Monate	0,70	1,00
Zwei	1 ≤ 2 Jahre	1,0 ≤ 1,9 Jahre	1,25	0,90
	2 ≤ 3 Jahre	1,9 ≤ 2,8 Jahre	1,75	0,80
	3 ≤ 4 Jahre	2,8 ≤ 3,6 Jahre	2,25	0,75
Drei	4 ≤ 5 Jahre	3,6 ≤ 4,3 Jahre	2,75	0,75
	5 ≤ 7 Jahre	4,3 ≤ 5,7 Jahre	3,25	0,70
	7 ≤ 10 Jahre	5,7 ≤ 7,3 Jahre	3,75	0,65
	10 ≤ 15 Jahre	7,3 ≤ 9,3 Jahre	4,50	0,60
	15 ≤ 20 Jahre	9,3 ≤ 10,6 Jahre	5,25	0,60
	> 20 Jahre	10,6 ≤ 12,0 Jahre	6,00	0,60
		12,0 ≤ 20,0 Jahre	8,00	0,60
		> 20 Jahre	12,50	0,60

(5) [1]Der Betrag der nicht ausgeglichenen gewichteten Kauf- oder Verkaufsposition in Zone eins, der durch die nicht ausgeglichene gewichtete Verkaufs- oder Kaufposition in Zone zwei ausgeglichen wird, entspricht dann der ausgeglichenen gewichteten Position zwischen Zone eins und zwei. [2]Dann wird die gleiche Rechenoperation für jenen Teil der nicht ausgeglichenen gewichteten Position in Zone zwei, der übrig geblieben ist, und die nicht ausgeglichene gewichtete Position in Zone drei durchgeführt, um die ausgeglichene gewichtete Position zwischen den Zonen zwei und drei zu erhalten.

(6) Das Institut kann die Reihenfolge nach Absatz 5 umkehren und zunächst die ausgeglichene gewichtete Position zwischen Zone zwei und drei berechnen, bevor es die entsprechende Position zwischen Zone eins und zwei berechnet.

(7) Der Restbetrag der nicht ausgeglichenen gewichteten Position in Zone eins wird dann mit dem Restbetrag für Zone drei ausgeglichen, nachdem letztere Zone mit Zone zwei ausgeglichen wurde, um die ausgeglichene gewichtete Position zwischen den Zonen eins und drei zu ermitteln.

(8) Die Restpositionen aus den drei gesonderten Ausgleichsrechnungen gemäß den Absätzen 5, 6 und 7 werden addiert.

(3) *[1]* Die EBA arbeitet Entwürfe technischer Regulierungsstandards aus, um den in Absatz 2 aufgeführten Terminus „Markt" zu definieren.

[2] Die EBA legt der Kommission diese Entwürfe technischer Regulierungsstandards bis zum 31. Januar 2014 vor.

[3] Der Kommission wird die Befugnis übertragen, die technischen Regulierungsstandards nach dem vorstehenden Unterabsatz gemäß den Artikeln 10 bis 14 der Verordnung (EU) Nr. 1093/2010 zu erlassen.

Art. 342 Spezifisches Risiko von Aktieninstrumenten. Zur Errechnung seiner Eigenmittelanforderung für das spezifische Risiko multipliziert das Institut seine Bruttogesamtposition mit 8 %.

Art. 343 Allgemeines Risiko von Aktieninstrumenten. Die Eigenmittelanforderung für das allgemeine Risiko ist die mit 8 % multiplizierte Nettogesamtposition eines Instituts.

Art. 344 Aktienindizes. (1) *[1]* Die EBA arbeitet Entwürfe technischer Durchführungsstandards mit einem Verzeichnis der Aktienindizes aus, für die nach Absatz 4 Satz 2 verfahren werden kann.

[2] Die EBA legt der Kommission diese Entwürfe technischer Durchführungsstandards bis 1. Januar 2014 vor.

[3] Der Kommission wird die Befugnis übertragen, die technischen Durchführungsstandards nach Unterabsatz 1 gemäß Artikel 15 der Verordnung (EU) Nr. 1093/2010 zu erlassen.

(2) Vor dem Inkrafttreten der technischen Durchführungsstandards nach Absatz 1 dürfen Institute die Behandlung nach Absatz 4 Satz 2 weiter anwenden, sofern die zuständigen Behörden diese Behandlung vor dem 1. Januar 2014 angewandt haben.

(3) [1] Aktienindex-Terminkontrakte und der deltagewichtete Gegenwert von Aktienindex-Terminkontraktoptionen und Aktienindex-Optionen, die sämtlich im Folgenden als „Aktienindex-Terminkontrakte" bezeichnet werden, können nach den Positionen in den einzelnen Aktien aufgeschlüsselt werden. [2] Diese Positionen können als zugrunde liegende Positionen in den betreffenden Aktien behandelt werden und gegen die entgegengesetzten Positionen in den zugrunde liegenden Aktien selbst aufgerechnet werden. [3] Die Institute unterrichten die zuständigen Behörden, inwieweit sie von dieser Behandlung Gebrauch machen.

(4) [1] Wird ein Aktienindex-Terminkontrakt nicht in seine zugrunde liegenden Positionen aufgeschlüsselt, so wird er wie eine einzelne Aktie behandelt. [2] Das spezifische Risiko für diese einzelne Aktie kann jedoch außer Betracht bleiben, wenn der betreffende Aktienindex-Terminkontrakt an der Börse gehandelt wird und einen relevanten angemessen breit gestreuten Index darstellt.

Abschnitt 4. Übernahmegarantien

Art. 345 Verringerung von Nettopositionen. (1) *[1]* [1] Bei Übernahmegarantien für Schuldtitel und Aktieninstrumente darf ein Institut das folgende Verfahren für die Berechnung seiner Eigenmittelanforderungen anwenden. [2] Es berechnet zunächst die Nettopositionen, indem die mit einer Übernahmegarantie versehenen Positionen, die von Dritten auf der Grundlage einer förmlichen Vereinbarung gezeichnet oder mitgarantiert werden, in Abzug gebracht werden. [3]Anschließend verringert das Institut die Nettopositionen durch Anwendung der Faktoren in Tabelle 4 und berechnet seine Eigenmittelanforderungen anhand der durch Anwendung der genannten Faktoren verringerten Übernahmepositionen.

Tabelle 4

Arbeitstag Null:	100 %
erster Arbeitstag:	90 %
zweiter und dritter Arbeitstag:	75 %
vierter Arbeitstag:	50 %
fünfter Arbeitstag:	25 %
nach dem fünften Arbeitstag:	0 %.

[2] Der „Arbeitstag Null" ist der Arbeitstag, an dem das Institut die uneingeschränkte Verpflichtung eingegangen ist, eine bestimmte Menge von Wertpapieren zu einem vereinbarten Preis zu übernehmen.

(2) Die Institute teilen den zuständigen Behörden mit, inwieweit sie von der Möglichkeit nach Absatz 1 Gebrauch machen.

Abschnitt 5. Eigenmittelanforderungen für das spezifische Risiko bei über Kreditderivate abgesicherten Positionen

Art. 346 Anerkennung von Absicherungen über Kreditderivate.

(1) Absicherungen über Kreditderivate werden entsprechend den Grundsätzen der Absätze 2 bis 6 anerkannt.

(2) Institute behandeln die Position im Kreditderivat als eine Positionsseite und die abgesicherte Position, die denselben Nominalbetrag oder gegebenenfalls fiktiven Nominalbetrag hat, als die andere Positionsseite.

(3) *[1]* [1]Die Absicherung wird vollständig anerkannt, wenn sich die Werte der beiden Positionsseiten stets in entgegengesetzter Richtung und in der Regel im gleichen Umfang entwickeln. [2]Dies ist in den nachstehenden Situationen der Fall:

a) Die beiden Seiten bestehen aus völlig identischen Instrumenten.

b) Eine Kassa-Kaufposition wird durch einen Gesamtrenditeswap abgesichert (oder umgekehrt), und es besteht eine exakte Übereinstimmung zwischen der Referenzverbindlichkeit und der zugrunde liegenden Risikoposition (d.h. der Kassaposition). Die Fälligkeit des Swaps selbst kann eine andere sein als die der zugrunde liegenden Risikoposition.

[2] In diesen Situationen wird auf keine der beiden Positionsseiten eine Eigenmittelanforderung für das spezifische Risiko angewandt.

(4) [1]Eine 80 %ige Reduzierung wird dann angewandt, wenn sich die Werte der beiden Positionsseiten stets in entgegengesetzte Richtungen entwickeln und eine exakte Übereinstimmung hinsichtlich der Referenzverbindlichkeit, der Fälligkeit der Referenzverbindlichkeit und des Kreditderivats sowie der Währung der zugrunde liegenden Risikoposition besteht. [2]Darüber hinaus bewirken Hauptmerkmale des Kreditderivatekontrakts nicht, dass die Kursbewegung des Kreditderivats wesentlich von den Kursbewegungen der Kassaposition abweicht. [3]In dem Maße, wie mit dem Geschäft Risiko übertragen wird, wird eine 80 %ige Reduzierung der Eigenmittelanforderungen für das spezifische Risiko auf die Seite des Geschäfts angewandt, die mit der höheren

Eigenmittelanforderung behaftet ist, wohingegen die Eigenmittelanforderungen für das spezifische Risiko auf der Gegenseite mit Null angesetzt werden.

(5) *[1]* Abgesehen von den Fällen nach den Absätzen 3 und 4 wird eine Absicherung unter folgenden Umständen teilweise anerkannt:

a) Die Position fällt unter Absatz 3 Buchstabe b, allerdings besteht eine Inkongruenz zwischen der Referenzverbindlichkeit und der zugrunde liegenden Risikoposition. Die Positionen erfüllen jedoch die folgenden Anforderungen:
   i) Die Referenzverbindlichkeit hat den gleichen Rang wie die zugrunde liegende Verbindlichkeit oder ist dieser nachgeordnet.
   ii) Die zugrunde liegende Verbindlichkeit und die Referenzverbindlichkeit haben ein und denselben Schuldner sowie rechtlich durchsetzbare wechselseitige Ausfallklauseln bzw. wechselseitige Vorfälligkeitsklauseln.

b) Die Position fällt unter Absatz 3 Buchstabe a oder unter Absatz 4, allerdings besteht eine Währungs- oder Laufzeitinkongruenz zwischen der Kreditabsicherung und dem zugrunde liegenden Vermögenswert. Derartige Währungsinkongruenzen werden unter der Eigenmittelanforderung für das Fremdwährungsrisiko erfasst.

c) Die Position fällt unter Absatz 4, allerdings besteht eine Inkongruenz zwischen der Kassaposition und dem Kreditderivat. Der zugrunde liegende Vermögenswert ist jedoch Bestandteil der (lieferbaren) Verpflichtungen in der Kreditderivate-Dokumentation.

[2] Für eine teilweise Anerkennung wird anstelle der Addierung der Eigenmittelanforderungen für das spezifische Risiko für jede Seite der Transaktion lediglich die jeweils höhere der beiden Eigenmittelanforderungen angewandt.

(6) In allen Situationen, die nicht unter die Absätze 3 bis 5 fallen, werden die Eigenmittelanforderungen für das spezifische Risiko für beide Positionsseiten getrennt berechnet.

Art. 347 Anerkennung von Absicherungen über Erstausfall-Kreditderivate und n-ter-Ausfall-Kreditderivate. Bei Erstausfall-Kreditderivaten und n-ter-Ausfall-Kreditderivaten wird für die Anerkennung nach Artikel 346 wie folgt verfahren:

a) Erlangt ein Institut eine Kreditabsicherung für mehrere einem Kreditderivat zugrunde liegende Referenzeinheiten in der Weise, dass der erste bei den betreffenden Werten auftretende Ausfall die Zahlung auslöst und dieses Kreditereignis auch den Kontrakt beendet, so ist es dem Institut gestattet, das spezifische Risiko für diejenige Referenzeinheit, für die von allen zugrundeliegenden Referenzeinheiten nach Tabelle 1 des Artikels 336 die geringste Eigenmittelanforderung für das spezifische Risiko gilt, zu verrechnen.

b) Löst der n-te Ausfall unter den Forderungen die Zahlung im Rahmen der Kreditabsicherung aus, ist es dem Sicherungsnehmer nur dann gestattet, das spezifische Risiko zu verrechnen, wenn auch für die Ausfälle 1 bis n-1 eine Kreditabsicherung erlangt wurde oder wenn n-1 Ausfälle bereits eingetreten sind. In diesen Fällen ist das Verfahren nach Buchstabe a für Erstausfall-Kreditderivate unter entsprechender Anpassung an n-ter-Ausfall-Produkte anzuwenden.

Abschnitt 6. Eigenmittelanforderungen für OGA

Art. 348 Eigenmittelanforderungen für OGA. (1) [1]Unbeschadet anderer Bestimmungen dieses Abschnitts wird auf OGA-Positionen eine Eigenmittelanforderung für das Positionsrisiko, das das spezifische und das allgemeine Risiko umfasst, von 32 % angewandt. [2]Unbeschadet des Artikels 353 in Verbindung mit der modifizierten Behandlung von Gold nach Artikel 352 Absatz 4 und Artikel 367 Absatz 2 Buchstabe b unterliegen OGA-Positionen einer Eigenmittelanforderung für das Positionsrisiko, das das spezifische und das allgemeine Risiko umfasst, und für das Fremdwährungsrisiko von 40 %.

(2) Sofern Artikel 350 nichts anderes vorsieht, ist keine Aufrechnung zwischen den zugrunde liegenden Anlagen eines OGA und anderen vom Institut gehaltenen Positionen erlaubt.

Art. 349 Allgemeine Anforderungen an OGA. Der Ansatz nach Artikel 350 darf auf OGA angewandt werden, sofern sämtliche der folgenden Bedingungen erfüllt sind:

a) Der Prospekt des OGA oder ein gleichwertiges Dokument enthält sämtliche nachstehenden Angaben:
   i) die Kategorien der Vermögenswerte, in die der OGA investieren darf;
   ii) die relativen Grenzen und die Methodik zur Berechnung etwaiger Anlagehöchstgrenzen;
   iii) im Falle der Zulässigkeit der Fremdkapitalaufnahme die Höchstgrenze dieser Verschuldung;
   iv) im Falle der Zulässigkeit von Geschäften mit OTC-Finanzderivaten oder Pensionsgeschäften oder Wertpapier- oder Warenverleih- oder -leihgeschäften eine Strategie zur Begrenzung des Gegenparteiausfallrisikos, das sich aus diesen Geschäften ergibt.
b) Die Geschäftstätigkeit des OGA ist Gegenstand eines Halbjahresberichts und eines Jahresberichts, um eine Bewertung des Vermögens und der Verbindlichkeiten, der Erträge und der Transaktionen während des Berichtszeitraums zu ermöglichen.
c) Die Anteile des OGA sind in bar rückzahlbar, und zwar aus den Vermögenswerten des OGA auf täglicher Basis und auf Anfrage des Anteilsinhabers.
d) Die Anlagen der OGA sind von den Vermögenswerten der OGA-Verwaltungsgesellschaft zu trennen.
e) Das investierende Institut stellt eine angemessene Risikobewertung des OGA sicher.
f) OGA werden von Personen verwaltet, die gemäß der Richtlinie 2009/65/EG oder gleichwertigen Rechtsvorschriften überwacht werden.

Art. 350 Spezifische Methoden für OGA. (1) [1]Sofern dem Institut die zugrunde liegenden Anlagen des OGA auf Tagesbasis bekannt sind, kann das Institut die zugrunde liegenden Anlagen unmittelbar berücksichtigen, um die Eigenmittelanforderungen für das Positionsrisiko, das das allgemeine und das spezifische Risiko umfasst, zu berechnen. [2]Nach diesem Ansatz werden Positionen in OGA wie Positionen in den zugrunde liegenden Anlagen des OGA behandelt. [3]Eine Aufrechnung ist zwischen Positionen in den zugrunde liegenden Anlagen des OGA und anderen vom Institut gehaltenen Positionen gestattet, sofern das Institut eine ausreichende Zahl von Anteilen hält, um eine

Einlösung/Kreierung im Austausch für die zugrunde liegenden Anlagen zu ermöglichen.

(2) Die Institute können die Eigenmittelanforderungen für das Positionsrisiko, das das allgemeine und das spezifische Risiko umfasst, für Positionen in OGA berechnen, indem Positionen angenommen werden, die jene repräsentieren, die erforderlich wären, um die Zusammensetzung und die Wertentwicklung eines extern geschaffenen Indexes oder eines festen Korbs von Aktien oder Schuldtiteln gemäß Buchstabe a nachzubilden, sofern die folgenden Bedingungen erfüllt sind:

a) Ziel des Anlagemandats des OGA ist es, die Zusammensetzung und die Wertentwicklung eines extern geschaffenen Indexes oder eines festen Korbs von Aktien oder Schuldtiteln nachzubilden.

b) Ein Korrelationskoeffizient zwischen den Tagesrenditen des OGA und dem Index bzw. Korb von Aktien oder Schuldtiteln, den er nachbildet, von mindestens 0,9 kann über einen Zeitraum von mindestens sechs Monaten eindeutig nachgewiesen werden.

(3) Sind dem Institut die zugrunde liegenden Anlagen des OGA auf Tagesbasis nicht bekannt, kann das Institut die Eigenmittelanforderungen für das Positionsrisiko, das das allgemeine und das spezifische Risiko umfasst, berechnen, wobei folgende Bedingungen zu erfüllen sind:

a) Es wird davon ausgegangen, dass der OGA zunächst bis zur unter seinem Mandat zulässigen Höchstgrenze in die Kategorien von Vermögenswerten investiert, die die höchste Eigenmittelanforderung getrennt für das allgemeine und das spezifische Risiko erhalten, und sodann Anlagen in absteigender Reihenfolge tätigt, bis dass die maximale Gesamtanlagengrenze erreicht ist. Die Position im OGA wird als direkte Anlage in der angenommenen Position behandelt.

b) Die Institute berücksichtigen bei der getrennten Berechnung ihrer Eigenmittelanforderung für das allgemeine und das spezifische Risiko das maximale indirekte Risiko, das sie eingehen könnten, wenn sie über den OGA Fremdkapitalpositionen aufnehmen, indem die Position im OGA proportional bis zum maximalen Risiko in Bezug auf die zugrunde liegenden Anlagebestandteile, das sich gemäß dem Mandat ergeben könnte, angehoben wird.

c) Übersteigt die Eigenmittelanforderung für das allgemeine und das spezifische Risiko nach diesem Absatz zusammen genommen die Eigenmittelanforderung nach Artikel 348 Absatz 1, wird die Eigenmittelanforderung auf diese Höhe begrenzt.

(4) *[1]* Die Institute können folgende Dritte damit beauftragen, die Eigenmittelanforderungen für das Positionsrisiko für OGA-Positionen, die unter die Absätze 1 bis 4 fallen, gemäß den in diesem Kapitel beschriebenen Methoden zu berechnen und zu melden:

a) die Verwahrstelle des OGA, sofern der OGA ausschließlich in Wertpapiere investiert und sämtliche Wertpapiere bei dieser Verwahrstelle hinterlegt;

b) für andere OGA die Verwaltungsgesellschaft des OGA, sofern diese die Kriterien des Artikels 132 Absatz 3 Buchstabe a erfüllt.

[2] Die Richtigkeit der Berechnung wird von einem externen Prüfer bestätigt.

Kapitel 3. Eigenmittelanforderungen für das Fremdwährungsrisiko

Art. 351 Schwellenwert und Gewichtung für das Fremdwährungsrisiko. [1] Übersteigt die nach dem Verfahren des Artikels 352 berechnete Summe der gesamten Nettofremdwährungsposition und der Nettogoldposition eines Instituts, einschließlich Fremdwährungs- und Goldpositionen, für die Eigenmittelanforderungen mit Hilfe eines internen Modells berechnet werden, 2 % des Gesamtbetrags seiner Eigenmittel, so berechnet das Institut eine Eigenmittelanforderung für das Fremdwährungsrisiko. [2] Die Eigenmittelanforderung für das Fremdwährungsrisiko ist die Summe der gesamten Netto-Fremdwährungsposition und der Nettogoldposition in der Währung der Rechnungslegung mit 8 % multipliziert.

Art. 352 Berechnung der gesamten Netto-Fremdwährungsposition.

(1) *[1]* Die offene Nettoposition des Instituts wird in den einzelnen Währungen (einschließlich der Währung der Rechnungslegung) und in Gold als Summe der folgenden Elemente (positiv oder negativ) berechnet:

a) Netto-Kassaposition (d.h. alle Aktiva abzüglich aller Passiva, einschließlich der aufgelaufenen und noch nicht fälligen Zinsen in der betreffenden Währung oder im Fall von Gold die Netto-Kassaposition in Gold);

b) Netto-Terminposition (d.h. alle ausstehenden Beträge abzüglich aller zu zahlenden Beträge im Rahmen von Währungs- und Goldtermingeschäften, einschließlich der Währungs- und Gold-Terminkontrakte und des Kapitalbetrags der Währungsswaps, die nicht in der Kassaposition enthalten sind);

c) unwiderrufliche Garantien und vergleichbare Instrumente, die mit Sicherheit in Anspruch genommen werden und aller Voraussicht nach uneinbringlich sind;

d) mit Hilfe des Delta-Faktors oder auf Basis des Delta-Faktors ermittelter Netto-Gegenwert des gesamten Bestands an Fremdwährungs- und Gold-Optionen;

e) Marktwert anderer Optionen.

[2] [1] Der Delta-Faktor für die Zwecke des Buchstabens d ist derjenige der betreffenden Börse. [2] Bei nicht börsengehandelten Optionen oder wenn der Delta-Faktor von der betreffenden Börse nicht erhältlich ist, darf das Institut den Delta-Faktor vorbehaltlich der Erlaubnis der zuständigen Behörden unter Verwendung eines geeigneten Modells selbst berechnen. [3] Die Erlaubnis wird erteilt, sofern mit dem Modell eine angemessene Schätzung der Änderungsrate für den Wert der Option oder des Optionsscheins bei geringfügigen Änderungen des Marktpreises des Basiswerts vorgenommen wurde.

[3] Das Institut darf dabei den Nettobetrag der künftigen, noch nicht angefallenen, aber bereits voll abgesicherten Einnahmen und Ausgaben berücksichtigen, sofern es durchgängig so vorgeht.

[4] Das Institut darf Nettopositionen in Korbwährungen gemäß den geltenden Quoten in die verschiedenen Währungen, aus denen sich diese zusammensetzen, zerlegen.

(2) [1] Alle Positionen, die ein Institut bewusst eingegangen ist, um sich gegen die nachteilige Auswirkung einer Wechselkursänderung auf seine Eigenmittelquoten gemäß Artikel 92 Absatz 1 abzusichern, können vorbehaltlich der Genehmigung der zuständigen Behörden bei der Errechnung der offenen

Netto-Fremdwährungspositionen ausgeschlossen werden. [2]Solche Positionen sind keine Handelspositionen oder sind struktureller Art, und jegliche Änderung der Bedingungen für ihren Ausschluss erfordert eine gesonderte Erlaubnis der zuständigen Behörden. [3]Positionen eines Instituts im Zusammenhang mit Posten, die bereits bei der Berechnung der Eigenmittel in Abzug gebracht wurden, können unter denselben Bedingungen genauso behandelt werden.

(3) Ein Institut darf bei der Berechnung der offenen Nettoposition in den einzelnen Währungen und in Gold den jeweiligen Nettogegenwartswert heranziehen, sofern das Institut diesen Ansatz durchgängig einsetzt.

(4) [1]Die Netto-Kauf- und Verkaufspositionen in den einzelnen Währungen, mit Ausnahme der Währung der Rechnungslegung, und die Netto-Kauf- oder Verkaufsposition in Gold werden zum Kassakurs in die Währung der Rechnungslegung umgerechnet. [2]Anschließend werden diese getrennt addiert, um die gesamte Netto-Kaufposition und die gesamte Netto-Verkaufsposition zu ermitteln. [3]Der höhere dieser beiden Gesamtbeträge entspricht der gesamten Netto-Fremdwährungsposition des Instituts.

(5) Die Institute spiegeln andere Risiken, die mit Optionen verbunden sind – abgesehen vom Delta-Faktor-Risiko – in den Eigenmittelanforderungen adäquat wider.

(6) *[1]* Die EBA arbeitet Entwürfe technischer Regulierungsstandards aus, in denen verschiedene Methoden festgelegt werden, um andere Risiken – abgesehen vom Delta-Faktor-Risiko – in den Eigenmittelanforderungen in einer dem Umfang und der Komplexität der Tätigkeiten der Institute im Bereich Optionen angemessenen Weise zu berücksichtigen.

[2] Die EBA legt der Kommission diese Entwürfe technischer Regulierungsstandards bis zum 31. Dezember 2013 vor.

[3] Der Kommission wird die Befugnis übertragen, die technischen Regulierungsstandards nach dem Unterabsatz 1 gemäß den Artikeln 10 bis 14 der Verordnung (EU) Nr. 1093/2010 zu erlassen.

[4] Vor dem Inkrafttreten der technischen Standards nach Unterabsatz 1 dürfen die zuständigen Behörden weiterhin bestehende nationale Behandlungen anwenden, wenn sie diese vor dem 31. Dezember 2013 angewandt haben.

Art. 353 Fremdwährungsrisiko von OGA. (1) Für die Zwecke des Artikels 352 werden in Bezug auf OGA die tatsächlichen Fremdwährungspositionen des OGA berücksichtigt.

(2) *[1]* Die Institute können den Ausweis von Fremdwährungspositionen in OGA heranziehen, der vonseiten folgender Dritter vorgenommen wird:

a) die Verwahrstelle des OGA, sofern der OGA ausschließlich in Wertpapiere investiert und sämtliche Wertpapiere bei dieser Verwahrstelle hinterlegt;

b) für andere OGA von der Verwaltungsgesellschaft des OGA, sofern diese die Kriterien des Artikels 132 Absatz 3 Buchstabe a erfüllt.

[2] Die Richtigkeit der Berechnung wird von einem externen Prüfer bestätigt.

(3) [1]Kennt ein Institut die Fremdwährungspositionen in einem OGA nicht, wird davon ausgegangen, dass dieser bis zur im Rahmen seines Mandats möglichen Höchstgrenze in Fremdwährungspositionen investiert hat; die Institute tragen hierbei bei der Berechnung ihrer Eigenmittelanforderung für

Fremdwährungsrisiken im Hinblick auf ihre Handelsbuchpositionen dem maximalen indirekten Risiko Rechnung, das sie erreichen könnten, wenn sie mittels des OGA Fremdkapitalpositionen aufnehmen würden. [2]Dies erfolgt, indem die Position im OGA proportional bis zum Höchstrisiko angehoben wird, das in Bezug auf die zugrunde liegenden Positionen eingegangen werden kann, die sich aus dem Anlagemandat ergeben. [3]Die angenommene Position des OGA in Fremdwährungen wird wie eine gesonderte Währung behandelt, d.h. wie Anlagen in Gold, wobei allerdings die Gesamtkaufposition zur offenen Gesamtfremdwährungskaufposition und die Gesamtverkaufsposition zur offenen Gesamtfremdwährungsverkaufsposition hinzuaddiert werden kann, sofern die Ausrichtung der Anlagen des OGA bekannt ist. [4]Eine Aufrechnung derartiger Positionen vor der Berechnung ist nicht zulässig.

Art. 354 Eng verbundene Währungen. (1) [1]Die Institute dürfen für Positionen in relevanten eng verbundenen Währungen niedrigere Eigenmittelanforderungen erfüllen. [2]Eine enge Verbindung zwischen zwei Währungen darf nur unterstellt werden, wenn bei Zugrundelegung der täglichen Wechselkurse für die vorangegangenen drei Jahre eine Wahrscheinlichkeit von mindestens 99 % – und für die vorangegangenen fünf Jahre eine solche von 95 % – besteht, dass aus gleich hohen und entgegengesetzten Positionen in diesen Währungen über die folgenden zehn Arbeitstage ein Verlust entsteht, der höchstens 4 % des Werts der betreffenden ausgeglichenen Position (in der Währung der Rechnungslegung) beträgt. [3]Für die ausgeglichene Position in zwei eng verbundenen Währungen beträgt die Eigenmittelanforderung 4 % des Werts der ausgeglichenen Position.

(2) [1]Bei der Berechnung der Anforderungen gemäß diesem Kapitel dürfen Institute Positionen in Währungen vernachlässigen, für die eine rechtlich bindende zwischenstaatliche Vereinbarung besteht, die deren Schwankung gegenüber anderen in dieser Vereinbarung erfassten Währungen begrenzt. [2]Die Institute haben ihre ausgeglichenen Positionen in diesen Währungen zu berechnen und dafür eine Eigenmittelanforderung zu erfüllen, die mindestens der Hälfte der in der zwischenstaatlichen Vereinbarung für die betreffenden Währungen festgelegten höchstzulässigen Schwankung entspricht.

(3) *[1]* Die EBA arbeitet Entwürfe technischer Durchführungsstandards mit einem Verzeichnis der Währungen aus, für die nach Absatz 1 verfahren werden darf.

[2] Die EBA legt der Kommission diese Entwürfe technischer Durchführungsstandards bis 1. Januar 2014 vor.

[3] Der Kommission wird die Befugnis übertragen, die technischen Durchführungsstandards nach Unterabsatz 1 gemäß Artikel 15 der Verordnung (EU) Nr. 1093/2010 zu erlassen.

(4) Die Eigenmittelanforderung für die ausgeglichenen Positionen in Währungen der Mitgliedstaaten, die an der zweiten Stufe der Wirtschafts- und Währungsunion teilnehmen, darf als 1,6 % des Werts dieser ausgeglichenen Positionen berechnet werden.

(5) Nur die nicht ausgeglichenen Positionen in Währungen gemäß diesem Artikel werden in die gesamte offene Nettoposition nach Artikel 352 Absatz 4 einbezogen.

(6) Geht aus den täglichen Wechselkursen der vorangegangenen drei oder fünf Jahre bei gleich hohen und entgegengesetzten Positionen in zwei Währungen über die jeweils folgenden zehn Arbeitstage hervor, dass die beiden Währungen perfekt positiv korrelieren und das Institut jederzeit eine Geld-Brief-Spanne von Null für die jeweiligen Abschlüsse erwarten kann, darf es mit ausdrücklicher Genehmigung seiner zuständigen Behörde bis Ende 2017 eine Eigenmittelanforderung von 0 % ansetzen.

Kapitel 4. Eigenmittelanforderungen für das Warenpositionsrisiko

Art. 355 Wahl der Methode für das Warenpositionsrisiko. Vorbehaltlich der Artikel 356 bis 358 berechnen die Institute die Eigenmittelanforderung für das Warenpositionsrisiko anhand einer der in den Artikeln 359, 360 oder 361 festgelegten Methoden.

Art. 356 Ergänzende Warengeschäfte. (1) Institute, die ergänzende Geschäfte mit Agrarerzeugnissen betreiben, dürfen zum Jahresende die Eigenmittelanforderungen für ihren physischen Warenbestand für das Folgejahr bestimmen, sofern sämtliche der folgenden Voraussetzungen erfüllt sind:

a) Das Institut hält jederzeit während des Jahres Eigenmittel für dieses Risiko vor, dessen Höhe nicht unter der durchschnittlichen Eigenmittelanforderung für das konservativ geschätzte Risiko für das Folgejahr liegt;[1)]

b) Das Institut nimmt eine vorsichtige Schätzung der erwarteten Volatilität des gemäß Buchstabe a berechneten Werts vor;[1)]

c) Die durchschnittliche Eigenmittelanforderung für dieses Risiko übersteigt nicht 5 % der Eigenmittel des Instituts oder 1 Mio. EUR; unter Berücksichtigung der im Einklang mit Buchstabe b geschätzten Volatilität übersteigt der erwartete Höchstwert der Eigenmittelanforderungen nicht 6,5 % seiner Eigenmittel;[1)]

d) Das Institut überwacht kontinuierlich, ob die gemäß den Buchstaben a und b durchgeführten Schätzungen nach wie vor die Realität widerspiegeln.

(2) Institute teilen den zuständigen Behörden mit, inwieweit sie von der Möglichkeit nach Absatz 1 Gebrauch machen.

Art. 357 Positionen in Waren. (1) [1]Jede Position in Waren oder warenunterlegten Derivaten wird in Standardmaßeinheiten ausgedrückt. [2]Der Kassakurs der einzelnen Waren wird in der Währung der Rechnungslegung angegeben.

(2) Positionen in Gold oder goldunterlegten Derivaten gelten als dem Fremdwährungsrisiko unterliegend und werden für die Zwecke der Berechnung des Warenpositionsrisikos gegebenenfalls gemäß Kapitel 3 oder 5 behandelt.

(3) [1]Der Überschuss der Kauf- (Verkaufs-) positionen eines Instituts über seine Verkaufs- (Kauf-) positionen in derselben Ware und in identischen Warenterminkontrakten, Optionen und Optionsscheinen ist seine Nettoposition für die Zwecke des Artikels 360 Absatz 1 in Bezug auf diese Ware. [2]Positionen in Derivaten werden – wie in Artikel 358 erläutert – als Positionen in der zugrunde liegenden Ware behandelt.

---

1) Zeichensetzung amtlich.

(4) Für die Zwecke der Berechnung einer Position in Waren werden folgende Positionen als Positionen in derselben Ware behandelt:

a) Positionen in verschiedenen Unterkategorien derselben Ware, wenn diese Unterkategorien bei der Lieferung untereinander austauschbar sind;

b) Positionen in ähnlichen Waren, wenn sie nahe Substitute sind und ihre Preisentwicklung für einen Zeitraum von mindestens einem Jahr eine eindeutige Mindestkorrelation von 0,9 aufweist.

Art. 358 Spezifische Instrumente. (1) Warenterminkontrakte und Terminpositionen bezüglich des Kaufs oder Verkaufs bestimmter Waren sind als fiktive, in einer Standardmaßeinheit ausgedrückte Nominalbeträge in das Risikomesssystem aufzunehmen und gemäß ihrem Fälligkeitstermin in das entsprechende Laufzeitband einzustellen.

(2) [1] Warenswaps, bei denen eine Seite der Transaktion ein fester Preis und die andere der jeweilige Marktpreis ist, sind als eine Reihe von dem Nominalwert des Geschäfts entsprechenden Positionen zu behandeln, wobei gegebenenfalls eine Position jeweils einer Zahlung aus dem Swap entspricht und in das entsprechende Laufzeitband nach Artikel 359 Absatz 1 eingestellt wird. [2] Dabei handelt es sich um Kaufpositionen, wenn das Institut einen festen Preis zahlt und einen variablen Preis erhält, und um Verkaufspositionen, wenn das Institut einen festen Preis erhält und einen variablen Preis zahlt. [3] Warenswaps, bei denen die beiden Seiten der Transaktion verschiedene Waren betreffen, sind beim Laufzeitbandverfahren für beide Waren getrennt in den jeweiligen Laufzeitbandfächer einzustellen.

(3) *[1]* [1] Optionen und Optionsscheine auf Waren oder auf warenunterlegte Derivate sind für die Zwecke dieses Kapitels wie Positionen zu behandeln, deren Wert dem mit dem Delta-Faktor multiplizierten Basiswert entspricht. [2] Die letztgenannten Positionen können gegen entgegengesetzte Positionen in identischen zugrunde liegenden Waren oder warenunterlegten Derivaten aufgerechnet werden. [3] Als Delta-Faktor ist derjenige der betreffenden Börse zu verwenden. [4] Bei nicht börsengehandelten Optionen oder wenn der Delta-Faktor von der betreffenden Börse nicht erhältlich ist, darf das Institut den Delta-Faktor vorbehaltlich der Genehmigung durch die zuständigen Behörden unter Verwendung eines geeigneten Modells selbst berechnen. [5] Die Genehmigung wird erteilt, sofern mit dem Modell eine angemessene Schätzung der Änderungsrate für den Wert der Option oder des Optionsscheins bei geringfügigen Änderungen des Marktpreises des Basiswerts vorgenommen wurde.

[2] Die Institute spiegeln andere Risiken, die mit Optionen verbunden sind – abgesehen vom Delta-Faktor-Risiko – in den Eigenmittelanforderungen adäquat wider.

(4) *[1]* Die EBA arbeitet Entwürfe technischer Regulierungsstandards aus, in denen verschiedene Methoden festgelegt werden, um andere Risiken – abgesehen vom Delta-Faktor-Risiko – in den Eigenmittelanforderungen in einer dem Umfang und der Komplexität der Tätigkeiten der Institute im Bereich Optionen angemessenen Weise zu berücksichtigen.

[2] Die EBA legt der Kommission diese Entwürfe technischer Regulierungsstandards bis zum 31. Dezember 2013 vor.

[3] Der Kommission wird die Befugnis übertragen, die technischen Regulierungsstandards nach Unterabsatz 1 gemäß den Artikeln 10 bis 14 der Verordnung (EU) Nr. 1093/2010 zu erlassen.

[4] Vor dem Inkrafttreten der technischen Standards nach Unterabsatz 1 dürfen die zuständigen Behörden weiterhin bestehende nationale Behandlungen anwenden, wenn sie diese vor dem 31. Dezember 2013 angewandt haben.

(5) Das Institut bezieht die betreffenden Warenpositionen in die Berechnung seiner Eigenmittelanforderungen für Warenpositionsrisiken ein, wenn es sich bei dem Institut um Folgendes handelt:

a) eine Partei, die Waren oder garantierte Rechtsansprüche auf Waren im Rahmen einer Rückkaufsvereinbarung überträgt;

b) eine verleihende Partei bei einem Warenverleihgeschäft.

Art. 359 Laufzeitbandverfahren. (1) [1] Das Institut legt für jede Ware einen gesonderten Laufzeitbandfächer entsprechend der Tabelle 1 zugrunde. [2] Alle Positionen in der betreffenden Ware werden in die entsprechenden Laufzeitbänder eingestellt. [3] Warenbestände sind in das erste Laufzeitband zwischen 0 bis zu einschließlich einem Monat einzuordnen.

Tabelle 1

Laufzeitband (1)	Spread-Satz (in %) (2)
0 ≤ 1 Monat	1,50
> 1 ≤ 3 Monate	1,50
> 3 ≤ 6 Monate	1,50
> 6 ≤ 12 Monate	1,50
1 ≤ 2 Jahre	1,50
2 ≤ 3 Jahre	1,50
> 3 Jahre	1,50

(2) Positionen in derselben Ware dürfen gegeneinander aufgerechnet und als Nettoposition in das entsprechende Laufzeitband eingestellt werden, wenn

a) die entsprechenden Geschäfte denselben Fälligkeitstermin haben;

b) die entsprechenden Geschäfte innerhalb desselben Zehn-Tages-Zeitraums fällig werden und auf Märkten mit täglichen Lieferterminen gehandelt werden.

(3) [1] Anschließend errechnet das Institut für jedes Laufzeitband die Summe der Kaufpositionen sowie die Summe der Verkaufspositionen. [2] Der Betrag der ersteren Summe, der innerhalb eines gegebenen Laufzeitbands durch den der letzteren Summe ausgeglichen wird, ist in jenem Band die ausgeglichene Position, während die verbleibende Kauf- oder Verkaufsposition die nicht ausgeglichene Position für dasselbe Laufzeitband darstellt.

(4) [1] Der Teil der nicht ausgeglichenen Kauf-(Verkaufs-)position für ein gegebenes Laufzeitband, der durch die nicht ausgeglichene Verkaufs-(Kauf-)position für ein Laufzeitband mit längerer Fristigkeit ausgeglichen wird, stellt die ausgeglichene Position zwischen zwei Laufzeitbändern dar. [2] Der Teil der nicht ausgeglichenen Kaufposition oder der nicht ausgeglichenen Verkaufsposition, der nicht auf diese Weise ausgeglichen werden kann, stellt die nicht ausgeglichene Position dar.

(5) Die Eigenmittelanforderung eines Instituts für jede Ware errechnet sich auf der Grundlage des entsprechenden Laufzeitbandfächers als die Summe aus

a) der Summe der ausgeglichenen Kauf- und Verkaufspositionen, die mit dem jeweiligen Spread-Satz für jedes Laufzeitband (siehe Spalte 2 der Tabelle 1) und dem Kassakurs der Ware multipliziert wird;

b) der ausgeglichenen Position zwischen zwei Laufzeitbändern für jedes Laufzeitband, in das eine nicht ausgeglichene Position vorgetragen wird, multipliziert mit 0,6 %, d.h. dem Gewichtungssatz für vorgetragene Positionen („carry rate"), und mit dem Kassakurs der Ware;

c) den restlichen, nicht ausgeglichenen Positionen, multipliziert mit 15 %, d.h. dem einfachen Gewichtungssatz („outright rate"), und mit dem Kassakurs der Ware.

(6) Die Gesamteigenmittelanforderung eines Instituts zur Unterlegung des Warenpositionsrisikos errechnet sich als die Summe der gemäß Absatz 5 berechneten Eigenmittelanforderungen für jede Ware.

Art. 360 Vereinfachtes Verfahren. (1) Die Eigenmittelanforderung des Instituts für jede Ware errechnet sich hier als die Summe aus

a) 15 % der Nettoposition, unabhängig davon, ob es sich um eine Kauf- oder Verkaufsposition handelt, multipliziert mit dem Kassakurs der Ware;

b) 3 % der Bruttoposition (Kaufposition plus Verkaufsposition), multipliziert mit dem Kassakurs der Ware.

(2) Die Gesamteigenmittelanforderung eines Instituts zur Unterlegung des Warenpositionsrisikos errechnet sich als die Summe der gemäß Absatz 1 berechneten Eigenmittelanforderungen für jede Ware.

Art. 361 Erweitertes Laufzeitbandverfahren. *[1]* Institute dürfen anstelle der in Artikel 359 genannten Sätze die Mindestsätze für den Spread-, den Vortrags- und den einfachen Gewichtungssatz der nachstehenden Tabelle 2 verwenden, sofern sie

a) Warengeschäfte in erheblichem Umfang tätigen;

b) ein angemessen diversifiziertes Portfolio von Warenpositionen halten;

c) noch nicht in der Lage sind, interne Modelle für die Berechnung der Eigenmittelunterlegung des Warenpositionsrisikos einzusetzen.

Tabelle 2

	Edelmetalle (ausgenommen Gold)	Andere Metalle	Agrarerzeugnisse (Agrarrohstoffe)	Sonstige, einschließlich Energieprodukte
„Spread"-Satz (in %)	1,0	1,2	1,5	1,5
Gewichtungssatz für vorgetragene Positionen (in %)	0,3	0,5	0,6	0,6
einfacher Gewichtungssatz (in %)	8	10	12	15

[2] Die Institute zeigen den zuständigen Behörden an, inwieweit sie von dem Verfahren nach diesem Artikel Gebrauch machen und legen dabei Nachweise für ihre Bemühungen vor, ein internes Modell für die Berechnung der Eigenmittelanforderung für das Warenpositionsrisiko einzuführen.

Kapitel 5. Verwendung interner Modelle zur Berechnung der Eigenmittelanforderungen

Abschnitt 1. Erlaubnis und Eigenmittelanforderungen

Art. 362 Spezifische und allgemeine Risiken. [1]Das Positionsrisiko gehandelter Schuldtitel oder Aktieninstrumente oder davon abgeleiteter Derivate darf für die Zwecke dieses Kapitels in zwei Komponenten aufgeteilt werden. [2]Die erste Komponente ist die spezifische Risikokomponente, sie erfasst das Risiko einer Preisänderung bei dem betreffenden Instrument aufgrund von Faktoren, die auf seinen Emittenten oder im Fall eines Derivats auf den Emittenten des zugrunde liegenden Instruments zurückzuführen sind. [3]Die zweite Komponente betrifft das allgemeine Risiko und erfasst das Risiko einer Preisänderung bei dem betreffenden Wertpapier, die im Fall gehandelter Schuldtitel oder davon abgeleiteter Instrumente einer Änderung des Zinsniveaus oder im Fall von Aktien oder davon abgeleiteter Instrumente einer allgemeinen Bewegung am Aktienmarkt zuzuschreiben ist, die in keinem Zusammenhang mit den spezifischen Merkmalen einzelner Wertpapiere steht.

Art. 363 Erlaubnis zur Verwendung interner Modelle. (1) Nachdem sie überprüft haben, dass ein Institut die einschlägigen Anforderungen der Abschnitte 2, 3 und 4 erfüllt, geben die zuständigen Behörden dem Institut die Erlaubnis, die Eigenmittelanforderungen für eine oder mehrere der folgenden Risikokategorien mit Hilfe seiner internen Modelle anstelle oder in Verbindung mit den Verfahren nach den Kapiteln 2 bis 4 zu berechnen:

a) allgemeines Risiko von Aktieninstrumenten;

b) spezifisches Risiko von Aktieninstrumenten;

c) allgemeines Risiko von Schuldtiteln;

d) spezifisches Risiko von Schuldtiteln;

e) Fremdwährungsrisiko;

f) Warenpositionsrisiko.

(2) [1] Für Risikokategorien, für die dem Institut keine Erlaubnis nach Absatz 1 zur Verwendung interner Modelle erteilt wurde, berechnet das Institut die Eigenmittelanforderungen weiterhin erforderlichenfalls gemäß den Kapiteln 2, 3 und 4. [2]Für die Verwendung interner Modelle ist für jede Risikokategorie eine Erlaubnis der zuständigen Behörden erforderlich, die nur gegeben wird, wenn das interne Modell einen signifikanten Anteil der Positionen einer bestimmten Risikokategorie erfasst.

(3) *[1]* Wesentliche Änderungen in der Verwendung der internen Modelle, deren Verwendung dem Institut gestattet wurde, und die Ausdehnung der Verwendung dieser gestatteten Modelle, insbesondere auf zusätzliche Risikokategorien, sowie die erste Berechnung des Risikopotenzials unter Stressbedingungen („Stressed Value-at-Risk") nach Artikel 365 Absatz 2 erfordern eine gesonderte Erlaubnis der zuständigen Behörden.

[2] Institute zeigen den zuständigen Behörden alle sonstigen Ausweitungen und Änderungen der Verwendung der internen Modelle, deren Verwendung ihnen gestattet wurde, an.

(4) *[1]* Die EBA arbeitet Entwürfe technischer Regulierungsstandards aus, in denen Folgendes präzisiert wird:

a) die Bedingungen für die Beurteilung der Erweiterungen und Änderungen bei der Verwendung der internen Modelle;
b) die Beurteilungsmethodik, nach der die zuständigen Behörden den Instituten die Verwendung interner Modelle erlauben;
c) die Bedingungen, unter denen der Anteil der erfassten Positionen einer bestimmten Risikokategorie als „signifikant" im Sinne des Absatzes 2 gilt.

[2] Die EBA legt der Kommission diese Entwürfe technischer Regulierungsstandards bis zum 31. Dezember 2014 vor.

[3] Der Kommission wird die Befugnis übertragen, die technischen Regulierungsstandards nach Unterabsatz 1 gemäß den Artikeln 10 bis 14 der Verordnung (EU) Nr. 1093/2010 zu erlassen.

Art. 364 Eigenmittelanforderungen bei der Verwendung interner Modelle. (1) Jedes Institut, das ein internes Modell verwendet, erfüllt – zusätzlich zu den nach den Kapiteln 2, 3 und 4 berechneten Eigenmittelanforderungen für Risikokategorien, für die die zuständigen Behörden keine Erlaubnis zur Verwendung eines internen Modells gegeben haben – eine Eigenmittelanforderung, die der Summe der Werte nach den Buchstaben a und b entspricht:

a) dem höheren der folgenden Werte:
   i) Vortageswert des gemäß Artikel 365 Absatz 1 errechneten Risikopotenzials (VaR_{t-1});
   ii) Durchschnitt der in den vorausgegangenen 60 Geschäftstagen ermittelten Tageswerte des Risikopotenzials im Sinne von Artikel 365 Absatz 1 (VaR_{avg}), multipliziert mit dem Multiplikationsfaktor (m_c) gemäß Artikel 366;
b) dem höheren der folgenden Werte:
   i) seine letzte verfügbare gemäß Artikel 365 Absatz 2 errechnete Maßzahl des Risikopotenzials unter Stressbedingungen ($sVaR_{t-1}$); und
   ii) Durchschnitt der auf die in Artikel 365 Absatz 2 genannte Weise und mit der dort genannten Häufigkeit berechneten Maßzahlen des Risikopotenzials unter Stressbedingungen für die vorausgegangenen 60 Geschäftstage ($sVaR_{avg}$), multipliziert mit dem Multiplikationsfaktor (m_s) gemäß Artikel 366.

(2) Institute, die zur Berechnung ihrer Eigenmittelanforderung für das spezifische Risiko von Schuldtiteln interne Modelle verwenden, erfüllen eine zusätzliche Eigenmittelanforderung, die der Summe der Werte nach den Buchstaben a und b entspricht:

a) die gemäß den Artikeln 337 und 338 berechnete Eigenmittelanforderung für das spezifische Risiko von Verbriefungspositionen und n-ter-Ausfall-Kreditderivaten im Handelsbuch, mit Ausnahme derjenigen, die in eine Eigenmittelanforderung für das spezifische Risiko des Korrelationshandelsportfolios gemäß Abschnitt 5 einbezogen sind, und gegebenenfalls die Eigenmittelanforderung für das spezifische Risiko im Einklang mit Kapitel 2 Abschnitt 6 für diejenigen OGA-Positionen, für die weder die Anforderungen nach Artikel 350 Absatz 1 noch die Anforderungen nach Artikel 350 Absatz 2 erfüllt sind;
b) der höhere der folgenden Werte:
   i) letzte verfügbare gemäß Abschnitt 3 errechnete Maßzahl des zusätzlichen Ausfall- und Migrationsrisikos,

ii) Durchschnittswert dieser Maßzahl in den vorausgegangenen zwölf Wochen.

(3) Institute, die ein den Anforderungen des Artikels 338 Absätze 1 bis 3 entsprechendes Korrelationshandelsportfolio besitzen, dürfen eine auf Artikel 377 anstatt Artikel 338 Absatz 4 gestützte Eigenmittelanforderung erfüllen, die dem höheren der nachstehenden Werte entspricht:

a) letzte verfügbare gemäß Abschnitt 5 errechnete Risikomaßzahl des Korrelationshandelsportfolios,

b) Durchschnittswert dieser Maßzahl in den vorausgegangenen zwölf Wochen;

c) 8 % der Eigenmittelanforderung, die – zum Zeitpunkt der Berechnung der letzten verfügbaren Risikomaßzahl nach Buchstabe a – nach Artikel 338 Absatz 4 für alle in das interne Modell für das Korrelationshandelsportfolio einbezogenen Positionen berechnet würde.

Abschnitt 2. Allgemeine Anforderungen

Art. 365 Berechnung des Risikopotenzials und des Risikopotenzials unter Stressbedingungen. (1) *[1]* Für die Berechnung der Maßzahl des Risikopotenzials im Sinne des Artikels 364 gelten folgende Anforderungen:

a) tägliche Berechnung der Maßzahl des Risikopotenzials,

b) einseitiges Konfidenzniveau von 99 %,

c) Haltedauer von zehn Tagen,

d) tatsächlicher historischer Beobachtungszeitraum von mindestens einem Jahr, ausgenommen in den Fällen, in denen ein kürzerer Beobachtungszeitraum aufgrund einer erheblichen Zunahme der Preisvolatilität gerechtfertigt ist,

e) mindestens monatliche Aktualisierung der Datenreihen.

[2] Das Institut darf Risikopotenzial-Maßzahlen verwenden, die ausgehend von einer Haltedauer von weniger als zehn Tagen errechnet und auf zehn Tage hochgerechnet werden, sofern dazu eine angemessene und regelmäßig überprüfte Methode verwendet wird.

(2) [1] Zusätzlich berechnet das Institut im Einklang mit den in Absatz 1 aufgeführten Anforderungen mindestens wöchentlich das Risikopotenzial unter Stressbedingungen des aktuellen Portfolios, wobei die Modellparameter für das Risikopotenzial unter Stressbedingungen aus historischen Daten eines ununterbrochenen Zwölfmonatszeitraums mit signifikantem und für das Portfolio des Instituts maßgeblichem Finanzstress ermittelt werden. [2] Die Auswahl dieser historischen Daten unterliegt der mindestens jährlichen Überprüfung durch das Institut, das den zuständigen Behörden das Ergebnis mitteilt. [3] Die EBA überwacht die Bandbreite der Praxis für die Berechnung des Risikopotenzials unter Stressbedingungen und gibt im Einklang mit Artikel 16 der Verordnung (EU) Nr. 1093/2010 Leitlinien dazu heraus.

Art. 366 Aufsichtliche Rückvergleiche und Multiplikationsfaktoren.

(1) Die Ergebnisse der Berechnungen nach Artikel 365 werden durch die Multiplikationsfaktoren (m_c) und (m_s) heraufskaliert.

(2) [1] Jeder der Multiplikationsfaktoren (m_c) und (m_s) entspricht der Summe aus mindestens 3 und einem Zuschlagsfaktor zwischen 0 und 1 gemäß Tabelle 1. [2] Dieser Zuschlagsfaktor richtet sich nach der Zahl der Überschreitungen, die sich bei den Rückvergleichen der gemäß Artikel 365 Absatz 1 berechneten

Maßzahl des Risikopotenzials des Instituts während der unmittelbar vorausgegangenen 250 Geschäftstage ergeben haben.

Tabelle 1

Anzahl der Überschreitungen	Zuschlagsfaktor
Weniger als 5	0,00
5	0,40
6	0,50
7	0,65
8	0,75
9	0,85
10 oder mehr	1,00

(3) *[1]* [1] Die Institute zählen die Überschreitungen bei täglichen Rückvergleichen der hypothetischen und tatsächlichen Änderungen des Portfoliowerts. [2] Eine Überschreitung liegt vor, wenn eine Eintagesänderung des Portfoliowerts die mit Hilfe des internen Modells des Instituts errechnete Maßzahl des Risikopotenzials für denselben Eintageszeitraum überschreitet. [3] Zur Ermittlung des Zuschlagsfaktors wird die Zahl der Überschreitungen zumindest einmal pro Quartal berechnet und entspricht der Höchstzahl der Überschreitungen bei den hypothetischen und den tatsächlichen Änderungen des Portfoliowerts.

[2] Ein Rückvergleich der hypothetischen Änderungen des Portfoliowerts beruht auf dem Vergleich zwischen dem Tagesendwert des Portfolios und seinem Wert am Ende des darauf folgenden Tages unter der Annahme unveränderter Tagesendpositionen.

[3] Ein Rückvergleich der tatsächlichen Änderungen des Portfoliowerts beruht auf dem Vergleich zwischen dem Tagesendwert des Portfolios und seinem tatsächlichen Wert am Ende des darauf folgenden Tages, ohne Gebühren, Provisionen und Nettozinserträge.

(4) Die zuständigen Behörden können in Einzelfällen den Zuschlagsfaktor auf einen Wert beschränken, der sich aus den Überschreitungen bei hypothetischen Änderungen ergibt, sofern die Anzahl der Überschreitungen bei den tatsächlichen Änderungen nicht auf Schwächen des internen Modells zurückzuführen ist.

(5) Damit die zuständigen Behörden die Angemessenheit der Multiplikationsfaktoren laufend überwachen können, melden die Institute unverzüglich und in jedem Fall binnen fünf Arbeitstagen, wenn aufgrund ihrer Rückvergleiche Überschreitungen ausgewiesen werden.

Art. 367 Anforderungen an die Risikomessung. (1) Jedes interne Modell zur Berechnung der Eigenmittelanforderung für das Positionsrisiko, das Fremdwährungsrisiko oder das Warenpositionsrisiko und jedes interne Modell für Korrelationshandelsaktivitäten erfüllt sämtliche der folgenden Bedingungen:

a) Das Modell erfasst alle wesentlichen Preisrisiken genau.

b) Das Modell erfasst je nach dem Umfang der Tätigkeit des Instituts auf dem jeweiligen Markt eine ausreichende Zahl von Risikofaktoren. Geht ein Risikofaktor in das Bewertungsmodell des Instituts, nicht aber in sein Risikomessmodell ein, so muss das Institut den zuständigen Behörden gegenüber nachweisen können, dass dies gerechtfertigt ist. Das Risiko-Messmodell erfasst die Nichtlinearitäten von Optionen und anderen Produkten sowie das Korrelationsrisiko und das Basisrisiko. Werden für Risikofaktoren Näherungswerte verwendet, so müssen diese die tatsächliche Wertveränderung der Position in der Vergangenheit gut abgebildet haben.

(2) Jedes interne Modell zur Berechnung der Eigenmittelanforderung für das Positionsrisiko, das Fremdwährungsrisiko oder das Warenpositionsrisiko erfüllt sämtliche der folgenden Bedingungen:

a) Das Modell enthält Risikofaktoren für die Zinssätze in jeder Währung, in der das Institut zinsreagible bilanzwirksame und außerbilanzielle Positionen hält. Das Institut hat die Zinsstrukturkurven nach einem allgemein anerkannten Verfahren zu berechnen. Bei wesentlichen, mit einem Zinsänderungsrisiko behafteten Risikopositionen in den wichtigsten Währungen und Märkten ist die Zinsstrukturkurve in mindestens sechs Laufzeitsegmente zu unterteilen, um der unterschiedlichen Volatilität der Zinssätze für die verschiedenen Laufzeiten Rechnung zu tragen. Das Modell erfasst ferner das Risiko nicht vollkommen korrelierter Entwicklungen der verschiedenen Zinsstrukturkurven.

b) Das Modell enthält Risikofaktoren für Gold und für die einzelnen Fremdwährungen, auf die die Positionen des Instituts lauten. Für OGA werden die tatsächlichen Fremdwährungspositionen der OGA berücksichtigt. Die Institute können den Ausweis von Fremdwährungspositionen in OGA heranziehen, der vonseiten Dritter vorgenommen wurde, sofern die Korrektheit dieses Ausweises ausreichend sichergestellt ist. Kennt ein Institut die Fremdwährungspositionen in einem OGA nicht, wird diese Position isoliert und gemäß Artikel 353 Absatz 3 behandelt.

c) Das Modell muss mindestens für jeden Aktienmarkt, in dem das Institut Positionen in erheblichem Umfang hält, einen gesonderten Risikofaktor enthalten.

d) Das Modell muss mindestens für jede Ware, in der das Institut Positionen in erheblichem Umfang hält, einen gesonderten Risikofaktor enthalten. Das Modell muss daneben auch das Risiko unvollständig korrelierter Entwicklungen ähnlicher, aber nicht identischer Waren und das Risiko einer Änderung der Terminkurse aufgrund von Fristeninkongruenzen erfassen. Überdies ist den Markteigenheiten, insbesondere den Lieferterminen und den Möglichkeiten der Händler zum Glattstellen von Positionen, Rechnung zu tragen.

e) Bei dem institutsinternen Modell wird das aus weniger liquiden Positionen und Positionen mit begrenzter Preistransparenz erwachsende Risiko unter Zugrundelegung realistischer Marktszenarien konservativ bewertet. Darüber hinaus erfüllt das interne Modell die Mindestanforderungen an Daten. Näherungswerte werden mit der notwendigen Vorsicht bestimmt und dürfen nur verwendet werden, wenn die verfügbaren Daten nicht ausreichen oder die Volatilität einer Position oder eines Portfolios nicht realistisch widerspiegeln.

(3) Die Institute dürfen in jedem für die Zwecke dieses Kapitels verwendeten internen Modell empirische Korrelationen innerhalb und zwischen den einzelnen Risikokategorien nur dann anwenden, wenn der Ansatz des Instituts für die Korrelationsmessung solide ist und unter Sicherstellung seiner Integrität angewandt wird.

Art. 368 Qualitative Anforderungen. (1) Jedes für die Zwecke dieses Kapitels verwendete interne Modell beruht auf einem soliden Konzept und wird unter Sicherstellung seiner Integrität angewandt; insbesondere werden sämtliche der folgenden qualitativen Anforderungen erfüllt:

a) Jedes zur Berechnung der Eigenmittelanforderungen für das Positionsrisiko, das Fremdwährungsrisiko oder das Warenpositionsrisiko verwendete interne Modell ist eng in das tägliche Risikomanagement des Instituts eingebunden und dient als Grundlage für die Meldung von Risikopositionen an die Geschäftsleitung.

b) Das Institut verfügt über eine vom Handelsbereich unabhängige Abteilung zur Risikosteuerung und -überwachung, die direkt der Geschäftsleitung unterstellt ist. Die Abteilung ist für die Gestaltung und Umsetzung der für die Zwecke dieses Kapitels verwendeten internen Modelle zuständig. Die Abteilung führt die erste und die laufende Validierung der für die Zwecke dieses Kapitels verwendeten internen Modelle durch, wobei sie für das gesamte Risikomanagement-System verantwortlich ist. Die Abteilung erstellt und analysiert täglich Berichte über die Ergebnisse der zur Berechnung der Eigenmittelanforderungen für das Positionsrisiko, das Fremdwährungsrisiko oder das Warenpositionsrisiko verwendeten internen Modelle und über die angemessenen Maßnahmen, die im Hinblick auf die Begrenzung der Handelsgeschäfte zu treffen sind.

c) Leitungsorgan und Geschäftsleitung des Instituts sind aktiv an der Risikosteuerung und -überwachung beteiligt, und die täglichen Berichte der Abteilung zur Risikosteuerung und -überwachung werden von einer Leitungsebene geprüft, die über hinreichende Befugnisse verfügt, um sowohl die Reduzierung von Positionen einzelner Händler als auch die Reduzierung des eingegangenen Gesamtrisikos des Instituts durchzusetzen.

d) Das Institut beschäftigt in den Abteilungen Handel, Risikosteuerung und -überwachung, Revision und Abwicklung eine ausreichende Zahl von Mitarbeitern, die in der Verwendung komplexer interner Modelle, einschließlich der für die Zwecke dieses Kapitels verwendeten, geschult sind.

e) Das Institut hat Verfahren eingerichtet, um die Einhaltung schriftlich festgelegter interner Strategien und Kontrollen hinsichtlich der Funktionsweise seiner internen Modelle insgesamt, einschließlich der für die Zwecke dieses Kapitels verwendeten Modelle, zu überwachen und zu gewährleisten.

f) Jedes für die Zwecke dieses Kapitels verwendete interne Modell hat in der Vergangenheit nachweislich eine ausreichend präzise Risikomessung gewährleistet.

g) Das Institut führt regelmäßig ein gründliches Stresstestprogramm einschließlich umgekehrter Stresstests durch, das jedes für die Zwecke dieses Kapitels verwendete interne Modell erfasst und dessen Ergebnisse von der Geschäftsleitung geprüft werden und in die von ihm festgelegten Strategien und Begrenzungen einfließen. Dieses Programm erfasst insbesondere die Illiquidität von Märkten unter angespannten Marktbedingungen, das Konzentrationsrisiko, ein Vorhandensein von aus Käufer- oder Verkäufersicht wenig liquiden Märkten („one-way market"), Kreditereignisrisiko und Risiko eines plötzlichen Kreditausfalls („jump-to-default"), Nichtlinearität von Produkten, weit aus dem Geld notierte Positionen, Positionen mit hohen Preisschwankungen und andere Risiken, die vom internen Modell unter Umständen nicht ausreichend abgedeckt werden. Bei der Simulierung von Schocks wird der Art der Portfolios und der Zeit, die unter schwierigen Marktbedingungen zur Absicherung oder Steuerung von Risiken erforderlich sein könnte, Rechnung getragen.

h) Das Institut unterzieht seine internen Modelle, einschließlich der für die Zwecke dieses Kapitels verwendeten Modelle, im Rahmen der Innenrevision einer unabhängigen Prüfung.

(2) [1] In die unter Absatz 1 Buchstabe h genannte Prüfung sind sowohl die Tätigkeiten der Handelsabteilungen als auch die der unabhängigen Abteilung zur Risikosteuerung und -überwachung einzubeziehen. [2] Das Institut prüft mindestens einmal im Jahr sein gesamtes Risikomanagementsystem. [3] In diese Prüfung ist Folgendes einzubeziehen:

a) die Angemessenheit der Dokumentation von Risikomanagementsystem und -verfahren und die Organisation der Abteilung zur Risikosteuerung und -überwachung;

b) die Einbeziehung der Risikomessungen in das tägliche Risikomanagement und die Integrität des Management-Informationssystems;

c) die Genehmigungsverfahren des Instituts für die von den Mitarbeitern der Handels- und der Abwicklungsabteilungen verwendeten Preismodelle für Risiken und Bewertungssysteme;

d) die Bandbreite der von dem Risikomessmodell erfassten Risiken und die Validierung etwaiger signifikanter Änderungen des Risikomessverfahrens;

e) die Richtigkeit und Vollständigkeit der Positionsdaten, die Richtigkeit und Angemessenheit der Volatilitäts- und Korrelationsannahmen und die Richtigkeit der Bewertungs- und Risikosensitivitätsberechnungen;

f) die Verifizierungsverfahren des Instituts zur Bewertung der Einheitlichkeit, Aktualität und Zuverlässigkeit sowie der Unabhängigkeit der in den internen Modellen verwendeten Datenquellen;

g) die Verifizierungsverfahren des Instituts zur Bewertung der Rückvergleiche, mit denen die Genauigkeit des Modells getestet wird.

(3) Sollten neue Techniken und vorbildliche Verfahren entwickelt werden, so wenden die Institute diese neuen Techniken und Verfahren auf jedes für die Zwecke dieses Kapitels verwendete Modell an.

Art. 369 Interne Validierung. (1) [1] Institute verfügen über Verfahren, die gewährleisten, dass alle ihre für die Zwecke dieses Kapitels verwendeten internen Modelle angemessen von entsprechend qualifizierten Dritten, die von der Entwicklung unabhängig sind, validiert wurden, damit sichergestellt ist, dass sie konzeptionell solide sind und alle wesentlichen Risiken erfassen. [2] Die Validierung erfolgt sowohl bei der Einführung als auch bei jeder wesentlichen Änderung des internen Modells. [3] Darüber hinaus werden regelmäßig Validierungen durchgeführt, insbesondere jedoch nach jedem wesentlichen Strukturwandel am Markt oder jeder Änderung der Portfoliozusammensetzung, wenn die Gefahr besteht, dass das interne Modell infolgedessen nicht länger angemessen ist. [4] Sollten neue Techniken und vorbildliche Praktiken für die interne Validierung entwickelt werden, so wenden die Institute diese an. [5] Die Modellvalidierung ist nicht auf Rückvergleiche beschränkt, umfasst zumindest aber Folgendes:

a) Tests, anhand derer nachgewiesen wird, dass alle dem internen Modell zugrunde liegenden Annahmen angemessen sind und keine Unterschätzung oder Überschätzung des Risikos zur Folge haben;

b) zusätzlich zu den vorgeschriebenen Rückvergleichen eigene Tests und Rückvergleiche der Institute in Bezug auf die Risiken und die Struktur ihrer Portfolios zur Validierung des internen Modells;

c) den Einsatz hypothetischer Portfolios, wodurch sichergestellt werden soll, dass das interne Modell eventuell auftretende, besondere strukturelle Merkmale, wie erhebliche Basisrisiken und das Konzentrationsrisiko, erfassen kann.

(2) Das Institut führt sowohl für tatsächliche als auch für hypothetische Änderungen des Portfoliowerts Rückvergleiche durch.

Abschnitt 3. Besondere Anforderungen an die Entwicklung von Modellen für spezifische Risiken

Art. 370 Anforderungen an die Entwicklung von Modellen für spezifische Risiken. Interne Modelle zur Berechnung der Eigenmittelanforderungen für das spezifische Risiko und interne Modelle für Korrelationshandelsaktivitäten müssen folgenden zusätzlichen Anforderungen genügen:

a) Sie erklären die Preisänderungen der Portfoliopositionen im Zeitablauf.

b) Sie erfassen Konzentrationen im Portfolio hinsichtlich der Größenordnung und der Änderungen der Portfoliozusammensetzung.

c) Sie funktionieren auch unter ungünstigen Bedingungen korrekt.

d) Sie werden durch Rückvergleiche überprüft, anhand derer beurteilt wird, ob das spezifische Risiko korrekt erfasst wird. Wenn das Institut derartige Rückvergleiche auf der Grundlage aussagekräftiger Teilportfolios durchführt, so müssen diese Teilportfolios durchgängig in der gleichen Weise ausgewählt werden.

e) Sie erfassen das adressenbezogene Basisrisiko und reagieren differenziert auf wesentliche spezifische Unterschiede zwischen ähnlichen, aber nicht identischen Positionen.

f) Sie erfassen das Ereignisrisiko.

Art. 371 Ausschlüsse aus Modellen für das spezifische Risiko.

(1) Ein Institut darf sich dafür entscheiden, bei der Berechnung der Eigenmittelanforderung für das spezifische Risiko anhand eines internen Modells die Positionen auszuschließen, für die es die Eigenmittelanforderung für das spezifische Risiko nach Artikel 332 Absatz 1 Buchstabe e oder Artikel 337, mit Ausnahme der Positionen, auf die der Ansatz gemäß Artikel 377 angewandt wird, erfüllt,[1]

(2) Ein Institut darf sich dafür entscheiden, keine Ausfall- und Migrationsrisiken für gehandelte Schuldtitel in seinem internen Modell zu erfassen, wenn es diese Risiken durch die Anforderungen gemäß Abschnitt 4 erfasst.

---

[1] Zeichensetzung amtlich.

Abschnitt 4. Internes Modell für das zusätzliche Ausfall- und Migrationsrisiko

Art. 372 Pflicht zur Bereitstellung eines internen Modells für das zusätzliche Ausfall- und Migrationsrisiko (IRC-Modell) *[1]* [1] Ein Institut, das zur Berechnung der Eigenmittelanforderungen für das spezifische Risiko gehandelter Schuldtitel ein internes Modell verwendet, verfügt auch über ein internes Modell für das zusätzliche Ausfall- und Migrationsrisiko (IRC), um die Ausfall- und Migrationsrisiken seiner Handelsbuchpositionen zu erfassen, die über die Risiken hinausgehen, die im Wert des Risikopotenzials gemäß Artikel 365 Absatz 1 enthalten sind. [2] Das Institut muss nachweisen, dass sein internes Modell – unter der Annahme eines unveränderten Risikoniveaus – die folgenden Standards erfüllt und erforderlichenfalls angepasst wurde, um den Auswirkungen der Liquidität, sowie von Konzentrationen, Absicherungsgeschäften und Optionalität Rechnung zu tragen:

a) das interne Modell liefert eine aussagekräftige Risikodifferenzierung und präzise und konsistente Schätzungen für das zusätzliche Ausfall- und Migrationsrisiko;
b) die Schätzungen der potenziellen Verluste des internen Modells spielen eine maßgebliche Rolle für das Risikomanagement des Instituts;
c) die für das interne Modell verwendeten Marktdaten und Positionsdaten sind aktuell und unterliegen einer angemessenen Qualitätsbewertung;
d) die Anforderungen der Artikel 367 Absatz 3, 368, 369 Absatz 1 und 370 Buchstaben b, c, e und f werden eingehalten.

[2] Die EBA gibt Leitlinien zu den Anforderungen der Artikel 373, 374, 375 und 376 heraus.

Art. 373 Anwendungsbereich des internen IRC-Modells. *[1]* Das interne IRC-Modell erfasst alle Positionen, die einer Eigenmittelanforderung für das spezielle Zinsänderungsrisiko unterliegen, einschließlich der Positionen, die gemäß Artikel 336 einer Eigenmittelanforderung für das spezifische Risiko von 0 % unterliegen, darf aber keine Verbriefungspositionen und n-ter-Ausfall-Kreditderivate erfassen.

[2] [1] Das Institut darf sich vorbehaltlich der Genehmigung der zuständigen Behörden dafür entscheiden, sämtliche Positionen in börsennotierten Aktien und sämtliche auf börsennotierten Aktien basierenden Derivatepositionen konsequent in den Anwendungsbereich einzubeziehen. [2] Eine Genehmigung wird erteilt, sofern eine solche Einbeziehung im Einklang mit der institutsinternen Risikomessung und dem institutsinternen Risikomanagement steht.

Art. 374 Parameter des internen IRC-Modells. (1) [1] Institute verwenden ein internes Modell zur Berechnung einer Zahl, die die Verluste aufgrund von Ausfällen und der Migration interner oder externer Bonitätsbeurteilungen mit einem Konfidenzniveau von 99,9 % über einen Zeithorizont von einem Jahr misst. [2] Die Institute berechnen diese Zahl mindestens wöchentlich.

(2) [1] Die Korrelationsannahmen werden durch die Analyse objektiver Daten in einem konzeptionell soliden Rahmen gestützt. [2] Das interne Modell spiegelt Emittentenkonzentrationen angemessen wider. [3] Dabei werden auch Konzentrationen abgebildet, die innerhalb von Produktklassen und über Produktklassen hinweg unter Stressbedingungen entstehen können.

(3) [1]Das interne IRC-Modell muss die Auswirkung von Korrelationen zwischen Ausfall- und Migrationsereignissen darstellen. [2]Die Auswirkung einer Diversifizierung zwischen Ausfall- und Migrationsereignissen einerseits und anderen Risikofaktoren andererseits wird nicht berücksichtigt.

(4) [1]Das interne Modell basiert auf der Annahme, dass das Risiko über den einjährigen Zeithorizont hinweg konstant bleibt, d.h. dass Einzelpositionen oder Positionsgruppen im Handelsbuch, bei denen über den Liquiditätshorizont Ausfälle oder Migration aufgetreten sind, am Ende ihres Liquiditätshorizonts wieder ausgeglichen werden, sodass das Risiko wieder sein ursprüngliches Niveau erreicht. [2]Alternativ dazu können die Institute auch durchgängig über ein Jahr hinweg konstante Positionen annehmen.

(5) [1]Die Liquiditätshorizonte werden danach festgelegt, wie viel Zeit erforderlich ist, um die Position unter Stressbedingungen am Markt zu verkaufen oder alle damit verbundenen wesentlichen Preisrisiken abzusichern, wobei insbesondere die Höhe der Position zu berücksichtigen ist. [2]Die Liquiditätshorizonte spiegeln die tatsächliche Praxis und die während Phasen mit systematischem und spezifischem Stress gesammelten Erfahrungen wider. [3]Der Liquiditätshorizont wird unter konservativen Annahmen bestimmt und ist so lang, dass der Akt des Verkaufs oder der Absicherung selbst den Preis, zu dem der Verkauf oder die Absicherung erfolgen würde, nicht wesentlich beeinflussen würde.

(6) Bei der Bestimmung des angemessenen Liquiditätshorizonts für eine Position oder eine Positionsgruppe gilt eine Untergrenze von drei Monaten.

(7) [1]Bei der Bestimmung des angemessenen Liquiditätshorizonts für eine Position oder eine Positionsgruppe werden die internen Vorschriften des Instituts für Bewertungsanpassungen und das Management von Altbeständen berücksichtigt. [2]Bestimmt ein Institut die Liquiditätshorizonte nicht für Einzelpositionen, sondern für Positionsgruppen, so werden die Kriterien für die Definition von Positionsgruppen so festgelegt, dass sie Liquiditätsunterschiede realistisch widerspiegeln. [3]Die Liquiditätshorizonte für konzentrierte Positionen sind länger, da zur Auflösung solcher Positionen ein längerer Zeitraum erforderlich ist. [4]Bei der Zwischenfinanzierung des Ankaufs von Forderungen im Hinblick auf ihre Verbriefung (Warehousing) spiegelt der Liquiditätshorizont den Zeitraum wider, der benötigt wird, um die Vermögenswerte aufzubauen, zu verkaufen und zu verbriefen oder die damit verbundenen wesentlichen Risikofaktoren unter Stressbedingungen am Markt abzusichern.

Art. 375 Anerkennung von Absicherungen im internen IRC-Modell.

(1) [1]Absicherungsgeschäfte dürfen in das interne Modell eines Instituts zur Erfassung der zusätzlichen Ausfall- und Migrationsrisiken einbezogen werden. [2]Kauf- und Verkaufspositionen in Bezug auf dasselbe Finanzinstrument dürfen gegeneinander aufgerechnet werden. [3]Absicherungs- oder Diversifizierungseffekte bei Kauf- und Verkaufspositionen in Bezug auf verschiedene Instrumente oder verschiedene Wertpapiere desselben Schuldners sowie Kauf- und Verkaufspositionen gegenüber verschiedenen Emittenten dürfen nur berücksichtigt werden, indem die Bruttokauf- und -verkaufspositionen über die verschiedenen Instrumente explizit modelliert werden. [4]Institute bilden die Auswirkungen wesentlicher Risiken, die im Zeitraum zwischen dem Ablauf des Absicherungsgeschäfts und dem Liquiditätshorizont eintreten könnten, sowie das Potenzial für signifikante Basisrisiken in den Absicherungsstrategien aufgrund von Unterschieden zwischen den Instrumenten hinsichtlich unter ande-

rem Produkt, Rang in der Kapitalstruktur, interner oder externer Bonitätsbeurteilung, Laufzeit, Jahrgang der originären Kreditgewährung (Vintage) ab. [5]Ein Institut bildet ein Absicherungsgeschäft nur ab, soweit es auch dann haltbar ist, wenn sich der Schuldner einem Kredit- oder sonstigen Ereignis nähert.

(2) Bei Positionen, die über dynamische Absicherungsstrategien abgesichert werden, kann eine Anpassung des Absicherungsgeschäfts innerhalb des Liquiditätshorizonts der abgesicherten Position berücksichtigt werden, wenn das Institut

a) dafür optiert, die Anpassung des Absicherungsgeschäfts über die betreffende Gruppe von Handelsbuchpositionen hinweg konsistent zu modellieren;
b) nachweist, dass die Berücksichtigung der Anpassung zu einer besseren Risikomessung führt;
c) nachweist, dass die Märkte für die Instrumente, die zur Absicherung dienen, so liquide sind, dass eine solche Anpassung auch in Stressphasen möglich ist. Etwaige Restrisiken aus dynamischen Absicherungsstrategien müssen in der Eigenmittelanforderung zum Ausdruck kommen.

Art. 376 Besondere Anforderungen an das interne IRC-Modell.

(1) [1]Das interne Modell zur Erfassung der zusätzlichen Ausfall- und Migrationsrisiken muss den nichtlinearen Auswirkungen von Optionen, strukturierten Kreditderivaten und anderen Positionen mit wesentlichem nichtlinearem Verhalten in Bezug auf Preisveränderungen Rechnung tragen. [2]Das inhärente Modellierungsrisiko der Bewertung und Schätzung der mit diesen Produkten verbundenen Preisrisiken wird von den Instituten ebenfalls gebührend berücksichtigt.

(2) Das interne Modell basiert auf objektiven und aktuellen Daten.

(3) Im Rahmen der unabhängigen Prüfung und der Validierung seiner internen Modelle, die für die Zwecke dieses Kapitels, einschließlich für die Zwecke des Risikomesssystems, verwendet werden, nimmt ein Institut insbesondere Folgendes vor:

a) eine Überprüfung, ob der Modellierungsansatz für Korrelationen und Preisveränderungen für sein Portfolio geeignet ist, auch in Bezug auf die Auswahl und Gewichtung der systematischen Risikofaktoren;
b) verschiedene Stresstests, einschließlich Sensitivitätsanalyse und Szenarioanalyse, um die qualitative und quantitative Angemessenheit des internen Modells, insbesondere in Bezug auf die Behandlung von Konzentrationen, zu bewerten. Diese Tests werden nicht auf historische Erfahrungen beschränkt;
c) eine angemessene quantitative Validierung einschließlich der einschlägigen internen Referenzwerte für die Modellierung.

(4) Das interne Modell muss mit den internen Risikomanagement-Methoden des Instituts für die Ermittlung, Messung und Steuerung von Handelsrisiken in Einklang stehen.

(5) Die Institute dokumentieren ihre internen Modelle, sodass die Korrelations- und anderen Modellannahmen für die zuständigen Behörden transparent sind.

(6) [1]Bei dem internen Modell wird das aus weniger liquiden Positionen und Positionen mit begrenzter Preistransparenz erwachsende Risiko unter Zugrundelegung realistischer Marktszenarien konservativ bewertet. [2]Darüber hinaus

erfüllt das interne Modell die Mindestanforderungen an Daten. [3]Näherungswerte werden mit der notwendigen Vorsicht bestimmt und dürfen nur verwendet werden, wenn die verfügbaren Daten nicht ausreichen oder die Volatilität einer Position oder eines Portfolios nicht realistisch widerspiegeln.

Abschnitt 5. Internes Modell für Korrelationshandelsaktivitäten

Art. 377 Anforderungen an ein internes Modell für Korrelationshandelsaktivitäten. (1) Die zuständigen Behörden erteilen Instituten, die ein internes Modell für das spezifische Risiko von Schuldtiteln verwenden dürfen und die Anforderungen der Absätze 2 bis 6 dieses Artikels sowie der Artikel 367 Absätze 1 und 3, Artikel 368, 369 Absatz 1 und 370 Buchstaben a, b, c, e und f erfüllen, die Erlaubnis, anstelle der Eigenmittelanforderung gemäß Artikel 338 ein internes Modell für die Eigenmittelanforderung für das Korrelationshandelsportfolio zu verwenden.

(2) [1]Die Institute verwenden dieses interne Modell zur Berechnung einer Zahl, die alle Preisrisiken mit einem Konfidenzniveau von 99,9 % über einen Zeithorizont von einem Jahr adäquat erfasst, wobei von einem unveränderten Risikoniveau ausgegangen und erforderlichenfalls eine Anpassung vorgenommen wird, um die Auswirkungen der Liquidität, sowie von Konzentrationen, Absicherungsgeschäften und Optionalität widerzuspiegeln. [2]Die Institute berechnen diese Zahl mindestens wöchentlich.

(3) Das Modell gemäß Absatz 1 muss folgende Risiken angemessen erfassen:

a) das kumulierte Risiko aufgrund des Eintritts mehrerer Ausfallereignisse, auch unter Berücksichtigung ihrer Reihenfolge, in tranchierten Produkten;

b) das Kreditspreadrisiko, einschließlich der Gamma- und der Cross-Gamma-Effekte;

c) die Volatilität der impliziten Korrelationen, einschließlich der Abhängigkeiten zwischen Spreads und Korrelationen;

d) das Basisrisiko, das sowohl

i) die Basis zwischen dem Spread eines Index und den Spreads der Einzeladressen aus denen er besteht, als auch

ii) die Basis zwischen der impliziten Korrelation eines Index und der impliziten Korrelation maßgeschneiderter Portfolios umfasst;

e) die Volatilität der Erlösquote, insofern dies die Tendenz von Erlösquoten betrifft, Tranchenpreise zu beeinflussen;

f) soweit die Messung des Gesamtrisikos die Vorteile aus dynamischen Absicherungsgeschäften berücksichtigt, das Risiko von unvollständigen Absicherungsgeschäften und die eventuellen Kosten der Anpassung solcher Absicherungsgeschäfte;

g) sämtliche anderen wesentlichen Preisrisiken von Positionen im Korrelationshandelsportfolio.

(4) *[1]* [1]Das Institut muss im Rahmen des Modells gemäß Absatz 1 ausreichende Marktdaten verwenden, die gewährleisten, dass es die Hauptrisiken dieser Risikopositionen in seinem internen Ansatz gemäß den in diesem Artikel beschriebenen Anforderungen vollständig erfasst. [2]Es muss gegenüber den zuständigen Behörden durch Rückvergleiche oder andere geeignete Methoden nachweisen, dass das Modell die historischen Preisschwankungen dieser Produkte in angemessener Weise erklären kann.

[2] Das Institut verfügt über angemessene Vorschriften und Verfahren, um die Positionen, für die es die Erlaubnis zur Einbeziehung in die Eigenmittelanforderung gemäß diesem Artikel hat, von denen zu trennen, für die es keine solche Erlaubnis hat.

(5) [1] Hinsichtlich des Portfolios aller in das Modell gemäß Absatz 1 einbezogenen Positionen wendet das Institut regelmäßig eine Reihe spezifischer, vorgegebener Stressszenarien an. [2] Derartige Stressszenarien analysieren die Auswirkungen angespannter Situationen auf Ausfallraten, Erlösquoten, Risikoprämien (Kreditspreads), Basisrisiken, Korrelationen und andere einschlägige Risikofaktoren auf das Korrelationshandelsportfolio. [3] Das Institut wendet diese Stressszenarien mindestens einmal wöchentlich an und meldet den zuständigen Behörden mindestens einmal vierteljährlich die Ergebnisse, einschließlich Vergleichen mit der Eigenmittelanforderung des Instituts gemäß diesem Artikel. [4] Jeder Fall, in dem die Stresstests eine wesentliche Unzulänglichkeit der Eigenmittelanforderung für das Korrelationshandelsportfolio anzeigen, muss den zuständigen Behörden zeitnah gemeldet werden. [5] Die EBA gibt Leitlinien zur Anwendung von Stressszenarien für das Korrelationshandelsportfolio heraus.

(6) [1] Bei dem internen Modell wird das aus weniger liquiden Positionen und Positionen mit begrenzter Preistransparenz erwachsende Risiko unter Zugrundelegung realistischer Marktszenarien konservativ bewertet. [2] Darüber hinaus erfüllt das interne Modell die Mindestanforderungen an Daten. [3] Näherungswerte werden mit der notwendigen Vorsicht bestimmt und dürfen nur verwendet werden, wenn die verfügbaren Daten nicht ausreichen oder die Volatilität einer Position oder eines Portfolios nicht realistisch widerspiegeln.

Titel V. Eigenmittelanforderungen für das Abwicklungsrisiko

Art. 378 Abwicklungs-/Lieferrisiko. [1] Im Fall von Geschäften, bei denen Schuldtitel, Aktieninstrumente, Fremdwährungen und Waren, mit Ausnahme von Pensionsgeschäften und Wertpapier- oder Warenverleih- und Wertpapier- oder Warenleihgeschäften, nach dem festgesetzten Liefertag noch nicht abgewickelt wurden, muss das Institut die Preisdifferenz berechnen, die sich daraus ergibt.

[2] Die Preisdifferenz wird berechnet als die Differenz zwischen dem vereinbarten Abrechnungspreis für die betreffenden Schuldtitel, Aktieninstrumente, Fremdwährungen oder Waren und ihrem aktuellen Marktwert, wenn die Differenz mit einem Verlust für das Institut verbunden sein könnte.

[3] Zur Berechnung seiner Eigenmittelanforderung für das Abwicklungsrisiko multipliziert das Institut diesen Differenzbetrag mit dem entsprechenden Faktor in der rechten Spalte der nachstehenden Tabelle 1.

Tabelle 1

Anzahl der Arbeitstage nach dem festgesetzten Abwicklungstermin	(%)
5 – 15	8
16 – 30	50
31 – 45	75
46 oder mehr	100

Art. 379 Vorleistungen. (1) Ein Institut muss über Eigenmittel nach Maßgabe von Tabelle 2 verfügen, falls Folgendes eintritt:

a) wenn es Wertpapiere, Fremdwährungen oder Waren bezahlt hat, bevor es diese erhalten hat, oder Wertpapiere, Fremdwährungen oder Waren geliefert hat, bevor es deren Bezahlung erhalten hat;

b) bei grenzüberschreitenden Geschäften, wenn seit der Zahlung bzw. Lieferung mindestens ein Tag vergangen ist.

Tabelle 2

Eigenmittelunterlegung bei Vorleistungen

Spalte 1	Spalte 2	Spalte 3	Spalte 4
Art des Geschäfts	Bis zur ersten vertraglich vereinbarten Zahlung oder zum ersten vertraglich vereinbarten Lieferabschnitt	Von der ersten vertraglich vereinbarten Zahlung/vom ersten vertraglich vereinbarten Lieferabschnitt bis zu vier Tagen nach der zweiten vertraglich vereinbarten Zahlung oder dem zweiten vertraglich vereinbarten Lieferabschnitt	Vom fünften Geschäftstag nach der zweiten vertraglich vereinbarten Zahlung oder dem zweiten vertraglich vereinbarten Lieferabschnitt bis zur Abwicklung des Geschäfts
Vorleistung	Keine Eigenmittelunterlegung	Behandlung als Risikoposition	Behandlung als Risikoposition mit einem Risikogewicht von 1 250 %

(2) *[1]* [1]Institute, die den in Teil 3 Titel II Kapitel 3 beschriebenen IRB-Ansatz anwenden, dürfen bei der Ansetzung eines Risikogewichts für Positionen aus nicht abgewickelten Geschäften gemäß der dritten Spalte der Tabelle 2 bei Gegenparteien, gegenüber denen sie keine andere Risikoposition im Anlagebuch haben, die Zuordnung der PD anhand einer externen Bonitätsbeurteilung der Gegenpartei vornehmen. [2]Institute, die eigene LGD-Schätzungen verwenden, dürfen die LGD nach Artikel 161 Absatz 1 für alle Risikopositionen aus nicht abgewickelten Geschäften, die nach Maßgabe der dritten Spalte der Tabelle 2 behandelt werden, anwenden, sofern sie die LGD auf alle derartigen Risikopositionen anwenden. [3]Alternativ dazu dürfen Institute, die den IRB-Ansatz nach Teil 3 Titel II Kapitel 3 anwenden, das Risikogewicht gemäß dem Standardansatz nach Teil 3 Titel II Kapitel 2 ansetzen, sofern sie es auf alle derartigen Risikopositionen anwenden, oder ein Risikogewicht von 100 % auf alle derartigen Risikopositionen anwenden.

[2] Resultiert aus nicht abgewickelten Geschäften kein nennenswerter positiver Risikopositionsbetrag, so dürfen die Institute für diese Risikopositionen ein Risikogewicht von 100 % ansetzen, sofern nicht gemäß der vierten Spalte von Tabelle 2 in Absatz 1 eine Risikogewichtung von 1 250 % erforderlich ist.

(3) Alternativ zu einer Risikogewichtung von 1 250 % von Positionen aus nicht abgewickelten Geschäften gemäß Absatz 1 Tabelle 2 Spalte 4 können die Institute den übertragenen Wert zuzüglich des aktuellen positiven Risikopositionsbetrags von Posten des harten Kernkapitals im Einklang mit Artikel 36 Absatz 1 Buchstabe k in Abzug bringen.

Art. 380 Aussetzung der Eigenmittelanforderungen. [1]Bei einem systemweiten Ausfall eines Abwicklungssystems, eines Clearingsystems oder einer zentralen Gegenpartei können die zuständigen Behörden die gemäß den Artikeln 378 und 379 berechneten Eigenmittelanforderungen bis zur Behebung des Schadens aussetzen. [2]In diesem Falle wird das Versäumnis einer Gegenpartei, ein Geschäft abzuwickeln, nicht als kreditrisikorelevanter Ausfall angesehen.

Titel VI. Eigenmittelanforderungen für das Risiko einer Anpassung der Kreditbewertung (CVA-Risiko)

Art. 381 Begriff der Anpassung der Kreditbewertung. [1] Für die Zwecke dieses Titels und des Titels II Kapitel 6 ist die „Anpassung der Kreditbewertung" oder „CVA" ein Betrag zur Anpassung der Bewertung eines Portfolios von Geschäften mit einer Gegenpartei an die Bewertung zum mittleren Marktwert. [2] Dieser Anpassungsbetrag spiegelt den Marktwert des Kreditrisikos der Gegenpartei gegenüber dem Institut wider, jedoch nicht den Marktwert des Kreditrisikos des Instituts gegenüber der Gegenpartei.

Art. 382 Anwendungsbereich. (1) Ein Institut berechnet in Bezug auf all seine Geschäftstätigkeiten für alle OTC-Derivate ausgenommen Kreditderivate, die anerkanntermaßen die risikogewichteten Positionsbeträge für das Kreditrisiko verringern, die Eigenmittelanforderungen für das CVA-Risiko gemäß diesem Titel.

(2) Ein Institut bezieht in die Berechnung der Eigenmittelanforderungen nach Absatz 1 Wertpapierfinanzierungsgeschäfte mit ein, sofern die zuständige Behörde feststellt, dass die aus diesen Geschäften erwachsenden CVA-Risikopositionen des Instituts wesentlich sind.

(3) Geschäfte mit einer qualifizierten zentralen Gegenpartei und Geschäfte eines Kunden mit einem Clearingmitglied, bei denen das Clearingmitglied als Vermittler zwischen dem Kunden und einer qualifizierten zentralen Gegenpartei auftritt und das Geschäft eine Handelsrisikoposition des Clearingmitglieds gegenüber der qualifizierten zentralen Gegenpartei begründet, fließen nicht in die Eigenmittelanforderung für das CVA-Risiko ein.

(4) *[1]* Die folgenden Geschäfte fließen nicht in die Eigenmittelanforderung für das CVA-Risiko ein:

a) Geschäfte mit nichtfinanziellen Gegenparteien im Sinne des Artikels 2 Nummer 9 der Verordnung (EU) Nr. 648/2012 oder mit in einem Drittland niedergelassenen nichtfinanziellen Gegenparteien, wenn diese Geschäfte die Clearingschwellen gemäß Artikel 10 Absätze 3 und 4 jener Verordnung nicht überschreiten;

b) gruppeninterne Geschäfte gemäß Artikel 3 der Verordnung (EU) Nr. 648/2012, sofern nicht die Mitgliedstaaten nationale Rechtsvorschriften erlassen, die eine strukturelle Trennung innerhalb einer Gruppe gebieten, in welchem Fall die zuständigen Behörden vorschreiben können, dass solche gruppeninternen Geschäfte zwischen strukturell getrennten Instituten in die Eigenmittelanforderungen einfließen;

c) den Übergangsbestimmungen des Artikels 89 Absatz 1 der Verordnung (EU) Nr. 648/2012 unterfallende Geschäfte mit Gegenparteien im Sinne des Artikels 2 Nummer 10 jener Verordnung für die Geltungsdauer der betreffenden Bestimmungen;

d) Geschäfte mit Gegenparteien im Sinne des Artikels 1 Absätze 4 und 5 der Verordnung (EU) Nr. 648/2012 und Geschäfte mit Gegenparteien, für die nach Artikel 114 Absatz 4 und Artikel 115 Absatz 2 dieser Verordnung ein Risikogewicht von 0 % für Risikopositionen gegenüber dieser Gegenpartei vorgesehen ist.

[2] Die Ausnahme von der Eigenmittelunterlegung des CVA-Risikos für diejenigen Geschäfte im Sinne des Buchstabens c, die während des Übergangs-

zeitraums nach Artikel 89 Absatz 1 der Verordnung (EU) Nr. 648/2012 getätigt werden, gilt für die Vertragsdauer des betreffenden Geschäfts.

[3] Entfällt die Ausnahme nach Buchstabe a, weil ein Institut die Clearingschwelle überschreitet oder weil sich diese ändert, gilt die Ausnahme für noch laufende Geschäfte bis zum Ende ihrer Laufzeit weiter.

(5) *[1]* Die EBA führt bis 1. Januar 2015 und danach alle zwei Jahre im Lichte der internationalen Entwicklungen bei der Beaufsichtigung eine Überprüfung durch, in die sie auch mögliche Techniken der Kalibrierung und Schwellenwerte für die Eigenmittelunterlegung des CVA-Risikos nichtfinanzieller Gegenparteien in Drittländern einbezieht.

[2] Die EBA arbeitet in Zusammenarbeit mit der ESMA Entwürfe technischer Regulierungsstandards aus, in denen das Verfahren festgelegt wird, um Geschäfte mit nichtfinanziellen Gegenparteien in Drittländern von der Eigenmittelanforderung für das CVA-Risiko auszunehmen.

[3] Die EBA legt der Kommission diese Entwürfe technischer Regulierungsstandards innerhalb von sechs Monaten nach dem Datum der Überprüfung nach Unterabsatz 1 vor.

[4] Der Kommission wird die Befugnis übertragen, die technischen Regulierungsstandards nach Unterabsatz 2 gemäß dem den Artikeln 10 bis 14 der Verordnung (EU) Nr. 1093/2010 zu erlassen.

Art. 383 Fortgeschrittene Methode. (1) *[1]* Ein Institut, dem gemäß Artikel 363 Absatz 1 Buchstabe d gestattet wurde, ein internes Modell für das spezifische Risiko von Schuldtiteln zu verwenden, ermittelt für sämtliche Geschäfte, für die es die IMM zur Bestimmung des Risikopositionswerts des Gegenparteiausfallrisikos gemäß Artikel 283 verwenden darf, die Eigenmittelanforderung für *das CVA-Risiko fest,*[1)] indem es die Auswirkungen von Veränderungen der Kreditspreads der Gegenparteien auf die CVA-Werte sämtlicher Gegenparteien dieser Geschäfte – unter Berücksichtigung der nach Maßgabe von Artikel 386 anerkannten CVA-Absicherungsgeschäfte – modelliert.

[2] [1] Ein Institut verwendet sein internes Modell zur Ermittlung der Eigenmittelanforderungen für das mit gehandelten Schuldinstrumenten verbundene spezifische Risiko und wendet ein 99 %iges Konfidenzniveau und eine zehn Tagen entsprechende Haltedauer an. [2] Das interne Modell wird so verwendet, dass es Veränderungen der Kreditspreads von Gegenparteien simuliert, nicht jedoch die Sensitivität der CVA gegenüber Veränderungen anderer Marktfaktoren, einschließlich Änderungen des Werts von Referenzaktivum, -ware, -währung oder -zinssatz eines Derivats, abbildet.

[3] Die Eigenmittelanforderung für das CVA-Risiko für jede Gegenpartei wird unter Zugrundelegung der nachstehenden Formel berechnet:

$$CVA = LGD_{MKT} \cdot \sum_{i=1}^{T} max\left\{0, exp\left(-\frac{s_{i-1} \cdot t_{i-1}}{LGD_{MKT}}\right) - exp\left(-\frac{s_i \cdot t_i}{LGD_{MKT}}\right)\right\} \cdot \frac{EE_{i-1} \cdot D_{i-1} + EE_i \cdot D_i}{2}$$

dabei entspricht

---

1) Richtig wohl: „das CVA-Risiko,".

t_i = der Zeit des i-ten Neubewertungszeitraums ab t0=0;

t_T = der längsten vertraglichen Laufzeit bei allen Netting-Sätzen mit der Gegenpartei;

s_i = dem zur Berechnung der CVA der Gegenpartei herangezogenen Kreditspread der Gegenpartei für die Laufzeit t_i. Liegt der CDS-Spread der Gegenpartei vor, so verwendet das Institut diesen. Ist kein CDS-Spread der Gegenpartei verfügbar, so verwendet das Institut einen unter Berücksichtigung von Bonitätsbeurteilung, Branche und Region der Gegenpartei angemessenen Näherungswert;

LGD_{MKT} = der LGD der Gegenpartei, die auf der Risikoprämie (Spread) eines am Markt gehandelten Instruments der Gegenpartei basiert, falls ein solches verfügbar ist. Ist kein entsprechendes Instrument der Gegenpartei verfügbar, basiert der Wert auf einem unter Berücksichtigung von Bonitätsbeurteilung, Branche und Region der Gegenpartei angemessenen Näherungswert.

Der erste Faktor in der Summe ist ein Näherungswert für die vom Markt implizierte Grenzwahrscheinlichkeit für den Eintritt des Ausfalls zwischen den Zeitpunkten t_i–1 und t_i;

EE_i = dem erwarteten Wiederbeschaffungswert gegenüber der Gegenpartei zum Neubewertungszeitpunkt t_i, bei dem die Risikopositionen der unterschiedlichen Netting-Sätze für die betreffende Gegenpartei addiert werden und die längste Fälligkeit jedes Netting-Satzes durch die längste darin enthaltene vertragliche Restlaufzeit definiert wird. Ein Institut wendet das Verfahren nach Absatz 3 auf Geschäfte mit Nachschussvereinbarung an, sofern es die EPE-Messgröße gemäß Artikel 285 Absatz 1 Buchstabe a oder b für Geschäfte mit Nachschussvereinbarung verwendet;

D_i = dem Diskontierungsfaktor für Ausfallrisikofreiheit zum Zeitpunkt t_i, wobei D0 = 1.

(2) Bei der Berechnung der Eigenmittelanforderungen für das CVA-Risiko für eine Gegenpartei stützt ein Institut sämtliche Eingangsparameter seines internen Modells für das spezifische Risiko von Schuldtiteln (je nach Fall) auf folgende Formeln:

a) Basiert das Modell auf vollständiger Neubewertung („full repricing“), so ist die Formel in Absatz 1 direkt anzuwenden;

b) Basiert das Modell auf Kreditspread-Sensitivitäten für spezifische Laufzeiten, so verwendet das Institut für sämtliche Kreditspread-Sensitivitäten („Regulatory CS01“) folgende Formel:

$$Regulatory\,CS01_i = 0.0001 \cdot t_i \cdot exp\left(-\frac{s_i \cdot t_i}{LGD_{MKT}}\right) \cdot \frac{EE_{i-1} \cdot D_{i-1} - EE_{i+1} \cdot D_{i+1}}{2}$$

Für das letzte Laufzeitband i=T lautet die entsprechende Formel:

$$Regulatory\,CS01_T = 0.0001 \cdot t_T \cdot exp\left(-\frac{s_T \cdot t_T}{LGD_{MKT}}\right) \cdot \frac{EE_{T-1} \cdot D_{T-1} + EE_T \cdot D_T}{2}$$

c) Verwendet das Modell Kreditspread-Sensitivitäten gegenüber parallelen Kreditspread-Veränderungen, so verwendet das Institut folgende Formel:

$$Regulatory\,CS01 = 0.0001 \cdot \sum_{i=1}^{T}\left(t_i \cdot exp\left(-\frac{s_i \cdot t_i}{LGD_{MKT}}\right) - t_{i-1} \cdot exp\left(-\frac{s_{i-1} \cdot t_{i-1}}{LGD_{MKT}}\right)\right) \cdot \frac{EE_{i-1} \cdot D_{i-1} + EE_i \cdot D_i}{2}$$

d) Verwendet das Modell Sensitivitäten zweiten Grades gegenüber Kreditspread-Veränderungen („Spread-Gamma"), so werden die Gamma-Werte nach der Formel in Absatz 1 berechnet.

(3) Ein Institut, das die EPE-Messgröße für besicherte OTC-Derivate gemäß Artikel 285 Absatz 1 Buchstabe a oder b verwendet, geht bei der Ermittlung der Eigenmittelanforderungen für das CVA-Risiko gemäß Absatz 1 wie folgt vor:

a) Es geht von einem konstanten EE-Profil aus und

b) es setzt den EE dem nach Artikel 285 Absatz 1 Buchstabe b berechneten erwarteten effektiven Wiederbeschaffungswert für eine Laufzeit gleich, die dem höheren Wert der beiden folgenden Werte entspricht:

i) der Hälfte der längsten Laufzeit im Netting-Satz;

ii) der nominal gewichteten Durchschnittslaufzeit aller Geschäfte des Netting-Satzes.

(4) *[1]* [1] Ein Institut, das mit Erlaubnis der zuständigen Behörden gemäß Artikel 283 die IMM zur Berechnung der Risikopositionswerte für den Großteil seiner Geschäfte verwenden darf, aber die in Titel II Kapitel 6 Abschnitt 3, 4 oder 5 genannten Methoden für kleinere Portfolios verwendet und dem gemäß Artikel 363 Absatz 1 Buchstabe d gestattet wurde, für das spezifische Risiko von Schuldtiteln ein internes Modell für das Marktrisiko zu verwenden, darf vorbehaltlich der Erlaubnis der zuständigen Behörden die Eigenmittelanforderung für das CVA-Risiko gemäß Absatz 1 für die Nicht-IMM-Netting-Sätze berechnen. [2] Die zuständigen Behörden geben diese Erlaubnis nur, wenn das Institut die in Titel II Kapitel 6 Abschnitt 3, 4 oder 5 beschriebenen Methoden für eine begrenzte Anzahl kleinerer Portfolios verwendet.

[2] Für die Zwecke der Berechnung gemäß vorstehendem Unterabsatz und in Fällen, in denen die IMM kein Profil eines erwarteten Wiederbeschaffungswerts generiert, geht ein Institut wie folgt vor:

a) Es geht von einem konstanten EE-Profil aus und

b) es setzt den EE dem anhand der Methoden gemäß Titel II Kapitel 6 Abschnitt 3, 4 oder 5 oder anhand der IMM berechneten Risikopositionswert für eine Laufzeit gleich, die dem höheren Wert der beiden Folgenden entspricht:

i) der Hälfte der längsten Laufzeit im Netting-Satz;

ii) der nominal gewichteten Durchschnittslaufzeit aller Geschäfte des Netting-Satzes.

(5) Ein Institut bestimmt die Eigenmittelanforderung für das CVA-Risiko gemäß Artikel 364 Absatz 1 und den Artikeln 365 und 367 als Summe des Risikopotenzials („Value-at-Risk", VaR) und des Risikopotenzials unter Stressbedingungen („Stressed Value-at-Risk", stressed VaR), die wie folgt berechnet werden:

a) Für das Risikopotenzial werden die aktuellen Parameter-Kalibrierungen für den erwarteten Wiederbeschaffungswert gemäß Artikel 292 Absatz 2 Unterabsatz 1 verwendet.

b) Für das Risikopotenzial unter Stressbedingungen werden künftige EE-Profile der Gegenparteien unter Zugrundelegung einer Kalibrierung unter Stressbedingungen gemäß Artikel 292 Absatz 2 Unterabsatz 2 verwendet. Als Stressphase für die Kreditspread-Parameter wird der schwerwiegendste einjährige Stresszeitraum verwendet, der innerhalb des dreijährigen Stresszeitraums für die Positionswertparameter aufgetreten ist.

(c)[1] Der Multiplikationsfaktor 3, der in die Berechnung der Eigenmittelanforderungen auf der Grundlage des Risikopotenzials und des Risikopotenzials unter Stressbedingungen nach Artikel 364 Absatz 1 einfließt, findet auf diese Berechnungen Anwendung. Die EBA überwacht die Einheitlichkeit von Ermessensentscheidungen der Aufsichtsbehörden, durch die auf die Komponenten Risikopotenzial und Risikopotenzial unter Stressbedingungen der Eigenmittelanforderung für das CVA-Risiko ein höherer Multiplikationsfaktor als 3 angewandt wird. Die zuständigen Behörden, die einen höheren Multiplikationsfaktor als 3 anwenden, begründen dies der EBA gegenüber schriftlich.

d) *die*[2] Berechnung wird zumindest einmal im Monat vorgenommen und der verwendete EE-Wert wird ebenso häufig berechnet. Wird die Berechnung nicht täglich vorgenommen, legen Institute für die Zwecke der in Artikel 364 Absatz 1 Buchstabe a Ziffer ii und Buchstabe b Ziffer ii genannten Berechnung einen Dreimonatsdurchschnitt zugrunde.

(6) Für Risikopositionen gegenüber einer Gegenpartei, für die das gestattete institutsinterne Modell für das spezifische Risiko von Schuldtiteln keinen Näherungswert für die Risikoprämie (Spread) generiert, der hinsichtlich der Kriterien Bonitätsbeurteilung, Branche und Region der Gegenpartei angemessen ist, geht das Institut nach Artikel 384 vor, um die Eigenmittelanforderung für das CVA-Risiko zu berechnen.

(7) *[1]* Die EBA arbeitet Entwürfe technischer Regulierungsstandards aus, in denen Folgendes präzisiert wird:

a) wie ein Näherungswert für die Risikoprämie (Spread) anhand des gestatteten institutsinternen Modells für das spezifische Risiko von Schuldtiteln zu ermitteln ist, um s_i und LGD_{MKT} nach Absatz 1 zu bestimmen;

b) Zahl und Größe der Portfolios, die das Kriterium der begrenzten Anzahl kleinerer Portfolios nach Absatz 4 erfüllen.

---

[1] Richtig wohl: „c)".
[2] Richtig wohl: „Die".

[2] Die EBA legt der Kommission diese Entwürfe technischer Regulierungsstandards bis zum 1. Januar 2014 vor.

[3] Der Kommission wird die Befugnis übertragen, die technischen Regulierungsstandards nach Unterabsatz 1 gemäß den Artikeln 10 bis 14 der Verordnung (EU) Nr. 1093/2010 zu erlassen.

Art. 384 Standardmethode. (1) Nimmt ein Institut keine Berechnung der Eigenmittelanforderung für das CVA-Risiko für seine Gegenparteien nach Artikel 383 vor, so berechnet es eine *Portfolio- Eigenmittelan-forderung*[1)] für das CVA-Risiko für jede Gegenpartei anhand der folgenden Formel und berücksichtigt dabei die gemäß Artikel 386 anerkennungsfähigen CVA-Sicherungsgeschäfte:

$$K = 2.33 \cdot \sqrt{h} \cdot \sqrt{\left(\sum_i 0.5 \cdot w_i \cdot \left(M_i \cdot EAD_i^{total} - M_i^{hedge} B_i\right) - \sum_{ind} w_{ind} \cdot M_{ind} \cdot B_{ind}\right)^2 + \sum_i 0.75 \cdot w_i^2 \cdot \left(M_i \cdot EAD_i^{total} - M_i^{hedge} B_i\right)^2}$$

dabei entspricht

h = dem einjährigen Risikohorizont (in Jahren); h = 1,

w_i = der Gewichtung von Gegenpartei i.

Die Gegenpartei „i" wird auf der Basis einer externen Bonitätsbeurteilung durch eine benannte ECAI einer der sechs Gewichtungen w_i gemäß Tabelle 1 zugeordnet. Liegt für eine Gegenpartei keine Bonitätsbeurteilung einer benannten ECAI vor,

a) ordnet ein Institut, das den Ansatz nach Titel II Kapitel 3 verwendet, die interne Beurteilung der Gegenpartei einer externen Bonitätsbeurteilung zu,

b) weist ein Institut, das den Ansatz nach Titel II Kapitel 2 verwendet, dieser Gegenpartei w_i=1,0 % zu. Ermittelt ein Institut jedoch das Risikogewicht von mit Gegenparteiausfallrisiko behafteten Positionen gegenüber dieser Gegenpartei gemäß Artikel 128, so wird w_i=3,0 % zugewiesen,

EAD_i^{total} = dem Gesamtwert der (über alle Netting-Sätze hinweg addierten) mit Gegenparteiausfallrisiko behafteten Positionen gegenüber der Gegenpartei i unter Berücksichtigung der Auswirkung gestellter Sicherheiten im Einklang mit den für die Berechnung der Eigenmittelanforderungen für das Gegenparteiausfallrisiko dieser Gegenpartei jeweils maßgebenden Methode nach Titel II Kapitel 6 Abschnitte 3 bis 6.

B_i = dem Nominalwert (bei mehreren Positionen der Gesamt-Nominalwert) gekaufter und zur Absicherung des CVA-Risikos verwendeter Einzeladressen-Kreditausfallswaps auf Gegenpartei i.

Dieser Nominalwert wird anhand des folgenden Faktors abgezinst:

[1)] Richtig wohl: „Portfolio-Eigenmittelanforderung".

$$\frac{1-e^{-0.05\cdot M_i^{hedge}}}{0.05\cdot M_i^{hedge}}$$

B_{ind} = dem vollen Nominalwert eines oder mehrerer gekaufter und zur Absicherung des CVA-Risikos verwendeter Index-Kreditausfallswaps.

Dieser Nominalwert wird anhand des folgenden Faktors abgezinst:

$$\frac{1-e^{-0.05\cdot M_{ind}}}{0.05\cdot M_{ind}}$$

w_{ind} = der Gewichtung von Index-Absicherungsgeschäften.

Ein Institut ermittelt Wind durch Berechnung des gewichteten Durchschnitts der w_i, die für die einzelnen Bestandteile des Index gelten;

M_i = der effektiven Laufzeit der Geschäfte mit Gegenpartei i.

Verwendet ein Institut die Methode nach Titel II Kapitel 6 Abschnitt 6, wird M_i gemäß Artikel 162 Absatz 2 Buchstabe g berechnet. Jedoch wird für diesen Zweck M_i nicht auf höchstens fünf Jahre, sondern auf die längste vertragliche Restlaufzeit im Netting-Satz beschränkt.

Verwendet ein Institut nicht die Methode nach Titel II Kapitel 6 Abschnitt 6, ist M_i die nominal gewichtete durchschnittliche Laufzeit gemäß Artikel 162 Absatz 2 Buchstabe b. Jedoch wird für diesen Zweck M_i nicht auf höchstens fünf Jahre, sondern auf die längste vertragliche Restlaufzeit im Netting-Satz beschränkt.

M_i^{hedge} = der Laufzeit des Absicherungsinstruments mit Nominalwert B_i (handelt es sich um mehrere Positionen, sind die Werte $M_i^{hedge} B_i$ zu addieren),

M_{ind} = der Laufzeit des Index-Absicherungsgeschäfts.

Besteht mehr als eine Index-Absicherungsposition, ist M_{ind} die nominalgewichtete Laufzeit.

(2) Ist eine Gegenpartei Bestandteil eines Indexes, auf dem ein zur Absicherung des Gegenparteiausfallrisikos verwendeter Kreditausfallswap basiert, darf das Institut den dieser Gegenpartei gemäß der Gewichtung ihrer Referenzeinheit zuzurechnenden Nominalwert vom Nominalwert des Index-Kreditausfallswap abziehen und als Einzeladressen-Absicherung (B_i) dieser Gegenpartei mit einer der Laufzeit des Indexes entsprechenden Laufzeit behandeln.

Tabelle 1

Bonitätsstufe	Gewichtung w_i
1	0,7 %

Bonitätsstufe	Gewichtung w_i
2	0,8 %
3	1,0 %
4	2,0 %
5	3,0 %
6	10,0 %

Art. 385 Alternative zur Verwendung der CVA-Methoden für die Berechnung der Eigenmittelanforderungen. Alternativ zu Artikel 384 dürfen Institute, die die Ursprungsrisikomethode nach Artikel 282 verwenden, nach vorheriger Genehmigung durch die zuständige Behörde für die in Artikel 382 genannten Instrumente einen Multiplikationsfaktor von 10 auf die sich ergebenden risikogewichteten Positionsbeträge für das Gegenparteiausfallrisiko dieser Positionen anwenden, anstatt die Eigenmittelanforderungen für das CVA-Risiko zu berechnen.

Art. 386 Anerkennungsfähige *Absicherungsgschäfte*[1]. (1) *[1]* Absicherungsgeschäfte sind nur dann für die Zwecke der Berechnung der Eigenmittelanforderungen für das CVA-Risiko nach den Artikeln 383 und 384 anerkennungsfähig, wenn sie zur Minderung des CVA-Risikos verwendet werden, als solche behandelt werden und in eine der folgenden Kategorien fallen:

a) Einzeladressen-Kreditausfallswaps oder andere äquivalente Sicherungsinstrumente mit direkter Referenz auf die Gegenpartei,
b) Index-Kreditausfallswaps, vorausgesetzt, die Basis zwischen dem Spread für eine einzelne Gegenpartei und den Spreads der Absicherung über Index-Kreditausfallswaps wird im Risikopotenzial und im Risikopotenzial unter Stressbedingungen nach Auffassung der zuständigen Behörde hinreichend abgebildet.

[2] Die Anforderung nach Buchstabe b, dass die Basis zwischen dem Spread einer einzelnen Gegenpartei und den Spreads von Absicherungen über Index-Kreditausfallswaps im Risikopotenzial und im Risikopotenzial unter Stressbedingungen abzubilden ist, gilt auch für Fälle, in denen ein Näherungswert für den Spread einer Gegenpartei verwendet wird.

[3] Bei allen Gegenparteien, für die ein Näherungswert eingesetzt wird, verwendet das Institut eine angemessene Basiszeitreihe aus einer repräsentativen Gruppe ähnlicher Adressen, für die ein Spread verfügbar ist.

[4] Wird die Basis zwischen dem Spread für eine einzelne Gegenpartei und den Spreads der als Absicherung verwendeten Index-Kreditausfallswaps nach Auffassung der zuständigen Behörde nicht hinreichend abgebildet, darf das Institut lediglich 50 % des Nominalwerts der indexbasierten Absicherungen im Risikopotenzial und im Risikopotenzial unter Stressbedingungen berücksichtigen.

[5] Eine Übersicherung der Risikopositionen aus Einzeladressen-Kreditausfallswaps nach der Methode gemäß Artikel 383 ist nicht gestattet.

(2) [1] Ein Institut berücksichtigt in der Berechnung der Eigenmittelanforderungen für das CVA-Risiko keine anderen Arten von Gegenparteirisiko-Sicherungsgeschäften. [2] Insbesondere sind tranchierte Kreditausfallswaps oder n-ter-

[1] Richtig wohl: „Absicherungsgeschäfte".

Ausfall-Swaps und synthetische Unternehmensanleihen (Credit Linked Notes) für die Zwecke der Berechnung der Eigenmittelanforderungen für das CVA-Risiko keine anerkennungsfähigen Sicherungsgeschäfte.

(3) Anerkennungsfähige Sicherungsgeschäfte, die in der Berechnung der Eigenmittelanforderungen für das CVA-Risiko berücksichtigt werden, dürfen nicht in der Berechnung der Eigenmittelanforderungen für das spezifische Risiko nach Titel IV berücksichtigt werden oder als Kreditrisikominderung behandelt werden, außer im Zusammenhang mit dem Gegenparteiausfallrisiko für dasselbe Transaktionsportfolio.

Teil 4. Großkredite

Art. 387 Gegenstand. Großkredite werden von den Instituten gemäß diesem Teil überwacht und kontrolliert.

Art. 388 *(aufgehoben)*

Art. 389 Begriffsbestimmung. Im Sinne dieses Teils sind „Risikopositionen“ alle Aktiva und außerbilanziellen Posten im Sinne von Teil 3 Titel II Kapitel 2 ohne Anwendung der Risikogewichte und -grade.

Art. 390 Berechnung des Risikopositionswerts. (1) Die Gesamtrisikoposition gegenüber einer Gruppe verbundener Kunden wird durch Addition der Risikopositionen gegenüber den Einzelkunden dieser Gruppe berechnet.

(2) Die Gesamtrisikoposition gegenüber Einzelkunden wird durch Addition der Risikopositionen im Handelsbuch und der Risikopositionen im Anlagebuch berechnet.

(3) *[1]* Für Risikopositionen im Handelsbuch dürfen die Institute

a) ihre Kauf- und Verkaufspositionen in den von einem bestimmten Kunden begebenen selben Finanzinstrumenten gegeneinander aufrechnen, wobei die Nettoposition in jedem dieser verschiedenen Instrumente nach den in Teil 3 Titel IV Kapitel 2 festgelegten Methoden berechnet wird;

b) ihre Kauf- und Verkaufspositionen in den von einem bestimmten Kunden begebenen verschiedenen Finanzinstrumenten nur dann gegeneinander aufrechnen, wenn das der Verkaufsposition zugrunde liegende Finanzinstrument gegenüber dem der Kaufposition zugrunde liegenden Finanzinstrument nachrangig ist oder die zugrunde liegenden Finanzinstrumente gleichrangig sind.

[2] Für die Zwecke der Buchstaben a und b können die Finanzinstrumente auf der Grundlage der verschiedenen Rangkategorien in Unterklassen eingeordnet werden, um den jeweiligen Rang von Positionen zu bestimmen.

(4) *[1]* [1] Die Institute berechnen die Risikopositionswerte aus den in Anhang II aufgeführten Derivatkontrakten und aus Kreditderivatkontrakten, die direkt mit einem Kunden abgeschlossen werden, gemäß der jeweils maßgeblichen Methode nach Teil 3 Titel II Kapitel 6 Abschnitte 3, 4 und 5. [2] Risikopositionen, die sich aus den in den Artikeln 378, 379 und 380 genannten Geschäften ergeben, werden nach dem in diesen Artikeln festgelegten Verfahren berechnet.

[2] Bei der Berechnung des Risikopositionswerts für die in Unterabsatz 1 genannten Geschäfte halten die Institute auch die in Artikel 299 festgelegten Grundsätze ein, wenn diese Geschäfte dem Handelsbuch zugeordnet werden.

[3] Abweichend von Unterabsatz 1 können Institute mit einer Erlaubnis zur Verwendung der Methoden nach Teil 3 Titel II Kapitel 4 Abschnitt 4 und Teil 3 Titel II Kapitel 6 Abschnitt 6 diese Methoden für die Berechnung des Risikopositionswerts für Wertpapierfinanzierungsgeschäfte verwenden.

(5) Die Institute addieren zu der Gesamtrisikoposition gegenüber einem Kunden die Risikopositionen aus den in Anhang II aufgeführten Derivatkontrakten und aus Kreditderivatkontrakten, wenn der Kontrakt nicht direkt mit diesem Kunden abgeschlossen wurde, jedoch der zugrunde liegende Schuldtitel oder das zugrunde liegende Eigenkapitalinstrument von diesem Kunden begeben wurde.

(6) Folgendes ist nicht in Risikopositionen enthalten:

a) im Fall von Fremdwährungsgeschäften die Risikopositionen, die im Rahmen des üblichen Abrechnungsverfahrens im Zeitraum von zwei Geschäftstagen nach Leistung der Zahlung entstehen;

b) im Fall von Wertpapiergeschäften die Risikopositionen, die im Rahmen des üblichen Abrechnungsverfahrens im Zeitraum von fünf Geschäftstagen nach Leistung der Zahlung oder nach Lieferung der Wertpapiere – je nachdem, welches der frühere Termin ist – entstehen;

c) im Fall der Durchführung des Zahlungsverkehrs, einschließlich der Ausführung von Zahlungsdiensten, des Clearings und der Abrechnung in jedweder Währung und des Korrespondenzbankgeschäfts oder der Erbringung von Dienstleistungen für Kunden zum Clearing, zur Abwicklung und zur Verwahrung von Finanzinstrumenten, verspätete Zahlungseingänge bei Finanzierungen sowie andere Risikopositionen im Kundengeschäft, die längstens bis zum folgenden Geschäftstag bestehen;

d) im Fall der Durchführung des Zahlungsverkehrs, einschließlich der Ausführung von Zahlungsdiensten, des Clearings oder der Abrechnung in jedweder Währung und des Korrespondenzbankgeschäfts, Intratageskredite an Institute, die diese Dienste erbringen;

e) Risikopositionen, die gemäß den Artikeln 36 und 56 von Posten des harten Kernkapitals oder von Posten des zusätzlichen Kernkapitals abgezogen werden, oder sonstige Abzüge von diesen Posten, die den Solvabilitätskoeffizienten verringern.

(7) Um in Bezug auf Kunden, gegenüber denen ein Institut Risikopositionen aus Geschäften im Sinne des Artikels 112 Buchstaben m und o oder aus anderen Geschäften hat, bei denen Risikopositionen aus zugrunde liegenden Vermögenswerten resultieren, die Gesamtrisikoposition gegenüber einem Kunden oder einer Gruppe verbundener Kunden zu ermitteln, bewertet das Institut seine zugrunde liegenden Risikopositionen und berücksichtigt dabei die wirtschaftliche Substanz der Struktur des Geschäfts und die dieser selbst innewohnenden Risiken, um zu entscheiden, ob die Struktur eine zusätzliche Risikoposition darstellt.

(8) *[1]* Die EBA arbeitet Entwürfe technischer Regulierungsstandards aus, in denen Folgendes festgelegt wird:

a) die anzuwendenden Kriterien und Methoden zur Ermittlung der Gesamtrisikoposition gegenüber einem Kunden oder einer Gruppe verbundener Kunden für die in Absatz 7 genannten Arten von Risikopositionen;
b) die Voraussetzungen, unter denen die Struktur der Geschäfte nach Absatz 7 keine zusätzliche Risikoposition darstellt.

[2] Die EBA legt der Kommission diese Entwürfe technischer Regulierungsstandards bis zum 1. Januar 2014 vor.

[3] Der Kommission wird die Befugnis übertragen, die technischen Regulierungsstandards nach Unterabsatz 1 gemäß den Artikeln 10 bis 14 der Verordnung (EU) Nr. 1093/2010 zu erlassen.

(9)[1] *[1]* Für die Zwecke des Absatzes 5 arbeitet die EBA Entwürfe technischer Regulierungsstandards aus, um festzulegen, wie die Risikopositionen aus den in Anhang II aufgeführten Derivatkontrakten und aus Kreditderivatkontrakten, wenn der Kontrakt nicht direkt mit einem Kunden abgeschlossen wurde, jedoch der zugrunde liegende Schuldtitel oder das zugrunde liegende Eigenkapitalinstrument von diesem Kunden begeben wurde, zwecks Einberechnung in die Risikopositionen gegenüber dem Kunden zu ermitteln sind.

[2] Die EBA übermittelt der Kommission diese Entwürfe technischer Regulierungsstandards bis zum 28. März 2020.

[3] Der Kommission wird die Befugnis übertragen, die in Unterabsatz 1 genannten technischen Regulierungsstandards gemäß den Artikeln 10 bis 14 der Verordnung (EU) Nr. 1093/2010 zur Ergänzung dieser Verordnung zu erlassen.

Art. 391 Begriffsbestimmung des Instituts für die Zwecke von Großkrediten. (1) Für die Zwecke der Berechnung des Risikopositionswerts gemäß diesem Teil bezeichnet „Institut" auch private oder öffentliche Unternehmen, einschließlich ihrer Zweigstellen, die, wenn sie in der Union niedergelassen wären, unter die Definition des Begriffs „Institut" fallen würden und die in einem Drittland zugelassen wurden, dessen aufsichtliche und rechtliche Anforderungen denen der Union mindestens gleichwertig sind.

(2) Für die Zwecke des Absatzes 1 kann die Kommission im Wege von Durchführungsrechtsakten und vorbehaltlich des in Artikel 464 Absatz 2 genannten Prüfverfahrens Beschlüsse dazu erlassen, ob die aufsichtlichen und rechtlichen Anforderungen eines Drittlands denen der Union zumindest gleichwertig sind.

Art. 392 Begriffsbestimmung eines Großkredits. Die Risikoposition eines Instituts gegenüber einem Kunden oder einer Gruppe verbundener Kunden gilt als Großkredit, wenn der Wert der Risikoposition 10 % des Kernkapitals des Instituts erreicht oder überschreitet.

Art. 393 Kapazitäten zur Ermittlung und Verwaltung von Großkrediten. Ein Institut verfügt über ordnungsgemäße Verwaltungs- und Rechnungslegungsverfahren sowie angemessene interne Kontrollmechanismen zur Ermittlung, Verwaltung, Überwachung, Erfassung und Meldung aller Großkredite und ihrer späteren Änderungen im Einklang mit dieser Verordnung.

---

[1] Art. 390 Abs. 9 gilt ab dem 27.6.2019.

Art. 394 Meldepflichten. (1) *[1]* Die Institute melden den für sie zuständigen Behörden für jeden vergebenen Großkredit, den sie halten, auch wenn diese Großkredite von der Anwendung des Artikels 395 Absatz 1 ausgenommen sind, Folgendes:

a) Name des Kunden oder der Gruppe verbundener Kunden, an den bzw. an die das Institut den Großkredit vergeben hat;
b) Risikopositionswert, gegebenenfalls vor der Berücksichtigung der Wirkung der Kreditrisikominderung;
c) gegebenenfalls Art der verwendeten Besicherung/Absicherung mit bzw. ohne Sicherheitsleistung;
d) Risikopositionswert gegebenenfalls nach Berücksichtigung der Wirkung der für die Zwecke des Artikels 395 Absatz 1 berechneten Kreditrisikominderung.

[2] Institute, die Teil 3 Titel II Kapitel 3 unterliegen, melden den für sie zuständigen Behörden ihre 20 größten Kredite auf konsolidierter Basis, ohne Berücksichtigung derjenigen Risikopositionen, die von der Anwendung des Artikels 395 Absatz 1 ausgenommen sind.

[3] Die Institute melden den für sie zuständigen Behörden außerdem auf konsolidierter Basis Risikopositionen im Wert von 300 Mio. EUR oder mehr, die aber weniger als 10 % des Kernkapitals des Instituts ausmachen.

(2) Zusätzlich zu den in Absatz 1 des vorliegenden Artikels genannten Angaben melden die Institute den für sie zuständigen Behörden in Bezug auf ihre zehn größten Kredite gegenüber Instituten auf konsolidierter Basis sowie auf ihre zehn größten Kredite gegenüber Schattenbankunternehmen, die außerhalb des Regelungsrahmens Banktätigkeiten ausüben, auf konsolidierter Basis, einschließlich von der Anwendung des Artikels 395 Absatz 1 ausgenommener Großkredite, Folgendes:

a) Name des Kunden oder der Gruppe verbundener Kunden, an den bzw. an die ein Institut den Großkredit vergeben hat;
b) Risikopositionswert, gegebenenfalls vor der Berücksichtigung der Wirkung der Kreditrisikominderung;
c) gegebenenfalls Art der verwendeten Besicherung/Absicherung mit bzw. ohne Sicherheitsleistung;
d) Risikopositionswert gegebenenfalls nach Berücksichtigung der Wirkung der für die Zwecke des Artikels 395 Absatz 1 berechneten Kreditrisikominderung.

(3) Die Institute melden den für sie zuständigen Behörden die in den Absätzen 1 und 2 genannten Informationen mindestens halbjährlich.

(4)[1)] *[1]* Die EBA arbeitet Entwürfe technischer Regulierungsstandards aus, in denen die Kriterien für die Ermittlung der in Absatz 2 genannten Schattenbankunternehmen festgelegt werden.

[2] Bei der Ausarbeitung dieser Entwürfe technischer Regulierungsstandards berücksichtigt die EBA die internationalen Entwicklungen und international vereinbarten Standards zum Schattenbankwesen und erwägt,

---

1) Art. 394 Abs. 4 gilt ab dem 27.6.2019.

a) ob von der Verbindung zu einem einzelnen Unternehmen oder einer Gruppe von Unternehmen Risiken für die Solvabilität oder die Liquiditätslage des Instituts ausgehen könnten;
b) ob Unternehmen, die ähnlichen Solvabilitäts- oder Liquiditätsanforderungen unterliegen, wie sie in dieser Verordnung und in der Richtlinie 2013/36/EU vorgesehen sind, ganz oder teilweise von der in Absatz 2 in Bezug auf Schattenbankunternehmen genannten Pflicht, gemeldet zu werden, befreit werden sollten.

[3] Die EBA übermittelt der Kommission diese Entwürfe technischer Regulierungsstandards bis zum 28. Juni 2020.

[4] Der Kommission wird die Befugnis übertragen, die in Unterabsatz 1 genannten technischen Regulierungsstandards gemäß den Artikeln 10 bis 14 der Verordnung (EU) Nr. 1093/2010 zur Ergänzung dieser Verordnung zu erlassen.

Art. 395 Obergrenze für Großkredite. (1) [1] Ein Institut hält gegenüber einem Kunden oder einer Gruppe verbundener Kunden nach Berücksichtigung der Wirkung der Kreditrisikominderung gemäß den Artikeln 399 bis 403 keine Risikoposition, deren Wert 25 % seines Kernkapitals übersteigt. [2] Ist der Kunde ein Institut oder eine Wertpapierfirma oder gehört zu einer Gruppe verbundener Kunden ein oder mehr als ein Institut oder eine oder mehrere Wertpapierfirmen, so darf der Risikopositionswert den jeweils höheren Wert von entweder 25 % des Kernkapitals oder 150 Mio. EUR nicht übersteigen, sofern nach Berücksichtigung der Wirkung der Kreditrisikominderung gemäß den Artikeln 399 bis 403 die Summe der Risikopositionswerte gegenüber sämtlichen verbundenen Kunden, die keine Institute oder Wertpapierfirmen sind, 25 % des Kernkapitals des Instituts nicht übersteigt.

(2) *[1]* Die EBA arbeitet gemäß Artikel 16 der Verordnung (EU) Nr. 1093/2010 unter Berücksichtigung der Auswirkung von Kreditrisikominderungen nach den Artikeln 399 bis 403 sowie der Ergebnisse der Entwicklungen im Bereich Schattenbanken und Großkredite auf Unionsebene und auf internationaler Ebene bis zum 31. Dezember 2014 Leitlinien aus, um geeignete Gesamtobergrenzen für Großkredite oder niedrigere Obergrenzen für Einzelkredite an Schattenbankunternehmen festzusetzen, die außerhalb eines Regelungsrahmens Banktätigkeiten ausüben.

[2] Bei der Ausarbeitung dieser Leitlinien prüft die EBA, ob die Einführung zusätzlicher Obergrenzen eine wesentliche nachteilige Auswirkung auf das Risikoprofil europäischer Institute, die Kreditvergabe an die Realwirtschaft oder die Stabilität und das reibungslose Funktionieren der Finanzmärkte hätte.

[3] [1] Die Kommission prüft bis zum 31. Dezember 2015 die Angemessenheit und Auswirkung von Obergrenzen für Kredite an Schattenbankunternehmen, die außerhalb eines Regelungsrahmens Banktätigkeiten ausüben, unter Berücksichtigung der Entwicklungen im Bereich Schattenbanken und Großkredite auf Unionsebene und internationaler Ebene sowie der Auswirkung von Kreditrisikominderungen nach den Artikeln 399 bis 403. [2] Sie unterbreitet ihren Bericht dem Europäischen Parlament und dem Rat, gegebenenfalls zusammen mit einem Gesetzgebungsvorschlag zu Obergrenzen für Kredite an Schattenbankunternehmen, die außerhalb eines Regelungsrahmens Banktätigkeiten ausüben.

(3) Vorbehaltlich des Artikels 396 halten die Institute die einschlägige nach Absatz 1 festgelegte Obergrenze jederzeit ein.

(4) Auf Vermögenswerte, die Forderungen und sonstige Risikopositionen gegenüber anerkannten Drittland-Wertpapierfirmen darstellen, darf dieselbe Behandlung wie die nach Absatz 1 angewandt werden.

(5) *[1]* Die in diesem Artikel festgelegten Obergrenzen dürfen für Risikopositionen im Handelsbuch des Instituts überschritten werden, sofern alle folgenden Bedingungen erfüllt sind:

a) Die auf das Anlagebuch entfallenden Risikopositionen gegenüber dem Kunden oder gegenüber der Gruppe verbundener Kunden überschreiten nicht die Obergrenze nach Absatz 1, die unter Berücksichtigung des Kernkapitals berechnet wird, sodass sich die Überschreitung allein aus dem Handelsbuch ergibt;

b) das Institut erfüllt in Bezug auf den Teil der Risikoposition, der die in Absatz 1 des vorliegenden Artikels festgelegte Obergrenze überschreitet, eine zusätzliche Eigenmittelanforderung, die gemäß den Artikeln 397 und 398 berechnet wird;

c) dauert die unter Buchstabe b genannte Überschreitung höchstens zehn Tage an, so darf die Risikoposition im Handelsbuch gegenüber dem Kunden oder der Gruppe verbundener Kunden 500 % des Kernkapitals des Instituts nicht überschreiten;

d) alle Überschreitungen, die länger als zehn Tage andauern, dürfen zusammengenommen 600 % des Kernkapitals des Instituts nicht überschreiten.

[2] Jedes Mal, wenn die Obergrenze überschritten worden ist, meldet das Institut den zuständigen Behörden unverzüglich die Höhe der Überschreitung und den Namen des betreffenden Kunden sowie gegebenenfalls den Namen der betreffenden Gruppe verbundener Kunden.

(6) *[1]* Lediglich für die Zwecke dieses Absatzes sind „strukturelle Maßnahmen" von einem Mitgliedstaat erlassene und von seinen einschlägigen zuständigen Behörden durchgeführte Maßnahmen, mit denen von in dem betreffenden Mitgliedstaat zugelassenen Kreditinstituten verlangt wird, ihre Risikopositionen gegenüber verschiedenen Rechtsträgern je nach deren Tätigkeiten, aber unabhängig vom Ort, an dem diese ausgeübt werden, zu verringern, um Einleger zu schützen und die Finanzstabilität zu wahren, und zwar bis zum Inkrafttreten eines Gesetzgebungsvorschlags zur ausdrücklichen Harmonisierung solcher Maßnahmen.

[2] Erlässt ein Mitgliedstaat einzelstaatliche Rechtsvorschriften, mit denen einer Bankengruppe vorgeschrieben wird, strukturelle Maßnahmen zu ergreifen, so können die zuständigen Behörden unbeschadet des Absatzes 1 dieses Artikels und des Artikels 400 Absatz 1 Buchstabe f den Instituten der Bankengruppe, die Einlagen halten, die durch ein Einlagensicherungssystem im Sinne der Richtlinie 94/19/EG des Europäischen Parlaments und des Rates vom 30. Mai 1994 über Einlagensicherungssysteme[1] oder ein vergleichbares Einlagensicherungssystem eines Drittlandes geschützt sind, auf teilkonsolidierter Basis gemäß Artikel 10 Absatz 5 für gruppeninterne Kredite eine Obergrenze für Großkredite von höchstens 25 %, aber mindestens 15 % zwischen dem

---

[1] **Amtl. Anm.:** ABl. L 135 vom 31.5.1994, S. 5.

28. Juni 2013 und dem 30. Juni 2015 und von mindestens 10 % ab dem 1. Juli auferlegen, wenn diese Risikopositionen gegenüber einem Unternehmen bestehen, das in Bezug auf die strukturellen Maßnahmen nicht derselben Teilgruppe angehört.

[3] Für die Zwecke dieses Absatzes sind die folgenden Bedingungen zu erfüllen:

a) alle Unternehmen, die in Bezug auf die strukturellen Maßnahmen derselben Teilgruppe angehören, gelten als ein Kunde oder als Gruppe verbundener Kunden;

b) die zuständigen Behörden wenden auf die Kredite im Sinne des Unterabsatzes 1 eine einheitliche Obergrenze an.

[4] Die Anwendung dieses Ansatzes darf die wirksame Aufsicht auf konsolidierter Basis nicht berühren und keine unverhältnismäßig nachteiligen Auswirkungen auf das Finanzsystem anderer Mitgliedstaaten insgesamt oder auf Teile davon oder das Finanzsystem der Union insgesamt nach sich ziehen oder ein Hindernis für das Funktionieren des Binnenmarktes bilden oder schaffen.

(7) Bevor die zuständigen Behörden in Bezug auf Großkredite die spezifischen strukturellen Maßnahmen im Sinne des Absatzes 6 erlassen, zeigen sie dies dem Rat, der Kommission,,[1] den betroffenen zuständigen Behörden und der EBA mindestens zwei Monate vor der Veröffentlichung der Entscheidung über den Erlass der strukturellen Maßnahmen an und legen einschlägige quantitative und qualitative Nachweise für alle nachstehenden Punkte vor:

a) das Ausmaß der Tätigkeiten, die von den strukturellen Maßnahmen betroffen sind,

b) eine Erläuterung, warum die geplanten Maßnahmen in Bezug auf den Einlegerschutz als angemessen, wirksam und verhältnismäßig angesehen werden,

c) eine Bewertung der voraussichtlichen positiven oder negativen Auswirkungen der Maßnahmen auf den Binnenmarkt, die sich auf die dem Mitgliedstaat zur Verfügung stehenden Informationen stützt.

(8) *[1]* Der Kommission wird die Befugnis übertragen, im Einklang mit dem in Artikel 464 Absatz 2 genannten Verfahren einen Durchführungsrechtsakt zu erlassen, um die nach Absatz 7 vorgeschlagenen nationalen Maßnahmen *billigen*[2] oder zurückzuweisen.

[2] [1] Binnen eines Monats nach Erhalt der Anzeige nach Absatz 7 leitet die EBA dem Rat, der Kommission und dem betroffenen Mitgliedstaat ihre Stellungnahme zu den in jenem Absatz genannten Punkten zu. [2] Betroffene zuständige Behörden können dem Rat, der Kommission und dem betroffenen Mitgliedstaat gleichfalls ihre Stellungnahmen zu den in jenem Absatz genannten Punkten zuleiten.

[3] [1] Unter weitestgehender Berücksichtigung der Stellungnahmen nach Unterabsatz 2 und wenn belastbare und unabweisbare Nachweise dafür vorliegen, dass die Maßnahmen nachteilige Auswirkungen auf den Binnenmarkt haben wird, die den Nutzen für die Finanzstabilität überwiegen, weist die Kommission innerhalb von zwei Monaten nach Eingang der Anzeige die vorgeschlage-

[1] Zeichensetzung amtlich.
[2] Richtig wohl: „zu billigen".

nen nationalen Maßnahmen zurück. [2] Andernfalls billigt sie die vorgeschlagenen nationalen Maßnahmen, gegebenenfalls mit Änderungen, für einen ersten Zeitraum von zwei Jahren.

[4] Die Kommission weist die vorgeschlagenen nationalen Maßnahmen nur zurück, wenn diese Maßnahmen ihrer Ansicht nach unverhältnismäßig nachteilige Auswirkungen auf das Finanzsystem anderer Mitgliedsstaaten insgesamt oder auf Teile davon oder das Finanzsystem in der Union insgesamt nach sich ziehen und so ein Hindernis für das Funktionieren des Binnenmarkts oder den freien Kapitalverkehr gemäß dem AUEV bilden oder schaffen.

[5] Bei ihrer Prüfung berücksichtigt die Kommission die Stellungnahme der EBA sowie die gemäß Absatz 7 vorgelegten Nachweise.

[6] [1] Die zuständigen Behörden können vor dem Auslaufen der Maßnahmen neue Maßnahmen vorschlagen, um die Geltungsdauer um jeweils zwei weitere Jahre zu verlängern. [2] In diesem Fall zeigen sie dies der Kommission, dem Rat, den betroffenen zuständigen Behörden und der EBA an. [3] Neue Maßnahmen werden nach dem Verfahren dieses Artikels gebilligt. [4] Dieser Artikel berührt nicht Artikel 458.

Art. 396 Einhaltung der Anforderungen für Großkredite. (1) *[1]* Wird bei Krediten die Obergrenze nach Artikel 395 Absatz 1 ausnahmsweise überschritten, so meldet das Institut den Risikopositionswert unverzüglich den zuständigen Behörden, die, sofern es die Umstände rechtfertigen, dem Institut eine begrenzte Frist einräumen können, bis zu deren Ablauf die Obergrenze wieder eingehalten werden muss.

[2] Kommt der in Artikel 395 Absatz 1 genannte Betrag von 150 Mio. EUR zur Anwendung, so können die zuständigen Behörden auf Einzelfallbasis gestatten, dass die Obergrenze von 100 % in Bezug auf das Kernkapital des Instituts überschritten werden darf.

[3] [1] Gestattet eine zuständige Behörde einem Institut in den in den Unterabsätzen 1 und 2 des vorliegenden Absatzes genannten Ausnahmefällen, die in Artikel 395 Absatz 1 festgelegte Obergrenze länger als drei Monate zu überschreiten, so legt das Institut der zuständigen Behörde einen überzeugenden Plan für die zeitnahe Wiedereinhaltung dieser Obergrenze vor und setzt diesen Plan innerhalb der mit der zuständigen Behörde vereinbarten Frist um. [2] Die zuständige Behörde überwacht die Durchführung des Plans und schreibt eine schnellere Wiedereinhaltung vor, falls angebracht.

(2) Ist ein Institut nach Artikel 7 Absatz 1 auf Einzelbasis oder teilkonsolidierter Basis von den Pflichten gemäß diesem Teil freigestellt, oder werden die Bestimmungen des Artikels 9 auf ein Mutterinstitut in einem Mitgliedstaat angewandt, so sind Maßnahmen zu ergreifen, die eine angemessene Risikoverteilung innerhalb der Gruppe ermöglichen.

(3) Für die Zwecke des Absatzes 1 gibt die EBA gemäß Artikel 16 der Verordnung (EU) Nr. 1093/2010 Leitlinien heraus, in denen festgelegt wird, wie die zuständigen Behörden Folgendes ermitteln können:

a) die Ausnahmefälle nach Absatz 1 des vorliegenden Artikels;
b) den Zeitraum, der zur Wiederherstellung der Einhaltung als angemessen erachtet wird;
c) die Maßnahmen, die zu ergreifen sind, um die zeitnahe Wiedereinhaltung durch das Institut sicherzustellen.

Art. 397 Berechnung zusätzlicher Eigenmittelanforderungen für Großkredite im Handelsbuch. (1) Die Berechnung der in Artikel 395 Absatz 5 Buchstabe b genannten Überschreitung erfolgt anhand der Elemente des gesamten Handelsbuchrisikos gegenüber dem Kunden oder der Gruppe verbundener Kunden, auf welche die höchsten spezifischen Risikoanforderungen gemäß Teil 3 Titel IV Kapitel 2 und/oder die Anforderungen gemäß Artikel 299 und Teil 3 Titel V zutreffen und deren Summe dem Betrag der Überschreitung gemäß Artikel 395 Absatz 5 Buchstabe a entspricht.

(2) Ist die Obergrenze nicht länger als zehn Tage überschritten worden, entspricht die zusätzliche Eigenmittelanforderung 200 % der in Absatz 1 genannten Anforderungen für diese Elemente.

(3) [1] Nach Ablauf von zehn Tagen nach Eintreten der Überschreitung werden die nach Absatz 1 bestimmten Elemente der Überschreitung der entsprechenden Zeile in Spalte 1 der Tabelle 1 in aufsteigender Reihenfolge der spezifischen Risikoanforderungen gemäß Teil 3 Titel IV Kapitel 2 und/oder der Anforderungen gemäß Artikel 299 und Teil 3 Titel V zugeordnet. [2] Die zusätzliche Eigenmittelanforderung entspricht der Summe der spezifischen Risikoanforderungen gemäß Teil 3 Titel IV Kapitel 2 und/oder der Anforderungen gemäß Artikel 299 und Teil 3 Titel V für diese Elemente, multipliziert mit dem entsprechenden Faktor in Spalte 2 der Tabelle 1.

Tabelle 1

Spalte 1: Überschreitung der Obergrenzen (in % des Kernkapitals)	Spalte 2: Faktor
bis 40 %	200 %
zwischen 40 % und 60 %	300 %
zwischen 60 % und 80 %	400 %
zwischen 80 % und 100 %	500 %
zwischen 100 % und 250 %	600 %
über 250 %	900 %

Art. 398 Verfahren zur Vermeidung einer Umgehung der zusätzlichen Eigenmittelanforderung durch Institute. *[1]* Institute dürfen die zusätzlichen Eigenmittelanforderungen gemäß Artikel 397, die sie normalerweise für Risiken jenseits der Obergrenze nach Artikel 395 Absatz 1 bei einer Risikodauer von mehr als zehn Tagen erfüllen müssten, nicht vorsätzlich umgehen, indem sie die betreffenden Risiken vorübergehend auf eine andere Gesellschaft innerhalb oder außerhalb der gleichen Gruppe übertragen und/oder Scheingeschäfte tätigen, um das Risiko innerhalb der zehntägigen Frist abzulösen und ein neues Risiko einzugehen.

[2] Die Institute unterhalten Systeme, die sicherstellen, dass alle Übertragungen, die die in Unterabsatz 1 genannte Wirkung haben, unverzüglich den zuständigen Behörden gemeldet werden.

Art. 399 Anerkannte Kreditrisikominderungstechniken. (1) *[1]* Ein Institut verwendet bei der Berechnung einer Risikoposition eine Kreditrisikominderungstechnik, wenn es diese Technik auch zur Berechnung der Eigenmittelanforderungen für das Kreditrisiko gemäß Teil 3 Titel II verwendet hat und wenn diese Kreditrisikominderungstechnik die in diesem Artikel festgelegten Bedingungen erfüllt.

[2] Für die Zwecke der Artikel 400 bis 403 umfasst der Begriff „Garantie" die nach Teil 3 Titel II Kapitel 4 anerkannten Kreditderivate, ausgenommen synthetische Unternehmensanleihen („Credit Linked Notes").

(2) Darf vorbehaltlich des Absatzes 3 eine Besicherung mit oder eine Absicherung ohne Sicherheitsleistung nach den Artikeln 400 bis 403 angerechnet werden, so müssen dabei die Anerkennungsvoraussetzungen und sonstigen Anforderungen des Teils 3 Titel II Kapitel 4 erfüllt sein.

(3) Kreditrisikominderungstechniken, die nur Instituten zur Verfügung stehen, die einen IRB-Ansatz verwenden, können nicht zur Verringerung des Risikopositionswerts von Großkrediten eingesetzt werden, es sei denn, es handelt sich um durch Immobilien besicherte Risikopositionen gemäß Artikel 402.

(4) Institute prüfen ihre Risikopositionen gegenüber Sicherheitsemittenten und Stellern von Absicherungen ohne Sicherheitsleistung sowie die zugrunde liegenden Vermögenswerte gemäß Artikel 390 Absatz 7 soweit wie möglich auf mögliche Konzentrationen, wobei sie gegebenenfalls geeignete Maßnahmen ergreifen und ihrer zuständigen Behörde etwaige wesentliche Feststellungen melden.

Art. 400 Ausnahmen. (1) *[1]* Folgende Risikopositionen sind von der Anwendung des Artikels 395 Absatz 1 ausgenommen:

a) Aktiva in Form von Forderungen an Zentralstaaten, Zentralbanken oder öffentliche Stellen, denen nach Teil 3 Titel II Kapitel 2 unbesichert ein Risikogewicht von 0 % zugewiesen würde;

b) Aktiva in Form von Forderungen an internationale Organisationen oder multilaterale Entwicklungsbanken, denen nach Teil 3 Titel II Kapitel 2 unbesichert ein Risikogewicht von 0 % zugewiesen würde;

c) Aktiva in Form von Forderungen, die ausdrücklich durch Zentralstaaten, Zentralbanken, internationale Organisationen, multilaterale Entwicklungsbanken oder öffentliche Stellen garantiert sind, und bei denen unbesicherten Forderungen an den Garantiesteller nach Teil 3 Titel II Kapitel 2 ein Risikogewicht von 0 % zugewiesen würde;

d) sonstige Risikopositionen, die gegenüber Zentralstaaten, Zentralbanken, internationalen Organisationen, multilateralen Entwicklungsbanken oder öffentlichen Stellen bestehen oder von diesen abgesichert sind, bei denen unbesicherten Forderungen an den Kreditnehmer oder den Garantiesteller nach Teil 3 Titel II Kapitel 2 ein Risikogewicht von 0 % zugewiesen würde;

e) Aktiva in Form von Forderungen an regionale oder lokale Gebietskörperschaften der Mitgliedstaaten, denen nach Teil 3 Titel II Kapitel 2 ein Risikogewicht von 0 % zugewiesen würde, sowie andere gegenüber diesen Gebietskörperschaften bestehende oder von ihnen abgesicherte Risikopositionen, denen nach Teil 3 Titel II Kapitel 2 ein Risikogewicht von 0 % zugewiesen würde;

f) Risikopositionen gegenüber den in Artikel 113 Absatz 6 oder 7 genannten Gegenparteien, sofern ihnen nach Teil 3 Titel II Kapitel 2 ein Risikogewicht von 0 % zugewiesen würde; Risikopositionen, die diese Kriterien nicht erfüllen, werden ungeachtet der Tatsache, ob sie von Artikel 395

Absatz 1 ausgenommen sind oder nicht, als Risikopositionen gegenüber Dritten behandelt;

g) Aktiva und sonstige Risikopositionen, die durch Sicherheiten in Form einer Bareinlage bei dem kreditgebenden Institut oder bei einem Institut, das Mutterunternehmen oder Tochterunternehmen des kreditgebenden Instituts ist, besichert sind;

h) Aktiva und sonstige Risikopositionen, die durch Sicherheiten in Form von Einlagenzertifikaten besichert sind, die vom kreditgebenden Institut oder einem Institut, das Mutterunternehmen oder Tochterunternehmen des kreditgebenden Instituts ist, ausgestellt und bei einem derselben hinterlegt sind;

i) Risikopositionen aus nicht in Anspruch genommenen Kreditfazilitäten, die in Anhang I als außerbilanzielle Geschäfte mit niedrigem Risiko eingestuft werden, sofern mit dem betreffenden Kunden bzw. der betreffenden Gruppe verbundener Kunden eine Vereinbarung getroffen wurde, wonach die Fazilität nur in Anspruch genommen werden darf, wenn festgestellt wurde, dass die Obergrenze nach Artikel 395 Absatz 1 dadurch nicht überschritten wird;

j) Handelsrisikopositionen von Clearingmitgliedern und Ausfallfondsbeiträge an qualifizierte zentrale Gegenparteien;

k) Risikopositionen in Einlagensicherungssystemen im Sinne der Richtlinie 94/19/EG, die aus Einlagen in solchen Systemen herrühren, falls die dem System angeschlossenen Institute rechtlich oder vertraglich gebunden sind, das System zu finanzieren;

l) Handelsrisikopositionen von Kunden gemäß Artikel 305 Absatz 2 oder Absatz 3;

m) von den Abwicklungseinheiten oder ihren Tochterunternehmen, die selbst keine Abwicklungseinheiten sind, gehaltene in Artikel 45f Absatz 2 der Richtlinie 2014/59/EU genannte Eigenmittelinstrumente und berücksichtigungsfähige Verbindlichkeiten, die von folgenden Unternehmen begeben wurden:

   i) in Bezug auf die Abwicklungseinheiten: von anderen Unternehmen derselben Abwicklungsgruppe,

   ii) in Bezug auf Tochterunternehmen einer Abwicklungseinheit, die selbst keine Abwicklungseinheiten sind: von den Tochterunternehmen des jeweiligen Tochterunternehmens derselben Abwicklungsgruppe;

n) Risikopositionen aus einer Mindestwertzusage, die alle Bedingungen nach Artikel 132c Absatz 3 erfüllt.

[2] Unter Buchstabe g fallen außerdem Barmittel, die im Rahmen einer von dem Institut begebenen synthetischen Unternehmensanleihe (Credit Linked Note) entgegengenommen werden, sowie Darlehen und Einlagen einer Gegenpartei an das bzw. bei dem Institut, die einer nach Teil 3 Titel II Kapitel 4 anerkannten Vereinbarung über das Netting von Bilanzpositionen unterliegen.

(2) Die zuständigen Behörden können folgende Risikopositionen ganz oder teilweise ausnehmen:

a) gedeckte Schuldverschreibungen im Sinne des Artikels 129 Absätze 1, 3 und 6;

b) Aktiva in Form von Forderungen an regionale oder lokale Gebietskörperschaften der Mitgliedstaaten, denen nach Teil 3 Titel II Kapitel 2 ein Risikogewicht von 20 % zugewiesen würde, sowie andere gegenüber diesen Gebietskörperschaften bestehende oder von ihnen abgesicherte Risikopositionen, denen nach Teil 3 Titel II Kapitel 2 ein Risikogewicht von 20 % zugewiesen würde;

c) Risikopositionen eines Instituts, einschließlich Beteiligungen oder sonstiger Anteile, gegenüber seinem Mutterunternehmen, anderen Tochterunternehmen desselben und eigenen Tochterunternehmen sowie qualifizierten Beteiligungen, sofern diese in die Beaufsichtigung auf konsolidierter Basis einbezogen sind, der das Institut gemäß dieser Verordnung, der Richtlinie 2002/87/EG oder nach gleichwertigen Normen eines Drittlands auch selbst unterliegt; Risikopositionen, die diese Kriterien nicht erfüllen, werden unabhängig davon, ob sie von Artikel 395 Absatz 1 der vorliegenden Verordnung ausgenommen sind oder nicht, als Risikopositionen gegenüber Dritten behandelt;

d) Aktiva in Form von Forderungen und sonstigen Risikopositionen, einschließlich Beteiligungen oder sonstigen Anteilen, gegenüber regionalen Kreditinstituten oder Zentralkreditinstituten, denen das Kreditinstitut aufgrund von Rechts- oder Satzungsvorschriften im Rahmen eines Verbunds angeschlossen ist und die nach diesen Vorschriften beauftragt sind, den Liquiditätsausgleich innerhalb dieses Verbunds vorzunehmen;

e) Aktiva in Form von Forderungen und sonstigen Risikopositionen von Kreditinstituten gegenüber Kreditinstituten, wobei eines der beteiligten Institute bei seiner Tätigkeit nicht dem Wettbewerb ausgesetzt ist und im Rahmen von Legislativprogrammen oder seiner Satzung Darlehen vergibt oder garantiert, um unter staatlicher Aufsicht gleich welcher Art und mit eingeschränktem Verwendungszweck für die vergebenen Darlehen bestimmte Wirtschaftssektoren zu fördern, sofern die betreffenden Risikopositionen aus derartigen über Kreditinstitute an die Begünstigten weitergereichten Darlehen oder aus Garantien für diese Darlehen herrühren;

f) Aktiva in Form von Forderungen und sonstigen Risikopositionen gegenüber Instituten, sofern diese Risikopositionen keine Eigenmittel dieser Institute darstellen, höchstens bis zum folgenden Geschäftstag bestehen und nicht auf eine wichtige Handelswährung lauten;

g) Aktiva in Form von Forderungen an Zentralbanken aufgrund des bei ihnen zu haltenden Mindestreservesolls, die auf deren jeweilige Landeswährung lauten;

h) Aktiva in Form von Forderungen an Zentralstaaten aufgrund von zur Erfüllung der gesetzlichen Liquiditätsanforderungen gehaltenen Staatsschuldtiteln, die auf deren jeweilige Landeswährung lauten und in diesen refinanziert sind, sofern – nach dem Ermessen der zuständigen Behörde – diese Zentralstaaten von einer benannten ECAI mit der Bonitätsbeurteilung „Investment Grade“ bewertet wurden;

i) 50 % der als außerbilanzielle Geschäfte mit mittlerem/niedrigem Risiko eingestuften Dokumentenakkreditive und der als außerbilanzielle Geschäfte mit mittlerem/ niedrigem Risiko eingestuften nicht in Anspruch genommenen Kreditfazilitäten, die in Anhang I genannt sind, sowie mit Zustimmung der zuständigen Behörden 80 % der Garantien, die keine Kreditgarantien sind und die auf Rechts- oder Verwaltungsvorschriften beruhen und von Kreditgarantiegemeinschaften, die den Status eines Kreditinstituts besitzen, den ihnen angeschlossenen Kunden geboten werden;

j) rechtlich vorgeschriebene Garantien, die zur Anwendung kommen, wenn ein über die Emission von Hypothekenanleihen refinanziertes Hypothekendarlehen vor Eintragung der Hypothek im Grundbuch an den Darlehensnehmer ausgezahlt wird, sofern die Garantie nicht dazu verwendet wird, bei der Berechnung der risikogewichteten Positionsbeträge das Risiko zu verringern;

k) Risikopositionen in Form einer Sicherheit oder einer Bürgschaft für Darlehen für Wohnimmobilien, die von einem anerkennungsfähigen Sicherungsgeber nach Artikel 201 gestellt werden und die für die Bonitätsbeurteilung infrage kommen, die mindestens der niedrigeren der folgenden Stufen entspricht:
   i) der Bonitätsstufe 2,
   ii) der Bonitätsstufe, die dem Fremdwährungsrating für den Zentralstaat des Mitgliedstaats entspricht, in dem sich der Sitz des Sicherungsgebers befindet;

l) Risikopositionen in Form einer von einer Exportversicherungsagentur gestellten Bürgschaft für öffentlich unterstützte Exportkredite, die für die Bonitätsbeurteilung in Frage kommen, die mindestens der niedrigeren der folgenden Stufen entspricht:
   i) der Bonitätsstufe 2,
   ii) der Bonitätsstufe, die dem Fremdwährungsrating für den Zentralstaat des Mitgliedstaats entspricht, in dem sich der Sitz der Exportversicherungsagentur befindet.

(3) *[1]* Die zuständigen Behörden dürfen die Ausnahme gemäß Absatz 2 nur zulassen, wenn folgende Voraussetzungen erfüllt sind:

a) Das Risiko der Position wird durch die besondere Art der Risikoposition, der Gegenpartei oder der Beziehung zwischen dem Institut und der Gegenpartei beseitigt oder verringert und

b) das gegebenenfalls verbleibende Konzentrationsrisiko kann durch andere, gleichermaßen wirksame Mittel wie die Regelungen, Verfahren und Mechanismen nach Artikel 81 der Richtlinie 2013/36/EU aufgefangen werden.

[2] Die zuständigen Behörden teilen der EBA mit, ob sie beabsichtigen, von einer der in Absatz 2 vorgesehenen Ausnahmen in Einklang mit den Buchstaben a und b des vorliegenden Absatzes Gebrauch zu machen, und übermitteln der EBA eine Begründung für den Gebrauch dieser Ausnahmen.

(4) Die gleichzeitige Anwendung von mehr als einer der in den Absätzen 1 und 2 festgelegten Ausnahmen auf ein und dieselbe Risikoposition wird nicht gestattet.

Art. 401 Berechnung der Wirkung von Kreditrisikominderungstechniken. (1) Zur Berechnung des Risikopositionswerts für die Zwecke des Artikels 395 Absatz 1 darf ein Institut den „vollständig angepassten Risikopositionswert" (E*) zugrunde legen, wie er nach Teil 3 Titel II Kapitel 4 unter Berücksichtigung von Kreditrisikominderungen, Volatilitätsanpassungen und etwaigen Laufzeitinkongruenzen im Sinne des genannten Kapitels berechnet wird.

(2) *[1]* Mit der Ausnahme der Institute, die die einfache Methode zur Berücksichtigung finanzieller Sicherheiten anwenden, wenden die Institute für

die Zwecke von Absatz 1 unabhängig davon, nach welcher Methode die Eigenmittelanforderungen für das Kreditrisiko berechnet werden, die umfassende Methode zur Berücksichtigung finanzieller Sicherheiten an.

[2] Abweichend von Absatz 1 können Institute mit einer Erlaubnis zur Verwendung der Methoden nach Teil 3 Titel II Kapitel 4 Abschnitt 4 und Teil 3 Titel II Kapitel 6 Abschnitt 6 diese Methoden für die Berechnung des Risikopositionswerts von Wertpapierfinanzierungsgeschäften verwenden.

(3) *[1]* Bei der Berechnung des Risikopositionswerts für die Zwecke des Artikels 395 Absatz 1 führen die Institute in Bezug auf ihre Kreditrisikokonzentrationen regelmäßig Stresstests durch, die auch den Veräußerungswert etwaiger Sicherheiten einschließen.

[2] Getestet wird bei den in Unterabsatz 1 genannten regelmäßigen Stresstests auf Risiken, die aus möglichen Veränderungen der Marktbedingungen resultieren, die die Angemessenheit der Eigenmittelausstattung der Institute in Frage stellen könnten, sowie auf Risiken, die mit der Veräußerung von Sicherheiten in Stresssituationen verbunden sind.

[3] Die durchgeführten Stresstests müssen angemessen und geeignet für die Abschätzung dieser Risiken sein.

[4] Die Institute sehen in ihren Strategien zur Steuerung des Konzentrationsrisikos Folgendes vor:

a) Vorschriften und Verfahren zur Steuerung der Risiken, die sich aus Laufzeitinkongruenzen zwischen den Risikopositionen und etwaigen Kreditbesicherungen für diese Risikopositionen ergeben;

b) Vorschriften und Verfahren für das Konzentrationsrisiko, das sich aus der Anwendung von Kreditrisikominderungstechniken – insbesondere aus großen indirekten Kreditrisiken – ergibt, beispielsweise, wenn als Sicherheit nur die Wertpapiere eines einzigen Emittenten hereingenommen wurden.

(4) Verringert ein Institut eine Risikoposition gegenüber einem Kunden durch Anwendung einer anerkannten Kreditrisikominderungstechnik nach Artikel 399 Absatz 1, so behandelt das Institut – in der in Artikel 403 dargelegten Weise – den Teil der Risikoposition, um den die Risikoposition gegenüber dem Kunden verringert wurde, als Risikoposition gegenüber dem Sicherungsgeber und nicht als Risikoposition gegenüber dem Kunden.

Art. 402 Risikopositionen, die aus Hypothekendarlehen resultieren.

(1) Zur Berechnung von Risikopositionswerten für die Zwecke des Artikels 395 dürfen Institute, außer wenn dies nach geltendem einzelstaatlichem Recht verboten ist, den Risikopositionswert oder Teile von Risikopositionen, die im Einklang mit Artikel 125 Absatz 1 vollständig durch Wohnimmobilien besichert sind, um den als Sicherheit hinterlegten Betrag des Marktwerts oder des Beleihungswerts der betreffenden Immobilien herabsetzen – allerdings um höchstens 50 % des Marktwerts oder 60 % des Beleihungswerts in Mitgliedstaaten, deren Rechts- und Verwaltungsvorschriften strenge Vorgaben für die Bemessung des Beleihungswerts setzen –, sofern alle nachstehenden Bedingungen erfüllt sind:

a) Die zuständigen Behörden des Mitgliedstaats haben für Risikopositionen oder Teile von Risikopositionen, die im Einklang mit Artikel 124 Absatz 2 durch Wohnimmobilien besichert sind, ein Risikogewicht von höchstens 35 % angesetzt;

b) die Risikoposition oder der Teil der Risikoposition ist durch eine der folgenden Sicherheiten vollständig besichert:
   i) ein oder mehrere Grundpfandrechte auf Wohnimmobilien, oder
   ii) eine Wohnimmobilie, die im Rahmen eines Leasinggeschäfts vollständig im Eigentum des Leasinggebers bleibt und für die der Mieter seine Kaufoption noch nicht ausgeübt hat;

c) die in Artikels 208 und Artikel 229 Absatz 1 festgelegten Anforderungen sind erfüllt.

(2) Zur Berechnung von Risikopositionswerten für die Zwecke des Artikels 395 darf ein Institut, außer wenn dies nach geltendem einzelstaatlichem Recht verboten ist, den Risikopositionswert oder Teile von Risikopositionen, die im Einklang mit Artikel 126 Absatz 1 vollständig durch Gewerbeimmobilien besichert sind, um den als Sicherheit hinterlegten Betrag des Marktwerts oder des Beleihungswerts der betreffenden Immobilien herabsetzen – allerdings um höchstens 50 % des Marktwerts oder 60 % des Beleihungswerts in Mitgliedstaaten, deren Rechts- und Verwaltungsvorschriften strenge Vorgaben für die Bemessung des Beleihungswerts setzen –, sofern alle nachstehenden Bedingungen erfüllt sind:

a) Die zuständigen Behörden des Mitgliedstaats haben für Risikopositionen oder Teile von Risikopositionen, die im Einklang mit Artikel 124 Absatz 2 durch Gewerbeimmobilien besichert sind, ein Risikogewicht von höchstens 50 % angesetzt;

b) die Risikoposition ist durch eine der folgenden Sicherheiten vollständig besichert:
   i) ein oder mehrere Grundpfandrechte auf Büro- oder sonstige Gewerbeimmobilien, oder
   ii) eine oder mehrere Büro- oder sonstige Gewerbeimmobilien und die Risikopositionen in Verbindung mit Immobilien-Leasing-Geschäften;

c) die Anforderungen des Artikels 126 Absatz 2 Buchstabe a, des Artikels 208 und des Artikels 229 Absatz 1 sind erfüllt;

d) die Gewerbeimmobilien sind baulich fertiggestellt.

(3) *[1]* Ein Institut darf eine Risikoposition gegenüber einer Gegenpartei, die aus einer umgekehrten Rückkaufsvereinbarung herrührt, bei dem das Institut von der Gegenpartei ein nicht akzessorisches unabhängiges Grundpfandrecht an Immobilien Dritter erworben hat, als eine Reihe einzelner Risikopositionen gegenüber jedem dieser Dritten behandeln, sofern die nachstehenden Voraussetzungen sämtlich erfüllt sind:

a) Die Gegenpartei ist ein Institut oder eine Wertpapierfirma;

b) die Risikoposition ist vollständig besichert durch Grundpfandrechte an Immobilien jener Dritten, die von dem Institut erworben wurden und die es ausüben kann;

c) das Institut hat sichergestellt, dass die Anforderungen der Artikel 208 und 229 Absatz 1 erfüllt sind;

d) im Falle von Zahlungsverzug, Insolvenz oder Liquidation der Gegenpartei tritt das Institut in deren Ansprüche gegenüber den Dritten ein;

e) das Institut meldet gemäß Artikel 394 den zuständigen Behörden den Gesamtbetrag der Risikopositionen gegenüber jedem anderen Institut oder jeder anderen Wertpapierfirma, die gemäß diesem Absatz behandelt werden.

[2] [1] Für diese Zwecke wird unterstellt, dass das Institut anstelle der Risikoposition gegenüber der Gegenpartei gegenüber jedem dieser Dritten eine entsprechende Risikoposition in Höhe des Anspruchs der Gegenpartei gegen den Dritten hat. [2] Eine eventuell verbleibende Restrisikoposition gegenüber der Gegenpartei wird weiterhin als solche behandelt.

Art. 403 Substitutionsansatz. (1) *[1]* Wird ein Kredit an einen Kunden durch einen Dritten abgesichert oder durch eine von einem Dritten gestellte Sicherheit besichert, so muss ein Institut

a) den abgesicherten Teil des Kredits als Risikoposition gegenüber dem Garantiegeber und nicht gegenüber dem Kunden ansehen, sofern der unbesicherten Risikoposition gegenüber dem Garantiegeber nach Teil 3 Titel II Kapitel 2 dasselbe oder ein geringeres Risikogewicht zugewiesen würde als dem unbesicherten Kredit an den Kunden;
b) den durch den Marktwert der anerkannten Sicherheit besicherten Teil des Kredits als Risikoposition gegenüber dem Dritten und nicht gegenüber dem Kunden ansehen, sofern der Kredit durch eine Sicherheit besichert ist und dem besicherten Teil der Risikoposition nach Teil 3 Titel II Kapitel 2 dasselbe oder ein geringeres Risikogewicht zugewiesen würde als dem unbesicherten Kredit an den Kunden.

[2] Ein Institut verfährt nicht nach dem Ansatz gemäß Unterabsatz 1 Buchstabe b, wenn zwischen der Risikoposition und der Sicherheit eine Laufzeitinkongruenz besteht.

[3] Für die Zwecke dieses Teils darf ein Institut nur dann sowohl die umfassende Methode zur Berücksichtigung finanzieller Sicherheiten als auch die Behandlung nach Unterabsatz 1 Buchstabe b des vorliegenden Absatzes anwenden, wenn es für die Zwecke des Artikels 92 sowohl die umfassende Methode als auch die einfache Methode zur Berücksichtigung finanzieller Sicherheiten anwenden darf.

(2) Verfährt ein Institut nach Absatz 1 Buchstabe a, so gilt Folgendes:

a) Lautet die Garantie auf eine andere Währung als der Kredit, ermittelt das Institut den Betrag des Kredits, der durch diese Garantie als abgesichert gilt, nach den Bestimmungen des Teils 3 Titel II Kapitel 4 über die Behandlung von Währungsinkongruenzen bei einer Absicherung einer Risikoposition ohne Sicherheitsleistung;
b) bei einer Differenz zwischen der Laufzeit des Kredits und der Laufzeit der Sicherheit verfährt das Institut nach den Bestimmungen über die Behandlung von Laufzeitinkongruenzen des Teils 3 Titel II Kapitel 4;
c) das Institut kann eine partielle Absicherung bei einer Behandlung gemäß Teil 3 Titel II Kapitel 4 anerkennen.

(3) Für die Zwecke des Absatzes 1 Buchstabe b kann ein Institut den in Buchstabe a des vorliegenden Absatzes genannten Betrag durch den in Buchstabe b des vorliegenden Absatzes genannten Betrag ersetzen, sofern die unter den Buchstaben c, d und e des vorliegenden Absatzes festgelegten Bedingungen erfüllt sind:

a) der Gesamtbetrag der Risikoposition des Instituts gegenüber einem Sicherheitsemittenten aufgrund von Triparty-Rückkaufsvereinbarungen über einen Triparty Agenten;
b) der volle Betrag der Obergrenzen, den der unter Buchstabe a genannte Triparty Agent auf Anweisung des Instituts auf die von dem unter Buchstabe a genannten Sicherheitsemittenten begebenen Wertpapiere anwendet;
c) das Institut hat nachgeprüft, dass der Triparty Agent angemessene Schutzvorkehrungen getroffen hat, um Verstöße gegen die Obergrenzen nach Buchstabe b zu verhindern;
d) die zuständige Behörde hat gegenüber dem Institut keine wesentlichen Bedenken zum Ausdruck gebracht;
e) die Summe des Betrags der Obergrenzen nach Buchstabe b des vorliegenden Absatzes und aller anderen Risikopositionen des Instituts gegenüber dem Sicherheitsemittenten übersteigt nicht die in Artikel 395 Absatz 1 genannte Obergrenze.

(4)[1] *[1]* Die EBA gibt gemäß Artikel 16 der Verordnung (EU) Nr. 1093/2010 Leitlinien zu den Bedingungen heraus, die für die Anwendung der Behandlung gemäß Absatz 3 des vorliegenden Artikels gelten sollen, einschließlich der Bedingungen für die Festlegung, Überwachung und Änderung der Obergrenzen nach Buchstabe b des genannten Absatzes und deren Häufigkeit.

[2] Die EBA veröffentlicht diese Leitlinien bis zum 31. Dezember 2019.

Teil 5. *(aufgehoben)*

Artikel 404–410. *(aufgehoben)*

Art. 404 *(aufgehoben)*

Art. 405 *(aufgehoben)*

Art. 406 *(aufgehoben)*

Art. 407 *(aufgehoben)*

Art. 408 *(aufgehoben)*

Art. 409 *(aufgehoben)*

Art. 410 *(aufgehoben)*

Teil 6. Liquidität

Titel I. Begriffsbestimmungen und Liquiditätsanforderungen

Art. 411 Begriffsbestimmungen. Für die Zwecke dieses Teils bezeichnet der Ausdruck

1. „Finanzkunde" einen Kunden – einschließlich eines Finanzkunden, der einer nichtfinanziellen Unternehmensgruppe angehört –, der eine oder mehrere der in Anhang I der Richtlinie 2013/36/EU genannten Tätigkeiten als Haupttätigkeit ausübt oder bei dem es sich um Folgendes handelt:

---

[1] Art. 403 Abs. 4 gilt ab dem 27.6.2019.

a) ein Kreditinstitut,
b) eine Wertpapierfirma,
c) eine Verbriefungszweckgesellschaft,
d) einen Organismus für gemeinsame Anlagen („OGA"),
e) eine nicht-offene Anlagegesellschaft,
f) ein Versicherungsunternehmen,
g) ein Rückversicherungsunternehmen,
h) eine Finanzholdinggesellschaft oder eine gemischte Finanzholdinggesellschaft,
i) ein Finanzinstitut,
j) ein Altersversorgungssystem im Sinne des Artikels 2 Nummer 10 der Verordnung (EU) Nr. 648/2012;

2. „Privatkundeneinlage" eine Verbindlichkeit gegenüber einer natürlichen Person oder einem KMU, wenn das KMU nach dem Standard- oder IRB-Ansatz für das Kreditrisiko zur Risikopositionsklasse „Mengengeschäft" gehören würde, oder eine Verbindlichkeit gegenüber einer Gesellschaft, auf die die Behandlung nach Artikel 153 Absatz 4 angewandt werden darf, und die Gesamteinlagen dieses KMU oder dieser Gesellschaft auf Gruppenbasis 1 Mio. EUR nicht übersteigen;
3. „private Beteiligungsgesellschaft" ein Unternehmen oder einen Trust, dessen Eigentümer oder begünstigter Eigentümer entweder eine natürliche Person oder eine Gruppe eng verbundener natürlicher Personen ist, das bzw. der keine sonstigen gewerblichen, industriellen oder beruflichen Tätigkeiten ausübt und dessen alleiniger Zweck darin besteht, das Vermögen des Eigentümers oder der Eigentümer zu verwalten, einschließlich Nebendienstleistungen wie die Trennung der Vermögenswerte des Eigentümers von Firmenvermögen, die Erleichterung der Übertragung von Vermögenswerten innerhalb einer Familie oder die Verhinderung einer Aufteilung der Vermögenswerte nach dem Tod eines Familienangehörigen, vorausgesetzt, diese Nebendienstleistungen stehen im Zusammenhang mit dem Hauptzweck der Verwaltung des Vermögens des Eigentümers;
4. „Einlagenvermittler" eine natürliche Person oder ein Unternehmen, die bzw. das Einlagen von Dritten, einschließlich Privatkundeneinlagen und Geschäftskundeneinlagen, jedoch keine Einlagen von Finanzkunden, gegen Gebühr bei Kreditinstituten platziert;
5. „unbelastete Vermögenswerte" Vermögenswerte, die keinerlei rechtlichen, vertraglichen, regulatorischen oder sonstigen Beschränkungen unterliegen, die das Institut daran hindern, diese Vermögenswerte zu liquidieren, zu verkaufen, zu übertragen, abzutreten oder, allgemein, diese Vermögenswerte durch direkten Verkauf oder ein Pensionsgeschäft zu veräußern;
6. „freiwillige Übersicherung" jeden Betrag an Vermögenswerten, den das Institut aufgrund rechtlicher oder regulatorischer Vorschriften, vertraglicher Verpflichtungen oder aus Gründen der Marktdisziplin bei einer Emission gedeckter Schuldverschreibungen nicht zu stellen hat, insbesondere auch wenn die Vermögenswerte über die rechtliche, gesetzliche oder regulatorische Mindestübersicherungsanforderung hinaus gestellt werden, die nach dem nationalen Recht eines Mitgliedstaats oder eines Drittlands für die gedeckten Schuldverschreibungen gilt;

7. „Aktivadeckungsanforderung" das Verhältnis von Vermögenswerten zu Verbindlichkeiten, das gemäß dem nationalen Recht eines Mitgliedstaats oder eines Drittlands zur Bonitätsverbesserung in Bezug auf gedeckte Schuldverschreibungen ermittelt wird;
8. „Lombardgeschäfte" besicherte Kredite an Kunden, die damit Fremdkapitalpositionen aufnehmen wollen;
9. „Derivatkontrakte" die in Anhang II genannten Derivatgeschäfte sowie Kreditderivate;
10. „Stress" eine plötzliche oder erhebliche Verschlechterung der Solvenz oder Liquidität eines Kreditinstituts aufgrund von Veränderungen in den Marktbedingungen oder spezifischen Faktoren, durch die eine erhebliche Gefahr besteht, dass das Institut nicht mehr in der Lage ist, seinen innerhalb der nächsten 30 Tage fälligen Verpflichtungen nachzukommen;
11. „Aktiva der Stufe 1" Aktiva von äußerst hoher Liquidität und Kreditqualität gemäß Artikel 416 Absatz 1 Unterabsatz 2;
12. „Aktiva der Stufe 2" Aktiva von hoher Liquidität und Kreditqualität gemäß Artikel 416 Absatz 1 Unterabsatz 2; die Aktiva der Stufe 2 werden weiter unterteilt in Aktiva der Stufe 2A und Aktiva der Stufe 2B wie in dem in Artikel 460 Absatz 1 genannten delegierten Rechtsakt festgelegt ist;
13. „Liquiditätspuffer" den Betrag an Aktiva der Stufe 1 und Aktiva der Stufe 2, den ein Institut gemäß dem in Artikel 460 Absatz 1 genannten delegierten Rechtsakt hält;
14. „Netto-Liquiditätsabflüsse" den Betrag, der sich aus dem Abzug der Liquiditätszuflüsse eines Instituts von dessen Liquiditätsabflüssen ergibt;
15. „Meldewährung" die Währung des Mitgliedstaats, in dem sich der Hauptsitz des Instituts befindet;
16. „Factoring" eine vertragliche Vereinbarung zwischen einem Unternehmen (im Folgenden „Zedent") und einem Finanzunternehmen (im Folgenden „Factor"), in dem der Zedent seine Forderungen an den Factor abtritt oder verkauft, wobei der Factor dem Zedenten im Gegenzug eine oder mehrere der folgenden Dienstleistungen in Bezug auf die abgetretenen Forderungen erbringt:
    a) Vorauszahlung eines Prozentsatzes des Forderungsbetrags, der grundsätzlich kurzfristig abgetreten wird, nicht zweckgebunden ist und keiner automatischen Erneuerung unterliegt,
    b) Forderungsmanagement, Inkasso und Kreditabsicherung, wobei im Allgemeinen der Factor im eigenen Namen das Debitorenbuch des Zedenten verwaltet und die Forderungen einzieht;

    für die Zwecke des Titels IV wird Factoring als Handelsfinanzierung behandelt;
17. „zugesagte Kreditfazilität" oder „zugesagte Liquiditätsfazilität" eine Kreditfazilität oder eine Liquiditätsfazilität, die unwiderruflich oder bedingt widerruflich ist.

Art. 412 Liquiditätsdeckungsanforderung. (1) [1]Institute müssen über liquide Aktiva verfügen, deren Gesamtwert die Liquiditätsabflüsse abzüglich der Liquididätszuflüsse unter Stressbedingungen abdeckt, damit gewährleistet wird, dass sie über angemessene Liquiditätspuffer verfügen, um sich einem möglichen Ungleichgewicht zwischen Liquiditätszuflüssen und -abflüssen unter erheblichen Stressbedingungen während 30 Tagen stellen zu können. [2]In Stressperioden dürfen Institute ihre liquiden Aktiva zur Deckung ihrer Netto-Liquiditätsabflüsse verwenden.

(2) *[1]* Die Institute zählen Liquiditätsabflüsse, Liquiditätszuflüsse und liquide Aktiva nicht doppelt.

[2] Sofern in dem delegierten Rechtsakt nach Artikel 460 Absatz 1 nichts anderes festgelegt ist, wird ein Posten, der in mehr als einer Kategorie von Liquiditätsabflüssen gezählt werden kann, in derjenigen Liquiditätsabflusskategorie gezählt, die den größten vertraglichen Liquiditätsabfluss für diesen Posten generiert.

(3) Institute dürfen die liquiden Aktiva im Sinne des Absatzes 1 verwenden, um ihren Verpflichtungen unter Stressbedingungen gemäß Artikel 414 nachzukommen.

(4) Titel II gilt ausschließlich für die Zwecke der Präzisierung der Meldepflichten nach Artikel 415.

(4a) Der in Artikel 460 Absatz 1 genannte delegierte Rechtsakt findet auf die Institute Anwendung.

(5) [1]Die Mitgliedstaaten dürfen nationale Bestimmungen im Bereich der Liquiditätsanforderungen beibehalten oder einführen, solange nicht gemäß Artikel 460 verbindliche Mindestquoten für Liquiditätsdeckungsanforderungen in der Union festgelegt und vollständig eingeführt sind. [2]Mitgliedstaaten oder zuständige Behörden dürfen von im Inland zugelassenen Instituten oder einer Teilgruppe dieser Institute verlangen, eine höhere Liquiditätsdeckungsanforderung von bis zu 100 % solange zu erfüllen, bis die verbindliche Mindestquote gemäß Artikel 460 vollständig bis zur Deckungsquote von 100 % eingeführt ist.

Art. 413 Anforderung der stabilen Refinanzierung. (1) Die Institute stellen sicher, dass ihre langfristigen Vermögenswerte und außerbilanziellen Posten angemessen durch eine breite Vielfalt von sowohl unter Normal- als auch unter Stressbedingungen stabilen Instrumenten der Refinanzierung unterlegt sind.

(2) Titel III gilt ausschließlich für die Zwecke der Präzisierung der in Artikel 415 festgelegten Meldepflichten, bis Meldepflichten nach den genannten Artikel für die in Titel IV festgelegte strukturelle Liquiditätsquote präzisiert und im Unionsrecht eingeführt wurden.

(3) Titel IV gilt für die Zwecke der Präzisierung der in Absatz 1 des vorliegenden Artikels festgelegten Anforderung der stabilen Refinanzierung und der in Artikel 415 festgelegten Meldepflichten für Institute.

(4) Die Mitgliedstaaten dürfen nationale Bestimmungen im Bereich der Anforderungen der stabilen Refinanzierung so lange beibehalten oder einführen, bis verbindliche Mindeststandards für die in Absatz 1 festgelegten strukturellen Liquiditätsanforderungen zur Anwendung kommen.

Art. 414 Einhaltung der Liquiditätsanforderungen. [1]Ein Institut, das die in Artikel 412 oder in Artikel 413 Absatz 1 festgelegten Anforderungen, einschließlich in Stressphasen, nicht erfüllt oder nicht zu erfüllen erwartet, zeigt dies den zuständigen Behörden unverzüglich an und legt den zuständigen Behörden unverzüglich einen Plan für die zeitnahe Wiedereinhaltung der Anforderungen des Artikels 412 oder, je nach Anwendbarkeit, des Artikels 413

Absatz 1 vor. 2 Bis das Institut die einschlägigen Bestimmungen wieder einhält, meldet es täglich zum Ende des Geschäftstags die in Titel III, in Titel IV, im Durchführungsrechtsakt nach Artikel 415 Absatz 3 oder Absatz 3a oder im delegierten Rechtsakt nach Artikel 460 Absatz 1, je nach Anwendbarkeit, genannten Positionen, es sei denn, die zuständige Behörde erlaubt weniger häufige Meldungen und eine längere Meldefrist. 3 Die zuständigen Behörden geben eine solche Erlaubnis nur auf der Grundlage der individuellen Situation eines Instituts und unter Berücksichtigung des Umfangs und der Komplexität seiner Tätigkeiten. 4 Die zuständigen Behörden überwachen die Umsetzung des Plans zur Wiedereinhaltung der Anforderungen und schreiben eine schnellere Wiedereinhaltung vor, falls angebracht.

Titel II. Liquiditätsmeldungen

Art. 415 Meldepflicht und Meldeformat. (1) *[1]* 1 Die Institute melden den zuständigen Behörden die in den technischen Durchführungsstandards nach Absatz 3 oder 3a des vorliegenden Artikels, in Titel IV und im delegierten Rechtsakt nach Artikel 460 Absatz 1 genannten Positionen in der Meldewährung, unabhängig davon, auf welche Währung die betreffenden Positionen tatsächlich lauten. 2 Bis die Meldepflicht und das Meldeformat für die in Titel IV festgelegte strukturelle Liquiditätsquote präzisiert und im Unionsrecht eingeführt worden sind, melden die Institute den zuständigen Behörden die in Titel III genannten Positionen in der Meldewährung, unabhängig davon, auf welche Währung die betreffenden Positionen tatsächlich lauten.

[2] 1 Die im delegierten Rechtsakt nach Artikel 460 Absatz 1 genannten Positionen werden mindestens monatlich und die in den Titeln III und IV genannten Positionen mindestens vierteljährlich gemeldet.

(2) Ein Institut meldet den zuständigen Behörden gesondert die Positionen, die in den technischen Durchführungsstandards nach Absatz 3 oder 3a des vorliegenden Artikels, in Titel III – bis die Meldepflicht und das Meldeformat für die in Titel IV festgelegte strukturelle Liquiditätsquote präzisiert und im Unionsrecht eingeführt worden sind – und im delegierten Rechtsakt nach Artikel 460 Absatz 1 genannt sind, je nach Anwendbarkeit, nach Maßgabe der folgenden Buchstaben:

a) wenn die Positionen auf eine andere Währung als die Meldewährung lauten und das Institut aggregierte Verbindlichkeiten in einer solchen Währung hat, die sich auf mindestens 5 % der Gesamtverbindlichkeiten des Instituts oder der zusammengefassten Liquiditätsuntergruppe, ohne Eigenmittel und außerbilanzielle Posten, belaufen, erfolgt die Meldung in der Währung, auf die die Positionen lauten;

b) wenn die Positionen auf die Währung eines Aufnahmemitgliedstaats lauten, in dem das Institut eine bedeutende Zweigstelle im Sinne des Artikels 51 der Richtlinie 2013/36/EU hat, und die Währung dieses Aufnahmemitgliedstaats sich von der Meldewährung unterscheidet, erfolgt die Meldung in der Währung des Mitgliedstaats, in dem sich die bedeutende Zweigstelle befindet;

c) wenn die Positionen auf die Meldewährung lauten und die aggregierten Verbindlichkeiten in anderen Währungen als der Meldewährung mindestens 5 % der Gesamtverbindlichkeiten des Instituts oder der zusammengefassten

Liquiditätsuntergruppe, ohne Eigenmittel und außerbilanzielle Posten, betragen, erfolgt die Meldung in der Meldewährung.

(3) *[1]* Die EBA arbeitet Entwürfe technischer Durchführungsstandards aus, in denen Folgendes festgelegt wird:

a) einheitliche Formate und IT-Lösungen mit zugehörigen Anweisungen für die Häufigkeit und die Stichtags- und Einreichungstermine, die Meldeformate und die Häufigkeit müssen der Art, dem Umfang und der Komplexität der verschiedenen Geschäfte des Instituts angemessen sein und die nach den Absätzen 1 und 2 geforderten Meldungen umfassen;

b) zusätzlich erforderliche Parameter für die Liquiditätsüberwachung, die den zuständigen Behörden einen umfassenden Überblick über das Liquiditätsrisikoprofil eines Instituts ermöglichen und der Art, dem Umfang und der Komplexität der Geschäfte des Instituts angemessen sind.

[2] Die EBA legt der Kommission diese Entwürfe technischer Durchführungsstandards für die unter Buchstabe a genannten Punkte bis 28. Juli 2013 und für die unter Buchstabe b genannten Punkte bis zum 1. Januar 2014 vor.

[3] Der Kommission wird die Befugnis übertragen, die technischen Durchführungsstandards nach Unterabsatz 1 gemäß Artikel 15 der Verordnung (EU) Nr. 1093/2010 zu erlassen.

(3a) *[1]* Die EBA arbeitet Entwürfe technischer Durchführungsstandards aus, in denen festgelegt wird, welche zusätzlich erforderlichen Parameter für die Liquiditätsüberwachung nach Absatz 3 auf kleine und nicht komplexe Institute anzuwenden sind.

[2] Die EBA übermittelt der Kommission diese Entwürfe technischer Durchführungsstandards bis zum 28. Juni 2020.

[3] Der Kommission wird die Befugnis übertragen, die technischen Durchführungsstandards nach Unterabsatz 1 gemäß Artikel 15 der Verordnung (EU) Nr. 1093/2010 zu erlassen.

(4) Die zuständigen Behörden des Herkunftmitgliedstaats stellen den zuständigen Behörden und der Zentralbank der Aufnahmemitgliedstaaten sowie der EBA auf Anfrage die Einzelmeldungen gemäß diesem Artikel zeitnah auf elektronischem Wege zur Verfügung.

(5) Die zuständigen Behörden, die die Beaufsichtigung auf konsolidierter Basis gemäß Artikel 111 der Richtlinie 2013/36/EU ausüben, stellen den folgenden Behörden auf Ersuchen zeitnah sämtliche Meldungen des Instituts gemäß den einheitlichen Meldeformaten nach Absatz 3 elektronisch zur Verfügung:

a) den zuständigen Behörden und der Zentralbank der Aufnahmemitgliedstaaten, in denen sich bedeutende Zweigstellen der Muttergesellschaft im Sinne des Artikels 52 der Richtlinie 2013/36/EU oder Institute befinden, die von derselben Mutterfinanzholdinggesellschaft kontrolliert werden,

b) den zuständigen Behörden, die Tochterunternehmen des Mutterunternehmens oder Institute zugelassen haben, die von derselben Mutterfinanzholdinggesellschaft kontrolliert werden, sowie der Zentralbank des betreffenden Mitgliedstaats,

c) der EBA,

d) der EZB.

(6) Die zuständigen Behörden, die ein Institut, das ein Tochterunternehmen eines Mutterunternehmens oder einer Mutterfinanzholdinggesellschaft ist, zugelassen haben, stellen den zuständigen Behörden, die die Beaufsichtigung auf konsolidierter Basis gemäß Artikel 111 der Richtlinie 2013/36/EU ausüben, der Zentralbank des Mitgliedstaats, in dem das Institut zugelassen ist, und der EBA auf Ersuchen sämtliche Meldungen des Instituts gemäß den einheitlichen Meldeformaten nach Absatz 3 zeitnah auf elektronischem Wege zur Verfügung.

Art. 416 Meldung liquider Aktiva. (1) *[1]* Institute melden folgende Positionen als liquide Aktiva, sofern nicht nach Absatz 2 ausgeschlossen, und nur, wenn die liquiden Aktiva die Bedingungen nach Absatz 3 erfüllen:

a) Barmittel und Risikopositionen gegenüber Zentralbanken, soweit diese Risikopositionen in angespannten Situationen jederzeit aufgelöst werden können; *Was*[1] Einlagen bei Zentralbanken betrifft, so bemühen sich die zuständige Behörde und die Zentralbank darum, sich darüber zu verständigen, in welchem Ausmaß Mindestreserven in Stressperioden abgezogen werden können,

b) sonstige übertragbare Aktiva von äußerst hoher Liquidität und Kreditqualität,

c) übertragbare Aktiva in Form von Forderungen, die gegenüber nachstehenden Körperschaften bestehen oder von diesen garantiert werden:

i) der Zentralregierung eines Mitgliedstaats, einer Region mit Haushaltsautonomie und dem Recht, Steuern zu erheben oder einem Drittland – in der Landeswährung des Zentralstaats oder der regionalen Gebietskörperschaft –, wenn das Institut in dem betreffenden Mitgliedstaat oder Drittland ein Liquiditätsrisiko eingegangen ist, das es durch Halten dieser liquiden Aktiva deckt,

ii) Zentralbanken und nicht zentralstaatlichen öffentlichen Stellen in der Landeswährung der Zentralbank bzw. der jeweiligen öffentlichen Stelle,

iii) der Bank für Internationalen Zahlungsausgleich, dem Internationalen Währungsfonds, der Kommission und multilateralen Entwicklungsbanken,

iv) der Europäischen Finanzstabilisierungsfazilität und dem Europäischen Stabilitätsmechanismus,

d) übertragbare Aktiva von hoher Liquidität und Kreditqualität,

e) von Zentralbanken im Rahmen der Geldpolitik eingeräumte Standby-Kreditfazilitäten, insoweit als solche Fazilitäten nicht durch liquide Aktiva besichert sind, ausgenommen Liquiditätshilfe in Notfällen,

f) wenn das Institut aufgrund von Rechts- oder Satzungsvorschriften zu einem Verbund gehört, die gesetzlichen oder satzungsmäßigen Mindesteinlagen bei dem Zentralkreditinstitut und sonstige satzungs- oder vertragsgemäß verfügbare liquide Finanzierungsmittel vom *Zentralkreditinstituts*[2] oder von Instituten, die Mitglieder des Systems nach Artikel 113 Absatz 7 sind oder für die nach Artikel 10 eine Ausnahme gelten kann, insoweit als diese Finanzierungsmittel nicht durch liquide Aktiva besichert *ist*[3].

---

[1] Richtig wohl: „was".
[2] Richtig wohl: „Zentralkreditinstitut".
[3] Richtig wohl: „sind".

[2] [1]Bis eine einheitliche Definition der hohen und äußerst hohen Liquidität und Kreditqualität im Einklang mit Artikel 460 festgelegt ist, ermitteln die Institute selbst in einer entsprechenden Währung die übertragbaren Aktiva, die eine hohe oder äußerst hohe Liquidität und Kreditqualität aufweisen. [2]Bis eine einheitliche Definition festgelegt ist, dürfen die zuständigen Behörden unter Berücksichtigung der Kriterien nach Artikel 509 Absätze 3, 4 und 5 allgemeine Orientierungen vorgeben, die von den Instituten bei der Ermittlung der Aktiva mit hoher oder äußerst hoher Liquidität und Kreditqualität befolgt werden. [3]Liegen keine derartigen Orientierungen vor, verwenden die Institute zu diesem Zweck transparente und objektive Kriterien, einschließlich einiger oder aller in Artikel 509 Absätze 3, 4 und 5 genannten Kriterien.

(2) Folgende Positionen gelten nicht als liquide Aktiva:

a) von einem Kreditinstitut begebene Vermögenswerte, es sei denn, sie erfüllen eine der folgenden Voraussetzungen:

i) es handelt sich um Schuldverschreibungen, die für eine Behandlung nach Artikel 129 Absatz 4 oder 5 in Betracht kommen, oder um durch Vermögenswerte besicherte Instrumente, wenn diese nachweislich von höchster Bonität, wie von der EBA anhand *den*[1)] Kriterien des Artikels 509 Absätze 3, 4 und 5 festgelegt, sind;

[Nr. ii bis 7.7.2022:]

ii) es handelt sich um Schuldverschreibungen gemäß Artikel 52 Absatz 4 der Richtlinie 2009/65/EG, die nicht unter Ziffer i fallen;

[Nr. ii ab 8.7.2022:]

ii) es handelt sich um Schuldverschreibungen gemäß Artikel 3 Nummer 1 der Richtlinie (EU) 2019/2162, die nicht unter Ziffer i des vorliegenden Buchstaben fallen;

iii) das Kreditinstitut wurde von der Zentral- oder Regionalregierung eines Mitgliedstaats eingerichtet, wobei diese Regierung verpflichtet ist, die wirtschaftliche Grundlage des Instituts zeit seines Bestehens zu schützen und seine Lebensfähigkeit zu sichern, oder der Vermögenswert wird von der betreffenden Regierung ausdrücklich garantiert oder mindestens 90 % der von dem Institut ausgereichten Darlehen werden direkt oder indirekt von der betreffenden Regierung garantiert und der Vermögenswert dient hauptsächlich zur Finanzierung von auf nicht-wettbewerblicher, nicht-gewinnorientierter Basis vergebenen Förderdarlehen, um die politischen Zielsetzungen der betreffenden Regierung zu unterstützen;

b) neue Vermögenswerte, die dem Institut als Sicherheit bei umgekehrten Pensions- und Wertpapierfinanzierungsgeschäften gestellt werden, von diesem nur zur Kreditrisikominderung gehalten werden und über die es weder gesetz- noch vertragsmäßig zur Verwendung verfügen kann;

c) Vermögenswerte der folgenden Emittenten:

i) Wertpapierfirmen,

ii) Versicherungsunternehmen,

iii) Finanzholdinggesellschaften,

iv) gemischte Finanzholdinggesellschaften,

---

1) Richtig wohl: „der".

v) andere Einrichtungen, die eine oder mehrere der in Anhang I der Richtlinie 2013/36/EU genannten Tätigkeiten als Haupttätigkeit ausüben.

(3) *[1]* Gemäß Absatz 1 melden Institute als liquide Aktiva Vermögenswerte, die die folgenden Bedingungen erfüllen:

a) Die Vermögenswerte sind nicht belastet oder sind innerhalb eines Sicherheitenpools abrufbar, um zusätzliche Mittel im Rahmen zugesagter – oder, wenn der Pool von einer Zentralbank betrieben wird – nicht zugesagter, aber noch nicht finanzierter Kreditlinien, die dem Institut zur Verfügung stehen, zu erlangen;

b) die Vermögenswerte wurden nicht von dem Institut selbst oder seinen Mutter- oder Tochterinstituten oder von einem anderen Tochterunternehmen seines Mutterinstituts oder von der Mutterfinanzholdinggesellschaft begeben;

c) der Preis der Vermögenswerte wird im Allgemeinen von den Marktteilnehmern festgelegt und ist am Markt leicht zu ermitteln oder kann durch eine Formel festgestellt werden, die auf der Grundlage öffentlich verfügbarer Informationen leicht zu berechnen ist und die – anders als es typischerweise bei strukturierten oder exotischen Produkten der Fall ist – nicht auf starken Annahmen beruht;

d) die Vermögenswerte sind an einer anerkannten Börse notiert oder im direkten Verkauf („outright sale") oder durch eine einfache Rückkaufsvereinbarung an Märkten für Pensionsgeschäfte verwertbar; diese Kriterien werden für jeden Markt einzeln geprüft.

[2] Die Bedingungen gemäß Unterabsatz 1 Buchstaben c und d gelten nicht für Aktiva nach Absatz 1 Buchstaben a, e und f.

(4) Ungeachtet der Absätze 1, 2 und 3 melden Institute bis zur Festlegung einer verbindlichen Liquiditätsanforderung gemäß Artikel 460 im Einklang mit Absatz 1 Unterabsatz 2 dieses Artikels

a) ausgehend von transparenten und objektiven Kriterien, einschließlich einiger oder aller Kriterien des Artikels 509 Absätze 3, 4 und 5 andere nicht zentralbankfähige aber fungible Aktiva wie Aktien und Gold,

b) andere zentralbankfähige und fungible Aktiva wie forderungsbesicherte Instrumente von höchster Kreditqualität wie von der EBA anhand *den*[1] Kriterien des Artikels 509 Absätze 3, 4 und 5 festgelegt,

c) andere – wie von der EBA anhand *den*[1] Kriterien des Artikels 509 Absätze 3, 4 und 5 festgelegt – zentralbankfähige aber nicht fungible Aktiva wie Kreditforderungen.

(5) *[1]* OGA-Positionen dürfen im Portfolio liquider Aktiva eines jeden Instituts bis zu einem Absolutbetrag von 500 Mio. EUR oder dem entsprechenden Betrag in der Landeswährung als liquide Aktiva behandelt werden, sofern die in Artikel 132 Absatz 3 festgelegten Anforderungen erfüllt sind und der OGA – mit Ausnahme von Derivaten zur Minderung des Zins-, Kredit- oder Währungsrisikos – ausschließlich in liquide Aktiva im Sinne des Absatzes 1 investiert.

---

[1] Richtig wohl: „der".

[2] [1] Sichert ein OGA zulässige Anlagen tatsächlich oder potenziell durch Derivate ab, so steht dies der Anerkennungsfähigkeit des OGA für die Behandlung nach Unterabsatz 1 des vorliegenden Absatzes nicht im Wege. [2] Wenn der Wert der Anteile an dem OGA nicht regelmäßig von den in Artikel 418 Absatz 4 Buchstaben a und b genannten Dritten zu Marktpreisen bewertet wird und die zuständige Behörde nicht davon überzeugt ist, dass ein Institut belastbare Methoden und Verfahren für eine solche Bewertung im Sinne des Artikels 418 Absatz 4 entwickelt hat, werden die Anteile an dem betreffenden OGA nicht als liquide Aktiva behandelt.

(6) [1] Erfüllen liquide Aktiva nicht mehr die Anforderung gemäß diesem Artikel für liquide Aktiva, so darf ein Institut sie dennoch für einen zusätzlichen Zeitraum von 30 Tagen weiterhin als liquide Aktiva betrachten. [2] Kommen liquide Aktiva eines OGA nicht mehr für eine Behandlung nach Absatz 5 in Frage, dürfen die Anteile an dem OGA dennoch für weitere 30 Tage als liquide Aktiva betrachtet werden, sofern sie nicht mehr als 10 % des Werts der gesamten Aktiva des OGA ausmachen.

Art. 417 Operative Anforderungen an den Bestand an liquiden Aktiva. Die Institute melden Positionen nur dann als liquide Aktiva, wenn diese die folgenden Bedingungen erfüllen:

a) Sie sind angemessen diversifiziert. Eine Diversifizierung ist nicht erforderlich bei Aktiva im Sinne des Artikels 416 Absatz 1 Buchstaben a, b und c;

b) sie sind rechtlich und tatsächlich zu jedem Zeitpunkt innerhalb der nächsten 30 Tage verfügbar, um durch einen direkten Verkauf oder eine einfache Rückkaufsvereinbarung an anerkannten Märkten für Pensionsgeschäfte verwertet zu werden, sodass fällige Verpflichtungen erfüllt werden können. Liquide Aktiva gemäß Artikel 416 Absatz 1 Buchstabe c, die in Drittstaaten gehalten werden, in denen Transferbeschränkungen bestehen, oder die auf nichtkonvertierbare Währungen lauten, gelten nur soweit als verfügbar, als dass sie den Abflüssen in dem Drittstaat oder in der betreffenden Währung entsprechen, es sei denn, dass Institut kann den zuständigen Behörden nachweisen, dass es das resultierende Währungsrisiko entsprechend abgesichert hat;

c) die liquiden Aktiva werden durch eine Liquiditätsmanagementstelle kontrolliert;

d) ein Teil der liquiden Aktiva, ausgenommen jene gemäß Artikel 416 Absatz 1 Buchstaben a, c, e und f wird regelmäßig und mindestens jährlich durch direkte Verkäufe oder einfache Rückkaufsvereinbarungen an einem anerkannten Markt für Pensionsgeschäfte verwertet, um

   i) den Zugang dieser Aktiva zum Markt zu prüfen,

   ii) die Wirksamkeit der Verfahren für die Verwertung der Aktiva zu prüfen,

   iii) die Nutzbarkeit der Aktiva zu prüfen,

   iv) das Risiko negativer Signalwirkungen in Stressphasen zu minimieren;

e) mit den Aktiva verbundene Preisrisiken dürfen abgesichert werden, doch wird durch geeignete interne Verfahren sichergestellt, dass die liquiden Aktiva im Bedarfsfall der für die Liquiditätssteuerung zuständigen Funktionseinheit (Treasury) ohne weiteres zur Verfügung stehen und dass sie insbesondere nicht in anderen laufenden Vorgängen verwendet werden, einschließlich

i) Absicherungs- oder anderen Handelsstrategien,

ii) Bonitätsverbesserungen bei strukturierten Geschäften,

iii) Deckung von Betriebskosten;

f) die Denomination der liquiden Aktiva entspricht der Währungsverteilung der Liquiditätsabflüsse nach Abzug der Zuflüsse.

Art. 418 Bewertung liquider Aktiva. (1) [1] Liquide Aktiva werden mit ihrem Marktwert gemeldet, vorbehaltlich angemessener Abschläge, die mindestens die Duration, das Kredit- und Liquiditätsrisiko und typische Abschläge auf Pensionsgeschäfte in allgemeinen Stressphasen des Marktes widerspiegeln. [2] Die Abschläge betragen für die unter Artikel 416 Absatz 1 Buchstabe d genannten Aktiva mindestens 15 %. [3] Sichert das Institut das mit einem Vermögenswert verbundene Preisrisiko ab, berücksichtigt es den aus der potenziellen Glattstellung der Absicherung resultierenden Zahlungsstrom.

(2) Anteile an OGA gemäß Artikel 416 Absatz 6 unterliegen Abschlägen, die auf die zugrunde liegenden Aktiva wie folgt unmittelbar angewandt werden (Transparenzansatz):

a) 0 % für Aktiva nach Artikel 416 Absatz 1 Buchstabe a,

b) 5 % für Aktiva nach Artikel 416 Absatz 1 Buchstaben b und c,

c) 20 % für Aktiva nach Artikel 416 Absatz 1 Buchstabe d.

(3) Der Transparenzansatz gemäß Absatz 2 wird wie folgt angewandt:

a) Sind dem Institut die zugrunde liegenden Risikopositionen des OGA bekannt, darf es diese direkt berücksichtigen, um sie gemäß Artikel 416 Absatz 1 Buchstaben a bis d zuzuordnen.

b) Sind dem Institut die zugrunde liegenden Risikopositionen des OGA nicht bekannt, wird davon ausgegangen, dass der OGA bis zur unter seinem Mandat zulässigen Höchstgrenze in absteigender Folge in die Kategorien von Aktiva nach Artikel 416 Absatz 1 Buchstaben a bis d investiert, bis die Höchstgrenze für die Gesamtinvestitionen erreicht ist.

(4) *[1]* [1] Die Institute entwickeln belastbare Methoden und Verfahren zur Berechnung und Meldung des *Markwerts*[1)] und der Abschläge für Anteile an OGA. [2] Nur wenn sie der zuständigen Behörde nachweisen können, dass die Bedeutung der Risikoposition die Entwicklung einer eigenen Methodik nicht rechtfertigt, dürfen sie folgende Dritte damit beauftragen, die Abschläge für OGA-Positionen im Einklang mit den in Absatz 3 Buchstaben a und b aufgeführten Methoden zu berechnen und in der Berichterstattung zu erfassen:

a) die Verwahrstelle des OGA, sofern der OGA ausschließlich in Wertpapiere investiert und sämtliche Wertpapiere bei dieser Verwahrstelle hinterlegt;

b) die Verwaltungsgesellschaft des OGA im Fall anderer OGA, sofern diese die in Artikel 132 Absatz 3 Buchstabe a festgelegten Kriterien erfüllt.

[2] Die Richtigkeit der Berechnungen der Verwahrstelle oder der OGA-Verwaltungsgesellschaft wird von einem externen Prüfer bestätigt.

---

1) Richtig wohl: „Marktwerts“.

Art. 419 Währungen mit begrenzter Verfügbarkeit liquider Aktiva. (1) Die EBA bewertet die Verfügbarkeit von liquiden Aktiva nach Artikel 416 Absatz 1 Buchstabe b für Institute unter Berücksichtigung der für die in der Union ansässigen Institute relevanten Währungen.

(2) Überschreitet der berechtigte Bedarf an liquiden Aktiva vor dem Hintergrund von Artikel 412 die Verfügbarkeit dieser liquiden Aktiva in einer Währung, finden eine oder mehrere der folgenden Ausnahmen Anwendung:

a) Abweichend von Artikel 417 Buchstabe f darf die Währung der liquiden Aktiva von der Währungsverteilung der Liquiditätsabflüsse nach Abzug der Zuflüsse abweichen;

b) für Währungen eines Mitgliedstaats oder von Drittländern dürfen die erforderlichen liquiden Aktiva durch Kreditlinien der Zentralbank des betreffenden Mitgliedstaats oder Drittlands ersetzt werden, die vertraglich unwiderruflich für die nächsten 30 Tage verbindlich sind und deren Preis angemessen ist, unabhängig von dem bereits in Anspruch genommenen Betrag, sofern die zuständigen Behörden des betreffenden Mitgliedstaats oder Drittlands ebenso verfahren und sofern in diesem Mitgliedstaat oder Drittland vergleichbare Meldepflichten gelten;

c) wenn ein Defizit an Aktiva der Stufe 1 besteht, kann das Institut zusätzliche Aktiva der Stufe 2A, die höheren Abschlägen unterliegen müssen, halten und kann eine etwaige Höchstgrenze, die gemäß dem delegierten Rechtsakt nach Artikel 460 Absatz 1 für diese Aktiva gilt, geändert werden.

(3) [1] Die gemäß Absatz 2 eingeräumten Ausnahmen sind umgekehrt proportional zur Verfügbarkeit der einschlägigen Aktiva. [2] Der berechtigte Bedarf der Institute wird unter Berücksichtigung ihrer Fähigkeit zur Senkung des Bedarfs an diesen liquiden Aktiva durch solides Liquiditätsmanagement und anhand der Anlagen in solchen Aktiva seitens anderer Marktteilnehmer bewertet.

(4) *[1]* Die EBA arbeitet Entwürfe technischer Durchführungsstandards mit einem Verzeichnis der Währungen aus, die die in diesem Artikel festgelegten Anforderungen erfüllen.

[2] Die EBA legt der Kommission diese Entwürfe technischer Durchführungsstandards bis 31. März 2014 vor.

[3] Der Kommission wird die Befugnis übertragen, die technischen Durchführungsstandards nach Unterabsatz 1 gemäß Artikel 15 der Verordnung (EU) Nr. 1093/2010 zu erlassen.

(5) *[1]* Die EBA arbeitet Entwürfe technischer Regulierungsstandards aus, in denen die Ausnahmen nach Absatz 2, einschließlich der Voraussetzungen ihrer Anwendung, festgelegt werden.

[2] Die EBA übermittelt der Kommission diese Entwürfe technischer Regulierungsstandards bis zum 28. Dezember 2019.

[3] Der Kommission wird die Befugnis übertragen, die in Unterabsatz 1 genannten technischen Regulierungsstandards gemäß den Artikeln 10 bis 14 der Verordnung (EU) Nr. 1093/2010 zur Ergänzung dieser Verordnung zu erlassen.

Art. 420 Liquiditätsabflüsse. (1) Bis zur Festlegung einer Liquiditätsanforderung gemäß Artikel 460 sind als Liquiditätsabflüsse zu melden:

a) aktuell ausstehender Betrag für Privatkundeneinlagen gemäß Artikel 421;

b) aktuell ausstehende Beträge für andere Verbindlichkeiten, die fällig werden, möglicherweise an die Gläubigerinstitute oder an den Finanzierungsgeber ausgezahlt werden müssen oder an eine implizite Erwartung des Finanzierungsgebers geknüpft sind, nach der das Institut die Verbindlichkeit innerhalb der nächsten 30 Tage gemäß Artikel 422 zurückzahlt;

c) weitere Abflüsse gemäß Artikel 423;

d) Höchstbetrag, der gemäß Artikel 424 innerhalb der nächsten 30 Tage aus nicht in Anspruch genommenen zugesagten Kredit- und Liquiditätsfazilitäten in Anspruch genommen werden kann;

e) weitere in der Bewertung nach Absatz 2 ermittelte Abflüsse.

(2) *[1]* [1] Institute bewerten regelmäßig die Wahrscheinlichkeit und den potenziellen Umfang von Liquiditätsabflüssen innerhalb der nächsten 30 Tage im Hinblick auf Produkte oder Dienstleistungen, die nicht unter die Artikel 422, 423 und 424 fallen und die sie anbieten oder deren Sponsor sie sind oder die potenzielle Käufer als mit ihnen in Verbindung stehend betrachten würden, einschließlich, aber nicht beschränkt auf Liquiditätsabflüsse infolge vertraglicher Vereinbarungen, wie z.B. sonstige außerbilanzielle und Eventualfinanzierungsverpflichtungen, beispielsweise zugesagte Finanzierungsfazilitäten, nicht in Anspruch genommene Darlehen und Buchkredite an Großkunden, vereinbarte aber noch nicht in Anspruch genommene Hypotheken, Kreditkarten, Überziehungskredite, geplante Abflüsse in Zusammenhang mit der Verlängerung oder der Vergabe neuer Privat- oder Großkundenkredite, geplante Derivateverbindlichkeiten sowie außerbilanzielle Posten für die Handelsfinanzierung im Sinne des Artikels 429 und des Anhangs I. [2] Diese Abflüsse werden unter der Annahme eines kombinierten spezifischen und marktweiten Stressszenarios bewertet.

[2] [1] Bei dieser Bewertung berücksichtigen die Institute insbesondere wesentliche Rufschädigungen, die sich ergeben könnten, wenn sie keine Liquiditätsunterstützung für derartige Produkte oder Dienstleistungen bereitstellen. [2] Die Institute melden den zuständigen Behörden mindestens jährlich die Produkte und Dienstleistungen, für die die Wahrscheinlichkeit und der *potenziellen*[1)] Umfang von Liquiditätsabflüssen wesentlich sind, und die zuständigen Behörden legen die zuzuordnenden Abflüsse fest. [3] Die zuständigen Behörden können für außerbilanzielle Posten für die Handelsfinanzierung im Sinne des Artikels 429 und des Anhangs I eine Abflussrate von bis zu 5 % festlegen.

[3] [1] Die zuständigen Behörden melden der EBA mindestens jährlich die Art der Produkte und Dienstleistungen, für die sie auf der Grundlage der Meldungen der Institute Abflüsse festgestellt haben. [2] Sie erläutern in dieser Meldung auch die zur Feststellung der Abflüsse verwendeten Methoden.

Art. 421 Abflüsse bei Privatkundeneinlagen. (1) Institute melden gesondert den Betrag der durch ein Einlagensicherungssystem gemäß der Richtlinie 94/19/EG oder ein vergleichbares Einlagensicherungssystem in einem Drittland gedeckten Privatkundeneinlagen und multiplizieren diesen mit mindestens 5 %, sofern die betreffende Einlage entweder

---

1) Richtig wohl: „potenzielle".

a) Bestandteil einer etablierten Geschäftsbeziehung ist, so dass eine Entnahme äußerst unwahrscheinlich ist, oder
b) auf einem Zahlungsverkehrskonto (hierunter fallen auch Gehaltskonten) gehalten wird.

(2) Die Institute multiplizieren andere Privatkundeneinlagen, die nicht unter Absatz 1 fallen, mit mindestens 10 %.

(3) [1] Die EBA gibt bis zum 1. Januar 2014 unter Berücksichtigung des Verhaltens lokaler Einleger entsprechend den Auskünften der zuständigen Behörden Leitlinien für die Kriterien heraus, nach denen die Bedingungen für die Anwendung der Absätze 1 und 2 in Zusammenhang mit der Ermittlung von Privatkundeneinlagen, die anderen Abflüssen unterliegen, festgelegt werden sowie die Begriffsbestimmungen dieser Produkte für die Zwecke dieses Titels. [2] In diesen Leitlinien wird die Wahrscheinlichkeit von Liquiditätsabflüssen bei diesen Einlagen innerhalb der nächsten 30 Tage berücksichtigt. [3] Diese Abflüsse werden unter der Annahme eines kombinierten spezifischen und marktweiten Stressszenarios bewertet.

(4) Ungeachtet der Absätze 1 und 2 multiplizieren Institute ihre Privatkundeneinlagen in Drittstaaten mit einem höheren Prozentsatz als dem nach jenen Absätzen, falls ein solcher Prozentsatz in den vergleichbaren Meldepflichten des Drittstaats vorgesehen ist.

(5) Die Institute dürfen bei der Berechnung bestimmte klar beschriebene Kategorien von Privatkundeneinlagen ausschließen, sofern sie in jedem einzelnen Fall die folgenden Bedingungen strikt auf die gesamte Kategorie dieser Einlagen anwenden, es sei denn, es liegt ein durch individuelle Umstände gerechtfertigter Härtefall beim Einleger vor:

a) Der Einleger darf seine Einlage nicht innerhalb von 30 Tagen abheben, oder
b) bei vorzeitigen Abhebungen innerhalb von 30 Tagen muss der Einleger eine Vorfälligkeitsentschädigung zahlen, die den Zinsverlust im Zeitraum zwischen der Abhebung und dem vertraglichen Laufzeitende zuzüglich einer wesentlichen Vertragsstrafe umfasst, die nicht über dem Betrag der Zinsen liegen muss, die vom Zeitpunkt der Einlage bis zum Abhebungszeitpunkt aufgelaufen sind.

Art. 422 Abflüsse bei sonstigen Verbindlichkeiten. (1) Institute multiplizieren die aus den eigenen Betriebskosten erwachsenden Verbindlichkeiten mit 0 %.

(2) Institute multiplizieren die aus besicherten Kreditvergaben und Kapitalmarkttransaktionen im Sinne des Artikels 192 Nummer 3 resultierenden Verbindlichkeiten mit

a) 0 % bis zum Wert der liquiden Aktiva gemäß Artikel 418, sofern sie durch Vermögenswerte besichert sind, die gemäß Artikel 416 als liquide Aktiva anerkannt würden,
b) 100 % oberhalb des Werts der liquiden Aktiva gemäß Artikel 418, sofern sie durch Vermögenswerte besichert sind, die gemäß Artikel 416 als liquide Aktiva anerkannt würden,
c) 100 %, wenn sie durch Vermögenswerte besichert sind, die nicht gemäß Artikel 416 als liquide Aktiva anerkannt würden, ausgenommen Geschäfte nach den Buchstaben d und e,

d) 25 %, wenn sie durch Vermögenswerte besichert sind, die nicht gemäß Artikel 416 als liquide Aktiva anerkannt würden und Kreditgeber der Zentralstaat, eine öffentliche Stelle des Mitgliedstaats, in dem das Institut zugelassen wurde oder eine Zweigstelle errichtet hat, oder eine multilaterale Entwicklungsbank ist. Um für diese Behandlung in Frage zu kommen, dürfen öffentliche Stellen ein Risikogewicht von höchstens 20 % gemäß Teil 3 Titel II Kapitel II haben,

e) 0 %, wenn der Kreditgeber eine Zentralbank ist.

(3) *[1]* Die Institute multiplizieren Verbindlichkeiten, die aus Einlagen resultieren, die

a) vom Einleger zu halten sind, um Clearing-, Verwahr- oder Gelddispositions- oder andere vergleichbare Dienstleistungen des Instituts zu erhalten,

b) im Kontext der gemeinsamen Aufgabenteilung innerhalb eines institutsbezogenen Sicherungssystems gemäß den Anforderungen des Artikels 113 Absatz 7 oder als *eine den*[1] gesetzliche oder satzungsmäßige Mindesteinlage einer anderen Stelle, die dem institutsbezogenen Sicherungssystem angeschlossen ist, zu halten sind,

c) vom Einleger im Rahmen einer sonstigen nicht unter Buchstabe a genannten etablierten Geschäftsbeziehung zu halten sind,

d) vom Einleger für die Zahlungsverkehrsabrechnung (cash clearing) und für Dienstleistungen eines *Zentralekreditinstituts*[2] sowie für den Fall zu halten sind, dass das Kreditinstitut aufgrund von Rechts- oder Satzungsvorschriften zu einem Verbund gehört,

mit 5 % in Fällen gemäß Buchstabe a, soweit diese durch ein Einlagensicherungssystem gemäß der Richtlinie 94/19/EG oder ein vergleichbares Einlagensicherungssystem in einem Drittland gedeckt sind, und mit 25 % in allen anderen Fällen.

[2] Einlagen von Kreditinstituten bei zentralen Kreditinstituten, die nach Artikel 416 Absatz 1 Buchstabe f als liquide Aktiva gelten, werden mit einer Abflussrate von 100 % multipliziert.

(4) *[1]* [1] Clearing-, Verwahr- oder Gelddispositions- oder andere vergleichbare Dienstleistungen nach Absatz 3 Buchstaben a und d decken diese Dienstleistungen lediglich insoweit ab, als diese Dienstleistungen im Rahmen einer etablierten Geschäftsbeziehung erbracht werden, von der der Einleger in wesentlichem Maße abhängig ist. [2] Diese Dienstleistungen dürfen nicht nur aus Korrespondenzbankgeschäften oder Primebroker-Dienstleistungen bestehen, und die Institute müssen über Nachweise verfügen, dass der Kunde keine Möglichkeit hat, rechtlich fällige Beträge innerhalb eines Zeithorizonts von 30 Tagen ohne Beeinträchtigung seines Geschäftsbetriebs abzuheben.

[2] [1] Solange es keine einheitliche Definition einer etablierten Geschäftsbeziehung nach Absatz 3 Buchstabe c gibt, legen die Institute selbst die Kriterien fest, anhand deren sie feststellen, dass eine etablierte Geschäftsbeziehung vorliegt, für die sie über Nachweise verfügen, dass der Kunde keine Möglichkeit hat, rechtlich fällige Beträge innerhalb eines Zeithorizonts von 30 Tagen ohne Beeinträchtigung seines Geschäftsbetriebs abzuheben; die genannten Kriterien

---

[1] Richtig wohl: „eine".
[2] Richtig wohl: „zentralen Kreditinstituts" oder „Zentralkreditinstituts".

sind den zuständigen Behörden anzuzeigen. [2] In Ermangelung einer einheitlichen Definition können die zuständigen Behörden den Instituten allgemeine Orientierungen an die Hand geben, nach denen diese sich richten, um von einem Einleger im Rahmen einer etablierten Geschäftsbeziehung gehaltene Einlagen zu ermitteln.

(5) Institute multiplizieren aus Einlagen von Kunden, die keine Finanzkunden sind, resultierende Verbindlichkeiten – insofern sie nicht unter die Absätze 3 und 4 fallen – mit 40 % und den Betrag dieser Verbindlichkeiten, die durch ein Einlagensicherungssystem gemäß der Richtlinie 94/19/EG oder ein vergleichbares Einlagensicherungssystem in einem Drittland gedeckt sind, mit 20 %.

(6) [1] Die Institute berücksichtigen innerhalb des Zeithorizonts von 30 Tagen erwartete Zu- und Abflüsse aus den in Anhang II genannten Geschäften auf Nettobasis aller Gegenparteien und multiplizieren diese im Falle eines Nettoabflusses mit 100 %. [2] Auf Nettobasis bedeutet hier, dass auch die zu empfangenden Sicherheiten, die nach Artikel 416 als liquide Aktiva anerkannt würden, berücksichtigt werden.

(7) Die Institute melden andere Verbindlichkeiten, die nicht unter die Absätze 1 bis 5 fallen, gesondert.

(8) Die zuständigen Behörden können die Erlaubnis geben, auf die Verbindlichkeiten nach Absatz 7 im Einzelfall einen niedrigeren Abfluss-Prozentsatz anzuwenden, wenn alle folgenden Voraussetzungen erfüllt sind:

a) Die Gegenpartei ist Folgendes:
   i) ein Mutter- oder ein Tochterunternehmen des Instituts oder ein anderes Tochterunternehmen desselben Mutterinstituts,
   ii) die Gegenpartei ist durch eine Beziehung im Sinne des Artikels 22 Absatz 7 der Richtlinie 2013/34/EU mit dem Institut verbunden,
   iii) ein Institut, das unter dasselbe die Anforderungen des Artikels 113 Absatz 7 erfüllende institutsbezogene Sicherungssystem fällt, oder
   iv) das Zentralinstitut oder ein Mitglied eines Verbunds gemäß Artikel 400 Absatz 2 Buchstabe d;
b) es besteht Grund zu der Annahme, dass die Abflüsse innerhalb der nächsten 30 Tage selbst bei einem kombinierten spezifischen und marktweiten Stressszenario geringer ausfallen;
c) abweichend von Artikel 425 wendet die Gegenpartei einen entsprechenden symmetrischen oder konservativeren Zufluss an;
d) Institut und Gegenpartei sind im selben Mitgliedstaat niedergelassen.

(9) [1] Die zuständigen Behörden können von der Bedingung nach Absatz 8 Buchstabe d absehen, wenn Artikel 20 Absatz 1 Buchstabe b Anwendung findet. [2] In diesem Fall müssen zusätzliche objektive Kriterien, die in dem in Artikel 460 genannten delegierten Rechtsakt festgelegt sind, erfüllt sein. [3] Wird die Anwendung eines solchen geringeren Abflusses genehmigt, unterrichten die zuständigen Behörden die EBA über die Ergebnisse der Abstimmung nach Artikel 20 Absatz 1 Buchstabe b. [4] Die Einhaltung der Voraussetzungen für derartige geringere Abflüsse wird von den zuständigen Behörden regelmäßig überprüft.

(10) *[1]* Die EBA arbeitet Entwürfe technischer Regulierungsstandards aus, um die objektiven Kriterien nach Absatz 9 weiter zu spezifizieren.

[2] Sie legt der Kommission diese Entwürfe technischer Regulierungsstandards bis zum 1. Januar 2015 vor.

[3] Der Kommission wird die Befugnis übertragen, die technischen Regulierungsstandards nach Unterabsatz 1 gemäß den Artikeln 10 bis 14 der Verordnung (EU) Nr. 1093/2010 zu erlassen.

Art. 423 Zusätzliche Abflüsse. (1) Andere Sicherheiten als Aktiva nach Artikel 416 Absatz 1 Buchstaben a, b und c, die das Institut für in Anhang II genannte Geschäfte und Kreditderivate hinterlegt, unterliegen einem zusätzlichen Abfluss von 20 %.

(2) [1] Ein Institut meldet den zuständigen Behörden alle von ihm eingegangenen Kontrakte, die innerhalb von 30 Tagen nach einer wesentlichen Verschlechterung der Kreditqualität des Instituts vertragsbedingt zu Liquiditätsabflüssen oder Bedarf an zusätzlichen Sicherheiten führen. [2] Halten die zuständigen Behörden diese Kontrakte im Verhältnis zu den potenziellen Liquiditätsabflüssen des Instituts für wesentlich, so verlangen sie, dass das Institut einen zusätzlichen Liquiditätsabfluss für diese Kontrakte vorsieht, der dem Bedarf an zusätzlichen Sicherheiten entspricht, der aus einer wesentlichen Verschlechterung seiner Kreditqualität, etwa einer Herabstufung der externen Bonitätsbeurteilung um drei Stufen, resultiert. [3] Das Institut überprüft den Umfang dieser wesentlichen Verschlechterung regelmäßig im Lichte vertragsbedingt relevanter Aspekte und teilt den zuständigen Behörden die Ergebnisse seiner Überprüfungen mit.

(3) *[1]* Das Institut sieht einen zusätzlichen Liquiditätsabfluss für die Sicherheiten vor, die aufgrund der Auswirkungen ungünstiger Marktbedingungen auf seine Derivatgeschäfte benötigt würden, falls diese wesentlich sind.

[2] Die EBA arbeitet Entwürfe technischer Regulierungsstandards aus, in denen die Bedingungen für die Anwendung des Wesentlichkeitskonzepts sowie Methoden für die Messung des zusätzlichen Liquiditätsabflusses festgelegt werden.

[3] Die EBA legt der Kommission diese Entwürfe technischer Regulierungsstandards bis zum 31. März 2014 vor.

[4] Der Kommission wird die Befugnis übertragen, die technischen Regulierungsstandards nach Unterabsatz 2 gemäß den Artikeln 10 bis 14 der Verordnung (EU) Nr. 1093/2010 zu erlassen.

(4) Das Institut sieht einen zusätzlichen Liquiditätsabfluss vor, der dem Marktwert von Wertpapieren oder anderen Vermögenswerten entspricht, die leer verkauft und innerhalb eines Zeithorizonts von 30 Tagen zu liefern sind, es sei denn, das Institut besitzt die zu liefernden Wertpapiere oder hat diese zu Bedingungen geliehen, die ihre Rückgabe erst nach einem Zeithorizont von 30 Tagen erfordern, und die Wertpapiere sind nicht Teil der liquiden Aktiva des Instituts.

(5) Das Institut sieht einen zusätzlichen Liquiditätsabfluss vor

a) für von dem Institut gehaltene überschüssige Sicherheiten, die jederzeit von der Gegenpartei eingefordert werden können;
b) für Sicherheiten, die einer Gegenpartei zurückgegeben werden müssen;
c) für Sicherheiten, die Vermögenswerten entsprechen, die für die Zwecke des Artikels 416 als liquide Aktiva anerkannt würden, die ohne Zustimmung des

Instituts durch Vermögenswerte ersetzt werden können, die nicht als liquide Aktiva für die Zwecke des Artikels 416 anerkannt würden.

(6) Als Sicherheit entgegengenommene Einlagen gelten nicht als Verbindlichkeiten für die Zwecke des Artikels 422, für sie gilt aber gegebenenfalls dieser Artikel.

Art. 424 Abflüsse aus Kredit- und Liquiditätsfazilitäten. (1) [1]Institute melden Abflüsse aus zugesagten Kredit- und Liquiditätsfazilitäten, die in Form eines Prozentsatzes des Höchstbetrags, der innerhalb der folgenden 30 Tage in Anspruch genommen werden kann, festgelegt werden. [2]Dieser Höchstbetrag darf bewertet werden abzüglich etwaiger Liquiditätsanforderungen nach Artikel 420 Absatz 2 für die außerbilanziellen Posten für die Handelsfinanzierung und abzüglich des Werts der nach Artikel 418 zu stellenden Sicherheit, wenn das Institut diese wieder verwenden kann und sie in Form liquider Aktiva gemäß Artikel 416 gehalten wird. [3]Die zu leistende Sicherheit darf nicht aus von der Gegenpartei der Fazilität oder aus von einem ihr verbundenen Unternehmen begebenen Vermögenswerten bestehen. [4]Liegen dem Institut die erforderlichen Informationen vor, so wird als Höchstbetrag, der für Kredit- und Liquiditätsfazilitäten in Anspruch genommen werden kann, der Höchstbetrag festgelegt, der angesichts der eigenen Verpflichtungen der Gegenpartei oder des vertraglich festgelegten Ziehungsplans in den jeweils folgenden 30 Tagen in Anspruch genommen werden könnte.

(2) Der Höchstbetrag, der in den jeweils folgenden 30 Tagen aus nicht in Anspruch genommenen zugesagten Kredit- und Liquiditätsfazilitäten gezogen werden kann, wird mit 5 % multipliziert, wenn die Fazilitäten in die Risikopositionsklasse „Mengengeschäft" nach dem Standard- oder IRB-Ansatz für Kreditrisiko fallen.

(3) Der Höchstbetrag, der in den jeweils folgenden 30 Tagen aus nicht gezogenen zugesagten Kredit- und Liquiditätsfazilitäten in Anspruch genommen werden kann, wird mit 10 % multipliziert, vorausgesetzt die Fazilitäten

a) fallen nicht in die Risikopositionsklasse „Mengengeschäft" nach dem Standard- oder IRB-Ansatz für Kreditrisiko;

b) wurden Kunden, die keine Finanzkunden sind, zur Verfügung gestellt;

c) wurden nicht zu dem Zweck bereitgestellt, die Finanzierung des Kunden in Situationen zu ersetzen, in denen dieser seinen Finanzierungsbedarf nicht an den Finanzmärkten decken kann.

(4) Der zugesagte Betrag einer Liquiditätsfazilität, die einer Verbriefungszweckgesellschaft zur Verfügung gestellt wurde, damit diese Verbriefungszweckgesellschaft andere Vermögenswerte als Wertpapiere von Kunden erwerben kann, die keine Finanzkunden sind, wird mit 10 % multipliziert, sofern der zugesagte Betrag den Betrag der aktuell von Kunden erworbenen Vermögenswerte übersteigt und der Höchstbetrag, der in Anspruch genommen werden kann, vertraglich auf den Betrag der aktuell erworbenen Vermögenswerte begrenzt ist.

(5) [1]Die Institute melden den Höchstbetrag, der aus sonstigen nicht gezogenen zugesagten Kredit- und Liquiditätsfazilitäten innerhalb der jeweils folgenden 30 Tage in Anspruch genommen werden kann. [2]Dies gilt insbesondere für

a) andere als unter Absatz 3 Buchstabe b genannte Liquiditätsfazilitäten, die das Institut Verbriefungzweckgesellschaften gewährt hat,

b) Vereinbarungen, bei denen das Institut Vermögenswerte einer Verbriefungszweckgesellschaft kaufen oder tauschen muss,

c) Kreditinstituten eingeräumte Kreditlinien,

d) Finanzinstituten und Wertpapierfirmen eingeräumte Kreditlinien.

(6) [1] Abweichend von Absatz 5 dürfen Institute, die von der Zentral- oder Regionalregierung mindestens eines Mitgliedstaats eingerichtet wurden und durch diese gefördert werden, die Behandlung gemäß den Absätzen 2 und 3 auch auf Kredit- und Liquiditätsfazilitäten anwenden, die Instituten zum alleinigen Zweck der direkten oder indirekten Finanzierung von Förderdarlehen dienen, die den in jenen Absätzen genannten Risikopositionsklassen zuzuordnen sind. [2] Werden diese Förderdarlehen über ein anderes Institut als Vermittler bereitgestellt (Durchlaufdarlehen), so dürfen Institute abweichend von Artikel 425 Absatz 2 Buchstabe g einen symmetrischen Zu- und Abfluss anwenden. [3] Diese Förderdarlehen werden ausschließlich Personen, die keine Finanzkunden sind, gewährt, sind nicht-wettbewerblicher, nicht-gewinnorientierter Natur und dienen der Förderung der Gemeinwohlziele der Union und/oder der Zentral- oder Regionalregierung des betreffenden Mitgliedstaats. [4] Eine Inanspruchnahme solcher Fazilitäten ist nur nach einem vorherzusehenden Antrag auf ein Förderdarlehen und bis zu dem beantragten Betrag möglich und ist an eine nachfolgende Berichterstattung über die Verwendung der ausgereichten Gelder geknüpft.

Art. 425 Zuflüsse.

[Abs. 1 bis 7.7.2022:]

(1) [1] Die Institute melden ihre Liquiditätszuflüsse. [2] Begrenzte *Liquiditätszuflüssen*[1)] sind Liquiditätszuflüsse, die auf 75 % der Liquiditätsabflüsse begrenzt sind. [3] Institute dürfen Liquiditätszuflüsse von Einlagen bei anderen Instituten, die für eine Behandlung nach Artikel 113 Absatz 6 oder 7 in Betracht kommen, von dieser Obergrenze ausnehmen. [4] Sie dürfen Liquiditätszuflüsse aus fälligen Zahlungen von Darlehensnehmern und Anleiheanlegern im Rahmen von Hypothekendarlehen, die durch Schuldverschreibungen, auf die die Behandlung nach Artikel 129 Absatz 4, 5 oder 6 angewandt werden kann, oder durch Schuldverschreibungen im Sinne des Artikels 52 Absatz 4 der Richtlinie 2009/65/EG finanziert sind, von dieser Obergrenze ausnehmen. [5] Sie dürfen Zuflüsse aus Förderdarlehen, die sie als Durchlaufdarlehen weitergereicht haben, ausnehmen. [6] Vorbehaltlich der vorherigen Zustimmung der für die Aufsicht auf Einzelbasis zuständigen Behörde darf ein Institut Zuflüsse ganz oder teilweise ausnehmen, wenn sie von seinem Mutterinstitut oder einem seiner Tochterinstitute oder einem anderen Tochterunternehmen desselben Mutterinstituts oder einem Unternehmen stammen, das mit ihm durch eine Beziehung im Sinne des Artikels 12 Absatz 1 der Richtlinie 83/349/EWG verbunden ist.

[Abs. 1 ab 8.7.2022:]

(1) [1] [1] Die Institute melden ihre Liquiditätszuflüsse. [2] Liquiditätszuflüsse sind auf 75 % der Liquiditätsabflüsse begrenzt. [3] Institute dürfen Liquiditätszuflüsse von Einlagen bei anderen Instituten, die für eine Behandlung nach Artikel 113 Absatz 6 oder 7 dieser Verordnung in Betracht kommen, von dieser Obergrenze ausnehmen.

---

1) Richtig wohl: „Liquiditätszuflüsse".

[2] [1] Institute dürfen Liquiditätszuflüsse aus fälligen Zahlungen von Darlehensnehmern und Anleiheanlegern im Rahmen von Hypothekendarlehen, die durch Schuldverschreibungen finanziert sind, auf die die Behandlung nach Artikel 129 Absätze 4, 5 oder 6 dieser Verordnung angewandt werden kann, oder die durch gedeckte Schuldverschreibungen im Sinne des Artikels 3 Nummer 1 der Richtlinie (EU) 2019/2162 finanziert sind, von dieser Obergrenze ausnehmen. [2] Institute dürfen Zuflüsse aus Förderdarlehen, die sie als Durchlaufdarlehen weitergereicht haben, ausnehmen. [3] Vorbehaltlich der vorherigen Zustimmung der für die Aufsicht im Einzelfall zuständigen Behörde darf das Institut Zuflüsse ganz oder teilweise ausnehmen, wenn der Liquiditätsgeber ein Mutter- oder ein Tochterinstitut des Instituts, ein -Mutter- oder ein Tochter-Investitionsunternehmen des Instituts oder ein anderes Tochterunternehmen desselben Mutterinstituts oder desselben Mutter-Investitionsunternehmens ist, oder mit dem Institut gemäß Artikel 22 Absatz 7 der Richtlinie 2013/34/EU verbunden ist.

(2) [1] Die Liquiditätszuflüsse werden über die jeweils folgenden 30 Tage gemessen. [2] Sie umfassen nur vertragliche Zuflüsse aus Risikopositionen, die nicht überfällig sind und hinsichtlich derer das Institut keinen Grund zu der Annahme hat, dass sie innerhalb des Zeithorizonts von 30 Tagen nicht erfüllt werden. [3] Liquiditätszuflüsse werden in voller Höhe gemeldet, wobei die folgenden Zuflüsse gesondert gemeldet werden:

a) Fällige Zahlungen zu Tilgungszwecken von Kunden, die keine Finanzkunden sind, werden entweder um 50 % ihres Werts oder um die vertraglichen Verpflichtungen gegenüber diesen Kunden zur Ausreichung von Finanzierungsmitteln reduziert, je nachdem, welcher der Beträge höher ist. Dies gilt nicht für fällige Zahlungen aus besicherten Kreditvergaben und Kapitalmarkttransaktionen im Sinne des Artikels 192 Nummer 3, die gemäß Buchstabe d durch liquide Aktiva im Sinne des Artikels 416 besichert sind.
   Abweichend von Unterabsatz 1 dürfen Institute, die eine Zusage nach Artikel 424 Absatz 6 erhalten haben, um Förderdarlehen an Endbegünstigte auszuzahlen, Zuflüsse bis zur Höhe des Wertes der Abflüsse berücksichtigen, die sie für die entsprechende Zusage zur Ausreichung jener Förderdarlehen ansetzen.
b) Fällige Zahlungen aus Handelsfinanzierungen im Sinne des Artikels 162 Absatz 3 Unterabsatz 2 Buchstabe b mit einer Restlaufzeit von bis zu 30 Tagen werden in voller Höhe als Zuflüsse berücksichtigt.
c) Darlehen mit unbestimmtem vertraglichem Endtermin werden in Höhe von 20 % als Zuflüsse berücksichtigt, sofern es dem Institut vertragsgemäß möglich ist, zurückzutreten und eine Zahlung innerhalb von 30 Tagen zu verlangen.
d) Fällige Zahlungen aus besicherten Kreditvergaben und Kapitalmarkttransaktionen im Sinne des Artikels 192 Nummer 3 werden, sofern sie durch liquide Aktiva im Sinne des Artikels 416 Absatz 1 besichert sind, bis zu dem Wert der liquiden Aktiva ohne Abschläge nicht berücksichtigt und in voller Höhe der verbleibenden fälligen Zahlungen berücksichtigt.
e) Fällige Zahlungen, die das schuldende Institut gemäß Artikel 422 Absätze 3 und 4 behandelt, werden mit einem entsprechenden symmetrischen Zufluss multipliziert;[1)]

[1)] Zeichensetzung amtlich.

f) Fällige Zahlungen aus Positionen in Eigenkapitalinstrumenten eines wichtigen Index, sofern sie nicht gleichzeitig als liquide Aktiva erfasst werden.

g) Nicht in Anspruch genommene Kredit- oder Liquiditätsfazilitäten und jegliche anderen erhaltenen Zusagen werden nicht berücksichtigt.

(3) [1] Innerhalb eines Zeithorizonts von 30 Tagen erwartete Ab- und Zuflüsse aus in Anhang II genannten Geschäften werden auf Nettobasis aller Gegenparteien berücksichtigt und im Falle eines Nettozuflusses mit 100 % multipliziert. [2] Auf Nettobasis bedeutet hier, dass auch die zu empfangenden Sicherheiten, die nach Artikel 416 als liquide Aktiva anerkannt würden, berücksichtigt werden.

(4) Abweichend von Absatz 2 Buchstabe g können die zuständigen Behörden gestatten, im Einzelfall höhere Zuflüsse für Kredit- und Liquiditätsfazilitäten anzuwenden, sofern sämtliche der folgenden Voraussetzungen erfüllt sind:

a) es besteht Grund zu der Annahme, dass die Zuflüsse selbst bei einem kombinierten marktweiten und spezifischen Stressszenario der Gegenpartei höher ausfallen werden;

b) die Gegenpartei ist ein Mutter- oder Tochterinstitut des Instituts oder ein anderes Tochterunternehmen desselben Mutterinstituts oder mit dem Institut durch eine Beziehung im Sinne des Artikels 12 Absatz 1 der Richtlinie 83/349/EWG verbunden oder Mitglied desselben institutsbezogenen Sicherungssystems gemäß Artikel 113 Absatz 7 oder das Zentralinstitut oder ein Mitglied eines Verbunds, für den die Ausnahme nach Artikel 10 gilt;

c) abweichend von den Artikeln 422, 423 und 424 wendet die Gegenpartei einen entsprechenden symmetrischen oder konservativeren Abfluss an;

d) Institut und Gegenpartei sind im selben Mitgliedstaat niedergelassen.

(5) [1] Die zuständigen Behörden können von der Voraussetzung nach Absatz 4 Buchstabe d absehen, wenn Artikel 20 Absatz 1 Buchstabe b Anwendung findet. [2] In diesem Fall müssen zusätzliche objektive Kriterien, die in dem in Artikel 460 genannten delegierten Rechtsakt festgelegt sind, erfüllt sein. [3] Wird die Anwendung eines solchen höheren Zuflusses genehmigt, unterrichten die zuständigen Behörden die EBA über die Ergebnisse der Abstimmung nach Artikel 20 Absatz 1 Buchstabe b. [4] Die Einhaltung der Voraussetzungen für derartige höhere Zuflüsse wird regelmäßig von den zuständigen Behörden überprüft.

(6) *[1]* Die EBA arbeitet bis zum 1. Januar 2015 Entwürfe technischer Regulierungsstandards aus, um die objektiven Kriterien nach Absatz 5 weiter zu spezifizieren.

[2] Die EBA übermittelt der Kommission diese Entwürfe technischer Regulierungsstandards bis zum 1. Januar 2015.

[3] Der Kommission wird die Befugnis übertragen, die technischen Regulierungsstandards nach Unterabsatz 1 gemäß den Artikeln 10 bis 14 der Verordnung (EU) Nr. 1093/2010 zu erlassen.

(7) Zuflüsse aus den im Einklang mit Artikel 416 gemeldeten liquiden Aktiva werden von den Instituten nicht gemeldet, ausgenommen fällige Zahlungen auf Aktiva, die nicht im Marktwert des Vermögenswerts berücksichtigt sind.

(8) Die Institute melden keine Zuflüsse aus neu eingegangenen Verpflichtungen.

(9) Die Institute berücksichtigen Liquiditätszuflüsse, die in Drittstaaten eingehen sollen, in denen Transferbeschränkungen bestehen, oder die auf nichtkonvertierbare Währungen lauten, nur in dem Umfang, in dem sie den Abflüssen in dem Drittstaat bzw. in der betreffenden Währung entsprechen.

Art. 426 Aktualisierung künftiger Liquiditätsanforderungen. *[1]* Sobald die Kommission gemäß Artikel 460 einen delegierten Rechtsakt zur Präzisierung der Liquiditätsanforderung erlassen hat, kann die EBA Entwürfe technischer Durchführungsstandards zur Präzisierung der Bedingungen der Artikel 421 Absatz 1, Artikel 422, mit Ausnahme der Absätze 8, 9 und 10, sowie Artikel 424 ausarbeiten, um international vereinbarten Standards Rechnung zu tragen.

[2] Der Kommission wird die Befugnis übertragen, die technischen Durchführungsstandards nach Unterabsatz 1 gemäß Artikel 15 der Verordnung (EU) Nr. 1093/2010 zu erlassen.

Titel III. Meldungen betreffend die stabile Refinanzierung

Art. 427 Positionen, die eine stabile Refinanzierung bieten. (1) Die Institute melden den zuständigen Behörden gemäß der Meldepflicht nach Artikel 415 Absatz 1 unter Verwendung der einheitlichen Meldeformate nach Artikel 415 Absatz 3 folgende Positionen und deren Bestandteile, damit die Verfügbarkeit einer stabilen Finanzierung beurteilt werden kann:

a) die folgenden Eigenmittel, gegebenenfalls nach Anwendung von Abzügen:
   i) Kernkapitalinstrumente,
   ii) Ergänzungskapitalinstrumente,
   iii) andere über den zulässigen Betrag des Ergänzungskapitals hinausgehende Vorzugsaktien oder Kapitalinstrumente mit einer effektiven Laufzeit von mindestens einem Jahr;

b) die folgenden Verbindlichkeiten, die nicht unter Buchstabe a fallen:
   i) Privatkundeneinlagen, die gemäß Artikel 421 Absatz 1 behandelt werden dürfen,
   ii) Privatkundeneinlagen, die gemäß Artikel 421 Absatz 2 behandelt werden dürfen,
   iii) Einlagen, die gemäß Artikel 422 Absätze 3 und 4 behandelt werden dürfen,
   iv) diejenigen der unter Ziffer iii genannten Einlagen, die durch ein Einlagensicherungssystem gemäß der Richtlinie 94/19/EG oder ein gleichwertiges Einlagensicherungssystem in einem Drittland nach Maßgabe von Artikel 421 Absatz 1 gedeckt werden,
   v) diejenigen der unter Ziffer iii genannten Einlagen, die unter Artikel 422 Absatz 3 Buchstabe b fallen,
   vi) diejenigen der unter Ziffer iii genannten Einlagen, die unter Artikel 422 Absatz 3 Buchstabe d fallen,
   vii) nicht unter Ziffer i, ii oder iii fallende Einlagenbeträge, wenn die Einlage nicht von Finanzkunden vorgenommen wird,
   viii) sämtliche von Finanzkunden erhaltene Finanzierungsmittel;

ix) gesondert für unter Ziffer vii bzw. viii fallende Beträge Finanzierungsmittel aus besicherten Kreditvergaben und Kapitalmarkttransaktionen im Sinne des Artikels 192 Nummer 3, die
   – durch Vermögenswerte besichert sind, die gemäß Artikel 416 als liquide Aktiva anerkannt würden,
   – durch andere Vermögenswerte besichert sind;

[Nr. x bis 7.7.2022:]

x) aus begebenen Wertpapieren resultierende Verbindlichkeiten, die für eine Behandlung nach Artikel 129 Absatz 4 oder 5 in Betracht kommen, oder solche im Sinne des Artikels 52 Absatz 4 der Richtlinie 2009/65/EG,

[Nr. x ab 8.7.2022:]

x) aus begebenen Wertpapieren resultierende Verbindlichkeiten, die für eine Behandlung nach Artikel 129 Absatz 4 oder 5 der vorliegenden Verordnung in Betracht kommen, oder aus gedeckten Schuldverschreibungen im Sinne des Artikels 3 Nummer 1 der Richtlinie (EU) 2019/2162,

xi) andere aus begebenen Wertpapieren resultierende Verbindlichkeiten, die nicht unter Buchstabe a fallen:
   – aus begebenen Wertpapieren resultierende Verbindlichkeiten mit mindestens einjähriger Restlaufzeit,
   – aus begebenen Wertpapieren resultierende Verbindlichkeiten mit einer Restlaufzeit von weniger als einem Jahr,

xii) sonstige Verbindlichkeiten.

(2) Gegebenenfalls werden alle Positionen nach dem frühesten Laufzeitende und dem frühestmöglichen Zeitpunkt einer vertraglichen Kündigung folgenden fünf Zeitfenstern zugeordnet:

a) innerhalb von drei Monaten,
b) zwischen drei und sechs Monaten,
c) zwischen sechs und neun Monaten,
d) zwischen neun und zwölf Monaten,
e) nach zwölf Monaten.

Art. 428 Positionen, die stabile Refinanzierung erfordern. (1) Sofern nicht von den Eigenmitteln abgezogen, sind folgende Positionen den zuständigen Behörden gesondert zu melden, um eine Bewertung des Bedarfs an stabiler Refinanzierung zu ermöglichen:

a) Vermögenswerte, die als liquide Aktiva gemäß Artikel 416 anerkannt würden, aufgeschlüsselt nach der Art des Vermögenswerts;
b) die folgenden Wertpapiere und Geldmarktinstrumente, die nicht unter Buchstabe a fallen:
   i) Vermögenswerte, die nach Artikel 122 der Bonitätsstufe 1 zugeordnet werden können,
   ii) Vermögenswerte, die nach Artikel 122 der Bonitätsstufe 2 zugeordnet werden können,
   iii) sonstige Vermögenswerte;
c) Aktien von Nichtfinanzunternehmen, die in einem wichtigen Index einer anerkannten Börse enthalten sind;

d) sonstige Dividendenpapiere;

e) Gold;

f) andere Edelmetalle;

g) nicht verlängerbare Darlehen und Forderungen, und gesondert nicht verlängerbare Darlehen und Forderungen an bzw. gegenüber folgende(n) Schuldner(n):

   i) natürliche Personen, die keine Einzelkaufleute oder Personengesellschaften sind,

   ii) KMU, die nach dem Standard- oder IRB-Ansatz für Kreditrisiko zur Risikopositionsklasse „Mengengeschäft" zugeordnet werden können, oder eine Gesellschaft, auf die die Behandlung nach Artikel 153 Absatz 4 angewandt werden darf, wenn die aggregierte Einlage des Kunden oder der Gruppe verbundener Kunden weniger als 1 Mio. EUR beträgt,

   iii) Staaten, Zentralbanken und sonstige öffentliche Stellen,

   iv) Kunden, die nicht unter die Ziffern i und ii fallen und keine Finanzkunden sind,

   v) Kunden, die nicht unter die *Ziffern i, ii und ii*[1] fallen und Finanzkunden sind, sowie gesondert diejenigen, die Kreditinstitute und andere Finanzkunden sind;

h) nicht verlängerbare Darlehen und Forderungen im Sinne des Buchstabens g, sowie gesondert Forderungen, die

   i) durch Gewerbeimmobilien besichert sind,

   ii) durch Wohnimmobilien besichert sind,

   [Nr. iii bis 7.7.2022:]

   iii) in gleicher Höhe durch Schuldverschreibungen, auf die die Behandlung nach Artikel 129 Absätze 4 oder 5 angewandt werden kann, oder durch Schuldverschreibungen im Sinne des Artikels 52 Absatz 4 der Richtlinie 2009/65/EG finanziert sind (Durchlauffinanzierung);

   [Nr. iii ab 8.7.2022:]

   iii) in gleicher Höhe durch Schuldverschreibungen, auf die die Behandlung nach Artikel 129 Absätze 4 oder 5 angewandt werden kann, oder durch gedeckte Schuldverschreibungen im Sinne des Artikels 3 Nummer 1 der Richtlinie (EU) 2019/2162 finanziert sind (Durchlauffinanzierung);

i) Derivatforderungen;

j) sonstige Vermögenswerte;

k) nicht in Anspruch genommene zugesagte Kreditfazilitäten, die gemäß Anhang I mit einem mittleren oder mittleren bis niedrigen Risiko behaftet sind.

(2) Gegebenenfalls werden alle Positionen den in Artikel 427 Absatz 2 beschriebenen fünf Zeitfenstern zugeordnet.

---

[1] Richtig wohl: „Ziffern i, ii und iii".

Titel IV. Strukturelle Liquiditätsquote

Kapitel 1. Strukturelle Liquiditätsquote

Art. 428a Anwendung auf konsolidierter Basis. Kommt die in diesem Titel dargelegte strukturelle Liquiditätsquote gemäß Artikel 11 Absatz 4 auf konsolidierter Basis zur Anwendung, so gelten folgende Bestimmungen:

a) Die Vermögenswerte und außerbilanziellen Posten eines Tochterunternehmens mit Hauptsitz in einem Drittland, für die nach dem nationalen Recht dieses Drittlands zur Festlegung der strukturellen Liquiditätsanforderung höhere Faktoren für die erforderliche stabile Refinanzierung als die in Kapitel 4 festgelegten gelten, unterliegen der Konsolidierung nach Maßgabe der in den nationalen Rechtsvorschriften des betreffenden Drittlands festgelegten höheren Faktoren;

b) die Verbindlichkeiten und die Eigenmittel eines Tochterunternehmens mit Hauptsitz in einem Drittland, für die nach dem nationalen Recht dieses Drittlands zur Festlegung der strukturellen Liquiditätsanforderung niedrigere Faktoren für die verfügbare stabile Refinanzierung als die in Kapitel 3 festgelegten gelten, unterliegen der Konsolidierung nach Maßgabe der in den nationalen Rechtsvorschriften des betreffenden Drittlands festgelegten niedrigeren Faktoren;

c) Drittlandsaktiva, die den Anforderungen des delegierten Rechtsakts nach Artikel 460 Absatz 1 genügen und von einem Tochterunternehmen mit Hauptsitz in einem Drittland gehalten werden, werden für Konsolidierungszwecke nicht als liquide Aktiva anerkannt, wenn sie gemäß dem nationalen Recht des betreffenden Drittlands zur Festlegung der Liquiditätsdeckungsanforderung nicht als liquide Aktiva gelten;

d) *(aufgehoben)*

Art. 428b Strukturelle Liquiditätsquote. (1) [1] Die in Artikel 413 Absatz 1 festgelegte strukturelle Liquiditätsanforderung entspricht dem Verhältnis der in Kapitel 3 genannten verfügbaren stabilen Refinanzierung des Instituts zu der in Kapitel 4 genannten erforderlichen stabilen Refinanzierung des Instituts und wird als Prozentsatz ausgedrückt. [2] Die Institute berechnen ihre strukturelle Liquiditätsquote nach folgender Formel:

$$\frac{\text{Verfügbare stabile Refinanzierung}}{\text{Erforderliche stabile Refinanzierung}} = \text{Strukturelle Liquiditätsquote (\%)}$$

(2) Die Institute halten ihre strukturelle Liquiditätsquote bei mindestens 100 %, für all ihre Geschäfte in der Meldewährung berechnet, unabhängig davon, auf welche Währung diese tatsächlich lauten.

(3) [1] Ist die strukturelle Liquiditätsquote eines Instituts zu irgendeinem Zeitpunkt unter 100 % gesunken oder ist nach vernünftigem Ermessen zu irgendeinem Zeitpunkt davon auszugehen, dass dies geschieht, kommt die in Artikel 414 festgelegte Anforderung zur Anwendung. [2] Das Institut bemüht sich, seine strukturelle Liquiditätsquote wieder auf den in Absatz 2 des vorliegenden Artikels genannten Wert zu bringen. [3] Die zuständigen Behörden bewerten die Gründe, warum das Institut Absatz 2 des vorliegenden Artikels nicht eingehalten hat, bevor sie etwaige aufsichtliche Maßnahmen ergreifen.

(4) Die Institute berechnen und überwachen ihre strukturelle Liquiditätsquote für all ihre Geschäfte in der Meldewährung, unabhängig davon, auf welche Währung diese tatsächlich lauten, und gesondert für ihre Geschäfte in den einzelnen Währungen, die gemäß Artikel 415 Absatz 2 der gesonderten Meldung unterliegen.

(5) *[1]* [1] Die Institute sorgen dafür, dass die Währungsverteilung ihres Finanzierungsprofils mit der Währungsverteilung ihrer Aktiva generell in Einklang steht. [2] Sofern angebracht, können die zuständigen Behörden von Instituten die Beschränkung von Währungsinkongruenzen verlangen, indem sie Obergrenzen für den Anteil der erforderlichen stabilen Refinanzierung in einer bestimmten Währung festlegen, der mit verfügbarer stabiler Refinanzierung in einer anderen Währung erfüllt werden kann. [3] Diese Beschränkung darf nur auf eine Währung angewandt werden, die gemäß Artikel 415 Absatz 2 der gesonderten Meldung unterliegt.

[2] Bei der Festlegung der Höhe etwaiger Beschränkungen für Währungsinkongruenzen, die nach Maßgabe dieses Artikels angewandt werden dürfen, berücksichtigen die zuständigen Behörden zumindest,

a) ob das Institut über den Einjahreshorizont der strukturellen Liquiditätsquote die Möglichkeit hat, verfügbare stabile Refinanzierung aus einer Währung in die andere und über Rechtsräume und Rechtsträger innerhalb seiner Gruppe hinweg zu übertragen und an den Devisenmärkten Währungsswaps durchzuführen und Mittel aufzunehmen;
b) welche Auswirkungen ungünstige Wechselkursbewegungen auf bestehende inkongruente Positionen und auf die Wirksamkeit etwaig vorhandener Absicherungen von Währungspositionen haben.

[3] Jede Beschränkung von Währungsinkongruenzen, die gemäß diesem Artikel eingeführt worden ist, stellt eine besondere Liquiditätsanforderung nach Artikel 105 der Richtlinie 2013/36/EU dar.

Kapitel 2. Allgemeine Regeln für die Berechnung der strukturellen Liquiditätsquote

Art. 428c Berechnung der strukturellen Liquiditätsquote. (1) Sofern in diesem Titel nichts anderes festgelegt ist, berücksichtigen die Institute Aktiva, Verbindlichkeiten und außerbilanzielle Posten auf Bruttobasis.

(2) Zur Berechnung ihrer strukturellen Liquiditätsquote wenden die Institute die in den Kapiteln 3 und 4 festgelegten geeigneten Faktoren für die stabile Refinanzierung auf den Buchwert ihrer Aktiva, Verbindlichkeiten und außerbilanziellen Posten an, sofern in diesem Titel nichts anderes festgelegt ist.

(3) *[1]* Die Institute zählen die erforderliche stabile Refinanzierung und die verfügbare stabile Refinanzierung nicht doppelt.

[2] Sofern in diesem Titel nichts anderes festgelegt ist, wird ein Posten, der mehr als einer Kategorie der erforderlichen stabilen Refinanzierung zugeordnet werden kann, derjenigen Kategorie der erforderlichen stabilen Refinanzierung zugeordnet, die zur größten vertraglichen erforderlichen Refinanzierung für diesen Posten führt.

Art. 428d Derivatkontrakte. (1) Zur Berechnung des Betrags der in den Kapiteln 3 und 4 genannten erforderlichen stabilen Refinanzierung für Derivatkontrakte wenden die Institute diesen Artikel an.

(2) [1] Unbeschadet des Artikels 428ah Absatz 2 berücksichtigt ein Institut den Zeitwert von Derivatpositionen auf Nettobasis, wenn diese Positionen in demselben Netting-Satz, der die Anforderungen des Artikels 429c Absatz 1 erfüllt, enthalten sind. [2] Ist dies nicht der Fall, berücksichtigt das Institut den Zeitwert von Derivatpositionen auf Bruttobasis und behandelt diese Derivatpositionen für die Zwecke des Kapitels 4 als unter seinen eigenen Netting-Satz fallend.

(3) Für die Zwecke dieses Titels bezeichnet der Ausdruck „Zeitwert eines Netting-Satzes" die Summe der Zeitwerte aller in einem Netting-Satz enthaltenen Geschäfte.

(4) Unbeschadet des Artikels 428ah Absatz 2 werden sämtliche in Anhang II Nummer 2 Buchstaben a bis e aufgeführten Derivatkontrakte, die mit einem am selben Tag erfolgenden vollständigen Austausch der Kapitalbeträge verbunden sind, währungsübergreifend auf Nettobasis berechnet, einschließlich für die Zwecke der Meldung in einer Währung, die gemäß Artikel 415 Absatz 2 der gesonderten Meldung unterliegt, selbst wenn diese Geschäfte nicht in demselben Netting-Satz, der die Anforderungen des Artikels 429c Absatz 1 erfüllt, enthalten sind.

(5) Zur Minderung des Risikos einer Derivatposition als Sicherheit erhaltene Barmittel werden als solche behandelt und werden nicht als Einlagen behandelt, auf die Kapitel 3 anwendbar ist.

(6) *[1]* Die zuständigen Behörden können mit Zustimmung der jeweiligen Zentralbank beschließen, dass die Auswirkungen von Derivatkontrakten auf die Berechnung der strukturellen Liquiditätsquote ausnahmsweise unberücksichtigt bleiben dürfen, auch indem sie die Faktoren für die erforderliche stabile Refinanzierung und Rückstellungen und Verluste festlegen, sofern alle folgenden Bedingungen erfüllt sind:

a) Die betreffenden Kontrakte haben eine Restlaufzeit von weniger als sechs Monaten;

b) Gegenpartei ist die EZB oder die Zentralbank eines Mitgliedstaats;

c) die Derivatkontrakte dienen der Geldpolitik der EZB oder der Zentralbank eines Mitgliedstaats.

[2] Kommt ein Tochterunternehmen mit Hauptsitz in einem Drittland nach dem nationalen Recht dieses Drittlands zur Festlegung der strukturellen Liquiditätsanforderung in den Genuss der im ersten Unterabsatz genannten Ausnahmeregelung, so wird diese Regelung in ihrer im nationalen Recht des Drittlands festgelegten Form für Konsolidierungszwecke berücksichtigt.

Art. 428e Netting von besicherten Kreditvergaben und Kapitalmarkttransaktionen. Aktiva und Verbindlichkeiten aus Wertpapierfinanzierungsgeschäften mit ein und derselben Gegenpartei werden auf Nettobasis berechnet, sofern diese Aktiva und Verbindlichkeiten die in Artikel 429b Absatz 4 festgelegten Nettingbedingungen erfüllen.

Art. 428f Interdependente Aktiva und Verbindlichkeiten. (1) Mit vorheriger Zustimmung der zuständigen Behörden kann ein Institut ein Aktivum und eine Verbindlichkeit als interdependent behandeln, wenn alle folgenden Bedingungen erfüllt sind:

a) Die Rolle des Instituts beschränkt sich auf die Weiterleitung der Finanzmittel von der Verbindlichkeit in das entsprechende interdependente Aktivum;
b) die einzelnen interdependenten Aktiva und Verbindlichkeiten sind klar identifizierbar und haben denselben Kapitalbetrag;
c) das Aktivum und die interdependente Verbindlichkeit haben im Wesentlichen kongruente Laufzeiten mit einer maximalen Zeitspanne von 20 Tagen zwischen der Fälligkeit des Aktivums und der Fälligkeit der Verbindlichkeit;
d) die interdependente Verbindlichkeit wurde aufgrund einer rechtlichen, regulatorischen oder vertraglichen Verpflichtung verlangt und wird nicht zur Finanzierung anderer Aktiva verwendet;
e) die aus dem Aktivum erwachsenden Kapitalzahlungsströme werden nicht zu anderen Zwecken als zur Rückzahlung der interdependenten Verbindlichkeit verwendet;
f) die Gegenparteien bei jedem Paar von interdependenten Aktiva und Verbindlichkeiten sind nicht dieselben.

(2) Bei Aktiva und Verbindlichkeiten wird davon ausgegangen, dass sie die in Absatz 1 festgelegten Bedingungen erfüllen und interdependent sind, wenn sie direkt mit den folgenden Produkten oder Dienstleistungen zusammenhängen:

a) zentralisierte regulierte Spareinlagen, sofern ein Institut rechtlich verpflichtet ist, regulierte Einlagen an einen zentralen Fonds zu übertragen, der vom Zentralstaat eines Mitgliedstaats eingerichtet und kontrolliert wird und Darlehen für Ziele von öffentlichem Interesse vergibt, und sofern die Übertragung der Einlagen an den zentralen Fonds mindestens monatlich erfolgt;
b) Förderdarlehen sowie Kredit- und Liquiditätsfazilitäten, die die in dem delegierten Rechtsakt nach Artikel 460 Absatz 1 festgelegten Kriterien erfüllen, sofern die Institute als bloße Intermediäre ohne Refinanzierungsrisiko auftreten;
c) gedeckte Schuldverschreibungen, die alle folgenden Bedingungen erfüllen:
   i) Es handelt sich um Schuldverschreibungen im Sinne des Artikels 52 Absatz 4 der Richtlinie 2009/65/EG oder sie erfüllen die Voraussetzungen für die in Artikel 129 Absatz 4 bzw. 5 der vorliegenden Verordnung vorgesehene Behandlung;
   ii) die zugrunde liegenden Darlehen sind vollständig durch die ausgegebenen gedeckten Schuldverschreibungen gegenfinanziert oder es gibt ermessensunabhängige Auslöser für eine Verlängerung der Laufzeit der gedeckten Schuldverschreibungen um ein Jahr oder mehr bis zur Fälligkeit der zugrunde liegenden Darlehen, falls die Refinanzierung zum Fälligkeitstermin der gedeckten Schuldverschreibung scheitert;
d) Derivate-Clearingtätigkeiten für Kunden, vorausgesetzt, das Institut übernimmt gegenüber seinen Kunden keine Garantie für die Erfüllung durch die ZGP und geht somit kein Refinanzierungsrisiko ein.

(3) [1] Die EBA überwacht Aktiva und Verbindlichkeiten sowie Produkte und Dienstleistungen, die nach den Absätzen 1 und 2 als interdependente Aktiva und Verbindlichkeiten behandelt werden, um zu ermitteln, ob und inwieweit die in Absatz 1 festgelegten Eignungskriterien erfüllt sind. [2] Die EBA berichtet der Kommission über die Ergebnisse dieser Überwachung und berät die Kommission in der Frage, ob die in Absatz 1 festgelegten Bedingungen oder die Liste der Produkte und Dienstleistungen in Absatz 2 geändert werden müssen.

Art. 428g Einlagen in institutsbezogenen Sicherungssystemen und Genossenschaftsverbunden. Gehört ein Institut einem institutsbezogenen Sicherungssystem der in Artikel 113 Absatz 7 genannten Art, einem Verbund, der für die in Artikel 10 vorgesehene Ausnahme in Frage kommt, oder einem Genossenschaftsverbund in einem Mitgliedstaat an, so gilt für die von dem Institut beim Zentralinstitut gehaltenen Sichteinlagen, die das einlegende Institut gemäß dem delegierten Rechtsakt nach Artikel 460 Absatz 1 als liquide Aktiva betrachtet, Folgendes:

a) Das einlegende Institut muss den Faktor für die erforderliche stabile Refinanzierung nach Kapitel 4 Abschnitt 2 anwenden, je nachdem, ob diese Sichteinlagen nach Maßgabe des delegierten Rechtsakts nach Artikel 460 Absatz 1 als Aktiva der Stufe 1, der Stufe 2A oder der Stufe 2B behandelt werden, und je nachdem, welcher Abschlag bei der Berechnung der Liquiditätsdeckungsquote auf diese Sichteinlagen angewandt wird;

b) das Zentralinstitut, das die Einlage hereinnimmt, muss den entsprechenden symmetrischen Faktor für die verfügbare stabile Refinanzierung anwenden.

Art. 428h Günstigere Behandlung innerhalb einer Gruppe oder innerhalb eines institutsbezogenen Sicherungssystems. (1) Abweichend von den Kapiteln 3 und 4 können die zuständigen Behörden in den Fällen, in denen Artikel 428g keine Anwendung findet, Instituten im Einzelfall gestatten, einen höheren Faktor für die verfügbare stabile Refinanzierung oder einen niedrigeren Faktor für die erforderliche stabile Refinanzierung auf Aktiva, Verbindlichkeiten und zugesagte Kredit- oder Liquiditätsfazilitäten anzuwenden, wenn alle folgenden Bedingungen erfüllt sind:

a) Die Gegenpartei ist eines von Folgendem:
   i) das Mutterunternehmen oder ein Tochterunternehmen des Instituts;
   ii) ein anderes Tochterunternehmen desselben Mutterunternehmens;
   iii) ein Unternehmen, das mit dem Institut in der in Artikel 22 Absatz 7 der Richtlinie 2013/34/EU bezeichneten Beziehung steht;
   iv) Mitglied desselben institutsbezogenen Sicherungssystems nach Artikel 113 Absatz 7 dieser Verordnung wie das Institut;
   v) die Zentralorganisation eines Verbunds oder einer genossenschaftlichen Gruppe im Sinne des Artikels 10 dieser Verordnung oder ein einem solchen Verbund und einer solchen Gruppe angehörendes Kreditinstitut;

b) es besteht Grund zu der Annahme, dass über den Einjahreshorizont der strukturellen Liquiditätsquote die Verbindlichkeit oder die zugesagte Kredit- oder Liquiditätsfazilität, die das Institut erhalten hat, eine stabilere Refinanzierungsquelle darstellt oder dass das Aktivum oder die zugesagte Kredit- oder Liquiditätsfazilität, das bzw. die das Institut vergeben hat, eine weniger stabile Refinanzierung erfordert als die gleiche Verbindlichkeit, das gleiche Aktivum oder die gleiche zugesagte Kredit- oder Liquiditätsfazilität, das bzw. die andere Gegenparteien erhalten oder vergeben haben;

c) die Gegenpartei wendet einen Faktor für die erforderliche stabile Refinanzierung an, der gleich hoch oder höher ist als der höhere Faktor für die verfügbare stabile Refinanzierung, oder wendet einen Faktor für die verfügbare stabile Refinanzierung an, der gleich hoch oder niedriger ist als der niedrigere Faktor für die erforderliche stabile Refinanzierung;

d) das Institut und die Gegenpartei sind im selben Mitgliedstaat niedergelassen.

(2) *[1]* Sind das Institut und die Gegenpartei in verschiedenen Mitgliedstaaten niedergelassen, so können die zuständigen Behörden von der unter Absatz 1 Buchstabe d festgelegten Voraussetzung absehen, sofern zusätzlich zu den in Absatz 1 festgelegten Kriterien die folgenden Kriterien erfüllt sind:

a) Es gibt hinsichtlich der Verbindlichkeit, des Aktivums oder der zugesagten Kredit- oder Liquiditätsfazilität rechtlich bindende Vereinbarungen und Verpflichtungen zwischen den Unternehmen einer Gruppe;

b) der Refinanzierungsgeber weist ein geringes Refinanzierungsrisikoprofil auf;

c) das Refinanzierungsrisikoprofil des Refinanzierungsnehmers wurde beim Liquiditätsrisikomanagement des Refinanzierungsgebers in angemessener Weise berücksichtigt.

[2] Die zuständigen Behörden konsultieren einander nach Maßgabe des Artikels 20 Absatz 1 Buchstabe b, um festzustellen, ob die in diesem Absatz niedergelegten zusätzlichen Kriterien erfüllt sind.

Kapitel 3. Verfügbare stabile Refinanzierung

Abschnitt 1. Allgemeine Bestimmungen

Art. 428i Berechnung des Betrags der verfügbaren stabilen Refinanzierung. *[1]* [1] Sofern in diesem Kapitel nichts anderes festgelegt ist, wird der Betrag der verfügbaren stabilen Refinanzierung berechnet, indem der Buchwert der verschiedenen Kategorien oder Arten von Verbindlichkeiten und Eigenmitteln mit den gemäß Abschnitt 2 anzuwendenden Faktoren für die verfügbare stabile Refinanzierung multipliziert wird. [2] Der Gesamtbetrag der verfügbaren stabilen Refinanzierung entspricht der Summe der gewichteten Beträge der Verbindlichkeiten und Eigenmittel.

[2] [1] Anleihen und andere Schuldverschreibungen, die das Institut begeben hat und die ausschließlich auf dem Privatkundenmarkt verkauft und auf einem Privatkundenkonto geführt werden, können als in die geeignete Kategorie von Privatkundeneinlagen fallend behandelt werden. [2] Es sind Beschränkungen vorzusehen, die bewirken, dass diese Instrumente ausschließlich von Privatkunden erworben und gehalten werden können.

Art. 428j Restlaufzeit von Verbindlichkeiten oder von Eigenmitteln.

(1) Sofern in diesem Kapitel nichts anderes festgelegt ist, berücksichtigen die Institute die vertragliche Restlaufzeit ihrer Verbindlichkeiten und Eigenmittel, um die gemäß Abschnitt 2 anzuwendenden Faktoren für die verfügbare stabile Refinanzierung zu ermitteln.

(2) [1] Die Institute berücksichtigen bestehende Optionen, um die Restlaufzeit einer Verbindlichkeit oder von Eigenmitteln zu ermitteln. [2] Dabei gehen sie von der Annahme aus, dass die Gegenpartei Kündigungsoptionen zum frühestmöglichen Zeitpunkt ausüben wird. [3] Bei Optionen, die nach Ermessen des Instituts ausgeübt werden können, berücksichtigen das Institut und die zuständigen Behörden Reputationsfaktoren, die die Möglichkeit eines Instituts, die Option nicht auszuüben, einschränken könnten, insbesondere Markterwartungen, dass Institute bestimmte Verbindlichkeiten vor Fälligkeit tilgen sollten.

(3) [1] Die Institute behandeln Einlagen mit vereinbarter Kündigungsfrist entsprechend ihrer jeweiligen Kündigungsfrist und Termineinlagen entsprechend ihrer Restlaufzeit. [2] Abweichend von Absatz 2 des vorliegenden Artikels be-

rücksichtigen die Institute die Optionen für vorzeitige Abhebungen nicht, wenn der Einleger eine erhebliche Vorfälligkeitsentschädigung für vorzeitige Abhebungen in weniger als einem Jahr zahlen muss, wie sie in dem delegierten Rechtsakt nach Artikel 460 Absatz 1 festgelegt ist, um die Restlaufzeit von Privatkunden-Termineinlagen zu ermitteln.

(4) Um die nach Abschnitt 2 anzuwendenden Faktoren für die verfügbare stabile Refinanzierung zu ermitteln, behandeln die Institute jeden Teil von Verbindlichkeiten mit einer Restlaufzeit von einem Jahr oder mehr, der innerhalb von weniger als sechs Monaten fällig wird, und jeden Teil solcher Verbindlichkeiten, der innerhalb von mindestens sechs Monaten und weniger als einem Jahr fällig wird, so, als habe er eine Restlaufzeit von weniger als sechs Monaten bzw. eine Restlaufzeit von mindestens sechs Monaten und weniger als einem Jahr.

Abschnitt 2. Faktoren für die verfügbare stabile Refinanzierung

Art. 428k Faktor für die verfügbare stabile Refinanzierung von 0 %.

(1) Sofern in den Artikeln 428l bis 428o nichts anderes festgelegt ist, unterliegen alle Verbindlichkeiten ohne feste Laufzeit, einschließlich Verkaufspositionen und Positionen mit offener Laufzeit, einem Faktor für die verfügbare stabile Refinanzierung von 0 %, mit den folgenden Ausnahmen:

a) latente Steuerschulden, die entsprechend dem nächstmöglichen Zeitpunkt, zu dem solche Verbindlichkeiten realisiert werden könnten, behandelt werden;

b) Minderheitsbeteiligungen, die entsprechend der Laufzeit des betreffenden Instruments behandelt werden.

(2) Latente Steuerschulden und Minderheitsbeteiligungen nach Absatz 1 unterliegen einem der folgenden Faktoren:

a) 0 %, wenn die effektive Restlaufzeit der latenten Steuerschuld oder der Minderheitsbeteiligung weniger als sechs Monate beträgt;

b) 50 %, wenn die effektive Restlaufzeit der latenten Steuerschuld oder der Minderheitsbeteiligung mindestens sechs Monate, aber weniger als ein Jahr beträgt;

c) 100 %, wenn die effektive Restlaufzeit der latenten Steuerschuld oder der Minderheitsbeteiligung ein Jahr oder mehr beträgt.

(3) Die folgenden Verbindlichkeiten und Eigenkapitalposten oder -instrumente unterliegen einem Faktor für die verfügbare stabile Refinanzierung von 0 %:

a) Handelstagverbindlichkeiten, die aus dem Kauf von Finanzinstrumenten, Fremdwährungen und Waren entstehen und bei denen davon ausgegangen wird, dass sie innerhalb des Standard-Abrechnungszyklus oder -zeitraums, der für die jeweilige Börse oder Transaktionsart üblich ist, abgerechnet werden oder die nicht abgerechnet werden konnten, bei denen aber dennoch davon ausgegangen wird, dass sie abgerechnet werden;

b) Verbindlichkeiten, die nach Maßgabe des Artikels 428f als mit Aktiva interdependent eingestuft werden;

c) Verbindlichkeiten mit einer Restlaufzeit von weniger als sechs Monaten, die gestellt werden von

i) der EZB oder der Zentralbank eines Mitgliedstaats;

ii) der Zentralbank eines Drittlands;

iii) Finanzkunden;

d) sonstige in den Artikeln 428l bis 428o nicht genannte Verbindlichkeiten und Eigenkapitalposten oder -instrumente.

(4) *[1]* Die Institute wenden einen Faktor für die verfügbare stabile Refinanzierung von 0 % auf den absoluten Wert der Differenz – sofern negativ – zwischen der Summe der Zeitwerte über alle Netting-Sätze mit positivem Zeitwert und der Summe der Zeitwerte über alle Netting-Sätze mit negativem Zeitwert an, wobei die Berechnung nach Artikel 428d erfolgt.

[2] Für die in Unterabsatz 1 genannte Berechnung gelten die folgenden Regeln:

a) Nachschüsse, die Institute von ihren Gegenparteien erhalten, werden vom Zeitwert eines Netting-Satzes mit positivem Zeitwert abgezogen, wenn die als Nachschüsse erhaltenen Sicherheiten gemäß dem delegierten Rechtsakt nach Artikel 460 Absatz 1 als Aktiva der Stufe 1 einzustufen sind, mit Ausnahme gedeckter Schuldverschreibungen äußerst hoher Qualität im Sinne dieses delegierten Rechtsakts, und die Institute zu ihrer Wiederverwendung rechtlich befugt und operativ in der Lage sind;

b) alle Nachschüsse, die Institute an ihre Gegenparteien leisten, werden vom Zeitwert eines Netting-Satzes mit negativem Zeitwert abgezogen.

Art. 428l Faktor für die verfügbare stabile Refinanzierung von 50 %.

Die folgenden Verbindlichkeiten und Eigenkapitalposten oder -instrumente unterliegen einem Faktor für die verfügbare stabile Refinanzierung von 50 %:

a) hereingenommene Einlagen, die die in dem delegierten Rechtsakt nach Artikel 460 Absatz 1 festgelegten Kriterien für operative Einlagen erfüllen;

b) Verbindlichkeiten mit einer Restlaufzeit von weniger als einem Jahr, die gestellt werden von

i) dem Zentralstaat eines Mitgliedstaats oder eines Drittlands;

ii) den regionalen oder lokalen Gebietskörperschaften eines Mitgliedstaats oder eines Drittlands;

iii) den öffentlichen Stellen in einem Mitgliedstaat oder in einem Drittland;

iv) den in Artikel 117 Absatz 2 genannten multilateralen Entwicklungsbanken und den in Artikel 118 genannten internationalen Organisationen;

v) nichtfinanziellen Firmenkunden;

vi) von einer zuständigen Behörde genehmigten Kreditgenossenschaften, privaten Beteiligungsgesellschaften und Kunden, bei denen es sich um Einlagenvermittler handelt, sofern diese Verbindlichkeiten nicht unter Buchstabe a dieses Absatzes fallen;

c) Verbindlichkeiten mit einer vertraglichen Restlaufzeit von mindestens sechs Monaten, aber weniger als einem Jahr, die gestellt werden von

i) der EZB oder der Zentralbank eines Mitgliedstaats;

ii) der Zentralbank eines Drittlands;

iii) Finanzkunden;

d) alle sonstigen in den Artikeln 428m, 428n und 428o nicht genannten Verbindlichkeiten und Eigenkapitalposten oder -instrumente mit einer Restlaufzeit von mindestens sechs Monaten, aber weniger als einem Jahr.

Art. 428m Faktor für die verfügbare stabile Refinanzierung von 90 %. Privatkunden-Sichteinlagen, Privatkundeneinlagen mit einer vereinbarten Kündigungsfrist von weniger als einem Jahr und Privatkunden-Termineinlagen mit einer Restlaufzeit von weniger als einem Jahr, die die maßgeblichen in dem delegierten Rechtsakt nach Artikel 460 Absatz 1 festgelegten Kriterien für andere Privatkundeneinlagen erfüllen, unterliegen einem Faktor für die verfügbare stabile Refinanzierung von 90 %.

Art. 428n Faktor für die verfügbare stabile Refinanzierung von 95 %. Privatkunden-Sichteinlagen, Privatkundeneinlagen mit einer vereinbarten Kündigungsfrist von weniger als einem Jahr und Privatkunden-Termineinlagen mit einer Restlaufzeit von weniger als einem Jahr, die die maßgeblichen in dem delegierten Rechtsakt nach Artikel 460 Absatz 1 festgelegten Kriterien für stabile Privatkundeneinlagen erfüllen, unterliegen einem Faktor für die verfügbare stabile Refinanzierung von 95 %.

Art. 428o Faktor für die verfügbare stabile Refinanzierung von 100 %. Die folgenden Verbindlichkeiten sowie Eigenkapitalposten und -instrumente unterliegen einem Faktor für die verfügbare stabile Refinanzierung von 100 %:

a) die Posten des harten Kernkapitals des Instituts vor den gemäß den Artikeln 32 bis 35 erforderlichen Anpassungen, den in Artikel 36 vorgesehenen Abzügen und der Anwendung der in den Artikeln 48, 49 und 79 beschriebenen Ausnahmen und Alternativen;

b) die Posten des zusätzlichen Kernkapitals des Instituts vor Abzug der in Artikel 56 genannten Posten und bevor Artikel 79 darauf angewandt wurde, unter Ausschluss aller Instrumente mit expliziten oder eingebetteten Optionen, die – bei Ausübung – die effektive Restlaufzeit auf weniger als ein Jahr verkürzen würden;

c) die Posten des Ergänzungskapitals des Instituts vor den in Artikel 66 genannten Abzügen und vor Anwendung des Artikels 79, die eine Restlaufzeit von einem Jahr oder mehr aufweisen, unter Ausschluss aller Instrumente mit expliziten oder eingebetteten Optionen, die – bei Ausübung – die effektive Restlaufzeit auf weniger als ein Jahr verkürzen würden;

d) alle sonstigen Eigenkapitalinstrumente des Instituts mit einer Restlaufzeit von einem Jahr oder mehr, unter Ausschluss aller Instrumente mit expliziten oder eingebetteten Optionen, die – bei Ausübung – die effektive Restlaufzeit auf weniger als ein Jahr verkürzen würden;

e) alle sonstigen besicherten und unbesicherten Kreditaufnahmen und Verbindlichkeiten mit einer Restlaufzeit von einem Jahr oder mehr, einschließlich Termineinlagen, sofern in den Artikeln 428k bis 428n nichts anderes festgelegt ist.

Kapitel 4. Erforderliche stabile Refinanzierung

Abschnitt 1. Allgemeine Bestimmungen

Art. 428p Berechnung des Betrags der erforderlichen stabilen Refinanzierung. (1) [1] Sofern in diesem Kapitel nichts anderes festgelegt ist, wird der Betrag der erforderlichen stabilen Refinanzierung berechnet, indem der Buchwert der verschiedenen Kategorien oder Arten von Aktiva und außerbilanziellen Posten mit den gemäß Abschnitt 2 anzuwendenden Faktoren für die erforderliche stabile Refinanzierung multipliziert wird. [2] Der Gesamtbetrag der erforderlichen stabilen Refinanzierung entspricht der Summe der gewichteten Beträge der Aktiva und außerbilanziellen Posten.

(2) *[1]* Aktiva, die ein Institut, einschließlich im Rahmen von Wertpapierfinanzierungsgeschäften, geliehen hat, werden nicht in die Berechnung des Betrags der erforderlichen stabilen Refinanzierung einbezogen, wenn das Institut diese Aktiva bilanziert und kein wirtschaftliches Eigentum daran hat.

[2] Aktiva, die ein Institut, einschließlich im Rahmen von Wertpapierfinanzierungsgeschäften, geliehen hat, unterliegen den gemäß Abschnitt 2 anzuwendenden Faktoren für die erforderliche stabile Refinanzierung, wenn das Institut diese Aktiva nicht bilanziert, aber wirtschaftliches Eigentum daran hat.

(3) [1] Aktiva, die ein Institut, einschließlich im Rahmen von Wertpapierfinanzierungsgeschäften, verliehen hat, an denen es nach wie vor wirtschaftliches Eigentum hat, werden für die Zwecke dieses Kapitels als belastete Aktiva angesehen und unterliegen den gemäß Abschnitt 2 anzuwendenden Faktoren für die erforderliche stabile Refinanzierung, auch wenn das Institut sie nicht weiterhin in seiner Bilanz ausweist. [2] Ansonsten werden diese Aktiva nicht in die Berechnung des Betrags der erforderlichen stabilen Refinanzierung einbezogen.

(4) *[1]* [1] Aktiva, die noch für eine Restlaufzeit von sechs Monaten oder mehr belastet sind, erhalten entweder den Faktor für die erforderliche stabile Refinanzierung, der gemäß Abschnitt 2 auf diese Aktiva angewandt würde, wenn sie unbelastet wären, oder den Faktor für die erforderliche stabile Refinanzierung, der ansonsten auf diese belasteten Aktiva angewandt wird, wobei der höhere Faktor anzuwenden ist. [2] Dasselbe gilt, wenn die Restlaufzeit der belasteten Aktiva kürzer ist als die Restlaufzeit der Transaktion, welche die Belastungsquelle ist.

[2] Aktiva, die noch für weniger als sechs Monate belastet sind, unterliegen den Faktoren für die erforderliche stabile Refinanzierung, die nach Abschnitt 2 auf dieselben Aktiva anzuwenden wären, wenn diese unbelastet wären.

(5) Wenn ein Institut Aktiva, die es, einschließlich im Rahmen von Wertpapierfinanzierungsgeschäften, geliehen hat und die es nicht bilanziert, weiterverwendet oder weiterverpfändet, so muss die Transaktion, in deren Rahmen die Aktiva geliehen wurden, als belastet behandelt werden, sofern die Transaktion nicht fällig werden kann, ohne dass das Institut die geliehenen Aktiva zurückgibt.

(6) Die folgenden Aktiva werden als unbelastet angesehen:

a) in einem Pool enthaltene Vermögenswerte, die für den sofortigen Einsatz als Sicherheit bereitgehalten werden, um zusätzliche Mittel im Rahmen zugesagter oder – wenn der Pool von einer Zentralbank unterhalten wird – nicht zugesagter, aber noch nicht finanzierter Kreditlinien zu erhalten, die dem Institut zur Verfügung stehen; diese Vermögenswerte umfassen Vermögenswerte, die von einem Kreditinstitut bei einem Zentralinstitut eines Genossenschaftsverbunds oder bei einem institutsbezogenen Sicherungssystem hinterlegt wurden; die Institute gehen davon aus, dass die Vermögenswerte im Pool belastet sind, und zwar auf der Grundlage der Liquiditätseinstufung gemäß dem delegierten Rechtsakt nach Artikel 460 Absatz 1 in aufsteigender

Reihenfolge ihrer Liquidität, beginnend mit den nicht für den Liquiditätspuffer infrage kommenden Vermögenswerten;

b) Vermögenswerte, die das Institut bei besicherten Kreditvergaben, besicherten Finanzierungsgeschäften oder Sicherheitentauschgeschäften für Zwecke der Kreditrisikominderung als Sicherheit erhalten hat und über die das Institut verfügen kann;

c) Vermögenswerte, die zur freiwilligen Übersicherung bei der Emission gedeckter Schuldverschreibungen eingesetzt werden.

(7) *[1]* Im Falle von nicht standardmäßigen, temporären Operationen der EZB oder der Zentralbank eines Mitgliedstaats oder der Zentralbank eines Drittlands, die durchgeführt werden, um in einer Zeit marktweiten Finanzstresses oder außergewöhnlicher makroökonomischer Umstände deren Mandat zu erfüllen, können die folgenden Vermögenswerte einen verringerten Faktor für die erforderliche stabile Refinanzierung erhalten:

a) abweichend von Artikel 428ad Buchstabe f und Artikel 428ah Absatz 1 Buchstabe a Vermögenswerte, die für die Zwecke der in diesem Unterabsatz genannten Operationen belastet sind;

b) abweichend von Artikel 428ad Buchstabe d Ziffern i und ii, Artikel 428af Buchstabe b und Artikel 428ag Buchstabe c Zahlungen, die aus den in diesem Unterabsatz genannten Operationen stammen.

[2] [1] Die zuständigen Behörden legen im Einvernehmen mit der Zentralbank, welche die Gegenpartei bei der Transaktion ist, den Faktor für die erforderliche stabile Refinanzierung fest, der auf die in Unterabsatz 1 Buchstaben a und b genannten Vermögenswerte anzuwenden ist. [2] Für belastete Vermögenswerte nach Unterabsatz 1 Buchstabe a darf der anzuwendende Faktor für die erforderliche stabile Refinanzierung nicht niedriger sein als der Faktor für die erforderliche stabile Refinanzierung, der gemäß Abschnitt 2 für diese Aktiva gelten würde, wenn sie unbelastet wären.

[3] Bei der Anwendung eines niedrigeren Faktors für die erforderliche stabile Refinanzierung gemäß Unterabsatz 2 beobachten die zuständigen Behörden genau die Auswirkungen dieses niedrigeren Faktors auf die stabilen Refinanzierungspositionen der Institute und ergreifen erforderlichenfalls angemessene Aufsichtsmaßnahmen.

(8) Um jegliche Doppelzählung zu vermeiden, beziehen die Institute Vermögenswerte, die mit Sicherheiten zusammenhängen, die gemäß dem Buchstaben b der Artikel 428k Absatz 4 Buchstabe b und 428ah Absatz 2 als geleisteter Nachschuss anerkannt werden, die als geleisteter Ersteinschuss anerkannt werden oder die gemäß Artikel 428ag Buchstaben a und b als Beitrag zum Ausfallfonds einer ZGP anerkannt werden, nicht in andere Teile der Berechnung des Betrags der erforderlichen stabilen Refinanzierung nach Maßgabe dieses Kapitels ein.

(9) [1] Die Institute beziehen Fremdwährungen und Waren, für die ein Kaufauftrag ausgeführt wurde, in die Berechnung des Betrags der erforderlichen stabilen Refinanzierung ein. [2] Sie beziehen Finanzinstrumente, Fremdwährungen und Waren, für die ein Verkaufsauftrag ausgeführt wurde, nicht in die Berechnung des Betrags der erforderlichen stabilen Refinanzierung ein, sofern diese Transaktionen in der Bilanz der Institute nicht als Derivatgeschäfte oder

besicherte Finanzierungsgeschäfte geführt und von den Instituten erst bei Abrechnung bilanziert werden.

(10) *[1]* [1] Die zuständigen Behörden können die Faktoren für die erforderliche stabile Refinanzierung festlegen, die auf in diesem Kapitel nicht genannte außerbilanzielle Posten anzuwenden sind, um sicherzustellen, dass die Institute für den Teil dieser Risikopositionen, der voraussichtlich über den Einjahreshorizont der strukturellen Liquiditätsquote refinanziert werden muss, über einen angemessenen Betrag an verfügbarer stabiler Refinanzierung verfügen. [2] Bei der Festlegung dieser Faktoren berücksichtigen die zuständigen Behörden insbesondere die wesentlichen Reputationsschäden, die ein Institut durch eine nicht erfolgende Refinanzierung erleiden könnte.

[2] [1] Die zuständigen Behörden melden der EBA mindestens einmal jährlich die Arten von außerbilanziellen Risikopositionen, für die sie die Faktoren für die erforderliche stabile Refinanzierung festgelegt haben. [2] Sie erläutern in dieser Meldung auch die zur Festlegung dieser Faktoren angewandte Methodik.

Art. 428q Restlaufzeit eines Aktivums. (1) Sofern in diesem Kapitel nichts anderes festgelegt ist, berücksichtigen die Institute die vertragliche Restlaufzeit seiner Aktiva und außerbilanziellen Transaktionen, wenn sie die Faktoren für die erforderliche stabile Refinanzierung ermitteln, die gemäß Abschnitt 2 auf seine Aktiva und außerbilanziellen Posten anzuwenden sind.

(2) [1] Die Institute behandeln Aktiva, die gemäß Artikel 11 Absatz 3 der Verordnung (EU) Nr. 648/2012 getrennt wurden, entsprechend der diesen Aktiva zugrunde liegenden Risikoposition. [2] Die Institute wenden auf diese Aktiva jedoch je nach Laufzeit der Belastung höhere Faktoren für die erforderliche stabile Refinanzierung an, die von den zuständigen Behörden mit Rücksicht darauf festgelegt werden, ob das Institut die betreffenden Aktiva frei veräußern oder tauschen kann und welche Laufzeit die Verbindlichkeiten gegenüber den Institutskunden aufweisen, aus denen die Trennungsanforderung erwächst.

(3) [1] Bei der Berechnung der Restlaufzeit eines Aktivums berücksichtigen die Institute Optionen, wobei es von der Annahme ausgeht, dass der Emittent oder die Gegenpartei jegliche Option zur Verlängerung der Laufzeit des Aktivums ausüben wird. [2] Bei Optionen, die nach Ermessen des Instituts ausgeübt werden können, berücksichtigen das Institut und die zuständigen Behörden Reputationsfaktoren, die die Möglichkeit des Instituts, die Option nicht auszuüben, einschränken könnten, insbesondere Erwartungen der Märkte und Kunden, dass das Institut die Laufzeit bestimmter Aktiva bei Fälligkeit verlängern sollte.

(4) Um die nach Abschnitt 2 anzuwendenden Faktoren für die erforderliche stabile Refinanzierung für Amortisierungsdarlehen mit einer vertraglichen Restlaufzeit von einem Jahr oder mehr zu ermitteln, wird jeder Teil, der in weniger als sechs Monaten fällig wird, und jeder Teil, der innerhalb von mindestens sechs Monaten und weniger als einem Jahr fällig wird, so behandelt, als habe er eine Restlaufzeit von weniger als sechs Monaten bzw. von mindestens sechs Monaten und weniger als einem Jahr.

Abschnitt 2. Faktoren für die erforderliche stabile Refinanzierung

Art. 428r Faktor für die erforderliche stabile Refinanzierung von 0 %.

(1) *[1]* Die folgenden Aktiva unterliegen einem Faktor für die erforderliche stabile Refinanzierung von 0 %:

a) unbelastete Vermögenswerte, die gemäß dem delegierten Rechtsakt nach Artikel 460 Absatz 1 als liquide Aktiva hoher Qualität der Stufe 1 behandelt werden können, mit Ausnahme gedeckter Schuldverschreibungen äußerst hoher Qualität im Sinne dieses delegierten Rechtsakts, unabhängig davon, ob sie die in diesem delegierten Rechtsakt festgelegten operativen Anforderungen erfüllen;

b) unbelastete Anteile von OGA, die gemäß dem delegierten Rechtsakt nach Artikel 460 Absatz 1 bei der Berechnung der Liquiditätsdeckungsquote einen Abschlag von 0 % erhalten dürfen, unabhängig davon, ob sie die in diesem delegierten Rechtsakt festgelegten operativen Anforderungen und Anforderungen an die Zusammensetzung des Liquiditätspuffers erfüllen;

c) sämtliche Guthaben des Instituts bei der EZB oder der Zentralbank eines Mitgliedstaats oder der Zentralbank eines Drittlands, einschließlich Mindest- und Überschussreserven;

d) sämtliche Forderungen an die EZB, die Zentralbank eines Mitgliedstaats oder die Zentralbank eines Drittlands, die eine Restlaufzeit von weniger als sechs Monaten haben;

e) Handelstagforderungen, die aus dem Verkauf von Finanzinstrumenten, Fremdwährungen oder Waren entstehen und bei denen davon ausgegangen wird, dass sie innerhalb des Standard-Abrechnungszyklus oder -zeitraums, der für die jeweilige Börse oder Transaktionsart üblich ist, abgerechnet werden, oder die nicht abgerechnet werden konnten, bei denen aber dennoch davon ausgegangen wird, dass sie abgerechnet werden;

f) Aktiva, die nach Maßgabe des Artikels 428f als mit Verbindlichkeiten interdependent eingestuft werden;

g) ausstehende Zahlungen aus Wertpapierfinanzierungsgeschäften mit Finanzkunden, sofern diese Geschäfte eine Restlaufzeit von weniger als sechs Monaten haben, sofern diese ausstehenden Zahlungen durch Vermögenswerte besichert sind, die gemäß dem delegierten Rechtsakt nach Artikel 460 Absatz 1 als Aktiva der Stufe 1 gelten, mit Ausnahme gedeckter Schuldverschreibungen äußerst hoher Qualität im Sinne dieses delegierten Rechtsakts, und sofern das Institut rechtlich befugt und operativ in der Lage wäre, die betreffenden Vermögenswerte während der Laufzeit des Geschäfts weiterzuverwenden.

[2] Die Institute berücksichtigen die ausstehenden Zahlungen nach Unterabsatz 1 Buchstabe g des vorliegenden Absatzes auf Nettobasis, sofern Artikel 428e Anwendung findet.

(2) *[1]* Abweichend von Absatz 1 Buchstabe c können die zuständigen Behörden mit Zustimmung der jeweiligen Zentralbank beschließen, auf Mindestreserven einen höheren Faktor für die erforderliche stabile Refinanzierung anzuwenden, wobei sie insbesondere berücksichtigen, inwieweit Mindestreserveanforderungen über einen Einjahreshorizont bestehen und somit eine entsprechende stabile Refinanzierung erfordern.

[2] Bei Tochterunternehmen mit Hauptsitz in einem Drittland, dessen nationales Recht zur Festlegung der strukturellen Liquiditätsanforderung für die Mindestreserven bei der Zentralbank einen höheren Faktor für die erforderliche stabile Refinanzierung vorschreibt, wird für Konsolidierungszwecke dieser höhere Faktor für die erforderliche stabile Refinanzierung berücksichtigt.

Art. 428s Faktor für die erforderliche stabile Refinanzierung von 5 %.

(1) *[1]* Die folgenden Aktiva und außerbilanziellen Posten unterliegen einem Faktor für die erforderliche stabile Refinanzierung von 5 %:

a) Unbelastete Anteile von OGA, die gemäß dem delegierten Rechtsakt nach Artikel 460 Absatz 1 bei der Berechnung der Liquiditätsdeckungsquote einen Abschlag von 5 % erhalten dürfen, unabhängig davon, ob sie die in diesem delegierten Rechtsakt festgelegten operativen Anforderungen und Anforderungen an die Zusammensetzung des Liquiditätspuffers erfüllen;

b) ausstehende Zahlungen aus Wertpapierfinanzierungsgeschäften mit Finanzkunden, sofern diese Geschäfte eine Restlaufzeit von weniger als sechs Monaten haben, mit Ausnahme der in Artikel 428r Absatz 1 Buchstabe g genannten Zahlungen;

c) der nicht in Anspruch genommene Teil zugesagter Kredit- und Liquiditätsfazilitäten im Sinne des delegierten Rechtsakts nach Artikel 460 Absatz 1;

d) außerbilanzielle Posten für die Handelsfinanzierung nach Anhang I mit einer Restlaufzeit von weniger als sechs Monaten.

[2] Die Institute berücksichtigen die ausstehenden Zahlungen nach Unterabsatz 1 Buchstabe b des vorliegenden Absatzes auf Nettobasis, sofern Artikel 428e Anwendung findet.

(2) [1] Bei allen Netting-Sätzen aus Derivatkontrakten wenden die Institute einen Faktor für die erforderliche stabile Refinanzierung von 5 % auf den absoluten Zeitwert dieser Netting-Sätze aus Derivatkontrakten, vor Berücksichtigung hinterlegter Sicherheiten, an, wenn diese Netting-Sätze einen negativen Zeitwert haben. [2] Für die Zwecke dieses Absatzes ermitteln die Institute den Zeitwert vor Berücksichtigung von im Zusammenhang mit Änderungen bei der Marktbewertung dieser Kontrakte hinterlegten Sicherheiten oder Ausgleichszahlungen und Einnahmen.

Art. 428t Faktor für die erforderliche stabile Refinanzierung von 7 %.

Unbelastete Aktiva, die gemäß dem delegierten Rechtsakt nach Artikel 460 Absatz 1 als gedeckte Schuldverschreibungen äußerst hoher Qualität der Stufe 1 behandelt werden können, unterliegen einem Faktor für die erforderliche stabile Refinanzierung von 7 %, unabhängig davon, ob sie die in diesem delegierten Rechtsakt festgelegten operativen Anforderungen und Anforderungen an die Zusammensetzung des Liquiditätspuffers erfüllen.

Art. 428u Faktor für die erforderliche stabile Refinanzierung von 7,5 %. Außerbilanzielle Posten für die Handelsfinanzierung nach Anhang I mit einer Restlaufzeit von mindestens sechs Monaten, aber weniger als einem Jahr unterliegen einem Faktor für die erforderliche stabile Refinanzierung von 7,5 %.

Art. 428v Faktor für die erforderliche stabile Refinanzierung von 10 %. Die folgenden Aktiva und außerbilanziellen Posten unterliegen einem Faktor für die erforderliche stabile Refinanzierung von 10 %:

a) ausstehende Zahlungen aus Transaktionen mit Finanzkunden, die eine Restlaufzeit von weniger als sechs Monaten haben, mit Ausnahme der in Artikel 428r Absatz 1 Buchstabe g und Artikel 428s Absatz 1 Buchstabe b genannten Zahlungen;

b) bilanzwirksame Posten für die Handelsfinanzierung mit einer Restlaufzeit von weniger als sechs Monaten;

c) außerbilanzielle Posten für die Handelsfinanzierung nach Anhang I mit einer Restlaufzeit von einem Jahr oder mehr.

Art. 428w Faktor für die erforderliche stabile Refinanzierung von 12 %. Unbelastete Anteile von OGA, die gemäß dem delegierten Rechtsakt nach Artikel 460 Absatz 1 bei der Berechnung der Liquiditätsdeckungsquote einen Abschlag von 12 % erhalten dürfen, unterliegen einem Faktor für die erforderliche stabile Refinanzierung von 12 %, unabhängig davon, ob sie die in diesem delegierten Rechtsakt festgelegten operativen Anforderungen und Anforderungen an die Zusammensetzung des Liquiditätspuffers erfüllen.

Art. 428x Faktor für die erforderliche stabile Refinanzierung von 15 %. Unbelastete Aktiva, die gemäß dem delegierten Rechtsakt nach Artikel 460 Absatz 1 als Aktiva der Stufe 2A behandelt werden können, unterliegen einem Faktor für die erforderliche stabile Refinanzierung von 15 %, unabhängig davon, ob sie die in diesem delegierten Rechtsakt festgelegten operativen Anforderungen und Anforderungen an die Zusammensetzung des Liquiditätspuffers erfüllen.

Art. 428y Faktor für die erforderliche stabile Refinanzierung von 20 %. Unbelastete Anteile von OGA, die gemäß dem delegierten Rechtsakt nach Artikel 460 Absatz 1 bei der Berechnung der Liquiditätsdeckungsquote einen Abschlag von 20 % erhalten dürfen, unterliegen einem Faktor für die erforderliche stabile Refinanzierung von 20 %, unabhängig davon, ob sie die in diesem delegierten Rechtsakt festgelegten operativen Anforderungen und Anforderungen an die Zusammensetzung des Liquiditätspuffers erfüllen.

Art. 428z Faktor für die erforderliche stabile Refinanzierung von 25 %. Unbelastete Verbriefungen der Stufe 2B gemäß dem delegierten Rechtsakt nach Artikel 460 Absatz 1 unterliegen einem Faktor für die erforderliche stabile Refinanzierung von 25 %, unabhängig davon, ob sie die in diesem delegierten Rechtsakt festgelegten operativen Anforderungen und Anforderungen an die Zusammensetzung des Liquiditätspuffers erfüllen.

Art. 428aa Faktor für die erforderliche stabile Refinanzierung von 30 %. Die folgenden Aktiva unterliegen einem Faktor für die erforderliche stabile Refinanzierung von 30 %:

a) Unbelastete gedeckte Schuldverschreibungen hoher Qualität gemäß dem delegierten Rechtsakt nach Artikel 460 Absatz 1, unabhängig davon, ob sie die in diesem delegierten Rechtsakt festgelegten operativen Anforderungen und Anforderungen an die Zusammensetzung des Liquiditätspuffers erfüllen;

b) unbelastete Anteile von OGA, die gemäß dem delegierten Rechtsakt nach Artikel 460 Absatz 1 bei der Berechnung der Liquiditätsdeckungsquote einen Abschlag von 30 % erhalten dürfen, unabhängig davon, ob sie die in diesem delegierten Rechtsakt festgelegten operativen Anforderungen und Anforderungen an die Zusammensetzung des Liquiditätspuffers erfüllen.

Art. 428ab Faktor für die erforderliche stabile Refinanzierung von 35 %. Die folgenden Aktiva unterliegen einem Faktor für die erforderliche stabile Refinanzierung von 35 %:

a) unbelastete Verbriefungen der Stufe 2B gemäß dem delegierten Rechtsakt nach Artikel 460 Absatz 1, unabhängig davon, ob sie die in diesem delegierten Rechtsakt festgelegten operativen Anforderungen und Anforderungen an die Zusammensetzung des Liquiditätspuffers erfüllen;

b) unbelastete Anteile von OGA, die gemäß dem delegierten Rechtsakt nach Artikel 460 Absatz 1 bei der Berechnung der Liquiditätsdeckungsquote einen Abschlag von 35 % erhalten dürfen, unabhängig davon, ob sie die in diesem delegierten Rechtsakt festgelegten operativen Anforderungen und Anforderungen an die Zusammensetzung des Liquiditätspuffers erfüllen.

Art. 428ac Faktor für die erforderliche stabile Refinanzierung von 40 %. Unbelastete Anteile von OGA, die gemäß dem delegierten Rechtsakt nach Artikel 460 Absatz 1 bei der Berechnung der Liquiditätsdeckungsquote einen Abschlag von 40 % erhalten dürfen, unterliegen einem Faktor für die erforderliche stabile Refinanzierung von 40 %, unabhängig davon, ob sie die in diesem delegierten Rechtsakt festgelegten operativen Anforderungen und Anforderungen an die Zusammensetzung des Liquiditätspuffers erfüllen.

Art. 428ad Faktor für die erforderliche stabile Refinanzierung von 50 %. Die folgenden Aktiva unterliegen einem Faktor für die erforderliche stabile Refinanzierung von 50 %:

a) unbelastete Aktiva, die gemäß dem delegierten Rechtsakt nach Artikel 460 Absatz 1 als Aktiva der Stufe 2B behandelt werden können, mit Ausnahme von Verbriefungen der Stufe 2B und gedeckten Schuldverschreibungen hoher Qualität im Sinne dieses delegierten Rechtsakts, unabhängig davon, ob sie die in diesem delegierten Rechtsakt festgelegten operativen Anforderungen und Anforderungen an die Zusammensetzung des Liquiditätspuffers erfüllen;

b) Einlagen des Instituts bei einem anderen Finanzinstitut, die die in dem delegierten Rechtsakt nach Artikel 460 Absatz 1 festgelegten Kriterien für operative Einlagen erfüllen;

c) ausstehende Zahlungen mit einer Restlaufzeit von weniger als einem Jahr aus Transaktionen mit:
   i) dem Zentralstaat eines Mitgliedstaats oder eines Drittlands;
   ii) den regionalen oder lokalen Gebietskörperschaften in einem Mitgliedstaat oder in einem Drittland;
   iii) den öffentlichen Stellen eines Mitgliedstaats oder eines Drittlands;
   iv) den in Artikel 117 Absatz 2 genannten multilateralen Entwicklungsbanken und den in Artikel 118 genannten internationalen Organisationen;
   v) Nicht-Finanzunternehmen, Privatkunden und KMU;

vi) von einer zuständigen Behörde genehmigten Kreditgenossenschaften, privaten Beteiligungsgesellschaften und Kunden, bei denen es sich um Einlagenvermittler handelt, sofern diese Aktiva nicht unter Buchstabe b fallen;

d) ausstehende Zahlungen mit einer Restlaufzeit von mindestens sechs Monaten, aber weniger als einem Jahr aus Transaktionen mit:
   i) der Europäischen Zentralbank oder der Zentralbank eines Mitgliedstaats;
   ii) der Zentralbank eines Drittlands;
   iii) Finanzkunden;

e) bilanzwirksame Posten für die Handelsfinanzierung mit einer Restlaufzeit von mindestens sechs Monaten, aber weniger als einem Jahr;

f) Aktiva, die noch für eine Restlaufzeit von mindestens sechs Monaten, aber weniger als einem Jahr belastet sind, sofern sie nicht gemäß den Artikeln 428ae bis 428ah einen höheren Faktor für die erforderliche stabile Refinanzierung erhalten würden, wenn sie unbelastet wären, in welchem Falle der höhere Faktor für die erforderliche stabile Refinanzierung, der für diese Aktiva gelten würde, wenn sie unbelastet wären, Anwendung findet;

g) alle sonstigen Aktiva mit einer Restlaufzeit von weniger als einem Jahr, sofern in den Artikeln 428r bis 428ac nichts anderes festgelegt ist.

Art. 428ae Faktor für die erforderliche stabile Refinanzierung von 55 %. Unbelastete Anteile von OGA, die gemäß dem delegierten Rechtsakt nach Artikel 460 Absatz 1 bei der Berechnung der Liquiditätsdeckungsquote einen Abschlag von 55 % erhalten dürfen, unterliegen einem Faktor für die erforderliche stabile Refinanzierung von 55 %, unabhängig davon, ob sie die in diesem delegierten Rechtsakt festgelegten operativen Anforderungen und Anforderungen an die Zusammensetzung des Liquiditätspuffers erfüllen.

Art. 428af Faktor für die erforderliche stabile Refinanzierung von 65 %. Die folgenden Aktiva unterliegen einem Faktor für die erforderliche stabile Refinanzierung von 65 %:

a) durch Grundpfandrechte auf Wohnimmobilien besicherte unbelastete Darlehen oder in Artikel 129 Absatz 1 Buchstabe e genannte durch einen anerkennungsfähigen Sicherungsgeber in voller Höhe garantierte unbelastete Darlehen für Wohnimmobilien mit einer Restlaufzeit von einem Jahr oder mehr, vorausgesetzt, diese Darlehen erhalten gemäß Teil 3 Titel II Kapitel 2 ein Risikogewicht von 35 % oder weniger;

b) unbelastete Darlehen mit einer Restlaufzeit von einem Jahr oder mehr, mit Ausnahme von Darlehen an Finanzkunden und den in den Artikeln 428r bis 428ad genannten Darlehen, vorausgesetzt, diese Darlehen erhalten gemäß Teil 3 Titel II Kapitel 2 ein Risikogewicht von 35 % oder weniger.

Art. 428ag Faktor für die erforderliche stabile Refinanzierung von 85 %. Die folgenden Aktiva und außerbilanziellen Posten unterliegen einem Faktor für die erforderliche stabile Refinanzierung von 85 %:

a) alle Aktiva und außerbilanziellen Posten, einschließlich Barmittel, die bei Derivatkontrakten als Ersteinschuss geleistet werden, sofern sie nicht gemäß Artikel 428ah einen höheren Faktor für die erforderliche stabile Refinanzierung erhalten würden, wenn sie unbelastet wären, in welchem Falle der höhere Faktor für die erforderliche stabile Refinanzierung, der für diese Aktiva gelten würde, wenn sie unbelastet wären, Anwendung findet;

b) alle Aktiva und außerbilanziellen Posten, einschließlich Barmittel, die als Beitrag zum Ausfallfonds einer ZGP geleistet werden, sofern sie nicht gemäß Artikel 428ah einen höheren Faktor für die erforderliche stabile Refinanzierung erhalten würden, wenn sie unbelastet wären, in welchem Falle der für den unbelasteten Vermögenswert geltende höhere Faktor für die erforderliche stabile Refinanzierung Anwendung findet;

c) unbelastete Darlehen mit einer Restlaufzeit von einem Jahr oder mehr, mit Ausnahme von Darlehen an Finanzkunden und den in den Artikeln 428r bis 428af genannten Darlehen, die nicht mehr als 90 Tage überfällig sind und die gemäß Teil 3 Titel II Kapitel 2 ein Risikogewicht von mehr als 35 % erhalten;

d) bilanzwirksame Posten für die Handelsfinanzierung mit einer Restlaufzeit von einem Jahr oder mehr;

e) unbelastete Wertpapiere mit einer Restlaufzeit von einem Jahr oder mehr, die nicht im Sinne des Artikels 178 ausgefallen sind und die nicht gemäß dem delegierten Rechtsakt nach Artikel 460 Absatz 1 als liquide Aktiva behandelt werden können;

f) unbelastete börsengehandelte Aktien, die nicht gemäß dem delegierten Rechtsakt nach Artikel 460 Absatz 1 als Aktiva der Stufe 2B behandelt werden können;

g) physisch gehandelte Waren, einschließlich Gold, aber ohne Warenderivate;

h) Aktiva, die noch für eine Restlaufzeit von einem Jahr oder mehr belastet sind und sich in einem Deckungsstock befinden, der durch gedeckte Schuldverschreibungen im Sinne des Artikels 52 Absatz 4 der Richtlinie 2009/65/EG oder gedeckte Schuldverschreibungen, die die Voraussetzungen für die in Artikel 129 Absatz 4 bzw. 5 der vorliegenden Verordnung vorgesehene Behandlung erfüllen, finanziert wird.

Art. 428ah Faktor für die erforderliche stabile Refinanzierung von 100 %. (1) Die folgenden Aktiva unterliegen einem Faktor für die erforderliche stabile Refinanzierung von 100 %:

a) sofern in diesem Kapitel nichts anderes bestimmt ist, alle Aktiva, die noch für eine Restlaufzeit von einem Jahr oder mehr belastet sind;

b) alle sonstigen, in den Artikeln 428r bis 428ag nicht genannten Aktiva, einschließlich Darlehen an Finanzkunden mit einer vertraglichen Restlaufzeit von einem Jahr oder mehr, notleidende Risikopositionen, von den Eigenmitteln abgezogene Posten, Sachanlagen, nicht börsengehandelte Aktien, zurückbehaltene Rechte, Versicherungswerte und ausgefallene Wertpapiere.

(2) *[1]* Die Institute wenden einen Faktor für die erforderliche stabile Refinanzierung von 100 % auf die Differenz – sofern positiv – zwischen der Summe der Zeitwerte über alle Netting-Sätze mit positivem Zeitwert und der Summe der Zeitwerte über alle Netting-Sätze mit negativem Zeitwert an, wobei die Berechnung nach Artikel 428d erfolgt.

[2] Für die in Unterabsatz 1 genannte Berechnung gelten die folgenden Regeln:

a) Nachschüsse, die Institute von ihren Gegenparteien erhalten, werden vom Zeitwert eines Netting-Satzes mit positivem Zeitwert abgezogen, wenn die als Nachschüsse erhaltenen Sicherheiten gemäß dem delegierten Rechtsakt nach Artikel 460 Absatz 1 als Aktiva der Stufe 1 einzustufen sind, mit Ausnahme gedeckter Schuldverschreibungen äußerst hoher Qualität im Sinne dieses delegierten Rechtsakts, und die Institute zu ihrer Wiederverwendung rechtlich befugt und operativ in der Lage sind;

b) alle Nachschüsse, die Institute an ihre Gegenparteien leisten, werden vom Zeitwert eines Netting-Satzes mit negativem Zeitwert abgezogen.

Kapitel 5. Ausnahmeregelung für kleine und nicht komplexe Institute

Art. 428ai Ausnahmeregelung für kleine und nicht komplexe Institute. *[1]* Abweichend von den Kapiteln 3 und 4 haben kleine und nicht komplexe Institute vorbehaltlich der vorherigen Erlaubnis durch die zuständige Behörde die Möglichkeit, das Verhältnis zwischen der in Kapitel 6 genannten verfügbaren stabilen Refinanzierung eines Instituts und der in Kapitel 7 genannten erforderlichen stabilen Refinanzierung des Instituts, ausgedrückt als Prozentsatz, zu berechnen.

[2] Ist eine zuständige Behörde der Auffassung, dass sich die vereinfachte Methodik nicht zur Erfassung der Refinanzierungsrisiken eines kleinen und nicht komplexen Instituts eignet, so kann sie diesem Institut vorschreiben, der strukturellen Liquiditätsanforderung auf der Grundlage der in Kapitel 3 genannten verfügbaren stabilen Refinanzierung eines Instituts und der in Kapitel 4 genannten erforderlichen stabilen Refinanzierung nachzukommen.

Kapitel 6. Verfügbare stabile Refinanzierung für die vereinfachte Berechnung der strukturellen Liquiditätsquote

Abschnitt 1. Allgemeine Bestimmungen

Art. 428aj Vereinfachte Berechnung des Betrags der verfügbaren stabilen Refinanzierung. (1) [1] Sofern in diesem Kapitel nichts anderes festgelegt ist, wird der Betrag der verfügbaren stabilen Refinanzierung berechnet, indem der Buchwert der verschiedenen Kategorien oder Arten von Verbindlichkeiten und Eigenmitteln mit den gemäß Abschnitt 2 anzuwendenden Faktoren für die verfügbare stabile Refinanzierung multipliziert wird. [2] Der Gesamtbetrag der verfügbaren stabilen Refinanzierung entspricht der Summe der gewichteten Beträge der Verbindlichkeiten und Eigenmittel.

(2) [1] Anleihen und andere Schuldverschreibungen, die das Institut begeben hat und die ausschließlich auf dem Privatkundenmarkt verkauft und auf einem Privatkundenkonto geführt werden, können als in die geeignete Kategorie von Privatkundeneinlagen fallend behandelt werden. [2] Es sind Beschränkungen vorzusehen, die bewirken, dass diese Instrumente ausschließlich von Privatkunden erworben und gehalten werden können.

Art. 428ak Restlaufzeit von Verbindlichkeiten oder Eigenmitteln.

(1) Sofern in diesem Kapitel nichts anderes festgelegt ist, berücksichtigen die Institute die vertragliche Restlaufzeit seiner Verbindlichkeiten und Eigenmittel, um die gemäß Abschnitt 2 anzuwendenden Faktoren für die verfügbare stabile Refinanzierung zu ermitteln.

(2) [1] Die Institute berücksichtigen bestehende Optionen, um die Restlaufzeit einer Verbindlichkeit oder von Eigenmitteln zu ermitteln. [2] Dabei gehen sie von der Annahme aus, dass die Gegenpartei Kündigungsoptionen zum frühestmöglichen Zeitpunkt ausüben wird. [3] Bei Optionen, die nach Ermessen des Instituts ausgeübt werden können, berücksichtigen das Institut und die zuständigen Behörden Reputationsfaktoren, die die Möglichkeit eines Instituts, die Option nicht auszuüben, einschränken könnten, insbesondere Markterwartungen, dass Institute bestimmte Verbindlichkeiten vor Fälligkeit tilgen sollten.

(3) [1] Die Institute behandeln Einlagen mit vereinbarter Kündigungsfrist entsprechend ihrer jeweiligen Kündigungsfrist und Termineinlagen entsprechend ihrer Restlaufzeit. [2] Abweichend von Absatz 2 des vorliegenden Artikels berücksichtigen die Institute die Optionen für vorzeitige Abhebungen nicht, wenn der Einleger eine erhebliche Vorfälligkeitsentschädigung für vorzeitige Abhebungen in weniger als einem Jahr zahlen muss, wie sie in dem delegierten Rechtsakt nach Artikel 460 Absatz 1 festgelegt ist, um die Restlaufzeit von Privatkunden-Termineinlagen zu ermitteln.

(4) Um die nach Abschnitt 2 anzuwendenden Faktoren für die verfügbare stabile Refinanzierung für Verbindlichkeiten mit einer vertraglichen Restlaufzeit von einem Jahr oder mehr zu ermitteln, wird jeder Teil, der in weniger als sechs Monaten fällig wird, und jeder Teil, der innerhalb von mindestens sechs Monaten und weniger als einem Jahr fällig wird, so behandelt, als habe er eine Restlaufzeit von weniger als sechs Monaten bzw. eine Restlaufzeit von mindestens sechs Monaten und weniger als einem Jahr.

Abschnitt 2. Faktoren für die verfügbare stabile Refinanzierung

Art. 428al Faktor für die verfügbare stabile Refinanzierung von 0 %.

(1) Sofern in diesem Abschnitt nichts anderes festgelegt ist, unterliegen alle Verbindlichkeiten ohne feste Laufzeit, einschließlich Verkaufspositionen und Positionen mit offener Laufzeit, einem Faktor für die verfügbare stabile Refinanzierung von 0 %, mit den folgenden Ausnahmen:

a) latente Steuerschulden, die entsprechend dem nächstmöglichen Zeitpunkt, zu dem solche Verbindlichkeiten realisiert werden könnten, behandelt werden;

b) Minderheitsbeteiligungen, die entsprechend der Laufzeit des betreffenden Instruments behandelt werden.

(2) Die in Absatz 1 genannten latenten Steuerschulden und Minderheitsbeteiligungen unterliegen einem der folgenden Faktoren:

a) 0 %, wenn die effektive Restlaufzeit der latenten Steuerschuld oder der Minderheitsbeteiligung weniger als ein Jahr beträgt;

b) 100 %, wenn die effektive Restlaufzeit der latenten Steuerschuld oder der Minderheitsbeteiligung ein Jahr oder mehr beträgt.

(3) Die folgenden Verbindlichkeiten und Eigenkapitalposten oder -instrumente unterliegen einem Faktor für die verfügbare stabile Refinanzierung von 0 %:

a) Handelstagverbindlichkeiten, die aus dem Kauf von Finanzinstrumenten, Fremdwährungen und Waren entstehen und bei denen davon ausgegangen wird, dass sie innerhalb des Standard-Abrechnungszyklus oder -zeitraums, der für die jeweilige Börse oder Transaktionsart üblich ist, abgerechnet werden oder die nicht abgerechnet werden konnten, bei denen aber dennoch davon ausgegangen wird, dass sie abgerechnet werden;

b) Verbindlichkeiten, die nach Maßgabe des Artikels 428f als mit Aktiva interdependent eingestuft werden;

c) Verbindlichkeiten mit einer Restlaufzeit von weniger als einem Jahr, die gestellt werden von

i) der EZB oder der Zentralbank eines Mitgliedstaats;

ii) der Zentralbank eines Drittlands;

iii) Finanzkunden;

d) sonstige in diesem Artikel und in den Artikeln 428am bis 428ap nicht genannte Verbindlichkeiten und Eigenkapitalposten oder -instrumente.

(4) *[1]* Die Institute wenden einen Faktor für die verfügbare stabile Refinanzierung von 0 % auf den absoluten Wert der Differenz – sofern negativ – zwischen der Summe der Zeitwerte über alle Netting-Sätze mit positivem Zeitwert und der Summe der Zeitwerte über alle Netting-Sätze mit negativem Zeitwert an, wobei die Berechnung nach Artikel 428d erfolgt.

[2] Für die in Unterabsatz 1 genannte Berechnung gelten die folgenden Regeln:

a) Nachschüsse, die Institute von ihren Gegenparteien erhalten, werden vom Zeitwert eines Netting-Satzes mit positivem Zeitwert abgezogen, wenn die als Nachschüsse erhaltenen Sicherheiten gemäß dem delegierten Rechtsakt nach Artikel 460 Absatz 1 als Aktiva der Stufe 1 einzustufen sind, mit Ausnahme gedeckter Schuldverschreibungen äußerst hoher Qualität im Sinne dieses delegierten Rechtsakts, und die Institute zu ihrer Wiederverwendung rechtlich befugt und operativ in der Lage sind;

b) alle Nachschüsse, die Institute an ihre Gegenparteien leisten, werden vom Zeitwert eines Netting-Satzes mit negativem Zeitwert abgezogen.

Art. 428am Faktor für die verfügbare stabile Refinanzierung von 50 %. Die folgenden Verbindlichkeiten und Eigenkapitalposten oder -instrumente unterliegen einem Faktor für die verfügbare stabile Refinanzierung von 50 %:

a) hereingenommene Einlagen, die die in dem delegierten Rechtsakt nach Artikel 460 Absatz 1 festgelegten Kriterien für operative Einlagen erfüllen;

b) Verbindlichkeiten und Eigenkapitalposten oder -instrumente mit einer Restlaufzeit von weniger als einem Jahr, die gestellt werden von

i) dem Zentralstaat eines Mitgliedstaats oder eines Drittlands;

ii) den regionalen oder lokalen Gebietskörperschaften in einem Mitgliedstaat oder in einem Drittland;

iii) den öffentlichen Stellen eines Mitgliedstaats oder eines Drittlands;

iv) den in Artikel 117 Absatz 2 genannten multilateralen Entwicklungsbanken und den in Artikel 118 genannten internationalen Organisationen;

v) nichtfinanziellen Firmenkunden;

vi) von einer zuständigen Behörde genehmigten Kreditgenossenschaften, privaten Beteiligungsgesellschaften und Kunden, bei denen es sich um Einlagenvermittler handelt, sofern es sich nicht um hereingenommene

Einlagen handelt, die die in dem delegierten Rechtsakt nach Artikel 460 Absatz 1 festgelegten Kriterien für operative Einlagen erfüllen.

Art. 428an Faktor für die verfügbare stabile Refinanzierung von 90 %. Privatkunden-Sichteinlagen, Privatkundeneinlagen mit einer vereinbarten Kündigungsfrist von weniger als einem Jahr und Privatkunden-Termineinlagen mit einer Restlaufzeit von weniger als einem Jahr, die die maßgeblichen in dem delegierten Rechtsakt nach Artikel 460 Absatz 1 festgelegten Kriterien für andere Privatkundeneinlagen erfüllen, unterliegen einem Faktor für die verfügbare stabile Refinanzierung von 90 %.

Art. 428ao Faktor für die verfügbare stabile Refinanzierung von 95 %. Privatkunden-Sichteinlagen, Privatkundeneinlagen mit einer vereinbarten Kündigungsfrist von weniger als einem Jahr und Privatkunden-Termineinlagen mit einer Restlaufzeit von weniger als einem Jahr, die die maßgeblichen in dem delegierten Rechtsakt nach Artikel 460 Absatz 1 festgelegten Kriterien für stabile Privatkundeneinlagen erfüllen, unterliegen einem Faktor für die verfügbare stabile Refinanzierung von 95 %.

Art. 428ap Faktor für die verfügbare stabile Refinanzierung von 100 %. Die folgenden Verbindlichkeiten sowie Eigenkapitalposten und -instrumente unterliegen einem Faktor für die verfügbare stabile Refinanzierung von 100 %:

a) die Posten des harten Kernkapitals des Instituts vor den gemäß den Artikeln 32 bis 35 erforderlichen Anpassungen, den in Artikel 36 vorgesehenen Abzügen und der Anwendung der in den Artikeln 48, 49 und 79 beschriebenen Ausnahmen und Alternativen;

b) die Posten des zusätzlichen Kernkapitals des Instituts vor Abzug der in Artikel 56 genannten Posten und bevor Artikel 79 darauf angewandt wurde, unter Ausschluss aller Instrumente mit expliziten oder eingebetteten Optionen, die – bei Ausübung – die effektive Restlaufzeit auf weniger als ein Jahr verkürzen würden;

c) die Posten des Ergänzungskapitals des Instituts vor den in Artikel 66 genannten Abzügen und vor Anwendung des Artikels 79, die eine Restlaufzeit von einem Jahr oder mehr aufweisen, unter Ausschluss aller Instrumente mit expliziten oder eingebetteten Optionen, die – bei Ausübung – die effektive Restlaufzeit auf weniger als ein Jahr verkürzen würden;

d) alle sonstigen Eigenkapitalinstrumente des Instituts mit einer Restlaufzeit von einem Jahr oder mehr, unter Ausschluss aller Instrumente mit expliziten oder eingebetteten Optionen, die bei Ausübung die effektive Restlaufzeit auf weniger als ein Jahr verkürzen würden;

e) alle sonstigen besicherten und unbesicherten Kreditaufnahmen und Verbindlichkeiten mit einer Restlaufzeit von einem Jahr oder mehr, einschließlich Termineinlagen, sofern in den Artikeln 428al bis 428ao nichts anderes festgelegt ist.

Kapitel 7. Erforderliche stabile Refinanzierung für die vereinfachte Berechnung der strukturellen Liquiditätsquote

Abschnitt 1. Allgemeine Bestimmungen

Art. 428aq Vereinfachte Berechnung des Betrags der erforderlichen stabilen Refinanzierung. (1) [1] Sofern in diesem Kapitel nichts anderes festgelegt ist, wird der Betrag der erforderlichen stabilen Refinanzierung für kleine und nicht komplexe Institute berechnet, indem der Buchwert der verschiedenen Kategorien oder Arten von Vermögenswerten und außerbilanziellen Posten mit den gemäß Abschnitt 2 anzuwendenden Faktoren für die erforderliche stabile Refinanzierung multipliziert wird. [2] Der Gesamtbetrag der erforderlichen stabilen Refinanzierung entspricht der Summe der gewichteten Beträge der Vermögenswerte und außerbilanziellen Posten.

(2) *[1]* Vermögenswerte, die Institute – auch im Rahmen von Wertpapierfinanzierungsgeschäften – geliehen haben, die sie bilanzieren und an denen sie kein wirtschaftliches Eigentum haben, werden nicht in die Berechnung des Betrags der erforderlichen stabilen Refinanzierung einbezogen.

[2] Vermögenswerte, die Institute – auch im Rahmen von Wertpapierfinanzierungsgeschäften – geliehen haben, die sie nicht bilanzieren, aber an denen sie wirtschaftliches Eigentum haben, unterliegen den gemäß Abschnitt 2 anzuwendenden Faktoren für die erforderliche stabile Refinanzierung.

(3) [1] Vermögenswerte, die Institute – auch im Rahmen von Wertpapierfinanzierungsgeschäften – verliehen haben und an denen sie nach wie vor wirtschaftliches Eigentum haben, auch wenn sie sie nicht weiterhin in ihrer Bilanz ausweisen, werden für die Zwecke dieses Kapitels als belastete Vermögenswerte angesehen und unterliegen den gemäß Abschnitt 2 anzuwendenden Faktoren für die erforderliche stabile Refinanzierung. [2] Ansonsten werden diese Vermögenswerte nicht in die Berechnung des Betrags der erforderlichen stabilen Refinanzierung einbezogen.

(4) *[1]* [1] Vermögenswerte, die noch für eine Restlaufzeit von sechs Monaten oder mehr belastet sind, erhalten entweder den Faktor für die erforderliche stabile Refinanzierung, der gemäß Abschnitt 2 auf diese Vermögenswerte angewandt würde, wenn sie unbelastet wären, oder den Faktor für die erforderliche stabile Refinanzierung, der ansonsten auf diese belasteten Vermögenswerte angewandt wird, wobei der höhere Faktor anzuwenden ist. [2] Dasselbe gilt, wenn die Restlaufzeit der belasteten Vermögenswerte kürzer ist als die Restlaufzeit der Transaktion, die die Belastungsquelle ist.

[2] Vermögenswerte, die noch für weniger als sechs Monate belastet sind, unterliegen den Faktoren für die erforderliche stabile Refinanzierung, die nach Abschnitt 2 auf dieselben Vermögenswerte anzuwenden wären, wenn diese unbelastet wären.

(5) Wird ein Vermögenswert, der – auch im Rahmen von Wertpapierfinanzierungsgeschäften – geliehen wurde und als außerbilanzieller Posten geführt wird, von einem Institut weiterverwendet oder weiterverpfändet, so muss die Transaktion, durch die der Vermögenswert geliehen wurde, in dem Maße als belastet behandelt werden, wie die Transaktion nicht fällig werden kann, ohne dass das Institut den geliehenen Vermögenswert zurückgibt.

(6) *[1]* Die folgenden Vermögenswerte werden als unbelastet angesehen:

a) in einem Pool enthaltene Vermögenswerte, die für den sofortigen Einsatz als Sicherheit bereitgehalten werden, um zusätzliche Mittel im Rahmen zugesagter oder – wenn der Pool von einer Zentralbank unterhalten wird – nicht zugesagter, aber noch nicht finanzierter Kreditlinien zu erhalten, die dem Institut zur Verfügung stehen, einschließlich Vermögenswerten, die von einem Kreditinstitut beim Zentralinstitut eines Genossenschaftsverbunds oder bei einem institutsbezogenen Sicherungssystem hinterlegt wurden;
b) Vermögenswerte, die das Institut bei besicherten Kreditvergaben, besicherten Finanzierungsgeschäften oder Sicherheitentauschgeschäften für Zwecke der Kreditrisikominderung als Sicherheit erhalten hat und über die das Institut verfügen kann;
c) Vermögenswerte, die zur freiwilligen Übersicherung bei der Emission gedeckter Schuldverschreibungen eingesetzt werden.

[2] Für die Zwecke von Unterabsatz 1 Buchstabe a dieses Absatzes gehen die Institute davon aus, dass die Vermögenswerte im Pool belastet sind, und zwar auf der Grundlage der Liquiditätseinstufung gemäß dem delegierten Rechtsakt nach Artikel 460 Absatz 1 in aufsteigender Reihenfolge ihrer Liquidität, beginnend mit den nicht für den Liquiditätspuffer infrage kommenden Vermögenswerten.

(7) *[1]* Im Falle von nicht standardmäßigen, temporären Operationen der EZB oder der Zentralbank eines Mitgliedstaats oder der Zentralbank eines Drittlands, die durchgeführt werden, um in einer Zeit marktweiten Finanzstresses oder außergewöhnlicher makroökonomischer Umstände deren Mandat zu erfüllen, können die folgenden Vermögenswerte einen verringerten Faktor für die erforderliche stabile Refinanzierung erhalten:

a) abweichend von Artikel 428aw und Artikel 428az Absatz 1 Buchstabe a Vermögenswerte, die für die in diesem Unterabsatz genannten Operationen belastet sind;
b) abweichend von Artikel 428aw und Artikel 428ay Buchstabe b Zahlungen aus den in diesem Unterabsatz genannten Operationen.

[2] [1] Die zuständigen Behörden legen im Einvernehmen mit der Zentralbank, die die Gegenpartei bei der Transaktion ist, den Faktor für die erforderliche stabile Refinanzierung fest, der auf die in Unterabsatz 1 Buchstaben a und b genannten Vermögenswerte anzuwenden ist. [2] Für belastete Vermögenswerte nach Unterabsatz 1 Buchstabe a darf der anzuwendende Faktor für die erforderliche stabile Refinanzierung nicht niedriger sein als der Faktor für die erforderliche stabile Refinanzierung, der gemäß Abschnitt 2 für diese Vermögenswerte gelten würde, wenn sie unbelastet wären.

[3] Bei der Anwendung eines niedrigeren Faktors für die erforderliche stabile Refinanzierung gemäß Unterabsatz 2 beobachten die zuständigen Behörden genau die Auswirkungen dieses niedrigeren Faktors auf die stabilen Refinanzierungspositionen der Institute und ergreifen erforderlichenfalls angemessene Aufsichtsmaßnahmen.

(8) Die Institute beziehen Vermögenswerte, die mit Sicherheiten zusammenhängen, die gemäß Artikel 428k Absatz 4 Buchstabe b und Artikel 428ah Absatz 2 als geleisteter Nachschuss oder gemäß Artikel 428ag Buchstaben a und b als geleisteter Ersteinschuss oder als Beitrag zum Ausfallfonds einer ZGP anerkannt werden, nicht in andere Teile der Berechnung des Betrags der

erforderlichen stabilen Refinanzierung nach Maßgabe dieses Kapitels ein, um jegliche Doppelzählung zu vermeiden.

(9) [1] Die Institute beziehen Finanzinstrumente, Fremdwährungen und Waren, für die ein Kaufauftrag ausgeführt wurde, in die Berechnung des Betrags der erforderlichen stabilen Refinanzierung ein. [2] Sie beziehen Finanzinstrumente, Fremdwährungen und Waren, für die ein Verkaufsauftrag ausgeführt wurde, nicht in die Berechnung des Betrags der erforderlichen stabilen Refinanzierung ein, sofern diese Transaktionen in der Bilanz der Institute nicht als Derivatgeschäfte oder besicherte Finanzierungsgeschäfte geführt werden und sie von den Instituten erst bei Abrechnung bilanziert werden.

(10) *[1]* [1] Die zuständigen Behörden können die Faktoren für die erforderliche stabile Refinanzierung festlegen, die auf in diesem Kapitel nicht genannte außerbilanzielle Risikopositionen anzuwenden sind, um sicherzustellen, dass die Institute für den Teil dieser Risikopositionen, der voraussichtlich über den Einjahreshorizont der strukturellen Liquiditätsquote refinanziert werden muss, über einen angemessenen Betrag an verfügbarer stabiler Refinanzierung verfügen. [2] Bei der Festlegung dieser Faktoren berücksichtigen die zuständigen Behörden insbesondere die wesentlichen Reputationsschäden, die ein Institut durch eine nicht erfolgende Refinanzierung erleiden könnte.

[2] [1] Die zuständigen Behörden melden der EBA mindestens einmal jährlich die Arten von außerbilanziellen Risikopositionen, für die sie die Faktoren für die erforderliche stabile Refinanzierung festgelegt haben. [2] Sie erläutern in dieser Meldung auch die zur Festlegung dieser Faktoren angewandte Methodik.

Art. 428ar Restlaufzeit eines Vermögenswerts. (1) Sofern in diesem Kapitel nichts anderes festgelegt ist, berücksichtigen die Institute die vertragliche Restlaufzeit ihrer Vermögenswerte und außerbilanziellen Transaktionen, wenn sie die Faktoren für die erforderliche stabile Refinanzierung ermitteln, die gemäß Abschnitt 2 auf ihre Vermögenswerte und außerbilanziellen Posten anzuwenden sind.

(2) [1] Die Institute behandeln Vermögenswerte, die gemäß Artikel 11 Absatz 3 der Verordnung (EU) Nr. 648/2012 getrennt wurden, entsprechend der diesen Vermögenswerten zugrunde liegenden Risikoposition. [2] Die Institute wenden auf diese Vermögenswerte jedoch je nach Laufzeit der Belastung höhere Faktoren für die erforderliche stabile Refinanzierung an, die von den zuständigen Behörden mit Rücksicht darauf festgelegt werden, ob das Institut die betreffenden Vermögenswerte frei veräußern oder tauschen kann und welche Laufzeit die Verbindlichkeiten gegenüber den Institutskunden aufweisen, aus denen die Trennungsanforderung erwächst.

(3) [1] Bei der Berechnung der Restlaufzeit eines Vermögenswerts berücksichtigen die Institute Optionen, wobei sie von der Annahme ausgehen, dass der Emittent oder die Gegenpartei jegliche Option zur Verlängerung der Laufzeit des Vermögenswerts ausüben wird. [2] Bei Optionen, die nach Ermessen des Instituts ausgeübt werden können, berücksichtigen das Institut und die zuständigen Behörden Reputationsfaktoren, die die Möglichkeit des Instituts, die Option nicht auszuüben, einschränken könnten und insbesondere Erwartungen der Märkte und Kunden, dass das Institut die Laufzeit bestimmter Vermögenswerte bei Fälligkeit verlängern sollte.

(4) Um die nach Abschnitt 2 anzuwendenden Faktoren für die erforderliche stabile Refinanzierung für Amortisierungsdarlehen mit einer vertraglichen Restlaufzeit von einem Jahr oder mehr zu ermitteln, werden die Teile, die in weniger als sechs Monaten und innerhalb von mindestens sechs Monaten und weniger als einem Jahr fällig werden, so behandelt, als hätten sie eine Restlaufzeit von weniger als sechs Monaten bzw. von mindestens sechs Monaten und weniger als einem Jahr.

Abschnitt 2. Faktoren für die erforderliche stabile Refinanzierung

Art. 428as Faktor für die erforderliche stabile Refinanzierung von 0 %. (1) Die folgenden Vermögenswerte unterliegen einem Faktor für die erforderliche stabile Refinanzierung von 0 %:

a) unbelastete Vermögenswerte, die gemäß dem delegierten Rechtsakt nach Artikel 460 Absatz 1 als liquide Aktiva hoher Qualität der Stufe 1 behandelt werden können, mit Ausnahme gedeckter Schuldverschreibungen äußerst hoher Qualität im Sinne dieses delegierten Rechtsakts, unabhängig davon, ob sie die dort festgelegten operativen Anforderungen erfüllen;

b) sämtliche Guthaben des Instituts bei der EZB oder der Zentralbank eines Mitgliedstaats oder der Zentralbank eines Drittlands, einschließlich Mindest- und Überschussreserven;

c) sämtliche Forderungen an die EZB, die Zentralbank eines Mitgliedstaats oder die Zentralbank eines Drittlands, die eine Restlaufzeit von weniger als sechs Monaten haben;

d) Vermögenswerte, die nach Maßgabe des Artikels 428f als mit Verbindlichkeiten interdependent eingestuft werden.

(2) *[1]* Abweichend von Absatz 1 Buchstabe b können die zuständigen Behörden mit Zustimmung der jeweiligen Zentralbank beschließen, auf Mindestreserven einen höheren Faktor für die erforderliche stabile Refinanzierung anzuwenden, wobei sie insbesondere berücksichtigen, inwieweit Mindestreserveanforderungen über einen Einjahreshorizont bestehen und somit eine entsprechende stabile Refinanzierung erfordern.

[2] Bei Tochterunternehmen mit Hauptsitz in einem Drittland, dessen nationales Recht zur Festlegung der strukturellen Liquiditätsanforderung für die Mindestreserven bei der Zentralbank einen höheren Faktor für die erforderliche stabile Refinanzierung vorschreibt, wird für Konsolidierungszwecke dieser höhere Faktor für die erforderliche stabile Refinanzierung berücksichtigt.

Art. 428at Faktor für die erforderliche stabile Refinanzierung von 5 %. (1) Der nicht in Anspruch genommene Teil zugesagter Kredit- und Liquiditätsfazilitäten gemäß dem delegierten Rechtsakt nach Artikel 460 Absatz 1 unterliegt einem Faktor für die erforderliche stabile Refinanzierung von 5 %.

(2) [1] Bei allen Netting-Sätzen aus Derivatkontrakten wenden die Institute einen Faktor für die erforderliche stabile Refinanzierung von 5 % auf den absoluten Zeitwert dieser Netting-Sätze aus Derivatkontrakten, vor Berücksichtigung hinterlegter Sicherheiten, an, wenn diese Netting-Sätze einen negativen Zeitwert haben. [2] Für die Zwecke dieses Absatzes ermitteln die Institute den Zeitwert vor Berücksichtigung von im Zusammenhang mit Änderungen

bei der Marktbewertung dieser Kontrakte hinterlegten Sicherheiten oder Ausgleichszahlungen und Einnahmen.

Art. 428au Faktor für die erforderliche stabile Refinanzierung von 10 %. Die folgenden Vermögenswerte und außerbilanziellen Posten unterliegen einem Faktor für die erforderliche stabile Refinanzierung von 10 %:

a) unbelastete Vermögenswerte, die gemäß dem delegierten Rechtsakt nach Artikel 460 Absatz 1 als gedeckte Schuldverschreibungen äußerst hoher Qualität der Stufe 1 behandelt werden können, unabhängig davon, ob sie die in diesem delegierten Rechtsakt festgelegten operativen Anforderungen und Anforderungen an die Zusammensetzung des Liquiditätspuffers erfüllen;
b) außerbilanzielle Posten für die Handelsfinanzierung nach Anhang I.

Art. 428av Faktor für die erforderliche stabile Refinanzierung von 20 %. Unbelastete Vermögenswerte, die gemäß dem delegierten Rechtsakt nach Artikel 460 Absatz 1 als Aktiva der Stufe 2A behandelt werden können, und unbelastete Anteile von OGA gemäß diesem delegierten Rechtsakt unterliegen einem Faktor für die erforderliche stabile Refinanzierung von 20 %, unabhängig davon, ob sie die in diesem delegierten Rechtsakt festgelegten operativen Anforderungen und Anforderungen an die Zusammensetzung des Liquiditätspuffers erfüllen.

Art. 428aw Faktor für die erforderliche stabile Refinanzierung von 50 %. Die folgenden Vermögenswerte unterliegen einem Faktor für die erforderliche stabile Refinanzierung von 50 %:

a) besicherte und unbesicherte Darlehen mit einer Restlaufzeit von weniger als einem Jahr und sofern sie weniger als ein Jahr belastet sind;
b) alle sonstigen Vermögenswerte mit einer Restlaufzeit von weniger als einem Jahr, sofern in den Artikeln 428as bis 428av nichts anderes festgelegt ist;
c) Aktiva, die noch für eine Restlaufzeit von mindestens sechs Monaten, aber weniger als einem Jahr belastet sind, sofern sie nicht gemäß den Artikeln 428ax, 428ay und 428az einen höheren Faktor für die erforderliche stabile Refinanzierung erhalten würden, wenn sie unbelastet wären, in welchem Falle der höhere Faktor für die erforderliche stabile Refinanzierung, der für diese Aktiva gelten würde, wenn sie unbelastet wären, Anwendung findet.

Art. 428ax Faktor für die erforderliche stabile Refinanzierung von 55 %. Vermögenswerte, die gemäß dem delegierten Rechtsakt nach Artikel 460 Absatz 1 als Aktiva der Stufe 2B behandelt werden können, und Anteile von OGA gemäß diesem delegierten Rechtsakt unterliegen einem Faktor für die erforderliche stabile Refinanzierung von 55 %, unabhängig davon, ob sie die in diesem delegierten Rechtsakt festgelegten operativen Anforderungen und Anforderungen an die Zusammensetzung des Liquiditätspuffers erfüllen, sofern sie weniger als ein Jahr belastet sind.

Art. 428ay Faktor für die erforderliche stabile Refinanzierung von 85 %. Die folgenden Vermögenswerte und außerbilanziellen Posten unterliegen einem Faktor für die erforderliche stabile Refinanzierung von 85 %:

a) alle Vermögenswerte und außerbilanziellen Posten, einschließlich Barmittel, die bei Derivatkontrakten als Ersteinschuss geleistet werden oder die als

Beitrag zum Ausfallfonds einer ZGP geleistet werden, sofern sie nicht gemäß Artikel 428az einen höheren Faktor für die erforderliche stabile Refinanzierung erhalten würden, wenn sie unbelastet wären, in welchem Falle der höhere Faktor für die erforderliche stabile Refinanzierung, der für diese Vermögenswerte gelten würde, wenn sie unbelastet wären, Anwendung findet;

b) unbelastete Darlehen mit einer Restlaufzeit von einem Jahr oder mehr, mit Ausnahme von Darlehen an Finanzkunden, die nicht mehr als 90 Tage überfällig sind;

c) bilanzwirksame Posten für die Handelsfinanzierung mit einer Restlaufzeit von einem Jahr oder mehr;

d) unbelastete Wertpapiere mit einer Restlaufzeit von einem Jahr oder mehr, die nicht im Sinne des Artikels 178 ausgefallen sind und die nicht gemäß dem delegierten Rechtsakt nach Artikel 460 Absatz 1 als liquide Aktiva behandelt werden können;

e) unbelastete börsengehandelte Aktien, die nicht gemäß dem delegierten Rechtsakt nach Artikel 460 Absatz 1 als Aktiva der Stufe 2B behandelt werden können;

f) physisch gehandelte Waren, einschließlich Gold, aber ohne Warenderivate.

Art. 428az Faktor für die erforderliche stabile Refinanzierung von 100 %. (1) Die folgenden Vermögenswerte unterliegen einem Faktor für die erforderliche stabile Refinanzierung von 100 %:

a) alle Vermögenswerte, die noch für eine Restlaufzeit von einem Jahr oder mehr belastet sind;

b) alle sonstigen, in den Artikeln 428as bis 428ay nicht genannten Vermögenswerte, einschließlich Darlehen an Finanzkunden mit einer vertraglichen Restlaufzeit von einem Jahr oder mehr, notleidende Risikopositionen, von den Eigenmitteln abgezogene Posten, Sachanlagen, nicht börsengehandelte Aktien, zurückbehaltene Rechte, Versicherungswerte und ausgefallene Wertpapiere.

(2) *[1]* Die Institute wenden einen Faktor für die erforderliche stabile Refinanzierung von 100 % auf die Differenz – sofern positiv – zwischen der Summe der Zeitwerte über alle Netting-Sätze mit positivem Zeitwert und der Summe der Zeitwerte über alle Netting-Sätze mit negativem Zeitwert an, wobei die Berechnung nach Artikel 428d erfolgt.

[2] Für die in Unterabsatz 1 genannte Berechnung gelten die folgenden Regeln:

a) Nachschüsse, die Institute von ihren Gegenparteien erhalten, werden vom Zeitwert eines Netting-Satzes mit positivem Zeitwert abgezogen, wenn die als Nachschüsse erhaltenen Sicherheiten gemäß dem delegierten Rechtsakt nach Artikel 460 Absatz 1 als Aktiva der Stufe 1 einzustufen sind, mit Ausnahme gedeckter Schuldverschreibungen äußerst hoher Qualität im Sinne dieses delegierten Rechtsakts, und die Institute zu ihrer Wiederverwendung rechtlich befugt und operativ in der Lage sind;

b) alle Nachschüsse, die Institute an ihre Gegenparteien leisten, werden vom Zeitwert eines Netting-Satzes mit negativem Zeitwert abgezogen.

Teil 7. Verschuldung

Art. 429 Berechnung der Verschuldungsquote. (1) Die Institute berechnen ihre Verschuldungsquote nach der in den Absätzen 2, 3 und 4 festgelegten Methodik.

(2) *[1]* Die Verschuldungsquote ist der Quotient aus der Kapitalmessgröße eines Instituts und seiner Gesamtrisikopositionsmessgröße und wird als Prozentsatz angegeben.

[2] Die Institute berechnen die Verschuldungsquote am Berichtsstichtag.

(3) Für die Zwecke von Absatz 2 ist die Kapitalmessgröße das Kernkapital.

(4) *[1]* Für die Zwecke von Absatz 2 ist die Gesamtrisikopositionsmessgröße die Summe folgender Risikopositionswerte:

a) Aktiva, ausgenommen die in Anhang II aufgeführten Derivatkontrakte, Kreditderivate und die in Artikel 429e genannten Positionen, berechnet nach Artikel 429b Absatz 1;

b) die in Anhang II aufgeführten Derivatkontrakte und Kreditderivate, einschließlich außerbilanzieller Kontrakte und Kreditderivate, berechnet nach den Artikeln 429c und 429d;

c) Aufschläge für das Gegenparteiausfallrisiko von Wertpapierfinanzierungsgeschäften, einschließlich außerbilanzieller Wertpapierfinanzierungsgeschäfte, berechnet nach Artikel 429e;

d) außerbilanzielle Posten, ausgenommen die in Anhang II aufgeführten Derivatkontrakte, Kreditderivate, Wertpapierfinanzierungsgeschäfte und die in den Artikeln 429d und 429g genannten Positionen, berechnet nach Artikel 429f;

e) zur Abwicklung anstehende marktübliche Käufe und Verkäufe, berechnet nach Artikel 429g.

[2] Die Institute behandeln Geschäfte mit langer Abwicklungsfrist gemäß Unterabsatz 1 Buchstaben a bis d, je nach Anwendbarkeit.

[3] Die Institute dürfen die in Unterabsatz 1 Buchstaben a und d genannten Risikopositionswerte um den entsprechenden Gesamtbetrag der allgemeinen Kreditrisikoanpassungen an bilanziellen bzw. außerbilanziellen Posten bis auf eine Untergrenze von 0 verringern, soweit das Kernkapital durch die Kreditrisikoanpassungen reduziert wurde.

(5) *[1]* Abweichend von Absatz 4 Buchstabe d gelten folgende Bestimmungen:

a) Ein außerbilanzieller Posten gemäß Absatz 4 Buchstabe d, der nach Maßgabe des geltenden Rechnungslegungsrahmens als Derivat behandelt wird, unterliegt der in Buchstabe b des genannten Absatzes festgelegten Behandlung;

b) schließt der Kunde eines Instituts, das als Clearingmitglied auftritt, ein Derivatgeschäft direkt mit einer ZGP ab und garantiert das Institut die Erfüllung der aus diesem Geschäft erwachsenden Handelsrisikopositionen des Kunden gegenüber der ZGP, so berechnet das Institut seine aus der Garantie erwachsende Risikoposition gemäß Absatz 4 Buchstabe b so, als hätte das Institut das Geschäft mit dem Kunden direkt abgeschlossen, auch was den Erhalt oder die Leistung von Barnachschüssen angeht.

[2] Die in Unterabsatz 1 Buchstabe b festgelegte Behandlung gilt auch für ein als Kunde auf höherer Ebene auftretendes Institut, das die Erfüllung der Handelsrisikopositionen seines Kunden garantiert.

[3] Für die Zwecke von Unterabsatz 1 Buchstabe b und Unterabsatz 2 des vorliegenden Absatzes dürfen die Institute ein verbundenes Unternehmen nur dann als Kunden ansehen, wenn dieses Unternehmen nicht dem aufsichtsrechtlichen Konsolidierungskreis auf der Ebene angehört, auf der die in Artikel 92 Absatz 3 Buchstabe d festgelegte Anforderung zur Anwendung kommt.

(6) Für die Zwecke von Absatz 4 Buchstabe e und Artikel 429g bezeichnet der Ausdruck „marktüblicher Kauf oder Verkauf" den Kauf oder Verkauf eines Wertpapiers im Rahmen von Verträgen, deren Bedingungen die Lieferung des Wertpapiers innerhalb der allgemeinen gesetzlichen oder durch die Usancen des betreffenden Marktplatzes vorgegebenen Frist verlangen.

(7) Soweit in diesem Teil nicht ausdrücklich etwas anderes bestimmt ist, berechnen die Institute die Gesamtrisikopositionsmessgröße nach folgenden Grundsätzen:

a) physische oder finanzielle Sicherheiten, Garantien oder Kreditrisikominderungen, die erworben wurden, werden nicht zur Verringerung der Gesamtrisikopositionsmessgröße verwendet;

b) Aktiva werden nicht gegen Verbindlichkeiten aufgerechnet.

(8) *[1]* Abweichend von Absatz 7 Buchstabe b dürfen die Institute den Risikopositionswert eines Vorfinanzierungskredits oder eines Zwischenkredits um den positiven Saldo auf dem Sparkonto des Schuldners, dem der Kredit gewährt wurde, vermindern und nur den daraus resultierenden Betrag in die Gesamtrisikopositionsmessgröße einberechnen, sofern alle folgenden Bedingungen erfüllt sind:

a) Die Gewährung des Kredits ist an die Bedingung geknüpft, dass ein Sparkonto bei dem Institut, das den Kredit gewährt, eröffnet wird und sowohl für den Kredit als auch für das Sparkonto dieselben branchenspezifischen Rechtsvorschriften gelten;

b) der Saldo auf dem Sparkonto kann vom Schuldner während der gesamten Laufzeit des Kredits weder ganz noch teilweise abgehoben werden;

c) das Institut kann in den durch die branchenspezifischen Rechtsvorschriften nach Buchstabe a geregelten Fällen, auch im Fall der Nichtzahlung durch den Schuldner oder der Zahlungsunfähigkeit des Schuldners, den Saldo auf dem Sparkonto uneingeschränkt und unwiderruflich zur Begleichung jeglicher Forderung aus dem Kreditvertrag verwenden.

[2] „Vorfinanzierungskredit" oder „Zwischenkredit" bezeichnet einen Kredit, der dem Kreditnehmer für einen begrenzten Zeitraum gewährt wird, um Finanzierungslücken des Kreditnehmers zu überbrücken, bis im Einklang mit den in den branchenspezifischen Rechtsvorschriften für derartige Geschäfte festgelegten Kriterien der endgültige Kredit gewährt wird.

Art. 429a Aus der Gesamtrisikopositionsmessgröße ausgeschlossene Risikopositionen. (1) *[1]* Abweichend von Artikel 429 Absatz 4 kann ein Institut die folgenden Risikopositionen aus seiner Gesamtrisikopositionsmessgröße ausschließen:

a) die gemäß Artikel 36 Absatz 1 Buchstabe d von den Posten des harten Kernkapitals abgezogenen Beträge;
b) die bei der Berechnung der in Artikel 429 Absatz 3 genannten Kapitalmessgröße abgezogenen Aktiva;
c) Risikopositionen, die nach Maßgabe des Artikels 113 Absatz 6 oder 7 ein Risikogewicht von 0 % erhalten;
d) wenn das Institut eine öffentliche Entwicklungsbank ist, die Risikopositionen aus Aktiva, die Forderungen an Zentralstaaten, regionale oder lokale Gebietskörperschaften oder öffentliche Stellen im Zusammenhang mit öffentlichen Investitionen darstellen, sowie Förderdarlehen;
e) wenn das Institut keine öffentliche Entwicklungsbank ist, die Teile der Risikopositionen, die aus der Weitergabe von Förderdarlehen an andere Kreditinstitute resultieren;
f) die garantierten Teile von Risikopositionen aus Exportkrediten, die die beiden folgenden Bedingungen erfüllen:
   i) Die Garantie wird von einem anerkannten Anbieter von Absicherungen ohne Sicherheitsleistung gemäß den Artikeln 201 und 202, einschließlich Exportversicherungsagenturen oder Zentralstaaten, gestellt;
   ii) für den garantierten Teil der Risikoposition gilt nach Maßgabe des Artikels 114 Absatz 2 oder 4 oder des Artikels 116 Absatz 4 ein Risikogewicht von 0 %;
g) wenn das Institut Clearingmitglied einer qualifizierten ZGP ist, die Handelsrisikopositionen dieses Instituts, vorausgesetzt, diese werden mit dieser qualifizierten ZGP abgerechnet und erfüllen die in Artikel 306 Absatz 1 Buchstabe c festgelegten Bedingungen;
h) wenn das Institut ein Kunde auf höherer Ebene innerhalb einer mehrstufigen Kundenstruktur ist, die Handelsrisikopositionen gegenüber dem Clearing-Mitglied oder einem Unternehmen, das als Kunde auf höherer Ebene für dieses Institut fungiert, vorausgesetzt, die in Artikel 305 Absatz 2 festgelegten Bedingungen sind erfüllt und das Institut ist nicht verpflichtet, dem Kunden etwaige bei Ausfall des Clearing-Mitglieds oder der qualifizierten ZGP entstehende Verluste zu erstatten;
i) Treuhandvermögen, das alle folgenden Bedingungen erfüllt:
   i) Es wird gemäß Artikel 10 der Richtlinie 86/635/EWG nach nationalen allgemein anerkannten Rechnungslegungsgrundsätzen in der Bilanz des Instituts erfasst;
   ii) es erfüllt die Ausbuchungskriterien des internationalen Rechnungslegungsstandards (IFRS) 9 nach Maßgabe der Verordnung (EG) Nr. 1606/2002;
   iii) es erfüllt die Entkonsolidierungskriterien des IFRS 10 nach Maßgabe der Verordnung (EG) Nr. 1606/2002, sofern anwendbar;
j) Risikopositionen, die alle folgenden Bedingungen erfüllen:
   i) Es handelt sich um Risikopositionen gegenüber einer öffentlichen Stelle;
   ii) sie werden in Übereinstimmung mit Artikel 116 Absatz 4 behandelt;
   iii) sie stammen aus Einlagen, zu deren Übertragung an die unter Ziffer i erwähnte öffentliche Stelle das Institut rechtlich verpflichtet ist, um Investitionen im allgemeinen Interesse zu finanzieren;

k) die bei Triparty Agents hinterlegten überschüssigen Sicherheiten, die nicht verliehen wurden;

l) wenn ein Institut den seiner Gegenpartei gezahlten Barnachschuss gemäß dem geltenden Rechnungslegungsrahmen als Forderung erfasst, diese Forderung, vorausgesetzt, die in Artikel 429c Absatz 3 Buchstaben a bis e festgelegten Bedingungen sind erfüllt;

m) die verbrieften Risikopositionen aus traditionellen Verbriefungen, die die in Artikel 244 Absatz 2 festgelegten Bedingungen für die Übertragung eines signifikanten Risikos erfüllen;

n) folgende Risikopositionen gegenüber der Zentralbank des Instituts vorbehaltlich der in den Absätzen 5 und 6 festgelegten Bedingungen:

  i) Münzen und Banknoten der gesetzlichen Währung im Rechtsraum der Zentralbank;

  ii) Aktiva in Form von Forderungen gegenüber der Zentralbank, einschließlich der bei der Zentralbank gehaltenen Reserven;

o) sofern das Institut gemäß Artikel 16 und Artikel 54 Absatz 2 Buchstabe a der Verordnung (EU) Nr. 909/2014 zugelassen ist, die Risikopositionen des Instituts infolge von bankartigen Nebendienstleistungen nach Abschnitt C Buchstabe a des Anhangs der genannten Verordnung, die in direktem Zusammenhang mit den Kern- oder Nebendienstleistungen nach den Abschnitten A und B dieses Anhangs stehen;

p) sofern das Institut gemäß Artikel 54 Absatz 2 Buchstabe b der Verordnung (EU) Nr. 909/2014 benannt wurde, die Risikopositionen des Instituts infolge von bankartigen Nebendienstleistungen nach Abschnitt C Buchstabe a des Anhangs der genannten Verordnung, die in direktem Zusammenhang mit den Kern- oder Nebendienstleistungen eines gemäß Artikel 16 der genannten Verordnung zugelassenen Zentralverwahrers nach den Abschnitten A und B dieses Anhangs stehen.

[2] Für die Zwecke von Unterabsatz 1 Buchstabe m bezieht ein Institut alle zurückbehaltenen Risikopositionen in die Gesamtrisikopositionsmessgröße ein.

(2) *[1]* Für die Zwecke von Absatz 1 Buchstaben d und e bezeichnet der Ausdruck „öffentliche Entwicklungsbank" ein Kreditinstitut, das alle folgenden Bedingungen erfüllt:

a) Es wurde vom Zentralstaat oder einer regionalen oder lokalen Gebietskörperschaft eines Mitgliedstaats gegründet;

b) seine Tätigkeit beschränkt sich auf die Förderung festgelegter Ziele der staatlichen Finanz-, Sozial- oder Wirtschaftspolitik im Einklang mit den für das Institut geltenden Gesetzen und Bestimmungen, einschließlich der Satzungsbestimmungen, auf nicht-wettbewerblicher Basis;

c) sein Ziel besteht nicht in der Gewinnmaximierung oder der Maximierung des Marktanteils;

d) vorbehaltlich der Unionsvorschriften über staatliche Beihilfen ist der Zentralstaat oder die regionale oder lokale Gebietskörperschaft verpflichtet, die Existenzfähigkeit des Kreditinstituts zu sichern, oder garantiert direkt oder indirekt mindestens 90 % der Eigenmittelanforderungen, der Refinanzierungsanforderungen oder der gewährten Förderdarlehen des Kreditinstituts;

e) es nimmt keine gedeckten Einlagen im Sinne des Artikels 2 Absatz 1 Nummer 5 der Richtlinie 2014/49/EU oder im Sinne nationaler Rechtsvorschriften zur Umsetzung dieser Richtlinie herein, die als Termineinlagen oder Spareinlagen von Verbrauchern im Sinne des Artikels 3 Buchstabe a der Richtlinie 2008/48/EG des Europäischen Parlaments und des Rates[1] eingestuft werden können.

[2] Für die Zwecke von Unterabsatz 1 Buchstabe b können die Ziele der staatlichen Politik auch die Bereitstellung von Finanzierungen für Förder- oder Entwicklungszwecke zugunsten festgelegter Wirtschaftssektoren oder geografischer Regionen des betreffenden Mitgliedstaats beinhalten.

[3] [1] Für die Zwecke von Absatz 1 Buchstaben d und e und unbeschadet der Unionsvorschriften über staatliche Beihilfen und der daraus erwachsenden Verpflichtungen der Mitgliedstaaten können die zuständigen Behörden auf Ersuchen eines Instituts eine organisatorisch, strukturell und finanziell unabhängige und autonome Einheit dieses Instituts als öffentliche Entwicklungsbank behandeln, sofern diese Einheit alle in Unterabsatz 1 aufgeführten Bedingungen erfüllt und eine solche Behandlung sich nicht auf die Wirksamkeit der Beaufsichtigung dieses Instituts auswirkt. [2] Die zuständigen Behörden melden der Kommission und der EBA unverzüglich jegliche Entscheidung, wonach eine Einheit eines Instituts für die Zwecke dieses Unterabsatzes als öffentliche Entwicklungsbank zu behandeln ist. [3] Die zuständige Behörde überprüft eine solche Entscheidung jährlich.

(3) Für die Zwecke von Absatz 1 Buchstaben d und e sowie Absatz 2 Buchstabe d bezeichnet „Förderdarlehe" ein Darlehen, das von einer öffentlichen Entwicklungsbank oder einem Unternehmen, die bzw. das vom Zentralstaat oder einer regionalen oder lokalen Gebietskörperschaft eines Mitgliedstaats gegründet wurde, direkt oder über ein zwischengeschaltetes Kreditinstitut auf nicht-wettbewerblicher und nicht-gewinnorientierter Basis gewährt wird, um die Ziele der staatlichen Politik des Zentralstaats oder der regionalen oder lokalen Gebietskörperschaft eines Mitgliedstaats zu fördern.

(4) Die Institute schließen die in Absatz 1 Buchstaben g und h des vorliegenden Artikels genannten Handelsrisikopositionen nicht aus, wenn die in Artikel 429 Absatz 5 Unterabsatz 2 festgelegte Bedingung nicht erfüllt ist.

(5) Die Institute können die in Absatz 1 Buchstabe n aufgeführten Risikopositionen ausschließen, wenn alle folgenden Bedingungen erfüllt sind:

a) Die für das Institut zuständige Behörde hat nach Konsultation der betreffenden Zentralbank festgestellt und öffentlich erklärt, dass außergewöhnliche Umstände vorliegen, die den Ausschluss rechtfertigen, um die Durchführung geldpolitischer Maßnahmen zu erleichtern;
b) der Ausschluss wird für einen begrenzten Zeitraum von höchstens einem Jahr gewährt;
c) die für das Institut zuständige Behörde hat nach Konsultation mit der betreffenden Zentralbank das Datum festgelegt, das als Beginn der außergewöhnlichen Umstände gilt, und dieses Datum öffentlich bekannt gegeben; bei diesem Datum muss es sich um das Ende eines Quartals handeln.

(6) Die Risikopositionen, die gemäß Absatz 1 Buchstabe n auszuschließen sind, müssen die beiden folgenden Bedingungen erfüllen:

---

[1] **Amtl. Anm.:** Richtlinie 2008/48/EG des Europäischen Parlaments und des Rates vom 23. April 2008 über Verbraucherkreditverträge und zur Aufhebung der Richtlinie 87/102/EWG des Rates (ABl. L 133 vom 22.5.2008, S. 66).

a) Sie lauten auf dieselbe Währung wie die vom Institut entgegengenommenen Einlagen;

b) ihre Durchschnittslaufzeit ist nicht wesentlich höher als die Durchschnittslaufzeit der vom Institut entgegengenommenen Einlagen.

(7) Abweichend von Artikel 92 Absatz 1 Buchstabe d muss ein Institut, das die in Absatz 1 Buchstabe n dieses Artikels genannten Risikopositionen ausschließt, jederzeit die folgende Anforderung an die angepasste Verschuldungsquote für die Dauer des Ausschlusses erfüllen:

$$aLR = 3\,\% \cdot \frac{EM_{LR}}{EM_{LR} - CB}$$

dabei gilt:

aLR = die angepasste Verschuldungsquote;

EM_{LR} = die Gesamtrisikopositionsmessgröße des Instituts, berechnet nach Artikel 429 Absatz 4, einschließlich der gemäß Absatz 1 Buchstabe n des vorliegenden Artikels ausgeschlossenen Risikopositionen zu dem in Absatz 5 Buchstabe c des vorliegenden Artikels genannten Datum und

CB = der tagesdurchschnittliche Gesamtwert der Risikopositionen des Instituts gegenüber seiner Zentralbank, berechnet über die vollständige, dem in Absatz 5 Buchstabe c genannten Datum unmittelbar vorangehende Mindestreserve-Erfüllungsperiode der Zentralbank, die für einen Ausschluss gemäß Absatz 1 Buchstabe n infrage kommen.

Art. 429b Berechnung des Risikopositionswerts von Aktiva. (1) Die Institute berechnen den Risikopositionswert von Aktiva, unter Ausschluss von in Anhang II genannten Derivatkontrakten, Kreditderivaten und in Artikel 429e genannten Positionen, nach folgenden Grundsätzen:

a) Der Risikopositionswert der Aktiva bezeichnet einen Risikopositionswert im Sinne von Artikel 111 Absatz 1 Satz 1;

b) Wertpapierfinanzierungsgeschäfte werden nicht gegeneinander aufgerechnet.

(2) *[1]* Eine von einem Institut angebotene Liquiditätsbündelungsvereinbarung verstößt nur dann nicht gegen die in Artikel 429 Absatz 7 Buchstabe b festgelegte Bedingung, wenn die Vereinbarung die beiden folgenden Bedingungen erfüllt:

a) Das die Liquiditätsbündelungsvereinbarung anbietende Institut überträgt die Soll- und Habensalden verschiedener Einzelkonten von Unternehmen einer Gruppe, die an der Vereinbarung beteiligt sind, („Ausgangskonten") auf ein getrenntes, einziges Konto und setzt die Salden der Ausgangskonten damit auf null;

b) das Institut führt die unter Buchstabe a des vorliegenden Unterabsatzes genannten Handlungen täglich aus.

[2] Für die Zwecke dieses Absatzes und des Absatzes 3 bezeichnet der Ausdruck „Liquiditätsbündelungsvereinbarung" eine Vereinbarung, durch die die

Soll- oder Habensalden verschiedener Einzelkonten für die Zwecke des Bareinlagen- oder Liquiditätsmanagements zusammengefasst werden.

(3) Abweichend von Absatz 2 verstößt eine Liquiditätsbündelungsvereinbarung, die die in Absatz 2 Buchstabe b festgelegte Bedingung nicht erfüllt, die in Absatz 2 Buchstabe a festgelegte Bedingung jedoch erfüllt, nicht gegen die in Artikel 429 Absatz 7 Buchstabe b festgelegte Bedingung, sofern alle folgenden Bedingungen erfüllt sind:

a) Das Institut hat ein einklagbares Recht, die Salden der Ausgangskonten jederzeit durch Übertragung auf ein einziges Konto aufzurechnen;
b) zwischen den Salden der Ausgangskonten bestehen keine Laufzeitinkongruenzen;
c) das Institut erhebt oder zahlt Zinsen auf der Grundlage des Gesamtsaldos der Ausgangskonten;
d) die zuständige Behörde des Instituts vertritt die Auffassung, dass die Frequenz, mit der die Salden aller Ausgangskonten übertragen werden, angemessen ist, um bei der Gesamtrisikopositionsmessgröße nur den Gesamtsaldo der Liquiditätsbündelungsvereinbarung berücksichtigen zu können.

(4) Abweichend von Absatz 1 Buchstabe b dürfen die Institute den Risikopositionswert von Barforderungen und -verbindlichkeiten im Rahmen von Wertpapierfinanzierungsgeschäften mit ein und derselben Gegenpartei nur dann auf Nettobasis berechnen, wenn alle folgenden Bedingungen erfüllt sind:

a) Die Geschäfte haben dasselbe explizite endgültige Erfüllungsdatum;
b) das Recht, den der Gegenpartei geschuldeten Betrag gegen den von der Gegenpartei geschuldeten Betrag aufzurechnen, ist im normalen Geschäftsverlauf und im Falle eines Ausfalls, einer Insolvenz oder eines Konkurses rechtlich durchsetzbar;
c) die Parteien beabsichtigen, die Geschäfte netto oder gleichzeitig abzuwickeln, oder für die Geschäfte gilt ein Abrechnungsmechanismus, der funktional auf eine Nettoabwicklung hinausläuft.

(5) *[1]* Für die Zwecke von Absatz 4 Buchstabe c dürfen die Institute nur dann davon ausgehen, dass ein Abrechnungsmechanismus funktional auf eine Nettoabwicklung hinausläuft, wenn das Nettoergebnis der Zahlungsströme der Geschäfte gemäß diesem Mechanismus am Erfüllungsdatum dem einzigen Nettobetrag gemäß der Nettoabwicklung entspricht und alle folgenden Bedingungen erfüllt sind:

a) Die Geschäfte werden über dasselbe Abrechnungssystem oder über Abrechnungssysteme abgewickelt, die eine gemeinsame Abrechnungsinfrastruktur verwenden;
b) die Abwicklungsvereinbarungen werden durch Barmittel oder Innertages-Kreditfazilitäten unterstützt, um sicherzustellen, dass die Abwicklung der Geschäfte bis Geschäftsschluss erfolgt;
c) etwaige Probleme im Zusammenhang mit dem Wertpapierteil des Wertpapierfinanzierungsgeschäfts behindern den Abschluss der Nettoabwicklung der Barforderungen und -verbindlichkeiten nicht.

[2] Die in Unterabsatz 1 Buchstabe c festgelegte Bedingung ist nur erfüllt, wenn der Ausfall eines Wertpapierfinanzierungsgeschäfts im Abwicklungsmechanismus lediglich die Abwicklung des kongruenten Barteils verzögern

oder eine Verpflichtung gegenüber dem Abwicklungsmechanismus schaffen kann, die durch eine zugehörige Kreditfazilität unterstützt wird.

[3] Kommt es am Ende des Abrechnungszeitraums im Abwicklungsmechanismus zu einem Ausfall des Wertpapierteils eines Wertpapierfinanzierungsgeschäfts, so lösen die Institute dieses Geschäft und seinen dazugehörigen Barteil aus dem Netting-Satz heraus und behandeln diese auf Bruttobasis.

Art. 429c Berechnung des Risikopositionswerts von Derivaten.

(1) *[1]* Die Institute berechnen den Risikopositionswert der in Anhang II genannten Derivatkontrakte und von Kreditderivaten, einschließlich solcher, die nicht in der Bilanz ausgewiesen sind, gemäß der in Teil 3 Titel II Kapitel 6 Abschnitt 3 festgelegten Methode.

[2] [1]Bei der Berechnung des Risikopositionswerts dürfen die Institute Schuldumwandlungsverträge und sonstige Nettingvereinbarungen im Einklang mit Artikel 295 berücksichtigen. [2]Die Institute berücksichtigen kein produktübergreifendes Netting, dürfen aber innerhalb der in Artikel 272 Nummer 25 Buchstabe c genannten Produktkategorie sowie zwischen Kreditderivaten aufrechnen, wenn diese den in Artikel 295 Buchstabe c genannten produktübergreifenden vertraglichen Nettingvereinbarungen unterliegen.

[3] Die Institute rechnen verkaufte Optionen in die Gesamtrisikopositionsmessgröße ein, selbst wenn deren Risikopositionswert nach Maßgabe des Artikels 274 Absatz 5 auf null gesetzt werden kann.

(2) Wird durch die Bereitstellung von Sicherheiten im Zusammenhang mit Derivatkontrakten die Summe der Aktiva im Sinne des geltenden Rechnungslegungsrahmens reduziert, so machen die Institute diese Reduzierung rückgängig.

(3) *[1]* Für die Zwecke des Absatzes 1 dürfen die Institute bei der Berechnung des Wiedereindeckungsaufwands für Derivatkontrakte gemäß Artikel 275 nur Nachschüsse, die sie von ihren Gegenparteien in bar erhalten, als Nachschuss im Sinne des Artikels 275 erfassen, wenn der Nachschuss gemäß dem geltenden Rechnungslegungsrahmen nicht bereits als Abzug vom Risikopositionswert erfasst wurde und sofern alle folgenden Bedingungen erfüllt sind:

a) Für Geschäfte, die nicht über eine qualifizierte ZGP abgewickelt werden, werden die von der Empfängerpartei hereingenommenen Barmittel nicht abgetrennt;
b) der Nachschuss wird mindestens täglich aufgrund einer Bewertung der Derivatpositionen zu Marktpreisen neu berechnet und ausgetauscht;
c) der erhaltene Nachschuss lautet auf eine Währung, die im Derivatkontrakt, in der geltenden Netting-Rahmenvereinbarung oder im Kreditsicherungsanhang der qualifizierten Netting-Rahmenvereinbarung genannt oder in einer Nettingvereinbarung mit einer qualifizierten ZGP festgelegt wird;
d) der erhaltene Nachschuss entspricht dem vollen Betrag, der erforderlich wäre, um die marktbewertete Risikoposition des Derivatkontrakts vorbehaltlich der Schwellenwerte und Mindesttransferbeträge, die für die Gegenpartei gelten, aufzuheben;
e) der Derivatkontrakt und der Nachschuss zwischen dem Institut und der Gegenpartei bei diesem Kontrakt unterliegen einer einzigen Nettingvereinbarung, die das Institut gemäß Artikel 295 als risikomindernd behandeln darf.

[2] Ein Institut, das einer Gegenpartei Barsicherheiten leistet, die die in Unterabsatz 1 Buchstaben a bis e festgelegten Bedingungen erfüllen, betrachtet diese Barsicherheiten als den der Gegenpartei geleisteten Nachschuss und bezieht diesen Nachschuss in die Berechnung des Wiedereindeckungsaufwands ein.

[3] Für die Zwecke von Unterabsatz 1 Buchstabe b wird davon ausgegangen, dass ein Institut die dort festgelegte Bedingung erfüllt hat, wenn der Nachschuss am Morgen des Handelstages ausgetauscht wird, der auf den Handelstag, an dem der Derivatkontrakt festgelegt wurde, folgt, vorausgesetzt, der Austausch basiert auf dem Kontraktwert bei Geschäftsschluss am Handelstag, an dem der Kontrakt festgelegt wurde.

[4] Für die Zwecke von Unterabsatz 1 Buchstabe d dürfen die Institute im Falle einer Streitigkeit über die Höhe des Nachschusses den unstrittigen Betrag der ausgetauschten Sicherheiten erfassen.

(4) Für die Zwecke von Absatz 1 berücksichtigen die Institute die erhaltenen Sicherheiten nicht bei der Berechnung des NICA im Sinne des Artikels 272 Nummer 12a, außer im Falle von Derivatkontrakten mit Kunden, sofern diese Kontrakte über eine qualifizierte ZGP abgerechnet werden.

(5) Für die Zwecke von Absatz 1 setzen die Institute den Wert des bei der Berechnung des potenziellen künftigen Risikopositionswerts nach Maßgabe des Artikels 278 Absatz 1 verwendeten Multiplikators gleich eins, außer im Falle von Derivatkontrakten mit Kunden, sofern diese Kontrakte über eine qualifizierte ZGP abgerechnet werden.

(6) *[1]* Abweichend von Absatz 1 dürfen die Institute die in Teil 3 Titel II Kapitel 6 Abschnitt 4 oder 5 dargelegte Methode zur Ermittlung des Risikopositionswerts der in Anhang II Nummern 1 und 2 genannten Derivatkontrakte verwenden, aber nur dann, wenn sie diese Methode auch zur Ermittlung des Risikopositionswerts dieser Kontrakte für die Zwecke der Erfüllung der Eigenmittelanforderungen nach Artikel 92 verwenden.

[2] Verwenden Institute eine der in Unterabsatz 1 genannten Methoden, so mindern sie die Gesamtrisikopositionsmessgröße nicht um den Betrag des erhaltenen Nachschusses.

Art. 429d Zusätzliche Bestimmungen für die Berechnung des Risikopositionswerts geschriebener Kreditderivate. (1) Für die Zwecke dieses Artikels bezeichnet der Ausdruck „geschriebenes Kreditderivat" jedes Finanzinstrument, durch das ein Institut effektiv eine Kreditbesicherung stellt, einschließlich Kreditausfallswaps, Gesamtrenditeswaps und Optionen, die das Institut verpflichten, unter den im Optionskontrakt festgelegten Bedingungen eine Kreditbesicherung zu stellen.

(2) *[1]* Zusätzlich zu der in Artikel 429c beschriebenen Berechnung beziehen die Institute bei der Berechnung des Risikopositionswerts geschriebener Kreditderivate die in den geschriebenen Kreditderivaten referenzierten effektiven Nominalbeträge ein, herabgesetzt um etwaige negative Veränderungen des Zeitwerts, die in die Berechnung des Kernkapitals in Bezug auf diese geschriebenen Kreditderivate eingeflossen sind.

[2] Die Institute berechnen den effektiven Nominalbetrag geschriebener Kreditderivate, indem sie den Nominalbetrag dieser Derivate so anpassen, dass

er die echte Risikoposition der Kontrakte, die gehebelt oder durch die Struktur des Geschäfts anderweitig verbessert werden, widerspiegelt.

(3) *[1]* Die Institute dürfen den gemäß Absatz 2 berechneten Risikopositionswert ganz oder teilweise um den effektiven Nominalbetrag erworbener Kreditderivate vermindern, sofern alle folgenden Bedingungen erfüllt sind:

a) Die Restlaufzeit des erworbenen Kreditderivats ist gleich der Restlaufzeit des geschriebenen Kreditderivats oder länger;

b) das erworbene Kreditderivat unterliegt ansonsten denselben oder konservativeren wesentlichen Bedingungen als jenen, die im entsprechenden geschriebenen Kreditderivat festgelegt sind;

c) das erworbene Kreditderivat wird nicht von einer Gegenpartei erworben, die das Institut einem speziellen Korrelationsrisiko im Sinne des Artikels 291 Absatz 1 Buchstabe b aussetzen würde;

d) sofern der effektive Nominalbetrag des geschriebenen Kreditderivats um etwaige negative Veränderungen des Zeitwerts, die in die Berechnung des Kernkapitals des Instituts eingeflossen sind, vermindert wird, wird der effektive Nominalbetrag des erworbenen Kreditderivats um etwaige positive Veränderungen des Zeitwerts, die in die Berechnung des Kernkapitals eingeflossen sind, vermindert;

e) das erworbene Kreditderivat ist nicht in einem Geschäft enthalten, das von dem Institut im Auftrag eines Kunden abgerechnet wurde oder von dem Institut in seiner Eigenschaft als Kunde auf höherer Ebene innerhalb einer mehrstufigen Kundenstruktur abgerechnet wurde und bei dem der im entsprechenden geschriebenen Kreditderivat referenzierte effektive Nominalbetrag gemäß Artikel 429a Absatz 1 Unterabsatz 1 Buchstabe g oder h, je nach Anwendbarkeit, nicht in die Gesamtrisikopositionsmessgröße eingerechnet wird.

[2] Für die Zwecke der Berechnung des potenziellen künftigen Risikopositionswerts gemäß Artikel 429c Absatz 1 dürfen die Institute aus dem Netting-Satz den Teil eines geschriebenen Kreditderivats herausrechnen, der nicht gemäß Unterabsatz 1 ausgeglichen wird und dessen effektiver Nominalbetrag in die Gesamtrisikopositionsmessgröße einberechnet wird.

(4) [1] Für die Zwecke von Absatz 3 Buchstabe b bezeichnet der Ausdruck „wesentliche Bedingung" jedes Merkmal des Kreditderivats, das für dessen Bewertung relevant ist, einschließlich des Grades der Nachrangigkeit, der Optionalität, der Kreditereignisse, der zugrunde liegenden Referenzeinheit oder des zugrunde liegenden Pools von Referenzeinheiten sowie der zugrunde liegenden Referenzverbindlichkeiten oder des zugrunde liegenden Pools von Referenzverbindlichkeiten, mit Ausnahme des Nominalbetrags und der Restlaufzeit des Kreditderivats. [2] Zwei Referenzadressen gelten nur dann als dieselben, wenn sie sich auf denselben Rechtsträger beziehen.

(5) Abweichend von Absatz 3 Buchstabe b dürfen die Institute erworbene Kreditderivate auf einen Pool von Referenzadressen nutzen, um geschriebene Kreditderivate auf einzelne Referenzadressen innerhalb dieses Pools aufzurechnen, sofern der Pool von Referenzeinheiten und die Position in der Rangfolge bei beiden Transaktionen identisch sind.

(6) Die Institute setzen den effektiven Nominalbetrag geschriebener Kreditderivate nicht herab, wenn sie eine Kreditbesicherung in Form eines Gesamt-

rendite-Swaps erwerben und die Nettozahlungen aus dem Swap als Nettoertrag verbuchen, aber den den Zahlungen gegenüberstehenden Wertverlust des geschriebenen Kreditderivats nicht im Kernkapital erfassen.

(7) Im Falle erworbener Kreditderivate auf einen Pool von Referenzverbindlichkeiten dürfen die Institute den effektiven Nominalbetrag geschriebener Kreditderivate auf einzelne Referenzverbindlichkeiten gemäß Absatz 3 nur dann um den effektiven Nominalbetrag erworbener Kreditderivate vermindern, wenn die erworbene Absicherung dem getrennten Erwerb einer Absicherung für jede im Pool enthaltene Verpflichtung ökonomisch gleichwertig ist.

Art. 429e Aufschlag für das Gegenparteiausfallrisiko bei Wertpapierfinanzierungsgeschäften. (1) Zusätzlich zur Berechnung des Risikopositionswerts von Wertpapierfinanzierungsgeschäften einschließlich außerbilanzieller Wertpapierfinanzierungsgeschäfte nach Maßgabe des Artikels 429b Absatz 1 rechnen die Institute in die Gesamtrisikopositionsmessgröße einen gemäß Absatz 2 oder 3, je nach Anwendbarkeit, berechneten Aufschlag für das Gegenparteiausfallrisiko ein.

(2) *[1]* Die Institute berechnen den Aufschlag für Geschäfte mit einer Gegenpartei, die nicht unter eine die in Artikel 206 festgelegten Bedingungen erfüllende Netting-Rahmenvereinbarung fallen, für jedes Geschäft einzeln nach folgender Formel:

$$E^*_i = \max\{0, E_i - C_i\}$$

dabei gilt:

E^*_i = der Aufschlag;

i = der Index, der das Geschäft bezeichnet;

E_i = der beizulegende Zeitwert der bei Geschäft i an die Gegenpartei verliehenen Wertpapiere oder Barmittel und

C_i = der beizulegende Zeitwert der bei Geschäft i von der Gegenpartei erhaltenen Wertpapiere oder Barmittel.

[2] Die Institute dürfen E^*_i gleich null setzen, wenn E_i den an die Gegenpartei verliehenen Barmitteln entspricht und die zugehörige Barforderung nicht für die in Artikel 429b Absatz 4 vorgesehene Netting-Behandlung in Frage kommt.

(3) Die Institute berechnen den Aufschlag für Geschäfte mit einer Gegenpartei, die unter eine die in Artikel 206 festgelegten Bedingungen erfüllende Netting-Rahmenvereinbarung fallen, für jede Vereinbarung einzeln nach folgender Formel:

$$E^*_i = \max\left\{0, \sum_i E_i - \sum_i C_i\right\}$$

dabei gilt:

E^*_i = der Aufschlag;

i = der Index, der die Nettingvereinbarung bezeichnet;

E_i = der beizulegende Zeitwert der an die Gegenpartei verliehenen Wertpapiere oder Barmittel im Rahmen der Geschäfte, die der Netting-Rahmenvereinbarung i unterliegen und

C_i = der beizulegende Zeitwert der von der Gegenpartei erhaltenen Wertpapiere oder Barmittel, die der Netting-Rahmenvereinbarung i unterliegen.

(4) Für die Zwecke der Absätze 2 und 3 bezeichnet der Ausdruck „Gegenpartei" auch Triparty Agents, die Sicherheiten hereinnehmen und im Falle von Triparty-Geschäften verwalten.

(5) [1] Abweichend von Absatz 1 dürfen die Institute, vorbehaltlich einer Untergrenze von 20 % für das anwendbare Risikogewicht, die in Artikel 222 dargelegte Methode verwenden, um den Aufschlag für Wertpapierfinanzierungsgeschäfte, einschließlich außerbilanzieller Wertpapierfinanzierungsgeschäfte, zu ermitteln. [2] Die Institute dürfen diese Methode nur verwenden, wenn sie diese auch zur Berechnung des Risikopositionswerts dieser Geschäfte für die Zwecke der Erfüllung der Eigenmittelanforderungen nach Artikel 92 Absatz 1 Buchstaben a, b und c verwenden.

(6) Wird ein Pensionsgeschäft nach dem geltenden Rechnungslegungsrahmen als Verkauf verbucht, nimmt das Institut für alle verkaufsverbundenen Vorgänge Rückbuchungen vor.

(7) Tritt ein Institut zwischen zwei Parteien bei Wertpapierfinanzierungsgeschäften, einschließlich außerbilanzieller Geschäfte, als Beauftragter auf, so gelten für die Berechnung der Gesamtrisikopositionsmessgröße des Instituts folgende Bestimmungen:

a) Gibt das Institut einer am Wertpapierfinanzierungsgeschäft beteiligten Partei eine Gewährleistung oder Garantie und beschränkt sich diese Gewährleistung oder Garantie auf eine etwaige Differenz zwischen dem Wert des Wertpapiers oder der Barmittel, die die Partei verliehen, und dem Wert der Sicherheiten, die der Schuldner gestellt hat, so rechnet das Institut nur den gemäß Absatz 2 oder 3, je nach Anwendbarkeit, berechneten Aufschlag in die Gesamtrisikopositionsmessgröße ein;
b) gibt das Institut keinem Beteiligten eine Gewährleistung oder Garantie, so wird das Geschäft nicht in die Gesamtrisikopositionsmessgröße eingerechnet;
c) trägt das Institut ein über das durch den Aufschlag gedeckte Risiko hinausgehendes wirtschaftliches Risiko bezüglich der zugrunde liegenden Wertpapiere oder Barmittel, so rechnet es in die Gesamtrisikopositionsmessgröße auch den vollen Betrag des Wertpapiers oder der Barmittel als Risikoposition ein;
d) gibt das zwischen die Parteien tretende Institut beiden an einem Wertpapierfinanzierungsgeschäft beteiligten Parteien eine Gewährleistung oder Garantie, so berechnet es seine Gesamtrisikopositionsmessgröße nach Maßgabe der Buchstaben a, b und c für jede an dem Geschäft beteiligte Partei gesondert.

Art. 429f Berechnung des Risikopositionswerts außerbilanzieller Posten. (1) *[1]* Die Institute berechnen gemäß Artikel 111 Absatz 1 den Risikopositionswert außerbilanzieller Posten, unter Ausschluss von in Anhang II genannten Derivatkontrakten, Kreditderivaten, Wertpapierfinanzierungsgeschäften und in Artikel 429d genannten Positionen.

[2] Hat eine Zusage die Verlängerung einer anderen Zusage zum Gegenstand, so findet Artikel 166 Absatz 9 Anwendung.

(2) [1] Abweichend von Absatz 1 dürfen die Institute den kreditrisikoäquivalenten Betrag eines außerbilanziellen Postens um den entsprechenden Betrag spezifischer Kreditrisikoanpassungen vermindern. [2] Für die Berechnung gilt eine Untergrenze von null.

(3) Abweichend von Absatz 1 des vorliegenden Artikels wenden die Institute auf die in Artikel 111 Absatz 1 Buchstabe d genannten außerbilanziellen Posten mit niedrigem Risiko einen Umrechnungsfaktor von 10 % an.

Art. 429g Berechnung des Risikopositionswerts von zur Abrechnung anstehenden marktüblichen Käufen und Verkäufen. (1) Die Institute behandeln Barmittel im Zusammenhang mit marktüblichen Verkäufen und Wertpapiere im Zusammenhang mit marktüblichen Käufen, die bis zum Erfüllungstag in der Bilanz verbleiben, gemäß Artikel 429 Absatz 4 Buchstabe a.

(2) [1] Institute, die zur Abrechnung anstehende marktübliche Käufe und Verkäufe gemäß dem geltenden Rechnungslegungsrahmen zum Handelstag ansetzen, machen jede nach diesem Rahmen zulässige Aufrechnung zwischen Barforderungen für zur Abrechnung anstehende marktübliche Verkäufe und Barverbindlichkeiten für zur Abrechnung anstehende marktübliche Käufe rückgängig. [2] Nachdem die Institute die Aufrechnung in der Rechnungslegung rückgängig gemacht haben, dürfen sie zwischen jenen Barforderungen und Barverbindlichkeiten aufrechnen, bei denen sowohl die zugehörigen marktüblichen Verkäufe als auch Käufe nach dem Grundsatz „Lieferung gegen Zahlung" abgewickelt werden.

(3) [1] Institute, die zur Abrechnung anstehende marktübliche Käufe und Verkäufe nach dem geltenden Rechnungslegungsrahmen zum Erfüllungstag ansetzen, rechnen in die Gesamtrisikopositionsmessgröße den vollen Nennwert der mit den marktüblichen Käufen verbundenen Zahlungszusagen ein.

[2] Die Institute dürfen den vollen Nennwert der mit marktüblichen Käufen verbundenen Zahlungszusagen nur dann gegen den vollen Nennwert der mit den zur Abrechnung anstehenden marktüblichen Verkäufen verbundenen Barforderungen aufrechnen, wenn die beiden folgenden Bedingungen erfüllt sind:

a) sowohl die marktüblichen Käufe als auch die marktüblichen Verkäufe werden nach dem Grundsatz „Lieferung gegen Zahlung# abgewickelt;
b) die erworbenen und die verkauften finanziellen Vermögenswerte, die mit Barverbindlichkeiten und Barforderungen zusammenhängen, sind erfolgswirksam zum beizulegenden Zeitwert bewertet und im Handelsbuch erfasst.

Teil 7A. Meldepflichten

Art. 430 Meldung über Aufsichtsanforderungen und Finanzinformationen. (1) [1] Die Institute legen ihren zuständigen Behörden Meldungen in Bezug auf Folgendes vor:

a) Eigenmittelanforderungen, einschließlich der Verschuldungsquote, gemäß Artikel 92 und Teil 7;
b) die Anforderungen der Artikel 92a und 92b, für Institute, die den genannten Anforderungen unterliegen;
c) die Großkredite gemäß Artikel 394;

d) die Liquiditätsanforderungen gemäß Artikel 415;

e) die aggregierten Daten für jeden einzelstaatlichen Immobilienmarkt gemäß Artikel 430a Absatz 1;

f) die in der Richtlinie 2013/36/EU festgelegten, für eine standardisierte Meldung geeigneten Anforderungen und Orientierungen, außer für zusätzliche Meldepflichten gemäß Artikel 104 Absatz 1 Buchstabe j der genannten Richtlinie;

g) die Höhe der Belastung von Vermögenswerten, einschließlich einer Aufgliederung nach Art der Belastung der Vermögenswerte, wie Rückkaufsvereinbarungen, Wertpapierverleihgeschäfte, verbriefte Risikopositionen oder Darlehen.

[2] Institute, die gemäß Artikel 6 Absatz 5 ausgenommen sind, unterliegen auf Einzelbasis nicht der Meldeanforderung in Bezug auf die Verschuldungsquote nach Unterabsatz 1 Buchstabe a des vorliegenden Absatzes.

(2) Damit die zuständigen Behörden die Volatilität der Verschuldungsquote verfolgen können, insbesondere in der Zeit um die Meldestichtage, müssen große Institute ihren zuständigen Behörden – zusätzlich zu Meldungen in Bezug auf die Verschuldungsquote nach Absatz 1 Unterabsatz 1 Buchstabe a – spezifische Bestandteile der Verschuldungsquote basierend auf den Durchschnittswerten während des Berichtszeitraums und der zur Berechnung dieser Durchschnittswerte verwendeten Daten melden.

(3) Zusätzlich zu den Meldungen in Bezug auf Aufsichtsanforderungen nach Absatz 1 des vorliegenden Artikels meldet ein Institut seinen zuständigen Behörden Finanzinformationen, sofern das Institut

a) Artikel 4 der Verordnung (EG) Nr. 1606/2002 unterliegt oder

b) ein Kreditinstitut ist, das seinen konsolidierten Abschluss gemäß den internationalen Rechnungslegungsstandards nach Maßgabe von Artikel 5 Buchstabe b der Verordnung (EG) Nr. 1606/2002 aufstellt.

(4) Die zuständigen Behörden können Kreditinstituten, die ihre Eigenmittel auf konsolidierter Basis gemäß internationalen Rechnungslegungsstandards nach Maßgabe von Artikel 24 Absatz 2 bestimmen, vorschreiben, dass sie Finanzinformationen gemäß diesem Artikel vorlegen.

(5) Die Meldung von Finanzinformationen nach den Absätzen 3 und 4 umfasst lediglich Informationen, die erforderlich sind, um einen umfassenden Überblick über das Risikoprofil des Instituts und die von dem Institut für den Finanzsektor oder die Realwirtschaft ausgehenden Systemrisiken gemäß der Verordnung (EU) Nr. 1093/2010 zu vermitteln.

(6) Die in diesem Artikel festgelegten Meldepflichten finden auf Institute unter Berücksichtigung des Berichts nach Absatz 8 in einer verhältnismäßigen Weise Anwendung, wobei ihrer Größe, der Komplexität und der Art ihrer Tätigkeiten sowie der mit den Tätigkeiten verbundenen Risiken Beachtung geschenkt wird.

(7)[1] *[1]* Die EBA arbeitet Entwürfe technischer Durchführungsstandards aus, um die einheitlichen Meldeformate und -bögen, die Anweisungen und die Methodik zur Verwendung der Bögen, die Meldeintervalle und -termine, die

---

[1] Art. 430 Abs. 7 gilt ab dem 27.6.2019.

Begriffsbestimmungen sowie die IT-Lösungen für die Meldungen gemäß den Absätzen 1 bis 4 zu spezifizieren.

[2] Etwaige neue Meldepflichten, die in diesen technischen Durchführungsstandards festgelegt werden, finden frühestens sechs Monate nach dem Tag ihres Inkrafttretens Anwendung.

[3] [1] Für die Zwecke des Absatzes 2 wird in den Entwürfen der technischen Durchführungsstandards spezifiziert, welche Bestandteile der Verschuldungsquote unter Verwendung von Tagesendwerten oder Monatsendwerten zu melden sind. [2] Zu diesem Zweck berücksichtigt die EBA folgende Aspekte:

a) wie anfällig ein Bestandteil gegenüber erheblichen vorübergehenden Verringerungen der Transaktionsvolumen ist, die zur Folge haben können, dass das Risiko einer übermäßigen Verschuldung am Meldestichtag unterrepräsentiert wird;
b) Entwicklungen und Feststellungen auf internationaler Ebene.

[4] Die EBA übermittelt der Kommission die im vorliegenden Absatz genannten Entwürfe technischer Durchführungsstandards bis zum 28. Juni 2021, außer in Bezug auf Folgendes:

a) die Verschuldungsquote, die bis zum 28. Juni 2020 übermittelt wird;
b) die Verpflichtungen nach den Artikeln 92a und 92b, die bis zum 28. Juni 2020 übermittelt werden.

[5] Der Kommission wird die Befugnis übertragen, die technischen Durchführungsstandards nach Unterabsatz 1 gemäß Artikel 15 der Verordnung (EU) Nr. 1093/2010 zu erlassen.

(8)[1] *[1]* [1] Die EBA bewertet Kosten und Nutzen der Meldepflichten gemäß der Durchführungsverordnung (EU) Nr. 680/2014 der Kommission[2] im Einklang mit diesem Absatz und erstattet der Kommission bis zum 28. Juni 2020 über ihre Ergebnisse Bericht. [2] Diese Bewertung wird insbesondere in Bezug auf kleine und nicht komplexe Institute vorgenommen. [3] Für diese Zwecke umfasst der Bericht Folgendes:

a) die Einordnung von Instituten nach ihrer Größe, der Komplexität und der Art ihrer Tätigkeiten sowie der mit den Tätigkeiten verbundenen Risiken in Kategorien;
b) die Messung der Meldekosten für die einzelnen Kategorien von Instituten während des relevanten Zeitraums, in dem sie die in der Durchführungsverordnung (EU) Nr. 680/2014 festgelegten Meldepflichten erfüllen müssen, wobei folgende Grundsätze berücksichtigt werden:
   i) Die Meldekosten werden als das Verhältnis von Meldekosten zu den Gesamtkosten des Instituts während des relevanten Zeitraums gemessen;
   ii) die Meldekosten umfassen sämtliche Ausgaben, die mit der Umsetzung und dem laufenden Betrieb von Meldesystemen verbunden sind, einschließlich Ausgaben für Personal, IT-Systeme, Rechtsberatungsdienst-

---

[1] Art. 430 Abs. 8 gilt ab dem 27.6.2019.

[2] **Amtl. Anm.:** Durchführungsverordnung (EU) Nr. 680/2014 der Kommission vom 16. April 2014 zur Festlegung technischer Durchführungsstandards für die aufsichtlichen Meldungen der Institute gemäß der Verordnung (EU) Nr. 575/2013 des Europäischen Parlaments und des Rates (ABl. L 191 vom 28.6.2014, S. 1).

leistungen, Dienstleistungen im Rechnungswesen, Dienstleistungen bei der Abschlussprüfung und Beratungsdienstleistungen;

iii) der relevante Zeitraum entspricht jedem Jahreszeitraum, in dem bei den Instituten Meldekosten für die Vorbereitung der Umsetzung der in der Durchführungsverordnung (EU) Nr. 680/2014 festgelegten Meldepflichten und für den weiteren laufenden Betrieb der Meldesysteme aufgelaufen sind;

c) die Prüfung, ob die aufgelaufenen Meldekosten für die einzelnen Kategorien von Instituten in einem angemessenen Verhältnis zu dem Nutzen stehen, der durch die Meldepflichten für die Zwecke der Aufsicht erbracht wird;

d) die Bewertung der Auswirkungen einer Verringerung der Meldepflichten in Bezug auf Kosten und Wirksamkeit der Aufsicht;

e) Empfehlungen dazu, wie die Meldepflichten zumindest für kleine und nicht komplexe Institute verringert werden können; zu diesem Zweck ist das Ziel der EBA eine erwartete durchschnittliche Kostensenkung von mindestens 10 %, jedoch idealerweise eine Kostensenkung von 20 %. Die EBA prüft insbesondere, ob

i) die Meldepflichten nach Absatz 1 Buchstabe g für kleine und nicht komplexe Institute, bei denen die Belastung der Vermögenswerte unterhalb eines bestimmten Schwellenwertes liegt, entfallen könnten;

ii) die in Absatz 1 Buchstaben a, c und g vorgeschriebene Häufigkeit der Meldungen für kleine und nicht komplexe Institute verringert werden könnte.

[2] Die EBA fügt diesem Bericht die in Absatz 7 genannten Entwürfe technischer Durchführungsstandards bei.

(9) *[1]* Die zuständigen Behörden konsultieren die EBA hinsichtlich der Frage, ob andere als die in den Absätzen 3 und 4 genannten Institute Finanzinformationen auf konsolidierter Basis gemäß Absatz 3 melden sollen, sofern alle folgenden Bedingungen erfüllt sind:

a) die jeweiligen Institute erstatten noch nicht auf konsolidierter Basis Meldung;

b) die jeweiligen Institute unterliegen einem Rechnungslegungsrahmen im Einklang mit der Richtlinie 86/635/EWG;

c) die Meldung der Finanzinformationen gilt als erforderlich, um einen umfassenden Überblick über das Risikoprofil der Tätigkeiten dieser Institute und über die von ihnen für den Finanzsektor oder die Realwirtschaft ausgehenden Systemrisiken gemäß der Verordnung (EU) Nr. 1093/2010 zu geben.

[2] Die EBA arbeitet Entwürfe technischer Durchführungsstandards aus, um die Formate und Meldebögen zu spezifizieren, die die Institute nach Unterabsatz 1 für die dort festgelegten Zwecke verwenden sollen.

[3] Der Kommission wird die Befugnis übertragen, die technischen Durchführungsstandards nach Unterabsatz 2 gemäß Artikel 15 der Verordnung (EU) Nr. 1093/2010 zu erlassen.

(10) Werden Informationen, die nach Ansicht einer zuständigen Behörde für die Zwecke des Absatzes 5 benötigt werden, von den technischen Durchführungsstandards nach Absatz 7 nicht erfasst, teilt sie der EBA und dem ESRB mit, welche zusätzlichen Informationen ihrer Ansicht nach in die technischen Durchführungsstandards nach diesem Absatz aufzunehmen sind.

(11) *[1]* [1]Die zuständigen Behörden dürfen eine Ausnahme von der Anforderung, die in den Meldebögen genannten Datenpunkte zu übermitteln, welche in den in diesem Artikel genannten technischen Durchführungsstandards spezifiziert werden, gewähren, wenn diese Datenpunkte doppelt vorhanden sind. [2]Für diese Zwecke müssen sich doppelt vorhandene Datenpunkte auf Datenpunkte beziehen, die den zuständigen Behörden bereits auf andere Weise als durch Sammlung der genannten Meldebögen zur Verfügung stehen, einschließlich in Fällen, in denen diese Datenpunkte aus den Daten, die den zuständigen Behörden bereits in unterschiedlichen Formaten oder unterschiedlicher Detailtiefe zur Verfügung stehen, gewonnen werden können; die zuständige Behörde kann die in diesem Absatz genannte Ausnahme nur dann gewähren, wenn durch solche alternative Methoden erhaltene, zusammengestellte oder aggregierte Daten identisch mit jenen Datenpunkten sind, die ansonsten gemäß der jeweiligen technischen Durchführungsstandards gemeldet werden müssten.

[2] [1]Zuständige Behörden, Abwicklungsbehörden und benannte Behörden tauschen, wenn möglich, Daten aus, um die Meldepflichten zu verringern. [2]Die in Titel VII Kapitel I Abschnitt II der Richtlinie 2013/36/EU festgelegten Bestimmungen über Informationsaustausch und Geheimhaltungspflicht finden Anwendung.

Art. 430a Spezifische Meldepflichten. (1) Die Institute melden für jeden nationalen Immobilienmarkt, an dem sie finanziell engagiert sind, den für sie zuständigen Behörden jährlich folgende aggregierte Daten:

a) Verluste aus Risikopositionen, für die ein Institut Wohnimmobilien als Sicherheit anerkannt hat, bis zum Wert des als Sicherheit verpfändeten Betrags oder, falls dieser niedriger ist, 80 % des Marktwerts bzw. 80 % des Beleihungswerts vorbehaltlich der Bestimmungen des Artikels 124 Absatz 2;

b) Gesamtverluste aus Risikopositionen, für die ein Institut Wohnimmobilien als Sicherheit anerkannt hat, bis zu dem Teil der Risikoposition, der gemäß Artikel 124 Absatz 1 als vollständig durch Wohnimmobilien besichert gilt;

c) den Risikopositionswert sämtlicher ausstehender Risikopositionen, für die ein Institut Wohnimmobilien als Sicherheit anerkannt hat, begrenzt auf den Teil der Risikoposition, der gemäß Artikel 124 Absatz 1 als vollständig durch Wohnimmobilien besichert gilt;

d) Verluste aus Risikopositionen, für die ein Institut Gewerbeimmobilien als Sicherheit anerkannt hat, bis zum Wert des als Sicherheit verpfändeten Betrags oder, falls dieser niedriger ist, 50 % des Marktwerts bzw. 60 % des Beleihungswerts vorbehaltlich der Bestimmungen des Artikels 124 Absatz 2;

e) Gesamtverluste aus Risikopositionen, für die ein Institut Gewerbeimmobilien als Sicherheit anerkannt hat, bis zu dem Teil der Risikoposition, der gemäß Artikel 124 Absatz 1 als vollständig durch Gewerbeimmobilien besichert gilt;

f) den Risikopositionswert sämtlicher ausstehender Risikopositionen, für die ein Institut Gewerbeimmobilien als Sicherheit anerkannt hat, begrenzt auf den Teil der Risikoposition, der gemäß Artikel 124 Absatz 1 als vollständig durch Gewerbeimmobilien besichert gilt.

(2) [1]Die Daten nach Absatz 1 werden der zuständigen Behörde des Herkunftsmitgliedstaats des jeweiligen Instituts gemeldet. [2]Hat ein Institut eine

Zweigstelle in einem anderen Mitgliedstaat, so werden die Daten bezüglich dieser Zweigstelle auch den zuständigen Behörden des Aufnahmemitgliedstaats gemeldet. [3]Die Daten werden getrennt für jeden Immobilienmarkt innerhalb der Union, an dem das jeweilige Institut finanziell engagiert ist, gemeldet.

(3) [1]Die zuständigen Behörden veröffentlichen jährlich auf aggregierter Basis die in Absatz 1 Buchstaben a bis f genannten Daten zusammen mit historischen Daten, sofern diese verfügbar sind. [2]Eine zuständige Behörde übermittelt einer anderen zuständigen Behörde eines Mitgliedstaats oder der EBA auf Antrag dieser zuständigen Behörde oder der EBA detailliertere Informationen über den Zustand der Märkte für Wohn- oder Gewerbeimmobilien in dem betreffenden Mitgliedstaat.

Art. 430b Besondere Meldepflichten für Marktrisiken. (1) Ab dem Geltungsbeginn des delegierten Rechtsakts nach Artikel 461a melden Kreditinstitute, die weder die in Artikel 94 Absatz 1 genannten Bedingungen noch die in Artikel 325a Absatz 1 genannten Bedingungen erfüllen, für alle ihre Handelsbuchpositionen und alle ihre Nicht-Handelsbuchpositionen, die Fremdwährungs- oder Warenpositionsrisiken ausgesetzt sind, die Ergebnisse der Berechnung unter Zugrundelegung des alternativen Standardansatzes gemäß Teil 3 Titel IV Kapitel 1a auf derselben Basis, wie diese Institute die Pflichten gemäß Artikel 92 Absatz 3 Buchstabe b Ziffer i und Buchstabe c melden.

(2) Die in Absatz 1 des vorliegenden Artikels genannten Institute melden gesondert die Berechnungen gemäß Artikel 325c Absatz 2 Buchstaben a, b und c für das Portfolio aller Handelsbuchpositionen oder Nicht-Handelsbuchpositionen, die Fremdwährungs- und Warenpositionsrisiken ausgesetzt sind.

(3) Zusätzlich zu der Anforderung gemäß Absatz 1 des vorliegenden Artikels melden Institute ab dem Ende eines Dreijahreszeitraums nach dem Zeitpunkt des Inkrafttretens der neuesten technischen Regulierungsstandards nach Artikel 325bd Absatz 7, Artikel 325be Absatz 3, Artikel 325bf Absatz 9 und Artikel 325bg Absatz 4 für diejenigen Positionen, die Handelstischen zugewiesen sind, für die die Institute von den zuständigen Behörden die Erlaubnis zur Anwendung des alternativen auf einem internen Modell beruhenden Ansatzes gemäß Artikel 325az Absatz 2 erhalten haben, die Ergebnisse der Berechnungen unter Zugrundelegung dieses Ansatzes gemäß Teil 3 Titel IV Kapitel 1b auf derselben Basis, wie diese Institute die Pflichten gemäß Artikel 92 Absatz 3 Buchstabe b Ziffer i und Buchstabe c melden.

(4) Für die Zwecke der Meldepflichten gemäß Absatz 3 des vorliegenden Artikels melden Institute gesondert die Berechnungen gemäß Artikel 325ba Absatz 1 Buchstabe a Ziffern i und ii und Buchstabe b Ziffern i und ii und für das Portfolio aller Handelsbuchpositionen oder Nicht-Handelsbuchpositionen, die Fremdwährungs- oder Warenpositionsrisiken ausgesetzt sind und Handelstischen zugewiesen sind, für die die Institute von den zuständigen Behörden die Erlaubnis zur Anwendung des alternativen auf einem internen Modell beruhenden Ansatzes gemäß Artikel 325az Absatz 2 erhalten haben.

(5) [1]Die Institute können innerhalb einer Gruppe auf eine Kombination aus den in den Absätzen 1 und 3 genannten Ansätzen zurückgreifen, sofern die Berechnung nach dem in Absatz 1 genannten Ansatz 90 % der Gesamtberechnung nicht übersteigt. [2]Ansonsten verwenden die Institute den in Absatz 1 genannten Ansatz für alle ihre Handelsbuchpositionen und alle ihre Nicht-

Handelsbuchpositionen, die Fremdwährungs- oder Warenpositionsrisiken ausgesetzt sind.

(6)[1] *[1]* Die EBA arbeitet Entwürfe technischer Durchführungsstandards aus, um die einheitlichen Meldebögen, die Anweisungen und die Methodik zur Verwendung der Bögen, die Meldeintervalle und -termine, die Begriffsbestimmungen sowie die IT-Lösungen für die Meldung gemäß diesem Artikel zu spezifizieren.

[2] Etwaige neue Meldepflichten, die in diesen technischen Durchführungsstandards festgelegt werden, finden frühestens sechs Monate nach dem Tag ihres Inkrafttretens Anwendung.

[3] Die EBA legt der Kommission diese Entwürfe technischer Durchführungsstandards bis zum 30. Juni 2020 vor.

[4] Der Kommission wird die Befugnis übertragen, die technischen Durchführungsstandards nach Unterabsatz 1 gemäß Artikel 15 der Verordnung (EU) Nr. 1093/2010 zu erlassen.

Art. 430c Machbarkeitsbericht über das integrierte Meldesystem.

(1) Die EBA erstellt einen Bericht über die Machbarkeit der Entwicklung eines einheitlichen und integrierten Systems zur Sammlung statistischer, abwicklungsspezifischer und aufsichtsrechtlicher Daten und erstattet der Kommission bis zum 28. Juni 2020 über ihre Ergebnisse Bericht.

(2) [1]Bei der Ausarbeitung des Machbarkeitsberichts beteiligt die EBA die zuständigen Behörden sowie die Behörden, die für die Einlagensicherungssysteme und die Abwicklung zuständig sind, und insbesondere das ESZB. [2]Bei dem Bericht wird die frühere Arbeit des ESZB in Bezug auf integrierte Datenerhebungen berücksichtigt und er gründet sich auf eine Kosten-/Nutzen-Gesamtanalyse, die mindestens Folgendes umfasst:

a) die Erstellung einer Übersicht über Anzahl und Umfang der durch die zuständigen Behörden in ihrem Zuständigkeitsbereich erhobenen aktuellen Daten sowie über deren Herkunft und Granularität;

b) die Erstellung eines einheitlichen Wörterbuchs der zu erhebenden Daten, um die Konvergenz der Meldeanforderungen hinsichtlich der regulären Meldepflichten zu erhöhen und überflüssige Abfragen zu vermeiden;

c) die Einsetzung eines gemeinsamen Ausschusses, in dem zumindest die EBA und das ESZB vertreten sind, für die Entwicklung und Umsetzung eines integrierten Meldesystems;

d) die Machbarkeit und die mögliche Ausgestaltung einer zentralen Datensammelstelle für das integrierte Meldesystem, einschließlich der Anforderungen, mit denen eine strenge Vertraulichkeit der erhobenen Daten, eine starke Authentifizierung und Verwaltung der Rechte auf Zugang zum System sowie Cybersicherheit sichergestellt wird, die

   i) ein zentrales Datenregister mit allen statistischen und aufsichtsrechtlichen Daten in der erforderlichen Granularität und Meldefrequenz für die jeweiligen Institute unterhält und in den erforderlichen Intervallen aktualisiert;

---

[1] Art. 430b Abs. 6 gilt ab dem 27.6.2019.

ii) als Anlaufstelle für die zuständigen Behörden dient, indem sie alle Datenanfragen der zuständigen Behörden entgegennimmt, bearbeitet und bündelt, die Anfrage mit bereits erhobenen Meldedaten abgleicht und den zuständigen Behörden zeitnah Zugang zu den angefragten Informationen gewährt;

iii) den zuständigen Behörden zusätzliche Unterstützung bei der Übermittlung von Datenanfragen an die Institute leistet und die angefragten Daten in das zentrale Datenregister einspeist;

iv) eine koordinierende Rolle für den Austausch von Informationen und Daten zwischen den zuständigen Behörden innehat und

v) die Verfahren und Prozesse der zuständigen Behörden berücksichtigt und in ein standardisiertes System überführt.

(3) Ein Jahr nach Vorlage des in diesem Artikel genannten Berichts legt die Kommission gegebenenfalls und unter Berücksichtigung des Machbarkeitsberichts der EBA dem Europäischen Parlament und dem Rat einen Gesetzgebungsvorschlag für die Einrichtung eines standardisierten und integrierten Meldesystems für Meldepflichten vor.

Teil 8. Offenlegung durch die Institute

Titel I. Allgemeine Grundsätze

Art. 431 Offenlegungspflichten und -verfahren. (1) Die Institute legen die Informationen nach den Titeln II und III gemäß den Bestimmungen dieses Titels vorbehaltlich der Ausnahmen nach Artikel 432 offen.

(2) Die Institute, denen von den zuständigen Behörden nach Teil 3 die Erlaubnis zur Verwendung der in Titel III dieses Teils genannten Instrumente und Methoden erteilt wurde, legen die darin enthaltenen Informationen offen.

(3) *[1]* [1]Das Leitungsorgan oder die Geschäftsleitung legt in förmlichen Verfahren fest, wie die in diesem Teil festgelegten Offenlegungspflichten erfüllt werden sollen, und führt interne Abläufe, Systeme und Kontrollen ein und erhält diese aufrecht, um zu überprüfen, ob die Offenlegungen des jeweiligen Instituts angemessen sind und mit den in diesem Teil genannten Anforderungen im Einklang stehen. [2]Mindestens ein Mitglied des Leitungsorgans oder der Geschäftsleitung bescheinigt schriftlich, dass das jeweilige Institut die nach diesem Teil vorgeschriebenen Offenlegungen im Einklang mit den förmlichen Verfahren und internen Abläufen, Systemen und Kontrollen vorgenommen hat. [3]Die schriftliche Bescheinigung und die wichtigsten Elemente der förmlichen Verfahren, die das Institut anwendet, um den Offenlegungspflichten nachzukommen, werden in die Offenlegungen des Instituts aufgenommen.

[2] Die gemäß diesem Teil offenzulegenden Informationen unterliegen internen Überprüfungen in dem gleichen Umfang, wie er bei dem Lagebericht, der im Finanzbericht des Instituts enthalten ist, Anwendung findet.

[3] [1]Die Institute verfügen ferner über Verfahren, mit deren Hilfe sie prüfen können, ob ihre Offenlegungen den Marktteilnehmern ein umfassendes Bild ihrer Risikoprofile vermitteln. [2]Vermitteln die nach diesem Teil vorgeschriebenen Offenlegungen den Marktteilnehmern nach Ansicht der Institute kein umfassendes Bild des Risikoprofils, so legen die Institute Informationen offen, die über die in diesem Teil vorgeschriebenen Offenlegungen hinausgehen. [3]Nichtsdestoweniger sind die Institute nur verpflichtet, Informationen offen-

zulegen, die nach Artikel 432 wesentlich und weder Geschäftsgeheimnis noch vertraulich sind.

(4) Allen quantitativen Offenlegungen werden eine qualitative Beschreibung und andere ergänzende Informationen beigefügt, die unter Umständen erforderlich sind, damit die Nutzer dieser Informationen die quantitativen Offenlegungen verstehen können, wobei insbesondere darauf hingewiesen wird, wenn eine bestimmte Offenlegung gegenüber den in vorhergehenden Offenlegungen enthaltenen Informationen wesentliche Änderungen aufweist.

(5) [1] Die Institute erläutern auf Aufforderung kleinen und mittleren Unternehmen und anderen Unternehmen, die Darlehen beantragt haben, ihre Entscheidungen bezüglich der Kreditwürdigkeit und begründen diese auf Wunsch schriftlich. [2] Die damit verbundenen Verwaltungskosten müssen in einem angemessenen Verhältnis zur Höhe des Darlehens stehen.

Art. 432 Nicht wesentliche Informationen, Geschäftsgeheimnisse oder vertrauliche Informationen. (1)[1)] *[1]* Mit Ausnahme der Offenlegungen nach Artikel 435 Absatz 2 Buchstabe c und nach den Artikeln 437 und 450 dürfen die Institute von der Offenlegung einer oder mehrerer der in den Titeln II und III genannten Informationen absehen, wenn diese nicht als wesentlich anzusehen sind.

[2] Bei der Offenlegung gelten Informationen als wesentlich, wenn ihre Auslassung oder fehlerhafte Angabe die Einschätzung oder Entscheidung eines Nutzers, der sich bei wirtschaftlichen Entscheidungen auf diese Informationen stützt, ändern oder beeinflussen könnte.

[3] Die EBA gibt im Einklang mit Artikel 16 der Verordnung (EU) Nr. 1093/2010 Leitlinien dazu heraus, wie Institute das Kriterium der Wesentlichkeit in Bezug auf die Offenlegungspflichten der Titel II und III anzuwenden haben.

(2)[1)] *[1]* Die Institute dürfen außerdem von der Offenlegung eines oder mehrerer der in den Titeln II und III genannten Informationsbestandteile absehen, wenn diese Informationen enthalten, die gemäß diesem Absatz als Geschäftsgeheimnis oder als vertraulich einzustufen sind, es sei denn, es handelt sich um Offenlegungen nach den Artikeln 437 und 450.

[2] [1] Informationen gelten als Geschäftsgeheimnis, wenn ihre Offenlegung die Wettbewerbsposition des jeweiligen Instituts schwächen würde. [2] Zu den Geschäftsgeheimnissen zählen können Informationen über Produkte oder Systeme, die den Wert der einschlägigen Investitionen des Instituts mindern würden, wenn sie Konkurrenten bekannt gemacht würden.

[3] Informationen gelten als vertraulich, wenn das Institut gegenüber Kunden oder anderen Vertragspartnern bezüglich dieser Informationen zur Vertraulichkeit verpflichtet ist.

[4] Die EBA gibt im Einklang mit Artikel 16 der Verordnung (EU) Nr. 1093/2010 Leitlinien dazu heraus, wie Institute die Kriterien des Geschäftsgeheimnisses bzw. der Vertraulichkeit in Bezug auf die Offenlegungspflichten der Titel II und III anzuwenden haben.

(3) In den Ausnahmefällen nach Absatz 2 weist das betreffende Institut bei der Offenlegung darauf hin, dass bestimmte Informationsbestandteile nicht ver-

---

1) Art. 432 Abs. 1 und 2 gelten ab dem 27.6.2019.

öffentlicht werden, begründet, warum diese Bestandteile nicht veröffentlicht werden, und veröffentlicht allgemeinere Angaben zum Gegenstand der verlangten Offenlegung, sofern dieser Gegenstand nicht selbst als Geschäftsgeheimnis oder vertraulich einzustufen ist.

Art. 433 Häufigkeit und Umfang der Offenlegungen. *[1]* Die Institute veröffentlichen die nach den Titeln II und III offenzulegenden Angaben in der in den Artikeln 433a, 433b und 433c dargelegten Weise.

[2] Die jährlichen Offenlegungen werden am Tag der Veröffentlichung der Abschlüsse durch die Institute oder so bald wie möglich danach veröffentlicht.

[3] Die halbjährlichen und vierteljährlichen Offenlegungen werden am Tag der etwaigen Veröffentlichung der Finanzberichte für den entsprechenden Zeitraum durch die Institute oder so bald wie möglich danach veröffentlicht.

[4] Etwaige zeitliche Abstände zwischen dem Tag der Veröffentlichung der nach diesem Teil erforderlichen Offenlegungen und den einschlägigen Abschlüssen müssen vertretbar sein und überschreiten in keinem Fall den von den zuständigen Behörden im Einklang mit Artikel 106 der Richtlinie 2013/36/EU festgesetzten zeitlichen Rahmen.

Art. 433a Offenlegung durch große Institute. (1) Große Institute legen die nachfolgenden Angaben mit folgender Häufigkeit offen:

a) jährlich alle nach diesem Teil erforderlichen Angaben;

b) halbjährlich die Angaben nach
   - i) Artikel 437 Buchstabe a;
   - ii) Artikel 438 Buchstabe e;
   - iii) Artikel 439 Buchstaben e bis l;
   - iv) Artikel 440;
   - v) Artikel 442 Buchstaben c, e, f und g;
   - vi) Artikel 444 Buchstabe e;
   - vii) Artikel 445;
   - viii) Artikel 448 Absatz 1 Buchstaben a und b;
   - ix) Artikel 449 Buchstaben j bis l;
   - x) Artikel 451 Absatz 1 Buchstaben a und b;
   - xi) Artikel 451a Absatz 3;
   - xii) Artikel 452 Buchstabe g;
   - xiii) Artikel 453 Buchstaben f bis j;
   - xiv) Artikel 455 Buchstaben d, e und g;

c) vierteljährlich
   - i) die Angaben nach Artikel 438 Buchstaben d und h;
   - ii) die Schlüsselparameter nach Artikel 447;
   - iii) die Angaben nach Artikel 451a Absatz 2.

(2) Abweichend von Absatz 1 legen nicht börsennotierte große Institute, bei denen es sich nicht um G-SRI handelt, die nachstehend aufgeführten Angaben mit folgender Häufigkeit offen:

a) alle nach diesem Teil erforderlichen Angaben jährlich;

b) die Schlüsselparameter nach Artikel 447 halbjährlich.

(3) Große Institute, die Artikel 92a oder Artikel 92b unterliegen, legen die nach Artikel 437a erforderlichen Angaben halbjährlich offen, mit Ausnahme der Schlüsselparameter nach Artikel 447 Buchstabe h, die vierteljährlich offengelegt werden.

Art. 433b Offenlegung durch kleine und nicht komplexe Institute.

(1) Kleine und nicht komplexe Institute legen die nachstehend aufgeführten Angaben mit folgender Häufigkeit offen:

a) jährlich die Angaben nach
   i) Artikel 435 Absatz 1 Buchstaben a, e und f;
   ii) Artikel 438 Buchstabe d;
   iii) Artikel 450 Absatz 1 Buchstaben a bis d, h, i und j;

b) halbjährlich die Schlüsselparameter nach Artikel 447.

(2) Abweichend von Absatz 1 des vorliegenden Artikels legen nicht börsennotierte kleine und nicht komplexe Institute die Schlüsselparameter nach Artikel 447 jährlich offen.

Art. 433c Offenlegung durch andere Institute. (1) Institute, die nicht Artikel 433a oder 433b unterliegen, legen die nachfolgenden Angaben mit folgender Häufigkeit offen:

a) alle nach diesem Teil erforderlichen Angaben jährlich;

b) die Schlüsselparameter nach Artikel 447 halbjährlich.

(2) Abweichend von Absatz 1 des vorliegenden Artikels legen nicht börsennotierte andere Institute die folgenden Angaben jährlich offen:

a) die Angaben nach Artikel 435 Absatz 1 Buchstaben a, e und f;

b) die Angaben nach Artikel 435 Absatz 2 Buchstaben a, b und c;

c) die Angaben nach Artikel 437 Buchstabe a;

d) die Angaben nach Artikel 438 Buchstaben c und d;

e) die Schlüsselparameter nach Artikel 447;

f) die Angaben nach Artikel 450 Absatz 1 Buchstaben a bis d und h bis k.

Art. 434 Mittel der Offenlegung. (1) [1]Die Institute legen alle nach den Titeln II und III erforderlichen Informationen in elektronischem Format und in einem einzigen Medium oder an einer einzigen Stelle offen. [2]Bei dem einzigen Medium oder der einzigen Stelle handelt es sich um ein eigenständiges Dokument, das eine leicht zugängliche Quelle aufsichtlicher Informationen für die Nutzer darstellt, oder um einen gesonderten Abschnitt, der im Abschluss oder im Finanzbericht des jeweiligen Instituts enthalten oder diesem als Anhang beigefügt ist, die zur Erfüllung der Offenlegungspflicht erforderlichen Angaben enthält und für die Nutzer leicht auffindbar ist.

(2) [1]Die Institute stellen auf der institutseigenen Website oder, in Ermangelung einer solchen, an einer anderen geeigneten Stelle ein Archiv der Angaben bereit, die nach diesem Teil offengelegt werden müssen. [2]Dieses Archiv wird während eines Zeitraums zugänglich gehalten, der nicht kürzer ist als die nach nationalem Recht vorgeschriebene Aufbewahrungszeit für die in den Finanzberichten der Institute enthaltenen Informationen.

Art. 434a Einheitliche Offenlegungsformate. *[1]* Die EBA arbeitet Entwürfe technischer Durchführungsstandards zur Festlegung einheitlicher Offenlegungsformate und zugehörige Anweisungen aus, gemäß denen die nach den Titeln II und III erforderlichen Offenlegungen erfolgen sollen.

[2] [1] Diese einheitlichen Offenlegungsformate geben den Nutzern Informationen an die Hand, die so umfassend und vergleichbar sind, dass sie eine Beurteilung der Risikoprofile der Institute und der Einhaltung der in den Teilen 1 bis 7 enthaltenen Anforderungen durch die Institute ermöglichen. [2] Im Hinblick auf eine bessere Vergleichbarkeit der Informationen wird im Rahmen der technischen Durchführungsstandards angestrebt, dass die Offenlegungsformate mit den internationalen Offenlegungsstandards kohärent sind.

[3] Die einheitlichen Offenlegungsformate haben gegebenenfalls Tabellenform.

[4] Die EBA übermittelt der Kommission diese Entwürfe technischer Durchführungsstandards bis zum 28. Juni 2020.

[5] Der Kommission wird die Befugnis übertragen, diese technischen Durchführungsstandards gemäß Artikel 15 der Verordnung (EU) Nr. 1093/2010 zu erlassen.

Titel II. Technische Kriterien für Transparenz und Offenlegung

Art. 435 Offenlegung von Risikomanagementzielen und -politik.

(1) [1] Die Institute legen ihre Risikomanagementziele und -politik für jede einzelne Risikokategorie, einschließlich der in diesem Titel erläuterten Risiken, offen. [2] Dabei ist Folgendes offenzulegen:

a) die Strategien und Verfahren für die Steuerung dieser Risikokategorien;

b) die Struktur und Organisation der einschlägigen Risikomanagement-Funktion, einschließlich Informationen über ihre Zuständigkeiten, Befugnisse und Rechenschaftspflicht gemäß den Gründungsdokumenten und der Satzung des Instituts;

c) der Umfang und die Art der Risikoberichts- und -messsysteme;

d) die Leitlinien für die Risikoabsicherung und -minderung und die Strategien und Verfahren zur Überwachung der laufenden Wirksamkeit der zur Risikoabsicherung und -minderung getroffenen Maßnahmen;

e) eine vom Leitungsorgan genehmigte Erklärung zur Angemessenheit der Risikomanagementverfahren des jeweiligen Instituts, mit der sichergestellt wird, dass die eingerichteten Risikomanagementsysteme dem Profil und der Strategie des Instituts angemessen sind;

f) eine vom Leitungsorgan genehmigte konzise Risikoerklärung, in der das mit der Geschäftsstrategie verbundene allgemeine Risikoprofil des jeweiligen Instituts knapp beschrieben wird; diese Erklärung enthält Folgendes:

   i) wichtige Kennzahlen und Angaben, die externen Interessenträgern einen umfassenden Überblick über das Risikomanagement des Instituts geben, einschließlich Angaben dazu, wie das Risikoprofil des Instituts und die vom Leitungsorgan festgelegte Risikotoleranz zusammenwirken;

   ii) Angaben zu gruppeninternen Geschäften und zu Geschäften mit nahestehenden Unternehmen und Personen, die sich wesentlich auf das Risikoprofil der konsolidierten Gruppe auswirken könnten.

(2) Die Institute legen hinsichtlich der Unternehmensführungsregelungen folgende Informationen offen:

a) die Anzahl der von Mitgliedern des Leitungsorgans bekleideten Leitungs- oder Aufsichtsfunktionen;

b) die Strategie für die Auswahl der Mitglieder des Leitungsorgans und deren tatsächliche Kenntnisse, Fähigkeiten und Erfahrung;

c) die Diversitätsstrategie für die Auswahl der Mitglieder des Leitungsorgans, Ziele und einschlägige Zielvorgaben der Strategie sowie Zielerreichungsgrad;

d) Angaben, ob das Institut einen separaten Risikoausschuss eingerichtet hat, und die Anzahl der bisher abgehaltenen Ausschusssitzungen;

e) Beschreibung des Informationsflusses an das Leitungsorgan bei Fragen des Risikos.

Art. 436 Offenlegung des Anwendungsbereichs. Hinsichtlich des Anwendungsbereichs dieser Verordnung legen die Institute folgende Informationen offen:

a) die Firma des Instituts, für das diese Verordnung gilt;

b) einen Abgleich des konsolidierten Abschlusses, der gemäß dem geltenden Rechnungslegungsrahmen erstellt wurde, mit dem konsolidierten Abschluss, der gemäß den Anforderungen für die aufsichtsrechtliche Konsolidierung nach Teil 1 Titel II Abschnitte 2 und 3 erstellt wurde; dieser Abgleich zeigt die Unterschiede zwischen dem Konsolidierungskreis für Rechnungslegungszwecke und dem aufsichtsrechtlichen Konsolidierungskreis sowie die in den aufsichtsrechtlichen Konsolidierungskreis einbezogenen Rechtsträger, wenn sich dieser von dem Konsolidierungskreis für Rechnungslegungszwecke unterscheidet; in Bezug auf die Rechtsträger, die in den aufsichtsrechtlichen Konsolidierungskreis einbezogen sind, ist die Methode der aufsichtsrechtlichen Konsolidierung anzugeben, wenn sie sich von der Methode der Konsolidierung für Rechnungslegungszwecke unterscheidet, sowie, ob diese Rechtsträger vollkonsolidiert bzw. quotenkonsolidiert sind und ob die Beteiligungen an diesen Rechtsträgern von den Eigenmitteln abgezogen sind;

c) eine Aufgliederung der Vermögenswerte und Verbindlichkeiten des konsolidierten Abschlusses, der gemäß den Anforderungen für die aufsichtsrechtliche Konsolidierung nach Teil 1 Titel II Abschnitte 2 und 3 erstellt wurde, aufgeschlüsselt nach Art der Risiken gemäß dem vorliegenden Teil;

d) einen Abgleich, in dem die Hauptursachen für die Unterschiede zwischen den Buchwertbeträgen in den Abschlüssen im Rahmen des aufsichtsrechtlichen Konsolidierungskreises nach Teil 1 Titel II Abschnitte 2 und 3 und dem für aufsichtsrechtliche Zwecke verwendeten Risikopositionsbetrag ermittelt werden; dieser Abgleich wird durch qualitative Angaben zu diesen Hauptursachen für die Unterschiede ergänzt;

e) für Risikopositionen im Handelsbuch und im Anlagebuch, die gemäß Artikel 34 und Artikel 105 angepasst werden, eine Aufgliederung der Beträge der Bestandteile einer vorsichtigen Bewertungsanpassung eines Instituts nach Art der Risiken und alle Bestandteile, getrennt für Positionen des Handelsbuchs und Positionen des Anlagebuchs;

f) alle vorhandenen oder erwarteten wesentlichen tatsächlichen oder rechtlichen Hindernisse für die unverzügliche Übertragung von Eigenmitteln oder für die Rückzahlung von Verbindlichkeiten zwischen dem Mutterunternehmen und seinen Tochterunternehmen;

g) den Gesamtbetrag, um den die tatsächlichen Eigenmittel in allen nicht in die Konsolidierung einbezogenen Tochterunternehmen geringer als der vorgeschriebene Betrag sind, und den oder die Namen dieser Tochterunternehmen;

h) gegebenenfalls die Umstände der Inanspruchnahme der Ausnahme nach Artikel 7 oder der Konsolidierung auf Einzelbasis nach Artikel 9.

Art. 437 Offenlegung von Eigenmitteln. Hinsichtlich ihrer Eigenmittel legen die Institute folgende Informationen offen:

a) einen vollständigen Abgleich der Posten des harten Kernkapitals, des zusätzlichen Kernkapitals, des Ergänzungskapitals, sowie der Korrekturposten und der Abzüge von den Eigenmitteln des Instituts gemäß den Artikeln 32 bis 36, 56, 66 und 79 mit der in den geprüften Abschlüssen des Instituts enthaltenen Bilanz;

b) eine Beschreibung der Hauptmerkmale der von dem Institut begebenen Instrumente des harten Kernkapitals, des zusätzlichen Kernkapitals und des Ergänzungskapitals;

c) die vollständigen Bedingungen aller Instrumente des harten Kernkapitals, des zusätzlichen Kernkapitals und des Ergänzungskapitals;

d) als gesonderte Offenlegung die Art und Beträge folgender Elemente:

   i) aller nach den Artikeln 32 bis 35 angewandten aufsichtlichen Korrekturposten;

   ii) nach den Artikeln 36, 56 und 66 abgezogener Posten;

   iii) nicht nach den Artikeln 47, 48, 56, 66 und 79 abgezogener Posten;

e) eine Beschreibung sämtlicher auf die Berechnung der Eigenmittel im Einklang mit dieser Verordnung angewandten Beschränkungen und der Instrumente, aufsichtlichen Korrekturposten und Abzüge, auf die diese Beschränkungen Anwendung finden;

f) eine umfassende Erläuterung der Berechnungsgrundlage der Kapitalquoten, falls die Kapitalquoten mithilfe von Eigenmittelbestandteilen berechnet wurden, die auf einer anderen als der in dieser Verordnung festgelegten Grundlage ermittelt wurden.

Art. 437a Offenlegung von Eigenmitteln und berücksichtigungsfähigen Verbindlichkeiten. Institute, die Artikel 92a oder 92b unterliegen, legen die folgenden Informationen hinsichtlich ihrer Eigenmittel und berücksichtigungsfähigen Verbindlichkeiten offen:

a) die Zusammensetzung ihrer Eigenmittel und berücksichtigungsfähigen Verbindlichkeiten, ihre Laufzeit und ihre Hauptmerkmale;

b) die Rangordnung der berücksichtigungsfähigen Verbindlichkeiten in der Hierarchie der Gläubiger;

c) den Gesamtbetrag einer jeden Emission von Instrumenten berücksichtigungsfähiger Verbindlichkeiten nach Artikel 72b und den Betrag dieser Emissionen, der innerhalb der in Artikel 72b Absätze 3 und 4 festgelegten Grenzen in Posten berücksichtigungsfähiger Verbindlichkeiten einbezogen ist;

d) den Gesamtbetrag der ausgenommenen Verbindlichkeiten nach Artikel 72a Absatz 2.

Art. 438 Offenlegung von Eigenmittelanforderungen und risikogewichteten Positionsbeträgen. Die Institute legen hinsichtlich der Einhaltung des Artikels 92 dieser Verordnung und der in Artikel 73 und Artikel 104 Absatz 1 Buchstabe a der Richtlinie 2013/36/EU festgelegten Anforderungen folgende Informationen offen:

a) eine Zusammenfassung ihres Ansatzes, nach dem sie die Angemessenheit ihres internen Kapitals zur Unterlegung der laufenden und zukünftigen Aktivitäten beurteilen;

b) den Betrag der gemäß Artikel 104 Absatz 1 Buchstabe a der Richtlinie 2013/36/EU geforderten zusätzlichen Eigenmittel aufgrund der aufsichtlichen Überprüfung und seine Zusammensetzung in Bezug auf Instrumente des harten Kernkapitals, des zusätzlichen Kernkapitals und des Ergänzungskapitals;

c) wenn von der relevanten zuständigen Behörde gefordert, das Ergebnis des institutseigenen Verfahrens zur Beurteilung der Angemessenheit des internen Kapitals des Instituts;

d) den Gesamtbetrag der risikogewichteten Position und die nach Artikel 92 ermittelten entsprechenden Gesamteigenmittelanforderungen, aufgeschlüsselt nach den verschiedenen Risikokategorien nach Teil 3, und gegebenenfalls eine Erläuterung der Auswirkungen, die die Anwendung von Kapitaluntergrenzen und der Nichtabzug bestimmter Posten von den Eigenmitteln auf die Berechnung der Eigenmittel und der risikogewichteten Positionsbeträge haben;

e) die bilanziellen und außerbilanziellen Risikopositionen und die risikogewichteten Positionsbeträge und die damit zusammenhängenden erwarteten Verluste für jede Spezialfinanzierungskategorie nach Artikel 153 Absatz 5 Tabelle 1 sowie die bilanziellen und außerbilanziellen Risikopositionen und die risikogewichteten Positionsbeträge für die Kategorien von Beteiligungspositionen nach Artikel 155 Absatz 2;

f) den Risikopositionswert und den risikogewichteten Positionsbetrag von Eigenmittelinstrumenten, die von Versicherungsunternehmen, Rückversicherungsunternehmen oder Versicherungsholdinggesellschaften gehalten werden und die die Institute bei der Berechnung ihrer Eigenkapitalanforderungen auf Einzelbasis, teilkonsolidierter Basis und konsolidierter Basis gemäß Artikel 49 nicht von ihren Eigenmitteln abziehen;

g) die zusätzliche Eigenmittelanforderung und den Eigenkapitalkoeffizienten des Finanzkonglomerats, berechnet nach Maßgabe des Artikels 6 und des Anhangs I der Richtlinie 2002/87/EG, wenn die in dem genannten Anhang I genannte Methode 1 oder 2 angewendet wird;

h) die Abweichungen der risikogewichteten Positionsbeträge des laufenden Offenlegungszeitraums gegenüber dem unmittelbar vorhergehenden Offenlegungszeitraum, die sich aus der Verwendung interner Modelle ergeben, einschließlich einer Darlegung der wichtigsten Faktoren, die diesen Abweichungen zugrunde liegen.

Art. 439 Offenlegung des Gegenparteiausfallrisikos. *[1]* In Bezug auf ihr Gegenparteiausfallrisiko nach Teil 3 Titel II Kapitel 6 legen die Institute folgende Informationen offen:

a) eine Beschreibung der Methodik, nach der internes Kapital und Obergrenzen für Gegenparteiausfallrisikopositionen zugewiesen werden, einschließlich der Methoden, nach denen diese Grenzen Risikopositionen gegenüber zentralen Gegenparteien zugewiesen werden;

b) eine Beschreibung der Vorschriften in Bezug auf Garantien und andere Maßnahmen zur Minderung des Kreditrisikos, wie etwa Vorschriften für Besicherungen und zur Bildung von Kreditreserven;

c) eine Beschreibung der Vorschriften in Bezug auf das allgemeine Korrelationsrisiko und das spezielle Korrelationsrisiko nach Artikel 291;

d) die Höhe des Sicherheitsbetrags, den das Institut bei einer Herabstufung seiner Bonität nachschießen müsste;

e) die Höhe des Betrags der getrennten und nicht getrennten erhaltenen und gestellten Sicherheiten, nach Art der Sicherheit, weiter aufgeschlüsselt nach Sicherheiten, die für Derivate und Wertpapierfinanzierungsgeschäfte verwendet werden;

f) für Derivatgeschäfte die Risikopositionswerte vor und nach der Wirkung der Kreditrisikominderung, ermittelt nach der gemäß Teil 3 Titel II Kapitel 6 Abschnitte 3 bis 6 jeweils anzuwendenden Methode, und die damit zusammenhängenden Risikopositionsbeträge, aufgeschlüsselt nach der jeweils anzuwendenden Methode;

g) für Wertpapierfinanzierungsgeschäfte die Risikopositionswerte vor und nach der Wirkung der Kreditrisikominderung, ermittelt nach der gemäß Teil 3 Titel II Kapitel 4 und 6 jeweils angewendeten Methode, und die damit zusammenhängenden Risikopositionsbeträge, aufgeschlüsselt nach der jeweils anzuwendenden Methode;

h) die Risikopositionswerte nach der Wirkung der Kreditrisikominderung und die damit zusammenhängenden Risikopositionen in Bezug auf eine Kapitalanforderung für kreditrisikobezogene Bewertungsanpassungen, gesondert für jede Methode gemäß Teil 3 Titel VI;

i) die Risikopositionswerte gegenüber zentralen Gegenparteien und die damit zusammenhängenden Risikopositionen, die unter Teil 3 Titel II Kapitel 6 Abschnitt 9 fallen, gesondert für qualifizierte und nicht qualifizierte zentrale Gegenparteien und aufgeschlüsselt nach Arten von Risikopositionen;

j) die Nominalbeträge und den Zeitwert von Kreditderivatgeschäften; Kreditderivatgeschäfte sind nach Produktart aufzuschlüsseln; innerhalb der einzelnen Produktarten sind Kreditderivatgeschäfte weiter aufzuschlüsseln nach erworbenen und veräußerten Kreditbesicherungen;

k) die α-Schätzung für den Fall, dass dem Institut von der zuständigen Behörde die Erlaubnis zur Verwendung seiner eigenen Schätzung für α gemäß Artikel 284 Absatz 9 erteilt wurde;

l) jeweils gesondert, die Offenlegungen gemäß Artikel 444 Buchstabe e und Artikel 452 Buchstabe g;

m) für Institute, die die Methoden gemäß Teil 3 Titel II Kapitel 6 Abschnitte 4 und 5 verwenden, den Umfang ihrer bilanziellen und außerbilanziellen Geschäfte mit Derivaten, berechnet gemäß Artikel 273a Absatz 1 bzw. 2.

[2] [1] Gewährt die Zentralbank eines Mitgliedstaats eine Liquiditätshilfe in Form von Sicherheitentauschgeschäften, so kann die zuständige Behörde Institute von den Anforderungen nach Unterabsatz 1 Buchstaben d und e ausnehmen, wenn sie der Ansicht ist, dass die Offenlegung der darin genannten Angaben aufzeigen würde, dass eine Liquiditätshilfe in Notfällen gewährt wurde. [2] Für diese Zwecke legt die zuständige Behörde angemessene Schwellenwerte und objektive Kriterien fest.

Art. 440 Offenlegung von antizyklischen Kapitalpuffern. In Bezug auf die Einhaltung des nach Titel VII Kapitel 4 der Richtlinie 2013/36/EU vorgeschriebenen antizyklischen Kapitalpuffers legen die Institute folgende Informationen offen:

a) die geografische Verteilung der Risikopositionsbeträge und die risikogewichteten Positionsbeträge ihrer Kreditrisikopositionen, die als Grundlage für die Berechnung ihrer antizyklischen Kapitalpuffer verwendet werden;
b) die Höhe ihres institutsspezifischen antizyklischen Kapitalpuffers.

Art. 441 Offenlegung von Indikatoren der globalen Systemrelevanz. G-SRI legen jährlich die Werte der Indikatoren offen, aus denen sich ihr Bewertungsergebnis gemäß der in Artikel 131 der Richtlinie 2013/36/EU aufgeführten Ermittlungsmethode ergibt.

Art. 442 Offenlegung des Kredit- und des Verwässerungsrisikos. Bezüglich des Kredit- und des Verwässerungsrisikos legen die Institute folgende Informationen offen:

a) den Geltungsbereich und die Definitionen, die es für Rechnungslegungszwecke für die Begriffe „überfällig" und „wertgemindert" verwendet, sowie etwaige Unterschiede zwischen den Definitionen der Begriffe „überfällig" und „Ausfall", die es für Rechnungslegungszwecke und regulatorische Zwecke verwendet;
b) eine Beschreibung der bei der Bestimmung von spezifischen und allgemeinen Kreditrisikoanpassungen angewandten Ansätze und Methoden;
c) Angaben zu Betrag und Bonität der vertragsgemäß bedienten, notleidenden und gestundeten Risikopositionen für Darlehen, Schuldverschreibungen und außerbilanzielle Risikopositionen, einschließlich der einschlägigen kumulierten Wertminderungen, Rückstellungen und negativen Veränderungen des Zeitwerts aufgrund von Kreditrisiko und Beträgen von erhaltenen Sicherheiten und Finanzgarantien;
d) eine Analyse der Altersstruktur der überfälligen Risikopositionen;
e) die Bruttobuchwerte der ausgefallenen und der nicht ausgefallenen Risikopositionen, die kumulierten spezifischen und allgemeinen Kreditrisikoanpassungen, die kumulierten Abschreibungen für diese Risikopositionen sowie die Nettobuchwerte und ihre Aufschlüsselung nach geografischem Gebiet und Wirtschaftszweig sowie für Darlehen, Schuldverschreibungen und außerbilanzielle Risikopositionen;
f) Veränderungen des Bruttobetrags der ausgefallenen bilanziellen und außerbilanziellen Risikopositionen; dies beinhaltet mindestens Angaben zu den Eröffnungs- und Abschlussbeständen dieser Risikopositionen, dem Brutto-

betrag der genannten Risikopositionen, die wieder den Status „nicht ausgefallen“ erhalten haben oder Gegenstand einer Abschreibung waren;

g) die Aufschlüsselung der Darlehen und Schuldverschreibungen nach Restlaufzeit.

Art. 443 Offenlegung von belasteten und unbelasteten Vermögenswerten. [1]Die Institute legen Informationen zu ihren belasteten und unbelasteten Vermögenswerten offen. [2]Dazu verwenden die Institute den Buchwert je Risikopositionsklasse, aufgeschlüsselt nach der Bonität der Vermögenswerte, und den gesamten belasteten und unbelasteten Buchwert. [3]Die Offenlegung von Angaben zu belasteten und unbelasteten Vermögenswerten beinhaltet nicht die von den Zentralbanken gewährte Liquiditätshilfe in Notfällen.

Art. 444 Offenlegung der Verwendung des Standardansatzes. Institute, die ihre risikogewichteten Positionsbeträge gemäß Teil 3 Titel II Kapitel 2 berechnen, legen für jede der in Artikel 112 festgelegten Risikopositionsklassen folgende Informationen offen:

a) die Namen der benannten ECAI und Exportversicherungsagenturen (ECA) sowie die Gründe für etwaige Änderungen dieser Benennungen während des Offenlegungszeitraums;

b) die Risikopositionsklassen, für die die jeweilige ECAI oder ECA in Anspruch genommen wird;

c) eine Beschreibung des Verfahrens zur Übertragung der Bonitätsbewertungen von Emittenten und Emissionen auf Posten, die nicht Teil des Handelsbuchs sind;

d) die Zuordnung der externen Bonitätsbewertungen aller benannten ECAI oder ECA zu den Risikogewichtungen, die den Bonitätsstufen nach Teil 3 Titel II Kapitel 2 entsprechen, wobei zu berücksichtigen ist, dass diese Informationen nicht offengelegt werden müssen, wenn die Institute sich an die von der EBA veröffentlichte Standardzuordnung halten;

e) die Risikopositionswerte und die Risikopositionswerte nach Kreditrisikominderung, die den einzelnen Bonitätsstufen gemäß Teil 3 Titel II Kapitel 2 nach Risikopositionsklassen zugeordnet werden, sowie die von den Eigenmitteln abgezogenen Risikopositionswerte.

Art. 445 Offenlegung des Marktrisikos. [1]Institute, die ihre Eigenmittelanforderungen gemäß Artikel 92 Absatz 3 Buchstaben b und c berechnen, legen die Anforderungen für jedes in diesen Buchstaben genannte Risiko getrennt offen. [2]Darüber hinaus sind die Eigenmittelanforderungen für das spezielle Zinsrisiko bei Verbriefungspositionen gesondert offenzulegen.

Art. 446 Offenlegung der Steuerung des operationellen Risikos. Die Institute legen die folgenden Informationen zu ihrer Steuerung des operationellen Risikos offen:

a) die Ansätze für die Bewertung der Eigenmittelanforderungen für operationelle Risiken, die das Institut anwenden darf;

b) eine Beschreibung der Methode nach Maßgabe von Artikel 312 Absatz 2, falls das Institut diese anwendet, die eine Erläuterung der relevanten internen und externen Faktoren enthält, die beim fortgeschrittenen Messansatz des Instituts berücksichtigt werden;

c) bei teilweiser Anwendung den Anwendungsbereich und -umfang der verschiedenen verwendeten Methoden.

Art. 447 Offenlegung von Schlüsselparametern. Die Institute legen die folgenden Schlüsselparameter in tabellarischer Form offen:

a) die Zusammensetzung ihrer Eigenmittel und ihre Eigenmittelanforderungen, berechnet gemäß Artikel 92;

b) den Gesamtrisikobetrag, berechnet gemäß Artikel 92 Absatz 3;

c) gegebenenfalls den Betrag und die Zusammensetzung der zusätzlichen Eigenmittel, die die Institute gemäß Artikel 104 Absatz 1 Buchstabe a der Richtlinie 2013/36/EU halten müssen;

d) die kombinierte Kapitalpufferanforderung, die die Institute gemäß Titel VII Kapitel 4 der Richtlinie 2013/36/EU erfüllen müssen;

e) ihre Verschuldungsquote und die Gesamtrisikopositionsmessgröße, berechnet gemäß Artikel 429;

f) die folgenden Informationen zu ihrer Liquiditätsdeckungsquote, berechnet gemäß dem delegierten Rechtsakt nach Artikel 460 Absatz 1:

i) für jedes Quartal des maßgeblichen Offenlegungszeitraums den Durchschnitt bzw. die Durchschnitte ihrer Liquiditätsdeckungsquote, basierend auf den Beobachtungen am Monatsende in den letzten zwölf Monaten;

ii) für jedes Quartal des maßgeblichen Offenlegungszeitraums den Durchschnitt bzw. die Durchschnitte der gesamten liquiden Vermögenswerte nach Vornahme der entsprechenden Abschläge, die im Liquiditätspuffer gemäß dem delegierten Rechtsakt nach Artikel 460 Absatz 1 enthalten sind, basierend auf den Beobachtungen am Monatsende in den letzten zwölf Monaten;

iii) für jedes Quartal des maßgeblichen Offenlegungszeitraums die Durchschnitte ihrer Liquiditätsabflüsse, Liquiditätszuflüsse und Netto-Liquiditätsabflüsse, berechnet gemäß dem delegierten Rechtsakt nach Artikel 460 Absatz 1 und basierend auf den Beobachtungen am Monatsende in den letzten zwölf Monaten;

g) die folgenden Informationen in Bezug auf die strukturelle Liquiditätsanforderung, berechnet gemäß Teil 6 Titel IV:

i) die strukturelle Liquiditätsquote am Ende jedes Quartals des maßgeblichen Offenlegungszeitraums;

ii) die verfügbare stabile Refinanzierung am Ende jedes Quartals des maßgeblichen Offenlegungszeitraums;

iii) die erforderliche stabile Refinanzierung am Ende jedes Quartals des maßgeblichen Offenlegungszeitraums;

h) ihre Eigenmittelquote und Quote der berücksichtigungsfähigen Verbindlichkeiten sowie deren Bestandteile, Zähler und Nenner, berechnet gemäß den Artikeln 92a und 92b und gegebenenfalls aufgeschlüsselt nach den einzelnen Abwicklungsgruppen.

Art. 448 Offenlegung der Zinsrisiken aus nicht im Handelsbuch gehaltenen Positionen. (1) Ab dem 28. Juni 2021 legen die Institute die folgenden quantitativen und qualitativen Angaben zum Risiko aus möglichen Zinsänderungen offen, die sich sowohl auf den wirtschaftlichen Wert des Eigenkapitals als auch auf die Nettozinserträge aus ihren Geschäften des Anlagebuchs nach Artikel 84 und Artikel 98 Absatz 5 der Richtlinie 2013/36/EU auswirken:

a) die Änderungen des wirtschaftlichen Werts des Eigenkapitals, berechnet für die sechs aufsichtlichen Zinsschockszenarien nach Artikel 98 Absatz 5 der Richtlinie 2013/36/EU für den laufenden und den vorhergehenden Offenlegungszeitraum;

b) die Änderungen der Nettozinserträge, berechnet für die zwei aufsichtlichen Zinsschockszenarien nach Artikel 98 Absatz 5 der Richtlinie 2013/36/EU für den laufenden und den vorhergehenden Offenlegungszeitraum;

c) eine Beschreibung der wichtigsten Modell- und Parameterannahmen, mit Ausnahme der in Artikel 98 Absatz 5a Buchstaben b und c der Richtlinie 2013/36/EU genannten, die für die Berechnung der Änderungen des wirtschaftlichen Werts des Eigenkapitals und der Änderungen der Nettozinserträge, die nach den Buchstaben a und b dieses Absatzes anzugeben sind, verwendet werden;

d) eine Erläuterung der Bedeutung der gemäß den Buchstaben a und b dieses Absatzes offengelegten Risikomessgrößen und etwaiger signifikanter Abweichungen dieser Risikomessgrößen seit dem letzten Offenlegungsstichtag;

e) eine Beschreibung, wie die Institute das Zinsrisiko bei Geschäften des Anlagebuchs für die Zwecke der Prüfung durch die zuständigen Behörden gemäß Artikel 84 der Richtlinie 2013/36/EU definieren, messen, mindern und kontrollieren; diese Beschreibung umfasst:

   i) eine Beschreibung der spezifischen Risikomessungen, die die Institute verwenden, um Änderungen des wirtschaftlichen Werts ihres Eigenkapitals und Änderungen ihrer Nettozinserträge zu bewerten;

   ii) eine Beschreibung der wichtigsten im Rahmen der internen Messsysteme der Institute verwendeten Modell- und Parameterannahmen, die bei der Berechnung von Änderungen des wirtschaftlichen Werts des Eigenkapitals und von Änderungen der Nettozinserträge zum Einsatz kommen und von den allgemeinen Modell- und Parameterannahmen nach Artikel 98 Absatz 5a der Richtlinie 2013/36/EU abweichen; diese Beschreibung enthält auch die Gründe für diese Abweichungen;

   iii) eine Beschreibung der Zinsschockszenarien, die die Institute für die Abschätzung des Zinsrisikos verwenden;

   iv) die Berücksichtigung der Auswirkung von Absicherungen gegen diese Zinsrisiken, einschließlich interner Sicherungsgeschäfte, die die Anforderungen des Artikels 106 Absatz 3 erfüllen;

   v) eine Erläuterung, wie oft das Zinsrisiko bewertet wird;

f) die Beschreibung der allgemeinen Strategien zur Steuerung und Minderung dieser Risiken;

g) die unbefristeten Einlagen zugeordnete durchschnittliche und längste Frist für Zinsanpassungen.

(2) In Abweichung von Absatz 1 des vorliegenden Artikels gelten die Anforderungen gemäß Absatz 1 Buchstabe c und Buchstabe e Ziffern i bis iv des vorliegenden Artikels nicht für Institute, die die standardisierte Methode oder

die vereinfachte standardisierte Methode nach Artikel 84 Absatz 1 der Richtlinie 2013/36/EU verwenden.

Art. 449 Offenlegung des Risikos aus Verbriefungspositionen. Institute, die die risikogewichteten Positionsbeträge gemäß Teil 3 Titel II Kapitel 5 oder die Eigenmittelanforderungen gemäß Artikel 337 oder Artikel 338 berechnen, legen – nach Geschäften des Handelsbuchs und des Anlagebuchs getrennt – folgende Informationen offen:

a) Eine Beschreibung ihrer Verbriefungs- und Wiederverbriefungstätigkeiten, einschließlich ihrer Risikomanagement- und Investitionsziele in Verbindung mit diesen Tätigkeiten, ihrer Rolle bei Verbriefungs- und Wiederverbriefungsgeschäften, Angaben dazu, ob sie den Rahmen der einfachen, transparenten und standardisierten Verbriefung (STS-Verbriefung) im Sinne des Artikels 242 Nummer 10 verwenden, und des Umfangs, in dem sie Verbriefungsgeschäfte nutzen, um das Kreditrisiko der verbrieften Risikopositionen auf Dritte zu übertragen, gegebenenfalls zusammen mit einer gesonderten Beschreibung ihrer Risikotransferpolitik bei synthetischen Verbriefungen;

b) die Arten von Risiken, die sich für die Institute aus ihren Verbriefungs- und Wiederverbriefungstätigkeiten ergeben, nach Rang der zugrunde liegenden Verbriefungspositionen, wobei zwischen STS-Positionen und Nicht-STS-Positionen sowie zwischen den folgenden Risiken zu unterscheiden ist:

 i) dem in selbst initiierten Geschäften zurückgehaltenen Risiko;

 ii) dem in Bezug auf von Dritten initiierten Geschäften eingegangenen Risiko;

c) ihre Ansätze zur Berechnung der risikogewichteten Positionsbeträge, die sie auf ihre Verbriefungstätigkeiten anwenden, einschließlich der Arten von Verbriefungspositionen, auf die die einzelnen Ansätze angewandt werden, und einer Unterscheidung zwischen STS-Positionen und Nicht-STS-Positionen;

d) eine Aufstellung der Verbriefungszweckgesellschaften, die unter eine der folgenden Kategorien fallen, unter Beschreibung der Arten der Risikopositionen gegenüber diesen Verbriefungszweckgesellschaften, einschließlich Derivatkontrakte:

 i) Verbriefungszweckgesellschaften, die durch die Institute begründete Risikopositionen erwerben;

 ii) von den Instituten geförderte Verbriefungszweckgesellschaften;

 iii) Verbriefungszweckgesellschaften und andere Rechtsträger, für die die Institute verbriefungsspezifische Dienste erbringen, etwa in den Bereichen Beratung, Vermögenswertbedienung oder Verwaltung;

 iv) Verbriefungszweckgesellschaften, die in den aufsichtsrechtlichen Konsolidierungskreis der Institute einbezogen sind;

e) eine Aufstellung der Rechtsträger, in Bezug auf die die Institute offengelegt haben, dass sie Unterstützung gemäß Teil 3 Titel II Kapitel 5 geleistet haben;

f) eine Aufstellung der mit den Instituten verbundenen Rechtsträger, die in Verbriefungen investieren, die von den Instituten begeben wurden, oder die in Verbriefungspositionen investieren, die durch von den Instituten geförderte Verbriefungszweckgesellschaften ausgegeben wurden;

g) eine Zusammenfassung ihrer Rechnungslegungsmethoden bei Verbriefungstätigkeiten, gegebenenfalls einschließlich einer Unterscheidung zwischen Verbriefungs- und Wiederverbriefungspositionen;

h) die Namen der ECAI, die bei Verbriefungen in Anspruch genommen werden, und die Arten von Risikopositionen, für die jede einzelne Agentur in Anspruch genommen wird;

i) gegebenenfalls eine Beschreibung des internen Bemessungsansatzes gemäß Teil 3 Titel II Kapitel 5, einschließlich der Struktur des internen Bemessungsverfahrens und des Verhältnisses zwischen der internen Bemessung und externen Bonitätsbeurteilungen der gemäß Buchstabe i offengelegten maßgeblichen ECAI, der Kontrollmechanismen für das interne Bemessungsverfahren, einschließlich einer Erörterung von Unabhängigkeit, Rechenschaftspflicht und der Überprüfung des internen Bemessungsverfahrens, die Arten von Risikopositionen, bei denen das interne Bemessungsverfahren zur Anwendung kommt, und die Stressfaktoren, die zur Bestimmung des jeweiligen Bonitätsverbesserungsniveaus zugrunde gelegt werden;

j) für Handelsbuch und Anlagebuch getrennt den Buchwert der Verbriefungspositionen, einschließlich Informationen darüber, ob die Institute ein signifikantes Kreditrisiko gemäß den Artikeln 244 und 245 übertragen haben, für das die Institute als Originator, Sponsor oder Anleger auftreten, getrennt nach traditionellen und synthetischen Verbriefungen sowie nach STS-Transaktionen und Nicht-STS-Transaktionen und aufgeschlüsselt nach Art der Verbriefungspositionen;

k) für Geschäfte des Anlagebuchs die folgenden Informationen:

   i) falls die Institute als Originator oder Sponsor auftreten, für jeden Ansatz zur Eigenmittelunterlegung die Summe der Verbriefungspositionen samt der dazugehörigen risikogewichteten Vermögenswerte und Eigenmittelanforderungen nach dem jeweiligen Regulierungsansatz, einschließlich von den Eigenmitteln abgezogener oder mit 1 250 % risikogewichteter Risikopositionen, aufgeschlüsselt nach traditionellen und synthetischen Verbriefungen und nach Verbriefungs- und Wiederverbriefungsforderungen, getrennt nach STS-Positionen und Nicht-STS-Positionen, und weiter aufgeschlüsselt nach einer aussagekräftigen Zahl von Risikogewichtungs- oder Eigenmittelbändern und nach der zur Berechnung der Eigenmittelanforderungen verwendeten Methode;

   ii) falls die Institute als Anleger auftreten, für jeden Ansatz zur Eigenmittelunterlegung die Summe der Verbriefungspositionen samt der dazugehörigen risikogewichteten Vermögenswerte und Eigenmittelanforderungen nach dem jeweiligen Regulierungsansatz, einschließlich von den Eigenmitteln abgezogener oder mit 1 250 % risikogewichteter Risikopositionen, aufgeschlüsselt nach traditionellen und synthetischen Verbriefungen und nach Verbriefungs- und Wiederverbriefungsforderungen sowie nach STS-Positionen und Nicht-STS-Positionen, und weiter aufgeschlüsselt nach einer aussagekräftigen Zahl von Risikogewichtungs- oder Eigenmittelbändern und nach der zur Berechnung der Eigenmittelanforderungen verwendeten Methode;

l) für von den Instituten verbriefte Risikopositionen die Höhe der ausgefallenen Risikopositionen und die Höhe der von den Instituten im laufenden Zeitraum vorgenommenen spezifischen Kreditrisikoanpassungen, beides aufgeschlüsselt nach Art der Risikoposition.

Art. 449a Offenlegung der Umwelt-, Sozial- und Unternehmensführungsrisiken („environmental, social and governance risks" – ESG-Risiken) *[1]* Ab dem 28. Juni 2022 legen große Institute, die Wertpapiere emittiert haben, die zum Handel auf einem geregelten Markt eines Mitgliedstaats im Sinne des Artikels 4 Absatz 1 Nummer 21 der Richtlinie 2014/65/EU zugelassen sind, Informationen zu ESG-Risiken einschließlich physischer Risiken und Transitionsrisiken offen, die in dem in Artikel 98 Absatz 8 der Richtlinie 2013/36/EU genannten Bericht definiert werden.

[2] Die in Absatz 1 genannten Informationen werden im ersten Jahr jährlich und danach halbjährlich offengelegt.

Art. 450 Offenlegung der Vergütungspolitik. (1) *[1]* Die Institute legen in Bezug auf ihre Vergütungspolitik und -praxis für Mitarbeiterkategorien, deren berufliche Tätigkeit sich wesentlich auf das Risikoprofil der Institute auswirkt, die folgenden Informationen offen:

a) Angaben zum Entscheidungsprozess, der zur Festlegung der Vergütungspolitik führt, sowie zur Zahl der Sitzungen des für die Vergütungsaufsicht verantwortlichen Hauptgremiums während des Geschäftsjahrs, gegebenenfalls mit Angaben zur Zusammensetzung und zum Mandat eines Vergütungsausschusses, zu dem externen Berater, dessen Dienste bei der Festlegung der Vergütungspolitik in Anspruch genommen wurden, und zur Rolle der maßgeblichen Interessenträger;
b) Angaben zum Zusammenhang zwischen der Vergütung der Mitarbeiter und ihrer Leistung;
c) die wichtigsten Gestaltungsmerkmale des Vergütungssystems, einschließlich Informationen über die Kriterien für die Erfolgsmessung und Risikoausrichtung, die Strategie zur Rückstellung der Vergütungszahlung und die Erdienungskriterien;
d) die gemäß Artikel 94 Absatz 1 Buchstabe g der Richtlinie 2013/36/EU festgelegten Werte für das Verhältnis zwischen dem festen und dem variablen Vergütungsbestandteil;
e) Angaben zu den Erfolgskriterien, anhand deren über den Anspruch auf Aktien, Optionen oder variable Vergütungskomponenten entschieden wird;
f) die wichtigsten Parameter und Begründungen für Systeme mit variablen Komponenten und sonstige Sachleistungen;
g) zusammengefasste quantitative Angaben zu den Vergütungen, aufgeschlüsselt nach Geschäftsbereichen;
h) zusammengefasste quantitative Angaben zu den Vergütungen, aufgeschlüsselt nach Geschäftsleitung und Mitarbeitern, deren berufliche Tätigkeiten einen wesentlichen Einfluss auf das Risikoprofil der Institute haben, aus denen Folgendes hervorgeht:
   i) die für das Geschäftsjahr gewährten Vergütungsbeträge, aufgeteilt in feste Vergütung, einschließlich einer Beschreibung der festen Komponenten, und variable Vergütung, sowie die Zahl der Begünstigten;
   ii) die Beträge und Formen der gewährten variablen Vergütung, aufgeteilt in Bargeld, Aktien, mit Aktien verknüpfte Instrumente und andere Arten, getrennt für den im Voraus gezahlten Teil und den zurückbehaltenen Teil;

iii) die Beträge der für vorhergehende Erfolgsperioden gewährten zurückbehaltenen Vergütung, aufgeteilt in den im Geschäftsjahr erdienten Betrag und den in darauffolgenden Jahren erdienten Betrag;

iv) den Betrag der im Geschäftsjahr verdienten zurückbehaltenen Vergütung, der während des Geschäftsjahres ausgezahlt und der infolge von Leistungsanpassungen gekürzt wurde;

v) die während des Geschäftsjahres gewährte garantierte variable Vergütung und die Zahl der Begünstigten der Gewährungen;

vi) die in früheren Zeiträumen gewährten Abfindungen, die während des Geschäftsjahres ausgezahlt wurden;

vii) die Beträge der während des Geschäftsjahres gewährten Abfindungen, aufgeteilt in vorab gezahlte und zurückbehaltene Beträge, die Zahl der Begünstigten dieser Zahlungen und die höchste Zahlung, die einer Einzelperson gewährt wurde;

i) die Zahl der Personen, deren Vergütung sich auf 1 Mio. EUR oder mehr pro Geschäftsjahr belief, aufgeschlüsselt nach Vergütungsstufen von 500 000 EUR bei Vergütungen zwischen 1 Mio. EUR und 5 Mio. EUR sowie aufgeschlüsselt nach Vergütungsstufen von 1 Mio. EUR bei Vergütungen von 5 Mio. EUR und mehr;

j) wenn von dem betreffenden Mitgliedstaat oder der zuständigen Behörde angefordert, die Gesamtvergütung jedes Mitglieds des Leitungsorgans oder der Geschäftsleitung;

k) Angaben dazu, ob für das Institut eine Ausnahme nach Artikel 94 Absatz 3 der Richtlinie 2013/36/EU gilt.

[2] [1] Für die Zwecke von Unterabsatz 1 Buchstabe k des vorliegenden Absatzes geben Institute, für die eine derartige Ausnahme gilt, an, ob ihnen diese Ausnahme auf der Grundlage von Artikel 94 Absatz 3 Buchstabe a oder b der Richtlinie 2013/36/EU gewährt wird. [2] Sie geben ferner an, für welche der Vergütungsgrundsätze sie die Ausnahme(n) anwenden, die Zahl der Mitarbeiter, denen die Ausnahme(n) gewährt wird (werden), und ihre Gesamtvergütung, aufgeteilt in feste und variable Vergütung.

(2) *[1]* Bei großen Instituten werden der Öffentlichkeit auch quantitative Informationen über die Vergütung des kollektiven Leitungsorgans des Instituts nach diesem Artikel zur Verfügung gestellt, wobei zwischen geschäftsführenden und nicht geschäftsführenden Mitgliedern zu differenzieren ist.

[2] Die Institute halten die Anforderungen dieses Artikels in einer ihrer Größe, internen Organisation und der Art, dem Umfang und der Komplexität ihrer Tätigkeiten entsprechenden Weise sowie unbeschadet der Verordnung (EU) 2016/679 des Europäischen Parlaments und des Rates[1)] ein.

Art. 451 Offenlegung der Verschuldungsquote. (1) Institute, die Teil 7 unterliegen, legen hinsichtlich ihrer gemäß Artikel 429 berechneten Verschuldungsquote und der Steuerung des Risikos einer übermäßigen Verschuldung folgende Informationen offen:

[1)] **Amtl. Anm.:** Verordnung (EU) 2016/679 des Europäischen Parlaments und des Rates vom 27. April 2016 zum Schutz natürlicher Personen bei der Verarbeitung personenbezogener Daten, zum freien Datenverkehr und zur Aufhebung der Richtlinie 95/46/EG (Datenschutz-Grundverordnung) (ABl. L 119 vom 4.5.2016, S. 1).

a) die Verschuldungsquote sowie die Art und Weise, wie die Institute Artikel 499 Absatz 2 anwenden;
b) eine Aufschlüsselung der Gesamtrisikopositionsmessgröße nach Artikel 429 Absatz 4 sowie eine Abstimmung dieser Größe mit den einschlägigen, in veröffentlichten Abschlüssen offengelegten Angaben;
c) gegebenenfalls den Betrag der gemäß Artikel 429 Absatz 8 und Artikel 429a Absatz 1 berechneten Risikopositionen sowie die gemäß Artikel 429a Absatz 7 berechnete angepasste Verschuldungsquote;
d) eine Beschreibung der Verfahren zur Steuerung des Risikos einer übermäßigen Verschuldung;
e) eine Beschreibung der Faktoren, die während des Berichtszeitraums Auswirkungen auf die jeweilige offengelegte Verschuldungsquote hatten.

(2) Öffentliche Entwicklungsbanken im Sinne des Artikels 429a Absatz 2 legen die Verschuldungsquote ohne die gemäß Artikel 429a Absatz 1 Unterabsatz 1 Buchstabe d ermittelte Anpassung an die Gesamtrisikopositionsmessgröße offen.

(3) Zusätzlich zu Absatz 1 Buchstaben a und b legen große Institute die Verschuldungsquote und die Aufschlüsselung der Gesamtrisikopositionsmessgröße nach Artikel 429 Absatz 4, basierend auf gemäß dem Durchführungsrechtsakt nach Artikel 430 Absatz 7 berechneten Durchschnittswerten, offen.

Art. 451a Offenlegung von Liquiditätsanforderungen. (1) Institute, die Teil 6 unterliegen, legen Informationen zu ihrer Liquiditätsdeckungsquote, zu ihrer strukturellen Liquiditätsquote und zu ihrem Liquiditätsrisikomanagement gemäß diesem Artikel offen.

(2) Die Institute legen die folgenden Informationen zu ihrer gemäß dem delegierten Rechtsakt nach Artikel 460 Absatz 1 berechneten Liquiditätsdeckungsquote offen:
a) für jedes Quartal des maßgeblichen Offenlegungszeitraums den Durchschnitt bzw. die Durchschnitte ihrer Liquiditätsdeckungsquote, basierend auf den Beobachtungen am Monatsende in den letzten zwölf Monaten;
b) für jedes Quartal des maßgeblichen Offenlegungszeitraums den Durchschnitt bzw. die Durchschnitte der gesamten liquiden Vermögenswerte, nach Vornahme der entsprechenden Abschläge, die im Liquiditätspuffer gemäß dem delegierten Rechtsakt nach Artikel 460 Absatz 1 enthalten sind, basierend auf den Beobachtungen am Monatsende in den letzten zwölf Monaten, und eine Beschreibung der Zusammensetzung dieses Liquiditätspuffers;
c) für jedes Quartal des maßgeblichen Offenlegungszeitraums die Durchschnitte ihrer Liquiditätsabflüsse, Liquiditätszuflüsse und Netto-Liquiditätsabflüsse, berechnet gemäß dem delegierten Rechtsakt nach Artikel 460 Absatz 1, basierend auf den Beobachtungen am Monatsende in den letzten zwölf Monaten, und eine Beschreibung ihrer Zusammensetzung.

(3) Die Institute legen die folgenden Informationen in Bezug auf ihre strukturelle Liquiditätsquote, berechnet gemäß Teil 6 Titel IV, offen:
a) Quartalsendzahlen zu ihrer strukturellen Liquiditätsquote, berechnet gemäß Teil 6 Titel IV Kapitel 2 für jedes Quartal des maßgeblichen Offenlegungszeitraums;

b) eine Übersicht über den Betrag der verfügbaren stabilen Refinanzierung, berechnet gemäß Teil 6 Titel IV Kapitel 3;
c) eine Übersicht über den Betrag der erforderlichen stabilen Refinanzierung, berechnet gemäß Teil 6 Titel IV Kapitel 4.

(4) Die Institute legen die Grundsätze, Systeme, Verfahren und Strategien offen, mit denen sie ihr Liquiditätsrisiko gemäß Artikel 86 der Richtlinie 2013/36/EU ermitteln, messen, steuern und überwachen.

Titel III. Anforderungen an die Verwendung bestimmter Instrumente oder Methoden

Art. 452 Offenlegung der Anwendung des IRB-Ansatzes auf Kreditrisiken. *[1]* Institute, die die risikogewichteten Positionsbeträge nach dem IRB-Ansatz auf Kreditrisiken berechnen, legen folgende Informationen offen:

a) die Erlaubnis der zuständigen Behörde zur Verwendung des Ansatzes oder die akzeptierten Übergangsregelungen;
b) für jede Risikopositionsklasse nach Artikel 147 den Prozentsatz des gesamten Risikopositionswerts jeder Risikopositionsklasse, die dem Standardansatz nach Teil 3 Titel II Kapitel 2 oder dem IRB-Ansatz nach Teil 3 Titel II Kapitel 3 unterliegt, sowie den Anteil jeder Risikopositionsklasse, die einem Einführungsplan unterliegt; wenn Institute die Erlaubnis erhalten haben, für die Berechnung von risikogewichteten Positionsbeträgen eigene LGD und Umrechnungsfaktoren zu verwenden, legen sie den Prozentsatz des gesamten Risikopositionswerts einer jeden Risikopositionsklasse, die dieser Erlaubnis unterliegt, offen;
c) die Kontrollmechanismen für Ratingsysteme in den verschiedenen Stadien von Modellentwicklung, -kontrollen und -änderungen; hierzu gehören Informationen über Folgendes:
   i) die Beziehung zwischen der Risikomanagement-Funktion und der Funktion der Innenrevision,
   ii) die Überprüfung des Ratingsystems,
   iii) das Verfahren zur Gewährleistung der Unabhängigkeit der Funktion, die für die Überprüfung der Modelle verantwortlich ist, von den Funktionen, die für die Entwicklung der Modelle verantwortlich sind,
   iv) das Verfahren zur Gewährleistung der Rechenschaftspflicht der Funktionen, die für die Entwicklung bzw. die Überprüfung der Modelle verantwortlich sind;
d) die Rolle der Funktionen, die an der Entwicklung, Erlaubnis und den anschließenden Änderungen der Kreditrisikomodelle beteiligt waren;
e) den Gegenstand und wichtigsten Inhalt der Meldungen in Bezug auf Kreditrisikomodelle;
f) eine Beschreibung des internen Bewertungsverfahrens nach Risikopositionsklasse, einschließlich der Zahl von Hauptmodellen, die in Bezug auf jedes Portfolio verwendet werden, und einer kurzen Erörterung der wichtigsten Unterschiede zwischen den Modellen in ein und demselben Portfolio, wobei es um Folgendes geht:
   i) die Definitionen, Methoden und Daten für die Schätzung und Validierung der PD, die Informationen darüber umfassen, wie die PD für Portfolios mit geringem Ausfallrisiko geschätzt werden, ob es regulatori-

sche Untergrenzen gibt und welche Ursachen für Unterschiede bestehen, die mindestens während der letzten drei Zeiträume zwischen der PD und den tatsächlichen Ausfallraten beobachtet wurden;

ii) gegebenenfalls die Definitionen, Methoden und Daten für die Schätzung und Validierung der LGD, wie beispielsweise die Methoden zur Berechnung der in einem Konjunkturabschwung auftretenden LGD, die Art und Weise der Schätzung der LGD für Portfolios mit geringem Ausfallrisiko und die Zeit, die zwischen dem Eintritt des Ausfalls und der Beendigung der Risikoposition verstreicht;

iii) gegebenenfalls die Definitionen, Methoden und Daten für die Schätzung und Validierung von Umrechnungsfaktoren, einschließlich der bei der Ableitung dieser Variablen verwendeten Annahmen;

g) gegebenenfalls die folgenden Informationen zu jeder der in Artikel 147 genannten Risikopositionsklassen:

i) ihre bilanziellen Brutto-Risikopositionen;

ii) ihre außerbilanziellen Risikopositionswerte vor Anwendung des maßgeblichen Umrechnungsfaktors;

iii) ihre Risikopositionen nach Anwendung des maßgeblichen Umrechnungsfaktors und der maßgeblichen Kreditrisikominderung;

iv) etwaige Modelle, Parameter oder Eingangswerte, die für das Verständnis der Risikogewichtung und der daraus resultierenden Risikopositionsbeträge maßgeblich sind, die für eine ausreichende Zahl von Schuldnerklassen (einschließlich Ausfall) offengelegt werden, um eine aussagekräftige Differenzierung des Kreditrisikos zu ermöglichen;

v) getrennt für die Risikopositionsklassen, für die die Institute die Erlaubnis erhalten haben, die eigenen LGD und Umrechnungsfaktoren für die Berechnung der risikogewichteten Positionsbeträge zu verwenden, und für die Risikopositionen, für die die Institute solche Schätzungen nicht verwenden, die in den Ziffern i bis iv genannten Werte, die dieser Erlaubnis unterliegen;

h) eine Gegenüberstellung der PD-Schätzungen der Institute und der tatsächlichen Ausfallrate für jede Risikopositionsklasse über einen längeren Zeitraum hinweg, mit gesonderter Offenlegung der PD-Bandbreite, der entsprechenden externen Bonitätsbeurteilung, der gewichteten durchschnittlichen und der arithmetischen durchschnittlichen PD, der Zahl der Schuldner am Ende des vorhergehenden Jahres und am Ende des Prüfungsjahres, der Zahl der ausgefallenen Schuldner einschließlich der neu ausgefallenen Schuldner und der jährlichen durchschnittlichen historischen Ausfallrate.

[2] Für die Zwecke des Buchstaben b des vorliegenden Artikels verwenden die Institute den Risikopositionswert nach Artikel 166.

Art. 453 Offenlegung der Verwendung von Kreditrisikominderungstechniken. Institute, die Kreditrisikominderungstechniken verwenden, legen folgende Informationen offen:

a) die Kernmerkmale der Vorschriften und Verfahren für das bilanzielle und außerbilanzielle Netting und eine Angabe des Umfangs, in dem die Institute davon Gebrauch machen;

b) die Kernmerkmale der Vorschriften und Verfahren für die Bewertung und Verwaltung der berücksichtigungsfähigen Sicherheiten;

c) eine Beschreibung der wichtigsten Arten von Sicherheiten, die vom Institut zur Kreditrisikominderung angenommen werden;
d) für Garantien und Kreditderivate, die zur Kreditbesicherung verwendet werden, die wichtigsten Arten von Garantiegebern und Kreditderivatgegenparteien und deren Kreditwürdigkeit, die zur Verringerung der Eigenkapitalanforderungen verwendet werden, unter Ausschluss derjenigen, die als Teil von synthetischen Verbriefungsstrukturen verwendet werden;
e) Informationen über Markt- oder Kreditrisikokonzentrationen innerhalb der Kreditrisikominderung;
f) für Institute, die die risikogewichteten Positionsbeträge nach dem Standardansatz oder dem IRB-Ansatz berechnen, den gesamten Risikopositionswert, der nicht durch eine berücksichtigungsfähige Kreditbesicherung abgedeckt ist, und den gesamten Risikopositionswert, der durch eine berücksichtigungsfähige Kreditbesicherung abgedeckt ist, nach Vornahme der Volatilitätsanpassungen; die Offenlegung nach diesem Buchstaben ist für Darlehen und Schuldverschreibungen gesondert vorzunehmen und muss eine Aufschlüsselung der ausgefallenen Risikopositionen umfassen;
g) den entsprechenden Umrechnungsfaktor und die Kreditrisikominderung, die der Risikoposition zugewiesen sind, und die Inzidenz von Kreditrisikominderungstechniken mit und ohne Substitutionseffekt;
h) für Institute, die die risikogewichteten Positionsbeträge nach dem Standardansatz berechnen, den bilanziellen und außerbilanziellen Risikopositionswert nach Risikopositionsklasse vor und nach der Anwendung der Umrechnungsfaktoren und einer etwaigen Kreditrisikominderung;
i) für Institute, die die risikogewichteten Positionsbeträge nach dem Standardansatz berechnen, den risikogewichteten Positionsbetrag und die Relation zwischen diesem risikogewichteten Positionsbetrag und dem Risikopositionswert nach Anwendung des einschlägigen Umrechnungsfaktors und der Kreditrisikominderung im Zusammenhang mit der Risikoposition; die Offenlegung nach diesem Buchstaben ist für jede Risikopositionsklasse gesondert vorzunehmen;
j) für Institute, die die risikogewichteten Positionsbeträge nach dem IRB-Ansatz berechnen, den risikogewichteten Positionsbetrag vor und nach Berücksichtigung der kreditrisikomindernden Wirkung von Kreditderivaten; wenn Institute die Erlaubnis erhalten haben, für die Berechnung von risikogewichteten Positionsbeträgen eigene LGD und Umrechnungsfaktoren zu verwenden, nehmen sie die Offenlegung nach diesem Buchstaben für die Risikopositionsklassen, die dieser Erlaubnis unterliegen, gesondert vor.

Art. 454 Offenlegung der Verwendung fortgeschrittener Messansätze für operationelle Risiken. Institute, die die fortgeschrittenen Messansätze gemäß den Artikeln 321 bis 324 zur Berechnung ihrer Eigenmittelanforderungen für das operationelle Risiko verwenden, legen eine Beschreibung ihrer Nutzung von Versicherungen und anderen Risikoübertragungsmechanismen zur Minderung des genannten Risikos offen.

Art. 455 Verwendung interner Modelle für das Marktrisiko. Institute, die ihre Eigenmittelanforderungen nach Artikel 363 berechnen, legen folgende Informationen offen:

a) für jedes Teilportfolio:

i) die Charakteristika der verwendeten Modelle,

ii) gegebenenfalls in Bezug auf die internen Modelle für das zusätzliche Ausfall- und Migrationsrisiko und für Korrelationshandelsaktivitäten die verwendeten Methoden und die anhand eines internen Modells ermittelten Risiken, einschließlich einer Beschreibung der Vorgehensweise des Instituts bei der Bestimmung von Liquiditätshorizonten, sowie die Methoden, die verwendet wurden, um zu einer dem geforderten Soliditätsstandard entsprechenden Bewertung der Eigenmittel zu gelangen, und die Vorgehensweisen bei der Validierung des Modells,

iii) eine Beschreibung der auf das Teilportfolio angewandten Stresstests,

iv) eine Beschreibung der beim Rückvergleich und der Validierung der Genauigkeit und Konsistenz der internen Modelle und Modellierungsverfahren angewandten Ansätze,

b) den Umfang der Erlaubnis der zuständigen Behörde,

c) eine Beschreibung des Ausmaßes, in dem die Anforderungen der Artikel 104 und 105 eingehalten werden, und der dazu verwendeten Methoden,

d) den höchsten, den niedrigsten und den Mittelwert aus:

i) den täglichen Werten des Risikopotenzials über den gesamten Berichtszeitraum und an dessen Ende,

ii) den Werten des Risikopotenzials unter Stressbedingungen über den gesamten Berichtszeitraum und an dessen Ende,

iii) den Risikomaßzahlen für das zusätzliche Ausfall- und Migrationsrisiko und für das spezifische Risiko des Korrelationshandelsportfolios über den gesamten Berichtszeitraum und an dessen Ende,

e) die Bestandteile der Eigenmittelanforderung nach Artikel 364,

f) den gewichteten durchschnittlichen Liquiditätshorizont für jedes von den internen Modellen für das zusätzliche Ausfall- und Migrationsrisiko und für Korrelationshandelsaktivitäten abgedeckte Teilportfolio,

g) einen Vergleich zwischen den täglichen Werten des Risikopotenzials auf Basis einer eintägigen Haltedauer und den eintägigen Änderungen des Portfoliowerts am Ende des nachfolgenden Geschäftstages, einschließlich einer Analyse aller wesentlichen Überschreitungen im Laufe des Berichtszeitraums.

Teil 9. Delegierte Rechtsakte und Durchführungsrechtsakte

Art. 456 Delegierte Rechtsakte. (1) Der Kommission wird die Befugnis übertragen, delegierte Rechtsakte gemäß Artikel 462 in Bezug auf folgende Aspekte zu erlassen:

a) Präzisierung der Begriffsbestimmungen in den Artikeln 4, 5, 142, 153, 192, 242, 272, 300, 381 und 411, um eine einheitliche Anwendung dieser Verordnung sicherzustellen,

b) Präzisierung der Begriffsbestimmungen in den Artikeln 4, 5, 142, 153, 192, 242, 272, 300, 381 und 411, um bei der Anwendung dieser Verordnung die Entwicklungen auf den Finanzmärkten zu berücksichtigen,

c) Anpassung der Liste der Risikopositionsklassen in den Artikeln 112 und 147, um die Entwicklungen auf den Finanzmärkten zu berücksichtigen,

d) Betrag zur Berücksichtigung inflationsbedingter Auswirkungen, der in den Artikeln 123 Buchstabe c, 147 Absatz 5 Buchstabe a, 153 Absatz 4 und 162 Absatz 4 spezifiziert wird,
e) Liste und Klassifizierung der außerbilanziellen Geschäfte in den Anhängen I und II, um den Entwicklungen auf den Finanzmärkten Rechnung zu tragen,
f) *(aufgehoben)*
g) *(aufgehoben)*
h) Änderung der Eigenmittelanforderungen nach den Artikeln 301 bis 311 sowie den Artikeln 50a bis 50d der Verordnung (EU) Nr. 648/2012 zur Berücksichtigung von Entwicklungen oder Änderungen der internationalen Standards für Risikopositionen gegenüber einer zentraler Gegenpartei,
i) Klärung der in den Ausnahmeregelungen nach Artikel 400 verwendeten Begriffe,
j) Änderung der Kapitalmessgröße und der Gesamtrisikopositionsmessgröße der Verschuldungsquote nach Artikel 429 Absatz 2, um etwaige aufgrund der Meldungen nach Artikel 430 Absatz 1 festgestellten Mängel vor der gemäß Artikel 451 Absatz 1 Buchstabe a vorgeschriebenen Veröffentlichung der Verschuldungsquote durch die Institute zu korrigieren,
k) Änderungen der Offenlegungsanforderungen nach Teil 8 Titel II und III zur Berücksichtigung von Entwicklungen oder Änderungen der internationalen Offenlegungsstandards.

(2) *[1]* [1]Die EBA überwacht die Eigenmittelanforderungen für das Risiko einer Anpassung der Kreditbewertung und legt der Kommission bis 1. Januar 2015 einen Bericht vor. [2]Darin wird insbesondere Folgendes bewertet:

a) die Behandlung des CVA-Risikos als eigenständige Anforderung im Vergleich zu einer Behandlung als integraler Bestandteil des Marktrisikos,
b) der Anwendungsbereich der Eigenmittelanforderungen für das CVA-Risiko einschließlich der Ausnahme nach Artikel 482,
c) anerkennungsfähige Absicherungen,
d) die Berechnung der Eigenmittelanforderungen für das CVA-Risiko.

[2] Ausgehend von diesem Bericht und sofern dessen Ergebnis lautet, dass eine derartige Maßnahme notwendig ist, wird der Kommission ferner die Befugnis übertragen, einen delegierten Rechtsakt nach Artikel 462 zu erlassen, um Artikel 381, Artikel 382 Absätze 1, 2 und 3 und die Artikel 383 bis 386 betreffend diese Punkte zu ändern.

Art. 457 Technische Anpassungen und Korrekturen. Der Kommission wird die Befugnis übertragen, delegierte Rechtsakte nach Artikel 462 zu erlassen, um technische Anpassungen und Korrekturen nicht wesentlicher Elemente der folgenden Vorschriften vorzunehmen, damit Entwicklungen hinsichtlich neuer Finanzprodukte oder -tätigkeiten Rechnung getragen wird, um infolge von Entwicklungen nach dem Erlass dieser Verordnung Anpassungen anderer Rechtsakte der Union über Finanzdienstleistungen und Rechnungslegung, einschließlich Rechnungslegungsstandards nach der Verordnung (EG) Nr. 1606/2002, vorzunehmen:

a) Eigenmittelanforderungen für Kreditrisiken nach den Artikeln 111 bis 134 sowie 143 bis 191,
b) Wirkung der Kreditrisikominderung nach den Artikeln 193 bis 241,

c) Eigenmittelanforderungen für die Verbriefung nach den Artikeln 242 bis 270a,
d) Eigenmittelanforderungen für Gegenparteiausfallrisiken nach den Artikeln 272 bis 311,
e) Eigenmittelanforderungen für das operationelle Risiko nach den Artikeln 315 bis 324,
f) Eigenmittelanforderungen für das Marktrisiko nach den Artikeln 325 bis 377,
g) Eigenmittelanforderungen für das Abwicklungsrisiko nach den Artikeln 378 und 379,
h) Eigenmittelanforderungen für das CVA-Risiko nach den Artikeln 383, 384 und 386,
i) Teil 2 und Artikel 430 ausschließlich infolge von Entwicklungen bei Rechnungslegungsstandards oder -anforderungen, die Gesetzgebungsakten der Union Rechnung tragen.

Art. 458 Auf Ebene eines Mitgliedstaats festgestelltes Makroaufsichts- oder Systemrisiko. (1) [1] Ein Mitgliedstaat benennt die mit der Anwendung dieses Artikels betraute Behörde. [2] Diese Behörde ist die zuständige Behörde oder die benannte Behörde.

(2) *[1]* [1] Erkennt die nach Absatz 1 dieses Artikels benannte Behörde Veränderungen der Intensität des Makroaufsichts- oder Systemrisikos im Finanzsystem mit möglicherweise schweren negativen Auswirkungen auf das Finanzsystem und die Realwirtschaft in einem bestimmten Mitgliedstaat, auf die nach ihrer Ansicht mit anderen Instrumenten der Makroaufsicht gemäß dieser Verordnung und der Richtlinie 2013/36/EU nicht so wirksam reagiert werden kann wie durch die Umsetzung strengerer nationaler Maßnahmen, so teilt sie dies der Kommission und dem ESRB mit. [2] Der ESRB leitet die Mitteilung unverzüglich an das Europäische Parlament, den Rat und die EBA weiter.

[2] Der Mitteilung sind die folgenden Dokumente beigefügt und sie enthält gegebenenfalls auch einschlägige quantitative oder qualitative Nachweise für
a) die Veränderungen der Intensität des Makroaufsichts- oder Systemrisikos,
b) die Gründe, weshalb solche Veränderungen die Finanzstabilität auf nationaler Ebene oder die Realwirtschaft gefährden könnten,
c) eine Erläuterung, warum die Behörde der Ansicht ist, dass die Instrumente der Makroaufsicht gemäß den Artikeln 124 und 164 dieser Verordnung und den Artikeln 133 und 136 der Richtlinie 2013/36/EU zur Behebung dieser Risiken weniger geeignet und weniger wirksam wären als die vorgeschlagenen nationalen Maßnahmen gemäß Buchstabe d des vorliegenden Absatzes,
d) die vorgeschlagenen nationalen Maßnahmen für im Inland zugelassene Institute oder einen Teil davon, mit denen die Veränderungen der Intensität des Risikos vermindert werden sollen; diese betreffen:
   i) die Höhe der Eigenmittel gemäß Artikel 92;
   ii) die Eigenmittelanforderungen für Großkredite nach Artikel 392 und den Artikeln 395 bis 403;
   iii) die Liquiditätsanforderungen nach Teil 6;
   iv) die Risikogewichte zur Bekämpfung von Spekulationsblasen in der Wohnimmobilien- und Gewerbeimmobilienbranche;

v) die Offenlegungspflichten nach Teil 8;

vi) die Höhe des Kapitalerhaltungspuffers nach Artikel 129 der Richtlinie 2013/36/EU oder

vii) Risikopositionen innerhalb der Finanzbranche,

e) eine Erläuterung, weshalb die nach Absatz 1 benannte Behörde diese vorgeschlagenen Maßnahmen im Hinblick auf die Behebung der Situation für geeignet, wirksam und verhältnismäßig hält und

f) eine Bewertung der voraussichtlichen positiven oder negativen Auswirkungen der vorgeschlagenen Maßnahmen auf den Binnenmarkt, die sich auf die dem betroffenen Mitgliedstaat zur Verfügung stehenden Informationen stützt.

(3) Wird es den nach Absatz 1 benannten Behörden gestattet, im Einklang mit diesem Artikel nationale Maßnahmen zu ergreifen, so stellen sie den einschlägigen zuständigen oder benannten Behörden in anderen Mitgliedstaaten alle relevanten Informationen zur Verfügung.

(4) *[1]* Dem Rat wird die Befugnis übertragen, auf Vorschlag der Kommission mit qualifizierter Mehrheit einen Durchführungsrechtsakt zu erlassen, um die vorgeschlagenen nationalen Maßnahmen im Sinne des Absatzes 2 Buchstabe d abzulehnen.

[2] Binnen eines Monats nach Erhalt der Mitteilung nach Absatz 2 leiten der ESRB und die EBA dem Rat, der Kommission und dem betroffenen Mitgliedstaat ihre Stellungnahmen zu den in Absatz 2 Buchstaben a bis f genannten Angelegenheiten zu.

[3] Wenn belastbare, solide und detaillierte Nachweise vorliegen, dass die Maßnahme nachteilige Auswirkungen auf den Binnenmarkt haben wird, die den Nutzen für die Finanzstabilität infolge der Verminderung des festgestellten Makroaufsichts- oder Systemrisikos überwiegen, kann die Kommission innerhalb eines Monats unter weitestgehender Berücksichtigung der Stellungnahmen nach Unterabsatz 2 dem Rat einen Durchführungsrechtsakt vorschlagen, um die vorgeschlagenen nationalen Maßnahmen abzulehnen.

[4] Legt die Kommission innerhalb dieser Monatsfrist keinen Vorschlag vor, darf der betroffene Mitgliedstaat die vorgeschlagenen nationalen Maßnahmen unmittelbar für die Dauer von bis zu zwei Jahren oder bis zu dem Zeitpunkt, zu dem das Makroaufsichts- oder Systemrisiko nicht mehr besteht, falls dies früher eintritt, erlassen.

[5] Der Rat entscheidet innerhalb eines Monats nach Eingang des Vorschlags der Kommission über diesen und legt dar, warum er die vorgeschlagenen nationalen Maßnahmen ablehnt oder nicht.

[6] [1] Der Rat lehnt die vorgeschlagenen nationalen Maßnahmen nur ab, wenn seiner Ansicht nach eine oder mehrere der folgenden Voraussetzungen nicht erfüllt sind:

a) Die Veränderungen der Intensität des Makroaufsichts- oder Systemrisikos sind so geartet, dass sie eine Gefahr für die nationale Finanzstabilität darstellen;

b) die Instrumente der Makroaufsicht gemäß dieser Verordnung und der Richtlinie 2013/36/EU sind zur Behebung des ermittelten Makroaufsichts- oder Systemrisikos weniger geeignet und weniger wirksam als die vorgeschlagenen nationalen Maßnahmen;

c) die vorgeschlagenen nationalen Maßnahmen ziehen keine unverhältnismäßigen nachteiligen Auswirkungen auf das Finanzsystem anderer Mitgliedstaaten insgesamt oder auf Teile davon oder das Finanzsystem der Union insgesamt in Form oder durch Schaffung eines Hindernisses für das Funktionieren des Binnenmarktes nach sich;

d) das Problem betrifft nur einen Mitgliedstaat.

[7] Bei seiner Bewertung berücksichtigt der Rat die Stellungnahmen des ESRB und der EBA und stützt sich auf die von der nach Absatz 1 benannten Behörde gemäß Absatz 2 vorgelegten Nachweise.

[8] Erlässt der Rat innerhalb eines Monats nach Eingang des Kommissionsvorschlags keinen Durchführungsrechtsakt zur Ablehnung der vorgeschlagenen nationalen Maßnahmen, darf der betroffene Mitgliedstaat die Maßnahmen erlassen und sie bis zu zwei Jahre lang oder solange, bis das Makroaufsichts- oder Systemrisiko nicht mehr besteht, falls dies früher eintritt, anwenden.

(5) Andere Mitgliedstaaten können die gemäß diesem Artikel erlassenen Maßnahmen anerkennen und sie auf im Inland zugelassene Institute anwenden, die Zweigstellen oder Risikopositionen haben, die sich in dem Mitgliedstaat befinden, dem die Anwendung der Maßnahme gestattet wurde.

(6) Mitgliedstaaten, die die gemäß diesem Artikel ergriffenen Maßnahmen anerkennen, zeigen dies dem Rat, der Kommission, der EBA, dem ESRB und dem Mitgliedstaat, dem die Anwendung der Maßnahmen gestattet wurde, an.

(7) Bei der Entscheidung darüber, ob sie die gemäß diesem Artikel ergriffenen Maßnahmen anerkennen, tragen die Mitgliedstaaten den Kriterien des Absatzes 4 Rechnung.

(8) Der Mitgliedstaat, dem die Anwendung der Maßnahmen gestattet wurde, kann den ESRB bitten, an einen Mitgliedstaat oder Mitgliedstaaten, der (die) die Maßnahmen nicht anerkennt (anerkennen), eine Empfehlung gemäß Artikel 16 der Verordnung (EU) Nr. 1092/2010 zu richten.

(9) [1] Vor Ablauf der gemäß Absatz 4 erteilten Erlaubnis überprüft der betroffene Mitgliedstaat in Abstimmung mit dem ESRB und der EBA die Lage und kann daraufhin gemäß dem Verfahren nach Absatz 4 einen neuen Beschluss erlassen, mit dem die Anwendung der nationalen Maßnahmen jeweils um bis zu zwei weitere Jahre verlängert wird. [2] Nach der ersten Verlängerung überprüft die Kommission in Abstimmung mit dem ESRB und der EBA die Lage danach mindestens alle zwei Jahre.

(10) Unbeschadet des Verfahrens nach den Absätzen 3 bis 9 des vorliegenden Artikels dürfen die Mitgliedstaaten für bis zu zwei Jahre oder bis das Makroaufsichts- oder Systemrisiko nicht mehr besteht, falls dies früher eintritt, und sofern die Bedingungen und Anzeigepflichten des Absatzes 2 eingehalten werden, die Risikogewichte für die in Absatz 2 Buchstabe d Ziffern iv und vii genannten Risikopositionen über die in dieser Verordnung vorgesehenen Werte hinaus um bis zu 25 % zu erhöhen und die Obergrenze für Großkredite nach Artikel 395 um bis zu 15 % senken.

Art. 459 Aufsichtliche Anforderungen. *[1]* Der Kommission wird die Befugnis übertragen, insbesondere auf Empfehlung oder nach Stellungnahme des ESRB oder der EBA in Bezug auf nachstehende Aspekte delegierte Rechtsakte nach Artikel 462 zu erlassen, um für die Dauer von einem Jahr strengere aufsichtliche Anforderungen für Risikopositionen festzulegen, sofern dies notwendig ist, um auf aus Marktentwicklungen resultierende Veränderungen der Intensität der Risiken auf Ebene der Mikro- und der Makroaufsicht in der Union oder außerhalb der Union, wenn davon alle Mitgliedstaaten betroffen sind, zu reagieren, und die Instrumente dieser Verordnung und der Richtlinie 2013/36/EU nicht ausreichen, um auf diese Risiken zu reagieren:

a) die Höhe der Eigenmittel gemäß Artikel 92,
b) die Eigenmittelanforderungen für Großkredite nach Artikel 392 und den Artikeln 395 bis 403,
c) die Offenlegungspflichten nach den Artikeln 431 bis 455.

[2] Die Kommission übermittelt dem Europäischen Parlament und dem Rat mindestens einmal jährlich mit Unterstützung des ESRB einen Bericht über Marktentwicklungen, die eine Inanspruchnahme dieses Artikels erforderlich machen könnten.

Art. 460 Liquidität. (1) *[1]* [1] Der Kommission wird die Befugnis übertragen, zur Ergänzung dieser Verordnung gemäß Artikel 462 delegierte Rechtsakte zur Präzisierung der allgemeinen Anforderung nach Artikel 412 Absatz 1 zu erlassen. [2] Gemäß diesem Absatz erlassene delegierte Rechtsakte stützt sich auf die gemäß Teil 6 Titel II und Anhang III zu meldenden Posten, präzisiert die Umstände, unter denen die zuständigen Behörden Instituten spezifische Zu- und Abflusshöhen auferlegen müssen, um deren spezifische Risiken zu erfassen, und überschreitet nicht die Schwellenwerte nach Absatz 2 des vorliegenden Artikels.

[2] Insbesondere ist die Kommission befugt, zur Ergänzung dieser Verordnung delegierte Rechtsakte zur Präzisierung der detaillierten Liquiditätsanforderungen für die Zwecke der Anwendung von Artikel 8 Absatz 3 und der Artikel 411 bis 416, 419, 422, 425, 428a, 428f, 428g, 428j bis 428n, 428p, 428r, 428s, 428w, 428ae, 428ag, 428ah, 428ak und 451a zu erlassen.

(2) *[1]* Die Liquiditätsdeckunganforderung gemäß Artikel 412 wird in folgenden Stufen schrittweise eingeführt:

a) 60 % der Liquiditätsdeckunganforderung 2015,
b) 70 % ab dem 1. Januar 2016,
c) 80 % ab dem 1. Januar 2017,
d) 100 % ab dem 1. Januar 2018.

[2] Die Kommission berücksichtigt hierbei die Meldungen und Berichte nach Artikel 509 Absätze 1, 2 und 3 sowie durch internationale Gremien ausgearbeitete internationale Standards und unionsspezifische Besonderheiten.

[3] [1] Die Kommission erlässt den delegierten Rechtsakt nach Absatz 1 bis zum 30. Juni 2014. [2] Er tritt spätestens am 31. Dezember 2014 in Kraft, findet jedoch nicht vor dem 1. Januar 2015 Anwendung.

(3) *[1]* Der Kommission wird die Befugnis übertragen, die vorliegende Verordnung durch den Erlass delegierter Rechtsakte gemäß Artikel 462 zu ändern, um die Liste der Produkte oder Dienstleistungen nach Artikel 428f Absatz 2 zu ändern, wenn sie die Auffassung vertritt, dass Vermögenswerte und Verbindlichkeiten, die direkt mit anderen Produkten oder Dienstleistungen verbunden sind, die Voraussetzungen nach Artikel 428f Absatz 1 erfüllen.

[2] Die Kommission erlässt den in Unterabsatz 1 genannten delegierten Rechtsakt spätestens am 28. Juni 2024.

Art. 461 Überprüfung der schrittweisen Einführung der Liquiditätsdeckungsanforderung. (1) *[1]* [1]Die EBA erstattet der Kommission nach Konsultation des ESRB bis zum 30. Juni 2016 Bericht darüber, ob die schrittweise Einführung der Liquiditätsdeckungsanforderung nach Artikel 460 Absatz 2 angepasst werden sollte. [2]Diese Prüfung sollte Entwicklungen der Märkte und der internationalen Aufsichtsregeln sowie unionsspezifischen Besonderheiten gebührend Rechnung tragen.

[2] [1]Die EBA prüft in ihrem Bericht insbesondere eine Verschiebung der Einführung der verbindlichen Mindestquote von 100 % auf den 1. Januar 2019. [2]In dem Bericht werden die Jahresmeldungen nach Artikel 509 Absatz 1, einschlägige Marktdaten und die Empfehlungen der zuständigen Behörden aller Mitgliedstaaten berücksichtigt.

(2) *[1]* Der Kommission wird die Befugnis übertragen, einen delegierten Rechtsakt nach Artikel 462 zu erlassen, wenn Markt- und *anderen*[1)] Entwicklungen dies erforderlich machen, um die schrittweise Einführung gemäß Artikel 460 zu ändern und die Einführung einer verbindlichen Mindestquote von 100 % für die Liquiditätsdeckungsanforderung nach Artikel 412 Absatz 1 bis 2019 zu verschieben und für 2018 eine verbindliche Mindestquote von 90 % für die Liquiditätsdeckungsanforderung vorzuschreiben.

[2] Zur Prüfung der Notwendigkeit einer Verschiebung zieht die Kommission den Bericht und die Prüfung nach Absatz 1 heran.

[3] Ein gemäß diesem Artikel erlassener delegierter Rechtsakt wird nicht vor dem 1. Januar 2018 angewandt und tritt spätestens am 30. Juni 2017 in Kraft.

Art. 461a Alternativer Standardansatz für das Marktrisiko. *[1]* Für die Zwecke der Meldepflichten gemäß Artikel 430b Absatz 1 wird der Kommission die Befugnis übertragen, gemäß Artikel 462 delegierte Rechtsakte zu erlassen, um technische Anpassungen an den Artikeln 325e, 325g bis 325j, 325p, 325q, 325ae, 325ai, 325ak, 325am, 325ap bis 325at, 325av und 325ax zur Änderung dieser Verordnung vorzunehmen und das Risikogewicht der Unterklasse 11 in Tabelle 4 in Artikel 325aih, die Risikogewichte der von Kreditinstituten in Drittländern ausgegebenen gedeckten Schuldverschreibungen gemäß Artikel 325ah und die Korrelation der von Kreditinstituten in Drittländern ausgegebenen gedeckten Schuldverschreibungen gemäß Artikel 325aj des alternativen Standardansatzes gemäß Teil 3 Titel IV Kapitel 1a unter Berücksichtigung der Entwicklungen bei den internationalen Regulierungsstandards festzulegen.

[2] Die Kommission erlässt die delegierten Rechtsakte nach Absatz 1 bis zum 31. Dezember 2019.

Art. 462 Ausübung der Befugnisübertragung. (1) Die Befugnis zum Erlass delegierter Rechtsakte wird der Kommission unter den in diesem Artikel festgelegten Bedingungen übertragen.

(2) Die Befugnis zum Erlass delegierter Rechtsakte gemäß Artikel 244 Absatz 6, Artikel 245 Absatz 6 und den Artikeln 456, 457, 459, 460 und 461a wird der Kommission auf unbestimmte Zeit ab dem 28. Juni 2013 übertragen.

(3) [1]Die Befugnisübertragung gemäß Artikel 244 Absatz 6, Artikel 245 Absatz 6 und den Artikeln 456, 457, 459, 460 und 461a kann vom Europäischen

---

[1)] Richtig wohl: „andere".

Parlament oder vom Rat jederzeit widerrufen werden. [2]Der Beschluss über den Widerruf beendet die Übertragung der in diesem Beschluss angegebenen Befugnis. [3]Er wird am Tag nach seiner Veröffentlichung im *Amtsblatt der Europäischen Union* oder zu einem im Beschluss über den Widerruf angegebenen späteren Zeitpunkt wirksam. [4]Die Gültigkeit von delegierten Rechtsakten, die bereits in Kraft sind, wird von dem Beschluss über den Widerruf nicht berührt.

(4) Vor dem Erlass eines delegierten Rechtsakts konsultiert die Kommission die von den einzelnen Mitgliedstaaten benannten Sachverständigen, im Einklang mit den in der Interinstitutionellen Vereinbarung vom 13. April 2016 über bessere Rechtsetzung enthaltenen Grundsätzen.

(5) Sobald die Kommission einen delegierten Rechtsakt erlässt, übermittelt sie ihn gleichzeitig dem Europäischen Parlament und dem Rat.

(6) [1]EEin delegierter Rechtsakt, der gemäß Artikel 244 Absatz 6, Artikel 245 Absatz 6 und den Artikeln 456, 457, 459, 460 und 461a erlassen wurde, tritt nur in Kraft, wenn weder das Europäische Parlament noch der Rat innerhalb von drei Monaten nach Übermittlung dieses Rechtsakts an das Europäische Parlament und den Rat Einwände erhoben haben oder wenn vor Ablauf dieser Frist das Europäische Parlament und der Rat beide der Kommission mitgeteilt haben, dass sie keine Einwände erheben werden. [2]Auf Initiative des Europäischen Parlaments oder des Rates wird die Frist um drei Monate verlängert.

Art. 463 Einwände gegen technische Regulierungsstandards. [1]Erlässt die Kommission gemäß dieser Verordnung einen technischen Regulierungsstandard, der mit dem von der EBA übermittelten Entwurf des technischen Regulierungsstandards identisch ist, so beträgt der Zeitraum, innerhalb dessen das Europäische Parlament und der Rat Einwände gegen diesen technischen Regulierungsstandard erheben können, einen Monat ab dem Datum der Übermittlung. [2]Auf Veranlassung des Europäischen Parlaments oder des Rates wird dieser Zeitraum um einen Monat verlängert. [3]Abweichend von Artikel 13 Absatz 1 Unterabsatz 2 der Verordnung (EU) Nr. 1093/2002 kann der Zeitraum innerhalb dessen das Europäische Parlament oder der Rat Einwände gegen den technischen Regulierungsstandard erheben können, erforderlichenfalls um einen weiteren Monat verlängert werden.

Art. 464 Europäischer Bankenausschuss. (1) [1]Die Kommission wird von dem durch den Beschluss 2004/10/EG der Kommission[1)] eingesetzten Europäischen Bankenausschuss unterstützt. [2]Bei diesem Ausschuss handelt es sich um einen Ausschuss im Sinne der Verordnung (EU) Nr. 182/2011.

(2) Wird auf diesen Absatz Bezug genommen, so gilt Artikel 5 der Verordnung (EU) Nr. 182/2011.

[1)] **Amtl. Anm.:** ABl. L 3 vom 7.1.2004, S. 36.

Teil 10. Übergangsbestimmungen, Berichte, Prüfungen und Änderungen

Titel I. Übergangsbestimmungen

Kapitel 1. Eigenmittelanforderungen, zeitwertbilanzierte nicht realisierte Gewinne und Verluste und Abzüge

Abschnitt 1. Eigenmittelanforderungen

Art. 465 Eigenmittelanforderungen. (1) Abweichend von Artikel 92 Absatz 1 Buchstaben a und b gelten die folgenden Eigenmittelanforderungen ab dem 1. Januar 2014 bis zum 31. Dezember 2014:

a) eine harte Kernkapitalquote zwischen 4 % und 4,5 %,

b) eine Kernkapitalquote zwischen 5,5 % und 6 %.

(2) Die zuständigen Behörden legen die von Instituten einzuhaltende oder zu überschreitende Höhe der harten Kernkapitalquote und der Kernkapitalquote innerhalb der Bandbreiten nach Absatz 1 Buchstabe a fest und veröffentlichen diese Werte.

Art. 466 Erstmalige Anwendung Internationaler Rechnungslegungsvorschriften. Abweichend von Artikel 24 Absatz 2 räumen die zuständigen Behörden Instituten, die die Bewertung von Aktiva und außerbilanziellen Posten und die Bestimmung der Eigenmittel nach internationalen Rechnungslegungsstandards nach Maßgabe der Verordnung (EG) Nr. 1606/2002 vornehmen müssen, eine 24monatige Vorlaufzeit zur Einrichtung der erforderlichen internen Verfahren und technischen Anforderungen ein.

Abschnitt 2. Zeitwertbilanzierte nicht realisierte Gewinne und Verluste

Art. 467 *(aufgehoben)*

Art. 468 Vorübergehende Behandlung von zeitwertbilanzierten, im sonstigen Ergebnis nicht realisierten Gewinnen und Verlusten angesichts der COVID-19-Pandemie. (1) Abweichend von Artikel 35 können die Institute während des Zeitraums vom 1. Januar 2020 bis zum 31. Dezember 2022 (im Folgenden „Zeitraum der vorübergehenden Behandlung“) den nach der folgenden Formel bestimmten Betrag A von der Berechnung ihrer Posten des harten Kernkapitals ausnehmen:

$$A = a \cdot f$$

wobei gilt:

a = der Betrag der seit dem 31. Dezember 2019 aufgelaufenen nicht realisierten Gewinne und Verluste, der in der Bilanz als „Veränderungen des Zeitwerts von zeitwertbilanzierten Schuldtiteln im sonstigen Ergebnis“ erfasst wird und Risikopositionen gegenüber Zentralstaaten, in Artikel 115 Absatz 2 der vorliegenden Verordnung genannten Risikopositionen gegenüber regionalen oder lokalen Gebietskörperschaften und in Artikel 116 Absatz 4 der vorliegenden Verordnung genannten Risikopositionen gegenüber öffentlichen Stellen entspricht, ausgenommen finanzielle Vermögenswerte mit beeinträchtigter Bonität im Sinne des Anhangs A des Anhangs der Verordnung (EG) Nr. 1126/2008 der Kommission (im Folgenden „Anhang zu IFRS 9"), und

f = der gemäß Absatz 2 auf das jeweilige Berichtsjahr während des Zeitraums der vorübergehenden Behandlung anwendbare Faktor.

(2) Die Institute berechnen den in Absatz 1 genannten Betrag A mittels folgender Faktoren f:

a) 1 im Zeitraum vom 1. Januar 2020 bis zum 31. Dezember 2020;

b) 0,7 im Zeitraum vom 1. Januar 2021 bis zum 31. Dezember 2021;

c) 0,4 im Zeitraum vom 1. Januar 2022 bis zum 31. Dezember 2022.

(3) [1] Wenn ein Institut entscheidet, die in Absatz 1 dargelegte vorübergehende Behandlung anzuwenden, unterrichtet es die zuständige Behörde mindestens 45 Tage vor dem Einreichungstermin für die Berichterstattung über die Informationen auf der Grundlage dieser Behandlung über seine Entscheidung. [2] Vorbehaltlich der vorherigen Erlaubnis der zuständigen Behörde kann das Institut seine ursprüngliche Entscheidung während des Zeitraums der vorübergehenden Behandlung ein Mal rückgängig machen. [3] Die Institute geben öffentlich bekannt, ob sie diese Behandlung anwenden.

(4) [1] Wenn ein Institut gemäß Absatz 1 des vorliegenden Artikels einen Betrag nicht realisierter Verluste aus Posten seines harten Kernkapitals ausnimmt, nimmt es eine Neuberechnung sämtlicher in der vorliegenden Verordnung und in der Richtlinie 2013/36/EU festgelegten Anforderungen vor, die auf der Grundlage eines der folgenden Posten berechnet werden:

a) Betrag der latenten Steueransprüche, der nach Artikel 36 Absatz 1 Buchstabe c von Posten des harten Kernkapitals abgezogen wird oder nach Artikel 48 Absatz 4 ein Risikogewicht erhält;

b) Betrag der spezifischen Kreditrisikoanpassungen.

[2] Bei der Neuberechnung der einschlägigen Anforderung berücksichtigt das Institut nicht die Auswirkungen, die die Rückstellungen für erwartete Kreditverluste im Zusammenhang mit Risikopositionen gegenüber Zentralstaaten, in Artikel 115 Absatz 2 der vorliegenden Verordnung genannten Risikopositionen gegenüber regionalen oder lokalen Gebietskörperschaften und in Artikel 116 Absatz 4 der vorliegenden Verordnung genannten Risikopositionen gegenüber öffentlichen Stellen, ausgenommen finanzielle Vermögenswerte mit beeinträchtigter Bonität im Sinne des Anhangs A des Anhangs zu IFRS 9, auf diese Posten haben.

(5) Während der in Absatz 2 des vorliegenden Artikels genannten Zeiträume legen Institute, die sich für die Anwendung der vorübergehenden Behandlung nach Absatz 1 des vorliegenden Artikels entschieden haben, zusätzlich zu den gemäß Teil 8 offenzulegenden Informationen die Beträge der Eigenmittel, des harten Kernkapitals und des Kernkapitals, die Gesamtkapitalquote, die harte Kernkapitalquote, die Kernkapitalquote und die Verschuldungsquote offen, die sie hätten, wenn sie diese Behandlung nicht anwenden würden.

Abschnitt 3. Abzüge

Unterabschnitt 1. Abzüge von Posten des harten Kernkapitals

Art. 469 Abzüge von Posten des harten Kernkapitals. (1) Abweichend von Artikel 36 Absatz 1 gilt ab dem 1. Januar 2014 bis zum 31. Dezember 2017 Folgendes:

a) Die Institute ziehen von den Posten des harten Kernkapitals den in Artikel 478 spezifizierten anwendbaren Prozentsatz der nach Artikel 36 Absatz 1 Buchstaben a bis h in Abzug zu bringenden Beträge ab, ausgenommen latente Steueransprüche, die von der künftigen Rentabilität abhängig sind und aus temporären Differenzen resultieren.

b) Die Institute wenden die einschlägigen Bestimmungen des Artikels 472 auf die Restbeträge von Posten an, die nach Artikel 36 Absatz 1 Buchstaben a bis h in Abzug zu bringen sind, ausgenommen latente Steueransprüche, die von der künftigen Rentabilität abhängig sind und aus temporären Differenzen resultieren.

c) Die Institute ziehen von den Posten des harten Kernkapitals den in Artikel 478 spezifizierten anwendbaren Prozentsatz des nach Artikel 36 Absatz 1 Buchstaben c und i in Abzug zu bringenden Gesamtbetrags nach der Anwendung von Artikel 470 ab.

d) Die Institute wenden Artikel 472 Absatz 5 bzw. Absatz 11 auf den gesamten Restbetrag der Posten an, die nach Artikel 36 Absatz 1 Buchstaben c und i und nach der Anwendung von Artikel 470 in Abzug zu bringen sind.

(2) Die Institute legen den Anteil an dem in Absatz 1 Buchstabe d genannten gesamten Restbetrag fest, der Artikel 472 Absatz 5 unterliegt, indem sie den Quotienten aus dem in Buchstabe a spezifizierten Betrag und der in Buchstabe b spezifizierten Summe berechnen:

a) Betrag latenter Steueransprüche gemäß Artikel 470 Absatz 2 Buchstabe a, die von der künftigen Rentabilität abhängig sind und aus temporären Differenzen resultieren,

b) Summe der in Artikel 470 Absatz 2 Buchstaben a und b genannten Beträge.

(3) Die Institute legen den Anteil an dem in Absatz 1 Buchstabe d genannten gesamten Restbetrag fest, der Artikel 472 Absatz 11 unterliegt, indem sie den Quotienten aus dem in Buchstabe a spezifizierten Betrag und der in Buchstabe b spezifizierten Summe berechnen:

a) Betrag der direkten und indirekten Positionen in den Instrumenten des harten Kernkapitals nach Artikel 470 Absatz 2 Buchstabe b,

b) Summe der in Artikel 472 Absatz 2 Buchstaben a und b genannten Beträge.

Art. 469a Ausnahme von den Abzügen von Posten des harten Kernkapitals für notleidende Risikopositionen. *[(1)]* Abweichend von Artikel 36 Absatz 1 Buchstabe m ziehen die Institute von den Posten des harten Kernkapitals den maßgeblichen Betrag der unzureichenden Deckung notleidender Risikopositionen nicht ab, wenn die Risikoposition vor dem 26. April 2019 begründet wurde.

[(2)] Werden die Bedingungen einer vor dem 26. April 2019 begründeten Risikoposition durch das Institut so verändert, dass sich die Risikoposition des Instituts gegenüber dem Schuldner erhöht, so gilt die Risikoposition als zu dem

Zeitpunkt begründet, zu dem die Änderung anwendbar wird, und fällt nicht mehr unter die in Unterabsatz 1 vorgesehene Ausnahmeregelung.

Art. 470 Ausnahmen vom Abzug von Posten des harten Kernkapitals.

(1) Für die Zwecke dieses Artikels umfassen die einschlägigen Posten des harten Kernkapitals die gemäß Artikel 32 bis 35 berechneten Posten des harten Kernkapitals des Instituts nach den Abzügen gemäß Artikel 36 Absatz 1 Buchstaben a bis h sowie Buchstabe k Ziffern ii bis v und Buchstabe l, ausgenommen latente Steueransprüche, die von der künftigen Rentabilität abhängig sind und aus temporären Differenzen resultieren.

(2) Abweichend von Artikel 48 Absatz 1 dürfen Institute ab dem 1. Januar 2014 bis zum 31. Dezember 2017 die unter den Buchstaben a und b genannten Positionen, die aggregiert höchstens 15 % der einschlägigen Posten des harten Kernkapitals des Instituts entsprechen, nicht in Abzug bringen:

a) latente Steueransprüche, die von der künftigen Rentabilität abhängig sind und aus temporären Differenzen resultieren und aggregiert höchstens 10 % der einschlägigen Posten des harten Kernkapitals entsprechen,
b) wenn ein Institut eine wesentliche Beteiligung an einem Unternehmen der Finanzbranche hält, seine direkten, indirekten und synthetischen Positionen in den Instrumenten des harten Kernkapitals jenes Unternehmens, die zusammengerechnet höchstens 10 % der einschlägigen Posten des harten Kernkapitals entsprechen.

(3) [1] Abweichend von Artikel 48 Absatz 2 werden Posten, die gemäß Absatz 2 nicht abzuziehen sind, zu 250 % risikogewichtet. [2] Für die in Absatz 2 Buchstabe b genannten Posten gelten gegebenenfalls die Anforderungen des Teils 3 Titel IV.

Art. 471 Ausnahmen vom Abzug von Beteiligungen an Versicherungsunternehmen von Posten des harten Kernkapitals. (1) Abweichend von Artikel 49 Absatz 1 können Institute entscheiden, Beteiligungen an Versicherungsunternehmen, Rückversicherungsunternehmen und Versicherungsholdinggesellschaften im Zeitraum vom 31. Dezember 2018 bis zum 31. Dezember 2024 nicht in Abzug zu bringen, wenn die folgenden Bedingungen erfüllt sind:

a) die in Artikel 49 Absatz 1 Buchstaben a und e festgelegten Bedingungen;
b) die zuständigen Behörden sind vom Niveau der Risikokontrollen und Finanzanalyseverfahren, die von dem Institut speziell zur Überwachung der Beteiligung an dem Unternehmen oder der Holdinggesellschaft eingeführt wurden, überzeugt;
c) die Beteiligung des Instituts an dem Versicherungsunternehmen, Rückversicherungsunternehmen oder der Versicherungsholdinggesellschaft beträgt nicht mehr als 15 % der von dem betreffenden Unternehmen der Versicherungsbranche zum 31. Dezember 2012 und zwischen dem 1. Januar 2013 und dem 31. Dezember 2024 begebenen Instrumente ihres harten Kernkapitals;
d) der Betrag der Beteiligung, der nicht in Abzug gebracht wird, ist nicht höher als der Betrag der zum 31. Dezember 2012 gehaltenen Instrumente des harten Kernkapitals des Versicherungsunternehmens, Rückversicherungsunternehmens oder der Versicherungsholdinggesellschaft.

(2) Die gemäß *Absatz 2*[1] nicht in Abzug gebrachten Beteiligungen gelten als Risikopositionen und werden mit 370 % risikogewichtet.

Art. 472 Nicht vom harten Kernkapital in Abzug zu bringende Posten. (1) Abweichend von Artikel 33 Absatz 1 Buchstabe c und Artikel 36 Absatz 1 Buchstaben a bis i wenden die Institute ab dem 1. Januar 2014 bis zum 31. Dezember 2017 diesen Artikel auf die Restbeträge der in Artikel 468 Absatz 4 bzw. Artikel 469 Absatz 1 Buchstaben b und d genannten Posten an.

(2) Der Restbetrag der Bewertungsanpassungen von Derivatverbindlichkeiten, die aus dem eigenen Kreditrisiko des Instituts resultieren, wird nicht in Abzug gebracht.

(3) Die Institute gehen hinsichtlich des Restbetrags der Verluste des laufenden Geschäftsjahrs nach Artikel 36 Absatz 1 Buchstabe a wie folgt vor:

a) Wesentliche Verluste werden von den Kernkapitalposten abgezogen,

b) Verluste, die nicht wesentlich sind, werden nicht abgezogen.

(4) Die Institute ziehen den Restbetrag der immateriellen Vermögenswerte nach Artikel 36 Absatz 1 Buchstabe b von den Kernkapitalposten ab.

(5) Der Restbetrag der latenten Steueransprüche nach Artikel 36 Absatz 1 Buchstabe c wird nicht abgezogen und unterliegt einer Risikogewichtung von 0 %.

(6) Der Restbetrag der Posten nach Artikel 36 Absatz 1 Buchstabe d wird zur Hälfte von Kernkapitalposten und zur Hälfte von Ergänzungskapitalposten abgezogen.

(7) Der Restbetrag der Vermögenswerte eines Pensionsfonds mit Leistungszusage gemäß Artikel 36 Absatz 1 Buchstabe e wird nicht von den Eigenmittelbestandteilen abgezogen und ist in den Posten des harten Kernkapitals insoweit enthalten, als der Betrag als Teil der ursprünglichen Eigenmittel gemäß den nationalen Umsetzungsmaßnahmen für Artikel 57 Buchstaben a bis ca der Richtlinie 2006/48/EG anerkannt worden wäre.

(8) Die Institute gehen hinsichtlich des Restbetrags der in eigenen Instrumenten des harten Kernkapitals gehaltenen Positionen nach Artikel 36 Absatz 1 Buchstabe f wie folgt vor:

a) Der Betrag der direkt gehaltenen Positionen wird von den Kernkapitalposten abgezogen;

b) der Betrag der indirekt und synthetischen Positionen, einschließlich eigener Instrumente des harten Kernkapitals, die ein Institut möglicherweise aufgrund bestehender oder eventueller vertraglicher Verpflichtungen zu kaufen gehalten ist, wird nicht abgezogen und unterliegt einem Risikogewicht gemäß Teil 3 Titel II Kapitel 2 oder 3 sowie gegebenenfalls den Anforderungen des Teils 3 Titel IV.

(9) Die Institute gehen hinsichtlich des Restbetrags der in Instrumenten des harten Kernkapitals eines Unternehmens der Finanzbranche gehaltenen Positionen, mit dem gegenseitige Überkreuzbeteiligungen nach Artikel 36 Absatz 1 Buchstabe g bestehen, wie folgt vor:

---

[1] Richtig wohl: „Absatz 1".

a) Hält ein Institut keine wesentliche Beteiligung an dem Unternehmen der Finanzbranche, so wird der Betrag seiner in den Instrumenten des harten Kernkapitals des Unternehmens gehaltenen Positionen gemäß Artikel 36 Absatz 1 Buchstabe h behandelt;
b) hält ein Institut eine wesentliche Beteiligung an dem Unternehmen der Finanzbranche, so wird der Betrag seiner in den Instrumenten des harten Kernkapitals des Unternehmens gehaltenen Positionen gemäß Artikel 36 Absatz 1 Buchstabe i behandelt.

(10) Die Institute gehen hinsichtlich der Restbeträge der Posten nach Artikel 36 Absatz 1 Buchstabe h wie folgt vor:
a) Die in Abzug zu bringenden Beträge in Verbindung mit direkt gehaltenen Positionen werden zur Hälfte von Kernkapitalposten und zur Hälfte von Ergänzungskapitalposten abgezogen;
b) die Beträge in Verbindung mit indirekten und synthetischen Positionen werden nicht abgezogen und unterliegen einem Risikogewicht gemäß Teil 3 Titel II Kapitel 2 oder 3 und gegebenenfalls den Anforderungen des Teils 3 Titel IV.

(11) Die Institute gehen hinsichtlich der Restbeträge der Posten nach Artikel 36 Absatz 1 Buchstabe i wie folgt vor:
a) Die in Abzug zu bringenden Beträge in Verbindung mit direkt gehaltenen Positionen werden zur Hälfte von Kernkapitalposten und zur Hälfte von Ergänzungskapitalposten abgezogen;
b) die Beträge in Verbindung mit indirekten und synthetischen Positionen werden nicht abgezogen und unterliegen einem Risikogewicht gemäß Teil 3 Titel II Kapitel 2 oder 3 und gegebenenfalls den Anforderungen des Teils 3 Titel IV.

Art. 473 Einführung von Änderungen des internationalen Rechnungslegungsstandards IAS 19. (1) Abweichend von Artikel 481 können zuständige Behörden Instituten, die ihre Abschlüsse im Einklang mit den internationalen Rechnungslegungsstandards aufstellen, die gemäß dem Verfahren nach Artikel 6 Absatz 2 der Verordnung (EG) Nr. 1606/2002 erlassen wurden, ab dem 1. Januar 2014 bis zum 31. Dezember 2018 gestatten, zu ihrem harten Kernkapital den maßgebenden Betrag nach Absatz 2 bzw. 3, multipliziert mit dem Faktor nach Absatz 4 hinzuzurechnen.

(2) Der maßgebende Betrag wird als Summe nach Buchstabe a abzüglich der Summe nach Buchstabe b berechnet:
a) Die Institute bestimmen den Wert der Vermögenswerte aus ihren Pensionsfonds bzw. Altersversorgungsplänen im Einklang mit der Verordnung (EG) Nr. 1126/2008 der Kommission[1] in der durch die Verordnung (EG) Nr. 1205/2011 der Kommission[2] geänderten Fassung. Sie ziehen sodann von den Werten dieser Aktiva die Werte der nach denselben Rechnungs-

[1] **Amtl. Anm.:** Verordnung (EG) Nr. 1126/2008 der Kommission vom 3. November 2008 zur Übernahme bestimmter internationaler Rechnungslegungsstandards gemäß der Verordnung (EG) Nr. 1606/2002 des Europäischen Parlaments und des Rates (ABl. L 320 vom 29.11.2008, S. 1).

[2] **Amtl. Anm.:** Verordnung (EU) Nr. 1205/2011 der Kommission vom 22. November 2011 zur Änderung der Verordnung (EG) Nr. 1126/2008 zur Übernahme bestimmter internationaler Rechnungslegungsstandards gemäß der Verordnung (EG) Nr. 1606/2002 des Europäischen Parlaments und →

legungsvorschriften ermittelten Verbindlichkeiten der betreffenden Fonds oder Pläne ab;.[1]

b) die Institute bestimmen den Wert der Vermögenswerte aus ihren Pensionsfonds bzw. Altersversorgungsplänen im Einklang mit der Verordnung (EG) Nr. 1126/2008 der Kommission. Sie ziehen sodann von den Werten dieser Vermögenswerte die Werte der nach denselben Rechnungslegungsvorschriften ermittelten Verbindlichkeiten der betreffenden Fonds oder Pläne ab.

(3) Der gemäß Absatz 2 ermittelte Betrag ist begrenzt auf den Betrag, der vor dem 1. Januar 2014 gemäß den nationalen Maßnahmen zur Umsetzung der Richtlinie 2006/48/EG nicht von den Eigenmitteln in Abzug zu bringen ist, insoweit als in Bezug auf diese nationalen Maßnahmen in dem betreffenden Mitgliedstaat nach Artikel 481 verfahren werden könnte.

(4) Es werden folgende Faktoren angewandt:

a) 1 ab dem 1. Januar 2014 bis zum 31. Dezember 2014,

b) 0,8 ab dem 1. Januar 2015 bis zum 31. Dezember 2015,

c) 0,6 ab dem 1. Januar 2016 bis zum 31. Dezember 2016,

d) 0,4 ab dem 1. Januar 2017 bis zum 31. Dezember 2017,

e) 0,2 ab dem *01.*[2] Januar 2018 bis zum 31. Dezember 2018.

(5) Die Institute legen die Werte der Vermögenswerte und Verbindlichkeiten nach Absatz 2 in ihren veröffentlichten Abschlüssen offen.

Art. 473a Einführung des IFRS 9. (1) *[1]* Abweichend von Artikel 50 und bis zum Ablauf der Übergangsphasen gemäß den Absätzen 6 und 6a des vorliegenden Artikels können folgende Institute den Betrag gemäß dem vorliegenden Absatz in ihr hartes Kernkapital einrechnen:

a) Institute, die ihre Abschlüsse nach den internationalen Rechnungslegungsstandards aufstellen, welche nach dem Verfahren des Artikels 6 Absatz 2 der Verordnung (EG) Nr. 1606/2002 angenommen wurden;

b) Institute, die gemäß Artikel 24 Absatz 2 der vorliegenden Verordnung die Bewertung von Vermögenswerten und außerbilanziellen Posten und die Ermittlung der Eigenmittel nach internationalen Rechnungslegungsstandards vornehmen, die nach dem in Artikel 6 Absatz 2 der Verordnung (EG) Nr. 1606/2002 festgelegten Verfahren angenommen wurden;

c) Institute, die die Bewertung von Vermögenswerten und außerbilanziellen Posten im Einklang mit Rechnungslegungsstandards gemäß der Richtlinie 86/635/EWG vornehmen und die ein Modell für erwartete Kreditverluste verwenden, das mit demjenigen identisch ist, das bei den nach dem in Artikels 6 Absatz 2 der Verordnung (EG) Nr. 1606/2002 festgelegten Verfahren angenommenen internationalen Rechnungslegungsstandards verwendet wird.

[2] Der in Unterabsatz 1 genannte Betrag wird als Summe der folgenden Beträge berechnet:

(Fortsetzung der Anm. von voriger Seite)
des Rates im Hinblick auf den International Accounting Standard (IAS) 1 und den International Accounting Standard (IAS) 19 (ABl. L 146 vom 6.6.2012, S. 1).

[1] Zeichensetzung amtlich.

[2] Schreibweise amtlich.

a) bei Risikopositionen, die der Risikogewichtung nach Teil 3 Titel II Kapitel 2 unterliegen, der anhand folgender Formel berechnete Betrag (AB_{SA}):

$$AB_{SA} = \left(A_{2,SA} - t_1\right) \cdot f_1 + \left(A_{4,SA} - t_2\right) \cdot f_2 + \left(A_{SA}^{old} - t_3\right) \cdot f_1$$

Dabei ist

$A_{2,SA}$ = der nach Absatz 2 berechnete Betrag;

$A_{4,SA}$ = = der nach Absatz 4 berechnete Betrag, der auf den nach Absatz 3 berechneten Beträgen basiert;

$$A_{SA}^{old} = \max\left\{P_{1.1.2020}^{SA} - P_{1.1.2018}^{SA}; 0\right\}$$

$P_{1.1.2020}^{SA}$ = die Summe aus den erwarteten 12-Monats-Kreditverlusten, die nach Abschnitt 5.5.5 des Anhangs zu IFRS 9 ermittelt wurden, und dem Betrag der Wertberichtigung für die über die Laufzeit erwarteten Kreditverluste, die nach Abschnitt 5.5.3 des Anhangs zu IFRS 9 ermittelt wurden, mit Ausnahme der Wertberichtigung für die über die Laufzeit erwarteten Kreditverluste für finanzielle Vermögenswerte mit beeinträchtigter Bonität im Sinne des Anhangs A des Anhangs zu IFRS 9, am 1. Januar 2020;

$P_{1.1.2018}^{SA}$ = die Summe aus den erwarteten 12-Monats-Kreditverlusten, die nach Abschnitt 5.5.5 des Anhangs zu IFRS 9 ermittelt wurden, und dem Betrag der Wertberichtigung für die über die Laufzeit erwarteten Kreditverluste, die nach Abschnitt 5.5.3 des Anhangs zu IFRS 9 ermittelt wurden, mit Ausnahme der Wertberichtigung für die über die Laufzeit erwarteten Kreditverluste für finanzielle Vermögenswerte mit beeinträchtigter Bonität im Sinne des Anhangs A des Anhangs zu IFRS 9, am 1. Januar 2018 oder – falls später – am Tag der erstmaligen Anwendung des IFRS 9;

f_1 = der in Absatz 6 festgelegte anwendbare Faktor;

f_2 = der in Absatz 6a festgelegte anwendbare Faktor;

t_1 = die Erhöhung des harten Kernkapitals aufgrund der steuerlichen Abzugsfähigkeit des Betrags $A_{2,SA}$;

t_2 = Erhöhung des harten Kernkapitals aufgrund der steuerlichen Abzugsfähigkeit des Betrags $A_{4,SA}$;

t_3 = die Erhöhung des harten Kernkapitals aufgrund der steuerlichen Abzugsfähigkeit des Betrags A_{SA}^{old};

b) bei Risikopositionen, die der Risikogewichtung nach Teil 3 Titel II Kapitel 3 unterliegen, der anhand folgender Formel berechnete Betrag (AB_{IRB}):

$$AB_{IRB} = (A_{2,IRB} - t_1) \cdot f_1 + (A_{4,IRB} - t_2) \cdot f_2 + (A_{IRB}^{old} - t_3) \cdot f_1$$

Dabei ist

$A_{2,IRB}$ = der nach Absatz 2 berechnete Betrag, der nach Absatz 5 Buchstabe a angepasst wurde;

$A_{4,IRB}$ = der nach Absatz 4 berechnete Betrag, der auf den nach Absatz 3 berechneten Beträgen basiert, die nach Absatz 5 Buchstaben b und c angepasst wurden;

$$A_{IRB}^{old} = \max\{P_{1.1.2020}^{IRB} - P_{1.1.2018}^{IRB}; 0\}$$

$P_{1.1.2020}^{IRB}$ = die Summe aus den erwarteten 12-Monats-Kreditverlusten, die nach Abschnitt 5.5.5 des Anhangs zu IFRS 9 ermittelt wurden, und dem Betrag der Wertberichtigung für die über die Laufzeit erwarteten Kreditverluste, die nach Abschnitt 5.5.3 des Anhangs zu IFRS 9 ermittelt wurden, mit Ausnahme der Wertberichtigung für die über die Laufzeit erwarteten Kreditverluste für finanzielle Vermögenswerte mit beeinträchtigter Bonität im Sinne des Anhangs A des Anhangs zu IFRS 9, abzüglich der Summe der damit zusammenhängenden erwarteten Verlustbeträge für dieselben Risikopositionen, die gemäß Artikel 158 Absätze 5, 6, und 10 der vorliegenden Verordnung berechnet werden, am 1. Januar 2020. Ergibt die Berechnung eine negative Zahl, so setzt das Institut den Wert von $P_{1.1.2020}^{IRB}$ gleich Null;

$P_{1.1.2018}^{IRB}$ = die Summe aus den erwarteten 12-Monats-Kreditverlusten, die nach Abschnitt 5.5.5 des Anhangs zu IFRS 9 ermittelt wurden, und dem Betrag der Wertberichtigung für die über die Laufzeit erwarteten Kreditverluste, die nach Abschnitt 5.5.3 des Anhangs zu IFRS 9 ermittelt wurden, mit Ausnahme der Wertberichtigung für die über die Laufzeit erwarteten Kreditverluste für finanzielle Vermögenswerte mit beeinträchtigter Bonität im Sinne des Anhangs A des Anhangs zu IFRS 9, am 1. Januar 2018 oder — falls später — am Tag der erstmaligen Anwendung des IFRS 9, abzüglich der Summe der damit zusammenhängenden erwarteten Verlustbeträge für dieselben Risikopositionen, die gemäß Artikel 158 Absätze 5, 6, und 10 der vorliegenden Verordnung berechnet werden. Ergibt die Berechnung eine negative Zahl, so setzt das Institut den Wert von $P_{1.1.2018}^{IRB}$ gleich Null;

f_1 = der in Absatz 6 festgelegte anwendbare Faktor;

f_2	=	der in Absatz 6a festgelegte anwendbare Faktor;
t_1	=	die Erhöhung des harten Kernkapitals aufgrund der steuerlichen Abzugsfähigkeit des Betrags $A_{2,IRB}$;
t_2	=	die Erhöhung des harten Kernkapitals aufgrund der steuerlichen Abzugsfähigkeit des Betrags $A_{4,IRB}$;
t_3	=	die Erhöhung des harten Kernkapitals aufgrund der steuerlichen Abzugsfähigkeit des Betrags A_{IRB}^{old}.

(2) Die Institute berechnen die in Absatz 1 Unterabsatz 2 Buchstaben a und b genannten Beträge $A_{2,SA}$ und $A_{2,IRB}$ jeweils als den höheren der unter den Buchstaben a und b des vorliegenden Absatzes genannten Beträge getrennt für ihre Risikopositionen, die der Risikogewichtung nach Teil 3 Titel II Kapitel 2 unterliegen, und für ihre Risikopositionen, die der Risikogewichtung nach Teil 3 Titel II Kapitel 3 unterliegen:

a) Null;

b) der Betrag, berechnet nach Ziffer i, abzüglich des nach Ziffer ii berechneten Betrags:

   i) die Summe aus den erwarteten 12-Monats-Kreditverlusten, die nach Abschnitt 5.5.5 des IFRS 9 gemäß dem Anhang der Verordnung (EG) Nr. 1126/2008 der Kommission („Anhang zu IFRS 9") ermittelt wurden, und dem Betrag der Wertberichtigung für die über die Laufzeit erwarteten Kreditverluste, die nach Abschnitt 5.5.3 des Anhangs zu IFRS 9 ermittelt wurden, zum 1. Januar 2018 oder am Tag der ersten Anwendung des IFRS 9;

   ii) der Gesamtbetrag der Wertminderungsaufwendungen für als Kredite und Forderungen eingestufte finanzielle Vermögenswerte, bis zur Endfälligkeit gehaltene Finanzinvestitionen und zur Veräußerung verfügbare finanzielle Vermögenswerte gemäß IAS 39 Absatz 9 mit Ausnahme von Eigenkapitalinstrumenten und Anteilen an Organismen für gemeinsame Anlagen, ermittelt gemäß den Paragraphen 63, 64, 65, 67, 68 und 70 des IAS 39 im Anhang der Verordnung (EG) Nr. 1126/2008 vom 31. Dezember 2017 oder am Tag vor dem Tag der ersten Anwendung des IFRS 9.

(3) Die Institute berechnen den Betrag, um den der Betrag nach Buchstabe a den Betrag nach Buchstabe b des vorliegenden Absatzes übersteigt getrennt für ihre Risikopositionen, die der Risikogewichtung nach Teil 3 Titel II Kapitel 2 unterliegen, und für ihre Risikopositionen, die der Risikogewichtung nach Teil 3 Titel II Kapitel 3 unterliegen:

a) die Summe aus den erwarteten 12-Monats-Kreditverlusten, die nach Abschnitt 5.5.5 des Anhangs zu IFRS 9 ermittelt wurden, und dem Betrag der Wertberichtigung für die über die Laufzeit erwarteten Kreditverluste, die nach Abschnitt 5.5.3 des Anhangs zu IFRS 9 ermittelt wurden, mit Ausnahme der Wertberichtigung für die über die Laufzeit erwarteten Kreditverluste für finanzielle Vermögenswerte mit beeinträchtigter Bonität im Sinne des Anhangs A des Anhangs zu IFRS 9, am Tag der Meldung und – falls Artikel 468 der vorliegenden Verordnung Anwendung findet – mit Ausnahme der für zeitwertbilanzierte Risikopositionen im sonstigen Ergebnis bestimmten erwarteten Kreditverluste nach Abschnitt 4.1.2 A des Anhangs zu IFRS 9;

b) die Summe aus den erwarteten 12-Monats-Kreditverlusten, die nach Abschnitt 5.5.5 des Anhangs zu IFRS 9 ermittelt wurden, und dem Betrag der Wertberichtigung für die über die Laufzeit erwarteten Kreditverluste, die nach Abschnitt 5.5.3 des Anhangs zu IFRS 9 ermittelt wurden, mit Ausnahme der Wertberichtigung für die über die Laufzeit erwarteten Kreditverluste für finanzielle Vermögenswerte mit beeinträchtigter Bonität im Sinne des Anhangs A des Anhangs zu IFRS 9 und – falls Artikel 468 der vorliegenden Verordnung Anwendung findet – mit Ausnahme der für zeitwertbilanzierte Risikopositionen im sonstigen Ergebnis bestimmten erwarteten Kreditverluste nach Abschnitt 4.1.2 A des Anhangs zu IFRS 9, ab dem 1. Januar 2020 oder – falls später – am Tag der erstmaligen Anwendung des IFRS 9.

(4) *[1]* Für Risikopositionen, die der Risikogewichtung nach Teil 3 Titel II Kapitel 2 unterliegen und bei denen der nach Absatz 3 Buchstabe a festgelegte Betrag den in Absatz 3 Buchstabe b festgelegten Betrag übersteigt, setzen die Institute $A_{4,SA}$ der Differenz zwischen diesen beiden Beträgen gleich; andernfalls setzen sie $A_{4,SA}$ gleich Null.

[2] Für Risikopositionen, die der Risikogewichtung nach Teil 3 Titel II Kapitel 3 unterliegen und bei denen der nach Absatz 3 Buchstabe a festgelegte Betrag nach Anwendung von Absatz 5 Buchstabe b den Betrag für diese Risikopositionen wie in Absatz 3 Buchstabe b festgelegt nach Anwendung von Absatz 5 Buchstabe c übersteigt, setzen die Institute $A_{4,IRB}$ der Differenz zwischen diesen beiden Beträgen gleich; andernfalls setzen sie $A_{4,IRB}$ gleich Null.

(5) Für Risikopositionen, die der Risikogewichtung nach Teil 3 Titel II Kapitel 3 unterliegen, wenden die Institute die Absätze 2 bis 4 wie folgt an:

a) Für die Berechnung von $A_{2,IRB}$ ziehen die Institute von jedem der nach Absatz 2 Buchstabe b Ziffern i und ii des vorliegenden Artikels berechneten Beträge die Summe der gemäß Artikel 158 Absätze 5, 6, und 10 berechneten erwarteten Verlustbeträge zum 31. Dezember 2017 oder am Tag vor dem Tag der ersten Anwendung des IFRS 9 ab. Ergibt die Berechnung für den in Absatz 2 Buchstabe b Ziffer i des vorliegenden Artikels genannten Betrag eine negative Zahl, so setzt das Institut den Wert dieses i Betrags gleich Null. Ergibt die Berechnung für den in Absatz 2 Buchstabe b Ziffer ii des vorliegenden Artikels genannten Betrag eine negative Zahl, so setzt das Institut den Wert dieses Betrags gleich Null.

b) Die Institute ersetzen den gemäß Absatz 3 Buchstabe a des vorliegenden Artikels berechneten Betrag durch die Summe aus den erwarteten 12-Monats-Kreditverlusten, die nach Abschnitt 5.5.5 des Anhangs zu IFRS 9 ermittelt wurden, und dem Betrag der Wertberichtigung für die über die Laufzeit erwarteten Kreditverluste, die nach Abschnitt 5.5.3 des Anhangs zu IFRS 9 ermittelt wurden, mit Ausnahme der Wertberichtigung für die über die Laufzeit erwarteten Kreditverluste für finanzielle Vermögenswerte mit beeinträchtigter Bonität im Sinne des Anhangs A des Anhangs zu IFRS 9 und – falls Artikel 468 der vorliegenden Verordnung Anwendung dieser Verordnung findet – mit Ausnahme der für zeitwertbilanzierte Risikopositionen im sonstigen Ergebnis bestimmten erwarteten Kreditverluste nach Abschnitt 4.1.2 A des Anhangs zu IFRS 9, abzüglich der Summe der damit zusammenhängenden erwarteten Verlustbeträge für dieselben Risikopositionen, die gemäß Artikel 158 Absätze 5, 6, und 10 der vorliegenden Verordnung berechnet werden, am Tag der Meldung. Ergibt die Berechnung eine negative Zahl, so setzt das Institut den Wert des Betrags nach Absatz 3 Buchstabe a des vorliegenden Artikels gleich Null;

c) Die Institute ersetzen den gemäß Absatz 3 Buchstabe b des vorliegenden Artikels berechneten Betrag durch die Summe aus den erwarteten 12-Monats-Kreditverlusten, die nach Abschnitt 5.5.5 des Anhangs zu IFRS 9 ermittelt wurden, und dem Betrag der Wertberichtigung für die über die Laufzeit erwarteten Kreditverluste, die nach Abschnitt 5.5.3 des Anhangs zu IFRS 9 ermittelt wurden, mit Ausnahme der Wertberichtigung für die über die Laufzeit erwarteten Kreditverluste für finanzielle Vermögenswerte mit beeinträchtigter Bonität im Sinne des Anhangs A des Anhangs zu IFRS 9 und – falls Artikel 468 der vorliegenden Verordnung Anwendung findet – mit Ausnahme der für zeitwertbilanzierte Risikopositionen im sonstigen Ergebnis bestimmten erwarteten Kreditverluste nach Abschnitt 4.1.2 A des Anhangs zu IFRS 9, am 1. Januar 2020 oder – falls später – am Tag der erstmaligen Anwendung des IFRS 9, abzüglich der Summe der damit zusammenhängenden erwarteten Verlustbeträge für dieselben Risikopositionen, die gemäß Artikel 158 Absätze 5, 6, und 10 der vorliegenden Verordnung berechnet werden, am 1. Januar 2020 oder – falls später – am Tag der erstmaligen Anwendung des IFRS 9. Ergibt die Berechnung einen negativen Wert, setzt das Institut den Wert des Betrags nach Absatz 3 Buchstabe b des vorliegenden Artikels gleich Null.

(6) *[1]* Die Institute berechnen die in Absatz 1 Unterabsatz 2 Buchstaben a und b genannten Beträge AB_{SA} und AB_{IRB} mittels folgender Faktoren f_1:

a) 0,7 im Zeitraum vom 1. Januar 2020 bis zum 31. Dezember 2020,

b) 0,5 im Zeitraum vom 1. Januar 2021 bis zum 31. Dezember 2021,

c) 0,25 im Zeitraum vom 1. Januar 2022 bis zum 31. Dezember 2022,

d) 0 im Zeitraum vom 1. Januar 2023 bis zum 31. Dezember 2024.

[2] Institute, deren Geschäftsjahr nach dem 1. Januar 2020, aber vor dem 1. Januar 2021 beginnt, passen die in Unterabsatz 1 Buchstaben a bis d genannten Daten an ihr Geschäftsjahr an, melden der zuständigen Behörde die angepassten Daten und legen sie offen.

[3] Institute, die am oder nach dem 1. Januar 2021 mit der Anwendung der in Absatz 1 genannten Rechnungslegungsstandards beginnen, wenden die relevanten Faktoren entsprechend den Buchstaben b bis d des Unterabsatzes 1 beginnend mit dem Faktor an, der dem Jahr der erstmaligen Anwendung dieser Rechnungslegungsstandards entspricht.

(6a) *[1]* Die Institute berechnen die in Absatz 1 Unterabsatz 2 Buchstaben a und b genannten Beträge AB_{SA} und AB_{IRB} mittels folgender Faktoren f_2:

a) 1 im Zeitraum vom 1. Januar 2020 bis zum 31. Dezember 2020,

b) 1 im Zeitraum vom 1. Januar 2021 bis zum 31. Dezember 2021,

c) 0,75 im Zeitraum vom 1. Januar 2022 bis zum 31. Dezember 2022,

d) 0,5 im Zeitraum vom 1. Januar 2023 bis zum 31. Dezember 2023,

e) 0,25 im Zeitraum vom 1. Januar 2024 bis zum 31. Dezember 2024.

[2] Institute, deren Geschäftsjahr nach dem 1. Januar 2020, aber vor dem 1. Januar 2021 beginnt, passen die in Unterabsatz 1 Buchstaben a bis e

genannten Daten an ihr Geschäftsjahr an, melden der zuständigen Behörde die angepassten Daten und legen sie offen.

[3] Institute, die am oder nach dem 1. Januar 2021 mit der Anwendung der in Absatz 1 genannten Rechnungslegungsstandards beginnen, wenden die relevanten Faktoren entsprechend den Buchstaben b bis e des Unterabsatzes 1 beginnend mit dem Faktor an, der dem Jahr der erstmaligen Anwendung dieser Rechnungslegungsstandards entspricht.

(7) Bezieht ein Institut einen Betrag nach Absatz 1 des vorliegenden Artikels in sein hartes Kernkapital ein, so nimmt es eine Neuberechnung aller Anforderungen nach dieser Verordnung und nach der Richtlinie 2013/36/EU vor, bei denen einer der folgenden Posten zur Anwendung kommt, ohne die Auswirkungen zu berücksichtigen, die die Rückstellungen für erwartete Kreditverluste, die es in sein hartes Kernkapital einbezogen hat, auf diese Posten haben:

a) Betrag der latenten Steueransprüche, der nach Artikel 36 Absatz 1 Buchstabe c vom harten Kernkapital abgezogen wird oder nach Artikel 48 Absatz 4 ein Risikogewicht erhält;
b) Risikopositionswert, der gemäß Artikel 111 Absatz 1 ermittelt wird, wobei die spezifischen Kreditrisikoanpassungen, um die der Risikopositionswert verringert wird, mit dem folgenden Skalierungsfaktor (sf) multipliziert werden:

   $sf = 1 - (AB_{SA}/RA_{SA})$

   wobei gilt:

   AB_{SA} = der nach Absatz 1 Unterabsatz 2 Buchstabe a berechnete Betrag;

   RA_{SA} = der Gesamtbetrag der spezifischen Kreditrisikoanpassungen.
c) Betrag der nach Artikel 62 Buchstabe d berechneten Ergänzungskapitalposten.

(7a) *[1]* [1] Abweichend von Absatz 7 Buchstabe b des vorliegenden Artikels können die Institute bei der Neuberechnung der in dieser Verordnung und in der Richtlinie 2013/36/EU festgelegten Anforderungen dem in Absatz 1 Unterabsatz 2 Buchstabe a des vorliegenden Artikels genannten Betrag AB_{SA} ein Risikogewicht von 100 % zuweisen. [2] Für die Zwecke der Berechnung der Gesamtrisikopositionsmessgröße nach Artikel 429 Absatz 4 der vorliegenden Verordnung fügen die Institute die in Absatz 1 Unterabsatz 2 Buchstaben a und b des vorliegenden Artikels genannten Beträge AB_{SA} und AB_{IRB} zur Gesamtrisikopositionsmessgröße hinzu.

[2] [1] Die Institute können nur einmal entscheiden, ob sie die in Absatz 7 Buchstabe b dargelegte Berechnung oder die in Unterabsatz 1 des vorliegenden Absatzes dargelegte Berechnung verwenden. [2] Die Institute geben ihre Entscheidung bekannt.

(8) Während der in den Absätzen 6 und 6a des vorliegenden Artikels genannten Zeiträume erstatten die Institute, die sich für die Anwendung der in diesem Artikel dargelegten Übergangsbestimmungen entschieden haben, zusätzlich zu den in Teil 8 verlangten Informationen den zuständigen Behörden Meldung und legen die Beträge der Eigenmittel, des harten Kernkapitals und

des Kernkapitals, der harten Kernkapitalquote, der Kernkapitalquote, der Gesamtkapitalquote und der Verschuldungsquote offen, die sich ergäben, wenn sie diesen Artikel nicht anwenden würden.

(9) *[1]* [1] Ein Institut entscheidet, ob es die im vorliegenden Artikel festgelegten Regelungen während des Übergangszeitraums anwendet, und unterrichtet die zuständige Behörde bis zum 1. Februar 2018 über seine Entscheidung. [2] Hat ein Institut die vorherige Erlaubnis der zuständigen Behörde erhalten, so kann es seine Entscheidung während der Übergangszeit rückgängig machen. [3] Die Institute legen jegliche im Einklang mit diesem Unterabsatz getroffene Entscheidung offen.

[2] [1] Ein Institut, das entschieden hat, die im vorliegenden Artikel festgelegten Übergangsbestimmungen anzuwenden, kann entscheiden, Absatz 4 nicht anzuwenden; in diesem Fall unterrichtet es die zuständige Behörde bis zum 1. Februar 2018 über seine Entscheidung. [2] In diesem Fall setzt das Institut die in Absatz 1 genannten Werte $A_{4,SA}$, $A_{4,IRB}$, A^{old}_{SA}, A^{old}_{IRB}, t_2 und t_3 gleich Null. [3] Hat ein Institut die vorherige Erlaubnis der zuständigen Behörde erhalten, so kann es seine Entscheidung während der Übergangszeit rückgängig machen. [4] Die Institute legen jegliche im Einklang mit diesem Unterabsatz getroffene Entscheidung offen.

[3] [1] Ein Institut, das entschieden hat, die im vorliegenden Artikel festgelegten Übergangsbestimmungen anzuwenden, kann entscheiden, Absatz 2 nicht anzuwenden; in diesem Fall teilt es der zuständigen Behörde umgehend seine Entscheidung mit. [2] In diesem Fall setzt das Institut die in Absatz 1 genannten Werte $A_{2,SA}$, $A_{2,IRB}$ und t_1 gleich Null. [3] Ein Institut kann seine Entscheidung während der Übergangszeit rückgängig machen, wenn es zuvor die Erlaubnis der zuständigen Behörde erhalten hat.

[4] Die zuständigen Behörden teilen der EBA mindestens einmal jährlich mit, wie die unter ihrer Aufsicht stehenden Institute diesen Artikel anwenden.

(10) Die EBA gibt nach Artikel 16 der Verordnung (EU) Nr. 1093/2010 bis zum 30. Juni 2018 Leitlinien zu den Offenlegungsanforderungen nach diesem Artikel heraus.

Unterabschnitt 2. Abzüge von Posten des zusätzlichen Kernkapitals

Art. 474 Abzüge von Posten des zusätzlichen Kernkapitals. Abweichend von Artikel 56 gilt ab dem 1. Januar 2014 bis zum 31. Dezember 2017 Folgendes:

a) Die Institute ziehen von den Posten des zusätzlichen Kernkapitals den in Artikel 478 spezifizierten anwendbaren Prozentsatz der nach Artikel 56 in Abzug zu bringenden Beträge ab.
b) Die Institute wenden Artikel 475 auf die Restbeträge der Posten an, die nach Artikel 56 in Abzug zu bringen sind.

Art. 475 Nicht von Posten des zusätzlichen Kernkapitals in Abzug zu bringende Posten. (1) Abweichend von Artikel 56 finden die Anforderungen dieses Artikels ab dem 1. Januar 2014 bis zum 31. Dezember 2017 auf Restbeträge gemäß Artikel 474 Buchstabe b Anwendung.

(2) Die Institute gehen hinsichtlich des Restbetrags der Posten nach Artikel 56 Buchstabe a wie folgt vor:

a) Direkt gehaltene Positionen in eigenen Instrumenten des zusätzlichen Kernkapitals werden zum Buchwert von den Kernkapitalposten abgezogen;

b) indirekte und synthetische Positionen in eigenen Instrumenten des zusätzlichen Kernkapitals, einschließlich in eigenen Instrumenten des zusätzlichen Kernkapitals, die ein Institut möglicherweise aufgrund bestehender oder eventueller vertraglicher Verpflichtungen zu kaufen gehalten ist, werden nicht abgezogen und unterliegen einem Risikogewicht gemäß Teil 3 Titel II Kapitel 2 oder 3 sowie gegebenenfalls den Anforderungen des Teils 3 Titel IV.

(3) Die Institute gehen hinsichtlich des Restbetrags der Posten nach Artikel 56 Buchstabe b wie folgt vor:

a) Hält ein Institut keine wesentliche Beteiligung an einem Unternehmen der Finanzbranche, mit dem gegenseitige Überkreuzbeteiligungen bestehen, so wird der Betrag seiner direkten, indirekten und synthetischen Positionen in den Instrumenten des zusätzlichen Kernkapitals jenes Unternehmens gemäß Artikel 56 Buchstabe c behandelt;

b) hält ein Institut eine wesentliche Beteiligung an einem Unternehmen der Finanzbranche, mit dem gegenseitige Überkreuzbeteiligungen bestehen, so wird der Betrag seiner direkten, indirekten und synthetischen Positionen in den Instrumenten des zusätzlichen Kernkapitals des Unternehmens gemäß Artikel 56 Buchstabe d behandelt.

(4) Die Institute gehen hinsichtlich des Restbetrags der Posten nach Artikel 56 Buchstaben c und d wie folgt vor:

a) Der Betrag in Verbindung mit den direkt gehaltenen Positionen, der gemäß Artikel 56 Buchstaben c und d in Abzug zu bringen ist, wird zur Hälfte von Kernkapitalposten und zur Hälfte von Ergänzungskapitalposten abgezogen;

b) der Betrag in Verbindung mit den indirekten und synthetischen Positionen, der gemäß Artikel 56 Buchstaben c und d in Abzug zu bringen ist, wird nicht abgezogen und unterliegt einem Risikogewicht gemäß Teil 3 Titel II Kapitel 2 oder 3 sowie gegebenenfalls den Anforderungen des Teils 3 Titel IV.

Unterabschnitt 3. Abzüge von Posten des Ergänzungskapitals

Art. 476 Abzüge von Posten des Ergänzungskapitals. Abweichend von Artikel 66 gilt ab dem 1. Januar 2014 bis zum 31. Dezember 2017 Folgendes:

a) Die Institute ziehen von den Ergänzungskapitalposten den in Artikel 478 spezifizierten anwendbaren Prozentsatz der nach Artikel 66 in Abzug zu bringenden Beträge ab;

b) die Institute wenden Artikel 477 auf die Restbeträge an, die nach Artikel 66 in Abzug zu bringen sind.

Art. 477 Abzüge von Ergänzungskapitalposten. (1) Abweichend von Artikel 66 finden die Anforderungen dieses Artikels ab dem 1. Januar 2014 bis zum 31. Dezember 2017 auf Restbeträge gemäß Artikel 476 Buchstabe b Anwendung.

(2) Die Institute gehen hinsichtlich des Restbetrags der Posten nach Artikel 66 Buchstabe a wie folgt vor:

a) Direkt gehaltene Positionen in eigenen Instrumenten des Ergänzungskapitals werden zum Buchwert von den Ergänzungskapitalposten abgezogen;

b) indirekte und synthetische Positionen in eigenen Ergänzungskapitalinstrumenten, einschließlich in eigenen Ergänzungskapitalinstrumenten, die ein Institut möglicherweise aufgrund bestehender oder eventueller vertraglicher Verpflichtungen zu kaufen gehalten ist, werden nicht abgezogen und unterliegen einem Risikogewicht gemäß Teil 3 Titel II Kapitel 2 oder 3 sowie gegebenenfalls den Anforderungen des Teils 3 Titel IV.

(3) Die Institute gehen hinsichtlich des Restbetrags der Posten nach Artikel 66 Buchstabe b wie folgt vor:

a) Hält ein Institut keine wesentliche Beteiligung an einem Unternehmen der Finanzbranche, mit dem gegenseitige Überkreuzbeteiligungen bestehen, so wird der Betrag seiner direkten, indirekten und synthetischen Positionen in den Ergänzungskapitalinstrumenten des Unternehmens gemäß Artikel 66 Buchstabe c behandelt;

b) hält ein Institut eine wesentliche Beteiligung an einem Unternehmen der Finanzbranche, mit dem gegenseitige Überkreuzbeteiligungen bestehen, so wird der Betrag seiner direkten, indirekten und synthetischen Positionen in den Ergänzungskapitalinstrumenten dieses Unternehmens gemäß Artikel 66 Buchstabe d behandelt.

(4) Die Institute gehen hinsichtlich des Restbetrags der Posten nach Artikel 66 Buchstaben c und d wie folgt vor:

a) Der Betrag in Verbindung mit den direkt gehaltenen Positionen, der gemäß Artikel 66 Buchstaben c und d in Abzug zu bringen ist, wird zur Hälfte von Kernkapitalposten und zur Hälfte von Ergänzungskapitalposten abgezogen;

b) der Betrag in Verbindung mit den indirekten und synthetischen Positionen, der gemäß Artikel 66 Buchstaben c und d in Abzug zu bringen ist, wird nicht abgezogen und unterliegt einem Risikogewicht gemäß Teil 3 Titel II Kapitel 2 oder 3 sowie gegebenenfalls den Anforderungen des Teils 3 Titel IV.

Unterabschnitt 4. Auf Abzüge anwendbare Prozentsätze

Art. 478 Auf Abzüge von Posten des harten Kernkapitals, des zusätzlichen Kernkapitals und des Ergänzungskapitals anwendbare Prozentsätze. (1) Der anwendbare Prozentsatz für die Zwecke der Artikel 468 Absatz 4, 469 Absatz 1 Buchstaben a und c, 474 Buchstabe a und 476 Buchstabe a liegt innerhalb folgender Bandbreiten:

a) 20 % bis 100 % ab dem 1. Januar 2014 bis zum 31. Dezember 2014,

b) 40 % bis 100 % ab dem 1. Januar 2015 bis zum 31. Dezember 2015,

c) 60 % bis 100 % ab dem 1. Januar 2016 bis zum 31. Dezember 2016,

d) 80 % bis 100 % ab dem 1. Januar 2017 bis zum 31. Dezember 2017.

(2) Abweichend von Absatz 1 liegt für die in Artikel 36 Absatz 1 Buchstabe c genannten Posten, die vor dem 1. Januar 2014 bestanden, der anwendbare Prozentsatz für die Zwecke des Artikels 469 Absatz 1 Buchstabe c innerhalb folgender Bandbreiten:

a) 0 % bis 100 % ab dem 1. Januar 2014 bis zum 31. Dezember 2014,

b) 10 % bis 100 % ab dem 1. Januar 2015 bis zum 31. Dezember 2015,

c) 20 % bis 100 % ab dem 1. Januar 2016 bis zum 31. Dezember 2016,
d) 30 % bis 100 % ab dem 1. Januar 2017 bis zum 31. Dezember 2017,
e) 40 % bis 100 % ab dem 1. Januar 2018 bis zum 31. Dezember 2018,
f) 50 % bis 100 % ab dem 1. Januar 2019 bis zum 31. Dezember 2019,
g) 60 % bis 100 % ab dem 1. Januar 2020 bis zum 31. Dezember 2020,
h) 70 % bis 100 % ab dem 1. Januar 2021 bis zum 31. Dezember 2021,
i) 80 % bis 100 % ab dem 1. Januar 2022 bis zum 31. Dezember 2022,
j) 90 % bis 100 % ab dem 1. Januar 2023 bis zum 31. Dezember 2023.

(3) Die zuständigen Behörden legen einen anwendbaren Prozentsatz innerhalb der in den Absätzen 1 und 2 genannten Bandbreiten für jeden der folgenden Abzüge fest und veröffentlichen diese Werte:
a) die einzelnen Abzüge gemäß Artikel 36 Absatz 1 Buchstaben a bis h, ausgenommen latente Steueransprüche, die von der künftigen Rentabilität abhängig sind und aus temporären Differenzen resultieren,
b) die Gesamtsumme latenter Steueransprüche, die von der künftigen Rentabilität abhängig sind und aus temporären Differenzen resultieren, sowie Posten gemäß Artikel 36 Absatz 1 Buchstabe i, die nach Artikel 48 in Abzug zu bringen sind,
c) jeden Abzug gemäß Artikel 56 Buchstaben b bis d,
d) jeden Abzug gemäß Artikel 66 Buchstaben b bis d.

Abschnitt 4. Minderheitsbeteiligungen und durch Tochterunternehmen begebene Instrumente des zusätzlichen Kernkapitals und des Ergänzungskapitals

Art. 479 Anerkennung von nicht als Minderheitsbeteiligungen geltenden Instrumenten und Positionen im konsolidierten harten Kernkapital. (1) Abweichend von Teil 2 Titel III entscheiden die zuständigen Behörden ab dem 1. Januar 2014 bis zum 31. Dezember 2017 gemäß den Absätzen 2 und 3 über die Anerkennung von Positionen im konsolidierten harten Kernkapital, die im Einklang mit den nationalen Maßnahmen zur Umsetzung des Artikels 65 der Richtlinie 2006/48/EG zu den konsolidierten Rücklagen gerechnet würden und aus einem der folgenden Gründe nicht als konsolidiertes hartes Kernkapital gelten:
a) das Instrument gilt nicht als Instrument des harten Kernkapitals, so dass die verbundenen einbehaltenen Gewinne und Agios nicht zu den Posten des konsolidierten harten Kernkapitals gerechnet werden können;
b) die Positionen sind aufgrund von Artikel 81 Absatz 2 nicht anerkennungsfähig;
c) die Positionen sind nicht anerkennungsfähig, weil das Tochterunternehmen kein Institut oder Unternehmen ist, das aufgrund des anwendbaren nationalen Rechts den Anforderungen dieser Verordnung und der Richtlinie 2013/36/EU unterliegt;
d) die Positionen sind nicht anerkennungsfähig, weil das Tochterunternehmen nicht vollständig in die Konsolidierung nach Teil 1 Titel II Kapitel 2 einbezogen ist.

(2) Der anwendbare Prozentsatz der in Absatz 1 genannten Positionen, die im Einklang mit den nationalen Umsetzungsmaßnahmen für Artikel 65 der

Richtlinie 2006/48/EG als konsolidierte Rücklagen gelten würden, gilt als konsolidiertes hartes Kernkapital.

(3) Für die Zwecke des Absatzes 2 liegt der anwendbare Prozentsatz innerhalb folgender Bandbreiten:

a) 0 % bis 80 % ab dem 1. Januar 2014 bis zum 31. Dezember 2014,

b) 0 % bis 60 % ab dem 1. Januar 2015 bis zum 31. Dezember 2015,

c) 0 % bis 40 % ab dem 1. Januar 2016 bis zum 31. Dezember 2016,

d) 0 % bis 20 % ab dem 1. Januar 2017 bis zum 31. Dezember 2017.

(4) Die zuständigen Behörden legen den anwendbaren Prozentsatz innerhalb der in Absatz 3 genannten Bandbreiten fest und veröffentlichen diesen Wert.

Art. 480 Anerkennung von Minderheitsbeteiligungen und qualifiziertem zusätzlichem Kernkapital und Ergänzungskapital in den konsolidierten Eigenmitteln. (1) Abweichend von Artikel 84 Buchstabe b, Artikel 85 Buchstabe b und Artikel 87 Buchstabe b werden die in diesen Artikeln genannten Prozentsätze ab dem 1. Januar 2014 bis zum 31. Dezember 2017 mit dem jeweiligen anwendbaren Faktor multipliziert.

(2) Für die Zwecke von Absatz 1 liegt der anwendbare Faktor innerhalb folgender Bandbreiten:

a) 0,2 bis 1 ab dem 1. Januar 2014 bis zum 31. Dezember 2014,

b) 0,4 bis 1 ab dem 1. Januar 2015 bis zum 31. Dezember 2015,

c) 0,6 bis 1 ab dem 1. Januar 2016 bis zum 31. Dezember 2016 und

d) 0,8 bis 1 ab dem 1. Januar 2017 bis zum 31. Dezember 2017.

(3) Die zuständigen Behörden legen den anwendbaren Faktor innerhalb der in Absatz 2 genannten Bandbreiten fest und veröffentlichen diesen Wert.

Abschnitt 5. Zusätzliche Korrekturposten sowie Abzüge

Art. 481 Zusätzliche Korrekturposten sowie Abzüge. (1) Abweichend von den Artikeln 32 bis 36, 56 und 66 nehmen die Institute ab dem 1. Januar 2014 bis zum 31. Dezember 2017 Anpassungen vor, um den nach den nationalen Umsetzungsmaßnahmen für die Artikel 57, 61, 63, 63a, 64 und 66 der Richtlinie 2006/48/EG und die Artikel 13 und 16 der Richtlinie 2006/49/EG vorgeschriebenen, nach Teil 2 aber nicht geforderten anwendbaren Prozentsatz der Korrekturposten oder Abzüge in Posten des harten Kernkapitals, des Kernkapitals, des Ergänzungskapitals oder der Eigenmittel zu berücksichtigen oder von diesen abzuziehen.

(2) [1] Abweichend von Artikel 36 Absatz 1 Ziffer i und Artikel 49 Absatz 1 können die zuständigen Behörden ab dem 1. Januar 2014 bis zum 31. Dezember 2014 Instituten vorschreiben oder gestatten, anstelle des Abzugs nach Artikel 36 Absatz 1 die Methoden nach Artikel 49 Absatz 1 anzuwenden, wenn die Voraussetzungen nach Artikel 49 Absatz 1 Buchstabe b nicht erfüllt sind. [2] In diesen Fällen wird der Anteil der Positionen in den Eigenmittelinstrumenten eines Unternehmens der Finanzbranche, an dem das Mutterunternehmen eine wesentliche Beteiligung hält, der nicht nach Artikel 49 Absatz 1 in Abzug zu bringen ist, durch den anwendbaren Prozentsatz nach Absatz 4 bestimmt. [3] Für den nicht abzugsfähigen Betrag gelten gegebenenfalls die Anforderungen des Artikels 49 Absatz 4.

(3) Für die Zwecke von Absatz 1 liegt der anwendbare Prozentsatz innerhalb folgender Bandbreiten:

a) 0 % bis 80 % ab dem 1. Januar 2014 bis zum 31. Dezember 2014,

b) 0 % bis 60 % ab dem 1. Januar 2015 bis zum 31. Dezember 2015,

c) 0 % bis 40 % ab dem 1. Januar 2016 bis zum 31. Dezember 2016,

d) 0 % bis 20 % ab dem 1. Januar 2017 bis zum 31. Dezember 2017.

(4) Für die Zwecke von Absatz 2 liegt der anwendbare Prozentsatz ab dem 1. Januar 2014 bis zum 31. Dezember 2014 zwischen 0 % und 50 %.

(5) Für jeden Korrekturposten oder Abzug nach den Absätzen 1 oder 2 legen die zuständigen Behörden den anwendbaren Prozentsatz innerhalb der in den Absätzen 3 bzw. 4 genannten Bandbreiten fest und veröffentlichen diese Werte.

(6) *[1]* Die EBA arbeitet Entwürfe technischer Regulierungsstandards aus, um die Kriterien zu präzisieren, nach denen die zuständigen Behörden festlegen, ob im Einklang mit den nationalen Maßnahmen zur Umsetzung der Richtlinie 2006/48/EG oder der Richtlinie 2006/49/EG vorgenommene Anpassungen der Eigenmittel oder der Eigenmittelbestandteile, die nicht in Teil 2 vorgesehen sind, für die Zwecke dieses Artikels bezüglich der Posten des harten Kernkapitals, zusätzlichen Kernkapitals, Kernkapitals, Ergänzungskapitals oder der Eigenmittel vorzunehmen sind.

[2] Die EBA übermittelt der Kommission diese Entwürfe technischer Regulierungsstandards bis zum 28. Juli 2013.

[3] Der Kommission wird die Befugnis übertragen, die technischen Regulierungsstandards nach Unterabsatz 1 gemäß den Artikeln 10 bis 14 der Verordnung (EU) Nr. 1093/2010 zu erlassen.

Art. 482 Anwendung auf Derivatgeschäfte mit Pensionsfonds. Hinsichtlich der in Artikel 89 der Verordnung (EU) Nr. 648/2012 genannten Geschäfte, die mit einem Altersversorgungssystem im Sinne des Artikels 2 jener Verordnung eingegangen werden, berechnen Institute gemäß Artikel 382 Absatz 4 Buchstabe c keine Eigenmittelanforderung für das CVA-Risiko.

Kapitel 2. Bestandsschutz für Kapitalinstrumente

Abschnitt 1. Instrumente der staatlichen Beihilfe

Art. 483 Bestandsschutz für Instrumente der staatlichen Beihilfe.

(1) *[1]* Abweichend von den Artikeln 26 bis 29, 51, 52, 62 und 63 findet dieser Artikel ab dem 1. Januar 2014 bis zum 31. Dezember 2017 auf Kapitalinstrumente und -posten Anwendung, die folgende Voraussetzungen erfüllen:

a) Die Instrumente wurden vor dem 1. Januar 2014 begeben;

b) die Instrumente wurden im Zusammenhang mit einer Rekapitalisierung gemäß den Regeln für staatliche Beihilfen begeben. Sofern ein Teil der Instrumente von privaten Anlegern gezeichnet wurde, muss dieser vor dem 30. Juni 2012 und zusammen mit den von dem Mitgliedstaat gezeichneten Teilen begeben worden sein;

c) die Instrumente wurden von der Kommission gemäß Artikel 107 AEUV als mit dem Binnenmarkt vereinbar angesehen.

[2] [1] Wurden die Instrumente sowohl von dem Mitgliedstaat als auch von privaten Anlegern gezeichnet, so gilt im Falle einer teilweisen Rückzahlung der von dem Mitgliedstaat gezeichneten Instrumente für den entsprechenden Anteil des von Privatanlegern gezeichneten Teils der Instrumente Bestandsschutz gemäß Artikel 484. [2] Wurden alle vom Staat gezeichneten Instrumente zurückgezahlt, so gilt für die verbleibenden von Privatanlegern gezeichneten Instrumente Bestandsschutz gemäß Artikel 484.

(2) Instrumente, die die Voraussetzungen der nationalen Maßnahmen zur Umsetzung des Artikels 57 Buchstabe a der Richtlinie 2006/48/EG erfüllt haben, gelten als Instrumente des harten Kernkapitals, ungeachtet eines der folgenden Umstände:

a) Die Bedingungen des Artikels 28 sind nicht erfüllt,

b) die Instrumente wurden von einem Unternehmen nach Artikel 27 begeben, und die Bedingungen des Artikels 28, oder gegebenenfalls des Artikels 29 sind nicht erfüllt.

(3) *[1]* Instrumente im Sinne des Absatzes 1 Buchstabe c, die die Voraussetzungen der nationalen Maßnahmen zur Umsetzung des Artikels 57 Buchstabe a der Richtlinie 2006/48/EG nicht erfüllen, gelten als Instrumente des harten Kernkapitals, selbst wenn die Anforderungen des Absatzes 2 Buchstaben a oder b nicht erfüllt sind, solange die Anforderungen des Absatzes 8 erfüllt sind.

[2] Instrumente, die gemäß Unterabsatz 1 als Instrumente des harten Kernkapitals gelten, gelten nicht als Instrumente des zusätzlichen Kernkapitals oder Ergänzungskapitalinstrumente im Sinne der Absätze 5 bzw. 7.

(4) Instrumente, die die Voraussetzungen der nationalen Maßnahmen zur Umsetzung des Artikels 57 Buchstabe ca und des Artikels 66 Absatz 1 der Richtlinie 2006/48/EG erfüllt haben, gelten als Instrumente des zusätzlichen Kernkapitals, selbst wenn die Bedingungen des Artikels 52 Absatz 1 nicht erfüllt sind.

(5) *[1]* Instrumente im Sinne von Absatz 1 Buchstabe c, die die Voraussetzungen der nationalen Maßnahmen zur Umsetzung des Artikels 57 Buchstabe ca der Richtlinie 2006/48/EG nicht erfüllen, gelten als Instrumente des zusätzlichen Kernkapitals, selbst wenn die Bedingungen des Artikels 52 Absatz 1 nicht erfüllt sind, solange die Anforderungen des Absatzes 8 erfüllt sind.

[2] Instrumente, die gemäß Unterabsatz 1 als Instrumente des zusätzlichen Kernkapitals gelten, können nicht als Instrumente des harten Kernkapitals oder Ergänzungskapitalinstrumente im Sinne der Absätze 3 bzw. 7 gelten.

(6) Instrumente, die die Voraussetzungen der nationalen Maßnahmen zur Umsetzung des Artikels 57 Buchstaben f, g oder h und des Artikels 66 Absatz 1 der Richtlinie 2006/48/EG erfüllt haben, gelten als Ergänzungskapitalinstrumente, auch wenn sie nicht in Artikel 62 genannt oder die Bedingungen des Artikels 63 nicht erfüllt sind.

(7) *[1]* Instrumente im Sinne des Absatzes 1 Buchstabe c, die die Voraussetzungen der nationalen Maßnahmen zur Umsetzung des Artikels 57 Buchstabe f, g und h und des Artikels 66 Absatz 1 der Richtlinie 2006/48/EG nicht erfüllen, gelten als Ergänzungskapitalinstrumente, auch wenn sie nicht in Artikel 62 genannt oder die Bedingungen des Artikels 63 nicht erfüllt sind, solange die Anforderungen des Absatzes 8 erfüllt sind.

[2] Instrumente, die gemäß Unterabsatz 1 als Ergänzungskapitalinstrumente gelten, können nicht als Instrumente des harten Kernkapitals oder des zusätzlichen Kernkapitals im Sinne der Absätze 3 bzw. 5 gelten.

(8) Instrumente im Sinne der Absätze 3, 5 bzw. 7 können nur dann als Eigenmittelinstrumente im Sinne dieser Absätze gelten, wenn die Voraussetzung nach Absatz 1 Buchstabe a erfüllt ist und wenn sie durch Institute begeben werden, die ihren Sitz in einem Mitgliedstaat haben, der ein wirtschaftliches Anpassungsprogramm durchführen muss und die Emission der betreffenden Instrumente im Rahmen dieses Programms vereinbart oder möglich ist.

Abschnitt 2. Instrumente, die keine staatlichen Beihilfen darstellen

Unterabschnitt 1. Bestandsschutzfähigkeit und Beschränkungen des Bestandsschutzes

Art. 484 Bestandsschutzfähige Posten, die nach den nationalen Maßnahmen zur Umsetzung der Richtlinie 2006/48/EG als Eigenmittel gelten. (1) Dieser Artikel gilt ausschließlich für Instrumente und Positionen, die am 31. Dezember 2011 oder davor begeben wurden und die am 31. Dezember 2011 als Eigenmittel galten, und die keine Instrumente im Sinne des Artikels 483 Absatz 1 sind.

(2) Abweichend von den Artikeln 26 bis 29, 51, 52, 62 und 63 findet dieser Artikel ab dem 1. Januar 2014 bis zum 31. Dezember 2021 Anwendung.

(3) Vorbehaltlich Artikel 485 und der Beschränkung gemäß Artikel 486 Absatz 2 gelten Kapital im Sinne des Artikels 22 der Richtlinie 86/635/EWG und das damit verbundene Agio, die gemäß den nationalen Maßnahmen zur Umsetzung des Artikels 57 Buchstabe a der Richtlinie 2006/48/EG zu den ursprünglichen Eigenmitteln zählen, als Posten des harten Kernkapitals, auch wenn dieses Kapital die Bedingungen des Artikels 28, oder gegebenenfalls des Artikels 29 nicht erfüllt.

(4) Vorbehaltlich der Beschränkung gemäß Artikel 486 Absatz 3 gelten Instrumente und das damit verbundene Agio, die nach den nationalen Umsetzungsmaßnahmen für Artikel 57 Buchstabe ca und Artikel 154 Absätze 8 und 9 der Richtlinie 2006/48/EG zu den ursprünglichen Eigenmitteln zählen, als Instrumente des zusätzlichen Kernkapitals, auch wenn die Bedingungen des Artikels 52 nicht erfüllt sind.

(5) Vorbehaltlich der Beschränkungen gemäß Artikel 486 Absatz 4 gelten Posten und das damit verbundene Agio, die die Voraussetzungen nach den nationalen Umsetzungsmaßnahmen für Artikel 57 Buchstaben e, f, g oder h der Richtlinie 2006/48/EG erfüllen, als Ergänzungskapitalposten, auch wenn sie nicht in Artikel 62 genannt sind oder die Bedingungen des Artikels 63 nicht erfüllt sind.

Art. 485 Anerkennung von Agio, das mit Posten, die nach den nationalen Maßnahmen zur Umsetzung der Richtlinie 2006/48/EG als Eigenmittel gelten, verbunden ist, als hartes Kernkapital. (1) Dieser Artikel findet ausschließlich auf Instrumente Anwendung, die vor dem 31. Dezember 2010 begeben wurden und die keine Instrumente im Sinne des Artikels 483 Absatz 1 sind.

(2) Agio, das mit Kapital im Sinne des Artikels 22 der Richtlinie 86/635/EWG, das gemäß den nationalen Maßnahmen zur Umsetzung des Artikels 57

Buchstabe a der Richtlinie 2006/48/EG zu den ursprünglichen Eigenmitteln zählte, verbunden ist, wird als Posten des harten Kernkapitals anerkannt, sofern die Bedingungen des Artikels 28 Buchstaben i und j erfüllt sind.

Art. 486 Beschränkungen des Bestandsschutzes bei Posten innerhalb von Posten des harten Kernkapitals, des zusätzlichen Kernkapitals und des Ergänzungskapitals. (1) Ab dem 1. Januar 2014 bis zum 31. Dezember 2021 ist das Ausmaß, in dem Instrumente und Posten nach Artikel 484 als Eigenmittel gelten, im Einklang mit diesem Artikel beschränkt.

(2) Der Betrag der Posten nach Artikel 484 Absatz 3, die als Posten des harten Kernkapitals gelten, ist auf den anwendbaren Prozentsatz der Summe der unter den Buchstaben a und b spezifizierten Beträge beschränkt:

a) Nominalbetrag des Kapitals im Sinne des Artikels 484 Absatz 3, das am 31. Dezember 2012 im Umlauf war,

b) mit Posten nach Buchstabe a verbundenes Agio.

(3) Der Betrag der Posten nach Artikel 484 Absatz 4, die als Posten des zusätzlichen Kernkapitals gelten, ist auf den anwendbaren Prozentsatz beschränkt, multipliziert mit dem Ergebnis der Subtraktion der Beträge unter den Buchstaben c bis f von der Summe der Beträge unter den Buchstaben a und b:

a) Nominalbetrag der Instrumente nach Artikel 484 Absatz 4, die sich am 31. Dezember 2012 nach wie vor im Umlauf befanden,

b) mit Instrumenten nach Buchstabe a verbundenes Agio,

c) Betrag der Instrumente nach Artikel 484 Absatz 4, die am 31. Dezember 2012 die in den nationalen Umsetzungsmaßnahmen für Artikel 66 Absatz 1 Buchstabe a und Artikel 66 Absatz 1a der Richtlinie 2006/48/EG festgelegten Beschränkungen überschritten haben,

d) mit Instrumenten nach Buchstabe c verbundenes Agio,

e) Nominalbetrag der Instrumente nach Artikel 484 Absatz 4, die sich am 31. Dezember 2012 im Umlauf befanden, aber nicht als Instrumente des zusätzlichen Kernkapitals im Sinne des Artikels 489 Absatz 4 gelten,

f) mit Instrumenten nach Buchstabe e verbundenes Agio.

(4) Der Betrag der Posten nach Artikel 484 Absatz 5, die als Ergänzungskapitalposten gelten, ist auf den anwendbaren Prozentsatz des Ergebnisses der Subtraktion der Summe der Beträge unter den Buchstaben e bis h von der Summe der Beträge unter den Buchstaben a bis d beschränkt:

a) Nominalbetrag der Instrumente nach Artikel 484 Absatz 5, die sich am 31. Dezember 2012 nach wie vor im Umlauf befanden,

b) mit Instrumenten nach Buchstabe a verbundenes Agio,

c) Nominalbetrag des nachrangigen Darlehenskapitals, das am 31. Dezember 2012 nach wie vor im Umlauf war, verringert um den erforderlichen Betrag nach Maßgabe der nationalen Maßnahmen zur Umsetzung des Artikels 64 Absatz 3 Buchstabe c der Richtlinie 2006/48/EG,

d) Nominalbetrag der Posten nach Artikel 484 Absatz 5, die nicht zu den Instrumenten und dem nachrangigen Darlehenskapital gemäß den Buchstaben a und c gehören und am 31. Dezember 2012 im Umlauf waren,

e) Nominalbetrag der Instrumente und Posten nach Artikel 484 Absatz 5, die am 31. Dezember 2012 im Umlauf waren und die in den nationalen Maßnahmen zur Umsetzung des Artikel 66 Absatz 1 Buchstabe a der Richtlinie 2006/48/EG festgelegten Beschränkungen überschritten haben,

f) mit Instrumenten nach Buchstabe e verbundenes Agio,

g) Nominalbetrag der Instrumente nach Artikel 484 Absatz 5, die am 31. Dezember 2012 im Umlauf waren und nicht als Ergänzungskapitalinstrumente nach Artikel 490 Absatz 4 gelten,

h) mit Instrumenten nach Buchstabe g verbundenes Agio.

(5) Für die Zwecke dieses Artikels liegen die anwendbaren Prozentsätze nach den Absätzen 2 bis 4 innerhalb folgender Bandbreiten:

a) 60 % bis 80 % ab dem 1. Januar 2014 bis zum 31. Dezember 2014,

b) 40 % bis 70 % ab dem 1. Januar 2015 bis zum 31. Dezember 2015,

c) 20 % bis 60 % ab dem 1. Januar 2016 bis zum 31. Dezember 2016,

d) 0 % bis 50 % ab dem 1. Januar 2017 bis zum 31. Dezember 2017,

e) 0 % bis 40 % ab dem 1. Januar 2018 bis zum 31. Dezember 2018,

f) 0 % bis 30 % ab dem 1. Januar 2019 bis zum 31. Dezember 2019,

g) 0 % bis 20 % ab dem 1. Januar 2020 bis zum 31. Dezember 2020,

h) 0 % bis 10 % ab dem 1. Januar 2021 bis zum 31. Dezember 2021.

(6) Die zuständigen Behörden legen die anwendbaren Prozentsätze innerhalb der in Absatz 5 genannten Bandbreiten fest und veröffentlichen diese Werte.

Art. 487 Vom Bestandsschutz für Posten des harten Kernkapitals oder des zusätzlichen Kernkapitals ausgenommene Posten in anderen Eigenmittelbestandteilen. (1) Abweichend von den Artikeln 51, 52, 62 und 63 dürfen Institute ab dem 1. Januar 2014 bis zum 31. Dezember 2021 Kapital und damit verbundenes Agio im Sinne des Artikels 484 Absatz 3, die von den Posten des harten Kernkapitals ausgeschlossen sind, weil sie den anwendbaren Prozentsatz nach Artikel 486 Absatz 2 überschreiten, als Posten nach Artikel 484 Absatz 4 behandeln, soweit ihre Einbeziehung den nach Maßgabe des Artikels 486 Absatz 3 beschränkten anwendbaren Prozentsatz nicht überschreitet.

(2) Abweichend von den Artikeln 51, 52, 62 und 63 dürfen Institute ab dem 1. Januar 2014 bis zum 31. Dezember 2021 die nachstehenden Posten als Posten nach Artikel 484 Absatz 5 behandeln, soweit ihre Einbeziehung den nach Maßgabe des Artikels 486 Absatz 4 beschränkten anwendbaren Prozentsatz nicht überschreitet:

a) Kapital und damit verbundenes Agio im Sinne des Artikels 484 Absatz 3, die von den Posten des harten Kernkapitals ausgeschlossen sind, weil sie den anwendbaren Prozentsatz nach Artikel 486 Absatz 2 überschreiten,

b) Instrumente und damit verbundenes Agio im Sinne des Artikels 484 Absatz 4, die den anwendbaren Prozentsatz nach Artikel 486 Absatz 3 überschreiten.

(3) *[1]* Die EBA arbeitet Entwürfe technischer Regulierungsstandards aus, um die Kriterien für die Behandlung der Eigenmittelinstrumente gemäß den Absätzen 1 und 2 ab dem 1. Januar 2014 bis zum 31. Dezember 2021 nach Maßgabe des Artikels 486 Absatz 4 oder 5 festzulegen.

[2] Die EBA übermittelt der Kommission diese Entwürfe technischer Regulierungsstandards bis zum 28. Juli 2013.

[3] Der Kommission wird die Befugnis übertragen, die technischen Regulierungsstandards nach Unterabsatz 1 gemäß den Artikeln 10 bis 14 der Verordnung (EU) Nr. 1093/2010 zu erlassen.

Art. 488 Amortisation von Posten, die als Ergänzungskapitalposten bestandsgeschützt sind. Die Posten nach Artikel 484 Absatz 5, die als Ergänzungskapitalposten nach Artikel 484 Absatz 5 oder Artikel 486 Absatz 4 gelten, unterliegen den Anforderungen des Artikels 64.

Unterabschnitt 2. Einbeziehung von Instrumenten mit Kündigungsmöglichkeit und Tilgungsanreiz in Posten des zusätzlichen Kernkapitals und des Ergänzungskapitals

Art. 489 Hybride Instrumente mit Kündigungsmöglichkeit und Tilgungsanreiz. (1) Abweichend von den Artikeln 51 und 52 gilt ab dem 1. Januar 2014 bis zum 31. Dezember 2021 für Instrumente nach Artikel 484 Absatz 4, in deren Bedingungen und Konditionen eine Kündigungsmöglichkeit mit einem Tilgungsanreiz für das Institut vorgesehen ist, der vorliegende Artikel.

(2) Die Instrumente gelten als Instrumente des zusätzlichen Kernkapitals, vorausgesetzt

a) das Institut konnte lediglich vor dem 1. Januar 2013 eine Kündigungsmöglichkeit mit einem Tilgungsanreiz ausüben,
b) das Institut hat die Kündigungsmöglichkeit nicht ausgeübt,
c) die Bedingungen des Artikels 52 sind ab dem 1. Januar 2013 erfüllt.

(3) Die Instrumente gelten bis zum effektiven Fälligkeitstermin bei verminderter Anrechenbarkeit als Instrumente des zusätzlichen Kernkapitals nach Artikel 484 Absatz 4 und gelten danach uneingeschränkt als Posten des zusätzlichen Kernkapitals, vorausgesetzt

a) das Institut konnte lediglich am oder nach dem 1. Januar 2013 eine Kündigungsmöglichkeit mit einem Tilgungsanreiz ausüben,
b) das Institut hat die Kündigungsmöglichkeit am effektiven Fälligkeitstermin der Instrumente nicht ausgeübt,
c) die Bedingungen nach Artikel 52 sind ab dem effektiven Fälligkeitstermin der Instrumente erfüllt.

(4) Die Instrumente gelten ab dem 1. Januar 2014 nicht als Instrumente des zusätzlichen Kernkapitals und unterliegen nicht Artikel 484 Absatz 4, wenn

a) das Institut zwischen dem 31. Dezember 2011 und dem 1. Januar 2013 eine Kündigungsmöglichkeit mit einem Tilgungsanreiz ausüben konnte,
b) das Institut die Kündigungsmöglichkeit am effektiven Fälligkeitstermin der Instrumente nicht ausgeübt hat,
c) die Bedingungen des Artikels 52 ab dem effektiven Fälligkeitstermin der Instrumente nicht erfüllt sind.

(5) Die Instrumente gelten bis zum effektiven Fälligkeitstermin bei verminderter Anrechenbarkeit als Instrumente des zusätzlichen Kernkapitals nach Artikel 484 Absatz 4 und gelten danach nicht als Instrumente des zusätzlichen Kernkapitals, wenn

a) das Institut am oder nach dem 1. Januar 2013 eine Kündigungsmöglichkeit mit einem Tilgungsanreiz ausüben konnte,

b) das Institut die Kündigungsmöglichkeit am effektiven Fälligkeitstermin der Instrumente nicht ausgeübt hat,

c) die Bedingungen des Artikels 52 ab dem effektiven Fälligkeitstermin der Instrumente nicht erfüllt sind.

(6) Die Instrumente gelten als Instrumente des zusätzlichen Kernkapitals nach Artikel 484 Absatz 4, vorausgesetzt

a) das Institut konnte lediglich vor oder am 31. Dezember 2011 eine Kündigungsmöglichkeit mit einem Tilgungsanreiz ausüben,

b) das Institut hat die Kündigungsmöglichkeit am effektiven Fälligkeitstermin der Instrumente nicht ausgeübt,

c) die Bedingungen nach Artikel 52 waren ab dem effektiven Fälligkeitstermin der Instrumente nicht erfüllt.

Art. 490 Ergänzungskapitalposten mit einem Tilgungsanreiz. (1) Abweichend von den Artikeln 62 und 63 gilt ab dem 1. Januar 2014 bis zum 31. Dezember 2021 für Posten nach Artikel 484 Absatz 5, die gemäß den nationalen Umsetzungsmaßnahmen für Artikel 57 Buchstaben f oder h der Richtlinie 2006/48/EG anerkennungsfähig waren und in deren Bedingungen und Konditionen eine Kündigungsmöglichkeit mit einem Tilgungsanreiz für das Institut vorgesehen ist, der vorliegende Artikel.

(2) Die Instrumente gelten als Ergänzungskapitalinstrumente, vorausgesetzt

a) das Institut konnte lediglich vor dem 1. Januar 2013 eine Kündigungsmöglichkeit mit einem Tilgungsanreiz ausüben,

b) das Institut hat die Kündigungsmöglichkeit nicht ausgeübt,

c) die Bedingungen des Artikels 63 sind ab 1. Januar 2013 erfüllt.

(3) Die Posten gelten bis zum effektiven Fälligkeitstermin als Ergänzungskapitalposten nach Artikel 484 Absatz 5 und gelten danach uneingeschränkt als Ergänzungskapitalposten, vorausgesetzt

a) das Institut konnte lediglich am oder nach dem 1. Januar 2013 eine Kündigungsmöglichkeit mit einem Tilgungsanreiz ausüben,

b) das Institut hat die Kündigungsmöglichkeit am effektiven Fälligkeitstermin der Posten nicht ausgeübt,

c) die Bedingungen nach Artikel 63 sind ab dem effektiven Fälligkeitstermin der Posten erfüllt.

(4) Die Posten gelten ab dem 1. Januar 2014 nicht als Ergänzungskapitalposten, wenn

a) das Institut lediglich zwischen dem 31. Dezember 2011 und dem 1. Januar 2013 eine Kündigungsmöglichkeit mit einem Tilgungsanreiz ausüben konnte,

b) das Institut die Kündigungsmöglichkeit am effektiven Fälligkeitstermin der Posten nicht ausgeübt hat,

c) die Bedingungen nach Artikel 63 ab dem effektiven Fälligkeitstermin der Posten nicht erfüllt sind.

(5) Die Posten gelten bis zum effektiven Fälligkeitstermin bei verminderter Anrechenbarkeit als Ergänzungskapitalposten nach Artikel 484 Absatz 5 und gelten danach nicht als Ergänzungskapitalposten, wenn

a) das Institut am oder nach dem 1. Januar 2013 eine Kündigungsmöglichkeit mit einem Tilgungsanreiz ausüben konnte,
b) das Institut die Kündigungsmöglichkeit am effektiven Fälligkeitstermin nicht ausgeübt hat,
c) die Bedingungen des Artikels 63 ab dem effektiven Fälligkeitstermin der Posten nicht erfüllt sind.

(6) Die Posten gelten als Ergänzungskapitalposten nach Artikel 484 Absatz 5, vorausgesetzt

a) das Institut konnte lediglich vor oder am 31. Dezember 2011 eine Kündigungsmöglichkeit mit einem Tilgungsanreiz ausüben,
b) das Institut hat die Kündigungsmöglichkeit am effektiven Fälligkeitstermin der Posten nicht ausgeübt,
c) die Bedingungen nach Artikel 63 sind ab dem effektiven Fälligkeitstermin der Posten nicht erfüllt.

Art. 491 Effektiver Fälligkeitstermin. Für die Zwecke der Artikel 489 und 490 wird der effektive Fälligkeitstermin wie folgt bestimmt:

a) Für die Posten nach den Absätzen 3 und 5 jener Artikel ist dies der Tag der ersten Kündigungsmöglichkeit mit einem Tilgungsanreiz am oder nach dem 1. Januar 2013;
b) für die Posten nach Absatz 4 jener Artikel ist dies der Tag der ersten Kündigungsmöglichkeit mit einem Tilgungsanreiz zwischen dem 31. Dezember 2011 und dem 1. Januar 2013;
c) für die Posten nach Absatz 6 jener Artikel ist dies der Tag der ersten Kündigungsmöglichkeit mit einem Tilgungsanreiz vor dem 31. Dezember 2011.

Kapitel 3. Übergangsbestimmungen für die Offenlegung von Eigenmitteln

Art. 492 Offenlegung von Eigenmitteln. (1) Institute wenden diesen Artikel ab dem 1. Januar 2014 bis zum 31. Dezember 2021 an.

(2) Die Institute legen ab dem 1. Januar 2014 bis zum 31. Dezember 2015 offen, in welchem Ausmaß die Höhe des harten Kernkapitals und des Kernkapitals *die in*[1] Anforderungen des Artikels 465 übersteigt.

(3) Die Institute legen ab dem 1. Januar 2014 bis zum 31. Dezember 2017 folgende zusätzliche Informationen über ihre Eigenmittel offen:

a) Art und Wirkung der im Einklang mit den Artikeln 467 bis 470, 474, 476 und 479 angewandten individuellen Korrekturposten sowie Abzüge auf das harte Kernkapital, das zusätzliche Kernkapital, Ergänzungskapital und die Eigenmittel,;[2]
b) Beträge der Minderheitsbeteiligungen und Instrumente des zusätzlichen Kernkapitals und Ergänzungskapitals sowie die verbundenen einbehaltenen Gewinne und Agios, die durch Tochterunternehmen begeben wurden und im Einklang mit Kapitel 1 Abschnitt 4 in das konsolidierte harte Kernkapital,

---

[1] Richtig wohl: „die".
[2] Zeichensetzung amtlich.

zusätzliche Kernkapital, Ergänzungskapital und die Eigenmittel einbezogen werden,

c) Wirkung der im Einklang mit Artikel 481 angewandten individuellen Korrekturposten sowie Abzüge auf das harte Kernkapital, zusätzliche Kernkapital, Ergänzungskapital und die Eigenmittel,

d) Art und Betrag der Posten, die durch die Anwendung der in Kapitel 2 Abschnitt 2 erläuterten Abweichungen zu den Posten des harten Kernkapitals, des Kernkapitals und des Ergänzungskapitals gerechnet werden können.

(4) Die Institute legen ab dem 1. Januar 2014 bis zum 31. Dezember 2021 den Umfang der Instrumente offen, die in Anwendung des Artikels 484 zu den Instrumenten des harten Kernkapitals, des zusätzlichen Kernkapitals und des Ergänzungskapitals gerechnet werden können.

(5) *[1]* [1] Die EBA arbeitet Entwürfe technischer Durchführungsstandards zur Festlegung einheitlicher Formate für die Offenlegungen gemäß diesem Artikel aus. [2] Die Formate enthalten auch die in Artikel 437 Absatz 1 Buchstaben a, b, d und e genannten Posten nach den Änderungen gemäß den Kapiteln 1 und 2.

[2] Die EBA übermittelt der Kommission diese Entwürfe technischer Durchführungsstandards bis zum 28. Juli 2013.

[3] Der Kommission wird die Befugnis übertragen, die technischen Durchführungsstandards nach Unterabsatz 1 gemäß Artikel 15 der Verordnung (EU) Nr. 1093/2010 zu erlassen.

Kapitel 4. Großkredite, Eigenmittelanforderungen, Verschuldung und Basel-I-Untergrenze

Art. 493 Übergangsbestimmungen für Großkredite. (1) Bis zum 26. Juni 2021 gelten die Bestimmungen in Bezug auf Großkredite gemäß den Artikel 387 bis 403 der vorliegenden Verordnung nicht für Wertpapierfirmen, deren Haupttätigkeit ausschließlich in der Erbringung von Wertpapierdienstleistungen oder Tätigkeiten im Zusammenhang mit den Finanzinstrumenten gemäß Anhang I Abschnitt C Nummern 5, 6, 7, 9, 10 und 11 der Richtlinie 2014/65/EU besteht und für die die Richtlinie 2004/39/EG des Europäischen Parlaments und des Rates[1)] am 31. Dezember 2006 nicht galt.

(2) *(aufgehoben)*

(3) Abweichend von Artikel 400 Absätze 2 und 3 können die Mitgliedstaaten während einer Übergangszeit bis zum Inkrafttreten eines etwaigen Rechtsakts im Anschluss an die Überprüfung gemäß Artikel 507, höchstens aber bis zum 31. Dezember 2028 folgende Risikopositionen vollständig oder teilweise von der Anwendung des Artikels 395 Absatz 1 ausnehmen:

a) gedeckte Schuldverschreibungen im Sinne des Artikels 129 Absätze 1, 3 und 6,

b) Aktiva in Form von Forderungen an regionale oder lokale Gebietskörperschaften der Mitgliedstaaten, denen nach Teil 3 Titel II Kapitel 2 ein Risikogewicht von 20 % zugewiesen würde, sowie andere gegenüber diesen

---

[1)] **Amtl. Anm.:** Richtlinie 2004/39/EG des Europäischen Parlaments und des Rates vom 21. April 2004 über Märkte für Finanzinstrumente, zur Änderung der Richtlinien 85/611/EWG und 93/6/EWG des Rates und der Richtlinie 2000/12/EG des Europäischen Parlaments und des Rates und zur Aufhebung der Richtlinie 93/22/EWG des Rates (ABl. L 145 vom 30.4.2004, S. 1).“

Gebietskörperschaften bestehende bzw. von ihnen abgesicherte Risikopositionen, denen nach Teil 3 Titel II Kapitel 2 ein Risikogewicht von 20% zugewiesen würde,

c) Risikopositionen eines Instituts, einschließlich Beteiligungen oder sonstiger Anteile, gegenüber seinem Mutterunternehmen, anderen Tochterunternehmen desselben und eigenen Tochterunternehmen und qualifizierten Beteiligungen, sofern diese in die Beaufsichtigung auf konsolidierter Basis einbezogen sind, der das Institut gemäß dieser Verordnung, der Richtlinie 2002/87/EG oder nach gleichwertigen Normen eines Drittlandes auch selbst unterliegt; Risikopositionen, die diese Kriterien nicht erfüllen, werden unabhängig davon, ob sie von Artikel 395 Absatz 1 ausgenommen sind oder nicht, als Risikopositionen gegenüber Dritten behandelt,

d) Aktiva in Form von Forderungen und sonstigen Krediten, einschließlich Beteiligungen oder sonstigen Anteilen, an regionale Kreditinstitute oder Zentralkreditinstitute, denen das Kreditinstitut aufgrund von Rechts- oder Satzungsvorschriften im Rahmen eines Verbunds angehört und die nach diesen Vorschriften beauftragt sind, den Liquiditätsausgleich innerhalb dieses Verbunds vorzunehmen,

e) Aktiva in Form von Forderungen und sonstigen Risikopositionen von Kreditinstituten gegenüber Kreditinstituten, wobei eines der beteiligten Institute bei seiner Tätigkeit nicht dem Wettbewerb ausgesetzt ist und im Rahmen von Legislativprogrammen oder seiner Satzung Darlehen vergibt oder garantiert, um unter staatlicher Aufsicht gleich welcher Art und mit eingeschränktem Verwendungszweck für die vergebenen Darlehen bestimmte Wirtschaftssektoren zu fördern, sofern die betreffenden Risikopositionen aus derartigen über Kreditinstitute an die Begünstigten weitergereichten Darlehen oder aus Garantien für diese Darlehen herrühren,

f) Aktiva in Form von Forderungen und sonstigen Krediten an Institute, sofern diese Kredite keine Eigenmittel dieser Institute darstellen, höchstens bis zum folgenden Geschäftstag bestehen und nicht auf eine wichtige Handelswährung lauten,

g) Aktiva in Form von Forderungen an Zentralbanken aufgrund des bei ihnen zu haltenden Mindestreservesolls, die auf deren jeweilige Landeswährung lauten,

h) Aktiva in Form von Forderungen an Zentralstaaten aufgrund von zur Erfüllung der gesetzlichen Liquiditätsanforderungen gehaltenen Staatsschuldtiteln, die auf deren jeweilige Landeswährung lauten und in dieser refinanziert sind, sofern – nach dem Ermessen der zuständigen Behörde – diese Zentralstaaten von einer ECAI mit „Investment Grade" bewertet wurden,

i) 50% der als außerbilanzielle Geschäfte mit mittlerem/niedrigem Risiko eingestuften Dokumentenakkreditive und der als außerbilanzielle Geschäfte mit mittlerem/ niedrigem Risiko eingestuften nicht in Anspruch genommenen Kreditfazilitäten, die in Anhang I genannt sind, sowie mit Zustimmung der zuständigen Behörden 80% der Garantien, die keine Kreditgarantien sind und die auf Rechts- oder Verwaltungsvorschriften beruhen und von Kreditgarantiegemeinschaften, die den Status eines Kreditinstituts besitzen, den ihnen angeschlossenen Kunden geboten werden,

j) rechtlich vorgeschriebene Garantien, die zur Anwendung kommen, wenn ein über die Emission von Hypothekenanleihen refinanziertes Hypothekendarlehen vor Eintragung der Hypothek im Grundbuch an den Darlehensnehmer ausgezahlt wird, sofern die Garantie nicht dazu verwendet wird, bei der Berechnung der risikogewichteten Aktiva das Risiko zu verringern,

k) Aktiva in Form von Forderungen und sonstige Risikopositionen gegenüber anerkannten Börsen.

(4) *[1]* Abweichend von Artikel 395 Absatz 1 können die zuständigen Behörden den Instituten gestatten, jede der in Absatz 5 des vorliegenden Artikels aufgeführten Risikopositionen, die die Voraussetzungen nach Absatz 6 des vorliegenden Artikels erfüllen, bis zu den folgenden Obergrenzen zu halten:

a) 100 % des Kernkapitals des Instituts bis zum 31. Dezember 2018;

b) 75 % des Kernkapitals des Instituts bis zum 31. Dezember 2019;

c) 50 % des Kernkapitals des Instituts bis zum 31. Dezember 2020.

[2] Die in Unterabsatz 1 Buchstaben a, b und c genannten Höchstgrenzen gelten für Risikopositionswerte nach Berücksichtigung der Wirkung der Kreditrisikominderung gemäß den Artikeln 399 bis 403.

(5) *[1]* Die Übergangsbestimmungen nach Absatz 4 gelten für folgende Risikopositionen:

a) Aktiva in Form von Forderungen an Zentralstaaten, Zentralbanken oder öffentliche Stellen der Mitgliedstaaten;

b) Aktiva in Form von Forderungen, die von Zentralstaaten, Zentralbanken oder öffentlichen Stellen der Mitgliedstaaten ausdrücklich abgesichert sind;

c) sonstige Risikopositionen, die gegenüber Zentralstaaten, Zentralbanken oder öffentlichen Stellen der Mitgliedstaaten bestehen oder von diesen abgesichert sind;

d) Aktiva in Form von Forderungen an regionale oder lokale Gebietskörperschaften der Mitgliedstaaten, die nach Artikel 115 Absatz 2 wie Risikopositionen gegenüber dem Zentralstaat behandelt werden;

e) sonstige Risikopositionen, die gegenüber regionalen oder lokalen Gebietskörperschaften der Mitgliedstaaten bestehen oder von diesen abgesichert sind und nach Artikel 115 Absatz 2 wie Risikopositionen gegenüber dem Zentralstaat behandelt werden.

[2] [1] Für die Zwecke des Unterabsatzes 1 Buchstaben a, b und c gelten die Übergangsbestimmungen nach Absatz 4 des vorliegenden Artikels nur für Aktiva und sonstige Risikopositionen, die gegenüber öffentlichen Stellen bestehen oder von diesen abgesichert sind und nach Artikel 116 Absatz 4 wie Risikopositionen gegenüber dem Zentralstaat, einer regionalen oder einer lokalen Gebietskörperschaft behandelt werden. [2] Werden Aktiva und sonstige Risikopositionen, die gegenüber öffentlichen Stellen bestehen oder von diesen abgesichert sind, nach Artikel 116 Absatz 4 wie Risikopositionen gegenüber einer regionalen oder einer lokalen Gebietskörperschaft behandelt, so sind die Übergangsbestimmungen nach Absatz 4 des vorliegenden Artikels nur zulässig, wenn die gegenüber dieser regionalen oder lokalen Gebietskörperschaft bestehenden Risikopositionen nach Artikel 115 Absatz 2 wie Risikopositionen gegenüber dem Zentralstaat behandelt werden.

(6) Die Übergangsbestimmungen nach Absatz 4 des vorliegenden Artikels gelten nur, wenn eine Risikoposition nach Absatz 5 des vorliegenden Artikels alle folgenden Bedingungen erfüllt:

a) Der Risikoposition würde nach Artikel 495 Absatz 2 in seiner am 31. Dezember 2017 geltenden Fassung ein Risikogewicht von 0 % zugewiesen;

b) die Risikoposition entstand am oder nach dem 12. Dezember 2017.

(7) Eine vor dem 12. Dezember 2017 entstandene Risikoposition nach Absatz 5 des vorliegenden Artikels, der am 31. Dezember 2017 nach Artikel 495 Absatz 2 ein Risikogewicht von 0 % zugewiesen wurde, ist von der Anwendung des Artikels 395 Absatz 1 ausgenommen.

Art. 494 Übergangsbestimmungen hinsichtlich der Anforderungen an Eigenmittel und berücksichtigungsfähige Verbindlichkeiten. (1) Abweichend von Artikel 92a erfüllen als Abwicklungseinheiten ermittelte Institute, bei denen es sich um G-SRI-Einheiten handelt, vom 27. Juni 2019 bis zum 31. Dezember 2021 jederzeit die folgenden Anforderungen an Eigenmittel und berücksichtigungsfähige Verbindlichkeiten:

a) eine risikobasierte Quote von 16 %, die den Eigenmitteln und berücksichtigungsfähigen Verbindlichkeiten des Instituts, ausgedrückt als Prozentsatz des gemäß Artikel 92 Absätze 3 und 4 berechneten Gesamtrisikobetrags, entspricht;

b) eine nicht-risikobasierte Quote von 6 %, die den Eigenmitteln und berücksichtigungsfähigen Verbindlichkeiten des Instituts, ausgedrückt als Prozentsatz der Gesamtrisikopositionsmessgröße nach Artikel 429 Absatz 4, entspricht.

(2) Abweichend von Artikel 72b Absatz 3 können Instrumente berücksichtigungsfähiger Verbindlichkeiten nach Artikel 72b Absatz 3 vom 27. Juni 2019 bis zum 31. Dezember 2021 in einem Umfang von 2,5 % des gemäß Artikel 92 Absätze 3 und 4 berechneten Gesamtrisikobetrags Posten berücksichtigungsfähiger Verbindlichkeiten zugerechnet werden.

(3) Abweichend von Artikel 72b Absatz 3 gelten Verbindlichkeiten – bis die Abwicklungsbehörde erstmals die Einhaltung der in Buchstabe c des genannten Absatzes festgelegten Bedingungen bewertet – als Instrumente berücksichtigungsfähiger Verbindlichkeiten bis zu einem aggregierten Betrag, der bis zum 31. Dezember 2021 2,5 % und nach diesem Datum 3,5 % des gemäß Artikel 92 Absätze 3 und 4 berechneten Gesamtrisikobetrags nicht überschreitet, sofern sie die in Artikel 72b Absatz 3 Buchstaben a und b festgelegten Bedingungen erfüllen.

Art. 494a Bestandsschutz für Emissionen von Zweckgesellschaften.

(1) Abweichend von Artikel 52 zählen nicht direkt von einem Institut begebene Kapitalinstrumente nur dann bis zum 31. Dezember 2021 zu den Instrumenten des zusätzlichen Kernkapitals, wenn alle folgenden Bedingungen erfüllt sind:

a) die in Artikel 52 Absatz 1 festgelegten Bedingungen, mit Ausnahme der Bedingung, dass die Instrumente direkt von dem Institut begeben werden;

b) die Instrumente werden über ein in die Konsolidierung nach Teil 1 Titel II Kapitel 2 einbezogenes Unternehmen begeben;

c) die Erträge stehen dem Institut unmittelbar und uneingeschränkt in einer Form zur Verfügung, die den in diesem Absatz festgelegten Bedingungen genügt.

(2) Abweichend von Artikel 63 zählen nicht direkt von einem Institut begebene Kapitalinstrumente nur dann bis zum 31. Dezember 2021 zu den Instrumenten des Ergänzungskapitals, wenn alle folgenden Bedingungen erfüllt sind:

a) die in Artikel 63 festgelegten Bedingungen, mit Ausnahme der Bedingung, dass die Instrumente direkt von dem Institut begeben werden;
b) die Instrumente werden über ein in die Konsolidierung nach Teil 1 Titel II Kapitel 2 einbezogenes Unternehmen begeben;
c) die Erträge stehen dem Institut unmittelbar und uneingeschränkt in einer Form zur Verfügung, die den in diesem Absatz festgelegten Bedingungen genügt.

Art. 494b Bestandsschutz für Eigenmittelinstrumente und Instrumente berücksichtigungsfähiger Verbindlichkeiten. (1) Abweichend von den Artikeln 51 und 52 gelten Instrumente, die vor dem 27. Juni 2019 begeben werden, spätestens bis zum 28. Juni 2025 als Instrumente des zusätzlichen Kernkapitals, wenn sie die in den Artikeln 51 und 52 festgelegten Bedingungen, ausgenommen die Bedingungen nach Artikel 52 Absatz 1 Buchstaben p, q und r, erfüllen.

(2) Abweichend von den Artikeln 62 und 63 gelten vor dem 27. Juni 2019 begebene Instrumente spätestens bis zum 28. Juni 2025 als Instrumente des Ergänzungskapitals, wenn sie die in den Artikeln 62 und 63 festgelegten Bedingungen, ausgenommen die Bedingungen nach Artikel 63 Buchstaben n, o und p, erfüllen.

(3) Abweichend von Artikel 72a Absatz 1 Buchstabe a gelten vor dem 27. Juni 2019 begebene Instrumente als Instrumente berücksichtigungsfähiger Verbindlichkeiten, wenn sie die Artikel 72b festgelegten Bedingungen, ausgenommen die Bedingungen nach Artikel 72b Absatz 2 Buchstabe b Ziffer ii und Buchstaben f bis m erfüllen.

Art. 494c Bestandsschutz für vorrangige Verbriefungspositionen. Abweichend von Artikel 270 darf ein Originator die risikogewichteten Positionsbeträge einer vorrangigen Verbriefungsposition gemäß den Artikeln 260, 262 oder 264 berechnen, wenn die beiden folgenden Bedingungen erfüllt sind:

a) Die Verbriefung wurde vor dem 9. April 2021 begeben.
b) Die Verbriefung erfüllte am 8. April 2021 die zu diesem Zeitpunkt geltenden Bedingungen des Artikels 270.

Art. 495 Behandlung von Beteiligungspositionen bei der Anwendung des IRB-Ansatzes. (1) *[1]* [1] Abweichend von Teil 3 Kapitel 3 darf die zuständige Behörde bestimmte Kategorien von Beteiligungspositionen, die von Instituten und EU-Tochterunternehmen von Instituten in dem betreffenden Mitgliedstaat am 31. Dezember 2007 gehalten werden, bis zum 31. Dezember 2017 von der Behandlung im IRB-Ansatz ausnehmen. [2] Die zuständige Behörde veröffentlicht im Einklang mit Artikel 143 der Richtlinie 2013/36/EU die Kategorien von Beteiligungspositionen, auf die diese Behandlung angewandt wird.

[2] Die ausgenommene Position bemisst sich nach der Anzahl der Anteile zum 31. Dezember 2007 und jeder weiteren unmittelbar aus diesem Besitz resultierenden Zunahme der Anteile, sofern diese nicht die Beteiligungsquote an diesem Unternehmen erhöht.

[3] [1] Erhöht sich durch einen Anteilserwerb die Beteiligungsquote an einem bestimmten Unternehmen, so wird der über die bisherige Beteiligungsquote hinausgehende Anteil nicht von der Ausnahmeregelung abgedeckt. [2] Ebenso wenig gilt die Ausnahmeregelung für Beteiligungen, die zwar ursprünglich unter die Regelung fielen, zwischenzeitlich jedoch verkauft und anschließend wieder zurückgekauft wurden.

[4] Die unter diese Bestimmung fallenden Beteiligungspositionen unterliegen den im Einklang mit dem Standardansatz nach Teil 3 Titel II Kapitel 2 berechneten Eigenmittelanforderungen und gegebenenfalls den Anforderungen gemäß Teil 3 Titel IV.

[5] Die zuständigen Behörden informieren die Kommission und die EBA über die Umsetzung dieses Absatzes.

(2) *(aufgehoben)*

(3) *[1]* Die EBA arbeitet Entwürfe technischer Regulierungsstandards aus, um die Kriterien zu präzisieren, nach denen die zuständigen Behörden eine Ausnahme gemäß Absatz 1 gewähren.

[2] Die EBA legt der Kommission diese Entwürfe technischer Regulierungsstandards bis zum 30. Juni 2014 vor.

[3] Der Kommission wird die Befugnis übertragen, die technischen Regulierungsstandards nach Unterabsatz 1 gemäß den Artikeln 10 bis 14 der Verordnung (EU) Nr. 1093/2010 zu erlassen.

[Art. 496 bis 7.7.2022:]

Art. 496 Eigenmittelanforderungen für gedeckte Schuldverschreibungen. (1) Die zuständigen Behörden können von der in Artikel 129 Absatz 1 Buchstaben d und f festgelegten 10 %-Obergrenze für vorrangige Anteile, die von französischen Fonds Communs de Créances oder von Verbriefungsorganismen, die französischen Fonds Communs de Créances gleichwertig sind, begeben wurden, ganz oder teilweise absehen, sofern

a) die verbrieften Forderungen im Zusammenhang mit Wohnimmobilien oder Gewerbeimmobilien von einem Mitglied derselben konsolidierten Gruppe begründet wurden, zu deren Mitgliedern auch der Emittent der gedeckten Schuldverschreibungen gehört, oder von einer Gesellschaft, die derselben Zentralorganisation angeschlossen ist wie der Emittent der gedeckten Schuldverschreibungen; die gemeinsame Gruppenmitgliedschaft oder Zugehörigkeit ist zu dem Zeitpunkt festzustellen, da die vorrangigen Anteile als Sicherheit für gedeckte Schuldverschreibungen gestellt werden, und

b) ein Mitglied derselben konsolidierten Gruppe, zu deren Mitgliedern auch der Emittent der gedeckten Schuldverschreibungen gehört, oder eine Gesellschaft, die derselben Zentralorganisation angeschlossen ist wie der Emittent der gedeckten Schuldverschreibungen, die gesamte Erstverlusttranche, mit der diese vorrangigen Anteile gestützt werden, zurückbehält.

(2) Bis zum 31. Dezember 2014 werden für die Zwecke des Artikels 129 Absatz 1 Buchstabe c die vorrangigen unbesicherten Risikopositionen der

a) Sie lauten auf dieselbe Währung wie die vom Institut entgegengenommenen Einlagen;

b) ihre Durchschnittslaufzeit ist nicht wesentlich höher als die Durchschnittslaufzeit der vom Institut entgegengenommenen Einlagen.

[3] Ein Institut, das Risikopositionen gegenüber seiner Zentralbank gemäß Absatz 1 von seiner Gesamtrisikopositionsmessgröße ausschließt, muss auch die Verschuldungsquote offenlegen, die es hätte, wenn es diese Risikopositionen nicht ausschließen würde.

Art. 500c Ausschluss von Überschreitungen aus der Berechnung des Rückvergleichs-Zuschlagsfaktors angesichts der COVID-19-Pandemie. Abweichend von Artikel 366 Absatz 3 können die zuständigen Behörden unter außergewöhnlichen Umständen sowie in Einzelfällen den Instituten gestatten, die Überschreitungen, die bei den Rückvergleichen des Instituts zu hypothetischen oder tatsächlichen Änderungen zu verzeichnen waren, von der Berechnung des in Artikel 366 Absatz 3 beschriebenen Zuschlagsfaktors auszuschließen, sofern diese Überschreitungen nicht auf Unzulänglichkeiten des internen Modells zurückzuführen sind und sie zwischen dem 1. Januar 2020 und dem 31. Dezember 2021 aufgetreten sind.

Art. 500d Vorübergehende Berechnung des Risikopositionswerts von zur Abrechnung anstehenden marktüblichen Käufen und Verkäufen angesichts der COVID-19-Pandemie. (1) Abweichend von Artikel 429 Absatz 4 können die Institute bis zum 27. Juni 2021 den Risikopositionswert von zur Abrechnung anstehenden marktüblichen Käufen und Verkäufen nach den Absätzen 2, 3 und 4 des vorliegenden Artikels berechnen.

(2) Die Institute behandeln Barmittel im Zusammenhang mit marktüblichen Verkäufen und Wertpapiere im Zusammenhang mit marktüblichen Käufen, die bis zum Erfüllungstag in der Bilanz verbleiben, gemäß Artikel 429 Absatz 4 Buchstabe a.

(3) [1] Institute, die zur Abrechnung anstehende marktübliche Käufe und Verkäufe gemäß dem geltenden Rechnungslegungsrahmen zum Handelstag ansetzen, machen jede nach diesem Rechnungslegungsrahmen zulässige Aufrechnung zwischen Barforderungen für zur Abrechnung anstehende marktübliche Verkäufe und Barverbindlichkeiten für zur Abrechnung anstehende marktübliche Käufe rückgängig. [2] Nachdem die Institute die Aufrechnung in der Rechnungslegung rückgängig gemacht haben, dürfen sie zwischen jenen Barforderungen und Barverbindlichkeiten aufrechnen, bei denen sowohl die zugehörigen marktüblichen Verkäufe als auch Käufe nach dem Grundsatz „Lieferung gegen Zahlung“ abgewickelt werden.

(4) *[1]* Institute, die zur Abrechnung anstehende marktübliche Käufe und Verkäufe nach dem geltenden Rechnungslegungsrahmen zum Erfüllungstag ansetzen, rechnen in die Gesamtrisikopositionsmessgröße den vollen Nennwert der mit den marktüblichen Käufen verbundenen Zahlungszusagen ein.

[2] Die Institute dürfen den vollen Nennwert von mit marktüblichen Käufen verbundenen Zahlungszusagen nur dann gegen den vollen Nennwert der mit den zur Abrechnung anstehenden marktüblichen Verkäufen verbundenen Barforderungen aufrechnen, wenn die beiden folgenden Bedingungen erfüllt sind:

a) sowohl die marktüblichen Käufe als auch die marktüblichen Verkäufe werden nach dem Grundsatz „Lieferung gegen Zahlung“ abgewickelt;

b) die erworbenen und die verkauften finanziellen Vermögenswerte, die mit Barverbindlichkeiten und Barforderungen zusammenhängen, sind erfolgswirksam zum beizulegenden Zeitwert bewertet und im Handelsbuch erfasst.

(5) Für die Zwecke des vorliegenden Artikels bezeichnet der Ausdruck „marktüblicher Kauf oder Verkauf“ einen Kauf oder Verkauf eines Wertpapiers im Rahmen eines Vertrags, dessen Bedingungen die Lieferung des Wertpapiers innerhalb der allgemeinen gesetzlichen oder durch die Usancen des betreffenden Marktplatzes vorgegebenen Frist verlangen.

Art. 501 Anpassung der risikogewichteten nicht ausgefallenen Risikopositionen gegenüber KMU. (1) Die Institute passen die risikogewichteten Positionsbeträge von nicht ausgefallenen Risikopositionen gegenüber einem KMU (RWEA), die gemäß Teil 3 Titel II Kapitel 2 bzw. 3 berechnet werden, nach folgender Formel an:

$$RWEA^* = RWEA \cdot \frac{\min\{E^*; \text{EUR } 2\,500\,000\} \cdot 0{,}7619 + \max\{E^* - \text{EUR } 2\,500\,000; 0\} \cdot 0{,}85}{E^*}$$

dabei gilt:

RWEA* = der durch einen Faktor zur Unterstützung von KMU angepasste RWEA und

E* = a) entweder der dem Institut, seinen Tochterunternehmen, seinen Mutterunternehmen und anderen Tochterunternehmen dieser Mutterunternehmen von dem KMU oder der Gruppe verbundener Kunden des KMU insgesamt geschuldete Betrag einschließlich etwaiger ausgefallener Risikopositionen, mit Ausnahme von Forderungen oder Eventualforderungen, die durch Wohnimmobilien besichert sind;

b) oder, wenn der Gesamtbetrag nach Buchstabe a gleich 0 ist, der Betrag der Forderungen oder Eventualforderungen gegen das KMU oder die Gruppe verbundener Kunden des KMU, die durch Wohnimmobilien besichert sind und die von der Berechnung des in jenem Buchstaben genannten Gesamtbetrags ausgenommen sind.

(2) Für die Zwecke dieses Artikels

a) wird die Risikoposition gegenüber einem KMU entweder der Risikopositionsklasse „Mengengeschäft“ oder der Risikopositionsklasse „Risikopositionen gegenüber Unternehmen“ oder der Risikopositionsklasse „durch Immobilien besicherte Risikopositionen“ zugeordnet;

b) wird ein KMU als solches entsprechend der Empfehlung 2003/361/EG der Kommission[1] definiert; von den Kriterien nach Artikel 2 des Anhangs der genannten Empfehlung wird lediglich der Jahresumsatz berücksichtigt;

c) trifft das Institut alle angemessenen Maßnahmen, um E* korrekt zu bestimmen und die gemäß Buchstabe b erforderlichen Informationen zu erhalten.

Art. 501a Anpassung der Eigenmittelanforderungen für das Kreditrisiko für Risikopositionen gegenüber Rechtsträgern, die physische Strukturen oder Anlagen, Systeme und Netze, die grundlegende öffentliche Dienste erbringen oder unterstützen, betreiben oder finanzieren. (1) Gemäß Teil 3 Titel II berechnete Eigenmittelanforderungen für das Kreditrisiko werden mit dem Faktor 0,75 multipliziert, sofern die Risikoposition alle folgenden Kriterien erfüllt:

a) Die Risikoposition wird entweder der Risikopositionsklasse „Unternehmen" oder der Risikopositionsklasse „Spezialfinanzierungen" zugeordnet, wobei ausgefallene Risikopositionen ausgeschlossen sind;

b) die Risikoposition besteht gegenüber einem Rechtsträger, der speziell zur Finanzierung oder zum Betrieb von physischen Strukturen oder Anlagen, Systemen und Netzen, die grundlegende öffentliche Dienste erbringen oder unterstützen, errichtet wurde;

c) die Rückzahlung der Verpflichtung speist sich zu mindestens zwei Dritteln aus den durch die finanzierten Vermögenswerte generierten Einkünften und nicht aus der unabhängigen Zahlungsfähigkeit eines größeren Wirtschaftsunternehmens oder aus von einer oder mehreren der in Absatz 2 Buchstabe b Ziffern i und ii aufgeführten Stellen gewährten Subventionen, Zuschüssen oder Fördermitteln;

d) der Schuldner kann seinen finanziellen Verpflichtungen auch unter erheblichen Stressbedingungen, die angesichts des mit dem Projekt verbundenen Risikos relevant sind, nachkommen;

e) die vom Schuldner generierten Zahlungsströme sind vorhersehbar und decken alle künftigen Kreditrückzahlungen während der Kreditlaufzeit ab;

f) das Refinanzierungsrisiko der Risikoposition ist unter Berücksichtigung etwaiger von einer oder mehreren der in Absatz 2 Buchstabe b Ziffern i und ii aufgeführten Stellen gewährten Subventionen, Zuschüsse oder Fördermittel gering oder angemessen gemindert;

g) die vertraglichen Vereinbarungen bieten den Kreditgebern ein hohes Maß an Schutz, das Folgendes umfasst:

   i) Speisen sich die Einnahmen des Schuldners nicht aus Zahlungen einer großen Zahl von Nutzern, so enthalten die vertraglichen Vereinbarungen Bestimmungen, die die Kreditgeber wirksam vor Verlusten schützen, die sich aus der Beendigung des Projekts durch die Partei, die sich zur Abnahme der vom Schuldner bereitgestellten Güter oder Dienstleistungen verpflichtet hat, ergeben;

   ii) der Schuldner verfügt über ausreichende voll finanzierte Barrücklagen oder sonstige Finanzvereinbarungen mit Garantiegebern mit hoher Bo-

---

[1] **Amtl. Anm.:** Empfehlung 2003/361/EG der Kommission vom 6. Mai 2003 betreffend die Definition der Kleinstunternehmen sowie der kleinen und mittleren Unternehmen (ABl. L 124 vom 20.5.2003, S. 36)

nitätsbewertung, um unvorhergesehene Ausgabe und Anforderungen an das erforderliche Betriebskapital während der Lebensdauer der in Buchstabe b dieses Absatzes genannten Vermögenswerte abdecken zu können;

iii) die Kreditgeber haben einen erheblichen Einfluss auf die betreffenden Vermögenswerte und die vom Schuldner generierten Einkünfte;

iv) die Kreditgeber verfügen, soweit nach geltendem Recht zulässig, über eine Sicherheit in Form der Vermögenswerte und Verträge, die für das Infrastrukturgeschäft erforderlich sind, oder sie verfügen über alternative Mechanismen zur Sicherung ihrer Position;

v) den Kreditgebern wird Eigenkapital als Sicherheit zugewiesen, sodass sie in der Lage sind, bei einem etwaigen Ausfall die Kontrolle über den Rechtsträger zu übernehmen;

vi) die Netto-Zahlungsströme aus der betrieblichen Tätigkeit dürfen nach den verpflichtenden Zahlungen aus dem Projekt nur in beschränktem Umfang für andere Zwecke als den Schuldendienst verwendet werden;

vii) der vertragliche Rahmen sieht Beschränkungen im Hinblick auf die Möglichkeit des Schuldners vor, Tätigkeiten durchzuführen, die sich für die Kreditgeber negativ auswirken könnten, einschließlich der Bestimmung, dass ohne Zustimmung der vorhandenen Fremdkapitalgeber keine weiteren Schulden aufgenommen werden dürfen;

h) die Verpflichtung hat Vorrang vor allen anderen Forderungen, ausgenommen gesetzliche Ansprüche und Forderungen von Gegenparteien bei Derivaten;

i) befindet sich der Schuldner in der Bauphase, so müssen die folgenden Kriterien vom Eigenkapitalgeber bzw. – wenn mehr als ein Eigenkapitalgeber vorhanden ist – von einer Gruppe von Eigenkapitalgebern insgesamt erfüllt werden:

i) Die Eigenkapitalgeber haben in der Vergangenheit erfolgreich Infrastrukturprojekte überwacht und verfügen über die erforderliche Finanzkraft und einschlägige Sachkenntnis;

ii) die Eigenkapitalgeber haben ein geringes Ausfallrisiko, oder das Risiko, dass sich aus ihrem Ausfall erhebliche Verluste für den Schuldner ergeben, ist gering;

iii) es gibt angemessene Mechanismen, um die Interessen der Eigenkapitalgeber mit den Interessen der Kreditgeber in Einklang zu bringen;

j) der Schuldner hat angemessene Vorkehrungen getroffen, um zu gewährleisten, dass das Projekt unter Einhaltung der vereinbarten Spezifikationen, der vereinbarten Mittelausstattung bzw. des für die Fertigstellung vereinbarten Datums fertiggestellt wird, einschließlich wirksamer Fertigstellungsgarantien oder der Mitwirkung eines erfahrenen Bauherrn und angemessener vertraglicher Bestimmungen in Bezug auf einen pauschalierten Schadenersatz;

k) bestehen erhebliche Betriebsrisiken, ist für ein angemessenes Risikomanagement Sorge getragen;

l) der Schuldner verwendet erprobte Technologie und Konstruktionen;

m) alle erforderlichen Erlaubnisse und Zulassungen sind erteilt worden;

n) der Schuldner verwendet Derivate ausschließlich zu Zwecken der Risikominderung;

o) der Schuldner hat bewertet, ob die finanzierten Vermögenswerte zu folgenden Umweltschutzzielen beitragen:

   i) Klimaschutz;

   ii) Anpassung an den Klimawandel;

   iii) nachhaltige Nutzung und Schutz von Wasser- und Meeresressourcen;

   iv) Übergang zu einer Kreislaufwirtschaft, Abfallvermeidung und Recycling;

   v) Vermeidung und Verminderung der Umweltverschmutzung;

   vi) Schutz gesunder Ökosysteme.

(2) Für die Zwecke von Absatz 1 Buchstabe e werden die generierten Zahlungsströme nur dann als vorhersehbar betrachtet, wenn ein wesentlicher Teil der Einnahmen die folgenden Voraussetzungen erfüllt:

a) Eines der folgenden Kriterien ist erfüllt:

   i) die Einnahmen basieren auf der Verfügbarkeit;

   ii) die Einnahmen unterliegen einer Renditeregulierung;

   iii) die Einnahmen unterliegen einem Vertrag mit unbedingter Zahlungsverpflichtung;

   iv) die Produktionsmenge bzw. die Nutzung und der Preis erfüllen jeweils eines der folgenden Kriterien:

      – sie sind reguliert,

      – sie sind vertraglich festgelegt,

      – sie sind infolge eines geringen Nachfragerisikos vorhersehbar;

b) sofern sich die Einnahmen des Schuldners nicht aus Zahlungen einer großen Zahl von Nutzern speisen, handelt es sich bei der Partei, die sich zur Abnahme der vom Schuldner bereitgestellten Güter oder Dienstleistungen verpflichtet hat, um

   i) eine Zentralbank, einen Zentralstaat, eine regionale oder lokale Gebietskörperschaft, der bzw. dem gemäß den Artikeln 114 und 115 ein Risikogewicht von 0 % zugewiesen wurde oder die bzw. der im Rahmen der Bonitätsbewertung einer ECAI eine Bonitätseinstufung von mindestens 3 erhalten hat;

   ii) eine öffentliche Stelle, der gemäß Artikel 116 ein Risikogewicht von höchstens 20 % zugewiesen wurde oder die im Rahmen der Bonitätsbewertung einer ECAI eine Bonitätseinstufung von mindestens 3 erhalten hat;

   iii) eine multilaterale Entwicklungsbank im Sinne des Artikels 117 Absatz 2;

   iv) eine internationale Organisation im Sinne des Artikels 118;

   v) ein Unternehmen, das im Rahmen der Bonitätsbewertung einer ECAI eine Bonitätseinstufung von mindestens 3 erhalten hat;

   vi) einen Rechtsträger, der ohne wesentliche Änderung in Bezug auf Höhe und Zeitpunkt der Einnahmen austauschbar ist.

(3) Die Institute melden den zuständigen Behörden alle sechs Monate den gemäß Absatz 1 dieses Artikels berechneten Gesamtbetrag ihrer Risikopositionen gegenüber Infrastrukturprojektgesellschaften.

(4)[1] Die Kommission erstellt bis zum 28. Juni 2022 einen Bericht über die Auswirkung der Eigenmittelanforderungen nach dieser Verordnung auf die Kreditvergabe an Infrastrukturprojektgesellschaften und legt diesen, gegebenenfalls zusammen mit einem Gesetzgebungsvorschlag, dem Europäischen Parlament und dem Rat vor.

(5)[1] Für die Zwecke des Absatzes 4 erstattet die EBA der Kommission Bericht über

a) die Analyse der Entwicklung der Tendenzen und Konditionen auf den Märkten für Infrastrukturkredite und Projektfinanzierung während des Zeitraums nach Absatz 4;

b) die Analyse der tatsächlichen Risikobehaftung von Rechtsträgern nach Absatz 1 Buchstabe b im Verlauf eines gesamten Konjunkturzyklus;

c) die Angemessenheit der Eigenmittelanforderungen gemäß dieser Verordnung angesichts der Ergebnisse der Analysen nach den Buchstaben a und b dieses Absatzes.

Art. 501b Ausnahme von den Meldepflichten. Abweichend von Artikel 430 kann eine zuständige Behörde während des Zeitraums zwischen dem Datum des Geltungsbeginns der maßgeblichen Bestimmungen dieser Verordnung und dem ersten Einreichungstermin für Berichte, der den im genannten Artikel aufgeführten technischen Durchführungsstandards zu entnehmen ist, eine Ausnahme von der Anforderung gewähren, die Angaben in dem Format zu machen, das in den Meldebögen in dem Durchführungsrechtsakt nach Artikel 430 Absatz 7 angegeben ist, wenn die Meldebögen noch nicht an die Bestimmungen der vorliegenden Verordnung angepasst wurden.

Art. 501c Aufsichtliche Behandlung von Risikopositionen im Zusammenhang mit ökologischen und/oder sozialen Zielen. *[1]* ¹Die EBA prüft nach Konsultation des ESRB auf der Grundlage der verfügbaren Daten und Ergebnisse der Hochrangigen Expertengruppe der Kommission für ein nachhaltiges Finanzwesen, ob eine spezielle aufsichtsrechtliche Behandlung von Risikopositionen im Zusammenhang mit Vermögenswerten, darunter Verbriefungen, oder Tätigkeiten, die im Wesentlichen mit ökologischen und/oder sozialen Zielen verbunden sind, gerechtfertigt wäre. ²Insbesondere überprüft EBA:

a) Methoden für die Bewertung der tatsächlichen Risikobehaftung von Risikopositionen im Zusammenhang mit Vermögenswerten und Tätigkeiten, die im Wesentlichen mit ökologischen und/oder sozialen Zielen verbunden sind, im Vergleich zur Risikobehaftung anderer Risikopositionen;

b) die Entwicklung geeigneter Kriterien für die Bewertung von physischen Risiken und Transitionsrisiken, einschließlich der Risiken im Zusammenhang mit dem Wertverlust von Vermögenswerten aufgrund regulatorischer Änderungen;

c) die potenziellen Auswirkungen einer speziellen aufsichtlichen Behandlung von Risikopositionen im Zusammenhang mit Vermögenswerten und Tätigkeiten, die im Wesentlichen mit ökologischen und/oder sozialen Zielen

---

[1] Art. 501a Abs. 4 und 5 gelten ab dem 27.6.2019.

verbunden sind, auf die Finanzstabilität und die Kreditvergabe durch Banken in der Union.

[2] Die EBA legt dem Europäischen Parlament, dem Rat und der Kommission bis zum 28. Juni 2025 einen Bericht über ihre Erkenntnisse vor.

[3] Auf der Grundlage dieses Berichts legt die Kommission gegebenenfalls dem Europäischen Parlament und dem Rat einen Gesetzgebungsvorschlag vor.

Titel II. Berichte und Überprüfungen

Art. 502 Zyklische Effekte von Eigenmittelanforderungen. *[1]* [1]Die Kommission überprüft in Zusammenarbeit mit der EBA, dem ESRB und den Mitgliedstaaten und unter Berücksichtigung der Stellungnahme der EZB in regelmäßigen Abständen, ob sich diese Verordnung insgesamt gesehen zusammen mit der Richtlinie 2013/36/EU signifikant auf den Konjunkturzyklus auswirkt und prüft anhand dessen, ob Abhilfemaßnahmen gerechtfertigt sind. [2]Die EBA erstattet der Kommission bis zum 31. Dezember 2013 Bericht darüber, ob und wie die Methoden der Institute, die den IRB-Ansatz anwenden, einander angenähert werden sollten, um besser vergleichbare Eigenmittelanforderungen und eine Minderung der Prozyklizität zu erreichen.

[2] [1]Auf der Grundlage dieser Analyse und unter Berücksichtigung der Stellungnahme der EZB erstellt die Kommission alle zwei Jahre einen Bericht und leitet ihn – gegebenenfalls zusammen mit angemessenen Vorschlägen – an das Europäische Parlament und den Rat weiter. [2]Beiträge seitens der kreditnehmenden und kreditgebenden Wirtschaft sind bei der Erstellung des Berichts ausreichend zu würdigen.

[3] Die Kommission überprüft bis zum 31. Dezember 2014 die Anwendung des Artikels 30, erstellt einen Bericht über dessen Anwendung und legt diesen, gegebenenfalls zusammen mit einem Gesetzgebungsvorschlag, dem Europäischen Parlament und dem Rat vor.

[4] Hinsichtlich der etwaigen Streichung des Artikels 33 Absatz 1 Buchstabe c und seiner möglichen Anwendung auf Unionsebene ist bei der Überprüfung insbesondere sicherzustellen, dass ausreichende Vorkehrungen getroffen wurden, um die Finanzstabilität in allen Mitgliedstaaten zu gewährleisten.

Art. 503 Eigenmittelanforderungen für Risikopositionen in Form gedeckter Schuldverschreibungen. (1) Die Kommission erstattet bis zum 31. Dezember 2014 nach Konsultation der EBA dem Europäischen Parlament und dem Rat Bericht, ob die Risikogewichtungen nach Artikel 129 und die Eigenmittelanforderungen für das spezifische Risiko nach Artikel 336 Absatz 3 für alle Instrumente angemessen sind, die für diese Behandlungen in Betracht kommen, und ob die in Artikel 129 genannten Kriterien zweckmäßig sind, und legt entsprechende Vorschläge vor.

(2) In dem Bericht und den Vorschlägen gemäß Absatz 1 wird folgenden Umständen Rechnung getragen:

a) der Frage, inwieweit bei den derzeitigen Eigenmittelanforderungen für gedeckte Schuldverschreibungen angemessen differenziert wird zwischen Schwankungen der Bonitätsstufe von gedeckten Schuldverschreibungen und den Sicherheiten, mit denen diese besichert sind, einschließlich des Umfangs der Abweichungen zwischen den Mitgliedstaaten,

b) der Transparenz des Markts für gedeckte Schuldverschreibungen und der Frage, inwieweit diese es Anlegern ermöglicht, das Kreditrisiko bei gedeckten Schuldverschreibungen und den Sicherheiten, mit denen diese besichert sind, umfassend zu analysieren, sowie der Trennung der Vermögenswerte im Falle der Insolvenz des Emittenten, wobei die abfedernde Wirkung des zugrundeliegenden strikten nationalen Rechtsrahmens gemäß Artikel 129 und Artikel 52 Absatz 4 der Richtlinie 2009/65/EG auf die Gesamtbonität einer gedeckten Schuldverschreibung und seine Auswirkungen auf das für Anleger notwendige Maß an Transparenz berücksichtigt wird, und

c) dem Ausmaß, in dem sich die Emission gedeckter Schuldverschreibungen durch ein Kreditinstitut auf das Kreditrisiko auswirkt, dem andere Gläubiger des Emittenten ausgesetzt sind.

(3) Die Kommission erstattet bis zum 31. Dezember 2014 nach Konsultation der EBA dem Europäischen Parlament und dem Rat Bericht, ob unter bestimmten Voraussetzungen durch Luftfahrzeuge besicherte Kredite (Pfandrechte an Luftfahrzeugen) und Kredite für Wohnimmobilien, die durch Garantien, nicht aber durch eingetragene Grundpfandrechte besichert sind, als anerkennungsfähige Vermögenswerte im Sinne des Artikels 129 betrachtet werden sollten.

(4) [1] Die Kommission prüft bis zum 31. Dezember 2016, ob die Ausnahmeregelung nach Artikel 496 angemessen ist und ob es gegebenenfalls angemessen ist, eine ähnliche Behandlung für alle anderen Formen von gedeckten Schuldverschreibungen vorzusehen. [2] Im Lichte dieser Prüfung kann die Kommission gegebenenfalls delegierte Rechtsakte gemäß Artikel 462 erlassen, um die Ausnahmeregelung dauerhaft einzuführen oder Gesetzgebungsvorschläge vorlegen, um sie auf andere Formen gedeckter Schuldverschreibungen auszuweiten.

Art. 504 Von staatlichen Stellen im Notfall gezeichnete Kapitalinstrumente. Die Kommission erstattet bis zum 31. Dezember 2016 nach Konsultation der EBA dem Europäischen Parlament und dem Rat Bericht, ob die Behandlung nach Artikel 31 geändert werden oder wegfallen muss, und legt entsprechende Vorschläge vor.

Art. 504a Positionen in Instrumenten berücksichtigungsfähiger Verbindlichkeiten. *[1]* Bis zum 28. Juni 2022 legt die EBA der Kommission einen Bericht über die Beträge von Positionen in Instrumenten berücksichtigungsfähiger Verbindlichkeiten und deren Verteilung auf die Institute, die als G-SRI oder A-SRI eingestuft werden, sowie über die potenziellen Hindernisse für die Abwicklung und das Risiko einer Ansteckung in Bezug auf diese Positionen vor.

[2] Auf der Grundlage dieses Berichts der EBA legt die Kommission bis zum 28. Juni 2023 dem Europäischen Parlament und dem Rat einen Bericht über die geeignete Behandlung solcher Positionen, erforderlichenfalls zusammen mit einem Gesetzgebungsvorschlag, vor.

Art. 505 Prüfung langfristiger Finanzierungen. Die Kommission erstattet dem Europäischen Parlament und dem Rat bis zum 31. Dezember 2014 Bericht darüber, ob die Anforderungen dieser Verordnung angemessen sind angesichts dessen, dass ein angemessenes Finanzierungsniveau der Wirtschaft für alle Formen langfristiger Finanzierungen, einschließlich für kritische Infrastrukturvorhaben der Europäischen Union in den Bereichen Verkehr, Energie und Kommunikation, sichergestellt werden muss, und legt gegebenenfalls geeignete Vorschläge vor.

Art. 506 Kreditrisiko – Definition des Ausfalls. *[1]* Die EBA erstattet der Kommission bis zum 31. Dezember 2017 Bericht darüber, wie die Ersetzung der Überfälligkeit seit 90 Tagen durch 180 Tage, wie in Artikel 178 Absatz 1 Buchstabe b vorgesehen, sich auf risikogewichtete Positionsbeträge auswirkt, und ob es angemessen ist, diese Bestimmung über den 31. Dezember 2019 hinaus weiter anzuwenden.

[2] Auf der Grundlage dieses Berichts kann die Kommission einen Gesetzgebungsvorschlag zur Änderung dieser Verordnung vorlegen.

Art. 506a OGA mit einem zugrunde liegenden Portfolio aus Staatsanleihen der dem Euro-Währungsgebiet angehörenden Mitgliedstaaten. Die Kommission veröffentlicht in enger Zusammenarbeit mit dem ESRB und EBA bis zum 31. Dezember 2021 einen Bericht zur Bewertung der Frage, ob Änderungen des Regelungsrahmens erforderlich sind, um den Markt für Risikopositionen in Form von Anteilen an OGA mit einem ausschließlich aus Staatsanleihen von Mitgliedstaaten, deren Währung der Euro ist, bestehenden Portfolio und den Ankauf dieser Risikopositionen durch Banken zu fördern, wobei das relative Gewicht der Staatsanleihen der einzelnen Mitgliedstaaten im Gesamtportfolio der OGA dem relativen Gewicht des jeweiligen Beitrags der einzelnen Mitgliedstaaten zum Kapital der EZB entspricht.

Art. 506b NPE-Verbriefungen. (1) Die EBA überwacht die Anwendung von Artikel 269a und bewertet die Behandlung von NPE-Verbriefungen mit Blick auf die aufsichtsrechtlichen Eigenmittel unter Berücksichtigung, des Marktes für NPE im Allgemeinen und der Lage des NPE-Verbriefungsmarkts im Besonderen und legt der Kommission bis zum 10. Oktober 2022 einen Bericht über ihre Erkenntnisse vor.

(2) [1] Bis zum 10. April 2023 legt die Kommission dem Europäischen Parlament und dem Rat auf der Grundlage des in Absatz 1 dieses Artikels genannten Berichts einen Bericht über die Anwendung von Artikel 269a vor. [2] Gegebenenfalls wird dem Bericht der Kommission ein Gesetzgebungsvorschlag beigefügt.

Art. 507 Großkredite. (1) [1] Die EBA überwacht die Anwendung der Ausnahmen nach Artikel 390 Absatz 6 Buchstabe b, Artikel 400 Absatz 1 Buchstaben f bis m und Artikel 400 Absatz 2 Buchstaben a, c bis g, i, j und k und legt der Kommission bis zum 28. Juni 2021 einen Bericht vor, in dem sie die quantitativen Auswirkungen bewertet, die die Abschaffung dieser Ausnahmen oder die Begrenzung ihrer Inanspruchnahme hätte. [2] In diesem Bericht wird für jede Ausnahme nach diesen Artikeln insbesondere Folgendes bewertet:

a) die Anzahl der in den einzelnen Mitgliedstaaten ausgenommenen Großkredite;

b) die Anzahl der Institute, die die Ausnahme in den einzelnen Mitgliedstaaten in Anspruch nehmen;

c) der Gesamtbetrag der in den einzelnen Mitgliedstaaten ausgenommenen Risikopositionen.

(2) Die Kommission legt dem Europäischen Parlament und dem Rat bis zum 31. Dezember 2023 einen Bericht über die Anwendung der Ausnahmen nach Artikel 390 Absatz 4 und Artikel 401 Absatz 2 in Bezug auf die Methoden für die Berechnung des Risikopositionswerts von Wertpapierfinanzierungsgeschäften und insbesondere in Bezug auf die Notwendigkeit der Berücksichtigung von Änderungen bei internationalen Standards zur Bestimmung der Methoden für solche Berechnungen vor.

Art. 508 Anwendungsstufe. Bis zum 31. Dezember 2014 überprüft die Kommission die Anwendung von Teil 1 Titel II und Artikel 113 Absätze 6 und 7, erstellt einen Bericht über deren Anwendung und legt diesen, gegebenenfalls zusammen mit einem Gesetzgebungsvorschlag, dem Europäischen Parlament und dem Rat vor.

Art. 509 Liquiditätsanforderungen. (1) *[1]* [1] Die EBA überwacht und bewertet die Meldungen gemäß Artikel 415 Absatz 1 unter Berücksichtigung unterschiedlicher Währungen und Geschäftsmodelle. [2] Sie erstattet der Kommission nach Konsultation des ESRB, von Endnutzern, die keine Finanzkunden sind, des Bankengewerbes, der zuständigen Behörden und der Zentralbanken des ESZB jährlich und erstmals ab dem 31. Dezember 2013 Bericht darüber, ob eine Spezifizierung der allgemeinen Anforderung an die Liquiditätsdeckung gemäß Teil 6 auf der Grundlage der gemäß Teil 6 Titel II und Anhang III zu meldenden Positionen einzeln oder kumulativ betrachtet möglicherweise die Geschäfte und das Risikoprofil von in der Union niedergelassenen Instituten oder die Stabilität und das ordnungsgemäße Funktionieren der Finanzmärkte oder die Wirtschaft und die Stabilität der Kreditversorgung durch Banken mit besonderem Augenmerk auf die Kreditvergabe an KMU und die Handelsfinanzierung, einschließlich der Kreditvergabe im Rahmen offizieller Exportkreditversicherungssysteme, wesentlich beeinträchtigen würde.

[2] In dem Bericht nach Unterabsatz 1 werden Marktentwicklungen und internationale aufsichtsrechtliche Entwicklungen sowie die Wechselwirkung zwischen der Liquiditätsdeckungsanforderung und anderen Aufsichtsanforderungen dieser Verordnung, wie beispielsweise den risikobasierten Kapitalquoten gemäß Artikel 92 und den Verschuldungsquoten, berücksichtigt werden.

[3] Dem Europäischen Parlament und dem Rat wird Gelegenheit gegeben, zu dem Bericht nach Unterabsatz 1 Stellung zu nehmen.

(2) In dem Bericht nach Unterabsatz 1 beurteilt die EBA insbesondere,

a) die Schaffung von Mechanismen, die den Wert der Liquiditätszuflüsse beschränken, um insbesondere eine angemessene Zuflussobergrenze und die Voraussetzungen für ihre Anwendung festzulegen, wobei verschiedene Geschäftsmodelle, einschließlich Durchlauffinanzierung, Factoring, Leasing, gedeckte Schuldverschreibungen, Hypotheken, Begebung gedeckter Schuldverschreibungen und die Frage, inwieweit diese Obergrenze *angepasstwerden*[1] oder wegfallen sollte, um den Besonderheiten von Spezialfinanzierungen Rechnung zu tragen,

b) die Kalibrierung der in Teil 6 Titel II, insbesondere den Artikeln 422 Absatz 7 und 425 Absatz 2 genannten Zu- und Abflüsse,

---

[1] Richtig wohl: „angepasst werden".

c) die Schaffung von Mechanismen zur Beschränkung der Deckung der Liquiditätsanforderungen durch bestimmte Kategorien liquider Aktiva, insbesondere die Prüfung der geeigneten Mindestquote liquider Aktiva gemäß Artikel 416 Absatz 1 Buchstaben a, b und c an Gesamtbestand der liquiden Aktiva, das Testen eines Schwellenwerts von 60 % und die Berücksichtigung internationaler aufsichtsrechtlicher Entwicklungen. Aktiva, die geschuldet und fällig oder innerhalb von 30 Kalendertagen abrufbar sind, sollten nicht auf die Mindestquote angerechnet werden, es sei denn, für sie wurde eine Sicherheit gestellt, die ebenfalls nach Artikel 416 Absatz 1 Buchstaben a bis c anerkannt würde,

d) die Festlegung spezifischer niedrigerer Abfluss- und/oder höherer Zuflussprozentsätze für gruppeninterne Liquiditätsflüsse, wobei erläutert wird, unter welchen Bedingungen solche spezifischen Prozentsätze für Zu- oder Abflüsse von einem aufsichtlichen Standpunkt her gerechtfertigt wären, und eine Methodik skizziert wird, bei der objektive Kriterien und Parameter verwendet werden, um die spezifische Höhe der Zu- und Abflüsse zwischen dem Institut und der Gegenpartei festzulegen, wenn diese nicht im selben Mitgliedstaat niedergelassen sind,

e) die Kalibrierung der Ziehungsraten für nicht in Anspruch *genommenen*[1] Kredit- und Liquiditätsfazilitäten nach Artikel 424 Absätze 3 und 5; insbesondere wird die EBA eine Ziehungsrate von 100 % testen,

f) die Definition der Privatkundeneinlage des Artikels 411 Nummer 2, insbesondere die Frage, ob es sinnvoll ist, einen Schwellenwert für die Einlagen natürlicher Personen einzuführen,

g) die Notwendigkeit, eine neue Kategorie „Privatkundeneinlagen" mit niedrigeren Abflüssen einzuführen, da eine niedrigere Abflussrate angesichts der besonderen Merkmale dieser Einlagen gerechtfertigt sein könnte; dabei wäre internationalen Entwicklungen Rechnung zu tragen,

h) Ausnahmen von den Anforderungen an die Zusammenstellung der liquiden Aktiva, die Institute vorhalten müssen, wenn ihr gemeinsamer berechtigter Bedarf an liquiden Aktiva deren Verfügbarkeit in einer bestimmten Währung übersteigt, und die Bedingungen, die für solche Ausnahmen gelten sollten,

i) die Definition von schariakonformen Finanzprodukten, die von schariakonformen Banken als Alternative zu Vermögenswerten, die für die Zwecke des Artikels 416 als liquide Aktiva anerkannt würden, verwendet werden können,

j) die Definition von Stresssituationen – einschließlich Grundsätzen für die mögliche Verwendung des Bestands an liquiden Aktiva und die erforderlichen aufsichtlichen Reaktionen –,[2] in denen Institute ihre liquiden Bestände zur Deckung von Liquiditätsabflüssen verwenden dürfen, und wie Verstöße zu behandeln *wäre*[3],

k) die Definition der etablierten Geschäftsbeziehung gemäß Artikel 422 Absatz 3 Buchstabe c in Bezug auf Nichtfinanzkunden,

---

[1] Richtig wohl: „genommene".
[2] Komma fehlt im ABl.EU.
[3] Richtig wohl: „sind".

l) die Kalibrierung der auf Korrespondenzbankgeschäfte und Primebroker-Dienstleistungen nach Artikel 422 Absatz 4 Unterabsatz 1 anzuwendenden Abflussrate,

m) Mechanismen, mit denen staatlich garantierte Anleihen, die mit einer Genehmigung der Union für staatliche Beihilfen als Teil staatlicher Stützungsmaßnahmen an Kreditinstitute ausgegeben wurden, um deren Bilanzen von problematischen Vermögenswerten zu entlasten, wie beispielsweise Anleihen der National Asset Management Agency (NAMA) in Irland und der spanischen Vermögensverwaltungsgesellschaft in Spanien, mindestens bis Dezember 2023 als Aktiva von äußerst hoher Liquidität und Kreditqualität bestandsgeschützt werden sollen.

(3) *[1]* Die EBA erstattet der Kommission nach Konsultation der ESMA und der EZB bis zum 31. Dezember 2013 Bericht über geeignete einheitliche Definitionen der hohen und äußerst hohen Liquidität und Kreditqualität übertragbarer Aktiva für die Zwecke des Artikels 416 und angemessene Abschläge für Vermögenswerte – ausgenommen Aktiva im Sinne des Artikels 416 Absatz 1 Buchstaben a, b und c, die für die Zwecke des Artikels 416 als liquide Aktiva anerkannt würden.

[2] Dem Europäischen Parlament und dem Rat wird Gelegenheit gegeben, zu diesem Bericht Stellung zu nehmen.

[3] In dem Bericht nach Unterabsatz 1 wird außerdem Folgendes geprüft:

a) andere Kategorien von Vermögenswerten, insbesondere durch private Wohnimmobilien besicherte Wertpapiere von hoher Liquidität und Kreditqualität,

b) andere Kategorien zentralbankfähiger Wertpapiere oder Darlehensforderungen, wie z.B. von regionalen oder lokalen Gebietskörperschaften begebene Schuldverschreibungen und Geldmarktpapiere sowie

c) andere nicht zentralbankfähige aber fungible Vermögenswerte, wie z.B. an einer anerkannten Börse notierte Aktien, Gold, Eigenkapitalinstrumente eines wichtigen Index, garantierte Schuldverschreibungen, gedeckte Schuldverschreibungen, Unternehmensanleihen und auf diesen Vermögenswerten beruhende Fonds.

(4) *[1]* In dem Bericht nach Absatz 3 wird geprüft, ob und inwieweit Standby-Kreditfazilitäten im Sinne des Artikels 416 Absatz 1 Buchstabe e im Lichte der internationalen Entwicklung und unter Berücksichtigung europäischer Besonderheiten, einschließlich der Art und Weise, in der die Geldpolitik in der Union durchgeführt wird, als liquide Aktiva betrachtet werden sollten.

[2] Die EBA prüft insbesondere die Angemessenheit der folgenden Kriterien und die geeigneten Höhen für die entsprechenden Definitionen:

a) Mindesthandelsvolumen der Vermögenswerte,

b) Mindestvolumen ausstehender Vermögenswerte,

c) transparente Preis- und Nachhandelsinformation,

d) Bonitätsstufen gemäß Teil 3 Titel II Kapitel 2,

e) nachweisbare Preisstabilität,

f) durchschnittliches Handelsvolumen und durchschnittlicher Transaktionsumfang,

g) maximale Geld-Brief-Spanne,

h) Restlaufzeit,
i) Mindestumschlagshäufigkeit.

(5) Bis zum 31. Januar 2014 erstattet die EBA ferner Bericht über

a) einheitliche Begriffsbestimmungen für hohe und äußerst hohe Liquidität und Kreditqualität,
b) die etwaigen unbeabsichtigten Folgen der Begriffsbestimmung für liquide Aktiva auf die Durchführung von geldpolitischen Operationen und das Ausmaß, in dem
    i) ein Verzeichnis liquider Aktiva, das nicht an die Liste zentralbankfähiger Vermögenswerte gekoppelt ist, einen Anreiz dafür schaffen könnte, dass Institute anerkennungsfähige Vermögenswerte, die der Begriffsbestimmung für liquide Aktiva nicht entsprechen, bei Refinanzierungsgeschäften einreichen,
    ii) Liquiditätsvorschriften Institute davon abhalten könnten, auf dem unbesicherten Geldmarkt Anleihe- und Darlehensgeschäfte durchzuführen, und ob dies zu einer Infragestellung der Ausrichtung des EONIA im Rahmen der Durchführung der Geldpolitik führen könnte,
    iii) die Einführung der Liquiditätsdeckungsanforderung den nationalen Zentralbanken die Gewährleistung der Preisstabilität mithilfe des bestehenden geldpolitischen Rahmens und der verfügbaren geldpolitischen Instrumente erschweren würde,
c) die operationellen Anforderungen an den Bestand an liquiden Aktiva im Sinne des Artikels 417 Buchstaben b bis f im Einklang mit internationalen aufsichtsrechtlichen Entwicklungen.

Art. 510 Anforderungen in Bezug auf stabile Refinanzierung.

(1) [1] Die EBA erstattet der Kommission ausgehend von den gemäß Teil 6 Titel III zu meldenden Positionen bis zum 31. Dezember 2015 Bericht, ob und inwieweit es angemessen wäre, sicherzustellen, dass Institute stabile Refinanzierungsquellen nutzen, und schließt darin auch eine Bewertung der Auswirkung auf das Geschäft und Risikoprofil von in der Union niedergelassenen Instituten oder auf die Finanzmärkte, die Wirtschaft oder die Kreditvergabe durch Banken ein, wobei sie besonderes Augenmerk auf die Kreditvergabe an KMU und die Handelsfinanzierung, einschließlich der Kreditvergabe im Rahmen öffentlicher Exportkreditversicherungssysteme und über Modelle der Durchlauffinanzierung, einschließlich kongruent refinanzierter Hypothekendarlehen, richtet. [2] Sie analysiert insbesondere die Auswirkung stabiler Refinanzierungsquellen auf die Refinanzierungsstrukturen unterschiedlicher Bankenmodelle in der Union.

(2) Die EBA erstattet der Kommission ausgehend von den gemäß Teil 6 Titel III zu meldenden Positionen und entsprechend den einheitlichen Meldeformaten gemäß Artikel 415 Absatz 3 Buchstabe a und nach Konsultation des ESRB ferner bis zum 31. Dezember 2015 Bericht über Methoden zur Festlegung des Betrags an stabiler Refinanzierung, über den Institute verfügen und der von ihnen benötigt wird, und über geeignete einheitliche Definitionen zur

Berechnung *einer solchen Anforderungen*[1] in Bezug auf stabile Refinanzierung, wobei sie insbesondere Folgendes prüft:

a) Kategorien und Gewichtung der in Artikel 427 Absatz 1 genannten stabilen Refinanzierungsquellen,

b) die zur Ermittlung des in Artikel 428 Absatz 1 genannten Bedarfs an stabiler Refinanzierung angewandten Kategorien und Gewichte,

c) Methoden, die positive bzw. gegebenenfalls negative Anreize schaffen, mit denen eine stabilere, langfristigere Refinanzierung von Vermögenswerten, Geschäftstätigkeiten, Investitionen und Kapitalausstattung von Instituten gefördert wird,

d) die Notwendigkeit, für unterschiedliche Arten von Instituten unterschiedliche Methoden zu entwickeln.

(3) Die Kommission legt dem Europäischen Parlament und dem Rat gegebenenfalls bis zum 31. Dezember 2016 einen Gesetzgebungsvorschlag dazu vor, wie Institute dazu angehalten werden können, stabile Refinanzierungsquellen zu verwenden, wobei sie die Berichte gemäß den Absätzen 1 und 2 berücksichtigt und der Vielfalt des Bankengewerbes in der Union Rechnung trägt.

(4) [1]Die EBA überwacht den Betrag an erforderlicher stabiler Refinanzierung für die Deckung des Refinanzierungsrisikos im Zusammenhang mit in Anhang II aufgeführten Derivatkontrakten und mit Kreditderivaten während des einjährigen Zeithorizonts der strukturellen Liquiditätsquote, insbesondere das künftige Refinanzierungsrisiko für diese Kontrakte nach Artikel 428s Absatz 2 und Artikel 428at Absatz 2, und erstattet der Kommission bis zum 28. Juni 2024 Bericht über die Zweckmäßigkeit der Anwendung eines höheren Faktors für die erforderliche stabile Refinanzierung oder einer Maßnahme mit höherer Risikosensitivität. [2]In diesem Bericht wird mindestens Folgendes bewertet:

a) die Frage, ob eine Unterscheidung zwischen durch Einschuss gedeckten und nicht durch Einschuss gedeckten Derivatkontrakten zweckmäßig ist;

b) die Frage, ob eine Abschaffung, Erhöhung oder Ersetzung der Anforderung nach Artikel 428s Absatz 2 und Artikel 428at Absatz 2 zweckmäßig ist;

c) die Frage, ob eine allgemeinere Änderung der Behandlung von Derivatkontrakten bei der Berechnung der strukturellen Liquiditätsquote nach Artikel 428d, Artikel 428k Absatz 4, Artikel 428s Absatz 2, Artikel 428ag Buchstaben a und b, Artikel 428ah Absatz 2, Artikel 428al Absatz 4, Artikel 428at Absatz 2, Artikel 428ay Buchstaben a und b und Artikel 428az Absatz 2 zweckmäßig ist, um das mit diesen Kontrakten verbundene Refinanzierungsrisiko während des einjährigen Zeithorizonts der strukturellen Liquiditätsquote besser zu erfassen;

d) die Auswirkung der vorgeschlagenen Änderungen auf den Betrag an stabiler Refinanzierung, der für die Derivatkontrakte der Institute erforderlich ist.

(5) Wird die Behandlung der in Anhang II aufgeführten Derivatkontrakte und der Kreditderivate für die Berechnung der strukturellen Liquiditätsquote durch internationale Standards beeinträchtigt, so legt die Kommission dem Europäischen Parlament und dem Rat – sofern angemessen und unter Berücksichtigung des Berichts nach Absatz 4, dieser Änderungen internationaler Standards und der Vielfalt des Bankensektors in der Union – einen Gesetzgebungs-

---

[1] Richtig wohl: „solcher Anforderungen".

vorschlag zu der Frage vor, wie die Bestimmungen über die Behandlung der in Anhang II aufgeführten Derivatkontrakte und der Kreditderivate für die Berechnung der strukturellen Liquiditätsquote nach Teil 6 Titel IV geändert werden müssen, um dem mit diesen Transaktionen verbundenen Refinanzierungsrisiko besser Rechnung zu tragen.

(6) [1] Die EBA überwacht den Betrag an stabiler Refinanzierung, der erforderlich ist für die Deckung des Refinanzierungsrisikos im Zusammenhang mit Wertpapierfinanzierungsgeschäften, einschließlich der bei diesen Transaktionen entgegengenommenen oder gestellten Vermögenswerte, und im Zusammenhang mit unbesicherten Transaktionen mit einer Restlaufzeit von weniger als sechs Monaten mit Finanzkunden und erstattet der Kommission bis zum 28. Juni 2023 Bericht darüber, ob diese Behandlung angemessen ist. [2] In diesem Bericht wird mindestens Folgendes bewertet:

a) die Frage, ob die Anwendung höherer oder niedrigerer Faktoren für die stabile Refinanzierung auf Wertpapierfinanzierungsgeschäfte mit Finanzkunden sowie auf mit Finanzkunden geschlossene unbesicherte Transaktionen mit einer Restlaufzeit von weniger als sechs Monaten zweckmäßig ist, um ihrem Refinanzierungsrisiko während des einjährigen Zeithorizonts der strukturellen Liquiditätsquote und etwaigen Ansteckungseffekten zwischen Finanzkunden besser Rechnung zu tragen;
b) die Frage, ob die Anwendung der Behandlung nach Artikel 428r Absatz 1 Buchstabe g auf Wertpapierfinanzierungsgeschäfte, die durch andere Arten von Vermögenswerten besichert sind, zweckmäßig ist;
c) die Frage, ob als Alternative zur Behandlung nach Artikel 428p Absatz 5 die Anwendung von Faktoren für die stabile Refinanzierung auf außerbilanzielle Posten, die bei Wertpapierfinanzierungsgeschäften verwendet werden, zweckmäßig ist;
d) die Frage, ob die asymmetrische Behandlung von Verbindlichkeiten mit einer Restlaufzeit von weniger als sechs Monaten, die von Finanzkunden zur Verfügung gestellt werden, die gemäß Artikel 428k Absatz 3 Buchstabe c einem Faktor für die verfügbare stabile Refinanzierung von 0 % unterliegen, und Vermögenswerten, die sich aus Transaktionen mit einer Restlaufzeit von weniger als sechs Monaten mit Finanzkunden ergeben, die gemäß Artikel 428r Absatz 1 Buchstabe g, Artikel 428s Absatz 1 Buchstabe c und Artikel 428v Buchstabe b einem Faktor für die erforderliche stabile Refinanzierung von 0 %, 5 % oder 10 % unterliegen, angemessen ist;
e) die Auswirkung der Einführung höherer oder niedriger Faktoren für die erforderliche stabile Refinanzierung für Wertpapierfinanzierungsgeschäfte, insbesondere mit Finanzkunden abgeschlossene Transaktionen mit einer Restlaufzeit von weniger als sechs Monaten, auf die Marktliquidität von Vermögenswerten, die bei diesen Transaktionen als Sicherheit entgegengenommen werden, insbesondere von Staats- und Unternehmensanleihen;
f) die Auswirkung der vorgeschlagenen Änderungen auf den Betrag an stabiler Refinanzierung, der für diese Transaktionen der Institute erforderlich ist, insbesondere für Wertpapierfinanzierungsgeschäfte mit einer Restlaufzeit von weniger als sechs Monaten mit Finanzkunden, wenn bei diesen Transaktionen Staatsanleihen als Sicherheit entgegengenommen werden.

(7) Die Kommission legt dem Europäischen Parlament und dem Rat bis zum 28. Juni 2024 – sofern angemessen und unter Berücksichtigung des

Berichts nach Absatz 6, der internationalen Standards und der Vielfalt des Bankensektors in der Union – einen Gesetzgebungsvorschlag zu der Frage vor, wie die Bestimmungen über die Behandlung von Wertpapierfinanzierungsgeschäften, einschließlich der bei diesen Transaktionen entgegengenommenen oder gestellten Vermögenswerte, und die Behandlung von unbesicherten Transaktionen mit einer Restlaufzeit von weniger als sechs Monaten mit Finanzkunden für die Berechnung der strukturellen Liquiditätsquote nach Teil 6 Titel IV geändert werden sollten, falls sie dies angesichts der Auswirkungen der derzeitigen Behandlung auf die strukturelle Liquiditätsquote der Institute und im Hinblick auf eine bessere Berücksichtigung des mit diesen Transaktionen verbundenen Refinanzierungsrisikos für angemessen hält.

(8) Bis zum 28. Juni 2025 müssen die auf die Transaktionen nach Artikel 428r Absatz 1 Buchstabe g, Artikel 428s Absatz 1 Buchstabe b und Artikel 428v Buchstabe a angewandten Faktoren für die erforderliche stabile Refinanzierung von 0 % auf 10 % und von 5 % bzw. 10 % auf 15 % erhöht werden, es sei denn, dass dies in einem auf Grundlage eines Kommissionsvorschlags angenommenen Gesetzgebungsakt gemäß Absatz 7 des vorliegenden Artikels anders festgelegt wurde.

(9) [1] Die EBA überwacht den Betrag an stabiler Refinanzierung, der für die Deckung des Refinanzierungsrisikos erforderlich ist, das sich daraus ergibt, dass Institute Wertpapiere halten, um Derivatkontrakte abzusichern. [2] Die EBA berichtet bis zum 28. Juni 2023 darüber, ob die Behandlung zweckmäßig ist. [3] In diesem Bericht wird mindestens Folgendes bewertet:

a) die möglichen Auswirkungen der Behandlung auf die Fähigkeit von Anlegern, Zugang zu Vermögenswerten zu erhalten, und die Auswirkungen der Behandlung auf die Kreditversorgung in der Kapitalmarktunion;
b) die Frage, ob die Anwendung angepasster Anforderungen der stabilen Refinanzierung auf Wertpapiere, die gehalten werden, um Derivate abzusichern, die gänzlich oder teilweise durch Ersteinschüsse finanziert werden, zweckmäßig ist;
c) die Frage, ob die Anwendung angepasster Anforderungen der stabilen Refinanzierung auf Wertpapiere, die gehalten werden, um Derivate abzusichern, die nicht durch Ersteinschüsse finanziert werden, zweckmäßig ist.

(10) Die Kommission legt dem Europäischen Parlament und dem Rat bis zum 28. Juni 2023 oder ein Jahr nach der Vereinbarung internationaler Standards, die vom Basler Ausschuss entwickelt wird, je nachdem, welches der frühere Termin ist, – sofern angemessen und unter Berücksichtigung des Berichts nach Absatz 9, der durch den Basler Ausschuss ausgearbeiteten internationalen Standards, der Vielfalt des Bankensektors in der Union und der Ziele der Kapitalmarktunion – einen Gesetzgebungsvorschlag zu der Frage vor, wie die Bestimmungen über die Behandlung des Falls, dass Institute Wertpapiere halten, um Derivatkontrakte abzusichern, für die Berechnung der strukturellen Liquiditätsquote nach Teil 6 Titel IV geändert werden sollten, falls sie dies angesichts der Auswirkungen der derzeitigen Behandlung auf die strukturelle Liquiditätsquote der Institute und im Hinblick auf eine bessere Berücksichtigung des mit diesen Transaktionen verbundenen Refinanzierungsrisikos für angemessen hält.

(11) [1] Die EBA bewertet, ob eine Verringerung des Faktors für die erforderliche stabile Refinanzierung für Vermögenswerte, die für die Erbringung von

Clearing- und Abrechnungsleistungen für Edelmetalle wie Gold, Silber, Platin und Palladium verwendet werden, oder für Vermögenswerte, die für die Durchführung von Finanzierungsgeschäften für Edelmetalle wie Gold, Silber, Platin und Palladium mit einer Laufzeit von höchstens 180 Tagen verwendet werden, gerechtfertigt wäre. [2] Die EBA übermittelt der Kommission ihren Bericht bis zum 28. Juni 2021.

Art. 511 Verschuldung. (1) Die Kommission legt dem Europäischen Parlament und dem Rat bis zum 31. Dezember 2020 einen Bericht über die Frage vor, ob

a) die Einführung eines Aufschlags auf die Verschuldungsquote für A-SRI angemessen ist und
b) die Definition und die Berechnung der Gesamtrisikopositionsmessgröße nach Artikel 429 Absatz 4, einschließlich der Behandlung der Zentralbankreserven, angemessen sind.

(2) [1] Für die Zwecke des in Absatz 1 genannten Berichts berücksichtigt die Kommission internationale Entwicklungen und auf internationaler Ebene vereinbarte Standards. [2] Gegebenenfalls wird diesem Bericht ein Gesetzgebungsvorschlag beigefügt.

Art. 512 Risikopositionen aus übertragenen Kreditrisiken. Die Kommission legt dem Europäischen Parlament und dem Rat bis zum 31. Dezember 2014 einen Bericht über die Anwendung und Wirksamkeit der Bestimmungen des Teils 5 vor dem Hintergrund der Entwicklungen der internationalen Märkte vor.

Art. 513 Vorschriften der Makroaufsicht. (1) Die Kommission überprüft nach Konsultation des ESRB und der EBA bis zum 30. Juni 2022 und danach alle fünf Jahre, ob die Vorschriften dieser Verordnung und der Richtlinie 2013/36/EU zur Makroaufsicht ausreichen, um Systemrisiken in bestimmten Wirtschaftszweigen, Regionen und Mitgliedstaaten einzudämmen; dabei bewertet sie unter anderem,

a) ob die geltenden Instrumente der Makroaufsicht dieser Verordnung und der Richtlinie 2013/36/EU wirksam, effizient und transparent sind;
b) ob die Abdeckung der verschiedenen in dieser Verordnung und der Richtlinie 2013/36/EU zur Bewältigung ähnlicher Risiken vorgesehenen Instrumente der Makroaufsicht und der eventuelle Grad der Überschneidung zwischen diesen Instrumenten angemessen sind; erforderlichenfalls schlägt sie neue Vorschriften der Makroaufsicht vor;
c) welche Wechselwirkungen es zwischen international vereinbarten Standards für systemrelevante Institute und dieser Verordnung und der Richtlinie 2013/36/EU gibt; erforderlichenfalls schlägt sie neue Vorschriften vor, in denen diese international vereinbarten Standards berücksichtigt werden;
d) ob andere Arten von Instrumenten wie schuldnerbezogene Instrumente unter die in dieser Verordnung und der Richtlinie 2013/36/EU vorgesehenen Instrumente der Makroaufsicht aufgenommen werden sollten, um die kapitalbezogenen Instrumente zu ergänzen und eine harmonisierte Anwendung der Instrumente im Binnenmarkt zu ermöglichen, unter Berücksichtigung der Frage, ob harmonisierte Definitionen dieser Instrumente und die

Meldung entsprechender Daten auf Unionsebene eine Voraussetzung für die Einführung solcher Instrumente sind;

e) ob die Anforderung an den Puffer der Verschuldungsquote gemäß Artikel 92 Absatz 1a auf andere systemrelevante Institute als G-SRI ausgeweitet werden sollte, ob ihre Kalibrierung sich von der Kalibrierung für G-SRI unterscheiden sollte und ob ihre Kalibrierung von dem Ausmaß der Systemrelevanz des Instituts abhängen sollte;

f) ob die derzeitige freiwillige Gegenseitigkeit von Makroaufsichtsmaßnahmen in eine verpflichtende Gegenseitigkeit umgewandelt werden sollte und ob der derzeitige Rahmen des ESRB für die freiwillige Gegenseitigkeit eine angemessene Grundlage dafür ist;

g) wie einschlägige Finanzaufsichtsbehörden der Union und der Mitgliedstaaten mit Instrumenten ausgestattet werden können, anhand deren sie neue systemrelevante Risiken angehen können, die aufgrund von Risikopositionen von Kreditinstituten im Nichtbankensektor entstehen, insbesondere Risiken auf den Märkten für Derivate und Wertpapierfinanzierungsgeschäfte sowie in der Vermögensverwaltungs- und Versicherungsbranche.

(2) Die Kommission erstattet dem Europäischen Parlament und dem Rat auf der Grundlage von Konsultationen mit dem ESRB und der EBA bis zum 31. Dezember 2022 und danach alle fünf Jahre über die Bewertung nach Absatz 1 Bericht und legt ihnen gegebenenfalls einen Gesetzgebungsvorschlag vor.

Art. 514 Methode für die Berechnung des Risikopositionswerts von Derivatgeschäften. (1)[1] Die EBA erstattet der Kommission bis zum 28. Juni 2023 Bericht über die Auswirkungen und die relative Kalibrierung der in Teil 3 Titel II Kapitel 6 Abschnitte 3, 4 und 5 genannten Ansätze für die Berechnung der Risikopositionswerte von Derivatgeschäften.

(2) Auf der Grundlage des Berichts der EBA legt die Kommission gegebenenfalls einen Gesetzgebungsvorschlag zur Änderung der in Teil 3 Titel II Kapitel 6 Abschnitte 3, 4 und 5 genannten Ansätze vor.

Art. 515 Überwachung und Evaluierung. (1) Die EBA erstattet gemeinsam mit der ESMA bis zum 28. Juni 2014 Bericht über das Zusammenwirken dieser Verordnung mit den damit zusammenhängenden Verpflichtungen gemäß der Verordnung (EU) Nr. 648/2012, insbesondere hinsichtlich Instituten, die als zentrale Gegenpartei fungieren, um eine Doppelung der Anforderungen an Derivatgeschäfte und damit eine Zunahme des aufsichtsrechtlichen Risikos und einen Anstieg der Aufsichtskosten für die zuständigen Behörden zu vermeiden.

(2) [1] Die EBA überwacht und bewertet die Funktionsweise der Bestimmungen für Eigenmittelanforderungen für Risikopositionen gegenüber einer zentralen Gegenpartei gemäß Teil 3 Titel II Kapitel 6 Abschnitt 9. [2] Sie legt der Kommission bis zum 1. Januar 2015 einen Bericht über die Auswirkungen und die Wirksamkeit dieser Bestimmungen vor.

(3) Die Kommission überprüft bis zum 31. Dezember 2016 die Abstimmung dieser Verordnung mit den damit zusammenhängenden Verpflichtungen gemäß der Verordnung (EU) Nr. 648/2012, den Eigenmittelanforderungen nach

[1] Art. 514 Abs. 1 gilt ab dem 27.6.2019.

Teil 3 Titel IV Kapitel 1a und 1b – dem Europäischen Parlament und dem Rat bis zum 30. Juni 2020 einen Bericht, gegebenenfalls zusammen mit einem Gesetzgebungsvorschlag, über die Art und Weise vor, wie die internationalen Standards in Bezug auf angemessene Eigenmittelanforderungen für das Marktrisiko umzusetzen sind.

Titel IIa. Durchführung der Vorschriften

Art. 519c Instrument zur Erleichterung der Einhaltung der Vorschriften. (1) Die EBA entwickelt ein elektronisches Instrument, das darauf abzielt, den Instituten die Einhaltung dieser Verordnung und der Richtlinie 2013/36/EU sowie der technischen Regulierungsstandards, der technischen Durchführungsstandards und der Leitlinien und Meldebögen, die im Hinblick auf die Durchführung dieser Verordnung und der genannten Richtlinie angenommen werden, zu erleichtern.

(2) Das in Absatz 1 genannte Instrument versetzt jedes Institut mindestens in die Lage,

a) rasch festzustellen, welche Vorschriften das Institut angesichts seiner Größe und seines Geschäftsmodells einzuhalten hat;

b) zu verfolgen, welche Änderungen an den Gesetzgebungsakten und den einschlägigen Durchführungsbestimmungen, Leitlinien und Meldebögen vorgenommen wurden.

Titel III. Änderungen

Art. 520 Änderung der Verordnung (EU) Nr. 648/2012. *(hier nicht wiedergegeben)*

Teil 11. Schlussbestimmungen

Art. 521 Inkrafttreten und Geltungsbeginn. (1) Diese Verordnung tritt am Tag nach ihrer Veröffentlichung[1] im *Amtsblatt der Europäischen Union* in Kraft.

(2) Diese Verordnung gilt ab dem 1. Januar 2014 mit Ausnahme

a) der Artikel 8 Absatz 3, 21 und 451 Absatz 1, die ab dem 1. Januar 2015 gelten,

b) des Artikels 413 Absatz 1, der ab dem 1. Januar 2016 gilt,

c) der Bestimmungen, denen zufolge die Europäischen Aufsichtsbehörden der Kommission Entwürfe technischer Standards vorlegen müssen, sowie der Bestimmungen, die der Kommission die Befugnis übertragen, delegierte Rechtsakte oder Durchführungsrechtsakte zu erlassen, die ab dem 28. Juni 2013 gelten.

Diese Verordnung ist in allen ihren Teilen verbindlich und gilt unmittelbar in jedem Mitgliedstaat.

---

[1] Veröffentlicht am 27.6.2013.

Anhang I.
Einstufung außerbilanzieller Geschäfte

(1) Hohes Kreditrisiko:

a) Garantien, die den Charakter eines Kreditsubstituts haben (z.B. Garantien der rechtzeitigen Auszahlung von Kreditlinien),

b) Kreditderivate,

c) Akzepte,

d) Indossamente auf Wechsel, die nicht die Unterschrift eines anderen Instituts oder einer anderen Wertpapierfirma tragen,

e) Geschäfte mit Rückgriff (z.B. Factoring, Fazilitäten zur Bevorschussung von Rechnungen),

f) unwiderrufliche Kreditsicherungsgarantien („standby letters of credit"), die den Charakter eines Kreditsubstituts haben;

g) Termingeschäfte mit Aktivpositionen;

h) Einlagentermingeschäft („Forward Deposits");

i) unbezahlter Anteil von teileingezahlten Aktien und Wertpapieren,

j) Pensionsgeschäfte gemäß Artikel 12 Absätze 3 und 5 der Richtlinie 86/635/EWG;

k) andere Positionen mit hohem Risiko.

(2) Mittleres Kreditrisiko:

a) außerbilanzielle Posten für die Handelsfinanzierung, d.h. ausgestellte und bestätigte Dokumentenkredite (siehe auch „mittleres/niedriges Kreditrisiko"),

b) andere außerbilanzielle Posten:

i) Versandgarantien, Zoll- und Steuerbürgschaften,

ii) nicht in Anspruch genommene Kreditfazilitäten (Verpflichtungen, Darlehen zu geben, Wertpapiere zu kaufen, Garantien oder Akzepte bereitzustellen) mit einer Ursprungslaufzeit von mehr als einem Jahr,

iii) Absicherungsfazilitäten („note issuance facilities", NIF) und Fazilitäten zur revolvierenden Platzierung von Geldmarkttiteln („revolving underwriting facilities", RUF),

iv) andere Positionen mit mittlerem Risiko, die der EBA angezeigt wurden,[1)]

(3) Mittleres/niedriges Kreditrisiko:

a) außerbilanzielle Posten für die Handelsfinanzierung:

i) Dokumentenakkreditive, bei denen die Frachtpapiere als Sicherheit dienen, oder andere leicht liquidierbare Transaktionen,

ii) Erfüllungsgarantien (einschließlich Bietungs- und Erfüllungsbürgschaften und damit verbundene Anzahlungs- und Einbehaltungsgarantien) und Garantien, die nicht den Charakter von Kreditsubstituten haben,

iii) unwiderrufliche Kreditsicherungsgarantien („standby letters of credit"), die nicht den Charakter eines Kreditsubstituts haben,

b) andere außerbilanzielle Posten:

i) nicht in Anspruch genommene Kreditfazilitäten, zu denen Verpflichtungen, Darlehen zu geben, Wertpapiere zu kaufen, Garantien oder Akzepte bereitzustellen, mit einer Ursprungslaufzeit von höchstens einem Jahr, die nicht jederzeit uneingeschränkt und fristlos widerrufen werden können, oder bei denen eine Bonitätsverschlechterung beim Kreditnehmer nicht automatisch zum Widerruf führt, zählen,

ii) andere Positionen mit mittlerem/niedrigem Risiko, die der EBA angezeigt wurden.

(4) Niedriges Kreditrisiko:

a) nicht in Anspruch genommene Kreditfazilitäten, zu denen Verpflichtungen, Darlehen zu geben, Wertpapiere zu kaufen, Garantien oder Akzepte bereitzustellen, die jederzeit uneingeschränkt und fristlos widerrufen werden können, oder bei denen eine Bonitätsverschlechterung beim Kreditnehmer automatisch zum Widerruf führt, zählen, Kundenkreditlinien können als uneingeschränkt widerrufbar angesehen werden, wenn deren Konditionen dem Institut die Möglich-

---

[1)] Zeichensetzung amtlich.

keit geben, sie im Rahmen des nach den Verbraucherschutz- und ähnlichen Vorschriften Zulässigen zu widerrufen,

b) nicht in Anspruch genommene Kreditfazilitäten für Bietungs- und Erfüllungsbürgschaften, die jederzeit uneingeschränkt und fristlos widerrufen werden können, oder bei denen eine Bonitätsverschlechterung beim Kreditnehmer automatisch zum Widerruf führt und

c) andere Positionen mit niedrigem Risiko, die der EBA angezeigt wurden.

Anhang II.
Arten von Derivatgeschäften

(1) Zinsbezogene Geschäfte:

a) Zinsswaps in einer einzigen Währung,

b) Basis-Swaps,

c) Zinsausgleichsvereinbarungen („forward rate agreements"),

d) Zinsterminkontrakte,

e) Zinsoptionen,

f) andere vergleichbare Geschäfte.

(2) Fremdwährungsbezogene Geschäfte und Geschäfte auf Goldbasis:

a) Zinsswaps in mehreren Währungen,

b) Devisentermingeschäfte,

c) Devisenterminkontrakte,

d) Devisenoptionen,

e) andere vergleichbare Geschäfte,

f) auf Goldbasis getätigte Geschäfte ähnlicher Art wie unter den Buchstaben a bis e.

(3) Geschäfte ähnlicher Art wie unter Nummer 1 Buchstaben a bis e und Nummer 2 Buchstaben a bis d mit anderen Basiswerten oder Indizes. Dies schließt zumindest alle in Anhang I Abschnitt C Nummern 4 bis 7, 9, 10 und 11 der Richtlinie 2014/65/EU genannten Instrumente ein, die nicht in anderer Weise in Nummer 1 oder 2 enthalten sind.

Anhang III.
Posten, die der zusätzlichen Meldung liquider Aktiva unterliegen

(1) Bargeld,

(2) Risikopositionen gegenüber Zentralbanken, soweit diese in Stressphasen verfügbar sind,

(3) übertragbare Wertpapiere in Form von Forderungen, die gegenüber Staaten, Zentralbanken, nicht zentralstaatlichen öffentlichen Stellen, Regionen mit Haushaltsautonomie und dem Recht, Steuern zu erheben, und lokalen Gebietskörperschaften, der Bank für Internationalen Zahlungsausgleich, dem Internationalen Währungsfonds, der Europäischen Union, der Europäischen Finanzstabilisierungsfazilität, dem Europäischen Stabilitätsmechanismus oder multilateralen Entwicklungsbanken bestehen oder von diesen garantiert werden und sämtliche der folgenden Bedingungen erfüllen:

a) ihnen wird gemäß Teil 3 Titel II Kapitel 2 ein Risikogewicht von 0 % zugewiesen,

b) sie stellen keine Verbindlichkeit eines Instituts oder einer Wertpapierfirma oder seiner bzw. ihrer verbundenen Unternehmen dar,

(4) nicht unter Nummer 3 fallende übertragbare Wertpapiere in Form von Forderungen, die gegenüber Staaten oder Zentralbanken bestehen oder von ihnen garantiert werden und in der Währung und dem Land, in dem das Liquiditätsrisiko besteht, oder in Fremdwährung begeben werden, soweit der Bestand an derartigen Schuldtiteln dem Liquiditätsbedarf für den Bankbetrieb in dem jeweiligen Drittstaat entspricht;

(5) übertragbare Wertpapiere in Form von Forderungen, die gegenüber Staaten, Zentralbanken, nicht zentralstaatlichen öffentlichen Stellen, Regionen mit Haushaltsautonomie und dem Recht, Steuern zu erheben, und lokalen Gebietskörperschaften oder multilateralen Entwicklungsbanken bestehen oder von diesen garantiert werden und sämtliche der folgenden Anforderungen erfüllen:

a) ihnen wird gemäß Teil 3 Titel II Kapitel 2 ein Risikogewicht von 20 % zugewiesen,

b) sie stellen keine Verbindlichkeit eines Instituts oder einer Wertpapierfirma oder seiner bzw. ihrer verbundenen Unternehmen dar,

(6) nicht unter die Nummern 3, 4 oder 5 fallende übertragbare Wertpapiere, denen gemäß Teil 3 Titel II Kapitel 2 ein Risikogewicht von 20 % oder besser zugewiesen werden kann oder deren Kreditqualität intern als gleichwertig beurteilt wird und die eine der folgenden Anforderungen erfüllen:

a) sie stellen keine Forderung an eine Verbriefungszweckgesellschaft, ein Institut oder eine Wertpapierfirma oder eines seiner bzw. ihrer verbundenen Unternehmen dar,

b) es handelt sich um Schuldverschreibungen, auf die die Behandlung nach Artikel 129 Absatz 4 oder 5 angewandt werden kann;

[Buchst. c bis 7.7.2022:]

c) es handelt sich um Schuldverschreibungen im Sinne des Artikels 52 Absatz 4 der Richtlinie 2009/65/EG, die nicht unter Buchstabe b genannt sind,

[Buchst. c ab 8.7.2022:]

c) es handelt sich um gedeckte Schuldverschreibungen im Sinne des Artikels 3 Nummer 1 der Richtlinie (EU) 2019/2162, die nicht unter Buchstabe b genannt sind,

(7) nicht unter die Nummern 3 bis 6 fallende übertragbare Wertpapiere, denen gemäß Teil 3 Titel II Kapitel 2 ein Risikogewicht von 50 % oder besser zugewiesen werden kann oder deren Kreditqualität intern als gleichwertig beurteilt wird und die keine Forderung an eine Verbriefungszweckgesellschaft, ein Institut oder eine Wertpapierfirma oder eines seiner bzw. ihrer verbundenen Unternehmen darstellen,

(8) nicht unter die Nummern 3 bis 7 fallende übertragbare Wertpapiere, die durch Vermögenswerte besichert sind, denen gemäß Teil 3 Titel II Kapitel 2 ein Risikogewicht von 35 % oder besser zugewiesen werden kann, oder deren Kreditqualität intern als gleichwertig beurteilt wird und die gemäß Artikel 125 durch Wohnimmobilien vollständig besichert sind,

(9) von Zentralbanken im Rahmen der Geldpolitik eingeräumte Standby-Kreditfazilitäten, insoweit als diese Fazilitäten nicht durch liquide Aktiva besichert sind, ausgenommen Liquiditätshilfe in Notfällen,

(10) gesetzliche oder satzungsmäßige Mindesteinlagen bei dem Zentralkreditinstitut und sonstige satzungs- oder vertragsgemäß verfügbare liquide Mittel des Zentralkreditinstituts oder von Instituten, die Mitglieder des Systems nach Artikel 113 Absatz 7 sind oder für die nach Artikel 10 eine Ausnahme gelten kann, insoweit als diese Finanzierung nicht durch liquide Aktiva besichert ist, wenn das Institut aufgrund von Rechts- oder Satzungsvorschriften einem Verbund angehört,

(11) börsengehandelte, zentral abgerechnete Stammaktien, die Bestandteil eines wichtigen Aktienindexes sind, auf die Landeswährung des Mitgliedstaats lauten und nicht von einem Institut oder einer Wertpapierfirma oder einem seiner bzw. ihrer verbundenen Unternehmen begeben wurden,

(12) an einer anerkannten Börse gehandeltes Gold, das als reservierter Bestand gehalten wird.

Alle Posten, ausgenommen die unter den Nummern 1, 2 und 9 genannten, müssen folgende Bedingungen erfüllen:

a) Sie werden im Rahmen einfacher Rückkaufsvereinbarungen oder an Kassamärkten gehandelt, die sich durch eine geringe Konzentration auszeichnen,

b) sie sind nachweislich eine verlässliche Liquiditätsquelle, entweder durch Rückkaufsvereinbarungen oder Veräußerung, selbst unter angespannten Marktbedingungen,

c) sie sind unbelastet.

Anhang IV. EuropäischenEntsprechungstabelle

Diese Verordnung	Richtlinie 2006/48/EG	Richtlinie 2006/49/EG
Artikel 1		
Artikel 2		
Artikel 3		
Artikel 4 Absatz 1 Nummer 1	Artikel 4 Absatz 1	
Artikel 4 Absatz 1 Nummer 2		Artikel 3 Absatz 1 Buchstabe b
Artikel 4 Absatz 1 Nummer 3		Artikel 3 Absatz 1 Buchstabe c
Artikel 4 Absatz 1 Nummer 4		Artikel 3 Absatz 1 Buchstabe p

Diese Verordnung	Richtlinie 2006/48/EG	Richtlinie 2006/49/EG
Artikel 18 Absatz 1	Artikel 133 Absatz 1 Unterabsatz 1	
Artikel 18 Absatz 2	Artikel 133 Absatz 1 Unterabsatz 2	
Artikel 18 Absatz 3	Artikel 133 Absatz 1 Unterabsatz 3	
Artikel 18 Absatz 4	Artikel 133 Absatz 2	
Artikel 18 Absatz 5	Artikel 133 Absatz 3	
Artikel 18 Absatz 6	Artikel 134 Absatz 1	
Artikel 18 Absatz 7		
Artikel 18 Absatz 8	Artikel 134 Absatz 2	
Artikel 19 Absatz 1	Artikel 73 Absatz 1 Buchstabe b	
Artikel 19 Absatz 2	Artikel 73 Absatz 1	
Artikel 19 Absatz 3	Artikel 73 Absatz 1 Unterabsatz 2	
Artikel 20 Absatz 1	Artikel 105 Absatz 3, Artikel 129 Absatz 2 und Anhang X, Teil 3, Nummern 30 und 31	
Artikel 20 Absatz 2	Artikel 129 Absatz 2 Unterabsatz 3	
Artikel 20 Absatz 3	Artikel 129 Absatz 2 Unterabsatz 4	
Artikel 20 Absatz 4	Artikel 129 Absatz 2 Unterabsatz 5	
Artikel 20 Absatz 5		
Artikel 20 Absatz 6	Artikel 84 Absatz 2	
Artikel 20 Absatz 7	Artikel 129 Absatz 2 Unterabsatz 6	
Artikel 20 Absatz 8	Artikel 129 Absatz 2 Unterabsätze 7 und 8	
Artikel 21 Absatz 1		
Artikel 21 Absatz 2		
Artikel 21 Absatz 3		
Artikel 21 Absatz 4		
Artikel 22	Artikel 73 Absatz 2	
Artikel 23		Artikel 3 Absatz 1 Unterabsatz 2
Artikel 24	Artikel 74 Absatz 1	
Artikel 25		
Artikel 26 Absatz 1	Artikel 57 Absatz a	
Artikel 26 Absatz 1 Buchstabe a	Artikel 57 Absatz a	
Artikel 26 Absatz 1 Buchstabe b	Artikel 57 Absatz a	
Artikel 26 Absatz 1 Buchstabe c	Artikel 57 Absatz b	
Artikel 26 Absatz 1 Buchstabe d		
Artikel 26 Absatz 1 Buchstabe e	Artikel 57 Absatz b	
Artikel 26 Absatz 1 Buchstabe f	Artikel 57 Buchstabe c	
Artikel 26 Absatz 1 Unterabsatz 1	Artikel 61 Absatz 2	
Artikel 26 Absatz 2 Buchstabe a	Artikel 57 Absätze 2, 3 und 4	
Artikel 26 Absatz 2 Buchstabe b	Artikel 57 Absätze 2, 3 und 4	
Artikel 26 Absatz 3		
Artikel 26 Absatz 4		
Artikel 27		

Diese Verordnung	Richtlinie 2006/48/EG	Richtlinie 2006/49/EG
Artikel 28 Absatz 1 Buchstabe a		
Artikel 28 Absatz 1 Buchstabe b	Artikel 57 Buchstabe a	
Artikel 28 Absatz 1 Buchstabe c	Artikel 57 Buchstabe a	
Artikel 28 Absatz 1 Buchstabe d		
Artikel 28 Absatz 1 Buchstabe e		
Artikel 28 Absatz 1 Buchstabe f		
Artikel 28 Absatz 1 Buchstabe g		
Artikel 28 Absatz 1 Buchstabe h		
Artikel 28 Absatz 1 Buchstabe i	Artikel 57 Buchstabe a	
Artikel 28 Absatz 1 Buchstabe j	Artikel 57 Buchstabe a	
Artikel 28 Absatz 1 Buchstabe k		
Artikel 28 Absatz 1 Buchstabe l		
Artikel 28 Absatz 1 Buchstabe m		
Artikel 28 Absatz 2		
Artikel 28 Absatz 3		
Artikel 28 Absatz 4		
Artikel 28 Absatz 5		
Artikel 29		
Artikel 30		
Artikel 31		
Artikel 32 Absatz 1 Buchstabe a		
Artikel 32 Absatz 1 Buchstabe b	Artikel 57 Absatz 4	
Artikel 32 Absatz 2		
Artikel 33 Absatz 1 Buchstabe a	Artikel 64 Absatz 4	
Artikel 33 Absatz 1 Buchstabe b	Artikel 64 Absatz 4	
Artikel 33 Absatz 1 Buchstabe c		
Artikel 33 Absatz 2		
Artikel 33 Absatz 3 Buchstabe a		
Artikel 33 Absatz 3 Buchstabe b		
Artikel 33 Absatz 3 Buchstabe c		
Artikel 33 Absatz 3 Buchstabe d		
Artikel 33 Absatz 4		
Artikel 34	Artikel 64 Absatz 5	
Artikel 35		
Artikel 36 Absatz 1 Buchstabe a	Artikel 57 Buchstabe k	
Artikel 36 Absatz 1 Buchstabe b	Artikel 57 Buchstabe j	
Artikel 36 Absatz 1 Buchstabe c		
Artikel 36 Absatz 1 Buchstabe d	Artikel 57 Buchstabe q	
Artikel 36 Absatz 1 Buchstabe e		
Artikel 36 Absatz 1 Buchstabe f	Artikel 57 Buchstabe i	
Artikel 36 Absatz 1 Buchstabe g		
Artikel 36 Absatz 1 Buchstabe h	Artikel 57 Buchstabe n	
Artikel 36 Absatz 1 Buchstabe i	Artikel 57 Buchstabe m	
Artikel 36 Absatz 1 Buchstabe j	Artikel 66 Absatz 2	
Artikel 36 Absatz 1 Buchstabe k Ziffer i		
Artikel 36 Absatz 1 Buchstabe k Ziffer ii	Artikel 57 Buchstabe r	
Artikel 36 Absatz 1 Buchstabe k Ziffer iii		
Artikel 36 Absatz 1 Buchstabe k Ziffer iv		

Diese Verordnung	Richtlinie 2006/48/EG	Richtlinie 2006/49/EG
Artikel 105 Absatz 1		Artikel 33 Absatz 1
Artikel 105 Absätze 2–10		Anhang VII, Teil B, Nummern 1–9
Artikel 105 Absätze 11–13		Anhang VII, Teil B, Nummern 11–13
Artikel 106		Anhang VII, Teil C, Nummern 1–3
Artikel 107	Artikel 76, Artikel 78 Absatz 4 und Anhang III, Teil 2, Nummer 6	
Artikel 108 Absatz 1	Artikel 91	
Artikel 108 Absatz 2		
Artikel 109	Artikel 94	
Artikel 110		
Artikel 111	Artikel 78 Absatz 1–3	
Artikel 112	Artikel 79 Absatz 1	
Artikel 113 Absatz 1	Artikel 80 Absatz 1	
Artikel 113 Absatz 2	Artikel 80 Absatz 2	
Artikel 113 Absatz 3	Artikel 80 Absatz 4	
Artikel 113 Absatz 4	Artikel 80 Absatz 5	
Artikel 113 Absatz 5	Artikel 80 Absatz 6	
Artikel 113 Absatz 6	Artikel 80 Absatz 7	
Artikel 113 Absatz 7	Artikel 80 Absatz 8	
Artikel 114	Anhang VI, Erster Teil, Nummern 1–5	
Artikel 115 Absatz 1 und 4	Anhang VI, Erster Teil, Nummern 8–11	
Artikel 115 Absatz 5		
Artikel 116 Absatz 1	Anhang VI, Erster Teil, Nummer 14	
Artikel 116 Absatz 2	Anhang VI, Erster Teil, Nummer 14	
Artikel 116 Absatz 3		
Artikel 116 Absatz 4	Anhang VI, Erster Teil, Nummer 15	
Artikel 116 Absatz 5	Anhang VI, Erster Teil, Nummer 17	
Artikel 116 Absatz 6	Anhang VI, Erster Teil, Nummer 17	
Artikel 117 Absatz 1	Anhang VI, Erster Teil, Nummer 18 und 19	
Artikel 117 Absatz 2	Anhang VI, Erster Teil, Nummer 20	
Artikel 117 Absatz 3	Anhang VI, Erster Teil, Nummer 21	
Artikel 118	Anhang VI, Erster Teil, Nummer 22	
Artikel 119 Absatz 1		
Artikel 119 Absatz 2	Anhang VI, Erster Teil, Nummern 37 und 38	
Artikel 119 Absatz 3	Anhang VI, Erster Teil, Nummer 40	
Artikel 119 Absatz 4		
Artikel 119 Absatz 5		

Diese Verordnung	Richtlinie 2006/48/EG	Richtlinie 2006/49/EG
Artikel 120 Absatz 1	Anhang VI, Erster Teil, Nummer 29	
Artikel 120 Absatz 2	Anhang VI, Erster Teil, Nummer 31	
Artikel 120 Absatz 3	Anhang VI, Erster Teil, Nummern 33–36	
Artikel 121 Absatz 1	Anhang VI, Erster Teil, Nummer 26	
Artikel 121 Absatz 2	Anhang VI, Erster Teil, Nummer 25	
Artikel 121 Absatz 3	Anhang VI, Erster Teil, Nummer 27	
Artikel 122	Anhang VI, Erster Teil, Nummern 41 und 42	
Artikel 123	Artikel 79 Absatz 2, 79 Absatz 3 und Anhang VI, Erster Teil, Nummer 43	
Artikel 124 Absatz 1	Anhang VI, Erster Teil, Nummer 44	
Artikel 124 Absatz 2		
Artikel 124 Absatz 3		
Artikel 125 Absatz 1–3	Anhang VI, Erster Teil, Nummern 45–49	
Artikel 125 Absatz 4		
Artikel 126 Absätze 1 und 2	Anhang VI, Erster Teil, Nummern 51–55	
Artikel 126 Absätze 3 und 4	Anhang VI, Erster Teil, Nummern 58 und 59	
Artikel 127 Absätze 1 und 2	Anhang VI, Erster Teil, Nummern 61 und 62	
Artikel 127 Absätze 3 und 4	Anhang VI, Erster Teil, Nummern 64 und 65	
Artikel 128 Absatz 1	Anhang VI, Erster Teil, Nummern 66 und 76	
Artikel 128 Absatz 2	Anhang VI, Erster Teil, Nummer 66	
Artikel 128 Absatz 3		
Artikel 129 Absatz 1	Anhang VI, Erster Teil, Nummer 68, Absätze 1 und 2	
Artikel 129 Absatz 2	Anhang VI, Erster Teil, Nummer 69	
Artikel 129 Absatz 3	Anhang VI, Erster Teil, Nummer 71	
Artikel 129 Absatz 4	Anhang VI, Erster Teil, Nummer 70	
Artikel 129 Absatz 5		
Artikel 130	Anhang VI, Erster Teil, Nummer 72	
Artikel 131	Anhang VI, Erster Teil, Nummer 73	
Artikel 132 Absatz 1	Anhang VI, Erster Teil, Nummer 74	
Artikel 132 Absatz 2	Anhang VI, Erster Teil, Nummer 75	

Diese Verordnung	Richtlinie 2006/48/EG	Richtlinie 2006/49/EG
Artikel 132 Absatz 3	Anhang VI, Erster Teil, Nummern 77 und 78	
Artikel 132 Absatz 4	Anhang VI, Erster Teil, Nummer 79	
Artikel 132 Absatz 5	Anhang VI, Erster Teil, Nummer 80 und Nummer 81	
Artikel 133 Absatz 1	Anhang VI, Erster Teil, Nummer 86	
Artikel 133 Absatz 2		
Artikel 133 Absatz 3		
Artikel 134 Absatz 1–(3[1])	Anhang VI, Erster Teil, Nummern 82–84	
Artikel 134 Absatz 4–(7[2])	Anhang VI, Erster Teil, Nummern 87–90	
Artikel 135	Artikel 81 Absatz 1, Absätze 2 und 4	
Artikel 136 Absatz 1	Artikel 82 Absatz 1	
Artikel 136 Absatz 2	Anhang VI, Teil 2, Nummern 12–16	
Artikel 136 Absatz 3	Artikel 150 Absatz 3	
Artikel 137 Absatz 1	Anhang VI, Erster Teil, Nummer 6	
Artikel 137 Absatz 2	Anhang VI, Erster Teil, Nummer 7	
Artikel 137 Absatz 3		
Artikel 138	Anhang VI, Teil III, Nummern 1–7	
Artikel 139	Anhang VI, Teil III, Nummern 8–17	
Artikel 140 Absatz 1		
Artikel 140 Absatz 2		
Artikel 141		
Artikel 142 Absatz 1		
Artikel 142 Absatz 2		
Artikel 143 Absatz 1	Artikel 84 Absatz 1 und Anhang VII, Teil 4, Nummer 1	
Artikel 143 Absatz 1	Artikel 84 Absatz 2	
Artikel 143 Absatz 1	Artikel 84 Absatz 3	
Artikel 143 Absatz 1	Artikel 84 Absatz 4	
Artikel 143 Absatz 1		
Artikel 144		
Artikel 145		
Artikel 146		
Artikel 147 Absatz 1	Artikel 86 Absatz 9	
Artikel 147 Absatz 2–(9[3])	Artikel 86 Absatz 1–8	
Artikel 148 Absatz 1	Artikel 85 Absatz 1	
Artikel 148 Absatz 2	Artikel 85 Absatz 2	
Artikel 148 Absatz 3		
Artikel 148 Absatz 4	Artikel 85 Absatz 3	

[1] Richtig wohl: „1–3“.
[2] Richtig wohl: „4–7“.
[3] Richtig wohl: „2–9“.

Diese Verordnung	Richtlinie 2006/48/EG	Richtlinie 2006/49/EG
Artikel 148 Absatz 5		
Artikel 148 Absatz 1		
Artikel 149	Artikel 85 Absatz 4 und 5	
Artikel 150 Absatz 1	Artikel 89 Absatz 1	
Artikel 150 Absatz 2	Artikel 89 Absatz 2	
Artikel 150 Absatz 3		
Artikel 150 Absatz 4		
Artikel 151	Artikel 87 Absatz 1–10	
Artikel 152 Absatz 1 und 2	Artikel 87 Absatz 11	
Artikel 152 Absatz 3 und 4	Artikel 87 Absatz 12	
Artikel 152 Absatz 5		
Artikel 153 Absatz 1	Anhang VII, Erster Teil, Nummer 3	
Artikel 153 Absatz 2		
Artikel 153 Absatz 3–(8[1])	Anhang VII, Erster Teil, Nummern 4–9	
Artikel 153 Absatz 9		
Artikel 154	Anhang VII, Erster Teil, Nummern 10–16	
Artikel 155 Absatz 1	Anhang VII, Erster Teil, Nummern 17 und 18	
Artikel 155 Absatz 2	Anhang VII, Erster Teil, Nummern 19 bis 21	
Artikel 155 Absatz 3	Anhang VII, Erster Teil, Nummern 22 bis 24	
Artikel 155 Absatz 4	Anhang VII, Erster Teil, Nummern 25 bis 26	
Artikel 156		
Artikel 156	Anhang VII, Erster Teil, Nummer 27	
Artikel 157 Absatz 1	Anhang VII, Erster Teil, Nummer 28	
Artikel 157 Absatz 2–(5[2])		
Artikel 158 Absatz 1	Artikel 88 Absatz 2	
Artikel 158 Absatz 2	Artikel 88 Absatz 3	
Artikel 158 Absatz 3	Artikel 88 Absatz 4	
Artikel 158 Absatz 4	Artikel 88 Absatz 6	
Artikel 158 Absatz 5	Anhang VII, Erster Teil, Nummer 30	
Artikel 158 Absatz 6	Anhang VII, Erster Teil, Nummer 31	
Artikel 158 Absatz 7	Anhang VII, Erster Teil, Nummer 32	
Artikel 158 Absatz 8	Anhang VII, Erster Teil, Nummer 33	
Artikel 158 Absatz 9	Anhang VII, Erster Teil, Nummer 34	
Artikel 158 Absatz 10	Anhang VII, Erster Teil, Nummer 35	
Artikel 158 Absatz 11		

[1] Richtig wohl: „3–8“.
[2] Richtig wohl: „2–5“.

Diese Verordnung	Richtlinie 2006/48/EG	Richtlinie 2006/49/EG
Artikel 159	Anhang VII, Erster Teil, Nummer 36	
Artikel 160 Absatz 1	Anhang VII, Teil 2, Nummer 2	
Artikel 160 Absatz 2	Anhang VII, Teil 2, Nummer 3	
Artikel 160 Absatz 3	Anhang VII, Teil 2, Nummer 4	
Artikel 160 Absatz 4	Anhang VII, Teil 2, Nummer 5	
Artikel 160 Absatz 5	Anhang VII, Teil 2, Nummer 6	
Artikel 160 Absatz 6	Anhang VII, Teil 2, Nummer 7	
Artikel 160 Absatz 7	Anhang VII, Teil 2, Nummer 7	
Artikel 161 Absatz 1	Anhang VII, Teil 2, Nummer 8	
Artikel 161 Absatz 2	Anhang VII, Teil 2, Nummer 9	
Artikel 161 Absatz 3	Anhang VII, Teil 2, Nummer 10	
Artikel 161 Absatz 4	Anhang VII, Teil 2, Nummer 11	
Artikel 162 Absatz 1	Anhang VII, Teil 2, Nummer 12	
Artikel 162 Absatz 2	Anhang VII, Teil 2, Nummer 13	
Artikel 162 Absatz 3	Anhang VII, Teil 2, Nummer 14	
Artikel 162 Absatz 4	Anhang VII, Teil 2, Nummer 15	
Artikel 162 Absatz 5	Anhang VII, Teil 2, Nummer 16	
Artikel 163 Absatz 1	Anhang VII, Teil 2, Nummer 17	
Artikel 163 Absatz 2	Anhang VII, Teil 2, Nummer 18	
Artikel 163 Absatz 3	Anhang VII, Teil 2, Nummer 19	
Artikel 163 Absatz 4	Anhang VII, Teil 2, Nummer 20	
Artikel 164 Absatz 1	Anhang VII, Teil 2, Nummer 21	
Artikel 164 Absatz 2	Anhang VII, Teil 2, Nummer 22	
Artikel 164 Absatz 3	Anhang VII, Teil 2, Nummer 23	
Artikel 164 Absatz 4		
Artikel 165 Absatz 1	Anhang VII, Teil 2, Nummer 24	
Artikel 165 Absatz 2	Anhang VII, Teil 2, Nummer 25 und 26	
Artikel 165 Absatz 3	Anhang VII, Teil 2, Nummer 27	

Diese Verordnung	Richtlinie 2006/48/EG	Richtlinie 2006/49/EG
Artikel 166 Absatz 1	Anhang VII, Teil 3, Nummer 1	
Artikel 166 Absatz 2	Anhang VII, Teil 3, Nummer 2	
Artikel 166 Absatz 3	Anhang VII, Teil 3, Nummer 3	
Artikel 166 Absatz 4	Anhang VII, Teil 3, Nummer 4	
Artikel 166 Absatz 5	Anhang VII, Teil 3, Nummer 5	
Artikel 166 Absatz 6	Anhang VII, Teil 3, Nummer 6	
Artikel 166 Absatz 7	Anhang VII, Teil 3, Nummer 7	
Artikel 166 Absatz 8	Anhang VII, Teil 3, Nummer 9	
Artikel 166 Absatz 9	Anhang VII, Teil 3, Nummer 10	
Artikel 166 Absatz 10	Anhang VII, Teil 3, Nummer 11	
Artikel 167 Absatz 1	Anhang VII, Teil 3, Nummer 12	
Artikel 167 Absatz 2		
Artikel 168	Anhang VII, Teil 3, Nummer 13	
Artikel 169 Absatz 1	Anhang VII, Teil IV, Nummer 2	
Artikel 169 Absatz 2	Anhang VII, Teil IV, Nummer 3	
Artikel 169 Absatz 3	Anhang VII, Teil IV, Nummer 4	
Artikel 170 Absatz 1	Anhang VII, Teil IV, Nummer 5–11	
Artikel 170 Absatz 2	Anhang VII, Teil IV, Nummer 12	
Artikel 170 Absatz 3	Anhang VII, Teil IV, Nummern 13–15	
Artikel 170 Absatz 4	Anhang VII, Teil IV, Nummer 16	
Artikel 171 Absatz 1	Anhang VII, Teil IV, Nummer 17	
Artikel 171 Absatz 2	Anhang VII, Teil IV, Nummer 18	
Artikel 172 Absatz 1	Anhang VII, Teil IV, Nummer 19–23	
Artikel 172 Absatz 2	Anhang VII, Teil IV, Nummer 24	
Artikel 172 Absatz 3	Anhang VII, Teil IV, Nummer 25	
Artikel 173 Absatz 1	Anhang VII, Teil IV, Nummern 26–28	
Artikel 173 Absatz 2	Anhang VII, Teil IV, Nummer 29	
Artikel 173 Absatz 3		

Diese Verordnung	Richtlinie 2006/48/EG	Richtlinie 2006/49/EG
Artikel 174	Anhang VII, Teil IV, Nummer 30	
Artikel 175 Absatz 1	Anhang VII, Teil IV, Nummer 31	
Artikel 175 Absatz 2	Anhang VII, Teil IV, Nummer 32	
Artikel 175 Absatz 3	Anhang VII, Teil IV, Nummer 33	
Artikel 175 Absatz 4	Anhang VII, Teil IV, Nummer 34	
Artikel 175 Absatz 5	Anhang VII, Teil IV, Nummer 35	
Artikel 176 Absatz 1	Anhang VII, Teil IV, Nummer 36	
Artikel 176 Absatz 2	Anhang VII, Teil IV, Nummer 37 erster Absatz	
Artikel 176 Absatz 3	Anhang VII, Teil IV, Nummer 37 zweiter Absatz	
Artikel 176 Absatz 4	Anhang VII, Teil IV, Nummer 38	
Artikel 176 Absatz 5	Anhang VII, Teil IV, Nummer 39	
Artikel 177 Absatz 1	Anhang VII, Teil IV, Nummer 40	
Artikel 177 Absatz 2	Anhang VII, Teil IV, Nummer 41	
Artikel 177 Absatz 3	Anhang VII, Teil IV, Nummer 42	
Artikel 178 Absatz 1	Anhang VII, Teil IV, Nummer 44	
Artikel 178 Absatz 2	Anhang VII, Teil IV, Nummer 44	
Artikel 178 Absatz 3	Anhang VII, Teil IV, Nummer 45	
Artikel 178 Absatz 4	Anhang VII, Teil IV, Nummer 46	
Artikel 178 Absatz 5	Anhang VII, Teil IV, Num mer 47	
Artikel 178 Absatz 6		
Artikel 178 Absatz 7		
Artikel 179 Absatz 1	Anhang VII, Teil IV, Nummern 43 und 49–56	
Artikel 179 Absatz 2	Anhang VII, Teil IV, Nummer 57	
Artikel 180 Absatz 1	Anhang VII, Teil IV, Nummern 59–66	
Artikel 180 Absatz 2	Anhang VII, Teil IV, Nummern 67–72	
Artikel 180 Absatz 3		
Artikel 181 Absatz 1	Anhang VII, Teil IV, Nummern 73–81	
Artikel 181 Absatz 2	Anhang VII, Teil IV, Nummer 82	
Artikel 181 Absatz 3		

Diese Verordnung	Richtlinie 2006/48/EG	Richtlinie 2006/49/EG
Artikel 182 Absatz 1	Anhang VII, Teil IV, Nummern 87–92	
Artikel 182 Absatz 2	Anhang VII, Teil IV, Nummer 93	
Artikel 182 Absatz 3	Anhang VII, Teil IV, Nummern 94 und 95	
Artikel 182 Absatz 4		
Artikel 183 Absatz 1	Anhang VII, Teil IV, Nummern 98–100	
Artikel 183 Absatz 2	Anhang VII, Teil IV, Nummern 101 und 102	
Artikel 183 Absatz 3	Anhang VII, Teil IV, Nummer 103 und Nummer 104	
Artikel 183 Absatz 4	Anhang VII, Teil IV, Nummer 96	
Artikel 183 Absatz 5	Anhang VII, Teil IV, Nummer 97	
Artikel 183 Absatz 6		
Artikel 184 Absatz 1		
Artikel 184 Absatz 2	Anhang VII, Teil IV, Nummer 105	
Artikel 184 Absatz 3	Anhang VII, Teil IV, Nummer 106	
Artikel 184 Absatz 4	Anhang VII, Teil IV, Nummer 107	
Artikel 184 Absatz 5	Anhang VII, Teil IV, Nummer 108	
Artikel 184 Absatz 6	Anhang VII, Teil IV, Nummer 109	
Artikel 185	Anhang VII, Teil IV, Nummern 110–114	
Artikel 186	Anhang VII, Teil IV, Nummer 115	
Artikel 187	Anhang VII, Teil IV, Nummer 116	
Artikel 188	Anhang VII, Teil IV, Nummern 117–123	
Artikel 189 Absatz 1	Anhang VII, Teil IV, Nummer 124	
Artikel 189 Absatz 2	Anhang VII, Teil IV, Nummern 125 und 126	
Artikel 189 Absatz 3	Anhang VII, Teil IV, Nummer 127	
Artikel 190 Absatz 1	Anhang VII, Teil IV, Nummer 128	
Artikel 190 Absatz 2	Anhang VII, Teil IV, Nummer 129	
Artikel 190 Absätze 3 und 4	Anhang VII, Teil IV, Nummer 130	
Artikel 191	Anhang VII, Teil IV, Nummer 131	
Artikel 192	Artikel 90 und Anhang VIII, Teil 1, Nummer 2	
Artikel 193 Absatz 1	Artikel 93 Absatz 2	
Artikel 193 Absatz 2	Artikel 93 Absatz 3	

Diese Verordnung	Richtlinie 2006/48/EG	Richtlinie 2006/49/EG
Artikel 193 Absatz 3	Artikel 93 Absatz 1 und Anhang VIII, Teil 3, Nummer 1	
Artikel 193 Absatz 4	Anhang VIII, Teil 3, Nummer 2	
Artikel 193 Absatz 5	Anhang VIII, Teil 5, Nummer 1	
Artikel 193 Absatz 6	Anhang VIII, Teil 5, Nummer 2	
Artikel 194 Absatz 1	Artikel 92 Absatz 1	
Artikel 194 Absatz 2	Artikel 92 Absatz 2	
Artikel 194 Absatz 3	Artikel 92 Absatz 3	
Artikel 194 Absatz 4	Artikel 92 Absatz 4	
Artikel 194 Absatz 5	Artikel 92 Absatz 5	
Artikel 194 Absatz 6	Artikel 92 Absatz 5	
Artikel 194 Absatz 7	Artikel 92 Absatz 6	
Artikel 194 Absatz 8	Anhang VIII, Teil 2, Nummer 1	
Artikel 194 Absatz 9	Anhang VIII, Teil 2, Nummer 2	
Artikel 194 Absatz 10		
Artikel 195	Anhang VIII, Teil 1, Nummern 3 und 4	
Artikel 196	Anhang VIII, Teil 1, Nummer 5	
Artikel 197 Absatz 1	Anhang VIII, Teil 1, Nummer 7	
Artikel 197 Absatz 2	Anhang VIII, Teil 1, Nummer 7	
Artikel 197 Absatz 3	Anhang VIII, Teil 1, Nummer 7	
Artikel 197 Absatz 4	Anhang VIII, Teil 1, Nummer 8	
Artikel 197 Absatz 5	Anhang VIII, Teil 1, Nummer 9	
Artikel 197 Absatz 6	Anhang VIII, Teil 1, Nummer 9	
Artikel 197 Absatz 7	Anhang VIII, Teil 1, Nummer 10	
Artikel 197 Absatz 8		
Artikel 198 Absatz 1	Anhang VIII, Teil 1, Nummer 11	
Artikel 198 Absatz 2	Anhang VIII, Teil 1, Nummer 11	
Artikel 199 Absatz 1	Anhang VIII, Teil 1, Nummer 12	
Artikel 199 Absatz 2	Anhang VIII, Teil 1, Nummer 13	
Artikel 199 Absatz 3	Anhang VIII, Teil 1, Nummer 16	
Artikel 199 Absatz 4	Anhang VIII, Teil 1, Nummern 17 und 18	
Artikel 199 Absatz 5	Anhang VIII, Teil 1, Nummer 20	
Artikel 199 Absatz 6	Anhang VIII, Teil 1, Nummer 21	

Diese Verordnung	Richtlinie 2006/48/EG	Richtlinie 2006/49/EG
Artikel 199 Absatz 7	Anhang VIII, Teil 1, Nummer 22	
Artikel 199 Absatz 8		
Artikel 200	Anhang VIII, Teil 1, Nummern 23 bis 25	
Artikel 201 Absatz 1	Anhang VIII, Teil 1, Nummern 26 und 28	
Artikel 201 Absatz 2	Anhang VIII, Teil 1, Nummer 27	
Artikel 202	Anhang VIII, Teil 1, Nummer 29	
Artikel 203		
Artikel 204 Absatz 1	Anhang VIII, Teil 1, Nummer 30 und Nummer 31	
Artikel 204 Absatz 2	Anhang VIII, Teil 1, Nummer 32	
Artikel 205	Anhang VIII, Teil 2, Nummer 3	
Artikel 206	Anhang VIII, Teil 2, Nummern 4 bis 5	
Artikel 207 Absatz 1	Anhang VIII, Teil 2, Nummer 6	
Artikel 207 Absatz 2	Anhang VIII, Teil 2, Nummer 6 Buchstabe a	
Artikel 207 Absatz 3	Anhang VIII, Teil 2, Nummer 6 Buchstabe b	
Artikel 207 Absatz 4	Anhang VIII, Teil 2, Nummer 6 Buchstabe c	
Artikel 207 Absatz 5	Anhang VIII, Teil 2, Nummer 7	
Artikel 208 Absatz 1	Anhang VIII, Teil 2, Nummer 8	
Artikel 208 Absatz 2	Anhang VIII, Teil 2, Nummer 8 Buchstabe a	
Artikel 208 Absatz 3	Anhang VIII, Teil 2, Nummer 8 Buchstabe b	
Artikel 208 Absatz 4	Anhang VIII, Teil 2, Nummer 8 Buchstabe c	
Artikel 208 Absatz 5	Anhang VIII, Teil 2, Nummer 8 Buchstabe d	
Artikel 209 Absatz 1	Anhang VIII, Teil 2, Nummer 9	
Artikel 209 Absatz 2	Anhang VIII, Teil 2, Nummer 9 Buchstabe a	
Artikel 209 Absatz 3	Anhang VIII, Teil 2, Nummer 9 Buchstabe b	
Artikel 210	Anhang VIII, Teil 2, Nummer 10	
Artikel 211	Anhang VIII, Teil 2, Nummer 11	
Artikel 212 Absatz 1	Anhang VIII, Teil 2, Nummer 12	
Artikel 212 Absatz 2	Anhang VIII, Teil 2, Nummer 13	

Diese Verordnung	Richtlinie 2006/48/EG	Richtlinie 2006/49/EG
Artikel 213 Absatz 1	Anhang VIII, Teil 2, Nummer 14	
Artikel 213 Absatz 2	Anhang VIII, Teil 2, Nummer 15	
Artikel 213 Absatz 3		
Artikel 214 Absatz 1	Anhang VIII, Teil 2, Nummer 16 Buchstabe a bis (c[1])	
Artikel 214 Absatz 2	Anhang VIII, Teil 2, Nummer 16	
Artikel 214 Absatz 3	Anhang VIII, Teil 2, Nummer 17	
Artikel 215 Absatz 1	Anhang VIII, Teil 2, Nummer 18	
Artikel 215 Absatz 2	Anhang VIII, Teil 2, Nummer 19	
Artikel 216 Absatz 1	Anhang VIII, Teil 2, Nummer 20	
Artikel 216 Absatz 2	Anhang VIII, Teil 2, Nummer 21	
Artikel 217 Absatz 1	Anhang VIII, Teil 2, Nummer 22	
Artikel 217 Absatz 2	Anhang VIII, Teil 2, Nummer 22 Buchstabe c	
Artikel 217 Absatz 3	Anhang VIII, Teil 2, Nummer 22 Buchstabe c	
Artikel 218	Anhang VIII, Teil 3, Nummer 3	
Artikel 219	Anhang VIII, Teil 3, Nummer 4	
Artikel 220 Absatz 1	Anhang VIII, Teil 3, Nummer 5	
Artikel 220 Absatz 2	Anhang VIII, Teil 3, Nummern 6, 8 bis 10	
Artikel 220 Absatz 3	Anhang VIII, Teil 3, Nummer 11	
Artikel 220 Absatz 4	Anhang VIII, Teil 3, Nummern 22 und 23	
Artikel 220 Absatz 5	Anhang VIII, Teil 3, Nummer 9	
Artikel 221 Absatz 1	Anhang VIII, Teil 3, Nummer 12	
Artikel 221 Absatz 2	Anhang VIII, Teil 3, Nummer 12	
Artikel 221 Absatz 3	Anhang VIII, Teil 3, Nummern 13 bis 15	
Artikel 221 Absatz 4	Anhang VIII, Teil 3, Nummer 16	
Artikel 221 Absatz 5	Anhang VIII, Teil 3, Nummern 18 und 19	
Artikel 221 Absatz 6	Anhang VIII, Teil 3, Nummern 20 und 21	
Artikel 221 Absatz 7	Anhang VIII, Teil 3, Nummer 17	

[1] Richtig wohl: „a bis c".

Diese Verordnung	Richtlinie 2006/48/EG	Richtlinie 2006/49/EG
Artikel 221 Absatz 8	Anhang VIII, Teil 3, Nummern 22 und 23	
Artikel 221 Absatz 9		
Artikel 222 Absatz 1	Anhang VIII, Teil 3, Nummer 24	
Artikel 222 Absatz 2	Anhang VIII, Teil 3, Nummer 25	
Artikel 222 Absatz 3	Anhang VIII, Teil 3, Nummer 26	
Artikel 222 Absatz 4	Anhang VIII, Teil 3, Nummer 27	
Artikel 222 Absatz 5	Anhang VIII, Teil 3, Nummer 28	
Artikel 222 Absatz 6	Anhang VIII, Teil 3, Nummer 29	
Artikel 222 Absatz 7	Anhang VIII, Teil 3, Nummern 28 und 29	
Artikel 223 Absatz 1	Anhang VIII, Teil 3, Nummern 30 bis 32	
Artikel 223 Absatz 2	Anhang VIII, Teil 3, Nummer 33	
Artikel 223 Absatz 3	Anhang VIII, Teil 3, Nummer 33	
Artikel 223 Absatz 4	Anhang VIII, Teil 3, Nummer 33	
Artikel 223 Absatz 5	Anhang VIII, Teil 3, Nummer 33	
Artikel 223 Absatz 6	Anhang VIII, Teil 3, Nummern 34 und 35	
Artikel 223 Absatz 7	Anhang VIII, Teil 3, Nummer 35	
Artikel 224 Absatz 1	Anhang VIII, Teil 3, Nummer 36	
Artikel 224 Absatz 2	Anhang VIII, Teil 3, Nummer 37	
Artikel 224 Absatz 3	Anhang VIII, Teil 3, Nummer 38	
Artikel 224 Absatz 4	Anhang VIII, Teil 3, Nummer 39	
Artikel 224 Absatz 5	Anhang VIII, Teil 3, Nummer 40	
Artikel 224 Absatz 6	Anhang VIII, Teil 3, Nummer 41	
Artikel 225 Absatz 1	Anhang VIII, Teil 3, Nummern 42 bis 46	
Artikel 225 Absatz 2	Anhang VIII, Teil 3, Nummern 47 bis 52	
Artikel 225 Absatz 3	Anhang VIII, Teil 3, Nummern 53 bis 56	
Artikel 226	Anhang VIII, Teil 3, Nummer 57	
Artikel 227 Absatz 1	Anhang VIII, Teil 3, Nummer 58	

Diese Verordnung	Richtlinie 2006/48/EG	Richtlinie 2006/49/EG
Artikel 227 Absatz 2	Anhang VIII, Teil 3, Nummer 58 Buchstabe a bis (h[1])	
Artikel 227 Absatz 3	Anhang VIII, Teil 3, Nummer 58 Buchstabe h	
Artikel 228 Absatz 1	Anhang VIII, Teil 3, Nummer 60	
Artikel 228 Absatz 2	Anhang VIII, Teil 3, Nummer 61	
Artikel 229 Absatz 1	Anhang VIII, Teil 3, Nummern 62 bis 65	
Artikel 229 Absatz 2	Anhang VIII, Teil 3, Nummer 66	
Artikel 229 Absatz 3	Anhang VIII, Teil 3, Nummern 63 und 67	
Artikel 230 Absatz 1	Anhang VIII, Teil 3, Nummern 68 bis 71	
Artikel 230 Absatz 2	Anhang VIII, Teil 3, Nummer 72	
Artikel 230 Absatz 3	Anhang VIII, Teil 3, Nummern 73 und 74	
Artikel 231 Absatz 1	Anhang VIII, Teil 3, Nummer 76	
Artikel 231 Absatz 2	Anhang VIII, Teil 3, Nummer 77	
Artikel 231 Absatz 3	Anhang VIII, Teil 3, Nummer 78	
Artikel 231 Absatz 1	Anhang VIII, Teil 3, Nummer 79	
Artikel 231 Absatz 2	Anhang VIII, Teil 3, Nummer 80	
Artikel 231 Absatz 3	Anhang VIII, Teil 3, Nummer 80a	
Artikel 231 Absatz 4	Anhang VIII, Teil 3, Nummern 81 bis 82	
Artikel 232 Absatz 1	Anhang VIII, Teil 3, Nummer 83	
Artikel 232 Absatz 2	Anhang VIII, Teil 3, Nummer 83	
Artikel 232 Absatz 3	Anhang VIII, Teil 3, Nummer 84	
Artikel 232 Absatz 4	Anhang VIII, Teil 3, Nummer 85	
Artikel 234	Anhang VIII, Teil 3, Nummer 86	
Artikel 235 Absatz 1	Anhang VIII, Teil 3, Nummer 87	
Artikel 235 Absatz 2	Anhang VIII, Teil 3, Nummer 88	
Artikel 235 Absatz 3	Anhang VIII, Teil 3, Nummer 89	
Artikel 236 Absatz 1	Anhang VIII, Teil 3, Nummer 90	

[1] Richtig wohl: „a bis h".

Diese Verordnung	Richtlinie 2006/48/EG	Richtlinie 2006/49/EG
Artikel 236 Absatz 2	Anhang VIII, Teil 3, Nummer 91	
Artikel 236 Absatz 3	Anhang VIII, Teil 3, Nummer 92	
Artikel 237 Absatz 1	Anhang VIII, Teil 4, Nummer 1	
Artikel 237 Absatz 2	Anhang VIII, Teil 4, Nummer 2	
Artikel 238 Absatz 1	Anhang VIII, Teil 4, Nummer 3	
Artikel 238 Absatz 2	Anhang VIII, Teil 4, Nummer 4	
Artikel 238 Absatz 3	Anhang VIII, Teil 4, Nummer 5	
Artikel 239 Absatz 1	Anhang VIII, Teil 4, Nummer 6	
Artikel 239 Absatz 2	Anhang VIII, Teil 4, Nummer 7	
Artikel 239 Absatz 3	Anhang VIII, Teil 4, Nummer 8	
Artikel 240	Anhang VIII, Teil VI, Nummer 1	
Artikel 241	Anhang VIII, Teil VI, Nummer 2	
Artikel 242 Absatz 1 bis 9	Anhang IX, Teil I, Nummer 1	
Artikel 242 Absatz 10	Artikel 4 Nummer 37	
Artikel 242 Absatz 11	Artikel 4 Nummer 38	
Artikel 242 Absatz 12		
Artikel 242 Absatz 13		
Artikel 242 Absatz 14		
Artikel 242 Absatz 15		
Artikel 243 Absatz 1	Anhang IX, Teil II, Nummer 1	
Artikel 243 Absatz 2	Anhang IX, Teil II, Nummer 1a	
Artikel 243 Absatz 3	Anhang IX, Teil II, Nummer 1b	
Artikel 243 Absatz 4	Anhang IX, Teil II, Nummer 1c	
Artikel 243 Absatz 5	Anhang IX, Teil II, Nummer 1d	
Artikel 243 Absatz 6		
Artikel 244 Absatz 1	Anhang IX, Teil II, Nummer 2	
Artikel 244 Absatz 2	Anhang IX, Teil II, Nummer 2a	
Artikel 244 Absatz 3	Anhang IX, Teil II, Nummer 2b	
Artikel 244 Absatz 4	Anhang IX, Teil II, Nummer 2c	
Artikel 244 Absatz 5	Anhang IX, Teil II, Nummer 2d	
Artikel 244 Absatz 6		
Artikel 245 Absatz 1	Artikel 95 Absatz 1	
Artikel 245 Absatz 2	Artikel 95 Absatz 2	
Artikel 245 Absatz 3	Artikel 96 Absatz 2	

Diese Verordnung	Richtlinie 2006/48/EG	Richtlinie 2006/49/EG
Artikel 268	Anhang IX, Teil 3, Nummer 1	
Artikel 269	Anhang IX, Teil 3, Nummer 2–7	
Artikel 270	Artikel 98 Absatz 1 und Anhang IX, Teil 3, Nummern 8 und 9	
Artikel 271 Absatz 1	Anhang III, Teil II, Nummer 1 Anhang VII, Teil 3, Nummer 5	
Artikel 271 Absatz 2	Anhang VII, Teil 3, Nummer 7	
Artikel 272 Absatz 1	Anhang III, Teil I, Nummer 1	
Artikel 272 Absatz 2	Anhang III, Teil I, Nummer 3	
Artikel 272 Absatz 3	Anhang III, Teil I, Nummer 4	
Artikel 272 Absatz 4	Anhang III, Teil I, Nummer 5	
Artikel 272 Absatz 5	Anhang III, Teil I, Nummer 6	
Artikel 272 Absatz 6	Anhang III, Teil I, Nummer 7	
Artikel 272 Absatz 7	Anhang III, Teil I, Nummer 8	
Artikel 272 Absatz 8	Anhang III, Teil I, Nummer 9	
Artikel 272 Absatz 9	Anhang III, Teil I, Nummer 10	
Artikel 272 Absatz 10	Anhang III, Teil I, Nummer 11	
Artikel 272 Absatz 11	Anhang III, Teil I, Nummer 12	
Artikel 272 Absatz 12	Anhang III, Teil I, Nummer 13	
Artikel 272 Absatz 13	Anhang III, Teil I, Nummer 14	
Artikel 272 Absatz 14	Anhang III, Teil I, Nummer 15	
Artikel 272 Absatz 15	Anhang III, Teil I, Nummer 16	
Artikel 272 Absatz 16	Anhang III, Teil I, Nummer 17	
Artikel 272 Absatz 17	Anhang III, Teil I, Nummer 18	
Artikel 272 Absatz 18	Anhang III, Teil I, Nummer 19	
Artikel 272 Absatz 19	Anhang III, Teil I, Nummer 20	
Artikel 272 Absatz 20	Anhang III, Teil I, Nummer 21	
Artikel 272 Absatz 21	Anhang III, Teil I, Nummer 22	
Artikel 272 Absatz 22	Anhang III, Teil I, Nummer 23	
Artikel 272 Absatz 23	Anhang III, Teil I, Nummer 26	
Artikel 272 Absatz 24	Anhang III, Teil VII, Buchstabe a	
Artikel 272 Absatz 25	Anhang III, Teil VII, Buchstabe a	
Artikel 272 Absatz 26	Anhang III, Teil V, Nummer 2	
Artikel 273 Absatz 1	Anhang III, Teil II, Nummer 1	

Diese Verordnung	Richtlinie 2006/48/EG	Richtlinie 2006/49/EG
Artikel 273 Absatz 2	Anhang III, Teil II, Nummer 2	
Artikel 273 Absatz 3	Anhang III, Teil II, Nummer 3 erster und zweiter Absatz	
Artikel 273 Absatz 4	Anhang III, Teil II, Nummer 3 dritter Absatz	
Artikel 273 Absatz 5	Anhang III, Teil II, Nummer 4	
Artikel 273 Absatz 6	Anhang III, Teil II, Nummer 5	
Artikel 273 Absatz 7	Anhang III, Teil II, Nummer 7	
Artikel 273 Absatz 8	Anhang III, Teil II, Nummer 8	
Artikel 274 Absatz 1	Anhang III, Teil III	
Artikel 274 Absatz 2	Anhang III, Teil III	
Artikel 274 Absatz 3	Anhang III, Teil III	
Artikel 274 Absatz 4	Anhang III, Teil III	
Artikel 275 Absatz 1	Anhang III, Teil IV	
Artikel 275 Absatz 2	Anhang III, Teil IV	
Artikel 276 Absatz 1	Anhang III, Teil V, Nummer 1	
Artikel 276 Absatz 2	Anhang III, Teil V, Nummer 1	
Artikel 276 Absatz 3	Anhang III, Teil V, Nummern 1–2	
Artikel 277 Absatz 1	Anhang III, Teil V, Nummer 3 –4	
Artikel 277 Absatz 2	Anhang III, Teil V, Nummer 5	
Artikel 277 Absatz 3	Anhang III, Teil V, Nummer 6	
Artikel 277 Absatz 4	Anhang III, Teil V, Nummer 7	
Artikel 278 Absatz 1		
Artikel 278 Absatz 2	Anhang III, Teil V, Nummer 8	
Artikel 278 Absatz 3	Anhang III, Teil V, Nummer 9	
Artikel 279	Anhang III, Teil V, Nummer 10	
Artikel 280 Absatz 1	Anhang III, Teil V, Nummer 11	
Artikel 280 Absatz 2	Anhang III, Teil V, Nummer 12	
Artikel 281 Absatz 1		
Artikel 281 Absatz 2	Anhang III, Teil V, Nummer 13	
Artikel 281 Absatz 3	Anhang III, Teil V, Nummer 14	
Artikel 282 Absatz 1		
Artikel 282 Absatz 2	Anhang III, Teil V, Nummer 15	
Artikel 282 Absatz 3	Anhang III, Teil V, Nummer 16	
Artikel 282 Absatz 4	Anhang III, Teil V, Nummer 17	
Artikel 282 Absatz 5	Anhang III, Teil V, Nummer 18	
Artikel 282 Absatz 6	Anhang III, Teil V, Nummer 19	
Artikel 282 Absatz 7	Anhang III, Teil V, Nummer 20	
Artikel 282 Absatz 8	Anhang III, Teil V, Nummer 21	

Diese Verordnung	Richtlinie 2006/48/EG	Richtlinie 2006/49/EG
Artikel 283 Absatz 1	Anhang III, Teil VI, Nummer 1	
Artikel 283 Absatz 2	Anhang III, Teil VI, Nummer 2	
Artikel 283 Absatz 3	Anhang III, Teil VI, Nummer 2	
Artikel 283 Absatz 4	Anhang III, Teil VI, Nummer 3	
Artikel 283 Absatz 5	Anhang III, Teil VI, Nummer 4	
Artikel 283 Absatz 6	Anhang III, Teil VI, Nummer 4	
Artikel 284 Absatz 1	Anhang III, Teil VI, Nummer 5	
Artikel 284 Absatz 2	Anhang III, Teil VI, Nummer 6	
Artikel 284 Absatz 3		
Artikel 284 Absatz 4	Anhang III, Teil VI, Nummer 7	
Artikel 284 Absatz 5	Anhang III, Teil VI, Nummer 8	
Artikel 284 Absatz 6	Anhang III, Teil VI, Nummer 9	
Artikel 284 Absatz 7	Anhang III, Teil VI, Nummer 10	
Artikel 284 Absatz 8	Anhang III, Teil VI, Nummer 11	
Artikel 284 Absatz 9	Anhang III, Teil VI, Nummer 12	
Artikel 284 Absatz 10	Anhang III, Teil VI, Nummer 13	
Artikel 284 Absatz 11	Anhang III, Teil VI, Nummer 9	
Artikel 284 Absatz 12		
Artikel 284 Absatz 13	Anhang III, Teil VI, Nummer 14	
Artikel 285 Absatz 1	Anhang III, Teil VI, Nummer 15	
Artikel 285 Absatz 2–8		
Artikel 286 Absatz 1	Anhang III, Teil VI, Nummern 18 und 25	
Artikel 286 Absatz 2	Anhang III, Teil VI, Nummer 19	
Artikel 286 Absatz 3		
Artikel 286 Absatz 4	Anhang III, Teil VI, Nummer 20	
Artikel 286 Absatz 5	Anhang III, Teil VI, Nummer 21	
Artikel 286 Absatz 6	Anhang III, Teil VI, Nummer 22	
Artikel 286 Absatz 7	Anhang III, Teil VI, Nummer 23	
Artikel 286 Absatz 8	Anhang III, Teil VI, Nummer 24	

Diese Verordnung	Richtlinie 2006/48/EG	Richtlinie 2006/49/EG
Artikel 287 Absatz 1	Anhang III, Teil VI, Nummer 17	
Artikel 287 Absatz 2	Anhang III, Teil VI, Nummer 17	
Artikel 287 Absatz 3		
Artikel 287 Absatz 4		
Artikel 288	Anhang III, Teil VI, Nummer 26	
Artikel 289 Absatz 1	Anhang III, Teil VI, Nummer 27	
Artikel 289 Absatz 2	Anhang III, Teil VI, Nummer 28	
Artikel 289 Absatz 3	Anhang III, Teil VI, Nummer 29	
Artikel 289 Absatz 4	Anhang III, Teil VI, Nummer 29	
Artikel 289 Absatz 5	Anhang III, Teil VI, Nummer 30	
Artikel 289 Absatz 6	Anhang III, Teil VI, Nummer 31	
Artikel 290 Absatz 1	Anhang III, Teil VI, Nummer 32	
Artikel 290 Absatz 2	Anhang III, Teil VI, Nummer 32	
Artikel 290 Absatz 3–10		
Artikel 291 Absatz 1	Anhang I, Teil I, Nummern 27–28	
Artikel 291 Absatz 2	Anhang III, Teil VI, Nummer 34	
Artikel 291 Absatz 3		
Artikel 291 Absatz 4	Anhang III, Teil VI, Nummer 35	
Artikel 291 Absatz 5		
Artikel 291 Absatz 6		
Artikel 292 Absatz 1	Anhang III, Teil VI, Nummer 36	
Artikel 292 Absatz 2	Anhang III, Teil VI, Nummer 37	
Artikel 292 Absatz 3		
Artikel 292 Absatz 4		
Artikel 292 Absatz 5		
Artikel 292 Absatz 6	Anhang III, Teil VI, Nummer 38	
Artikel 292 Absatz 7	Anhang III, Teil VI, Nummer 39	
Artikel 292 Absatz 8	Anhang III, Teil VI, Nummer 40	
Artikel 292 Absatz 9	Anhang III, Teil VI, Nummer 41	
Artikel 292 Absatz 10		
Artikel 293 Absatz 1	Anhang III, Teil VI, Nummer 42	
Artikel 293 Absatz 2–6		
Artikel 294 Absatz 1	Anhang III, Teil VI, Nummer 42	

Diese Verordnung	Richtlinie 2006/48/EG	Richtlinie 2006/49/EG
Artikel 294 Absatz 2		
Artikel 294 Absatz 3	Anhang III, Teil VI, Nummer 42	
Artikel 295	Anhang III, Teil VII, Buchstabe a	
Artikel 296 Absatz 1	Anhang III, Teil VII, Buchstabe b	
Artikel 296 Absatz 2	Anhang III, Teil VII, Buchstabe b	
Artikel 296 Absatz 3	Anhang III, Teil VII, Buchstabe b	
Artikel 297 Absatz 1	Anhang III, Teil VII, Buchstabe b	
Artikel 297 Absatz 2	Anhang III, Teil VII, Buchstabe b	
Artikel 297 Absatz 3	Anhang III, Teil VII, Buchstabe b	
Artikel 297 Absatz 4	Anhang III, Teil VII, Buchstabe b	
Artikel 298 Absatz 1	Anhang III, Teil VII, Buchstabe c	
Artikel 298 Absatz 2	Anhang III, Teil VII, Buchstabe c	
Artikel 298 Absatz 3	Anhang III, Teil VII, Buchstabe c	
Artikel 298 Absatz 4	Anhang III, Teil VII, Buchstabe c	
Artikel 299 Absatz 1		Anhang II, Nummer 7
Artikel 299 Absatz 2		Anhang II, Nummern 7–11
Artikel 300		
Artikel 301	Anhang III, Teil 2, Nummer 6	
Artikel 302		
Artikel 303		
Artikel 304		
Artikel 305		
Artikel 306		
Artikel 307		
Artikel 308		
Artikel 309		
Artikel 310		
Artikel 311		
Artikel 312 Absatz 1	Artikel 104 Absätze 3 und 6 und Anhang X, Teil 2, Nummern 2, 5 und 8	
Artikel 312 Absatz 2	Artikel 105 Absatz 1 und 105 Absatz 2 und Anhang X, Teil 3, Nummer 1	
Artikel 312 Absatz 3		
Artikel 312 Absatz 4	Artikel 105 Absatz 1	
Artikel 313 Absatz 1	Artikel 102 Absatz 2	
Artikel 313 Absatz 2	Artikel 102 Absatz 3	
Artikel 313 Absatz 3		
Artikel 314 Absatz 1	Artikel 102 Absatz 4	
Artikel 314 Absatz 2	Anhang X, Teil 4, Nummer 1	

Diese Verordnung	Richtlinie 2006/48/EG	Richtlinie 2006/49/EG
Artikel 345 Absatz 2		Anhang I Nummer 41
Artikel 346 Absatz 1		Anhang I Nummer 42
Artikel 346 Absatz 2		
Artikel 346 Absatz 3		Anhang I Nummer 43
Artikel 346 Absatz 4		Anhang I Nummer 44
Artikel 346 Absatz 5		Anhang I Nummer 45
Artikel 346 Absatz 6		Anhang I Nummer 46
Artikel 347		Anhang I Nummer 8
Artikel 348 Absatz 1		Anhang I Nummern 48–49
Artikel 348 Absatz 2		Anhang I Nummer 50
Artikel 349		Anhang I Nummer 51
Artikel 350 Absatz 1		Anhang I Nummer 53
Artikel 350 Absatz 2		Anhang I Nummer 54
Artikel 350 Absatz 3		Anhang I Nummer 55
Artikel 350 Absatz 4		Anhang I Nummer 56
Artikel 351		Anhang III Nummer 1
Artikel 352 Absatz 1		Anhang III Nummer 2 und Nummer 2 (4)
Artikel 352 Absatz 2		Anhang III Nummer 2 (2)
Artikel 352 Absatz 3		Anhang III Nummer 2 (1)
Artikel 352 Absatz 4		Anhang III Nummer 2 (2)
Artikel 352 Absatz 5		
Artikel 353 Absatz 1		Anhang III Nummer 2 (1)
Artikel 353 Absatz 2		Anhang III Nummer 2 (1)
Artikel 353 Absatz 3		Anhang III Nummer 2 (1)
Artikel 354 Absatz 1		Anhang III Nummer 3 (1)
Artikel 354 Absatz 2		Anhang III Nummer 3 (2)
Artikel 354 Absatz 3		Anhang III Nummer 3 (2)
Artikel 354 Absatz 4		
Artikel 355		
Artikel 356		
Artikel 357 Absatz 1		Anhang IV Nummer 1
Artikel 357 Absatz 2		Anhang IV Nummer 2
Artikel 357 Absatz 3		Anhang IV Nummer 3
Artikel 357 Absatz 4		Anhang IV Nummer 4
Artikel 357 Absatz 5		Anhang IV Nummer 6
Artikel 358 Absatz 1		Anhang IV Nummer 8
Artikel 358 Absatz 2		Anhang IV Nummer 9
Artikel 358 Absatz 3		Anhang IV Nummer 10
Artikel 358 Absatz 4		Anhang IV Nummer 12
Artikel 359 Absatz 1		Anhang IV Nummer 13
Artikel 359 Absatz 2		Anhang IV Nummer 14
Artikel 359 Absatz 3		Anhang IV Nummer 15
Artikel 359 Absatz 4		Anhang IV Nummer 16
Artikel 359 Absatz 5		Anhang IV Nummer 17
Artikel 359 Absatz 6		Anhang IV Nummer 18
Artikel 360 Absatz 1		Anhang IV Nummer 19
Artikel 360 Absatz 2		Anhang IV Nummer 20
Artikel 361		Anhang IV Nummer 21
Artikel 362		
Artikel 363 Absatz 1		Anhang V Nummer 1
Artikel 363 Absatz 2		

Diese Verordnung	Richtlinie 2006/48/EG	Richtlinie 2006/49/EG
Artikel 363 Absatz 3		
Artikel 364 Absatz 1		Anhang V Nummer 10b
Artikel 364 Absatz 2		
Artikel 364 Absatz 3		
Artikel 365 Absatz 1		Anhang V Nummer 10
Artikel 365 Absatz 2		Anhang V Nummer 10a
Artikel 366 Absatz 1		Anhang V Nummer 7
Artikel 366 Absatz 2		Anhang V Nummer 8
Artikel 366 Absatz 3		Anhang V Nummer 9
Artikel 366 Absatz 4		Anhang V Nummer 10
Artikel 366 Absatz 5		Anhang V Nummer 8
Artikel 367 Absatz 1		Anhang V Nummer 11
Artikel 367 Absatz 2		Anhang V Nummer 12
Artikel 367 Absatz 3		Anhang V Nummer 12
Artikel 368 Absatz 1		Anhang V Nummer 2
Artikel 368 Absatz 2		Anhang V Nummer 2
Artikel 368 Absatz 3		Anhang V Nummer 5
Artikel 368 Absatz 4		
Artikel 369 Absatz 1		Anhang V Nummer 3
Artikel 369 Absatz 2		
Artikel 370 Absatz 1		Anhang V Nummer 5
Artikel 371 Absatz 1		Anhang V Nummer 5
Artikel 371 Absatz 2		
Artikel 372		Anhang V Nummer 5a
Artikel 373		Anhang V Nummer 5b
Artikel 374 Absatz 1		Anhang V Nummer 5c
Artikel 374 Absatz 2		Anhang V Nummer 5d
Artikel 374 Absatz 3		Anhang V Nummer 5d
Artikel 374 Absatz 4		Anhang V Nummer 5d
Artikel 374 Absatz 5		Anhang V Nummer 5d
Artikel 374 Absatz 6		Anhang V Nummer 5d
Artikel 374 Absatz 7		
Artikel 375 Absatz 1		Anhang V Nummer 5a
Artikel 375 Absatz 2		Anhang V Nummer 5e
Artikel 376 Absatz 1		Anhang V Nummer 5f
Artikel 376 Absatz 2		Anhang V Nummer 5g
Artikel 376 Absatz 3		Anhang V Nummer 5h
Artikel 376 Absatz 4		Anhang V Nummer 5h
Artikel 376 Absatz 5		Anhang V Nummer 5i
Artikel 376 Absatz 6		Anhang V Nummer 5
Artikel 377		Anhang V Nummer 5l
Artikel 378		Anhang II Nummer 1
Artikel 379 Absatz 1		Anhang II Nummer 2
Artikel 379 Absatz 2		Anhang II Nummer 3
Artikel 379 Absatz 3		Anhang II Nummer 2
Artikel 380		Anhang II Nummer 4
Artikel 381		
Artikel 382		
Artikel 383		
Artikel 384		
Artikel 385		
Artikel 386		

Diese Verordnung	Richtlinie 2006/48/EG	Richtlinie 2006/49/EG
Artikel 387		Artikel 28 Absatz 1
Artikel 388		
Artikel 389	Artikel 106 Absatz 1 Unterabsatz 1	
Artikel 390 Absatz 1	Artikel 106 Absatz 1 Unterabsatz 2	
Artikel 390 Absatz 2		
Artikel 390 Absatz 3		Artikel 29 Absatz 1
Artikel 390 Absatz 4		Artikel 30 Absatz 1
Artikel 390 Absatz 5		Artikel 29 Absatz 2
Artikel 390 Absatz 6	Artikel 106 Absatz 2 Unterabsatz 1	
Artikel 390 Absatz 7	Artikel 106 Absatz 3	
Artikel 390 Absatz 8	Artikel 106 Absatz 2 Unterabsätze 2 und 3	
Artikel 391	Artikel 107	
Artikel 392	Artikel 108	
Artikel 393	Artikel 109	
Artikel 394 Absatz 1	Artikel 110 Absatz 1	
Artikel 394 Absatz 2	Artikel 110 Absatz 1	
Artikel 394 Absätze 3 und 4	Artikel 110 Absatz 2	
Artikel 394 Absatz 4	Artikel 110 Absatz 2	
Artikel 395 Absatz 1	Artikel 111 Absatz 1	
Artikel 395 Absatz 2		
Artikel 395 Absatz 3	Artikel 111 Absatz 4 Unterabsatz 1	
Artikel 395 Absatz 4		Artikel 30 Absatz 4
Artikel 395 Absatz 5		Artikel 31
Artikel 395 Absatz 6		
Artikel 395 Absatz 7		
Artikel 395 Absatz 8		
Artikel 396 Absatz 1	Artikel 111 Absatz 4 Unterabsätze 1 und 2	
Artikel 396 Absatz 2		
Artikel 397 Absatz 1		Anhang VI, Nummer 1
Artikel 397 Absatz 2		Anhang VI, Nummer 2
Artikel 397 Absatz 3		Anhang VI, Nummer 3
Artikel 398		Artikel 32 Absatz 1
Artikel 399 Absatz 1	Artikel 112 Absatz 1	
Artikel 399 Absatz 2	Artikel 112 Absatz 2	
Artikel 399 Absatz 3	Artikel 112 Absatz 3	
Artikel 399 Absatz 4	Artikel 110 Absatz 3	
Artikel 400 Absatz 1	Artikel 113 Absatz 3	
Artikel 400 Absatz 2	Artikel 113 Absatz 4	
Artikel 400 Absatz 3		
Artikel 401 Absatz 1	Artikel 114 Absatz 1	
Artikel 401 Absatz 2	Artikel 114 Absatz 2	
Artikel 401 Absatz 3	Artikel 114 Absatz 3	
Artikel 402 Absatz 1	Artikel 115 Absatz 1	
Artikel 402 Absatz 2	Artikel 115 Absatz 2	
Artikel 402 Absatz 3		
Artikel 403 Absatz 1	Artikel 117 Absatz 1	

Diese Verordnung	Richtlinie 2006/48/EG	Richtlinie 2006/49/EG
Artikel 403 Absatz 2	Artikel 117 Absatz 2	
Artikel 404	Artikel 122a Absatz 8	
Artikel 405 Absatz 1	Artikel 122a Absatz 1	
Artikel 405 Absatz 2	Artikel 122a Absatz 2	
Artikel 405 Absatz 3	Artikel 122a Absatz 3 Unterabsatz 1	
Artikel 405 Absatz 4	Artikel 122a Absatz 3 Unterabsatz 2	
Artikel 406 Absatz 1	Artikel 122a Absatz 4 und Artikel 122a Absatz 5 Unterabsatz 2	
Artikel 406 Absatz 2	Artikel 122a Absatz 5 Unterabsatz 1 und Artikel 122a Absatz 6 Unterabsatz 1	
Artikel 407	Artikel 122a Absatz 5 Unterabsatz 3	
Artikel 408	Artikel 122a Absatz 6 Unterabsätze 1 und 2	
Artikel 409	Artikel 122a Absatz 7	
Artikel 410	Artikel 122a Absatz 10	
Artikel 411		
Artikel 412		
Artikel 413		
Artikel 414		
Artikel 415		
Artikel 416		
Artikel 417		
Artikel 418		
Artikel 419		
Artikel 420		
Artikel 421		
Artikel 422		
Artikel 423		
Artikel 424		
Artikel 425		
Artikel 426		
Artikel 427		
Artikel 428		
Artikel 429		
Artikel 430		
Artikel 431 Absatz 1	Artikel 145 Absatz 1	
Artikel 431 Absatz 2	Artikel 145 Absatz 2	
Artikel 431 Absatz 3	Artikel 145 Absatz 3	
Artikel 431 Absatz 4	Artikel 145 Absatz 4	
Artikel 432 Absatz 1	Anhang XII, Teil I, Nummer 1 und Artikel 146 Absatz 1	
Artikel 432 Absatz 2	Artikel 146 Absatz 2 und Anhang XII, Teil I, Nummern 2 und 3	
Artikel 432 Absatz 3	Artikel 146 Absatz 3	
Artikel 433	Artikel 147 und Anhang XII, Teil I, Nummer 4	
Artikel 434 Absatz 1	Artikel 148	

Diese Verordnung	Richtlinie 2006/48/EG	Richtlinie 2006/49/EG
Artikel 434 Absatz 2		
Artikel 435 Absatz 1	Anhang XII, Teil II, Nummer 1	
Artikel 435 Absatz 2		
Artikel 436	Anhang XII, Teil II, Nummer 2	
Artikel 437		
Artikel 438	Anhang XII, Teil II, Nummern 4, 8	
Artikel 439	Anhang XII, Teil II, Nummer 5	
Artikel 440		
Artikel 441		
Artikel 442	Anhang XII, Teil II, Nummer 6	
Artikel 443		
Artikel 444	Anhang XII, Teil II, Nummer 7	
Artikel 445	Anhang XII, Teil II, Nummer 9	
Artikel 446	Anhang XII, Teil II, Nummer 11	
Artikel 447	Anhang XII, Teil II, Nummer 12	
Artikel 448	Anhang XII, Teil II, Nummer 13	
Artikel 449	Anhang XII, Teil II, Nummer 14	
Artikel 450	Anhang XII, Teil II, Nummer 15	
Artikel 451		
Artikel 452	Anhang XII, Teil 3, Nummer 1	
Artikel 453	Anhang XII, Teil 3, Nummer 2	
Artikel 454	Anhang XII, Teil 3, Nummer 3	
Artikel 455		
Artikel 456, Unterabsatz 1	Artikel 150 Absatz 1	Artikel 41
Artikel 456, Unterabsatz 2		
Artikel 457		
Artikel 458		
Artikel 459		
Artikel 460		
Artikel 461		
Artikel 462 Absatz 1	Artikel 151a	
Artikel 462 Absatz 2	Artikel 151a	
Artikel 462 Absatz 3	Artikel 151a	
Artikel 462 Absatz 4		
Artikel 462 Absatz 5		
Artikel 463		
Artikel 464		
Artikel 465		
Artikel 466		

Diese Verordnung	Richtlinie 2006/48/EG	Richtlinie 2006/49/EG
Artikel 467		
Artikel 468		
Artikel 469		
Artikel 470		
Artikel 471		
Artikel 472		
Artikel 473		
Artikel 474		
Artikel 475		
Artikel 476		
Artikel 477		
Artikel 478		
Artikel 479		
Artikel 480		
Artikel 481		
Artikel 482		
Artikel 483		
Artikel 484		
Artikel 485		
Artikel 486		
Artikel 487		
Artikel 488		
Artikel 489		
Artikel 490		
Artikel 491		
Artikel 492		
Artikel 493 Absatz 1		
Artikel 493 Absatz 2		
Artikel 494		
Artikel 495		
Artikel 496		
Artikel 497		
Artikel 498		
Artikel 499		
Artikel 500		
Artikel 501		
Artikel 502		
Artikel 503		
Artikel 504		
Artikel 505		
Artikel 506		
Artikel 507		
Artikel 508		
Artikel 509		
Artikel 510		
Artikel 511		
Artikel 512		
Artikel 513		
Artikel 514		
Artikel 515		
Artikel 516		
Artikel 517		

Diese Verordnung	Richtlinie 2006/48/EG	Richtlinie 2006/49/EG
Artikel 518		
Artikel 519		
Artikel 520		
Artikel 521		
Anhang I	Anhang II	
Anhang II	Anhang IV	
Anhang III		

7. Verordnung (EU) 2019/2033 des Europäischen Parlaments und des Rates vom 27. November 2019 über Aufsichtsanforderungen an Wertpapierfirmen und zur Änderung der Verordnungen (EU) Nr. 1093/2010, (EU) Nr. 575/2013, (EU) Nr. 600/2014 und (EU) Nr. 806/2014

(Text von Bedeutung für den EWR)

(ABl. L 314 S. 1, ber. 2020 ABl. L 20 S. 26, ber. 2020 L 405 S. 79, ber. 2021 ABl. L 261 S. 60)

Celex-Nr. 3 2019 R 2033

DAS EUROPÄISCHE PARLAMENT UND DER RAT DER EUROPÄISCHEN UNION –

gestützt auf den Vertrag über die Arbeitsweise der Europäischen Union[1], insbesondere auf Artikel 114,

auf Vorschlag der Europäischen Kommission,

nach Zuleitung des Entwurfs des Gesetzgebungsakts an die nationalen Parlamente,

nach Stellungnahme der Europäischen Zentralbank[2],

nach Stellungnahme des Europäischen Wirtschafts- und Sozialausschusses[3],

gemäß dem ordentlichen Gesetzgebungsverfahren[4],

in Erwägung nachstehender Gründe:

(1) Solide Aufsichtsanforderungen sind fester Bestandteil des Regulierungsrahmens, auf dessen Grundlage Finanzinstitute in der Union Dienstleistungen erbringen. Ebenso wie Kreditinstitute unterliegen auch Wertpapierfirmen in Bezug auf ihre aufsichtsrechtliche Behandlung und Beaufsichtigung der Verordnung (EU) Nr. 575/2013[5] des Europäischen Parlaments und des Rates[6] und der Richtlinie 2013/36/EU des Europäischen Parlaments und des Rates[7], während ihre Zulassung und sonstige Anforderungen in den Bereichen Organisation und Wohlverhalten in der Richtlinie 2014/65/EU des Europäischen Parlaments und des Rates[8] geregelt sind.

(2) Die bestehenden Aufsichtssysteme nach der Verordnung (EU) Nr. 575/2013[5] und der Richtlinie 2013/36/EU basieren weitgehend auf den internationalen Regulierungsstandards, die der Basler Ausschuss für Bankenaufsicht für große Bankengruppen festgelegt hat; die spezifischen Risiken, die mit den verschiedenen Tätigkeiten einer großen Zahl von Wertpapierfirmen verbunden sind, finden darin jedoch nur teilweise Berücksichtigung. Daher sollten die mit diesen Wertpapierfirmen verbundenen spezifischen Schwachstellen und Risiken im Rahmen geeigneter und angemessener Aufsichtsregeln auf Unionsebene eingehender behandelt werden.

---

[1] Auszugsweise abgedruckt unter Nr. **1**.

[2] **Amtl. Anm.:** ABl. C 378 vom 19.10.2018, S. 5.

[3] **Amtl. Anm.:** ABl. C 262 vom 25.7.2018, S. 35.

[4] **Amtl. Anm.:** Standpunkt des Europäischen Parlaments vom 16. April 2019 (noch nicht im Amtsblatt veröffentlicht) und Beschluss des Rates vom 8. November 2019.

[5] Nr. **6**.

[6] **Amtl. Anm.:** Verordnung (EU) Nr. 575/2013 des Europäischen Parlaments und des Rates vom 26. Juni 2013 über Aufsichtsanforderungen an Kreditinstitute und Wertpapierfirmen und zur Änderung der Verordnung (EU) Nr. 648/2012 (ABl. L 176 vom 27.6.2013, S. 1).

[7] **Amtl. Anm.:** Richtlinie 2013/36/EU des Europäischen Parlaments und des Rates vom 26. Juni 2013 über den Zugang zur Tätigkeit von Kreditinstituten und die Beaufsichtigung von Kreditinstituten und Wertpapierfirmen, zur Änderung der Richtlinie 2002/87/EG und zur Aufhebung der Richtlinien 2006/48/EG und 2006/49/EG (ABl. L 176 vom 27.6.2013, S. 338).

[8] **Amtl. Anm.:** Richtlinie 2014/65/EU des Europäischen Parlaments und des Rates vom 15. Mai 2014 über Märkte für Finanzinstrumente sowie zur Änderung der Richtlinien 2002/92/EG und 2011/61/EU (ABl. L 173 vom 12.6.2014, S. 349).

(3) Die Risiken, die Wertpapierfirmen selbst eingehen und die von ihnen für ihre Kunden und die Märkte im Allgemeinen, auf denen sie tätig sind, ausgehen, hängen von Art und Umfang ihrer Tätigkeiten ab; dabei geht es unter anderem auch um die Frage, ob Wertpapierfirmen als Vermittler für ihre Kunden handeln und selbst nicht Partei der resultierenden Geschäfte sind oder ob sie bei den Geschäften als Auftraggeber auftreten.

(4) Mit soliden Aufsichtsanforderungen soll gewährleistet werden, dass Wertpapierfirmen ordnungsgemäß und im besten Interesse ihrer Kunden verwaltet werden. Eine solche Beaufsichtigung sollte der Gefahr einer übermäßigen Übernahme von Risiken durch die Wertpapierfirmen und ihre Kunden sowie dem unterschiedlichen Umfang der von Wertpapwierfirmen eingegangenen und von ihnen ausgehenden Risiken Rechnung tragen. Ferner sollten sie darauf abzielen, einen übermäßigen Verwaltungsaufwand für die Wertpapierfirmen zu vermeiden.

(5) Ein Großteil der Aufsichtsanforderungen, die in dem durch die Verordnung (EU) Nr. 575/2013[1)] und die Richtlinie 2013/36/EU gebildeten Rahmen enthalten sind, bezieht sich auf allgemeine Risiken, mit denen Kreditinstitute konfrontiert sind. Daher sind die bestehenden Anforderungen weitgehend darauf ausgerichtet, die Kreditvergabekapazität von Kreditinstituten über die Konjunkturzyklen hinweg zu wahren und Einleger und Steuerzahler vor einem etwaigen Ausfall zu schützen; sie sind jedoch nicht auf alle verschiedenen Risikoprofile von Wertpapierfirmen ausgerichtet. Wertpapierfirmen haben keine großen Portfolios an Privatkunden- und Unternehmenskrediten und nehmen keine Einlagen entgegen. Bei Wertpapierfirmen ist die Wahrscheinlichkeit, dass ihr Ausfall die allgemeine Finanzstabilität gefährden könnte, geringer als bei Kreditinstituten. Die von den meisten Wertpapierfirmen eingegangenen und von ihnen ausgehenden Risiken unterscheiden sich somit deutlich von den von Kreditinstituten eingegangenen und ausgehenden Risiken, und diese Unterschiede sollten im Aufsichtsrahmen der Union klar zum Ausdruck kommen.

(6) Die Aufsichtsanforderungen nach der Verordnung (EU) Nr. 575/2013[1)] und der Richtlinie 2013/36/EU, denen Wertpapierfirmen unterliegen, basieren auf denjenigen, die für Kreditinstitute gelten. Für Wertpapierfirmen, die nur für bestimmte Wertpapierdienstleistungen zugelassen sind, die nicht unter den derzeitigen Aufsichtsrahmen fallen, gelten zahlreiche Freistellungen von den genannten Aufsichtsanforderungen. Diese Freistellungen erkennen an, dass die jeweiligen Wertpapierfirmen in dieser Hinsicht nicht dieselben Risiken eingehen wie Kreditinstitute. Wertpapierfirmen, die unter den derzeitigen Aufsichtsrahmen fallende Tätigkeiten, die mit dem Handel mit Finanzinstrumenten verbunden sind, nur in begrenztem Umfang ausüben, unterliegen den einschlägigen Kapitalanforderungen des Aufsichtsrahmens, dürfen bezüglich Anforderungen in anderen Bereichen wie Liquidität, Großkredite und Verschuldung jedoch bestimmte Freistellungen in Anspruch nehmen. Wertpapierfirmen, deren Zulassung nicht an diese Beschränkungen gebunden ist, unterliegen denselben Aufsichtsanforderungen wie Kreditinstitute.

(7) Der Handel mit Finanzinstrumenten – sei es für den Zweck des Risikomanagements, der Risikoabsicherung oder des Liquiditätsmanagements oder für den Aufbau direktionaler Positionen auf den Wert der Instrumente im Zeitverlauf – ist eine Tätigkeit, die sowohl von Kreditinstituten als auch von Wertpapierfirmen, die für den Handel für eigene Rechnung zugelassen sind, durchgeführt werden kann und bereits durch den durch die Verordnung (EU) Nr. 575/2013[1)] und die Richtlinie 2013/36/EU gebildeten Aufsichtsrahmen geregelt wird. Um zu vermeiden, dass Kreditinstitute und Wertpapierfirmen in diesem Bereich nicht die gleichen Wettbewerbsbedingungen haben, was zu Regulierungsarbitrage führen könnte, sollten die sich aus diesen Regeln ergebenden Eigenmittelanforderungen zur Erfassung des Risikos daher weiterhin auch für die genannten Wertpapierfirmen gelten. Auch die Risikopositionen dieser Wertpapierfirmen gegenüber ihren Handelsgegenparteien bei bestimmten Transaktionen und die entsprechenden Eigenmittelanforderungen fallen unter die Regeln und sollten daher ebenfalls in vereinfachter Weise weiter für Wertpapierfirmen gelten. Schließlich sind die im aktuellen Aufsichtsrahmen enthaltenen Regeln für Großkredite auch dann maßgeblich, wenn das Handelsbuchrisiko dieser Wertpapierfirmen in Bezug auf bestimmte Gegenparteien besonders groß ist und ein Ausfall der betreffenden Gegenpartei für die Wertpapierfirma daher ein übermäßig starkes Konzentrationsrisiko darstellt. Diese Regeln sollten daher auch für Wertpapierfirmen in vereinfachter Weise weiter gelten.

(8) Eine unterschiedliche Anwendung des bestehenden Aufsichtsrahmens in den einzelnen Mitgliedstaaten kann dazu führen, dass für die Wertpapierfirmen in der Union nicht die gleichen Wettbewerbsbedingungen gelten. Etwaige Unterschiede sind dadurch bedingt, dass die Anwendung

---

1) Nr. **6**.

des Aufsichtsrahmens auf verschiedene Wertpapierfirmen je nach den Dienstleistungen, die sie erbringen, ausgesprochen komplex ist, wobei einige nationale Behörden die Anwendung des Aufsichtsrahmens in den einzelstaatlichen Rechtsvorschriften oder in der einzelstaatlichen Praxis anpassen oder straffen. Da der bestehende Aufsichtsrahmen nicht alle Risiken erfasst, die von bestimmten Arten von Wertpapierfirmen eingegangen werden und von ihnen ausgehen, haben einige Mitgliedstaaten bestimmten Wertpapierfirmen hohe Kapitalaufschläge auferlegt. Um unionsweit eine harmonisierte Beaufsichtigung von Wertpapierfirmen zu gewährleisten, sollten einheitliche Bestimmungen festgelegt werden, die diesen Risiken Rechnung tragen.

(9) Daher wird ein spezifisches Aufsichtssystem für Wertpapierfirmen benötigt, die angesichts ihrer Größe und Verflechtung mit anderen Finanz- und Wirtschaftsakteuren nicht systemrelevant sind. Systemrelevante Wertpapierfirmen sollten hingegen weiterhin unter den durch die Verordnung (EU) Nr. 575/2013[1)] und die Richtlinie 2013/36/EU gebildeten bestehenden Aufsichtsrahmen fallen. Diese Wertpapierfirmen bilden eine Teilmenge der Wertpapierfirmen, die zurzeit dem durch die Verordnung (EU) Nr. 575/2013[1)] und die Richtlinie 2013/36/EU gebildeten Aufsichtsrahmen unterliegen, und müssen die wichtigsten Anforderungen ohne jegliche Freistellungen erfüllen. Die Geschäftsmodelle und Risikoprofile der größten und am stärksten verflochtenen Wertpapierfirmen sind mit denen bedeutender Kreditinstitute vergleichbar. Sie erbringen „bankähnliche" Dienstleistungen und übernehmen in erheblichem Umfang Risiken. Darüber hinaus können systemrelevante Wertpapierfirmen angesichts ihrer Größe, ihrer Geschäftsmodelle und ihrer Risikoprofile – ebenso wie große Kreditinstitute – eine Gefahr für das stabile und ordnungsgemäße Funktionieren der Finanzmärkte darstellen. Daher sollten diese Wertpapierfirmen weiterhin den Regeln der der Verordnung (EU) Nr. 575/2013[1)] und Richtlinie 2013/36/EU unterliegen.

(10) Das spezifische Aufsichtssystem für Wertpapierfirmen, die angesichts ihrer Größe und Verflechtung mit anderen Finanz- und Wirtschaftsakteuren als nicht systemrelevant betrachtet werden, sollte den besonderen Geschäftspraktiken der verschiedenen Arten von Wertpapierfirmen Rechnung tragen. Insbesondere Wertpapierfirmen, bei denen die Gefahr, dass sie Risiken für Kunden, Märkte oder das ordnungsgemäße Funktionieren der Wertpapierfirmen selbst bewirken, am größten ist, sollten klaren und wirksamen Aufsichtsanforderungen unterliegen, die auf diese spezifischen Risiken zugeschnitten sind. Die Aufsichtsanforderungen sollten der Art der Wertpapierfirma, dem besten Interesse der Kunden der jeweiligen Art von Wertpapierfirma und der Förderung des reibungslosen und ordnungsgemäßen Funktionierens der Märkte, auf denen diese Art von Wertpapierfirmen tätig sind, in angemessener Weise Rechnung tragen. Sie sollten eine Minderung der ermittelten Risiken bewirken und dazu beitragen, dass eine Wertpapierfirma im Falle ihres Ausfalls in geordneter Weise unter minimaler Beeinträchtigung der Stabilität der Finanzmärkte abgewickelt werden kann.

(11) Das in dieser Verordnung vorgesehene System sollte die Verpflichtungen von auf Handelsplätzen benannten Market-Makern nach der Richtlinie 2014/65/EU, Kursofferten abzugeben und auf kontinuierlicher Basis auf dem Markt präsent zu sein, unberührt lassen.

(12) Das Aufsichtssystem für Wertpapierfirmen, die angesichts ihrer Größe und Verflechtung mit anderen Finanz- und Wirtschaftsakteuren nicht als systemrelevant betrachtet werden, sollte auf jede Wertpapierfirma auf Einzelbasis Anwendung finden. Um jedoch die Anwendung der Aufsichtsanforderungen für Wertpapierfirmen in der Union, die Bankengruppen angehören, zu erleichtern, damit Störungen bestimmter Geschäftsmodelle, deren Risiken bereits durch die Anwendung aufsichtsrechtlicher Vorschriften abgedeckt sind, vermieden werden, sollten Wertpapierfirmen gegebenenfalls und vorbehaltlich der Erlaubnis durch die zuständigen Behörden die Anforderungen der Verordnung (EU) Nr. 575/2013[1)] und der Richtlinie 2013/36/EU anwenden können, sofern mit ihrer Entscheidung keine Aufsichtsarbitrage bezweckt wird. Da kleine und nicht verflochtene Wertpapierfirmen überwiegend nur begrenzte Risiken eingehen, sollte darüber hinaus für sie eine Freistellung von den spezifischen Aufsichtsanforderungen für Wertpapierfirmen gelten, wenn sie einer Bankengruppe oder einer Wertpapierfirmengruppe angehören, die in demselben Mitgliedstaat ihren Sitz hat und dort der konsolidierten Beaufsichtigung im Rahmen der Verordnung (EU) Nr. 575/2013[1)] und der Richtlinie 2013/36/EU bzw. im Rahmen der vorliegenden Verordnung und der Richtlinie (EU) 2019/2034 des Europäischen Parlaments und des Rates[2)] unterliegt, da die konsolidierten Aufsichtsrahmen in diesen Fällen in angemessener Weise abdecken sollten. Damit die derzeitige Behandlung von Wertpapierfirmen-

---

[1)] Nr. **6**.

[2)] **Amtl. Anm.:** Richtlinie (EU) 2019/2034 des Europäischen Parlaments und des Rates vom 27. November 2019 über die Beaufsichtigung von Wertpapierfirmen und zur Änderung der Richt- →

gruppen nach der Verordnung (EU) Nr. 575/2013[1] und der Richtlinie 2013/36/EU widergespiegelt wird, sollte, bei Gruppen, die nur aus Wertpapierfirmen bestehen, oder wenn die Konsolidierung nach der Verordnung (EU) Nr. 575/2013[1] und der Richtlinie 2013/36/EU keine Anwendung findet, die jeweilige Muttergesellschaft der Gruppe verpflichtet sein, die Anforderungen der vorliegenden Verordnung auf der Grundlage der konsolidierten Lage der Gruppe zu erfüllen. Alternativ dazu – wenn solche Wertpapierfirmengruppen einfachere Strukturen und Risikoprofile haben – können die zuständigen Behörden der jeweiligen Muttergesellschaft der Gruppe anstatt der aufsichtlichen Konsolidierung erlauben, ausreichendes Eigenkapital vorzuhalten, um den Buchwert ihrer Beteiligungen an den Tochtergesellschaften zu unterlegen. Kleine und nicht verflochtene Wertpapierfirmen sollten eine Freistellung von Offenlegungsanforderungen in Anspruch nehmen können, wenn sie einer Versicherungsgruppe angehören.

(13) Damit Wertpapierfirmen ihre Eigenmittelanforderungen unter dem spezifischen Aufsichtsrahmen für Wertpapierfirmen weiterhin mithilfe ihrer vorhandenen Eigenmittel erfüllen können, sollten Definition und Zusammensetzung der Eigenmittel mit der Verordnung (EU) Nr. 575/2013[1] im Einklang stehen. Das bedeutet unter anderem, dass Bilanzposten, wie etwa latente Steueransprüche und Positionen in Kapitalinstrumenten anderer Unternehmen der Finanzbranche, nach Maßgabe der Verordnung (EU) Nr. 575/2013[1] in vollem Umfang von den Eigenmitteln abgezogen werden. Wertpapierfirmen sollten jedoch unbedeutende Positionen in Kapitalinstrumenten von Unternehmen der Finanzbranche von den Abzügen ausnehmen können, wenn sie zu Handelszwecken gehalten werden, um das Market-Making für diese Instrumente zu unterstützen. Damit die Zusammensetzung der Eigenmittel mit der Verordnung (EU) Nr. 575/2013[1] im Einklang steht, wurden die entsprechenden Anteile der Arten von Eigenmitteln in den Kontext der vorliegenden Verordnung übernommen. Um sicherzustellen, dass die Anforderungen im Verhältnis zur Art, zum Umfang und zur Komplexität der Tätigkeiten der Wertpapierfirmen stehen und dass sie für die Wertpapierfirmen im Rahmen der vorliegenden Verordnung leicht zugänglich sind, sollte die Kommission überprüfen, ob es angebracht ist, die Angleichung der Definition und Zusammensetzung von Eigenmitteln an die in der Verordnung (EU) Nr. 575/2013[1] fortzusetzen.

(14) Um zu gewährleisten, dass Wertpapierfirmen jederzeit über die für ihre Zulassung erforderliche Eigenmittelausstattung verfügen, sollten alle Wertpapierfirmen jederzeit eine permanente Mindestkapitalanforderung in Höhe des Anfangskapitals erfüllen, das in der Richtlinie (EU) 2019/2034 mit Blick auf die Zulassung für die Erbringung der jeweiligen Wertpapierdienstleistungen vorgeschrieben ist.

(15) Um die Anwendung der Mindesteigenmittelanforderung für kleine und nicht verflochtene Wertpapierfirmen möglichst einfach zu gestalten, sollten ihre Eigenmittel dem höheren der beiden folgenden Werte entsprechen: ihrer permanenten Mindestkapitalanforderung bzw. einem Viertel ihrer fixen Gemeinkosten des Vorjahres. Kleine und nicht verflochtene Wertpapierfirmen, die es vorziehen, mehr Vorsicht walten zu lassen und Klippeneffekte im Fall einer Neueinstufung zu vermeiden, sollten nicht daran gehindert werden, mehr Eigenmittel zu halten oder strengere Maßnahmen anzuwenden, als in der vorliegenden Verordnung verlangt.

(16) Um den höheren Risiken Rechnung zu tragen, die mit Wertpapierfirmen verbunden sind, die das Kriterium „klein und nicht verflochten" nicht erfüllen, sollte die für solche Firmen geltende Mindesteigenmittelanforderung dem höchsten der folgenden Werte entsprechen: ihrer permanenten Mindestkapitalanforderung, einem Viertel ihrer fixen Gemeinkosten des Vorjahres oder der Summe ihrer Anforderung im Rahmen der auf Wertpapierfirmen zugeschnittenen Reihe von Risikofaktoren („K-Faktoren"), mit denen das Eigenkapital in Abhängigkeit von den Risiken in bestimmten Geschäftsbereichen von Wertpapierfirmen festgesetzt wird.

(17) Für die Zwecke der spezifischen Aufsichtsanforderungen für Wertpapierfirmen sollten Wertpapierfirmen als klein und nicht verflochten betrachtet werden, sofern sie keine Wertpapierdienstleistungen erbringen, die für Kunden, Märkte oder sie selbst mit einem hohen Risiko verbunden sind, und sofern es angesichts ihrer Größe wenig wahrscheinlich ist, dass sich für Kunden und Märkte weitreichende negative Auswirkungen ergeben, wenn mit ihrer Geschäftstätigkeit verbundene Risiken eintreten oder wenn sie ausfallen. Kleine und nicht verflochtene Wertpapierfirmen sollten daher definiert werden als Firmen, die keinen Handel für eigene Rechnung betreiben bzw. kein Risiko aus dem Handel mit Finanzinstrumenten eingehen, die keine Vermögenswerte

---

(Fortsetzung der Anm. von voriger Seite)
linien 2002/87/EG, 2009/65/EG, 2011/61/EU, 2013/36/EU, 2014/59/EU und 2014/65/EU (siehe Seite 64 dieses Amtsblatts)

[1] Nr. **6**.

oder Gelder ihrer Kunden halten, die im Rahmen der Portfolioverwaltung mit Ermessensspielraum und im Rahmen nichtdiskretionärer Vereinbarungen (Beratung) Vermögenswerte von weniger als 1,2 Mrd. EUR verwalten, die täglich Kundenaufträge über weniger als 100 Mio. EUR in Kassageschäften bzw. über weniger als 1 Mrd. EUR in Derivategeschäften bearbeiten und die eine Bilanzsumme – einschließlich außerbilanzieller Posten – von unter 100 Mio. EUR haben, wobei die jährlichen Bruttogesamteinkünfte aus Wertpapierdienstleistungen weniger als 30 Mio. EUR betragen.

(18) Um Aufsichtsarbitrage zu vermeiden und den Anreiz für Wertpapierfirmen zu verringern, ihre Geschäfte so zu strukturieren, dass eine Überschreitung der Schwellenwerte, oberhalb derer sie nicht mehr als kleine und nicht verflochtene Wertpapierfirmen eingestuft werden, vermieden wird, sollten die Schwellenwerte für die verwalteten Vermögenswerte, die bearbeiteten Kundenaufträge, die Bilanzsumme und die jährlichen Bruttogesamteinkünfte auf alle Wertpapierfirmen, die derselben Gruppe angehören, kombiniert angewendet werden. Die übrigen Bedingungen, namentlich die Frage, ob eine Wertpapierfirma Kundengelder hält, Vermögenswerte von Kunden verwaltet bzw. verwahrt oder mit Finanzinstrumenten handelt und ein Markt- oder Gegenparteirisiko eingeht, sind eindeutiger Art und lassen keinen Raum für eine derartige Umstrukturierung; daher sollten sie auf Einzelfallbasis beurteilt werden. Um die Entwicklung der Geschäftsmodelle und die damit verbundenen Risiken laufend zu erfassen, sollten diese Bedingungen und Schwellenwerte auf Tagesendbasis bewertet werden; dies gilt mit Ausnahme des Haltens von Kundengeldern, das auf Innertagesbasis und anhand der Bilanzsumme bewertet werden sollte, und mit Ausnahme der jährlichen Bruttogesamteinkünfte, die anhand der Lage der Wertpapierfirma am Ende des vorausgegangenen Geschäftsjahres beurteilt werden sollten.

(19) Eine Wertpapierfirma, die die aufsichtsrechtlichen Schwellenwerte überschreitet oder die übrigen Bedingungen nicht erfüllt, sollte nicht als klein und nicht verflochten betrachtet werden; auf sie sollten – unter Berücksichtigung der in dieser Verordnung festgelegten spezifischen Übergangsbestimmungen – die Anforderungen für andere Wertpapierfirmen Anwendung finden. Dies dürfte Wertpapierfirmen einen Anreiz geben, ihre Geschäftstätigkeiten in einer Weise zu planen, dass sie eindeutig als kleine und nicht verflochtene Wertpapierfirmen eingestuft werden. Strebt eine Wertpapierfirma, die die Anforderungen für die Einstufung als kleine und nicht verflochtene Wertpapierfirma nicht erfüllt, eine Behandlung als solche an, sollte eine Überwachungsphase vorgesehen werden, in der die jeweilige Wertpapierfirma während mindestens sechs aufeinanderfolgender Monate die Bedingungen erfüllen und unterhalb der einschlägigen Schwellenwerte bleiben muss.

(20) Alle Wertpapierfirmen sollten ihre Eigenmittelanforderung anhand einer Reihe von K-Faktoren berechnen, die das Kundenrisiko (RtC: Risk-To-Client), das Marktrisiko (RtM: Risk-to-Market) und das Firmenrisiko (RtF: Risk-to-Firm) erfassen. Die K-Faktoren in Bezug auf das RtC erfassen die verwalteten und in der Anlageberatung betreuten Vermögenswerte von Kunden (K-AUM, AUM: assets under management), die gehaltenen Kundengelder (K-CMH, CMH: client money held), die verwahrten und verwalteten Vermögenswerte (K-ASA, ASA: assets safeguarded and administered) und die bearbeiteten Kundenaufträge (K-COH, COH: client orders handled).

(21) Der K-Faktor in Bezug auf das RtM erfasst das Nettopositionsrisiko (K-NPR, NPR: net position risk) gemäß den Marktrisikobestimmungen der Verordnung (EU) Nr. 575/2013[1)] oder, sofern von der zuständigen Behörde für bestimmte Arten von Wertpapierfirmen, die über Clearingmitglieder Handel für eigene Rechnung betreiben, erlaubt, auf der Grundlage der von einem Clearingmitglied der Wertpapierfirma geforderten Gesamtnachschüsse (K-CMG, CMG: clearing member guarantee). Wertpapierfirmen sollten die Möglichkeit haben, K-NPR und K-CMG gleichzeitig auf Portfolio-Basis anzuwenden.

(22) Die K-Faktoren in Bezug auf das RtF erfassen die Risikoposition einer Wertpapierfirma bei Ausfall ihrer Handelsgegenparteien (K-TCD, TCD: trading counterparties) auf der Grundlage vereinfachter Bestimmungen für das Gegenparteiausfallrisiko nach der Verordnung (EU) Nr. 575/2013[1)], das Konzentrationsrisiko hinsichtlich der Großkredite einer Wertpapierfirma gegenüber bestimmten Gegenparteien nach den Bestimmungen jener Verordnung, die für Großkredite im Handelsbuch (K-CON, CON: concentration own name) und operationelle Risiken aus dem täglichen Handelsstrom einer Wertpapierfirma (K-DTF, DTF: daily trading flow) gelten.

(23) Die Gesamteigenmittelanforderung im Rahmen der K-Faktoren ist die Summe der Anforderungen der K-Faktoren in Bezug auf RtC, RtM und RtF. K-AUM, K-ASA, K-CMH, K-COH und K-DTF beziehen sich auf das Volumen der Geschäftstätigkeit, auf die sich die einzelnen K-

---

[1)] Nr. **6**.

Faktoren jeweils beziehen. Die Volumen für K-CMH, K-ASA und K-DTF werden anhand des gleitenden Durchschnitts der vorausgegangenen neun Monate berechnet. Das Volumen für K-COH wird anhand des gleitenden Durchschnitts der vorausgegangenen sechs Monate berechnet, während K-AUM im Vergleich zu den vorausgegangenen 15 Monaten berechnet wird. Zur Berechnung der Eigenmittelanforderung werden die Volumen mit den entsprechenden in dieser Verordnung festgelegten Koeffizienten multipliziert. Die Eigenmittelanforderungen für K-NPR werden gemäß der Verordnung (EU) Nr. 575/2013[1] bestimmt, während für die Eigenmittelanforderungen für K-CON und K-TCD die entsprechenden Anforderungen jener Verordnung für die Behandlung von Großkrediten im Handelsbuch bzw. für die Behandlung des Gegenparteiausfallrisikos in vereinfachter Weise Anwendung finden. Der Betrag eines K-Faktors ist Null, wenn eine Wertpapierfirma die jeweilige Tätigkeit nicht ausführt.

(24) Die K-Faktoren in Bezug auf das RtC sind Näherungswerte für die Geschäftsbereiche der Wertpapierfirmen, von denen bei Auftreten von Problemen unter Umständen Schaden für die Kunden ausgehen kann. K-AUM erfasst das Risiko eines Schadens für Kunden, der sich aus einer nicht ordnungsgemäßen Verwaltung von Kundenportfolios mit Ermessensspielraum oder einer mangelhaften Ausführung ergibt, und bietet in Bezug auf die Kontinuität der Dienstleistung der laufenden Portfolioverwaltung und Anlageberatung Gewissheit und Vorteile für die Kunden. K-ASA erfasst das Risiko der Verwahrung und der Verwaltung der Vermögenswerte von Kunden und gewährleistet, dass Wertpapierfirmen im Verhältnis zu derartigen Beständen Eigenkapital halten, unabhängig davon, ob sie in ihrer eigenen Bilanz oder auf getrennten Konten bei einem Dritten verbucht werden. K-CMH erfasst das Risiko eines potenziellen Schadens, der entstehen kann, wenn eine Wertpapierfirma Gelder ihrer Kunden hält, wobei zu berücksichtigen ist, ob die jeweiligen Gelder in ihrer eigenen Bilanz oder auf getrennten Konten bei einem Dritten verbucht werden und ob Vorkehrungen nach geltendem einzelstaatlichen Recht vorsehen, dass die Gelder der Kunden im Fall des Konkurses, der Insolvenz oder des Beginns der Abwicklung oder Fremdverwaltung der Wertpapierfirma gesichert werden. K-CMH gilt nicht für Kundengelder in Form von Einlagen auf einem (Depot-)Bankkonto im Namen des Kunden selbst, wenn die Wertpapierfirma über ein Mandat eines Dritten Zugang zu den Kundengeldern hat. K-COH erfasst das potenzielle Risiko für Kunden einer Wertpapierfirma, die Aufträge (im Namen des Kunden und nicht im Namen der Wertpapierfirma selbst) ausführt, z.B. im Rahmen von nur die Ausführung betreffenden Dienstleistungen für Kunden oder wenn eine Wertpapierfirma Teil einer Kette für Kundenaufträge bildet.

(25) Der K-Faktor in Bezug auf das RtM für Wertpapierfirmen, die Handel für eigene Rechnung betreiben, basiert auf den Marktrisikobestimmungen für Positionen in Finanzinstrumenten, in Fremdwährungen und in Waren gemäß der Verordnung (EU) Nr. 575/2013[1]. Dies versetzt die Wertpapierfirmen in die Lage, nach Wahl Folgendes anzuwenden: den Standardansatz, den alternativen Standardansatz nach der Verordnung (EU) Nr. 575/2013[1] oder interne Modelle, wenn die beiden letztgenannten Ansätze für Kreditinstitute nicht für die Zwecke der Berichterstattung, sondern auch für die Zwecke der Eigenmittelanforderungen anwendbar werden. Bis dahin, und mindestens während der nächsten fünf Jahre nach dem Tag der Anwendung dieser Verordnung, sollten Wertpapierfirmen den Marktrisikorahmen (Standardansatz oder – gegebenenfalls – interne Modelle) der Verordnung (EU) Nr. 575/2013[1] für die Zwecke der Berechnung ihres K-NPR anwenden. Falls die Bestimmungen gemäß Teil 3 Titel IV Kapitel 1a und 1b der Verordnung (EU) Nr. 575/2013[1], in der durch die Verordnung (EU) 2019/876 des Europäischen Parlaments und des Rates[2] geänderten Fassung, für Kreditinstitute für die Zwecke der Eigenmittelanforderungen nicht anwendbar werden, sollten die Wertpapierfirmen weiterhin die Anforderungen nach Teil 3 Titel IV der Verordnung (EU) Nr. 575/2013[1] für die Zwecke der Berechnung des K-NPR anwenden. Alternativ kann die Eigenmittelanforderung für Wertpapierfirmen, die mit Finanzinstrumenten handeln, mit Positionen, die dem Clearing unterliegen, bei Erlaubnis durch die zuständige Behörde und vorbehaltlich bestimmter Bedingungen gleich dem Gesamtbetrag der von ihrem Clearingmitglied geforderten Nachschüsse – multipliziert mit einem

---

[1] Nr. **6**.

[2] **Amtl. Anm.:** Verordnung (EU) 2019/876 des Europäischen Parlaments und des Rates vom 20. Mai 2019 zur Änderung der Verordnung (EU) Nr. 575/2013 in Bezug auf die Verschuldungsquote, die strukturelle Liquiditätsquote, Anforderungen an Eigenmittel und berücksichtigungsfähige Verbindlichkeiten, das Gegenparteiausfallrisiko, das Marktrisiko, Risikopositionen gegenüber zentralen Gegenparteien, Risikopositionen gegenüber Organismen für gemeinsame Anlagen, Großkredite, Melde- und Offenlegungspflichten und der Verordnung (EU) Nr. 648/2012 (ABl. L 150 vom 7.6. 2019, S. 1).

festen Multiplikator – sein. Für die Nutzung von K-CMG sollte in erster Linie vorausgesetzt werden, dass die Handelsaktivität der Wertpapierfirma ganz oder überwiegend unter diesen Ansatz fällt. Die jeweils zuständige Behörde kann der Wertpapierfirma jedoch auch eine teilweise Nutzung des K-CMG-Ansatzes erlauben, wenn dieser Ansatz für alle Positionen verwendet wird, die dem Clearing oder dem Einschussverfahren unterliegen, und wenn eine der drei alternativen Methoden für K-NPR für Portfolios, die nicht dem Clearing unterliegen, verwendet wird. Damit sichergestellt ist, dass die Anforderungen im Verhältnis zur Art, zum Umfang und zur Komplexität der Tätigkeiten der Wertpapierfirmen stehen und dass sie für die Wertpapierfirmen im Rahmen der vorliegenden Verordnung leicht zugänglich sind, sollte bei jeder nachfolgenden Überprüfung der Anwendung der Methoden zur Berechnung der K-Faktoren auch geprüft werden, ob es angebracht ist, die Angleichung der Berechnung des K-NPR an die Vorschriften für das Marktrisiko für Handelsbuchpositionen in Finanzinstrumenten, in Fremdwährungen und in Waren gemäß der Verordnung (EU) Nr. 575/2013[1] fortzusetzen.

(26) Für Wertpapierfirmen, die Handel für eigene Rechnung betreiben, stellen die K-Faktoren für K-TCD und K-CON in Bezug auf das RtF eine vereinfachte Anwendung der Regeln der Verordnung (EU) Nr. 575/2013[1] über das Gegenparteiausfallrisiko bzw. das Großkreditrisiko dar. K-TCD erfasst das Risiko, das für eine Wertpapierfirma damit verbunden ist, dass Gegenparteien im Rahmen von OTC-Derivaten, Pensionsgeschäften, Wertpapier- und Warenverleih- oder -leihgeschäften, Geschäften mit langer Abwicklungsfrist, Lombardgeschäften oder allen anderen Wertpapierfinanzierungsgeschäften sowie Empfänger von Darlehen, die von der Wertpapierfirma als Nebendienstleistung im Rahmen einer Wertpapierdienstleistung gewährt werden, ihren Verpflichtungen nicht nachkommen; dabei wird der Wert der Risikopositionen, basierend auf den Wiederbeschaffungskosten und einem Aufschlag für potenzielle künftige Risikopositionen, mit auf der Verordnung (EU) Nr. 575/2013[1] basierenden Risikofaktoren multipliziert, wobei den risikomindernden Auswirkungen des effektiven Nettings und dem Austausch von Sicherheiten Rechnung getragen wird. Damit die Behandlung des Gegenparteiausfallrisikos weiter an die Verordnung (EU) Nr. 575/2013[1] angeglichen wird, sollte auch ein fester Multiplikator von 1,2 und ein Multiplikator für die Anpassung der Kreditbewertung (CVA) hinzugefügt werden, um den gegenwärtigen Marktwert des Kreditrisikos der Gegenpartei gegenüber der Wertpapierfirma in spezifischen Geschäften widerzuspiegeln. K-CON erfasst das Konzentrationsrisiko in Bezug auf einzelne bzw. stark verflochtene Gegenparteien des privaten Sektors, auf die Risikopositionen der Firmen entfallen, die über 25 % ihrer aufsichtsrechtlichen Eigenmittel ausmachen, oder spezifische alternative Schwellenwerte in Bezug auf Kreditinstitute oder andere Wertpapierfirmen, wobei für Risikopositionen, die diese Schwellenwerte übersteigen, im Einklang mit der Verordnung (EU) Nr. 575/2013[1] ein Kapitalaufschlag vorgeschrieben wird. Schließlich erfasst K-DTF die durch die Unangemessenheit oder das Versagen von internen Verfahren, Menschen und Systemen oder durch externe Einflüsse möglicherweise bedingten operationellen Risiken, die sich für eine Wertpapierfirma in Bezug auf große Volumen an Geschäften, die die Firma für eigene Rechnung oder für Kunden im eigenen Namen an einem Tag tätigt, ergeben, auf der Grundlage des Nominalwerts der täglichen Geschäfte, bereinigt um den Zeitraum bis zur Fälligkeit von Zinsderivaten, um Zunahmen der Eigenmittelanforderungen insbesondere für kurzfristige Kontrakte zu beschränken, wenn die wahrgenommenen operationellen Risiken niedriger sind.

(27) Alle Wertpapierfirmen sollten ihr Konzentrationsrisiko überwachen und kontrollieren, auch in Bezug auf ihre Kunden. Jedoch sollten nur Wertpapierfirmen, die einer Mindesteigenmittelanforderung im Rahmen der K-Faktoren unterliegen, den zuständigen Behörden ihre Konzentrationsrisiken melden. Für auf Warenderivate oder Emissionszertifikate oder Derivate davon spezialisierte Wertpapierfirmen, deren Großkredite sich auf nichtfinanzielle Gegenparteien konzentrieren, dürfen die Schwellenwerte für das Konzentrationsrisiko überschritten werden, ohne dass in Bezug auf K-CON zusätzliches Eigenkapital erforderlich wäre, soweit sie Zielen der Geschäftstätigkeit, der Liquidität oder des Risikomanagements dienen.

(28) Alle Wertpapierfirmen sollten über interne Verfahren zur Überwachung und Steuerung ihrer Liquiditätsanforderungen verfügen. Diese Verfahren sollen dazu beitragen, dass Wertpapierfirmen dauerhaft ordnungsgemäß funktionieren können, ohne dass die Notwendigkeit besteht, Liquidität speziell für Stressphasen vorzuhalten. In dieser Hinsicht sollten alle Wertpapierfirmen jederzeit mindestens ein Drittel ihrer Anforderung für die fixen Gemeinkosten in liquiden Aktiva halten. Die zuständigen Behörden sollten jedoch die Möglichkeit haben, kleine und nicht verflochtene Wertpapierfirmen von dieser Anforderung zu befreien. Bei diesen liquiden Aktiva sollte es sich

---

[1] Nr. **6**.

um Aktiva von hoher Qualität handeln, die denjenigen entsprechen, die in der Delegierten Verordnung (EU) 2015/61 der Kommission[1] aufgeführt sind, wobei diese nach der genannten Delegierten Verordnung für diese Aktiva geltenden Abschläge anwendbar sind. Um dem Umstand Rechnung zu tragen, dass Wertpapierfirmen ein anderes Liquiditätsprofil haben als Kreditinstitute, sollte die Liste geeigneter liquider Aktiva durch unbelastete Barmittel und kurzfristige Einlagen der Wertpapierfirma (die keine Kundengelder oder Finanzinstrumente im Besitz von Kunden beinhalten sollten) sowie bestimmte Finanzinstrumente, für die es einen liquiden Markt gibt, ergänzt werden. Kleine und nicht verflochtene Firmen sowie Wertpapierfirmen, die nicht für Handelstätigkeiten oder Emissionsgeschäfte zugelassen sind, könnten – wenn sie von den Liquiditätsanforderungen nicht befreit sind – in ihre liquiden Aktiva auch Forderungen aus Lieferungen und Leistungen sowie Gebühren oder Provisionen einbeziehen, die innerhalb von 30 Tagen eingezogen werden, sofern diese Posten nicht mehr als ein Drittel der Mindestliquiditätsanforderung ausmachen, nicht bei etwaigen von der zuständigen Behörde vorgeschriebenen zusätzlichen Liquiditätsanforderungen berücksichtigt werden und einem Abschlag von 50 % unterliegen. In Ausnahmefällen sollten Wertpapierfirmen die vorgeschriebene Schwelle unterschreiten dürfen, wenn sie ihre liquiden Aktiva veräußern, um ihre Liquiditätsanforderung zu erfüllen; in solchen Fällen müssen sie die zuständige Behörde umgehend davon unterrichten. Für alle den Kunden gewährten Finanzgarantien, die im Falle ihrer Inanspruchnahme zu einem erhöhten Liquiditätsbedarf führen können, sollte die Höhe der verfügbaren liquiden Aktiva um mindestens 1,6 % des Gesamtwertes derartiger Garantien verringert werden. Damit sichergestellt ist, dass die Anforderungen im Verhältnis zur Art, zum Umfang und zur Komplexität der Tätigkeiten der Wertpapierfirmen stehen und dass sie für die Wertpapierfirmen im Rahmen der vorliegenden Verordnung leicht zugänglich sind, sollte in der Folge überprüft werden, ob die liquiden Aktiva, die für die Erfüllung der Mindestliquiditätsanforderung in Frage kommen, angemessen sind und ob es angebracht ist, die Angleichung an die in der Delegierten Verordnung (EU) 2015/61 aufgeführten liquiden Aktiva, zusammen mit den nach der genannten Delegierten Verordnung für diese Aktiva geltenden Abschlägen, fortzusetzen.

(29) Im Zusammenhang mit dem neuen Aufsichtssystem sollte ein angemessener entsprechender aufsichtsrechtlicher Melderahmen entwickelt und sorgfältig auf die Geschäftstätigkeit von Wertpapierfirmen und die Anforderungen des Aufsichtsrahmens abgestimmt werden. Die Meldepflichten für Wertpapierfirmen sollten sich auf die Höhe und Zusammensetzung ihrer Eigenmittel, ihre Eigenmittelanforderungen, die Grundlage für die Berechnung ihrer Eigenmittelanforderungen, ihr Tätigkeitsprofil und ihre Größe hinsichtlich der Kriterien für die Einstufung von Wertpapierfirmen als kleine und nicht verflochtene Firma, ihre Liquiditätsanforderungen, und die Erfüllung der Bestimmungen zum Konzentrationsrisiko beziehen. Kleine und nicht verflochtene Wertpapierfirmen sollten von der Meldepflicht zum Konzentrationsrisiko befreit werden, und sie sollten nur über die Liquiditätsanforderungen Meldung erstatten müssen, wenn diese Anforderungen für sie gelten. Die durch die Verordnung (EU) Nr. 1093/2010 des Europäischen Parlaments und des Rates[2] errichtete Europäische Aufsichtsbehörde (Europäische Bankenaufsichtsbehörde) (im Folgenden „EBA") sollte mit der Ausarbeitung von Entwürfen technischer Durchführungsstandards beauftragt werden, in denen die Bögen und Regelungen für die aufsichtsrechtliche Meldung im Einzelnen und die Bögen für die Offenlegung von Eigenmitteln spezifiziert werden. Diese Standards sollten Umfang und Komplexität verschiedener Wertpapierfirmen berücksichtigen und insbesondere der Frage Rechnung tragen, ob Wertpapierfirmen als klein und nicht verflochten eingestuft werden.

(30) Mit Blick auf die Gewährleistung der Transparenz für die Investoren der Wertpapierfirmen und die Märkte im Allgemeinen sollten Wertpapierfirmen, die nicht als klein und nicht verflochten betrachtet werden, die Höhe ihrer Eigenmittel, ihre Eigenmittelanforderungen, ihre Regelungen für die Unternehmensführung und ihre Vergütungspolitik und -praxis offenlegen. Kleine und nicht verflochtene Wertpapierfirmen sollten nur dann Offenlegungspflichten unterliegen, wenn sie Instrumente des zusätzlichen Kernkapitals begeben, damit für die Investoren dieser Instrumente die Transparenz gewährleistet wird.

---

[1] **Amtl. Anm.:** Delegierte Verordnung (EU) 2015/61 der Kommission vom 10. Oktober 2014 zur Ergänzung der Verordnung (EU) Nr. 575/2013 des Europäischen Parlaments und des Rates in Bezug auf die Liquiditätsdeckungsanforderung an Kreditinstitute (ABl. L 11 vom 17.1.2015, S. 1).

[2] **Amtl. Anm.:** Verordnung (EU) Nr. 1093/2010 des Europäischen Parlaments und des Rates vom 24. November 2010 zur Errichtung einer Europäischen Aufsichtsbehörde (Europäische Bankenaufsichtsbehörde), zur Änderung des Beschlusses Nr. 716/2009/EG und zur Aufhebung des Beschlusses 2009/78/EG der Kommission (ABl. L 331 vom 15.12.2010, S. 12).

(31) Wertpapierfirmen sollten gemäß dem in Artikel 157 des Vertrags über die Arbeitsweise der Europäischen Union (AEUV) dargelegten Grundsatz eine geschlechtsneutrale Vergütungspolitik befolgen. Was die Offenlegungen der Vergütung anbelangt, sollten einige Aspekte klargestellt werden. Die Anforderungen an die Offenlegung der Vergütung in dieser Verordnung sollten mit den Zielen der Vergütungsregeln vereinbar sein, nämlich der Festlegung und Beibehaltung einer Vergütungspolitik und -praxis, die mit einem wirksamen Risikomanagement zu vereinbaren ist, für die Kategorien von Mitarbeitern, deren berufliche Tätigkeit sich wesentlich auf das Risikoprofil von Wertpapierfirmen auswirkt. Darüber hinaus sollten Wertpapierfirmen, die von bestimmten Vergütungsbestimmungen ausgenommen sind, Informationen über diese Ausnahme offenlegen müssen.

(32) Um den Wertpapierfirmen die Umstellung von den Anforderungen der Verordnung (EU) Nr. 575/2013[1)] und der Richtlinie 2013/36/EU auf die Anforderungen der vorliegenden Verordnung und der Richtlinie (EU) 2019/2034 zu erleichtern, empfiehlt es sich, geeignete Übergangsmaßnahmen vorzusehen. Um insbesondere die Auswirkungen etwaiger Erhöhungen abzumildern, sollten Wertpapierfirmen, deren Eigenmittelanforderungen gemäß dieser Verordnung mehr als doppelt so hoch wären wie die für sie geltende Eigenmittelanforderung gemäß der Verordnung (EU) Nr. 575/2013[1)] und der Richtlinie 2013/36/EU, während eines Zeitraums von fünf Jahren ab dem Geltungsbeginn der vorliegenden Verordnung die Möglichkeit haben, die Eigenmittelanforderung auf das Doppelte ihrer einschlägigen Eigenmittelanforderung gemäß der Verordnung (EU) Nr. 575/2013[1)] und der Richtlinie 2013/36/EU zu begrenzen.

(33) Um neu gegründete Wertpapierfirmen, die vergleichbare Profile wie bereits bestehende Wertpapierfirmen aufweisen, nicht zu benachteiligen, sollten Wertpapierfirmen, die bislang keinen Eigenmittelanforderungen gemäß der Verordnung (EU) Nr. 575/2013[1)] und der Richtlinie 2013/36/EU unterlagen, die Möglichkeit haben, ihre Eigenmittelanforderungen gemäß der vorliegenden Verordnung während eines Zeitraums von fünf Jahren ab dem Geltungsbeginn der vorliegenden Verordnung auf das Doppelte ihrer Anforderung für die fixen Gemeinkosten zu begrenzen.

(34) Ebenso sollten Wertpapierfirmen, die gemäß der Verordnung (EU) Nr. 575/2013[1)] und der Richtlinie 2013/36/EU lediglich einer Anfangskapitalanforderung unterlagen und deren Eigenmittelanforderungen auf der Grundlage der vorliegenden Verordnung mehr als doppelt so hoch wären wie im Rahmen der Verordnung (EU) Nr. 575/2013[1)] und der Richtlinie 2013/36/EU, während eines Zeitraums von fünf Jahren ab dem Geltungsbeginn der vorliegenden Verordnung die Möglichkeit haben, ihre Eigenmittelanforderung gemäß der vorliegenden Verordnung auf das Doppelte ihrer Anfangskapitalanforderung gemäß der Verordnung (EU) Nr. 575/2013[1)] und der Richtlinie 2013/36/EU zu begrenzen; davon ausgenommen sind die in Verordnung (EU) Nr. 575/2013 Artikel 4 Absatz 1 Nummer 2 Buchstabe b, in der durch die Verordnung (EU) 2019/876 geänderten Fassung, genannten lokalen Firmen, die einer spezifischen Übergangseigenmittelanforderung unterliegen sollten, die ihr größeres Risiko widerspiegelt. Aus Gründen der Verhältnismäßigkeit sollten spezifische Übergangseigenmittelanforderungen auch für kleinere Wertpapierfirmen und solche, die eine begrenzte Palette an Wertpapierdienstleistungen anbieten, vorgesehen werden, wenn sie nicht von einer Begrenzung der Eigenmittelanforderungen gemäß dieser Verordnung auf das Doppelte ihrer Anfangskapitalanforderung gemäß der Verordnung (EU) Nr. 575/2013[1)], in der durch die Verordnung (EU) 2019/630 geänderten Fassung, und der Richtlinie 2013/36/EU des Europäischen Parlaments und des Rates[2)], in der durch die Richtlinie (EU) 2019/878 des Europäischen Parlaments und des Rates[3)] geänderten Fassung, behandelt würden, aber ihre verbindliche Eigenmittelanforderung gemäß der vorliegenden Verordnung im Vergleich zu ihrer Situation nach der Verordnung (EU) Nr. 575/2013[1)], in der durch die Verordnung (EU) 2019/630 geänderten Fassung, ansteigen würde.

(35) Diese Übergangsmaßnahmen sollten gegebenenfalls auch für die in Artikel 498 der Verordnung (EU) Nr. 575/2013[1)] genannten Wertpapierfirmen gelten, die nach dem genannten Artikel von

---

[1)] Nr. **6**.

[2)] **Amtl. Anm.:** Verordnung (EU) 2019/630 des Europäischen Parlaments und des Rates vom 17. April 2019 zur Änderung der Verordnung (EU) Nr. 575/2013 im Hinblick auf die Mindestdeckung notleidender Risikopositionen (ABl. L 111 vom 25.4.2019, S. 4).

[3)] **Amtl. Anm.:** Richtlinie (EU) 2019/878 des Europäischen Parlaments und des Rates vom 20. Mai 2019 zur Änderung der Richtlinie 2013/36/EU im Hinblick auf von der Anwendung ausgenommene Unternehmen, Finanzholdinggesellschaften, gemischte Finanzholdinggesellschaften, Vergütung, Aufsichtsmaßnahmen und -befugnisse und Kapitalerhaltungsmaßnahmen (ABl. L 150 vom 7.6.2018, S. 253).

den Eigenmittelanforderungen der genannten Verordnung freigestellt sind, während die Anfangskapitalanforderungen in Bezug auf diese Wertpapierfirmen von den Wertpapierdienstleistungen bzw. den Anlagetätigkeiten, die sie anbieten, abhängen. Während eines Zeitraums von fünf Jahren ab dem Geltungsbeginn dieser Verordnung sollten ihre Eigenmittelanforderungen gemäß den Übergangsbestimmungen dieser Verordnung unter Berücksichtigung dieser anwendbaren Werte berechnet werden.

(36) Während eines Zeitraums von fünf Jahren ab dem Geltungsbeginn dieser Verordnung oder bis zum Geltungsbeginn der an der Verordnung (EU) Nr. 575/2013[1)] und der Richtlinie 2013/36/EU vorgenommenen Änderungen in Bezug auf die Eigenmittelanforderungen für das Marktrisiko gemäß Teil 3, Titel IV, Kapitel 1a und 1b der Verordnung (EU) Nr. 575/2013[1)], in der durch die Verordnung (EU) 2019/876 geänderten Fassung, – es gilt der spätere der beiden Zeitpunkte – sollten Wertpapierfirmen, die den entsprechenden Bestimmungen der vorliegenden Verordnung unterliegen, ihre Eigenmittelanforderung für das Handelsbuch weiterhin gemäß der Verordnung (EU) Nr. 575/2013[1)], in der durch die Verordnung (EU) 2019/630 geänderten Fassung, berechnen.

(37) Die größten Wertpapierfirmen, die wichtige Leistungen für Großkunden und Leistungen des Investmentbanking anbieten (d.h. für eigene Rechnung mit Finanzinstrumenten handeln oder Finanzinstrumente emittieren oder Finanzinstrumente mit fester Übernahmeverpflichtung platzieren), haben Geschäftsmodelle und Risikoprofile, die mit denen bedeutender Kreditinstitute vergleichbar sind. Sie sind im Rahmen ihrer Tätigkeiten dem Kreditrisiko, hauptsächlich in Form des Gegenparteiausfallrisikos, sowie dem Marktrisiko für Positionen im Handel auf eigene Rechnung, sei es im Namen ihrer Kunden oder in eigenem Namen, ausgesetzt. Angesichts ihrer Größe und Systemrelevanz stellen sie ein Risiko für die Stabilität des Finanzsystems dar.

(38) Die wirksame Beaufsichtigung dieser großen Wertpapierfirmen durch die nationalen zuständigen Behörden stellt eine zusätzliche Herausforderung dar. Wenngleich die größten Wertpapierfirmen in erheblichem Umfang grenzüberschreitende Leistungen des Investmentbanking erbringen, unterliegen sie als Wertpapierfirmen der Beaufsichtigung durch die in der Richtlinie 2014/65/EU bezeichneten Behörden, bei denen es sich nicht notwendigerweise um die in der Richtlinie 2013/36/EU bezeichneten zuständigen Behörden handelt. Dies kann bei der Anwendung der Verordnung (EU) Nr. 575/2013[1)] und der Richtlinie 2013/36/EU in der Union zu ungleichen Wettbewerbsbedingungen führen und Aufsichtsbehörden daran hindern, sich einen Gesamtüberblick zu verschaffen, der jedoch wesentlich ist, um die mit großen grenzüberschreitenden Wertpapierfirmen verbundenen Risiken wirksam anzugehen. Dies könnte die Wirksamkeit der Beaufsichtigung beeinträchtigen und auch den Wettbewerb innerhalb der Union verfälschen. Die größten Wertpapierfirmen sollten daher den Status von Kreditinstituten erhalten, damit im Bereich der Beaufsichtigung grenzüberschreitender Leistungen für Großkunden in einer Vergleichsgruppe Synergien geschaffen werden können, was gleiche Wettbewerbsbedingungen fördert und eine gruppenübergreifende kohärente Beaufsichtigung ermöglicht.

(39) Daher sollten diese Wertpapierfirmen angesichts der Tatsache, dass sie zu Kreditinstituten werden, auf der Grundlage der Verordnung (EU) Nr. 575/2013[1)] und der Richtlinie 2013/36/EU weiterhin der Beaufsichtigung der für Kreditinstitute zuständigen Behörden unterliegen, u.a. auch der Beaufsichtigung durch die Europäische Zentralbank im Rahmen des Einheitlichen Aufsichtsmechanismus. Dadurch würde gewährleistet, dass die Beaufsichtigung von Kreditinstituten in kohärenter und wirksamer Weise erfolgt und dass das einheitliche Regelwerk für Finanzdienstleistungen unter Berücksichtigung der Systemrelevanz der einzelnen Institute auf alle Kreditinstitute in derselben Weise angewandt wird. Um Regulierungsarbitrage zu verhindern und das Umgehungsrisiko zu verringern, sollten die zuständigen Behörden bestrebt sein, Situationen zu vermeiden, in denen potenziell systemrelevante Gruppen ihre Tätigkeiten in einer Weise strukturieren, dass sie die Schwellenwerte in Artikel 4 Absatz 1 Nummer 1 Buchstabe b der Verordnung (EU) Nr. 575/2013[1)] nicht überschreiten und ihre Pflicht, die Zulassung als Kreditinstitut nach Artikel 8a der Richtlinie 2013/36/EU zu beantragen, nicht umgehen.

(40) Große Wertpapierfirmen, die in Kreditinstitute umgewandelt wurden, sollten erst dann Einlagen oder andere rückzahlbare Gelder des Publikums entgegennehmen und Kredite für eigene Rechnung gewähren dürfen, wenn sie die Zulassung für diese Tätigkeiten gemäß der Richtlinie 2013/36/EU erhalten haben. Die Ausführung all dieser Tätigkeiten, einschließlich der Entgegennahme von Einlagen oder anderen rückzahlbaren Geldern des Publikums und der Gewährung von Krediten für eigene Rechnung, sollte keine notwendige Anforderung dafür sein, dass ein Unter-

---

1) Nr. **6**.

nehmen als Kreditinstitut gilt. Die mit dieser Verordnung eingeführte Änderung der Begriffsbestimmung für „Kreditinstitut" sollte daher die nationalen Zulassungsregelungen, die die Mitgliedstaaten im Einklang mit den Richtlinien 2013/36/EU und (EU) 2019/2034 umgesetzt haben, nicht berühren; dazu gehören auch alle Bestimmungen, die die Mitgliedstaaten gegebenenfalls für angebracht halten, um die Tätigkeiten zu präzisieren, die große Wertpapierfirmen, die unter die geänderte Begriffsbestimmung für „Kreditinstitut" fallen, aufnehmen dürfen.

(41) Ferner zielt die Beaufsichtigung von Kreditinstituten auf konsolidierter Basis unter anderem auf die Stabilität des Finanzsystems ab; im Hinblick auf ihre Wirksamkeit sollte sie auf alle Gruppen angewendet werden, einschließlich der Gruppen, bei deren Mutterunternehmen es sich nicht um Kreditinstitute oder Wertpapierfirmen handelt. Daher sollten alle Kreditinstitute, einschließlich derer, die zuvor den Status von Wertpapierfirmen hatten, den Vorschriften für die durch die zuständigen Behörden durchgeführte Beaufsichtigung des Mutterunternehmens auf Einzelbasis oder auf konsolidierter Basis gemäß Titel VII Kapitel 3 Abschnitt I der Richtlinie 2013/36/EU unterliegen.

(42) Darüber hinaus ist es möglich, dass große Wertpapierfirmen, die nicht systemrelevant sind, aber Handel für eigene Rechnung betreiben, Finanzinstrumente emittieren oder Finanzinstrumente mit fester Übernahmeverpflichtung platzieren, ähnliche Geschäftsmodelle und Risikoprofile aufweisen wie andere systemrelevante Einrichtungen. Aufgrund ihrer Größe und ihrer Tätigkeiten ist es möglich, dass diese Wertpapierfirmen eine gewisse Gefahr für die Finanzstabilität darstellen, und sie sollten – auch wenn ihre Umwandlung zu Kreditinstituten angesichts ihrer Art und Komplexität nicht für angebracht erachtet wird – weiterhin derselben aufsichtsrechtlichen Behandlung unterliegen wie diese Kreditinstitute. Um Regulierungsarbitrage zu verhindern und das Umgehungsrisiko zu verringern, sollten die zuständigen Behörden bestrebt sein, Situationen zu vermeiden, in denen Wertpapierfirmen ihre Tätigkeiten in einer Weise strukturieren, dass sie den Schwellenwert in Höhe von 15 Milliarden EUR in Bezug auf den Gesamtwert der Bilanzsumme auf individuellem oder Gruppenniveau nicht überschreiten oder dass sie den Ermessensspielraum der zuständigen Behörden ungebührlich verringern, wenn es darum geht, die Wertpapierfirmen den Anforderungen der Verordnung (EU) Nr. 575/2013[1)] und der Erfüllung der Aufsichtsanforderungen der Richtlinie 2013/36/EU im Einklang mit Artikel 5 der Richtlinie (EU) 2019/2034 zu unterwerfen.

(43) Mit der Verordnung (EU) Nr. 600/2014 des Europäischen Parlaments und des Rates[2)] wurde eine unionsweit harmonisierte Regelung für die Gewährung des Zugangs für Drittlandfirmen eingeführt, die für geeignete Gegenparteien und professionelle Kunden, die in der Union niedergelassen sind, Wertpapierdienstleistungen erbringen oder Anlagetätigkeiten ausführen. Voraussetzung für den Zugang zum Binnenmarkt ist, dass die Kommission einen Beschluss über die Gleichwertigkeit annimmt und dass die durch die Verordnung (EU) Nr. 1095/2010 des Europäischen Parlament und des Rates[3)] errichtete Europäische Aufsichtsbehörde (Europäische Wertpapier- und Marktaufsichtsbehörde) (im Folgenden „ESMA") die Drittlandfirma registriert. Es ist wichtig, dass die Beurteilung der Gleichwertigkeit auf der Grundlage des geltenden einschlägigen Unionsrechts erfolgt und dass wirksame Instrumente vorhanden sind, mit denen überwacht werden kann, dass die Voraussetzungen für die Gewährung der Gleichwertigkeit gegeben sind. Aus diesen Gründen sollten in Drittländern registrierte Unternehmen verpflichtet werden, der ESMA jährlich über Umfang und Bandbreite der Dienstleistungen und Tätigkeiten, die sie in der Union erbracht bzw. durchgeführt haben, Bericht zu erstatten. Die Zusammenarbeit bei der Beaufsichtigung der Überwachung, Durchsetzung und Erfüllung der Voraussetzungen für die Gleichwertigkeit sollte ebenfalls verbessert werden.

(44) Um gleiche Wettbewerbsbedingungen zu gewährleisten und die Transparenz der Marktstruktur der Union zu fördern, sollte die Verordnung (EU) Nr. 600/2014 so geändert werden, dass die Kursofferten, die Kursvorteile und die Ausführungspreise systematischer Internalisierer dem System für die Tick-Größe unterliegen, wenn sie mit allen Größen handeln. Folglich sollten die derzeit geltenden technischen Regulierungsstandards, die sich mit dem System für die Tick-

---

[1)] Nr. **6**.

[2)] **Amtl. Anm.:** Verordnung (EU) Nr. 600/2014 des Europäischen Parlaments und des Rates vom 15. Mai 2014 über Märkte für Finanzinstrumente und zur Änderung der Verordnung (EU) Nr. 648/2012 (ABl. L 173 vom 12.6.2014, S. 84).

[3)] **Amtl. Anm.:** Verordnung (EU) Nr. 1095/2010 des Europäischen Parlaments und des Rates vom 24. November 2010 zur Errichtung einer Europäischen Aufsichtsbehörde (Europäische Wertpapier- und Marktaufsichtsbehörde), zur Änderung des Beschlusses Nr. 716/2009/EG und zur Aufhebung des Beschlusses 2009/77/EG der Kommission (ABl. L 331 vom 15.12.2010, S. 84).

Größe befassen, auch für den erweiterten Anwendungsbereich der Verordnung (EU) Nr. 600/2014 gelten.

(45) Um den Schutz der Anleger sowie die Integrität und die Stabilität der Finanzmärkte in der Union zu gewährleisten, sollte die Kommission bei der Annahme eines Beschluss über die Gleichwertigkeit den potenziellen Risiken Rechnung tragen, die mit den Dienstleistungen und Tätigkeiten, die Firmen aus dem jeweiligen Drittland gemäß dem jeweiligen Beschluss in der Union ausüben könnten, verbunden sind. Auch ihre Systemrelevanz sollte anhand von Kriterien wie dem voraussichtlichen Umfang und der voraussichtlichen Bandbreite der Erbringung von Dienstleistungen und der Ausübung von Tätigkeiten durch Firmen aus dem jeweiligen Drittland berücksichtigt werden. Zu demselben Zweck sollte die Kommission berücksichtigen können, ob das jeweilige Drittland im Rahmen der einschlägigen Unionspolitik als im steuerlichen Bereich nicht kooperatives Land oder als Drittland mit hohem Risiko gemäß Artikel 9 Absatz 2 der Richtlinie (EU) 2015/849 des Europäischen Parlaments und des Rates[1] eingestuft wurde. Die Kommission sollte spezifische Anforderungen in den Bereichen Aufsicht, Organisation oder Wohlverhalten nur dann als gleichwertig betrachten, wenn damit die gleiche Wirkung erzielt wird. Darüber hinaus sollte die Kommission gegebenenfalls Gleichwertigkeitsbeschlüsse erlassen können, die auf spezifische Dienstleistungen und Tätigkeiten oder auf Kategorien von Dienstleistungen und Tätigkeiten gemäß Anhang I Abschnitt A der Richtlinie 2014/65/EU beschränkt sind.

(46) Die EBA hat in Zusammenarbeit mit der ESMA einen auf sorgfältiger Hintergrundanalyse, Datenerhebung und Konsultation basierenden Bericht über ein spezifisches Aufsichtssystem für alle nicht systemrelevanten Wertpapierfirmen veröffentlicht, der als Grundlage für den überarbeiteten Aufsichtsrahmen für Wertpapierfirmen dient.

(47) Im Hinblick auf die Gewährleistung der einheitlichen Anwendung dieser Verordnung sollte die EBA Entwürfe technischer Regulierungsstandards ausarbeiten, um Folgendes festzulegen: den Umfang und die Methoden der aufsichtlichen Konsolidierung einer Wertpapierfirmengruppe, die Berechnung der fixen Gemeinkosten, die Messung der K-Faktoren, die Spezifizierung des Begriffs der getrennten Konten in Bezug auf Kundengelder, die Anpassungen der K-DTF-Koeffizienten bei Vorliegen angespannter Marktbedingungen, die Berechnung für die Festsetzung von Eigenmittelanforderungen in Höhe des gesamten von Clearingmitgliedern geforderten Einschusses, die Bögen für die im Rahmen dieser Verordnung vorgeschriebene Offenlegung, einschließlich der Anlagestrategien von Wertpapierfirmen, und aufsichtsrechtliche Meldung ausgeführt werden und die an die zuständige Behörde zu übermittelnden Information, die für die Zulassung als Kreditinstitut notwendig sind. Die Kommission sollte ermächtigt werden, diese Verordnung zu ergänzen, indem die von der EBA ausgearbeiteten Entwürfe technischer Regulierungsstandards im Wege delegierter Rechtsakte gemäß Artikel 290 AEUV und gemäß den Artikeln 10 bis 14 der Verordnung (EU) Nr. 1093/2010 erlassen werden. Die Kommission und die EBA sollten sicherstellen, dass diese technischen Regulierungsstandards von allen betroffenen Wertpapierfirmen auf eine Weise angewandt werden können, die der Art, dem Umfang und der Komplexität dieser Wertpapierfirmen und ihrer Tätigkeiten angemessen ist.

(48) Der Kommission sollte außerdem die Befugnis übertragen werden, von der EBA und ESMA ausgearbeitete technische Durchführungsstandards mittels Durchführungsrechtsakten gemäß Artikel 291 AEUV und gemäß Artikel 15 der Verordnung (EU) Nr. 1093/2010 und gemäß Artikel 15 der Verordnung (EU) Nr. 1095/2010 zu erlassen.

(49) Um eine einheitliche Anwendung dieser Verordnung und die Berücksichtigung der Entwicklungen auf den Finanzmärkten zu gewährleisten, sollte der Kommission die Befugnis übertragen werden, gemäß Artikel 290 AEUV Rechtsakte zu erlassen, um diese Verordnung zu ergänzen, indem die in dieser Verordnung enthaltenen Begriffsbestimmungen präzisiert werden. Es ist von besonderer Bedeutung, dass die Kommission im Zuge ihrer Vorbereitungsarbeit angemessene Konsultationen, auch auf der Ebene von Sachverständigen, durchführt und dass diese Konsultationen mit den Grundsätzen in Einklang stehen, die in der Interinstitutionellen Vereinbarung vom 13. April 2016 über bessere Rechtsetzung[2] niedergelegt wurden. Um insbesondere eine

---

[1] **Amtl. Anm.:** Richtlinie (EU) 2015/849 des Europäischen Parlaments und des Rates vom 20. Mai 2015 zur Verhinderung der Nutzung des Finanzsystems zum Zwecke der Geldwäsche und der Terrorismusfinanzierung, zur Änderung der Verordnung (EU) Nr. 648/2012 des Europäischen Parlaments und des Rates und zur Aufhebung der Richtlinie 2005/60/EG des Europäischen Parlaments und des Rates und der Richtlinie 2006/70/EG der Kommission (ABl. L 141 vom 5.6.2015, S. 73).

[2] **Amtl. Anm.:** ABl. L 123 vom 12.5.2016, S. 1.

gleichberechtigte Beteiligung an der Ausarbeitung der delegierten Rechtsakte zu gewährleisten, erhalten das Europäische Parlament und der Rat alle Dokumente zur gleichen Zeit wie die Sachverständigen der Mitgliedstaaten, und ihre Sachverständigen haben systematisch Zugang zu den Sitzungen der Sachverständigengruppen der Kommission, die mit der Ausarbeitung der delegierten Rechtsakte befasst sind.

(50) Mit Blick auf die Gewährleistung der Rechtssicherheit und die Vermeidung von Überschneidungen zwischen dem derzeitigen Aufsichtsrahmen, der sowohl auf Kreditinstitute als auch auf Wertpapierfirmen anwendbar ist, und der vorliegenden Verordnung, sollten die Verordnung (EU) Nr. 575/2013[1)] und die Richtlinie 2013/36/EU dahin gehend geändert werden, dass Wertpapierfirmen nicht mehr in ihren Anwendungsbereich fallen. Wertpapierfirmen, die einer Bankengruppe angehören, sollten jedoch weiterhin den für die Bankengruppe relevanten Vorschriften der Verordnung (EU) Nr. 575/2013[1)] und der Richtlinie 2013/36/EU unterliegen, wie etwa den Bestimmungen über das zwischengeschaltete EU-Mutterunternehmen gemäß Artikel 21b der Richtlinie 2013/36/EU und den Vorschriften zur aufsichtlichen Konsolidierung gemäß Teil 1 Titel II Kapitel 2 der Verordnung (EU) Nr. 575/2013[1)].

(51) Da das Ziel dieser Verordnung, nämlich die Schaffung eines wirksamen und angemessenen Aufsichtsrahmens, der gewährleistet, dass Wertpapierfirmen, die für die Tätigkeit in der Union zugelassen sind, auf einer gesunden finanziellen Basis arbeiten und ordnungsgemäß und – sofern relevant – im besten Interesse ihrer Kunden verwaltet werden, von den Mitgliedstaaten nicht ausreichend verwirklicht werden kann, sondern vielmehr wegen seines Umfangs und seiner Auswirkungen auf Unionsebene besser zu verwirklichen ist, kann die Union im Einklang mit dem in Artikel 5 des Vertrags über die Europäische Union verankerten Subsidiaritätsprinzip tätig werden. Entsprechend dem in demselben Artikel genannten Grundsatz der Verhältnismäßigkeit geht diese Verordnung nicht über das für die Erreichung dieses Ziels erforderliche Maß hinaus –

HABEN FOLGENDE VERORDNUNG ERLASSEN:

Teil 1. Allgemeine Bestimmungen

Titel I. Gegenstand, Anwendungsbereich und Begriffsbestimmungen

Art. 1 Gegenstand und Anwendungsbereich. (1) Diese Verordnung enthält einheitliche Aufsichtsanforderungen für gemäß der Richtlinie 2014/65/EU zugelassene und beaufsichtigte Wertpapierfirmen, die im Hinblick auf die Erfüllung der Aufsichtsanforderungen gemäß der Richtlinie (EU) 2019/2034 in Bezug auf folgende Punkte beaufsichtigt werden:

a) Eigenmittelanforderungen in Bezug auf quantifizierbare, einheitliche und standardisierte Elemente des Firmen-, des Kunden- und des Marktrisikos;
b) Anforderungen zur Begrenzung des Konzentrationsrisikos;
c) Liquiditätsanforderungen in Bezug auf quantifizierbare, einheitliche und standardisierte Elemente des Liquiditätsrisikos;
d) Berichtspflichten in Bezug auf die Buchstaben a, b und c;
e) Offenlegungspflichten.

(2) [1] Abweichend von Absatz 1 wendet eine gemäß der Richtlinie 2014/65/EU zugelassene und beaufsichtigte Wertpapierfirma, die eine der in Anhang I Abschnitt A Nummern 3 und 6 der Richtlinie 2014/65/EU genannten Tätigkeiten ausübt, die Anforderungen der Verordnung (EU) Nr. 575/2013[1)] an, sofern das Unternehmen kein Waren- und Emissionszertifikatehändler, Organismus für gemeinsame Anlagen oder Versicherungsunternehmen ist und eine der folgenden Bedingungen erfüllt ist:

a) Der Gesamtwert der konsolidierten Bilanzsumme der Wertpapierfirma beträgt 15 Mrd. EUR oder mehr, berechnet als Durchschnitt der vorausgegan-

---

1) Nr. **6**.

genen zwölf Monate ohne Berücksichtigung der individuellen Vermögenswerte von außerhalb der Union niedergelassenen Tochterunternehmen, die eine der in diesem Unterabsatz genannten Tätigkeiten ausüben; oder

b) der Gesamtwert der konsolidierten Bilanzsumme der Wertpapierfirma liegt unter 15 Mrd. EUR und die Wertpapierfirma ist Teil einer Gruppe, in der der Gesamtwert der konsolidierten Bilanzsumme aller Unternehmen der Gruppe, die einzeln über Gesamtvermögenswerte von weniger als 15 Mrd. EUR verfügen und eine der in Anhang I Abschnitt A Nummern 3 und 6 der Richtlinie 2014/65/EU genannten Tätigkeiten ausüben, 15 Mrd. EUR oder mehr beträgt, alles berechnet als Durchschnitt der vorausgegangenen zwölf Monate ohne Berücksichtigung der individuellen Vermögenswerte von außerhalb der Union niedergelassenen Tochterunternehmen, die eine der in Unterabsatz 1 genannten Tätigkeiten ausüben; oder

c) die Wertpapierfirma unterliegt einem Beschluss der zuständigen Behörde gemäß Artikel 5 der Richtlinie (EU) 2019/2034.

[2] Die in diesem Absatz genannten Wertpapierfirmen werden im Hinblick auf die Erfüllung der Aufsichtsanforderungen gemäß den Titeln VII und VIII der Richtlinie 2013/36/EU, einschließlich zur Bestimmung der konsolidierenden Aufsichtsbehörde, wenn diese Wertpapierfirmen zu einer Wertpapierfirmengruppe im Sinne des Artikel 4 Absatz 1 Nummer 25 der vorliegenden Verordnung gehören, beaufsichtigt.

(3) [1] Die Ausnahme in Absatz 2 findet keine Anwendung, wenn eine Wertpapierfirma einen der dort festgelegten, über einen Zeitraum von zwölf aufeinanderfolgenden Monaten berechneten Schwellenwerte nicht mehr erreicht oder wenn eine zuständige Behörde dies gemäß Artikel 5 der Richtlinie (EU) 2019/2034 beschließt. [2] Die Wertpapierfirma teilt der zuständigen Behörde unverzüglich jede Überschreitung eines Schwellenwerts während dieses Zeitraums mit.

(4) Wertpapierfirmen, die die in Absatz 2 genannten Bedingungen erfüllen, unterliegen weiterhin den Anforderungen der Artikel 55 und 59.

(5) *[1]* [1] Abweichend von Absatz 1 können die zuständigen Behörden einer gemäß der Richtlinie 2014/65/EU zugelassenen und beaufsichtigten Wertpapierfirma, die eine der in Anhang I Abschnitt A Nummern 3 und 6 der Richtlinie 2014/65/EU genannten Tätigkeiten ausübt, gestatten, die Anforderungen der Verordnung (EU) Nr. 575/2013 anzuwenden, sofern alle folgenden Bedingungen erfüllt sind:

a) Die Wertpapierfirma ist ein Tochterunternehmen und ist in die Beaufsichtigung auf konsolidierter Basis eines Kreditinstituts, einer Finanzholdinggesellschaft oder einer gemischten Finanzholdinggesellschaft gemäß den Bestimmungen von Teil 1 Titel II Kapitel 2 der Verordnung (EU) Nr. 575/2013 einbezogen;

b) die Wertpapierfirma teilt dies der gemäß dieser Verordnung zuständigen Behörde und gegebenenfalls der konsolidierenden Aufsichtsbehörde mit;

c) die zuständige Behörde ist davon überzeugt, dass die Anwendung der Eigenmittelanforderungen der Verordnung (EU) Nr. 575/2013 auf Einzelbasis auf die Wertpapierfirma und gegebenenfalls auf konsolidierter Basis auf die Gruppe aufsichtsrechtlich solide ist, nicht zu einer Verringerung der Eigenmittelanforderungen der Wertpapierfirma gemäß dieser Verordnung führt und nicht zum Zwecke der Aufsichtsarbitrage erfolgt.

[2]Die zuständigen Behörden unterrichten die Wertpapierfirma innerhalb von zwei Monaten nach Erhalt einer Mitteilung gemäß Unterabsatz 1 Buchstabe b dieses Absatzes über einen Beschluss, die Anwendung der Verordnung (EU) Nr. 575/2013 und der Richtlinie 2013/36/EU gemäß Unterabsatz 1 zu gestatten, und unterrichten die EBA darüber. [3]Verweigert eine zuständige Behörde die Anwendung der Verordnung (EU) Nr. 575/2013 und der Richtlinie 2013/36/EU, so begründet sie dies ausführlich.

[2] Die in diesem Absatz genannten Wertpapierfirmen werden im Hinblick auf die Erfüllung der Aufsichtsanforderungen gemäß den Titeln VII und VIII der Richtlinie 2013/36/EU, einschließlich zur Bestimmung der konsolidierenden Aufsichtsbehörde, wenn diese Wertpapierfirmen zu einer Wertpapierfirmengruppe im Sinne des Artikel 4 Absatz 1 Nummer 25 der vorliegenden Verordnung gehören, beaufsichtigt.

[3] Für die Zwecke dieses Absatzes findet Artikel 7 der Verordnung (EU) Nr. 575/2013 keine Anwendung.

Art. 2 Aufsichtsbefugnisse. Um die Einhaltung der Bestimmungen dieser Verordnung sicherzustellen, erhalten die zuständigen Behörden die in der Richtlinie (EU) 2019/2034 genannten Befugnisse und wenden die dort festgelegten Verfahren an.

Art. 3 Anwendung strengerer Anforderungen durch Wertpapierfirmen. Diese Verordnung hindert Wertpapierfirmen nicht daran, mehr Eigenmittel und Bestandteile von Eigenmitteln sowie liquide Aktiva zu halten oder strengere Maßnahmen anzuwenden als in dieser Verordnung verlangt.

Art. 4 Begriffsbestimmungen. (1) Für die Zwecke dieser Verordnung bezeichnet der Ausdruck

1. „Anbieter von Nebendienstleistungen" ein Unternehmen, dessen Haupttätigkeit im Besitz oder in der Verwaltung von Immobilien, der Verwaltung von Datenverarbeitungsdiensten oder einer ähnlichen Tätigkeit besteht, die im Verhältnis zur Haupttätigkeit einer oder mehrerer Wertpapierfirmen den Charakter einer Nebentätigkeit hat;
2. „Vermögensverwaltungsgesellschaft" eine Vermögensverwaltungsgesellschaft im Sinne des Artikels 4 Absatz 1 Nummer 19 der Verordnung (EU) Nr. 575/2013[1)];
3. „Clearingmitglied" ein in einem Mitgliedstaat niedergelassenes Unternehmen, das unter die Begriffsbestimmung in Artikel 2 Nummer 14 der Verordnung (EU) Nr. 648/2012 des Europäischen Parlaments und des Rates[2)] fällt;
4. „Kunde" einen Kunden im Sinne des Artikels 4 Absatz 1 Nummer 9 der Richtlinie 2014/65/EU; für die Zwecke von Teil 4 dieser Verordnung bezeichnet der Ausdruck „Kunde" jede Gegenpartei der Wertpapierfirma;

[1)] Nr. **6**.

[2)] **Amtl. Anm.:** Verordnung (EU) Nr. 648/2012 des Europäischen Parlaments und des Rates vom 4. Juli 2012 über OTC-Derivate, zentrale Gegenparteien und Transaktionsregister (ABl. L 201 vom 27.7.2012, S. 1).

5. „Waren- und Emissionszertifikatehändler“ ein Waren- und Emissionszertifikatehändler im Sinne des Artikels 4 Absatz 1 Nummer 150 der Verordnung (EU) Nr. 575/2013;
6. „Warenderivate“ Warenderivate im Sinne des Artikels 2 Absatz 1 Nummer 30 der Verordnung (EU) Nr. 600/2014;
7. „zuständige Behörde“ eine zuständige Behörde im Sinne des Artikels 3 Absatz 1 Nummer 5 der Richtlinie (EU) 2019/2034;
8. „Kreditinstitut“ ein Kreditinstitut im Sinne des Artikels 4 Absatz 1 Nummer 1 der Verordnung (EU) Nr. 575/2013;
9. „Handel für eigene Rechnung“ den Handel für eigene Rechnung im Sinne des Artikels 4 Absatz 1 Nummer 6 der Richtlinie 2014/65/EU;
10. „Derivate“ Derivate im Sinne des Artikels 2 Absatz 1 Nummer 29 der Verordnung (EU) Nr. 600/2014;
11. „konsolidierte Lage“ die Lage, die sich ergibt, wenn die Anforderungen dieser Verordnung gemäß Artikel 7 auf eine Unions-Mutterwertpapierfirma, eine Unions-Mutterinvestmentholdinggesellschaft oder eine gemischte Unions-Mutterfinanzholdinggesellschaft so angewandt werden, als ob dieses Unternehmen zusammen mit allen Wertpapierfirmen, Finanzinstituten, Anbietern von Nebendienstleistungen und vertraglich gebundenen Vermittlern in der Wertpapierfirmengruppe eine einzige Wertpapierfirma bilden würde; für die Zwecke dieser Begriffsbestimmung schließen die Begriffe „Wertpapierfirma“, „Finanzinstitut“, „Anbieter von Nebendienstleistungen“ und „vertraglich gebundener Vermittler“ auch in Drittländern niedergelassene Unternehmen ein, die unter die Definitionen dieser Begriffe fallen würden, wenn sie in der Union niedergelassen wären;
12. „auf konsolidierter Basis“ auf Basis der konsolidierten Lage;
13. „Ausführung von Aufträgen im Namen von Kunden“ die Ausführung von Aufträgen im Namen von Kunden im Sinne des Artikels 4 Absatz 1 Nummer 5 der Richtlinie 2014/65/EU;
14. „Finanzinstitut“ ein Unternehmen, das weder Kreditinstitut noch Wertpapierfirma ist und auch keine reine Industrieholdinggesellschaft, dessen Haupttätigkeit darin besteht, Beteiligungen zu erwerben oder eines oder mehrere der in Anhang I Nummern 2 bis 12 und 15 der Richtlinie 2013/36/EU genannten Geschäfte zu betreiben; dies schließt Finanzholdinggesellschaften, gemischte Finanzholdinggesellschaften, Investmentholdinggesellschaften, Zahlungsinstitute im Sinne der Richtlinie (EU) 2015/2366 des Europäischen Parlaments und des Rates[1] sowie Vermögensverwaltungsgesellschaften ein, nicht jedoch Versicherungsholdinggesellschaften und gemischte Versicherungsholdinggesellschaften im Sinne des Artikels 212 Absatz 1 Buchstabe g der Richtlinie 2009/138/EG des Europäischen Parlaments und des Rates[2];

[1] **Amtl. Anm.:** Richtlinie (EU) 2015/2366 des Europäischen Parlaments und des Rates vom 25. November 2015 über Zahlungsdienste im Binnenmarkt, zur Änderung der Richtlinien 2002/65/EG, 2009/110/EG und 2013/36/EU und der Verordnung (EU) Nr. 1093/2010 sowie zur Aufhebung der Richtlinie 2007/64/EG (ABl. L 337 vom 23.12.2015, S. 35).

[2] **Amtl. Anm.:** Richtlinie 2009/138/EG des Europäischen Parlaments und des Rates vom 25. November 2009 betreffend die Aufnahme und Ausübung der Versicherungs- und der Rückversicherungstätigkeit (Solvabilität II) (ABl. L 335 vom 17.12.2009, S. 1).

15. „Finanzinstrument" ein Finanzinstrument im Sinne des Artikels 4 Absatz 1 Nummer 15 der Richtlinie 2014/65/EU;
16. „Finanzholdinggesellschaft" eine Finanzholdinggesellschaft im Sinne des Artikels 4 Absatz 1 Nummer 20 der Verordnung (EU) Nr. 575/2013;
17. „Unternehmen der Finanzbranche" ein Unternehmen der Finanzbranche im Sinne des Artikels 4 Absatz 1 Nummer 27 der Verordnung (EU) Nr. 575/2013;
18. „Anfangskapital" Anfangskapital im Sinne des Artikels 3 Absatz 1 Nummer 18 der Richtlinie (EU) 2019/2034;
19. „Gruppe verbundener Kunden" eine Gruppe verbundener Kunden im Sinne des Artikels 4 Absatz 1 Nummer 39 der Verordnung (EU) Nr. 575/2013;
20. „Anlageberatung" die Anlageberatung im Sinne des Artikels 4 Absatz 1 Nummer 4 der Richtlinie 2014/65/EU;
21. „laufende Anlageberatung" die wiederkehrende Erbringung von Anlageberatung sowie die kontinuierliche oder regelmäßige Bewertung und Überwachung oder Überprüfung eines Kundenportfolios von Finanzinstrumenten, einschließlich der Investitionen, die der Kunde auf der Grundlage einer vertraglichen Vereinbarung tätigt;
22. „Wertpapierfirma" eine Wertpapierfirma im Sinne des Artikels 4 Absatz 1 Nummer 1 der Richtlinie 2014/65/EU;
23. „Investmentholdinggesellschaft" ein Finanzinstitut, dessen Tochterunternehmen ausschließlich oder hauptsächlich Wertpapierfirmen oder Finanzinstitute sind, wobei mindestens ein Tochterunternehmen eine Wertpapierfirma sein muss, und das keine Finanzholdinggesellschaft im Sinne des Artikels 4 Absatz 1 Nummer 20 der Verordnung (EU) Nr. 575/2013 ist;
24. „Wertpapierdienstleistungen und Anlagetätigkeiten" Wertpapierdienstleistungen und Anlagetätigkeiten im Sinne des Artikels 4 Absatz 1 Nummer 2 der Richtlinie 2014/65/EU;
25. „Wertpapierfirmengruppe" eine Unternehmensgruppe, die aus einem Mutterunternehmen und dessen Tochterunternehmen besteht, oder eine Gruppe von Unternehmen, die die in Artikel 22 der Richtlinie 2013/34/EU des Europäischen Parlaments und des Rates[1] genannten Bedingungen erfüllen, wobei mindestens eines der Unternehmen eine Wertpapierfirma ist und der Gruppe kein Kreditinstitut angehört;
26. „K-Faktoren" die in Teil 3 Titel II beschriebenen Kapitalanforderungen für Risiken, die von einer Wertpapierfirma im Hinblick auf Kunden, Märkte und die Firma selbst ausgehen;
27. „verwaltete Vermögenswerte" oder „AUM" („assets under management") den Wert der Vermögenswerte, die eine Wertpapierfirma für ihre Kunden sowohl im Rahmen der Portfolioverwaltung mit Ermessensspielraum als auch im Rahmen nichtdiskretionärer Vereinbarungen in Form von laufender Anlageberatung verwaltet;

---

[1] **Amtl. Anm.:** Richtlinie 2013/34/EU des Europäischen Parlaments und des Rates vom 26. Juni 2013 über den Jahresabschluss, den konsolidierten Abschluss und damit verbundene Berichte von Unternehmen bestimmter Rechtsformen und zur Änderung der Richtlinie 2006/43/EG des Europäischen Parlaments und des Rates und zur Aufhebung der Richtlinien 78/660/EWG und 83/349/EWG des Rates (ABl. L 182 vom 29.6.2013, S. 19).

28. „gehaltene Kundengelder" oder „CMH" („client money held") den Betrag der Kundengelder, die eine Wertpapierfirma unter Berücksichtigung der rechtlichen Vereinbarungen über die Trennung von Vermögenswerten und ungeachtet der nationalen Bilanzierungsvorschriften für von der Wertpapierfirma gehaltene Kundengelder hält;
29. „verwahrte und verwaltete Vermögenswerte" oder „ASA" („assets safeguarded and administered") den Wert der Vermögenswerte, die eine Wertpapierfirma für Kunden verwahrt und verwaltet, unabhängig davon, ob die Vermögenswerte in der eigenen Bilanz der Wertpapierfirma oder auf getrennten Konten bei einem Dritten geführt werden;
30. „bearbeitete Kundenaufträge" oder „COH" („client orders handled") den Wert der Aufträge, die eine Wertpapierfirma für ihre Kunden durch Annahme und Übermittlung von Kundenaufträgen sowie durch Ausführung von Aufträgen im Namen von Kunden bearbeitet;
31. „Konzentrationsrisiko" oder „CON" („concentration risk") die Risikopositionen im Handelsbuch einer Wertpapierfirma gegenüber einem Kunden oder einer Gruppe verbundener Kunden, deren Wert die in Artikel 37 Absatz 1 genannten Schwellenwerte überschreitet;
32. „geleisteter Einschuss" oder „CMG" („clearing margin given") den Betrag des insgesamt von einem Clearingmitglied oder einer qualifizierten zentralen Gegenpartei geforderten Einschusses, wenn Ausführung und Abwicklung von Geschäften einer Wertpapierfirma für eigene Rechnung unter der Verantwortung eines Clearingmitglieds oder einer qualifizierten zentralen Gegenpartei erfolgen;
33. „täglicher Handelsstrom" oder „DTF" („daily trading flow") den täglichen Wert der Geschäfte, die eine Wertpapierfirma im Handel für eigene Rechnung oder im Rahmen der Ausführung von Aufträgen im Namen von Kunden im eigenen Namen abschließt, davon ausgenommen ist der Wert der Aufträge, die eine Wertpapierfirma für ihre Kunden durch Annahme und Übermittlung von Kundenaufträgen sowie durch Ausführung von Aufträgen im Namen von Kunden bearbeitet und die bereits unter dem Begriff „bearbeitete Kundenaufträge" berücksichtigt werden;
34. „Nettopositionsrisiko" oder „NPR" den Wert der im Handelsbuch einer Wertpapierfirma geführten Geschäfte;
35. „Handelsgegenparteiausfallrisiko" oder „TCD" („trading counterparty default") die Risikopositionen im Handelsbuch einer Wertpapierfirma in den in Artikel 25 genannten Instrumenten und Geschäften, die mit dem Risiko eines Ausfalls der Handelsgegenpartei verbunden sind;
36. „aktueller Marktwert" oder „CMV" („current market value") den Nettomarktwert des Portfolios von Geschäften oder Wertpapieren, die der Aufrechnung gemäß Artikel 31 unterliegen, wobei für die Berechnung des CMV sowohl positive als auch negative Marktwerte herangezogen werden;
37. „Geschäfte mit langer Abwicklungsfrist" Geschäfte mit langer Abwicklungsfrist im Sinne des Artikels 272 Nummer 2 der Verordnung (EU) Nr. 575/2013;

38. „Lombardgeschäfte“ Lombardgeschäfte im Sinne des Artikels 3 Nummer 10 der Verordnung (EU) 2015/2365 des Europäischen Parlaments und des Rates[1)];
39. „Leitungsorgan“ ein Leitungsorgan im Sinne des Artikels 4 Absatz 1 Nummer 36 der Richtlinie 2014/65/EU;
40. „gemischte Finanzholdinggesellschaft“ eine gemischte Finanzholdinggesellschaft im Sinne des Artikels 2 Nummer 15 der Richtlinie 2002/87/EG des Europäischen Parlaments und des Rates[2)];
41. „außerbilanzielle Posten“ alle in Anhang I der Verordnung (EU) Nr. 575/2013 aufgeführten Posten;
42. „Mutterunternehmen“ ein Mutterunternehmen im Sinne des Artikels 2 Nummer 9 und des Artikels 22 der Richtlinie 2013/34/EU;
43. „Beteiligung“ eine Beteiligung im Sinne des Artikels 4 Absatz 1 Nummer 35 der Verordnung (EU) Nr. 575/2013;
44. „Gewinn“ einen Gewinn im Sinne des Artikels 4 Absatz 1 Nummer 121 der Verordnung (EU) Nr. 575/2013;
45. „qualifizierte zentrale Gegenpartei“ eine qualifizierte zentrale Gegenpartei im Sinne des Artikels 4 Absatz 1 Nummer 88 der Verordnung (EU) Nr. 575/2013;
46. „Portfolioverwaltung“ die Portfolioverwaltung im Sinne des Artikels 4 Absatz 1 Nummer 8 der Richtlinie 2014/65/EU;
47. „qualifizierte Beteiligung“ eine qualifizierte Beteiligung im Sinne des Artikels 4 Absatz 1 Nummer 36 der Verordnung (EU) Nr. 575/2013;
48. „Wertpapierfinanzierungsgeschäft“ ein Wertpapierfinanzierungsgeschäft im Sinne des Artikels 3 Nummer 11 der Verordnung (EU) 2015/2365;
49. „getrennte Konten“ für die Zwecke von Artikel 15 Absatz 2 Tabelle 1 Konten bei Unternehmen, auf denen von einer Wertpapierfirma gehaltene Kundengelder gemäß Artikel 4 der Delegierten Richtlinie (EU) 2017/593 der Kommission[3)] hinterlegt werden und für die das anwendbare nationale Recht vorsieht, dass die Kundengelder im Falle der Insolvenz oder des Beginns der Abwicklung oder Fremdverwaltung der Wertpapierfirma nicht zur Erfüllung von Forderungen gegenüber der Wertpapierfirma verwendet werden können, die keine Forderungen des Kunden sind;
50. „Pensionsgeschäft“ ein Pensionsgeschäft im Sinne des Artikels 3 Nummer 9 der Verordnung (EU) 2015/2365;

[1)] **Amtl. Anm.:** Verordnung (EU) 2015/2365 des Europäischen Parlaments und des Rates vom 25. November 2015 über die Transparenz von Wertpapierfinanzierungsgeschäften und der Weiterverwendung sowie zur Änderung der Verordnung (EU) Nr. 648/2012 (ABl. L 337 vom 23.12.2015, S. 1)

[2)] **Amtl. Anm.:** Richtlinie 2002/87/EG des Europäischen Parlaments und des Rates vom 16. Dezember 2002 über die zusätzliche Beaufsichtigung der Kreditinstitute, Versicherungsunternehmen und Wertpapierfirmen eines Finanzkonglomerats und zur Änderung der Richtlinien 73/239/EWG, 79/267/EWG, 92/49/EWG, 92/96/EWG, 93/6/EWG und 93/22/EWG des Rates und der Richtlinien 98/78/EG und 2000/12/EG des Europäischen Parlaments und des Rates (ABl. L 35 vom 11.2.2003, S. 1).

[3)] **Amtl. Anm.:** Delegierte Richtlinie (EU) 2017/593 der Kommission vom 7. April 2016 zur Ergänzung der Richtlinie 2014/65/EU des Europäischen Parlaments und des Rates im Hinblick auf den Schutz der Finanzinstrumente und Gelder von Kunden, Produktüberwachungspflichten und Vorschriften für die Entrichtung beziehungsweise Gewährung oder Entgegennahme von Gebühren, Provisionen oder anderen monetären oder nicht-monetären Vorteilen (ABl. L 87 vom 31.3.2017, S. 500).

51. „Tochterunternehmen" ein Tochterunternehmen im Sinne des Artikels 2 Nummer 10 und des Artikels 22 der Richtlinie 2013/34/EU, einschließlich aller Tochterunternehmen eines Tochterunternehmens des an der Spitze stehenden Mutterunternehmens;
52. „vertraglich gebundener Vermittler" einen vertraglich gebundenen Vermittler im Sinne des Artikels 4 Absatz 1 Nummer 29 der Richtlinie 2014/65/EU;
53. „Bruttogesamteinkünfte" die jährlichen betrieblichen Erträge einer Wertpapierfirma aus den Wertpapierdienstleistungen und Anlagetätigkeiten, für die sie zugelassen ist, einschließlich Zinserträgen, Erträgen aus Aktien und anderen Wertpapieren mit fester oder variabler Rendite, aus Provisionen und Gebühren, Gewinnen und Verlusten aus den Handelsaktiva der Wertpapierfirma, zum beizulegenden Zeitwert gehaltener Vermögenswerte oder Erträgen aus Sicherungsgeschäften, jedoch ausschließlich jeglicher Einkünfte, die nicht im Zusammenhang mit den erbrachten Wertpapierdienstleistungen und den geleisteten Anlagetätigkeiten stehen;
54. „Handelsbuch" alle Positionen in Finanzinstrumenten und Waren, die eine Wertpapierfirma entweder mit Handelsabsicht oder zur Absicherung anderer mit Handelsabsicht gehaltener Positionen hält;
55. „mit Handelsabsicht gehaltene Positionen"
    a) Eigenhandelspositionen und Positionen, die sich aus Kundenbetreuung und Marktpflege ergeben,
    b) Positionen, die zum kurzfristigen Wiederverkauf gehalten werden,
    c) Positionen, bei denen die Absicht besteht, aus bestehenden oder erwarteten kurzfristigen Kursunterschieden zwischen Ankaufs- und Verkaufskurs oder aus anderen Kurs- oder Zinsschwankungen Profit zu ziehen;
56. „Unions-Mutterwertpapierfirma" eine Wertpapierfirma in einem Mitgliedstaat, die Teil einer Wertpapierfirmengruppe ist und die eine Wertpapierfirma oder ein Finanzinstitut als Tochterunternehmen hat oder eine Beteiligung an einer solchen Wertpapierfirma oder einem solchen Finanzinstitut hält und nicht selbst Tochterunternehmen einer anderen in einem Mitgliedstaat zugelassenen Wertpapierfirma oder einer in einem Mitgliedstaat errichteten Investmentholdinggesellschaft oder gemischten Finanzholdinggesellschaft ist;
57. „Unions-Mutterinvestmentholdinggesellschaft" eine Investmentholdinggesellschaft in einem Mitgliedstaat, die Teil einer Wertpapierfirmengruppe ist und die nicht Tochterunternehmen einer in einem Mitgliedstaat zugelassenen Wertpapierfirma oder einer anderen Investmentholdinggesellschaft in einem Mitgliedstaat ist;
58. „gemischte Unions-Mutterfinanzholdinggesellschaft" ein Mutterunternehmen einer Wertpapierfirmengruppe, das eine gemischte Finanzholdinggesellschaft im Sinne des Artikels 2 Nummer 15 der Richtlinie 2002/87/EG ist.

(2) Die Kommission wird die Befugnis übertragen, gemäß Artikel 56 delegierte Rechtsakte zu erlassen, um diese Verordnung zu ergänzen, indem die in Absatz 1 festgelegten Begriffsbestimmungen präzisiert werden,

a) damit eine einheitliche Anwendung dieser Verordnung sichergestellt ist;

b) damit bei der Anwendung dieser Verordnung den Entwicklungen an den Finanzmärkten Rechnung getragen wird.

Titel II. Anwendungsebenen

Kapitel 1. Erfüllung der Anforderungen auf Einzelbasis

Art. 5 Allgemeiner Grundsatz. Wertpapierfirmen erfüllen die Anforderungen der Teile 2 bis 7 auf Einzelbasis.

Art. 6 Ausnahmen. (1) Die zuständigen Behörden können Wertpapierfirmen von der Anwendung des Artikels 5 in Bezug auf die Teile 2, 3, 4, 6 und 7 ausnehmen, wenn alle folgenden Bedingungen erfüllt sind:

a) Die Wertpapierfirma erfüllt die Bedingungen als kleine und nicht verflochtene Wertpapierfirma gemäß Artikel 12 Absatz 1;

b) Eine der folgenden Bedingungen ist erfüllt:

   i) Die Wertpapierfirma ist ein Tochterunternehmen und ist in die Beaufsichtigung auf konsolidierter Basis eines Kreditinstituts, einer Finanzholdinggesellschaft oder einer gemischten Finanzholdinggesellschaft gemäß den Bestimmungen von Teil 1 Titel II Kapitel 2 der Verordnung (EU) Nr. 575/2013[1] einbezogen;

   ii) die Wertpapierfirma ist ein Tochterunternehmen und wird in eine gemäß Artikel 7 auf konsolidierter Basis beaufsichtigte Wertpapierfirmengruppe einbezogen;

c) Zulassung und Beaufsichtigung der Wertpapierfirma und ihres Mutterunternehmens fallen in die Zuständigkeit desselben Mitgliedstaats;

d) die für die Beaufsichtigung auf konsolidierter Basis gemäß der Verordnung (EU) Nr. 575/2013 oder gemäß Artikel 7 der vorliegenden Verordnung zuständigen Behörden stimmen einer solchen Ausnahme zu;

e) die Eigenmittel werden angemessen zwischen dem Mutterunternehmen und der Wertpapierfirma verteilt und alle nachstehenden Bedingungen sind erfüllt:

   i) ein wesentliches tatsächliches oder rechtliches Hindernis für die unverzügliche Übertragung von Kapital oder die Rückzahlung von Verbindlichkeiten durch das Mutterunternehmen ist weder vorhanden noch abzusehen;

   ii) das Mutterunternehmen erklärt nach vorheriger Erlaubnis durch die zuständige Behörde, dass es für die von der Wertpapierfirma eingegangenen Verpflichtungen bürgt oder die durch die Wertpapierfirma verursachten Risiken vernachlässigbar sind;

   iii) die Risikobewertungs-, -mess- und -kontrollverfahren des Mutterunternehmens erstrecken sich auf die Wertpapierfirma; und

   iv) das Mutterunternehmen hält mehr als 50 % der mit den Anteilen oder Aktien der Wertpapierfirma verbundenen Stimmrechte oder ist zur Bestellung oder Abberufung der Mehrheit der Mitglieder des Leitungsorgans der Wertpapierfirma berechtigt.

---

[1] Nr. 6.

(2) Die zuständigen Behörden können Wertpapierfirmen von der Anwendung des Artikels 5 in Bezug auf Teil 6 ausnehmen, wenn alle folgenden Bedingungen erfüllt sind:

a) Die Wertpapierfirma erfüllt die Bedingungen als kleine und nicht verflochtene Wertpapierfirma gemäß Artikel 12 Absatz 1;

b) Die Wertpapierfirma ist ein Tochterunternehmen und ist in die Beaufsichtigung auf konsolidierter Basis eines Versicherungs- oder Rückversicherungsunternehmens gemäß Artikel 228 der Richtlinie 2009/138/EG einbezogen;

c) Zulassung und Beaufsichtigung der Wertpapierfirma und ihres Mutterunternehmens fallen in die Zuständigkeit desselben Mitgliedstaats;

d) die für die Beaufsichtigung auf konsolidierter Basis gemäß der Richtlinie 2009/138/EG zuständigen Behörden stimmen einer solchen Ausnahme zu;

e) die Eigenmittel werden angemessen zwischen dem Mutterunternehmen und der Wertpapierfirma verteilt und alle nachstehenden Bedingungen sind erfüllt:

i) ein wesentliches tatsächliches oder rechtliches Hindernis für die unverzügliche Übertragung von Kapital oder die Rückzahlung von Verbindlichkeiten durch das Mutterunternehmen ist weder vorhanden noch abzusehen;

ii) das Mutterunternehmen erklärt nach vorheriger Erlaubnis durch die zuständige Behörde, dass es für die von der Wertpapierfirma eingegangenen Verpflichtungen bürgt oder die durch die Wertpapierfirma verursachten Risiken vernachlässigbar sind;

iii) die Risikobewertungs-, -mess- und -kontrollverfahren des Mutterunternehmens erstrecken sich auf die Wertpapierfirma; und

iv) das Mutterunternehmen hält mehr als 50 % der mit den Anteilen oder Aktien der Wertpapierfirma verbundenen Stimmrechte oder ist zur Bestellung oder Abberufung der Mehrheit der Mitglieder des Leitungsorgans der Wertpapierfirma berechtigt.

(3) Die zuständigen Behörden können Wertpapierfirmen von der Anwendung des Artikels 5 in Bezug auf Teil 5 ausnehmen, wenn alle folgenden Bedingungen erfüllt sind:

a) Die Wertpapierfirma ist in die Beaufsichtigung auf konsolidierter Basis gemäß Teil 1 Titel II Kapitel 2 der Verordnung (EU) Nr. 575/2013 einbezogen oder wird in eine Wertpapierfirmengruppe einbezogen, für die Artikel 7 Absatz 3 der vorliegenden Verordnung Anwendung findet und die Ausnahme nach Artikel 7 Absatz 4 keine Anwendung findet;

b) die Liquiditätspositionen aller Institute und Wertpapierfirmen der ausgenommenen Gruppe bzw. Untergruppe werden von dem Mutterunternehmen auf konsolidierter Basis kontinuierlich verfolgt und überwacht und es gewährleistet ein ausreichend hohes Liquiditätsniveau aller betroffenen Institute und Wertpapierfirmen;

c) das Mutterunternehmen und die Wertpapierfirma haben Verträge abgeschlossen, die nach Überzeugung der zuständigen Behörden einen freien Fluss finanzieller Mittel zwischen dem Mutterunternehmen und der Wertpapierfirma gewährleisten, sodass sie ihren individuellen Verpflichtungen und gemeinsamen Verpflichtungen bei Fälligkeit nachkommen können;

d) ein wesentliches tatsächliches oder rechtliches Hindernis für die Erfüllung der Verträge nach Buchstabe c ist weder vorhanden noch abzusehen;

e) die für die Beaufsichtigung auf konsolidierter Basis gemäß der Verordnung (EU) Nr. 575/2013 oder gemäß Artikel 7 der vorliegenden Verordnung zuständigen Behörden stimmen einer solchen Ausnahme zu.

Kapitel 2. Aufsichtliche Konsolidierung und Ausnahmen für eine Wertpapierfirmengruppe

Art. 7 Aufsichtliche Konsolidierung. (1) [1] Unions-Mutterwertpapierfirmen, Unions-Mutterinvestmentholdinggesellschaften und gemischte Unions-Mutterfinanzholdinggesellschaften kommen den in den Teilen 2, 3, 4, 6 und 7 festgelegten Pflichten auf Basis ihrer konsolidierten Lage nach. [2] Das Mutterunternehmen und dessen Tochterunternehmen, die unter diese Verordnung fallen, errichten eine angemessene Organisationsstruktur und geeignete interne Kontrollmechanismen, um sicherzustellen, dass die für die Konsolidierung erforderlichen Daten ordnungsgemäß verarbeitet und weitergeleitet werden. [3] Das Mutterunternehmen stellt insbesondere sicher, dass die nicht unter diese Verordnung fallenden Tochterunternehmen Regelungen, Verfahren und Mechanismen schaffen, die eine ordnungsgemäße Konsolidierung gewährleisten.

(2) *[1]* Für den Zweck von Absatz 1 dieses Artikels gelten bei der Anwendung von Teil 2 auf konsolidierter Basis die in Teil 2 Titel II der Verordnung (EU) Nr. 575/2013[1)] festgelegten Vorschriften auch für Wertpapierfirmen.

[2] Für den genannten Zweck gelten bei der Anwendung der Bestimmungen von Artikel 84 Absatz 1, Artikel 85 Absatz 1 und Artikel 87 Absatz 1 der Verordnung (EU) Nr. 575/2013 nur die Bezugnahmen auf Artikel 92 Absatz 1 der Verordnung (EU) Nr. 575/2013 und sind daher als Bezugnahmen auf die Eigenmittelanforderungen gemäß den entsprechenden Bestimmungen der vorliegenden Verordnung zu verstehen.

(3) Unions-Mutterwertpapierfirmen, Unions-Mutterinvestmentholdinggesellschaften oder gemischte Unions-Mutterfinanzholdinggesellschaften kommen den in Teil 5 festgelegten Pflichten auf Basis ihrer konsolidierten Lage nach.

(4) Abweichend von Absatz 3 können die zuständigen Behörden das Mutterunternehmen von der Einhaltung des Absatzes 3 ausnehmen, wobei sie die Art, den Umfang und die Komplexität der Wertpapierfirmengruppe berücksichtigen.

(5) *[1]* Die EBA arbeitet Entwürfe technischer Regulierungsstandards aus, um die Einzelheiten des Umfangs und der Methoden der aufsichtlichen Konsolidierung einer Wertpapierfirmengruppe festzulegen, insbesondere für die Zwecke der Berechnung der fixen Gemeinkosten, der permanenten Mindestkapitalanforderung, der K-Faktor-Anforderung auf Basis der konsolidierten Lage der Wertpapierfirmengruppe, sowie die Methode und die erforderlichen Einzelheiten zur ordnungsgemäßen Umsetzung von Absatz 2.

[2] Die EBA übermittelt der Kommission diese Entwürfe technischer Regulierungsstandards bis zum 26. Dezember 2020.

---

1) Nr. **6**.

[3] Der Kommission wird die Befugnis übertragen, diese Verordnung zu ergänzen, indem die in Unterabsatz 1 genannten technischen Regulierungsstandards gemäß den Artikeln 10 bis 14 der Verordnung (EU) Nr. 1093/2010 erlassen werden.

Art. 8 Gruppenkapitaltest. (1) [1] Abweichend von Artikel 7 können die zuständigen Behörden die Anwendung des vorliegenden Artikels im Fall von Gruppenstrukturen, die als hinreichend einfach erachtet werden, gestatten, wenn keine wesentlichen Risiken für die Kunden oder für den Markt bestehen, die von der Wertpapierfirmengruppe als Ganzes ausgehen und andernfalls eine Beaufsichtigung auf konsolidierter Basis erfordern würden. [2] Die zuständigen Behörden unterrichten die EBA, wenn sie die Anwendung des vorliegenden Artikels gestatten.

(2) Für die Zwecke dieses Artikels gilt Folgendes:

a) Der Begriff „Eigenmittelinstrumente" bezeichnet Eigenmittel im Sinne des Artikels 9 der vorliegenden Verordnung ohne Anwendung der in Artikel 36 Absatz 1 Buchstabe i, Artikel 56 Buchstabe d und Artikel 66 Buchstabe d der Verordnung (EU) Nr. 575/2013[1)] genannten Abzüge;

b) die Begriffe „Wertpapierfirma", „Finanzinstitut", „Anbieter von Nebendienstleistungen" und „vertraglich gebundener Vermittler" schließen auch in Drittländern niedergelassene Unternehmen ein, die unter die Definitionen dieser Begriffe nach Artikel 4 fallen würden, wenn sie in der Union niedergelassen wären.

(3) Unions-Mutterwertpapierfirmen, Unions-Mutterinvestmentholdinggesellschaften, gemischte Unions-Mutterfinanzholdinggesellschaften und alle anderen Mutterunternehmen, bei denen es sich um Wertpapierfirmen, Finanzinstitute, Anbieter von Nebendienstleistungen oder vertraglich gebundene Vermittler in der Wertpapierfirmengruppe handelt, halten Eigenmittelinstrumente in einer Höhe, die zumindest der Summe aus folgenden Elementen entspricht:

a) der Summe des gesamten Buchwerts aller ihrer Beteiligungen, nachrangigen Ansprüche und Instrumente gemäß Artikel 36 Absatz 1 Buchstabe i, Artikel 56 Buchstabe d sowie Artikel 66 Buchstabe d der Verordnung (EU) Nr. 575/2013 an, gegen bzw. in Bezug auf Wertpapierfirmen, Finanzinstituten, Anbietern von Nebendienstleistungen und vertraglich gebundenen Vermittlern in der Wertpapierfirmengruppe, und

b) dem Gesamtbetrag aus allen ihren Eventualverbindlichkeiten gegenüber Wertpapierfirmen, Finanzinstituten, Anbietern von Nebendienstleistungen und vertraglich gebundenen Vermittlern in der Wertpapierfirmengruppe.

(4) *[1]* Die zuständigen Behörden können einer Unions-Mutterinvestmentholdinggesellschaft oder einer gemischten Unions-Mutterfinanzholdinggesellschaft bzw. einem anderen Mutterunternehmen, bei dem es sich um eine Wertpapierfirma, ein Finanzinstitut, einen Anbieter von Nebendienstleistungen oder einen vertraglich gebundenen Vermittler in der Wertpapiergruppe handelt, gestatten, einen niedrigeren Eigenmittelbetrag als den gemäß Absatz 3 berechneten Betrag zu halten, sofern dieser Betrag nicht niedriger ist als die Summe aus den auf Einzelbasis geltenden Eigenmittelanforderungen an ihre Tochterunternehmen, bei denen es sich um Wertpapierfirmen, Finanzinstitute,

---

1) Nr. **6**.

Anbieter von Nebendienstleistungen oder vertraglich gebundene Vermittler handelt, und dem Gesamtbetrag der Eventualverbindlichkeiten zugunsten dieser Unternehmen.

[2] Für die Zwecke dieses Absatzes gelten als Eigenmittelanforderung an die in Unterabsatz 1 genannten Tochterunternehmen, die ihren Sitz in Drittländern haben, Nominaleigenmittelanforderungen, die ein zufriedenstellendes Maß an Vorsicht gewährleisten, um die sich aus diesen Tochterunternehmen ergebenden Risiken zu decken, und die von den jeweils zuständigen Behörden erlaubt wurden.

(5) Unions-Mutterwertpapierfirmen, Unions-Mutterinvestmentholdinggesellschaften und gemischte Unions-Mutterfinanzholdinggesellschaften richten Systeme für die Überwachung und Kontrolle der Kapital- und Finanzierungsquellen aller Wertpapierfirmen, Investmentholdinggesellschaften, gemischten Finanzholdinggesellschaften, Finanzinstitute, Anbieter von Nebendienstleistungen und vertraglich gebundenen Vermittler innerhalb der Wertpapierfirmengruppe ein.

Teil 2. Eigenmittel

Art. 9 Zusammensetzung der Eigenmittel. (1) Wertpapierfirmen müssen Eigenmittel in Höhe der Summe aus ihrem harten Kernkapital, zusätzlichen Kernkapital und Ergänzungskapital halten und alle folgenden Bedingungen müssen jederzeit erfüllt sein:

a) $\frac{\text{Hartes Kernkapital}}{D} \geq 56\,\%$,

b) $\frac{\text{Hartes Kernkapital + zusätzliches Kernkapital}}{D} \geq 75\,\%$,

c) $\frac{\text{Hartes Kernkapital + zusätzliches Kernkapital + Ergänzungskapital}}{D} \geq 100\,\%$

dabei gilt:

i) „hartes Kernkapital" entspricht dem harten Kernkapital im Sinne von Teil 2 Titel I Kapitel 2 der Verordnung (EU) Nr. 575/2013[1)], „zusätzliches Kernkapital" dem zusätzlichen Kernkapital im Sinne von Teil 2 Titel I Kapitel 3 der Verordnung (EU) Nr. 575/2013 und „Ergänzungskapital" dem Ergänzungskapital im Sinne von Teil 2 Titel I Kapitel 4 der Verordnung (EU) Nr. 575/2013,

ii) „D" ist in Artikel 11 definiert.

(2) Abweichend von Absatz 1

a) finden die in Artikel 36 Absatz 1 Buchstabe c der Verordnung (EU) Nr. 575/2013 genannten Abzüge in vollem Umfang Anwendung, wobei die Artikel 39 und 48 der genannten Verordnung nicht angewandt werden;

b) finden die in Artikel 36 Absatz 1 Buchstabe e der Verordnung (EU) Nr. 575/2013 genannten Abzüge in vollem Umfang Anwendung, wobei Artikel 41 der genannten Verordnung nicht angewandt wird;

c) finden die in Artikel 36 Absatz 1 Buchstabe h, Artikel 56 Buchstabe c und Artikel 66 Buchstabe c der Verordnung (EU) Nr. 575/2013 genannten

[1)] Nr. **6**.

Abzüge in vollem Umfang Anwendung, soweit sie sich auf nicht im Handelsbuch gehaltene Positionen in Kapitalinstrumenten beziehen, wobei die Mechanismen im Sinne der Artikel 46, 60 und 70 der genannten Verordnung nicht angewandt werden;

d) finden die in Artikel 36 Absatz 1 Buchstabe i der Verordnung (EU) Nr. 575/2013 genannten Abzüge in vollem Umfang Anwendung, wobei Artikel 48 der genannten Verordnung nicht angewandt wird;

e) finden die folgenden Bestimmungen bei der Bestimmung der Eigenmittel von Wertpapierfirmen keine Anwendung:

i) Artikel 49 der Verordnung (EU) Nr. 575/2013;

ii) die in Artikel 36 Absatz 1 Buchstabe h, Artikel 56 Buchstabe c, Artikel 66 Buchstabe c der Verordnung (EU) Nr. 575/2013 und den entsprechenden Bestimmungen in den Artikeln 46, 60 und 70 jener Verordnung genannten Abzüge, soweit sich diese Abzüge auf im Handelsbuch gehaltene Positionen in Kapitalinstrumenten beziehen;

iii) das Auslöseereignis gemäß Artikel 54 Absatz 1 Buchstabe a der Verordnung (EU) Nr. 575/2013; das Auslöseereignis wird von der Wertpapierfirma stattdessen in den Bestimmungen zum Instrument des zusätzlichen Kernkapitals gemäß Absatz 1 festgelegt;

iv) der Gesamtbetrag gemäß Artikel 54 Absatz 4 Buchstabe a der Verordnung (EU) Nr. 575/2013; der bei der Herabschreibung oder Umwandlung zugrunde zu legende Betrag entspricht dem vollen Kapitalbetrag des Instruments des zusätzlichen Kernkapitals gemäß Absatz 1.

(3) [1] Wertpapierfirmen wenden bei der Bestimmung der Eigenmittelanforderungen gemäß der vorliegenden Verordnung die einschlägigen Vorschriften in Teil 2 Titel I Kapitel 6 der Verordnung (EU) Nr. 575/2013 an. [2] Bei der Anwendung dieser Vorschriften gilt die Erlaubnis der Aufsichtsbehörden gemäß den Artikeln 77 und 78 der Verordnung (EU) Nr. 575/2013 als erteilt, wenn eine der in Artikel 78 Absatz 1 Buchstabe a oder Artikel 78 Absatz 4 dieser Verordnung genannten Bedingungen erfüllt ist.

(4) [1] Für die Zwecke der Anwendung von Absatz 1 Buchstabe a können die zuständigen Behörden nach Konsultation der EBA gestatten, dass für Wertpapierfirmen, bei denen es sich nicht um juristische Personen oder Aktiengesellschaften handelt oder die dic in Artikel 12 Absatz 1 dieser Verordnung genannten Bedingungen als kleine und nicht verflochtene Wertpapierfirmen erfüllen, weitere Instrumente oder Mittel als Eigenmittel gelten, sofern diese Instrumente oder Mittel auch für eine Behandlung gemäß Artikel 22 der Richtlinie 86/635/EWG des Rates[1)] in Betracht kommen. [2] Auf der Grundlage der von jeder zuständigen Behörde erhaltenen Angaben erstellt, führt und veröffentlicht die EBA zusammen mit der ESMA ein Verzeichnis sämtlicher Arten von Instrumenten oder Mitteln in jedem Mitgliedstaat, die als solche Eigenmittel gelten. [3] Das Verzeichnis wird erstmals am 26. Dezember 2020 veröffentlicht.

(5) Positionen in Eigenmittelinstrumenten eines Unternehmens der Finanzbranche innerhalb einer Wertpapierfirmengruppe werden für die Zwecke der

---

1) **Amtl. Anm.:** Richtlinie 86/635/EWG des Rates vom 8. Dezember 1986 über den Jahresabschluß und den konsolidierten Abschluss von Banken und anderen Finanzinstituten (ABl. L 372 vom 31.12.1986, S. 1).

Berechnung der Eigenmittel einer Wertpapierfirma in der Gruppe auf Einzelbasis nicht abgezogen, sofern alle folgende Bedingungen erfüllt sind:

a) Ein wesentliches, tatsächliches oder rechtliches Hindernis für die unverzügliche Übertragung von Kapital oder die Rückzahlung von Verbindlichkeiten durch das Mutterunternehmen ist weder vorhanden noch abzusehen;

b) die Risikobewertungs-, -mess- und -kontrollverfahren des Mutterunternehmens erstrecken sich auf das Unternehmen der Finanzbranche;

c) die Ausnahmeregelung nach Artikel 8 wird von den zuständigen Behörden nicht angewandt.

Art. 10 Qualifizierte Beteiligungen außerhalb des Finanzsektors.

(1) Für die Zwecke dieses Teils ziehen Wertpapierfirmen bei der Bestimmung der in Artikel 26 der Verordnung (EU) Nr. 575/2013[1)] genannten Posten des harten Kernkapitals Beträge ab, die die in den Buchstaben a und b spezifizierten Obergrenzen überschreiten:

a) Eine qualifizierte Beteiligung an einem Unternehmen, das kein Unternehmen der Finanzbranche ist, deren Betrag 15 % der Eigenmittel der Wertpapierfirma, berechnet gemäß Artikel 9 der vorliegenden Verordnung, jedoch ohne Anwendung des in Artikel 36 Absatz 1 Buchstabe k Ziffer i der Verordnung (EU) Nr. 575/2013 genannten Abzugs, überschreitet;

b) den Gesamtbetrag der qualifizierten Beteiligungen einer Wertpapierfirma an anderen Unternehmen als Unternehmen der Finanzbranche, der 60 % ihrer Eigenmittel, berechnet gemäß Artikel 9 der vorliegenden Verordnung, jedoch ohne Anwendung des in Artikel 36 Absatz 1 Buchstabe k Ziffer i der Verordnung (EU) Nr. 575/2013 genannten Abzugs, überschreitet.

(2) [1]Die zuständigen Behörden können einer Wertpapierfirma das Halten der in Absatz 1 genannten qualifizierten Beteiligungen, deren Betrag den dort festgesetzten prozentualen Anteil an Eigenmitteln überschreitet, untersagen. [2]Die zuständigen Behörden machen Entscheidungen zur Ausübung dieser Befugnis unverzüglich öffentlich.

(3) Aktien oder Anteile an anderen Unternehmen als Unternehmen der Finanzbranche werden in die Berechnung nach Absatz 1 nicht einbezogen, wenn eine der nachstehenden Bedingungen erfüllt ist:

a) Die Aktien oder Anteile werden vorübergehend während einer finanziellen Stützungsaktion im Sinne des Artikels 79 der Verordnung (EU) Nr. 575/2013 gehalten;

b) die gehaltenen Aktien oder Anteile sind eine mit einer Übernahmegarantie versehene Position, die seit höchstens fünf Arbeitstagen gehalten wird;

c) die Aktien oder Anteile werden im Namen der Wertpapierfirma und für Rechnung Dritter gehalten.

(4) Aktien oder Anteile, die keine Finanzanlagen im Sinne des Artikels 35 Absatz 2 der Richtlinie 86/635/EWG sind, werden in die Berechnung nach Absatz 1 dieses Artikels nicht einbezogen.

---

1) Nr. **6**.

Teil 3. Kapitalanforderungen

Titel I. Allgemeine Anforderungen

Art. 11 Eigenmittelanforderungen. (1) Wertpapierfirmen müssen jederzeit Eigenmittel gemäß Artikel 9 in Höhe von mindestens D vorhalten, wobei D der höchste der folgenden Beträge ist:

a) ihre Anforderung für fixe Gemeinkosten, berechnet gemäß Artikel 13;
b) ihre permanente Mindestkapitalanforderung gemäß Artikel 14;
c) ihre K-Faktor-Anforderung, berechnet gemäß Artikel 15.

(2) Abweichend von Absatz 1 ist D der höhere der in Absatz 1 Buchstaben a und b genannten Beträge, wenn eine Wertpapierfirma die in Artikel 12 Absatz 1 genannten Bedingungen als kleine und nicht verflochtene Wertpapierfirma erfüllt.

(3) Ist nach Ansicht der zuständigen Behörden eine wesentliche Änderung der Geschäftstätigkeit einer Wertpapierfirma eingetreten, so können sie verlangen, dass die Wertpapierfirma im Einklang mit Titel IV Kapitel 2 Abschnitt 4 der Richtlinie (EU) 2019/2034 eine andere in diesem Artikel genannte Eigenmittelanforderung erfüllt.

(4) Wertpapierfirmen unterrichten die zuständige Behörde, sobald sie feststellen, dass sie die Anforderungen dieses Artikels nicht mehr erfüllen oder nicht mehr erfüllen werden.

Art. 12 Kleine und nicht verflochtene Wertpapierfirmen. (1) *[1]* [1] Wertpapierfirmen gelten für die Zwecke dieser Verordnung als kleine und nicht verflochtene Wertpapierfirma, wenn sie alle folgenden Bedingungen erfüllen:

a) Der nach Artikel 17 gemessene Wert der AUM liegt unter 1,2 Mrd. EUR;
b) der nach Artikel 20 gemessene Wert der COH liegt unter
   i) 100 Mio. EUR/Tag für Kassageschäfte oder
   ii) 1 Mrd. EUR/Tag für Derivate;
c) der nach Artikel 19 gemessene Wert der ASA ist gleich null;
d) der nach Artikel 18 gemessene Wert der CMH ist gleich null;
e) der nach Artikel 33 gemessene Wert des DTF ist gleich null;
f) der nach den Artikeln 22 und 23 gemessene Wert des NRP oder CMG ist gleich null;
g) der nach Artikel 26 gemessene Wert des TCD ist gleich null;
h) die bilanzielle und außerbilanzielle Gesamtsumme der Wertpapierfirma beträgt weniger als 100 Mio. EUR;
i) die jährlichen Bruttogesamteinkünfte aus Wertpapierdienstleistungen und Anlagetätigkeiten der Wertpapierfirma betragen weniger als 30 Mio. EUR, berechnet als Durchschnitt auf der Grundlage der jährlichen Zahlen des dem jeweiligen Geschäftsjahr unmittelbar vorangehenden Zweijahreszeitraums.

[2] Abweichend von den Bestimmungen des Titels II finden für die Zwecke des Unterabsatz 1 Buchstaben a, b, c, e, f – soweit sich dieser auf das Nettopositionsrisiko bezieht – und g die Tagesendwerte Anwendung.

[2] Für die Zwecke von Unterabsatz 1 Buchstabe f, soweit sich dieser auf den CMG bezieht, finden die Innertageswerte Anwendung.

[3] [1] Für die Zwecke von Unterabsatz 1 Buchstabe d dieses Absatzes – und unbeschadet des Artikels 16 Absatz 9 der Richtlinie 2014/65/EU und der Artikel 2 und 4 der Delegierten Richtlinie (EU) 2017/593 – finden die Innertageswerte Anwendung; dies gilt mit Ausnahme eines Fehlers in der Buchführung oder dem Kontenabgleich, aufgrund dessen fälschlicherweise angezeigt wurde, dass eine Wertpapierfirma den unter Unterabsatz 1 Buchstabe d dieses Absatzes genannten Schwellenwert von null überschritten hat, und der vor Ablauf des Geschäftstags behoben wird. [2] Die Wertpapierfirma unterrichtet die zuständige Behörde unverzüglich über den Fehler, die Gründe für sein Auftreten und seine Berichtigung.

[4] [1] Für die Zwecke des Unterabsatz 1 Buchstaben h und i finden die Werte am Ende des letzten Geschäftsjahres, dessen Abschluss erstellt und vom Leitungsorgan gebilligt wurde, Anwendung. [2] Wurde der Abschluss nach Ablauf von sechs Monaten seit dem Ende des letzten Geschäftsjahres nicht erstellt und gebilligt, so verwendet die Wertpapierfirma einen vorläufigen Abschluss.

[5] [1] Wertpapierfirmen können die in Unterabsatz 1 Buchstaben a und b genannten Werte anhand der in Titel II festgelegten Methoden messen, wobei die Messung jedoch über einen Zeitraum von zwölf Monaten erfolgt, ohne dass die letzten drei monatlichen Werte unberücksichtigt bleiben. [2] Wertpapierfirmen, die diese Messmethode wählen, teilen dies der zuständigen Behörde entsprechend mit und wenden die gewählte Methode für einen ununterbrochenen Zeitraum von mindestens zwölf aufeinanderfolgenden Monaten an.

(2) *[1]* [1] Die in Absatz 1 Buchstaben a, b, h und i genannten Bedingungen gelten auf kombinierter Basis für alle Wertpapierfirmen, die Teil einer Gruppe sind. [2] Für die Zwecke der Messung der jährlichen Bruttogesamteinkünfte nach Absatz 1 Buchstabe i können diese Wertpapierfirmen etwaige Doppelzählungen bei den innerhalb der Gruppe erzielten Bruttoeinnahmen unberücksichtigt lassen.

[2] Die unter Absatz 1 Buchstaben c bis g genannten Bedingungen gelten für jede Wertpapierfirma auf Einzelbasis.

(3) *[1]* Erfüllt eine Wertpapierfirma nicht länger alle in Absatz 1 genannten Bedingungen, so gilt sie mit sofortiger Wirkung nicht mehr als kleine und nicht verflochtene Wertpapierfirma.

[2] [1] Erfüllt eine Wertpapierfirma nicht länger die in Absatz 1 Buchstaben a, b, h bzw. i genannten Bedingungen, aber weiterhin die unter Absatz 1 Buchstaben c bis g genannten Bedingungen, so gilt sie abweichend von Unterabsatz 1 nach Ablauf eines Zeitraums von drei Monaten ab dem Datum, an dem die Schwelle überschritten wurde, nicht mehr als kleine und nicht verflochtene Wertpapierfirma. [2] Die Wertpapierfirma teilt der zuständigen Behörde unverzüglich jede Überschreitung eines Schwellenwerts mit.

(4) Erfüllt eine Wertpapierfirma, die zuvor nicht alle in Absatz 1 genannten Bedingungen erfüllt hat, diese in der Folge, so gilt sie erst nach Ablauf einer Frist von sechs Monaten ab dem Datum, an dem sie diese Bedingungen erfüllt, als kleine und nicht verflochtene Wertpapierfirma, sofern während dieser Frist keine Überschreitung eines Schwellenwerts eintritt und die Wertpapierfirma die zuständige Behörde unverzüglich entsprechend in Kenntnis gesetzt hat.

Art. 13 Anforderung für fixe Gemeinkosten. (1) [1] Für die Zwecke von Artikel 11 Absatz 1 Buchstabe a beträgt die Anforderung für fixe Gemeinkosten mindestens ein Viertel der fixen Gemeinkosten des Vorjahres. [2]Die Wertpapierfirmen verwenden die Zahlen, die sich aus dem geltenden Rechnungslegungsrahmen ergeben.

(2) Ist nach Ansicht der zuständigen Behörde eine wesentliche Änderung der Geschäftstätigkeiten einer Wertpapierfirma eingetreten, so kann die zuständige Behörde den in Absatz 1 genannten Kapitalbetrag anpassen.

(3) Übt eine Wertpapierfirma ihre Geschäftstätigkeit seit weniger als einem Jahr ab dem Tag, an dem sie ihre Wertpapierdienstleistungen oder Anlagetätigkeiten aufgenommen hat, aus, so verwendet sie für die Berechnung gemäß Absatz 1 die veranschlagten fixen Gemeinkosten, die in ihren mit ihrem Antrag auf Zulassung vorgelegten Prognosen für die ersten zwölf Monate der Handelstätigkeit enthalten sind.

(4) *[1]* [1]Die EBA erarbeitet in Abstimmung mit der ESMA Entwürfe technischer Regulierungsstandards zur Ergänzung der Berechnung der in Absatz 1 genannten Anforderung, die mindestens die folgenden Abzugsposten umfasst:

a) Prämien für Mitarbeiter und sonstige Vergütungen, soweit sie von dem Nettogewinn der Wertpapierfirma im betreffenden Jahr abhängen;

b) Gewinnbeteiligungen der Mitarbeiter, der Geschäftsführer und der Gesellschafter;

c) sonstige Gewinnausschüttungen und sonstige variable Vergütungen, soweit sie vollständig diskretionär sind;

d) zu entrichtende geteilte Provisionen und Entgelte, die direkt mit den einzufordernden Provisionen und Entgelten in Verbindung stehen, die Bestandteil der Gesamterlöse sind, und bei denen die Zahlung der zu entrichtenden Provisionen und Entgelte vom tatsächlichen Erhalt der einzufordernden Provisionen und Entgelte abhängt;

e) Entgelte an vertraglich gebundene Vermittler;

f) einmalige Aufwendungen aus unüblichen Tätigkeiten.

[2]Ferner bestimmt die EBA für die Zwecke dieses Artikels den Begriff der wesentlichen Änderung.

[2] Die EBA übermittelt der Kommission diese Entwürfe technischer Regulierungsstandards bis zum 26. Dezember 2020.

[3] Der Kommission wird die Befugnis übertragen, diese Verordnung zu ergänzen, indem die in Unterabsatz 1 genannten technischen Regulierungsstandards gemäß den Artikeln 10 bis 14 der Verordnung (EU) Nr. 1093/2010 erlassen werden.

Art. 14 Permanente Mindestkapitalanforderung. Für die Zwecke von Artikel 11 Absatz 1 Buchstabe b ist die permanente Mindestkapitalanforderung mindestens gleich der Höhe des Anfangskapitals gemäß Artikel 9 der Richtlinie (EU) 2019/2034.

Titel II. Anforderung für K-Faktoren

Kapitel 1. Allgemeine Grundsätze

Art. 15 Anforderung für K-Faktoren und anwendbare Koeffizienten. (1) Für die Zwecke von Artikel 11 Absatz 1 Buchstabe c beläuft sich die Anforderung für K-Faktoren mindestens auf die Summe aus folgenden Elementen:

a) K-Faktoren für Kundenrisiken („Risk-to-Client", RtC), berechnet gemäß Kapitel 2;
b) K-Faktoren für Marktrisiken („Risk-to-Market", RtM), berechnet gemäß Kapitel 3;
c) K-Faktoren für Firmenrisiken („Risk-to-Firm", RtF), berechnet gemäß Kapitel 4.

(2) Auf die entsprechenden K-Faktoren werden jeweils folgende Koeffizienten angewandt:

Tabelle 1

K-FAKTOREN		KOEFFIZIENT
Verwaltete Vermögenswerte im Rahmen der Portfolioverwaltung mit Ermessensspielraum und nichtdiskretionärer Vereinbarungen über laufende Beratung	K-AUM	0,02 %
Gehaltene Kundengelder	K-CMH (auf getrennten Konten)	0,4 %
	K-CMH (auf nichtgetrennten Konten)	0,5 %
Verwahrte und verwaltete Vermögenswerte	K-ASA	0,04 %
Bearbeitete Kundenaufträge	K-COH-Kassageschäfte	0,1 %
	K-COH-Derivate	0,01 %
Täglicher Handelsstrom	K-DTF-Kassageschäfte	0,1 %
	K-DTF-Derivate	0,01 %

(3) Wertpapierfirmen überwachen den Wert ihrer K-Faktoren im Hinblick auf jegliche Entwicklungen, die zu einer wesentlich veränderten Eigenmittelanforderung für die Zwecke des Artikel 11 für den nächsten Berichtszeitraum nach Teil 7 führen könnten, und informieren die für sie zuständige Behörde über diese wesentlich veränderte Eigenmittelanforderung.

(4) Ist nach Ansicht der zuständigen Behörden eine wesentliche Änderung der Geschäftstätigkeit einer Wertpapierfirma eingetreten, die sich auf die Höhe des jeweiligen K-Faktors auswirkt, so können sie den entsprechenden Betrag gemäß Artikel 39 Absatz 2 Buchstabe a der Richtlinie (EU) 2019/2034 anpassen.

(5) *[1]* [1]Um eine einheitliche Anwendung dieser Verordnung zu gewährleisten und Entwicklungen auf den Finanzmärkten Rechnung zu tragen, er-

arbeitet die EBA in Abstimmung mit der ESMA Entwürfe technischer Regulierungsstandards, um

a) Methoden zur Messung der K-Faktoren nach Teil 3 Titel II festzulegen;

b) den Begriff der getrennten Konten für die Zwecke dieser Verordnung im Hinblick auf die Bedingungen, durch die der Schutz von Kundengeldern im Falle des Ausfalls einer Wertpapierfirma gewährleistet wird, zu spezifizieren;

c) die Anpassungen der in Absatz 2 Tabelle 1 dieses Artikels aufgeführten K-DTF-Koeffizienten zu spezifizieren, wenn bei Vorliegen angespannter Marktbedingungen im Sinne der Delegierten Verordnung (EU) 2017/578 der Kommission[1)] die K-DTF-Anforderungen als übermäßig restriktiv und der Finanzstabilität abträglich eingeschätzt werden.

[2] Die EBA übermittelt der Kommission diese Entwürfe technischer Regulierungsstandards bis zum 26. Dezember 2020.

[2] Der Kommission wird die Befugnis übertragen, diese Verordnung zu ergänzen, indem die in Unterabsatz 1 genannten technischen Regulierungsstandards gemäß den Artikeln 10 bis 14 der Verordnung (EU) Nr. 1093/2010 erlassen werden.

Kapitel 2. RtC-K-Faktoren

Art. 16 Anforderung für RtC-K-Faktoren. Die Anforderung für RtC-K-Faktoren wird anhand folgender Formel bestimmt:

K-AUM + K-CMH + K-ASA + K-COH

dabei gilt:

K-AUM entspricht dem gemäß Artikel 17 gemessenen Wert der AUM, multipliziert mit dem entsprechenden Koeffizienten gemäß Artikel 15 Absatz 2;

K-CMH entspricht dem gemäß Artikel 18 gemessenen Wert der CMH, multipliziert mit dem entsprechenden Koeffizienten gemäß Artikel 15 Absatz 2;

K-ASA entspricht dem gemäß Artikel 19 gemessenen Wert der ASA, multipliziert mit dem entsprechenden Koeffizienten gemäß Artikel 15 Absatz 2;

K-COH entspricht dem gemäß Artikel 20 gemessenen Wert der COH, multipliziert mit dem entsprechenden Koeffizienten gemäß Artikel 15 Absatz 2.

Art. 17 Messung von AUM für die Zwecke der Berechnung von K-AUM. (1) Für die Zwecke der Berechnung von K-AUM ist AUM der gleitende Durchschnitt des monatlichen Gesamtwerts der verwalteten Vermögenswerte, wobei AUM jeweils am letzten Geschäftstag der vorausgegangenen 15 Monate gemessen und in die funktionale Währung der Gesellschaften zum betreffenden Zeitpunkt umgerechnet wird; die letzten drei monatlichen Werte bleiben dabei unberücksichtigt.

AUM ist das arithmetische Mittel der verbleibenden zwölf monatlichen Werten.

K-AUM wird am ersten Geschäftstag jedes Monats berechnet.

[1)] **Amtl. Anm.:** Delegierte Verordnung (EU) 2017/578 der Kommission vom 13. Juni 2016 zur Ergänzung der Richtlinie 2014/65/EU des Europäischen Parlaments und des Rates über Märkte für Finanzinstrumente durch technische Regulierungsstandards zur Angabe von Anforderungen an Market-Making-Vereinbarungen und -Systeme (ABl. L 87 vom 31.3.2017, S. 183).

(2) *[1]* Hat die Wertpapierfirma die Verwaltung von Vermögenswerten förmlich auf ein anderes Unternehmen der Finanzbranche übertragen, so werden diese Vermögenswerte in dem gemäß Absatz 1 gemessenen AUM-Gesamtbetrag berücksichtigt.

[2] Hat ein anderes Unternehmen der Finanzbranche die Verwaltung von Vermögenswerten förmlich auf die Wertpapierfirma übertragen, so werden diese Vermögenswerte in dem gemäß Absatz 1 gemessenen Gesamtbetrag der verwalteten Vermögenswerte nicht berücksichtigt.

[3] [1] Ist eine Wertpapierfirma seit weniger als 15 Monaten in der Verwaltung von Vermögenswerten tätig oder war sie dies über einen längeren Zeitraum als kleine und nicht verflochtene Wertpapierfirma und überschreitet nun den AUM-Schwellenwert, so verwendet sie zur Berechnung von K-AUM historische AUM-Daten für den in Absatz 1 festgelegten Zeitraum, sobald diese zur Verfügung stehen. [2] Die zuständige Behörde kann fehlende historische Datenpunkte durch Regulierungsfeststellungen ersetzen, die auf den gemäß Artikel 7 der Richtlinie 2014/65/EU vorgelegten Geschäftsprognosen der Wertpapierfirma beruhen.

Art. 18 Messung von CMH für die Zwecke der Berechnung von K-CMH. (1) Für die Zwecke der Berechnung von K-CMH ist CMH der gleitende Durchschnitt des täglichen Gesamtwerts der gehaltenen Kundengelder, wobei CMH am Ende jedes Geschäftstags der vorausgegangenen neun Monate gemessen wird; die letzten drei Monate bleiben dabei unberücksichtigt.
CMH ist das arithmetische Mittel der täglichen Werte der verbleibenden sechs Monate.
K-CMH wird am ersten Geschäftstag jedes Monats berechnet.

(2) *[1]* Hält eine Wertpapierfirma seit weniger als neun Monaten Kundengelder, so verwendet sie zur Berechnung von K-CMH historische CMH-Daten für den in Absatz 1 festgelegten Zeitraum, sobald diese zur Verfügung stehen.

[2] Die zuständige Behörde kann fehlende historische Datenpunkte durch Regulierungsfeststellungen ersetzen, die auf den gemäß Artikel 7 der Richtlinie 2014/65/EU vorgelegten Geschäftsprognosen der Wertpapierfirma beruhen.

Art. 19 Messung von ASA für die Zwecke der Berechnung von K-ASA. (1) Für die Zwecke der Berechnung von K-ASA ist ASA der gleitende Durchschnitt des täglichen Gesamtwerts der verwahrten und verwalteten Vermögenswerte, wobei ASA am Ende jedes Geschäftstags der vorangegangenen neun Monate gemessen wird; die vorausgegangenen drei Monate bleiben dabei unberücksichtigt.
ASA ist das arithmetische Mittel der täglichen Werte der verbleibenden sechs Monate.
K-ASA wird am ersten Geschäftstag jedes Monats berechnet.

(2) Hat eine Wertpapierfirma die Aufgaben der Verwahrung und Verwaltung von Vermögenswerten förmlich auf ein anderes Unternehmen der Finanzbranche übertragen oder hat ein anderes Unternehmen der Finanzbranche solche Aufgaben förmlich auf die Wertpapierfirma übertragen, so werden diese Vermögenswerte in dem gemäß Absatz 1 gemessenen ASA-Gesamtbetrag berücksichtigt.

(3) [1]Ist eine Wertpapierfirma seit weniger als sechs Monaten in der Verwahrung und Verwaltung von Vermögenswerten tätig, so verwendet sie zur Berechnung von K-ASA historische ASA-Daten für den in Absatz 1 festgelegten Zeitraum, sobald diese zur Verfügung stehen. [2]Die zuständige Behörde kann fehlende historische Datenpunkte durch Regulierungsfeststellungen ersetzen, die auf den gemäß Artikel 7 der Richtlinie 2014/65/EU vorgelegten Geschäftsprognosen der Wertpapierfirma beruhen.

Art. 20 Messung von COH für die Zwecke der Berechnung von K-COH. (1) Für die Zwecke der Berechnung von K-COH ist COH der gleitende Durchschnitt des täglichen Gesamtwerts der bearbeiteten Kundenaufträge, wobei COH an jedem Geschäftstag der vorausgegangenen sechs Monate gemessen wird; die letzten drei Monate bleiben dabei unberücksichtigt.
COH ist das arithmetische Mittel der täglichen Werte der verbleibenden drei Monate.
K-COH wird am ersten Geschäftstag jedes Monats berechnet.

(2) *[1]* [1]COH wird als Summe des absoluten Werts der Käufe und des absoluten Werts der Verkäufe in Kassageschäften und Derivaten gemäß folgenden Grundsätzen gemessen:

a) Bei Kassageschäften entspricht der Wert dem für jedes Geschäft gezahlten oder erhaltenen Betrag;

b) bei Derivatgeschäften entspricht der Wert des Geschäfts dem Nominalwert des Kontrakts.

[2]Der Nominalwert von Zinsderivaten wird für den Zeitraum bis zur Fälligkeit (in Jahren) dieser Kontrakte bereinigt. [3]Der Nominalwert wird mit der gemäß folgender Formel ermittelten Duration multipliziert:

Duration = Zeit bis zur Fälligkeit (in Jahren)/10

Unbeschadet des Unterabsatzes 5 umfasst COH Geschäfte, die Wertpapierfirmen als Dienstleistungen der Portfolioverwaltung für Rechnung von Investmentfonds abschließen.

[2] COH umfasst Geschäfte, die sich aus einer Anlageberatung ergeben, für die eine Wertpapierfirma K-AUM nicht berechnet.

[3] COH umfasst keine von Wertpapierfirmen bearbeiteten Geschäfte, die sich aus der Betreuung des Anlageportfolios eines Kunden ergeben, wenn die Wertpapierfirma für die Anlagen dieses Kunden bereits K-AUM berechnet oder wenn sich diese Tätigkeit auf die Übertragung der Verwaltung von Vermögenswerten auf die Wertpapierfirma bezieht, die gemäß Artikel 17 Absatz 2 nicht zum AUM-Wert dieser Wertpapierfirma beiträgt.

[4] COH umfasst keine Geschäfte, die Wertpapierfirmen im eigenen Namen entweder für sich selbst oder im Namen eines Kunden abschließen.

[5] Wertpapierfirmen können von der Messung von COH etwaige nicht ausgeführten Aufträge ausnehmen, wenn diese Nichtausführung auf eine rechtzeitige Stornierung des Auftrags durch den Kunden zurückgeht.

(3) [1]Ist eine Wertpapierfirma seit weniger als sechs Monaten in der Bearbeitung von Kundenaufträgen tätig oder war sie dies über einen längeren Zeitraum als kleine und nicht verflochtene Wertpapierfirma, so verwendet sie zur Berechnung von K-COH historische COH-Daten für den in Absatz 1 festgelegten Zeitraum, sobald diese zur Verfügung stehen. [2]Die zuständige Behörde

kann fehlende historische Datenpunkte durch Regulierungsfeststellungen ersetzen, die auf den gemäß Artikel 7 der Richtlinie 2014/65/EU vorgelegten Geschäftsprognosen der Wertpapierfirma beruhen.

Kapitel 3. RtM-K-Faktoren

Art. 21 Anforderung für RtM-K-Faktoren. (1) Die Anforderung für RtM-K-Faktoren im Hinblick auf die Handelsbuchpositionen einer Wertpapierfirma, die für eigene Rechnung für sich selbst oder im Namen eines Kunden handelt, ist entweder K-NPR, berechnet gemäß Artikel 22, oder K-CMG, berechnet gemäß Artikel 23.

(2) Wertpapierfirmen führen ihr Handelsbuch gemäß Teil 3 Titel I Kapitel 3 der Verordnung (EU) Nr. 575/2013[1)].

(3) Die Anforderung für RtM-K-Faktoren gilt für alle Positionen im Handelsbuch, zu denen insbesondere Positionen in Schuldtiteln (einschließlich Verbriefungsinstrumenten), Beteiligungsinstrumenten, Organismen für gemeinsame Anlagen (OGA), Fremdwährungen und Gold sowie Waren (einschließlich Emissionszertifikaten) zählen.

(4) Für die Zwecke der Berechnung der Anforderung für RtM-K-Faktoren berücksichtigen Wertpapierfirmen Positionen, die keine Handelsbuchpositionen sind, sofern diese zu einem Fremdwährungsrisiko oder einem Warenpositionsrisiko führen.

Art. 22 Berechnung von K-NPR. Für die Zwecke der Berechnung von K-NPR wird die Eigenmittelanforderung für die Handelsbuchpositionen einer Wertpapierfirma, die für eigene Rechnung für sich selbst oder im Namen eines Kunden handelt, anhand eines der folgenden Ansätze berechnet:

a) des Standardansatzes gemäß Teil 3 Titel IV Kapitel 2, 3 und 4 der Verordnung (EU) Nr. 575/2013[1)];

b) des alternativen Standardansatzes gemäß Teil 3 Titel IV Kapitel 1a der Verordnung (EU) Nr. 575/2013;

c) des auf einem alternativen internen Modell beruhenden Ansatzes gemäß Teil 3 Titel IV Kapitel 1b der Verordnung (EU) Nr. 575/2013.

Art. 23 Berechnung von K-CMG. (1) *[1]* [1] Für die Zwecke des Artikels 21 gestattet die zuständige Behörde einer Wertpapierfirma, K-CMG für alle clearingpflichtigen Positionen oder, wenn das gesamte Portfolio clearingpflichtig ist oder dem Einschussverfahren unterliegt, auf Portfoliobasis zu berechnen, wenn die folgenden Bedingungen erfüllt sind:

a) Die Wertpapierfirma ist nicht Teil einer Gruppe, der auch ein Kreditinstitut angehört;

b) das Clearing und die Abwicklung dieser Geschäfte erfolgen unter Verantwortung eines Clearingmitglieds einer qualifizierten zentralen Gegenpartei, und dieses Clearingmitglied ist ein Kreditinstitut oder eine Wertpapierfirma im Sinne von Artikel 1 Absatz 2 dieser Verordnung, und die Geschäfte werden entweder zentral in einer qualifizierten zentralen Gegenpartei gecleart oder anderweitig nach dem Grundsatz „Lieferung gegen Zahlung" unter Verantwortung dieses Clearingmitglieds abgewickelt;

[1)] Nr. **6**.

c) die Berechnung des von dem Clearingmitglied geforderten Gesamteinschusses beruht auf einem Einschussmodell des Clearingmitglieds.

d) die Wertpapierfirma hat der zuständigen Behörde nachgewiesen, dass die Wahl der Berechnung von RtM mittels K-CMG durch bestimmte Kriterien gerechtfertigt ist, zu welchen die Art der Haupttätigkeiten der Wertpapierfirma gehören kann, wenn es sich im Wesentlichen um Handelstätigkeiten handelt, die unter Verantwortung eines Clearingmitglieds clearingpflichtig sind und dem Einschussverfahren unterliegen, sowie die Tatsache, dass andere Tätigkeiten der Wertpapierfirma im Vergleich zu diesen Haupttätigkeiten unerheblich sind; und

e) die zuständige Behörde hat festgestellt, dass die Wahl des bzw. der K-CMG unterliegenden Portfolios nicht getroffen wurde, um in unverhältnismäßiger oder aufsichtsrechtlich unsolider Weise Aufsichtsarbitrage der Eigenmittelanforderungen zu begehen.

[2] Für den in Unterabsatz 1 Buchstabe c genannten Zweck führt die zuständige Behörde eine regelmäßige Bewertung durch, welche bestätigt, dass dieses Einschussmodell zu Einschussforderungen führt, die die Risikomerkmale der von den Wertpapierfirmen gehandelten Produkte widerspiegeln, und das Intervall der Einforderung der Einschusszahlungen, die Marktliquidität und die Möglichkeit von Veränderungen während der Laufzeit der Transaktion berücksichtigt.

[2] [1] Die Einschussforderungen müssen ausreichen, um Verluste aus mindestens 99 % der Forderungsveränderungen über einen angemessenen Zeithorizont mit einer Haltedauer von mindestens zwei Geschäftstagen zu decken. [2] Die Einschussmodelle, die von diesem Clearingmitglied zur Berechnung des in Unterabsatz 1 Buchstabe c dieses Absatzes genannten Einschusses verwendet werden, sind stets so zu konzipieren, dass ein ähnliches Maß an Vorsicht gewährleistet ist wie in den Bestimmungen über die Einschussforderungen in Artikel 41 der Verordnung (EU) Nr. 648/2012 gefordert;

(2) K-CMG entspricht dem dritthöchsten Gesamteinschussbetrag, den das Clearingmitglied in den vorangegangenen drei Monaten auf Tagesbasis von der Wertpapierfirma gefordert hat, multipliziert mit dem Faktor 1,3.

(3) *[1]* Die EBA erarbeitet in Abstimmung mit der ESMA Entwürfe technischer Regulierungsstandards zur Spezifizierung der Berechnung des Betrags des geforderten Gesamteinschusses und der Methode zur Berechnung von K-CMG gemäß Absatz 2, insbesondere wenn K-CMG auf Portfoliobasis angewandt wird, sowie der Bedingungen für die Erfüllung der Bestimmungen von Absatz 1 Buchstabe e.

[2] Die EBA übermittelt der Kommission diese Entwürfe technischer Regulierungsstandards bis zum 26. Dezember 2020.

[3] Der Kommission wird die Befugnis übertragen, diese Verordnung zu ergänzen, indem die in Unterabsatz 1 genannten technischen Regulierungsstandards gemäß den Artikeln 10 bis 14 der Verordnung (EU) Nr. 1093/2010 erlassen werden.

Kapitel 4. RtF-K-Faktoren

Art. 24 Anforderung für RtF-K-Faktoren. Die Anforderung für RtF-K-Faktoren wird anhand folgender Formel bestimmt:

K-TCD + K-DTF + K-CON

dabei gilt:

K-TCD entspricht dem gemäß Artikel 26 berechneten Betrag;

K-DTF entspricht dem gemäß Artikel 33 gemessenen DTF, multipliziert mit dem entsprechenden, gemäß Artikel 15 Absatz 2 bestimmten Koeffizienten und

K-CON entspricht dem gemäß Artikel 39 berechneten Betrag.

K-TCD und K-CON basieren auf den im Handelsbuch erfassten Geschäften einer Wertpapierfirma, die für eigene Rechnung für sich selbst oder im Namen eines Kunden handelt.

K-DTF basiert auf den im Handelsbuch erfassten Geschäften einer Wertpapierfirma, die für eigene Rechnung für sich selbst oder im Namen eines Kunden handelt, und auf den Geschäften, die eine Wertpapierfirma im Rahmen der Ausführung von Aufträgen im Namen von Kunden im eigenen Namen abschließt.

Abschnitt 1. Ausfall der Handelsgegenpartei

Art. 25 Anwendungsbereich. (1) [1] Dieser Abschnitt findet auf die folgenden Kontrakte und Geschäfte Anwendung:

a) die in Anhang II der Verordnung (EU) Nr. 575/2013 aufgeführten Derivatkontrakte, mit Ausnahme von:
   i) über eine zentrale Gegenpartei (ZGP) direkt oder indirekt geclearten Derivatkontrakten, wenn alle folgenden Bedingungen erfüllt sind:
      – Die mit diesen Kontrakten zusammenhängenden Positionen und Vermögenswerte der Wertpapierfirma sind sowohl auf Ebene des Clearingmitglieds als auch auf Ebene der ZGP von den Positionen und Vermögenswerten des Clearingmitglieds und seiner anderen Kunden abgegrenzt und getrennt, sodass sie aufgrund dieser Abgrenzung und Trennung bei Ausfall oder Insolvenz des Clearingmitglieds oder eines oder mehrerer seiner Kunden nach nationalem Recht insolvenzgeschützt sind;
      – die für das Clearingmitglied geltenden Gesetze, Vorschriften und Regeln sowie bindenden vertraglichen Vereinbarungen erleichtern die Übertragung der Positionen, die der Kunde in diesen Kontrakten hält, samt der zugehörigen Sicherheiten auf ein anderes Clearingmitglied innerhalb der maßgeblichen Nachschuss-Risikoperiode, wenn das ursprüngliche Clearingmitglied ausfällt oder Insolvenz anmeldet;
      – die Wertpapierfirma hat ein unabhängiges schriftliches und mit einer Begründung versehenes Rechtsgutachten erhalten, aus dem hervorgeht, dass sie im Fall einer rechtlichen Anfechtung keine Verluste aufgrund der Insolvenz ihres Clearingmitglieds oder eines von dessen Kunden erleiden würde.
   ii) börsengehandelten Derivatkontrakten;
   iii) Derivatkontrakten, die zur Absicherung von Positionen der Wertpapierfirma aus einer Anlagebuchtätigkeit gehalten werden;

b) Geschäfte mit langer Abwicklungsfrist;

c) Pensionsgeschäfte;

d) Wertpapier- oder Warenverleih- oder -leihgeschäfte;

e) Lombardgeschäfte;

f) alle sonstigen Arten von Wertpapierfinanzierungsgeschäften;

g) die in Anhang I Abschnitt B Nummer 2 der Richtlinie 2014/65/EU genannten Kredite oder Darlehen, wenn die Wertpapierfirma das Geschäft im Namen des Kunden ausführt oder den Auftrag erhält oder übermittelt, ohne ihn auszuführen.

[2] Für die Zwecke des Unterabsatzes 1 Buchstabe a Ziffer i wird bei über eine qualifizierte zentrale Gegenpartei (qualifizierte ZGP) direkt oder indirekt geclearten Derivatkontrakten davon ausgegangen, dass sie die dort genannten Bedingungen erfüllen;

(2) Geschäfte mit den folgenden Arten von Gegenparteien sind bei der Berechnung von K-TCD ausgeschlossen:

a) Zentralstaaten und Zentralbanken, wenn bei den zugrunde liegenden Risikopositionen gemäß Artikel 114 der Verordnung (EU) Nr. 575/2013[1)] ein Risikogewicht von 0 % anzusetzen wäre;

b) die in Artikel 117 Absatz 2 der Verordnung (EU) Nr. 575/2013 genannten multilateralen Entwicklungsbanken;

c) die in Artikel 118 der Verordnung (EU) Nr. 575/2013 genannten internationalen Organisationen.

(3) [1] Mit vorheriger Erlaubnis der zuständigen Behörden kann eine Wertpapierfirma Geschäfte mit einer Gegenpartei vom Anwendungsbereich der Berechnung von K-TCD ausschließen, wenn diese Gegenpartei ihr Mutterunternehmen, ihr Tochterunternehmen, ein Tochterunternehmen ihres Mutterunternehmens oder ein in einer in Artikel 22 Absatz 7 der Richtlinie 2013/34/EU bezeichneten Beziehung stehendes Unternehmen ist. [2] Die zuständigen Behörden sind befugt, eine Erlaubnis zu erteilen, sofern die folgenden Voraussetzungen erfüllt sind:

a) Die Gegenpartei ist ein Kreditinstitut, eine Wertpapierfirma oder ein Finanzinstitut und unterliegt angemessenen Aufsichtsvorschriften;

b) die Gegenpartei ist im Einklang mit der Verordnung (EU) Nr. 575/2013 oder mit Artikel 7 der vorliegenden Verordnung in dieselbe aufsichtliche Vollkonsolidierung einbezogen wie die Wertpapierfirma, oder die Gegenpartei und die Wertpapierfirma werden im Einklang mit Artikel 8 der vorliegenden Verordnung im Hinblick auf die Einhaltung des Gruppenkapitaltests beaufsichtigt;

c) die Gegenpartei unterliegt den gleichen Risikobewertungs-, Risikomess- und Risikokontrollverfahren wie die Wertpapierfirma;

d) die Gegenpartei hat ihren Sitz in demselben Mitgliedstaat wie die Wertpapierfirma;

e) ein wesentliches tatsächliches oder rechtliches Hindernis für die unverzügliche Übertragung von Eigenmitteln von der Gegenpartei auf die Wertpapierfirma oder die Rückzahlung von Verbindlichkeiten an die Wertpapierfirma durch die Gegenpartei ist weder vorhanden noch abzusehen.

(4) *[1]* Abweichend von den Bestimmungen dieses Abschnitts darf eine Wertpapierfirma mit Erlaubnis der zuständigen Behörde den Risikopositionswert von in Anhang II der Verordnung (EU) Nr. 575/2013 aufgeführten Deri-

---

1) Nr. **6**.

vatkontrakten und für die in Absatz 1 Buchstaben b bis f dieses Artikels genannten Geschäfte berechnen, indem sie eine der in Teil 3 Titel II Kapitel 6 Abschnitt 3, 4 oder 5 der Verordnung (EU) Nr. 575/2013 dargelegten Methoden anwendet, und sie kann die entsprechenden Eigenmittelanforderungen durch Multiplikation des Risikopositionswerts mit dem Risikofaktor für die jeweilige Gegenpartei gemäß Tabelle 2 in Artikel 26 der vorliegenden Verordnung berechnen.

[2] Wertpapierfirmen, die im Einklang mit Teil 1 Titel II Kapitel 2 der Verordnung (EU) Nr. 575/2013 in die Aufsicht auf konsolidierter Basis einbezogen sind, dürfen die entsprechende Eigenmittelanforderung berechnen, indem sie die gemäß Teil 3 Titel II Kapitel 3 Abschnitt 1 der Verordnung (EU) Nr. 575/2013 berechneten risikogewichteten Risikopositionsbeträge mit 8 % multiplizieren.

(5) *[1]* Wird die Abweichung nach Absatz 4 des vorliegenden Artikels angewendet, so wenden die Wertpapierfirmen auch eine Anpassung der Kreditbewertung (CVA-Faktor) an, indem sie die gemäß Absatz 2 des vorliegenden Artikels berechnete Eigenmittelanforderung mit der gemäß Artikel 32 berechneten CVA multiplizieren.

[2] Statt eines CVA-Faktor-Multiplikators dürfen Wertpapierfirmen, die im Einklang mit Teil 1 Titel II Kapitel 2 der Verordnung (EU) Nr. 575/2013 in die Aufsicht auf konsolidierter Basis einbezogen sind, die Eigenmittelanforderung für das Risiko einer Anpassung der Kreditbewertung gemäß Teil 3 Titel VI der Verordnung (EU) Nr. 575/2013 berechnen.

Art. 26 Berechnung von K-TCD. *[1]* Für die Zwecke der Berechnung von K-TCD wird die Eigenmittelanforderung anhand folgender Formel berechnet:

$$\text{Eigenmittelanforderung} = \alpha \cdot EV \cdot RF \cdot CVA$$

[2] Dabei gilt:

$\alpha = 1{,}2$

EV = der gemäß Artikel 27 berechnete Risikopositionswert

RF = der Risikofaktor für die jeweilige Gegenpartei gemäß Tabelle 2

CVA = die gemäß Artikel 32 berechnete Anpassung der Kreditbewertung

[3]

Tabelle 2

Art der Gegenpartei	Risikofaktor
Zentralstaaten, Zentralbanken und sonstige öffentliche Stellen	1,6 %
Kreditinstitute und Wertpapierfirmen	1,6 %
Andere Gegenparteien	8 %

Art. 27 Berechnung des Risikopositionswerts. *[1]* Der Risikopositionswert wird anhand folgender Formel berechnet:

$$\text{Risikopositionswert} = \text{Max}(0; RC + PFE - C)$$

dabei gilt:

RC = die Wiederbeschaffungskosten gemäß Artikel 28;

PFE = der potenzielle künftige Risikopositionswert gemäß Artikel 29; und

C = die Sicherheiten gemäß Artikel 30.

[2] Die Wiederbeschaffungskosten (RC) und die Sicherheiten (C) gelten für alle in Artikel 25 genannten Geschäfte.

[3] Der potenzielle künftige Risikopositionswert (PFE) gilt nur für Derivatkontrakte.

[4] [1] Eine Wertpapierfirma darf für alle Geschäfte, die unter eine vertragliche Nettingvereinbarung fallen, einen einzigen Risikopositionswert auf Ebene des Netting-Satzes berechnen, wenn die in Artikel 31 genannten Bedingungen erfüllt sind. [2] Wird eine dieser Bedingungen nicht erfüllt, so behandelt die Wertpapierfirma jedes Geschäft wie seinen eigenen Netting-Satz.

Art. 28 Wiederbeschaffungskosten (RC) Die in Artikel 27 genannten Wiederbeschaffungskosten werden wie folgt bestimmt:

a) Bei Derivatkontrakten wird RC als CMV bestimmt;

b) bei Geschäften mit langer Abwicklungsfrist wird RC als Abwicklungsbetrag bestimmt, den die Wertpapierfirma bei der Abwicklung in Barmitteln zahlen muss oder erhalten würde. Eine Forderung wird als positiver Betrag und eine Verbindlichkeit als negativer Betrag behandelt;

c) bei Pensionsgeschäften und Wertpapier- oder Warenverleih- oder -leihgeschäften wird RC als Betrag der verliehenen und geliehenen Barmittel bestimmt. Von der Wertpapierfirma verliehene Barmittel werden als positiver Betrag und von der Wertpapierfirma geliehene Barmittel als negativer Betrag behandelt;

d) bei Wertpapierfinanzierungsgeschäften, bei denen beide Seiten des Geschäfts Wertpapiere sind, wird RC als CMV des von der Wertpapierfirma verliehenen Wertpapiers bestimmt. Der CMV wird durch die entsprechende Volatilitätsanpassung gemäß der Tabelle 4 in Artikel 30 erhöht;

e) für Lombardgeschäfte sowie Kredite und Darlehen gemäß Artikel 25 Absatz 1 Buchstabe g wird RC durch den Buchwert des Vermögenswerts gemäß dem geltenden Rechnungslegungsrahmen bestimmt.

Art. 29 Potenzieller künftiger Risikopositionswert. (1) Der in Artikel 27 genannte potenzielle künftige Risikopositionswert (PFE) berechnet sich für jedes Derivatgeschäft als Produkt aus

a) dem gemäß den Absätzen 2 bis 6 dieses Artikels festgelegten effektiven Nominalwert (EN) des Geschäfts und

b) dem gemäß Absatz 7 dieses Artikels festgelegten Aufsichtsfaktor (SF).

(2) Der effektive Nominalwert (EN) ist das Produkt aus dem gemäß Absatz 3 berechneten Nominalwert, der gemäß Absatz 4 berechneten Duration und dem gemäß Absatz 6 berechneten Aufsichtsdelta.

(3) Der Nominalwert wird, sofern er nicht eindeutig angegeben und bis zum Ende der Laufzeit festgelegt ist, wie folgt bestimmt:

a) Bei Fremdwährungsderivatkontrakten wird der Nominalwert definiert als der in die Landeswährung umgerechnete Nominalwert der Währungsseite des Kontrakts. Lauten beide Seiten eines Fremdwährungsderivats auf eine andere als die Landeswährung, wird der Nominalwert jeder Seite in die Landeswährung umgerechnet, und die Seite mit dem in der Landeswährung höheren Wert gilt als Nominalwert;

b) bei Aktien- und Warenderivatkontrakten sowie Emissionszertifikaten oder Derivaten davon wird der Nominalwert definiert als das Produkt aus dem Marktpreis einer Einheit des Instruments und der Anzahl der durch das Geschäft referenzierten Einheiten;

c) bei Geschäften mit mehrfacher, zustandsabhängiger Auszahlung (state contingent), einschließlich digitaler Optionen oder Target Redemption Forwards, berechnet eine Wertpapierfirma den Nominalwert für jeden Zustand und verwendet den höchsten Wert, der sich aus diesen Berechnungen ergibt;

d) bei Nominalwerten, die als Formel von Marktwerten ausgedrückt sind, zieht die Wertpapierfirma zur Bestimmung des Nominalwerts die CMV heran;

e) bei Swaps mit variablem Nominalwert wie Amortisationsswaps und Accreting Swaps verwendet die Wertpapierfirma als Nominalwert den durchschnittlichen Nominalwert während der Restlaufzeit des Swaps;

f) gehebelte Swaps werden in den Nominalwert des gleichwertigen nicht gehebelten Swaps umgewandelt, sodass bei Multiplikation aller Swap-Sätze mit einem bestimmten Faktor der Nominalwert durch Multiplikation des zustandsabhängigen Nominalwerts mit dem Faktor der Zinssätze ermittelt wird;

g) bei Derivatkontrakten mit mehrmaligem Austausch des Nennwerts wird der Nominalwert durch Multiplikation mit der Häufigkeit des Austauschs des Nennwerts ermittelt.

(4) [1] Der Nominalwert von Zinskontrakten und Kreditderivatkontrakten wird für den Zeitraum bis zur Fälligkeit (in Jahren) dieser Kontrakte nach der gemäß folgender Formel ermittelten Duration bereinigt:
Duration = (1 – exp(– 0,05 · Zeit bis zur Fälligkeit))/0,05; [2] Bei Derivatkontrakten, die keine Zinskontrakte und Kreditderivatkontrakte sind, beträgt die Duration 1.

(5) *[1]* Als Fälligkeitsdatum des Kontrakts gilt das letzte Datum, zu dem der Kontrakt noch ausgeübt werden darf.

[2] Wird durch das Derivat der Wert eines anderen Zins- oder Kreditinstruments referenziert, so wird der Zeitraum auf der Grundlage des zugrunde liegenden Instruments ermittelt.

[3] Als Fälligkeitsdatum von Optionen gilt das im Kontrakt festgelegte letzte Datum der Optionsausübung.

[4] Ist ein Derivatkontrakt so strukturiert, dass zu bestimmten Zeitpunkten ausstehende Forderungen bedient werden und durch eine Neufestsetzung der Konditionen der beizulegende Zeitwert des Kontrakts auf null zurückgesetzt wird, so gilt als Restlaufzeit die Zeit bis zur nächsten Neufestsetzung.

(6) [1] Das Aufsichtsdelta von Optionen und Swaptions darf die Wertpapierfirma nach Erlaubnis der zuständigen Behörde unter Verwendung eines geeigneten Modells selbst berechnen. [2] Mit dem Modell wird die Veränderung des Werts der Option bei geringfügigen Änderungen des Marktpreises des Basiswerts geschätzt. [3] Handelt es sich bei den Geschäften nicht um Optionen und Swaptions oder haben die zuständigen Behörden für kein Modell eine Erlaubnis erteilt, so gilt ein Delta von 1.

(7) Der Aufsichtsfaktor (SF) wird für jede Vermögensklasse nach folgender Tabelle festgesetzt:

Tabelle 3

Vermögensklasse	Aufsichtsfaktor
Zinssatz	0,5 %
Fremdwährung	4 %
Kredit	1 %
Eigenkapital (Einzeladresse)	32 %
Aktienindex	20 %
Waren- und Emissionszertifikat	18 %
Sonstige	32 %

(8) Der potenzielle künftige Risikopositionswert eines Netting-Satzes ist die Summe des potenziellen künftigen Risikopositionswerts aller in diesem Netting-Satz enthaltenen Geschäfte multipliziert mit

a) 0,42 für Netting-Sätze von Geschäften mit finanziellen und nichtfinanzielle Gegenparteien, für die gemäß den in Artikel 11 der Verordnung (EU) Nr. 648/2012 festgelegten Bedingungen mit der Gegenpartei bilateral Sicherheiten ausgetauscht werden, soweit dies erforderlich ist,

b) 1 für sonstige Netting-Sätze.

Art. 30 Sicherheiten. (1) *[1]* Für alle Sicherheiten sowohl für bilaterale als auch für geclearte Geschäfte gemäß Artikel 25 gelten Volatilitätsanpassungen gemäß folgender Tabelle:

Tabelle 4

Vermögensklasse		Volatilitätsanpassung für Pensionsgeschäfte	Volatilitätsanpassung für andere Geschäfte
Schuldverschreibungen von Zentralstaaten oder Zentralbanken	≤ 1 Jahr	0,707 %	1 %
	> 1 Jahr ≤ 5 Jahre	2,121 %	3 %
	> 5 Jahre	4,243 %	6 %
Schuldverschreibungen von anderen Einrichtungen	≤ 1 Jahr	1,414 %	2 %
	> 1 Jahr ≤ 5 Jahre	4,243 %	6 %
	> 5 Jahre	8,485 %	12 %
Verbriefungspositionen	≤ 1 Jahr	2,828 %	4 %
	> 1 Jahr ≤ 5 Jahre	8,485 %	12 %
	> 5 Jahre	16,970 %	24 %
Börsennotierte Aktien und Wandelanleihen		14,143 %	20 %
Sonstige Wertpapiere und Waren		17,678 %	25 %
Gold		10,607 %	15 %
Bargeld		0 %	0 %

[2] Für die Zwecke der Tabelle 4 umfassen Verbriefungspositionen keine Wiederverbriefungspositionen.

[3] [1]Die zuständigen Behörden können die Volatilitätsanpassung für bestimmte Arten von Waren ändern, für die es verschiedene Volatilitätsniveaus bei Preisen gibt. [2]Sie teilen der EBA diese Entscheidungen zusammen mit den Gründen für die Änderungen mit.

(2) *[1]* Der Wert der Sicherheiten wird wie folgt bestimmt:

a) Für die Zwecke von Artikel 25 Absatz 1 Buchstaben a, e und g durch den Betrag der von der Wertpapierfirma von ihrer Gegenpartei erhaltenen und gemäß Tabelle 4 nach unten korrigierten Sicherheiten und

b) für die in Artikel 25 Absatz 1 Buchstaben b, c, d und f genannten Geschäfte durch die Summe aus dem CMV der Wertpapierseite und dem Nettobetrag der von der Wertpapierfirma gestellten oder erhaltenen Sicherheiten.

[2] Für Wertpapierfinanzierungsgeschäfte, bei denen beide Seiten des Geschäfts Wertpapiere sind, wird die Sicherheit durch den CMV des von der Wertpapierfirma geliehenen Wertpapiers bestimmt.

[3] [1]Wenn die Wertpapierfirma das Wertpapier kauft oder es verliehen hat, so wird dessen aktueller Marktwert als negativer Betrag behandelt und gemäß der Volatilitätsanpassung in Tabelle 4 noch weiter nach unten korrigiert. [2]Wenn die Wertpapierfirma das Wertpapier verkauft oder es geliehen hat, so wird dessen aktueller Marktwert als positiver Betrag behandelt und gemäß der Volatilitätsanpassung in Tabelle 4 nach unten korrigiert.

[4] Fallen verschiedene Arten von Geschäften unter eine vertragliche Nettingvereinbarung und sind die in Artikel 31 genannten Bedingungen erfüllt, so wird auf die jeweiligen Beträge, die gemäß Unterabsatz 1 Buchstaben a und b auf Emittentenbasis innerhalb jeder Vermögensklasse berechnet wurden, die gültige Volatilitätsanpassung für „andere Geschäfte" in Tabelle 4 angewendet.

(3) Im Falle von Währungsinkongruenzen zwischen dem Geschäft und den erhaltenen bzw. gestellten Sicherheiten findet eine zusätzliche Volatilitätsanpassung für Währungsinkongruenzen in Höhe von 8 % Anwendung.

Art. 31 Aufrechnung (Netting) Für die Zwecke dieses Abschnitts dürfen Wertpapierfirmen erstens völlig kongruente Kontrakte, die Teil einer Nettingvereinbarung sind, als einen einzigen Kontrakt mit einem fiktiven Nennwert in Höhe der Nettoerträge behandeln, sie dürfen zweitens andere Geschäfte mit Schuldumwandlung gegeneinander aufrechnen, wobei alle Verpflichtungen zwischen der Wertpapierfirma und ihrer Gegenpartei automatisch so zusammengefasst werden, dass die Schuldumwandlung die früheren Bruttoverpflichtungen rechtlich durch einen einzigen Nettobetrag ersetzt, und sie dürfen drittens andere Geschäfte gegeneinander aufrechnen, sofern die Wertpapierfirma sicherstellt, dass folgende Bedingungen erfüllt sind:

a) Es wurde eine Nettingvereinbarung mit der Gegenpartei oder eine andere Vereinbarung geschlossen, die für alle erfassten Geschäfte eine einzige rechtliche Verpflichtung begründet, sodass die Wertpapierfirma nur einen Anspruch auf den Nettosaldo aus den positiven und negativen Marktwerten der erfassten Einzelgeschäfte hat bzw. zu dessen Zahlung verpflichtet ist, wenn eine Gegenpartei aufgrund einer der folgenden Ursachen ihren Verpflichtungen nicht nachkommt:

i) Ausfall,

ii) Insolvenz,
iii) Liquidation, oder
iv) ähnliche Umstände;

b) die Nettingvereinbarung enthält keine Klausel, die einer vertragserfüllenden Partei die Möglichkeit gibt, bei Ausfall einer Vertragspartei auch dann nur begrenzte oder gar keine Zahlungen in die Konkursmasse zu leisten, wenn die ausfallende Partei ein Nettogläubiger ist;

c) die Wertpapierfirma verfügt über ein unabhängiges schriftliches und mit einer Begründung versehenes Rechtsgutachten, aus dem hervorgeht, dass die Ansprüche und Verpflichtungen der Wertpapierfirma im Falle einer rechtlichen Anfechtung der Nettingvereinbarung den in Buchstaben a genannten Ansprüchen und Verpflichtungen gemäß einer der folgenden rechtlichen Regelungen gleichwertig wären:
i) dem Recht des Landes, in dem die Gegenpartei ihren Sitz hat,
ii) bei Beteiligung einer ausländischen Zweigniederlassung einer Gegenpartei – dem Recht des Landes, in dem die Zweigniederlassung ansässig ist;
iii) dem Recht des Landes, das für die unter die Nettingvereinbarung fallenden einzelnen Geschäfte maßgeblich ist; oder
iv) dem für Verträge oder Vereinbarungen, die für das Netting erforderlich sind, geltenden Recht.

Art. 32 Anpassung der Kreditbewertung. *[1]* Für die Zwecke dieses Abschnitts bezeichnet CVA die Anpassung eines Portfolios von Geschäften mit einer Gegenpartei an die Bewertung zum mittleren Marktwert, welche den CMV des Kreditrisikos der Gegenpartei gegenüber der Wertpapierfirma widerspiegelt, jedoch nicht den CMV des Kreditrisikos der Wertpapierfirma gegenüber der Gegenpartei.

[2] Die CVA beträgt 1,5 für alle Geschäfte mit Ausnahme der folgenden, für die die CVA 1 beträgt:

a) Geschäfte mit nichtfinanziellen Gegenparteien im Sinne des Artikels 2 Nummer 9 der Verordnung (EU) Nr. 648/2012 oder mit in einem Drittland niedergelassenen nichtfinanziellen Gegenparteien, wenn diese Geschäfte die Clearingschwellen gemäß Artikel 10 Absätze 3 und 4 der genannten Verordnung nicht überschreiten;
b) gruppeninterne Geschäfte gemäß Artikel 3 der Verordnung (EU) Nr. 648/2012;
c) Geschäfte mit langer Abwicklungsfrist;
d) Wertpapierfinanzierungsgeschäfte einschließlich Lombardgeschäfte, es sei denn, die zuständige Behörde stellt fest, dass sich aus diesen Geschäften wesentliche CVA-Risikopositionen für die Wertpapierfirma ergeben; und
e) Kredite und Darlehen gemäß Artikel 25 Absatz 1 Buchstabe g.

Abschnitt 2. Täglicher Handelsstrom

Art. 33 Messung des DTF für die Zwecke der Berechnung von K-DTF. (1) *[1]* Für die Zwecke der Berechnung von K-DTF ist DTF der gleitende Durchschnitt des Werts des gesamten täglichen Handelsstroms, der während jedes Geschäftstags der vorausgegangenen neun Monate gemessen wird; die letzten drei Monate bleiben dabei unberücksichtigt.

[2] DTF ist das arithmetische Mittel der täglichen Werte der verbleibenden sechs Monate.

[3] K-DTF wird am ersten Geschäftstag jedes Monats berechnet.

(2) [1] Der DTF wird als Summe des absoluten Werts des Kaufs und des absoluten Werts des Verkaufs in Kassageschäften und Derivaten nach folgenden Grundsätzen gemessen:

a) Bei Kassageschäften entspricht der Wert dem für jedes Geschäft gezahlten oder erhaltenen Betrag;

b) bei Derivatgeschäften entspricht der Wert des Geschäfts dem Nominalwert des Kontrakts.

[2] Der Nominalwert von Zinsderivaten wird für den Zeitraum bis zur Fälligkeit (in Jahren) dieser Kontrakte bereinigt. [3] Der Nominalwert wird mit der gemäß folgender Formel ermittelten Duration multipliziert:
Duration = Zeit bis zur Fälligkeit (in Jahren)/10

(3) *[1]* Im DTF werden keine Geschäfte berücksichtigt, die eine Wertpapierfirma zum Zwecke der Erbringung von Dienstleistungen des Portfolio-Managements im Namen von Investmentfonds abschließt.

[2] Der DTF umfasst Geschäfte, die eine Wertpapierfirma im eigenen Namen entweder für sich selbst oder im Namen eines Kunden abschließt.

(4) [1] Hat eine Wertpapierfirma einen täglichen Handelsstrom über weniger als neun Monate, so verwendet sie zur Berechnung von K-DTF historische DTF-Daten aus dem in Absatz 1 festgelegten Zeitraum, sobald diese zur Verfügung stehen. [2] Die zuständige Behörde kann fehlende historische Datenpunkte durch Regulierungsfeststellungen ersetzen, die auf den gemäß Artikel 7 der Richtlinie 2014/65/EU vorgelegten Geschäftsprognosen der Wertpapierfirma beruhen.

Kapitel 5. Ökologische und soziale Ziele

Art. 34 Aufsichtliche Behandlung von Vermögenswerten, die für mit ökologischen oder sozialen Zielen verbundene Tätigkeiten verwendet werden. (1) [1] Die EBA prüft nach Konsultation des Europäischen Ausschusses für Systemrisiken auf der Grundlage der verfügbaren Daten und Ergebnisse der Hochrangigen Expertengruppe der Kommission für ein nachhaltiges Finanzwesen, ob eine spezielle aufsichtliche Behandlung von Vermögenswerten, die für Tätigkeiten verwendet werden, die im Wesentlichen mit ökologischen oder sozialen Zielen verbunden sind, in Form von angepassten K-Faktoren oder angepassten K-Faktor-Koeffizienten aus einer aufsichtsrechtlichen Perspektive gerechtfertigt wäre. [2] Insbesondere prüft die EBA Folgendes:

a) methodische Optionen für die Bewertung der Verwendung von Kategorien von Vermögenswerten für Tätigkeiten, die im Wesentlichen mit ökologischen oder sozialen Zielen verbunden sind;

b) spezifische Risikoprofile von Vermögenswerten, die für Tätigkeiten verwendet werden, die im Wesentlichen mit ökologischen oder sozialen Zielen verbunden sind;

c) Risiken im Zusammenhang mit dem Wertverlust von Vermögenswerten aufgrund regulatorischer Änderungen, wie etwa Eindämmung des Klimawandels;

d) die potenziellen Auswirkungen einer speziellen aufsichtlichen Behandlung von Vermögenswerten, die für Tätigkeiten verwendet werden, die im Wesentlichen mit ökologischen oder sozialen Zielen verbunden sind, auf die Finanzstabilität.

(2) Die EBA legt dem Europäischen Parlament, dem Rat und der Kommission bis zum 26. Dezember 2021 einen Bericht über ihre Erkenntnisse vor.

(3) Auf der Grundlage des Berichts nach Absatz 2 legt die Kommission gegebenenfalls dem Europäischen Parlament und dem Rat einen Gesetzgebungsvorschlag vor.

Teil 4. Konzentrationsrisiko

Art. 35 Überwachungspflicht. (1) Wertpapierfirmen überwachen und kontrollieren ihr Konzentrationsrisiko im Einklang mit diesem Teil anhand solider Verwaltungs- und Rechnungslegungsverfahren sowie robuster interner Kontrollmechanismen.

(2) Für die Zwecke dieses Teils fallen unter die Begriffe „Kreditinstitut" und „Wertpapierfirma" private oder öffentliche Unternehmen, einschließlich ihrer Zweigniederlassungen, sofern diese Unternehmen, wenn sie in der Union niedergelassen wären, ein Kreditinstitut oder eine Wertpapierfirma im Sinne dieser Verordnung wären und sofern diese Unternehmen in einem Drittland zugelassen wurden, dessen aufsichtliche und regulatorische Anforderungen den in der Union geltenden Vorschriften zumindest gleichwertig sind.

Art. 36 Berechnung des Risikopositionswerts. (1) *[1]* [1] Wertpapierfirmen, die die in Artikel 12 Absatz 1 genannten Bedingungen als kleine und nicht verflochtene Wertpapierfirmen nicht erfüllen, berechnen den Risikopositionswert gegenüber einem Kunden oder einer Gruppe verbundener Kunden für die Zwecke dieses Teils, indem sie folgende Werte addieren:

a) den positiven Überschuss der Kaufpositionen der Wertpapierfirma über ihre Verkaufspositionen in allen von dem betreffenden Kunden emittierten Finanzinstrumenten im Handelsbuch, wobei die Nettoposition jedes dieser Instrumente nach den in Artikel 22 Buchstaben a, b und c genannten Bestimmungen berechnet wird.

b) den Risikopositionswert der in Artikel 25 Absatz 1 genannten Kontrakte und Geschäfte mit dem betreffenden Kunden, der gemäß Artikel 27 berechnet wird.

[2] Für die Zwecke von Unterabsatz 1 Buchstabe b dieses Absatzes berechnet eine Wertpapierfirma, die – für die Zwecke der Anforderung für RtM-K-Faktoren – die Kapitalanforderungen für die Handelsbuchpositionen nach dem Ansatz gemäß Artikel 23 berechnet, die Nettoposition für die Zwecke des Konzentrationsrisikos dieser Positionen gemäß den in Artikel 22 Buchstabe a genannten Bestimmungen;

[2] Für die Zwecke von Unterabsatz 1 Buchstabe b dieses Absatzes berechnet eine Wertpapierfirma, die – für die Zwecke des K-TCD – die Eigenmittelanforderungen anhand der in Artikel 25 Absatz 4 dieser Verordnung genannten Methoden berechnet, den Risikopositionswert der in Artikel 25 Absatz 1 dieser Verordnung genannten Kontrakte und Geschäfte anhand der in Teil 3 Titel II

Kapitel 6 Abschnitt 3, 4 oder 5 der Verordnung (EU) Nr. 575/2013[1)] beschriebenen Methoden.

(2) Der Risikopositionswert gegenüber einer Gruppe verbundener Kunden wird berechnet, indem die Risikopositionen gegenüber den Einzelkunden innerhalb der Gruppe addiert und sodann als eine einzige Risikoposition behandelt werden.

(3) Bei der Berechnung der Risikoposition gegenüber einem Kunden oder einer Gruppe verbundener Kunden ergreifen die Wertpapierfirmen alle angemessenen Maßnahmen zur Ermittlung der zugrunde liegenden Vermögenswerte in den betreffenden Geschäften sowie der Gegenpartei der zugrunde liegenden Risikopositionen.

Art. 37 Obergrenzen für das Konzentrationsrisiko und Überschreitung des Risikopositionswerts. (1) *[1]* Die Obergrenze einer Wertpapierfirma für das Konzentrationsrisiko eines Risikopositionswerts gegenüber einem Einzelkunden oder einer Gruppe verbundener Kunden beträgt 25 % ihrer Eigenmittel.

[2] Ist der betreffende Einzelkunde ein Kreditinstitut oder eine Wertpapierfirma oder umfasst eine Gruppe verbundener Kunden ein oder mehrere Kreditinstitute oder Wertpapierfirmen, so beträgt die Obergrenze für das Konzentrationsrisiko 25 % der Eigenmittel der Wertpapierfirma oder 150 Mio. EUR, je nachdem, welcher Betrag höher ist, sofern diese Obergrenze für die Summe der Risikopositionswerte gegenüber allen verbundenen Kunden, die keine Kreditinstitute oder Wertpapierfirmen sind, weiterhin 25 % der Eigenmittel der Wertpapierfirmen beträgt.

[3] Ist der Betrag von 150 Mio. EUR höher als 25 % der Eigenmittel der Wertpapierfirma, so darf die Obergrenze für das Konzentrationsrisiko 100 % der Eigenmittel der Wertpapierfirma nicht überschreiten.

(2) *[1]* Werden die in Absatz 1 genannten Obergrenzen überschritten, so erfüllt die Wertpapierfirma ihre Meldepflicht gemäß Artikel 38 und eine Eigenmittelanforderung in Bezug auf die Überschreitung des Risikopositionswerts gemäß Artikel 39.

[2] Wertpapierfirmen berechnen eine Überschreitung des Risikopositionswerts gegenüber einem Einzelkunden oder einer Gruppe verbundener Kunden nach folgender Formel:

$$\text{Überschreitung des Risikopositionswerts} = EV - L$$

dabei gilt:

EV = der nach der in Artikel 36 beschriebenen Methode berechnete Risikopositionswert; und

L = die Obergrenze für das Konzentrationsrisiko gemäß Absatz 1 dieses Artikels.

(3) Der Risikopositionswert gegenüber einem Einzelkunden oder einer Gruppe verbundener Kunden beträgt höchstens

a) 500 % der Eigenmittel der Wertpapierfirma, sofern die Überschreitung höchstens zehn Tage andauert;

[1)] Nr. 6.

b) 600 % der Eigenmittel der Wertpapierfirma für alle Überschreitungen, die länger als zehn Tage andauern, zusammengenommen.

Art. 38 Meldepflicht. (1) Bei Überschreitung der in Artikel 37 genannten Obergrenzen meldet die Wertpapierfirma den zuständigen Behörden unverzüglich die Höhe der Überschreitung und den Namen des betreffenden Einzelkunden sowie gegebenenfalls den Namen der betreffenden Gruppe verbundener Kunden.

(2) Die zuständigen Behörden können Wertpapierfirmen einen begrenzten Zeitraum bis zur Erfüllung der in Artikel 37 genannten Obergrenze einräumen.

Art. 39 Berechnung des K-CON. (1) Die K-CON-Eigenmittelanforderung ist die Summe der Eigenmittelanforderung, die für jeden Kunden oder jede Gruppe verbundener Kunden als in der entsprechenden Zeile in Spalte 1 der Tabelle 6 vorgesehene Eigenmittelanforderung, die einen Teil der gesamten Einzelüberschreitung darstellt, berechnet wird, multipliziert mit

a) 200 %, sofern die Überschreitung höchstens zehn Tage andauert;

b) nach Ablauf der Frist von zehn Tagen, gerechnet ab dem Datum, an dem die Überschreitung eingetreten ist – dem betreffenden Faktor in Spalte 2 der Tabelle 6, wobei jeder Anteil der Überschreitung der entsprechenden Zeile in Spalte 1 der Tabelle 6 zugeordnet wird.

(2) *[1]* Die Eigenmittelanforderung für die in Absatz 1 genannte Überschreitung wird nach folgender Formel berechnet:

$$OFRE = \frac{OFR}{EV} \cdot EVE$$

dabei gilt:

OFRE = die Eigenmittelanforderung für die Überschreitung;

OFR = die Eigenmittelanforderung für Risikopositionen gegenüber Einzelkunden oder Gruppen verbundener Kunden, berechnet durch Addition der Eigenmittelanforderungen für die Risikopositionen gegenüber den Einzelkunden innerhalb der Gruppe, die als eine einzige Risikoposition behandelt werden;

EV = der nach der in Artikel 36 beschriebenen Methode berechnete Risikopositionswert;

EVE = die nach der in Artikel 37 Absatz 2 beschriebenen Methode berechnete Überschreitung des Risikopositionswerts.

[2] Für die Zwecke der Berechnung des K-CON umfassen die Eigenmittelanforderungen für Risikopositionen, die sich aus dem positiven Überschuss der Kaufpositionen einer Wertpapierfirma über ihre Verkaufspositionen in allen von dem betreffenden Kunden emittierten Finanzinstrumenten im Handelsbuch ergeben, wobei die Nettoposition jedes dieser Instrumente, die nach den in Artikel 22 Buchstabe a, b und c genannten Bestimmungen berechnet wird, nur spezifische Risikoanforderungen.

[3] Eine Wertpapierfirma, die – für die Zwecke der Anforderung für RtM-K-Faktoren – die Eigenmittelanforderungen für Handelsbuchpositionen nach dem Ansatz gemäß Artikel 23 berechnet, berechnet die Eigenmittelanforderung

für die Risikoposition – für die Zwecke des Konzentrationsrisikos dieser Positionen – nach den in Artikel 22 Buchstabe a genannten Bestimmungen.

Tabelle 6

Spalte 1: Überschreitung des Risikopositionswerts als Prozentsatz der Eigenmittel	Spalte 2: Faktor
bis 40 %	200 %
Zwischen 40 % und 60 %	300 %
Zwischen 60 % und 80 %	400 %
Zwischen 80 % und 100 %	500 %
Zwischen 100 % und 250 %	600 %
Über 250 %	900 %

Art. 40 Verfahren zur Verhinderung der Umgehung der K-CON-Eigenmittelanforderung durch Wertpapierfirmen. (1) Wertpapierfirmen dürfen Risikopositionen, die die in Artikel 37 Absatz 1 festgelegte Obergrenze überschreiten, nicht vorübergehend auf ein anderes Unternehmen innerhalb oder außerhalb der gleichen Gruppe übertragen oder Scheingeschäfte tätigen, um die Risikoposition innerhalb der in Artikel 39 genannten Frist von zehn Tagen abzulösen und eine neue Risikoposition einzugehen.

(2) Die Wertpapierfirmen unterhalten Systeme, die sicherstellen, dass alle Übertragungen gemäß Absatz 1 unverzüglich den zuständigen Behörden gemeldet werden.

Art. 41 Ausnahmen. (1) Folgende Risikopositionen sind von den Anforderungen des Artikels 37 ausgenommen:

a) Risikopositionen, die vollständig von den Eigenmitteln einer Wertpapierfirma abgezogen werden;

b) Risikopositionen, die im Rahmen der üblichen Abwicklung von Zahlungsdiensten, Fremdwährungsgeschäften, Wertpapiergeschäften und der Durchführung des Zahlungsverkehrs eingegangen werden;

c) Risikopositionen in Form von Forderungen gegenüber

i) Zentralstaaten, Zentralbanken, öffentlichen Stellen, internationalen Organisationen oder multilateralen Entwicklungsbanken und von diesen garantierte oder diesen zurechenbare Risikopositionen, sofern bei diesen Risikopositionen nach den Artikeln 114 bis 118 der Verordnung (EU) Nr. 575/2013[1)] ein Risikogewicht von 0 % anzusetzen ist;

(ii) regionalen und lokalen Gebietskörperschaften von Staaten, die Mitglieder des Europäischen Wirtschaftsraums (EWR) sind;

iii) zentralen Gegenparteien und Beiträge zum Ausfallfonds einer zentralen Gegenpartei.

(2) Die zuständigen Behörden können folgende Risikopositionen ganz oder teilweise von der Anwendung des Artikels 37 ausnehmen:

a) gedeckte Schuldverschreibungen;

[1)] Nr. 6.

b) Risikopositionen einer Wertpapierfirma gegenüber seinem Mutterunternehmen, anderen Tochterunternehmen desselben und eigenen Tochterunternehmen, sofern diese Unternehmen in die Beaufsichtigung – entweder auf konsolidierter Basis gemäß Artikel 7 der vorliegenden Verordnung oder gemäß der Verordnung (EU) Nr. 575/2013 oder aber im Hinblick auf die Einhaltung des Gruppenkapitaltests gemäß Artikel 8 der vorliegenden Verordnung – einbezogen sind, oder nach gleichwertigen Normen eines Drittlandes beaufsichtigt werden, und sofern die folgenden Bedingungen erfüllt sind:
   i) ein wesentliches tatsächliches oder rechtliches Hindernis für die unverzügliche Übertragung von Kapital oder die Rückzahlung von Verbindlichkeiten durch das Mutterunternehmen ist weder vorhanden noch abzusehen; und
   ii) die Risikobewertungs-, -mess- und -kontrollverfahren des Mutterunternehmens erstrecken sich auf das Unternehmen der Finanzbranche.

Art. 42 Ausnahme für Waren- und Emissionszertifikatehändler. (1) Die Bestimmungen dieses Teils gelten nicht für Waren- und Emissionszertifikatehändler, wenn alle folgenden Bedingungen erfüllt sind:
a) Die andere Gegenpartei ist eine nichtfinanzielle Gegenpartei;
b) beide Gegenparteien unterliegen geeigneten zentralisierten Risikobewertungs-, -mess- und -kontrollverfahren;
c) das Geschäft kann so bewertet werden, dass es zur Minderung von Risiken beiträgt, die in direktem Zusammenhang mit der Geschäftstätigkeit oder dem Liquiditäts- und Finanzmanagement der nichtfinanziellen Gegenpartei oder der betreffenden Gruppe stehen.

(2) Die Wertpapierfirmen unterrichten vor Anwendung der in Absatz 1 genannten Ausnahme die zuständige Behörde entsprechend.

Teil 5. Liquidität

Art. 43 Liquiditätsanforderung. (1) *[1]* Wertpapierfirmen halten liquide Aktiva in Höhe von mindestens einem Drittel der Anforderungen für die fixen Gemeinkosten, berechnet gemäß Artikel 13 Absatz 1.

[2] Abweichend von Unterabsatz 1 dieses Absatzes können die zuständigen Behörden Wertpapierfirmen, die die in Artikel 12 Absatz 1 genannten Bedingungen als kleine und nicht verflochtene Wertpapierfirmen erfüllen, von der Anwendung des Unterabsatzes 1 des vorliegenden Absatzes ausnehmen; sie zeigen dies der EBA ordnungsgemäß an.

[3] Für die Zwecke von Unterabsatz 1 gelten folgende Aktiva, ohne Begrenzung hinsichtlich ihrer Zusammensetzung, als liquide Aktiva:
a) die in den Artikeln 10 bis 13 der Delegierten Verordnung (EU) 2015/61 genannten Aktiva unter den gleichen Bedingungen hinsichtlich der Anerkennungskriterien und der gleichen anwendbaren Abschläge wie den in jenen Artikeln genannten;
b) die in Artikel 15 der Delegierten Verordnung (EU) 2015/61 genannten Aktiva bis zu einem Absolutbetrag von 50 Mio. EUR oder dem entsprechenden Betrag in der Landeswährung unter den gleichen Bedingungen

hinsichtlich der Anerkennungskriterien, mit Ausnahme der in Artikel 15 Absatz 1 dieser Verordnung genannte Höchstbetrag von 500 Mio. EUR und der gleichen, anwendbaren Abschläge wie den in jenem Artikel genannten;

c) nicht unter diesen Unterabsatz Buchstaben a und b fallende Finanzinstrumente, die an einem Handelsplatz gehandelt werden und für die es einen liquiden Markt im Sinne des Artikels 2 Absatz 1 Nummer 17 der Verordnung (EU) Nr. 600/2014 und der Artikel 1 bis 5 der Delegierten Verordnung (EU) 2017/567 der Kommission[1] gibt, vorbehaltlich eines Abschlags von 55 %;

d) unbelastete, kurzfristige Einlagen bei einem Kreditinstitut.

(2) Barmittel, kurzfristige Einlagen und Finanzinstrumente im Besitz von Kunden, auch wenn sie im Namen der Wertpapierfirma gehalten werden, gelten für die Zwecke von Absatz 1 nicht als liquide Aktiva.

(3) Für die Zwecke von Absatz 1 dieses Artikels dürfen Wertpapierfirmen, die die in Artikel 12 Absatz 1 dieser Verordnung genannten Bedingungen als kleine und nicht verflochtene Wertpapierfirmen erfüllen, und Wertpapierfirmen, die die in Artikel 12 Absatz 1 dieser Verordnung genannten Bedingungen als kleine und nicht verflochtene Wertpapierfirmen nicht erfüllen, aber keine der in Anhang I Abschnitt A Nummern 3 und 6 der Richtlinie 2014/65/EU genannten Tätigkeiten ausüben, in ihre liquiden Aktiva auch Forderungen aus Lieferungen und Leistungen sowie Gebühren oder Provisionen einbeziehen, die innerhalb von 30 Tagen eingezogen werden, wenn diese Forderungen folgende Bedingungen erfüllen:

a) Auf sie entfällt höchstens ein Drittel der Mindestliquiditätsanforderungen gemäß Absatz 1 dieses Artikels;

b) sie werden nicht bei etwaigen zusätzlichen Liquiditätsanforderungen berücksichtigt, die gemäß Artikel 39 Absatz 2 Buchstabe k der Richtlinie (EU) 2019/2034 von der zuständigen Behörde für firmenspezifische Risiken vorgeschrieben werden;

c) sie unterliegen einem Abschlag von 50 %.

(4) Für die Zwecke von Absatz 1 Unterabsatz 2 gibt die EBA in Abstimmung mit der ESMA Leitlinien heraus, in denen sie weitere Kriterien festlegt, die die zuständigen Behörden berücksichtigen können, wenn sie Wertpapierfirmen, die die in Artikel 12 Absatz 1 genannten Bedingungen als kleine und nicht verflochtene Wertpapierfirmen erfüllen, von der Liquiditätsanforderung ausnehmen.

Art. 44 Vorübergehende Herabsetzung der Liquiditätsanforderung.

(1) Wertpapierfirmen können in Ausnahmefällen nach Erlaubnis durch die zuständige Behörde die Höhe der gehaltenen liquiden Aktiva verringern.

(2) Die Einhaltung der Liquiditätsanforderung gemäß Artikel 43 Absatz 1 wird innerhalb von 30 Tagen nach der ursprünglichen Herabsetzung wiederhergestellt.

---

[1] **Amtl. Anm.:** Delegierte Verordnung (EU) 2017/567 der Kommission vom 18. Mai 2016 zur Ergänzung der Verordnung (EU) Nr. 600/2014 des Europäischen Parlaments und des Rates im Hinblick auf Begriffsbestimmungen, Transparenz, Portfoliokomprimierung und Aufsichtsmaßnahmen zur Produktintervention und zu den Positionen (ABl. L 87 vom 31.3.2017, S. 90).

Art. 45 Kundengarantien. Die Wertpapierfirmen erhöhen ihre liquiden Aktiva um 1,6 % des Gesamtbetrags der ihren Kunden gewährten Garantien.

Teil 6. Offenlegungen von Wertpapierfirmen

Art. 46 Anwendungsbereich. (1) Wertpapierfirmen, die die in Artikel 12 Absatz 1 genannten Bedingungen als kleine und nicht verflochtene Wertpapierfirmen nicht erfüllen, legen die in diesem Teil genannten Informationen am selben Tag offen, an dem sie ihren Jahresabschluss veröffentlichen.

(2) Wertpapierfirmen, die die in Artikel 12 Absatz 1 genannten Bedingungen als kleine und nicht verflochtene Wertpapierfirmen erfüllen und die Instrumente des zusätzlichen Kernkapitals emittieren, legen die in den Artikeln 47, 49 und 50 genannten Informationen am selben Tag offen, an dem sie ihren Jahresabschluss veröffentlichen.

(3) Erfüllt eine Wertpapierfirma nicht mehr alle in Artikel 12 Absatz 1 genannten Bedingungen als kleine und nicht verflochtene Wertpapierfirma, so legt sie die in diesem Teil genannten Informationen ab dem Geschäftsjahr, das auf das Geschäftsjahr, in dem sie diese Bedingungen nicht mehr erfüllt hat, folgt, offen.

(4) [1] Die Wertpapierfirmen können selbst entscheiden, welches Medium und welche Stelle zur wirksamen Erfüllung der Offenlegungspflichten gemäß den Absätzen 1 und 2 geeignet sind. [2] Die Offenlegung erfolgt in einem einzigen Medium oder an einer einzigen Stelle, sofern dies möglich ist. [3] Werden in zwei oder mehr Medien gleiche oder vergleichbare Informationen offengelegt, so ist in jedem Medium auf die gleichlautende Information im anderen Medium zu verweisen.

Art. 47 Risikomanagementziele und -politik. Die Wertpapierfirmen legen ihre Risikomanagementziele und -politik für jede einzelne Risikokategorie in den Teilen 3, 4 und 5 in Einklang mit Artikel 46 offen, einschließlich einer Zusammenfassung der Strategien und Verfahren für die Steuerung dieser Risiken und einer vom Leitungsorgan der Wertpapierfirma genehmigten konzisen Risikoerklärung, in der das mit der Geschäftsstrategie verbundene Gesamtrisikoprofil der Wertpapierfirma kurz beschrieben wird.

Art. 48 Unternehmensführung. Hinsichtlich interner Regelungen für die Unternehmensführung legen die Wertpapierfirmen gemäß Artikel 46 folgende offen:

a) Anzahl der von Mitgliedern des Leitungsorgans bekleideten Leitungs- oder Aufsichtsfunktionen;
b) Diversitätsstrategie für die Auswahl der Mitglieder des Leitungsorgans, Ziele und einschlägige Zielvorgaben der Strategie sowie Zielerreichungsgrad;
c) Angaben, ob die Wertpapierfirma einen separaten Risikoausschuss eingerichtet hat, und Anzahl der bisher abgehaltenen jährlichen Ausschusssitzungen.

Art. 49 Eigenmittel. (1) Hinsichtlich ihrer Eigenmittel legen die Wertpapierfirmen gemäß Artikel 46 folgende Informationen offen:

a) ein vollständiger Abgleich der Posten des harten Kernkapitals, des zusätzlichen Kernkapitals, des Ergänzungskapitals, sowie der Korrekturposten und der Abzüge von den Eigenmitteln der Wertpapierfirma mit der in den geprüften Abschlüssen der Wertpapierfirma enthaltenen Bilanz,

b) eine Beschreibung der Hauptmerkmale der von der Wertpapierfirma begebenen Instrumente des harten Kernkapitals, des zusätzlichen Kernkapitals und des Ergänzungskapitals;

c) eine Beschreibung sämtlicher auf die Berechnung der Eigenmittel im Einklang mit dieser Verordnung angewandten Beschränkungen sowie der Instrumente und der Abzüge, auf die diese Beschränkungen Anwendung finden.

(2) *[1]* Die EBA erarbeitet in Abstimmung mit der ESMA Entwürfe technischer Durchführungsstandards, um Bögen für die Offenlegung gemäß Absatz 1 Buchstaben a, b und c festzulegen.

[2] Die EBA legt der Kommission diese Entwürfe technischer Durchführungsstandards bis zum 26. Juni 2021 vor.

[3] Der Kommission wird die Befugnis übertragen, die in Unterabsatz 1 genannten technischen Durchführungsstandards gemäß Artikel 15 der Verordnung (EU) Nr. 1093/2010 zu erlassen.

Art. 50 Eigenmittelanforderungen. Hinsichtlich der Einhaltung der Anforderungen des Artikels 11 Absatz 1 der vorliegenden Verordnung und des Artikels 24 der Richtlinie (EU) 2019/2034 legen die Wertpapierfirmen gemäß Artikel 46 der vorliegenden Verordnung folgende Informationen hinsichtlich der offen:

a) eine Zusammenfassung des Ansatzes, nach dem die Wertpapierfirma die Angemessenheit ihres internen Kapitals zur Unterlegung der aktuellen und zukünftigen Aktivitäten beurteilt;

b) wenn von der zuständigen Behörde gefordert, das Ergebnis des firmeneigenen Verfahrens zur Beurteilung der Angemessenheit des internen Kapitals der Firma, einschließlich der Zusammensetzung der zusätzlichen Eigenmittel, auf der Grundlage der aufsichtlichen Überprüfung gemäß Artikel 39 Absatz 2 Buchstabe a der Richtlinie (EU) 2019/2034;

c) die Anforderungen für K-Faktoren, die gemäß Artikel 15 der vorliegenden Verordnung berechnet werden, in aggregierter Form für das RtM, das RtF und das RtC auf der Grundlage der Summe der anwendbaren K-Faktoren; und

d) die gemäß Artikel 13 der vorliegenden Verordnung bestimmte Anforderung für fixe Gemeinkosten.

Art. 51 Vergütungspolitik und -praxis. *[1]* [1]Die Wertpapierfirmen legen gemäß Artikel 46 hinsichtlich ihrer Vergütungspolitik und -praxis, einschließlich der Aspekte der Geschlechterneutralität und des Einkommensgefälles zwischen Frauen und Männern, für diejenigen Mitarbeiterkategorien offen, deren berufliche Tätigkeit sich wesentlich auf das Risikoprofil der Wertpapierfirma auswirkt, folgende Informationen offen:

a) die wichtigsten Gestaltungsmerkmale des Vergütungssystems, einschließlich der Höhe der variablen Vergütung und der Kriterien für die Vergabe der variablen Vergütung, der Auszahlung in Instrumenten, der Aufschubpolitik und der Erdienungskriterien;

b) die gemäß Artikel 30 Absatz 2 der Richtlinie (EU) 2019/2034 festgelegten Werte für das Verhältnis zwischen dem festen und dem variablen Vergütungsbestandteil;

c) zusammengefasste quantitative Angaben zu den Vergütungen, aufgeschlüsselt nach Geschäftsleitung und Mitarbeitern, deren Tätigkeiten einen wesentlichen Einfluss auf das Risikoprofil der Wertpapierfirma haben, aus denen Folgendes hervorgeht:

   i) die im Geschäftsjahr gewährten Vergütungsbeträge, aufgeteilt in feste Vergütung, einschließlich einer Beschreibung der festen Komponenten, und variable Vergütung, sowie die Zahl der Begünstigten;

   ii) die Beträge und Formen der gewährten variablen Vergütung, aufgeteilt in Bargeld, Aktien, mit Aktien verknüpfte Instrumente und andere Arten, getrennt für den im Voraus gezahlten Teil und für den zurückbehaltenen Teil;

   iii) die Beträge der für vorausgegangene Erfolgsperioden gewährten zurückbehaltenen Vergütung, aufgeteilt in den im Geschäftsjahr erdienten Betrag und den in darauffolgenden Jahren erdienten Betrag;

   iv) den Betrag der im Geschäftsjahr verdienten zurückbehaltenen Vergütung, der während des Geschäftsjahres ausgezahlt und der infolge von Leistungsanpassungen gekürzt wurde;

   v) die während des Geschäftsjahres gewährte garantierte variable Vergütung und die Zahl der Begünstigten der Gewährungen;

   vi) die in vorausgegangenen Zeiträumen gewährten Abfindungen, die während des Geschäftsjahres ausgezahlt wurden;

   vii) die Beträge der während des Geschäftsjahres gewährten Abfindungen, aufgeteilt in vorab gezahlte und zurückbehaltene Beträge, die Zahl der Begünstigten dieser Zahlungen und die höchste Zahlung, die einer Einzelperson gewährt wurde;

d) Angaben dazu, ob für die Wertpapierfirma eine Ausnahme nach Artikel 32 Absatz 4 der Richtlinie (EU) 2019/2034 gilt.

[2] Für die Zwecke von Unterabsatz 1 Buchstabe d geben Wertpapierfirmen, für die eine derartige Ausnahme gilt, an, ob diese Ausnahme auf der Grundlage von Artikel 32 Absatz 4 Buchstabe a oder Buchstabe b der Richtlinie (EU) 2019/2034 oder auf der Grundlage beider Buchstaben gewährt wurde. [3] Sie geben ferner an, für welche der Vergütungsgrundsätze sie die Ausnahme(n) anwenden, die Zahl der Mitarbeiter, denen die Ausnahme(n) gewährt wird (werden), und ihre Gesamtvergütung, aufgeteilt in feste und variable Vergütung.

[2] Dieser Artikel berührt nicht die Bestimmungen der Verordnung (EU) 2016/679 des Europäischen Parlaments und des Rates[1)].

Art. 52 Anlagestrategie. (1) [1] Die Mitgliedstaaten stellen sicher, dass Wertpapierfirmen, die die in Artikel 32 Absatz 4 Buchstabe a der Richtlinie (EU)

[1)] **Amtl. Anm.:** Verordnung (EU) 2016/679 des Europäischen Parlaments und des Rates vom 27. April 2016 zum Schutz natürlicher Personen bei der Verarbeitung personenbezogener Daten, zum freien Datenverkehr und zur Aufhebung der Richtlinie 95/46/EG (Datenschutz-Grundverordnung) (ABl. L 119 vom 4.5.2016, S. 1).

2019/2034 genannten Kriterien nicht erfüllen, gemäß Artikel 46 der vorliegenden Verordnung Folgendes offenlegen:

a) den Anteil der mit den von ihnen direkt oder indirekt gehaltenen Aktien verbundenen Stimmrechte, aufgeschlüsselt nach Mitgliedstaaten und Sektoren;

b) eine vollständige Beschreibung ihres Wahlverhaltens in den allgemeinen Hauptversammlungen der Unternehmen, deren Aktien sie gemäß Absatz 2 halten, eine Erläuterung der Abstimmungen und den Anteil der vom Verwaltungs- oder Leitungsorgan des Unternehmens vorgelegten Vorschläge, denen sie zugestimmt haben; und

c) eine Erläuterung ihres Rückgriffs auf Stimmrechtsberater;

d) die Abstimmungsleitlinien für die Unternehmen, deren Aktien sie gemäß Absatz 2 halten.

[2]Die Offenlegungspflicht gemäß Unterabsatz 1 Buchstabe b gilt nicht, wenn nach den vertraglichen Vereinbarungen aller Aktionäre, die von der Wertpapierfirma in der Aktionärsversammlung vertreten werden, die Wertpapierfirma nicht ermächtigt ist, im Namen der Aktionäre abzustimmen, es sei denn, diese haben ausdrückliche Abstimmungsanweisungen erteilt, nachdem sie die Tagesordnung der Versammlung erhalten haben.

(2) [1]Die Wertpapierfirma nach Absatz 1 erfüllt jenen Absatz nur in Bezug auf jedes Unternehmen, dessen Aktien zum Handel an einem geregelten Markt zugelassen sind, und nur in Bezug auf die Aktien, die mit Stimmrechten verbunden sind, sofern der Anteil der Stimmrechte, die die Wertpapierfirma direkt oder indirekt hält, mehr als 5 % aller mit den vom betreffenden Unternehmen emittierten Aktien verbundenen Stimmrechte beträgt. [2]Die Stimmrechte werden ausgehend von der Gesamtzahl der mit Stimmrechten verbundenen Aktien berechnet, auch wenn die Ausübung dieser Stimmrechte ausgesetzt ist.

(3) *[1]* Die EBA erarbeitet in Abstimmung mit der ESMA Entwürfe technischer Regulierungsstandards, um Bögen für die Offenlegung gemäß Absatz 1 festzulegen.

[2] Die EBA übermittelt der Kommission diese Entwürfe technischer Regulierungsstandards bis zum 26. Juni 2021.

[3] Der Kommission wird die Befugnis übertragen, diese Verordnung zu ergänzen, indem die in Unterabsatz 1 genannten technischen Regulierungsstandards gemäß den Artikeln 10 bis 14 der Verordnung (EU) Nr. 1093/2010 erlassen werden.

Art. 53 Umwelt, Sozial- und Unternehmensführungsrisiken. *[1]* Ab dem 26. Dezember 2022 legen Wertpapierfirmen, die die Kriterien nach Artikel 32 Absatz 4 der Richtlinie (EU) 2019/2034 nicht erfüllen, Informationen zu Umwelt, Sozial- und Unternehmensführungsrisiken (ESG-Risiken), einschließlich physischer Risiken und Transitionsrisiken im Sinne des Berichts nach Artikel 35 der Richtlinie (EU) 2019/2034 offen.

[2] Die Informationen werden gemäß Unterabsatz 1 einmal im ersten Jahr und danach halbjährlich offen gelegt.

Teil 7. Meldungen von Wertpapierfirmen

Art. 54 Meldepflichten. (1) [1] Die Wertpapierfirmen melden den zuständigen Behörden vierteljährlich alle folgenden Informationen:

a) Höhe und Zusammensetzung der Eigenmittel;
b) Eigenmittelanforderungen;
c) Berechnung der Eigenmittelanforderungen;
d) Umfang der Tätigkeit in Bezug auf die in Artikel 12 Absatz 1 genannten Bedingungen, einschließlich Aufschlüsselung der Bilanz und der Einnahmen nach Wertpapierdienstleistung und anwendbarem K-Faktor;
e) Konzentrationsrisiko;
f) Liquiditätsanforderungen.

[2] Abweichend von Unterabsatz 1 legen Wertpapierfirmen, die die in Artikel 12 Absatz 1 genannten Bedingungen als kleine und nicht verflochtene Wertpapierfirmen erfüllen, einen Jahresbericht vor.

(2) *[1]* [1] Die Informationen nach Absatz 1 Buchstabe e enthalten die folgenden Risikograde und sind den zuständigen Behörden mindestens jährlich zu melden:

a) Grad des Konzentrationsrisikos im Zusammenhang mit dem Ausfall von Gegenparteien und mit Handelsbuchpositionen auf Einzelbasis und auf aggregierter Basis;
b) Grad des Konzentrationsrisikos gegenüber den Kreditinstituten, Wertpapierfirmen und anderen Unternehmen, die Kundengelder halten;
c) Grad des Konzentrationsrisikos gegenüber den Kreditinstituten, Wertpapierfirmen und anderen Unternehmen, bei denen Wertpapiere von Kunden hinterlegt sind;
d) Grad des Konzentrationsrisikos gegenüber den Kreditinstituten, bei denen das Bankguthaben der Wertpapierfirma deponiert ist; und
e) Grad des Konzentrationsrisikos im Hinblick auf die Gewinne;
f) Grad des Konzentrationsrisikos nach den Buchstaben a bis e, wenn bei der Berechnung nicht nur die Risikopositionen, die sich aus Handelsbuchpositionen ergeben, sondern auch die nicht im Handelsbuch erfassten Vermögenswerte und außerbilanziellen Posten berücksichtigt werden.

[2] Für die Zwecke dieses Absatzes schließen die Begriffe „Kreditinstitut" und „Wertpapierfirma" private oder öffentliche Unternehmen, einschließlich ihrer Zweigniederlassungen, die, wenn sie in der Union niedergelassen wären, ein Kreditinstitut oder eine Wertpapierfirma im Sinne dieser Verordnung wären und die in einem Drittland zugelassen wurden, dessen aufsichtliche und regulatorische Anforderungen den in der Union geltenden Vorschriften zumindest gleichwertig sind, ein.

[2] Abweichend von Absatz 1 dieses Artikels sind Wertpapierfirmen, die die in Artikel 12 Absatz 1 genannten Bedingungen als kleine und nicht verflochtene Wertpapierfirmen erfüllen, nicht verpflichtet, die Informationen nach Absatz 1 Buchstabe e dieses Artikels und, sofern ihnen eine Ausnahme nach Artikel 43 Absatz 1 Unterabsatz 2 gewährt wurde, die Informationen nach Absatz 1 Buchstabe f dieses Artikels zu melden.

(3) *[1]* [1] Für die Zwecke der in diesem Artikel festgelegten Meldepflichten erarbeitet die EBA in Abstimmung mit der ESMA Entwürfe technischer Durchführungsstandards, um Folgendes festzulegen:

a) die Formate,

b) Meldefristen und Definitionen und zugehörige Anweisungen, in denen beschrieben wird, wie diese Formate zu benutzen sind.

[2] Die Entwürfe technischer Durchführungsstandards gemäß Unterabsatz 1 sind konzise und stehen in einem angemessenen Verhältnis zur Art, zum Umfang und zur Komplexität der Tätigkeiten der Wertpapierfirmen und tragen den Unterschieden bezüglich der Detailgenauigkeit der Informationen Rechnung, die eine Wertpapierfirma, die die in Artikel 12 Absatz 1 genannten Bedingungen als kleine und nicht verflochtene Wertpapierfirma erfüllt, meldet.

[2] Die EBA erstellt die in Unterabsatz 1 genannten Entwürfe technischer Durchführungsstandards bis zum 26. Dezember 2020.

[3] Der Kommission wird die Befugnis übertragen, die in diesem Absatz genannten technischen Durchführungsstandards gemäß Artikel 15 der Verordnung (EU) Nr. 1093/2010 zu erlassen.

Art. 55 Meldepflichten bestimmter Wertpapierfirmen, einschließlich für die Zwecke der in Artikel 1 Absatz 2 der vorliegenden Verordnung und Artikel 4 Absatz 1 Nummer 1 Buchstabe b der Verordnung (EU) Nr. 575/2013[1)] genannten Schwellenwerte. (1) [1] Wertpapierfirmen, die eine der in Anhang I Abschnitt A Nummern 3 und 6 der Richtlinie 2014/65/EU genannten Tätigkeiten ausüben, überprüfen monatlich den Wert ihrer gesamten Vermögenswerte und melden der zuständigen Behörde diese Informationen vierteljährlich, wenn der Gesamtwert ihrer konsolidierten Bilanzsumme – berechnet als Durchschnitt der vorausgegangenen zwölf Monate – 5 Mrd. EUR oder mehr beträgt. [2] Die zuständige Behörde unterrichtet die EBA darüber.

(2) [1] Ist eine Wertpapierfirma nach Absatz 1 Teil einer Gruppe, in der ein oder mehrere andere Unternehmen Wertpapierfirmen sind, die eine der in Anhang I Abschnitt A Nummern 3 und 6 der Richtlinie 2014/65/EU genannten Tätigkeiten ausüben, so überprüfen alle Wertpapierfirmen in dieser Gruppe monatlich den Wert ihrer gesamten Vermögenswerte, wenn der Gesamtwert der konsolidierten Bilanzsumme der Gruppe – berechnet als Durchschnitt der vorausgegangenen zwölf Monate – 5 Mrd. EUR oder mehr beträgt. [2] Diese Wertpapierfirmen melden einander monatlich ihre gesamten Vermögenswerte und melden den jeweils zuständigen Behörden vierteljährlich ihre konsolidierte Bilanzsumme. [3] Die zuständigen Behörden unterrichten die EBA darüber.

(3) Erreicht der Durchschnitt der monatlichen gesamten Vermögenswerte der in den Absätzen 1 und 2 genannten Wertpapierfirmen einen der in Artikel 1 Absatz 2 der vorliegenden Verordnung oder in Artikel 4 Absatz 1 Nummer 1 Buchstabe b der Verordnung (EU) Nr. 575/2013 festgelegten, als Durchschnitt der vorausgegangenen zwölf Monate berechneten Schwellenwerte, so teilt die EBA dies den betreffenden Wertpapierfirmen und den zuständigen Behörden, einschließlich der für die Erteilung der Zulassung gemäß Artikel 8a der Richtlinie 2013/36/EU zuständigen Behörden, mit.

[1)] Nr. **6**.

(4) Ergibt eine Überprüfung gemäß Artikel 36 der Richtlinie (EU) 2019/2034 dass von einer Wertpapierfirma nach Absatz 1 des vorliegenden Artikels ein Systemrisiko im Sinne des Artikels 23 der Verordnung (EU|) Nr. 1093/2010 ausgeht, so unterrichten die zuständigen Behörden die EBA unverzüglich von den Ergebnissen dieser Überprüfung.

(5) *[1]* Die EBA erarbeitet in Abstimmung mit der ESMA Entwürfe technischer Regulierungsstandards, in denen die Pflicht zur Übermittlung von Informationen an die in den Absätzen 1 und 2 genannten jeweils zuständigen Behörden weiter spezifiziert wird, um die in Artikel 8a Absatz 1 Buchstaben a und b der Richtlinie 2013/36/EU festgelegten Schwellenwerte wirksam überwachen zu können.

[2] Die EBA legt der Kommission diese Entwürfe technischer Regulierungsstandards bis zum 26. Dezember 2020 vor.

[3] Der Kommission wird die Befugnis übertragen, diese Verordnung zu ergänzen, indem die in diesem Absatz genannten technischen Regulierungsstandards gemäß den Artikeln 10 bis 14 der Verordnung (EU) Nr. 1093/2010 erlassen werden.

Teil 8. Delegierte Rechtsakte

Art. 56 Ausübung der Befugnisübertragung. (1) Die Befugnis zum Erlass delegierter Rechtsakte wird der Kommission unter den in diesem Artikel festgelegten Bedingungen übertragen.

(2) Die Befugnis zum Erlass delegierter Rechtsakte gemäß Artikel 4 Absatz 2 wird der Kommission für einen Zeitraum von fünf Jahren ab dem 25. Dezember 2019 übertragen.

(3) [1] Die Befugnisübertragung gemäß Artikel 4 Absatz 2 kann vom Europäischen Parlament oder vom Rat jederzeit widerrufen werden. [2] Der Beschluss über den Widerruf beendet die Übertragung der in dem Beschluss angegebenen Befugnis. [3] Er wird am Tag nach seiner Veröffentlichung im Amtsblatt der Europäischen Union oder zu einem im Beschluss über den Widerruf angegebenen späteren Zeitpunkt wirksam. [4] Die Gültigkeit von delegierten Rechtsakten, die bereits in Kraft sind, wird von dem Beschluss über den Widerruf nicht berührt.

(4) Vor dem Erlass eines delegierten Rechtsakts konsultiert die Kommission die von den einzelnen Mitgliedstaaten benannten Sachverständigen im Einklang mit den in der Interinstitutionellen Vereinbarung vom 13. April 2016 über bessere Rechtsetzung enthaltenen Grundsätzen.

(5) Sobald die Kommission einen delegierten Rechtsakt erlässt, übermittelt sie ihn gleichzeitig dem Europäischen Parlament und dem Rat.

(6) [1] Ein delegierter Rechtsakt, der gemäß Artikel 4 Absatz 2 erlassen wurde, tritt nur in Kraft, wenn weder das Europäische Parlament noch der Rat innerhalb einer Frist von zwei Monaten nach Übermittlung dieses Rechtsakts an das Europäische Parlament und den Rat Einwände erhoben haben oder wenn vor Ablauf dieser Frist das Europäische Parlament und der Rat beide der Kommission mitgeteilt haben, dass sie keine Einwände erheben werden. [2] Auf Initiative des Europäischen Parlaments oder des Rates wird diese Frist um zwei Monate verlängert.

Teil 9. Übergangsbestimmungen, Berichte, Überprüfungen und Änderungen

Titel I. Übergangsbestimmungen

Art. 57 Übergangsbestimmungen. (1) Die Artikel 43 bis 51 gelten für Waren- und Emissionszertifikatehändler ab dem 26. Juni 2026.

(2) Wertpapierfirmen wenden ab dem 26. Juni 2026 oder ab dem Beginn der Anwendung – auf Kreditinstitute für die Zwecke der Eigenmittelanforderungen – des alternativen Standardansatzes gemäß Teil 3 Titel IV Kapitel 1a der Verordnung (EU) Nr. 575/2013[1)] und des auf einem alternativen internen Modell beruhenden Ansatzes gemäß Teil 3 Titel IV Kapitel 1b der Verordnung (EU) Nr. 575/2013, je nachdem, welches Datum später eintritt, die Anforderungen von Teil 3 Titel IV der Verordnung (EU) Nr. 575/2013, in der durch die Verordnung (EU) 2019/630 geänderten Fassung, für die Zwecke der Berechnung von K-NPR an.

(3) Abweichend von Artikel 11 Absatz 1 Buchstaben a und c dürfen Wertpapierfirmen geringere Eigenmittelanforderungen für einen Zeitraum von fünf Jahren ab 26. Juni 2021 wie folgt anwenden:

a) auf die doppelte einschlägige Eigenmittelanforderung nach Teil 3 Titel I Kapitel 1 der Verordnung (EU) Nr. 575/2013, wobei Artikel 93 Absatz 1 der genannten Verordnung zu berücksichtigen ist, mit Bezug auf die Höhe des Anfangskapitals gemäß Titel IV der Richtlinie 2013/36/EU, in der durch die Richtlinie (EU) 2019/878 geänderten Fassung, der anzuwenden gewesen wäre, wenn die Wertpapierfirma weiterhin den Eigenmittelanforderungen der genannten Verordnung, in der durch die Verordnung (EU) 2019/630 geänderten Fassung, unterlegen hätte;

b) auf die doppelte anwendbare Anforderung für fixe Gemeinkosten gemäß Artikel 13 der vorliegenden Verordnung, wenn eine Wertpapierfirma am oder vor dem 26. Juni 2021 noch nicht bestand.

(4) Abweichend von Artikel 11 Absatz 1 Buchstabe b dürfen Wertpapierfirmen geringere Eigenmittelanforderungen für einen Zeitraum von fünf Jahren ab 26. Juni 2021 wie folgt anwenden:

a) Wertpapierfirmen, die nur einer Anfangskapitalanforderung vor dem 26. Juni 2021 unterlagen, können ihre Eigenmittelanforderungen auf die doppelte anwendbare Anfangskapitalanforderung gemäß Titel IV der Richtlinie 2013/36/EU, in der durch die Richtlinie (EU) 2019/878 geänderten Fassung, beschränken, mit Ausnahme des Artikels 31 Absatz 1 Buchstaben b und c bzw. Absatz 2 Buchstaben b und c der genannten Richtlinie;

b) Wertpapierfirmen, die bereits vor dem 26. Juni 2021 bestanden, dürfen ihre permanenten Mindestkapitalanforderungen auf diejenigen nach Artikel 93 Absatz 1 der Verordnung (EU) Nr. 575/2013, in der durch die Verordnung (EU) 2019/876 geänderten Fassung, beschränken, mit Bezug auf die Höhe des Anfangskapitals gemäß Titel IV der Richtlinie 2013/36/EU, in der durch die Richtlinie (EU) 2019/878 geänderten Fassung, der anzuwenden gewesen wäre, wenn die Wertpapierfirmen weiterhin der genannten Verordnung unterlegen hätten; dies gilt vorbehaltlich einer jährlichen Erhöhung

---

1) Nr. 6.

des Betrages dieser Anforderungen um mindestens 5 000 EUR während des Fünfjahreszeitraums;

c) Wertpapierfirmen, die bereits vor dem 26. Juni 2021 bestanden und die nicht dafür zugelassen sind, die in Anhang I Abschnitt B Nummer 1 der Richtlinie 2014/65/EU genannte Nebendienstleistung zu erbringen, die lediglich eine oder mehrere der in Anhang I Abschnitt A Nummern 1, 2, 4 und 5 der genannten Richtlinie aufgeführten Wertpapierdienstleistungen und Anlagetätigkeiten erbringen und die weder Kundengelder noch Wertpapiere ihrer Kunden halten dürfen, und deshalb zu keinem Zeitpunkt Schuldner dieser Kunden sein können, dürfen ihre permanente Mindestkapitalanforderung auf mindestens 50 000 EUR beschränken; dies gilt vorbehaltlich einer jährlichen Erhöhung um mindestens 5 000 EUR während dieses Fünfjahreszeitraums.

(5) Die in Absatz 4 genannten Ausnahmen gelten nicht mehr, wenn die Zulassung einer Wertpapierfirma am oder nach dem 26. Juni 2021 erweitert wird, sodass gemäß Artikel 9 der Richtlinie (EU) 2019/2034 ein höherer Anfangskapitalbetrag erforderlich ist.

(6) *[1]* Abweichend von Artikel 11 dürfen Wertpapierfirmen, die bereits vor dem 25. Dezember 2019 bestanden und die auf Finanztermin- oder Optionsoder anderen Derivatemärkten und auf Kassamärkten für eigene Rechnung mit dem alleinigen Ziel der Absicherung von Positionen auf Derivatemärkten tätig sind oder die für Rechnung anderer Mitglieder dieser Märkte handeln und die über eine Garantie seitens der Clearingmitglieder der genannten Märkte verfügen, wobei die Verantwortung für die Erfüllung der von einer solchen Wertpapierfirma abgeschlossenen Geschäfte von Clearingmitgliedern der selben Märkte übernommen wird, ihre Kapitalanforderungen für einen Zeitraum von fünf Jahren ab dem 26. Juni 2021 auf mindestens 250 000 EUR beschränken; dies gilt vorbehaltlich einer jährlichen Erhöhung um mindestens 100 000 EUR während dieses Fünfjahreszeitraums.

[2] Unabhängig davon, ob eine Wertpapierfirma nach diesem Absatz von dieser Abweichung nach Unterabsatz 1 Gebrauch macht, findet Absatz 4 Buchstabe a auf eine solche Wertpapierfirma keine Anwendung.

Art. 58 Ausnahme für in Artikel 4 Absatz 1 Nummer 1 Buchstabe b der Verordnung (EU) Nr. 575/2013[1] genannte Unternehmen. Wertpapierfirmen, die zum 25. Dezember 2019 die Voraussetzungen von Artikel 4 Absatz 1 Nummer 1 Buchstabe b der Verordnung (EU) Nr. 575/2013 erfüllen und noch keine Zulassung als Kreditinstitut gemäß Artikel 8 der Richtlinie 2013/36/EU erhalten haben, wenden weiterhin die Bestimmungen der Verordnung (EU) Nr. 575/2013 und der Richtlinie 2013/36/EU an.

Art. 59 Ausnahme für in Artikel 1 Absatz 2 genannte Wertpapierfirmen. Eine Wertpapierfirma, die am 25. Dezember 2019 die Bedingungen nach Artikel 1 Absatz 2 der vorliegenden Verordnung erfüllt, unterliegt weiterhin der Verordnung (EU) Nr. 575/2013 und der Richtlinie 2013/36/EU.

---

[1] Nr. **6**.

Titel II. Berichte und Überprüfungen

Art. 60 Überprüfungsklausel. (1) Bis zum 26. Juni 2024 führt die Kommission – nach Konsultation der EBA und der ESMA – eine Überprüfung zumindest in Bezug auf die folgenden Punkte durch und legt dem Europäischen Parlament und dem Rat einen Bericht, gegebenenfalls zusammen mit einem Gesetzgebungsvorschlag, darüber vor:

a) die Bedingungen dafür, dass Wertpapierfirmen gemäß Artikel 12 als kleine und nicht verflochtene Wertpapierfirmen gelten;
b) die Methoden zur Messung der K-Faktoren nach Teil 3 Titel II, einschließlich Anlageberatung im Bereich der verwalteten Vermögenswerte, und Artikel 39;
c) die Koeffizienten nach Artikel 15 Absatz 2;
d) die Methode zur Berechnung von K-CMG, die Höhe der Eigenmittelanforderungen, die sich aus K-CMG, verglichen mit K-NPR, ergeben, und die Kalibrierung des Multiplikationsfaktors gemäß Artikel 23;
e) die Artikel 43, 44 und 45 und insbesondere die Berücksichtigungsfähigkeit für die Liquiditätsanforderung der liquiden Aktiva gemäß Artikel 43 Absatz 1 Buchstaben a, b und c;
f) die Bestimmungen von Teil 3 Titel II Kapitel 4 Abschnitt 1;
g) die Anwendung von Teil 3 auf Waren- und Emissionszertifikatehändler;
h) die Änderung der Definition des Begriffs „Kreditinstitut" in der Verordnung (EU) Nr. 575/2013[1)] infolge von Artikel 62 Absatz 3 Buchstabe a der vorliegenden Verordnung sowie etwaige unbeabsichtigte negative Auswirkungen;
i) die Artikel 47 und 48 der Verordnung (EU) Nr. 600/2014 und ihre Angleichung an einen einheitlichen Rahmen für Gleichwertigkeit bei Finanzdienstleistungen;
j) die Schwellenwerte nach Artikel 12 Absatz 1;
k) die Anwendung der Standards des Teil 3 Titel IV Kapitel 1a und 1b der Verordnung (EU) Nr. 575/2013 auf Wertpapierfirmen;
l) die Methode zur Messung des Werts eines Derivats gemäß Artikel 33 Absatz 2 Buchstabe b und Artikel 20 Absatz 2 Buchstabe b sowie die Eignung alternativer Parameter und/oder Kalibrierungen;
m) die Bestimmungen des Teils 2, insbesondere diejenigen bezüglich der Erlaubnis zur Verwendung weiterer Instrumente oder Mittel, die als Eigenmittel gemäß Artikel 9 Absatz 4 in Betracht kommen, und die Möglichkeit, den Wertpapierfirmen, welche die Bestimmungen des Artikels 12 Absatz 1 als kleine und nicht verflochtene Wertpapierfirmen erfüllen, die Erlaubnis zu erteilen;
n) die Bedingungen, die Wertpapierfirmen erfüllen müssen, um die Anforderungen der Verordnung (EU) Nr. 575/2013 im Einklang mit Artikel 1 Absatz 2 der vorliegenden Verordnung anwenden zu dürfen;
o) Artikel 1 Absatz 5;
p) die Relevanz der Anwendung der Offenlegungspflichten gemäß Artikel 52 dieser Verordnung für andere Sektoren, einschließlich der Wertpapierfirmen nach Artikel 1 Absätze 2 und 5 der vorliegenden Verordnung und der

---

[1)] Nr. **6**.

Kreditinstitute im Sinne von Artikel 4 Absatz 1 Nummer 1 der Verordnung (EU) Nr. 575/2013.

(2) Bis zum 31. Dezember 2021 legt die Kommission dem Europäischen Parlament und dem Rat einen Bericht über den Mittelbedarf infolge der Übernahme neuer Befugnisse und neuer Pflichten durch die ESMA gemäß Artikel 64 der vorliegenden Verordnung, einschließlich der Möglichkeit für die ESMA, Registrierungsgebühren bei Drittlandsfirmen, die gemäß Artikel 46 Absatz 2 der Verordnung (EU) Nr. 600/2014 von der ESMA registriert wurden, zu erheben, gegebenenfalls zusammen mit einem Gesetzgebungsvorschlag, vor.

Titel III

Art. 61–64 *(nicht wiedergegebene Änderungsvorschriften)*

Teil 10. Schlussbestimmungen

Art. 65 Bezugsnahmen der Verordnung (EU) Nr. 575/2013 in anderen Rechtsakten der Union. Für die Zwecke der Aufsichtsanforderungen an Wertpapierfirmen gelten Bezugnahmen auf die Verordnung (EU) Nr. 575/2013[1] in anderen Rechtsakten der Union als Bezugnahmen auf die vorliegende Verordnung.

Art. 66 Inkrafttreten und Geltungsbeginn. (1) Diese Verordnung tritt am zwanzigsten Tag nach ihrer Veröffentlichung[2] im *Amtsblatt der Europäischen Union* in Kraft.

(2) Sie gilt ab dem 26. Juni 2021.

(3) Ungeachtet des Absatzes 2:

a) gelten Artikel 63 Nummern 2 und 3 ab 26. März 2020,

b) gilt Artikel 62 Nummer 30, 32 und 33 ab 25. Dezember 2019.

Diese Verordnung ist in allen ihren Teilen verbindlich und gilt unmittelbar in jedem Mitgliedstaat.

Geschehen zu Straßburg am 27. November 2019.

[1] Nr. **6**.
[2] Veröffentlicht am 5.12.2019.

8. Gesetz über die Bundesanstalt für Finanzdienstleistungsaufsicht (Finanzdienstleistungsaufsichtsgesetz – FinDAG)[1)]

Vom 22. April 2002
(BGBl. I S. 1310)

FNA 7610-15

zuletzt geänd. durch Art. 21 G zur begleitenden Ausführung der VO (EU) 2020/1503 und der Umsetzung der RL EU 2020/1504 v. 3.6.2021 (BGBl. I S. 1568)

Inhaltsübersicht

[1)] Verkündet als Art. 1 G über die integrierte Finanzdienstleistungsaufsicht v. 22.4.2002 (BGBl. I S. 1310); Inkrafttreten gem. Art. 22 dieses G am 26.4.2002.

Erster Abschnitt. Errichtung, Aufsicht, Aufgaben

§ 1 Errichtung. (1) [1] Im Geschäftsbereich des Bundesministeriums der Finanzen wird durch Zusammenlegung des Bundesaufsichtsamtes für das Kreditwesen, des Bundesaufsichtsamtes für das Versicherungswesen und des Bundesaufsichtsamtes für den Wertpapierhandel eine bundesunmittelbare, rechtsfähige Anstalt des öffentlichen Rechts zum 1. Mai 2002 errichtet. [2] Sie trägt die Bezeichnung „Bundesanstalt für Finanzdienstleistungsaufsicht" (Bundesanstalt).

(2) Die Bundesanstalt hat ihren Sitz in Bonn und in Frankfurt am Main.

(3) [1] Für Klagen gegen die Bundesanstalt gilt Frankfurt am Main als Sitz der Behörde. [2] In Verfahren nach dem Gesetz über Ordnungswidrigkeiten gilt Frankfurt am Main als Sitz der Verwaltungsbehörde. [3] Satz 1 ist auf Klagen aus dem Beamtenverhältnis und auf Rechtsstreitigkeiten, für die die Gerichte für Arbeitssachen zuständig sind, nicht anzuwenden.

(4) Die Bundesanstalt ist in Verfahren vor den ordentlichen Gerichten von der Zahlung der Gerichtskosten befreit.

§ 2 Rechts- und Fachaufsicht. Die Bundesanstalt untersteht der Rechts- und Fachaufsicht des Bundesministeriums der Finanzen (Bundesministerium).

§ 3 *(aufgehoben)*

§ 4 Aufgaben und Zusammenarbeit. (1) [1]Die Bundesanstalt übernimmt die dem Bundesaufsichtsamt für das Kreditwesen, dem Bundesaufsichtsamt für das Versicherungswesen und dem Bundesaufsichtsamt für den Wertpapierhandel übertragenen Aufgaben. [2]Sie nimmt darüber hinaus die ihr nach anderen Bestimmungen übertragenen Aufgaben einschließlich der Beratungstätigkeit im Zusammenhang mit dem Aufbau und der Unterstützung ausländischer Aufsichtssysteme wahr. [3]Die Bundesanstalt wird im Wege der Organleihe für das Bundesministerium der Finanzen im Rahmen der ihm nach den Vorschriften der Anstaltssatzung obliegenden Aufsicht über die Versorgungsanstalt des Bundes und der Länder tätig. [4]Das Nähere einschließlich des Beginns der Organleihe wird im Einvernehmen mit dem Bundesministerium des Innern, für Bau und Heimat in einer Verwaltungsvereinbarung zwischen dem Bundesministerium der Finanzen und der Bundesanstalt geregelt. [5]Die Bundesanstalt nimmt außerdem die Aufgaben der Abwicklungsbehörde nach § 3 Absatz 1 des Sanierungs- und Abwicklungsgesetzes[1)] sowie die ihr auf Grundlage des Restrukturierungsfondsgesetzes übertragenen Aufgaben wahr.

(1a) [1]Die Bundesanstalt ist innerhalb ihres gesetzlichen Auftrags auch dem Schutz der kollektiven Verbraucherinteressen verpflichtet. [2]Unbeschadet weiterer Befugnisse nach anderen Gesetzen kann die Bundesanstalt gegenüber den Instituten und anderen Unternehmen, die nach dem Kreditwesengesetz[2)], dem Zahlungsdiensteaufsichtsgesetz[3)], dem Versicherungsaufsichtsgesetz, dem Wertpapierhandelsgesetz, dem Kapitalanlagegesetzbuch sowie nach anderen Gesetzen beaufsichtigt werden, alle Anordnungen treffen, die geeignet und erforderlich sind, um verbraucherschutzrelevante Missstände zu verhindern oder zu beseitigen, wenn eine generelle Klärung im Interesse des Verbraucherschutzes geboten erscheint. [3]Ein Missstand im Sinne des Satzes 2 ist ein erheblicher, dauerhafter oder wiederholter Verstoß gegen ein Verbraucherschutzgesetz, der nach seiner Art oder seinem Umfang die Interessen nicht nur einzelner Verbraucherinnen oder Verbraucher gefährden kann oder beeinträchtigt. [4]Zur Erfüllung ihrer Aufgaben und nach Maßgabe des Satzes 2 kann die Bundesanstalt auch im Wege verdeckter Testkäufe Finanzprodukte erwerben und Finanzdienstleistungen in Anspruch nehmen.

(2) Die Bundesanstalt arbeitet mit anderen Stellen und Personen im In- und Ausland nach Maßgabe der in Absatz 1 genannten Gesetze und Bestimmungen sowie nach Maßgabe

1. der Verordnung (EU) Nr. 1092/2010 des Europäischen Parlaments und des Rates vom 24. November 2010 über die Finanzaufsicht der Europäischen Union auf Makroebene und zur Errichtung eines Europäischen Ausschusses für Systemrisiken (ABl. L 331 vom 15.12.2010, S. 1),
2. der Verordnung (EU) Nr. 1093/2010 des Europäischen Parlaments und des Rates vom 24. November 2010 zur Errichtung einer Europäischen Aufsichtsbehörde (Europäische Bankenaufsichtsbehörde), zur Änderung des Beschlusses Nr. 716/2009/EG und zur Aufhebung des Beschlusses 2009/78/EG der Kommission (ABl. L 331 vom 15.12.2010, S. 12),
3. der Verordnung (EU) Nr. 1094/2010 des Europäischen Parlaments und des Rates vom 24. November 2010 zur Errichtung einer Europäischen Auf-

---

[1)] Nr. **23**.
[2)] Nr. **9**.
[3)] Nr. **12**.

sichtsbehörde (Europäische Aufsichtsbehörde für das Versicherungswesen und die betriebliche Altersversorgung), zur Änderung des Beschlusses Nr. 716/2009/EG und zur Aufhebung des Beschlusses 2009/79/EG der Kommission (ABl. L 331 vom 15.12.2010, S. 48) und

4. der Verordnung (EU) Nr. 1095/2010 des Europäischen Parlaments und des Rates vom 24. November 2010 zur Errichtung einer Europäischen Aufsichtsbehörde (Europäische Wertpapier- und Marktaufsichtsbehörde), zur Änderung des Beschlusses Nr. 716/2009/EG und zur Aufhebung des Beschlusses 2009/77/EG der Kommission (ABl. L 331 vom 15.12.2010, S. 84)

zusammen.

(3) Bei der Durchführung ihrer Aufgaben kann sich die Bundesanstalt anderer Personen und Einrichtungen bedienen.

(4) Die Bundesanstalt nimmt ihre Aufgaben und Befugnisse nur im öffentlichen Interesse wahr.

§ 4a Meinungsverschiedenheiten bei der laufenden Überwachung. [1] Meinungsverschiedenheiten von erheblicher Bedeutung zwischen der Bundesanstalt und der Deutschen Bundesbank im Rahmen der laufenden Überwachung nach dem Kreditwesengesetz[1)] und dem Zahlungsdiensteaufsichtsgesetz[2)] sollen einvernehmlich beigelegt werden. [2] Kann ein Einvernehmen nicht hergestellt werden, entscheidet das Bundesministerium im Benehmen mit der Deutschen Bundesbank.

§ 4b Beschwerden. (1) Kunden von solchen Instituten und Unternehmen, die der Aufsicht der Bundesanstalt unterliegen, und qualifizierte Einrichtungen nach § 3 Absatz 1 Satz 1 Nummer 1 des Unterlassungsklagengesetzes können wegen behaupteter Verstöße gegen Bestimmungen, deren Einhaltung die Bundesanstalt überwacht, Beschwerde bei der Bundesanstalt einlegen, sofern im jeweiligen Aufsichtsgesetz kein spezielles Beschwerdeverfahren vorgesehen ist.

(2) Die Beschwerden sind in Schrift- oder Textform bei der Bundesanstalt einzulegen und sollen den Sachverhalt sowie den Beschwerdegrund enthalten.

(3) [1] Die Bundesanstalt hat gegenüber dem Beschwerdeführer in angemessener Frist zu der Beschwerde unter Beachtung des § 11 Stellung zu nehmen. [2] Bei geeigneten Beschwerden kann die Bundesanstalt auf Möglichkeiten zur außergerichtlichen Streitbeilegung hinweisen.

(4) Die Bundesanstalt kann bei Beschwerden im Rahmen der bestehenden aufsichtsrechtlichen Auskunftsansprüche das von der Beschwerde betroffene Institut oder Unternehmen zur Stellungnahme auffordern und dieses um Mitteilung bitten, ob es mit der Übermittlung der Stellungnahme oder von Teilen der Stellungnahme an den Beschwerdeführer einverstanden ist.

§ 4c Aktenvorlage und Auskunftspflicht in verwaltungsgerichtlichen Verfahren. Für die Vorlage von Urkunden oder Akten, die Übermittlung elektronischer Dokumente oder die Erteilung von Auskünften durch die Bundesanstalt in verwaltungsgerichtlichen Verfahren ist § 99 der Verwaltungsgerichtsordnung mit der Maßgabe anzuwenden, dass an die Stelle der obersten Aufsichtsbehörde die Bundesanstalt tritt.

---

1) Nr. **9**.
2) Nr. **12**.

§ 4d Meldung von Verstößen; Verordnungsermächtigung. (1) [1] Die Bundesanstalt errichtet ein System zur Annahme von Meldungen über potentielle oder tatsächliche Verstöße gegen Gesetze, Rechtsverordnungen, Allgemeinverfügungen und sonstige Vorschriften sowie Verordnungen und Richtlinien der Europäischen Union, bei denen es die Aufgabe der Bundesanstalt ist, deren Einhaltung durch die von ihr beaufsichtigten Unternehmen und Personen sicherzustellen oder Verstöße dagegen zu ahnden. [2] Die Meldungen können auch anonym abgegeben werden.

(2) *(aufgehoben)*

(3) [1] Die Bundesanstalt macht die Identität einer Person, die eine Meldung erstattet hat, nicht bekannt, ohne zuvor die ausdrückliche Einwilligung dieser Person eingeholt zu haben. [2] Ferner gibt die Bundesanstalt die Identität einer Person, die Gegenstand einer Meldung ist, nicht preis. [3] Die Sätze 1 und 2 gelten nicht, wenn eine Weitergabe der Information im Kontext weiterer Ermittlungen oder nachfolgender Verwaltungs- oder Gerichtsverfahren auf Grund eines Gesetzes erforderlich ist oder wenn die Offenlegung durch einen Gerichtsbeschluss oder in einem Gerichtsverfahren angeordnet wird.

(4) [1] Die Bundesanstalt berichtet in ihrem Jahresbericht in abgekürzter oder zusammengefasster Form über die eingegangenen Meldungen. [2] Der Bericht lässt keine Rückschlüsse auf die beteiligten Personen oder Unternehmen zu.

(5) Das Informationsfreiheitsgesetz findet auf die Vorgänge nach dem Hinweisgeberverfahren keine Anwendung.

(6) Mitarbeiter, die bei Unternehmen und Personen beschäftigt sind, die von der Bundesanstalt beaufsichtigt werden, oder bei anderen Unternehmen oder Personen beschäftigt sind, auf die Tätigkeiten von beaufsichtigten Unternehmen oder Personen ausgelagert wurden, und die eine Meldung nach Absatz 1 abgeben, dürfen wegen dieser Meldung weder nach arbeitsrechtlichen oder strafrechtlichen Vorschriften verantwortlich gemacht noch zum Ersatz von Schäden herangezogen werden, es sei denn, die Meldung ist vorsätzlich oder grob fahrlässig unwahr abgegeben worden.

(7) [1] Die Berechtigung zur Abgabe von Meldungen nach Absatz 1 durch Mitarbeiter, die bei Unternehmen und Personen beschäftigt sind, die von der Bundesanstalt beaufsichtigt werden oder bei anderen Unternehmen oder Personen beschäftigt sind, auf die Tätigkeiten von beaufsichtigten Unternehmen oder Personen ausgelagert wurden, darf vertraglich nicht eingeschränkt werden. [2] Entgegenstehende Vereinbarungen sind unwirksam.

(8) Die Rechte einer Person, die Gegenstand einer Meldung ist, insbesondere die Rechte nach den §§ 28 und 29 des Verwaltungsverfahrensgesetzes, nach den §§ 68 bis 71 der Verwaltungsgerichtsordnung und nach den §§ 137, 140, 141 und 147 der Strafprozessordnung werden durch die Einrichtung des Systems zur Meldung von Verstößen nach Absatz 1 nicht eingeschränkt.

(9) [1] Das Bundesministerium der Finanzen kann durch Rechtsverordnung, die nicht der Zustimmung des Bundesrates bedarf, nähere Bestimmungen über Inhalt, Art, Umfang und Form der Meldung von Verstößen gegen Vorschriften der Verordnung (EU) Nr. 596/2014 des Europäischen Parlaments und des Rates vom 16. April 2014 über Marktmissbrauch (Marktmissbrauchsverordnung) und zur Aufhebung der Richtlinie 2003/6/EG des Europäischen Parlaments und des Rates und der Richtlinien 2003/124/EG, 2003/125/EG und 2004/72/EG der Kommission (ABl. L 173 vom 12.6.2014, S. 1) sowie gegen

sonstige Gesetze, Rechtsverordnungen, Allgemeinverfügungen und sonstige Vorschriften sowie Verordnungen und Richtlinien der Europäischen Union nach Absatz 1, zur Konkretisierung des auf Grundlage von Artikel 32 Absatz 5 der Verordnung (EU) Nr. 596/2014 erlassenen Durchführungsrechtsakts der Europäischen Kommission erlassen. [2] Das Bundesministerium der Finanzen kann die Ermächtigung durch Rechtsverordnung auf die Bundesanstalt übertragen.

§ 4e Vorschriften über die Verarbeitung personenbezogener Daten.

(1) [1] Die Bundesanstalt ist befugt, personenbezogene Daten zu verarbeiteten, soweit dies zur Erfüllung ihrer gesetzlichen Aufgaben erforderlich ist. [2] Verarbeitet die Bundesanstalt im Zuge einer aufsichtsrechtlichen Maßnahme im Rahmen ihrer gesetzlichen Zuständigkeit nach den maßgeblichen Aufsichtsgesetzen personenbezogene Daten, stehen den betroffenen Personen die Rechte nach den Artikeln 15 bis 18 und 20 bis 22 der Verordnung (EU) 2016/679 des Europäischen Parlaments und des Rates vom 27. April 2016 zum Schutz natürlicher Personen bei der Verarbeitung personenbezogener Daten, zum freien Datenverkehr und zur Aufhebung der Richtlinie 95/46/EG (Datenschutz-Grundverordnung) (ABl. L 119 vom 4.5.2016, S. 1; L 314 vom 22.11. 2016, S. 72; L 127 vom 23.5.2018, S. 2) in der jeweils geltenden Fassung nicht zu, soweit die Erfüllung dieser Rechte der betroffenen Personen Folgendes gefährden würde:

1. die Stabilität und Integrität der Finanzmärkte der Bundesrepublik Deutschland oder eines oder mehrerer Mitgliedstaaten des Europäischen Wirtschaftsraums,
2. den Zweck der Maßnahme,
3. ein sonstiges wichtiges Ziel des allgemeinen öffentlichen Interesses der Bundesrepublik Deutschland oder eines oder mehrerer Mitgliedstaaten des Europäischen Wirtschaftsraums, insbesondere ein wichtiges wirtschaftliches oder finanzielles Interesse, oder
4. die Verhütung, Ermittlung, Aufdeckung oder Verfolgung von Straftaten oder die Strafvollstreckung, einschließlich des Schutzes vor und der Abwehr von Gefahren für die öffentliche Sicherheit.

[3] Unter diesen Voraussetzungen ist die Bundesanstalt auch von den Pflichten nach den Artikeln 5, 12 bis 14, 19 und 34 der Verordnung (EU) 2016/679 befreit. [4] Die Sätze 2 und 3 gelten entsprechend für Personen und Einrichtungen, derer sich die Bundesanstalt bei der Durchführung ihrer Aufgaben bedient, sowie für die Deutsche Bundesbank. [5] § 4 Absatz 3 bis 5 des Sanierungs- und Abwicklungsgesetzes[1)] bleibt unberührt.

(2) [1] Die jeweils betroffene Person ist über das Ende der Beschränkung in geeigneter Form zu unterrichten, sofern dies nicht dem Zweck der Beschränkung abträglich ist. [2] Diese Verpflichtung gilt entsprechend für Personen und Einrichtungen, derer sich die Bundesanstalt bei der Durchführung ihrer Aufgaben bedient.

(3) [1] Wird der betroffenen Person in den Fällen des Absatzes 1 Satz 2 bis 4 keine Auskunft erteilt, so ist auf ihr Verlangen dem Bundesbeauftragten für den Datenschutz und die Informationsfreiheit die Auskunft zu erteilen, soweit nicht

---

[1)] Nr. **23**.

im Einzelfall festgestellt wird, dass dadurch die öffentliche Sicherheit des Bundes oder eines Landes oder die Stabilität und Integrität der Finanzmärkte gefährdet würde. [2]Die Mitteilung der oder des Bundesbeauftragen an die betroffene Person über das Ergebnis der datenschutzrechtlichen Prüfung darf keine Rückschlüsse auf den Erkenntnisstand der Bundesanstalt, der Personen und Einrichtungen, deren sich die Bundesanstalt bei der Durchführung ihrer Aufgaben bedient, sowie der Deutschen Bundesbank zulassen, sofern diese nicht einer weitergehenden Auskunft zustimmen.

(4) Soweit Personen, Institute und Unternehmen personenbezogene Daten für aufsichtsrechtliche Zwecke an die Bundesanstalt, die Personen und Einrichtungen, deren sich die Bundesanstalt bei der Durchführung ihrer Aufgaben bedient, oder die Deutsche Bundesbank übermitteln oder diese von dort von Personen, Instituten und Unternehmen erhoben werden, bestehen die Pflichten dieser Personen, Institute und Unternehmen zur Information der betroffenen Person nach Artikel 13 Absatz 3 und Artikel 14 Absatz 4 der Verordnung (EU) 2016/679 und das Recht auf Auskunft der betroffenen Person nach Artikel 15 der Verordnung (EU) 2016/679 nicht.

§ 4f Elektronische Bekanntgabe von Verwaltungsakten durch Bereitstellung zum Abruf. (1) [1]Die Bundesanstalt kann abweichend von § 41 des Verwaltungsverfahrensgesetzes einen Verwaltungsakt auch dadurch bekannt geben, dass er zum Abruf über öffentlich zugängliche Netze bereitgestellt wird, sofern der Adressat der Bekanntgabe den elektronischen Zugang freiwillig eröffnet hat oder durch Rechtsvorschrift hierzu verpflichtet ist. [2]Die Bundesanstalt hat ein sicheres Verfahren zu verwenden, das den Abruf nur nach Authentifizierung der berechtigten Person ermöglicht und die Vertraulichkeit und Integrität des Datensatzes gewährleistet.

(2) Ein zum Abruf bereitgestellter Verwaltungsakt gilt im Zeitpunkt des Abrufs oder spätestens am fünften Kalendertag nach der Bereitstellung zum Abruf über öffentlich zugängliche Netze als bekannt gegeben.

(3) Abweichend von § 37 Absatz 2 Satz 3 des Verwaltungsverfahrensgesetzes kann eine schriftliche Bestätigung des Verwaltungsaktes nur verlangt werden, wenn auf Grund besonderer Umstände des Einzelfalls ein zwingendes rechtliches Klarstellungs- oder Beweissicherungsinteresse besteht.

§ 4g Elektronische Zustellung durch Bereitstellung zum Abruf.

(1) [1]Die Bundesanstalt kann abweichend von § 5 des Verwaltungszustellungsgesetzes an Empfänger, die durch Rechtsvorschrift zur Nutzung eines elektronischen Kommunikationsverfahrens verpflichtet sind, auch dadurch zustellen, dass ein elektronisches Dokument über das elektronische Kommunikationsverfahren zum Abruf bereitgestellt wird. [2]Die Bundesanstalt hat ein sicheres Verfahren zu verwenden, das den Abruf nur nach Authentifizierung der berechtigten Person ermöglicht und die Vertraulichkeit und Integrität des bereitgestellten elektronischen Dokuments gewährleistet. [3]Das elektronische Dokument ist im Betreff als Zustellungssache zu kennzeichnen. [4]§ 4f Absatz 3 gilt entsprechend.

(2) [1]Die Zustellung nach Absatz 1 gilt mit Abruf oder spätestens am fünften Kalendertag nach der Bereitstellung des elektronischen Dokuments zum Abruf als bewirkt. [2]Zum Nachweis der Zustellung genügt eine elektronische Protokollierung des Abrufs im elektronischen Kommunikationsverfahren oder ein

Vermerk in den Akten, zu welchem Zeitpunkt das Dokument zum Abruf bereitgestellt wurde. [3]Für die elektronische Protokollierung des Abrufs im elektronischen Kommunikationsverfahren nach Satz 2 gilt § 437 der Zivilprozessordnung entsprechend.

Zweiter Abschnitt. Organisation

§ 5 Organe, Satzung. (1) Organe der Bundesanstalt sind das Direktorium, der Präsident oder die Präsidentin und der Verwaltungsrat.

(2) Aufgaben und Befugnisse der Organe bestimmt die Satzung der Bundesanstalt, soweit sie nicht durch dieses Gesetz geregelt sind.

(3) [1]Das Bundesministerium wird ermächtigt, die Satzung der Bundesanstalt durch Rechtsverordnung zu erlassen. [2]Die Satzung kann vom Bundesministerium durch Rechtsverordnung im Benehmen mit dem Verwaltungsrat geändert werden. [3]In die Satzung sind insbesondere Bestimmungen aufzunehmen über

1. den Aufbau und die Organisation der Bundesanstalt,
2. die Rechte und Pflichten der Organe der Bundesanstalt,
3. die Einzelheiten der Bestellung und Abberufung der Mitglieder des Verwaltungsrats und des Anhörungsrechts der Verbände der Kredit- und Versicherungswirtschaft sowie der Kapitalverwaltungsgesellschaften,
4. die Einzelheiten der Bestellung und Abberufung der Mitglieder des Fachbeirats und des Verbraucherbeirats,
5. die Haushaltsführung sowie die Rechnungslegung der Bundesanstalt.

§ 6 Leitung. (1) [1]Die Bundesanstalt wird durch das Direktorium gesamtverantwortlich geleitet. [2]Das Direktorium besteht aus einem Präsidenten oder einer Präsidentin sowie Exekutivdirektoren oder Exekutivdirektorinnen, von denen einer oder eine als Vizepräsident oder Vizepräsidentin ständiger Vertreter oder ständige Vertreterin des Präsidenten oder der Präsidentin ist. [3]Das Direktorium beschließt ein Organisationsstatut, welches die Zuständigkeiten und Aufgaben innerhalb des Direktoriums festlegt. [4]Das Organisationsstatut sowie dessen Änderungen sind dem Bundesministerium zur Genehmigung vorzulegen.

(2) [1]Das Direktorium berät unter dem Vorsitz des Präsidenten oder der Präsidentin. [2]Es fasst seine Beschlüsse – auch im Falle von Meinungsverschiedenheiten – mit einfacher Mehrheit der abgegebenen Stimmen. [3]Bei Stimmengleichheit gibt die Stimme des Präsidenten oder der Präsidentin den Ausschlag. [4]Das Direktorium regelt die innere Organisation der Bundesanstalt durch eine Geschäftsordnung. [5]Über die Geschäftsordnung und deren Änderungen, die der Genehmigung des Bundesministeriums bedürfen, beschließt das Direktorium einstimmig.

(3) [1]Der Präsident oder die Präsidentin bestimmt die strategische Ausrichtung der Bundesanstalt als Allfinanzaufsicht national und international. [2]Im Rahmen dieser Vorgaben obliegt den Exekutivdirektoren und Exekutivdirektorinnen die Verantwortung für ihren Geschäftsbereich.

(4) Der Präsident oder die Präsidentin vertritt die Bundesanstalt gerichtlich und außergerichtlich.

§ 7 Verwaltungsrat. (1) [1]Bei der Bundesanstalt wird ein Verwaltungsrat gebildet. [2]Der Verwaltungsrat überwacht die Geschäftsführung der Bundesanstalt und unterstützt diese bei der Erfüllung ihrer Aufgaben. [3]Der Präsident oder die Präsidentin hat den Verwaltungsrat regelmäßig über die Geschäftsführung der Bundesanstalt zu unterrichten. [4]Die Exekutivdirektoren und Exekutivdirektorinnen haben über ihre Aufgabenbereiche zu berichten.

(2) Der Verwaltungsrat gibt sich eine Geschäftsordnung.

(3) [1]Der Verwaltungsrat besteht aus

1. dem Vorsitzenden, seinem Stellvertreter und einem weiteren Mitglied, die vom Bundesministerium der Finanzen entsandt werden, und
2. folgenden 14 weiteren Mitgliedern:
   a) einem Vertreter des Bundesministeriums für Wirtschaft und Energie,
   b) zwei Vertretern des Bundesministeriums der Justiz und für Verbraucherschutz,
   c) fünf Mitgliedern des Deutschen Bundestages und
   d) sechs Personen mit beruflicher Erfahrung oder besonderen Kenntnissen auf dem Gebiet des Kredit-, Finanzdienstleistungs-, Zahlungsdienste-, Investment-, Versicherungs-, Wertpapier- oder Bilanzwesens, die jedoch nicht der Bundesanstalt angehören dürfen.

[2]Die Deutsche Bundesbank kann mit einem Vertreter ohne Stimmrecht an den Sitzungen des Verwaltungsrats teilnehmen. [3]Das gleiche Teilnahmerecht haben der Vorsitz des Personalrats der Bundesanstalt und seine Stellvertreter.

(4) [1]Die Beschlüsse des Verwaltungsrats erfolgen mit einfacher Mehrheit. [2]Bei Stimmengleichheit entscheidet die Stimme des Vorsitzenden.

(5) [1]Die Mitglieder des Verwaltungsrats werden durch das Bundesministerium bestellt. [2]Für den Fall der Verhinderung des Vorsitzenden, seines Stellvertreters oder des weiteren Mitglieds des Verwaltungsrats nach Absatz 3 Satz 1 Nummer 1 bestellt das Bundesministerium der Finanzen zwei weitere stellvertretende Mitglieder des Verwaltungsrats. [3]Für jedes Mitglied des Verwaltungsrats nach Absatz 3 Satz 1 Nummer 2 Buchstabe a bis c ist für den Fall seiner Verhinderung ein Stellvertreter zu benennen und durch das Bundesministerium zu bestellen. [4]Die Mitglieder des Verwaltungsrats müssen die Voraussetzungen für die Wählbarkeit zum Deutschen Bundestag erfüllen. [5]Vor Bestellung der Mitglieder nach Absatz 3 Satz 1 Nummer 2 Buchstabe d sind die Verbände der Kredit- und Versicherungswirtschaft sowie der Kapitalverwaltungsgesellschaften anzuhören. [6]Für drei dieser Mitglieder können die Verbände namentliche Vorschläge unterbreiten, die die Voraussetzungen des Absatzes 3 Satz 1 Nummer 2 Buchstabe d erfüllen müssen.

(6) [1]Die Abgeordneten des Deutschen Bundestages werden vom Deutschen Bundestag vorgeschlagen und für die Dauer der Wahlperiode des Deutschen Bundestages berufen. [2]Sie bleiben nach Beendigung der Wahlperiode noch so lange im Amt, bis die neuen Mitglieder ernannt worden sind.

(7) [1]Die Wiederberufung ist möglich. [2]Die Mitglieder können durch schriftliche Erklärung gegenüber der Bundesregierung auf ihre Mitgliedschaft verzichten und ihr Amt niederlegen. [3]Eine Abberufung erfolgt, wenn die Voraussetzungen der Berufung nicht mehr gegeben sind oder sonst ein wichtiger Grund in der Person des Mitglieds vorliegt, in diesem Fall jedoch nur nach Anhörung der entsendenden Institution.

(8) [1]Scheidet ein Mitglied aus, so ist unverzüglich an seine Stelle ein neues Mitglied zu berufen. [2]Bis zur Ernennung eines neuen Mitglieds und bei einer vorübergehenden Verhinderung des Mitglieds übernimmt der ernannte Stellvertreter die Aufgaben. [3]Die Absätze 1 bis 8 finden auf die stellvertretenden Mitglieder entsprechende Anwendung.

§ 8 Fachbeirat. (1) [1]Bei der Bundesanstalt wird ein Fachbeirat gebildet. [2]Er berät die Bundesanstalt bei der Erfüllung ihrer Aufgaben. [3]Er kann auch Empfehlungen zur allgemeinen Weiterentwicklung der Aufsichtspraxis einbringen.

(2) [1]Der Fachbeirat besteht aus 24 Mitgliedern. [2]Die Mitglieder des Fachbeirats werden durch das Bundesministerium bestellt. [3]Im Fachbeirat sollen die Finanzwissenschaft, die Kredit- und Versicherungswirtschaft, die Deutsche Bundesbank und die Verbraucherschutzvereinigungen angemessen vertreten sein.

(3) [1]Der Fachbeirat wählt aus seinem Kreis einen Vorsitzenden. [2]Der Fachbeirat gibt sich eine Geschäftsordnung.

§ 8a Verbraucherbeirat. (1) [1]Bei der Bundesanstalt wird ein Verbraucherbeirat gebildet. [2]Er berät die Bundesanstalt aus Verbrauchersicht bei der Erfüllung ihrer Aufsichtsaufgaben.

(2) [1]Der Verbraucherbeirat besteht aus zwölf Mitgliedern. [2]Die Mitglieder des Verbraucherbeirats werden durch das Bundesministerium bestellt. [3]Im Verbraucherbeirat sollen die Wissenschaft, Verbraucher- und Anlegerschutzorganisationen, Mitarbeiter außergerichtlicher Streitschlichtungssysteme sowie das Bundesministerium der Justiz und für Verbraucherschutz angemessen vertreten sein.

(3) [1]Der Verbraucherbeirat wählt aus seinem Kreis einen Vorsitzenden. [2]Der Verbraucherbeirat gibt sich eine Geschäftsordnung.

Dritter Abschnitt. Personal

§ 9 Rechtsstellung der Mitglieder des Direktoriums. (1) [1]Die Mitglieder des Direktoriums stehen in einem öffentlich-rechtlichen Amtsverhältnis zum Bund. [2]Sie müssen besondere fachliche Eignung besitzen und werden auf Vorschlag der Bundesregierung durch den Bundespräsidenten ernannt. [3]Die Mitglieder des Direktoriums werden in der Regel für fünf Jahre bestellt. [4]Wiederbestellung ist zulässig.

(2) [1]Das Amtsverhältnis der Mitglieder des Direktoriums beginnt mit der Aushändigung der Ernennungsurkunde, wenn nicht in der Urkunde ein späterer Tag bestimmt ist. [2]Es endet mit Ablauf der Amtszeit oder mit der Entlassung. [3]Der Bundespräsident entlässt ein Mitglied des Direktoriums auf dessen Verlangen oder auf Beschluss der Bundesregierung aus wichtigem Grund. [4]Vor der Beschlussfassung der Bundesregierung ist dem Mitglied des Direktoriums Gelegenheit zur Stellungnahme zu geben. [5]Im Falle der Beendigung des Amtsverhältnisses erhält das Mitglied des Direktoriums eine von dem Bundespräsidenten vollzogene Urkunde. [6]Die Entlassung auf Verlangen wird mit der Aushändigung der Urkunde wirksam, wenn in ihr nicht ausdrücklich ein späterer Tag bestimmt ist. [7]Die Entlassung aus wichtigem Grund wird mit dem

Vollzug des Beschlusses der Bundesregierung wirksam, wenn sie sie nicht ausdrücklich für einen späteren Tag beschließt.

(3) [1] Die Mitglieder des Direktoriums leisten vor dem Bundesminister der Finanzen folgenden Eid: „Ich schwöre, das Grundgesetz für die Bundesrepublik Deutschland und alle in der Bundesrepublik Deutschland geltenden Gesetze zu wahren und meine Amtspflichten gewissenhaft zu erfüllen, so wahr mir Gott helfe." [2] Der Eid kann auch ohne religiöse Beteuerung geleistet werden.

(4) [1] Die Mitglieder des Direktoriums dürfen ohne Zustimmung des Bundesministeriums der Finanzen neben ihrem Amt kein anderes besoldetes Amt, kein Gewerbe und keinen Beruf ausüben und weder der Leitung eines auf Erwerb gerichteten Unternehmens noch einem Aufsichtsrat, Verwaltungsrat, Beirat oder einem anderen Gremium eines öffentlichen oder privaten Unternehmens, noch einer Regierung oder einer gesetzgebenden Körperschaft des Bundes oder eines Landes angehören. [2] Sie dürfen ohne Zustimmung des Bundesministeriums der Finanzen nicht gegen Entgelt außergerichtliche Gutachten erstellen. [3] Die Zustimmung des Bundesministeriums der Finanzen ist unter den in § 99 Absatz 2 des Bundesbeamtengesetzes genannten Voraussetzungen zu versagen.

(5) [1] Die §§ 67 bis 69 und 71 des Bundesbeamtengesetzes gelten entsprechend. [2] An die Stelle der obersten Dienstbehörde tritt das Bundesministerium der Finanzen.

(6) [1] Im Übrigen werden die Rechtsverhältnisse der Mitglieder des Direktoriums durch Verträge geregelt, die das Bundesministerium der Finanzen mit den Mitgliedern des Direktoriums schließt. [2] Die Verträge bedürfen der Zustimmung der Bundesregierung.

(7) [1] Wird ein Bundesbeamter zum Mitglied des Direktoriums ernannt, scheidet er mit Beginn des Amtsverhältnisses aus dem bisherigen Amt aus. [2] Für die Dauer des Amtsverhältnisses ruhen die Rechte und Pflichten aus dem Beamtenverhältnis. [3] Dies gilt nicht für die Pflicht zur Amtsverschwiegenheit und das Verbot der Annahme von Belohnungen oder Geschenken. [4] Satz 2 gilt längstens bis zum Eintritt oder bis zur Versetzung in den Ruhestand.

(8) [1] Endet das Amtsverhältnis nach Absatz 1 Satz 1 und wird die oder der Betroffene nicht anschließend in ein anderes öffentlich-rechtliches Amtsverhältnis zum Bund berufen, treten Beamtinnen und Beamte, wenn ihnen nicht innerhalb von drei Monaten unter den Voraussetzungen des § 28 Absatz 2 des Bundesbeamtengesetzes oder vergleichbarer landesgesetzlicher Regelungen ein anderes Amt übertragen wird, mit Ablauf dieser Frist aus ihrem Dienstverhältnis als Beamte in den einstweiligen Ruhestand, sofern sie zu diesem Zeitpunkt noch nicht die gesetzliche Altersgrenze erreicht haben. [2] Im Übrigen gelten die Vorschriften des Bundesbeamtengesetzes zum einstweiligen Ruhestand. [3] Sie erhalten ein Ruhegehalt, das sie in ihrem früheren Amt unter Hinzurechnung der Zeit des Amtsverhältnisses nach Absatz 1 Satz 1 erdient hätten. [4] Die Zeit des Amtsverhältnisses nach Absatz 1 Satz 1 ist auch ruhegehaltfähig, wenn der Beamtin oder dem Beamten nach Satz 1 ein anderes Amt in einem Beamtenverhältnis zum Bund übertragen wird. [5] Für die beamteten Mitglieder des Direktoriums gilt § 107b des Beamtenversorgungsgesetzes entsprechend. [6] Eine vertragliche Versorgungsregelung nach Absatz 6 bleibt unberührt. [7] Die Ruhens- und Anrechnungsvorschriften des Beamtenversorgungsgesetzes sind sinngemäß anzuwenden.

(9) Die Absätze 7 und 8 gelten für Richter oder Richterinnen und für Berufssoldaten oder Berufssoldatinnen entsprechend.

§ 9a Beamte. (1) Der Bundesanstalt wird das Recht verliehen, Beamte zu haben.

(2) [1] Der Präsident ernennt die Beamten der Besoldungsgruppen A 2 bis A 16 der Besoldungsordnung A. [2] Der Bundespräsident ernennt die übrigen Beamten.

(3) [1] Für die Beamten ist oberste Dienstbehörde der Präsident oder die Präsidentin. [2] Der Präsident oder die Präsidentin kann seine oder ihre Befugnisse nach diesem Absatz auf ein oder mehrere Mitglieder des Direktoriums übertragen.

§ 10 Angestellte, Arbeiter und Auszubildende. (1) Auf die Angestellten, Arbeiter und Auszubildenden der Bundesanstalt sind die für Arbeitnehmer und Auszubildende des Bundes jeweils geltenden Tarifverträge und sonstigen Bestimmungen anzuwenden.

(2) [1] Angestellte können mit Zustimmung des Verwaltungsrats auch oberhalb der höchsten tarifvertraglichen Vergütungsgruppe in einem außertariflichen Angestelltenverhältnis beschäftigt werden, soweit dies für die Durchführung der Aufgaben erforderlich ist. [2] Satz 1 gilt für die sonstige Gewährung von über- oder außertariflichen Leistungen entsprechend.

§ 10a Stellenzulage. (1) Die bei der Bundesanstalt verwendeten Beamten erhalten eine nicht ruhegehaltfähige Stellenzulage in Höhe von 80 Prozent der Zulage nach Vorbemerkung Nummer 7 der Anlage I (Bundesbesoldungsordnungen A und B) des Bundesbesoldungsgesetzes.

(2) Die Bundesanstalt kann den Tarifbeschäftigten der Bundesanstalt mit Zustimmung des Bundesministeriums der Finanzen und des Bundesministeriums des Innern, für Bau und Heimat außertariflich eine entsprechende Zulage gewähren.

§ 10b Personalgewinnungs- und Personalbindungsprämie. Die Bundesanstalt kann auf Anordnung des Präsidenten oder der Präsidentin mit Zustimmung des Verwaltungsrats von § 43 Absatz 8 des Bundesbesoldungsgesetzes abweichen.

§ 11 Verschwiegenheitspflicht. [1] Die Verschwiegenheitspflicht der Beschäftigten der Bundesanstalt in Bezug auf Tatsachen, die ihnen bei ihrer Tätigkeit bekannt geworden sind, bestimmt sich nach den aufsichtsrechtlichen Bestimmungen, auf Grund deren der einzelne Beschäftigte tätig geworden ist. [2] Satz 1 gilt für die Mitglieder des Verwaltungsrats und der Beiräte hinsichtlich der ihnen bei Wahrnehmung ihrer Aufgaben bekannt gewordenen Tatsachen entsprechend.

§ 11a Private Finanzgeschäfte der Beschäftigten der Bundesanstalt.

(1) [1] Beschäftigte der Bundesanstalt dürfen weder für eigene oder fremde Rechnung noch für einen anderen private Finanzgeschäfte in Finanzinstrumenten im Sinne des § 2 Absatz 4 des Wertpapierhandelsgesetzes tätigen, die

1. an einem organisierten Markt im Sinne von § 2 Absatz 11 des Wertpapierhandelsgesetzes im Inland zum Handel zugelassen sind,

2. von finanziellen Kapitalgesellschaften im Sinne des Sektors „Finanzielle Kapitalgesellschaften" (S. 12) der Verordnung (EU) Nr. 549/2013 des Europäischen Parlaments und des Rates vom 21. Mai 2013 zum Europäischen System Volkswirtschaftlicher Gesamtrechnungen auf nationaler und regionaler Ebene in der Europäischen Union (ABl. L 174 vom 26.6.2013, S. 1), die durch die Delegierte Verordnung (EU) 2015/1342 (ABl. L 207 vom 4.8.2015, S. 35) geändert worden ist, mit Sitz oder Niederlassung in der Europäischen Union ausgegeben wurden, oder
3. durch Unternehmen, die durch die Bundesanstalt beaufsichtigt werden oder bei welchen ein Unternehmen der Gruppe durch die Bundesanstalt beaufsichtigt wird, ausgegeben wurden,

oder die sich auf Finanzinstrumente nach den Nummern 1 bis 3 beziehen. [2]Satz 1 gilt nicht für Finanzinstrumente nach § 2 Absatz 4 Nummer 2 des Wertpapierhandelsgesetzes und für private Finanzgeschäfte, die durch Wertpapierdienstleister für Beschäftigte der Bundesanstalt im Rahmen einer Finanzportfolioverwaltung gemäß § 2 Absatz 8 Satz 1 Nummer 7 des Wertpapierhandelsgesetzes abgeschlossen werden.

(2) Der Bundesanstalt oder der von ihr beauftragten Person wird die Befugnis eingeräumt, durch Richtlinien

1. abweichend von Absatz 1 den Handel in weiteren Finanzinstrumenten und weitere Finanztransaktionen zu verbieten, soweit aufgrund der Art der Geschäfte, der Transaktionen und der Tätigkeit ein Interessenkonflikt durch solche privaten Finanzgeschäfte in besonderem Maße zu befürchten ist, oder Ausnahmen für Beschäftigte zu bestimmen, soweit kein Interessenkonflikt durch private Finanzgeschäfte zu befürchten ist, und
2. Anzeigepflichten für Finanzinstrumente nach Absatz 1 Satz 1 vorzusehen, die Beschäftigte vor Inkrafttreten dieser Regelung oder vor erstmaliger Anwendung dieser Regelung oder ohne ihr Zutun später erlangen, sowie abweichend von Absatz 1 einen Genehmigungsvorbehalt für deren Veräußerung.

(3) Die Bundesanstalt muss über angemessene interne Kontrollverfahren verfügen, die geeignet sind, Verstößen der bei der Bundesanstalt Beschäftigten gegen die Verbote nach Absatz 1 oder Artikel 14 der Verordnung (EU) Nr. 596/2014 entgegenzuwirken.

(4) [1]Beschäftigte sind verpflichtet, Geschäfte in Finanzinstrumenten im Sinne des Artikels 2 Absatz 1 Unterabsatz 1 der Verordnung (EU) Nr. 596/2014 und Handlungen und Geschäfte im Sinne des Artikels 2 Absatz 1 Unterabsatz 2 Satz 1 der Verordnung (EU) Nr. 596/2014, die sie für eigene oder fremde Rechnung oder für einen anderen abgeschlossen haben, unverzüglich der Bundesanstalt oder der von ihr beauftragten Person schriftlich oder elektronisch anzuzeigen. [2]Die Bundesanstalt oder die von ihr beauftragte Person kann Richtlinien zur Ausgestaltung der Anzeigepflicht, auch unter Einbeziehung der Vorgesetzten, erlassen. [3]Die Bundesanstalt oder die von ihr beauftragte Person kann von den Beschäftigten die Erteilung von Auskünften und die Vorlage von Unterlagen über Geschäfte in Finanzinstrumenten im Sinne des Artikels 2 Absatz 1 Unterabsatz 1 der Verordnung (EU) Nr. 596/2014 und Handlungen und Geschäfte im Sinne des Artikels 2 Absatz 1 Unterabsatz 2 Satz 1 der Verordnung (EU) Nr. 596/2014 sowie über private Finanzgeschäfte gemäß Absatz 1 verlangen, die sie für eigene oder fremde Rechnung oder für einen

anderen abgeschlossen haben. [4] § 6 Absatz 15 des Wertpapierhandelsgesetzes ist anzuwenden.

Vierter Abschnitt. Haushaltsplan, Rechnungslegung, Deckung des Verwaltungsaufwands

§ 12 Haushaltsplan, Rechnungslegung. (1) [1] Die Bundesanstalt weist die in ihrem Verwaltungsbereich voraussichtlich zu erwartenden Einnahmen und zu leistenden Ausgaben in einem Haushaltsplan einschließlich eines Stellenplans aus. [2] Haushaltsjahr ist das Kalenderjahr. [3] Auf Zahlungen, die Buchführung und die Rechnungslegung sind die für die bundesunmittelbaren juristischen Personen geltenden Bestimmungen der Bundeshaushaltsordnung anzuwenden.

(1a) [1] Bei der Aufstellung des Haushaltsplans beachtet die Bundesanstalt insbesondere in Bezug auf den Stellenplan im besonderen Maße die Grundsätze der Wirtschaftlichkeit und Sparsamkeit. [2] Die Erforderlichkeit der im Haushaltsplan ausgebrachten Planstellen und sonstigen Stellen ist bei gegebenem Anlass, im Übrigen regelmäßig zu überprüfen. [3] Dabei sind insbesondere Art und Umfang der Aufgabenerledigung zu überprüfen.

(2) [1] Der Haushaltsplan wird vom Präsidenten oder der Präsidentin aufgestellt. [2] Der Präsident oder die Präsidentin hat dem Verwaltungsrat den Entwurf des Haushaltsplans unverzüglich vorzulegen. [3] Der Haushaltsplan wird durch den Verwaltungsrat festgestellt.

(3) [1] Nach Ende des Haushaltsjahres hat der Präsident oder die Präsidentin eine Rechnung über die Einnahmen und Ausgaben der Bundesanstalt aufzustellen. [2] Die Entlastung des Präsidenten oder der Präsidentin erteilt der Verwaltungsrat mit Zustimmung des Bundesministeriums.

(4) [1] Ergibt die Rechnung einen Überschuss, kann dieser mit Zustimmung des Verwaltungsrats auf das folgende Haushaltsjahr übertragen werden. [2] Anstelle der Übertragung kann in Höhe des Überschusses eine Rücklage für zukünftige Investitionsvorhaben gebildet werden. [3] Die Bildung der Rücklage bedarf zu ihrer Wirksamkeit der Zustimmung des Verwaltungsrats.

(5) [1] Die Prüfung der Rechnung und der Haushalts- und Wirtschaftsführung ist unbeschadet einer Prüfung des Bundesrechnungshofs nach § 111 der Bundeshaushaltsordnung von der in der Satzung bestimmten Stelle vorzunehmen. [2] Die Ergebnisse der Prüfung sind dem Präsidenten oder der Präsidentin, dem Verwaltungsrat und dem Bundesministerium sowie dem Bundesrechnungshof zuzuleiten.

§ 13 Deckung der Kosten der Aufsicht. (1) [1] Die Bundesanstalt deckt ihre Kosten, einschließlich der Kosten, mit denen die Deutsche Bundesbank die Bundesanstalt nach § 15 Abs. 2 belastet, aus eigenen Einnahmen nach Maßgabe der §§ 15 und 16 sowie des Bundesgebührengesetzes und der Besonderen Gebührenverordnung des Bundesministeriums der Finanzen nach § 22 Absatz 4 des Bundesgebührengesetzes und aus den sonstigen eigenen Einnahmen, soweit in den §§ 17a bis 17d nichts anderes bestimmt ist. [2] Bußgelder bleiben unberücksichtigt.

(2) [1] Der Bund leistet die zur Aufrechterhaltung einer ordnungsgemäßen Kassenwirtschaft notwendigen Liquiditätshilfen als verzinsliches Darlehen nach Maßgabe des Haushaltsgesetzes. [2] Die Höhe des Zinssatzes wird durch Verein-

barung zwischen dem Bund und der Bundesanstalt festgelegt. [3]Das Darlehen ist so bald wie möglich zurückzuzahlen, spätestens jedoch mit dem Ende des Haushaltsjahres.

Fünfter Abschnitt. Gebühren und Umlage, Zwangsmittel, Bekanntgabe von Allgemeinverfügungen

§ 14 *(aufgehoben)*

§ 15 Gesonderte Erstattung; Verordnungsermächtigung. (1) [1]Die Kosten, die der Bundesanstalt entstehen

1. durch die Bestellung eines Abwicklers nach § 37 Abs. 1 Satz 2, § 38 Abs. 2 Satz 2 oder 4 des Kreditwesengesetzes[1)], durch eine Bekanntmachung nach § 32 Abs. 4, § 37 Abs. 1 Satz 3 oder § 38 Abs. 3 des Kreditwesengesetzes, durch eine auf Grund des § 44 Abs. 1 oder 2, § 44b Abs. 2 oder § 44c Abs. 2 auch in Verbindung mit Maßnahmen nach § 44c Abs. 3 oder 4 des Kreditwesengesetzes vorgenommene Prüfung,

1a. durch eine auf Grund des § 4 Nummer 3 der KfW-Verordnung in Verbindung mit § 44 Absatz 1 oder Absatz 2 des Kreditwesengesetzes vorgenommene Prüfung,

1b. durch eine auf Grund des § 5 Absatz 4 Satz 2 bis 5 oder Absatz 5 Satz 2 bis 4 des Wertpapierinstitutsgesetzes[2)] vorgenommene Prüfung,

1c. durch vor Ort im Auftrag der Europäischen Zentralbank nach Artikel 12 der Verordnung (EU) Nr. 1024/13[3)] vorgenommene Prüfungshandlungen, soweit diese Kosten nicht durch die Europäische Zentralbank abgerechnet werden,

2. durch eine auf Grund des § 88 Absatz 1 oder § 89 Absatz 5 oder § 32f Absatz 1 des Wertpapierhandelsgesetzes vorgenommene Prüfung,

3. auf Grund einer nach § 44 Abs. 3 des Kreditwesengesetzes vorgenommenen Prüfung der Richtigkeit der für die Zusammenfassung nach § 10a Absatz 4 und 5 und § 25 Abs. 2 des Kreditwesengesetzes sowie nach Artikel 11 der Verordnung (EU) Nr. 575/2013[4)] des Europäischen Parlaments und des Rates vom 26. Juni 2013 über Aufsichtsanforderungen an Kreditinstitute und Wertpapierfirmen und zur Änderung der Verordnung (EU) Nr. 646/2012 (ABl. L 176 vom 27.6.2013, S. 1) übermittelten Daten,

4. durch die Bestellung eines Abwicklers nach § 308 Absatz 1 Satz 2, durch eine auf Grund des § 306 Absatz 1 Nummer 1, 2 oder 3, auch in Verbindung mit § 306 Absatz 2, oder des § 306 Absatz 4 auch in Verbindung mit Maßnahmen nach § 306 Absatz 5 und 6 jeweils auch in Verbindung mit § 1 Absatz 3 und 4 Satz 1, § 65 Absatz 2 und 3, § 67 Absatz 2, § 225 Satz 3 oder § 237 Absatz 1 des Versicherungsaufsichtsgesetzes vorgenommene Prüfung,

5. *(aufgehoben)*

6. durch die Beantragung der Bestellung oder Abberufung eines Sachwalters nach § 22l oder § 22o des Kreditwesengesetzes,

---

1) Nr. **9**.
2) Nr. **10**.
3) Nr. **5**.
4) Nr. **6**.

Zeitraum erstrecken, auch mehrfach Vorschüsse oder Sicherheitsleistungen verlangt werden.

(6) Zu den zu erstattenden Kosten gehören auch solche Kosten, die in Vorbereitung oder während der Laufzeit einer Maßnahme oder anlässlich ihrer Beendigung entstehen.

(7) [1] Die Bundesanstalt kann in den Fällen des Absatzes 1 Satz 1 Nummer 11 die Erstattung von Kosten ebenfalls von demjenigen verlangen, der die Pflicht zur Kostenerstattung durch Verpflichtungserklärung oder Vertrag übernommen hat. [2] In diesen Fällen bestimmen sich das Verlangen der Kostenerstattung, die Entstehung der Pflicht zur Kostenerstattung, die Fälligkeit der Kostenerstattung und die Pflicht zur Zahlung eines Vorschusses oder zur Leistung einer Sicherheit nach dieser Verpflichtungserklärung oder diesem Vertrag.

(8) [1] Die zu erstattenden Kosten nach Absatz 1 Satz 1 Nummer 11 können in Form von Kostenpauschalen berechnet werden. [2] Das Nähere regelt die Rechtsverordnung nach Absatz 9.

(9) [1] Das Bundesministerium wird ermächtigt, Einzelheiten der gesonderten Erstattung durch eine Rechtsverordnung zu bestimmen. [2] Soweit die Rechtsverordnung Regelungen zu den Kostenpauschalen nach Absatz 8 enthält, ist zwischen einzelnen Maßnahmen und Tätigkeiten zu unterscheiden.

§ 16 Umlage. Soweit die Kosten der Bundesanstalt nicht durch Gebühren, gesonderte Erstattungen nach § 15 oder sonstige Einnahmen gedeckt werden, sind sie unter Berücksichtigung von Fehlbeträgen, nicht eingegangenen Beträgen und Überschüssen der Vorjahre anteilig auf die Kredit- und Finanzdienstleistungsinstitute, Wertpapierinstitute, Zahlungs- und E-Geld-Institute, die Kreditanstalt für Wiederaufbau, die Kapitalverwaltungsgesellschaften, extern verwalteten OGAW-Investmentaktiengesellschaften, Versicherungsunternehmen, Wertpapierdienstleistungsunternehmen und Emittenten mit Sitz im Inland, deren Wertpapiere an einer inländischen Börse zum Handel zugelassen oder in den Freiverkehr einbezogen sind, die Abwicklungsanstalten sowie die Bilanzkontrollemittenten nach Maßgabe der §§ 16a bis 16s umzulegen.

§ 16a Umlagefähige Kosten; Umlagejahr. (1) [1] Die Bundesanstalt hat als Kosten im Sinne des § 16 die Ausgaben eines Haushaltsjahres zu ermitteln. [2] Zu den Kosten gehören auch die Zuführungen zu einer Investitionsrücklage gemäß § 12 Absatz 4 Satz 2 und die Zuführungen zu der Pensionsrücklage nach § 19 Absatz 2.

(2) [1] Von diesen Kosten sind diejenigen Kosten umlagefähig, die nach Abzug der Einnahmen und Berücksichtigung der Fehlbeträge, nicht eingegangenen Beträge und Überschüsse der Vorjahre verbleiben. [2] Zu den Einnahmen gehören auch Entnahmen aus der Pensionsrücklage sowie Entnahmen aus einer Investitionsrücklage. [3] Bußgelder bleiben unberücksichtigt.

(3) Das Haushaltsjahr ist das Umlagejahr im Sinne dieses Gesetzes.

§ 16b Kostenermittlung nach Aufgabenbereichen und Gruppen.

(1) [1] Die Kosten sind für die folgenden Aufgabenbereiche, die jeweils nach den maßgeblichen Aufsichtsgesetzen in die Zuständigkeit der Bundesanstalt fallen, getrennt zu ermitteln:

1. Kredit-, Finanzdienstleistungs-, Wertpapierdienstleistungs-, Zahlungsdienste- und inländisches Investmentwesen (Aufgabenbereich Banken und sonstige Finanzdienstleistungen),
2. Versicherungswesen (Aufgabenbereich Versicherungen),
3. Wertpapierhandel (Aufgabenbereich Wertpapierhandel),
4. Aufgaben der Bundesanstalt als Abwicklungsbehörde nach § 3 Absatz 1 des Sanierungs- und Abwicklungsgesetzes[1)] sowie Aufgaben der Bundesanstalt nach dem Restrukturierungsfondsgesetz und der Verordnung (EU) Nr. 806/2014[2)] (Aufgabenbereich Abwicklung),
5. Bilanzkontrollemittenten (Aufgabenbereich Bilanzkontrolle).

[2] Innerhalb des Aufgabenbereichs Banken und sonstige Finanzdienstleistungen sowie des Aufgabenbereichs Wertpapierhandel hat eine gesonderte Ermittlung nach Gruppen gemäß den §§ 16e und 16i zu erfolgen.

(2) [1] Kosten, die zwei Aufgabenbereichen nach Absatz 1 Satz 1 gemeinsam zugerechnet werden können, sind jeweils gesondert zu erfassen. [2] Sie sind auf die betroffenen Aufgabenbereiche entsprechend dem Verhältnis aufzuteilen, das zwischen den Kosten besteht, die den Aufgabenbereichen unmittelbar zuzurechnen sind. [3] Die so ermittelten Kostenanteile sind jeweils den Kosten hinzuzurechnen, die auf die Aufgabenbereiche unmittelbar entfallen.

(3) [1] Die übrigen Kosten, die weder einem Aufgabenbereich nach Absatz 1 Satz 1 unmittelbar noch nach Absatz 2 zwei Aufgabenbereichen gemeinsam zugeordnet werden können (Gemeinkosten), sind ebenfalls gesondert zu erfassen. [2] Sie sind auf alle Aufgabenbereiche entsprechend dem Verhältnis aufzuteilen, das zwischen den Kosten besteht, die den Aufgabenbereichen nach Durchführung der in Absatz 2 vorgegebenen Verteilung zuzurechnen sind.

(4) [1] Die Einnahmen im Sinne des § 16 sind von den Kosten des Aufgabenbereichs abzusetzen, dem sie jeweils unmittelbar zuzurechnen sind. [2] Einnahmen, die zwei Aufgabenbereichen gemeinsam zugerechnet werden können, sind entsprechend dem Verhältnis der Kosten, die den Aufgabenbereichen unmittelbar zuzurechnen sind, abzuziehen. [3] Einnahmen, die keinem Aufgabenbereich unmittelbar zugerechnet werden können, sind vor Verteilung der Gemeinkosten nach Absatz 3 von diesen abzuziehen.

§ 16c Fehlbeträge, nicht eingegangene Beträge und Überschüsse der Vorjahre. (1) [1] Nach Ermittlung und Verteilung der Kosten für das Umlagejahr nach Maßgabe des § 16b sind die zu berücksichtigenden Fehlbeträge, nicht eingegangenen Beträge und Überschüsse, die dem Umlagejahr 2009 und späteren Umlagejahren zuzuordnen sind, den Aufgabenbereichen zuzuordnen. [2] Den Kosten der Aufgabenbereiche sind die Fehlbeträge und nicht eingegangenen Beträge jeweils entsprechend ihrer Zuordnung nach Satz 1 hinzuzurechnen; Überschüsse sind jeweils entsprechend ihrer Zuordnung nach Satz 1 von diesen Kosten abzuziehen. [3] Stichtag für die Berücksichtigung der in den Sätzen 1 und 2 genannten Beträge und Überschüsse ist der 30. Juni des Jahres, das dem Umlagejahr folgt, für das die Kosten ermittelt wurden. [4] Nach diesem Stichtag anfallende Fehlbeträge, nicht eingegangene Beträge und Überschüsse

---

1) Nr. **23**.
2) Nr. **22**.

werden als Fehlbeträge, nicht eingegangene Beträge und Überschüsse bei der Festsetzung der Umlagebeträge in den nächstfolgenden Jahren berücksichtigt.

(2) [1] Fehlbeträge und nicht eingegangene Beträge, die den Umlagejahren 2002 bis 2008 zuzuordnen sind und nicht nach § 16 Absatz 1 in der bis zum 25. März 2009 geltenden Fassung umgelegt wurden oder werden, sind mit den Überschüssen, die den Umlagejahren 2002 bis 2008 zuzuordnen sind und nicht nach § 6 Absatz 1 Satz 6 der Verordnung über die Erhebung von Gebühren und die Umlegung von Kosten nach dem Finanzdienstleistungsaufsichtsgesetz in der bis zum 25. März 2009 geltenden Fassung umgelegt wurden oder werden, zu verrechnen. [2] Übersteigen die nach Satz 1 zu verrechnenden Überschüsse die zu verrechnenden Fehlbeträge und nicht eingegangenen Beträge, ist der übersteigende Betrag bei der Festsetzung der Umlage für das Umlagejahr 2009 oder für spätere Umlagejahre vor Verteilung der Gemeinkosten von diesen abzuziehen. [3] Übersteigen die nach Satz 1 zu verrechnenden Fehlbeträge und nicht eingegangenen Beträge die zu verrechnenden Überschüsse, ist der übersteigende Betrag bei der Festsetzung der Umlage für das Umlagejahr 2013 oder für spätere Umlagejahre vor Verteilung der Gemeinkosten zu diesen hinzuzurechnen.

§ 16d Umlagebetrag, Umlagepflicht und Verteilungsschlüssel. [1] Umlagebetrag ist der Anteil an den umlagefähigen Kosten, der innerhalb eines Aufgabenbereichs oder einer Gruppe für einen Umlagepflichtigen ermittelt wird. [2] Ein Umlagepflichtiger kann mehreren Aufgabenbereichen oder Gruppen innerhalb eines Aufgabenbereichs zugeordnet sein. [3] Die Umlagepflicht und die Verteilung der Kosten innerhalb eines Aufgabenbereichs bestimmen sich nach Maßgabe der §§ 16e bis 16l.

§ 16e Kostenermittlung und Umlagepflicht im Aufgabenbereich Banken und sonstige Finanzdienstleistungen. (1) [1] Innerhalb des Aufgabenbereichs Banken und sonstige Finanzdienstleistungen hat eine gesonderte Ermittlung der Kosten nach folgenden Gruppen zu erfolgen:

1. Gruppe Kredit- und Finanzdienstleistungsinstitute: Kreditinstitute, Finanzdienstleistungsinstitute mit einer Erlaubnis nach § 1 Absatz 1a Satz 2 Nummer 1 bis 11 des Kreditwesengesetzes[1)] und die nach § 53 Absatz 1 Satz 1 des Kreditwesengesetzes tätigen Unternehmen, soweit die Finanzdienstleistungsinstitute und Unternehmen nicht ausschließlich Finanzdienstleistungen nach § 1 Absatz 1a Satz 2 Nummer 9 oder 10 des Kreditwesengesetzes erbringen, Wertpapierinstitute, Institute im Sinne des § 1 Absatz 3 des Zahlungsdiensteaufsichtsgesetzes[2)] und die nach § 42 des Zahlungsdiensteaufsichtsgesetzes tätigen Unternehmen sowie die Kreditanstalt für Wiederaufbau, wobei
   a) Kreditinstitute und entsprechend nach § 53 des Kreditwesengesetzes tätige Unternehmen, die Bankgeschäfte betreiben und gleichzeitig das E-Geld-Geschäft betreiben oder Zahlungsdienste erbringen, ausschließlich als Kreditinstitute und
   b) Finanzdienstleistungsinstitute und entsprechend nach § 53 des Kreditwesengesetzes tätige Unternehmen, die Finanzdienstleistungen erbringen

---
1) Nr. **9**.
2) Nr. **12**.

und gleichzeitig das E-Geld-Geschäft betreiben oder Zahlungsdienste erbringen, ausschließlich als Finanzdienstleistungsinstitute

im Sinne der nachfolgenden Vorschriften gelten,

2. Gruppe Factoring- und Finanzierungsleasingunternehmen: Finanzdienstleistungsinstitute mit einer Erlaubnis nach § 1 Absatz 1a Satz 2 Nummer 9 oder 10 des Kreditwesengesetzes sowie die nach § 53 Absatz 1 Satz 1 des Kreditwesengesetzes tätigen Unternehmen, soweit sie nicht unter Nummer 1 fallen,
3. Gruppe Abwicklungsanstalten: Abwicklungsanstalten im Sinne des § 8a Absatz 1 Satz 1 oder des § 8b Absatz 1 des Stabilisierungsfondsgesetzes,
4. Gruppe Kapitalverwaltungsgesellschaften und extern verwaltete OGAW-Investmentaktiengesellschaften: Kapitalverwaltungsgesellschaften im Sinne des § 17 Absatz 1 des Kapitalanlagegesetzbuchs und extern verwaltete OGAW-Investmentaktiengesellschaften im Sinne des § 113 des Kapitalanlagegesetzbuchs,
5. Gruppe Datenbereitstellungsdienstleister: Betreiber von Datenbereitstellungsdiensten mit einer Erlaubnis zum Erbringen von Datenbereitstellungsdiensten nach § 32 Absatz 1f des Kreditwesengesetzes, soweit ihnen keine Erlaubnis zum Betreiben von Bankgeschäften oder zur Erbringung von Finanzdienstleistungen erteilt ist und sie nach dem Kreditwesengesetz beaufsichtigt werden,
6. Gruppe Schwarmfinanzierungs-Dienstleister: Unternehmen mit einer von der Bundesanstalt erteilten Erlaubnis zur Erbringung von Schwarmfinanzierungs-Dienstleistungen nach Artikel 2 Absatz 1 Buchstabe a Ziffer i oder ii der Verordnung (EU) 2020/1503[1] des Europäischen Parlaments und des Rates vom 7. Oktober 2020 über Europäische Schwarmfinanzierungsdienstleister für Unternehmen und zur Änderung der Verordnung (EU) 2017/1129 und der Richtlinie (EU) 2019/1937 (ABl. L 347 vom 20.10.2020, S. 1), soweit diese Unternehmen nicht unter die Nummern 1 bis 5 fallen.

[2] Die Kosten des Aufgabenbereichs Banken und sonstige Finanzdienstleistungen, die keiner Gruppe nach Satz 1 unmittelbar zugeordnet werden können, sind gesondert zu erfassen. [3] Sie sind auf die Gruppen entsprechend dem Verhältnis aufzuteilen, das zwischen den Kosten besteht, die den Gruppen unmittelbar zuzurechnen sind. [4] Im Übrigen sind § 16b Absatz 4 Satz 1 und 3 sowie § 16c entsprechend anzuwenden.

(2) Umlagepflichtig für den Aufgabenbereich Banken und sonstige Finanzdienstleistungen ist vorbehaltlich des Absatzes 3, wer einer der in Absatz 1 genannten Gruppen angehört.

(3) Ausgenommen von der Umlagepflicht nach Absatz 2 sind

1. vorbehaltlich des § 2 Absatz 3 des Kreditwesengesetzes die nach § 2 Absatz 1 Nummer 1 bis 1b, 3 und 3a, 3c bis 7 und 9 bis 14 des Kreditwesengesetzes nicht als Kreditinstitute geltenden Einrichtungen und Unternehmen,
2. vorbehaltlich des § 2 Absatz 6 Satz 2 des Kreditwesengesetzes die nach § 2 Absatz 6 Satz 1 Nummer 1, 1a, 3 bis 5, 5b bis 8, 10, 12, 15 bis 22 und Absatz 10 des Kreditwesengesetzes nicht als Finanzdienstleistungsinstitute geltenden Einrichtungen und Unternehmen,

---

[1] Nr. **19**.

3. Institute oder Unternehmen, welche die Bundesanstalt nach § 2 Absatz 4 und 5 des Kreditwesengesetzes freigestellt hat,
4. vorbehaltlich des § 3 Absatz 1 Satz 2 die nach § 3 Absatz 1 Satz 1 Nummer 1, 2, 4 bis 6, 8 bis 12, 14 bis 21 und Absatz 3 des Wertpapierinstitutsgesetzes[1)] nicht als Wertpapierinstitute geltenden Einrichtungen und Unternehmen,
5. AIF-Kapitalverwaltungsgesellschaften mit einer Registrierung nach § 44 des Kapitalanlagegesetzbuchs.

(4) [1] Die Umlagepflicht nach Absatz 2 entsteht mit Erteilung oder der Fiktion der Erlaubnis oder im Fall einer Abwicklungsanstalt mit deren Errichtung. [2] Sie endet in dem Jahr des Erlöschens der Erlaubnis oder der Auflösung der Abwicklungsanstalt. [3] Ändert sich im Laufe eines Umlagejahres der Erlaubnisumfang oder wird von der Aufsichtsbehörde im Sinne des § 1 Absatz 5 des Kreditwesengesetzes eine Erlaubnis zum Betreiben eines anderen Geschäfts erteilt, wird der Umlagepflichtige nach Maßgabe der Regelungen zur Umlage herangezogen, die für das Geschäft gelten, auf das sich die zuletzt im Umlagejahr bestehende Erlaubnis bezieht. [4] Die Umlagepflicht der Kreditanstalt für Wiederaufbau beginnt am 1. Januar 2015 und endet mit Ende der Beaufsichtigung durch die Bundesanstalt.

§ 16f Bemessungsgrundlagen der Umlage im Aufgabenbereich Banken und sonstige Finanzdienstleistungen. (1) Der Umlagebetrag für die Umlagepflichtigen im Aufgabenbereich Banken und sonstige Finanzdienstleistungen ist zu bemessen:

1. in den Gruppen Kredit- und Finanzdienstleistungsinstitute, Factoring- und Finanzierungsleasingunternehmen sowie Abwicklungsanstalten vorbehaltlich des Absatzes 2 und des § 16g jeweils nach dem Verhältnis der Bilanzsumme des einzelnen Umlagepflichtigen zum Gesamtbetrag der Bilanzsummen aller Umlagepflichtigen der Gruppe. Maßgebend ist die auf der Grundlage der jeweils anzuwendenden Rechnungslegungsvorschriften aufgestellte und festgestellte Bilanz für das Geschäftsjahr, das dem Umlagejahr vorausgeht; bei den Abwicklungsanstalten ist die Bilanz für das im Umlagejahr endende Geschäftsjahr maßgebend;
2. in der Gruppe Kapitalverwaltungsgesellschaften und extern verwaltete OGAW-Investmentaktiengesellschaften nach dem Wert der von den Kapitalverwaltungsgesellschaften verwalteten Investmentvermögen und den von extern verwalteten OGAW-Investmentaktiengesellschaften zur gemeinschaftlichen Kapitalanlage verwalteten und angelegten Mitteln. Dabei ist die Summe der Werte aller von einem Umlagepflichtigen verwalteten Investmentvermögen oder zur gemeinschaftlichen Kapitalanlage verwalteten oder angelegten Mittel in das Verhältnis zu dem Gesamtbetrag des Wertes zu setzen, den die Investmentvermögen und zur gemeinschaftlichen Kapitalanlage verwalteten oder angelegten Mittel aller Umlagepflichtigen haben. Maßgebend ist jeweils der Wert, der nach § 101 Absatz 1 Satz 3 Nummer 1 Satz 6 oder nach § 120 Absatz 2 und 5, § 135 Absatz 3 und 5, § 148 oder § 158 jeweils in Verbindung mit § 101 Absatz 1 Satz 3 Nummer 1 Satz 6 des Kapitalanlagegesetzbuchs in dem Jahresbericht für das Geschäftsjahr angegeben wird, das dem Umlagejahr vorausgeht. Investmentvermögen, die keine Spezial-AIF im

[1)] Nr. **10**.

Sinne des § 1 Absatz 6 Satz 1 des Kapitalanlagegesetzbuchs sind, oder Mittel von OGAW-Investmentaktiengesellschaften werden bei der Berechnung nach Satz 2 doppelt gewichtet;

3. in der Gruppe Datenbereitstellungsdienstleister und in der Gruppe Schwarmfinanzierungs-Dienstleister jeweils nach dem Verhältnis zwischen der Anzahl der angefangenen Monate, in denen der einzelne Umlagepflichtige umlagepflichtig war, zur Gesamtzahl der angefangenen Monate eines jeden Umlagepflichtigen der Gruppe, in denen dieser jeweils im Umlagejahr umlagepflichtig war.

(2) [1] Abweichend von Absatz 1 Nummer 1 gilt als Bilanzsumme:

1. für Umlagepflichtige der Gruppe Kredit- und Finanzdienstleistungsinstitute,
   a) die in ihrer Bilanz auf der Aktivseite zu mehr als einem Fünftel Treuhandgeschäfte im Sinne des § 6 Absatz 1 und 2 der Kreditinstituts-Rechnungslegungsverordnung[1)] ausweisen, die um die Beträge dieser Geschäfte gekürzte Bilanzsumme,
   b) deren erlaubnispflichtige Tätigkeit sich nach § 2 Absatz 3 oder Absatz 6 Satz 2 des Kreditwesengesetzes[2)] beurteilt, der dem Verhältnis der von ihnen betriebenen, ihnen nicht eigentümlichen Bankgeschäfte oder Finanzdienstleistungen zum Gesamtgeschäft entsprechende Bruchteil der Bilanzsumme,
   c) die zu mehr als einem Fünftel bank-, finanz- oder zahlungsdienstfremde Geschäfte betreiben, der dem Verhältnis der erlaubnispflichtigen Geschäfte oder Finanzdienstleistungen zum Gesamtgeschäft entsprechende Bruchteil der Bilanzsumme,
   d) die in der Rechtsform des Einzelkaufmanns tätig sind, die um ein fiktives Geschäftsführergehalt, das auf die Höhe des Jahresüberschusses und die Höhe der Bilanzsumme begrenzt ist, verminderte Bilanzsumme,
2. für Umlagepflichtige der Gruppen Kredit- und Finanzdienstleistungsinstitute sowie Factoring- und Finanzierungsleasingunternehmen, die ihre Geschäftstätigkeit im Umlagejahr erst aufnehmen, die in der Planbilanz für das erste Geschäftsjahr gemäß § 32 Absatz 1 Satz 5 Nummer 5 und Satz 6 des Kreditwesengesetzes in Verbindung mit § 14 Absatz 7 Nummer 1 der Anzeigenverordnung[3)] oder nach § 10 Absatz 2 Satz 1 Nummer 2 des Zahlungsdiensteaufsichtsgesetzes[4)] ausgewiesene Bilanzsumme,
3. für Umlagepflichtige der Gruppen Kredit- und Finanzdienstleistungsinstitute, Factoring- und Finanzierungsleasingunternehmen sowie Abwicklungsanstalten, die nicht das ganze Jahr umlagepflichtig waren, ein Bruchteil der nach Absatz 1 Nummer 1, auch in Verbindung mit den Nummern 1 und 2 dieses Satzes ermittelten Bilanzsumme, wobei der Bruchteil dem Verhältnis der Anzahl der angefangenen Monate, in denen die Umlagepflicht bestand, zur Anzahl der Monate des Umlagejahres entspricht.

[2] Satz 1 Nummer 1 Buchstabe c gilt für die von der Bundesanstalt beaufsichtigten Geschäfte der Kreditanstalt für Wiederaufbau entsprechend. [3] Die abweichenden Bilanzsummen nach Satz 1 Nummer 1 sind von der Bundesanstalt nur

---

1) Nr. **17**.
2) Nr. **9**.
3) Nr. **9g**.
4) Nr. **12**.

zu berücksichtigten, wenn der Umlagepflichtige dies vor dem 1. Juni des auf das Umlagejahr folgenden Kalenderjahres beantragt und das Vorliegen der Voraussetzungen durch Vorlage geeigneter Unterlagen nachgewiesen hat; Tatsachen, die verspätet vorgetragen oder nachgewiesen werden, bleiben unberücksichtigt. [4]Die Höhe des fiktiven Geschäftsführergehalts im Sinne des Satzes 1 Nummer 1 Buchstabe d ist durch eine Bescheinigung eines Wirtschaftsprüfers, einer Wirtschaftsprüfungsgesellschaft, eines vereidigten Buchprüfers oder einer Buchprüfungsgesellschaft zu belegen.

(3) Für Umlagepflichtige der Gruppe Kapitalverwaltungsgesellschaften und extern verwaltete OGAW-Investmentaktiengesellschaften, die nicht das ganze Jahr umlagepflichtig waren, ist abweichend von Absatz 1 Nummer 2 der Bruchteil der jeweiligen Bemessungsgrundlage maßgeblich, der dem Verhältnis der Anzahl der angefangenen Monate, in denen die Umlagepflicht bestand, zur Anzahl der Monate des Umlagejahres entspricht.

(4) [1]In den Gruppen Kredit- und Finanzdienstleistungsinstitute, Factoring- und Finanzierungsleasingunternehmen sowie Abwicklungsanstalten haben die Umlagepflichtigen bis spätestens zum 30. Juni des dem Umlagejahr folgenden Kalenderjahres die für die Bemessung des Umlagebetrages notwendigen, von einem Wirtschaftsprüfer oder einer Wirtschaftsprüfungsgesellschaft bestätigten Daten mitzuteilen, sofern bis zu diesem Zeitpunkt noch keine festgestellte und geprüfte Bilanz für das letzte Geschäftsjahr bei der Bundesanstalt eingereicht worden ist oder die eingereichte Bilanz nicht den Anforderungen der §§ 340 bis 340k des Handelsgesetzbuchs und der Kreditinstituts-Rechnungslegungsverordnung genügt. [2]Bei Finanzdienstleistungsinstituten, deren Bilanzsumme des letzten Geschäftsjahres 150 Millionen Euro nicht übersteigt, können die Bestätigungen nach Satz 1 auch durch vereidigte Buchprüfer oder Buchprüfungsgesellschaften vorgenommen werden.

(5) [1]Liegen die Bilanz oder die Daten nach Absatz 4 am 1. Juli nicht vor, schätzt die Bundesanstalt die Bilanzsumme und setzt den Umlagebetrag anhand der geschätzten Daten fest. [2]Die Bundesanstalt kann auf Antrag eine angemessene Nachfrist von bis zu einem Monat zur Einreichung der in Absatz 4 genannten Unterlagen gewähren. [3]Bei der Schätzung hat die Bundesanstalt im Regelfall die Bilanzdaten des Umlagepflichtigen aus vorangegangenen Geschäftsjahren zugrunde zu legen. [4]Liegen keinerlei Daten im Sinne des Satzes 3 und auch keine entsprechenden Daten für die nachfolgenden Geschäftsjahre vor, hat die Schätzung auf der Grundlage des arithmetischen Mittels der vorliegenden Bilanzdaten der anderen Umlagepflichtigen derselben nach § 16g Absatz 1 Nummer 1 Buchstabe a bis d oder Nummer 2 bestimmten Gruppe zu erfolgen.

§ 16g Mindestumlagebeträge im Aufgabenbereich Banken und sonstige Finanzdienstleistungen. (1) Der von jedem Umlagepflichtigen des Aufgabenbereichs Banken und sonstige Finanzdienstleistungen zu entrichtende Umlagebetrag beträgt

1. in der Gruppe Kredit- und Finanzdienstleistungsinstitute mindestens
   a) 4 000 Euro für Kreditinstitute und für die Kreditanstalt für Wiederaufbau, bei einer nach § 16f ermittelten Bilanzsumme von 100 Millionen Euro oder weniger jedoch nur 3 500 Euro und für Wohnungsunternehmen mit Spareinrichtung nur 2 500 Euro,
   b) 3 500 Euro für

aa) Finanzdienstleistungsinstitute mit einer Erlaubnis nach

aaa) § 1 Absatz 1a Satz 2 Nummer 6 oder 11 des Kreditwesengesetzes[1)], wenn die Erlaubnis in diesen Fällen die Befugnis umfasst, sich Eigentum oder Besitz an Geldern, Wertpapieren oder Kryptowerten von Kunden zu verschaffen, oder

bbb) § 1 Absatz 1a Satz 2 Nummer 11 des Kreditwesengesetzes, wenn die Erlaubnis in diesen Fällen die Befugnis umfasst, auf eigene Rechnung zu handeln,

bb) Wertpapierinstitute mit einer Erlaubnis nach

aaa) § 2 Absatz 2 Nummer 1 bis 10 des Wertpapierhandelsgesetzes[2)],

bbb) § 2 Absatz 2 Nummer 3, 5, 8 oder 9 des Wertpapierinstitutsgesetzes, wenn die Erlaubnis in diesen Fällen die Befugnis umfasst, sich Eigentum oder Besitz an Geldern oder Wertpapieren von Kunden zu verschaffen, oder

ccc) § 2 Absatz 2 Nummer 6, 7 oder 10 des Wertpapierinstitutsgesetzes,

c) 2 500 Euro für

aa) Finanzdienstleistungsinstitute mit einer Erlaubnis nach

aaa) § 1 Absatz 1a Satz 2 Nummer 6 oder 11 des Kreditwesengesetzes, wenn die Erlaubnis nicht die Befugnis umfasst, sich Eigentum oder Besitz an Geldern, Wertpapieren oder Kryptowerten von Kunden zu verschaffen, oder

bbb) § 1 Absatz 1a Satz 3 des Kreditwesengesetzes,

bb) Wertpapierinstitute mit einer Erlaubnis nach

aaa) § 2 Absatz 2 Nummer 3, 5, 8 oder 9 des Wertpapierinstitutsgesetzes, wenn die Erlaubnis nicht die Befugnis umfasst, sich Eigentum oder Besitz an Geldern oder Wertpapieren von Kunden zu verschaffen, oder

bbb) § 2 Absatz 2 Nummer 4 des Wertpapierinstitutsgesetzes,

d) 1 300 Euro für Finanzdienstleistungsinstitute mit einer Erlaubnis nach § 1 Absatz 1a Satz 2 Nummer 5 oder 7 des Kreditwesengesetzes und für Institute im Sinne des § 1 Absatz 3 des Zahlungsdiensteaufsichtsgesetzes[3)],

e) die Hälfte des Mindestbetrages der Buchstaben b bis d für die dort genannten Unternehmen, soweit deren Bilanzsumme den Betrag von 100 000 Euro unterschreitet,

2. in der Gruppe Factoring- und Finanzierungsleasingunternehmen mindestens 1 300 Euro,
3. in der Gruppe Kapitalverwaltungsgesellschaften und extern verwaltete OGAW-Investmentaktiengesellschaften mindestens 7 500 Euro.

(2) Die Mindestumlagebeträge nach Absatz 1 Nummer 1 Buchstabe b bis d erhöhen sich

1. ab einer Bilanzsumme von 750 000 Euro auf 4 500 Euro,
2. ab einer Bilanzsumme von 1 Million Euro auf 5 150 Euro,

[1)] Nr. 9.
[2)] Nr. 10.
[3)] Nr. 12.

c) zuzüglich des Nettoergebnisses des Handelsbestandes aus Geschäften mit Devisen und Edelmetallen (Position 035 der Anlage SON01), wenn der Saldo positiv ist, und

d) zuzüglich des Nettoergebnisses des Handelsbestandes aus Geschäften mit Derivaten (Position 036 der Anlage SON01), wenn der Saldo positiv ist,

2. bei Finanzdienstleistungsinstituten, die mit Finanzinstrumenten auf eigene Rechnung handeln oder die Befugnis haben, sich Eigentum oder Besitz an Geldern oder Wertpapieren von Kunden zu verschaffen, aus folgenden Positionen der Anlage 1 (zu § 70) zur Prüfungsberichtsverordnung (SON01):

   a) dem Saldo aus den Erträgen aus Geschäften mit Wertpapieren des Handelsbestandes (Position 316 der Anlage SON01) und Aufwendungen aus Geschäften mit Wertpapieren des Handelsbestandes (Position 315 der Anlage SON01), wenn der Saldo positiv ist,

   b) zuzüglich des Saldos aus Erträgen aus Geschäften mit Devisen und Edelmetallen (Position 318 der Anlage SON01) und den Aufwendungen aus Geschäften mit Devisen und Edelmetallen (Position 317 der Anlage SON01), wenn der Saldo positiv ist,

   c) zuzüglich des Saldos aus Erträgen aus Geschäften mit Derivaten (Position 320 der Anlage SON01) und den Aufwendungen aus Geschäften mit Derivaten (Position 319 der Anlage SON01), wenn der Saldo positiv ist,

3. bei Wertpapierinstituten, die mit Finanzinstrumenten auf eigene Rechnung handeln oder die Befugnis haben, sich Eigentum oder Besitz an Geldern oder Wertpapieren von Kunden zu verschaffen, aus folgenden Positionen der Anlage 1 zur Wertpapierinstitut-Prüfungsberichtsverordnung (WPF-SON01):

   a) dem Saldo aus den Erträgen aus Geschäften mit Wertpapieren des Handelsbestandes (Position 316 der Anlage WPF-SON01) und Aufwendungen aus Geschäften mit Wertpapieren des Handelsbestandes (Position 315 der Anlage WPF-SON01), wenn der Saldo positiv ist,

   b) zuzüglich des Saldos aus Erträgen aus Geschäften mit Devisen und Edelmetallen (Position 318 der Anlage WPF-SON01) und den Aufwendungen aus Geschäften mit Devisen und Edelmetallen (Position 317 der Anlage WPF-SON01), wenn der Saldo positiv ist,

   c) zuzüglich des Saldos aus Erträgen aus Geschäften mit Derivaten (Position 320 der Anlage SON01) und den Aufwendungen aus Geschäften mit Derivaten (Position 319 der Anlage SON01), wenn der Saldo positiv ist,

4. bei allen übrigen Wertpapierdienstleistungsunternehmen, die nicht auf eigene Rechnung mit Finanzinstrumenten handeln und die nicht befugt sind, sich bei der Erbringung von Finanzdienstleistungen Eigentum oder Besitz an Geldern oder Wertpapieren von Kunden zu verschaffen, aus den Provisionserträgen (Position 313 der Anlage SON04 oder der Anlage WPF-SON01) abzüglich der Provisionsaufwendungen (Position 314 der Anlage SON04 oder der Anlage WPF-SON01).

[3] Zugrunde zu legen sind die Ertragsdaten des dem Umlagejahr vorausgehenden Kalenderjahres.

(2) [1] Für die Umlagepflichtigen der Gruppe Wertpapierdienstleistungsunternehmen und Anlageverwalter sind bei der Ermittlung der umlagerelevanten Ergebnisse nach Absatz 1 auf Antrag von dem Provisionsergebnis abzuziehen

1. Nettoerträge aus dem Zahlungsverkehr,
2. Nettoerträge aus dem Außenhandelsgeschäft,
3. Nettoerträge aus dem Reisezahlungsmittelgeschäft,
4. Nettoerträge für Treuhandkredite und Verwaltungskredite,
5. Nettoerträge aus der Vermittlung von Kredit-, Spar-, Bauspar- und Versicherungsverträgen,
6. Nettoerträge aus der Kreditbearbeitung und dem Avalgeschäft,
7. Nettoerträge aus von ausländischen Tochterunternehmen für Einlagengeschäfte erhaltenen Vergütungen,
8. Nettoerträge aus Nachlassbearbeitungen,
9. Nettoerträge für Electronic Banking Services,
10. Nettoerträge aus Gutachtertätigkeiten und
11. Nettoerträge aus sonstigen Bearbeitungsentgelten.

[2] Die Abzugsposten nach Satz 1 sind von der Bundesanstalt nur zu berücksichtigen, wenn sie in der Summe mehr als ein Fünftel des gesamten Provisionsergebnisses betragen und der Umlagepflichtige die Nichtberücksichtigung vor dem 1. Februar des auf das Umlagejahr folgenden Kalenderjahres beantragt sowie das Vorliegen der Voraussetzungen durch Vorlage geeigneter Unterlagen nachgewiesen hat; Tatsachen, die verspätet vorgetragen oder nachgewiesen werden, bleiben unberücksichtigt. [3] Die Beträge der Abzugsposten sind durch eine Bestätigung eines Wirtschaftsprüfers, einer Wirtschaftsprüfungsgesellschaft, eines vereidigten Buchprüfers, einer Buchprüfungsgesellschaft, eines genossenschaftlichen Prüfungsverbandes oder einer Prüfungsstelle der Sparkassen- und Giroverbände nachzuweisen.

(3) Für Umlagepflichtige der Gruppe Wertpapierdienstleistungsunternehmen und Anlageverwalter, die nicht das ganze Jahr umlagepflichtig waren, ist abweichend von den Absätzen 1 und 2 der Bruchteil der ermittelten Erträge maßgeblich, der dem Verhältnis der Anzahl der angefangenen Monate, in denen die Umlagepflicht bestand, zur Anzahl der Monate des Umlagejahres entspricht.

(4) [1] In der Gruppe Wertpapierdienstleistungsunternehmen und Anlageverwalter haben die Unternehmen bis spätestens zum 30. Juni des dem Umlagejahr folgenden Kalenderjahres die für die Bemessung des Umlagebetrages notwendigen, von einem Wirtschaftsprüfer, einer Wirtschaftsprüfungsgesellschaft, einem genossenschaftlichen Prüfungsverband oder einer Prüfungsstelle der Sparkassen- und Giroverbände bestätigten Daten mitzuteilen, sofern bis zu diesem Zeitpunkt noch kein Prüfungsbericht über den Jahresabschluss für das letzte Geschäftsjahr bei der Bundesanstalt eingereicht worden ist. [2] Bei Finanzdienstleistungsinstituten und Wertpapierinstituten, deren Bilanzsumme des letzten Geschäftsjahres 150 Millionen Euro nicht übersteigt, können die Bestätigungen nach Satz 1 auch durch vereidigte Buchprüfer oder Buchprüfungsgesellschaften vorgenommen werden. [3] Liegen die Daten nach Satz 1 am 1. Juli nicht vor, schätzt die Bundesanstalt die Erträge und setzt den Umlagebetrag anhand der geschätzten Daten fest. [4] Die Bundesanstalt kann auf Antrag eine angemessene Nachfrist von bis zu einem Monat zur Einreichung der in Satz 1 genannten Daten gewähren. [5] Bei der Schätzung hat die Bundesanstalt im Regelfall Ertragsdaten des Umlagepflichtigen aus vorangegangenen Geschäftsjahren zugrunde zu legen. [6] Liegen keinerlei Daten im Sinne des Satzes 5 und auch keine

entsprechenden Daten für die nachfolgenden Geschäftsjahre vor, sind die Daten von Unternehmen der Umlagegruppe mit vergleichbarer Größe entsprechend heranzuziehen. [7] Bei Unternehmen, denen im Umlagejahr erstmals die Erlaubnis erteilt wurde oder die ihre erste erlaubnispflichtige Geschäftstätigkeit aufgenommen haben, entspricht der Umlagebetrag dem Mindestumlagebetrag nach Absatz 6.

(5) [1] Für Umlagepflichtige der Gruppe Emittenten ist der Umlagebetrag nach den Umsätzen von Wertpapieren der Umlagepflichtigen zu bemessen, die an den inländischen Handelsplätzen im Sinne von § 2 Absatz 22 des Wertpapierhandelsgesetzes in einem Umlagejahr angefallen sind. [2] Wertpapiere im Sinne von Satz 1 sind Wertpapiere im Sinne von § 2 Absatz 1 des Wertpapierhandelsgesetzes, die an einer inländischen Börse zum Handel zugelassen oder in den Freiverkehr einbezogen sind. [3] Bei der Bemessung des Umlagebetrages ist vorbehaltlich der Regelungen des Absatzes 6 die Höhe der von den inländischen Handelsplätzen nach Satz 4 an die Bundesanstalt gemeldeten Umsätze für den einzelnen Umlagepflichtigen in das Verhältnis zum Gesamtbetrag der für alle Umlagepflichtigen gemeldeten Umsätze zu setzen. [4] Die Handelsplätze haben der Bundesanstalt zur Festsetzung der Umlage und der Umlagevorauszahlung über die Umsätze nach Satz 1 Auskunft zu erteilen und Unterlagen vorzulegen. [5] Die Bundesanstalt kann von den Emittenten Auskunft und die Vorlage von Unterlagen verlangen, soweit dies zur Festsetzung der Umlage und der Umlagevorauszahlung erforderlich ist.

(5a) Auf die Bemessung der Umlagebeträge in der Gruppe Datenbereitstellungsdienstleister ist § 16f Absatz 1 Nummer 3 entsprechend anzuwenden.

(6) Der von jedem Umlagepflichtigen der Gruppe Wertpapierdienstleistungsunternehmen und Anlageverwaltung sowie der Gruppe Emittenten zu entrichtende Umlagebetrag beträgt in jeder Gruppe mindestens 250 Euro.

(7) [1] Das Bundesministerium der Finanzen wird ermächtigt, durch Rechtsverordnung ohne Zustimmung des Bundesrates näher zu bestimmen, auf welchem Wege und in welcher Form der Antrag und die Nachweise nach Absatz 2 sowie die Umsätze nach Absatz 5 der Bundesanstalt zu übermitteln sind und wie sich die Umsätze nach Absatz 5 bestimmen. [2] Das Bundesministerium kann die Ermächtigung zum Erlass der Rechtsverordnung nach Satz 1 auf die Bundesanstalt übertragen.

§ 16k Aufgabenbereich Abwicklung. (1) Die Umlagepflicht besteht für Institute im Sinne des § 2 des Restrukturierungsfondsgesetzes ab dem Zeitpunkt der Erteilung oder der Fiktion der Erlaubnis nach dem Kreditwesengesetz[1)] und endet, wenn die Erlaubnis des Instituts erlischt oder aufgehoben wird.

(2) [1] Umlagepflichtige Institute, bei denen die Berechnung der Jahresbeiträge gemäß § 12 Absatz 2 des Restrukturierungsfondsgesetzes für das Umlagejahr unter Berücksichtigung des Artikels 10 der Delegierten Verordnung (EU) 2015/63 erfolgte sowie die in § 1 Absatz 1 und 2 der Restrukturierungsfondsverordnung genannten Institute zahlen einen Pauschalbetrag in Höhe von 250 Euro. [2] Für die übrigen umlagepflichtigen Institute wird der Umlagebetrag nach einem jährlich zu ermittelnden Verteilungsschlüssel bemessen. [3] Der Verteilungsschlüssel in einem Umlagejahr bestimmt sich für diese Institute nach

---

1) Nr. **9**.

dem Verhältnis der Höhe der Bilanzsumme, die in entsprechender Anwendung der Bestimmungen des Artikels 5 der Delegierten Verordnung (EU) 2015/63 angepasst wurde, zur Gesamtsumme der Bilanzsummen, die in entsprechender Anwendung der Bestimmungen des Artikels 5 der Delegierten Verordnung (EU) 2015/63 angepasst wurden, aller übrigen umlagepflichtigen Institute. [4] Maßgebend für die Berechnung des Verteilungsschlüssels ist jeweils die in entsprechender Anwendung des Artikels 5 der Delegierten Verordnung (EU) 2015/63 angepasste Bilanzsumme, die im Umlagejahr der Berechnung der Jahresbeiträge nach § 12 Absatz 2 des Restrukturierungsfondsgesetzes zugrunde lag. [5] Soweit für ein umlagepflichtiges Institut im Umlagejahr keine Jahresbeiträge nach § 12 Absatz 2 des Restrukturierungsfondsgesetzes zu berechnen waren und die Daten zur Berechnung der Bilanzsumme, die in entsprechender Anwendung der Bestimmung des Artikels 5 der Delegierten Verordnung (EU) 2015/63 angepasst wurde, nicht vorliegen, wird für das jeweilige Institut ein Pauschalbetrag in Höhe von 250 Euro erhoben. [6] § 16f Absatz 1 Nummer 1 Satz 2, Absatz 2, 4 und 5 ist entsprechend anzuwenden. [7] Der Umlagebetrag für jedes umlagepflichtige Institut beträgt mindestens 250 Euro.

§ 16l Aufgabenbereich Bilanzkontrolle. (1) Umlagepflichtig für den Aufgabenbereich Bilanzkontrolle als Bilanzkontrollemittenten sind Emittenten von am 1. Juli des Umlagejahres zugelassenen Wertpapieren im Sinne des § 2 Absatz 1 des Wertpapierhandelsgesetzes, für die die Bundesrepublik Deutschland nach § 2 Absatz 13 des Wertpapierhandelsgesetzes der Herkunftsstaat ist; unberücksichtigt bleiben hierbei Anteile und Aktien an offenen Investmentvermögen im Sinne des § 1 Absatz 4 des Kapitalanlagegesetzbuchs.

(2) [1] Der Umlagebetrag bemisst sich vorbehaltlich von Absatz 3 nach dem Verhältnis der Höhe der Börsenumsätze des einzelnen Umlagepflichtigen zur Gesamthöhe der Börsenumsätze aller Umlagepflichtigen. [2] Maßgeblich ist die Höhe aller in einem Umlagejahr an den inländischen Börsen angefallenen Börsenumsätze von Wertpapieren des Umlagepflichtigen, die an einer inländischen Börse zum Handel im regulierten Markt zugelassen sind.

(3) Der von jedem Umlagepflichtigen des Aufgabenbereichs Bilanzkontrolle zu entrichtende Umlagebetrag beträgt mindestens 250 Euro.

(4) [1] Die inländischen Börsen haben der Bundesanstalt zur Festsetzung der Umlage und der Umlagevorauszahlung über die Börsenumsätze Auskünfte zu erteilen und Unterlagen vorzulegen. [2] Die Bundesanstalt kann von den Unternehmen Auskünfte und die Vorlage von Unterlagen verlangen, soweit dies zur Festsetzung der Umlage und der Umlagevorauszahlung erforderlich ist. [3] Die nach Satz 1 vorzulegenden Unterlagen umfassen Bestätigungen der gemeldeten Umsätze je Wertpapier durch einen Wirtschaftsprüfer, eine Wirtschaftsprüfungsgesellschaft, einen vereidigten Buchprüfer oder eine Buchprüfungsgesellschaft.

§ 16m Entstehung der Umlageforderung, Festsetzung des Umlagebetrages und Fälligkeit. (1) Die Umlageforderung entsteht mit Ablauf des Umlagejahres, für das die Umlagepflicht besteht.

(2) Nach Feststellung der Jahresrechnung über die Einnahmen und Ausgaben des jeweiligen Umlagejahres durch den Verwaltungsrat hat die Bundesanstalt für jeden Umlagepflichtigen den von diesem zu entrichtenden Umlagebetrag zu ermitteln.

(3) [1]Die Bundesanstalt hat den Umlagebetrag schriftlich oder elektronisch festzusetzen, sobald er nach Absatz 2 abschließend ermittelt worden ist. [2]Der Umlagebetrag ist kaufmännisch auf volle Euro zu runden. [3]Eine vorherige Anhörung der Umlagepflichtigen ist nicht erforderlich.

(4) Die Umlageforderung wird mit der Bekanntgabe ihrer Festsetzung an den Umlagepflichtigen fällig, wenn nicht die Bundesanstalt im Einzelfall einen späteren Zeitpunkt bestimmt.

(5) [1]Die Bundesanstalt kann zulassen, dass ein Verband die Umlagebeträge der ihm angehörenden Umlagepflichtigen für diese Umlagepflichtigen in einer Summe entrichtet, wenn er sich hierzu in Schriftform gegenüber der Bundesanstalt verpflichtet hat. [2]In diesem Fall werden die Festsetzungen gegenüber den verbandsangehörigen Umlagepflichtigen diesen über den Verband bekannt gegeben, soweit sich die Umlagepflichtigen damit einverstanden erklärt haben oder der Verband erklärt hat, zum Empfang der Festsetzungen ermächtigt zu sein. [3]Eine gesonderte Bekanntgabe der Festsetzung an den einzelnen verbandsangehörigen Umlagepflichtigen ist insoweit entbehrlich.

§ 16n Festsetzung und Fälligkeit von Umlagevorauszahlungen.

(1) [1]Die Bundesanstalt hat eine Vorauszahlung auf den Umlagebetrag eines Umlagejahres festzusetzen, sobald der für dieses Umlagejahr festgestellte Haushaltsplan vom Bundesministerium der Finanzen genehmigt ist. [2]Der Festsetzung sind die Ausgaben zugrunde zu legen, die in dem Haushaltsplan für dieses Umlagejahr veranschlagt sind. [3]§ 16m Absatz 3 und 5 gilt entsprechend.

(2) [1]Vorauszahlungspflichtig ist, wer im letzten abgerechneten Umlagejahr umlagepflichtig war und im Jahr der Festsetzung der Vorauszahlung umlagepflichtig ist, es sei denn, er weist im Jahr der Vorauszahlungsfestsetzung vor dem 1. Dezember nach, dass er im darauf folgenden Jahr nicht mehr umlagepflichtig sein wird. [2]Wird der Nachweis nach Satz 1 nicht fristgerecht erbracht, hat der Vorauszahlungspflichtige den Vorauszahlungsbetrag auch dann für das volle Umlagejahr zu leisten, wenn er in diesem Jahr teilweise oder überhaupt nicht mehr umlagepflichtig sein wird. [3]Eine anteilige Ermittlung der Vorauszahlung ist ausgeschlossen.

(3) [1]Die Verteilung der voraussichtlichen Kosten, die auf die Vorauszahlungspflichtigen umzulegen sind, ist auf der Grundlage der Verhältnisse des letzten abgerechneten Umlagejahres nach Maßgabe der §§ 16e bis 16l zu ermitteln. [2]Verhältnisse im Sinne des Satzes 1 sind die Verteilungsverhältnisse zwischen den Aufgabenbereichen und Gruppen sowie die Bemessungsgrundlagen für die einzelnen Umlagepflichtigen.

(4) [1]Die nach Absatz 1 festgesetzte Umlagevorauszahlung wird vorbehaltlich des Satzes 2 nach der Bekanntgabe der Festsetzung jeweils zu gleichen Teilen am 15. Januar und am 15. Juli fällig, wenn nicht die Bundesanstalt im Einzelfall einen anderen Zeitpunkt bestimmt. [2]Auf Vorauszahlungspflichtige des Aufgabenbereichs Abwicklung ist Satz 1 mit der Maßgabe anzuwenden, dass die festgesetzte Umlagevorauszahlung am 15. Januar des Umlagejahres fällig wird.

(5) [1]Soweit der Umlagebetrag die Vorauszahlung voraussichtlich übersteigen wird, kann die Bundesanstalt für das laufende Umlagejahr eine weitere Umlagevorauszahlung festsetzen. [2]Die Vorauszahlungspflicht bestimmt sich nach Absatz 2. [3]Die umzulegenden Kosten sind nach Maßgabe des Absatzes 3 zu

verteilen. [4] Für den nach Satz 1 festgesetzten Vorauszahlungsbetrag hat die Bundesanstalt den Zeitpunkt der Fälligkeit zu bestimmen.

§ 16o Differenz zwischen Umlagebetrag und Vorauszahlung.

(1) Entsteht nach der Anrechnung des gezahlten Umlagevorauszahlungsbetrages auf den festgesetzten Umlagebetrag ein Fehlbetrag, ist dieser innerhalb eines Monats nach Bekanntgabe des festgesetzten Umlagebetrages zu entrichten.

(2) Übersteigt der gezahlte Vorauszahlungsbetrag den festgesetzten Umlagebetrag oder ist die Vorauszahlung von einem endgültig nicht Umlagepflichtigen geleistet worden, ist die Überzahlung zu erstatten.

(3) Ansprüche auf Erstattung von Überzahlungen im Sinne des Absatzes 2 erlöschen durch Verjährung, wenn sie nicht bis zum Ablauf des fünften Kalenderjahres nach dem Kalenderjahr geltend gemacht werden, in dem die Festsetzung des Umlagebetrages oder die Aufhebung des Vorauszahlungsbescheides unanfechtbar geworden ist.

§ 16p Säumniszuschläge; Beitreibung. (1) [1] Werden die Umlagebeträge und Umlagevorauszahlungsbeträge nicht bis zum Ablauf des Fälligkeitstages entrichtet, ist für jeden angefangenen Monat der Säumnis ein Säumniszuschlag von 1 Prozent des abgerundeten rückständigen Betrages zu entrichten. [2] Der Säumniszuschlag wird nur erhoben, wenn der rückständige Betrag 50 Euro übersteigt und die Säumnis länger als drei Tage beträgt. [3] Wird die Festsetzung einer Umlage aufgehoben oder geändert, bleiben die bis dahin verwirkten Säumniszuschläge unberührt.

(2) Für die Berechnung des Säumniszuschlages ist der rückständige Betrag auf volle 50 Euro abzurunden.

(3) Ein wirksam geleisteter Umlagebetrag oder Umlagevorauszahlungsbetrag gilt als entrichtet

1. bei Übergabe oder Übersendung von Zahlungsmitteln am Tag des Eingangs bei der für die Bundesanstalt zuständigen Kasse (Bundeskasse oder Zahlstelle); bei Hingabe oder Übersendung von Schecks jedoch drei Tage nach dem Tag des Eingangs des Schecks bei der zuständigen Kasse,
2. bei Überweisung oder Einzahlung auf ein Konto der zuständigen Kasse und bei Einzahlung mit Zahlschein oder Postanweisung an dem Tag, an dem der Betrag der Kasse gutgeschrieben wird, oder
3. bei Vorliegen einer Einzugsermächtigung am Fälligkeitstag.

(4) [1] In den Fällen der Gesamtschuld entstehen Säumniszuschläge gegenüber jedem säumigen Gesamtschuldner. [2] Insgesamt ist jedoch kein höherer Säumniszuschlag zu entrichten, als verwirkt worden wäre, wenn die Säumnis nur bei einem Gesamtschuldner eingetreten wäre.

(5) [1] Nicht fristgerecht entrichtete Umlage- und Umlagevorauszahlungsbeträge werden nach den Vorschriften des Verwaltungs-Vollstreckungsgesetzes durch die Bundesanstalt beigetrieben. [2] Vollstreckungsbehörde ist das für den Sitz oder die Niederlassung des Vollstreckungsschuldners zuständige Hauptzollamt.

§ 16q Festsetzungsverjährung. (1) [1] Die Festsetzung des Umlagebetrages ist nicht mehr zulässig, wenn die Festsetzungsfrist abgelaufen ist (Festsetzungsverjährung). [2]Die Festsetzungsfrist beträgt vier Jahre; sie beginnt mit Ablauf des Umlagejahres.

(2) Die Festsetzungsfrist läuft nicht ab, solange die Festsetzung wegen höherer Gewalt innerhalb der letzten sechs Monate des Fristablaufs nicht erfolgen kann.

(3) [1]Wird die Festsetzung angefochten, läuft die Festsetzungsfrist erst sechs Monate nach dem Zeitpunkt ab, an dem die Festsetzung unanfechtbar geworden ist; dies gilt auch, wenn der Rechtsbehelf erst nach Ablauf der Festsetzungsfrist eingelegt wird. [2]Der Ablauf der Festsetzungsfrist ist hinsichtlich des gesamten Anspruchs gehemmt. [3]Satz 1 gilt entsprechend für vor Ablauf der Festsetzungsfrist gestellte Anträge auf Aufhebung oder Änderung der Festsetzung.

§ 16r Zahlungsverjährung. (1) [1]Der Anspruch auf Zahlung des festgesetzten Umlagebetrages verjährt nach fünf Jahren (Zahlungsverjährung). [2]Die Verjährungsfrist beginnt mit dem Ablauf des Kalenderjahres, in dem der Anspruch erstmals fällig geworden ist.

(2) Die Zahlungsverjährung ist gehemmt, solange der Anspruch wegen höherer Gewalt innerhalb der letzten sechs Monate der Verjährungsfrist nicht verfolgt werden kann.

(3) Die Zahlungsverjährung wird unterbrochen durch

1. schriftliche Geltendmachung des Anspruchs,
2. Zahlungsaufschub,
3. Stundung,
4. Eintritt der aufschiebenden Wirkung,
5. Aussetzung der Vollziehung,
6. Sicherheitsleistung,
7. Vollstreckungsaufschub,
8. eine Vollstreckungsmaßnahme,
9. Anmeldung im Insolvenzverfahren,
10. Aufnahme in einen Insolvenzplan oder gerichtlichen Schuldenbereinigungsplan,
11. Einbeziehung in ein Verfahren, das die Restschuldbefreiung für den Umlageschuldner zum Ziel hat, oder
12. Ermittlungen der Bundesanstalt nach dem Wohnsitz oder dem Aufenthaltsort des Umlagepflichtigen.

(4) Die Unterbrechung der Zahlungsverjährung durch eine der in Absatz 3 genannten Maßnahmen dauert fort, bis

1. der Zahlungsaufschub, die Stundung, die aufschiebende Wirkung, die Aussetzung der Vollziehung oder der Vollstreckungsaufschub beendet ist,
2. bei Sicherheitsleistung, Pfändungspfandrecht, Zwangshypothek oder einem sonstigen Vorzugsrecht auf Befriedigung das entsprechende Recht erloschen ist,
3. das Insolvenzverfahren beendet ist,
4. der Insolvenzplan oder der gerichtliche Schuldenbereinigungsplan erfüllt ist oder hinfällig wird,

5. die Restschuldbefreiung erteilt oder versagt wird oder das Verfahren, das die Restschuldbefreiung zum Ziel hat, vorzeitig beendet wird, oder
6. die Ermittlung der Bundesanstalt nach dem Wohnsitz oder dem Aufenthalt des Umlagepflichtigen beendet ist.

(5) [1] Die Zahlungsverjährung wird nur in Höhe des Betrages unterbrochen, auf den sich die Unterbrechungshandlung bezieht. [2] Mit Ablauf des Kalenderjahres, in dem die Unterbrechung geendet hat, beginnt eine neue Verjährungsfrist.

(6) [1] Wird die Festsetzung des Umlagebetrages angefochten, erlöschen die Zahlungsansprüche aus ihr nicht vor Ablauf von sechs Monaten, nachdem die Festsetzung unanfechtbar geworden ist oder sich das Verfahren auf andere Weise erledigt hat. [2] Die Frist nach Satz 1 kann durch verjährungsunterbrechende Maßnahmen nach Absatz 3 unterbrochen werden.

§ 16s Erstattung überzahlter Umlagebeträge. (1) Zu Unrecht erhobene Umlagebeträge und sonstige Überzahlungen auf Umlagebeträge, die nicht auf der Erhebung einer Vorauszahlung beruhen, sind nach Kenntniserlangung durch die Bundesanstalt zu erstatten.

(2) Ansprüche auf Erstattung von zu Unrecht erhobenen Umlagebeträgen entstehen mit Unanfechtbarkeit der Feststellung der Rechtswidrigkeit; Ansprüche auf Erstattung von sonstigen Überzahlungen im Sinne des Absatzes 1 entstehen mit Zahlungseingang bei der Bundesanstalt.

(3) Ansprüche auf Erstattung von zu Unrecht erhobenen Umlagebeträgen und von sonstigen Überzahlungen im Sinne des Absatzes 1 erlöschen durch Verjährung, wenn sie nicht bis zum Ablauf des fünften Kalenderjahres geltend gemacht werden, das auf die Entstehung des Anspruchs folgt.

§ 17 Zwangsmittel; Bekanntgabe von Allgemeinverfügungen.

(1) [1] Die Bundesanstalt kann ihre Verfügungen, die sie innerhalb ihrer gesetzlichen Befugnisse trifft, mit Zwangsmitteln nach den Bestimmungen des Verwaltungs-Vollstreckungsgesetzes durchsetzen. [2] Dabei kann sie die Zwangsmittel für jeden Fall der Nichtbefolgung androhen. [3] Sie kann auch Zwangsmittel gegen juristische Personen des öffentlichen Rechts anwenden. [4] Die Höhe des Zwangsgelds beträgt bis zu 2 500 000 Euro.

(2) [1] Die Bundesanstalt gibt Allgemeinverfügungen öffentlich bekannt. [2] Die öffentliche Bekanntgabe gemäß § 41 Absatz 4 Satz 1 des Verwaltungsverfahrensgesetzes erfolgt durch elektronische Bekanntmachung auf der Internetseite der Bundesanstalt. [3] Dabei sind der Bekanntmachungszeitpunkt sowie der Bekanntgabezeitpunkt anzugeben. [4] Abweichend von § 41 Absatz 4 Satz 4 des Verwaltungsverfahrensgesetzes kann in besonders begründeten Fällen der Bekanntmachungszeitpunkt als Bekanntgabezeitpunkt bestimmt werden. [5] Ein besonders begründeter Fall im Sinne des Satzes 4 kann insbesondere vorliegen bei Allgemeinverfügungen der Bundesanstalt zur

1. Beseitigung oder Verhinderung von Nachteilen für die Stabilität der Finanzmärkte, von Zuständen, die das Vertrauen in die Funktionsfähigkeit der Finanzmärkte erschüttern können, oder von sonstigen erheblichen Nachteilen für den Finanz- oder Wertpapiermarkt oder
2. Sicherung der Liquidität oder Solvenz von beaufsichtigten Unternehmen oder bedeutender Vermögenswerte von Kunden oder Anlegern.

Gerichtsverfahren, in denen die Bundesrepublik Deutschland, vertreten durch den Präsidenten des jeweiligen Bundesaufsichtsamtes, Partei oder Beteiligte ist, ist die Bundesanstalt mit Inkrafttreten dieses Gesetzes Partei oder Beteiligte.

(2) [1] Für Gerichtsverfahren, die gemäß § 10a des Gesetzes über die Errichtung eines Bundesaufsichtsamtes für das Versicherungswesen anhängig sind, bleibt das Bundesverwaltungsgericht zuständig. [2] Der Lauf von Fristen wird nicht unterbrochen.

(3) *(aufgehoben)*

(4) *(aufgehoben)*

(5) Auf die am 30. April 2002 im Amt befindlichen Präsidenten und Vizepräsidenten der Bundesaufsichtsämter für das Versicherungswesen, für das Kreditwesen und den Wertpapierhandel sind die Vorschriften des Bundesbesoldungsgesetzes in der vor Inkrafttreten des Artikels 14 des Gesetzes über die integrierte Finanzdienstleistungsaufsicht vom 22. April 2002 (BGBl. I S. 1310) geltenden Fassung bis zur Übertragung eines anderen Amtes anzuwenden.

(6) [1] Die von den beaufsichtigten Unternehmen zu erstattenden Kosten des Bundesaufsichtsamtes für das Kreditwesen, des Bundesaufsichtsamtes für das Versicherungswesen und des Bundesaufsichtsamtes für den Wertpapierhandel für das Jahr 2002 bis zum 30. April 2002 und für die Vorjahre, soweit sie noch nicht erstattet wurden, sind an die Bundesanstalt zu entrichten. [2] Die Bundesanstalt führt diese Beträge an den Bund ab.

(7) [1] Die am 9. Dezember 2011 im Amt befindlichen Mitglieder des Direktoriums verbleiben im Amt. [2] Auf diese sind bis zu einer Berufung in ein öffentlich-rechtliches Amtsverhältnis die Vorschriften des § 9 in der vor dem 9. Dezember 2011 geltenden Fassung weiter anzuwenden. [3] Weiterhin sind auf diese die Vorschriften der Anlage I des Bundesbesoldungsgesetzes in der vor dem 9. Dezember 2011 geltenden Fassung bis zur Übertragung eines anderen Amtes anzuwenden.

§ 18a Teilintegration der Bundesanstalt für Finanzmarktstabilisierung; Rechtsnachfolge; Verordnungsermächtigung. (1) [1] Die Bundesanstalt übernimmt zum 1. Januar 2018 alle Rechte und Pflichten, Verträge und sonstigen Rechtsverhältnisse der Bundesanstalt für Finanzmarktstabilisierung, soweit diese die auf die Bundesanstalt nach § 4 Absatz 1 Satz 5 oder nach anderen Bestimmungen zum 1. Januar 2018 übergegangenen Aufgaben betreffen, und tritt hinsichtlich der übergehenden Rechte und Pflichten in allen Verwaltungs- und Gerichtsverfahren, an denen die Bundesanstalt für Finanzmarktstabilisierung beteiligt ist, an deren Stelle. [2] Die Regelungen der Absätze 2 bis 7 bleiben unberührt.

(2) Die Bundesanstalt tritt zum 1. Januar 2018 nach Maßgabe der folgenden Absätze in die Rechte und Pflichten aus den Arbeitsverhältnissen mit übergehenden Beschäftigten ein.

(3) [1] Als übergehende Beschäftigte im Sinne des Absatzes 2 gelten Arbeitnehmerinnen und Arbeitnehmer, denen bei der Bundesanstalt für Finanzmarktstabilisierung Tätigkeiten zur Erfüllung der nach § 4 Absatz 1 Satz 5 auf die Bundesanstalt übergehenden Aufgaben übertragen sind. [2] Die übergehenden Beschäftigten bestimmen sich im Zweifel anhand der Organisationsstruktur der Bundesanstalt für Finanzmarktstabilisierung zum 31. August 2017.

(4) Für übergehende Beschäftigte im Sinne des Absatzes 2, die außertariflich beschäftigt sind, gelten die bisherigen Arbeitsverträge fort.

(5) Für die sonstigen übergehenden Beschäftigten im Sinne des Absatzes 2 bestimmt sich ab dem 1. Januar 2018 das Arbeitsverhältnis nach § 10 Absatz 1 sowie nach den bei der Bundesanstalt geltenden Dienstvereinbarungen in der jeweils geltenden Fassung mit folgenden Maßgaben:

1. Die Überleitung der übergehenden Beschäftigten erfolgt in eine Entgeltgruppe des Tarifvertrags über die Entgeltordnung des Bundes vom 5. September 2013 in der für den Bereich des Bundes jeweils geltenden Fassung nach Maßgabe des § 12 des Tarifvertrags für den öffentlichen Dienst vom 13. September 2005 in der für den Bereich des Bundes jeweils geltenden Fassung.
2. Die Zuordnung zu den Stufen der Entgelttabelle des Tarifvertrags für den öffentlichen Dienst erfolgt entsprechend § 16 des Tarifvertrags für den öffentlichen Dienst in der für den Bereich des Bundes jeweils geltenden Fassung. Bei der Berechnung tarifrechtlich maßgebender Zeiten nach § 16 des Tarifvertrags für den öffentlichen Dienst werden die bei der Bundesanstalt für Finanzmarktstabilisierung am 31. Dezember 2017 erreichten Zeiten unbeschadet der übrigen Voraussetzungen so berücksichtigt, wie wenn sie bei der Bundesanstalt zurückgelegt worden wären. Restzeiten, die nach der Zuordnung zu einer Stufe verbleiben, werden auf die Stufenlaufzeit zum Erreichen der jeweils nächsten Stufe bei der Bundesanstalt angerechnet.
3. Die bei der Bundesanstalt für Finanzmarktstabilisierung am 31. Dezember 2017 erreichte Beschäftigungszeit wird als Beschäftigungszeit im Sinne des § 34 Absatz 3 Satz 1 und 2 des Tarifvertrags für den öffentlichen Dienst fortgeführt.
4. Weicht die Summe aus dem Tabellenentgelt nach § 15 des Tarifvertrags für den öffentlichen Dienst und der Finanzmarktzulage zum Stichtag 1. Januar 2018 von der Summe aus dem Tabellenentgelt nach dem Tarifvertrag der Deutschen Bundesbank, der Bundesbankzulage sowie einer etwaigen Einstellungszulage zum Stichtag 31. Dezember 2017 zu Ungunsten eines übergehenden Beschäftigten ab, wird diesem eine persönliche Zulage gewährt. Einzelheiten der Ausgestaltung, Berechnung und grundsätzlichen Abschmelzung dieser übertariflichen Zulage werden in einer gesonderten Regelung des Bundesministeriums der Finanzen, die der Einwilligung des Bundesministeriums des Innern, für Bau und Heimat bedarf, festgelegt. Im Falle einer Berufung in das Beamtenverhältnis entfällt der Anspruch eines Beschäftigten auf Gewährung der Zulage.

(6) [1]Die Bundesanstalt für Finanzmarktstabilisierung unterrichtet die übergehenden Beschäftigten bis zum 31. Oktober 2017 schriftlich über die rechtlichen, wirtschaftlichen und sozialen Folgen des Übergangs. [2]Übergehende Beschäftigte im Sinne des Absatzes 2, die unter Absatz 5 fallen, können dem Übergang ihrer Arbeitsverhältnisse widersprechen. [3]Der Widerspruch kann gegenüber der Bundesanstalt für Finanzmarktstabilisierung oder der Bundesanstalt innerhalb eines Monats nach dem Zugang der Unterrichtung schriftlich erklärt werden. [4]Ein Widerspruchsrecht der übergehenden Beschäftigten im Sinne des Absatzes 2, die unter Absatz 4 fallen, gegen den Übergang ihrer Arbeitsverhältnisse besteht nicht.

(7) Das Bundesministerium wird ermächtigt, durch Rechtsverordnung nähere Bestimmungen zu den Einzelheiten der Rechtsnachfolge zu erlassen.

§ 18b Übernahme der Beschäftigten des Deutsche Prüfstelle für Rechnungslegung DPR e. V. (1) Die Bundesanstalt tritt zum 1. Januar 2022 und nach Maßgabe der folgenden Absätze in die Rechte und Pflichten aus den Arbeitsverhältnissen ein, die zu diesem Zeitpunkt zwischen dem Deutsche Prüfstelle für Rechnungslegung DPR e. V. und den übergehenden Beschäftigten bestehen und bereits zum 1. Mai 2021 bestanden haben.

(2) [1] Als übergehende Beschäftigte im Sinne des Absatzes 1 gelten

1. diejenigen Beschäftigten, die Mitglieder der Prüfstelle im Sinne des § 6 Absatz 1 Satz 1 Nummer 3 der Satzung des Deutsche Prüfstelle für Rechnungslegung DPR e. V. sind und
2. andere Beschäftigte des Deutsche Prüfstelle für Rechnungslegung DPR e. V., die nicht in Nummer 1 genannt sind.

[2] Nicht als übergehende Beschäftigte im Sinne des Absatzes 1 sowie des Satzes 1 gelten Präsident und Vizepräsident der Prüfstelle sowie der Geschäftsführer des Deutsche Prüfstelle für Rechnungslegung DPR e. V.

(3) Für die übergegangenen Beschäftigten nach Absatz 2 Satz 1 Nummer 1 gelten die bisherigen Arbeitsverträge mit folgenden Maßgaben fort:

1. Dienstort ist ab dem 1. Januar 2023 Frankfurt am Main; die Bundesanstalt kann alternativ auch Bonn als Dienstort anordnen.
2. Die bei der Bundesanstalt für die jeweilige Beschäftigtengruppe geltenden Dienstvereinbarungen in der jeweils geltenden Fassung finden Anwendung und haben im Zweifelsfall Vorrang vor den arbeitsvertraglichen Vereinbarungen.
3. Die Beschäftigten üben ihre Tätigkeit weisungsabhängig aus und unterliegen dem Direktionsrecht der Bundesanstalt.

(4) Für die übergegangenen Beschäftigten nach Absatz 2 Satz 1 Nummer 2 bestimmt sich das Arbeitsverhältnis ab dem 1. Januar 2022 nach § 10 Absatz 1 sowie nach den bei der Bundesanstalt geltenden Dienstvereinbarungen in der jeweils geltenden Fassung mit folgenden Maßgaben:

1. Die Überleitung der Beschäftigten erfolgt entsprechend der bis dahin ausgeübten Tätigkeit in eine Entgeltgruppe des Tarifvertrags über die Entgeltordnung des Bundes vom 5. September 2013 in der für den Bereich des Bundes jeweils geltenden Fassung nach Maßgabe des § 12 des Tarifvertrags für den öffentlichen Dienst vom 13. September 2005 in der für den Bereich des Bundes jeweils geltenden Fassung.
2. Die Zuordnung zu den Stufen der Entgelttabelle des Tarifvertrags für den öffentlichen Dienst erfolgt entsprechend § 16 des Tarifvertrags für den öffentlichen Dienst in der für den Bereich des Bundes jeweils geltenden Fassung. Bei der Berechnung tarifrechtlich maßgebender Zeiten nach § 16 des Tarifvertrags für den öffentlichen Dienst werden die bei dem Deutsche Prüfstelle für Rechnungslegung DPR e. V. am 31. Dezember 2021 erreichten Zeiten unbeschadet der übrigen Voraussetzungen so berücksichtigt, wie wenn sie bei der Bundesanstalt zurückgelegt worden wären. Restzeiten, die nach der Zuordnung zu einer Stufe verbleiben, werden auf die Stufenlaufzeit zum Erreichen der jeweils nächsten Stufe bei der Bundesanstalt angerechnet.
3. Die bei dem Deutsche Prüfstelle für Rechnungslegung DPR e. V. am 31. Dezember 2021 erreichte Beschäftigungszeit wird als Beschäftigungszeit

im Sinne des § 34 Absatz 3 Satz 1 und 2 des Tarifvertrags für den öffentlichen Dienst fortgeführt.

4. Weicht die Summe aus den tariflichen Regelungen des Tarifvertrags für den öffentlichen Dienst zum Entgelt und der Finanzmarktzulage zum Stichtag 1. Januar 2022 von dem von dem Deutsche Prüfstelle für Rechnungslegung DPR e. V. zum Stichtag 31. Dezember 2021 gezahlten Gehalt zu Ungunsten eines übergegangenen Beschäftigten ab, wird diesem eine persönliche Zulage gewährt. Einzelheiten der Ausgestaltung, Berechnung und grundsätzlichen Abschmelzung dieser übertariflichen Zulage werden in einer gesonderten Regelung des Bundesministeriums der Finanzen, die der Einwilligung des Bundesministeriums des Innern, für Bau und Heimat bedarf, festgelegt. Im Falle einer Berufung in das Beamtenverhältnis entfällt der Anspruch eines Beschäftigten auf Gewährung der Zulage.
5. Dienstort ist ab dem 1. Januar 2023 Frankfurt am Main; die Bundesanstalt kann alternativ auch Bonn als Dienstort anordnen.

(5) Die Wirkung nach Absatz 1 tritt nur ein, wenn der Deutsche Prüfstelle für Rechnungslegung DPR e. V. der Übernahme der Beschäftigten nach Absatz 1 bis zum 1. Oktober 2021 schriftlich zugestimmt hat.

(6) § 613a Absatz 5 und 6 des Bürgerlichen Gesetzbuchs[1] ist entsprechend anzuwenden.

(7) Die Bundesanstalt kann bis längstens 31. Dezember 2022 Büroräume in Berlin anmieten und einrichten.

§ 19 Überleitung/Übernahme von Beschäftigten. (1) [1] Die Beamten der Bundesaufsichtsämter für das Kreditwesen, für das Versicherungswesen und für den Wertpapierhandel sind mit Wirkung zum 1. Mai 2002 Beamte der Bundesanstalt. [2] § 130 Abs. 1 des Beamtenrechtsrahmengesetzes in der Fassung der Bekanntmachung vom 31. März 1999 (BGBl. I S. 654) findet entsprechend Anwendung.

(2) [1] Soweit die Versorgungslast für die Beamten der Bundesanstalt nicht nach § 20 vom Bund zu tragen ist, sind bei der Bundesanstalt Pensionsrücklagen zu bilden. [2] Satz 1 gilt entsprechend für Versorgungsansprüche der Mitglieder des Direktoriums.

(3) [1] Die bei den in Absatz 1 genannten Bundesaufsichtsämtern beschäftigten Angestellten, Arbeiter und Auszubildenden sind mit Wirkung zum 1. Mai 2002 in den Dienst der Bundesanstalt übernommen. [2] Die Bundesanstalt tritt unbeschadet des § 10 Abs. 1 in die Rechte und Pflichten aus den im Zeitpunkt der Übernahme bestehenden Arbeits- und Ausbildungsverhältnisse ein.

§ 20 Verteilung der Versorgungskosten. (1) Die Bundesanstalt trägt die Versorgungsbezüge für die bei ihr zurückgelegten Dienstzeiten der übernommenen Beamten der Bundesaufsichtsämter für das Kreditwesen, für das Versicherungswesen und für den Wertpapierhandel.

(2) [1] Der Bund trägt die Versorgungsbezüge für die Dienstzeiten der Beamten nach ihrer Anstellung bei den Bundesaufsichtsämtern für das Kreditwesen, für das Versicherungswesen und für den Wertpapierhandel bis zu ihrer Über-

---

[1] Nr. 24.

derer Aufgaben im Zusammenhang mit der Aufsicht über Kreditinstitute auf die Europäische Zentralbank (ABl. L 287 vom 29.10.2013, S. 63) entstehen, werden innerhalb der Gruppe Kredit- und Finanzdienstleistungsinstitute gesondert ermittelt und nach Maßgabe des § 16f Absatz 1 Nummer 1, Absatz 2, 4 und 5 auf diejenigen Umlagepflichtigen dieser Gruppe verteilt, die

a) nach vorgenanntem Beschluss geprüft oder in eine Prüfung einbezogen werden und,

b) den im Anhang des Beschlusses der Europäischen Zentralbank aufgeführten deutschen Unternehmen zuzurechnen sind oder auf die Artikel 1 Absatz 3 des Beschlusses anzuwenden ist.

2. Der nach Nummer 1 ermittelte Betrag ist dem Betrag hinzuzurechnen, der nach § 16k Absatz 2 in Verbindung mit § 16e ohne die in Nummer 1 genannten Kosten ermittelt wird.

(5) Die §§ 16, 16e, 16f und 16g in der ab dem 10. Juli 2015 geltenden Fassung sind erstmals auf die Umlageerhebung für das Umlagejahr 2015 anzuwenden.

(6) § 17d Absatz 1 in der ab dem 26. November 2015 geltenden Fassung ist erstmals auf die Umlageerhebung für das Umlagejahr 2016 anzuwenden.

(7) [1] Für das Umlagejahr 2017 hat die Bundesanstalt zusätzlich zu der ihr nach diesem Gesetz zugewiesenen Erhebung von Umlagen auch die Umlage für den Aufgabenbereich Abwicklungsbehörde der Bundesanstalt für Finanzmarktstabilisierung im Sinne des § 6 Absatz 1 Nummer 1 der FMSA-Kostenverordnung in der am 31. Dezember 2017 geltenden Fassung zu erheben. [2] Sie hat dabei die §§ 3f bis 3h und 3j des Stabilisierungsfondsgesetzes in der bis zum 31. Dezember 2017 geltenden Fassung sowie die §§ 6, 7 und 9 bis 14 der FMSA-Kostenverordnung in der am 31. Dezember 2017 geltenden Fassung entsprechend anzuwenden. [3] Die Bundesanstalt hat in entsprechender Anwendung des § 3h Absatz 2 des Stabilisierungsfondsgesetzes in der bis zum 31. Dezember 2017 geltenden Fassung für jedes umlagepflichtige Institut den von diesem zu entrichtenden Umlagebetrag auf der Grundlage der Haushaltsrechnung zu ermitteln, die vom Leitungsausschuss der Bundesanstalt für Finanzmarktstabilisierung für das Umlagejahr 2017 aufgestellt wurde. [4] Die für das Umlagejahr 2017 geleistete Umlagevorauszahlung ist in entsprechender Anwendung des § 3j Absatz 1 des Stabilisierungsfondsgesetzes in der bis zum 31. Dezember 2017 geltenden Fassung bei der Festsetzung des jeweiligen Umlagebetrages für das Umlagejahr 2017 anzurechnen. [5] Übersteigen die für den Aufgabenbereich Abwicklungsbehörde nach Satz 4 geleisteten Umlagevorauszahlungen die nach Satz 1 festgesetzten Umlagebeträge, so hat die Bundesanstalt für Finanzmarktstabilisierung an die Bundesanstalt die zur Erstattung der überzahlten Umlagevorauszahlungsbeträge erforderlichen Mittel zu leisten. [6] Übersteigen die für den Aufgabenbereich Abwicklungsbehörde festgesetzten Umlagebeträge nach Satz 1 die nach Satz 4 geleisteten Umlagevorauszahlungen im Sinne von § 3j Absatz 1 des Stabilisierungsfondsgesetzes in der bis zum 31. Dezember 2017 geltenden Fassung, so hat die Bundesanstalt die Fehlbeträge im Sinne von § 3j Absatz 2 Satz 1 des Finanzmarktstabilisierungsfondsgesetzes, die von den Umlagepflichtigen an die Bundesanstalt entrichtet wurden, an die Bundesanstalt für Finanzmarktstabilisierung zu leisten. [7] Gleicht die Bundesanstalt in der Zeit zwischen dem 1. Januar und dem 30. Juni 2018 aus ihrem Haushalt Fehlbeträge aus, die in entsprechender Anwendung des § 7 Absatz 1, 2

und 4 der FMSA-Kostenverordnung in der am 31. Dezember 2017 geltenden Fassung dem Umlagejahr 2017 der Bundesanstalt für Finanzmarktstabilisierung zuzurechnen sind, so sind diese von den Leistungen nach Satz 6 abzuziehen. [8] Fließen dem Haushalt der Bundesanstalt in der Zeit zwischen dem 1. Januar und dem 30. Juni 2018 Überschüsse zu, die in entsprechender Anwendung des § 7 Absatz 1, 2 und 4 der FMSA-Kostenverordnung in der am 31. Dezember 2017 geltenden Fassung dem Umlagejahr 2017 der Bundesanstalt für Finanzmarktstabilisierung zuzurechnen sind, so sind diese den Leistungen nach Satz 6 hinzuzurechnen. [9] Auf Umlagebeträge des Aufgabenbereichs Abwicklungsbehörde der Bundesanstalt für Finanzmarktstabilisierung, die Umlagejahre betreffen, welche dem Umlagejahr 2017 vorausgehen, hat die Bundesanstalt die §§ 3f bis 3h und 3j des Stabilisierungsfondsgesetzes in der bis zum 31. Dezember 2017 geltenden Fassung sowie die §§ 6, 7 und 9 bis 14 der FMSA-Kostenverordnung in der am 31. Dezember 2017 geltenden Fassung entsprechend anzuwenden.

(8) [1] Die §§ 16 bis 16l und 16n bis 16r in der ab dem 1. Januar 2018 geltenden Fassung sind erstmals auf das Umlagejahr 2018 anzuwenden. [2] Fehlbeträge, nicht eingegangene Beträge und Überschüsse, die nach dem 30. Juni 2018 entstehen und die dem Aufgabenbereich Abwicklungsbehörde der Bundesanstalt für Finanzmarktstabilisierung für das Umlagejahr 2017 und frühere Umlagejahre nach § 7 Absatz 1, 2 und 4 der FMSA-Kostenverordnung in der am 31. Dezember 2017 geltenden Fassung zuzuordnen gewesen wären, gelten als Fehlbeträge, nicht eingegangene Beträge und Überschüsse im Sinne von § 16c Absatz 1 in der ab dem 1. Januar 2018 geltenden Fassung. [3] Sie sind dem Aufgabenbereich Abwicklung der Bundesanstalt zuzuordnen.

(9) [1] Die Bundesanstalt für Finanzmarktstabilisierung setzt die Vorauszahlung für den Aufgabenbereich Abwicklung der Bundesanstalt für das Umlagejahr 2018 in entsprechender Anwendung des § 3i desStabilisierungsfondsgesetzes in der bis zum 31. Dezember 2017 geltenden Fassung fest. [2] Die auf der Grundlage von Satz 1 gezahlte Vorauszahlung ist von der Bundesanstalt nach § 16n Absatz 1 oder 2 in der ab dem 1. Januar 2018 geltenden Fassung auf den für das Umlagejahr 2018 festgesetzten Umlagebetrag anzurechnen. [3] Die Bundesanstalt erhebt die Vorauszahlung für das Jahr 2018 nach § 16l in der bis zum 31. Dezember 2017 geltenden Fassung mit der Maßgabe, dass der Festsetzung nach § 16l Absatz 1 Satz 2 in der bis zum 31. Dezember 2017 geltenden Fassung nur die Ausgaben des Haushaltsplans zugrunde zu legen sind, die sich nach Abzug des Betrages ergeben, den die Bundesanstalt für Finanzmarktstabilisierung als Vorauszahlung nach Satz 1 festgesetzt hat. [4] § 16m in der ab dem 1. Januar 2018 geltenden Fassung ist erstmals auf die Erhebung der Vorauszahlung für das Umlagejahr 2020 anzuwenden. [5] Für das Umlagejahr 2019 ist Satz 4 mit der Maßgabe anzuwenden, dass in die Verteilungsverhältnisse im Sinne des § 16m Absatz 3 Satz 2 in der ab dem 1. Januar 2018 geltenden Fassung der Teil des abgerechneten Umlagejahres 2017 der Bundesanstalt für Finanzmarktstabilisierung einzubeziehen ist, der sich auf den Aufgabenbereich Abwicklungsbehörde bezieht.

(10) § 16e Absatz 1 und 3, § 16f Absatz 1, § 16g Absatz 1, § 16i Absatz 1 und 2, § 16j Absatz 5 bis 7 sind erstmals auf das Umlagejahr 2018 anzuwenden.

(11) § 16e Absatz 1 Satz 1 Nummer 1 und § 16g Absatz 1 Satz 1 Nummer 1 Buchstabe b Doppelbuchstabe aa und Buchstabe c Doppelbuchstabe aa in der

ab dem 1. Januar 2020 geltenden Fassung sind erstmals auf die Umlageerhebung für das Umlagejahr 2020 anzuwenden.

(12) § 16e Absatz 1 Satz 1 Nummer 1 und § 16g Absatz 1 Nummer 1 Buchstabe b Doppelbuchstabe aa und Buchstabe c Doppelbuchstabe aa in der ab dem 10. Juni 2021 geltenden Fassung sind erstmals auf die Umlageerhebung für das Umlagejahr 2021 anzuwenden.

(12)[1] Die §§ 16, 16b, 16e, 16f, 16g und 16j in der ab dem 26. Juni 2021 geltenden Fassung sind erstmals auf das Umlagejahr 2021 anzuwenden.

(13) § 16e Absatz 1 und § 16f Absatz 1 sind erstmals auf die Umlageabrechnung 2021 und die Umlagevorauszahlung 2022 anzuwenden.

§ 24 Übergangsbestimmungen zu Kosten, Haushalt und Umlageerhebung für den Aufgabenbereich Bilanzkontrolle. (1) [1] § 17a und § 17d sowie die Vorschriften der Bilanzkontrollkosten-Umlageverordnung sind letztmals auf die Umlageerhebung und Haushaltsführung für das Umlagejahr 2021 anzuwenden. [2] § 17c ist letztmals für im Jahr 2021 entstandene Kosten von Prüfungen anzuwenden.

(2) [1] Die Kosten, die für die Erfüllung der Aufgaben der nach § 342b Absatz 1 des Handelsgesetzbuchs in der bis einschließlich 31. Dezember 2021 geltenden Fassung als Prüfstelle anerkannten Einrichtung erforderlich sind und nach dem 31. Dezember 2021 anfallen, sind Kosten des Aufgabenbereiches Bilanzkontrolle im Sinne des § 16b in der ab dem 1. Juli 2021 geltenden Fassung. [2] Eine vorhandene Investitionsrücklage im Sinne des § 17a in Verbindung mit § 12 Absatz 4 Satz 2 bei der nach § 342b Absatz 1 des Handelsgesetzbuchs in der bis einschließlich 31. Dezember 2021 geltenden Fassung als Prüfstelle anerkannten Einrichtung ist zum 31. Dezember 2021 aufzulösen.

(3) [1] Die nach § 342b Absatz 1 des Handelsgesetzbuchs in der bis einschließlich 31. Dezember 2021 geltenden Fassung als Prüfstelle anerkannte Einrichtung hat über die zur Finanzierung der Kosten nach Absatz 2 Satz 1 erforderlichen Mittel einen Wirtschaftsplan für das Folgejahr im Einvernehmen mit der Bundesanstalt aufzustellen. [2] Der Wirtschaftsplan ist dem Bundesministerium der Finanzen zur Genehmigung vorzulegen. [3] Die Bundesanstalt schießt der Prüfstelle die dieser nach dem Wirtschaftsplan voraussichtlich entstehenden Kosten aus der gemäß § 16n in der ab dem 1. Juli 2021 geltenden Fassung eingezogenen Umlagevorauszahlung vor. [4] § 342d Satz 1 bis 3 des Handelsgesetzbuchs in der bis einschließlich 31. Dezember 2021 geltenden Fassung ist für das Haushaltsjahr 2022 nicht anzuwenden.

(4) [1] Nach Ende des Haushaltsjahres hat die nach § 342b Absatz 1 des Handelsgesetzbuchs in der bis einschließlich 31. Dezember 2021 geltenden Fassung als Prüfstelle anerkannte Einrichtung ihren Jahresabschluss sowie eine von einem Wirtschaftsprüfer zu prüfende Einnahmen- und Ausgabenrechnung aufzustellen. [2] Diese enthält die Kosten nach Absatz 2 Satz 1. [3] Die Entlastung erteilt das zuständige Organ der nach § 342b Absatz 1 des Handelsgesetzbuchs in der bis einschließlich 31. Dezember 2021 geltenden Fassung als Prüfstelle anerkannten Einrichtung mit Zustimmung des Bundesministeriums der Finanzen.

---

[1] Absatzzählung ist amtlich.

(5) [1] Ergibt sich, dass die gemäß Absatz 3 Satz 3 geleistete Vorschusszahlung nicht die Kosten gemäß Absatz 2 Satz 1 deckt, so hat die Bundesanstalt den insoweit entstandenen Fehlbetrag aus der von ihr eingezogenen Umlage gegenüber der Einrichtung, die nach § 342b Absatz 1 des Handelsgesetzbuchs in der bis einschließlich 31. Dezember 2021 geltenden Fassung als Prüfstelle anerkannt war, auszugleichen. [2] Die Kosten nach Absatz 2 Satz 1 ergeben sich aus der gemäß Absatz 4 Satz 1 und 2 zu erstellenden Einnahmen- und Ausgabenrechnung.

(6) Die nach § 342b Absatz 1 des Handelsgesetzbuchs in der bis einschließlich 31. Dezember 2021 geltenden Fassung als Prüfstelle anerkannte Einrichtung hat Überzahlungen aus der nach Absatz 3 Satz 3 an sie geleisteten Vorschusszahlung an die Bundesanstalt zu erstatten, sobald die Entlastung gemäß Absatz 4 Satz 3 vorliegt, spätestens aber bis zum 31. Mai des auf das Haushaltsjahr folgenden Jahres.

(7) [1] Die §§ 16 bis 16m und 16o bis 16s in der ab dem 1. Juli 2021 geltenden Fassung sind erstmals auf das Umlagejahr 2022 anzuwenden. [2] Fehlbeträge, nicht eingegangene Beträge und Überschüsse, die nach dem 31. Dezember 2021 entstehen und die den Aufgaben nach § 17a Satz 1 in Verbindung mit § 17d Absatz 1 Satz 1 in der für das Umlagejahr 2021 geltenden Fassung zuzuordnen gewesen wären und noch keine Berücksichtigung nach § 8 Absatz 2 der Bilanzkontrollkosten-Umlageverordnung gefunden haben, gelten als Fehlbeträge, nicht eingegangene Beträge und Überschüsse im Sinne von § 16c Absatz 1 in der ab dem 1. Juli 2021 geltenden Fassung. [3] Sie sind dem Aufgabenbereich Bilanzkontrolle der Bundesanstalt zuzuordnen.

(8) [1] § 16n in der ab dem 1. Juli 2021 geltenden Fassung ist erstmals auf die Erhebung der Vorauszahlung für das Jahr 2024 anzuwenden. [2] Für die Vorauszahlungen der Umlagejahre 2022 und 2023 ist § 16n in der ab dem 1. Juli 2021 geltenden Fassung mit der Maßgabe anzuwenden, dass in die Verteilungsverhältnisse im Sinne des § 16n Absatz 3 Satz 2 der Teil des jeweils zuletzt nach § 17d in Verbindung mit den insofern einschlägigen Vorschriften der Bilanzkontrollkosten-Umlageverordnung abgerechneten Umlagejahres einzubeziehen ist. [3] Vorauszahlungspflichtig im Aufgabenbereich Bilanzkontrolle für die Umlagejahre 2022 und 2023 ist, wer im letzten abgerechneten Jahr umlagepflichtig im Sinne des § 17d Absatz 1 Satz 2 war und im Jahr der Festsetzung der Vorauszahlung entweder umlagepflichtig im Sinne des § 17d Absatz 1 Satz 2 oder im Aufgabenbereich Bilanzkontrolle ist.

9. Gesetz über das Kreditwesen (Kreditwesengesetz – KWG)[1) 2) 3)]

In der Fassung der Bekanntmachung vom 9. September 1998[4)]
(BGBl. I S. 2776)

FNA 7610-1

zuletzt geänd. durch Art. 90 PersonengesellschaftsrechtsmodernisierungsG (MoPeG) v. 10.8.2021 (BGBl. I S. 3436)

Inhaltsübersicht

---

1) Die Änderungen durch G v. 9.12.2020 (BGBl. I S. 2773) treten teilweise erst **mWv 1.1.2023** in Kraft und sind insoweit im Text noch nicht berücksichtigt.

2) Die Änderungen durch Art. 10–14 G v. 3.6.2021 (BGBl. I S. 1568) treten teilweise erst **mWv 1.1.2024** in Kraft und sind insoweit im Text noch nicht berücksichtigt.

3) Die Änderungen durch Art. 90 G v. 10.8.2021 (BGBl. I S. 3436) treten erst **mWv 1.1.2024** in Kraft und sind im Text noch nicht berücksichtigt.

4) Neubekanntmachung des KWG idF der Bek. v. 22.1.1996 (BGBl. I S. 64) in der ab 1.8.1998 geltenden Fassung.

Erster Abschnitt. Allgemeine Vorschriften

1. Kreditinstitute, Finanzdienstleistungsinstitute, Finanzholding-Gesellschaften, gemischte Finanzholding-Gesellschaften und gemischte Holdinggesellschaften sowie Finanzunternehmen

§ 1 Begriffsbestimmungen (1) [1] Kreditinstitute sind Unternehmen, die Bankgeschäfte gewerbsmäßig oder in einem Umfang betreiben, der einen in kaufmännischer Weise eingerichteten Geschäftsbetrieb erfordert. [2] Bankgeschäfte sind

1. die Annahme fremder Gelder als Einlagen oder anderer unbedingt rückzahlbarer Gelder des Publikums, sofern der Rückzahlungsanspruch nicht in Inhaber- oder Orderschuldverschreibungen verbrieft wird, ohne Rücksicht darauf, ob Zinsen vergütet werden (Einlagengeschäft),

1a. die in § 1 Abs. 1 Satz 2 des Pfandbriefgesetzes[1)] bezeichneten Geschäfte (Pfandbriefgeschäft),

2. die Gewährung von Gelddarlehen und Akzeptkrediten (Kreditgeschäft),
3. der Ankauf von Wechseln und Schecks (Diskontgeschäft),
4. die Anschaffung und die Veräußerung von Finanzinstrumenten im eigenen Namen für fremde Rechnung (Finanzkommissionsgeschäft),
5. die Verwahrung und die Verwaltung von Wertpapieren für andere (Depotgeschäft),[2)]
6. die Tätigkeit als Zentralverwahrer im Sinne des Absatzes 6,
7. die Eingehung der Verpflichtung, zuvor veräußerte Darlehensforderungen vor Fälligkeit zurückzuerwerben,
8. die Übernahme von Bürgschaften, Garantien und sonstigen Gewährleistungen für andere (Garantiegeschäft),
9. die Durchführung des bargeldlosen Scheckeinzugs (Scheckeinzugsgeschäft), des Wechseleinzugs (Wechseleinzugsgeschäft) und die Ausgabe von Reiseschecks (Reisescheckgeschäft),
10. die Übernahme von Finanzinstrumenten für eigenes Risiko zur Plazierung oder die Übernahme gleichwertiger Garantien (Emissionsgeschäft),
11. *(aufgehoben)*
12. die Tätigkeit als zentrale Gegenpartei im Sinne von Absatz 31.

[1)] Nr. **20**.

[2)] Siehe das Depotgesetz idF der Bek. v. 11.1.1995 (BGBl. I S. 34), zuletzt geänd. durch G v. 3.6. 2021 (BGBl. I S. 1423).

(1a) [1] Finanzdienstleistungsinstitute sind Unternehmen, die Finanzdienstleistungen für andere gewerbsmäßig oder in einem Umfang erbringen, der einen in kaufmännischer Weise eingerichteten Geschäftsbetrieb erfordert, und die keine Kreditinstitute sind. [2] Finanzdienstleistungen sind

1. die Vermittlung von Geschäften über die Anschaffung und die Veräußerung von Finanzinstrumenten (Anlagevermittlung),

1a. die Abgabe von persönlichen Empfehlungen an Kunden oder deren Vertreter, die sich auf Geschäfte mit bestimmten Finanzinstrumenten beziehen, sofern die Empfehlung auf eine Prüfung der persönlichen Umstände des Anlegers gestützt oder als für ihn geeignet dargestellt wird und nicht ausschließlich über Informationsverbreitungskanäle oder für die Öffentlichkeit bekannt gegeben wird (Anlageberatung),

1b. der Betrieb eines multilateralen Systems, das die Interessen einer Vielzahl von Personen am Kauf und Verkauf von Finanzinstrumenten innerhalb des Systems und nach festgelegten Bestimmungen in einer Weise zusammenbringt, die zu einem Vertrag über den Kauf dieser Finanzinstrumente führt (Betrieb eines multilateralen Handelssystems),

1c. das Platzieren von Finanzinstrumenten ohne feste Übernahmeverpflichtung (Platzierungsgeschäft),

1d. der Betrieb eines multilateralen Systems, bei dem es sich nicht um einen organisierten Markt oder ein multilaterales Handelssystem handelt und das die Interessen einer Vielzahl Dritter am Kauf und Verkauf von Schuldverschreibungen, strukturierten Finanzprodukten, Emissionszertifikaten oder Derivaten innerhalb des Systems auf eine Weise zusammenführt, die zu einem Vertrag über den Kauf dieser Finanzinstrumente führt (Betrieb eines organisierten Handelssystems),

2. die Anschaffung und Veräußerung von Finanzinstrumenten im fremden Namen für fremde Rechnung (Abschlußvermittlung),

3. die Verwaltung einzelner in Finanzinstrumenten angelegter Vermögen für andere mit Entscheidungsspielraum (Finanzportfolioverwaltung),

4. der Eigenhandel durch das

   a) kontinuierliche Anbieten des An- und Verkaufs von Finanzinstrumenten zu selbst gestellten Preisen für eigene Rechnung unter Einsatz des eigenen Kapitals,

   b) häufige organisierte und systematische Betreiben von Handel für eigene Rechnung in erheblichem Umfang außerhalb eines organisierten Marktes oder eines multilateralen oder organisierten Handelssystems, wenn Kundenaufträge außerhalb eines geregelten Marktes oder eines multilateralen oder organisierten Handelssystems ausgeführt werden, ohne dass ein multilaterales Handelssystem betrieben wird (systematische Internalisierung),

   c) Anschaffen oder Veräußern von Finanzinstrumenten für eigene Rechnung als Dienstleistung für andere oder

   d) Kaufen oder Verkaufen von Finanzinstrumenten für eigene Rechnung als unmittelbarer oder mittelbarer Teilnehmer eines inländischen organisierten Marktes oder eines multilateralen oder organisierten Handelssystems mittels einer hochfrequenten algorithmischen Handelstechnik, die gekennzeichnet ist durch aa) eine Infrastruktur zur Minimierung von Netzwerklatenzen und anderen Verzögerungen bei der Orderübertragung (Latenzen), die mindestens eine der folgenden Vorrichtungen für die Eingabe algorithmischer Aufträge aufweist: Kollokation, Proximity Hosting oder direkter elektronischer Hochgeschwindigkeitszugang,

bb) die Fähigkeit des Systems, einen Auftrag ohne menschliche Intervention im Sinne des Artikels 18 der Delegierten Verordnung (EU) 2017/565 der Kommission vom 25. April 2016 zur Ergänzung der Richtlinie 2014/65/EU des Europäischen Parlaments und des Rates in Bezug auf die organisatorischen Anforderungen an Wertpapierfirmen und die Bedingungen für die Ausübung ihrer Tätigkeit sowie in Bezug auf die Definition bestimmter Begriffe für die Zwecke der genannten Richtlinie (ABl. L 87 vom 31.3.2017, S. 1) in der jeweils geltenden Fassung, einzuleiten, zu erzeugen, weiterzuleiten oder auszuführen und

cc) ein hohes untertägiges Mitteilungsaufkommen im Sinne des Artikels 19 der Delegierten Verordnung (EU) 2017/565 in Form von Aufträgen, Kursangaben oder Stornierungen

auch ohne dass eine Dienstleistung für andere vorliegt (Hochfrequenzhandel),

5. die Vermittlung von Einlagengeschäften mit Unternehmen mit Sitz außerhalb des Europäischen Wirtschaftsraums (Drittstaateneinlagenvermittlung),
6. die Verwahrung, die Verwaltung und die Sicherung von Kryptowerten oder privaten kryptografischen Schlüsseln, die dazu dienen, Kryptowerte für andere zu halten, zu speichern oder darüber zu verfügen, sowie die Sicherung von privaten kryptografischen Schlüsseln, die dazu dienen, Kryptowertpapiere für andere nach § 4 Absatz 3 des Gesetzes über elektronische Wertpapiere zu halten, zu speichern oder darüber zu verfügen (Kryptoverwahrgeschäft),
7. der Handel mit Sorten (Sortengeschäft),
8. die Führung eines Kryptowertpapierregisters nach § 16 des Gesetzes über elektronische Wertpapiere (Kryptowertpapierregisterführung),
9. der laufende Ankauf von Forderungen auf der Grundlage von Rahmenverträgen mit oder ohne Rückgriff (Factoring),
10. der Abschluss von Finanzierungsleasingverträgen als Leasinggeber und die Verwaltung von Objektgesellschaften im Sinne des § 2 Absatz 6 Satz 1 Nummer 17 außerhalb der Verwaltung eines Investmentvermögens im Sinne des § 1 Absatz 1 des Kapitalanlagegesetzbuchs (Finanzierungsleasing),
11. die Anschaffung und die Veräußerung von Finanzinstrumenten außerhalb der Verwaltung eines Investmentvermögens im Sinne des § 1 Absatz 1 des Kapitalanlagegesetzbuchs für eine Gemeinschaft von Anlegern, die natürliche Personen sind, mit Entscheidungsspielraum bei der Auswahl der Finanzinstrumente, sofern dies ein Schwerpunkt des angebotenen Produktes ist und zu dem Zweck erfolgt, dass diese Anleger an der Wertentwicklung der erworbenen Finanzinstrumente teilnehmen (Anlageverwaltung),
12. die Verwahrung und die Verwaltung von Wertpapieren ausschließlich für alternative Investmentfonds (AIF) im Sinne des § 1 Absatz 3 des Kapitalanlagegesetzbuchs (eingeschränktes Verwahrgeschäft).

[3] Die Anschaffung und die Veräußerung von Finanzinstrumenten für eigene Rechnung, die nicht Eigenhandel im Sinne des § 1 Absatz 1a Satz 2 Nummer 4 ist (Eigengeschäft), gilt als Finanzdienstleistung, wenn das Eigengeschäft von einem Unternehmen betrieben wird, das

1. dieses Geschäft, ohne bereits aus anderem Grunde Institut oder Wertpapierinstitut zu sein, gewerbsmäßig oder in einem Umfang betreibt, der einen in kaufmännischer Weise eingerichteten Geschäftsbetrieb erfordert, und
2. einer Instituts-, einer Finanzholding- oder gemischten Finanzholding-Gruppe oder einem Finanzkonglomerat angehört, der oder dem ein CRR-Kreditinstitut angehört.

[4] Ein Unternehmen, das als Finanzdienstleistung geltendes Eigengeschäft nach Satz 3 betreibt, gilt als Finanzdienstleistungsinstitut. [5] Die Sätze 3 und 4 gelten nicht für Abwicklungsanstalten nach § 8a Absatz 1 Satz 1 des Stabilisierungsfondsgesetzes. [6] Ob ein häufiger systematischer Handel im Sinne des Satzes 2 Nummer 4 Buchstabe b vorliegt, bemisst sich nach der Zahl der Geschäfte außerhalb eines Handelsplatzes im Sinne des § 2 Absatz 22 des Wertpapierhandelsgesetzes (OTC-Handel) mit einem Finanzinstrument zur Ausführung von Kundenaufträgen, die für eigene Rechnung durchgeführt werden. [7] Ob ein Handel in erheblichem Umfang im Sinne des Satzes 2 Nummer 4 Buchstabe b vorliegt, bemisst sich entweder nach dem Anteil des OTC-Handels an dem Gesamthandelsvolumen des Unternehmens in einem bestimmten Finanzinstrument oder nach dem Verhältnis des OTC-Handels des Unternehmens zum Gesamthandelsvolumen in einem bestimmten Finanzinstrument in der Europäischen Union. [8] Die Voraussetzungen der systematischen Internalisierung sind erst dann erfüllt, wenn sowohl die in den Artikeln 12 bis 17 der Delegierten Verordnung (EU) 2017/565 bestimmte Obergrenze für häufigen systematischen Handel als auch die in der vorgenannten Delegierten Verordnung bestimmte einschlägige Obergrenze für den Handel in erheblichem Umfang überschritten werden oder wenn ein Unternehmen sich freiwillig den für die systematische Internalisierung geltenden Regelungen unterworfen und einen entsprechenden Erlaubnisantrag bei der Bundesanstalt gestellt hat.

(1b) Institute im Sinne dieses Gesetzes sind Kreditinstitute und Finanzdienstleistungsinstitute.

(2) Geschäftsleiter im Sinne dieses Gesetzes sind diejenigen natürlichen Personen, die nach Gesetz, Satzung oder Gesellschaftsvertrag zur Führung der Geschäfte und zur Vertretung eines Instituts oder eines Unternehmens in der Rechtsform einer juristischen Person oder einer Personenhandelsgesellschaft berufen sind.

(3) [1] Finanzunternehmen sind Unternehmen, die keine Institute und keine Kapitalverwaltungsgesellschaften oder extern verwaltete Investmentgesellschaften sind und deren Haupttätigkeit darin besteht,

1. Beteiligungen zu erwerben und zu halten,
2. Geldforderungen entgeltlich zu erwerben,
3. Leasing-Objektgesellschaft im Sinne des § 2 Abs. 6 Satz 1 Nr. 17 zu sein,
4. *(aufgehoben)*
5. mit Finanzinstrumenten für eigene Rechnung zu handeln,
6. andere bei der Anlage in Finanzinstrumenten zu beraten,

7. Unternehmen über die Kapitalstruktur, die industrielle Strategie und die damit verbundenen Fragen zu beraten sowie bei Zusammenschlüssen und Übernahmen von Unternehmen diese zu beraten und ihnen Dienstleistungen anzubieten oder
8. Darlehen zwischen Kreditinstituten zu vermitteln (Geldmaklergeschäfte).

[2] Das Bundesministerium der Finanzen kann nach Anhörung der Deutschen Bundesbank durch Rechtsverordnung, die nicht der Zustimmung des Bundesrates bedarf, weitere Unternehmen als Finanzunternehmen bezeichnen, deren Haupttätigkeit in einer Tätigkeit besteht, um welche die Liste in Anhang I zu der Richtlinie 2013/36/EU des Europäischen Parlaments und des Rates vom 26. Juni 2013 über den Zugang zur Tätigkeit von Kreditinstituten und die Beaufsichtigung von Kreditinstituten und Wertpapierfirmen, zur Änderung der Richtlinie 2002/87/EG und zur Aufhebung der Richtlinien 2006/48/EG und 2006/49/EG (ABl. L 176 vom 27.6.2013, S. 338; L 208 vom 2.8.2013, S. 73; L 20 vom 25.1.2017, S. 1; L 203 vom 26.6.2020, S. 95), die zuletzt durch die Richtlinie (EU) 2019/2034 (ABl. L 314 vom 5.12.2019, S. 64) geändert worden ist.

(3a) Datenbereitstellungsdienste im Sinne dieses Gesetzes sind genehmigte Veröffentlichungssysteme und genehmigte Meldemechanismen im Sinne des § 2 Absatz 37 und 39 des Wertpapierhandelsgesetzes.

(3b) *(aufgehoben)*

(3c) [1] Ein Institut ist bedeutend, wenn seine Bilanzsumme im Durchschnitt zu den jeweiligen Stichtagen der letzten vier abgeschlossenen Geschäftsjahre 15 Milliarden Euro überschritten hat. [2] Als bedeutende Institute gelten stets

1. Institute, die eine der Bedingungen gemäß Artikel 6 Absatz 4 Unterabsatz 2 der Verordnung (EU) Nr. 1024/2013[1)] des Rates vom 15. Oktober 2013 zur Übertragung besonderer Aufgaben im Zusammenhang mit der Aufsicht über Kreditinstitute auf die Europäische Zentralbank (ABl. L 287 vom 29.10.2013, S. 63; L 218 vom 19.8.2015, S. 82) erfüllen,
2. Institute, die als potentiell systemrelevant im Sinne des § 12 eingestuft wurden, und
3. Finanzhandelsinstitute gemäß § 25f Absatz 1.

(3d) [1] CRR-Kreditinstitute im Sinne dieses Gesetzes sind Kreditinstitute im Sinne des Artikels 4 Absatz 1 Nummer 1 der Verordnung (EU) Nr. 575/2013[2)] des Europäischen Parlaments und des Rates vom 26. Juni 2013 über Aufsichtsanforderungen an Kreditinstitute und zur Änderung der Verordnung (EU) Nr. 648/2012 (ABl. L 176 vom 27.6.2013, S. 1; L 208 vom 2.8.2013, S. 68; L 321 vom 30.11.2013, S. 6; L 193 vom 21.7.2015, S. 166; L 20 vom 25.1.2017, S. 3; L 13 vom 17.1.2020, S. 58), die zuletzt durch die Verordnung (EU) 2020/873 (ABl. L 204 vom 26.6.2020, S. 4) geändert worden ist; ein Unternehmen, das CRR-Kreditinstitut ist, ist auch Kreditinstitut im Sinne dieses Gesetzes. [2] Wertpapierinstitute sind Unternehmen im Sinne des § 2 Absatz 1 des Wertpapierinstitutsgesetzes[3)]. [3] E-Geld-Institute sind Unternehmen im Sinne des § 1 Absatz 2 Satz 1 Nummer 1 des Zahlungsdiensteaufsichtsgesetzes[4)].

[1)] Nr. **5**.
[2)] Nr. **6**.
[3)] Nr. **10**.
[4)] Nr. **12**.

(3e) Wertpapier- oder Terminbörsen im Sinne dieses Gesetzes sind Wertpapier- oder Terminmärkte, die von den zuständigen staatlichen Stellen geregelt und überwacht werden, regelmäßig stattfinden und für das Publikum unmittelbar oder mittelbar zugänglich sind, einschließlich

1. ihrer Betreiber, wenn deren Haupttätigkeit im Betreiben von Wertpapier- oder Terminmärkten besteht, und
2. ihrer Systeme zur Sicherung der Erfüllung der Geschäfte an diesen Märkten (Clearingstellen), die von den zuständigen staatlichen Stellen geregelt und überwacht werden.

(4) Herkunftsstaat ist der Staat, in dem die Hauptniederlassung eines Instituts zugelassen ist.

(5) Als Aufsichtsbehörde im Sinne dieses Gesetzes gilt

1. die Europäische Zentralbank, soweit sie in Ausübung ihrer gemäß Artikel 4 Absatz 1 Buchstabe a bis i und Artikel 4 Absatz 2 der Verordnung (EU) Nr. 1024/2013 des Rates vom 15. Oktober 2013 zur Übertragung besonderer Aufgaben im Zusammenhang mit der Aufsicht über Kreditinstitute auf die Europäische Zentralbank (ABl. L 287 vom 29.10.2013, S. 63) übertragenen Aufgaben handelt und diese Aufgaben nicht gemäß Artikel 6 Absatz 6 dieser Verordnung durch die Bundesanstalt für Finanzdienstleistungsaufsicht (Bundesanstalt) wahrgenommen werden,
2. die Bundesanstalt, soweit nicht die Europäische Zentralbank nach Nummer 1 als Aufsichtsbehörde im Sinne dieses Gesetzes gilt.

(5a) [1] Der Europäische Wirtschaftsraum im Sinne dieses Gesetzes umfaßt die Mitgliedstaaten der Europäischen Union sowie die anderen Vertragsstaaten des Abkommens über den Europäischen Wirtschaftsraum. [2] Drittstaaten im Sinne dieses Gesetzes sind alle anderen Staaten.

(6) Ein Zentralverwahrer im Sinne dieses Gesetzes ist ein Unternehmen im Sinne des Artikels 2 Absatz 1 Nummer 1 der Verordnung (EU) Nr. 909/2014 des Europäischen Parlaments und des Rates vom 23. Juli 2014 zur Verbesserung der Wertpapierlieferungen und -abrechnungen in der Europäischen Union und über Zentralverwahrer sowie zur Änderung der Richtlinien 98/26/EG und 2014/65/EU und der Verordnung (EU) Nr. 236/2012 (ABl. L 257 vom 28.8. 2014, S. 1).

(7) Schwesterunternehmen sind Unternehmen, die ein gemeinsames Mutterunternehmen haben.

(7a)–(8) *(aufgehoben)*

(9) [1] Eine bedeutende Beteiligung im Sinne dieses Gesetzes ist eine qualifizierte Beteiligung gemäß Artikel 4 Absatz 1 Nummer 36 der Verordnung (EU) Nr. 575/2013 in der jeweils geltenden Fassung. [2] Für die Berechnung des Anteils der Stimmrechte gelten § 33 Absatz 1 in Verbindung mit einer Rechtsverordnung nach Absatz 5, § 34 Absatz 1 und 2, § 35 Absatz 1 bis 3 in Verbindung mit einer Rechtsverordnung nach Absatz 6 und § 36 des Wertpapierhandelsgesetzes entsprechend. [3] Unberücksichtigt bleiben die Stimmrechte oder Kapitalanteile, die Institute oder Wertpapierinstitute im Rahmen des Emissionsgeschäfts nach Absatz 1 Satz 2 Nummer 10 oder nach § 2 Absatz 2 Nummer 2 des Wertpapierinstitutsgesetzes halten, vorausgesetzt, diese Rechte werden nicht ausgeübt oder anderweitig benutzt, um in die Geschäftsführung

des Emittenten einzugreifen, und sie werden innerhalb eines Jahres nach dem Zeitpunkt des Erwerbs veräußert.

(10) Auslagerungsunternehmen sind Unternehmen, auf die ein Institut oder ein übergeordnetes Unternehmen Aktivitäten und Prozesse zur Durchführung von Bankgeschäften, Finanzdienstleistungen oder sonstigen institutstypischen Dienstleistungen ausgelagert hat, sowie deren Subunternehmen bei Weiterverlagerungen von Aktivitäten und Prozessen, die für die Durchführung von Bankgeschäften, Finanzdienstleistungen oder sonstigen institutstypischen Dienstleistungen wesentlich sind.

(11) [1] Finanzinstrumente im Sinne der Absätze 1 bis 3 und 17 sowie im Sinne des § 2 Absatz 1 und 6 sind

1. Aktien und andere Anteile an in- oder ausländischen juristischen Personen, Personengesellschaften und sonstigen Unternehmen, soweit sie Aktien vergleichbar sind, sowie Hinterlegungsscheine, die Aktien oder Aktien vergleichbare Anteile vertreten,
2. Vermögensanlagen im Sinne des § 1 Absatz 2 des Vermögensanlagengesetzes mit Ausnahme von Anteilen an einer Genossenschaft im Sinne des § 1 des Genossenschaftsgesetzes,
3. Schuldtitel, insbesondere Genussscheine, Inhaberschuldverschreibungen, Orderschuldverschreibungen und diesen Schuldtiteln vergleichbare Rechte, die ihrer Art nach auf den Kapitalmärkten handelbar sind, mit Ausnahme von Zahlungsinstrumenten, sowie Hinterlegungsscheine, die diese Schuldtitel vertreten,
4. sonstige Rechte, die zum Erwerb oder zur Veräußerung von Rechten nach den Nummern 1 und 3 berechtigen oder zu einer Barzahlung führen, die in Abhängigkeit von solchen Rechten, von Währungen, Zinssätzen oder anderen Erträgen, von Waren, Indices oder Messgrößen bestimmt wird,
5. Anteile an Investmentvermögen im Sinne des § 1 Absatz 1 des Kapitalanlagegesetzbuchs,
6. Geldmarktinstrumente,
7. Devisen oder Rechnungseinheiten,
8. Derivate,
9. Berechtigungen nach § 3 Nummer 3 des Treibhausgas-Emissionshandelsgesetzes, Emissionsreduktionseinheiten nach § 2 Nummer 20 des Projekt-Mechanismen-Gesetzes und zertifizierte Emissionsreduktionen nach § 2 Nummer 21 des Projekt-Mechanismen-Gesetzes, soweit diese jeweils im Emissionshandelsregister gehalten werden dürfen (Emissionszertifikate),
10. Kryptowerte sowie
11. für Schwarmfinanzierungszwecke nach Artikel 2 Absatz 1 Buchstabe n der Verordnung (EU) 2020/1503[1)] des Europäischen Parlaments und des Rates vom 7. Oktober 2020 über Europäische Schwarmfinanzierungsdienstleister für Unternehmen und zur Änderung der Verordnung (EU) 2017/1129 und der Richtlinie (EU) 2019/1937 (ABl. L 347 vom 20.10.2020, S. 1), in der jeweils geltenden Fassung, zugelassene Instrumente (Schwarmfinanzierungsinstrumente).

[1)] Nr. **19**.

²Hinterlegungsscheine im Sinne dieses Gesetzes sind Wertpapiere, die auf dem Kapitalmarkt handelbar sind, ein Eigentumsrecht an Wertpapieren von Emittenten mit Sitz im Ausland verbriefen, zum Handel auf einem organisierten Markt zugelassen sind und unabhängig von den Wertpapieren des jeweiligen gebietsfremden Emittenten gehandelt werden können. ³Geldmarktinstrumente sind Instrumente im Sinne des Artikels 11 der Delegierten Verordnung (EU) 2017/565 mit Ausnahme von Zahlungsinstrumenten. ⁴Kryptowerte im Sinne dieses Gesetzes sind digitale Darstellungen eines Wertes, der von keiner Zentralbank oder öffentlichen Stelle emittiert wurde oder garantiert wird und nicht den gesetzlichen Status einer Währung oder von Geld besitzt, aber von natürlichen oder juristischen Personen aufgrund einer Vereinbarung oder tatsächlichen Übung als Tausch- oder Zahlungsmittel akzeptiert wird oder Anlagezwecken dient und der auf elektronischem Wege übertragen, gespeichert und gehandelt werden kann. ⁵Keine Kryptowerte im Sinne dieses Gesetzes sind

1. E-Geld im Sinne des § 1 Absatz 2 Satz 3 des Zahlungsdiensteaufsichtsgesetzes oder
2. ein monetärer Wert, der die Anforderungen des § 2 Absatz 1 Nummer 10 des Zahlungsdiensteaufsichtsgesetzes erfüllt oder nur für Zahlungsvorgänge nach § 2 Absatz 1 Nummer 11 des Zahlungsdiensteaufsichtsgesetzes eingesetzt wird.

⁶Derivate sind

1. als Kauf, Tausch oder anderweitig ausgestaltete Festgeschäfte oder Optionsgeschäfte, die zeitlich verzögert zu erfüllen sind und deren Wert sich unmittelbar oder mittelbar vom Preis oder Maß eines Basiswertes ableitet (Termingeschäfte) mit Bezug auf die folgenden Basiswerte:
   a) Wertpapiere oder Geldmarktinstrumente,
   b) Devisen, soweit das Geschäft nicht die Voraussetzungen des Artikels 10 der Delegierten Verordnung (EU) 2017/565 erfüllt, oder Rechnungseinheiten,
   c) Zinssätze oder andere Erträge,
   d) Indices der Basiswerte des Buchstaben a, b, c oder f andere Finanzindices oder Finanzmessgrößen,
   e) Derivate oder
   f) Emissionszertifikate;
2. Termingeschäfte mit Bezug auf Waren, Frachtsätze, Klima- oder andere physikalische Variablen, Inflationsraten oder andere volkswirtschaftliche Variablen oder sonstige Vermögenswerte, Indices oder Messwerte als Basiswerte, sofern sie
   a) durch Barausgleich zu erfüllen sind oder einer Vertragspartei das Recht geben, einen Barausgleich zu verlangen, ohne dass dieses Recht durch Ausfall oder ein anderes Beendigungsereignis begründet ist,
   b) auf einem organisierten Markt oder in einem multilateralen oder organisierten Handelssystem geschlossen werden, soweit es sich nicht um über ein organisiertes Handelssystem gehandelte Energiegroßhandelsprodukte handelt, die effektiv geliefert werden müssen, oder
   c) die Merkmale anderer Derivatekontrakte im Sinne des Artikels 7 der Delegierten Verordnung (EU) 2017/565 aufweisen und nichtkommerziellen Zwecken dienen,

und sofern sie keine Kassageschäfte im Sinne des Artikels 7 der Delegierten Verordnung (EU) 2017/565 sind;

3. finanzielle Differenzgeschäfte;
4. als Kauf, Tausch oder anderweitig ausgestaltete Festgeschäfte oder Optionsgeschäfte, die zeitlich verzögert zu erfüllen sind und dem Transfer von Kreditrisiken dienen (Kreditderivate);
5. Termingeschäfte mit Bezug auf die in Artikel 8 der Delegierten Verordnung (EU) 2017/565 genannten Basiswerte, sofern sie die Bedingungen der Nummer 2 erfüllen.

(12) *(aufgehoben)*

(13) *(aufgehoben)*

(14) *(aufgehoben)*

(15) *(aufgehoben)*

(16) [1] Ein System im Sinne von § 24b ist eine schriftliche Vereinbarung nach Artikel 2 Buchstabe a der Richtlinie 98/26/EG des Europäischen Parlaments und des Rates vom 19. Mai 1998 über die Wirksamkeit von Abrechnungen in Zahlungs- sowie Wertpapierliefer- und -abrechnungssystemen (ABl. L 166 vom 11.6.1998, S. 45), die durch die Richtlinie 2009/44/EG (ABl. L 146 vom 10.6.2009, S. 37) geändert worden ist, einschließlich der Vereinbarung zwischen einem Teilnehmer und einem indirekt teilnehmenden Kreditinstitut, die von der Deutschen Bundesbank oder der zuständigen Stelle eines anderen Mitgliedstaats oder Vertragsstaats des Europäischen Wirtschaftsraums der Europäischen Wertpapier- und Marktaufsichtsbehörde gemeldet wurde. [2] Systeme aus Drittstaaten stehen den in Satz 1 genannten Systemen gleich, sofern sie im Wesentlichen den in Artikel 2 Buchstabe a der Richtlinie 98/26/EG angeführten Voraussetzungen entsprechen. [3] System im Sinne des Satzes 1 ist auch ein System, dessen Betreiber eine Vereinbarung mit dem Betreiber eines anderen Systems oder den Betreibern anderer Systeme geschlossen hat, die eine Ausführung von Zahlungs- oder Übertragungsaufträgen zwischen den betroffenen Systemen zum Gegenstand hat (interoperables System); auch die anderen an der Vereinbarung beteiligten Systeme sind interoperable Systeme.

(16a) Systembetreiber im Sinne dieses Gesetzes ist derjenige, der für den Betrieb des Systems rechtlich verantwortlich ist.

(16b) Der Geschäftstag eines Systems umfasst Tag- und Nachtabrechnungen und beinhaltet alle Ereignisse innerhalb des üblichen Geschäftszyklus eines Systems.

(16c) Teilnehmer eines Systems im Sinne dieses Gesetzes sind die zur Teilnahme an diesem System berechtigten zentralen Gegenparteien, Systembetreiber, Clearingmitglieder einer zentralen Gegenpartei mit Zulassung gemäß Artikel 17 der Verordnung (EU) Nr. 648/2012 und Verrechnungsstellen, Clearingstellen und Institute im Sinne von Artikel 2 Buchstabe b, d oder e der Richtlinie 98/26/EG.

(17) [1] Finanzsicherheiten im Sinne dieses Gesetzes sind Barguthaben, Geldbeträge, Wertpapiere, Geldmarktinstrumente sowie Kreditforderungen im Sinne des Artikels 2 Absatz 1 Buchstabe o der Richtlinie 2002/47/EG des Europäischen Parlaments und des Rates vom 6. Juni 2002 über Finanzsicherheiten (ABl. L 168 vom 27.6.2002, S. 43), die durch die Richtlinie 2009/44/EG (ABl. L 146 vom 10.6.2009, S. 37) geändert worden ist, und Geldforderun-

gen aus einer Vereinbarung, auf Grund derer ein Versicherungsunternehmen im Sinne des § 1 Absatz 1 des Versicherungsaufsichtsgesetzes einen Kredit in Form eines Darlehens gewährt hat, jeweils einschließlich jeglicher damit in Zusammenhang stehender Rechte oder Ansprüche, die als Sicherheit in Form eines beschränkten dinglichen Sicherungsrechts oder im Wege der Überweisung oder Vollrechtsübertragung auf Grund einer Vereinbarung zwischen einem Sicherungsnehmer und einem Sicherungsgeber, die einer der in Artikel 1 Abs. 2 Buchstabe a bis e der Richtlinie 2002/47/EG, die durch die Richtlinie 2009/44/EG geändert worden ist, aufgeführten Kategorien angehören, bereitgestellt werden; bei von Versicherungsunternehmen gewährten Kreditforderungen gilt dies nur, wenn der Sicherungsgeber seinen Sitz im Inland hat. [2] Gehört der Sicherungsgeber zu den in Artikel 1 Abs. 2 Buchstabe e der Richtlinie 2002/47/EG genannten Personen oder Gesellschaften, so liegt eine Finanzsicherheit nur vor, wenn die Sicherheit der Besicherung von Verbindlichkeiten aus Verträgen oder aus der Vermittlung von Verträgen über

a) die Anschaffung und die Veräußerung von Finanzinstrumenten,
b) Pensions-, Darlehens- sowie vergleichbare Geschäfte auf Finanzinstrumente oder
c) Darlehen zur Finanzierung des Erwerbs von Finanzinstrumenten

dient. [3] Gehört der Sicherungsgeber zu den in Artikel 1 Abs. 2 Buchstabe e der Richtlinie 2002/47/EG genannten Personen oder Gesellschaften, so sind eigene Anteile des Sicherungsgebers oder Anteile an verbundenen Unternehmen im Sinne von § 290 Abs. 2 des Handelsgesetzbuches keine Finanzsicherheiten; maßgebend ist der Zeitpunkt der Bestellung der Sicherheit. [4] Sicherungsgeber aus Drittstaaten stehen den in Satz 1 genannten Sicherungsgebern gleich, sofern sie im Wesentlichen den in Artikel 1 Abs. 2 Buchstabe a bis e aufgeführten Körperschaften, Finanzinstituten und Einrichtungen entsprechen.

(18) Branchenvorschriften im Sinne dieses Gesetzes sind die Rechtsvorschriften der Europäischen Union im Bereich der Finanzaufsicht, insbesondere die Richtlinien 73/239/EWG, 98/78/EG, 2004/39/EG, 2006/48/EG, 2006/49/EG und 2009/65/EG sowie Anhang V Teil A der Richtlinie 2002/83/EG, die darauf beruhenden inländischen Gesetze, insbesondere dieses Gesetz, das Versicherungsaufsichtsgesetz, das Wertpapierhandelsgesetz, das Kapitalanlagegesetzbuch, das Pfandbriefgesetz, das Gesetz über Bausparkassen[1)], das Geldwäschegesetz[2)] einschließlich der dazu ergangenen Rechtsverordnungen sowie der sonstigen im Bereich der Finanzaufsicht erlassenen Rechts- und Verwaltungsvorschriften.

(19) Finanzbranche im Sinne dieses Gesetzes sind folgende Branchen:

1.[3)] die Banken- und Wertpapierdienstleistungsbranche; dieser gehören Kreditinstitute im Sinne des Absatzes 1, Finanzdienstleistungsinstitute im Sinne des Absatzes 1a Wertpapierinstitute im Sinne des Absatzes 3d Satz 2, Kapitalverwaltungsgesellschaften im Sinne des § 17 des Kapitalanlagegesetzbuchs, extern verwaltete Investmentgesellschaften im Sinne des § 1 Ab-

---

[1)] Nr. **21**.
[2)] Nr. **18**.
[3)] Gem. Änd. durch G v. 4.7.2013 (BGBl. I S. 1981) soll in Abs. 19 Nr. 1: „Kapitalanlagegesellschaften und Investmentaktiengesellschaften" durch die Wörter „Kapitalverwaltungsgesellschaften und extern verwaltete Investmentgesellschaften" ersetzt werden; diese Angaben wurden jedoch bereits mWv 4.7.2013 durch G v. 27.6.2013 (BGBl. I S. 1862) aufgehoben.

satz 13 des Kapitalanlagegesetzbuchs, Finanzunternehmen im Sinne des Absatzes 3, Anbieter von Nebendienstleistungen oder entsprechende Unternehmen mit Sitz im Ausland sowie E-Geld-Institute im Sinne des § 1 Absatz 2 Satz 1 Nummer 1 des Zahlungsdiensteaufsichtsgesetzes sowie Zahlungsinstitute im Sinne des § 1 Absatz 1 Satz 1 Nummer 1 des Zahlungsdiensteaufsichtsgesetzes an;

2. die Versicherungsbranche; dieser gehören Erst- und Rückversicherungsunternehmen im Sinne des § 7 Nummer 33 des Versicherungsaufsichtsgesetzes, Versicherungs-Holdinggesellschaften im Sinne des § 7 Nummer 31 des Versicherungsaufsichtsgesetzes oder entsprechende Unternehmen mit Sitz im Ausland an; zu den Versicherungsunternehmen im Sinne des ersten Halbsatzes gehören weder die Sterbekassen noch die in § 1 Absatz 4 und § 3 des Versicherungsaufsichtsgesetzes genannten Unternehmen und Einrichtungen.

(20) Finanzkonglomerat ist eine Gruppe oder Untergruppe von Unternehmen im Sinne des § 1 Absatz 2 des Finanzkonglomerate-Aufsichtsgesetzes[1)].

(21) [1] Risikoträger sind Mitarbeiter, deren berufliche Tätigkeit sich wesentlich auf das Risikoprofil eines Instituts auswirkt. [2] Als Risikoträger gelten zudem die Geschäftsleiter nach Absatz 2 sowie die Mitglieder des Verwaltungs- oder Aufsichtsorgans im Sinne des § 25d.

(22) *(aufgehoben)*

(23) *(aufgehoben)*

(24) [1] Refinanzierungsunternehmen sind Unternehmen, die Gegenstände oder Ansprüche auf deren Übertragung aus ihrem Geschäftsbetrieb an folgende Unternehmen zum Zwecke der eigenen Refinanzierung oder der Refinanzierung des Übertragungsberechtigten veräußern oder für diese treuhänderisch verwalten:

1. Zweckgesellschaften,
2. Refinanzierungsmittler,
3. Kreditinstitute mit Sitz in einem Staat des Europäischen Wirtschaftsraums,
4. Versicherungsunternehmen mit Sitz in einem Staat des Europäischen Wirtschaftsraums,
5. Pensionsfonds oder Pensionskassen im Sinne des Gesetzes zur Verbesserung der betrieblichen Altersversorgung (Betriebsrentengesetz) oder
6. eine in § 2 Absatz 1 Nummer 1, 2 oder 3a genannte Einrichtung.

[2] Unschädlich ist, wenn die Refinanzierungsunternehmen daneben wirtschaftliche Risiken weitergeben, ohne dass damit ein Rechtsübergang einhergeht.

(25) Refinanzierungsmittler sind Kreditinstitute, die von Refinanzierungsunternehmen oder anderen Refinanzierungsmittlern Gegenstände aus dem Geschäftsbetrieb eines Refinanzierungsunternehmens oder Ansprüche auf deren Übertragung erwerben, um diese an Zweckgesellschaften oder Refinanzierungsmittler zu veräußern; unschädlich ist, wenn sie daneben wirtschaftliche Risiken weitergeben, ohne dass damit ein Rechtsübergang einhergeht.

(26) Zweckgesellschaften sind Unternehmen, deren wesentlicher Zweck darin besteht, durch Emission von Finanzinstrumenten oder auf sonstige Weise

---

1) Nr. **11**.

Gelder aufzunehmen oder andere vermögenswerte Vorteile zu erlangen, um von Refinanzierungsunternehmen oder Refinanzierungsmittlern Gegenstände aus dem Geschäftsbetrieb eines Refinanzierungsunternehmens oder Ansprüche auf deren Übertragung zu erwerben; unschädlich ist, wenn sie daneben wirtschaftliche Risiken übernehmen, ohne dass damit ein Rechtsübergang einhergeht.

(27) Interne Ansätze im Sinne dieses Gesetzes sind die Ansätze nach Artikel 143 Absatz 1, Artikel 221, 225 und 265 Absatz 2, Artikel 283, 312 Absatz 2 und Artikel 363 der Verordnung (EU) Nr. 575/2013 in der jeweils geltenden Fassung.

(28) Hartes Kernkapital im Sinne dieses Gesetzes ist das harte Kernkapital gemäß Artikel 26 der Verordnung (EU) Nr. 575/2013 in der jeweils geltenden Fassung.

(29) [1] Wohnungsunternehmen mit Spareinrichtung im Sinne dieses Gesetzes sind Unternehmen in der Rechtsform der eingetragenen Genossenschaft,

1. die keine CRR-Institute[1)] oder Finanzdienstleistungsinstitute sind und keine Beteiligung an einem Institut oder Finanzunternehmen besitzen,
2. deren Unternehmensgegenstand überwiegend darin besteht, den eigenen Wohnungsbestand zu bewirtschaften,
3. die daneben als Bankgeschäft ausschließlich das Einlagengeschäft im Sinne des Absatzes 1 Satz 2 Nummer 1 betreiben, jedoch beschränkt auf
   a) die Entgegennahme von Spareinlagen,
   b) die Ausgabe von Namensschuldverschreibungen und
   c) die Begründung von Bankguthaben mit Zinsansammlung zu Zwecken des § 1 Absatz 1 des Altersvorsorgeverträge-Zertifizierungsgesetzes vom 26. Juni 2001 (BGBl. I S. 1310, 1322) in der jeweils geltenden Fassung, und
4. die kein Handelsbuch führen, es sei denn,
   a) der Anteil des Handelsbuchs überschreitet in der Regel nicht 5 Prozent der Gesamtsumme der bilanz- und außerbilanzmäßigen Geschäfte,
   b) die Gesamtsumme der einzelnen Positionen des Handelsbuchs überschreitet in der Regel nicht den Gegenwert von 15 Millionen Euro und
   c) der Anteil des Handelsbuchs überschreitet zu keiner Zeit 6 Prozent der Gesamtsumme der bilanz- und außerbilanzmäßigen Geschäfte und die Gesamtsumme aller Positionen des Handelsbuchs überschreitet zu keiner Zeit den Gegenwert von 20 Millionen Euro.

[2] Spareinlagen im Sinne des Satzes 1 Nummer 3 Buchstabe a sind

1. unbefristete Gelder, die
   a) durch Ausfertigung einer Urkunde, insbesondere eines Sparbuchs, als Spareinlagen gekennzeichnet sind,
   b) nicht für den Zahlungsverkehr bestimmt sind,
   c) nicht von Kapitalgesellschaften, Genossenschaften, wirtschaftlichen Vereinen, Personenhandelsgesellschaften oder von Unternehmen mit Sitz im Ausland mit vergleichbarer Rechtsform angenommen werden, es sei denn, diese Unternehmen dienen gemeinnützigen, mildtätigen oder kirchlichen Zwecken oder bei den von diesen Unternehmen angenommenen Geldern

---

1) Nach den Änd. durch G v. 12.5.2021 (BGBl. I S. 990) jetzt wohl richtig: „CRR-Kreditinstitute"

handelt es sich um Sicherheiten gemäß § 551 des Bürgerlichen Gesetzbuchs, und

d) eine Kündigungsfrist von mindestens drei Monaten aufweisen;

2. Einlagen, deren Sparbedingungen dem Kunden das Recht einräumen, über seine Einlagen mit einer Kündigungsfrist von drei Monaten bis zu einem bestimmten Betrag, der je Sparkonto und Kalendermonat 2 000 Euro nicht überschreiten darf, ohne Kündigung zu verfügen;
3. Geldbeträge, die auf Grund von Vermögensbildungsgesetzen geleistet werden.

(30) *(aufgehoben)*

(31) Eine zentrale Gegenpartei ist ein Unternehmen im Sinne des Artikels 2 Nummer 1 der Verordnung (EU) Nr. 648/2012 des Europäischen Parlaments und des Rates vom 4. Juli 2012 über OTC-Derivate, zentrale Gegenparteien und Transaktionsregister (ABl. L 201 vom 27.7.2012, S. 1) in der jeweils geltenden Fassung.

(32) Terrorismusfinanzierung im Sinne dieses Gesetzes ist Terrorismusfinanzierung nach § 1 Absatz 2 des Geldwäschegesetzes.

(33) Systemisches Risiko ist das Risiko einer Störung im Finanzsystem, die schwerwiegende negative Auswirkungen für das Finanzsystem und die Realwirtschaft haben kann.

(34) Modellrisiko ist der mögliche Verlust, den ein Institut als Folge von im Wesentlichen auf der Grundlage von Ergebnissen interner Modelle getroffenen Entscheidungen erleiden kann, die in der Entwicklung, Umsetzung oder Anwendung fehlerhaft sind.

(35) Im Übrigen gelten für die Zwecke dieses Gesetzes die Definitionen aus Artikel 4 Absatz 1 Nummer 5, 6, 8, 13 bis 18, 20 bis 22, 26, 29 bis 33, 35, 37, 38, 43, 44, 48, 49, 51, 54, 57, 61 bis 63, 66, 67, 73, 74, 82, 86 und 94 der Verordnung (EU) Nr. 575/2013.

§ 1a Geltung der Verordnungen (EU) Nr. 575/2013, (EG) Nr. 1060/2009, (EU) 2015/534 und (EU) 2017/2402 für Kredit- und Finanzdienstleistungsinstitute. (1) Für Institute, die keine

1. CRR-Kreditinstitute,
2. Kreditinstitute, die ausschließlich über eine Zulassung nach Artikel 16 Absatz 1 der Verordnung (EU) Nr. 909/2014 verfügen, die Tätigkeit als Zentralverwahrer nach Abschnitt A oder nach den Abschnitten A und B des Anhangs zu der Verordnung (EU) Nr. 909/2014 auszuüben oder
3. Wohnungsunternehmen mit Spareinrichtung

sind, gelten vorbehaltlich des § 2 Absatz 7 bis 9f die Vorgaben der Verordnung (EU) Nr. 575/2013[1] und des Kapitels 2 der Verordnung (EU) 2017/2402 des Europäischen Parlaments und des Rates vom 12. Dezember 2017 zur Festlegung eines allgemeinen Rahmens für Verbriefungen und zur Schaffung eines spezifischen Rahmens für einfache, transparente und standardisierte Verbriefung und zur Änderung der Richtlinien 2009/65/EG, 2009/138/EG, 2011/61/EU und der Verordnungen (EG) Nr. 1060/2009 und (EU) Nr. 648/2012 (ABl. L 347 vom 28.12.2017, S. 35), die Vorgaben der auf Grundlage der

[1] Nr. **6**.

Verordnung (EU) Nr. 575/2013 und des Kapitels 2 der Verordnung (EU) 2017/2402 erlassenen Rechtsakte, die Bestimmungen dieses Gesetzes, die auf Vorgaben der Verordnung (EU) Nr. 575/2013 oder des Kapitels 2 der Verordnung (EU) 2017/2402 verweisen, sowie die in Ergänzung der Verordnung (EU) Nr. 575/2013 erlassenen Rechtsverordnungen nach § 10 Absatz 1 Satz 1 und § 13 Absatz 1 so, als seien diese Institute CRR-Kreditinstitute.

(2) *(aufgehoben)*

(3) Für Kreditinstitute und Finanzdienstleistungsinstitute, die keine CRR-Kreditinstitute und keine Wohnungsunternehmen mit Spareinrichtung sind, gelten die Vorgaben von Artikel 4 Absatz 1 Unterabsatz 1, Artikel 5a Absatz 1, der Artikel 8b bis 8d der Verordnung (EG) Nr. 1060/2009 des Europäischen Parlaments und des Rates vom 16. September 2009 über Ratingagenturen (ABl. L 302 vom 17.11.2009, S. 1; L 350 vom 29.12.2009, S. 59; L 145 vom 31.5.2011, S. 57; L 267 vom 6.9.2014, S. 30), die zuletzt durch die Verordnung (EU) 2017/2402 (ABl. L 347 vom 28.12.2017, S. 35) geändert worden ist, und die auf ihrer Grundlage erlassenen Rechtsakte so, als seien diese Kreditinstitute und Finanzdienstleistungsinstitute CRR-Kreditinstitute.

(4) [1] Für Kreditinstitute, die zwar über eine Erlaubnis verfügen, Bankgeschäfte im Sinne von § 1 Absatz 1 Satz 2 Nummer 1 und 2 zu betreiben, die aber weder CRR-Kreditinstitute noch Zweigstellen im Sinne des § 53 Absatz 1 Satz 1 sind, gelten die Meldeanforderungen der Verordnung (EU) 2015/534 der Europäischen Zentralbank vom 17. März 2015 über die Meldung aufsichtlicher Finanzinformationen (EZB/2015/13) (ABl. L 86 vom 31.3.2015, S. 13; L 65 vom 8.3.2018, S. 48), die zuletzt durch die Verordnung (EU) 2020/605 (ABl. L 145 vom 7.5.2020, S. 1) geändert worden ist, so, als seien diese Kreditinstitute CRR-Kreditinstitute. [2] Die für die Bestimmung des Meldeumfangs erforderliche Einstufung als bedeutendes oder weniger bedeutendes Kreditinstitut erfolgt auf der Grundlage des Größenkriteriums „Gesamtwert der Aktiva" nach Artikel 50 der Verordnung (EU) Nr. 468/2014 der Europäischen Zentralbank vom 16. April 2014 zur Einrichtung eines Rahmenwerks für die Zusammenarbeit zwischen der Europäischen Zentralbank und den nationalen zuständigen Behörden und den nationalen benannten Behörden innerhalb des einheitlichen Aufsichtsmechanismus (SSM-Rahmenverordnung) (EZB/2014/17) (ABl. L 141 vom 14.5.2014, S. 1; L 113 vom 29.4.2017, S. 64; L 65 vom 8.3.2018, S. 49). [3] Die Meldungen sind der Deutschen Bundesbank elektronisch einzureichen.

§ 1b *(aufgehoben)*

§ 2 Ausnahmen. (1) Als Kreditinstitut gelten vorbehaltlich der Absätze 2 und 3 nicht

1. die Deutsche Bundesbank und die vergleichbaren Institutionen in den anderen Mitgliedstaaten der Europäischen Union, sofern sie Mitglieder des Europäischen Systems der Zentralbanken sind;

1a. andere Behörden in den anderen Staaten des Europäischen Wirtschaftsraums, soweit sie Zentralbankaufgaben wahrnehmen;

1b. von zwei oder mehr Mitgliedstaaten der Europäischen Union gegründete internationale Finanzinstitute, die dem Zweck dienen, Finanzmittel zu mobilisieren und seinen Mitgliedern Finanzhilfen zu gewähren, sofern diese von schwerwiegenden Finanzierungsproblemen betroffen oder bedroht sind;

2. die Kreditanstalt für Wiederaufbau;
3. die Sozialversicherungsträger und die Bundesagentur für Arbeit;

3a. die öffentliche Schuldenverwaltung des Bundes oder eines Landes, eines ihrer Sondervermögen oder eines anderen Staates des Europäischen Wirtschaftsraums, sofern diese nicht fremde Gelder als Einlagen oder andere rückzahlbare Gelder des Publikums annimmt und das Kreditgeschäft betreibt;

3b. Kapitalverwaltungsgesellschaften und extern verwaltete Investmentgesellschaften, sofern sie als Bankgeschäfte nur die kollektive Vermögensverwaltung, gegebenenfalls einschließlich der Gewährung von Gelddarlehen und im Fall der Verwaltung von Entwicklungsförderungsfonds die Übernahme von Bürgschaften, Garantien und sonstigen Gewährleistungen für andere, oder daneben ausschließlich die in § 20 Absatz 2 und 3 des Kapitalanlagegesetzbuchs aufgeführten Dienstleistungen oder Nebendienstleistungen betreiben;

3c. EU-Verwaltungsgesellschaften und, unter der Voraussetzung, dass der Vertrieb der betreffenden Investmentvermögen im Inland nach dem Kapitalanlagegesetzbuch auf der Basis einer Vertriebsanzeige zulässig ist, ausländische AIF-Verwaltungsgesellschaften, sofern die EU-Verwaltungsgesellschaft oder die ausländische AIF-Verwaltungsgesellschaft als Bankgeschäfte nur die kollektive Vermögensverwaltung, gegebenenfalls einschließlich der Gewährung von Gelddarlehen, oder daneben ausschließlich die in Artikel 6 Absatz 3 der Richtlinie 2009/65/EG oder die in Artikel 6 Absatz 4 der Richtlinie 2011/61/EU aufgeführten Dienstleistungen oder Nebendienstleistungen betreibt; ein Vertrieb von ausländischen AIF oder EUAIF an professionelle Anleger nach § 330 des Kapitalanlagegesetzbuchs gilt nicht als zulässiger Vertrieb im Sinne dieser Vorschrift;

3d. EU-Investmentvermögen und, unter der Voraussetzung, dass der Vertrieb der betreffenden Investmentvermögen im Inland nach dem Kapitalanlagegesetzbuch auf der Basis einer Vertriebsanzeige zulässig ist, ausländische AIF, sofern das EU-Investmentvermögen oder der ausländische AIF als Bankgeschäfte nur die kollektive Vermögensverwaltung, gegebenenfalls einschließlich der Gewährung von Gelddarlehen, oder daneben ausschließlich die in Artikel 6 Absatz 3 der Richtlinie 2009/65/EG oder die in Artikel 6 Absatz 4 der Richtlinie 2011/61/EU aufgeführten Dienstleistungen oder Nebendienstleistungen betreibt; ein Vertrieb von ausländischen AIF oder EU-AIF an professionelle Anleger nach § 330 des Kapitalanlagegesetzbuchs gilt nicht als zulässiger Vertrieb im Sinne dieser Vorschrift;

4. private und öffentlich-rechtliche Versicherungsunternehmen;
5. Unternehmen des Pfandleihgewerbes, soweit sie dieses durch Gewährung von Darlehen gegen Faustpfand betreiben;
6. Unternehmen, die auf Grund des Gesetzes über Unternehmensbeteiligungsgesellschaften als Unternehmensbeteiligungsgesellschaften anerkannt sind;
7. Unternehmen, die Bankgeschäfte ausschließlich mit ihrem Mutterunternehmen oder ihren Tochter- oder Schwesterunternehmen betreiben;

8. Unternehmen, die als Bankgeschäft nur das Einlagen- oder Kreditgeschäft, beides jeweils nur über einen nach Artikel 12 Absatz 1 der Verordnung (EU) 2020/1503[1] zugelassenen Schwarmfinanzierungsdienstleister, betreiben;
9. Unternehmen, die außer dem Finanzkommissionsgeschäft und dem Emissionsgeschäft, jeweils ausschließlich mit Warentermingeschäften, Emissionszertifikaten und Derivaten auf Emissionszertifikate, kein Bankgeschäft betreiben und keinen Eigenhandel im Sinne des § 1 Absatz 1a Satz 2 Nummer 4 Buchstabe d erbringen, unter den weiteren Voraussetzungen, dass
   a) das Unternehmen nicht Teil einer Unternehmensgruppe ist, deren Haupttätigkeit in dem Betreiben von Bankgeschäften oder dem Erbringen von Finanzdienstleistungen im Sinne des § 1 Absatz 1a Satz 2 Nummer 1 bis 4 besteht,
   b) das Bankgeschäft in jedem dieser Fälle sowohl auf individueller als auch auf Ebene der Unternehmensgruppe aggregierter Basis eine Nebentätigkeit zur Haupttätigkeit darstellt; die Kriterien, wann eine Nebentätigkeit vorliegt, werden in einem auf der Grundlage von Artikel 2 Absatz 4 und Artikel 89 der Richtlinie 2014/65/EU erlassenen delegierten Rechtsakt der Kommission bestimmt,
   c) dieses Nebengeschäft ausschließlich als Dienstleistung für die Kunden oder Zulieferer ihrer Haupttätigkeit betrieben wird,
   d) das Unternehmen der Bundesanstalt auf Anforderung die Umstände mitteilt, auf Grund derer es zu der Auffassung gelangt, dass seine Tätigkeit eine Nebentätigkeit zu seiner Haupttätigkeit darstellt;
   e) das Unternehmen auf Anforderung der Bundesanstalt unverzüglich mitteilt, aufgrund welcher Tatsachen und Berechnungsverfahren gemäß der Delegierten Verordnung (EU) 2017/592 es die Ausnahme in Anspruch nimmt;
10. Unternehmen, die das Finanzkommissionsgeschäft ausschließlich als Dienstleistung für Anbieter oder Emittenten von Vermögensanlagen im Sinne des § 1 Absatz 2 des Vermögensanlagengesetzes oder von geschlossenen AIF im Sinne des § 1 Absatz 5 des Kapitalanlagegesetzbuchs betreiben;
11. Unternehmen, die das Emissionsgeschäft ausschließlich als Übernahme gleichwertiger Garantien im Sinne des § 1 Absatz 1 Satz 2 Nummer 10 für Anbieter oder Emittenten von Vermögensanlagen im Sinne des § 1 Absatz 2 des Vermögensanlagengesetzes oder von geschlossenen AIF im Sinne des § 1 Absatz 5 des Kapitalanlagegesetzbuchs betreiben;
12. Unternehmen, die das Depotgeschäft im Sinne des § 1 Absatz 1 Satz 2 Nummer 5 ausschließlich für AIF betreiben und damit das eingeschränkte Verwahrgeschäft im Sinne des § 1 Absatz 1a Satz 2 Nummer 12 erbringen;
13. folgende Unternehmen, sofern sie das Finanzkommissionsgeschäft und das Emissionsgeschäft im Sinne des § 1 Absatz 1 Satz 2 Nummer 4 und 10 in Bezug auf Warenderivate betreiben und sofern diese Geschäfte mit der jeweiligen Haupttätigkeit der Unternehmen in Zusammenhang stehen und die Unternehmen weder einen Sekundärmarkt noch eine Plattform für den Sekundärhandel mit finanziellen Übertragungsrechten betreiben:

---

[1] Nr. **19**.

a) Übertragungsnetzbetreiber gemäß Artikel 2 Nummer 35 der Richtlinie (EU) 2019/944 des Europäischen Parlaments und des Rates vom 5. Juni 2019 mit gemeinsamen Vorschriften für den Elektrizitätsbinnenmarkt und zur Änderung der Richtlinie 2012/27/EU (ABl. L 158 vom 14.6. 2019, S. 125; L 15 vom 20.1.2020, S. 8) oder Artikel 2 Nummer 4 der Richtlinie 2009/73/EG, wenn sie ihre Aufgaben gemäß diesen Richtlinien, gemäß der Verordnung (EU) 2019/943 des Europäischen Parlaments und des Rates vom 5. Juni 2019 über den Elektrizitätsbinnenmarkt (ABl. L 158 vom 14.6.2019, S. 54), der Verordnung (EG) Nr. 714/2009 des Europäischen Parlaments und des Rates vom 13. Juli 2009 über die Netzzugangsbedingungen für den grenzüberschreitenden Stromhandel und zur Aufhebung der Verordnung (EG) Nr. 1228/2003 (ABl. L 211 vom 14.8.2009, S. 15), die zuletzt durch die Verordnung (EU) Nr. 543/2013 (ABl. L 163 vom 15.6.2013, S. 1) geändert worden ist, der Verordnung (EG) Nr. 715/2009 des Europäischen Parlaments und des Rates vom 13. Juli 2009 über die Bedingungen für den Zugang zu den Erdgasfernleitungsnetzen und zur Aufhebung der Verordnung (EG) Nr. 1775/2005 (ABl. L 211 vom 14.8.2009, S. 36; L 229 vom 1.9. 2009, S. 29; L 309 vom 24.11.2009, S. 87), die zuletzt durch die Verordnungen (EU) 2018/1999 (ABl. L 328 vom 21.12.2018, S. 1) und (EU) Nr. 347/2013 (ABl. L 115 vom 25.4.2013, S. 39) geändert worden ist, oder gemäß den nach diesen Verordnungen erlassenen Netzcodes oder Leitlinien wahrnehmen,

b) Personen, die in ihrem Namen als Dienstleister handeln, um die Aufgaben eines Übertragungsnetzbetreibers gemäß diesen Gesetzgebungsakten sowie gemäß den nach diesen Verordnungen erlassenen Netzcodes oder Leitlinien wahrzunehmen, sowie

c) Betreiber oder Verwalter eines Energieausgleichssystems, eines Rohrleitungsnetzes oder eines Systems zum Ausgleich von Energieangebot und -verbrauch bei der Wahrnehmung solcher Aufgaben;

14. Zentralverwahrer, die gemäß Artikel 16 der Verordnung (EU) Nr. 909/ 2014 zugelassen sind, soweit sie das Finanzkommissionsgeschäft und das Emissionsgeschäft im Sinne des § 1 Absatz 1 Satz 2 Nummer 4 und 10 betreiben.

(2) Für die Kreditanstalt für Wiederaufbau gelten die §§ 14, 22a bis 22o, 53b Absatz 7 und die auf Grund von § 46g Absatz 1 Nummer 2 und § 46h getroffenen Regelungen; für die Sozialversicherungsträger, für die Bundesagentur für Arbeit, für Versicherungsunternehmen sowie für Unternehmensbeteiligungsgesellschaften gilt § 14.

(3) Für Unternehmen der in Absatz 1 Nr. 4 bis 6 bezeichneten Art gelten die Vorschriften dieses Gesetzes insoweit, als sie Bankgeschäfte betreiben, die nicht zu den ihnen eigentümlichen Geschäften gehören.

(4) [1] Die Bundesanstalt für Finanzdienstleistungsaufsicht (Bundesanstalt) kann im Einzelfall bestimmen, daß auf ein Institut die §§ 1a, 2c, 10 bis 18, 24, 24a, 25, 25a bis 25e, 26 bis 38, 45, 46 bis 46c und 51 Absatz 1 dieses Gesetzes insgesamt nicht anzuwenden sind, solange das Unternehmen wegen der Art der von ihm betriebenen Geschäfte insoweit nicht der Aufsicht bedarf; auf der Grundlage einer Freistellung nach Halbsatz 1 kann sie auch bestimmen, dass auf das Institut auch § 6a und § 24c nicht anzuwenden sind, solange das Unterneh-

men wegen der Art der von ihm betriebenen Geschäfte auch insoweit nicht der Aufsicht bedarf. [2] Die Entscheidung ist im Bundesanzeiger bekanntzumachen.

(5) [1] Vorbehaltlich der Regelungen in Titel VIII der Verordnung (EU) Nr. 600/2014 des Europäischen Parlaments und des Rates vom 15. Mai 2014 über Märkte für Finanzinstrumente und zur Änderung der Verordnung (EU) Nr. 648/2012 (ABl. L 173 vom 12.6.2014, S. 84; L 6 vom 10.1.2015, S. 6; L 270 vom 15.10.2015, S. 4; L 278 vom 27.10.2017, S. 54), die durch die Verordnung (EU) 2016/1033 (ABl. L 175 vom 30.6.2016, S. 1) geändert worden ist sowie von Beschlüssen der Europäischen Kommission gemäß Artikel 25 Absatz 4 Unterabsatz 3 der Richtlinie 2014/65/EU des Europäischen Parlaments und des Rates vom 15. Mai 2014 über Märkte für Finanzinstrumente sowie zur Änderung der Richtlinien 2002/92/EG und 2011/61/EU (ABl. L 173 vom 12.6.2014, S. 349; L 74 vom 18.3.2015, S. 38; L 188 vom 13.7.2016, S. 28; L 273 vom 8.10.2016, S. 35; L 64 vom 10.3.2017, S. 116; L 278 vom 27.10.2017, S. 56), die zuletzt durch die Richtlinie (EU) 2916/1034 (ABl. L 175 vom 30.6.2016, S. 8) geändert worden ist, und gemäß Artikel 28 Absatz 4 Unterabsatz 1 der Verordnung (EU) Nr. 600/2014, kann die Bundesanstalt im Einzelfall bestimmen, dass auf ein Institut mit Sitz in einem Drittstaat, das im Inland im Wege des grenzüberschreitenden Dienstleistungsverkehrs gewerbsmäßig oder in einem Umfang, der einen in kaufmännischer Weise eingerichteten Geschäftsbetrieb erfordert, Bankgeschäfte betreiben oder Finanzdienstleistungen erbringen will, die §§ 1a, 2c, 10 bis 18, 24, 24a, 25, 25a bis 25e, 26 bis 38, 45, 46 bis 46c und 51 Absatz 1 insgesamt nicht anzuwenden sind, solange das Institut im Hinblick auf seine im Inland betriebenen Geschäfte wegen seiner Aufsicht durch die im Herkunftsstaat zuständige Behörde insoweit nicht zusätzlich der Aufsicht durch die Bundesanstalt bedarf. [2] Auf Grundlage einer Freistellung nach Satz 1 kann sie auch bestimmen, dass auf das Institut auch § 24c nicht anzuwenden ist. [3] Die Sätze 1 und 2 gelten entsprechend für Institute mit Sitz im Europäischen Wirtschaftsraum, für die der Marktzutritt nicht in § 53b Absatz 1 geregelt ist.

(6) [1] Als Finanzdienstleistungsinstitute gelten nicht

1. die Deutsche Bundesbank und vergleichbare Institutionen in den anderen Staaten der Europäischen Union, die Mitglieder des Europäischen Systems der Zentralbanken sind;

1a. von zwei oder mehr Mitgliedstaaten der Europäischen Union gegründete internationale Finanzinstitute, die dem Zweck dienen, Finanzmittel zu mobilisieren und seinen Mitgliedern Finanzhilfen zu gewähren, sofern diese von schwerwiegenden Finanzierungsproblemen betroffen oder bedroht sind;

2. die Kreditanstalt für Wiederaufbau;

3. die öffentliche Schuldenverwaltung des Bundes oder eines Landes, eines ihrer Sondervermögen oder eines anderen Staates des Europäischen Wirtschaftsraums und deren Zentralbanken;

4. private und öffentlich-rechtliche Versicherungsunternehmen;

5. Unternehmen, die Finanzdienstleistungen im Sinne des § 1 Absatz 1a Satz 2 ausschließlich für ihre Mutterunternehmen oder ihre Tochter- oder Schwesterunternehmen erbringen;

5a. Kapitalverwaltungsgesellschaften und extern verwaltete Investmentgesellschaften, sofern sie nur die kollektive Vermögensverwaltung erbringen oder neben der kollektiven Vermögensverwaltung ausschließlich die in § 20 Absatz 2 und 3 des Kapitalanlagegesetzbuchs aufgeführten Dienstleistungen oder Nebendienstleistungen als Finanzdienstleistungen erbringen;

5b. EU-Verwaltungsgesellschaften und ausländische AIF-Verwaltungsgesellschaften, sofern sie nur die kollektive Vermögensverwaltung erbringen oder neben der kollektiven Vermögensverwaltung ausschließlich die in Artikel 6 Absatz 3 der Richtlinie 2009/65/EG oder die in Artikel 6 Absatz 4 der Richtlinie 2011/61/EU aufgeführten Dienstleistungen oder Nebendienstleistungen als Finanzdienstleistungen erbringen;

6. Unternehmen, deren Finanzdienstleistung für andere ausschließlich in der Verwaltung eines Systems von Arbeitnehmerbeteiligungen an den eigenen oder an mit ihnen verbundenen Unternehmen besteht;

7. Unternehmen, die ausschließlich Finanzdienstleistungen im Sinne sowohl der Nummer 5 als auch der Nummer 6 erbringen;

8. Unternehmen, die als Finanzdienstleistungen für andere ausschließlich die Anlageberatung und die Anlagevermittlung zwischen Kunden und
   a) inländischen Instituten,
   b) Instituten oder Finanzunternehmen mit Sitz in einem anderen Staat des Europäischen Wirtschaftsraums, die die Voraussetzungen nach § 53b Abs. 1 Satz 1 oder Abs. 7 erfüllen,
   c) Unternehmen, die auf Grund einer Rechtsverordnung nach § 53c gleichgestellt oder freigestellt sind,
   d) Kapitalverwaltungsgesellschaften, extern verwalteten Investmentgesellschaften, EU-Verwaltungsgesellschaften oder ausländischen AIF-Verwaltungsgesellschaften oder
   e) Anbietern oder Emittenten von Vermögensanlagen im Sinne des § 1 Absatz 2 des Vermögensanlagengesetzes

   betreiben, sofern sich diese Finanzdienstleistungen auf Anteile oder Aktien an inländischen Investmentvermögen, die von einer Kapitalverwaltungsgesellschaft ausgegeben werden, die eine Erlaubnis nach § 7 oder § 97 Absatz 1 des Investmentgesetzes in der bis zum 21. Juli 2013 geltenden Fassung erhalten hat, die für den in § 345 Absatz 2 Satz 1, Absatz 3 Satz 2, in Verbindung mit Absatz 2 Satz 1, oder Absatz 4 Satz 1 des Kapitalanlagegesetzbuchs vorgesehenen Zeitraum noch fortbesteht, oder eine Erlaubnis nach den §§ 20, 21 oder §§ 20, 22 des Kapitalanlagegesetzbuchs erhalten hat oder die von einer EU-Verwaltungsgesellschaft ausgegeben werden, die eine Erlaubnis nach Artikel 6 der Richtlinie 2009/65/EG oder der Richtlinie 2011/61/EU erhalten hat, oder auf Anteile oder Aktien an EU-Investmentvermögen oder ausländischen AIF, die nach dem Kapitalanlagegesetzbuch vertrieben werden dürfen, mit Ausnahme solcher AIF, die nach § 330a des Kapitalanlagegesetzbuchs vertrieben werden dürfen, oder auf Vermögensanlagen im Sinne des § 1 Absatz 2 des Vermögensanlagengesetzes, die erstmals öffentlich angeboten werden, beschränken und die Unternehmen nicht befugt sind, sich bei der Erbringung dieser Finanzdienstleistungen Eigentum oder Besitz an Geldern oder Anteilen von Kunden zu verschaffen, es sei denn, das Unternehmen beantragt und erhält eine entsprechende Erlaubnis nach § 32 Abs. 1; Anteile oder Aktien an Hedgefonds im Sinne von § 283 des Kapitalanlagegesetzbuchs gelten nicht als Anteile an Investmentvermögen im Sinne dieser Vorschrift;

9. Unternehmen mit einer Zulassung nach Artikel 12 Absatz 1 der Verordnung (EU) 2020/1503 als Schwarmfinanzierungsdienstleister, soweit sie im Rahmen von Schwarmfinanzierungen Finanzdienstleistungen im Sinne des § 1 Absatz 1a Satz 2 Nummer 1, 1a, 1c oder 3 und darüber hinaus keine anderen Finanzdienstleistungen erbringen;
10. Angehörige freier Berufe, die Finanzdienstleistungen im Sinne des § 1 Abs. 1a Satz 2 Nr. 1 bis 4 nur gelegentlich im Sinne des Artikels 4 der Delegierten Verordnung (EU) 2017/565 und im Rahmen eines Mandatsverhältnisses als Freiberufler erbringen und einer Berufskammer in der Form der Körperschaft des öffentlichen Rechts angehören, deren Berufsrecht die Erbringung von Finanzdienstleistungen nicht ausschließt;
11. Unternehmen, die außer Finanzdienstleistungen im Sinne des § 1 Absatz 1a Satz 2 Nummer 1 bis 3 und 4 Buchstabe a bis c, jeweils ausschließlich mit Warentermingeschäften, Emissionszertifikaten und mit Derivaten auf Emissionszertifikate, keine Finanzdienstleistungen erbringen, unter den weiteren Voraussetzungen, dass
    a) das Unternehmen nicht Teil einer Unternehmensgruppe ist, die in der Haupttätigkeit Bankgeschäfte betreibt oder Finanzdienstleistungen im Sinne des § 1 Absatz 1a Satz 2 Nummer 1 bis 4 erbringt,
    b) die Finanzdienstleistungen in jedem dieser Fälle sowohl auf individueller als auch auf Ebene der Unternehmensgruppe aggregierter Basis eine Nebentätigkeit zur Haupttätigkeit darstellen; die Kriterien, wann eine Nebentätigkeit vorliegt, werden in einem auf der Grundlage von Artikel 2 Absatz 4 und Artikel 89 der Richtlinie 2014/65/EU erlassenen delegierten Rechtsakt der Kommission bestimmt,
    c) dieses Nebengeschäft, soweit das Unternehmen nicht die Finanzdienstleistung im Sinne des § 1 Absatz 1a Satz 2 Nummer 4 Buchstabe a erbringt, ausschließlich als Dienstleistung für die Kunden oder Zulieferer ihrer Haupttätigkeit betrieben wird,
    d) das Unternehmen der Bundesanstalt auf Anforderung die Umstände mitteilt, auf Grund derer es zu der Auffassung gelangt, dass seine Tätigkeit eine Nebentätigkeit zu seiner Haupttätigkeit darstellt.[1)]
    e) das Unternehmen auf Anforderung der Bundesanstalt unverzüglich mitteilt, aufgrund welcher Tatsachen und Berechnungsverfahren gemäß der Delegierten Verordnung (EU) 2017/592 es die Ausnahme in Anspruch nimmt;
12. Unternehmen, deren einzige Finanzdienstleistung im Sinne des § 1 Abs. 1a Satz 2 der Handel mit Sorten ist, sofern ihre Haupttätigkeit nicht im Sortengeschäft besteht;
13. *(aufgehoben)*
14. *(aufgehoben)*
15. Unternehmen, die als Finanzdienstleistung im Sinne des § 1 Abs. 1a Satz 2 ausschließlich die Anlageberatung im Rahmen einer anderen beruflichen Tätigkeit erbringen, ohne sich die Anlageberatung besonders vergüten zu lassen;

[1)] Zeichensetzung amtlich.

16. Betreiber organisierter Märkte, die neben dem Betrieb eines multilateralen oder organisierten Handelssystems keine anderen Finanzdienstleistungen im Sinne des § 1 Abs. 1a Satz 2 erbringen;
17. Unternehmen, die als einzige Finanzdienstleistung im Sinne des § 1 Abs. 1a Satz 2 das Finanzierungsleasing betreiben, falls sie nur als Leasing-Objektgesellschaft für ein oder mehrere Leasingobjekte eines einzelnen Leasingnehmers tätig werden, keine eigenen geschäftspolitischen Entscheidungen treffen und von einem Institut mit Sitz im Europäischen Wirtschaftsraum verwaltet werden, das nach dem Recht des Herkunftsmitgliedstaates zum Betrieb des Finanzierungsleasing zugelassen ist,
18. Unternehmen, die als Finanzdienstleistung nur die Anlageverwaltung betreiben und deren Mutterunternehmen die Kreditanstalt für Wiederaufbau oder ein Institut im Sinne des Satzes 2 ist. Institut im Sinne des Satzes 1 ist ein Finanzdienstleistungsinstitut, das die Erlaubnis für die Anlageverwaltung hat, oder ein CRR-Institut mit Sitz in einem anderen Staat des Europäischen Wirtschaftsraums im Sinne des § 53b Abs. 1 Satz 1, das in seinem Herkunftsmitgliedstaat über eine Erlaubnis für mit § 1 Abs. 1a Satz 2 Nr. 11 vergleichbare Geschäfte verfügt, oder ein Institut mit Sitz in einem Drittstaat, das für die in § 1 Abs. 1a Satz 2 Nr. 11 genannten Geschäfte nach Absatz 4 von der Erlaubnispflicht nach § 32 freigestellt ist;
19. Unternehmen, die das Platzierungsgeschäft ausschließlich für Anbieter oder für Emittenten von Vermögensanlagen im Sinne des § 1 Absatz 2 des Vermögensanlagengesetzes oder von geschlossenen AIF im Sinne des § 1 Absatz 5 des Kapitalanlagegesetzbuchs erbringen;
20. Unternehmen, die außer der Finanzportfolioverwaltung und der Anlageverwaltung keine Finanzdienstleistungen erbringen, sofern die Finanzportfolioverwaltung und Anlageverwaltung nur auf Vermögensanlagen im Sinne des § 1 Absatz 2 des Vermögensanlagengesetzes oder von geschlossenen AIF im Sinne des § 1 Absatz 5 des Kapitalanlagegesetzbuchs beschränkt erbracht werden;
21. folgende Unternehmen, sofern sie Finanzdienstleistungen im Sinne des § 1 Absatz 1a Satz 2 Nummer 1 bis 4 in Bezug auf Warenderivate erbringen und sofern diese Finanzdienstleistungen mit der jeweiligen Haupttätigkeit der Unternehmen in Zusammenhang stehen und die Unternehmen weder einen Sekundärmarkt noch eine Plattform für den Sekundärhandel mit finanziellen Übertragungsrechten betreiben:
    a) Übertragungsnetzbetreiber gemäß Artikel 2 Nummer 35 der Richtlinie (EU) 2019/944 des Europäischen Parlaments und des Rates vom 5. Juni 2019 mit gemeinsamen Vorschriften für den Elektrizitätsbinnenmarkt und zur Änderung der Richtlinie 2012/27/EU (ABl. L 158 vom 14.6. 2019, S. 125; L 15 vom 20.1.2020, S. 8) oder Artikel 2 Nummer 4 der Richtlinie 2009/73/EG, wenn sie ihre Aufgaben gemäß diesen Richtlinien, gemäß der Verordnung (EU) 2019/943 des Europäischen Parlaments und des Rates vom 5. Juni 2019 über den Elektrizitätsbinnenmarkt (ABl. L 158 vom 14.6.2019, S. 54), der Verordnung (EG) Nr. 714/2009 des Europäischen Parlaments und des Rates vom 13. Juli 2009 über die Netzzugangsbedingungen für den grenzüberschreitenden Stromhandel und zur Aufhebung der Verordnung (EG) Nr. 1228/2003 (ABl. L 211 vom 14.8.2009, S. 15), die zuletzt durch die Verordnung (EU) Nr. 543/2013 (ABl. L 163 vom 15.6.2013, S. 1) geändert worden

ist, der Verordnung (EG) Nr. 715/2009 des Europäischen Parlaments und des Rates vom 13. Juli 2009 über die Bedingungen für den Zugang zu den Erdgasfernleitungsnetzen und zur Aufhebung der Verordnung (EG) Nr. 1775/2005 (ABl. L 211 vom 14.8.2009, S. 36; L 229 vom 1.9. 2009, S. 29; L 309 vom 24.11.2009, S. 87), die zuletzt durch die Verordnungen (EU) 2018/1999 (ABl. L 328 vom 21.12.2018, S. 1) und (EU) Nr. 347/2013 (ABl. L 115 vom 25.4.2013, S. 39) geändert worden ist, oder gemäß den nach diesen Verordnungen erlassenen Netzcodes oder Leitlinien wahrnehmen,

b) Personen, die in ihrem Namen als Dienstleister handeln, um die Aufgaben eines Übertragungsnetzbetreibers gemäß diesen Gesetzgebungsakten sowie gemäß den nach diesen Verordnungen erlassenen Netzcodes oder Leitlinien wahrzunehmen, sowie

c) Betreiber oder Verwalter eines Energieausgleichssystems, eines Rohrleitungsnetzes oder eines Systems zum Ausgleich von Energieangebot und -verbrauch bei der Wahrnehmung solcher Aufgaben;

22. Zentralverwahrer, die gemäß Artikel 16 der Verordnung (EU) Nr. 909/2014 zugelassen sind, soweit sie Finanzdienstleistungen im Sinne des § 1 Absatz 1a Satz 2 Nummer 1 bis 4 erbringen.

[2] Für Einrichtungen und Unternehmen im Sinne des Satzes 1 Nr. 3 und 4 gelten die Vorschriften dieses Gesetzes insoweit, als sie Finanzdienstleistungen erbringen, die nicht zu den ihnen eigentümlichen Geschäften gehören.

(7) Auf Finanzdienstleistungsinstitute, die außer der Drittstaateneinlagenvermittlung und dem Sortengeschäft keine weiteren Finanzdienstleistungen im Sinne des § 1 Absatz 1a Satz 2 erbringen, sind die §§ 10, 10c bis 10i, 11 bis 18 und 24 Absatz 1 Nummer 9, 14 bis 14b, die §§ 24a, 25a Absatz 5, die §§ 26a und 33 Absatz 1 Satz 1 Nummer 1 und die §§ 45 und 46 Absatz 1 Satz 2 Nummer 4 bis 6 und die §§ 46b und 46c dieses Gesetzes sowie die Artikel 24 bis 403 und 411 bis 455 der Verordnung (EU) Nr. 575/2013[1)] nicht anzuwenden.

(7a) Auf Unternehmen, die ausschließlich Finanzdienstleistungen nach § 1 Absatz 1a Satz 2 Nummer 9 oder Nummer 10 erbringen, sind die §§ 10, 10c bis 10i, 11 bis 13c, 15 bis 18 und 24 Absatz 1 Nummer 4, 6, 9, 11, 14 bis 14b, 16 und 17, Absatz 1a Nummer 5, die §§ 25, 25a Absatz 5 und 5b, § 25d Absatz 7 Satz 2, die §§ 26a und 33 Absatz 1 Satz 1 Nummer 1, und die §§ 45, 46b und 46c dieses Gesetzes sowie die Artikel 24 bis 455 und 465 bis 519 der Verordnung (EU) Nr. 575/2013 nicht anzuwenden.

(7b) Auf Finanzdienstleistungsinstitute, die außer dem Kryptoverwahrgeschäft oder der Kryptowertpapierregisterführung keine weiteren Finanzdienstleistungen im Sinne des § 1 Absatz 1a Satz 2 erbringen, sind die §§ 10, 10c bis 18 und 24 Absatz 1 Nummer 14 bis 14b, die §§ 24a und 25a Absatz 5, die §§ 26a und 45 dieses Gesetzes sowie die Artikel 39, 41, 50 bis 403 und 411 bis 455 der Verordnung (EU) Nr. 575/2013 nicht anzuwenden.

(8) *(aufgehoben)*

(8a) Die Anforderungen des § 24 Absatz 1 Nummer 14 bis 14b, § 25a Absatz 5, des § 26a und der Artikel 39, 41, 89 bis 386, 429 bis 429g, 430

---

1) Nr. **6**.

Absatz 1 Unterabsatz 1 Buchstabe a, b, e bis g und Absatz 2 bis 5 sowie der Artikel 430a und 430b der Verordnung (EU) Nr. 575/2013 gelten, vorbehaltlich des § 64h Absatz 7, nicht für die Institute, deren Haupttätigkeit ausschließlich im Betreiben von Bankgeschäften oder der Erbringung von Finanzdienstleistungen im Zusammenhang mit Derivaten nach § 1 Absatz 11 Satz 3 Nummer 2, 3 und 5 besteht.

(8b) *(aufgehoben)*

(9) *(aufgehoben)*

(9a) [1] Auf Kreditinstitute, die ausschließlich über eine Erlaubnis verfügen, die Tätigkeit einer zentralen Gegenpartei im Sinne des § 1 Absatz 1 Satz 2 Nummer 12 auszuüben, sind die §§ 2c, 6b, 10, 10c bis 10i, 11, 12a bis 18, 24 Absatz 1 Nummer 6, 10, 14 bis 14b, 16, Absatz 1a Nummer 4 bis 8, die §§ 24a, 24c, 25 Absatz 1 Satz 2, die §§ 25a bis 25e, 26a, 32, 33, 34, 36 Absatz 3 und die §§ 45 bis 45b dieses Gesetzes sowie die Artikel 25 bis 455 der Verordnung (EU) Nr. 575/2013 nicht anzuwenden. [2] § 24 Absatz 1 Nummer 9 gilt mit der Maßgabe, dass das Absinken des Anfangskapitals unter die Mindestanforderungen nach Artikel 16 der Verordnung (EU) Nr. 648/2012 anzuzeigen ist.

(9b) [1] Sofern ein Kreditinstitut sowohl Tätigkeiten im Sinne des § 1 Absatz 1 Satz 2 Nummer 12 ausübt als auch weitere nach diesem Gesetz erlaubnispflichtige Bankgeschäfte betreibt oder Finanzdienstleistungen erbringt, ist auf die Tätigkeit im Sinne des § 1 Absatz 1 Satz 2 Nummer 12 der Absatz 9a anzuwenden; diese Kreditinstitute haben dafür Sorge zu tragen, dass sowohl die Anforderungen nach diesem Gesetz als auch die Anforderungen der Verordnung (EU) Nr. 648/2012 eingehalten werden. [2] Bezüglich der Anforderungen an das Anfangskapital nach § 33 Absatz 1 sowie nach Artikel 16 Absatz 1 der Verordnung (EU) Nr. 648/2012 haben die betroffenen Kreditinstitute die im jeweiligen Einzelfall höheren Anforderungen zu erfüllen. [3] Anzeige- und Informationspflichten, die sowohl nach § 2c Absatz 1 als auch nach Artikel 31 Absatz 2 der Verordnung (EU) Nr. 648/2012 bestehen, können in einer gemeinsamen Anzeige oder Mitteilung zusammengefasst werden.

(9c) § 10d und Artikel 92 Absatz 1 Buchstabe d, die Artikel 411 bis 429g, 430 Absatz 1 Unterabsatz 1 Buchstabe a in Bezug auf den antizyklischen Kapitalpuffer und die Verschuldungsquote, Artikel 430 Absatz 1 Unterabsatz 1 Buchstabe d, die Artikel 440, 447 Buchstabe e, f und g sowie die Artikel 451 und 451a der Verordnung (EU) Nr. 575/2013 sind nicht auf Bürgschaftsbanken im Sinne des § 5 Absatz 1 Nummer 17 des Körperschaftsteuergesetzes anzuwenden.

(9d) *(aufgehoben)*

(9e) Auf Kreditinstitute, die ausschließlich über eine Zulassung nach Artikel 16 Absatz 1 der Verordnung (EU) Nr. 909/2014 verfügen, die Tätigkeit als Zentralverwahrer nach Abschnitt A oder nach den Abschnitten A und B des Anhangs zur Verordnung (EU) Nr. 909/2014 auszuüben, sind die §§ 2c, 6b Absatz 1 Nummer 1, Absatz 2 und 3, die §§ 10, 10c bis 18, 24 Absatz 1 Nummer 4, 6, 9, 11, 14, 14a, 16 und 17, Absatz 1a Nummer 4 bis 8, Absatz 1b, die §§ 24a, 24c, 25 Absatz 1 Satz 2, die §§ 25a bis 25e, 33 bis 33b, 36 Absatz 3, die §§ 45 bis 45b, 53 und 53a dieses Gesetzes nicht anzuwenden.

(9f) Auf Kreditinstitute, die ausschließlich über eine Zulassung nach Artikel 16 Absatz 1 der Verordnung (EU) Nr. 909/2014 verfügen, die Tätigkeit als Zentralverwahrer nach Abschnitt A oder nach den Abschnitten A und B des

Anhangs zur Verordnung (EU) Nr. 909/2014 auszuüben sowie weitere Bankgeschäfte zu betreiben oder Finanzdienstleistungen zu erbringen, die zugleich Wertpapierdienstleistungen im Sinne des § 2 Absatz 3 des Wertpapierhandelsgesetzes sind, sind die §§ 2c, 24 Absatz 1 Nummer 1 und 2, § 25c Absatz 1, § 33 Absatz 1 Nummer 2 und 4a und § 35 nicht anzuwenden.

(9g) *(aufgehoben)*

(9h) *(aufgehoben)*

(9i) [1] Auf Kreditinstitute, die in Artikel 2 Absatz 5 Nummer 5 der Richtlinie 2013/36/EU namentlich genannt werden, sind § 26a dieses Gesetzes und die Artikel 431 bis 455 der Verordnung (EU) Nr. 575/2013 nicht anzuwenden. [2] Kreditinstitute nach Satz 1 sind für die Zwecke des § 25a Absatz 5a und 5b sowie der Institutsvergütungsverordnung nicht als bedeutende Institute im Sinne des § 1 Absatz 3c einzustufen, wenn ihre Bilanzsumme im Durchschnitt zu den jeweiligen Stichtagen der letzten vier abgeschlossenen Geschäftsjahre 70 Milliarden Euro nicht überschritten hat.

(10) [1] Ein Unternehmen mit Sitz im Inland, das keine Bankgeschäfte im Sinne des § 1 Absatz 1 Satz 2 betreibt und das als Finanzdienstleistungen nur die Anlagevermittlung, die Anlageberatung oder das Platzierungsgeschäft erbringt und dies ausschließlich für Rechnung und unter der Haftung eines CRR-Kreditinstituts, das seinen Sitz im Inland hat oder nach § 53b Absatz 1 Satz 1 oder Absatz 7 im Inland tätig ist (vertraglich gebundener Vermittler), gilt nicht als Finanzdienstleistungsinstitut, sondern als Finanzunternehmen, wenn das CRR-Institut dies der Bundesanstalt zuvor angezeigt hat. [2] Die Tätigkeit des vertraglich gebundenen Vermittlers wird dem haftenden Unternehmen zugerechnet. [3] Ändern sich die von dem haftenden Unternehmen angezeigten Verhältnisse, sind die neuen Verhältnisse unverzüglich der Bundesanstalt anzuzeigen. [4] Für den Inhalt der Anzeigen nach den Sätzen 1 und 3 und die beizufügenden Unterlagen und Nachweise können durch Rechtsverordnung nach § 24 Abs. 4 nähere Bestimmungen getroffen werden. [5] Die Bundesanstalt führt über die ihr angezeigten vertraglich gebundenen Vermittler nach diesem Absatz ein öffentliches Register im Internet, das das haftende Unternehmen, die vertraglich gebundenen Vermittler, das Datum des Beginns und des Endes der Tätigkeit nach Satz 1 ausweist. [6] Für die Voraussetzungen zur Aufnahme in das Register, den Inhalt und die Führung des Registers können durch Rechtsverordnung nach § 24 Abs. 4 nähere Bestimmungen getroffen werden, insbesondere kann dem haftenden Unternehmen ein schreibender Zugriff auf die für dieses Unternehmen einzurichtende Seite des Registers eingeräumt und ihm die Verantwortlichkeit für die Richtigkeit und Aktualität dieser Seite übertragen werden. [7] Die Bundesanstalt kann einem haftenden Unternehmen, das die Auswahl oder Überwachung seiner vertraglich gebundenen Vermittler nicht ordnungsgemäß durchgeführt hat oder die ihm im Zusammenhang mit der Führung des Registers übertragenen Pflichten verletzt hat, untersagen, vertraglich gebundene Vermittler im Sinne der Sätze 1 und 2 in das Unternehmen einzubinden.

(11) *(aufgehoben)*

(12) [1] Für Betreiber organisierter Märkte mit Sitz im Ausland, die als einzige Finanzdienstleistung ein multilaterales oder organisiertes Handelssystem im Inland betreiben, gelten die Anforderungen der §§ 25a, 25b und 33 Abs. 1 Nr. 1 bis 4 sowie die Anzeigepflichten nach § 2c Abs. 1 und 4 sowie § 24

Abs. 1 Nr. 1, 2 und 11 und Abs. 1a Nr. 2 entsprechend. [2] Die in Satz 1 genannten Anforderungen gelten entsprechend auch für Träger einer inländischen Börse, die außer dem Freiverkehr nach § 48 des Börsengesetzes oder einem organisierten Handelssystem nach § 48b des Börsengesetzes als einzige Finanzdienstleistung ein multilaterales oder organisiertes Handelssystem im Inland betreiben. [3] Es wird vermutet, dass Geschäftsführer einer inländischen Börse und Personen, die die Geschäfte eines ausländischen organisierten Marktes tatsächlich leiten, den Anforderungen nach § 33 Abs. 1 Nr. 2 und 4 genügen. [4] Die Befugnisse der Bundesanstalt nach den §§ 2c und 25a Absatz 2 Satz 1 sowie den §§ 44 bis 46h gelten entsprechend. [5] Die Bundesanstalt kann den in Satz 1 genannten Personen den Betrieb eines multilateralen oder organisierten Handelssystems in den Fällen des § 35 Absatz 2 Nummer 4 und 6 sowie dann untersagen, wenn sie die Anforderungen des § 33 Abs. 1 Satz 1 Nr. 1 bis 4 nicht erfüllen. [6] Die in Satz 1 genannten Personen haben der Bundesanstalt die Aufnahme des Betriebs unverzüglich anzuzeigen.

§ 2a Ausnahmen für gruppenangehörige Institute und Institute, die institutsbezogenen Sicherungssystemen angehören. (1) [1] Institute können eine Freistellung nach Artikel 7 der Verordnung (EU) Nr. 575/2013[1)] in der jeweils geltenden Fassung bei der Aufsichtsbehörde beantragen. [2] Dem Antrag sind geeignete Unterlagen beizufügen, die nachweisen, dass die Voraussetzungen für eine Freistellung nach Artikel 7 der Verordnung (EU) Nr. 575/2013 vorliegen.

(2) [1] Sofern die Voraussetzungen für eine Freistellung nach Artikel 7 der Verordnung (EU) Nr. 575/2013 vorliegen, kann die Aufsichtsbehörde Institute auf Antrag für das Management von Risiken mit Ausnahme des Liquiditätsrisikos von den Anforderungen gemäß § 25a Absatz 1 Satz 3 Nummer 1, 2 und 3 Buchstabe b und c bezüglich der Risikocontrolling-Funktion freistellen. [2] Dem Antrag sind geeignete Unterlagen beizufügen, die nachweisen, dass die Voraussetzungen nach Satz 1 vorliegen.

(3) [1] Institute können eine Freistellung nach Artikel 8 der Verordnung (EU) Nr. 575/2013 in der jeweils geltenden Fassung bei der Aufsichtsbehörde beantragen. [2] Dem Antrag sind geeignete Unterlagen beizufügen, die nachweisen, dass die Voraussetzungen für eine Freistellung nach Artikel 8 der Verordnung (EU) Nr. 575/2013 vorliegen.

(4) [1] Sofern die Voraussetzungen für eine Freistellung nach Artikel 8 der Verordnung (EU) Nr. 575/2013 vorliegen und eine Freistellung nach Artikel 8 der Verordnung (EU) Nr. 575/2013 gewährt wird, kann die Aufsichtsbehörde Institute auf Antrag für das Management von Liquiditätsrisiken von den Anforderungen gemäß § 25a Absatz 1 Satz 3 Nummer 1, 2 und 3 Buchstabe b und c bezüglich der Risikocontrolling-Funktion freistellen. [2] Dem Antrag sind geeignete Unterlagen beizufügen, die nachweisen, dass die Voraussetzungen nach Satz 1 vorliegen.

(5) Für Institute und übergeordnete Unternehmen, die von der Regelung im Sinne des § 2a Absatz 1, 5 oder 6 in der bis zum 31. Dezember 2013 geltenden Fassung Gebrauch gemacht haben, gilt die Freistellung nach Absatz 1 oder 2 als gewährt.

[1)] Nr. **6**.

(6) [1]Die Aufsichtsbehörde kann das Institut oder das übergeordnete Unternehmen auch nach einer nach den Absätzen 1 bis 4 gewährten oder nach einer nach Absatz 5 fortgeltenden Freistellung auffordern, die erforderlichen Nachweise für die Einhaltung der Voraussetzungen vorzulegen. [2]Sie kann sie auch dazu auffordern, Vorkehrungen zu treffen, die geeignet und erforderlich sind, bestehende Mängel zu beseitigen und hierfür eine angemessene Frist bestimmen. [3]Werden die Nachweise nicht oder nicht fristgerecht vorgelegt oder werden die Mängel nicht oder nicht fristgerecht behoben, kann die Aufsichtsbehörde die Freistellung aufheben oder anordnen, dass das Institut die Vorschriften, auf die sich die Freistellung bezog, wieder anzuwenden hat.

§ 2b[1)] Rechtsform. Kreditinstitute, die eine Erlaubnis nach § 32 Abs. 1 benötigen, dürfen nicht in der Rechtsform des Einzelkaufmanns betrieben werden.

§ 2c[2)] Inhaber bedeutender Beteiligungen. (1) [1]Wer beabsichtigt, allein oder im Zusammenwirken mit anderen Personen oder Unternehmen eine bedeutende Beteiligung an einem Institut direkt oder indirekt zu erwerben (interessierter Erwerber), hat dies der Bundesanstalt und der Deutschen Bundesbank nach Maßgabe des Satzes 2 unverzüglich schriftlich anzuzeigen. [2]In der Anzeige hat der interessierte Erwerber die für die Höhe der Beteiligung und die für die Begründung des maßgeblichen Einflusses, die Beurteilung seiner Zuverlässigkeit und die Prüfung der weiteren Untersagungsgründe nach Absatz 1b Satz 1 wesentlichen Tatsachen und Unterlagen, die durch Rechtsverordnung nach § 24 Abs. 4 näher zu bestimmen sind, sowie die Personen und Unternehmen anzugeben, von denen er die entsprechenden Anteile erwerben will. [3]In der Rechtsverordnung kann, insbesondere auch als Einzelfallentscheidung oder allgemeine Regelung, vorgesehen werden, dass der interessierte Erwerber die in § 32 Abs. 1 Satz 2 Nr. 6 Buchstabe d und e genannten Unterlagen vorzulegen hat. [4]Ist der interessierte Erwerber eine juristische Person oder Personenhandelsgesellschaft, hat er in der Anzeige die für die Beurteilung der Zuverlässigkeit seiner gesetzlichen oder satzungsmäßigen Vertreter oder persönlich haftenden Gesellschafter wesentlichen Tatsachen anzugeben. [5]Der Inhaber einer bedeutenden Beteiligung hat jeden neu bestellten gesetzlichen oder satzungsmäßigen Vertreter oder neuen persönlich haftenden Gesellschafter mit den für die Beurteilung von dessen Zuverlässigkeit wesentlichen Tatsachen der Bundesanstalt und der Deutschen Bundesbank unverzüglich schriftlich anzuzeigen. [6]Der Inhaber einer bedeutenden Beteiligung hat der Bundesanstalt und der Deutschen Bundesbank ferner unverzüglich schriftlich anzuzeigen, wenn er beabsichtigt, allein oder im Zusammenwirken mit anderen Personen oder Unternehmen den Betrag der bedeutenden Beteiligung so zu erhöhen, dass die Schwellen von 20 Prozent, 30 Prozent oder 50 Prozent der Stimmrechte oder des Kapitals erreicht oder überschritten werden oder dass das Institut unter seine Kontrolle kommt. [7]Wer unabsichtlich eine bedeutende

---

[1)] Beachte hierzu Art. 2 § 4 Abs. 1 G vom 24.3.1976 (BGBl. I S. 725): „Die §§ 2a *[jetzt § 2b]* und 35 Abs. 2 Nr. 3 *[jetzt Abs. 2 Nr. 2]* des Gesetzes über das Kreditwesen gelten nicht für einen Inhaber eines in der Rechtsform des Einzelkaufmanns betriebenen Kreditinstituts, der bei Inkrafttreten dieses Gesetzes *[am 1.5.1976]* Inhaber eines derartigen Kreditinstituts ist."

[2)] Siehe hierzu ua:
die InhaberkontrollVO (Nr. **9h**).

Beteiligung an einem Institut erwirbt oder eine bedeutende Beteiligung so erhöht, dass die Schwellen von 20 Prozent, 30 Prozent oder 50 Prozent der Stimmrechte oder des Kapitals erreicht oder überschritten werden, oder eine bedeutende Beteiligung so erhöht, dass das Institut unter seine Kontrolle kommt, hat dies der Bundesanstalt und der Deutschen Bundesbank unverzüglich anzuzeigen, sobald er von dem Erwerb oder der Erhöhung Kenntnis erlangt hat. [8]Dies gilt auch, wenn er beabsichtigt, die Beteiligung so zurückzuführen, dass sie erneut unter eine der Schwellen fällt, sofern die Beteiligung nicht unverzüglich nach Kenntnis von dem Erwerb oder der Erhöhung zurückgeführt wird. [9]Die Bundesanstalt hat den Eingang einer vollständigen Anzeige nach Satz 1, 6 oder 7 umgehend, spätestens jedoch innerhalb von zwei Arbeitstagen nach deren Zugang schriftlich gegenüber dem Anzeigepflichtigen zu bestätigen.

(1a) [1]Die Bundesanstalt hat die Anzeige nach Absatz 1 innerhalb von 60 Arbeitstagen ab dem Datum des Schreibens, mit dem sie den Eingang der vollständigen Anzeige schriftlich bestätigt hat, zu beurteilen (Beurteilungszeitraum). [2]In der Bestätigung nach Absatz 1 Satz 9 hat die Bundesanstalt dem Anzeigepflichtigen den Tag mitzuteilen, an dem der Beurteilungszeitraum endet. [3]Bis spätestens zum 50. Arbeitstag innerhalb des Beurteilungszeitraums kann die Bundesanstalt schriftlich weitere Informationen anfordern, die für den Abschluss der Beurteilung notwendig sind. [4]Die Anforderung ergeht schriftlich unter Angabe der zusätzlich benötigten Informationen. [5]Die Bundesanstalt hat den Eingang der weiteren Informationen umgehend, spätestens jedoch innerhalb von zwei Arbeitstagen nach deren Zugang schriftlich gegenüber dem Anzeigepflichtigen zu bestätigen. [6]Der Beurteilungszeitraum ist vom Zeitpunkt der Anforderung der weiteren Informationen bis zu deren Eingang bei der Bundesanstalt gehemmt. [7]Der Beurteilungszeitraum beträgt im Falle einer Hemmung nach Satz 6 höchstens 80 Arbeitstage. [8]Die Bundesanstalt kann Ergänzungen oder Klarstellungen zu diesen Informationen anfordern; dies führt nicht zu einer erneuten Hemmung des Beurteilungszeitraums. [9]Abweichend von Satz 7 kann der Beurteilungszeitraum im Falle einer Hemmung auf höchstens 90 Arbeitstage ausgedehnt werden, wenn der Anzeigepflichtige

1. außerhalb des Europäischen Wirtschaftsraums ansässig ist oder beaufsichtigt wird oder
2. eine natürliche Person oder ein Unternehmen ist, die oder das nicht der Beaufsichtigung unterliegt nach
   a) der Richtlinie 2009/65/EG des Europäischen Parlaments und des Rates vom 13. Juli 2009 zur Koordinierung der Rechts- und Verwaltungsvorschriften betreffend bestimmte Organismen für gemeinsame Anlagen in Wertpapieren (OGAW) (ABl. L 302 vom 17.11.2009, S. 32; L 269 vom 13.10.2010, S. 27), die zuletzt durch die Richtlinie (EU) 2019/2162 (ABl. L 328 vom 18.12.2019, S. 29) geändert worden ist,
   b) der Richtlinie 2009/138/EG des Europäischen Parlaments und des Rates vom 25. November 2009 betreffend die Aufnahme und Ausübung der Versicherungs- und der Rückversicherungstätigkeit (Solvabilität II) (ABl. L 335 vom 17.12.2009, S. 1; L 219 vom 25.7.2014, S. 66; L 108 vom 28.4. 2015, S. 8), die zuletzt durch die Richtlinie (EU) 2018/843 (ABl. L 156 vom 19.6.2018, S. 43) geändert worden ist,

c) der Richtlinie 2014/65/EU des Europäischen Parlaments und des Rates vom 15. Mai 2014 über Märkte für Finanzinstrumente sowie zur Änderung der Richtlinien 2002/92/EG und 2011/61/EU (ABl. L 173 vom 12.6.2014, S. 349; L 74 vom 18.3.2015, S. 38; L 188 vom 13.7.2016, S. 28; L 273 vom 8.10.2016, S. 35; L 64 vom 10.3.2017, S. 116; L 278 vom 27.10.2017, S. 56), die zuletzt durch die Richtlinie (EU) 2019/2115 (ABl. L 320 vom 11.12.2019, S. 1) geändert worden ist, oder

d) der Richtlinie 2013/36/EU.

[10] Wird der interessierte Erwerber von der Aufsichtsbehörde gleichzeitig mit einer Beurteilung nach Satz 1 auf Grund eines Antrags nach § 2f oder in den Fällen des § 8 Absatz 3 Satz 3 von einer zuständigen Stelle in einem Staat des Europäischen Wirtschaftsraums auf Grund eines Antrags nach Artikel 21a der Richtlinie 2013/36/EU beurteilt, so kann die Aufsichtsbehörde den Beurteilungszeitraum unterbrechen, bis das Verfahren nach § 2f oder Artikel 21a der Richtlinie 2013/36/EU abgeschlossen ist. [11] Soweit es sich bei der Anzeige um den Erwerb einer bedeutenden Beteiligung an einem CRR-Kreditinstitut handelt, legt die Bundesanstalt nach Abschluss ihrer Beurteilung der Europäischen Zentralbank einen Beschlussentwurf gemäß Artikel 15 Absatz 2 der Verordnung (EU) Nr. 1024/2013[1)] vor. [12] Auf diesen Beschlussentwurf der Bundesanstalt ist Absatz 1b entsprechend anzuwenden.

(1b) [1] Die Aufsichtsbehörde kann in den Fällen des Absatzes 1 Satz 1 oder Satz 6 innerhalb des Beurteilungszeitraums den beabsichtigten Erwerb der bedeutenden Beteiligung oder ihre Erhöhung untersagen, wenn Tatsachen die Annahme rechtfertigen, daß

1. der Anzeigepflichtige oder, wenn er eine juristische Person ist, auch ein gesetzlicher oder satzungsmäßiger Vertreter, oder, wenn er eine Personenhandelsgesellschaft ist, auch ein Gesellschafter, nicht zuverlässig ist oder aus anderen Gründen nicht den im Interesse einer soliden und umsichtigen Führung des Instituts zu stellenden Ansprüchen genügt; dies gilt im Zweifel auch dann, wenn Tatsachen die Annahme rechtfertigen, dass er die von ihm aufgebrachten Mittel für den Erwerb der bedeutenden Beteiligung durch eine Handlung erbracht hat, die objektiv einen Straftatbestand erfüllt;
2. das Institut nicht in der Lage sein oder bleiben wird, den Aufsichtsanforderungen insbesondere nach
   a) der Richtlinie 2013/36/EU,
   b) der Verordnung (EU) Nr. 575/2013[2)],
   c) der Richtlinie 2014/65/EU,
   d) der Richtlinie 2009/110/EG des Europäischen Parlaments und des Rates vom 16. September 2009 über die Aufnahme, Ausübung und Beaufsichtigung der Tätigkeit von E-Geld-Instituten, zur Änderung der Richtlinien 2005/60/EG und 2006/48/EG sowie zur Aufhebung der Richtlinie 2000/46/EG (ABl. L 267 vom 10.10.2009, S. 7), die durch die Richtlinie (EU) 2015/2366 (ABl. L 337 vom 23.12.2015, S. 35) geändert worden ist,
   e) der Richtlinie (EU) 2015/2366 des Europäischen Parlaments und des Rates vom 25. November 2015 über Zahlungsdienste im Binnenmarkt, zur Änderung der Richtlinien 2002/65/EG, 2009/110/EG und 2013/36/

---

1) Nr. **5**.
2) Nr. **6**.

EU und der Verordnung (EU) Nr. 1093/2010 sowie zur Aufhebung der Richtlinie 2007/64/EG (ABl. L 337 vom 23.12.2015, S. 35; L 169 vom 28.6.2016, S. 18; L 102 vom 23.4.2018, S. 97; L 126 vom 23.5.2018, S. 10) und

f) der Richtlinie 2002/87/EG des Europäischen Parlaments und des Rates vom 16. Dezember 2002 über die zusätzliche Beaufsichtigung der Kreditinstitute, Versicherungsunternehmen und Wertpapierfirmen eines Finanzkonglomerats und zur Änderung der Richtlinien 73/239/EWG, 79/267/EWG, 92/49/EWG, 92/96/EWG, 93/6/EWG und 93/22/EWG des Rates und der Richtlinien 98/78/EG und 2000/12/EG des Europäischen Parlaments und des Rates (ABl. L 35 vom 11.2.2003, S. 1), die zuletzt durch die Richtlinie 2013/36/EU (ABl. L 176 vom 27.6.2013, S. 338) geändert worden ist,

zu genügen oder das Institut durch die Begründung oder Erhöhung der bedeutenden Beteiligung mit dem Inhaber der bedeutenden Beteiligung in einen Unternehmensverbund eingebunden würde, der durch die Struktur des Beteiligungsgeflechtes oder mangelhafte wirtschaftliche Transparenz eine wirksame Aufsicht über das Institut oder einen wirksamen Austausch von Informationen zwischen den zuständigen Stellen oder die Festlegung der Aufteilung der Zuständigkeiten zwischen diesen beeinträchtigt;

3. das Institut durch die Begründung oder Erhöhung der bedeutenden Beteiligung Tochterunternehmen eines Instituts mit Sitz in einem Drittstaat würde, das im Staat seines Sitzes oder seiner Hauptverwaltung nicht wirksam beaufsichtigt wird oder dessen zuständige Aufsichtsstelle zu einer befriedigenden Zusammenarbeit mit der Aufsichtsbehörde nicht bereit ist;
4. der künftige Geschäftsleiter nicht zuverlässig oder nicht fachlich geeignet ist;
5. im Zusammenhang mit dem beabsichtigten Erwerb oder der Erhöhung der Beteiligung Geldwäsche oder Terrorismusfinanzierung im Sinne des Artikels 1 der Richtlinie 2005/60/EG stattfinden, stattgefunden haben, diese Straftaten versucht wurden oder der Erwerb oder die Erhöhung das Risiko eines solchen Verhaltens erhöhen könnte oder
6. der Anzeigepflichtige nicht über die notwendige finanzielle Solidität verfügt; dies ist insbesondere dann der Fall, wenn der Anzeigepflichtige auf Grund seiner Kapitalausstattung oder Vermögenssituation nicht den besonderen Anforderungen gerecht werden kann, die von Gesetzes wegen an die Eigenmittel und die Liquidität eines Instituts gestellt werden.

[2] Die Aufsichtsbehörde kann den Erwerb oder die Erhöhung der Beteiligung auch untersagen, wenn die Angaben nach Absatz 1 Satz 2 oder Satz 6 oder die zusätzlich nach Absatz 1a Satz 3 angeforderten Informationen unvollständig oder nicht richtig sind oder nicht den Anforderungen der Rechtsverordnung nach § 24 Abs. 4 entsprechen. [3] Die Aufsichtsbehörde kann in den Fällen des Satzes 1, statt den beabsichtigten Erwerb der bedeutenden Beteiligung oder ihre beabsichtigte Erhöhung zu untersagen, sowie in den Fällen des Absatzes 1 Satz 7 innerhalb des Beurteilungszeitraums auch Anordnungen gegenüber dem Anzeigepflichtigen treffen, die geeignet und erforderlich sind, um das Eintreten der in Satz 1 Nummer 1 bis 6 genannten Untersagungsgründe auszuschließen. [4] Die Aufsichtsbehörde darf weder Vorbedingungen an die Höhe der zu erwerbenden Beteiligung oder der beabsichtigten Erhöhung der Beteiligung stellen noch darf sie bei ihrer Prüfung auf die wirtschaftlichen Bedürfnisse des Marktes

abstellen. [5] Entscheidet die Aufsichtsbehörde nach Abschluss der Beurteilung, den Erwerb oder die Erhöhung der Beteiligung zu untersagen oder Anordnungen nach Satz 3 zu erlassen, teilt sie dem Anzeigepflichtigen die Entscheidung innerhalb von zwei Arbeitstagen und unter Einhaltung des Beurteilungszeitraums schriftlich unter Angabe der Gründe mit. [6] Bemerkungen und Vorbehalte der für den Anzeigepflichtigen zuständigen Stellen sind in der Entscheidung wiederzugeben. [7] Die Untersagung darf nur aus den in den Sätzen 1 und 2 genannten Gründen erfolgen, die Anordnung nur aus den in Satz 1 genannten Gründen. [8] Wird der Erwerb oder die Erhöhung der Beteiligung nicht innerhalb des Beurteilungszeitraums schriftlich untersagt, kann der Erwerb oder die Erhöhung vollzogen werden; die Rechte der Bundesanstalt nach Absatz 2 bleiben unberührt. [9] Die Aufsichtsbehörde kann eine Frist setzen, nach deren Ablauf ihr der Anzeigepflichtige den Vollzug oder den Nichtvollzug des beabsichtigten Erwerbs oder der Erhöhung anzuzeigen hat. [10] Nach Ablauf der Frist hat der Anzeigepflichtige die Anzeige unverzüglich bei der Bundesanstalt einzureichen.

(2) [1] Die Aufsichtsbehörde kann dem Inhaber einer bedeutenden Beteiligung sowie den seine bedeutende Beteiligung begründenden Unternehmen die Ausübung seiner Stimmrechte untersagen und anordnen, daß über die Anteile nur mit ihrer Zustimmung verfügt werden darf, wenn

1. die Voraussetzungen für eine Untersagungsverfügung nach Absatz 1b Satz 1 oder Satz 2 vorliegen,
2. der Inhaber der bedeutenden Beteiligung seiner Pflicht nach Absatz 1 zur vorherigen oder zur unverzüglichen Unterrichtung der Bundesanstalt und der Deutschen Bundesbank nicht nachgekommen ist und diese Unterrichtung innerhalb der gesetzten Frist nicht nachgeholt hat,
3. die Beteiligung entgegen einer vollziehbaren Untersagung nach Absatz 1b Satz 1 oder Satz 2 erworben oder erhöht worden ist,
4. der Inhaber der bedeutenden Beteiligung den Erwerb oder die Erhöhung der Beteiligung innerhalb des Beurteilungszeitraums nach Absatz 1a vollzogen hat oder
5. der Inhaber der bedeutenden Beteiligung eine vollziehbare Anordnung nach Absatz 1b Satz 3 nicht erfüllt hat.

[2] Im Falle einer Untersagung nach Satz 1 bestellt das Gericht am Sitz des Instituts auf Antrag der Bundesanstalt, des Instituts oder eines an ihm Beteiligten einen Treuhänder, auf den es die Ausübung der Stimmrechte überträgt. [3] Der Treuhänder hat bei der Ausübung der Stimmrechte den Interessen einer soliden und umsichtigen Führung des Instituts Rechnung zu tragen. [4] Über die Maßnahmen nach Satz 1 hinaus kann die Bundesanstalt den Treuhänder mit der Veräußerung der Anteile, soweit sie eine bedeutende Beteiligung begründen, beauftragen, wenn der Inhaber der bedeutenden Beteiligung ihr nicht innerhalb einer von ihr bestimmten angemessenen Frist einen zuverlässigen Erwerber nachweist; die Inhaber der Anteile haben bei der Veräußerung in dem erforderlichen Umfang mitzuwirken. [5] Sind die Voraussetzungen des Satzes 1 entfallen, hat die Bundesanstalt den Widerruf der Bestellung des Treuhänders zu beantragen. [6] Der Treuhänder hat Anspruch auf Ersatz angemessener Auslagen und auf Vergütung für seine Tätigkeit. [7] Das Gericht setzt auf Antrag des Treuhänders die Auslagen und die Vergütung fest; die Rechtsbeschwerde gegen die Vergütungsfestsetzung ist ausgeschlossen. [8] Für die Kosten, die durch

die Bestellung des Treuhänders entstehen, die diesem zu gewährenden Auslagen sowie die Vergütung haften das Institut und der betroffene Inhaber der bedeutenden Beteiligung als Gesamtschuldner. [9] Die Bundesanstalt schießt die Auslagen und die Vergütung vor.

(2a) Die Aufsichtsbehörde kann in den Fällen des Absatzes 2 auch gegenüber einem die bedeutende Beteiligung begründenden Unternehmen anordnen, Weisungen des Inhabers einer bedeutenden Beteiligung, der an dem begründenden Unternehmen beteiligt ist, nicht zu befolgen.

(3) [1] Wer beabsichtigt, eine bedeutende Beteiligung an einem Institut aufzugeben oder den Betrag seiner bedeutenden Beteiligung unter die Schwellen von 20 Prozent, 30 Prozent oder 50 Prozent der Stimmrechte oder des Kapitals abzusenken oder die Beteiligung so zu verändern, daß das Institut nicht mehr kontrolliertes Unternehmen ist, hat dies der Bundesanstalt und der Deutschen Bundesbank unverzüglich schriftlich anzuzeigen. [2] Gleiches gilt, wenn der Inhaber einer bedeutenden Beteiligung an einem Institut unabsichtlich seine bedeutende Beteiligung aufgibt oder den Betrag seiner bedeutenden Beteiligung unter die Schwellen von 20 Prozent, 30 Prozent oder 50 Prozent der Stimmrechte oder des Kapitals absenkt oder die Beteiligung so verändert, dass das Institut nicht mehr kontrolliertes Unternehmen ist. [3] Dabei ist die beabsichtigte verbleibende Höhe der Beteiligung anzugeben. [4] Die Bundesanstalt kann eine Frist festsetzen, nach deren Ablauf ihr die Person oder Personenhandelsgesellschaft, welche die Anzeige nach Satz 1 erstattet hat, den Vollzug oder den Nichtvollzug der beabsichtigten Absenkung oder Veränderung anzuzeigen hat. [5] Nach Ablauf der Frist hat die Person oder Personenhandelsgesellschaft, welche die Anzeige nach Satz 1 erstattet hat, die Anzeige unverzüglich bei der Bundesanstalt zu erstatten.

§ 2d Leitungsorgane von Finanzholding-Gesellschaften und gemischten Finanzholding-Gesellschaften. (1) Personen, die die Geschäfte einer Finanzholding-Gesellschaft oder einer gemischten Finanzholding-Gesellschaft tatsächlich führen, müssen zuverlässig sein, die zur Führung der Gesellschaft erforderliche fachliche Eignung haben und der Wahrnehmung ihrer Aufgaben ausreichend Zeit widmen.

(2) Bei Finanzholding-Gesellschaften und gemischten Finanzholding-Gesellschaften, die übergeordnete Unternehmen einer Finanzholding-Gruppe oder einer gemischten Finanzholding-Gruppe nach § 10a Absatz 2 Satz 2 sind, kann die Bundesanstalt die Abberufung der Personen im Sinne des Absatzes 1 verlangen und ihnen die Ausübung ihrer Tätigkeit untersagen, wenn

1. sie die Voraussetzungen nach Absatz 1 nicht erfüllen oder
2. sie vorsätzlich oder leichtfertig gegen die Bestimmung dieses Gesetzes, gegen die zur Durchführung dieses Gesetzes erlassenen Verordnungen oder gegen Anordnungen der Bundesanstalt verstoßen haben und trotz Verwarnung durch die Bundesanstalt dieses Verhalten fortsetzen.

§ 2e Ausnahmen für gemischte Finanzholding-Gesellschaften.

(1) Unterliegt eine gemischte Finanzholding-Gesellschaft, insbesondere im Hinblick auf eine risikobasierte Beaufsichtigung, gleichwertigen Bestimmungen nach Maßgabe der Richtlinie 2013/36/EU und der Richtlinie 2002/87/EG, so kann die Aufsichtsbehörde nach Konsultation der für die Beaufsichtigung von Tochterunternehmen zuständigen Stellen auf die gemischte Finanz-

holding-Gesellschaft nur die einschlägigen Bestimmungen der Richtlinie 2002/87/EG anwenden.

(2) Unterliegt eine gemischte Finanzholding-Gesellschaft, insbesondere im Hinblick auf eine risikobasierte Beaufsichtigung, gleichwertigen Bestimmungen nach Maßgabe der Richtlinie 2013/36/EU und der Richtlinie 2009/138/EG, so kann die Aufsichtsbehörde im Einvernehmen mit der für die Gruppenaufsicht im Versicherungswesen zuständigen Stelle auf die gemischte Finanzholding-Gesellschaft nur die Bestimmungen der Richtlinie anwenden, die sich auf die am stärksten vertretene Finanzbranche nach § 8 Absatz 2 des Finanzkonglomerate-Aufsichtsgesetzes[1)] bezieht.

§ 2f Zulassung von Finanzholding-Gesellschaften und gemischten Finanzholding-Gesellschaften. (1) [1] Mutterfinanzholding-Gesellschaften und gemischte Mutterfinanzholding-Gesellschaften sowie EU-Mutterfinanzholding-Gesellschaften und gemischte EU-Mutterfinanzholding-Gesellschaften, die an der Spitze einer Gruppe stehen, die von der Aufsichtsbehörde auf zusammengefasster Basis beaufsichtigt wird, bedürfen der schriftlichen Zulassung durch die Aufsichtsbehörde. [2] Die Zulassungspflicht gilt auch für sonstige Finanzholding-Gesellschaften und gemischte Finanzholding-Gesellschaften, die auf teilkonsolidierter Basis zur Einhaltung der Anforderungen nach diesem Gesetz oder nach der Verordnung (EU) Nr. 575/2013[2)] verpflichtet sind, sofern die Aufsichtsbehörde für die Aufsicht über die jeweilige Teilgruppe auf zusammengefasster Basis zuständig ist.

(2) [1] Der Zulassungsantrag muss enthalten:

1. eine vollständige Darstellung des organisatorischen Aufbaus der Gruppe mit eindeutiger Angabe aller Mutter- und Tochterunternehmen sowie Informationen über den Sitz und die Art der Tätigkeit der einzelnen Unternehmen der Gruppe;
2. die Angaben, die für die Beurteilung der Zuverlässigkeit und der fachlichen Eignung der in § 2d Absatz 1 genannten Personen erforderlich sind;
3. sofern ein CRR-Kreditinstitut Teil der Gruppe ist, die Angaben nach § 32 Absatz 1 Satz 2 Nummer 6 oder 6a;
4. eine vollständige Darstellung der internen Organisation und der Aufgabenverteilung innerhalb der Gruppe;
5. alle sonstigen Angaben, die erforderlich sind, um die Bewertung nach den Absätzen 3 und 4 durchzuführen.

[2] Die Aufsichtsbehörde kann weitere Informationen anfordern, die für die Beurteilung des Antrags notwendig sind. [3] Hat der Antragsteller seinen Sitz in einem anderen Staat des Europäischen Wirtschaftsraums, reicht er die Unterlagen nach Satz 1 auch bei der zuständigen Behörde dieses Staates ein. [4] Hat der Antragsteller seinen Sitz im Inland und ist die für die Aufsicht auf zusammengefasster Basis zuständige Behörde die Europäische Zentralbank, so sind die Unterlagen nach Satz 1 auch bei der Bundesanstalt einzureichen.

(3) [1] Die Aufsichtsbehörde erteilt die Zulassung nach Absatz 1, wenn

1. die internen Vereinbarungen und die Aufgabenverteilung innerhalb der Gruppe für die Einhaltung der Anforderungen nach diesem Gesetz sowie

---

[1)] Nr. **11**.
[2)] Nr. **6**.

nach der Verordnung (EU) Nr. 575/2013 auf zusammengefasster oder teilkonsolidierter Basis angemessen sind und insbesondere dazu geeignet sind,

a) alle Tochterunternehmen des Antragstellers zu steuern, erforderlichenfalls auch durch eine angemessene Aufgabenverteilung zwischen den Tochterinstituten,

b) Konflikte innerhalb der Gruppe zu verhindern oder zu entschärfen oder zu lösen und

c) die vom Antragsteller für die Gruppe insgesamt festgelegten Strategien innerhalb der gesamten Gruppe durchzusetzen;

2. der organisatorische Aufbau der Gruppe die wirksame Aufsicht über die gruppenangehörigen Institute auf Einzelbasis, zusammengefasster oder teilkonsolidierter Basis nicht beeinträchtigt;

3. die Geschäfte des Antragstellers von mindestens zwei Personen im Sinne des § 2d Absatz 1 geführt werden, diese Personen zuverlässig sind und die zur Führung der Geschäfte des Antragstellers erforderliche fachliche Eignung haben und

4. die Inhaber einer bedeutenden Beteiligung an einem CRR-Kreditinstitut der Gruppe oder, sofern keine bedeutende Beteiligung an diesem CRR-Kreditinstitut gehalten wird, die maximal 20 größten Anteilseigner an diesem CRR-Kreditinstitut zuverlässig sind und auch ansonsten den im Interesse einer soliden und umsichtigen Führung des CRR-Kreditinstituts zu stellenden Ansprüchen genügen.

[2] Bei der Beurteilung des organisatorischen Aufbaus nach Satz 1 Nummer 2 berücksichtigt die Aufsichtsbehörde insbesondere die Stellung des Antragstellers innerhalb einer sich über mehrere Konzernebenen erstreckenden Gruppe, die Beteiligungsstruktur und die Rolle des Antragstellers innerhalb der Gruppe.

(4) [1] Eine Zulassung nach Absatz 1 ist nicht erforderlich, wenn

1. die Haupttätigkeit des Antragstellers in Bezug auf Institute und Finanzinstitute im Erwerb und im Halten von Beteiligungen an Tochterunternehmen besteht,

2. es sich bei dem Antragsteller nicht um eine Abwicklungseinheit im Sinne von Artikel 2 Absatz 1 Nummer 83a Buchstabe a der Richtlinie 2014/59/EU des Europäischen Parlaments und des Rates vom 15. Mai 2014 zur Festlegung eines Rahmens für die Sanierung und Abwicklung von Kreditinstituten und Wertpapierfirmen und zur Änderung der Richtlinie 82/891/EWG des Rates, der Richtlinien 2001/24/EG, 2002/47/EG, 2004/25/EG, 2005/56/EG, 2007/36/EG, 2011/35/EU, 2012/30/EU und 2013/36/EU sowie der Verordnungen (EU) Nr. 1093/2010 und (EU) Nr. 648/2012 des Europäischen Parlaments und des Rates (ABl. L 173 vom 12.6.2014, S. 190), die zuletzt durch die Richtlinie (EU) 2019/2162 (ABl. L 328 vom 18.12.2019, S. 29) geändert worden ist, handelt,

3. ein CRR-Kreditinstitut als übergeordnetes Unternehmen für die Einhaltung der Pflichten auf zusammengefasster Basis verantwortlich ist,

4. der Antragsteller nicht an der Führung der Geschäfte auf Gruppenebene beteiligt ist sowie

5. auch im Übrigen kein Hindernis für eine wirksame Aufsicht über die Gruppe auf zusammengefasster Basis besteht.

[2] Antragsteller, die nach diesem Absatz keine Zulassung nach Absatz 1 benötigen, sind dennoch weiterhin in die zusammengefasste Betrachtung nach diesem Gesetz und der Verordnung (EU) Nr. 575/2013 einzubeziehen.

(5) [1] Die Aufsichtsbehörde kontrolliert fortlaufend, ob der Antragsteller die Voraussetzungen von Absatz 3 oder 4 einhält. [2] Der Antragsteller übermittelt der Aufsichtsbehörde alle Informationen, die für diese fortlaufende Kontrolle erforderlich sind. [3] Hat der Antragsteller seinen Sitz in einem anderen Staat des Europäischen Wirtschaftsraums, so übermittelt die Aufsichtsbehörde die Informationen auch an die zuständige Aufsichtsbehörde des Staates, in dem der Antragsteller seinen Sitz hat.

(6) [1] Liegen die Voraussetzungen nicht oder nicht mehr vor, nach denen die Aufsichtsbehörde nach Absatz 3 die Zulassung erteilt hat, kann die Aufsichtsbehörde

1. dem Antragsteller oder der nach Absatz 1 zugelassenen Gesellschaft die Ausübung der Stimmrechte an CRR-Kreditinstituten der Gruppe untersagen;
2. gegenüber dem Antragsteller oder der nach Absatz 1 zugelassenen Gesellschaft anordnen, die jeweiligen Beteiligungen an den CRR-Kreditinstituten der Gruppe auf seine oder ihre Inhaber zu übertragen;
3. ein CRR-Kreditinstitut oder eine andere Finanzholding-Gesellschaft oder gemischte Finanzholding-Gesellschaft der Gruppe vorübergehend zum übergeordneten Unternehmen der Gruppe bestimmen;
4. die Ausschüttungen oder die Zinszahlungen an Anteilseigner beschränken oder untersagen;
5. gegenüber dem Antragsteller oder der nach Absatz 1 zugelassenen Gesellschaft anordnen, die jeweiligen Beteiligungen an Instituten oder anderen Unternehmen der Finanzbranche zu verringern oder zu veräußern;
6. anordnen, unverzüglich einen Plan zur Wiederherstellung der Voraussetzungen vorzulegen, die zur Erteilung der Zulassung nach Absatz 3 geführt haben.

[2] Die Aufsichtsbehörde kann außerdem gegenüber den Inhabern und Geschäftsleitern des Antragstellers oder der nach Absatz 1 zugelassenen Gesellschaft einstweilige Maßnahmen treffen, um Gefahren für die Erfüllung der aufsichtsrechtlichen Anforderungen, denen die Gruppe auf zusammengefasster Basis unterliegt, abzuwehren.

(7) Liegen die Voraussetzungen nach Absatz 4 nicht mehr vor, ist unverzüglich ein Zulassungsantrag nach Absatz 2 zu stellen.

(8) [1] In Fällen des Absatzes 2 Satz 3 und 4 arbeitet die Aufsichtsbehörde bei Entscheidungen nach den Absätzen 3 bis 7 in umfassender Abstimmung mit der zuständigen Behörde des Staates des Europäischen Wirtschaftsraums zusammen, in dem die Finanzholding-Gesellschaft oder gemischte Finanzholding-Gesellschaft nach Absatz 1 ihren Sitz hat. [2] Dazu übermittelt die Aufsichtsbehörde der zuständigen Behörde dieses Staates eine Bewertung der Angelegenheit sowie einen Entscheidungsvorschlag diesbezüglich. [3] Beide Behörden treffen innerhalb einer Frist von zwei Monaten nach der Übermittlung eine gemeinsame Entscheidung, die die Aufsichtsbehörde der Finanzholding-Gesellschaft oder gemischten Finanzholding-Gesellschaft nach Absatz 1 übermittelt. [4] Ist es den beiden Behörden nicht möglich, innerhalb der Frist nach Satz 3 eine gemeinsame Entscheidung zu treffen, überweisen sie die Angelegenheit vor

Ablauf der Frist gemäß Artikel 19 der Verordnung (EU) Nr. 1093/2010 des Europäischen Parlaments und des Rates vom 24. November 2010 zur Errichtung einer Europäischen Aufsichtsbehörde (Europäische Bankenaufsichtsbehörde), zur Änderung des Beschlusses Nr. 716/2009/EG und zur Aufhebung des Beschlusses 2009/78/EG der Kommission (ABl. L 331 vom 15.12.2010, S. 12; L 101 vom 18.4.2015, S. 62), die zuletzt durch die Verordnung (EU) 2019/2175 (ABl. L 334 vom 27.12.2019, S. 1) geändert worden ist, an die Europäische Bankenaufsichtsbehörde und treffen ihre gemeinsame Entscheidung im Einklang mit dem Beschluss der Europäischen Bankenaufsichtsbehörde. [5] Ist die Gesellschaft nach Absatz 1 eine gemischte Finanzholding-Gesellschaft, so ist für eine Entscheidung nach den Absätzen 3 bis 7 die Zustimmung des gemäß Artikel 10 der Richtlinie 2002/87/EG zuständigen Koordinators des Finanzkonglomerats erforderlich. [6] Erteilt dieser die Zustimmung nicht, überweist die Aufsichtsbehörde die Angelegenheit an die zuständige europäische Aufsichtsbehörde, also die Europäische Bankenaufsichtsbehörde oder die Europäische Aufsichtsbehörde für das Versicherungswesen und die betriebliche Altersversorgung.

(9) Die Aufsichtsbehörde muss dem Antragsteller innerhalb von vier Monaten nach Eingang der vollständigen Unterlagen, spätestens aber innerhalb von sechs Monaten nach Eingang des Zulassungsantrags mitteilen, ob die Zulassung erteilt oder versagt wird.

§ 2g Einrichtung eines zwischengeschalteten EU-Mutterunternehmens bei Mutterunternehmen mit Sitz in einem Drittstaat. (1) Haben zwei oder mehr CRR-Kreditinstitute oder Wertpapierinstitute mit Sitz in einem Staat des Europäischen Wirtschaftsraums das gleiche Mutterunternehmen mit Sitz in einem Drittstaat und übersteigt der Gesamtwert der Vermögenswerte der Drittstaatengruppe innerhalb des Europäischen Wirtschaftsraums 40 Milliarden Euro, so haben diese Unternehmen ein gemeinsames zwischengeschaltetes EU-Mutterunternehmen einzurichten.

(2) [1] Abweichend von Absatz 1 kann die Aufsichtsbehörde die Einrichtung von zwei zwischengeschalteten EU-Mutterunternehmen genehmigen, wenn die Einrichtung eines einzigen zwischengeschalteten EU-Mutterunternehmens entweder

1. mit einer zwingenden Regelung des Drittstaates, in dem das oberste Mutterunternehmen der Unternehmensgruppe seinen Hauptsitz hat, oder einer zwingenden Anforderung der dort zuständigen Behörde zur Trennung der Geschäftsbereiche unvereinbar wäre, oder
2. die Abwicklungsfähigkeit der Drittstaatengruppe innerhalb des Europäischen Wirtschaftsraums nach Einschätzung der zuständigen Abwicklungsbehörde im Vergleich zur Situation mit zwei zwischengeschalteten EU-Mutterunternehmen schwächen würde.

[2] Sind neben der Aufsichtsbehörde weitere Stellen in anderen Staaten des Europäischen Wirtschaftsraums für die Beaufsichtigung von CRR-Kreditinstituten oder Wertpapierinstituten mit dem gleichen Mutterunternehmen mit Sitz in einem Drittstaat zuständig, trifft die Aufsichtsbehörde die Entscheidung nach Satz 1 im Einvernehmen mit den weiteren zuständigen Stellen.

(3) [1] Ein zwischengeschaltetes EU-Mutterunternehmen nach Absatz 1 oder Absatz 2 muss ein CRR-Kreditinstitut oder eine nach Maßgabe des Artikels

21a der Richtlinie 2013/36/EU zugelassene Finanzholding-Gesellschaft oder gemischte Finanzholding-Gesellschaft sein. [2] Auch eine gemäß Artikel 5 Absatz 1 der Richtlinie 2014/65/EU zugelassene Wertpapierfirma, die der Richtlinie 2014/59/EU des Europäischen Parlaments und des Rates vom 15. Mai 2014 zur Festlegung eines Rahmens für die Sanierung und Abwicklung von Kreditinstituten und Wertpapierfirmen und zur Änderung der Richtlinie 82/891/EWG des Rates, der Richtlinien 2001/24/EG, 2002/47/EG, 2004/25/EG, 2005/56/EG, 2007/36/EG, 2011/35/EU, 2012/30/EU und 2013/36/EU sowie der Verordnungen (EU) Nr. 1093/2010 und (EU) Nr. 648/2012 des Europäischen Parlaments und des Rates (ABl. L 173 vom 12.6.2014, S. 190), die zuletzt durch die Richtlinie (EU) 2019/2162 (ABl. L 328 vom 18.12.2019, S. 29) geändert worden ist, unterliegt, kann zwischengeschaltetes EU-Mutterunternehmen sein, wenn eine der beiden weiteren Voraussetzungen erfüllt ist:

1. bei keinem der in Absatz 1 genannten Unternehmen handelt es sich um ein CRR-Kreditinstitut oder
2. die Wertpapierfirma wird als zweites zwischengeschaltetes EU-Mutterunternehmen eingerichtet, um eine zwingende Regelung im Sinne des Absatzes 2 Satz 1 zu erfüllen.

(4) Der Gesamtwert der Vermögenswerte der Drittstaatengruppe innerhalb des Europäischen Wirtschaftsraums nach Absatz 1 ergibt sich aus der Summe der folgenden Gesamtwerte:

1. Gesamtwert der Vermögenswerte jedes CRR-Kreditinstituts und jedes Wertpapierinstituts der Drittstaatengruppe mit Sitz im Europäischen Wirtschaftsraum, der in seiner konsolidierten Bilanz oder, sofern bei einem CRR-Kreditinstitut oder einem Wertpapierinstitut keine Konsolidierung der Bilanz erfolgt, in seiner Einzelbilanz ausgewiesen ist, und
2. Gesamtwert der Vermögenswerte jeder im Europäischen Wirtschaftsraum zugelassenen Zweigstelle dieser Unternehmensgruppe.

(5) Die Aufsichtsbehörde teilt der Europäischen Bankenaufsichtsbehörde für jede Drittstaatengruppe mit:

1. den Namen und den Gesamtwert der Vermögenswerte der beaufsichtigten CRR-Kreditinstitute und Wertpapierinstitute mit Sitz im Inland,
2. den Namen und den Gesamtwert der Vermögenswerte, die den Zweigstellen nach § 53 insgesamt zuzuordnen sind, und für welche Bankgeschäfte und Finanzdienstleistungen diese Zweigstellen zugelassen sind sowie
3. den Namen und die Art des zwischengeschalteten EU-Mutterunternehmens nach Absatz 3 sowie den Namen der Drittstaatengruppe, der das zwischengeschaltete EU-Mutterunternehmen angehört.

(6) Die Aufsichtsbehörde stellt sicher, dass jedes CRR-Kreditinstitut und jedes Wertpapierinstitut in ihrem Zuständigkeitsbereich, dessen Mutterunternehmen seinen Sitz in einem Drittstaat hat, entweder

1. ein zwischengeschaltetes EU-Mutterunternehmen hat,
2. ein zwischengeschaltetes EU-Mutterunternehmen ist,
3. das einzige CRR-Kreditinstitut oder Wertpapierinstitut dieser Unternehmensgruppe innerhalb des Europäischen Wirtschaftsraums ist oder

4. einer Drittstaatengruppe angehört, deren Gesamtwert der Vermögenswerte innerhalb des Europäischen Wirtschaftsraums nach Absatz 4 weniger als 40 Milliarden Euro beträgt.

§ 3 Verbotene Geschäfte. (1) Verboten sind

1. der Betrieb des Einlagengeschäftes, wenn der Kreis der Einleger überwiegend aus Betriebsangehörigen des Unternehmens besteht (Werksparkassen) und nicht sonstige Bankgeschäfte betrieben werden, die den Umfang dieses Einlagengeschäftes übersteigen;
2. die Annahme von Geldbeträgen, wenn der überwiegende Teil der Geldgeber einen Rechtsanspruch darauf hat, daß ihnen aus diesen Geldbeträgen Darlehen gewährt oder Gegenstände auf Kredit verschafft werden (Zwecksparunternehmen); dies gilt nicht für Bausparkassen;
3. der Betrieb des Kreditgeschäftes oder des Einlagengeschäftes, wenn es durch Vereinbarung oder geschäftliche Gepflogenheit ausgeschlossen oder erheblich erschwert ist, über den Kreditbetrag oder die Einlagen durch Barabhebung zu verfügen.

(2) [1] CRR-Kreditinstituten und Unternehmen, die einer Institutsgruppe, einer Finanzholding-Gruppe oder einer gemischten Finanzholding-Gruppe angehören, der ein CRR-Kreditinstitut angehört, ist das Betreiben der in Satz 2 genannten Geschäfte nach Ablauf von 12 Monaten nach Überschreiten eines der folgenden Schwellenwerte verboten, wenn

1. bei nach internationalen Rechnungslegungsstandards im Sinne des § 315e des Handelsgesetzbuchs bilanzierenden CRR-Kreditinstituten und Institutsgruppen, Finanzholding-Gruppen oder gemischten Finanzholding-Gruppen, denen ein CRR-Kreditinstitut angehört, die erfolgsneutral zum beizulegenden Zeitwert im sonstigen Ergebnis sowie die erfolgswirksam zum beizulegenden Zeitwert bewerteten finanziellen Vermögenswerte im Sinne von Nummer 4.1. des International Financial Reporting Standard 9 in der jeweils geltenden Fassung des Anhangs zur Verordnung (EG) Nr. 1126/2008 der Kommission vom 3. November 2008 zur Übernahme bestimmter internationaler Rechnungslegungsstandards gemäß der Verordnung (EG) Nr. 1606/2002 des Europäischen Parlaments und des Rates (ABl. L 320 vom 29.11.2008, S. 1; L 347 vom 24.12.2009, S. 32; L 29 vom 2.2.2010, S. 34; L 238 vom 6.9.2013, S. 23), die zuletzt durch die Verordnung (EU) 2020/551 (ABl. L 127 vom 22.4.2020, S. 13) geändert worden ist, zum Abschlussstichtag des vorangegangenen Geschäftsjahrs den Wert von 100 Milliarden Euro übersteigen oder, wenn die Bilanzsumme des CRR-Kreditinstituts oder der Institutsgruppe, Finanzholding-Gruppe oder gemischten Finanzholding-Gruppe, der ein CRR-Kreditinstitut angehört, zum Abschlussstichtag der letzten drei Geschäftsjahre jeweils mindestens 90 Milliarden Euro erreicht, 20 Prozent der Bilanzsumme des CRR-Kreditinstituts, der Institutsgruppe, Finanzholding-Gruppe oder gemischten Finanzholding-Gruppe, der ein CRR-Kreditinstitut angehört, des vorausgegangenen Geschäftsjahrs übersteigen, es sei denn, die Geschäfte werden in einem Finanzhandelsinstitut im Sinne des § 25f Absatz 1 betrieben, oder
2. bei den sonstigen der Rechnungslegung des Handelsgesetzbuchs unterliegenden CRR-Kreditinstituten und Institutsgruppen, Finanzholding-Gruppen oder gemischten Finanzholding-Gruppen, denen ein CRR-Kreditinstitut

angehört, die dem Handelsbestand nach § 340e Absatz 3 des Handelsgesetzbuchs und der Liquiditätsreserve nach § 340e Absatz 1 Satz 2 des Handelsgesetzbuchs zuzuordnenden Positionen zum Abschlussstichtag des vorangegangenen Geschäftsjahrs den Wert von 100 Milliarden Euro übersteigen oder, wenn die Bilanzsumme des CRR-Kreditinstituts oder der Institutsgruppe, Finanzholding-Gruppe oder gemischten Finanzholding-Gruppe, der ein CRR-Kreditinstitut angehört, zum Abschlussstichtag der letzten drei Geschäftsjahre jeweils mindestens 90 Milliarden Euro erreicht, 20 Prozent der Bilanzsumme des CRR-Kreditinstituts, der Institutsgruppe, Finanzholding-Gruppe oder gemischten Finanzholding-Gruppe, der ein CRR-Kreditinstitut angehört, des vorausgegangenen Geschäftsjahrs übersteigen, es sei denn, die Geschäfte werden in einem Finanzhandelsinstitut im Sinne des § 25f Absatz 1 betrieben.

[2] Nach Maßgabe von Satz 1 verbotene Geschäfte sind

1. Eigengeschäfte;
2. Kredit- und Garantiegeschäfte mit
   a) Hedgefonds im Sinne des § 283 Absatz 1 des Kapitalanlagegesetzbuches oder Dach-Hedgefonds im Sinne des § 225 Absatz 1 des Kapitalanlagegesetzbuches oder, sofern die Geschäfte im Rahmen der Verwaltung eines Hedgefonds oder Dach-Hedgefonds getätigt werden, mit deren Verwaltungsgesellschaften;
   b) EU-AIF oder ausländischen AIF im Sinne des Kapitalanlagegesetzbuches, die im beträchtlichem Umfang Leverage im Sinne des Artikels 111 der Delegierten Verordnung (EU) Nr. 231/2013 der Kommission vom 19. Dezember 2012 zur Ergänzung der Richtlinie 2011/61/EU des Europäischen Parlaments und des Rates im Hinblick auf Ausnahmen, die Bedingungen für die Ausübung der Tätigkeit, Verwahrstellen, Hebelfinanzierung, Transparenz und Beaufsichtigung (ABl. L 83 vom 22.3.2013, S. 1) einsetzen, oder, sofern die Geschäfte im Rahmen der Verwaltung des EU-AIF oder ausländischen AIF getätigt werden, mit deren EU-AIF-Verwaltungsgesellschaften oder ausländischen AIF-Verwaltungsgesellschaften;
3. der Eigenhandel im Sinne des § 1 Absatz 1a Satz 2 Nummer 4 Buchstabe d mit Ausnahme der Market-Making-Tätigkeiten im Sinne des Artikels 2 Absatz 1 Buchstabe k der Verordnung (EU) Nr. 236/2012 vom 14. März 2012 über Leerverkäufe und bestimmte Aspekte von Credit Default Swaps (ABl. L 86 vom 24.3.2012, S. 1) (Market-Making-Tätigkeiten); die Ermächtigung der Bundesanstalt zu Einzelfallregelungen nach Absatz 4 Satz 1 bleibt unberührt.

[3] Nicht unter die Geschäfte im Sinne des Satzes 2 fallen:

1. Geschäfte zur Absicherung von Geschäften mit Kunden außer AIF oder Verwaltungsgesellschaften im Sinne von Satz 2 Nummer 2;
2. Geschäfte, die der Zins-, Währungs-, Liquiditäts-, und Kreditrisikosteuerung des CRR-Kreditinstituts, der Institutsgruppe, der Finanzholding-Gruppe, der gemischten Finanzholding-Gruppe oder des Verbundes dienen; einen Verbund in diesem Sinne bilden Institute, die demselben institutsbezogenen Sicherungssystem im Sinne des Artikels 113 Nummer 7 Buchstabe c der

Verordnung des Europäischen Parlaments und des Rates über Aufsichtsanforderungen an Kreditinstitute und Wertpapierfirmen[1]) angehören;

3. Geschäfte im Dienste des Erwerbs und der Veräußerung langfristig angelegter Beteiligungen sowie Geschäfte, die nicht zu dem Zweck geschlossen werden, bestehende oder erwartete Unterschiede zwischen den Kauf- und Verkaufspreisen oder Schwankungen von Marktkursen, -preisen, -werten oder Zinssätzen kurzfristig zu nutzen, um so Gewinne zu erzielen.

(3) [1] CRR-Kreditinstitute und Unternehmen, die einer Institutsgruppe, einer Finanzholding-Gruppe oder einer gemischten Finanzholding-Gruppe angehören, der ein CRR-Kreditinstitut angehört, und die einen der Schwellenwerte des § 3 Absatz 2 Satz 1 Nummer 1 oder Nummer 2 überschreiten, haben

1. binnen sechs Monaten nach dem Überschreiten eines der Schwellenwerte anhand einer Risikoanalyse zu ermitteln, welche ihrer Geschäfte im Sinne des Absatzes 2 Satz 1 verboten sind, und
2. binnen 12 Monaten nach dem Überschreiten eines der Schwellenwerte die nach Satz 1 Nummer 1 ermittelten bereits betriebenen verbotenen Geschäfte zu beenden oder auf ein Finanzhandelsinstitut zu übertragen.

[2] Die Risikoanalyse nach Satz 1 Nummer 1 hat plausibel, umfassend und nachvollziehbar zu sein und ist schriftlich zu dokumentieren. [3] Die Bundesanstalt kann die Frist nach Satz 1 Nummer 2 im Einzelfall um bis zu 12 Monate verlängern; der Antrag ist zu begründen.

(4) [1] Die Bundesanstalt kann einem CRR-Kreditinstitut oder einem Unternehmen, das einer Institutsgruppe, einer Finanzholding-Gruppe oder einer gemischten Finanzholding-Gruppe angehört, der auch ein CRR-Kreditinstitut angehört, unabhängig davon, ob die Geschäfte nach Absatz 2 den Wert nach Absatz 2 Satz 1 überschreiten, die nachfolgenden Geschäfte verbieten und anordnen, dass die Geschäfte einzustellen oder auf ein Finanzhandelsinstitut im Sinne des § 25f Absatz 1 zu übertragen sind, wenn zu besorgen ist, dass diese Geschäfte, insbesondere gemessen am sonstigen Geschäftsvolumen, am Ertrag oder an der Risikostruktur des CRR-Kreditinstituts oder des Unternehmens, das einer Institutsgruppe, einer Finanzholding-Gruppe oder einer gemischten Finanzholding-Gruppe angehört, der auch ein CRR-Kreditinstitut angehört, die Solvenz des CRR-Kreditinstituts oder des Unternehmens, das einer Institutsgruppe, einer Finanzholding-Gruppe oder einer gemischten Finanzholding-Gruppe angehört, der auch ein CRR-Kreditinstitut angehört, zu gefährden drohen:

1. Market-Making-Tätigkeiten;
2. sonstige Geschäfte im Sinne von Absatz 2 Satz 2 oder Geschäfte mit Finanzinstrumenten, die ihrer Art nach in der Risikointensität mit den Geschäften des Absatzes 2 Satz 2 oder des Satzes 1 Nummer 1 vergleichbar sind.

[2] Die Bundesanstalt hat bei Anordnung im Sinne des Satzes 1 dem Institut eine angemessene Frist einzuräumen.

---

[1]) Nr. **6**.

§ 4 Entscheidung der Bundesanstalt für Finanzdienstleistungsaufsicht. [1] Die Bundesanstalt entscheidet in Zweifelsfällen, dass ein Unternehmen den Vorschriften dieses Gesetzes unterliegt. [2] Ihre Entscheidungen binden die Verwaltungsbehörden.

2. Bundesanstalt für Finanzdienstleistungsaufsicht

§ 5 *(aufgehoben)*

§ 6 Aufgaben. (1) [1] Die Bundesanstalt übt die Aufsicht über die Institute nach den Vorschriften dieses Gesetzes, den dazu erlassenen Rechtsverordnungen, der Verordnung (EU) Nr. 575/2013[1)] in ihrer jeweils geltenden Fassung und der auf der Grundlage der Verordnung (EU) Nr. 575/2013 und der Richtlinie 2013/36/EU erlassenen Rechtsakte sowie nach den Vorschriften der Verordnung (EU) Nr. 1024/2013[2)] und der Verordnung (EU) Nr. 468/2014 aus. [2] Die Bundesanstalt ist die zuständige Behörde für die Anwendung von Artikel 124 Absatz 2, Artikel 164 Absatz 6 und Artikel 458 der Verordnung (EU) Nr. 575/2013 sowie die zuständige Behörde nach Artikel 4 Absatz 1 der Richtlinie 2013/36/EU, soweit nicht die Europäische Zentralbank nach der Verordnung (EU) Nr. 1024/2013 als zuständige Behörde gilt. [3] Die Deutsche Bundesbank ist zuständige Stelle nach Artikel 4 Absatz 1 der Richtlinie 2013/36/EU im Rahmen der ihr nach § 7 Absatz 1 auch in Verbindung mit Absatz 1a zugewiesenen Aufgaben, soweit nicht die Europäische Zentralbank nach der Verordnung (EU) Nr. 1024/2013 als zuständige Behörde gilt.

(1a) Die Bundesanstalt übt die Aufsicht über zentrale Gegenparteien zusätzlich auch nach der Verordnung (EU) Nr. 648/2012 sowie den auf ihrer Grundlage erlassenen Rechtsakten aus.

(1b) Für CRR-Institute[3)] ist die Bundesanstalt sektoral zuständige Behörde im Sinne des Artikels 25a der Verordnung (EG) Nr. 1060/2009 in der jeweils geltenden Fassung und setzt die Einhaltung der Anforderungen der Verordnung (EG) Nr. 1060/2009 in der jeweils geltenden Fassung durch, soweit nicht § 29 des Wertpapierhandelsgesetzes anzuwenden ist.

(1c) Die Bundesanstalt ist zuständige Behörde im Sinne der Artikel 11, 17 Absatz 1 und des Artikels 55 Absatz 1 der Verordnung (EU) Nr. 909/2014 des Europäischen Parlaments und des Rates vom 23. Juli 2014 zur Verbesserung der Wertpapierlieferungen und -abrechnungen in der Europäischen Union und über Zentralverwahrer sowie zur Änderung der Richtlinien 98/26/EG und 2014/65/EU und der Verordnung (EU) Nr. 236/2012 (ABl. L 257 vom 28.8.2014, S. 1).

(1d) Die Bundesanstalt ist die nach diesem Gesetz zuständige Behörde im Sinne der Verordnung (EU) Nr. 1286/2014 des Europäischen Parlaments und des Rates vom 26. November 2014 über Basisinformationsblätter für verpackte Anlageprodukte für Kleinanleger und Versicherungsanlageprodukte (PRIIP) (ABl. L 352 vom 9.12.2014, S. 1, L 358 vom 13.12.2014, S. 50) in der jeweils geltenden Fassung für Institute, die PRIP im Sinne des Artikels 4 Nummer 1 dieser Verordnung herstellen, verkaufen oder über diese beraten, sofern es sich

---

[1)] Nr. **6**.
[2)] Nr. **5**.
[3)] Nach den Änd. durch G v. 12.5.2021 (BGBl. I S. 990) jetzt wohl richtig: „CRR-Kreditinstitute".

bei diesen PRIP zugleich um strukturierte Einlagen im Sinne des § 2 Absatz 15 des Wertpapierhandelsgesetzes handelt.

(1e) Die Bundesanstalt ist zuständige Behörde für

1. Originatoren, ursprüngliche Kreditgeber und Verbriefungszweckgesellschaften im Sinne des Artikels 29 Absatz 4 der Verordnung (EU) 2017/2402,
2. Originatoren, Sponsoren und Verbriefungszweckgesellschaften nach Artikel 29 Absatz 5 der Verordnung (EU) 2017/2402 und
3. Dritte im Sinne des Artikels 28 der Verordnung (EU) 2017/2402

und setzt ihnen gegenüber in Fällen der Nummer 1 die Einhaltung der Anforderungen nach den Artikeln 6 bis 9, in Fällen der Nummer 2 die Einhaltung der Anforderungen nach den Artikeln 18 bis 27 und in Fällen der Nummer 3 die Einhaltung der Anforderungen nach Artikel 28 der Verordnung (EU) 2017/2402 und der auf Grundlage der Verordnung (EU) 2017/2402 erlassenen Rechtsakte nach den Vorschriften dieses Gesetzes durch, soweit nicht § 295 Absatz 1 Nummer 4 des Versicherungsaufsichtsgesetzes oder § 5 Absatz 12 des Kapitalanlagegesetzbuchs anzuwenden sind.

(1f) Die Bundesanstalt ist zuständige Behörde im Sinne des Artikels 2 Nummer 18 der Verordnung (EU) 2019/1238 des Europäischen Parlaments und des Rates vom 20. Juni 2019 über ein Paneuropäisches Privates Pensionsprodukt (PEPP) (ABl. L 198 vom 25.7.2019, S. 1) nach den Vorschriften dieses Gesetzes, soweit nicht § 295 Absatz 1 Nummer 7 des Versicherungsaufsichtsgesetzes, § 32a Absatz 1 des Wertpapierhandelsgesetzes oder § 5 Absatz 13 des Kapitalanlagegesetzbuchs anzuwenden sind.

(2) Die Bundesanstalt hat Mißständen im Kredit- und Finanzdienstleistungswesen entgegenzuwirken, welche die Sicherheit der den Instituten anvertrauten Vermögenswerte gefährden, die ordnungsmäßige Durchführung der Bankgeschäfte oder Finanzdienstleistungen beeinträchtigen oder erhebliche Nachteile für die Gesamtwirtschaft herbeiführen können.

(3) [1] Die Bundesanstalt kann im Rahmen der ihr gesetzlich zugewiesenen Aufgaben gegenüber den Instituten und ihren Geschäftsleitern Anordnungen treffen, die geeignet und erforderlich sind, um Verstöße gegen aufsichtsrechtliche Bestimmungen zu verhindern oder zu unterbinden oder um Missstände in einem Institut zu verhindern oder zu beseitigen, welche die Sicherheit der dem Institut anvertrauten Vermögenswerte gefährden können oder die ordnungsgemäße Durchführung der Bankgeschäfte oder Finanzdienstleistungen beeinträchtigen. [2] Die Anordnungsbefugnis nach Satz 1 besteht auch gegenüber Finanzholding-Gesellschaften oder gemischten Finanzholding-Gesellschaften sowie gegenüber den Personen, die die Geschäfte dieser Gesellschaften tatsächlich führen.

(4) Die Bundesanstalt hat bei der Ausübung ihrer Aufgaben in angemessener Weise die möglichen Auswirkungen ihrer Entscheidungen auf die Stabilität des Finanzsystems in den jeweils betroffenen Staaten des Europäischen Wirtschaftsraums zu berücksichtigen.

§ 6a Besondere Aufgaben. (1) Liegen Tatsachen vor, die darauf schließen lassen, dass von einem Institut angenommene Einlagen, sonstige dem Institut anvertraute Vermögenswerte oder eine Finanztransaktion der Terrorismusfinanzierung nach § 89c des Strafgesetzbuchs oder der Finanzierung einer terroristischen Vereinigung nach § 129a, auch in Verbindung mit § 129b des Strafgesetzbuchs dienen oder im Falle der Durchführung einer Finanztransaktion dienen würden, kann die Bundesanstalt

1. der Geschäftsführung des Instituts Anweisungen erteilen,
2. dem Institut Verfügungen von einem bei ihm geführten Konto oder Depot untersagen,
3. dem Institut die Durchführung von sonstigen Finanztransaktionen untersagen.

(2) Tatsachen im Sinne des Absatzes 1 liegen in der Regel insbesondere dann vor, wenn es sich bei dem Inhaber eines Kontos oder Depots, dessen Verfügungsberechtigten oder dem Kunden eines Instituts um eine natürliche oder juristische Person oder eine nicht rechtsfähige Personenvereinigung handelt, deren Name in die im Zusammenhang mit der Bekämpfung des Terrorismus angenommene Liste des Rates der Europäischen Union zum Gemeinsamen Standpunkt des Rates 2001/931/GASP vom 27. Dezember 2001 über die Anwendung besonderer Maßnahmen zur Bekämpfung des Terrorismus (ABl. EG Nr. L 344 S. 93) in der jeweils geltenden Fassung aufgenommen wurde.

(3) Die Bundesanstalt kann Vermögenswerte, die einer Anordnung nach Absatz 1 unterliegen, im Einzelfall auf Antrag der betroffenen natürlichen oder juristischen Person oder einer nicht rechtsfähigen Personenvereinigung freigeben, soweit diese der Deckung des notwendigen Lebensunterhalts der Person oder ihrer Familienmitglieder, der Bezahlung von Versorgungsleistungen, Unterhaltsleistungen oder vergleichbaren Zwecken dienen.

(4) Eine Anordnung nach Absatz 1 ist aufzuheben, sobald und soweit der Anordnungsgrund nicht mehr vorliegt.

(5) Gegen eine Anordnung nach Absatz 1 kann das Institut oder ein anderer Beschwerter Widerspruch erheben.

(6) Die Möglichkeit zur Anordnung von Beschränkungen des Kapital- und Zahlungsverkehrs nach § 4 Absatz 1 des Außenwirtschaftsgesetzes bleibt unberührt.

§ 6b Aufsichtliche Überprüfung und Beurteilung. (1) [1] Im Rahmen der Beaufsichtigung beurteilt die Aufsichtsbehörde

1. die Regelungen, Strategien, Verfahren und Prozesse, die ein Institut zur Einhaltung der aufsichtlichen Anforderungen geschaffen hat, und
2. die Risiken, denen ein Institut ausgesetzt ist oder sein könnte, insbesondere auch die Risiken, die unter Berücksichtigung der Art, des Umfangs und der Komplexität der Geschäftstätigkeit eines Instituts bei Stresstests festgestellt wurden.

[2] Die Bundesanstalt arbeitet hierbei mit der Deutschen Bundesbank nach Maßgabe des § 7 zusammen.

(2) [1] Die Aufsichtsbehörde bewertet anhand der Überprüfung und Beurteilung zusammenfassend und zukunftsgerichtet, ob die von einem Institut geschaffenen Regelungen, Strategien, Verfahren und Prozesse sowie seine Liquiditäts- und Eigenmittelausstattung ein angemessenes und wirksames Risikomanagement und eine solide Risikoabdeckung gewährleisten. [2] Neben Kreditrisiken, Marktrisiken und operationellen Risiken berücksichtigt sie dabei insbesondere

1. die Ergebnisse der internen Stresstests eines Instituts, das einen IRB-Ansatz verwendet oder das zur Berechnung der in den Artikeln 362 bis 377 der Verordnung (EU) Nr. 575/2013[1] in der jeweils geltenden Fassung festgelegten Eigenmittelanforderungen für das Marktrisiko ein internes Modell verwendet;
2. die Fähigkeit eines Instituts, auf Grund von gemäß Artikel 105 der Verordnung (EU) Nr. 575/2013 in der jeweils geltenden Fassung vorgenommenen Bewertungskorrekturen seine Positionen des Handelsbuchs unter normalen Marktbedingungen kurzfristig ohne wesentliche Verluste zu veräußern oder abzusichern;
3. das Ausmaß, in dem ein Institut Risikokonzentrationen ausgesetzt ist, und deren Steuerung durch das Institut, einschließlich der Erfüllung der aufsichtlichen Anforderungen;
4. die Auswirkung von Diversifikationseffekten und auf welche Art und Weise sie in das Risikomesssystem eines Instituts einbezogen werden;
5. die Robustheit, Eignung und Art der Anwendung der Grundsätze und Verfahren, die ein Institut für das Management des Risikos eingeführt hat, das trotz des Einsatzes anerkannter Kreditrisikominderungstechniken bei dem Institut verbleibt;
6. die Angemessenheit der Eigenmittel, die ein Institut für Verbriefungen hält, für die es als Originator gilt, unter Berücksichtigung der wirtschaftlichen Substanz der Transaktion und des Grads an erreichter Risikoübertragung; die Aufsichtsbehörde überwacht in diesem Zusammenhang, ob ein Institut außervertragliche Unterstützung für eine Transaktion leistet;
7. die Liquiditätsrisiken, denen ein Institut ausgesetzt ist, sowie deren Beurteilung und Steuerung einschließlich der Entwicklung von Alternativszenarioanalysen und wirksamer Notfallpläne sowie der Steuerung risikomindernder Faktoren, insbesondere Höhe, Zusammensetzung und Qualität von Liquiditätspuffern;
8. die Ergebnisse aufsichtlicher Stresstests nach Absatz 3 oder nach Artikel 32 der Verordnung (EU) Nr. 1093/2010;
9. die geografische Verteilung der eingegangenen Risiken eines Instituts;
10. das Geschäftsmodell;
11. das Zinsänderungsrisiko eines Instituts aus Geschäften, die nicht unter das Handelsbuch fallen;
12. die Verfahren zur Ermittlung und Sicherstellung der Risikotragfähigkeit eines Instituts nach § 25a;
13. das Risiko einer übermäßigen Verschuldung eines Instituts, wie es aus den Indikatoren für eine übermäßige Verschuldung hervorgeht, wozu auch die gemäß Artikel 429 der Verordnung (EU) Nr. 575/2013 in der jeweils geltenden Fassung bestimmte Verschuldungsquote zählt; bei der Beurteilung der Angemessenheit der Verschuldungsquote eines Instituts und der vom Institut zur Steuerung des Risikos einer übermäßigen Verschuldung eingeführten Regelungen, Strategien, Verfahren und Mechanismen berücksichtigt die Aufsichtsbehörde das Geschäftsmodell des Instituts;

---

[1] Nr. **6**.

14. die Regelungen zur Sicherstellung einer ordnungsgemäßen Geschäftsführung eines Instituts, die Art und Weise ihrer Implementierungm und praktischen Durchführung sowie die Fähigkeit der Mitglieder des Leitungsorgans zur Erfüllung ihrer Pflichten.

(3) [1]Die Aufsichtsbehörde kann ein Institut aufsichtlichen Stresstests unterziehen oder, soweit die Bundesanstalt Aufsichtsbehörde ist, die Deutsche Bundesbank hierzu beauftragen. [2]Hierzu kann die Aufsichtsbehörde und, soweit die Bundesanstalt Aufsichtsbehörde ist, auch die Deutsche Bundesbank

1. das Institut auffordern, seine Risiko-, Eigenmittel- und Liquiditätspositionen unter Nutzung der institutseigenen Risikomanagement-Methoden bei aufsichtlich vorgegebenen Szenarien zu berechnen und die Daten sowie die Ergebnisse an die Aufsichtsbehörde, die Deutsche Bundesbank und, soweit Aufsichtsbehörde die Europäische Zentralbank ist, auch an die Bundesanstalt zu übermitteln und
2. die Auswirkungen von Schocks auf das Institut auf der Grundlage aufsichtlicher Stresstest-Methoden anhand der verfügbaren Daten bestimmen.

(4) [1]Die Aufsichtsbehörde bestimmt Häufigkeit und Intensität der Überprüfungen, Beurteilungen und möglicher aufsichtlicher Stresstests unter Berücksichtigung der Größe, der Systemrelevanz sowie der Art, des Umfangs und der Komplexität der Geschäfte eines Instituts. [2]Die Überprüfungen und Beurteilungen werden mindestens einmal jährlich aktualisiert. [3]Die Aufsichtsbehörde wendet bei der Überprüfung und Beurteilung nach Absatz 1 den Grundsatz der Verhältnismäßigkeit nach Maßgabe der von ihr veröffentlichten Kriterien an. [4]Soweit die Bundesanstalt Aufsichtsbehörde ist, nimmt sie die Aufgaben nach Satz 1 in Abstimmung mit der Deutschen Bundesbank wahr.

(5) [1]Die Aufsichtsbehörde kann die Methode der Überprüfung und Beurteilung nach Absatz 1 anpassen, um Instituten mit einem ähnlichen Risikoprofil Rechnung zu tragen. [2]Die angepasste Methode

1. kann risikoorientierte Referenzwerte und quantitative Indikatoren einschließen,
2. hat die angemessene Berücksichtigung spezifischer Risiken zu ermöglichen, denen ein Institut möglicherweise ausgesetzt ist, und
3. darf den institutsspezifischen Charakter von Anordnungen, die im Zusammenhang mit dem aufsichtlichen Überprüfungs- und Beurteilungsverfahren, der laufenden Überprüfung der Erlaubnis zur Verwendung interner Ansätze oder zur Abwehr von Verstößen gegen dieses Gesetz oder gegen die Anforderungen der Verordnung (EU) Nr. 575/2013 erlassen wurden, nicht beeinträchtigen.

§ 6c Zusätzliche Eigenmittelanforderungen. (1) [1]Die Aufsichtsbehörde ordnet an, dass ein Institut, eine Institutsgruppe, eine Finanzholding-Gruppe oder eine gemischte Finanzholding-Gruppe über die Anforderungen der Verordnung (EU) Nr. 575/2013[1)] hinaus zusätzliche Eigenmittel vorhalten muss, wenn sie im Rahmen des aufsichtlichen Überprüfungs- und Beurteilungsverfahrens nach § 6b und der nach § 10 Absatz 1 erlassenen Rechtsverordnung feststellt, dass

---

[1)] Nr. **6**.

1. Risiken oder Risikoelemente nicht oder nicht ausreichend durch die Eigenmittelanforderungen nach den Teilen 3, 4 und 7 der Verordnung (EU) Nr. 575/2013 und nach Kapitel 2 der Verordnung (EU) 2017/2402 sowie nach der Rechtsverordnung nach § 10 Absatz 1 abgedeckt sind,
2. die Risikotragfähigkeit nicht gewährleistet ist oder die in Artikel 393 der Verordnung (EU) Nr. 575/2013 festgelegten Anforderungen zur Ermittlung und Steuerung von Großkrediten nicht eingehalten werden und es unwahrscheinlich ist, dass andere Aufsichtsmaßnahmen ausreichen, um sicherzustellen, dass diese Anforderungen innerhalb eines angemessenen Zeitraums erfüllt werden können,
3. die auf Grund von Artikel 105 der Verordnung (EU) Nr. 575/2013 vorgenommenen Bewertungskorrekturen wahrscheinlich nicht ausreichen, um die Positionen des Handelsbuchs unter normalen Marktbedingungen kurzfristig ohne wesentlichen Verlust veräußern oder absichern zu können,
4. die Anforderungen für die Anwendung des genehmigten internen Ansatzes nicht erfüllt werden und dies wahrscheinlich zu einer unzureichenden Eigenmittelausstattung führt,
5. das Institut, die Institutsgruppe, die Finanzholding-Gruppe oder die gemischte Finanzholding-Gruppe wiederholt keine zusätzlichen Eigenmittel in angemessener Höhe bildet oder beibehält, um der Eigenmittelempfehlung nach § 6d zu entsprechen, oder
6. andere institutsspezifische Situationen vorliegen, die zu wesentlichen aufsichtlichen Bedenken führen.

[2] Die zusätzliche Eigenmittelanforderung nach Satz 1 darf nur für die Zwecke der Deckung der Risiken angeordnet werden, die sich aus der Geschäftstätigkeit des einzelnen Instituts ergeben. [3] Dies schließt die Auswirkungen bestimmter Wirtschafts- und Marktentwicklungen nur ein, wenn sie sich im Risikoprofil des Instituts widerspiegeln.

(2) [1] Das Vorhalten zusätzlicher Eigenmittel auf Grund einer Feststellung nach Absatz 1 Satz 1 Nummer 1 kann nur angeordnet werden, wenn die Beträge, die Arten und die Verteilung des Kapitals, die die Aufsichtsbehörde unter Berücksichtigung der aufsichtlichen Überprüfung der Verfahren zur Ermittlung und Sicherstellung der Risikotragfähigkeit als angemessen betrachtet, über die in den Teilen 3, 4 und 7 der Verordnung (EU) Nr. 575/2013 und in Kapitel 2 der Verordnung (EU) 2017/2402 festgelegten Eigenmittelanforderungen hinausgehen. [2] Die Aufsichtsbehörde bewertet dazu insbesondere auch

1. die institutsspezifischen Risiken oder Risikoelemente, die von den in den Teilen 3, 4 und 7 der Verordnung (EU) Nr. 575/2013 und in Kapitel 2 der Verordnung (EU) 2017/2402 festgelegten Eigenmittelanforderungen ausdrücklich ausgenommen oder von diesen nicht erfasst werden,
2. die institutsspezifischen Risiken oder Risikoelemente, die trotz Erfüllung der in den Teilen 3, 4 und 7 der Verordnung (EU) Nr. 575/2013 und in Kapitel 2 der Verordnung (EU) 2017/2402 festgelegten Anforderungen wahrscheinlich unterschätzt werden,
3. die wesentlichen Zinsänderungsrisiken aus Positionen des Anlagebuchs gemäß Absatz 3.

[3] Bei Risiken und Risikoelementen, die den Übergangsregelungen oder Bestandsschutzklauseln gemäß der Richtlinie 2013/36/EU oder der Verordnung

(EU) Nr. 575/2013 unterliegen, ist grundsätzlich keine Unterschätzung der Risiken oder Risikoelemente gegeben. [4] Für die Zwecke des Satzes 1 deckt das als angemessen betrachtete Kapital alle gemäß Satz 2 als wesentlich ermittelten Risiken oder Risikoelemente ab, die nicht oder nicht ausreichend von den in den Teilen 3, 4 und 7 der Verordnung (EU) Nr. 575/2013 und in Kapitel 2 der Verordnung (EU) 2017/2402 festgelegten Eigenmittelanforderungen abgedeckt sind.

(3) [1] Zinsänderungsrisiken aus Positionen des Anlagebuchs können insbesondere als wesentlich gelten, wenn

1. sich der Barwert eines Instituts auf Grund einer plötzlichen und unerwarteten Zinsänderung, wie sie sich aus einem der sechs aufsichtlichen Zinsschockszenarien ergibt, um mehr als 15 Prozent seines Kernkapitals verringert oder
2. der Nettozinsertrag eines Instituts auf Grund einer plötzlichen und unerwarteten Zinsänderung, wie sie sich aus einem der zwei aufsichtlichen Zinsschockszenarien ergibt, stark rückläufig ist.

[2] Wenn die Aufsichtsbehörde im Rahmen des Überprüfungs- und Beurteilungsverfahrens nach § 6b zu dem Ergebnis kommt, dass die Steuerung des sich aus Geschäften des Anlagebuchs ergebenden Zinsänderungsrisikos durch das Institut angemessen ist und dass das Institut diesem Zinsänderungsrisiko nicht übermäßig ausgesetzt ist, werden diese Risiken als nicht wesentlich betrachtet.

(4) [1] Die Höhe der zusätzlichen Eigenmittelanforderungen, die zur Abdeckung des Risikos einer übermäßigen Verschuldung angeordnet sind, das nicht ausreichend durch Artikel 92 Absatz 1 Buchstabe d der Verordnung (EU) Nr. 575/2013 abgedeckt ist, richtet sich nach der Differenz zwischen dem nach Absatz 2 als angemessen betrachteten Kapital und den in den Teilen 3 und 7 der Verordnung (EU) Nr. 575/2013 festgelegten Eigenmittelanforderungen. [2] In allen anderen Fällen richtet sich die Höhe der zusätzlichen Eigenmittelanforderung nach der Differenz zwischen dem nach Absatz 2 als angemessen betrachteten Kapital und den in den Teilen 3 und 4 der Verordnung (EU) Nr. 575/2013 und in Kapitel 2 der Verordnung (EU) 2017/2402 festgelegten Eigenmittelanforderungen.

(5) [1] Das Institut, die Institutsgruppe, die Finanzholding-Gruppe oder die gemischte Finanzholding-Gruppe hat die zusätzliche Eigenmittelanforderung, um andere Risiken als das Risiko einer übermäßigen Verschuldung abzudecken, zu mindestens drei Vierteln mit Kernkapital zu erfüllen. [2] Das Kernkapital nach Satz 1 muss zu mindestens drei Vierteln aus hartem Kernkapital bestehen. [3] Das Institut, die Institutsgruppe, die Finanzholding-Gruppe oder die gemischte Finanzholding-Gruppe hat die zusätzliche Eigenmittelanforderung, um das Risiko einer übermäßigen Verschuldung abzudecken, mit Kernkapital zu erfüllen. [4] Die Aufsichtsbehörde kann gegenüber dem Institut anordnen, dass die zusätzliche Eigenmittelanforderung mit einem höheren Anteil an Kernkapital oder hartem Kernkapital zu erfüllen ist, soweit dies unter Berücksichtigung der Situation des Instituts erforderlich ist.

(6) [1] Die Eigenmittel, die zur Erfüllung der zusätzlichen Eigenmittelanforderung eingesetzt werden, um das Risiko einer übermäßigen Verschuldung abzudecken, das nicht ausreichend durch Artikel 92 Absatz 1 Buchstabe d der Verordnung (EU) Nr. 575/2013 abgedeckt ist, dürfen nicht zur Erfüllung einer der folgenden Anforderungen eingesetzt werden:

1. der in Artikel 92 Absatz 1 Buchstabe d der Verordnung (EU) Nr. 575/2013 festgelegten Eigenmittelanforderung,
2. der erhöhten Eigenmittelanforderungen zur Abdeckung von Risiken und Risikoelementen nach § 10 Absatz 3, die nicht von Artikel 1 der Verordnung (EU) Nr. 575/2013 abgedeckt sind,
3. der erhöhten Eigenmittelanforderungen nach § 10 Absatz 4,
4. der in Artikel 92 Absatz 1a der Verordnung (EU) Nr. 575/2013 festgelegten Anforderung an den Puffer der Verschuldungsquote,
5. der Eigenmittelempfehlung nach § 6d, sofern sich diese Empfehlung auf die Risiken einer übermäßigen Verschuldung bezieht.

[2] Die Eigenmittel, die zur Erfüllung der zusätzlichen Eigenmittelanforderung für sonstige Risiken eingesetzt werden, dürfen nicht zur Erfüllung einer der folgenden Anforderungen eingesetzt werden:

1. der in Artikel 92 Absatz 1 Buchstabe a, b und c der Verordnung (EU) Nr. 575/2013 festgelegten Eigenmittelanforderungen,
2. der erhöhten Eigenmittelanforderungen zur Absicherung von Risiken und Risikoelementen nach § 10 Absatz 3, die nicht von Artikel 1 der Verordnung (EU) Nr. 575/2013 abgedeckt sind,
3. der erhöhten Eigenmittelanforderungen nach § 10 Absatz 4,
4. der Kapitalpufferanforderungen nach den §§ 10c bis 10g,
5. der Eigenmittelempfehlung nach § 6d, sofern sich diese Empfehlung auf andere Risiken als das Risiko einer übermäßigen Verschuldung bezieht.

§ 6d Eigenmittelempfehlung. (1) [1] Die Aufsichtsbehörde ermittelt auf Grundlage der Bewertung nach § 6b Absatz 2 und des nach § 6b Absatz 3 durchgeführten Stresstests für jedes Institut die angemessene Gesamthöhe der Eigenmittel und spricht auf dieser Grundlage gegenüber dem Institut eine Eigenmittelempfehlung aus. [2] Die Höhe dieser Eigenmittelempfehlung ergibt sich aus der Differenz der vom Institut einzuhaltenden Eigenmittelanforderungen gemäß den Teilen 3, 4 und 7 der Verordnung (EU) Nr. 575/2013[1)], Kapitel 2 der Verordnung (EU) 2017/2402, den §§ 6c, 10i und Artikel 92 Absatz 1a der Verordnung (EU) Nr. 575/2013 und der nach Satz 1 ermittelten angemessenen Gesamthöhe der Eigenmittel.

(2) Die Eigenmittelempfehlung darf Risiken, die durch die nach § 6c Absatz 1 angeordnete zusätzliche Eigenmittelanforderung erfasst werden, nur insoweit abdecken, als sie Aspekte dieser Risiken abdeckt, die nicht bereits durch die zusätzliche Eigenmittelanforderung nach § 6c Absatz 1 abgedeckt werden.

(3) [1] Eigenmittel, die zur Einhaltung der Eigenmittelempfehlung eingesetzt werden, um das Risiko einer übermäßigen Verschuldung abzudecken, dürfen nicht zur Erfüllung der zusätzlichen Eigenmittelanforderungen nach § 6c, die angeordnet wurden, um das Risiko einer übermäßigen Verschuldung abzudecken, verwendet werden und auch nicht zur Erfüllung der in § 6c Absatz 6 Satz 1 Nummer 1 bis 4 aufgezählten Anforderungen. [2] Eigenmittel, die zur Einhaltung der Eigenmittelempfehlungen eingesetzt werden, um sonstige Risiken abzudecken, dürfen nicht zur Erfüllung der zusätzlichen Eigenmittelanfor-

---

[1)] Nr. **6**.

derungen nach § 6c, die angeordnet wurden, um andere Risiken als das Risiko einer übermäßigen Verschuldung abzudecken, verwendet werden und auch nicht zur Erfüllung der in § 6c Absatz 6 Satz 2 Nummer 1 bis 4 aufgezählten Anforderungen.

(4) Solange ein Institut die in den Teilen 3, 4 und 7 der Verordnung (EU) Nr. 575/2013 und in Kapitel 2 der Verordnung (EU) 2017/2402 festgelegten Anforderungen, die zusätzliche Eigenmittelanforderung nach § 6c, die kombinierte Kapitalpufferanforderung nach § 10i und die Anforderung an den Puffer der Verschuldungsquote nach Artikel 92 Absatz 1a der Verordnung (EU) Nr. 575/2013 erfüllt, löst die Abdeckung der Eigenmittelempfehlung nicht in voller Höhe keine der Beschränkungen nach § 10i Absatz 1a bis 3 aus.

§ 7 Zusammenarbeit mit der Deutschen Bundesbank. (1) [1] Die Bundesanstalt und die Deutsche Bundesbank arbeiten nach Maßgabe dieses Gesetzes zusammen. [2] Unbeschadet weiterer gesetzlicher Maßgaben umfasst die Zusammenarbeit die laufende Überwachung der Institute durch die Deutsche Bundesbank. [3] Die laufende Überwachung beinhaltet insbesondere die Auswertung der von den Instituten eingereichten Unterlagen, der Prüfungsberichte nach § 26 und der Jahresabschlussunterlagen sowie die Durchführung und Auswertung der bankgeschäftlichen Prüfungen zur Beurteilung der angemessenen Eigenkapitalausstattung und Risikosteuerungsverfahren der Institute und das Bewerten von Prüfungsfeststellungen. [4] Die laufende Überwachung durch die Deutsche Bundesbank erfolgt in der Regel durch ihre Hauptverwaltungen.

(1a) [1] Innerhalb des einheitlichen Aufsichtsmechanismus im Sinne des Artikels 2 Nummer 9 der Verordnung (EU) Nr. 1024/2013[1)] ist Absatz 1 auch dann anzuwenden, wenn die Bundesanstalt die Europäische Zentralbank bei ihren Aufgaben im Sinne von Artikel 6 Absatz 2 und 3 der Verordnung (EU) Nr. 1024/2013 unterstützt. [2] Bei der Zusammenarbeit nach Absatz 1 informieren sich die Bundesanstalt und die Deutsche Bundesbank unverzüglich über Anfragen der Europäischen Zentralbank und tauschen von dieser erhaltene Informationen aus. [3] Übermittelt die Bundesanstalt oder die Deutsche Bundesbank im Rahmen der Wahrnehmung ihrer Aufgaben nach diesem Gesetz Beobachtungen, Feststellungen, Daten oder sonstige Informationen an die Europäische Zentralbank, übermittelt sie diese zeitgleich auch an die jeweils andere Stelle. [4] Die Absätze 2 bis 5 finden auch im Rahmen des einheitlichen Aufsichtsmechanismus entsprechende Anwendung.

(2) [1] Die Deutsche Bundesbank hat die Richtlinien der Bundesanstalt zu beachten. [2] Die Richtlinien der Bundesanstalt zur laufenden Aufsicht ergehen im Einvernehmen mit der Deutschen Bundesbank. [3] Innerhalb des einheitlichen Aufsichtsmechanismus beachtet die Bundesanstalt bei Erlass der Richtlinien die Vorgaben der Europäischen Zentralbank nach Artikel 6 Absatz 5 Buchstabe a der Verordnung (EU) Nr. 1024/2013. [4] Kann ein Einvernehmen nicht innerhalb einer angemessenen Frist hergestellt werden, erlässt das Bundesministerium der Finanzen solche Richtlinien im Benehmen mit der Deutschen Bundesbank und unter Beachtung der innerhalb des einheitlichen Aufsichtsmechanismus erlassenen Vorgaben der Europäischen Zentralbank nach Artikel 6 Absatz 5 Buchstabe a der Verordnung (EU) Nr. 1024/2013. [5] Die aufsichtsrechtlichen Maßnahmen, insbesondere Allgemeinverfügungen und Verwal-

---

1) Nr. **5**.

tungsakte einschließlich Prüfungsanordnungen nach § 44 Absatz 1 Satz 2 und § 44b Absatz 2 Satz 1, trifft die Bundesanstalt gegenüber den Instituten oder Auslagerungsunternehmen. [6]Die Bundesanstalt legt die von der Deutschen Bundesbank getroffenen Prüfungsfeststellungen und Bewertungen in der Regel ihren aufsichtsrechtlichen Maßnahmen zugrunde.

(3) [1]Die Bundesanstalt und die Deutsche Bundesbank haben einander Beobachtungen und Feststellungen mitzuteilen, die für die Erfüllung ihrer Aufgaben erforderlich sind. [2]Die Deutsche Bundesbank hat insoweit der Bundesanstalt auch die Angaben zur Verfügung zu stellen, die jene auf Grund statistischer Erhebungen nach § 18 des Gesetzes über die Deutsche Bundesbank[1)] erlangt. [3]Sie hat vor Anordnung einer solchen Erhebung die Bundesanstalt zu hören; § 18 Satz 5 des Gesetzes über die Deutsche Bundesbank gilt entsprechend.

(4) [1]Die Zusammenarbeit nach nach den Absätzen 1 und 1a sowie die Mitteilungen nach Absatz 3 schließen die Übermittlung der zur Erfüllung der Aufgaben der empfangenden Stelle erforderlichen personenbezogenen Daten ein. [2]Zur Erfüllung ihrer Aufgaben nach diesem Gesetz dürfen die Bundesanstalt und die Deutsche Bundesbank gegenseitig die bei der anderen Stelle jeweils gespeicherten Daten im automatisierten Verfahren abrufen. [3]Die Deutsche Bundesbank hat bei jedem zehnten von der Bundesanstalt durchgeführten Abruf personenbezogener Daten den Zeitpunkt, die Angaben, welche die Feststellung der aufgerufenen Datensätze ermöglichen, sowie die für den Abruf verantwortliche Person zu protokollieren. [4]Die Protokolldaten dürfen nur für Zwecke der Datenschutzkontrolle, der Datensicherung oder zur Sicherstellung eines ordnungsmäßigen Betriebs der Datenverarbeitungsanlage verarbeitet werden. [5]Sie sind am Ende des auf das Jahr der Protokollierung folgenden Kalenderjahres zu löschen, soweit sie nicht für ein laufendes Kontrollverfahren benötigt werden. [6]Die Sätze 3 bis 5 gelten entsprechend für die Datenabrufe der Deutschen Bundesbank bei der Bundesanstalt. [7]Im Übrigen bleiben die allgemeinen datenschutzrechtlichen Vorschriften unberührt.

(5) [1]Die Bundesanstalt und die Deutsche Bundesbank können gemeinsame Dateisysteme einrichten. [2]Jede der beiden Stellen darf nur die von ihr eingegebenen Daten verändern oder löschen oder ihre Verarbeitung einschränken und ist nur hinsichtlich der von ihr eingegebenen Daten Verantwortlicher. [3]Hat eine der beiden Stellen Anhaltspunkte dafür, dass von der anderen Stelle eingegebene Daten unrichtig sind, teilt sie dies der anderen Stelle unverzüglich mit. [4]Bei der Errichtung eines gemeinsamen Dateisystems ist festzulegen, welche Stelle die technischen und organisatorischen Maßnahmen nach den Artikeln 24, 25 und 32 der Verordnung (EU) 2016/679 des Europäischen Parlaments und des Rates vom 27. April 2016 zum Schutz natürlicher Personen bei der Verarbeitung personenbezogener Daten, zum freien Datenverkehr und zur Aufhebung der Richtlinie 95/46/EG (Datenschutz-Grundverordnung) (ABl. L 119 vom 4.5.2016, S. 1; L 314 vom 22.11.2016, S. 72; L 127 vom 23.5.2018, S. 2) in der jeweils geltenden Fassung zu treffen hat. [5]Die nach Satz 4 bestimmte Stelle hat sicherzustellen, dass die Beschäftigten Zugang zu personenbezogenen Daten nur in dem Umfang erhalten, der zur Erfüllung ihrer Aufgaben erforderlich ist.

[1)] Nr. **4**.

§ 7a Zusammenarbeit mit der Europäischen Kommission. (1) Die Bundesanstalt meldet der Europäischen Kommission

1. das Erlöschen oder die Aufhebung einer Erlaubnis nach § 35 oder nach den Vorschriften des Verwaltungsverfahrensgesetzes unter Angabe der Gründe, die zur Aufhebung führten,
2. *(aufgehoben)*
3. die Anzahl und die Art der Fälle, in denen die Errichtung einer Zweigniederlassung in einem anderen Staat des Europäischen Wirtschaftsraums nicht zustande gekommen ist, weil die Bundesanstalt die Angaben nach § 24a Absatz 1 Satz 2 nicht an die zuständigen Stellen des Aufnahmemitgliedstaates weitergeleitet hat,
4. die Anzahl und Art der Fälle, in denen Maßnahmen nach § 53b Absatz 4 Satz 2 und Absatz 5 Satz 1 ergriffen wurden und
5. den Erlaubnisantrag des Tochterunternehmens eines Unternehmens mit Sitz in einem Drittstaat, sofern die Kommission die Meldung solcher Antragseingänge verlangt hat.

(2) Die Bundesanstalt unterrichtet die Europäische Kommission über

1. *(aufgehoben)*
2. die Grundsätze, die sie im Einvernehmen mit den anderen zuständigen Stellen im Europäischen Wirtschaftsraum in Bezug auf die Überwachung von gruppeninternen Transaktionen und Risikokonzentrationen anwendet,
3. die gewählte Vorgehensweise in den Fällen des § 53d Absatz 3 und
4. *(aufgehoben)*
5. das Verfahren zur Vermeidung der Umgehung der zusätzlichen Kapitalanforderungen bei Überschreitung der Gesamtbuch-Großkreditanforderungen.

(3) Die Bundesanstalt übermittelt der Europäischen Kommission Verzeichnisse der Finanzholding-Gesellschaften oder gemischten Finanzholding-Gesellschaften, bei denen die Bundesanstalt die Aufsicht auf zusammengefasster Basis ausübt.

§ 7b Zusammenarbeit mit der Europäischen Bankenaufsichtsbehörde, der Europäischen Wertpapier- und Marktaufsichtsbehörde und der Europäischen Aufsichtsbehörde für das Versicherungswesen und die betriebliche Altersversorgung. (1) [1] Die Bundesanstalt beteiligt sich nach Maßgabe

1. der Verordnung (EU) Nr. 1093/2010 des Europäischen Parlaments und des Rates vom 24. November 2010 zur Errichtung einer Europäischen Aufsichtsbehörde (Europäische Bankenaufsichtsbehörde), zur Änderung des Beschlusses Nr. 716/2009/EG und zur Aufhebung des Beschlusses 2009/78/EG der Kommission (ABl. L 331 vom 15.12.2010, S. 12),
2. der Verordnung (EU) Nr. 1095/2010 des Europäischen Parlaments und des Rates vom 24. November 2010 zur Errichtung einer Europäischen Aufsichtsbehörde (Europäische Wertpapier- und Marktaufsichtsbehörde), zur Änderung des Beschlusses Nr. 716/2009/EG und zur Aufhebung des Beschlusses 2009/77/EG der Kommission (ABl. L 331 vom 15.12.2010, S. 84) sowie
3. dieses Gesetzes

an den Tätigkeiten der Europäischen Bankenaufsichtsbehörde und der Europäischen Wertpapier- und Marktaufsichtsbehörde sowie an den Aktivitäten der sie betreffenden Aufsichtskollegien. [2] Hierbei beteiligt sie die Deutsche Bundesbank nach Maßgabe der Verordnung (EU) Nr. 1093/2010 sowie nach Maßgabe dieses Gesetzes. [3] Die Bundesanstalt stellt der Europäischen Bankenaufsichtsbehörde nach Maßgabe des Artikels 35 der Verordnung (EU) Nr. 1093/2010 und der Europäischen Wertpapier- und Marktaufsichtsbehörde nach Maßgabe des Artikels 35 der Verordnung (EU) Nr. 1095/2010 auf Verlangen unverzüglich alle für die Erfüllung ihrer Aufgaben erforderlichen Informationen zur Verfügung. [4] Sie wendet die Leitlinien und Empfehlungen der Europäischen Bankenaufsichtsbehörde im Einklang mit Artikel 16 der Verordnung (EU) Nr. 1093/2010 und der Europäischen Wertpapier- und Marktaufsichtsbehörde bei Anwendung dieses Gesetzes an. [5] Weicht die Bundesanstalt von diesen Leitlinien und Empfehlungen ab oder beabsichtigt sie dies, begründet sie dies gegenüber der betreffenden Europäischen Aufsichtsbehörde.

(2) [1] Die Bundesanstalt meldet der Europäischen Bankenaufsichtsbehörde

1. die Erteilung der Erlaubnis nach § 32 Absatz 1, das Erlöschen oder die Aufhebung der Erlaubnis nach § 35 an ein CRR-Kreditinstitut,

1a. zu den Zweigstellen eines Unternehmens mit Sitz in einem Drittstaat im Sinne des § 53:

   a) die Erteilung einer Erlaubnis nach § 32 Absatz 1 an die Zweigstelle sowie alle Änderungen dieser Erlaubnis,

   b) die gemeldeten gesamten Vermögenswerte

   c) den Namen der Drittstaatengruppe, der eine Zweigstelle angehört,

2. die in § 7a Absatz 1 Nummer 1, 3 und 4 genannten Sachverhalte,

3. die nach Artikel 450 Absatz 1 Buchstabe g und h der Verordnung (EU) Nr. 575/2013[1)] in der jeweils geltenden Fassung gesammelten Informationen,

4. die nach Artikel 450 Absatz 1 Buchstabe i der Verordnung (EU) Nr. 575/2013 in der jeweils geltenden Fassung gesammelten Informationen,

5. die Anpassung der Methode nach § 6b Absatz 5 bei CRR-Kreditinstituten,

6. die Funktionsweise der Überprüfungs- und Bewertungssysteme der Risiken, denen ein CRR-Kreditinstitut ausgesetzt ist oder sein könnte, und der Risiken, die ein CRR-Institut nach Maßgabe der Ermittlung und Messung des Systemrisikos gemäß Artikel 23 der Verordnung (EU) Nr. 1093/2010 in der jeweils geltenden Fassung für das Finanzsystem darstellt, sowie die Methodik, nach der auf der Grundlage dieser Überprüfung Maßnahmen getroffen werden,

7. die Ergebnisse aufsichtlicher Stresstests, soweit diese über die nach Artikel 32 der Verordnung (EU) Nr. 1093/2010 in der jeweils geltenden Fassung durchgeführten Stresstests hinaus erforderlich werden, um eine hinreichende Überprüfung und Überwachung des CRR-Kreditinstituts sicherzustellen,

8. Anordnungen der Bundesanstalt nach § 10 Absatz 6 unter Angabe der Gründe,

---

1) Nr. **6**.

9. alle sonstigen Maßnahmen, die die Bundesanstalt gegenüber einem CRR-Kreditinstitut trifft, wenn es gegen die Anforderungen der Verordnung (EU) Nr. 575/2013 oder die auf Grund der Richtlinie 2013/36/EU erlassenen Anforderungen verstößt oder voraussichtlich verstoßen wird, jeweils unter Angabe der Gründe,
10. alle nach § 56 Absatz 6 Nummer 1 verhängten rechtskräftig gewordenen Bußgelder, einschließlich aller dauerhaften Untersagungen insbesondere nach § 36,
11. die von ihr erhobenen Angaben zu den Informationen, die nach Artikel 435 Absatz 2 Buchstabe c der Verordnung (EU) Nr. 575/2013 offengelegt worden sind, und
12. den Verdacht, dass im Zusammenhang mit diesem CRR-Kreditinstitut Geldwäsche oder Terrorismusfinanzierung stattfindet oder stattgefunden hat oder diese Straftaten versucht wurden oder ein erhöhtes Risiko hierfür besteht, wenn sich dieser Verdacht auf Grund der Überprüfung, insbesondere der Evaluierung der Unternehmensführungsregelung, des Geschäftsmodells oder der Tätigkeiten eines CRR-Kreditinstituts ergeben hat.

[2] Die Bundesanstalt meldet der Europäischen Aufsichtsbehörde in den vorstehenden Fällen auch die Einlegung von Rechtsmitteln gegen die von ihr erlassenen Maßnahmen und Bußgelder sowie den Ausgang der Rechtsmittelverfahren.

(3) Die Bundesanstalt unterrichtet die Europäische Bankenaufsichtsbehörde über

1. *(aufgehoben)*
2. die gewählte Vorgehensweise in den Fällen des § 53d Absatz 3,
3. das Verfahren zur Vermeidung der Umgehung der zusätzlichen Kapitalanforderungen bei Überschreitung der Gesamtbuch-Großkreditanforderungen,
4. Entscheidungen nach § 2e,
5. die Struktur von Institutsgruppen, Finanzholding- Gruppen oder gemischten Finanzholding-Gruppen, bei denen die Bundesanstalt die Aufsicht auf zusammengefasster Basis ausübt; dazu gehören insbesondere Informationen über die rechtliche und organisatorische Struktur sowie die Grundsätze einer ordnungsgemäßen Geschäftsführung der Gruppe,
6. die Stellen im Sinne des § 9 Absatz 1 Satz 4, der die Bundesanstalt Tatsachen offenbaren kann, ohne gegen ihre Verschwiegenheitspflicht zu verstoßen, und
7. die Genehmigung, ein weiteres Mandat in einem Verwaltungs- oder Aufsichtsorgan gemäß § 25c Absatz 2 Satz 5, § 25d Absatz 3 Satz 5 innezuhaben.

(3a) Die Bundesanstalt übermittelt der Europäischen Bankenaufsichtsbehörde Verzeichnisse im Sinne des § 7a Absatz 3.

(4) Die Bundesanstalt meldet der Europäischen Wertpapier- und Marktaufsichtsbehörde

1. sofern ein Wertpapierdienstleistungsunternehmen im Sinne des § 2 Absatz 10 des Wertpapierhandelsgesetzes betroffen ist,
   a) die Erteilung sowie das Erlöschen oder die Aufhebung einer Erlaubnis nach § 32 und

b) die Genehmigung, ein weiteres Mandat in dem Verwaltungs- oder Aufsichtsorgan gemäß § 25c Absatz 2 Satz 5 oder § 25d Absatz 3 Satz 5 innezuhaben,

2. den in § 7a Absatz 1 Nummer 5 genannten Sachverhalt,
3. jährlich eine Zusammenfassung von allen im Zusammenhang mit der Überwachung von Wertpapierdienstleistungsunternehmen und Datenbereitstellungsdiensten sowie gegenüber Instituten als Gegenparteien von Wertpapierfinanzierungsgeschäften ergriffenen Verwaltungsmaßnahmen und verhängten Sanktionen,
4. jährlich in aggregierter und anonymisierter Form Daten über strafrechtliche Ermittlungen und verhängte strafrechtliche Sanktionen wegen Verstößen gegen § 54, sofern diese im Zusammenhang mit dem unerlaubten Erbringen von Finanzdienstleistungen erfolgten, die zugleich Wertpapierdienstleistungen im Sinne des § 2 Absatz 6 des Wertpapierhandelsgesetzes sind,
5. zeitgleich mit der Bekanntmachung alle im Zusammenhang mit der Überwachung von Wertpapierdienstleistungsunternehmen und Datenbereitstellungsdiensten sowie nach den §§ 60b und 60c bekannt gemachten Verwaltungsmaßnahmen und Sanktionen, soweit sie Institute als finanzielle Gegenparteien von Wertpapierfinanzierungsgeschäften betreffen,
6. alle Bußgeldentscheidungen, die nach Maßgabe des § 60d Absatz 3 Nummer 3 nicht bekannt gemacht wurden, sowie alle Rechtsmittel in Verbindung mit diesen Bußgeldentscheidungen und die Ergebnisse der Rechtsmittelverfahren,
7. die Erteilung sowie das Erlöschen oder die Aufhebung einer Erlaubnis nach § 32 Absatz 1f,
8. jede Erlaubnis zur Wiederverbriefung gemäß Artikel 8 Absatz 2 der Verordnung (EU) 2017/2402,
9. Maßnahmen und Bußgeldentscheidungen der Bundesanstalt, die auf einem Verstoß gegen die Artikel 19 bis 26e der Verordnung (EU) 2017/2402 beruhen.

(5) Die Bundesanstalt unterrichtet die Europäische Aufsichtsbehörde für das Versicherungswesen und die betriebliche Altersversorgung über die Entscheidungen nach § 2e.

(6) Die Bundesanstalt meldet der Europäischen Bankenaufsichtsbehörde, der Europäischen Wertpapier- und Marktaufsichtsbehörde und der Europäischen Aufsichtsbehörde für das Versicherungswesen und die betriebliche Altersversorgung unter Beachtung des Verfahrens nach Artikel 36 Absatz 6 der Verordnung (EU) 2017/2402, wenn sie als zuständige Behörde einer gemäß Artikel 27 Absatz 1 dieser Verordnung benannten ersten Anlaufstelle von einem Verstoß gegen die Anforderungen des Artikels 27 Absatz 1 dieser Verordnung erfährt.

§ 7c *(aufgehoben)*

§ 7d Zusammenarbeit mit dem Europäischen Ausschuss für Systemrisiken. [1] Die Bundesanstalt arbeitet eng mit dem Europäischen Ausschuss für Systemrisiken zusammen und berücksichtigt die von ihm nach Maßgabe von Artikel 16 der Verordnung (EU) Nr. 1092/2010 des Europäischen Parlaments und des Rates vom 24. November 2010 über die Finanzaufsicht der Europäischen Union auf Makroebene und zur Errichtung eines Europäischen Ausschusses für Systemrisiken (ABl. L 331 vom 15.12.2010, S. 1), die durch die Verordnung (EU) 2019/2176 (ABl. L 334 vom 27.12.2019, S. 146) geändert worden ist, erlassenen Warnungen und Empfehlungen. [2]Die Bundesanstalt meldet dem Europäischen Ausschuss für Systemrisiken jede Änderung der Quote für den antizyklischen Kapitalpuffer nach § 10d, die Berechnungsgrundlagen der Quote nach der Rechtsverordnung nach § 10 Absatz 1 Satz 1 Nummer 5 sowie die Anwendungsdauer der Quote und informiert über die Tatsache, dass die Bundesanstalt bei der Festlegung der Quote für den antizyklischen Kapitalpuffer Variablen im Sinne der Rechtsverordnung nach § 10 Absatz 1 Satz 1 Nummer 5 berücksichtigt und die Quote ohne deren Berücksichtigung niedriger ausgefallen wäre.

§ 8 Zusammenarbeit mit anderen Stellen. (1) *(aufgehoben)*

(2) Werden gegen Inhaber oder Geschäftsleiter von Instituten sowie gegen Inhaber bedeutender Beteiligungen von Instituten oder deren gesetzliche oder satzungsmäßige Vertreter oder persönlich haftende Gesellschafter oder gegen Personen, die die Geschäfte einer Finanzholding-Gesellschaft oder einer gemischten Finanzholding-Gesellschaft tatsächlich führen, Steuerstrafverfahren eingeleitet oder unterbleibt dies auf Grund einer Selbstanzeige nach § 371 der Abgabenordnung, so steht § 30 der Abgabenordnung Mitteilungen an die Bundesanstalt über das Verfahren und über den zugrunde liegenden Sachverhalt nicht entgegen; das Gleiche gilt, wenn sich das Verfahren gegen Personen richtet, die das Vergehen als Bedienstete eines Instituts oder eines Inhabers einer bedeutenden Beteiligung an einem Institut begangen haben.

(3) [1]Die Bundesanstalt und, soweit sie im Rahmen dieses Gesetzes tätig wird, die Deutsche Bundesbank arbeiten bei der Aufsicht über Institute, die in einem anderen Staat des Europäischen Wirtschaftsraums Bankgeschäfte betreiben oder Finanzdienstleistungen erbringen, sowie bei der Aufsicht über Institutsgruppen, Finanzholding-Gruppen oder gemischte Finanzholding-Gruppen im Sinne des § 10a Abs. 1 bis 5 mit den zuständigen Stellen im Europäischen Wirtschaftsraum sowie der Europäischen Bankenaufsichtsbehörde und der Europäischen Wertpapier- und Marktaufsichtsbehörde zusammen. [2]Bei der Beurteilung nach § 2c Abs. 1a und 1b arbeitet die Bundesanstalt mit den zuständigen Stellen im Europäischen Wirtschaftsraum zusammen, wenn der Anzeigepflichtige

1. ein CRR-Kreditinstitut, ein Erst- oder Rückversicherungsunternehmen oder eine Verwaltungsgesellschaft im Sinne des Artikels 2 Absatz 1 Buchstabe b der Richtlinie 2009/65/EG (OGAW-Verwaltungsgesellschaft) ist, das beziehungsweise die in einem anderen Mitgliedstaat oder anderen Sektor als dem, in dem der Erwerb beabsichtigt wird, zugelassen ist;
2. ein Mutterunternehmen eines CRR-Kreditinstituts, eines Erst- oder Rückversicherungsunternehmens oder einer OGAW-Verwaltungsgesellschaft ist, das beziehungsweise die in einem anderen Mitgliedstaat oder anderen Sektor als dem, in dem der Erwerb beabsichtigt wird, zugelassen ist oder
3. eine natürliche oder juristische Person ist, die ein CRR-Kreditinstitut, ein Erst- oder Rückversicherungsunternehmen oder eine OGAW-Verwaltungsgesellschaft kontrolliert, das beziehungsweise die in einem anderen Mitgliedstaat oder anderen Sektor als dem, in dem der Erwerb beabsichtigt wird, zugelassen ist.

[3] Wird der interessierte Erwerber einer bedeutenden Beteiligung gleichzeitig mit der Beurteilung nach § 2c Absatz 1a auch auf Grund eines Antrags auf Erteilung einer Zulassung nach Artikel 21a der Richtlinie 2013/36/EU beurteilt, so stimmt sich die Bundesanstalt ab

1. mit der Stelle, die für die Beaufsichtigung der Gruppe auf zusammengefasster Basis zuständig ist, der das Institut, an dem eine bedeutende Beteiligung erworben werden soll, angehört, und
2. auch mit der zuständigen Stelle des Staates des Europäischen Wirtschaftsraums, in dem der interessierte Erwerber seinen Sitz hat.

[4] Vorbehaltlich der allgemeinen datenschutzrechtlichen Vorschriften, insbesondere des § 25 Absatz 1 des Bundesdatenschutzgesetzes, tauschen die Bundesanstalt und die Deutsche Bundesbank mit den zuständigen Stellen im Europäischen Wirtschaftsraum alle zweckdienlichen und grundlegenden Informationen aus, die für die Durchführung der Aufsicht erforderlich sind. [5] Grundlegende Informationen können auch ohne entsprechende Anfrage der zuständigen Stelle weitergegeben werden. [6] Als grundlegend in diesem Sinne gelten alle Informationen, die Einfluss auf die Beurteilung der Finanzlage eines Instituts in dem betreffenden Staat des Europäischen Wirtschaftsraums haben können. [7] Hierzu gehören insbesondere:

1. die Offenlegung der rechtlichen und organisatorischen Struktur sowie die Grundlagen einer ordnungsgemäßen Geschäftsführung der Gruppe, einschließlich aller beaufsichtigten Unternehmen, nichtbeaufsichtigten Unternehmen, nichtbeaufsichtigten Tochtergesellschaften und bedeutender Zweigniederlassungen der Gruppe, sowie Ermittlung der jeweils für die Aufsicht zuständigen Stellen,
2. Verfahren für die Sammlung und Überprüfung von Informationen von gruppenangehörigen Instituten,
3. nachteilige Entwicklungen bei Instituten oder anderen Unternehmen einer Gruppe, die die Institute ernsthaft beeinträchtigen könnten, und
4. schwerwiegende oder außergewöhnliche bankaufsichtliche Maßnahmen, die die Bundesanstalt nach Maßgabe dieses Gesetzes oder der zu seiner Durchführung erlassenen Rechtsverordnungen ergriffen hat.

[8] Die Bundesanstalt übermittelt der zuständigen Stelle im Aufnahmemitgliedstaat

1. alle Informationen für die Beurteilung der Zuverlässigkeit und fachlichen Eignung der in § 1 Absatz 2 Satz 1 genannten Personen;
2. alle Informationen für die Beurteilung der Zuverlässigkeit der Inhaber einer bedeutenden Beteiligung an Unternehmen derselben Gruppe mit Sitz im Inland, die erforderlich sind für die Erteilung einer Erlaubnis und die laufende Aufsicht über ein Unternehmen im Sinne des § 33b Satz 1, das beabsichtigt, im Aufnahmemitgliedstaat Bankgeschäfte entsprechend § 1 Absatz 1 Satz 2 Nummer 1, 2, 4 und 10 oder Finanzdienstleistungen entsprechend § 1 Absatz 1a Satz 2 Nummer 1 bis 4 zu erbringen;
3. unverzüglich bei der Überwachung der Liquidität des Instituts gewonnene Informationen und Erkenntnisse, die für die Beaufsichtigung der Zweigstelle aus Gründen des Einleger- und Anlegerschutzes oder der Finanzstabilität des Aufnahmemitgliedstaates notwendig sind, und

4. Informationen darüber, dass Liquiditätsschwierigkeiten auftreten oder aller Wahrscheinlichkeit nach zu erwarten sind, sowie Einzelheiten zur Planung und Umsetzung eines Sanierungsplans und zu allen in diesem Zusammenhang ergriffenen aufsichtlichen Maßnahmen.

[9] Informationen nach Satz 6 Nummer 3 und 4 sind auch der zuständigen Stelle in dem Aufnahmemitgliedstaat zu übermitteln, in dem ein CRR-Kreditinstitut über Zweigniederlassungen verfügt, die als bedeutend eingestuft worden sind. [10] Übermittelt eine zuständige Stelle in einem anderen Staat des Europäischen Wirtschaftsraums erforderliche Informationen nicht, kann die Bundesanstalt nach Maßgabe des Artikels 19 der Verordnung (EU) Nr. 1093/2010 die Europäische Bankenaufsichtsbehörde um Hilfe ersuchen. [11] Sie kann ferner die Europäische Bankenaufsichtsbehörde oder die Europäische Wertpapier- und Marktaufsichtsbehörde nach Maßgabe des Artikels 19 der Verordnung (EU) Nr. 1093/2010 und der Verordnung (EU) Nr. 1095/2010 um Hilfe ersuchen, wenn ein Ersuchen um Zusammenarbeit, insbesondere um Informationsaustausch, von einer zuständigen Stelle zurückgewiesen oder einem solchen Ersuchen nicht innerhalb einer angemessenen Frist nachgekommen wurde.

(3a) [1] Die zuständige Stelle im Sinne des Absatzes 3 Satz 1 kann die Bundesanstalt um Zusammenarbeit bei einer Überwachung, einer Prüfung oder Ermittlung ersuchen. [2] Die Bundesanstalt macht bei Ersuchen im Sinne des Satzes 1 zum Zwecke der Überwachung der Einhaltung dieses Gesetzes und entsprechender Bestimmungen dieser Staaten von allen ihr nach dem Gesetz zustehenden Befugnissen Gebrauch, soweit dies geeignet und erforderlich ist, den Ersuchen nachzukommen. [3] Die Bundesanstalt kann eine Untersuchung, die Übermittlung von Informationen oder die Teilnahme von Bediensteten dieser ausländischen Stellen an solchen Prüfungen verweigern, wenn

1. hierdurch die Souveränität, die Sicherheit oder die öffentliche Ordnung der Bundesrepublik Deutschland beeinträchtigt werden könnte oder
2. auf Grund desselben Sachverhaltes gegen die betreffenden Personen bereits ein gerichtliches Verfahren eingeleitet worden oder eine unanfechtbare Entscheidung ergangen ist.

[4] Kommt die Bundesanstalt einem entsprechenden Ersuchen nicht nach oder macht sie von ihrem Recht nach Satz 1 Gebrauch, teilt sie dies der ersuchenden Stelle unverzüglich mit und legt die Gründe dar; im Falle einer Verweigerung nach Satz 3 Nr. 2 sind genaue Informationen über das gerichtliche Verfahren oder die unanfechtbare Entscheidung zu übermitteln.

(3b) [1] Die Bundesanstalt arbeitet im Rahmen ihrer Aufsicht über Institute eng mit den zentralen Meldestellen und den Behörden in anderen Staaten des Europäischen Wirtschaftsraums zusammen, die gemäß der Richtlinie (EU) 2015/849 des Europäischen Parlaments und des Rates vom 20. Mai 2015 zur Verhinderung der Nutzung des Finanzsystems zum Zwecke der Geldwäsche und der Terrorismusfinanzierung, zur Änderung der Verordnung (EU) Nr. 648/2012 des Europäischen Parlaments und des Rates und zur Aufhebung der Richtlinie 2005/60/EG des Europäischen Parlaments und des Rates und der Richtlinie 2006/70/EG der Kommission (ABl. L 141 vom 5.6.2015, S. 73), die durch die Richtlinie (EU) 2018/843 (ABl. L 156 vom 19.6.2018, S. 43) geändert worden ist, für die Überwachung der in Artikel 2 Absatz 1 Nummer 1 und 2 der Richtlinie aufgeführten Verpflichteten zuständig sind. [2] Sie stellt den zentralen Meldestellen und den genannten Behörden die für die Wahrnehmung ihrer Aufgaben relevanten Informationen bereit, sofern hierdurch keine laufenden Ermittlungen gefährdet werden. Beinhalten diese Informationen personenbezogene Daten im Sinne der Verordnung (EU) 2016/679, sind die Informationen zu übermitteln, soweit sie für die Wahrnehmung von Aufgaben nach der Richtlinie 2013/36/EU, der Verordnung (EU) Nr. 575/2013[1)] oder der Richtlinie (EU) 2015/849 erforderlich sind.

(4) [1] In den Fällen, in denen die Bundesanstalt für die Aufsicht über EU-Mutterinstitute oder Institute, die von einer EU-Mutterfinanzholding-Gesellschaft oder einer gemischten EU-Mutterfinanzholding-Gesellschaft kontrolliert werden, zuständig ist, übermittelt sie den zuständigen Stellen in den anderen Staaten des Europäischen Wirtschaftsraums, die für die Aufsicht über Tochterunternehmen dieser Institute zuständig sind, auf Anfrage alle zweckdienlichen Informationen. [2] Als zweckdienlich in diesem Sinne gelten alle Informationen, die die Beurteilung der finanziellen Solidität eines Instituts in einem anderen Staat des Europäischen Wirtschaftsraums wesentlich beeinflussen können. [3] Der Umfang der Informationspflicht richtet sich insbesondere nach der Bedeutung des Tochterunternehmens für das Finanzsystem des betreffenden Staates.

(5) Mitteilungen der zuständigen Stellen eines anderen Staates dürfen nur für folgende Zwecke verwendet werden:

1. zur Prüfung der Zulassung zum Geschäftsbetrieb eines Instituts,
2. zur Überwachung der Tätigkeit der Institute auf Einzelbasis oder auf zusammengefasster Basis,
3. für Anordnungen der Bundesanstalt sowie zur Verfolgung und Ahndung von Ordnungswidrigkeiten durch die Bundesanstalt,
4. im Rahmen eines Verwaltungsverfahrens über Rechtsbehelfe gegen eine Entscheidung der Bundesanstalt oder
5. im Rahmen von Verfahren vor Verwaltungsgerichten, Insolvenzgerichten, Staatsanwaltschaften oder für Straf- und Bußgeldsachen zuständigen Gerichten.

(6) [1] Vor der Entscheidung über folgende Sachverhalte hört die Bundesanstalt regelmäßig die zuständigen Stellen im Europäischen Wirtschaftsraum an, sofern die Entscheidung von Bedeutung für deren Aufsichtstätigkeit ist:

1. Änderungen in der Struktur der Inhaber, der Organisation oder der Geschäftsleitung gruppenangehöriger Institute, die der Zustimmung der Bundesanstalt bedürfen,
2. schwerwiegende oder außergewöhnliche bankaufsichtliche Maßnahmen. In diesen Fällen ist stets zumindest die für die Aufsicht auf zusammengefasster Basis zuständige Stelle anzuhören, sofern diese Zuständigkeit nicht bei der Bundesanstalt liegt.

[2] Die Bundesanstalt kann bei Gefahr im Verzug von einer vorherigen Anhörung der zuständigen Stellen absehen. [3] Das Gleiche gilt, wenn die vorherige Anhörung die Wirksamkeit der Maßnahme gefährden könnte; in diesen Fällen informiert die Bundesanstalt die zuständigen Stellen unverzüglich nach Erlass oder Durchführung der Maßnahme.

(7) [1] Ist die Bundesanstalt für die Aufsicht über eine Institutsgruppe, Finanzholding-Gruppe oder gemischte Finanzholding-Gruppe auf zusammengefasster

---

[1)] Nr. **6**.

Basis zuständig und tritt eine Krisensituation auf, insbesondere bei widrigen Entwicklungen an den Finanzmärkten, die eine Gefahr für die Marktliquidität und die Stabilität des Finanzsystems eines Staates innerhalb des Europäischen Wirtschaftsraums darstellt, in dem eines der gruppenangehörigen Unternehmen seinen Sitz hat oder eine Zweigniederlassung als bedeutend angesehen wurde, hat die Bundesanstalt unverzüglich das Bundesministerium der Finanzen, die Europäische Bankenaufsichtsbehörde, den Europäischen Ausschuss für Systemrisiken, die Deutsche Bundesbank sowie die Zentralregierungen der anderen Mitgliedstaaten, sofern sie betroffen sind, zu unterrichten und ihnen alle für die Durchführung ihrer Aufgaben wesentlichen Informationen zu übermitteln. [2] Erhält die Bundesanstalt in sonstigen Fällen Kenntnis von einer Krisensituation im Sinne des Satzes 1, hat sie unverzüglich die für die Aufsicht auf zusammengefasster Basis über die betroffenen Institutsgruppen, Finanzholding-Gruppen oder gemischte Finanzholding-Gruppen zuständigen Stellen und die Europäische Bankenaufsichtsbehörde zu unterrichten. [3] § 9 bleibt unberührt.

(8) [1] Die Bundesanstalt teilt den zuständigen Stellen des Aufnahmemitgliedstaates Maßnahmen mit, die sie ergreifen wird, um Verstöße eines Instituts gegen Rechtsvorschriften des Aufnahmemitgliedstaates zu beenden, über die sie durch die zuständigen Stellen des Aufnahmemitgliedstaates unterrichtet worden ist und erteilt auf Aufforderung entsprechende Erläuterungen. [2] Ist die Bundesanstalt mit Maßnahmen, die eine zuständige Stelle des Aufnahmemitgliedstaates ergreift, um Verstöße eines Instituts gegen Rechtsvorschriften des Aufnahmemitgliedstaates zu beenden, nicht einverstanden, kann sie die Angelegenheit nach Maßgabe von Artikel 19 der Verordnung (EU) Nr. 1093/2010 an die Europäische Bankenaufsichtsbehörde verweisen und diese um Unterstützung bitten.

(9) [1] Hat die Bundesanstalt hinreichende Anhaltspunkte für einen Verstoß gegen Vorschriften dieses Gesetzes, gegen die Verordnung (EU) Nr. 575/2013 oder entsprechende Vorschriften der Staaten des Europäischen Wirtschaftsraums, teilt sie diese der für die Zusammenarbeit bei der Aufsicht über Institute zuständigen Stelle mit, auf dessen Gebiet die vorschriftswidrige Handlung stattgefunden hat. [2] Erhält die Bundesanstalt eine entsprechende Mitteilung von zuständigen Stellen anderer Staaten, unterrichtet sie diese über die Ergebnisse daraufhin eingeleiteter Untersuchungen.

(10) [1] Hat die Bundesanstalt hinreichende Anhaltspunkte für einen Verstoß gegen die Artikel 6 bis 27 der Verordnung (EU) 2017/2402, so unterrichtet sie die gemäß dieser Verordnung zuständigen Stellen. [2] Im Falle einer unrichtigen oder irreführenden Meldung im Sinne des Artikels 27 Absatz 1 dieser Verordnung unterrichtet die Bundesanstalt unverzüglich die zuständige Behörde der insoweit gemäß Artikel 27 Absatz 1 dieser Verordnung benannten ersten Anlaufstelle. [3] Wird die Bundesanstalt als zuständige Stelle über einen möglichen Verstoß gegen die Artikel 6 bis 27 der Verordnung (EU) 2017/2402 informiert, handelt sie unter Beachtung des Verfahrens nach Artikel 36 Absatz 6 dieser Verordnung.

(11) [1] Ergibt sich für die Bundesanstalt auf Grund der Überprüfung, insbesondere der Evaluierung der Unternehmensführungsregelung, des Geschäftsmodells oder der Tätigkeiten eines CRR-Kreditinstituts, der begründete Verdacht, dass im Zusammenhang mit diesem CRR-Kreditinstitut Geldwäsche oder Terrorismusfinanzierung stattfindet, stattgefunden hat oder diese Straftaten

versucht wurden oder dass ein erhöhtes Risiko hierfür besteht, so meldet die Bundesanstalt diesen Verdacht unverzüglich der Behörde oder Stelle, die das Institut gemäß der Richtlinie (EU) 2015/849 beaufsichtigt und die Einhaltung dieser Richtlinie sicherzustellen hat. [2] Besteht der Verdacht auf ein erhöhtes Risiko für Geldwäsche oder Terrorismusfinanzierung und ist die Bundesanstalt die zuständige Behörde, so nimmt die Bundesanstalt zusammen mit der Behörde oder Stelle, die das CRR-Kreditinstitut gemäß der Richtlinie (EU) 2015/849 beaufsichtigt und dafür zuständig ist, die Einhaltung dieser Richtlinie sicherzustellen, Kontakt mit der Europäischen Bankenaufsichtsbehörde auf, um ihre gemeinsame Bewertung unverzüglich zu übermitteln. [3] Ist die Bundesanstalt die zuständige Behörde, so ergreift sie Maßnahmen, soweit dies erforderlich ist.

§ 8a Besondere Aufgaben bei der Aufsicht auf zusammengefasster Basis. (1) [1] Ist die Bundesanstalt für die Aufsicht auf zusammengefasster Basis über eine Institutsgruppe, eine Finanzholding-Gruppe oder eine gemischte Finanzholding-Gruppe im Sinne des § 10a zuständig, an deren Spitze ein EU-Mutterinstitut, eine EU-Mutterfinanzholding-Gesellschaft oder eine gemischte EU-Mutterfinanzholding-Gesellschaft steht, obliegen ihr neben den sonstigen, sich aus diesem Gesetz ergebenden Aufgaben folgende Aufgaben:

1. Koordinierung der Sammlung und Verbreitung zweckdienlicher und grundlegender Informationen nach § 8 Absatz 3 im Rahmen der laufenden Aufsicht und in Krisensituationen; dazu gehören auch die Sammlung und Weitergabe von Informationen über die rechtliche und organisatorische Struktur sowie die Sammlung und Weitergabe der Grundsätze ordnungsgemäßer Geschäftsführung;
2. Planung und Koordinierung der Aufsichtstätigkeiten im Rahmen der laufenden Aufsicht und in Krisensituationen, insbesondere bei widrigen Entwicklungen bei Instituten oder an den Finanzmärkten; die Bundesanstalt und, soweit sie im Rahmen dieses Gesetzes tätig wird, die Deutsche Bundesbank arbeiten hierbei, soweit erforderlich, mit den jeweils zuständigen Stellen der anderen Staaten des Europäischen Wirtschaftsraums zusammen; im Rahmen der laufenden Aufsicht umfasst die Zusammenarbeit insbesondere die laufende Überwachung des Risikomanagements der Institute, grenzüberschreitende Prüfungen, Maßnahmen bei organisatorischen Mängeln nach § 45b, die Offenlegung durch die Institute und die in den Artikeln 76 bis 87 und 92 bis 96 der Richtlinie 2013/36/EU genannten technischen Vorgaben für die Organisation und Behandlung von Risiken; in Krisensituationen, insbesondere bei widrigen Entwicklungen in Instituten oder an den Finanzmärkten, schließt die Zusammenarbeit die Anordnung von Maßnahmen nach den §§ 45 bis 46b, die Ausarbeitung gemeinsamer Bewertungen, die Durchführung von Notfallkonzepten und die Kommunikation mit der Öffentlichkeit ein;
3. die Übersendung der Verzeichnisse im Sinne des § 7a Absatz 3 an die jeweils zuständigen Stellen der anderen Staaten des Europäischen Wirtschaftsraums.

[2] Arbeiten die zuständigen Stellen der anderen Staaten des Europäischen Wirtschaftsraums mit der Bundesanstalt nicht in dem Umfang zusammen, der zur Erfüllung der Aufgaben nach Satz 1 erforderlich ist, kann die Bundesanstalt nach Maßgabe des Artikels 19 der Verordnung (EU) Nr. 1093/2010 die Europäische Bankenaufsichtsbehörde um Hilfe ersuchen.

(2) [1]Die Bundesanstalt und die zuständigen Stellen im Europäischen Wirtschaftsraum können in Kooperationsvereinbarungen die näheren Bestimmungen für die Beaufsichtigung von Institutsgruppen, Finanzholding-Gruppen oder gemischte Finanzholding-Gruppen im Sinne von § 10a regeln. [2]In diesen Vereinbarungen können der jeweils für die Aufsicht auf zusammengefasster Basis zuständigen Stelle weitere Aufgaben übertragen und Verfahren für die Beschlussfassung und die Zusammenarbeit mit anderen zuständigen Behörden festgelegt werden.

(3) [1]Ist die Bundesanstalt für die Aufsicht auf zusammengefasster Basis über eine Institutsgruppe, eine Finanzholding-Gruppe oder eine gemischte Finanzholding-Gruppe, an deren Spitze ein EU-Mutterinstitut, eine EU-Mutterfinanzholding-Gesellschaft oder eine gemischte EU-Mutterfinanzholding-Gesellschaft steht, zuständig, so soll sie mit den für die Beaufsichtigung der gruppenangehörigen Unternehmen zuständigen Stellen im Europäischen Wirtschaftsraum eine gemeinsame Entscheidung treffen,

1. ob die Eigenmittelausstattung der Gruppe auf zusammengefasster Basis ihrer Finanzlage und ihrem Risikoprofil angemessen ist,
2. welche zusätzlichen Eigenmittelanforderungen für jedes gruppenangehörige Unternehmen und auf zusammengefasster Basis erforderlich sind,
3. welche Maßnahmen im Rahmen der Liquiditätsaufsicht und über institutsspezifische Liquiditätsanforderungen beabsichtigt sind und
4. in welcher Höhe zusätzliche Eigenmittel empfohlen werden.

[2]Bei der Entscheidung ist die von den jeweils zuständigen Stellen durchgeführte Risikobewertung der Tochterunternehmen angemessen zu berücksichtigen. [3]Die Entscheidung ist umfassend schriftlich zu begründen. [4]Die Bundesanstalt gibt die Entscheidung dem übergeordneten Unternehmen der Gruppe bekannt. [5]Stimmen nicht alle für die Beaufsichtigung der gruppenangehörigen Unternehmen zuständigen Stellen im Europäischen Wirtschaftsraum der Entscheidung der Bundesanstalt zu, so beteiligt die Bundesanstalt von sich aus oder auf Antrag einer der anderen zuständigen Stellen die Europäische Bankenaufsichtsbehörde. [6]Deren Stellungnahme ist im weiteren Verfahren zu berücksichtigen. [7]Erhebliche Abweichungen hiervon sind in der Entscheidung zu begründen.

(4) [1]Kommt in den Fällen des Absatzes 3 Satz 1 innerhalb von vier Monaten nach der Übermittlung einer Risikobewertung der Gruppe an die zuständigen Stellen keine gemeinsame Entscheidung zustande, so entscheidet die Bundesanstalt allein und gibt die Entscheidung dem übergeordneten Unternehmen der Gruppe bekannt. [2]Dabei berücksichtigt die Bundesanstalt in angemessener Weise die von den jeweils zuständigen Stellen durchgeführten Risikobewertungen der Tochterunternehmen. [3]Die Entscheidung ist umfassend schriftlich zu begründen. [4]Hat die Bundesanstalt oder eine zuständige Stelle eines anderen Staates des Europäischen Wirtschaftsraums innerhalb der Frist von vier Monaten gemäß Satz 1 nach Maßgabe des Artikels 19 der Verordnung (EU) Nr. 1093/2010 die Europäische Bankenaufsichtsbehörde um Hilfe ersucht, so stellt die Bundesanstalt ihre Entscheidung bis zu einem Beschluss der Europäischen Bankenaufsichtsbehörde gemäß Artikel 19 Absatz 3 der Verordnung (EU) Nr. 1093/2010 zurück und entscheidet dann in Übereinstimmung mit dem Beschluss der Europäischen Bankenaufsichtsbehörde. [5]Nach Ablauf der Frist gemäß Satz 1 oder nachdem eine gemeinsame Entscheidung getroffen wurde,

kann die Europäische Bankenaufsichtsbehörde nicht mehr um Hilfe ersucht werden. [6] Die Bundesanstalt übermittelt ihre gemäß Absatz 3 Satz 1 getroffenen Festlegungen hinsichtlich der gruppenangehörigen Unternehmen, die nicht von der Bundesanstalt auf Einzelbasis oder teilkonsolidierter Basis beaufsichtigt werden, an die jeweils zuständige Stelle. [7] Erhält die Bundesanstalt von einer anderen zuständigen Stelle eine begründete Entscheidung, die der Risikobewertung und den Auffassungen Rechnung trägt, die die anderen zuständigen Stellen innerhalb des Zeitraums von vier Monaten nach Satz 1 durchgeführt und geäußert haben, so übermittelt sie dieses Dokument allen betroffenen zuständigen Stellen sowie dem übergeordneten Unternehmen der Gruppe.

(5) [1] Entscheidungen nach den Absätzen 3 und 4 sind in der Regel jährlich und ausnahmsweise dann unterjährig zu aktualisieren, wenn eine für die Beaufsichtigung eines gruppenangehörigen Unternehmens zuständige Stelle dies bei der Bundesanstalt schriftlich und umfassend begründet beantragt. [2] In diesem Fall kann die Aktualisierung allein zwischen der Bundesanstalt und der zuständigen Stelle, die den Antrag gestellt hat, abgestimmt werden.

§ 8b Zuständigkeit für die Aufsicht auf zusammengefasster Basis.

(1) Die Bundesanstalt übt die Aufsicht auf zusammengefasster Basis über eine Institutsgruppe, Finanzholding-Gruppe oder gemischte Finanzholding-Gruppe im Sinne des § 10a Absatz 1 und 2 in Verbindung mit Artikel 11 der Verordnung (EU) Nr. 575/2013[1)] aus, wenn

1. das Mutterunternehmen ein EU-Mutterkreditinstitut oder ein Mutterkreditinstitut mit Sitz im Inland ist und die Bundesanstalt auf Einzelinstitutsebene für die Aufsicht über das Kreditinstitut zuständig ist;
2. das Mutterunternehmen eine EU-Mutterwertpapierfirma oder Mutterwertpapierfirma mit Sitz in einem Staat des Europäischen Wirtschaftsraums ist, der mindestens ein CRR-Kreditinstitut nachgeordnet ist, und die Bundesanstalt auf Einzelinstitutsebene für die Aufsicht über das CRR-Kreditinstitut mit der größten Bilanzsumme zuständig ist;
3. das Mutterunternehmen eine EU-Mutterfinanzholdinggesellschaft, eine Mutterfinanzholdinggesellschaft mit Sitz in einem Staat des Europäischen Wirtschaftsraums, eine gemischte EU-Mutterfinanzholdinggesellschaft oder eine gemischte Mutterfinanzholdinggesellschaft mit Sitz in einem Staat des Europäischen Wirtschaftsraums ist, der ein CRR-Kreditinstitut mit Sitz im Inland nachgeordnet ist, und die Bundesanstalt nach diesem Gesetz auf Einzelebene für die Aufsicht über das nachgeordnete Kreditinstitut zuständig ist;
4. das Mutterunternehmen eine EU-Mutterfinanzholdinggesellschaft, eine Mutterfinanzholdinggesellschaft mit Sitz im Inland, eine gemischte EU-Mutterfinanzholdinggesellschaft oder eine gemischte Mutterfinanzholdinggesellschaft mit Sitz in einem Staat des Europäischen Wirtschaftsraums ist, der zwei oder mehr CRR-Kreditinstitute oder Wertpapierinstitute mit Sitz innerhalb des Europäischen Wirtschaftsraums nachgeordnet sind, und die Bundesanstalt nach diesem Gesetz auf Einzelebene zuständig ist für die Aufsicht über
   a) das einzige nachgeordnete CRR-Kreditinstitut oder

[1)] Nr. 6.

b) das CRR-Kreditinstitut mit der größten Bilanzsumme.

(2) [1] Sind dem Mutterunternehmen in den Fällen des Absatzes 1 Nummer 3 und 4 Buchstabe b CRR-Kreditinstitute mit Sitz in verschiedenen Mitgliedstaaten des Europäischen Wirtschaftsraums nachgeordnet, ist die Bundesanstalt für die Aufsicht auf zusammengefasster Basis zuständig, wenn die Gesamtbilanzsumme der nachgeordneten CRR-Kreditinstitute, für deren Beaufsichtigung auf Einzelebene sie nach diesem Gesetz zuständig ist, die Gesamtbilanzsumme der jeweils von den sonstigen zuständigen Behörden auf Einzelebene beaufsichtigten nachgeordneten CRR-Kreditinstituten übersteigt. [2] Sind dem Mutterunternehmen in den Fällen des Absatzes 1 Nummer 4 Buchstabe b Wertpapierinstitute mit Sitz in verschiedenen Mitgliedstaaten des Europäischen Wirtschaftsraums nachgeordnet, ist die Bundesanstalt für die Aufsicht auf zusammengefasster Basis zuständig, wenn die zusammengefasste Bilanzsumme der nachgeordneten Wertpapierinstitute, für deren Beaufsichtigung sie nach dem Wertpapierinstitutsgesetz[1)] zuständig ist, die zusammengefasste Bilanzsumme der jeweils von den sonstigen zuständigen Behörden auf Einzelebene beaufsichtigten nachgeordneten Wertpapierinstitute übersteigt.

(3) [1] Erfolgt eine zusammengefasste Aufsicht nach Artikel 18 Absatz 3 oder Absatz 6 der Verordnung (EU) Nr. 575/2013, ist die Bundesanstalt zuständig für die Aufsicht auf zusammengefasster Basis, wenn die Gesamtbilanzsumme der gruppenangehörigen CRR-Kreditinstitute, für deren Beaufsichtigung auf Einzelinstitutsebene sie nach diesem Gesetz zuständig ist, die Gesamtbilanzsumme der jeweils von den sonstigen zuständigen Behörden auf Einzelinstitutsebene beaufsichtigten gruppenangehörigen CRR-Kreditinstitute übersteigt. [2] Sofern der Gruppe kein CRR-Kreditinstitut angehört, ist die Bundesanstalt zuständig für die Aufsicht auf zusammengefasster Basis, wenn sie nach diesem Gesetz auf Einzelebene zuständig für die Aufsicht über die gruppenangehörige CRR-Wertpapierfirma mit der größten Bilanzsumme ist.

§ 8c Übertragung der Zuständigkeit für die Aufsicht über Institutsgruppen, Finanzholding-Gruppen, gemischte Finanzholding-Gruppen und gruppenangehörige Institute. (1) [1] Die Bundesanstalt kann von der Beaufsichtigung einer Institutsgruppe, Finanzholding-Gruppe oder gemischten Finanzholding-Gruppe im Sinne des § 10a absehen und die Aufsicht auf zusammengefasster Basis widerruflich auf eine andere zuständige Stelle innerhalb des Europäischen Wirtschaftsraums übertragen,

1. wenn die Beaufsichtigung durch die Bundesanstalt im Hinblick auf die betreffenden Institute und die Bedeutung ihrer Geschäftstätigkeit in dem anderen Staat unangemessen wäre oder
2. um eine fortlaufende Überwachung auf zusammengefasster Basis durch dieselbe zuständige Stelle zu gewährleisten, wenn Institutsgruppen, Finanzholding-Gruppen oder gemischte Finanzholding- Gruppen von der zuständigen Stelle des anderen Staates des Europäischen Wirtschaftsraums auf zusammengefasster Basis gemäß der Verordnung (EU) Nr. 575/2013[2)] beaufsichtigt werden.

---

1) Nr. **10**.
2) Nr. **6**.

[2]Die Bundesanstalt stellt in diesen Fällen das übergeordnete Unternehmen widerruflich von den Vorschriften dieses Gesetzes über die Beaufsichtigung auf zusammengefasster Basis frei. [3]Vor der Freistellung und der Übertragung der Zuständigkeit ist das übergeordnete Unternehmen anzuhören. [4]Die Europäische Kommission und die Europäische Bankenaufsichtsbehörde sind über den Abschluss und den Inhalt entsprechender Vereinbarungen zu unterrichten.

(2) [1]Übernimmt die Bundesanstalt auf Grund einer Übereinkunft mit einer zuständigen Stelle innerhalb des Europäischen Wirtschaftsraums die Aufsicht auf zusammengefasster Basis über eine Institutsgruppe, eine Finanzholding-Gruppe oder eine gemischte Finanzholding-Gruppe, kann sie ein Institut der Gruppe mit Sitz im Inland als übergeordnetes Unternehmen bestimmen. [2]§ 10a gilt entsprechend.

(3) [1]Die Bundesanstalt kann nach Maßgabe des Artikels 28 der Verordnung (EU) Nr. 1093/2010 die Zuständigkeit für die Beaufsichtigung eines Instituts, für dessen Zulassung sie zuständig ist, widerruflich auf eine andere zuständige Stelle innerhalb des Europäischen Wirtschaftsraums übertragen, wenn das Institut Tochterunternehmen eines Instituts ist, für dessen Zulassung und Beaufsichtigung diese zuständige Stelle nach Maßgabe der Verordnung (EU) Nr. 575/2013 zuständig ist. [2]Vor der Übertragung der Zuständigkeit ist dieses Institut anzuhören. [3]Die Europäische Bankenaufsichtsbehörde ist über das Bestehen und den Inhalt dieser Vereinbarungen zu unterrichten.

§ 8d *(aufgehoben)*

§ 8e Aufsichtskollegien. (1) [1]Ist die Bundesanstalt für die Aufsicht auf zusammengefasster Basis über eine Institutsgruppe, Finanzholding-Gruppe oder gemischte Finanzholding-Gruppe zuständig, richtet sie Aufsichtskollegien ein. [2]Ziel der Einrichtung von Aufsichtskollegien ist es, die Aufgabenwahrnehmung nach § 8 Absatz 7, § 8a und den Bestimmungen der Rechtsverordnung nach § 10 Absatz 1 Satz 1 Nummer 3 zu erleichtern und eine angemessene Zusammenarbeit mit den zuständigen Stellen im Europäischen Wirtschaftsraum, zu denen auch die Europäische Bankenaufsichtsbehörde gehört, sowie mit den zuständigen Stellen in Drittstaaten zu gewährleisten. [3]Die Aufsichtskollegien dienen

1. dem Austausch von Informationen,
2. gegebenenfalls der Einigung über die freiwillige Übertragung von Aufgaben und Zuständigkeiten,
3. der Festlegung aufsichtsrechtlicher Prüfungsprogramme auf der Grundlage der Risikobewertung einer Institutsgruppe, einer Finanzholding-Gruppe oder einer gemischten Finanzholding-Gruppe,
4. der Beseitigung unnötiger aufsichtsrechtlicher Doppelanforderungen,
5. der gleichmäßigen Anwendung der bestehenden aufsichtsrechtlichen Anforderungen auf alle Unternehmen der Gruppe unter Berücksichtigung bestehender Ermessensspielräume und Wahlrechte sowie
6. der Planung und Koordinierung der Aufsichtstätigkeiten in Vorbereitung auf und in Krisensituationen unter Berücksichtigung der Arbeit anderer Foren, die in diesem Bereich eingerichtet werden.

(2) [1]Die Bundesanstalt legt die Einrichtung und Funktionsweise des jeweiligen Aufsichtskollegiums im Benehmen mit den zuständigen Stellen schriftlich

fest; § 8a Absatz 2 gilt entsprechend. [2]Die Bundesanstalt leitet die Sitzungen des Aufsichtskollegiums und entscheidet, welche zuständigen Stellen neben der Bundesanstalt und der Deutschen Bundesbank an einer Sitzung oder Tätigkeiten des Aufsichtskollegiums teilnehmen. [3]Neben den für die Beaufsichtigung von Tochterunternehmen der Gruppe zuständigen Stellen, der zuständigen Stelle im Sitzstaat einer nach § 2f Absatz 3 zugelassenen Finanzholding-Gesellschaft oder gemischten Finanzholding-Gesellschaft der Gruppe und den zuständigen Stellen des Aufnahmemitgliedstaates einer bedeutenden Zweigstelle kann die Bundesanstalt auch über die Teilnahme von zuständigen Stellen aus Drittstaaten an dem Aufsichtskollegium entscheiden, sofern diese über Geheimhaltungsvorschriften verfügen, die nach Auffassung aller am Kollegium beteiligten Stellen den Vorschriften des Titels VII Kapitel I Abschnitt II der Richtlinie 2013/36/EU gleichwertig sind.

(3) Die Bundesanstalt informiert alle Mitglieder des Aufsichtskollegiums vorab laufend und umfassend über die Organisation der Sitzungen, die wesentlichen zu erörternden Fragen und die in Betracht kommenden Tätigkeiten sowie rechtzeitig über das in den Sitzungen beschlossene Vorgehen und die durchgeführten Maßnahmen.

(4) Die Bundesanstalt berücksichtigt bei ihren nach Absatz 2 zu treffenden Entscheidungen die Bedeutung der zu planenden oder zu koordinierenden Aufsichtstätigkeiten für die zuständigen Stellen, insbesondere die möglichen Auswirkungen auf die Stabilität des Finanzsystems in den betroffenen Staaten.

(5) [1]Die Bundesanstalt unterrichtet die Europäische Bankenaufsichtsbehörde über die Tätigkeit des Aufsichtskollegiums, insbesondere in Krisensituationen, und übermittelt ihr alle Informationen, die für die Zwecke der Vereinheitlichung der Aufsicht auf europäischer Ebene von besonderem Belang sind. [2]Die Bediensteten der Europäischen Bankenaufsichtsbehörde können sich nach Maßgabe des Artikels 21 der Verordnung (EU) Nr. 1093/2010 an den Aktivitäten der Aufsichtskollegien beteiligen, einschließlich der Teilnahme an Prüfungen gemäß § 44 Absatz 1 und 2, wenn diese von der Bundesanstalt gemeinsam mit mindestens einer anderen zuständigen Stelle im Europäischen Wirtschaftsraum vorgenommen werden.

(6) [1]In den Fällen, in denen die Bundesanstalt nicht für die Aufsicht über eine Institutsgruppe, Finanzholding-Gruppe oder gemischte Finanzholding-Gruppe auf zusammengefasster Basis zuständig ist, aber CRR-Kreditinstitute mit bedeutenden Zweigniederlassungen in anderen Staaten des Europäischen Wirtschaftsraums beaufsichtigt, richtet sie ein Aufsichtskollegium ein, um die Zusammenarbeit mit den zuständigen Stellen des Aufnahmemitgliedstaates nach § 8 Absatz 3 sowie in Krisensituationen zu erleichtern. [2]Absatz 2 Satz 1 und 2 sowie die Absätze 3 und 4 gelten entsprechend.

(7) Bei der Wahrnehmung der Aufgaben nach den Absätzen 1 bis 6 arbeiten die Bundesanstalt und die Deutsche Bundesbank zusammen.

§ 8f Zusammenarbeit bei der Aufsicht über bedeutende Zweigniederlassungen. (1) [1]Die Bundesanstalt stuft die Zweigniederlassung eines CRR-Kreditinstituts in einem Aufnahmemitgliedstaat oder einem Staat des Europäischen Wirtschaftsraums auf Verlangen der zuständigen Stelle insbesondere dann als bedeutend ein, wenn die Zweigniederlassung die Anforderungen des § 53b Absatz 8 Satz 4 erfüllt; in diesem Fall übermittelt die Bundesanstalt der zuständigen Stelle

1. die Informationen nach § 8 Absatz 3 Satz 6 Nummer 3 und 4 und § 11 Absatz 3,
2. die Ergebnisse der Risikobewertungen des CRR-Kreditinstituts und
3. die Entscheidungen über das erstmalige oder das weitere Verwenden interner Ansätze und über Maßnahmen nach § 6 Absatz 3, sofern sie Auswirkungen auf die bedeutende Zweigniederlassung haben.

[2] Die Bundesanstalt plant und koordiniert die Aufsichtstätigkeiten im Sinne des § 8a Absatz 1 Nummer 2 in Zusammenarbeit mit den zuständigen Stellen im Sinne von Satz 1.

(2) [1] Die Bundesanstalt hört die zuständigen Stellen im Sinne von Absatz 1 Satz 1 über Entscheidungen im Hinblick auf den institutseigenen Plan zur Wiederherstellung der Liquidität an, wenn dies für Liquiditätsrisiken in Zusammenhang mit der Währung des Aufnahmemitgliedstaates oder des Staates des Europäischen Wirtschaftsraums relevant ist. [2] Unterlässt sie dies oder hält die Bundesanstalt an ihrer Auffassung fest, kann die zuständige Stelle die Europäische Bankenaufsichtsbehörde nach Maßgabe des Artikels 19 der Verordnung (EU) Nr. 1093/2010 um Hilfe ersuchen.

(3) Erhält die Bundesanstalt Informationen und Erkenntnisse von der zuständigen Stelle im Sinne des Absatzes 1 Satz 1, hat die Bundesanstalt diese bei ihrer Prüfungsplanung zu berücksichtigen; sie hat hierbei der Stabilität des Finanzsystems des Aufnahmemitgliedstaates oder des Staates des Europäischen Wirtschaftsraums Rechnung zu tragen.

§ 8g Zusammenarbeit bei der Aufsicht über Zweigstellen und Kreditinstitute, die derselben Drittstaatengruppe angehören. [1] Ist die Bundesanstalt zuständig für die Aufsicht über Zweigstellen eines Unternehmens im Sinne des § 53 mit Sitz in einem Drittstaat oder für Kreditinstitute, die derselben Drittstaatengruppe angehören, so tauscht sie mit den anderen für die Beaufsichtigung von gruppenangehörigen Unternehmen oder Zweigstellen zuständigen Behörden innerhalb des Europäischen Wirtschaftsraums alle Informationen aus, die für die Beaufsichtigung erforderlich sind, um eine Umgehung der für die Drittstaatengruppen nach diesem Gesetz und der Verordnung (EU) Nr. 575/2013[1)] geltenden Anforderungen zu verhindern. [2] Die Bundesanstalt hat hierbei der Stabilität des Finanzsystems des Europäischen Wirtschaftsraums Rechnung zu tragen.

§ 8h Zusammenarbeit mit Abwicklungsbehörden. Die Aufsichtsbehörde meldet den zuständigen Abwicklungsbehörden

1. zusätzliche Eigenmittelanforderungen, die gegenüber CRR-Kreditinstituten nach § 6c angeordnet wurden, und
2. sämtliche Eigenmittelempfehlungen, die CRR-Kreditinstituten nach § 6d mitgeteilt wurden.

§ 9 Verschwiegenheitspflicht. (1) [1] Die bei der Bundesanstalt beschäftigten und die nach § 4 Abs. 3 des Finanzdienstleistungsaufsichtsgesetzes[2)] beauftragten Personen, die nach § 45c bestellten Sonderbeauftragten, die nach § 37

[1)] Nr. **6**.
[2)] Nr. **8**.

Absatz 1 Satz 2 und § 38 Absatz 2 Satz 2 und 3 bestellten Abwickler sowie die im Dienst der Deutschen Bundesbank stehenden Personen, soweit sie zur Durchführung dieses Gesetzes tätig werden, dürfen die ihnen bei ihrer Tätigkeit bekanntgewordenen Tatsachen, deren Geheimhaltung im Interesse des Instituts, der zuständigen Behörden oder eines Dritten liegt, insbesondere Geschäfts- und Betriebsgeheimnisse, nicht unbefugt offenbaren oder verwerten, auch wenn sie nicht mehr im Dienst sind oder ihre Tätigkeit beendet ist. [2]Die von den beaufsichtigten Instituten und Unternehmen zu beachtenden allgemeinen datenschutzrechtlichen Vorschriften bleiben unberührt. [3]Dies gilt auch für andere Personen, die durch dienstliche Berichterstattung Kenntnis von den in Satz 1 bezeichneten Tatsachen erhalten. [4]Ein unbefugtes Offenbaren oder Verwerten im Sinne des Satzes 1 liegt insbesondere nicht vor, wenn Tatsachen weitergegeben werden an

1. Strafverfolgungsbehörden oder für Straf- und Bußgeldsachen zuständige Gerichte,
2. kraft Gesetzes oder im öffentlichen Auftrag mit der Überwachung von Instituten, Wertpapierinstitute, Kapitalverwaltungsgesellschaften, extern verwalteten Investmentgesellschaften, EU-Verwaltungsgesellschaften oder ausländischen AIF-Verwaltungsgesellschaften, Finanzunternehmen, Versicherungsunternehmen, der Finanzmärkte oder des Zahlungsverkehrs betraute Stellen sowie von diesen beauftragte Personen,
3. mit der Liquidation oder dem Insolvenzverfahren über das Vermögen eines Instituts befaßte Stellen,
4. mit der gesetzlichen Prüfung der Rechnungslegung von Instituten oder Finanzunternehmen betraute Personen sowie Stellen, welche die vorgenannten Personen beaufsichtigen,
5. eine Einlagensicherungseinrichtung oder Anlegerentschädigungseinrichtung,
6. Wertpapier- oder Terminbörsen,
7. Zentralnotenbanken,
8. Betreiber von Systemen nach § 1 Abs. 16,
9. die zuständigen Stellen in anderen Staaten des Europäischen Wirtschaftsraums sowie in Drittstaaten, mit denen die Bundesanstalt im Rahmen von Aufsichtskollegien nach § 8e zusammenarbeitet,
10. die Europäische Zentralbank, das Europäische System der Zentralbanken, die Europäische Bankenaufsichtsbehörde, die Europäische Aufsichtsbehörde für das Versicherungswesen und die betriebliche Altersversorgung, die Europäische Wertpapier- und Marktaufsichtsbehörde, den Gemeinsamen Ausschuss der Europäischen Aufsichtsbehörden, den Europäischen Ausschuss für Systemrisiken oder die Europäische Kommission,
11. Behörden, die für die Aufsicht über Zahlungs- und Abwicklungssysteme zuständig sind,
12. Parlamentarische Untersuchungsausschüsse nach § 1 des Untersuchungsausschussgesetzes auf Grund einer Entscheidung über ein Ersuchen nach § 18 Absatz 2 des Untersuchungsausschussgesetzes,
13. das Bundesverfassungsgericht,

14. den Bundesrechnungshof, sofern sich sein Untersuchungsauftrag auf die Entscheidungen und sonstigen Tätigkeiten der Bundesanstalt nach diesem Gesetz oder der Verordnung (EU) Nr. 575/2013[1)] bezieht,
15. Verwaltungsgerichte in verwaltungsrechtlichen Streitigkeiten, in denen die Bundesanstalt Beklagte ist, mit Ausnahme von Klagen nach dem Informationsfreiheitsgesetz,
16. die Bank für Internationalen Zahlungsausgleich für die Zwecke quantitativer Folgenabschätzungen sowie an den Rat für Finanzstabilität für die Zwecke seiner Überwachungsaufgaben,
17. den Internationalen Währungsfonds oder die Weltbank für die Zwecke der Bewertungen im Rahmen des Programms zur Bewertung des Finanzsektors,
18. den Ausschuss für Finanzstabilität oder den Europäischen Ausschuss für Systemrisiken,
19. die Bundesanstalt für Finanzmarktstabilisierung, das Gremium zum Finanzmarktstabilisierungsfonds im Sinne des § 10a Absatz 1 des Stabilisierungsfondsgesetzes oder den Lenkungsausschuss im Sinne des § 4 Absatz 1 Satz 2 des Stabilisierungsfondsgesetzes,
20. Behörden im Sinne von Artikel 2 Absatz 1 Nummer 17 und 18 der Verordnung (EU) Nr. 909/2014,
21. Behörden, die für die Überwachung der Einhaltung der Richtlinie (EU) 2015/849 des Europäischen Parlaments und des Rates durch die in Artikel 2 Absatz 1 Nummer 1 und 2 der Richtlinie aufgeführten Verpflichteten zuständig sind, und zentrale Meldestellen oder andere Behörden, die kraft Gesetzes oder im öffentlichen Auftrag mit der Bekämpfung, Aufklärung und Verhinderung von Geldwäsche oder von Terrorismusfinanzierung betraut sind,
22. zuständige Behörden oder Stellen, die für die Anwendung der Regelungen zur strukturellen Trennung innerhalb einer Bankengruppe verantwortlich sind,
23. das Bundesamt für Sicherheit in der Informationstechnik oder
24. zuständige Behörden im Sinne von Artikel 2 Absatz 1 Buchstabe r der Verordnung (EU) 2020/1503[2)],

soweit diese Stellen die Informationen zur Erfüllung ihrer Aufgaben benötigen. [5]Für die bei den in Satz 4 Nummer 1 bis 11, 13 bis 19, 21 und 23 genannten Stellen beschäftigten Personen und die von diesen Stellen beauftragten Personen sowie für die Mitglieder der in Satz 4 Nummer 12 und 19 genannten Ausschüsse gilt die Verschwiegenheitspflicht nach Satz 1 entsprechend. [6]Befindet sich eine in Satz 4 Nummer 1 bis 11, 16 bis 18, 21 und 22 genannte Stelle in einem anderen Staat, so dürfen die Tatsachen nur weitergegeben werden, wenn die bei dieser Stelle beschäftigten und die von dieser Stelle beauftragten Personen einer dem Satz 1 weitgehend entsprechenden Verschwiegenheitspflicht unterliegen. [7]Die ausländische Stelle ist darauf hinzuweisen, daß sie Informationen nur zu dem Zweck verarbeiten darf, zu deren Erfüllung sie ihr übermittelt werden. [8]Eine Weitergabe an die in Satz 4 Nummer 16 und 17 genannten Stellen darf nur erfolgen, wenn

---

[1)] Nr. **6**.
[2)] Nr. **19**.

1. die Anfrage unter Berücksichtigung der übertragenen spezifischen Aufgaben hinreichend begründet und hinreichend genau in Bezug auf Art, Umfang und Format der angeforderten Informationen und in Bezug auf die Mittel für deren Übermittlung ist,
2. die angeforderten Informationen
   a) unbedingt erforderlich sind, damit die anfragende Stelle ihre spezifischen Aufgaben wahrnehmen kann, und
   b) nicht über die der anfragenden Stelle übertragenen gesetzlichen Aufgaben hinausgehen und
3. die Informationen ausschließlich den Personen übermittelt werden, die bei der anfragenden Stelle unmittelbar mit der Wahrnehmung der spezifischen Aufgabe befasst sind, für deren Erfüllung die angeforderten Informationen unbedingt erforderlich sind.

[9] Andere Informationen als aggregierte und anonymisierte Informationen dürfen mit den in Satz 4 Nummer 16 und 17 genannten Stellen nur in den Räumlichkeiten der Aufsichtsbehörde und der Deutschen Bundesbank ausgetauscht werden. [10] Informationen, die aus einem anderen Staat stammen, dürfen nur mit ausdrücklicher Zustimmung der zuständigen Stellen, die diese Informationen mitgeteilt haben, und nur für solche Zwecke weitergegeben werden, denen diese Stellen zugestimmt haben.

(2) Ein unbefugtes Offenbaren oder Verwerten von Tatsachen im Sinne des Absatzes 1 Satz 1 liegt nicht vor, wenn die Ergebnisse von im Einklang mit Artikel 100 der Richtlinie 2013/36/EU oder Artikel 32 der Verordnung (EU) Nr. 1093/2010 in der jeweils geltenden Fassung durchgeführten Stresstests veröffentlicht oder der Europäischen Bankenaufsichtsbehörde zur Veröffentlichung EU-weiter Stresstestergebnisse übermittelt werden.

(3) Betrifft die Weitergabe von Tatsachen nach Absatz 1 personenbezogene Daten, sind die allgemeinen datenschutzrechtlichen Vorschriften anzuwenden.

(4) Tritt eine Krisensituation ein, so kann die Bundesanstalt zu Aufsichtszwecken Tatsachen auch an die zuständigen Stellen in anderen Staaten weitergeben.

(5) [1] Die §§ 93, 97 und 105 Absatz 1, § 111 Absatz 5 in Verbindung mit § 105 Absatz 1 sowie § 116 Absatz 1 der Abgabenordnung gelten für die in Absatz 1 bezeichneten Personen nur, soweit die Finanzbehörden die Kenntnisse für die Durchführung eines Verfahrens wegen einer Steuerstraftat sowie eines damit zusammenhängenden Besteuerungsverfahrens benötigen. [2] Die in Satz 1 genannten Vorschriften sind jedoch nicht anzuwenden, soweit Tatsachen betroffen sind,

1. die den in Absatz 1 Satz 1 oder Satz 3 bezeichneten Personen durch die zuständige Aufsichtsstelle eines anderen Staates oder durch von dieser Stelle beauftragte Personen mitgeteilt worden sind oder
2. von denen bei der Bundesanstalt beschäftigte Personen dadurch Kenntnis erlangen, dass sie an der Aufsicht über direkt von der Europäischen Zentralbank beaufsichtigte Institute mitwirken, insbesondere in gemeinsamen Aufsichtsteams nach Artikel 2 Nummer 6 der Verordnung (EU) Nr. 468/2014 der Europäischen Zentralbank, und die nach den Regeln der Europäischen Zentralbank geheim sind.

Zweiter Abschnitt. Vorschriften für Institute, Institutsgruppen, Finanzholding-Gruppen, gemischte Finanzholding-Gruppen und gemischte Holdinggesellschaften

1. Eigenmittel und Liquidität

§ 10 Ergänzende Anforderungen an die Eigenmittelausstattung von Instituten, Institutsgruppen, Finanzholding-Gruppen und gemischten Finanzholding-Gruppen; Verordnungsermächtigung. (1) [1] Im Interesse der Erfüllung der Verpflichtungen der Institute, Institutsgruppen, Finanzholding-Gruppen und gemischten Finanzholding-Gruppen gegenüber ihren Gläubigern, insbesondere im Interesse der Sicherheit der ihnen anvertrauten Vermögenswerte, wird das Bundesministerium der Finanzen ermächtigt, durch Rechtsverordnung, die nicht der Zustimmung des Bundesrates bedarf, im Benehmen mit der Deutschen Bundesbank in Ergänzung der Verordnung (EU) Nr. 575/2013[1)] nähere Bestimmungen über die angemessene Eigenmittelausstattung (Solvabilität) der Institute, Institutsgruppen, Finanzholding-Gruppen und gemischten Finanzholding-Gruppen zu erlassen, insbesondere

1. ergänzende Bestimmungen zu den Anforderungen für eine Zulassung interner Ansätze,
2. Bestimmungen zur laufenden Überwachung interner Ansätze durch die Aufsichtsbehörde, insbesondere zu Maßnahmen bei Nichteinhaltung von Anforderungen an interne Ansätze und zur Aufhebung der Zulassung interner Ansätze,
3. nähere Verfahrensbestimmungen zur Zulassung, zur laufenden Überwachung und zur Aufhebung der Zulassung interner Ansätze,
4. nähere Bestimmungen zur Überprüfung der Anforderungen an interne Ansätze durch die Aufsichtsbehörde, insbesondere zu Eignungs- und Nachschauprüfungen,
5. nähere Bestimmungen zur
   a) Anordnung und Ermittlung der Quote für den antizyklischen Kapitalpuffer nach § 10d, insbesondere zur Bestimmung eines Puffer-Richtwerts, zum Verfahren der Anerkennung antizyklischer Kapitalpuffer von Staaten des Europäischen Wirtschaftsraums und Drittstaaten, zu den Veröffentlichungspflichten der Bundesanstalt und zur Berechnung der institutsspezifischen Kapitalpufferquote,
   b) Anordnung und Ermittlung der Quote für den Kapitalpuffer für systemische Risiken nach § 10e, insbesondere zur Berücksichtigung systemischer oder makroprudenzieller Risiken, zur Bestimmung der zu berücksichtigenden Risikopositionen und deren Belegenheit und zum Verfahren der Anerkennung der Kapitalpuffer für systemische Risiken von Staaten des Europäischen Wirtschaftsraums und Drittstaaten,
   c) Anordnung und Ermittlung der Quote für den Kapitalpuffer für global systemrelevante Institute nach § 10f, insbesondere zur Bestimmung der global systemrelevanten Institute und deren Zuordnung zu Größenklassen, zur Herauf- und Herabstufung zwischen den Größenklassen sowie

---

[1)] Nr. 6.

zur Veröffentlichung der der quantitativen Analyse zugrunde liegenden Indikatoren,

d) Anordnung und Ermittlung der Quote für den Kapitalpuffer für anderweitig systemrelevante Institute nach § 10g, insbesondere zur Bestimmung der anderweitig systemrelevanten Institute und zur Festlegung der Quote auf Einzelinstitutsebene, konsolidierter oder teilkonsolidierter Ebene,

e) Höhe und zu den näheren Einzelheiten der Berechnung des maximal ausschüttungsfähigen Betrags für die kombinierte Kapitalpufferanforderung nach § 10i,

6. nähere Bestimmungen zur Festsetzung der Prozentsätze und Faktoren nach Artikel 465 Absatz 2, Artikel 467 Absatz 3, Artikel 468 Absatz 3, Artikel 478 Absatz 3, Artikel 479 Absatz 4, Artikel 480 Absatz 3, Artikel 481 Absatz 5 und Artikel 486 Absatz 6 der Verordnung (EU) Nr. 575/2013,
7. nähere Bestimmungen zu den in der Verordnung (EU) Nr. 575/2013 vorgesehenen Antrags- und Anzeigeverfahren und
8. Vorgaben für die Bemessung des Beleihungswerts von Immobilien nach Artikel 4 Absatz 1 Nummer 74 der Verordnung (EU) Nr. 575/2013 in der jeweils geltenden Fassung,
9. nähere Bestimmungen zum aufsichtlichen Benchmarking bei der Anwendung interner Ansätze zur Ermittlung der Eigenmittelanforderungen, insbesondere nähere Bestimmungen zum Verfahren und zu Art, Umfang und Häufigkeit der von den Instituten vorzulegenden Informationen sowie nähere Bestimmungen über die von der Aufsichtsbehörde vorzugebenden Anforderungen an die Zusammensetzung besonderer Benchmarking-Portfolien und
10. die Pflicht der CRR-Institute[1)] zur Offenlegung der in § 26a Absatz 1 Satz 2 genannten Angaben auf konsolidierter Ebene sowie der Kapitalrendite nach § 26a Absatz 1 Satz 4, einschließlich des Gegenstands der Offenlegungsanforderung, sowie des Mediums, des Übermittlungsweges, der Häufigkeit der Offenlegung und den Umfang der nach § 26a Absatz 1 Satz 5 vertraulich an die Europäische Kommission zu übermittelnden Daten.

[2] Das Bundesministerium der Finanzen kann die Ermächtigung durch Rechtsverordnung auf die Bundesanstalt mit der Maßgabe übertragen, dass die Rechtsverordnung im Einvernehmen mit der Deutschen Bundesbank ergeht. [3] Vor Erlass der Rechtsverordnung sind die Spitzenverbände der Institute zu hören.

(2) [1] Institute dürfen personenbezogene Daten ihrer Kunden, von Personen, mit denen sie Vertragsverhandlungen über Adressenausfallrisiken begründende Geschäfte aufnehmen, sowie von Personen, die für die Erfüllung eines Adressenausfallrisikos einstehen sollen, für die Zwecke der Verordnung (EU) Nr. 575/2013 und der nach Absatz 1 Satz 1 zu erlassenden Rechtsverordnung verarbeiten, soweit

1. diese Daten unter Zugrundelegung eines wissenschaftlich anerkannten mathematisch-statistischen Verfahrens nachweisbar für die Bestimmung und Berücksichtigung von Adressenausfallrisiken erheblich sind,

---

1) Nach den Änd. durch G v. 12.5.2021 (BGBl. I S. 990) jetzt wohl richtig: „CRR-Kreditinstitute".

2. diese Daten zum Aufbau und Betrieb einschließlich der Entwicklung und Weiterentwicklung von internen Ratingsystemen für die Schätzung von Risikoparametern des Adressenausfallrisikos des Kreditinstituts erforderlich sind und
3. es sich nicht um Angaben zur Staatsangehörigkeit oder um besondere Kategorien personenbezogener Daten nach Artikel 9 Absatz 1 der Verordnung (EU) 2016/679 handelt.

[2] Betriebs- und Geschäftsgeheimnisse stehen personenbezogenen Daten gleich. [3] Zur Entwicklung und Weiterentwicklung der Ratingsysteme dürfen abweichend von Satz 1 Nummer 1 auch Daten verarbeitet werden, die bei nachvollziehbarer wirtschaftlicher Betrachtungsweise für die Bestimmung und Berücksichtigung von Adressenausfallrisiken erheblich sein können. [4] Für die Bestimmung und Berücksichtigung von Adressenausfallrisiken können insbesondere Daten erheblich sein, die den folgenden Kategorien angehören oder aus Daten der folgenden Kategorien gewonnen worden sind:

1. Einkommens-, Vermögens- und Beschäftigungsverhältnisse sowie die sonstigen wirtschaftlichen Verhältnisse, insbesondere Art, Umfang und Wirtschaftlichkeit der Geschäftstätigkeit der betroffenen Person,
2. Zahlungsverhalten und Vertragstreue der betroffenen Person,
3. vollstreckbare Forderungen sowie Zwangsvollstreckungsverfahren und -maßnahmen gegen die betroffene Person,
4. Insolvenzverfahren über das Vermögen der betroffenen Person, sofern diese eröffnet worden sind oder die Eröffnung beantragt worden ist.

[5] Diese Daten dürfen erhoben werden

1. bei der betroffenen Person,
2. bei Instituten, die derselben Institutsgruppe angehören,
3. bei Ratingagenturen und Auskunfteien und
4. aus allgemein zugänglichen Quellen.

[6] Institute dürfen anderen Instituten derselben Institutsgruppe und in pseudonymisierter Form auch von den mit dem Aufbau und Betrieb einschließlich der Entwicklung und Weiterentwicklung von Ratingsystemen beauftragten Dienstleistern nach Satz 1 erhobene personenbezogene Daten übermitteln, soweit dies zum Aufbau und Betrieb einschließlich der Entwicklung und Weiterentwicklung von internen Ratingsystemen für die Schätzung von Risikoparametern des Adressenausfallrisikos erforderlich ist.

(3) [1] Die Aufsichtsbehörde kann anordnen, dass ein Institut, eine Institutsgruppe, eine Finanzholding-Gruppe oder eine gemischte Finanzholding-Gruppe Eigenmittelanforderungen in Bezug auf nicht durch Artikel 1 der Verordnung (EU) Nr. 575/2013 erfasste Risiken und Risikoelemente einhalten muss, die über die Eigenmittelanforderungen nach der Verordnung (EU) Nr. 575/2013 sowie die zusätzliche Eigenmittelanforderung nach § 6c und nach einer nach Absatz 1 erlassenen Rechtsverordnung hinausgehen. [2] Die Aufsichtsbehörde kann zusätzliche Eigenmittelanforderungen nach Satz 1 insbesondere anordnen,

1. um einer besonderen Geschäftssituation des Instituts, der Institutsgruppe, der Finanzholding-Gruppe oder der gemischten Finanzholding-Gruppe, etwa bei Aufnahme der Geschäftstätigkeit, Rechnung zu tragen oder

2. wenn das Institut, die Institutsgruppe, die Finanzholding-Gruppe oder die gemischte Finanzholding-Gruppe nicht über eine ordnungsgemäße Geschäftsorganisation im Sinne des § 25a Absatz 1 verfügt.

[3]Bei Instituten, für die Aufsichtskollegien nach § 8e eingerichtet sind, berücksichtigt die Aufsichtsbehörde bei der Entscheidung über eine Anordnung nach Satz 1 die Einschätzungen des jeweiligen Aufsichtskollegiums.

(3a) Hat ein Institut eine Verbriefung mehr als einmal stillschweigend unterstützt, so ordnet die Aufsichtsbehörde an, dass der wesentliche Risikotransfer für sämtliche Verbriefungen, für die das Institut als Originator gilt, zur Berücksichtigung zu erwartender weiterer stillschweigender Unterstützungen nicht oder nur teilweise bei der Berechnung der erforderlichen Eigenmittel anerkannt wird.

(4) [1]Die Bundesanstalt kann von einzelnen Instituten, Institutsgruppen, Finanzholding-Gruppen und gemischten Finanzholding-Gruppen oder von einzelnen Arten oder Gruppen von Instituten, Institutsgruppen, Finanzholding-Gruppen und gemischten Finanzholding-Gruppen das Vorhalten von Eigenmitteln, die über die Eigenmittelanforderungen nach der Verordnung (EU) Nr. 575/2013 und nach der Rechtsverordnung nach Absatz 1 hinausgehen, für einen begrenzten Zeitraum auch verlangen, wenn diese Kapitalstärkung erforderlich ist,

1. um einer drohenden Störung der Funktionsfähigkeit des Finanzmarktes oder einer Gefahr für die Finanzmarktstabilität entgegenzuwirken und
2. um erhebliche negative Auswirkungen auf andere Unternehmen des Finanzsektors sowie auf das allgemeine Vertrauen der Einleger und anderer Marktteilnehmer in ein funktionsfähiges Finanzsystem zu vermeiden.

[2]Eine drohende Störung der Funktionsfähigkeit des Finanzmarktes kann insbesondere dann gegeben sein, wenn auf Grund außergewöhnlicher Marktverhältnisse die Refinanzierungsfähigkeit mehrerer für den Finanzmarkt relevanter Institute beeinträchtigt zu werden droht. [3]Soweit sie Aufsichtsbehörde ist, kann die Bundesanstalt in diesem Fall die Beurteilung der Angemessenheit der Eigenmittel nach von der Verordnung (EU) Nr. 575/2013 und von der Rechtsverordnung nach Absatz 1 abweichenden Maßstäben vornehmen, die diesen besonderen Marktverhältnissen Rechnung tragen. [4]Zusätzliche Eigenmittel können insbesondere im Rahmen eines abgestimmten Vorgehens auf Ebene der Europäischen Union zur Stärkung des Vertrauens in die Widerstandsfähigkeit des europäischen Bankensektors und zur Abwehr einer drohenden Gefahr für die Finanzmarktstabilität in Europa verlangt werden. [5]Bei der Festlegung von Höhe und maßgeblicher Zusammensetzung der zusätzlichen Eigenmittel und des maßgeblichen Zeitpunktes für die Einhaltung der erhöhten Eigenmittelanforderungen berücksichtigt die Bundesanstalt die Standards, auf deren Anwendung sich die zuständigen europäischen Stellen im Rahmen eines abgestimmten Vorgehens auf Unionsebene verständigt haben. [6]In diesem Rahmen kann die Bundesanstalt verlangen, dass die Institute in einem Plan nachvollziehbar darlegen, durch welche Maßnahmen sie die erhöhten Eigenmittelanforderungen zu dem von der Bundesanstalt nach Satz 5 festgelegten Zeitpunkt einhalten werden. [7]Soweit der Plan die Belange des Finanzmarktstabilisierungsfonds im Sinne des § 1 des Stabilisierungsfondsgesetzes berührt, erfolgt die Beurteilung des Plans im Einvernehmen mit dem Lenkungsausschuss nach § 4 Absatz 1 Satz 2 des Stabilisierungsfondsgesetzes (Lenkungsausschuss). [8]Die

die Tätigkeit einer zentralen Gegenpartei im Sinne des § 1 Absatz 1 Satz 2 Nummer 12 auszuüben, gelten hierbei als Institute im Sinne des Artikels 18 der Verordnung (EU) Nr. 575/2013. [5] Die Bundesanstalt hat gegenüber einem übergeordneten Unternehmen nach Satz 2 und seinen Organen alle Befugnisse, die ihr gegenüber einem Institut als übergeordnetem Unternehmen und dessen Organen zustehen.

(3) *(aufgehoben)*

(4) [1] Zur Ermittlung der Angemessenheit der Eigenmittel nach den Artikeln 92 bis 386 der Verordnung (EU) Nr. 575/2013 in der jeweils geltenden Fassung auf konsolidierter Ebene und zur Begrenzung der Großkreditrisiken nach den Artikeln 387 bis 403 der Verordnung (EU) Nr. 575/2013 haben die übergeordneten Unternehmen jeweils die Eigenmittel und die maßgeblichen Risikopositionen der Gruppe zusammenzufassen. [2] Von den nach Satz 1 zusammenzufassenden Eigenmitteln sind die auf gruppenangehörige Unternehmen entfallenden Buchwerte der Kapitalinstrumente gemäß Artikel 26 Absatz 1 Buchstabe a, Artikel 51 Buchstabe a und Artikel 62 Buchstabe a der Verordnung (EU) Nr. 575/2013 in der jeweils geltenden Fassung abzuziehen. [3] Bei Beteiligungen, die über nicht gruppenangehörige Unternehmen vermittelt werden, sind solche Buchwerte jeweils quotal in Höhe desjenigen Anteils abzuziehen, der der durchgerechneten Kapitalbeteiligung entspricht. [4] Ist der Buchwert einer Beteiligung höher als der nach Satz 1 unter Eigenmitteln zusammenzufassende Teil der Posten des harten Kernkapitals nach Artikel 26 Absatz 1 der Verordnung (EU) Nr. 575/2013 in der jeweils geltenden Fassung des nachgeordneten Unternehmens, hat das übergeordnete Unternehmen den Unterschiedsbetrag von dem harten Kernkapital gemäß Artikel 50 der Verordnung (EU) Nr. 575/2013 in der jeweils geltenden Fassung der Gruppe abzuziehen. [5] Die Adressenausfallpositionen, die sich aus Rechtsverhältnissen zwischen gruppenangehörigen Unternehmen ergeben, sind nicht zu berücksichtigen. [6] Bei nachgeordneten Unternehmen, die keine Tochterunternehmen sind, hat das übergeordnete Unternehmen seine Eigenmittel und die im Rahmen der Verordnung (EU) Nr. 575/2013 in der jeweils geltenden Fassung maßgeblichen Risikopositionen mit den Eigenmitteln und den maßgeblichen Risikopositionen der nachgeordneten Unternehmen jeweils quotal in Höhe desjenigen Anteils zusammenzufassen, der seiner Kapitalbeteiligung an dem nachgeordneten Unternehmen entspricht. [7] Im Übrigen gelten die Sätze 2 bis 5, jeweils auch in Verbindung mit der Rechtsverordnung nach Absatz 7, entsprechend.

(5) [1] Ist das übergeordnete Unternehmen einer Institutsgruppe verpflichtet, nach den Vorschriften des Handelsgesetzbuchs einen Konzernabschluss aufzustellen, oder ist es nach Artikel 4 der Verordnung (EG) Nr. 1606/2002 des Europäischen Parlaments und des Rates vom 19. Juli 2002 betreffend die Anwendung internationaler Rechnungslegungsstandards (ABl. L 243 vom 11.9.2002, S. 1) in der jeweils geltenden Fassung oder nach Maßgabe von § 315e Absatz 2 des Handelsgesetzbuchs verpflichtet, bei der Aufstellung des Konzernabschlusses die nach den Artikeln 3 und 6 der Verordnung (EG) Nr. 1606/2002 übernommenen internationalen Rechnungslegungsstandards anzuwenden, so hat es spätestens nach Ablauf von fünf Jahren nach Entstehen der jeweiligen Verpflichtung bei der Ermittlung der zusammengefassten Eigenmittel sowie der zusammengefassten Risikopositionen nach Maßgabe der Artikel 24 bis 386 der Verordnung (EU) Nr. 575/2013 in der jeweils geltenden Fassung den Konzernabschluss zugrunde zu legen. [2] Wendet das übergeordnete

Unternehmen einer Institutsgruppe die genannten internationalen Rechnungslegungsstandards nach Maßgabe von § 315e Absatz 3 des Handelsgesetzbuchs an, sind die Sätze 1 und 2 entsprechend anzuwenden; an die Stelle des Entstehens der Verpflichtung zur Anwendung der internationalen Rechnungslegungsstandards tritt deren erstmalige Anwendung. [3]Absatz 4 ist in den Fällen der Sätze 1 bis 3 nicht anzuwenden. [4]In diesen Fällen bleiben die Eigenmittel und sonstigen maßgeblichen Risikopositionen von Unternehmen, die in den Konzernabschluss einbezogen und keine gruppenangehörigen Unternehmen im Sinne dieser Vorschrift sind, unberücksichtigt. [5]Eigenmittel und sonstige maßgebliche Risikopositionen nicht in den Konzernabschluss einbezogener Unternehmen, die gruppenangehörige Unternehmen im Sinne dieser Vorschrift sind, sind hinzuzurechnen, wobei das Verfahren nach Absatz 4 angewendet werden darf. [6]Die Sätze 1 bis 6 gelten entsprechend für eine Finanzholding-Gruppe oder eine gemischte Finanzholding-Gruppe, wenn die Finanzholding-Gesellschaft oder die gemischte Finanzholding-Gesellschaft nach den genannten Vorschriften verpflichtet ist, einen Konzernabschluss aufzustellen oder nach § 315e Absatz 3 des Handelsgesetzbuchs einen Konzernabschluss nach den genannten internationalen Rechnungslegungsstandards aufstellt.

(6) [1]Eine Gruppe, die nach Absatz 5 bei der Ermittlung der zusammengefassten Eigenmittel sowie der zusammengefassten Risikopositionen den Konzernabschluss zugrunde zu legen hat, darf mit Zustimmung der Bundesanstalt für diese Zwecke das Verfahren nach Absatz 4 nutzen, wenn die Heranziehung des Konzernabschlusses im Einzelfall ungeeignet ist. [2]Das übergeordnete Unternehmen der Gruppe muss das Verfahren nach Absatz 4 in diesem Fall in mindestens drei aufeinander folgenden Jahren anwenden.

(7) [1]Das Bundesministerium der Finanzen wird ermächtigt, durch Rechtsverordnung, die nicht der Zustimmung des Bundesrates bedarf, im Benehmen mit der Deutschen Bundesbank nähere Bestimmungen über die Ermittlung der Eigenmittelausstattung von Gruppen zu erlassen, insbesondere über

1. die Überleitung von Angaben aus dem Konzernabschluss in die Ermittlung der zusammengefassten Eigenmittelausstattung bei Anwendung des Verfahrens nach Absatz 5,
2. die Behandlung der nach der Äquivalenzmethode bewerteten Beteiligungen bei Anwendung des Verfahrens nach Absatz 5.

[2]Das Bundesministerium der Finanzen kann die Ermächtigung durch Rechtsverordnung auf die Bundesanstalt mit der Maßgabe übertragen, dass die Rechtsverordnung im Einvernehmen mit der Deutschen Bundesbank ergeht. [3]Vor Erlass der Rechtsverordnung sind die Spitzenverbände der Institute anzuhören.

(8) [1]Das übergeordnete Unternehmen ist für eine angemessene Eigenmittelausstattung der Gruppe verantwortlich. [2]Es darf jedoch zur Erfüllung seiner Verpflichtungen nach Satz 1 auf die gruppenangehörigen Unternehmen nur einwirken, soweit dem das allgemein geltende Gesellschaftsrecht nicht entgegensteht.

(9) Gruppen sind von der Anwendung der Anforderungen nach den Artikeln 11 bis 23 der Verordnung (EU) Nr. 575/2013 auf zusammengefasster Basis befreit, wenn sämtliche gruppenangehörigen Institute die Artikel 92 bis 386, 429 bis 429g sowie 430 Absatz 1 Unterabsatz 1 Buchstabe a, b, e bis g und Absatz 2 bis 5 sowie die Artikel 430a und 430b der Verordnung (EU) Nr. 575/

2013 nicht auf Einzelinstitutsebene anzuwenden haben, es sei denn, sie wurden nach Artikel 7 der Verordnung (EU) Nr. 575/2013 von der Anwendung der Artikel 92 bis 386, 429 bis 429g, des Artikels 430 Absatz 1 Unterabsatz 1 Buchstabe a, b, e bis g und Absatz 2 bis 5 sowie der Artikel 430a und 430b der Verordnung (EU) Nr. 575/2013 auf Einzelinstitutsebene freigestellt.

(10) Für die Teilkonsolidierung gemäß Artikel 22 der Verordnung (EU) Nr. 575/2013 sind die Absätze 4 bis 9 entsprechend anzuwenden.

§ 10b Verhältnis der Kapitalpufferanforderungen zu anderen Kapitalanforderungen und zur Eigenmittelempfehlung. [1] Zur Erfüllung der Kapitalpufferanforderungen nach den §§ 10c bis 10g dürfen die Institute kein hartes Kernkapital verwenden, das erforderlich ist zur

1. Einhaltung der Eigenmittelanforderung nach Artikel 92 Absatz 1 Buchstabe a bis c der Verordnung (EU) Nr. 575/2013[1)],
2. Unterlegung der risikobasierten Komponente der Anforderungen nach den Artikeln 92a und 92b der Verordnung (EU) Nr. 575/2013,
3. Einhaltung der zusätzlichen Eigenmittelanforderungen nach § 6c,
4. Einhaltung der Eigenmittelempfehlung nach § 6d,
5. Einhaltung der erhöhten Eigenmittelanforderungen nach § 10 Absatz 3,
6. Einhaltung der erhöhten Eigenmittelanforderungen nach § 10 Absatz 4,
7. Einhaltung einer der anderen anwendbaren Kapitalpufferanforderungen nach den §§ 10c bis 10g und
8. Einhaltung der Eigenmittelanforderung gemäß den §§ 49 bis 51 des Sanierungs- und Abwicklungsgesetzes[2)].

[2] Satz 1 gilt entsprechend für Institutsgruppen, Finanzholding-Gruppen und gemischte Finanzholding-Gruppen, denen mindestens ein Institut angehört, das die Anforderung nach Satz 1 auf Einzelinstitutsebene erfüllen muss, sowie für Institute im Sinne des Artikels 22 der Verordnung (EU) Nr. 575/2013.

§ 10c Kapitalerhaltungspuffer. (1) [1] Ein Institut muss einen aus hartem Kernkapital bestehenden Kapitalerhaltungspuffer vorhalten. [2] Seine Höhe beträgt 2,5 Prozent des nach Artikel 92 Absatz 3 der Verordnung (EU) Nr. 575/2013[1)] ermittelten Gesamtrisikobetrags.

(2) Absatz 1 gilt entsprechend für Institutsgruppen, Finanzholding-Gruppen und gemischte Finanzholding-Gruppen, denen mindestens ein Institut angehört, das die Anforderung in Absatz 1 auf Einzelinstitutsebene erfüllen muss, sowie für Institute im Sinne des Artikels 22 der Verordnung (EU) Nr. 575/2013.

§ 10d Antizyklischer Kapitalpuffer. (1) [1] Ein Institut muss einen aus hartem Kernkapital bestehenden institutsspezifischen antizyklischen Kapitalpuffer vorhalten. [2] Satz 1 gilt entsprechend für Institutsgruppen, Finanzholding-Gruppen und gemischte Finanzholding-Gruppen, denen mindestens ein Institut angehört, das die Anforderung in Satz 1 auf Einzelinstitutsebene erfüllen muss, sowie für Institute im Sinne des Artikels 22 der Verordnung (EU) Nr. 575/2013[1)].

[1)] Nr. **6**.
[2)] Nr. **23**.

(2) [1]Die institutsspezifische antizyklische Kapitalpuffer-Quote ist der gewichtete Durchschnitt der Quoten für die antizyklischen Kapitalpuffer, die im Inland, in den anderen Staaten des Europäischen Wirtschaftsraums und in Drittstaaten sowie in den zugehörigen europäischen und überseeischen Ländern, Hoheitsgebieten und Rechtsräumen, in denen die maßgeblichen Risikopositionen des Instituts belegen sind, gelten oder nach Maßgabe der nachfolgenden Absätze angewendet werden. [2]Zur Berechnung des gewichteten Durchschnitts wenden die Institute die jeweils geltende Quote für antizyklische Kapitalpuffer auf den jeweiligen Quotienten aus den gemäß den Artikeln 107 bis 311 und 325 bis 377 der Verordnung (EU) Nr. 575/2013 bestimmten Eigenmittelgesamtanforderungen für das Kreditrisiko in dem betreffenden Staat des Europäischen Wirtschaftsraums, des betreffenden Drittstaates sowie in den zugehörigen europäischen und überseeischen Ländern, Hoheitsgebieten und Rechtsräumen und den Eigenmittelgesamtanforderungen für das Kreditrisiko bei allen maßgeblichen Risikopositionen an.

(3) [1]Die Quote des inländischen antizyklischen Kapitalpuffers beträgt 0 bis 2,5 Prozent des nach Artikel 92 Absatz 3 der Verordnung (EU) Nr. 575/2013 ermittelten Gesamtrisikobetrags. [2]Die Quote wird von der Bundesanstalt in Schritten von 0,25 Prozentpunkten festgelegt. [3]Die Bundesanstalt bewertet quartalsweise die Intensität des zyklischen Systemrisikos und beurteilt, welche Quote des inländischen antizyklischen Kapitalpuffers angemessen ist. [4]Sie setzt diese Quote entsprechend ihrer Beurteilung fest oder passt sie erforderlichenfalls an. [5]Hierbei berücksichtigt die Bundesanstalt Abweichungen des Verhältnisses der Kredite zum Bruttoinlandsprodukt von seinem langfristigen Trend und etwaige Empfehlungen des Ausschusses für Finanzstabilität. [6]Die Bundesanstalt kann, soweit erforderlich, eine höhere Quote als 2,5 Prozent festlegen.

(4) [1]Legt die Bundesanstalt die Quote für den inländischen antizyklischen Kapitalpuffer erstmals auf einen Wert über Null fest oder erhöht sie die bisherige Quote, bestimmt sie den Tag, ab dem die Institute die erhöhte Quote zur Berechnung des institutsspezifischen antizyklischen Kapitalpuffers anwenden müssen. [2]Dieser Tag darf nicht mehr als zwölf Monate nach dem Tag der Veröffentlichung der erstmaligen Festlegung oder der Erhöhung der Quote für den inländischen antizyklischen Kapitalpuffer liegen. [3]Liegen zwischen dem Tag nach Satz 1 und der Veröffentlichung der Quote für den inländischen antizyklischen Kapitalpuffer weniger als zwölf Monate, muss diese kürzere Frist durch außergewöhnliche Umstände, etwa eine erhebliche Zunahme der durch übermäßiges Kreditwachstum bedingten Risiken oder eine Situation, in der die Ertragslage der Institute im Europäischen Wirtschaftsraum einen schnelleren Aufbau des inländischen antizyklischen Kapitalpuffers möglich macht, gerechtfertigt sein.

(5) [1]Setzt die Bundesanstalt die bestehende Quote für den inländischen antizyklischen Kapitalpuffer herab, teilt sie gleichzeitig einen Zeitraum mit, in dem voraussichtlich keine Erhöhung der Quote für den inländischen antizyklischen Kapitalpuffer zu erwarten ist. [2]Die Bundesanstalt kann das Verfahren jederzeit, auch vor Ablauf des mitgeteilten Zeitraums, wieder aufnehmen und die Quote für den inländischen antizyklischen Kapitalpuffer erneut festlegen oder erhöhen. [3]Die Bundesanstalt veröffentlicht die im jeweiligen Quartal festlegte Quote für den inländischen antizyklischen Kapitalpuffer sowie die Angaben nach den Absätzen 3 und 4 auf ihrer Internetseite.

(6) [1]Die Bundesanstalt kann die von einem anderen Staat des Europäischen Wirtschaftsraums oder einem Drittstaat festgelegte Quote für den antizyklischen Kapitalpuffer für die Berechnung des institutsspezifischen antizyklischen Kapitalpuffers durch die im Inland zugelassenen Institute anerkennen, wenn die Quote 2,5 Prozent des in Artikel 92 Absatz 3 der Verordnung (EU) Nr. 575/2013 genannten Gesamtforderungsbetrags übersteigt. [2]Solange die Bundesanstalt die höhere Quote nicht anerkannt hat, müssen die im Inland zugelassenen Institute bei der Berechnung des institutsspezifischen antizyklischen Kapitalpuffers eine Quote von 2,5 Prozent für die in diesem Staat belegenen Risikopositionen anwenden.

(7) Hat die zuständige Behörde eines Drittstaates keine Quote für den antizyklischen Kapitalpuffer festgelegt und veröffentlicht, darf die Bundesanstalt die Quote festlegen, die die im Inland zugelassenen Institute bei der Berechnung des institutsspezifischen antizyklischen Kapitalpuffers für die in diesem Staat belegenen Risikopositionen anwenden müssen.

(8) Hat die zuständige Behörde eines Drittstaates eine Quote für den antizyklischen Kapitalpuffer festgelegt und veröffentlicht, darf die Bundesanstalt eine höhere Quote für den antizyklischen Kapitalpuffer festlegen, den die im Inland zugelassenen Institute bei der Berechnung des institutsspezifischen antizyklischen Kapitalpuffers für die in diesem Staat belegenen Risikopositionen anwenden müssen, wenn sie hinreichend sicher davon ausgehen kann, dass die von der zuständigen Behörde des Drittstaates festgelegte Quote nicht ausreicht, um die Institute angemessen vor den Risiken eines übermäßigen Kreditwachstums in dem betreffenden Drittstaat zu schützen.

(9) Erkennt die Bundesanstalt eine Quote für den antizyklischen Kapitalpuffer nach Absatz 6 an oder legt sie eine Quote für den antizyklischen Kapitalpuffer nach den Absätzen 7 oder 8 fest, veröffentlicht die Bundesanstalt jeweils auf ihrer Internetseite diese Quote sowie mindestens folgende weitere Angaben:

1. den Staat des Europäischen Wirtschaftsraums oder den Drittstaat, für den diese Quote gilt,
2. den Tag, ab dem die im Inland zugelassenen Institute die Quote für den antizyklischen Kapitalpuffer zur Berechnung ihres institutsspezifischen antizyklischen Kapitalpuffers anwenden müssen,
3. in den Fällen, in denen dieser Tag weniger als zwölf Monate nach dem Tag der Veröffentlichung nach diesem Absatz liegt, die außergewöhnlichen Umstände, die eine kürzere Frist für die Anwendung rechtfertigen.

(10) Das Nähere regelt die Rechtsverordnung nach § 10 Absatz 1 Satz 1 Nummer 5 Buchstabe a.

§ 10e Kapitalpuffer für systemische Risiken. (1) [1]Die Bundesanstalt kann anordnen, dass alle Institute oder bestimmte Arten oder Gruppen von Instituten einen aus hartem Kernkapital bestehenden Kapitalpuffer für systemische Risiken vorhalten müssen. [2]Der Kapitalpuffer für systemische Risiken kann angeordnet werden für alle Risikopositionen, die im Inland, in einem anderen Staat des Europäischen Wirtschaftsraums oder in einem Drittstaat belegen sind, oder für eine Teilgruppe dieser Risikopositionen. [3]Die Quote wird von der Bundesanstalt in Schritten von 0,5 Prozentpunkten oder einem Vielfachen davon festgesetzt. [4]Die Sätze 1 bis 3 gelten entsprechend für Institutsgruppen, Finanzholding-Gruppen und gemischte Finanzholding-Gruppen, denen mindestens ein CRR-Kreditinstitut angehört, das die Anforderungen nach den Sätzen 1 bis 3 auf Einzelinstitutsebene erfüllt, sowie für Kreditinstitute im Sinne des Artikels 22 der Verordnung (EU) Nr. 575/2013[1)].

(2) [1] Der Kapitalpuffer für systemische Risiken kann angeordnet werden, um systemische oder makroprudenzielle Risiken zu vermindern oder abzuwehren, die

1. zu einer Störung mit schwerwiegenden negativen Auswirkungen auf das nationale Finanzsystem und die Realwirtschaft im Inland führen können und
2. nicht durch die Verordnung (EU) Nr. 575/2013 oder die Kapitalpuffer gemäß den §§ 10d, 10f und 10g abgedeckt sind.

[2] Die Anordnung darf nur erfolgen, wenn der Kapitalpuffer für systemische Risiken keine unverhältnismäßige Beeinträchtigung des Finanzsystems oder von Teilen des Finanzsystems eines anderen Staates oder des Europäischen Wirtschaftsraums insgesamt darstellt, so dass das Funktionieren des Binnenmarkts oder des Europäischen Wirtschaftsraums behindert wird. [3] Der Kapitalpuffer für systemische Risiken ist mindestens alle zwei Jahre zu überprüfen. [4] Für Risikopositionen, die in einem anderen Staat des Europäischen Wirtschaftsraums belegen sind, kann ein Kapitalpuffer für systemische Risiken nur angeordnet werden, sofern dies einheitlich für alle Risikopositionen, die in Staaten des Europäischen Wirtschaftsraums belegen sind, erfolgt. [5] Davon ausgenommen sind die Fälle des Absatzes 9.

(3) [1] Vor der Veröffentlichung eines Kapitalpuffers für systemische Risiken nach Absatz 7 zeigt die Bundesanstalt diese Anordnung dem Europäischen Ausschuss für Systemrisiken an. [2] Ist ein Institut, für das ein Kapitalpuffer für systemische Risiken angeordnet wird, ein Tochterunternehmen eines Unternehmens mit Sitz in einem anderen Staat des Europäischen Wirtschaftsraums, so zeigt die Bundesanstalt die Entscheidung auch der zuständigen Behörde dieses Staates des Europäischen Wirtschaftsraums an. [3] Betrifft die Anordnung des Kapitalpuffers für systemische Risiken in Drittstaaten belegene Risikopositionen, so zeigt die Bundesanstalt dies dem Europäischen Ausschuss für Systemrisiken ebenfalls an. [4] Bei einem Kapitalpuffer für systemische Risiken oder einer Kombination von Kapitalpuffern für systemische Risiken, der oder die eine Höhe von 3 Prozent für jede betroffene Risikoposition nicht überschreitet, muss die Anzeige einen Monat vor der Veröffentlichung nach Absatz 7 erfolgen. [5] Die Anzeige soll jeweils mindestens folgende Angaben enthalten:

1. eine genaue Beschreibung der systemischen oder makroprudenziellen Risiken, die durch die Anordnung des Kapitalpuffers für systemische Risiken abgewehrt oder vermindert werden sollen;
2. eine Begründung, warum die Risiken nach Nummer 1 eine Gefahr für die Finanzstabilität auf nationaler Ebene in einem Ausmaß darstellen, das den Kapitalpuffer für systemische Risiken in der beabsichtigten Höhe rechtfertigt;
3. eine Begründung, warum der Kapitalpuffer für systemische Risiken als voraussichtlich geeignet und verhältnismäßig erachtet wird, um die Risiken nach Nummer 1 abzuwehren oder zu vermindern;

[1)] Nr. 6.

(12) Das Nähere regelt eine gemäß § 10 Absatz 1 Satz 1 Nummer 5 Buchstabe b erlassene Rechtsverordnung.

§ 10f Kapitalpuffer für global systemrelevante Institute. (1) [1] Die Bundesanstalt ordnet an, dass ein global systemrelevantes Institut einen aus hartem Kernkapital bestehenden Kapitalpuffer für global systemrelevante Institute auf konsolidierter Ebene vorhalten muss. [2] Seine Quote wird von der Bundesanstalt entsprechend der Zuordnung des global systemrelevanten Instituts zu einer Größenklasse auf eine Höhe von 1,0, 1,5, 2,0, 2,5 oder 3,5 Prozent des nach Artikel 92 Absatz 3 der Verordnung (EU) Nr. 575/2013[1)] ermittelten Gesamtrisikobetrags festgelegt und mindestens jährlich überprüft.

(2) [1] Die Bundesanstalt bestimmt im Einvernehmen mit der Deutschen Bundesbank mindestens jährlich, welche Institute, EU-Mutterinstitute, EU-Mutterfinanzholdinggesellschaften oder gemischten EU-Mutterfinanzholdinggesellschaften mit Sitz im Inland auf Grund einer quantitativen Analyse auf konsolidierter Ebene als global systemrelevant eingestuft werden (global systemrelevante Institute). [2] Sie berücksichtigt bei der quantitativen Analyse die nachfolgenden Kategorien:

1. Größe der Gruppe,
2. grenzüberschreitende Aktivitäten der Gruppe,
3. Verflechtungen der Gruppe mit dem Finanzsystem,
4. Ersetzbarkeit hinsichtlich der angebotenen Dienstleistungen und Finanzinfrastruktureinrichtungen der Gruppe sowie
5. Komplexität der Gruppe.

[3] Die Institute sind verpflichtet, der Bundesanstalt und der Deutschen Bundesbank die zur Durchführung der quantitativen Analyse benötigten Einzeldaten jährlich zu melden.

(2a) [1] Die Bundesanstalt führt zusätzlich mindestens jährlich eine quantitative Analyse der Institute, EU-Mutterinstitute, EU-Mutterfinanzholding-Gesellschaften und gemischten EU-Mutterfinanzholding-Gesellschaften mit Sitz im Inland auf zusammengefasster Basis durch. [2] Bei der Analyse berücksichtigt die Bundesanstalt

1. die in Absatz 2 Satz 2 Nummer 1 und 3 bis 5 genannten Kategorien;
2. die grenzüberschreitenden Tätigkeiten der Gruppe mit Ausnahme der Tätigkeiten der Gruppe in teilnehmenden Mitgliedstaaten nach Artikel 4 der Verordnung (EU) Nr. 806/2014[2)].

[3] Die Indikatoren für die in Satz 2 Nummer 1 genannten Kategorien entsprechen den Indikatoren, die gemäß Absatz 2 Satz 2 bestimmt werden. [4] Die Institute sind verpflichtet, der Bundesanstalt die zur Durchführung der quantitativen Analyse benötigten Einzeldaten jährlich zu melden.

(3) [1] In Abhängigkeit von den Ergebnissen der quantitativen Analyse weist die Bundesanstalt ein global systemrelevantes Institut einer bestimmten Größenklasse zu. [2] Die Bundesanstalt kann

1. ein global systemrelevantes Institut einer höheren Größenklasse zuordnen,

---

[1)] Nr. 6.
[2)] Nr. 22.

2. ein zur Teilnahme am quantitativen Verfahren verpflichtetes Institut, das im Rahmen der quantitativen Analyse nicht als global systemrelevantes Institut identifiziert wurde, als solches einstufen und einer der Größenklassen zuordnen, wenn im Rahmen der ergänzenden qualitativen Analyse Merkmale der Systemrelevanz festgestellt wurden, die im Rahmen der quantitativen Analyse nicht oder nicht ausreichend erfasst wurden, oder
3. das global systemrelevante Institut von einer höheren Größenklasse in eine niedrigere Größenklasse umstufen, sofern sie dabei den einheitlichen Abwicklungsmechanismus berücksichtigt und das Gesamtergebnis der quantitativen Analyse gemäß Absatz 2a zugrunde legt.

(4) [1]Die Institute, deren Gesamtrisikopositionsmessgröße im Sinne des Artikels 429 Absatz 4 der Verordnung (EU) Nr. 575/2013 den Wert von 200 Milliarden Euro übersteigt, sind verpflichtet, die Werte der der quantitativen Analyse zugrunde liegenden Indikatoren jährlich innerhalb von vier Monaten nach Abschluss eines jeden Geschäftsjahres, spätestens jedoch bis zum 31. Juli, auf ihrer Internetseite und in dem Medium zu veröffentlichen, welches gemäß Artikel 434 der Verordnung (EU) Nr. 575/2013 für die Veröffentlichung der in Teil 8 dieser Verordnung verlangten Angaben vorgesehen ist. [2]Die Veröffentlichung hat mittels der ausgefüllten, im Anhang der Durchführungsverordnung (EU) Nr. 1030/2014 der Kommission vom 29. September 2014 zur Festlegung technischer Durchführungsstandards in Bezug auf einheitliche Formate und Daten für die Offenlegung der Werte zur Bestimmung global systemrelevanter Institute gemäß der Verordnung (EU) Nr. 575/2013 des Europäischen Parlaments und des Rates (ABl. L 284 vom 30.9.2014, S. 14) enthaltenen Bögen entsprechend den Angaben auf der Internetseite der Europäischen Bankenaufsichtsbehörde elektronisch zu erfolgen. [3]Die Bundesanstalt übermittelt die Bögen an die Europäische Bankenaufsichtsbehörde zwecks zentraler Veröffentlichung auf ihrer Internetseite. [4]Bei der Anordnung und Überprüfung des Kapitalpuffers für global systemrelevante Institute nach Absatz 1 und der Einstufung als global systemrelevante Institute sowie der Zuweisung zu einer Größenklasse nach den Absätzen 2 und 3 sind die insoweit bestehenden Vorgaben und Empfehlungen der Europäischen Bankenaufsichtsbehörde und des Europäischen Ausschusses für Systemrisiken nach freiem Ermessen der Bundesanstalt zu berücksichtigen.

(4a) [1]Die in Absatz 4 genannten Institute sind verpflichtet, jährlich die Datenerfassungsbögen des Baseler Ausschusses für Bankenaufsicht auszufüllen und an die Bundesanstalt sowie die Deutsche Bundesbank zu senden. [2]Die Deutsche Bundesbank übermittelt die ausgefüllten Datenerfassungsbögen an den Baseler Ausschuss für Bankenaufsicht. [3]Darüber hinaus kann die Bundesanstalt die ausgefüllten Datenerfassungsbögen des Baseler Ausschusses für Bankenaufsicht auch an die Europäische Bankenaufsichtsbehörde weiterleiten.

(5) Die Bundesanstalt unterrichtet den Europäischen Ausschuss für Systemrisiken und die als global systemrelevant eingestuften Institute über die Entscheidungen nach den Absätzen 1, 2 und 3 und veröffentlicht Informationen über das Bestehen einer Anordnung sowie die Höhe des angeordneten Kapitalpuffers für global systemrelevante Institute sowie eine Liste der als global systemrelevant eingestuften Institute.

(6) Das Nähere regelt die Rechtsverordnung nach § 10 Absatz 1 Satz 1 Nummer 5 Buchstabe c.

§ 10g Kapitalpuffer für anderweitig systemrelevante Institute.

(1) Die Bundesanstalt kann anordnen, dass ein anderweitig systemrelevantes Institut einen aus hartem Kernkapital bestehenden Kapitalpuffer für anderweitig systemrelevante Institute in Höhe von bis zu 3 Prozent des nach Artikel 92 Absatz 3 der Verordnung (EU) Nr. 575/2013[1)] ermittelten Gesamtrisikobetrags auf zusammengefasster oder teilkonsolidierter Basis oder auf Einzelinstitutsebene vorhalten muss.

(1a) Vorbehaltlich der Einwilligung der Europäischen Kommission kann die Bundesanstalt ein anderweitig systemrelevantes Institut dazu verpflichten, einen aus hartem Kernkapital bestehenden Kapitalpuffer für anderweitig systemrelevante Institute von mehr als 3 Prozent des nach Artikel 92 Absatz 3 der Verordnung (EU) Nr. 575/2013 berechneten Gesamtrisikobetrags auf zusammengefasster oder teilkonsolidierter Basis oder auf Einzelinstitutsebene vorzuhalten.

(2) [1]Die Bundesanstalt bestimmt im Einvernehmen mit der Deutschen Bundesbank mindestens jährlich, welche Institute, EU-Mutterinstitute, EU-Mutterfinanzholding-Gesellschaften, gemischten EU-Mutterfinanzholding-Gesellschaften, Mutterinstitute, Mutterfinanzholding-Gesellschaften oder gemischten Finanzholding-Gesellschaften mit Sitz im Inland auf konsolidierter oder teilkonsolidierter Basis oder auf Einzelinstitutsebene als anderweitig systemrelevant eingestuft werden (anderweitig systemrelevante Institute). [2]Bei der auf der relevanten Ebene durchgeführten quantitativen und hilfsweise auch qualitativen Analyse berücksichtigt sie jeweils für die untersuchte Einheit insbesondere die nachfolgenden Faktoren:

1. Größe,
2. wirtschaftliche Bedeutung für den Europäischen Wirtschaftsraum und die Bundesrepublik Deutschland,
3. grenzüberschreitende Aktivitäten sowie
4. Verflechtungen mit dem Finanzsystem.

(3) [1]Die Bundesanstalt überprüft mindestens jährlich, ob und in welcher Höhe der Kapitalpuffer für anderweitig systemrelevante Institute erforderlich ist. [2]Dabei sind jeweils die insoweit bestehenden Vorgaben und Empfehlungen der Europäischen Bankenaufsichtsbehörde und des Europäischen Ausschusses für Systemrisiken zu beachten. [3]Die Anordnung darf nur erfolgen, wenn der Kapitalpuffer für anderweitig systemrelevante Institute keine unverhältnismäßige Beeinträchtigung des Finanzsystems oder von Teilen des Finanzsystems eines anderen Staates oder des Europäischen Wirtschaftsraums insgesamt darstellt, so dass das Funktionieren des Binnenmarkts des Europäischen Wirtschaftsraums behindert wird.

(3a) [1]Die Bundesanstalt veröffentlicht die für die Einstufung der anderweitig systemrelevanten Institute und die Festsetzung der Höhe des Kapitalpuffers angewandte Methodik unter Berücksichtigung der maßgeblichen quantitativen und qualitativen Indikatoren und Schwellenwerte. [2]Dabei sind die insoweit bestehenden Leitlinien der Europäischen Bankenaufsichtsbehörde zu beachten.

(4) [1]Mindestens einen Monat vor Bekanntgabe der Anordnung eines neuen oder veränderten Kapitalpuffers für anderweitig systemrelevante Institute hat

---

1) Nr. **6**.

die Bundesanstalt die beabsichtigte Anordnung dem Europäischen Ausschuss für Systemrisiken anzuzeigen. [2] Sofern die Bundesanstalt beabsichtigt, nach Absatz 1a anzuordnen, dass ein anderweitig systemrelevantes Institut einen aus hartem Kernkapital bestehenden Kapitalpuffer für anderweitig systemrelevante Institute in Höhe von mehr als 3 Prozent des nach Artikel 92 Absatz 3 der Verordnung (EU) Nr. 575/2013 ermittelten Gesamtrisikobetrags auf zusammengefasster oder teilkonsolidierter Basis oder auf Einzelinstitutsebene vorhalten muss, so hat sie dies dem Europäischen Ausschuss für Systemrisiken mindestens drei Monate vor der beabsichtigten Veröffentlichung der Anordnung anzuzeigen. [3] Die Anzeigen sollen jeweils mindestens folgende Angaben enthalten:

1. eine detaillierte Begründung, weshalb die Festsetzung eines Kapitalpuffers für anderweitig systemrelevante Institute gerechtfertigt und den identifizierten Risiken angemessen ist,
2. eine detaillierte Erläuterung der wahrscheinlichen positiven und negativen Auswirkungen des Kapitalpuffers auf den Binnenmarkt des Europäischen Wirtschaftsraums sowie
3. die Höhe des festgesetzten Kapitalpuffers.

(5) [1] Die Bundesanstalt unterrichtet das jeweilige anderweitig systemrelevante Institut mit den jeweils festgesetzten Kapitalpuffern und den Europäischen Ausschuss für Systemrisiken über die Entscheidungen nach Absatz 1 und 2 und veröffentlicht eine Liste der als anderweitig systemrelevant eingestuften Institute. [2] Die Liste enthält die wesentlichen quantitativen und qualitativen Ergebnisse der den Entscheidungen zugrunde liegenden Analyse unter Berücksichtigung der verwendeten Indikatoren und Schwellenwerte. [3] Zudem übermittelt die Bundesanstalt der Europäischen Bankenaufsichtsbehörde die Werte der für die Analyse verwendeten Indikatoren für alle Institute, die nicht bereits auf Grund ihrer gemessen an der Bilanzsumme geringen Größe von der Analyse ausgeschlossen wurden. [4] Dabei sind die insoweit bestehenden Leitlinien der Europäischen Bankenaufsichtsbehörde zu beachten.

(6) Ist das anderweitig systemrelevante Institut Tochterunternehmen eines global systemrelevanten Instituts oder eines EU-Mutterinstituts in einem anderen Staat des europäischen Wirtschaftsraums, das ein anderweitig systemrelevantes Institut im Sinne des Artikels 131 Absatz 1 der Richtlinie 2013/36/EU ist und einem Kapitalpuffer für anderweitig systemrelevante Institute auf zusammengefasster Basis unterliegt, so darf der Kapitalpuffer des Absatzes 1 nicht den niedrigeren der folgenden Beträge überschreiten:

1. die Summe aus der höheren der beiden für die Gruppe auf zusammengefasster Basis geltenden Quoten des Puffers für global systemrelevante Institute oder des Puffers für anderweitig systemrelevante Institute und 1 Prozent des nach Artikel 92 Absatz 3 der Verordnung (EU) Nr. 575/2013 berechneten Gesamtrisikobetrags und
2. 3 Prozent des gemäß Artikel 92 Absatz 3 der Verordnung (EU) Nr. 575/2013 berechneten Gesamtrisikobetrags oder die von der Kommission gemäß Absatz 1a für die Gruppe auf zusammengefasster Basis genehmigte Höhe des Kapitalpuffers.

(7) Das Nähere regelt die Rechtsverordnung nach § 10 Absatz 1 Satz 1 Nummer 5 Buchstabe d.

§ 10h Zusammenwirken der Kapitalpuffer für systemische Risiken, für global systemrelevante Institute und für anderweitig systemrelevante Institute. (1) Solange neben einem Kapitalpuffer für global systemrelevante Institute nach § 10f auch ein Kapitalpuffer für anderweitig systemrelevante Institute nach § 10g auf konsolidierter Ebene besteht, ist nur der höhere der beiden Kapitalpuffer einzuhalten.

(2) [1] Besteht neben einem Kapitalpuffer für global systemrelevante Institute nach § 10f oder einem Kapitalpuffer für anderweitig systemrelevante Institute nach § 10g auch ein Kapitalpuffer für systemische Risiken nach § 10e, so sind diese Kapitalpuffer kumulativ einzuhalten. [2] Führt die Höhe der kumulativ einzuhaltenden Puffer nach Satz 1 zu einer Kapitalpufferanforderung in Höhe von mehr als 5 Prozent, verfährt die Bundesanstalt gemäß den Vorgaben nach § 10g Absatz 1a.

§ 10i Kombinierte Kapitalpufferanforderung. (1) Die kombinierte Kapitalpufferanforderung ist das gesamte harte Kernkapital eines Instituts, das zur Einhaltung der folgenden Kapitalpufferanforderungen erforderlich ist:

1. des Kapitalerhaltungspuffers nach § 10c,
2. des institutsspezifischen antizyklischen Kapitalpuffers nach § 10d, und
3. in den Fällen und nach Maßgabe
   a) des § 10h Absatz 1 des höheren der Kapitalpuffer für global systemrelevante Institute nach § 10f und für anderweitig systemrelevante Institute nach § 10g,
   b) des § 10h Absatz 2 der Summe aus einem Kapitalpuffer für global systemrelevante Institute nach § 10f oder einem Kapitalpuffer für anderweitig systemrelevante Institute nach § 10g und einem Kapitalpuffer für systemische Risiken nach § 10e.

(1a) Die Absätze 2 bis 4 sind auch dann anwendbar, wenn ein Institut nicht über Eigenmittel in erforderlicher Höhe und Qualität verfügt, um gleichzeitig die kombinierte Kapitalpufferanforderung zu erfüllen und zusätzlich die Anforderungen gemäß

1. Artikel 92 Absatz 1 Buchstabe a der Verordnung (EU) Nr. 575/2013[1)] und die zusätzliche Eigenmittelanforderung zur Abdeckung anderer Risiken als des Risikos einer übermäßigen Verschuldung nach § 6c Absatz 4 bis 6;
2. Artikel 92 Absatz 1 Buchstabe b der Verordnung (EU) Nr. 575/2013 und die zusätzliche Eigenmittelanforderung zur Abdeckung anderer Risiken als des Risikos einer übermäßigen Verschuldung nach § 6c Absatz 4 bis 6 sowie
3. Artikel 92 Absatz 1 Buchstabe c der Verordnung (EU) Nr. 575/2013 und die zusätzliche Eigenmittelanforderung zur Abdeckung anderer Risiken als des Risikos einer übermäßigen Verschuldung nach § 6c Absatz 4 bis 6.

(2) Ein Institut, das die kombinierte Kapitalpufferanforderung erfüllt, darf keine Ausschüttung aus dem harten Kernkapital oder auf harte Kernkapitalinstrumente nach Absatz 5 vornehmen, wenn dadurch sein hartes Kernkapital so stark abnehmen würde, dass die kombinierte Kapitalpufferanforderung nicht mehr erfüllt wäre.

[1)] Nr. **6**.

(3) [1] Ein Institut, das die kombinierte Kapitalpufferanforderung nicht oder nicht mehr erfüllt, muss den maximal ausschüttungsfähigen Betrag berechnen und der Aufsichtsbehörde und der Deutschen Bundesbank anzeigen. [2] Das Institut muss Vorkehrungen treffen, um zu gewährleisten, dass die Höhe der ausschüttungsfähigen Gewinne und der maximal ausschüttungsfähige Betrag genau berechnet werden, und muss in der Lage sein, der Aufsichtsbehörde und der Deutschen Bundesbank die Genauigkeit der Berechnung auf Anfrage nachzuweisen. [3] Bis zur Entscheidung der Aufsichtsbehörde über die Genehmigung des Kapitalerhaltungsplans nach den Absätzen 7 und 8 darf das Kreditinstitut

1. keine Ausschüttung aus dem hartem Kernkapital oder auf harte Kernkapitalinstrumente nach Absatz 5 vornehmen,
2. keine Verpflichtung zur Zahlung einer variablen Vergütung oder zu freiwilligen Rentenzahlungen übernehmen und keine variable Vergütung zahlen, wenn die entsprechende Verpflichtung in einem Zeitraum übernommen worden ist, in dem das Kreditinstitut die kombinierte Kapitalpufferanforderung nicht erfüllt hat, und
3. keine Zahlungen aus zusätzlichen Kernkapitalinstrumenten vornehmen.

[4] Das Nähere regelt die Rechtsverordnung nach § 10 Absatz 1 Satz 1 Nummer 5 Buchstabe e.

(4) Ein Institut, das die kombinierte Kapitalpufferanforderung nicht oder nicht mehr erfüllt und beabsichtigt, eine Ausschüttung ausschüttungsfähiger Gewinne oder eine Maßnahme nach Absatz 3 Satz 3 Nummer 1 bis 3 durchzuführen, teilt diese Absicht der Aufsichtsbehörde und der Deutschen Bundesbank unter Angabe der folgenden Informationen mit:

1. vom Institut vorgehaltene Eigenmittel, aufgeschlüsselt nach
   a) hartem Kernkapital;
   b) zusätzlichem Kernkapital;
   c) Ergänzungskapital;
2. Höhe der Zwischengewinne und Gewinne zum Jahresende;
3. Höhe des maximal ausschüttungsfähigen Betrages;
4. Höhe der ausschüttungsfähigen Gewinne und deren beabsichtigte Aufteilung auf
   a) Ausschüttungen an Anteilseigner oder Eigentümer;
   b) Rückkauf oder Rückerwerb von Anteilen;
   c) Zahlungen aus zusätzlichen Kernkapitalinstrumenten;
   d) Zahlung einer variablen Vergütung oder freiwillige Rentenzahlungen, entweder auf Grund der Übernahme einer neuen Zahlungsverpflichtung oder einer Zahlungsverpflichtung, die in einem Zeitraum übernommen wurde, in dem das Kreditinstitut die kombinierte Kapitalpufferanforderung nicht erfüllt hat.

(5) Eine Ausschüttung aus hartem Kernkapital oder auf harte Kernkapitalinstrumente umfasst

1. Gewinnausschüttungen in bar,
2. die Ausgabe von teilweise oder voll gezahlten Gratisaktien oder anderen in Artikel 26 Absatz 1 Buchstabe a der Verordnung (EU) Nr. 575/2013 aufgeführten Eigenmittelinstrumenten,

3. eine Rücknahme oder einen Rückkauf eigener Aktien oder anderer Instrumente nach Artikel 26 Absatz 1 Buchstabe a der Verordnung (EU) Nr. 575/2013 durch ein Institut,
4. eine Rückzahlung der in Verbindung mit den Eigenmittelinstrumenten nach Artikel 26 Absatz 1 Buchstabe a der Verordnung (EU) Nr. 575/2013 eingezahlten Beträge und
5. eine Ausschüttung von in Artikel 26 Absatz 1 Buchstabe b bis e der Verordnung (EU) Nr. 575/2013 aufgeführten Positionen.

(6) [1] Ein Institut, das die kombinierte Kapitalpufferanforderung nicht oder nicht mehr erfüllt, muss über die Anforderungen der Absätze 3 bis 4 hinaus zusätzlich einen Kapitalerhaltungsplan erstellen und innerhalb von fünf Arbeitstagen, nachdem es festgestellt hat, dass es die kombinierte Kapitalpufferanforderung nicht erfüllen kann, der Aufsichtsbehörde und der Deutschen Bundesbank vorlegen. [2] Die Aufsichtsbehörde kann die Frist zur Vorlage auf längstens zehn Arbeitstage verlängern, wenn dies im Einzelfall und unter Berücksichtigung des Umfangs und der Komplexität der Geschäftstätigkeit des Instituts angemessen erscheint. [3] Der Kapitalerhaltungsplan umfasst

1. eine Einnahmen- und Ausgabenschätzung und eine Bilanzprognose,
2. Maßnahmen zur Erhöhung der Kapitalquoten des Instituts,
3. Plan und Zeitplan für die Erhöhung der Eigenmittel, um die kombinierte Kapitalpufferanforderung vollständig zu erfüllen, und
4. weitere Informationen, die die Aufsichtsbehörde für die in Absatz 7 vorgeschriebene Bewertung als notwendig erachtet.

(6a) Die Absätze 1 bis 6 gelten entsprechend für Institutsgruppen, Finanzholding-Gruppen und gemischte Finanzholding-Gruppen.

(7) [1] Die Aufsichtsbehörde bewertet den Kapitalerhaltungsplan und genehmigt ihn, wenn sie der Auffassung ist, dass durch seine Umsetzung sehr wahrscheinlich genügend Kapital erhalten oder aufgenommen wird, damit das Institut die kombinierte Kapitalpufferanforderung innerhalb des von der Aufsichtsbehörde als angemessen erachteten Zeitraums erfüllen kann. [2] Die Aufsichtsbehörde entscheidet über die Genehmigung innerhalb von 14 Tagen nach Eingang des Kapitalerhaltungsplans. [3] Nach Genehmigung des Kapitalerhaltungsplans ist das Institut berechtigt, eine Ausschüttung ausschüttungsfähiger Gewinne sowie Maßnahmen nach Absatz 3 Satz 3 Nummer 1 bis 3 bis zu Höhe des maximal ausschüttungsfähigen Betrags durchzuführen.

(8) [1] Genehmigt die Aufsichtsbehörde den Kapitalerhaltungsplan nicht,

1. ordnet die Aufsichtsbehörde an, dass die Ausschüttungsbeschränkungen des Absatzes 3 fortgelten, oder
2. erlaubt die Aufsichtsbehörde dem Institut die Durchführung von Maßnahmen im Sinne des Absatzes 3 Satz 3 Nummer 1 bis 3 bis zu einem bestimmten Betrag, der den maximal ausschüttungsfähigen Betrag nicht übersteigen darf.

[2] Daneben kann sie von dem Institut verlangen, seine Eigenmittel innerhalb eines bestimmten Zeitraums auf eine bestimmte Höhe aufzustocken.

(9) Die in dieser Vorschrift festgelegten Beschränkungen finden ausschließlich auf Zahlungen und Ausschüttungen Anwendung, die zu einer Verringerung des harten Kernkapitals oder der Gewinne führen, und sofern die Ausset-

zung einer Zahlung oder eine versäumte Zahlung weder einen Ausfall noch eine Voraussetzung für die Einleitung eines Verfahrens nach den für das Institut geltenden Insolvenzvorschriften darstellt.

§ 11 Liquidität. (1) [1] Die Institute müssen ihre Mittel so anlegen, dass jederzeit eine ausreichende Zahlungsbereitschaft (Liquidität) gewährleistet ist. [2] Das Bundesministerium der Finanzen wird ermächtigt, durch Rechtsverordnung[1)] im Benehmen mit der Deutschen Bundesbank nähere Anforderungen an die ausreichende Liquidität zu bestimmen, insbesondere über die

1. Methoden zur Beurteilung der ausreichenden Liquidität und die dafür erforderlichen technischen Grundsätze,
2. als Zahlungsmittel und Zahlungsverpflichtungen zu berücksichtigenden Geschäfte einschließlich ihrer Bemessungsgrundlagen sowie
3. Pflicht der Institute zur Übermittlung der zum Nachweis der ausreichenden Liquidität erforderlichen Angaben an die Aufsichtsbehörde und die Deutsche Bundesbank, einschließlich Bestimmungen zu Inhalt, Art, Umfang und Form der Angaben, zu der Häufigkeit ihrer Übermittlung und über die zulässigen Datenträger, Übertragungswege und Datenformate.

[3] In der Rechtsverordnung ist an die Definition der Spareinlagen aus § 21 Abs. 4 der Kreditinstituts-Rechnungslegungsverordnung[2)] anzuknüpfen. [4] Das Bundesministerium der Finanzen kann die Ermächtigung durch Rechtsverordnung auf die Bundesanstalt mit der Maßgabe übertragen, dass die Rechtsverordnung im Einvernehmen mit der Deutschen Bundesbank ergeht. [5] Vor Erlass der Rechtsverordnung sind die Spitzenverbände der Institute zu hören.

(2) Die Bundesanstalt kann bei der Beurteilung der Liquidität im Einzelfall gegenüber Instituten über die in der Rechtsverordnung nach Absatz 1 festgelegten Vorgaben hinausgehende Liquiditätsanforderungen anordnen, wenn ohne eine solche Maßnahme die nachhaltige Liquidität eines Instituts nicht gesichert ist.

(3) [1] Die Bundesanstalt kann bei der Beurteilung der Liquidität im Einzelfall gegenüber Instituten, Institutsgruppen, Finanzholding-Gruppen und gemischten Finanzholding-Gruppen spezifische über die Anforderungen der Artikel 411 bis 428az der Verordnung (EU) Nr. 575/2013[3)] in der jeweils geltenden Fassung hinausgehende Liquiditätsanforderungen anordnen, um spezifische Risiken abzudecken, denen ein Institut ausgesetzt ist oder ausgesetzt sein könnte. [2] Die Bundesanstalt beachtet dabei die in Artikel 105 der Richtlinie 2013/36/EU in der jeweils geltenden Fassung aufgeführten Erwägungsgründe. [3] Die Bundesanstalt kann darüber hinaus auch die Fristentransformation einschränken. [4] § 10a Absatz 1 und 2 gilt entsprechend.

(4) Die Bundesanstalt kann anordnen, dass ein Institut, eine Institutsgruppe, eine Finanzholding-Gruppe oder eine gemischte Finanzholding-Gruppe häufigere oder auch umfangreichere Meldungen zu seiner Liquidität einzureichen hat.

§ 12 Potentiell systemrelevante Institute. [1] Die Aufsichtsbehörde bestimmt jährlich im Einvernehmen mit der Deutschen Bundesbank, welche

[1)] Siehe die LiquiditätsVO (Nr. **9b**).
[2)] Nr. **17**.
[3)] Nr. **6**.

Institute, Mutterinstitute, Mutterfinanzholding-Gesellschaften, gemischten Finanzholding-Gesellschaften, EU-Mutterinstitute, EU-Mutterfinanzholding-Gesellschaften oder gemischten EU-Mutterfinanzholding-Gesellschaften mit Sitz im Inland potentiell systemrelevant sind. [2]Die vorgenannten Institute und Gesellschaften sind potentiell systemrelevant, wenn sie

1. ein global systemrelevantes Institut nach § 10f sind oder
2. ein anderweitig systemrelevantes Institut nach § 10g sind oder
3. aus sonstigen Gründen, insbesondere auf Grund der Größe, der Verflechtung, des Umfangs und der Komplexität oder der Art der Geschäftstätigkeit, als solches zu bestimmen sind.

§ 12a Begründung von Unternehmensbeziehungen. (1) [1]Ein Institut, eine Finanzholding-Gesellschaft oder eine gemischte Finanzholding-Gesellschaft hat bei dem Erwerb einer Beteiligung an einem Unternehmen mit Sitz im Ausland oder der Begründung einer Unternehmensbeziehung mit einem solchen Unternehmen, wodurch das Unternehmen zu einem nachgeordneten Unternehmen im Sinne des § 10a wird, sicherzustellen, daß es, im Falle einer Finanzholding-Gesellschaft oder gemischten Finanzholding-Gesellschaft das für die Zusammenfassung verantwortliche übergeordnete Unternehmen, die für die Erfüllung der jeweiligen Pflichten nach den §§ 10a und 25 Absatz 1 erforderlichen Angaben erhält. [2]Satz 1 ist hinsichtlich der für die Erfüllung der Pflichten nach § 10a erforderlichen Angaben nicht anzuwenden, wenn ein Institut für einzelne gruppenangehörige Unternehmen die erforderlichen Angaben für die Zusammenfassung nach § 10a nicht beschaffen kann und durch den gemäß Artikel 36 in Verbindung mit Artikel 19 Absatz 2 Buchstabe a der Verordnung (EU) Nr. 575/2013[1)] in der jeweils geltenden Fassung vorzunehmenden Abzug der Buchwerte in einer der Zusammenfassung nach § 10a Absatz 4 oder 5 vergleichbaren Weise dem Risiko aus der Begründung der Beteiligung oder der Unternehmensbeziehung Rechnung getragen und es der Bundesanstalt ermöglicht wird, die Einhaltung dieser Voraussetzung zu überprüfen. [3]Das Institut, die Finanzholding-Gesellschaft oder gemischte Finanzholding-Gesellschaft hat die Begründung, die Veränderung oder die Aufgabe einer in Satz 1 genannten Beteiligung oder Unternehmensbeziehung unverzüglich der Bundesanstalt und der Deutschen Bundesbank anzuzeigen.

(2) [1]Die Bundesanstalt kann die Fortführung der Beteiligung oder der Unternehmensbeziehung untersagen, wenn das übergeordnete Unternehmen oder das Institut im Sinne des Artikels 22 der Verordnung (EU) Nr. 575/2013 die für die Erfüllung der Pflichten nach den §§ 10a, 13 Absatz 3, § 25 Absatz 1 oder nach den Rechtsverordnungen nach § 10 Absatz 1 Satz 1 oder § 13 Absatz 1 Satz 1 sowie nach den Artikeln 11 bis 17 der Verordnung (EU) Nr. 575/2013 in der jeweils geltenden Fassung erforderlichen Angaben nicht erhält. [2]Die Ausnahme nach Absatz 1 Satz 2 gilt entsprechend für die Untersagungsermächtigung nach Satz 1.

2. Kreditgeschäft

§ 13 Großkredite; Verordnungsermächtigung. (1) [1]Das Bundesministerium der Finanzen wird ermächtigt, durch Rechtsverordnung, die nicht der

---

[1)] Nr. **6**.

Zustimmung des Bundesrates bedarf, im Benehmen mit der Deutschen Bundesbank im Interesse des angemessenen Schutzes der Institute, Institutsgruppen, Finanzholding-Gruppen und gemischten Finanzholding-Gruppen vor Klumpenrisiken in Ergänzung der Verordnung (EU) Nr. 575/2013[1] für Großkredite nähere Regelungen zu erlassen über

1. die Beschlussfassungspflichten der Geschäftsleiter nach Absatz 2 sowie Ausnahmen davon,
2. Art, Umfang, Zeitpunkt und Form der Angaben, Übertragungswege und Datenformate der Großkreditstammdatenanzeigen sowie deren Rückmeldungen im Rahmen des Großkreditmeldeverfahrens nach Artikel 394 Absatz 1 bis 3 der Verordnung (EU) Nr. 575/2013 in der jeweils geltenden Fassung,
3. die Meldung des Anteils des Handelsbuchs an der Gesamtsumme der bilanzmäßigen und außerbilanzmäßigen Geschäfte sowie die Nutzung der Ausnahmeregelung nach Artikel 94 Absatz 1 der Verordnung (EU) Nr. 575/2013 und
4. die Umsetzung der von Artikel 493 Absatz 3 der Verordnung (EU) Nr. 575/2013 in der jeweils geltenden Fassung zugelassenen Freistellung bestimmter Kredite von der Anwendung des Artikels 395 Absatz 1 der Verordnung (EU) Nr. 575/2013 in der jeweils geltenden Fassung.

[2] Das Bundesministerium der Finanzen kann die Ermächtigung durch Rechtsverordnung auf die Bundesanstalt mit der Maßgabe übertragen, dass die Rechtsverordnung im Einvernehmen mit der Deutschen Bundesbank ergeht. [3] Vor Erlass der Rechtsverordnung sind die Spitzenverbände der Institute zu hören.

(2) [1] Ein Institut in der Rechtsform einer juristischen Person oder einer Personenhandelsgesellschaft darf unbeschadet der Wirksamkeit der Rechtsgeschäfte einen Großkredit nur auf Grund eines einstimmigen Beschlusses sämtlicher Geschäftsleiter gewähren. [2] Der Beschluss soll vor der Kreditgewährung gefasst werden. [3] Ist dies im Einzelfall wegen der Eilbedürftigkeit des Geschäftes nicht möglich, ist der Beschluss unverzüglich nachzuholen. [4] Der Beschluss ist zu dokumentieren. [5] Ist der Großkredit ohne vorherigen einstimmigen Beschluss sämtlicher Geschäftsleiter gewährt worden und wird die Beschlussfassung nicht innerhalb eines Monats nach Gewährung des Kredits nachgeholt, hat das Institut dies der Aufsichtsbehörde, der Deutschen Bundesbank und, soweit Aufsichtsbehörde die Europäische Zentralbank ist, auch der Bundesanstalt unverzüglich anzuzeigen. [6] Wird ein bereits gewährter Kredit durch Verringerung des Kernkapitals nach Artikel 25 der Verordnung (EU) Nr. 575/2013 zu einem Großkredit, darf das Institut diesen Großkredit unbeschadet der Wirksamkeit des Rechtsgeschäftes nur auf Grund eines unverzüglich nachzuholenden einstimmigen Beschlusses sämtlicher Geschäftsleiter weitergewähren. [7] Der Beschluss ist zu dokumentieren. [8] Wird der Beschluss nicht innerhalb eines Monats ab dem Zeitpunkt, zu dem der Kredit zu einem Großkredit geworden ist, nachgeholt, hat das Institut dies der Aufsichtsbehörde, der Deutschen Bundesbank und, soweit Aufsichtsbehörde die Europäische Zentralbank ist, auch der Bundesanstalt unverzüglich anzuzeigen.

---

[1] Nr. **6**.

(3) Die Beschlussfassungspflichten nach Absatz 2 gelten entsprechend für das übergeordnete Unternehmen, wenn ein Unternehmen der Institutsgruppe, der Finanzholding-Gruppe oder der gemischten Finanzholding-Gruppe von Artikel 7 der Verordnung (EU) Nr. 575/2013 Gebrauch macht.

(4) [1] Bei Krediten aus öffentlichen Fördermitteln, die die Förderinstitute des Bundes und der Länder auf Grund selbständiger Kreditverträge, gegebenenfalls auch über weitere Durchleitungsinstitute, über Hausbanken zu vorbestimmten Konditionen an Endkreditnehmer leiten (Hausbankprinzip), können für die beteiligten Institute in Bezug auf die Anwendung des Artikels 395 Absatz 1 der Verordnung (EU) Nr. 575/2013 die einzelnen Endkreditnehmer als Kreditnehmer des von ihnen gewährten Interbankkredits behandelt werden, wenn ihnen die Kreditforderungen zur Sicherheit abgetreten werden. [2] Dies gilt entsprechend für aus eigenen oder öffentlichen Mitteln zinsverbilligte Kredite der Förderinstitute nach dem Hausbankprinzip (Eigenmittelprogramme) sowie für Kredite aus nichtöffentlichen Mitteln, die ein Kreditinstitut nach gesetzlichen Vorgaben, gegebenenfalls auch über weitere Durchleitungsinstitute, über Hausbanken an Endkreditnehmer leitet.

§§ 13a und 13b *(aufgehoben)*

§ 13c Gruppeninterne Transaktionen mit gemischten Holdinggesellschaften. (1) [1] Ein CRR-Kreditinstitut, das Tochterunternehmen eines gemischten Unternehmens ist, hat der Aufsichtsbehörde, der Deutschen Bundesbank und, soweit Aufsichtsbehörde die Europäische Zentralbank ist, auch der Bundesanstalt bedeutende gruppeninterne Transaktionen mit gemischten Holdinggesellschaften oder deren anderen Tochterunternehmen anzuzeigen. [2] Das Bundesministerium der Finanzen wird ermächtigt, durch eine im Benehmen mit derDeutschen Bundesbank zu erlassende Rechtsverordnung, die nicht der Zustimmung des Bundesrates bedarf, näher zu bestimmen:

1. die Arten der anzuzeigenden Transaktionen und Schwellenwerte, anhand derer die gruppeninternen Transaktionen als bedeutend anzusehen sind;
2. die Obergrenzen für gruppeninterne Transaktionen und Beschränkungen hinsichtlich der Art gruppeninterner Transaktionen;
3. Art, Umfang, Zeitpunkt und Form der Angaben sowie die zulässigen Datenträger und Übertragungswege.

[3] Das Bundesministerium der Finanzen kann die Ermächtigung durch Rechtsverordnung auf die Bundesanstalt mit der Maßgabe übertragen, dass die Rechtsverordnung im Einvernehmen mit der Deutschen Bundesbank zu erlassen ist. [4] Vor Erlass der Rechtsverordnung sind die Spitzenverbände der Institute anzuhören.

(2) Das CRR-Kreditinstitut im Sinne von Absatz 1 Satz 1 darf unbeschadet der Wirksamkeit der Rechtsgeschäfte bedeutende gruppeninterne Transaktionen mit gemischten Holdinggesellschaften oder deren anderen Tochterunternehmen nur auf Grund eines einstimmigen Beschlusses sämtlicher Geschäftsleiter durchführen; § 13 Abs. 2 Satz 2 bis 5 gilt entsprechend.

(3) [1] Unbeschadet der Wirksamkeit der Rechtsgeschäfte darf das CRR-Kreditinstitut im Sinne des Absatzes 1 Satz 1 ohne Zustimmung der Aufsichtsbehörde keine bedeutenden gruppeninternen Transaktionen mit gemischten Holdinggesellschaften oder deren anderen Tochterunternehmen durchführen,

die die in der Rechtsverordnung nach Absatz 1 Satz 2 festgelegten Obergrenzen überschreiten oder gegen die in der Rechtsverordnung festgelegten Beschränkungen hinsichtlich der Art bedeutender gruppeninterner Transaktionen verstoßen. [2] Die Zustimmung nach Satz 1 steht im Ermessen der Aufsichtsbehörde. [3] Unabhängig davon, ob die Aufsichtsbehörde die Zustimmung erteilt, hat das Institut das Überschreiten der Obergrenzen oder die Verstöße gegen die Beschränkungen hinsichtlich der Art gruppeninterner Transaktionen ihr, der Deutschen Bundesbank und, soweit Aufsichtsbehörde die Europäische Zentralbank ist, auch der Bundesanstalt unverzüglich anzuzeigen. [4] Die Aufsichtsbehörde kann

1. von dem CRR-Kreditinstitut im Sinne des Absatzes 1 Satz 1 bei einem Überschreiten der in der Rechtsverordnung nach Absatz 1 Satz 2 bestimmten Obergrenzen die Unterlegung des Überschreitungsbetrags mit Eigenmitteln verlangen;
2. Verstöße gegen die in der Rechtsverordnung nach Absatz 1 Satz 2 bestimmten Beschränkungen hinsichtlich der Art gruppeninterner Transaktionen durch geeignete und erforderliche Maßnahmen unterbinden.

(4) [1] Zur Ermittlung, Quantifizierung, Überwachung und Steuerung bedeutender gruppeninterner Transaktionen innerhalb einer gemischten Unternehmensgruppe müssen die gruppenangehörigen CRR-Kreditinstitute über ein angemessenes Risikomanagement und angemessene interne Kontrollverfahren, einschließlich eines ordnungsgemäßen Berichtswesens und ordnungsgemäßer Rechnungslegungsverfahren, verfügen; § 13 bleibt unberührt. [2] § 10a Absatz 8, § 25a Abs. 1 Satz 2 sowie Artikel 11 Absatz 1 Satz 2 und 3 der Verordnung (EU) Nr. 575/2013[1)] gelten entsprechend.

§ 13d *(aufgehoben)*

§ 14 Millionenkredite. (1) [1] Kreditinstitute, Finanzdienstleistungsinstitute im Sinne des § 1 Absatz 1a Satz 2 Nummer 4, 9 oder 10, Finanzinstitute im Sinne des Artikels 4 Absatz 1 Nummer 26 der Verordnung (EU) Nr. 575/2013[1)] in Verbindung mit Anhang I Nummer 2 der Richtlinie 2013/36/EU, die das Factoring betreiben, und die in § 2 Absatz 2 genannten Unternehmen und Stellen (am Millionenkreditmeldeverfahren beteiligte Unternehmen) haben der bei der Deutschen Bundesbank geführten Evidenzzentrale vierteljährlich (Beobachtungszeitraum) die Kreditnehmer (Millionenkreditnehmer) anzuzeigen, deren Kreditvolumen 1 Million Euro oder mehr beträgt (Millionenkreditmeldegrenze); Anzeigeinhalte, Anzeigefristen und nähere Bestimmungen zum Beobachtungszeitraum sind durch die Rechtsverordnung nach § 22 zu regeln. [2] Übergeordnete Unternehmen im Sinne des § 10a haben zugleich für die gruppenangehörigen Unternehmen deren Kreditnehmer im Sinne des entsprechend anzuwendenden Satzes 1 anzuzeigen. [3] Dies gilt nicht, soweit diese Unternehmen selbst nach Satz 1 anzeigepflichtig sind oder nach § 2 Absatz 4, 7, 8, 9a oder 9e von der Anzeigepflicht befreit oder ausgenommen sind oder der Buchwert der Beteiligung an dem gruppenangehörigen Unternehmen gemäß Artikel 36 in Verbindung mit Artikel 19 Absatz 2 Buchstabe a der Verordnung (EU) Nr. 575/2013 in der jeweils gültigen Fassung von den Eigenmitteln des übergeordneten Unternehmens abgezogen wird. [4] Die nicht selbst

[1)] Nr. **6**.

nach Satz 1 anzeigepflichtigen gruppenangehörigen Unternehmen haben dem übergeordneten Unternehmen die hierfür erforderlichen Angaben zu übermitteln. [5] Satz 1 gilt bei Gemeinschaftskrediten von 1 Million Euro und mehr auch dann, wenn der Anteil des einzelnen Unternehmens 1 Million Euro nicht erreicht.

(2) [1] Ergibt sich, dass einem Kreditnehmer von einem oder mehreren Unternehmen Millionenkredite gewährt worden sind, hat die Deutsche Bundesbank die anzeigenden Unternehmen zu benachrichtigen. [2] Die Benachrichtigung umfasst Angaben über die Gesamtverschuldung des Kreditnehmers und über die Gesamtverschuldung der Kreditnehmereinheit, der dieser zugehört, über die Anzahl der beteiligten Unternehmen sowie Informationen über die prognostizierte Ausfallwahrscheinlichkeit im Sinne der Artikel 92 bis 386 der Verordnung (EU) Nr. 575/2013 für diesen Kreditnehmer, soweit ein Unternehmen selbst eine solche gemeldet hat. [3] Die Benachrichtigung ist nach Maßgabe der Rechtsverordnung nach § 22 aufzugliedern. [4] Die Deutsche Bundesbank teilt einem anzeigepflichtigen Unternehmen auf Antrag den Schuldenstand eines Kreditnehmers oder voraussichtlichen Kreditnehmers oder, sofern der Kreditnehmer oder der voraussichtliche Kreditnehmer einer Kreditnehmereinheit angehört, den Schuldenstand der Kreditnehmereinheit mit. [5] Sofern es sich um einen voraussichtlichen Kreditnehmer handelt, hat das Unternehmen auf Verlangen der Deutschen Bundesbank die Höhe der beabsichtigten Kreditgewährung mitzuteilen und nachzuweisen, dass der voraussichtliche Kreditnehmer in die Mitteilung eingewilligt hat. [6] Die am Millionenkreditmeldeverfahren beteiligten Unternehmen und die Deutsche Bundesbank dürfen die Meldung nach Absatz 1, die Benachrichtigung nach Satz 1 sowie die Mitteilung nach Satz 4 auch im Wege der elektronischen Datenübertragung durchführen. [7] Einzelheiten des Verfahrens regelt die Rechtsverordnung nach § 22. [8] Soweit es für die Zwecke der Zuordnung der Meldung nach Absatz 1 zu einem bestimmten Kreditnehmer unerlässlich ist, darf die Deutsche Bundesbank personenbezogene Daten mehrerer Kreditnehmer an das anzeigepflichtige Unternehmen übermitteln. [9] Diese Daten dürfen keine Angaben über finanzielle Verhältnisse der Kreditnehmer enthalten. [10] Die bei einem anzeigepflichtigen Unternehmen beschäftigten Personen dürfen Angaben, die dem Unternehmen nach diesem Absatz mitgeteilt werden, Dritten nicht offenbaren und nicht verwerten. [11] Die Deutsche Bundesbank protokolliert zum Zwecke der Datenschutzkontrolle durch die jeweils zuständige Stelle bei jeder Datenübertragung den Zeitpunkt, die übertragenen Daten und die beteiligten Stellen. [12] Eine Verarbeitung der Protokolldaten für andere Zwecke ist unzulässig. [13] Die Protokolldaten sind mindestens 18 Monate aufzubewahren und spätestens nach 24 Monaten zu löschen.

(3) [1] Gelten nach § 19 Abs. 2 mehrere Schuldner als ein Kreditnehmer, so sind in den Anzeigen nach Absatz 1 auch die Verschuldung und Informationen über die prognostizierten Ausfallwahrscheinlichkeiten der einzelnen Schuldner anzugeben. [2] Die Verschuldung einzelner Schuldner sowie die Informationen über die prognostizierten Ausfallwahrscheinlichkeiten sind jeweils nur den Unternehmen mitzuteilen, die selbst oder deren gruppenangehörige Unternehmen im Sinne des Absatzes 1 diesen Schuldnern Kredite gewährt oder Informationen über die prognostizierten Ausfallwahrscheinlichkeiten dieses Schuldners gemeldet haben.

(4) Die Deutsche Bundesbank darf im Einvernehmen mit der Bundesanstalt nach Maßgabe der allgemeinen datenschutzrechtlichen Vorschriften ausländischen Evidenzzentralen die bei ihr gespeicherten Daten über Kreditnehmer, auch zur Weitergabe an dort ansässige Kreditgeber, zur Verfügung stellen.

§ 15 Organkredite. (1) [1] Kredite an

1. Geschäftsleiter des Instituts,
2. nicht zu den Geschäftsleitern gehörende Gesellschafter des Instituts, wenn dieses in der Rechtsform einer Personenhandelsgesellschaft oder der Gesellschaft mit beschränkter Haftung betrieben wird, sowie an persönlich haftende Gesellschafter eines in der Rechtsform der Kommanditgesellschaft auf Aktien betriebenen Instituts, die nicht Geschäftsleiter sind,
3. Mitglieder eines zur Überwachung der Geschäftsführung bestellten Organs des Instituts, wenn die Überwachungsbefugnisse des Organs durch Gesetz geregelt sind (Aufsichtsorgan),
4. Prokuristen und zum gesamten Geschäftsbetrieb ermächtigte Handlungsbevollmächtigte des Instituts,
5. Ehegatten, Lebenspartner, Kinder und Eltern der in den Nummern 1 bis 4 genannten Personen,
6. stille Gesellschafter des Instituts,
7. Unternehmen in der Rechtsform einer juristischen Person oder einer Personenhandelsgesellschaft, wenn ein Geschäftsleiter, ein Prokurist oder ein zum gesamten Geschäftsbetrieb ermächtigter Handlungsbevollmächtigter des Instituts oder dessen Ehegatte, Lebenspartner, Kind oder Elternteil gesetzlicher Vertreter oder Mitglied des Aufsichtsorgans der juristischen Person oder Gesellschafter der Personenhandelsgesellschaft ist,
8. Unternehmen in der Rechtsform einer juristischen Person oder einer Personenhandelsgesellschaft, wenn ein gesetzlicher Vertreter der juristischen Person, ein Gesellschafter der Personenhandelsgesellschaft, ein Prokurist oder ein zum gesamten Geschäftsbetrieb ermächtigter Handlungsbevollmächtigter dieses Unternehmens dem Aufsichtsorgan des Instituts angehört,
9. Unternehmen, an denen das Institut oder eine der in den Nummern 1 bis 5 genannten Personen eine bedeutende Beteiligung hält oder bei denen das Institut oder eine der in den Nummern 1 bis 5 genannten Personen persönlich haftender Gesellschafter ist, Art. 4 Abs. 1 Nr. 36 CRR
10. Unternehmen, die an dem Institut mit mehr als 10 vom Hundert des Kapitals des Instituts beteiligt sind,
11. Unternehmen in der Rechtsform einer juristischen Person oder einer Personenhandelsgesellschaft, wenn ein gesetzlicher Vertreter der juristischen Person oder ein Gesellschafter der Personenhandelsgesellschaft an dem Institut mit mehr als 10 vom Hundert des Kapitals beteiligt ist und
12. persönlich haftende Gesellschafter, Geschäftsführer, Mitglieder des Vorstands oder des Aufsichtsorgans, Prokuristen und an zum gesamten Geschäftsbetrieb ermächtigte Handlungsbevollmächtigte eines von dem Institut abhängigen Unternehmens oder das Institut berherrschenden Unternehmens sowie ihre Ehegatten, Lebenspartner, Kinder und Eltern,

(Organkredite) dürfen nur auf Grund eines einstimmigen Beschlusses sämtlicher Geschäftsleiter des Instituts und außer im Rahmen von Mitarbeiterprogrammen nur zu marktmäßigen Bedingungen und nur mit ausdrücklicher

Zustimmung des Aufsichtsorgans, im Falle der Nummer 12 des Aufsichtsorgans des das Institut berherrschenden Unternehmens, gewährt werden; die vorstehenden Bestimmungen für Personenhandelsgesellschaften sind auf Partnerschaften entsprechend anzuwenden. [2] Geschäftsleiter und Mitglieder des Aufsichtsorgans, bei denen ein Interessenkonflikt besteht, dürfen an der Fassung der Beschlüsse nach Satz 1 und deren Vorbereitung nicht mitwirken. [3] Auf einen einstimmigen Beschluss sämtlicher Geschäftsleiter sowie die ausdrückliche Zustimmung des Aufsichtsorgans kann verzichtet werden, wenn für einen Kredit an ein Unternehmen nach Satz 1 Nr. 9 und 10 gemäß Artikel 113 der Verordnung (EU) Nr. 575/2013[1)] ein KSA-Risikogewicht von null vom Hundert verwendet werden kann. [4] Als Beteiligung im Sinne des Satzes 1 Nummer 10 und 11 gilt jeder Besitz von Aktien oder Geschäftsanteilen des Unternehmens, wenn er mindestens ein Viertel des Kapitals (Nennkapital, Summe der Kapitalanteile) erreicht, ohne daß es auf die Dauer des Besitzes ankommt. [5] Der Gewährung eines Kredits steht die Gestattung von Entnahmen gleich, die über die einem Geschäftsleiter oder einem Mitglied des Aufsichtsorgans zustehenden Vergütungen hinausgehen, insbesondere auch die Gestattung der Entnahme von Vorschüssen auf Vergütungen. [6] Organkredite, die nicht zu marktmäßigen Bedingungen gewährt werden, sind auf Anordnung der Bundesanstalt mit hartem Kernkapital nach Artikel 26 der Verordnung (EU) Nr. 575/2013 in der jeweils geltenden Fassung zu unterlegen.

(2) [1] Die Bundesanstalt kann für die Gewährung von Organkrediten im Einzelfall Obergrenzen anordnen; dieses Recht besteht auch, nachdem der Organkredit gewährt worden ist. [2] Organkredite, die die von der Bundesanstalt angeordneten Obergrenzen überschreiten, sind auf weitere Anordnung der Bundesanstalt auf die angeordneten Obergrenzen zurückzuführen; in der Zwischenzeit sind sie mit hartem Kernkapital nach Artikel 26 der Verordnung (EU) Nr. 575/2013 in der jeweils geltenden Fassung zu unterlegen.

(3) Absatz 1 gilt nicht

1. für Kredite an Prokuristen und zum gesamten Geschäftsbetrieb ermächtigte Handlungsbevollmächtigte sowie an ihre Ehegatten, Lebenspartner, Kinder und Eltern, wenn der Kredit ein Jahresgehalt des Prokuristen oder des Handlungsbevollmächtigten nicht übersteigt,
2. für Kredite an in Absatz 1 Satz 1 Nr. 6 bis 11 genannte Personen oder Unternehmen, wenn der Kredit weniger als 1 vom Hundert der nach Artikel 4 Absatz 1 Nummer 71 der Verordnung (EU) Nr. 575/2013 anrechenbaren Eigenmittel des Instituts oder weniger als 50 000 Euro beträgt, und
3. für Kredite, die um nicht mehr als 10 vom Hundert des nach Absatz 1 Satz 1 beschlossenen Betrages erhöht werden.

(4) [1] Der Beschluß der Geschäftsleiter und der Beschluß über die Zustimmung sind vor der Gewährung des Kredits zu fassen. [2] Die Beschlüsse müssen Bestimmungen über die Verzinsung und Rückzahlung des Kredits enthalten. [3] Sie sind aktenkundig zu machen. [4] Ist die Gewährung eines Kredits nach Absatz 1 Satz 1 Nr. 6 bis 11 eilbedürftig, genügt es, daß sämtliche Geschäftsleiter sowie das Aufsichtsorgan der Kreditgewährung unverzüglich nachträglich zustimmen. [5] Ist der Beschluß der Geschäftsleiter nicht innerhalb von zwei Monaten oder der Beschluß des Aufsichtsorgans nicht innerhalb von vier

---

1) Nr. **6**.

Monaten, jeweils vom Tage der Kreditgewährung an gerechnet, nachgeholt, hat das Institut dies der Bundesanstalt unverzüglich anzuzeigen. [6]Der Beschluß der Geschäftsleiter und der Beschluß über die Zustimmung zu Krediten an die in Absatz 1 Satz 1 Nr. 1 bis 5 und 12 genannten Personen können für bestimmte Kreditgeschäfte und Arten von Kreditgeschäften im voraus, jedoch nicht für länger als ein Jahr gefaßt werden.

(5) Wird entgegen Absatz 1 oder 4 ein Kredit an eine in Absatz 1 Satz 1 Nr. 1 bis 5 und 12 genannte Person gewährt, so ist dieser Kredit ohne Rücksicht auf entgegenstehende Vereinbarungen sofort zurückzuzahlen, wenn nicht sämtliche Geschäftsleiter sowie das Aufsichtsorgan der Kreditgewährung unverzüglich nachträglich zustimmen.

(6) Für Geschäfte des Instituts, die keine Kredite im Sinne von § 21 Absatz 1 sind, mit Personen oder Unternehmen nach Absatz 1 Satz 1 Nummer 1 bis 12 und für Ausbuchungen von Forderungen an diese Personen oder Unternehmen gelten Absatz 1 Satz 1 bis 4, die Absätze 3 und 4, § 19 Absatz 3 sowie § 21 Absatz 2 Nummer 1 entsprechend.

§ 16 (aufgehoben)

§ 17 Haftungsbestimmung. (1) Wird entgegen den Vorschriften des § 15 Kredit gewährt, so haften die Geschäftsleiter, die hierbei ihre Pflichten verletzen, und die Mitglieder des Aufsichtsorgans, die trotz Kenntnis gegen eine beabsichtigte Kreditgewährung pflichtwidrig nicht einschreiten, dem Institut als Gesamtschuldner für den entstehenden Schaden; die Geschäftsleiter und die Mitglieder des Aufsichtsorgans haben nachzuweisen, daß sie nicht schuldhaft gehandelt haben.

(2) [1]Der Ersatzanspruch des Instituts kann auch von dessen Gläubigern geltend gemacht werden, soweit sie von diesem keine Befriedigung erlangen können. [2]Den Gläubigern gegenüber wird die Ersatzpflicht weder durch einen Verzicht oder Vergleich des Instituts noch dadurch aufgehoben, daß bei Instituten in der Rechtsform der juristischen Person die Kreditgewährung auf einem Beschluß des obersten Organs des Instituts (Hauptversammlung, Generalversammlung, Gesellschafterversammlung) beruht.

(3) Die Ansprüche nach Absatz 1 verjähren in fünf Jahren.

§ 18 Kreditunterlagen. [1]Ein Kreditinstitut darf einen Kredit, der insgesamt 750 000 Euro oder 10 Prozent seines Kernkapitals nach Artikel 25 der Verordnung (EU) Nr. 575/2013[1)] überschreitet, nur gewähren, wenn es sich von dem Kreditnehmer die wirtschaftlichen Verhältnisse, insbesondere durch Vorlage der Jahresabschlüsse, offen legen lässt. [2]Das Kreditinstitut kann hiervon absehen, wenn das Verlangen nach Offenlegung im Hinblick auf die gestellten Sicherheiten oder auf die Mitverpflichteten offensichtlich unbegründet wäre. [3]Das Kreditinstitut kann von der laufenden Offenlegung absehen, wenn

1. der Kredit durch Grundpfandrechte auf Wohneigentum, das vom Kreditnehmer selbst genutzt wird, gesichert ist,
2. der Kredit vier Fünftel des Beleihungswertes des Pfandobjektes im Sinne des § 16 Abs. 1 und 2 des Pfandbriefgesetzes[2)] nicht übersteigt und

---

[1)] Nr. **6**.
[2)] Nr. **20**.

3. der Kreditnehmer die von ihm geschuldeten Zins- und Tilgungsleistungen störungsfrei erbringt.

[4] Eine Offenlegung ist nicht erforderlich bei Krediten an

1. Zentralregierungen oder Zentralnotenbanken im Ausland, den Bund, die Deutsche Bundesbank oder ein rechtlich unselbständiges Sondervermögen des Bundes, wenn sie ungesichert ein Kreditrisiko-Standardansatz-Risikogewicht (KSA-Risikogewicht) von 0 Prozent erhalten würden,
2. multilaterale Entwicklungsbanken oder internationale Organisationen, wenn sie ungesichert ein KSA-Risikogewicht von 0 Prozent erhalten würden, oder
3. Regionalregierungen oder örtliche Gebietskörperschaften in einem anderen Staat des Europäischen Wirtschaftsraums, ein Land, eine Gemeinde, einen Gemeindeverband, ein rechtlich unselbständiges Sondervermögen eines Landes, einer Gemeinde oder eines Gemeindeverbandes oder Einrichtungen des öffentlichen Bereichs, wenn sie ungesichert ein KSA-Risikogewicht von 0 Prozent erhalten würden.

§ 18a Verbraucherdarlehen und entgeltliche Finanzierungshilfen; Verordnungsermächtigung. (1) [1] Die Kreditinstitute prüfen vor Abschluss eines Verbraucherdarlehensvertrags die Kreditwürdigkeit des Darlehensnehmers. [2] Das Kreditinstitut darf den Verbraucherdarlehensvertrag nur abschließen, wenn aus der Kreditwürdigkeitsprüfung hervorgeht, dass bei einem Allgemein-Verbraucherdarlehensvertrag keine erheblichen Zweifel an der Kreditwürdigkeit bestehen und dass es bei einem Immobiliar-Verbraucherdarlehensvertrag wahrscheinlich ist, dass der Darlehensnehmer seinen Verpflichtungen, die im Zusammenhang mit dem Darlehensvertrag stehen, vertragsgemäß nachkommen wird.

(2) Wird der Nettodarlehensbetrag nach Abschluss des Darlehensvertrags deutlich erhöht, so ist die Kreditwürdigkeit auf aktualisierter Grundlage neu zu prüfen, es sei denn, der Erhöhungsbetrag des Nettodarlehens wurde bereits in die ursprüngliche Kreditwürdigkeitsprüfung einbezogen.

(2a) [1] Bei Immobiliar-Verbraucherdarlehensverträgen, die

1. im Anschluss an einen zwischen den Vertragsparteien abgeschlossenen Darlehensvertrag ein neues Kapitalnutzungsrecht zur Erreichung des von dem Darlehensnehmer mit dem vorangegangenen Darlehensvertrag verfolgten Zwecks einräumen oder
2. einen anderen Darlehensvertrag zwischen den Vertragsparteien zur Vermeidung von Kündigungen wegen Zahlungsverzuges des Darlehensnehmers oder zur Vermeidung von Zwangsvollstreckungsmaßnahmen gegen den Darlehensnehmer ersetzen oder ergänzen,

bedarf es einer erneuten Kreditwürdigkeitsprüfung nur unter den Voraussetzungen des Absatzes 2. [2] Ist danach keine Kreditwürdigkeitsprüfung erforderlich, darf der Darlehensgeber den neuen Immobiliar-Verbraucherdarlehensvertrag nicht abschließen, wenn ihm bereits bekannt ist, dass der Darlehensnehmer seinen Verpflichtungen, die im Zusammenhang mit diesem Darlehensvertrag stehen, dauerhaft nicht nachkommen kann.

(3) [1] Grundlage für die Kreditwürdigkeitsprüfung können Auskünfte des Darlehensnehmers und erforderlichenfalls Auskünfte von Stellen sein, die geschäftsmäßig personenbezogene Daten, die zur Bewertung der Kreditwürdig-

keit von Verbrauchern genutzt werden dürfen, zum Zwecke der Übermittlung erheben, speichern, verändern oder nutzen. [2]Das Kreditinstitut ist verpflichtet, die Informationen in angemessener Weise zu überprüfen, soweit erforderlich auch durch Einsichtnahme in unabhängig nachprüfbare Unterlagen.

(4) [1]Bei Immobiliar-Verbraucherdarlehensverträgen hat das Kreditinstitut die Kreditwürdigkeit des Darlehensnehmers auf der Grundlage notwendiger, ausreichender und angemessener Informationen zu Einkommen, Ausgaben sowie zu anderen finanziellen und wirtschaftlichen Umständen des Darlehensnehmers eingehend zu prüfen. [2]Dabei hat das Kreditinstitut die Faktoren angemessen zu berücksichtigen, die für die Einschätzung relevant sind, ob der Darlehensnehmer seinen Verpflichtungen aus dem Darlehensvertrag voraussichtlich nachkommen kann. [3]Die Kreditwürdigkeitsprüfung darf sich nicht hauptsächlich darauf stützen, dass der Wert der Wohnimmobilie den Darlehensbetrag übersteigt, oder auf die Annahme, dass der Wert der Wohnimmobilie zunimmt, es sei denn, der Darlehensvertrag dient zum Bau oder zur Renovierung der Wohnimmobilie.

(5) Das Kreditinstitut ist verpflichtet, die Verfahren und Angaben, auf die sich die Kreditwürdigkeitsprüfung stützt, nach Maßgabe von § 25a Absatz 1 Satz 6 Nummer 2 zu dokumentieren und die Dokumentation aufzubewahren.

(6) Die mit der Vergabe von Immobiliar-Verbraucherdarlehen befassten internen und externen Mitarbeiter müssen über angemessene Kenntnisse und Fähigkeiten in Bezug auf das Gestalten, Anbieten, Vermitteln, Abschließen von Immobiliar-Verbraucherdarlehensverträgen oder das Erbringen von Beratungsleistungen in Bezug auf diese Verträge verfügen und ihre Kenntnisse und Fähigkeiten auf aktuellem Stand halten.

(7) [1]Kreditinstitute, die grundpfandrechtlich oder durch eine Reallast besicherte Immobiliar-Verbraucherdarlehen vergeben, haben

1. bei der Bewertung der Immobilie zuverlässige Standards zu verwenden und
2. sicherzustellen, dass interne und externe Gutachter, die Immobilienbewertungen für sie vornehmen, fachlich kompetent und so unabhängig vom Darlehensvergabeprozess sind, dass sie eine objektive Bewertung vornehmen können.

[2]Das Kreditinstitut ist verpflichtet, Bewertungen für Immobilien, die als Sicherheit für Immobiliar-Verbraucherdarlehen dienen, nach Maßgabe von § 25a Absatz 1 Satz 6 Nummer 2 auf einem dauerhaften Datenträger zu dokumentieren und die Dokumentation aufzubewahren.

(8) Soweit Kreditinstitute Beratungsleistungen gemäß § 511 des Bürgerlichen Gesetzbuchs[1)] zu Immobiliar-Verbraucherdarlehen oder Nebenleistungen gewähren, vermitteln oder erbringen, sind Informationen über die Umstände des Verbrauchers, von ihm angegebene konkrete Bedürfnisse und realistische Annahmen bezüglich der Risiken für die Situation des Verbrauchers während der Laufzeit des Darlehensvertrags zugrunde zu legen.

(8a) Eine Genehmigung für Koppelungsgeschäfte bei Immobiliar-Verbraucherdarlehensverträgen nach § 492b Absatz 3 des Bürgerlichen Gesetzbuchs[1)] darf nur erteilt werden, wenn der Darlehensgeber gegenüber der für ihn zuständigen Aufsichtsbehörde nachweisen kann, dass die zu ähnlichen Vertrags-

[1)] Nr. **24**.

bedingungen angebotenen gekoppelten Produkte oder Produktkategorien, die nicht separat erhältlich sind, unter gebührender Berücksichtigung der Verfügbarkeit und der Preise der einschlägigen auf dem Markt angebotenen Produkte einen klaren Nutzen für den Verbraucher bieten und es sich um Produkte handelt, die nach dem 20. März 2014 vertrieben werden.

(9) Die Bestimmungen zum Schutz personenbezogener Daten bleiben unberührt.

(10) Die Absätze 1 bis 9 gelten auch für die jeweils entsprechenden entgeltlichen Finanzierungshilfen.

(10a) [1] Das Bundesministerium der Finanzen und das Bundesministerium der Justiz und für Verbraucherschutz werden ermächtigt, durch gemeinsame Rechtsverordnung ohne Zustimmung des Bundesrates Leitlinien zu den Kriterien und Methoden der Kreditwürdigkeitsprüfung bei Immobiliar-Verbraucherdarlehensverträgen nach den Absätzen 1 bis 5 festzulegen. [2] Durch die Rechtsverordnung können insbesondere Leitlinien festgelegt werden:

1. zu den Faktoren, die für die Einschätzung relevant sind, ob der Darlehensnehmer seinen Verpflichtungen aus dem Darlehensvertrag voraussichtlich nachkommen kann,
2. zu den anzuwendenden Verfahren und der Erhebung und Prüfung von Informationen.

(11) [1] Das Bundesministerium der Finanzen wird ermächtigt, durch Rechtsverordnung, die nicht der Zustimmung des Bundesrates bedarf, nähere Bestimmungen über die nach Absatz 6 erforderlichen Kenntnisse und Fähigkeiten der mit der Darlehensvergabe befassten internen und externen Mitarbeiter zu erlassen. [2] Das Bundesministerium der Finanzen kann die Ermächtigung nach Satz 1 durch Rechtsverordnung auf die Bundesanstalt übertragen.

§ 18b *(aufgehoben)*

§ 19 Begriff des Kredits für § 14 und des Kreditnehmers für die §§ 14, 15 und 18. (1) [1] Kredite im Sinne des § 14 sind Bilanzaktiva, Derivate mit Ausnahme der Stillhalterverpflichtungen aus Kaufoptionen sowie die dafür übernommenen Gewährleistungen und andere außerbilanzielle Geschäfte. [2] Bilanzaktiva im Sinne des Satzes 1 sind

1. Guthaben bei Zentralnotenbanken und Postgiroämtern,
2. Schuldtitel öffentlicher Stellen und Wechsel, die zur Refinanzierung bei Zentralnotenbanken zugelassen sind,
3. im Einzug befindliche Werte, für die entsprechende Zahlungen bereits bevorschußt wurden,
4. Forderungen an Kreditinstitute und Kunden, einschließlich der Warenforderungen von Kreditinstituten mit Warengeschäft sowie in der Bilanz aktivierte Ansprüche aus Leasingverträgen auf Zahlungen, zu denen der Leasingnehmer verpflichtet ist oder verpflichtet werden kann, und Optionsrechte des Leasingnehmers zum Kauf der Leasinggegenstände, die einen Anreiz zur Ausübung des Optionsrechts bieten,
5. Schuldverschreibungen und andere festverzinsliche Wertpapiere, soweit sie kein Recht verbriefen, das unter die in Satz 1 genannten Derivate fällt,
6. Aktien und andere nicht festverzinsliche Wertpapiere, soweit sie kein Recht verbriefen, das unter die in Satz 1 genannten Derivate fällt,

7. Beteiligungen,
8. Anteile an verbundenen Unternehmen,
9. *(aufgehoben)*
10. sonstige Vermögensgegenstände, sofern sie einem Adressenausfallrisiko unterliegen.

[3] Als andere außerbilanzielle Geschäfte im Sinne des Satzes 1 sind anzusehen

1. den Kreditnehmern abgerechnete eigene Ziehungen im Umlauf,
2. Indossamentsverbindlichkeiten aus weitergegebenen Wechseln,
3. Bürgschaften und Garantien für Bilanzaktiva,
4. Erfüllungsgarantien und andere als die in Nummer 3 genannten Garantien und Gewährleistungen, soweit sie sich nicht auf die in Satz 1 genannten Derivate beziehen,
5. Eröffnung und Bestätigung von Akkreditiven,
6. unbedingte Verpflichtungen der Bausparkassen zur Ablösung fremder Vorfinanzierungs- und Zwischenkredite an Bausparer,
7. Haftung aus der Bestellung von Sicherheiten für fremde Verbindlichkeiten,
8. beim Pensionsgeber vom Bestand abgesetzte Bilanzaktiva, die dieser mit der Vereinbarung auf einen anderen übertragen hat, daß er sie auf Verlangen zurücknehmen muß,
9. Verkäufe von Bilanzaktiva mit Rückgriff, bei denen das Kreditrisiko bei dem verkaufenden Institut verbleibt,
10. Terminkäufe auf Bilanzaktiva, bei denen eine unbedingte Verpflichtung zur Abnahme des Liefergegenstandes besteht,
11. Plazierung von Termineinlagen auf Termin,
12. Ankaufs- und Refinanzierungszusagen,
13. noch nicht in Anspruch genommene Kreditzusagen,
14. Kreditderivate,
15. noch nicht in der Bilanz aktivierte Ansprüche aus Leasingverträgen auf Zahlungen, zu denen der Leasingnehmer verpflichtet ist oder verpflichtet werden kann, und Optionsrechte des Leasingnehmers zum Kauf der Leasinggegenstände, die einen Anreiz zur Ausübung des Optionsrechts bieten, sowie
16. außerbilanzielle Geschäfte, sofern sie einem Adressenausfallrisiko unterliegen und von den Nummern 1 bis 14 nicht erfasst sind.

(1a) [1] Derivate im Sinne dieser Vorschrift sind als Kauf, Tausch oder durch anderweitigen Bezug auf einen Basiswert ausgestaltete Festgeschäfte oder Optionsgeschäfte, deren Wert durch den Basiswert bestimmt wird und deren Wert sich infolge eines für wenigstens einen Vertragspartner zeitlich hinausgeschobenen Erfüllungszeitpunkts künftig ändern kann, einschließlich finanzieller Differenzgeschäfte. [2] Basiswert im Sinne von Satz 1 kann auch ein Derivat sein.

(2) [1] Als ein Kreditnehmer im Sinne des § 14 gelten

1. zwei oder mehr natürliche oder juristische Personen oder Personenhandelsgesellschaften, wenn eine von ihnen unmittelbar oder mittelbar beherrschenden Einfluss auf die andere oder die anderen ausüben kann. Unmittelbar oder mittelbar beherrschender Einfluss liegt insbesondere vor,

a) bei allen Unternehmen, die im Sinne des § 290 Absatz 2 des Handelsgesetzbuchs konsolidiert werden, oder

b) bei allen Unternehmen, die durch Verträge verbunden sind, die vorsehen, dass das eine Unternehmen verpflichtet ist, seinen ganzen Gewinn an ein anderes abzuführen, oder

c) beim Halten von Stimmrechts- oder Kapitalanteilen an einem Unternehmen in Höhe von 50 Prozent oder mehr durch ein anderes Unternehmen oder eine Person, unabhängig davon, ob diese Anteile im Rahmen eines Treuhandverhältnisses verwaltet werden,

2. Personenhandelsgesellschaften oder Kapitalgesellschaften und jeder persönlich haftende Gesellschafter sowie Partnerschaften und jeder Partner,
3. alle Unternehmen, die demselben Konzern im Sinne des § 18 des Aktiengesetzes angehören.

[2] Die Zusammenfassungstatbestände nach den Nummern 1 bis 3 sind kumulativ anzuwenden.

(3) Als ein Kreditnehmer im Sinne der §§ 15 und 18 gelten zwei oder mehr natürliche oder juristische Personen, die gemäß Artikel 4 Absatz 1 Nummer 39 der Verordnung (EU) Nr. 575/2013[1)] eine Gruppe verbundener Kunden bilden.

(4) *(aufgehoben)*

(5) Bei dem entgeltlichen Erwerb von Geldforderungen gilt der Veräußerer der Forderungen als Kreditnehmer im Sinne der §§ 14 bis 18, wenn er für die Erfüllung der übertragenen Forderung einzustehen oder sie auf Verlangen des Erwerbers zurückzuerwerben hat; andernfalls gilt der Schuldner der Verbindlichkeit als Kreditnehmer.

§ 20 Ausnahmen von den Verpflichtungen nach § 14. Als Kredite im Sinne des § 14 gelten nicht:

1. Kredite bei Wechselkursgeschäften, die im Rahmen des üblichen Abrechnungsverfahrens innerhalb von zwei Geschäftstagen ab Vorleistung abgewickelt werden,
2. Kredite bei Wertpapiergeschäften, die im Rahmen des üblichen Abrechnungsverfahrens innerhalb von fünf Geschäftstagen ab Vorleistung abgewickelt werden,
3. im Fall der Durchführung des Zahlungsverkehrs, einschließlich der Ausführung von Zahlungsdiensten, der Verrechnung und Abwicklung in jedweder Währung und des Korrespondenzbankgeschäfts, oder der Erbringung von Dienstleistungen für Kunden zur Verrechnung, Abwicklung und Verwahrung von Finanzinstrumenten, verspätete Zahlungseingänge bei Finanzierungen und andere Kredite im Kundengeschäft, die längstens bis zum folgenden Geschäftstag bestehen,
4. Geldsicherheiten, die im Kontext von Finanzmarktgeschäften für Kunden hinterlegt werden und deren vereinbarte Laufzeit oder Kündigungsfrist einen Geschäftstag nicht überschreitet,
5. Kredite, die im Fall der Durchführung des Zahlungsverkehrs, einschließlich der Ausführung von Zahlungsdiensten, der Verrechnung und Abwicklung in

---

1) Nr. **6**.

jedweder Währung und des Korrespondenzbankgeschäfts, an Institute vergeben werden, die diese Dienste erbringen, sofern die Kredite bis zum Geschäftsschluss zurückzuzahlen sind,
6. abgeschriebene Kredite und
7. Verfügungen über gutgeschriebene Beträge aus dem Lastschrifteinzugsverfahren, die mit dem Vermerk „Eingang vorbehalten" versehen werden.

§§ 20a–20c *(aufgehoben)*

§ 21 Begriff des Kredits für die §§ 15 bis 18. (1) [1]Kredite im Sinne der §§ 15 bis 18 sind
1. Gelddarlehen aller Art, entgeltlich erworbene Geldforderungen, Akzeptkredite sowie Forderungen aus Namensschuldverschreibungen mit Ausnahme der auf den Namen lautenden Pfandbriefe und Kommunalschuldverschreibungen;
2. die Diskontierung von Wechseln und Schecks;
3. Geldforderungen aus sonstigen Handelsgeschäften eines Instituts, ausgenommen die Forderungen aus Warengeschäften der Kreditgenossenschaften, sofern diese nicht über die handelsübliche Frist hinaus gestundet werden;
4. Bürgschaften, Garantien und sonstige Gewährleistungen eines Instituts sowie die Haftung eines Instituts aus der Bestellung von Sicherheiten für fremde Verbindlichkeiten;
5. die Verpflichtung, für die Erfüllung entgeltlich übertragener Geldforderungen einzustehen oder sie auf Verlangen des Erwerbers zurückzuerwerben;
6. der Besitz eines Instituts an Aktien oder Geschäftsanteilen eines anderen Unternehmens, der mindestens ein Viertel des Kapitals (Nennkapital, Summe der Kapitalanteile) des Beteiligungsunternehmens erreicht, ohne daß es auf die Dauer des Besitzes ankommt;
7. Gegenstände, über die ein Institut als Leasinggeber Leasingverträge abgeschlossen hat, abzüglich bis zum Buchwert des ihm zugehörigen Leasinggegenstandes solcher Posten, die wegen der Erfüllung oder der Veräußerung von Forderungen aus diesen Leasingverträgen gebildet werden.

[2]Zugunsten des Instituts bestehende Sicherheiten sowie Guthaben des Kreditnehmers bei dem Institut bleiben außer Betracht.

(2) Als Kredite im Sinne der §§ 15 bis 18 gelten nicht
1. Kredite an den Bund, ein rechtlich unselbständiges Sondervermögen des Bundes oder eines Landes, ein Land, eine Gemeinde oder einen Gemeindeverband;
2. ungesicherte Forderungen an andere Institute aus bei diesen unterhaltenen, nur der Geldanlage dienenden Guthaben, die spätestens in drei Monaten fällig sind; Forderungen eingetragener Genossenschaften an ihre Zentralbanken, von Sparkassen an ihre Girozentralen sowie von Zentralbanken und Girozentralen an ihre Zentralkreditinstitute können später fällig gestellt sein;
3. von anderen Instituten angekaufte Wechsel, die von einem Institut angenommen, indossiert oder als eigene Wechsel ausgestellt sind, eine Laufzeit von höchstens drei Monaten haben und am Geldmarkt üblicherweise gehandelt werden;
4. abgeschriebene Kredite.

(3) § 15 Abs. 1 Satz 1 Nr. 6 bis 11 und § 18 gelten nicht für

1. Kredite, soweit sie den Erfordernissen des § 14 und des § 16 Abs. 1 und 2 des Pfandbriefgesetzes[1] entsprechen (Realkredite);
2. Kredite mit Laufzeiten von höchstens 15 Jahren gegen Bestellung von Schiffshypotheken, soweit sie den Erfordernissen des § 22 Abs. 1, 2 Satz 1 und Abs. 5 Satz 3, des § 23 Abs. 1 und 4 sowie des § 24 Abs. 2 in Verbindung mit Abs. 3 des Pfandbriefgesetzes entsprechen;
3. Kredite an eine inländische juristische Person des öffentlichen Rechts, die nicht in Absatz 2 Nr. 1 genannt ist, die Europäische Union, die Europäische Atomgemeinschaft oder die Europäische Investitionsbank;
4. Kredite, soweit sie vom Bund, einem Sondervermögen des Bundes, einem Land, einer Gemeinde oder einem Gemeindeverband verbürgt oder in anderer Weise gesichert sind (öffentlich verbürgte Kredite).

(4) Als Kredite im Sinne des § 18 gelten nicht

1. Kredite auf Grund des entgeltlichen Erwerbs einer Forderung aus nicht bankmäßigen Handelsgeschäften, wenn
   a) Forderungen aus nicht bankmäßigen Handelsgeschäften gegen den jeweiligen Schuldner laufend erworben werden,
   b) der Veräußerer der Forderung nicht für deren Erfüllung einzustehen hat und
   c) die Forderung innerhalb von drei Monaten, vom Tage des Ankaufs an gerechnet, fällig ist;
2. Kredite, soweit sie gedeckt sind durch Sicherheiten in Form von
   a) Bareinlagen bei dem kreditgewährenden Institut oder bei einem Drittinstitut, das Mutter- oder Tochterunternehmen des kreditgewährenden Instituts ist, oder Barmitteln, die das Institut im Rahmen der Emission einer Credit Linked Note erhält, oder
   b) Einlagenzertifikaten oder ähnlichen Papieren, die von dem kreditgewährenden Institut oder einem Drittinstitut, das Mutter- oder Tochterunternehmen des kreditgewährenden Instituts ist, ausgegeben wurden und bei diesen hinterlegt sind und die näheren Bestimmungen der Artikel 192 bis 241 der Verordnung (EU) Nr. 575/2013[2] zur Kreditrisikominderung erfüllt werden.

§ 22 Verordnungsermächtigung für Millionenkredite. [1] Das Bundesministerium der Finanzen wird ermächtigt, durch Rechtsverordnung, die nicht der Zustimmung des Bundesrates bedarf, im Benehmen mit der Deutschen Bundesbank für Millionenkredite nähere Bestimmungen zu erlassen über

1. die Ermittlung der Kreditbeträge und Kreditnehmer,
2. die Ermittlung der Kreditäquivalenzbeträge von Derivaten sowie die Ermittlung von Pensions- und Leihgeschäften und von anderen mit diesen vergleichbaren Geschäften sowie der für diese Geschäfte übernommenen Gewährleistungen,
3. die Zurechnung von Krediten zu Kreditnehmern,

---

[1] Nr. **20**.
[2] Nr. **6**.

4. die Anzeigeinhalte, Anzeigefristen und den Beobachtungszeitraum nach § 14 Absatz 1 Satz 1,
5. weitere Angaben in der Benachrichtigung nach § 14 Absatz 2 Satz 2, soweit dies auf Grund von Informationen, die die Deutsche Bundesbank von ausländischen Evidenzzentralen erhalten hat, erforderlich ist,
6. Einzelheiten zu den Angaben in der Benachrichtigung nach § 14 Absatz 2 Satz 2, insbesondere zu den Voraussetzungen und den Inhalten der Rückmeldungen der Informationen über prognostizierte Ausfallwahrscheinlichkeiten, sowie die Aufgliederung dieser Benachrichtigung nach § 14 Absatz 2 Satz 3 und
7. Einzelheiten des Verfahrens der elektronischen Datenübertragung nach § 14 Absatz 2 Satz 6.

[2] Das Bundesministerium der Finanzen kann die Ermächtigung durch Rechtsverordnung auf die Bundesanstalt mit der Maßgabe übertragen, dass die Rechtsverordnung im Einvernehmen mit der Deutschen Bundesbank ergeht. [3] Vor Erlass der Rechtsverordnung sind die Spitzenverbände der Institute anzuhören.

2a. Refinanzierungsregister

§ 22a Registerführendes Unternehmen. (1) [1] Ist das Refinanzierungsunternehmen ein Kreditinstitut oder eine in § 2 Abs. 1 Nr. 1 bis 3a genannte Einrichtung und hat ein Unternehmen im Sinne des § 1 Absatz 24 Satz 1 Nummer 1 bis 6 einen Anspruch auf Übertragung einer Forderung des Refinanzierungsunternehmens oder eines Grundpfandrechts des Refinanzierungsunternehmens, das der Sicherung von Forderungen dient, können diese Gegenstände in ein vom Refinanzierungsunternehmen geführtes Refinanzierungsregister eingetragen werden; dies gilt entsprechend für Registerpfandrechte an einem Luftfahrzeug und für Schiffshypotheken. [2] Für jede Refinanzierungstransaktion ist eine gesonderte Abteilung zu bilden.

(1a) Absatz 1 gilt entsprechend, wenn die Forderungen und Grundpfandrechte treuhänderisch von dem Refinanzierungsunternehmen verwaltet werden.

(2) [1] Eine Pflicht des Refinanzierungsunternehmens oder des Refinanzierungsmittlers zur Führung eines Refinanzierungsregisters wird durch diesen Unterabschnitt nicht begründet. [2] Die Registerführung kann nur unter den Voraussetzungen des § 22k beendet oder übertragen werden.

(3) Eine Auslagerung der Registerführung ist nicht statthaft.

(4) Die Absätze 1 bis 3 gelten sinngemäß für Refinanzierungsmittler, die Kreditinstitut oder eine in § 2 Abs. 1 Nr. 1 bis 3a genannte Einrichtung sind.

§ 22b Führung des Refinanzierungsregisters für Dritte. (1) [1] Ist das Refinanzierungsunternehmen weder ein Kreditinstitut noch eine in § 2 Abs. 1 Nr. 1 bis 3a genannte Einrichtung, können die in § 22a Abs. 1 Satz 1 genannten Gegenstände des Refinanzierungsunternehmens, auf deren Übertragung ein Unternehmen im Sinne des § 1 Absatz 24 Satz 1 Nummer 1 bis 6 einen Anspruch hat, in ein von einem Kreditinstitut oder von der Kreditanstalt für Wiederaufbau geführtes Refinanzierungsregister eingetragen werden. [2] Enthält das Refinanzierungsregister daneben Gegenstände, deren Übertragung das registerführende oder ein anderes Unternehmen schuldet, so ist für jeden zur

Übertragung Verpflichteten innerhalb desselben Refinanzierungsregisters eine gesonderte Abteilung und innerhalb dieser für jede Refinanzierungstransaktion eine Unterabteilung zu bilden.

(2) [1] Ist das Refinanzierungsunternehmen ein Kreditinstitut, für welches die Führung eines eigenen Refinanzierungsregisters nach Art und Umfang seines Geschäftsbetriebs eine unangemessene Belastung darstellt, so soll die Bundesanstalt auf Antrag des Refinanzierungsunternehmens der Führung des Refinanzierungsregisters durch ein anderes Kreditinstitut zustimmen. [2] Die Zustimmung der Bundesanstalt gilt als erteilt, wenn sie nicht binnen eines Monats nach Stellung des Antrages verweigert wird.

(3) Eintragungen, die für andere Kreditinstitute vorgenommen werden, ohne dass eine Zustimmung der Bundesanstalt nach Absatz 2 vorliegt, sind unwirksam.

(4) § 22a Abs. 2 und 3, auch in Verbindung mit Abs. 4, findet entsprechende Anwendung.

§ 22c Refinanzierungsmittler. Die §§ 22d bis 22o gelten sinngemäß für Refinanzierungsregister, die gemäß § 22a Abs. 4 von einem Refinanzierungsmittler oder gemäß § 22b Abs. 4 für einen Refinanzierungsmittler geführt werden.

§ 22d Refinanzierungsregister. (1) [1] Eine elektronische Führung des Refinanzierungsregisters ist zulässig, sofern sichergestellt ist, dass hinreichende Vorkehrungen gegen einen Datenverlust getroffen worden sind. [2] Das Bundesministerium der Finanzen hat durch Rechtsverordnung[1)], die nicht der Zustimmung des Bundesrates bedarf, Einzelheiten über die Form des Refinanzierungsregisters sowie der Art und Weise der Aufzeichnung zu bestimmen. [3] Das Bundesministerium der Finanzen kann diese Ermächtigung durch Rechtsverordnung auf die Bundesanstalt für Finanzdienstleistungsaufsicht übertragen.

(2) [1] In das Refinanzierungsregister sind von dem registerführenden Unternehmen einzutragen:

1. die Forderungen oder die Sicherheiten, auf deren Übertragung die im Register als übertragungsberechtigt eingetragenen Unternehmen im Sinne des § 1 Absatz 24 Satz 1 Nummer 1 bis 6 (Übertragungsberechtigte) einen Anspruch haben,
2. der Übertragungsberechtigte,
3. der Zeitpunkt der Eintragung,
4. falls ein Gegenstand als Sicherheit dient, den rechtlichen Grund, den Umfang, den Rang der Sicherheit und das Datum des Tages, an dem der den rechtlichen Grund für die Absicherung enthaltende Vertrag geschlossen wurde.

[2] In den Fällen der Nummern 1 und 4 genügt es, wenn Dritten, insbesondere dem Verwalter, dem Sachwalter, der Bundesanstalt oder einem Insolvenzverwalter die eindeutige Bestimmung der einzutragenden Angaben möglich ist. [3] Ist der Übertragungsberechtigte eine Pfandbriefbank, so ist diese sowie der gemäß § 7 Abs. 1 des Pfandbriefgesetzes[2)] bestellte Treuhänder von der Ein-

---

1) Siehe die RefinanzierungsregisterVO v. 18.12.2006 (BGBl. I S. 3241).
2) Nr. **20**.

tragung zu unterrichten. [4]Ist der Übertragungsberechtigte ein Versicherungsunternehmen, ist dieses sowie der nach § 128 des Versicherungsaufsichtsgesetzes bestellte Treuhänder von der Eintragung zu unterrichten.

(3) Soweit nach Absatz 2 erforderliche Angaben fehlen oder Eintragungen unrichtig sind oder keine eindeutige Bestimmung einzutragender Angaben zulassen, sind die betroffenen Gegenstände nicht ordnungsgemäß eingetragen.

(4) [1]Forderungen sind auch dann eintragungsfähig und nach Eintragung an den Übertragungsberechtigten veräußerbar, wenn die Abtretung durch mündliche oder konkludente Vereinbarung mit dem Schuldner ausgeschlossen worden ist. [2]§ 354a des Handelsgesetzbuchs sowie gesetzliche Verfügungsverbote bleiben unberührt.

(5) [1]Eintragungen können nur mit Zustimmung des Übertragungsberechtigten gelöscht werden. [2]Sofern ein Übertragungsberechtigter eine Pfandbriefbank oder ein Versicherungsunternehmen ist, können Eintragungen nur mit Zustimmung des Treuhänders der Pfandbriefbank beziehungsweise des Treuhänders des Versicherungsunternehmens gelöscht werden. [3]In jedem Fall ist der Zeitpunkt der Löschung einzutragen. [4]Fehlerhafte Eintragungen können mit Zustimmung des Verwalters gelöscht werden; Absatz 2 Satz 3 und 4 gilt entsprechend. [5]Die Korrektur, ihr Zeitpunkt und die Zustimmung des Verwalters sind im Refinanzierungsregister einzutragen. [6]Die nochmalige Eintragung ohne Löschung der früheren Eintragung entfaltet keine Rechtswirkung.

(6) Der Übertragungsberechtigte kann jederzeit vom Verwalter einen Auszug über die ihn betreffenden Eintragungen im Refinanzierungsregister verlangen, auf dem der Verwalter die Übereinstimmung mit dem Refinanzierungsregister in Schriftform bestätigt hat.

§ 22e Bestellung des Verwalters. (1) [1]Bei jedem registerführenden Unternehmen ist eine natürliche Person als Verwalter des Refinanzierungsregisters (Verwalter) zu bestellen. [2]Das Amt erlischt mit der Beendigung der Registerführung oder der Bestellung eines personenverschiedenen Sachwalters des Refinanzierungsregisters nach § 22l Abs. 4 Satz 1.

(2) [1]Die Bestellung erfolgt durch die Bundesanstalt auf Vorschlag des registerführenden Unternehmens. [2]Die Bundesanstalt soll die vorgeschlagene Person zum Verwalter bestellen, wenn deren Unabhängigkeit, Zuverlässigkeit und Sachkunde gewährleistet erscheint. [3]Bei ihrer Entscheidung hat die Bundesanstalt die Interessen des im Refinanzierungsregister eingetragenen oder einzutragenden Übertragungsberechtigten angemessen zu berücksichtigen.

(3) [1]Die Bestellung kann befristet werden; die Bundesanstalt kann den Verwalter jederzeit aus sachlichem Grund abberufen. [2]Absatz 2 Satz 3 gilt entsprechend. [3]Steht der Verwalter zu einem an einer konkreten Refinanzierungstransaktion Beteiligten in einem Beschäftigungs- oder Mandatsverhältnis, so ruht sein Amt für diese Refinanzierungstransaktion.

(4) [1]Auf Antrag des registerführenden Unternehmens ist ein Stellvertreter des Verwalters zu bestellen. [2]Der Antrag ist zu jeder Zeit zulässig. [3]Auf die Bestellung und Abberufung des Stellvertreters finden die Absätze 2 und 3 entsprechende Anwendung. [4]Wird der Verwalter nach Absatz 3 Satz 1 abberufen, ruht sein Amt oder ist er verhindert, so tritt der Stellvertreter an seine Stelle.

(5) [1]Ist ein Verwalter für einen nicht unerheblichen Zeitraum nicht vorhanden, an der Wahrnehmung seiner Aufgaben verhindert oder ruht sein Amt,

ohne dass ein Stellvertreter an seine Stelle getreten ist, bestellt die Bundesanstalt ohne Anhörung des registerführenden Unternehmens einen geeigneten Verwalter. [2] Absatz 2 Satz 3 gilt entsprechend. [3] Das registerführende Unternehmen hat der Bundesanstalt unverzüglich mitzuteilen, wenn ein Umstand gemäß Satz 1 eingetreten ist.

(6) [1] Der Verwalter und sein Stellvertreter haften dem registerführenden Unternehmen sowie den Übertragungsberechtigten aus ihrer Tätigkeit nur im Falle von Vorsatz oder grober Fahrlässigkeit. [2] Die Ersatzpflicht des Verwalters oder des Stellvertreters beschränkt sich im Falle grob fahrlässigen Handelns auf 1 Million Euro. [3] Sie kann nicht durch Vertrag ausgeschlossen oder beschränkt werden. [4] Wird die Haftung des Verwalters oder des Stellvertreters durch eine Versicherung abgedeckt, ist ein Selbstbehalt in Höhe des Eineinhalbfachen der nach § 22i Absatz 1 festgesetzten jährlichen Vergütung vorzusehen. [5] Das registerführende Unternehmen darf den Versicherungsvertrag zugunsten des Verwalters und des Stellvertreters schließen und die Prämien zahlen.

§ 22f Verhältnis des Verwalters zur Bundesanstalt. (1) Der Verwalter hat der Bundesanstalt Auskunft über die von ihm im Rahmen seiner Tätigkeit getroffenen Feststellungen und Beobachtungen zu erteilen und auch unaufgefordert Mitteilungen zu machen, wenn Umstände auf eine nicht ordnungsgemäße Registerführung hindeuten.

(2) Der Verwalter ist an Weisungen der Bundesanstalt nicht gebunden.

§ 22g Aufgaben des Verwalters. (1) [1] Der Verwalter wacht darüber, dass das Refinanzierungsregister ordnungsgemäß geführt wird. [2] Zu seinen Aufgaben gehört es jedoch nicht zu prüfen, ob es sich bei den eingetragenen Gegenständen um solche des Refinanzierungsunternehmens oder um nach § 22d Abs. 2 eintragungsfähige Gegenstände handelt.

(2) [1] Insbesondere hat der Verwalter des Refinanzierungsregisters darauf zu achten, dass

1. das Refinanzierungsregister die nach § 22d Abs. 2 erforderlichen Angaben enthält,
2. die im Refinanzierungsregister enthaltenen Zeitangaben der Richtigkeit entsprechen und
3. die Eintragungen nicht nachträglich verändert werden.

[2] Im Übrigen hat der Verwalter des Refinanzierungsregisters die inhaltliche Richtigkeit des Refinanzierungsregisters nicht zu überprüfen.

(3) Der Verwalter kann sich bei der Durchführung seiner Aufgaben anderer Personen und Einrichtungen bedienen.

§ 22h Verhältnis des Verwalters zum registerführenden Unternehmen und zum Refinanzierungsunternehmen. (1) [1] Der Verwalter ist befugt, jederzeit die Bücher und Papiere des registerführenden Unternehmens einzusehen, es sei denn, dass sie mit der Führung des Refinanzierungsregisters in keinem Zusammenhang stehen. [2] In den Fällen des § 22b stehen dem Verwalter dieselben Befugnisse auch gegenüber dem Refinanzierungsunternehmen zu.

(2) [1] Der Verwalter ist zur Verschwiegenheit über alle Tatsachen verpflichtet, von denen er durch Einsicht in die Bücher und Papiere des registerführenden Unternehmens oder des davon abweichenden Refinanzierungsunternehmens

Kenntnis erlangt. ²Der Bundesanstalt darf er nur über Tatsachen Auskunft geben oder Mitteilung machen, die mit der Überwachung des Refinanzierungsregisters im Zusammenhang stehen.

(3) Streitigkeiten zwischen dem Verwalter und dem registerführenden Unternehmen oder dem davon abweichenden Refinanzierungsunternehmen entscheidet die Bundesanstalt.

§ 22i Vergütung des Verwalters. (1) Der Verwalter sowie sein Stellvertreter erhalten von dem registerführenden Unternehmen eine angemessene Vergütung, deren Höhe von der Bundesanstalt festgesetzt wird, und Ersatz der notwendigen Auslagen.

(2) *(aufgehoben)*

(3) Außer in Fällen des Absatzes 1 sind Leistungen des registerführenden Unternehmens, des Refinanzierungsunternehmens, für welches das Register geführt wird, und der Übertragungsberechtigten an den Verwalter des Refinanzierungsregisters und dessen Stellvertreter unzulässig.

§ 22j Wirkungen der Eintragung in das Refinanzierungsregister.

(1) [1] Gegenstände des Refinanzierungsunternehmens, die ordnungsgemäß im Refinanzierungsregister eingetragen sind, können im Fall der Insolvenz des Refinanzierungsunternehmens vom Übertragungsberechtigten nach § 47 der Insolvenzordnung ausgesondert werden. [2] Das Gleiche gilt für Gegenstände, die an die Stelle der ordnungsgemäß im Refinanzierungsregister eingetragenen Gegenstände treten. [3] Gegen Verfügungen im Wege der Zwangsvollstreckung oder der Arrestvollziehung kann der Übertragungsberechtigte Widerspruch im Wege der Klage nach § 771 der Zivilprozessordnung erheben.

(2) [1] Die Eintragung in das Refinanzierungsregister schränkt Einwendungen und Einreden Dritter gegen die eingetragenen Forderungen und Rechte nicht ein. [2] Werden die im Refinanzierungsregister eingetragenen Gegenstände ausgesondert oder an den Übertragungsberechtigten beziehungsweise von dem Übertragungsberechtigten an einen Dritten übertragen, können alle Einwendungen und Einreden wie bei einer Abtretung geltend gemacht werden. [3] Die Vorschrift des § 1156 Satz 1 des Bürgerlichen Gesetzbuchs findet keine Anwendung. [4] Dienen im Refinanzierungsregister eingetragene Gegenstände der Absicherung anderer Gegenstände, so kann der Sicherungsgeber gegenüber dem Übertragungsberechtigten alle Einwendungen und Einreden aus dem Vertrag geltend machen, der den rechtlichen Grund für die Absicherung enthält. [5] Die Vorschrift des § 1157 Satz 2 des Bürgerlichen Gesetzbuchs findet keine Anwendung. [6] § 22d Abs. 4 in Verbindung mit § 22j Abs. 1 Satz 1 und 2 bleibt jedoch unberührt.

(3) [1] Gegenüber den Ansprüchen des Übertragungsberechtigten auf Übertragung der ordnungsgemäß im Refinanzierungsregister eingetragenen Gegenstände kann das Refinanzierungsunternehmen nicht aufrechnen und keine Zurückbehaltungsrechte geltend machen. [2] Anfechtungsrechte seiner Gläubiger nach dem Anfechtungsgesetz und den §§ 129 bis 147 der Insolvenzordnung bleiben unberührt.

(4) Den Wirkungen der Absätze 1 bis 3 steht nicht entgegen, dass das Refinanzierungsunternehmen im Rahmen der Veräußerung der eingetragenen Gegenstände an den Übertragungsberechtigten das Risiko deren Werthaltigkeit ganz oder teilweise trägt.

§ 22k Beendigung und Übertragung der Registerführung. (1) [1]Willigen alle im Refinanzierungsregister eingetragenen Übertragungsberechtigten und, sofern ein Übertragungsberechtigter eine Pfandbriefbank oder ein Versicherungsunternehmen ist, der Treuhänder der Pfandbriefbank oder des Versicherungsunternehmens ein, kann die Führung des Refinanzierungsregisters einen Monat nach Anzeige an die Bundesanstalt beendet werden. [2]Willigen alle im Refinanzierungsregister eingetragenen Übertragungsberechtigten und, sofern ein Übertragungsberechtigter eine Pfandbriefbank oder ein Versicherungsunternehmen ist, der Treuhänder der Pfandbriefbank oder des Versicherungsunternehmens ein, kann die Registerführung unter Aufsicht der Bundesanstalt auf ein geeignetes Kreditinstitut übertragen werden, sofern es sich bei den eingetragenen Gegenständen um solche des die Registerführung übernehmenden Kreditinstituts handelt oder die Voraussetzungen des § 22b über die Führung des Refinanzierungsregisters für Dritte vorliegen.

(2) [1]Die Registerführung endet außerdem, wenn das registerführende Unternehmen nach Einschätzung der Bundesanstalt zur Registerführung ungeeignet ist. [2]In diesem Fall wird die Führung des Registers unter Aufsicht der Bundesanstalt auf ein nach Einschätzung der Bundesanstalt zur Registerführung geeignetes Kreditinstitut übertragen. [3]Die Vorschriften des § 22b über die Führung des Refinanzierungsregisters für Dritte finden sinngemäße Anwendung.

(3) Absatz 2 findet keine Anwendung, wenn über das Vermögen eines Unternehmens, das ein Refinanzierungsregister nicht nur für Dritte führt, das Insolvenzverfahren eröffnet wird.

§ 22l Bestellung des Sachwalters bei Eröffnung des Insolvenzverfahrens. (1) [1]Ist über das Vermögen eines Unternehmens, das ein Refinanzierungsregister nicht nur für Dritte führt, das Insolvenzverfahren eröffnet, bestellt das Insolvenzgericht auf Antrag der Bundesanstalt eine oder zwei von der Bundesanstalt vorgeschlagene natürliche Personen als Sachwalter des Refinanzierungsregisters (Sachwalter). [2]Das Gericht kann vom Vorschlag der Bundesanstalt abweichen, wenn dies zur Sicherstellung einer sachgerechten Zusammenarbeit zwischen Insolvenzverwalter und Sachwalter erforderlich erscheint. [3]Der Sachwalter erhält eine Urkunde über seine Ernennung, die er bei Beendigung seines Amtes dem Insolvenzgericht zurückzugeben hat.

(2) [1]Die Bundesanstalt stellt einen Antrag nach Absatz 1 Satz 1, wenn dies nach Anhörung der Übertragungsberechtigten zur ordnungsgemäßen Verwaltung der im Refinanzierungsregister eingetragenen Gegenstände erforderlich erscheint. [2]Als Sachwalter des Refinanzierungsregisters soll die Bundesanstalt den Verwalter des Refinanzierungsregisters vorschlagen, bei Fehlen oder dauernder Verhinderung desselben seinen Stellvertreter oder eine andere geeignete natürliche Person. [3]Der Sachwalter des Refinanzierungsregisters ist auf Antrag der Bundesanstalt abzuberufen, wenn ein wichtiger Grund vorliegt.

(3) [1]Erscheint die Bestellung eines zweiten Sachwalters des Refinanzierungsregisters zur ordnungsgemäßen Verwaltung der im Refinanzierungsregister eingetragenen Gegenstände erforderlich, kann die Bundesanstalt nach Anhörung der Übertragungsberechtigten einen weiteren Antrag nach Absatz 1 Satz 1 stellen. [2]Stellt sie diesen Antrag, soll sie den Stellvertreter des Verwalters des Refinanzierungsregisters oder, wenn ein solcher fehlt, eine andere geeignete natürliche Person vorschlagen.

(4) [1] Mit der Bestellung einer anderen Person als der des Verwalters zum Sachwalter erlischt das Amt des Verwalters. [2] Das Amt wird vom Sachwalter des Refinanzierungsregisters fortgeführt. [3] Die Sätze 1 und 2 gelten entsprechend für den Stellvertreter des Verwalters.

§ 22m Bekanntmachung der Bestellung des Sachwalters. (1) [1] Das Insolvenzgericht hat die Ernennung und Abberufung des Sachwalters unverzüglich dem zuständigen Registergericht mitzuteilen und öffentlich bekannt zu machen. [2] Die Ernennung und Abberufung des Sachwalters sind auf die Mitteilung von Amts wegen in das Handelsregister einzutragen. ***[Satz 3 bis 31.7. 2022:]*** [3] Die Eintragungen werden nicht bekannt gemacht. [4] *[ab 1.8.2022: 3]* Die Vorschriften des § 15 des Handelsgesetzbuchs finden keine Anwendung.

(2) [1] Sind in das Refinanzierungsregister Rechte des registerführenden Unternehmens eingetragen, für die eine Eintragung im Grundbuch besteht, so ist die Bestellung des Sachwalters auf Ersuchen des Insolvenzgerichts oder des Sachwalters in das Grundbuch einzutragen, wenn nach der Art der Rechte und den Umständen zu besorgen ist, dass ohne die Eintragung die Interessen der Übertragungsberechtigten gefährdet werden. [2] Satz 1 gilt entsprechend für Rechte des registerführenden Unternehmens, die im Schiffsregister, Schiffsbauregister oder im Register für Pfandrechte an Luftfahrzeugen eingetragen sind.

§ 22n Rechtsstellung des Sachwalters. (1) [1] Der Sachwalter steht unter der Aufsicht des Insolvenzgerichts. [2] Das Insolvenzgericht kann vom Sachwalter insbesondere jederzeit einzelne Auskünfte oder einen Bericht über den Sachstand und die Geschäftsführung verlangen. [3] Daneben obliegen dem Sachwalter die Pflichten eines Verwalters. [4] Der Sachwalter und der Insolvenzverwalter haben einander alle Informationen mitzuteilen, die für das Insolvenzverfahren über das Vermögen des registerführenden Unternehmens und für die Verwaltung der im Refinanzierungsregister eingetragenen Gegenstände von Bedeutung sein können.

(2) [1] Soweit das registerführende Unternehmen befugt war, die im Refinanzierungsregister eingetragenen Gegenstände zu verwalten und über sie zu verfügen, geht dieses Recht auf den Sachwalter über. [2] In Abstimmung mit dem Insolvenzverwalter nutzt der Sachwalter alle Einrichtungen des registerführenden Unternehmens, die zur Verwaltung der eingetragenen Gegenstände erforderlich sind.

(3) [1] Hat das registerführende Unternehmen nach der Bestellung des Sachwalters über einen im Refinanzierungsregister eingetragenen Gegenstand verfügt, so ist diese Verfügung unwirksam. [2] Die Vorschriften der §§ 892, 893 des Bürgerlichen Gesetzbuchs, der §§ 16, 17 des Gesetzes über Rechte an eingetragenen Schiffen und Schiffsbauwerken und der §§ 16, 17 des Gesetzes über Rechte an Luftfahrzeugen bleiben unberührt. [3] Hat das registerführende Unternehmen am Tage der Bestellung des Sachwalters des Refinanzierungsregisters verfügt, so wird vermutet, dass es nach der Bestellung verfügt hat.

(4) [1] Der Sachwalter des Refinanzierungsregisters hat bei seiner Geschäftsführung die Sorgfalt eines ordentlichen und gewissenhaften Sachwalters anzuwenden. [2] Verletzt der Sachwalter des Refinanzierungsregisters seine Pflichten, so können die Übertragungsberechtigten und das registerführende Unternehmen Ersatz des hierdurch entstehenden Schadens verlangen. [3] Dies gilt

nicht, wenn der Sachwalter des Refinanzierungsregisters die Pflichtverletzung nicht zu vertreten hat.

(5) [1]Der Sachwalter des Refinanzierungsregisters erhält von der Bundesanstalt eine angemessene Vergütung und Ersatz seiner Aufwendungen. [2]Die gezahlten Beträge sind der Bundesanstalt von den Übertragungsberechtigten anteilig nach der Anzahl der für sie eingetragenen Gegenstände gesondert zu erstatten und auf Verlangen der Bundesanstalt vorzuschießen. [3]Soweit das Refinanzierungsregister für Dritte geführt wird, sind diese neben den Übertragungsberechtigten als Gesamtschuldner zur Erstattung und zum Vorschuss verpflichtet. [4]§ 22i Abs. 2 und 3 Satz 1 gilt sinngemäß. [5]§ 22i Abs. 3 Satz 2 findet mit der Maßgabe entsprechende Anwendung, dass die Bundesanstalt beim Insolvenzgericht einen Antrag auf Abberufung stellen soll.

§ 22o Bestellung des Sachwalters bei Insolvenzgefahr. (1) [1]Unter den Voraussetzungen des § 46 bestellt das Gericht am Sitz des registerführenden Unternehmens auf Antrag der Bundesanstalt eine oder zwei Personen als Sachwalter. [2]Die Bundesanstalt stellt einen Antrag nach Satz 1, wenn dies nach Anhörung der Übertragungsberechtigten zur ordnungsgemäßen Verwaltung der im Refinanzierungsregister eingetragenen Gegenstände erforderlich erscheint. [3]Bei Gefahr im Verzuge ist auf die Anhörung zu verzichten. [4]In diesem Fall ist die Anhörung unverzüglich nachzuholen.

(2) [1]Für die Bestellung und Abberufung sowie für die Rechtsstellung eines unter diesen Umständen bestellten Sachwalters gelten die Vorschriften der §§ 22l bis 22n mit der Maßgabe entsprechend, dass an die Stelle des Insolvenzgerichts das Gericht am Sitz des registerführenden Unternehmens tritt. [2]Ein wichtiger Grund im Sinne des § 22l Abs. 2 Satz 3 liegt insbesondere dann vor, wenn die Voraussetzungen des § 46 wieder entfallen sind. [3]In diesem Fall soll die Bundesanstalt aus dem Kreis der Sachwalter den Verwalter bestellen.

(3) [1]Wird das Insolvenzverfahren über das Vermögen des registerführenden Unternehmens nach Bestellung des Sachwalters nach Maßgabe der Absätze 1 und 2 eröffnet, so gilt der Sachwalter für die Zeit nach Eröffnung des Insolvenzverfahrens als mit Eröffnung des Insolvenzverfahrens vom Insolvenzgericht bestellt. [2]Das Insolvenzgericht tritt an die Stelle des Gerichts am Sitz des registerführenden Unternehmens. [3]Das Gericht am Sitz des registerführenden Unternehmens hat dem Insolvenzgericht alle mit der Bestellung und Aufsicht des Sachwalters des Refinanzierungsregisters in Zusammenhang stehenden Unterlagen zu übergeben.

3. Kundenrechte

§ 22p *(aufgehoben)*

4. Werbung und Hinweispflichten der Institute

§ 23 Werbung. (1) [1]Um Missständen bei der Werbung der Institute zu begegnen, kann die Bundesanstalt bestimmte Arten der Werbung untersagen. [2]Ein Missstand liegt insbesondere vor, wenn Werbung für Verbraucherdarlehensverträge falsche Erwartungen in Bezug auf die Möglichkeit, ein Darlehen zu erhalten oder in Bezug auf die Kosten eines Darlehens weckt.

(2) Vor allgemeinen Maßnahmen nach Absatz 1 sind die Spitzenverbände der Institute und des Verbraucherschutzes zu hören.

§ 23a Sicherungseinrichtung. (1) [1] Ein Institut, das Bankgeschäfte im Sinne des § 1 Abs. 1 Satz 2 Nr. 1, 4 oder 10 betreibt oder Finanzdienstleistungen im Sinne des § 1 Abs. 1a Satz 2 Nr. 1 bis 4 erbringt, hat Kunden, die nicht Institute sind, im Preisaushang über die Zugehörigkeit zu einer Einrichtung zur Sicherung der Ansprüche von Einlegern und Anlegern (Sicherungseinrichtung) zu informieren. [2] Das Institut hat ferner Kunden, die nicht Institute sind, vor Aufnahme der Geschäftsbeziehung in Textform in leicht verständlicher Form, soweit nicht die Sätze 3 bis 10 anzuwenden sind, über die für die Sicherung geltenden Bestimmungen einschließlich Umfang und Höhe der Sicherung zu informieren. [3] Die Einleger bestätigen in Bezug auf ihre Ansprüche aus § 5 des Einlagensicherungsgesetzes[1)] den Empfang dieser Informationen auf dem im Anhang I dieses Gesetzes enthaltenen Informationsbogen. [4] Die Bestätigung, dass es sich bei den Einlagen um entschädigungsfähige Einlagen handelt, erhalten die Einleger auf ihren Kontoauszügen, einschließlich eines Verweises auf den Informationsbogen in Anhang I. [5] Die Internetseite des einschlägigen Einlagensicherungssystems wird auf dem Informationsbogen angegeben. [6] Der in Anhang I festgelegte Informationsbogen wird dem Einleger mindestens einmal jährlich zur Verfügung gestellt. [7] Nutzt ein Einleger das Internetbanking, so können ihm die Informationen elektronisch übermittelt werden. [8] Auf Wunsch des Einlegers werden sie in Papierform zur Verfügung gestellt. [9] Die dem Einleger gewährten Informationen dürfen für Werbezwecke nur auf das Einlagensicherungssystem und seine Funktionsweise hinweisen. [10] § 3 Absatz 2 des Einlagensicherungsgesetzes gilt entsprechend. [11] Sofern Einlagen und andere rückzahlbare Gelder nicht gesichert sind, hat das Institut auf diese Tatsache in den Allgemeinen Geschäftsbedingungen, im Preisaushang und an hervorgehobener Stelle in den Vertragsunterlagen vor Aufnahme der Geschäftsbeziehung hinzuweisen, es sei denn, die rückzahlbaren Gelder sind in Pfandbriefen, Kommunalschuldverschreibungen oder anderen Schuldverschreibungen, welche die Voraussetzungen des Artikels 52 Absatz 4 Satz 1 und 2 der Richtlinie 2009/65/EG erfüllen, verbrieft. [12] Die Informationen in den Vertragsunterlagen gemäß Satz 11 dürfen keine anderen Erklärungen enthalten und sind gesondert von den Kunden zu bestätigen. [13] Die Sätze 7 und 8 gelten entsprechend. [14] Außerdem müssen auf Anfrage Informationen über die Bedingungen der Sicherung einschließlich der für die Geltendmachung der Entschädigungsansprüche erforderlichen Formalitäten erhältlich sein.

(2) Scheidet ein Institut aus einer Sicherungseinrichtung aus, hat es die Kunden, die nicht Institute sind, sowie die Bundesanstalt und die Deutsche Bundesbank hierüber unverzüglich in Textform zu unterrichten.

5. Besondere Pflichten der Institute, ihrer Geschäftsleiter sowie der Finanzholding-Gesellschaften, der gemischten Finanzholding-Gesellschaften und der gemischten Holdinggesellschaften

§ 24 Anzeigen. (1) Ein Institut hat der Aufsichtsbehörde und der Deutschen Bundesbank unverzüglich anzuzeigen

1. die Absicht der Bestellung eines Geschäftsleiters und die Absicht der Ermächtigung einer Person zur Einzelvertretung des Instituts in dessen gesamtem Geschäftsbereich, jeweils unter Angabe der Tatsachen, die für

[1)] Nr. **15**.

die Beurteilung der Zuverlässigkeit, der fachlichen Eignung und der ausreichenden zeitlichen Verfügbarkeit für die Wahrnehmung der jeweiligen Aufgaben wesentlich sind, und des Ergebnisses der Beurteilung dieser Kriterien durch das anzeigende Institut, sowie den Vollzug, die Aufgabe oder die Änderung einer solchen Absicht; neue Tatsachen, die sich auf die ursprüngliche Beurteilung der Zuverlässigkeit, der fachlichen Eignung und der ausreichenden zeitlichen Verfügbarkeit erheblich auswirken, sind ebenfalls unverzüglich nach Kenntniserlangung anzuzeigen;

2. das Ausscheiden eines Geschäftsleiters sowie die Entziehung der Befugnis zur Einzelvertretung des Instituts in dessen gesamten Geschäftsbereich;
3. die Änderung der Rechtsform, soweit nicht bereits eine Erlaubnis nach § 32 Abs. 1 erforderlich ist, und die Änderung der Firma;
4. einen Verlust in Höhe von 5 Prozent des harten Kernkapitals gemäß Artikel 50 der Verordnung (EU) Nr. 575/2013[1)];
5. die Verlegung der Niederlassung oder des Sitzes;
6. die Errichtung, die Verlegung und die Schließung einer Zweigstelle in einem Drittstaat sowie die Aufnahme und die Beendigung der Erbringung grenzüberschreitender Dienstleistungen ohne Errichtung einer Zweigstelle;
7. die Einstellung des Geschäftsbetriebs;
8. die Absicht seiner gesetzlichen und satzungsgemäßen Organe, eine Entscheidung über seine Auflösung herbeizuführen;
9. das Absinken des Anfangskapitals unter die Mindestanforderungen nach § 33 Abs. 1 Satz 1 Nr. 1 sowie den Wegfall einer geeigneten Versicherung nach § 33 Abs. 1 Satz 2 und 3;
10. den Erwerb oder die Aufgabe einer bedeutenden Beteiligung an dem eigenen Institut, das Erreichen, das Über- oder das Unterschreiten der Beteiligungsschwellen von 20 vom Hundert, 30 vom Hundert und 50 vom Hundert der Stimmrechte oder des Kapitals sowie die Tatsache, daß das Institut Tochterunternehmen eines anderen Unternehmens wird oder nicht mehr ist, sobald das Institut von der bevorstehenden Änderung dieser Beteiligungsverhältnisse Kenntnis erlangt;
11. *(aufgehoben)*
12. das Entstehen, die Änderung oder die Beendigung einer engen Verbindung zu einer anderen natürlichen Person oder einem anderen Unternehmen;
13. das Entstehen, die Veränderungen in der Höhe oder die Beendigung einer bedeutenden Beteiligung an anderen Unternehmen;
14. unter Vorlage desselben den Vorschlag zur Beschlussfassung gemäß § 25a Absatz 5 Satz 6;

14a. unter Vorlage eines Auszugs aus der Versammlungsniederschrift den Beschluss über die Billigung einer höheren variablen Vergütung nach § 25a Absatz 5 Satz 5 einschließlich der Angabe aller gebilligten, über das Verhältnis gemäß § 25a Absatz 5 Satz 2 hinausgehenden Höchstwerte;

14b. unter Vorlage eines Auszugs aus der Versammlungsniederschrift den Beschluss über die Änderung eines Beschlusses über die Billigung einer

---

1) Nr. **6**.

höheren variablen Vergütung nach § 25a Absatz 5 Satz 5 einschließlich der Angabe aller gebilligten, über das Verhältnis gemäß § 25a Absatz 5 Satz 2 hinausgehenden Höchstwerte;

15. die Bestellung eines Mitglieds und stellvertretender Mitglieder des Verwaltungs- oder Aufsichtsorgans unter Angabe der Tatsachen, die zur Beurteilung ihrer Zuverlässigkeit, Sachkunde und der ausreichenden zeitlichen Verfügbarkeit für die Wahrnehmung ihrer Aufgaben notwendig sind; neue Tatsachen, die sich auf die ursprüngliche Beurteilung der Zuverlässigkeit, der fachlichen Eignung und der ausreichenden zeitlichen Verfügbarkeit erheblich auswirken, sind ebenfalls unverzüglich nach Kenntniserlangung anzuzeigen;

15a. das Ausscheiden eines Mitglieds und stellvertretender Mitglieder des Verwaltungs- oder Aufsichtsorgans;

16. *(aufgehoben)*

17. Kredite

  a) an Kommanditisten, Gesellschafter einer Gesellschaft mit beschränkter Haftung, Aktionäre, Kommanditaktionäre oder Anteilseigner an einem Institut des öffentlichen Rechts, wenn diesen jeweils mehr als 25 Prozent des Kapitals (Nennkapital, Summe der Kapitalanteile) des Instituts gehören oder ihnen jeweils mehr als 25 Prozent der Stimmrechte an dem Institut zustehen und der Kredit zu nicht marktmäßigen Bedingungen gewährt oder nicht banküblich besichert worden ist, und

  b) an Personen, die Kapital, soweit es sich nicht um Kapital nach Buchstabe a handelt, nach Artikel 26 Absatz 1 Buchstabe a und Artikel 51 Buchstabe a der Verordnung (EU) Nr. 575/2013 in der jeweils geltenden Fassung gewährt haben, das mehr als 25 Prozent des Kernkapitals nach Artikel 25 der Verordnung (EU) Nr. 575/2013 in der jeweils geltenden Fassung ohne Berücksichtigung des Kapitals nach Artikel 26 Absatz 1 Buchstabe a und Artikel 51 Buchstabe a der Verordnung (EU) Nr. 575/2013 in der jeweils geltenden Fassung beträgt, wenn der Kredit zu nicht marktmäßigen Bedingungen gewährt oder nicht banküblich besichert worden ist;

18. soweit es sich um ein CRR-Kreditinstitut handelt, auf Verlangen die gemäß Artikel 435 Absatz 2 Buchstabe c der Verordnung (EU) Nr. 575/2013 offenzulegenden Informationen;

19. die Absicht einer wesentlichen Auslagerung und deren Vollzug sowie wesentliche Änderungen und schwerwiegende Vorfälle im Rahmen von bestehenden wesentlichen Auslagerungen, die einen wesentlichen Einfluss auf die Geschäftstätigkeit des Instituts haben können.

(1a) Ein Institut hat der Aufsichtsbehörde und der Deutschen Bundesbank jährlich anzuzeigen:

1. seine engen Verbindungen zu anderen natürlichen Personen oder Unternehmen,
2. seine bedeutenden Beteiligungen an anderen Unternehmen,
3. den Namen und die Anschrift des Inhabers einer bedeutenden Beteiligung an dem anzeigenden Institut und an den ihm nach § 10a nachgeordneten Unternehmen mit Sitz im Ausland sowie die Höhe dieser Beteiligungen,
4. die Anzahl seiner inländischen Zweigstellen,

5. soweit es sich um ein CRR-Kreditinstitut handelt, das ein bedeutendes Institut im Sinne des § 1 Absatz 3c ist oder das von der Aufsichtsbehörde oder der Deutschen Bundesbank dazu aufgefordert wurde, die Informationen, die für einen Vergleich der Vergütungstrends und -praktiken im Sinne des Artikels 75 Absatz 1 und 2 der Richtlinie 2013/36/EU erforderlich sind; der Vergleich umfasst auch die Vergütungstrends und -praktiken in Bezug auf die Mitglieder des Verwaltungs- und Aufsichtsorgans sowie die von den Instituten übermittelten Informationen zum geschlechtsspezifischen Lohngefälle;
6. soweit es sich um ein CRR-Kreditinstitut handelt, die Informationen über Geschäftsleiter, Mitglieder des Verwaltungs- oder Aufsichtsorgans und Mitarbeiter mit jeweils einer Gesamtvergütung von jährlich mindestens 1 Million Euro im Sinne des Artikels 75 Absatz 3 der Richtlinie 2013/36/EU, die für eine aggregierte Veröffentlichung durch die Europäische Bankenaufsichtsbehörde erforderlich sind.

(1b) [1] Bei der Anzeige eines Kredits nach Absatz 1 Nummer 17 hat das Institut die gestellten Sicherheiten und die Kreditbedingungen anzugeben. [2] Es hat einen Kredit, den es nach Absatz 1 Nummer 17 angezeigt hat, unverzüglich erneut der Aufsichtsbehörde und der Deutschen Bundesbank anzuzeigen, wenn die gestellten Sicherheiten oder die Kreditbedingungen rechtsgeschäftlich geändert werden, und die entsprechenden Änderungen anzugeben. [3] Die Aufsichtsbehörde kann von den Instituten fordern, ihr und der Deutschen Bundesbank alle fünf Jahre eine Sammelanzeige der nach Absatz 1 Nummer 17 anzuzeigenden Kredite einzureichen.

(1c) Die nach Artikel 4 Absatz 4 Satz 1 der Delegierten Verordnung (EU) Nr. 604/2014 der Kommission vom 4. März 2014 zur Ergänzung der Richtlinie 2013/36/EU des Europäischen Parlaments und des Rates im Hinblick auf technische Regulierungsstandards in Bezug auf qualitative und angemessene quantitative Kriterien zur Ermittlung der Mitarbeiterkategorien, deren berufliche Tätigkeit sich wesentlich auf das Risikoprofil eines Instituts auswirkt (ABl. L 167 vom 6.6.2014, S. 30), in der jeweils geltenden Fassung, zu erstattenden Anzeigen sind unverzüglich, spätestens jedoch sechs Monate nach Ablauf des Geschäftsjahres, bei der Aufsichtsbehörde und der Deutschen Bundesbank einzureichen.

(2) Hat ein Institut die Absicht, sich mit einem anderen Institut im Sinne dieses Gesetzes, E-Geld-Institut im Sinne des Zahlungsdiensteaufsichtsgesetzes[1)] oder Zahlungsinstitut im Sinne des Zahlungsdiensteaufsichtsgesetzes zu vereinigen, hat es dies der Aufsichtsbehörde und der Deutschen Bundesbank unverzüglich anzuzeigen.

(2a) Ein Mitglied eines Verwaltungs- oder Aufsichtsorgans eines CRR-Kreditinstituts, das bedeutend im Sinne des § 1 Absatz 3c ist, einer Finanzholding-Gesellschaft oder einer gemischten Finanzholding-Gesellschaft hat der Aufsichtsbehörde und der Deutschen Bundesbank die Aufnahme und die Beendigung einer Tätigkeit als Geschäftsleiter oder als Aufsichtsrats- oder Verwaltungsratsmitglied eines anderen Unternehmens unverzüglich anzuzeigen.

(3) [1] Ein Geschäftsleiter eines Instituts und die Personen, die die Geschäfte einer Finanzholding-Gesellschaft oder einer gemischten Finanzholding-Gesell-

---

[1)] Nr. **12**.

schaft tatsächlich führen, haben der Aufsichtsbehörde und der Deutschen Bundesbank unverzüglich anzuzeigen

1. die Aufnahme und die Beendigung einer Tätigkeit als Geschäftsleiter oder als Aufsichtsrats- oder Verwaltungsratsmitglied eines anderen Unternehmens und
2. die Übernahme und die Aufgabe einer unmittelbaren Beteiligung an einem Unternehmen sowie Veränderungen in der Höhe der Beteiligung.

[2] Als unmittelbare Beteiligung im Sinne des Satzes 1 Nr. 2 gilt das Halten von mindestens 25 vom Hundert der Anteile am Kapital des Unternehmens.

(3a) [1] Eine Finanzholding-Gesellschaft hat der Aufsichtsbehörde und der Deutschen Bundesbank unverzüglich anzuzeigen:

1. die Absicht der Bestellung einer Person, die die Geschäfte der Finanzholding-Gesellschaft tatsächlich führen soll, unter Angabe der Tatsachen, die für die Beurteilung der Zuverlässigkeit, der fachlichen Eignung und der ausreichenden zeitlichen Verfügbarkeit für das Wahrnehmen seiner Aufgaben wesentlich sind, und des Ergebnisses der Beurteilung dieser Kriterien durch die anzeigende Finanzholding-Gesellschaft, sowie den Vollzug einer solchen Absicht; neue Tatsachen, die sich auf die ursprüngliche Beurteilung der Zuverlässigkeit, der fachlichen Eignung und der ausreichenden zeitlichen Verfügbarkeit erheblich auswirken, sind ebenfalls unverzüglich nach Kenntniserlangung anzuzeigen;
2. das Ausscheiden einer Person, die die Geschäfte der Finanzholding-Gesellschaft tatsächlich geführt hat;
3. Änderungen der Struktur der Finanzholding-Gruppe in der Weise, dass die Gruppe künftig branchenübergreifend tätig wird;
4. die Bestellung eines Mitglieds und stellvertretender Mitglieder des Verwaltungs- oder Aufsichtsorgans unter Angabe der Tatsachen, die zur Beurteilung ihrer Zuverlässigkeit, Sachkunde und der ausreichenden zeitlichen Verfügbarkeit für die Wahrnehmung ihrer Aufgaben notwendig sind; neue Tatsachen, die sich auf die ursprüngliche Beurteilung der Zuverlässigkeit, der fachlichen Eignung und der ausreichenden zeitlichen Verfügbarkeit erheblich auswirken, sind ebenfalls unverzüglich nach Kenntniserlangung anzuzeigen;
5. das Ausscheiden eines Mitglieds und stellvertretender Mitglieder des Verwaltungs- oder Aufsichtsorgans.

[2] Eine Finanzholding-Gesellschaft hat der Aufsichtsbehörde und der Deutschen Bundesbank ferner einmal jährlich eine Sammelanzeige der Institute, Kapitalverwaltungsgesellschaften, Finanzunternehmen, Anbieter von Nebendienstleistungen und Zahlungsinstitute im Sinne des Zahlungsdiensteaufsichtsgesetzes, die ihr nachgeordnete Unternehmen im Sinne des § 10a sind, einzureichen. [3] Die Aufsichtsbehörde übermittelt den zuständigen Stellen der anderen Staaten des Europäischen Wirtschaftsraums, der Europäischen Bankenaufsichtsbehörde und der Europäischen Kommission eine Aufstellung über die eingegangenen Sammelanzeigen nach Satz 2. [4] Die Begründung, die Veränderung oder die Aufgabe solcher Beteiligungen oder Unternehmensbeziehungen sind der Aufsichtsbehörde und der Deutschen Bundesbank unverzüglich anzuzeigen. [5] Für eine gemischte Finanzholding-Gesellschaft gelten Satz 1 Nummer 1 und 2 hinsichtlich der Personen, die die Geschäfte tatsächlich führen sollen und Satz 1

Nummer 4 und 5 hinsichtlich der Mitglieder des Verwaltungs- und Aufsichtsorgans dieser Gesellschaft sowie die Sätze 2 bis 4 entsprechend.

(3b) [1] Die Bundesanstalt und die Deutsche Bundesbank können Instituten oder Arten oder Gruppen von Instituten zusätzliche Anzeige- und Meldepflichten auferlegen, insbesondere um vertieften Einblick in die Entwicklung der wirtschaftlichen Verhältnisse der Institute, deren Grundsätze einer ordnungsgemäßen Geschäftsführung und in die Fähigkeiten der Mitglieder der Organe des Instituts zu erhalten, soweit dies zur Erfüllung der Aufgaben der Bundesanstalt und der Deutschen Bundesbank erforderlich ist. [2] Zusätzliche Anzeige- und Meldepflichten nach Satz 1 dürfen nur auferlegt werden, wenn die Anordnung für den Zweck, für den die Angaben erforderlich sind, verhältnismäßig ist und die verlangten Angaben nicht schon vorhanden sind.

(3c) [1] Soweit die Europäische Zentralbank Aufsichtsbehörde ist, sind die Anzeigen nach den Absätzen 1 bis 3a auch gegenüber der Bundesanstalt abzugeben. [2] Die Anzeigen gemäß Absatz 1 Nummer 1, 2, 15 und 15a sind nur gegenüber der Bundesanstalt und der Deutschen Bundesbank abzugeben. [3] Soweit es sich bei Anzeigen nach Absatz 1 Nummer 6 um eine Zweigniederlassung oder grenzüberschreitende Dienstleistung in einem nicht am einheitlichen Aufsichtsmechanismus teilnehmenden Mitgliedstaat handelt, sind die Anzeigen ebenfalls nur gegenüber der Bundesanstalt und der Deutschen Bundesbank abzugeben.

(3d) Ein Datenbereitstellungsdienst hat der Bundesanstalt unverzüglich anzuzeigen:

1. die Absicht der Bestellung eines Geschäftsleiters unter Angabe der Tatsachen, die für die Beurteilung der Zuverlässigkeit, der fachlichen Eignung und der ausreichenden zeitlichen Verfügbarkeit für die Wahrnehmung der jeweiligen Aufgaben wesentlich sind, sowie den Vollzug einer solchen Absicht;
2. das Ausscheiden eines Geschäftsleiters;
3. die Bestellung eines Mitglieds und stellvertretender Mitglieder des Verwaltungs- oder Aufsichtsorgans unter Angabe der Tatsachen, die zur Beurteilung ihrer Zuverlässigkeit, Sachkunde und der ausreichenden zeitlichen Verfügbarkeit für die Wahrnehmung ihrer Aufgaben notwendig sind;
4. das Ausscheiden eines Mitglieds und stellvertretender Mitglieder des Verwaltungs- oder Aufsichtsorgans.

(3e) Bei Anzeigen nach Absatz 1 Nummer 1 und 15 sowie Absatz 3a Satz 1 Nummer 1 und 4 kann die Aufsichtsbehörde zur Beurteilung der Zuverlässigkeit, der fachlichen Eignung und der ausreichenden zeitlichen Verfügbarkeit auch Interviews mit den angezeigten Personen führen.

(3f) Ein CRR-Kreditinstitut oder das übergeordnete Unternehmen einer Institutsgruppe, einer Finanzholding-Gruppe oder einer gemischten Finanzholding-Gruppe, der ein CRR-Kreditinstitut angehört, hat der Bundesanstalt unverzüglich das Erreichen und das erneute Unterschreiten eines Schwellenwertes nach § 3 Absatz 2 Satz 1 anzuzeigen.

(4) [1] Das Bundesministerium der Finanzen kann im Benehmen mit der Deutschen Bundesbank durch Rechtsverordnung[1)] nähere Bestimmungen über

---

[1)] Siehe die ErstanzeigenVO v. 29.12.1997 (BGBl. I S. 3412), die ErgänzungsanzeigenVO v. 29.12. 1997 (BGBl. I S. 3415), die AnzeigenVO (Nr. **9g**), die KWG-VermittlerVO (Nr. **9c**) und die InhaberkontrollVO (Nr. **9h**).

Art, Umfang, Zeitpunkt und Form der nach diesem Gesetz vorgesehenen Anzeigen und Vorlagen von Unterlagen, über die zulässigen Datenträger, Übertragungswege und Datenformate und über zu verwendende und anzuzeigende Zusatzinformationen zu den Hauptinformationen, etwa besondere Rechtsträgerkennungen sowie Angaben zu deren Aktualität oder Validität, erlassen und die bestehenden Anzeigepflichten durch die Verpflichtung zur Erstattung von Sammelanzeigen und die Einreichung von Sammelaufstellungen ergänzen, soweit dies zur Erfüllung der Aufgaben der Aufsichtsbehörde erforderlich ist, insbesondere um einheitliche Unterlagen zur Beurteilung der von den Instituten durchgeführten Bankgeschäfte und Finanzdienstleistungen zu erhalten. [2] In der Rechtsverordnung können ebenfalls nähere Bestimmungen für die Führung eines öffentlichen Registers durch die Bundesanstalt sowie über die Zugriffsmöglichkeiten auf Seiten dieses Registers und die Zuweisung von Verantwortung für die Richtigkeit und Aktualität der Seiten erlassen werden. [3] Es kann diese Ermächtigung durch Rechtsverordnung auf die Bundesanstalt mit der Maßgabe übertragen, daß Rechtsverordnungen der Bundesanstalt im Einvernehmen mit der Deutschen Bundesbank ergehen. [4] Vor Erlaß der Rechtsverordnung sind die Spitzenverbände der Institute anzuhören.

§ 24a Errichtung einer Zweigniederlassung und Erbringung grenzüberschreitender Dienstleistungen in anderen Staaten des Europäischen Wirtschaftsraums. (1) [1] Ein CRR-Kreditinstitut, das die Absicht hat, in einem anderen Staat des Europäischen Wirtschaftsraums

1. eine Zweigniederlassung zu errichten oder
2. ohne dort eine Zweigniederlassung zu errichten, vertraglich gebundene Vermittler mit Sitz oder gewöhnlichem Aufenthalt in diesem Staat des Europäischen Wirtschaftsraums heranzuziehen,

hat dies der Aufsichtsbehörde und der Deutschen Bundesbank unverzüglich nach Maßgabe des Satzes 2 anzuzeigen. [2] Die Anzeige muß enthalten

1. die Angabe des Mitgliedstaats, in dem die Zweigniederlassung errichtet werden soll oder in dem ohne Errichtung einer Zweigniederlassung dort ansässige vertraglich gebundene Vermittler herangezogen werden sollen,
2. einen Geschäftsplan, aus dem die Art der geplanten Geschäfte, der organisatorische Aufbau der Zweigniederlassung und eine Absicht zur Heranziehung vertraglich gebundener Vermittler, hervorgehen sowie die Namen der vertraglich gebundenen Vermittler,

2a. soweit vertraglich gebundene Vermittler in einem anderen Staat des Europäischen Wirtschaftsraums ohne Errichtung einer Zweigniederlassung herangezogen werden sollen, eine Beschreibung des beabsichtigten Einsatzes der vertraglich gebundenen Vermittler und der Organisationsstruktur, einschließlich der Berichtswege, aus der hervorgeht, wie die vertraglich gebundenen Vermittler in die Unternehmensstruktur des Instituts eingebunden sind, sowie die Namen der vertraglich gebundenen Vermittler,

3. die Anschrift, unter der Unterlagen des Instituts im Aufnahmemitgliedstaat angefordert und Schriftstücke zugestellt werden können, und
4. die Angabe der Leiter der Zweigniederlassung.

(2) [1] Besteht kein Grund, die Angemessenheit der Organisationsstruktur und der Finanzlage des Instituts anzuzweifeln, übermittelt die Aufsichtsbehörde die Angaben nach Absatz 1 Satz 2 innerhalb von drei Monaten nach Eingang der

vollständigen Unterlagen den zuständigen Stellen des Aufnahmemitgliedstaates und teilt dies dem anzeigenden Institut mit. [2]Sie unterrichtet die zuständigen Stellen des Aufnahmemitgliedstaates außerdem über die Höhe der Eigenmittel und die Angemessenheit der Eigenmittelausstattung sowie gegebenenfalls über die Einlagensicherungseinrichtung oder Anlegerentschädigungseinrichtung, der das Institut angehört, oder den gleichwertigen Schutz im Sinne des § 23a Absatz 1 Satz 1. [3]Leitet die Aufsichtsbehörde die Angaben nach Absatz 1 Satz 2 nicht an die zuständigen Stellen des Aufnahmemitgliedstaates weiter, teilt die Bundesanstalt dem Institut innerhalb von drei Monaten nach Eingang sämtlicher Angaben nach Absatz 1 Satz 2 die Gründe dafür mit. [4]Nach Weiterleitung der Anzeige an die zuständigen Stellen des Aufnahmemitgliedstaates kann das Institut nach einer entsprechenden Mitteilung dieser Stellen oder spätestens nach Ablauf einer Zweimonatsfrist seine Tätigkeit in dem anderen Staat aufnehmen.

(3) [1]Absatz 1 Satz 1 gilt entsprechend für die Absicht, im Wege des grenzüberschreitenden Dienstleistungsverkehrs in einem anderen Staat des Europäischen Wirtschaftsraums Bankgeschäfte zu betreiben, Finanzdienstleistungen im Sinne des § 1 Abs. 1a Satz 2 Nr. 1, 1a, 1c, 2 bis 4, 9 und 10 oder Satz 3 oder Tätigkeiten nach § 1 Abs. 3 Satz 1 Nr. 2 bis 8 zu erbringen, Handelsauskünfte oder Schließfachvermietungen anzubieten oder, im Falle von CRR-Kreditinstituten, Zahlungsdienste im Sinne des Zahlungsdiensteaufsichtsgesetzes[1)] zu erbringen. [2]Die Anzeige muss enthalten:

1. die Angabe des Staates, in dem die grenzüberschreitende Dienstleistung erbracht werden soll,
2. einen Geschäftsplan mit Angabe der beabsichtigten Tätigkeiten und
3. die Angabe, ob in diesem Staat vertraglich gebundene Vermittler, die ihren Sitz oder gewöhnlichen Aufenthalt im Inland haben, herangezogen werden sollen, sowie deren Namen.

[3]Besteht kein Grund, die Angemessenheit der Organisationsstruktur und der Finanzlage des Instituts anzuzweifeln, unterrichtet die Aufsichtsbehörde die zuständigen Stellen des Aufnahmemitgliedstaates innerhalb eines Monats nach Eingang der Anzeige. [4]Das Institut hat die Unterrichtung der zuständigen Stellen des Aufnahmemitgliedstaates innerhalb dieser Frist abzuwarten, bevor es seine Tätigkeit in dem anderen Staat aufnimmt. [5]Andernfalls teilt die Aufsichtsbehörde dem Institut die Nichtunterrichtung und deren Gründe unverzüglich mit.

(3a) [1]Beabsichtigt der Betreiber eines multilateralen oder organisierten Handelssystems, Handelsteilnehmern in anderen Staaten einen unmittelbaren Zugang zu seinem Handelssystem zu gewähren und ihnen das Handeln an seinen Märkten zu ermöglichen, hat er dies der Bundesanstalt anzuzeigen, sofern es sich um die erstmalige Zugangsgewährung an einen Handelsteilnehmer in dem betreffenden Staat handelt. [2]Die Bundesanstalt unterrichtet die zuständigen Stellen des Aufnahmemitgliedstaates innerhalb eines Monats nach Eingang der Anzeige von dieser Absicht. [3]Der Betreiber hat der Bundesanstalt auf Anfrage die Namen der zugelassenen Handelsteilnehmer aus diesem Staat zu nennen. [4]Auf Ersuchen der zuständigen Stellen im Aufnahmemitgliedstaat teilt die Bundesanstalt innerhalb einer angemessenen Frist diese Angaben mit.

[1)] Nr. **12**.

(3b) *(aufgehoben)*

(3c) [1] Auf ein Finanzdienstleistungsinstitut, das Factoring im Sinne des § 1 Absatz 1a Satz 2 Nummer 9 oder Finanzierungsleasing im Sinne des § 1 Absatz 1a Satz 2 Nummer 10 betreibt und die Absicht hat, für diese Tätigkeit eine Zweigniederlassung in einem anderen Staat des Europäischen Wirtschaftsraums zu errichten oder diese Tätigkeit im Wege des grenzüberschreitenden Dienstleistungsverkehrs in einem anderen Staat des Europäischen Wirtschaftsraums zu betreiben, sind die Absätze 1 bis 3 entsprechend anzuwenden, sofern die Voraussetzungen des § 53b Absatz 7 Satz 1 Nummer 1 bis 7 erfüllt sind. [2] Absatz 2 Satz 2 gilt mit der Maßgabe, dass die zuständige Stelle des Aufnahmemitgliedstaats über die Höhe und die Zusammensetzung der Eigenmittel des Finanzdienstleistungsinstituts und die nach Artikel 92 Absatz 3 und 4 der Verordnung (EU) Nr. 575/2013[1)] errechneten Gesamtrisikobeträge von dessen Mutterkreditinstitut zu unterrichten ist.

(4) [1] Ändern sich die Verhältnisse, die nach Absatz 1 Satz 2 oder Absatz 3 Satz 2 angezeigt wurden, hat das Institut der Aufsichtsbehörde, der Deutschen Bundesbank und, sofern es sich um ein CRR-Kreditinstitut handelt, auch den zuständigen Stellen des Aufnahmemitgliedstaates diese Änderungen mindestens einen Monat vor dem Wirksamwerden der Änderungen schriftlich anzuzeigen, damit die Aufsichtsbehörde eine Entscheidung nach Absatz 2 und die zuständigen Stellen des Aufnahmemitgliedstaates eine Entscheidung über eventuell erforderliche Bedingungen treffen können. [2] Die Anzeigepflicht nach Satz 1 gilt entsprechend für ein Institut, das seine Zweigniederlassung bereits vor dem Zeitpunkt, von dem an es unter die Anzeigepflicht nach Absatz 1 fällt, in einem anderen Staat des Europäischen Wirtschaftsraums errichtet hat. [3] Änderungen der Verhältnisse der Einlagensicherungseinrichtung oder der Anlegerentschädigungseinrichtung oder des gleichwertigen Schutzes im Sinne des § 23a Absatz 1 Satz 1 hat das Institut, das eine Zweigniederlassung gemäß Absatz 1 errichtet hat, der Aufsichtsbehörde, der Deutschen Bundesbank und, sofern es sich um ein CRR-Kreditinstitut handelt, auch den zuständigen Stellen des Aufnahmemitgliedstaates mindestens einen Monat vor dem Wirksamwerden der Änderungen anzuzeigen. [4] Die Aufsichtsbehörde teilt den zuständigen Stellen des Aufnahmemitgliedstaates die Änderungen nach Satz 4 mit.

(4a) [1] Soweit die Europäische Zentralbank Aufsichtsbehörde ist, sind die Anzeigen nach den Absätzen 1, 3 und 4 auch gegenüber der Bundesanstalt abzugeben. [2] Soweit es sich bei dem Staat, in welchem die Zweigniederlassung errichtet oder die grenzüberschreitende Dienstleistung erbracht werden soll, um einen Mitgliedstaat der Europäischen Union handelt, sind die Anzeigen nur gegenüber der Bundesanstalt und der Deutschen Bundesbank abzugeben.

(5) Das Bundesministerium der Finanzen wird ermächtigt, durch Rechtsverordnung zu bestimmen, inwieweit die Absätze 1, 2 und 4 auf den Einsatz eines vertraglich gebundenen Vermittlers, der seinen Sitz oder seinen gewöhnlichen Aufenthalt in einem anderen Mitgliedstaat des Europäischen Wirtschaftsraums hat, entsprechend anzuwenden sind und daß die Absätze 2 und 4 für die Errichtung einer Zweigniederlassung in einem Drittstaat entsprechend gelten, soweit dies im Bereich des Niederlassungsrechts auf Grund von Abkommen der Europäischen Union mit Drittstaaten erforderlich ist.

[1)] Nr. **6**.

§ 24b Teilnahme an Zahlungs- sowie Wertpapierliefer- und -abrechnungssystemen sowie interoperablen Systemen. (1) [1]Ein Institut hat die Absicht, ein System nach § 1 Abs. 16 zu betreiben, unverzüglich der Bundesanstalt und der Deutschen Bundesbank anzuzeigen und die Teilnehmer zu benennen. [2]Dies gilt auch für eine spätere Änderung des Teilnehmerkreises sowie für Vereinbarungen über den Betrieb interoperabler Systeme. [3]Die Deutsche Bundesbank teilt die ihr gemeldeten Systeme der Europäischen Wertpapier- und Marktaufsichtsbehörde mit, nachdem sie sich von der Zweckdienlichkeit der Regeln des Systems überzeugt hat. [4]Im Fall einer Vereinbarung über den Betrieb interoperabler Systeme prüft die Deutsche Bundesbank, ob die Regeln der beteiligten Systeme über den Zeitpunkt des Einbringens und der Unwiderruflichkeit von Aufträgen miteinander vereinbar sind.

(2) Das Institut hat demjenigen, der ein berechtigtes Interesse nachweisen kann, Auskunft über die Systeme im Sinne von Absatz 1, an denen es beteiligt ist, sowie über die wesentlichen Regeln für deren Funktionieren zu erteilen.

(3) [1]Ein Institut, das ein System nach § 1 Absatz 16 betreibt, hat unbeschadet der Titel III, IV und V der Verordnung (EU) Nr. 648/2012 CRR-Kreditinstituten mit Sitz in einem anderen Staat des Europäischen Wirtschaftsraums gleichberechtigend den Zugang zu dem System nach denselben transparenten und objektiven Kriterien zu gewähren, die für inländische Teilnehmer an diesem System gelten. [2]Davon unberührt bleibt das Recht des Instituts, den Zugang aus berechtigten gewerblichen Gründen zu verweigern.

(4) Das Bundesministerium der Finanzen wird ermächtigt, im Benehmen mit der Deutschen Bundesbank durch Rechtsverordnung die Einzelheiten der Anzeigepflicht und der Unterrichtung der Europäischen Wertpapier- und Marktaufsichtsbehörde nach Absatz 1 , des Auskunftsanspruchs nach Absatz 2 sowie der Zugangsgewährung nach Absatz 3 zu bestimmen.

(5) Auf Systembetreiber, die nicht Institut sind, sind die Absätze 1 bis 4 entsprechend anzuwenden.

§ 24c Automatisierter Abruf von Kontoinformationen. (1) [1]Ein Kreditinstitut hat ein Dateisystem zu führen, in dem unverzüglich folgende Daten zu speichern sind:

1. die Nummer eines Kontos, das der Verpflichtung zur Legitimationsprüfung nach § 154 Absatz 2 Satz 1 der Abgabenordnung unterliegt, eines Depots oder eines Schließfachs sowie der Tag der Eröffnung und der Tag der Beendigung oder Auflösung,
2. der Vor- und Nachname, sowie bei natürlichen Personen der Tag der Geburt, des Inhabers und eines Verfügungsberechtigten sowie in den Fällen des § 10 Absatz 1 Nummer 2 des Geldwäschegesetzes[1)] der Vor- und Nachname und, soweit erhoben, die Anschrift eines abweichend wirtschaftlich Berechtigten im Sinne des § 3 des Geldwäschegesetzes.

[2]Bei jeder Änderung einer Angabe nach Satz 1 ist unverzüglich ein neuer Datensatz anzulegen. [3]Die Daten sind nach Ablauf von zehn Jahren nach der Auflösung des Kontos oder Depots zu löschen. [4]Im Falle des Satzes 2 ist der alte Datensatz nach Ablauf von drei Jahren nach Anlegung des neuen Datensatzes zu löschen. [5]Das Kreditinstitut hat zu gewährleisten, dass die Bundes-

---

[1)] Nr. **18**.

anstalt jederzeit Daten aus dem Dateisystem nach Satz 1 in einem von ihr bestimmten Verfahren automatisiert abrufen kann. [6] Es hat durch technische und organisatorische Maßnahmen sicherzustellen, dass ihm Abrufe nicht zur Kenntnis gelangen.

(2) [1] Die Bundesanstalt darf einzelne Daten aus dem Dateisystem nach Absatz 1 Satz 1 abrufen, soweit dies zur Erfüllung ihrer aufsichtlichen Aufgaben nach diesem Gesetz oder dem Geldwäschegesetz, insbesondere im Hinblick auf unerlaubte Bankgeschäfte oder Finanzdienstleistungen oder den Missbrauch der Institute durch Geldwäsche, Terrorismusfinanzierung oder sonstige strafbare Handlungen, die zu einer Gefährdung des Vermögens der Institute führen können, erforderlich ist und besondere Eilbedürftigkeit im Einzelfall vorliegt. [2] Die Zentralstelle für Finanztransaktionsuntersuchungen darf zur Erfüllung ihrer Aufgaben nach dem Geldwäschegesetz gleichermaßen einzelne Daten aus dem Dateisystem nach Absatz 1 Satz 1 abrufen.

(3) [1] Die Bundesanstalt erteilt auf Ersuchen Auskunft aus dem Dateisystem nach Absatz 1 Satz 1

1. den Aufsichtsbehörden gemäß § 9 Abs. 1 Satz 4 Nr. 2, soweit dies zur Erfüllung ihrer aufsichtlichen Aufgaben unter den Voraussetzungen des Absatzes 2 erforderlich ist,
2. den für die Leistung der internationalen Rechtshilfe in Strafsachen sowie im Übrigen für die Verfolgung und Ahndung von Straftaten zuständigen Behörden oder Gerichten, soweit dies für die Erfüllung ihrer gesetzlichen Aufgaben erforderlich ist,
3. der für die Beschränkungen des Kapital- und Zahlungsverkehrs nach dem Außenwirtschaftsgesetz zuständigen nationalen Behörde, soweit dies für die Erfüllung ihrer sich aus dem Außenwirtschaftsgesetz oder Rechtsakten der Europäischen Union im Zusammenhang mit der Einschränkung von Wirtschafts- oder Finanzbeziehungen ergebenden Aufgaben erforderlich ist.

[2] Die Bundesanstalt hat die in den Dateisystemen gespeicherten Daten im automatisierten Verfahren abzurufen und sie an die ersuchende Stelle weiter zu übermitteln. [3] Die Bundesanstalt prüft die Zulässigkeit der Übermittlung nur, soweit hierzu besonderer Anlass besteht. [4] Die Verantwortung für die Zulässigkeit der Übermittlung trägt die ersuchende Stelle. [5] Die Bundesanstalt darf zu den in Satz 1 genannten Zwecken ausländischen Stellen Auskunft aus dem Dateisystem nach Absatz 1 Satz 1 nach Maßgabe der allgemeinen datenschutzrechtlichen Vorschriften erteilen. [6] § 9 Abs. 1 Satz 5, 6 und Abs. 2 gilt entsprechend. [7] Die Regelungen über die internationale Rechtshilfe in Strafsachen bleiben unberührt.

(3a) [1] Die Bundesanstalt erteilt auf Ersuchen Auskunft aus den Dateisystemen nach Absatz 1 Satz 1

1. an die inländischen benannten Behörden im Sinne des Artikel 3 Absatz 1 der Richtlinie (EU) 2019/1153 des Europäischen Parlamentes und des Rates vom 20. Juni 2019 zur Festlegung von Vorschriften zur Erleichterung der Nutzung von Finanz- und sonstigen Informationen für die Verhütung, Aufdeckung, Untersuchung oder Verfolgung bestimmter Straftaten und zur Aufhebung des Beschlusses 2000/642/JI des Rates, soweit dies zur Erfüllung ihrer gesetzlichen Aufgaben bei der Verhütung oder Verfolgung schwerer Straftaten im Sinne des Anhangs I der Verordnung (EU) 2016/794 des Europäischen Parlaments und des Rates vom 11. Mai 2016 über die Agentur

der Europäischen Union für die Zusammenarbeit auf dem Gebiet der Strafverfolgung (Europol) und zur Ersetzung und Aufhebung der Beschlüsse 2009/371/JI, 2009/934/JI, 2009/935/JI, 2009/936/JI und 2009/968/JI des Rates (ABl. L 135 vom 24.5.2016, S. 53) erforderlich ist oder zur Unterstützung einer strafrechtlichen Ermittlung im Zusammenhang mit einer schweren Straftat;

2. an das Bundeskriminalamt in seiner Funktion als nationale Stelle nach § 1 Nummer 1 des Europol-Gesetzes zum Zwecke der Weitergabe an Europol, soweit dies zur Erfüllung der Aufgaben von Europol gemäß Artikel 4 der Verordnung (EU) 2016/794 im Rahmen der Zuständigkeit von Europol im Einzelfall erforderlich ist.

[2] Die Bundesanstalt hat die Daten im automatisierten Verfahren abzurufen und sie unmittelbar an die ersuchende Stelle weiter zu übermitteln. [3] Absatz 3 Sätze 4 und 6 gelten entsprechend.

(4) [1] Die Bundesanstalt protokolliert bei jedem Abruf

1. das Aktenzeichen,
2. Datum und Uhrzeit des Abrufs,
3. die Art der bei der Durchführung des Abrufs verwendeten Daten,
4. die eindeutige Kennung der Ergebnisse,
5. die Person, die den Abruf durchgeführt hat.

[2] Bei jedem Abruf zum Zweck der Auskunftserteilung auf Ersuchen nach Absatz 3 protokolliert sie zudem die ersuchende Stelle und das Aktenzeichen der ersuchenden Stelle. [3] Bei einem Abruf nach Absatz 3a durch eine inländische benannte Behörde im Sinne des Artikel 3 Absatz 1 Richtlinie (EU) 2019/1153 ist zudem die eindeutige Benutzerkennung derjenigen Person zu protokollieren, die das Ersuchen an die Bundesanstalt gerichtet hat und – sofern abweichend – die Benutzerkennung derjenigen Person, die Ergebnisse weiterübermittelt erhält. [4] Die Protokolle dienen ausschließlich dem Zweck der Datenschutzkontrolle sowie der Sicherstellung der Datensicherheit. [5] Sie werden von der oder dem Datenschutzbeauftragten der Bundesanstalt regelmäßig überprüft und auf Anforderung der oder dem Bundesbeauftragten für den Datenschutz und die Informationssicherheit zur Verfügung gestellt. [6] Protokolle nach Satz 1 und 2 sind 18 Monate, Protokolle nach Satz 3 sind fünf Jahre zugriffsgeschützt aufzubewahren. [7] Nach Ablauf der Aufbewahrungsfrist sind die Protokolle zu löschen, sofern sie nicht für laufende Kontrollverfahren erforderlich sind. [8] Die Bundesanstalt stellt durch besondere Schulungsprogramme sicher, dass das eingesetzte Personal mit den geltenden Bestimmungen unter Einschluss insbesondere der europäischen und nationalen Datenschutzbestimmungen vertraut ist. [9] Die Bundesanstalt führt eine Statistik über Zahl und Bearbeitung von Ersuchen nach Absatz 3a.

(5) [1] Das Kreditinstitut hat in seinem Verantwortungsbereich auf seine Kosten alle Vorkehrungen zu treffen, die für den automatisierten Abruf unter Sicherstellung des Datenschutzes und der Datensicherheit der Daten nach Absatz 1 Satz 1 nach dem jeweiligen Stand der Technik erforderlich sind. [2] Dazu gehören auch, jeweils nach den Vorgaben der Bundesanstalt, die Anschaffung der zur Sicherstellung der Vertraulichkeit und des Schutzes vor unberechtigten Zugriffen erforderlichen Geräte, die Einrichtung eines geeigneten Telekommunikationsanschlusses und die Teilnahme an dem geschlossenen Benutzersystem sowie

besondere ein angemessenes und wirksames Risikomanagement umfassen, auf dessen Basis ein Institut die Risikotragfähigkeit laufend sicherzustellen hat; das Risikomanagement umfasst insbesondere

1. die Festlegung von Strategien, insbesondere die Festlegung einer auf die nachhaltige Entwicklung des Instituts gerichteten Geschäftsstrategie und einer damit konsistenten Risikostrategie, sowie die Einrichtung von Prozessen zur Planung, Umsetzung, Beurteilung und Anpassung der Strategien;
2. Verfahren zur Ermittlung und Sicherstellung der Risikotragfähigkeit, wobei eine vorsichtige Ermittlung der Risiken, der potentiellen Verluste, die sich auf Grund von Stressszenarien ergeben, einschließlich derjenigen, die nach dem aufsichtlichen Stresstest nach § 6b Absatz 3 ermittelt werden, und des zu ihrer Abdeckung verfügbaren Risikodeckungspotenzials zugrunde zu legen ist;
3. die Einrichtung interner Kontrollverfahren mit einem internen Kontrollsystem und einer Internen Revision, wobei das interne Kontrollsystem insbesondere
   a) aufbau- und ablauforganisatorische Regelungen mit klarer Abgrenzung der Verantwortungsbereiche,
   b) Prozesse zur Identifizierung, Beurteilung, Steuerung sowie Überwachung und Kommunikation der Risiken entsprechend den in Titel VII Kapitel 2 Abschnitt 2 Unterabschnitt II der Richtlinie 2013/36/EU niedergelegten Kriterien und
   c) eine Risikocontrolling-Funktion und eine Compliance-Funktion umfasst;
4. eine angemessene personelle und technisch-organisatorische Ausstattung des Instituts;
5. die Festlegung eines angemessenen Notfallmanagements, insbesondere für IT-Systeme, und
6. angemessene, transparente und auf eine nachhaltige Entwicklung des Instituts ausgerichtete Vergütungssysteme für Geschäftsleiter und Mitarbeiter unter Berücksichtigung von Absatz 5; dies gilt mit Ausnahme der Pflicht zur Offenlegung vergütungsbezogener Informationen nicht, soweit die Vergütung durch Tarifvertrag oder in seinem Geltungsbereich durch Vereinbarung der Arbeitsvertragsparteien über die Anwendung der tarifvertraglichen Regelungen oder auf Grund eines Tarifvertrags in einer Betriebs- oder Dienstvereinbarung vereinbart ist.

[4] Die Ausgestaltung des Risikomanagements hängt von Art, Umfang, Komplexität und Risikogehalt der Geschäftstätigkeit ab. [5] Seine Angemessenheit und Wirksamkeit ist vom Institut regelmäßig zu überprüfen. [6] Eine ordnungsgemäße Geschäftsorganisation umfasst darüber hinaus

1. angemessene Regelungen, anhand derer sich die finanzielle Lage des Instituts jederzeit mit hinreichender Genauigkeit bestimmen lässt;
2. eine vollständige Dokumentation der Geschäftstätigkeit, die eine lückenlose Überwachung durch die Bundesanstalt für ihren Zuständigkeitsbereich gewährleistet; erforderliche Aufzeichnungen sind mindestens fünf Jahre aufzubewahren; § 257 Absatz 4 des Handelsgesetzbuchs bleibt unberührt, § 257 Absatz 3 und 5 des Handelsgesetzbuchs gilt entsprechend;
3. einen Prozess, der es den Mitarbeitern unter Wahrung der Vertraulichkeit ihrer Identität ermöglicht, Verstöße gegen die Verordnung (EU) Nr. 575/

2013[1)], die Verordnung (EU) Nr. 596/2014 des Europäischen Parlaments und des Rates vom 16. April 2014 über Marktmissbrauch (Marktmissbrauchsverordnung) und zur Aufhebung der Richtlinie 2003/6/EG des Europäischen Parlaments und des Rates und der Richtlinien 2003/124/EG, 2003/125/EG und 2004/72/EG der Kommission ((ABl. L 173 vom 12.6. 2014, S. 1; L 287 vom 21.10.2016, S. 320; L 306 vom 15.11.2016, S. 43; L 348 vom 21.12.2016, S. 83), die zuletzt durch die Verordnung (EU) 2016/ 1033 (ABl. L 175 vom 30.6.2016, S. 1) geändert worden ist, die Verordnung (EU) Nr. 600/2014, die Verordnung (EU) Nr. 1286/2014 oder die Verordnung (EU) 2017/1129 des Europäischen Parlaments und des Rates vom 14. Juni 2017 über den Prospekt, der beim öffentlichen Angebot von Wertpapieren oder bei deren Zulassung zum Handel an einem geregelten Markt zu veröffentlichen ist und zur Aufhebung der Richtlinie 2003/71/EG (ABl. L 168 vom 30.6.2017, S. 12) oder gegen dieses Gesetz oder gegen die auf Grund dieses Gesetzes erlassenen Rechtsverordnungen oder gegen das Wertpapierhandelsgesetz oder gegen die auf Grund des Wertpapierhandelsgesetzes erlassenen Rechtsverordnungen sowie etwaige strafbare Handlungen innerhalb des Unternehmens an geeignete Stellen zu berichten.

(2) [1] Die Bundesanstalt kann Vorgaben zur Ausgestaltung einer plötzlichen und unerwarteten Zinsänderung und zur Ermittlungsmethodik der Auswirkungen auf den Barwert und die Erträge bezüglich der Zinsänderungsrisiken aus den nicht unter das Handelsbuch fallenden Geschäften festlegen. [2] Die Bundesanstalt kann gegenüber einem Institut im Einzelfall Anordnungen treffen, die geeignet und erforderlich sind, die ordnungsgemäße Geschäftsorganisation im Sinne des Absatzes 1 Satz 3 und 6 sowie die Beachtung der Vorgaben nach Satz 1 sicherzustellen.

(3) [1] Die Absätze 1 und 2 gelten für Institutsgruppen, Finanzholding-Gruppen und gemischte Finanzholding-Gruppen sowie Unterkonsolidierungsgruppen nach Artikel 22 der Verordnung (EU) Nr. 575/2013 mit der Maßgabe entsprechend, dass die Geschäftsleiter des übergeordneten oder zur Unterkonsolidierung verpflichteten Unternehmens für die ordnungsgemäße Geschäftsorganisation der Institutsgruppe, Finanzholding-Gruppe, gemischten Finanzholding-Gruppe oder der Unterkonsolidierungsgruppe verantwortlich sind. [2] Zu einer Gruppe im Sinne von Satz 1 gehören auch Tochterunternehmen eines übergeordneten Unternehmens oder nachgeordneten Tochterunternehmens einer Institutsgruppe, Finanzholding-Gruppe oder gemischten Finanzholding-Gruppe, auf die weder die Verordnung (EU) Nr. 575/2013 noch § 1a zur Anwendung kommt. [3] Die sich aus der Einbeziehung in das Risikomanagement auf Gruppenebene ergebenden Pflichten müssen von Tochterunternehmen der Gruppe mit Sitz in einem Drittstaat nur insoweit beachtet werden, als diese Pflichten nicht dem geltenden Recht im Herkunftsstaat des Tochterunternehmens entgegenstehen.

(4) [1] Das Bundesministerium der Finanzen wird ermächtigt, durch Rechtsverordnung, die nicht der Zustimmung des Bundesrates bedarf, im Einvernehmen mit der Deutschen Bundesbank und nach Anhörung der Europäischen Zentralbank nähere Bestimmungen über die Ausgestaltung eines angemessenen und wirksamen Risikomanagements auf Einzelinstituts- und Gruppenebene gemäß Absatz 1 Satz 3 Nummer 1 bis 5 und Absatz 3 und der jeweils

---

[1)] Nr. **6**.

zugehörigen Tätigkeiten und Prozesse zu erlassen. [2]Vor Erlass der Rechtsverordnung sind die Spitzenverbände der Institute zu hören.

(5) [1]Die Institute haben angemessene Verhältnisse zwischen der variablen und fixen jährlichen Vergütung für Mitarbeiter und Geschäftsleiter festzulegen. [2]Dabei darf die variable Vergütung vorbehaltlich eines Beschlusses nach Satz 5 jeweils 100 Prozent der fixen Vergütung für jeden einzelnen Mitarbeiter oder Geschäftsleiter nicht überschreiten. [3]Hierbei kann für bis zu 25 Prozent der variablen Vergütung der zukünftige Wert auf den Zeitpunkt der Mitteilung an die jeweiligen Mitarbeiter oder Geschäftsleiter über die Höhe der variablen Vergütung für einen Bemessungszeitraum abgezinst werden, wenn dieser Teil der variablen Vergütung in Instrumenten gezahlt wird, die für die Dauer von mindestens fünf Jahren nach dieser Mitteilung zurückbehalten werden. [4]Bei der Zurückbehaltung dürfen ein Anspruch und eine Anwartschaft auf diesen Teil der variablen Vergütung erst nach Ablauf des Zurückbehaltungszeitraums erwachsen und während des Zurückbehaltungszeitraums lediglich ein Anspruch auf fehlerfreie Ermittlung des noch nicht zu einer Anwartschaft oder einem Anspruch erwachsenen Teils dieses Teils der variablen Vergütung bestehen, nicht aber auf diesen Teil der variablen Vergütung selbst. [5]Die Anteilseigner, die Eigentümer, die Mitglieder oder die Träger des Instituts können über die Billigung einer höheren variablen Vergütung als nach Satz 2, die 200 Prozent der fixen Vergütung für jeden einzelnen Mitarbeiter oder Geschäftsleiter nicht überschreiten darf, beschließen. [6]Zur Billigung einer höheren variablen Vergütung als nach Satz 2 für Mitarbeiter haben die Geschäftsleitung und das Verwaltungs- oder Aufsichtsorgan, zur Billigung einer höheren variablen Vergütung als nach Satz 2 für Geschäftsleiter nur das Verwaltungs- oder Aufsichtsorgan, einen Vorschlag zur Beschlussfassung zu machen; der Vorschlag hat die Gründe für die erbetene Billigung einer höheren variablen Vergütung als nach Satz 2 und deren Umfang, einschließlich der Anzahl der betroffenen Mitarbeiter und Geschäftsleiter sowie ihrer Funktionen, und den erwarteten Einfluss einer höheren variablen Vergütung als nach Satz 2 auf die Anforderung, eine angemessene Eigenmittelausstattung vorzuhalten, darzulegen. [7]Der Beschlussvorschlag ist so rechtzeitig vor der Beschlussfassung bekannt zu machen, dass sich die Anteilseigner, die Eigentümer, die Mitglieder oder die Träger des Instituts angemessen informieren können; üben die Anteilseigner, die Eigentümer, die Mitglieder oder die Träger ihre Rechte in einer Versammlung aus, ist der Beschlussvorschlag mit der Einberufung der Versammlung bekannt zu machen. [8]Der Beschluss bedarf einer Mehrheit von mindestens 66 Prozent der abgegebenen Stimmen, sofern mindestens 50 Prozent der Stimmrechte bei der Beschlussfassung vertreten sind, oder von mindestens 75 Prozent der abgegebenen Stimmen. [9]Anteilseigner, Eigentümer, Mitglieder oder Träger die als Mitarbeiter oder Geschäftsleiter von einer höheren variablen Vergütung als nach Satz 2 betroffen wären, dürfen ihr Stimmrecht weder unmittelbar noch mittelbar ausüben.

(5a) [1]Auf Risikoträger und Risikoträgerinnen bedeutender Institute, deren jährliche fixe Vergütung das Dreifache der Beitragsbemessungsgrenze in der allgemeinen Rentenversicherung im Sinne des § 159 des Sechsten Buches Sozialgesetzbuch überschreitet und die keine Geschäftsführer, Betriebsleiter und ähnliche leitende Angestellte sind, die zur selbständigen Einstellung oder Entlassung von Arbeitnehmern berechtigt sind, findet § 9 Absatz 1 Satz 2 des Kündigungsschutzgesetzes mit der Maßgabe Anwendung, dass der Antrag des

Arbeitgebers auf Auflösung des Arbeitsverhältnisses keiner Begründung bedarf. [2] § 14 Absatz 1 des Kündigungsschutzgesetzes bleibt unberührt.

(5b) [1] In einem CRR-Kreditinstitut sowie in einem Institut, das kein CRR-Institut, aber bedeutend gemäß § 1 Absatz 3c ist, gelten die folgenden Personengruppen zwingend als Risikoträger:

1. Mitarbeiter der unmittelbar der Geschäftsleitung nachgelagerten Führungsebene;
2. Mitarbeiter mit Managementverantwortung für die Kontrollfunktionen oder die wesentlichen Geschäftsbereiche des Instituts;
3. Mitarbeiter, die im oder für das vorhergehende Geschäftsjahr Anspruch auf eine Vergütung in Höhe von mindestens 500 000 Euro hatten, sofern
   a) diese Vergütung mindestens der durchschnittlichen Vergütung der Geschäftsleiter, der Mitglieder des Verwaltungs- oder Aufsichtsorgans sowie der Mitarbeiter der unmittelbar der Geschäftsleitung nachgelagerten Führungsebene des Instituts im Sinne von Nummer 1 entspricht, und
   b) die Mitarbeiter die berufliche Tätigkeit in einem wesentlichen Geschäftsbereich ausüben und sich diese Tätigkeit erheblich auf das Risikoprofil des betreffenden Geschäftsbereichs auswirkt.

[2] Ein bedeutendes Institut hat darüber hinaus auf Grundlage einer Risikoanalyse eigenverantwortlich alle weiteren Risikoträger zu ermitteln. [3] Dabei sind immer mindestens die Kriterien gemäß den Artikeln 3 und 4 der Delegierten Verordnung (EU) Nr. 604/2014 in der jeweils geltenden Fassung zugrunde zu legen. [4] Das Institut teilt den betroffenen Mitarbeitern und Mitarbeiterinnen die Einstufung als Risikoträger mit. [5] Die Risikoanalyse ist schriftlich oder elektronisch zu dokumentieren und regelmäßig zu aktualisieren. [6] Ausnahmen gemäß Artikel 4 Absatz 2 der Delegierten Verordnung (EU) Nr. 604/2014 in der jeweils geltenden Fassung bedürfen der Zustimmung der Geschäftsleitung und der Kenntnisnahme durch das Verwaltungs- oder Aufsichtsorgan. [7] Für die Zwecke dieser Vorschrift gelten die Begriffsbestimmungen sowie die Berechnungsmethoden zur Höhe der maßgeblichen Vergütung nach der Delegierten Verordnung (EU) Nr. 604/2014 in der jeweils geltenden Fassung.

(5c) Die nach Artikel 4 Absatz 5 Satz 1 der Delegierten Verordnung (EU) Nr. 604/2014 in der jeweils geltenden Fassung an die Aufsichtsbehörde zu stellenden Anträge sind unverzüglich, spätestens jedoch sechs Monate nach Ablauf des Geschäftsjahres, zu stellen.

(6) [1] Das Bundesministerium der Finanzen wird ermächtigt, durch Rechtsverordnung, die nicht der Zustimmung des Bundesrates bedarf, im Benehmen mit der Deutschen Bundesbank nähere Bestimmungen zu erlassen über

1. die Ausgestaltung der Vergütungssysteme nach Absatz 1 Satz 3 Nummer 6 einschließlich der Ausgestaltung
   a) der Entscheidungsprozesse und Verantwortlichkeiten,
   b) des Verhältnisses der variablen zur fixen Vergütung und der Vergütungsinstrumente für die variable Vergütung,
   c) positiver und negativer Vergütungsparameter, der Leistungszeiträume, Zurückbehaltungszeiträume und Rückforderungszeiträume einschließlich der Voraussetzungen und Parameter für einen vollständigen Verlust oder eine teilweise Reduzierung oder eine vollständige oder teilweise Rückforderung der variablen Vergütung sowie

2. Verfahren zur Ermittlung und Sicherstellung der Risikotragfähigkeit nach § 25a Absatz 1 Satz 3 Nummer 2, mindestens haben die Geschäftsleiter dafür Sorge zu tragen, dass
   a) die wesentlichen Risiken des Instituts, insbesondere Adressenausfall-, Marktpreis-, Liquiditäts- und operationelle Risiken, regelmäßig und anlassbezogen im Rahmen einer Risikoinventur identifiziert und definiert werden (Gesamtrisikoprofil);
   b) im Rahmen der Risikoinventur Risikokonzentrationen berücksichtigt sowie mögliche wesentliche Beeinträchtigungen der Vermögenslage, der Ertragslage oder der Liquiditätslage geprüft werden;
3. interne Kontrollverfahren mit einem internen Kontrollsystem und einer internen Revision nach § 25a Absatz 1 Satz 3 Nummer 3 Buchstabe a bis c, mindestens haben die Geschäftsleiter dafür Sorge zu tragen, dass
   a) im Rahmen der Aufbau- und Ablauforganisation Verantwortungsbereiche klar abgegrenzt werden, wobei wesentliche Prozesse und damit verbundene Aufgaben, Kompetenzen, Verantwortlichkeiten, Kontrollen sowie Kommunikationswege klar zu definieren sind und sicherzustellen ist, dass Mitarbeiter keine miteinander unvereinbaren Tätigkeiten ausüben;
   b) eine grundsätzliche Trennung zwischen dem Bereich, der Kreditgeschäfte initiiert und bei den Kreditentscheidungen über ein Votum verfügt (Markt), sowie dem Bereich Handel einerseits und dem Bereich, der bei den Kreditentscheidungen über ein weiteres Votum verfügt (Marktfolge), und den Funktionen, die dem Risikocontrolling und die der Abwicklung und Kontrolle der Handelsgeschäfte dienen, andererseits besteht;
   c) das interne Kontrollsystem Risikosteuerungs- und -controllingprozesse zur Identifizierung, Beurteilung, Steuerung, Überwachung und Kommunikation der wesentlichen Risiken und damit verbundener Risikokonzentrationen sowie eine Risikocontrolling-Funktion und eine Compliance-Funktion umfasst;
   d) in angemessenen Abständen, mindestens aber vierteljährlich, gegenüber der Geschäftsleitung über die Risikosituation einschließlich einer Beurteilung der Risiken berichtet wird;
   e) in angemessenen Abständen, mindestens aber vierteljährlich, seitens der Geschäftsleitung gegenüber dem Verwaltungs- oder Aufsichtsorgan über die Risikosituation einschließlich einer Beurteilung der Risiken berichtet wird;
   f) regelmäßig angemessene Stresstests für die wesentlichen Risiken sowie das Gesamtrisikoprofil des Instituts durchgeführt werden und auf Grundlage der Ergebnisse möglicher Handlungsbedarf geprüft wird;
   g) die interne Revision in angemessenen Abständen, mindestens aber vierteljährlich, an die Geschäftsleitung und an das Aufsichts- oder Verwaltungsorgan berichtet;
4. eine angemessene personelle und technisch-organisatorische Ausstattung des Instituts nach § 25a Absatz 1 Satz 3 Nummer 4, mindestens haben die Geschäftsleiter dafür Sorge zu tragen, dass die quantitative und qualitative Personalausstattung und der Umfang und die Qualität der technisch-organisatorischen Ausstattung die betriebsinternen Erfordernisse, die Geschäftsaktivitäten und die Risikosituation berücksichtigen;

5. für Notfälle in zeitkritischen Aktivitäten und Prozessen angemessene Notfallkonzepte nach § 25a Absatz 1 Satz 3 Nummer 5, mindestens haben die Geschäftsleiter dafür Sorge zu tragen, dass regelmäßig Notfalltests zur Überprüfung der Angemessenheit und Wirksamkeit des Notfallkonzeptes durchgeführt werden und über die Ergebnisse den jeweils Verantwortlichen berichtet wird;
6. im Fall einer Auslagerung von Aktivitäten und Prozessen auf ein anderes Unternehmen nach § 25b Absatz 1 Satz 1 mindestens angemessene Verfahren und Konzepte, um übermäßige zusätzliche Risiken sowie eine Beeinträchtigung der Ordnungsmäßigkeit der Geschäfte, Dienstleistungen und der Geschäftsorganisation im Sinne des § 25a Absatz 1 zu vermeiden.

(4b) [1] Für Institutsgruppen, Finanzholding-Gruppen, gemischte Finanzholding-Gruppen und Institute im Sinne des Artikels 4 der Verordnung (EU) Nr. 575/2013 gilt, dass die Geschäftsleiter des übergeordneten Unternehmens für die Wahrung der Sorgfaltspflichten innerhalb der Institutsgruppe, der Finanzholding-Gruppe, der gemischten Finanzholding-Gruppe oder der Institute im Sinne des Artikels 4 der Verordnung (EU) Nr. 575/2013 verantwortlich sind, wenn das übergeordnete Unternehmen Mutterunternehmen ist, das beherrschenden Einfluss im Sinne des § 290 Absatz 2 des Handelsgesetzbuchs über andere Unternehmen der Gruppe ausübt, ohne dass es auf die Rechtsform der Muttergesellschaft ankommt. [2] Im Rahmen ihrer Gesamtverantwortung für die ordnungsgemäße Geschäftsorganisation der Gruppe nach Satz 1 haben die Geschäftsleiter des übergeordneten Unternehmens dafür Sorge zu tragen, dass die Gruppe über folgende Strategien, Prozesse, Verfahren, Funktionen und Konzepte verfügt:

1. eine auf die nachhaltige Entwicklung der Gruppe gerichtete gruppenweite Geschäftsstrategie und eine damit konsistente gruppenweite Risikostrategie sowie Prozesse zur Planung, Umsetzung, Beurteilung und Anpassung der Strategien nach § 25a Absatz 1 Satz 3 Nummer 1, mindestens haben die Geschäftsleiter dafür Sorge zu tragen, dass
   a) jederzeit das Gesamtziel der Gruppe, die Ziele der Gruppe für jede wesentliche Geschäftsaktivität sowie die Maßnahmen zur Erreichung dieser Ziele dokumentiert werden;
   b) die Risikostrategie der Gruppe jederzeit die Ziele der Risikosteuerung der wesentlichen Geschäftsaktivitäten sowie die Maßnahmen zur Erreichung dieser Ziele umfasst;
   c) die strategische Ausrichtung der gruppenangehörigen Unternehmen mit den gruppenweiten Geschäfts- und Risikostrategien abgestimmt wird;
2. Verfahren zur Ermittlung und Sicherstellung der Risikotragfähigkeit der Gruppe nach § 25a Absatz 1 Satz 3 Nummer 2, mindestens haben die Geschäftsleiter dafür Sorge zu tragen, dass
   a) die wesentlichen Risiken der Gruppe, insbesondere Adressenausfall-, Marktpreis-, Liquiditäts- und operationelle Risiken, regelmäßig und anlassbezogen im Rahmen einer Risikoinventur identifiziert und definiert werden (Gesamtrisikoprofil der Gruppe);
   b) im Rahmen der Risikoinventur Risikokonzentrationen innerhalb der Gruppe berücksichtigt sowie mögliche wesentliche Beeinträchtigungen der Vermögenslage, der Ertragslage oder der Liquiditätslage der Gruppe geprüft werden;

3. interne Kontrollverfahren mit einem internen Kontrollsystem und einer internen Revision nach § 25a Absatz 1 Satz 3 Nummer 3 Buchstabe a bis c, mindestens haben die Geschäftsleiter dafür Sorge zu tragen, dass
   a) im Rahmen der Aufbau- und Ablauforganisation der Gruppe Verantwortungsbereiche klar abgegrenzt werden, wobei wesentliche Prozesse und damit verbundene Aufgaben, Kompetenzen, Verantwortlichkeiten, Kontrollen sowie Kommunikationswege innerhalb der Gruppe klar zu definieren sind und sicherzustellen ist, dass Mitarbeiter keine miteinander unvereinbaren Tätigkeiten ausüben;
   b) bei den gruppenangehörigen Unternehmen eine grundsätzliche Trennung zwischen dem Bereich, der Kreditgeschäfte initiiert und bei den Kreditentscheidungen über ein Votum verfügt (Markt), sowie dem Bereich Handel einerseits und dem Bereich, der bei den Kreditentscheidungen über ein weiteres Votum verfügt (Marktfolge), und den Funktionen, die dem Risikocontrolling und die der Abwicklung und Kontrolle der Handelsgeschäfte dienen, andererseits besteht;
   c) in angemessenen Abständen, mindestens aber vierteljährlich, gegenüber der Geschäftsleitung über die Risikosituation einschließlich einer Beurteilung der Risiken berichtet wird;
   d) in angemessenen Abständen, mindestens aber vierteljährlich, auf Gruppenebene seitens der Geschäftsleitung gegenüber dem Verwaltungs- oder Aufsichtsorgan über die Risikosituation der Gruppe einschließlich einer Beurteilung der Risiken berichtet wird;
   e) das interne Kontrollsystem der Gruppe eine Risikocontrolling-Funktion und eine Compliance-Funktion sowie Risikosteuerungs- und -controllingprozesse zur Identifizierung, Beurteilung, Steuerung, Überwachung und Kommunikation der wesentlichen Risiken und damit verbundener Risikokonzentrationen umfasst;
   f) regelmäßig angemessene Stresstests für die wesentlichen Risiken und das Gesamtrisikoprofil auf Gruppenebene durchgeführt werden und auf Grundlage der Ergebnisse möglicher Handlungsbedarf geprüft wird;
   g) die Konzernrevision in angemessenen Abständen, mindestens aber vierteljährlich, an die Geschäftsleitung und an das Verwaltungs- oder Aufsichtsorgan berichtet;
4. eine angemessene personelle und technisch-organisatorische Ausstattung der Gruppe nach § 25a Absatz 1 Satz 3 Nummer 4, mindestens haben die Geschäftsleiter dafür Sorge zu tragen, dass die quantitative und qualitative Personalausstattung und der Umfang und die Qualität der technisch-organisatorischen Ausstattung der gruppenangehörigen Unternehmen die jeweiligen betriebsinternen Erfordernisse, die Geschäftsaktivitäten und die Risikosituation der gruppenangehörigen Unternehmen berücksichtigen;
5. für Notfälle in zeitkritischen Aktivitäten und Prozessen angemessene Notfallkonzepte nach § 25a Absatz 1 Satz 3 Nummer 5 auf Gruppenebene, mindestens haben die Geschäftsleiter dafür Sorge zu tragen, dass regelmäßig Notfalltests zur Überprüfung der Angemessenheit und Wirksamkeit des Notfallkonzeptes auf Gruppenebene durchgeführt werden und über die Ergebnisse den jeweils Verantwortlichen berichtet wird;
6. im Fall einer Auslagerung von Aktivitäten und Prozessen auf ein anderes Unternehmen nach § 25b Absatz 1 Satz 1 mindestens angemessene Verfahren

(3a) Mitglied des Verwaltungs- oder Aufsichtsorgans eines Instituts, das kein CRR-Kreditinstitut ist, das bedeutend im Sinne des § 1 Absatz 3c ist, oder einer Finanzholding-Gesellschaft kann nicht sein,

1. wer in demselben Unternehmen Geschäftsleiter ist; im Fall einer Europäischen Gesellschaft (SE) mit monistischem System gilt dies mit der Maßgabe, dass ein geschäftsführender Direktor nicht zugleich Vorsitzender oder geschäftsführendes Mitglied des Verwaltungsrates sein kann,
2. wer in dem betreffenden Unternehmen Geschäftsleiter war, wenn bereits zwei ehemalige Geschäftsleiter des Unternehmens Mitglied des Verwaltungs- oder Aufsichtsorgans sind, oder
3. wer in mehr als fünf Unternehmen, die unter der Aufsicht der Bundesanstalt stehen, Mitglied des Verwaltungs- oder Aufsichtsorgans ist, es sei denn, diese Unternehmen gehören demselben institutsbezogenen Sicherungssystem an.

(4) Institute, Finanzholding-Gesellschaften und gemischte Finanzholding-Gesellschaften müssen angemessene personelle und finanzielle Ressourcen einsetzen, um den Mitgliedern des Verwaltungs- oder Aufsichtsorgans die Einführung in ihr Amt zu erleichtern und die Fortbildung zu ermöglichen, die zur Aufrechterhaltung der erforderlichen Sachkunde notwendig ist.

(5) [1] Die Ausgestaltung der Vergütungssysteme für Mitglieder des Verwaltungs- oder Aufsichtsorgans darf im Hinblick auf die wirksame Wahrnehmung der Überwachungsfunktion des Verwaltungs- oder Aufsichtsorgans keine Interessenkonflikte erzeugen. [2] Die Vergütung ist geschlechtsneutral. [3] Eine Entgeltbenachteiligung wegen des Geschlechts ist unzulässig. [4] Für die Tätigkeit im Verwaltungs- oder Aufsichtsorgan dürfen dessen Mitglieder keine variablen Vergütungsbestandteile erhalten. [5] Artikel 450 der Verordnung (EU) Nr. 575/2013 ist auch in Bezug auf die Vergütung der Mitglieder des Verwaltungs- oder Aufsichtsorgans anzuwenden.

(6) [1] Das Verwaltungs- oder Aufsichtsorgan muss die Geschäftsleiter auch im Hinblick auf die Einhaltung der einschlägigen bankaufsichtsrechtlichen Regelungen überwachen. [2] Es muss der Erörterung von Strategien, Risiken und Vergütungssystemen für Geschäftsleiter und Mitarbeiter ausreichend Zeit widmen.

(7) [1] Das Verwaltungs- oder Aufsichtsorgan eines Instituts, einer Finanzholding-Gesellschaft oder einer gemischten Finanzholding-Gesellschaft soll abhängig von der Größe, der internen Organisation und der Art, des Umfangs, der Komplexität und dem Risikogehalt der Geschäfte des Unternehmens aus seiner Mitte, im Fall einer Europäischen Gesellschaft (SE) mit monistischem System aus dem Kreis der nicht geschäftsführenden Mitglieder des Verwaltungsrates, Ausschüsse gemäß den Absätzen 8 bis 12 bestellen, die es bei seinen Aufgaben beraten und unterstützen. [2] Das Verwaltungs- oder Aufsichtsorgan eines bedeutenden Instituts im Sinne des § 1 Absatz 3c sowie eines in Absatz 3 Satz 2 genannten Unternehmens hat aus seiner Mitte, im Fall einer Europäischen Gesellschaft (SE) mit monistischem System aus dem Kreis der nicht geschäftsführenden Mitglieder des Verwaltungsrates, zwingend einen Risiko-, einen Prüfungs-, einen Nominierungs- und einen Vergütungskontrollausschuss zu bestellen. [3] Jeder Ausschuss soll eines seiner Mitglieder zum Vorsitzenden ernennen. [4] Die Mitglieder der Ausschüsse müssen die zur Erfüllung der jeweiligen Ausschussaufgaben erforderlichen Kenntnisse, Fähigkeiten und Erfahrungen haben. [5] Um die Zusammenarbeit und den fachlichen Austausch zwischen

den einzelnen Ausschüssen sicherzustellen, soll mindestens ein Mitglied eines jeden Ausschusses einem weiteren Ausschuss angehören. [6]Die Bundesanstalt kann die Bildung eines oder mehrerer Ausschüsse verlangen, wenn dies insbesondere unter Berücksichtigung der Kriterien nach Satz 1 oder zur ordnungsgemäßen Wahrnehmung der Kontrollfunktion des Verwaltungs- oder Aufsichtsorgans erforderlich erscheint.

(8) [1]Der Risikoausschuss berät das Verwaltungs- oder Aufsichtsorgan zur aktuellen und zur künftigen Gesamtrisikobereitschaft und -strategie des Unternehmens und unterstützt es bei der Überwachung der Umsetzung dieser Strategie durch die obere Leitungsebene. [2]Der Risikoausschuss wacht darüber, dass die Konditionen im Kundengeschäft mit dem Geschäftsmodell und der Risikostruktur des Unternehmens im Einklang stehen. [3]Soweit dies nicht der Fall ist, verlangt der Risikoausschuss von der Geschäftsleitung Vorschläge, wie die Konditionen im Kundengeschäft in Übereinstimmung mit dem Geschäftsmodell und der Risikostruktur ausgestaltet werden können, und überwacht deren Umsetzung. [4]Der Risikoausschuss prüft, ob die durch das Vergütungssystem gesetzten Anreize die Risiko-, Kapital- und Liquiditätsstruktur des Unternehmens sowie die Wahrscheinlichkeit und Fälligkeit von Einnahmen berücksichtigen. [5]Die Aufgaben des Vergütungskontrollausschusses nach Absatz 12 bleiben unberührt. [6]Der Vorsitzende des Risikoausschusses soll weder Vorsitzender des Verwaltungs- oder Aufsichtsorgans noch Vorsitzender eines anderen Ausschusses sein. [7]Der Vorsitzende des Risikoausschusses oder, falls ein Risikoausschuss nicht eingerichtet wurde, der Vorsitzende des Verwaltungs- oder Aufsichtsorgans, kann unmittelbar beim Leiter der Internen Revision und beim Leiter des Risikocontrollings Auskünfte einholen. [8]Die Geschäftsleitung muss hierüber unterrichtet werden. [9]Der Risikoausschuss kann, soweit erforderlich, den Rat externer Sachverständiger einholen. [10]Der Risikoausschuss oder, falls ein solcher nicht eingerichtet wurde, das Verwaltungs- oder Aufsichtsorgan bestimmt Art, Umfang, Format und Häufigkeit der Informationen, die die Geschäftsleitung zum Thema Strategie und Risiko vorlegen muss.

(9) [1]Der Prüfungsausschuss unterstützt das Verwaltungs- oder Aufsichtsorgan insbesondere bei der Überwachung

1. des Rechnungslegungsprozesses;
2. der Wirksamkeit des Risikomanagementsystems, insbesondere des internen Kontrollsystems und der Internen Revision;
3. der Durchführung der Abschlussprüfungen, insbesondere hinsichtlich der Unabhängigkeit des Abschlussprüfers und der vom Abschlussprüfer erbrachten Leistungen (Umfang, Häufigkeit, Berichterstattung). Der Prüfungsausschuss soll dem Verwaltungs- oder Aufsichtsorgan Vorschläge für die Bestellung eines Abschlussprüfers sowie für die Höhe seiner Vergütung unterbreiten und das Verwaltungs- oder Aufsichtsorgan zur Kündigung oder Fortsetzung des Prüfauftrags beraten und
4. der zügigen Behebung der vom Prüfer festgestellten Mängel durch die Geschäftsleitung mittels geeigneter Maßnahmen.

[2]Der Vorsitzende des Prüfungsausschusses muss über Sachverstand auf den Gebieten Rechnungslegung und Abschlussprüfung verfügen. [3]Der Vorsitzende des Prüfungsausschusses oder, falls ein Prüfungsausschuss nicht eingerichtet wurde, der Vorsitzende des Verwaltungs- oder Aufsichtsorgans, kann unmittel-

bar beim Leiter der Internen Revision und beim Leiter des Risikocontrollings Auskünfte einholen. [4] Die Geschäftsleitung muss hierüber unterrichtet werden.

(10) [1] Das Verwaltungs- oder Aufsichtsorgan eines in Absatz 3a Satz 1 genannten Unternehmens kann einen gemeinsamen Risiko- und Prüfungsausschuss bestellen, wenn dies unter Berücksichtigung der Kriterien nach Absatz 7 Satz 1 sinnvoll ist. [2] Dies ist der Bundesanstalt mitzuteilen. [3] Die Gründe für eine Zusammenlegung sind von dem Unternehmen zu dokumentieren. [4] Auf den gemeinsamen Prüfungs- und Risikoausschuss finden die Absätze 8 und 9 entsprechende Anwendung.

(11) [1] Der Nominierungsausschuss unterstützt das Verwaltungs- oder Aufsichtsorgan bei der

1. Ermittlung von Bewerbern für die Besetzung einer Stelle in der Geschäftsleitung und bei der Vorbereitung von Wahlvorschlägen für die Wahl der Mitglieder des Verwaltungs- oder Aufsichtsorgans; hierbei berücksichtigt der Nominierungsausschuss die Ausgewogenheit und Unterschiedlichkeit der Kenntnisse, Fähigkeiten und Erfahrungen aller Mitglieder des betreffenden Organs, entwirft eine Stellenbeschreibung mit Bewerberprofil und gibt den mit der Aufgabe verbundenen Zeitaufwand an;
2. Erarbeitung einer Zielsetzung zur Förderung der Vertretung des unterrepräsentierten Geschlechts im Verwaltungs- oder Aufsichtsorgan sowie einer Strategie zu deren Erreichung;
3. regelmäßig, mindestens einmal jährlich, durchzuführenden Bewertung der Struktur, Größe, Zusammensetzung und Leistung der Geschäftsleitung und des Verwaltungs- oder Aufsichtsorgans und spricht dem Verwaltungs- oder Aufsichtsorgan gegenüber diesbezügliche Empfehlungen aus;
4. regelmäßig, mindestens einmal jährlich, durchzuführenden Bewertung der Kenntnisse, Fähigkeiten und Erfahrung sowohl der einzelnen Geschäftsleiter und Mitglieder des Verwaltungs- oder Aufsichtsorgans als auch des jeweiligen Organs in seiner Gesamtheit und
5. Überprüfung der Grundsätze der Geschäftsleitung für die Auswahl und Bestellung der Personen der oberen Leitungsebene und bei diesbezüglichen Empfehlungen an die Geschäftsleitung.

[2] Bei der Erfüllung seiner Aufgaben nach Satz 1 Nummer 3 achtet der Nominierungsausschuss darauf, dass die Entscheidungsfindung innerhalb der Geschäftsleitung durch einzelne Personen oder Gruppen nicht in einer Weise beeinflusst wird, die dem Unternehmen schadet. [3] Der Umstand, ein Organmitglied eines verbundenen Unternehmens oder einer verbundenen Organisation zu sein, stellt an sich kein Hindernis für das erforderliche unvoreingenommene Handeln der Mitglieder der Geschäftsleitung und des Verwaltungs- oder Aufsichtsorgans dar. [4] Bei der Wahrnehmung seiner Aufgaben kann der Nominierungsausschuss auf alle Ressourcen zurückgreifen, die er für angemessen hält, und auch externe Berater einschalten. [5] Zu diesem Zwecke soll er vom Unternehmen angemessene Finanzmittel erhalten.

(12) [1] Der Vergütungskontrollausschuss

1. überwacht die angemessene Ausgestaltung der Vergütungssysteme der Geschäftsleiter und Mitarbeiter, und insbesondere die angemessene Ausgestaltung der Vergütungen für die Leiter der Risikocontrolling-Funktion und der Compliance-Funktion sowie solcher Mitarbeiter, die einen wesentlichen

Einfluss auf das Gesamtrisikoprofil des Instituts haben, und unterstützt das Verwaltungs- oder Aufsichtsorgan bei der Überwachung der angemessenen Ausgestaltung der Vergütungssysteme für die Mitarbeiter des Unternehmens; die Auswirkungen der Vergütungssysteme auf das Risiko-, Kapital- und Liquiditätsmanagement sind zu bewerten;

2. bereitet die Beschlüsse des Verwaltungs- oder Aufsichtsorgans über die Vergütung der Geschäftsleiter vor und berücksichtigt dabei besonders die Auswirkungen der Beschlüsse auf die Risiken und das Risikomanagement des Unternehmens; den langfristigen Interessen von Anteilseignern, Anlegern, sonstiger Beteiligter und dem öffentlichen Interesse ist Rechnung zu tragen;
3. unterstützt das Verwaltungs- oder Aufsichtsorgan bei der Überwachung der ordnungsgemäßen Einbeziehung der internen Kontroll- und aller sonstigen maßgeblichen Bereiche bei der Ausgestaltung der Vergütungssysteme.

[2] Mindestens ein Mitglied des Vergütungskontrollausschusses muss über ausreichend Sachverstand und Berufserfahrung im Bereich Risikomanagement und Risikocontrolling verfügen, insbesondere im Hinblick auf Mechanismen zur Ausrichtung der Vergütungssysteme an der Gesamtrisikobereitschaft und -strategie und an der Eigenmittelausstattung des Unternehmens. [3] Wenn dem Verwaltungs- oder Aufsichtsorgan entsprechend den Mitbestimmungsgesetzen Arbeitnehmervertreter angehören, muss dem Vergütungskontrollausschuss mindestens ein Arbeitnehmervertreter angehören. [4] Der Vergütungskontrollausschuss soll mit dem Risikoausschuss zusammenarbeiten und soll sich intern beispielsweise durch das Risikocontrolling und extern von Personen beraten lassen, die unabhängig von der Geschäftsleitung sind. [5] Geschäftsleiter dürfen nicht zu den Tagesordnungspunkten an Sitzungen des Vergütungskontrollausschusses teilnehmen, unter denen über ihre Vergütung beraten wird. [6] Der Vorsitzende des Vergütungskontrollausschusses oder, falls ein Vergütungskontrollausschuss nicht eingerichtet wurde, der Vorsitzende des Verwaltungs- oder Aufsichtsorgans, kann unmittelbar beim Leiter der Internen Revision und bei den Leitern der für die Ausgestaltung der Vergütungssysteme zuständigen Organisationseinheiten Auskünfte einholen. [7] Die Geschäftsleitung muss hierüber unterrichtet werden.

(13) [1] Für die Mitglieder des Verwaltungs- oder Aufsichtsorgans eines Datenbereitstellungsdienstes gilt § 25d Absatz 1 und 2 entsprechend. [2] Die Mitglieder des Verwaltungs- oder Aufsichtsorgans müssen den Anforderungen des Artikels 27f Absatz 1 der Verordnung (EU) Nr. 600/2014, auch in Verbindung mit einer delegierten Verordnung gemäß Artikel 27f Absatz 5 dieser Verordnung genügen.

§ 25e Anforderungen bei vertraglich gebundenen Vermittlern. [1] Bedient sich ein CRR-Kreditinstitut eines vertraglich gebundenen Vermittlers im Sinne des § 2 Absatz 10 Satz 1, hat es sicherzustellen, dass dieser zuverlässig und fachlich geeignet ist, bei der Erbringung der Finanzdienstleistungen die gesetzlichen Vorgaben erfüllt, Kunden vor Aufnahme der Geschäftsbeziehung über seinen Status nach § 2 Absatz 10 Satz 1 und 2 informiert und unverzüglich von der Beendigung dieses Status in Kenntnis setzt. [2] Die erforderlichen Nachweise für die Erfüllung seiner Pflichten nach Satz 1 muss das CRR-Kreditinstitut mindestens bis zum Ablauf von fünf Jahren nach dem Ende des Status des vertraglich gebundenen Vermittlers aufbewahren. [3] Nähere Bestimmungen zu

den erforderlichen Nachweisen können durch Rechtsverordnung nach § 24 Absatz 4 getroffen werden.

§ 25f Besondere Anforderungen an die ordnungsgemäße Geschäftsorganisation von CRR-Kreditinstituten sowie von Institutsgruppen, Finanzholding-Gruppen und gemischten Finanzholding-Gruppen, denen ein CRR-Kreditinstitut angehört; Verordnungsermächtigung.

(1) [1] Sämtliche Geschäfte im Sinne des § 3 Absatz 2 und Absatz 4 sind bei einem wirtschaftlich, organisatorisch und rechtlich eigenständigen Unternehmen (Finanzhandelsinstitut) zu betreiben. [2] Für das Finanzhandelsinstitut gelten die zusätzlichen Anforderungen gemäß den Absätzen 2 bis 6 an eine ordnungsgemäße Geschäftsorganisation.

(2) Für das Finanzhandelsinstitut findet § 2a keine Anwendung.

(3) [1] Das Finanzhandelsinstitut hat seine Refinanzierung eigenständig sicherzustellen. [2] Geschäfte des CRR-Kreditinstituts oder der Unternehmen, die einer Institutsgruppe, einer Finanzholding-Gruppe oder einer gemischten Finanzholding-Gruppe angehören, der auch ein CRR-Kreditinstitut angehört, mit dem Finanzhandelsinstitut sind wie Geschäfte mit Dritten zu behandeln.

(4) [1] Das Bundesministerium der Finanzen kann im Benehmen mit der Deutschen Bundesbank durch Rechtsverordnung für die Zwecke der Überwachung der Einhaltung des Verbots des § 3 Absatz 2 und 4 Satz 1 sowie für die Ermittlung von Art und Umfang der Geschäfte im Sinne des § 3 Absatz 2 Satz 2 und Absatz 4 Satz 1 für das CRR-Kreditinstitut und das übergeordnete Unternehmen einer Institutsgruppe, einer Finanzholding-Gruppe und einer gemischten Finanzholding-Gruppe, der auch ein CRR-Kreditinstitut angehört, Anzeigepflichten begründen und nähere Bestimmungen über Art, Umfang, Zeitpunkt und Form der Informationen und Vorlagen von Unterlagen und über die zulässigen Datenträger, Übertragungswege und Datenformate erlassen, soweit dies zur Erfüllung der Aufgaben der Bundesanstalt erforderlich ist, insbesondere um alle Informationen zu erhalten, die die Bundesanstalt im Rahmen des Verbots des § 3 Absatz 2 und 4 Satz 1 sowie für die Ermittlung von Art und Umfang der Geschäfte im Sinne des § 3 Absatz 2 Satz 2 und Absatz 4 Satz 1 benötigt. [2] Es kann diese Ermächtigung durch Rechtsverordnung auf die Bundesanstalt mit der Maßgabe übertragen, dass Rechtsverordnungen der Bundesanstalt im Einvernehmen mit der Deutschen Bundesbank ergehen. [3] Vor Erlass der Rechtsverordnung sind die Spitzenverbände der Institute anzuhören.

(5) Das Verwaltungs- oder Aufsichtsorgan des Finanzhandelsinstituts, des CRR-Kreditinstituts oder des übergeordneten Unternehmens der Institutsgruppe, der Finanzholding-Gruppe sowie der gemischten Finanzholding-Gruppe, der auch ein CRR-Kreditinstitut angehört, hat sich regelmäßig und anlassbezogen über die Geschäfte des Finanzhandelsinstituts sowie die damit verbundenen Risiken zu informieren und insbesondere auch die Einhaltung der vorgenannten Anforderungen zu überwachen.

(6) Das Finanzhandelsinstitut darf keine Zahlungsdienste erbringen und nicht das E-Geld-Geschäft im Sinne des Zahlungsdiensteaufsichtsgesetzes[1)] betreiben.

[1)] Nr. **12**.

(7) Die Bundesanstalt kann gegenüber dem CRR-Kreditinstitut, dem übergeordneten Unternehmen einer Institutsgruppe, einer Finanzholding-Gruppe oder einer gemischten Finanzholding-Gruppe, der ein CRR-Kreditinstitut angehört, sowie gegenüber dem Finanzhandelsinstitut Anordnungen treffen, die geeignet und erforderlich sind, die ordnungsgemäße Geschäftsorganisation auch im Sinne der Absätze 1 bis 6 sicherzustellen.

5a. Bargeldloser Zahlungsverkehr; Verhinderung von Geldwäsche, Terrorismusfinanzierung und sonstigen strafbaren Handlungen zu Lasten der Institute

§ 25g Einhaltung der besonderen organisatorischen Pflichten im bargeldlosen Zahlungsverkehr. (1) Die Bundesanstalt überwacht die Einhaltung der Pflichten der Kreditinstitute nach

1. der Verordnung (EU) 2015/847 des Europäischen Parlaments und des Rates vom 20. Mai 2015 über die Übermittlung von Angaben bei Geldtransfers und zur Aufhebung der Verordnung (EU) Nr. 1781/2006 (ABl. L 141 vom 5.6.2015, S. 1),
2. der Verordnung (EG) Nr. 924/2009 des Europäischen Parlaments und des Rates vom 16. September 2009 über grenzüberschreitende Zahlungen in der Gemeinschaft und zur Aufhebung der Verordnung (EG) Nr. 2560/2001 (ABl. L 266 vom 9.10.2009, S. 1), die durch die Verordnung (EU) Nr. 260/2012 (ABl. L 94 vom 30.3.2012, S. 22) geändert worden ist,
3. der Verordnung (EU) Nr. 260/2012 zur Festlegung der technischen Vorschriften und der Geschäftsanforderungen für Überweisungen und Lastschriften in Euro und zur Änderung der Verordnung (EG) Nr. 924/2009 (ABl. L 94 vom 30.3.2012, S. 22) und
4. der Verordnung (EU) 2015/751 des Europäischen Parlaments und des Rates vom 29. April 2015 über Interbankenentgelte für kartengebundene Zahlungsvorgänge (ABl. L 123 vom 19.5.2015, S. 1).

(2) Ein Kreditinstitut muss über interne Verfahren und Kontrollsysteme verfügen, die die Einhaltung der Pflichten nach den Verordnungen nach Absatz 1 Nummer 1 bis 4 gewährleisten.

(3) Die Bundesanstalt kann gegenüber einem Kreditinstitut und seinen Geschäftsleitern Anordnungen treffen, die geeignet und erforderlich sind, um Verstöße gegen die Pflichten nach den Verordnungen nach Absatz 1 Nummer 1 bis 4 zu verhindern oder zu unterbinden.

§ 25h Interne Sicherungsmaßnahmen. (1) [1] Institute sowie Finanzholding-Gesellschaften und gemischte Finanzholding-Gesellschaften nach § 25l müssen unbeschadet der in § 25a Absatz 1 dieses Gesetzes und der in den §§ 4 bis 6 des Geldwäschegesetzes[1)] aufgeführten Pflichten über ein angemessenes Risikomanagement sowie über interne Sicherungsmaßnahmen verfügen, die der Verhinderung von strafbaren Handlungen, die zu einer Gefährdung des Vermögens des Instituts führen können, dienen. [2] Sie haben dafür angemessene geschäfts- und kundenbezogene Sicherungssysteme zu schaffen und zu aktualisieren sowie Kontrollen durchzuführen. [3] Hierzu gehört auch die fortlaufende Entwicklung geeigneter Strategien und Sicherungsmaßnahmen zur Verhin-

1) Nr. **18**.

derung des Missbrauchs von neuen Finanzprodukten und Technologien für Zwecke der Geldwäsche und der Terrorismusfinanzierung oder der Begünstigung der Anonymität von Geschäftsbeziehungen und Transaktionen.

(2) [1]Kreditinstitute haben unbeschadet des § 10 Absatz 1 Nummer 5 des Geldwäschegesetzes Datenverarbeitungssysteme zu betreiben und zu aktualisieren, mittels derer sie in der Lage sind, Geschäftsbeziehungen und einzelne Transaktionen im Zahlungsverkehr zu erkennen, die auf Grund des öffentlich und im Kreditinstitut verfügbaren Erfahrungswissens über die Methoden der Geldwäsche, der Terrorismusfinanzierung und über die sonstigen strafbaren Handlungen im Sinne von Absatz 1 im Verhältnis zu vergleichbaren Fällen besonders komplex oder groß sind, ungewöhnlich ablaufen oder ohne offensichtlichen wirtschaftlichen oder rechtmäßigen Zweck erfolgen. [2]Die Kreditinstitute dürfen personenbezogene Daten verarbeiten, soweit dies zur Erfüllung dieser Pflicht erforderlich ist. [3]Die Bundesanstalt kann Kriterien bestimmen, bei deren Vorliegen Kreditinstitute vom Einsatz von Systemen nach Satz 1 absehen können.

(3) [1]Jede Transaktion, die im Verhältnis zu vergleichbaren Fällen besonders komplex oder groß ist, ungewöhnlich abläuft oder ohne offensichtlichen wirtschaftlichen oder rechtmäßigen Zweck erfolgt, ist von Instituten im Sinne von Absatz 1 unbeschadet des § 15 des Geldwäschegesetzes mit angemessenen Maßnahmen zu untersuchen, um das Risiko der Transaktion im Hinblick auf strafbare Handlungen im Sinne von Absatz 1 Satz 1 überwachen, einschätzen und gegebenenfalls die Erstattung einer Strafanzeige gemäß § 158 der Strafprozessordnung prüfen zu können. [2]Die Institute haben diese Transaktionen, die durchgeführten Untersuchungen und deren Ergebnisse nach Maßgabe des § 8 des Geldwäschegesetzes angemessen zu dokumentieren, um gegenüber der Bundesanstalt darlegen zu können, dass diese Sachverhalte nicht darauf schließen lassen, dass eine strafbare Handlung im Sinne von Absatz 1 Satz 1 begangen oder versucht wurde oder wird. [3]Absatz 2 Satz 2 gilt entsprechend. [4]Auf Institute ist § 47 Absatz 5 des Geldwäschegesetzes entsprechend anzuwenden für Informationen über konkrete Sachverhalte, die Auffälligkeiten oder Ungewöhnlichkeiten enthalten, die auf andere strafbare Handlungen als auf Geldwäsche, auf eine ihrer Vortaten oder auf Terrorismusfinanzierung hindeuten.

(4) [1]Institute dürfen interne Sicherungsmaßnahmen nach Absatz 1 Satz 1 nach vorheriger Anzeige bei der Bundesanstalt im Rahmen von vertraglichen Vereinbarungen durch einen Dritten durchführen lassen. [2]Die Bundesanstalt kann die Rückübertragung auf das Institut dann verlangen, wenn der Dritte nicht die Gewähr dafür bietet, dass die Sicherungsmaßnahmen ordnungsgemäß durchgeführt werden oder die Steuerungsmöglichkeiten der Institute und die Kontrollmöglichkeiten der Bundesanstalt beeinträchtigt werden könnten. [3]Die Verantwortung für die Sicherungsmaßnahmen verbleibt bei den Instituten.

(5) Die Bundesanstalt kann gegenüber einem Institut oder einem Auslagerungsunternehmen, auf das ein Institut oder ein übergeordnetes Unternehmen gemäß Absatz 4 oder gemäß § 6 Absatz 7 des Geldwäschegesetzes ausgelagert hat, im Einzelfall Anordnungen treffen, die geeignet und erforderlich sind, die in den Absätzen 1 bis 3 genannten Vorkehrungen zu treffen.

(6) Die Deutsche Bundesbank gilt als Institut im Sinne der Absätze 1 bis 4.

(7) [1]Die Funktion des Geldwäschebeauftragten im Sinne des § 7 des Geldwäschegesetzes und die Pflichten zur Verhinderung strafbarer Handlungen im

Sinne des Absatzes 1 Satz 1 werden im Institut von einer Stelle wahrgenommen. [2] Die Bundesanstalt kann auf Antrag des Instituts zulassen, dass eine andere Stelle im Institut für die Verhinderung der strafbaren Handlungen zuständig ist, soweit hierfür ein wichtiger Grund vorliegt.

§ 25i Allgemeine Sorgfaltspflichten in Bezug auf E-Geld. (1) Kreditinstitute haben bei der Ausgabe von E-Geld die Pflichten nach § 10 Absatz 1 des Geldwäschegesetzes[1)] zu erfüllen, auch wenn die Schwellenwerte nach § 10 Absatz 3 Nummer 2 des Geldwäschegesetzes nicht erreicht werden.

(2) [1] In den Fällen des Absatzes 1 können die Kreditinstitute unbeschadet des § 14 des Geldwäschegesetzes von den Pflichten nach § 10 Absatz 1 Nummer 1 bis 4 des Geldwäschegesetzes absehen, wenn

1. das Zahlungsinstrument nicht wieder aufgeladen werden kann oder wenn ein wiederaufladbares Zahlungsinstrument nur im Inland genutzt werden kann und die Zahlungsvorgänge, die mit ihm ausgeführt werden können, auf monatlich 150 Euro begrenzt sind,
2. der elektronisch gespeicherte Betrag 150 Euro nicht übersteigt,
3. das Zahlungsinstrument ausschließlich für den Kauf von Waren und Dienstleistungen genutzt wird,
4. das Zahlungsinstrument nicht mit anonymem E-Geld erworben oder aufgeladen werden kann,
5. das Kreditinstitut die Transaktionen oder die Geschäftsbeziehung in ausreichendem Umfang überwacht, um die Aufdeckung ungewöhnlicher oder verdächtiger Transaktionen zu ermöglichen, und
6. ein Rücktausch des E-Geldes durch Barauszahlung, sofern es sich um mehr als 50 Euro handelt, ausgeschlossen ist oder bei Fernzahlungsvorgängen im Sinne des § 1 Absatz 19 des Zahlungsdiensteaufsichtsgesetzes[2)] der gezahlte Betrag 50 Euro pro Transaktion nicht übersteigt.

[2] Beim Schwellenwert nach Satz 1 Nummer 1 ist es unerheblich, ob der E-Geld-Inhaber das E-Geld über einen Vorgang oder über verschiedene Vorgänge erwirbt, sofern Anhaltspunkte dafür vorliegen, dass zwischen den verschiedenen Vorgängen eine Verbindung besteht.

(3) [1] Soweit E-Geld über einen wiederaufladbaren E-Geld-Träger ausgegeben wird, hat das ausgebende Kreditinstitut Dateisysteme zu führen, in denen alle an identifizierte E-Geld-Inhaber ausgegebenen und zurückgetauschten E-Geld-Beträge mit Zeitpunkt und ausgebender oder rücktauschender Stelle aufgezeichnet werden. [2] § 8 des Geldwäschegesetzes ist entsprechend anzuwenden.

(3a) [1] Kreditinstitute dürfen Zahlungen mit in Drittstaaten ausgestellten anonymen Guthabenkarten nur akzeptieren, wenn diese Karten die Anforderungen erfüllen, die den in Absatz 2 genannten gleichwertig sind.

(4) [1] Liegen Tatsachen vor, die die Annahme rechtfertigen, dass bei der Verwendung eines E-Geld-Trägers

1. die Voraussetzungen nach Absatz 2 nicht eingehalten werden oder

---

1) Nr. **18**.
2) Nr. **12**.

2. im Zusammenhang mit technischen Verwendungsmöglichkeiten des E-Geld-Trägers, dessen Vertrieb, Verkauf und der Einschaltung von bestimmten Akzeptanzstellen ein erhöhtes Risiko der Geldwäsche oder der Terrorismusfinanzierung nach § 1 Absatz 1 Nummer 1 und 2 des Geldwäschegesetzes oder ein erhöhtes Risiko sonstiger strafbarer Handlungen nach § 25h Absatz 1 besteht,

so kann die Bundesanstalt dem Kreditinstitut, das das E-Geld ausgibt, Anordnungen erteilen. [2] Insbesondere kann sie

1. die Ausgabe, den Verkauf und die Verwendung eines solchen E-Geld-Trägers untersagen,
2. sonstige geeignete und erforderliche technische Änderungen dieses E-Geld-Trägers verlangen oder
3. das E-Geld ausgebende Institut dazu verpflichten, dass es dem Risiko angemessene interne Sicherungsmaßnahmen ergreift.

§ 25j Zeitpunkt der Identitätsüberprüfung. [1] Abweichend von § 11 Absatz 1 des Geldwäschegesetzes[1)] kann die Überprüfung der Identität des Vertragspartners, einer für diesen auftretenden Person und des wirtschaftlich Berechtigten auch unverzüglich nach der Eröffnung eines Kontos oder Depots abgeschlossen werden. [2] In diesem Fall muss sichergestellt sein, dass vor Abschluss der Überprüfung der Identität keine Gelder von dem Konto oder dem Depot abverfügt werden können. [3] Für den Fall einer Rückzahlung eingegangener Gelder dürfen diese nur an den Einzahler ausgezahlt werden.

§ 25k Verstärkte Sorgfaltspflichten. (1) Abweichend von § 10 Absatz 3 Satz 1 Nummer 2 Buchstabe b des Geldwäschegesetzes[1)] bestehen die Sorgfaltspflichten nach § 10 Absatz 1 Nummer 1, 2 und 4 des Geldwäschegesetzes für Institute bei der Annahme von Bargeld ungeachtet etwaiger im Geldwäschegesetz oder in diesem Gesetz genannter Schwellenbeträge, soweit ein Sortengeschäft nach § 1 Absatz 1a Satz 2 Nummer 7 nicht über ein bei dem Institut eröffnetes Konto des Kunden abgewickelt wird und die Transaktion einen Wert von 2 500 Euro oder mehr aufweist.

(2) Institute, die Factoring nach § 1 Absatz 1a Satz 2 Nummer 9 betreiben, haben angemessene Maßnahmen zu ergreifen, um einem erkennbar erhöhten Geldwäscherisiko bei der Annahme von Zahlungen von Debitoren zu begegnen, die bei Abschluss des Rahmenvertrags unbekannt waren.

§ 25l Geldwäscherechtliche Pflichten für Finanzholding-Gesellschaften. [1] Finanzholding-Gesellschaften und gemischte Finanzholding-Gesellschaften mit Sitz im Inland, die über eine Zulassung nach § 2f Absatz 1 verfügen, sind Verpflichtete nach § 2 Absatz 1 Nummer 1 des Geldwäschegesetzes[1)]. [2] Sie unterliegen insoweit auch der Aufsicht der Bundesanstalt nach § 50 Nummer 1 des Geldwäschegesetzes.

§ 25m Verbotene Geschäfte. Verboten sind:

1. die Aufnahme oder Fortführung einer Korrespondenz- oder sonstigen Geschäftsbeziehung mit einer Bank-Mantelgesellschaft nach § 1 Absatz 22 des Geldwäschegesetzes[1)] und

---

[1)] Nr. **18**.

2. die Errichtung und Führung von solchen Konten auf den Namen des Instituts oder für dritte Institute, über die die Kunden des Instituts oder dritten Instituts zur Durchführung von eigenen Transaktionen eigenständig verfügen können; § 154 Absatz 1 der Abgabenordnung bleibt unberührt.

§ 25n *(aufgehoben)*

5b. Vorlage von Rechnungslegungsunterlagen

§ 26 Vorlage von Jahresabschluß, Lagebericht und Prüfungsberichten.

(1) [1] Die Institute haben den Jahresabschluß in den ersten drei Monaten des Geschäftsjahres für das vergangene Geschäftsjahr aufzustellen und den aufgestellten sowie später den festgestellten Jahresabschluß und den Lagebericht der Bundesanstalt und der Deutschen Bundesbank nach Maßgabe des Satzes 2 jeweils unverzüglich einzureichen. [2] Der Jahresabschluß muß mit dem Bestätigungsvermerk oder einem Vermerk über die Versagung der Bestätigung versehen sein. [3] Der Abschlußprüfer hat den Bericht über die Prüfung des Jahresabschlusses (Prüfungsbericht) unverzüglich nach Beendigung der Prüfung der Bundesanstalt und der Deutschen Bundesbank einzureichen. [4] Bei Kreditinstituten, die einem genossenschaftlichen Prüfungsverband angehören oder durch die Prüfungsstelle eines Sparkassen- und Giroverbandes geprüft werden, hat der Abschlußprüfer den Prüfungsbericht nur auf Anforderung der Bundesanstalt einzureichen.

(2) Hat im Zusammenhang mit einer Sicherungseinrichtung eine zusätzliche Prüfung stattgefunden, hat der Prüfer oder der Prüfungsverband den Bericht über diese Prüfung der Bundesanstalt und der Deutschen Bundesbank unverzüglich einzureichen.

(3) [1] Ein Institut, das einen Konzernabschluß oder einen Konzernlagebericht aufstellt, hat diese Unterlagen der Bundesanstalt und der Deutschen Bundesbank unverzüglich einzureichen. [2] Das übergeordnete Unternehmen einer Finanzholding-Gruppe im Sinne des § 10a, einer gemischten Finanzholding-Gruppe im Sinne des § 10a oder eines Finanzkonglomerats hat einen Konzernabschluss oder einen Konzernlagebericht unverzüglich einzureichen, wenn die Finanzholding-Gesellschaft an der Spitze der Finanzholding-Gruppe oder die gemischte Finanzholding-Gesellschaft an der Spitze der gemischten Finanzholding-Gruppe oder des Finanzkonglomerats einen Konzernabschluss oder Konzernlagebericht aufstellt. [3] Der Konzernabschlussprüfer hat die Prüfungsberichte über die in den Sätzen 1 und 2 genannten Konzernabschlüsse und Konzernlageberichte unverzüglich nach Beendigung seiner Prüfung bei der Bundesanstalt und der Deutschen Bundesbank einzureichen. [4] Bei Kreditinstituten, die einem genossenschaftlichen Prüfungsverband angehören oder durch die Prüfungsstelle eines Sparkassen- und Giroverbandes geprüft werden, hat der Prüfer den Prüfungsbericht nur auf Anforderung der Bundesanstalt einzureichen.

(4) Die Bestimmungen des Absatzes 3 gelten entsprechend für einen Einzelabschluss nach § 325 Abs. 2a des Handelsgesetzbuchs.

5c. Offenlegung

§ 26a Offenlegung durch die Institute. (1) [1] Zusätzlich zu den Angaben, die nach den Artikeln 435 bis 455 der Verordnung (EU) Nr. 575/2013[1)] in der jeweils geltenden Fassung zu machen sind, sind die rechtliche und die organisatorische Struktur sowie die Grundsätze einer ordnungsgemäßen Geschäftsführung der Gruppe darzustellen. [2] Die CRR-Kreditinstitute haben darüber hinaus auf konsolidierter Basis, aufgeschlüsselt nach Mitgliedstaaten der Europäischen Union und Drittstaaten, in denen die Institute über Niederlassungen verfügen, folgende Angaben in eine Anlage zum Jahresabschluss im Sinne des § 26 Absatz 1 Satz 2 aufzunehmen, von einem Abschlussprüfer nach Maßgabe des § 340k des Handelsgesetzbuchs prüfen zu lassen und offenzulegen:

1. die Firmenbezeichnungen, die Art der Tätigkeiten und die geografische Lage der Niederlassungen,
2. den Umsatz,
3. die Anzahl der Lohn- und Gehaltsempfänger in Vollzeitäquivalenten,
4. Gewinn oder Verlust vor Steuern,
5. Steuern auf Gewinn oder Verlust,
6. erhaltene öffentliche Beihilfen.

[3] Ist das CRR-Kreditinstitut in den Konzernabschluss eines anderen Mutterunternehmens mit Sitz in einem Mitgliedstaat der Europäischen Union oder in einem Vertragsstaat des Abkommens über den Europäischen Wirtschaftsraum einbezogen, das den Anforderungen der Richtlinie 2013/36/EU unterworfen ist, braucht es die Angaben nach Satz 2 nicht zu machen. [4] In ihrem Jahresbericht legen die CRR-Kreditinstitute ihre Kapitalrendite, berechnet als Quotient aus Nettogewinn und Bilanzsumme offen. [5] Global systemrelevante Institute, die im Inland zugelassen sind, sind verpflichtet, der Europäischen Kommission die in Satz 2 Nummer 4 bis 6 genannten Angaben bis zum 1. Juli 2014 auf vertraulicher Basis zu übermitteln. [6] Das Nähere zu den Anforderungen in Satz 2 bis 5 regelt die Rechtsverordnung nach § 10 Absatz 1 Satz 1 Nummer 10.

(2) [1] Kommt ein Institut seinen Offenlegungspflichten in anderen als den in Artikel 432 der Verordnung (EU) Nr. 575/2013 in der jeweils geltenden Fassung genannten Fällen nicht, nicht richtig, nicht vollständig oder nicht rechtzeitig nach, kann die Bundesanstalt im Einzelfall Anordnungen treffen, die geeignet und erforderlich sind, die ordnungsgemäße Offenlegung der Informationen zu veranlassen. [2] Die Bundesanstalt kann von den Artikeln 433 bis 434 der Verordnung (EU) Nr. 575/2013 in der jeweils geltenden Fassung abweichende Zeitpunkte und Orte für die Veröffentlichung festlegen oder die Offenlegung zusätzlicher Informationen verlangen.

6. Prüfung und Prüferbestellung

§ 27 (aufgehoben)

§ 28 Bestellung des Prüfers in besonderen Fällen. (1) [1] Die Institute haben der Bundesanstalt und der Deutschen Bundesbank den von ihnen bestellten Prüfer unverzüglich nach der Bestellung anzuzeigen. [2] Die Bundes-

---

[1)] Nr. 6.

anstalt kann innerhalb von zwei Monaten nach Zugang der Anzeige die Bestellung eines anderen Prüfers verlangen, wenn dies zur Erreichung des Prüfungszwecks geboten ist. [3]Die Bestellung eines anderen Prüfers ist in der Regel zur Erreichung des Prüfungszwecks geboten, wenn ein Institut, das kein Unternehmen von öffentlichem Interesse nach § 316a Satz 2 Nummer 1 oder 2 des Handelsgesetzbuchs ist, der Bundesanstalt für mindestens elf aufeinanderfolgende Geschäftsjahre denselben Prüfer angezeigt hat. [4]Hat das Institut eine Wirtschaftsprüfungsgesellschaft zum Prüfer bestellt, die in einem der beiden vorangegangenen Geschäftsjahre Prüfer des Instituts war, kann die Bundesanstalt den Wechsel des verantwortlichen Prüfungspartners verlangen, wenn die vorangegangene Prüfung einschließlich des Prüfungsberichts den Prüfungszweck nicht erfüllt hat; § 43 Absatz 3 Satz 3 der Wirtschaftsprüferordnung gilt entsprechend. [5]Die Bundesanstalt kann die Bestellung eines anderen Prüfers oder den Wechsel des verantwortlichen Prüfungspartners auch dann verlangen, wenn ihr Tatsachen bekannt werden, die die Annahme rechtfertigen, dass der Prüfer seine Pflichten nach § 29 Absatz 3 verletzt hat. [6]Widerspruch und Anfechtungsklage gegen Maßnahmen nach den Sätzen 2, 4 oder 5 haben keine aufschiebende Wirkung.

(2) [1]Das Gericht des Sitzes des Instituts hat auf Antrag der Bundesanstalt einen Prüfer zu bestellen, wenn

1. die Anzeige nach Absatz 1 Satz 1 nicht unverzüglich nach Ablauf des Geschäftsjahres erstattet wird;
2. das Institut dem Verlangen auf Bestellung eines anderen Prüfers nach Absatz 1 Satz 2 oder 5 nicht unverzüglich nachkommt;
3. der gewählte Prüfer die Annahme des Prüfungsauftrages abgelehnt hat, weggefallen ist oder am rechtzeitigen Abschluß der Prüfung verhindert ist und das Institut nicht unverzüglich einen anderen Prüfer bestellt hat.

[2]Die Bestellung durch das Gericht ist endgültig. [3]§ 318 Abs. 5 des Handelsgesetzbuchs ist entsprechend anzuwenden. [4]Das Gericht kann auf Antrag der Bundesanstalt einen nach Satz 1 bestellten Prüfer abberufen.

(3) [1]Absatz 1 Satz 1 bis 3 und Absatz 2 gelten nicht für Kreditinstitute, die einem genossenschaftlichen Prüfungsverband angehören oder durch die Prüfungsstelle eines Sparkassen- und Giroverbandes geprüft werden. [2]Absatz 1 Satz 4 bis 6 gelten gegenüber diesen Kreditinstituten mit der Maßgabe entsprechend, dass die Bundesanstalt den Wechsel des verantwortlichen Prüfungspartners verlangen kann.

§ 29 Besondere Pflichten des Prüfers. (1) [1]Als Teil der Prüfung des Jahresabschlusses sowie eines Zwischenabschlusses hat der Prüfer auch die wirtschaftlichen Verhältnisse des Instituts zu prüfen. [2]Bei der Prüfung des Jahresabschlusses hat er insbesondere festzustellen, ob das Institut die folgenden Anzeigepflichten und Anforderungen erfüllt hat:

1. die Anzeigepflichten nach den §§ 11, 12a, 14 Absatz 1 sowie nach der Verordnung (EU) Nr. 575/2013[1)] in ihrer jeweils geltenden Fassung, nach den §§ 15, 24 und 24a jeweils auch in Verbindung mit einer Rechtsverordnung nach § 24 Absatz 4 Satz 1, nach § 24a auch in Verbindung mit einer Rechtsverordnung nach § 24a Absatz 5, sowie

[1)] Nr. **6**.

2. die Anforderungen
   a) nach den §§ 10a, 10c bis 10i jeweils auch in Verbindung mit einer Rechtsverordnung nach § 10 Absatz 1 Satz 1 Nummer 5, nach den §§ 11, 13 bis 13c, 18, 18a, 25 Absatz 1 und 2, § 25a Absatz 1 Satz 3 jeweils auch in Verbindung mit einer Rechtsverordnung nach § 25 Absatz 3 und § 25a Absatz 5 auch in Verbindung mit einer Rechtsverordnung nach § 25a Absatz 6, nach § 25a Absatz 1 Satz 6 Nummer 1, Absatz 3, nach den §§ 25b, 25c Absatz 2 bis 4b, § 25d Absatz 3 bis 12, § 26a, nach den §§ 13 und 14 Absatz 1, jeweils auch in Verbindung mit einer Rechtsverordnung nach § 22, nach § 51a Absatz 1 auch in Verbindung mit einer Rechtsverordnung nach § 51a Absatz 1, nach § 51b Absatz 1 auch in Verbindung mit einer Rechtsverordnung nach § 51b Absatz 2 und nach § 51c Absatz 1,
   b) nach den §§ 17, 20, 23, 25 und 27 des Finanzkonglomerate-Aufsichtsgesetzes[1],
   c) nach Artikel 4 Absatz 1, 2 und 3 Unterabsatz 2, nach den Artikeln 4a und 9 Absatz 1 bis 4 sowie Artikel 11 Absatz 1 bis 10, 11 Unterabsatz 1 und Absatz 12 der Verordnung (EU) Nr. 648/2012,
   d) nach den Artikeln 92 bis 386 der Verordnung (EU) Nr. 575/2013 auch in Verbindung mit einer Rechtsverordnung nach § 10 Absatz 1 Satz 1, nach den Artikeln 387 bis 403 und 411 bis 430b der Verordnung (EU) Nr. 575/2013 auch in Verbindung mit einer Rechtsverordnung nach § 13 Absatz 1 Satz 1,
   e) nach Artikel 4 Absatz 1 Unterabsatz 1, Artikel 5a Absatz 1 sowie nach den Artikeln 8b bis 8d der Verordnung (EG) Nr. 1060/2009 in der jeweils geltenden Fassung, soweit es nicht nach § 29 Absatz 2 in Verbindung mit § 89 Absatz 1 Satz 1 des Wertpapierhandelsgesetzes geprüft wird,
   f) nach Artikel 9 der Verordnung (EU) Nr. 909/2014 sowie von der Europäischen Kommission erlassener darauf basierender technischer Regulierungs- und Durchführungsstandards,
   g) nach Artikel 4 Absatz 1 bis 5 und Artikel 15 der Verordnung (EU) 2015/2365 des Europäischen Parlaments und des Rates vom 25. November 2015 über die Transparenz von Wertpapierfinanzierungsgeschäften und der Weiterverwendung sowie zur Änderung der Verordnung (EU) Nr. 648/2012 (ABl. L 337 vom 23.12.2015; S. 1),
   h) nach den Artikeln 16, 23 Absatz 3 Satz 1, Absatz 5, 6 und 10, nach Artikel 28 Absatz 2 sowie nach Artikel 29 der Verordnung (EU) 2016/1011 des Europäischen Parlaments und des Rates vom 8. Juni 2016 über Indizes, die bei Finanzinstrumenten und Finanzkontrakten als Referenzwert oder zur Messung der Weiterentwicklung eines Investmentfonds verwendet werden, und zur Änderung der Richtlinien 2008/48/EG und 2014/17/EU sowie der Verordnung (EU) Nr. 596/2014 (ABl. L 171 vom 29.6.2016, S. 1),
   i) nach Artikel 28 Absatz 1 bis 3 der Verordnung (EU) Nr. 600/2014,
   j) nach den Artikeln 5 bis 9, 18 bis 26, 26b bis 26e, 27 Absatz 1 und 4 sowie nach Artikel 43 Absatz 5 und 6 der Verordnung (EU) 2017/2402 und

---

[1] Nr. **11**.

k) nach den §§ 7 bis 14 und 16 bis 22 des Gesetzes über elektronische Wertpapiere, auch in Verbindung mit einer Rechtsverordnung nach § 15 oder § 23 des Gesetzes über elektronische Wertpapiere.

³Ist ein Institut nach § 2a Absatz 1 freigestellt, hat der Prüfer den Fortbestand der in Artikel 7 der Verordnung (EU) Nr. 575/2013 in der jeweils geltenden Fassung genannten Voraussetzungen zu prüfen. ⁴Ist ein Institut nach § 2a Absatz 3 freigestellt, hat der Prüfer den Fortbestand der in Artikel 8 der Verordnung (EU) Nr. 575/2013 in der jeweils geltenden Fassung genannten Voraussetzungen zu prüfen. ⁵Hat die Bundesanstalt nach § 30 gegenüber dem Institut Bestimmungen über den Inhalt der Prüfung getroffen, sind diese vom Prüfer zu berücksichtigen. ⁶Sofern dem haftenden Eigenkapital des Instituts nicht realisierte Reserven zugerechnet werden, hat der Prüfer bei der Prüfung des Jahresabschlusses auch zu prüfen, ob bei der Ermittlung dieser Reserven § 10 Abs. 4a bis 4c in der bis zum 31. Dezember 2013 geltenden Fassung beachtet worden ist. ⁷Bei einem Kreditinstitut, das aufgefordert wurde, einen Sanierungsplan nach § 12 des Sanierungs- und Abwicklungsgesetzes[1)] aufzustellen, hat der Prüfer auch zu prüfen, ob der Sanierungsplan die Voraussetzungen nach § 12 Absatz 1 sowie nach § 13 Absatz 1 bis 4 des Sanierungs- und Abwicklungsgesetzes erfüllt. ⁸Das Ergebnis ist in den Prüfungsbericht aufzunehmen.

(1a) ¹Absatz 1 gilt hinsichtlich der Anforderungen nach Artikel 4 Absatz 1, 2 und 3 Unterabsatz 2, nach den Artikeln 4a und 9 Absatz 1 bis 4 sowie Artikel 11 Absatz 1 bis 10, 11 Unterabsatz 1 und Absatz 12 der Verordnung (EU) Nr. 648/2012 für die Prüfung des Jahresabschlusses von zentralen Gegenparteien mit der Maßgabe, dass der Prüfer zusätzlich zu prüfen hat, ob die Anforderungen nach Artikel 7 Absatz 1 bis 4, Artikel 8 Absatz 1 bis 4, den Artikeln 26, 29 und 33 bis 54 der Verordnung (EU) Nr. 648/2012 und nach Artikel 29 Absatz 2, den Artikeln 30 und 35 der Verordnung (EU) Nr. 600/2014 sowie der gemäß diesen Artikeln erlassenen technischen Regulierungsstandards eingehalten sind. ²Satz 1 gilt entsprechend für den verkürzten Abschluss einer zentralen Gegenpartei, wenn ein solcher nach den gesetzlichen Vorgaben zu erstellen ist.

(1b) ¹Bei der Prüfung des Jahresabschlusses eines Zentralverwahrers ist auch zu prüfen, ob die Anforderungen nach den Artikeln 6, 7, 26 bis 53, 54 Absatz 3 und nach Artikel 59 der Verordnung (EU) Nr. 909/2014 sowie nach den gemäß diesen Artikeln von der Europäischen Kommission erlassenen technischen Regulierungs- und Durchführungsstandards eingehalten sind. ²Bei der Prüfung des Jahresabschlusses eines Kreditinstituts, das von einem Zentralverwahrer nach Artikel 54 Absatz 4 der Verordnung (EU) Nr. 909/2014 dazu benannt wurde, bankartige Nebendienstleistungen zu erbringen, ist zudem zu prüfen, ob die Anforderungen nach Artikel 54 Absatz 4 und Artikel 59 der Verordnung (EU) Nr. 909/2014 sowie nach den gemäß diesen Artikeln von der Europäischen Kommission erlassenen technischen Regulierungs- und Durchführungsstandards eingehalten sind. ³Die Sätze 1 und 2 gelten entsprechend für den verkürzten Abschluss eines Zentralverwahrers, wenn ein solcher nach den gesetzlichen Vorgaben zu erstellen ist.

---

1) Nr. **23**.

(2) [1]Der Prüfer hat auch zu prüfen, ob das Institut seinen Verpflichtungen nach den §§ 24c und 25g Absatz 1 und 2, den §§ 25h bis 25m und dem Geldwäschegesetz[1)] nachgekommen ist; bei Kreditinstituten hat der Prüfer auch zu prüfen, ob das Kreditinstitut seinen Verpflichtungen nach der Verordnung (EG) Nr. 924/2009, der Verordnung (EU) Nr. 260/2012, der Verordnung (EU) 2015/847 des Europäischen Parlaments und des Rates vom 20. Mai 2015 über die Übermittlung von Angaben bei Geldtransfers und zur Aufhebung der Verordnung (EU) Nr. 1781/2006 (ABl. L 141 vom 5.6.2015, S. 1) der Verordnung (EU) 2015/751, dem Zahlungskontengesetz[2)] und den §§ 45, 46 und 48 bis 55 des Zahlungsdiensteaufsichtsgesetzes[3)] nachgekommen ist. [2]Zudem hat er die Einhaltung der Mitteilungs- und Veröffentlichungspflichten und sonstigen Anforderungen der Artikel 5 bis 10 und 12 bis 14 der Verordnung (EU) Nr. 236/2012 des Europäischen Parlaments und des Rates vom 14. März 2012 über Leerverkäufe und bestimmte Aspekte von Credit Default Swaps (ABl. L 86 vom 24.3.2012, S. 1) zu prüfen. [3]Bei Instituten, Zweigniederlassungen im Sinne des § 53b und Zweigstellen im Sinne des § 53, die das Depotgeschäft betreiben, hat er dieses Geschäft besonders zu prüfen, soweit es nicht nach § 89 Absatz 1 Satz 2 des Wertpapierhandelsgesetzes zu prüfen ist; diese Prüfung hat sich auch auf die Einhaltung des § 67a Absatz 3 und des § 67b, jeweils auch in Verbindung mit § 125 Absatz 1, 2 und 5 des Aktiengesetzes über Mitteilungspflichten und des § 135 des Aktiengesetzes über die Ausübung des Stimmrechts zu erstrecken. [4]Bei Zentralverwahrern ist auch besonders zu prüfen, ob die Bestimmungen des Depotgesetzes, der §§ 7 bis 10 und 12 und 13 des Gesetzes über elektronische Wertpapiere, auch in Verbindung mit einer Rechtsverordnung nach § 15 des Gesetzes über elektronische Wertpapiere, sowie des § 67a Absatz 3, des § 67b, jeweils auch in Verbindung mit § 125 Absatz 1, 2 und 5 und des § 135 des Aktiengesetzes eingehalten werden. [5]Bei Pfandbriefbanken im Sinne des § 1 Absatz 1 Satz 1 des Pfandbriefgesetzes[4)] ist die Einhaltung der organisatorischen Anforderungen an die Verfahren und Systeme aus § 4 Absatz 4, den §§ 5, 16, 24, 26d, 27, 27a sowie 28 des Pfandbriefgesetzes zu prüfen. [6]Über die Prüfungen nach den Sätzen 1 bis 5 ist jeweils gesondert zu berichten; § 26 Abs. 1 Satz 3 gilt entsprechend.

(3) [1]Der Prüfer hat unverzüglich der Bundesanstalt und der Deutschen Bundesbank anzuzeigen, wenn ihm bei der Prüfung Tatsachen bekannt werden, welche die Einschränkung oder Versagung des Bestätigungsvermerkes rechtfertigen, die den Bestand des Instituts gefährden oder seine Entwicklung wesentlich beeinträchtigen können, die einen erheblichen Verstoß gegen die Vorschriften über die Zulassungsvoraussetzungen des Instituts oder die Ausübung einer Tätigkeit nach diesem Gesetz darstellen oder die schwerwiegende Verstöße der Geschäftsleiter gegen Gesetz, Satzung oder Gesellschaftsvertrag erkennen lassen. [2]Auf Verlangen der Bundesanstalt oder der Deutschen Bundesbank hat der Prüfer ihnen die Art und den Umfang seines Vorgehens darzustellen, den Prüfungsbericht zu erläutern und sonstige bei der Prüfung bekannt gewordene Tatsachen mitzuteilen, die gegen eine ordnungsgemäße Durchführung der Geschäfte des Instituts sprechen. [3]Die Anzeige-, Erläuterungs- und Mitteilungspflichten nach den Sätzen 1 und 2 bestehen auch in

---

1) Nr. **18**.
2) Nr. **16**.
3) Nr. **12**.
4) Nr. **20**.

Bezug auf ein Unternehmen, das mit dem Institut in enger Verbindung steht, sofern dem Prüfer die Tatsachen im Rahmen der Prüfung des Instituts bekannt werden. [4] Der Prüfer haftet nicht für die Richtigkeit von Tatsachen, die er nach diesem Absatz in gutem Glauben anzeigt.

(4) [1] Das Bundesministerium der Finanzen wird ermächtigt, im Einvernehmen mit dem Bundesministerium der Justiz und für Verbraucherschutz und nach Anhörung der Deutschen Bundesbank durch Rechtsverordnung[1)] nähere Bestimmungen über

1. den Gegenstand der Prüfung nach den Absätzen 1 bis 2,
2. den Zeitpunkt ihrer Durchführung und
3. den Inhalt und die Form der Prüfungsberichte

zu erlassen, soweit dies zur Erfüllung der Aufgaben der Bundesanstalt erforderlich ist, insbesondere um Missstände, welche die Sicherheit der einem Institut anvertrauten Vermögenswerte gefährden oder die ordnungsgemäße Durchführung der Bankgeschäfte oder Finanzdienstleistungen beeinträchtigen können, zu erkennen sowie einheitliche Unterlagen zur Beurteilung der von den Instituten durchgeführten Geschäfte zu erhalten. [2] In der Rechtsverordnung kann bestimmt werden, dass die in den Absätzen 1 bis 3 geregelten Pflichten auch bei der Prüfung des Konzernabschlusses einer Institutsgruppe, Finanzholding-Gruppe oder gemischten Finanzholding-Gruppe oder eines Finanzkonglomerats einzuhalten sind; nähere Bestimmungen über den Gegenstand der Prüfung, den Zeitpunkt ihrer Durchführung und den Inhalt des Prüfungsberichts können dabei nach Maßgabe des Satzes 1 erlassen werden. [3] Das Bundesministerium der Finanzen kann die Ermächtigung durch Rechtsverordnung auf die Bundesanstalt übertragen.

§ 30 Bestimmung von Prüfungsinhalten. [1] Unbeschadet der besonderen Pflichten des Prüfers nach § 29 kann die Bundesanstalt auch gegenüber dem Institut Bestimmungen über den Inhalt der Prüfung treffen, die vom Prüfer im Rahmen der Jahresabschlussprüfung zu berücksichtigen sind. [2] Sie kann insbesondere Schwerpunkte für die Prüfungen festlegen.

7. Befreiungen

§ 31 Befreiungen; Verordnungsermächtigung. (1) [1] Das Bundesministerium der Finanzen kann nach Anhörung der Deutschen Bundesbank durch Rechtsverordnung[2)], die nicht der Zustimmung des Bundesrates bedarf,

1. alle Institute oder Arten oder Gruppen von Instituten von der Pflicht zur Anzeige bestimmter Kredite und Tatbestände nach § 14 Abs. 1 sowie § 24 Abs. 1 Nr. 1 bis 4 und 6 und Abs. 1a, Arten oder Gruppen von Instituten von der Pflicht zur Einreichung von Finanzinformationen nach § 25 oder von der Pflicht nach § 26 Abs. 1 Satz 2, den Jahresabschluß in einer Anlage zu erläutern, sowie Geschäftsleiter eines Instituts von der Pflicht zur Anzeige von Beteiligungen nach § 24 Abs. 3 Nr. 2 freistellen, wenn die Angaben für die Aufsicht ohne Bedeutung sind;

[1)] Siehe die PrüfungsberichtsVO v. 11.6.2015 (BGBl. I S. 930), zuletzt geänd. durch G v. 3.6.2021 (BGBl. I S. 1568).

[2)] Siehe die AnzeigenVO (Nr. **9g**).

2. Arten oder Gruppen von Instituten von der Einhaltung des § 26 freistellen, wenn die Eigenart des Geschäftsbetriebes dies rechtfertigt;
3. alle Institute, die keine CRR-Institute[1] sind, oder Arten oder Gruppen von Instituten, die keine CRR-Institute[1] sind, von Pflichten zur Anzeige bestimmter Kredite und Tatbestände nach der Verordnung (EU) Nr. 575/2013[2] freistellen.

[2] Das Bundesministerium der Finanzen kann diese Ermächtigung durch Rechtsverordnung auf die Bundesanstalt mit der Maßgabe übertragen, daß die Rechtsverordnung im Benehmen mit der Deutschen Bundesbank ergeht.

(2) [1] Die Bundesanstalt kann einzelne Institute von Verpflichtungen nach § 13 Abs. 1 und 2, § 15 Abs. 1 Satz 1 Nr. 6 bis 11 und Abs. 2, § 24 Abs. 1 Nr. 1 bis 4, den §§ 25, 26 und 29 Absatz 2 Satz 3 sowie von der Verpflichtung nach § 15 Abs. 1 Satz 1, Kredite nur zu marktmäßigen Bedingungen zu gewähren, freistellen, wenn dies aus besonderen Gründen, insbesondere wegen der Art oder des Umfanges der betriebenen Geschäfte, angezeigt ist. [2] Sie kann ferner Unternehmen, die ausschließlich Finanzdienstleistungen nach § 1 Absatz 1a Satz 2 Nummer 9 oder Nummer 10 erbringen, von den Verpflichtungen nach § 25a Absatz 1 Satz 3 Nummer 3 Buchstabe c freistellen, wenn dies aus besonderen Gründen, insbesondere auf Grund der Institutsgröße, angezeigt ist. [3] Die Freistellung kann auf Antrag des Instituts oder von Amts wegen erfolgen.

(3) Ein übergeordnetes Unternehmen nach § 10a hat der Bundesanstalt und der Deutschen Bundesbank die Absicht mitzuteilen, Artikel 19 Absatz 1 der Verordnung (EU) Nr. 575/2013 in der jeweils geltenden Fassung für ein Unternehmen in Anspruch zu nehmen; es hat außerdem einmal jährlich in einer Sammelanzeige mitzuteilen, welche Unternehmen es nach Artikel 19 Absatz 1 der Verordnung (EU) Nr. 575/2013 in der jeweils geltenden Fassung von der Zusammenfassung nach § 12a Absatz 1 Satz 1, § 25 Absatz 2 und nach den Artikeln 11 bis 18 der Verordnung (EU) Nr. 575/2013 in der jeweils geltenden Fassung ausgenommen hat.

(4) *(aufgehoben)*

(5) *(aufgehoben)*

(6) *(aufgehoben)*

Dritter Abschnitt. Vorschriften über die Beaufsichtigung der Institute

1. Zulassung zum Geschäftsbetrieb

§ 32 Erlaubnis. (1) [1] Wer im Inland gewerbsmäßig oder in einem Umfang, der einen in kaufmännischer Weise eingerichteten Geschäftsbetrieb erfordert, Bankgeschäfte betreiben oder Finanzdienstleistungen erbringen will, bedarf der schriftlichen Erlaubnis der Aufsichtsbehörde; die Bundesanstalt hat § 37 Absatz 4 des Verwaltungsverfahrensgesetzes anzuwenden. [2] Soweit diese Geschäfte durch eine Erlaubnis nach § 15 des Wertpapierinstitutsgesetzes[3] gedeckt sind,

---

[1] Nach den Änd. durch G v. 12.5.2021 (BGBl. I S. 990) jetzt wohl richtig: „CRR-Kreditinstitute".

[2] Nr. **6**.

[3] Nr. **10**.

tritt dahinter der Erlaubnisvorbehalt nach Satz 1 zurück und gilt das Unternehmen nicht als Institut im Sinne dieses Gesetzes bis zu dem Tag, an dem

1. der über einen Zeitraum von zwölf aufeinander folgenden Monaten berechnete Monatsdurchschnitt der gesamten Vermögenswerte des Unternehmens 30 Milliarden Euro überschreitet und es das Emissionsgeschäft, den Eigenhandel oder das Eigengeschäft betreibt oder
2. der über einen Zeitraum von zwölf aufeinander folgenden Monaten berechnete Monatsdurchschnitt der gesamten konsolidierten Vermögenswerte aller Unternehmen der Gruppe, die das Emissionsgeschäft, den Eigenhandel oder das Eigengeschäft betreiben, 30 Milliarden Euro überschreitet.

[3] Gegebenenfalls ist der Antrag auf Erteilung einer Erlaubnis nach Satz 1 unverzüglich nachzuholen. [4] War das Unternehmen zu dem Zeitpunkt, da es oder die Gruppe die in Satz 2 bestimmte Grenze überschreitet, nach § 15 des Wertpapierinstitutsgesetzes erlaubt tätig, darf es im Rahmen dieser Erlaubnis sein Wertpapiergeschäft fortsetzen, bis die Aufsichtsbehörde über den Erlaubnisantrag bestandskräftig entschieden hat. [5] Der Erlaubnisantrag muß enthalten

1. einen geeigneten Nachweis der zum Geschäftsbetrieb erforderlichen Mittel;
2. die Angabe der Geschäftsleiter;
3. die Angaben, die für die Beurteilung der Zuverlässigkeit der Antragsteller und der in § 1 Abs. 2 Satz 1 bezeichneten Personen erforderlich sind;
4. die Angaben, die für die Beurteilung der zur Leitung des Instituts erforderlichen fachlichen Eignung der Inhaber und der in § 1 Abs. 2 Satz 1 bezeichneten Personen erforderlich sind;

4a. die Angaben, die für die Beurteilung, ob die Geschäftsleiter über die zur Wahrnehmung ihrer Aufgabe ausreichende Zeit verfügen, erforderlich sind;

5. einen tragfähigen Geschäftsplan; aus dem Geschäftsplan muss hervorgehen:
   a) die Art der geplanten Geschäfte,
   b) der organisatorische Aufbau des Instituts unter Angabe von Mutterunternehmen, Finanzholding-Gesellschaften und gemischten Finanzholding-Gesellschaften innerhalb der Gruppe und
   c) die Angaben, die für die Beurteilung der ordnungsgemäßen Geschäftsorganisation des Instituts gemäß § 25a Absatz 1 einschließlich der geplanten internen Kontrollverfahren erforderlich sind;
6. sofern an dem Institut bedeutende Beteiligungen gehalten werden:
   a) die Angabe der Inhaber bedeutender Beteiligungen,
   b) die Höhe dieser Beteiligungen,
   c) die für die Beurteilung der Zuverlässigkeit dieser Inhaber oder gesetzlichen Vertreter oder persönlich haftenden Gesellschafter erforderlichen Angaben,
   d) sofern diese Inhaber Jahresabschlüsse aufzustellen haben: die Jahresabschlüsse der letzten drei Geschäftsjahre nebst Prüfungsberichten von unabhängigen Abschlußprüfern, sofern solche zu erstellen sind, und
   e) sofern diese Inhaber einem Konzern angehören: die Angabe der Konzernstruktur und, sofern solche Abschlüsse aufzustellen sind, die konsolidierten Konzernabschlüsse der letzten drei Geschäftsjahre nebst Prüfungsberichten von unabhängigen Abschlußprüfern, sofern solche zu erstellen sind;

6a. sofern an dem Institut keine bedeutenden Beteiligungen gehalten werden, die maximal 20 größten Anteilseigner;

7. die Angabe der Tatsachen, die auf eine enge Verbindung zwischen dem Institut und anderen natürlichen Personen oder anderen Unternehmen hinweisen;

8. die Angabe der Mitglieder des Verwaltungs- oder Aufsichtsorgans nebst der zur Beurteilung ihrer Zuverlässigkeit und Sachkunde erforderlichen Tatsachen sowie Angaben, die für die Beurteilung erforderlich sind, ob sie der Wahrnehmung ihrer Aufgabe ausreichende Zeit widmen können.

[6] Die nach Satz 2 einzureichenden Anzeigen und vorzulegenden Unterlagen sind durch Rechtsverordnung nach § 24 Abs. 4 näher zu bestimmen. [7] Die Pflichten nach Satz 2 Nr. 6 Buchstabe d und e bestehen nicht für Finanzdienstleistungsinstitute. [8] Die Aufsichtsbehörde berücksichtigt im Rahmen des Erlaubniserteilungsverfahrens in angemessener Weise die aufgrund der bestehenden Erlaubnis nach dem Wertpapierinstitutsgesetz bereits vorliegenden Angaben.

(1a) [1] Wer neben einer Erlaubnis nach Absatz 1 und neben dem Betreiben von Bankgeschäften oder der Erbringung von Finanzdienstleistungen im Sinne des § 1 Absatz 1a Satz 2 Nummer 1 bis 5 und 11 auch Eigengeschäft betreiben will, bedarf auch hierfür der schriftlichen Erlaubnis der Bundesanstalt. [2] Dies gilt unabhängig von dem Bestehen einer Erlaubnis nach Absatz 1 und von einem Betreiben von Bankgeschäften oder dem Erbringen von Finanzdienstleistungen im Sinne des § 1 Absatz 1a Satz 2 Nummer 1 bis 5 und 11 auch dann, wenn das Unternehmen das Eigengeschäft als Mitglied oder Teilnehmer eines organisierten Marktes oder eines multilateralen Handelssystems oder mit einem direkten elektronischen Zugang zu einem Handelsplatz oder mit Warenderivaten, Emissionszertifikaten oder Derivaten auf Emissionszertifikate betreibt. [3] Einer schriftlichen Erlaubnis der Bundesanstalt bedarf es in den Fällen des Satzes 2 nicht, wenn

1. das Eigengeschäft von einem Unternehmen, das keine Bankgeschäfte betreibt oder Finanzdienstleistungen erbringt, betrieben wird
   a) als Mitglied oder Teilnehmer eines organisierten Marktes oder eines multilateralen Handelssystems oder
   b) mit einem direkten elektronischen Zugang zu einem Handelsplatz,

   um objektiv messbar die Risiken aus der Geschäftstätigkeit oder dem Liquiditäts- und Finanzmanagement des Unternehmens oder der Gruppe, dem das Unternehmen angehört, zu reduzieren,
2. das Eigengeschäft mit Emissionszertifikaten von einem Betreiber im Sinne des § 3 Nummer 4 des Treibhausgas-Emissionshandelsgesetzes betrieben wird, der keine Bankgeschäfte betreibt und Finanzdienstleistungen im Sinne des § 1 Absatz 1a Satz 2 Nummer 1 bis 4 erbringt,
3. das Eigengeschäft ausschließlich mit Warentermingeschäften, Emissionszertifikaten und Derivaten auf Emissionszertifikate betrieben wird und
   a) das Unternehmen nicht Teil einer Unternehmensgruppe ist, die in der Haupttätigkeit Bankgeschäfte betreibt oder Finanzdienstleistungen im Sinne des § 1 Absatz 1a Satz 2 Nummer 1 bis 4 erbringt,
   b) das Eigengeschäft in jedem dieser Fälle sowohl auf individueller als auch auf Ebene der Unternehmensgruppe aggregierter Basis eine Nebentätig-

keit zur Haupttätigkeit darstellt; die Kriterien, wann eine Nebentätigkeit vorliegt, werden in einem auf der Grundlage von Artikel 2 Absatz 4 und Artikel 89 der Richtlinie 2014/65/EU erlassenen delegierten Rechtsakt der Kommission bestimmt,

c) das Unternehmen der Bundesanstalt auf Anforderung die Umstände mitteilt, auf Grund derer es zu der Auffassung gelangt, dass seine Tätigkeit eine Nebentätigkeit zu seiner Haupttätigkeit darstellt.[1)]

d) das Unternehmen auf Anforderung der Bundesanstalt unverzüglich mitteilt, aufgrund welcher Tatsachen und Berechnungsverfahren gemäß der Delegierten Verordnung (EU) 2017/592 es die Ausnahme in Anspruch nimmt,

4. das Eigengeschäft als Mitglied einer Börse oder Teilnehmer eines Handelsplatzes von einem in einem Drittstaat ansässigen Unternehmen betrieben wird; dies gilt bis zu einer Entscheidung der Europäischen Wertpapier- und Marktaufsichtsbehörde über eine Eintragung des Unternehmens in das Register nach Artikel 48 der Verordnung (EU) Nr. 600/2014.

[4] Einer schriftlichen Erlaubnis der Bundesanstalt bedarf es auch, wenn ein Institut, dem eine Erlaubnis nach § 32 Absatz 1 Satz 1 erteilt wurde, eigene Finanzinstrumente vertreibt, soweit dies nicht ohnehin bereits als Betreiben eines Bankgeschäfts oder als Erbringen einer Finanzdienstleistung nach Absatz 1 Satz 1 oder als Betreiben des Eigengeschäfts nach Satz 1 unter Erlaubnisvorbehalt steht. [5] Ein Unternehmen, das nach Satz 2 der schriftlichen Erlaubnis der Bundesanstalt bedarf, gilt als Finanzdienstleistungsinstitut. [6] Absatz 1 Satz 1 Halbsatz 2 und die Absätze 2, 4 und 5 sowie die §§ 33 bis 38 sind entsprechend anzuwenden.

(1b) Die Erlaubnis für das eingeschränkte Verwahrgeschäft im Sinne des § 1 Absatz 1a Satz 2 Nummer 12 kann nur erteilt werden, wenn die Erlaubnis zur Erbringung mindestens einer Finanzdienstleistung im Sinne des § 1 Absatz 1a Satz 2 Nummer 1 bis 4 oder zum Betreiben eines Bankgeschäfts im Sinne des § 1 Absatz 1 Satz 2 vorliegt oder gleichzeitig erteilt wird; mit Erlöschen oder Aufhebung dieser Erlaubnis erlischt die Erlaubnis für das eingeschränkte Verwahrgeschäft.

(1c) [1] Zentralverwahrer, die nach Artikel 16 Absatz 1 der Verordnung (EU) Nr. 909/2014 zugelassen sind, benötigen für das Erbringen von Kerndienstleistungen im Sinne des Abschnitts A des Anhangs zur Verordnung (EU) Nr. 909/2014 und von nichtbankartigen Nebendienstleistungen im Sinne des Abschnitts B des Anhangs zur Verordnung (EU) Nr. 909/2014 sowie für das Betreiben von Bankgeschäften und das Erbringen von Finanzdienstleistungen, die zugleich Wertpapierdienstleistungen im Sinne des § 2 Absatz 8 des Wertpapierhandelsgesetzes sind, keine Erlaubnis nach Absatz 1 Satz 1, soweit das Betreiben dieser Bankgeschäfte oder das Erbringen dieser Finanzdienstleistungen von der Zulassung nach Artikel 16 Absatz 1 der Verordnung (EU) Nr. 909/2014 umfasst ist. [2] Satz 1 gilt für das Betreiben des Eigengeschäfts entsprechend.

(1d) Zentralverwahrer im Sinne des Artikels 54 Absatz 3 der Verordnung (EU) Nr. 909/2014, die eine Erlaubnis nach Absatz 1 Satz 1 zum Betreiben von Bankgeschäften nach § 1 Absatz 1 Satz 2 Nummer 1 und 2 haben, benötigen für das Erbringen von bankartigen Nebendienstleistungen im Sinne

---

[1)] Zeichensetzung amtlich.

des Abschnitts C des Anhangs zur Verordnung (EU) Nr. 909/2014 keine weitere Erlaubnis nach Absatz 1 Satz 1 für das Betreiben von Bankgeschäften oder das Erbringen von Finanzdienstleistungen, soweit das Erbringen der bankartigen Nebendienstleistungen von der Genehmigung nach Artikel 54 Absatz 2 der Verordnung (EU) Nr. 909/2014 umfasst ist.

(1e) Benannte Kreditinstitute im Sinne des Artikels 54 Absatz 4 der Verordnung (EU) Nr. 909/2014, die eine Erlaubnis nach Absatz 1 Satz 1 zum Betreiben von Bankgeschäften nach § 1 Absatz 1 Satz 2 Nummer 1 und 2 haben, benötigen für das Erbringen von bankartigen Nebendienstleistungen im Sinne des Abschnitts C des Anhangs zur Verordnung (EU) Nr. 909/2014 keine weitere Erlaubnis nach Absatz 1 Satz 1 für das Betreiben von Bankgeschäften oder das Erbringen von Finanzdienstleistungen, soweit das Erbringen der bankartigen Nebendienstleistungen von der Genehmigung nach Artikel 54 Absatz 2 der Verordnung (EU) Nr. 909/2014 umfasst ist.

(1f) [1] Wer im Inland gewerbsmäßig oder in einem Umfang, der einen in kaufmännischer Weise eingerichteten Geschäftsbetrieb erfordert, als Datenbereitstellungsdienst tätig werden will, bedarf der schriftlichen Erlaubnis der Bundesanstalt; die Bundesanstalt hat § 37 Absatz 4 des Verwaltungsverfahrensgesetzes anzuwenden. [2] Der Erlaubnisantrag muss enthalten:

1. die Angabe der Geschäftsleiter;
2. die Angaben, die für die Beurteilung der Zuverlässigkeit der Geschäftsleiter erforderlich sind;
3. die Angaben, die für die Beurteilung der zur Leitung des Unternehmens erforderlichen fachlichen Eignung der in § 1 Absatz 2 Satz 1 bezeichneten Personen erforderlich sind;
4. die Angaben, die für die Beurteilung, ob die Geschäftsleiter über die zur Wahrnehmung ihrer Aufgabe ausreichende Zeit verfügen, erforderlich sind;
5. einen tragfähigen Geschäftsplan, aus dem die Art der geplanten Geschäfte, der organisatorische Aufbau und die geplanten internen Kontrollverfahren des Unternehmens hervorgehen;
6. die Angabe der Mitglieder des Verwaltungs- oder Aufsichtsorgans nebst der zur Beurteilung ihrer Zuverlässigkeit und Sachkunde erforderlichen Tatsachen sowie Angaben, die für die Beurteilung erforderlich sind, ob sie der Wahrnehmung ihrer Aufgabe ausreichend Zeit widmen können.

[3] Das Nähere zu Inhalt und Form des Erlaubnisantrages regeln die technischen Regulierungs- und Durchführungsstandards gemäß Artikel 27d Absatz 4 und 5 der Verordnung (EU) Nr. 600/2014. [4] Abweichend von den Sätzen 1 bis 3 ist Instituten und Trägern einer inländischen Börse, die eine Börse, ein multilaterales Handelssystem oder ein organisiertes Handelssystem betreiben, die Tätigkeit als Datenbereitstellungsdienst gestattet, sofern festgestellt wurde, dass sie den Anforderungen des Titels IVa der Verordnung (EU) Nr. 600/2014 genügen. [5] Diese Dienstleistungen sind in ihre Erlaubnis eingeschlossen.

(2) [1] Die Bundesanstalt kann die Erlaubnis unter Auflagen erteilen, die sich im Rahmen des mit diesem Gesetz verfolgten Zweckes halten müssen. [2] Sie kann die Erlaubnis auf einzelne Bankgeschäfte oder Finanzdienstleistungen beschränken.

(2a) [1] Die Erlaubnis nach § 32 Absatz 1 Satz 1 zum Betreiben der Bankgeschäfte nach § 1 Absatz 1 Satz 2 Nummer 4 und 10 sowie zum Erbringen der

Finanzdienstleistungen nach § 1 Absatz 1a Satz 2 Nummer 1 bis 4 kann nur erteilt werden, wenn die Erlaubnis zur Erbringung mindestens eines anderen Bankgeschäfts vorliegt oder gleichzeitig erteilt wird. [2] Satz 1 gilt nicht, wenn zugleich eine Erlaubnis für das Kryptoverwahrgeschäft erteilt wird und sich die betriebenen Bankgeschäfte sowie die erbrachten Finanzdienstleistungen auf Rechnungseinheiten im Sinne des § 1 Absatz 11 Nummer 7 oder Kryptowerte im Sinne des § 1 Absatz 11 Nummer 10 beziehen.

(3) Vor Erteilung der Erlaubnis hat die Bundesanstalt die für das Institut in Betracht kommende Sicherungseinrichtung zu hören.

(3a) [1] Mit der Erteilung der Erlaubnis ist dem Institut, sofern es nach den Vorschriften des Zweiten Abschnittes des Einlagensicherungsgesetzes[1)] oder nach § 8 Absatz 1 des Anlegerentschädigungsgesetzes[2)] beitragspflichtig ist, die Entschädigungseinrichtung mitzuteilen, der das Institut zugeordnet ist. [2] Bezieht sich die Tätigkeit eines Wertpapierdienstleistungsunternehmens im Sinne des § 2 Absatz 10 des Wertpapierhandelsgesetzes auf strukturierte Einlagen im Sinne des Wertpapierhandelsgesetzes und wird die strukturierte Einlage von einem Kreditinstitut ausgegeben, das Mitglied eines Einlagensicherungssystems im Sinne des Einlagensicherungsgesetzes ist, so deckt das Einlagensicherungssystem des Kreditinstituts auch die von dem Kreditinstitut ausgegebenen strukturierten Einlagen ab.

(4) Die Bundesanstalt hat die Erteilung der Erlaubnis im Bundesanzeiger bekannt zu machen.

(5) [1] Die Bundesanstalt hat auf ihrer Internetseite ein Institutsregister zu führen, in das sie alle inländischen Institute, denen eine Erlaubnis nach Absatz 1, auch in Verbindung mit § 53 Abs. 1 und 2, erteilt worden ist, mit dem Datum der Erteilung und dem Umfang der Erlaubnis und gegebenenfalls dem Datum des Erlöschens oder der Aufhebung der Erlaubnis einzutragen hat. [2] Das Bundesministerium der Finanzen kann durch Rechtsverordnung, die nicht der Zustimmung des Bundesrates bedarf, nähere Bestimmungen zum Inhalt des Registers und den Mitwirkungspflichten der Institute bei der Führung des Registers erlassen.

(5a) [1] Die Bundesanstalt führt auf ihrer Internetseite ein öffentlich zugängliches Register, in das sie alle Datenbereitstellungsdienste, denen eine Erlaubnis nach § 32 Absatz 1f erteilt worden ist, mit dem Datum der Erteilung und dem Umfang der Erlaubnis und gegebenenfalls dem Datum des Erlöschens oder der Aufhebung der Erlaubnis einträgt. [2] Das Erlöschen oder die Aufhebung der Erlaubnis bleibt für einen Zeitraum von fünf Jahren ab der entsprechenden Entscheidung im Register eingetragen.

(6) [1] Soweit einem Zahlungsinstitut eine Erlaubnis nach § 10 Absatz 1 Satz 1 des Zahlungsdiensteaufsichtsgesetzes[3)] oder einem E-Geld-Institut eine Erlaubnis nach § 11 Absatz 1 Satz 1 des Zahlungsdiensteaufsichtsgesetzes erteilt worden ist und dieses zusätzlich Finanzdienstleistungen im Sinne des § 1 Abs. 1a Satz 2 Nr. 9 erbringt, bedarf dieses Zahlungsinstitut oder E-Geld-Institut keiner Erlaubnis nach Absatz 1. [2] Die Anzeigepflicht nach § 14 Abs. 1 ist zu erfüllen und § 14 Abs. 2 bis 4 anzuwenden.

---

1) Nr. **15**.
2) Nr. **14**.
3) Nr. **12**.

(7) [1] Auf den Beschlussentwurf der Bundesanstalt nach Artikel 14 Absatz 2 der Verordnung (EU) Nr. 1024/2013[1)] sind die Absätze 1, 2 Satz 1 und Absatz 3 entsprechend anzuwenden. [2] Die Aufgaben nach den Absätzen 3a bis 5 obliegen der Bundesanstalt unbeschadet davon, ob die Erlaubnis durch die Europäische Zentralbank oder die Bundesanstalt erteilt wird.

§ 33 Versagung der Erlaubnis. (1) [1] Die Erlaubnis ist zu versagen, wenn

1. die zum Geschäftsbetrieb erforderlichen Mittel, insbesondere ein ausreichendes Anfangskapital bestehend aus Bestandteilen des harten Kernkapitals gemäß Artikel 26 Absatz 1 Buchstabe a bis e der Verordnung (EU) Nr. 575/2013[2)] im Inland nicht zur Verfügung stehen; als Anfangskapital muss zur Verfügung stehen:
   a) bei Anlageverwaltern, die nicht befugt sind, sich bei der Erbringung von Finanzdienstleistungen Eigentum oder Besitz an Geldern oder Wertpapieren von Kunden zu verschaffen, und die nicht auf eigene Rechnung mit Finanzinstrumenten handeln, ein Betrag von mindestens 75 000 Euro,
   b) bei anderen Finanzdienstleistungsinstituten, die nicht auf eigene Rechnung mit Finanzinstrumenten handeln, ein Betrag im Gegenwert von mindestens 150 000 Euro,
   c) bei Finanzdienstleistungsinstituten, die das eingeschränkte Verwahrgeschäft im Sinne des § 1 Absatz 1a Satz 2 Nummer 12 erbringen, ein Betrag von mindestens 750 000 Euro und
   d) bei CRR-Kreditinstituten ein Betrag im Gegenwert von mindestens 5 Millionen Euro.
2. Tatsachen vorliegen, aus denen sich ergibt, daß ein Antragsteller oder eine der in § 1 Abs. 2 Satz 1 bezeichneten Personen nicht zuverlässig ist;
3. Tatsachen die Annahme rechtfertigen, dass der Inhaber einer bedeutenden Beteiligung nicht den im Interesse der Gewährleistung einer soliden und umsichtigen Führung des Instituts zu stellenden Ansprüchen genügt, insbesondere, dass eines der in § 2c Absatz 1b Satz 1 Nummer 1 bis 6 genannten Kriterien erfüllt ist;
4. Tatsachen vorliegen, aus denen sich ergibt, daß der Inhaber oder eine der in § 1 Abs. 2 Satz 1 bezeichneten Personen nicht die zur Leitung des Instituts erforderliche fachliche Eignung hat und auch nicht eine andere Person nach § 25c Absatz 5 als Geschäftsleiter bezeichnet wird;

4a. Tatsachen vorliegen, aus denen sich ergibt, dass ein Geschäftsleiter nicht über die zur Wahrnehmung seiner Aufgaben ausreichende Zeit verfügt;

4b. Tatsachen vorliegen, aus denen sich ergibt, dass ein Geschäftsleiter gegen die Anforderungen des § 25c Absatz 2 verstößt;

4c. das Institut im Fall der Erteilung der Erlaubnis Tochterunternehmen einer Finanzholding-Gesellschaft im Sinne des Artikel 4 Absatz 1 Nummer 20 der Verordnung (EU) Nr. 575/2013 oder einer gemischten Finanzholding-Gesellschaft im Sinne des Artikel 4 Absatz 1 Nummer 32 der Verordnung (EU) Nr. 575/2013 wird und Tatsachen die Annahme rechtfertigen, dass eine Person im Sinne des § 2d nicht zuverlässig ist oder nicht die zur

---

[1)] Nr. **5**.
[2)] Nr. **6**.

Führung der Geschäfte der Finanzholding-Gesellschaft oder der gemischten Finanzholding-Gesellschaft erforderliche fachliche Eignung hat;

5. ein Kreditinstitut oder ein Finanzdienstleistungsinstitut, das befugt ist, sich bei der Erbringung von Finanzdienstleistungen Eigentum oder Besitz an Geldern oder Wertpapieren von Kunden zu verschaffen, oder das gemäß einer Bescheinigung der Bundesanstalt nach § 4 Abs. 1 Nr. 2 des Gesetzes über die Zertifizierung von Altersvorsorgeverträgen befugt ist, Altersvorsorgeverträge anzubieten, nicht mindestens zwei Geschäftsleiter hat, die nicht nur ehrenamtlich für das Institut tätig sind;
6. das Institut seine Hauptverwaltung und, soweit es sich um eine juristische Person und nicht um eine Zweigstelle im Sinne des § 53 handelt, seinen juristischen Sitz nicht im Inland hat;
7. das Institut nicht bereit oder in der Lage ist, die erforderlichen organisatorischen Vorkehrungen zum ordnungsmäßigen Betreiben der Geschäfte, für die es die Erlaubnis beantragt, insbesondere eine ordnungsgemäße Geschäftsorganisation gemäß § 25a Absatz 1, zu schaffen;
8. der Antragsteller Tochterunternehmen eines ausländischen Kreditinstituts ist und die für dieses Kreditinstitut zuständige ausländische Aufsichtsbehörde der Gründung des Tochterunternehmens nicht zugestimmt hat.

[2] Bei Anlageberatern, Anlagevermittlern, Abschlussvermittlern, Anlageverwaltern oder Finanzportfolioverwaltern, die nicht befugt sind, sich bei der Erbringung von Finanzdienstleistungen Eigentum oder Besitz an Geldern oder Wertpapieren von Kunden zu verschaffen, gilt die Anlage von Eigenmitteln durch das Halten von Positionen in Finanzinstrumenten im Anlagebuch für die Zwecke der Solvenzaufsicht nicht als Handel für eigene Rechnung.

(1a) Die Erlaubnis für die Erbringung von Datenbereitstellungsdienstleistungen ist zu versagen, wenn

1. Tatsachen vorliegen, aus denen sich ergibt, dass ein Geschäftsleiter nicht zuverlässig ist, nicht die zur Leitung des Unternehmens erforderliche fachliche Eignung hat, nicht über die zur Wahrnehmung seiner Aufgaben ausreichende Zeit verfügt oder sonst nicht den Anforderungen gemäß Artikel 27f Absatz 1 der Verordnung (EU) Nr. 600/2014, auch in Verbindung mit einer delegierten Verordnung gemäß Artikel 27f Absatz 5 dieser Verordnung, genügt;
2. das Unternehmen nicht bereit oder in der Lage ist, die nach Titel IVa der Verordnung (EU) Nr. 600/2014 erforderlichen organisatorischen Vorkehrungen zum ordnungsgemäßen Betreiben der Geschäfte, für die es die Erlaubnis beantragt, zu schaffen.

(1b) Mit Zustimmung der Bundesanstalt im Einzelfall dürfen Anlagevermittlern, Abschlussvermittlern oder Finanzportfolioverwaltern, die nicht befugt sind, sich bei der Erbringung von Finanzdienstleistungen Eigentum oder Besitz an Geldern oder Wertpapieren von Kunden zu verschaffen und die nicht auf eigene Rechnung mit Finanzinstrumenten handeln, im Zusammenhang mit der Ausführung von Aufträgen über Finanzinstrumente von Kunden, diese Finanzinstrumente für eigene Rechnung zu halten, sofern

1. die Positionen nur übernommen werden, weil das Finanzdienstleistungsinstitut nicht in der Lage ist, den Auftrag genau abdecken zu lassen,

2. der Gesamtmarktwert sämtlicher solcher Positionen höchstens 15 Prozent des für das jeweilige Institut maßgeblichen Anfangskapitals beträgt,
3. das Finanzdienstleistungsinstitut die Anforderungen der Artikel 92 bis 95 und des Teils 4 der Verordnung (EU) Nr. 575/2013 erfüllt und
4. die Übernahme solcher Positionen nur ausnahmsweise und vorübergehend und nicht länger erfolgt, als dies für die Durchführung der betreffenden Transaktion unbedingt erforderlich ist.

(2) [1]Die Bundesanstalt kann die Erlaubnis versagen, wenn Tatsachen die Annahme rechtfertigen, dass eine wirksame Aufsicht über das Institut beeinträchtigt wird. [2]Dies ist insbesondere der Fall, wenn

1. das Institut mit anderen Personen oder Unternehmen in einen Unternehmensverbund eingebunden ist oder in einer engen Verbindung zu einem solchen steht, der durch die Struktur des Beteiligungsgeflechtes oder mangelhafte wirtschaftliche Transparenz eine wirksame Aufsicht über das Institut beeinträchtigt;
2. eine wirksame Aufsicht über das Institut wegen der für solche Personen oder Unternehmen geltenden Rechts- oder Verwaltungsvorschriften eines Drittstaates beeinträchtigt wird;
3. das Institut Tochterunternehmen eines Instituts mit Sitz in einem Drittstaat ist, das im Staat seines Sitzes oder seiner Hauptverwaltung nicht wirksam beaufsichtigt wird oder dessen zuständige Aufsichtsstelle zu einer befriedigenden Zusammenarbeit mit der Bundesanstalt nicht bereit ist.

[3]Die Bundesanstalt kann die Erlaubnis auch versagen, wenn entgegen § 32 Abs. 1 Satz 2 der Antrag keine ausreichenden Angaben oder Unterlagen enthält.

(3) Aus anderen als den in den Absätzen 1, 1a und 2 genannten Gründen darf die Erlaubnis nicht versagt werden.

(4) [1]Die Bundesanstalt muss dem Antragsteller einer Erlaubnis binnen sechs Monaten nach Einreichung der vollständigen Unterlagen für einen Erlaubnisantrag nach § 32 Abs. 1 Satz 2 oder Absatz 1f mitteilen, ob eine Erlaubnis erteilt oder versagt wird. [2]Liegen innerhalb von zwölf Monaten ab Eingang des Antrags bei der Bundesanstalt trotz Aufforderung der Bundesanstalt, den Antrag innerhalb eines Monats zu vervollständigen, keine ausreichenden Angaben oder Unterlagen vor, die es der Bundesanstalt ermöglichen, über den Antrag zu befinden, ist der Antrag abzulehnen.

§ 33a Aussetzung oder Beschränkung der Erlaubnis bei Unternehmen mit Sitz außerhalb der Europäischen Union. [1]Die Aufsichtsbehörde hat die Entscheidung über einen Antrag auf Erlaubnis von Unternehmen mit Sitz außerhalb der Europäischen Union oder von Tochterunternehmen dieser Unternehmen auszusetzen oder die Erlaubnis zu beschränken, wenn ein entsprechender Beschluß des Rates oder der Europäischen Kommission vorliegt, der nach Artikel 147 der Richtlinie 2013/36/EU zustande gekommen ist. [2]Die Aussetzung oder Beschränkung darf drei Monate vom Zeitpunkt des Beschlusses an nicht überschreiten. [3]Die Sätze 1 und 2 gelten auch für nach dem Zeitpunkt des Beschlusses eingereichte Anträge auf Erlaubnis. [4]Beschließt der Rat die Verlängerung der Frist nach Satz 2, so hat die Aufsichtsbehörde diese Fristverlängerung zu beachten und die Aussetzung oder Beschränkung entsprechend zu verlängern.

§ 33b Anhörung der zuständigen Stellen eines anderen Staates des Europäischen Wirtschaftsraums. [1] Soll eine Erlaubnis für das Betreiben von Bankgeschäften nach § 1 Abs. 1 Satz 2 Nr. 1, 2, 4 oder 10 oder für das Erbringen von Finanzdienstleistungen nach § 1 Abs. 1a Satz 2 Nr. 1 bis 4 einem Unternehmen erteilt werden, das

1. Tochter- oder Schwesterunternehmen eines CRR-Kreditinstituts, eines Börsenbetreibers oder eines Erstversicherungsunternehmens ist und dessen Mutterunternehmen in einem anderen Staat des Europäischen Wirtschaftsraums zugelassen ist oder
2. durch dieselben natürlichen Personen oder Unternehmen kontrolliert wird, die ein CRR-Kreditinstitut, ein Börsenbetreiber oder ein Erstversicherungsunternehmen mit Sitz in einem anderen Staat des Europäischen Wirtschaftsraums kontrollieren,

hat die Aufsichtsbehörde vor Erteilung der Erlaubnis die zuständigen Stellen des Herkunftsmitgliedstaates anzuhören. [2] Die Anhörung erstreckt sich insbesondere auf die Angaben, die für die Beurteilung der Zuverlässigkeit und fachlichen Eignung der in § 1 Abs. 2 Satz 1 genannten Personen sowie für die Beurteilung der Zuverlässigkeit der Inhaber einer bedeutenden Beteiligung an Unternehmen derselben Gruppe mit Sitz in dem betreffenden Staat des Europäischen Wirtschaftsraums erforderlich sind.

§ 34 Stellvertretung und Fortführung bei Todesfall. (1) § 45 der Gewerbeordnung findet auf Institute keine Anwendung.

(2) [1] Nach dem Tode des Inhabers der Erlaubnis darf ein Institut durch zwei Stellvertreter ohne Erlaubnis für die Erben bis zur Dauer eines Jahres fortgeführt werden. [2] Die Stellvertreter sind unverzüglich nach dem Todesfall zu bestimmen; sie gelten als Geschäftsleiter. [3] Ist ein Stellvertreter nicht zuverlässig oder hat er nicht die erforderliche fachliche Eignung, kann die Aufsichtsbehörde die Fortführung der Geschäfte untersagen. [4] Sie kann die Frist nach Satz 1 aus besonderen Gründen verlängern. [5] Für Finanzdienstleistungsinstitute, die nicht befugt sind, sich bei der Erbringung von Finanzdienstleistungen Eigentum oder Besitz an Geldern oder Wertpapieren von Kunden zu verschaffen, genügt ein Stellvertreter.

§ 35 Erlöschen und Aufhebung der Erlaubnis. (1) [1] Die Erlaubnis erlischt, wenn von ihr nicht innerhalb eines Jahres seit ihrer Erteilung Gebrauch gemacht wird. [2] Die Erlaubnis erlischt auch, wenn das CRR-Kreditinstitut nach § 41 des Einlagensicherungsgesetzes[1)] von der gesetzlichen Entschädigungseinrichtung oder nach § 11 des Anlegerentschädigungsgesetzes[2)] von der Entschädigungseinrichtung ausgeschlossen worden ist oder die Bundesanstalt nach § 47 Absatz 3 Satz 1 des Einlagensicherungsgesetzes festgestellt hat, dass die Zugehörigkeit des Instituts zu einem Einlagensicherungssystem nicht gegeben ist. [3] Satz 2 gilt nicht, soweit die Europäische Zentralbank Aufsichtsbehörde ist. [4] In diesem Fall legt die Bundesanstalt der Europäischen Zentralbank einen Beschlussentwurf nach Artikel 14 Absatz 5 der Verordnung (EU) Nr. 1024/2013 vor. [5] Die Erlaubnis für das Betreiben von Bankgeschäften im Sinne des § 1 Absatz 1 Satz 2 Nummer 12 erlischt auch dann, wenn die Zulassung der

---

[1)] Nr. **15**.
[2)] Nr. **14**.

zentralen Gegenpartei nach Artikel 14 der Verordnung (EU) Nr. 648/2012 zur Erbringung von Clearingdienstleistungen durch die Bundesanstalt abgelehnt wurde und die Ablehnung bestandskräftig ist. [6] Die Erlaubnis für das Betreiben von Bankgeschäften im Sinne des § 1 Absatz 1 Satz 2 Nummer 4 und 10 sowie zum Erbringen von Finanzdienstleistungen im Sinne des § 1 Absatz 1a Satz 2 Nummer 1 bis 4 erlischt mit Aufhebung oder Erlöschen der Erlaubnis des Instituts zum Betreiben sonstiger Bankgeschäfte.

(2) Die Aufsichtsbehörde kann die Erlaubnis außer nach den Vorschriften des Verwaltungsverfahrensgesetzes aufheben, wenn

1. der Geschäftsbetrieb, auf den sich die Erlaubnis bezieht, seit mehr als sechs Monaten nicht mehr ausgeübt worden ist;
2.[1] ein Kreditinstitut in der Rechtsform des Einzelkaufmanns betrieben wird;
3. ihr Tatsachen bekannt werden, welche die Versagung der Erlaubnis nach § 33 Absatz 1 Satz 1 Nummer 1 bis 8, Absatz 1a oder Absatz 2 Nummer 1 bis 3 rechtfertigen würden;
4. Gefahr für die Erfüllung der Verpflichtungen des Instituts gegenüber seinen Gläubigern, insbesondere für die Sicherheit der dem Institut anvertrauten Vermögenswerte, besteht und die Gefahr nicht durch andere Maßnahmen nach diesem Gesetz abgewendet werden kann; eine Gefahr für die Sicherheit der dem Institut anvertrauten Vermögenswerte besteht auch
   a) bei einem Verlust in Höhe der Hälfte der nach Artikel 72 der Verordnung (EU) Nr. 575/2013[2] in der jeweils geltenden Fassung maßgebenden Eigenmittel oder
   b) bei einem Verlust in Höhe von jeweils mehr als 10 vom Hundert der nach Artikel 72 der Verordnung (EU) Nr. 575/2013 in der jeweils geltenden Fassung maßgebenden Eigenmittel in mindestens drei aufeinanderfolgenden Geschäftsjahren;
5. *(aufgehoben)*
6. das Institut nachhaltig gegen Bestimmungen dieses Gesetzes, des Geldwäschegesetzes[3], des Wertpapierhandelsgesetzes, der Verordnung (EU) 2015/847 oder die zur Durchführung dieser Gesetze erlassenen Verordnungen oder Anordnungen verstoßen hat;
7. das Institut nachhaltig gegen die Artikel 14, 15, 16 Absatz 1 oder Absatz 2, Artikel 17 Absatz 1, 2, 4, 5 oder 8, Artikel 18 Absatz 1 bis 6, Artikel 19 Absatz 1 bis 3, 5 bis 7 oder 11 oder Artikel 20 Absatz 1 der Verordnung (EU) Nr. 596/2014 oder sich auf diese Bestimmungen beziehende Anordnungen der Bundesanstalt verstoßen hat;
8. die in den Artikeln 92, 93 bis 403 sowie 411 bis 428 der Verordnung (EU) Nr. 575/2013 niedergelegten aufsichtlichen Anforderungen nicht mehr erfüllt sind;
9. das Institut als Gegenpartei von Wertpapierfinanzierungsgeschäften nachhaltig gegen die Pflichten und Anforderungen von Artikel 4 oder 15 der

[1] Beachte hierzu Art. 2 § 4 Abs. 1 G vom 24.3.1976 (BGBl. I S. 725): „Die §§ 2a *[jetzt § 2b]* und 35 Abs. 2 Nr. 3 *[jetzt Abs. 2 Nr. 2]* des Gesetzes über das Kreditwesen gelten nicht für einen Inhaber eines in der Rechtsform des Einzelkaufmanns betriebenen Kreditinstituts, der bei Inkrafttreten dieses Gesetzes *[am 1.5.1976]* Inhaber eines derartigen Kreditinstituts ist."

[2] Nr. **6**.

[3] Nr. **18**.

Verordnung (EU) 2015/2365 oder sich auf diese Bestimmungen beziehende Anordnungen der Bundesanstalt verstoßen hat;

10. das Institut nachhaltig gegen Artikel 7 Absatz 1 Satz 3 oder Artikel 11 Absatz 1 Satz 3 der Verordnung (EU) Nr. 600/2014 oder sich auf diese Bestimmungen beziehende Anordnungen der Bundesanstalt verstoßen hat oder
11. das Institut seine Zulassung ausschließlich zur Ausübung des Emissionsgeschäfts oder des Eigenhandels nutzt und seine durchschnittlichen gesamten Vermögenswerte während eines Zeitraums von fünf aufeinanderfolgenden Jahren unterhalb der in § 32 genannten Schwellenwerte lagen.

(2a) [1]Die Erlaubnis soll durch die Aufsichtsbehörde aufgehoben werden, wenn über das Institut ein Insolvenzverfahren eröffnet oder die Auflösung des Instituts beschlossen worden ist. [2]Der Wegfall der Erlaubnis hindert die für die Liquidation zuständigen Personen nicht daran, bestimmte Tätigkeiten des Instituts weiter zu betreiben, soweit dies für Zwecke des Insolvenz- oder Liquidationsverfahrens erforderlich oder angezeigt ist.

(2b) Ist die Europäische Zentralbank Aufsichtsbehörde, kann die Bundesanstalt ihr nach Maßgabe der Absätze 2 und 2a Beschlussentwürfe nach Artikel 14 Absatz 5 der Verordnung (EU) Nr. 1024/2013[1)] vorlegen.

(3) § 48 Abs. 4 Satz 1 und § 49 Abs. 2 Satz 2 des Verwaltungsverfahrensgesetzes über die Jahresfrist sind nicht anzuwenden.

(4) Wird die Erlaubnis eines Instituts zum Betreiben von Bankgeschäften oder Erbringen von Finanzdienstleistungen aufgehoben, unterrichtet die Aufsichtsbehörde unverzüglich die zuständigen Stellen der anderen Staaten des Europäischen Wirtschaftsraums, in denen das Institut Zweigniederlassungen errichtet hat oder im Wege des grenzüberschreitenden Dienstleistungsverkehrs tätig gewesen ist.

§ 36 Maßnahmen gegen Geschäftsleiter und Mitglieder des Verwaltungs- oder Aufsichtsorgans. (1) [1]In den Fällen des § 35 Abs. 2 Nr. 3, 4 und 6 kann die Bundesanstalt, statt die Erlaubnis aufzuheben, die Abberufung der verantwortlichen Geschäftsleiter verlangen und diesen Geschäftsleitern auch die Ausübung ihrer Tätigkeit bei Instituten oder Unternehmen in der Rechtsform einer juristischen Person untersagen. [2]Für die Zwecke des Satzes 1 ist § 35 Abs. 2 Nr. 4 mit der Maßgabe anzuwenden, dass bei der Berechnung der Höhe des Verlustes Bilanzierungshilfen, mittels derer ein Verlustausweis vermindert oder vermieden wird, nicht berücksichtigt werden. [3]Im Falle eines Verstoßes gegen die §§ 25i, 25k oder 25m oder gegen die Verordnung (EU) 2015/847 kann die Bundesanstalt den dafür verantwortlichen Geschäftsleitern auch die Ausübung ihrer Tätigkeit bei Verpflichteten nach § 2 Absatz 1 des Geldwäschegesetzes[2)] untersagen.

(1a) [1]In den Fällen des Artikels 20 Absatz 1 Buchstabe b bis d der Verordnung (EU) Nr. 648/2012 kann die Bundesanstalt, statt die Erlaubnis aufzuheben, die Abberufung der verantwortlichen Geschäftsleiter verlangen und diesen Geschäftsleitern auch die Ausübung ihrer Tätigkeit bei Instituten in der Rechtsform einer juristischen Person untersagen. [2]Die Bundesanstalt kann eine

[1)] Nr. **5**.
[2)] Nr. **18**.

Abberufung auch verlangen, wenn die Voraussetzungen des Artikels 27 Absatz 1 der Verordnung (EU) Nr. 648/2012 nicht gegeben sind oder die Voraussetzungen des Artikels 31 Absatz 1 der Verordnung (EU) Nr. 648/2012 vorliegen

(1b) [1] In den Fällen des Artikels 20 Absatz 1 Buchstabe b bis d oder des Artikels 57 Absatz 1 Buchstabe b bis d der Verordnung (EU) Nr. 909/2014 kann die Bundesanstalt, statt die Zulassung nach Artikel 20 der Verordnung (EU) Nr. 909/2014 oder die Genehmigung nach Artikel 57 der Verordnung (EU) Nr. 909/2014 zu entziehen, die Abberufung der verantwortlichen Geschäftsleiter verlangen und diesen Geschäftsleitern auch die Ausübung ihrer Tätigkeit bei Instituten in der Rechtsform einer juristischen Person untersagen. [2] Die Bundesanstalt kann eine Abberufung auch dann verlangen, wenn die Voraussetzungen des Artikels 27 der Verordnung (EU) Nr. 909/2014 nicht gegeben sind.

(2) [1] Die Aufsichtsbehörde kann einen Geschäftsleiter verwarnen, wenn dieser gegen die Bestimmungen dieses Gesetzes, der Verordnung (EU) Nr. 575/2013[1)], der Verordnung (EU) Nr. 648/2012, der Verordnung (EU) Nr. 596/2014, der Verordnung (EU) Nr. 600/2014, der Verordnung (EU) Nr. 909/2014, der Verordnung (EU) 2015/2365, der Verordnung (EU) 2016/1011, des Gesetzes über Bausparkassen[2)], des Depotgesetzes, des Geldwäschegesetzes, des Kapitalanlagegesetzbuchs, des Pfandbriefgesetzes[3)], des Zahlungsdiensteaufsichtsgesetzes[4)] oder des Wertpapierhandelsgesetzes, gegen die Artikel 6, 7, 9, 18 bis 26, 26b bis 26e oder 27 Absatz 1 oder 4 der Verordnung (EU) 2017/2402, gegen die Vorschriften, auf die in § 120a Absatz 1 und 2 des Wertpapierhandelsgesetzes Bezug genommen wird, gegen die zur Durchführung der genannten Gesetze erlassenen Verordnungen, die zur Durchführung der Richtlinie 2013/36/EU und der Verordnung (EU) Nr. 575/2013 erlassenen Rechtsakte, die zur Durchführung der Verordnung (EU) Nr. 648/2012, der Verordnung (EU) Nr. 596/2014, der Verordnung (EU) Nr. 600/2014, der Verordnung (EU) Nr. 909/2014, der Verordnung (EU) 2015/2365, der Verordnung (EU) 2016/1011, der Verordnung (EU) 2017/2402 oder der in § 120a Absatz 1 und 2 des Wertpapierhandelsgesetzes genannten Vorschriften erlassenen Rechtsakte oder gegen Anordnungen der Aufsichtsbehörde verstoßen hat. [2] Gegenstand der Verwarnung ist die Feststellung des entscheidungserheblichen Sachverhaltes und des hierdurch begründeten Verstoßes. [3] Die Aufsichtsbehörde kann auch die Abberufung eines Geschäftsleiters verlangen und diesem Geschäftsleiter die Ausübung seiner Tätigkeit bei Instituten oder Unternehmen in der Rechtsform einer juristischen Person untersagen, wenn dieser gegen die in Satz 1 genannten Rechtsakte oder gegen Anordnungen der Aufsichtsbehörde verstoßen hat und trotz Verwarnung nach Satz 1 dieses Verhalten vorsätzlich oder leichtfertig fortsetzt.

(3) [1] Die Bundesanstalt kann von den in § 25d Absatz 3 Satz 1 und 2 sowie § 25d Absatz 3a Satz 1 genannten Unternehmen die Abberufung einer der in § 25d Absatz 3 Satz 1 und 2 sowie § 25d Absatz 3a Satz 1 bezeichneten Person verlangen und einer solchen Person die Ausübung ihrer Tätigkeit untersagen, wenn

---

1) Nr. **6**.
2) Nr. **21**.
3) Nr. **20**.
4) Nr. **12**.

1. Tatsachen vorliegen, aus denen sich ergibt, dass die Person nicht zuverlässig ist,
2. Tatsachen vorliegen, aus denen sich ergibt, dass die Person nicht die erforderliche Sachkunde besitzt,
3. Tatsachen vorliegen, aus denen sich ergibt, dass die Person der Wahrnehmung ihrer Aufgaben nicht ausreichend Zeit widmet,
4. der Person wesentliche Verstöße des Unternehmens gegen die Grundsätze einer ordnungsgemäßen Geschäftsführung wegen sorgfaltswidriger Ausübung ihrer Überwachungs- und Kontrollfunktion verborgen geblieben sind und sie dieses sorgfaltswidrige Verhalten trotz Verwarnung durch die Bundesanstalt fortsetzt,
5. die Person nicht alles Erforderliche zur Beseitigung festgestellter Verstöße veranlasst hat und dies trotz Verwarnung durch die Bundesanstalt auch weiterhin unterlässt,
6. die Person bereits Geschäftsleiter desselben Unternehmens ist,
7. die Person Geschäftsleiter desselben Unternehmens war und bereits zwei ehemalige Geschäftsleiter des Unternehmens Mitglied des Verwaltungs- oder Aufsichtsorgans sind,
8. die nach § 25d Absatz 3 Satz 1 oder Satz 2 bezeichnete Person mehr als vier Kontrollmandate ausübt und die Bundesanstalt ihr nicht die Ausübung weiterer Mandate gestattet hat,
9. die nach § 25d Absatz 3 Satz 1 oder Satz 2 bezeichnete Person mehr als eine Geschäftsleiter- und zwei Aufsichtsfunktionen ausübt und die Bundesanstalt ihr nicht die Ausübung weiterer Mandate gestattet hat oder
10. die nach § 25d Absatz 3a Satz 1 bezeichnete Person mehr als fünf Kontrollmandate bei unter der Aufsicht der Bundesanstalt stehenden Unternehmen ausübt.

[2] Bei Instituten, die auf Grund ihrer Rechtsform einer besonderen Rechtsaufsicht unterliegen, erfolgt eine Maßnahme nach Satz 1 erst nach Anhörung der zuständigen Behörde für die Rechtsaufsicht über diese Institute. [3] Soweit das Gericht auf Antrag des Aufsichtsrats ein Aufsichtsratsmitglied abzuberufen hat, kann dieser Antrag bei Vorliegen der Voraussetzungen nach Satz 1 Nummer 1 bis 10 auch von der Bundesanstalt gestellt werden, wenn der Aufsichtsrat dem Abberufungsverlangen der Aufsichtsbehörde nicht nachgekommen ist. [4] Die Abberufung von Arbeitnehmervertretern im Aufsichtsrat erfolgt allein nach den Vorschriften der Mitbestimmungsgesetze.

(4) [1] Die Bundesanstalt kann von den in § 25d Absatz 13 genannten Unternehmen die Abberufung eines Mitglieds des Verwaltungs- oder Aufsichtsorgans verlangen und einer solchen Person die Ausübung ihrer Tätigkeit untersagen, wenn

1. Tatsachen vorliegen, aus denen sich ergibt, dass die Person nicht zuverlässig ist,
2. Tatsachen vorliegen, aus denen sich ergibt, dass die Person nicht die erforderliche Sachkunde besitzt,
3. Tatsachen vorliegen, aus denen sich ergibt, dass die Person der Wahrnehmung ihrer Aufgaben nicht ausreichend Zeit widmet,
4. der Person wesentliche Verstöße des Unternehmens gegen die Grundsätze einer ordnungsgemäßen Geschäftsführung wegen sorgfaltswidriger Aus-

übung ihrer Überwachungs- und Kontrollfunktion verborgen geblieben sind und sie dieses sorgfaltswidrige Verhalten trotz Verwarnung durch die Bundesanstalt fortsetzt oder

5. die Person nicht alles Erforderliche zur Beseitigung festgestellter Verstöße veranlasst hat und dies trotz Verwarnung durch die Bundesanstalt auch weiterhin unterlässt.

[2] Soweit das Gericht auf Antrag des Verwaltungs- oder Aufsichtsorgans ein Mitglied des Verwaltungs- oder Aufsichtsorgans abzuberufen hat, kann dieser Antrag bei Vorliegen der Voraussetzungen nach Satz 1 auch von der Bundesanstalt gestellt werden, wenn das Verwaltungs- oder Aufsichtsorgan dem Abberufungsverlangen der Bundesanstalt nicht nachgekommen ist. [3] Die Abberufung von Arbeitnehmervertretern im Verwaltungs- oder Aufsichtsorgan erfolgt allein nach den Vorschriften der Mitbestimmungsgesetze.

§ 36a Tätigkeitsverbot für natürliche Personen. (1) [1] In den Fällen des § 35 Absatz 2 Nummer 7, 9 oder 10 kann die Aufsichtsbehörde auch einer für den Verstoß verantwortlichen natürlichen Person, die zum Zeitpunkt des Verstoßes nicht Geschäftsleiter ist, vorübergehend für einen Zeitraum von bis zu zwei Jahren eine künftige Tätigkeit als Geschäftsleiter bei einem Institut in der Rechtsform einer juristischen Person untersagen. [2] Begeht eine natürliche Person im Sinne des Satzes 1 in den Fällen des § 35 Absatz 2 Nummer 7, 9 oder 10 wiederholt schwere Verstöße oder verstößt sie wiederholt gegen Artikel 14 oder Artikel 15 der Verordnung (EU) Nr. 596/2014 oder Artikel 4 oder Artikel 15 der Verordnung (EU) 2015/2365, kann ihr die Aufsichtsbehörde eine künftige Tätigkeit als Geschäftsleiter bei einem Institut in der Rechtsform einer juristischen Person dauerhaft untersagen. [3] § 36 Absatz 1 und 2 bleibt unberührt. [4] Im Falle eines Verstoßes gegen die §§ 25i, 25k oder 25m oder gegen die Verordnung (EU) 2015/847 kann die Aufsichtsbehörde auch einer für den Verstoß verantwortlichen natürlichen Person, die zum Zeitpunkt des Verstoßes nicht Geschäftsleiter war, vorübergehend für einen Zeitraum von bis zu zwei Jahren eine künftige Tätigkeit als Geschäftsleiter bei Verpflichteten nach § 2 Absatz 1 des Geldwäschegesetzes[1)] untersagen.

(2) In den Fällen des Artikels 20 Absatz 1 Buchstabe b bis d oder des Artikels 57 Absatz 1 Buchstabe b bis d der Verordnung (EU) Nr. 909/2014 kann die Aufsichtsbehörde auch einer für den Verstoß verantwortlichen natürlichen Person, die zum Zeitpunkt des Verstoßes nicht Geschäftsleiter ist, vorübergehend für einen Zeitraum von bis zu zwei Jahren oder bei wiederholten schweren Verstößen dauerhaft eine künftige Tätigkeit als Geschäftsleiter in dem Institut untersagen.

(3) In den Fällen des § 48 Absatz 1 kann die Aufsichtsbehörde einer für den Verstoß verantwortlichen natürlichen Person, die zum Zeitpunkt des Verstoßes nicht Geschäftsleiter eines Instituts war, vorübergehend bis zu einem Zeitraum von zwei Jahren eine künftige Tätigkeit als Geschäftsleiter bei einem Originator, Sponsor, einer Verbriefungszweckgesellschaft oder einem Institut untersagen.

(4) Bei Verstößen gegen Vorschriften, auf die in § 120a Absatz 1 und 2 des Wertpapierhandelsgesetzes Bezug genommen wird, kann die Aufsichtsbehörde

---

[1)] Nr. **18**.

einer für den Verstoß verantwortlichen natürlichen Person, die zum Zeitpunkt des Verstoßes nicht Geschäftsleiter eines Instituts war, bis zu einem Zeitraum von zwei Jahren eine künftige Tätigkeit als Geschäftsleiter bei einem Institut untersagen.

§ 37 Einschreiten gegen unerlaubte oder verbotene Geschäfte.

(1) [1]Die Bundesanstalt kann die sofortige Einstellung des Geschäftsbetriebs und die unverzügliche Abwicklung dieser Geschäfte gegenüber dem Unternehmen und den Mitgliedern seiner Organe anordnen, wenn

1. ohne die nach § 32 oder die nach § 15 des Wertpapierinstitutsgesetzes[1)] erforderliche Erlaubnis Bankgeschäfte betrieben oder Finanzdienstleistungen erbracht werden,
2. ohne die nach Artikel 14 der Verordnung (EU) Nr. 648/2012 erforderliche Zulassung als zentrale Gegenpartei Clearingdienstleistungen erbracht werden,
3. ohne die nach Artikel 16 Absatz 1 der Verordnung (EU) Nr. 909/2014 erforderliche Zulassung die Tätigkeit als Zentralverwahrer ausgeübt wird,
4. ohne die nach Artikel 25 Absatz 2 der Verordnung (EU) Nr. 909/2014 erforderliche Anerkennung die in Abschnitt A des Anhangs zur Verordnung (EU) Nr. 909/2014 genannten Kerndienstleistungen erbracht werden,
5. ohne die nach Artikel 12 Absatz 1 der Verordnung (EU) 2020/1503[2)] erforderliche Zulassung Schwarmfinanzierungsdienstleistungen im Sinne dieser Verordnung erbracht werden oder
6. nach § 3 verbotene Geschäfte betrieben werden.

[2]Sie kann für die Abwicklung Weisungen erlassen und eine geeignete Person als Abwickler bestellen. [3]Sie kann ihre Maßnahmen nach den Sätzen 1 und 2 bekanntmachen. [4]Die Befugnisse der Bundesanstalt nach den Sätzen 1 bis 3 bestehen auch gegenüber dem Unternehmen, das in die Anbahnung, den Abschluss oder die Abwicklung dieser Geschäfte einbezogen ist.

(1a) Ordnet die Bundesanstalt die Einstellung des Geschäftsbetriebs oder die Abwicklung der unerlaubten Geschäfte an, so stehen ihr bei juristischen Personen und Personenhandelsgesellschaften auch die in § 38 Absatz 1 und 2 genannten Rechte zu; Absatz 1 Satz 3 gilt entsprechend.

(2) Der Abwickler ist zum Antrag auf Eröffnung eines Insolvenzverfahrens über das Vermögen des Unternehmens berechtigt.

(3) [1]Der Abwickler erhält von der Bundesanstalt eine angemessene Vergütung und den Ersatz seiner Aufwendungen. [2]Die gezahlten Beträge sind der Bundesanstalt von dem Unternehmen gesondert zu erstatten und auf Verlangen der Bundesanstalt vorzuschießen. [3]Die Bundesanstalt kann das betroffene Unternehmen anweisen, den von der Bundesanstalt festgesetzten Betrag im Namen der Bundesanstalt unmittelbar an den Abwickler zu leisten, wenn dadurch keine Beeinflussung der Unabhängigkeit des Abwicklers zu besorgen ist.

(4) [1]Soweit und solange Tatsachen die Annahme rechtfertigen oder feststeht, dass ein Unternehmen unerlaubt Bankgeschäfte betreibt oder Finanzdienstleistungen erbringt, kann die Bundesanstalt die Öffentlichkeit unter Nennung des

---

[1)] Nr. **10**.
[2)] Nr. **19**.

Namens oder der Firma des Unternehmens über diesen Verdacht oder diese Feststellung informieren. [2] Satz 1 ist entsprechend anzuwenden, wenn ein Unternehmen zwar die unerlaubten Bankgeschäfte nicht betreibt oder die unerlaubten Finanzdienstleistungen nicht erbringt, aber in der Öffentlichkeit den Anschein erweckt, dass es diese Bankgeschäfte betreibt oder diese Finanzdienstleistungen erbringt. [3] Vor der Entscheidung über die Veröffentlichung der Information ist das Unternehmen anzuhören. [4] Stellen sich die von der Bundesanstalt veröffentlichten Informationen als falsch oder die zugrundeliegenden Umstände als unrichtig wiedergegeben heraus, so informiert die Bundesanstalt die Öffentlichkeit hierüber in der gleichen Art und Weise, wie sie die betreffende Information zuvor bekannt gegeben hat.

§ 38 Folgen der Aufhebung und des Erlöschens der Erlaubnis, Maßnahmen bei der Abwicklung. (1) [1] Hebt die Aufsichtsbehörde die Erlaubnis auf oder erlischt die Erlaubnis, so kann die Bundesanstalt bei juristischen Personen und Personenhandelsgesellschaften bestimmen, dass das Institut abzuwickeln ist. [2] Ihre Entscheidung wirkt wie ein Auflösungsbeschluß. [3] Sie ist dem Registergericht mitzuteilen und von diesem in das Handels- oder Genossenschaftsregister einzutragen.

(2) [1] Die Bundesanstalt kann für die Abwicklung eines Instituts oder seiner Bankgeschäfte und Finanzdienstleistungen Weisungen erlassen. [2] Das Gericht hat auf Antrag der Bundesanstalt Abwickler zu bestellen, wenn die sonst zur Abwicklung der Bankgeschäfte und Finanzdienstleistungen berufenen Personen keine Gewähr für die ordnungsmäßige Abwicklung bieten. [3] Besteht eine Zuständigkeit des Gerichts nicht, bestellt die Bundesanstalt den Abwickler.

(2a) [1] Der Abwickler erhält von der Bundesanstalt eine angemessene Vergütung und den Ersatz seiner Aufwendungen. [2] Die gezahlten Beträge sind der Bundesanstalt von der betroffenen juristischen Person oder Personenhandelsgesellschaft gesondert zu erstatten und auf Verlangen der Bundesanstalt vorzuschießen. [3] Die Bundesanstalt kann die betroffene juristische Person oder Personenhandelsgesellschaft anweisen, den von der Bundesanstalt festgesetzten Betrag im Namen der Bundesanstalt unmittelbar an den Abwickler zu leisten, wenn dadurch keine Beeinflussung der Unabhängigkeit des Abwicklers zu besorgen ist.

(3) [1] Die Bundesanstalt hat die Aufhebung oder das Erlöschen der Erlaubnis im Bundesanzeiger bekannt zu machen. [2] Sie hat die zuständigen Stellen der anderen Staaten des Europäischen Wirtschaftsraums zu unterrichten, in denen das Institut Zweigniederlassungen errichtet hat oder im Wege des grenzüberschreitenden Dienstleistungsverkehrs tätig gewesen ist.

(4) Die Absätze 1 und 2 gelten nicht für juristische Personen des öffentlichen Rechts.

2. Bezeichnungsschutz

§ 39 Bezeichnungen „Bank" und „Bankier". (1) Die Bezeichnung „Bank", „Bankier" oder eine Bezeichnung, in der das Wort „Bank" oder „Bankier" enthalten ist, dürfen, soweit durch Gesetz nichts anderes bestimmt ist, in der Firma, als Zusatz zur Firma, zur Bezeichnung des Geschäftszwecks oder zu Werbezwecken nur führen

1. Kreditinstitute, die eine Erlaubnis nach § 32 besitzen, oder *Zweigniederlassung*[1] von Unternehmen nach § 53b Abs. 1 Satz 1 und 2 oder Abs. 7;
2. andere Unternehmen, die bei Inkrafttreten dieses Gesetzes eine solche Bezeichnung nach den bisherigen Vorschriften befugt geführt haben.

(2) Die Bezeichnung „Volksbank" oder eine Bezeichnung, in der das Wort „Volksbank" enthalten ist, dürfen nur Kreditinstitute neu aufnehmen, die in der Rechtsform einer eingetragenen Genossenschaft betrieben werden und einem Prüfungsverband angehören.

(3) Die Bundesanstalt kann bei Erteilung der Erlaubnis bestimmen, daß die in Absatz 1 genannten Bezeichnungen nicht geführt werden dürfen, wenn Art oder Umfang der Geschäfte des Kreditinstituts nach der Verkehrsanschauung die Führung einer solchen Bezeichnung nicht rechtfertigen.

§ 40 Bezeichnung „Sparkasse". (1) Die Bezeichnung „Sparkasse" oder eine Bezeichnung, in der das Wort „Sparkasse" enthalten ist, dürfen in der Firma, als Zusatz zur Firma, zur Bezeichnung des Geschäftszwecks oder zu Werbezwecken nur führen

1. öffentlich-rechtliche Sparkassen, die eine Erlaubnis nach § 32 besitzen;
2. andere Unternehmen, die bei Inkrafttreten dieses Gesetzes eine solche Bezeichnung nach den bisherigen Vorschriften befugt geführt haben;
3. Unternehmen, die durch Umwandlung der in Nummer 2 bezeichneten Unternehmen neu gegründet werden, solange sie auf Grund ihrer Satzung besondere Merkmale, insbesondere eine am Gemeinwohl orientierte Aufgabenstellung und eine Beschränkung der wesentlichen Geschäftstätigkeit auf den Wirtschaftsraum, in dem das Unternehmen seinen Sitz hat, in dem Umfang wie vor der Umwandlung aufweisen.

(2) Kreditinstitute im Sinne des § 1 des Gesetzes über Bausparkassen dürfen die Bezeichnung „Bausparkasse", eingetragene Genossenschaften, die einem Prüfungsverband angehören, die Bezeichnung „Spar- und Darlehenskasse" führen.

§ 41 Ausnahmen. [1] Die §§ 39 und 40 gelten nicht für Unternehmen, die die Worte „Bank", „Bankier" oder „Sparkasse" in einem Zusammenhang führen, der den Anschein ausschließt, daß sie Bankgeschäfte betreiben. [2] Kreditinstitute mit Sitz im Ausland dürfen bei ihrer Tätigkeit im Inland die in § 39 Abs. 2 und in § 40 genannten Bezeichnungen in der Firma, als Zusatz zur Firma, zur Bezeichnung des Geschäftszwecks oder zu Werbezwecken führen, wenn sie zur Führung dieser Bezeichnung in ihrem Sitzstaat berechtigt sind und sie die Bezeichnung um einen auf ihren Sitzstaat hinweisenden Zusatz ergänzen.

§ 42 Entscheidung der Bundesanstalt. [1] Die Bundesanstalt entscheidet in Zweifelsfällen, ob ein Unternehmen zur Führung der in den §§ 39 und 40 genannten Bezeichnungen befugt ist. [2] Sie hat ihre Entscheidungen dem Registergericht mitzuteilen.

§ 43 Registervorschriften. (1) Soweit nach § 32 das Betreiben von Bankgeschäften oder das Erbringen von Finanzdienstleistungen einer Erlaubnis be-

---

[1] Richtig wohl: „Zweigniederlassungen".

darf, dürfen Eintragungen in öffentliche Register nur vorgenommen werden, wenn dem Registergericht die Erlaubnis nachgewiesen ist.

(2) [1] Führt ein Unternehmen eine Firma oder einen Zusatz zur Firma, deren Gebrauch nach den §§ 39 bis 41 unzulässig ist, hat das Registergericht das Unternehmen zur Unterlassung des Gebrauchs der Firma oder des Zusatzes zur Firma durch Festsetzung von Ordnungsgeld anzuhalten; § 392 des Gesetzes über das Verfahren in Familiensachen und in den Angelegenheiten der freiwilligen Gerichtsbarkeit gilt entsprechend. [2] § 395 des Gesetzes über das Verfahren in Familiensachen und in den Angelegenheiten der freiwilligen Gerichtsbarkeit bleibt unberührt.

(3) Die Bundesanstalt ist berechtigt, in Verfahren des Registergerichts, die sich auf die Eintragung oder Änderung der Rechtsverhältnisse oder der Firma von Kreditinstituten oder Unternehmen beziehen, die nach §§ 39 bis 41 unzulässige Bezeichnungen verwenden, Anträge zu stellen und die nach dem Gesetz über das Verfahren in Familiensachen und in den Angelegenheiten der freiwilligen Gerichtsbarkeit zulässigen Rechtsmittel einzulegen.

3. Auskünfte und Prüfungen

§ 44 Auskünfte und Prüfungen von Instituten, Anbietern von Nebendienstleistungen, Finanzholding-Gesellschaften, gemischten Finanzholding-Gesellschaften und anderen Unternehmen. (1) [1] Ein Institut oder ein übergeordnetes Unternehmen, die Mitglieder deren Organe und deren Beschäftigte haben der Bundesanstalt, den Personen und Einrichtungen, deren sich die Bundesanstalt bei der Durchführung ihrer Aufgaben bedient, sowie der Deutschen Bundesbank auf Verlangen Auskünfte über alle Geschäftsangelegenheiten zu erteilen, Unterlagen vorzulegen und erforderlichenfalls Kopien anzufertigen; dies gilt auch für Auslagerungsunternehmen, für die Mitglieder von deren Organen und für deren Beschäftigte, soweit Aktivitäten und Prozesse betroffen sind, die ein Institut oder übergeordnetes Unternehmen ausgelagert hat. [2] Die Bundesanstalt kann, auch ohne besonderen Anlass, bei den Instituten, übergeordneten Unternehmen und Auslagerungsunternehmen, soweit ein Institut oder ein übergeordnetes Unternehmen wesentliche Aktivitäten und Prozesse im Sinne des § 25b Absatz 1 Satz 1 ausgelagert hat oder es sich um eine Auslagerung nach § 25h Absatz 4 oder nach § 6 Absatz 7 des Geldwäschegesetzes[1)] handelt, Prüfungen vornehmen und die Durchführung der Prüfungen der Deutschen Bundesbank übertragen. [3] Die Bediensteten der Bundesanstalt, der Deutschen Bundesbank sowie die sonstigen Personen, deren sich die Bundesanstalt bei der Durchführung der Prüfungen bedient, können hierzu die Geschäftsräume des Instituts, des Auslagerungsunternehmens und des übergeordneten Unternehmens innerhalb der üblichen Betriebs- und Geschäftszeiten betreten und besichtigen. [4] Die Betroffenen haben Maßnahmen nach den Sätzen 2 und 3 zu dulden.

(1a) Soweit eine zentrale Gegenpartei unter den Voraussetzungen des Artikels 35 Absatz 1 der Verordnung (EU) Nr. 648/2012 operationelle Funktionen, Dienstleistungen oder Tätigkeiten auf ein Unternehmen auslagert, sind die Befugnisse der Bundesanstalt nach Absatz 1 Satz 2 und 3 auch auf dieses Unternehmen entsprechend anwendbar; Absatz 1 Satz 4 gilt entsprechend.

---

1) Nr. **18**.

währleistet ist. [2] § 5 Abs. 2 des Verwaltungsverfahrensgesetzes über die Grenzen der Amtshilfe gilt entsprechend. [3] Die Unternehmen im Sinne des Absatzes 1 Satz 1 haben die Prüfung zu dulden.

(3) Die Aufsichtsbehörde kann von CRR-Kreditinstituten, Kapitalverwaltungsgesellschaften, Finanzholding-Gesellschaften oder gemischte Finanzholding-Gesellschaften mit Sitz in einem anderen Staat des Europäischen Wirtschaftsraums Auskünfte verlangen, welche die Aufsicht über Institute erleichtern, die Tochterunternehmen dieser Unternehmen sind und von den zuständigen Stellen des anderen Staates aus Artikel 19 Absatz 1 oder Absatz 2 Buchstabe b der Verordnung (EU) Nr. 575/2013 entsprechenden Gründen nicht in die Beaufsichtigung auf zusammengefaßter Basis einbezogen werden.

§ 44b Auskünfte und Prüfungen bei Inhabern bedeutender Beteiligungen. (1) [1] Die Verpflichtungen nach § 44 Abs. 1 Satz 1 gegenüber der Bundesanstalt und der Deutschen Bundesbank zur Auskunft und Vorlegung von Unterlagen gelten auch für

1. Personen und Unternehmen, die eine Beteiligungsabsicht nach § 2c anzeigen oder die im Rahmen eines Erlaubnisantrags nach § 32 Abs. 1 Satz 2 Nr. 6 oder einer Ergänzungsanzeige nach § 64e Abs. 2 Satz 4 als Inhaber bedeutender Beteiligungen angegeben werden,
2. die Inhaber einer bedeutenden Beteiligung an einem Institut und den von ihnen kontrollierten Unternehmen,
3. Personen und Unternehmen, bei denen Tatsachen die Annahme rechtfertigen, daß es sich um Personen oder Unternehmen im Sinne der Nummer 2 handelt, und
4. Personen und Unternehmen, die mit einer Person oder einem Unternehmen im Sinne der Nummern 1 bis 3 nach § 15 des Aktiengesetzes verbunden sind.

[2] Auf Verlangen der Bundesanstalt hat der Vorlagepflichtige die einzureichenden Unterlagen gemäß § 2c Abs. 1 Satz 2 auf seine Kosten durch einen von der Bundesanstalt zu bestimmenden Wirtschaftsprüfer prüfen zu lassen.

(2) [1] Die Bundesanstalt und die Deutsche Bundesbank können Maßnahmen nach § 44 Abs. 1 Satz 2 und 3 gegenüber den in Absatz 1 genannten Personen und Unternehmen ergreifen, wenn Anhaltspunkte für einen Untersagungsgrund nach § 2c Abs. 1b Satz 1 Nr. 1 bis 6 vorliegen. [2] Die Betroffenen haben diese Maßnahmen zu dulden.

(3) Wer nach Absatz 1 oder 2 zur Erteilung einer Auskunft verpflichtet ist, kann die Auskunft auf solche Fragen verweigern, deren Beantwortung ihn selbst oder einen der in § 383 Abs. 1 Nr. 1 bis 3 der Zivilprozessordnung bezeichneten Angehörigen der Gefahr strafrechtlicher Verfolgung oder eines Verfahrens nach dem Gesetz über Ordnungswidrigkeiten aussetzen würde.

§ 44c Verfolgung unerlaubter Bankgeschäfte und Finanzdienstleistungen. (1) [1] Ein Unternehmen, die Mitglieder seiner Organe, seine Beschäftigten sowie andere Unternehmen, die in die Abwicklung seiner Geschäfte einbezogen sind oder einbezogen waren, haben der Bundesanstalt sowie der Deutschen Bundesbank auf Verlangen Auskünfte über alle Geschäftsangelegenheiten zu erteilen und Unterlagen vorzulegen, wenn Tatsachen die Annahme rechtfertigen oder feststeht, dass das Unternehmen

1. Bankgeschäfte oder Finanzdienstleistungen ohne die nach § 32 oder die nach § 15 des Wertpapierinstitutsgesetzes[1] erforderliche Erlaubnis oder ohne die nach Artikel 14 der Verordnung (EU) Nr. 648/2012 erforderliche Zulassung betreibt oder erbringt,
2. die Tätigkeit als Zentralverwahrer ohne die nach Artikel 16 Absatz 1 der Verordnung (EU) Nr. 909/2014 erforderliche Zulassung ausübt,
3. als Zentralverwahrer die in Abschnitt A des Anhangs zur Verordnung (EU) Nr. 909/2014 genannten Kerndienstleistungen ohne die nach Artikel 25 Absatz 2 der Verordnung (EU) Nr. 909/2014 erforderliche Anerkennung erbringt,
4. Schwarmfinanzierungsdienstleistungen im Sinne der Verordnung (EU) 2020/1503[2] ohne die nach Artikel 12 Absatz 1 dieser Verordnung erforderliche Zulassung erbringt oder
5. nach § 3 verbotene Geschäfte betreibt.

[2] Ein Mitglied eines Organs sowie ein Beschäftigter haben auf Verlangen auch nach ihrem Ausscheiden aus dem Organ oder dem Unternehmen Auskunft zu erteilen. [3] Die Bundesanstalt kann den in Satz 1 genannten Unternehmen und Personen Weisungen zur Sicherung von Kundengeldern, Daten und Vermögenswerten erteilen.

(2) [1] Soweit dies zur Feststellung der Art oder des Umfangs der Geschäfte oder Tätigkeiten erforderlich ist, kann die Bundesanstalt Prüfungen in Räumen des Unternehmens sowie in den Räumen der nach Absatz 1 Satz 1 auskunfts- und vorlegungspflichtigen Personen und Unternehmen vornehmen und die Durchführung der Prüfungen der Deutschen Bundesbank übertragen. [2] Die Bediensteten der Bundesanstalt und der Deutschen Bundesbank dürfen hierzu diese Räume innerhalb der üblichen Betriebs- und Geschäftszeiten betreten und besichtigen. [3] Zur Verhütung dringender Gefahren für die öffentliche Ordnung und Sicherheit sind sie befugt, diese Räume auch außerhalb der üblichen Betriebs- und Geschäftszeiten sowie Räume, die auch als Wohnung dienen, zu betreten und zu besichtigen; das Grundrecht des Artikels 13 des Grundgesetzes wird insoweit eingeschränkt.

(3) [1] Die Bediensteten der Bundesanstalt und der Deutschen Bundesbank dürfen diese Räume des Unternehmens sowie der nach Absatz 1 Satz 1 auskunfts- und vorlegungspflichtigen Personen und Unternehmen durchsuchen. [2] Im Rahmen der Durchsuchung dürfen die Bediensteten auch die auskunfts- und vorlegungspflichtigen Personen zum Zwecke der Sicherstellung von Gegenständen im Sinne des Absatzes 4 durchsuchen. [3] Das Grundrecht des Artikels 13 des Grundgesetzes wird insoweit eingeschränkt. [4] Durchsuchungen von Geschäftsräumen und Personen sind, außer bei Gefahr im Verzug, durch den Richter anzuordnen. [5] Durchsuchungen von Räumen, die als Wohnung dienen, sind durch den Richter anzuordnen. [6] Zuständig ist das Amtsgericht, in dessen Bezirk sich die Räume befinden. [7] Gegen die richterliche Entscheidung ist die Beschwerde zulässig; die §§ 306 bis 310 und 311a der Strafprozeßordnung gelten entsprechend. [8] Über die Durchsuchung ist eine Niederschrift zu fertigen. [9] Sie muß die verantwortliche Dienststelle, Grund, Zeit und Ort der Durchsuchung und ihr Ergebnis und, falls keine richterliche Anordnung

---

[1] Nr. **10**.
[2] Nr. **19**.

ergangen ist, auch die Tatsachen, welche die Annahme einer Gefahr im Verzuge begründet haben, enthalten.

(4) Die Bediensteten der Bundesanstalt und der Deutschen Bundesbank können Gegenstände sicherstellen, die als Beweismittel für die Ermittlung des Sachverhaltes von Bedeutung sein können.

(5) [1] Die Betroffenen haben Maßnahmen nach Absatz 2, Absatz 3 Satz 1 und Absatz 4 zu dulden. [2] § 44 Abs. 6 ist anzuwenden.

(6) [1] Die Rechte der Bundesanstalt und der Deutschen Bundesbank sowie die Mitwirkungs- und Duldungspflichten der Betroffenen bestehen auch hinsichtlich der Unternehmen und Personen, bei denen Tatsachen die Annahme rechtfertigen, dass sie in die Anbahnung, den Abschluss oder die Abwicklung unerlaubter Bankgeschäfte oder Finanzdienstleistungen einbezogen sind. [2] Auf der Grundlage eines entsprechenden Ersuchens der zuständigen Behörde eines anderen Staats an die Bundesanstalt bestehen sie auch hinsichtlich der Unternehmen und Personen, bei denen Tatsachen die Annahme rechtfertigen, dass die Unternehmen oder Personen in die Anbahnung, den Abschluss oder die Abwicklung von Bankgeschäften oder Finanzdienstleistungen einbezogen sind, die in dem anderen Staat entgegen einem dort bestehenden Verbot betrieben oder erbracht werden.

4. Maßnahmen in besonderen Fällen

§ 45 Maßnahmen zur Verbesserung der Eigenmittelausstattung und der Liquidität. (1) Wenn die Vermögens-, Finanz- oder Ertragsentwicklung eines Instituts oder andere Umstände die Annahme rechtfertigen, dass das Institut

1. die Anforderungen der Artikel 92 bis 386 der Verordnung (EU) Nr. 575/2013[1)] oder des § 10 Absatz 3 und 4,
2. die Anforderungen der Artikel 412 und 413 der Verordnung (EU) Nr. 575/2013 oder des § 11,
3. die Anforderungen des § 6c,
4. die kombinierte Kapitalpufferanforderung nach § 10i,
5. die Mindestanforderung an Eigenmittel und berücksichtigungsfähige Verbindlichkeiten und die Anforderung an das Verlustabsorptionskapital nach den §§ 49 bis 51 des Sanierungs- und Abwicklungsgesetzes[2)] oder
6. die Anforderungen des § 51a Absatz 1 oder Absatz 2 oder des § 51b

nicht erfüllt oder zukünftig voraussichtlich nicht erfüllen wird, kann die Aufsichtsbehörde gegenüber dem Institut Maßnahmen zur dauerhaften Erfüllung der Anforderungen anordnen.

(2) Die Aufsichtsbehörde kann insbesondere

1. anordnen, dass das Institut der Aufsichtsbehörde und der Deutschen Bundesbank eine begründete Darstellung der Entwicklung der wesentlichen Geschäftsaktivitäten über einen Zeitraum von mindestens drei Jahren, einschließlich Planbilanzen, Plangewinn- und -verlustrechnungen sowie der bankaufsichtlichen Kennzahlen, vorlegt,

---

[1)] Nr. **6**.
[2)] Nr. **23**.

2. anordnen, dass das Institut Maßnahmen zur besseren Abschirmung oder Reduzierung der vom Institut als wesentlich identifizierten Risiken und damit verbundener Risikokonzentrationen prüft und der Aufsichtsbehörde und der Deutschen Bundesbank darüber berichtet, wobei auch Konzepte für den Ausstieg aus einzelnen Geschäftsbereichen oder die Abtrennung von Instituts- oder Gruppenteilen erwogen werden sollen,
3. anordnen, dass das Institut der Aufsichtsbehörde und der Deutschen Bundesbank über geeignete Maßnahmen zur Erhöhung seines Kernkapitals, seiner Eigenmittel und seiner Liquidität berichtet,
4. anordnen, dass das Institut ein Konzept zur Abwendung einer möglichen Gefahrenlage nach § 35 Absatz 2 Nummer 4 entwickelt und der Aufsichtsbehörde und der Deutschen Bundesbank vorlegt,
5. Entnahmen durch die Inhaber oder Gesellschafter sowie die Ausschüttung von Gewinnen untersagen oder beschränken,
6. bilanzielle Maßnahmen untersagen oder beschränken, die dazu dienen, einen entstandenen Jahresfehlbetrag auszugleichen oder einen Bilanzgewinn auszuweisen,
7. anordnen, dass die Auszahlung jeder Art von gewinnabhängigen Erträgen auf Eigenmittelinstrumente insgesamt oder teilweise ersatzlos entfällt, wenn die gewinnabhängigen Erträge nicht vollständig durch einen erzielten Jahresüberschuss gedeckt sind,
8. die Gewährung von Krediten im Sinne von § 19 Absatz 1 untersagen oder beschränken,
9. anordnen, dass das Institut Maßnahmen zur Reduzierung von Risiken, einschließlich der mit ausgelagerten Aktivitäten und Prozessen verbundenen Risiken, ergreift, soweit sich diese aus bestimmten Arten von Geschäften und Produkten oder der Nutzung bestimmter Systeme ergeben,
10. anordnen, dass das Institut den Jahresgesamtbetrag, den es für die variable Vergütung aller Geschäftsleiter und Mitarbeiter vorsieht (Gesamtbetrag der variablen Vergütungen), auf einen bestimmten Anteil des Jahresergebnisses beschränkt oder vollständig streicht, soweit diese variablen Vergütungsbestandteile nicht durch Tarifvertrag oder in seinem Geltungsbereich durch Vereinbarung der Arbeitsvertragsparteien über die Anwendung der tarifvertraglichen Regelungen oder auf Grund eines Tarifvertrags in einer Betriebs- oder Dienstvereinbarung vereinbart sind,
11. die Auszahlung variabler Vergütungsbestandteile untersagen oder auf einen bestimmten Anteil des Jahresergebnisses beschränken, soweit diese variablen Vergütungsbestandteile nicht durch Tarifvertrag oder in seinem Geltungsbereich durch Vereinbarung der Arbeitsvertragsparteien über die Anwendung der tarifvertraglichen Regelungen oder auf Grund eines Tarifvertrags in einer Betriebs- oder Dienstvereinbarung vereinbart sind,
12. anordnen, dass das Institut darlegt, wie und in welchem Zeitraum die in Absatz 1 genannten Anforderungen nachhaltig wieder erfüllt werden können (Restrukturierungsplan), und es der Aufsichtsbehörde und der Deutschen Bundesbank regelmäßig über den Fortschritt der hierzu ergriffenen Maßnahmen berichtet, und
13. anordnen, dass das Kreditinstitut eine oder mehrere Handlungsoptionen aus einem Sanierungsplan nach § 13 des Sanierungs- und Abwicklungsgesetzes umsetzt.

(3) [1]Der Restrukturierungsplan nach Absatz 2 Nummer 12 muss transparent, plausibel und begründet sein. [2]Im Restrukturierungsplan sind

1. konkrete Ziele, Zwischenziele und Fristen für die Umsetzung der dargelegten Maßnahmen zu benennen, die von der Aufsichtsbehörde überprüft werden können,
2. Verantwortlichkeiten zuzuweisen,
3. Berichtswege aufzuzeigen,
4. die Auswirkungen des Restrukturierungsplans auf die Eigenmittelausstattung einschließlich einer mittelfristigen Kapitalplanung darzulegen und
5. die bestehende Vermögens- und Ertragslage und deren geplante Entwicklung darzustellen.

[3]Die Aufsichtsbehörde kann jederzeit Einsicht in den Restrukturierungsplan und die zugehörigen Unterlagen nehmen. [4]Die Aufsichtsbehörde kann die Änderung des Restrukturierungsplans verlangen und hierfür Vorgaben machen, soweit sie die angegebenen Ziele, Zwischenziele und Umsetzungsfristen für nicht ausreichend hält oder wenn sich für den Restrukturierungsplan wesentliche Umstände geändert haben oder das Institut die Ziele, Zwischenziele oder Umsetzungsfristen nicht einhalten kann.

(4) [1]Die Absätze 1 und 2 Nummer 1 bis 7 und 9 bis 12 sind auf übergeordnete Unternehmen nach § 10a sowie auf Institute, die nach Artikel 22 der Verordnung (EU) Nr. 575/2013 zur Teilkonsolidierung verpflichtet sind, entsprechend anzuwenden, wenn eine oder mehrere der in Absatz 1 aufgezählten Anforderungen auf zusammengefasster Basis nicht erfüllt werden oder zukünftig voraussichtlich nicht mehr erfüllt werden können. [2]Bei einem gruppenangehörigen Institut, das nach § 2a Absatz 1 freigestellt ist, kann die Aufsichtsbehörde anordnen, dass die Vorschriften der Artikel 24 bis 403 der Verordnung (EU) Nr. 575/2013 entgegen der Freistellung ganz oder teilweise wieder anzuwenden sind.

(5) [1]Die Aufsichtsbehörde darf die in Absatz 2 Nummer 5 bis 13 und Absatz 4 bezeichneten Anordnungen erst treffen, wenn das Institut oder die gemischte Finanzholding-Gesellschaft den Mangel nicht innerhalb einer von der Aufsichtsbehörde zu bestimmenden Frist behoben hat. [2]Soweit dies zur Verhinderung einer kurzfristig zu erwartenden Verschlechterung der Vermögens-, Finanz- oder Ertragsentwicklung des Instituts nach Absatz 1 erforderlich ist oder soweit bereits Maßnahmen nach Absatz 2 Nummer 1 bis 4 ergriffen wurden, sind solche Anordnungen auch ohne vorherige Androhung zulässig.

(6) [1]Beschlüsse über eine Gewinnausschüttung sind nichtig, soweit sie einer Anordnung nach Absatz 2 oder 4 widersprechen. [2]Aus Regelungen in Verträgen über Eigenmittelinstrumente können keine Rechte abgeleitet werden, soweit diese einer Anordnung nach Absatz 2 Nummer 5 bis 13 oder Absatz 4 widersprechen.

(7) [1]Bei einer Streichung des Gesamtbetrags der variablen Vergütung oder einer Untersagung der Auszahlung von variablen Vergütungsbestandteilen nach Absatz 2 Nummer 10 oder 11 kann die Aufsichtsbehörde anordnen, dass die Ansprüche auf Gewährung variabler Vergütungsbestandteile ganz oder teilweise erlöschen, wenn bei Untersagung der Auszahlung oder innerhalb eines Zeitraums von zwei Jahren nach Untersagung der Auszahlung

1. das Institut außerordentliche staatliche Unterstützung in Anspruch nimmt und die Voraussetzungen für die Untersagung der Auszahlung bis zu diesem Zeitpunkt nicht weggefallen sind oder allein auf Grund dieser Maßnahmen weggefallen sind,
2. eine Anordnung der Aufsichtsbehörde nach Absatz 2 Nummer 1 bis 7 besteht oder getroffen wird oder
3. Maßnahmen nach § 46 getroffen werden oder eine Abwicklungsanordnung im Sinne des § 77 des Sanierungs- und Abwicklungsgesetzes ergangen ist.

[2] Eine solche Anordnung soll insbesondere ergehen, wenn

1. die Ansprüche auf Gewährung variabler Vergütungsbestandteile auf Grund solcher Regelungen eines Vergütungssystems eines Instituts entstanden sind, die den Anforderungen nach § 25a Absatz 1 Satz 3 Nummer 6 widersprechen, oder
2. anzunehmen ist, dass ohne die außerordentliche staatliche Unterstützung das Institut nicht in der Lage gewesen wäre, die variablen Vergütungsbestandteile zu gewähren.

[3] Ist anzunehmen, dass das Institut einen Teil der variablen Vergütungsbestandteile hätte gewähren können, sind die variablen Vergütungsbestandteile angemessen zu kürzen.

(8) [1] Liegen die Voraussetzungen nach Absatz 7 Satz 1 und 2 vor, kann die Aufsichtsbehörde gegenüber dem Institut auch anordnen, dass das Institut sämtliche nach § 25a Absatz 5 Satz 4 dieses Gesetzes und nach § 20 Absatz 1 und 2 der Institutsvergütungsverordnung[1)] zurückbehaltenen variablen Vergütungen von Geschäftsleitern und Mitarbeitern kürzt oder streicht. [2] Die Aufsichtsbehörde kann Anordnungen nach Absatz 2 Nummer 10 und 11 und nach Absatz 7 Satz 1 auch treffen, wenn ein Institut außerordentliche staatliche Unterstützung in Anspruch nimmt und die Anordnung zur Erhaltung einer soliden Eigenkapital- oder Liquiditätsausstattung oder zu einer frühzeitigen Beendigung der staatlichen Unterstützung geboten ist. [3] Nimmt ein Institut staatliche Unterstützung in Anspruch, kann die Aufsichtsbehörde außerdem die Auszahlung von variablen Vergütungsbestandteilen an Geschäftsleiter des Instituts ganz oder teilweise untersagen und das Erlöschen der entsprechenden Ansprüche anordnen. [4] Ansprüche auf variable Vergütung, die vor dem 1. Januar 2011 entstanden sind, können weder nach Absatz 7 noch nach den Sätzen 1 und 2 gekürzt oder gestrichen werden. [5] Satz 3 ist nicht auf Ansprüche auf variable Vergütung anwendbar, die vor dem 1. Januar 2012 entstanden sind.

(9) [1] Institute müssen der Möglichkeit einer Anordnung nach Absatz 2 Nummer 10 und 11 und nach den Absätzen 7 und 8 Satz 1 bis 3 in vertraglichen Vereinbarungen mit ihren Geschäftsleitern und Mitarbeitern Rechnung tragen. [2] Soweit vertragliche Vereinbarungen über die Gewährung einer variablen Vergütung einer Anordnung nach Satz 1 entgegenstehen, können aus ihnen keine Rechte abgeleitet werden.

(10) Die Aufsichtsbehörde kann eine Maßnahme nach den Absätzen 1 bis 8 gegenüber einem in § 10 Absatz 4 Satz 1 aufgeführten Unternehmen oder einer dort aufgeführten Gruppe auch anordnen, wenn dieses oder diese die nach § 10 Absatz 4 angeordneten erhöhten Kapitalanforderungen nicht erfüllt.

[1)] Nr. **9f**.

(11) [1] Zur Umsetzung der Anordnungen nach Absatz 8 oder § 10 Absatz 4 gelten für Beschlussfassungen der Anteilsinhaberversammlung des Instituts, die Kapitalmaßnahmen betreffen, die §§ 7 bis 7f, 9, 10, 12, 13 und 15 des Wirtschaftsstabilisierungsbeschleunigungsgesetzes entsprechend. [2] Dies gilt auch dann, wenn andere private oder öffentliche Stellen als der Finanzmarktstabilisierungsfonds zur Erreichung der Kapitalanforderungen teilweise oder vollständig beitragen.

§ 45a Maßnahmen gegenüber Finanzholding-Gesellschaften und gemischten Finanzholding-Gesellschaften. (1) Die Bundesanstalt kann einer Finanzholding-Gesellschaft an der Spitze einer Finanzholding-Gruppe im Sinne des § 10a oder einer gemischten Finanzholding-Gesellschaft an der Spitze einer gemischten Finanzholding-Gruppe im Sinne des § 10a die Ausübung ihrer Stimmrechte an dem übergeordneten Unternehmen und den anderen nachgeordneten Unternehmen untersagen, wenn

1. die Finanzholding-Gesellschaft oder die gemischte Finanzholding-Gesellschaft dem übergeordneten Unternehmen nicht die für die Zusammenfassung nach Artikel 11 bis 23 der Verordnung (EU) Nr. 575/2013[1)] erforderlichen Angaben gemäß Artikel 11 Absatz 1 Satz 2 der Verordnung (EU) Nr. 575/2013 übermittelt, sofern nicht den Erfordernissen der bankaufsichtlichen Zusammenfassung in anderer Weise Rechnung getragen werden kann;
2. Tatsachen vorliegen, aus denen sich ergibt, dass eine Person, die die Geschäfte der Finanzholding-Gesellschaft oder der gemischten Finanzholding-Gesellschaft tatsächlich führt, nicht zuverlässig ist oder nicht die zur Führung der Geschäfte erforderliche fachliche Eignung hat.

(1a) [1] Die Bundesanstalt kann in den Fällen des Absatzes 1 Satz 1 Nummer 2 auch gegenüber dem übergeordneten Unternehmen einer Finanzholding-Gruppe oder einer gemischten Finanzholding-Gruppe anordnen, Weisungen der Finanzholding-Gesellschaft oder der gemischten Finanzholding-Gesellschaft nicht zu befolgen, sofern es keine gesellschaftsrechtlichen Möglichkeiten gibt, die Personen abzuberufen, die die Geschäfte der Finanzholding-Gesellschaft oder der gemischten Finanzholding-Gesellschaft tatsächlich führen. [2] Das Gleiche gilt, wenn solche Möglichkeiten zwar vorhanden sind, aber ihre Ausschöpfung erfolglos geblieben ist.

(2) [1] Im Falle der Untersagung nach Absatz 1 hat auf Antrag der Bundesanstalt das Gericht des Sitzes des übergeordneten Unternehmens nach § 10a einen Treuhänder zu bestellen, auf den es die Ausübung der Stimmrechte überträgt. [2] Der Treuhänder hat bei der Ausübung der Stimmrechte den Interessen einer soliden und bankaufsichtskonformen Führung der betroffenen Unternehmen Rechnung zu tragen. [3] Die Bundesanstalt kann aus wichtigem Grund die Bestellung eines anderen Treuhänders beantragen. [4] Sind die Voraussetzungen des Absatzes 1 entfallen, hat die Bundesanstalt den Widerruf der Bestellung des Treuhänders zu beantragen. [5] Der Treuhänder hat Anspruch auf Ersatz angemessener Auslagen und auf Vergütung für seine Tätigkeit. [6] Das Gericht setzt auf Antrag des Treuhänders die Auslagen und die Vergütung fest; die Rechtsbeschwerde gegen die Vergütungsfestsetzung ist ausgeschlossen. [7] Der Bund schießt die Auslagen und die Vergütung vor; für seine Aufwendun-

1) Nr. **6**.

gen haften die Finanzholding-Gesellschaft oder die gemischte Finanzholding-Gesellschaft und die betroffenen Unternehmen gesamtschuldnerisch.

(3) Solange die Untersagungsverfügung nach Absatz 1 vollziehbar ist, gelten die betroffenen Unternehmen nicht als nachgeordnete Unternehmen der Finanzholding-Gesellschaft oder der gemischten Finanzholding-Gesellschaft im Sinne der §§ 10a und 13b.

§ 45b Maßnahmen bei organisatorischen Mängeln. (1) [1] Verfügt ein Institut nicht über eine ordnungsgemäße Geschäftsorganisation im Sinne des § 25a Abs. 1, kann die Aufsichtsbehörde auch bereits vor oder gemeinsam mit einer Anordnung nach § 25a Absatz 2 Satz 2, auch in Verbindung mit einer Rechtsverordnung nach § 25a Absatz 4 oder Absatz 6 oder nach § 25b, auch in Verbindung mit einer Rechtsverordnung nach § 25b Absatz 5, insbesondere anordnen, dass das Institut

1. Maßnahmen zur Reduzierung von Risiken ergreift, soweit sich diese aus bestimmten Arten von Geschäften und Produkten oder der Nutzung bestimmter Systeme oder der Auslagerung von Aktivitäten und Prozessen auf ein anderes Unternehmen ergeben,
2. weitere Zweigstellen nur mit Zustimmung der Aufsichtsbehörde errichten darf und
3. einzelne Geschäftsarten, namentlich die Annahme von Einlagen, Geldern oder Wertpapieren von Kunden und die Gewährung von Krediten nach § 19 Abs. 1 nicht oder nur in beschränktem Umfang betreiben darf.

[2] Die Aufsichtsbehörde ist berechtigt, Maßnahmen nach Satz 1 zusätzlich zu einer Festsetzung erhöhter Eigenmittelanforderungen nach § 10 Absatz 3 Satz 2 Nummer 2 sowie zusammen oder zusätzlich zu einer Festsetzung erhöhter Eigenmittelanforderungen nach § 51a Absatz 2 Nummer 4 anzuordnen.

(2) [1] Absatz 1 ist entsprechend auf das jeweilige übergeordnete Unternehmen im Sinne des § 10a sowie auf ein Institut, das nach Artikel 22 der Verordnung (EU) Nr. 575/2013[1)] zur Unterkonsolidierung verpflichtet ist, anzuwenden, wenn eine Institutsgruppe, eine Finanzholding-Gruppe oder eine gemischte Finanzholding-Gruppe entgegen § 25a Absatz 1 und § 25b nicht über eine ordnungsgemäße Geschäftsorganisation verfügt; Absatz 1 Satz 1 Nummer 3 ist mit der Maßgabe entsprechend anzuwenden, dass die Aufsichtsbehörde statt einer Untersagung oder Beschränkung der Gewährung von Krediten, die für die Institutsgruppe, Finanzholding-Gruppe oder gemischte Finanzholding-Gruppe nach Maßgabe der Artikel 387 bis 403 der Verordnung (EU) Nr. 575/2013 in ihrer jeweils geltenden Fassung geltenden Großkreditobergrenzen herabsetzen kann. [2] Verfügt eine Zweigniederlassung des Instituts in einem Drittstaat nicht über eine angemessene Geschäftsorganisation oder ist sie nicht in der Lage, die zur Beurteilung ihrer Geschäftsorganisation oder die zur Einbeziehung in die Institutsorganisation erforderlichen Angaben zur Verfügung zu stellen, oder wird sie in dem Drittstaat nicht effektiv beaufsichtigt oder ist die für die Zweigniederlassung zuständige Aufsichtsstelle nicht zu einer befriedigenden Zusammenarbeit mit der Aufsichtsbehörde bereit, kann die Bundesanstalt auch die Geschäftstätigkeit der Zweigniederlassung beschränken oder ihre Schließung und Abwicklung anordnen.

[1)] Nr. **6**.

(3) Absatz 1 Satz 1 Nummer 1 ist entsprechend auf Auslagerungsunternehmen anzuwenden, soweit ein Institut oder ein übergeordnetes Unternehmen wesentliche Aktivitäten und Prozesse im Sinne des § 25b Absatz 1 Satz 1 ausgelagert hat.

§ 45c Sonderbeauftragter. (1) [1]Die Aufsichtsbehörde kann einen Sonderbeauftragten bestellen, diesen mit der Wahrnehmung von Aufgaben bei einem Institut betrauen und ihm die hierfür erforderlichen Befugnisse übertragen. [2]Der Sonderbeauftragte muss unabhängig, zuverlässig und zur ordnungsgemäßen Wahrnehmung der ihm übertragenen Aufgaben im Sinne einer nachhaltigen Geschäftspolitik des Instituts und der Wahrung der Finanzmarktstabilität geeignet sein; soweit der Sonderbeauftragte Aufgaben eines Geschäftsleiters oder eines Organs übernimmt, muss er Gewähr für die erforderliche fachliche Eignung bieten. [3]Er ist im Rahmen seiner Aufgaben berechtigt, von den Mitgliedern der Organe und den Beschäftigten des Instituts Auskünfte und die Vorlage von Unterlagen zu verlangen, an allen Sitzungen und Versammlungen der Organe und sonstiger Gremien des Instituts in beratender Funktion teilzunehmen, die Geschäftsräume des Instituts zu betreten, Einsicht in dessen Geschäftspapiere und Bücher zu nehmen und Nachforschungen anzustellen. [4]Die Organe und Organmitglieder haben den Sonderbeauftragten bei der Wahrnehmung seiner Aufgaben zu unterstützen. [5]Er ist gegenüber der Aufsichtsbehörde zur Auskunft über alle Erkenntnisse im Rahmen seiner Tätigkeit verpflichtet.

(2) Die Aufsichtsbehörde kann dem Sonderbeauftragten insbesondere übertragen:

1. die Aufgaben und Befugnisse eines oder mehrerer Geschäftsleiter wahrzunehmen, wenn Tatsachen vorliegen, aus denen sich ergibt, dass der oder die Geschäftsleiter des Instituts nicht zuverlässig sind oder nicht die zur Leitung des Instituts erforderliche fachliche Eignung haben;
2. die Aufgaben und Befugnisse eines oder mehrerer Geschäftsleiter wahrzunehmen, wenn das Institut nicht mehr über die erforderliche Anzahl von Geschäftsleitern verfügt, insbesondere weil die Aufsichtsbehörde die Abberufung eines Geschäftsleiters verlangt oder ihm die Ausübung seiner Tätigkeit untersagt hat;
3. die Aufgaben und Befugnisse von Organen des Instituts insgesamt oder teilweise wahrzunehmen, wenn die Voraussetzungen des § 36 Absatz 3 Satz 1 Nummer 1 bis 10 vorliegen;
4. die Aufgaben und Befugnisse von Organen des Instituts insgesamt oder teilweise wahrzunehmen, wenn die Aufsicht über das Institut aufgrund von Tatsachen im Sinne des § 33 Absatz 2 beeinträchtigt ist;
5. geeignete Maßnahmen zur Herstellung und Sicherung einer ordnungsgemäßen Geschäftsorganisation einschließlich eines angemessenen Risikomanagements zu ergreifen, wenn das Institut nachhaltig gegen Bestimmungen dieses Gesetzes, des Gesetzes über Bausparkassen[1)], des Depotgesetzes, des Geldwäschegesetzes[2)], des Kapitalanlagegesetzbuchs, des Pfandbriefge-

---

[1)] Nr. **21**.
[2)] Nr. **18**.

setzes[1], des Zahlungsdiensteaufsichtsgesetzes[2] oder des Wertpapierhandelsgesetzes, gegen die zur Durchführung dieser Gesetze erlassenen Verordnungen oder gegen Anordnungen der Aufsichtsbehörde verstoßen hat;

6. zu überwachen, dass Anordnungen der Aufsichtsbehörde gegenüber dem Institut beachtet werden;
7. einen Restrukturierungsplan für das Institut zu erstellen, wenn die Voraussetzungen des § 45 Absatz 1 vorliegen, die Ausführung eines Restrukturierungsplans zu begleiten und die Befugnisse nach § 45 Absatz 3 Satz 3 und 4 wahrzunehmen;

7a. einen Plan nach § 10 Absatz 4 Satz 6 für das Institut zu erstellen, wenn die Voraussetzungen des § 10 Absatz 4 Satz 1 vorliegen und das Institut innerhalb einer von der Aufsichtsbehörde festgelegten Frist keinen geeigneten Plan vorgelegt hat, sowie die Durchführung des Plans sicherzustellen;

8. Maßnahmen des Instituts zur Abwendung einer Gefahr im Sinne des § 35 Absatz 2 Nummer 4 oder des § 46 Absatz 1 Satz 1 zu überwachen, selbst Maßnahmen zur Abwendung einer Gefahr zu ergreifen oder die Einhaltung von Maßnahmen der Aufsichtsbehörde nach § 46 zu überwachen;
9. eine Abwicklungsanordnung im Sinne des § 77 des Sanierungs- und Abwicklungsgesetzes[3] vorzubereiten;
10. Schadensersatzansprüche gegen Organmitglieder oder ehemalige Organmitglieder zu prüfen, wenn Anhaltspunkte für einen Schaden des Instituts durch eine Pflichtverletzung von Organmitgliedern vorliegen.

(3) [1] Soweit der Sonderbeauftragte in die Aufgaben und Befugnisse eines Organs oder Organmitglieds des Instituts insgesamt eintritt, ruhen die Aufgaben und Befugnisse des betroffenen Organs oder Organmitglieds. [2] Der Sonderbeauftragte kann nicht gleichzeitig die Funktion eines oder mehrerer Geschäftsleiter und eines oder mehrerer Mitglieder eines Verwaltungs- oder Aufsichtsorgans wahrnehmen. [3] Werden dem Sonderbeauftragten für die Wahrnehmung einer Aufgabe nur teilweise die Befugnisse eines Organs oder Organmitglieds eingeräumt, hat dies keine Auswirkung auf die Befugnisse des bestellten Organs oder Organmitglieds des Instituts. [4] Die umfassende Übertragung aller Aufgaben und Befugnisse eines oder mehrerer Geschäftsleiter auf den Sonderbeauftragten kann nur in den Fällen des Absatzes 2 Nummer 1, 2 und 4 erfolgen. [5] Seine Vertretungsbefugnis richtet sich dabei nach der Vertretungsbefugnis des oder der Geschäftsleiter, an dessen oder deren Stelle der Sonderbeauftragte bestellt ist. [6] Solange die Bundesanstalt einem Sonderbeauftragten die Funktion eines Geschäftsleiters übertragen hat, können die nach anderen Rechtsvorschriften hierzu berufenen Personen oder Organe ihr Recht, einen Geschäftsleiter zu bestellen, nur mit Zustimmung der Bundesanstalt ausüben.

(4) Überträgt die Bundesanstalt die Wahrnehmung von Aufgaben und Befugnisse eines Geschäftsleiters nach Absatz 2 Nummer 1 oder 2 auf einen Sonderbeauftragten, werden die Übertragung, die Vertretungsbefugnis sowie die Aufhebung der Übertragung von Amts wegen in das Handelsregister eingetragen.

---

[1] Nr. **20**.
[2] Nr. **12**.
[3] Nr. **23**.

(5) Das Organ des Instituts, das für den Ausschluss von Gesellschaftern von der Geschäftsführung und Vertretung oder die Abberufung geschäftsführungs- oder vertretungsbefugter Personen zuständig ist, kann bei Vorliegen eines wichtigen Grundes beantragen, die Übertragung der Funktion eines Geschäftsleiters auf den Sonderbeauftragten aufzuheben.

(6) [1] Die durch die Bestellung des Sonderbeauftragten entstehenden Kosten einschließlich der diesem zu gewährenden angemessenen Auslagen und der Vergütung fallen dem Institut zur Last. [2] Die Höhe der Vergütung setzt die Bundesanstalt fest. [3] Die Bundesanstalt schießt die Auslagen und die Vergütung auf Antrag des Sonderbeauftragten vor.

(7) [1] Sonderbeauftragte haften bei Handlungen im Rahmen des Absatzes 2 Nummer 1 bis 5, 7, 7a, 9, 10 und Nummer 8, sofern sie selbst Maßnahmen zur Abwendung einer Gefahr ergreifen, für Vorsatz und Fahrlässigkeit. [2] Wurde der Sonderbeauftragte nach Absatz 2 Nummer 6 oder Nummer 8 ausschließlich für die Überwachung von Anordnungen der Bundesanstalt gegenüber dem Institut, für die Überwachung von Maßnahmen des Instituts zur Abwendung einer Gefahr im Sinne des § 35 Absatz 2 Nummer 4 oder des § 46 Absatz 1 Satz 1 oder für die Überwachung der Einhaltung von Maßnahmen der Bundesanstalt nach § 46 bestellt, so haftet er nur für Vorsatz. [3] Dies gilt auch, soweit der Sonderbeauftragte nach § 46 Absatz 2 Satz 5 im Rahmen einer von der Bundesanstalt festgelegten Betragsgrenze Ausnahmen vom Veräußerungs- und Zahlungsverbot genehmigt. [4] Bei fahrlässigem Handeln beschränkt sich die Ersatzpflicht des Sonderbeauftragten auf 1 Million Euro. [5] Handelt es sich um eine Aktiengesellschaft, deren Aktien zum Handel im regulierten Markt zugelassen sind, beschränkt sich die Ersatzpflicht auf 50 Millionen Euro.

(8) Die Absätze 1 bis 7 gelten entsprechend für Finanzholding-Gesellschaften oder gemischte Finanzholding-Gesellschaften, die nach § 10a als übergeordnetes Unternehmen gelten und bezüglich der Personen, die die Geschäfte derartiger Finanzholding-Gesellschaften oder gemischter Finanzholding-Gesellschaften tatsächlich führen.

§ 46 Maßnahmen bei Gefahr. (1) [1] Besteht Gefahr für die Erfüllung der Verpflichtungen eines Instituts gegenüber seinen Gläubigern, insbesondere für die Sicherheit der ihm anvertrauten Vermögenswerte, oder besteht der begründete Verdacht, daß eine wirksame Aufsicht über das Institut nicht möglich ist (§ 33 Absatz 2), kann die Aufsichtsbehörde zur Abwendung dieser Gefahr einstweilige Maßnahmen treffen. [2] Sie kann insbesondere

1. Anweisungen für die Geschäftsführung des Instituts erlassen,
2. die Annahme von Einlagen oder Geldern oder Wertpapieren von Kunden und die Gewährung von Krediten (§ 19 Abs. 1) verbieten,
3. Inhabern und Geschäftsleitern die Ausübung ihrer Tätigkeit untersagen oder beschränken,
4. vorübergehend ein Veräußerungs- und Zahlungsverbot an das Institut erlassen,
5. die Schließung des Instituts für den Verkehr mit der Kundschaft anordnen und
6. die Entgegennahme von Zahlungen, die nicht zur Erfüllung von Verbindlichkeiten gegenüber dem Institut bestimmt sind, verbieten, es sei denn, die

zuständige Entschädigungseinrichtung oder sonstige Sicherungseinrichtung stellt die Befriedigung der Berechtigten in vollem Umfang sicher.

[3] Die Aufsichtsbehörde kann unter den Voraussetzungen des Satzes 1 Zahlungen an konzernangehörige Unternehmen untersagen oder beschränken, wenn diese Geschäfte für das Institut nachteilig sind. [4] Sie kann ferner bestimmen, dass Zahlungen nur unter bestimmten Voraussetzungen zulässig sind. [5] Die Aufsichtsbehörde unterrichtet über die von ihr nach den Sätzen 3 und 4 beabsichtigten Maßnahmen unverzüglich die betroffenen Aufsichtsbehörden in den Mitgliedstaaten der Europäischen Union sowie die Europäische Zentralbank und die Deutsche Bundesbank. [6] Beschlüsse über die Gewinnausschüttung sind insoweit nichtig, als sie einer Anordnung nach den Sätzen 1 und 2 widersprechen. [7] Bei Instituten, die in anderer Rechtsform als der eines Einzelkaufmanns betrieben werden, sind Geschäftsleiter, denen die Ausübung ihrer Tätigkeit untersagt worden ist, für die Dauer der Untersagung von der Geschäftsführung und Vertretung des Instituts ausgeschlossen. [8] Für die Ansprüche aus dem Anstellungsvertrag oder anderen Bestimmungen über die Tätigkeit des Geschäftsleiters gelten die allgemeinen Vorschriften. [9] Rechte, die einem Geschäftsleiter als Gesellschafter oder in anderer Weise eine Mitwirkung an Entscheidungen über Geschäftsführungsmaßnahmen bei dem Institut ermöglichen, können für die Dauer der Untersagung nicht ausgeübt werden.

(2) [1] Die zuständige Entschädigungseinrichtung oder sonstige Sicherungseinrichtung kann ihre Verpflichtungserklärung im Sinne des Absatzes 1 Satz 2 Nummer 6 davon abhängig machen, dass eingehende Zahlungen, soweit sie nicht zur Erfüllung von Verbindlichkeiten nach Absatz 1 Satz 2 Nummer 6 gegenüber dem Institut bestimmt sind, von dem im Zeitpunkt des Erlasses des Veräußerungs- und Zahlungsverbots nach Absatz 1 Satz 2 Nummer 4 vorhandenen Vermögen des Instituts zugunsten der Einrichtung getrennt gehalten und verwaltet werden. [2] Das Institut darf nach Erlass des Veräußerungs- und Zahlungsverbots nach Absatz 1 Satz 2 Nummer 4 die im Zeitpunkt des Erlasses laufenden Geschäfte abwickeln und neue Geschäfte eingehen, soweit diese zur Abwicklung erforderlich sind, wenn und soweit die zuständige Entschädigungseinrichtung oder sonstige Sicherungseinrichtung die zur Durchführung erforderlichen Mittel zur Verfügung stellt oder sich verpflichtet, aus diesen Geschäften insgesamt entstehende Vermögensminderungen des Instituts, soweit dies zur vollen Befriedigung sämtlicher Gläubiger erforderlich ist, diesem zu erstatten. [3] Die Aufsichtsbehörde kann darüber hinaus Ausnahmen vom Veräußerungs- und Zahlungsverbot nach Absatz 1 Satz 2 Nummer 4 zulassen, soweit dies für die Durchführung der Geschäfte oder die Verwaltung des Instituts sachgerecht ist. [4] Dabei kann sie insbesondere die Erstattung von Zahlungen anordnen, die entgegen einer Anordnung nach Absatz 1 Satz 2 Nummer 6 entgegengenommen worden sind oder beim Institut eingegangen sind. [5] Sie kann eine Betragsgrenze festsetzen, bis zu der ein Sonderbeauftragter Ausnahmen vom Veräußerungs- und Zahlungsverbot zulassen kann. [6] Solange Maßnahmen nach Absatz 1 Satz 2 Nummer 4 bis 6 andauern, sind Zwangsvollstreckungen, Arreste und einstweilige Verfügungen in das Vermögen des Instituts nicht zulässig. [7] Die Vorschriften der Insolvenzordnung zum Schutz von Zahlungs- sowie Wertpapierliefer- und Abrechnungssystemen einschließlich interoperabler Systeme sowie von dinglichen Sicherheiten der Zentralbanken und von Finanzsicherheiten sind bei Anordnung einer Maßnahme nach Absatz 1 Satz 2 Nummer 4 bis 6 entsprechend anzuwenden. [8] Die Anordnung von

Sicherungsmaßnahmen nach § 21 der Insolvenzordnung berührt nicht die Wirksamkeit der Erstattung einer Zahlung, die entgegen einer Anordnung nach Absatz 1 Satz 2 Nummer 6 über ein System oder über eine zwischengeschaltete Stelle entgegengenommen worden ist oder eingegangen ist oder beim Institut eingegangen ist und deren Erstattung die Aufsichtsbehörde nach Satz 4 angeordnet hat.

§ 46a Untersagungs- und Anordnungsbefugnis bei Verwenden externer Ratings. (1) Die Aufsichtsbehörde kann einem Institut, das für aufsichtliche Zwecke Ratings einer oder mehrerer Ratingagenturen verwendet, das Verwenden dieser Ratings untersagen, wenn die Ratingagenturen ihren Sitz nicht innerhalb des Europäischen Wirtschaftsraums haben und nicht nach der Verordnung (EG) Nr. 1060/2009 in der jeweils geltenden Fassung registriert sind.

(2) [1] Die Aufsichtsbehörde kann gegenüber einem Institut im Einzelfall Anordnungen treffen, die geeignet und erforderlich sind, die Einhaltung der Anforderungen der Verordnung (EG) Nr. 1060/2009 in der jeweils geltenden Fassung sicherzustellen. [2] Insbesondere kann die Aufsichtsbehörde Anordnungen treffen, um einem übermäßigen Rückgriff des Instituts auf Ratings entgegenzuwirken.

§ 46b Insolvenzantrag. (1) [1] Wird ein Institut, das eine Erlaubnis zum Geschäftsbetrieb im Inland besitzt, oder eine nach § 10a als übergeordnetes Unternehmen geltende Finanzholding-Gesellschaft oder gemischte Finanzholding-Gesellschaft zahlungsunfähig oder tritt Überschuldung ein, so haben die Geschäftsleiter, bei einem in der Rechtsform des Einzelkaufmanns betriebenen Institut der Inhaber und die Personen, die die Geschäfte der Finanzholding-Gesellschaft oder der gemischten Finanzholding-Gesellschaft tatsächlich führen, dies der Bundesanstalt unter Beifügung aussagefähiger Unterlagen unverzüglich anzuzeigen; die im ersten Halbsatz bezeichneten Personen haben eine solche Anzeige unter Beifügung entsprechender Unterlagen auch dann vorzunehmen, wenn das Institut oder die nach § 10a als übergeordnetes Unternehmen geltende Finanzholding-Gesellschaft oder gemischte Finanzholding-Gesellschaft voraussichtlich nicht in der Lage sein wird, die bestehenden Zahlungspflichten im Zeitpunkt der Fälligkeit zu erfüllen (drohende Zahlungsunfähigkeit). [2] Soweit diese Personen nach anderen Rechtsvorschriften verpflichtet sind, bei Zahlungsunfähigkeit oder Überschuldung die Eröffnung des Insolvenzverfahrens zu beantragen, tritt an die Stelle der Antragspflicht die Anzeigepflicht nach Satz 1. [3] Das Insolvenzverfahren über das Vermögen eines Instituts oder einer nach § 10a als übergeordnetes Unternehmen geltenden Finanzholding-Gesellschaft oder gemischten Finanzholding-Gesellschaft findet im Fall der Zahlungsunfähigkeit, der Überschuldung oder unter den Voraussetzungen des Satzes 5 auch im Fall der drohenden Zahlungsunfähigkeit statt. [4] Der Antrag auf Eröffnung des Insolvenzverfahrens über das Vermögen des Instituts oder der nach § 10a als übergeordnetes Unternehmen geltenden Finanzholding-Gesellschaft oder gemischten Finanzholding-Gesellschaft kann nur von der Bundesanstalt gestellt werden. [5] Im Fall der drohenden Zahlungsunfähigkeit darf die Bundesanstalt den Antrag jedoch nur mit Zustimmung des Instituts und im Fall einer nach § 10a als übergeordnetes Unternehmen geltenden Finanzholding-Gesellschaft oder gemischten Finanzholding-Gesellschaft mit deren Zustimmung stellen. [6] Vor der Bestellung des Insolvenzverwalters hat das Insolvenzgericht die Bundesanstalt zu dessen Eignung zu hören. [7]Der Bundesanstalt ist der Eröffnungsbeschluss besonders zuzustellen. [8]Das Insolvenzgericht übersendet der Bundesanstalt alle weiteren, das Verfahren betreffenden Beschlüsse und erteilt auf Anfrage Auskunft zum Stand und Fortgang des Verfahrens. [9]Die Bundesanstalt kann Einsicht in die Insolvenzakten nehmen.

(1a) [1]Die Antragsrechte nach § 3a Absatz 1, § 3d Absatz 2 und § 269d Absatz 2 der Insolvenzordnung stehen bei Instituten und bei nach § 10a als übergeordnete Unternehmen bestimmten Finanzholding-Gesellschaften ausschließlich der Bundesanstalt zu. [2]Die Einleitung eines Koordinationsverfahrens (§§ 269d bis 269i der Insolvenzordnung) entfaltet für die gruppenangehörigen Institute und für die als übergeordnete Unternehmen bestimmten Finanzholding-Gesellschaften nur dann Wirkung, wenn die Bundesanstalt sie beantragt oder ihr zugestimmt hat. [3]Für die Bestellung des Verfahrenskoordinators gilt Absatz 1 Satz 6 entsprechend.

(2) [1]Wird über ein Institut, das Teilnehmer eines Systems im Sinne des § 24b Absatz 1 ist, ein Insolvenzverfahren eröffnet, hat die Bundesanstalt unverzüglich die Europäische Wertpapier- und Marktaufsichtsbehörde, den Europäischen Ausschuss für Systemrisiken und die Stellen zu informieren, die der Europäischen Kommission von den anderen Staaten des Europäischen Wirtschaftsraums benannt worden sind. [2]Auf Systembetreiber im Sinne des § 24b Abs. 5 ist Satz 1 entsprechend anzuwenden.

(3) [1]Der Insolvenzverwalter informiert die Bundesanstalt laufend über Stand und Fortgang des Insolvenzverfahrens, insbesondere durch Überlassung der Berichte für das Insolvenzgericht, die Gläubigerversammlung oder einen Gläubigerausschuss. [2]Die Bundesanstalt kann darüber hinaus weitere Auskünfte und Unterlagen zum Insolvenzverfahren verlangen.

§ 46c Insolvenzrechtliche Fristen und Haftungsfragen. (1) Die nach den §§ 88 und 130 bis 136 der Insolvenzordnung vom Tag des Antrags auf Eröffnung des Insolvenzverfahrens an zu berechnenden Fristen sind vom Tag des Erlasses einer Maßnahme nach § 46 Absatz 1 an zu berechnen.

(2) [1]Es wird vermutet, dass Leistungen des Instituts, die zwischen einer Anordnung der Bundesanstalt nach § 46 Absatz 1 Satz 2 Nummer 4 bis 6 und dem Insolvenzantrag erfolgten und nach § 46 zulässig sind, die Gläubiger des Instituts nicht benachteiligen und mit der Sorgfalt ordentlicher Kaufleute vereinbar sind. [2]Die Bundesanstalt handelt bei ihrer Tätigkeit pflichtgemäß, soweit sie bei Ausübung ihrer Befugnisse vernünftigerweise annehmen durfte, auf der Grundlage angemessener Informationen die Ziele des Gesetzes erreichen zu können. [3]§ 4 Absatz 4 des Finanzdienstleistungsaufsichtsgesetzes[1)] bleibt unberührt.

§ 46d Unterrichtung der anderen Staaten des Europäischen Wirtschaftsraums über Sanierungsmaßnahmen. (1) [1]Vor Erlass einer Sanierungsmaßnahme, insbesondere einer Maßnahme nach § 46, gegenüber einem CRR-Kreditinstitut unterrichtet die Bundesanstalt die zuständigen Behörden der anderen Staaten des Europäischen Wirtschaftsraums. [2]Ist dies nicht möglich, sind die zuständigen Behörden unmittelbar nach Erlass der Maßnahme zu unterrichten. [3]Das Gleiche gilt, soweit gegenüber einer Zweigstelle eines

---

[1)] Nr. 8.

Unternehmens im Sinne des § 53 mit Sitz außerhalb der Staaten des Europäischen Wirtschaftsraums Maßnahmen nach § 46 ergriffen werden. [4]In diesem Falle unterrichtet die Bundesanstalt die zuständigen Behörden der anderen Staaten des Europäischen Wirtschaftsraums, in denen das Unternehmen weitere Zweigstellen errichtet hat. [5]Die Regelungen des § 8 Abs. 3 bis 7 bleiben unberührt.

(2) [1]Sanierungsmaßnahmen, die die Rechte von Dritten in einem Aufnahmemitgliedstaat beeinträchtigen und gegen die Rechtsbehelfe eingelegt werden können, sind ohne den ihrer Begründung dienenden Teil in der Amtssprache oder den Amtssprachen der betroffenen Staaten des Europäischen Wirtschaftsraums unverzüglich im Amtsblatt der Europäischen Union und in mindestens zwei überregionalen Zeitungen der Aufnahmemitgliedstaaten bekannt zu machen. [2]In der Bekanntmachung sind die Stelle, bei der die Begründung vorgehalten wird, der Gegenstand und die Rechtsgrundlage der Entscheidung, die Rechtsbehelfsfristen einschließlich des Zeitpunkts ihres Fristablaufs, die Anschrift der Bundesanstalt als über einen Widerspruch entscheidende Behörde und die Anschrift des zuständigen Verwaltungsgerichts anzugeben. [3]Die Bekanntmachung ist nicht Wirksamkeitsvoraussetzung.

(3) [1]Sanierungsmaßnahmen im Sinne der Absätze 1 und 2 sind Maßnahmen nach § 46 sowie nach § 6 Abs. 3, mit denen die finanzielle Lage eines CRR-Kreditinstituts gesichert oder wiederhergestellt werden soll und die die bestehenden Rechte von Dritten in einem Aufnahmemitgliedstaat des Europäischen Wirtschaftsraums beeinträchtigen könnten, einschließlich der Maßnahmen, die eine Aussetzung der Zahlungen erlauben oder der Wirksamkeit der Sanierungsmaßnahmen von Aufsichtsbehörden des Europäischen Wirtschaftsraums unterstützend dienen. [2]Sanierungsmaßnahmen sind als solche zu bezeichnen. [3]In Ansehung der Sanierungsmaßnahmen sind auf Verträge zur Nutzung oder zum Erwerb eines unbeweglichen Gegenstands, auf Arbeitsverträge und Arbeitsverhältnisse, auf Aufrechnungen, auf Pensionsgeschäfte im Sinne des § 340b des Handelsgesetzbuchs, auf Schuldumwandlungsverträge und Aufrechnungsvereinbarungen sowie auf dingliche Rechte Dritter die §§ 336, 337, 338, 340 und 351 Abs. 2 der Insolvenzordnung entsprechend anzuwenden, soweit dieses Gesetz nichts anderes bestimmt.

(4) [1]Die Absätze 1 und 2 sind nicht anzuwenden, wenn und soweit ausschließlich die Rechte von an der internen Betriebsstruktur beteiligten Personen sowie von Geschäftsführern und Aktionären eines CRR-Kreditinstituts in einer dieser Eigenschaften beeinträchtigt sein können. [2]Bei CRR-Kreditinstituten, die nicht grenzüberschreitend tätig sind, ist die Unterrichtung und Bekanntmachung nach den Absätzen 1 und 2 entbehrlich.

(5) [1]Die Bundesanstalt unterstützt Sanierungsmaßnahmen der Behörden des Herkunftsmitgliedstaates bei einem CRR-Kreditinstitut mit Sitz in einem anderen Staat des Europäischen Wirtschaftsraums. [2]Hält sie die Durchführung von Sanierungsmaßnahmen bei einem CRR-Kreditinstitut mit Sitz in einem anderen Staat des Europäischen Wirtschaftsraums für notwendig, so setzt sie die zuständigen Behörden dieses Staates hiervon in Kenntnis.

§ 46e Insolvenzverfahren in den Staaten des Europäischen Wirtschaftsraums. (1) [1]Zuständig für die Eröffnung eines Insolvenzverfahrens über das Vermögen eines CRR-Kreditinstituts sind im Bereich des Europäischen Wirtschaftsraums allein die jeweiligen Behörden oder Gerichte des Herkunftsmitgliedstaates. [2] Ist ein anderer Staat des Europäischen Wirtschaftsraums Herkunftsmitgliedstaat eines CRR-Kreditinstituts und wird dort ein Insolvenzverfahren über das Vermögen dieses Instituts eröffnet, so wird das Verfahren ohne Rücksicht auf die Voraussetzungen des § 343 Abs. 1 der Insolvenzordnung anerkannt.

(2) Sekundärinsolvenzverfahren nach § 356 der Insolvenzordnung und sonstige Partikularverfahren nach § 354 der Insolvenzordnung bezüglich der CRR-Kreditinstitute, die ihren Sitz in einem anderen Staat des Europäischen Wirtschaftsraums haben, sind nicht zulässig.

(3) [1] Die Geschäftsstelle des Insolvenzgerichts hat den Eröffnungsbeschluss sofort der Bundesanstalt zu übermitteln, die unverzüglich die zuständigen Behörden der anderen Aufnahmemitgliedstaaten des Europäischen Wirtschaftsraums über die Verfahrenseröffnung unterrichtet. [2] Unbeschadet der in § 30 der Insolvenzordnung vorgesehenen Bekanntmachung hat das Insolvenzgericht den Eröffnungsbeschluss auszugsweise im Amtsblatt der Europäischen Union und in mindestens zwei überregionalen Zeitungen der Aufnahmemitgliedstaaten zu veröffentlichen, in denen das betroffene Kreditinstitut eine Zweigstelle hat oder Dienstleistungen erbringt. [3] Der Veröffentlichung ist das Formblatt nach § 46f Abs. 1 voranzustellen.

(4) [1] Die Bundesanstalt kann jederzeit vom Insolvenzgericht und vom Insolvenzverwalter Auskünfte über den Stand des Insolvenzverfahrens verlangen. [2] Sie ist verpflichtet, die zuständige Behörde eines anderen Staates des Europäischen Wirtschaftsraums auf deren Verlangen über den Stand des Insolvenzverfahrens zu informieren.

(5) [1] Stellt die Bundesanstalt den Antrag auf Eröffnung eines Insolvenzverfahrens über das Vermögen der Zweigstelle eines Unternehmens mit Sitz außerhalb des Europäischen Wirtschaftsraums, so unterrichtet sie unverzüglich die zuständigen Behörden der Staaten des Europäischen Wirtschaftsraums, in denen das Unternehmen eine weitere Zweigstelle hat oder Dienstleistungen erbringt. [2] Die Unterrichtung hat sich auch auf Inhalt und Bestand der Erlaubnis nach § 32 zu erstrecken. [3] Die beteiligten Personen und Stellen bemühen sich um ein abgestimmtes Vorgehen.

(6) Die Absätze 1 bis 5 gelten auch für Unternehmen im Anwendungsbereich des § 1 des Sanierungs- und Abwicklungsgesetzes[1)], gegenüber denen ein Abwicklungsinstrument im Sinne des § 77 des Sanierungs- und Abwicklungsgesetzes angeordnet oder eine Abwicklungsbefugnis im Sinne der §§ 78 bis 87 des Sanierungs- und Abwicklungsgesetzes ausgeübt wird.

§ 46f Unterrichtung der Gläubiger im Insolvenzverfahren und Insolvenzrangfolge. (1) [1] Mit dem Eröffnungsbeschluss ist den Gläubigern von der Geschäftsstelle des Insolvenzgerichts ein Formblatt zu übersenden, das in sämtlichen Amtssprachen der Staaten des Europäischen Wirtschaftsraums mit den Worten „Aufforderung zur Anmeldung und Erläuterung einer Forderung. Fristen beachten!" überschrieben ist. [2] Das Formblatt wird vom Bundesministerium der Justiz und für Verbraucherschutz im Bundesanzeiger veröffentlicht und enthält insbesondere folgende Angaben:

1. welche Fristen einzuhalten sind und welche Folgen deren Versäumung hat;

---

1) Nr. 23.

2. wer für die Entgegennahme der Anmeldung und Erläuterung einer Forderung zuständig ist;
3. welche weiteren Maßnahmen vorgeschrieben sind;
4. welche Bedeutung die Anmeldung der Forderung für bevorrechtigte oder dinglich gesicherte Gläubiger hat und inwieweit diese ihre Forderungen anmelden müssen.

(2) [1] Gläubiger mit gewöhnlichem Aufenthalt, Wohnsitz oder Sitz in einem anderen Staat des Europäischen Wirtschaftsraums können ihre Forderungen in der oder einer der Amtssprachen dieses Staates anmelden. [2] Die Anmeldung muss in deutscher Sprache mit den Worten „Anmeldung und Erläuterung einer Forderung" überschrieben sein. [3] Der Gläubiger hat auf Verlangen eine Übersetzung der Anmeldung und der Erläuterung vorzulegen, die von einer hierzu in dem Staat nach Satz 1 befugten Person zu beglaubigen ist.

(3) Der Insolvenzverwalter hat die Gläubiger regelmäßig in geeigneter Form über den Fortgang des Insolvenzverfahrens zu unterrichten.

(4) Im Rang vor den übrigen Insolvenzforderungen werden in folgender Rangfolge, bei gleichem Rang nach dem Verhältnis ihrer Beträge, berichtigt:
1. gedeckte Einlagen im Sinne von § 2 Absatz 3 Nummer 23 des Sanierungs- und Abwicklungsgesetzes[1)] sowie Ansprüche, die auf Grund der Erfüllung eines Entschädigungsanspruchs nach § 16 des Einlagensicherungsgesetzes[2)] auf das Einlagensicherungssystem übergegangen sind;
2. entschädigungsfähige Einlagen im Sinne des § 2 Absatz 3 Nummer 18 des Sanierungs- und Abwicklungsgesetzes von natürlichen Personen, Kleinstunternehmen und kleinen und mittleren Unternehmen nach Artikel 2 Absatz 1 des Anhangs der Empfehlung 2003/361/EG der Kommission vom 6. Mai 2003 betreffend die Definition der Kleinstunternehmen sowie der kleinen und mittleren Unternehmen (ABl. L 124 vom 20.5.2003, S. 36), sowie solche Einlagen bei Instituten mit Sitz in der Europäischen Union, die entschädigungsfähige Einlagen wären, wenn sie nicht von deren Niederlassungen außerhalb der Europäischen Union angenommen worden wären.

(5)[3)] Von den Forderungen im Sinne des § 38 der Insolvenzordnung werden zunächst die Forderungen berichtigt, die keine Schuldtitel nach Absatz 6 Satz 1 sind.

(6)[3)] [1] Schuldtitel im Sinne dieses Satzes sind auf den Inhaber lautende Schuldverschreibungen und Orderschuldverschreibungen und diesen Schuldtiteln vergleichbare Rechte, die ihrer Art nach auf den Kapitalmärkten handelbar sind, sowie Schuldscheindarlehen und Namensschuldverschreibungen, die nicht als Einlagen unter Absatz 4 Nummer 1 oder 2 fallen, die zum Zeitpunkt ihrer Begebung eine vertragliche Laufzeit von mindestens einem Jahr haben, sofern in den vertraglichen Bedingungen des Schuldtitels ausdrücklich auf den durch Absatz 5 bestimmten niedrigeren Rang im Insolvenzverfahren hingewiesen wird. [2] Im Fall einer Pflicht zur Veröffentlichung eines Prospekts ist der Hinweis auch in den zu veröffentlichenden Prospekt aufzunehmen. [3] Schuldtitel, die in den Anwendungsbereich des § 91 Absatz 2 des Sanierungs- und

---

1) Nr. **23**.
2) Nr. **15**.
3) Gem. Art. 15 Abs. 2 Satz 2 G v. 2.11.2015 (BGBl. I S. 1864) sind auf Insolvenzverfahren, die vor dem 1. Januar 2017 eröffnet worden sind, die bis dahin geltenden Vorschriften weiter anzuwenden.

Abwicklungsgesetzes fallen, und Schuldtitel, welche von Anstalten des öffentlichen Rechts begeben wurden, die nicht insolvenzfähig sind, zählen nicht zu den Schuldtiteln im Sinne von Satz 1.

(7)[1)] [1] Absatz 6 Satz 1 erfasst keine Schuldtitel, für die vereinbart ist,

1. dass die Höhe des Rückzahlungsbetrages vom Eintritt oder Nichteintritt eines zum Zeitpunkt der Begebung des Schuldtitels noch unsicheren Ereignisses abhängig ist oder die Erfüllung auf andere Weise als durch Geldzahlung erfolgt, oder
2. dass die Höhe des Zinszahlungsbetrages vom Eintritt oder Nichteintritt eines zum Zeitpunkt der Begebung des Schuldtitels noch unsicheren Ereignisses abhängt, es sei denn, die Zinszahlung oder die Höhe des Zinszahlungsbetrages ist ausschließlich von einem festen oder marktüblichen variablen Referenzzins abhängig und die Erfüllung erfolgt durch Geldzahlung.

[2] Die Höhe des Rückzahlungsbetrages oder des Zinszahlungsbetrages gilt nicht bereits deshalb als vom Eintritt oder Nichteintritt eines zum Zeitpunkt der Begebung des Schuldtitels noch unsicheren Ereignisses abhängig, weil der Schuldtitel auf eine andere als die Landeswährung des Emittenten lautet, sofern Hauptforderung, Rückzahlung und Zinsforderung auf dieselbe Währung lauten.

(7a) [1] Forderungen aus Eigenmittelinstrumenten nach Artikel 4 Absatz 1 Nummer 119 der Verordnung (EU) Nr. 575/2013[2)] werden erst nach allen anderen Forderungen berichtigt. [2] Dies gilt auch, sofern diese Instrumente nur teilweise als Eigenmittel anerkannt sind. [3] Andere Forderungen im Sinne des Satzes 1 sind auch Forderungen, für die ein vertraglicher Nachrang vereinbart wurde, der sie mit Forderungen aus Eigenmittelinstrumenten gleichstellt. [4] Darüber hinaus gelten als andere Forderungen auch die Beteiligungen an einem Tochterunternehmen von 10 Prozent oder weniger des Kapitals oder der Stimmrechte, die sich nicht im Eigentum des Mutterunternehmens befinden, sofern diese Beteiligungen aufgrund eines Ergebnisabführungsvertrages nicht als Eigenmittelinstrumente anerkannt sind. [5] Forderungen aus Eigenmittelinstrumenten werden in folgender Rangfolge berichtigt:

1. Forderungen aus Eigenmittelinstrumenten mit vertraglicher Nachrangklausel, die als Instrumente des Ergänzungskapitals anrechenbar sind,
2. Forderungen aus Eigenmittelinstrumenten mit vertraglicher Nachrangklausel, die als Instrumente des zusätzlichen Kernkapitals anrechenbar sind,
3. Forderungen aus Eigenmittelinstrumenten mit oder ohne vertraglicher Nachrangklausel, die als Instrumente des harten Kernkapitals anrechenbar sind.

(8) [1] Das Bundesministerium der Finanzen wird ermächtigt, durch Rechtsverordnung, die nicht der Zustimmung des Bundesrates bedarf, nähere Bestimmungen über die Merkmale der vom Anwendungsbereich des Absatzes 7 erfassten Schuldtitel zu erlassen. [2] Das Bundesministerium der Finanzen kann die Ermächtigung zum Erlass der Rechtsverordnung nach Satz 1 durch Rechtsverordnung auf die Bundesanstalt für Finanzdienstleistungsaufsicht übertragen.

[1)] Gem. Art. 15 Abs. 2 Satz 2 G v. 2.11.2015 (BGBl. I S. 1864) sind auf Insolvenzverfahren, die vor dem 1. Januar 2017 eröffnet worden sind, die bis dahin geltenden Vorschriften weiter anzuwenden.

[2)] Nr. **6**.

(9) [1] Für Schuldtitel, die vor dem 21. Juli 2018 begeben worden sind, gilt § 46f Absatz 5 bis 7 des Kreditwesengesetzes in der bis zum 20. Juli 2018 geltenden Fassung fort. [2] Im Insolvenzverfahren haben vor dem 21. Juli 2018 begebene Schuldtitel im Sinne des § 46f Absatz 6 Satz 1 des Kreditwesengesetzes in der bis zum 20. Juli 2018 geltenden Fassung den gleichen Rang wie Schuldtitel im Sinne des Absatzes 6 Satz 1.

§ 46g Moratorium, Einstellung des Bank- und Börsenverkehrs.

(1) Sind wirtschaftliche Schwierigkeiten bei Kreditinstituten zu befürchten, die schwerwiegende Gefahren für die Gesamtwirtschaft, insbesondere den geordneten Ablauf des allgemeinen Zahlungsverkehrs erwarten lassen, so kann die Bundesregierung durch Rechtsverordnung

1. einem Kreditinstitut einen Aufschub für die Erfüllung seiner Verbindlichkeiten gewähren und anordnen, daß während der Dauer des Aufschubs Zwangsvollstreckungen, Arreste und einstweilige Verfügungen gegen das Kreditinstitut sowie das Insolvenzverfahren über das Vermögen des Kreditinstituts nicht zulässig sind;
2. anordnen, daß die Kreditinstitute für den Verkehr mit ihrer Kundschaft vorübergehend geschlossen bleiben und im Kundenverkehr Zahlungen und Überweisungen weder leisten noch entgegennehmen dürfen; sie kann diese Anordnung auf Arten oder Gruppen von Kreditinstituten sowie auf bestimmte Bankgeschäfte beschränken;
3. anordnen, daß die Börsen im Sinne des Börsengesetzes vorübergehend geschlossen bleiben.

(2) Vor den Maßnahmen nach Absatz 1 hat die Bundesregierung die Deutsche Bundesbank zu hören.

(3) Trifft die Bundesregierung Maßnahmen nach Absatz 1, so hat sie durch Rechtsverordnung die Rechtsfolgen zu bestimmen, die sich hierdurch für Fristen und Termine auf dem Gebiet des bürgerlichen Rechts, des Handels-, Gesellschafts-, Wechsel-, Scheck- und Verfahrensrechts ergeben.

§ 46h Wiederaufnahme des Bank- und Börsenverkehrs. (1) [1] Die Bundesregierung kann nach Anhörung der Deutschen Bundesbank für die Zeit nach einer vorübergehenden Schließung der Kreditinstitute und Börsen gemäß § 46g Absatz 1 Nummer 2 und 3 durch Rechtsverordnung Vorschriften für die Wiederaufnahme des Zahlungs- und Überweisungsverkehrs sowie des Börsenverkehrs erlassen. [2] Sie kann hierbei insbesondere bestimmen, daß die Auszahlung von Guthaben zeitweiligen Beschränkungen unterliegt. [3] Für Geldbeträge, die nach einer vorübergehenden Schließung der Kreditinstitute angenommen werden, dürfen solche Beschränkungen nicht angeordnet werden.

(2) Die nach Absatz 1 sowie die nach § 46g Absatz 1 erlassenen Rechtsverordnungen treten, wenn sie nicht vorher aufgehoben worden sind, drei Monate nach ihrer Verkündung außer Kraft.

§ 47 Anordnungsbefugnis nach der Verordnung (EU) Nr. 1286/2014.

[1] Verstößt ein Institut, das über ein PRIIP im Sinne des Artikels 4 Nummer 3 der Verordnung (EU) Nr. 1286/2014 berät oder es verkauft oder das Hersteller von PRIIP im Sinne des Artikels 4 Nummer 4 der Verordnung (EU) Nr. 1286/2014 ist, gegen die Anforderungen von Artikel 5 Absatz 1, der

Artikel 6, 7, 8 Absatz 1 bis 3, der Artikel 9, 10 Absatz 1, von Artikel 13 Absatz 1, 3 oder 4, der Artikel 14 oder 19 dieser Verordnung sowie der auf Grundlage der Artikel 8, 10 und 13 dieser Verordnung erlassenen technischen Regulierungsstandards, kann die Bundesanstalt gegenüber dem Institut Anordnungen treffen, die geeignet und erforderlich sind, um sicherzustellen, dass die Anforderungen eingehalten werden und um eine nicht den Grundsätzen der Verordnung entsprechende Information der Privatanleger zu verhindern. [2]Die Bundesanstalt kann insbesondere

1. die Vermarktung, den Vertrieb oder den Verkauf des PRIIP vorübergehend oder dauerhaft untersagen,
2. die Bereitstellung eines Basisinformationsblattes untersagen, das nicht den Anforderungen der Artikel 6 bis 8 oder 10 der Verordnung (EU) Nr. 1286/2014 genügt,
3. den Hersteller von PRIIP verpflichten, eine neue Fassung des Basisinformationsblattes zu veröffentlichen, sofern die veröffentlichte Fassung nicht den Anforderungen der Artikel 6 bis 8 oder 10 der Verordnung (EU) Nr. 1286/2014 genügt, und
4. auf ihrer Internetseite eine Warnung unter Nennung des verantwortlichen Instituts sowie der Art des Verstoßes veröffentlichen; § 60c Absatz 3 und 5 gilt entsprechend.

§§ 47a–47j *(aufgehoben)*

§ 48 Maßnahmen bei Verstößen gegen die Verordnung (EU) 2017/2402. (1) Verstößt ein Originator, Sponsor, ursprünglicher Kreditgeber oder eine Verbriefungszweckgesellschaft gegen die Anforderungen der Artikel 6, 7, 9, 18 bis 26, 26b bis 26e oder 27 Absatz 1 oder Absatz 4 der Verordnung (EU) 2017/2402, kann die Aufsichtsbehörde anordnen, dass die den Verstoß begründenden Handlungen oder Verhaltensweisen dauerhaft eingestellt werden, sowie verlangen, dass deren Wiederholung verhindert wird.

(2) Wird eine Verbriefung als STS-Verbriefung im Sinne des Artikels 18 der Verordnung (EU) 2017/2402 bezeichnet und hat ein Originator, ein Sponsor oder eine Verbriefungszweckgesellschaft gegen eine der Anforderungen der Artikel 19 bis 26 oder der Artikel 26b bis 26e dieser Verordnung verstoßen oder macht ein Originator oder Sponsor eine irreführende Meldung nach Artikel 27 Absatz 1 dieser Verordnung, kann die Aufsichtsbehörde vorübergehend verbieten, dass Originator und Sponsor gemäß Artikel 27 Absatz 1 dieser Verordnung melden, dass ihre Verbriefungen die Anforderungen der Artikel 19 bis 22, der Artikel 23 bis 26 oder der Artikel 26b bis 26e dieser Verordnung erfüllen.

(3) Verletzt ein gemäß Artikel 28 Absatz 1 der Verordnung (EU) 2017/2402 zugelassener Dritter seine Pflicht gemäß Artikel 28 Absatz 2 dieser Verordnung, kann die Bundesanstalt ihm vorübergehend untersagen, gemäß Artikel 28 Absatz 1 dieser Verordnung zu bewerten, ob Verbriefungen die in den Artikeln 19 bis 26 oder den Artikeln 26b bis 26e dieser Verordnung festgelegten Kriterien erfüllen.

4a. Maßnahmen gegenüber Kreditinstituten bei Gefahren für die Stabilität des Finanzsystems

§§ 48a–48s *(aufgehoben)*

§ 48t Maßnahmen zur Begrenzung makroprudenzieller oder systemischer Risiken. (1) Stellt der Ausschuss für Finanzstabilität Veränderungen in der Intensität des makroprudenziellen oder des systemischen Risikos im Sinne des Artikels 458 Absatz 2 der Verordnung (EU) Nr. 575/2013[1] fest, die zu einer Störung mit bedeutenden Auswirkungen auf das nationale Finanzsystem und die Realwirtschaft im Inland führen können, auf die mit anderen Instrumenten der Makroaufsicht gemäß der Verordnung (EU) Nr. 575/2013 und der Richtlinie 2013/36/EU nicht so wirksam reagiert werden kann wie durch die Umsetzung strengerer nationaler Maßnahmen, kann die Bundesanstalt auf Aufforderung des Ausschusses für Finanzstabilität im Wege der Allgemeinverfügung gegenüber allen oder einer Gruppe der der Aufsicht der Bundesanstalt nach diesem Gesetz oder der Verordnung (EU) Nr. 575/2013 unterliegenden Institute und Unternehmen von folgenden Vorgaben der Verordnung (EU) Nr. 575/2013 in der jeweils geltenden Fassung für die Dauer von bis zu zwei Jahren abweichen, um die festgestellten Veränderungen in der Intensität des makroprudenziellen oder des systemischen Risikos zu vermindern, durch Erhöhung

1. der Eigenmittelanforderungen nach Artikel 92 der Verordnung (EU) Nr. 575/2013 in der jeweils geltenden Fassung,
2. der Anforderungen für Großkredite nach den Artikeln 392 sowie 395 bis 403 der Verordnung (EU) Nr. 575/2013 in der jeweils geltenden Fassung,
3. der Offenlegungspflichten nach den Artikeln 431 bis 455 der Verordnung (EU) Nr. 575/2013 in der jeweils geltenden Fassung,
4. des Kapitalerhaltungspuffers nach § 10c,
5. der Liquiditätsanforderungen nach Teil 6 der Verordnung (EU) Nr. 575/2013 in der jeweils geltenden Fassung oder
6. der Risikogewichte im Kreditrisiko-Standardansatz und im auf internen Ratings basierenden Ansatz für Kredite für Wohnimmobilien und gewerbliche Immobilien sowie für Forderungen, die von Instituten und Unternehmen untereinander innerhalb des Finanzsektors bestehen.

(2) Die Bundesanstalt kann die Allgemeinverfügung nach Absatz 1 erst dann erlassen, wenn

1. sie der Europäischen Kommission und dem Europäischen Ausschuss für Systemrisiken
   a) die für die Gefährdung der Finanzstabilität auf nationaler Ebene erforderlichen Nachweise nach Artikel 458 Absatz 2 Buchstabe a bis f der Verordnung (EU) Nr. 575/2013 einschließlich der in Absatz 1 vorgesehenen nationalen Maßnahmen, die Artikel 458 Absatz 2 Buchstabe d der Verordnung (EU) Nr. 575/2013 umsetzen, angezeigt hat und
   b) dargelegt hat, dass andere nach der Verordnung (EU) Nr. 575/2013 und der Richtlinie 2013/36/EU zur Verfügung stehende Instrumente der

---

[1] Nr. 6.

Makroaufsicht weniger geeignet und weniger wirksam wären, um der Gefährdung der Finanzstabilität auf nationaler Ebene zu begegnen, und

2. die Voraussetzungen nach Artikel 458 Absatz 4 der Verordnung (EU) Nr. 575/2013 für den Erlass der Maßnahme vorliegen.

(3) [1] Die Bundesanstalt überprüft unter Einbeziehung des Europäischen Ausschusses für Systemrisiken und der Europäischen Bankenaufsichtsbehörde die nach Absatz 1 festgesetzten nationalen Maßnahmen nach Ablauf der vorgesehenen Frist nach Maßgabe von Artikel 458 Absatz 9 der Verordnung (EU) Nr. 575/2013. [2] Liegen die Voraussetzungen für eine Verlängerung der Anwendung der nach Absatz 1 erlassenen nationalen Maßnahmen vor, kann die Bundesanstalt auf Aufforderung des Ausschusses für Finanzstabilität und nach Maßgabe des in Artikel 458 Absatz 4 der Verordnung (EU) Nr. 575/2013 vorgesehenen Verfahren im Wege der Allgemeinverfügung die nationalen Maßnahmen wiederholt jeweils um bis zu zwei weitere Jahre verlängern.

(4) Die Bundesanstalt kann im Benehmen mit der Deutschen Bundesbank und nach Befassung des Ausschusses für Finanzstabilität die nach Artikel 458 der Verordnung (EU) Nr. 575/2013 in der jeweils geltenden Fassung von anderen Mitgliedstaaten des Europäischen Wirtschaftsraums erlassenen Maßnahmen nach Maßgabe von Artikel 458 Absatz 5 bis 7 der Verordnung (EU) Nr. 575/2013 vollständig oder teilweise anerkennen und mit Wirkung für Institute mit Sitz im Inland, die Zweigstellen oder Risikopositionen in dem Staat des Europäischen Wirtschaftsraums haben, der die Maßnahme nach Artikel 458 der Verordnung (EU) Nr. 575/2013 erlassen hat, anwenden.

(5) Sofern die § Voraussetzungen nach Absatz 2 Nummer 1 vorliegen, kann die Bundesanstalt unabhängig vom Verfahren nach den Absätzen 1 und 3 sowie nach Artikel 458 Absatz 4 der Verordnung (EU) Nr. 575/2013 jederzeit bis zur Beseitigung eines makroprudenziellen oder systemischen Risikos, jedoch nicht länger als für die Dauer von zwei Jahren

1. die Großkreditobergrenze nach Artikel 395 der Verordnung (EU) Nr. 575/2013 um bis zu 15 Prozent absenken,
2. die Risikogewichte von Krediten für Wohnimmobilien und gewerbliche Immobilien im Kreditrisiko-Standardansatz sowie im auf internen Ratings basierenden Ansatz um bis zu 25 Prozent erhöhen und
3. die Risikogewichte im Kreditrisiko-Standardansatz für Forderungen, die von Instituten und Unternehmen untereinander innerhalb des Finanzsektors eingegangen wurden, um bis zu 25 Prozent und im auf internen Ratings basierenden Ansatz um 25 Prozent erhöhen.

§ 48u Maßnahmen zur Begrenzung makroprudenzieller Risiken im Bereich der Darlehensvergabe zum Bau oder zum Erwerb von Wohnimmobilien; Verordnungsermächtigung. (1) [1] Die Bundesanstalt kann für Kreditinstitute, die das Kreditgeschäft betreiben, im Wege der Allgemeinverfügung die in Absatz 2 vorgesehenen Beschränkungen bei der Vergabe von Darlehen zum Bau oder zum Erwerb von im Inland belegenen Wohnimmobilien festlegen, wenn und soweit dies erforderlich ist, um einer Störung der Funktionsfähigkeit des inländischen Finanzsystems oder einer Gefährdung der Finanzstabilität im Inland entgegenzuwirken. [2] Eine Störung der Funktionsfähigkeit des Finanzsystems oder eine Gefährdung der Finanzstabilität kann insbesondere drohen, wenn die Preise von Wohnimmobilien und die Neuvergabe von Darlehen zum Bau oder Erwerb von Wohnimmobilien stark ansteigen und sich bei der Darlehensvergabe die in Absatz 2 genannten Quotienten erheblich verändern. [3] Von Beschränkungen ausgenommen ist die Vergabe von Darlehen

1. zum Aus- und Umbau oder zur Sanierung von Wohnimmobilien im Eigentum des Darlehensnehmers,
2. für Maßnahmen, für die eine soziale Wohnraumförderung im Sinne des Wohnraumförderungsgesetzes oder nach entsprechenden landesrechtlichen Regelungen zugesagt ist,
3. für Vorhaben, für die bereits vor der Festlegung von Beschränkungen nach Satz 1 Darlehen an denselben Darlehensnehmer vergeben wurden, soweit deren Betrag insgesamt nicht über den nach Tilgungen verbliebenen Betrag der vor Festlegung der Beschränkungen vergebenen Darlehen hinausgeht (Anschlussfinanzierung), sowie
4. für die Umschuldung und Restrukturierung von notleidenden Darlehen.

[4] Zu den nach Satz 3 von Beschränkungen ausgenommenen Darlehen können in der Allgemeinverfügung nach Satz 1 nähere Bestimmungen getroffen werden. [5] Die Bundesanstalt kann weitere Ausnahmen zulassen.

(2) [1] Die Darlehensvergabe kann beschränkt werden durch

1. die Vorgabe einer Obergrenze für den Quotienten aus dem gesamten Fremdkapitalvolumen einer Immobilienfinanzierung und dem Marktwert der Wohnimmobilien zum Zeitpunkt der Darlehensvergabe (Darlehensvolumen-Immobilienwert-Relation) und
2. die Vorgabe eines Zeitraums, innerhalb dessen ein bestimmter Bruchteil eines Darlehens spätestens zurückgezahlt werden muss oder, bei endfälligen Darlehen, die Vorgabe einer maximalen Laufzeit (Amortisationsanforderung).

[2] Die Beschränkungen können jeweils einzeln oder in Kombination festgelegt werden.

(3) [1] Die Bundesanstalt ordnet bei der Festlegung von Beschränkungen nach Absatz 1 Satz 1 zugleich an,

1. zu welchem Anteil das Neugeschäft für Wohnimmobilienfinanzierungen eines Kreditinstituts nicht den festgelegten Beschränkungen unterliegt (Freikontingent),
2. bis zu welcher Darlehenshöhe eine oder mehrere Beschränkungen nicht gelten (Bagatellgrenze), wobei eine Obergrenze für das Darlehensvolumen, welches in einem bestimmten Zeitraum im Rahmen der Bagatellgrenze vergeben werden darf, im Verhältnis zum gesamten Neugeschäft für Wohnimmobilienfinanzierungen eines Kreditinstituts in einem bestimmten Zeitraum festzulegen ist,
3. bis zu welchem Beleihungswert einer Wohnimmobilie eine oder mehrere Beschränkungen bei der Vergabe des Darlehens zum Bau oder Erwerb dieser Immobilie nicht gelten, wenn die Forderungen des Darlehensgebers aus dem Darlehen durch die Bestellung von Hypotheken oder Grundschulden an der Immobilie gesichert sind und die ersten 80 Prozent des Beleihungswerts nicht übersteigen (unterer Schwellenwert),
4. bis zu welchem Beleihungswert einer Wohnimmobilie eine oder mehrere Beschränkungen bei der Vergabe des Darlehens zum Bau oder Erwerb dieser

Immobilie nicht gelten, wenn die Forderungen des Darlehensgebers aus dem Darlehen durch die Bestellung von Hypotheken oder Grundschulden an der Immobilie gesichert sind und die ersten 60 Prozent des Beleihungswerts nicht übersteigen (oberer Schwellenwert), und

5. ab welchem Zeitpunkt die Beschränkungen einzuhalten sind; es ist hierbei eine angemessene Frist nach Bekanntgabe der Allgemeinverfügung vorzusehen.

[2] Die Bagatellgrenze nach Satz 1 Nummer 2 beträgt mindestens 50 000 Euro, der untere Schwellenwert nach Satz 1 Nummer 3 mindestens 200 000 Euro, der obere Schwellenwert nach Satz 1 Nummer 4 mindestens 400 000 Euro.

(4) Die nach Absatz 1 Satz 1 festgelegten Beschränkungen sind mindestens alle sechs Monate zu überprüfen.

(5) Das Bundesministerium der Finanzen wird ermächtigt, nach Anhörung der Spitzenverbände der Institute durch Rechtsverordnung, die nicht der Zustimmung des Bundesrates bedarf, im Benehmen mit dem Bundesministerium für Wirtschaft und Energie, dem Bundesministerium der Justiz und für Verbraucherschutz, dem Bundesministerium für Umwelt, Naturschutz und nukleare Sicherheit und der Deutschen Bundesbank nähere Regelungen zu erlassen über

1. die Definitionen der Darlehen und der Wohnimmobilie nach Absatz 1, einschließlich der ausgenommenen Darlehen;
2. die Festlegung von Obergrenzen und Zeiträumen, über die Berechnung von Quotienten und über sonstige maßgebliche Größen nach Absatz 2;
3. die Anordnung zum Freikontingent, zur Bagatellgrenze, zu den Schwellenwerten und dem Zeitpunkt, ab dem die Beschränkungen einzuhalten sind, nach Absatz 3;
4. die regelmäßige Überprüfung festgelegter Beschränkungen nach Absatz 4;
5. Einzelheiten der Zusammenarbeit zwischen der Bundesanstalt und der Deutschen Bundesbank zur Anwendung dieser Vorschrift.

(6) [1] Vor Erlass einer Allgemeinverfügung nach Absatz 1 sind die Spitzenverbände der Institute, einschließlich der Bausparkassen, und der Immobilienwirtschaft sowie das Bundesministerium für Wirtschaft und Energie, das Bundesministerium der Justiz und für Verbraucherschutz und das Bundesministerium für Umwelt, Naturschutz und nukleare Sicherheit anzuhören. [2] Das Bundesministerium der Finanzen unterrichtet den Finanzausschuss des Deutschen Bundestages unverzüglich über die Einleitung der Anhörung nach Satz 1; der Erlass der Allgemeinverfügung erfolgt frühestens sechs Wochen nach der Unterrichtung. [3] Die Bundesanstalt zeigt die Absicht, eine Allgemeinverfügung gemäß Absatz 1 zu erlassen, der Europäischen Kommission, dem Rat, dem Europäischen Ausschuss für Systemrisiken, der Europäischen Zentralbank und der Europäischen Bankenaufsichtsbehörde an. [4] Die Sätze 1 bis 3 gelten entsprechend bei einer Abänderung der Allgemeinverfügung, mit der zusätzliche oder weitergehende Beschränkungen festgelegt werden sollen.

(7) [1] Die Bundesanstalt kann die in einem anderen Staat des Europäischen Wirtschaftsraums oder in einem Drittstaat festgelegten Beschränkungen bei der Vergabe von Darlehen zum Bau oder zum Erwerb von Wohnimmobilien, die in einem anderen Staat belegen sind, anerkennen. [2] Die Anerkennung setzt voraus, dass die ausländischen Beschränkungen mit den nach Absatz 2 mögli-

chen Beschränkungen vergleichbar sind. [3]Die Absätze 1 bis 4 gelten entsprechend.

5. Vollziehbarkeit, Zwangsmittel, Umlage und Kosten

§ 49 Sofortige Vollziehbarkeit. (1) Widerspruch und Anfechtungsklage gegen Maßnahmen der Bundesanstalt einschließlich der Androhung und Festsetzung von Zwangsmitteln auf der Grundlage des § 2c Absatz 1b Satz 1 und 2, Absatz 2 Satz 1 und Absatz 4, des § 3 Absatz 4, des § 6 Absatz 1b, der §§ 6a, 6c und 8a Absatz 3 bis 5, des § 10 Absatz 3, 3a und 4, des § 12a Absatz 2, des § 13c Absatz 3 Satz 4, des § 25b Absatz 4a[1)] des § 25c Absatz 4c, des § 28 Absatz 1, des § 35 Absatz 2 Nummer 2 bis 6 und Absatz 2a Satz 1, der §§ 36, 37 und 44 Absatz 1, auch in Verbindung mit § 44b, Absatz 2 und 3a Satz 1, des § 44a Absatz 2 Satz 1, der §§ 44c, 45 und 45a Absatz 1, des § 45b Absatz 1, der §§ 45c, 46, 46a, 46b, 48u Absatz 1 und 7, des § 53b Absatz 12, der §§ 53l, 53n Absatz 1 sowie der §§ 53p und 53q Absatz 2 haben keine aufschiebende Wirkung.

(2) Widerspruch und Anfechtungsklage gegen Maßnahmen und Entscheidungen der Bundesanstalt auf der Grundlage des Artikels 6 Absatz 4, des Artikels 8 Absatz 1 und des Artikels 63 der Verordnung (EU) 2019/1238 sowie gegen die Androhung und Festsetzung von Zwangsmitteln gegen diese Maßnahmen und Entscheidungen haben keine aufschiebende Wirkung.

§ 50 *(aufgehoben)*

§ 51 Umlage und Kosten. (1) [1]Die Kosten des Bundesaufsichtsamtes sind, soweit sie nicht durch Gebühren oder durch besondere Erstattung nach Absatz 3 gedeckt sind, dem Bund von den Instituten zu 90 vom Hundert zu erstatten. [2]Die Kosten werden anteilig auf die einzelnen Institute nach Maßgabe ihres Geschäftsumfanges umgelegt und vom Bundesaufsichtsamt nach den Vorschriften des Verwaltungsvollstreckungsgesetzes beigetrieben. [3]Die in der Umlage-Verordnung Kredit- und Finanzdienstleistungswesen vom 8. März 1999 (BGBl. I S. 314) enthaltenen Regelungen gelten für die Zeit vom 12. März 1999 bis zum 30. Dezember 2000 in der am 12. März 1999 geltenden Fassung mit Gesetzeskraft. [4]Für die Zeit vom 31. Dezember 2000 bis zum 31. Dezember 2001 gelten die in der Umlage-Verordnung Kredit- und Finanzdienstleistungswesen enthaltenen Regelungen in der am 31. Dezember 2000 geltenden Fassung mit Gesetzeskraft. [5]Für die Zeit vom 1. Januar 2002 bis zum 30. April 2002 gelten die in der Umlage-Verordnung Kredit- und Finanzdienstleistungswesen enthaltenen Regelungen in der am 1. Januar 2002 geltenden Fassung mit Gesetzeskraft. [6]Zu den Kosten gehören auch die Erstattungsbeträge, die nicht beigetrieben werden konnten, sowie die Fehlbeträge aus der Umlage des vorhergehenden Jahres, für das Kosten zu erstatten sind; ausgenommen sind die Erstattungs- oder Fehlbeträge, über die noch nicht unanfechtbar oder rechtskräftig entschieden ist. [7]Das Nähere über die Erhebung der Umlage, insbesondere über den Verteilungsschlüssel und -stichtag, die Mindestveranlagung, das Umlageverfahren einschließlich eines geeigneten Schätzverfahrens, die Zahlungsfristen und die Höhe der Säumniszuschläge, sowie über die Beitreibung bestimmt das Bundesministerium der Finanzen durch Rechtsverordnung; die

---

1) Zeichensetzung amtlich

Rechtsverordnung kann auch Regelungen über die vorläufige Festsetzung des Umlagebetrags vorsehen. [8] Es kann die Ermächtigung durch Rechtsverordnung auf das Bundesaufsichtsamt übertragen.

(2) *(aufgehoben)*

(3) *(aufgehoben)*

(4) [1] Absatz 1 Satz 3 bis 5 in der Fassung des Gesetzes zur Änderung des Versicherungsaufsichtsgesetzes und anderer *Gesetzes*[1)] vom 15. Dezember 2004 (BGBl. I S. 3416) ist für die Zeit vom 12. März 1999 bis zum 30. April 2002 auf die angefallenen Kosten des Bundesaufsichtsamtes für das Kreditwesen anzuwenden. [2] Im Übrigen sind die Absätze 1 bis 3 für den Zeitraum bis zum 30. April 2002 in der bis zum 30. April 2002 geltenden Fassung auf die angefallenen Kosten des Bundesaufsichtsamtes für das Kreditwesen anzuwenden.

Vierter Abschnitt. Besondere Vorschriften für Wohnungsunternehmen mit Spareinrichtung

§ 51a Anforderungen an die Eigenkapitalausstattung für Wohnungsunternehmen mit Spareinrichtung. (1) [1] Wohnungsunternehmen mit Spareinrichtung müssen im Interesse der Erfüllung ihrer Verpflichtungen gegenüber ihren Gläubigern, insbesondere im Interesse der Sicherheit der ihnen anvertrauten Vermögenswerte, angemessenes Eigenkapital haben. [2] Das Bundesministerium der Finanzen wird ermächtigt, durch Rechtsverordnung, die nicht der Zustimmung des Bundesrates bedarf, im Benehmen mit der Deutschen Bundesbank nähere Bestimmungen über die angemessene Eigenkapitalausstattung (Solvabilität) der Wohnungsunternehmen mit Spareinrichtung zu erlassen, insbesondere über

1. die Bestimmung der für Adressenausfallrisiken und Marktrisiken anrechnungspflichtigen Geschäfte und ihrer Risikoparameter;
2. den Gegenstand und die Verfahren zur Ermittlung von Eigenkapitalanforderungen für das operationelle Risiko;
3. die Berechnungsmethoden für die Eigenkapitalanforderung und die dafür erforderlichen technischen Grundsätze;
4. Inhalt, Art, Umfang und Form der zum Nachweis der angemessenen Eigenkapitalausstattung erforderlichen Angaben sowie Bestimmungen über die für die Datenübermittlung zulässigen Datenträger, Übertragungswege und Datenformate und
5. die Anforderungen an eine Ratingagentur, um deren Ratings für Risikogewichtungszwecke anerkennen zu können, und über die Anforderungen an das Rating.

[3] Das Bundesministerium der Finanzen kann die Ermächtigung durch Rechtsverordnung auf die Bundesanstalt mit der Maßgabe übertragen, dass die Rechtsverordnung im Einvernehmen mit der Deutschen Bundesbank ergeht. [4] Vor Erlass der Rechtsverordnung ist der Spitzenverband der Wohnungsunternehmen mit Spareinrichtung zu hören.

---

1) Richtig wohl: „Gesetze".

(2) Die Bundesanstalt kann bei der Beurteilung der Angemessenheit des Eigenkapitals anordnen, dass ein Wohnungsunternehmen mit Spareinrichtung Eigenkapitalanforderungen einhalten muss, die über die Anforderungen der Rechtsverordnung nach Absatz 1 Satz 2 hinausgehen, insbesondere

1. um solche Risiken zu berücksichtigen, die nicht oder nicht in vollem Umfang Gegenstand der Rechtsverordnung nach Absatz 1 Satz 2 sind,
2. wenn die Risikotragfähigkeit eines Wohnungsunternehmens mit Spareinrichtung nicht gewährleistet ist,
3. um einer besonderen Geschäftssituation des Wohnungsunternehmens mit Spareinrichtung, etwa bei Aufnahme der Geschäftstätigkeit, Rechnung zu tragen oder
4. wenn das Wohnungsunternehmen mit Spareinrichtung nicht über eine ordnungsgemäße Geschäftsorganisation im Sinne des § 25a Absatz 1 verfügt.

(3) Auf Antrag des Wohnungsunternehmens mit Spareinrichtung kann die Bundesanstalt bei der Beurteilung der Angemessenheit des Eigenkapitals einer abweichenden Berechnung der Eigenkapitalanforderungen zustimmen, um eine im Einzelfall unangemessene Risikoabbildung zu vermeiden.

(4) Der Berechnung der Angemessenheit des Eigenkapitals nach der Rechtsverordnung nach Absatz 1 Satz 2 ist das haftende Eigenkapital zugrunde zu legen.

(5) Eigenkapital, das von Dritten oder von Tochterunternehmen der Wohnungsunternehmen mit Spareinrichtung zur Verfügung gestellt wird oder wurde, kann nur berücksichtigt werden, wenn es dem Wohnungsunternehmen mit Spareinrichtung tatsächlich zugeflossen ist.

(6) [1] Als haftendes Eigenkapital gelten abzüglich der Positionen des Satzes 2

1. die Geschäftsguthaben und die Rücklagen; dabei sind Geschäftsguthaben von Mitgliedern, die zum Schluss des Geschäftsjahres ausscheiden, sowie ihre Ansprüche auf Auszahlung eines Anteils an der in der Bilanz nach § 73 Absatz 3 des Genossenschaftsgesetzes von eingetragenen Genossenschaften gesondert ausgewiesenen Ergebnisrücklage der Genossenschaft abzusetzen und
2. der Bilanzgewinn, soweit seine Zuweisung zu den Rücklagen oder den Geschäftsguthaben beschlossen ist.

[2] Abzugspositionen im Sinne des Satzes 1 sind:

1. der Bilanzverlust;
2. die immateriellen Vermögensgegenstände;
3. der Korrekturposten gemäß Absatz 9;
4. Verbriefungspositionen, soweit die Rechtsverordnung nach Absatz 1 Satz 2 eine die Wahl zwischen einer Unterlegung der Verbriefungsposition mit Eigenmitteln zu ihrem vollen Betrag oder dem Abzug vorsieht und das Wohnungsunternehmen mit Spareinrichtungen den Abzug wählt.

(7) [1] Als Rücklagen im Sinne des Absatzes 6 Satz 1 gelten nur die in der letzten für den Schluss eines Geschäftsjahres festgestellten Bilanz als Rücklagen ausgewiesenen Beträge mit Ausnahme solcher Passivposten, die erst bei ihrer Auflösung zu versteuern sind. [2] Als Rücklagen ausgewiesene Beträge, die aus Erträgen gebildet worden sind, auf die erst bei Eintritt eines zukünftigen Ereignisses Steuern zu entrichten sind, können nur in Höhe von 45 Prozent

berücksichtigt werden. [3]Rücklagen, die auf Grund eines bei der Emission von Anteilen erzielten Aufgeldes oder anderweitig durch den Zufluss externer Mittel gebildet werden, können vom Zeitpunkt des Zuflusses an berücksichtigt werden.

(8) [1]Von einem Wohnungsunternehmen mit Spareinrichtung aufgestellte Zwischenabschlüsse sind einer prüferischen Durchsicht durch den Abschlussprüfer zu unterziehen; in diesen Fällen gilt der Zwischenabschluss für die Zwecke dieser Vorschrift als ein mit dem Jahresabschluss vergleichbarer Abschluss, wobei Gewinne des Zwischenabschlusses dem Eigenkapital zugerechnet werden, soweit sie nicht für voraussichtliche Gewinnausschüttungen oder Steueraufwendungen gebunden sind. [2]Verluste, die sich aus Zwischenabschlüssen ergeben, sind vom Eigenkapital abzuziehen. [3]Das Wohnungsunternehmen mit Spareinrichtung hat der Bundesanstalt und der Deutschen Bundesbank den Zwischenabschluss jeweils unverzüglich einzureichen. [4]Der Abschlussprüfer hat der Bundesanstalt und der Deutschen Bundesbank unverzüglich nach Beendigung der prüferischen Durchsicht des Zwischenabschlusses eine Bescheinigung über die Durchsicht einzureichen. [5]Ein im Zuge der Verschmelzung erstellter unterjähriger Jahresabschluss gilt nicht als Zwischenabschluss im Sinne dieses Absatzes.

(9) [1]Die Bundesanstalt kann auf das haftende Eigenkapital einen Korrekturposten festsetzen. [2]Wird der Korrekturposten festgesetzt, um noch nicht bilanzwirksam gewordene Kapitalveränderungen zu berücksichtigen, so wird die Festsetzung mit der Feststellung des nächsten für den Schluss eines Geschäftsjahres aufgestellten Jahresabschlusses gegenstandslos. [3]Die Bundesanstalt hat die Festsetzung auf Antrag des Wohnungsunternehmens mit Spareinrichtung aufzuheben, soweit die Voraussetzung für die Festsetzung wegfällt.

§ 51b Anforderungen an die Liquidität für Wohnungsunternehmen mit Spareinrichtung. (1) [1]Wohnungsunternehmen mit Spareinrichtung müssen ihre Mittel so anlegen, dass jederzeit eine ausreichende Zahlungsfähigkeit (Liquidität) gewährleistet ist. [2]Mietzahlungen, die in den nächsten zwölf Monaten fällig werden, werden als Liquiditätszuflüsse berücksichtigt.

(2) [1]Das Bundesministerium der Finanzen wird ermächtigt, durch Rechtsverordnung, die nicht der Zustimmung des Bundesrates bedarf, im Benehmen mit der Deutschen Bundesbank nähere Bestimmungen über die ausreichende Liquidität zu erlassen, insbesondere über die

1. Methoden zur Beurteilung der ausreichenden Liquidität und die dafür erforderlichen technischen Grundsätze,
2. als Zahlungsmittel und Zahlungsverpflichtungen zu berücksichtigenden Geschäfte einschließlich ihrer Bemessungsgrundlagen und
3. Pflicht der Wohnungsunternehmen mit Spareinrichtung zur Übermittlung der zum Nachweis der ausreichenden Liquidität erforderlichen Angaben an die Bundesanstalt und die Deutsche Bundesbank, einschließlich Bestimmungen zu Inhalt, Art, Umfang und Form der Angaben, zu der Häufigkeit ihrer Übermittlung und über die zulässigen Datenträger, Übertragungswege und Datenformate.

[2]Das Bundesministerium der Finanzen kann die Ermächtigung durch Rechtsverordnung auf die Bundesanstalt mit der Maßgabe übertragen, dass die Rechtsverordnung im Einvernehmen mit der Deutschen Bundesbank ergeht.

[3] Vor Erlass der Rechtsverordnung ist der Spitzenverband der Wohnungsunternehmen mit Spareinrichtung zu hören.

(3) Die Bundesanstalt kann bei der Beurteilung der Liquidität im Einzelfall gegenüber Wohnungsunternehmen mit Spareinrichtung über die in der Rechtsverordnung nach Absatz 2 Satz 1 festgelegten Vorgaben hinausgehende Liquiditätsanforderungen anordnen, wenn ohne eine solche Maßnahme die nachhaltige Liquidität nicht gesichert ist.

§ 51c Sonstige Sondervorschriften für Wohnungsunternehmen mit Spareinrichtung. (1) Das Einlagengeschäft im Sinne des § 1 Absatz 29 Satz 1 Nummer 3 darf nur mit den Mitgliedern der Genossenschaft und ihren Angehörigen gemäß § 15 der Abgabenordnung betrieben werden.

(2) § 25c Absatz 1 gilt mit der Maßgabe, dass Geschäftsleiter von Wohnungsunternehmen mit Spareinrichtung im Einzelfall die praktischen Kenntnisse in den entsprechenden Geschäften nach ihrer Bestellung erwerben können, wenn mindestens zwei Vorstandsmitglieder vorhanden sind, die die fachliche Eignung nach § 25c Absatz 1 besitzen, und gesichert ist, dass diese bei allen Entscheidungen stets die Mehrheit der Stimmen innehaben.

(3) § 25c Absatz 4a Nummer 3 Buchstabe d, e und g gilt mit der Maßgabe, dass die Berichterstattung in angemessenen Abständen, mindestens jedoch jährlich, erfolgt.

(4) Die §§ 6b, 6c und 6d, 7a, 10 bis 18, 24 Absatz 1 Nummer 16, 17 und Absatz 1a Nummer 5, die §§ 24c, 25, 25d Absatz 7 bis 12, § 32 Absatz 1a sowie § 26a sind nicht anzuwenden.

(5) § 33 Absatz 1 Satz 1 gilt mit der Maßgabe, dass einem Wohnungsunternehmen mit Spareinrichtung als Anfangskapital ein Gegenwert von mindestens 5 Millionen Euro zur Verfügung steht.

Fünfter Abschnitt. Sondervorschriften

§ 52 Sonderaufsicht. Soweit Institute einer anderen staatlichen Aufsicht unterliegen, bleibt diese neben der Aufsicht der Bundesanstalt bestehen.

§ 52a Verjährung von Ansprüchen gegen Organmitglieder von Kreditinstituten. (1) Ansprüche von Kreditinstituten gegen Geschäftsleiter und Mitglieder des Aufsichts- oder Verwaltungsorgans aus dem Organ- und Anstellungsverhältnis wegen der Verletzung von Sorgfaltspflichten verjähren in zehn Jahren.

(2) Absatz 1 ist auch auf die vor dem 15. Dezember 2010 entstandenen und noch nicht verjährten Ansprüche anzuwenden.

§ 53 Zweigstellen von Unternehmen mit Sitz im Ausland. (1) [1] Unterhält ein Unternehmen mit Sitz im Ausland eine Zweigstelle im Inland, die Bankgeschäfte betreibt oder Finanzdienstleistungen erbringt, gilt die Zweigstelle als Kreditinstitut oder Finanzdienstleistungsinstitut. [2] Unterhält das Unternehmen mehrere Zweigstellen im Inland, gelten sie als ein Institut.

(2) Auf die in Absatz 1 bezeichneten Institute ist dieses Gesetz mit folgender Maßgabe anzuwenden:

1. [1] Das Unternehmen hat mindestens zwei natürliche Personen mit Wohnsitz im Inland zu bestellen, die für den Geschäftsbereich des Instituts zur Ge-

schäftsführung und zur Vertretung des Unternehmens befugt sind, sofern das Institut Bankgeschäfte betreibt oder Finanzdienstleistungen erbringt und befugt ist, sich bei der Erbringung von Finanzdienstleistungen Eigentum oder Besitz an Geldern oder Wertpapieren von Kunden zu verschaffen. [2] Solche Personen gelten als Geschäftsleiter. [3] Sie sind zur Eintragung in das Handelsregister anzumelden.

2. [1] Das Institut ist verpflichtet, über die von ihm betriebenen Geschäfte und über das seinem Geschäftsbetrieb dienende Vermögen des Unternehmens gesondert Buch zu führen und gegenüber der Bundesanstalt und der Deutschen Bundesbank Rechnung zu legen. [2] Die Vorschriften des Handelsgesetzbuchs über Handelsbücher gelten insoweit entsprechend. [3] Auf der Passivseite der jährlichen Vermögensübersicht ist der Betrag des dem Institut von dem Unternehmen zur Verfügung gestellten Betriebskapitals und der Betrag der dem Institut zur Verstärkung der eigenen Mittel belassenen Betriebsüberschüsse gesondert auszuweisen. [4] Der Überschuß der Passivposten über die Aktivposten oder der Überschuß der Aktivposten über die Passivposten ist am Schluß der Vermögensübersicht ungeteilt und gesondert auszuweisen.

3. [1] Die nach Nummer 2 für den Schluß eines jeden Geschäftsjahres aufzustellende Vermögensübersicht mit einer Aufwands- und Ertragsrechnung und einem Anhang gilt als Jahresabschluß (§ 26). [2] Für die Prüfung des Jahresabschlusses gilt § 340k des Handelsgesetzbuchs entsprechend mit der Maßgabe, daß der Prüfer von den Geschäftsleitern gewählt und bestellt wird. [3] Mit dem Jahresabschluß des Instituts ist der Jahresabschluß des Unternehmens für das gleiche Geschäftsjahr einzureichen.

4. [1] Für Zweigstellen, die sowohl das Einlagen- als auch das Kreditgeschäft betreiben, gilt § 33 Absatz 1 Satz 1 Nummer 1 Buchstabe d entsprechend. [2] Als Eigenmittel des Instituts gilt die Summe der Beträge, die in den Finanzinformationen nach § 25 als dem Institut von dem Unternehmen zur Verfügung gestelltes Betriebskapital und ihm zur Verstärkung der eigenen Mittel belassene Betriebsüberschüsse ausgewiesen wird, abzüglich des Betrags eines etwaigen aktiven Verrechnungssaldos. [3] Außerdem ist dem Institut Kapital nach den Artikeln 61 und 71 der Verordnung (EU) Nr. 575/2013[1)] in der jeweils geltenden Fassung zuzurechnen; die Artikel 25 bis 91 der Verordnung (EU) Nr. 575/2013 in ihrer jeweils geltenden Fassung gelten mit der Maßgabe, dass die Eigenmittel nach Satz 2 als hartes Kernkapital gelten.

5. [1] Die Erlaubnis kann auch dann versagt werden, wenn die Gegenseitigkeit nicht auf Grund zwischenstaatlicher Vereinbarungen gewährleistet ist. [2] Die Erlaubnis ist zu widerrufen, wenn und soweit dem Unternehmen die Erlaubnis zum Betreiben von Bankgeschäften oder Erbringen von Finanzdienstleistungen von der für die Aufsicht über das Unternehmen im Ausland zuständigen Stelle entzogen worden ist.

6. Für die Anwendung des § 36 Abs. 1 gilt das Institut als juristische Person.

7. Die Eröffnung neuer Zweigstellen sowie die Schließung von Zweigstellen im Inland hat das Institut der Bundesanstalt und der Deutschen Bundesbank unverzüglich anzuzeigen.

[1)] Nr. **6**.

(2a) Für die Bestimmungen dieses Gesetzes, die daran anknüpfen, daß ein Institut das Tochterunternehmen eines Unternehmens mit Sitz im Ausland ist, gilt die Zweigstelle als hundertprozentiges Tochterunternehmen der Institutszentrale mit Sitz im Ausland.

(3) Für Klagen, die auf den Geschäftsbetrieb einer Zweigstelle im Sinne des Absatzes 1 Bezug haben, darf der Gerichtsstand der Niederlassung nach § 21 der Zivilprozeßordnung nicht durch Vertrag ausgeschlossen werden.

(4) Die Absätze 2 bis 3 sind nicht anzuwenden, soweit zwischenstaatliche Vereinbarungen entgegenstehen, denen die gesetzgebenden Körperschaften in der Form eines Bundesgesetzes zugestimmt haben.

(5) [1] Ist ein Beschluss über die Auflösung der Zweigstelle gefasst worden, so ist dieser zur Eintragung in das Handelsregister des Gerichts der Zweigstelle anzumelden und der Vermerk „in Abwicklung" im Rechtsverkehr zu führen. [2] Die erteilte Erlaubnis ist an die Bundesanstalt zurückzugeben.

(6) [1] Die ebenfalls eintragungspflichtige Aufhebung der Zweigstelle darf nur mit Zustimmung der Bundesanstalt erfolgen. [2] Die Zustimmung ist in der Regel zu verweigern, wenn nicht nachgewiesen ist, dass sämtliche Geschäfte der Zweigstelle abgewickelt worden sind.

§ 53a Repräsentanzen von Instituten mit Sitz im Ausland. [1] Ein Institut mit Sitz im Ausland darf eine Repräsentanz im Inland errichten oder fortführen, wenn es befugt ist, in seinem Herkunftsstaat Bankgeschäfte zu betreiben oder Finanzdienstleistungen zu erbringen und dort seine Hauptverwaltung hat. [2] Das Institut hat die Absicht, eine Repräsentanz zu errichten, und den Vollzug einer solchen Absicht der Bundesanstalt und der Deutschen Bundesbank unverzüglich anzuzeigen. [3] Die Bundesanstalt bestätigt dem Institut den Eingang der Anzeige. [4] Die Repräsentanz, einschließlich ihrer Leiter, darf ihre Tätigkeit erst aufnehmen, wenn dem Institut die Bestätigung der Bundesanstalt vorliegt. [5] Das Institut hat der Bundesanstalt und der Deutschen Bundesbank die Verlegung oder Schließung der Repräsentanz unverzüglich anzuzeigen.

§ 53b Unternehmen mit Sitz in einem anderen Staat des Europäischen Wirtschaftsraums. (1) [1] Ein CRR-Kreditinstitut mit Sitz in einem anderen Staat des Europäischen Wirtschaftsraums darf ohne Erlaubnis durch die Aufsichtsbehörde über eine Zweigniederlassung oder über gemäß § 2 Absatz 10 angezeigte vertraglich gebundene Vermittler, die ihren Sitz oder gewöhnlichen Aufenthalt im Inland haben, sowie im Wege des grenzüberschreitenden Dienstleistungsverkehrs, auch durch vertraglich gebundene Vermittler, die ihren Sitz oder gewöhnlichen Aufenthalt im Herkunftsmitgliedstaat haben, im Inland Bankgeschäfte betreiben oder Finanzdienstleistungen erbringen, wenn das Unternehmen von den zuständigen Stellen seines Herkunftsmitgliedstaates zugelassen worden ist, die Geschäfte von der Zulassung abgedeckt sind und das Unternehmen von den zuständigen Stellen nach Maßgabe der Richtlinien und Verordnungen der Europäischen Union beaufsichtigt wird. [2] Satz 1 gilt entsprechend für CRR-Kreditinstitute, die auch Zahlungsdienste im Sinne des Zahlungsdiensteaufsichtsgesetzes[1)] erbringen. [3] § 53 ist in diesem Falle nicht anzuwenden. [4] § 14 der Gewerbeordnung bleibt unberührt.

[1)] Nr. **12**.

(1a) Ein Unternehmen mit Sitz in einem anderen Mitgliedstaat der Europäischen Union oder einem Vertragsstaat des Abkommens über den Europäischen Wirtschaftsraum darf ohne Erlaubnis durch die Bundesanstalt über eine Zweigniederlassung oder im Wege des grenzüberschreitenden Dienstleistungsverkehrs im Inland als Datenbereitstellungsdienst tätig werden, wenn das Unternehmen von den zuständigen Stellen seines Herkunftsmitgliedstaates oder der Europäischen Wertpapier- und Marktaufsichtsbehörde zugelassen worden ist und die Geschäfte durch die Zulassung abgedeckt sind.

(2) [1] Vorbehaltlich der Regelungen in Teil II, Titel 3 der Verordnung (EU) Nr. 468/2014 hat die Bundesanstalt einem Unternehmen im Sinne des Absatzes 1 Satz 1 und 2, das beabsichtigt, eine Zweigniederlassung im Inland zu errichten, innerhalb von zwei Monaten nach Eingang der von den zuständigen Stellen des Herkunftsmitgliedstaates über die beabsichtigte Errichtung der Zweigniederlassung übermittelten Unterlagen auf die für seine Tätigkeit vorgeschriebenen Meldungen an die Bundesanstalt und die Deutsche Bundesbank hinzuweisen und die Bedingungen anzugeben, die nach Absatz 3 Satz 1 für die Ausübung der von der Zweigniederlassung geplanten Tätigkeiten aus Gründen des Allgemeininteresses gelten. [2] Nach Eingang der Mitteilung der Aufsichtsbehörde, spätestens nach Ablauf der in Satz 1 genannten Frist, kann die Zweigniederlassung errichtet werden und ihre Tätigkeit aufnehmen. [3] Die Europäische Wertpapier- und Marktaufsichtsbehörde kann nach dem Verfahren und unter den in Artikel 35 der Verordnung (EU) Nr. 1095/2010 festgelegten Bedingungen den Zugang zu diesen Informationen verlangen.

(2a) [1] Vorbehaltlich der Regelungen in Teil II, Titel 3 der Verordnung (EU) Nr. 468/2014 hat die Bundesanstalt einem Unternehmen im Sinne des Absatzes 1 Satz 1 und 2, das beabsichtigt, im Inland im Wege des grenzüberschreitenden Dienstleistungsverkehrs tätig zu werden, innerhalb von zwei Monaten nach Eingang der von den zuständigen Stellen des Herkunftsmitgliedstaates über die beabsichtigte Aufnahme des grenzüberschreitenden Dienstleistungsverkehrs übermittelten Unterlagen die Bedingungen anzugeben, die nach Absatz 3 Satz 2 für die Ausübung der geplanten Tätigkeiten aus Gründen des Allgemeininteresses gelten. [2] Die Bundesanstalt veröffentlicht die Namen von vertraglich gebundenen Vermittlern, die ihren Sitz oder gewöhnlichen Aufenthalt im Herkunftsmitgliedstaat des Instituts haben und die das Institut im Inland heranziehen will, auf ihrer Internetseite, soweit die zuständigen Stellen des Herkunftsmitgliedstaates diese mitgeteilt haben.

(3) [1] Auf Zweigniederlassungen im Sinne des Absatzes 1 Satz 1 und 2 sind die folgenden Regelungen entsprechend anzuwenden mit der Maßgabe, dass eine oder mehrere Zweigniederlassungen desselben Unternehmens als ein Kreditinstitut oder Finanzdienstleistungsinstitut gelten:

1. § 3 Absatz 1 und § 6 Absatz 2,
1a. § 10 Absatz 2,
2. *(aufgehoben)*
3. die §§ 14, 18a, 22 und 23,
4. § 23a, sofern es sich um ein CRR-Kreditinstitut handelt,
5. § 24 Abs. 1 Nr. 5 und 7,
6. die §§ 24b, 24c, 25, 25a Abs. 1 Satz 6 Nr. 2,

7. § 25h Absatz 1 bis 3, soweit es sich um Anforderungen zur Verhinderung von Geldwäsche und Terrorismusfinanzierung handelt, sowie § 25h Absatz 4 und 5,
8. die §§ 25i bis 25k, 25m, 37, 39 bis 42, 43 Absatz 2 und 3, § 44 Absatz 1 und 6, § 44a Absatz 1 und 2 sowie die §§ 44c, 46 bis 46h, 48u und 49,
9. § 17 des Finanzdienstleistungsaufsichtsgesetzes[1].

[2] Für die Tätigkeiten im Wege des grenzüberschreitenden Dienstleistungsverkehrs nach Absatz 1 Satz 1 und 2 gelten § 3 Absatz 1, sofern es sich um ein CRR-Kreditinstitut handelt, die §§ 18a, 23a, 37, 44 Absatz 1 sowie die §§ 44c, 48u Absatz 1 und § 49 dieses Gesetzes und § 17 des Finanzdienstleistungsaufsichtsgesetzes entsprechend. [3] Auf Betreiber eines multilateralen oder organisierten Handelssystems, die im Wege des grenzüberschreitenden Dienstleistungsverkehrs im Inland einen Zugang anbieten, ist § 23a nicht anzuwenden.

(4) [1] Stellt die Aufsichtsbehörde fest, dass ein Unternehmen im Sinne des Absatzes 1 Satz 1 und 2 seinen Pflichten nach Absatz 3 oder der Verordnung (EU) Nr. 575/2013[2] nicht nachkommt oder dass es sehr wahrscheinlich ist, dass es diesen Verpflichtungen nicht nachkommen wird, unterrichtet die Aufsichtsbehörde unverzüglich die zuständigen Stellen des Herkunftsmitgliedstaates. [2] Ergreifen die zuständigen Stellen des Herkunftsmitgliedstaates keine Maßnahmen oder erachtet die Aufsichtsbehörde die Maßnahme auf Grundlage der ihr von den zuständigen Stellen des Herkunftsmitgliedstaates übermittelten Informationen und Erkenntnissen als unzureichend, kann sie nach Unterrichtung der zuständigen Stellen des Herkunftsmitgliedstaates und der Europäischen Bankenaufsichtsbehörde die erforderlichen Maßnahmen ergreifen. [3] Erforderlichenfalls kann sie die Durchführung neuer Geschäfte im Inland untersagen. Sind die zuständigen Stellen des Herkunftsmitgliedstaates mit den zu ergreifenden Maßnahmen nicht einverstanden, können sie die Angelegenheit nach Maßgabe des Artikels 19 der Verordnung (EU) Nr. 1093/2010 an die Europäische Bankenaufsichtsbehörde verweisen und diese um Unterstützung bitten.

(5) [1] In dringenden Fällen kann die Aufsichtsbehörde vor Einleitung des in Absatz 4 vorgesehenen Verfahrens die erforderlichen Maßnahmen anordnen, sofern der Herkunftsmitgliedstaat keine Sanierungsmaßnahmen im Sinne des Artikels 2 der Richtlinie 2001/24/EG des Europäischen Parlaments und des Rates vom 4. April 2001 über die Sanierung und Liquidation der Kreditinstitute (ABl. L 125 vom 5.5.2001, S. 15) erlassen hat. [2] Sie hat die Europäische Kommission, die Europäische Bankenaufsichtsbehörde und die zuständigen Stellen des Herkunftsmitgliedstaates unverzüglich hiervon zu unterrichten. [3] Diese Maßnahmen sind aufzuheben, wenn

1. der Herkunftsmitgliedstaat eine Sanierungsmaßnahme im Sinne des Artikels 2 der Richtlinie 2001/24/EG angeordnet oder erlassen hat,
2. der Herkunftsmitgliedstaat die notwendigen Maßnahmen angeordnet oder ergriffen hat, damit das Unternehmen seinen Verpflichtungen nachkommt,
3. die Europäische Kommission nach Anhörung der Aufsichtsbehörde, des Herkunftsmitgliedstaates und der Europäischen Bankaufsichtsbehörde entschieden hat, dass die Maßnahmen nach Satz 1 aufzuheben sind oder
4. der Grund für ihre Anordnung entfallen ist.

---

[1] Nr. **8**.
[2] Nr. **6**.

(6) Die zuständigen Stellen des Herkunftsmitgliedstaates können nach vorheriger Unterrichtung der Aufsichtsbehörde selbst oder durch ihre Beauftragten die für die bankaufsichtliche Überwachung der Zweigniederlassung erforderlichen Informationen bei der Zweigniederlassung prüfen.

(7) [1] Ein Unternehmen mit Sitz in einem anderen Staat des Europäischen Wirtschaftsraums, das Bankgeschäfte im Sinne des § 1 Abs. 1 Satz 2 Nr. 1 bis 3, 5, 7 bis 9 betreibt, Finanzdienstleistungen im Sinne des § 1 Abs. 1a Satz 2 Nr. 7, 9 und 10, oder Zahlungsdienste im Sinne des Zahlungsdiensteaufsichtsgesetzes erbringt oder sich als Finanzunternehmen im Sinne des § 1 Abs. 3 betätigt, kann diese Tätigkeiten über eine Zweigniederlassung oder im Wege des grenzüberschreitenden Dienstleistungsverkehrs im Inland abweichend von § 32 ohne Erlaubnis der Aufsichtsbehörde ausüben, wenn

1. das Unternehmen ein Tochterunternehmen eines CRR-Kreditinstituts oder ein gemeinsames Tochterunternehmen mehrere CRR-Kreditinstitute ist,
2. seine Satzung diese Tätigkeiten gestattet,
3. das oder die Mutterunternehmen in dem Staat, in dem das Unternehmen seinen Sitz hat, als CRR-Kreditinstitut zugelassen sind,
4. die Tätigkeiten, die das Unternehmen ausübt, auch im Herkunftsmitgliedstaat betrieben werden,
5. das oder die Mutterunternehmen mindestens 90 vom Hundert der Stimmrechte des Tochterunternehmens halten,
6. das oder die Mutterunternehmen gegenüber den zuständigen Stellen des Herkunftsmitgliedstaates des Unternehmens die umsichtige Geschäftsführung des Unternehmens glaubhaft gemacht und sich mit Zustimmung dieser zuständigen Stellen des Herkunftsmitgliedstaates gegebenenfalls gesamtschuldnerisch für die vom Tochterunternehmen eingegangenen Verpflichtungen verbürgt haben und
7. das Unternehmen in die Beaufsichtigung des Mutterunternehmens auf konsolidierter Basis einbezogen ist.

[2] Satz 1 gilt entsprechend für Tochterunternehmen von in Satz 1 genannten Unternehmen, Finanzholding-Gesellschaften, gemischten Finanzholding-Gesellschaften und gemischten Holdinggesellschaften, welche die vorgenannten Bedingungen erfüllen. [3] Die Absätze 2 bis 6 gelten entsprechend.

(7a) Ergreift die Aufsichtsbehörde Maßnahmen nach Absatz 4 oder Absatz 5, jeweils auch in Verbindung mit Absatz 7, sind diese schriftlich zu begründen und dem Institut bekanntzumachen.

(8) [1] Die Bundesanstalt kann beantragen, dass eine inländische Zweigniederlassung eines Instituts mit Sitz in einem anderen Staat des Europäischen Wirtschaftsraums als bedeutend angesehen wird. [2] Gehört das Institut einer Institutsgruppe, Finanzholding-Gruppe oder gemischten Finanzholding-Gruppe an, an deren Spitze ein EU-Mutterinstitut, eine EU-Mutterfinanzholding-Gesellschaft oder eine gemischte EU-Mutterfinanzholding-Gesellschaft steht, richtet die Bundesanstalt den Antrag an die für die Beaufsichtigung der Gruppe auf zusammengefasster Basis zuständige Stelle, anderenfalls an die zuständige Stelle des Herkunftsmitgliedstaates. [3] Der Antrag ist zu begründen. [4] Eine Zweigniederlassung ist insbesondere dann als bedeutend anzusehen, wenn

1. ihr Marktanteil gemessen an den Einlagen 2 vom Hundert übersteigt,

2. sich eine Aussetzung oder Einstellung der Tätigkeit des Instituts auf die systemische Liquidität und die Zahlungsverkehrs- sowie Abwicklungs- und Verrechnungssysteme im Inland auswirken würde oder
3. ihr eine gewisse Größe und Bedeutung gemessen an der Kundenzahl innerhalb des Banken- und Finanzsystems zukommt.

[5] Die Bundesanstalt kann von den Instituten nach Satz 1 alle Angaben verlangen, die für die Beurteilung nach Satz 4 erforderlich sind.

(9) [1] Haben die Bundesanstalt, die zuständige Stelle des Herkunftsmitgliedstaates sowie gegebenenfalls die für die Beaufsichtigung auf zusammengefasster Basis zuständige Stelle innerhalb von zwei Monaten nach Erhalt des Antrags keine einvernehmliche Entscheidung über die Einstufung der Zweigniederlassung als bedeutend getroffen, entscheidet die Bundesanstalt unter Berücksichtigung der Auffassungen und Vorbehalte der anderen zuständigen Stelle innerhalb von weiteren zwei Monaten selbst über die Einstufung einer Zweigniederlassung als bedeutend. [2] Diese Entscheidung ist den anderen zuständigen Stellen schriftlich unter Angabe von Gründen mitzuteilen. [3] Hat die Bundesanstalt oder eine zuständige Stelle in einem anderen Staat des Europäischen Wirtschaftsraums bis zum Ablauf der Zweimonatsfrist nach Satz 1 nach Maßgabe des Artikels 19 der Verordnung (EU) Nr. 1093/2010 die Europäische Bankenaufsichtsbehörde um Hilfe ersucht, stellt die Bundesanstalt ihre Entscheidung nach Satz 1 bis zu einem Beschluss der Europäischen Bankenaufsichtsbehörde gemäß Artikel 19 Absatz 3 der Verordnung (EU) Nr. 1093/2010 zurück und entscheidet dann in Übereinstimmung mit einem solchen Beschluss. [4] Nach Ablauf der Zweimonatsfrist oder nachdem eine gemeinsame Entscheidung getroffen wurde, kann die Europäische Bankenaufsichtsbehörde nicht mehr um Hilfe ersucht werden.

(10) [1] Bei gemeinsamen Entscheidungen nach Artikel 113 Absatz 1 der Richtlinie 2013/36/EU wird die Entscheidung der Stelle, die für die Beaufsichtigung auf zusammengefasster Basis zuständig ist, von der Bundesanstalt als verbindlich anerkannt und umgesetzt. [2] Ist die Bundesanstalt auf Einzelinstitutsebene oder auf teilkonsolidierter Basis für die Beaufsichtigung von Tochterunternehmen eines EU-Mutterinstituts, einer EU-Mutterfinanzholding-Gesellschaft oder einer gemischten EU-Mutterfinanzholding-Gesellschaft zuständig, für deren Beaufsichtigung auf zusammengefasster Basis sie nicht zuständig ist, und kommt es in den Fällen des § 8a Absatz 3 Satz 1 Nummer 1 bis 4 innerhalb der viermonatigen Frist nach § 8a Absatz 4 Satz 1 nicht zu einer gemeinsamen Entscheidung aller zuständigen Stellen, so entscheidet die Bundesanstalt allein. [3] Bei der Entscheidung berücksichtigt sie angemessen die Auffassungen und Vorbehalte der zuständigen Stelle, die die Aufsicht auf zusammengefasster Basis über die Institutsgruppe, Finanzholding-Gruppe oder gemischte Finanzholding-Gruppe ausübt; die Entscheidung muss der Risikobewertung und den Auffassungen und Vorbehalten Rechnung tragen, die innerhalb der viermonatigen Frist von den anderen zuständigen Stellen geäußert wurden. [4] Hat die Bundesanstalt oder eine zuständige Stelle in einem anderen Staat des Europäischen Wirtschaftsraums bis zum Ablauf der Viermonatsfrist nach § 8a Absatz 4 Satz 1 nach Maßgabe des Artikels 19 der Verordnung (EU) Nr. 1093/2010 die Europäische Bankenaufsichtsbehörde um Hilfe ersucht, stellt die Bundesanstalt ihre Entscheidung nach Satz 2 bis zu dem Beschluss der Europäischen Bankenaufsichtsbehörde gemäß Artikel 19 Absatz 3 der Verordnung (EU) Nr. 1093/2010 zurück und entscheidet dann in Über-

einstimmung mit einem solchen Beschluss. [5] Nach Ablauf der Viermonatsfrist oder nachdem eine gemeinsame Entscheidung getroffen wurde, kann die Europäische Bankenaufsichtsbehörde nicht mehr um Hilfe ersucht werden. [6] Die Bundesanstalt übersendet der zuständigen Stelle, die die Aufsicht auf zusammengefasster Basis über die Institutsgruppe, Finanzholding-Gruppe oder gemischte Finanzholding-Gruppe ausübt, die schriftliche Entscheidung unter Angabe der vollständigen Begründung. [7] Wurde die Europäische Bankenaufsichtsbehörde angehört, berücksichtigt die Bundesanstalt deren Stellungnahme und begründet jede erhebliche Abweichung davon.

(11) [1] Bevor die Bundesanstalt eine Prüfung nach § 44 über eine Zweigniederlassung anordnet, die im Inland tätig ist, hat sie die zuständigen Stellen des Herkunftsmitgliedstaates anzuhören. [2] Die Informationen und Erkenntnisse, die durch die Prüfung gewonnen werden, sind den zuständigen Stellen des Herkunftsmitgliedstaates mitzuteilen, wenn sie wichtig sind für die Risikobewertung des Mutterinstituts oder für die Stabilität des Finanzsystems des Herkunftsmitgliedstaates.

(12) [1] Wird der Austritt des Vereinigten Königreichs Großbritannien und Nordirland aus der Europäischen Union wirksam, ohne dass bis zu diesem Zeitpunkt ein Austrittsabkommen im Sinne von Artikel 50 Absatz 2 Satz 2 des Vertrages über die Europäische Union in Kraft getreten ist, so kann die Bundesanstalt zur Vermeidung von Nachteilen für die Funktionsfähigkeit oder die Stabilität der Finanzmärkte anordnen, dass die Vorschriften der Absätze 1 bis 9 für einen Übergangszeitraum nach dem Austritt auf Unternehmen mit Sitz im Vereinigten Königreich Großbritannien und Nordirland, die zum Zeitpunkt des Austritts des Vereinigten Königreichs Großbritannien und Nordirland aus der Europäischen Union nach Absatz 1 im Inland über eine Zweigniederlassung oder im Wege des grenzüberschreitenden Dienstleistungsverkehrs Bankgeschäfte betrieben oder Finanzdienstleistungen erbracht haben, ganz oder teilweise entsprechend anzuwenden sind. [2] Dies gilt nur, soweit die Unternehmen nach dem Austritt Bankgeschäfte betreiben oder Finanzdienstleistungen erbringen, die in engem Zusammenhang mit zum Zeitpunkt des Austritts bestehenden Verträgen stehen. [3] Der im Zeitpunkt des Austritts beginnende Übergangszeitraum darf eine Dauer von 21 Monaten nicht überschreiten. [4] Die Anordnung kann auch durch Allgemeinverfügung ohne vorherige Anhörung getroffen und öffentlich bekannt gegeben werden.

§ 53c Unternehmen mit Sitz in einem Drittstaat; Verordnungsermächtigung. (1) Das Bundesministerium der Finanzen wird ermächtigt, durch Rechtsverordnung[1])

1. zu bestimmen, daß die Vorschriften dieses Gesetzes über ausländische Unternehmen mit Sitz in einem anderen Staat des Europäischen Wirtschaftsraums auch auf Unternehmen mit Sitz in einem Drittstaat anzuwenden sind, soweit

---

[1]) Siehe die Verordnung über die Freistellung der Zweigstellen von Kreditinstituten mit Sitz in Australien von Vorschriften des Gesetzes über das Kreditwesen v. 30.1.2014 (BGBl. I S. 322), geänd. durch G v. 9.12.2020 (BGBl. I S. 2773), die Verordnung über die Freistellung der Zweigstellen von Kreditinstituten mit Sitz in Japan von Vorschriften des Gesetzes über das Kreditwesen v. 30.1.2014 (BGBl. I S. 322), zuletzt geänd. durch G v. 9.12.2020 (BGBl. I S. 2773) und die Verordnung über die Freistellung der Zweigstellen von Kreditinstituten mit Sitz in den Vereinigten Staaten von Amerika von Vorschriften des Gesetzes über das Kreditwesen v. 30.1.2014 (BGBl. I S. 322), geänd. durch G v. 9.12.2020 (BGBl. I S. 2773).

dies im Bereich des Niederlassungsrechts oder des Dienstleistungsverkehrs oder für die Aufsicht auf zusammengefaßter Basis auf Grund von Abkommen der Europäischen Union mit Drittstaaten erforderlich ist;

2. die vollständige oder teilweise Anwendung der Vorschriften des § 53b unter vollständiger oder teilweiser Freistellung von den Vorschriften des § 53 auf Unternehmen mit Sitz in einem Drittstaat anzuordnen, wenn die Gegenseitigkeit gewährleistet ist und
   a) die Unternehmen in ihrem Sitzstaat in den von der Freistellung betroffenen Bereichen nach international anerkannten Grundsätzen beaufsichtigt werden,
   b) den Zweigniederlassungen der entsprechenden Unternehmen mit Sitz im Inland in diesem Staat gleichwertige Erleichterungen eingeräumt werden und
   c) die zuständigen Behörden des Sitzstaates zu einer befriedigenden Zusammenarbeit mit der Bundesanstalt bereit sind und dies auf der Grundlage einer Vereinbarung sichergestellt ist.

(2) [1]Ungeachtet der Regelungen des Absatzes 1 können Unternehmen mit Sitz in einem Drittstaat, die in das Register nach Artikel 48 der Verordnung (EU) Nr. 600/2014 eingetragen wurden, gegenüber geeigneten Gegenparteien und professionellen Kunden im Inland Wertpapierdienstleistungen im Sinne des § 2 Absatz 3 und 3a des Wertpapierhandelsgesetzes erbringen. [2]In diesem Fall ist § 53b Absatz 1 und 3 entsprechend anzuwenden.

§ 53d Mutterunternehmen mit Sitz in einem Drittstaat. (1) [1]Unterliegen CRR-Kreditinstitute und Wertpapierhandelsunternehmen mit Sitz im Inland, die Tochterunternehmen eines Instituts, einer Finanzholding-Gesellschaft oder einer gemischten Finanzholding-Gesellschaft mit Sitz in einem Drittstaat sind, in dem Drittstaat nicht einer Beaufsichtigung auf konsolidierter Basis nach den Bestimmungen dieses Gesetzes, bewertet die Aufsichtsbehörde, ob die Beaufsichtigung des CRR-Kreditinstituts oder des Wertpapierhandelsunternehmens auf konsolidierter Basis durch die zuständigen Stellen des Drittstaates der Beaufsichtigung nach den Bestimmungen des § 10a dieses Gesetzes und den Anforderungen des Teils 1 Titel II Kapitel 2 der Verordnung (EU) Nr. 575/2013[1)] gleichwertig ist. [2]Die Aufsichtsbehörde nimmt diese Bewertung auf Wunsch des Mutterunternehmens, eines im Europäischen Wirtschaftsraum zugelassenen Unternehmens oder von Amts wegen vor. [3]Vor der Entscheidung über die Gleichwertigkeit hört die Aufsichtsbehörde die anderen zuständigen Stellen und die Europäische Aufsichtsbehörde an.

(2) [1]Führt die Bewertung nach Absatz 1 zu dem Ergebnis, dass die Beaufsichtigung auf konsolidierter Basis im Drittstaat nicht gleichwertig ist, kann die Aufsichtsbehörde die Gruppe der im Inland ansässigen Unternehmen als Institutsgruppe, Finanzholding-Gruppe oder gemischte Finanzholding-Gruppe und ein Institut als übergeordnetes Unternehmen bestimmen. [2]Die Vorschriften des § 10a dieses Gesetzes und des Teils 1 Titel II Kapitel 2 der Verordnung (EU) Nr. 575/2013 sind entsprechend anzuwenden.

[1)] Nr. **6**.

(3) [1]Die Bundesanstalt kann im Einzelfall abweichend von Absatz 2 und § 15 Absatz 2 des Finanzkonglomerate-Aufsichtsgesetzes[1)] einer angemessenen Beaufsichtigung auf konsolidierter Basis in anderer Weise Rechnung tragen. [2]Sie kann insbesondere verlangen, dass eine Finanzholding-Gesellschaft oder gemischte Finanzholding-Gesellschaft mit Sitz im Inland oder in einem anderen Staat des Europäischen Wirtschaftsraums gegründet wird, auf die die Vorschriften dieses Gesetzes über die Beaufsichtigung auf konsolidierter Basis entsprechend anzuwenden sind.

(4) [1]In den Fällen des Absatzes 3 unterrichtet die Bundesanstalt die betroffenen zuständigen Stellen im Europäischen Wirtschaftsraum über die gewählte Vorgehensweise. [2]Die Pflichten aus § 7a Absatz 2 Nummer 3 und § 7b Absatz 3 Nummer 2 bleiben unberührt.

Sechster Abschnitt. Sondervorschriften für zentrale Gegenparteien und Zentralverwahrer

1.[2)] Zentrale Gegenparteien

§ 53e Inhaber bedeutender Beteiligungen. § 2c Absatz 2 in Verbindung mit Absatz 1b Satz 1 Nummer 1, 3, 4 bis 6 gilt entsprechend, soweit die Bundesanstalt nach Artikel 30 Absatz 4 der Verordnung (EU) Nr. 648/2012 die erforderlichen Maßnahmen ergreifen soll, um eine Einflussnahme der in Artikel 30 Absatz 1 der Verordnung (EU) Nr. 648/2012 genannten Personen, die sich voraussichtlich zum Nachteil für eine solide und umsichtige Geschäftsführung einer zentralen Gegenpartei auswirken wird, zu beenden; § 44b gilt entsprechend.

§ 53f Aufsichtskollegien. (1) Soweit die Bundesanstalt und die Deutsche Bundesbank einem Aufsichtskollegium nach Artikel 18 der Verordnung (EU) Nr. 648/2012 angehören, nehmen sie bei Abstimmungen jeweils eine Stimme wahr.

(2) Falls nach Artikel 19 Absatz 3 Satz 3 der Verordnung (EU) Nr. 648/2012 drei Stimmen für deutsche Aufsichtsbehörden vorgesehen sind oder die Bundesanstalt oder die Deutsche Bundesbank dem Aufsichtskollegium nicht angehören, rücken in der Wahrnehmung der Stimmen die zuständigen Aufsichtsbehörden der Handelsplätze im Sinne des Artikels 18 Absatz 2 Buchstabe d der Verordnung (EU) Nr. 648/2012 nach, und zwar in der Reihenfolge des an dem Handelsplatz im vorangegangenen Kalenderjahr gehandelten Volumens an Finanzinstrumenten, das über die betreffende zentrale Gegenpartei abgerechnet wurde.

§ 53g Finanzmittelausstattung von zentralen Gegenparteien. Die Bundesanstalt kann bei der Beurteilung der Angemessenheit der Finanzmittel anordnen, dass eine zentrale Gegenpartei Anforderungen an das Eigenkapital und die sonstigen Finanzmittel einhalten muss, die über die Anforderungen der Artikel 16 und 43 der Verordnung (EU) Nr. 648/2012 hinausgehen, insbesondere

---

1) Nr. **11**.

2) 1. Unterabschnitt Überschrift eingef. mWv 30.3.2017 durch G v. 20.11.2015 (BGBl. I S. 2029 iVm Bek. v. 20.3.2017, BGBl. I S. 558).

1. um den Aufbau eines zusätzlichen Finanzmittelpuffers für Perioden wirtschaftlichen Abschwungs sicherzustellen,
2. um Risiken Rechnung zu tragen, die sich aufgrund gesellschaftsrechtlicher Gestaltungen oder Abhängigkeiten einer zentralen Gegenpartei insbesondere als Teil einer Instituts- oder Finanzholding-Gruppe ergeben oder
3. um einer besonderen Geschäftssituation einer zentralen Gegenpartei Rechnung zu tragen.

§ 53h Liquidität. Die Bundesanstalt kann bei der Beurteilung der Liquidität im Einzelfall gegenüber einer zentralen Gegenpartei Liquiditätsanforderungen anordnen, die über die Vorgaben hinausgehen, die in Artikel 44 der Verordnung (EU) Nr. 648/2012 gegebenenfalls in Verbindung mit nach Artikel 44 Absatz 2 erlassenen technischen Regulierungsstandards festgelegt sind, wenn ohne eine solche Maßnahme die nachhaltige Liquidität der zentralen Gegenpartei nicht gesichert ist.

§ 53i Gewährung des Zugangs nach den Artikeln 7 und 8 der Verordnung (EU) Nr. 648/2012. [1] Eine zentrale Gegenpartei, der eine Zulassung nach Artikel 14 der Verordnung (EU) Nr. 648/2012 erteilt worden ist, hat die Bundesanstalt über den Eingang von Anträgen auf Zugangsgewährung nach Artikel 7 der Verordnung (EU) Nr. 648/2012 sowie das Stellen eines Antrags auf Zugangsgewährung nach Artikel 8 der Verordnung (EU) Nr. 648/2012 unverzüglich schriftlich zu informieren. [2] Die Bundesanstalt kann der zentralen Gegenpartei

1. unter den in Artikel 7 Absatz 4 der Verordnung (EU) Nr. 648/2012 genannten Voraussetzungen untersagen, einen Zugang im Sinne des Artikels 7 der genannten Verordnung zu gewähren, oder
2. unter den in Artikel 7 Absatz 4 der Verordnung (EU) Nr. 648/2012 genannten Voraussetzungen untersagen, einen Zugang zu einem Handelsplatz im Sinne des Artikels 8 der genannten Verordnung einzurichten.

§ 53j Anzeigen; Verordnungsermächtigung. (1) Eine zentrale Gegenpartei hat der Bundesanstalt und der Deutschen Bundesbank jeweils zum Monatsende anzuzeigen:

1. die Einhaltung der Einschussanforderungen nach Artikel 41 Absatz 1 Satz 2 und 3 der Verordnung (EU) Nr. 648/2012,
2. die Summe des oder der Ausfallfonds nach Artikel 42 Absatz 1 der Verordnung (EU) Nr. 648/2012,
3. die Summe der sonstigen Finanzmittel nach Artikel 43 der Verordnung (EU) Nr. 648/2012, einschließlich einer Darlegung, ob der Ausfallfonds und die sonstigen Finanzmittel den Ausfall der beiden nach Artikel 43 Absatz 2 der Verordnung (EU) Nr. 648/2012 bestimmten Clearingmitglieder auffangen können,
4. stichtagsbezogen die Summe der für eine Deckung des Liquiditätsbedarfs bestehenden Kreditlinien oder ähnlichen Möglichkeiten und jeweils die diesbezüglichen Gegenparteien sowie den potenziellen täglichen Liquiditätsbedarf nach Artikel 44 Absatz 1 der Verordnung (EU) Nr. 648/2012,
5. die Summe aller im Berichtszeitraum nach Artikel 46 Absatz 1 der Verordnung (EU) Nr. 648/2012 entgegengenommenen Sicherheiten aufgeschlüs-

selt nach Sicherheiten in Form von Geld, Wertpapieren und Garantien; dabei sind die Geldsicherheiten nach Währungen weiter aufzuschlüsseln und die Wertpapiere nach der Art, dem jeweiligen Sicherheitsabschlag und dem jeweiligen Anteil an den Gesamtsicherheiten sowie, soweit gegeben, dem Zeitpunkt der Freigabe und

6. die Gegenparteien, bei denen zum Stichtag Finanzmittel im Sinne des Artikels 47 der Verordnung (EU) Nr. 648/2012 angelegt waren, jeweils unter Angabe des angelegten Volumens und der erfolgten Besicherung.

(2) [1]Die Unterlagen, die der Bundesanstalt nach der Verordnung (EU) Nr. 648/2012 vorzulegen sind, sind in deutscher Sprache und auf Verlangen der Bundesanstalt zusätzlich in englischer Sprache zu erstellen und vorzulegen. [2]Die Bundesanstalt kann gestatten, dass die Unterlagen ausschließlich in englischer Sprache erstellt und vorgelegt werden.

(3) [1]Das Bundesministerium der Finanzen kann durch Rechtsverordnung, die nicht der Zustimmung des Bundesrates bedarf, im Benehmen mit der Deutschen Bundesbank und nach Anhörung der Spitzenverbände der Institute nähere Bestimmungen erlassen über

1. Art, Umfang, Zeitpunkt und Form der nach Absatz 1 erforderlichen Anzeigen und der gegebenenfalls zum Nachweis erforderlichen Unterlagen,
2. die zulässigen Datenträger, Übertragungswege und Datenformate für diese Anzeigen und
3. eine Ergänzung der nach Absatz 1 bestehenden Anzeigepflichten durch die Erstattung von Sammelanzeigen und die Einreichung von Sammelaufstellungen,

soweit dies zur Erfüllung der Aufgaben der Bundesanstalt erforderlich ist, insbesondere um einheitliche Unterlagen zur Beurteilung des von zentralen Gegenparteien durchgeführten Clearings zu erhalten. [2]Das Bundesministerium der Finanzen kann diese Ermächtigung durch Rechtsverordnung auf die Bundesanstalt mit der Maßgabe übertragen, dass die Rechtsverordnung im Einvernehmen mit der Deutschen Bundesbank zu erlassen ist.

§ 53k Auslagerung von Aktivitäten und Prozessen. Soweit eine zentrale Gegenpartei eine Auslagerung gemäß Artikel 35 der Verordnung (EU) Nr. 648/2012 vornimmt, gilt *§ 25b Absatz 3 Satz 1 und 2 Absatz 4*[1)] entsprechend.

§ 53l Anordnungsbefugnis; Maßnahmen bei organisatorischen Mängeln. (1) [1]Die Bundesanstalt kann gegenüber einer zentralen Gegenpartei im Einzelfall Anordnungen treffen, die geeignet und erforderlich sind, die Einhaltung der Anforderungen der Verordnung (EU) Nr. 648/2012 sicherzustellen. [2]Insbesondere zur Sicherstellung der ordnungsgemäßen Geschäftsorganisation, der organisatorischen Anforderungen und der Anforderungen nach den Artikeln 26, 28, 29, 31 Absatz 1 Satz 2 sowie den Artikeln 33 bis 35 der Verordnung (EU) Nr. 648/2012 kann sie anordnen, dass eine zentrale Gegenpartei

1. Maßnahmen zur Reduzierung von Risiken ergreift, soweit sich diese Risiken aus bestimmten Arten von Geschäften und Produkten oder aus der Nutzung

---

1) Richtig wohl: „§ 25b Absatz 3 Satz 1 und 2 und Absatz 4".

bestimmter Systeme oder der Auslagerung von Aktivitäten und Prozessen auf ein anderes Unternehmen ergeben, oder
2. einzelne Geschäftsarten oder Dienstleistungen nicht oder nur in beschränktem Umfang betreiben darf.

(2) Die Bundesanstalt kann anstelle der in Absatz 1 Satz 2 genannten Maßnahmen oder zusammen mit diesen anordnen, dass die zentrale Gegenpartei Eigenmittelanforderungen einhalten muss, die über die Anforderungen nach Artikel 16 Absatz 2 der Verordnung (EU) Nr. 648/2012, auch in Verbindung mit technischen Regulierungsstandards nach dessen Absatz 3, hinausgehen.

§ 53m Inhalt des Zulassungsantrags. (1) Ein Antrag auf Zulassung als zentrale Gegenpartei im Inland nach den Artikeln 14 und 17 der Verordnung (EU) Nr. 648/2012 muss enthalten:
1. die Art der abgerechneten Produkte,
2. eine Beschreibung der Einrichtung und Ausgestaltung der Modelle und Parameter, die zur Berechnung der Einschussanforderungen im Sinne des Artikels 41 der Verordnung (EU) Nr. 648/2012 verwendet werden, einschließlich der Angabe der relevanten Quellen für die Preisermittlung im Sinne des Artikels 40 der Verordnung (EU) Nr. 648/2012,
3. einen Nachweis über die Einrichtung von Ausfallfonds im Sinne des Artikels 42 der Verordnung (EU) Nr. 648/2012 und eine Beschreibung deren Ausgestaltung,
4. eine Beschreibung der Vorkehrungen zum Vorhalten sonstiger Finanzmittel im Sinne des Artikels 43 Absatz 1 der Verordnung (EU) Nr. 648/2012,
5. eine Beschreibung der Mechanismen zur Kontrolle der Liquiditätsrisiken im Sinne des Artikels 44 der Verordnung (EU) Nr. 648/2012,
6. eine Beschreibung der Anforderungen an die Sicherheiten gemäß Artikel 46 der Verordnung (EU) Nr. 648/2012,
7. Angaben zur Anlagepolitik im Sinne des Artikels 47 der Verordnung (EU) Nr. 648/2012,
8. eine Darstellung der Verfahren bei Ausfall eines Clearingmitgliedes gemäß Artikel 48 der Verordnung (EU) Nr. 648/2012,
9. eine Darstellung der Prüfungsverfahren im Sinne des Artikels 49 der Verordnung (EU) Nr. 648/2012 sowie
10. alle in § 32 Absatz 1 Satz 2 genannten Angaben; die gemäß § 32 Absatz 1 Satz 3 erlassene Rechtsverordnung gilt entsprechend.

(2) Die Bundesanstalt kann weitere Unterlagen verlangen, soweit diese für die Beurteilung des Zulassungsantrags erforderlich sind.

§ 53n Maßnahmen zur Verbesserung der Finanzmittel und der Liquidität einer nach der Verordnung (EU) Nr. 648/2012 zugelassenen zentralen Gegenpartei. (1) [1] Wenn die Vermögens-, Finanz- oder Ertragsentwicklung einer zentralen Gegenpartei oder andere Umstände die Annahme rechtfertigen, dass die zentrale Gegenpartei die Anforderungen nach Artikel 41, 42, 43, 44, 46 oder 47 der Verordnung (EU) Nr. 648/2012, jeweils auch in Verbindung mit den zur näheren Ausgestaltung erlassenen technischen Regulierungsstandards nicht dauerhaft erfüllen können wird, kann die Bundesanstalt gegenüber der zentralen Gegenpartei Maßnahmen zur Verbesserung ihrer finanziellen Ausstattung und Liquidität anordnen, insbesondere

1. die Übermittlung einer begründeten Darstellung der Entwicklung der wesentlichen Geschäftsaktivitäten über einen Zeitraum von mindestens drei Jahren einschließlich Planbilanzen, Plangewinn- und -verlustrechnungen,
2. Maßnahmen zur besseren Abschirmung oder Reduzierung der von der zentralen Gegenpartei als wesentlich identifizierten Risiken und der damit verbundenen Risikokonzentrationen und eine Berichterstattung gegenüber der Bundesanstalt und der Deutschen Bundesbank, wobei auch über Konzepte für den Ausstieg aus einzelnen Geschäftsbereichen oder die Abtrennung von Teilen der zentralen Gegenpartei berichtet werden soll,
3. die Übermittlung eines Berichts über geeignete Maßnahmen zur Einhaltung der Einschussanforderungen, des Umfangs des Ausfallfonds, der anderen Finanzmittel, der Liquidität, der Anforderungen an die Sicherheiten und der Anlagepolitik, oder
4. die Übermittlung eines Konzepts zur Abwendung einer möglichen Gefahrenlage entsprechend § 35 Absatz 2 Nummer 4 an die Bundesanstalt und die Deutsche Bundesbank.

[2] Die Annahme, dass die zentrale Gegenpartei die Anforderungen dauerhaft nicht erfüllen können wird, ist regelmäßig gerechtfertigt, wenn

1. die Einschüsse
   a) mindestens an einem Tag in zwei Meldezeiträumen nach § 53j Absatz 1 innerhalb eines Kalenderjahres nicht ausreichend sind, um die Verluste mit mindestens 99 Prozent der Forderungsveränderungen in dem Zeithorizont zu decken, der nach Artikel 41 Absatz 1 der Verordnung (EU) Nr. 648/2012, auch in Verbindung mit technischen Regulierungsstandards nach dessen Absatz 5, bestimmt ist, oder
   b) nicht in vollem Umfang mindestens auf Tagesbasis alle Risiken gegenüber allen Clearingmitgliedern und den anderen zentralen Gegenparteien, mit denen Interoperabilitätsvereinbarungen bestehen, absichern,
2. der Ausfallfonds in zwei Meldezeiträumen nach § 53j Absatz 1 innerhalb eines Kalenderjahres nicht die Mindesthöhe nach Artikel 42 Absatz 1 Satz 2 der Verordnung (EU) Nr. 648/2012 erreicht,
3. der Ausfallfonds und die sonstigen Finanzmittel an zwei Meldestichtagen nach § 53j Absatz 1 innerhalb eines Kalenderjahres nicht zur Abdeckung eines Ausfalls der beiden nach Artikel 43 Absatz 2 der Verordnung (EU) Nr. 648/2012 bestimmten Clearingmitglieder ausreichen,
4. die Kreditlinien oder ähnlichen Möglichkeiten, die zur Abdeckung des Liquiditätsbedarfs nach Artikel 44 Absatz 1 der Verordnung (EU) Nr. 648/2012, auch in Verbindung mit technischen Regulierungsstandards nach dessen Absatz 2, bestehen, an zwei Meldestichtagen nach § 53j Absatz 1 nicht ausreichen, um das Liquiditätsrisiko bezüglich des Ausfalls mindestens der beiden Clearingmitglieder abzudecken, gegenüber denen die zentrale Gegenpartei die höchsten offenen Positionen hat,
5. die zentrale Gegenpartei in zwei Meldezeiträumen nach § 53j Absatz 1 jeweils mehr als 3 Prozent der Gesamtsicherheiten ohne Beachtung der Anforderungen nach Artikel 46 Absatz 1 der Verordnung (EU) Nr. 648/

2012, auch in Verbindung mit technischen Regulierungsstandards nach dessen Absatz 3, entgegengenommen hat oder

6. die zentrale Gegenpartei in zwei Meldezeiträumen nach § 53j Absatz 1 jeweils mehr als 3 Prozent der Gesamtsicherheiten ohne Beachtung der Anforderungen nach Artikel 47 Absatz 1 der Verordnung (EU) Nr. 648/2012, auch in Verbindung mit technischen Regulierungsstandards nach dessen Absatz 8, angelegt hat.

(2) Die Bundesanstalt kann anstelle der Maßnahmen nach Absatz 1 Satz 1 oder zusammen mit diesen Maßnahmen nach Absatz 3 Satz 1 Nummer 1 bis 7 anordnen, wenn die Maßnahmen nach Absatz 1 Satz 1 keine ausreichende Gewähr dafür bieten, die Einhaltung der Anforderungen nach Artikel 41, 42, 43, 44, 46 oder 47 der Verordnung (EU) Nr. 648/2012, jeweils auch in Verbindung mit den zur näheren Ausgestaltung erlassenen technischen Regulierungsstandards nachhaltig zu sichern; insoweit ist Absatz 4 entsprechend anzuwenden.

(3) [1] Entsprechen bei einer zentralen Gegenpartei die Finanzmittel nicht den Anforderungen nach Artikel 41, 42 oder 43 der Verordnung (EU) Nr. 648/2012, jeweils auch in Verbindung mit den zur näheren Ausgestaltung erlassenen technischen Regulierungsstandards, oder den Anforderungen nach § 45b Absatz 1 Satz 2, die Liquidität nicht den Anforderungen nach Artikel 44 der Verordnung (EU) Nr. 648/2012 auch in Verbindung mit technischen Regulierungsstandards nach dessen Absatz 2, die erhaltenen Sicherheiten nicht den Anforderungen nach Artikel 46 der Verordnung (EU) Nr. 648/2012 auch in Verbindung mit technischen Regulierungsstandards nach dessen Absatz 3 oder die Anlage der Mittel nicht den Anforderungen nach Artikel 47 der Verordnung (EU) Nr. 648/2012 auch in Verbindung mit technischen Regulierungsstandards nach dessen Absatz 8, kann die Bundesanstalt

1. Entnahmen durch die Inhaber oder Gesellschafter sowie die Ausschüttung von Gewinnen untersagen oder beschränken,
2. bilanzielle Maßnahmen untersagen oder beschränken, die dazu dienen, einen entstandenen Jahresfehlbetrag auszugleichen oder einen Bilanzgewinn auszuweisen,
3. anordnen, dass die Auszahlung jeder Art von Erträgen auf Eigenmittelinstrumente insgesamt oder teilweise ersatzlos entfällt, wenn die Erträge nicht vollständig durch einen erzielten Jahresüberschuss gedeckt sind,
4. anordnen, dass die zentrale Gegenpartei Maßnahmen zur Reduzierung von Risiken ergreift, soweit sich diese aus bestimmten Arten von Geschäften und Produkten oder der Nutzung bestimmter Systeme ergeben,
5. die Auszahlung variabler Vergütungsbestandteile untersagen oder auf einen bestimmten Anteil des Jahresergebnisses beschränken; dies gilt nicht für variable Vergütungsbestandteile, die durch Tarifvertrag oder im Geltungsbereich eines Tarifvertrags durch Vereinbarung der Arbeitsvertragsparteien über die Anwendung der tarifvertraglichen Regelungen oder aufgrund eines Tarifvertrags in einer Betriebs- oder Dienstvereinbarung vereinbart sind,
6. anordnen, dass die zentrale Gegenpartei den Jahresgesamtbetrag, den sie für die variable Vergütung aller Geschäftsleiter und Mitarbeiter vorsieht (Gesamtbetrag der variablen Vergütungen), auf einen bestimmten Anteil des Jahresergebnisses beschränkt oder vollständig streicht; dies gilt nicht für variable Vergütungsbestandteile, die durch Tarifvertrag oder im Geltungs-

bereich eines Tarifvertrags durch Vereinbarung der Arbeitsvertragsparteien über die Anwendung der tarifvertraglichen Regelungen oder aufgrund eines Tarifvertrags in einer Betriebs- oder Dienstvereinbarung vereinbart sind, oder

7. anordnen, dass die zentrale Gegenpartei darlegt, wie und in welchem Zeitraum sie ihre finanziellen Mittel oder ihre Liquidität nachhaltig wiederherstellen wird (Plan zur Restrukturierung der zentralen Gegenpartei) und der Bundesanstalt und der Deutschen Bundesbank regelmäßig über den Fortschritt dieser Maßnahmen zu berichten ist.

[2] Der Plan zur Restrukturierung nach Satz 1 Nummer 7 muss transparent, plausibel und begründet sein. [3] In ihm sind konkrete Ziele, Zwischenziele und Fristen für die Umsetzung der dargelegten Maßnahmen zu benennen, die von der Bundesanstalt überprüft werden können. [4] Die Bundesanstalt kann jederzeit Einsicht in den Plan zur Restrukturierung der zentralen Gegenpartei und die zugehörigen Unterlagen nehmen. [5] Die Bundesanstalt kann die Änderung des Plans zur Restrukturierung der zentralen Gegenpartei verlangen und hierfür Vorgaben machen, wenn sie die angegebenen Ziele, Zwischenziele und Umsetzungsfristen für nicht ausreichend hält oder die zentrale Gegenpartei sie nicht einhält.

(4) [1] Die Bundesanstalt darf die in Absatz 3 bezeichneten Anordnungen erst treffen, wenn die zentrale Gegenpartei den Mangel nicht innerhalb einer von der Bundesanstalt zu bestimmenden Frist behoben hat. [2] Soweit dies zur Verhinderung einer kurzfristig zu erwartenden Verschlechterung der finanziellen Mittel oder der Liquidität der zentralen Gegenpartei erforderlich ist oder bereits Maßnahmen nach Absatz 1 Satz 1 ergriffen wurden, sind solche Anordnungen auch ohne vorherige Androhung mit Fristsetzung zulässig. [3] Beschlüsse über die Gewinnausschüttung sind insoweit nichtig, als sie einer Anordnung nach Absatz 3 widersprechen. [4] Soweit Regelungen in Verträgen über Eigenmittelinstrumente einer Anordnung nach Absatz 3 widersprechen, können aus ihnen keine Rechte hergeleitet werden. [5] Nach oder zusammen mit einer Untersagung der Auszahlung von variablen Vergütungsbestandteilen gemäß Absatz 3 Satz 1 Nummer 5 kann die Bundesanstalt anordnen, dass die Ansprüche auf Gewährung variabler Vergütungsbestandteile ganz oder teilweise erlöschen, wenn

1. die zentrale Gegenpartei bei oder nach einer Untersagung der Auszahlung finanzielle Leistungen des Restrukturierungsfonds oder des Finanzmarktstabilisierungsfonds in Anspruch nimmt und, im Fall einer nachträglichen Anordnung, die Voraussetzungen für die Untersagung der Auszahlung bis zu diesem Zeitpunkt nicht weggefallen oder allein aufgrund dieser Leistungen weggefallen sind,
2. bei oder nach einer Untersagung der Auszahlung eine Anordnung der Bundesanstalt nach Absatz 3 Satz 1 Nummer 1 bis 4, 6 oder 7 getroffen wird oder schon besteht oder
3. bei oder nach einer Untersagung der Auszahlung Maßnahmen nach § 46 oder einer Abwicklungsanordnung im Sinne des § 77 des Sanierungs- und Abwicklungsgesetzes[1)] getroffen werden.

[1)] Nr. **23**.

[6] Eine Anordnung nach Satz 5 darf insbesondere auch ergehen, wenn

1. die Ansprüche auf Gewährung variabler Vergütungsbestandteile aufgrund solcher Regelungen eines Vergütungssystems einer zentralen Gegenpartei entstanden sind, die den aufsichtsrechtlichen Anforderungen der Verordnung (EU) Nr. 648/2012 an angemessene, transparente und auf eine nachhaltige Entwicklung der zentralen Gegenpartei ausgerichtete Vergütungssysteme widersprechen, oder
2. anzunehmen ist, dass ohne die Gewährung finanzieller Leistungen des Restrukturierungsfonds oder des Finanzmarktstabilisierungsfonds die zentrale Gegenpartei nicht in der Lage gewesen wäre, die variablen Vergütungsbestandteile zu gewähren; ist anzunehmen, dass die zentrale Gegenpartei einen Teil der variablen Vergütungsbestandteile hätte gewähren können, sind die variablen Vergütungsbestandteile angemessen zu kürzen.

[7] Die Sätze 5 und 6 gelten nicht, soweit die Ansprüche auf Gewährung variabler Vergütung vor dem 16. Februar 2013 entstanden sind. [8] Zentrale Gegenparteien müssen der Anordnungsbefugnis nach Absatz 3 Satz 1 Nummer 5 oder 6 und der Regelung in Satz 1 in entsprechenden vertraglichen Vereinbarungen mit ihren Geschäftsleitern und Mitarbeitern Rechnung tragen. [9] Soweit vertragliche Vereinbarungen über die Gewährung einer variablen Vergütung einer Anordnung nach Absatz 3 Satz 1 Nummer 5 oder 6 entgegenstehen, können aus ihnen keine Rechte hergeleitet werden.

(5) [1] Beschlüsse über die Gewinnausschüttung sind auch insoweit nichtig, als sie einer Anordnung nach Artikel 45a Absatz 1 Buchstabe a der Verordnung (EU) Nr. 648/2012 widersprechen. [2] Zentrale Gegenparteien müssen der Anordnungsbefugnis nach Artikel 45a Absatz 1 Buchstabe c der Verordnung (EU) Nr. 648/2012 in entsprechenden vertraglichen Vereinbarungen mit ihren Geschäftsleitern und Mitarbeitern Rechnung tragen.

2. Zentralverwahrer

§ 53o Anträge nach der Verordnung (EU) Nr. 909/2014; Verschwiegenheitspflicht. (1) [1] Die Unterlagen, die der Bundesanstalt nach der Verordnung (EU) Nr. 909/2014 vorzulegen sind, sind in deutscher Sprache und auf Verlangen der Bundesanstalt zusätzlich in englischer Sprache zu erstellen und vorzulegen. [2] Die Bundesanstalt kann gestatten, dass die Unterlagen oder Teile davon ausschließlich in englischer Sprache erstellt und vorgelegt werden.

(2) [1] Anträge sind der Bundesanstalt in Schriftform und elektronisch zu übermitteln. [2] Die Bundesanstalt kann gestatten, dass bestimmte Dokumente oder Angaben, die Bestandteile eines Antrags sind, ausschließlich elektronisch übermittelt werden. [3] Die elektronische Übermittlung hat in einem von der Bundesanstalt bestimmten Datenformat und auf einem von der Bundesanstalt bestimmten Übermittlungsweg zu erfolgen.

(3) Die Verschwiegenheitspflicht nach § 9 gilt für die Wahrnehmung der Aufgaben nach § 6 Absatz 1c entsprechend.

§ 53p Anordnungsbefugnis für die Aufsicht nach der Verordnung (EU) Nr. 909/2014. Die Bundesanstalt kann unbeschadet der anderen Bestimmungen dieses Gesetzes gegenüber einem Zentralverwahrer im Sinne des Artikels 2 Absatz 1 Nummer 1 der Verordnung (EU) Nr. 909/2014, gegenüber einem benannten Kreditinstitut im Sinne des Artikels 54 Absatz 2 Buchstabe b der Verordnung (EU) Nr. 909/2014, gegenüber deren übergeordneten Unternehmen sowie gegenüber Mitgliedern, deren Organe, deren Beschäftigten und anderen natürlichen oder juristischen Personen, die deren Geschäfte tatsächlich kontrollieren oder auf die Tätigkeiten im Sinne des Artikels 30 der Verordnung (EU) Nr. 909/2014 ausgelagert worden sind oder die ansonsten der Verordnung (EU) Nr. 909/2014 unterliegen, alle Anordnungen treffen, die geeignet und erforderlich sind, die Einhaltung der Anforderungen der Verordnung (EU) Nr. 909/2014, der darauf basierenden delegierten Rechtsakte sowie der auf Zentralverwahrer anwendbaren Bestimmungen dieses Gesetzes sicherzustellen.

§ 53q Eigentumsrechte an Zentralverwahrern. (1) Für die Unterrichtung der Bundesanstalt und der Deutschen Bundesbank über die Entscheidung, Eigentumsrechte an einem Zentralverwahrer zu übertragen, zu erwerben oder zu veräußern, der ausschließlich Dienstleistungen nach den Abschnitten A und B des Anhangs zur Verordnung (EU) Nr. 909/2014 erbringt oder der neben solchen Dienstleistungen Bankgeschäfte betreibt oder Finanzdienstleistungen erbringt, die zugleich Wertpapierdienstleistungen im Sinne des § 2 Absatz 3 des Wertpapierhandelsgesetzes sind, gilt Artikel 27 Absatz 7 der Verordnung (EU) Nr. 909/2014.

(2) [1] Die Bundesanstalt kann dem Erwerber, Veräußerer oder dem Zentralverwahrer die Ausübung der Stimmrechte untersagen und anordnen, dass über die Anteile nur mit ihrer Zustimmung verfügt werden darf, wenn

1. die Voraussetzungen einer Untersagungsverfügung nach Artikel 27 Absatz 8 der Verordnung (EU) Nr. 909/2014 vorliegen,
2. der Erwerber, Veräußerer oder Zentralverwahrer seiner Pflicht nach Artikel 27 Absatz 7 und 8 der Verordnung (EU) Nr. 909/2014 zur vorherigen Unterrichtung der Bundesanstalt und der Deutschen Bundesbank nicht nachgekommen ist und diese Unterrichtung innerhalb einer von der Bundesanstalt gesetzten Frist nicht nachgeholt hat oder
3. entgegen einer vollziehbaren Untersagung nach Artikel 27 Absatz 8 der Verordnung (EU) Nr. 909/2014 das Eigentumsrecht erworben oder veräußert oder der Anteil des Eigentumsrechts erhöht oder verringert worden ist.

[2] Im Falle einer Untersagung nach Satz 1 gelten § 2c Absatz 2 Satz 2 bis 9 und § 44b entsprechend.

Siebenter Abschnitt. Strafvorschriften, Bußgeldvorschriften

§ 54 Verbotene Geschäfte, Handeln ohne Erlaubnis. (1) Wer

1. Geschäfte betreibt, die nach § 3, auch in Verbindung mit § 53b Abs. 3 Satz 1 oder 2, verboten sind, oder
2. ohne Erlaubnis nach § 32 Abs. 1 Satz 1 Bankgeschäfte betreibt oder Finanzdienstleistungen erbringt,

wird mit Freiheitsstrafe bis zu fünf Jahren oder mit Geldstrafe bestraft.

(1a) Ebenso wird bestraft, wer ohne Zulassung nach Artikel 14 Absatz 1 der Verordnung (EU) Nr. 648/2012 des Europäischen Parlaments und des Rates vom 4. Juli 2012 über OTC-Derivate, zentrale Gegenparteien und Transaktionsregister (ABl. L 201 vom 27.7.2012, S. 1) eine Clearingdienstleistung erbringt.

(1b) Ebenso wird bestraft, wer ohne die erforderliche Zulassung nach Artikel 16 Absatz 1 der Verordnung (EU) Nr. 909/2014 eine Zentralverwahrertätigkeit ausübt.

[Abs. 1c ab 12.8.2022:]

(1c) Ebenso wird bestraft, wer ohne Zulassung nach Artikel 12 Absatz 1 der Verordnung (EU) 2020/1503[1] *des Europäischen Parlaments und des Rates vom 7. Oktober 2020 über Europäische Schwarmfinanzierungsdienstleister für Unternehmen und zur Änderung der Verordnung (EU) 2017/1129 und der Richtlinie (EU) 2019/1937 (ABl. L 347 vom 20.10.2020, S. 1) eine Schwarmfinanzierungsdienstleistung erbringt.*

(2) Handelt der Täter fahrlässig, so ist die Strafe Freiheitsstrafe bis zu drei Jahren oder Geldstrafe.

§ 54a Strafvorschriften. (1) Mit Freiheitsstrafe bis zu fünf Jahren oder mit Geldstrafe wird bestraft, wer entgegen § 25c Absatz 4a oder § 25c Absatz 4b Satz 2 nicht dafür Sorge trägt, dass ein Institut oder eine dort genannte Gruppe über eine dort genannte Strategie, einen dort genannten Prozess, ein dort genanntes Verfahren, eine dort genannte Funktion oder ein dort genanntes Konzept verfügt, und hierdurch eine Bestandsgefährdung des Instituts, des übergeordneten Unternehmens oder eines gruppenangehörigen Instituts herbeiführt.

(2) Wer in den Fällen des Absatzes 1 die Gefahr fahrlässig herbeiführt, wird mit Freiheitsstrafe bis zu zwei Jahren oder mit Geldstrafe bestraft.

(3) Die Tat ist nur strafbar, wenn die Bundesanstalt dem Täter durch Anordnung nach § 25c Absatz 4c die Beseitigung des Verstoßes gegen § 25c Absatz 4a oder § 25c Absatz 4b Satz 2 aufgegeben hat, der Täter dieser vollziehbaren Anordnung zuwiderhandelt und hierdurch die Bestandsgefährdung herbeigeführt hat.

§ 55 Verletzung der Pflicht zur Anzeige der Zahlungsunfähigkeit oder der Überschuldung. (1) Mit Freiheitsstrafe bis zu drei Jahren oder mit Geldstrafe wird bestraft, wer entgegen § 46b Abs. 1 Satz 1, auch in Verbindung mit § 53b Abs. 3 Satz 1, eine Anzeige nicht, nicht richtig, nicht vollständig oder nicht rechtzeitig erstattet.

(2) Handelt der Täter fahrlässig, so ist die Strafe Freiheitsstrafe bis zu einem Jahr oder Geldstrafe.

§ 55a Unbefugte Verwertung von Angaben über Millionenkredite.

(1) Mit Freiheitsstrafe bis zu zwei Jahren oder mit Geldstrafe wird bestraft, wer entgegen § 14 Abs. 2 Satz 10 eine Angabe verwertet.

(2) Die Tat wird nur auf Antrag verfolgt.

§ 55b Unbefugte Offenbarung von Angaben über Millionenkredite.

(1) Mit Freiheitsstrafe bis zu einem Jahr oder mit Geldstrafe wird bestraft, wer entgegen § 14 Abs. 2 Satz 10 eine Angabe offenbart.

---

[1] Nr. **19**.

(2) Handelt der Täter gegen Entgelt oder in der Absicht, sich oder einen anderen zu bereichern oder einen anderen zu schädigen, ist die Strafe Freiheitsstrafe bis zu zwei Jahren oder Geldstrafe.

(3) Die Tat wird nur auf Antrag verfolgt.

§ 56 Bußgeldvorschriften. (1) Ordnungswidrig handelt, wer einer vollziehbaren Anordnung nach § 36 Absatz 1 Satz 1, Absatz 2 oder Absatz 3 Satz 1 zuwiderhandelt.

(1a) Ordnungswidrig handelt, wer vorsätzlich oder leichtfertig einer unmittelbar geltenden Vorschrift in delegierten Rechtsakten der Europäischen Union, die die Verordnung (EG) Nr. 1060/2009 des Europäischen Parlaments und des Rates vom 16. September 2009 über Ratingagenturen (ABl. L 302 vom 17.11.2009, S. 1), die zuletzt durch die Verordnung (EU) Nr. 462/2013 (ABl. L 146 vom 31.5.2013, S. 1) geändert worden ist, in der jeweils geltenden Fassung ergänzen, im Anwendungsbereich dieses Gesetzes zuwiderhandelt, soweit eine Rechtsverordnung nach Absatz 4c für einen bestimmten Tatbestand auf diese Bußgeldvorschrift verweist.

(2) Ordnungswidrig handelt, wer vorsätzlich oder fahrlässig

1. entgegen
   a) § 2c Absatz 1 Satz 1, 5, 6 oder Satz 7,
   b) § 2c Absatz 3 Satz 1 oder Satz 4,
   c) § 12a Absatz 1 Satz 3,
   d) § 14 Absatz 1 Satz 1 erster Halbsatz, auch in Verbindung mit einer Rechtsverordnung nach § 22 Satz 1 Nummer 4, jeweils auch in Verbindung mit § 53b Absatz 3 Satz 1 Nummer 3,
   e) § 15 Absatz 4 Satz 5,
   f) § 24 Absatz 1 Nummer 1, 2, 4, 6, 8, 9, 12, 14, 14a, 14b, 15 bis 17 oder Nummer 19 oder Absatz 3d,
   g) § 24 Absatz 1 Nummer 5 oder Nummer 7, jeweils auch in Verbindung mit § 53b Absatz 3 Satz 1 Nummer 5,
   h) § 24 Absatz 1 Nummer 10, Absatz 1a oder Absatz 1b Satz 2,
   i) § 24 Absatz 1a Nummer 7 oder Nummer 8,
   j) § 24 Absatz 2a, 3 Satz 1 oder Absatz 3a Satz 1 Nummer 1 oder Nummer 2 oder Satz 2, jeweils auch in Verbindung mit Satz 5,
   k) § 24 Absatz 3a Satz 1 Nummer 3,
   l) § 24a Absatz 1 Satz 1, auch in Verbindung mit Absatz 3 Satz 1, Absatz 3a Satz 1, Absatz 3b Satz 1, Absatz 3c Satz 1, oder § 24a Absatz 4 Satz 1, auch in Verbindung mit Satz 2, jeweils auch in Verbindung mit einer Rechtsverordnung nach § 24a Absatz 5,
   m) § 28 Absatz 1 Satz 1 oder
   n) § 53a Satz 2 oder Satz 5,

   jeweils auch in Verbindung mit einer Rechtsverordnung nach § 24 Absatz 4 Satz 1, eine Anzeige nicht, nicht richtig, nicht vollständig oder nicht rechtzeitig erstattet,
2. einer Rechtsverordnung nach
   a) § 2c Absatz 1 Satz 3 oder

b) einer vollziehbaren Anordnung auf Grund einer solchen Rechtsverordnung

zuwiderhandelt, soweit die Rechtsverordnung für einen bestimmten Tatbestand auf diese Bußgeldvorschrift verweist,

2a. entgegen § 2c Absatz 1b Satz 7 innerhalb des Beurteilungszeitraums eine bedeutende Beteiligung an einem Institut erwirbt oder erhöht,

3. einer vollziehbaren Anordnung nach
   a) § 2c Absatz 1b Satz 1 oder Satz 3 oder Absatz 2 Satz 1,
   b) § 6a Absatz 1,
   c) § 10i Absatz 8 Satz 1 Nummer 1,
   d) § 12a Absatz 2 Satz 1,
   e) § 23 Absatz 1, auch in Verbindung mit § 53b Absatz 3 Satz 1 Nummer 3,
   f) § 25a Absatz 2 Satz 2,
   g) § 25b Absatz 4 Satz 1,
   h) § 25g Absatz 3,
   i) § 25g Absatz 5,
   j) § 26a Absatz 2 Satz 1,
   k) § 45 Absatz 1 oder Absatz 5 Satz 5 bis 9,
   l) § 45a Absatz 1 Satz 1,
   m) § 45b Absatz 1 Satz 1 Nummer 1, auch in Verbindung mit Satz 2 oder Absatz 3, oder § 45b Absatz 1 Satz 1 Nummer 2 oder 3, jeweils auch in Verbindung mit Satz 2, oder
   n) § 46 Absatz 1 Satz 1, auch in Verbindung mit § 53b Absatz 3 Satz 1 Nummer 8,

   zuwiderhandelt,

3a. entgegen
   a) § 2f Absatz 1 Satz 1 einen Antrag nicht oder nicht rechtzeitig stellt oder bei einem Antrag nach § 2f Absatz 1 Satz 1 die nach § 2f Absatz 1 Satz 2 erforderlichen Angaben unter Beachtung des § 2f Absatz 1 Satz 4 oder Satz 5 nicht, nicht richtig oder nicht vollständig macht oder in dem Zulassungsverfahren nach § 2f wesentliche Umstände gegenüber der Aufsichtsbehörde verschweigt,
   b) § 2f Absatz 4 Satz 2 die erforderlichen Informationen nicht, nicht richtig oder nicht vollständig der Aufsichtsbehörde anzeigt,

4. entgegen § 10i Absatz 2 oder Absatz 3 Satz 3 Nummer 1 eine Ausschüttung vornimmt,

5. entgegen § 18 Absatz 1 Satz 1 einen Kredit gewährt,

6. entgegen § 22i Absatz 3, auch in Verbindung mit § 22n Absatz 5 Satz 4, eine Leistung vornimmt,

7. entgegen § 23a Absatz 1 Satz 11, auch in Verbindung mit § 53b Absatz 3 Satz 1 Nummer 4, einen Hinweis nicht, nicht richtig, nicht vollständig, nicht in der vorgeschriebenen Weise oder nicht rechtzeitig gibt,

8. entgegen § 23a Absatz 2, auch in Verbindung mit § 53b Absatz 3 Satz 1 Nummer 4, einen Kunden, die Bundesanstalt oder die Deutsche Bundesbank nicht, nicht richtig, nicht vollständig, nicht in der vorgeschriebenen Weise oder nicht rechtzeitig unterrichtet,

9. entgegen § 24c Absatz 1 Satz 1 oder § 25i Absatz 3 Satz 1 ein Dateisystem nicht, nicht richtig oder nicht vollständig führt,
10. entgegen § 24c Absatz 1 Satz 5 nicht gewährleistet, dass die Bundesanstalt Daten jederzeit automatisch abrufen kann,
11. entgegen
    a) § 25 Absatz 1 Satz 1 oder Satz 2 oder Absatz 2 Satz 1 oder Satz 2, jeweils in Verbindung mit einer Rechtsverordnung nach Absatz 3 Satz 1, jeweils auch in Verbindung mit § 53b Absatz 3 Satz 1 Nummer 6, oder
    b) § 26 Absatz 1 Satz 1, 3 oder 4 oder Absatz 3

    eine Finanzinformation, eine Risikotragfähigkeitsinformation, einen Jahresabschluss, einen Lagebericht, einen Prüfungsbericht, einen Konzernabschluss oder einen Konzernlagebericht nicht, nicht richtig, nicht vollständig oder nicht rechtzeitig einreicht,
11a. entgegen § 25g Absatz 2 nicht über interne Verfahren und Kontrollsysteme verfügt, die die Einhaltung der Pflichten nach der Verordnung nach § 25g Absatz 1 Nummer 1 gewährleisten,
11b. entgegen § 25h Absatz 2 kein angemessenes Datenverarbeitungssystem betreibt und aktualisiert,
11c. entgegen § 25h Absatz 3 Untersuchungen nicht vornimmt,
11d. entgegen § 25i Absatz 1 die Sorgfaltspflichten nach § 10 Absatz 1 des Geldwäschegesetzes[1] nicht erfüllt,
12. entgegen § 25m Nummer 1 eine Korrespondenzbeziehung oder eine sonstige Geschäftsbeziehung mit einer Bank-Mantelgesellschaft aufnimmt oder fortführt,
13. entgegen § 25m Nummer 2 erster Halbsatz ein Konto errichtet oder führt,
14. einer vollziehbaren Auflage nach § 32 Absatz 2 Satz 1 zuwiderhandelt,
15. entgegen
    a) § 44 Absatz 1 Satz 1, auch in Verbindung mit § 44b Absatz 1 Satz 1 oder § 53b Absatz 3 Satz 1 Nummer 8,
    b) § 44 Absatz 2 Satz 1 oder
    c) § 44c Absatz 1, auch in Verbindung mit § 53b Absatz 3 Satz 1 Nummer 8,

    eine Auskunft nicht, nicht richtig, nicht vollständig oder nicht rechtzeitig erteilt oder eine Unterlage nicht, nicht richtig, nicht vollständig oder nicht rechtzeitig vorlegt,
16. entgegen
    a) § 44 Absatz 1 Satz 4, auch in Verbindung mit § 53b Absatz 3 Satz 1 Nummer 8,
    b) § 44 Absatz 2 Satz 4, Absatz 4 Satz 3 oder Absatz 5 Satz 4,
    c) § 44b Absatz 2 Satz 2 oder
    d) § 44c Absatz 5 Satz 1, auch in Verbindung mit § 53b Absatz 3 Satz 1 Nummer 8,

    eine Maßnahme nicht duldet,

---

[1] Nr. **18**.

17. entgegen § 44 Absatz 5 Satz 1 eine dort genannte Maßnahme nicht oder nicht rechtzeitig vornimmt,
17a. einer vollziehbaren Anordnung nach § 48t Absatz 1 zuwiderhandelt,
17b. einer vollziehbaren Anordnung nach § 48u Absatz 1 Satz 1 zuwiderhandelt oder
18. entgegen § 53a Satz 4 die Tätigkeit aufnimmt.

(3) *(aufgehoben)*

(4) Ordnungswidrig handelt, wer gegen die Verordnung (EU) 2015/847 des Europäischen Parlaments und des Rates vom 20. Mai 2015 über begleitende Angaben bei Geldtransfers und zur Aufhebung der Verordnung (EU) Nr. 1781/2006 (ABl. L 141 vom 5.6.2015, S. 1) verstößt, indem er bei Geldtransfers vorsätzlich oder fahrlässig

1. entgegen Artikel 4 Absatz 1, auch in Verbindung mit den Artikeln 5 und 6, nicht sicherstellt, dass die vorgeschriebenen Angaben zum Auftraggeber vollständig übermittelt werden,
2. entgegen Artikel 4 Absatz 2, auch in Verbindung mit Artikel 5 Absatz 1, nicht sicherstellt, dass die vorgeschriebenen Angaben übermittelt werden,
3. entgegen Artikel 4 Absatz 4, auch in Verbindung mit Absatz 5 und den Artikeln 5 und 6, die Richtigkeit der Angaben nicht oder nicht rechtzeitig überprüft,
4. entgegen Artikel 7 Absatz 1 keine wirksamen Verfahren zur Feststellung der ordnungsgemäßen Ausfüllung einrichtet,
5. entgegen Artikel 7 Absatz 2 keine wirksamen Verfahren zur Feststellung des Fehlens der dort genannten Angaben einrichtet,
6. entgegen Artikel 7 Absatz 3, auch in Verbindung mit Absatz 5, die Richtigkeit der Angaben zum Begünstigten nicht oder nicht rechtzeitig überprüft,
7. entgegen Artikel 7 Absatz 4, auch in Verbindung mit Absatz 5, die Richtigkeit der Angaben zum Begünstigten nicht oder nicht rechtzeitig überprüft,
8. entgegen Artikel 8 Absatz 1 Satz 1 keine wirksamen risikobasierten Verfahren einführt,
9. entgegen Artikel 8 Absatz 2 Satz 2 den Transferauftrag nicht oder nicht rechtzeitig zurückweist oder die vorgeschriebenen Angaben zum Auftraggeber und zum Begünstigten nicht oder nicht rechtzeitig anfordert,
10. entgegen Artikel 8 Absatz 2 Satz 1 keine Maßnahmen ergreift,
11. entgegen Artikel 8 Absatz 2 Satz 2 das Versäumnis oder die ergriffenen Maßnahmen nicht meldet,
12. entgegen Artikel 10 nicht dafür sorgt, dass alle Angaben zum Auftraggeber und zum Begünstigten, die bei einem Geldtransfer übermittelt werden, bei der Weiterleitung erhalten bleiben,
13. entgegen Artikel 11 Absatz 1 keine wirksamen Verfahren zur Feststellung der ordnungsgemäßen Ausfüllung einrichtet,
14. entgegen Artikel 11 Absatz 2 keine wirksamen Verfahren zur Feststellung des Fehlens der dort genannten Angaben einrichtet,
15. entgegen Artikel 12 Absatz 1 Satz 1 keine wirksamen risikobasierten Verfahren einführt,

16. entgegen Artikel 12 Absatz 1 Satz 2 den Transferauftrag nicht oder nicht rechtzeitig zurückweist oder die vorgeschriebenen Angaben zum Auftraggeber und zum Begünstigten nicht oder nicht rechtzeitig anfordert,
17. entgegen Artikel 12 Absatz 2 Satz 1 keine Maßnahmen ergreift,
18. entgegen Artikel 12 Absatz 2 Satz 2 das Versäumnis oder die ergriffenen Maßnahmen nicht meldet oder
19. entgegen Artikel 16 Absatz 1 Satz 2 Angaben zum Auftraggeber und zum Begünstigten nicht mindestens fünf Jahre aufbewahrt.

(4a) Ordnungswidrig handelt, wer vorsätzlich oder fahrlässig entgegen Artikel 3 Absatz 1 der Verordnung (EG) Nr. 924/2009 des Europäischen Parlaments und des Rates vom 16. September 2009 über grenzüberschreitende Zahlungen in der Gemeinschaft und zur Aufhebung der Verordnung (EG) Nr. 2560/2001 (ABl. L 266 vom 9.10.2009, S. 11), die durch die Verordnung (EU) Nr. 260/2012 (ABl. L 94 vom 30.3.2012, S. 22) geändert worden ist, ein anderes als das dort genannte Entgelt erhebt.

(4b) Ordnungswidrig handelt, wer als Person, die für ein CRR-Kreditinstitut handelt, gegen die Verordnung (EG) Nr. 1060/2009 verstößt, indem er vorsätzlich oder leichtfertig

1. entgegen Artikel 4 Absatz 1 Unterabsatz 1 ein Rating verwendet,
2. entgegen Artikel 5a Absatz 1 nicht dafür Sorge trägt, dass das CRR-Kreditinstitut eigene Kreditrisikobewertungen vornimmt,
3. entgegen Artikel 8c Absatz 1 einen Auftrag nicht richtig erteilt,
4. entgegen Artikel 8c Absatz 2 nicht dafür Sorge trägt, dass die beauftragten Ratingagenturen die dort genannten Voraussetzungen erfüllen oder
5. entgegen Artikel 8d Absatz 1 Satz 2 die dort genannte Dokumentation nicht richtig vornimmt.

(4c) Das Bundesministerium der Finanzen wird ermächtigt, soweit dies zur Durchsetzung der Rechtsakte der Europäischen Union erforderlich ist, durch Rechtsverordnung ohne Zustimmung des Bundesrates die Tatbestände zu bezeichnen, die als Ordnungswidrigkeit nach Absatz 1a geahndet werden können.

(4d) Ordnungswidrig handelt, wer gegen die Verordnung (EU) Nr. 260/2012 des Europäischen Parlaments und des Rates vom 14. März 2012 zur Festlegung der technischen Vorschriften und der Geschäftsanforderungen für Überweisungen und Lastschriften in Euro und zur Änderung der Verordnung (EG) Nr. 924/2009 (ABl. L 94 vom 30.3.2012, S. 22) verstößt, indem er vorsätzlich oder fahrlässig

1. entgegen Artikel 4 Absatz 2 Satz 1 nicht sicherstellt, dass die technische Interoperabilität des Zahlungssystems gewährleistet wird,
2. entgegen Artikel 4 Absatz 2 Satz 2 eine dort genannte Geschäftsregel beschließt,
3. entgegen Artikel 4 Absatz 3 die Abwicklung einer Überweisung oder einer Lastschrift durch ein technisches Hindernis behindert,
4. entgegen Artikel 5 Absatz 1 Satz 1 oder Absatz 2 eine Überweisung ausführt,
5. entgegen Artikel 5 Absatz 1 Satz 1 oder Absatz 3 Satz 1 eine Lastschrift ausführt oder

6. entgegen Artikel 5 Absatz 8 ein Entgelt für einen dort genannten Auslesevorgang erhebt.

(4e) Ordnungswidrig handelt, wer gegen die Verordnung (EU) Nr. 648/2012 des Europäischen Parlaments und des Rates vom 4. Juli 2012 über OTC-Derivate, zentrale Gegenparteien und Transaktionsregister (ABl. L 201 vom 27.7.2012, S. 1) verstößt, indem er vorsätzlich oder fahrlässig

1. entgegen Artikel 7 Absatz 1 Unterabsatz 1 das Clearing nicht übernimmt oder
2. entgegen Artikel 7 Absatz 2 einem Antrag nicht oder nicht rechtzeitig stattgibt oder diesen nicht oder nicht rechtzeitig ablehnt.

(4f) Ordnungswidrig handelt, wer gegen die Verordnung (EU) Nr. 909/2014 des Europäischen Parlaments und des Rates vom 23. Juli 2014 zur Verbesserung der Wertpapierlieferungen und -abrechnungen in der Europäischen Union und über Zentralverwahrer sowie zur Änderung der Richtlinien 98/26/EG und 2014/65/EU und der Verordnung (EU) Nr. 236/2012 (ABl. L 257 vom 28.8.2014, S. 1) verstößt, indem er vorsätzlich oder leichtfertig

1. entgegen Artikel 16 Absatz 2 nichtbankartige Nebendienstleistungen erbringt,
2. in seinem Antrag nach Artikel 17 Absatz 1 die nach Artikel 17 Absatz 2 erforderlichen Angaben nicht, nicht richtig oder nicht vollständig macht oder in dem Zulassungsverfahren nach Artikel 17 wesentliche Umstände gegenüber der Bundesanstalt verschweigt,
3. in einem Verfahren, das den Entzug der Zulassung nach Artikel 20 Absatz 1 zum Gegenstand hat, die für die Entscheidung über den Entzug der Zulassung erforderlichen Angaben nicht, nicht richtig oder nicht vollständig macht oder in dem vorgenannten Verfahren wesentliche Umstände gegenüber der Bundesanstalt verschweigt,
4. entgegen Artikel 25 Absatz 2 ohne die erforderliche Anerkennung Kerndienstleistungen erbringt,
5. entgegen Artikel 25 Absatz 2 ohne die erforderliche Anerkennung eine Zweigniederlassung gründet,
6. entgegen Artikel 26 Absatz 1 unzureichende Instrumente zur Überwachung von Risiken vorhält,
7. entgegen Artikel 26 Absatz 2 die Verantwortlichkeiten der Beschäftigten in Schlüsselpositionen nicht oder nicht richtig festlegt,
8. entgegen Artikel 26 Absatz 3 Vorkehrungen zur Verhinderung von Interessenkonflikten nicht oder nicht richtig trifft,
9. entgegen Artikel 26 Absatz 5 keine geeigneten Verfahren eingerichtet hat, durch die Beschäftigte potenzielle Verstöße gegen die Verordnung (EU) Nr. 909/2014 über einen dafür geschaffenen Mechanismus intern melden können,
10. entgegen Artikel 26 Absatz 6 Satz 1 Prüfungen nicht oder nicht richtig durchführt,
11. entgegen Artikel 26 Absatz 6 Satz 2 Ergebnisse von Prüfungen nicht der Bundesanstalt vorlegt,
12. entgegen Artikel 26 Absatz 6 Satz 2 Prüfungsergebnisse dem Nutzerausschuss vorenthält,

13. entgegen Artikel 27 Absatz 3 Vergütungsabreden trifft,
14. entgegen Artikel 27 Absatz 7 Buchstabe a Eigentumsverhältnisse nicht, nicht richtig oder nicht vollständig vorlegt oder veröffentlicht,
15. entgegen Artikel 27 Absatz 7 Buchstabe b die Bundesanstalt nicht, nicht richtig oder nicht vollständig über die Entscheidung, Eigentumsrechte zu übertragen, unterrichtet,
16. entgegen Artikel 28 Absatz 1 Satz 1 einen dort vorgeschriebenen Nutzerausschuss nicht einrichtet,
17. entgegen Artikel 28 Absatz 1 Satz 2 Einfluss auf den Nutzerausschuss nimmt,
18. entgegen Artikel 28 Absatz 2 Satz 2 Regelungen nicht, nicht richtig oder nicht vollständig veröffentlicht,
19. entgegen Artikel 28 Absatz 5 Satz 1 als Mitglied des Nutzerausschusses die Geheimhaltungspflicht verletzt,
20. entgegen Artikel 28 Absatz 6 die Bundesanstalt oder den Nutzerausschuss nicht oder nicht unverzüglich unterrichtet,
21. entgegen Artikel 29 Absatz 1 eine Aufzeichnung nicht oder nicht mindestens zehn Jahre aufbewahrt,
22. entgegen Artikel 29 Absatz 2 Aufzeichnungen nicht zur Verfügung stellt,
23. entgegen Artikel 30 Absatz 1 oder Absatz 2 Satz 2 Auslagerungsvereinbarungen trifft,
24. entgegen Artikel 30 Absatz 3 Informationen nicht, nicht richtig oder nicht vollständig zur Verfügung stellt,
25. entgegen Artikel 30 Absatz 4 eine Vereinbarung zur Auslagerung von Kerndienstleistungen trifft, ohne die erforderliche Genehmigung zu besitzen,
26. entgegen Artikel 32 Absatz 1 nicht eindeutig bestimmte und realistische Ziele aufstellt,
27. entgegen Artikel 32 Absatz 2 nicht über transparente Vorschriften zum Umgang mit Beschwerden verfügt,
28. entgegen Artikel 33 Absatz 1 Satz 1 Teilnahmekriterien nicht veröffentlicht,
29. entgegen Artikel 33 Absatz 2 eine Beschwerde nicht innerhalb eines Monats beantwortet,
30. entgegen Artikel 34 Absatz 1 geltende Preise und Gebühren nicht, nicht richtig oder nicht vollständig bekanntgibt,
31. entgegen Artikel 34 Absatz 2 eine Preisliste nicht, nicht richtig oder nicht vollständig veröffentlicht,
32. entgegen Artikel 34 Absatz 6 oder 7 Informationen der Bundesanstalt nicht, nicht richtig oder nicht vollständig vorlegt,
33. entgegen Artikel 35 nicht die internationalen offenen Kommunikationsverfahren und Normen für den Datenaustausch und Referenzdaten verwendet,
34. entgegen Artikel 37 Absatz 1 nicht einmal pro Geschäftstag den vollständigen Depotkontenabgleich vornimmt,
35. entgegen Artikel 37 Absatz 3 Wertpapierkredite, Sollsalden oder die Schaffung von Wertpapieren veranlasst oder nicht verhindert,
36. entgegen Artikel 38 Absatz 1, 2, 3 oder 4 Aufzeichnungen oder Konten nicht, nicht richtig oder nicht vollständig führt,

37. entgegen Artikel 38 Absatz 7 Wertpapiere ohne ausdrückliche vorherige Zustimmung eines Kunden verwendet,
38. entgegen Artikel 39 Absatz 2, 4, 5, 6 oder 7 ein Wertpapierliefer- oder -abrechnungssystem betreibt,
39. entgegen Artikel 40 Absatz 3 Informationen nicht, nicht richtig oder nicht vollständig zur Verfügung stellt,
40. entgegen Artikel 41 Absatz 1 keine wirksamen und eindeutig festgelegten Regeln und Verfahren einrichtet,
41. entgegen Artikel 41 Absatz 2 Regeln und Verfahren nicht, nicht richtig oder nicht vollständig veröffentlicht,
42. einen Vertrag abschließt, dessen Inhalt gegen Artikel 43 verstößt,
43. entgegen Artikel 44 keine soliden Management- und Kontrollsysteme und keine soliden IT-Instrumente zur Ermittlung, Überwachung und Steuerung allgemeiner Geschäftsrisiken vorhält,
44. entgegen Artikel 45 Absatz 1 keine IT-Instrumente, Kontrollen oder Verfahren vorhält,
45. entgegen Artikel 45 Absatz 3 und 4 keinen vorgeschriebenen Notfallsanierungsplan erstellt oder ihn nicht oder nicht richtig an geänderte Voraussetzungen anpasst,
46. entgegen Artikel 46 Absatz 1 finanzielle Vermögenswerte nicht bei Zentralbanken, zugelassenen Kreditinstituten oder zugelassenen Zentralverwahrern hält,
47. entgegen Artikel 46 Absatz 2 keinen sofortigen Zugang zu seinen Vermögenswerten hat,
48. entgegen Artikel 46 Absatz 3 seine Finanzmittel nicht ausschließlich in Geld oder hochliquiden Finanzinstrumenten mit minimalem Markt- und Kreditrisiko anlegt,
49. entgegen Artikel 46 Absatz 5 sein Gesamtrisiko gegenüber jedem einzelnen zugelassenen Kreditinstitut oder zugelassenen Zentralverwahrer, bei dem er seine finanziellen Vermögenswerte hält, nicht innerhalb akzeptabler Konzentrationsgrenzen hält,
50. entgegen Artikel 47 Absatz 1 die darin vorgeschriebenen Eigenkapitalanforderungen nachhaltig verletzt,
51. entgegen Artikel 47 Absatz 2 Satz 1 und 2 einen dort vorgeschriebenen Kapitalplan nicht vorhält,
52. entgegen Artikel 47 Absatz 2 Satz 3 der Bundesanstalt die erfolgte Aktualisierung des Kapitalplans nicht, nicht vollständig oder nicht richtig mitteilt,
53. entgegen Artikel 48 Absatz 2 eine Zentralverwahrer-Verbindung ohne eine erforderliche Genehmigung oder Anzeige einrichtet,
54. entgegen Artikel 48 Absatz 4 die Rückübertragung von Wertpapieren veranlasst,
55. entgegen Artikel 48 Absatz 5 geeignete Maßnahmen zur Minderung zusätzlicher Risiken nicht oder nicht richtig trifft,
56. entgegen Artikel 48 Absatz 7 eine Zentralverwahrer-Verbindung betreibt, die keine Abwicklung „Lieferung gegen Zahlung“ ermöglicht,
57. entgegen Artikel 49 Absatz 3 einem antragstellenden Emittenten nicht innerhalb von drei Monaten eine Antwort zukommen lässt,

58. entgegen Artikel 50 einem anderen Zentralverwahrer den Zugang über eine Stand-Verbindung verwehrt,
59. entgegen Artikel 51 Absatz 1 den Antrag eines Zentralverwahrers auf eine kundenspezifische Verbindung ablehnt,
60. entgegen Artikel 52 Absatz 1 einem antragstellenden Zentralverwahrer nicht innerhalb von drei Monaten eine Antwort zukommen lässt,
61. entgegen Artikel 52 Absatz 2 den Zugang verweigert,
62. entgegen Artikel 53 Absatz 1 Unterabsatz 1 einem Zentralverwahrer Transaktionsdaten nicht, nicht vollständig oder nicht rechtzeitig zur Verfügung stellt,
63. entgegen Artikel 53 Absatz 1 Unterabsatz 2 und Absatz 3 einer zentralen Gegenpartei oder einem Handelsplatz nicht in geeigneter Weise Zugang zu seinem Wertpapierliefer- oder -abrechnungssystem gewährt,
64. entgegen Artikel 53 Absatz 2 einer antragstellenden Partei nicht binnen drei Monaten antwortet,
65. entgegen Artikel 54 Absatz 1 bankartige Nebendienstleistungen erbringt,
66. entgegen Artikel 54 Absatz 4 bankartige Nebendienstleistungen für einen Zentralverwahrer erbringt,
67. in dem Antrag auf Genehmigung nach Artikel 55 Absatz 1 die nach Artikel 55 Absatz 2 erforderlichen Angaben nicht, nicht richtig oder nicht vollständig macht oder in dem vorgenannten Genehmigungsverfahren wesentliche Umstände verschweigt,
68. im Verfahren zum Entzug der Genehmigung nach Artikel 57 Absatz 1 die für die Entscheidung über den Entzug der Genehmigung erforderlichen Angaben nicht, nicht richtig oder nicht vollständig macht oder wesentliche Angaben verschweigt,
69. entgegen Artikel 59 Absatz 3 dort genannte besondere aufsichtsrechtliche Anforderungen in Bezug auf Kreditrisiken nicht erfüllt oder
70. entgegen Artikel 59 Absatz 4 dort genannte besondere aufsichtsrechtliche Anforderungen in Bezug auf Liquiditätsrisiken nicht erfüllt.

(4g) Ordnungswidrig handelt, wer gegen die Verordnung (EU) Nr. 1286/2014 des Europäischen Parlaments und des Rates vom 26. November 2014 über Basisinformationsblätter für verpackte Anlageprodukte für Kleinanleger und Versicherungsanlageprodukte (PRIIP) (ABl. L 352 vom 9.12.2014, S. 1, L 358 vom 13.12.2014, S. 50) verstößt, indem er vorsätzlich oder leichtfertig

1. entgegen
   a) Artikel 5 Absatz 1,
   b) Artikel 5 Absatz 1 in Verbindung mit Artikel 6,
   c) Artikel 5 Absatz 1 in Verbindung mit Artikel 7 Absatz 2 oder
   d) Artikel 5 Absatz 1 in Verbindung mit Artikel 8 Absatz 1 bis 3

   ein Basisinformationsblatt nicht, nicht richtig, nicht vollständig, nicht rechtzeitig oder nicht in der vorgeschriebenen Weise abfasst oder veröffentlicht,
2. entgegen Artikel 5 Absatz 1 in Verbindung mit Artikel 7 Absatz 1 ein Basisinformationsblatt nicht in der vorgeschriebenen Weise abfasst oder übersetzt,
3. entgegen Artikel 10 Absatz 1 Satz 1 ein Basisinformationsblatt nicht oder nicht rechtzeitig überprüft,

4. entgegen Artikel 10 Absatz 1 Satz 1 ein Basisinformationsblatt nicht oder nicht vollständig überarbeitet,
5. entgegen Artikel 10 Absatz 1 Satz 2 ein Basisinformationsblatt nicht oder nicht rechtzeitig zur Verfügung stellt,
6. entgegen Artikel 9 Satz 1 in Werbematerialien Aussagen trifft, die im Widerspruch zu den Informationen des Basisinformationsblattes stehen oder dessen Bedeutung herabstufen,
7. entgegen Artikel 9 Satz 2 die erforderlichen Hinweise in Werbematerialien nicht, nicht richtig oder nicht vollständig aufnimmt,
8. entgegen
   a) Artikel 13 Absatz 1, 3 und 4 oder
   b) Artikel 14

   ein Basisinformationsblatt nicht oder nicht rechtzeitig oder nicht in der vorgeschriebenen Weise zur Verfügung stellt,
9. entgegen Artikel 19 Buchstabe a und b nicht, nicht richtig oder nicht in der vorgeschriebenen Weise geeignete Verfahren und Vorkehrungen zur Einreichung und Beantwortung von Beschwerden vorsieht,
10. entgegen Artikel 19 Buchstabe c nicht, nicht richtig oder nicht in der vorgeschriebenen Weise geeignete Verfahren und Vorkehrungen vorsieht, durch die gewährleistet wird, dass Kleinanlegern wirksame Beschwerdeverfahren im Fall von grenzüberschreitenden Streitigkeiten zur Verfügung stehen.

(4h) Ordnungswidrig handelt, wer vorsätzlich oder leichtfertig

1. entgegen § 25e Satz 1 nicht durch entsprechende Maßnahmen sicherstellt, dass ein vertraglich gebundener Vermittler die dort geforderten Anforderungen fortlaufend erfüllt,
2. entgegen § 25e Satz 2 danach erforderliche Nachweise nicht oder nicht für die gesetzlich vorgesehene Dauer aufbewahrt,
3. entgegen § 25e Satz 4 Vergütungssysteme nicht oder nicht ordnungsgemäß ausgestaltet,
4. bei der Antragstellung für die Zulassung zum Geschäftsbetrieb nach § 32 Absatz 1 Satz 2 oder Absatz 1f Satz 2 gegenüber der Bundesanstalt unrichtige Angaben im Hinblick auf die nach § 32 Absatz 1 Satz 2 oder Absatz 1f Satz 2 erforderlichen Informationen macht,
5. entgegen § 25c Absatz 1 Satz 1 der Wahrnehmung seiner Aufgaben als Geschäftsleiter nicht ausreichend Zeit widmet,
6. entgegen § 25c Absatz 2 Satz 2 in Verbindung mit Absatz 1 Satz 3, 4 und 5 als Geschäftsleiter eine zu hohe Anzahl an Leitungs- oder Aufsichtsmandaten innehat.

(4i) Zuwiderhandlungen gegen die Verordnung (EU) 2019/1238 des Europäischen Parlaments und des Rates vom 20. Juni 2019 über ein Paneuropäisches Privates Pensionsprodukt (PEPP) (ABl. L 198 vom 25.7.2019, S. 1) durch Personen im Anwendungsbereich dieses Gesetzes können nach § 120a des Wertpapierhandelsgesetzes geahndet werden.

(5) [1] Ordnungswidrig handelt, wer gegen die Verordnung (EU) Nr. 575/2013[1)] des Europäischen Parlaments und des Rates vom 26. Juni 2013 über Aufsichtsanforderungen an Kreditinstitute und Wertpapierfirmen und zur Änderung der Verordnung (EU) Nr. 648/2012 (ABl. L 176 vom 27.6.2013, S. 1; L 208 vom 2.8.2013, S. 68; L 321 vom 30.11.2013, S. 6; L 193 vom 21.7.2015, S. 166; L 20 vom 25.1.2017, S. 3; L 13 vom 17.1.2020, S. 58), die zuletzt durch die Verordnung (EU) 2020/873 (ABl. L 204 vom 26.6.2020, S. 4) geändert worden ist, oder gegen § 1a in Verbindung mit der Verordnung (EU) Nr. 575/2013 verstößt, indem er vorsätzlich oder fahrlässig

1. entgegen Artikel 26 Absatz 2 Unterabsatz 1 Satz 1 ohne die erforderliche Erlaubnis Zwischengewinne oder Gewinne zum harten Kernkapital rechnet,
2. entgegen Artikel 26 Absatz 3 Unterabsatz 1 Satz 2 ohne die erforderliche Erlaubnis Kapitalinstrumente als Instrumente des harten Kernkapitals einstuft,
3. Kapitalinstrumente als Instrumente des harten Kernkapitals einstuft, obwohl die für die spätere Emission geltenden Bestimmungen nicht im Wesentlichen identisch mit den Bestimmungen sind, die für die Emissionen gelten, für die das Institut bereits eine Erlaubnis erhalten hat oder entgegen Artikel 26 Absatz 3 Unterabsatz 2 nicht oder nicht rechtzeitig mitteilt, bevor Kapitalinstrumente als Instrumente des harten Kernkapitals eingestuft werden,
4. entgegen Artikel 28 Absatz 1 Buchstabe h Ziffer i Vorzugsausschüttungen auf Instrumente des harten Kernkapitals vornimmt,
5. entgegen Artikel 28 Absatz 1 Buchstabe h Ziffer ii aus nicht ausschüttungsfähigen Posten Ausschüttungen auf Instrumente des harten Kernkapitals vornimmt oder entgegen Artikel 52 Absatz 1 Unterabsatz 1 Buchstabe l Ziffer i aus nicht ausschüttungsfähigen Posten Ausschüttungen auf Instrumente des zusätzlichen Kernkapitals vornimmt,
6. entgegen Artikel 54 Absatz 5 Buchstabe a bei Eintreten eines Auslöseereignisses die zuständige Behörde nicht unverzüglich in Kenntnis setzt,
7. entgegen Artikel 77 Absatz 1 Buchstabe a, b oder c oder Absatz 2 ohne Erlaubnis Eigenmittel oder berücksichtigungsfähige Verbindlichkeiten verringert,
8. entgegen Artikel 94 Absatz 6 die Nichterfüllung der Bedingung nach Artikel 94 Absatz 1 Buchstabe a oder b nicht oder nicht rechtzeitig mitteilt,
9. entgegen Artikel 146 die Nichterfüllung der Anforderungen nicht oder nicht rechtzeitig mitteilt,
10. entgegen Artikel 175 Absatz 5 die Erfüllung der Anforderungen nicht, nicht richtig, nicht vollständig oder nicht hinreichend nachweist,
11. entgegen Artikel 213 Absatz 2 Satz 1 das Vorhandensein von Systemen nicht, nicht richtig oder nicht vollständig nachweist,
12. entgegen Artikel 248 Absatz 3 Satz 2 das Gebrauchmachen von der in Satz 1 genannten Möglichkeit nicht, nicht richtig oder nicht vollständig mitteilt,
13. entgegen Artikel 283 Absatz 6 die Nichterfüllung der Anforderungen nicht oder nicht rechtzeitig mitteilt,

---

[1)] Nr. **6**.

14. entgegen Artikel 292 Absatz 3 Satz 1 das dort bezeichnete zeitliche Zusammenfallen nicht hinreichend oder nicht rechtzeitig nachweist,
15. entgegen Artikel 395 Absatz 1 Satz 1, auch in Verbindung mit Satz 2, eine Forderung eingeht,
16. entgegen Artikel 395 Absatz 5 Satz 2 die Höhe der Überschreitung und den Namen des betreffenden Kunden nicht, nicht richtig, nicht vollständig oder nicht unverzüglich meldet,
17. entgegen Artikel 396 Absatz 1 Satz 1 den Forderungswert nicht, nicht richtig, nicht vollständig oder nicht unverzüglich meldet,
18. entgegen Artikel 412 Absatz 1 Satz 1 wiederholt oder fortgesetzt liquide Aktiva in der dort bezeichneten Höhe nicht hält,
19. entgegen Artikel 413 Absatz 1 wiederholt oder fortgesetzt stabile Instrumente der Refinanzierung in der dort bezeichneten Höhe nicht hält,
20. entgegen Artikel 414 Satz 1 erster Halbsatz die Nichteinhaltung oder das erwartete Nichteinhalten der Anforderungen nicht, nicht richtig, nicht vollständig oder nicht unverzüglich mitteilt,
21. entgegen Artikel 414 Satz 1 zweiter Halbsatz einen Plan nicht, nicht richtig, nicht vollständig oder nicht rechtzeitig vorlegt,
22. entgegen Artikel 430 Absatz 1 Unterabsatz 1 Buchstabe a und Absatz 2 über die Verpflichtungen nach Artikel 92 nicht, nicht richtig, nicht vollständig oder nicht rechtzeitig Meldung erstattet,
23. entgegen Artikel 430 Absatz 1 Unterabsatz 1 Buchstabe b eine Meldung nicht, nicht richtig, nicht vollständig oder nicht rechtzeitig erstattet,
24. entgegen Artikel 430 Absatz 1 Unterabsatz 1 Buchstabe c eine Meldung nicht, nicht richtig, nicht vollständig oder nicht rechtzeitig erstattet,
25. entgegen Artikel 430 Absatz 1 Unterabsatz 1 Buchstabe d die dort bezeichneten Informationen über die Liquiditätslage nicht, nicht richtig, nicht vollständig oder nicht rechtzeitig meldet,
26. entgegen Artikel 430 Absatz 1 Unterabsatz 1 Buchstabe e die genannten Daten nicht, nicht richtig, nicht vollständig oder nicht rechtzeitig übermittelt,
27. entgegen Artikel 431 Absatz 1 die dort bezeichneten Informationen nicht, nicht richtig, nicht vollständig oder nicht rechtzeitig veröffentlicht,
28. entgegen Artikel 431 Absatz 2 die in den dort bezeichneten Genehmigungen enthaltenen Informationen nicht, nicht richtig, nicht vollständig oder nicht rechtzeitig offenlegt,
29. entgegen Artikel 431 Absatz 3 Unterabsatz 3 Satz 2 und 3 die dort genannten Informationen nicht, nicht richtig, nicht vollständig oder nicht rechtzeitig veröffentlicht oder
30. entgegen Artikel 451 Absatz 1 die dort genannten Informationen nicht, nicht richtig, nicht vollständig oder nicht rechtzeitig offenlegt.

[2] Die Bestimmungen des Satzes 1 gelten auch für ein Kreditinstitut oder Finanzdienstleistungsinstitut im Sinne des § 1a.

(5a) Ordnungswidrig handelt, wer vorsätzlich oder fahrlässig ein höheres als in Artikel 3 Absatz 1 oder in Artikel 4 Satz 1 der Verordnung (EU) 2015/751 des Europäischen Parlaments und des Rates vom 29. April 2015 über Interbankenentgelte für kartengebundene Zahlungsvorgänge (ABl. L 123 vom 19.5. 2015, S. 1) genanntes Interbankenentgelt erhebt.

(5b) Ordnungswidrig handelt, wer im Anwendungsbereich dieses Gesetzes entgegen Artikel 6 Absatz 2 Satz 1 der Verordnung (EU) 2017/2402 des Europäischen Parlaments und des Rates vom 12. Dezember 2017 zur Festlegung eines allgemeinen Rahmens für Verbriefungen und zur Schaffung eines spezifischen Rahmens für einfache, transparente und standardisierte Verbriefung und zur Änderung der Richtlinien 2009/65/EG, 2009/138/EG, 2011/61/EU und der Verordnungen (EG) Nr. 1060/2009 und (EU) Nr. 648/2012 (ABl. L 347 vom 28.12.2017, S. 35) Vermögenswerte auswählt.

(5c) Ordnungswidrig handelt, wer im Anwendungsbereich dieses Gesetzes gegen die Verordnung (EU) 2017/2402 verstößt, indem er vorsätzlich oder fahrlässig

1. entgegen Artikel 6 Absatz 1 Satz 1 einen dort genannten Anteil nicht hält,
2. entgegen Artikel 7 Absatz 1 Unterabsatz 1 bis 4 oder 5 eine Information nicht, nicht richtig, nicht vollständig, nicht in der vorgeschriebenen Weise oder nicht rechtzeitig zur Verfügung stellt,
3. entgegen Artikel 9 Absatz 1 Satz 1 oder 2 ein anderes Kriterium oder Verfahren anwendet,
4. entgegen Artikel 18 Satz 1 eine dort genannte Bezeichnung verwendet,
5. entgegen Artikel 27 Absatz 4 die Europäische Wertpapier- und Marktaufsichtsbehörde nicht, nicht richtig, nicht vollständig oder nicht rechtzeitig unterrichtet oder die Bundesanstalt nicht, nicht richtig, nicht vollständig oder nicht rechtzeitig benachrichtigt oder
6. entgegen Artikel 28 Absatz 2 eine Meldung nicht, nicht richtig, nicht vollständig oder nicht rechtzeitig macht.

(5d) Ordnungswidrig handelt, wer im Anwendungsbereich dieses Gesetzes vorsätzlich oder fahrlässig

1. nicht sicherstellt, dass er über ein wirksames System nach Artikel 9 Absatz 1 Satz 3 der Verordnung (EU) 2017/2402 verfügt,
2. eine in Artikel 9 Absatz 3 der Verordnung (EU) 2017/2402 genannte Risikoposition verbrieft, ohne eine dort genannte Prüfung vorgenommen zu haben, oder
3. eine Meldung nach Artikel 27 Absatz 1 Unterabsatz 1, 2 oder 3 Satz 2 der Verordnung (EU) 2017/2402 mit irreführendem Inhalt macht.

(6) Die Ordnungswidrigkeit kann

1. in den Fällen des Absatzes 2 Nummer 1 Buchstabe a, b und h, Nummer 3 Buchstabe a und f, Nummer 4 und 12, der Absätze 4f, 4h, 5 Satz 1 Nummer 1 bis 7, 15, 18, 19 und 22 bis 29 und der Absätze 5b bis 5d mit einer Geldbuße bis zu fünf Millionen Euro,

1a. in den Fällen des Absatzes 4g mit einer Geldbuße bis zu siebenhunderttausend Euro,

2. in den Fällen der Absätze 1 und 2 Nummer 3 Buchstabe l und des Absatzes 5a mit einer Geldbuße bis zu fünfhunderttausend Euro,
3. in den Fällen des Absatzes 2 Nummer 2 Buchstabe a, Nummer 3 Buchstabe b bis e, g bis k und m, Nummer 5 bis 10, 13, 14, 17a und 17b, der Absätze 4, 4b Nummer 1 bis 5 und des Absatzes 4c in Verbindung mit Absatz 1a mit einer Geldbuße bis zu zweihunderttausend Euro und

4. in den übrigen Fällen mit einer Geldbuße bis zu hunderttausend Euro geahndet werden.

(6a) Gegenüber einer juristischen Person oder einer Personenvereinigung kann in den Fällen der Absätze 4f, 4g, 5b bis 5d über Absatz 6 hinaus eine höhere Geldbuße verhängt werden; diese Geldbuße darf den höheren der folgenden Beträge nicht übersteigen:

1. in den Fällen des Absatzes 4f den höheren der Beträge von zwanzig Millionen Euro oder 10 Prozent des Gesamtumsatzes, den die juristische Person oder die Personenvereinigung im der Behördenentscheidung vorangegangenen Geschäftsjahr erzielt hat,
2. in den Fällen des Absatzes 4g den höheren der Beträge von fünf Millionen Euro oder 3 Prozent des Gesamtumsatzes, den die juristische Person oder die Personenvereinigung im der Behördenentscheidung vorausgegangenen Geschäftsjahr erzielt hat,
3. in den Fällen der Absätze 4h, 5b bis 5d den höheren der Beträge von fünf Millionen Euro oder 10 Prozent des Gesamtumsatzes, den die juristische Person oder die Personenvereinigung im der Behördenentscheidung vorausgegangenen Geschäftsjahr erzielt hat.

(6b) Gegenüber einer juristischen Person oder einer Personenvereinigung kann in den Fällen des Absatzes 2 Nummer 11b bis 13 und in den Fällen des Absatzes 4 Nummer 1 bis 3, 8, 9 und 11 bis 15, sofern es sich um nachhaltige Verstöße handelt, eine über Absatz 6 hinausgehende Geldbuße verhängt werden; die Geldbuße darf den höheren der folgenden Beträge nicht übersteigen:

1. fünf Millionen Euro oder
2. 10 Prozent des Gesamtumsatzes, den die juristische Person oder Personenvereinigung im der Behördenentscheidung vorausgegangenen Geschäftsjahr erzielt hat.

(6c) [1] Über die in den Absätzen 6, 6a und 6b genannten Beträge hinaus kann die Ordnungswidrigkeit in den Fällen des Absatzes 2 Nummer 11b bis 13, in den Fällen des Absatzes 4 Nummer 1 bis 3, 8, 9 und 11 bis 15, in den Fällen der Absätze 4f bis 4h und in den Fällen der Absätze 5b bis 5d mit einer Geldbuße bis zum Zweifachen des aus dem Verstoß gezogenen wirtschaftlichen Vorteils geahndet werden. [2] Der wirtschaftliche Vorteil umfasst erzielte Gewinne und vermiedene Verluste und kann geschätzt werden.

(6d) [1] Gesamtumsatz im Sinne des Absatzes 6a und 6b Nummer 2 ist

1. im Falle von Kreditinstituten, Zahlungsinstituten und Finanzdienstleistungsinstituten im Sinne des § 340 des Handelsgesetzbuchs der sich aus dem auf das Institut anwendbaren nationalen Recht im Einklang mit Artikel 27 Nummer 1, 3, 4, 6 und 7 oder Artikel 28 Nummer B1, B2, B3, B4 und B7 der Richtlinie 86/635/EWG des Rates vom 8. Dezember 1986 über den Jahresabschluss und den konsolidierten Abschluss von Banken und anderen Finanzinstituten (ABl. L 372 vom 31.12.1986, S. 1, L 316 vom 23.11.1988, S. 51), die zuletzt durch die Richtlinie 2006/46/EG (ABl. L 224 vom 16.8. 2006, S. 1) geändert worden ist, ergebende Gesamtbetrag, abzüglich der Umsatzsteuer und sonstiger direkt auf diese Erträge erhobener Steuern,
2. im Falle von Versicherungsunternehmen der sich aus dem auf das Versicherungsunternehmen anwendbaren nationalen Recht im Einklang mit Artikel 63 der Richtlinie 91/674/EWG des Rates vom 19. Dezember 1991 über

den Jahresabschluss und den konsolidierten Abschluss von Versicherungsunternehmen (ABl. L 374 vom 31.12.1991, S. 7), die zuletzt durch die Richtlinie 2006/46/EG (ABl. L 224 vom 16.8.2006, S. 1) geändert worden ist, ergebende Gesamtbetrag, abzüglich der Umsatzsteuer und sonstiger direkt auf diese Erträge erhobener Steuern,

3. im Übrigen der Betrag der Nettoumsätze nach Maßgabe des auf das Unternehmen anwendbaren nationalen Rechts im Einklang mit Artikel 2 Nummer 5 der Richtlinie 2013/34/EU des Europäischen Parlaments und des Rates vom 26. Juni 2013 über den Jahresabschluss, den konsolidierten Abschluss und damit verbundene Berichte von Unternehmen bestimmter Rechtsformen und zur Änderung der Richtlinie 2006/43/EG des Europäischen Parlaments und des Rates und zur Aufhebung der Richtlinien 78/660/EWG und 83/349/EWG des Rates (ABl. L 182 vom 29.6.2013, S. 19, L 369 vom 24.12.2014, S. 79), die zuletzt durch die Richtlinie 2014/102/EU (ABl. L 334 vom 21.11.2014, S. 86) geändert worden ist.

[2] Handelt es sich bei der juristischen Person oder der Personenvereinigung um das Mutterunternehmen oder um eine Tochtergesellschaft, so ist anstelle des Gesamtumsatzes der juristischen Person oder der Personenvereinigung der jeweilige Gesamtbetrag in dem Konzernabschluss des Mutterunternehmens maßgeblich, der für den größten Kreis von Unternehmen aufgestellt wird. [3] Wird der Konzernabschluss für den größten Kreis von Unternehmen nicht nach den in Satz 1 genannten Vorschriften aufgestellt, ist der Gesamtumsatz nach Maßgabe der den in Satz 1 Nummer 1 bis 3 vergleichbaren Posten des Konzernabschlusses zu ermitteln. [4] Ist ein Jahresabschluss oder Konzernabschluss für das maßgebliche Geschäftsjahr nicht verfügbar, ist der Jahres- oder Konzernabschluss für das unmittelbar vorangegangene Geschäftsjahr maßgeblich; ist auch dieser nicht verfügbar, kann der Gesamtumsatz geschätzt werden.

(6e) [1] § 17 Absatz 2 des Gesetzes über Ordnungswidrigkeiten ist nicht anzuwenden bei Verstößen gegen Gebote und Verbote, die in den Absätzen 6a und 6b in Bezug genommen werden. [2] § 30 des Gesetzes über Ordnungswidrigkeiten gilt auch für juristische Personen oder für Personenvereinigungen, die über eine Zweigniederlassung oder im Wege des grenzüberschreitenden Dienstleistungsverkehrs im Inland tätig sind. [3] Die Verfolgung der Ordnungswidrigkeiten nach der Absätze 4f bis 4h verjährt in drei Jahren.

(7) [1] Die Geldbuße soll den wirtschaftlichen Vorteil, den der Täter aus der Ordnungswidrigkeit gezogen hat, übersteigen. [2] Reicht in den Fällen des Absatzes 6 das Höchstmaß, mit Ausnahme der Fälle nach Absatz 2 Nummer 11b bis 13, und in den Fällen des Absatzes 4 Nummer 1 bis 3, 8, 9 und 11 bis 15 hierzu nicht aus, so kann es für juristische Personen oder Personenvereinigungen bis zu einem Betrag in folgender Höhe überschritten werden:

1. 10 Prozent des Jahresnettoumsatzes des Unternehmens im Geschäftsjahr, das der Ordnungswidrigkeit vorausgeht, oder

2. das Zweifache des durch die Zuwiderhandlung erlangten Mehrerlöses.

[3] § 17 Absatz 4 des Gesetzes über Ordnungswidrigkeiten bleibt unberührt.

(8) [1] Der Jahresnettoumsatz im Sinne des Absatzes 7 Satz 2 Nummer 1 ist der Gesamtbetrag der in § 34 Absatz 2 Satz 1 Nummer 1 Buchstabe a bis e der Kreditinstituts-Rechnungslegungsverordnung in der jeweils geltenden Fassung genannten Erträge einschließlich der Bruttoerträge bestehend aus Zinserträgen

und ähnlichen Erträgen, Erträgen aus Aktien, anderen Anteilsrechten und nicht festverzinslichen/festverzinslichen Wertpapieren sowie Erträgen aus Provisionen und Gebühren wie in Artikel 316 der Verordnung (EU) Nr. 575/2013 ausgeführt, abzüglich der Umsatzsteuer und sonstiger direkt auf diese Erträge erhobener Steuern. [2] Handelt es sich bei dem Unternehmen um ein Tochterunternehmen, ist auf den Jahresnettoumsatz abzustellen, der im vorangegangenen Geschäftsjahr im konsolidierten Abschluss des Mutterunternehmens an der Spitze der Gruppe ausgewiesen ist.

§§ 57, 58 (weggefallen)

§ 59 Geldbußen gegen Unternehmen. § 30 des Gesetzes über Ordnungswidrigkeiten gilt auch für Unternehmen im Sinne des § 53b Abs. 1 Satz 1 und Abs. 7 Satz 1, die über eine Zweigniederlassung oder im Wege des grenzüberschreitenden Dienstleistungsverkehrs im Inland tätig sind.

§ 60 Zuständige Verwaltungsbehörde. Verwaltungsbehörde im Sinne des § 36 Abs. 1 Nr. 1 des Gesetzes über Ordnungswidrigkeiten ist die Bundesanstalt.

§ 60a Beteiligung der Bundesanstalt und Mitteilungen in Strafsachen.

(1) [1] Das Gericht, die Strafverfolgungs- oder die Strafvollstreckungsbehörde hat in Strafverfahren gegen Inhaber, Geschäftsleiter oder Mitglieder der Verwaltungs- oder Aufsichtsorgane von Instituten oder Finanzholding-Gesellschaften sowie gegen Inhaber bedeutender Beteiligungen an Instituten oder deren gesetzliche Vertreter oder persönlich haftende Gesellschafter wegen Verletzung ihrer Berufspflichten oder anderer Straftaten bei oder im Zusammenhang mit der Ausübung eines Gewerbes oder dem Betrieb einer sonstigen wirtschaftlichen Unternehmung, ferner in Strafverfahren, die Straftaten nach § 54 zum Gegenstand haben, im Falle der Erhebung der öffentlichen Klage der Bundesanstalt

1. die Anklageschrift oder eine an ihre Stelle tretende Antragsschrift,
2. den Antrag auf Erlaß eines Strafbefehls und
3. die das Verfahren abschließende Entscheidung mit Begründung

zu übermitteln; ist gegen die Entscheidung ein Rechtsmittel eingelegt worden, ist die Entscheidung unter Hinweis auf das eingelegte Rechtsmittel zu übermitteln. [2] In Verfahren wegen fahrlässig begangener Straftaten werden die in den Nummern 1 und 2 bestimmten Übermittlungen nur vorgenommen, wenn aus der Sicht der übermittelnden Stelle unverzüglich Entscheidungen oder andere Maßnahmen der Bundesanstalt geboten sind.

(1a) [1] In Strafverfahren, die Straftaten nach § 54 zum Gegenstand haben, hat die Staatsanwaltschaft die Bundesanstalt bereits über die Einleitung des Ermittlungsverfahrens zu unterrichten, soweit dadurch eine Gefährdung des Ermittlungszweckes nicht zu erwarten ist. [2] Erwägt die Staatsanwaltschaft, das Verfahren einzustellen, so hat sie die Bundesanstalt zu hören.

(2) [1] Werden sonst in einem Strafverfahren Tatsachen bekannt, die auf Mißstände in dem Geschäftsbetrieb eines Instituts hindeuten, soll das Gericht, die Strafverfolgungs- oder die Strafvollstreckungsbehörde diese Tatsachen ebenfalls mitteilen, soweit nicht für die übermittelnde Stelle erkennbar ist, daß schutz-

würdige Interessen des Betroffenen überwiegen. [2]Dabei ist zu berücksichtigen, wie gesichert die zu übermittelnden Erkenntnisse sind.

(3) [1]Der Bundesanstalt ist auf Antrag Akteneinsicht zu gewähren, soweit nicht für die Akteneinsicht gewährende Stelle erkennbar ist, dass schutzwürdige Interessen des Betroffenen überwiegen. [2]Absatz 2 Satz 2 gilt entsprechend.

§ 60b Bekanntmachung von Maßnahmen. (1) [1]Die Bundesanstalt soll, sofern die Bekanntmachung nicht bereits nach § 60c Absatz 1 Satz 1 erfolgt, jede gegen ein ihrer Aufsicht unterstehendes Institut oder Unternehmen oder gegen einen Geschäftsleiter eines Instituts oder Unternehmens verhängte und bestandskräftig gewordene Maßnahme, die sie wegen eines Verstoßes gegen dieses Gesetz, die dazu erlassenen Rechtsverordnungen oder die Bestimmungen der Verordnung (EU) Nr. 575/2013[1)] oder der Verordnung (EU) 2015/847 verhängt hat, und jede unanfechtbar gewordene Bußgeldentscheidung nach Maßgabe der Absätze 2 bis 4 unverzüglich auf ihren Internetseiten öffentlich bekannt machen und dabei auch Informationen zu Art und Charakter des Verstoßes mitteilen. [2]Die Rechte der Bundesanstalt nach § 37 Absatz 1 Satz 3 bleiben unberührt.

(2) Die Bekanntmachung einer unanfechtbar gewordenen Bußgeldentscheidung nach § 56 Absatz 4c darf keine personenbezogenen Daten enthalten.

(3) Eine unanfechtbar gewordene Bußgeldentscheidung nach § 56 Absatz 4e darf nicht nach Absatz 1 bekannt gemacht werden, wenn eine solche Bekanntmachung die Stabilität der Finanzmärkte der Bundesrepublik Deutschland oder eines oder mehrerer Vertragsstaaten des Abkommens über den Europäischen Wirtschaftsraum erheblich gefährden oder eine solche Bekanntmachung den Beteiligten einen unverhältnismäßig großen Schaden zufügen würde.

(4) [1]Die Bundesanstalt hat eine bestandskräftig gewordene Maßnahme oder eine unanfechtbar gewordene Bußgeldentscheidung mit Ausnahme von Bußgeldentscheidungen nach § 56 Absatz 4e auf anonymer Basis bekannt zu machen, wenn eine Bekanntmachung nach Absatz 1

1. das Persönlichkeitsrecht natürlicher Personen verletzt oder eine Bekanntmachung personenbezogener Daten aus sonstigen Gründen unverhältnismäßig wäre,
2. die Stabilität der Finanzmärkte der Bundesrepublik Deutschland oder eines oder mehrerer Mitgliedstaaten des Europäischen Wirtschaftsraums oder den Fortgang einer strafrechtlichen Ermittlung erheblich gefährden würde oder
3. den beteiligten Instituten oder natürlichen Personen einen unverhältnismäßig großen Schaden zufügen würde.

[2]Abweichend von Satz 1 kann die Bundesanstalt in den Fällen von Satz 1 Nummer 2 und 3 so lange von der Bekanntmachung nach Absatz 1 absehen, bis die Gründe für eine Bekanntmachung auf anonymer Basis weggefallen sind.

(5) [1]Die Maßnahmen und Bußgeldentscheidungen im Sinne des Absatzes 1 mit Ausnahme der Bußgeldentscheidungen nach § 56 Absatz 4e sollen mindestens für fünf Jahre ab Bestandskraft der Maßnahme oder ab Unanfechtbarkeit der Bußgeldentscheidung auf den Internetseiten der Bundesanstalt veröffentlicht bleiben. [2]Abweichend von Satz 1 sind personenbezogene Daten zu löschen, sobald ihre Bekanntmachung nicht mehr erforderlich ist.

[1)] Nr. 6.

§ 60c Bekanntmachung von Maßnahmen und Sanktionen wegen Verstößen gegen die Verordnung (EU) Nr. 909/2014, die Verordnung (EU) 2015/2365, die Verordnung (EU) 2016/1011 oder die Verordnung (EU) 2017/2402. (1) Die Bundesanstalt macht Entscheidungen über Maßnahmen und Sanktionen, die wegen Verstößen gegen die Verordnung (EU) Nr. 909/2014 oder Artikel 4 oder 15 der Verordnung (EU) 2015/2365, Artikel 16 Absatz 1 bis 4 der Verordnung (EU) 2016/1011 oder die jeweils darauf basierenden delegierten Rechtsakte erlassen wurden, auf ihrer Internetseite unverzüglich nach Unterrichtung der natürlichen oder juristischen Person, gegen die die Maßnahme oder Sanktion verhängt wurde, bekannt.

(2) In der Bekanntmachung benennt die Bundesanstalt die Vorschrift, gegen die verstoßen wurde, und die für den Verstoß verantwortliche natürliche oder juristische Person oder Personenvereinigung.

(3) Ist die Bekanntmachung der Identität einer von der Entscheidung betroffenen juristischen Person oder der personenbezogenen Daten einer natürlichen Person unverhältnismäßig oder würde die Bekanntmachung laufende Ermittlungen oder die Stabilität der Finanzmärkte gefährden, so

1. schiebt die Bundesanstalt die Bekanntmachung der Entscheidung auf, bis die Gründe für das Aufschieben weggefallen sind,
2. macht die Bundesanstalt die Entscheidung ohne Nennung der Identität oder der personenbezogenen Daten bekannt, wenn hierdurch ein wirksamer Schutz der Identität oder der betreffenden personenbezogenen Daten gewährleistet ist oder
3. macht die Bundesanstalt die Entscheidung nicht bekannt, wenn eine Bekanntmachung gemäß den Nummern 1 und 2 nicht ausreichend wäre, um sicherzustellen, dass
   a) die Stabilität der Finanzmärkte nicht gefährdet wird oder
   b) die Verhältnismäßigkeit der Bekanntmachung gewahrt bleibt.

(4) [1] Bei nicht bestands- oder nicht rechtskräftigen Entscheidungen fügt die Bundesanstalt einen entsprechenden Hinweis hinzu. [2] Wird gegen die bekanntzumachende Entscheidung ein Rechtsbehelf eingelegt, so ergänzt die Bundesanstalt die Bekanntmachung unverzüglich um einen Hinweis auf den Rechtsbehelf sowie um alle weiteren Informationen über das Ergebnis des Rechtsbehelfsverfahrens.

(5) [1] Eine Bekanntmachung nach Absatz 1 ist fünf Jahre nach ihrer Bekanntmachung zu löschen. [2] Abweichend von Satz 1 sind personenbezogene Daten zu löschen, sobald ihre Bekanntmachung nicht mehr erforderlich ist.

(6) Bei bestandskräftigen Maßnahmen und unanfechtbar gewordenen Bußgeldentscheidungen, die wegen eines Verstoßes gegen die Artikel 6, 7, 9 oder 27 Absatz 1 der Verordnung (EU) 2017/2402 erlassen wurden, gelten die Absätze 1 bis 3 und 5 mit der Maßgabe entsprechend, dass die Bekanntmachung auch die verhängten Maßnahmen und Bußgeldentscheidungen umfasst und in der Verhältnismäßigkeitsprüfung nach Absatz 3 geprüft wird, ob die Bekanntmachung den beteiligten Personen einen unverhältnismäßigen Schaden zufügen würde.

§ 60d Bekanntmachung von Maßnahmen und Sanktionen gegen Wertpapierdienstleistungsunternehmen und Betreiber von Datenbereitstellungsdiensten. (1) [1] Die Bundesanstalt macht Entscheidungen über

Maßnahmen und Sanktionen gemäß § 56 Absatz 4h, die gegen Wertpapierdienstleistungsunternehmen im Sinne des § 2 Absatz 10 des Wertpapierhandelsgesetzes und Betreiber von Datenbereitstellungsdiensten erlassen wurden, unverzüglich nach Unterrichtung der natürlichen oder juristischen Person, gegen die die Maßnahme oder Sanktion verhängt wurde, auf ihrer Internetseite bekannt. [2] Dies gilt nicht für Entscheidungen über Ermittlungsmaßnahmen.

(2) In der Bekanntmachung benennt die Bundesanstalt die Vorschrift, gegen die verstoßen wurde, und die für den Verstoß verantwortliche natürliche oder juristische Person oder Personenvereinigung.

(3) [1] Ist die Bundesanstalt nach einer fallbezogenen Bewertung der Verhältnismäßigkeit der Bekanntmachung zu der Ansicht gelangt, dass die Bekanntmachung der Identität der juristischen Person oder der personenbezogenen Daten der natürlichen Person unverhältnismäßig wäre, oder würde die Bekanntmachung die Stabilität der Finanzmärkte oder laufende Ermittlungen gefährden, so kann die Bundesanstalt

1. die Entscheidung erst dann bekanntmachen, wenn die Gründe für den Verzicht auf ihre Bekanntmachung nicht mehr bestehen, oder
2. die Entscheidung ohne Nennung personenbezogener Daten bekanntmachen, wenn diese anonymisierte Bekanntmachung einen wirksamen Schutz der betreffenden personenbezogenen Daten gewährleistet, oder
3. gänzlich von der Bekanntmachung der Entscheidung absehen, wenn die in den Nummern 1 und 2 genannten Möglichkeiten ihrer Ansicht nach nicht ausreichend gewährleisten, dass
   a) die Stabilität der Finanzmärkte nicht gefährdet wird,
   b) die Bekanntmachung von Entscheidungen über Maßnahmen, die als geringfügiger einzustufen sind, verhältnismäßig ist.

[2] Entscheidet sich die Bundesanstalt für eine Bekanntmachung in anonymisierter Form, kann die Bekanntmachung um einen angemessenen Zeitraum aufgeschoben werden, wenn vorhersehbar ist, dass die Gründe für die anonymisierte Bekanntmachung innerhalb dieses Zeitraums wegfallen werden.

(4) [1] Wird gegen die Entscheidung, mit der die Sanktion oder Maßnahme erlassen wird, ein Rechtsbehelf eingelegt, so macht die Bundesanstalt auch diesen Sachverhalt und alle weiteren Informationen über das Ergebnis des Rechtsbehelfsverfahrens umgehend auf ihrer Internetseite bekannt. [2] Ferner wird jede Entscheidung, mit der eine frühere Entscheidung aufgehoben oder geändert wird, ebenfalls bekannt gemacht.

(5) [1] Eine Bekanntmachung nach Absatz 1 ist fünf Jahre nach ihrer Bekanntmachung zu löschen. [2] Abweichend von Satz 1 sind personenbezogene Daten zu löschen, sobald ihre Bekanntmachung nicht mehr erforderlich ist.

Achter Abschnitt. Übergangs- und Schlußvorschriften

§ 61 Erlaubnis für bestehende Kreditinstitute. [1] Soweit ein Kreditinstitut bei Inkrafttreten dieses Gesetzes Bankgeschäfte in dem in § 1 Abs. 1 bezeichneten Umfang betreiben durfte, gilt die Erlaubnis nach § 32 als erteilt. [2] Die in § 35 Abs. 1 genannte Frist beginnt mit dem Inkrafttreten dieses Gesetzes zu laufen.

§ 62 Überleitungsbestimmungen. (1) [1] Die auf dem Gebiet des Kreditwesens bestehenden Rechtsvorschriften sowie die auf Grund der bisherigen Rechtsvorschriften erlassenen Anordnungen bleiben aufrechterhalten, soweit ihnen nicht Bestimmungen dieses Gesetzes entgegenstehen. [2] Rechtsvorschriften, die für die geschäftliche Betätigung bestimmter Arten von Kreditinstituten weitergehende Anforderungen stellen als dieses Gesetz, bleiben unberührt.

(2) Aufgaben und Befugnisse, die in Rechtsvorschriften des Bundes der Bankaufsichtsbehörde zugewiesen sind, gehen auf die Bundesanstalt über.

(3) Die Zuständigkeiten der Länder für die Anerkennung als verlagertes Geldinstitut nach der Fünfunddreißigsten Durchführungsverordnung zum Umstellungsgesetz, für die Bestätigung der Umstellungsrechnung und der Altbankenrechnung sowie für die Aufgaben und Befugnisse nach den Wertpapierbereinigungsgesetzen und dem Bereinigungsgesetz für deutsche Auslandsbonds bleiben unberührt.

§ 63 (Aufhebung und Änderung von Rechtsvorschriften)

§ 63a Sondervorschriften für das in Artikel 3 des Einigungsvertrages genannte Gebiet. (1) Soweit ein Kreditinstitut mit Sitz in der Deutschen Demokratischen Republik einschließlich Berlin (Ost) am 1. Juli 1990 Bankgeschäfte in dem in § 1 Abs. 1 bezeichneten Umfang betreiben durfte, gilt die Erlaubnis nach § 32 als erteilt.

(2) Die Bundesanstalt kann Gruppen von Kreditinstituten oder einzelne Kreditinstitute mit Sitz in dem in Artikel 3 des Einigungsvertrages genannten Gebiet von Verpflichtungen auf Grund dieses Gesetzes freistellen, wenn dies aus besonderen Gründen, insbesondere wegen der noch fehlenden Angleichung des Rechts in dem in Artikel 3 des Einigungsvertrages genannten Gebiet an das Bundesrecht, angezeigt ist.

§ 64 Nachfolgeunternehmen der Deutschen Bundespost. [1] Ab 1. Januar 1995 gilt die Erlaubnis nach § 32 für das Nachfolgeunternehmen der Deutschen Bundespost POSTBANK als erteilt. [2] Bei der Zusammenfassung gemäß § 19 Abs. 2 Satz 1 werden bis zum 31. Dezember 2002 Anteile an den Nachfolgeunternehmen der Deutschen Bundespost nicht berücksichtigt, die von der Bundesanstalt für Post und Telekommunikation Deutsche Bundespost gehalten werden.

§ 64a Übergangsvorschrift zum Risikoreduzierungsgesetz. (1) [1] Eine bereits am 27. Juni 2019 bestehende Finanzholding-Gesellschaft nach § 2f Absatz 1 kann bei der Aufsichtsbehörde eine Zulassung nach § 2f bis zum 28. Juni 2021 beantragen. [2] In dem Zeitraum zwischen dem 27. Juni 2019 und dem 28. Juni 2021 stehen der Aufsichtsbehörde gegenüber der Finanzholding-Gesellschaft nach Satz 1 alle aufsichtlichen Befugnisse zu, die auch gegenüber einer nach § 2f zugelassenen Finanzholding-Gesellschaft bestehen. [3] Sofern eine Finanzholding-Gesellschaft nach § 2f Absatz 1 bis zum 28. Juni 2021 keine Zulassung nach § 2f beantragt hat, ergreift die Aufsichtsbehörde entsprechende Maßnahmen nach § 2f Absatz 6.

(2) CRR-Kreditinstitute oder Wertpapierinstitute, die nach § 2g Absatz 1 ein zwischengeschaltetes EU-Mutterunternehmen benötigen und bei denen zum 27. Juni 2019 der Gesamtwert der Vermögenswerte der betroffenen Unternehmensgruppe innerhalb des Europäischen Wirtschaftsraums gemäß

§ 2g Absatz 4 mindestens 40 Milliarden Euro beträgt, müssen zum 30. Dezember 2023 über ein zwischengeschaltetes EU-Mutterunternehmen oder in den Fällen des § 2g Absatz 2 über zwei zwischengeschaltete EU-Mutterunternehmen verfügen.

(3) Auf Institute, die keine CRR-Kreditinstitute sind und die in den Anwendungsbereich der Verordnung (EU) 2019/2033[1)] fallen, sind bis zum 26. Juni 2021 mit Ausnahme der Vorschrift des § 2g die Vorschriften dieses Gesetzes in der bis zum 28. Dezember 2020 geltenden Fassung anzuwenden.

§ 64b *(aufgehoben)*

§ 64c *(aufgehoben)*

§ 64d *(aufgehoben)*

§ 64e Übergangsvorschriften zum Sechsten Gesetz zur Änderung des Gesetzes über das Kreditwesen. (1) Für ein Kreditinstitut, das am 1. Januar 1998 über eine Erlaubnis als Einlagenkreditinstitut verfügt, gilt die Erlaubnis für das Betreiben des Finanzkommissionsgeschäftes, des Emissionsgeschäftes, des Geldkartengeschäftes, des Netzgeldgeschäftes sowie für das Erbringen von Finanzdienstleistungen für diesen Zeitpunkt als erteilt.

(2) [1] Finanzdienstleistungsinstitute und Wertpapierhandelsbanken, die am 1. Januar 1998 zulässigerweise tätig waren, ohne über eine Erlaubnis der Bundesanstalt zu verfügen, haben bis zum 1. April 1998 ihre nach diesem Gesetz erlaubnispflichtigen Tätigkeiten und die Absicht, diese fortzuführen, der Bundesanstalt und der Deutschen Bundesbank anzuzeigen. [2] Ist die Anzeige fristgerecht erstattet worden, gilt die Erlaubnis nach § 32 in diesem Umfang als erteilt. [3] Die Bundesanstalt bestätigt die bezeichneten Erlaubnisgegenstände innerhalb von drei Monaten nach Eingang der Anzeige. [4] Innerhalb von drei Monaten nach Zugang der Bestätigung der Bundesanstalt hat das Institut der Bundesanstalt und der Deutschen Bundesbank eine Ergänzungsanzeige einzureichen, die den inhaltlichen Anforderungen des § 32 entspricht. [5] Wird die Ergänzungsanzeige nicht fristgerecht eingereicht, kann die Bundesanstalt die Erlaubnis nach Satz 2 aufheben; § 35 bleibt unberührt.

(3) [1] Auf Institute, für die eine Erlaubnis nach Absatz 2 als erteilt gilt, sind § 35 Abs. 2 Nr. 3 in Verbindung mit § 33 Abs. 1 Satz 1 Nr. 1 Buchstabe a bis c sowie § 24 Abs. 1 Nr. 9 über das Anfangskapital erst ab 1. Januar 2003 anzuwenden. [2] Solange das Anfangskapital der in Satz 1 genannten Institute geringer ist als der bei Anwendung des § 33 Abs. 1 Satz 1 Nr. 1 erforderliche Betrag, darf es den Durchschnittswert der jeweils sechs vorangehenden Monate nicht unterschreiten; der Durchschnittswert ist alle sechs Monate zu berechnen und der Bundesanstalt mitzuteilen. [3] Bei einem Unterschreiten des in Satz 2 genannten Durchschnittswertes kann die Bundesanstalt die Erlaubnis aufheben. [4] Auf die in Satz 1 genannten Institute sind § 10 Abs. 1 bis 8 und die §§ 10a, 11 und 13 bis 13b erst ab 1. Januar 1999 anzuwenden, es sei denn, sie errichten eine Zweigniederlassung oder erbringen grenzüberschreitende Dienstleistungen in anderen Staaten des Europäischen Wirtschaftsraums gemäß § 24a. [5] Wertpapierinstitute, für die eine Erlaubnis nach Absatz 2 als erteilt gilt und die § 10 Abs. 1 bis 8 und die §§ 10a, 11 und 13 bis 13b nicht anwenden, haben die

---

[1)] Nr. 7.

Kunden darüber zu unterrichten, daß sie nicht gemäß § 24a in anderen Staaten des Europäischen Wirtschaftsraums eine Zweigniederlassung errichten oder grenzüberschreitende Dienstleistungen erbringen können. [6]Institute, für die eine Erlaubnis nach Absatz 2 als erteilt gilt, haben der Bundesanstalt und der Deutschen Bundesbank anzuzeigen, ob sie § 10 Abs. 1 bis 8 und die §§ 10a, 11 und 13 bis 13b anwenden.

§ 64f Übergangsvorschriften zum Vierten Finanzmarktförderungsgesetz. (1) Für ein Kreditinstitut, das am 1. Juli 2002 über eine Erlaubnis als Einlagenkreditinstitut verfügt, gilt die Erlaubnis für das Betreiben des Kreditkartengeschäfts für diesen Zeitpunkt als erteilt.

(2) [1]Finanzdienstleistungsinstitute und Wertpapierhandelsbanken, die am 1. Juli 2002 zulässigerweise tätig waren, ohne über eine Erlaubnis der Bundesanstalt gemäß § 1 Abs. 1a Satz 2 Nr. 8 zu verfügen, haben bis zum 1. November 2002 ihre erlaubnispflichtige Tätigkeit und die Absicht, diese fortzuführen, der Bundesanstalt und der Deutschen Bundesbank anzuzeigen. [2]§ 64e Abs. 2 Satz 2 bis 5 gilt entsprechend.

(3)–(6) *(aufgehoben)*

§ 64g Übergangsvorschriften zum Finanzkonglomeraterichtlinie-Umsetzungsgesetz. (1) *(aufgehoben)*

(2) [1]Bis zum Erlass der Rechtsverordnung nach § 13c Absatz 1 Satz 2 sind sämtliche während eines Kalenderjahres durchgeführten bedeutenden gruppeninternen Transaktionen mit gemischten Holdinggesellschaften oder deren Tochterunternehmen der Bundesanstalt und der Deutschen Bundesbank vor dem 16. Januar des darauffolgenden Jahres anzuzeigen. [2]Gruppeninterne Transaktionen sind insbesondere

1. Darlehen,
2. Bürgschaften, Garantien und andere außerbilanzielle Geschäfte,
3. Geschäfte, die Eigenmittelbestandteile im Sinne der §§ 10, 10a, 53c und 104g des Versicherungsaufsichtsgesetzes betreffen,
4. Kapitalanlagen,
5. Rückversicherungsgeschäfte,
6. Kostenteilungsvereinbarungen.

[3]Eine gruppeninterne Transaktion ist bedeutend, wenn die einzelne Transaktion mindestens 5 Prozent der Eigenkapitalanforderung auf Gruppenebene erreicht oder übersteigt. [4]Mehrere Transaktionen desselben oder verschiedener gruppenangehöriger Unternehmen mit einem anderen gruppenangehörigen Unternehmen während eines Geschäftsjahres sind jeweils adressatenbezogen zusammenzufassen, auch wenn die einzelne Transaktion 5 Prozent der Eigenkapitalanforderung auf Gruppenebene nicht erreicht.

(3) Bis zu einer Ergänzung der Rechtsverordnung nach § 24 Abs. 4

1. sind im Rahmen der Anzeigen nach § 24 Abs. 3a Satz 1 Nr. 1
   a) zur Beurteilung der Zuverlässigkeit der Personen, die die Geschäfte einer Finanzholding-Gesellschaft oder einer gemischten Finanzholding-Gesellschaft tatsächlich führen sollen, die nach § 8 Satz 2 Nr. 2 der Anzeigenver-

ordnung[1]) vom 29. Dezember 1997 (BGBl. I S. 3372), die zuletzt durch Artikel 8 des Gesetzes vom 15. August 2003 (BGBl. I S. 1657) geändert worden ist, vorgesehenen Erklärungen abzugeben;

b) zur Beurteilung der fachlichen Eignung der Personen, die die Geschäfte einer Finanzholding-Gesellschaft oder gemischten Finanzholding-Gesellschaft tatsächlich führen sollen, die nach § 8 Satz 2 Nr. 1 der Anzeigenverordnung vom 29. Dezember 1997 (BGBl. I S. 3372), die zuletzt durch Artikel 8 des Gesetzes vom 15. August 2003 (BGBl. I S. 1657) geändert worden ist, genannten Unterlagen beizufügen;

2. gilt § 27 der Anzeigenverordnung vom 29. Dezember 1997 (BGBl. I S. 3372), die zuletzt durch Artikel 8 des Gesetzes vom 15. August 2003 (BGBl. I S. 1657) geändert worden ist, in Bezug auf Anzeigen einer gemischten Finanzholding-Gesellschaft nach § 12a Abs. 1 Satz 3 entsprechend.

§ 64h Übergangsvorschriften zum Gesetz zur Umsetzung der neu gefassten Bankenrichtlinie und der neu gefassten Kapitaladäquanzrichtlinie. (1)–(4) *(aufgehoben)*

(5) Institute dürfen personenbezogene Daten, die sie vor dem 1. Januar 2007 erhoben haben, nach Maßgabe des § 10 Absatz 2 verarbeiten.

(6) *(aufgehoben)*

(7) § 2 Abs. 8a ist bis längstens zum 31. Dezember 2014 anzuwenden.

§ 64i Übergangsvorschriften zum Finanzmarktrichtlinie-Umsetzungsgesetz. (1) [1]Für ein Unternehmen, das am 1. November 2007 eine Erlaubnis für ein oder mehrere Bankgeschäfte oder Finanzdienstleistungen im Sinne des § 1 Abs. 1a Satz 2 Nr. 1 bis 4 hat, gilt die Erlaubnis für die Anlageberatung als zu diesem Zeitpunkt erteilt. [2]Für ein Finanzdienstleistungsinstitut, das nicht unter Satz 1 fällt, gilt die Erlaubnis für die Anlageberatung ab diesem Zeitpunkt bis zur Entscheidung der Bundesanstalt als vorläufig erteilt, wenn es bis zum 31. Januar 2008 einen vollständigen Erlaubnisantrag nach § 32 Abs. 1 Satz 1 und 2, auch in Verbindung mit einer Rechtsverordnung nach § 24 Abs. 4, stellt.

(2) Für ein Unternehmen, das am 1. November 2007 eine Erlaubnis für ein oder mehrere Bankgeschäfte oder Finanzdienstleistungen im Sinne des § 1 Abs. 1a Satz 2 Nr. 1 bis 4 hat und bisher auf eigene Rechnung mit Finanzinstrumenten gehandelt hat, gilt die Erlaubnis für das Eigengeschäft als zu diesem Zeitpunkt erteilt.

(3) Für ein Unternehmen, das auf Grund der Ausdehnung der Definition der Finanzinstrumente in § 1 Abs. 11 am 1. November 2007 zum Finanzdienstleistungsinstitut oder zur Wertpapierhandelsbank wird, gilt Absatz 1 Satz 2 entsprechend.

(4) [1]Für ein Unternehmen, das am 1. November 2007 eine Erlaubnis für die Anlagevermittlung hat, gilt die Erlaubnis für den Betrieb eines multilateralen Handelssystems als zu diesem Zeitpunkt erteilt, wenn es bis zum 31. Januar 2008 einen vollständigen Erlaubnisantrag nach § 32 Abs. 1 Satz 1 und 2, auch in Verbindung mit einer Rechtsverordnung nach § 24 Abs. 4, stellt und die Bundesanstalt dem nicht binnen drei Monaten nach Eingang des vollständigen

---

[1]) Nr. **9g**.

Erlaubnisantrags widerspricht. [2]Die Bundesanstalt kann widersprechen, wenn sie im Falle eines ordentlichen Erlaubnisantrags nach § 32 das Recht hätte, die Erteilung der Erlaubnis nach § 33 zu versagen.

(5) Für ein Unternehmen, das am 1. November 2007 eine Erlaubnis für die Abschlussvermittlung hat, gilt für die Erlaubnis zur Erbringung des Platzierungsgeschäfts Absatz 1 Satz 2 entsprechend.

§ 64j Übergangsvorschriften zum Jahressteuergesetz 2009. (1) Für ein Unternehmen, das am 25. Dezember 2008 eine Erlaubnis für ein oder mehrere Bankgeschäfte im Sinne des § 1 Abs. 1 oder Finanzdienstleistungsgeschäfte im Sinne des § 1 Abs. 1a Satz 2 Nr. 1 bis 4 hat, gilt die Erlaubnis für das Factoring und das Finanzierungsleasing als zu diesem Zeitpunkt erteilt.

(2) [1]Für Finanzdienstleistungsinstitute, die nicht unter Absatz 1 fallen, gilt die Erlaubnis für das Factoring und das Finanzierungsleasing ab dem 25. Dezember 2008 als erteilt, wenn sie bis zum 31. Januar 2009 anzeigen, dass sie diese Tätigkeiten ausüben. [2]Für Unternehmen im Sinne des Satzes 1, die zum Zeitpunkt des Inkrafttretens des Gesetzes mindestens zwei der drei in § 267 Abs. 1 des Handelsgesetzbuchs genannten Größenkriterien nicht überschreiten, gilt eine längere Frist bis zum 31. Dezember 2009. [3]Die Anzeige muss die Angaben nach § 32 Abs. 1 Satz 2 Nr. 2 und 6 Buchstabe a und b, den Jahresabschluss für das letzte abgelaufene Geschäftsjahr, oder – soweit dieser nach den hierfür geltenden Fristen noch nicht aufzustellen war – für das diesem vorausgegangene Geschäftsjahr, oder – soweit noch kein Jahresabschluss aufzustellen war – die Eröffnungsbilanz und eine unterjährige Gewinn- und Verlustrechnung, sowie einen aktuellen Handelsregisterauszug und die Gewerbeanzeige nach § 14 Abs. 1 Satz 1 der Gewerbeordnung enthalten.

§ 64k Übergangsvorschrift zum Gesetz zur Umsetzung der Beteiligungsrichtlinie. Auf Verfahren nach § 2c, bei denen bis zum 17. März 2009 eine Anzeige eingegangen ist, sind die Vorschriften dieses Gesetzes in der bis zum 17. März 2009 geltenden Fassung anzuwenden.

§ 64l Übergangsvorschrift zur Erlaubnis für die Anlageverwaltung.

[1]Für ein Institut, das am 25. März 2009 die Erlaubnis für das Finanzkommissionsgeschäft, den Eigenhandel oder die Finanzportfolioverwaltung hat, gilt die Erlaubnis für die Anlageverwaltung als zu diesem Zeitpunkt erteilt. [2]Eine Erlaubnispflicht für die Anlageverwaltung besteht nicht für solche Produkte, für die bis zum 24. September 2008 ein Verkaufsprospekt veröffentlicht wurde.

§ 64m Übergangsvorschrift zum Brexit-Steuerbegleitgesetz. (1) § 25a Absatz 5a in der am 29. März 2019 geltenden Fassung ist erstmals für Kündigungen anzuwenden, die nach Ablauf von acht Monaten nach dem 29. März 2019 zugehen.

(2) Wird der Austritt des Vereinigten Königreichs Großbritannien und Nordirland aus der Europäischen Union wirksam, ohne dass bis zu diesem Zeitpunkt ein Austrittsabkommen im Sinne von Artikel 50 Absatz 2 Satz 2 des Vertrages über die Europäische Union in Kraft getreten ist, so ist § 64x Absatz 8 Satz 1 auf Unternehmen mit Sitz im Vereinigten Königreich Großbritannien und Nordirland mit der Maßgabe anzuwenden, dass die Befreiung nach § 2 Absatz 5 ab dem Zeitpunkt des Austritts bis zur Entscheidung der Europäischen Wertpapier- und Marktaufsichtsbehörde über eine Eintragung des Unterneh-

mens in das Register nach Artikel 48 der Verordnung (EU) Nr. 600/2014 als vorläufig erteilt gilt, wenn das Unternehmen innerhalb von drei Monaten nach dem Zeitpunkt des Austritts einen vollständigen Freistellungsantrag nach § 2 Absatz 5 Satz 1 stellt.

§ 64n Übergangsvorschrift zum Gesetz zur Novellierung des Finanzvermittler- und Vermögensanlagenrechts. Für ein Unternehmen, das auf Grund der Erweiterung der Definition der Finanzinstrumente in § 1 Absatz 11 Satz 1 am 1. Juni 2012 zum Finanzdienstleistungsinstitut wird, gilt die Erlaubnis ab diesem Zeitpunkt bis zur Entscheidung der Bundesanstalt als vorläufig erteilt, wenn es bis zum 31. Dezember 2012 einen vollständigen Erlaubnisantrag nach § 32 Absatz 1 Satz 1 und 2, auch in Verbindung mit einer Rechtsverordnung nach § 24 Absatz 4, stellt.

§ 64o Übergangsvorschriften zum EMIR-Ausführungsgesetz.

(1) [1] Für Kreditinstitute, die am 16. Februar 2013 über eine Erlaubnis nach § 32 zur Ausübung der Tätigkeit einer zentralen Gegenpartei nach § 1 Absatz 1 Satz 2 Nummer 12 verfügen, findet bis zu der Erteilung einer Erlaubnis nach Artikel 14 in Verbindung mit Artikel 17 der Verordnung (EU) Nr. 648/2012 § 2 Absatz 9a und 9b keine Anwendung. [2] § 37 Absatz 1 Satz 1 sowie § 54 Absatz 1a finden auf in Satz 1 genannte Kreditinstitute hinsichtlich der Tätigkeit als zentrale Gegenpartei im Sinne des § 1 Absatz 1 Satz 2 Nummer 12 bis zur Erteilung oder der rechtskräftigen Versagung der Erlaubnis nach Artikel 14 in Verbindung mit Artikel 17 der Verordnung (EU) Nr. 648/2012 keine Anwendung. [3] Soweit eine Erlaubnis nach § 32 das Betreiben von Bankgeschäften nach § 1 Absatz 1 Satz 2 Nummer 1 bis 10 oder das Erbringen von Finanzdienstleistungen nach § 1 Absatz 1a umfasst, bleibt sie insoweit von der Erteilung oder der rechtskräftigen Versagung der Erlaubnis nach Artikel 14 in Verbindung mit Artikel 17 der Verordnung (EU) Nr. 648/2012 unberührt.

(2) § 29 Absatz 1 Satz 2 in der ab dem 16. Februar 2013 geltenden Fassung ist erstmals auf die Abschlussprüfung des Jahresabschlusses für ein Geschäftsjahr anzuwenden, das nach dem 31. Dezember 2012 beginnt.

(3) § 29 Absatz 1a in der ab dem 16. Februar 2013 geltenden Fassung ist erstmals auf die Abschlussprüfung des Jahresabschlusses für ein Geschäftsjahr anzuwenden, das nach dem Zeitpunkt beginnt, in dem das Kreditinstitut eine Erlaubnis nach Artikel 14 in Verbindung mit Artikel 17 der Verordnung (EU) Nr. 648/2012 erhalten hat.

§ 64p Übergangsvorschrift zum Hochfrequenzhandelsgesetz. [1] Für ein Unternehmen, das auf Grund der Ausdehnung des Begriffs des Eigenhandels in § 1 Absatz 1a Satz 2 Nummer 4 am 15. Mai 2013 zum Finanzdienstleistungsinstitut wird, gilt die Erlaubnis für den Eigenhandel und das Eigengeschäft im Sinne des § 32 Absatz 1a als zu diesem Zeitpunkt vorläufig erteilt, wenn es bis zum 14. November 2013 einen vollständigen Erlaubnisantrag nach § 32 Absatz 1 Satz 1 und 2, auch in Verbindung mit einer Rechtsverordnung nach § 24 Absatz 4, stellt. [2] Für ein Unternehmen, das nicht im Inland ansässig und kein Unternehmen im Sinne des § 53b Absatz 1 Satz 1 und 2 ist, gilt Satz 1 mit der Maßgabe, dass der vollständige Erlaubnisantrag bis zum 14. Februar 2014 zu stellen ist.

§ 64q Übergangsvorschrift zum AIFM-Umsetzungsgesetz. (1) Auf Finanzdienstleistungsinstitute, die durch die Änderung des § 1 und das Inkrafttreten des Kapitalanlagegesetzbuchs als Kapitalverwaltungsgesellschaften im Sinne des § 17 des Kapitalanlagegesetzbuchs oder als Anteile an Investmentvermögen im Sinne des § 1 Absatz 1 des Kapitalanlagegesetzbuchs gelten und die die Voraussetzungen von § 353 Absatz 1 bis 3 erfüllen, ist § 1 Absatz 1a in der bis zum 21. Juli 2013 geltenden Fassung weiterhin anzuwenden.

(2) Auf Finanzdienstleistungsinstitute, die durch die Änderung des § 1 und das Inkrafttreten des Kapitalanlagegesetzbuchs als Kapitalverwaltungsgesellschaften im Sinne des § 17 des Kapitalanlagegesetzbuchs oder als Anteile an Investmentvermögen im Sinne des § 1 Absatz 1 des Kapitalanlagegesetzbuchs gelten, ist dieses Gesetz in der bis zum 21. Juli 2013 geltenden Fassung bis zur Stellung des Erlaubnisantrages gemäß § 22 des Kapitalanlagegesetzbuchs oder, wenn die Voraussetzungen des § 2 Absatz 4, 4a, 4b oder Absatz 5 des Kapitalanlagegesetzbuchs erfüllt sind, bis zur Registrierung gemäß § 44 des Kapitalanlagegesetzbuchs weiterhin anzuwenden.

§ 64r Übergangsvorschriften zum CRD IV-Umsetzungsgesetz.

(1) *(aufgehoben)*

(2) *(aufgehoben)*

(3) *(aufgehoben)*

(4) *(aufgehoben)*

(5) *(aufgehoben)*

(6) *(aufgehoben)*

(7) *(aufgehoben)*

(8) *(aufgehoben)*

(9) *(aufgehoben)*

(10) *(aufgehoben)*

(11) *(aufgehoben)*

(12) *(aufgehoben)*

(13) [1] § 25c Absatz 2 in der ab 1. Januar 2014 geltenden Fassung kommt, vorbehaltlich des Satzes 2, für Mandate als Geschäftsleiter und für Mandate in Verwaltungs- und Aufsichtsorganen, die der Geschäftsleiter am 31. Dezember 2013 bereits innehatte, nicht zur Anwendung. [2] Für Institute, bei denen eine Systemgefährdung im Sinne des § 67 Absatz 2 Satz 1 des Gesetzes zur Sanierung und Abwicklung von Instituten und Finanzgruppen[1)] vorliegt, gilt § 25c Absatz 2 ab dem 1. Juli 2014.

(14) [1] § 25d Absatz 3 in der ab 1. Januar 2014 geltenden Fassung kommt, vorbehaltlich des Satzes 2, für Mandate als Geschäftsleiter und für Mandate in Verwaltungs- und Aufsichtsorganen, die das Mitglied des Verwaltungs- und Aufsichtsorgans am 31. Dezember 2013 bereits innehatte, nicht zur Anwendung. [2] Für Institute, bei denen eine Systemgefährdung im Sinne des § 67 Absatz 2 Satz 1 des Gesetzes zur Sanierung und Abwicklung von Instituten und Finanzgruppen vorliegt, gilt § 25d Absatz 3 ab dem 1. Juli 2014.

(15) *(aufgehoben)*

[1)] Nr. **23**.

(16) [1] § 53b Absatz 4, 5 und 8 in der ab dem 1. Januar 2014 geltenden Fassung ist ab dem 1. Januar 2015 oder bei Erlass eines Rechtsakts nach Artikel 151 Absatz 2 der Richtlinie 2013/36/EU ab dem Ablauf des dort bestimmten Zeitraums anzuwenden. [2] Bis zum 31. Dezember 2014 oder dem Ablauf des in dem vorgenannten Rechtsakt bestimmten Zeitraums ist § 53b Absatz 4, 5 und 8 in der bis zum 31. Dezember 2013 geltenden Fassung weiter anzuwenden.

(17) Bei der Anwendung der Übergangsvorschriften des Artikels 484 Absatz 5 der Verordnung (EU) Nr. 575/2013[1)] sind bis zum 31. Dezember 2021 die Regelungen der Zuschlagsverordnung in der im Bundesgesetzblatt Teil III, Gliederungsnummer 7610-2-6, veröffentlichten bereinigten Fassung, die durch Artikel 2 der Verordnung vom 20. Dezember 1984 (BGBl. I S. 1727) geändert und durch Artikel 7 Absatz 1 des Gesetzes vom 28. August 2013 (BGBl. I S. 3395) aufgehoben worden ist, weiter anzuwenden.

(18) Für Kreditinstitute mit einer ausschließlichen Erlaubnis zum Betreiben der Tätigkeit einer zentralen Gegenpartei nach § 1 Absatz 1 Satz 2 Nummer 12 gelten bis zur Entscheidung über die Erteilung einer Zulassung nach Artikel 17 der Verordnung (EU) Nr. 648/2012 des Europäischen Parlaments und des Rates vom 4. Juli 2012 über OTC-Derivate, zentrale Gegenparteien und Transaktionsregister (ABl. L 201 vom 27.7.2012, S. 1) die Vorschriften dieses Gesetzes und der auf Grund dieses Gesetzes erlassenen Rechtsverordnungen jeweils in der bis zum 31. Dezember 2013 geltenden Fassung fort.

(19) [1] Wohnungsunternehmen mit Spareinrichtung, die am 31. Dezember 2013 über eine Erlaubnis zum Betreiben von Bankgeschäften nach § 32 Absatz 1 verfügt haben, dürfen abweichend von § 51c Absatz 5 über ein geringeres Anfangskapital als den Gegenwert von 5 Millionen Euro verfügen. [2] In diesem Fall darf das Anfangskapital nicht unter den am 31. Dezember 2013 vorhandenen Betrag sinken.

§ 64s *(aufgehoben)*

§ 64t *(aufgehoben)*

§ 64u *(aufgehoben)*

§ 64v Übergangsvorschriften zum Ersten Finanzmarktnovellierungsgesetz. (1) [1] Die Tätigkeit als Zentralverwahrer kann auf Grund einer Erlaubnis für das Depotgeschäft nach § 1 Absatz 1 Satz 2 Nummer 5 bis zur Bestandskraft der Entscheidung über den Antrag auf Zulassung als Zentralverwahrer nach Artikel 17 Absatz 1 der Verordnung (EU) Nr. 909/2014 fortgeführt werden. [2] § 2 Absatz 9e und 9f sowie § 29 Absatz 1b sind bis dahin nicht anzuwenden.

(2) [1] Ein Zentralverwahrer, der am Tag, den die Bundesregierung nach Artikel 17 Absatz 3 Satz 2 des Gesetzes vom 30. Juni 2016 (BGBl. I S. 1514) im Bundesgesetzblatt bekannt gibt, eine Erlaubnis nach § 1 Absatz 1 Satz 2 Nummer 1 oder Nummer 2 besitzt, kann die Erbringung von dadurch erlaubten Bankdienstleistungen bis zur Bestandskraft der Entscheidung über den Antrag auf Genehmigung nach Artikel 55 Absatz 1 der Verordnung (EU) Nr. 909/

---

1) Nr. 6.

2014 fortführen. [2] § 2 Absatz 9e und 9f sowie § 29 Absatz 1b sind bis dahin nicht anzuwenden.

§ 64w *(aufgehoben)*

§ 64x Übergangsvorschrift zum Zweiten Finanzmarktnovellierungsgesetz. (1) Für ein Kreditinstitut, das am 3. Januar 2018 über eine Erlaubnis als CRR-Kreditinstitut verfügt, und ein Finanzdienstleistungsinstitut, das über eine Erlaubnis für den Betrieb eines multilateralen Handelssystems im Sinne des § 1 Absatz 1a Satz 2 Nummer 1b verfügt, gilt die Erlaubnis für den Betrieb eines organisierten Handelssystems im Sinne des § 1 Absatz 1a Satz 2 Nummer 1d als erteilt.

(2) Für ein Unternehmen, das auf Grund des neuen Tatbestands in § 1 Absatz 1a Satz 2 Nummer 1d am 3. Januar 2018 zum Finanzdienstleistungsinstitut wird, gilt die Erlaubnis für den Betrieb eines organisierten Handelssystems als zu diesem Zeitpunkt vorläufig erteilt, wenn es bis zum 2. Juli 2018 einen vollständigen Erlaubnisantrag nach § 32 Absatz 1 Satz 1 und 2, auch in Verbindung mit einer Rechtsverordnung nach § 24 Absatz 4, stellt.

(3) Für ein Unternehmen, das auf Grund der Erweiterung des Begriffs des Finanzinstruments im Sinne des § 1 Absatz 11 um Emissionszertifikate am 3. Januar 2018 eine Erlaubnis nach § 32 Absatz 1 Satz 1 benötigt, gilt die Erlaubnis für das Betreiben der dann nach diesem Gesetz erlaubnispflichtigen Geschäfte als zu diesem Zeitpunkt vorläufig erteilt, wenn es bis zum 2. Juli 2018 einen vollständigen Erlaubnisantrag nach § 32 Absatz 1 Satz 1 und 2, auch in Verbindung mit einer Rechtsverordnung nach § 24 Absatz 4, stellt.

(4) Für ein Unternehmen, das wegen des Wegfalls des § 2 Absatz 1 Nummer 8 und Absatz 6 Satz 1 Nummer 9 und 13 in der bis zum 2. Januar 2018 gültigen Fassung dieses Gesetzes eine Erlaubnis nach § 32 Absatz 1 Satz 1 benötigt, gilt die Erlaubnis für das Betreiben der dann nach diesem Gesetz erlaubnispflichtigen Geschäfte als zu diesem Zeitpunkt vorläufig erteilt, wenn es bis zum 2. Juli 2018 einen vollständigen Erlaubnisantrag nach § 32 Absatz 1 Satz 1 und 2, auch in Verbindung mit einer Rechtsverordnung nach § 24 Absatz 4, stellt.

(5) Für ein Unternehmen, das auf Grund der Neufassung des § 2 Absatz 1 Nummer 9 und Absatz 6 Satz 1 Nummer 11 eine Erlaubnis nach § 32 Absatz 1 Satz 1 benötigt, gilt die Erlaubnis für das Betreiben der dann nach diesem Gesetz erlaubnispflichtigen Geschäfte als zu diesem Zeitpunkt vorläufig erteilt, wenn es bis zum 2. Juli 2018 einen vollständigen Erlaubnisantrag nach § 32 Absatz 1 Satz 1 und 2, auch in Verbindung mit einer Rechtsverordnung nach § 24 Absatz 4, stellt.

(6) Für ein Unternehmen, das auf Grund der Erweiterung der Erlaubnispflicht für das Betreiben des Eigengeschäfts gemäß § 32 Absatz 1a Satz 2 und 3 am 3. Januar 2018 eine Erlaubnis nach § 32 Absatz 1 Satz 1 benötigt, gilt die Erlaubnis für das Betreiben des Eigengeschäfts als zu diesem Zeitpunkt vorläufig erteilt, wenn es bis zum 2. Juli 2018 einen vollständigen Erlaubnisantrag nach § 32 Absatz 1 Satz 1 und 2, auch in Verbindung mit einer Rechtsverordnung nach § 24 Absatz 4, stellt.

(7) Für ein Unternehmen, das am 3. Januar 2018 als Datenbereitstellungsdienst tätig ist, ohne über eine Erlaubnis der Bundesanstalt zu verfügen, gilt die

Erlaubnis als zu diesem Zeitpunkt vorläufig erteilt, wenn es bis zum 2. Juli 2018 einen vollständigen Erlaubnisantrag nach § 32 Absatz 1f stellt.

(8) [1] Für ein Unternehmen mit Sitz in einem Drittstaat, das auf Grund der Erweiterung der Erlaubnispflicht für das Betreiben des Eigengeschäfts gemäß § 32 Absatz 1a Satz 2 und 3 am 3. Januar 2018 eine Erlaubnis nach § 32 Absatz 1 Satz 1 benötigt, gilt die Befreiung nach § 2 Absatz 5 ab dem 3. Januar 2018 bis zur Entscheidung der Europäischen Wertpapier- und Marktaufsichtsbehörde über eine Eintragung des Unternehmens in das Register nach Artikel 48 der Verordnung (EU) Nr. 600/2014 als vorläufig erteilt, wenn es bis zum 2. Juli 2018 einen vollständigen Freistellungsantrag nach § 2 Absatz 5 Satz 1 stellt. [2] Für ein Unternehmen mit Sitz in einem Drittstaat, das, wenn es ein Unternehmen mit Sitz im Inland wäre, die Regelungen der Absätze 1 bis 6 in Anspruch nehmen könnte, gilt die Freistellung nach § 2 Absatz 5 ab dem 3. Januar 2018 für das Betreiben der dann nach diesem Gesetz erlaubnispflichtigen Geschäfte als zu diesem Zeitpunkt vorläufig erteilt, wenn es bis zum 2. Juli 2018 einen vollständigen Freistellungsantrag nach § 2 Absatz 5 Satz 1 stellt.

§ 64y Übergangsvorschriften zum Gesetz zur Umsetzung der Änderungsrichtlinie zur Vierten EU-Geldwäscherichtlinie. (1) Für ein Unternehmen, das auf Grund des neuen Tatbestands in § 1 Absatz 1a Satz 2 Nummer 6 am 1. Januar 2020 zum Finanzdienstleistungsinstitut wird, gilt die Erlaubnis für den Betrieb des Kryptoverwahrgeschäftes als zu diesem Zeitpunkt vorläufig erteilt, wenn es bis zum 30. November 2020 einen vollständigen Erlaubnisantrag nach § 32 Absatz 1 Satz 1 und 2, auch in Verbindung mit einer Rechtsverordnung nach § 24 Absatz 4, stellt und wenn es die Absicht, einen Erlaubnisantrag zu stellen, bis zum 31. März 2020 der Bundesanstalt schriftlich anzeigt. Unternehmen nach Satz 1, die am 1. Januar 2020 auch als vertraglich gebundene Vermittler nach § 2 Absatz 10 tätig sind, können neben der Tätigkeit als vertraglich gebundener Vermittler bis zum 30. November 2020 weiterhin das Kryptoverwahrgeschäft betreiben.

(2) Für ein Unternehmen, das auf Grund der Erweiterung des Begriffs des Finanzinstruments im Sinne des § 1 Absatz 11 um Kryptowerte am 1. Januar 2020 eine Erlaubnis nach § 32 Absatz 1 Satz 1 benötigt, gilt die Erlaubnis für das Betreiben der dann nach diesem Gesetz erlaubnispflichtigen Geschäfte als zu diesem Zeitpunkt vorläufig erteilt, wenn es bis zum 30. November 2020 einen vollständigen Erlaubnisantrag nach § 32 Absatz 1 Satz 1 und 2, auch in Verbindung mit einer Rechtsverordnung nach § 24 Absatz 4, stellt und wenn es die Absicht, einen Erlaubnisantrag zu stellen, bis zum 31. März 2020 der Bundesanstalt schriftlich anzeigt.

§ 65 Übergangsvorschrift zum Gesetz zur Einführung von elektronischen Wertpapieren. (1) Ein Unternehmen, das am 10. Juni 2021 über die Erlaubnis für den Betrieb des Kryptoverwahrgeschäftes verfügt, darf dieses Geschäft auch hinsichtlich der Sicherung von privaten kryptografischen Schlüsseln erbringen, die dazu dienen, Kryptowertpapiere nach § 4 Absatz 3 des Gesetzes über elektronische Wertpapiere zu halten, zu speichern oder darüber zu verfügen.

(2) [1] Für ein Unternehmen, das eine Tätigkeit nach § 1 Absatz 1a Satz 2 Nummer 8 innerhalb der ersten sechs Monate seit dem 10. Juni 2021 aufnimmt, gilt die Erlaubnis für die Kryptowertpapierregisterführung als vorläufig

erteilt, wenn es sechs Monate nach Aufnahme der Tätigkeit einen vollständigen Erlaubnisantrag nach § 32 Absatz 1 Satz 1 und 2, auch in Verbindung mit einer Rechtsverordnung nach § 23 des Gesetzes über elektronische Wertpapiere, stellt und wenn es der Bundesanstalt die Absicht, die Tätigkeit aufzunehmen, zwei Monate vor Aufnahme der Tätigkeit schriftlich anzeigt. [2] Die Anzeige muss die Angaben nach § 32 Absatz 1 Satz 2 Nummer 1, 2 und 5 enthalten und den Vorgaben der Verordnung gemäß § 24 Absatz 4 entsprechen. [3] Die Bundesanstalt kann die Aufnahme der Tätigkeit insbesondere bei Zweifeln an der Eignung des Aufzeichnungssystems oder, wenn ihr Tatsachen bekannt werden, die eine Versagung der Erlaubnis nach § 33 Absatz 1 rechtfertigen, bis zum Abschluss des Erlaubnisverfahrens untersagen.

Anhang I

Informationsbogen für den Einleger

Einlagen bei (Name des Kreditinstituts einfügen) sind geschützt durch:	[Name des einschlägigen Einlagensicherungssystems einfügen] (1)
Sicherungsobergrenze:	100 000 Euro pro Einleger pro Kreditinstitut (2) [durch entsprechenden Betrag ersetzen, falls die Währung nicht auf Euro lautet] [Wenn zutreffend:] Die folgenden Marken sind Teil Ihres Kreditinstituts [alle Marken einfügen, die unter derselben Lizenz tätig sind]
Falls Sie mehrere Einlagen bei demselben Kreditinstitut haben:	Alle Ihre Einlagen bei demselben Kreditinstitut werden „aufaddiert" und die Gesamtsumme unterliegt der Obergrenze von 100 000 Euro [durch entsprechenden Betrag ersetzen, falls die Währung nicht auf Euro lautet] (2)
Falls Sie ein Gemeinschaftskonto mit einer oder mehreren anderen Personen haben:	Die Obergrenze von 100 000 Euro [durch entsprechenden Betrag ersetzen, falls die Währung nicht auf Euro lautet] gilt für jeden einzelnen Einleger (3)
Erstattungsfrist bei Ausfall eines Kreditinstituts:	20 Arbeitstage bis zum 31. Mai 2016 bzw. 7 Arbeitstage ab dem 1. Juni 2016
Währung der Erstattung:	Euro [gegebenenfalls durch andere Währung ersetzen]
Kontaktdaten:	[Kontaktdaten des einschlägigen Einlagensicherungssystems einfügen (Adresse, Telefon, E-Mail usw.)]
Weitere Informationen:	[Website des einschlägigen Einlagensicherungssystems einfügen]
Empfangsbestätigung durch den Einleger:	
Zusätzliche Informationen (für alle oder einige der nachstehenden Punkte) (1) [Nur wenn zutreffend:] Ihr Kreditinstitut ist Teil eines institutsbezogenen Sicherungssystems, das als Einlagensicherungssystem amtlich anerkannt ist. Das heißt, alle Institute, die Mitglied dieses Einlagensicherungssystems sind, unterstützen sich gegenseitig, um eine Insolvenz zu vermeiden. Im Falle einer Insolvenz werden Ihre Einlagen bis zu 100 000 Euro [durch entsprechenden Betrag ersetzen, falls die Währung nicht auf Euro lautet] erstattet. [Nur wenn zutreffend:] Ihre Einlage wird von einem gesetzlichen Einlagensicherungssystem gedeckt. Im Falle einer Insolvenz Ihres Kreditinstituts werden Ihre Einlagen in jedem Fall bis zu 100 000 Euro [durch entsprechenden Betrag ersetzen, falls die Währung nicht auf Euro lautet] erstattet. [Nur wenn zutreffend:] Ihre Einlage wird von einem gesetzlichen Einlagensicherungssystem und einem vertraglichen Einlagensicherungssystem gedeckt. Im Falle einer Insolvenz Ihres Kreditinstituts werden Ihre Einlagen in jedem Fall bis zu 100 000 Euro [durch entsprechenden Betrag ersetzen, falls die Währung nicht auf Euro lautet] erstattet.	

[Nur wenn zutreffend:] Ihre Einlage wird von einem gesetzlichen Einlagensicherungssystem gedeckt. Außerdem ist Ihr Kreditinstitut Teil eines institutsbezogenen Sicherungssystems, in dem sich alle Mitglieder gegenseitig unterstützen, um eine Insolvenz zu vermeiden. Im Falle einer Insolvenz werden Ihre Einlagen bis zu 100 000 Euro [durch entsprechenden Betrag ersetzen, falls die Währung nicht auf Euro lautet] vom Einlagensicherungssystem erstattet.

(2) Sollte eine Einlage nicht verfügbar sein, weil ein Kreditinstitut seinen finanziellen Verpflichtungen nicht nachkommen kann, so werden die Einleger von dem Einlagensicherungssystem entschädigt. Die betreffende Deckungssumme beträgt maximal 100 000 Euro [durch entsprechenden Betrag ersetzen, falls die Währung nicht auf Euro lautet] pro Kreditinstitut. Das heißt, dass bei der Ermittlung dieser Summe alle bei demselben Kreditinstitut gehaltenen Einlagen addiert werden. Hält ein Einleger beispielsweise 90 000 Euro auf einem Sparkonto und 20 000 Euro auf einem Girokonto, so werden ihm lediglich 100 000 Euro erstattet.

[Nur wenn zutreffend:] Diese Methode wird auch angewandt, wenn ein Kreditinstitut unter unterschiedlichen Marken auftritt. Die [Name des kontoführenden Kreditinstituts einfügen] ist auch unter dem Namen [alle anderen Marken desselben Kreditinstituts einfügen] tätig. Das heißt, dass die Gesamtsumme aller Einlagen bei einem oder mehreren dieser Marken in Höhe von bis zu 100 000 Euro gedeckt ist.

(3) Bei Gemeinschaftskonten gilt die Obergrenze von 100 000 Euro für jeden Einleger.

[Nur wenn zutreffend:] Einlagen auf einem Konto, über das zwei oder mehrere Personen als Mitglieder einer Personengesellschaft oder Sozietät, einer Vereinigung oder eines ähnlichen Zusammenschlusses ohne Rechtspersönlichkeit verfügen können, werden bei der Berechnung der Obergrenze von 100 000 Euro [durch entsprechenden Betrag ersetzen, falls die Währung nicht auf Euro lautet] allerdings zusammengefasst und als Einlage eines einzigen Einlegers behandelt.

In den Fällen des § 8 Absatz 2 bis 4 des Einlagensicherungsgesetzes[1] sind Einlagen über 100 000 Euro hinaus [durch entsprechenden Betrag ersetzen, falls die Währung nicht auf Euro lautet] gesichert. Weitere Informationen sind erhältlich über [Website des einschlägigen Einlagensicherungssystems einfügen].

(4) Erstattung [ist anzupassen]

Das zuständige Einlagensicherungssystem ist [Name, Adresse, Telefon, E-Mail und Website einfügen]. Es wird Ihnen Ihre Einlagen (bis zu 100 000 Euro [durch entsprechenden Betrag ersetzen, falls die Währung nicht auf Euro lautet]) spätestens innerhalb 20 Arbeitstagen bis zum 31. Mai 2016 bzw. 7 Arbeitstagen ab dem 1. Juni 2016 erstatten.

Haben Sie die Erstattung innerhalb dieser Fristen nicht erhalten, sollten Sie mit dem Einlagensicherungssystem Kontakt aufnehmen, da der Gültigkeitszeitraum für Erstattungsforderungen nach einer bestimmten Frist abgelaufen sein kann. Weitere Informationen sind erhältlich über [Website des zuständigen Einlagensicherungssystems einfügen].

Weitere wichtige Informationen

Einlagen von Privatkunden und Unternehmen sind im Allgemeinen durch Einlagensicherungssysteme gedeckt. Für bestimmte Einlagen geltende Ausnahmen werden auf der Website des zuständigen Einlagensicherungssystems mitgeteilt. Ihr Kreditinstitut wird Sie auf Anfrage auch darüber informieren, ob bestimmte Produkte gedeckt sind oder nicht. Wenn Einlagen entschädigungsfähig sind, wird das Kreditinstitut dies auch auf dem Kontoauszug bestätigen.

---

[1] Nr. **15**.

9a. Verordnung zur Ergänzung der Großkreditvorschriften nach der Verordnung (EU) Nr. 575/2013 des Europäischen Parlaments und des Rates vom 26. Juni 2013 über Aufsichtsanforderungen an Kreditinstitute und Wertpapierfirmen und zur Änderung der Verordnung (EU) Nr. 648/2012 und zur Ergänzung der Millionenkreditvorschriften nach dem Kreditwesengesetz (Großkredit- und Millionenkreditverordnung – GroMiKV)[1]

Vom 6. Dezember 2013

(BGBl. I S. 4183)

FNA 7610-2-40

zuletzt geänd. durch Art. 1 Dritte VO zur Änd. der Großkredit- und MillionenkreditVO v. 22.6.2021 (BGBl. I S. 1847)

Auf Grund des § 13 Absatz 1 Satz 1 und 3 sowie des § 22 Satz 1 und 3 des Kreditwesengesetzes[2], von denen § 13 Absatz 1 Satz 1 und 3 durch Artikel 1 Nummer 27 und § 22 Satz 1 und 3 durch Artikel 1 Nummer 38 des Gesetzes vom 28. August 2013 (BGBl. I S. 3395) neu gefasst worden sind, verordnet das Bundesministerium der Finanzen im Benehmen mit der Deutschen Bundesbank und nach Anhörung der Spitzenverbände der Institute:

Inhaltsübersicht

---

[1] **Amtl. Anm.:** Diese Verordnung dient der Umsetzung der Richtlinie 2013/36/EU des Europäischen Parlaments und des Rates vom 26. Juni 2013 über den Zugang zur Tätigkeit von Kreditinstituten und die Beaufsichtigung von Kreditinstituten und Wertpapierfirmen, zur Änderung der Richtlinie 2002/87/EG und zur Aufhebung der Richtlinien 2006/48/EG und 2006/49/EG (ABl. L 176 vom 27.6.2013, S. 338) sowie der Anpassung des Aufsichtsrechts an die Verordnung (EU) Nr. 575/2013 des Europäischen Parlaments und des Rates vom 26. Juni 2013 über Aufsichtsanforderungen an Kreditinstitute und Wertpapierfirmen und zur Änderung der Verordnung (EU) Nr. 646/2012 (ABl. L 176 vom 27.6.2013, S. 1).

[2] Nr. **9**.

Teil 1. Ergänzende Regelungen für Großkredite

Kapitel 1. Ausnahmen von der Anwendung der Obergrenze für Großkredite

§ 1 Ausnahmen von der Anwendung der Obergrenze für Großkredite nach Artikel 395 Absatz 1 der Verordnung (EU) Nr. 575/2013. Die folgenden Risikopositionen sind in der jeweils genannten Höhe nach Berücksichtigung der Wirkung einer Kreditrisikominderung nach den Artikeln 399, 401 bis 403 der Verordnung (EU) Nr. 575/2013[1)] des Europäischen Parlaments und des Rates vom 26. Juni 2013 über Aufsichtsanforderungen an Kreditinstitute und Wertpapierfirmen und zur Änderung der Verordnung (EU) Nr. 648/2012 (ABl. L 176 vom 27.6.2013,S. 1; L 208 vom 2.8.2013, S. 68; L 321 vom 30.11.2013, S. 6; L 193 vom 21.7.2015, S. 166; L 20 vom 25.1.2017, S. 3; L 13 vom 17.1.2020, S. 58; L 335 vom 13.10.2020, S. 20; L 405 vom 2.12.2020, S. 79), die zuletzt durch die Verordnung (EU) 2021/558 (ABl. L 116 vom 6.4.2021, S. 25) geändert worden ist, bei der Berechnung der Auslastung der Obergrenze für Großkredite nach Artikel 395 Absatz 1 der Verordnung (EU) Nr. 575/2013 ausgenommen:

1. gedeckte Schuldverschreibungen im Sinne des Artikels 129 Absatz 1, 3 und 6 der Verordnung (EU) Nr. 575/2013 in voller Höhe;
2. in Höhe von 80 Prozent ihrer Bemessungsgrundlage:

[1)] Nr. **6**.

a) Bilanzaktiva in Form von Forderungen an regionale oder lokale Gebietskörperschaften der Mitgliedstaaten, denen nach Artikel 115 in Verbindung mit den Artikeln 119 bis 121 der Verordnung (EU) Nr. 575/2013 ein Risikogewicht von 20 Prozent zugewiesen würde, und andere Risikopositionen gegenüber regionalen oder lokalen Gebietskörperschaften dieser Mitgliedstaaten;

b) Risikopositionen gegenüber Kreditnehmern, sofern die Risikopositionen

aa) durch eine regionale oder lokale Gebietskörperschaft der Mitgliedstaaten, denen nach Artikel 115 in Verbindung mit den Artikeln 119 bis 121 der Verordnung (EU) Nr. 575/2013 ein Risikogewicht von 20 Prozent zugewiesen würde, gewährleistet werden, und

bb) unbedingt rückzahlbar und im Fall der Insolvenz oder der Liquidation des Kreditnehmers oder des Garanten nach Doppelbuchstabe aa nicht nachrangig zu bedienen sind;

c) Bilanzaktiva in Form von Forderungen an eine Kirche oder Religionsgesellschaft, die in der Rechtsform einer Körperschaft des öffentlichen Rechts verfasst ist und aufgrund des Artikels 140 des Grundgesetzes in Verbindung mit Artikel 137 Absatz 6 der Weimarer Reichsverfassung vom 11. August 1919 (RGBl. S. 1383) Steuern erheben oder am Steueraufkommen der steuererhebenden kirchlichen Körperschaften teilhaben, und andere Risikopositionen gegenüber diesen kirchlichen Körperschaften des öffentlichen Rechts;

3. Bilanzaktiva in Form von Forderungen an Institute und sonstige Risikopositionen gegenüber Instituten in voller Höhe, sofern diese Risikopositionen

a) keine Eigenmittel dieser Institute darstellen,

b) höchstens bis zum folgenden Geschäftstag bestehen und

c) nicht auf eine wichtige Handelswährung lauten;

4. Bilanzaktiva in Form von Forderungen an eine Zentralnotenbank in voller Höhe, sofern diese Bilanzaktiva auf die Währung dieser Zentralnotenbank lauten und aufgrund des Mindestreservesolls bei dieser Zentralnotenbank gehalten werden;

5. Bilanzaktiva in Form von Forderungen an einen Zentralstaat, der von einer benannten externen Ratingagentur (ECAI) im Sinne des Artikels 4 Absatz 1 Nummer 99 der Verordnung (EU) Nr. 575/2013 mindestens mit einem Ratingurteil, das der Rating-Klasse 3 gemäß Artikel 114 Absatz 2 dieser EU-Verordnung zuzuordnen ist, bewertet wurde, in voller Höhe, sofern diese Forderungen

a) aufgrund von Staatsschuldtiteln bestehen, die zur Erfüllung der gesetzlichen Liquiditätsanforderungen gehalten werden, und

b) auf die Währung dieses Zentralstaats lauten und in dieser Währung refinanziert sind;

6. in Höhe von 50 Prozent ihrer Bemessungsgrundlage die als außerbilanzielle Geschäfte mit mittlerem/niedrigem Kreditrisiko einzustufenden

a) Dokumentenakkreditive im Sinne von Gliederungspunkt (3) a) i) des Anhangs I der Verordnung (EU) Nr. 575/2013 und

b) nicht in Anspruch genommenen Kreditfazilitäten im Sinne von Gliederungspunkt (3) b) i) des Anhangs I der Verordnung (EU) Nr. 575/2013;

7. die als außerbilanzielle Geschäfte mit mittlerem/niedrigem Kreditrisiko einzustufenden außerbilanziellen Posten für die Handelsfinanzierung im Sinne von Gliederungspunkt (3) a) des Anhangs I der Verordnung (EU) Nr. 575/2013 in voller Höhe, sofern

   a) diese Geschäfte Risikopositionen eines Instituts gegenüber seinem Mutterunternehmen, gegenüber anderen Tochterunternehmen seines Mutterunternehmens oder gegenüber eigenen Tochterunternehmen sind und

   b) die Gegenpartei in die Beaufsichtigung auf konsolidierter Basis einbezogen ist, der das Institut nach der Verordnung (EU) Nr. 575/2013, nach der Richtlinie 2002/87/EG des Europäischen Parlaments und des Rates vom 16. Dezember 2002 über die zusätzliche Beaufsichtigung der Kreditinstitute, Versicherungsunternehmen und Wertpapierfirmen eines Finanzkonglomerats und zur Änderung der Richtlinien 73/239/EWG, 79/267/EWG, 92/49/EWG, 92/96/EWG, 93/6/EWG und 93/22/EWG des Rates und der Richtlinien 98/78/EG und 2000/12/EG des Europäischen Parlaments und des Rates (ABl. L 35 vom 11.2.2003, S. 1) oder nach gleichwertigen Normen eines Drittlandes unterliegt;

8. rechtlich vorgeschriebene Garantien, die das Institut gegenüber einer Pfandbriefbank in Bezug auf einen Darlehensnehmer zu stellen hat, wenn das Institut diesem Darlehensnehmer einen grundpfandrechtlich besicherten Kredit, der über die Emission von Pfandbriefen refinanziert wird, vor der Eintragung der Hypothek oder Grundschuld im Grundbuch ausgezahlt hat, in voller Höhe, sofern die Garantie von der Pfandbriefbank nicht dazu verwendet wird, bei der Berechnung der risikogewichteten Aktiva das Risiko zu verringern;

9. Bilanzaktiva in Form von Forderungen an anerkannte Börsen im Sinne des Artikels 4 Absatz 1 Nummer 72 der Verordnung (EU) Nr. 575/2013 und sonstige Risikopositionen gegenüber diesen anerkannten Börsen in voller Höhe und

10. Bilanzaktiva in Form von Forderungen eines Förderinstituts des Bundes oder eines Landes im Sinne des § 5 Absatz 1 Nummer 2 des Körperschaftsteuergesetzes an Kreditinstitute und sonstige Risikopositionen dieser Förderinstitute gegenüber Kreditinstituten in voller Höhe, sofern die betreffenden Forderungen und Positionen aufgrund von Darlehen bestehen, die dem Förderauftrag entsprechen und über diese Kreditinstitute an die Begünstigten weitergereicht werden.

§ 2 Weitere Ausnahmen von der Anwendung der Obergrenze für Großkredite nach Artikel 395 Absatz 1 der Verordnung (EU) Nr. 575/2013 bei gruppen- und verbundangehörigen Instituten. (1) [1]Bei der Berechnung der Auslastung der Obergrenze für Großkredite nach Artikel 395 Absatz 1 der Verordnung (EU) Nr. 575/2013[1)] sind Beteiligungen und sonstige Anteile eines Instituts an seinem Mutterunternehmen, an anderen Tochterunternehmen seines Mutterunternehmens oder an eigenen Tochterunterneh-

[1)] Nr. **6**.

men, sofern das gruppenangehörige Unternehmen, an dem das Institut diese Beteiligung oder diesen sonstigen Anteil hält, in die Beaufsichtigung auf konsolidierter Basis einbezogen ist, der das Institut nach der Verordnung (EU) Nr. 575/2013, nach der Richtlinie 2002/87/EG oder nach gleichwertigen Normen eines Drittlandes unterliegt, wie folgt ausgenommen:

1. eine Beteiligung oder ein sonstiger Anteil, der 25 Prozent des Kernkapitals des Instituts nach Artikel 25 der Verordnung (EU) Nr. 575/2013 nicht überschreitet, in voller Höhe,
2. eine Beteiligung oder ein sonstiger Anteil, der 25 Prozent des Kernkapitals des Instituts nach Artikel 25 der Verordnung (EU) Nr. 575/2013 überschreitet, in Höhe des Betrages, der 25 Prozent des Kernkapitals entspricht.

[2] Auf Antrag kann die zuständige Aufsichtsbehörde auch qualifizierte Beteiligungen nach Artikel 4 Absatz 1 Nummer 36 der Verordnung (EU) Nr. 575/2013 in der in Satz 1 genannten Weise von der Berechnung der Auslastung der Obergrenze für Großkredite ausnehmen, sofern die Voraussetzungen nach Satz 1 erfüllt sind.

(2) Unbeschadet des Artikels 400 Absatz 1 Buchstabe f der Verordnung (EU) Nr. 575/2013 sind bei der Berechnung der Auslastung der Obergrenze für Großkredite nach Artikel 395 Absatz 1 der Verordnung (EU) Nr. 575/2013 in Höhe von 25 Prozent des Kernkapitals Risikopositionen eines Instituts gegenüber seinem Mutterunternehmen, gegenüber anderen Tochterunternehmen seines Mutterunternehmens und gegenüber eigenen Tochterunternehmen, die weder Beteiligungen noch sonstige Anteile sind, insgesamt in der jeweils nachfolgend genannten Höhe nach Berücksichtigung der Wirkung einer Kreditrisikominderung nach den Artikeln 399, 401 bis 403 der Verordnung (EU) Nr. 575/2013 ausgenommen, sofern das gruppenangehörige Unternehmen, gegenüber dem die Risikoposition besteht, in die Beaufsichtigung auf konsolidierter Basis einbezogen ist, der das Institut nach der Verordnung (EU) Nr. 575/2013, nach der Richtlinie 2002/87/EG oder nach gleichwertigen Normen eines Drittlandes unterliegt,

1. in voller Höhe ihrer Bemessungsgrundlage, wenn es sich bei der Risikoposition um eine vor dem 1. Januar 2014 für ein gruppenangehöriges Unternehmen erstmals abgegebene Patronatserklärung des Instituts handelt, die zur Erfüllung konkret bestehender aufsichtlicher Anforderungen abgegeben wurde. Das Institut hat gegenüber der Bundesanstalt die Höhe sowie den erstmaligen Zeitpunkt der Abgabe als auch den jeweiligen Zeitpunkt der Bestätigung einer bereits vor dem 1. Januar 2014 bestehenden Patronatserklärung im Einzelnen anzugeben,
2. anderenfalls in Höhe von 75 Prozent ihrer Bemessungsgrundlage.

(3) [1] Die Bundesanstalt kann auf Antrag des Instituts zulassen, dass Risikopositionen nach Absatz 2 gegenüber sämtlichen oder einzelnen gruppenangehörigen Unternehmen bei der Berechnung der Auslastung der Obergrenze für Großkredite nach Artikel 395 Absatz 1 der Verordnung (EU) Nr. 575/2013 in Höhe von bis zu 93,75 Prozent ihrer Bemessungsgrundlage ausgenommen werden, sofern

1. das gruppenangehörige Unternehmen, gegenüber dem die Risikoposition besteht, in die Beaufsichtigung auf konsolidierter Basis einbezogen ist, der das Institut nach der Verordnung (EU) Nr. 575/2013, nach der Richtlinie

2002/87/EG oder nach gleichwertigen Normen eines Drittlandes unterliegt, und

2. das Institut der Bundesanstalt nachweist, dass die Ausnahme für die Liquiditätsversorgung oder für Zwecke der zentralen Risikosteuerung innerhalb der Gruppe notwendig ist und kein unangemessenes Konzentrationsrisiko entsteht.

[2] Bei der Antragstellung hat das Institut der Bundesanstalt die Höhe der gegenüber gruppenangehörigen Unternehmen bestehenden Risikopositionen anzugeben.

(4) Die Bundesanstalt kann die nach Absatz 3 gewährte Ausnahme von der Anrechnung von Risikopositionen auf die Großkreditobergrenze jederzeit überprüfen; stellt die Bundesanstalt fest, dass gegenüber dem Zeitpunkt der Antragstellung nach Absatz 3 unangemessene Konzentrationsrisiken vorliegen, kann die Bundesanstalt die nach Absatz 3 gewährte Ausnahme nach Anhörung des Instituts widerrufen.

(5) Bei der Berechnung der Auslastung der Obergrenze für Großkredite nach Artikel 395 Absatz 1 der Verordnung (EU) Nr. 575/2013 in Höhe von 25 Prozent des Kernkapitalssind Risikopositionen, insbesondere direkte oder indirekte Beteiligungen oder sonstige Anteile, die bei regionalen Kreditinstituten oder Zentralkreditinstituten,

1. denen ein Kreditinstitut aufgrund von Rechts- oder Satzungsvorschriften im Rahmen eines Verbunds angeschlossen ist und
2. die nach diesen Rechts- oder Satzungsvorschriften beauftragt sind, den Liquiditätsausgleich innerhalb des Verbunds vorzunehmen,

Eigenmittel im Sinne von Artikel 72 der Verordnung (EU) Nr. 575/2013 begründen, in Höhe von 75 Prozent ihrer Bemessungsgrundlage nach Berücksichtigung der Wirkung einer Kreditrisikominderung nach den Artikeln 399, 401 bis 403 der Verordnung (EU) Nr. 575/2013 ausgenommen.

§ 2a Gleichzeitige Anwendung von mehreren Ausnahmen auf eine Risikoposition. Eine gleichzeitige Anwendung von mehr als einer der in Artikel 400 Absatz 1 und 2 der Verordnung (EU) Nr. 575/2013[1)] und in den §§ 1 und 2 vorgesehenen Ausnahmen auf ein und dieselbe Risikoposition ist nicht gestattet.

Kapitel 2. Beschlussfassungspflichten der Geschäftsleiter

§ 3 Ausnahmen von der Beschlussfassungspflicht nach § 13 Absatz 2 des Kreditwesengesetzes. (1) Ein Geschäftsleiterbeschluss nach § 13 Absatz 2 und 3 des Kreditwesengesetzes[2)] ist nicht erforderlich bei

1. Risikopositionen im Sinne des § 1 Nummer 1, 3 bis 5 und 8 bis 10 sowie
2. Risikopositionen im Sinne des Artikels 400 Absatz 1 Satz 1 Buchstabe a bis e, g bis h, j und l sowie Satz 2 der Verordnung (EU) Nr. 575/2013.

(2) [1] Ein bereits von den Geschäftsleitern beschlossener Großkredit nach § 13 Absatz 2 und 3 des Kreditwesengesetzes muss von ihnen nicht erneut beschlossen werden, auch wenn er durch Änderung von Devisenkursen oder anderen

---

[1)] Nr. **6**.
[2)] Nr. **9**.

Marktpreisen die Großkreditdefinitionsgrenze nach Artikel 392 der Verordnung (EU) Nr. 575/2013[1)] zwischenzeitlich unterschritten hat und diese später wieder erreicht oder überschreitet. [2]Ein neuer Beschluss ist erst erforderlich, wenn der beschlossene Höchstbetrag für die Risikoposition durch Änderungen nach Satz 1 überschritten wird.

§ 4 Beschlussfassungspflicht bei Großkreditüberschreitungen. Soll ein Großkredit über die Obergrenze für Großkredite hinaus erhöht werden, haben die Geschäftsleiter hierüber vor der Erhöhung einstimmig nach § 13 Absatz 2 und 3 des Kreditwesengesetzes[2)] zu beschließen.

Kapitel 3. *(aufgehoben)*

§ 5 *(aufgehoben)*

§ 6 *(aufgehoben)*

§ 7 *(aufgehoben)*

Kapitel 4. Meldungen zu Großkrediten

§ 8 Stammdaten der Großkreditnehmer. (1) [1]Besteht eine Meldepflicht nach Artikel 394 Absatz 1 und 2 der Verordnung (EU) Nr. 575/2013[1)] in Bezug auf einen Kreditnehmer oder eine Gruppe verbundener Kunden, für die noch keine Stammdaten gemeldet wurden, muss ein Institut die Angaben zu den Stammdaten eines Kunden oder einer Gruppe verbundener Kunden der zuständigen Hauptverwaltung der Deutschen Bundesbank unverzüglich, spätestens jedoch bis zum 15. Geschäftstag des Kalendermonats, der auf den Meldetermin folgt, einfach in Papierform einreichen. [2]Satz 1 gilt entsprechend, wenn sich die folgenden Stammdaten eines Großkreditnehmers geändert haben:

1. Name oder Firma,
2. Wohnsitz oder Sitz,
3. Zuordnung zu einer Gruppe verbundener Kunden nach Artikel 4 Absatz 1 Nummer 39 der Verordnung (EU) Nr. 575/2013.

(2) [1]Für die Meldung nach Absatz 1 ist für die Meldung von Kreditnehmern das Formular Vorgezogene Stammdatenmeldung Kreditnehmer für Groß- und Millionenkreditanzeigen nach Artikel 394 der Verordnung (EU) Nr. 575/2013 sowie § 14 KWG[2)] – STA (Anlage 3) und für die Meldung von Gruppen verbundener Kunden das Formular Vorgezogene Stammdatenmeldung Gruppe verbundener Kunden für Großkreditanzeigen nach Artikel 394 der Verordnung (EU) Nr. 575/2013 – STAK (Anlage 6) zu verwenden. [2]Kann das Institut einen neuen Kreditnehmer oder eine neue Gruppe verbundener Kunden unter Zuhilfenahme der Stammdatensuchmaschine im Datenbestand der Deutschen Bundesbank identifizieren, kann das Institut auf die Abgabe einer Meldung verzichten.

(3) Die Absätze 1 und 2 gelten entsprechend für Meldungen nach Artikel 394 Absatz 1 und 2 in Verbindung mit den Artikeln 10 bis 22 der Verordnung (EU)

[1)] Nr. **6**.
[2)] Nr. **9**.

Nr. 575/2013, die ein übergeordnetes Unternehmen für seine Gruppe einzureichen hat.

(4) [1] Abweichend von Absatz 1 Satz 1 kann die Bundesanstalt statt der Einreichung in Papierform die elektronische Einreichung durch eine Allgemeinverfügung verbindlich vorgeben, sobald die für die elektronische Stammdateneinreichung erforderlichen technischen Voraussetzungen bei der Deutschen Bundesbank vorliegen. [2] Vor Erlass einer Allgemeinverfügung nach Satz 1 sind die am Meldeverfahren beteiligten Unternehmen und die Deutsche Bundesbank anzuhören. [3] Mindestens zwölf Monate vor dem Erlass einer Allgemeinverfügung ist dieser allen beteiligten Unternehmen gegenüber anzukündigen.

§ 9 *(aufgehoben)*

§ 10 Aufbewahrungsfristen. Die Institute und die übergeordneten Unternehmen haben die Meldungen zu den Stammdaten und die Meldungen nach Artikel 394 Absatz 1 und 2 der Verordnung (EU) Nr. 575/2013[1)], die sie im laufenden Kalenderjahr und in den zwei vorangegangenen Kalenderjahren eingereicht haben, aufzubewahren.

Teil 2. Bestimmungen für Millionenkredite

Kapitel 1. Allgemeine Bestimmungen

§ 11 Begriffsbestimmungen. (1) [1] Geschäftsschluss im Sinne von Teil 2 dieser Verordnung ist täglich um 24 Uhr MEZ/MESZ. [2] Die Bundesanstalt kann auf Antrag eines Instituts einen anderen Zeitpunkt festsetzen, der den Aktivitäten des Instituts angemessen Rechnung trägt.

(2) Derivate im Sinne von Teil 2 dieser Verordnung sind solche nach § 19 Absatz 1a des Kreditwesengesetzes[2)].

§ 12 Bemessungsgrundlage. (1) [1] Die Bemessungsgrundlage für die Ermittlung der Kreditbeträge nach § 14 des Kreditwesengesetzes[2)] ist

1. bei den Bilanzaktiva nach § 19 Absatz 1 Satz 2 des Kreditwesengesetzes der Buchwert zuzüglich der darauf vorgenommenen Einzelwertberichtigungen,
2. bei Ansprüchen aus Leasingverträgen nach § 19 Absatz 1 Satz 2 Nummer 4 und Satz 3 Nummer 15 des Kreditwesengesetzes der Barwert der Mindestleasingzahlungen nach Artikel 134 Absatz 7 der Verordnung (EU) Nr. 575/2013[1)],
3. bei Swap-Geschäften und den für sie übernommenen Gewährleistungen der effektive Kapitalbetrag oder, falls es einen solchen Kapitalbetrag nicht gibt, der aktuelle Marktpreis des Geschäftsgegenstandes,
4. bei sonstigen Derivaten und den für sie übernommenen Gewährleistungen der unter der Annahme der tatsächlichen Erfüllung bestehende und zum aktuellen Marktpreis umgerechnete Anspruch des Instituts auf Lieferung oder Abnahme des Geschäftsgegenstandes,
5. bei Patronatserklärungen und vergleichbaren Globalgarantien die Summe der Beträge aller vom patronierten Unternehmen gewährten Kredite mit Aus-

---

[1)] Nr. **6**.
[2)] Nr. **9**.

nahme der Kredite an das Institut, abzüglich des eingezahlten Kapitals und der ausgewiesenen Rücklagen des patronierten Unternehmens,

6. bei Pensions- oder Darlehensgeschäften, die sich auf Wertpapiere oder Waren beziehen und bei denen das Institut der Pensions- oder Darlehensgeber ist, der Buchwert der Wertpapiere oder Waren,
7. bei Pensions- oder Darlehensgeschäften, die sich auf Wertpapiere oder Waren beziehen und bei denen das Institut der Pensions- oder Darlehensnehmer ist, der übertragene Geldbetrag oder der Buchwert der im Gegenzug gestellten Wertpapier- oder Warensicherheit,
8. bei Effektenlombardkreditgeschäften der gewährte Kredit und
9. bei den anderen außerbilanziellen Geschäften nach § 19 Absatz 1 Satz 3 des Kreditwesengesetzes der Kapitalbetrag, für den das Institut einzustehen hat, oder, falls es einen solchen Kapitalbetrag nicht gibt, der Buchwert.

[2] Anteilige Zinsen sind zu berücksichtigen, sofern diese bei der Anwendung der Artikel 387 bis 403 der Verordnung (EU) Nr. 575/2013 zu berücksichtigen wären.

(2) Abweichend von Absatz 1 ist für Derivate und Pensions-, Darlehens- oder vergleichbare Geschäfte über Wertpapiere oder Waren die Bemessungsgrundlage nach den Artikeln 271 bis 293 und 299 der Verordnung (EU) Nr. 575/2013 zu ermitteln.

(3) [1] Abweichend von Absatz 1 darf ein am Millionenkreditmeldeverfahren beteiligtes Unternehmen im Sinne von § 14 Absatz 1 Satz 1 des Kreditwesengesetzes, das nicht der Verordnung (EU) Nr. 575/2013 unterliegt, für die Zwecke des Teils 2 dieser Verordnung die Bemessungsgrundlage für derivative Adressenausfallrisikopositionen nach einheitlicher Wahl gemäß Artikel 282 der Verordnung (EU) Nr. 575/2013 ermitteln (Ursprungsrisikomethode). [2] Für bestimmte und eindeutig abgegrenzte Teilbereiche darf die Wahl unterschiedlich ausfallen. [3] Die Festlegung von Teilbereichen kann nach verschiedenen Finanzinstrumenten oder nach unterschiedlichen organisatorisch festgelegten Bereichen des Instituts erfolgen. [4] Die Ursprungsrisikomethode nach Artikel 282 der Verordnung (EU) Nr. 575/2013 darf mit Zustimmung der Bundesanstalt auch von Zweigstellen von Unternehmen mit Sitz in einem Drittstaat angewandt werden, die unter die Rechtsverordnung nach § 53c des Kreditwesengesetzes fallen; die Bundesanstalt kann die Zustimmung jederzeit widerrufen.

§ 13 Umrechnung der auf fremde Währungen lautenden Positionen.

[1] Eine auf eine fremde Währung lautende Position ist entweder zu dem Referenzkurs, der von der Europäischen Zentralbank am Tag des Meldestichtags festgestellt und von der Deutschen Bundesbank veröffentlicht worden ist (Euro-Referenzkurs), oder unter Anwendung des Artikels 24 der Verordnung (EU) Nr. 575/2013[1)] in Euro umzurechnen. [2] Statt des Euro-Referenzkurses am Meldestichtag darf für Beteiligungen der zum Zeitpunkt ihrer Erstverbuchung maßgebliche Devisenkurs angewendet werden. [3] Bei der Umrechnung von Währungen, für die kein Euro-Referenzkurs veröffentlicht wird, sind die Mittelkurse aus feststellbaren An- und Verkaufskursen des Meldestichtags zugrunde zu legen.

[1)] Nr. **6**.

§ 14 Bestimmung des Kreditnehmers. (1) Für die Zwecke des § 14 des Kreditwesengesetzes[1] ist der Kreditnehmer

1. bei Forderungen der Forderungsschuldner,
2. bei Anteilen an Unternehmen einschließlich Personenhandelsgesellschaften oder Partnerschaften das Unternehmen, an dem die Anteile gehalten werden,
3. bei Bürgschaften, Garantien oder anderen Gewährleistungen für Forderungen Dritter der Forderungsschuldner,
4. bei dem Ankauf von Wechseln oder Schecks der Einreicher,
5. bei Wertgarantien für Anteile an Unternehmen einschließlich Personenhandelsgesellschaften oder Partnerschaften das Unternehmen, an dem die Anteile gehalten werden,
6. bei als Festgeschäften ausgestalteten Termingeschäften der Geschäftspartner,
7. bei Optionsrechten oder Gewährleistungen für Optionsrechte der Stillhalter,
8. bei Gewährleistungen für als Festgeschäfte ausgestaltete Termingeschäfte der Geschäftspartner, für dessen Verbindlichkeiten das Institut einzustehen verspricht,
9. bei als Festgeschäften ausgestalteten Termingeschäften sowie Stillhalterverpflichtungen, die kommissionsweise abgeschlossen oder übernommen werden, der Kommittent,
10. bei Forderungen aus Kreditderivaten der Kontraktpartner und die dem Kreditderivat zugrunde liegenden Referenzschuldner und
11. bei Kreditzusagen die Gegenpartei, gegenüber der die Zusage gegeben wurde.

(2) [1] Bei Forderungen aus Geschäften im Sinne des Artikels 112 Buchstabe m (Verbriefungspositionen) oder des Artikels 112 Buchstabe o (Forderungen in Form von Anteilen an Organismen für Gemeinsame Anlagen) der Verordnung (EU) Nr. 575/2013[2] oder aus anderen Geschäften, bei denen Forderungen aus zugrunde liegenden Vermögenswerten resultieren, hat das Institut das Geschäft als solches für die Zwecke des § 14 des Kreditwesengesetzes wie einen Kreditnehmer zu melden. [2] Nimmt das Institut die Zerlegung nach Artikel 390 Absatz 7 und 8 der Verordnung (EU) Nr. 575/2013 für Großkreditzwecke vor, hat das Institut auch die zugrunde liegenden Vermögenswerte zu melden.

Kapitel 2. Meldeverfahren für Millionenkreditanzeigen

§ 15 Meldeverfahren, Meldestichtag, Ermittlung der Millionenkreditmeldegrenze. (1) Im Rahmen der Millionenkreditanzeigen nach § 14 des Kreditwesengesetzes[1] haben die am Millionenkreditmeldeverfahren beteiligten Unternehmen unter Berücksichtigung der Bildung von Kreditnehmereinheiten nach § 19 Absatz 2 des Kreditwesengesetzes folgende Daten zu melden:

1. die Stammdaten der Millionenkreditnehmer im Sinne des § 14 Absatz 1 Satz 1 des Kreditwesengesetzes und

[1] Nr. **9**.
[2] Nr. **6**.

2. die Betragsdaten der Kredite im Sinne von § 19 Absatz 1 des Kreditwesengesetzes mit Kreditnehmern oder Kreditnehmereinheiten, deren Volumen zu einem beliebigen Zeitpunkt während der dem Meldestichtag vorhergehenden drei Kalendermonate die Millionenkreditmeldegrenze im Sinne des § 14 des Kreditwesengesetzes erreicht oder überschritten hat.

(2) Meldestichtag ist jeweils der letzte Kalendertag der Monate März, Juni, September und Dezember.

(3) [1] Für die Ermittlung, ob das Volumen der Kredite, die ein am Millionenkreditmeldeverfahren beteiligtes Unternehmen einem Kreditnehmer oder einer Kreditnehmereinheit gewährt hat, die Millionenkreditmeldegrenze erreicht oder übersteigt, sind Wertpapiere des Handelsbuchs nicht zu berücksichtigen. [2] Für die Ermittlung nach Satz 1 ist der Stand der Geschäfte täglich bei Geschäftsschluss maßgeblich; untertägige Spitzen, die bis Geschäftsschluss wieder unter die Millionenkreditmeldegrenze zurückgeführt werden, bleiben unberücksichtigt.

§ 16 Stammdaten für Millionenkreditnehmer. (1) [1] Ein am Millionenkreditmeldeverfahren beteiligtes Unternehmen muss die Angaben zu den Stammdaten eines Kunden oder einer Kreditnehmereinheit der zuständigen Hauptverwaltung der Deutschen Bundesbank einfach in Papierform einreichen, wenn

1. ein Kredit oder das Volumen der Kredite, den oder die ein am Millionenkreditmeldeverfahren beteiligtes Unternehmen diesem Kreditnehmer oder dieser Kreditnehmereinheit gewährt hat, erstmalig die Millionenkreditmeldegrenze im Sinne des § 14 Absatz 1 Satz 1 des Kreditwesengesetzes[1)] erreicht oder übersteigt oder
2. sich die folgenden Stammdaten eines Millionenkreditnehmers ändern:
   a) Name oder Firma,
   b) Wohnsitz oder Sitz,
   c) Zuordnung zu einer Kreditnehmereinheit nach § 19 Absatz 2 des Kreditwesengesetzes.

[2] Die Meldung nach Satz 1 ist spätestens bis zum 15. Kalendertag der Monate Januar, April, Juli und Oktober, der auf den Beobachtungszeitraum im Sinne von § 14 Absatz 1 Satz 1 des Kreditwesengesetzes folgt, in dem das Ereignis nach Satz 1 Nummer 1 oder 2 eingetreten ist, einzureichen.

(2) [1] Für die Meldung nach Absatz 1 sind die folgenden Formulare zu verwenden:

1. Einzelmeldung Kreditnehmer für Millionenkreditanzeigen nach § 14 KWG – EA (Anlage 2),
2. Meldung über die Zusammensetzung von Gesellschaften bürgerlichen Rechts o.a. für Millionenkreditanzeigen nach § 14 KWG – GbR (Anlage 4),
3. Meldung über die Zugehörigkeit eines Kreditnehmers zu mehreren Kreditnehmereinheiten für Millionenkreditanzeigen nach § 14 KWG – MKNE (Anlage 5).

---

1) Nr. **9**.

[2]Wenn die anzuzeigende Änderung bereits im Datenbestand der Deutschen Bundesbank vorgenommen wurde, darf das am Millionenkreditmeldeverfahren beteiligte Unternehmen auf die Meldung nach Absatz 1 verzichten.

(3) Abweichend von Absatz 2 kann die Meldung auch im Rahmen der vorgezogenen Einreichung unter Verwendung des Formulars Vorgezogene Stammdatenmeldung Kreditnehmer für Groß- und Millionenkreditanzeigen nach Artikel 394 der Verordnung (EU) Nr. 575/2013[1)] sowie § 14 KWG – STA (Anlage 3) anstelle des Formulars nach Absatz 2 Nummer 1 (Anlage 2) erfolgen.

(4) Mit Zustimmung der bei der Deutschen Bundesbank geführten Evidenzzentrale (Evidenzzentrale) darf ein am Millionenkreditmeldeverfahren beteiligtes Unternehmen die Meldung von Stammdaten abweichend von den in den Absätzen 2 und 3 vorgesehenen Formularen vornehmen, soweit es für die technische Durchführung der Einreichungsverfahren zweckmäßig erscheint und der Informationsgehalt der Meldungen dadurch nicht beeinträchtigt wird.

(5) [1]Abweichend von Absatz 1 Satz 1 kann die Bundesanstalt statt der Einreichung in Papierform die elektronische Einreichung durch eine Allgemeinverfügung verbindlich vorgeben, sobald die für die elektronische Stammdateneinreichung erforderlichen technischen Voraussetzungen bei der Deutschen Bundesbank vorliegen. [2]Vor Erlass einer Allgemeinverfügung nach Satz 1 sind die am Meldeverfahren beteiligten Unternehmen und die Deutsche Bundesbank anzuhören. [3]Mindestens zwölf Monate vor dem Erlass einer Allgemeinverfügung ist dieser allen beteiligten Unternehmen gegenüber anzukündigen.

§ 17 Betragsdaten für Millionenkredite. (1) [1]Ein am Millionenkreditmeldeverfahren beteiligtes Unternehmen muss die Angaben zu den Betragsdaten der Millionenkredite der Evidenzzentrale in elektronischer Form bis zum 15. Geschäftstag der Monate Januar, April, Juli und Oktober melden. [2]Für die Meldung nach Satz 1 sind folgende Formulare nach Maßgabe der Absätze 2 bis 6 zu verwenden:
Angaben zu den Krediten nach § 14 KWG[2)] – BA, BAS, BA6, BAS6, BA7, BAS7 § 14 (Anlage 7).

(2) [1]Das Formular BA nach Absatz 1 Satz 2 (Anlage 7) ist für jeden Kreditnehmer gesondert auszufüllen. [2]Besteht eine Kreditnehmereinheit nach § 19 Absatz 2 des Kreditwesengesetzes, ist das Formular BA nach Absatz 1 Satz 2 (Anlage 7) für jeden Kreditnehmer dieser Kreditnehmereinheit gesondert auszufüllen.

(3) [1]Bei Krediten, an denen mehrere meldepflichtige Unternehmen in der Weise beteiligt sind, dass ein beteiligtes Unternehmen den Kredit gewährt und ein anderes den Kredit durch Gewährleistung, Akzepthergabe, Avalkreditzusage oder auf andere Weise sichert, hat das kreditgebende Unternehmen zusätzlich zu den Betragspositionen des Formulars BA der Anlage 7 die Positionen 080 sowie 121 bis 123 des Formulars BA7 der Anlage 7 anzuzeigen. [2]Das den Kredit sichernde Unternehmen hat die Gewährleistung, Akzepthergabe, Avalkreditzusage oder sonstige Art der Sicherung in den Positionen 080 sowie 121 bis 123 des Formulars BA6 der Anlage 7 anzuzeigen. [3]Bei Bürgschaften, die

---

[1)] Nr. **6**.
[2)] Nr. **9**.

durch Rückbürgschaften anderer meldepflichtiger Unternehmen gesichert sind, ist entsprechend zu verfahren. [4]Die Sätze 1 und 2 gelten entsprechend, soweit gruppenangehörige Unternehmen im Sinne des § 14 Absatz 1 Satz 2 des Kreditwesengesetzes bei Kreditgewährungen in der in den Sätzen 1, 2 oder 3 genannten Weise beteiligt sind.

(4) [1]Ist ein am Millionenkreditmeldeverfahren beteiligtes Unternehmen als Konsorte an einem Gemeinschaftskredit und Konsortialavalkredit mit einem Millionenkreditnehmer beteiligt, bei dem ein anderes Unternehmen als Konsortialführer die Kreditmittel zur Verfügung stellt, hat es den eigenen Haftungsanteil unter Berücksichtigung der Vorgaben von Absatz 3 anzuzeigen. [2]Soweit gruppenangehörige Unternehmen im Sinne des § 14 Absatz 1 Satz 2 des Kreditwesengesetzes an Gemeinschaftskrediten und Konsortialavalkrediten beteiligt sind, gilt Entsprechendes.

(5) Ein am Millionenkreditmeldeverfahren beteiligtes Unternehmen muss für alle mit den Formularen BA, BA6, BA7 angezeigten Kreditbeträge jeweils gesonderte Summenanzeigen mit den Formularen BAS, BAS6, BAS7 einreichen (Anlage 7).

(6) Mit Zustimmung der Evidenzzentrale darf ein am Millionenkreditmeldeverfahren beteiligtes Unternehmen die Meldung von Betragsdaten abweichend von den in Absatz 1 Satz 2 vorgesehenen Formularen vornehmen, soweit es für die technische Durchführung des Meldeverfahrens zweckmäßig erscheint und der Informationsgehalt der Meldungen dadurch nicht beeinträchtigt wird.

§ 18 Aufbewahrungsfristen. Die am Millionenkreditmeldeverfahren beteiligten Unternehmen haben die Meldungen zu den Stammdaten und zu den Betragsdaten nach den §§ 15 bis 17, die sie im laufenden Kalenderjahr und in den zwei vorangegangenen Kalenderjahren eingereicht haben, aufzubewahren.

Teil 3. Benachrichtigung nach § 14 Absatz 2 Satz 1 des Kreditwesengesetzes

§ 19 Benachrichtigung über die Verschuldung der Kreditnehmer.

(1) Die Benachrichtigung nach § 14 Absatz 2 Satz 1 des Kreditwesengesetzes[1)] stellt die Evidenzzentrale den am Millionenkreditmeldeverfahren beteiligten Unternehmen in elektronischer Form zur Verfügung.

(2) Die Evidenzzentrale hat die Angaben über die Verschuldung eines Kreditnehmers und einer Kreditnehmereinheit, der dieser zugehört, bei den am Millionenkreditmeldeverfahren beteiligten Unternehmen in der Benachrichtigung nach § 14 Absatz 2 Satz 1 des Kreditwesengesetzes in die Betragspositionen POS 100 bis 102 und 110 bis 150 des Formulars nach § 17 Absatz 1 Satz 2 der Anlage 7 aufzugliedern.

(3) [1]Die Benachrichtigung nach § 14 Absatz 2 Satz 1 des Kreditwesengesetzes muss die Angabe des Medians der prognostizierten Ausfallwahrscheinlichkeiten im Sinne der Artikel 92 bis 386 der Verordnung (EU) Nr. 575/2013[2)] für einen Kreditnehmer umfassen, wenn

---

[1)] Nr. **9**.
[2)] Nr. **6**.

1. das zu benachrichtigende am Millionenkreditmeldeverfahren beteiligte Unternehmen eine solche prognostizierte Ausfallwahrscheinlichkeit gemeldet hat und
2. insgesamt mindestens drei am Millionenkreditmeldeverfahren beteiligte Unternehmen eine solche prognostizierte Ausfallwahrscheinlichkeit gemeldet haben.

[2] Haben mindestens vier am Millionenkreditmeldeverfahren beteiligte Unternehmen eine Ausfallwahrscheinlichkeit angezeigt, ist zusätzlich die Bandbreite als Differenz aus der geringsten und der höchsten gemeldeten prognostizierten Ausfallwahrscheinlichkeit (Maximum minus Minimum) auszuweisen.

(4) [1] Die Evidenzzentrale teilt den am Millionenkreditmeldeverfahren beteiligten Unternehmen Betragsdatenkorrekturen zu den letzten zwei Meldeterminen mit. [2] Die Korrekturbenachrichtigung ist entsprechend der Vorgaben der Absätze 2 und 3 aufzugliedern. [3] Die Deutsche Bundesbank ist nicht verpflichtet, Betragsdatenkorrekturen für davor liegende Meldetermine vorzunehmen und diese mitzuteilen.

(5) Die Evidenzzentrale kann jedem am Millionenkreditmeldeverfahren beteiligten Unternehmen für den nächsten Meldetermin in elektronischer Form eine Rückmeldung als Grundlage für die Meldung der zum Meldetermin bestehenden Millionenkredite, die Stammdaten und weitere gemeldete Informationen zu den Kreditnehmern und Kreditnehmereinheiten enthält, die von den am Millionenkreditmeldeverfahren beteiligten Unternehmen zum vorhergehenden Meldetermin von diesen gemeldet wurden, bereitstellen.

Teil 4. Übergangs- und Schlussvorschriften

§ 20 *(aufgehoben)*

§ 21 Inkrafttreten, Außerkrafttreten. (1) Diese Verordnung tritt am 1. Januar 2014 in Kraft.

(2) Gleichzeitig tritt die Großkredit- und Millionenkreditverordnung vom 14. Dezember 2006 (BGBl. I S. 3065), die zuletzt durch Artikel 2 der Verordnung vom 26. Oktober 2011 (BGBl. I S. 2103) geändert worden ist, außer Kraft.

Anl.

(hier nicht wiedergegeben)

9b. Verordnung über die Liquidität der Institute (Liquiditätsverordnung – LiqV)[1)]

Vom 14. Dezember 2006
(BGBl. I S. 3117)

FNA 7610-2-30

zuletzt geänd. durch Art. 7 Abs. 41 G zur Umsetzung der RL (EU) 2019/2034 über die Beaufsichtigung von Wertpapierinstituten v. 12.5.2021 (BGBl. I S. 990)

Auf Grund des § 11 Abs. 1 Satz 2 des Kreditwesengesetzes[2)], der durch Artikel 1 Nr. 16 des Gesetzes vom 17. November 2006 (BGBl. I S. 2606) neu gefasst worden ist, verordnet das Bundesministerium der Finanzen im Benehmen mit der Deutschen Bundesbank nach Anhörung der Spitzenverbände der Institute:

§ 1 Anwendungsbereich. Diese Verordnung ist anzuwenden auf diejenigen Kreditinstitute, auf die die Vorschriften des Teils 6 der Verordnung (EU) Nr. 575/2013[3)] des Europäischen Parlaments und des Rates vom 26. Juni 2013 über Aufsichtsanforderungen an Kreditinstitute und Wertpapierfirmen und zur Änderung der Verordnung (EU) Nr. 648/2012 (ABl. L 176 vom 27.6.2013, S. 1; L 208 vom 2.8.2013, S. 68; L 321 vom 30.11.2013, S. 6; L 193 vom 21.7. 2015, S. 166; L 20 vom 25.1.2017, S. 3; L 13 vom 17.1.2020, S. 58; L 335 vom 13.10.2020, S. 20; L 405 vom 2.12.2020, S. 79), die zuletzt durch die Verordnung (EU) 2020/873 (ABl. L 204 vom 26.6.2020, S. 4) geändert worden ist, nicht anzuwenden sind.

§ 2 Ausreichende Liquidität. (1) [1]Die Liquidität eines Instituts gilt als ausreichend, wenn die zu ermittelnde Liquiditätskennzahl den Wert eins nicht unterschreitet. [2]Die Liquiditätskennzahl gibt das Verhältnis zwischen den im Laufzeitband 1 verfügbaren Zahlungsmitteln und den während dieses Zeitraumes abrufbaren Zahlungsverpflichtungen an. [3]Zahlungsmittel und Zahlungsverpflichtungen sind jeweils einem der folgenden Laufzeitbänder zuzuordnen: fällig

1. täglich oder in bis zu einem Monat (Laufzeitband 1),
2. in über einem Monat bis zu drei Monaten (Laufzeitband 2),
3. in über drei Monaten bis zu sechs Monaten (Laufzeitband 3),
4. in über sechs Monaten bis zu zwölf Monaten (Laufzeitband 4).

(2) [1]Das Institut hat Beobachtungskennzahlen zu berechnen, die das Verhältnis zwischen den jeweiligen Zahlungsmitteln und den Zahlungsverpflichtungen in den Laufzeitbändern nach Absatz 1 Satz 3 Nr. 2 bis 4 angeben. [2]Die Ermittlung der Beobachtungskennzahlen erfolgt entsprechend der Berechnung der Liquiditätskennzahl nach Absatz 1 Satz 2. [3]Überschreiten die in einem Laufzeitband vorhandenen Zahlungsmittel die abrufbaren Zahlungsverpflich-

---

[1)] **Amtl. Anm.:** § 9 dieser Verordnung dient der Umsetzung von Artikel 5 und 6 der Richtlinie 2000/46/EG des Europäischen Parlaments und des Rates vom 18. September 2000 über die Aufnahme, Ausübung und Beaufsichtigung der Tätigkeit von E-Geld-Instituten (ABl. EG Nr. L 275, S. 39).

[2)] Nr. **9**.

[3)] Nr. **6**.

tungen, ist der Unterschiedsbetrag als zusätzliches Zahlungsmittel bei der Ermittlung der Beobachtungskennzahl in dem nächst höheren Laufzeitband zu berücksichtigen.

§ 3 Zahlungsmittel. (1) Als Zahlungsmittel sind im Laufzeitband 1 vorbehaltlich Absatz 3 zu erfassen

1. Kassenbestand,
2. Guthaben bei Zentralnotenbanken,
3. Inkassopapiere,
4. unwiderrufliche Kreditzusagen, die das Institut von einem anderen Kreditinstitut oder der Kreditanstalt für Wiederaufbau erhalten hat,
5. nicht wie Anlagevermögen bewertete Wertpapiere, die zum Handel an einer anerkannten Börse im Sinne des Artikels 4 Absatz 1 Nummer 72 der Verordnung (EU) Nr. 575/2013[1] in einem Staat des Europäischen Wirtschaftsraums oder an einer Wertpapierbörse nach § 1 Absatz 3e des Kreditwesengesetzes[2] zugelassen sind (börsennotierte Wertpapiere), einschließlich der dem Institut als Pensionsnehmer oder Entleiher im Rahmen von Pensionsgeschäften oder Leihgeschäften übertragenen Papiere,
6. Vermögensgegenstände, die von der Europäischen Zentralbank oder der Zentralnotenbank eines Staates, dessen unbesicherte Zahlungsverpflichtungen ein Risikogewicht nach Artikel 114 der Verordnung (EU) Nr. 575/2013 von 0 Prozent erhalten würden, nach dem jeweiligen Verzeichnis als refinanzierungsfähige Sicherheiten anerkannt werden, wobei das Kreditinstitut im Sitzland der Zentralnotenbank eine Zweigniederlassung haben muss, wenn diese nicht dem Europäischen System der Zentralbanken angehört, einschließlich der dem Institut als Pensionsnehmer oder Entleiher im Rahmen von Pensionsgeschäften oder Leihgeschäften übertragenen Vermögensgegenstände, sofern nicht bereits nach Nummer 5 erfasst (bei nullgewichteten Zentralnotenbanken refinanzierungsfähige Vermögensgegenstände),
7. nicht wie Anlagevermögen bewertete gedeckte Schuldverschreibungen nach Artikel 129 der Verordnung (EU) Nr. 575/2013, einschließlich der dem Institut als Pensionsnehmer oder Entleiher im Rahmen von Pensionsgeschäften oder Leihgeschäften übertragenen gedeckten Schuldverschreibungen, und
8. in Höhe von 90 Prozent der jeweiligen Rücknahmepreise nicht wie Anlagevermögen bewertete Anteile an inländischen OGAW-Sondervermögen, inländischen Spezialsondervermögen, deren Anlagebedingungen Anlagegrundsätze und -grenzen vorsehen, die denen von inländischen OGAW entsprechen, und EU-OGAW, soweit deren Rücknahme- und Abwicklungsregelungen denen für Publikumssondervermögen entsprechen; die Anlagebedingungen der Sondervermögen müssen sicherstellen, dass die Anteilseigner ihre Anteile börsentäglich zurückgeben können und die Rücknahme entgegen § 98 Absatz 2 des Kapitalanlagegesetzbuchs nicht verweigert werden kann.

(2) Als Zahlungsmittel sind entsprechend ihren Restlaufzeiten in den Laufzeitbändern 1 bis 4 vorbehaltlich Absatz 3 zu erfassen

---

[1] Nr. **6**.
[2] Nr. **9**.

1. Forderungen an Zentralnotenbanken,
2. Forderungen an Kreditinstitute,
3. Forderungen an Kunden,
4. bei Zentralnotenbanken refinanzierbare Wechsel, die nicht bereits unter die Nummer 2 oder 3 fallen,
5. Sachforderungen des verleihenden Instituts auf Rückgabe der verliehenen Wertpapiere,
6. andere als die unter Absatz 1 erfassten Schuldverschreibungen und andere festverzinsliche Wertpapiere, einschließlich der dem Institut als Pensionsnehmer oder Entleiher im Rahmen von Pensionsgeschäften oder Leihgeschäften übertragenen festverzinslichen Wertpapiere,
7. Sachforderungen des Pensionsgebers auf Rückübertragung von Wertpapieren im Rahmen echter Pensionsgeschäfte,
8. Geldforderungen des Pensionsnehmers aus unechten Pensionsgeschäften in Höhe des vereinbarten Rückzahlungsbetrags, wenn der aktuelle Marktwert der übertragenen Wertpapiere unter diesem liegt, und
9. Ausgleichsforderungen gegen die öffentliche Hand (insbesondere Ausgleichsfonds Währungsumstellung), einschließlich Schuldverschreibungen aus deren Umtausch, soweit sie nicht von Absatz 1 Nr. 5 erfasst werden,

soweit die jeweiligen Restlaufzeiten zum Meldestichtag die Dauer eines Jahres nicht übersteigen.

(3) Keine liquiditätswirksamen Zahlungsmittel im Sinne der Absätze 1 und 2 sind

1. Forderungen und Wechsel, auf die Einzelwertberichtigungen gebildet worden sind, wenn aktuelle Leistungsstörungen vorliegen,
2. Beteiligungen und Anteile an verbundenen Unternehmen,
3. zurückgekaufte Schuldverschreibungen eigener Emissionen, die die Voraussetzungen des Artikels 129 der Verordnung (EU) Nr. 575/2013 nicht erfüllen,
4. im Rahmen von Pensionsgeschäften oder Leihgeschäften übertragene Wertpapiere für die Dauer des Geschäfts beim Pensionsgeber oder Verleiher,
5. als Sicherheiten gestellte Wertpapiere, die der Verfügung durch das Institut entzogen sind, für den Zeitraum der Sicherheitenbestellung, es sei denn, sie sind bei einer Zentralnotenbank des Europäischen Systems der Zentralbanken verpfändet, und
6. andere als die in Absatz 1 Nr. 8 aufgeführten Investmentanteile, soweit sie nicht von Absatz 1 Nr. 5 als Zahlungsmittel erfasst sind.

§ 4 Zahlungsverpflichtungen. (1) Als Zahlungsverpflichtungen sind im Laufzeitband 1 zu erfassen

1. 40 Prozent der täglich fälligen Verbindlichkeiten gegenüber Kreditinstituten,
2. 10 Prozent der täglich fälligen Verbindlichkeiten gegenüber Kunden,
3. 10 Prozent der Spareinlagen im Sinne von § 21 Abs. 4 der Kreditinstituts-Rechnungslegungsverordnung[1)],
4. 5 Prozent der Eventualverbindlichkeiten aus weitergegebenen Wechseln,

---

[1)] Nr. **17**.

5. 5 Prozent der Eventualverbindlichkeiten aus übernommenen Bürgschafts- oder Gewährleistungsverpflichtungen,
6. 5 Prozent des Haftungsbetrags aus der Bestellung von Sicherheiten für fremde Verbindlichkeiten,
7. 20 Prozent der Platzierungs- oder Übernahmeverpflichtungen und
8. 20 Prozent der noch nicht in Anspruch genommenen, unwiderruflich zugesagten Kredite, wenn sie nicht nach Absatz 2 Nr. 12 oder Absatz 3 zu erfassen sind.

(2) Als Zahlungsverpflichtungen sind entsprechend ihren Restlaufzeiten in den Laufzeitbändern 1 bis 4 zu erfassen

1. Verbindlichkeiten gegenüber einer Zentralnotenbank,
2. Verbindlichkeiten gegenüber Kreditinstituten,
3. *(aufgehoben)*
4. Verbindlichkeiten gegenüber Kunden, soweit sie nicht unter Nummer 12 fallen,
5. Sachverbindlichkeiten des entleihenden Instituts zur Rückgabe entliehener Wertpapiere,
6. Sachverbindlichkeiten des Pensionsnehmers aus der Rückgabepflicht von Wertpapieren im Rahmen von echten Wertpapierpensionsgeschäften,
7. Geldverbindlichkeiten des Pensionsgebers aus unechten Pensionsgeschäften in Höhe des vereinbarten Rückzahlungsbetrags, wenn der aktuelle Marktwert der übertragenen Wertpapiere unter diesem liegt,
8. verbriefte Verbindlichkeiten,
9. nachrangige Verbindlichkeiten,
10. Genussrechtskapital,
11. sonstige Verbindlichkeiten und
12. 20 Prozent des nicht in Anspruch genommenen Teils von Verbriefungs-Liquiditätsfazilitäten im Sinne des Artikels 255 Absatz 1 der Verordnung (EU) Nr. 575/2013[1)], die nicht jederzeit fristlos und bedingungslos vom Institut gekündigt werden können, wenn eine Inanspruchnahme zwischen den Refinanzierungsterminen für die Verbriefungstransaktion ausgeschlossen ist,

wenn die jeweiligen Restlaufzeiten zum Meldestichtag ein Jahr nicht übersteigen.

(3) Die während der auf den Meldestichtag folgenden zwölf Monate erwarteten Inanspruchnahmen unwiderruflich zugesagter Investitionskredite und grundpfandrechtlich gesicherter Darlehen, die nach Baufortschritt ausgezahlt werden, sind zu erfassen in Höhe von

1. 12 Prozent im Laufzeitband 1,
2. 16 Prozent im Laufzeitband 2,
3. 24 Prozent im Laufzeitband 3 und
4. 48 Prozent im Laufzeitband 4.

§ 5 Wertpapierpensions- und Wertpapierleihgeschäfte. (1) [1]Im Rahmen echter Pensionsgeschäfte verpensionierte Wertpapiere sind dem Bestand des

---

[1)] Nr. **6**.

Pensionsnehmers zuzurechnen, der eine daraus resultierende Sachverbindlichkeit zur Rückgabe der Papiere zu berücksichtigen hat. [2]Der Pensionsnehmer hat in Höhe des vereinbarten Rückzahlungsbetrags eine Geldforderung gegenüber dem Pensionsgeber anzurechnen. [3]Der Pensionsgeber hat anstelle der Wertpapiere eine Sachforderung auf Rückgabe der Papiere zu erfassen. [4]Er hat eine Geldverbindlichkeit in Höhe des vereinbarten Rückzahlungsbetrags gegenüber dem Pensionsnehmer zu berücksichtigen.

(2) [1]Im Rahmen unechter Pensionsgeschäfte vom Pensionsnehmer erworbene Wertpapiere sind vom Bestand des Pensionsgebers abzusetzen, der an deren Stelle die vom Pensionsnehmer erhaltenen Geldmittel anrechnet. [2]Der Pensionsnehmer hat die Wertpapiere anstelle der abgeflossenen Geldmittel seinem Bestand zuzurechnen. [3]Liegt der Marktkurs der verpensionierten Wertpapiere unter dem vereinbarten Rückzahlungsbetrag,

1. sind die verpensionierten Wertpapiere wieder dem Bestand des Pensionsgebers zuzurechnen, der in Höhe des vereinbarten Rückzahlungsbetrags eine Geldverbindlichkeit gegenüber dem Pensionsnehmer zu berücksichtigen hat, und
2. ist eine Geldforderung gegenüber dem Pensionsgeber in Höhe des vereinbarten Rückzahlungsbetrags beim Pensionsnehmer anzurechnen, der die Wertpapiere vom Bestand abzusetzen hat.

(3) [1]Im Rahmen von Leihgeschäften übertragene Wertpapiere sind vom Bestand des Verleihers abzusetzen und dem Entleiher zuzurechnen. [2]Der Entleiher hat eine Sachverbindlichkeit zur Rückgabe der Papiere zu berücksichtigen, der eine Sachforderung beim Verleiher in entsprechender Höhe gegenüber steht.

§ 6 Bemessungsgrundlage. (1) [1]Bemessungsgrundlage sind bei

1. Zahlungsmitteln nach § 3 Abs. 1 Nr. 5 und 7 die Marktkurse der zugrunde liegenden Wertpapiere bei geschäftstäglicher Marktbewertung,
2. Zahlungsmitteln nach § 3 Abs. 1 Nr. 6 die nach den entsprechenden Bewertungsgrundsätzen der jeweiligen Zentralnotenbank ermittelten Werte der zugrunde liegenden Vermögensgegenstände abzüglich dem von der jeweiligen Zentralnotenbank vorgesehenen Bewertungsabschlag,
3. Zahlungsmitteln nach § 3 Abs. 1 Nr. 8 die Rücknahmepreise,
4. Zahlungsmitteln nach § 3 Abs. 2 Nr. 8 und Zahlungsverpflichtungen nach § 4 Abs. 2 Nr. 7 bis 9 die Rückzahlungsbeträge,
5. Wertpapierposten und wertpapierbezogenen Sachforderungen und Sachverbindlichkeiten im Rahmen von Pensions- und Leihgeschäften die Marktkurse der Wertpapiere bei geschäftstäglicher Marktbewertung,
6. den übrigen Zahlungsmitteln und Zahlungsverpflichtungen die Buchwerte.

[2]Marktkurse sind die am jeweiligen Meldestichtag amtlich festgestellten Kurse oder, falls nicht verfügbar, die vom Institut ermittelten Marktwerte. [3]Werden die Wertpapiere an mehreren Märkten amtlich notiert, so verwendet das Institut Marktkurse nach einer institutsintern festgelegten Methode, die einheitlich und dauerhaft anzuwenden und zu dokumentieren ist. [4]Die Ermittlung der Marktwerte ist vom Institut für den letzten Meldestichtag, die Meldestichtage der vergangenen 24 Monate sowie für den laufenden Meldezeitraum zu dokumentieren und auf Verlangen der Bundesanstalt vorzulegen. [5]Mit Ausnahme

der Zahlungsmittel nach Satz 1 Nr. 2 dürfen Schuldverschreibungen und andere festverzinsliche Wertpapiere im Bestand in Höhe von 90 Prozent des Buchwerts und börsennotierte Aktien und andere nicht festverzinsliche Wertpapiere im Bestand in Höhe von 80 Prozent des Buchwerts angesetzt werden, wenn das Institut keine geschäftstägliche Marktbewertung durchführt. [6] Von den Buchwerten der Aktivposten sind Wertberichtigungen für das Länderrisiko, Pauschalwertberichtigungen und Einzelwertberichtigungen abzusetzen, wenn diese die Anrechnung der Aktivposten nach § 3 Abs. 3 Nr. 1 nicht ausschließen.

(2) [1] Ist ein Institut aus meldetechnischen Gründen nicht im Stande, die Wertberichtigungen von den jeweiligen Aktivposten abzuziehen, kann es ein vereinfachtes Verfahren zur Absetzung der Wertberichtigungen anwenden. [2] Bei diesem Verfahren sind, entsprechend dem Anteil der anrechenbaren Liquiditätsposten an der Gesamtsumme sämtlicher Aktiva, auf die sich die Wertberichtigungen beziehen, die insgesamt gebildeten Wertberichtigungen von den Zahlungsmitteln

a) des Laufzeitbandes 1 (Standardverfahren) oder

b) aus allen Laufzeitbändern (alternatives Verfahren)

abzusetzen. [3] Entscheidet sich ein Institut für das alternative Verfahren, hat es beim Abzug der Wertberichtigungen die den Zahlungsmitteln zugrunde liegende Laufzeitstruktur zu berücksichtigen. [4] Einzelwertberichtigungen, die eine Nichtanrechnung der betreffenden Forderungen und Wechsel bewirken, dürfen unberücksichtigt bleiben [5] Institute, die beabsichtigen, das vereinfachte Verfahren in Anspruch zu nehmen, müssen dies der Bundesanstalt und der Deutschen Bundesbank vor erstmaliger Anwendung anzeigen. [6] In der Anzeige ist anzugeben, auf welche Wertberichtigungen das Verfahren angewandt wird und welche Aktiva einbezogen werden. [7] Die Bundesanstalt kann die Anwendung des vereinfachten Verfahrens untersagen, wenn begründete Zweifel bestehen, dass die aus Wertberichtigungen resultierenden liquiditätseinschränkenden Effekte nicht ausreichend abgebildet werden.

(3) [1] Eine auf eine fremde Währung lautende Position ist zu dem Referenzkurs, der von der Europäischen Zentralbank am Meldestichtag festgestellt und von der Deutschen Bundesbank veröffentlicht worden ist (Euro-Referenzkurs), in Euro umzurechnen. [2] Bei der Umrechnung von Währungen, für die kein Euro-Referenzkurs veröffentlicht wird, sind die Mittelkurse aus feststellbaren An- und Verkaufskursen des Stichtages zugrunde zu legen.

(4) Institute dürfen abweichend von Absatz 3 intern verwendete Fremdwährungsumrechnungskurse aus eigenen Risikomodellen, die für aufsichtliche Zwecke zugelassen sind, weiterhin berücksichtigen, wenn sie diese bereits vor dem 1. Januar 2014 konsistent berücksichtigt haben.

§ 7 Restlaufzeiten. [1] Als Restlaufzeit gilt

1. der Zeitraum zwischen dem jeweiligen Meldestichtag und dem Fälligkeitstag der jeweiligen Zahlungsmittel und Zahlungsverpflichtungen vorbehaltlich der Nummern 2 bis 6,
2. die jeweilige Kündigungsfrist bei ungekündigten Kündigungsgeldern, wobei eine Kündigungssperrfrist hinzuzurechnen ist,
3. der Zeitraum zwischen dem jeweiligen Meldestichtag und der Fälligkeit des Teilbetrags bei Forderungen und Verbindlichkeiten, die regelmäßig in Teil-

beträgen zu tilgen sind, ungeachtet dessen, ob die Teilbeträge einen Zinsanteil enthalten oder nicht,

4. die verbleibende Geschäftsdauer bei Sachforderungen aus echten Pensions- und Leihgeschäften mit Wertpapieren im Sinne des § 3 Abs. 1 sowie bei daraus resultierenden Sachverbindlichkeiten und Wertpapierposten des Pensionsgebers aus unechten Pensionsgeschäften,
5. die verbleibende Geschäftsdauer zuzüglich der am Ende des Geschäfts geltenden Restlaufzeiten der Wertpapiere bei Sachforderungen aus echten Pensions- und Leihgeschäften mit anderen als den unter Nummer 4 genannten Wertpapieren und bei daraus resultierenden Sachverbindlichkeiten und Wertpapierposten des Pensionsgebers aus unechten Pensionsgeschäften und
6. die verbleibende Geschäftsdauer bei Geldforderungen und Geldverbindlichkeiten aus echten und unechten Pensionsgeschäften.

[2] Vorzeitige Kündigungsmöglichkeiten sind bei Verbindlichkeiten zu berücksichtigen. [3] Sie sind bei Forderungen und Wertpapieren im Bestand unberücksichtigt zu lassen. [4] Bei Forderungen und Verbindlichkeiten, die regelmäßig in Teilbeträgen getilgt werden, sind die Rückzahlungsbeträge in Höhe der jeweiligen Teilbeträge in die betreffenden Laufzeitbänder einzustellen. [5] Tagesgelder und Gelder mit täglicher Kündigung gelten nicht als täglich fällig. [6] Sie werden wie Festgelder mit eintägiger Laufzeit behandelt.

§ 8 *(aufgehoben)*

§ 9 *(aufgehoben)*

§ 10 Verwendung von institutseigenen Liquiditätsrisikomess- und -steuerungsverfahren. (1) [1] Zur Beurteilung der ausreichenden Liquidität darf das Institut nach dauerhafter Wahl mit Zustimmung der Bundesanstalt anstelle der §§ 2 bis 7 ein eigenes Liquiditätsrisikomess- und -steuerungsverfahren verwenden, wenn die Voraussetzungen nach Absatz 3 erfüllt werden und die Bundesanstalt dessen Eignung für die Zwecke dieser Verordnung auf Antrag des Institutes schriftlich bestätigt hat. [2] Die Bundesanstalt kann ihre Zustimmung an Nebenbestimmungen, insbesondere Auflagen, knüpfen und eine bereits erteilte Zustimmung widerrufen, wenn das Institut die Voraussetzungen nach Absatz 3 nicht mehr erfüllt.

(2) [1] Die Eignung eines institutseigenen Liquiditätsrisikomess- und -steuerungsverfahrens wird auf der Grundlage einer von der Bundesanstalt in Zusammenarbeit mit der Deutschen Bundesbank durchgeführten Prüfung nach § 44 Abs. 1 Satz 2 des Kreditwesengesetzes[1)] beurteilt und nach erteilter Eignungsbestätigung durch Nachschauprüfungen überprüft. [2] Wesentliche Änderungen des Liquiditätsrisikomess- und -steuerungsverfahrens bedürfen einer erneuten Eignungsbestätigung nach Absatz 1.

(3) [1] Das Institut hat insbesondere die folgenden Voraussetzungen für die Verwendung eines eigenen Liquiditätsrisikomess- und -steuerungsverfahrens zu erfüllen:

1. [1] Das Liquiditätsrisikomess- und -steuerungsverfahren gewährleistet unter Berücksichtigung der besonderen institutsspezifischen Verhältnisse, der Art und Komplexität der betriebenen Geschäfte und der Größe des Institutes

---

[1)] Nr. 9.

eine adäquate laufende Ermittlung und Überwachung des Liquiditätsrisikos und stellt die Liquiditätslage eingehender und angemessener dar, als bei Anwendung der §§ 2 bis 7. [2] Insbesondere soll das Liquiditätsrisikomess- und -steuerungsverfahren dabei auch Aufschluss über zu erwartende kurzfristige Nettomittelabflüsse, die Möglichkeit zur Aufnahme unbesicherter Finanzierungsmittel sowie die Auswirkung von Stressszenarien ermöglichen. [3] Das Institut überprüft regelmäßig die Einhaltung der Voraussetzungen nach Satz 1.

2. [1] Das Institut hat auf der Grundlage des Liquiditätsrisikomess- und -steuerungsverfahrens geeignete, quantitativ zu bemessende Obergrenzen für Liquiditätsrisiken, auch unter Berücksichtigung von Stressszenarien, eingerichtet (Limite), die es regelmäßig überprüft. [2] Dazu identifiziert das Institut Kenngrößen aus seinem Liquiditätsrisikomessverfahren, die für eine aggregierte Darstellung des Risikos einer nicht ausreichenden Liquidität des Instituts besonders geeignet sind, und dokumentiert, bei welchem Niveau dieser Größen es sich einem nennenswerten, mittleren und hohen Risiko einer nicht ausreichenden Liquidität ausgesetzt sieht, sowie welche Maßnahmen es an das Erreichen eines der benannten Niveaus durch eine der Kenngrößen knüpft.
3. [1] Das Institut zeigt der Deutschen Bundesbank und der Bundesanstalt schriftlich unverzüglich an, wenn eine der Kenngrößen nach Nummer 2 das Niveau für ein mittleres oder hohes Risiko einer nicht ausreichenden Liquidität überschreitet und berichtet über die Maßnahmen, die es zur Beseitigung der Gefährdung getroffen hat und zu treffen beabsichtigt. [2] Die Pflicht zur Meldung der Kennzahlen nach § 11 bleibt unberührt.
4. Das Liquiditätsrisikomess- und -steuerungsverfahren und das interne Limitsystem werden für das interne Liquiditätsrisikomanagement und in der Unternehmenssteuerung des Institutes verwendet.

(4) [1] Ein Institut mit Sitz im Inland, das nachgeordnetes Unternehmen einer Institutsgruppe oder einer Finanzholding-Gruppe ist und die Voraussetzungen nach § 2a Absatz 5 des Kreditwesengesetzes erfüllt, oder das übergeordnetes Unternehmen ist und die Voraussetzungen nach § 2a Absatz 5 des Kreditwesengesetzes erfüllt, darf nach dauerhafter Wahl mit Zustimmung der Bundesanstalt von der Anwendung der §§ 2 bis 7 absehen, wenn die Institutsgruppe oder die Finanzholding-Gruppe, der das Institut angehört, ein eigenes Liquiditätsrisikomess- und -steuerungsverfahren verwendet und die Bundesanstalt dessen Eignung schriftlich bestätigt hat. [2] Die Absätze 1 bis 3 gelten entsprechend.

§ 11 Meldungen der Kennzahlen. (1) [1] Die Institute haben der Deutschen Bundesbank zu den Anforderungen nach § 2 nach dem Stand zum Meldestichtag Ende des Monats Meldungen mit den Vordrucken nach Anlage 2 und 3 jeweils bis zum 15. Geschäftstag des auf den Meldestichtag folgenden Monats einzureichen. [2] Auf Antrag des Instituts kann die Bundesanstalt eine Fristverlängerung bewilligen. [3] Für Bürgschaftsbanken und Kreditgarantiegemeinschaften gilt Satz 1 mit der Maßgabe, dass die Meldungen nur zweimal jährlich nach dem Stand zum Meldestichtag Ende Mai und Ende November jeweils bis zum 15. Geschäftstag des auf den Meldestichtag folgenden Monats einzureichen sind.

(2) Macht ein Institut von der Möglichkeit der Verwendung eines eigenen Liquiditätsrisikomess- und -steuerungsverfahrens nach § 10 Gebrauch, legt die

Bundesanstalt abweichend von Absatz 1 im Einzelfall Inhalt und Form der monatlichen Meldeanforderungen in ihrer schriftlichen Eignungsbestätigung für das jeweilige Liquiditätsrisikomess- und -steuerungsverfahren nach § 10 fest.

(3) [1] Die Meldungen nach den Absätzen 1 und 2 sind im papierlosen Verfahren einzureichen. [2] Die Deutsche Bundesbank veröffentlicht im Internet die für eine elektronische Dateneinreichung nach Absatz 1 zu verwendenden Satzformate und den Einreichungsweg. [3] Sie leitet die Meldungen an die Bundesanstalt weiter. [4] Institute haben die Meldungen nach Anlage 2 und 3 für das laufende Kalenderjahr und die zwei vorangegangenen Kalenderjahre aufzubewahren.

§ 12 *(aufgehoben)*

§ 13 Inkrafttreten. Diese Verordnung tritt am 1. Januar 2007 in Kraft.

Anl. 1–3

(hier nicht wiedergegeben)

9c. Verordnung über die vertraglich gebundenen Vermittler und das öffentliche Register nach § 2 Abs. 10 Satz 5 des Kreditwesengesetzes (KWG-Vermittlerverordnung – KWGVermV)[1]

Vom 4. Dezember 2007
(BGBl. I S. 2785)

FNA 7610-2-35

geänd. durch Art. 19 Zweites Finanzmarktnovellierungsgesetz v. 23.6.2017 (BGBl. I S. 1693)

Auf Grund des § 24 Abs. 4 Satz 1 und 3 in Verbindung mit § 2 Abs. 10 Satz 4 und 7 des Kreditwesengesetzes[2] in der Fassung der Bekanntmachung vom 9. September 1998 (BGBl. I S. 2776), von denen § 24 Abs. 4 zuletzt durch Artikel 1 Nr. 30 Buchstabe d des Gesetzes vom 17. November 2006 (BGBl. I S. 2606) geändert und § 2 Abs. 10 durch Artikel 3 Nr. 3 Buchstabe g des Gesetzes vom 16. Juli 2007 (BGBl. I S. 1330) neu gefasst worden sind, in Verbindung mit § 1 Nr. 5 der Verordnung zur Übertragung von Befugnissen zum Erlass von Rechtsverordnungen auf die Bundesanstalt für Finanzdienstleistungsaufsicht vom 13. Dezember 2002 (BGBl. 2003 I S. 3), der zuletzt durch die Verordnung vom 21. November 2007 (BGBl. I S. 2605) geändert worden ist, verordnet die Bundesanstalt für Finanzdienstleistungsaufsicht nach Anhörung der Spitzenverbände der Institute im Einvernehmen mit der Deutschen Bundesbank:

§ 1 Einreichung der Anzeigen. [1]Die Anzeigen nach § 2 Abs. 10 Satz 1 und 3 des Kreditwesengesetzes[2] sind im Wege der Datenfernübertragung unter Verwendung des von der Bundesanstalt bereitgestellten elektronischen Anzeigeverfahrens einzureichen. [2]Vor der erstmaligen Verwendung des elektronischen Anzeigeverfahrens ist eine Anmeldung bei der Bundesanstalt für Finanzdienstleistungsaufsicht (Bundesanstalt) erforderlich. [3]Die Anmeldung hat über die Internetseite der Bundesanstalt zu erfolgen. [4]Die Bundesanstalt teilt unverzüglich nach Eingang der Anmeldung die zur Verwendung des elektronischen Anzeigeverfahrens erforderlichen Zertifikate zu. [5]Unmittelbar nach jeder erfolgreichen Übermittlung einer Anzeige erhält das haftende Unternehmen eine Bestätigung.

§ 2 Inhalt der Anzeigen. [1]Die Anzeige nach § 2 Abs. 10 Satz 1 des Kreditwesengesetzes[2] muss enthalten:

1. sofern der vertraglich gebundene Vermittler eine natürliche Person ist: die Firma, den Familiennamen, den Geburtsnamen, den Vornamen, den Tag und den Ort der Geburt sowie die Geschäftsanschrift des Vermittlers;

---

[1] **Amtl. Anm.:** Diese Verordnung dient der weiteren Umsetzung der Richtlinie 2004/ 39/EG des Europäischen Parlaments und des Rates vom 21. April 2004 über Märkte für Finanzinstrumente, zur Änderung der Richtlinien 85/611/EWG und 93/6/EWG des Rates und der Richtlinie 2000/12/EG des Europäischen Parlaments und des Rates und zur Aufhebung der Richtlinie 93/22/EWG des Rates (ABl. EU Nr. L 145 S. 1, 2005 Nr. L 45 S. 18), zuletzt geändert durch Artikel 3 der Richtlinie 2007/ 44/EG des Europäischen Parlaments und des Rates vom 5. September 2007 (ABl. EU Nr. L 247 S. 1).

[2] Nr. **9**.

2. sofern der vertraglich gebundene Vermittler eine juristische Person oder eine Personenhandelsgesellschaft ist: die Firma, die Rechtsform, den Sitz (Straße, Hausnummer, Postleitzahl, Ort, Sitzstaat) des Vermittlers sowie die Familiennamen, die Vornamen und die Geburtstage der nach Gesetz, Satzung oder Gesellschaftsvertrag zur Führung der Geschäfte und zur Vertretung berufenen Personen;
3. den Tag des Beginns der Tätigkeit des vertraglich gebundenen Vermittlers für das haftende Unternehmen.

[2]Jede Änderung der nach Satz 1 angezeigten Angaben ist unverzüglich als Änderungsanzeige nach § 2 Abs. 10 Satz 3 des Kreditwesengesetzes in dem in § 1 vorgegebenen Verfahren einzureichen. [3]Endet die Tätigkeit des vertraglich gebundenen Vermittlers für das haftende Unternehmen, ist der Tag der Beendigung der Tätigkeit anzuzeigen.

§ 3 Bestätigung der fachlichen Eignung und Zuverlässigkeit. In der Anzeige nach § 2 Abs. 10 Satz 1 des Kreditwesengesetzes[1)] hat das haftende Unternehmen, sofern es seinen Sitz im Inland hat, zu bestätigen, dass der vertraglich gebundene Vermittler fachlich geeignet und zuverlässig ist.

§ 4 Inhalt des Registers. (1) Von den Angaben nach § 2 werden die folgenden Angaben automatisiert in das öffentliche Register nach § 2 Abs. 10 Satz 5 des Kreditwesengesetzes[1)] eingestellt:
1. sofern der vertraglich gebundene Vermittler eine natürliche Person ist: die Firma, der Familienname, der Vorname sowie die Geschäftsanschrift des Vermittlers;
2. sofern der vertraglich gebundene Vermittler eine juristische Person oder Personenhandelsgesellschaft ist: die Firma, die Rechtsform, der Sitz (Straße, Hausnummer, Postleitzahl, Ort, Sitzstaat) des vertraglich gebundenen Vermittlers und die Familiennamen sowie die Vornamen der nach Gesetz, Satzung oder Gesellschaftsvertrag zur Führung der Geschäfte und zur Vertretung berufenen Personen;
3. der Tag des Beginns der Tätigkeit des vertraglich gebundenen Vermittlers für das haftende Unternehmen;
4. der Tag der Beendigung der Tätigkeit des vertraglich gebundenen Vermittlers für das haftende Unternehmen.

(2) In dem Register werden außerdem folgende Angaben ausgewiesen:
1. die Firma, die Rechtsform und der Sitz (Straße, Hausnummer, Postleitzahl, Ort, Sitzstaat) des haftenden Unternehmens;
2. der Tag, an dem die Anzeige nach § 2 Abs. 10 Satz 1 des Kreditwesengesetzes bei der Bundesanstalt eingegangen ist;
3. der Tag, an dem die Anzeige über die Beendigung der Tätigkeit des vertraglich gebundenen Vermittlers bei der Bundesanstalt eingegangen ist;
4. der Tag, an dem die in Absatz 1 Nr. 3 und 4 genannten Angaben abgeändert oder berichtigt worden sind;

---

1) Nr. **9**.

5. den angezeigten Zeitpunkt des Beginns oder der Beendigung der Tätigkeit des vertraglich gebundenen Vermittlers auch dann, wenn diese Daten nachträglich abgeändert oder berichtigt worden sind.

(3) Weitere Angaben werden in dem Register nicht ausgewiesen.

§ 5 Verantwortlichkeit. [1] Das haftende Unternehmen trägt die Verantwortung für die Vollständigkeit, die Richtigkeit und die Aktualität der im Register veröffentlichten Daten nach § 4 Abs. 1. Es hat diese Daten auf Vollständigkeit und Richtigkeit laufend zu prüfen. [2] Erforderliche Berichtigungen sind unter Verwendung des elektronischen Anzeigeverfahrens vorzunehmen.

§ 6 Einsichtnahme in das Register. Die Einsichtnahme in das öffentliche Register nach § 2 Abs. 10 Satz 5 des Kreditwesengesetzes[1)] erfolgt ausschließlich im automatisierten Abrufverfahren.

§ 7 Dauer der Einsehbarkeit. Die Angaben zu dem vertraglich gebundenen Vermittler sind nach Ablauf des Jahres, in das die angezeigte Beendigung seiner Tätigkeit für das haftende Unternehmen fällt, noch weitere fünf Jahre in dem Register einsehbar.

§ 8 Übergangsvorschrift. [1] Bis zum 31. Dezember 2007 können das Tätigwerden eines vertraglich gebundenen Vermittlers oder neue Verhältnisse im Sinne des § 2 Abs. 10 Satz 3 des Kreditwesengesetzes[1)] auch in Papierform bei der Bundesanstalt angezeigt werden. [2] Die bereits vor dem 1. Januar 2008 aufgrund der bis zum 31. Oktober 2007 oder der ab dem 1. November 2007 geltenden Fassung des § 2 Abs. 10 des Kreditwesengesetzes der Bundesanstalt in Papierform angezeigten Vermittlerverhältnisse sind bis zum 31. März 2008 erneut nach Maßgabe der §§ 1 bis 3 dieser Verordnung anzuzeigen; der Tag des Beginns der Tätigkeit muss nicht angegeben werden.

§ 9 Inkrafttreten. Diese Verordnung tritt am Tag nach der Verkündung[2)] in Kraft.

[1)] Nr. **9**.
[2)] Verkündet am 7.12.2007.

9d. Verordnung zur angemessenen Eigenmittelausstattung von Instituten, Institutsgruppen, Finanzholding-Gruppen und gemischten Finanzholding-Gruppen (Solvabilitätsverordnung – SolvV)[1]

Vom 6. Dezember 2013
(BGBl. I S. 4168)

FNA 7610-2-39

zuletzt geänd. durch Art. 1 Dritte ÄndVO v. 20.9.2021 (BGBl. I S. 4306)

Auf Grund des § 10 Absatz 1 Satz 1 und 3 des Kreditwesengesetzes[2], der durch Artikel 1 Nummer 21 des Gesetzes vom 28. August 2013 (BGBl. I S. 3395) neu gefasst worden ist, sowie auf Grund des § 10a Absatz 7 Satz 1 und 3 des Kreditwesengesetzes[2], der durch Artikel 1 Nummer 22 des Gesetzes vom 28. August 2013 (BGBl. I S. 3395) neu gefasst worden ist, jeweils im Benehmen mit der Deutschen Bundesbank und nach Anhörung der Spitzenverbände der Institute verordnet das Bundesministerium der Finanzen:

Inhaltsübersicht

---

[1] **Amtl. Anm.:** Diese Verordnung dient der Umsetzung der Richtlinie 2013/36/EU des Europäischen Parlaments und des Rates vom 26. Juni 2013 über den Zugang zur Tätigkeit von Kreditinstituten und die Beaufsichtigung von Kreditinstituten und Wertpapierfirmen, zur Änderung der Richtlinie 2002/87/EG und zur Aufhebung der Richtlinien 2006/48/EG und 2006/49/EG (ABl. L 176 vom 27.6.2013, S. 338) sowie der Anpassung des Aufsichtsrechts an die Verordnung (EU) Nr. 575/2013 des Europäischen Parlaments und des Rates vom 26. Juni 2013 über Aufsichtsanforderungen an Kreditinstitute und Wertpapierfirmen und zur Änderung der Verordnung (EU) Nr. 646/2012 (ABl. L 176 vom 27.6.2013, S. 1).

[2] Nr. **9**.

Teil 1. Allgemeine Vorschriften

§ 1 Anwendungsbereich. (1) Die §§ 3 bis 23 dieser Verordnung sind ergänzend zu den Artikeln 92 bis 386 der Verordnung (EU) Nr. 575/2013[1] des Europäischen Parlaments und des Rates vom 26. Juni 2013 über Aufsichtsanforderungen an Kreditinstitute und zur Änderung der Verordnung (EU) Nr. 648/2012 (ABl. L 176 vom 27.6.2013, S. 1; L 208 vom 2.8.2013, S. 68; L 321 vom 30.11.2013, S. 6; L 193 vom 21.7.2015, S. 166; L 20 vom 25.1.2017, S. 3; L 13 vom 17.1.2020, S. 58; L 335 vom 13.10.2020, S. 20; L 405 vom 2.12.2020, S. 79), die zuletzt durch die Verordnung (EU) 2020/873 (ABl. L 204 vom 26.6.2020, S. 4) geändert worden ist, von denjenigen Instituten und Gruppen anzuwenden, die sich nach der Verordnung (EU) Nr. 575/2013 oder nach dem Kreditwesengesetz[2] an die Vorgaben dieser Artikel halten müssen.

(2) [1]Die §§ 24 bis 31 dieser Verordnung sind ergänzend zu den Artikeln 25 bis 91 der Verordnung (EU) Nr. 575/2013 von denjenigen Instituten und Gruppen anzuwenden, die sich nach der Verordnung (EU) Nr. 575/2013 oder nach dem Kreditwesengesetz an die Vorgaben dieser Artikel halten müssen. [2]Dies gilt nicht für Kreditinstitute, die gemäß Artikel 6 Absatz 4 der Verordnung (EU) Nr. 1024/2013[3] des Rates vom 15. Oktober 2013 zur Übertragung besonderer Aufgaben im Zusammenhang mit der Aufsicht über Kreditinstitute auf die Europäische Zentralbank (ABl. L 287 vom 29.10.2013, S. 63, L 218 vom 19.8.2015, S. 82) sowie gemäß Teil IV und Artikel 147 Absatz 1 der Verordnung (EU) Nr. 468/2014 der Europäischen Zentralbank vom 16. April 2014 zur Einrichtung eines Rahmenwerks für die Zusammenarbeit zwischen der Europäischen Zentralbank und den nationalen zuständigen Behörden und den nationalen benannten Behörden innerhalb des einheitlichen Aufsichtsmechanismus (SSM-Rahmenverordnung) (ABl. L 141 vom 14.5.2014, S. 1) als bedeutend eingestuft werden.[4]

(3) § 32 dieser Verordnung ist ergänzend zu den Artikeln 11 bis 91 der Verordnung (EU) Nr. 575/2013 von denjenigen Instituten und Gruppen anzuwenden, die sich nach der Verordnung (EU) Nr. 575/2013 oder nach dem Kreditwesengesetz an die Vorgaben dieser Artikel halten müssen.

(4) Die §§ 33 bis 37 dieser Verordnung sind ergänzend zu den §§ 10c bis 10i des Kreditwesengesetzes von denjenigen Instituten und Gruppen anzuwenden, die sich an die Vorgaben dieser Vorschriften halten müssen.

§ 2 Anträge und Anzeigen. (1) Anträge, über die nach der Verordnung (EU) Nr. 575/2013[1] die Bundesanstalt für Finanzdienstleistungsaufsicht (Bundesanstalt) als zuständige Behörde zu entscheiden hat, sind vorbehaltlich abweichender Bestimmungen in schriftlicher Form bei der Bundesanstalt zu stellen.

(2) Anzeigen nach der Verordnung (EU) Nr. 575/2013, für die die Bundesanstalt die zuständige Behörde ist, sind bei der Bundesanstalt und in Kopie bei der Deutschen Bundesbank einzureichen.

(3) Meldungen, die aufgrund regelmäßiger Berichtspflichten nach der Verordnung (EU) Nr. 575/2013 gegenüber der Bundesanstalt als zuständige Behörde erfolgen müssen, sind über die Deutsche Bundesbank einzureichen.

---

[1] Nr. **6**.
[2] Nr. **9**.
[3] Nr. **5**.
[4] Beachte zur Anwendbarkeit § 39 Satz 3.

Teil 2. Nähere Bestimmungen zu den Eigenmittelanforderungen für Institute und Gruppen

Kapitel 1. Interne Ansätze

Abschnitt 1. Allgemeine Bestimmungen

§ 3 Prüfungen bei Verwendung eines erlaubnispflichtigen Ansatzes zur Ermittlung der Mindesteigenmittelanforderungen. (1) [1] Hat die Bundesanstalt einem Institut die Erlaubnis zur Verwendung eines Ansatzes zur Ermittlung der Mindesteigenmittelanforderungen erteilt, dessen Verwendung nach den Artikeln 92 bis 386 der Verordnung (EU) Nr. 575/2013[1)] einer Erlaubnis der zuständigen Behörde bedarf (erlaubnispflichtiger Ansatz zur Ermittlung der Mindesteigenmittelanforderungen), muss sie regelmäßig überprüfen, ob die Anforderungen für diesen Ansatz nach dieser Verordnung und nach der Verordnung (EU) Nr. 575/2013 erfüllt sind. [2] Die Überprüfung findet mindestens alle drei Jahre statt. [3] Daneben prüft die Bundesanstalt im Rahmen von Nachschauprüfungen, ob festgestellte Mängel abgestellt und Auflagen erfüllt sind.

(2) [1] Die Bundesanstalt kann die Eignungsprüfung für die Erlaubnis zur Verwendung eines Ansatzes sowie die regelmäßige Überprüfung und die Nachschauprüfungen auf der Grundlage einer Prüfung nach § 44 Absatz 1 Satz 2 des Kreditwesengesetzes[2)] durchführen. [2] Die Prüfung nach § 44 Absatz 1 Satz 2 des Kreditwesengesetzes führt in der Regel die Deutsche Bundesbank durch.

(3) [1] Bei der Überprüfung berücksichtigt die Bundesanstalt insbesondere Veränderungen der Geschäftstätigkeit des Instituts sowie die Anwendung dieses erlaubnispflichtigen Ansatzes zur Ermittlung der Mindesteigenmittelanforderungen auf neue Produkte. [2] Zusätzlich überprüft sie, ob das Institut für diesen Ansatz ausgereifte und aktuelle Techniken und Praktiken anwendet.

(4) Bei der Überprüfung berücksichtigt die Bundesanstalt die Analysen und Benchmarks der Europäischen Bankenaufsichtsbehörde.

§ 4 Maßnahmen bei Mängeln bei der Risikoerfassung oder der Nichteinhaltung der Anforderungen bei Verwendung eines erlaubnispflichtigen Ansatzes zur Ermittlung der Mindesteigenmittelanforderungen.

(1) [1] Sofern die Bundesanstalt feststellt, dass die Ausgestaltung eines erlaubnispflichtigen Ansatzes zur Ermittlung der Mindesteigenmittelanforderungen durch das Institut erhebliche Mängel bei der Erfassung des Risikos aufweist, sorgt die Bundesanstalt dafür, dass diese Mängel beseitigt werden, oder sie ergreift angemessene Maßnahmen, die geeignet sind, um die aus den Mängeln resultierenden Folgen abzuschwächen. [2] Geeignete Maßnahmen sind insbesondere die Festsetzung höherer Multiplikationsfaktoren oder zusätzlicher Eigenmittelanforderungen.

(2) Deutet bei einem von der Bundesanstalt erlaubten internen Modell für Marktrisiken das zahlreiche Auftreten von in Artikel 366 der Verordnung (EU) Nr. 575/2013[1)] genannten Überschreitungen darauf hin, dass das Modell nicht oder nicht mehr präzise genug ist, widerruft die Bundesanstalt die Erlaubnis zur

---

[1)] Nr. **6**.
[2)] Nr. **9**.

Verwendung dieses internen Modells für Marktrisiken oder ordnet angemessene Maßnahmen an, die gewährleisten, dass das Modell umgehend verbessert wird.

(3) [1] Wenn ein Institut nicht mehr sämtliche Anforderungen für einen erlaubnispflichtigen Ansatz zur Ermittlung der Mindesteigenmittelanforderungen nach dieser Verordnung und nach der Verordnung (EU) Nr. 575/2013 erfüllt, verlangt die Bundesanstalt

1. vom Institut einen Plan, wie und in welchem Zeitraum eine zeitnahe Rückkehr zur Regelkonformität gewährleistet werden soll, oder
2. dass das Institut in einer die Bundesanstalt zufriedenstellenden Weise nachweist, dass die Auswirkungen des Nichteinhaltens der Anforderungen unwesentlich sind, sofern das nach der Verordnung (EU) Nr. 575/2013 für diesen Ansatz zulässig ist.

[2] Sind die Eigenmittelanforderungen im Falle des Satzes 1 wahrscheinlich unzureichend, ordnet die Bundesanstalt, soweit angemessen, zusätzliche Eigenmittelanforderungen an.

(4) Erscheint es nach Einschätzung der Bundesanstalt unwahrscheinlich, dass ein vom Institut vorgelegter Plan nach Absatz 3 Satz 1 Nummer 1 zur vollständigen Wiedereinhaltung der Anforderungen führt oder der vom Institut vorgesehene Umsetzungszeitraum unangemessen lang ist, verlangt die Bundesanstalt eine Nachbesserung des Plans.

(5) [1] Erscheint es nach Einschätzung der Bundesanstalt unwahrscheinlich, dass das Institut die Anforderungen innerhalb einer angemessenen Frist wieder einhalten wird, und hat das Institut, sofern das nach der Verordnung (EU) Nr. 575/2013 für diesen Ansatz zulässig ist, auch keinen zufriedenstellenden Nachweis der Unwesentlichkeit der Auswirkungen des Nichteinhaltens der Anforderungen nach Absatz 3 Satz 1 Nummer 2 erbracht, muss die Bundesanstalt die Erlaubnis zur Verwendung des Ansatzes durch das Institut

1. insgesamt widerrufen oder
2. auf solche Bereiche beschränken, in denen die Einhaltung der Anforderungen gegeben ist oder innerhalb einer angemessenen Frist erreicht werden kann, sofern dies innerhalb der von der Bundesanstalt festgelegten Grenzen für die Nichtanwendung dieses Ansatzes möglich ist.

[2] Insbesondere für risikogewichtete Positionsbeträge nach dem auf internen Beurteilungen beruhenden Ansatz (IRB-Ansatz) im Sinne von Artikel 107 Absatz 1 der Verordnung (EU) Nr. 575/2013 kann die Bundesanstalt separat für einzelne Arten von Kreditrisikopositionen die Zustimmung nach Artikel 143 Absatz 2 der Verordnung (EU) Nr. 575/2013 zur Verwendung des IRB-Ansatzes oder zur Verwendung eigener Schätzungen von Verlustausfallquoten (Loss Given Defaults – LGDs) im Sinne von Artikel 4 Absatz 1 Nummer 55 der Verordnung (EU) Nr. 575/2013 oder Konversionsfaktoren für diese Art von Kreditrisikopositionen widerrufen.

§ 5 Berechnungen und Meldungen für das aufsichtliche Benchmarking bei der Anwendung interner Ansätze. (1) [1] Ein Institut, das seine Eigenmittelanforderungen anhand interner Ansätze ermittelt, hat die Eigenmittelanforderungen einmal jährlich für diejenigen seiner Risikopositionen oder Positionen zu berechnen und zu melden, die in den diese internen Ansätze betreffenden Referenzportfolios der Bundesanstalt oder der Europäischen Bankenaufsichtsbehörde enthalten sind. [2]Diese Berechnungs- und Meldepflicht gilt nicht, soweit die Eigenmittelanforderungen mit dem fortgeschrittenen Messansatz nach Artikel 312 Absatz 2 Satz 1 der Verordnung (EU) Nr. 575/2013[1)] berechnet werden.

(2) [1]Die Berechnungen und Meldungen nach Absatz 1 müssen nach dem Stand zum Ende des Kalenderjahres und für jeden vom Institut verwendeten internen Ansatz getrennt erfolgen. [2]Die Ergebnisse dieser Berechnungen sind mit einer Erläuterung der bei der Ermittlung der Ergebnisse angewandten Methoden jeweils bis zum 30. Geschäftstag nach Ablauf eines Kalenderjahres getrennt für Referenzportfolios der Bundesanstalt und der Europäischen Bankenaufsichtsbehörde bei der Deutschen Bundesbank sowie bei der Europäischen Bankenaufsichtsbehörde zu melden. [3]Hierbei sind die technischen Durchführungsstandards nach Artikel 78 Absatz 8 der Richtlinie 2013/36/EU des Europäischen Parlaments und des Rates vom 26. Juni 2013 über den Zugang zur Tätigkeit von Kreditinstituten und die Beaufsichtigung von Kreditinstituten und Wertpapierfirmen, zur Änderung der Richtlinie 2002/87/EG und zur Aufhebung der Richtlinien 2006/48/EG und 2006/49/EG (ABl. L 176 vom 27.6.2013, S. 338) zu berücksichtigen.

(3) Die Bundesanstalt kann von Absatz 1 Satz 1 und Absatz 2 Satz 1 abweichende Berechnungstermine oder von Absatz 2 Satz 2 abweichende Meldefristen bestimmen.

§ 6 Aufsichtliches Benchmarking interner Ansätze. (1) Die Bundesanstalt erstellt eigene Referenzportfolios ausschließlich in Abstimmung mit der Europäischen Bankenaufsichtsbehörde.

(2) Die Bundesanstalt verwendet die von den Instituten nach § 5 gemeldeten Informationen, um die Spanne der risikogewichteten Positionsbeträge und der Eigenmittelanforderungen für diejenigen Risikopositionen oder Positionen eines Referenzportfolios zu überwachen, die sich aus den internen Ansätzen der meldepflichtigen Institute ergeben.

(3) Die Bundesanstalt bewertet mindestens jährlich die Qualität dieser internen Ansätze und konzentriert sich dabei insbesondere auf

1. die internen Ansätze, die erhebliche Unterschiede in Bezug auf die Eigenmittelanforderungen für dieselbe Risikoposition oder Position aufweisen,
2. die internen Ansätze, die eine besonders hohe oder niedrige Vielfalt aufweisen, sowie
3. auf Fälle einer signifikanten und systematischen Unterschätzung der Eigenmittelanforderungen.

(4) [1]Ergeben die Überwachung nach Absatz 2 und die Bewertung nach Absatz 3, dass die Ergebnisse interner Ansätze bestimmter Institute erheblich von den Ergebnissen der Mehrheit der Institute abweichen oder dass nur wenige Gemeinsamkeiten bei den internen Ansätzen bestehen, so dass sich eine weite Spanne an Ergebnissen ergibt, untersucht die Bundesanstalt die Gründe hierfür. [2]Wenn klar festgestellt werden kann, dass der interne Ansatz eines Instituts zu einer Unterschätzung der Eigenmittelanforderungen führt, die nicht auf Unterschiede bei den zugrundeliegenden Risiken der Risikopositionen oder Positionen zurückgeführt werden kann, ergreift die Bundesanstalt angemessene Abhilfemaßnahmen. [3]Bei ihrer Entscheidung über die Angemessenheit von Abhilfemaßnahmen

---

[1)] Nr. 6.

sind die Ziele, die mit der Verwendung interner Ansätze verfolgt werden, zu berücksichtigen und ist sicherzustellen, dass die Abhilfemaßnahmen

1. nicht zu Standardisierungen oder bevorzugten Methoden führen,
2. keine falschen Anreize schaffen und
3. kein Herdenverhalten verursachen.

Abschnitt 2. Ergänzende Regelungen zum IRB-Ansatz

§ 7 IRB-Ansatz-Eignungsprüfungen für interne Ratingsysteme und Beteiligungsrisikomodelle. (1) [1] Die Bundesanstalt entscheidet über die Erlaubnis zur Verwendung des IRB-Ansatzes nach Artikel 143 Absatz 2 sowie über die nach Artikel 143 Absatz 3 der Verordnung (EU) Nr. 575/2013[1)] erlaubnispflichtigen Veränderungen (IRB-Ansatz-Eignungsprüfung) auf der Grundlage einer Prüfung gemäß § 44 Absatz 1 Satz 2 des Kreditwesengesetzes[2)]. [2] Die Prüfung gemäß § 44 Absatz 1 Satz 2 des Kreditwesengesetzes führt in der Regel die Deutsche Bundesbank durch. [3] IRB-Ansatz-Eignungsprüfungen führt die Bundesanstalt erst dann durch, wenn das Institut

1. mit den Ratingsystemen, die zur IRB-Ansatz-Eignungsprüfung angemeldet sind, und den Ratingsystemen, die das Institut bereits für den IRB-Ansatz verwenden darf, insgesamt die IRB-Ansatz-Eintrittsschwelle nach § 10 Absatz 1 erreicht oder überschreitet,
2. für jedes der zur IRB-Ansatz-Eignungsprüfung angemeldeten Ratingsysteme und Beteiligungsrisikomodelle die Verwendungsanforderungen nach Artikel 144 Absatz 1 Buchstabe f der Verordnung (EU) Nr. 575/2013 erfüllt hat und, im Falle eines Ratingsystems, die Erfahrungsanforderungen nach Artikel 145 der Verordnung (EU) Nr. 575/2013 in einem Umfang erfüllt hat, der die vollständige Erfüllung der Erfahrungsanforderungen bis zum beabsichtigten Zeitpunkt der Nutzung des Ratingsystems ermöglicht,
3. für jedes der zur IRB-Ansatz-Eignungsprüfung angemeldeten Ratingsysteme und Beteiligungsrisikomodelle das Neugeschäft nach § 14 Absatz 1 Satz 2 Nummer 1 sowie mindestens einen signifikanten Teil des zu berücksichtigenden Bestandsgeschäfts nach § 14 Absatz 2 mit diesem Ratingsystem oder Beteiligungsrisikomodell erfasst hat, und
4. glaubhaft machen kann, dass es zu dem laut Umsetzungsplan angestrebten Zeitpunkt der Verwendung für den IRB-Ansatz die für das Ratingsystem oder Beteiligungsrisikomodell einzuhaltenden Nutzungsvoraussetzungen für den IRB-Ansatz einhalten wird.

(2) Im Rahmen einer IRB-Ansatz-Eignungsprüfung, die nach bereits erteilter Erlaubnis des Instituts zum IRB-Ansatz durchgeführt wird, beurteilt die Bundesanstalt auch, ob das Institut den bei der Erlaubnis zum IRB-Ansatz genehmigten Umsetzungsplan einhält.

(3) Bei bedeutenden Änderungen von Ratingsystemen oder Beteiligungsrisikomodellen muss ein Institut vor Verwendung des geänderten Ratingsystems oder Beteiligungsrisikomodells für den IRB-Ansatz mit der Bundesanstalt abstimmen, ob die Bundesanstalt die Einschätzung des Instituts teilt, dass es sich nicht um eine

---

1) Nr. **6**.
2) Nr. **9**.

wesentliche Änderung handelt, die nach Artikel 143 Absatz 3 Buchstabe b der Verordnung (EU) Nr. 575/2013 einer Erlaubnis der Bundesanstalt bedarf.

§ 8 Zeitraum für die Umsetzung des IRB-Ansatzes. (1) [1] Der nach Artikel 148 Absatz 2 der Verordnung (EU) Nr. 575/2013[1)] von der Bundesanstalt festzulegende maximal zulässige Zeitraum, in dem der IRB-Ansatz umzusetzen ist, beträgt stets fünf Jahre. [2] Er beginnt, sobald die Bundesanstalt die Verwendung des IRB-Ansatzes durch das Institut erlaubt hat (IRB-Ansatz-Zulassung).

(2) Der Zeitraum, in dem die Fähigkeit zur Ermittlung der Eigenmittelanforderungen unter Verwendung des Kreditrisikostandardansatzes (KSA) nach Artikel 148 Absatz 4 der Verordnung (EU) Nr. 575/2013 beizubehalten ist, beginnt mit der IRB-Ansatz-Zulassung und endet mit Erreichen des aufsichtlichen Referenzpunkts nach § 10 Absatz 2 für die Umsetzung des IRB-Ansatzes.

(3) Hat ein Institut bereits eine IRB-Ansatz-Zulassung auf der Grundlage eines Umsetzungsplans erhalten, nach dem es für sämtliche Kreditrisikopositionen, für die das Institut den IRB-Ansatz verwendet (IRB-Ansatz-Positionen), die nicht der Forderungsklasse Mengengeschäft nach Artikel 147 Absatz 2 Buchstabe d der Verordnung (EU) Nr. 575/2013 zugeordnet sind, keine eigenen Schätzungen der LGD oder des Konversionsfaktors verwendet, und hat das Institut auf der Grundlage dieses Umsetzungsplans bereits die IRB-Ansatz-Austrittsschwelle nach § 10 Absatz 3 erreicht, dann gilt auch bei einem nachfolgenden Umsetzungsplan, nach dem das Institut für solche IRB-Ansatz-Positionen eigene Schätzungen der LGD oder des Konversionsfaktors verwendet, der in Absatz 2 genannte Zeitraum als bereits beendet.

§ 9 Anforderungen an die Umsetzung des IRB-Ansatzes. (1) Bei der Umsetzung des IRB-Ansatzes muss ein Institut die Anforderungen der Absätze 2 bis 4 erfüllen; diese Anforderungen bilden die nach Artikel 148 Absatz 3 Satz 1 der Verordnung (EU) Nr. 575/2013[1)] zu konkretisierenden Anforderungen.

(2) Für die Kreditrisikopositionen des Instituts muss

1. zum Zeitpunkt der IRB-Ansatz-Zulassung bereits die IRB-Ansatz-Eintrittsschwelle erreicht sein,
2. spätestens nach zweieinhalb Jahren der aufsichtliche Referenzpunkt für die Umsetzung des IRB-Ansatzes erreicht sein,
3. bis zum Ende des maximal zulässigen Zeitraums für die Umsetzung des IRB-Ansatzes die IRB-Ansatz-Austrittsschwelle erreicht sein.

(3) Einmal erreichte Schwellen müssen weiter eingehalten werden.

(4) Hat das Institut bereits eine IRB-Ansatz-Zulassung auf der Grundlage eines Umsetzungsplans erhalten, nach dem es für IRB-Ansatz-Positionen, die nicht der Forderungsklasse Mengengeschäft nach Artikel 147 Absatz 2 Buchstabe d der Verordnung (EU) Nr. 575/2013 zugeordnet sind, keine eigenen Schätzungen der LGD oder des Konversionsfaktors verwendet, und hat das Institut auf Grundlage dieses Umsetzungsplans bereits die IRB-Ansatz-Austrittsschwelle erreicht, dann muss das Institut bei einem nachfolgenden Umsetzungsplan, nach dem es für derartige IRB-Ansatz-Positionen eigene Schätzungen der LGD oder des Konversionsfaktors verwendet, bis zur Feststellung der Bundesanstalt, dass der aufsichtliche Referenzpunkt erreicht worden ist, sicherstellen, dass es die Positions-

[1)] Nr. **6**.

beträge im IRB-Ansatz (risikogewichtete IRB-Ansatz-Positionsbeträge) für diese IRB-Ansatz-Positionen ermitteln kann, ohne eigene Schätzungen der LGD oder des Konversionsfaktors zu verwenden.

§ 10 IRB-Ansatz-Schwellen; aufsichtlicher Referenzpunkt. (1) Die IRB-Ansatz-Eintrittsschwelle ist erreicht, wenn für die Kreditrisikopositionen des Instituts sowohl der Abdeckungsgrad für IRB-Ansatz-Positionswerte als auch der Abdeckungsgrad für risikogewichtete IRB-Ansatz-Positionsbeträge mit geeigneten Ratingsystemen und Beteiligungsrisikomodellen jeweils mindestens 50 Prozent beträgt.

(2) Der aufsichtliche Referenzpunkt ist erreicht, wenn der Abdeckungsgrad für IRB-Ansatz-Positionswerte und der Abdeckungsgrad für risikogewichtete IRB-Ansatz-Positionsbeträge mit geeigneten Ratingsystemen und Beteiligungsrisikomodellen jeweils mindestens 80 Prozent beträgt.

(3) [1] Die IRB-Ansatz-Austrittsschwelle ist erreicht, wenn der Abdeckungsgrad für IRB-Ansatz-Positionswerte nach § 11 Absatz 1 und der Abdeckungsgrad für risikogewichtete IRB-Ansatz-Positionsbeträge nach § 11 Absatz 2 mit geeigneten Ratingsystemen jeweils mindestens 92 Prozent beträgt. [2] Die Bundesanstalt kann den Prozentsatz für die IRB-Ansatz-Austrittsschwelle für ein Institut auf Antrag absenken, wenn das Institut dafür wichtige Gründe dargelegt hat.

§ 11 Berechnung des Abdeckungsgrads. (1) Der Abdeckungsgrad für IRB-Ansatz-Positionswerte ist der Quotient aus

1. der Summe der IRB-Ansatz-Positionswerte für sämtliche IRB-Ansatz-Positionen, die nach § 12 im Zähler für den Abdeckungsgrad berücksichtigt werden dürfen, jedoch für IRB-Ansatz-Positionen nach § 13 Absatz 4 Nummer 2 Buchstabe a nur in Höhe des nach Absatz 4 berücksichtigungsfähigen Prozentsatzes des IRB-Ansatz-Positionswerts, und
2. der Summe der KSA-Positionswerte für sämtliche KSA-Positionen und der IRB-Ansatz-Positionswerte für sämtliche IRB-Ansatz-Positionen, die nach § 13 jeweils im Nenner für den Abdeckungsgrad zu berücksichtigen sind.

(2) Der Abdeckungsgrad für risikogewichtete IRB-Ansatz-Positionsbeträge ist der Quotient aus

1. der Summe der risikogewichteten IRB-Ansatz-Positionsbeträge für sämtliche IRB-Ansatz-Positionen, die nach § 12 im Zähler für den Abdeckungsgrad berücksichtigt werden dürfen, jedoch für IRB-Ansatz-Positionen nach § 13 Absatz 4 Nummer 2 Buchstabe a nur in Höhe des nach Absatz 5 berücksichtigungsfähigen Prozentsatzes des risikogewichteten IRB-Ansatz-Positionsbetrags, soweit diese risikogewichteten IRB-Ansatz-Positionsbeträge bei der Ermittlung des Gesamtrisikopositionsbetrags nach Artikel 92 Absatz 3 der Verordnung (EU) Nr. 575/2013[1]) berücksichtigt oder bei der Ermittlung des harten Kernkapitals nach Artikel 36 Absatz 1 Buchstabe k dieser EU-Verordnung in Abzug gebracht worden sind, und
2. der Summe der risikogewichteten KSA-Positionsbeträge für sämtliche KSA-Positionen und der risikogewichteten IRB-Ansatz-Positionsbeträge für sämtliche IRB-Ansatz-Positionen, die nach § 13 jeweils im Nenner für den Abdeckungsgrad zu berücksichtigen sind, soweit diese risikogewichteten Positi-

[1]) Nr. **6**.

onsbeträge bei der Ermittlung des Gesamtrisikopositionsbetrags nach Artikel 92 Absatz 3 der Verordnung (EU) Nr. 575/2013 berücksichtigt oder bei der Ermittlung des harten Kernkapitals nach Artikel 36 Absatz 1 Buchstabe k dieser EU-Verordnung in Abzug gebracht worden sind.

(3) Zur Bestimmung der Abdeckungsgrade nach den Absätzen 1 und 2 sind die Positionswerte und die risikogewichteten Positionsbeträge nach dem Verfahren zu ermitteln, das zu dem betreffenden Zeitpunkt für jede der Risikopositionen laut Umsetzungsplan vorgesehen oder durch die IRB-Ansatz-Zulassung bereits festgelegt ist.

(4) Der berücksichtigungsfähige Prozentsatz des IRB-Ansatz-Positionswerts einer IRB-Ansatz-Position nach § 13 Absatz 4 Nummer 2 Buchstabe a ist der Quotient aus

1. der Summe der IRB-Ansatz-Positionswerte für diejenigen Kreditrisikopositionen des verbrieften Portfolios, die das Institut mit einem Ratingsystem erfasst hat, das das Institut mit Zustimmung der Bundesanstalt nach Artikel 143 Absatz 2 der Verordnung (EU) Nr. 575/2013 für den IRB-Ansatz verwenden darf, und
2. der Summe der Positionswerte für sämtliche Kreditrisikopositionen des verbrieften Portfolios.

(5) Der berücksichtigungsfähige Prozentsatz des risikogewichteten IRB-Ansatz-Positionsbetrags einer IRB-Ansatz-Position nach § 13 Absatz 4 Nummer 2 Buchstabe a ist der Quotient aus

1. der Summe der risikogewichteten IRB-Ansatz-Positionsbeträge für diejenigen Kreditrisikopositionen des verbrieften Portfolios, die das Institut mit einem Ratingsystem erfasst hat, das das Institut mit Zustimmung der Bundesanstalt nach Artikel 143 Absatz 2 der Verordnung (EU) Nr. 575/2013 für den IRB-Ansatz verwenden darf, und
2. der Summe der risikogewichteten Positionsbeträge für sämtliche Kreditrisikopositionen des verbrieften Portfolios.

§ 12 Im Zähler für den Abdeckungsgrad zu berücksichtigende IRB-Ansatz-Positionen. (1) [1] Wenn das Institut für relevante Arten von Risikopositionen die Verwendung eigener Schätzungen der LGD oder des Konversionsfaktors anstrebt, bestimmen sich die im Zähler zu berücksichtigenden IRB-Ansatz-Positionen nach Absatz 2 Nummer 2, anderenfalls nach Absatz 2 Nummer 1. [2] Nach Satz 1 relevante Arten von Risikopositionen sind sämtliche IRB-Ansatz-Positionen, die der IRB-Ansatz-Forderungsklasse Zentralregierungen, Institute oder Unternehmen nach Artikel 147 Absatz 2 Buchstabe b, c und d der Verordnung (EU) Nr. 575/2013[1)] zugeordnet sind, mit Ausnahme von

1. Risikopositionen, die aus angekauften Forderungen resultieren,
2. Spezialfinanzierungspositionen nach Artikel 147 Absatz 8 der Verordnung (EU) Nr. 575/2013, hinsichtlich derer sich das Institut für die Verwendung der Risikogewichtskategorien nach Artikel 153 Absatz 5 dieser EU-Verordnung entschieden hat, und
3. Risikopositionen, die bei Anwendung des Standardansatzes für Kreditrisiken der Forderungsklasse gedeckte Schuldverschreibungen nach Artikel 112 Buch-

---

[1)] Nr. **6**.

stabe l der Verordnung (EU) Nr. 575/2013 zuzuordnen wären und für die das Institut nach einheitlicher Wahl für alle derartigen IRB-Ansatz-Positionen nicht beabsichtigt, eigene Schätzungen von LGD und Konversionsfaktor zu verwenden.

(2) Im Zähler für einen Abdeckungsgrad dürfen,

1. falls das Institut für keine der nach Absatz 1 Satz 2 relevanten Arten von Risikopositionen die Verwendung eigener Schätzungen der LGD oder des Konversionsfaktors anstrebt, sämtliche zur Grundgesamtheit für den Abdeckungsgrad gehörende Risikopositionen berücksichtigt werden, die mit Ratingsystemen oder Beteiligungsrisikomodellen erfasst worden sind, die das Institut mit Zustimmung der Bundesanstalt nach Artikel 143 Absatz 2 der Verordnung (EU) Nr. 575/2013 für den IRB-Ansatz verwenden darf, und für die sämtliche Risikoparameter geschätzt werden, die zur Ermittlung des risikogewichteten IRB-Ansatz-Positionsbetrags der jeweiligen Risikoposition mindestens selbst geschätzt werden müssen;
2. falls es nach Absatz 1 Satz 2 relevante Arten von Risikopositionen gibt, für die das Institut die Verwendung eigener Schätzungen der LGD oder des Konversionsfaktors anstrebt, sämtliche zur Grundgesamtheit für den Abdeckungsgrad gehörenden Risikopositionen berücksichtigt werden, die,
   a) sofern sie zu den nach Absatz 1 Satz 2 relevanten Arten von Risikopositionen gehören, mit Ratingsystemen erfasst worden sind, die das Institut mit Zustimmung der Bundesanstalt nach Artikel 143 Absatz 2 der Verordnung (EU) Nr. 575/2013 für den IRB-Ansatz verwenden darf und die sowohl zur Schätzung der PD im Sinne von Artikel 4 Absatz 1 Nummer 54 der Verordnung (EU) Nr. 575/2013 als auch zur Schätzung der LGD und, soweit anwendbar, des Konversionsfaktors geeignet sind, oder
   b) sofern sie nicht zu den nach Absatz 1 Satz 2 relevanten Arten von Risikopositionen gehören, mit Ratingsystemen oder Beteiligungsrisikomodellen erfasst worden sind, die das Institut mit Zustimmung der Bundesanstalt nach Artikel 143 Absatz 2 der Verordnung (EU) Nr. 575/2013 für den IRB-Ansatz verwenden darf, und für die sämtliche Risikoparameter geschätzt werden, die zur Ermittlung des risikogewichteten IRB-Ansatz-Positionsbetrags der jeweiligen Risikoposition mindestens selbst geschätzt werden müssen.

(3) [1] Die Entscheidung, für welche Geschäftsbereiche nach Artikel 142 Absatz 1 Nummer 3 der Verordnung (EU) Nr. 575/2013 die Risikopositionen bei Vorliegen der Voraussetzungen nach Absatz 2 im Zähler berücksichtigt werden sollen, liegt beim Institut. [2] Sie muss einheitlich für alle Risikopositionen, die zum Neugeschäft oder zum zu berücksichtigenden Bestandsgeschäft eines Geschäftsbereichs gehören, ausgeübt und im Umsetzungsplan dargelegt werden. [3] IRB-Ansatz-Positionen des zu berücksichtigenden Bestandsgeschäfts eines Geschäftsbereichs dürfen im Zähler für einen Abdeckungsgrad erst dann berücksichtigt werden, wenn sämtliche dieser IRB-Ansatz-Positionen nach Absatz 2 im Zähler für diesen Abdeckungsgrad berücksichtigt werden dürfen.

§ 13 Im Nenner für den Abdeckungsgrad zu berücksichtigende Positionen; Grundgesamtheit für den Abdeckungsgrad. (1) Im Nenner für einen Abdeckungsgrad sind sämtliche IRB-Ansatz-Positionen und KSA-Positionen zu berücksichtigen, die zur Grundgesamtheit für den Abdeckungsgrad gehören.

bereich nach Artikel 142 Absatz 1 Nummer 3 der Verordnung (EU) Nr. 575/2013[1)], in dem das Institut weder neue Kreditrisikopositionen durch den Abschluss neuer Geschäfte eingeht noch einzugehen beabsichtigt. [2] Für einen Geschäftsbereich, der kein auslaufender Geschäftsbereich ist und auf dessen Risikopositionen sich der Anwendungsbereich nach Artikel 143 Absatz 3 Satz 2 der Verordnung (EU) Nr. 575/2013 eines laut Umsetzungsplan des Instituts für den IRB-Ansatz zu verwendenden Ratingsystems erstreckt, besteht

1. das Neugeschäft aus den Geschäften, die ab der Verwendung dieses Ratingsystems zur Erfüllung der Überprüfungsanforderungen nach Artikel 144 Absatz 1 Buchstabe f der Verordnung (EU) Nr. 575/2013 begründet werden, und
2. das Bestandsgeschäft aus den Geschäften, die in den Anwendungsbereich des Ratingsystems fallen und nicht zum Neugeschäft zählen.

(2) [1] Zu berücksichtigendes Bestandsgeschäft ist das Bestandsgeschäft eines nicht auslaufenden Geschäftsbereichs, das kein ausnahmefähiges Bestandsgeschäft ist. [2] Ausnahmefähiges Bestandsgeschäft ist das Bestandsgeschäft eines nicht auslaufenden Geschäftsbereichs, für den das Institut

1. gegenüber der Bundesanstalt nachgewiesen hat, dass die Erfassung mit dem für diesen Geschäftsbereich für den IRB-Ansatz zu verwendenden Ratingsystem derzeit einen unverhältnismäßig hohen Aufwand im Vergleich zu dem Aufwand darstellen würde, der vom Institut für die Erfassung von vergleichbarem Bestandsgeschäft mit einem Ratingsystem üblicherweise betrieben wird, und
2. darauf basierend entschieden hat, das gesamte Bestandsgeschäft gegenwärtig nicht mit dem für diesen Geschäftsbereich für den IRB-Ansatz zu verwendenden Ratingsystem zu erfassen.

§ 15 Dauerhafte Ausnahme von der Anwendung des IRB-Ansatzes für steuererhebende Kirchen und Religionsgesellschaften. Wenn es sich bei den Schuldnern um inländische Kirchen oder Religionsgesellschaften handelt, die in der Rechtsform einer Körperschaft des öffentlichen Rechts verfasst sind und die aufgrund des Artikels 140 des Grundgesetzes in Verbindung mit Artikel 137 Absatz 6 der Weimarer Reichsverfassung vom 11. August 1919 (RGBl. S. 1383) Steuern erheben oder am Steueraufkommen der steuererhebenden kirchlichen Körperschaften teilhaben, dann gelten für die dauerhafte Anwendung des KSA nach Artikel 150 Absatz 1 Buchstabe a der Verordnung (EU) Nr. 575/2013[1)] die Voraussetzungen einer geringen Anzahl wesentlicher Schuldner und eines unverhältnismäßig großen Aufwands für die Einführung eines Ratingsystems ohne weiteren Nachweis als erfüllt.

§ 16 Erheblichkeitsschwelle für den 90-Tage-Verzug. (1) Für die Zwecke der Bestimmung der Wesentlichkeit einer überfälligen Verbindlichkeit nach Artikel 178 Absatz 1 Buchstabe b der Verordnung (EU) Nr. 575/2013[1)] wird die einheitliche Erheblichkeitsschwelle für Risikopositionen aus dem Mengengeschäft im Sinne von Artikel 1 Absatz 1 Unterabsatz 1 der Delegierten Verordnung (EU) 2018/171 der Kommission vom 19. Oktober 2017 zur Ergänzung der Verordnung (EU) Nr. 575/2013 des Europäischen Parlaments und des Rates durch technische Regulierungsstandards bezüglich der Erheblichkeitsschwelle für überfällige Verbindlichkeiten (ABl. L 32 vom 6.2.2018, S. 1) nach Maßgabe der

---

[1)] Nr. 6.

Absätze 2 und 3 und die einheitliche Erheblichkeitsschwelle für nicht dem Mengengeschäft zuzuordnende Risikopositionen im Sinne von Artikel 2 Absatz 1 der Delegierten Verordnung (EU) 2018/171 nach Maßgabe der Absätze 4 und 5 festgelegt.

(2) [1] Die absolute Komponente der Erheblichkeitsschwelle im Sinne von Artikel 1 Absatz 2 Unterabsatz 2 der Delegierten Verordnung (EU) 2018/171 wird nach der Maßgabe festgelegt, dass für Kreditrisikopositionen, die der Risikopositionsklasse Risikopositionen aus dem Mengengeschäft nach Artikel 112 Buchstabe h oder Artikel 147 Absatz 2 Buchstabe d der Verordnung (EU) Nr. 575/2013 zugeordnet werden, der zu verwendende Höchstbetrag für die Summe aller überfälligen Verbindlichkeiten eines Schuldners 100 Euro beträgt. [2] Dieser Höchstbetrag gilt auch für Risikopositionen aus dem Mengengeschäft, wenn ein Institut gemäß Artikel 178 Absatz 1 Unterabsatz 2 der Verordnung (EU) Nr. 575/2013 die Ausfalldefinition auf einzelne Kreditfazilitäten und nicht auf die gesamten Verbindlichkeiten eines Kreditnehmers anwendet.

(3) [1] Die relative Komponente der Erheblichkeitsschwelle im Sinne von Artikel 1 Absatz 2 Unterabsatz 3 der Delegierten Verordnung (EU) 2018/171 wird nach der Maßgabe festgelegt, dass für Kreditrisikopositionen, die der Risikopositionsklasse Risikopositionen aus dem Mengengeschäft nach Artikel 112 Buchstabe h oder Artikel 147 Absatz 2 Buchstabe d der Verordnung (EU) Nr. 575/2013 zugeordnet werden, der zu verwendende Prozentsatz 1 Prozent beträgt. [2] Dieser Prozentsatz ist auch für Risikopositionen aus dem Mengengeschäft zu verwenden, wenn ein Institut gemäß Artikel 178 Absatz 1 Unterabsatz 2 der Verordnung (EU) Nr. 575/2013 die Ausfalldefinition auf einzelne Kreditfazilitäten und nicht auf die gesamten Verbindlichkeiten eines Kreditnehmers anwendet.

(4) Die absolute Komponente der Erheblichkeitsschwelle im Sinne von Artikel 2 Absatz 2 in Verbindung mit Artikel 1 Absatz 2 Unterabsatz 2 der Delegierten Verordnung (EU) 2018/171 wird nach der Maßgabe festgelegt, dass für Kreditrisikopositionen, die nicht unter die Absätze 2 und 3 fallen und keine Beteiligungsrisikopositionen nach Artikel 112 Buchstabe p oder Artikel 147 Absatz 2 Buchstabe e der Verordnung (EU) Nr. 575/2013 sind, der zu verwendende Höchstbetrag für die Summe aller überfälligen Verbindlichkeiten eines Schuldners 500 Euro beträgt.

(5) Die relative Komponente der Erheblichkeitsschwelle im Sinne von Artikel 2 Absatz 2 in Verbindung mit Artikel 1 Absatz 2 Unterabsatz 3 der Delegierten Verordnung (EU) 2018/171 wird nach der Maßgabe festgelegt, dass für Kreditrisikopositionen, die nicht unter die Absätze 2 und 3 fallen und keine Beteiligungsrisikopositionen nach Artikel 112 Buchstabe p oder Artikel 147 Absatz 2 Buchstabe e der Verordnung (EU) Nr. 575/2013 sind, der zu verwendende Prozentsatz 1 Prozent beträgt.

§ 17 Berücksichtigungsfähige Arten von Beteiligungen für die Ausnahme von der Anwendung des IRB-Ansatzes bis 31. Dezember 2017. Für die übergangsweise Ausnahme bis 31. Dezember 2017 von der Anwendung des IRB-Ansatzes nach den Vorschriften des Artikels 495 der Verordnung (EU) Nr. 575/2013[1)] darf ein Institut nach Maßgabe der Bundesanstalt sämtliche Arten von Beteiligungspositionen berücksichtigen, die es nicht bereits nach Artikel 150

[1)] Nr. **6**.

Absatz 1 Buchstaben g und h der Verordnung (EU) Nr. 575/2013 von der Anwendung des IRB-Ansatzes ausnehmen darf.

Abschnitt 3. Ergänzende Regelungen zur IMM

§ 18 IMM-Eignungsprüfung. (1) [1] Die Bundesanstalt entscheidet über die nach Artikel 283 Absatz 1 der Verordnung (EU) Nr. 575/2013[1)] erforderliche Erlaubnis zur Verwendung der auf einem internen Modell beruhenden Methode (IMM-Eignungsprüfung) auf der Grundlage einer Prüfung nach § 44 Absatz 1 Satz 2 des Kreditwesengesetzes[2)]. [2] Die Prüfung nach § 44 Absatz 1 Satz 2 des Kreditwesengesetzes führt in der Regel die Deutsche Bundesbank durch.

(2) [1] Wesentliche Änderungen und Erweiterungen der der auf einem internen Modell beruhenden Methode (IMM) bedürfen einer erneuten Erlaubnis. [2] Absatz 1 gilt entsprechend. [3] Im Einzelfall kann die Bundesanstalt einer Änderung oder Erweiterung nach Satz 1 ohne vorherige IMM-Eignungsprüfung zustimmen, sofern die Änderung oder Erweiterung nach Einschätzung der Bundesanstalt in Abstimmung mit der Deutschen Bundesbank auch ohne IMM-Eignungsprüfung angemessen beurteilt werden kann. [4] Bedeutende und unbedeutende Änderungen erfordern keine erneute IMM-Eignungsprüfung, sind aber der Bundesanstalt und der Deutschen Bundesbank schriftlich anzuzeigen; bedeutende Änderungen sind vor Verwendung der geänderten IMM mit der Bundesanstalt abzustimmen.

Abschnitt 4. Ergänzende Regelungen zu internen Einstufungsverfahren

§ 19 Eignungsprüfungen für interne Einstufungsverfahren. (1) [1] Eine Erlaubnis zur Anwendung eines internen Einstufungsverfahrens nach Artikel 265 Absatz 2 der Verordnung (EU) Nr. 575/2013[1)] erteilt die Bundesanstalt für jedes interne Einstufungsverfahren, das nach einer Eignungsprüfung die Erlaubnisvoraussetzungen nach Artikel 265 Absatz 2 dieser EU-Verordnung erfüllt und sämtliche in seinen Anwendungsbereich fallende Verbriefungspositionen vollständig erfasst. [2] Institute haben vor der Erteilung einer Erlaubnis darzulegen, dass sie über hinreichende Erfahrungen mit solchen internen Verfahren verfügen, die den Anforderungen des Artikels 265 Absatz 2 der Verordnung (EU) Nr. 575/2013 im Wesentlichen entsprochen haben und deren Anwendungsbereich im Wesentlichen dem des internen Einstufungsverfahrens entspricht, für das eine Erlaubnis beantragt wurde.

(2) [1] Eignungsprüfungen ordnet die Bundesanstalt auf der Grundlage von § 44 Absatz 1 Satz 2 des Kreditwesengesetzes[2)] für jedes interne Einstufungsverfahren an,

1. das ein Institut zur Eignungsprüfung angemeldet hat, und
2. das ein Institut zum Zeitpunkt der Eignungsprüfung über einen angemessenen Zeitraum als maßgebliches Instrument zur Messung und Steuerung der wesentlichen Verbriefungspositionen verwendet hat, die in den Anwendungsbereich des internen Einstufungsverfahren fallen, und von dem das Institut danach überzeugt ist, dass es für seine Einsatzzwecke geeignet ist.

[2] Die Prüfung nach § 44 Absatz 1 Satz 2 des Kreditwesengesetzes führt in der Regel die Deutsche Bundesbank durch.

---

1) Nr. **6**.
2) Nr. **9**.

(3) Der durch das Institut zu bestimmende Anwendungsbereich eines internen Einstufungsverfahrens wird durch die nach ihren Risikoeigenschaften, insbesondere der Art der einer Verbriefungsposition zugrundeliegenden verbrieften Kreditrisikopositionen, den Ausstattungsmerkmalen der Verbriefungsposition, Verbriefungstransaktion oder eines Verbriefungsprogramms, in dessen Rahmen fortlaufend Wertpapiere überwiegend in der Form von Geldmarktpapieren mit einer Ursprungslaufzeit von längstens einem Jahr begeben werden (ABCP-Programm) oder dem verfügbaren Datenumfang, von diesem internen Einstufungsverfahren erfassbare Art von Verbriefungspositionen gebildet.

Abschnitt 5. Ergänzende Regelungen zu operationellen Risiken

§ 20 AMA-Eignungsprüfung. (1) [1]Die Bundesanstalt entscheidet über die nach Artikel 312 Absatz 2 Satz 1 der Verordnung (EU) Nr. 575/2013[1)] erforderliche Erlaubnis zur Verwendung eines fortgeschrittenen Messansatzes (AMA-Eignungsprüfung) auf der Grundlage einer Prüfung nach § 44 Absatz 1 Satz 2 des Kreditwesengesetzes[2)]. [2]Die Prüfung gemäß § 44 Absatz 1 Satz 2 des Kreditwesengesetzes führt in der Regel die Deutsche Bundesbank durch.

(2) [1]Bei einer erneuten Genehmigung aufgrund wesentlicher Änderungen und Erweiterungen des fortgeschrittenen Messansatzes nach Artikel 312 Absatz 2 Satz 2 der Verordnung (EU) Nr. 575/2013 gilt Absatz 1 entsprechend. [2]Im Einzelfall kann die Bundesanstalt einer Änderung oder Erweiterung nach Satz 1 ohne vorherige AMA-Eignungsprüfung zustimmen, sofern die Änderung oder Erweiterung nach Einschätzung der Bundesanstalt in Abstimmung mit der Deutschen Bundesbank auch ohne AMA-Eignungsprüfung angemessen beurteilt werden kann. [3]Bedeutende und unbedeutende Änderungen erfordern keine erneute AMA-Eignungsprüfung, sind aber der Bundesanstalt und der Deutschen Bundesbank schriftlich anzuzeigen. [4]Bedeutende Änderungen sind vor Verwendung des geänderten fortgeschrittenen Messansatzes mit der Bundesanstalt abzustimmen.

Abschnitt 6. Ergänzende Regelungen zu internen Modellen für Marktrisiken

§ 21 Interne Modelle-Eignungsprüfung. (1) [1]Die Bundesanstalt entscheidet über die nach Artikel 363 Absatz 1 der Verordnung (EU) Nr. 575/2013[1)] erforderliche Erlaubnis zur Verwendung interner Modelle (Interne Modelle-Eignungsprüfung) auf der Grundlage einer Prüfung nach § 44 Absatz 1 Satz 2 des Kreditwesengesetzes[2)]. [2]Die Prüfung gemäß § 44 Absatz 1 Satz 2 des Kreditwesengesetzes führt in der Regel die Deutsche Bundesbank durch.

(2) [1]Für eine erneute, erweiterte oder zusätzliche Erlaubnis aufgrund wesentlicher Änderungen oder Erweiterungen interner Modelle, insbesondere der Hinzunahme zusätzlicher Risikokategorien, nach Artikel 363 Absatz 2 der Verordnung (EU) Nr. 575/2013 gilt Absatz 1 grundsätzlich entsprechend. [2]Im Einzelfall kann die Bundesanstalt einer Änderung oder Erweiterung nach Satz 1 ohne vorherige Interne Modelle-Eignungsprüfung zustimmen, sofern die zu beurteilende Änderung oder Erweiterung nach Einschätzung der Bundesanstalt in Abstimmung mit der Deutschen Bundesbank auch ohne Interne Modelle-Eignungsprüfung angemessen beurteilt werden kann. [3]Bedeutende und unbedeutende Änderungen erfordern keine erneute Interne Modelle-Eignungsprüfung, sind

[1)] Nr. **6**.
[2)] Nr. **9**.

aber der Bundesanstalt und der Deutschen Bundesbank schriftlich anzuzeigen. [4] Bedeutende Änderungen sind vor Verwendung des geänderten internen Modells mit der Bundesanstalt abzustimmen.

(3) [1] Ein Institut, das nach erteilter Erlaubnis der Bundesanstalt interne Modelle verwendet, darf die Eigenmittelanforderungen für die Risikokategorien nach Artikel 363 Absatz 1 der Verordnung (EU) Nr. 575/2013 nur bei Vorliegen wesentlicher Gründe und nur nach erneuter Erlaubnis der Bundesanstalt nach den Artikeln 326 bis 361 der Verordnung (EU) Nr. 575/2013 ermitteln. [2] Die Erlaubnis ist vom Institut unter Angabe der Gründe bei der Bundesanstalt zu beantragen.

Kapitel 2. Vorgaben für die Bemessung des Beleihungswerts

§ 22 Vorgaben für die Bemessung des Beleihungswerts von Immobilien. Wenn ein Institut für eine Immobilie einen Beleihungswert nach Artikel 4 Absatz 1 Nummer 74 der Verordnung (EU) Nr. 575/2013[1)] für Zwecke der Artikel 92 bis 386 der Verordnung (EU) Nr. 575/2013 verwenden will, die dafür strenge Vorgaben in Rechts- oder Verwaltungsvorschriften der Mitgliedstaaten für die Bemessung des Beleihungswerts erfordert, muss der Beleihungswert

1. nach § 16 Absatz 2 Satz 1 bis 3 des Pfandbriefgesetzes[2)] in Verbindung mit der Beleihungswertermittlungsverordnung vom 12. Mai 2006 (BGBl. I S. 1175) in der jeweils geltenden Fassung ermittelt worden sein,
2. nach den Vorschriften für die Beleihungswertermittlung nach § 7 Absatz 7 des Gesetzes über Bausparkassen[3)] unter Beachtung einer von der Bundesanstalt genehmigten Bestimmung nach § 5 Absatz 2 Nummer 3 des Gesetzes über Bausparkassen ermittelt worden sein,
3. sich auf eine Immobilie in einem anderen Staat des Europäischen Wirtschaftsraums beziehen und auf Grundlage von in diesem Staat gültigen strengen Vorgaben in Rechts- oder Verwaltungsvorschriften ermittelt worden sein, die die Bundesanstalt als mit der Beleihungswertermittlungsverordnung gleichwertig anerkannt hat,
4. ein anders ermittelter nachhaltig erzielbarer Wert sein, der den Anforderungen des § 16 Absatz 2 Satz 1 bis 3 des Pfandbriefgesetzes genügt.

Kapitel 3. Nähere Bestimmungen zu den Übergangsvorschriften für die Eigenmittelanforderungen

§ 23 Prozentsätze für die Kapitalquoten. Abweichend von Artikel 92 Absatz 1 Buchstabe a und b der Verordnung (EU) Nr. 575/2013[1)] haben die Institute in dem Zeitraum vom 1. Januar 2014 bis 31. Dezember 2014 eine harte Kernkapitalquote von mindestens 4 Prozent und eine Kernkapitalquote von mindestens 5,5 Prozent vorzuhalten.

[1)] Nr. 6.
[2)] Nr. 20.
[3)] Nr. 21.

Teil 3. Nähere Bestimmungen zur Ermittlung der Eigenmittel

Kapitel 1. Nähere Bestimmungen zu den Übergangsvorschriften für die Ermittlung der Eigenmittel

§ 24 Prozentsätze für die Berücksichtigung von in der Bilanz ausgewiesenen nicht realisierten Verlusten aus Vermögensgegenständen oder Verbindlichkeiten, die zum beizulegenden Zeitwert bewertet werden. Abweichend von Artikel 35 der Verordnung (EU) Nr. 575/2013[1)] haben die Institute bei der Berechnung des harten Kernkapitals im Zeitraum vom 1. Januar 2014 bis zum 31. Dezember 2017 folgende Prozentsätze der in ihrer Bilanz veröffentlichten nicht realisierten Verluste aus Vermögensgegenständen oder Verbindlichkeiten, die zum beizulegenden Zeitwert bewertet werden, abzuziehen:

1. 20 Prozent im Zeitraum vom 1. Januar 2014 bis 31. Dezember 2014;
2. 40 Prozent im Zeitraum vom 1. Januar 2015 bis 31. Dezember 2015;
3. 60 Prozent im Zeitraum vom 1. Januar 2016 bis 31. Dezember 2016;
4. 80 Prozent im Zeitraum vom 1. Januar 2017 bis 31. Dezember 2017.

§ 25 Prozentsätze für die Berücksichtigung von in der Bilanz ausgewiesenen nicht realisierten Gewinnen aus Vermögensgegenständen oder Verbindlichkeiten, die zum beizulegenden Zeitwert bewertet werden.

Abweichend von Artikel 35 der Verordnung (EU) Nr. 575/2013[1)] dürfen die Institute bei der Berechnung des harten Kernkapitals im Zeitraum vom 1. Januar 2015 bis zum 31. Dezember 2017 folgende Prozentsätze der in ihrer Bilanz veröffentlichten nicht realisierten Gewinne aus Vermögensgegenständen oder Verbindlichkeiten, die zum beizulegenden Zeitwert bewertet werden, nicht anrechnen:

1. 60 Prozent im Zeitraum vom 1. Januar 2015 bis 31. Dezember 2015;
2. 40 Prozent im Zeitraum vom 1. Januar 2016 bis 31. Dezember 2016;
3. 20 Prozent im Zeitraum vom 1. Januar 2017 bis 31. Dezember 2017.

§ 26 Prozentsätze für die Abzüge vom harten Kernkapital, zusätzlichen Kernkapital und Ergänzungskapital. (1) Für die Zwecke der Übergangsvorschriften nach Artikel 468 Absatz 4, Artikel 469 Absatz 1 Buchstabe a und c, Artikel 474 Buchstabe a und Artikel 476 Buchstabe a der Verordnung (EU) Nr. 575/2013[1)] gelten die folgenden Prozentsätze:

1. 20 Prozent im Zeitraum vom 1. Januar 2014 bis 31. Dezember 2014;
2. 40 Prozent im Zeitraum vom 1. Januar 2015 bis 31. Dezember 2015;
3. 60 Prozent im Zeitraum vom 1. Januar 2016 bis 31. Dezember 2016;
4. 80 Prozent im Zeitraum vom 1. Januar 2017 bis 31. Dezember 2017.

(2) Die in Absatz 1 genannten Prozentsätze gelten im jeweiligen Zeitraum entsprechend für

1. die Abzüge nach Artikel 36 Absatz 1 Buchstabe a bis h der Verordnung (EU) Nr. 575/2013 mit Ausnahme des Abzugs latenter Steuern, die von der künftigen Rentabilität abhängig sind und aus zeitlichen Differenzen resultieren,

---

1) Nr. **6**.

2. den nach Artikel 48 der Verordnung (EU) Nr. 575/2013 vorgeschriebenen Abzug des aggregierten Betrags latenter Steuern, die von der künftigen Rentabilität abhängig sind und aus zeitlichen Differenzen resultieren,
3. den nach Artikel 48 der Verordnung (EU) Nr. 575/2013 vorgeschriebenen Abzug der Posten nach Artikel 36 Absatz 1 Buchstabe i der Verordnung (EU) Nr. 575/2013,
4. jeden vorgeschriebenen Abzug nach Artikel 56 Buchstabe b bis d der Verordnung (EU) Nr. 575/2013 und
5. jeden vorgeschriebenen Abzug nach Artikel 66 Buchstabe b bis d der Verordnung (EU) Nr. 575/2013.

(3) Abweichend von den in Absatz 1 genannten Prozentsätzen gelten für die in Artikel 36 Absatz 1 Buchstabe c der Verordnung (EU) Nr. 575/2013 genannten Posten, die vor dem 1. Januar 2014 bestanden, für die Zwecke des Artikels 469 Absatz 1 Buchstabe c der Verordnung (EU) Nr. 575/2013 folgende Prozentsätze:
1. 0 Prozent im Zeitraum vom 1. Januar 2014 bis 31. Dezember 2014;
2. 10 Prozent im Zeitraum vom 1. Januar 2015 bis 31. Dezember 2015;
3. 20 Prozent im Zeitraum vom 1. Januar 2016 bis 31. Dezember 2016;
4. 30 Prozent im Zeitraum vom 1. Januar 2017 bis 31. Dezember 2017;
5. 40 Prozent im Zeitraum vom 1. Januar 2018 bis 31. Dezember 2018;
6. 50 Prozent im Zeitraum vom 1. Januar 2019 bis 31. Dezember 2019;
7. 60 Prozent im Zeitraum vom 1. Januar 2020 bis 31. Dezember 2020;
8. 70 Prozent im Zeitraum vom 1. Januar 2021 bis 31. Dezember 2021;
9. 80 Prozent im Zeitraum vom 1. Januar 2022 bis 31. Dezember 2022;
10. 90 Prozent im Zeitraum vom 1. Januar 2023 bis 31. Dezember 2023.

§ 27 Prozentsätze für die Anerkennung von nicht als Minderheitenbeteiligungen geltenden Instrumenten und Positionen im konsolidierten harten Kernkapital. (1) Abweichend von Teil 2 Titel III der Verordnung (EU) Nr. 575/2013[1] können Instrumente und Posten, die nach § 10a Absatz 6 Satz 1 und 2 und Absatz 7 Satz 1 des Kreditwesengesetzes[2] in der bis zum 31. Dezember 2013 geltenden Fassung zu den konsolidierten Rücklagen gerechnet worden wären und aus einem der in Artikel 479 Absatz 1 Buchstabe a bis d der Verordnung (EU) Nr. 575/2013 aufgeführten Gründe nicht länger als konsolidiertes hartes Kernkapital anerkennungsfähig sind, zu den folgenden Prozentsätzen weiterhin zum konsolidierten harten Kernkapital gerechnet werden:
1. 80 Prozent im Zeitraum vom 1. Januar 2014 bis 31. Dezember 2014;
2. 60 Prozent im Zeitraum vom 1. Januar 2015 bis 31. Dezember 2015;
3. 40 Prozent im Zeitraum vom 1. Januar 2016 bis 31. Dezember 2016;
4. 20 Prozent im Zeitraum vom 1. Januar 2017 bis 31. Dezember 2017.

(2) Abweichend von Absatz 1 dürfen Instrumente und Posten, die nach § 10a Absatz 6 Satz 10 des Kreditwesengesetzes in der bis zum 31. Dezember 2013 geltenden Fassung zu den konsolidierten Rücklagen gerechnet worden wären und aus einem der in Artikel 479 Absatz 1 Buchstabe a bis d der Verordnung (EU) Nr. 575/2013 aufgeführten Gründe nicht länger als konsolidiertes hartes Kern-

---

[1] Nr. **6**.
[2] Nr. **9**.

kapital anerkennungsfähig sind, bei der Anwendung der Regelungen von Teil 2 Titel III der Verordnung (EU) Nr. 575/2013 im Zeitraum vom 1. Januar 2014 bis 31. Dezember 2017 nicht mehr zum konsolidierten harten Kernkapital gerechnet werden.

§ 28 Faktoren für die Anerkennung von Minderheitsbeteiligungen und qualifizierten zusätzlichem Kernkapital sowie Ergänzungskapital. Abweichend von Artikel 84 Absatz 1 Buchstabe b, Artikel 85 Absatz 1 Buchstabe b und Artikel 87 Absatz 1 Buchstabe b der Verordnung (EU) Nr. 575/2013[1] sind die dort genannten Prozentsätze im Zeitraum vom 1. Januar 2014 bis 31. Dezember 2017 mit folgenden Faktoren zu multiplizieren:

1. dem Faktor 0,2 im Zeitraum vom 1. Januar 2014 bis 31. Dezember 2014;
2. dem Faktor 0,4 im Zeitraum vom 1. Januar 2015 bis 31. Dezember 2015;
3. dem Faktor 0,6 im Zeitraum vom 1. Januar 2016 bis 31. Dezember 2016;
4. dem Faktor 0,8 im Zeitraum vom 1. Januar 2017 bis 31. Dezember 2017.

§ 29 Prozentsätze für Abzüge nach den Artikeln 32 bis 36, 56 und 66 der Verordnung (EU) Nr. 575/2013. (1) Abweichend von den Artikeln 32 bis 36, 56 und 66 der Verordnung (EU) Nr. 575/2013[1] gelten im Zeitraum vom 1. Januar 2014 bis 31. Dezember 2017 für die in Artikel 481 Absatz 1 der Verordnung (EU) Nr. 575/2013 von den Instituten geforderten Anpassungen für Abzüge, die gemäß § 10 Absatz 2a Satz 2, Absatz 6 Satz 1 und 2 sowie Absatz 6a Nummer 1, 2 und 4 des Kreditwesengesetzes[2] in der bis zum 31. Dezember 2013 geltenden Fassung vorgeschrieben sind, folgende Prozentsätze:

1. 80 Prozent im Zeitraum vom 1. Januar 2014 bis 31. Dezember 2014;
2. 60 Prozent im Zeitraum vom 1. Januar 2015 bis 31. Dezember 2015;
3. 40 Prozent im Zeitraum vom 1. Januar 2016 bis 31. Dezember 2016 und
4. 20 Prozent im Zeitraum vom 1. Januar 2017 bis 31. Dezember 2017.

(2) Bei Anwendung der Regelungen der Artikel 32 bis 36, 56 und 66 der Verordnung (EU) Nr. 575/2013 gilt im Zeitraum vom 1. Januar 2014 bis 31. Dezember 2017 für die nach § 10a Absatz 6 Satz 9 des Kreditwesengesetzes in der bis zum 31. Dezember 2013 geltenden Fassung von den Instituten geforderte Anpassung ein Prozentsatz von 0 Prozent.

(3) Der Unterschiedsbetrag, der nach § 2 Absatz 1 der Konzernabschlussüberleitungsverordnung in der bis zum 31. Dezember 2013 geltenden Fassung im Ergänzungskapital berücksichtigungsfähig ist, kann im Zeitraum vom 1. Januar 2014 bis 31. Dezember 2017 multipliziert mit den folgenden Prozentsätzen weiterhin dem Ergänzungskapital zugerechnet werden:

1. 80 Prozent im Zeitraum vom 1. Januar 2014 bis 31. Dezember 2014;
2. 60 Prozent im Zeitraum vom 1. Januar 2015 bis 31. Dezember 2015;
3. 40 Prozent im Zeitraum vom 1. Januar 2016 bis 31. Dezember 2016 und
4. 20 Prozent im Zeitraum vom 1. Januar 2017 bis 31. Dezember 2017.

---

[1] Nr. **6**.
[2] Nr. **9**.

§ 30 Prozentsatz für die Anpassung nach Artikel 36 Absatz 1 Buchstabe i und Artikel 49 Absatz 1 und 3 der Verordnung (EU) Nr. 575/2013.

Abweichend von Artikel 36 Absatz 1 Buchstabe i und Artikel 49 Absatz 1 und 3 der Verordnung (EU) Nr. 575/2013[1] gilt für die in Artikel 481 Absatz 2 der Verordnung (EU) Nr. 575/2013 genannte Ausnahme vom Abzug im Zeitraum vom 1. Januar 2014 bis 31. Dezember 2014 ein Prozentsatz von 50 Prozent.

§ 31 Prozentsätze für die Begrenzung der unter Bestandsschutz fallenden Instrumente des harten Kernkapitals, zusätzlichen Kernkapitals und Ergänzungskapitals nach Artikel 484 Absatz 3 bis 5 der Verordnung (EU) Nr. 575/2013. Für die Anwendung des Artikels 484 Absatz 3 bis 5 der Verordnung (EU) Nr. 575/2013[1] gelten im Zeitraum vom 1. Januar 2014 bis 31. Dezember 2021 für die Anerkennung der unter Bestandsschutz fallenden Instrumente und Posten des harten Kernkapitals, des zusätzlichen Kernkapitals und des Ergänzungskapitals folgende Prozentsätze:

1. 80 Prozent im Zeitraum vom 1. Januar 2014 bis 31. Dezember 2014;
2. 70 Prozent im Zeitraum vom 1. Januar 2015 bis 31. Dezember 2015;
3. 60 Prozent im Zeitraum vom 1. Januar 2016 bis 31. Dezember 2016;
4. 50 Prozent im Zeitraum vom 1. Januar 2017 bis 31. Dezember 2017;
5. 40 Prozent im Zeitraum vom 1. Januar 2018 bis 31. Dezember 2018;
6. 30 Prozent im Zeitraum vom 1. Januar 2019 bis 31. Dezember 2019;
7. 20 Prozent im Zeitraum vom 1. Januar 2020 bis 31. Dezember 2020;
8. 10 Prozent im Zeitraum vom 1. Januar 2021 bis 31. Dezember 2021.

Kapitel 2. Behandlung der nach der Äquivalenzmethode bewerteten Beteiligungen bei Gruppen

§ 32 Behandlung der nach der Äquivalenzmethode bewerteten Beteiligungen bei Anwendung des Verfahrens nach § 10a Absatz 5 des Kreditwesengesetzes. (1) [1]Beteiligungen an Instituten, Finanzunternehmen oder Anbietern von Nebendienstleistungen, die nach der Äquivalenzmethode gemäß IAS 28.13 in der jeweils geltenden Fassung der Verordnung (EG) Nr. 1725/2003 der Kommission vom 29. September 2003 betreffend die Übernahme bestimmter internationaler Rechnungslegungsstandards in Übereinstimmung mit der Verordnung (EG) Nr. 1606/2002 des Europäischen Parlaments und des Rates (ABl. L 261 vom 13.10.2003, S. 1) bewertet werden, können, vorbehaltlich der Anwendung des § 10a Absatz 4 des Kreditwesengesetzes[2], mit ihrem anteiligen bilanziellen Eigenkapital aus dem Abschluss, differenziert nach Eigenkapitalbestandteilen, in die Zusammenfassung nach § 10a Absatz 5 des Kreditwesengesetzes einbezogen werden. [2]Der nach der Äquivalenzmethode ermittelte fortgeführte Buchwert der Beteiligung ist vom harten Kernkapital der Gruppe abzuziehen, wobei der darin enthaltene Firmenwert in der Abzugsposition nach Artikel 36 Absatz 1 Buchstabe b der Verordnung (EU) Nr. 575/2013[1] zu erfassen ist.

(2) Absatz 1 gilt entsprechend bei Verwendung eines Abschlusses, der nicht nach Maßgabe der Rechnungslegungsstandards, die nach den Artikeln 2, 3 und 6 der Verordnung (EG) Nr. 1606/2002 des Europäischen Parlaments und des Rates

---

[1] Nr. **6**.
[2] Nr. **9**.

vom 19. Juli 2002 betreffend die Anwendung internationaler Rechnungslegungsstandards (ABl. L 243 vom 11.9.2002, S. 1) übernommen wurden, aufgestellt wurde.

Teil 4. Nähere Bestimmungen zu den Kapitalpuffern

Kapitel 1. Antizyklischer Kapitalpuffer

§ 33 Festlegung der Quote für den inländischen antizyklischen Kapitalpuffer. (1) [1]Zur Festlegung der Quote für den inländischen antizyklischen Kapitalpuffer gemäß § 10d des Kreditwesengesetzes[1)] ermittelt die Bundesanstalt quartalsweise einen Puffer-Richtwert. [2]Dieser spiegelt in aussagekräftiger Form den Kreditzyklus und die durch ein übermäßiges Kreditwachstum bedingten Risiken im Inland wider und trägt den spezifischen volkswirtschaftlichen Gegebenheiten im Geltungsbereich des Kreditwesengesetzes Rechnung. [3]Der Puffer-Richtwert basiert auf der Abweichung des Verhältnisses der im Inland gewährten Kredite zum Bruttoinlandsprodukt (Kredite-BIP-Verhältnis) vom langfristigen Trend. [4]Bei der Festlegung des Puffer-Richtwerts berücksichtigt die Bundesanstalt:

1. einen Indikator für das Kreditwachstum im Inland und insbesondere einen Indikator, der Veränderungen des Kredite-BIP-Verhältnisses widerspiegelt;
2. etwaige Empfehlungen zur Messung und Berechnung der Abweichung des Kredite-BIP-Verhältnisses vom langfristigen Trend sowie zur Ermittlung der Puffer-Richtwerte des Europäischen Ausschusses für Systemrisiken nach Artikel 16 der Verordnung (EU) Nr. 1092/2010 des Europäischen Parlaments und des Rates vom 24. November 2010 über die Finanzaufsicht der Europäischen Union auf Makroebene und zur Errichtung eines Europäischen Ausschusses für Systemrisiken (ABl. L 331 vom 15.12.2010, S. 1) in der jeweils geltenden Fassung.

(2) Bei der Festlegung und Bewertung der Quote für den antizyklischen Kapitalpuffer berücksichtigt die Bundesanstalt darüber hinaus alle etwaigen Empfehlungen, die der Europäische Ausschuss für Systemrisiken gemäß Artikel 135 Absatz 1 der Richtlinie 2013/36/EU des Europäischen Parlaments und des Rates vom 26. Juni 2013 über den Zugang zur Tätigkeit von Kreditinstituten und die Beaufsichtigung von Kreditinstituten und Wertpapierfirmen, zur Änderung der Richtlinie 2002/87/EG und zur Aufhebung der Richtlinien 2006/48/EG und 2006/49/EG (ABl. L 176 vom 27.6.2013, S. 338) abgibt.

§ 34 Veröffentlichung der Quote. [1]In den Fällen des § 10d Absatz 3 und 4 des Kreditwesengesetzes[1)] veröffentlicht die Bundesanstalt die für das jeweilige Quartal festgelegte Quote für den inländischen antizyklischen Kapitalpuffer auf ihrer Internetseite. [2]Zusätzlich werden mindestens noch die folgenden weiteren Angaben veröffentlicht:

1. das maßgebliche Kredite-BIP-Verhältnis und dessen Abweichung vom langfristigen Trend,
2. der Puffer-Richtwert nach § 33 Absatz 1,
3. eine Begründung für die Quote für den inländischen antizyklischen Kapitalpuffer,

---

[1)] Nr. **9**.

4. bei einer Erhöhung der Quote für den inländischen antizyklischen Kapitalpuffer das Datum, ab dem die Institute diese höhere Quote zur Berechnung ihres institutsspezifischen antizyklischen Kapitalpuffers verwenden müssen,
5. in den Fällen, in denen das Datum nach Nummer 4 weniger als zwölf Monate nach dem Datum der Veröffentlichung dieser Erhöhung der Quote für den inländischen antizyklischen Kapitalpuffer nach Satz 1 liegt, die außergewöhnlichen Umstände, die eine kürzere Frist für die Anwendung rechtfertigen,
6. bei einer Herabsetzung der Quote für den inländischen antizyklischen Kapitalpuffer der Zeitraum, in dem keine Erhöhung der Quote für den inländischen antizyklischen Kapitalpuffer zu erwarten ist, und eine Begründung hierfür.

§ 35 Zusätzliche Veröffentlichungen für Quoten in Drittstaaten. Die Bundesanstalt veröffentlicht zusätzlich zu den Angaben, die nach § 10d Absatz 9 des Kreditwesengesetzes[1)] zu veröffentlichen sind, im Falle des § 10d Absatz 6 des Kreditwesengesetzes eine Begründung für die Anerkennung der von einem Drittstaat festgelegten Quote für den antizyklischen Kapitalpuffer und in den Fällen des § 10d Absatz 7 und 8 des Kreditwesengesetzes eine Begründung für die Festlegung der Quote für den antizyklischen Kapitalpuffer.

§ 36 Maßgebliche Risikopositionen. (1) Zu den maßgeblichen Risikopositionen im Sinne von § 10d Absatz 2 des Kreditwesengesetzes[1)] zählt jede Risikoposition, die keiner der Forderungsklassen des Artikels 112 Buchstabe a bis f der Verordnung (EU) Nr. 575/2013[2)] angehört und für die eine der nachfolgenden Bedingungen erfüllt ist:
1. sie unterliegt den Eigenmittelanforderungen für Kreditrisiken gemäß den Artikeln 107 bis 311 der Verordnung (EU) Nr. 575/2013,
2. wird die Risikoposition im Handelsbuch geführt, sind die Eigenmittelanforderungen für spezifische Risiken gemäß den Artikeln 326 bis 350 oder für zusätzliche Ausfall- und Migrationsrisiken gemäß den Artikeln 362 bis 377 der Verordnung (EU) Nr. 575/2013 anzuwenden,
3. handelt es sich bei der Risikoposition um eine Verbriefung, so sind die Eigenmittelanforderungen gemäß den Artikeln 242 bis 270 der Verordnung (EU) Nr. 575/2013 anzuwenden.

(2) [1] Für die Zwecke der in § 10d Absatz 2 des Kreditwesengesetzes vorgeschriebenen Berechnung
1. ist die geänderte Quote für den antizyklischen Kapitalpuffer für einen Staat des Europäischen Wirtschaftsraums im Falle ihrer Erhöhung ab dem Datum anzuwenden, das in den nach § 34 oder nach § 10d Absatz 9 des Kreditwesengesetzes veröffentlichten Informationen angegeben ist;
2. ist eine geänderte Quote für den antizyklischen Kapitalpuffer für einen Drittstaat im Falle ihrer Erhöhung vorbehaltlich Nummer 3 ab dem Tag anzuwenden, der zwölf Monate nach dem Datum liegt, an dem die zuständige Behörde in dem Drittstaat eine Änderung der Quote für den antizyklischen Kapitalpuffer bekannt gegeben hat, unabhängig davon, ob diese Behörde von den Instituten mit Sitz in dem betreffenden Drittstaat verlangt, diese Änderung innerhalb einer kürzeren Frist anzuwenden;

---

1) Nr. **9**.
2) Nr. **6**.

3. ist die jeweilige Quote für den antizyklischen Kapitalpuffer in Fällen, in denen die Bundesanstalt die Quote für den antizyklischen Kapitalpuffer für einen Drittstaat festlegt oder die für einen Drittstaat geltende Quote für den antizyklischen Kapitalpuffer anerkennt und die Festlegung oder Anerkennung zu einer Erhöhung der bisher jeweils geltenden Quote führt, ab dem Datum anzuwenden, das in den gemäß § 10d Absatz 9 des Kreditwesengesetzes veröffentlichten Informationen angegeben ist;
4. gilt eine Quote für den antizyklischen Kapitalpuffer bei einer Herabsetzung der Quote ab der Entscheidung über die Herabsetzung der Quote.

2 Für die Zwecke des Satzes 1 Nummer 2 gilt eine Änderung der Quote für den antizyklischen Kapitalpuffer für einen Drittstaat ab dem Datum als bekannt gegeben, an dem sie von der zuständigen Behörde in diesem Drittstaat nach den dort geltenden einzelstaatlichen Vorschriften veröffentlicht wird.

(3) Die Belegenheit eines wesentlichen Kreditengagements nach § 10d Absatz 2 des Kreditwesengesetzes bestimmt das Institut unter Berücksichtigung etwaiger Rechtsakte, die von der Europäischen Kommission hierzu auf der Grundlage der Verordnung (EU) Nr. 1093/2010 des Europäischen Parlaments und des Rates vom 24. November 2010 zur Errichtung einer Europäischen Aufsichtsbehörde (Europäische Bankenaufsichtsbehörde), zur Änderung des Beschlusses Nr. 716/2009/EG und zur Aufhebung des Beschlusses 2009/78/EG der Kommission (ABl. L 331 vom 15.12.2010, S. 12) in der jeweils geltenden Fassung erlassen wurden.

Kapitel 2. Kapitalpuffer für systemische Risiken

§ 36a Berechnung des Kapitalpuffers für systemische Risiken. (1) Der Kapitalpuffer für systemische Risiken nach § 10e Absatz 1 des Kreditwesengesetzes[1)] kann für folgende Risikopositionen angeordnet werden:
1. alle im Inland belegenen Risikopositionen;
2. alle im Inland belegenen branchenspezifischen Risikopositionen
   a) des Mengengeschäfts gegenüber natürlichen Personen, die durch Grundpfandrechte auf Wohnimmobilien besichert sind;
   b) gegenüber juristischen Personen, die durch Grundpfandrechte auf gewerbliche Immobilien besichert sind;
   c) gegenüber juristischen Personen mit Ausnahme der in Buchstabe b genannten Risikopositionen;
   d) gegenüber natürlichen Personen mit Ausnahme der in Buchstabe a genannten Risikopositionen;
3. alle in anderen Staaten des Europäischen Wirtschaftsraums belegenen Risikopositionen, für die § 10e Absatz 2 Satz 5 und Absatz 5 des Kreditwesengesetzes gilt;
4. branchenspezifische Risikopositionen nach Nummer 2, die sich in anderen Staaten des Europäischen Wirtschaftsraums befinden, jedoch lediglich um die Anerkennung eines von einem anderen Staat des Europäischen Wirtschaftsraums angeordneten Kapitalpuffers für systemische Risiken nach § 10e Absatz 8 des Kreditwesengesetzes zu ermöglichen;
5. in Drittstaaten belegene Risikopositionen oder

---

1) Nr. 9.

6. Teilgruppen einer der in Nummer 2 genannten Kategorien von Risikopositionen.

(2) [1] Die Institute berechnen den Kapitalpuffer für systemische Risiken nach § 10e Absatz 1 des Kreditwesengesetzes wie folgt:

$$B_{SR} = r_T \cdot E_T + \sum_i r_i \cdot E_i$$

[2] Dabei steht

1. B_{SR} für den Kapitalpuffer für systemische Risiken,
2. r_T für die Pufferquote, die für den Gesamtrisikobetrag des Instituts gilt,
3. E_T für den gemäß Artikel 92 Absatz 3 der Verordnung (EU) Nr. 575/2013[1)] berechneten Gesamtrisikobetrag eines Instituts,
4. i für den Index, der eine der Teilgruppen von Risikopositionen nach Absatz 1 anzeigt,
5. r_i für die Pufferquote, die für den Gesamtrisikobetrag der Teilgruppe der Risikopositionen i gilt, und
6. E_i für den Risikobetrag eines Instituts für die Teilgruppe der Risikopositionen i, der gemäß Artikel 92 Absatz 3 der Verordnung (EU) Nr. 575/2013 berechnet wurde.

Kapitel 3. Kombinierte Kapitalpufferanforderung

§ 37 Maximal ausschüttungsfähiger Betrag. (1) [1] Der maximal ausschüttungsfähige Betrag im Sinne des § 10i Absatz 3 des Kreditwesengesetzes[2)] errechnet sich durch Multiplikation des nach Absatz 2 berechneten Betrags mit dem gemäß Absatz 3 festgelegten Faktor. [2] Er reduziert sich durch jede nach § 10i Absatz 3 Satz 3 Nummer 1 bis 3 des Kreditwesengesetzes durchgeführte Maßnahme.

(2) Der zu multiplizierende Betrag ergibt sich aus

1. den Zwischengewinnen, die nicht im harten Kernkapital gemäß Artikel 26 Absatz 2 der Verordnung (EU) Nr. 575/2013[1)] enthalten sind, abzüglich etwaiger Gewinnausschüttungen oder Zahlungen infolge einer Maßnahme gemäß § 10i Absatz 3 Satz 3 Nummer 1 bis 3 des Kreditwesengesetzes,
2. zuzüglich der Gewinne zum Jahresende, die nicht im harten Kernkapital gemäß Artikel 26 Absatz 2 der Verordnung (EU) Nr. 575/2013 enthalten sind, abzüglich etwaiger Gewinnausschüttungen oder Zahlungen infolge einer Maßnahme gemäß § 10i Absatz 3 Satz 3 Nummer 1 bis 3 des Kreditwesengesetzes,
3. abzüglich der Beträge, die in Form von Steuern zu zahlen wären, wenn die unter den Nummern 1 und 2 aufgeführten Gewinne einbehalten würden.

(3) Liegt das von dem Institut vorgehaltene und nicht zur Einhaltung der Eigenmittelanforderungen nach Artikel 92 Absatz 1 Buchstabe a, b und c der Verordnung (EU) Nr. 575/2013, der zusätzlichen Eigenmittelanforderungen zur Abdeckung anderer Risiken als des Risikos einer übermäßigen Verschuldung

---

[1)] Nr. **6**.
[2)] Nr. **9**.

nach § 6c des Kreditwesengesetzes und der erhöhten Eigenmittelanforderungen nach § 10 Absatz 3 und 4 des Kreditwesengesetzes verwendete harte Kernkapital, ausgedrückt als Prozentsatz des Gesamtrisikobetrags im Sinne von Artikel 92 Absatz 3 der Verordnung (EU) Nr. 575/2013, innerhalb des

1. ersten (das heißt des untersten) Quartils der kombinierten Kapitalpufferanforderung, so beträgt der Faktor 0;
2. zweiten Quartils der kombinierten Kapitalpufferanforderung, so beträgt der Faktor 0,2;
3. dritten Quartils der kombinierten Kapitalpufferanforderung, so beträgt der Faktor 0,4;
4. obersten Quartils der kombinierten Kapitalpufferanforderung, so beträgt der Faktor 0,6.

(4) Die Ober- und Untergrenzen für jedes Quartil der kombinierten Kapitalpufferanforderung werden wie folgt berechnet:

$$\text{Untergrenze des Quartils} = \frac{\text{Kombinierte Kapitalpufferanforderung}}{4} \times (Q_n - 1)$$

$$\text{Obergrenze des Quartils} = \frac{\text{Kombinierte Kapitalpufferanforderung}}{4} \times Q_n.$$

„Q_n" steht für die Ordinalzahl des betreffenden Quartils.

Teil 5. Übergangs- und Schlussbestimmungen

§ 38 Übergangsvorschriften. (1) [1] § 22 Nummer 4 ist ab dem Tag, ab dem der Technische Regulierungsstandard nach Artikel 124 Absatz 4 Buchstabe a der Verordnung (EU) Nr. 575/2013[1)] anzuwenden ist, nicht mehr anzuwenden. [2] Das Bundesministerium der Finanzen macht den Zeitpunkt, zu dem die Durchführungsstandards nach Artikel 124 Absatz 4 Buchstabe a der Verordnung (EU) Nr. 575/2013 anwendbar sind, im Bundesgesetzblatt bekannt.

(2) Eine nach Artikel 329 Absatz 1 Satz 4, Artikel 352 Absatz 1 Satz 3 oder Artikel 358 Absatz 3 Satz 4 der Verordnung (EU) Nr. 575/2013 erforderliche Genehmigung der Bundesanstalt dafür, dass ein Institut den Delta-Faktor für eine Option oder einen Optionsschein selbst berechnet, gilt bis zum 31. Dezember 2015 als erteilt, wenn das Institut

1. der Bundesanstalt und der Deutschen Bundesbank bis zum 31. Januar 2014 anzeigt, dass es auf dem Stand vom 31. Dezember 2012 das Optionspreismodell für die Berechnung der Eigenmittelanforderungen benutzt hat, für das mit erster Anwendung der Verordnung (EU) Nr. 575/2013 eine Genehmigung der Bundesanstalt erforderlich wäre, und
2. das Institut der Anzeige nach Nummer 1 eine Stellungnahme seines Abschlussprüfers beifügt, wonach auf dem Stand vom 31. Dezember 2012 kein Anlass bestand, an der angemessenen Ermittlung der Delta-Faktoren zu zweifeln.

(3) Bis zum Ablauf des 30. Dezember 2020 können Institute die Erheblichkeitsschwelle für den 90-Tage-Verzug auch nach § 16 in der Fassung vom 6. Dezember 2013 anwenden.

§ 39 Inkrafttreten, Außerkrafttreten. [1] Diese Verordnung tritt am 1. Januar 2014 in Kraft. [2] Gleichzeitig tritt die Solvabilitätsverordnung vom 14. Dezember

---

[1)] Nr. **6**.

2006 (BGBl. I S. 2926), die zuletzt durch Artikel 6 der Verordnung vom 20. September 2013 (BGBl. I S. 3672) geändert worden ist, außer Kraft. [3] § 1 Absatz 2 Satz 2 ist ab dem 1. Oktober 2016 anzuwenden.

9e. Verordnung zur Einreichung von Finanz- und Risikotragfähigkeitsinformationen nach dem Kreditwesengesetz (Finanz- und Risikotragfähigkeitsinformationenverordnung – FinaRisikoV)[1)]

Vom 6. Dezember 2013
(BGBl. I S. 4209)

FNA 7610-2-41

zuletzt geänd. durch Art. 7 Abs. 40 G zur Umsetzung der RL (EU) 2019/2034 über die Beaufsichtigung von Wertpapierinstituten v. 12.5.2021 (BGBl. I S. 990)

Inhaltsübersicht

[1)] Verkündet als Art. 1 VO v. 6.12.2013 (BGBl. I S. 4209); Inkrafttreten gem. Art. 4 dieser VO am 1.1.2014.

Die VO wurde erlassen auf Grund des § 25 Absatz 3 Satz 1 und 2 des Kreditwesengesetzes, der zuletzt durch Artikel 1 Nummer 47 Buchstabe c des Gesetzes vom 28. August 2013 (BGBl. I S. 3395) geändert worden ist, und des § 29a Absatz 3 Satz 1 des Zahlungsdiensteaufsichtsgesetzes, der durch Artikel 1 Nummer 39 Buchstabe c des Gesetzes vom 1. März 2011 (BGBl. I S. 288) geändert worden ist.

Anlage 15 GRP
Anlage 16 STA
Anlage 17 RTFK
Anlage 18 STKK
Anlage 19 RDP-R
Anlage 20 RDP-BI
Anlage 21 RDP-BH
Anlage 22 RDP-BW
Anlage 23 RSK
Anlage 24 STG
Anlage 25 KPL
Anlage 26 ILAAP

Abschnitt 1. Allgemeines

§ 1 Anwendungsbereich Diese Verordnung gilt für alle Institute im Sinne des § 1 Absatz 1b des Kreditwesengesetzes[1)] sowie für übergeordnete Unternehmen im Sinne des § 10a Absatz 1 Satz 2, 4 bis 8 und Absatz 2, jeweils auch in Verbindung mit Absatz 3, des Kreditwesengesetzes.

Abschnitt 2. Finanzinformationen

§ 2 Art und Umfang der Finanzinformationen und der ergänzenden Informationen. (1) [1]Die Finanzinformationen im Sinne des § 25 Absatz 1 und 2 des Kreditwesengesetzes[1)] bestehen aus:

1. Angaben zur Gewinn- und Verlustrechnung, die den Zeitraum seit dem Ende des letzten Geschäftsjahres umfassen,
2. Planangaben für die Gewinn- und Verlustrechnung,
3. Angaben zum Vermögensstatus, bezogen auf das Ende des jeweiligen Berichtszeitraums, und
4. sonstigen Angaben.

[2]Nähere Bestimmungen zu Art und Umfang der jeweils einzureichenden Finanzinformationen ergeben sich aus den §§ 4 bis 6. [3]Die Bundesanstalt für Finanzdienstleistungsaufsicht (Bundesanstalt) kann auf Antrag eines Instituts oder eines übergeordneten Unternehmens inhaltliche Abweichungen von den einzureichenden Formularen zulassen, wenn dies auf Grund der besonderen Geschäftsstruktur angemessen ist.

(2) Finanzdienstleistungsinstitute, die die Drittstaateneinlagenvermittlung im Sinne des § 1 Absatz 1a Satz 2 Nummer 5 des Kreditwesengesetzes oder das Sortengeschäft im Sinne des § 1 Absatz 1a Satz 2 Nummer 7 des Kreditwesengesetzes erbringen, haben darüber hinaus ergänzende Informationen nach § 7 einzureichen.

§ 3 Termin und Verfahren zur Einreichung. (1) [1]Der Berichtszeitraum für die Finanzinformationen und die ergänzenden Informationen umfasst ein Quartal. [2]Abweichend davon umfasst der Berichtszeitraum im Falle des § 4 Absatz 2 Satz 1 einen Kalendermonat. [3]Meldestichtag ist jeweils der letzte Kalendertag des Berichtszeitraums.

[1)] Nr. **9**.

(2) [1]Die Finanzinformationen und die ergänzenden Informationen sind zu folgenden Terminen bis Geschäftsschluss einzureichen: 12. Mai, 11. August, 11. November und 11. Februar. [2]Fällt der Einreichungstermin auf einen gesetzlichen Feiertag, einen Samstag oder einen Sonntag, so sind die Daten am darauffolgenden Geschäftstag zu übermitteln.

(3) [1]Die Finanzinformationen und die ergänzenden Informationen gemäß § 7 Absatz 3 sind der Deutschen Bundesbank elektronisch zu übermitteln. [2]Die Bundesbank veröffentlicht auf ihrer Internetseite die zu verwendenden Datenformate und den Übertragungsweg.

(4) Die ergänzenden Informationen gemäß § 7 Absatz 1 und 2 sind der zuständigen Hauptverwaltung der Deutschen Bundesbank formlos einzureichen.

§ 4 Finanzinformationen von Kreditinstituten. (1) Kreditinstitute mit Ausnahme von Wertpapierhandelsbanken im Sinne des § 1 Absatz 3d Satz 5 des Kreditwesengesetzes[1)] haben die folgenden Finanzinformationen einzureichen und hierfür die folgenden Formulare aus den Anlagen der Verordnung zu verwenden:
1. Gewinn- und Verlustrechnung – GVKI (Anlage 1),
2. Planangaben für die Gewinn- und Verlustrechnung – GVKIP (Anlage 2),
3. Sonstige Angaben – SAKI (Anlage 3) und
4. Vermögensstatus nach Maßgabe von Absatz 2.

(2) [1]Die Angaben zum Vermögensstatus nach Absatz 1 Nummer 4 gelten für Kreditinstitute, die auf Grund einer Anordnung nach § 18 des Gesetzes über die Deutsche Bundesbank[2)] oder nach Artikel 5 des Protokolls über die Satzung des Europäischen Systems der Zentralbanken und der Europäischen Zentralbank[3)] vom 7. Februar 1992 (ABl. C 191 vom 29.7.1992, S. 68) in der jeweils geltenden Fassung Daten zur Monatlichen Bilanzstatistik melden, mit diesen Meldungen als eingereicht. [2]Alle anderen Kreditinstitute haben die Angaben zum Vermögensstatus unter Verwendung des Formulars Vermögensstatus – STFDI (Anlage 5) einzureichen.

(3) Kreditinstitute, die nur das Garantiegeschäft im Sinne des § 1 Absatz 1 Satz 2 Nummer 8 des Kreditwesengesetzes betreiben, sind von der Pflicht, Finanzinformationen nach Absatz 1 einzureichen, befreit.

(4) Kreditinstitute im Sinne des § 53b des Kreditwesengesetzes sind von der Pflicht, Finanzinformationen nach Absatz 1 Nummer 1, 2 und 3 einzureichen, befreit.

(5) Kreditinstitute im Sinne des § 53 des Kreditwesengesetzes und Kreditinstitute im Sinne des § 53c Absatz 1 Nummer 2 des Kreditwesengesetzes sind von der Pflicht, Finanzinformationen nach Absatz 1 Nummer 2 einzureichen, befreit.

(6) [1]Kreditinstitute, die Teil einer Institutsgruppe, einer Finanzholding-Gruppe oder einer gemischten Finanzholding-Gruppe sind, sind von der Pflicht, Finanzinformationen nach Absatz 1 Nummer 2 einzureichen, befreit, wenn diese Finanzinformationen auf zusammengefasster Basis durch das über-

---

[1)] Nr. 9.
[2)] Nr. 4.
[3)] Nr. 2.

geordnete Unternehmen der Gruppe unter Verwendung des Formulars Planangaben für die Gewinn- und Verlustrechnung – QGVP (Anlage 7) eingereicht werden. [2] Die Befreiung nach Satz 1 gilt entsprechend, wenn das übergeordnete Unternehmen der Gruppe Finanzinformationen nach § 2 Absatz 1 Nummer 2 auf Basis internationaler Rechnungslegungsstandards erstellt und die Bundesanstalt diese Finanzinformationen für die jeweilige Gruppe auf sonstige Weise in gleichwertiger Form erhält. [3] Die Entscheidung über die Gleichwertigkeit trifft die Bundesanstalt.

§ 5 Finanzinformationen von Finanzdienstleistungsinstituten und Wertpapierhandelsbanken. (1) Finanzdienstleistungsinstitute haben die folgenden Finanzinformationen einzureichen und hierfür die folgenden Formulare aus den Anlagen der Verordnung zu verwenden:

1. Gewinn- und Verlustrechnung – GVFDI (Anlage 4) und
2. Vermögensstatus – STFDI (Anlage 5).

(2) Finanzdienstleistungsinstitute, die entweder über die Drittstaateneinlagenvermittlung oder über das Sortengeschäft hinaus keine weiteren nach dem Kreditwesengesetz[1] erlaubnispflichtigen Geschäfte betreiben, sind von der Pflicht, Finanzinformationen nach Absatz 1 einzureichen, befreit.

§ 6 Finanzinformationen auf zusammengefasster Basis. (1) Übergeordnete Unternehmen haben auf zusammengefasster Basis das Formular Sonstige Angaben – QSA (Anlage 13) einzureichen.

(2) Übergeordnete Unternehmen, deren Institutsgruppe, Finanzholding-Gruppe oder gemischte Finanzholding-Gruppe kein CRR-Kreditinstitut im Sinne des § 1 Absatz 3d Satz 1 des Kreditwesengesetzes[1] angehört, haben abweichend von Absatz 1 die folgenden Finanzinformationen auf zusammengefasster Basis einzureichen und hierfür die folgenden Formulare aus den Anlagen der Verordnung zu verwenden:

1. Gewinn- und Verlustrechnung – QGV (Anlage 6),
2. Vermögensstatus – Angaben zu den Aktiva – QV 1 (Anlage 8) und
3. Vermögensstatus – Angaben zu den Passiva – QV 2 (Anlage 9).

§ 7 Ergänzende Informationen von Finanzdienstleistungsinstituten. (1) Finanzdienstleistungsinstitute, die die Drittstaateneinlagenvermittlung erbringen, haben ergänzend zu den Finanzinformationen nach Staaten geordnet folgende Informationen einzureichen:

1. Firma und Sitz der Unternehmen, denen sie im Berichtszeitraum Einlagen vermittelt haben und die ihren Sitz in Staaten außerhalb des Europäischen Wirtschaftsraums haben, sowie
2. die jeweils zuständigen Aufsichtsbehörden.

(2) Finanzdienstleistungsinstitute, die das Sortengeschäft erbringen, haben ergänzend zu den Finanzinformationen folgende Informationen einzureichen:

1. Firma und Sitz der Unternehmen, die sie innerhalb des Berichtszeitraums im Rahmen der Durchführung des Sortengeschäfts eingeschaltet haben, und
2. Stückzahl und Betrag der Umsätze mit Kunden, aufgegliedert nach

---

[1] Nr. **9**.

a) den einzelnen Währungen und
b) innerhalb der Währungen nach Ankauf und Verkauf, jeweils aufgegliedert nach folgenden Größenordnungen:
aa) bis 2 500 Euro,
bb) über 2 500 bis 15 000 Euro,
cc) über 15 000 Euro.

Sorten im Sinne des Satzes 1 sind ausländische Banknoten und Münzen, die gesetzliche Zahlungsmittel sind, sowie Reiseschecks in ausländischer Währung.

Abschnitt 3. Risikotragfähigkeitsinformationen

§ 8 Art und Umfang der Risikotragfähigkeitsinformationen. (1) [1]Die Risikotragfähigkeitsinformationen im Sinne des § 25 Absatz 1 und 2 des Kreditwesengesetzes[1)] bestehen aus den Angaben zur Konzeption der Risikotragfähigkeitssteuerung, zum Risikodeckungspotential, zu den Risiken und den Verfahren zu ihrer Ermittlung, Steuerung und Überwachung sowie aus den Angaben zur Kapitalplanung und zum Liquiditätsmanagement gemäß den Formularen in den Anlagen 14 bis 26. [2]Nähere Bestimmungen zu Art und Umfang der jeweils einzureichenden Risikotragfähigkeitsinformationen ergeben sich aus den §§ 10 und 11.

(2) [1]Mit den Formularen werden Pflichtangaben und freiwillige Angaben erhoben, die auf Informationen beruhen, welche den Kreditinstituten und übergeordneten Unternehmen bereits vorliegen. [2]Die Ausgestaltung der Verfahren zur Ermittlung und Sicherstellung der Risikotragfähigkeit durch die Kreditinstitute und übergeordneten Unternehmen wird durch die Risikotragfähigkeitsinformationen gemäß den Anlagen 14 bis 26 nicht berührt.

§ 9 Turnus, Frist und Verfahren zur Einreichung der Risikotragfähigkeitsinformationen. (1) [1]Nach § 25 Absatz 1 Satz 2 und Absatz 2 Satz 2 des Kreditwesengesetzes[1)] haben Kreditinstitute und übergeordnete Unternehmen einmal jährlich Risikotragfähigkeitsinformationen einzureichen. [2]Hat die Bundesanstalt nach § 12 für ein Kreditinstitut oder eine Gruppe eine erhöhte Meldefrequenz angeordnet, so ist der in der Anordnung bestimmte Meldeturnus einschlägig.

(2) Die Risikotragfähigkeitsinformationen sind innerhalb von sieben Wochen nach dem von der Bundesanstalt festgelegten Meldestichtag einzureichen.

(3) [1]Die Risikotragfähigkeitsinformationen sind der Deutschen Bundesbank elektronisch zu übermitteln. [2]Die Deutsche Bundesbank veröffentlicht auf ihrer Internetseite die zu verwendenden Datenformate und den Übertragungsweg.

§ 10 Risikotragfähigkeitsinformationen von Kreditinstituten.

(1) Kreditinstitute haben die Angaben gemäß § 8 Absatz 1 zu melden und hierfür die Formulare aus den Anlagen 14 und 17 bis 26 dieser Verordnung zu verwenden.

[1)] Nr. **9**.

(2) Kreditinstitute im Sinne des § 53b und des § 53c Absatz 1 Nummer 2 des Kreditwesengesetzes[1] und Wertpapierhandelsbanken im Sinne des § 1 Absatz 3d Satz 5 des Kreditwesengesetzes sind von der Pflicht, Risikotragfähigkeitsinformationen nach Absatz 1 einzureichen, befreit.

(3) [1] Kreditinstitute, die nach § 2a Absatz 2 des Kreditwesengesetzes für das Management von Risiken mit Ausnahme des Liquiditätsrisikos von den Anforderungen an eine ordnungsgemäße Geschäftsorganisation gemäß § 25a Absatz 1 des Kreditwesengesetzes freigestellt sind, sind von der Pflicht, Risikotragfähigkeitsinformationen nach Absatz 1 einzureichen, befreit. [2] Satz 1 gilt entsprechend für Kreditinstitute, für die eine solche Freistellung gemäß § 2a Absatz 5 des Kreditwesengesetzes als gewährt gilt.

§ 11 Risikotragfähigkeitsinformationen auf zusammengefasster Ebene. (1) Übergeordnete Unternehmen einer Gruppe, zu der mindestens ein Kreditinstitut mit Sitz im Inland gehört, haben die Risikotragfähigkeitsinformationen der Gruppe auf zusammengefasster Ebene gemäß § 8 Absatz 1 einzureichen und hierfür die Formulare aus den Anlagen 14 bis 26 dieser Verordnung zu verwenden.

(2) Gehören zu einer Gruppe keine inländischen Kreditinstitute, die weder Wertpapierhandelsbank noch Kreditinstitut im Sinne des § 53b und des § 53c Absatz 1 Nummer 2 des Kreditwesengesetzes[1] sind, so ist das übergeordnete Unternehmen von der Pflicht, Risikotragfähigkeitsinformationen nach Absatz 1 einzureichen, befreit.

§ 12 Kreditinstitute und Gruppen mit erhöhter Meldefrequenz. Die Bundesanstalt kann für ein Kreditinstitut oder eine Gruppe im Einzelfall eine erhöhte Meldefrequenz anordnen, soweit dies zur Erfüllung ihrer Aufgaben erforderlich ist.

Abschnitt 4. Schlussvorschrift

§ 13 *(aufgehoben)*

Anl. 1–26

(hier nicht wiedergegeben)

---

[1] Nr. 9.

9f. Verordnung über die aufsichtsrechtlichen Anforderungen an Vergütungssysteme von Instituten (Institutsvergütungsverordnung – InstitutsVergV)[1)]

Vom 16. Dezember 2013

(BGBl. I S. 4270)

FNA 7610-2-43

zuletzt geänd. durch Art. 1 Dritte ÄndVO v. 20.9.2021 (BGBl. I S. 4308)

Auf Grund des § 25a Absatz 6 des Kreditwesengesetzes[2)], der durch Artikel 1 Nummer 48 des Gesetzes vom 28. August 2013 (BGBl. I S. 3395) in das Kreditwesengesetz eingefügt worden ist, verordnet das Bundesministerium der Finanzen im Benehmen mit der Deutschen Bundesbank und nach Anhörung der Spitzenverbände der Institute:

Inhaltsübersicht

[1)] **Amtl. Anm.:** Diese Verordnung dient der Umsetzung der Richtlinie 2013/36/EU des Europäischen Parlaments und des Rates vom 26. Juni 2013 über den Zugang zur Tätigkeit von Kreditinstituten und die Beaufsichtigung von Kreditinstituten und Wertpapierfirmen, zur Änderung der Richtlinie 2002/87/EG und zur Aufhebung der Richtlinien 2006/48/EG und 2006/49/EG (ABl. L 176 vom 27.6.2013, S. 338) sowie der Anpassung des Aufsichtsrechts an die Verordnung (EU) Nr. 575/2013 des Europäischen Parlaments und des Rates vom 26. Juni 2013 über die Aufsichtsanforderungen an Kreditinstitute und Wertpapierfirmen und zur Änderung der Verordnung (EU) Nr. 646/2012 (ABl. L 176 vom 27.6.2013, S. 1).

[2)] Nr. **9**.

Abschnitt 1. Allgemeines

§ 1 Anwendungsbereich. (1) [1] Diese Verordnung gilt vorbehaltlich des Absatzes 3 für alle Institute gemäß § 1 Absatz 1b und § 53 Absatz 1 des Kreditwesengesetzes[1)], auf die § 25a des Kreditwesengesetzes anzuwenden ist, und für die Vergütung sämtlicher Mitarbeiter und Mitarbeiterinnen dieser Institute gemäß § 2 Absatz 7. [2] Auf Zweigniederlassungen von Unternehmen mit Sitz in einem anderen Staat des Europäischen Wirtschaftsraums gemäß § 53b Absatz 1 und 7 des Kreditwesengesetzes und auf Unternehmen, die ausschließlich Finanzdienstleistungen gemäß § 1 Absatz 1a Satz 2 Nummer 9 oder Nummer 10 des Kreditwesengesetzes erbringen, ist sie nicht anzuwenden.

(2) § 5 Absatz 6 und § 16 sind nicht anzuwenden auf Institute, die weder ein CRR-Institut gemäß § 1 Absatz 3d Satz 3 des Kreditwesengesetzes noch bedeutend gemäß § 1 Absatz 3c des Kreditwesengesetzes sind.

(3) [1] Abschnitt 3 gilt nur für bedeutende Institute gemäß § 1 Absatz 3c des Kreditwesengesetzes. [2] Die §§ 18, 19 Absatz 1 Satz 1 und 2, Absatz 2 und 3, § 20 Absatz 1 und 3 bis 6 sowie die §§ 21 und 22 gelten auch für CRR-Institute, die nicht bedeutend gemäß § 1 Absatz 3c des Kreditwesengesetzes sind, wenn

1. sie übergeordnete Unternehmen sind, deren Bilanzsumme auf konsolidierter oder teilkonsolidierter Basis gemäß Artikel 18 der Verordnung (EU) Nr. 575/2013[2)] des Europäischen Parlaments und des Rates vom 26. Juni 2013 über Aufsichtsanforderungen an Kreditinstitute und zur Änderung der Verordnung (EU) Nr. 648/2012 (ABl. L 176 vom 27.6.2013, S. 1; L 208 vom 2.8.2013, S. 68; L 321 vom 30.11.2013, S. 6; L 193 vom 21.7.2015, S. 166; L 20 vom 25.1.2017, S. 3; L 13 vom 17.1.2020, S. 58; L 335 vom 13.10.2020, S. 20; L 405 vom 2.12.2020, S. 79), die zuletzt durch die Verordnung (EU) 2020/873 (ABl. L 204 vom 26.6.2020, S. 4) geändert worden ist, 30 Milliarden Euro erreicht oder überschreitet, oder
2. ihre Bilanzsumme im Durchschnitt zu den jeweiligen Stichtagen der letzten vier abgeschlossenen Geschäftsjahre 5 Milliarden Euro überschritten hat und die Institute mindestens eine der folgenden weiteren Voraussetzungen erfüllen:

[1)] Nr. **9**.
[2)] Nr. **6**.

a) sie fallen weder unter die Befreiung des § 20 Absatz 1 des Sanierungs- und Abwicklungsgesetzes[1)], noch unterliegen sie den vereinfachten Anforderungen der §§ 19 und 41 des Sanierungs- und Abwicklungsgesetzes;

b) ihre Handelsbuchtätigkeiten zum Abschluss des letzten Geschäftsjahres gehen über einen geringen Umfang im Sinne des Artikels 94 Absatz 1 der Verordnung (EU) Nr. 575/2013 hinaus oder

c) ihr Gesamtwert an Derivatepositionen, die mit Handelsabsicht gehalten werden, übersteigt zum Abschluss des letzten Geschäftsjahres 2 Prozent der gesamten bilanziellen und außerbilanziellen Vermögenswerte und ihr Gesamtwert an allen Derivatepositionen übersteigt 5 Prozent, wobei beide Werte gemäß Artikel 273a Absatz 3 der Verordnung (EU) Nr. 575/2013 berechnet werden.

(4) Diese Verordnung ist mit Ausnahme von § 16 Absatz 1 Satz 1 Nummer 1 und 3 nicht anzuwenden auf Vergütungen, die

1. durch Tarifvertrag vereinbart sind,
2. im Geltungsbereich eines Tarifvertrages durch Vereinbarung der Arbeitsvertragsparteien über die Anwendung der tarifvertraglichen Regelungen vereinbart sind oder
3. aufgrund eines Tarifvertrages in einer Betriebs- oder Dienstvereinbarung vereinbart sind.

§ 2 Begriffsbestimmungen. (1) [1] Vergütung im Sinne dieser Verordnung sind

1. sämtliche finanziellen Leistungen, gleich welcher Art, einschließlich der Leistungen zur Altersversorgung,
2. sämtliche Sachbezüge, gleich welcher Art, einschließlich der Leistungen zur Altersversorgung, und
3. sämtliche Leistungen von Dritten,

die ein Mitarbeiter oder eine Mitarbeiterin im Hinblick auf seine oder ihre berufliche Tätigkeit für das Institut erhält. [2] Sachbezüge gemäß Satz 1 Nummer 2, die nach dem Einkommensteuergesetz nicht als Einkünfte aus nichtselbständiger Arbeit anzusehen sind oder gemäß § 8 Absatz 2 Satz 11 des Einkommensteuergesetzes außer Ansatz bleiben, müssen nicht berücksichtigt werden.

(2) Vergütungssysteme im Sinne dieser Verordnung sind die institutsinternen Regelungen zur Vergütung sowie deren tatsächliche Umsetzung und Anwendung durch das Institut.

(3) [1] Variable Vergütung im Sinne dieser Verordnung ist der Teil der Vergütung, der nicht fix gemäß Absatz 6 ist. [2] Ist eine eindeutige Zuordnung eines Vergütungsbestandteils zur fixen Vergütung gemäß Absatz 6 nicht möglich, gilt dieser Bestandteil als variable Vergütung.

(4) Zusätzliche Leistungen zur Altersversorgung im Sinne dieser Verordnung sind die Teile der variablen Vergütung, deren Gewährung einem Mitarbeiter oder einer Mitarbeiterin vom Institut nach dessen Ermessen als Altersversorgung zugesagt werden.

[1)] Nr. **23**.

(5) Abfindungen sind Vergütungen, die ein Mitarbeiter oder eine Mitarbeiterin im Zusammenhang mit der vorzeitigen Beendigung des Arbeits-, Geschäftsbesorgungs- oder Dienstverhältnisses erhält.

(6) [1] Fixe Vergütung im Sinne dieser Verordnung ist der Teil der Vergütung,

1. dessen Gewährung und Höhe keinem Ermessen unterliegt,
2. dessen Gewährung und Höhe dem Mitarbeiter oder der Mitarbeiterin keine Anreize für eine Risikoübernahme bieten,
3. bei dem die Voraussetzungen für die Gewährung und Höhe vorher festgelegt wurden,
4. bei dem die Voraussetzungen für die Gewährung und Höhe transparent für den Mitarbeiter oder die Mitarbeiterin sind,
5. dessen Gewährung und Höhe dauerhaft sind,
6. der nicht einseitig vom Institut verringert, ausgesetzt oder aufgehoben werden kann und
7. der nicht leistungsabhängig oder sonst vom Eintritt zuvor vereinbarter Bedingungen abhängig ausgestaltet ist.

[2] Als fixe Vergütung gelten auch finanzielle Leistungen oder Sachbezüge, die auf einer zuvor festgelegten allgemeinen, ermessensunabhängigen und institutsweiten Regelung beruhen, die nicht leistungsabhängig sind, keine Anreize für eine Risikoübernahme bieten und entweder einen Großteil der Mitarbeiter und Mitarbeiterinnen oder Mitarbeiter und Mitarbeiterinnen, die vorab festgelegte Kriterien erfüllen, begünstigen, sowie Zahlungen in Erfüllung gesetzlicher Verpflichtungen. [3] Abweichend von Satz 1 Nummer 5 gelten bei Erfüllung der zusätzlichen Voraussetzungen gemäß Satz 4 auch Zulagen als fixe Vergütung, die

1. an ins Ausland entsandte Mitarbeiter und Mitarbeiterinnen für die Dauer ihres Auslandsaufenthalts entweder im Hinblick auf die dortigen Lebenshaltungskosten sowie die dortige Steuerlast gezahlt werden oder um die vertraglich vereinbarte fixe Vergütung gemäß Satz 1 an das für eine vergleichbare Tätigkeit im jeweiligen Markt übliche Vergütungsniveau anzupassen (Auslandszulage) oder
2. an Mitarbeiter und Mitarbeiterinnen im Hinblick auf eine vorübergehend übernommene anspruchsvollere Aufgabe, Funktion oder organisatorische Verantwortung gezahlt werden (Funktionszulage).

[4] Die Zulagen gemäß Satz 3 müssen folgende zusätzliche Voraussetzungen erfüllen, um als fixe Vergütung zu gelten:

1. Die Zulage wird aufgrund einer einheitlichen institutsweiten Regelung in vergleichbaren Fällen ermessensunabhängig an alle betroffenen Mitarbeiter und Mitarbeiterinnen geleistet;
2. die Höhe der Zulage basiert auf vorbestimmten Kriterien und
3. der Anspruch auf die Leistung der Zulage steht unter der auflösenden Bedingung des Wegfalls des jeweiligen Grundes ihrer Gewährung.

(7) [1] Mitarbeiter und Mitarbeiterinnen im Sinne dieser Verordnung sind alle Arbeitnehmer des Instituts gemäß § 5 Absatz 1 des Arbeitsgerichtsgesetzes sowie alle natürlichen Personen,

1. deren sich das Institut beim Betreiben von Bankgeschäften oder bei der Erbringung von Finanzdienstleistungen bedient, insbesondere aufgrund eines Arbeits-, Geschäftsbesorgungs- oder Dienstverhältnisses, oder
2. die im Rahmen einer Auslagerungsvereinbarung mit einem gruppenangehörigen Auslagerungsunternehmen unmittelbar an Dienstleistungen für das Institut beteiligt sind, um Bankgeschäfte zu betreiben oder Finanzdienstleistungen zu erbringen.

[2] Als Mitarbeiter und Mitarbeiterinnen im Sinne dieser Verordnung gelten auch Geschäftsleiter und Geschäftsleiterinnen gemäß § 1 Absatz 2 des Kreditwesengesetzes[1)]. [3] Nicht als Mitarbeiter und Mitarbeiterinnen im Sinne dieser Verordnung gelten Handelsvertreter und Handelsvertreterinnen gemäß § 84 Absatz 1 des Handelsgesetzbuchs.

(8) [1] Risikoträger und Risikoträgerinnen im Sinne dieser Verordnung sind solche gemäß § 1 Absatz 21 sowie § 25a Absatz 5b Satz 1 und 2 des Kreditwesengesetzes. [2] Gruppen-Risikoträger und Gruppen-Risikoträgerinnen sind Mitarbeiter und Mitarbeiterinnen, deren berufliche Tätigkeit sich wesentlich auf das Gesamtrisikoprofil einer Gruppe gemäß Absatz 12 auswirkt.

(9) Vergütungsparameter im Sinne dieser Verordnung sind die quantitativen und qualitativen Bestimmungsfaktoren, anhand derer die Leistung und der Erfolg eines Mitarbeiters oder einer Mitarbeiterin oder einer Organisationseinheit oder der Gesamterfolg eines Instituts oder einer Gruppe gemessen werden.

(10) [1] Erfolgsbeiträge im Sinne dieser Verordnung sind die auf der Grundlage von Vergütungsparametern ermittelten tatsächlichen Leistungen und Erfolge eines Mitarbeiters oder einer Mitarbeiterin oder einer Organisationseinheit oder der Gesamterfolg eines Instituts oder einer Gruppe, die in die Ermittlung der Höhe der variablen Vergütungsbestandteile einfließen. [2] Erfolgsbeiträge können auch negativ sein.

(11) [1] Kontrolleinheiten im Sinne dieser Verordnung sind diejenigen Organisationseinheiten unterhalb der Geschäftsleitung, die die geschäftsinitiierenden Organisationseinheiten, insbesondere die Bereiche Markt gemäß § 25c Absatz 4a Nummer 3 Buchstabe b des Kreditwesengesetzes und Handel, überwachen. [2] Hierzu zählen die Bereiche Marktfolge gemäß § 25c Absatz 4a Nummer 3 Buchstabe b des Kreditwesengesetzes und Risikocontrolling. [3] Weitere Kontrolleinheiten im Sinne dieser Verordnung sind die Einheiten mit Compliance-Funktion und die Interne Revision.

(12) Gruppen, übergeordnete Unternehmen und nachgeordnete Unternehmen im Sinne dieser Verordnung sind solche gemäß § 10a Absatz 1 und 2 des Kreditwesengesetzes.

Abschnitt 2. Allgemeine Anforderungen an Vergütungssysteme

§ 3 Verantwortlichkeiten; Beteiligung der Kontrolleinheiten. (1) [1] Die Geschäftsleitung ist für die angemessene Ausgestaltung der Vergütungssysteme der Mitarbeiter und Mitarbeiterinnen, die keine Geschäftsleiter oder Geschäftsleiterinnen sind, nach Maßgabe des § 25a Absatz 1 Nummer 6 in Verbindung mit Absatz 5 des Kreditwesengesetzes[1)] und dieser Verordnung verantwortlich.

[1)] Nr. 9.

[2]Sie hat das Verwaltungs- oder Aufsichtsorgan mindestens einmal jährlich über die Ausgestaltung der Vergütungssysteme des Instituts zu informieren. [3]Die Sätze 1 und 2 gelten bei bedeutenden Instituten gemäß § 1 Absatz 3c des Kreditwesengesetzes auch in Bezug auf den Prozess der Ermittlung der Risikoträger und Risikoträgerinnen gemäß § 1 Absatz 3c des Kreditwesengesetzes sowie der Gruppen-Risikoträger und Gruppen-Risikoträgerinnen gemäß § 27 Absatz 2 Satz 1. [4]Dem oder der Vorsitzenden des Verwaltungs- oder Aufsichtsorgans ist ein entsprechendes Auskunftsrecht gegenüber der Geschäftsleitung einzuräumen.

(2) Das Verwaltungs- oder Aufsichtsorgan ist für die angemessene Ausgestaltung der Vergütungssysteme der Geschäftsleiter und Geschäftsleiterinnen nach Maßgabe des § 25a Absatz 1 Nummer 6 in Verbindung mit Absatz 5 des Kreditwesengesetzes und dieser Verordnung verantwortlich.

(3) Die Kontrolleinheiten und der Bereich Personal sind im Rahmen ihrer Aufgaben bei der Ausgestaltung und der Überwachung der Vergütungssysteme sowie in bedeutenden Instituten gemäß § 1 Absatz 3c des Kreditwesengesetzes auch in Bezug auf den Prozess der Ermittlung der Risikoträger und Risikoträgerinnen gemäß § 25a Absatz 5b des Kreditwesengesetzes sowie der Gruppen-Risikoträger und Gruppen-Risikoträgerinnen gemäß § 27 Absatz 2 Satz 1 angemessen zu beteiligen.

§ 4 Ausrichtung an der Strategie des Instituts. [1]Die Vergütungsstrategie und die Vergütungssysteme müssen auf die Erreichung der Ziele ausgerichtet sein, die in den Geschäfts- und Risikostrategien des jeweiligen Instituts niedergelegt sind. [2]Dabei ist auch die Unternehmenskultur zu berücksichtigen. [3]Die Vergütungsparameter müssen sich an den Strategien ausrichten und das Erreichen der strategischen Ziele unterstützen.

§ 5 Angemessenheit der Vergütung und der Vergütungssysteme.

(1) Die Vergütungssysteme sind angemessen ausgestaltet, wenn

1. Anreize für die Mitarbeiter und Mitarbeiterinnen, unverhältnismäßig hohe Risiken einzugehen, vermieden werden;
2. die Vergütungssysteme nicht der Überwachungsfunktion der Kontrolleinheiten und des für die Risikosteuerung zuständigen Mitglieds der Geschäftsleitung zuwiderlaufen;
3. sie die Verbraucherrechte und -interessen berücksichtigen; insbesondere dürfen nicht ausschließlich quantitative Vergütungsparameter verwendet werden, sofern unmittelbar Verbraucherinteressen betroffen sind;
4. sie nicht der Einhaltung der Verpflichtung zuwiderlaufen, bei der Erbringung von Beratungsleistungen gemäß § 511 des Bürgerlichen Gesetzbuchs[1)] im besten Interesse des Darlehensnehmers zu handeln; insbesondere darf die Vergütung nicht an Absatzziele in Bezug auf Immobiliar-Verbraucherdarlehensverträge gemäß § 491 Absatz 3 des Bürgerlichen Gesetzbuchs gekoppelt sein;
5. die Vergütung der für die Prüfung der Kreditwürdigkeit zuständigen Mitarbeiter und Mitarbeiterinnen nicht von der Zahl oder dem Anteil der

[1)] Nr. **24**.

genehmigten Anträge auf Abschluss eines Immobiliar-Verbraucherdarlehensvertrags gemäß § 491 Absatz 3 des Bürgerlichen Gesetzbuchs abhängt; und
6. sie geschlechtsneutral sind, so dass eine Entgeltbenachteiligung wegen des Geschlechts bei gleicher oder gleichwertiger Arbeit ausgeschlossen ist.

(2) In der Regel sind Vergütungssysteme nicht angemessen ausgestaltet, wenn trotz negativer Erfolgsbeiträge ein der Höhe nach unveränderter Anspruch auf die variable Vergütung besteht.

(3) Anreize, unverhältnismäßig hohe Risiken einzugehen, liegen insbesondere vor, wenn
1. eine signifikante Abhängigkeit der Mitarbeiter oder Mitarbeiterinnen von der variablen Vergütung besteht oder
2. einzelvertraglich für den Fall der Beendigung der Tätigkeit Ansprüche auf Leistungen begründet werden und diese Ansprüche selbst bei negativen individuellen Erfolgsbeiträgen oder bei Fehlverhalten der Höhe nach unverändert bleiben.

(4) [1] Vergütungssysteme laufen der Überwachungsfunktion der Kontrolleinheiten insbesondere zuwider, wenn sich die Höhe der variablen Vergütung von Mitarbeitern und Mitarbeiterinnen der Kontrolleinheiten und den Mitarbeitern und Mitarbeiterinnen der von ihnen kontrollierten Organisationseinheiten maßgeblich nach gleichlaufenden Vergütungsparametern bestimmt und die Gefahr eines Interessenkonfliktes besteht. [2] Im Hinblick auf das für die Risikosteuerung zuständige Mitglied der Geschäftsleitung gilt dies entsprechend.

(5) [1] Eine variable Vergütung darf nur garantiert werden
1. für die ersten zwölf Monate nach Aufnahme eines Arbeits-, Geschäftsbesorgungs- oder Dienstverhältnisses bei dem Institut,
2. unter der Voraussetzung, dass die unmittelbar vorangegangene Tätigkeit des Mitarbeiters oder der Mitarbeiterin nicht in derselben Gruppe erfolgte, und
3. unter der Bedingung, dass das Institut zum Zeitpunkt der Auszahlung die Anforderungen gemäß § 7 Absatz 1 Satz 3 erfüllt.

[2] In bedeutenden Instituten gemäß § 1 Absatz 3c des Kreditwesengesetzes[1)] sind die Anforderungen der §§ 20 und 22 darauf nicht anzuwenden. [3] Bei der Berechnung des Verhältnisses zwischen der variablen und der fixen jährlichen Vergütung gemäß § 25a Absatz 5 des Kreditwesengesetzes kann eine garantierte variable Vergütung nur dann unberücksichtigt bleiben, wenn sie vor Beginn der Tätigkeit zugesagt worden ist.

(6) [1] Abfindungen und vertraglich festgelegte Karenzentschädigungen für die Dauer eines nachvertraglichen Wettbewerbsverbots gelten als variable Vergütung. [2] Das Institut hat in Bezug auf die Zusage von Abfindungen schriftlich oder elektronisch Grundsätze festzulegen, in denen insbesondere ein Höchstbetrag oder die Kriterien für die Bestimmung der Abfindungsbeträge zu regeln sind. [3] Abfindungen sind im Einklang mit dem Rahmenkonzept gemäß § 11 Absatz 1 Nummer 3 zu gewähren und angemessen zu dokumentieren. [4] Sie müssen vorbehaltlich Satz 5 der Leistung des Mitarbeiters oder der Mitarbeiterin im Zeitverlauf Rechnung tragen und dürfen negative Erfolgsbeiträge oder Fehlverhalten des Mitarbeiters oder der Mitarbeiterin nicht belohnen. [5] Folgen-

---

1) Nr. **9**.

de Vergütungen fallen nicht in den Anwendungsbereich der §§ 7 und 20 und müssen bei der Berechnung des Verhältnisses der variablen zur fixen Vergütung gemäß § 25a Absatz 5 Satz 2 bis 5 des Kreditwesengesetzes nicht berücksichtigt werden:

1. Abfindungen,
   a) auf die ein gesetzlicher Anspruch besteht,
   b) die aufgrund eines Sozialplans gemäß § 112 Absatz 1 des Betriebsverfassungsgesetzes oder gemäß § 75 Absatz 3 Nummer 13 des Bundespersonalvertretungsgesetzes oder gemäß den entsprechenden landesrechtlichen Regelungen geleistet werden,
   c) die aufgrund eines rechtskräftigen Urteils oder Prozessvergleichs zu leisten sind, oder
   d) die im Fall einer einvernehmlichen oder institutsseitigen betriebsbedingten Vertragsbeendigung oder bei Abwendung eines unmittelbar drohenden gerichtlichen Verfahrens einen Betrag nicht überschreiten, der anhand einer vorher in den Grundsätzen gemäß Satz 2 festgelegten allgemeinen Formel berechnet wurde;
2. vertraglich festgelegten Karenzentschädigungen für die Dauer eines nachvertraglichen Wettbewerbsverbots, sofern die Zahlungen vorbehaltlich § 74 Absatz 2 des Handelsgesetzbuchs die ursprünglich geschuldete Fixvergütung nicht überschreiten, und
3. sonstige Abfindungen, sofern das Institut der Aufsichtsbehörde gemäß § 1 Absatz 5 des Kreditwesengesetzes die Gründe für die Gewährung sowie die Angemessenheit des Betrages schlüssig dargelegt hat; bei Abfindungen bis zu einer Höhe, die
   a) 200 000 Euro nicht überschreitet und
   b) nicht mehr als 200 Prozent der fixen Vergütung des Mitarbeiters oder der Mitarbeiterin im letzten abgeschlossenen Geschäftsjahr entspricht,

   gilt der Betrag als angemessen, und es kann auf eine Darlegung verzichtet werden.

Setzt sich die Vergütung aus mehreren Bestandteilen gemäß den Nummern 1 bis 3 zusammen, so ist in jedem Fall eine Darlegung bei der Aufsichtsbehörde gemäß Nummer 3 notwendig.

(7) [1] Zusätzliche variable Vergütungen, die zum Zweck der Bindung der Mitarbeiter und Mitarbeiterinnen an das Institut gewährt werden (Halteprämien), sind nur zulässig, wenn das Institut in der Lage ist, sein berechtigtes Interesse an der Gewährung von Halteprämien zu begründen. [2] Sie müssen insbesondere den Anforderungen gemäß den §§ 4 und 7 genügen. [3] Bei der Berechnung des Verhältnisses gemäß § 25a Absatz 5 des Kreditwesengesetzes sind Halteprämien entweder zeitanteilig oder mit dem Gesamtbetrag zum Zeitpunkt der Fälligkeit zu berücksichtigen. [4] Bei Risikoträgern und Risikoträgerinnen von bedeutenden Instituten gemäß § 1 Absatz 3c des Kreditwesengesetzes sind zusätzlich auch die Anforderungen der §§ 20 und 22 einzuhalten.

§ 6 Verhältnis von variabler zu fixer Vergütung; Billigung einer höheren Obergrenze gemäß § 25a Absatz 5 Satz 5 des Kreditwesengesetzes.

(1) [1] Besteht die Vergütung aus einer variablen und einer fixen Vergütung, müssen diese in einem angemessenen Verhältnis zueinander stehen. [2] Das Verhältnis ist angemessen, wenn einerseits keine signifikante Abhängigkeit des

Mitarbeiters oder der Mitarbeiterin von der variablen Vergütung besteht, die variable Vergütung aber andererseits einen wirksamen Verhaltensanreiz setzen kann.

(2) [1]Das Institut hat eine angemessene Obergrenze für die variable Vergütung im Verhältnis zur fixen Vergütung festzulegen. [2]Soweit anwendbar, ist § 25a Absatz 5 des Kreditwesengesetzes[1)] bei der Festlegung der Obergrenze zu beachten. [3]Dabei kann auf höchstens 25 Prozent des Gesamtwerts der variablen Vergütung ein angemessener Diskontierungssatz angewendet werden, sofern dieser Anteil in Instrumenten gezahlt wird, die für mindestens fünf Jahre zurückbehalten werden.

(3) Im Zusammenhang mit der Zurückbehaltung darf ein Anspruch oder eine Anwartschaft auf den in Instrumenten zurückbehaltenen Vergütungsanteil gemäß Absatz 2 Satz 3 erst nach Ablauf des Zurückbehaltungszeitraums entstehen und während des Zurückbehaltungszeitraums lediglich ein Anspruch auf fehlerfreie Ermittlung des noch nicht zu einer Anwartschaft oder einem Anspruch erwachsenen Teils dieses Teils der variablen Vergütung bestehen, nicht aber auf diesen Teil der variablen Vergütung selbst.

(4) Wird gemäß § 25a Absatz 5 Satz 5 des Kreditwesengesetzes eine Erhöhung der Obergrenze für die variable Vergütung im Verhältnis zur fixen Vergütung gemäß Satz 2 angestrebt, muss das Institut in der Lage sein, der Aufsichtsbehörde gemäß § 1 Absatz 5 des Kreditwesengesetzes nachzuweisen, dass die vorgeschlagene höhere Obergrenze nicht die Einhaltung der Verpflichtungen des Instituts gemäß der Verordnung (EU) Nr. 575/2013[2)], gemäß dem Kreditwesengesetz und gemäß dieser Verordnung beeinträchtigt, wobei besonderes Augenmerk auf die Eigenmittelverpflichtungen des Instituts zu legen ist.

(5) Übt ein Unternehmen als Anteilseigner, Eigentümer, Mitglied oder Träger seine Stimmrechte im Hinblick auf die Billigung einer höheren Obergrenze für die variable Vergütung im Verhältnis zur fixen Vergütung gemäß § 25a Absatz 5 des Kreditwesengesetzes für Mitarbeiter und Mitarbeiterinnen seines Tochterunternehmens aus, ist dessen Zustimmung zur Erhöhung nur dann wirksam, wenn diese entweder ihrerseits unter Einhaltung der Anforderungen aus § 25a Absatz 5 Satz 5 bis 9 des Kreditwesengesetzes zustande gekommen ist oder wenn die Erhöhung in Übereinstimmung mit der gruppenweiten Vergütungsstrategie gemäß § 27 Absatz 1 steht.

§ 7 Voraussetzungen für die Festsetzung des Gesamtbetrags der variablen Vergütung und die Erdienung zurückbehaltener Vergütungsbestandteile. (1) [1]Der Gesamtbetrag der variablen Vergütungen gemäß § 45 Absatz 2 Nummer 10 des Kreditwesengesetzes[1)] muss in einem formalisierten, transparenten und nachvollziehbaren Prozess unter angemessener und ihrem Aufgabenbereich entsprechender Beteiligung der Kontrolleinheiten festgesetzt werden. [2]Die Verantwortlichkeiten gemäß § 3 gelten entsprechend. [3]Bei der Festsetzung des Gesamtbetrags

1. sind die Risikotragfähigkeit, die mehrjährige Kapitalplanung und die Ertragslage des Instituts und der Gruppe hinreichend zu berücksichtigen und
2. ist sicherzustellen, dass das Institut und die Gruppe in der Lage sind,

---

1) Nr. **9**.
2) Nr. **6**.

a) eine angemessene Eigenmittel- und Liquiditätsausstattung und
b) die kombinierten Kapitalpufferanforderungen gemäß § 10i des Kreditwesengesetzes

dauerhaft aufrechtzuerhalten oder wiederherzustellen.

(2) [1] Eine Ermittlung und eine Erdienung von variabler Vergütung darf nur erfolgen, wenn und soweit zu den jeweiligen Zeitpunkten die Voraussetzungen gemäß Absatz 1 Satz 3 erfüllt sind. [2] Ein späterer Ausgleich für eine Verringerung der variablen Vergütung ist nicht zulässig.

§ 8 Verbot der Einschränkung oder Aufhebung der Risikoadjustierung. (1) [1] Die Risikoadjustierung der variablen Vergütung darf seitens der Institute nicht durch Absicherungs- oder sonstige Gegenmaßnahmen eingeschränkt oder aufgehoben werden. [2] Insbesondere dürfen keine Instrumente oder Methoden angewendet werden, durch die Anforderungen dieser Verordnung umgangen werden.

(2) [1] Die Institute haben angemessene Compliance-Strukturen einzurichten, um Absicherungs- oder sonstige Gegenmaßnahmen seitens der Mitarbeiter und Mitarbeiterinnen zur Einschränkung oder Aufhebung der Risikoadjustierung der Vergütung zu verhindern. [2] Angemessene Compliance-Strukturen bestehen insbesondere in einer Verpflichtung der Mitarbeiter und Mitarbeiterinnen, keine persönlichen Absicherungs- oder sonstigen Gegenmaßnahmen zu treffen, um die Risikoorientierung ihrer Vergütung einzuschränken oder aufzuheben, sowie bei bedeutenden Instituten gemäß § 1 Absatz 3c des Kreditwesengesetzes[1)] in der Verpflichtung der Risikoträger und Risikoträgerinnen, private Depotkonten anzuzeigen. [3] Dabei ist die Einhaltung dieser Verpflichtung risikoorientiert zumindest stichprobenartig durch die Kontrolleinheiten mit Compliance-Funktion gemäß § 2 Absatz 11 zu überprüfen; bei bedeutenden Instituten gemäß § 1 Absatz 3c des Kreditwesengesetzes erfolgt die Überprüfung durch den Vergütungsbeauftragten gemäß den §§ 23 bis 25.

§ 9 Zusätzliche Anforderungen an die Vergütung der Mitarbeiter und Mitarbeiterinnen der Kontrolleinheiten. (1) Die Vergütung der Mitarbeiter und Mitarbeiterinnen der Kontrolleinheiten muss so ausgestaltet sein, dass eine angemessene qualitative und quantitative Personalausstattung ermöglicht wird.

(2) Bei der Ausgestaltung der Vergütung der Mitarbeiter und Mitarbeiterinnen der Kontrolleinheiten ist sicherzustellen, dass der Schwerpunkt auf dem fixen Vergütungsbestandteil liegt.

§ 10 Zusätzliche Anforderungen an die Vergütung von Geschäftsleitern und Geschäftsleiterinnen. (1) Das Verwaltungs- oder Aufsichtsorgan hat bei der Festsetzung der Vergütung des einzelnen Geschäftsleiters oder der einzelnen Geschäftsleiterin dafür zu sorgen, dass die Vergütung

1. in einem jeweils angemessenen Verhältnis zu den Aufgaben und Leistungen des Geschäftsleiters oder der Geschäftsleiterin sowie zur Lage des Instituts steht und
2. die übliche Vergütung nicht ohne besondere Gründe übersteigt.

[1)] Nr. **9**.

(2) Variable Vergütungen sollen eine mehrjährige Bemessungsgrundlage haben; für außerordentliche Entwicklungen soll das Verwaltungs- oder Aufsichtsorgan eine Begrenzungsmöglichkeit vereinbaren.

(3) Andere einschlägige bundes- oder landesgesetzliche Regelungen zur Vergütung von Geschäftsleitern und Geschäftsleiterinnen bleiben von den Absätzen 1 und 2 unberührt.

(4) [1]Die Vergütung, die Geschäftsleiter und Geschäftsleiterinnen für ihre berufliche Tätigkeit bei dem Institut erhalten, muss abschließend im Anstellungsvertrag festgelegt werden. [2]Der Anstellungsvertrag und spätere Änderungen bedürfen der Schriftform.

§ 11 Grundsätze zu den Vergütungssystemen in den Organisationsrichtlinien; Dokumentationspflichten. (1) [1]Das Institut hat in seinen Organisationsrichtlinien Grundsätze zu den Vergütungssystemen festzulegen. [2]Die Grundsätze umfassen insbesondere

1. Angaben zur Ausgestaltung und Anpassung der Vergütungssysteme und zur Zusammensetzung der Vergütung,
2. die Regelungen der jeweiligen Zuständigkeiten und Entscheidungsbefugnisse der Geschäftsleitung, des Verwaltungs- oder Aufsichtsorgans, gegebenenfalls des Vergütungskontrollausschusses und des Vergütungsbeauftragten, der Kontrolleinheiten, des Bereichs Personal und der übrigen Organisationseinheiten im Rahmen von Entscheidungsprozessen sowie
3. ein Rahmenkonzept zur Festlegung und Genehmigung von Abfindungen einschließlich einer klaren Zuordnung von Zuständigkeiten und Entscheidungsbefugnissen unter Einbeziehung der Kontrolleinheiten und des Bereichs Personal im Rahmen ihrer jeweiligen Zuständigkeiten.

(2) Die Institute haben Inhalte und Ergebnisse der Entscheidungsprozesse, in denen der Gesamtbetrag der variablen Vergütungen und dessen Verteilung im Institut festgelegt wurden, angemessen zu dokumentieren.

(3) [1]Werden Zulagen der fixen Vergütung zugeordnet, sind die Gründe dafür zu dokumentieren. [2]Dabei ist gesondert darauf einzugehen, wenn die Zulagen

1. im Ergebnis ausschließlich an Risikoträger und Risikoträgerinnen gezahlt werden,
2. im Ergebnis beschränkt sind auf Fälle, in denen das Verhältnis zwischen der variablen und der fixen jährlichen Vergütung die Obergrenze gemäß § 25a Absatz 5 des Kreditwesengesetzes[1)] übersteigen würde, sofern die Zulagen als variable Vergütung angesehen würden, oder
3. an Kennzahlen anknüpfen, die Näherungswerte für den Erfolg des Instituts sein können; in diesem Fall muss das Institut darlegen können, dass diese Kennzahlen tatsächlich nicht vom Erfolg des Instituts abhängen.

§ 12 Überprüfung und Anpassung der Vergütungssysteme. (1) [1]Die Vergütungssysteme und die zugrunde gelegten Vergütungsparameter sind von dem Institut zumindest einmal jährlich auf ihre Angemessenheit, insbesondere auch ihre Vereinbarkeit mit den Geschäfts- und Risikostrategien, zu überprü-

---

[1)] Nr. **9**.

fen. [2]Dabei sind zumindest die diesbezüglichen Berichte der Internen Revision, der Prüfungsbericht des Abschlussprüfers gemäß § 26 Absatz 1 des Kreditwesengesetzes[1)] sowie in bedeutenden Instituten gemäß § 1 Absatz 3c des Kreditwesengesetzes dieser Verordnung der Vergütungskontrollbericht gemäß § 24 Absatz 3 heranzuziehen. [3]Die Überprüfung ist schriftlich oder elektronisch zu dokumentieren und das Überprüfungsergebnis dem Verwaltungs- oder Aufsichtsorgan vorzulegen.

(2) [1]Werden bei der Überprüfung Mängel festgestellt, ist zeitnah ein Maßnahmenplan zu erstellen und umzusetzen. [2]Die ergriffenen Maßnahmen zur Behebung der festgestellten Mängel sind zu dokumentieren.

§ 13 Information über die Vergütungssysteme. (1) [1]Die Mitarbeiter und Mitarbeiterinnen müssen schriftlich über die Ausgestaltung der für sie maßgeblichen Vergütungssysteme und insbesondere über die Ausgestaltung der für sie relevanten Vergütungsparameter in Kenntnis gesetzt werden. [2]Die Schriftform ist auch bei einer elektronischen Übermittlung gewahrt.

(2) Die weiteren Informationen zu den Vergütungssystemen, die gemäß Artikel 450 der Verordnung (EU) Nr. 575/2013[2)] und ergänzend gemäß § 16 dieser Verordnung von den Instituten offenzulegen sind, sind allen Mitarbeitern und Mitarbeiterinnen zugänglich zu machen.

§ 14 Anpassung bestehender Vereinbarungen. (1) Das Institut hat darauf hinzuwirken, dass bestehende

1. Verträge mit Mitarbeitern und Mitarbeiterinnen,
2. Betriebs- und Dienstvereinbarungen sowie
3. betriebliche Übungen,

die mit dieser Verordnung nicht vereinbar sind, soweit rechtlich zulässig, angepasst werden.

(2) Die Anpassung hat auf Grundlage einer für Dritte nachvollziehbaren fundierten juristischen Begutachtung der Rechtslage und unter Berücksichtigung der konkreten Erfolgsaussichten zu erfolgen.

§ 15 Aufgaben des Vergütungskontrollausschusses. (1) Hat das Institut einen Vergütungskontrollausschuss gemäß § 25d Absatz 7 Satz 1, 2 und 6 des Kreditwesengesetzes[1)] eingerichtet, so nimmt dieser insbesondere die Aufgaben gemäß den Absätzen 2 bis 5 sowie gemäß § 25d Absatz 12 Satz 1 des Kreditwesengesetzes wahr.

(2) [1]Der Vergütungskontrollausschuss unterstützt das Verwaltungs- oder Aufsichtsorgan bei der angemessenen Ausgestaltung der Vergütungssysteme des Instituts für Geschäftsleiter und Geschäftsleiterinnen. [2]Dies umfasst insbesondere auch

1. die Vorbereitung der Beschlüsse des Verwaltungs- oder Aufsichtsorgans zur Festsetzung des Gesamtbetrags der variablen Vergütungen gemäß § 45 Absatz 2 Nummer 10 des Kreditwesengesetzes unter Berücksichtigung des § 7 sowie zur Festlegung von angemessenen Vergütungsparametern, von Erfolgsbeiträgen, der Leistungs- und Zurückbehaltungszeiträume und der Voraus-

---

[1)] Nr. **9**.
[2)] Nr. **6**.

setzungen für einen vollständigen Verlust oder eine teilweise Reduzierung der zurückbehaltenen variablen Vergütung oder für eine Rückforderung bereits ausgezahlter variabler Vergütung sowie

2. die regelmäßige, mindestens jedoch jährliche Überprüfung, ob die vom Verwaltungs- oder Aufsichtsorgan beschlossenen Festlegungen zu den in Nummer 1 genannten Punkten noch angemessen sind; im Fall festgestellter Mängel ist zeitnah ein Maßnahmenplan zu erstellen.

(3) [1] Der Vergütungskontrollausschuss unterstützt das Verwaltungs- oder Aufsichtsorgan des Instituts ferner bei der Überwachung der angemessenen Ausgestaltung der Vergütungssysteme für die Mitarbeiter und Mitarbeiterinnen, die keine Geschäftsleiter oder Geschäftsleiterinnen sind, sowie in bedeutenden Instituten gemäß § 1 Absatz 3c des Kreditwesengesetzes auch bei der Überwachung des Prozesses der Ermittlung der Risikoträger und Risikoträgerinnen gemäß § 25a Absatz 5b des Kreditwesengesetzes sowie der Gruppen-Risikoträger und Gruppen-Risikoträgerinnen gemäß § 27 Absatz 2 Satz 1. [2] Zu den diesbezüglichen Aufgaben des Vergütungskontrollausschusses zählt insbesondere die regelmäßige, mindestens jedoch jährliche Überprüfung, ob

1. der Gesamtbetrag der variablen Vergütungen gemäß § 45 Absatz 2 Nummer 10 des Kreditwesengesetzes unter Berücksichtigung des § 7 dieser Verordnung ermittelt ist,
2. die festgelegten Grundsätze zur Bemessung von Vergütungsparametern, Erfolgsbeiträgen sowie Leistungs- und Zurückbehaltungszeiträumen einschließlich der Voraussetzungen für einen vollständigen Verlust oder eine teilweise Reduzierung der variablen Vergütung angemessen sind und
3. die Vergütungssysteme der Mitarbeiter und Mitarbeiterinnen in den Kontrolleinheiten den Anforderungen dieser Verordnung entsprechen.

(4) Im Rahmen seiner Aufgaben bewertet der Vergütungskontrollausschuss die Auswirkungen der Vergütungssysteme auf die Risiko-, Kapital- und Liquiditätssituation des Instituts sowie der Gruppe und überwacht, dass die Vergütungssysteme im Einklang mit den Anforderungen gemäß § 4 stehen.

(5) Der Vergütungskontrollausschuss hat das Aufsichts- oder Verwaltungsorgan bei der Erstellung der Beschlussvorschläge gemäß § 25a Absatz 5 Satz 6 des Kreditwesengesetzes zu unterstützen.

§ 16 Offenlegung. (1) Unbeschadet der Offenlegungspflichten gemäß Artikel 450 der Verordnung (EU) Nr. 575/2013[1)] haben bedeutende Institute gemäß § 1 Absatz 3c des Kreditwesengesetzes[2)], unterteilt nach den jeweiligen Geschäftsbereichen des Instituts, folgende Informationen offenzulegen:

1. eine Darstellung der Vergütungssysteme mit
   a) Erläuterungen dazu, wie die Anforderungen dieser Verordnung erfüllt werden, insbesondere die Anforderungen an die Ausgestaltung der Vergütungssysteme gemäß den §§ 4 bis 10,
   b) gegebenenfalls einer Darstellung vorhandener Unterschiede und Besonderheiten in der Ausgestaltung der Vergütungssysteme von einzelnen Mitarbeiterkategorien und

---

1) Nr. **6**.
2) Nr. **9**.

c) gegebenenfalls einer Darstellung der wesentlichen Veränderungen in der Vergütungsstrategie einschließlich der Auswirkungen auf die jeweilige Zusammensetzung der variablen und fixen Vergütung,

2. bei Einrichtung eines Vergütungskontrollausschusses gemäß § 15 Angaben zu seiner Zusammensetzung und seinen Aufgaben sowie Erläuterungen dazu, wie die Anforderungen an die Zusammenarbeit mit diesem Vergütungskontrollausschuss erfüllt werden, sowie
3. den Gesamtbetrag aller Vergütungen, unterteilt in fixe und variable Vergütung, sowie die Anzahl der Begünstigten der variablen Vergütung.

(2) Unbeschadet der Offenlegungspflichten gemäß Artikel 450 der Verordnung (EU) Nr. 575/2013 haben Institute, die weder bedeutende Institute gemäß § 1 Absatz 3c des Kreditwesengesetzes sind noch in den Anwendungsbereich von Artikel 433b Absatz 2 der Verordnung (EU) Nr. 575/2013 fallen, den Gesamtbetrag aller Vergütungen, unterteilt in fixe und variable Vergütung, sowie die Anzahl der Begünstigten der variablen Vergütung offenzulegen.

(3) [1] Die Institute haben unter Wahrung der in Absatz 4 genannten Grundsätze die in Absatz 1 genannten Informationen so detailliert darzustellen, dass die inhaltliche Übereinstimmung der Vergütungssysteme mit den Anforderungen dieser Verordnung nachvollziehbar ist. [2] Auf die etwaige Einbindung externer Berater und Interessengruppen bei der Ausgestaltung der Vergütungssysteme ist einzugehen.

(4) [1] Die Informationen gemäß Absatz 1 sind zusammen mit den Angaben gemäß Artikel 450 der Verordnung (EU) Nr. 575/2013 in deutscher Sprache sowie in verständlicher und transparenter Form offenzulegen. [2] Institute, die eine Webseite betreiben, haben die Informationen gemäß Absatz 1 in jedem Fall dort offenzulegen. [3] Die quantitativen Informationen sind in tabellarischer und, sofern dies zum besseren Verständnis erforderlich ist, auch in grafischer Form darzustellen. [4] Wie detailliert die Informationen offenzulegen sind, ist abhängig von der Größe und der Vergütungsstruktur des Instituts sowie von Art, Umfang, Risikogehalt und Internationalität seiner Geschäftsaktivitäten. [5] Bei der Offenlegung der Informationen gemäß Absatz 1 können die in Artikel 432 der Verordnung (EU) Nr. 575/2013 genannten Grundsätze zur Wesentlichkeit der Informationen, zum Schutz von Geschäftsgeheimnissen und zur Wahrung der Vertraulichkeit entsprechend angewendet werden.

(5) Absatz 2 gilt nicht für nachgeordnete Unternehmen, deren übergeordnetes Unternehmen

1. innerhalb des Europäischen Wirtschaftsraums ansässig ist oder
2. in einem Drittstaat ansässig ist und von diesem gleichwertige Angaben auf konsolidierter Basis veröffentlicht werden.

Abschnitt 3. Besondere Anforderungen an bedeutende Institute

§ 17 *(aufgehoben)*

§ 18 Anforderungen an Vergütungssysteme von Risikoträgern und Risikoträgerinnen in bedeutenden Instituten; Risikoausrichtung der Vergütungssysteme. (1) [1] Vergütungssysteme für Risikoträger und Risikoträgerinnen bedeutender Institute gemäß § 1 Absatz 3c des Kreditwesengesetzes[1] müssen zusätzlich den besonderen Anforderungen der Absätze 3 bis 5 und der §§ 19 bis 22 entsprechen. [2]Vergütungssysteme für Risikoträger und Risikoträgerinnen der in § 1 Absatz 3 Satz 2 genannten Institute müssen den gleichen besonderen Anforderungen wie die Institute nach Satz 1 entsprechen, mit Ausnahme der Anforderungen des § 19 Absatz 1 Satz 3 und 4 und des § 20 Absatz 2. [3]Die §§ 20 und 22 sind dabei jeweils nicht auf die für ein Geschäftsjahr ermittelte variable Vergütung eines Risikoträgers oder einer Risikoträgerin anzuwenden, sofern diese nicht mehr als 50 000 Euro beträgt und nicht mehr als ein Drittel der Gesamtjahresvergütung des Risikoträgers oder der Risikoträgerin ausmacht.

(2) *(aufgehoben)*

(3) [1]Die variable Vergütung ist an den eingegangenen gegenwärtigen und zukünftigen Risiken auszurichten, wobei sicherzustellen ist, dass Anreize, Risiken einzugehen durch Anreize zur Risikosteuerung ausgeglichen werden. [2]Dies umfasst sowohl die Ex-ante-Risikoadjustierung bei der Ermittlung der variablen Vergütung gemäß § 19 als auch die Ex-post-Risikoadjustierung bei der Auszahlung der variablen Vergütung gemäß § 20 und die Auszahlung von zusätzlichen Leistungen zur Altersversorgung gemäß § 22.

(4) [1]Das Institut muss den Zeitrahmen der Risiko- und Erfolgsmessung über mehrere Jahre anlegen und an seinem Geschäftszyklus ausrichten. [2]Bei der Festlegung des Bemessungszeitraums gemäß § 19 und des Zurückbehaltungszeitraums gemäß § 20 Absatz 1 und 2 und § 22 Absatz 1 Satz 1 sowie der Sperrfrist gemäß § 20 Absatz 5 muss das Institut seine Geschäftstätigkeit und die Stellung des jeweiligen Risikoträgers oder der jeweiligen Risikoträgerin angemessen berücksichtigen.

(5) [1]Negative Abweichungen des Erfolgsbeitrags des Risikoträgers oder der Risikoträgerin, des Erfolgsbeitrags seiner oder ihrer Organisationseinheit oder des Gesamterfolgs des Instituts oder der Gruppe von den vereinbarten Zielen müssen die Höhe der variablen Vergütung verringern und auch zum vollständigen Verlust derselben führen können. [2]Dies gilt auf Basis einer periodengerechten Zuordnung der negativen Abweichung zu einem Bemessungszeitraum sowohl für § 19 als auch für die §§ 20 und 22 Absatz 1. [3]Der vollständige Verlust einer variablen Vergütung muss in jedem Fall eintreten, wenn der Risikoträger oder die Risikoträgerin

1. an einem Verhalten, das für das Institut zu erheblichen Verlusten, einer wesentlichen regulatorischen Sanktion oder einer wesentlichen aufsichtlichen Maßnahme geführt hat, maßgeblich beteiligt oder dafür verantwortlich war oder
2. relevante externe oder interne Regelungen in Bezug auf Eignung und Verhalten in schwerwiegendem Maß verletzt hat.

§ 19 Ermittlung der variablen Vergütung (Ex-ante-Risikoadjustierung) (1) [1]Bei der Ermittlung der variablen Vergütung sind der Gesamterfolg des Instituts oder, falls erforderlich, der Gruppe sowie der Erfolgsbeitrag der Organisationseinheit und der individuelle Erfolgsbeitrag angemessen zu berücksichtigen. [2]Dabei ist ein angemessener Betrachtungszeitraum zugrunde zu

[1] Nr. **9**.

legen, der mindestens ein Jahr betragen muss (Bemessungszeitraum). [3]Bei Risikoträgern oder Risikoträgerinnen, die Geschäftsleiter oder Geschäftsleiterinnen sind, beträgt der Bemessungszeitraum mindestens drei Jahre. [4]Dabei kann der Zurückbehaltungszeitraum auf den Bemessungszeitraum angerechnet werden, soweit er die Untergrenze aus § 20 Absatz 2 überschreitet; Satz 2 bleibt unberührt.

(2) [1]Der individuelle Erfolgsbeitrag ist anhand der Erreichung von vereinbarten Zielen zu bestimmen, wobei sowohl quantitative als auch qualitative Vergütungsparameter angemessen berücksichtigt werden müssen. [2]Die Vergütungsparameter sind so festzulegen, dass der Grad der Zielerreichung ermittelt werden kann. [3]Insbesondere sitten- oder pflichtwidriges Verhalten darf nicht durch positive Erfolgsbeiträge ausgeglichen werden, sondern muss die Höhe der variablen Vergütung verringern.

(3) [1]Für die Ermittlung des Gesamterfolgs des Instituts oder, falls erforderlich, der Gruppe, des Erfolgsbeitrags der jeweiligen Organisationseinheit und, soweit dies nicht mit einem unverhältnismäßigen Aufwand verbunden ist, des individuellen Erfolgsbeitrags sind insbesondere solche Vergütungsparameter zu verwenden, die dem Ziel eines nachhaltigen Erfolges Rechnung tragen. [2]Dabei sind vor allem eingegangene Risiken, deren Laufzeiten sowie Kapital- und Liquiditätskosten zu berücksichtigen, wobei die Laufzeiten der Risiken nicht zwingend nachgebildet werden müssen.

§ 20 Zurückbehaltung, Anspruchs- und Auszahlungsvoraussetzungen, Rückforderung (Ex-post-Risikoadjustierung) (1) [1]Die Auszahlung eines erheblichen Teils, mindestens aber von 40 Prozent, der variablen Vergütung eines Risikoträgers oder einer Risikoträgerin muss über einen Zurückbehaltungszeitraum von mindestens vier Jahren gestreckt werden. [2]Abhängig von der Stellung, den Aufgaben und den Tätigkeiten eines Risikoträgers oder einer Risikoträgerin sowie von der Höhe der variablen Vergütung und der Risiken, die ein Risikoträger oder eine Risikoträgerin begründen kann, erhöhen sich die Untergrenze des Zurückbehaltungszeitraums auf bis zu fünf Jahre und die Untergrenze des zurückzubehaltenden Anteils der variablen Vergütung auf bis zu 60 Prozent. [3]Bei der Festlegung des Zurückbehaltungszeitraums und des zurückzubehaltenden Anteils der variablen Vergütung gemäß den Sätzen 1 und 2 sind der Geschäftszyklus, Art und Risikogehalt der Geschäftsaktivitäten, die diesbezüglich erwarteten Schwankungen, die Einflussnahmemöglichkeit der Risikoträger und Risikoträgerinnen hierauf sowie gegebenenfalls eine gemäß § 25a Absatz 5 des Kreditwesengesetzes[1)] gebilligte höhere Obergrenze für die variable Vergütung im Verhältnis zur fixen Vergütung zu berücksichtigen.

(2) Bei Risikoträgern oder Risikoträgerinnen, die Geschäftsleiter oder Geschäftsleiterinnen sind oder der der Geschäftsleitung unmittelbar nachgelagerten Führungsebene angehören, betragen die Untergrenzen gemäß Absatz 1 Satz 2 fünf Jahre und 60 Prozent.

(3) [1]Jedes Institut hat in seinen Organisationsrichtlinien einen Schwellenwert für die jährliche variable Vergütung eines Risikoträgers oder einer Risikoträgerin in angemessener Höhe festzulegen, ab dessen Erreichen sich der Anteil der variablen Vergütung, dessen Auszahlung gemäß Absatz 1 Satz 1 zu strecken

---

[1)] Nr. **9**.

ist, auf mindestens 60 Prozent erhöht. [2]Dieser Schwellenwert darf 500 000 Euro nicht überschreiten.

(4) Während des Zurückbehaltungszeitraums

1. darf der Anspruch oder die Anwartschaft auf diesen Vergütungsanteil nicht schneller als zeitanteilig entstehen,
2. besteht lediglich ein Anspruch auf fehlerfreie Ermittlung bezüglich des noch nicht zu einer Anwartschaft oder einem Anspruch erwachsenen Teils der variablen Vergütung, nicht aber auf diesen Teil der variablen Vergütung selbst, und
3. erfolgt eine nachträgliche Überprüfung, ob die ursprüngliche Ermittlung der variablen Vergütung gemäß § 19 auch rückblickend noch zutreffend erscheint; im Fall einer negativen Abweichung des Überprüfungsergebnisses ist die zurückbehaltene variable Vergütung entsprechend zu reduzieren.

(5) [1]Abhängig von den Aufgaben sowie der Tätigkeit und der Stellung eines Risikoträgers oder einer Risikoträgerin muss sich ein erheblicher Teil, mindestens aber 50 Prozent, jeder zurückbehaltenen und jeder nicht zurückbehaltenen variablen Vergütung aus den folgenden Bestandteilen zusammensetzen, die vorbehaltlich der Verfügbarkeit von Instrumenten gemäß Nummer 2 in einem ausgewogenen Verhältnis zueinander stehen müssen:

1. je nach Rechtsform des jeweiligen Instituts aus Aktien oder gleichwertigen Beteiligungen oder aus aktienbasierten oder gleichwertigen Instrumenten, die den Wert des Unternehmens nachhaltig widerspiegeln,
2. falls verfügbar, aus Instrumenten im Sinne der Delegierten Verordnung (EU) Nr. 527/2014 der Kommission vom 12. März 2014 zur Ergänzung der Richtlinie 2013/36/EU des Europäischen Parlaments und des Rates durch technische Regulierungsstandards zur Bezeichnung der Klassen von Instrumenten, die die Bonität eines Instituts unter der Annahme der Unternehmensfortführung angemessen widerspiegeln und die für eine Verwendung zu Zwecken der variablen Vergütung geeignet sind (ABl. L 148 vom 20.5.2014, S. 21).

[2]Die in Satz 1 genannten Instrumente sind mit einer angemessenen Sperrfrist von in der Regel mindestens einem Jahr zu versehen, nach deren Ablauf frühestens über den jeweiligen Anteil der variablen Vergütung verfügt werden darf.

(6) [1]In den Fällen des § 18 Absatz 5 Satz 3 Nummer 1 und 2 hat das Institut auf Grundlage entsprechender Vereinbarungen mit den Risikoträgern und Risikoträgerinnen eine bereits ausgezahlte variable Vergütung zurückzufordern und Ansprüche auf die Auszahlung variabler Vergütung zum Erlöschen zu bringen. [2]Dies gilt auf Basis einer periodengerechten Zuordnung des negativen Erfolgsbeitrags zu einem Bemessungszeitraum mindestens für einen Zeitraum, der mit der Auszahlung des nicht gemäß den Absätzen 1 und 2 zurückbehaltenen Anteils der variablen Vergütung beginnt und zwei Jahre nach Ablauf der Zurückbehaltungsfrist für den zuletzt gemäß Absatz 4 Satz 1 Nummer 1 erdienten Vergütungsbestandteil endet.

§ 21 Vergütungen im Zusammenhang mit Ausgleichszahlungen.

Vergütungen im Zusammenhang mit Ausgleichszahlungen für entgangene Ansprüche aus vorherigen Beschäftigungsverhältnissen gelten als garantierte variable Vergütung gemäß § 5 Absatz 5 und müssen unter Einbeziehung der besonderen Anforderungen gemäß den §§ 20 und 22 mit den langfristigen Interessen des Instituts in Einklang stehen.

§ 22 Zusätzliche Leistungen zur Altersversorgung. (1) [1] Zusätzliche Leistungen zur Altersversorgung, die anlässlich einer nicht ruhestandsbedingten Beendigung des Arbeits-, Geschäftsbesorgungs- oder Dienstverhältnisses an Risikoträger oder Risikoträgerinnen gewährt werden, müssen abweichend von § 20 in voller Höhe aus Instrumenten gemäß § 20 Absatz 5 Satz 1 Nummer 1 und 2 bestehen und vom Institut mindestens fünf Jahre zurückbehalten werden. [2] § 18 Absatz 5 und § 20 Absatz 4 Nummer 2 und 3 gelten entsprechend.

(2) [1] Zusätzliche Leistungen zur Altersversorgung, die anlässlich einer ruhestandsbedingten Beendigung des Arbeits-, Geschäftsbesorgungs- oder Dienstverhältnisses an Risikoträger oder Risikoträgerinnen geleistet werden, müssen abweichend von § 20 in voller Höhe aus Instrumenten gemäß § 20 Absatz 5 Satz 1 Nummer 1 und 2 bestehen und mit einer fünfjährigen Sperrfrist versehen sein. [2] Über die Instrumente darf frühestens nach Ablauf der Sperrfrist verfügt werden. [3] § 20 Absatz 6 gilt entsprechend.

(3) Für die Auszahlung der zusätzlichen Leistungen zur Altersversorgung gilt § 7 entsprechend.

§ 23 Vergütungsbeauftragte in bedeutenden Instituten. (1) [1] Bedeutende Institute haben eine angemessene, dauerhafte und wirksame Kontrolle der Vergütung der Mitarbeiter und Mitarbeiterinnen sicherzustellen. [2] Hierfür hat die Geschäftsleitung nach Anhörung des Verwaltungs- oder Aufsichtsorgans einen Vergütungsbeauftragten oder eine Vergütungsbeauftragte zu bestellen. [3] Vergütungsbeauftragte müssen die für ihre Tätigkeit erforderlichen Kenntnisse und Erfahrungen besitzen, insbesondere im Bereich der Vergütungssysteme und des Risikocontrollings. [4] Zum Erhalt der zur Erfüllung ihrer Aufgaben erforderlichen Fachkunde sind Vergütungsbeauftragten die Teilnahme an Fort- und Weiterbildungsveranstaltungen zu ermöglichen und deren Kosten vom Institut zu übernehmen.

(2) [1] Vergütungsbeauftragte werden für einen Zeitraum von mindestens 24 Monaten bestellt. [2] Sie dürfen wegen der Erfüllung ihrer Aufgaben nicht benachteiligt werden. [3] Ist gemäß Absatz 1 Satz 2 ein Vergütungsbeauftragter oder eine Vergütungsbeauftragte bestellt, so ist die Kündigung seines oder ihres Arbeitsverhältnisses während der Bestellung unzulässig, es sei denn, es liegen Tatsachen vor, die die verantwortliche Stelle zur Kündigung aus wichtigem Grund ohne Einhaltung einer Kündigungsfrist berechtigen. [4] Nach der Abberufung als Vergütungsbeauftragter oder Vergütungsbeauftragte ist die Kündigung innerhalb eines Jahres nach der Beendigung der Bestellung unzulässig, es sei denn, die verantwortliche Stelle ist zur Kündigung aus wichtigem Grund ohne Einhaltung einer Kündigungsfrist berechtigt.

(3) Soll ein neuer Vergütungsbeauftragter oder eine neue Vergütungsbeauftragte bestellt werden, ist das Verwaltungs- oder Aufsichtsorgan rechtzeitig vorher zu informieren und anzuhören.

(4) Vergütungsbeauftragter oder Vergütungsbeauftragte dürfen nicht sein:

1. ein Geschäftsleiter oder eine Geschäftsleiterin des Instituts,
2. der oder die Compliance-Beauftragte des Instituts oder

3. ein Mitarbeiter oder eine Mitarbeiterin des Instituts, der oder die auch für die Ausgestaltung der Vergütungssysteme verantwortlich ist oder war und bei dem dadurch ein Interessenkonflikt vorliegt.

(5) Vergütungsbeauftragte sind aufbauorganisatorisch auf einer ausreichend hohen Führungsebene unterhalb der Geschäftsleitung anzusiedeln.

(6) Für Vergütungsbeauftragte ist ein hinreichend qualifizierter Vertreter oder eine hinreichend qualifizierte Vertreterin zu bestimmen, auf den oder die die Regelungen der Absätze 1 bis 5 und der §§ 24 und 25 entsprechend anzuwenden sind.

§ 24 Aufgaben der Vergütungsbeauftragten. (1) [1] Vergütungsbeauftragte haben die Angemessenheit der Vergütungssysteme der Mitarbeiter und Mitarbeiterinnen, die keine Geschäftsleiter oder Geschäftsleiterinnen sind, nach Maßgabe dieser Verordnung, des § 25a Absatz 1 Satz 3 Nummer 6 und Absatz 5 des Kreditwesengesetzes[1)], die Risikoträgerermittlung nach § 25a Absatz 5b des Kreditwesengesetzes sowie die Offenlegung nach § 16 und nach Artikel 450 der Verordnung (EU) Nr. 575/2013[2)] ständig zu überwachen. [2] Zu diesem Zweck sind sie mit den zur wirksamen Ausübung ihrer Tätigkeit erforderlichen Befugnissen auszustatten sowie in die laufenden Prozesse der Vergütungssysteme einzubinden. [3] Dies gilt sowohl für die konzeptionelle Neu- und Weiterentwicklung als auch für die laufende Anwendung der Vergütungssysteme. [4] In einem übergeordneten Unternehmen gilt dies darüber hinaus auch für die Regelungen zur gruppenweiten Vergütungsstrategie. [5] Die Vergütungsbeauftragten sind verpflichtet, sich mit dem oder der Vorsitzenden des Vergütungskontrollausschusses oder, falls kein Vergütungskontrollausschuss eingerichtet wurde, mit dem oder der Vorsitzenden des Verwaltungs- oder Aufsichtsorgans eng abzustimmen.

(2) [1] Vergütungsbeauftragte haben zudem das Verwaltungs- oder Aufsichtsorgan und dessen Vergütungskontrollausschuss bei deren Überwachungs- und Ausgestaltungsaufgaben hinsichtlich aller Vergütungssysteme zu unterstützen. [2] Sie sind verpflichtet, dem oder der Vorsitzenden des Vergütungskontrollausschusses oder, falls kein Vergütungskontrollausschuss eingerichtet wurde, dem oder der Vorsitzenden des Aufsichts- oder Verwaltungsorgans Auskunft zu erteilen.

(3) [1] Vergütungsbeauftragte haben mindestens einmal jährlich einen Bericht über die Angemessenheit der Ausgestaltung der Vergütungssysteme der Mitarbeiter und Mitarbeiterinnen, die keine Geschäftsleiter und Geschäftsleiterinnen sind, (Vergütungskontrollbericht) zu verfassen und diesen gleichzeitig der Geschäftsleitung, dem Verwaltungs- oder Aufsichtsorgan und dem Vergütungskontrollausschuss, sofern ein solcher eingerichtet ist, vorzulegen. [2] Das Verwaltungs- oder Aufsichtsorgan oder der Vergütungskontrollausschuss bestimmt unbeschadet des Satzes 1 über den Turnus für die Erstellung des Vergütungskontrollberichtes. [3] Soweit erforderlich, haben Vergütungsbeauftragte auch anlassbezogen Bericht zu erstatten.

---

1) Nr. **9**.
2) Nr. **6**.

§ 25 Personal- und Sachausstattung der Vergütungsbeauftragten.

(1) [1] Die Institute müssen Vergütungsbeauftragten eine angemessene quantitative und qualitative Personal- und Sachausstattung zur Verfügung stellen. [2] Vergütungsbeauftragten unterstellte Mitarbeiter und Mitarbeiterinnen müssen die für ihre Tätigkeit erforderlichen Kenntnisse und Erfahrungen besitzen, insbesondere im Bereich der Vergütungssysteme und des Risikocontrollings. [3] Durch geeignete Maßnahmen ist zu gewährleisten, dass das Qualifikationsniveau dieser Mitarbeiter und Mitarbeiterinnen die Ausübung der Tätigkeit ermöglicht.

(2) Die Vergütungsbeauftragten gemäß Absatz 1 unterstellten Mitarbeiter und Mitarbeiterinnen sind jeweils mit den zur wirksamen Ausübung ihrer Tätigkeit erforderlichen Befugnissen auszustatten.

§ 26 Vergütungsbeauftragte in den Organisationsrichtlinien. Die Aufgaben und die organisatorische Einbindung der Vergütungsbeauftragten sind in den Organisationsrichtlinien des Instituts gemäß § 11 darzustellen.

Abschnitt 4. Ergänzende Vorschriften für Gruppen

§ 27 Gruppenweite Regelung der Vergütung. (1) [1] Das übergeordnete Unternehmen einer Gruppe hat eine gruppenweite Vergütungsstrategie festzulegen, welche die Grundsätze für angemessene, transparente, geschlechtsneutrale und auf eine nachhaltige Entwicklung der Gruppe ausgerichtete Vergütungssysteme vorgibt. [2] Die gruppenweite Vergütungsstrategie hat die Anforderungen des § 25a Absatz 5 des Kreditwesengesetzes[1)] und der §§ 4 bis 13 dieser Verordnung in Bezug auf alle Mitarbeiter und Mitarbeiterinnen der gruppenangehörigen Unternehmen umzusetzen, wobei in nachgeordneten Unternehmen sowohl § 1 dieser Verordnung als auch § 2 Absatz 7 bis 8b, 9a, 9e, 9g und 9h des Kreditwesengesetzes vorbehaltlich der Regelungen in den Absätzen 2 und 4 entsprechend gelten. [3] Das übergeordnete Unternehmen hat die Offenlegungsanforderungen gemäß § 16 auf konsolidierter Ebene zu erfüllen. [4] Unterliegt ein nachgeordnetes Unternehmen mit Sitz im Ausland nach der dortigen Rechtsordnung strengeren Anforderungen als im Inland, hat das übergeordnete Unternehmen dies bei der Festlegung der gruppenweiten Vergütungsstrategie zu berücksichtigen und darauf hinzuwirken, dass das nachgeordnete Unternehmen die strengeren Anforderungen einhält.

(2) [1] Ist das übergeordnete Unternehmen bedeutend gemäß § 1 Absatz 3c des Kreditwesengesetzes, hat es auf Grundlage einer gruppenweiten Risikoanalyse in entsprechender Anwendung des § 25a Absatz 5b des Kreditwesengesetzes die Gruppen-Risikoträger und Gruppen-Risikoträgerinnen zu ermitteln. [2] Bei der Festlegung der gruppenweiten Vergütungsstrategie gemäß Absatz 1 hat es zusätzlich zu den Anforderungen gemäß Absatz 1 in Bezug auf die Gruppen-Risikoträger und Gruppen-Risikoträgerinnen die Anforderungen des § 25a Absatz 5 des Kreditwesengesetzes sowie die Anforderungen gemäß § 18 Absatz 1 und 3 bis 5 und der §§ 19 bis 22 in Bezug auf die Gruppen-Risikoträger und Gruppen-Risikoträgerinnen umzusetzen. [3] Institute gemäß § 1 Absatz 3 Satz 2 haben die Gruppen-Risikoträger und Gruppen-Risikoträgerinnen gemäß § 25a Absatz 5b Satz 1 des Kreditwesengesetzes zu ermitteln

---

1) Nr. 9.

und die Anforderungen gemäß den Sätzen 1 und 2, mit Ausnahme von § 19 Absatz 1 Satz 3 und 4 sowie § 20 Absatz 2, zu erfüllen.

(3) Die Anforderungen gemäß Absatz 1 Satz 2 sowie Absatz 2 sind nicht auf folgende nachgeordnete Unternehmen anzuwenden:

1. Unternehmen mit Sitz in der Europäischen Union, die an besondere Vergütungsanforderungen nach Maßgabe anderer Rechtsakte der Europäischen Union gebunden sind;
2. Unternehmen mit Sitz in einem Drittstaat, die an besondere Vergütungsanforderungen nach Maßgabe anderer Rechtsakte der Europäischen Union gebunden wären, wenn sie ihren Sitz in der Europäischen Union hätten.

(4) Abweichend von Absatz 3 ist hinsichtlich Mitarbeitern und Mitarbeiterinnen, die in einem nachgeordneten Unternehmen tätig sind, welches entweder eine Kapitalverwaltungsgesellschaft im Sinne von § 17 des Kapitalanlagegesetzbuches, eine EU-Verwaltungsgesellschaft im Sinne von § 1 Absatz 17 des Kapitalanlagegesetzbuches oder eine ausländische AIF-Verwaltungsgesellschaft im Sinne des § 1 Absatz 18 des Kapitalanlagegesetzbuches ist oder die im Anhang I Abschnitt A Nummer 2, 3, 4, 6 und 7 der Richtlinie 2014/65/EU des Europäischen Parlaments und des Rates vom 15. Mai 2014 über Märkte für Finanzinstrumente sowie zur Änderung der Richtlinien 2002/92/EG und 2011/61/EU (ABl. L 173 vom 12.6.2014, S. 349; L 74 vom 18.3.2015, S. 38; L 188 vom 13.7.2016, S. 28; L 273 vom 8.10.2016, S. 35; L 64 vom 10.3.2017, S. 116; L 278 vom 27.10.2017, S. 56), die zuletzt durch die Verordnung (EU) 2019/2115 (ABl. L 320 vom 11.12.2019, S. 1) geändert worden ist, aufgeführten Wertpapierdienstleistungen und Anlagetätigkeiten ausführt, in der gruppenweiten Vergütungsstrategie die Einhaltung der Anforderungen gemäß Absatz 1 Satz 2 sowie Absatz 2 sicherzustellen, sofern sich deren berufliche Tätigkeit direkt und wesentlich auf das Risikoprofil oder die Geschäftstätigkeit mindestens eines CRR-Institutes der Gruppe auswirkt.

(5) [1]Das übergeordnete Unternehmen hat die Einhaltung der gruppenweiten Vergütungsstrategie in den nachgeordneten Unternehmen sicherzustellen. [2]Soweit geboten, hat das übergeordnete Unternehmen auf die Einrichtung eines Vergütungskontrollausschusses in den nachgeordneten Unternehmen hinzuwirken, der die Anforderungen des § 25d Absatz 12 des Kreditwesengesetzes und des § 15 dieser Verordnung erfüllt.

(6) [1]Die Aufgaben des Vergütungsbeauftragten gemäß § 24 können zentral durch den Vergütungsbeauftragten des übergeordneten Unternehmens erfüllt werden. [2]Bei nachgeordneten Unternehmen, die keine bedeutenden Institute gemäß § 1 Absatz 3c des Kreditwesengesetzes sind, kann auch die Überprüfung gemäß § 12 Absatz 1 zentral durch das übergeordnete Unternehmen durchgeführt werden.

Abschnitt 5. Schlussvorschriften

§ 28 *(aufgehoben)*

§ 29 Inkrafttreten, Außerkrafttreten. [1]Diese Verordnung tritt am 1. Januar 2014 in Kraft. [2]Gleichzeitig tritt die Instituts-Vergütungsverordnung vom 6. Oktober 2010 (BGBl. I S. 1374) außer Kraft.

9g. Verordnung über die Anzeigen und die Vorlage von Unterlagen nach dem Kreditwesengesetz (Anzeigenverordnung – AnzV)[1]

Vom 19. Dezember 2006

(BGBl. I S. 3245)

FNA 7610-2-33

zuletzt geänd. durch Art. 9 Abs. 4 Risikoreduzierungsgesetz v. 9.12.2020 (BGBl. I S. 2773)

Nichtamtliche Inhaltsübersicht

---

[1] **Amtl. Anm.:** Diese Verordnung dient auch der weiteren Umsetzung der Richtlinie 2006/48/EG des Europäischen Parlaments und des Rates vom 14. Juni 2006 über die Aufnahme und Ausübung der Tätigkeit der Kreditinstitute (Neufassung) (ABl. EU Nr. L 177 S. 1) und der Richtlinie 2006/49/EG des Europäischen Parlaments und des Rates vom 14. Juni 2006 über die angemessene Eigenkapitalausstattung von Wertpapierfirmen und Kreditinstituten (Neufassung) (ABl. EU Nr. L 177 S. 201).

Die Bundesanstalt für Finanzdienstleistungsaufsicht verordnet

- auf Grund des § 24 Abs. 4 Satz 1 und 3, auch in Verbindung mit § 2b Abs. 1 Satz 2 und 3, des Kreditwesengesetzes[1)] in der Fassung der Bekanntmachung vom 9. September 1998 (BGBl. I S. 2776), von denen § 2b Abs. 1 Satz 2 und 3 zuletzt durch Artikel 6 Nr. 5 Buchstabe a des Gesetzes vom 21. Juni 2002 (BGBl. I S. 2010) und § 24 Abs. 4 zuletzt durch Artikel 1 Nr. 30 des Gesetzes vom 17. November 2006 (BGBl. I S. 2606) geändert worden ist, nach Anhörung der Spitzenverbände der Institute im Einvernehmen mit der Deutschen Bundesbank und
- auf Grund des § 31 Abs. 1 Satz 1 Nr. 1 des Kreditwesengesetzes in der Fassung der Bekanntmachung vom 9. September 1998 (BGBl. I S. 2776) im Benehmen mit der Deutschen Bundesbank,

jeweils in Verbindung mit § 1 Nr. 5 der Verordnung zur Übertragung von Befugnissen zum Erlass von Rechtsverordnungen auf die Bundesanstalt für Finanzdienstleistungsaufsicht vom 13. Dezember 2002 (BGBl. 2003 I S. 3), der

---

1) Nr. **9**.

zuletzt durch die Verordnung vom 17. November 2005 (BGBl. I S. 3187) geändert worden ist:

§ 1 Einreichungsverfahren (1) [1] Die Anzeigen und die Unterlagen, die nach dem Kreditwesengesetz[1)] zu erstatten oder vorzulegen sind und durch diese Verordnung näher bestimmt werden, sind vorbehaltlich abweichender Bestimmungen in dieser Verordnung jeweils in einfacher Ausfertigung der Aufsichtsbehörde im Sinne des § 1 Absatz 5 des Kreditwesengesetzes (Aufsichtsbehörde) und der für das Institut zuständigen Hauptverwaltung der Deutschen Bundesbank einzureichen. [2] Anzeigen und Vorlagen von Unterlagen von Finanzholding-Gesellschaften und gemischten Finanzholding-Gesellschaften nach § 12a Absatz 1 Satz 3 und § 24 Absatz 3a des Kreditwesengesetzes sind der Hauptverwaltung, in deren Bereich das übergeordnete Unternehmen nach § 10a Absatz 2 Satz 1 des Kreditwesengesetzes oder das konglomeratsangehörige Unternehmen aus der Banken- und Wertpapierdienstleistungsbranche mit der höchsten Bilanzsumme seinen Sitz hat, einzureichen.

(2) [1] Sofern die Bundesanstalt für Finanzdienstleistungsaufsicht (Bundesanstalt) Aufsichtsbehörde ist und der Bundesanstalt eine entsprechende Einverständniserklärung des Verbandes vorliegt, haben Kreditinstitute, die einem genossenschaftlichen Prüfungsverband angeschlossen sind oder durch die Prüfungsstelle eines Sparkassen- und Giroverbandes geprüft werden, die nach dieser Verordnung zu erstattenden Anzeigen und vorzulegenden Unterlagen, mit Ausnahme der Anzeige nach § 24 Absatz 1a Nummer 4 des Kreditwesengesetzes, über ihren Verband mit je einer weiteren, für diesen bestimmten Ausfertigung einzureichen. [2] Der Verband hat die Anzeigen und Unterlagen an die Bundesanstalt und die für das betroffene Institut zuständige Hauptverwaltung der Deutschen Bundesbank in der in dieser Verordnung jeweils bestimmten Anzahl von Ausfertigungen mit seiner Stellungnahme, bei Sparkassen zusammen mit der Stellungnahme der Prüfungsstelle, unverzüglich weiterzuleiten. [3] Die Bundesanstalt kann auf die gesonderte Stellungnahme der Prüfungsstelle verzichten.

(3) Soweit die Europäische Zentralbank Aufsichtsbehörde im Sinne des § 1 Absatz 5 Nummer 1 des Kreditwesengesetzes ist, sind § 24 Absatz 3c und § 24a Absatz 4a des Kreditwesengesetzes zu beachten.

§ 2 Rechtsträgerkennung. (1) Zur Identifizierung im Meldewesen benötigen die folgenden Unternehmen eine Rechtsträgerkennung:

1. Kreditinstitute,
2. CRR-Wertpapierfirmen,
3. Finanzholding-Gesellschaften im Sinne des Artikels 4 Absatz 1 Nummer 20 der Verordnung (EU) Nr. 575/2013[2)] des Europäischen Parlaments und des Rates vom 26. Juni 2013 über Aufsichtsanforderungen an Kreditinstitute und Wertpapierfirmen und zur Änderung der Verordnung (EU) Nr. 648/2012 (ABl. L 176 vom 27.6.2013, S. 1, L 208 vom 2.8.2013, S. 68, L 321 vom 30.11.2013, S. 6, L 193 vom 21.7.2015, S. 166), die zuletzt durch die Verordnung (EU) 2016/1014 (ABl. L 171 vom 29.6.2016, S. 153) geändert worden ist,

---

[1)] Nr. **9**.
[2)] Nr. **6**.

4. gemischte Finanzholding-Gesellschaften im Sinne des Artikels 4 Absatz 1 Nummer 21 der Verordnung (EU) Nr. 575/2013 und
5. Unternehmen gemäß § 2 Absatz 1 Nummer 2 oder Nummer 6 des Kreditwesengesetzes[1)].

(2) Die Rechtsträgerkennung muss von einer Vergabestelle ausgegeben sein, die einem international von Aufsichtsbehörden anerkannten System zur Identifizierung von Rechtsträgern angehört.

(3) Die Rechtsträgerkennung ist der Bundesanstalt und der Deutschen Bundesbank unverzüglich nach ihrem Erwerb schriftlich mitzuteilen.

(4) Unternehmen, die gemäß Absatz 1 eine Rechtsträgerkennung benötigen, sind verpflichtet, die Gültigkeit der ihnen zugeteilten Rechtsträgerkennung aufrechtzuerhalten, insbesondere durch die Bezahlung des dafür erforderlichen Entgelts.

(5) Ändern sich Firma, juristischer Sitz, Anschrift der Hauptniederlassung, Rechtsform, zuständiges Handelsregister oder Handelsregister-Nummer, so sind die neuen Angaben unverzüglich der für die Rechtsträgerkennung zuständigen Vergabestelle zu melden.

(6) Übergeordnete Unternehmen einer Gruppe im Sinne des § 10a Absatz 1 Satz 1 des Kreditwesengesetzes haben sicherzustellen, dass alle Mitglieder ihrer Gruppe, für die sie nach der Verordnung (EU) Nr. 575/2013 oder nach dem Kreditwesengesetz Informationen an die Bundesanstalt oder an die Deutsche Bundesbank zu melden haben, die Pflichten nach den Absätzen 1 und 3 bis 5 erfüllen.

§ 3 *(aufgehoben)*

§ 4 Anzeigen nach § 24 Absatz 1 Nummer 17 und Absatz 1b Satz 2 des Kreditwesengesetzes. (1) Anzeigen nach § 24 Absatz 1 Nummer 17 und Absatz 1b Satz 2 des Kreditwesengesetzes[1)] müssen enthalten:
1. Angaben über die Höhe und die Art der Berechnung des nach § 24 Absatz 1 Nummer 17 des Kreditwesengesetzes maßgeblichen Prozentsatzes,
2. die Kreditbedingungen sowie
3. die gestellten Sicherheiten.

(2) Anzeigen nach § 24 Absatz 1b Satz 2 des Kreditwesengesetzes sind als Änderungsanzeigen zu kennzeichnen.

(3) Kredite sind nicht nach § 24 Absatz 1b Satz 2 des Kreditwesengesetzes anzuzeigen, wenn
1. sie bereits nach § 24 Absatz 1 Nummer 17 des Kreditwesengesetzes angezeigt wurden und
2. sich die rechtsgeschäftliche Änderung der Kreditbedingungen auf eine Anpassung des Zinssatzes entsprechend der Entwicklung des Marktzinses beschränkt.

§ 5 Anzeigen nach § 24 Absatz 1 Nummer 1 und 15 des Kreditwesengesetzes (Bestellung von Personen) (1) Für Anzeigen nach § 24 Absatz 1 Nummer 1 des Kreditwesengesetzes[1)] über die Absicht, einen Geschäftsleiter zu

---

[1)] Nr. **9**.

bestellen und eine Person zur Einzelvertretung des Instituts in dessen gesamtem Geschäftsbereich zu ermächtigen, sowie über den Vollzug, die Aufgabe oder die Änderung einer solchen Absicht haben

1. Institute, bei denen die Bundesanstalt Aufsichtsbehörde ist, das Formular „Personelle Veränderungen bei den Geschäftsleitern" nach Anlage 1 und
2. Institute, bei denen die Europäische Zentralbank Aufsichtsbehörde ist, das Formular „Personelle Veränderungen bei den Geschäftsleitern" nach Anlage 8

zu verwenden.

(2) Für Anzeigen nach § 24 Absatz 1 Nummer 15 des Kreditwesengesetzes über die Bestellung eines Mitglieds und stellvertretender Mitglieder des Verwaltungs- oder Aufsichtsorgans haben

1. Institute, bei denen die Bundesanstalt Aufsichtsbehörde ist, das Formular „Personelle Veränderungen des Verwaltungs- oder Aufsichtsorgans" nach Anlage 2 und
2. Institute, bei denen die Europäische Zentralbank Aufsichtsbehörde ist, das Formular „Personelle Veränderungen des Verwaltungs- oder Aufsichtsorgans" nach Anlage 9

zu verwenden.

(3) Auf Verlangen der Bundesanstalt sind weitere Auskünfte zu erteilen und weitere Unterlagen vorzulegen.

(4) [1] Wenn eine Anzeige nach § 24 Absatz 1 Nummer 1 des Kreditwesengesetzes über den Vollzug der Bestellung eines Geschäftsleiters oder der Ermächtigung einer Person zur Einzelvertretung des Instituts in dessen gesamtem Geschäftsbereich länger als 12 Monate nach der Anzeige einer solchen Absicht abgegeben wird, sind die nach den §§ 5a bis 5d beizufügenden Unterlagen und Erklärungen in aktualisierter Form erneut einzureichen. [2] Die Bundesanstalt kann im Einzelfall darauf verzichten.

(5) Mit Einreichung der nach den §§ 5a und 5b der Anzeige beizufügenden Unterlagen bestätigt das anzeigende Institut, dass die Unterlagen nach seinem Kenntnisstand richtig sind.

§ 5a Lebenslauf der nach § 24 Absatz 1 Nummer 1 und 15 des Kreditwesengesetzes anzuzeigenden Person. (1) [1] Den Anzeigen der Absicht einer Bestellung oder Ermächtigung nach § 24 Absatz 1 Nummer 1 und den Anzeigen nach § 24 Absatz 1 Nummer 15 des Kreditwesengesetzes[1)] ist ein aussagekräftiger Lebenslauf der genannten Personen beizufügen. [2] Der Lebenslauf muss lückenlos, vollständig und wahr sein. [3] Er muss eigenhändig unterzeichnet und mit einem Datum versehen sein.

(2) [1] Der Lebenslauf hat folgende Angaben zu enthalten:

1. den Namen, sämtliche Vornamen und den Geburtsnamen,
2. den Geburtstag,
3. den Geburtsort,
4. den Wohnsitz,
5. die Staatsangehörigkeit,

[1)] Nr. **9**.

6. eine eingehende Darlegung der fachlichen Vorbildung,
7. die Namen aller Unternehmen, für die diese Person tätig ist oder gewesen ist und
8. Angaben zur Art und Dauer der jeweiligen Tätigkeit einschließlich Nebentätigkeiten.

[2] Der Schwerpunkt des Lebenslaufs hat auf den Stationen des Berufslebens zu liegen. [3] Bei den einzelnen Stationen ist nicht nur das Jahr, sondern auch der Monat des Beginns und des Endes einer Tätigkeit anzugeben.

(3) [1] Bei einer Anzeige nach § 24 Absatz 1 Nummer 1 des Kreditwesengesetzes sind in dem Lebenslauf bei der Art der jeweiligen Tätigkeit insbesondere der Umfang der Vertretungsmacht dieser Person, ihre internen Entscheidungskompetenzen und die ihr innerhalb des Unternehmens unterstellten Geschäftsbereiche darzulegen. [2] Sofern vorhanden, sind dem Lebenslauf Arbeitszeugnisse über unselbständige Tätigkeiten, die in den letzten drei Jahren vor Abgabe der Anzeige ausgeübt wurden, beizufügen.

§ 5b Erklärungen der nach § 24 Absatz 1 Nummer 1 und 15 des Kreditwesengesetzes anzuzeigenden Personen und des anzeigenden Instituts. (1) [1] Ein Institut, bei dem die Bundesanstalt Aufsichtsbehörde ist, hat den Anzeigen der Absicht einer Bestellung oder Ermächtigung nach § 24 Absatz 1 Nummer 1 und den Anzeigen nach § 24 Absatz 1 Nummer 15 des Kreditwesengesetzes[1)] eine Erklärung der dort genannten Personen beizufügen, ob nach deren Kenntnis

1. gegen sie ein Strafverfahren wegen eines Verbrechens oder Vergehens geführt wird oder geführt wurde,
2. gegen sie im Zusammenhang mit einer unternehmerischen oder sonstigen beruflichen Tätigkeit ein Ordnungswidrigkeitsverfahren oder vergleichbares Verfahren geführt wird oder mit einer Geldbuße oder sonstigen Sanktion abgeschlossen wurde,
3. gegen sie eine Aufsichtsbehörde eine gewerberechtliche Zuverlässigkeits- oder Eignungsprüfung oder ein aufsichtliches Verfahren zum Erlass von Maßnahmen eingeleitet oder durchgeführt hat,
4. durch eine öffentliche Stelle eine auf sie oder auf ein von ihr geleitetes Unternehmen oder Gewerbe lautende Zulassung, Mitgliedschaft oder Registereintragung versagt, aufgehoben, zurückgenommen, widerrufen oder gelöscht wurde oder in sonstiger Weise die Ausübung eines Berufes, der Betrieb eines Gewerbes oder die Vertretung oder Führung der Geschäfte untersagt wurde oder ein entsprechendes Verfahren geführt wird oder
5. sie oder ein von ihr geleitetes Unternehmen als Schuldner in ein Insolvenzverfahren, in ein Verfahren zur Abgabe einer eidesstattlichen Versicherung oder in ein vergleichbares Verfahren verwickelt ist oder war.

[2] In der Erklärung können Strafverfahren unberücksichtigt bleiben, die mangels hinreichenden Tatverdachts oder wegen eines Verfahrenshindernisses eingestellt oder mit einem Freispruch beendet worden sind oder bei denen eine ergangene Eintragung im Bundeszentralregister entfernt oder getilgt worden ist oder die gemäß § 53 des Bundeszentralregistergesetzes nicht angegeben werden müssen.

[1)] Nr. **9**.

[3] Eintragungen, die gemäß § 153 der Gewerbeordnung aus dem Gewerbezentralregister zu tilgen sind, können unerwähnt bleiben. [4] Die nach den §§ 153 und 153a der Strafprozessordnung eingestellten Strafverfahren sind anzugeben. [5] Die gemäß Satz 1 und 4 anzugebenden Sachverhalte sind gegebenenfalls zu erläutern. [6] Kopien der Urteile, Beschlüsse, Sanktionen oder sonstiger Dokumente über den Abschluss der Verfahren sind beizufügen.

(2) Den in Absatz 1 genannten Anzeigen sind beizufügen:

1. eine Erklärung dieser Person, ob sie in einem Angehörigkeitsverhältnis im Sinne des § 11 Absatz 1 Nummer 1 des Strafgesetzbuches steht mit
   a) einem Mitglied der Geschäftsleitung des anzeigenden Unternehmens oder der Geschäftsleitung von dessen Mutter- oder eines Tochterunternehmens oder
   b) einem Mitglied des Verwaltungs- oder Aufsichtsorgans des anzeigenden Unternehmens oder des Verwaltungs- oder Aufsichtsorgans von dessen Mutter- oder Tochterunternehmen;
2. eine Erklärung dieser Person über Geschäftsbeziehungen zu dem anzeigenden Unternehmen oder zu dessen Mutter- oder eines Tochterunternehmens, die die Person selbst, ein naher Angehöriger der Person oder ein von der Person geleitetes Unternehmen unterhält und aus denen sich eine wirtschaftliche Abhängigkeit zu dem Unternehmen ergeben kann; nahe Angehörige sind der Ehepartner, der eingetragene Lebenspartner, der Partner in einer Lebensgemeinschaft, Kinder, Eltern sowie andere Verwandte, mit denen die Person in einem Haushalt lebt;
3. eine Erklärung dieser Person über weitere Mandate als Geschäftsleiter oder als Mitglied des Verwaltungs- oder Aufsichtsorgans eines oder mehrerer anderer Unternehmen;
4. eine Aufstellung aller weiteren Tätigkeiten der Person, die sie als Geschäftsleiter eines Unternehmens oder als Mitglied eines Verwaltungs- oder Aufsichtsorgans eines oder mehrerer anderer Unternehmen ausführt;
5. Angaben zu den Tatsachen, die für die Beurteilung der ausreichenden zeitlichen Verfügbarkeit für die Wahrnehmung der Aufgaben wesentlich sind; dabei ist der zeitliche Aufwand für die einzelnen Tätigkeiten und Mandate, die die Person ausübt, zu schätzen und in seiner geschätzten Summe anzugeben; reine Ehrenämter und Tätigkeiten, die dem Privatleben zuzuordnen sind, brauchen grundsätzlich nicht berücksichtigt zu werden.

(3) [1] Für die Erklärungen nach den Absätzen 1 und 2 ist das Formular „Angaben zur Zuverlässigkeit, zeitlichen Verfügbarkeit und zu weiteren Mandaten“ nach Anlage 2a zu verwenden. [2] Das Formular ist vollständig auszufüllen und von der anzuzeigenden Person eigenhändig zu unterzeichnen.

(4) Ein Institut, bei dem die Europäische Zentralbank Aufsichtsbehörde ist, hat den Anzeigen der Absicht einer Bestellung oder Ermächtigung nach § 24 Absatz 1 Nummer 1 und den Anzeigen nach § 24 Absatz 1 Nummer 15 des Kreditwesengesetzes einen „Fragebogen zur Beurteilung der fachlichen Qualifikation, persönlichen Zuverlässigkeit und ausreichenden zeitlichen Verfügbarkeit – durch das beaufsichtigte Unternehmen auszufüllen“ nach Anlage 10 beizufügen.

(5) Ein Institut, bei dem die Europäische Zentralbank Aufsichtsbehörde ist, hat den Anzeigen der Absicht einer Bestellung oder Ermächtigung nach § 24

Absatz 1 Nummer 1 und den Anzeigen nach § 24 Absatz 1 Nummer 15 des Kreditwesengesetzes zudem einen von der angezeigten Person vollständig und wahrheitsgemäß ausgefüllten „Fragebogen zur Beurteilung der fachlichen Qualifikation, persönlichen Zuverlässigkeit und ausreichenden zeitlichen Verfügbarkeit – durch die angezeigte Person auszufüllen" nach Anlage 11 beizufügen.

§ 5c Führungszeugnis der nach § 24 Absatz 1 Nummer 1 und 15 des Kreditwesengesetzes anzuzeigenden Person. (1) Die in den Anzeigen der Absicht einer Bestellung oder Ermächtigung nach § 24 Absatz 1 Nummer 1 und den Anzeigen nach § 24 Absatz 1 Nummer 15 des Kreditwesengesetzes[1)] genannten Personen haben bei der Bundesanstalt ein Führungszeugnis zur Vorlage bei einer Behörde gemäß § 30 Absatz 5 oder § 30b des Bundeszentralregistergesetzeseinzureichen.

(2) [1] Das Führungszeugnis darf zum Zeitpunkt der Erstattung der Anzeige nach § 24 Absatz 1 Nummer 1 oder zum Zeitpunkt der Bestellung nach § 24 Absatz 1 Nummer 15 des Kreditwesengesetzes nicht älter als drei Monate sein. [2] Maßgeblich ist das Datum der Ausstellung des Führungszeugnisses.

(3) [1] Personen, die einem Staat angehören oder ihren Wohnsitz in einem Staat haben, der kein Führungszeugnis ausstellt, haben Dokumente aus dem Herkunfts- oder Wohnsitzstaat einzureichen, die dem Führungszeugnis entsprechen. [2] Werden dort auch derartige Dokumente nicht ausgestellt, so ist der Umfang der einzureichenden Ersatzunterlagen mit der Bundesanstalt im Einzelfall abzustimmen.

(4) Personen, die in den letzten zehn Jahren Wohnsitze in verschiedenen Staaten hatten, müssen die Führungszeugnisse und Unterlagen aus jedem dieser Staaten einreichen.

(5) [1] Sofern die Dokumente nicht in deutscher Sprache ausgestellt sind, bedarf es grundsätzlich zusätzlich zum Original einer Übersetzung in die deutsche Sprache. [2] Die Übersetzung muss beglaubigt oder von einem öffentlich bestellten oder beeidigten Dolmetscher oder Übersetzer angefertigt sein. [3] Die Bundesanstalt kann auf die Übersetzung von Unterlagen in englischer Sprache verzichten.

§ 5d Auszug aus dem Gewerbezentralregister der nach § 24 Absatz 1 Nummer 1 und 15 des Kreditwesengesetzes anzuzeigenden Person.

(1) [1] Die in den Anzeigen der Absicht einer Bestellung oder Ermächtigung nach § 24 Absatz 1 Nummer 1 und den Anzeigen nach § 24 Absatz 1 Nummer 15 des Kreditwesengesetzes[1)] genannten Personen haben bei der Bundesanstalt einen Auszug aus dem Gewerbezentralregister nach § 150 der Gewerbeordnung einzureichen. [2] Satz 1 gilt nicht, wenn die Person keinen Wohnsitz in Deutschland hat oder gehabt hat oder keine berufliche Tätigkeit in Deutschland ausübt oder ausgeübt hat.

(2) [1] Der Registerauszug darf zum Zeitpunkt der Erstattung der Anzeige nach § 24 Absatz 1 Nummer 1 oder zum Zeitpunkt der Bestellung nach § 24 Absatz 1 Nummer 15 des Kreditwesengesetzes nicht älter als drei Monate sein. [2] Maßgeblich ist das Datum der Ausstellung des Registerauszuges.

[1)] Nr. **9**.

§ 5e Anzeigen nach § 24 Absatz 1 Nummer 2 und 15a des Kreditwesengesetzes (Ausscheiden von Personen) (1) [1] Für Anzeigen nach § 24 Absatz 1 Nummer 2 des Kreditwesengesetzes[1)] haben

1. Institute, bei denen die Bundesanstalt Aufsichtsbehörde ist, das Formular „Personelle Veränderungen bei den Geschäftsleitern" nach Anlage 1 und
2. Institute, bei denen die Europäische Zentralbank Aufsichtsbehörde ist, das Formular „Personelle Veränderungen bei den Geschäftsleitern" nach Anlage 8

zu verwenden. [2] In dem Formular sind jeweils die Gründe für das Ausscheiden oder für die Entziehung der Befugnis anzugeben.

(2) [1] Für Anzeigen nach § 24 Absatz 1 Nummer 15a des Kreditwesengesetzes haben

1. Institute, bei denen die Bundesanstalt Aufsichtsbehörde ist, das Formular „Personelle Veränderungen des Verwaltungs- oder Aufsichtsorgans" nach Anlage 2 und
2. Institute, bei denen die Europäische Zentralbank Aufsichtsbehörde ist, das Formular „Personelle Veränderungen des Verwaltungs- oder Aufsichtsorgans" nach Anlage 9

zu verwenden. [2] In dem Formular sind jeweils die Gründe für das Ausscheiden anzugeben.

§ 5f Geschäftsleiter-Vertreter im Verhinderungsfall. Die Bestimmungen nach den §§ 5 bis 5e gelten auch für die Bestellung und das Ausscheiden eines Geschäftsleiter-Vertreters, der im Fall der Verhinderung eines Geschäftsleiters dessen Funktion ausüben soll.

§ 6 Anzeigen nach § 24 Abs. 1 Nr. 6 des Kreditwesengesetzes (Zweigstelle und grenzüberschreitender Dienstleistungsverkehr ohne Errichtung einer Zweigstelle im Drittstaat) [1] Die Anzeige nach § 24 Abs. 1 Nr. 6 des Kreditwesengesetzes[1)] muss enthalten:

1. die Bezeichnung des Staates, in dem die Zweigstelle errichtet, verlegt oder geschlossen oder die grenzüberschreitende Dienstleistung aufgenommen oder beendet wurde,
2. die Anschrift der Zweigstelle, die errichtet, verlegt oder geschlossen wurde; bei Verlegung der Zweigstelle ferner deren neue Anschrift und
3. die Bezeichnung aller aufgenommenen Bank- oder Finanzdienstleistungsgeschäfte entsprechend den Vorgaben des § 1 Abs. 1 Satz 2 und Abs. 1a Satz 2 des Kreditwesengesetzes.

[2] Mehrere zeitgleich einzureichende Anzeigen nach Satz 1 können in einer Anzeige zusammengefasst werden, solange deren Übersichtlichkeit erhalten bleibt.

§ 7 Anzeigen von Instituten nach § 12a Absatz 1 Satz 3, § 24 Absatz 1 Nummer 12 und 13, § 24 Absatz 1a Nummer 1 und 2 sowie § 31 Absatz 3 des Kreditwesengesetzes (bedeutende Beteiligungen an anderen Unternehmen, aktivische enge Verbindungen, Beteiligungen an

---

1) Nr. 9.

oder Unternehmensbeziehungen mit Unternehmen mit Sitz im Ausland, Befreiungen) (1) [1]Einzelanzeigen von Instituten über aktivische Beteiligungsverhältnisse nach § 12a Absatz 1 Satz 3, § 24 Absatz 1 Nummer 12 und 13 und § 31 Absatz 3 des Kreditwesengesetzes[1)] sind mit dem Formular „Aktivische Beteiligungsanzeige" nach Anlage 3 dieser Verordnung einzureichen. [2]Bei Änderungen des Beteiligungsverhältnisses sind Einzelanzeigen einzureichen, wenn

1. durch die Änderung 20 Prozent, 30 Prozent oder 50 Prozent des Kapitals oder der Stimmrechte des Unternehmens erreicht, über- oder unterschritten werden,
2. das Unternehmen ein Tochterunternehmen wird oder nicht mehr ist,
3. die gehaltenen Anteile an dem Unternehmen nicht mehr oder nunmehr die Voraussetzungen des § 1 Absatz 9 Satz 3 des Kreditwesengesetzes oder des Artikels 91 Absatz 2 der Verordnung (EU) Nr. 575/2013[2)] in ihrer jeweils geltenden Fassung erfüllen,
4. unmittelbar gehaltene Anteile ganz oder teilweise auf ein Tochterunternehmen übertragen werden,
5. sich bei ganz oder teilweise mittelbar gehaltenen Anteilen die Anzahl oder die Identität der zwischengeschalteten Unternehmen verändert oder die Anteile nunmehr ganz oder teilweise vom Institut selbst gehalten oder unter den Beteiligten umverteilt werden oder
6. für das Unternehmen die Befreiung des § 31 Absatz 3 des Kreditwesengesetzes in Anspruch genommen wird.

(2) Sammelanzeigen von Instituten über aktivische Beteiligungsverhältnisse nach § 24 Absatz 1a Nummer 1 und 2 des Kreditwesengesetzes und § 31 Absatz 3 des Kreditwesengesetzes sind nach dem Stand vom 31. Dezember des Vorjahres bis zum 15. Juni des Folgejahres als Sammlung fortlaufend nummerierter Teilanzeigen mit dem Formular „Aktivische Beteiligungsanzeige" nach Anlage 3 dieser Verordnung einzureichen.

(3) Für die Berechnung des Anteils der Stimmrechte gelten § 33 Absatz 1 in Verbindung mit einer Rechtsverordnung nach Absatz 5, § 34 Absatz 1 und 2, § 35 Absatz 1 bis 3 in Verbindung mit einer Rechtsverordnung nach Absatz 6 und § 36 des Wertpapierhandelsgesetzes entsprechend.

(4) [1]Erfüllt ein Beteiligungsverhältnis mehrere Anzeigetatbestände, ist nur ein Formular zu verwenden. [2]Für jedes weitere anzeigepflichtige Beteiligungsverhältnis ist unter Berücksichtigung der Regelung des Satzes 1 ein gesondertes Formular zu verwenden. [3]Bei komplexen Beteiligungsstrukturen ist der Anzeige zusätzlich das Formular „Anlage für komplexe Beteiligungsstrukturen" nach Anlage 4 dieser Verordnung beizufügen. [4]Komplexe Beteiligungsstrukturen liegen insbesondere vor bei Treuhandverhältnissen sowie bei Beteiligungen, die gleichzeitig unmittelbar und mittelbar über ein oder mehrere Unternehmen oder über mehrere Beteiligungsketten gehalten werden.

(5) Auf Verlangen der Europäischen Zentralbank, der Bundesanstalt oder der zuständigen Hauptverwaltung der Deutschen Bundesbank sind weitere Angaben, insbesondere zu Übernahmepreis und Veräußerungserlös, einzureichen.

[1)] Nr. **9**.
[2)] Nr. **6**.

(6) [1] Die Einzelanzeigen und Sammelanzeigen sollen im papierlosen Verfahren der Deutschen Bundesbank eingereicht werden. [2] Die Deutsche Bundesbank veröffentlicht auf ihrer Internetseite die für eine Dateneinreichung im Wege der Datenfernübertragung zu verwendenden Satzformate und den Einreichungsweg. [3] Sie hat die bei ihr eingereichten Anzeigen an die Bundesanstalt weiterzuleiten. [4] Nimmt ein in § 1 Abs. 2 genanntes Kreditinstitut an dem papierlosen Einreichungsverfahren teil, hat es abweichend von § 1 Abs. 2 nur eine Ausfertigung in einem mit seinem Verband abgestimmten Format diesem einzureichen. [5] Der Verband leitet abweichend von § 1 Abs. 2 lediglich die dort genannten Stellungnahmen an die Bundesanstalt und an die für das betroffene Institut zuständige Hauptverwaltung der Deutschen Bundesbank jeweils in einfacher Ausfertigung weiter. [6] Bei papiergebundener Einreichung gilt § 1.

§ 8 Anzeigen nach § 24 Abs. 1 Nr. 10 und 12 und § 24 Abs. 1a Nr. 1 und 3 des Kreditwesengesetzes (bedeutende Beteiligungen an dem eigenen Institut und passivische enge Verbindungen) (1) [1] Einzelanzeigen über passivische Beteiligungsverhältnisse nach § 24 Abs. 1 Nr. 10 und 12 des Kreditwesengesetzes[1)] sind mit dem Formular „Passivische Beteiligungsanzeige" nach Anlage 5 dieser Verordnung einzureichen. [2] Bei Änderungen des Beteiligungsverhältnisses sind Einzelanzeigen einzureichen, wenn

1. durch die Änderung 20 Prozent, 30 Prozent oder 50 Prozent des Kapitals oder der Stimmrechte an dem Institut erreicht, über- oder unterschritten werden,
2. das Institut ein Tochter- oder Schwesterunternehmen eines anderen Unternehmens wird oder nicht mehr ist,
3. unmittelbar gehaltene Anteile ganz oder teilweise auf ein zwischengeschaltetes Unternehmen übertragen werden oder
4. sich bei ganz oder teilweise mittelbar gehaltenen Anteilen die Anzahl oder die Identität der zwischengeschalteten Unternehmen verändert oder die Anteile nunmehr ganz oder teilweise vom Anteilseigner selbst gehalten werden.

(2) Sammelanzeigen über passivische Beteiligungsverhältnisse nach § 24 Abs. 1a Nr. 1 und 3 des Kreditwesengesetzes sind nach dem Stand vom 31. Dezember des Vorjahres bis zum 15. Juni des Folgejahres mit dem Formular „Passivische Beteiligungsanzeige" nach Anlage 5 dieser Verordnung einzureichen.

(3) § 7 Abs. 3, 4 und 6 gilt entsprechend mit der Maßgabe, dass auch die Unternehmensbeziehung des Instituts zum Schwesterunternehmen eine komplexe Beteiligungsstruktur im Sinne des § 7 Abs. 4 Satz 3 darstellt.

§ 9 Sammelanzeigen nach § 24 Abs. 1a Nr. 4 des Kreditwesengesetzes (Anzahl inländischer Zweigstellen) (1) [1] Die Anzeige der Anzahl inländischer Zweigstellen nach § 24 Abs. 1a Nr. 4 des Kreditwesengesetzes[1)] ist jährlich bis zum 31. Januar des Folgejahres nach dem Stand vom 31. Dezember des Vorjahres einzureichen. [2] Der Aufsichtsbehörde ist die Anzeige nur auf Verlangen einzureichen.

[1)] Nr. 9.

(2) [1] Bei der Berechnung der Anzahl der Zweigstellen sind auch Zweigstellen zu berücksichtigen, die nur vorübergehend für einen Zeitraum von bis zu zwölf Monaten geschlossen waren oder sind. [2] Nicht zu berücksichtigen sind Zweigstellen, die

1. nur vorübergehend für einen Zeitraum von bis zu zwölf Monaten errichtet wurden,
2. nur automatisierte Bank- oder Finanzdienstleistungen erbringen oder
3. ausschließlich dem Betreiben von Geschäften dienen, die keine Bankgeschäfte oder Finanzdienstleistungen sind.

§ 10 Anzeigen nach § 24 Abs. 2 des Kreditwesengesetzes (Vereinigung von Instituten) [1] Die Absicht von Instituten, sich zu vereinigen, ist von den beteiligten Instituten nach § 24 Abs. 2 des Kreditwesengesetzes[1)] anzuzeigen, sobald auf Grund der geführten Verhandlungen anzunehmen ist, dass die Vereinigung zustande kommen wird. [2] Das Scheitern der Fusionsverhandlungen ist unverzüglich mitzuteilen. [3] Gleiches gilt bei erfolgreichen Fusionsverhandlungen für den rechtlichen Vollzug der Vereinigung.

§ 10a Anzeigen nach § 24 Absatz 2a des Kreditwesengesetzes (Weitere Tätigkeiten der Mitglieder eines Verwaltungs- oder Aufsichtsorgans eines CRR-Instituts von erheblicher Bedeutung) Für Anzeigen nach § 24 Absatz 2a des Kreditwesengesetzes[1)] haben die Mitglieder von Verwaltungs- oder Aufsichtsorganen von CRR-Instituten, die bedeutend im Sinne des § 1 Absatz 3c des Kreditwesengesetzes sind, von Finanzholding-Gesellschaften und von gemischten Finanzholding-Gesellschaften

1. bei denen die Bundesanstalt Aufsichtsbehörde ist, das Formular „Weitere Tätigkeiten von Mitgliedern eines Verwaltungs- oder Aufsichtsorgans" nach Anlage 6 und
2. bei denen die Europäische Zentralbank Aufsichtsbehörde ist, das Formular „Weitere Tätigkeiten von Mitgliedern eines Verwaltungs- oder Aufsichtsorgans" nach Anlage 12

zu verwenden.

§ 11 Anzeigen nach § 24 Abs. 3 Satz 1 des Kreditwesengesetzes (Geschäftsleiter und Personen, die die Geschäfte einer Finanzholding-Gesellschaft oder einer gemischten Finanzholding-Gesellschaft tatsächlich führen) (1) Für Anzeigen nach § 24 Absatz 3 Satz 1 Nummer 1 des Kreditwesengesetzes[1)] haben die Geschäftsleiter und die Personen, die die Geschäfte einer Finanzholding-Gesellschaft oder einer gemischten Finanzholding-Gesellschaft führen,

1. bei der die Bundesanstalt Aufsichtsbehörde ist, das Formular „Nebentätigkeiten von Geschäftsleitern eines Instituts und Personen, die die Geschäfte einer Finanzholding-Gesellschaft oder einer gemischten Finanzholding-Gesellschaft tatsächlich führen" nach Anlage 6 und
2. bei der die Europäische Zentralbank Aufsichtsbehörde ist, das Formular „Nebentätigkeiten von Geschäftsleitern eines Instituts und Personen, die die

---

1) Nr. 9.

Geschäfte einer Finanzholding-Gesellschaft oder einer gemischten Finanzholding- Gesellschaft tatsächlich führen“ nach Anlage 12
zu verwenden.

(2) [1]Anzeigen nach § 24 Abs. 3 Satz 1 Nr. 2 des Kreditwesengesetzes sind mit dem Formular „Beteiligungen von Geschäftsleitern und Personen, die die Geschäfte einer Finanzholding-Gesellschaft oder einer gemischten Finanzholding-Gesellschaft tatsächlich führen“ nach Anlage 7 dieser Verordnung einzureichen. [2]Eine Änderungsanzeige ist nur abzugeben, wenn die Beteiligung 30 Prozent oder 50 Prozent des Kapitals des Unternehmens erreicht, über- oder unterschreitet. [3]§ 7 Abs. 5 und 6 gilt entsprechend.

§ 12 Anzeigen nach § 24a Abs. 1, 3 und 4 des Kreditwesengesetzes (Errichtung einer Zweigniederlassung und Erbringung grenzüberschreitenden Dienstleistungsverkehrs in einem anderen Staat des Europäischen Wirtschaftsraums) (1) [1]Anzeigen nach § 24a Abs. 1, 3 und 4 des Kreditwesengesetzes[1)] sind für jeden Staat des Europäischen Wirtschaftsraums gesondert einzureichen. [2]Den Anzeigen nach § 24a Abs. 1 und 3 des Kreditwesengesetzes an die Aufsichtsbehörde sind im Fall der Aufnahmestaaten Österreich, Liechtenstein und Luxemburg eine zweite Ausfertigung und im Fall der übrigen Staaten des Europäischen Wirtschaftsraums eine Übersetzung in eine Amtssprache des Aufnahmestaates beizufügen. [3]Sofern die Änderungsanzeige nach § 24a Abs. 4 des Kreditwesengesetzes an die zuständige Behörde des Aufnahmestaates nicht in einer Amtssprache dieses Staates abgefasst ist, ist dieser eine amtlich beglaubigte Übersetzung in eine solche Amtssprache beizufügen.

(2) Eine Änderungsanzeige nach § 24a Abs. 4 des Kreditwesengesetzes ist auch einzureichen, wenn die Zweigstelle geschlossen oder die erbrachte grenzüberschreitende Dienstleistung eingestellt wird.

(3) Im Geschäftsplan müssen die vorgesehenen geschäftlichen Aktivitäten typenmäßig bezeichnet werden entsprechend den Vorgaben in:

1. Anhang I der Richtlinie 2013/36/EU des Europäischen Parlaments und des Rates vom 26. Juni 2013 über den Zugang zur Tätigkeit von Kreditinstituten und die Beaufsichtigung von Kreditinstituten und Wertpapierfirmen, zur Änderung der Richtlinie 2002/87/EG und zur Aufhebung der Richtlinien 2006/48/EG und 2006/49/EG (ABl. L 176 vom 27.6.2013, S. 338, L 208 vom 2.8.2013, S. 73), die zuletzt durch die Richtlinie 2014/59/EU (ABl. L 173 vom 12.6.2014, S. 190) geändert worden ist, und
2. Anhang I der Richtlinie 2004/39/EG des Europäischen Parlaments und des Rates vom 21. April 2004 über Märkte für Finanzinstrumente, zur Änderung der Richtlinien 85/611/ EWG und 93/6/EWG des Rates und der Richtlinie 2000/12/EG des Europäischen Parlaments und des Rates und zur Aufhebung der Richtlinie 93/22/EWG des Rates (ABl. L 145 vom 30.4. 2004, S. 1, L 45 vom 16.2.2005, S. 18, L 54 vom 22.2.2014, S. 23), die zuletzt durch die Richtlinie 2010/78/EU (ABl. L 331 vom 15.12.2010, S. 120, L 170 vom 30.6.2011, S. 43, L 54 vom 22.2.2014, S. 23) geändert worden ist.

(4) [1]Für Anzeigen nach § 24a Abs. 1 des Kreditwesengesetzes gelten zudem folgende Bestimmungen:

[1)] Nr. **9**.

1. Gesetzliche Beschränkungen des Umfangs der Erlaubnis sind darzulegen; Bausparkassen müssen darauf hinweisen, dass die Entgegennahme von Einlagen und die Vornahme von Ausleihungen in der Form des Bauspargeschäftes betrieben werden sollen.
2. Sämtliche in Aussicht genommenen Geschäfte, die in der Zweigniederlassung ausgeführt werden sollen, sind im Einzelnen zu erläutern; die Entwicklung deren Volumens und die hierfür erforderliche Personalausstattung sind für die ersten drei Jahre zu schätzen.
3. Ist die Errichtung mehrerer Betriebsstellen im Aufnahmestaat geplant, sind hierzu nähere Angaben zu machen.
4. Der Geschäftsplan muss außerdem den organisatorischen Aufbau der Zweigniederlassung darstellen. Dazu sind die internen Entscheidungskompetenzen, die Vertretungsmacht und die Art der Einbindung der Zweigniederlassung in das interne Kontrollverfahren des Instituts zu beschreiben.
5. Lebensläufe der Leiter der Zweigniederlassung unter besonderer Darstellung deren beruflichen Werdeganges sind beizufügen.

[2] Satz 1 gilt für die nach § 24a Abs. 4 des Kreditwesengesetzes anzuzeigenden Änderungen der Verhältnisse bestehender Zweigniederlassungen entsprechend.

§ 13 Vorlage von Unterlagen nach § 26 des Kreditwesengesetzes (Jahresabschlüsse, Lage- und Prüfungsberichte) Bei der Einreichung des festgestellten Jahresabschlusses ist der Tag der Feststellung anzugeben.

§ 14 Anzeigen und Vorlage von Unterlagen nach § 32 Abs. 1 des Kreditwesengesetzes (Anträge auf Erlaubnis) (1) Anträge und Unterlagen nach § 32 Abs. 1 des Kreditwesengesetzes[1)] sind der Bundesanstalt in dreifacher Ausfertigung einzureichen.

(2) [1] In den Anträgen ist anzugeben, für welche der in § 1 Abs. 1 Satz 2 des Kreditwesengesetzes genannten Bankgeschäfte oder der in § 1 Absatz 1a Satz 2 und 3 des Kreditwesengesetzes genannten Finanzdienstleistungen die Erlaubnis beantragt wird. [2] Den Anträgen sind beglaubigte Ablichtungen der Gründungsunterlagen, des Gesellschaftsvertrags oder der Satzung sowie die vorgesehene Geschäftsordnung für die Geschäftsleitung beizufügen. [3] Ferner sind die vorgesehenen Geschäftsleiter und Mitglieder des Verwaltungs- oder Aufsichtsorgans zu benennen.

(3) [1] Zum Nachweis der zum Geschäftsbetrieb erforderlichen Mittel nach § 32 Abs. 1 Satz 2 Nr. 1 des Kreditwesengesetzes ist eine Bestätigung eines CRR-Kreditinstituts mit Sitz in einem Staat des Europäischen Wirtschaftsraums darüber vorzulegen, dass das Anfangskapital eingezahlt sowie frei von Rechten Dritter ist und zur freien Verfügung der Geschäftsleiter steht. [2] Der Nachweis kann mit Zustimmung der Bundesanstalt auch erbracht werden durch eine schriftliche oder elektronische Bestätigung eines Prüfers, der im Falle der Erlaubniserteilung zur Prüfung des Jahresabschlusses des Antragstellers berechtigt wäre, über die vorhandenen Eigenmittel, die nach den für Institute geltenden Grundsätzen ermittelt worden sein müssen.

(4) Zur Beurteilung der Zuverlässigkeit der Geschäftsleiter und der Mitglieder des Verwaltungs- oder Aufsichtsorgans sind,

---

[1)] Nr. **9**.

1. soweit die Erlaubnis nach § 32 Absatz 1 des Kreditwesengesetzes durch die Bundesanstalt erteilt wird, die in § 5b Absatz 1 und 2 Nummer 2 und in den §§ 5c, 5d und 5f vorgesehenen Erklärungen, Angaben und Unterlagen, und,
2. soweit die Erlaubnis nach § 32 Absatz 1 des Kreditwesengesetzes durch die Europäische Zentralbank erteilt wird, die in § 5b Absatz 4 und 5 und in den §§ 5c, 5d und 5f vorgesehenen Erklärungen, Angaben und Unterlagen

einzureichen.

(5) [1] Zur Beurteilung der Zuverlässigkeit der Antragsteller und der Inhaber bedeutender Beteiligungen sowie zur Prüfung, ob die Erlaubnis nach § 33 Absatz 1 Satz 1 Nummer 3 oder Absatz 2 des Kreditwesengesetzes zu versagen ist, sind dem Antrag die in § 8 Nummer 1 bis 5, §§ 9 bis 11 und 14 der Inhaberkontrollverordnung[1)] genannten Erklärungen und Unterlagen beizufügen und auf Verlangen der Bundesanstalt Auskünfte zu erteilen. [2] Jeder Lebenslauf nach § 10 der Inhaberkontrollverordnung ist eigenhändig zu unterzeichnen. [3] Die §§ 4, 5 und 16 der Inhaberkontrollverordnung sind entsprechend anzuwenden.

(6) Zur Beurteilung der zur Leitung des Instituts erforderlichen fachlichen Eignung der Inhaber und der Geschäftsleiter und zur Beurteilung der erforderlichen Sachkunde der Mitglieder des Verwaltungs- oder Aufsichtsorgans sind,

1. soweit die Erlaubnis nach § 32 Absatz 1 des Kreditwesengesetzes durch die Bundesanstalt erteilt wird, die in § 5a genannten Unterlagen, und,
2. soweit die Erlaubnis nach § 32 Absatz 1 des Kreditwesengesetzes durch die Europäische Zentralbank erteilt wird, die in § 5a und § 5b Absatz 4 und 5 genannten Unterlagen

einzureichen.

(6a) Zur Beurteilung der ausreichenden zeitlichen Verfügbarkeit und der Einhaltung der Mandatsbegrenzungen der Geschäftsleiter und der Mitglieder des Verwaltungs- oder Aufsichtsorgans nach § 25c Absatz 2 und § 25d Absatz 3 oder Absatz 3a des Kreditwesengesetzes sind,

1. soweit die Erlaubnis nach § 32 Absatz 1 des Kreditwesengesetzes durch die Bundesanstalt erteilt wird, die in § 5b Absatz 2 Nummer 4 und 5 genannten Angaben zu machen, und,
2. soweit die Erlaubnis nach § 32 Absatz 1 des Kreditwesengesetzes durch die Europäische Zentralbank erteilt wird, die in § 5b Absatz 4 und 5 genannten Unterlagen einzureichen.

(7) Der dem Antrag nach § 32 Abs. 1 Satz 2 Nr. 5 des Kreditwesengesetzes beizufügende Geschäftsplan hat folgende Angaben zu enthalten:

1. die Art der geplanten Geschäfte unter begründeter Angabe ihrer künftigen Entwicklung; hierzu sind Planbilanzen und Plangewinn- und -verlustrechnungen für die ersten drei vollen Geschäftsjahre nach Aufnahme des Geschäftsbetriebs vorzulegen,
2. die Darstellung des organisatorischen Aufbaus des Instituts unter Beifügung eines Organigramms, das insbesondere die Zuständigkeiten der Geschäftsleiter erkennen lässt; es ist anzugeben, ob und wo Zweigstellen errichtet werden sollen,

---

1) Nr. **9h**.

3. die Darstellung der geplanten Regelungen zur Geschäftsorganisation des Instituts gemäß § 25a Absatz 1 des Kreditwesengesetzes einschließlich der internen Kontrollverfahren des Instituts und
4. die Angabe des Mutterunternehmens sowie aller Finanzholding-Gesellschaften und gemischten Finanzholding-Gesellschaften innerhalb der Gruppe.

(8) Auf Verlangen der Bundesanstalt sind weitere Auskünfte zu erteilen und Unterlagen vorzulegen, soweit dies für die Beurteilung erforderlich ist, dass keine Gründe für die Versagung der beantragten Erlaubnis bestehen.

§ 15 Anzeigen nach § 53a Satz 2 und 5 des Kreditwesengesetzes (Repräsentanzen von Instituten mit Sitz im Ausland) (1) Anzeigen über die Errichtung einer Repräsentanz nach § 53a Satz 2 des Kreditwesengesetzes[1] müssen die folgenden Angaben enthalten:
1. genaue Bezeichnung und Anschrift der Repräsentanz,
2. Name des Leiters oder der Leiter der Repräsentanz,
3. Art und Umfang der Tätigkeit der Repräsentanz,
4. Datum des Beginns der Tätigkeit der Repräsentanz,
5. Name oder Firma, Sitz und Anschrift des Instituts, das die Repräsentanz errichtet hat,
6. Anschrift der Hauptverwaltung des Instituts,
7. satzungsmäßiger Geschäftsgegenstand des Instituts,
8. Art der tatsächlich ausgeübten Geschäftstätigkeit des Instituts im Sitzstaat und, falls davon abweichend, im Staat des Sitzes der Hauptverwaltung und
9. Name und Anschrift der Behörde, deren Aufsicht das Institut im Sitzstaat und, falls davon abweichend, im Staat des Sitzes der Hauptverwaltung unterliegt.

(2) [1] Den Anzeigen über die Errichtung einer Repräsentanz sind die folgenden Unterlagen beizufügen:
1. eine rechtsverbindlich unterzeichnete Erklärung des Instituts, dass es die Errichtung der Repräsentanz beschlossen und die nach Absatz 1 Nr. 2 benannten Personen mit der Leitung der Repräsentanz betraut hat,
2. eine Erklärung, dass folgende Tätigkeiten nicht ausgeübt werden:
   a) Bankgeschäfte im Sinne des § 1 Absatz 1 Satz 2 des Kreditwesengesetzes,
   b) Finanzdienstleistungen im Sinne des § 1 Absatz 1a Satz 2 des Kreditwesengesetzes sowie
   c) Zahlungsdienste im Sinne des § 1 Absatz 2 des Zahlungsdiensteaufsichtsgesetzes[2],

2a eine Erklärung, dass im Inland der Name oder die Firma des Instituts nur mit dem Zusatz „Repräsentanz" verwendet wird,

3. der letzte Jahresabschluss und Lagebericht des Instituts und
4. eine von der deutschen diplomatischen oder konsularischen Vertretung im Sitzstaat des Instituts beglaubigte Bescheinigung der Behörde, deren Aufsicht das Institut im Sitzstaat und, falls davon abweichend, auch im Sitzstaat der Hauptverwaltung unterliegt, in der diese Behörde bestätigt, dass

---

[1] Nr. **9**.
[2] Nr. **12**.

a) das Institut ihrer Solvenzaufsicht unterliegt oder kraft örtlichen Statuts eine Solvenzaufsicht über das Institut nicht besteht,

b) das Institut eine von ihr erteilte Erlaubnis zum Betreiben der Geschäfte in dem betreffenden Staat besitzt, soweit es sich um Bankgeschäfte im Sinne des § 1 Abs. 1 Satz 2 des Kreditwesengesetzes oder um Finanzdienstleistungen im Sinne des § 1 Abs. 1a Satz 2 des Kreditwesengesetzes handelt, oder eine Erlaubnis kraft örtlichen Statuts nicht erforderlich ist,

c) sie das Institut mit seinen Tochterunternehmen, die als Kreditinstitute, Finanzinstitute oder Anbieter von Nebendienstleistungen einzustufen sind, auf konsolidierter Basis überwacht oder eine solche Aufsicht kraft örtlichen Statuts nicht vorgesehen ist und

d) das Institut eine allgemeine oder besondere Erlaubnis zur Errichtung der Repräsentanz erhalten hat oder dass eine solche Erlaubnis kraft örtlichen Statuts nicht vorgesehen ist.

[2] Die Unterlagen nach Absatz 2 Satz 1 Nr. 3 und 4 sind nur auf Verlangen der Bundesanstalt der Anzeige beizufügen.

(3) Eine Änderungsanzeige nach § 53a Satz 5 des Kreditwesengesetzes ist auch bei Änderungen, die sich während des Bestehens der Repräsentanz gegenüber den Angaben in der Errichtungsanzeige nach § 53a Satz 2 des Kreditwesengesetzes ergeben, einzureichen.

§ 16 Anzeigen nach § 12a Absatz 1 Satz 3 und nach § 24 Absatz 3a des Kreditwesengesetzes (Finanzholding-Gesellschaften, gemischte Finanzholding-Gesellschaften) (1) [1] Für Einzelanzeigen einer Finanzholding-Gesellschaft oder einer gemischten Finanzholding-Gesellschaft nach § 12a Absatz 1 Satz 3 und nach § 24 Absatz 3a Satz 4 und 5 des Kreditwesengesetzes[1)] ist das Formular „Aktivische Beteiligungsanzeige" nach Anlage 3 dieser Verordnung zu verwenden. [2] Sammelanzeigen nach § 24 Abs. 3a Satz 2 und 5 des Kreditwesengesetzes sind nach dem Stand vom 31. Dezember des Vorjahres bis zum 15. Juni des Folgejahres als Sammlung fortlaufend nummerierter Teilanzeigen mit dem Formular „Aktivische Beteiligungsanzeige" nach Anlage 3 dieser Verordnung einzureichen. [3] § 7 Abs. 1 Satz 2 und Abs. 3 bis 6 gilt entsprechend.

(2) Für die Anzeigen nach § 24 Absatz 3a Satz 1 Nummer 1, 2, 4 und 5 und Satz 5 des Kreditwesengesetzes über die Absicht der Bestellung einer Person, die die Geschäfte der Finanzholding-Gesellschaft oder gemischten Finanzholding-Gesellschaft tatsächlich führen soll oder das Ausscheiden dieser Person und über die Bestellung oder das Ausscheiden eines Mitglieds oder stellvertretenden Mitglieds des Verwaltungs- oder Aufsichtsorgans gelten die §§ 5 bis 5f entsprechend.

§ 16a Übergangsvorschrift. Unternehmen im Sinne des § 2 Absatz 1, für die das international von Aufsichtsbehörden anerkannte System zur Identifizierung von Rechtsträgern noch keine Vergabe einer Kennung ermöglicht, müssen die Rechtsträgerkennung erst erwerben, sobald die Vergabe auch für diese Unternehmen zugelassen ist.

[1)] Nr. **9**.

§ 17 Inkrafttreten, Außerkrafttreten. [1] Diese Verordnung tritt am 31. Dezember 2006 in Kraft. [2] Gleichzeitig tritt die Anzeigenverordnung vom 29. Dezember 1997 (BGBl. I S. 3372), zuletzt geändert durch Artikel 8 Abs. 14 des Gesetzes vom 4. Dezember 2004 (BGBl. I S. 3166), außer Kraft.

Anl. 1–12

(hier nicht wiedergegeben)

9h. Verordnung über die Anzeigen nach § 2c des Kreditwesengesetzes und § 104 des Versicherungsaufsichtsgesetzes (Inhaberkontrollverordnung – InhKontrollV)[1)]

Vom 20. März 2009
(BGBl. I S. 562, ber. S. 688)

FNA 7610-2-36

zuletzt geänd. durch Art. 24 Abs. 31 Zweites Finanzmarktnovellierungsgesetz v. 23.6.2017 (BGBl. I S. 1693)

Abschnitt 1. Allgemeine Vorschriften

§ 1 Zielunternehmen. Zielunternehmen im Sinne dieser Verordnung ist

1. das Kreditinstitut,
2. das Finanzdienstleistungsinstitut,
3. das Versicherungsunternehmen,
4. der Pensionsfonds oder
5. die Versicherungs-Holdinggesellschaft im Sinne des § 1b des Versicherungsaufsichtsgesetzes,

an dem oder an der eine bedeutende Beteiligung im Sinne des § 1 Absatz 9 des Kreditwesengesetzes[2)] oder des § 7a Absatz 2 Satz 3 bis 6 des Versicherungsaufsichtsgesetzes erworben, eine bestehende bedeutende Beteiligung verändert oder eine bedeutende Beteiligung aufgegeben werden soll.

§ 2 Anzeigenexemplare, Einreichungsweg und Übersetzungen.

(1) [1] Ist das Zielunternehmen ein Kreditinstitut oder Finanzdienstleistungsinstitut, sind die Anzeigen nach § 2c Absatz 1, 1b Satz 8 und Absatz 3 des Kreditwesengesetzes[2)] und die Anzeigen und Mitteilungen nach den §§ 7, 18 und 19 jeweils in einfacher Ausfertigung der Bundesanstalt für Finanzdienstleistungsaufsicht (Bundesanstalt) und der für das betroffene Kreditinstitut oder Finanzdienstleistungsinstitut zuständigen Hauptverwaltung der Deutschen Bundesbank einzureichen. [2] Dies gilt für nachgeforderte Unterlagen und Erklärungen entsprechend.

(2) Ist das Zielunternehmen ein Versicherungsunternehmen, ein Pensionsfonds oder eine Versicherungs-Holdinggesellschaft, sind die Anzeigen nach § 104 Absatz 1, 1b Satz 7 und Absatz 3 des Versicherungsaufsichtsgesetzes und die Anzeigen und Mitteilungen nach den §§ 7, 18 und 19 jeweils in einfacher Ausfertigung der Bundesanstalt oder der zuständigen Landesaufsichtsbehörde einzureichen.

(3) [1] Unterlagen und Erklärungen, die nicht in deutscher Sprache verfasst sind, hat der Anzeigepflichtige zusätzlich zum Original in einer amtlich beglaubigten oder von einem öffentlich bestellten oder beeidigten Dolmetscher oder

---

[1)] Verkündet als Art. 1 VO zur weiteren Umsetzung der Bewertungsrichtlinie v. 20.3.2009 (BGBl. I S. 562); Inkrafttreten gem. Art. 3 dieser VO am 25.3.2009.

[2)] Nr. **9**.

Übersetzer angefertigten Übersetzung einzureichen. [2]Die Bundesanstalt oder die zuständige Landesaufsichtsbehörde kann im Einzelfall auf amtlich beglaubigte Übersetzungen verzichten.

§ 3 Angaben zum Empfangsbevollmächtigten im Inland. [1]Anzeigepflichtige ohne Wohnsitz oder gewöhnlichen Aufenthalt, Sitz oder Geschäftsleitung im Inland müssen im Formular nach § 6 Absatz 1 Satz 1 und § 17 Absatz 1 Satz 1 den Namen und die Anschrift eines Empfangsbevollmächtigten im Inland angeben. [2]Die Bevollmächtigung ist durch die Beifügung einer amtlich beglaubigten Kopie der entsprechenden Urkunde nachzuweisen.

§ 4 Angaben zu Personen, Personenhandelsgesellschaften, Gesellschaften anderer Rechtsform und Zweckvermögen. (1) Die nach dieser Verordnung und nach § 2c Absatz 1 Satz 2 letzter Halbsatz des Kreditwesengesetzes[1)] und § 104 Absatz 1 Satz 2 letzter Halbsatz des Versicherungsaufsichtsgesetzes vom Anzeigepflichtigen anzugebenden natürlichen Personen sind mit
1. vollständigem Namen,
2. Geburtsdatum,
3. Geburtsort und
4. Anschrift des ersten Wohnsitzes

zu benennen.

(2) Die nach dieser Verordnung und nach § 2c Absatz 1 Satz 2 letzter Halbsatz des Kreditwesengesetzes und § 104 Absatz 1 Satz 2 letzter Halbsatz des Versicherungsaufsichtsgesetzes vom Anzeigepflichtigen anzugebenden juristischen Personen, Personenhandelsgesellschaften und Gesellschaften anderer Rechtsform sowie Zweckvermögen sind mit
1. Firma,
2. Rechtsform,
3. Sitz,
4. Sitzstaat,
5. Anschrift des Hauptsitzes der Geschäftsleitung und
6. den Ordnungsmerkmalen der gewerberechtlichen Registereintragung, sofern eine Eintragung besteht,

zu benennen.

§ 5 Kapital- und Stimmrechtsanteile. (1) [1]Bei der Berechnung der Kapital- oder Stimmrechtsanteile nach § 8 Nummer 5, § 11 Nummer 1 und 3 sowie § 12 Absatz 2 Nummer 3 und 4 und Absatz 4 Nummer 2 sind unmittelbar und mittelbar gehaltene Anteile zu berücksichtigen. [2]Für die Berechnung der Stimmrechtsanteile gelten § 1 Absatz 9 Satz 2 und 3 des Kreditwesengesetzes[1)] und § 7a Absatz 2 Satz 4 und 5 des Versicherungsaufsichtsgesetzes.

(2) [1]Kommt es nach dieser Verordnung auf die Höhe gehaltener Kapital- oder Stimmrechtsanteile an, ist diese in Prozent anzugeben. [2]Bei mittelbaren Anteilen sind zusätzlich die vermittelnden Unternehmen mit den von ihnen gehaltenen Kapital- oder Stimmrechtsanteilen in Prozent anzugeben. [3]In den Fällen einer Stimmrechtszurechnung sind auch diejenigen, die die betreffenden Stimmrechte halten, sowie der Grund der Stimmrechtszurechnung anzugeben.

[1)] Nr. **9**.

Abschnitt 2. Anzeige der Absicht des Erwerbs oder der Erhöhung einer bedeutenden Beteiligung

§ 6 Anzeigeformulare, Vollständigkeit der Anzeige. (1) [1] Die Absicht
1. des Erwerbs einer bedeutenden Beteiligung nach § 2c Absatz 1 Satz 1 des Kreditwesengesetzes[1)],
2. des Erwerbs einer bedeutenden Beteiligung nach § 104 Absatz 1 Satz 1 des Versicherungsaufsichtsgesetzes,
3. der Erhöhung einer bedeutenden Beteiligung nach § 2c Absatz 1 Satz 6 des Kreditwesengesetzes oder
4. der Erhöhung einer bedeutenden Beteiligung nach § 104 Absatz 1 Satz 6 des Versicherungsaufsichtsgesetzes

ist mit dem Formular „Erwerb-Erhöhung" der Anlage dieser Verordnung anzuzeigen. [2] Bei komplexen Beteiligungsstrukturen sind der Anzeige zusätzlich das Formular „Komplexe Beteiligungsstrukturen" der Anlage dieser Verordnung sowie ein Schaubild der beabsichtigten Beteiligungsstruktur unter Angabe der jeweils gehaltenen Kapitalanteile und Stimmrechtsanteile in Prozent beizufügen. [3] Komplexe Beteiligungsstrukturen liegen insbesondere vor bei Beteiligungen, die gleichzeitig unmittelbar und mittelbar über ein oder mehrere Unternehmen, über mehrere Beteiligungsketten, im Zusammenwirken mit anderen, bei Treuhandverhältnissen oder in anderen Fällen der Zurechnung von Stimmrechtsanteilen nach § 1 Absatz 9 Satz 2 und 3 des Kreditwesengesetzes oder § 7a Absatz 2 Satz 4 und 5 des Versicherungsaufsichtsgesetzes, jeweils in Verbindung mit § 34 Absatz 1 Satz 1 Nummer 2 bis 6 und Absatz 2 des Wertpapierhandelsgesetzes gehalten werden.

(2) [1] Die Absichtsanzeigen sind vollständig im Sinne des § 2c Absatz 1 Satz 7 in Verbindung mit Absatz 1a Satz 1 des Kreditwesengesetzes und des § 104 Absatz 1 Satz 7 in Verbindung mit Absatz 1a Satz 1 des Versicherungsaufsichtsgesetzes, wenn das Formular nach Absatz 1 Satz 1 vollständig ausgefüllt ist und alle erforderlichen Anlagen beigefügt sind. [2] Können nicht alle erforderlichen Anlagen beigefügt werden, sind die Gründe hierfür anzugeben und die fehlenden Anlagen unverzüglich nachzureichen. [3] Erst mit deren Eingang gelten die Absichtsanzeigen als vollständig.

(3) Eine Anzeige gilt für die Zwecke des § 2c Absatz 1 Satz 7 des Kreditwesengesetzes als vollständig eingegangen, wenn sie bei der Bundesanstalt vollständig eingegangen ist.

§ 7 Änderung der angezeigten Absicht und der angezeigten Angaben.

(1) Gibt der Anzeigepflichtige die Absicht, eine bedeutende Beteiligung zu erwerben oder zu erhöhen, vor dem Erwerb oder der Erhöhung auf, hat er dies unverzüglich schriftlich mitzuteilen.

(2) [1] Ändert der Anzeigepflichtige in einem laufenden Verfahren nach § 2c Absatz 1 Satz 1 oder Satz 6 des Kreditwesengesetzes[1)] oder nach § 104 Absatz 1 Satz 1 oder Satz 6 des Versicherungsaufsichtsgesetzes seine Absicht, eine bedeutende Beteiligung am Zielunternehmen zu erwerben oder zu erhöhen, hat er dies vorbehaltlich des Satzes 2 unverzüglich schriftlich mitzuteilen und die nach

---

[1)] Nr. 9.

dieser Verordnung eingereichten Unterlagen und Erklärungen neu einzureichen, soweit darin einzelne Angaben anzupassen sind. [2] Sofern nunmehr die Beteiligungsschwellen von 20 Prozent, 30 Prozent oder 50 Prozent überschritten werden sollen oder der Anzeigepflichtige durch den geplanten Erwerb oder die geplante Erhöhung Kontrolle über das Zielunternehmen erlangen würde, gilt die angezeigte Absicht als aufgegeben; der Anzeigepflichtige hat in diesem Fall eine neue Anzeige nach § 2c Absatz 1 Satz 1 oder Satz 6 des Kreditwesengesetzes oder § 104 Absatz 1 Satz 1 oder Satz 6 des Versicherungsaufsichtsgesetzes einzureichen.

(3) [1] Ändern sich nach Absendung einer Absichtsanzeige bis zum Ende des Beurteilungszeitraums nach § 2c Absatz 1a des Kreditwesengesetzes oder § 104 Absatz 1a des Versicherungsaufsichtsgesetzes Angaben in den eingereichten Unterlagen und Erklärungen, hat der Anzeigepflichtige die betroffenen Dokumente unverzüglich aktualisiert einzureichen, damit die Bundesanstalt oder die zuständige Landesaufsichtsbehörde diese in ihre Beurteilung einbeziehen kann. [2] Unterlässt er dies oder geht die Aktualisierung der Angaben so spät ein, dass der Behörde für deren Prüfung innerhalb des Beurteilungszeitraums nicht mehr fünf Arbeitstage zur Verfügung stehen, gelten die Angaben in den eingereichten Unterlagen und Erklärungen als nicht richtig.

§ 8 Allgemeine Unterlagen und Erklärungen. Den Absichtsanzeigen sind folgende Unterlagen und Erklärungen beizufügen:

1. ein geeigneter aktueller Nachweis über die Identität oder die Existenz des Anzeigepflichtigen; geeignete Nachweise sind insbesondere:
   a) bei natürlichen Personen eine amtlich beglaubigte Kopie eines gültigen Ausweises, der ein Lichtbild enthält und mit dem die Pass- und Ausweispflicht im Inland erfüllt wird,
   b) bei sonstigen Anzeigepflichtigen amtlich beglaubigte Kopien der Gründungsdokumente oder gleichwertig beweiskräftiger Dokumente und, wenn nach dem Recht des Herkunftsstaates eine Eintragungspflicht in einem Register oder Verzeichnis besteht oder eine Eintragung freiwillig vorgenommen wurde, ein amtlich beglaubigter, aktueller Auszug aus dem Handels-, Vereins-, Genossenschafts-, Partnerschafts- oder Stiftungsregister oder einem vergleichbaren öffentlichen Register oder Verzeichnis,
2. sofern der Anzeigepflichtige keine natürliche Person ist, eine amtlich beglaubigte Kopie der aktuellen Satzung, des aktuellen Gesellschaftsvertrages oder einer gleichwertigen Vereinbarung,
3. sofern der Anzeigepflichtige keine natürliche Person ist, eine Liste mit den persönlich haftenden Gesellschaftern und mit den Personen, die zur Vertretung der Geschäfte des Anzeigepflichtigen auf Grund Gesetz, Satzung, Gesellschaftsvertrag oder einer gleichwertigen Vereinbarung befugt sind, unter Darlegung von Art und Umfang ihrer Befugnisse sowie der Geschäftsverteilung und, sofern der Anzeigepflichtige ein Zweckvermögen ist, ob und in welcher prozentualen Höhe diese Personen an der Verteilung dessen Gewinns teilnehmen,
4. eine aktuelle, vollständige und aussagekräftige Darstellung der geschäftlichen Aktivitäten des Anzeigepflichtigen,
5. sofern der Anzeigepflichtige keine natürliche Person ist, eine Liste mit den natürlichen Personen, juristischen Personen, Personenhandelsgesellschaften

oder Gesellschaften anderer Rechtsform sowie Zweckvermögen, in deren Eigentum oder unter deren Kontrolle der Anzeigepflichtige steht oder auf deren Veranlassung der Erwerb oder die Erhöhung der bedeutenden Beteiligung durchgeführt wird; hierzu zählen insbesondere alle Inhaber von mehr als 25 Prozent der Kapital- oder Stimmrechtsanteile am Anzeigepflichtigen und, sofern der Anzeigepflichtige ein Zweckvermögen ist, diejenigen, die 25 Prozent oder mehr des Zweckvermögens kontrollieren oder in mindestens dieser Höhe an der Verteilung dessen Gewinns teilnehmen,

6. eine Erklärung, ob im Zusammenhang mit dem beabsichtigten Erwerb eine Behörde außerhalb der Finanzbranche eine Untersuchung durchführt oder durchgeführt hat; Anschrift und Bezeichnung der Behörde sowie der Verfahrensstand und bei einer abgeschlossenen Untersuchung deren Ergebnis, das durch amtliche Dokumente zu belegen ist, sind anzugeben, und
7. eine Erklärung, ob und durch welche Personen beabsichtigt ist, Geschäftsleiter des Zielunternehmens auszutauschen.

§ 9 Erklärungen und Unterlagen zur Zuverlässigkeit. (1) [1]Der Anzeigepflichtige hat zu jeder Absichtsanzeige mit dem Formular „Angaben zur Zuverlässigkeit" der Anlage dieser Verordnung anzugeben, ob gegen ihn, gegen eine Person nach § 8 Nummer 3 oder Nummer 7 oder gegen ein von ihm derzeit oder früher geleitetes oder kontrolliertes Unternehmen

1. ein Strafverfahren geführt wird oder zu einem früheren Zeitpunkt ein Strafverfahren wegen eines Verbrechens oder Vergehens geführt worden ist,
2. im Zusammenhang mit einer unternehmerischen oder sonstigen beruflichen Tätigkeit ein Ordnungswidrigkeitsverfahren oder vergleichbares Verfahren nach einer anderen Rechtsordnung geführt wird oder mit einer Verurteilung oder sonstigen Sanktion abgeschlossen worden ist,
3. ein Insolvenzverfahren, ein Verfahren zur Abgabe einer eidesstattlichen Versicherung oder ein vergleichbares Verfahren geführt wird oder zu einem früheren Zeitpunkt geführt worden ist,
4. eine Aufsichtsbehörde eine aufsichtliche Maßnahme eingeleitet hat oder ein solches Verfahren bereits mit einer Sanktion abgeschlossen worden ist und
5. eine Registereintragung, Erlaubnis, Mitgliedschaft oder Gewerbeerlaubnis durch eine Behörde versagt oder aufgehoben worden ist oder der Anzeigepflichtige oder eine Person nach § 8 Nummer 3 oder Nummer 7 in sonstiger Weise vom Betrieb eines Gewerbes oder der Vertretung und Führung dessen Geschäfte ausgeschlossen worden ist oder ein entsprechendes Verfahren geführt wird.

[2]Vergleichbare Sachverhalte und Verfahren nach anderen Rechtsordnungen sind ebenfalls anzuzeigen. [3]Für jede natürliche Person und für jedes Unternehmen ist jeweils ein gesondertes Formular zu verwenden. [4]Alle in den Formularen angegebenen Verfahren und Sanktionen sind zu erläutern. [5]Amtlich beglaubigte Kopien von Urteilen, Beschlüssen und anderen Sanktionen sind dem jeweiligen Formular beizufügen.

(2) [1]Bei den Angaben nach Absatz 1 Satz 1 Nummer 1 können Strafverfahren unberücksichtigt bleiben, die mangels hinreichenden Tatverdachts oder wegen eines Verfahrenshindernisses eingestellt oder mit einem Freispruch beendet worden sind oder bei denen eine ergangene Eintragung im Bundeszentralregister entfernt oder getilgt wurde. [2]Entsprechendes gilt für Strafverfahren,

die nicht von einer deutschen Strafermittlungsbehörde oder von einem deutschen Gericht beendet worden sind. [3]Bei den Angaben nach Absatz 1 Satz 1 Nummer 2, 4 und 5 können die Verfahren unberücksichtigt bleiben, die vor mehr als fünf Jahren vor dem Beginn des Jahres, in dem die Anzeige eingereicht wird, mit einer Verurteilung, Sanktion oder sonstigen Entscheidung abgeschlossen worden sind.

(3) [1]Der Anzeigepflichtige hat in dem jeweiligen Formular nach Absatz 1 ferner zu erklären, ob seine Zuverlässigkeit oder die Zuverlässigkeit der Personen nach § 8 Nummer 3 oder Nummer 7 als Erwerber einer bedeutenden Beteiligung an einem Zielunternehmen oder als Geschäftsleiter eines Zielunternehmens durch eine andere Aufsichtsbehörde geprüft worden ist. [2]Er hat auch zu erklären, ob eine vergleichbare Prüfung durch eine andere Behörde erfolgt ist. [3]Amtliche Dokumente über das Ergebnis dieser Prüfung sind dem jeweiligen Formular beizufügen. [4]Liegen dem Anzeigepflichtigen solche Dokumente nicht vor, hat er dies zu begründen. [5]Bei den Angaben nach den Sätzen 1 und 2 können Prüfungen unberücksichtigt bleiben, die vor mehr als einem Jahr vor dem Beginn des Jahres, in dem die Anzeige eingereicht wird, abgeschlossen worden sind.

(4) [1]Anzeigepflichtige natürliche Personen und Personen nach § 8 Nummer 3 oder Nummer 7 haben bei der Bundesanstalt oder der zuständigen Landesaufsichtsbehörde ein Führungszeugnis zur Vorlage bei einer Behörde gemäß § 30 Absatz 5 oder § 30b des Bundeszentralregistergesetzes einzureichen. [2]Das Führungszeugnis darf zum Zeitpunkt des Einreichens nicht älter als drei Monate sein. [3]Maßgeblich hierfür ist das Ausstellungsdatum. [4]Personen, die einem Staat angehören oder ihren Wohnsitz in einem Staat haben, der keine Dokumente nach Satz 1 ausstellt, haben Dokumente aus dem Herkunfts- oder Wohnsitzstaat einzureichen, die den Dokumenten nach Satz 1 entsprechen. [5]Werden dort auch derartige Dokumente nicht ausgestellt, so ist der Umfang der einzureichenden Ersatzunterlagen mit der Bundesanstalt oder der zuständigen Landesaufsichtsbehörde im Einzelfall abzustimmen. [6]Personen, die in den letzten zehn Jahren Wohnsitze in verschiedenen Staaten hatten, müssen die Führungszeugnisse und Unterlagen aus jedem dieser Staaten beibringen.

(5) [1]Anzeigepflichtige natürliche Personen und Personen nach § 8 Nummer 3 oder Nummer 7 haben, wenn sie einen Wohnsitz in Deutschland innehaben oder hatten oder eine berufliche Tätigkeit in Deutschland ausüben oder ausgeübt haben, bei der Bundesanstalt oder der zuständigen Landesaufsichtsbehörde einen Auszug aus dem Gewerbezentralregister gemäß § 150 der Gewerbeordnung einzureichen. [2]Der Registerauszug darf zum Zeitpunkt des Einreichens nicht älter als drei Monate sein. [3]Maßgeblich hierfür ist das Ausstellungsdatum des Dokuments.

§ 10 Lebenslauf. (1) Den Absichtsanzeigen sind ein Lebenslauf des Anzeigepflichtigen, sofern dieser eine natürliche Person ist, und ein eigenhändig unterzeichneter Lebenslauf jeder natürlichen Person nach § 8 Nummer 3 oder Nummer 7 beizufügen.

(2) [1]Der nach Absatz 1 einzureichende Lebenslauf muss die nachfolgenden Angaben enthalten:

1. den vollständigen Namen,
2. den Geburtsnamen,

3. das Geburtsdatum,
4. den Geburtsort,
5. das Geburtsland,
6. die Anschrift des ersten Wohnsitzes,
7. die Staatsangehörigkeit,
8. die berufliche Qualifikation einschließlich der erworbenen Abschlüsse,
9. Weiterbildungsmaßnahmen und
10. die Berufserfahrung, die in chronologischer Reihenfolge darzustellen ist und mit dem derzeit ausgeübten Beruf beginnen soll, wobei jeweils anzugeben sind:
    a) Name und Sitz des Unternehmens, für das die Person tätig ist oder war,
    b) Art und Dauer der Tätigkeit einschließlich Nebentätigkeiten, mit Ausnahme ehrenamtlicher Tätigkeiten,
    c) Vertretungsmacht dieser Person,
    d) ihre internen Entscheidungskompetenzen und
    e) die ihr unterstellten Geschäftsbereiche.

[2] Alle Zeitangaben müssen monatsgenau erfolgen. [3] Die Angaben müssen lückenlos, vollständig und wahr sein. [4] Dem Lebenslauf von Personen nach § 8 Nummer 7 sind, sofern vorhanden, Arbeitszeugnisse über unselbständige Tätigkeiten, die in den letzten drei Jahren vor Abgabe der Anzeige ausgeübt wurden, beizufügen.

§ 11 Beteiligungsverhältnisse und Konzernzugehörigkeit sowie sonstige Einflussmöglichkeiten. Die Absichtsanzeigen müssen folgende Angaben zu den aktivischen und passivischen Beteiligungsverhältnissen, zur Konzernzugehörigkeit und sonstigen Einflussmöglichkeiten des Anzeigepflichtigen enthalten:

1. sofern der Anzeigepflichtige einem Konzern angehört:
    a) eine aussagekräftige Darstellung der Konzernstruktur mit einem Schaubild unter Angabe jedes Konzernunternehmens sowie der jeweils gehaltenen Kapitalanteile und Stimmrechtsanteile in Prozent,
    b) eine aussagekräftige Darstellung der Geschäftstätigkeit des Konzerns,
    c) eine Aufstellung der aufsichtspflichtigen Konzernunternehmen, die in der Finanzbranche im Sinne des § 1 Absatz 19 des Kreditwesengesetzes[1)] oder des § 2 Absatz 3 des Finanzkonglomerate-Aufsichtsgesetzes[2)] erlaubnispflichtige Geschäfte nach Maßgabe der Branchenvorschriften des § 1 Absatz 18 des Kreditwesengesetzes oder des § 2 Absatz 2 des Finanzkonglomerate-Aufsichtsgesetzes betreiben, unter Angabe der betreffenden Branchenvorschrift sowie der Bezeichnung und der Anschrift der zuständigen Aufsichtsbehörde; Entsprechendes gilt für Konzernunternehmen mit Hauptniederlassung außerhalb eines Mitgliedstaates, die nach den für sie maßgeblichen Vorschriften aufsichtspflichtig sind, und
    d) sofern der Anzeigepflichtige eine natürliche Person ist, zusätzlich,
        aa) bei welchen Konzernunternehmen und bei welchen weiteren Unternehmen er die Geschäfte führt und

---

1) Nr. **9**.
2) Nr. **11**.

bb) über welche weiteren Unternehmen er Kontrolle hat, oder

e) sofern der Anzeigepflichtige keine natürliche Person ist, zusätzlich eine Liste der nicht konzernangehörigen Personen und Unternehmen, die den in Nummer 3 genannten Kriterien entsprechen; bestehende Stimmrechtsvereinbarungen sind zu erläutern;

2. sofern der Anzeigepflichtige eine natürliche Person ist und keinem Konzern angehört, eine Liste der Unternehmen, deren Geschäfte er führt oder über die er Kontrolle hat; es ist jeweils auch anzugeben, ob der Anzeigepflichtige die Geschäfte des angegebenen Unternehmens führt oder über dieses Kontrolle hat;

3. sofern der Anzeigepflichtige keine natürliche Person ist und keinem Konzern angehört, eine Liste der natürlichen und juristischen Personen, Personenhandelsgesellschaften und Gesellschaften anderer Rechtsform sowie Zweckvermögen, die an dem Anzeigepflichtigen mindestens 10 Prozent der Kapital- oder Stimmrechtsanteile halten oder, unabhängig davon, ob Kapital- oder Stimmrechtsanteile gehalten werden, einen maßgeblichen Einfluss auf den Anzeigepflichtigen ausüben können oder die, sofern der Anzeigepflichtige ein Zweckvermögen ist, an der Verteilung dessen Gewinns in Höhe von mindestens 10 Prozent teilnehmen; bestehende Stimmrechtsvereinbarungen sind zu erläutern.

§ 12 Erwerbsinteressen. (1) Den Absichtsanzeigen ist eine ausführliche Darstellung der finanziellen und der sonstigen Interessen des Anzeigepflichtigen an der bedeutenden Beteiligung beizufügen.

(2) Diese Darstellung muss die Geschäftsbeziehungen beschreiben, die er oder ein von ihm geleitetes oder von ihm kontrolliertes Unternehmen zu

1. dem Zielunternehmen,
2. den vom Zielunternehmen kontrollierten Unternehmen,
3. Inhabern von mindestens 5 Prozent der Kapitalanteile am Zielunternehmen, wobei auch die Höhe der Kapitalanteile anzugeben ist,
4. Inhabern von mindestens 5 Prozent der Stimmrechtsanteile am Zielunternehmen, wobei auch die Höhe der Stimmrechtsanteile anzugeben ist,
5. Geschäftsleitern des Zielunternehmens und Personen, die die Geschäfte des Zielunternehmens tatsächlich führen und
6. Mitgliedern des Aufsichtsorgans des Zielunternehmens

unterhält.

(3) [1] Ist der Anzeigepflichtige oder eine Person nach § 8 Nummer 3 Angehöriger einer Person im Sinne des Absatzes 2 Nummer 3, 4 oder 5, ist dies anzugeben. [2] Angehörige im Sinne dieser Vorschrift sind die in § 20 Absatz 5 des Verwaltungsverfahrensgesetzes genannten Personen.

(4) Ferner ist anzugeben, ob und welche

1. Personen nach § 8 Nummer 3 zugleich aufgrund Gesetz, Satzung, Gesellschaftsvertrag oder einer gleichwertigen Vereinbarung befugt sind, die Geschäfte eines Inhabers nach Absatz 2 Nummer 3 und 4 oder des Zielunternehmens zu führen, oder die Geschäfte des Inhabers tatsächlich führen oder diesen vertreten, und
2. Inhaber von Kapital- oder Stimmrechtsanteilen am Anzeigepflichtigen zugleich Inhaber von mindestens 5 Prozent der Kapital- oder Stimmrechts-

anteile am Zielunternehmen sind; die Höhe der Kapital- oder Stimmrechtsanteile ist jeweils anzugeben.

(5) Auf Interessen oder Tätigkeiten des Anzeigepflichtigen, die den Interessen des Zielunternehmens an einer soliden und umsichtigen Geschäftsführung entgegenstehen könnten, ist gesondert einzugehen und zu erklären, wie verhindert werden soll, dass sich diese Interessen negativ auf das Zielunternehmen auswirken.

§ 13 Finanzlage und Bonität des Anzeigepflichtigen. (1) Der Anzeigepflichtige hat seine wirtschaftlichen Verhältnisse darzustellen.

(2) Bei bilanzierenden Anzeigepflichtigen muss die Darstellung nach Absatz 1 folgende Unterlagen zum Anzeigepflichtigen enthalten:

1. Jahresabschlüsse und, sofern diese aufzustellen sind oder freiwillig aufgestellt wurden, Lageberichte jeweils der letzten drei Geschäftsjahre,
2. Berichte über die Jahresabschlussprüfung unabhängiger Abschlussprüfer der letzten drei Geschäftsjahre, sofern diese aufzustellen sind oder freiwillig aufgestellt wurden, und
3. Kapitalflussrechnungen und Segmentberichterstattungen der letzten drei Geschäftsjahre, sofern diese zu erstellen sind oder freiwillig erstellt wurden.

(3) Ist der Anzeigepflichtige eine natürliche Person, muss die Darstellung nach Absatz 1 folgende Angaben enthalten:

1. eine vollständige Aufzählung und Beschreibung seiner Einkommensquellen nebst Nachweisen,
2. seine aktuelle Vermögensaufstellung unter Angabe sämtlicher Verbindlichkeiten nebst Nachweisen,
3. Jahresabschlüsse und, sofern diese aufzustellen sind oder freiwillig aufgestellt wurden, Lageberichte jeweils der letzten drei Geschäftsjahre der vom Anzeigepflichtigen kontrollierten Unternehmen und der Unternehmen, deren Geschäfte er führt, und
4. Berichte über die Jahresabschlussprüfung unabhängiger Abschlussprüfer der letzten drei Geschäftsjahre der vom Anzeigepflichtigen kontrollierten Unternehmen und der Unternehmen, deren Geschäfte er führt, sofern diese aufzustellen sind oder freiwillig aufgestellt wurden.

(4) Gehört der Anzeigepflichtige einem Konzern an, muss die Darstellung nach Absatz 1 zusätzlich enthalten:

1. Konzernabschlüsse der letzen drei Geschäftsjahre, sofern diese zu erstellen sind oder freiwillig erstellt wurden, und
2. Berichte über die Konzernabschlussprüfung unabhängiger Abschlussprüfer der letzten drei Geschäftsjahre, sofern diese zu erstellen sind oder freiwillig erstellt wurden.

(5) [1] Handelt es sich bei dem Zielunternehmen um ein Versicherungsunternehmen, einen Pensionsfonds oder eine Versicherungs-Holdinggesellschaft und sind die Unterlagen nach Absatz 2 Nummer 1 und 2 nicht schlüssig oder bestehen Anhaltspunkte, dass diese Unterlagen die geschäftlichen Verhältnisse des Anzeigepflichtigen nicht zutreffend darstellen, kann die Bundesanstalt oder die zuständige Landesaufsichtsbehörde verlangen, dass der Anzeigepflichtige diese Unterlagen auf seine Kosten durch einen von der Bundesanstalt oder der

zuständigen Landesaufsichtsbehörde zu bestimmenden Wirtschaftsprüfer prüfen zu lassen hat. [2] Entsprechendes gilt für die Unterlagen nach Absatz 4.

(6) [1] Wurde die Bonität des Anzeigepflichtigen von einer oder mehreren Ratingagenturen beurteilt, hat der Anzeigepflichtige das jüngste Rating jeder Ratingagentur anzugeben und jeweils durch aussagekräftige Unterlagen der beurteilenden Ratingagentur zu belegen. [2] Gleiches gilt in Bezug auf die Bonität des Konzerns, dem der Anzeigepflichtige angehört, sowie in Bezug auf die nicht konzernangehörigen Unternehmen, über die der Anzeigepflichtige, sofern dieser eine natürliche Person ist, Kontrolle hat oder deren Geschäfte er führt. [3] Liegen dem Anzeigepflichtigen die Unterlagen nach Satz 1 nicht vor, hat er dies zu begründen.

§ 14 Finanzierung des Erwerbs, Offenlegung sämtlicher Vereinbarungen. Den Absichtsanzeigen sind eine aussagekräftige, lückenlose Darstellung und geeignete, lückenlose Nachweise über das Vorhandensein und die wirtschaftliche Herkunft der Eigen- und Fremdmittel, die für den Erwerb eingesetzt werden sollen, sowie sämtliche im Zusammenhang mit dem beabsichtigten Erwerb getroffenen Vereinbarungen und Verträge beizufügen.

§ 15 Geschäftsplan, Darstellung strategischer Ziele und Pläne.

(1) [1] Erlangt der Anzeigepflichtige durch den geplanten Erwerb oder die geplante Erhöhung der bedeutenden Beteiligung Kontrolle über das Zielunternehmen, ist der Anzeige ein Geschäftsplan beizufügen, der die mit dem Erwerb oder der Erhöhung verfolgten strategischen Ziele und Pläne des Anzeigepflichtigen nachvollziehbar beschreibt. [2] Der Geschäftsplan hat insbesondere aussagekräftige Angaben zur geplanten strategischen Entwicklung, zur geplanten Entwicklung der Vermögens-, Finanz- und Ertragslage sowie zu Auswirkungen auf die Unternehmensstruktur und -organisation des Zielunternehmens zu enthalten. [3] Die Angaben zur geplanten strategischen Entwicklung haben allgemeine Ausführungen zu den wesentlichen Zielen des Beteiligungserwerbs und den zur Zielerreichung geplanten Maßnahmen zu enthalten. [4] Dies umfasst insbesondere:

1. Beweggründe für den Beteiligungserwerb,
2. mittelfristige Vermögens- und Ertragsziele,
3. angestrebte Synergieeffekte im Zielunternehmen,
4. eine mögliche Neuausrichtung der Geschäftsaktivitäten,
5. eine geplante Umverteilung von Kapital im Zielunternehmen und
6. allgemeine Vorgaben und Festlegungen für die Einbeziehung und Integration des Zielunternehmens in die Konzern- und in die Gruppenstruktur des Erwerbers; dies beinhaltet eine Beschreibung der wesentlichen angestrebten Synergieeffekte mit anderen Unternehmen des Konzerns und der Gruppe sowie eine Beschreibung der Grundsätze und Verfahren zur Führung und Steuerung der Unternehmensbeziehungen innerhalb des Konzerns und der Gruppe.

[5] Die Angaben zur geplanten Entwicklung der Vermögens-, Finanz- und Ertragslage umfassen die Planbilanzen und Plangewinn- und Planverlustrechnungen für die nächsten drei Geschäftsjahre nach dem Erwerb oder der geplanten Erhöhung der bedeutenden Beteiligung sowohl für das Zielunternehmen als auch für den Konzern. [6] Darüber hinaus sind insbesondere für die nächsten drei

Geschäftsjahre nach dem Erwerb oder der geplanten Erhöhung der bedeutenden Beteiligung sowohl für das Zielunternehmen als auch für den Konzern anzugeben:

1. die prognostizierten Kapitalkennziffern,
2. die Höhe der voraussichtlichen Risikopositionen,
3. ein Ausblick auf geplante gruppeninterne Geschäfte.

[7] Die Angaben zu den Auswirkungen auf die Unternehmens- und Organisationsstruktur des Zielunternehmens haben insbesondere zu umfassen:

1. Auswirkungen auf die Zusammensetzung und Aufgabenbereiche der Unternehmensorgane und der von ihnen eingesetzten Ausschüsse,
2. Änderungen der Rechnungslegungsmethode und wesentlichen Änderungen der Leitungs-, Steuerungs- und Kontrollprozesse; dies beinhaltet auch Angaben zu wesentlichen Änderungen hinsichtlich der Internen Revision und der Compliance-Funktion und zu einem Wechsel bei den leitenden Mitarbeitern mit Schlüsselfunktion,
3. wesentliche Änderungen der eingesetzten IT-Systeme und IT-Sicherheitssysteme und
4. Auswirkungen auf die Grundsätze für die Delegation und Auslagerung von Unternehmensaktivitäten und -prozessen auf andere Unternehmen oder Personen.

(2) Wenn durch den geplanten Erwerb oder durch die geplante Erhöhung der bedeutenden Beteiligung an dem Zielunternehmen Kapital- oder Stimmrechtsanteile im Umfang von 20 Prozent bis 50 Prozent vom Anzeigepflichtigen gehalten werden oder von diesem auf das Zielunternehmen ein maßgeblicher Einfluss ausgeübt werden kann und der Anzeigepflichtige nach dem geplanten Erwerb oder der geplanten Erhöhung der bedeutenden Beteiligung keine Kontrolle über das Zielunternehmen hat, sind der Anzeige Dokumente beizufügen, die folgende Informationen beinhalten:

1. aussagekräftige Angaben zur geplanten strategischen Entwicklung nach Absatz 1 Satz 3 und 4 und
2. aussagekräftige Angaben im Sinne des Absatzes 3, die jedoch zusätzlich detaillierte Aussagen über die Art der beabsichtigten zukünftigen Einflussnahme auf die finanzielle Ausstattung sowie die Kapitalallokation des Zielunternehmens beinhalten müssen.

(3) Wenn durch den geplanten Erwerb oder durch die geplante Erhöhung der bedeutenden Beteiligung an dem Zielunternehmen Kapital- oder Stimmrechtsanteile unter 20 Prozent vom Anzeigepflichtigen gehalten werden, von diesem auf das Zielunternehmen kein maßgeblicher Einfluss ausgeübt werden kann und der Anzeigepflichtige nach dem geplanten Erwerb oder der geplanten Erhöhung der bedeutenden Beteiligung auch keine Kontrolle über das Zielunternehmen hat, sind der Anzeige Dokumente beizufügen, die folgende Informationen beinhalten:

1. eine aussagekräftige Darstellung der allgemeinen strategischen Ziele, die mit dem Erwerb verfolgt werden; anzugeben ist hierbei unter anderem, wie lange die Anteile voraussichtlich gehalten werden und ob in einem absehbaren Zeitraum nach dem Erwerb die Anteilshöhe verändert werden soll,

2. die beabsichtigte zukünftige Einflussnahme auf das Zielunternehmen unter Angabe der Gründe hierfür und

3. Aussagen zur Bereitschaft und der wirtschaftlichen Fähigkeit, dem Zielunternehmen zukünftig weiteres Kapital, sofern dies notwendig wird, zur Verfügung zu stellen.

§ 16 Abweichende Vorlage- und Nachweispflichten. (1) [1] Der Anzeigepflichtige muss Unterlagen und Erklärungen nicht erneut einreichen, die er bereits mit einer früheren Anzeige nach § 2c Absatz 1 Satz 1, 5 oder 6 des Kreditwesengesetzes[1)] in der ab dem 18. März 2009 geltenden Fassung oder § 104 Absatz 1 Satz 1, 5 oder 6 des Versicherungsaufsichtsgesetzes in der ab dem 18. März 2009 geltenden Fassung innerhalb des letzten Jahres vor der aktuellen Absichtsanzeige eingereicht hat, wenn sich die in den Unterlagen und Erklärungen enthaltenen Angaben nicht verändert haben. [2] Die Bundesanstalt oder die zuständige Landesaufsichtsbehörde kann im Einzelfall einen längeren Zeitraum zulassen. [3] Ist der Anzeigepflichtige bereits Inhaber einer bedeutenden Beteiligung, braucht er seine Identität oder Existenz nach § 8 Nummer 1 nicht erneut nachzuweisen. [4] Die Bundesanstalt oder die zuständige Landesaufsichtsbehörde kann die in den Sätzen 1 und 3 genannten Unterlagen und Erklärungen jedoch im Rahmen des § 2c Absatz 1a Satz 3 bis 9 des Kreditwesengesetzes oder des § 104 Absatz 1a Satz 3 bis 9 des Versicherungsaufsichtsgesetzes anfordern.

(2) [1] Den Absichtsanzeigen müssen folgende Unterlagen und Erklärungen nicht beigefügt werden, wenn der Anzeigepflichtige

1. der Bund, die Deutsche Bundesbank, ein rechtlich unselbständiges Sondervermögen des Bundes oder eines Landes, ein Land, eine Gemeinde oder ein Gemeindeverband ist: die Unterlagen und Erklärungen der §§ 8 bis 15,

2. ein zugelassenes Kreditinstitut oder Finanzdienstleistungsinstitut, Versicherungsunternehmen, Pensionsfonds, jeweils mit Sitz im Inland, oder Kapitalverwaltungsgesellschaft ist, die eine Erlaubnis nach § 7 oder § 97 Absatz 1 des Investmentgesetzes in der bis zum 21. Juli 2013 geltenden Fassung, die für den in § 345 Absatz 2 Satz 1, Absatz 3 Satz 2, in Verbindung mit Absatz 2 Satz 1, oder Absatz 4 Satz 1 des Kapitalanlagegesetzbuchs vorgesehenen Zeitraum noch fortbesteht oder eine Erlaubnis nach den §§ 20, 21 oder §§ 20, 22 des Kapitalanlagegesetzbuchs hat: die Unterlagen und Erklärungen nach § 8 Nummer 1 bis 5 und den §§ 9 bis 14,

3. eine Versicherungs-Holdinggesellschaft ist: die Unterlagen und Erklärungen nach § 8 Nummer 1, 3, 5 und 6 und den §§ 9 bis 14,

4. eine Finanzholding-Gesellschaft oder gemischte Finanzholding-Gesellschaft nach § 1 Absatz 35 des Kreditwesengesetzes in Verbindung mit Artikel 4 Absatz 1 Nummer 20 oder Nummer 21 der Verordnung (EU) Nr. 575/2013[2)] des Europäischen Parlaments und des Rates vom 26. Juni 2013 über Aufsichtsanforderungen an Kreditinstitute und Wertpapierfirmen und zur Änderung der Verordnung (EU) Nr. 646/2012 (ABl. L 176 vom 27.6.2013, S. 1) in der jeweils geltenden Fassung ist und der Bundesanstalt die Unterla-

---

[1)] Nr. **9**.
[2)] Nr. **6**.

gen und Erklärungen nach § 16 Absatz 2 der Anzeigenverordnung[1)] vorliegen: die Unterlagen und Erklärungen nach den §§ 9 und 10,

5. eine Versicherungs-Holdinggesellschaft im Sinne des § 104a Absatz 2 Nummer 4 des Versicherungsaufsichtsgesetzes oder gemischte Finanzholding-Gesellschaft nach § 2 Absatz 10 des Finanzkonglomerate-Aufsichtsgesetzes[2)] ist und der Bundesanstalt oder der zuständigen Landesaufsichtsbehörde die Unterlagen und Erklärungen nach § 13e Absatz 1 Satz 1 Nummer 1 des Versicherungsaufsichtsgesetzes oder § 13e Absatz 1 Satz 2 in Verbindung mit Satz 1 Nummer 1 des Versicherungsaufsichtsgesetzes vorliegen: die Unterlagen und Erklärungen nach den §§ 9 und 10,
6. eine Zentralregierung, Zentralnotenbank, Regionalregierung oder örtliche Gebietskörperschaft eines Mitgliedstaates der Europäischen Union oder eines anderen Vertragsstaates des Abkommens über den Europäischen Wirtschaftsraum oder die Europäische Zentralbank ist: die Unterlagen und Erklärungen der §§ 8 bis 15,
7. ein in einem Mitgliedstaat der Europäischen Union oder einem anderen Vertragsstaat des Abkommens über den Europäischen Wirtschaftsraum zugelassenes CRR-Kreditinstitut, Wertpapierhandelsunternehmen, E-Geld-Institut, Versicherungsunternehmen oder Pensionsfonds ist: die Unterlagen und Erklärungen nach den §§ 9 und 10,
8. in einem anderen Mitgliedstaat der Europäischen Union oder einem anderen Vertragsstaat des Abkommens über den Europäischen Wirtschaftsraum nach Maßgabe der Richtlinie 2009/65/EG des Europäischen Parlaments und des Rates vom 13. Juli 2009 zur Koordinierung der Rechts- und Verwaltungsvorschriften betreffend bestimmte Organismen für gemeinsame Anlagen in Wertpapieren (OGAW) (ABl. L 302 vom 17.11.2009, S. 32) oder der Richtlinie 2011/61/EU des Europäischen Parlaments und des Rates vom 8. Juni 2011 über die Verwalter alternativer Investmentfonds und zur Änderung der Richtlinien 2003/41/EG und 2009/65/EG und der Verordnungen (EG) Nr. 1060/2009 und (EU) Nr. 1095/2010 (ABl. L 174 vom 1. Juli 2011, S. 1) in der jeweils geltenden Fassung beaufsichtigt wird: die Unterlagen und Erklärungen nach den §§ 9 und 10, oder
9. ein Konzernunternehmen eines Konzerns ist, dem mehrere Anzeigepflichtige angehören, und der Bundesanstalt eine vollständige Anzeige nach § 6 von einem dieser Anzeigepflichtigen fristgerecht vorgelegt worden ist: die Unterlagen und Erklärungen nach den §§ 9 und 10, soweit der andere konzernangehörige Anzeigepflichtige verpflichtet war, diese einzureichen, sowie die Unterlagen und Erklärungen nach § 11 Nummer 1 Buchstabe a bis d und § 13 Absatz 4 und 6 Satz 2.

[2] Absatz 1 Satz 4 gilt entsprechend.

(3) [1] Die Bundesanstalt oder die zuständige Landesaufsichtsbehörde kann auf Unterlagen und Erklärungen bei den Anzeigepflichtigen, die konzernangehörig sind, ganz oder teilweise verzichten, soweit diese Informationen für die Prüfung des Erwerbers in diesem Einzelfall nicht erforderlich sind. [2] Die Bundesanstalt oder die zuständige Landesaufsichtsbehörde unterrichtet den Anzeigepflichtigen schriftlich über diese Entscheidung.

[1)] Nr. **9g**.
[2)] Nr. **11**.

(4) Den Absichtsanzeigen müssen die Arbeitszeugnisse nach § 10 Absatz 2 Satz 4 nicht beigefügt werden, wenn das Zielunternehmen ein Versicherungsunternehmen, ein Pensionsfonds oder eine Versicherungs-Holdinggesellschaft im Sinne von § 1b des Versicherungsaufsichtsgesetzes ist.

(5) Den Absichtsanzeigen müssen die Unterlagen nach § 13 Absatz 2, Absatz 3 Nummer 3 und 4 sowie Absatz 4 nicht beigefügt werden, wenn das Zielunternehmen ein Finanzdienstleistungsinstitut ist.

Abschnitt 3. Weitere Anzeige- und Mitteilungspflichten; Übergangsvorschrift

§ 17 Anzeige der Absicht der Verringerung oder Aufgabe einer bedeutenden Beteiligung. (1) [1]Die Absicht

1. der Verringerung einer bedeutenden Beteiligung nach § 2c Absatz 3 Satz 1 des Kreditwesengesetzes[1)],
2. der Verringerung einer bedeutenden Beteiligung nach § 104 Absatz 3 Satz 1 des Versicherungsaufsichtsgesetzes,
3. der Aufgabe einer bedeutenden Beteiligung nach § 2c Absatz 3 Satz 1 des Kreditwesengesetzes oder
4. der Aufgabe einer bedeutenden Beteiligung nach § 104 Absatz 3 Satz 1 des Versicherungsaufsichtsgesetzes

ist mit dem Formular „Aufgabe-Verringerung" der Anlage dieser Verordnung anzuzeigen. [2]Auf die Absichtsanzeigen nach Satz 1 Nummer 1 und 2 ist § 6 Absatz 1 Satz 2 entsprechend anzuwenden.

(2) [1]Der Anzeigepflichtige hat in einer Anlage zu dem Formular nach Absatz 1 Satz 1 zu erklären, auf wen er die Kapital- oder Stimmrechtsanteile übertragen wird. [2]Ist ihm diese Angabe nicht möglich, hat er dies in der Anlage zu begründen.

(3) Für alle Absichtsanzeigen nach Absatz 1 gilt § 16 Absatz 3 entsprechend.

§ 18 Anzeige von Änderungen beim Inhaber einer bedeutenden Beteiligung. [1]Der Anzeige nach § 2c Absatz 1 Satz 5 des Kreditwesengesetzes[1)] oder § 104 Absatz 1 Satz 5 des Versicherungsaufsichtgesetzes sind für jede neu bestellte Person nach § 8 Nummer 3 die Unterlagen und Erklärungen nach den §§ 9 und 10 beizufügen. [2]Die Anzeige ist entbehrlich, wenn der Inhaber der bedeutenden Beteiligung

1. der Bund, die Deutsche Bundesbank, ein rechtlich unselbständiges Sondervermögen des Bundes oder eines Landes, ein Land, eine Gemeinde oder ein Gemeindeverband ist,
2. ein zugelassenes Kreditinstitut oder Finanzdienstleistungsinstitut, Versicherungsunternehmen oder Pensionsfonds, jeweils mit Sitz im Inland, eine Versicherungs-Holdinggesellschaft oder Kapitalverwaltungsgesellschaft ist, die eine Erlaubnis nach § 7 oder § 97 Absatz 1 des Investmentgesetzes in der bis zum 21. Juli 2013 geltenden Fassung, die für den in § 345 Absatz 2 Satz 1, Absatz 3 Satz 2, in Verbindung mit Absatz 2 Satz 1, oder Absatz 4 Satz 1 des Kapitalanlagegesetzbuchs vorgesehenen Zeitraum noch fortbesteht oder eine

---

[1)] Nr. **9**.

Erlaubnis nach den §§ 20, 21 oder §§ 20, 22 des Kapitalanlagegesetzbuchs hat,

3. eine Finanzholding-Gesellschaft oder gemischte Finanzholding-Gesellschaft nach § 1 Absatz 35 des Kreditwesengesetzes in Verbindung mit Artikel 4 Absatz 1 Nummer 20 oder Nummer 21 der Verordnung (EU) Nr. 575/2013[1] in der jeweils geltenden Fassung ist und der Bundesanstalt die Unterlagen und Erklärungen nach § 16 Absatz 2 der Anzeigenverordnung[2] vorliegen,
4. eine Versicherungs-Holdinggesellschaft im Sinne des § 104a Absatz 2 Nummer 4 des Versicherungsaufsichtsgesetzes oder gemischte Finanzholding-Gesellschaft im Sinne des § 2 Absatz 10 des Finanzkonglomerate-Aufsichtsgesetzes[3] ist und der Bundesanstalt oder der zuständigen Landesaufsichtsbehörde die Unterlagen und Erklärungen nach § 13e Absatz 1 Satz 1 Nummer 1 des Versicherungsaufsichtsgesetzes oder § 13e Absatz 1 Satz 2 in Verbindung mit Satz 1 Nummer 1 des Versicherungsaufsichtsgesetzes vorliegen oder
5. eine Zentralregierung, Zentralnotenbank, Regionalregierung oder örtliche Gebietskörperschaft eines Mitgliedstaates der Europäischen Union oder eines anderen Vertragsstaates des Abkommens über den Europäischen Wirtschaftsraum oder die Europäische Zentralbank ist.

§ 19 Ergänzende Mitteilungen bei nachträglichen Änderungen beim Inhaber einer bedeutenden Beteiligung zur Sicherung der Zusammenarbeit mit den zuständigen Stellen im Europäischen Wirtschaftsraum.

[1] Ist der Inhaber einer bedeutenden Beteiligung kein Kreditinstitut oder Finanzdienstleistungsinstitut, Versicherungsunternehmen oder Pensionsfonds mit Sitz im Inland, hat er unverzüglich schriftlich unter Angabe des betreffenden Staates und der Bezeichnung der jeweils zuständigen Aufsichtsbehörde mitzuteilen, wenn er

1. in einem anderen Mitgliedstaat der Europäischen Union oder einem anderen Vertragsstaat des Abkommens über den Europäischen Wirtschaftsraum als CRR-Kreditinstitut, E-Geld-Institut, Wertpapierhandelsunternehmen, Erstversicherungsunternehmen oder Rückversicherungsunternehmen zugelassen wird, wobei die Identitätsnummer, unter der der Anzeigepflichtige bei der zuständigen Aufsichtsbehörde geführt wird, anzugeben ist;
2. Mutterunternehmen eines in einem anderen Mitgliedstaat der Europäischen Union oder einem anderen Vertragsstaat des Abkommens über den Europäischen Wirtschaftsraum zugelassenen CRR-Kreditinstituts, E-Geld-Instituts, Wertpapierhandelsunternehmens, Erstversicherungsunternehmens oder Rückversicherungsunternehmens wird oder
3. die Kontrolle über ein in einem anderen Mitgliedstaat der Europäischen Union oder einem anderen Vertragsstaat des Abkommens über den Europäischen Wirtschaftsraum zugelassenes CRR-Kreditinstitut, E-Geld-Institut, Wertpapierhandelsunternehmen, Erstversicherungsunternehmen oder Rückversicherungsunternehmen erlangt.

---

[1] Nr. **6**.
[2] Nr. **9g**.
[3] Nr. **11**.

[2] Das CRR-Kreditinstitut, E-Geld-Institut, Wertpapierhandelsunternehmen, Erstversicherungsunternehmen oder Rückversicherungsunternehmen nach Satz 1 Nummer 2 und 3 ist auch mit der Identitätsnummer, unter der es bei der zuständigen Aufsichtsbehörde geführt wird, anzugeben.

§ 20 *(aufgehoben)*

Anl. 1

(hier nicht wiedergegeben)

10. Gesetz zur Beaufsichtigung von Wertpapierinstituten (Wertpapierinstitutsgesetz – WpIG)[1)]

Vom 12. Mai 2021
(BGBl. I S. 990)

FNA 7610-23

geänd. durch Art. 8, 9 G zur begleitenden Ausführung der VO (EU) 2020/1503 und der Umsetzung der RL EU 2020/1504 v. 3.6.2021 (BGBl. I S. 1568)

Inhaltsübersicht

[1)] Verkündet als Art. 1 G v. 12.5.2021 (BGBl. I S. 990); Inkrafttreten gem. Art. 8 Abs. 1 dieses G am 26.6.2021.

Amtl. Anm. an der Überschrift des Mantelgesetzes: „Dieses Gesetz dient der Umsetzung der Richtlinie (EU) 2019/2034 des Europäischen Parlaments und des Rates vom 27. November 2019 über die Beaufsichtigung von Wertpapierfirmen und zur Änderung der Richtlinien 2002/87/EG, 2009/65/EG, 2011/61/EU, 2013/36/EU, 2014/59/EU und 2014/65/EU (ABl. L 314 vom 5.12. 2019, S. 64) sowie der Anpassung der nationalen Gesetze und Verordnungen an die Verordnung (EU) 2019/2033 des Europäischen Parlaments und des Rates vom 27. November 2019 über die Aufsichtsanforderungen an Wertpapierfirmen und zur Änderung der Verordnungen (EU) Nr. 1093/2010, (EU) Nr. 575/2013, (EU) Nr. 600/2014 und (EU) Nr. 806/2014 (ABl. L 314 vom 5.12.2019, S. 1; L 20 vom 24.1.2020, S. 26)."

Kapitel 1. Allgemeine Vorschriften

Abschnitt 1. Anwendungsbereich und Begriffsbestimmungen

§ 1 Anwendungsbereich. Dieses Gesetz ist auf Wertpapierinstitute mit Sitz oder Tätigkeit im Inland anzuwenden.

§ 2 Begriffsbestimmungen. (1) Ein Wertpapierinstitut ist ein Unternehmen, das gewerbsmäßig oder in einem Umfang, der einen in kaufmännischer Weise eingerichteten Geschäftsbetrieb erfordert, Wertpapierdienstleistungen allein oder zusammen mit Wertpapiernebendienstleistungen oder Nebengeschäften erbringt.

(2) Wertpapierdienstleistungen im Sinne dieses Gesetzes sind

1. die Anschaffung oder Veräußerung von Finanzinstrumenten im eigenen Namen für fremde Rechnung (Finanzkommissionsgeschäft),
2. die Übernahme von Finanzinstrumenten für eigenes Risiko zur Platzierung oder die Übernahme gleichwertiger Garantien (Emissionsgeschäft),
3. die Vermittlung von Geschäften über die Anschaffung und die Veräußerung von Finanzinstrumenten (Anlagevermittlung),
4. die Abgabe von persönlichen Empfehlungen im Sinne des Artikels 9 der Delegierten Verordnung (EU) 2017/565 der Kommission vom 25. April 2016 zur Ergänzung der Richtlinie 2014/65/EU des Europäischen Parlaments und des Rates in Bezug auf die organisatorischen Anforderungen an Wertpapierfirmen und die Bedingungen für die Ausübung ihrer Tätigkeit sowie in Bezug auf die Definition bestimmter Begriffe für die Zwecke der genannten Richtlinie (ABl. L 87 vom 31.3.2017, S. 1; L 246 vom 26.9. 2017, S. 12; L 82 vom 26.3.2018, S. 18), die zuletzt durch die Delegierte Verordnung (EU) 2019/1011 (ABl. L 165 vom 21.6.2019, S. 1) geändert worden ist, an Kunden oder deren Vertreter, die sich auf Geschäfte mit bestimmten Finanzinstrumenten beziehen, sofern die Empfehlung auf eine Prüfung der persönlichen Umstände des Anlegers gestützt oder als für ihn geeignet dargestellt wird und nicht ausschließlich über Informationsverbreitungskanäle oder für die Öffentlichkeit bekannt gegeben wird (Anlageberatung),
5. die Anschaffung oder Veräußerung von Finanzinstrumenten in fremdem Namen für fremde Rechnung (Abschlussvermittlung),
6. der Betrieb eines multilateralen Systems, das die Interessen einer Vielzahl von Personen am Kauf und Verkauf von Finanzinstrumenten innerhalb des Systems und nach nichtdiskretionären Bestimmungen in einer Weise zusammenbringt, die zu einem Vertrag über den Kauf dieser Finanzinstrumente führt (Betrieb eines multilateralen Handelssystems),
7. der Betrieb eines multilateralen Systems, bei dem es sich nicht um einen organisierten Markt oder ein multilaterales Handelssystem handelt und das die Interessen einer Vielzahl Dritter am Kauf und Verkauf von Schuldverschreibungen, strukturierten Finanzprodukten, Emissionszertifikaten oder Derivaten innerhalb des Systems auf eine Weise zusammenführt, die zu einem Vertrag über den Kauf dieser Finanzinstrumente führt (Betrieb eines organisierten Handelssystems),
8. die Platzierung von Finanzinstrumenten ohne feste Übernahmeverpflichtung (Platzierungsgeschäft),
9. die Verwaltung einzelner oder mehrerer in Finanzinstrumenten angelegter Vermögen für andere mit Entscheidungsspielraum (Finanzportfolioverwaltung),
10. der Eigenhandel durch das
    a) kontinuierliche Anbieten des An- und Verkaufs von Finanzinstrumenten an den Finanzmärkten zu selbst gestellten Preisen für eigene Rechnung unter Einsatz des eigenen Kapitals (Market-Making),

b) häufige organisierte und systematische Betreiben von Handel für eigene Rechnung in erheblichem Umfang außerhalb eines organisierten Marktes oder eines multilateralen oder organisierten Handelssystems, wenn Kundenaufträge außerhalb eines geregelten Marktes oder eines multilateralen oder organisierten Handelssystems ausgeführt werden, ohne dass ein multilaterales Handelssystem betrieben wird (systematische Internalisierung),

c) Anschaffen oder Veräußern von Finanzinstrumenten für eigene Rechnung als Dienstleistung für andere oder

d) Kaufen oder Verkaufen von Finanzinstrumenten für eigene Rechnung als unmittelbarer oder mittelbarer Teilnehmer eines inländischen organisierten Marktes oder eines multilateralen oder organisierten Handelssystems mittels einer hochfrequenten algorithmischen Handelstechnik, die gekennzeichnet ist durch

aa) eine Infrastruktur zur Minimierung von Netzwerklatenzen und anderen Verzögerungen bei der Orderübertragung (Latenzen), die mindestens eine der folgenden Vorrichtungen für die Eingabe algorithmischer Aufträge aufweist:

aaa) Kollokation,

bbb) Proximity Hosting oder

ccc) direkter elektronischer Hochgeschwindigkeitszugang,

bb) die Fähigkeit des Systems, einen Auftrag ohne menschliche Intervention im Sinne des Artikels 18 der Delegierten Verordnung (EU) 2017/565 einzuleiten, zu erzeugen, weiterzuleiten oder auszuführen und

cc) ein hohes untertägiges Mitteilungsaufkommen im Sinne des Artikels 19 der Delegierten Verordnung (EU) 2017/565 in Form von Aufträgen, Kursangaben oder Stornierungen,

auch ohne dass eine Dienstleistung für andere vorliegt (Hochfrequenzhandel). Ob ein häufiger systematischer Handel im Sinne der Nummer 10 Buchstabe b vorliegt, bemisst sich nach der Anzahl der Geschäfte außerhalb eines Handelsplatzes im Sinne des § 2 Absatz 22 des Wertpapierhandelsgesetzes (OTC-Handel) mit einem Finanzinstrument zur Ausführung von Kundenaufträgen, die für eigene Rechnung durchgeführt werden. Ob ein Handel in erheblichem Umfang im Sinne der Nummer 10 Buchstabe b vorliegt, bemisst sich entweder nach dem Anteil des OTC-Handels an dem Gesamthandelsvolumen des Unternehmens in einem bestimmten Finanzinstrument oder nach dem Verhältnis des OTC-Handels des Unternehmens zum Gesamthandelsvolumen in einem bestimmten Finanzinstrument in der Europäischen Union. Die Voraussetzungen der systematischen Internalisierung sind erst dann erfüllt, wenn sowohl die in den Artikeln 12 bis 17 der Delegierten Verordnung (EU) 2017/565 bestimmte Obergrenze für häufigen systematischen Handel als auch die dort bestimmte einschlägige Obergrenze für den Handel in erheblichem Umfang überschritten wird oder wenn ein Unternehmen sich freiwillig den für die systematische Internalisierung geltenden Regelungen unterworfen und einen entsprechenden Erlaubnisantrag bei der Bundesanstalt gestellt hat.

(3) Wertpapiernebendienstleistungen im Sinne dieses Gesetzes sind

1. die Verwahrung und die Verwaltung von Finanzinstrumenten mit Ausnahme von Rechnungseinheiten und Kryptowerten für andere, einschließlich Depotverwahrung und verbundener Dienstleistungen wie Cash Management oder die Verwaltung von Sicherheiten mit Ausnahme der Bereitstellung und Führung von Wertpapierkonten auf oberster Ebene (zentrale Kontenführung) gemäß Abschnitt A Nummer 2 des Anhangs zur Verordnung (EU) Nr. 909/2014 des Europäischen Parlaments und des Rates vom 23. Juli 2014 zur Verbesserung der Wertpapierlieferungen und -abrechnungen in der Europäischen Union und über Zentralverwahrer sowie zur Änderung der Richtlinien 98/26/EG und 2014/65/EU und der Verordnung (EU) Nr. 236/2012 (ABl. L 257 vom 28.8.2014, S. 1; L 349 vom 21.12.2016, S. 5), die zuletzt durch die Verordnung (EU) 2016/1033 (ABl. L 175 vom 30.6. 2016, S. 1) geändert worden ist,
2. die Gewährung von Darlehen oder anderen Krediten an andere für die Durchführung von Wertpapierdienstleistungen, sofern das Unternehmen, das die Kredite oder Darlehen gewährt, an diesen Geschäften beteiligt ist,
3. die Beratung von Unternehmen über die Kapitalstruktur, die industrielle Strategie sowie die Beratung und das Angebot von Dienstleistungen bei Unternehmenskäufen und Unternehmenszusammenschlüssen,
4. Devisengeschäfte, wenn diese im Zusammenhang mit der Erbringung von Wertpapierdienstleistungen stehen,
5. das Erstellen oder Verbreiten von Empfehlungen oder Vorschlägen von Anlagestrategien im Sinne des Artikels 3 Absatz 1 Nummer 34 der Verordnung (EU) Nr. 596/2014 des Europäischen Parlaments und des Rates vom 16. April 2014 über Marktmissbrauch (Marktmissbrauchsverordnung) und zur Aufhebung der Richtlinie 2003/6/EG des Europäischen Parlaments und des Rates und der Richtlinien 2003/124/EG, 2003/125/EG und 2004/72/EG der Kommission (ABl. L 173 vom 12.6.2014, S. 1; L 287 vom 21.10. 2016, S. 320; L 306 vom 15.11.2016, S. 43; L 348 vom 21.12.2016, S. 83), die zuletzt durch die Verordnung (EU) 2019/2115 (ABl. L 320 vom 11.12. 2019, S. 1) geändert worden ist, (Anlagestrategieempfehlung) oder von Anlageempfehlungen im Sinne des Artikels 3 Absatz 1 Nummer 35 der Verordnung (EU) Nr. 596/2014,
6. Dienstleistungen, die im Zusammenhang mit dem Emissionsgeschäft stehen und
7. Dienstleistungen, die sich auf einen Basiswert im Sinne des Absatzes 8 Nummer 2 oder 5 beziehen und im Zusammenhang mit Wertpapierdienstleistungen oder Wertpapiernebendienstleistungen stehen.

(4) Nebengeschäfte im Sinne dieses Gesetzes sind

1. die Verwahrung und die Verwaltung von Wertpapieren ausschließlich für alternative Investmentfonds (AIF) im Sinne des § 1 Absatz 3 des Kapitalanlagegesetzbuchs (eingeschränktes Verwahrgeschäft) und
2. die Vermittlung von Einlagengeschäften mit Unternehmen mit Sitz außerhalb des Europäischen Wirtschaftsraumes (Drittstaateneinlagenvermittlung).

(5) Finanzinstrumente im Sinne dieses Gesetzes sind

1. Aktien und andere Anteile an in- oder ausländischen juristischen Personen, Personengesellschaften und sonstigen Unternehmen, soweit sie Aktien ver-

gleichbar sind, sowie Hinterlegungsscheine, die Aktien oder Aktien vergleichbare Anteile vertreten,

2. Vermögensanlagen im Sinne des § 1 Absatz 2 des Vermögensanlagengesetzes mit Ausnahme von Anteilen an einer Genossenschaft im Sinne des § 1 des Genossenschaftsgesetzes,
3. Schuldtitel, insbesondere Genussscheine, Inhaberschuldverschreibungen, Orderschuldverschreibungen und diesen Schuldtiteln vergleichbare Rechte, die ihrer Art nach auf den Kapitalmärkten handelbar sind, mit Ausnahme von Zahlungsinstrumenten, sowie Hinterlegungsscheine, die diese Schuldtitel vertreten,
4. sonstige Rechte, die zum Erwerb oder zur Veräußerung von Rechten nach den Nummern 1 und 3 berechtigen oder zu einer Barzahlung führen, die in Abhängigkeit von solchen Rechten, von Währungen, Zinssätzen oder anderen Erträgen, von Waren, Indices oder Messgrößen bestimmt wird,
5. Anteile an Investmentvermögen im Sinne des § 1 Absatz 1 des Kapitalanlagegesetzbuchs,
6. Geldmarktinstrumente,
7. Devisen oder Rechnungseinheiten,
8. Derivate,
9. Berechtigungen nach § 3 Nummer 3 des Treibhausgas-Emissionshandelsgesetzes, Emissionsreduktionseinheiten nach § 2 Nummer 20 des Projekt-Mechanismen-Gesetzes und zertifizierte Emissionsreduktionen nach § 2 Nummer 21 des Projekt-Mechanismen-Gesetzes, soweit diese jeweils im Emissionshandelsregister gehalten werden dürfen (Emissionszertifikate),
10. Kryptowerte im Sinne des § 1 Absatz 11 Satz 4 und 5 des Kreditwesengesetzes[1] sowie
11. für Schwarmfinanzierungszwecke nach Artikel 2 Absatz 1 Buchstabe n der Verordnung (EU) 2020/1503[2] des Europäischen Parlaments und des Rates vom 7. Oktober 2020 über Europäische Schwarmfinanzierungsdienstleister für Unternehmen und zur Änderung der Verordnung (EU) 2017/1129 und der Richtlinie (EU) 2019/1937 (ABl. L 347 vom 20.10.2020, S. 1), in der jeweils geltenden Fassung, zugelassene Instrumente (Schwarmfinanzierungsinstrumente).

(6) Hinterlegungsscheine im Sinne dieses Gesetzes sind Wertpapiere, die auf dem Kapitalmarkt handelbar sind, ein Eigentumsrecht an Wertpapieren von Emittenten mit Sitz im Ausland verbriefen, zum Handel auf einem organisierten Markt zugelassen sind und unabhängig von den Wertpapieren des jeweiligen Emittenten mit Sitz im Ausland gehandelt werden können.

(7) Geldmarktinstrumente im Sinne dieses Gesetzes sind Instrumente im Sinne des Artikels 11 der Delegierten Verordnung (EU) 2017/565 mit Ausnahme von Zahlungsinstrumenten.

(8) Derivate im Sinne dieses Gesetzes sind

1. als Kauf, Tausch oder anderweitig ausgestaltete Festgeschäfte oder Optionsgeschäfte, die zeitlich verzögert zu erfüllen sind und deren Wert sich un-

---

[1] Nr. **9**.
[2] Nr. **19**.

mittelbar oder mittelbar vom Preis oder Maß eines Basiswertes ableitet (Termingeschäfte) mit Bezug auf die folgenden Basiswerte:
a) Wertpapiere oder Geldmarktinstrumente,
b) Devisen, soweit das Geschäft nicht die Voraussetzungen des Artikels 10 der Delegierten Verordnung (EU) 2017/565 erfüllt, oder Rechnungseinheiten,
c) Zinssätze oder andere Erträge,
d) Indices der Basiswerte der Buchstaben a, b, c, f und andere Finanzindices oder Finanzmessgrößen,
e) Derivate oder
f) Emissionszertifikate;
2. Termingeschäfte mit Bezug auf Waren, Frachtsätze, Klima- oder andere physikalische Variablen, Inflationsraten oder andere volkswirtschaftliche Variablen oder sonstige Vermögenswerte, Indices oder Messwerte als Basiswerte, sofern sie
a) durch Barausgleich zu erfüllen sind oder einer Vertragspartei das Recht geben, einen Barausgleich zu verlangen, ohne dass dieses Recht durch Ausfall oder ein anderes Beendigungsereignis begründet ist,
b) auf einem organisierten Markt oder in einem multilateralen oder organisierten Handelssystem geschlossen werden, soweit es sich nicht um über ein organisiertes Handelssystem gehandelte Energiegroßhandelsprodukte handelt, die effektiv geliefert werden müssen, oder
c) die Merkmale anderer Derivatekontrakte im Sinne des Artikels 7 der Delegierten Verordnung (EU) 2017/565 aufweisen und nichtkommerziellen Zwecken dienen

und sofern sie keine Kassageschäfte im Sinne des Artikels 7 der Delegierten Verordnung (EU) 2017/565 sind;
3. finanzielle Differenzgeschäfte;
4. als Kauf, Tausch oder anderweitig ausgestaltete Festgeschäfte oder Optionsgeschäfte, die zeitlich verzögert zu erfüllen sind und dem Transfer von Kreditrisiken dienen (Kreditderivate);
5. Termingeschäfte mit Bezug auf die in Artikel 8 der Delegierten Verordnung (EU) 2017/565 genannten Basiswerte, sofern sie die Bedingungen von Nummer 2 erfüllen.

(9) Anbieter von Nebendienstleistungen im Sinne dieses Gesetzes ist ein Unternehmen, dessen Haupttätigkeit besteht
1. im Besitz oder in der Verwaltung von Immobilien,
2. in der Verwaltung von Datenverarbeitungsdiensten oder
3. in einer den Nummern 1 und 2 ähnlichen Tätigkeit, die im Verhältnis zur Haupttätigkeit eine oder mehrerer Wertpapierinstitute den Charakter einer Nebentätigkeit hat.

(10) Waren- und Emissionszertifikatehändler im Sinne dieses Gesetzes sind Waren- und Emissionszertifikatehändler im Sinne des Artikels 4 Absatz 1 Nummer 150 der Verordnung (EU) Nr. 575/2013[1)] des Europäischen Parlaments und des Rates vom 26. Juni 2013 über Aufsichtsanforderungen an

---

[1)] Nr. **6**.

Wertpapierfirmen und zur Änderung der Verordnung (EU) Nr. 648/2012 (ABl. L 176 vom 27.6.2013, S. 1; L 208 vom 2.8.2013; S. 68; L 321 vom 30.11.2013, S. 6; L 193 vom 21.7.2015, S. 166; L 20 vom 25.1.2017, S. 3; L 13 vom 17.1.2020, S. 58; L 335 vom 13.10.2020, S. 20), die zuletzt durch die Verordnung (EU) 2020/873 (ABl. L 204 vom 26.6.2020, S. 4) geändert worden ist.

(11) [1] Zweigniederlassung im Sinne dieses Gesetzes ist eine Betriebsstelle, die

1. nicht die Hauptverwaltung ist,
2. einen rechtlich unselbstständigen Teil eines Wertpapierinstituts bildet und
3. Wertpapierdienstleistungen, gegebenenfalls auch Wertpapiernebendienstleistungen, erbringt, für die dem Wertpapierinstitut eine Zulassung erteilt wurde.

[2] Alle Betriebsstellen eines Wertpapierinstituts mit Hauptverwaltung in einem anderen Vertragsstaat, die sich in demselben Vertragsstaat befinden, gelten als eine einzige Zweigniederlassung.

(12) Eine enge Verbindung im Sinne dieses Gesetzes liegt vor, wenn mindestens zwei natürliche oder juristische Personen wie folgt miteinander verbunden sind:

1. durch eine Beteiligung in Form des direkten Haltens oder des Haltens im Wege der Kontrolle von mindestens 20 Prozent der Stimmrechte oder der Anteile an einem Unternehmen,
2. durch Kontrolle in Form eines Verhältnisses zwischen Mutter- und Tochterunternehmen in den Fällen des Artikels 22 Absatz 1 und 2 der Richtlinie 2013/34/EU des Europäischen Parlaments und des Rates vom 26. Juni 2013 über den Jahresabschluss, den konsolidierten Abschluss und damit verbundene Berichte von Unternehmen bestimmter Rechtsformen und zur Änderung der Richtlinie 2006/43/EG des Europäischen Parlaments und des Rates und zur Aufhebung der Richtlinien 78/660/EWG und 83/349/EWG des Rates (ABl. L 182 vom 29.6.2013, S. 19; L 369 vom 24.12.2014, S. 79), die zuletzt durch die Richtlinie 2014/102/EU (ABl. L 334 vom 21.11.2014, S. 86) geändert worden ist, oder eines vergleichbaren Verhältnisses zwischen einer natürlichen oder juristischen Person und einem Unternehmen; Tochterunternehmen von Tochterunternehmen gelten ebenfalls als Tochterunternehmen des Mutterunternehmens, das an der Spitze dieser Unternehmen steht, oder
3. durch ein dauerhaftes Kontrollverhältnis von mindestens zwei natürlichen oder juristischen Personen, das zu derselben dritten Person besteht.

(13) Zuständige Behörde im Sinne dieses Gesetzes ist im Inland die Bundesanstalt für Finanzdienstleistungsaufsicht (Bundesanstalt) und im Ausland eine nach nationalem Recht offiziell anerkannte Behörde oder öffentliche Stelle eines Vertragsstaates, die nach diesem Recht im Rahmen des in dem betreffenden Vertragsstaat geltenden Aufsichtssystems zur Beaufsichtigung von Wertpapierinstituten gemäß der Richtlinie (EU) 2019/2034 des Europäischen Parlaments und des Rats vom 27. November 2019 über die Beaufsichtigung von Wertpapierfirmen und zur Änderung der Richtlinien 2002/87/EG, 2009/65/EG, 2011/61/EU, 2013/36/EU, 2014/59/EU und 2014/65/EU (ABl. L 314 vom 5.12.2019, S. 64) befugt ist.

(14) Einhaltung des Gruppenkapitaltests im Sinne dieses Gesetzes ist die Einhaltung der in Artikel 8 der Verordnung (EU) 2019/2033 des[1] Europäischen Parlaments und des Rats vom 27. November 2019 über Aufsichtsanforderungen an Wertpapierfirmen und zur Änderung der Verordnungen (EU) Nr. 1093/2010, (EU) Nr. 575/2013, (EU) Nr. 600/2014 und (EU) Nr. 806/2014 (ABl. L 314 vom 5.12.2019, S. 1; L 20 vom 24.1.2020, S. 26) genannten Anforderungen durch das Mutterunternehmen einer Wertpapierinstitutsgruppe.

(15) Kreditinstitut im Sinne dieses Gesetzes ist ein Kreditinstitut im Sinne des Artikels 4 Absatz 1 Nummer 1 der Verordnung (EU) Nr. 575/2013.

(16) Kleines Wertpapierinstitut im Sinne dieses Gesetzes ist ein Wertpapierinstitut, das die Bedingungen des Artikels 12 Absatz 1 der Verordnung (EU) 2019/2033 erfüllt.

(17) Mittleres Wertpapierinstitut im Sinne dieses Gesetzes ist ein Wertpapierinstitut, das die Bedingungen des Artikels 12 Absatz 1 der Verordnung (EU) 2019/2033 nicht erfüllt.

(18) Großes Wertpapierinstitut im Sinne dieses Gesetzes ist ein Wertpapierinstitut im Sinne des Absatz 1, das aufgrund des Artikels 1 Absatz 2 der Verordnung (EU) 2019/2033 oder aufgrund einer Gestattung gemäß Artikel 1 Absatz 5 der Verordnung (EU) 2019/2033 oder nach § 8 verpflichtet ist, die Verordnung (EU) 575/2013 anzuwenden.

(19) Herkunftsvertragsstaat eines Wertpapierinstituts ist,

1. sofern es sich um eine natürliche Person handelt, der Vertragsstaat, in dem sich die Hauptverwaltung des Wertpapierinstituts befindet,
2. sofern es sich um eine juristische Person handelt, der Vertragsstaat, in dem sich der Sitz des Wertpapierinstituts befindet, oder
3. sofern es sich um eine juristische Person handelt, für die nach dem nationalen Recht, das für das Wertpapierinstitut maßgeblich ist, kein Sitz bestimmt ist, der Vertragsstaat, in dem sich die Hauptverwaltung des Wertpapierinstituts befindet.

(20) Aufnahmevertragsstaat eines Wertpapierinstituts ist der Vertragsstaat, in dem das Wertpapierinstitut eine Zweigniederlassung unterhält oder Wertpapierdienstleistungen im Wege des grenzüberschreitenden Dienstleistungsverkehrs erbringt;

(21) Systemrisiko im Sinne dieses Gesetzes ist das Risiko einer Störung des Finanzsystems mit möglicherweise schwerwiegenden negativen Auswirkungen auf das Finanzsystem und die Realwirtschaft.

(22) Kontrolle im Sinne dieses Gesetzes ist das in Artikel 22 Absatz 1 und 2 der Richtlinie 2013/34/EU oder in den jeweils für das Wertpapierinstitut nach der Verordnung (EG) Nr. 1606/2002 des Europäischen Parlaments und des Rates vom 19. Juli 2002 betreffend die Anwendung internationaler Rechnungslegungsstandards (ABl. L 243 vom 11.9.2002, S. 1), die zuletzt durch die Verordnung (EG) Nr. 297/2008 (ABl. L 97 vom 9.4.2008, S. 62) geändert worden ist, geltenden Rechnungslegungsstandards beschriebene Verhältnis zwischen einem Mutterunternehmen und einem Tochterunternehmen oder ein

---

[1] Nr. **7**.

ähnliches Verhältnis zwischen einer natürlichen oder juristischen Person und einem Unternehmen.

(23) [1]Bedeutende Beteiligung im Sinne dieses Gesetzes ist eine qualifizierte Beteiligung gemäß Artikel 4 Absatz 1 Nummer 36 der Verordnung (EU) Nr. 575/2013. [2]Für die Berechnung des Anteils der Stimmrechte gelten § 33 Absatz 1 in Verbindung mit einer Rechtsverordnung nach § 33 Absatz 3, § 34 Absatz 1 und 2, § 35 Absatz 1 bis 3 in Verbindung mit einer Rechtsverordnung nach § 35 Absatz 6 und § 36 des Wertpapierhandelsgesetzes entsprechend. [3]Unberücksichtigt bleiben die Stimmrechte oder Kapitalanteile, die Kreditinstitute oder Wertpapierinstitute im Rahmen des Emissionsgeschäfts nach Absatz 2 Nummer 2 halten, vorausgesetzt, diese Rechte werden nicht ausgeübt oder anderweitig genutzt, um in die Geschäftsführung des Emittenten einzugreifen, und sie werden innerhalb eines Jahres nach dem Zeitpunkt des Erwerbs veräußert.

(24) Gruppe im Sinne dieses Gesetzes ist eine Gruppe im Sinne des Artikels 2 Nummer 11 der Richtlinie 2013/34/EU.

(25) Wertpapierinstitutsgruppe ist eine Unternehmensgruppe im Sinne des Artikels 4 Absatz 1 Nummer 25 der Verordnung (EU) 2019/2033.

(26) Finanzinstitut im Sinne dieses Gesetzes ist ein Finanzinstitut im Sinne des Artikels 4 Absatz 1 Nummer 14 der Verordnung (EU) 2019/2033.

(27) [1]Investmentholdinggesellschaft im Sinne dieses Gesetzes ist ein Finanzinstitut, dessen Tochterunternehmen ausschließlich oder hauptsächlich Wertpapierinstitute oder Finanzinstitute sind, wobei mindestens ein Tochterunternehmen ein Wertpapierinstitut sein muss. [2]Keine Investmentholdinggesellschaft ist eine Finanzholdinggesellschaft im Sinne des Artikels 4 Absatz 1 Nummer 20 der Verordnung (EU) Nr. 575/2013.

(28) Gemischte Finanzholdinggesellschaft im Sinne dieses Gesetzes ist eine gemischte Finanzholdinggesellschaft im Sinne des Artikels 4 Absatz 1 Nummer 40 der Verordnung (EU) 2019/2033.

(29) Gemischtes Unternehmen im Sinne dieses Gesetzes ist ein Mutterunternehmen, das keine Finanzholdinggesellschaft, keine Investmentholdinggesellschaft, kein Kreditinstitut, kein Wertpapierinstitut und keine gemischte Finanzholdinggesellschaft im Sinne dieses Gesetzes ist und zu dessen Tochterunternehmen mindestens ein Wertpapierinstitut gehört.

(30) Mutterunternehmen im Sinne dieses Gesetzes ist ein Mutterunternehmen im Sinne des Artikels 2 Nummer 9 und des Artikels 22 der Richtlinie 2013/34/EU.

(31) Tochterunternehmen im Sinne dieses Gesetzes ist ein Tochterunternehmen im Sinne des Artikels 2 Nummer 10 und des Artikels 22 der Richtlinie 2013/34/EU, einschließlich aller Tochterunternehmen eines Tochterunternehmens des an der Spitze stehenden Mutterunternehmens.

(32) Schwesterunternehmen im Sinne dieses Gesetzes ist ein Schwesterunternehmen im Sinne des § 1 Absatz 7 des Kreditwesengesetzes.

(33) EU-Mutterwertpapierinstitut im Sinne dieses Gesetzes ist ein Wertpapierinstitut im Sinne des Artikels 3 Absatz 1 Nummer 31 der Richtlinie (EU) 2019/2034 in Verbindung mit Artikel 4 Absatz 1 Nummer 56 der Verordnung (EU) 2019/2033.

(34) EU-Mutterinvestmentholdinggesellschaft im Sinne dieses Gesetzes ist eine Gesellschaft im Sinne des Artikels 4 Absatz 1 Nummer 57 der Verordnung (EU) 2019/2033.

(35) Gemischte EU-Mutterfinanzholdinggesellschaft im Sinne dieses Gesetzes ist eine Mutterfinanzholdinggesellschaft im Sinne des Artikels 3 Absatz 1 Nummer 33 der Richtlinie (EU) 2019/2034 in Verbindung mit Artikel 4 Absatz 1 Nummer 58 der Verordnung (EU) 2019/2033.

(36) Geschäftsleiter im Sinne dieses Gesetzes sind diejenigen natürlichen Personen, die nach Gesetz, Satzung oder Gesellschaftsvertrag zur Führung der Geschäfte und zur Vertretung eines Wertpapierinstituts oder eines Unternehmens in der Rechtsform einer juristischen Person oder einer Personenhandelsgesellschaft, die Wertpapierinstitut im Sinne des Absatz 1 ist, berufen sind.

(37) Vertragsstaat im Sinne dieses Gesetzes ist ein Mitgliedstaat der Europäischen Union oder ein Vertragsstaat des Europäischen Wirtschaftsraums.

(38) Auslagerungsunternehmen im Sinne dieses Gesetzes sind Unternehmen, auf die ein Wertpapierinstitut oder ein übergeordnetes Unternehmen Aktivitäten und Prozesse zur Durchführung von Wertpapierdienstleistungen, Wertpapiernebendienstleistungen oder Nebengeschäften ausgelagert hat, sowie deren Subunternehmen bei Weiterverlagerung von Aktivitäten und Prozessen, die für die Durchführung von Wertpapierdienstleistungen, Wertpapiernebendienstleistungen oder Nebengeschäften wesentlich sind.

§ 3 Ausnahmen. (1) [1] Als Wertpapierinstitut gelten nicht

1. die Deutsche Bundesbank und vergleichbare Institutionen in den anderen Staaten der Europäischen Union, die Mitglieder des Europäischen Systems der Zentralbanken sind;
2. von zwei oder mehr Mitgliedstaaten der Europäischen Union gegründete internationale Finanzinstitute, die dem Zweck dienen, Finanzmittel zu mobilisieren und ihren Mitgliedern Finanzhilfen zu gewähren, sofern diese von schwerwiegenden Finanzierungsproblemen betroffen sind;
3. die Kreditanstalt für Wiederaufbau;
4. die öffentliche Schuldenverwaltung des Bundes, eines seiner Sondervermögen, eines Landes, von Sondervermögen der Länder oder eines anderen Vertragsstaates;
5. private und öffentlich-rechtliche Versicherungsunternehmen;
6. Unternehmen, die Wertpapierdienstleistungen im Sinne des § 2 Absatz 2 ausschließlich für ihre Mutterunternehmen oder ihre Tochter- oder Schwesterunternehmen erbringen;
7. Kapitalverwaltungsgesellschaften und extern verwaltete Investmentgesellschaften, sofern sie nur die kollektive Vermögensverwaltung erbringen oder neben der kollektiven Vermögensverwaltung ausschließlich die in § 20 Absatz 2 und 3 des Kapitalanlagegesetzbuchs aufgeführten Dienstleistungen oder Nebendienstleistungen als Wertpapierdienstleistungen erbringen;
8. EU-Verwaltungsgesellschaften und ausländische AIF-Verwaltungsgesellschaften, sofern sie nur die kollektive Vermögensverwaltung erbringen oder neben der kollektiven Vermögensverwaltung ausschließlich die in Artikel 6 Absatz 3 der Richtlinie 2009/65/EG des Europäischen Parlaments und des Rates vom 13. Juli 2009 zur Koordinierung der Rechts- und Verwaltungsvorschriften betreffend bestimmte Organismen für gemeinsame Anlagen in

Wertpapieren (OGAW) (Neufassung) (ABl. L 302 vom 17.11.2009, S. 32; L 269 vom 13.10.2010, S. 27), die zuletzt durch die Richtlinie (EU) 2019/2162 (ABl. L 328 vom 18.12.2019, S. 29) geändert worden ist, oder die in Artikel 6 Absatz 4 der Richtlinie 2011/61/EU des Europäischen Parlaments und des Rates vom 8. Juni 2011 über die Verwalter alternativer Investmentfonds und zur Änderung der Richtlinien 2003/41/EG und 2009/65/EG und der Verordnungen (EG) Nr. 1060/2009 und (EU) Nr. 1095/2010 (ABl. L 174 vom 1.7.2011, S. 1; L 115 vom 27.4.2012, S. 35), die zuletzt durch die Richtlinie (EU) 2019/2034 (ABl. L 314 vom 5.12.2019, S. 64) geändert worden ist, aufgeführten Dienstleistungen oder Nebendienstleistungen als Wertpapierdienstleistungen erbringen;

9. Unternehmen, deren Wertpapierdienstleistung für andere ausschließlich in der Verwaltung eines Systems von Arbeitnehmerbeteiligungen an den eigenen oder an mit ihnen verbundenen Unternehmen besteht;
10. Unternehmen, die ausschließlich Wertpapierdienstleistungen im Sinne der Nummer 6 und Nummer 9 erbringen;
11. Unternehmen, die als Wertpapierdienstleistungen für andere ausschließlich die Anlageberatung und die Anlagevermittlung zwischen Kunden und
    a) inländischen Kreditinstituten und Wertpapierinstituten,
    b) Kreditinstituten, Wertpapierinstituten oder Finanzunternehmen mit Sitz in einem anderen Staat des Europäischen Wirtschaftsraums, die die Voraussetzungen nach § 53b Absatz 1 Satz 1 oder Absatz 7 des Kreditwesengesetzes[1] erfüllen,
    c) Unternehmen, die aufgrund einer Rechtsverordnung nach § 53c des Kreditwesengesetzes gleichgestellt oder freigestellt sind,
    d) Kapitalverwaltungsgesellschaften, extern verwalteten Investmentgesellschaften, EU-Verwaltungsgesellschaften oder ausländischen AIF-Verwaltungsgesellschaften oder
    e) Anbietern oder Emittenten von Vermögensanlagen im Sinne des § 1 Absatz 1 des Vermögensanlagengesetzes

    erbringen, sofern sich diese Wertpapierdienstleistungen auf Anteile oder Aktien an inländischen Investmentvermögen, die von einer Kapitalverwaltungsgesellschaft ausgegeben werden, die eine Erlaubnis nach § 7 oder § 97 Absatz 1 des Investmentgesetzes in der bis zum 31. Juli 2013 geltenden Fassung erhalten hat, die für den in § 345 Absatz 2 Satz 1, Absatz 3 Satz 2, in Verbindung mit Absatz 2 Satz 1, oder Absatz 4 Satz 1 des Kapitalanlagegesetzbuchs vorgesehenen Zeitraum noch fortbesteht, oder eine Erlaubnis nach den §§ 20 und 21 oder den §§ 20 und 22 des Kapitalanlagegesetzbuchs erhalten hat oder die von einer EU-Verwaltungsgesellschaft ausgegeben werden, die eine Erlaubnis nach Artikel 6 der Richtlinie 2009/65/EG oder der Richtlinie 2011/61/EU erhalten hat, oder auf Anteile oder Aktien an EU-Investmentvermögen oder ausländischen AIF, die nach dem Kapitalanlagegesetzbuch vertrieben werden dürfen, mit Ausnahmen solcher AIF, die nach § 330a des Kapitalanlagegesetzbuchs vertrieben werden dürfen, oder auf Vermögensanlagen im Sinne des § 1 Absatz 2 des Vermögensanlagengesetzes, die erstmals öffentlich angeboten werden, beschränken und die Unternehmen nicht befugt sind, sich bei der Erbringung dieser Finanz-

[1] Nr. 9.

dienstleistungen Eigentum oder Besitz an Geldern oder Anteilen von Kunden zu verschaffen, es sei denn, das Unternehmen beantragt und erhält eine entsprechende Erlaubnis nach § 15 Absatz 1 oder nach § 32 Absatz 1 des Kreditwesengesetzes; Anteile oder Aktien an Hedgefonds im Sinne des § 283 des Kapitalanlagegesetzbuchs gelten nicht als Anteile an Investmentvermögen im Sinne dieser Vorschrift;

12. Angehörige freier Berufe, die Wertpapierdienstleistungen im Sinne des § 2 Absatz 2 Nummer 3 bis 10 nur gelegentlich im Sinne des Artikels 4 der Delegierten Verordnung (EU) 2017/565 und im Rahmen eines Mandatsverhältnisses als Freiberufler erbringen und einer Berufskammer in der Form der Körperschaft des öffentlichen Rechts angehören, deren Berufsrecht die Erbringung von Finanzdienstleistungen nicht ausschließt;
13. Unternehmen, die außer Wertpapierdienstleistungen im Sinne des § 2 Absatz 2 Nummer 1 bis 9 und 10 Buchstabe a bis c, jeweils ausschließlich mit Warentermingeschäften, Emissionszertifikaten und mit Derivaten auf Emissionszertifikate, keine Wertpapierdienstleistungen erbringen unter den weiteren Voraussetzungen, dass
    a) das Unternehmen nicht Teil einer Unternehmensgruppe ist, die in der Haupttätigkeit Wertpapierdienstleistungen im Sinne des § 2 Absatz 2 erbringt,
    b) die Wertpapierdienstleistung in jedem dieser Fälle sowohl auf individueller als auch auf auf Ebene der Unternehmensgruppe aggregierter Basis eine Nebentätigkeit zur Haupttätigkeit darstellt; die Kriterien, wann eine Nebentätigkeit vorliegt, werden in einem auf der Grundlage von Artikel 2 Absatz 4 und Artikel 89 der Richtlinie 2014/65/EU erlassenen delegierten Rechtsakt der Kommission bestimmt,
    c) diese Nebentätigkeit, soweit das Unternehmen nicht die Wertpapierdienstleistung im Sinne des § 2 Absatz 2 Nummer 10 Buchstabe a erbringt, ausschließlich als Dienstleistung für die Kunden oder Zulieferer ihrer Haupttätigkeit betrieben wird,
    d) das Unternehmen der Bundesanstalt auf Anforderung die Umstände mitteilt, auf Grund derer es zu der Auffassung gelangt, dass seine Tätigkeit eine Nebentätigkeit zu seiner Haupttätigkeit darstellt.
14. Unternehmen, die das Finanzkommissionsgeschäft ausschließlich als Dienstleistung für Anbieter oder Emittenten von Vermögensanlagen im Sinne des § 1 Absatz 2 des Vermögensanlagengesetzes oder von geschlossenen AIF im Sinne des § 1 Absatz 5 des Kapitalanlagegesetzbuchs betreiben;
15. Unternehmen, die das Emissionsgeschäft ausschließlich als Übernahme gleichwertiger Garantien im Sinne des § 1 Absatz 1 Satz 2 Nummer 10 des Kreditwesengesetzes für Anbieter oder Emittenten von Vermögensanlagen im Sinne des § 1 Absatz 2 des Vermögensanlagengesetzes oder von geschlossenen AIF im Sinne des § 1 Absatz 5 des Kapitalanlagegesetzbuchs betreiben;
16. Unternehmen, die als Wertpapierdienstleistungen im Sinne des § 2 Absatz 2 ausschließlich die Anlageberatung im Rahmen einer anderen beruflichen Tätigkeit erbringen, ohne sich die Anlageberatung besonders vergüten zu lassen;

17. Betreiber organisierter Märkte, die neben dem Betrieb eines multilateralen oder organisierten Handelssystems keine anderen Wertpapierdienstleistungen im Sinne des § 2 Absatz 2 erbringen;
18. Unternehmen, die das Platzierungsgeschäft ausschließlich für Anbieter oder für Emittenten von Vermögensanlagen im Sinne des § 1 Absatz 2 des Vermögensanlagengesetzes oder von geschlossenen AIF im Sinne des § 1 Absatz 5 des Kapitalanlagegesetzbuchs erbringen;
19. Unternehmen, die außer Finanzportfolioverwaltung keine Wertpapierdienstleistungen erbringen, sofern die Finanzportfolioverwaltung nur auf Vermögensanlagen im Sinne des § 1 Absatz 2 des Vermögensanlagengesetzes oder von geschlossenen AIF im Sinne des § 1 Absatz 5 des Kapitalanlagegesetzbuchs beschränkt erbracht werden;
20. soweit sie Wertpapierdienstleistungen im Sinne des § 2 Absatz 2 in Bezug auf Warenderivate erbringen, unter den weiteren Voraussetzungen, dass die Wertpapierdienstleistungen mit der jeweiligen Haupttätigkeit der Unternehmen in Zusammenhang stehen und die Unternehmen weder einen Sekundärmarkt noch eine Plattform für den Sekundärhandel mit finanziellen Übertragungsrechten betreiben:
    a) Übertragungsnetzbetreiber im Sinne des Artikels 2 Nummer 4 der Richtlinie 2009/72/EG des Europäischen Parlaments und des Rates vom 13. Juli 2009 über gemeinsame Vorschriften für den Elektrizitätsbinnenmarkt und zur Aufhebung der Richtlinie 2003/54/EG (ABl. L 211 vom 14.8.2009, S. 55; L 72 vom 15.3.2018, S. 42) oder des Artikels 2 Nummer 4 der Richtlinie 2009/73/EG des Europäischen Parlaments und des Rates vom 13. Juli 2009 über gemeinsame Vorschriften für den Erdgasbinnenmarkt und zur Aufhebung der Richtlinie 2003/55/EG (ABl. L 211 vom 14.8.2009, S. 94), die zuletzt durch die Richtlinie (EU) 2019/692 (ABl. L 117 vom 3.5.2019, S. 1) geändert worden ist, wenn sie ihre Aufgaben gemäß diesen Richtlinien, der Verordnung (EU) 2019/943 des Europäischen Parlaments und des Rates vom 5. Juni 2019 über den Elektrizitätsbinnenmarkt (ABl. L 158 vom 14.6.2019, S. 54), der Verordnung (EG) 715/2009 des Europäischen Parlaments und des Rates vom 13. Juli 2009 über die Bedingungen für den Zugang zu den Erdgasfernleitungsnetzen und zur Aufhebung der Verordnung (EG) Nr. 1775/2005 (ABl. L 211 vom 14.8.2009, S. 36; L 229 vom 1.9.2009, S. 29; L 309 vom 24.11.2009, S. 87), die zuletzt durch die Verordnung (EU) 2019/1999 (ABl. L 328 vom 21.12.2018, S. 1) geändert worden ist, oder den nach diesen Verordnungen erlassenen Netzcodes oder Leitlinien wahrnehmen,
    b) Personen, die in ihrem Namen als Dienstleister handeln, um die Aufgaben eines Übertragungsnetzbetreibers gemäß der Verordnung (EU) 2019/943, der Verordnung (EG) Nr. 715/2009 oder den nach diesen Verordnungen erlassenen Netzcodes oder Leitlinien wahrnehmen,
    c) Betreiber oder Verwalter eines Energieausgleichssystems, eines Rohrleitungsnetzes oder eines Systems zum Ausgleich von Energieangebot und -verbrauch bei der Wahrnehmung solcher Aufgaben;
21. Zentralverwahrer, die gemäß Artikel 16 der Verordnung (EU) 909/2014 zugelassen sind, soweit sie Wertpapierdienstleistungen im Sinne des § 2 Absatz 2 erbringen, sowie

22. Unternehmen mit einer Zulassung als Schwarmfinanzierungsdienstleister gemäß Artikel 12 Absatz 1 der Verordnung (EU) 2020/1503[1] und der Richtlinie (EU) 2020/1504 des Europäischen Parlaments und des Rates vom 7. Oktober 2020 zur Änderung der Richtlinie 2014/65/EU über Märkte für Finanzinstrumente (ABl. L 347 vom 20.10.2020, S. 50), in der jeweils geltenden Fassung, soweit sie im Rahmen von Schwarmfinanzierungsdienstleistungen im Sinne von Artikel 2 Absatz 1 Buchstabe a der Verordnung (EU) 2020/1503 Wertpapierdienstleistungen im Sinne des § 2 Absatz 2 Nummer 3, 4, 8 oder 9 und darüber hinaus keine anderen Wertpapierdienstleistungen erbringen.

[2] Für Einrichtungen und Unternehmen im Sinne von Satz 1 Nummern 4 und 5 gelten die Vorschriften dieses Gesetzes insoweit, als sie Wertpapierdienstleistungen erbringen, die nicht zu den ihnen eigentümlichen Geschäften gehören.

(2) [1] Ein Unternehmen mit Sitz im Inland, das keine Bankgeschäfte im Sinne des § 1 Absatz 1 Satz 2 des Kreditwesengesetzes betreibt und das als Wertpapierdienstleistung nur die Anlagevermittlung, die Anlageberatung oder das Platzierungsgeschäft erbringt und dies ausschließlich für Rechnung und unter der Haftung eines Wertpapierinstituts, das seinen Sitz im Inland hat oder nach § 70 Absatz 1 oder § 71 Absatz 4 im Inland tätig ist (vertraglich gebundener Vermittler), gilt nicht als Wertpapierinstitut, wenn das haftende Wertpapierinstitut dies der Bundesanstalt zuvor angezeigt hat. [2] Die Tätigkeit des vertraglich gebundenen Vermittlers wird dem haftenden Wertpapierinstitut zugerechnet. [3] Ändern sich die von dem haftenden Wertpapierinstitut angezeigten Verhältnisse, sind die neuen Verhältnisse unverzüglich der Bundesanstalt anzuzeigen. [4] Für den Inhalt der Anzeigen nach den Sätzen 1 und 3 und die beizufügenden Unterlagen und Nachweise können durch Rechtsverordnung nach § 14 Absatz 3 Satz 1 nähere Bestimmungen getroffen werden. [5] Die Bundesanstalt führt über die ihr angezeigten vertraglich gebundenen Vermittler nach diesem Absatz ein öffentliches Register auf ihrer Internetseite, das das haftende Wertpapierinstitut, die vertraglich gebundenen Vermittler, das Datum des Beginns und des Endes der Tätigkeit nach Satz 1 ausweist. [6] Für die Voraussetzungen zur Aufnahme in das Register, den Inhalt und die Führung des Registers können durch Rechtsverordnung nach § 14 Absatz 3 nähere Bestimmungen getroffen werden; insbesondere kann dem haftenden Unternehmen ein schreibender Zugriff auf die für dieses Unternehmen einzurichtende Seite des Registers eingeräumt und ihm die Verantwortlichkeit für die Richtigkeit und Aktualität dieser Seite übertragen werden.

§ 4 Gesetzlicher Aufsichtsrahmen für Große Wertpapierinstitute.

[1] § 1 Absatz 3c Satz 1, 2 Nummer 2 und 3, die §§ 2a, 2d, 2e, 3, 6a bis 10e, 10g bis 18, 19 bis 22, 24b bis 25d, 25f, 25g, 25l, 25m, 26 bis 31, 36 bis 38, 44 bis 48t, 49, 54a, 55, 55a, 55b, 56 Absatz 2 Nummer 3 Buchstabe b bis d und f bis n, Absatz 4, 4a, 5 bis 8 und § 60b des Kreditwesengesetzes[2], einschließlich der aufgrund dieser Bestimmungen erlassenen Rechtsverordnungen, gelten auch für Große Wertpapierinstitute. [2] Die §§ 12, 20 bis 23, 38 bis 54, 55 Nummer 1 und 2 und § 56 bis 63 sowie 76 bis 78 dieses Gesetzes finden auf Große Wertpapierinstitute keine Anwendung.

---

[1] Nr. **19**.
[2] Nr. **9**.

Abschnitt 2. Aufgaben und grundlegende Befugnisse der Bundesanstalt

§ 5 Aufgaben und allgemeine Befugnisse der Bundesanstalt. (1) [1]Die Bundesanstalt übt die Aufsicht über Wertpapierinstitute, Investmentholdinggesellschaften und gemischte Finanzholdinggesellschaften nach den Vorschriften dieses Gesetzes, den dazu erlassenen Rechtsverordnungen, der Verordnung (EU) 2019/2033 und der auf der Grundlage der Verordnung (EU) 2019/2033 und der Richtlinie (EU) 2019/2034 erlassenen Rechtsakte aus. [2]Die Bundesanstalt ist die zuständige Behörde gemäß Artikel 4 Absatz 1 Satz 1 der Richtlinie (EU) 2019/2034. [3]Die Bundesanstalt hat Missständen im Wertpapierwesen entgegenzuwirken, welche die Sicherheit der anvertrauten Vermögenswerte gefährden, die ordnungsmäßige Durchführung der erbrachten Wertpapierdienstleistungen, Wertpapiernebendienstleistungen oder Nebengeschäfte beeinträchtigen oder erhebliche Nachteile für die Gesamtwirtschaft herbeiführen könnten.

(2) [1]Die Bundesanstalt kann im Rahmen der ihr gesetzlich zugewiesenen Aufgaben gegenüber Wertpapierinstituten und anderen betroffenen natürlichen und juristischen Personen, insbesondere auch gegenüber Geschäftsleitern oder Mitgliedern des Verwaltungs- und Aufsichtsorgans, Anordnungen treffen, die geeignet und erforderlich sind, um Verstöße gegen Bestimmungen der in Absatz 1 Satz 1 genannten Vorschriften oder sonstige aufsichtsrechtliche Bestimmungen oder die in Absatz 1 Satz 2 genannten Missstände zu verhindern oder zu beseitigen. [2]Bei Verstößen gegen die in Absatz 1 Satz 1 genannten Vorschriften sowie gegen vollziehbare Anordnungen der Bundesanstalt kann sie verlangen, dass die den Verstoß begründenden Handlungen oder Verhaltensweisen dauerhaft eingestellt werden. [3]Die Anordnungsbefugnis nach Satz 1 oder 2 besteht insbesondere auch gegenüber Investmentholdinggesellschaften oder gemischten Finanzholdinggesellschaften sowie gegenüber den Personen, die die Geschäfte dieser Gesellschaften tatsächlich führen.

(3) [1]Bei einem Verstoß gegen die in Absatz 1 Satz 1 genannten Vorschriften oder eine sich auf diese Vorschriften beziehende oder zur Behebung von Missständen erlassene vollziehbare Anordnung der Bundesanstalt kann die Bundesanstalt insbesondere

1. auf ihrer Internetseite eine Warnung unter Nennung der natürlichen oder juristischen Person oder der Personenvereinigung, die für den Verstoß verantwortlich ist, sowie der Art des Verstoßes veröffentlichen,
2. einem Geschäftsleiter oder Mitglied des Verwaltungs- oder Aufsichtsorgans eines Wertpapierinstituts oder jeder anderen natürlichen Person, die für einen vorsätzlichen Verstoß oder Missstand verantwortlich ist, für einen Zeitraum von bis zu zwei Jahren die Ausübung der Berufstätigkeit bei Unternehmen, die der Aufsicht nach diesem Gesetz oder dem Kreditwesengesetz[1)] unterliegen, untersagen.

[2]Im Falle des Satzes 1 Nummer 1 gilt § 84 Absatz 3 entsprechend.

(4) [1]Ein Wertpapierinstitut, ein Mutterunternehmen oder ein Auslagerungsunternehmen, dessen Geschäftsleiter oder Mitglieder des Verwaltungs- oder Aufsichtsorgans und dessen Beschäftigte haben der Bundesanstalt, den Personen und Einrichtungen, derer sich die Bundesanstalt bei der Durchführung ihrer

---

[1)] Nr. **9**.

Aufgaben bedient, sowie der Deutschen Bundesbank auf Verlangen Auskünfte über alle Geschäftsangelegenheiten zu erteilen, Unterlagen vorzulegen und erforderlichenfalls Kopien anzufertigen und auszuhändigen. [2] Die Bundesanstalt kann, auch ohne besonderen Anlass, bei einem Wertpapierinstitut, Mutterunternehmen oder Auslagerungsunternehmen Prüfungen vornehmen und die Durchführung der Prüfungen der Deutschen Bundesbank übertragen. [3] Die Bediensteten der Bundesanstalt, der Deutschen Bundesbank sowie die sonstigen Personen, derer sich die Bundesanstalt oder die Deutsche Bundesbank bei der Durchführung der Prüfungen bedient, können hierzu die Geschäftsräume des Wertpapierinstituts, Mutterunternehmens oder Auslagerungsunternehmens innerhalb der üblichen Betriebs- und Geschäftszeiten betreten und besichtigen. [4] Die Betroffenen haben Maßnahmen nach den Sätzen 2 und 3 zu dulden. [5] Die Sätze 1 bis 4 gelten entsprechend für ein nicht in die Konsolidierung einbezogenes Tochterunternehmen, dessen Tochterunternehmen sowie für ein gemischtes Unternehmen und dessen Tochterunternehmen.

(5) [1] Die Verpflichtung nach Absatz 4 gegenüber der Bundesanstalt und der Deutschen Bundesbank zur Auskunft und zur Vorlage von Unterlagen gilt auch für

1. Personen und Unternehmen, die eine Beteiligungsabsicht nach § 24 anzeigen oder die im Rahmen eines Erlaubnisantrags nach Artikel 3 der Delegierten Verordnung 2017/1943 der Kommission vom 14. Juli 2016 zur Ergänzung der Richtlinie 2014/65/EU des Europäischen Parlaments und des Rates durch technische Regulierungsstandards in Bezug auf Informationen und Anforderungen für die Zulassung von Wertpapierfirmen (ABl. L 276 vom 26.10.2017, S. 4; L 292 vom 10.11.2017, S. 119) als Inhaber bedeutender Beteiligungen angegeben werden,
2. die Inhaber einer bedeutenden Beteiligung an dem Wertpapierinstitut und den von ihnen kontrollierten Unternehmen,
3. Personen und Unternehmen, bei denen Tatsachen die Annahme rechtfertigen, dass es sich um Personen oder Unternehmen im Sinne der Nummer 2 handelt, und
4. Personen und Unternehmen, die mit einer Person oder einem Unternehmen im Sinne der Nummern 1 bis 3 nach § 15 des Aktiengesetzes verbunden sind.

[2] Auf Verlangen der Bundesanstalt hat der Vorlagepflichtige die einzureichenden Unterlagen gemäß § 76 Absatz 1 auf seine Kosten durch einen von der Bundesanstalt zu bestimmenden Wirtschaftsprüfer prüfen zu lassen. [3] Die Bundesanstalt kann Maßnahmen nach Absatz 4 Satz 2 und 3 gegenüber den in Satz 1 genannten Personen und Unternehmen ergreifen, wenn Anhaltspunkte für einen Untersagungsgrund nach § 26 Absatz 1 vorliegen. [4] Die Betroffenen haben diese Maßnahmen zu dulden.

(6) [1] Wer nach Absatz 4 oder 5 zur Erteilung einer Auskunft verpflichtet ist, kann die Auskunft auf solche Fragen verweigern, deren Beantwortung ihn selbst oder einen der in § 383 Absatz 1 Nummer 1 bis 3 der Zivilprozessordnung bezeichneten Angehörigen der Gefahr strafrechtlicher Verfolgung oder eines Verfahrens nach dem Gesetz über Ordnungswidrigkeiten aussetzen würde. [2] Die betroffene Person ist auf das Recht, die Auskunft zu verweigern, hinzuweisen.

(7) [1] Die Bundesanstalt kann zu den Hauptversammlungen, Generalversammlungen oder Gesellschafterversammlungen sowie zu den Sitzungen der Verwaltungs- oder Aufsichtsorgane von Wertpapierinstituten, Finanzholdinggesellschaften oder gemischten Investmentholdinggesellschaften in der Rechtsform einer juristischen Person Vertreter entsenden. [2] Diese können in der Versammlung oder Sitzung das Wort ergreifen. [3] Die Betroffenen haben Handlungen nach den Sätzen 1 und 2 zu dulden.

§ 6 Sofortige Vollziehbarkeit. Widerspruch und Anfechtungsklage gegen Maßnahmen der Bundesanstalt einschließlich der Androhung und Festsetzung von Zwangsmitteln auf der Grundlage des § 5 Absatz 2 bis 4, 6 und 7, des § 7 Absatz 1 Satz 2 und Absatz 3, des § 10 Absatz 2, 4 und 6, des § 18 Absatz 2 Nummer 2, 3 und Absatz 3, des § 19 Absatz 2, des § 20 Absatz 6, der §§ 22, 23, 25 und 26 Absatz 1 und 2, des § 27 Absatz 3, des § 33 Absatz 3 Satz 2, Absatz 4 und 5 Satz 2, § 39 Absatz 3, des § 40 Absatz 3, des § 43 Absatz 3 Satz 2, des § 48 Absatz 2 bis 5, der §§ 49, 51, 54, 56 Absatz 2, der §§ 60 und 62 Absatz 2, der §§ 63 und 70 Absatz 4, des § 71 Absatz 3, des § 77 Absatz 1 Satz 2 und 3, des § 79 Absatz 1 und 2, des § 80 Absatz 1 und 2 sowie des § 81 Absatz 2 haben keine aufschiebende Wirkung.

§ 7 Grenzüberschreitende Auskünfte und Prüfungen. (1) [1] Nationale Rechtsvorschriften, die einer Übermittlung von Daten entgegenstehen, sind nicht anzuwenden auf die Übermittlung von Daten zwischen einem Wertpapierinstitut, einem Finanzinstitut, einer Investmentholdinggesellschaft, einer gemischten Finanzholdinggesellschaft, oder einem Unternehmen mit Sitz im Europäischen Wirtschaftsraum, das mindestens 20 Prozent der Kapitalanteile oder Stimmrechte an dem Unternehmen unmittelbar oder mittelbar hält, Mutterunternehmen ist oder beherrschenden Einfluss ausüben kann, oder zwischen einer gemischten Holdinggesellschaft und ihren Tochterunternehmen mit Sitz im Europäischen Wirtschaftsraum, wenn die Übermittlung der Daten erforderlich ist, um Bestimmungen der Aufsicht nach Maßgabe der Richtlinie 2013/36/EU des Europäischen Parlaments und des Rates vom 26. Juni 2013 über den Zugang zur Tätigkeit von Kreditinstituten und die Beaufsichtigung von Kreditinstituten und Wertpapierfirmen, zur Änderung der Richtlinie 2002/87/EG und zur Aufhebung der Richtlinien 2006/48/EG und 2006/49/EG (ABl. L 176 vom 27.6.2013, S. 338; L 208 vom 2.8.2013, S. 73; L 20 vom 25.1.2017, S. 1; L 203 vom 26.6.2020, S. 95), die zuletzt durch die Richtlinie (EU) 2019/2034 (ABl. L 314 vom 5.12.2019, S. 64) geändert worden ist, der Verordnung (EU) 2019/2033 oder der Richtlinie 2002/87/EG über das Unternehmen mit Sitz im Ausland zu erfüllen. [2] Die Bundesanstalt kann einem Wertpapierinstitut die Übermittlung von Daten in einen Drittstaat untersagen.

(2) [1] Auf Ersuchen einer für die Aufsicht über ein Unternehmen mit Sitz in einem anderen Vertragsstaat zuständigen Behörde hat die Bundesanstalt die Richtigkeit der von einem in Absatz 1 Satz 1 genannten Unternehmen an die Behörde nach Maßgabe der Richtlinie 2013/36/EU, der Richtlinie (EU) 2019/2034, der Verordnung (EU) 2019/2033, der Verordnung (EU) Nr. 575/2013[1)] oder der Richtlinie 2002/87/EG des Europäischen Parlaments und des Rates vom 16. Dezember 2002 über die zusätzliche Beaufsichtigung der Kreditinstitute, Versicherungsunternehmen und Wertpapierfirmen eines Finanz-

[1)] Nr. **6**.

konglomerats und zur Änderung der Richtlinien 73/239/EWG, 79/267/EWG, 92/49/EWG, 93/6/EWG und 93/22/EWG des Rates und der Richtlinien 98/78/EG und 2000/12/EG des Europäischen Parlaments und des Rates (ABl. L 35 vom 11.2.2003, S. 1), die zuletzt durch die Richtlinie (EU) 2019/2034 (ABl. L 314 vom 5.12.2019, S. 64) geändert worden ist, übermittelten Daten zu überprüfen oder zu gestatten, dass die ersuchende Stelle, ein Wirtschaftsprüfer oder ein Sachverständiger diese Daten überprüft. [2] Die Bundesanstalt kann nach pflichtgemäßem Ermessen gegenüber zuständigen Behörden in Drittstaaten entsprechend verfahren, wenn Gegenseitigkeit gewährleistet ist. [3] Bezüglich der Grenzen der Amtshilfe gilt § 5 Absatz 2 des Verwaltungsverfahrensgesetzes entsprechend. [4] Die in Absatz 1 Satz 1 genannten Unternehmen haben die Prüfung zu dulden.

(3) Die Bundesanstalt kann von Wertpapierinstituten, Investmentholdinggesellschaften oder gemischten Finanzholdinggesellschaften mit Sitz in einem anderen Vertragsstaat weitere Auskünfte verlangen, welche die Aufsicht über Wertpapierinstitute erleichtern, die Tochterunternehmen dieser Unternehmen sind und von den zuständigen Stellen des anderen Staates aus den in Artikel 19 Absatz 1 oder Absatz 2 Buchstabe b der Verordnung (EU) Nr. 575/2013 genannten Gründen nicht in die Beaufsichtigung auf zusammengefasster Basis einbezogen werden.

§ 8 Befugnis zur Erstreckung der Verordnung (EU) Nr. 575/2013 auf bestimmte Wertpapierinstitute. (1) Die Bundesanstalt kann anordnen, dass ein Wertpapierinstitut, das den Eigenhandel oder das Emissionsgeschäft betreibt und dessen zusammengerechnete Vermögenswerte, berechnet als Durchschnitt der vorausgegangenen zwölf Monate, 5 Milliarden Euro übersteigen, die Vorschriften der Verordnung (EU) Nr. 575/2013[1)] anzuwenden hat, wenn das Wertpapierinstitut

1. die vorgenannten Dienstleistungen in einem solchen Umfang betreibt, dass ein Ausfall oder eine Notlage des Wertpapierinstituts zu einer Störung des Finanzsystems mit möglicherweise schwerwiegenden negativen Auswirkungen auf das Finanzsystem und die Realwirtschaft führen könnte,
2. ein Clearing-Mitglied im Sinne des Artikels 4 Absatz 1 Nummer 3 der Verordnung (EU) 2019/2033[2)] in Verbindung mit Artikel 2 Nummer 14 der Verordnung (EU) Nr. 648/2012 des Europäischen Parlaments und des Rates vom 4. Juli 2012 über OTC-Derivate, zentrale Gegenparteien und Transaktionsregister (ABl. L 201 vom 27.7.2012, S. 1; L 321 vom 30.11.2013, S. 6), die zuletzt durch die Verordnung (EU) 2021/168 (ABl. L 49 vom 12.2.2021, S. 8) geändert worden ist, ist oder
3. aufgrund seiner Größe, der Art, des Umfangs und der Komplexität seiner Tätigkeiten oder seiner grenzüberschreitend erbrachten Dienstleistungen erhebliche wirtschaftliche Bedeutung für die Volkswirtschaft der Europäischen Union oder des betreffenden Mitgliedstaates hat oder mit dem Finanzsystem der Europäischen Union oder dem Mitgliedstaat erheblich verbunden ist.

[1)] Nr. **6**.
[2)] Nr. **7**.

(2) Absatz 1 ist nicht anzuwenden auf Warenderivatehändler, Emissionszertifikatehändler, Kapitalverwaltungsgesellschaften oder Versicherungsunternehmen.

(3) [1] Unterschreitet das Wertpapierinstitut über einen Zeitraum von zwölf Monaten den in Absatz 1 genannten Schwellenwert oder liegen die Voraussetzungen nach Absatz 1 nicht mehr vor, zeigt das Wertpapierinstitut dies der Bundesanstalt unverzüglich an. [2] Die Bundesanstalt prüft die Anzeige und widerruft ihre Anordnung nach Absatz 1 bei Wegfall der betreffenden Voraussetzungen mit Wirkung zum Zeitpunkt des Eingangs der Anzeige.

(4) Die Bundesanstalt informiert die Europäische Bankenaufsichtsbehörde, die nach Maßgabe des in Artikel 19 der Verordnung (EU) Nr. 1093/2010 des Europäischen Parlaments und des Rates vom 24. November 2010 zur Errichtung einer Europäischen Aufsichtsbehörde (Europäische Bankenaufsichtsbehörde), zur Änderung des Beschlusses Nr. 716/2009/EG und zur Aufhebung des Beschlusses 2009/78/EG der Kommission (ABl. L 331 vom 15.12.2010, S. 12; L 101 vom 18.4.2015, S. 62), die zuletzt durch die Verordnung (EU) 2019/2175 (ABl. L 334 vom 27.12.2019, S. 1) geändert worden ist, festgelegten Verfahrens tätig wird, unverzüglich über eine nach Absatz 1 und Absatz 3 getroffene Entscheidung unter Hinweis auf die Geltung der Titel VII und VIII der Richtlinie 2013/36/EU.

Abschnitt 3. Zusammenarbeit der Bundesanstalt mit anderen Stellen

§ 9 Zusammenarbeit mit der Deutschen Bundesbank. (1) [1] Die Bundesanstalt und die Deutsche Bundesbank arbeiten nach Maßgabe dieses Gesetzes zusammen. [2] Unbeschadet weiterer gesetzlicher Maßgaben umfasst die Zusammenarbeit die laufende Überwachung der Wertpapierinstitute durch die Deutsche Bundesbank. [3] Die laufende Überwachung beinhaltet insbesondere die Auswertung der von den Wertpapierinstituten eingereichten Unterlagen, der Prüfungsberichte für Kleine oder Mittlere Wertpapierinstitute nach § 76, für Große Wertpapierinstitute nach § 26 des Kreditwesengesetzes[1)] und der Jahresabschlussunterlagen sowie die Durchführung und Auswertung der aufsichtlichen Prüfungen zur Beurteilung der angemessenen Eigenkapitalausstattung und Risikosteuerungsverfahren der Wertpapierinstitute und das Bewerten von Prüfungsfeststellungen. [4] Die laufende Überwachung durch die Deutsche Bundesbank erfolgt in der Regel durch ihre Hauptverwaltungen.

(2) [1] Die Deutsche Bundesbank hat die Richtlinien der Bundesanstalt zu beachten. [2] Die Richtlinien der Bundesanstalt zur laufenden Aufsicht ergehen im Einvernehmen mit der Deutschen Bundesbank. [3] Kann innerhalb einer angemessenen Frist kein Envernehmen hergestellt werden, erlässt das Bundesministerium der Finanzen solche Richtlinien im Benehmen mit der Deutschen Bundesbank. [4] Die aufsichtsrechtlichen Maßnahmen, insbesondere Allgemeinverfügungen und Verwaltungsakte einschließlich Prüfungsanordnungen nach § 5 Absatz 4 und 5 Satz 1, trifft die Bundesanstalt gegenüber den Wertpapierinstituten, Mutterunternehmen oder Auslagerungsunternehmen. [5] Die Bundesanstalt legt ihren aufsichtsrechtlichen Maßnahmen in der Regel die von der Deutschen Bundesbank getroffenen Prüfungsfeststellungen und Bewertungen zugrunde.

[1)] Nr. **9**.

(3) [1]Die Bundesanstalt und die Deutsche Bundesbank haben einander Beobachtungen und Feststellungen mitzuteilen, die für die Erfüllung ihrer Aufgaben erforderlich sind. [2]Die Deutsche Bundesbank hat insoweit der Bundesanstalt auch die Angaben zur Verfügung zu stellen, die die Deutsche Bundesbank aufgrund statistischer Erhebungen nach § 18 des Gesetzes über die Deutsche Bundesbank[1)] erlangt. [3]Die Deutsche Bundesbank hat vor Anordnung einer solchen Erhebung die Bundesanstalt zu hören. [4]§ 18 Satz 5 des Gesetzes über die Deutsche Bundesbank gilt entsprechend.

(4) [1]Die Zusammenarbeit nach den Absätzen 1 und 2 sowie die Mitteilungen nach Absatz 3 schließen die Übermittlung der zur Erfüllung der Aufgaben der empfangenden Stelle erforderlichen personenbezogenen Daten ein. [2]Zur Erfüllung ihrer Aufgaben nach diesem Gesetz dürfen die Bundesanstalt und die Deutsche Bundesbank gegenseitig die bei der anderen Stelle jeweils gespeicherten Daten im automatisierten Verfahren abrufen. [3]Die Deutsche Bundesbank hat bei jedem zehnten von der Bundesanstalt durchgeführten Abruf personenbezogener Daten den Zeitpunkt, die Angaben, welche die Feststellung der aufgerufenen Datensätze ermöglichen, sowie die für den Abruf verantwortliche Person zu protokollieren. [4]Die Protokolldaten dürfen nur für Zwecke der Datenschutzkontrolle, der Datensicherung oder zur Sicherstellung eines ordnungsmäßigen Betriebs der Datenverarbeitungsanlage verwendet werden. [5]Sie sind am Ende des auf das Jahr der Protokollierung folgenden Kalenderjahres zu löschen, soweit sie nicht für ein laufendes Kontrollverfahren benötigt werden. [6]Die Sätze 3 bis 5 gelten entsprechend für die Datenabrufe der Deutschen Bundesbank bei der Bundesanstalt. [7]Im Übrigen bleiben die Bestimmungen des Bundesdatenschutzgesetzes unberührt.

§ 10 Zusammenarbeit innerhalb des Europäischen Systems der Finanzaufsicht. [1]Im Rahmen des Europäischen Systems der Finanzaufsicht arbeiten die Bundesanstalt und die Deutsche Bundesbank bei der Aufsicht über Wertpapierinstitute, Investmentholdinggesellschaften oder gemischte Finanzholdinggesellschaften im Rahmen dieses Gesetzes und der Verordnung (EU) 2019/2033 mit anderen zuständigen Behörden und sonstigen zuständigen Stellen zusammen und tauschen Informationen aus. [2]Sonstige zuständige Stellen sind

1. die Europäische Bankenaufsichtsbehörde,
2. die Europäischen Wertpapier- und Marktaufsichtsbehörde,
3. der Europäische Ausschuss für Systemrisiken und
4. die Europäische Kommission.

[3]Die Bundesanstalt und die Deutsche Bundesbank beteiligen sich insbesondere an den Tätigkeiten der Europäischen Bankenaufsichtsbehörde und gegebenenfalls an den in den Artikeln 44 und 116 der Richtlinie 2013/36/EU genannten Aufsichtskollegien, soweit dies erforderlich ist. [4]Die Bundesanstalt meldet der Europäischen Kommission insbesondere allgemeine Schwierigkeiten, die Wertpapierinstitute bei der Errichtung von Zweigniederlassungen, der Gründung von Tochterunternehmen und beim Betreiben von Geschäften nach § 2 Absatz 2 in einem Drittstaat haben.

[1)] Nr. 4.

§ 11 Zusammenarbeit mit zuständigen Behörden und Stellen.

(1) [1] Die Bundesanstalt und, soweit sie im Rahmen dieses Gesetzes tätig wird, die Deutsche Bundesbank arbeiten bei der Aufsicht über Wertpapierinstitutsgruppen, Wertpapierinstitute, die in einem anderen Vertragsstaat Wertpapierdienstleistungen erbringen, sowie bei der Aufsicht über Investmentholdinggesellschaften und gemischte Finanzholdinggesellschaften mit den anderen zuständigen Behörden und sonstigen zuständigen Stellen zusammen. [2] Vorbehaltlich der maßgeblichen datenschutzrechtlichen Vorschriften tauschen die Bundesanstalt und die Deutsche Bundesbank mit den zuständigen Behörden und sonstigen zuständigen Stellen alle zweckdienlichen und grundlegenden Informationen aus, die für die Durchführung der Aufsicht erforderlich sind. [3] Grundlegende Informationen können auch ohne entsprechende Anfrage der zuständigen Stelle weitergegeben werden. [4] Als grundlegend in diesem Sinne gelten alle Informationen, die Einfluss auf die Beurteilung der Finanzlage eines Wertpapierinstituts in dem betreffenden Vertragsstaat haben können. [5] Hierzu gehören insbesondere Informationen über

1. die rechtliche und organisatorische Verwaltungs- und Eigentumsstruktur sowie die Grundlagen einer ordnungsgemäßen Geschäftsführung des Wertpapierinstituts oder der in Satz 1 genannten Gruppe, einschließlich aller beaufsichtigten Unternehmen, nicht beaufsichtigten Unternehmen, nicht beaufsichtigten Tochtergesellschaften und bedeutenden Zweigniederlassungen der Gruppe, sowie die Ermittlung der jeweils für die Aufsicht zuständigen Stelle,
2. die Einhaltung der Kapitalanforderungen durch das Wertpapierinstitut,
3. die Einhaltung der Anforderungen bezüglich des Konzentrationsrisikos und der Anforderungen an die Liquiditätsdeckung des Wertpapierinstituts,
4. die Verwaltungs- und Rechnungslegungsverfahren sowie über interne Kontrollmechanismen des Wertpapierinstituts,
5. von dem Wertpapierinstitut ausgehende Schwierigkeiten und Risiken hinsichtlich des Einleger- und Anlegerschutzes,
6. Erkenntnisse, die aus Gründen für die Finanzstabilität von Relevanz sind oder werden könnten,
7. alle anderen relevanten Faktoren, die das von einem Wertpapierinstitut ausgehende Risiko beeinflussen können.

(2) [1] Die Bundesanstalt kann alle erforderlichen Maßnahmen anordnen, die zur Vermeidung oder Beseitigung der Schwierigkeiten und Risiken notwendig sind, die der Bundesanstalt nach Absatz 1 Satz 5 Nummer 5 bis 7 mitgeteilt werden. [2] Auf Ersuchen einer zuständigen Behörde oder sonstigen zuständigen Stelle erläutern ihr Bundesanstalt und Deutsche Bundesbank, in welcher Weise sie die bereitgestellten Informationen und Erkenntnisse berücksichtigt haben.

(3) [1] Die zuständige Behörde im Sinne des Absatzes 1 Satz 1 kann die Bundesanstalt und die Deutsche Bundesbank um Zusammenarbeit bei der Bearbeitung der nach Absatz 1 übermittelten Informationen ersuchen. [2] Die Bundesanstalt und die Bundesbank können von allen nach diesem Gesetz bestehenden Befugnissen Gebrauch machen, um einem Ersuchen nachzukommen.

(4) Sind die Bundesanstalt und die Deutsche Bundesbank nach der Übermittlung der in Absatz 1 genannten Informationen und Erkenntnissen der

Ansicht, dass die zuständigen Behörden oder sonstigen zuständigen Stellen des Herkunftsvertragsstaates die notwendigen Maßnahmen nicht ergriffen haben, um den von ihnen gestellten Informationsersuchen nachzukommen, kann die Bundesanstalt nach Unterrichtung der jeweils zuständigen Stellen des Herkunftsvertragsstaates, der Europäischen Bankenaufsichtsbehörde und der Europäischen Wertpapier- und Marktaufsichtsbehörde geeignete Maßnahmen zum Schutz der Kunden, gegenüber denen Dienstleistungen erbracht werden, oder zur Wahrung der Stabilität des Finanzsystems ergreifen.

(5) Die Bundesanstalt und die Deutsche Bundesbank können, sofern ein Ersuchen um Zusammenarbeit, insbesondere um Informationsaustausch, zurückgewiesen wurde oder innerhalb einer angemessenen Frist zu keiner Reaktion geführt hat, diesen Sachverhalt der Europäischen Bankenaufsichtsbehörde vorlegen.

(6) [1] Die Bundesanstalt kann Bediensteten der zuständigen Behörde oder sonstigen zuständigen Stelle des Herkunftsvertragsstaates auf Ersuchen die Teilnahme an den von der Bundesanstalt durchgeführten Untersuchungen in Zweigniederlassungen von Wertpapierinstituten gestatten, die im Herkunftsvertragsstaat der ersuchenden zuständigen Behörde oder sonstigen zuständigen Stelle zugelassen sind. [2] Nach vorheriger Unterrichtung der Bundesanstalt sind die ersuchenden zuständigen Behörden oder sonstigen zuständigen Stellen befugt, selbst oder durch ihre Beauftragten die Informationen, die nach Absatz 1 übermittelt wurden, vor Ort zu prüfen und Zugang zu der Zweigniederlassung zu erhalten.

(7) [1] Die Bundesanstalt kann eine Untersuchung, die Übermittlung von Informationen oder die Teilnahme von Bediensteten zuständiger ausländischer Stellen im Sinne des Absatzes 6 verweigern, wenn aufgrund desselben Sachverhalts gegen die betreffenden Personen bereits ein gerichtliches Verfahren eingeleitet worden oder eine unanfechtbare Entscheidung ergangen ist. [2] Kommt die Bundesanstalt einem Ersuchen nicht nach oder macht sie von ihrem Recht nach Satz 1 Gebrauch, so teilt sie ihre Entscheidung einschließlich ihrer Gründe der ersuchenden zuständigen Stelle und der Europäischen Wertpapier- und Marktaufsichtsbehörde unverzüglich mit und übermittelt diesen genaue Informationen über das gerichtliche Verfahren oder die unanfechtbare Entscheidung.

(8) [1] In Ausübung ihrer aufsichtlichen Aufgaben kann die Bundesanstalt im Einklang mit Artikel 33 der Verordnung (EU) Nr. 1093/2010 oder Artikel 33 der Verordnung (EU) Nr. 1095/2010 des Europäischen Parlaments und des Rates vom 24. November 2010 zur Errichtung einer Europäischen Aufsichtsbehörde (Europäische Wertpapier- und Marktaufsichtsbehörde), zur Änderung des Beschlusses Nr. 716/2009/EG und zur Aufhebung des Beschlusses 2009/77/EG der Kommission (ABl. L 331 vom 15.12.2010, S. 84; L 115 vom 27.4.2012, S. 35), die zuletzt durch die Verordnung (EU) 2019/2175 (ABl. L 334 vom 27.12.2019, S. 1) geändert worden ist, Verwaltungsvereinbarungen über den Informationsaustausch mit den zuständigen Behörden aus Drittstaaten abschließen, die für die nachstehenden Aufgaben zuständig sind:

1. die Beaufsichtigung von Wertpapierinstituten und Finanzmärkten, einschließlich der Beaufsichtigung von Finanzunternehmen, die für die Tätigkeit als zentrale Gegenparteien zugelassen sind, sofern die zentralen Gegenparteien nach Artikel 25 der Verordnung (EU) Nr. 648/2012 des Europäi-

schen Parlaments und des Rates vom 4. Juli 2012 über OTC-Derivate, zentrale Gegenparteien und Transaktionsregister (ABl. L 201 vom 27.7.2012, S. 1; L 321 vom 30.11.2013, S. 6), die zuletzt durch die Verordnung (EU) 2019/2099 (ABl. L 322 vom 12.12.2019, S. 1) geändert worden ist, anerkannt wurden,
2. Abwicklungen, Insolvenzverfahren und ähnliche Verfahren bei Wertpapierinstituten,
3. die Beaufsichtigung der an der Abwicklung und an Insolvenzverfahren oder ähnlichen Verfahren in Bezug auf Wertpapierinstitute beteiligten Stellen,
4. die Durchführung von Pflichtprüfungen bei Wertpapierinstituten oder Einrichtungen, die Sicherungssysteme verwalten,
5. die Beaufsichtigung der Personen, die die Pflichtprüfung der Rechnungslegungsunterlagen von Wertpapierinstituten vornehmen,
6. die Beaufsichtigung der an den Märkten für Emissionszertifikate tätigen Personen zwecks Sicherung eines Gesamtüberblicks über die Finanz- und Kassamärkte oder
7. die Beaufsichtigung der an den Märkten für Derivate von landwirtschaftlichen Grunderzeugnissen tätigen Personen zwecks Sicherung eines Gesamtüberblicks über die Finanz- und Kassamärkte.

[2] Satz 1 findet mit der Maßgabe Anwendung, dass diese Stellen einer Verschwiegenheitsverpflichtung entsprechend § 12 Absatz 1 unterliegen und übermittelte Daten nur unter Beachtung der Zweckbestimmung der Bundesanstalt verwendet und nur mit ihrer ausdrücklicher Zustimmung weitergegeben werden dürfen, sofern dies für die Erfüllung der Aufgaben der Stelle, an die die Daten übermittelt wurden, erforderlich ist.

§ 12 Verschwiegenheitspflicht. (1) [1] Die bei der Bundesanstalt beschäftigten und die nach § 4 Absatz 3 des Finanzdienstleistungsaufsichtsgesetzes[1)] beauftragten Personen, die nach § 80 Absatz 1 bestellten Sonderbeauftragten sowie die im Dienst der Deutschen Bundesbank stehenden Personen, soweit sie zur Durchführung dieses Gesetzes tätig werden, dürfen die ihnen bei ihrer Tätigkeit bekanntgewordenen Tatsachen, deren Geheimhaltung im Interesse des Wertpapierinstituts, der zuständigen Behörden oder eines Dritten liegt, insbesondere Geschäfts- und Betriebsgeheimnisse, nicht unbefugt offenbaren oder verwerten, auch wenn sie nicht mehr im Dienst sind oder ihre Tätigkeit beendet ist. [2] Dies gilt auch für andere Personen, die durch dienstliche Berichterstattung Kenntnis von den in Satz 1 bezeichneten Tatsachen erhalten. [3] Die von den beaufsichtigten Wertpapierinstituten zu beachtenden allgemeinen datenschutzrechtlichen Vorschriften bleiben unberührt. [4] Ein unbefugtes Offenbaren oder Verwerten im Sinne des Satzes 1 liegt insbesondere nicht vor, wenn Tatsachen weitergegeben werden an
1. Strafverfolgungsbehörden oder für Straf- und Bußgeldsachen zuständige Gerichte,
2. kraft Gesetzes oder im öffentlichen Auftrag für die Überwachung von Wertpapierinstituten, Kreditinstituten, Finanzdienstleistungsinstituten, Kapitalverwaltungsgesellschaften, extern verwalteten Investmentgesellschaften, EU-Verwaltungsgesellschaften oder ausländischen AIF-Verwaltungsgesell-

[1)] Nr. **8**.

schaften, Finanzunternehmen, Versicherungsunternehmen, der Finanzmärkte oder des Zahlungsverkehrs zuständige Behörden oder Stellen sowie von diesen beauftragte Personen,
3. mit der Liquidation oder dem Insolvenzverfahren über das Vermögen eines Wertpapierinstituts befasste Stellen,
4. mit der gesetzlichen Prüfung der Rechnungslegung von Wertpapierinstituten betraute Personen sowie Stellen, welche die vorgenannten Personen beaufsichtigen,
5. eine Anlegerentschädigungs- oder Sicherungseinrichtung,
6. Wertpapier- oder Terminbörsen,
7. Zentralnotenbanken,
8. Betreiber von Systemen nach § 1 Absatz 16 des Kreditwesengesetzes[1],
9. die zuständigen Behörden und Stellen in anderen Vertragsstaaten sowie in Drittstaaten, mit denen die Bundesanstalt im Rahmen von Aufsichtskollegien nach § 58 zusammenarbeitet,
10. die Europäische Zentralbank, das Europäische System der Zentralbanken, die Europäische Bankenaufsichtsbehörde, die Europäische Aufsichtsbehörde für das Versicherungswesen und die betriebliche Altersversorgung, die Europäische Wertpapier- und Marktaufsichtsbehörde, den Gemeinsamen Ausschuss der Europäischen Aufsichtsbehörden oder die Europäische Kommission,
11. Behörden, die für die Aufsicht über Zahlungs- und Abwicklungssysteme zuständig sind,
12. parlamentarische Untersuchungsausschüsse nach § 1 des Untersuchungsausschussgesetzes aufgrund einer Entscheidung über ein Ersuchen nach § 18 Absatz 2 des Untersuchungsausschussgesetzes,
13. das Bundesverfassungsgericht,
14. den Bundesrechnungshof, sofern sich sein Untersuchungsauftrag auf die Entscheidungen und sonstigen Tätigkeiten der Bundesanstalt nach diesem Gesetz oder der Verordnung (EU) Nr. 575/2013[2] bezieht,
15. Verwaltungsgerichte in verwaltungsrechtlichen Streitigkeiten, in denen die Bundesanstalt Beklagte ist, mit Ausnahme von Klagen nach dem Informationsfreiheitsgesetz,
16. die Bank für Internationalen Zahlungsausgleich für die Zwecke quantitativer Folgenabschätzungen sowie den Rat für Finanzstabilität für die Zwecke seiner Überwachungsaufgaben,
17. den Internationalen Währungsfonds oder die Weltbank für die Zwecke der Bewertung im Rahmen des Programms zur Bewertung des Finanzsektors,
18. den Ausschuss für Finanzstabilität oder den Europäischen Ausschuss für Systemrisiken,
19. das Gremium zum Finanzmarktstabilisierungsfonds im Sinne des § 10a Absatz 1 des Finanzmarktstabilisierungsfondsgesetzes oder den Lenkungsausschuss im Sinne des § 4 Absatz 1 Satz 2 des Finanzmarktstabilisierungsfondsgesetzes,

[1] Nr. **9**.
[2] Nr. **6**.

20. Behörden im Sinne von Artikel 2 Absatz 1 Nummer 17 und 18 der Verordnung (EU) Nr. 909/2014,
21. Behörden, die für die Überwachung der Einhaltung der Richtlinie (EU) 2015/849 des Europäischen Parlaments und des Rates vom 20. Mai 2015 zur Verhinderung der Nutzung des Finanzsystems zum Zwecke der Geldwäsche und Terrorismusfinanzierung, zur Änderung der Verordnung (EU) Nr. 648/2012 des Europäischen Parlaments und des Rates und zur Aufhebung der Richtlinie 2005/60/EG des Europäischen Parlaments und des Rates und der Richtlinie 2006/70/EG der Kommission (ABl. L 141 vom 5.6.2015, S. 73), die zuletzt durch die Richtlinie (EU) 2018/843 (ABl. L 156 vom 19.6.2018, S. 43) geändert worden ist, durch die in Artikel 2 Absatz 1 Nummer 1 und 2 der Richtlinie aufgeführten Verpflichteten zuständig sind, und zentrale Meldestellen oder andere Behörden, die kraft Gesetzes oder im öffentlichen Auftrag mit der Bekämpfung, Aufklärung und Verhinderung von Geldwäsche oder von Terrorismusfinanzierung betraut sind,
22. zuständige Behörden oder Stellen, die für die Anwendung der Regelungen zur strukturellen Trennung innerhalb einer Bankengruppe verantwortlich sind,
23. das Bundesamt für Sicherheit in der Informationstechnik oder
24. zuständige Behörden im Sinne von Artikel 2 Absatz 1 Buchstabe r der Verordnung (EU) 2020/1503[1)],

soweit diese Stellen die Informationen zur Erfüllung ihrer Aufgaben benötigen. [5] Für die bei den in Satz 4 Nummern 1 bis 11, 13 bis 23 genannten Stellen beschäftigten Personen und die von diesen Stellen beauftragten Personen sowie für die Mitglieder der in Satz 4 Nummern 12 und 19 genannten Ausschüsse gilt die Verschwiegenheitspflicht nach Satz 1 entsprechend. [6] Betrifft die Weitergabe von Tatsachen nach Satz 4 personenbezogene Daten, sind die allgemeinen datenschutzrechtlichen Vorschriften zu beachten.

(2) [1] Befindet sich eine in Absatz 1 Satz 4 Nummer 1 bis 11, 16 bis 18 und 20 bis 22 genannte Stelle in einem anderen Staat, so dürfen die Tatsachen nur weitergegeben werden, wenn die bei dieser Stelle beschäftigten und die von dieser Stelle beauftragten Personen einer dem Absatz 1 weitgehend entsprechenden Verschwiegenheitspflicht unterliegen. [2] Die ausländische Stelle ist darauf hinzuweisen, dass sie Informationen nur zu dem Zweck verwenden darf, zu dessen Erfüllung sie ihr übermittelt werden. [3] Informationen, die aus einem Drittstaat oder von sonstigen Personen oder Einrichtungen stammen, dürfen nur mit ausdrücklicher Zustimmung der zuständigen Stellen, die diese Informationen mitgeteilt haben, und nur für solche Zwecke weitergegeben werden, denen diese Stellen zugestimmt haben oder die auf Basis der abgeschlossenen Kooperations- oder Verwaltungsvereinbarungen statthaft sind.

(3) [1] Eine Weitergabe an Stellen nach Absatz 1 Satz 4 Nummer 16 und 17 darf nur erfolgen, wenn die Anfrage unter Berücksichtigung der spezifischen Aufgaben, die die anfragende Stelle gemäß ihrem gesetzlichen Auftrag wahrnimmt, hinreichend begründet und hinreichend genau in Bezug auf Art, Umfang und Format der angeforderten Informationen und die Mittel für deren Offenlegung oder Übermittlung ist, die angeforderten Informationen unbe-

---

[1)] Nr. **19**.

dingt erforderlich sind, damit die anfragende Stelle ihre spezifischen Aufgaben wahrnehmen kann, und nicht über die ihr übertragenen gesetzlichen Aufgaben hinausgehen und die Informationen ausschließlich den Personen übermittelt oder offengelegt werden, die unmittelbar mit der Wahrnehmung der spezifischen Aufgabe befasst sind. [2] Andere Informationen als aggregierte und anonymisierte Informationen dürfen in den Fällen des Absatz 1 Satz 4 Nummer 16 und 17 nur in den Räumlichkeiten der Bundesanstalt und der Deutschen Bundesbank eingesehen werden.

(4) [1] Die §§ 93, 97 und 105 Absatz 1, § 111 Absatz 5 in Verbindung mit § 105 Absatz 1 sowie § 116 Absatz 1 der Abgabenordnung gelten für die in Absatz 1 bezeichneten Personen nur, soweit die Finanzbehörden die Kenntnisse für die Durchführung eines Verfahrens wegen einer Steuerstraftat sowie eines damit zusammenhängenden Besteuerungsverfahrens benötigen. [2] Die in Satz 1 genannten Vorschriften sind jedoch nicht anzuwenden, soweit Tatsachen betroffen sind, die den in Absatz 1 Satz 1 oder 3 bezeichneten Personen durch die zuständige Aufsichtsstelle eines anderen Staates oder durch von dieser Stelle beauftragte Personen mitgeteilt worden sind.

(5) [1] Andere Personen oder Einrichtungen als die in Absatz 1 genannten, die vertrauliche Informationen im Sinne dieses Gesetzes erhalten, dürfen diese Informationen ausschließlich für die von der Bundesanstalt ausdrücklich vorgesehenen Zwecke verwenden. [2] Die Bundesanstalt ist befugt, den Umgang mit Informationen nach Absatz 1 festzulegen und jegliche Weitergabe dieser Informationen zu beschränken.

(6) [1] Vertrauliche Informationen, die zuständige Behörden nach § 11 oder der Verordnung (EU) 2019/2033[1)] empfangen, austauschen oder übermitteln, dürfen ausschließlich zur Wahrnehmung ihrer Aufgaben verwendet werden. [2] Zuständige Behörden können im Einzelfall ausdrücklich

1. den Umgang mit diesen Informationen gesondert festlegen,
2. jegliche Weitergabe dieser Informationen untersagen oder
3. deren Weitergabe einschränken.

Abschnitt 4. Hinweisgebersystem und Aufzeichnungsverpflichtung bei Wertpapierinstituten; Form der einzureichenden Dokumente

§ 13 Hinweisgebersystem und Aufzeichnungsverpflichtung. (1) [1] Wertpapierinstitute sind verpflichtet, ein Verfahren einzurichten, das es den Mitarbeitern unter Wahrung der Vertraulichkeit ihrer Identität ermöglicht, mögliche Verstöße gegen Aufsichtsrecht und möglicherweise strafbare Handlungen innerhalb des Unternehmens an geeignete Stellen zu melden. [2] Das Verfahren kann von Sozialpartnern bereitgestellt werden, sofern dabei für die Meldenden das gleiche Schutzniveau wie nach § 4d des Finanzdienstleistungsaufsichtsgesetzes[2)] gewährt wird.

(2) [1] Wertpapierinstitute müssen sämtliche Transaktionen aufzeichnen und die Systeme und Verfahren, die diesem Gesetz und der Verordnung (EU) 2019/2033 unterliegen, so dokumentieren, dass die Bundesanstalt oder ein von ihr Beauftragter jederzeit prüfen kann, ob das Wertpapierinstitut dieses Gesetz und

---

[1)] Nr. **7**.
[2)] Nr. **8**.

die Verordnung (EU) 2019/2033 einhält. [2] Die internen Kontrollverfahren und die Verwaltungs- und Rechnungslegungsverfahren des Wertpapierinstituts müssen die Bundesanstalt in die Lage versetzen, die Einhaltung dieser Vorschriften jederzeit zu prüfen.

§ 14 Kommunikation mit Bundesanstalt und Deutscher Bundesbank; Verordnungsermächtigung. (1) [1] Soweit durch eine Rechtsverordnung nach Absatz 2 oder 3 nicht abweichend bestimmt, hat die Übermittlung von Erlaubnisanträgen, Anzeigen, Informationen und sonstigen nach diesem Gesetz zu übermittelnden Dokumenten schriftlich zu erfolgen. [2] § 3a des Verwaltungsverfahrensgesetzes sowie die Vorgaben der Delegierten Verordnung (EU) 2017/1943 sowie der Durchführungsverordnung (EU) 2017/1945 der Kommission vom 19. Juni 2017 zur Festlegung technischer Durchführungsstandards für Mitteilungen von und an Wertpapierfirmen, die eine Zulassung beantragen oder besitzen, gemäß der Richtlinie 2014/65/EU des Europäischen Parlaments und des Rates (ABl. L 276 vom 26.10.2017, S. 22) bleiben unberührt.

(2) [1] Das Bundesministerium der Finanzen kann im Benehmen mit der Deutschen Bundesbank durch Rechtsverordnung, die nicht der Zustimmung des Bundesrats bedarf, festlegen, dass Unternehmen im Rahmen des Erlaubnisverfahrens und der Aufsicht nach diesem Gesetz ein von der Bundesanstalt bereitgestelltes elektronisches Kommunikationsverfahren zu nutzen haben, insbesondere, dass sie

1. den elektronischen Zugang für das elektronische Kommunikationsverfahren zu eröffnen haben,
2. abweichend von Absatz 1 Informationen, Anzeigen und Dokumente nur über das elektronische Kommunikationsverfahren zu übermitteln haben,
3. sicherzustellen haben, dass regelmäßig, spätestens alle fünf Kalendertage, überprüft wird, ob ihnen Mitteilungen oder Verwaltungsakte nach den §§ 16u und 16v des Finanzdienstleistungsaufsichtsgesetzes[1)] über das elektronische Kommunikationsverfahren bereitgestellt worden sind, und
4. auch für das elektronische Kommunikationsverfahren gegenüber der Bundesanstalt Bevollmächtigte einsetzen können.

[2] Das Bundesministerium der Finanzen kann diese Ermächtigung durch Rechtsverordnung, die nicht der Zustimmung des Bundesrates bedarf, auf die Bundesanstalt mit der Maßgabe übertragen, dass die Rechtsverordnung der Bundesanstalt im Benehmen mit der Deutschen Bundesbank ergeht. [3] Vor Erlass der Rechtsverordnung sind die Spitzenverbände der Wertpapierinstitute anzuhören.

(3) [1] Das Bundesministerium der Finanzen kann im Benehmen mit der Deutschen Bundesbank durch Rechtsverordnung, die nicht der Zustimmung des Bundesrates bedarf, nähere Bestimmungen über Art, Umfang, Zeitpunkt und abweichend von Absatz 1 Form der nach diesem Gesetz, nach der Verordnung (EU) 2019/2033, der Delegierten Verordnung 2017/1943, der Durchführungsverordnung 2017/1945 und der Delegierten Verordnung 2017/1946 der Kommission vom 11. Juli 2017 zur Ergänzung der Richtlinien 2004/39/EG und 2014/65/EU des Europäischen Parlaments und des Rates durch technische Regulierungsstandards für eine erschöpfende Liste der Informatio-

[1)] Nr. 8.

nen, die interessierte Erwerber in die Anzeige des beabsichtigten Erwerbs einer qualifizierten Beteiligung an einer Wertpapierfirma aufnehmen müssen (ABl. L 276 vom 26.10.2017, S. 32) vorgesehenen Anzeigen, Meldungen, Informationen, Dokumente und Vorlagen von Unterlagen, über die zulässigen Datenträger, Übertragungswege, Meldeempfänger und Datenformate und über zu verwendende und anzuzeigende Zusatzinformationen zu den Hauptinformationen, etwa besondere Rechtsträgerkennungen sowie Angaben zu deren Aktualität oder Validität, erlassen und die bestehenden Anzeigepflichten durch die Verpflichtung zur Erstattung von Sammelanzeigen und zur Einreichung von Sammelaufstellungen ergänzen, soweit dies zur Erfüllung der Aufgaben der Bundesanstalt erforderlich ist, insbesondere, um einheitliche Unterlagen zur Beurteilung der von den Wertpapierinstituten durchgeführten Wertpapierdienstleistungen, Wertpapiernebendienstleistungen oder Nebengeschäfte oder über die Inhaber bedeutender Beteiligungen zu erhalten. [2] In der Rechtsverordnung können ebenfalls nähere Bestimmungen für die Führung eines öffentlichen Registers durch die Bundesanstalt sowie über die Zugriffsmöglichkeiten auf Seiten dieses Registers und die Zuweisung von Verantwortung für die Richtigkeit und Aktualität der Seiten erlassen werden. [3] Das Bundesministerium der Finanzen kann diese Ermächtigung durch Rechtsverordnung, die nicht der Zustimmung des Bundesrates bedarf, auf die Bundesanstalt mit der Maßgabe übertragen, dass Rechtsverordnungen der Bundesanstalt im Einvernehmen mit der Deutschen Bundesbank ergehen. [4] Vor Erlass der Rechtsverordnung sind die Spitzenverbände der Wertpapierinstitute anzuhören.

Kapitel 2. Erlaubnis; Geschäftsleiter; Verwaltungs- oder Aufsichtsorgan; Inhaber bedeutender Beteiligungen

Abschnitt 1. Erlaubnis

§ 15 Erlaubnis für das Erbringen von Wertpapierdienstleistungen und -nebendienstleistungen. (1) Wer im Inland Wertpapierdienstleistungen im Sinne des § 2 Absatz 2 Satz 1 Nummer 1 bis 10, die Wertpapiernebendienstleistungen des § 2 Absatz 3 Nummer 1, 2 und 4 oder ein Nebengeschäft im Sinne des § 2 Absatz 4 erbringen will, ohne die in § 32 Absatz 1 Satz 2 des Kreditwesengesetzes[1)] bestimmte Schwelle zu überschreiten, bedarf einer Erlaubnis der Bundesanstalt; die Bundesanstalt hat § 37 Absatz 4 des Verwaltungsverfahrensgesetzes anzuwenden.

(2) Eine Erlaubnis für die Wertpapiernebendienstleistungen des § 2 Absatz 3 Nummer 1 oder 2 oder eines Nebengeschäfts im Sinne des § 2 Absatz 4 kann nur erteilt werden, wenn die Erlaubnis zur Erbringung mindestens einer Wertpapierdienstleistung vorliegt oder gleichzeitig erteilt wird; mit Erlöschen oder Aufhebung der Erlaubnis für Wertpapierdienstleistungen erlischt automatisch auch die Erlaubnis für die Wertpapiernebendienstleistung oder das Nebengeschäft.

(3) Wer neben dem Erbringen von Wertpapierdienstleistungen auch Finanzinstrumente für eigene Rechnung anschaffen und veräußern will, ohne dass es sich hierbei um Eigenhandel handelt (Eigengeschäft), bedarf auch hierfür der Erlaubnis der Bundesanstalt.

[1)] Nr. **9**.

(4) [1] Eine Erlaubnis für das Betreiben des Eigengeschäfts benötigt unabhängig von einer Erlaubnis nach Absatz 1 auch, wer das Eigengeschäft als Mitglied oder Teilnehmer eines organisierten Marktes oder eines multilateralen Handelssystems oder mit einem direkten elektronischen Zugang zu einem Handelsplatz oder mit Warenderivaten, Emissionszertifikaten oder Derivaten auf Emissionszertifikate betreibt. [2] Wer nach Satz 1 der schriftlichen Erlaubnis der Bundesanstalt bedarf, gilt als Wertpapierinstitut.

(5) [1] Einer Erlaubnis der Bundesanstalt bedarf es in den Fällen des Absatzes 4 nicht, wenn

1. das Eigengeschäft als Mitglied oder Teilnehmer eines organisierten Marktes oder eines multilateralen Handelssystems oder mit einem direkten elektronischen Zugang zu einem Handelsplatz von einem Unternehmen, das keine Wertpapierdienstleistungen erbringt, betrieben wird, um objektiv messbar die Risiken aus der Geschäftstätigkeit oder dem Liquiditäts- und Finanzmanagement des Unternehmens oder der Gruppe, dem das Unternehmen angehört, zu reduzieren,
2. das Eigengeschäft mit Emissionszertifikaten von einem Betreiber im Sinne des § 3 Nummer 4 des Treibhausgas-Emissionshandelsgesetzes betrieben wird, der keine Wertpapierdienstleistungen erbringt, oder
3. das Eigengeschäft ausschließlich mit Warentermingeschäften, Emissionszertifikaten und Derivaten auf Emissionszertifikate betrieben wird und
   a) das Unternehmen nicht Teil einer Unternehmensgruppe ist, die in der Haupttätigkeit Wertpapierdienstleistungen erbringt,
   b) die Wertpapierdienstleistung in jedem dieser Fälle sowohl auf individueller als auch auf auf Ebene der Unternehmensgruppe aggregierter Basis eine Nebentätigkeit zur Haupttätigkeit darstellt; die Kriterien, wann eine Nebentätigkeit vorliegt, werden in einem auf der Grundlage von Artikel 2 Absatz 4 und Artikel 89 der Richtlinie 2014/65/EU erlassenen delegierten Rechtsakt der Kommission bestimmt,
   c) das Unternehmen der Bundesanstalt auf Anforderung die Umstände mitteilt, auf Grund derer es zu der Auffassung gelangt, dass seine Tätigkeit eine Nebentätigkeit zu seiner Haupttätigkeit darstellt,
4. das Eigengeschäft als Mitglied einer Börse oder Teilnehmer eines Handelsplatzes von einem in einem Drittstaat ansässigen Unternehmen betrieben wird; dies gilt bis zu einer Entscheidung der Europäischen Wertpapier- und Marktaufsichtsbehörde über eine Eintragung des Unternehmens in das Register nach Artikel 48 der Verordnung (EU) Nr. 600/2014 des Europäischen Parlaments und des Rates vom 15. Mai 2014 über Märkte für Finanzinstrumente und zur Änderung der Verordnung (EU) Nr. 648/2012 (ABl. L 173 vom 12.6.2014, S. 84; L 6 vom 10.1.2015, S. 6; L 270 vom 15.10.2015, S. 4; L 278 vom 27.10.2017, S. 54), die zuletzt durch die Verordnung (EU) 2019/2033 (ABl. L 314 vom 5.12.2019, S. 314) geändert worden ist.

[2] Für Zeitpunkt, Inhalt und Form der Anzeige nach Satz 1 Nummer 3 Buchstabe c und für die Führung eines betreffenden öffentlichen Registers können nähere Bestimmungen in der Rechtsverordnung nach § 14 Absatz 3 erlassen werden; insbesondere kann dem Unternehmen ein schreibender Zugriff auf die für dieses Unternehmen einzurichtende Seite des Registers gestattet werden. [3] Wird der schreibende Zugriff gestattet, ist das Unternehmen für die Richtigkeit und Aktualität der Seite verantwortlich.

(6) [1] Einer Erlaubnis der Bundesanstalt bedarf es auch, wenn ein Wertpapierinstitut, dem eine Erlaubnis nach Absatz 1 erteilt wurde, eigene Finanzinstrumente vertreibt, soweit dies nicht als Erbringen einer Wertpapierdienstleistung oder als Betreiben des Eigengeschäfts nach Absatz 3 unter Erlaubnisvorbehalt steht. [2] Absatz 1 erster Halbsatz gilt entsprechend.

(7) [1] Eine Erlaubnis nach Absatz 1, Absatz 4 oder Absatz 5 kann nicht mit einer Erlaubnis nach § 32 des Kreditwesengesetzes, nach § 10 Absatz 1 oder § 11 Absatz 1 des Zahlungsdiensteaufsichtsgesetzes[1)], nach § 8 des Versicherungsaufsichtsgesetzes oder nach § 20 des Kapitalanlagegesetzbuchs oder mit einer Registrierung nach § 34 Absatz 1 des Zahlungsdiensteaufsichtsgesetzes verbunden werden. [2] Für Wertpapierinstitute tritt die Pflicht der Erlaubnis nach § 32 des Kreditwesengesetzes hinter die Erlaubnis nach diesem Gesetz zurück.

(8) Eine Erlaubnis kann mit Auflagen versehen werden, die sich im Rahmen des mit diesem Gesetz verfolgten Zwecks halten müssen.

(9) Eine Erlaubnis nach Absatz 1 kann auf einzelne Wertpapierdienstleistungen oder inhaltlich dahingehend beschränkt werden, dass das Wertpapierinstitut nicht befugt ist, Eigentum oder Besitz am Kundengeld oder Kundenwertpapieren zu erwerben.

§ 16 Erlaubnisverfahren und Bekanntmachung. (1) [1] Vor Erteilung einer Erlaubnis hat die Bundesanstalt die Entschädigungseinrichtung der Wertpapierhandelsunternehmen nach § 6 Absatz 1 Satz 1 des Anlegerentschädigungsgesetzes[2)] zu hören. [2] Mit der Erteilung der Erlaubnis ist das Wertpapierinstitut dieser Entschädigungseinrichtung der Wertpapierhandelsunternehmen zugeordnet. [3] Dies ist dem Wertpapierinstitut mitzuteilen.

(2) [1] Die Bundesanstalt hat vor Erteilung der Erlaubnis für das Erbringen von Wertpapierdienstleistungen die zuständigen Stellen des Herkunftsvertragsstaates des Unternehmens anzuhören, wenn die Erlaubnis einem Unternehmen erteilt werden soll, das

1. Tochter- oder Schwesterunternehmen eines Kreditinstituts, eines Wertpapierinstituts, eines Börsenbetreibers oder eines Erstversicherungsunternehmens ist und dessen Mutterunternehmen in einem anderen Vertragsstaat zugelassen ist oder
2. durch dieselben natürlichen Personen oder Unternehmen kontrolliert wird, die ein Kreditinstitut, ein Wertpapierinstitut, einen Börsenbetreiber oder ein Erstversicherungsunternehmen mit Sitz in einem anderen Vertragsstaat kontrollieren.

[2] Die Anhörung erstreckt sich insbesondere auf die Angaben, die für die Beurteilung der Zuverlässigkeit und fachlichen Eignung der Geschäftsleiter sowie für die Beurteilung der Zuverlässigkeit der Inhaber einer bedeutenden Beteiligung an Unternehmen derselben Gruppe mit Sitz in dem betreffenden Vertragsstaat erforderlich sind.

(3) Die Bundesanstalt muss dem Antragsteller einer Erlaubnis binnen sechs Monaten nach Einreichung der vollständigen Unterlagen für einen Erlaubnisantrag mitteilen, ob eine Erlaubnis erteilt oder versagt wird.

---

1) Nr. **12**.
2) Nr. **14**.

(4) [1] Die Bundesanstalt hat die Erteilung einer Erlaubnis im Bundesanzeiger bekannt zu machen. [2] Sie teilt jede Zulassung eines Wertpapierinstituts der Europäischen Wertpapier- und Marktaufsichtsbehörde mit unter Angabe der Dienstleistungen, für die eine Zulassung erteilt wurde, und aktualisiert regelmäßig ihre Mitteilung.

(5) [1] Die Bundesanstalt führt ein Wertpapierinstitutsregister und veröffentlicht dies auf ihrer Internetseite. [2] In das Wertpapierinstitutsregister sind alle inländischen Wertpapierinstitute, denen eine Erlaubnis nach § 15 Absatz 1 erteilt worden ist, mit dem Datum der Erteilung und dem Umfang der Erlaubnis und gegebenenfalls dem Datum des Erlöschens oder der Aufhebung der Erlaubnis einzutragen. [3] Das Bundesministerium der Finanzen kann durch Rechtsverordnung, die nicht der Zustimmung des Bundesrates bedarf, nähere Bestimmungen zum Inhalt des Registers und zu den Mitwirkungspflichten der Wertpapierinstitute bei der Führung des Registers erlassen. [4] Das Bundesministerium der Finanzen kann die Ermächtigung durch Rechtsverordnung auf die Bundesanstalt übertragen.

§ 17 Anfangskapital. (1) Das Anfangskapital beträgt

1. 750 000 Euro für ein Wertpapierinstitut,
   a) das eine Erlaubnis für den Eigenhandel oder das Emissionsgeschäft beantragt und im Rahmen dieser Erlaubnis auf eigene Rechnung handelt,
   b) das eine Erlaubnis zum Betreiben des organisierten Handelssystems im Sinne des § 2 Absatz 2 Nummer 7 beantragt und im Rahmen dieser Erlaubnis Geschäfte auf eigene Rechnung abschließt, oder
   c) das eine Erlaubnis für die Verwahrung und Verwaltung im Sinne des § 2 Absatz 3 Nummer 1, das Wertpapierkreditgeschäft, das eingeschränkte Verwahrgeschäft oder das Eigengeschäft nach § 15 Absatz 4 beantragt,
2. 75 000 Euro für ein Wertpapierinstitut, das eine Erlaubnis für das Erbringen der Anlagevermittlung, Abschlussvermittlung, Finanzportfolioverwaltung, Anlageberatung oder für das Platzierungsgeschäft beantragt und dessen Erlaubnis dahingehend beschränkt ist, dass es im Zusammenhang mit diesen Wertpapierdienstleistungen kein Eigentum oder keinen Besitz an Kundengeldern oder Kundenwertpapieren haben darf, oder
3. 150 000 Euro bei anderen Wertpapierinstituten, die eine Erlaubnis für Wertpapierdienstleistungen beantragen, die nicht unter Nummer 1 oder 2 fallen.

(2) [1] Das Anfangskapital eines Wertpapierinstituts ist nach Artikel 4 Nummer 18 der Verordnung (EU) 2019/2033[1)] in Verbindung mit Artikel 3 Nummer 18, den Artikeln 9 und 11 der Richtlinie 2019/2034 zu bestimmen. [2] Das Anfangskapital setzt sich aus den in Artikel 11 der Richtlinie 2019/2034 in Verbindung mit Artikel 9 der Verordnung (EU) 2019/2033 benannten Eigenmittelbestandteilen zusammen.

(3) [1] Bei Einzelpersonen oder Personenhandelsgesellschaften, welche die Bedingungen für Kleine Wertpapierinstitute erfüllen, sind als Posten oder Instrument für das harte Kernkapital die Risikoaktiva des Inhabers oder persönlich haftenden Gesellschafters als Abzugspositionen bei der Berechnung des Anfangskapitals zu berücksichtigen. [2] Das freie Vermögen der Inhaber oder Gesellschafter bleibt bei der Berechnung unberücksichtigt. [3] Die Bundesanstalt teilt

---

[1)] Nr. 7.

der Europäischen Wertpapier- und Marktaufsichtsbehörde und der Europäischen Bankenaufsichtsbehörde die vorgenannten Posten oder Instrumente, die als Eigenmittel gelten, zur Aufnahme in ein von der Europäischen Bankenaufsichtsbehörde zusammen mit der Europäischen Wertpapier- und Marktaufsichtsbehörde zu veröffentlichendes Verzeichnis sämtlicher Arten von Mitteln oder Instrumenten in jedem Vertragsstaat mit.

(4) Bei Anlageberatern, Anlagevermittlern, Abschlussvermittlern, Finanzportfolioverwaltern oder Unternehmen, die das Platzierungsgeschäft betreiben, die nicht befugt sind, sich bei der Erbringung von Finanzdienstleistungen Eigentum oder Besitz an Geldern oder Wertpapieren von Kunden zu verschaffen, gilt die Anlage von eigenen Mitteln durch das Halten von Positionen in Finanzinstrumenten im Anlagebuch für die Zwecke der Solvenzaufsicht nicht als Handel für eigene Rechnung.

(5) [1] § 309 Nummer 3 und die §§ 313, 314, 489, 490, 723 bis 725, 727 und 728 des Bürgerlichen Gesetzbuchs[1)], die §§ 132 bis 135 des Handelsgesetzbuchs und die §§ 254, 297 Absatz 1, § 304 Absatz 4 und § 305 Absatz 5 Satz 4 des Aktiengesetzes sind nicht anzuwenden, wenn Zweck einer Kapitalüberlassung die Überlassung von Eigenmitteln im Sinne des Artikels 72 der Verordnung (EU) Nr. 575/2013[2)] ist. [2] § 309 Nummer 3 des Bürgerlichen Gesetzbuchs findet auch keine Anwendung auf Verbindlichkeiten des Instituts, welche die Voraussetzungen des Artikels 12 Absatz 16 Satz 1 der Verordnung (EU) Nr. 806/2014[3)] des Europäischen Parlaments und des Rates vom 15. Juli 2014 zur Festlegung einheitlicher Vorschriften und eines einheitlichen Verfahrens für die Abwicklung von Kreditinstituten und bestimmten Wertpapierfirmen im Rahmen eines einheitlichen Abwicklungsmechanismus und eines einheitlichen Abwicklungsfonds sowie zur Änderung der Verordnung (EU) Nr. 1093/2010 (ABl. L 225 vom 30.7.2014, S. 1; L 101 vom 18.4.2015, S. 62) mit Ausnahme von dessen Buchstabe d oder des § 49 Absatz 2 des Sanierungs- und Abwicklungsgesetzes[4)] mit Ausnahme von dessen Nummer 4 erfüllen und eine Mindestlaufzeit von einem Jahr haben. [3] Die §§ 313, 314 und 490 Absatz 1 des Bürgerlichen Gesetzbuchs finden auf Verträge, die Verbindlichkeiten des Instituts begründen, welche die Voraussetzungen des Artikels 12 Absatz 16 Satz 1 der Verordnung (EU) Nr. 806/2014 mit Ausnahme von dessen Buchstabe d oder des § 49 Absatz 2 des Sanierungs- und Abwicklungsgesetzes mit Ausnahme von dessen Nummer 4 erfüllen und eine Mindestlaufzeit von einem Jahr haben, während der vereinbarten Laufzeit keine Anwendung. [4] Kündigt ein stiller Gesellschafter, der sich am Handelsgewerbe eines Instituts mit einer Vermögenseinlage beteiligt, welche die in Satz 3 genannten Voraussetzungen erfüllt und eine Mindestlaufzeit von einem Jahr hat, die Gesellschaft oder seine Beteiligung außerordentlich, so wird der gesetzliche oder vertragliche Abfindungs- oder Auszahlungsanspruch nicht vor Ablauf der vereinbarten Laufzeit fällig.

§ 18 Versagung der Erlaubnis. (1) Die Erlaubnis ist zu versagen, wenn

---

[1)] Nr. **24**.
[2)] Nr. **6**.
[3)] Nr. **22**.
[4)] Nr. **23**.

1. die zum Geschäftsbetrieb erforderlichen Mittel, insbesondere ein ausreichendes Anfangskapital, das die Anforderungen des § 17 erfüllt, nicht zur Verfügung stehen;
2. Tatsachen vorliegen, aus denen sich ergibt, dass ein Antragsteller oder ein Geschäftsleiter nicht zuverlässig ist;
3. Tatsachen die Annahme rechtfertigen, dass der Inhaber einer bedeutenden Beteiligung oder, wenn er eine juristische Person ist, auch ein gesetzlicher oder satzungsmäßiger Vertreter, oder, wenn er eine Personenhandelsgesellschaft ist, auch ein Gesellschafter nicht zuverlässig ist oder aus anderen Gründen nicht den im Interesse einer soliden und umsichtigen Führung des Wertpapierinstituts zu stellenden Ansprüchen genügt;
4. Tatsachen vorliegen, aus denen sich ergibt, dass der Inhaber oder ein Geschäftsleiter nicht die zur Leitung des Wertpapierinstituts erforderliche fachliche Eignung hat und auch nicht eine andere Person nach § 20 Absatz 6 als Geschäftsleiter betraut wird;
5. Tatsachen vorliegen, aus denen sich ergibt, dass ein Geschäftsleiter nicht über die zur Wahrnehmung seiner Aufgaben ausreichende Zeit verfügt;
6. Tatsachen vorliegen, aus denen sich ergibt, dass ein Geschäftsleiter eines Kleinen oder Mittleren Wertpapierinstituts gegen die Anforderungen des § 20 Absatz 4 oder bei einem Großen Wertpapierinstitut gegen § 25c Absatz 2 des Kreditwesengesetzes[1)] verstößt;
7. das Wertpapierinstitut im Falle der Erteilung der Erlaubnis Tochterunternehmen einer Finanzholdinggesellschaft im Sinne des Artikels 4 Absatz 1 Nummer 16 der Verordnung (EU) 2019/2033[2)] in Verbindung mit Artikel 4 Absatz 1 Nummer 20 der Verordnung (EU) Nr. 575/2013[3)] oder einer gemischten Finanzholdinggesellschaft im Sinne des Artikels 4 Absatz 1 Nummer 40 der Verordnung (EU) 2019/2033 in Verbindung mit Artikel 2 Nummer 15 der Richtlinie 2002/87/EG wird und Tatsachen die Annahme rechtfertigen, dass eine Person im Sinne des § 62 nicht zuverlässig ist oder nicht die zur Führung der Geschäfte der Investmentholdinggesellschaft oder der gemischten Finanzholdinggesellschaft erforderliche fachliche Eignung hat;
8. ein Wertpapierinstitut, das befugt ist, bei der Erbringung von Wertpapierdienstleistungen oder Wertpapiernebendienstleistungen Eigentum oder Besitz an Geldern oder Wertpapieren von Kunden zu erwerben, oder die gemäß einer Bescheinigung der Bundesanstalt nach § 4 Absatz 1 Nummer 2 des Gesetzes über die Zertifizierung von Altersvorsorgeverträgen befugt ist, Altersvorsorgeverträge anzubieten, nicht mindestens zwei Geschäftsleiter hat, die nicht nur ehrenamtlich für das Wertpapierinstitut tätig sind;
9. das Wertpapierinstitut seine Hauptverwaltung und, soweit es sich um eine juristische Person handelt, seinen juristischen Sitz nicht im Inland hat oder
10. das Wertpapierinstitut nicht bereit oder in der Lage ist, die erforderlichen organisatorischen Vorkehrungen zum ordnungsmäßigen Betreiben der Geschäfte, für die es die Erlaubnis beantragt, zu schaffen.

---

1) Nr. **9**.
2) Nr. **7**.
3) Nr. **6**.

(2) [1]Die Bundesanstalt kann die Erlaubnis versagen, wenn Tatsachen die Annahme rechtfertigen, dass eine wirksame Aufsicht über das Wertpapierinstitut beeinträchtigt wird. [2]Dies ist insbesondere der Fall, wenn

1. das Wertpapierinstitut mit anderen Personen oder Unternehmen in einen Unternehmensverbund eingebunden ist oder in einer engen Verbindung zu einem solchen steht, der durch die Struktur des Beteiligungsgeflechtes oder mangelhafte wirtschaftliche Transparenz eine wirksame Aufsicht über das Wertpapierinstitut beeinträchtigt;
2. eine wirksame Aufsicht über das Wertpapierinstitut wegen der für solche Personen oder Unternehmen geltenden Rechts- oder Verwaltungsvorschriften eines Drittstaates beeinträchtigt wird oder
3. das Wertpapierinstitut Tochterunternehmen eines Mutterunternehmens mit Sitz in einem Drittstaat ist, das im Staat seines Sitzes oder seiner Hauptverwaltung nicht wirksam beaufsichtigt wird oder dessen zuständige Aufsichtsbehörde zu einer befriedigenden Zusammenarbeit mit der Bundesanstalt nicht bereit ist.

(3) Die Bundesanstalt kann die Erlaubnis auch versagen, wenn entgegen der Delegierten Verordnung (EU) 2017/1943 der Erlaubnisantrag keine ausreichenden Angaben oder Unterlagen enthält.

(4) Aus anderen als den in den Absätzen 1 bis 3 genannten Gründen darf die Erlaubnis nicht versagt werden.

§ 19 Erlöschen und Aufhebung der Erlaubnis. (1) Die Erlaubnis erlischt, wenn

1. von ihr nicht innerhalb eines Jahres seit ihrer Erteilung Gebrauch gemacht wird oder
2. dem Wertpapierinstitut eine Erlaubnis nach § 32 Absatz 1 Satz 1 des Kreditwesengesetzes[1)] erteilt wird.

(2) Die Bundesanstalt kann die Erlaubnis außer nach den Vorschriften des Verwaltungsverfahrensgesetzes aufheben, wenn

1. der Geschäftsbetrieb, auf den sich die Erlaubnis bezieht, seit mehr als sechs Monaten nicht mehr ausgeübt worden ist;
2. ihr Tatsachen bekannt werden, welche die Versagung der Erlaubnis nach § 18 Absatz 1 und 2 rechtfertigen würden;
3. Gefahr für die Erfüllung der Verpflichtungen des Wertpapierinstituts gegenüber seinen Kunden, insbesondere für die Sicherheit der dem Wertpapierinstitut anvertrauten Vermögenswerte besteht und die Gefahr nicht durch andere Maßnahmen nach diesem Gesetz abgewendet werden kann;
4. das Wertpapierinstitut schwerwiegend, wiederholt oder systematisch gegen Bestimmungen dieses Gesetzes, des Geldwäschegesetzes[2)], des Wertpapierhandelsgesetzes, der Verordnung (EU) 2015/847 des Europäischen Parlaments und des Rates vom 20. Mai 2015 über die Übermittlung von Angaben bei Geldtransfers und zur Aufhebung der Verordnung (EU) Nr. 1781/2006 (ABl. L 141 vom 5.6.2015, S. 1), die zuletzt durch die Verordnung (EU) 2019/2175 (ABl. L 334 vom 27.12.2019, S. 1) geändert

---

[1)] Nr. **9**.
[2)] Nr. **18**.

worden ist, oder die zur Durchführung dieser Gesetze erlassenen Verordnungen oder vollziehbaren Anordnungen verstoßen hat;

5. das Wertpapierinstitut nachhaltig gegen die Artikel 14, 15, 16 Absatz 1 oder Absatz 2, Artikel 17 Absatz 1, 2, 4, 5 oder 8, Artikel 18 Absatz 1 bis 6, Artikel 19 Absatz 1 bis 3, 5 bis 7 oder 11 oder Artikel 20 Absatz 1 der Verordnung (EU) Nr. 596/2014 oder sich auf diese Bestimmungen beziehende Anordnungen der Bundesanstalt verstoßen hat;
6. das Wertpapierinstitut die in den Artikeln 11 und 43 der Verordnung (EU) 2019/2033[1)] niedergelegten aufsichtlichen Anforderungen nicht mehr erfüllt;
7. das Wertpapierinstitut als Gegenpartei von Wertpapierfinanzierungsgeschäften nachhaltig gegen die Pflichten und Anforderungen von Artikel 4 oder 15 der Verordnung (EU) 2015/2365 des Europäischen Parlaments und des Rates vom 25. November 2015 über die Transparenz von Wertpapierfinanzierungsgeschäften und der Weiterverwendung sowie zur Änderung der Verordnung (EU) Nr. 648/2012 (ABl. L 337 vom 23.12.2015, S. 1), die durch die Verordnung (EU) 2021/23 (ABl. L 22 vom 22.1.2021, S. 1) geändert worden ist, oder sich auf diese Bestimmungen beziehende Anordnungen der Bundesanstalt verstoßen hat, oder
8. das Wertpapierinstitut nachhaltig gegen Artikel 7 Absatz 1 Satz 3 oder Artikel 11 Absatz 1 Satz 3 der Verordnung (EU) Nr. 600/2014 oder sich auf diese Bestimmungen beziehende Anordnungen der Bundesanstalt verstoßen hat.

(3) [1] Die Erlaubnis soll durch die Bundesanstalt aufgehoben werden, wenn über das Wertpapierinstitut ein Insolvenzverfahren eröffnet oder die Einstellung des Geschäftsbetriebs des Wertpapierinstituts beschlossen worden ist. [2] Der Wegfall der Erlaubnis hindert die für die Insolvenz zuständigen Personen nicht daran, bestimmte Tätigkeiten des Wertpapierinstituts weiter zu betreiben, soweit dies für Zwecke des Insolvenz- oder Liquidationsverfahrens erforderlich oder angezeigt ist.

(4) § 48 Absatz 4 Satz 1 und § 49 Absatz 2 Satz 2 des Verwaltungsverfahrensgesetzes über die Jahresfrist sind nicht anzuwenden.

(5) [1] Die Bundesanstalt hat die Aufhebung oder das Erlöschen der Erlaubnis im Bundesanzeiger bekannt zu machen. [2] Sie hat die zuständigen Behörden oder sonstigen zuständigen Stellen der anderen Vertragsstaaten zu unterrichten, in denen das Wertpapierinstitut Zweigniederlassungen errichtet hat oder im Wege des grenzüberschreitenden Dienstleistungsverkehrs tätig ist. [3] Sie unterrichtet die Europäische Wertpapier- und Marktaufsichtsbehörde.

Abschnitt 2. Geschäftsleiter und Verwaltungs- oder Aufsichtsorgan

§ 20 Geschäftsleiter. (1) [1] Die Geschäftsleiter eines Kleinen oder Mittleren Wertpapierinstituts müssen für die Leitung eines Wertpapierinstituts fachlich geeignet und zuverlässig sein und der Wahrnehmung ihrer Aufgaben ausreichend Zeit widmen. [2] Die fachliche Eignung setzt voraus, dass die Geschäftsleiter in ausreichendem Maß theoretische und praktische Kenntnisse in den betreffenden Geschäften sowie Leitungserfahrung haben. [3] Das Vorliegen der

---

[1)] Nr. 7.

fachlichen Eignung ist regelmäßig anzunehmen, wenn eine dreijährige leitende Tätigkeit bei einem Wertpapierinstitut von vergleichbarer Größe und Geschäftsart nachgewiesen wird. [4] Der Nachweis kann auch durch Tätigkeiten bei einem anderen Unternehmen erbracht werden, sofern dieses eine vergleichbare Größe aufweist und von Art und Volumen in mit dem Wertpapierinstitut vergleichbarer Weise Wertpapierdienstleistungen erbringt.

(2) Die Geschäftsleiter müssen in ihrer Gesamtheit die Kenntnisse, Fähigkeiten und Erfahrungen haben, die zur Leitung des Wertpapierinstituts und zum Verständnis ihrer Tätigkeit erforderlich sind.

(3) Geschäftsleiter kann nicht sein, wer in demselben Unternehmen Mitglied des Verwaltungs- oder Aufsichtsorgans ist; im Falle einer Europäischen Gesellschaft (SE) mit monistischem System gilt dies mit der Maßgabe, dass ein geschäftsführender Direktor nicht zugleich Vorsitzender oder nicht geschäftsführendes Mitglied des Verwaltungsrates sein kann.

(4) Bei der Zahl der Leitungs- oder Aufsichtsmandate, die ein Geschäftsleiter gleichzeitig innehaben kann, sind der Einzelfall und die Art, der Umfang und die Komplexität der Geschäfte des Wertpapierinstituts zu berücksichtigen.

(5) Das Kleine oder Mittlere Wertpapierinstitut muss angemessene personelle und finanzielle Ressourcen einsetzen, um den Geschäftsleitern die Einführung in ihr Amt zu erleichtern und die Fortbildung zu ermöglichen, die zur Aufrechterhaltung ihrer fachlichen Eignung erforderlich ist.

(6) [1] In Ausnahmefällen kann die Bundesanstalt auch eine andere mit der Führung der Geschäfte betraute und zur Vertretung ermächtigte Person widerruflich als Geschäftsleiter einsetzen, wenn sie zuverlässig ist und die erforderliche fachliche Eignung hat; Absatz 1 ist anzuwenden. [2] Wird das Wertpapierinstitut von einem Einzelkaufmann betrieben, so kann in Ausnahmefällen unter den Voraussetzungen des Satzes 1 eine von dem Inhaber mit der Führung der Geschäfte betraute und zur Vertretung ermächtigte Person widerruflich als Geschäftsleiter eingesetzt werden. [3] Beruht die Einsetzung einer Person als Geschäftsleiter auf einem Antrag des Wertpapierinstituts, so kann sie nur auf Antrag des Wertpapierinstituts oder des Geschäftsleiters widerrufen werden.

(7) § 45 der Gewerbeordnung findet keine Anwendung.

§ 21 Verwaltungs- oder Aufsichtsorgan. (1) [1] Die Mitglieder des Verwaltungs- oder Aufsichtsorgans eines Kleinen oder Mittleren Wertpapierinstituts müssen zuverlässig sein, die erforderliche Sachkunde zur Wahrnehmung der Kontrollfunktion sowie zur Beurteilung und Überwachung der Geschäfte, die das jeweilige Unternehmen betreibt, besitzen und der Wahrnehmung ihrer Aufgaben ausreichend Zeit widmen. [2] Bei der Prüfung, ob eine der in Satz 1 genannten Personen die erforderliche Sachkunde besitzt, berücksichtigt die Bundesanstalt den Umfang und die Komplexität der von dem Wertpapierinstitut, der Investmentholdinggesellschaft oder der gemischten Finanzholdinggesellschaft betriebenen Geschäfte.

(2) [1] Das Verwaltungs- oder Aufsichtsorgan muss in seiner Gesamtheit die Kenntnisse, Fähigkeiten und Erfahrungen haben, die zur Wahrnehmung der Kontrollfunktion sowie zur Beurteilung und Überwachung der Geschäftsleiter des Wertpapierinstituts oder der Investmentholding-Gruppe, der gemischten Finanzholdinggesellschaft oder der gemischten Finanzholding-Gruppe notwendig sind. [2] Die Vorschriften der Mitbestimmungsgesetze über die Wahl und

Abberufung der Arbeitnehmervertreter im Verwaltungs- oder Aufsichtsorgan bleiben unberührt.

(3) Kleine oder Mittlere Wertpapierinstitute, Investmentholdinggesellschaften und gemischte Finanzholdinggesellschaften müssen angemessene personelle und finanzielle Ressourcen einsetzen, um den Mitgliedern des Verwaltungs- oder Aufsichtsorgans die Einführung in ihr Amt zu erleichtern und die Fortbildung zu ermöglichen, die zur Aufrechterhaltung der erforderlichen Sachkunde notwendig ist.

(4) [1] Das Verwaltungs- oder Aufsichtsorgan muss die Geschäftsleiter auch im Hinblick auf die Einhaltung der einschlägigen aufsichtsrechtlichen Regelungen überwachen. [2] Es muss der Erörterung von Strategien, Risiken und Vergütungssystemen für Geschäftsleiter und Mitarbeiter ausreichend Zeit widmen.

(5) [1] Die Ausgestaltung der Vergütungssysteme für Mitglieder des Verwaltungs- oder Aufsichtsorgans darf im Hinblick auf die wirksame Wahrnehmung der Überwachungsfunktion des Verwaltungs- oder Aufsichtsorgans keine Interessenkonflikte erzeugen. [2] Für die Tätigkeit im Verwaltungs- oder Aufsichtsorgan dürfen dessen Mitglieder keine variablen Vergütungsbestandteile erhalten. [3] Die Vergütung ist geschlechtsneutral; eine Entgeltbenachteiligung wegen des Geschlechts ist unzulässig.

§ 22 Maßnahmen gegen Geschäftsleiter und Mitglieder des Verwaltungs- oder Aufsichtsorgans. (1) In den Fällen des § 19 Absatz 2 Nummer 2 bis 4 kann die Bundesanstalt, statt die Erlaubnis aufzuheben,

1. die Abberufung einzelner oder aller Geschäftsleiter, im Falle einer Personengesellschaft jedoch nur, wenn mindestens ein Geschäftsleiter verbleibt, verlangen und
2. diesen Geschäftsleitern die Aufnahme oder Ausübung ihrer Tätigkeit bei Wertpapierinstituten in der Rechtsform einer juristischen Person untersagen.

(2) Im Falle eines Verstoßes gegen Vorschriften des Kapitels 4 dieses Gesetzes oder die Verordnung (EU) 2015/847 kann die Bundesanstalt dem verantwortlichen Geschäftsleiter eines Wertpapierinstituts die Aufnahme und Ausübung einer Tätigkeit bei Verpflichteten nach § 2 Absatz 1 des Geldwäschegesetzes[1)] untersagen.

(3) Ist im Falle von Absatz 1 Nummer 2 oder Absatz 2 die Aufnahme oder Ausübung der Tätigkeit unbefristet untersagt worden, kann der Betroffene frühestens nach zwei Jahren nach Bestandskraft der Untersagung deren Aufhebung beantragen.

(4) [1] Die Bundesanstalt kann einen Geschäftsleiter verwarnen, wenn dieser gegen die Bestimmungen dieses Gesetzes, der Verordnung (EU) Nr. 575/2013[2)], der Verordnung (EU) 2019/2033, der Verordnung (EU) Nr. 648/2012, der Verordnung (EU) Nr. 596/2014, der Verordnung (EU) Nr. 600/2014, der Verordnung (EU) Nr. 909/2014, der Verordnung (EU) 2015/2365, der Verordnung (EU) 2016/1011 des Europäischen Parlaments und des Rates vom 8. Juni 2016 über Indizes, die bei Finanzinstrumenten und Finanzkontrakten als Referenzwert oder zur Messung der Wertentwicklung eines Investmentfonds verwendet werden, und zur Änderung der Richtlinien 2008/48/EG und

---

[1)] Nr. **18**.
[2)] Nr. **6**.

2014/17/EU sowie der Verordnung (EU) Nr. 596/2014 (ABl. L 171 vom 29.6.2016, S. 1; L 306 vom 15.11.2016, S. 43), die zuletzt durch die Verordnung (EU) 2021/168 (ABl. L 49 vom 12.2.2021, S. 61) geändert worden ist, des Depotgesetzes, des Geldwäschegesetzes oder des Wertpapierhandelsgesetzes, gegen die Artikel 6, 7, 9, 18 bis 26 oder 27 Absatz 1 oder 4 der Verordnung (EU) 2017/2402 des Europäischen Parlaments und des Rates vom 12. Dezember 2017 zur Festlegung eines allgemeinen Rahmens für Verbriefungen und zur Schaffung eines spezifischen Rahmens für einfache, transparente und standardisierte Verbriefung und zur Änderung der Richtlinien 2009/65/EG, 2009/138/EG, 2011/61/EU und der Verordnungen (EG) Nr. 1060/2009 und (EU) Nr. 648/2012 (ABl. L 347 vom 28.12.2017, S. 35), gegen die zur Durchführung dieser Gesetze erlassenen Verordnungen, die zur Durchführung der Richtlinie 2013/36/EU, der Richtlinie (EU) 2019/2034 und der Verordnung (EU) Nr. 575/2013 sowie der Verordnung (EU) 2019/2033 erlassenen Rechtsakte, die zur Durchführung der Verordnung (EU) Nr. 648/2012, der Verordnung (EU) Nr. 596/2014, der Verordnung (EU) Nr. 600/2014, der Verordnung (EU) Nr. 909/2014, der Verordnung (EU) 2015/2365, der Verordnung (EU) 2016/1011 oder der Verordnung (EU) 2017/2402 erlassenen Rechtsakte oder gegen Anordnungen der Bundesanstalt verstoßen hat. [2] Gegenstand der Verwarnung ist die Feststellung des entscheidungserheblichen Sachverhaltes und des hierdurch begründeten Verstoßes.

(5) Die Bundesanstalt kann die Abberufung eines Geschäftsleiters auch verlangen und diesem Geschäftsleiter die Ausübung seiner Tätigkeit bei Wertpapierinstituten in der Rechtsform einer juristischen Person untersagen, wenn dieser gegen die in Absatz 4 Satz 1 genannten Rechtsakte oder gegen Anordnungen der Bundesanstalt verstoßen hat und trotz Verwarnung nach Absatz 4 dieses Verhalten vorsätzlich oder leichtfertig fortsetzt.

(6) [1] Die Bundesanstalt kann von dem Wertpapierinstitut die Abberufung eines Mitglieds des Verwaltungs- oder Aufsichtsorgans verlangen und einer solchen Person die Ausübung ihrer Tätigkeit untersagen, wenn

1. Tatsachen vorliegen, aus denen sich ergibt, dass die Person nicht zuverlässig ist,
2. Tatsachen vorliegen, aus denen sich ergibt, dass die Person nicht die erforderliche Sachkunde besitzt,
3. Tatsachen vorliegen, aus denen sich ergibt, dass die Person der Wahrnehmung ihrer Aufgaben nicht ausreichend Zeit widmet,
4. der Person wesentliche Verstöße des Unternehmens gegen die Grundsätze einer ordnungsgemäßen Geschäftsführung wegen sorgfaltswidriger Ausübung ihrer Überwachungs- und Kontrollfunktion verborgen geblieben sind und sie dieses sorgfaltswidrige Verhalten trotz Verwarnung durch die Bundesanstalt fortsetzt,
5. die Person nicht alles Erforderliche zur Beseitigung festgestellter Verstöße veranlasst hat und dies trotz Verwarnung durch die Bundesanstalt auch weiterhin unterlässt,
6. die Person bereits Geschäftsleiter desselben Unternehmens ist oder
7. die Person Geschäftsleiter desselben Unternehmens war und bereits zwei ehemalige Geschäftsleiter des Unternehmens Mitglieder des Verwaltungs- oder Aufsichtsorgans sind.

[2]Bei Wertpapierinstituten, die aufgrund ihrer Rechtsform einer besonderen Rechtsaufsicht unterliegen, erfolgt eine Maßnahme nach Satz 1 erst nach Anhörung der zuständigen Stelle für die Rechtsaufsicht über diese Wertpapierinstitute. [3]Soweit das Gericht auf Antrag des Verwaltungs- oder Aufsichtsorgans ein Mitglied des Verwaltungs- oder Aufsichtsorgans abzuberufen hat, kann dieser Antrag bei Vorliegen der Voraussetzungen nach Satz 1 auch von der Bundesanstalt gestellt werden, wenn das Verwaltungs- oder Aufsichtsorgan dem Abberufungsverlangen der Bundesanstalt nicht nachgekommen ist. [4]Die Abberufung von Arbeitnehmervertretern im Aufsichtsrat erfolgt allein nach den Vorschriften der Mitbestimmungsgesetze.

§ 23 Tätigkeitsverbote für natürliche Personen, die nicht Geschäftsleiter sind. (1) Die Bundesanstalt kann der für einen Verstoß gegen § 19 Absatz 2 Nummer 5, 7 oder 8 verantwortlichen natürlichen Person, die zum Zeitpunkt des Verstoßes nicht Geschäftsleiter ist, für einen Zeitraum von bis zu zwei Jahren die Aufnahme und Ausübung einer Tätigkeit als Geschäftsleiter eines Wertpapierinstituts in der Rechtsform einer juristischen Person untersagen.

(2) [1]Verstößt eine natürliche Person, die zum Zeitpunkt des wiederholten Verstoßes nicht Geschäftsleiter ist, wiederholt gegen § 19 Absatz 2 Nummer 5, 7 oder 8 oder verstößt sie wiederholt gegen Artikel 14 oder 15 der Verordnung (EU) Nr. 596/2014 oder gegen Artikel 4 oder 15 der Verordnung (EU) 2015/2365, kann die Bundesanstalt ihr die Aufnahme und Ausübung einer Tätigkeit als Geschäftsleiter bei einem Wertpapierinstitut in der Rechtsform einer juristischen Person dauerhaft untersagen. [2]§ 22 Absatz 1 und 4 bleibt unberührt. [3]Im Falle eines Verstoßes gegen die §§ 25i, 25k oder 25m des Kreditwesengesetzes[1)] oder gegen die Verordnung (EU) 2015/847 kann die Bundesanstalt auch einer für den Verstoß verantwortlichen natürlichen Person, die zum Zeitpunkt des Verstoßes nicht Geschäftsleiter war, vorübergehend für einen Zeitraum von bis zu zwei Jahren die Aufnahme und Ausübung einer Tätigkeit als Geschäftsleiter bei Verpflichteten nach § 2 Absatz 1 des Geldwäschegesetzes[2)] untersagen.

Abschnitt 3. Inhaber bedeutender Beteiligungen

§ 24 Anzeige. (1) [1]Wer beabsichtigt, allein oder im Zusammenwirken mit anderen Personen oder Unternehmen eine bedeutende Beteiligung an einem Wertpapierinstitut direkt oder indirekt zu erwerben (interessierter Erwerber) oder eine derartige bedeutende Beteiligung direkt oder indirekt zu erhöhen mit der Folge, dass sein Anteil an den Stimmrechten oder am Kapital die Grenzen von 20 Prozent, 30 Prozent oder 50 Prozent erreichen oder überschreiten würde oder das Wertpapierinstitut unter seine Kontrolle kommen würde (beabsichtigter Erwerb), hat dies der Bundesanstalt und der Deutschen Bundesbank unverzüglich unter Angabe des Umfangs der geplanten Beteiligung anzuzeigen. [2]In der Anzeige hat der interessierte Erwerber die für die Höhe der Beteiligung und die für die Begründung des maßgeblichen Einflusses wesentlichen Tatsachen und Unterlagen gemäß der Delegierten Verordnung (EU) 2017/1946 sowie die Personen und Unternehmen anzugeben, von denen

[1)] Nr. **9**.
[2)] Nr. **18**.

er die entsprechenden Anteile erwerben will. [3]Die Bundesanstalt kann in einer Rechtsverordnung nach § 14 Absatz 3 nähere Bestimmungen hierzu treffen.

(2) [1]Unverzüglich anzuzeigen ist auch die beabsichtigte Aufgabe der direkt oder indirekt gehaltenen bedeutenden Beteiligung oder die Unterschreitung der in Absatz 1 genannten Grenzen für Beteiligungen an einem Wertpapierinstitut. [2]Bei der Anzeige ist die beabsichtigte verbleibende Höhe der Beteiligung anzugeben. [3]Die Bundesanstalt kann eine Frist festsetzen, nach deren Ablauf ihr die Person oder Personenhandelsgesellschaft oder das Unternehmen, welche die Anzeige nach Satz 1 erstattet hat, den Vollzug oder den Nichtvollzug der beabsichtigten Absenkung oder Aufgabe anzuzeigen hat. [4]Nach Ablauf der Frist hat die Person oder Personenhandelsgesellschaft oder das Unternehmen, welche die Anzeige nach Satz 1 erstattet hat, die Anzeige unverzüglich bei der Bundesanstalt zu erstatten.

(3) [1]Wer unabsichtlich eine bedeutende Beteiligung an einem Wertpapierinstitut erwirbt oder eine bedeutende Beteiligung so erhöht, dass die Schwellen von 20 Prozent, 30 Prozent oder 50 Prozent der Stimmrechte oder des Kapitals erreicht oder überschritten werden oder das Wertpapierinstitut unter seine Kontrolle kommt, hat dies der Bundesanstalt und der Deutschen Bundesbank unverzüglich anzuzeigen, sobald er von dem Erwerb oder der Erhöhung Kenntnis erlangt hat. [2]Dies gilt auch, wenn er beabsichtigt, die Beteiligung so zurückzuführen, dass sie erneut unter den Schwellenwert fällt, sofern die Beteiligung nicht unverzüglich nach Kenntnis von dem Erwerb oder der Erhöhung zurückgeführt wird. [3]Gleiches gilt, wenn der Inhaber einer bedeutenden Beteiligung an einem Wertpapierinstitut unabsichtlich seine bedeutende Beteiligung aufgibt oder den Betrag seiner bedeutenden Beteiligung unter die Schwellen von 20 Prozent, 30 Prozent oder 50 Prozent der Stimmrechte oder des Kapitals senkt oder die Beteiligung so verändert, dass das Wertpapierinstitut nicht mehr kontrolliertes Unternehmen ist.

(4) [1]Die Bundesanstalt hat den Eingang einer vollständigen Anzeige umgehend, spätestens innerhalb von zwei Arbeitstagen nach deren Zugang gegenüber dem Anzeigepflichtigen zu bestätigen. [2]In der Bestätigung hat die Bundesanstalt dem Anzeigepflichtigen den Tag mitzuteilen, an dem der Beurteilungszeitraum nach § 25 Satz 8 Nummer 1 endet.

(5) Der Inhaber einer bedeutenden Beteiligung hat jeden neu bestellten gesetzlichen oder satzungsmäßigen Vertreter oder neuen persönlich haftenden Gesellschafter mit den für die Beurteilung von dessen Zuverlässigkeit wesentlichen Tatsachen der Bundesanstalt und der Deutschen Bundesbank unverzüglich anzuzeigen.

§ 25 Beurteilungszeitraum. [1]Die Bundesanstalt hat die Anzeige nach § 24 Absatz 1 innerhalb von 60 Arbeitstagen ab dem Datum des Schreibens, mit dem sie den Eingang der vollständigen Anzeige bestätigt hat, zu beurteilen (Beurteilungszeitraum). [2]Bis spätestens zum 50. Arbeitstag innerhalb des Beurteilungszeitraums kann die Bundesanstalt weitere Informationen anfordern, die für den Abschluss der Beurteilung notwendig sind. [3]Die Anforderung ergeht unter Angabe der zusätzlich benötigten Informationen. [4]Die Bundesanstalt hat den Eingang der weiteren Informationen umgehend, spätestens jedoch innerhalb von zwei Arbeitstagen nach deren Zugang gegenüber dem Anzeigepflichtigen zu bestätigen. [5]Der Beurteilungszeitraum ist vom Zeitpunkt der Anforderung der weiteren Informationen bis zu deren Eingang bei der Bundesanstalt gehemmt. [6] Der Beurteilungszeitraum beträgt im Falle einer Hemmung nach Satz 5 höchstens 80 Arbeitstage. [7] Die Bundesanstalt kann Ergänzungen oder Klarstellungen zu diesen Informationen anfordern; dies führt nicht zu einer erneuten Hemmung des Beurteilungszeitraums. [8] Abweichend von Satz 6 kann der Beurteilungszeitraum im Falle einer Hemmung auf höchstens 90 Arbeitstage ausgedehnt werden, wenn der Anzeigepflichtige

1. außerhalb des Europäischen Wirtschaftsraums ansässig ist oder beaufsichtigt wird oder
2. keine der Beaufsichtigung unterliegende natürliche Person oder kein der Beaufsichtigung unterliegendes Unternehmen ist nach
   a) der Richtlinie 2009/65/EG,
   b) der Richtlinie 2009/138/EG des Europäischen Parlaments und des Rates vom 25. November 2009 betreffend die Aufnahme und Ausübung der Versicherungs- und der Rückversicherungstätigkeit (Solvabilität II) (ABl. L 335 vom 17.12.2009, S. 1; L 219 vom 25.7.2014, S. 66; L 108 vom 28.4. 2015, S. 8), die zuletzt durch die Richtlinie (EU) 2018/843 (ABl. L 156 vom 19.6.2018, S. 43) geändert worden ist,
   c) der Richtlinie 2014/65/EU des Europäischen Parlaments und des Rates vom 15. Mai 2014 über Märkte für Finanzinstrumente sowie zur Änderung der Richtlinien 2002/92/EG und 2011/61/EU (ABl. L 173 vom 12.6.2014, S. 349; L 74 vom 18.3.2015, S. 38; L 188 vom 13.7.2016, S. 28; L 273 vom 8.10.2016, S. 35; L 64 vom 10.3.2017, S. 116; L 278 vom 27.10.2017, S. 56), die zuletzt durch die Verordnung (EU) 2019/2115 (ABl. L 320 vom 11.12.2019, S. 1) geändert worden ist, oder
   d) der Richtlinie 2013/36/EU.

§ 26 Beurteilungskriterien und Untersagung. (1) Die Bundesanstalt kann innerhalb des Beurteilungszeitraums den beabsichtigten Erwerb der bedeutenden Beteiligung oder ihre Erhöhung untersagen, wenn Tatsachen die Annahme rechtfertigen, dass

1. der Anzeigepflichtige, oder, wenn er eine juristische Person ist, auch ein gesetzlicher oder satzungsmäßiger Vertreter oder, wenn er eine Personenhandelsgesellschaft ist, auch ein Gesellschafter nicht zuverlässig ist oder aus anderen Gründen nicht den im Interesse einer soliden und umsichtigen Führung des Wertpapierinstituts zu stellenden Ansprüchen genügt; dies gilt im Zweifel auch dann, wenn Tatsachen die Annahme rechtfertigen, dass er die von ihm aufgebrachten Mittel für den Erwerb der bedeutenden Beteiligung durch eine Handlung erbracht hat, die objektiv einen Straftatbestand erfüllt;
2. das Wertpapierinstitut nicht in der Lage sein oder bleiben wird, den Aufsichtsanforderungen insbesondere nach diesem Gesetz, dem Kreditwesengesetz[1)], dem Wertpapierhandelsgesetz, dem Finanzkonglomerate-Aufsichtsgesetz[2)], der Verordnung (EU) Nr. 575/2013[3)] und der Verordnung (EU) 2019/2033 zu genügen oder das Wertpapierinstitut durch die Begründung oder Erhöhung der bedeutenden Beteiligung mit dem Inhaber der bedeutenden Betei-

---

[1)] Nr. **9**.
[2)] Nr. **11**.
[3)] Nr. **6**.

ligung in einen Unternehmensverbund eingebunden würde, der durch die Struktur des Beteiligungsgeflechtes oder mangelhafte wirtschaftliche Transparenz eine wirksame Aufsicht über das Wertpapierinstitut oder einen wirksamen Austausch von Informationen zwischen den zuständigen Stellen oder die Festlegung der Aufteilung der Zuständigkeiten zwischen diesen beeinträchtigt;

3. das Wertpapierinstitut durch die Begründung oder Erhöhung der bedeutenden Beteiligung Tochterunternehmen eines Wertpapierinstituts oder eines Kreditinstituts mit Sitz in einem Drittstaat würde, das im Staat seines Sitzes oder seiner Hauptverwaltung nicht wirksam beaufsichtigt wird oder dessen zuständige Aufsichtsstelle zu einer befriedigenden Zusammenarbeit mit der Bundesanstalt nicht bereit ist;
4. der künftige Geschäftsleiter nicht zuverlässig oder nicht fachlich geeignet ist;
5. im Zusammenhang mit dem beabsichtigten Erwerb oder der Erhöhung der Beteiligung Geldwäsche oder Terrorismusfinanzierung im Sinne des Artikels 1 der Richtlinie (EU) 2015/849 stattfindet, stattgefunden hat, diese Straftaten versucht wurden oder der Erwerb oder die Erhöhung das Risiko eines solchen Verhaltens erhöhen könnte oder
6. der Anzeigepflichtige nicht über die notwendige finanzielle Solidität verfügt; dies ist insbesondere dann der Fall, wenn der Anzeigepflichtige aufgrund seiner Kapitalausstattung oder Vermögenssituation nicht den besonderen Anforderungen gerecht werden kann, die von Gesetzes wegen an die Eigenmittel und die Liquidität eines Wertpapierinstituts gestellt werden.

(2) [1] Die Bundesanstalt kann den Erwerb oder die Erhöhung der Beteiligung auch untersagen, wenn die Angaben nach § 24 Absatz 1, auch in Verbindung mit der Delegierten Verordnung (EU) 2017/1946 oder einer Verordnung nach § 14 Absatz 3, oder die zusätzlich nach § 25 angeforderten Informationen unvollständig oder nicht richtig sind oder nicht den Anforderungen der Rechtsverordnung nach § 14 Absatz 3 entsprechen. [2] Die Bundesanstalt kann in den Fällen des Satzes 1, statt den beabsichtigten Erwerb der bedeutenden Beteiligung oder ihre beabsichtigte Erhöhung zu untersagen, innerhalb des Beurteilungszeitraums auch Anordnungen gegenüber dem Anzeigepflichtigen treffen, die geeignet und erforderlich sind, die Annahme der in Absatz 1 Nummer 1 bis 6 genannten Untersagungsgründe auszuschließen.

(3) Die Bundesanstalt darf weder Vorbedingungen an die Höhe der zu erwerbenden Beteiligung oder der beabsichtigten Erhöhung der Beteiligung stellen, noch darf sie bei ihrer Prüfung auf die wirtschaftlichen Bedürfnisse des Marktes abstellen.

(4) [1] Entscheidet die Bundesanstalt nach Abschluss der Beurteilung, den Erwerb oder die Erhöhung der Beteiligung zu untersagen, teilt sie dem Anzeigepflichtigen die Entscheidung innerhalb von zwei Arbeitstagen und unter Einhaltung des Beurteilungszeitraums unter Angabe der Gründe mit. [2] Bemerkungen und Vorbehalte der für den Anzeigepflichtigen zuständigen Stellen sind in der Entscheidung wiederzugeben; die Untersagung darf nur aufgrund der in den Absätzen 1 und 2 genannten Gründe erfolgen. [3] Wird der Erwerb oder die Erhöhung der Beteiligung nicht innerhalb des Beurteilungszeitraums untersagt, kann der Erwerb oder die Erhöhung vollzogen werden; die Rechte der Bundesanstalt nach § 27 bleiben unberührt. [4] Die Bundesanstalt kann eine Frist setzen, nach deren Ablauf ihr der Anzeigepflichtige den Vollzug oder den

Nichtvollzug des beabsichtigten Erwerbs oder der Erhöhung anzuzeigen hat. [5]Nach Ablauf der Frist hat der Anzeigepflichtige die Anzeige unverzüglich bei der Bundesanstalt einzureichen.

§ 27 Untersagung der Stimmrechtsausübung und Weisungsrecht.

(1) Die Bundesanstalt kann dem Inhaber einer bedeutenden Beteiligung sowie den von ihm kontrollierten Unternehmen die Ausübung der Stimmrechte untersagen und anordnen, dass über die Anteile nur mit ihrer Zustimmung verfügt werden darf, wenn

1. die Voraussetzungen für eine Untersagungsverfügung nach § 26 Absatz 1 oder 2 vorliegen,
2. der Inhaber der bedeutenden Beteiligung seiner Pflicht nach § 24 zur vorherigen oder zur unverzüglichen Unterrichtung der Bundesanstalt und der Deutschen Bundesbank nicht nachgekommen ist und diese Unterrichtung innerhalb einer von ihr gesetzten Frist nicht nachgeholt hat,
3. die Beteiligung entgegen einer vollziehbaren Untersagung nach § 26 Absatz 1 oder 2 erworben oder erhöht worden ist,
4. der Inhaber der bedeutenden Beteiligung den Erwerb oder die Erhöhung der Beteiligung innerhalb des Beurteilungszeitraums nach § 25 vollzogen hat oder
5. der Inhaber oder das die bedeutende Beteiligung vermittelnde Unternehmen eine vollziehbare Anordnung gemäß § 26 Absatz 2 Satz 2 nicht erfüllt hat.

(2) [1]Im Falle einer Untersagung nach Absatz 1 bestellt das Gericht am Sitz des Wertpapierinstituts auf Antrag der Bundesanstalt, des Wertpapierinstituts oder eines an ihm Beteiligten einen Treuhänder, auf den es die Ausübung der Stimmrechte überträgt. [2]Der Treuhänder hat bei der Ausübung der Stimmrechte den Interessen einer soliden und umsichtigen Führung des Wertpapierinstituts Rechnung zu tragen. [3]Über die Maßnahmen nach Absatz 1 hinaus kann die Bundesanstalt den Treuhänder mit der Veräußerung der Anteile, soweit sie eine bedeutende Beteiligung begründen, beauftragen, wenn der Inhaber der bedeutenden Beteiligung ihr nicht innerhalb einer von ihr bestimmten angemessenen Frist einen zuverlässigen Erwerber nachweist; die Inhaber der Anteile haben bei der Veräußerung in dem erforderlichen Umfang mitzuwirken. [4]Sind die Voraussetzungen des Absatz 1 entfallen, hat die Bundesanstalt den Widerruf der Bestellung des Treuhänders zu beantragen. [5]Der Treuhänder hat Anspruch auf Ersatz angemessener Auslagen und auf Vergütung für seine Tätigkeit. [6]Das Gericht setzt auf Antrag des Treuhänders die Auslagen und die Vergütung fest; die Rechtsbeschwerde gegen die Vergütungsfestsetzung ist ausgeschlossen. [7]Für die Kosten, die durch die Bestellung des Treuhänders entstehen, die diesem zu gewährenden Auslagen sowie die Vergütung haften das Wertpapierinstitut und der betroffene Inhaber der bedeutenden Beteiligung als Gesamtschuldner. [8]Die Bundesanstalt schießt die Auslagen und die Vergütung vor.

(3) Die Bundesanstalt kann in den Fällen des Absatz 2 auch gegenüber einem die bedeutende Beteiligung vermittelnden Unternehmen anordnen, Weisungen des Inhabers einer bedeutenden Beteiligung, der an dem vermittelnden Unternehmen beteiligt ist, nicht zu befolgen.

Abschnitt 4. Vertraglich gebundene Vermittler, Bezeichnungsschutz und Registervorschriften

§ 28 Verpflichtungen von Wertpapierinstituten bei der Bestellung vertraglich gebundener Vermittler. (1) Bedient sich ein Wertpapierinstitut eines vertraglich gebundenen Vermittlers, hat das Wertpapierinstitut sicherzustellen, dass der Vermittler zuverlässig und fachlich geeignet ist, bei der Erbringung der Wertpapierdienstleistung die gesetzlichen Vorgaben erfüllt, Kunden vor Aufnahme der Geschäftsbeziehung über seinen Status nach § 3 Absatz 2 Satz 1 und 2 informiert und unverzüglich von der Beendigung dieses Status in Kenntnis setzt.

(2) Das Wertpapierinstitut hat Nachweise für die Erfüllung seiner Pflichten nach Absatz 1 zu führen und diese Nachweise bis zum Ablauf von fünf Jahren nach dem Ende des Status des vertraglich gebundenen Vermittlers aufzubewahren.

(3) [1] Die Bundesanstalt kann einem Wertpapierinstitut, das die Auswahl oder Überwachung seiner vertraglich gebundenen Vermittler nicht ordnungsgemäß durchgeführt hat oder die ihm im Zusammenhang mit der Führung des Registers nach § 3 Absatz 2 Satz 6 übertragenen Pflichten verletzt hat, untersagen, sich vertraglich gebundener Vermittler zu bedienen. [2] Satz 1 findet auch Anwendung auf inländische vertraglich gebundene Vermittler eines Wertpapierinstituts mit Sitz in einem anderen Vertragsstaat.

(4) [1] Das Bundesministerium der Finanzen wird ermächtigt, durch Rechtsverordnung, die nicht der Zustimmung des Bundesrates bedarf, nähere Anforderungen an die Zuverlässigkeit und die fachliche Eignung der vertraglich gebundenen Vermittler sowie die erforderlichen Nachweise und die Art und Weise zur Übermittlung der betreffenden Daten zu regeln. [2] Das Bundesministerium der Finanzen kann die Ermächtigung auf die Bundesanstalt übertragen. [3] Vor Erlass der Rechtsverordnung sind die Spitzenverbände der Wertpapierinstitute anzuhören.

§ 29 Bezeichnungsschutz. (1) [1] Die Bezeichnung „Wertpapierinstitut" oder „Wertpapierdienstleistungsunternehmen" oder eine Bezeichnung, in der eines dieser Wörter enthalten ist, dürfen, soweit durch Gesetz nichts anderes bestimmt ist, in der Firmenbezeichnung, als Zusatz zum Firmennamen, zur Bezeichnung des Geschäftszwecks oder zu Werbezwecken nur führen:

1. Wertpapierinstitute, die eine Erlaubnis nach § 15 besitzen, oder Zweigniederlassungen von Unternehmen nach § 70 Absatz 1 Satz 1;
2. andere Unternehmen, die bei Inkrafttreten dieses Gesetzes eine solche Bezeichnung nach den bisherigen Vorschriften befugt geführt haben.

[2] Wertpapierinstitute, die bis zum Inkrafttreten dieses Gesetzes zulässigerweise den Begriff „Bank" oder „Wertpapierhandelsbank" als Namensbestandteil oder in der Firma geführt haben, dürfen diesen Begriff weiter in der bisherigen Form verwenden. [3] Sie dürfen ihn jedoch nicht wettbewerbsmäßig herausstellen.

(2) [1] Die Bundesanstalt entscheidet in Zweifelsfällen, ob ein Unternehmen zur Führung der in Absatz 1 genannten Bezeichnungen befugt ist. [2] Sie hat ihre Entscheidungen dem Registergericht mitzuteilen.

§ 30 Registervorschriften. (1) Soweit nach § 15 das Betreiben von Wertpapierdienstleistungen einer Erlaubnis bedarf, dürfen Eintragungen in das Handels- oder Genossenschaftsregister oder in sonstige öffentliche Register nur vorgenommen werden, wenn dem Registergericht die Erlaubnis nachgewiesen ist.

(2) [1] Führt ein Unternehmen eine Firma oder einen Zusatz zur Firma, deren Gebrauch nach § 29 unzulässig ist, hat das Registergericht das Unternehmen zur Unterlassung des Gebrauchs der Firma oder des Zusatzes zur Firma durch Festsetzung von Ordnungsgeld anzuhalten; § 392 des Gesetzes über das Verfahren in Familiensachen und in den Angelegenheiten der freiwilligen Gerichtsbarkeit gilt entsprechend. [2] § 395 des Gesetzes über das Verfahren in Familiensachen und in den Angelegenheiten der freiwilligen Gerichtsbarkeit bleibt unberührt.

(3) Die Bundesanstalt ist berechtigt, in Verfahren des Registergerichts, die sich auf die Eintragung oder Änderung der Rechtsverhältnisse oder der Firma von Wertpapierinstituten beziehen, die nach § 29 eine unzulässige Bezeichnung verwenden, Anträge zu stellen und die nach dem Gesetz über das Verfahren in Familiensachen und in den Angelegenheiten der freiwilligen Gerichtsbarkeit zulässigen Rechtsmittel einzulegen.

Kapitel 3. Informationen über die zuständigen Sicherungseinrichtungen

§ 31 Information über die Sicherungseinrichtung. [1] Ein Wertpapierinstitut hat Kunden, die nicht Institute im Sinne des Kreditwesengesetzes[1)] oder Wertpapierinstitute sind, über ihre Zugehörigkeit zu einer Einrichtung zur Sicherung der Ansprüche von Anlegern (Sicherungseinrichtung) zu informieren. [2] Das Wertpapierinstitut hat ferner Kunden, die nicht Kreditinstitute oder Wertpapierinstitute sind, vor Aufnahme der Geschäftsbeziehung in Textform in leicht verständlicher Sprache über die für die Sicherung geltenden Bestimmungen einschließlich Umfang und Höhe der Sicherung zu informieren. [3] Sofern rückzahlbare Gelder nicht gesichert sind, hat das Wertpapierinstitut auf diese Tatsache in den Allgemeinen Geschäftsbedingungen und an hervorgehobener Stelle in den Vertragsunterlagen vor Aufnahme der Geschäftsbeziehung hinzuweisen. [4] Die Informationen in den Vertragsunterlagen dürfen keine anderen Erklärungen enthalten und sind gesondert von den Kunden zu bestätigen. [5] Außerdem müssen auf Anfrage Informationen über die Bedingungen der Sicherung einschließlich der für die Geltendmachung der Entschädigungsansprüche erforderlichen Formalitäten erhältlich sein.

§ 32 Information der Kunden über das Ausscheiden aus einer Sicherungseinrichtung. Scheidet ein Wertpapierinstitut aus einer Sicherungseinrichtung aus, hat es seine Kunden, die nicht Institute im Sinne des Kreditwesengesetzes[1)] oder Wertpapierinstitute sind, sowie die Bundesanstalt und die Deutsche Bundesbank hierüber unverzüglich in Textform zu unterrichten.

[1)] Nr. **9**.

Kapitel 4. Vorkehrungen zur Verhinderung von Geldwäsche und Terrorismusfinanzierung

§ 33 Interne Sicherungsmaßnahmen. (1) [1] Wertpapierinstitute, Wertpapierinstitutsgruppen, Investmentholdinggesellschaften, gemischte Finanzholdinggesellschaften sowie Mutterunternehmen von Wertpapierinstitutsgruppen müssen unbeschadet der in den §§ 4 bis 6 des Geldwäschegesetzes[1)] aufgeführten Pflichten sowie der in diesem Gesetz enthaltenen Organisationspflichten über ein angemessenes Risikomanagement sowie über interne Sicherungsmaßnahmen verfügen, die der Verhinderung von strafbaren Handlungen, die zu einer Gefährdung des Vermögens des Wertpapierinstituts führen können, dienen. [2] Sie haben dafür angemessene geschäfts- und kundenbezogene Sicherungssysteme zu schaffen und diese zu aktualisieren sowie Kontrollen durchzuführen. [3] Hierzu gehört auch die fortlaufende Entwicklung geeigneter Strategien und Sicherungsmaßnahmen zur Verhinderung des Missbrauchs von neuen Finanzprodukten und Technologien für Zwecke der Geldwäsche und der Terrorismusfinanzierung oder der Begünstigung der Anonymität von Geschäftsbeziehungen und Transaktionen.

(2) [1] Jede Transaktion, die im Verhältnis zu vergleichbaren Fällen besonders komplex oder groß ist, ungewöhnlich abläuft oder ohne offensichtlichen wirtschaftlichen oder rechtmäßigen Zweck erfolgt, ist von Wertpapierinstituten sowie Investmentholdinggesellschaften oder gemischten Finanzholdinggesellschaften unbeschadet des § 15 des Geldwäschegesetzes mit angemessenen Maßnahmen zu untersuchen, um das Risiko der Transaktion im Hinblick auf strafbare Handlungen im Sinne von Absatz 1 Satz 1 überwachen, einschätzen und gegebenenfalls die Erstattung einer Strafanzeige gemäß § 158 der Strafprozessordnung prüfen zu können. [2] Wertpapierinstitute sowie Investmentholdinggesellschaften oder gemischte Finanzholdinggesellschaften haben diese Transaktionen, die durchgeführten Untersuchungen und deren Ergebnisse nach Maßgabe des § 8 des Geldwäschegesetzes angemessen zu dokumentieren, um gegenüber der Bundesanstalt darlegen zu können, dass diese Sachverhalte nicht darauf schließen lassen, dass eine strafbare Handlung im Sinne von Absatz 1 Satz 1 begangen oder versucht wurde oder wird. [3] Die Wertpapierinstitute sowie Investmentholdinggesellschaften oder gemischte Finanzholdinggesellschaften dürfen personenbezogene Daten verarbeiten, soweit dies zur Erfüllung dieser Pflichten erforderlich ist. [4] Auf Wertpapierinstitute ist § 47 Absatz 5 des Geldwäschegesetzes entsprechend anzuwenden für Informationen über konkrete Sachverhalte, die Auffälligkeiten oder Ungewöhnlichkeiten enthalten, die auf andere strafbare Handlungen als auf Geldwäsche, auf eine ihrer Vortaten oder auf Terrorismusfinanzierung hindeuten.

(3) [1] Wertpapierinstitute sowie Investmentholdinggesellschaften oder gemischte Finanzholdinggesellschaften dürfen interne Sicherungsmaßnahmen nach Absatz 1 Satz 1 nach vorheriger Anzeige bei der Bundesanstalt im Rahmen von vertraglichen Vereinbarungen durch einen Dritten durchführen lassen. [2] Die Bundesanstalt kann die Rückübertragung auf das Wertpapierinstitut sowie auf die Investmentholdinggesellschaften oder gemischten Finanzholdinggesellschaften dann verlangen, wenn der Dritte nicht die Gewähr dafür

---

[1)] Nr. **18**.

bietet, dass die Sicherungsmaßnahmen ordnungsgemäß durchgeführt werden oder die Steuerungsmöglichkeiten des Wertpapierinstituts sowie den Investmentholdinggesellschaften oder gemischten Finanzholdinggesellschaften und die Kontrollmöglichkeiten der Bundesanstalt beeinträchtigt werden könnten. [3]Die Verantwortung für die Sicherungsmaßnahmen verbleibt bei den Wertpapierinstituten sowie Investmentholdinggesellschaften oder gemischten Finanzholdinggesellschaften.

(4) Die Bundesanstalt kann gegenüber einem Wertpapierinstitut, einer Investmentholdinggesellschaft, einer gemischten Finanzholdinggesellschaft oder einem Auslagerungsunternehmen, auf das ein Wertpapierinstitut oder ein Mutterunternehmen gemäß Absatz 3 oder gemäß § 6 Absatz 7 des Geldwäschegesetzes ausgelagert hat, im Einzelfall Anordnungen treffen, die geeignet und erforderlich sind, die in den Absätzen 1 und 2 genannten Vorkehrungen zu treffen.

(5) [1]Die Funktion des Geldwäschebeauftragten im Sinne des § 7 des Geldwäschegesetzes wird in dem Wertpapierinstitut sowie in der Investmentholdinggesellschaft oder gemischten Finanzholdinggesellschaft von einer Stelle wahrgenommen. [2]Die Bundesanstalt kann auf Antrag des Wertpapierinstituts sowie der Investmentholdinggesellschaften oder gemischten Finanzholdinggesellschaften zulassen, dass eine andere Stelle in dem Wertpapierinstitut, der Investmentholdinggesellschaft oder gemischten Finanzholdinggesellschaft für die Verhinderung der strafbaren Handlungen zuständig ist, soweit hierfür ein wichtiger Grund vorliegt.

§ 34 Zeitpunkt der Identitätsüberprüfung. [1]Abweichend von § 11 Absatz 1 des Geldwäschegesetzes[1)] kann die Überprüfung der Identität des Vertragspartners, einer für diesen auftretenden Person und des wirtschaftlich Berechtigten auch unverzüglich nach der Eröffnung eines Kontos oder Depots abgeschlossen werden. [2]In diesem Fall muss sichergestellt sein, dass vor Abschluss der Überprüfung der Identität keine Gelder von dem Konto oder dem Depot abverfügt werden können. [3]Für den Fall einer Rückzahlung eingegangener Gelder dürfen diese nur an den Einzahler ausgezahlt werden.

§ 35 Verstärkte Sorgfaltspflichten. Abweichend von § 10 Absatz 3 Nummer 2 Buchstabe b des Geldwäschegesetzes[1)] bestehen die Sorgfaltspflichten nach § 10 Absatz 1 Nummer 1, 2 und 4 des Geldwäschegesetzes für Wertpapierinstitute sowie Investmentholdinggesellschaften oder gemischte Finanzholdinggesellschaften bei der Annahme von Bargeld ungeachtet etwaiger im Geldwäschegesetz oder in diesem Gesetz genannter Schwellenbeträge, soweit ein Sortengeschäft nach § 1 Absatz 1a Satz 2 Nummer 7 des Kreditwesengesetzes[2)] nicht über ein bei dem Wertpapierinstitut eröffneten Konto des Kunden abgewickelt wird und die Transaktion einen Wert von 2 500 Euro oder mehr aufweist.

§ 36 Geldwäscherechtliche Pflichten für Investmentholdinggesellschaften. [1]Investmentholdinggesellschaften, die als Mutterunternehmen gelten oder von der Bundesanstalt als solches bestimmt wurden, sind Verpflichtete nach § 2 Absatz 1 Nummer 2 des Geldwäschegesetzes[1)]. [2]Sie unterliegen

---

[1)] Nr. **18**.
[2)] Nr. **9**.

insoweit auch der Aufsicht der Bundesanstalt nach § 50 Nummer 1 Buchstabe b und c des Geldwäschegesetzes.

§ 37 Verbotene Geschäfte. Einem Wertpapierinstitut sind verboten:

1. die Aufnahme oder Fortführung einer Korrespondenz- oder sonstigen Geschäftsbeziehung mit einer Bank-Mantelgesellschaft nach § 1 Absatz 22 des Geldwäschegesetzes[1] und
2. die Errichtung und Führung von solchen Konten auf den Namen desselben oder eines anderen Wertpapierinstituts, über die die Kunden desselben oder eines anderen Wertpapierinstituts zur Durchführung von eigenen Transaktionen eigenständig verfügen können; § 154 Absatz 1 der Abgabenordnung bleibt unberührt.

Kapitel 5. Beaufsichtigung von Wertpapierinstituten; Solvenzaufsicht

Abschnitt 1. Grundlagen der Solvenzaufsicht

§ 38 Anwendungsbereich. (1) Abschnitt 1 dieses Kapitels findet mit Ausnahme der §§ 38, 40, 41 Nummer 1 bis 3, von § 43 Absatz 1, § 45 Absatz 1 Satz 1, 2 und 3 Nummer 1 und 4 auf Kleine Wertpapierinstitute keine Anwendung.

(2) War ein Kleines Wertpapierinstitut zuvor als Mittleres Wertpapierinstitut eingestuft, kommen die ausschließlich für Mittlere Wertpapierinstitute geltenden Anforderungen dieses Abschnitts nicht mehr zur Anwendung, sobald das Wertpapierinstitut ununterbrochen über einen Zeitraum von sechs Monaten die Bedingungen des Artikels 12 Absatz 1 der Verordnung (EU) 2019/2033[2] erfüllt und die Bundesanstalt sowie die Deutsche Bundesbank entsprechend in Kenntnis gesetzt hat.

(3) [1] Ist ein Wertpapierinstitut nicht mehr als Kleines Wertpapierinstitut, sondern als Mittleres Wertpapierinstitut einzustufen, teilt es dies der Bundesanstalt mit. [2] Es hat die ausschließlich für Mittlere Wertpapierinstitute geltenden Anforderungen dieses Abschnitts spätestens zwölf Monate nach dem Zeitpunkt einzuhalten, in dem es als Mittleres Wertpapierinstitut einzustufen war.

(4) Ein Mittleres Wertpapierinstitut wendet die Vorgaben des § 46 zur Vergütung, die für geleistete Dienste oder für Erfolg gewährt wird, in dem Geschäftsjahr an, das dem Geschäftsjahr folgt, in dem es als Mittleres Wertpapierinstitut einzustufen war.

(5) In den Fällen, in denen dieser Abschnitt gilt und Artikel 8 der Verordnung (EU) 2019/2033 angewandt wird, finden die Vorschriften dieses Abschnitts auf Einzelebene Anwendung.

(6) [1] In den Fällen, in denen dieser Abschnitt gilt und Artikel 7 der Verordnung (EU) 2019/2033 angewandt wird, sind die Vorschriften dieses Abschnitts sowohl auf Einzelbasis als auch auf konsolidierter Basis anzuwenden. [2] Abweichend von Satz 1 findet dieser Abschnitt keine Anwendung auf Tochterunternehmen, die in die aufsichtlich konsolidierte Lage im Sinne von Artikel 4 Absatz 1 Nummer 12 der Verordnung (EU) 2019/2033 einbezogen sind

---

[1] Nr. **18**.
[2] Nr. **7**.

und ihren Sitz in Drittstaaten haben, sofern das Mutterunternehmen in der Europäischen Union den zuständigen Stellen nachweisen kann, dass die Anwendung dieses Abschnitts nach den gesetzlichen Bestimmungen des Drittstaates, in dem diese Tochterunternehmen ihren Sitz haben, rechtswidrig wäre.

(7) [1] Die aufsichtliche Konsolidierung einer Wertpapierinstitutsgruppe richtet sich nach den Artikeln 7 und 8 der Verordnung (EU) 2019/2033. [2] Dies gilt auch, wenn ein oder mehrere Finanzdienstleistungsinstitute oder Kreditinstitute, die nicht CRR-Kreditinstitute im Sinne des § 1 Absatz 3d Satz 1 des Kreditwesengesetzes[1)] sind, Teil der Wertpapierinstitutsgruppe sind.

§ 39 Internes Kapital und liquide Mittel. (1) [1] Mittlere Wertpapierinstitute müssen laufend ihre Risikotragfähigkeit sicherstellen. [2] Dies umfasst Verfahren zur Ermittlung und Sicherstellung der Risikotragfähigkeit, wobei eine vorsichtige Ermittlung der Risiken und des zu ihrer Abdeckung verfügbaren Risikodeckungspotenzials zugrunde zu legen ist. [3] Mittlere Wertpapierinstitute müssen darüber hinaus durch entsprechende Verfahren sicherstellen, dass sie ihre Mittel so anlegen, dass jederzeit eine ausreichende Zahlungsbereitschaft (Liquidität) gewährleistet ist.

(2) [1] Die in Absatz 1 genannten Regelungen, Strategien und Verfahren müssen mit Blick auf die Art, den Umfang und die Komplexität der Geschäfte des Wertpapierinstituts angemessen und verhältnismäßig sein. [2] Sie sind von dem Wertpapierinstitut regelmäßig intern zu überprüfen.

(3) In dem Umfang, in dem die Bundesanstalt es als angemessen einstuft, kann sie von Kleinen Wertpapierinstituten verlangen, dass diese die Anforderungen der Absätze 1 und 2 einhalten.

§ 40 Auslagerung von Aktivitäten und Prozessen; Verordnungsermächtigung. (1) [1] Ein Wertpapierinstitut muss abhängig von Art, Umfang, Komplexität und Risikogehalt einer Auslagerung von ausschlaggebenden und wichtigen betrieblichen Aufgaben im Sinne des Artikels 30 Absatz 1 der Delegierten Verordnung (EU) 2017/565 (wesentliche Auslagerung) angemessene Vorkehrungen treffen, um übermäßige zusätzliche Risiken zu vermeiden. [2] Eine Auslagerung darf weder die Ordnungsmäßigkeit dieser Geschäfte und Dienstleistungen noch die Geschäftsorganisation beeinträchtigen. [3] Insbesondere muss ein angemessenes und wirksames Risikomanagement durch das Wertpapierinstitut gewährleistet bleiben. [4] Ein Wertpapierinstitut hat im Rahmen seines Risikomanagements ein Auslagerungsregister zu führen. [5] Darin sind sämtliche wesentlichen und nicht wesentlichen Auslagerungen zu erfassen.

(2) [1] Nähere Bestimmungen zu wesentlichen Auslagerungen enthalten die Artikel 30 bis 32 der Delegierten Verordnung (EU) 2017/565. [2] Hat bei einer wesentlichen Auslagerung ein Auslagerungsunternehmen seinen Sitz in einem Drittstaat, ist vertraglich sicherzustellen, dass das Auslagerungsunternehmen einen inländischen Zustellungsbevollmächtigten benennt, an den Bekanntgaben und Zustellungen durch die Bundesanstalt bewirkt werden können.

(3) Die Bundesanstalt kann gegenüber einem Wertpapierinstitut und auch unmittelbar gegenüber einem Auslagerungsunternehmen, auf das wesentliche Auslagerungen erfolgt sind, im Einzelfall Anordnungen treffen, die geeignet und erforderlich sind,

---

[1)] Nr. **9**.

1. um Verstöße gegen aufsichtsrechtliche Bestimmungen zu verhindern oder zu unterbinden,
2. um eine Beeinträchtigung der Prüfungsrechte oder Kontrollmöglichkeiten der Bundesanstalt zu beseitigen oder
3. um Missstände bei dem Wertpapierinstitut oder Auslagerungsunternehmen zu verhindern oder zu beseitigen, welche die Sicherheit der dem Wertpapierinstitut anvertrauten Vermögenswerte gefährden können oder die ordnungsgemäße Durchführung der Wertpapierdienstleistungen, Wertpapiernebendienstleistungen oder Nebengeschäfte beeinträchtigen.

(4) [1] Das Bundesministerium der Finanzen wird ermächtigt, durch Rechtsverordnung, die nicht der Zustimmung des Bundesrates bedarf, im Benehmen mit der Deutschen Bundesbank ergänzend zu den Vorgaben in den Artikeln 30 bis 32 der Delegierten Verordnung (EU) 2017/565 nähere Bestimmungen zu erlassen über

1. das Vorliegen einer Auslagerung,
2. die bei einer Auslagerung zu treffenden Vorkehrungen zur Vermeidung übermäßiger zusätzlicher Risiken,
3. die Grenzen der Auslagerbarkeit,
4. die Einbeziehung der Auslagerungen in das Risikomanagement sowie
5. die Ausgestaltung der Auslagerungsverträge.

[2] Das Bundesministerium der Finanzen kann die Ermächtigung durch Rechtsverordnung auf die Bundesanstalt mit der Maßgabe übertragen, dass die Rechtsverordnung im Einvernehmen mit der Deutschen Bundesbank ergeht. [3] Vor Erlass der Rechtsverordnung sind die Spitzenverbände der Institute zu hören.

§ 41 Interne Unternehmensführung. Wertpapierinstitute müssen über solide Regelungen für die Unternehmensführung verfügen, die zweckdienlich, der Art, dem Umfang und der Komplexität der dem Geschäftsmodell innewohnenden Risiken und den Geschäften des Wertpapierinstituts angemessen sind; dazu zählen

1. eine klare Organisationsstruktur mit klar bestimmten, transparenten und widerspruchsfreien Berichtslinien,
2. wirksame Verfahren zur Identifizierung, Beurteilung, Steuerung sowie Überwachung und Kommunikation der Risiken und möglichen Risiken, denen das Wertpapierinstitut ausgesetzt ist oder die das Wertpapierinstitut für andere darstellt,
3. angemessene interne Kontrollmechanismen, einschließlich ordnungsgemäßer Verwaltungs- und Rechnungslegungsverfahren, und
4. ein Vergütungssystem, das mit einem soliden und wirksamen Risikomanagement vereinbar und diesem förderlich sowie geschlechtsneutral ausgestaltet ist.

§ 42 Länderspezifische Berichterstattung. In Deutschland zugelassene Wertpapierinstitute, die in anderen Vertragsstaaten oder in Drittstaaten über Zweigniederlassungen oder über Tochterunternehmen verfügen, die als Finanzinstitut gemäß Artikel 4 Absatz 1 Nummer 26 der Verordnung (EU)

Nr. 575/2013[1]) einzustufen sind, haben jährlich, aufgeschlüsselt nach Mitgliedstaaten der Europäischen Union und Drittstaaten, die folgenden Angaben in eine Anlage zum Jahresabschluss im Sinne des § 76 Absatz 1 Satz 2 aufzunehmen, sie nach Maßgabe des § 340k des Handelsgesetzbuchs prüfen zu lassen und offenzulegen:

1. Firma, Art der Tätigkeiten und Sitz sämtlicher Tochterunternehmen und Zweigniederlassungen,
2. den Umsatz,
3. die Anzahl der Lohn- und Gehaltsempfänger in Vollzeitäquivalenten,
4. den Gewinn oder Verlust vor Steuern,
5. die Steuern auf Gewinn oder Verlust und
6. die erhaltenen staatlichen Beihilfen.

§ 43 Aufgaben der Geschäftsleiter im Rahmen des Risikomanagements. (1) [1]Die Geschäftsleiter des Wertpapierinstituts tragen die Gesamtverantwortung für die Risikostrategie und die internen Grundsätze des Wertpapierinstituts zum Umgang mit Risiken. [2]Sie genehmigen und überprüfen regelmäßig die Strategien und die internen Richtlinien zur Risikobereitschaft des Wertpapierinstituts sowie zum Umgang, zur Überwachung und zur Minderung von Risiken, denen das Wertpapierinstitut ausgesetzt ist oder ausgesetzt sein könnte, wenn nicht das Verwaltungs- oder Aufsichtsorgan diese Aufgaben gemäß § 44 wahrnimmt. [3]Dabei sind das makroökonomische Umfeld und der Geschäftszyklus des Wertpapierinstituts zu berücksichtigen.

(2) [1]Die Geschäftsleiter des Wertpapierinstituts widmen der Wahrnehmung ihrer Aufgaben gemäß Absatz 1 ausreichend Zeit. [2]Sie haben ausreichend Ressourcen für die Steuerung aller wesentlichen Risiken, denen das Wertpapierinstitut ausgesetzt ist, bereitzustellen.

(3) Wertpapierinstitute stellen sicher, dass die Geschäftsleiter

1. durch ein internes Berichtswesen Kenntnis von allen bedeutenden Risiken des Wertpapierinstituts, von allen internen Richtlinien zum Umgang mit Risiken und von allen Änderungen an diesen Richtlinien erhalten und
2. Zugang zu allen Informationen über die Risiken haben, denen das Wertpapierinstitut ausgesetzt ist oder ausgesetzt sein könnte.

§ 44 Funktion des Verwaltungs- oder Aufsichtsorgans im Rahmen des Risikomanagements; Ausschussbildung. (1) [1]Das Verwaltungs- oder Aufsichtsorgan des Wertpapierinstituts überwacht regelmäßig die Risikostrategie und die internen Grundsätze des Wertpapierinstituts zum Umgang mit Risiken. [2]Es überwacht die angemessene Ausgestaltung der Vergütungssysteme einschließlich deren Umsetzung in dem Wertpapierinstitut und überprüft sie regelmäßig. [3]Es ist auch für die Ausgestaltung der Vergütungssysteme der Geschäftsleiter zuständig.

(2) [1]Das Verwaltungs- oder Aufsichtsorgan erhält Zugang zu Informationen, die für die Erfüllung seiner Kontroll- und Überwachungsfunktion notwendig sind. [2]Dazu gehört insbesondere der Zugang zu Informationen über die Risiken, denen das Wertpapierinstitut ausgesetzt ist oder ausgesetzt sein könnte.

---

[1]) Nr. **6**.

(3) [1] Das Verwaltungs- oder Aufsichtsorgan eines Wertpapierinstituts hat aus seiner Mitte einen Risikoausschuss und einen Vergütungskontrollausschuss einzurichten. [2] Von der Einrichtung des Risikoausschusses und des Vergütungskontrollausschusses kann bei Wertpapierinstituten abgesehen werden, wenn

1. deren bilanzielle und außerbilanzielle Vermögenswerte, gemessen am Durchschnitt der letzten vier vorangegangenen Geschäftsjahre, nicht mehr als 100 Millionen Euro betragen oder
2. deren bilanzielle und außerbilanzielle Vermögenswerte, gemessen am Durchschnitt der letzten vier vorangegangenen Geschäftsjahre, nicht mehr als 300 Millionen Euro betragen, wenn
   a) sie gemessen an der Bilanzsumme nicht zu den drei größten Mittleren Wertpapierinstituten mit Sitz in Deutschland gehören,
   b) sie nicht den Anforderungen in Bezug auf die Sanierungs- und Abwicklungsplanung oder gemäß den §§ 19 und 41 des Sanierungs- und Abwicklungsgesetzes[1)] den vereinfachten Anforderungen in Bezug auf die Sanierungs- und Abwicklungsplanung unterliegen,
   c) der Umfang ihrer bilanziellen und außerbilanziellen Handelsbuchtätigkeit nicht mehr als 150 Millionen Euro beträgt und
   d) der Umfang ihrer bilanziellen und außerbilanziellen Geschäfte mit Derivaten nicht mehr als 100 Millionen Euro beträgt.

[3] Abweichend von Satz 2 kann die Bundesanstalt im Einzelfall für ein Wertpapierinstitut die Einrichtung eines Risikoausschusses anordnen, wenn dies aufgrund von Art und Umfang der Tätigkeit des Wertpapierinstituts, seiner internen Organisation oder der Eigenschaften der Gruppe, der das Wertpapierinstitut angehört, geboten ist.

(4) [1] Der Risikoausschuss berät das Verwaltungs- oder Aufsichtsorgan zur gegenwärtigen und zukünftigen Gesamtrisikobereitschaft und -strategie des Wertpapierinstituts. [2] Er unterstützt das Verwaltungs- oder Aufsichtsorgan bei der Überwachung der Umsetzung der Risikostrategie durch die Geschäftsleiter.

(5) Die Mitglieder des Risikoausschusses müssen über ausreichende Kenntnisse, Fähigkeiten und Erfahrungen verfügen, um die Risikostrategie und die Risikobereitschaft des Wertpapierinstituts zu erfassen und zu überwachen.

(6) [1] Der Vergütungskontrollausschuss unterstützt das Verwaltungs- oder Aufsichtsorgan bei der Überprüfung der Vergütungssysteme sowie der für das Risiko-, Kapital- und Liquiditätsmanagement geschaffenen Anreize. [2] Er ist zuständig für die Ausarbeitung von Beschlüssen des Verwaltungs- oder Aufsichtsorgans betreffend die Vergütungssysteme, einschließlich solcher, die sich auf das Risiko und das Risikomanagement des betreffenden Wertpapierinstituts auswirken. [3] Bei der Vorbereitung der Beschlüsse trägt der Vergütungskontrollausschuss dem öffentlichen Interesse und den langfristigen Interessen der Gesellschafter, Anleger und sonstigen Interessenträger des Wertpapierinstituts Rechnung.

(7) [1] Der Vergütungskontrollausschuss muss eine ausgewogene Zusammensetzung aus Frauen und Männern aufweisen. [2] Die Mitglieder des Vergütungskontrollausschusses müssen in der Lage sein, die Vergütungssysteme sowie die für das Risiko-, Kapital- und Liquiditätsmanagement geschaffenen Anreize

---

1) Nr. **23**.

sachkundig und unabhängig zu bewerten. [3]Ist eine Arbeitnehmervertretung im Verwaltungs- oder Aufsichtsorgan vorgesehen, so umfasst der Vergütungskontrollausschuss einen oder mehrere Vertreter der Arbeitnehmer. [4]Der Vergütungskontrollausschuss kann auf Gruppenebene eingerichtet werden.

§ 45 Risikosteuerung. (1) [1]Ein Wertpapierinstitut hat angemessene Strategien, Grundsätze, Verfahren und Systeme zur Risikosteuerung einzurichten. [2]Diese müssen eine Identifizierung, Beurteilung, Steuerung sowie Überwachung und Kommunikation der wesentlichen Risiken und damit verbundener Risikokonzentrationen sowie deren Ursachen und Auswirkungen auf die Eigenmittel des Wertpapierinstituts gewährleisten. [3]Dies betrifft

1. Risiken für die Kunden,
2. Risiken für den Markt,
3. Risiken für das Wertpapierinstitut und
4. Liquiditätsrisiken.

(2) [1]Bei der Beurteilung der Risiken gegenüber Kunden gemäß Absatz 1 Satz 3 Nummer 1 hat das Wertpapierinstitut die Auswirkungen einer getrennten Verwahrung von Kundengeldern gemäß § 84 Absatz 2 des Wertpapierhandelsgesetzes zu berücksichtigen. [2]Das Wertpapierinstitut hat zu prüfen, ob durch den Abschluss einer Berufshaftpflichtversicherung eine Minderung der Risiken gegenüber Kunden möglich ist.

(3) Bei der Beurteilung der Risiken nach Absatz 1 Satz 3 Nummer 3 hat das Wertpapierinstitut zu berücksichtigen:

1. wesentliche Veränderungen des Buchwertes von Vermögensgegenständen,
2. Forderungen von Kunden gegenüber vertraglich gebundenen Vermittlern des Wertpapierinstituts,
3. den Zahlungsausfall von Kunden oder Kontrahenten,
4. Positionen in Finanzinstrumenten, Währungen und Rohstoffen und
5. eigene Verpflichtungen gegenüber Altersversorgungssystemen mit im Voraus festgelegten Leistungen.

(4) Wertpapierinstitute tragen im Falle einer Abwicklung oder Einstellung ihrer Tätigkeiten unter Berücksichtigung der Tragfähigkeit und Nachhaltigkeit ihrer Geschäftsmodelle und -strategien den Erfordernissen und dem Mittelbedarf, die mit Blick auf den Zeitplan und die Erhaltung der Eigenmittel und der liquiden Mittel während des gesamten Prozesses des Marktaustritts zu erwarten sind, gebührend Rechnung.

§ 46 Vergütungssystem; Verordnungsermächtigung. (1) Ein Wertpapierinstitut hat über Vergütungssysteme für Geschäftsleiter und Mitarbeiter, deren berufliche Tätigkeit sich wesentlich auf das Risikoprofil des Wertpapierinstituts oder der von ihr verwalteten Vermögenswerte auswirkt, zu verfügen, die angemessen, transparent und auf eine nachhaltige Entwicklung des Wertpapierinstituts ausgerichtet sind; dies gilt nicht, soweit die Vergütung durch Tarifvertrag oder in seinem Geltungsbereich durch Vereinbarung der Arbeitsvertragsparteien über die Anwendung der tarifvertraglichen Regelungen oder aufgrund eines Tarifvertrags in einer Betriebs- oder Dienstvereinbarung vereinbart ist.

(2) Erhält ein Wertpapierinstitut eine außerordentliche finanzielle Unterstützung aus öffentlichen Mitteln im Sinne von § 2 Absatz 3 Nummer 9 des Sanierungs- und Abwicklungsgesetzes[1],

1. darf es den Geschäftsleitern keinerlei variable Vergütung gewähren und
2. muss es die variable Vergütung auf einen prozentualen Anteil der Nettoeinkünfte begrenzen, wenn eine variable Vergütung für Mitarbeiter, die nicht Geschäftsleiter sind, weder mit der Erhaltung der erforderlichen Eigenmittel des Wertpapierinstituts noch mit einer frühzeitigen Einstellung der außerordentlichen Unterstützung aus öffentlichen Mitteln zu vereinbaren ist.

(3) [1] Das Bundesministerium der Finanzen wird ermächtigt, durch Rechtsverordnung, die nicht der Zustimmung des Bundesrates bedarf, im Benehmen mit der Deutschen Bundesbank nähere Bestimmungen zu erlassen über

1. die Ermittlung der Mitarbeiter, deren berufliche Tätigkeit sich wesentlich auf das Risikoprofil des Wertpapierinstituts oder der von ihr verwalteten Vermögenswerte auswirkt,
2. die Entscheidungsprozesse und Verantwortlichkeiten für die Vergütungssysteme,
3. die Grundsätze für die angemessene Ausgestaltung der Vergütungssysteme nach Absatz 1, insbesondere
   a) die Unterscheidung zwischen fixer und variabler Vergütung,
   b) das Verhältnis der variablen zur fixen Vergütung,
   c) die Grundsätze für die Gewährung einer variablen Vergütung, einschließlich positiver und negativer Vergütungsparameter, der Leistungszeiträume, Zurückbehaltungszeiträume und Rückforderungszeiträume einschließlich der Voraussetzungen und Parameter für einen vollständigen Verlust oder eine teilweise Reduzierung oder eine vollständige oder teilweise Rückforderung der variablen Vergütung sowie der Vergütungsinstrumente,
4. die Überwachung der Angemessenheit und Transparenz der Vergütungssysteme durch das Wertpapierinstitut, auch unter Einbeziehung des Vergütungskontrollausschusses, sofern vorhanden, und
5. die Anwendung von Bestimmungen nach den Nummern 1 bis 4 auf konsolidierter Basis in den Fällen, in denen dieser Abschnitt gilt und aufsichtliche Konsolidierung nach Artikel 7 der Verordnung (EU) 2019/2033[2] angewandt wird.

[2] Die Regelungen haben sich insbesondere an Größe und Vergütungsstruktur des Wertpapierinstituts sowie Art, Umfang, Komplexität, Risikogehalt und Internationalität der Geschäftsaktivitäten zu orientieren. [3] Das Bundesministerium der Finanzen kann die Ermächtigung durch Rechtsverordnung, die nicht der Zustimmung des Bundesrates bedarf, auf die Bundesanstalt mit der Maßgabe übertragen, dass die Rechtsverordnung im Einvernehmen mit der Deutschen Bundesbank ergeht. [4] Vor Erlass der Rechtsverordnung sind die Spitzenverbände der Wertpapierinstitute zu hören.

---

[1] Nr. **23**.
[2] Nr. **7**.

Abschnitt 2. Aufsichtlicher Überprüfungs- und Bewertungsprozess

§ 47 Aufsichtliche Überprüfung und Bewertung. (1) Die Bundesanstalt überprüft und bewertet die Regelungen, Strategien, Verfahren und Mechanismen, die ein Mittleres Wertpapierinstitut zur Einhaltung dieses Gesetzes und der Verordnung (EU) 2019/2033 eingeführt hat; dabei berücksichtigt die Bundesanstalt die Größe, das Risikoprofil und das Geschäftsmodell des Mittleren Wertpapierinstituts.

(2) Zur Bewertung und Feststellung, ob ein Mittleres Wertpapierinstitut über ein solides Risikomanagement und eine solide Risikoabdeckung verfügt, kann die Bundesanstalt insbesondere berücksichtigen:

1. die in § 45 genannten Risiken,
2. den Belegenheitsort der Risikopositionen des Wertpapierinstituts,
3. das Geschäftsmodell des Wertpapierinstituts,
4. die Bewertung der Systemrisiken unter Berücksichtigung der Ermittlung und Messung des Systemrisikos gemäß Artikel 23 der Verordnung (EU) Nr. 1093/2010 oder der Empfehlungen des Europäischen Ausschusses für Systemrisiken,
5. die Risiken für die Sicherheit des Netzwerks und der Informationssysteme, die das Wertpapierinstitut zur Gewährleistung der Vertraulichkeit, Integrität und Verfügbarkeit seiner Verfahren, Daten und Vermögenswerte einsetzt,
6. das Zinsrisiko, dem das Wertpapierinstitut bei Geschäften des Anlagebuchs ausgesetzt ist,
7. die Regelungen zur Unternehmensführung des Wertpapierinstituts und die Fähigkeit der Geschäftsleiter und der Mitglieder des Aufsichts- oder Verwaltungsorgans zur Erfüllung ihrer Pflichten und
8. den Abschluss einer Vermögensschadenhaftpflichtversicherung durch das Wertpapierinstitut.

(3) [1] Die Bundesanstalt kann im Einzelfall unter Berücksichtigung der Größe, der Art, des Umfangs und der Komplexität der Geschäfte eines Mittleren Wertpapierinstituts sowie ihrer Systemrelevanz von der Überprüfung und Bewertung nach Absatz 2 absehen. [2] Bei der Entscheidung sind die Vorgaben des § 84 des Wertpapierhandelsgesetzes und des § 10 der Wertpapierdienstleistungs-Verhaltens- und -Organisationsverordnung hinsichtlich der Trennung der gehaltenen Kundengelder von den eigenen Geldern des Wertpapierinstituts zu berücksichtigen.

(4) Die Bundesanstalt entscheidet im Einzelfall, ob und in welcher Form die Überprüfung und Bewertung nach den Absätzen 1 und 2 in Bezug auf ein Kleines Wertpapierinstitut durchgeführt wird, sofern die Bundesanstalt dies aufgrund der Größe, der Art, des Umfangs und der Komplexität der Geschäfte des Wertpapierinstituts für notwendig hält.

(5) Das Wertpapierinstitut gewährt der Bundesanstalt bei der nach den Absätzen 1 und 2 durchzuführenden Bewertung und Feststellung den Zugang zu Tagesordnungen, Protokollen und Begleitdokumenten der Sitzungen des Verwaltungs- oder Aufsichtsorgans und seiner Ausschüsse sowie zu den Ergebnissen der internen oder externen Bewertung der Leistung der Geschäftsleiter.

§ 48 Laufende Überprüfung der Erlaubnis zur Verwendung interner Modelle. (1) [1] Die Bundesanstalt überprüft regelmäßig, mindestens alle drei

Jahre, ob das Wertpapierinstitut die Anforderungen für die Erlaubnis zur Verwendung interner Modelle gemäß Artikel 22 der Verordnung (EU) 2019/2033[1)] erfüllt. [2]Dabei trägt die Bundesanstalt insbesondere Veränderungen bei der Geschäftstätigkeit des Wertpapierinstituts und der Anwendung der internen Modelle auf neue Produkte Rechnung und überprüft und bewertet, ob das Wertpapierinstitut bei diesen Modellen sachgerechte und aktuelle Techniken und Vorgehensweisen anwendet.

(2) [1]Stellt die Bundesanstalt fest oder wird ihr bekannt, dass die internen Modelle erhebliche Mängel bei der Erfassung der Risiken aufweisen, ordnet die Bundesanstalt angemessene und geeignete Maßnahmen an, die innerhalb einer von ihr gesetzten Frist umzusetzen sind, um eine unverzügliche Beseitigung der Mängel zu gewährleisten und deren Folgen zu begrenzen. [2]Geeignete Maßnahme ist insbesondere die Festsetzung von höheren Eigenmittelanforderungen oder höheren Multiplikationsfaktoren.

(3) [1]Kommt es bei einem von der Bundesanstalt erlaubten internen Modell für Marktrisiken mehrfach zu Überschreitungen der Multiplikationsfaktoren im Sinne von Artikel 366 der Verordnung (EU) Nr. 575/2013[2)] oder drohen diese Überschreitungen mehrfach, ist zu vermuten, dass das interne Modell nicht präzise ist. [2]In diesem Fall widerruft die Bundesanstalt die Erlaubnis zur Verwendung des internen Modells oder ordnet angemessene Maßnahmen an, die gewährleisten, dass das Modell unverzüglich innerhalb einer von der Bundesanstalt bestimmten Frist verbessert wird.

(4) [1]Erfüllt ein Wertpapierinstitut die Anforderungen für die Verwendung der internen Modelle nicht mehr, verlangt die Bundesanstalt von dem Wertpapierinstitut

1. die Vorlage eines Plans, der die erneute Erfüllung der Anforderungen innerhalb eines bestimmten Umsetzungszeitraums gewährleistet, oder
2. einen Nachweis, dass die Auswirkungen des Nichteinhaltens der Anforderungen unwesentlich sind.

[2]Sind die Eigenmittelanforderungen im Falle des Satzes 1 zur angemessenen Risikoabdeckung unzureichend, ordnet die Bundesanstalt zusätzliche Eigenmittelanforderungen an.

(5) Kommt die Bundesanstalt zu dem Ergebnis, dass das Wertpapierinstitut den nach Absatz 4 Satz 1 Nummer 1 vorgelegten Plan zur vollständigen Wiedereinhaltung der Anforderungen nicht umsetzt oder ist der von dem Wertpapierinstitut vorgesehene Umsetzungszeitraum unangemessen lang, verlangt die Bundesanstalt eine Nachbesserung des Plans innerhalb einer festgesetzten Frist.

(6) Kommt die Bundesanstalt zu dem Ergebnis, dass das Wertpapierinstitut die Anforderungen für die Verwendung der internen Modelle innerhalb einer angemessenen Frist nicht wieder einhalten wird und hat das Wertpapierinstitut auch keinen Nachweis im Sinne des Absatzes 4 Satz 1 Nummer 2 erbracht, widerruft die Bundesanstalt die Erlaubnis zur Verwendung der internen Modelle vollständig oder für die Bereiche, in denen das Wertpapierinstitut die Anforderungen für die Verwendung der internen Modelle nicht erfüllt.

[1)] Nr. **7**.
[2)] Nr. **6**.

(7) Bei der Überprüfung und Bewertung gemäß Absatz 1 berücksichtigt die Bundesanstalt die Analysen und Leitlinien der Europäischen Bankenaufsichtsbehörde gemäß Artikel 37 Absatz 4 der Richtlinie (EU) 2019/2034.

Abschnitt 3. Besondere Befugnisse der Bundesanstalt bei der laufenden Beaufsichtigung von Wertpapierinstituten

§ 49 Besondere Aufsichtsbefugnisse. Die Bundesanstalt kann, um Verstöße gegen dieses Gesetz oder die Verordnung (EU) 2019/2033 zu verhindern oder zu unterbinden, insbesondere zur Durchführung der §§ 46 bis 48 sowie der Verordnung (EU) 2019/2033[1)], gegenüber einem Wertpapierinstitut anordnen,

1. unter den in § 50 festgelegten Bedingungen zusätzliche Eigenmittel zu halten, die über die Anforderungen in Artikel 11 der Verordnung (EU) 2019/2033 hinausgehen, oder die Anforderungen an Eigenmittel und liquide Aktiva im Falle wesentlicher Änderungen der Geschäftstätigkeiten dieses Wertpapierinstituts anzupassen,
2. die nach den §§ 39 und 41 eingeführten Regelungen, Verfahren, Mechanismen und Strategien zu verstärken,
3. binnen eines Jahres einen Plan vorzulegen, aus dem hervorgeht, wie die Aufsichtsanforderungen dieses Gesetzes und der Verordnung (EU) 2019/2033 erfüllt werden sollen, eine von der Bundesanstalt bestimmte Frist für die Durchführung dieses Plans einzuhalten und Nachbesserungen hinsichtlich seines Anwendungsbereichs und Zeitrahmens vorzunehmen,
4. eine angemessene Rückstellungspolitik oder Behandlung ihrer Vermögenswerte hinsichtlich der Kapitalanforderungen vorzunehmen,
5. die Geschäftsbereiche, die Tätigkeiten oder das Netzwerk des Wertpapierinstituts einzuschränken oder zu begrenzen oder Geschäftszweige, die für die Eigenmittelausstattung des Wertpapierinstituts mit zu großen Risiken verbunden sind, zu veräußern,
6. die mit den Tätigkeiten, Produkten und Systemen von Wertpapierinstituten verbundenen Risiken, auch der mit ausgelagerten Tätigkeiten verbundenen Risiken, zu verringern,
7. eine variable Vergütung als Prozentsatz der Nettoeinkünfte zu begrenzen, wenn diese Vergütung nicht mit der Aufrechterhaltung der erforderlichen Eigenmittelausstattung des Wertpapierinstituts zu vereinbaren ist,
8. Nettogewinne zur Stärkung der Eigenmittel einzusetzen,
9. Ausschüttungen oder Zinszahlungen eines Wertpapierinstituts an Anteilseigner, Gesellschafter oder Inhaber von Instrumenten des zusätzlichen Kernkapitals einzuschränken oder zu unterlassen, wenn ein solches Verbot für das Wertpapierinstitut kein Ausfallereignis darstellt,
10. Meldungen zusätzlich oder häufiger abzugeben als in diesem Gesetz und der Verordnung (EU) 2019/2033 vorgesehen, insbesondere zur Eigenmittel- und Liquiditätslage,
11. im Einklang mit § 52 besondere Liquiditätsanforderungen zu erfüllen,
12. ergänzende Informationen zu Verstößen gegen dieses Gesetz oder die Verordnung (EU) 2019/2033 zu übermitteln und

---

[1)] Nr. 7.

13. die Risiken für die Sicherheit der Netzwerke und Informationssysteme, die das Wertpapierinstitut zur Gewährleistung der Vertraulichkeit, Integrität und Verfügbarkeit seiner Verfahren, Daten und Vermögenswerte einsetzt, zu verringern.

§ 50 Zusätzliche Eigenmittelanforderungen. (1) Die Bundesanstalt kann die in § 49 Nummer 1 genannten zusätzlichen Eigenmittelanforderungen anordnen, wenn Tatsachen die Annahme rechtfertigen, dass

1. das Wertpapierinstitut Risiken oder Risikokomponenten ausgesetzt ist oder für andere darstellt, die von den Eigenmittelanforderungen, insbesondere denen für K-Faktoren, in Teil 3 oder 4 der Verordnung (EU) 2019/2033 nicht oder nicht ausreichend abgedeckt sind;
2. das Wertpapierinstitut die Anforderungen der §§ 39 und 41 nicht erfüllt und andere Aufsichtsmaßnahmen nicht innerhalb eines angemessenen Zeitraums zu einer ausreichenden Verbesserung der Regelungen, Verfahren, Mechanismen und Strategien führen;
3. die Anpassung der Bewertung von Positionen des Handelsbuchs nicht ausreichen, um das Wertpapierinstitut in die Lage zu versetzen, seine Positionen innerhalb kurzer Zeit zu veräußern oder abzusichern, ohne dabei unter normalen Marktbedingungen wesentliche Verluste zu erleiden;
4. die Nichterfüllung der Anforderungen für die Anwendung der zulässigen internen Modelle zu nicht ausreichenden Kapitalanforderungen führen wird oder
5. das Wertpapierinstitut wiederholt Verlangen der Bundesanstalt zur Erhöhung der Eigenmittelanforderungen nach § 51 nicht nachkommt.

(2) [1] Für die Zwecke von Absatz 1 Nummer 1 gelten Risiken oder Risikokomponenten nur dann als nicht oder nicht ausreichend abgedeckt von den Eigenmittelanforderungen in den Teilen 3 und 4 der Verordnung (EU) 2019/2033, wenn das interne Kapital, das die Bundesanstalt nach der aufsichtlichen Überprüfung der von dem Wertpapierinstitut gemäß § 47 durchgeführten Bewertung für angemessen hält, hinsichtlich seiner Höhe, Art und Verteilung über der in Teil 3 oder 4 der Verordnung (EU) 2019/2033 vorgesehenen Eigenmittelanforderung an das Wertpapierinstitut liegt. [2] Die Höhe des als angemessen betrachteten internen Kapitals kann solche Risiken oder Risikokomponenten umfassen, die von den Eigenmittelanforderungen in Teil 3 oder 4 der Verordnung (EU) 2019/2033 ausdrücklich ausgeschlossen sind.

(3) Die Bundesanstalt legt die Höhe der nach § 49 Nummer 1 erforderlichen zusätzlichen Eigenmittel als Differenz zwischen den gemäß Absatz 2 als angemessen betrachteten Eigenmitteln und den in Teil 3 oder 4 der Verordnung (EU) 2019/2033 vorgesehenen Eigenmittelanforderungen fest.

(4) Die Bundesanstalt verpflichtet das Wertpapierinstitut, die in § 49 Nummer 1 genannten zusätzlichen Eigenmittelanforderungen in folgender Weise zu erfüllen:

1. die zusätzlichen Eigenmittelanforderungen sind zu mindestens drei Vierteln mit Kernkapital zu erfüllen;
2. das Kernkapital muss zu mindestens drei Vierteln aus hartem Kernkapital bestehen und

3. diese Eigenmittel dürfen nicht zur Erfüllung einer der Eigenmittelanforderungen in Artikel 11 Absatz 1 der Verordnung (EU) 2019/2033[1)] verwendet werden.

§ 51 Vorgaben zu zusätzlichen Eigenmitteln. (1) Zusätzliche Eigenmittelanforderungen kann die Bundesanstalt gegenüber einem Mittleren Wertpapierinstitut unter Berücksichtigung der Größe und Systemrelevanz sowie der Art, des Umfangs und der Komplexität der Tätigkeiten anordnen, um zu verhindern, dass konjunkturbedingte wirtschaftliche Schwankungen zu einer Unterschreitung der in Teil 3 der Verordnung (EU) 2019/2033 genannten und der nach § 49 Nummer 1 und § 50 angeordneten Eigenmittelanforderungen führen oder die Fähigkeit des Wertpapierinstituts gefährden, die Einstellung der Geschäftstätigkeit geordnet durchzuführen.

(2) Die Bundesanstalt kann bei einem Mittleren Wertpapierinstitut die Angemessenheit der nach Absatz 1 angeordneten zusätzlichen Eigenmittelanforderungen überprüfen, Änderungen der zusätzlichen Eigenmittel anordnen und zu deren Umsetzung eine Frist bestimmen.

§ 52 Besondere Liquiditätsanforderungen. (1) Die Bundesanstalt kann besondere Liquiditätsanforderungen nach § 49 Nummer 11 anordnen, wenn Tatsachen die Annahme rechtfertigen, dass ein Mittleres Wertpapierinstitut oder ein Kleines Wertpapierinstitut, das nicht von der Liquiditätsanforderung nach Artikel 43 Absatz 1 der Verordnung (EU) 2019/2033[1)] ausgenommen ist,

1. Liquiditätsrisiken oder Liquiditätsrisikokomponenten ausgesetzt ist, die von der Liquiditätsanforderung in Teil 5 der Verordnung (EU) 2019/2033 nicht oder nicht ausreichend abgedeckt sind, oder
2. die Anforderungen der § 39 oder 41 nicht erfüllt und andere organisatorische Maßnahmen des Wertpapierinstituts nicht innerhalb eines angemessenen Zeitraums zu einer ausreichenden Verbesserung der Regelungen, Verfahren, Mechanismen und Strategien führen.

(2) Die Bundesanstalt legt die Höhe der nach § 49 Nummer 11 erforderlichen besonderen Liquidität als Differenz zwischen der gemäß Absatz 1 als angemessen betrachteten Liquidität und der in Teil 5 der Verordnung (EU) 2019/2033 vorgesehenen Liquiditätsanforderung fest.

(3) Die besondere Liquiditätsanforderung nach § 49 Nummer 11 ist mit liquiden Aktiva gemäß Artikel 43 der Verordnung (EU) 2019/2033 zu erfüllen.

§ 53 Zusammenarbeit mit Abwicklungsbehörden. Die Bundesanstalt unterrichtet die von den Vertragsstaaten nach Artikel 2 Absatz 1 Nummer 18 in Verbindung mit Artikel 3 der Richtlinie 2014/59/EU benannten zuständigen Abwicklungsbehörden und, soweit erforderlich, die zuständigen Abwicklungsbehörden von Drittstaaten über das von einem Wertpapierinstitut nach § 49 Nummer 1 verlangte zusätzliche Kapital sowie über möglicherweise von einem solchen Wertpapierinstitut erwartete Korrekturen gemäß § 51 Absatz 2.

§ 54 Veröffentlichungspflichten. (1) [1] Die Bundesanstalt kann ein Mittleres Wertpapierinstitut und ein Wertpapierinstitut nach Artikel 46 Absatz 2 der Verordnung (EU) 2019/2033[1)] dazu verpflichten,

---

[1)] Nr. 7.

1. die in Artikel 46 der Verordnung (EU) 2019/2033 genannten Angaben mehr als einmal jährlich zu veröffentlichen und
2. für andere Veröffentlichungen als den Jahresabschluss besondere Medien und Orte und insbesondere ihre Websites zu nutzen.

[2] Die Bundesanstalt kann Fristen für die Veröffentlichungen der in Artikel 46 der Verordnung (EU) 2019/2033 genannten Angaben setzen.

(2) Die Bundesanstalt kann Mutterunternehmen dazu verpflichten, jährlich entweder vollständig zusammenhängend in Textform oder durch einen Verweis auf gleichwertige Angaben eine Beschreibung ihrer rechtlichen Struktur und der Unternehmensführungs- und Organisationsstruktur der Wertpapierinstitutsgruppe gemäß § 41 dieses Gesetzes und Artikel 10 der Richtlinie 2014/65/EU zu veröffentlichen.

§ 55 Pflicht zur Unterrichtung der Europäischen Bankenaufsichtsbehörde. Die Bundesanstalt unterrichtet die Europäische Bankenaufsichtsbehörde über

1. ihren Überprüfungs- und Bewertungsprozess nach § 47,
2. die Methode für den Erlass von Entscheidungen gemäß den §§ 56 bis 58 und
3. den Umfang der nach § 83 festgelegten Sanktionen.

Abschnitt 4. Besonderheiten bei der Beaufsichtigung von Wertpapierinstitutsgruppen

Unterabschnitt 1. Beaufsichtigung von Wertpapierinstitutsgruppen auf konsolidierter Basis und Beaufsichtigung der Einhaltung der Gruppenkapitalanforderungen

§ 56 Zuständigkeit der Bundesanstalt für die Beaufsichtigung auf konsolidierter Basis und die Überwachung der Einhaltung des Gruppenkapitaltests. (1) [1] Die Bundesanstalt ist für die Beaufsichtigung auf konsolidierter Basis zuständig, wenn

1. ein EU-Mutterwertpapierinstitut seinen Sitz in Deutschland hat und das EU-Mutterwertpapierinstitut an der Spitze einer Wertpapierinstitutsgruppe steht;
2. ein Wertpapierinstitut seinen Sitz in Deutschland hat und das Mutterunternehmen dieses Wertpapierinstitut eine EU-Mutterinvestmentholdinggesellschaft oder eine gemischte EU-Mutterfinanzholdinggesellschaft ist;
3. zwei oder mehr Wertpapierinstitute, die in mehr als einem Vertragsstaat zugelassen sind, dieselbe EU-Mutterinvestmentholdinggesellschaft oder dieselbe gemischte EU-Mutterfinanzholdinggesellschaft haben und eines der Wertpapierinstitute sowie entweder die EU-Mutterinvestmentholdinggesellschaft oder die gemischte EU-Mutterfinanzholdinggesellschaft seinen oder ihren Sitz in Deutschland hat;
4. zwei oder mehr Wertpapierinstitute, die in mehr als einem Vertragsstaat zugelassen sind, als Mutterunternehmen mehr als eine EU-Mutterinvestmentholdinggesellschaft oder gemischte EU-Mutterfinanzholdinggesellschaft mit Sitz in unterschiedlichen Vertragsstaaten haben, sich in jedem dieser Vertragsstaaten ein Wertpapierinstitut befindet und das Wertpapierinstitut mit der höchsten Bilanzsumme seinen Sitz in Deutschland hat oder

5. zwei oder mehr Wertpapierinstitute, die in der Europäischen Union zugelassen sind, als Mutterunternehmen dieselbe EU-Mutterinvestmentholdinggesellschaft oder dieselbe gemischte EU-Mutterfinanzholdinggesellschaft haben, keines dieser Wertpapierinstitute in dem Vertragsstaat zugelassen ist, in dem die EU-Mutterinvestmentholdinggesellschaft oder die gemischte EU-Mutterfinanzholdinggesellschaft ihren Sitz hat und das Wertpapierinstitut mit der höchsten Bilanzsumme seinen Sitz in Deutschland hat.

[2] Satz 1 gilt entsprechend für die Einhaltung der Überwachung des Gruppenkapitaltests.

(2) [1] Die Bundesanstalt kann einvernehmlich mit den zuständigen Behörden der anderen betroffenen Vertragsstaaten unter Berücksichtigung der betreffenden Wertpapierinstitute und der Bedeutung ihrer Tätigkeiten in Deutschland und den anderen betroffenen Vertragsstaaten von den in Absatz 1 Satz 1 Nummer 3, 4 und 5 genannten Kriterien abweichen, sollte die Anwendung dieser Kriterien für eine wirksame Beaufsichtigung auf konsolidierter Basis oder Überwachung der Einhaltung des Gruppenkapitaltests nicht angemessen sein. [2] In diesem Fall kann die Bundesanstalt für die Beaufsichtigung auf konsolidierter Basis oder die Überwachung der Einhaltung des Gruppenkapitaltests sich selbst oder die zuständige Behörde eines anderen betroffenen Vertragsstaates benennen. [3] Die Bundesanstalt und die zuständigen Behörden der anderen betroffenen Vertragsstaaten geben in diesem Fall der EU-Mutterinvestmentholdinggesellschaft, der gemischten EU-Mutterfinanzholdinggesellschaft und dem Wertpapierinstitut mit der höchsten Bilanzsumme vor einer solchen Entscheidung die Gelegenheit, zu der beabsichtigten Entscheidung Stellung zu nehmen. [4] Die Bundesanstalt und die zuständigen Stellen der anderen betroffenen Vertragsstaaten melden der Kommission und der Europäischen Bankenaufsichtsbehörde die Entscheidung.

§ 57 Informationspflichten in Krisensituationen. Bei Eintritt einer Krisensituation, einschließlich einer Situation im Sinne des Artikels 18 der Verordnung (EU) Nr. 1093/2010 oder widriger Entwicklungen an den Märkten, die die Marktliquidität und die Stabilität des Finanzsystems in einem der Vertragsstaaten, in denen Unternehmen einer Wertpapierinstitutsgruppe zugelassen sind, gefährden könnte, benachrichtigt die Bundesanstalt, wenn sie gemäß § 56 zuständig ist für die Beaufsichtigung auf konsolidierter Basis oder für die Überwachung der Einhaltung des Gruppenkapitaltests, unverzüglich die Europäische Bankenaufsichtsbehörde, den Europäischen Ausschuss für Systemrisiken sowie alle relevanten zuständigen Stellen innerhalb des Europäischen Wirtschaftsraums und übermittelt diesen Stellen alle für die Wahrnehmung ihrer Aufgaben wesentlichen Informationen.

§ 58 Aufsichtskollegien. (1) [1] Ist die Bundesanstalt die nach § 56 zuständige Behörde, kann sie Aufsichtskollegien einrichten, um die Ausübung der in Absatz 2 genannten Aufgaben zu unterstützen. [2] Dabei stellt die Bundesanstalt die Koordinierung und Zusammenarbeit mit den zuständigen Aufsichtsbehörden von Drittstaaten sicher, insbesondere zur Erfüllung der Anwendung von Artikel 23 Absatz 1 Buchstabe c und Absatz 2 der Verordnung (EU) 2019/2033[1]. [3] Die Bundesanstalt kann auch dann Aufsichtskollegien einrichten,

---

[1] Nr. 7.

wenn sich Tochterunternehmen einer Wertpapierinstitutsgruppe, an deren Spitze ein Wertpapierinstitut mit Sitz in einem Vertragsstaat, eine EU-Mutterinvestmentholdinggesellschaft oder eine gemischte EU-Mutterfinanzholdinggesellschaft steht, in einem Drittstaat befinden.

(2) Die Aufsichtskollegien beschließen den Rahmen, innerhalb dessen die Bundesanstalt als für die Gruppenaufsicht zuständige Behörde, die Europäischen Bankenaufsichtsbehörde und andere zuständige Stellen im Rahmen ihrer Zuständigkeiten folgende Aufgaben wahrnehmen:

1. Ausübung von Informationspflichten in einer Krisensituation gemäß § 57,
2. Koordinierung von Informationsanfragen, sofern dies zur Erleichterung der Beaufsichtigung auf konsolidierter Basis im Einklang mit Artikel 7 der Verordnung (EU) 2019/2033 notwendig ist,
3. Koordinierung von Informationsanfragen, falls mehrere zuständige Behörden von Wertpapierinstituten, die derselben Gruppe angehören, die Informationen über das Einschussmodell und die Parameter, die zur Berechnung der für das betreffende Wertpapierinstitut geltenden Einschussanforderungen verwendet werden, entweder bei der zuständigen Stelle des Herkunftsvertragsstaates eines Clearingmitglieds oder bei der zuständigen Stelle der qualifizierten zentralen Gegenpartei anfordern müssen,
4. Informationsaustausch zwischen allen zuständigen Behörden und mit der Europäischen Bankenaufsichtsbehörde gemäß Artikel 21 der Verordnung (EU) Nr. 1093/2010 sowie mit der Europäischen Wertpapier- und Marktaufsichtsbehörde gemäß Artikel 21 der Verordnung (EU) Nr. 1095/2010,
5. Einigung auf eine freiwillige Übertragung der Aufgaben und Zuständigkeiten zwischen den zuständigen Behörden und sonstigen zuständigen Stellen sowie
6. Steigerung der Effizienz der Aufsicht durch Beseitigung nicht notwendiger aufsichtlicher Doppelanforderungen.

(3) Die Europäische Bankenaufsichtsbehörde nimmt gemäß Artikel 21 der Verordnung (EU) Nr. 1093/2010 an den Sitzungen der Aufsichtskollegien teil.

(4) Mitglieder der Aufsichtskollegien sind

1. die zuständigen Behörden für die Beaufsichtigung der Tochterunternehmen einer Wertpapierinstitutsgruppe, an deren Spitze ein Wertpapierinstitut mit Sitz in einem Vertragsstaat, eine EU-Mutterinvestmentholdinggesellschaft oder eine gemischte EU-Mutterfinanzholdinggesellschaft steht, und
2. die Aufsichtsbehörden und zuständigen Stellen von Drittstaaten unter Einhaltung der Geheimhaltungsvorschriften nach den Anforderungen von Artikel 15 der Richtlinie (EU) 2019/2034.

(5) [1]Die Bundesanstalt führt bei den Sitzungen der nach Absatz 1 eingerichteten Aufsichtskollegien den Vorsitz und trifft die Entscheidungen. [2]Sie informiert alle Mitglieder des Aufsichtskollegiums laufend und umfassend

1. vorab über die Organisation der Sitzungen, die wesentlichen Tagesordnungspunkte und die in Erwägung zu ziehenden Tätigkeiten und
2. über die in den Sitzungen getroffenen Entscheidungen oder die durchgeführten Maßnahmen.

[3]Bei ihren Entscheidungen berücksichtigt die Bundesanstalt die Relevanz der von den in Absatz 4 genannten Stellen zu planenden oder zu koordinierenden

Aufsichtstätigkeit. [4]Die Bundesanstalt legt die Modalitäten für die Einrichtung und Arbeitsweise des jeweiligen Aufsichtskollegiums im Benehmen mit den zuständigen Behörden fest.

(6) Bei der Wahrnehmung der Aufgaben nach den Absätzen 1, 2 und 5 arbeiten die Bundesanstalt und die Deutsche Bundesbank zusammen.

§ 59 Kooperation der Bundesanstalt mit anderen zuständigen Behörden. (1) Ist die Bundesanstalt die nach § 56 zuständige Behörde, übermittelt sie den in § 58 Absatz 4 genannten zuständigen Behörden und sonstigen zuständigen Stellen, sofern zur Erfüllung ihrer Aufgaben erforderlich, alle relevanten Informationen, darunter

1. Angaben zur rechtlichen Struktur, zur Unternehmensführungsstruktur und zur Organisationsstruktur der Wertpapierinstitutsgruppe unter Erfassung aller beaufsichtigten Unternehmen, nicht beaufsichtigten Unternehmen, nicht beaufsichtigten Tochterunternehmen und der Mutterunternehmen sowie die Angabe der für die beaufsichtigten Unternehmen der Wertpapierinstitutsgruppe zuständigen Stellen,
2. die Angabe der Verfahren, nach denen Informationen von den Wertpapierinstituten einer Wertpapierinstitutsgruppe eingeholt und geprüft werden,
3. Angaben zu allen ungünstigen Entwicklungen bei Wertpapierinstituten oder anderen Unternehmen einer Wertpapierinstitutsgruppe, die diesen Wertpapierinstituten ernsthaft schaden könnten,
4. Angaben zu allen erheblichen Sanktionen und außergewöhnlichen Maßnahmen, die die zuständigen Stellen gemäß den nationalen Vorschriften zur Umsetzung der Richtlinie (EU) 2019/2034 verhängt oder ergriffen haben und
5. Angaben zur Festlegung von besonderen Eigenmittelanforderungen auf der Grundlage von § 49.

(2) Lehnt eine zuständige Behörde in einem anderen Vertragsstaat ein Ersuchen der Bundesanstalt um Zusammenarbeit ab, insbesondere zum Austausch relevanter Informationen, oder kommt sie dem Ersuchen nicht innerhalb eines angemessenen Zeitraums nach, kann die Bundesanstalt nach Maßgabe des Artikels 19 Absatz 1 der Verordnung (EU) Nr. 1093/2010 die Europäische Bankenaufsichtsbehörde um Hilfe ersuchen.

(3) Die Bundesanstalt konsultiert die in § 58 Absatz 4 genannten zuständigen Behörden und sonstigen zuständigen Stellen vor einer Entscheidung, die für die Aufsichtsaufgaben der jeweils anderen zuständigen Stellen von Bedeutung sein könnte, in Bezug auf folgende Punkte:

1. Änderungen in der Gesellschafter-, Organisations- oder Führungsstruktur von Wertpapierinstituten einer Wertpapierinstitutsgruppe, die von den zuständigen Stellen erlaubt oder zugelassen werden müssen,
2. erhebliche Sanktionen oder sonstige außergewöhnliche Maßnahmen, die die zuständigen Stellen gegen Wertpapierinstitute verhängen oder ergreifen und
3. auf der Grundlage des § 49 dieses Gesetzes und des Artikels 39 der Richtlinie (EU) 2019/2034 festgelegte besondere Eigenmittelanforderungen.

(4) Die Bundesanstalt konsultiert die gemäß Artikel 46 der Richtlinie (EU) 2019/2034 für die Gruppenaufsicht zuständige Behörde, bevor sie gemäß

Absatz 3 Nummer 2 erhebliche Sanktionen verhängt oder sonstige außergewöhnliche Maßnahmen ergreift.

(5) Abweichend von Absatz 3 kann die Bundesanstalt in Notfällen oder in Fällen, in denen eine solche Konsultation die Wirksamkeit ihrer Entscheidung gefährden könnte, davon absehen, die in § 58 Absatz 4 genannten zuständigen Behörden oder sonstigen zuständigen Stellen zu konsultieren; dies teilt sie den anderen betroffenen zuständigen Behörden oder Stellen unverzüglich mit.

§ 60 Nachprüfung von Informationen über Unternehmen in anderen Vertragsstaaten. (1) Die Bundesanstalt führt auf Ersuchen einer zuständigen Behörde oder Stelle eines Vertragsstaates eine Nachprüfung von Informationen über Wertpapierinstitute, Investmentholdinggesellschaften, gemischte Finanzholdinggesellschaften, Finanzinstitute, Anbieter von Nebendienstleistungen, gemischte Unternehmen oder Tochterunternehmen, einschließlich Tochterunternehmen, bei denen es sich um Versicherungsgesellschaften handelt, nach Maßgabe des Absatzes 2 durch.

(2) Erhält die Bundesanstalt ein Ersuchen nach Absatz 1,

1. führt sie die Nachprüfung im Rahmen ihrer Befugnisse selbst durch,
2. führt sie die Prüfung auf Ersuchen der zuständigen Behörde unter deren Beteiligung durch oder
3. beauftragt sie einen Wirtschaftsprüfer oder Sachverständigen, eine Prüfung durchzuführen und umgehend über die Ergebnisse an die Bundesanstalt zu berichten.

(3) [1]Den ersuchenden zuständigen Behörden ist es gestattet, an der Nachprüfung nach Absatz 2 Nummer 1 oder der Prüfung nach Absatz 2 Nummer 3 teilzunehmen. [2]Die Bundesanstalt kann eine Maßnahme nach Absatz 2 Nummer 1 oder 3 oder eine Teilnahme der ersuchenden zuständigen Behörde nach Absatz 2 Nummer 2 verweigern, wenn

1. hierdurch die Souveränität, die Sicherheit oder die öffentliche Ordnung der Bundesrepublik Deutschland beeinträchtigt werden könnte oder
2. aufgrund desselben Sachverhaltes gegen die betreffenden Personen bereits ein gerichtliches Verfahren eingeleitet worden oder eine unanfechtbare Entscheidung ergangen ist.

(4) Kommt die Bundesanstalt einem Ersuchen einer zuständigen Behörde eines Vertragsstaates nicht nach, teilt sie dies der ersuchenden Behörde unverzüglich mit und legt die Gründe dar; im Falle einer Verweigerung nach Absatz 3 Nummer 2 sind genaue Informationen über das gerichtliche Verfahren oder die unanfechtbare Entscheidung zu übermitteln.

Unterabschnitt 2. Investmentholdinggesellschaften, gemischte Finanzholdinggesellschaften und gemischte Unternehmen

§ 61 Einbezug von Holdinggesellschaften bei der Überwachung der Einhaltung des Gruppenkapitaltests. Investmentholdinggesellschaften und gemischte Finanzholdinggesellschaften werden bei der Überwachung der Einhaltung des Gruppenkapitaltests von der Bundesanstalt einbezogen.

§ 62 Qualifikation von Geschäftsleitern und Mitgliedern des Verwaltungs- oder Aufsichtsorgans einer Investmentholdinggesellschaft oder

einer gemischten Finanzholdinggesellschaft; Tätigkeitsuntersagung; Verwarnung. (1) [1] Geschäftsleiter und Mitglieder des Verwaltungs- oder Aufsichtsorgans einer Investmentholdinggesellschaft oder einer gemischten Finanzholdinggesellschaft müssen zuverlässig sein und über ausreichende Kenntnisse, Fähigkeiten und Erfahrung für die wirksame Erfüllung ihrer Aufgaben unter Berücksichtigung der besonderen Rolle einer Investmentholdinggesellschaft oder gemischten Finanzholdinggesellschaft verfügen. [2] Sie müssen der Wahrnehmung ihrer Aufgaben ausreichend Zeit widmen.

(2) [1] Bei Investmentholdinggesellschaften und gemischten Finanzholdinggesellschaften kann die Bundesanstalt die Abberufung der in Absatz 1 genannten Personen verlangen und ihnen die Ausübung ihrer Tätigkeit untersagen, wenn

1. sie die Anforderungen an die Ausübung einer Tätigkeit als Geschäftsleiter oder Mitglied des Verwaltungs- oder Aufsichtsorgans nach Absatz 1 nicht erfüllen oder
2. sie vorsätzlich oder leichtfertig gegen dieses Gesetz, gegen die zur Durchführung dieses Gesetzes erlassenen Verordnungen oder gegen Anordnungen der Bundesanstalt verstoßen haben und trotz Verwarnung durch die Bundesanstalt dieses Verhalten fortsetzen.

[2] Die Abberufung von Arbeitnehmervertretern im Aufsichtsrat erfolgt allein nach den Vorschriften der Mitbestimmungsgesetze.

(3) Die Bundesanstalt kann einen Geschäftsleiter oder ein Mitglied des Verwaltungs- oder Aufsichtsorgans einer Investmentholdinggesellschaft oder einer gemischten Finanzholdinggesellschaft verwarnen, wenn dieser vorsätzlich oder leichtfertig gegen dieses Gesetz, gegen die zur Durchführung dieses Gesetzes erlassenen Verordnungen oder gegen Anordnungen der Bundesanstalt verstoßen hat.

§ 63 Gemischte Finanzholdinggesellschaften. (1) Ist das Mutterunternehmen eines Wertpapierinstituts eine gemischte Finanzholdinggesellschaft, so kann die Bundesanstalt, wenn sie die für die Beaufsichtigung des Wertpapierinstituts zuständige Behörde ist,

1. von der gemischten Finanzholdinggesellschaft alle Informationen verlangen, die für die Beaufsichtigung des Wertpapierinstituts erforderlich sind und
2. die Geschäfte zwischen dem Wertpapierinstitut und der gemischten Finanzholdinggesellschaft sowie deren Tochterunternehmen beaufsichtigen und von dem Wertpapierinstitut angemessene Risikomanagementverfahren und interne Kontrollmechanismen, einschließlich eines ordnungsgemäßen Berichtswesens und ordnungsgemäßer Rechnungslegungsverfahren, verlangen, damit diese Geschäfte ermittelt, quantifiziert, überwacht und kontrolliert werden können.

(2) Die Bundesanstalt kann die von der gemischten Finanzholdinggesellschaft und ihren Tochterunternehmen erhaltenen Informationen vor Ort nachprüfen oder von externen Prüfern nachprüfen lassen.

Abschnitt 5. Anzeigepflichten; Wertpapierinstitute mit Mutterunternehmen im Drittstaat

§ 64 Anzeigepflichten für alle Wertpapierinstitute. (1) Ein Wertpapierinstitut hat der Bundesanstalt und der Deutschen Bundesbank unverzüglich anzuzeigen:

1. die Absicht der Ermächtigung einer Person, die nicht Geschäftsleiter ist, zur Einzelvertretung des Wertpapierinstituts in dessen gesamtem Geschäftsbereich, jeweils unter Angabe der Tatsachen, die für die Beurteilung der Zuverlässigkeit, der fachlichen Eignung wesentlich sind, den Vollzug, die Aufgabe oder die Änderung einer solchen Absicht,
2. die Entziehung der Befugnis zur Einzelvertretung des Wertpapierinstituts in dessen gesamtem Geschäftsbereich,
3. den Vollzug der Bestellung eines Geschäftsleiters oder eines Mitglieds des Verwaltungs- oder Aufsichtsorgans,
4. die Änderung der Rechtsform, soweit nicht bereits eine Erlaubnis nach § 15 Absatz 1 erforderlich ist, und die Änderung der Firma,
5. die Verlegung der Niederlassung oder des Sitzes,
6. die Errichtung, die Verlegung und die Schließung einer Zweigstelle in einem Drittstaat sowie die Aufnahme und die Beendigung der Erbringung grenzüberschreitender Dienstleistungen ohne Errichtung einer Zweigstelle,
7. die Einstellung des Geschäftsbetriebs,
8. die Absicht ihrer gesetzlichen und satzungsgemäßen Organe, eine Entscheidung über eine Auflösung herbeizuführen,
9. den Erwerb oder die Aufgabe einer bedeutenden Beteiligung an dem eigenen Wertpapierinstitut, das Erreichen, das Über- oder das Unterschreiten der Beteiligungsschwellen von 20 Prozent, 30 Prozent und 50 Prozent der Stimmrechte oder des Kapitals sowie die Tatsache, dass das Wertpapierinstitut Tochterunternehmen eines anderen Unternehmens wird oder nicht mehr ist, sobald das Wertpapierinstitut von der bevorstehenden Änderung dieser Beteiligungsverhältnisse Kenntnis erlangt,
10. jeden Fall, in dem die Gegenpartei eines Pensionsgeschäftes, umgekehrten Pensionsgeschäftes oder Darlehensgeschäftes in Wertpapieren oder Waren ihren Erfüllungsverpflichtungen nicht nachgekommen ist,
11. das Entstehen, die Veränderungen in der Höhe oder die Beendigung einer bedeutenden Beteiligung an anderen Unternehmen,
12. Kredite
    a) an Kommanditisten, Gesellschafter einer Gesellschaft mit beschränkter Haftung, Aktionäre, Kommanditaktionäre oder Anteilseigner an einem Wertpapierinstitut des öffentlichen Rechts, wenn diesen jeweils mehr als 25 Prozent des Kapitals (Nennkapital, Summe der Kapitalanteile) des Wertpapierinstituts gehören oder ihnen jeweils mehr als 25 Prozent der Stimmrechte an dem Wertpapierinstitut zustehen und der Kredit zu nicht marktmäßigen Bedingungen gewährt oder nicht banküblich besichert worden ist,
    b) an Personen, die Kapital, soweit es sich nicht um Kapital nach Nummer 1 handelt, nach Artikel 26 Absatz 1 Buchstabe a und Artikel 51 Buchstabe

a der Verordnung (EU) Nr. 575/2013[1] in der jeweils geltenden Fassung gewährt haben, das mehr als 25 Prozent des Kernkapitals nach Artikel 25 der Verordnung (EU) Nr. 575/2013 in der jeweils geltenden Fassung ohne Berücksichtigung des Kapitals nach Artikel 26 Absatz 1 Buchstabe a und Artikel 51 Buchstabe a der Verordnung (EU) Nr. 575/2013 in der jeweils geltenden Fassung beträgt, wenn der Kredit zu nicht marktmäßigen Bedingungen gewährt oder nicht banküblich besichert worden ist,

13. die Absicht einer wesentlichen Auslagerung, den Vollzug der Auslagerung sowie wesentliche Änderungen und schwerwiegende Vorfälle im Rahmen von bestehenden wesentlichen Auslagerungen und
14. die Absicht, sich mit einem anderen Wertpapierinstitut im Sinne dieses Gesetzes, einem Kreditinstitut im Sinne des Kreditwesengesetzes[2] sowie einem E-Geld-Institut oder Zahlungsinstitut im Sinne des Zahlungsdiensteaufsichtsgesetzes[3] zu vereinigen.

(2) [1]Bei der Anzeige eines Kredits nach Absatz 1 Nummer 12 hat das Wertpapierinstitut die gestellten Sicherheiten und die Kreditbedingungen anzugeben. [2]Es hat einen Kredit, den es nach Absatz 1 Nummer 12 angezeigt hat, unverzüglich erneut der Bundesanstalt und der Deutschen Bundesbank anzuzeigen, wenn die gestellten Sicherheiten oder die Kreditbedingungen rechtsgeschäftlich geändert werden, und die entsprechenden Änderungen anzugeben. [3]Die Bundesanstalt kann von dem Wertpapierinstitut fordern, ihr und der Deutschen Bundesbank alle fünf Jahre eine Sammelanzeige der nach Absatz 1 Nummer 12 anzuzeigenden Kredite einzureichen.

(3) Bei der Anzeige der Errichtung einer Zweigstelle in einem Drittstaat nach Absatz 1 Nummer 6 hat das Wertpapierinstitut den Namen des Niederlassungsleiters, die beabsichtigten Dienstleistungen und Tätigkeiten, den voraussichtlichen Anteil am Geschäftsvolumen anzugeben und ein Organigramm der Zweigstelle vorzulegen.

(4) Ein Wertpapierinstitut hat der Bundesanstalt und der Deutschen Bundesbank

1. unverzüglich nach Kenntnis den Namen und die Anschrift des Inhabers einer bedeutenden Beteiligung mitzuteilen und
2. jährlich eine Liste der Namen der Inhaber einer bedeutenden Beteiligung an ihm und an den ihm nachgeordneten Unternehmen (Unternehmen, die nach Artikel 7 der Verordnung (EU) 2019/2033[4] zu konsolidieren sind oder freiwillig konsolidiert werden) mit Sitz im Ausland sowie die Höhe dieser Beteiligungen einzureichen.

§ 65 Anzeigepflichten für Große Wertpapierinstitute. (1) Ein Großes Wertpapierinstitut hat der Bundesanstalt und der Deutschen Bundesbank unverzüglich anzuzeigen:

1. die Absicht der Besetzung einer Schlüsselfunktion unter Angabe der Tatsachen, die für die Beurteilung der Zuverlässigkeit und fachlichen Eignung der

[1] Nr. **6**.
[2] Nr. **9**.
[3] Nr. **12**.
[4] Nr. **7**.

Person wesentlich sind, die erfolgte Besetzung einer Schlüsselfunktion sowie das Ausscheiden des Inhabers einer Schlüsselfunktion,

2. unter Vorlage desselben den Vorschlag zur Beschlussfassung gemäß § 25a Absatz 5 Satz 6 des Kreditwesengesetzes[1],
3. unter Vorlage eines Auszugs aus der Versammlungsniederschrift den Beschluss über die Billigung einer höheren variablen Vergütung nach § 25a Absatz 5 Satz 5 des Kreditwesengesetzes einschließlich der Angabe aller gebilligten, über das Verhältnis gemäß § 25a Absatz 5 Satz 2 des Kreditwesengesetzes hinausgehenden Höchstwerte und
4. die Vorlage eines Auszugs aus der Versammlungsniederschrift über den Beschluss über die Änderung eines Beschlusses über die Billigung einer höheren variablen Vergütung nach § 25a Absatz 5 Satz 5 des Kreditwesengesetzes einschließlich der Angabe aller gebilligten, über das Verhältnis gemäß § 25a Absatz 5 Satz 2 des Kreditwesengesetzes hinausgehenden Höchstwerte.

(2) Ein Großes Wertpapierinstitut hat der Bundesanstalt und der Deutschen Bundesbank jährlich anzuzeigen:

1. seine bedeutenden Beteiligungen an anderen Unternehmen,
2. die Informationen, die für einen Vergleich der Vergütungstrends und -praktiken im Sinne des Artikels 75 Absatz 1 und 2 der Richtlinie 2013/36/EU erforderlich sind; der Vergleich umfasst auch die Vergütungstrends und -praktiken in Bezug auf die Mitglieder des Verwaltungs- oder Aufsichtsorgans sowie die von dem Wertpapierinstitut übermittelten Informationen zum geschlechtsspezifischen Lohn- und Gehaltsgefälle und
3. die Informationen über Geschäftsleiter, Mitglieder des Verwaltungs- oder Aufsichtsorgans und Mitarbeiter mit jeweils einer Gesamtvergütung von jährlich mindestens 1 Million Euro im Sinne des Artikels 75 Absatz 3 der Richtlinie 2013/36/EU, die für eine aggregierte Veröffentlichung durch die Europäische Bankenaufsichtsbehörde erforderlich sind.

§ 66 Anzeigepflichten für Kleine und Mittlere Wertpapierinstitute.

(1) [1] Ein Kleines oder Mittleres Wertpapierinstitut, das über die Erlaubnis für die Dienstleistungen nach § 2 Absatz 2 Nummer 10 oder § 2 Absatz 3 Nummer 2 verfügt oder auf eigene Rechnung im Sinne des § 17 Absatz 1 handelt, hat der bei der Deutschen Bundesbank geführten Evidenzzentrale vierteljährlich (Beobachtungszeitraum) die Kreditnehmer (Millionenkreditnehmer) anzuzeigen, deren Kreditvolumen 1 Million Euro oder mehr beträgt (Millionenkreditmeldegrenze). [2] Die §§ 19, 20 des Kreditwesengesetzes[1] gelten entsprechend. [3] Anzeigeinhalte, Anzeigefristen und nähere Bestimmungen zum Beobachtungszeitraum bestimmen sich nach der Rechtsverordnung aufgrund von § 14 Absatz 3.

(2) [1] Ein Kleines oder Mittleres Wertpapierinstitut hat der Deutschen Bundesbank unverzüglich nach Ablauf eines jeden Quartals Informationen zu seiner finanziellen Situation (Finanzinformationen) einzureichen. [2] Die Deutsche Bundesbank leitet die Angaben mit ihrer Stellungnahme an die Bundesanstalt weiter; diese kann auf die Weiterleitung bestimmter Angaben verzichten. [3] Die Bundesanstalt kann im Einzelfall die Frist zur Einreichung von einzelnen Informationen oder der Informationen insgesamt verkürzen.

---

[1] Nr. **9**.

(3) § 65 Absatz 2 Nummer 2 und 3 findet auf Mittlere Wertpapierinstitute entsprechende Anwendung.

§ 67 Anzeigepflichten von Geschäftsleitern und Investmentholdinggesellschaften. (1) Ein Geschäftsleiter eines Wertpapierinstituts und die Personen, die die Geschäfte einer Investmentholdinggesellschaft oder einer gemischten Finanzholdinggesellschaft tatsächlich führen, haben der Bundesanstalt und der Deutschen Bundesbank unverzüglich anzuzeigen:

1. die Aufnahme und die Beendigung einer Tätigkeit als Geschäftsleiter oder als Aufsichtsrats- oder Verwaltungsratsmitglied eines anderen Unternehmens und
2. die Übernahme und die Aufgabe einer unmittelbaren Beteiligung an einem Unternehmen sowie Veränderungen in der Höhe der Beteiligung. Eine unmittelbare Beteiligung liegt vor, wenn mindestens 25 Prozent der Anteile am Kapital des Unternehmens gehalten werden.

(2) [1] Eine Investmentholdinggesellschaft hat der Bundesanstalt und der Deutschen Bundesbank unverzüglich anzuzeigen:

1. die Absicht der Bestellung einer Person, die die Geschäfte der Investmentholdinggesellschaft tatsächlich führen soll, unter Angabe der Tatsachen, die für die Beurteilung der Zuverlässigkeit, der fachlichen Eignung und der ausreichenden zeitlichen Verfügbarkeit für das Wahrnehmen seiner Aufgaben wesentlich sind, und den Vollzug einer solchen Absicht,
2. das Ausscheiden einer Person, die die Geschäfte der Investmentholdinggesellschaft tatsächlich geführt hat,
3. Änderungen der Struktur der Investmentholdinggruppe in der Weise, dass die Investmentholdinggruppe künftig branchenübergreifend tätig wird,
4. die Bestellung eines Mitglieds und eines stellvertretenden Mitglieds des Verwaltungs- oder Aufsichtsorgans unter Angabe der Tatsachen, die zur Beurteilung ihrer Zuverlässigkeit, Sachkunde und der ausreichenden zeitlichen Verfügbarkeit für die Wahrnehmung ihrer Aufgaben notwendig sind, und
5. das Ausscheiden eines Mitglieds und stellvertretender Mitglieder des Verwaltungs- oder Aufsichtsorgans.

[2] Eine Investmentholdinggesellschaft hat der Bundesanstalt und der Deutschen Bundesbank ferner einmal jährlich eine Sammelanzeige der Wertpapierinstitute, Kapitalverwaltungsgesellschaften, Finanzunternehmen, Anbieter von Nebendienstleistungen und Zahlungsinstitute oder E-Geld-Institute im Sinne des Zahlungsdiensteaufsichtsgesetzes[1)], die ihr nachgeordnet sind, einzureichen.

(3) Wird ein Kleines oder Mittleres Wertpapierinstitut oder eine als Mutterunternehmen geltende Investmentholdinggesellschaft oder gemischte Finanzholdinggesellschaft, der kein Großes Wertpapierinstitut angehört, zahlungsunfähig oder tritt Überschuldung ein, so haben die Geschäftsleiter, bei einem in der Rechtsform des Einzelkaufmanns betriebenen Wertpapierinstitut der Inhaber und die Personen, die die Geschäfte der Investmentholdinggesellschaft oder der gemischten Finanzholdinggesellschaft tatsächlich führen, dies der Bundesanstalt unter Beifügung aussagefähiger Unterlagen unverzüglich anzuzeigen; die im ersten Halbsatz bezeichneten Personen haben eine solche Anzeige unter Beifü-

---

[1)] Nr. **12**.

gung entsprechender Unterlagen auch dann vorzunehmen, wenn das Wertpapierinstitut oder die als Mutterunternehmen geltende Investmentholdinggesellschaft oder gemischte Finanzholdinggesellschaft voraussichtlich nicht in der Lage sein wird, die bestehenden Zahlungspflichten im Zeitpunkt der Fälligkeit zu erfüllen (drohende Zahlungsunfähigkeit).

§ 68 Befugnis für einzelfallbezogene Anzeigepflichten; Verordnungsermächtigung. (1) Die Bundesanstalt und die Deutsche Bundesbank können einem Wertpapierinstitut, einer Wertpapierinstitutsgruppe oder Investmentholdinggruppe zusätzliche Anzeige- und Meldepflichten auferlegen, insbesondere, um vertieften Einblick zu erhalten in die Entwicklung ihrer wirtschaftlichen Verhältnisse, in ihre Grundsätze einer ordnungsgemäßen Geschäftsführung und in die Fähigkeiten der Mitglieder der Organe des Wertpapierinstituts, soweit dies zur Erfüllung der Aufgaben der Bundesanstalt und der Deutschen Bundesbank erforderlich ist.

(2) [1]Das Bundesministerium der Finanzen kann im Benehmen mit der Deutschen Bundesbank durch Rechtsverordnung, die nicht der Zustimmung des Bundesrates bedarf, weitere Anzeigepflichten für Wertpapierinstitute, Investmentholdinggesellschaften, gemischte Finanzholdinggesellschaften sowie deren Geschäftsleiter erlassen, die für eine wirksame Beaufsichtigung durch die Bundesanstalt erforderlich sind. [2]Das Bundesministerium der Finanzen kann die Ermächtigung durch Rechtsverordnung auf die Bundesanstalt mit der Maßgabe übertragen, dass die Rechtsverordnung im Einvernehmen mit der Deutschen Bundesbank ergeht. [3]Vor Erlass der Rechtsverordnung sind die Spitzenverbände der Wertpapierinstitute anzuhören.

§ 69 Bewertung der Aufsicht im Drittstaat und andere Aufsichtstechniken. (1) Unterliegt ein Wertpapierinstitut oder unterliegen mehrere Wertpapierinstitute, die Tochterunternehmen desselben Mutterunternehmens sind, das seinen Sitz in einem Drittstaat hat, auf Gruppenebene keiner wirksamen Beaufsichtigung, so prüft die Bundesanstalt, wenn sie gemäß Absatz 2 Satz 2 die zuständige Behörde ist, ob die Beaufsichtigung des Wertpapierinstituts durch die zuständige Behörde des Drittstaates der Beaufsichtigung nach der Richtlinie (EU) 2019/2034 und Teil 1 der Verordnung (EU) 2019/2033 gleichwertig ist.

(2) [1]Die Bundesanstalt wendet angemessene Aufsichtsmittel an, mit denen die Ziele der Beaufsichtigung gemäß Artikel 7 oder 8 der Verordnung (EU) 2019/2033[1)] erreicht werden können, wenn die Beaufsichtigung durch die zuständige Behörde des Drittstaates nicht gleichwertig ist und die Bundesanstalt in diesem Fall die zuständige Behörde ist. [2]Die Bundesanstalt ist die zuständige Behörde, wenn sie für die Gruppenaufsicht zuständig wäre, wenn das Mutterunternehmen seinen Sitz in der Europäischen Union hätte. [3]Die Bundesanstalt teilt alle nach diesem Absatz getroffenen Maßnahmen den anderen jeweils zuständigen Stellen, der Europäischen Bankenaufsichtsbehörde und der Europäischen Kommission mit.

(3) Ist die Bundesanstalt die zuständige Behörde im Sinne des Absatzes 2 Satz 2, kann sie insbesondere die Errichtung einer Investmentholdinggesellschaft oder einer gemischten Finanzholdinggesellschaft in der Europäischen Union verlangen und Artikel 7 oder 8 der Verordnung (EU) 2019/2033 auf

---

1) Nr. **7**.

diese Investmentholdinggesellschaft oder gemischte Finanzholdinggesellschaft anwenden.

Kapitel 6. Europäischer Pass, Zweigniederlassung und grenzüberschreitender Dienstleistungsverkehr

Abschnitt 1. Europäischer Pass, Zweigniederlassung und grenzüberschreitender Dienstleistungsverkehr

§ 70 Errichten einer Zweigniederlassung durch inländische Wertpapierinstitute. (1) [1]Ein Wertpapierinstitut, das beabsichtigt, in einem anderen Vertragsstaat

1. eine Zweigniederlassung zu errichten oder
2. ohne dort eine Zweigniederlassung zu errichten, vertraglich gebundene Vermittler mit Sitz oder gewöhnlichem Aufenthalt in diesem Vertragsstaat heranzuziehen,

hat dies der Bundesanstalt und der Deutschen Bundesbank unverzüglich anzuzeigen. [2]Die Anzeigepflicht nach Satz 1 gilt auch für ein Wertpapierinstitut, das seine Zweigniederlassung vor dem Zeitpunkt, zu dem es unter die Anzeigepflicht nach Absatz 1 fällt, in einem anderen Vertragsstaat errichtet hat.

(2) Die Anzeige muss enthalten:

1. die Angabe des Vertragsstaates, in dem die Zweigniederlassung errichtet werden soll oder in dem ohne Errichtung einer Zweigniederlassung dort ansässige vertraglich gebundene Vermittler herangezogen werden sollen,
2. einen Geschäftsplan, aus dem die Art der geplanten Geschäfte, der organisatorische Aufbau der Zweigniederlassung und eine Absicht zur Heranziehung vertraglich gebundener Vermittler, hervorgehen sowie die Namen der vertraglich gebundenen Vermittler,
3. soweit vertraglich gebundene Vermittler in einem anderen Vertragsstaat ohne Errichtung einer Zweigniederlassung herangezogen werden sollen, eine Beschreibung des beabsichtigten Einsatzes der vertraglich gebundenen Vermittler und der Organisationsstruktur, einschließlich der Berichtswege, aus der hervorgeht, wie die vertraglich gebundenen Vermittler in die Unternehmensstruktur des Wertpapierinstituts eingebunden sind, sowie die Namen der vertraglich gebundenen Vermittler,
4. die Anschrift, unter der Unterlagen des Wertpapierinstituts im Aufnahmevertragsstaat angefordert und Schriftstücke zugestellt werden können, und
5. die Angabe der Leiter der Zweigniederlassung.

(3) [1]Wertpapiernebendienstleistungen dürfen nur in Verbindung mit mindestens einer Wertpapierdienstleistung angezeigt werden. [2]Nähere Bestimmungen ergeben sich aus der Delegierten Verordnung (EU) 2017/1018 der Kommission vom 29. Juni 2016 zur Ergänzung der Richtlinie 2014/65/EU des Europäischen Parlaments und des Rates über Märkte für Finanzinstrumente durch technische Regulierungsstandards zur Präzisierung der Angaben, die von Wertpapierfirmen, Marktbetreibern und Kreditinstituten zu übermitteln sind (ABl. L 155 vom 17.6.2017, S. 1; L 210 vom 15.8.2017, S. 17; L 292 vom 10.11.2017, S. 119) und der Durchführungsverordnung (EU) 2017/2382 der Kommission vom 14. Dezember 2017 zur Festlegung technischer Durchführungsstandards in Bezug auf Standardformulare, Mustertexte und Verfahren für

die Übermittlung von Angaben nach Maßgabe der Richtlinie 2014/65/EU des Europäischen Parlaments und des Rates (ABl. L 340 vom 20.12.2017, S. 6; L 33 vom 7.2.2018, S. 5).

(4) [1] Hat die Bundesanstalt keine Anhaltspunkte, die Zweifel an der Angemessenheit der Organisationsstruktur und der Finanzlage des Wertpapierinstituts begründen, übermittelt sie die Angaben nach den Absätzen 1 und 2 innerhalb von drei Monaten nach Eingang der vollständigen Unterlagen der zuständigen Behörde des Aufnahmevertragsstaates. [2] Die Bundesanstalt teilt dies dem anzeigenden Wertpapierinstitut mit. [3] Sie unterrichtet die zuständige Behörde des Aufnahmevertragsstaates außerdem über die Sicherungseinrichtung, der das Wertpapierinstitut angehört. [4] Leitet die Bundesanstalt die Angaben nach den Absätzen 1 und 2 nicht an die zuständige Behörde des Aufnahmevertragsstaates weiter, teilt die Bundesanstalt dem Wertpapierinstitut innerhalb von drei Monaten nach Eingang sämtlicher Angaben nach den Absätzen 1 und 2 die Gründe dafür mit. [5] Nach Weiterleitung der Anzeige an die zuständigen Stellen des Aufnahmevertragsstaates kann das Wertpapierinstitut nach einer entsprechenden Mitteilung dieser Stellen oder spätestens nach Ablauf einer Zweimonatsfrist seine Tätigkeit in dem anderen Staat aufnehmen.

§ 71 Grenzüberschreitender Dienstleistungsverkehr durch inländische Wertpapierinstitute. (1) [1] Ein Wertpapierinstitut, das beabsichtigt, Wertpapierdienstleistungen grenzüberschreitend in einem anderen Vertragsstaat anzubieten, hat dies der Bundesanstalt und der Deutschen Bundesbank unverzüglich anzuzeigen. [2] Die Anzeige muss enthalten:

1. die Angabe des Mitgliedstaates, in dem die grenzüberschreitende Dienstleistung erbracht werden soll,
2. einen Geschäftsplan mit Angabe der beabsichtigten Tätigkeiten und
3. die Angabe, ob in dem Vertragsstaat, in dem die grenzüberschreitende Dienstleistung erbracht werden soll, vertraglich gebundene Vermittler, die ihren Sitz oder gewöhnlichen Aufenthalt im Inland haben, für die grenzüberschreitende Dienstleistung herangezogen werden sollen, sowie deren Namen.

(2) [1] Wertpapiernebendienstleistungen dürfen nur in Verbindung mit mindestens einer Wertpapierdienstleistung angezeigt werden. [2] Nähere Bestimmungen ergeben sich aus der Delegierten Verordnung (EU) 2017/1018 und der Durchführungsverordnung (EU) 2017/2382.

(3) [1] Hat die Bundesanstalt keine Anhaltspunkte, die Zweifel an der Angemessenheit der Organisationsstruktur und der Finanzlage des Wertpapierinstituts begründen, übermittelt sie die Angaben nach Absatz 1 innerhalb eines Monats nach Eingang der Anzeige der zuständigen Stelle des Aufnahmevertragsstaates. [2] Das Wertpapierinstitut hat die Unterrichtung der zuständigen Stelle des Aufnahmemitgliedstaates innerhalb dieser Frist abzuwarten, bevor es seine Tätigkeit in dem Aufnahmevertragsstaat aufnimmt. [3] Leitet die Bundesanstalt die Angaben nach Absatz 1 nicht an die zuständigen Stellen des Aufnahmevertragsstaates weiter, teilt die Bundesanstalt dem Wertpapierinstitut innerhalb von drei Monaten nach Eingang sämtlicher Angaben nach Absatz 1 die Gründe dafür mit.

(4) [1] Beabsichtigt der Betreiber eines multilateralen oder organisierten Handelssystems, Handelsteilnehmern in anderen Staaten einen unmittelbaren Zu-

gang zu seinem Handelssystem zu gewähren und ihnen das Handeln an seinen Märkten zu ermöglichen, hat er dies der Bundesanstalt anzuzeigen, sofern es sich um die erstmalige Zugangsgewährung an einen Handelsteilnehmer in dem betreffenden Staat handelt. [2]Die Bundesanstalt unterrichtet die zuständigen Stellen des Aufnahmevertragsstaates innerhalb eines Monats nach Eingang der Anzeige von dieser Absicht. [3]Der Betreiber hat der Bundesanstalt auf Anfrage die Namen der zugelassenen Handelsteilnehmer aus diesem Staat zu nennen. [4]Auf Ersuchen der zuständigen Behörde im Aufnahmevertragsstaat teilt ihr die Bundesanstalt innerhalb einer angemessenen Frist diese Angaben mit.

§ 72 Änderung der angezeigten Verhältnisse. (1) [1]Ändern sich die Verhältnisse, die nach § 70 Absatz 1 und 2 oder § 71 Absatz 1 angezeigt wurden, hat das Wertpapierinstitut der Bundesanstalt und der Deutschen Bundesbank diese Änderungen mindestens einen Monat vor dem Wirksamwerden der Änderungen anzuzeigen. [2]Die Bundesanstalt teilt den zuständigen Stellen des Aufnahmevertragsstaates die Änderungen nach Satz 1 mit.

(2) [1]Änderungen der Verhältnisse der Sicherungseinrichtung hat das Wertpapierinstitut, das eine Zweigniederlassung gemäß § 70 errichtet hat, der Bundesanstalt und der Deutschen Bundesbank mindestens einen Monat vor dem Wirksamwerden der Änderungen anzuzeigen. [2]Die Bundesanstalt teilt den zuständigen Stellen des Aufnahmevertragsstaates die Änderungen nach Satz 1 mit.

(3) [1]Das Bundesministerium der Finanzen wird ermächtigt, durch Rechtsverordnung, die nicht der Zustimmung des Bundesrates bedarf, zu bestimmen, dass Absatz 1 sowie § 70 Absatz 4 für die Errichtung einer Zweigniederlassung in einem Drittstaat entsprechend gelten, wenn dies im Bereich des Niederlassungsrechts aufgrund von Abkommen der Europäischen Union mit Drittstaaten zugelassen und erforderlich ist. [2]Das Bundesministerium der Finanzen kann die Ermächtigung durch Rechtsverordnung, die nicht der Zustimmung des Bundesrates bedarf, auf die Bundesanstalt mit der Maßgabe übertragen, dass die Rechtsverordnung im Benehmen mit der Deutschen Bundesbank ergeht. [3]Vor Erlass der Rechtsverordnung sind die Spitzenverbände der Wertpapierinstitute zu hören.

Abschnitt 2. Errichten einer Zweigniederlassung und grenzüberschreitender Dienstleistungsverkehr durch Wertpapierinstitute mit Sitz in einem anderen Vertragsstaat

§ 73 Errichten einer Zweigniederlassung durch Wertpapierinstitute mit Sitz in einem anderen Vertragsstaat. (1) [1]Ein Wertpapierinstitut mit Sitz in einem anderen Vertragsstaat darf ohne Erlaubnis durch die Bundesanstalt über eine Zweigniederlassung oder über nach § 3 Absatz 3 angezeigte vertraglich gebundene Vermittler, die ihren Sitz oder gewöhnlichen Aufenthalt im Inland haben, im Inland Wertpapierdienstleistungen erbringen, wenn das Wertpapierinstitut von der zuständigen Behörde seines Herkunftsvertragsstaates zugelassen worden ist, die erbrachten Wertpapierdienstleistungen von der Zulassung abgedeckt sind und das Wertpapierinstitut von der zuständigen Behörde im Einklang mit den einschlägigen unionsrechtlichen Vorgaben, insbesondere der Richtlinie 2014/65/EU, der Richtlinie (EU) 2019/2034 sowie der Verordnung (EU) 2019/2033, beaufsichtigt wird. [2] § 53 des Kreditwesengesetzes[1)] ist in diesem Fall nicht anzuwenden. [3] § 14 der Gewerbeordnung bleibt unberührt.

(2) [1] Die Bundesanstalt hat ein Wertpapierinstitut im Sinne des Absatzes 1 Satz 1, das beabsichtigt, eine Zweigniederlassung im Inland zu errichten, innerhalb von zwei Monaten nach Eingang der von der zuständigen Behörde des Herkunftsvertragsstaates über die beabsichtigte Errichtung der Zweigniederlassung übermittelten Unterlagen auf die für seine Tätigkeit vorgeschriebenen Meldungen an die Bundesanstalt und die Deutsche Bundesbank hinzuweisen und die Bedingungen anzugeben, die nach Absatz 5 für die Ausübung der von der Zweigniederlassung geplanten Tätigkeiten aus Gründen des Allgemeininteresses gelten. [2] Nach Eingang der Mitteilung der Bundesanstalt, spätestens nach Ablauf der in Satz 1 genannten Frist, kann die Zweigniederlassung errichtet werden und diese ihre Tätigkeit aufnehmen. [3] Die Bundesanstalt übermittelt der Europäischen Wertpapier- und Marktaufsichtsbehörde auf Anforderung nach Artikel 35 der Verordnung (EU) Nr. 1095/2010 alle diesbezüglichen Informationen.

(3) Sämtliche Änderungen anzeigepflichtiger Angaben nach Artikel 35 Absatz 2 und 10 der Richtlinie 2014/65/EU sind der Bundesanstalt durch das Wertpapierinstitut mit Sitz in einem anderen Mitgliedstaat nur über die zuständige Behörde des Herkunftsvertragsstaates mitzuteilen.

(4) [1] Die Absätze 2 und 3 gelten entsprechend für die im Inland ansässigen vertraglich gebundenen Vermittler, die ein Wertpapierinstitut mit Sitz in einem anderen Vertragsstaat heranzieht, ohne im Inland über eine Zweigniederlassung zu verfügen. [2] Die Anzeigepflicht nach § 3 Absatz 3 Satz 1 bleibt hiervon unberührt.

(5) Folgende Regelungen sind auf die in Absatz 1 Satz 1 genannten Wertpapierinstitute anzuwenden:

1. § 5 Absatz 1 Satz 2, § 5 Absatz 4 und 6, § 7 Absatz 1 und 2 sowie die §§ 6, 14, 22, 31, 32 und 35,
2. die §§ 14, 22, 24b und 24c des Kreditwesengesetzes,
3. § 25h Absatz 1 und 3 des Kreditwesengesetzes, soweit es sich um Anforderungen zur Verhinderung von Geldwäsche und Terrorismusfinanzierung handelt, sowie § 25h Absatz 4 und 5 und die §§ 25i bis 25k und 25m des Kreditwesengesetzes sowie
4. § 17 des Finanzdienstleistungsaufsichtsgesetzes[2)].

§ 74 Grenzüberschreitender Dienstleistungsverkehr. (1) Ein Wertpapierinstitut mit Sitz in einem anderen Vertragsstaat darf ohne Erlaubnis durch die Bundesanstalt im Wege des grenzüberschreitenden Dienstleistungsverkehrs, auch durch vertraglich gebundene Vermittler, die ihren Sitz oder gewöhnlichen Aufenthalt im Herkunftsvertragsstaat oder in einem anderen Mitgliedstaat haben, im Inland Wertpapierdienstleistungen erbringen, wenn das Wertpapierinstitut von der zuständigen Behörde seines Herkunftsvertragsstaates zugelassen worden ist, die erbrachten Wertpapierdienstleistungen von der Zulassung abgedeckt sind und das Wertpapierinstitut von den zuständigen Behörden im Ein-

[1)] Nr. **9**.
[2)] Nr. **8**.

klang mit den einschlägigen unionsrechtlichen Vorgaben, insbesondere der Richtlinie 2014/65/EU, der Richtlinie (EU) 2019/2034 sowie der Verordnung (EU) 2019/2033, beaufsichtigt wird.

(2) [1] Für die Tätigkeiten im Wege des grenzüberschreitenden Dienstleistungsverkehrs nach Absatz 1 gelten § 5 Absatz 4 und 6, §§ 11, 31 und 32 dieses Gesetzes sowie § 17 des Finanzdienstleistungsaufsichtsgesetzes[1)] entsprechend. [2] Auf Betreiber eines multilateralen oder organisierten Handelssystems, die im Wege des grenzüberschreitenden Dienstleistungsverkehrs im Inland einen Zugang anbieten, sind die §§ 30 und 31 nicht anzuwenden.

§ 75 Unterrichtungsbefugnis und Maßnahmen der Bundesanstalt.

(1) Stellt die Bundesanstalt fest, dass ein Unternehmen im Sinne des § 73 Absatz 1 oder des § 74 Absatz 1 seinen Pflichten nach § 73 Absatz 4 oder § 74 Absatz 2 dieses Gesetzes, § 90 des Wertpapierhandelsgesetzes oder der Verordnung (EU) 2019/2033 nicht nachkommt oder dass es sehr wahrscheinlich ist, dass es diesen Pflichten nicht nachkommen wird, unterrichtet die Bundesanstalt unverzüglich die zuständige Behörde des Herkunftsvertragsstaates.

(2) [1] Ergreift die zuständige Behörde des Herkunftsvertragsstaates keine Maßnahmen oder erachtet die Bundesanstalt die Maßnahmen auf Grundlage der ihr von der zuständigen Behörde des Herkunftsvertragsstaates übermittelten Informationen und Erkenntnisse als unzureichend, kann die Bundesanstalt nach Unterrichtung der zuständigen Behörde des Herkunftsvertragsstaates und der Europäischen Wertpapier- und Marktaufsichtsbehörde die erforderlichen Maßnahmen ergreifen. [2] Sie kann dann insbesondere die Durchführung neuer Geschäfte im Inland untersagen.

Kapitel 7. Vorlage von Rechnungslegungsunterlagen, Prüferbestellung und Prüfung

§ 76 Vorlage von Rechnungslegungsunterlagen. (1) [1] Ein Kleines oder Mittleres Wertpapierinstitut hat den Jahresabschluss in den ersten drei Monaten des Geschäftsjahres für das vergangene Geschäftsjahr aufzustellen und den aufgestellten sowie später den festgestellten Jahresabschluss und den Lagebericht der Bundesanstalt und der Deutschen Bundesbank jeweils unverzüglich einzureichen. [2] Der Jahresabschluss muss mit dem Bestätigungsvermerk oder einem Vermerk über die Versagung der Bestätigung versehen sein. [3] Der Abschlussprüfer hat den Bericht über die Prüfung des Jahresabschlusses (Prüfungsbericht) unverzüglich nach Beendigung seiner Prüfung der Bundesanstalt und der Deutschen Bundesbank einzureichen.

(2) Absatz 1 gilt entsprechend für einen Einzelabschluss nach § 325 Absatz 2a des Handelsgesetzbuchs.

§ 77 Prüferbestellung und Anzeige. (1) [1] Ein Kleines oder Mittleres Wertpapierinstitut hat der Bundesanstalt und der Deutschen Bundesbank den von ihm bestellten Prüfer unverzüglich nach der Bestellung anzuzeigen. [2] Die Bundesanstalt kann innerhalb von zwei Monaten nach Zugang der Anzeige die Bestellung eines anderen Prüfers verlangen, wenn dies zur Erreichung des Prüfungszwecks geboten ist. [3] Hat das Wertpapierinstitut eine Wirtschaftsprü-

---

[1)] Nr. **8**.

fungsgesellschaft zum Prüfer bestellt, die in einem der beiden vorangegangenen Geschäftsjahre Prüfer des Wertpapierinstituts war, kann die Bundesanstalt den Wechsel des verantwortlichen Prüfungspartners verlangen, wenn die vorangegangene Prüfung einschließlich des Prüfungsberichts den Prüfungszweck nicht erfüllt hat; § 43 Absatz 3 Satz 3 der Wirtschaftsprüferordnung gilt entsprechend.

(2) [1]Das Gericht des Sitzes des Wertpapierinstituts hat auf Antrag der Bundesanstalt einen Prüfer zu bestellen, wenn

1. die Anzeige nach Absatz 1 Satz 1 nicht unverzüglich nach Ablauf des Geschäftsjahres erstattet wird;
2. das Wertpapierinstitut dem Verlangen auf Bestellung eines anderen Prüfers nach Absatz 1 Satz 2 nicht unverzüglich nachkommt oder
3. der gewählte Prüfer die Annahme des Prüfungsauftrages abgelehnt hat, weggefallen ist oder am rechtzeitigen Abschluss der Prüfung verhindert ist und das Wertpapierinstitut nicht unverzüglich einen anderen Prüfer bestellt.

[2]Die Bestellung durch das Gericht ist endgültig. [3]§ 318 Absatz 5 des Handelsgesetzbuchs ist entsprechend anzuwenden. [4]Das Gericht kann auf Antrag der Bundesanstalt einen nach Satz 1 bestellten Prüfer abberufen.

§ 78 Besondere Pflichten des Prüfers; Verordnungsermächtigung.

(1) [1]Als Teil der Prüfung des Jahresabschlusses sowie eines Zwischenabschlusses hat der Prüfer auch die wirtschaftlichen Verhältnisse des Wertpapierinstituts zu prüfen. [2]Dies schließt die Prüfung der Einhaltung der Eigenmittel- und Liquiditätsanforderungen sowie deren angemessene Ermittlung durch das Wertpapierinstitut ein. [3]Bei der Prüfung des Jahresabschlusses hat er insbesondere festzustellen, ob das Wertpapierinstitut die folgenden Anzeigepflichten und Anforderungen erfüllt hat:

1. die Anzeigepflichten nach § 70 dieses Gesetzes, den Artikeln 54 und 55 der Verordnung (EU) 2019/2033[1)] sowie gemäß § 66 Absatz 1 dieses Gesetzes,
2. die Anforderungen der §§ 38 bis 46, soweit diese auf das Wertpapierinstitut anwendbar sind,
3. die Anforderungen nach den §§ 20, 21 und 40,
4. die Anforderungen nach den §§ 17, 20, 23, 25 und 27 des Finanzkonglomerate-Aufsichtsgesetzes[2)],
5. sofern davon betroffene Geschäfte vom Wertpapierinstitut erbracht werden, die Anforderungen nach
   a) Artikel 4 Absatz 1, 2 und 3 Unterabsatz 2, den Artikeln 4a und 9 Absatz 1 bis 4 sowie Artikel 11 Absatz 1 bis 10, 11 Unterabsatz 1 und Absatz 12 der Verordnung (EU) Nr. 648/2012,
   b) Artikel 4 Absatz 1 Unterabsatz 1, Artikel 5a Absatz 1 sowie den Artikeln 8b bis 8d der Verordnung (EG) Nr. 1060/2009 des Europäischen Parlaments und des Rates vom 16. September 2009 über Ratingagenturen (ABl. L 302 vom 17.11.2009, S. 1; L 350 vom 29.12.2009, S. 59; L 145 vom 31.5. 2011, S. 57; L 267 vom 6.9.2014, S. 30), die zuletzt durch die Verordnung (EU) 2017/2402 (ABl. L 347 vom 28.12.2017, S. 35) geändert worden ist,

---

[1)] Nr. **7**.
[2)] Nr. **11**.

soweit es nicht nach § 29 Absatz 2 in Verbindung mit § 89 Absatz 1 Satz 1 des Wertpapierhandelsgesetzes geprüft wird,

c) Artikel 4 Absatz 1 bis 5 und Artikel 15 der Verordnung (EU) 2015/2365,

d) den Artikeln 16, 23 Absatz 3 Satz 1, Absatz 5, 6 und 10, Artikel 28 Absatz 2 sowie nach Artikel 29 der Verordnung (EU) 2016/1011,

e) Artikel 28 Absatz 1 bis 3 der Verordnung (EU) Nr. 600/2014 und

f) den Artikeln 5 bis 9, 18 bis 26, 27 Absatz 1 und 4 sowie nach Artikel 43 Absatz 5 und 6 der Verordnung (EU) 2017/2402.

[4] Hat die Bundesanstalt nach Absatz 5 gegenüber dem Wertpapierinstitut Bestimmungen über den Inhalt der Prüfung getroffen, sind diese vom Prüfer zu berücksichtigen. [5] Bei einem Mittleren Wertpapierinstitut, das aufgefordert wurde, einen Sanierungsplan nach § 12 des Sanierungs- und Abwicklungsgesetzes[1)] aufzustellen, hat der Prüfer auch zu prüfen, ob der Sanierungsplan die Voraussetzungen nach § 12 Absatz 1 sowie nach § 13 Absatz 1 bis 4 des Sanierungs- und Abwicklungsgesetzes erfüllt. [6] Das Ergebnis ist in den Prüfungsbericht aufzunehmen.

(2) [1] Der Prüfer hat auch zu prüfen, ob das Wertpapierinstitut seinen Verpflichtungen nach Kapitel 4 dieses Gesetzes und dem Geldwäschegesetz[2)] nachgekommen ist. [2] Zudem hat er die Einhaltung der Mitteilungs- und Veröffentlichungspflichten und sonstigen Anforderungen der Artikel 5 bis 10 und 12 bis 14 der Verordnung (EU) Nr. 236/2012 des Europäischen Parlaments und des Rates vom 14. März 2012 über Leerverkäufe und bestimmte Aspekte von Credit Default Swaps (ABl. L 86 vom 24.3.2012, S. 1), die zuletzt durch die Verordnung (EU) Nr. 909/2014 (ABl. L 257 vom 28.8.2014, S. 1) geändert worden ist, zu prüfen. [3] Bei Wertpapierinstituten, die die Verwahrung und Verwaltung im Sinne des § 2 Absatz 3 Nummer 1 oder das eingeschränkte Verwahrgeschäft betreiben, hat der Prüfer dieses Geschäft gesondert zu prüfen, soweit es nicht nach § 89 Absatz 1 Satz 2 des Wertpapierhandelsgesetzes zu prüfen ist; diese Prüfung hat sich auch auf die Einhaltung des § 128 des Aktiengesetzes über Mitteilungspflichten und des § 135 des Aktiengesetzes über die Ausübung des Stimmrechts zu erstrecken.

(3) [1] Der Prüfer hat der Bundesanstalt und der Deutschen Bundesbank unverzüglich anzuzeigen, wenn ihm bei der Prüfung Tatsachen bekannt werden, welche die Einschränkung oder Versagung des Bestätigungsvermerkes rechtfertigen, die den Bestand des Wertpapierinstituts gefährden oder seine Entwicklung wesentlich beeinträchtigen können, die einen erheblichen Verstoß gegen die Vorschriften über die Zulassungsvoraussetzungen des Wertpapierinstituts oder die Ausübung einer Tätigkeit nach diesem Gesetz darstellen oder die schwerwiegende Verstöße der Geschäftsleiter gegen Gesetz, Satzung oder Gesellschaftsvertrag des Wertpapierinstituts erkennen lassen. [2] Auf Verlangen der Bundesanstalt oder der Deutschen Bundesbank hat der Prüfer ihr die Art und den Umfang seines Vorgehens darzustellen, den Prüfungsbericht zu erläutern und sonstige bei der Prüfung bekannt gewordene Tatsachen der Bundesanstalt und der Deutschen Bundesbank mitzuteilen, die gegen eine ordnungsmäßige Durchführung der Geschäfte des Wertpapierinstituts sprechen. [3] Die Anzeige-, Erläuterungs- und Mitteilungspflichten nach den Sätzen 1 und 2 bestehen auch

---

[1)] Nr. **23**.
[2)] Nr. **18**.

in Bezug auf ein Unternehmen, das mit dem Wertpapierinstitut in enger Verbindung steht, sofern dem Prüfer die Tatsachen im Rahmen der Prüfung des Wertpapierinstituts bekannt werden. [4] Der Prüfer haftet nicht für die Richtigkeit von Tatsachen, die er nach diesem Absatz in gutem Glauben anzeigt.

(4) [1] Unbeschadet der besonderen Pflichten des Prüfers nach den Absätzen 1 bis 3 kann die Bundesanstalt auch gegenüber dem Wertpapierinstitut Bestimmungen über den Inhalt der Prüfung treffen, die vom Prüfer im Rahmen der Jahresabschlussprüfung zu berücksichtigen sind. [2] Sie kann insbesondere Schwerpunkte für die Prüfungen festlegen.

(5) [1] Gehört das Wertpapierinstitut zu einer Wertpapierinstitutsgruppe im Sinne des Artikels 4 Absatz 1 Nummer 25 der Verordnung (EU) 2019/2033 und hat das die Konsolidierung nach Artikel 7 dieser Verordnung oder das den Gruppenkapitaltest nach Artikel 8 dieser Verordnung vorzunehmende Unternehmen seinen Sitz im Inland, so hat der Prüfer zu prüfen und zu berichten, ob

1. die für die Einhaltung der Vorschriften verantwortliche Gruppe richtig bestimmt wurde,
2. die Anforderungen an die Konsolidierung nach Artikel 7 oder an den Gruppenkapitaltest nach Artikel 8 dieser Verordnung eingehalten wurden und
3. die nach Artikel 55 dieser Verordnung auf Gruppenebene vorzunehmenden Meldungen zutreffend abgegeben wurden.

[2] Gehören zu der Wertpapierinstitutsgruppe mehrere im Inland ansässige Wertpapierinstitute, obliegt diese Prüfung dem Prüfer, welcher das Wertpapierinstitut mit der höheren Bilanzsumme prüft, es sei denn, die Bundesanstalt bestimmt etwas anderes.

(6) [1] Das Bundesministerium der Finanzen wird ermächtigt, in Bezug auf Kleine und Mittlere Wertpapierinstitute im Einvernehmen mit dem Bundesministerium der Justiz und für Verbraucherschutz und nach Anhörung der Deutschen Bundesbank durch Rechtsverordnung, die nicht der Zustimmung des Bundesrates bedarf, nähere Bestimmungen zur Erfüllung der Aufgaben der Bundesanstalt zu erlassen über

1. den Gegenstand der Prüfung nach den Absätzen 1 und 2,
2. den Zeitpunkt ihrer Durchführung und
3. die Form und den Inhalt der Prüfungsberichte.

[2] Die Rechtsverordnung dient insbesondere zur Vermeidung und Behebung von Missständen, die die Sicherheit der einem Wertpapierinstitut anvertrauten Vermögenswerte gefährden oder die ordnungsgemäße Durchführung der Wertpapierdienstleistungen, Wertpapiernebendienstleistungen und Nebengeschäfte beeinträchtigen können, sowie dem Erhalt einheitlicher Unterlagen zur Beurteilung der von dem Wertpapierinstitut durchgeführten Geschäfte. [3] In der Rechtsverordnung kann bestimmt werden, dass die in den Absätzen 1 bis 3 geregelten Pflichten auch bei der Prüfung des Konzernabschlusses einer Finanzholdinggruppe oder gemischten Investmentholdinggruppe oder eines Finanzkonglomerats einzuhalten sind; nähere Bestimmungen über den Gegenstand der Prüfung, den Zeitpunkt ihrer Durchführung und den Inhalt des Prüfungsberichts können dabei nach Maßgabe des Satzes 1 erlassen werden. [4] Das Bundesministerium der Finanzen kann die Ermächtigung durch Rechtsverord-

nung, die nicht der Zustimmung des Bundesrates bedarf, auf die Bundesanstalt übertragen.

Kapitel 8. Maßnahmen bei Gefahr

§ 79 Maßnahmen bei Gefahr. (1) [1]Besteht Gefahr für die Erfüllung der Verpflichtungen eines Wertpapierinstituts gegenüber seinen Kunden, insbesondere für die Sicherheit der dem Wertpapierinstitut anvertrauten Vermögenswerte, oder besteht der begründete Verdacht, dass eine wirksame Aufsicht über das Wertpapierinstitut nicht möglich ist, kann die Bundesanstalt zur Abwendung dieser Gefahr einstweilige Maßnahmen treffen. [2]Sie kann insbesondere

1. Anweisungen für die Geschäftsleiter des Wertpapierinstituts erlassen,
2. die Annahme von Geldern oder Wertpapieren von Kunden und die Gewährung von Wertpapierkrediten verbieten,
3. Inhabern und Geschäftsleitern die Ausübung ihrer Tätigkeit untersagen oder beschränken,
4. vorübergehend ein Veräußerungs- und Zahlungsverbot an das Wertpapierinstitut erlassen,
5. die Schließung des Wertpapierinstituts für den Verkehr mit der Kundschaft anordnen und
6. die Entgegennahme von Zahlungen, die nicht zur Erfüllung von Verbindlichkeiten gegenüber dem Wertpapierinstitut bestimmt sind, verbieten, es sei denn, die zuständige Entschädigungseinrichtung oder sonstige Sicherungseinrichtung stellt die Befriedigung der Berechtigten in vollem Umfang sicher.

(2) [1]Die Bundesanstalt kann unter den Voraussetzungen von Absatz 1 Satz 1 Zahlungen an konzernangehörige Unternehmen untersagen oder beschränken, wenn diese Geschäfte für das Wertpapierinstitut nachteilig sind. [2]Sie kann ferner bestimmen, dass Zahlungen nur unter bestimmten Voraussetzungen zulässig sind.

(3) Die Bundesanstalt unterrichtet über die von ihr nach den Absätzen 1 und 2 beabsichtigten Maßnahmen unverzüglich die betroffenen zuständigen Behörden in den anderen Vertragsstaaten sowie die Deutsche Bundesbank.

(4) Beschlüsse über die Gewinnausschüttung sind insoweit nichtig, als sie einer Anordnung nach Absatz 1 widersprechen.

(5) [1]Bei Wertpapierinstituten, die in anderer Rechtsform als der eines Einzelkaufmanns betrieben werden, sind Geschäftsleiter, denen die Ausübung ihrer Tätigkeit untersagt worden ist, für die Dauer der Untersagung von der Geschäftsführung und Vertretung des Wertpapierinstituts ausgeschlossen. [2]Für die Ansprüche aus dem Anstellungsvertrag oder anderen Bestimmungen über die Tätigkeit des Geschäftsleiters gelten die allgemeinen Vorschriften. [3]Rechte, die einem Geschäftsleiter als Gesellschafter oder in anderer Weise eine Mitwirkung an Entscheidungen über Geschäftsführungsmaßnahmen bei dem Wertpapierinstitut ermöglichen, können für die Dauer der Untersagung nicht ausgeübt werden.

(6) Die zuständige Entschädigungseinrichtung oder sonstige Sicherungseinrichtung kann ihre Verpflichtungserklärung im Sinne des Absatzes 1 Satz 2 Nummer 6 davon abhängig machen, dass eingehende Zahlungen, soweit sie

nicht zur Erfüllung von Verbindlichkeiten nach Absatz 1 Satz 2 Nummer 6 gegenüber dem Wertpapierinstitut bestimmt sind, von dem im Zeitpunkt des Erlasses des Veräußerungs- und Zahlungsverbots nach Absatz 1 Satz 2 Nummer 4 vorhandenen Vermögen des Wertpapierinstituts zugunsten der Einrichtung getrennt gehalten und verwaltet werden.

§ 80 Sonderbeauftragter. (1) [1]Zur Überwachung der Einhaltung der Anordnungen nach § 79 Absatz 1 und 2 kann die Bundesanstalt einen Sonderbeauftragten bestellen. [2]Dieser ist im Rahmen seiner Aufgabe berechtigt,

1. von den Mitgliedern der Organe und den Beschäftigten des Wertpapierinstituts Auskünfte und die Vorlage von Unterlagen zu verlangen,
2. an allen Sitzungen und Versammlungen der Organe und sonstigen Gremien des Wertpapierinstituts teilzunehmen,
3. die Geschäftsräume des Wertpapierinstituts zu betreten,
4. Einsicht in die Geschäftspapiere und Bücher des Wertpapierinstituts zu nehmen und
5. Nachforschungen anzustellen.

[3]Der Sonderbeauftragte hat begangene Verstöße gegen eine Anordnung nach § 79 Absatz 1 und 2 unverzüglich der Bundesanstalt mitzuteilen.

(2) [1]Die durch die Bestellung des Sonderbeauftragten entstehenden Kosten einschließlich der diesem zu gewährenden angemessenen Auslagen und der Vergütung fallen dem Wertpapierinstitut zur Last. [2]Die Höhe der Vergütung setzt die Bundesanstalt fest. [3]Die Bundesanstalt schießt die Auslagen und die Vergütung auf Antrag des Sonderbeauftragten vor.

(3) Der Sonderbeauftragte haftet im Rahmen seiner Aufgabe nur für Vorsatz.

§ 81 Abwicklung laufender Geschäfte; Ausnahmen; Verbot der Zwangsvollstreckung. (1) Das Wertpapierinstitut darf nach Erlass des Veräußerungs- und Zahlungsverbots nach § 79 Absatz 1 Satz 2 Nummer 4 die im Zeitpunkt des Erlasses laufenden Geschäfte abwickeln und neue Geschäfte eingehen, soweit diese zur Abwicklung erforderlich sind, wenn und soweit die zuständige Entschädigungseinrichtung oder sonstige Sicherungseinrichtung die zur Durchführung erforderlichen Mittel zur Verfügung stellt oder sich verpflichtet, dem Wertpapierinstitut die Vermögensminderungen zu erstatten, die aus diesen Geschäften insgesamt entstehen, soweit dies zur vollen Befriedigung sämtlicher Ansprüche aus offenen Wertpapierverbindlichkeiten erforderlich ist.

(2) [1]Die Bundesanstalt kann darüber hinaus Ausnahmen vom Veräußerungs- und Zahlungsverbot nach § 79 Absatz 1 Satz 2 Nummer 4 zulassen, soweit dies für die Durchführung der Geschäfte oder die Verwaltung des Wertpapierinstituts sachgerecht ist. [2]Dabei kann sie insbesondere die Erstattung von Zahlungen anordnen, die entgegen einer Anordnung nach § 79 Absatz 1 Satz 2 Nummer 6 entgegengenommen worden sind oder bei dem Wertpapierinstitut eingegangen sind. [3]Sie kann eine Betragsgrenze festsetzen, bis zu der ein Sonderbeauftragter Ausnahmen vom Veräußerungs- und Zahlungsverbot zulassen kann.

(3) [1]Solange Maßnahmen nach § 79 Absatz 1 Satz 2 Nummer 4 bis 6 andauern, sind Zwangsvollstreckung, Arrest und einstweilige Verfügung in das Vermögen des Wertpapierinstituts nicht zulässig. [2]Die Vorschriften der Insolvenzordnung zum Schutz von Zahlungs- sowie Wertpapierliefer- und Abrechnungssystemen einschließlich interoperabler Systeme sowie von dinglichen

Sicherheiten der Zentralbanken und von Finanzsicherheiten sind bei Anordnung einer Maßnahme nach § 79 Absatz 1 Satz 2 Nummer 4 bis 6 entsprechend anzuwenden. [3]Die Anordnung von Sicherungsmaßnahmen nach § 21 der Insolvenzordnung berührt nicht die Wirksamkeit der Erstattung einer Zahlung, die entgegen einer Anordnung nach § 79 Absatz 1 Satz 2 Nummer 6 über ein System oder über eine zwischengeschaltete Stelle entgegengenommen worden ist oder eingegangen ist oder bei dem Wertpapierinstitut eingegangen ist und deren Erstattung die Bundesanstalt nach Absatz 2 Satz 2 angeordnet hat.

Kapitel 9. Straf- und Bußgeldvorschriften, öffentliche Bekanntmachung und Mitteilungen in Strafsachen

§ 82 Strafvorschriften. (1) Mit Freiheitsstrafe bis zu fünf Jahren oder mit Geldstrafe wird bestraft, wer ohne Erlaubnis nach § 15 Absatz 1 erster Halbsatz, Absatz 3, 4 Satz 1 oder Absatz 6 Satz 1 eine Wertpapierdienstleistung, eine Wertpapiernebendienstleistung oder ein Nebengeschäft erbringt, ein Finanzinstrument für eigene Rechnung anschafft oder veräußert, ein Eigengeschäft betreibt oder ein eigenes Finanzinstrument vertreibt.

(2) Handelt der Täter fahrlässig, so ist die Strafe Freiheitsstrafe bis zu drei Jahren oder Geldstrafe.

§ 83 Bußgeldvorschriften. (1) Ordnungswidrig handelt, wer vorsätzlich oder fahrlässig

1. entgegen § 5 Absatz 4 Satz 1 eine Auskunft nicht, nicht richtig, nicht vollständig oder nicht rechtzeitig erteilt oder eine Unterlage nicht, nicht richtig, nicht vollständig oder nicht rechtzeitig vorlegt,
2. entgegen § 5 Absatz 4 Satz 4, auch in Verbindung mit Satz 5, eine Maßnahme nicht duldet,
3. entgegen
   a) § 24 Absatz 1 Satz 1, Absatz 2 Satz 1 oder 4, Absatz 3 Satz 1, auch in Verbindung mit Satz 2 oder 3, oder entgegen § 24 Absatz 5, jeweils auch in Verbindung mit einer Rechtsverordnung nach § 14 Absatz 3 Satz 1 oder 3, oder
   b) § 64 Absatz 1 oder 2 Satz 2, den §§ 65, 66 Absatz 1 Satz 1, § 67 Absatz 1 oder 2 Satz 1, § 70 Absatz 1 Satz 1, auch in Verbindung mit Satz 2, § 71 Absatz 1 Satz 1 oder Absatz 4 Satz 1 oder § 72 Absatz 1 Satz 1

   eine Anzeige nicht, nicht richtig oder nicht rechtzeitig erstattet,
4. entgegen § 28 Absatz 1 nicht sicherstellt, dass ein vertraglich gebundener Vermittler zuverlässig und geeignet ist und einen Kunden informiert und in Kenntnis setzt,
5. entgegen § 28 Absatz 2 einen Nachweis nicht oder nicht mindestens fünf Jahre aufbewahrt,
6. entgegen § 37 Nummer 1 eine Korrespondenzbeziehung oder eine sonstige Geschäftsbeziehung mit einer Bank-Mantelgesellschaft aufnimmt oder fortführt,
7. entgegen § 37 Nummer 2 erster Halbsatz ein Konto errichtet oder führt oder
8. einer vollziehbaren Anordnung nach § 49, § 54 oder § 68 zuwiderhandelt.

(2) Ordnungswidrig handelt, wer eine Rückzahlung von Verbindlichkeiten aus Eigenmittelinstrumenten eines Großen Wertpapierinstituts, die nach Artikel 28 Absatz 1 Unterabsatz 1 Buchstabe b, Artikel 52 Absatz 1 Unterabsatz 1 Buchstabe a oder Artikel 63 Unterabsatz 1 Buchstabe a der Verordnung (EU) Nr. 575/2013[1] des Europäischen Parlaments und des Rates vom 26. Juni 2013 über Aufsichtsanforderungen an Kreditinstitute und Wertpapierfirmen und zur Änderung der Verordnung (EU) Nr. 648/2012 (ABl. L 176 vom 27.6.2013, S. 1; L 208 vom 2.8.2013, S. 68; L 321 vom 30.11.2013, S. 6; L 193 vom 21.7. 2015, S. 166; L 20 vom 25.1.2017, S. 3), die zuletzt durch die Verordnung (EU) 2020/873 (ABl. L 204 vom 26.6.2020, S. 4) geändert worden ist, voll eingezahlt sein müssen, an einen Inhaber der betreffenden Eigenmittelinstrumente leistet.

(3) Ordnungswidrig handelt, wer entgegen Artikel 5 Absatz 1 der Durchführungsverordnung (EU) 2017/1945 der Kommission vom 19. Juni 2017 zur Festlegung technischer Durchführungsstandards für Mitteilungen von und an Wertpapierfirmen, die eine Zulassung beantragen oder besitzen, gemäß der Richtlinie 2014/65/EU des Europäischen Parlaments und des Rates (ABl. L 276 vom 26.10.2017, S. 22) eine Mitteilung nicht, nicht richtig, nicht vollständig oder nicht rechtzeitig macht.

(4) Ordnungswidrig handelt, wer gegen die Verordnung (EU) 2019/2033 des Europäischen Parlaments und des Rates vom 27. November 2019 über Aufsichtsanforderungen an Wertpapierfirmen und zur Änderung der Verordnungen (EU) Nr. 1093/2010, (EU) Nr. 575/2013, (EU) Nr. 600/2014 und (EU) Nr. 806/2014 (ABl. L 314 vom 5.12.2019, S. 1) verstößt, indem er

1. entgegen Artikel 38 Absatz 1 in Verbindung mit Artikel 37 Absatz 1 eine Meldung nicht, nicht richtig, nicht vollständig oder nicht rechtzeitig macht,
2. entgegen Artikel 46 Absatz 1, 2 oder 3, Artikel 47, Artikel 48, Artikel 49 Absatz 1, Artikel 50, Artikel 51 Absatz 1 oder Artikel 53 eine Offenlegung nicht, nicht richtig, nicht vollständig oder nicht rechtzeitig vornimmt oder
3. entgegen Artikel 54 Absatz 1 Unterabsatz 1 Buchstabe b oder e in Verbindung mit Absatz 2 Unterabsatz 1 eine Meldung nicht richtig oder nicht vollständig macht.

(5) [1] Die Ordnungswidrigkeit kann in den Fällen des Absatzes 1 Nummer 3 Buchstabe a, Nummer 4, 6 und 7 und der Absätze 2 und 4 mit einer Geldbuße bis zu fünf Millionen Euro geahndet werden. [2] In den übrigen Fällen des Absatzes 1 und in den Fällen des Absatzes 3 kann die Ordnungswidrigkeit mit einer Geldbuße bis zu hunderttausend Euro geahndet werden.

(6) [1] Bei einer juristischen Person oder Personenvereinigung mit einem jährlichen Gesamtumsatz von mehr als 50 Millionen Euro kann abweichend von Absatz 5 Satz 1 eine Ordnungswidrigkeit

1. nach Absatz 1 Nummer 3 Buchstabe a, Nummer 4, 6 und 7 und Absatz 4,
2. nach Absatz 2 mit einer Geldbuße bis zu 10 Prozent des jährlichen Gesamtumsatzes einschließlich des Bruttoertrags nach Satz 2 geahndet werden. Der Bruttoertrag nach Satz 1 besteht aus Zinserträgen und ähnlichen Erträgen, Erträgen aus Aktien, anderen Anteilsrechten und variabel verzinslichen oder

[1] Nr. **6**.

festverzinslichen Wertpapieren sowie Erträgen aus Provisionen und Gebühren des Unternehmens im Geschäftsjahr, das der Tat vorangegangen ist,

geahndet werden. [2]Der Bruttoertrag nach Satz 1 Nummer 1 besteht aus Zinserträgen und ähnlichen Erträgen, Erträgen aus Aktien, anderen Anteilsrechten und variabel verzinslichen oder festverzinslichen Wertpapieren sowie Erträgen aus Provisionen und Gebühren des Unternehmens im Geschäftsjahr, das der Tat vorangegangen ist.

(7) Bei einer juristischen Person oder Personenvereinigung kann über Absatz 5 Satz 1 oder Absatz 6 Satz 1 Nummer 1 hinaus eine Ordnungswidrigkeit nach Absatz 1 Nummer 3 Buchstabe a, Nummer 4, 6 und 7 und Absatz 4 mit einer Geldbuße bis zum Zweifachen des durch den Verstoß erzielten Gewinns oder verhinderten Verlusts geahndet werden, sofern sich ein solcher Gewinn oder Verlust beziffern lässt.

(8) Die Ordnungswidrigkeit kann in den Fällen des Absatzes 2

1. bei einer natürlichen Person über Absatz 5 Satz 1 hinaus und
2. bei einer juristischen Person oder Personenvereinigung über Absatz 5 Satz 1 oder Absatz 6 Satz 1 Nummer 2 hinaus

mit einer Geldbuße bis zur zweifachen Höhe der durch den Verstoß erzielten Gewinne oder verhinderten Verluste geahndet werden, sofern diese sich beziffern lassen.

(9) [1]Gesamtumsatz im Sinne des Absatzes 6 Satz 1 ist

1. der sich aus dem auf das Unternehmen anwendbaren nationalen Recht im Einklang mit Artikel 27 Nummer 1, 3, 4, 6 und 7 oder Artikel 28 Buchstabe B Nummer 1 bis 4 und 7 der Richtlinie 86/635/EWG des Rates vom 8. Dezember 1986 über den Jahresabschluß und den konsolidierten Abschluß von Banken und anderen Finanzinstituten (ABl. L 372 vom 31.12.1986, S. 1; L 316 vom 23.11.1988, S. 51), die zuletzt durch die Richtlinie 2006/46/EG (ABl. L 224 vom 16.8.2006, S. 1) geändert worden ist, ergebende Gesamtbetrag, abzüglich der Umsatzsteuer und sonstiger direkt auf diese Erträge erhobener Steuern,
2. im Falle von Versicherungsunternehmen der sich aus dem auf das Versicherungsunternehmen anwendbaren nationalen Recht im Einklang mit Artikel 63 der Richtlinie 91/674/EWG des Rates vom 19. Dezember 1991 über den Jahresabschluß und den konsolidierten Abschluß von Versicherungsunternehmen (ABl. L 374 vom 31.12.1991, S. 7), die zuletzt durch die Richtlinie 2006/46/EG (ABl. L 224 vom 16.8.2006, S. 1) geändert worden ist, ergebende Gesamtbetrag, abzüglich der Umsatzsteuer und sonstiger direkt auf diese Erträge erhobener Steuern,
3. im Übrigen der Betrag der Nettoumsätze nach Maßgabe des auf das Unternehmen anwendbaren nationalen Rechts im Einklang mit Artikel 2 Nummer 5 der Richtlinie 2013/34/EU des Europäischen Parlaments und des Rates vom 26. Juni 2013 über den Jahresabschluss, den konsolidierten Abschluss und damit verbundene Berichte von Unternehmen bestimmter Rechtsformen und zur Änderung der Richtlinie 2006/43/EG des Europäischen Parlaments und des Rates und zur Aufhebung der Richtlinien 78/660/EWG und 83/349/EWG des Rates (ABl. L 182 vom 29.6.2013, S. 19; L 369 vom 24.12.2014, S. 79), die zuletzt durch die Richtlinie 2014/102/EU (ABl. L 334 vom 21.11.2014, S. 86) geändert worden ist.

[2]Handelt es sich bei der juristischen Person oder der Personenvereinigung um das Mutterunternehmen oder um eine Tochtergesellschaft, so ist anstelle des Gesamtumsatzes der juristischen Person oder der Personenvereinigung der jeweilige Gesamtbetrag in dem Konzernabschluss des Mutterunternehmens maßgeblich, der für den größten Kreis von Unternehmen aufgestellt wird. [3]Wird der Konzernabschluss für den größten Kreis von Unternehmen nicht nach den in Satz 1 genannten Vorschriften aufgestellt, ist der Gesamtumsatz nach Maßgabe der den in Satz 1 vergleichbaren Posten des Konzernabschlusses zu ermitteln. [4]Ist ein Jahresabschluss oder Konzernabschluss für das maßgebliche Geschäftsjahr nicht verfügbar, ist der Jahres- oder Konzernabschluss für das unmittelbar vorangegangene Geschäftsjahr maßgeblich; ist auch dieser nicht verfügbar, kann der Gesamtumsatz geschätzt werden.

(10) Verwaltungsbehörde im Sinne des § 36 Absatz 1 Nummer 1 des Gesetzes über Ordnungswidrigkeiten ist die Bundesanstalt für Finanzdienstleistungsaufsicht.

§ 84 Öffentliche Bekanntmachung von Verwaltungssanktionen und -maßnahmen. (1) [1]Die Bundesanstalt veröffentlicht auf ihrer offiziellen Website unverzüglich alle sanktionierenden, rechtskräftigen Verwaltungsmaßnahmen und Bußgeldentscheidungen (Sanktionen), die sie nach § 83 verhängt hat. [2]Zu veröffentlichen sind Informationen zu Art und Typ des Verstoßes sowie die Identität der natürlichen oder juristischen Person, gegen die die Sanktion verhängt wurde oder gegen die sich die Maßnahme richtet. [3]Die Informationen werden erst veröffentlicht, nachdem die betroffene Person über diese Sanktionen unterrichtet wurde und sofern die Veröffentlichung erforderlich und verhältnismäßig ist.

(2) [1]Wird gegen die Entscheidung, mit der die Sanktion erlassen wird, ein Rechtsbehelf eingelegt, so macht die Bundesanstalt auch diesen Sachverhalt und alle weiteren Informationen über das Ergebnis des Rechtsbehelfsverfahrens umgehend auf ihrer Internetseite bekannt. [2]Ferner wird jede Entscheidung, mit der eine frühere Entscheidung aufgehoben oder geändert wird, ebenfalls bekannt gemacht.

(3) Sofern einer der folgenden Umstände vorliegt, macht die Bundesanstalt die nach § 83 verhängten Verwaltungssanktionen oder -maßnahmen in anonymisierter Form bekannt:

1. wenn die Sanktion gegen eine natürliche Person verhängt wurde und die öffentliche Bekanntmachung der personenbezogenen Daten unverhältnismäßig wäre;
2. wenn die öffentliche Bekanntmachung laufende strafrechtliche Ermittlungen oder die Stabilität der Finanzmärkte gefährden würde;
3. wenn die öffentliche Bekanntmachung den beteiligten Wertpapierinstituten oder den betroffenen natürlichen Personen einen unverhältnismäßigen Schaden zufügen würde.

(4) [1]Die Bundesanstalt stellt sicher, dass nach dieser Norm veröffentlichte Angaben mindestens fünf Jahre lang auf ihrer offiziellen Website zugänglich bleiben. [2]Abweichend von Satz 1 sind personenbezogene Daten unverzüglich zu löschen, sobald ihre Veröffentlichung nicht mehr erforderlich oder verhältnismäßig ist, spätestens aber drei Jahre nach ihrer Bekanntmachung.

(5) Die Bundesanstalt unterrichtet die Europäische Bankenaufsichtsbehörde über alle im Einklang mit § 83 verhängten Verwaltungssanktionen und -maßnahmen sowie über alle gegen diese Sanktionen und Maßnahmen eingelegten Rechtsmittel und deren Ausgang.

§ 85 Beteiligung der Bundesanstalt und Mitteilungen in Strafsachen.

(1) [1] Das Gericht, die Strafverfolgungs- oder die Strafvollstreckungsbehörde hat in Strafverfahren gegen Inhaber, Geschäftsleiter oder Mitglieder des Verwaltungs- oder Aufsichtsorgans von Wertpapierinstituten oder Investmentholdinggesellschaften sowie gegen Inhaber bedeutender Beteiligungen an Wertpapierinstituten oder deren gesetzliche Vertreter oder persönlich haftende Gesellschafter wegen Verletzung ihrer Berufspflichten oder anderer Straftaten bei oder im Zusammenhang mit der Ausübung eines Gewerbes oder dem Betrieb einer sonstigen wirtschaftlichen Unternehmung, ferner in Strafverfahren, die Straftaten nach § 82 zum Gegenstand haben, im Falle der Erhebung der öffentlichen Klage der Bundesanstalt zu übermitteln:

1. die Anklageschrift oder eine an ihre Stelle tretende Antragsschrift,
2. den Antrag auf Erlass eines Strafbefehls und
3. die das Verfahren abschließende Entscheidung mit Begründung.

[2] Ist gegen die Entscheidung ein Rechtsmittel eingelegt worden, ist die Entscheidung unter Hinweis auf das eingelegte Rechtsmittel zu übermitteln. [3] In Verfahren wegen fahrlässig begangener Straftaten werden die in Satz 1 Nummer 1 und 2 bestimmten Übermittlungen nur vorgenommen, wenn aus der Sicht der übermittelnden Stelle unverzüglich Entscheidungen oder andere Maßnahmen der Bundesanstalt geboten sind.

(2) [1] In Strafverfahren, die Straftaten nach § 82 zum Gegenstand haben, hat die Strafverfolgungsbehörde die Bundesanstalt bereits über die Einleitung des Ermittlungsverfahrens zu unterrichten, soweit dadurch eine Gefährdung des Ermittlungszweckes nicht zu erwarten ist. [2] Erwägt die Staatsanwaltschaft, das Verfahren einzustellen, so hat sie die Bundesanstalt zu hören.

(3) [1] Werden sonst in einem Strafverfahren Tatsachen bekannt, die auf Missstände in dem Geschäftsbetrieb eines Wertpapierinstituts hindeuten, soll das Gericht, die Strafverfolgungs- oder die Strafvollstreckungsbehörde diese Tatsachen ebenfalls mitteilen, soweit nicht für die übermittelnde Stelle erkennbar ist, dass schutzwürdige Interessen des Betroffenen überwiegen. [2] Dabei ist zu berücksichtigen, wie gesichert die zu übermittelnden Erkenntnisse sind.

(4) [1] Der Bundesanstalt ist auf Antrag Akteneinsicht zu gewähren, soweit nicht für die Akteneinsicht gewährende Stelle erkennbar ist, dass schutzwürdige Interessen des Betroffenen überwiegen. [2] Absatz 3 Satz 2 gilt entsprechend.

Kapitel 10. Übergangsvorschriften

§ 86 Übergangsvorschriften für bestehende Wertpapierinstitute.

(1) [1] Unternehmen, denen bis zum 26. Juni 2021 die Erlaubnis nach § 32 des Kreditwesengesetzes[1)] für das Finanzkommissionsgeschäft nach § 1 Absatz 1 Satz 2 Nummer 4, das Emissionsgeschäft nach § 1 Absatz 1 Satz 2 Nummer 10, die Finanzdienstleistungen nach § 1 Absatz 1a Satz 2 Nummer 1 bis 5 oder 12

[1)] Nr. **9**.

oder für das Eigengeschäft nach § 32 Absatz 1a Satz 1, 2 oder 4 des Kreditwesengesetzes erteilt wurde oder für die eine Erlaubnis nach § 64e Absatz 2, § 64i, § 64n, § 64p oder § 64x Absatz 1 bis 5 des Kreditwesengesetzes als erteilt gilt, gilt die Erlaubnis nach § 15 für jene Geschäfte als erteilt. [2] Die bisherige Erlaubnis nach § 32 des Kreditwesengesetzes wird insoweit gegenstandslos.

(2) Erlaubnisanträge nach § 32 des Kreditwesengesetzes durch Wertpapierinstitute, die bis zum 26. Juni 2021 bei der Bundesanstalt eingegangen sind, werden als solche nach § 15 behandelt, sofern eine Erlaubnis nach § 32 des Kreditwesengesetzes vor Inkrafttreten dieses Gesetzes nicht mehr erteilt werden kann.

(3) Unternehmen, die das Kryptoverwahrgeschäft zusammen mit anderen nach § 32 des Kreditwesengesetzes erlaubnispflichtigen Geschäften ausschließlich bezogen auf Rechnungseinheiten oder Kryptowerte betreiben und denen bis zum 26. Juni 2021 eine Erlaubnis erteilt wurde oder die bis zum 26. Juni 2021 einen Erlaubnisantrag nach § 32 des Kreditwesengesetzes gestellt haben, werden weiterhin als solche des § 32 des Kreditwesengesetzes behandelt.

(4) [1] Für Unternehmen, denen bis zum 26. Juni 2021 die Erlaubnis nach § 32 des Kreditwesengesetzes für das Depotgeschäft nach § 1 Absatz 1 Satz 2 Nummer 5 des Kreditwesengesetzes erteilt wurde oder für die diese Erlaubnis nach § 64e Absatz 2, § 64i, § 64n, § 64p oder § 64x Absatz 1 bis 5 des Kreditwesengesetzes zu diesem Zeitpunkt als erteilt gilt, gilt die Erlaubnis nach § 15 Absatz 1 für die Wertpapiernebendienstleistung nach § 2 Absatz 3 Nummer 1 unter den in § 15 Absatz 2 genannten Voraussetzungen ab diesem Zeitpunkt als erteilt. [2] Die bisherige Erlaubnis nach § 32 des Kreditwesengesetzes für das Depotgeschäft wird zugleich gegenstandslos.

11. Gesetz zur zusätzlichen Aufsicht über beaufsichtigte Unternehmen eines Finanzkonglomerats (Finanzkonglomerate-Aufsichtsgesetz – FKAG)[1) 2)]

Vom 27. Juni 2013
(BGBl. I S. 1862)

FNA 7610-19

zuletzt geänd. durch Art. 26 Abs. 1 Finanzmarktintegritätsstärkungsgesetz v. 3.6.2021 (BGBl. I S. 1534)

Nichtamtliche Inhaltsübersicht

[1)] Verkündet als Art. 1 G v. 27.6.2013 (BGBl. I S. 1862); Inkrafttreten gem. Art. 7 dieses G am 4.7. 2013.

[2)] Amtl. Anm. zum MantelG: Die Artikel 1, 3 und 4 dieses Gesetzes dienen der Umsetzung der Richtlinie 2011/89/EU des Europäischen Parlaments und des Rates vom 16. November 2011 zur Änderung der Richtlinien 98/78/EG, 2002/87/EG, 2006/48/EG und 2009/138/EG hinsichtlich der zusätzlichen Beaufsichtigung der Finanzunternehmen eines Finanzkonglomerats (ABl. L 326 vom 8.12.2011, S. 113).

§ 1 Zuständigkeit und Anwendungsbereich. (1) [1]Beaufsichtigte Unternehmen eines Finanzkonglomerats unterliegen einer zusätzlichen Aufsicht nach Maßgabe dieses Gesetzes. [2]Die Aufsicht wird von der Bundesanstalt für Finanzdienstleistungsaufsicht (Bundesanstalt) ausgeübt.

(2) [1]Ein Finanzkonglomerat ist eine Gruppe oder Untergruppe,

1. an deren Spitze ein beaufsichtigtes Unternehmen steht oder bei der mindestens eines der Tochterunternehmen ein beaufsichtigtes Unternehmen ist,
2. in der mindestens eines der Unternehmen der Gruppe oder Untergruppe ein Unternehmen der Versicherungsbranche ist und mindestens eines ein Unternehmen der Banken- oder der Wertpapierdienstleistungsbranche ist,
3. in der die konsolidierten oder aggregierten Tätigkeiten der in der Versicherungsbranche tätigen Unternehmen der Gruppe oder Untergruppe und der in der Banken- und Wertpapierdienstleistungsbranche tätigen Unternehmen der Gruppe oder Untergruppe jeweils als erheblich im Sinne des § 8 anzusehen sind und
4. die die Bedingungen des Satzes 2 oder 3 erfüllt.

[2]In dem Fall, dass an der Spitze der Gruppe oder Untergruppe ein beaufsichtigtes Unternehmen eines Finanzkonglomerats steht, muss dieses Unternehmen

1. ein Mutterunternehmen eines Unternehmens der Finanzbranche sein,
2. ein Unternehmen sein, das eine Beteiligung an einem Unternehmen der Finanzbranche hält, oder
3. ein Unternehmen sein, das mit einem Unternehmen der Finanzbranche eine horizontale Unternehmensgruppe bildet.

[3]In dem Fall, dass an der Spitze der Gruppe oder Untergruppe kein beaufsichtigtes Unternehmen eines Finanzkonglomerats steht, muss der Schwerpunkt der Unternehmenstätigkeit der Gruppe oder Untergruppe im Sinne des § 7 in der Finanzbranche liegen.

§ 2 Begriffsbestimmungen. (1) Beaufsichtigte Unternehmen eines Finanzkonglomerats sind konglomeratsangehörige

1. CRR-Kreditinstitute im Sinne des Kreditwesengesetzes,
2. Erst- und Rückversicherungsunternehmen mit Ausnahme der Sterbekassen im Sinne des Versicherungsaufsichtsgesetzes,
3. Versicherungs-Zweckgesellschaften im Sinne des Versicherungsaufsichtsgesetzes,
4. Wertpapierinstitute im Sinne des Wertpapierinstitutsgesetzes[1)],
5. Verwaltungsgesellschaften im Sinne des § 1 Absatz 14 des Kapitalanlagegesetzbuchs.

(2) Branchenvorschriften im Sinne dieses Gesetzes sind die Rechtsvorschriften der Europäischen Union im Bereich der Finanzdienstleistungsaufsicht, insbesondere die

1. Richtlinie 2009/65/EG des Europäischen Parlaments und des Rates vom 13. Juli 2009 zur Koordinierung der Rechts- und Verwaltungsvorschriften betreffend bestimmte Organismen für gemeinsame Anlagen in Wertpapieren (OGAW) (ABl. L 302 vom 17.11.2009, S. 32), die zuletzt durch die

---

[1)] Nr. **10**.

Verordnung (EU) 2017/2402 geändert worden ist, in der jeweils geltenden Fassung,

2. Richtlinie 2009/138/EG des Europäischen Parlaments und des Rates vom 25. November 2009 betreffend die Aufnahme und Ausübung der Versicherungs- und der Rückversicherungstätigkeit (Solvabilität II) (ABl. L 335 vom 17.12.2009, S. 1), die zuletzt durch die Richtlinie (EU) 2018/843 geändert worden ist, in der jeweils geltenden Fassung,
3. Richtlinie 2011/61/EU des Europäischen Parlaments und des Rates vom 8. Juni 2011 über die Verwalter alternativer Investmentfonds und zur Änderung der Richtlinien 2003/41/EG und 2009/65/EG und der Verordnungen (EG) Nr. 1060/2009 und (EU) Nr. 1095/2010 (ABl. L 174 vom 1.7.2011, S. 1), die zuletzt durch die Verordnung (EU) 2017/2402 geändert worden ist, in der jeweils geltenden Fassung,
4. Richtlinie 2013/36/EU des Europäischen Parlaments und des Rates vom 26. Juni 2013 über den Zugang zur Tätigkeit von Kreditinstituten und die Beaufsichtigung von Kreditinstituten und Wertpapierfirmen, zur Änderung der Richtlinie 2002/87/EG und zur Aufhebung der Richtlinien 2006/48/EG und 2006/49/EG (ABl. L 176 vom 26.6.2013, S. 338), die zuletzt durch die Richtlinie (EU) 2018/843 geändert worden ist, in der jeweils geltenden Fassung,
5. Verordnung (EU) Nr. 575/2013[1)] des Europäischen Parlaments und des Rates vom 26. Juni 2013 über Aufsichtsanforderungen an Kreditinstitute und zur Änderung der Verordnung (EU) Nr. 646/2012 (ABl. L 176 vom 27.6.2013, S. 1), die zuletzt durch die Verordnung (EU) 2019/876 geändert worden ist, in der jeweils geltenden Fassung,
6. Richtlinie 2014/65/EU des Europäischen Parlaments und des Rates vom 15. Mai 2014 über Märkte für Finanzinstrumente sowie zur Änderung der Richtlinien 2002/92/EG und 2011/61/EU; Richtlinie 2013/36/EU des Europäischen Parlaments und des Rates vom 26. Juni 2013 über den Zugang zur Tätigkeit von Kreditinstituten und die Beaufsichtigung von Kreditinstituten, zur Änderung der Richtlinie 2002/87/EG und zur Aufhebung der Richtlinien 2006/48/EG und 2006/49/EG (ABl. L 176 vom 27.6.2013, S. 338), die zuletzt durch die Verordnung (EU) 2019/2115 geändert worden ist, in der jeweils geltenden Fassung,
7. Verordnung (EU) 2019/2033[2)] des Europäischen Parlaments und des Rates vom 27. November 2019 über Aufsichtsanforderungen an Wertpapierfirmen und zur Änderung der Verordnungen (EU) Nr. 1093/2010, (EU) Nr. 575/2013, (EU) Nr. 600/2014 und (EU) Nr. 806/2014 (ABl. L 314 vom 5.12.2019, S. 1) in der jeweils geltenden Fassung,
8. Richtlinie (EU) 2019/2034 des Europäischen Parlaments und des Rates vom 27. November 2019 über die Beaufsichtigung von Wertpapierfirmen und zur Änderung der Richtlinien 2002/87/EG, 2009/65/EG, 2011/61/EU, 2013/36/EU, 2014/59/EU und 2014/65/EU (ABl. L 314 vom 5.12.2019, S. 64) in der jeweils geltenden Fassung,
9. aufgrund dieser Richtlinien und Verordnungen erlassenen Delegierten Rechtsakte und Durchführungsrechtsakte,

---

1) Nr. **6**.
2) Nr. **7**.

10. Gesetze und Rechtsverordnungen, die diese Richtlinien, Verordnungen oder sonstigen Rechtsakte der Europäischen Union umsetzen sowie
11. sonstigen im Bereich der Finanzdienstleistungsaufsicht zur Umsetzung oder Konkretisierung erlassenen Rechts- und Verwaltungsvorschriften.

(3) Finanzbranche sind die folgenden Branchen:

1. die Banken- und Wertpapierdienstleistungsbranche; zu dieser gehören
   a) Kreditinstitute im Sinne des § 1 Absatz 1 des Kreditwesengesetzes[1],
   b) Finanzdienstleistungsinstitute im Sinne des § 1 Absatz 1a des Kreditwesengesetzes,
   c) Kapitalverwaltungsgesellschaften im Sinne des § 17 des Kapitalanlagesetzbuchs, extern verwaltete Investmentgesellschaften im Sinne des § 1 Absatz 13 des Kapitalanlagegesetzbuchs,
   d) Finanzunternehmen im Sinne des § 1 Absatz 3 des Kreditwesengesetzes,
   e) Anbieter von Nebendienstleistungen im Sinne des Artikels 4 Absatz 1 Nummer 18 der Verordnung (EU) Nr. 575/2013,
   f) E-Geld-Institute im Sinne des § 1 Absatz 2 Satz 1 Nummer 1 des Zahlungsdiensteaufsichtsgesetzes[2],
   g) Zahlungsinstitute im Sinne des § 1 Absatz 1 Satz 2 Nummer 1 des Zahlungsdiensteaufsichtsgesetzes sowie
   h) den Buchstaben *a bis h*[3] entsprechende Unternehmen mit Sitz im Ausland;

für die Zwecke der §§ 6 bis 12 gelten Kapitalverwaltungsgesellschaften und extern verwaltete Investmentgesellschaften als nicht der Bank- und Wertpapierdienstleistungsbranche angehörig;

2. die Versicherungsbranche; zu dieser gehören
   a) Erst- und Rückversicherungsunternehmen im Sinne des Versicherungsaufsichtsgesetzes mit Ausnahme der Sterbekassen,
   b) Versicherungs-Holdinggesellschaften und Versicherungs-Zweckgesellschaften im Sinne des Versicherungsaufsichtsgesetzes sowie
   c) den Buchstaben a und b entsprechende Unternehmen mit Sitz im Ausland.

(4) [1] Mutterunternehmen sind: Mutterunternehmen im Sinne des § 290 des Handelsgesetzbuchs oder Unternehmen, die tatsächlich einen beherrschenden Einfluss auf ein anderes Unternehmen ausüben, ohne dass es auf die Rechtsform oder den Sitz ankommt. [2] Abweichend von Satz 1 gelten Unternehmen nach Absatz 3 Nummer 1 als Mutterunternehmen, sofern sie die Voraussetzungen des Artikels 4 Absatz 1 Nummer 15 der Verordnung (EU) Nr. 575/2013 erfüllen.

(5) [1] Tochterunternehmen sind: Tochterunternehmen im Sinne des § 290 des Handelsgesetzbuchs oder Unternehmen, auf die ein Mutterunternehmen tatsächlich einen beherrschenden Einfluss ausübt, ohne dass es auf die Rechtsform oder den Sitz ankommt; jedes Tochterunternehmen eines Tochterunternehmens ist ebenfalls Tochterunternehmen des Mutterunternehmens. [2] Abwei-

---

[1] Nr. **9**.
[2] Nr. **12**.
[3] Richtig wohl: „a bis g".

chend von Satz 1 gelten Unternehmen nach Absatz 3 Nummer 1 als Tochterunternehmen, sofern sie die Voraussetzungen des Artikels 4 Absatz 1 Nummer 16 der Verordnung (EU) Nr. 575/2013 erfüllen.

(6) [1] Beteiligungen im Sinne dieses Gesetzes sind Anteile an anderen Unternehmen nach Maßgabe des § 271 Absatz 1 Satz 1 des Handelsgesetzbuchs oder das unmittelbare oder mittelbare Halten von mindestens 20 Prozent der Stimmrechte oder des Kapitals. [2] Abweichend von Satz 1 bestimmt sich eine Beteiligung, soweit es Unternehmen im Sinne des Absatzes 3 Nummer 1 betrifft, gemäß Artikel 4 Absatz 1 Nummer 35 der Verordnung (EU) Nr. 575/2013.

(7) Eine Gruppe im Sinne dieses Gesetzes besteht

1. aus einem Mutterunternehmen, seinen Tochterunternehmen und den Unternehmen, an denen das Mutterunternehmen oder ein Tochterunternehmen eine Beteiligung hält, oder
2. aus mindestens zwei Unternehmen, die in der Weise miteinander verbunden sind, dass
   a) sie gemeinsam auf Grund einer Satzungsbestimmung oder eines Vertrages unter einheitlicher Leitung stehen oder
   b) sich ihre Verwaltungs-, Leitungs- oder Aufsichtsorgane mehrheitlich aus denselben Personen zusammensetzen, die während des Geschäftsjahres und bis zum Ablauf der in § 290 Absatz 1 des Handelsgesetzbuchs jeweils bestimmten Zeiträume im Amt sind, wenn sie einen konsolidierten Abschluss aufzustellen haben oder hätten (horizontale Unternehmensgruppe).

(8) Eine enge Verbindung im Sinne dieses Gesetzes ist

1. ein Kontrollverhältnis oder eine Situation, in der zwei oder mehr natürliche oder juristische Personen durch ein Kontrollverhältnis dauerhaft mit derselben Person verbunden sind, oder
2. eine Verbindung eines oder mehrerer Unternehmen oder einer oder mehrerer natürlicher Personen durch das unmittelbare oder mittelbare Halten durch ein oder mehrere Tochterunternehmen oder Treuhänder von mindestens 20 Prozent der Stimmrechte oder des Kapitals.

(9) Kontrollverhältnis ist das Verhältnis zwischen Mutter- und Tochterunternehmen oder ein gleichartiges Verhältnis zwischen einer natürlichen oder juristischen Person und einem Unternehmen.

(10) Gemischte Finanzholding-Gesellschaft ist ein Mutterunternehmen, das kein beaufsichtigtes Unternehmen eines Finanzkonglomerats ist und das zusammen mit seinen Tochterunternehmen, von denen mindestens eines ein beaufsichtigtes Unternehmen eines Finanzkonglomerats mit Sitz im Inland oder in einem anderen Staat des Europäischen Wirtschaftsraums ist, und anderen Unternehmen ein Finanzkonglomerat bildet.

(11) Staaten des Europäischen Wirtschaftsraums sind die Mitgliedstaaten der Europäischen Union sowie die anderen Vertragsstaaten des Abkommens über den Europäischen Wirtschaftsraum.

(12) Drittstaaten sind alle Staaten, die keine Staaten des Europäischen Wirtschaftsraums sind.

(13) Zuständige Behörden im Sinne dieses Gesetzes sind die Behörden der anderen Staaten des Europäischen Wirtschaftsraums, die auf Grund der jeweili-

gen gesetzlichen Bestimmungen für die Beaufsichtigung von Unternehmen eines Finanzkonglomerats auf Einzel- oder Gruppenebene zuständig sind.

(14) [1] Jeweils zuständige Behörden

1. sind die zuständigen Behörden der anderen Staaten des Europäischen Wirtschaftsraums, die für die branchenbezogene Gruppenaufsicht der beaufsichtigten Unternehmen eines Finanzkonglomerats, insbesondere des in einer Branche an der Spitze stehenden Mutterunternehmens, verantwortlich sind,
2. ist der Koordinator, sofern es sich bei diesem nicht um eine der unter Nummer 1 genannten Behörden handelt, und
3. sind gegebenenfalls sonstige zuständige Behörden, die nach Ansicht der in den Nummern 1 und 2 genannten Behörden ebenfalls betroffen sind.

[2] Bis zum Erlass der in Artikel 21a Absatz 1 Buchstabe b der Richtlinie 2002/87/EG des Europäischen Parlaments und des Rates vom 16. Dezember 2002 über die zusätzliche Beaufsichtigung der Kreditinstitute, Versicherungsunternehmen und Wertpapierfirmen eines Finanzkonglomerats und zur Änderung der Richtlinien 73/239/EWG, 79/267/EWG, 92/49/EWG, 92/96/EWG, 93/6/EWG und 93/22/EWG des Rates und der Richtlinien 98/78/EG und 2000/12/EG des Europäischen Parlaments und des Rates (ABl. L 35 vom 11.2. 2003, S. 1) genannten technischen Regulierungsstandards sind hierbei insbesondere der Marktanteil der beaufsichtigten Unternehmen des Finanzkonglomerats in anderen Staaten des Europäischen Wirtschaftsraums – insbesondere wenn dieser mehr als 5 Prozent beträgt – sowie das Gewicht der in anderen Staaten des Europäischen Wirtschaftsraums niedergelassenen beaufsichtigten Unternehmen innerhalb des Finanzkonglomerats zu berücksichtigen.

(15) Konglomeratsinterne Transaktionen sind alle Transaktionen, bei denen beaufsichtigte Unternehmen eines Finanzkonglomerats sich zur Erfüllung einer Verbindlichkeit direkt oder indirekt auf andere Unternehmen innerhalb derselben Gruppe oder auf natürliche oder juristische Personen, die enge Verbindungen mit Unternehmen der Gruppe haben, stützen, unabhängig davon, ob dies auf vertraglicher oder nicht vertraglicher und auf entgeltlicher oder unentgeltlicher Basis geschieht.

(16) Risikokonzentrationen sind alle mit einem Ausfallrisiko behafteten Engagements der Unternehmen eines Finanzkonglomerats, bei denen das Verlustpotential groß genug ist, um die Solvabilität oder die allgemeine Finanzlage eines beaufsichtigten Unternehmens eines Finanzkonglomerats zu gefährden, unabhängig davon, ob das Ausfallrisiko auf einem Adressenausfallrisiko, Kreditrisiko, Anlagerisiko, Versicherungsrisiko, Marktrisiko, sonstigen Risiko oder einer Kombination von Risiken oder einer Wechselwirkung zwischen Risiken beruht oder beruhen kann.

(17) Gemeinsamer Ausschuss ist der Gemeinsame Ausschuss der Europäischen Bankenaufsichtsbehörde, der Europäischen Aufsichtsbehörde für das Versicherungswesen und die betriebliche Altersversorgung sowie der Europäischen Wertpapier- und Marktaufsichtsbehörde.

§ 3 Zusammenarbeit mit der Deutschen Bundesbank. [1] Die Bundesanstalt und die Deutsche Bundesbank arbeiten nach Maßgabe dieses Gesetzes zusammen. [2] § 7 des Kreditwesengesetzes[1)] gilt entsprechend.

[1)] Nr. **9**.

§ 4 Zusammenarbeit mit den zuständigen Behörden und dem Gemeinsamen Ausschuss. (1) Bei der Beaufsichtigung von Finanzkonglomeraten, die grenzüberschreitend tätig sind, arbeiten die Bundesanstalt und die Deutsche Bundesbank bei der Ermittlung eines Finanzkonglomerats und bei der Beaufsichtigung auf Konglomeratsebene nach Maßgabe der Richtlinie 2002/87/EG des Europäischen Parlaments und des Rates vom 16. Dezember 2002 über die zusätzliche Beaufsichtigung der Kreditinstitute, Versicherungsunternehmen und Wertpapierfirmen eines Finanzkonglomerats und zur Änderung der Richtlinien 73/239/EWG, 79/267/EWG, 92/49/EWG, 92/96/EWG, 93/6/EWG und 93/22/EWG des Rates und der Richtlinien 98/78/EG und 2000/12/EG des Europäischen Parlaments und des Rates mit den zuständigen Behörden und dem Gemeinsamen Ausschuss zusammen; § 309 Absatz 4 und 8 Satz 4 des Versicherungsaufsichtsgesetzes und § 8 Absatz 5 und § 9 Absatz 1 Satz 8 des Kreditwesengesetzes[1)] gelten entsprechend.

(2) Die Bundesanstalt bestimmt mit den zuständigen Behörden der betroffenen Staaten des Europäischen Wirtschaftsraums, einschließlich desjenigen Staates, in dem die gemischte Finanzholding-Gesellschaft ihren Sitz hat, nach Maßgabe des Artikels 10 der Richtlinie 2002/87/EG den Koordinator.

(3) Auf Anfrage einer zuständigen Behörde übermittelt die Bundesanstalt die Informationen, die dazu dienen, die Beaufsichtigung nach der Richtlinie 2002/87/EG zu ermöglichen oder zu erleichtern.

(4) Die Bundesanstalt kann die zuständigen Behörden des Staates des Europäischen Wirtschaftsraums, in dem ein Mutterunternehmen seinen Sitz hat, ersuchen, von dem Mutterunternehmen die Informationen, die für die Wahrnehmung ihrer Aufgaben als Koordinator zweckdienlich sind, zu verlangen und diese an sie weiterzuleiten.

(5) Die nach Abschnitt 3 der Richtlinie 2002/87/EG erforderliche Zusammenarbeit und die Wahrnehmung der in Artikel 11 Absatz 1, 2 und 3 und Artikel 12 der Richtlinie 2002/87/EG genannten Aufgaben sowie gegebenenfalls die Abstimmung und Zusammenarbeit mit den jeweils zuständigen Aufsichtsbehörden in Drittstaaten in geeigneter Form und unter Einhaltung der Geheimhaltungspflichten und des Unionsrechts erfolgt durch Kollegien, die gemäß Artikel 131a der Richtlinie 2006/48/EG oder Artikel 248 Absatz 2 der Richtlinie 2009/138/EG eingesetzt wurden.

(6) [1]Die näheren Bestimmungen über die Zusammenarbeit legt die Bundesanstalt in Kooperationsvereinbarungen mit den zuständigen Behörden der betroffenen Staaten des Europäischen Wirtschaftsraums fest. [2]Diese Vereinbarungen werden gesondert in die schriftlichen Koordinierungsvereinbarungen, die nach Artikel 115 der Richtlinie 2013/36/EU oder Artikel 248 der Richtlinie 2009/138/EG geschlossen werden, aufgenommen. [3]§ 8e Absatz 7 des Kreditwesengesetzes gilt entsprechend.

§ 5 Aufgaben der Bundesanstalt als Koordinator. (1) Ist die Bundesanstalt Koordinator, hat sie folgende Aufgaben:

1. die Koordinierung der Sammlung und der Verbreitung zweckdienlicher und grundlegender Informationen bei der laufenden Beaufsichtigung sowie in Krisensituationen,

---

1) Nr. **9**.

2. die Planung und Koordinierung der Tätigkeiten bei der laufenden Beaufsichtigung sowie in Krisensituationen in Zusammenarbeit mit den jeweils zuständigen Behörden,
3. die generelle Aufsicht und die Beurteilung der Finanzlage des Finanzkonglomerats,
4. die Beurteilung der Einhaltung der Vorschriften über die Eigenmittelausstattung und über Risikokonzentrationen und konglomeratsinterne Transaktionen,
5. die Beurteilung der Struktur, Organisation und internen Kontrollsysteme des Finanzkonglomerats,
6. sonstige Aufgaben, Maßnahmen und Entscheidungen, die der Bundesanstalt als Koordinator durch die Richtlinie 2002/87/EG oder in Anwendung ihrer Bestimmungen zugewiesen werden.

(2) [1] Darüber hinaus nimmt die Bundesanstalt als Koordinator folgende Aufgaben wahr:

1. Sie unterrichtet über die Bekanntgabe der Feststellung nach § 8 Absatz 1
   a) die zuständigen Behörden, die beaufsichtigte Unternehmen der Gruppe zugelassen haben,
   b) die zuständigen Behörden des Staates des Europäischen Wirtschaftsraums, in dem die gemischte Finanzholding-Gesellschaft ihren Sitz hat, und
   c) den Gemeinsamen Ausschuss.
2. Sie unterrichtet die jeweils zuständigen Behörden und die Europäische Kommission über die gewählte Vorgehensweise in den Fällen des § 15 Absatz 4.
3. Sie hört die jeweils zuständigen Behörden in den betroffenen Staaten des Europäischen Wirtschaftsraums vorab an
   a) vor Entscheidungen nach § 12 Absatz 2 Satz 3 und § 15 Absatz 4,
   b) vor Freistellungen nach § 19 Absatz 1 Nummer 3,
   c) vor Maßnahmen nach den §§ 20, 21 Absatz 1, § 23 Absatz 4 und § 28 Absatz 1, wenn dies für die Aufsichtstätigkeit dieser Behörden von Bedeutung ist.

[2] In dringenden Fällen oder bei Gefahr im Verzug kann die Bundesanstalt von der vorherigen Anhörung absehen. [3] Sie hat die jeweils zuständigen Behörden von der getroffenen Maßnahme unverzüglich zu unterrichten.

4. Sie unterbreitet den jeweils zuständigen Behörden Vorschläge für Entscheidungen zur
   a) Nichtberücksichtigung bestimmter Unternehmen oder Beteiligungen bei der Ermittlung eines Finanzkonglomerats nach § 9 Absatz 1,
   b) Aufhebung der Feststellung nach § 11 Absatz 2, dass eine Gruppe ein Finanzkonglomerat ist,
   c) Befreiung nach § 13 Absatz 1 Nummer 3.
5. Sie teilt die Ergebnisse unionsweiter Prognoserechnungen dem Gemeinsamen Ausschuss mit.
6. Sie stellt dem Gemeinsamen Ausschuss die in Artikel 9 Absatz 4 und in Artikel 12 Absatz 1 Unterabsatz 2 Buchstabe a der Richtlinie 2002/87/EG genannten Informationen zur Verfügung.

(3) Führt die Bundesanstalt als Koordinator den Vorsitz eines Kollegiums im Sinne des § 4 Absatz 5, entscheidet sie darüber, welche zuständigen Behörden an einer Sitzung oder Tätigkeit des Kollegiums teilnehmen.

§ 6 Ermittlung eines Finanzkonglomerats. (1) Die Bundesanstalt ermittelt, ob eine branchenübergreifend tätige Gruppe als Finanzkonglomerat einzustufen ist.

(2) Gelangt die Bundesanstalt zu der Auffassung, dass ein von ihr beaufsichtigtes Unternehmen im Sinne des § 2 Absatz 1 Nummer 1 bis 5 einer grenzüberschreitend tätigen Gruppe angehört, die ein Finanzkonglomerat sein könnte, teilt sie dies den zuständigen Behörden in den betroffenen Staaten des Europäischen Wirtschaftsraums und dem Gemeinsamen Ausschuss mit.

§ 7 Zugehörigkeit zur Finanzbranche. Eine Gruppe ist vorwiegend in der Finanzbranche tätig, wenn der Anteil der Bilanzsumme der beaufsichtigten und unbeaufsichtigten Finanzunternehmen dieser Gruppe an der Bilanzsumme der Gruppe insgesamt mehr als 40 Prozent beträgt.

§ 8 Erheblichkeit von konsolidierten oder aggregierten Tätigkeiten.

(1) Die branchenübergreifenden Tätigkeiten von Unternehmen der Gruppe oder Untergruppe sind als erheblich anzusehen, wenn

1. für jede Branche der durchschnittliche Anteil der Bilanzsumme dieser Branche an der Bilanzsumme der Finanzunternehmen der Gruppe und der Anteil der Solvabilitätsanforderungen derselben Branche an der Gesamtsolvabilitätsanforderung der Finanzunternehmen der Gruppe mehr als 10 Prozent betragen oder
2. die Bilanzsumme der in der Gruppe am schwächsten vertretenen Branche 6 Milliarden Euro übersteigt.

(2) Als die am schwächsten vertretene Branche in einem Finanzkonglomerat gilt diejenige mit dem geringsten durchschnittlichen Anteil und als die am stärksten vertretene Branche diejenige mit dem höchsten durchschnittlichen Anteil.

(3) [1] Bei der Berechnung des durchschnittlichen Anteils und der Ermittlung der im Finanzkonglomerat am schwächsten und am stärksten vertretenen Branche werden die Banken- und die Wertpapierdienstleistungsbranche gemeinsam berücksichtigt. [2] Verwaltungsgesellschaften im Sinne des § 1 Absatz 14 des Kapitalanlagegesetzbuchs werden innerhalb der Gruppe der Finanzbranche zugerechnet, der sie angehören. [3] Gehören sie nicht ausschließlich einer Branche innerhalb der Gruppe an, werden sie der kleinsten Branche zugerechnet.

§ 9 Berechnung der Zugehörigkeit zur Finanzbranche und der Erheblichkeit von konsolidierten oder aggregierten Tätigkeiten. (1) [1] Bei den Berechnungen nach den §§ 7 und 8 kann die Bundesanstalt vorbehaltlich der Sätze 2 und 3 im Einzelfall ein konglomeratsangehöriges Unternehmen unberücksichtigt lassen, wenn und solange

1. sich das Unternehmen in einem Drittstaat befindet, in dem Hindernisse der Übermittlung der notwendigen Informationen entgegenstehen;
2. das Unternehmen im Hinblick auf die Ziele der zusätzlichen Aufsicht auf Konglomeratsebene von untergeordneter Bedeutung ist;

3. die Einbeziehung des Unternehmens im Hinblick auf die Ziele der zusätzlichen Beaufsichtigung ungeeignet oder irreführend wäre.

[2] Erfüllen mehrere konglomeratsangehörige Unternehmen für sich genommen die Voraussetzungen des Satzes 1 Nummer 2, sind sie zu berücksichtigen, wenn sie insgesamt im Hinblick auf die Ziele der zusätzlichen Beaufsichtigung nicht von untergeordneter Bedeutung sind. [3] Satz 1 gilt nicht, wenn das Unternehmen von einem Staat des Europäischen Wirtschaftsraums in einen Drittstaat umgezogen ist und dieser Umzug nachweislich erfolgt ist, um sich der Beaufsichtigung zu entziehen.

(2) Bei den Berechnungen nach den §§ 7 und 8 kann die Bundesanstalt außerdem im Einzelfall eine oder mehrere Beteiligungen an der schwächer vertretenen Branche ausschließen, wenn und solange diese Beteiligungen ausschlaggebend für eine Einstufung als Finanzkonglomerat, jedoch insgesamt im Hinblick auf die Ziele der zusätzlichen Beaufsichtigung von untergeordneter Bedeutung sind.

(3) Für die Anwendung der §§ 7 und 8 kann die Bundesanstalt im Einzelfall das Kriterium der Bilanzsumme durch eines oder mehrere der folgenden Kriterien ersetzen oder ergänzen, wenn diese im Hinblick auf die Ziele der zusätzlichen Beaufsichtigung besonders aussagekräftig sind:

1. Ertragsstruktur,
2. außerbilanzielle Geschäfte,
3. Gesamtwert des verwalteten Vermögens.

(4) Bei Finanzkonglomeraten, die grenzüberschreitend tätig sind, trifft die Bundesanstalt Entscheidungen nach den Absätzen 1 bis 3 im Einvernehmen mit den jeweils zuständigen Behörden.

§ 10 Schwellenwerte für die Einstufung als Finanzkonglomerat. Werden bei einer Gruppe, deren beaufsichtigte Unternehmen im Sinne des § 2 Absatz 1 Nummer 1 bis 5 bereits einer zusätzlichen Beaufsichtigung nach diesem Gesetz unterliegen, die Schwellenwerte nach den §§ 7 und 8 während eines Geschäftsjahres unterschritten, gilt sie weiter als Finanzkonglomerat, wenn in den drei darauffolgenden Geschäftsjahren folgende Schwellenwerte überschritten werden:

1. im Fall des § 7 ein Schwellenwert von 35 Prozent,
2. im Fall des § 8 Absatz 1 Nummer 1 ein Schwellenwert von 8 Prozent oder
3. im Fall des § 8 Absatz 1 Nummer 2 ein Schwellenwert von 5 Milliarden Euro.

§ 11 Feststellung eines Finanzkonglomerats. (1) [1] Die Bundesanstalt stellt fest, dass eine branchenübergreifend tätige Gruppe ein Finanzkonglomerat ist. [2] Sie gibt die Feststellung dem Mutterunternehmen an der Spitze der Gruppe bekannt. [3] Wenn an der Spitze kein Mutterunternehmen steht, gibt sie die Feststellung dem beaufsichtigten Unternehmen mit der höchsten Bilanzsumme innerhalb der Gruppe bekannt.

(2) [1] In den Fällen des § 10 kann die Bundesanstalt während des maßgeblichen Zeitraums von drei Geschäftsjahren die Feststellung, dass eine Gruppe ein Finanzkonglomerat ist, aufheben; Absatz 1 Satz 2 und 3 gilt entsprechend.

[2]Bei Finanzkonglomeraten, die grenzüberschreitend tätig sind, entscheidet die Bundesanstalt im Einvernehmen mit den jeweils zuständigen Behörden.

(3) [1]Die Bundesanstalt hat die Feststellung, dass eine Gruppe ein Finanzkonglomerat ist, aufzuheben, wenn die Voraussetzungen des § 1 Absatz 2 nicht mehr erfüllt sind. [2]Sie hat die Feststellung insbesondere aufzuheben, wenn folgende Schwellenwerte unterschritten werden:

1. im Fall des § 7 ein Schwellenwert von 35 Prozent,
2. im Fall des § 8 Absatz 1 Nummer 1 ein Schwellenwert von 8 Prozent oder
3. im Fall des § 8 Absatz 1 Nummer 2 ein Schwellenwert von 5 Milliarden Euro.

[3]Absatz 1 Satz 2 und 3 gilt entsprechend.

§ 12 Übergeordnetes Unternehmen. (1) Übergeordnetes Unternehmen eines Finanzkonglomerats ist ein beaufsichtigtes Unternehmen des Finanzkonglomerats, das an der Spitze des Finanzkonglomerats steht und seinen Sitz im Inland hat.

(2) [1]Steht an der Spitze eines Finanzkonglomerats kein beaufsichtigtes Unternehmen mit Sitz im Inland und hat die gemischte Finanzholding-Gesellschaft ihren Sitz im Inland, bestimmt die Bundesanstalt ein beaufsichtigtes Tochterunternehmen mit Sitz im Inland als übergeordnetes Unternehmen des Finanzkonglomerats. [2]Abweichend hiervon kann die Bundesanstalt die gemischte Finanzholding-Gesellschaft oder ein anderes beaufsichtigtes Unternehmen als übergeordnetes Unternehmen des Finanzkonglomerats bestimmen. [3]Die Bundesanstalt berücksichtigt neben der Struktur des Finanzkonglomerats auch, ob die Banken- und Wertpapierdienstleistungsbranche oder die Versicherungsbranche stärker im Sinne des § 8 Absatz 2 vertreten ist. [4]Das zu bestimmende Unternehmen ist vorab anzuhören.

§ 13 Befreiung und Freistellung von der zusätzlichen Beaufsichtigung. (1) Auf Antrag des Mutterunternehmens an der Spitze der Gruppe kann die Bundesanstalt von der Feststellung, dass eine Gruppe ein Finanzkonglomerat ist, absehen (Befreiung) oder das übergeordnete Unternehmen des Finanzkonglomerats von den Verpflichtungen nach den §§ 23 bis 25 ganz oder teilweise freistellen, wenn

1. zwar die Bilanzsumme der am schwächsten vertretenen Branche 6 Milliarden Euro übersteigt, die Gruppe aber den in § 8 Absatz 1 Nummer 1 genannten Schwellenwert nicht erreicht und die Einbeziehung der Gruppe in die zusätzliche Beaufsichtigung auf Konglomeratsebene oder die Anwendung der §§ 23 bis 25 nicht erforderlich oder im Hinblick auf die Ziele der zusätzlichen Beaufsichtigung unangebracht oder irreführend wäre;
2. zwar die Gruppe den in § 8 Absatz 1 Nummer 1 genannten Schwellenwert erreicht, die Bilanzsumme der am schwächsten vertretenen Branche aber 6 Milliarden Euro nicht übersteigt und die Einbeziehung der Gruppe in die zusätzliche Beaufsichtigung auf Konglomeratsebene oder die Anwendung der §§ 23 bis 25 nicht erforderlich oder im Hinblick auf die Ziele der zusätzlichen Beaufsichtigung unangebracht oder irreführend wäre;
3. die Überschreitung der Schwellenwerte in den §§ 7 und 8 ausschließlich auf eine erhebliche Änderung der Struktur der Gruppe zurückzuführen ist; in

diesem Fall ist die Befreiung auf höchstens drei Jahre, beginnend mit dem nächstfolgenden Geschäftsjahr, zu befristen.

(2) [1] Steht an der Spitze der Gruppe kein Mutterunternehmen, kann das beaufsichtigte Unternehmen des Finanzkonglomerats mit der höchsten Bilanzsumme innerhalb der Gruppe den Antrag stellen. [2] In diesem Fall ist die Befreiung zu befristen.

(3) Die Bundesanstalt kann eine Befreiung mit Wirkung für die Zukunft ganz oder teilweise widerrufen, wenn ein Grund für die Befreiung nachträglich entfällt.

(4) Bei Finanzkonglomeraten, die grenzüberschreitend tätig sind, entscheidet die Bundesanstalt im Einvernehmen mit den jeweils zuständigen Behörden und teilt die Entscheidungen den zuständigen Behörden in den anderen betroffenen Staaten des Europäischen Wirtschaftsraums mit.

(5) Die Bundesanstalt veröffentlicht die Entscheidungen, sofern keine außergewöhnlichen Umstände vorliegen.

(6) Die Bundesanstalt bewertet jedes Jahr erneut die Befreiungen nach Absatz 1 und überprüft die quantitativen Indikatoren und die risikobasierten Einschätzungen der Gruppen.

§ 14 Ausnahme von der laufenden Beaufsichtigung. [1] Auf Antrag eines übergeordneten Unternehmens eines Finanzkonglomerats kann die Bundesanstalt von der laufenden Beaufsichtigung auf Finanzkonglomeratsebene absehen und das übergeordnete Unternehmen des Finanzkonglomerats von den Verpflichtungen nach diesem Gesetz widerruflich freistellen, wenn

1. das Finanzkonglomerat eine Untergruppe eines anderen Finanzkonglomerats ist, dessen übergeordnetes Unternehmen seinen Sitz in einem anderen Staat des Europäischen Wirtschaftsraums hat, und insoweit eine zusätzliche Beaufsichtigung nach Maßgabe der Richtlinie 2002/87/EG sichergestellt ist, oder
2. dies unter Berücksichtigung der Struktur des Finanzkonglomerats und des relativen Gewichts seiner Tätigkeiten in verschiedenen Staaten des Europäischen Wirtschaftsraums angemessen ist.

[2] Dem übergeordneten Unternehmen des Finanzkonglomerats ist Gelegenheit zur Äußerung zu geben.

§ 15 Erweiterung der zusätzlichen Beaufsichtigung. (1) [1] Die Bundesanstalt kann im Einvernehmen mit den jeweils zuständigen Behörden über die Fälle des § 1 Absatz 2, § 12 Absatz 2 Satz 2 oder des Absatzes 3 hinaus nach Maßgabe des Artikels 2 Nummer 14, der Artikel 3 und 5 der Richtlinie 2002/87/EG eine branchenübergreifend tätige Gruppe als Finanzkonglomerat und ein beaufsichtigtes Unternehmen eines Finanzkonglomerats als übergeordnetes Unternehmen bestimmen. [2] Die Vorschriften dieses Gesetzes sind in diesem Fall entsprechend anzuwenden.

(2) [1] Liegt kein Finanzkonglomerat vor, bestehen jedoch Beteiligungen an mindestens einem beaufsichtigten Unternehmen eines Finanzkonglomerats oder Kapitalbeziehungen zu einem solchen Unternehmen oder kann auf ein solches Unternehmen ein beherrschender Einfluss ausgeübt werden, kann die Bundesanstalt im Einvernehmen mit den jeweils zuständigen Behörden die Vorschriften dieses Gesetzes auf diese Unternehmen ganz oder teilweise entsprechend anwenden, wenn die in § 1 Absatz 2 Satz 1 Nummer 2 und 3

genannten Bedingungen erfüllt sind; in diesem Fall bestimmt die Bundesanstalt eines dieser Unternehmen als übergeordnetes Unternehmen eines Finanzkonglomerats. [2]Die Bundesanstalt trifft ihre Entscheidung unter Berücksichtigung der Ziele der zusätzlichen Beaufsichtigung.

(3) [1]Unterliegen beaufsichtigte Unternehmen eines Finanzkonglomerats mit Sitz im Inland, die Tochterunternehmen eines beaufsichtigten Unternehmens eines Finanzkonglomerats oder einer gemischten Finanzholding-Gesellschaft mit Sitz in einem Drittstaat sind, in dem Drittstaat keiner Beaufsichtigung, die der Beaufsichtigung nach diesem Gesetz gleichwertig ist, kann die Bundesanstalt die Gruppe als Finanzkonglomerat und ein beaufsichtigtes Unternehmen eines Finanzkonglomerats als übergeordnetes Unternehmen bestimmen. [2]Die Vorschriften dieses Gesetzes sind in diesem Fall entsprechend anzuwenden. [3]Ist die Bundesanstalt nicht mit der von einer jeweils zuständigen Behörde im Sinne des Artikels 18 Absatz 1 der Richtlinie 2002/87/EG getroffenen Entscheidung einverstanden, kann sie nach Maßgabe des Artikels 19 der Verordnung (EU) Nr. 1093/2010, der Verordnung (EU) Nr. 1094/2010 oder der Verordnung (EU) Nr. 1095/2010 die Europäische Bankenaufsichtsbehörde, die Europäische Aufsichtsbehörde für das Versicherungswesen und die betriebliche Altersversorgung oder die Europäische Wertpapier- und Marktaufsichtsbehörde um Hilfe ersuchen.

(4) [1]Die Bundesanstalt kann abweichend von Absatz 3 im Einzelfall einer angemessenen Beaufsichtigung auf Konglomeratsebene in anderer Weise Rechnung tragen. [2]Sie kann insbesondere verlangen, dass eine gemischte Finanzholding-Gesellschaft mit Sitz im Inland oder in einem anderen Staat des Europäischen Wirtschaftsraums gegründet wird. [3]Die Vorschriften dieses Gesetzes sind in diesem Fall entsprechend anzuwenden.

(5) Wenn ein anderer Staat des Europäischen Wirtschaftsraums betroffen ist, trifft die Bundesanstalt Entscheidungen nach Absatz 4 im Einvernehmen mit dem Koordinator.

§ 16 Bezugnahme auf Bilanzsumme oder auf Solvabilitätsanforderungen. (1) [1]Soweit in den §§ 7 bis 13 auf die Bilanzsumme Bezug genommen wird, ist von der anhand der einzelnen Jahresabschlüsse ermittelten aggregierten Bilanzsumme der Unternehmen der Gruppe auszugehen. [2]Unternehmen, an denen eine Beteiligung gehalten wird, werden in Höhe des Anteils ihrer Bilanzsumme berücksichtigt, der dem von der Gruppe gehaltenen aggregierten proportionalen Anteil entspricht. [3]Liegt ein konsolidierter Abschluss vor, ist abweichend von Satz 1 dieser maßgebend.

(2) [1]Soweit in § 8 auf Solvabilitätsanforderungen Bezug genommen wird, sind diese nach den §§ 89 und 250 des Versicherungsaufsichtsgesetzes sowie den Artikel 11 bis 386 der Verordnung (EU) Nr. 575/2013[1)] zu ermitteln. [2]Ist ein Unternehmen mit Sitz in einem anderen Staat des Europäischen Wirtschaftsraums einzubeziehen, das nicht bereits von der Berechnung nach § 104g des Versicherungsaufsichtsgesetzes oder § 10a des Kreditwesengesetzes[2)] in Verbindung mit den Artikeln 11 bis 24 der Verordnung (EU) Nr. 575/2013 erfasst wird, sind die Solvabilitätsanforderungen des Sitzstaates maßgebend; dies gilt

[1)] Nr. **6**.
[2)] Nr. **9**.

entsprechend für Unternehmen mit Sitz in einem Drittstaat, wenn dort gleichwertige Solvabilitätsanforderungen bestehen.

§ 17 Eigenmittelausstattung. (1) Ein Finanzkonglomerat muss auf Konglomeratsebene angemessene Eigenmittel haben.

(2) [1] Die Bundesanstalt überprüft, ob die Eigenmittelausstattung des Finanzkonglomerats angemessen ist. [2] Das übergeordnete Unternehmen eines Finanzkonglomerats hat der Bundesanstalt und der Deutschen Bundesbank die hierfür erforderlichen Angaben einzureichen.

§ 18 Berechnung der Eigenmittel. (1) [1] In die Berechnung der Eigenmittel auf Konglomeratsebene nach § 17 Absatz 1 sind einzubeziehen das übergeordnete Unternehmen eines Finanzkonglomerats mit Sitz im Inland und die konglomeratsangehörigen gemischten Finanzholding-Gesellschaften, Kreditinstitute, Finanzdienstleistungsinstitute, Finanzunternehmen, Anbieter von Nebendienstleistungen, Kapitalverwaltungsgesellschaften, extern verwaltete Investmentgesellschaften, E-Geld-Institute, Zahlungsinstitute, Versicherungsunternehmen, Versicherungs-Holdinggesellschaften und Versicherungs-Zweckgesellschaften (nachgeordnete Unternehmen eines Finanzkonglomerats). [2] Bei diesen Unternehmen gelten als Eigenmittel die Bestandteile, die den nach den Vorschriften des Kreditwesengesetzes[1)] der Verordnung (EU) Nr. 575/2013[2)], des Versicherungsaufsichtsgesetzes und anderer Spezialgesetze anerkannten Bestandteilen entsprechen.

(2) [1] Die Bundesanstalt bestimmt, welche der in der Rechtsverordnung nach § 22 Absatz 1 Satz 1 Nummer 3 näher bestimmten Berechnungsmethoden das Finanzkonglomerat bei der Berechnung der Eigenmittel auf Konglomeratsebene anzuwenden hat; das übergeordnete Unternehmen des Finanzkonglomerats ist vorab anzuhören. [2] Steht eine gemischte Finanzholding-Gesellschaft an der Spitze eines Finanzkonglomerats, dessen beaufsichtigte Unternehmen des Finanzkonglomerats ihren Sitz nicht ausschließlich im Inland haben, ist die Anwendung jeder der in der Rechtsverordnung nach § 22 Absatz 1 Nummer 3 näher bestimmten Berechnungsmethoden zulässig; das übergeordnete Unternehmen des Finanzkonglomerats hat der Bundesanstalt und der Deutschen Bundesbank die Wahl der Berechnungsmethode unverzüglich anzuzeigen.

(3) [1] Das übergeordnete Unternehmen eines Finanzkonglomerats ist für eine angemessene Eigenmittelausstattung des Finanzkonglomerats verantwortlich. [2] Es darf jedoch zur Erfüllung dieser Verpflichtung auf die nachgeordneten Unternehmen des Finanzkonglomerats, die nach Absatz 1 in die Berechnung der Eigenmittel auf Konglomeratsebene einzubeziehen sind, nur einwirken, soweit dem das allgemeine Gesellschaftsrecht nicht entgegensteht.

(4) [1] Die Unternehmen, die nach Absatz 1 in die Berechnung der Eigenmittel auf Konglomeratsebene einzubeziehen sind, haben zur Sicherstellung der ordnungsgemäßen Aufbereitung und Weiterleitung der für die zusätzliche Beaufsichtigung erforderlichen Angaben eine ordnungsgemäße Organisation und angemessene interne Kontrollverfahren einzurichten. [2] Die nachgeordneten Unternehmen eines Finanzkonglomerats sind verpflichtet, die für die zusätzliche Beaufsichtigung erforderlichen Angaben an das nach § 17 Absatz 2 Satz 1

[1)] Nr. **9**.
[2)] Nr. **6**.

anzeigepflichtige übergeordnete Unternehmen des Finanzkonglomerats zu übermitteln. [3]Kann das anzeigepflichtige Unternehmen für einzelne nachgeordnete Unternehmen eines Finanzkonglomerats die erforderlichen Angaben nicht beschaffen, sind die auf diese Unternehmen entfallenden Buchwerte nach Maßgabe der Rechtsverordnung nach § 22 Absatz 1 von den Eigenmitteln des übergeordneten Unternehmens des Finanzkonglomerats abzuziehen.

(5) § 17 Absatz 1, 3 und 4 gilt nicht, wenn und solange das Finanzkonglomerat eine Untergruppe eines anderen Finanzkonglomerats ist, für das § 17 Absatz 1, 3 und 4 gilt und dessen übergeordnetes Unternehmen seinen Sitz im Inland hat.

§ 19 Freistellung von den Eigenmittelanforderungen. (1) Die Bundesanstalt kann ein übergeordnetes Unternehmen eines Finanzkonglomerats auf dessen Antrag oder von Amts wegen von den Eigenmittelanforderungen der §§ 17 und 18 hinsichtlich einzelner nachgeordneter Unternehmen eines Finanzkonglomerats widerruflich freistellen, wenn

1. sich das Unternehmen in einem Drittstaat befindet, in dem der Übermittlung der notwendigen Informationen Hindernisse entgegenstehen,
2. das Unternehmen im Hinblick auf die Ziele der zusätzlichen Aufsicht auf Konglomeratsebene von untergeordneter Bedeutung ist,
3. die Einbeziehung des Unternehmens im Hinblick auf die Ziele der zusätzlichen Beaufsichtigung ungeeignet oder irreführend wäre.

(2) Erfüllen mehrere nachgeordnete Unternehmen des Finanzkonglomerats für sich genommen die Voraussetzungen von Absatz 1 Nummer 2, scheidet eine Freistellung aus, wenn die Unternehmen insgesamt im Hinblick auf die Ziele der zusätzlichen Beaufsichtigung nicht von untergeordneter Bedeutung sind.

§ 20 Festsetzung von Korrekturposten. (1) Die Bundesanstalt kann auf die Eigenmittel des Finanzkonglomerats einen Korrekturposten festsetzen, wenn

1. unbeschadet der Erfüllung der Anforderungen nach § 17 Absatz 1 in Verbindung mit der Rechtsverordnung nach § 22 Absatz 1 oder nach den §§ 23 bis 25 die Solvabilität des Finanzkonglomerats gefährdet ist oder
2. bedeutende konglomeratsinterne Transaktionen oder bedeutende Risikokonzentrationen auf Konglomeratsebene die Finanzlage des Finanzkonglomerats gefährden.

(2) [1]Die Bundesanstalt darf den Korrekturposten erst festsetzen, wenn die Gefährdung nicht innerhalb einer von der Bundesanstalt gesetzten Frist beseitigt wurde. [2]Die Bundesanstalt hat die Festsetzung auf Antrag des übergeordneten Unternehmens eines Finanzkonglomerats ganz oder zum Teil aufzuheben, wenn die Gefährdung wegfällt.

§ 21 Maßnahmen bei unzureichenden Eigenmitteln auf Konglomeratsebene. (1) Entsprechen bei einem Finanzkonglomerat die Eigenmittel nicht den Anforderungen des § 17 Absatz 1, kann die Bundesanstalt gegenüber

1. dem übergeordneten Unternehmen des Finanzkonglomerats, den in § 1 Absatz 2 Satz 1 oder § 2d Absatz 1 des Kreditwesengesetzes[1] oder den in § 24 Absatz 2 Satz 2, auch in Verbindung mit § 293 Absatz 1 des Versicherungsaufsichtsgesetzes genannten Personen dieses Unternehmens oder den dieses Unternehmen kontrollierenden Personen die erforderlichen und geeigneten Maßnahmen treffen; sie kann insbesondere einen Sanierungsplan oder einen Finanzierungsplan verlangen, die freie Verfügung über die Vermögensgegenstände des Unternehmens einschränken oder untersagen und bilanzielle Maßnahmen untersagen oder beschränken, die dazu dienen, einen entstandenen Jahresfehlbetrag auszugleichen oder einen Bilanzgewinn auszuweisen;
2. der gemischten Finanzholding-Gesellschaft die erforderlichen und geeigneten Maßnahmen treffen; sie kann insbesondere Entnahmen durch Inhaber oder Gesellschafter und die Ausschüttung von Gewinnen untersagen oder beschränken.

(2) [1]Die Bundesanstalt darf die in Absatz 1 bezeichneten Maßnahmen erst treffen, wenn das übergeordnete Unternehmen des Finanzkonglomerats oder die in Absatz 1 Nummer 1 genannten Personen dieses Unternehmens oder die gemischte Finanzholding-Gesellschaft den Mangel nicht innerhalb einer von der Bundesanstalt zu bestimmenden Frist behoben hat. [2]Beschlüsse über die Gewinnausschüttung sind insoweit nichtig, als sie einer Anordnung nach Absatz 1 Nummer 2 widersprechen.

§ 22 Verordnungsermächtigung für nähere Bestimmungen über die angemessene Eigenmittelausstattung. (1) Das Bundesministerium der Finanzen wird ermächtigt, im Benehmen mit der Deutschen Bundesbank durch Rechtsverordnung, die nicht der Zustimmung des Bundesrates bedarf, nähere Bestimmungen über die angemessene Eigenmittelausstattung zur Umsetzung des Artikels 6 und des Anhangs I der Richtlinie 2002/87/EG zu erlassen, insbesondere über

1. die zulässige Zusammensetzung der Eigenmittel,
2. den Umfang der zusätzlichen Eigenmittelanforderung und die Form ihrer Berechnung sowie die sonstigen technischen Grundsätze,
3. die folgenden zulässigen Berechnungsmethoden für die zusätzliche Eigenmittelanforderung:
   a) Berechnung auf Grundlage des konsolidierten Abschlusses (Methode 1),
   b) Abzugs- und Aggregationsmethode (Methode 2) oder
   c) Kombination der Methoden 1 und 2,
4. Risikomodelle,
5. Berechnungsintervalle,
6. Art, Umfang, Zeitpunkt und Form der nach § 17 Absatz 2 einzureichenden Angaben sowie über die zulässigen Datenträger und Übertragungswege.

(2) [1]Das Bundesministerium der Finanzen kann diese Ermächtigung durch Rechtsverordnung auf die Bundesanstalt mit der Maßgabe übertragen, dass die Rechtsverordnung im Einvernehmen mit der Deutschen Bundesbank ergeht. [2]Vor Erlass der Rechtsverordnung sind die Spitzenverbände der Institute im

[1] Nr. **9**.

Sinne des § 1 Absatz 1b des Kreditwesengesetzes[1)] und der bei der Bundesanstalt bestehende Versicherungsbeirat nach § 325 des Versicherungsaufsichtsgesetzes anzuhören.

§ 23 Risikokonzentrationen und konglomeratsinterne Transaktionen.

(1) Das übergeordnete Unternehmen eines Finanzkonglomerats hat der Bundesanstalt und der Deutschen Bundesbank bedeutende Risikokonzentrationen auf Konglomeratsebene und bedeutende konglomeratsinterne Transaktionen anzuzeigen.

(2) [1] Ein beaufsichtigtes Unternehmen eines Finanzkonglomerats darf unbeschadet der Wirksamkeit der Rechtsgeschäfte nur auf Grund eines einstimmigen Beschlusses sämtlicher Geschäftsleiter des beaufsichtigten Unternehmens bedeutende konglomeratsinterne Transaktionen durchführen. [2] Der Beschluss soll vor der Durchführung gefasst werden. [3] Ist dies im Einzelfall wegen der Eilbedürftigkeit des Geschäftes nicht möglich, ist der Beschluss unverzüglich nachzuholen. [4] Der Beschluss ist aktenkundig zu machen. [5] Ist die konglomeratsinterne Transaktion ohne vorherigen einstimmigen Beschluss sämtlicher Geschäftsleiter durchgeführt worden und wird die Beschlussfassung nicht innerhalb eines Monats nach der Durchführung nachgeholt, hat das beaufsichtigte Unternehmen eines Finanzkonglomerats dies der Bundesanstalt und der Deutschen Bundesbank unverzüglich anzuzeigen.

(3) [1] Unbeschadet der Wirksamkeit der Rechtsgeschäfte ist das übergeordnete Unternehmen eines Finanzkonglomerats dafür verantwortlich, dass bedeutende Risikokonzentrationen auf Konglomeratsebene oder bedeutende konglomeratsinterne Transaktionen ohne Zustimmung der Bundesanstalt nicht die in der Rechtsverordnung nach § 24 Absatz 1 festgelegten Obergrenzen überschreiten oder gegen die in der Rechtsverordnung festgelegten Beschränkungen hinsichtlich der Art konglomeratsinterner Transaktionen verstoßen. [2] Das übergeordnete Unternehmen darf jedoch zur Erfüllung seiner Verpflichtungen nach Satz 1 auf die konglomeratsangehörigen Unternehmen nur einwirken, soweit das allgemeine Gesellschaftsrecht dem nicht entgegensteht; § 18 Absatz 4 Satz 1 und 2 und Absatz 5 gilt entsprechend. [3] § 18 Absatz 4 Satz 3 gilt entsprechend, wenn das nach Absatz 1 anzeigepflichtige Unternehmen für einzelne nachgeordnete Unternehmen eines Finanzkonglomerats im Sinne des § 18 Absatz 1 die für die Anzeige im Sinne des Absatzes 1 erforderlichen Angaben nicht beschaffen kann. [4] Ist dies der Fall, müssen diese nachgeordneten Unternehmen in angemessener Weise im Risikomanagementsystem des Finanzkonglomerats berücksichtigt werden. [5] Die Zustimmung nach Satz 1 steht im Ermessen der Bundesanstalt. [6] Unabhängig davon, ob die Bundesanstalt die Zustimmung erteilt, hat das nach Absatz 1 anzeigepflichtige Unternehmen der Bundesanstalt und der Deutschen Bundesbank das Überschreiten der Obergrenzen oder die Verstöße gegen die Beschränkungen hinsichtlich der Art konglomeratsinterner Transaktionen unverzüglich anzuzeigen.

(4) Die Bundesanstalt kann

1. bei einem Überschreiten der in der Rechtsverordnung nach § 24 Absatz 1 bestimmten Obergrenzen von dem übergeordneten Unternehmen eines Finanzkonglomerats die Unterlegung des Überschreitungsbetrags mit Eigenmitteln verlangen;

[1)] Nr. **9**.

2. Verstöße gegen die in der Rechtsverordnung nach § 24 Absatz 1 bestimmten Beschränkungen hinsichtlich der Art konglomeratsinterner Transaktionen durch geeignete und erforderliche Maßnahmen unterbinden.

§ 24 Verordnungsermächtigung für nähere Bestimmungen zu Risikokonzentrationen und konglomeratsinternen Transaktionen. (1) Das Bundesministerium der Finanzen wird ermächtigt, im Benehmen mit der Deutschen Bundesbank durch Rechtsverordnung, die nicht der Zustimmung des Bundesrates bedarf, nähere Bestimmungen zu Risikokonzentrationen und konglomeratsinternen Transaktionen zur Durchführung der Artikel 7 und 8 und des Anhangs II der Richtlinie 2002/87/EG zu erlassen, insbesondere über

1. die Arten der anzuzeigenden Risikokonzentrationen und konglomeratsinternen Transaktionen sowie Schwellenwerte, anhand derer die Risikokonzentrationen und konglomeratsinternen Transaktionen als bedeutend anzusehen sind;
2. die Obergrenzen für bedeutende Risikokonzentrationen und bedeutende konglomeratsinterne Transaktionen sowie Beschränkungen hinsichtlich der Art konglomeratsinterner Transaktionen;
3. Art, Umfang, Zeitpunkt und Form der nach § 23 Absatz 1 bis 3 anzuzeigenden Angaben sowie über die zulässigen Datenträger und Übertragungswege.

(2) [1] Das Bundesministerium der Finanzen kann die Ermächtigung durch Rechtsverordnung mit der Maßgabe auf die Bundesanstalt übertragen, dass die Rechtsverordnung im Einvernehmen mit der Deutschen Bundesbank ergeht. [2] Vor Erlass der Rechtsverordnung sind insbesondere die Spitzenverbände der Institute im Sinne des § 1 Absatz 1b des Kreditwesengesetzes[1)] und der Versicherungsbeirat nach § 325 des Versicherungsaufsichtsgesetzes zu hören.

§ 25 Besondere organisatorische Pflichten. (1) [1] Ein Finanzkonglomerat muss über eine ordnungsgemäße Geschäftsorganisation nach Maßgabe des Artikels 9 der Richtlinie 2002/87/EG verfügen. [2] §§ 23, 26, 27, 29 und 30 des Versicherungsaufsichtsgesetzes und § 25a Absatz 1 und 2 des Kreditwesengesetzes[1)] gelten entsprechend mit der Maßgabe, dass die in § 24 Absatz 2 Satz 2, auch in Verbindung mit § 293 Absatz 1 des Versicherungsaufsichtsgesetzes oder die in § 1 Absatz 2 Satz 1 oder § 2d Absatz 1 des Kreditwesengesetzes genannten Personen des übergeordneten Unternehmens eines Finanzkonglomerats für die ordnungsgemäße Geschäftsorganisation des Finanzkonglomerats verantwortlich sind. [3] § 18 Absatz 3 Satz 2 und Absatz 4 Satz 1 und 2 sowie § 23 Absatz 5, § 294 Absatz 4 und § 275 des Versicherungsaufsichtsgesetzes gelten entsprechend. [4] Für übergeordnete Unternehmen eines Finanzkonglomerats gelten die §§ 25 und 34 des Versicherungsaufsichtsgesetzes entsprechend. [5] Eine ordnungsgemäße Geschäftsorganisation auf Konglomeratsebene umfasst zudem geeignete Vorkehrungen, um bei Bedarf zu geeigneten Sanierungs- und Abwicklungsverfahren und -plänen beizutragen und solche Verfahren und Pläne zu entwickeln. [6] Diese Vorkehrungen sind regelmäßig zu überprüfen und anzupassen.

(2) Die Bundesanstalt kann gegenüber dem übergeordneten Unternehmen des Finanzkonglomerats, gegenüber einem beaufsichtigten nachgeordneten

---

1) Nr. 9.

Unternehmen eines Finanzkonglomerats, gegenüber den in Absatz 1 Satz 2 genannten Personen dieser Unternehmen und gegenüber den diese Unternehmen kontrollierenden Personen Maßnahmen ergreifen, die geeignet und erforderlich sind, um die Beachtung der besonderen organisatorischen Pflichten im Sinne des Absatzes 1 zu schaffen.

(3) Übergeordnete Unternehmen eines Finanzkonglomerats müssen der Bundesanstalt und der Deutschen Bundesbank bis zum 15. Mai jedes Jahres Einzelheiten der rechtlichen sowie der Governance- und Organisationsstruktur des Finanzkonglomerats, einschließlich aller beaufsichtigten Unternehmen, nicht beaufsichtigten Tochtergesellschaften und bedeutenden Zweigniederlassungen, mitteilen.

(4) Übergeordnete Unternehmen eines Finanzkonglomerats müssen bis zum 15. Mai jedes Jahres entweder vollständig oder durch Verweisung auf gleichwertige Informationen eine Beschreibung der rechtlichen sowie der Governance- und Organisationsstruktur des Finanzkonglomerats veröffentlichen.

§ 26 Prognoserechnungen. (1) [1]Die Bundesanstalt kann von dem übergeordneten Unternehmen eines Finanzkonglomerats die Vorlage von Prognoserechnungen für das betreffende Finanzkonglomerat verlangen. [2]In diesem Fall legt sie die Parameter, Stichtage und Berechnungsmethoden sowie die Form und Frist, in denen die Prognoserechnung vorzulegen ist, fest.

(2) [1]Die Bundesanstalt gestattet dem übergeordneten Unternehmen eines Finanzkonglomerats die Verwendung eigener Berechnungsmethoden, soweit dies die Beurteilung des Finanzkonglomerats oder des entsprechenden Marktes insgesamt nicht erschwert. [2]Sie kann verlangen, dass dabei bestimmte Rechnungsannahmen zugrunde gelegt werden.

§ 27 Begründung von Unternehmensbeziehungen. (1) Ein beaufsichtigtes Unternehmen eines Finanzkonglomerats hat bei dem Erwerb einer Beteiligung an einem Unternehmen mit Sitz im Ausland oder bei der Begründung einer Unternehmensbeziehung mit einem Unternehmen, wodurch dieses Unternehmen zu einem nachgeordneten Unternehmen im Sinne des § 18 Absatz 1 wird, sicherzustellen, dass das für die Zusammenfassung verantwortliche übergeordnete Unternehmen des Finanzkonglomerats die für die Erfüllung der jeweiligen Pflichten nach den §§ 17 bis 24 erforderlichen Angaben erhält.

(2) [1]Absatz 1 ist nicht anzuwenden, wenn

1. das jeweilige beaufsichtigte Unternehmen des Finanzkonglomerats die erforderlichen Angaben für die Zusammenfassung nach den §§ 17 bis 24 nicht beschaffen und an das übergeordnete Unternehmen weiterleiten oder dem übergeordneten Unternehmen auf andere Weise zugänglich machen kann,
2. bei der Zusammenfassung entsprechend § 10a Absatz 4 und 5 des Kreditwesengesetzes[1)] dem Risiko aus der Begründung der Beteiligung oder der Unternehmensbeziehung Rechnung getragen wird und
3. es der Bundesanstalt ermöglicht wird, die Einhaltung der Voraussetzung nach Nummer 2 zu überprüfen.

[2]Das beaufsichtigte Unternehmen eines Finanzkonglomerats hat die Begründung, die Veränderung oder die Aufgabe einer in Absatz 1 genannten Betei-

---

[1)] Nr. **9**.

ligung oder Unternehmensbeziehung unverzüglich der Bundesanstalt und der Deutschen Bundesbank anzuzeigen.

(3) Die Bundesanstalt kann die Fortführung der Beteiligung oder der Unternehmensbeziehung untersagen, wenn das übergeordnete Unternehmen eines Finanzkonglomerats die für die Erfüllung der Pflichten nach den §§ 17 bis 24 erforderlichen Angaben nicht erhält.

§ 28 Gemischte Finanzholding-Gesellschaften. (1) Die Bundesanstalt kann einer gemischten Finanzholding-Gesellschaft an der Spitze eines Finanzkonglomerats die Ausübung ihrer Stimmrechte an dem übergeordneten Unternehmen eines Finanzkonglomerats und den nachgeordneten Unternehmen des Finanzkonglomerats untersagen, wenn

1. die gemischte Finanzholding-Gesellschaft dem nach § 17 Absatz 2 und § 23 Absatz 1 anzeigepflichtigen Unternehmen nicht die für die Beaufsichtigung auf Konglomeratsebene nach den §§ 17 bis 24 erforderlichen Angaben gemäß § 18 Absatz 4 Satz 2 oder § 18 Absatz 4 Satz 2 in Verbindung mit § 23 Absatz 3 Satz 2 zweiter Halbsatz übermittelt;
2. Tatsachen vorliegen, aus denen sich ergibt, dass eine Person, die die Geschäfte der gemischten Finanzholding-Gesellschaft tatsächlich führt, nicht zuverlässig ist oder nicht die zur Führung der Geschäfte erforderliche fachliche Eignung hat;
3. Tatsachen vorliegen, aus denen sich ergibt, dass eine Person, die dem Kontrollorgan der gemischten Finanzholding-Gesellschaft angehört, nicht zuverlässig ist oder nicht die zur Wahrnehmung der Kontrollfunktion sowie zur Beurteilung und Überwachung der Geschäfte, die das Unternehmen betreibt, erforderliche Sachkunde besitzt.

(2) [1] Im Fall der Untersagung nach Absatz 1 hat auf Antrag der Bundesanstalt das Gericht des Sitzes des übergeordneten Unternehmens des Finanzkonglomerats einen Treuhänder zu bestellen, auf den es die Ausübung der Stimmrechte überträgt. [2] Der Treuhänder hat bei der Ausübung der Stimmrechte den Interessen einer soliden und aufsichtskonformen Führung der betroffenen Unternehmen Rechnung zu tragen. [3] Die Bundesanstalt kann aus wichtigem Grund die Bestellung eines anderen Treuhänders beantragen. [4] Sind die Voraussetzungen des Absatzes 1 entfallen, hat die Bundesanstalt den Widerruf der Bestellung des Treuhänders zu beantragen. [5] Der Treuhänder hat Anspruch auf Ersatz angemessener Auslagen und auf Vergütung für seine Tätigkeit. [6] Das Gericht setzt auf Antrag des Treuhänders die Auslagen und die Vergütung fest; die Rechtsbeschwerde gegen die Vergütungsfestsetzung ist ausgeschlossen. [7] Die Bundesanstalt schießt die Auslagen und die Vergütung vor; für seine Aufwendungen haften die gemischte Finanzholding-Gesellschaft und die betroffenen Unternehmen gesamtschuldnerisch.

(3) Solange die Untersagungsverfügung nach Absatz 1 vollziehbar ist, gelten die betroffenen Unternehmen nicht als nachgeordnete Unternehmen im Sinne des § 18 Absatz 1 der gemischten Finanzholding-Gesellschaft.

(4) [1] Die Bundesanstalt kann in den Fällen des Absatzes 1 Nummer 2 auch gegenüber dem übergeordneten Unternehmen des Finanzkonglomerats anordnen, Weisungen der gemischten Finanzholding-Gesellschaft nicht zu befolgen, sofern es keine gesellschaftsrechtlichen Möglichkeiten gibt, die Personen abzuberufen, die die Geschäfte der gemischten Finanzholding-Gesellschaft tat-

sächlich führen. [2] Das Gleiche gilt, wenn solche Möglichkeiten zwar vorhanden sind, ihre Ausschöpfung aber erfolglos geblieben ist.

(5) [1] Eine gemischte Finanzholding-Gesellschaft, die an der Spitze eines Finanzkonglomerats steht, hat der Bundesanstalt und der Deutschen Bundesbank einmal jährlich die konglomeratsangehörigen Unternehmen anzuzeigen. [2] Veränderungen im Bestand konglomeratsangehöriger Unternehmen sind der Bundesanstalt und der Deutschen Bundesbank unverzüglich anzuzeigen.

(6) Die Vorschriften des Kreditwesengesetzes und des Versicherungsaufsichtsgesetzes für gemischte Finanzholding-Gesellschaften bleiben unberührt.

§ 29 Auskünfte und Prüfungen. (1) [1] Die Bundesanstalt und die Deutsche Bundesbank sind befugt, von beaufsichtigten Unternehmen eines Finanzkonglomerats, den Mitgliedern ihres Vorstandes sowie sonstigen Geschäftsleitern oder den diese Unternehmen kontrollierenden Personen Auskünfte und die Vorlage von Unterlagen über die Geschäftsangelegenheiten zu verlangen, die für die zusätzliche Beaufsichtigung zweckdienlich sind. [2] Übermittelt das beaufsichtigte Unternehmen des Finanzkonglomerats diese Informationen trotz Aufforderung nicht, können die Bundesanstalt und die Deutsche Bundesbank die Auskünfte und die Vorlage der Unterlagen auch von der gemischten Finanzholding-Gesellschaft verlangen. [3] Benötigt die Bundesanstalt oder die Deutsche Bundesbank Informationen, die im Einklang mit den Rechtsvorschriften, die für die in die zusätzliche Beaufsichtigung einbezogenen Unternehmen erlassen wurden, bereits einer zuständigen Behörde erteilt wurden, soll sie sich an diese Behörde wenden.

(2) [1] Im Rahmen der zusätzlichen Beaufsichtigung kann die Bundesanstalt auch ohne besonderen Anlass in den Geschäftsräumen der beaufsichtigten Unternehmen eines Finanzkonglomerats Prüfungen der Informationen nach Absatz 1 vornehmen. [2] Diese Befugnis hat sie auch gegenüber verbundenen Unternehmen und beteiligten Unternehmen und deren verbundenen Unternehmen des der zusätzlichen Beaufsichtigung unterliegenden beaufsichtigten Unternehmens eines Finanzkonglomerats sowie gegenüber der entsprechenden gemischten Finanzholding-Gesellschaft. [3] Die Bundesanstalt kann an von ihr durchgeführten Prüfungen Abschlussprüfer im Sinne des § 319 des Handelsgesetzbuchs beteiligen oder solche Personen mit der Durchführung von Prüfungen beauftragen; für diese Personen gelten § 323 des Handelsgesetzbuchs sowie die Ausschlussgründe des § 319 Absatz 2 bis 5 des Handelsgesetzbuchs sowie Artikel 5 Absatz 1 der Verordnung (EU) Nr. 537/2014 des Europäischen Parlaments und des Rates vom 16. April 2014 über spezifische Anforderungen an die Abschlussprüfung bei Unternehmen von öffentlichem Interesse und zur Aufhebung des Beschlusses 2005/909/EG der Kommission (ABl. L 158 vom 27.5.2014, S. 77; L 170 vom 11.6.2014, S. 66) entsprechend. [4] Die Bundesanstalt kann der Deutschen Bundesbank die Durchführung einer Prüfung übertragen.

(3) [1] Die Bediensteten der Bundesanstalt, der Deutschen Bundesbank sowie der sonstigen Personen, derer sich die Bundesanstalt bei der Durchführung der Prüfungen bedient, können hierzu die Geschäftsräume der Unternehmen innerhalb der üblichen Betriebs- und Geschäftszeiten betreten und besichtigen. [2] Das Grundrecht des Artikels 13 des Grundgesetzes wird insoweit eingeschränkt. [3] Die Betroffenen haben Maßnahmen nach den Absätzen 2 und 3 zu dulden.

(4) Der zur Erteilung einer Auskunft Verpflichtete kann die Auskunft auf solche Fragen verweigern, deren Beantwortung ihn selbst oder einen der in § 383 Absatz 1 Nummer 1 bis 3 der Zivilprozessordnung bezeichneten Angehörigen der Gefahr strafrechtlicher Verfolgung oder eines Verfahrens nach dem Gesetz über Ordnungswidrigkeiten aussetzen würde.

§ 30 Grenzüberschreitende Auskünfte und Prüfungen. (1) [1] Rechtsvorschriften, die einer Übermittlung von Daten entgegenstehen, sind nicht anzuwenden auf die Übermittlung von Daten zwischen einem übergeordneten oder einem nachgeordneten Unternehmen eines Finanzkonglomerats im Sinne des § 18 Absatz 1 und einem anderen derartigen Unternehmen mit Sitz im Ausland oder zwischen einem konglomeratsangehörigen Unternehmen und einem Unternehmen mit Sitz im Ausland, zu dem eine enge Verbindung im Sinne des § 2 Absatz 8 besteht, wenn die Übermittlung der Daten erforderlich ist, um Bestimmungen der Aufsicht nach Maßgabe der Richtlinie 2002/87/EG über das Unternehmen mit Sitz im Ausland zu erfüllen. [2] Die Bundesanstalt kann einem übergeordneten oder nachgeordneten Unternehmen eines Finanzkonglomerats die Übermittlung von Daten in einen Drittstaat untersagen.

(2) [1] Nachgeordnete Unternehmen eines Finanzkonglomerats mit Sitz im Ausland haben der Bundesanstalt auf Verlangen die nach diesem Gesetz zulässigen Prüfungen, insbesondere die Überprüfung der Richtigkeit der nach den §§ 17 bis 24 übermittelten Daten, zu gestatten, soweit dies zur Erfüllung der Aufgaben der Bundesanstalt erforderlich und nach dem Recht des anderen Staates zulässig ist. [2] Satz 1 gilt auch für nicht einbezogene Tochterunternehmen mit Sitz im Ausland. [3] Für die Prüfung von im Rahmen der zusätzlichen Beaufsichtigung benötigten Informationen in einem anderen Staat des Europäischen Wirtschaftsraums ersucht die Bundesanstalt die zuständige Behörde des betreffenden Staates unter Mitteilung der beabsichtigten Maßnahmen um Zusammenarbeit.

(3) [1] Auf ein Ersuchen einer zuständigen Behörde (ersuchende Behörde) im Sinne des Absatzes 2 Satz 3 hat die Bundesanstalt die Richtigkeit der von einem Unternehmen mit Sitz im Inland nach Maßgabe der Richtlinie 2002/87/EG übermittelten Daten zu überprüfen oder zu gestatten, dass die ersuchende Behörde, ein Wirtschaftsprüfer oder ein Sachverständiger diese Daten überprüft. [2] Die ersuchende Behörde darf auf Wunsch zugegen sein, wenn die Bundesanstalt die Prüfung selbst vornimmt. [3] Anderenfalls kann sich die Bundesanstalt an der Prüfung beteiligen. [4] Die Bundesanstalt kann nach pflichtgemäßem Ermessen gegenüber Aufsichtsbehörden in Drittstaaten entsprechend verfahren, wenn Gegenseitigkeit gewährleistet ist. [5] § 5 Absatz 2 des Verwaltungsverfahrensgesetzes über die Grenzen der Amtshilfe sowie § 29 Absatz 3 gelten entsprechend.

(4) Wenn eine zuständige Behörde als Koordinator ein beaufsichtigtes Unternehmen eines Finanzkonglomerats mit Sitz im Inland aus einem Grund, der § 19 Absatz 1 Nummer 2 und 3 entspricht, nicht in die Berechnung der zusätzlichen Eigenmittelanforderung einbezieht, kann die Bundesanstalt von dem Unternehmen an der Spitze des Finanzkonglomerats mit Sitz in dem anderen Staat des Europäischen Wirtschaftsraums Informationen verlangen, die ihr die Aufsicht über das betreffende Unternehmen erleichtern.

§ 31 Sofortige Vollziehbarkeit. Widerspruch und Anfechtungsklage gegen Maßnahmen nach den §§ 21, 23 Absatz 4, § 28 Absatz 1 und § 29 Absatz 1 und 2 haben keine aufschiebende Wirkung.

§ 32 Bußgeldvorschriften. (1) Ordnungswidrig handelt, wer vorsätzlich oder leichtfertig entgegen § 28 Absatz 5 Satz 1 eine Anzeige nicht, nicht richtig, nicht vollständig oder nicht rechtzeitig erstattet.

(2) Die Ordnungswidrigkeit kann mit einer Geldbuße bis zu zweihunderttausend Euro geahndet werden.

§ 33 Übergangsvorschriften zu § 23. [1] Bis zum Erlass der Rechtsverordnung nach § 24 Absatz 1 hat das übergeordnete Unternehmen eines Finanzkonglomerats der Bundesanstalt und der Deutschen Bundesbank

1. sämtliche während eines Kalenderjahres auftretenden bedeutenden Risikokonzentrationen bis zum 15. Mai des darauffolgenden Jahres anzuzeigen. Eine Risikokonzentration ist bedeutend, wenn das Adressenausfallrisiko, Kreditrisiko oder Anlagerisiko, das entsprechend den Artikeln 387 bis 403 in Verbindung mit Artikel 10 der Verordnung (EU) Nr. 575/2013[1)] und § 13 des Kreditwesengesetzes[2)], jeweils auch in Verbindung mit der Rechtsverordnung nach § 13 des Kreditwesengesetzes, sowie dem § 124 des Versicherungsaufsichtsgesetzes zu ermitteln ist, gegenüber einer nach Maßgabe des Artikels 4 Absatz 1 Nummer 39 der Verordnung (EU) Nr. 575/2013 zu bestimmenden Adresse einzeln oder in der Summe 10 Prozent der Eigenkapitalanforderung auf Konglomeratsebene erreicht oder überschreitet;
2. die aus Versicherungsrisiken resultierenden, auf Basis des internen Risikomanagementsystems als bedeutend identifizierten Risikokonzentrationen, die sich aus Großrisiken und Kumulrisiken sowie Risiken mit langer Entwicklungsphase bei unsicherer Ursachenkette ergeben, unverzüglich anzuzeigen. Soweit sich solche Risiken auch auf einzelne Adressen nach Nummer 1 unmittelbar auswirken, ist dies in der Anzeige, aufgeschlüsselt nach Einzeladressen, ebenfalls anzugeben. Das Versicherungsrisiko besteht in der möglichen Inanspruchnahme, deren Höhe unter Berücksichtigung der vertraglichen Versicherungssumme unter Einbeziehung der Rückversicherung, der Schadenerfahrungen der Vergangenheit und mathematischer Modelle zu bestimmen ist;
3. Risiken unverzüglich anzuzeigen, die sich durch eine Kombination aus und durch Wechselwirkungen zwischen den einzelnen Risikoarten ergeben;
4. sämtliche bedeutende konglomeratsinterne Transaktionen, die während eines Kalenderjahres durchgeführt wurden, bis zum 15. Mai des darauffolgenden Jahres anzuzeigen. Konglomeratsinterne Transaktionen sind insbesondere
   a) Darlehen,
   b) Bürgschaften, Garantien und andere außerbilanzielle Geschäfte,
   c) Geschäfte, die Eigenmittelbestandteile im Sinne der Artikel 11 bis 91 der Verordnung (EU) Nr. 575/2013 sowie der §§ 89 bis 95 und 250 bis 272 des Versicherungsaufsichtsgesetzes betreffen,
   d) Kapitalanlagen,

---

1) Nr. 6.
2) Nr. 9.

e) Rückversicherungsgeschäfte,

f) Kostenteilungsvereinbarungen.

[2]Eine konglomeratsinterne Transaktion ist bedeutend, wenn die einzelne Transaktion mindestens 5 Prozent der Eigenkapitalanforderung auf Konglomeratsebene erreicht. [3]Mehrere Transaktionen desselben oder verschiedener konglomeratsangehöriger Unternehmen mit einem anderen konglomeratsangehörigen Unternehmen während eines Geschäftsjahres sind jeweils adressatenbezogen zusammenzufassen, auch wenn die einzelne Transaktion 5 Prozent der Eigenkapitalanforderung auf Konglomeratsebene nicht erreicht.

12. Gesetz über die Beaufsichtigung von Zahlungsdiensten (Zahlungsdiensteaufsichtsgesetz – ZAG)[1) 2)]

Vom 17. Juli 2017
(BGBl. I S. 2446)

FNA 7610-22

zuletzt geänd. durch Art. 5 Transparenzregister- und FinanzinformationsG v. 25.6.2021 (BGBl. I S. 2083)

Inhaltsübersicht

[1)] **Amtl. Anm.:** Dieses Gesetz dient der Umsetzung der Richtlinie (EU) 2015/2366 des Europäischen Parlaments und des Rates vom 25. November 2015 über Zahlungsdienste im Binnenmarkt, zur Änderung der Richtlinien 2002/65/EG, 2009/110/EG und 2013/36/EU und der Verordnung (EU) Nr. 1093/2010 sowie zur Aufhebung der Richtlinie 2007/64/EG (ABl. L 337 vom 23.12.2015, S. 35; L 169 vom 28.6.2016, S. 18).

[2)] Verkündet als Art. 1 G v. 17.7.2017 (BGBl. I S. 2446); Inkrafttreten gem. Art. 15 Abs. 4 dieses G am 13.1.2018.

§§ 45–52 sowie § 55 sind gem. Art. 15 Abs. 1 G v. 17.7.2017 (BGBl. I S. 2446) 18 Monate nach dem gem. Bek. v. 26.7.2019 (BGBl. I S. 1113) am 14.3.2018 erfolgten Inkrafttreten der Delegierten VO (EU) 2018/389 am 14.9.2019 in Kraft getreten.

Abschnitt 1. Allgemeine Vorschriften

Unterabschnitt 1. Begriffsbestimmungen, Anwendungsbereich, Aufsicht

§ 1 Begriffsbestimmungen. (1) [1] Zahlungsdienstleister sind

1. Unternehmen, die gewerbsmäßig oder in einem Umfang, der einen in kaufmännischer Weise eingerichteten Geschäftsbetrieb erfordert, Zahlungsdienste erbringen, ohne Zahlungsdienstleister im Sinne der Nummern 2 bis 5 zu sein (Zahlungsinstitute);
2. E-Geld-Institute im Sinne des Absatzes 2 Satz 1 Nummer 1, die im Inland zum Geschäftsbetrieb nach diesem Gesetz zugelassen sind, sofern sie Zahlungsdienste erbringen;
3. CRR-Kreditinstitute im Sinne des § 1 Absatz 3d Satz 1 des Kreditwesengesetzes[1)], die im Inland zum Geschäftsbetrieb zugelassen sind, sowie die in Artikel 2 Absatz 5 Nummer 5 der Richtlinie 2013/36/EU des Europäischen Parlaments und des Rates vom 26. Juni 2013 über den Zugang zur Tätigkeit von Kreditinstituten und die Beaufsichtigung von Kreditinstituten und Wertpapierfirmen, zur Änderung der Richtlinie 2002/87/EG und zur Aufhebung der Richtlinien 2006/48/EG und 2006/49/EG (ABl. L 176 vom 27.6.2013, S. 338; L 208 vom 2.8.2013, S. 73; L 20 vom 25.1.2017, S. 1; L 203 vom 26.6.2020, S. 95), die zuletzt durch die Richtlinie (EU) 2019/2034 (ABl. L 314 vom 5.12.2019, S. 64) geändert worden ist, namentlich genannten Unternehmen, sofern sie Zahlungsdienste erbringen;
4. die Europäische Zentralbank, die Deutsche Bundesbank sowie andere Zentralbanken in der Europäischen Union oder den anderen Vertragsstaaten des Abkommens über den Europäischen Wirtschaftsraum, soweit sie außerhalb ihrer Eigenschaft als Währungsbehörde oder andere Behörde Zahlungsdienste erbringen;

[1)] Nr. 9.

5. der Bund, die Länder, die Gemeinden und Gemeindeverbände sowie die Träger bundes- oder landesmittelbarer Verwaltung, einschließlich der öffentlichen Schuldenverwaltung, der Sozialversicherungsträger und der Bundesagentur für Arbeit, soweit sie außerhalb ihres hoheitlichen Handelns Zahlungsdienste erbringen.

[2] Zahlungsdienste sind

1. die Dienste, mit denen Bareinzahlungen auf ein Zahlungskonto ermöglicht werden, sowie alle für die Führung eines Zahlungskontos erforderlichen Vorgänge (Einzahlungsgeschäft);
2. die Dienste, mit denen Barauszahlungen von einem Zahlungskonto ermöglicht werden, sowie alle für die Führung eines Zahlungskontos erforderlichen Vorgänge (Auszahlungsgeschäft);
3. die Ausführung von Zahlungsvorgängen einschließlich der Übermittlung von Geldbeträgen auf ein Zahlungskonto beim Zahlungsdienstleister des Nutzers oder bei einem anderen Zahlungsdienstleister durch
   a) die Ausführung von Lastschriften einschließlich einmaliger Lastschriften (Lastschriftgeschäft),
   b) die Ausführung von Zahlungsvorgängen mittels einer Zahlungskarte oder eines ähnlichen Zahlungsinstruments (Zahlungskartengeschäft),
   c) die Ausführung von Überweisungen einschließlich Daueraufträgen (Überweisungsgeschäft),

   jeweils ohne Kreditgewährung (Zahlungsgeschäft);
4. die Ausführung von Zahlungsvorgängen im Sinne der Nummer 3, die durch einen Kreditrahmen für einen Zahlungsdienstnutzer im Sinne des § 3 Absatz 4 gedeckt sind (Zahlungsgeschäft mit Kreditgewährung);
5. die Ausgabe von Zahlungsinstrumenten oder die Annahme und Abrechnung von Zahlungsvorgängen (Akquisitionsgeschäft);
6. die Dienste, bei denen ohne Einrichtung eines Zahlungskontos auf den Namen des Zahlers oder des Zahlungsempfängers ein Geldbetrag des Zahlers nur zur Übermittlung eines entsprechenden Betrags an einen Zahlungsempfänger oder an einen anderen, im Namen des Zahlungsempfängers handelnden Zahlungsdienstleister entgegengenommen wird oder bei dem der Geldbetrag im Namen des Zahlungsempfängers entgegengenommen und diesem verfügbar gemacht wird (Finanztransfergeschäft);
7. Zahlungsauslösedienste;
8. Kontoinformationsdienste.

(2) [1] E-Geld-Emittenten sind

1. Unternehmen, die das E-Geld-Geschäft betreiben, ohne E-Geld-Emittenten im Sinne der Nummern 2 bis 4 zu sein (E-Geld-Institute);
2. CRR-Kreditinstitute im Sinne des § 1 Absatz 3d Satz 1 des Kreditwesengesetzes, die im Inland zum Geschäftsbetrieb zugelassen sind, sowie die in Artikel 2 Absatz 5 Nummer 5 der Richtlinie 2013/36/EU namentlich genannten Unternehmen, sofern sie das E-Geld-Geschäft betreiben;
3. die Europäische Zentralbank, die Deutsche Bundesbank sowie andere Zentralbanken in der Europäischen Union oder den anderen Vertragsstaaten des Abkommens über den Europäischen Wirtschaftsraum, soweit sie außerhalb

ihrer Eigenschaft als Währungsbehörde oder anderer Behörde das E-Geld-Geschäft betreiben;

4. der Bund, die Länder, die Gemeinden und Gemeindeverbände sowie die Träger bundes- oder landesmittelbarer Verwaltung, einschließlich der öffentlichen Schuldenverwaltung, der Sozialversicherungsträger und der Bundesagentur für Arbeit, soweit sie außerhalb ihres hoheitlichen Handelns das E-Geld-Geschäft betreiben.

[2] E-Geld-Geschäft ist die Ausgabe von E-Geld. [3] E-Geld ist jeder elektronisch, darunter auch magnetisch, gespeicherte monetäre Wert in Form einer Forderung an den Emittenten, der gegen Zahlung eines Geldbetrags ausgestellt wird, um damit Zahlungsvorgänge im Sinne des § 675f Absatz 4 Satz 1 des Bürgerlichen Gesetzbuchs[1)] durchzuführen, und der auch von anderen natürlichen oder juristischen Personen als dem Emittenten angenommen wird. [4] Kein E-Geld ist ein monetärer Wert,

1. der auf Instrumenten im Sinne des § 2 Absatz 1 Nummer 10 gespeichert ist oder
2. der nur für Zahlungsvorgänge nach § 2 Absatz 1 Nummer 11 eingesetzt wird.

(3) Institute im Sinne dieses Gesetzes sind Zahlungsinstitute und E-Geld-Institute.

(4) [1] Herkunftsmitgliedstaat ist der Mitgliedstaat der Europäischen Union (Mitgliedstaat) oder anderer Vertragsstaat des Abkommens über den Europäischen Wirtschaftsraum, in dem sich der Sitz des Instituts befindet, oder, wenn das Institut nach dem für ihn geltenden nationalen Recht keinen Sitz hat, der Mitgliedstaat oder Vertragsstaat, in dem sich seine Hauptverwaltung befindet. [2] Aufnahmemitgliedstaat ist jeder andere Mitgliedstaat oder Vertragsstaat, in dem das Institut einen Agenten oder eine Zweigniederlassung hat oder im Wege des grenzüberschreitenden Dienstleistungsverkehrs tätig ist.

(5) [1] Zweigniederlassung ist eine Geschäftsstelle, die nicht die Hauptverwaltung ist und die einen Teil eines Instituts bildet, keine eigene Rechtspersönlichkeit hat und unmittelbar sämtliche oder einen Teil der Geschäfte betreibt, die mit der Tätigkeit eines Instituts verbunden sind. [2] Alle Geschäftsstellen eines Instituts mit Hauptverwaltung in einem anderen Mitgliedstaat, die sich in einem Mitgliedstaat befinden, gelten als eine einzige Zweigniederlassung.

(6) Gruppe ist ein Verbund von Unternehmen, die untereinander durch eine in Artikel 22 Absatz 1, 2 oder 7 der Richtlinie 2013/34/EU des Europäischen Parlaments und des Rates vom 26. Juni 2013 über den Jahresabschluss, den konsolidierten Abschluss und damit verbundene Berichte von Unternehmen bestimmter Rechtsformen und zur Änderung der Richtlinie 2006/43/EG des Europäischen Parlaments und des Rates und zur Aufhebung der Richtlinien 78/660/EWG und 83/349/EWG des Rates (ABl. L 182 vom 29.6.2013, S. 19; L 369 vom 24.12.2014, S. 79), die zuletzt durch die Richtlinie 2014/102/EU geändert worden ist (ABl. L 334 vom 21.11.2014, S. 86), genannte Beziehung verbunden sind, oder Unternehmen im Sinne der Artikel 4, 5, 6 und 7 der Delegierten Verordnung (EU) Nr. 241/2014 der Kommission vom 7. Januar 2014 zur Ergänzung der Verordnung (EU) Nr. 575/2013 des Europäischen

---

[1)] Nr. **24**.

Parlaments und des Rates im Hinblick auf technische Regulierungsstandards für die Eigenmittelanforderungen an Institute (ABl. L 74 vom 14.3.2014, S. 8), die zuletzt durch die Delegierte Verordnung (EU) 2015/923 (ABl. L 150 vom 17.6.2015, S. 1) geändert worden ist, die untereinander durch eine in Artikel 10 Absatz 1 oder Artikel 113 Absatz 6 oder 7 der Verordnung (EU) Nr. 575/2013[1)] des Europäischen Parlaments und des Rates vom 26. Juni 2013 über Aufsichtsanforderungen an Kreditinstitute und Wertpapierfirmen und zur Änderung der Verordnung (EU) Nr. 648/2012 (ABl. L 176 vom 27.6.2013, S. 1; L 208 vom 2.8.2013, S. 68; L 321 vom 30.11.2013, S. 6; L 193 vom 21.7.2015, S. 166), die zuletzt durch die Verordnung (EU) 2016/1014 (ABl. L 171 vom 29.6.2016, S. 153) geändert worden ist, genannte Beziehung verbunden sind.

(7) [1] Eine bedeutende Beteiligung im Sinne dieses Gesetzes ist eine qualifizierte Beteiligung gemäß Artikel 4 Absatz 1 Nummer 36 der Verordnung (EU) Nr. 575/2013 in der jeweils geltenden Fassung. [2] Für das Bestehen und die Berechnung einer bedeutenden Beteiligung gilt § 1 Absatz 9 Satz 2 und 3 des Kreditwesengesetzes entsprechend.

(8) [1] Geschäftsleiter im Sinne dieses Gesetzes sind diejenigen natürlichen Personen, die nach Gesetz, Satzung oder Gesellschaftsvertrag zur Führung der Geschäfte und zur Vertretung eines Instituts in der Rechtsform einer juristischen Person oder Personenhandelsgesellschaft berufen sind. [2] In Ausnahmefällen kann die Bundesanstalt für Finanzdienstleistungsaufsicht (Bundesanstalt) auch eine andere mit der Führung der Geschäfte betraute und zur Vertretung ermächtigte Person widerruflich als Geschäftsleiter bestimmen, wenn sie zuverlässig ist und die erforderliche fachliche Eignung hat. [3] Beruht die Bestimmung einer Person als Geschäftsleiter auf einem Antrag des Instituts, so ist sie auf Antrag des Instituts oder des Geschäftsleiters zu widerrufen.

(9) [1] Agent im Sinne dieses Gesetzes ist jede natürliche oder juristische Person, die als selbständiger Gewerbetreibender im Namen eines Instituts Zahlungsdienste ausführt. [2] Die Handlungen des Agenten werden dem Institut zugerechnet.

(10) E-Geld-Agent im Sinne dieses Gesetzes ist jede natürliche oder juristische Person, die als selbständiger Gewerbetreibender im Namen eines E-Geld-Instituts beim Vertrieb und Rücktausch von E-Geld tätig ist.

(10a) Auslagerungsunternehmen im Sinne dieses Gesetzes sind Unternehmen, auf die ein Institut Aktivitäten und Prozesse zur Durchführung von Zahlungsdiensten, des E-Geld-Geschäfts sowie von sonstigen institutstypischen Dienstleistungen ausgelagert hat, sowie deren Subunternehmen bei Weiterverlagerungen von Aktivitäten und Prozessen, die für die Durchführung von Zahlungsdiensten, des E-Geld-Geschäfts sowie von sonstigen institutstypischen Dienstleistungen wesentlich sind.

(11) Zahlungssystem ist ein System zur Übertragung von Geldbeträgen auf der Grundlage von formalen und standardisierten Regeln und einheitlichen Vorschriften für die Verarbeitung, das Clearing oder die Verrechnung von Zahlungsvorgängen.

(12) Elektronische Kommunikationsnetze sind Übertragungssysteme und Vermittlungs- und Leitwegeinrichtungen sowie anderweitige Ressourcen einschließlich der nicht aktiven Netzbestandteile, die die Übertragung von Sig-

---

1) Nr. **6**.

nalen über Kabel, Funk, optische oder andere elektromagnetische Einrichtungen ermöglichen, einschließlich Satellitennetze, feste (leitungs- und paketvermittelte, einschließlich Internet) und mobile terrestrische Netze, Stromleitungssysteme, soweit sie zur Signalübertragung genutzt werden, Netze für Hör- und Fernsehfunk sowie Kabelfernsehnetze, unabhängig von der Art der übertragenen Informationen.

(13) [1] Elektronische Kommunikationsdienste sind Dienste, die gewöhnlich gegen Entgelt erbracht werden und die ganz oder überwiegend in der Übertragung von Signalen über elektronische Kommunikationsnetze bestehen, einschließlich von Telekommunikations- und Übertragungsdiensten in Rundfunknetzen, jedoch ausgenommen von Diensten, die Inhalte über elektronische Kommunikationsnetze und -dienste anbieten oder eine redaktionelle Kontrolle über sie ausüben. [2] Keine elektronischen Kommunikationsdienste in diesem Sinne sind Dienste der Informationsgesellschaft im Sinne des Artikels 1 der Richtlinie (EU) 2015/1535 des Europäischen Parlaments und des Rates vom 9. September 2015 über ein Informationsverfahren auf dem Gebiet der technischen Vorschriften und der Vorschriften für die Dienste der Informationsgesellschaft (ABl. L 241 vom 17.9.2015, S. 1), die nicht ganz oder überwiegend in der Übertragung von Signalen über elektronische Kommunikationsnetze bestehen.

(14) Durchschnittlicher E-Geld-Umlauf ist der durchschnittliche Gesamtbetrag der am Ende jedes Kalendertages über die vergangenen sechs Kalendermonate bestehenden, aus der Ausgabe von E-Geld erwachsenden finanziellen Verbindlichkeiten, der am ersten Kalendertag jedes Kalendermonats berechnet wird und für diesen Kalendermonat gilt.

(15) Zahler ist eine natürliche oder juristische Person, die Inhaber eines Zahlungskontos ist und die Ausführung eines Zahlungsauftrags von diesem Zahlungskonto gestattet oder, falls kein Zahlungskonto vorhanden ist, eine natürliche oder juristische Person, die den Zahlungsauftrag erteilt.

(16) Zahlungsempfänger ist die natürliche oder juristische Person, die den Geldbetrag, der Gegenstand eines Zahlungsvorgangs ist, als Empfänger erhalten soll.

(17) Zahlungskonto ist ein auf den Namen eines oder mehrerer Zahlungsdienstnutzer lautendes Konto, das für die Ausführung von Zahlungsvorgängen genutzt wird.

(18) Kontoführender Zahlungsdienstleister ist ein Zahlungsdienstleister, der für einen Zahler ein Zahlungskonto bereitstellt und führt.

(19) Fernzahlungsvorgang im Sinne dieses Gesetzes ist ein Zahlungsvorgang, der über das Internet oder mittels eines Geräts, das für die Fernkommunikation verwendet werden kann, ausgelöst wird.

(20) Zahlungsinstrument ist jedes personalisierte Instrument oder Verfahren, dessen Verwendung zwischen dem Zahlungsdienstnutzer und dem Zahlungsdienstleister vereinbart wurde und das zur Erteilung eines Zahlungsauftrags verwendet wird.

(21) Lastschrift ist ein Zahlungsvorgang zur Belastung des Zahlungskontos des Zahlers, bei dem der Zahlungsvorgang vom Zahlungsempfänger aufgrund der Zustimmung des Zahlers gegenüber dem Zahlungsempfänger, dessen Zahlungsdienstleister oder seinem eigenen Zahlungsdienstleister ausgelöst wird.

(22) Überweisung ist ein auf Veranlassung des Zahlers ausgelöster Zahlungsvorgang zur Erteilung einer Gutschrift auf dem Zahlungskonto des Zahlungsempfängers zulasten des Zahlungskontos des Zahlers in Ausführung eines oder mehrerer Zahlungsvorgänge durch den Zahlungsdienstleister, der das Zahlungskonto des Zahlers führt.

(23) Authentifizierung ist ein Verfahren, mit dessen Hilfe der Zahlungsdienstleister die Identität eines Zahlungsdienstnutzers oder die berechtigte Verwendung eines bestimmten Zahlungsinstruments, einschließlich der Verwendung der personalisierten Sicherheitsmerkmale des Nutzers, überprüfen kann.

(24) Starke Kundenauthentifizierung ist eine Authentifizierung, die so ausgestaltet ist, dass die Vertraulichkeit der Authentifizierungsdaten geschützt ist und die unter Heranziehung von mindestens zwei der folgenden, in dem Sinne voneinander unabhängigen Elementen geschieht, dass die Nichterfüllung eines Kriteriums die Zuverlässigkeit der anderen nicht in Frage stellt:

1. Kategorie Wissen, also etwas, das nur der Nutzer weiß,
2. Kategorie Besitz, also etwas, das nur der Nutzer besitzt oder
3. Kategorie Inhärenz, also etwas, das der Nutzer ist.

(25) Personalisierte Sicherheitsmerkmale sind personalisierte Merkmale, die der Zahlungsdienstleister einem Zahlungsdienstnutzer zum Zwecke der Authentifizierung bereitstellt.

(26) [1] Sensible Zahlungsdaten sind Daten, einschließlich personalisierter Sicherheitsmerkmale, die für betrügerische Handlungen verwendet werden können. [2] Für die Tätigkeiten von Zahlungsauslösedienstleistern und Kontoinformationsdienstleistern stellen der Name des Kontoinhabers und die Kontonummer keine sensiblen Zahlungsdaten dar.

(27) Digitale Inhalte sind Waren oder Dienstleistungen, die in digitaler Form hergestellt und bereitgestellt werden, deren Nutzung oder Verbrauch auf ein technisches Gerät beschränkt ist und die in keiner Weise die Nutzung oder den Verbrauch von Waren oder Dienstleistungen in physischer Form einschließen.

(28) Zahlungsmarke ist jeder reale oder digitale Name, jeder reale oder digitale Begriff, jedes reale oder digitale Zeichen, jedes reale oder digitale Symbol oder jede Kombination davon, mittels dessen oder derer bezeichnet werden kann, unter welchem Zahlungskartensystem kartengebundene Zahlungsvorgänge ausgeführt werden.

(29) Eigenmittel sind Mittel im Sinne des Artikels 4 Absatz 1 Nummer 118 der Verordnung (EU) Nr. 575/2013 des Europäischen Parlaments und des Rates vom 26. Juni 2013 über Aufsichtsanforderungen an Kreditinstitute und Wertpapierfirmen und zur Änderung der Verordnung (EU) Nr. 648/2012 (ABl. L 176 vom 27.6.2013, S. 1; L 208 vom 2.8.2013, S. 68; ABl. L 321 vom 30.11.2013, S. 6; L 193 vom 21.7.2015, S. 166), die zuletzt durch die Verordnung (EU) 2016/1014 (ABl. L 171 vom 29.6.2016, S. 153) geändert worden ist, wobei mindestens 75 Prozent des Kernkapitals in Form von hartem Kernkapital nach Artikel 50 der genannten Verordnung gehalten werden müssen und das Ergänzungskapital höchstens ein Drittel des harten Kernkapitals betragen muss.

(30) Anfangskapital im Sinne dieses Gesetzes ist das aus Bestandteilen gemäß Artikel 26 Absatz 1 Satz 1 Buchstabe a bis e der Verordnung (EU) Nr. 575/2013 bestehende harte Kernkapital.

(31) [1] Sichere Aktiva mit niedrigem Risiko im Sinne dieses Gesetzes sind Aktiva, die unter eine der Kategorien nach Artikel 336 Absatz 1 der Verordnung (EU) Nr. 575/2013 fallen, für die die Eigenmittelanforderung für das spezifische Risiko nicht höher als 1,6 Prozent ist, wobei jedoch andere qualifizierte Positionen gemäß Artikel 336 Absatz 4 der Verordnung (EU) Nr. 575/2013 ausgeschlossen sind. [2] Sichere Aktiva mit niedrigem Risiko im Sinne dieses Gesetzes sind auch Anteile an einem Organismus für gemeinsame Anlagen in Wertpapieren, der ausschließlich in die in Satz 1 genannten Aktiva investiert.

(32) Bargeldabhebungsdienst ist die Ausgabe von Bargeld über Geldausgabeautomaten für einen oder mehrere Kartenemittenten, ohne einen eigenen Rahmenvertrag mit dem Geld abhebenden Kunden geschlossen zu haben.

(33) Zahlungsauslösungsdienst ist ein Dienst, bei dem auf Veranlassung des Zahlungsdienstnutzers ein Zahlungsauftrag in Bezug auf ein bei einem anderen Zahlungsdienstleister geführtes Zahlungskonto ausgelöst wird.

(34) Kontoinformationsdienst ist ein Online-Dienst zur Mitteilung konsolidierter Informationen über ein Zahlungskonto oder mehrere Zahlungskonten des Zahlungsdienstnutzers bei einem oder mehreren anderen Zahlungsdienstleistern.

(35) [1] Annahme und Abrechnung von Zahlungsvorgängen (Akquisitionsgeschäft) beinhaltet einen Zahlungsdienst, der die Übertragung von Geldbeträgen zum Zahlungsempfänger bewirkt und bei dem der Zahlungsdienstleister mit dem Zahlungsempfänger eine vertragliche Vereinbarung über die Annahme und die Verarbeitung von Zahlungsvorgängen schließt. [2] Die Ausgabe von Zahlungsinstrumenten beinhaltet alle Dienste, bei denen ein Zahlungsdienstleister eine vertragliche Vereinbarung mit dem Zahler schließt, um einem Zahler ein Zahlungsinstrument zur Auslösung und Verarbeitung der Zahlungsvorgänge des Zahlers zur Verfügung zu stellen.

§ 2 Ausnahmen; Verordnungsermächtigung. (1) Als Zahlungsdienste gelten nicht

1. Zahlungsvorgänge, die ohne zwischengeschaltete Stellen ausschließlich als unmittelbare Bargeldzahlung vom Zahler an den Zahlungsempfänger erfolgen;
2. Zahlungsvorgänge zwischen Zahler und Zahlungsempfänger über einen Zentralregulierer oder Handelsvertreter, der aufgrund einer Vereinbarung befugt ist, den Verkauf oder Kauf von Waren oder Dienstleistungen nur im Namen des Zahlers oder nur im Namen des Zahlungsempfängers auszuhandeln oder abzuschließen;
3. der gewerbsmäßige Transport von Banknoten und Münzen einschließlich ihrer Entgegennahme, Bearbeitung und Übergabe;
4. Dienste, bei denen der Zahlungsempfänger dem Zahler Bargeld im Rahmen eines Zahlungsvorgangs aushändigt, nachdem ihn der Zahlungsdienstnutzer kurz vor der Ausführung eines Zahlungsvorgangs zum Erwerb von Waren oder Dienstleistungen ausdrücklich hierum gebeten hat;
5. Geldwechselgeschäfte, die bar abgewickelt werden;
6. Zahlungsvorgänge, denen eines der folgenden Dokumente zugrunde liegt, das auf den Zahlungsdienstleister gezogen ist und die Bereitstellung von Geldern an einen Zahlungsempfänger vorsieht:

a) ein Scheck in Papierform im Sinne des Scheckgesetzes[1] oder ein vergleichbarer Scheck in Papierform nach dem Recht eines anderen Mitgliedstaates oder eines anderen Vertragsstaates des Abkommens über den Europäischen Wirtschaftsraum,
b) ein Wechsel in Papierform im Sinne des Wechselgesetzes[2] oder ein vergleichbarer Wechsel in Papierform nach dem Recht eines anderen Mitgliedstaates oder eines anderen Vertragsstaates des Abkommens über den Europäischen Wirtschaftsraum,
c) ein Gutschein in Papierform,
d) ein Reisescheck in Papierform oder
e) eine Postanweisung in Papierform im Sinne der Definition des Weltpostvereins;

7. Zahlungsvorgänge, die innerhalb eines Zahlungs- oder Wertpapierabwicklungssystems zwischen Zahlungsausgleichsagenten, zentralen Gegenparteien, Clearingstellen oder Zentralbanken und anderen Teilnehmern des Systems und Zahlungsdienstleistern abgewickelt werden;
8. Zahlungsvorgänge im Zusammenhang mit der Bedienung von Wertpapieranlagen, die durchgeführt werden von den unter Nummer 7 fallenden Unternehmen oder von
a) Kreditinstituten und Finanzdienstleistungsinstituten im Rahmen ihrer Erlaubnis nach dem Kreditwesengesetz[3],
b) Kapitalverwaltungsgesellschaften im Rahmen ihrer Erlaubnis nach dem Kapitalanlagegesetzbuch oder
c) Wertpapierinstituten im Rahmen ihrer Erlaubnis nach dem Wertpapierinstitutsgesetz[4];
9. Dienste, die von technischen Dienstleistern erbracht werden, die zwar zur Erbringung der Zahlungsdienste beitragen, jedoch zu keiner Zeit in den Besitz der zu übertragenden Gelder gelangen; hierzu zählen die Verarbeitung und Speicherung von Daten, vertrauensbildende Maßnahmen und Dienste zum Schutz der Privatsphäre, Nachrichten- und Instanzenauthentisierung, Bereitstellung von Informationstechnologie- und Kommunikationsnetzen sowie Bereitstellung und Wartung der für Zahlungsdienste genutzten Endgeräte und Einrichtungen; jeweils mit Ausnahme von Zahlungsauslösediensten und Kontoinformationsdiensten;
10. Dienste, die auf Zahlungsinstrumenten beruhen, die
a) für den Erwerb von Waren oder Dienstleistungen in den Geschäftsräumen des Emittenten oder innerhalb eines begrenzten Netzes von Dienstleistern im Rahmen einer Geschäftsvereinbarung mit einem professionellen Emittenten eingesetzt werden können,
b) für den Erwerb eines sehr begrenzten Waren- oder Dienstleistungsspektrums eingesetzt werden können, oder
c) beschränkt sind auf den Einsatz im Inland und auf Ersuchen eines Unternehmens oder einer öffentlichen Stelle für bestimmte soziale oder steuerliche Zwecke nach Maßgabe öffentlich-rechtlicher Bestimmungen für

---

[1] Nr. **26**.
[2] Nr. **27**.
[3] Nr. **9**.
[4] Nr. **10**.

den Erwerb der darin bestimmten Waren oder Dienstleistungen von Anbietern, die eine gewerbliche Vereinbarung mit dem Emittenten geschlossen haben, bereitgestellt werden;

11. Zahlungsvorgänge, die von einem Anbieter elektronischer Kommunikationsnetze oder -dienste zusätzlich zu elektronischen Kommunikationsdiensten für einen Teilnehmer des Netzes oder Dienstes bereitgestellt werden, und die
    a) im Zusammenhang stehen mit dem Erwerb von digitalen Inhalten und Sprachdiensten, ungeachtet des für den Erwerb oder Konsum des digitalen Inhalts verwendeten Geräts, und die auf der entsprechenden Rechnung abgerechnet werden, oder
    b) von einem elektronischen Gerät aus oder über dieses ausgeführt und auf der entsprechenden Rechnung im Rahmen einer gemeinnützigen Tätigkeit oder für den Erwerb von Tickets abgerechnet werden,

    sofern der Wert einer Einzelzahlung 50 Euro nicht überschreitet und der kumulative Wert der Zahlungsvorgänge eines einzelnen Teilnehmers monatlich 300 Euro nicht überschreitet;
12. Zahlungsvorgänge, die zwischen Zahlungsdienstleistern, ihren Agenten oder Zweigniederlassungen auf eigene Rechnung ausgeführt werden;
13. Zahlungsvorgänge und damit verbundene Dienste innerhalb eines Konzerns oder zwischen Mitgliedern einer kreditwirtschaftlichen Verbundgruppe;
14. Bargeldabhebungsdienste, vorausgesetzt, dass dieser Dienstleister keine anderen Zahlungsdienste erbringt;
15. die nicht gewerbsmäßige Entgegennahme und Übergabe von Bargeld im Rahmen einer gemeinnützigen Tätigkeit oder einer Tätigkeit ohne Erwerbszweck.

(2) [1] Übt ein Unternehmen eine Tätigkeit nach Absatz 1 Nummer 10 Buchstabe a oder Buchstabe b aus und überschreitet der Gesamtwert der Zahlungsvorgänge der vorangegangenen zwölf Monate den Betrag von 1 Million Euro, hat es diese Tätigkeit der Bundesanstalt anzuzeigen und in einer Beschreibung der angebotenen Dienstleistung anzugeben, welche Ausnahme nach Absatz 1 Nummer 10 Buchstabe a oder Buchstabe b in Anspruch genommen wird. [2] Auf Grundlage dieser Anzeige entscheidet die Bundesanstalt, ob die Voraussetzungen des Absatzes 1 Nummer 10 Buchstabe a oder Buchstabe b vorliegen. [3] Entspricht die Tätigkeit des Unternehmens nicht den Voraussetzungen des Absatzes 1 Nummer 10 Buchstabe a oder Buchstabe b, setzt die Bundesanstalt es hiervon in Kenntnis.

(3) Übt ein Unternehmen eine Tätigkeit nach Absatz 1 Nummer 11 aus, hat es diese Tätigkeit der Bundesanstalt anzuzeigen und ihr in einem jährlichen Bestätigungsvermerk mitzuteilen, dass die Tätigkeit die in Absatz 1 Nummer 11 festgelegten Obergrenzen nicht überschreitet.

(4) [1] Die Bundesanstalt hat die Europäische Bankenaufsichtsbehörde über die Anzeigen nach den Absätzen 2 und 3 unter Angabe der jeweils in Anspruch genommenen Ausnahme zu unterrichten. [2] Die Bundesanstalt hat die Informationen, die ihr nach den Absätzen 2 und 3 angezeigt werden, in dem Zahlungsinstituts-Register oder, soweit die Ausnahme über § 1 Absatz 2 Satz 4 anwendbar ist, in dem E-Geld-Instituts-Register öffentlich zugänglich zu machen; die Europäische Bankenaufsichtsbehörde unterrichtet sie gesondert.

(5) [1]Das Bundesministerium der Finanzen wird ermächtigt, durch Rechtsverordnung, die nicht der Zustimmung des Bundesrates bedarf, nähere Bestimmungen über Inhalt, Art und Umfang der Angaben, Nachweise und Unterlagen zu treffen, die eine Anzeige nach den Absätzen 2 und 3 enthalten muss. [2]Diese kann insbesondere nähere Bestimmungen enthalten zu:

1. der Ausgestaltung der Beschreibung der angebotenen Dienstleistungen im Falle der Inanspruchnahme einer Ausnahme nach Absatz 1 Nummer 10 Buchstabe a oder Buchstabe b,
2. dem Bestätigungsvermerk im Falle der Inanspruchnahme der Ausnahme nach Absatz 1 Nummer 11,
3. den zulässigen Datenträgern, Übertragungswegen und Datenformaten und über zu verwendende und anzuzeigende Zusatzinformationen zu den Hauptinformationen, etwa besondere Rechtsträgerkennungen sowie Angaben zu deren Aktualität oder Validität.

[3]Das Bundesministerium der Finanzen kann in der Rechtsverordnung die Anzeigepflichten durch die Pflicht zur Erstattung von Sammelanzeigen und zur Einreichung von Sammelaufstellungen ergänzen, soweit dies zur Erfüllung der Aufgaben der Bundesanstalt erforderlich erscheint, auch um einheitliche Unterlagen zur Beurteilung der unter diesen Bereichsausnahmen durchgeführten Geschäfte zu erhalten. [4]Die Rechtsverordnung kann auch nähere Bestimmungen zur Unterrichtung der Europäischen Bankenaufsichtsbehörde und zur öffentlichen Zugänglichmachung der Informationen in dem Zahlungsinstituts-Register und dem E-Geld-Instituts-Register regeln. [5]Das Bundesministerium der Finanzen kann die Ermächtigung durch Rechtsverordnung auf die Bundesanstalt übertragen. [6]Vor Erlass der Rechtsverordnung sind die Spitzenverbände der Institute anzuhören.

(6) Auf Zahlungsinstitute, die als Zahlungsdienst nur den Kontoinformationsdienst anbieten, sind die §§ 10 bis 18, 21 Absatz 1 und 3 bis 5, § 23 Absatz 1 Satz 3 und § 25 nicht anzuwenden.

(7) Auf Institute, die eine Erlaubnis nach § 32 Absatz 1 Satz 1 des Kreditwesengesetzes haben, sind die §§ 14, 19, 20, 22, 23, 26, 28 und 30 nicht anzuwenden, soweit das Kreditwesengesetz eine inhaltsgleiche Regelung enthält.

§ 3 Für Institute zugelassene Tätigkeiten und verbotene Geschäfte.

(1) Ein Institut darf außerhalb der Vorgaben der Absätze 2 und 3 und seiner Erlaubnis nach § 10 Absatz 1 Satz 1 oder § 11 Absatz 1 Satz 1 nicht gewerbsmäßig oder in einem Umfang, der einen in kaufmännischer Weise eingerichteten Geschäftsbetrieb erfordert, Einlagen oder andere rückzahlbare Gelder des Publikums entgegennehmen.

(2) [1]Gelder, die ein E-Geld-Institut zum Zwecke der Ausgabe von E-Geld entgegennimmt, hat es unverzüglich in E-Geld umzutauschen. [2]Solche Gelder gelten nicht als Einlagen oder andere rückzahlbare Gelder des Publikums im Sinne des § 1 Absatz 1 Satz 2 Nummer 1 des Kreditwesengesetzes[1)], sofern

[1)] Nr. **9**.

1. die Ausgabe des E-Geldes gleichzeitig oder unverzüglich nach der Entgegennahme der im Austausch gegen die Ausgabe des E-Geldes einzuzahlenden Gelder erfolgt und
2. das E-Geld und das Guthaben, das durch die Ausgabe des E-Geldes entsteht, nicht verzinst werden und dem Inhaber auch sonst keine Vorteile gewährt werden, die mit der Länge der Haltedauer in Zusammenhang stehen.

(3) [1] Soweit ein Institut im Rahmen seiner Erlaubnis nach § 10 Absatz 1 Satz 1 oder § 11 Absatz 1 Satz 1 Zahlungskonten für Zahlungsdienstnutzer führt, darf es über diese Zahlungskonten ausschließlich die Abwicklung von Zahlungsvorgängen vornehmen. [2] Guthaben auf Zahlungskonten, die bei dem Institut geführt werden, dürfen nicht verzinst werden. [3] Die Gelder, die ein Institut von den Zahlungsdienstnutzern ausschließlich bestimmt für die Durchführung von Zahlungsvorgängen entgegennimmt, gelten nicht als Einlagen oder andere unbedingt rückzahlbare Gelder des Publikums im Sinne des § 1 Absatz 1 Satz 2 Nummer 1 des Kreditwesengesetzes oder als E-Geld.

(4) [1] Ein Institut darf im Rahmen seiner Erlaubnis nach § 10 Absatz 1 Satz 1 oder § 11 Absatz 1 Satz 1 Zahlungsdienstnutzern im Zusammenhang mit Zahlungsdiensten nach § 1 Absatz 1 Satz 2 Nummer 4 oder 5 Kredite im Sinne des § 19 des Kreditwesengesetzes nur unter der Voraussetzung gewähren, dass

1. die Gewährung des Kredits als Nebentätigkeit und ausschließlich im Zusammenhang mit der Ausführung eines Zahlungsvorgangs erfolgt,
2. im Kreditvertrag eine Laufzeit von nicht mehr als zwölf Monaten vereinbart und das Darlehen innerhalb von zwölf Monaten vollständig zurückzuzahlen ist und
3. der Kredit nicht aus den für den Zweck der Ausführung eines Zahlungsvorgangs oder aus der Ausgabe von E-Geld entgegengenommenen oder gehaltenen Geldern gewährt wird.

[2] Satz 1 gilt für die Ausgabe von E-Geld entsprechend mit der Maßgabe, dass der Kredit auch nicht aus den im Austausch für die Ausgabe von E-Geld angenommenen Geldern gewährt werden darf. [3] Eine Kreditgewährung durch ein Institut im Sinne dieses Gesetzes, die die Voraussetzungen des Satzes 1 erfüllt, gilt nicht als Kreditgeschäft im Sinne des § 1 Absatz 1 Satz 2 Nummer 2 des Kreditwesengesetzes. [4] In diesem Fall prüft das Zahlungsinstitut vor Abschluss eines Verbraucherdarlehensvertrags oder eines Vertrags über eine entgeltliche Finanzierungshilfe die Kreditwürdigkeit des Verbrauchers; § 18a Absatz 1 bis 10 des Kreditwesengesetzes gilt entsprechend.

§ 4 Aufgaben und allgemeine Befugnisse der Bundesanstalt, Entscheidung in Zweifelsfällen. (1) Die Bundesanstalt übt die Aufsicht über die Zahlungsdienstleister und E-Geld-Emittenten nach den Vorschriften dieses Gesetzes aus.

(2) [1] Die Bundesanstalt kann im Rahmen der ihr gesetzlich zugewiesenen Aufgaben gegenüber den Instituten und ihren Geschäftsleitern die Anordnungen treffen, die geeignet und erforderlich sind, um Verstöße gegen aufsichtsrechtliche Bestimmungen zu verhindern oder zu unterbinden oder um Missstände in einem Institut zu verhindern oder zu beseitigen, die die Sicherheit der dem Institut anvertrauten Vermögenswerte gefährden können oder die ordnungsgemäße Durchführung der Zahlungsdienste oder E-Geld-Geschäfte beeinträchtigen. [2] Die Befugnis nach Satz 1 schließt die Behebung von Miss-

ständen bei der Werbung der Institute ein. [3] Vor allgemeinen Maßnahmen nach Satz 2 sind die Spitzenverbände der Institute und des Verbraucherschutzes anzuhören.

(3) [1] Die Bundesanstalt und die Deutsche Bundesbank arbeiten nach Maßgabe dieses Gesetzes zusammen. [2] § 7 des Kreditwesengesetzes[1)] gilt entsprechend.

(4) [1] Die Bundesanstalt entscheidet in Zweifelsfällen, dass ein Unternehmen den Vorschriften dieses Gesetzes unterliegt. [2] Als Zweifelsfall gilt insbesondere jeder Fall, bei dem die Einstufung als Institut, Zahlungsdienstleister oder E-Geld-Emittent zwischen dem Betreiber und der Bundesanstalt oder einer anderen Verwaltungsbehörde streitig ist. [3] Ihre Entscheidungen binden die anderen Verwaltungsbehörden.

§ 5 Zusammenarbeit mit anderen Behörden. [1] Die Bundesanstalt und die Deutsche Bundesbank arbeiten bei der Aufsicht über Institute, Zahlungsdienstleister und E-Geld-Emittenten, die in einem anderen Mitgliedstaat oder Vertragsstaat des Abkommens über den Europäischen Wirtschaftsraum Zahlungsdienste erbringen oder das E-Geld-Geschäft betreiben, mit den zuständigen Behörden des anderen Staates und den zuständigen europäischen Behörden zusammen; dies schließt die §§ 60 und 61 ein. [2] Die §§ 7a bis 8a des Kreditwesengesetzes[1)] gelten entsprechend.

§ 6 Verschwiegenheitspflicht. [1] Die Bediensteten der Bundesanstalt und der Deutschen Bundesbank, die nach diesem Gesetz bestellten Aufsichtspersonen und Abwickler und die nach § 4 Absatz 3 des Finanzdienstleistungsaufsichtsgesetzes[2)] beauftragten Personen dürfen die ihnen bei ihrer Tätigkeit bekannt gewordenen Tatsachen, deren Geheimhaltung im Interesse des Instituts, Zahlungsdienstleisters oder E-Geld-Emittenten, der zuständigen Behörden oder eines Dritten liegt, insbesondere Geschäfts- und Betriebsgeheimnisse, nicht unbefugt offenbaren oder verwerten. [2] § 9 des Kreditwesengesetzes[1)] gilt entsprechend.

Unterabschnitt 2. Durchsetzung des Erlaubnisvorbehalts

§ 7 Einschreiten gegen unerlaubte Zahlungsdienste und E-Geld-Geschäfte. (1) [1] Werden ohne die nach § 10 Absatz 1 erforderliche Erlaubnis oder die nach § 34 Absatz 1 erforderliche Registrierung Zahlungsdienste erbracht (unerlaubte Zahlungsdienste) oder wird ohne die nach § 11 Absatz 1 erforderliche Erlaubnis das E-Geld-Geschäft betrieben (unerlaubtes E-Geld-Geschäft), kann die Bundesanstalt die sofortige Einstellung des Geschäftsbetriebs und die unverzügliche Abwicklung dieser Geschäfte gegenüber dem Unternehmen sowie gegenüber seinen Gesellschaftern und den Mitgliedern seiner Organe anordnen. [2] Sie kann

1. für die Abwicklung Weisungen erlassen und
2. eine geeignete Person als Abwickler bestellen.

[3] Sie kann ihre Maßnahmen nach den Sätzen 1 und 2 bekannt machen; personenbezogene Daten dürfen nur veröffentlicht werden, soweit dies zur Gefah-

---

1) Nr. 9.
2) Nr. 8.

renabwehr erforderlich ist. [4] Die Befugnisse der Bundesanstalt nach den Sätzen 1 bis 3 bestehen auch gegenüber dem Unternehmen, das in die Anbahnung, den Abschluss oder die Abwicklung dieser Geschäfte einbezogen ist, sowie gegenüber seinen Gesellschaftern und den Mitgliedern seiner Organe.

(2) [1] Ordnet die Bundesanstalt die Einstellung des Geschäftsbetriebs oder die Abwicklung der unerlaubten Geschäfte an, so stehen ihr bei juristischen Personen und Personenhandelsgesellschaften auch die in § 38 Absatz 1 und 2 des Kreditwesengesetzes[1)] genannten Rechte zu. [2] Absatz 1 Satz 3 gilt entsprechend.

(3) Der Abwickler ist zum Antrag auf Eröffnung eines Insolvenzverfahrens über das Vermögen des Unternehmens berechtigt.

(4) [1] Der Abwickler erhält von der Bundesanstalt eine angemessene Vergütung und Ersatz seiner Auslagen entsprechend den Regeln über die Vergütung des Insolvenzverwalters. [2] Die gezahlten Beträge sind der Bundesanstalt von dem betroffenen Unternehmen gesondert zu erstatten und auf Verlangen der Bundesanstalt vorzuschießen. [3] Die Bundesanstalt kann das betroffene Unternehmen anweisen, den von der Bundesanstalt festgesetzten Betrag im Namen der Bundesanstalt unmittelbar an den Abwickler zu leisten, wenn dadurch keine Beeinflussung der Unabhängigkeit des Abwicklers zu besorgen ist.

§ 8 Verfolgung unerlaubter Zahlungsdienste und E-Geld-Geschäfte.

(1) [1] Steht es fest oder rechtfertigen Tatsachen die Annahme, dass ein Unternehmen unerlaubt Zahlungsdienste erbringt oder unerlaubt das E-Geld-Geschäft betreibt oder dass es in die Anbahnung, den Abschluss oder die Abwicklung unerlaubter Zahlungsdienste oder E-Geld-Geschäfte einbezogen ist oder war, haben sowohl das Unternehmen als auch die Mitglieder der Organe, die Gesellschafter und die Beschäftigten eines solchen Unternehmens der Bundesanstalt sowie der Deutschen Bundesbank auf Verlangen Auskünfte über alle Geschäftsangelegenheiten zu erteilen und Unterlagen vorzulegen. [2] Ein Mitglied eines Organs, ein Gesellschafter oder ein Beschäftigter hat auf Verlangen auch nach seinem Ausscheiden aus dem Organ oder dem Unternehmen Auskunft zu erteilen und Unterlagen vorzulegen. [3] Die Bundesanstalt kann den in Satz 1 genannten Unternehmen und Personen Weisungen zur Sicherung von Kundengeldern, Daten und Vermögenswerten erteilen.

(2) [1] Soweit dies zur Feststellung der Art oder des Umfangs der Geschäfte oder Tätigkeiten erforderlich ist, kann die Bundesanstalt Prüfungen in Räumen des Unternehmens sowie in den Räumen der nach Absatz 1 auskunfts- und vorlegungspflichtigen Personen und Unternehmen vornehmen; sie kann die Durchführung der Prüfungen der Deutschen Bundesbank übertragen. [2] Die Bediensteten der Bundesanstalt und der Deutschen Bundesbank dürfen hierzu diese Räume innerhalb der üblichen Betriebs- und Geschäftszeiten betreten und besichtigen. [3] Zur Verhütung dringender Gefahren für die öffentliche Ordnung und Sicherheit sind sie befugt, diese Räume auch außerhalb der üblichen Betriebs- und Geschäftszeiten sowie Räume, die auch als Wohnung dienen, zu betreten und zu besichtigen; das Grundrecht des Artikels 13 des Grundgesetzes wird insoweit eingeschränkt.

---

1) Nr. 9.

(3) [1] Die Bediensteten der Bundesanstalt und der Deutschen Bundesbank dürfen die Räume des Unternehmens sowie der nach Absatz 1 auskunfts- und vorlegungspflichtigen Personen und Unternehmen durchsuchen. [2] Im Rahmen der Durchsuchung dürfen die Bediensteten auch die auskunfts- und vorlegungspflichtigen Personen zum Zwecke der Sicherstellung von Gegenständen im Sinne des Absatzes 4 durchsuchen. [3] Das Grundrecht des Artikels 13 des Grundgesetzes wird insoweit eingeschränkt. [4] Durchsuchungen von Geschäftsräumen und Personen sind, außer bei Gefahr im Verzug, durch das Gericht anzuordnen. [5] Durchsuchungen von Räumen, die als Wohnung dienen, sind durch das Gericht anzuordnen. [6] Zuständig ist das Amtsgericht, in dessen Bezirk sich die Räume befinden. [7] Gegen die gerichtliche Entscheidung ist die Beschwerde zulässig; die §§ 306 bis 310 und 311a der Strafprozessordnung gelten entsprechend. [8] Über die Durchsuchung ist eine Niederschrift zu fertigen. [9] Sie muss die verantwortliche Dienststelle, Grund, Zeit und Ort der Durchsuchung und ihr Ergebnis und, falls keine gerichtliche Anordnung ergangen ist, auch Tatsachen, welche die Annahme einer Gefahr im Verzuge begründet haben, enthalten.

(4) Die Bediensteten der Bundesanstalt und der Deutschen Bundesbank können Gegenstände sicherstellen, die als Beweismittel für die Ermittlung des Sachverhaltes von Bedeutung sein können.

(5) [1] Die Betroffenen haben Maßnahmen nach den Absätzen 2 und 3 Satz 1 und 2 sowie Absatz 4 zu dulden. [2] Der zur Erteilung einer Auskunft Verpflichtete kann die Auskunft auf solche Fragen verweigern, deren Beantwortung ihn selbst oder einen der in § 383 Absatz 1 Nummer 1 bis 3 der Zivilprozessordnung bezeichneten Angehörigen der Gefahr strafgerichtlicher Verfolgung oder eines Verfahrens nach dem Gesetz über Ordnungswidrigkeiten aussetzen würde.

(6) Die Absätze 1 bis 5 gelten entsprechend für andere Unternehmen und Personen, sofern

1. Tatsachen die Annahme rechtfertigen, dass sie in die Anbahnung, den Abschluss oder die Abwicklung von Zahlungsdiensten oder des E-Geld-Geschäfts einbezogen sind, die in einem anderen Staat entgegen einem dort bestehenden Verbot erbracht oder betrieben werden, und
2. die zuständige Behörde des anderen Staates ein entsprechendes Ersuchen an die Bundesanstalt stellt.

(7) [1] Soweit und solange Tatsachen die Annahme rechtfertigen oder feststeht, dass ein Unternehmen unerlaubt Zahlungsdienste erbringt oder unerlaubt das E-Geld-Geschäft betreibt, kann die Bundesanstalt die Öffentlichkeit unter Nennung des Namens oder der Firma des Unternehmens über den Verdacht oder diese Feststellung informieren. [2] Satz 1 ist entsprechend anzuwenden, wenn ein Unternehmen die unerlaubten Zahlungsdienste zwar nicht erbringt oder das E-Geld-Geschäft nicht betreibt, aber in der Öffentlichkeit einen entsprechenden Anschein erweckt. [3] Vor der Entscheidung über die Veröffentlichung der Information ist das Unternehmen anzuhören. [4] Stellen sich die von der Bundesanstalt veröffentlichten Informationen als falsch oder die zugrunde liegenden Umstände als unrichtig wiedergegeben heraus, so informiert die Bundesanstalt die Öffentlichkeit hierüber in der gleichen Art und Weise, in der sie die betreffende Information zuvor bekannt gegeben hat.

Unterabschnitt 3. Sofortige Vollziehbarkeit

§ 9 Sofortige Vollziehbarkeit. Widerspruch und Anfechtungsklage gegen Maßnahmen der Bundesanstalt, einschließlich der Androhung und Festsetzung von Zwangsmitteln, auf der Grundlage des § 4 Absatz 2, der §§ 7, 8, § 13 Absatz 2 Nummer 2 bis 5 oder § 14 Absatz 1 in Verbindung mit § 2c Absatz 1b Satz 1 bis 3, Absatz 2 Satz 1 und Abs. 2a des Kreditwesengesetzes[1)], auf der Grundlage des § 15 Absatz 1 Satz 3 und 4, der §§ 19 bis 21, diese auch in Verbindung mit § 17 Absatz 3 Satz 3, § 23 Absatz 1, § 24 Absatz 4 oder auf der Grundlage des § 25 Absatz 3, des § 26 Absatz 3 und 3a oder des § 27 Absatz 3 Satz 1 und 3 oder Absatz 4 Satz 2 oder des § 32 Absatz 2 oder des § 39 Absatz 8 haben keine aufschiebende Wirkung.

Abschnitt 2. Erlaubnis; Inhaber bedeutender Beteiligungen

Unterabschnitt 1. Erlaubnis

§ 10 Erlaubnis für das Erbringen von Zahlungsdiensten; Verordnungsermächtigung. (1) [1] Wer im Inland gewerbsmäßig oder in einem Umfang, der einen in kaufmännischer Weise eingerichteten Geschäftsbetrieb erfordert, Zahlungsdienste erbringen will, ohne Zahlungsdienstleister im Sinne des § 1 Absatz 1 Satz 1 Nummer 2 bis 5 zu sein, bedarf der schriftlichen Erlaubnis der Bundesanstalt. [2] Über die Erbringung von Zahlungsdiensten hinaus sind von der Erlaubnis umfasst

1. die Erbringung betrieblicher und eng verbundener Nebendienstleistungen; Nebendienstleistungen sind die Sicherstellung der Ausführung von Zahlungsvorgängen, Devisengeschäfte, Dienstleistungen für die Sicherstellung des Datenschutzes sowie die Datenspeicherung und -verarbeitung und Verwahrungsleistungen, soweit es sich nicht um die Entgegennahme von Einlagen handelt;
2. der Betrieb von Zahlungssystemen nach Maßgabe des § 57;
3. Geschäftstätigkeiten, die nicht in der Erbringung von Zahlungsdiensten bestehen, wobei das geltende Unionsrecht und das jeweils maßgebende einzelstaatliche Recht zu berücksichtigen sind.

(2) [1] Der Erlaubnisantrag muss folgende Angaben und Nachweise enthalten:

1. eine Beschreibung des Geschäftsmodells, aus der insbesondere die Art der beabsichtigten Zahlungsdienste hervorgeht;
2. einen Geschäftsplan mit einer Budgetplanung für die ersten drei Geschäftsjahre, aus dem hervorgeht, dass der Antragsteller über geeignete und angemessene Systeme, Mittel und Verfahren verfügt, um seine Tätigkeit ordnungsgemäß auszuführen;
3. den Nachweis, dass der Antragsteller über das erforderliche Anfangskapital nach § 12 Nummer 3 verfügt sowie für Zahlungsauslösedienste und Kontoinformationsdienste den Nachweis über die Absicherung im Haftungsfall unter den Voraussetzungen der §§ 16 und 36;
4. eine Beschreibung der Maßnahmen zur Erfüllung der Sicherungsanforderungen nach § 17;

---

1) Nr. 9.

5. eine Beschreibung der Unternehmenssteuerung und der internen Kontrollmechanismen des Antragstellers einschließlich der Verwaltungs-, Risikomanagement- und Rechnungslegungsverfahren, aus der hervorgeht, dass diese Unternehmenssteuerung, Kontrollmechanismen und Verfahren verhältnismäßig, angemessen, zuverlässig und ausreichend sind;
6. eine Beschreibung der vorhandenen Verfahren für Überwachung, Handhabung und Folgemaßnahmen bei Sicherheitsvorfällen und sicherheitsbezogenen Kundenbeschwerden, einschließlich eines Mechanismus für die Meldung von Vorfällen, der die Meldepflichten nach § 54 berücksichtigt;
7. eine Beschreibung der vorhandenen Verfahren für die Erfassung, Überwachung, Rückverfolgung sowie Beschränkung des Zugangs zu sensiblen Zahlungsdaten;
8. eine Beschreibung der Regelungen zur Geschäftsfortführung im Krisenfall, einschließlich klarer Angabe der maßgeblichen Abläufe, der wirksamen Notfallpläne und eines Verfahrens für die regelmäßige Überprüfung der Angemessenheit und Wirksamkeit solcher Pläne;
9. eine Beschreibung der Grundsätze und Definitionen für die Erfassung statistischer Daten über Leistungsfähigkeit, Geschäftsvorgänge und Betrugsfälle;
10. eine Beschreibung der Sicherheitsstrategie, einschließlich einer detaillierten Risikobewertung der erbrachten Zahlungsdienste und eine Beschreibung von Sicherheitskontroll- und Risikominderungsmaßnahmen zur Gewährleistung eines angemessenen Schutzes der Zahlungsdienstnutzer vor den festgestellten Risiken, einschließlich Betrug und illegaler Verwendung sensibler und personenbezogener Daten;
11. eine Beschreibung der internen Kontrollmechanismen, die der Antragsteller eingeführt hat, um die Anforderungen der §§ 27 und 53 zu erfüllen;
12. eine Darstellung des organisatorischen Aufbaus des Antragstellers, gegebenenfalls einschließlich einer Beschreibung der geplanten Inanspruchnahme von Agenten und Zweigniederlassungen und von deren Überprüfungen vor Ort oder von außerhalb ihres Standorts erfolgenden Überprüfungen, zu deren mindestens jährlicher Durchführung der Antragsteller sich verpflichtet, sowie einer Darstellung der Auslagerungsvereinbarungen und eine Beschreibung der Art und Weise seiner Teilnahme an einem nationalen oder internationalen Zahlungssystem;
13. die Namen der Inhaber einer bedeutenden Beteiligung, die Höhe ihrer Beteiligung sowie den Nachweis, dass sie den im Interesse der Gewährleistung einer soliden und umsichtigen Führung des Antragstellers zu stellenden Ansprüchen genügen; § 2c Absatz 1 Satz 4 des Kreditwesengesetzes[1] gilt entsprechend;
14. die Namen der Geschäftsleiter und, soweit es sich um Unternehmen handelt, die neben der Erbringung von Zahlungsdiensten anderen Geschäftsaktivitäten nachgehen, der für die Führung der Zahlungsdienstgeschäfte des Antragstellers verantwortlichen Personen;
15. gegebenenfalls die Namen der Abschlussprüfer des Jahresabschlusses und des Konzernabschlusses;

---

[1] Nr. **9**.

16. die Rechtsform und die Satzung oder den Gesellschaftsvertrag des Antragstellers;
17. die Anschrift der Hauptverwaltung oder des Sitzes des Antragstellers.

[2] Mit den Unterlagen nach Satz 1 Nummer 4 bis 6 und 12 hat der Antragsteller eine Beschreibung seiner Prüfmodalitäten und seiner organisatorischen Vorkehrungen für das Ergreifen aller angemessenen Maßnahmen zum Schutz der Interessen seiner Nutzer und zur Gewährleistung der Kontinuität und Verlässlichkeit der von ihm erbrachten Zahlungsdienste vorzulegen. [3] In der Beschreibung der Sicherheitsstrategie gemäß Satz 1 Nummer 10 ist anzugeben, auf welche Weise durch diese Maßnahmen ein hohes Maß an technischer Sicherheit und Datenschutz gewährleistet wird; das gilt auch für Software und IT-Systeme, die der Antragsteller oder die Unternehmen verwenden, an die der Antragsteller alle oder einen Teil seiner Tätigkeiten auslagert. [4] Der Antrag muss den Nachweis enthalten, dass die in Satz 1 Nummer 14 genannten Personen zuverlässig sind und über angemessene theoretische und praktische Kenntnisse und Fähigkeiten, einschließlich Leitungserfahrung, zur Erbringung von Zahlungsdiensten verfügen. [5] Der Antragsteller hat mindestens zwei Geschäftsleiter zu bestellen; bei Unternehmen mit geringer Größe genügt ein Geschäftsleiter. [6] Die Bundesanstalt kann im Einzelfall zu den Angaben nach den Sätzen 1 bis 5 nähere Angaben und Nachweise verlangen, soweit dies erforderlich erscheint, um ihren gesetzlichen Auftrag zu erfüllen.

(3) Die Bundesanstalt teilt dem Antragsteller binnen drei Monaten nach Eingang des Antrags oder bei Unvollständigkeit des Antrags binnen drei Monaten nach Übermittlung aller für die Entscheidung erforderlichen Angaben mit, ob die Erlaubnis erteilt oder versagt wird.

(4) [1] Die Bundesanstalt kann die Erlaubnis unter Auflagen erteilen, die sich im Rahmen des mit diesem Gesetz verfolgten Zweckes halten müssen. [2] Sie kann im Rahmen dieses Zweckes die Erlaubnis auch auf einzelne Zahlungsdienste beschränken. [3] Geht das Zahlungsinstitut zugleich anderen Geschäftstätigkeiten nach, kann die Bundesanstalt ihm auferlegen, dass es diese Geschäfte abzuspalten oder ein eigenes Unternehmen für das Zahlungsdienstgeschäft zu gründen hat, wenn diese Geschäfte die finanzielle Solidität des Zahlungsinstituts oder die Prüfungsmöglichkeiten beeinträchtigen oder beeinträchtigen könnten.

(5) Das Zahlungsinstitut hat der Bundesanstalt unverzüglich jede materiell und strukturell wesentliche Änderung der tatsächlichen oder rechtlichen Verhältnisse mitzuteilen, soweit sie die Richtigkeit der nach Absatz 2 vorgelegten Angaben und Nachweise betreffen.

(6) Die Bundesanstalt hat die Erteilung der Erlaubnis im Bundesanzeiger bekannt zu machen.

(7) Soweit für das Erbringen von Zahlungsdiensten eine Erlaubnis nach Absatz 1 erforderlich ist, dürfen Eintragungen in öffentliche Register nur vorgenommen werden, wenn dem Registergericht die Erlaubnis nachgewiesen ist.

(8) [1] Das Bundesministerium der Finanzen wird ermächtigt, durch Rechtsverordnung, die nicht der Zustimmung des Bundesrates bedarf, im Benehmen mit der Deutschen Bundesbank nähere Bestimmungen über Art, Umfang und Form der nach dieser Vorschrift vorgesehenen Antragsunterlagen zu erlassen. [2] Das Bundesministerium der Finanzen kann diese Ermächtigung im Einvernehmen mit der Deutschen Bundesbank durch Rechtsverordnung auf die

Bundesanstalt übertragen. [3] Vor Erlass der Rechtsverordnung sind die Spitzenverbände der Institute anzuhören. [4] Das Bundesamt für Sicherheit in der Informationstechnik ist anzuhören, soweit die Sicherheit informationstechnischer Systeme betroffen ist.

§ 11 Erlaubnis für das Betreiben von E-Geld-Geschäften; Verordnungsermächtigung. (1) [1] Wer im Inland das E-Geld-Geschäft betreiben will, ohne E-Geld-Emittent im Sinne des § 1 Absatz 2 Satz 1 Nummer 2 bis 4 zu sein, bedarf der schriftlichen Erlaubnis der Bundesanstalt. [2] Über die Erbringung des E-Geld-Geschäfts hinaus sind von der Erlaubnis nach Satz 1 umfasst:

1. die Erbringung von Zahlungsdiensten;
2. die Gewährung von Krediten nach Maßgabe des § 3;
3. die Erbringung von betrieblichen Dienstleistungen und damit eng verbundenen Nebendienstleistungen, die mit der Ausgabe von E-Geld oder mit der Erbringung von Zahlungsdiensten im Zusammenhang stehen;
4. der Betrieb von Zahlungssystemen nach Maßgabe des § 57;
5. andere Geschäftstätigkeiten als die Ausgabe von E-Geld im Rahmen der geltenden gemeinschaftlichen und nationalen Rechtsvorschriften.

(2) [1] Auf den Inhalt des Erlaubnisantrags ist § 10 Absatz 2 Satz 1 Nummer 2, 5 bis 11, 13 und 15 bis 17 entsprechend anzuwenden. [2] Der Erlaubnisantrag hat zusätzlich folgende Angaben und Nachweise zu enthalten:

1. eine Beschreibung des Geschäftsmodells, aus dem insbesondere die beabsichtigte Ausgabe von E-Geld sowie die Art der beabsichtigten Zahlungsdienste hervorgeht,
2. den Nachweis, dass der Antragsteller über das erforderliche Anfangskapital nach § 12 Nummer 3 Buchstabe d verfügt,
3. eine Beschreibung der Maßnahmen zur Erfüllung der Sicherungsanforderungen nach den §§ 17 und 18,
4. eine Darstellung des organisatorischen Aufbaus des Antragstellers, gegebenenfalls einschließlich einer Beschreibung der geplanten Inanspruchnahme von E-Geld-Agenten, Zweigniederlassungen und, soweit Zahlungsdienste erbracht werden, Agenten sowie eine Darstellung der Auslagerungsvereinbarungen und eine Beschreibung der Art und Weise seiner Teilnahme an einem nationalen oder internationalen Zahlungssystem sowie
5. die Namen der Geschäftsleiter, der für die Geschäftsleitung des Antragstellers verantwortlichen Personen und, soweit es sich um Unternehmen handelt, die neben der Ausgabe von E-Geld und der Erbringung von Zahlungsdiensten anderen Geschäftsaktivitäten nachgehen, der für die Ausgabe von E-Geld und Erbringung von Zahlungsdiensten des Antragstellers verantwortlichen Personen.

[3] Der Antrag muss den Nachweis enthalten, dass die in Satz 1 Nummer 5 genannten Personen zuverlässig sind und über angemessene theoretische und praktische Kenntnisse und Erfahrungen, einschließlich Leitungserfahrung, für den Betrieb des E-Geld-Geschäfts und die Erbringung von Zahlungsdiensten verfügen. [4] Der Antragsteller hat mindestens zwei Geschäftsleiter zu bestellen; bei Unternehmen mit geringer Größe genügt ein Geschäftsleiter. [5] Für das weitere Verfahren gilt § 10 Absatz 2 Satz 2, 3 und 6 sowie Absatz 3 und 6 entsprechend.

(3) [1] Die Bundesanstalt kann die Erlaubnis unter Auflagen erteilen, die sich im Rahmen des mit diesem Gesetz verfolgten Zweckes halten müssen. [2] Erbringt das E-Geld-Institut zugleich Zahlungsdienste oder geht es anderen Geschäftstätigkeiten nach, kann die Bundesanstalt ihm auferlegen, dass es die Erbringung von Zahlungsdiensten oder die anderen Geschäfte abzuspalten oder ein eigenes Unternehmen für das E-Geld-Geschäft zu gründen hat, wenn diese die finanzielle Solidität des Instituts oder die Prüfungsmöglichkeiten beeinträchtigen oder beeinträchtigen könnten.

(4) Das E-Geld-Institut hat der Bundesanstalt unverzüglich jede materiell und strukturell wesentliche Änderung der tatsächlichen und rechtlichen Verhältnisse mitzuteilen, soweit sie die Richtigkeit der nach Absatz 2 Satz 1 und 2 vorgelegten Angaben und Nachweise betreffen.

(5) Soweit für das Betreiben des E-Geld-Geschäfts eine Erlaubnis nach Absatz 1 erforderlich ist, dürfen Eintragungen in öffentliche Register nur vorgenommen werden, wenn dem Registergericht die Erlaubnis nachgewiesen ist.

(6) [1] Das Bundesministerium der Finanzen wird ermächtigt, durch Rechtsverordnung, die nicht der Zustimmung des Bundesrates bedarf, im Benehmen mit der Deutschen Bundesbank nähere Bestimmungen über Art, Umfang und Form der nach dieser Vorschrift vorgesehenen Antragsunterlagen zu erlassen. [2] Das Bundesministerium der Finanzen kann die Ermächtigung im Einvernehmen mit der Deutschen Bundesbank durch Rechtsverordnung auf die Bundesanstalt übertragen. [3] Vor Erlass der Rechtsverordnung sind die Spitzenverbände der Institute anzuhören. [4] Das Bundesamt für Sicherheit in der Informationstechnik ist anzuhören, soweit die Sicherheit informationstechnischer Systeme betroffen ist.

§ 12 Versagung der Erlaubnis. Die Erlaubnis zur Erbringung von Zahlungsdiensten oder zum Betreiben des E-Geld-Geschäfts ist zu versagen, wenn

1. der Antragsteller keine juristische Person oder Personenhandelsgesellschaft ist;
2. der Antrag entgegen § 10 Absatz 2 oder § 11 Absatz 2 keine ausreichenden Angaben oder Unterlagen enthält oder die eingereichten Angaben und Unterlagen keine positive Gesamtbewertung zulassen;
3. die zum Geschäftsbetrieb erforderlichen Mittel, insbesondere ein ausreichendes Anfangskapital, im Inland nicht zur Verfügung stehen; als Anfangskapital muss zur Verfügung stehen:
   a) bei Zahlungsinstituten, die nur das Finanztransfergeschäft betreiben, ein Betrag im Gegenwert von mindestens 20 000 Euro;
   b) bei Zahlungsinstituten, die nur Zahlungsauslösedienste anbieten, ein Betrag im Gegenwert von mindestens 50 000 Euro;
   c) bei Zahlungsinstituten, die die Zahlungsdienste im Sinne des § 1 Absatz 1 Satz 2 Nummer 1 bis 5 anbieten, ein Betrag im Gegenwert von mindestens 125 000 Euro;
   d) bei E-Geld-Instituten ein Betrag im Gegenwert von mindestens 350 000 Euro;

   ist das Institut zugleich Institut im Sinne des § 1 Absatz 1b des Kreditwesengesetzes[1] oder Wertpapierinstitut im Sinne des Wertpapierinstitutsgeset-

[1] Nr. **9**.

zes[1)], gilt der nach dieser Vorschrift oder nach § 33 Absatz 1 des Kreditwesengesetzes oder nach § 17 Absatz 1 des Wertpapierinstitutsgesetzes jeweils höhere Betrag;

4. Tatsachen die Annahme rechtfertigen, dass der Antragsteller oder der Inhaber einer bedeutenden Beteiligung oder, wenn dieser eine juristische Person ist, auch ein gesetzlicher oder satzungsmäßiger Vertreter, oder, wenn er eine Personenhandelsgesellschaft ist, auch ein Gesellschafter, nicht zuverlässig ist oder aus anderen Gründen nicht den im Interesse einer soliden und umsichtigen Führung des Zahlungsinstituts zu stellenden Ansprüchen genügt;
5. Tatsachen vorliegen, aus denen sich ergibt, dass ein Geschäftsleiter nicht zuverlässig ist oder nicht die zur Leitung des Antragstellers erforderliche fachliche Eignung hat und auch nicht eine andere Person nach § 1 Absatz 8 Satz 2 als Geschäftsleiter bestimmt wird; die fachliche Eignung setzt voraus, dass in ausreichendem Maß theoretische und praktische Kenntnisse und Fähigkeiten in den betreffenden Geschäften und Leitungserfahrung vorhanden sind;
6. der Antragsteller nicht über wirksame Verfahren zur Ermittlung, Steuerung, Überwachung und Meldung von Risiken sowie angemessene interne Kontrollverfahren einschließlich solider Verwaltungs- und Rechnungslegungsverfahren verfügt;
7. Tatsachen die Annahme rechtfertigen, dass eine wirksame Aufsicht über den Antragsteller beeinträchtigt wird; dies ist insbesondere der Fall, wenn
   a) der Antragsteller mit anderen Personen oder Unternehmen in einen Unternehmensverbund eingebunden ist oder in einer engen Verbindung im Sinne des Artikels 4 Absatz 1 Nummer 38 der Verordnung (EU) Nr. 575/2013[2)] zu einem solchen steht, der durch die Struktur des Beteiligungsgeflechtes oder mangelhafte wirtschaftliche Transparenz eine wirksame Aufsicht über das Institut beeinträchtigt,
   b) eine wirksame Aufsicht über den Antragsteller wegen der für solche Personen oder Unternehmen geltenden Rechts- oder Verwaltungsvorschriften eines Drittstaates beeinträchtigt wird oder
   c) der Antragsteller Tochterunternehmen eines Instituts mit Sitz in einem Drittstaat ist, das im Staat seines Sitzes oder seiner Hauptverwaltung nicht wirksam beaufsichtigt wird oder dessen zuständige Aufsichtsbehörde zu einer befriedigenden Zusammenarbeit mit der Bundesanstalt nicht bereit ist;
8. der Antragsteller seine Hauptverwaltung nicht im Inland hat oder nicht zumindest einen Teil seiner Zahlungsdienste im Inland erbringt oder seines E-Geld-Geschäfts im Inland betreibt;
9. der Antragsteller nicht über eine Absicherung für den Haftungsfall gemäß den Voraussetzungen des § 16 oder § 36 verfügt;
10. die Erfüllung der Sicherungsanforderungen nach § 17 oder § 18 der Bundesanstalt nicht ausreichend nachgewiesen wird;
11. der Antragsteller gegen das Verbot der Ausgabe von E-Geld über andere Personen nach § 31 verstößt;

[1)] Nr. **10**.
[2)] Nr. **6**.

12. eine Rechtsnorm der Europäischen Union oder des nationalen Rechts der Erteilung der Erlaubnis entgegensteht.

§ 13 Erlöschen und Aufhebung der Erlaubnis. (1) Die Erlaubnis eines Instituts erlischt, wenn das Institut von ihr nicht innerhalb eines Jahres seit ihrer Erteilung Gebrauch macht oder wenn es ausdrücklich auf sie verzichtet.

(2) Die Bundesanstalt kann die Erlaubnis außer nach den Vorschriften des Verwaltungsverfahrensgesetzes aufheben, wenn

1. der Geschäftsbetrieb, auf den sich die Erlaubnis bezieht, seit mehr als sechs Monaten nicht mehr ausgeübt worden ist,
2. die Erlaubnis aufgrund falscher Angaben oder auf andere Weise unrechtmäßig erlangt wurde,
3. Tatsachen bekannt werden, die die Versagung der Erlaubnis rechtfertigten oder gegen die Mitteilungspflichten nach § 10 Absatz 5 oder § 11 Absatz 4 verstoßen wird,
4. die Fortsetzung der Erbringung von Zahlungsdiensten oder des Betreibens des E-Geld-Geschäfts die Stabilität des betriebenen Zahlungssystems oder das Vertrauen darin gefährden würde oder
5. schwerwiegend, wiederholt oder systematisch gegen § 27, gegen das Geldwäschegesetz[1)], gegen die Verordnung (EU) 2015/847 des Europäischen Parlaments und des Rates vom 20. Mai 2015 über die Übermittlung von Angaben bei Geldtransfers und zur Aufhebung der Verordnung (EU) Nr. 1781/2006 (ABl. L 141 vom 5.6.2015, S. 1) oder gegen die zur Durchführung dieser Vorschriften erlassenen Verordnungen oder vollziehbaren Anordnungen verstoßen wurde.

(3) [1] § 38 des Kreditwesengesetzes[2)] gilt entsprechend. [2] § 48 Absatz 4 Satz 1 und § 49 Absatz 2 Satz 2 des Verwaltungsverfahrensgesetzes über die Jahresfrist sind nicht anzuwenden.

(4) Die Bundesanstalt macht die Aufhebung oder das Erlöschen der Erlaubnis im Bundesanzeiger und in dem Institutsregister nach § 43 oder § 44 bekannt.

Unterabschnitt 2. Inhaber bedeuten der Beteiligungen

§ 14 Inhaber bedeutender Beteiligungen; Verordnungsermächtigung.

(1) [1] Der Inhaber einer bedeutenden Beteiligung an einem Institut muss den Ansprüchen genügen, die im Interesse einer soliden und umsichtigen Führung des Instituts zu stellen sind. [2] § 2c Absatz 1 bis 3 des Kreditwesengesetzes[2)] ist entsprechend anzuwenden.

(2) Die Auskunfts-, Vorlegungs- und Prüfungsrechte der Bundesanstalt und der Deutschen Bundesbank nach § 19 Absatz 1 gelten entsprechend § 44b des Kreditwesengesetzes gegenüber den Inhabern bedeutender Beteiligungen, den Mitgliedern ihrer Organe und ihren Beschäftigten.

(3) [1] Das Bundesministerium der Finanzen wird ermächtigt, durch Rechtsverordnung, die nicht der Zustimmung des Bundesrates bedarf, im Benehmen mit der Deutschen Bundesbank nähere Bestimmungen über die wesentlichen Unterlagen und Tatsachen zu treffen, die der interessierte Erwerber einer

---

1) Nr. **18**.
2) Nr. **9**.

bedeutenden Beteiligung gemäß Absatz 1 Satz 2 in Verbindung mit § 2c Absatz 1 Satz 2 des Kreditwesengesetzes in der Anzeige anzugeben hat, soweit diese Angaben zur Erfüllung der Aufgaben der Bundesanstalt erforderlich sind. 2 Das Bundesministerium der Finanzen kann die Ermächtigung durch Rechtsverordnung im Einvernehmen mit der Deutschen Bundesbank auf die Bundesanstalt übertragen. 3 Vor Erlass der Rechtsverordnung sind die Spitzenverbände der Institute anzuhören.

Abschnitt 3. Eigenmittel, Absicherung im Haftungsfall

§ 15 Eigenmittel; Verordnungsermächtigung. (1) 1 Institute müssen im Interesse der Erfüllung ihrer Verpflichtungen über angemessene Eigenmittel verfügen; die Eigenmittel des Instituts dürfen zu keinem Zeitpunkt unter den Betrag des Anfangskapitals nach § 12 Nummer 3 oder unter den Betrag der Eigenmittel gemäß der Berechnung der nach Absatz 3 zu erlassenden Rechtsverordnung sinken, wobei der jeweils höhere Betrag maßgebend ist. 2 Gewährt ein Institut Kredite im Sinne des § 3 Absatz 4, müssen die Eigenmittel jederzeit in einem angemessenen Verhältnis zum Gesamtbetrag der gewährten Kredite stehen. 3 Die Bundesanstalt hat Maßnahmen zu treffen, die erforderlich sind, um in Fällen, in denen ein Institut zu derselben Gruppe gehört wie ein anderes Institut im Sinne dieses Gesetzes, wie ein Institut im Sinne des § 1 Absatz 1b des Kreditwesengesetzes[1)], wie ein Wertpapierinstitut im Sinne des Wertpapierinstitutsgesetzes[2)], wie eine Kapitalverwaltungsgesellschaft oder wie ein Versicherungsunternehmen, zu verhindern, dass Bestandteile, die für die Berechnung der Eigenmittel in Frage kommen, mehrfach genutzt werden. 4 Die Bundesanstalt kann auf die Eigenmittel nach Satz 1 einen Korrekturposten festsetzen, wenn die rechnerische Größe der durch das Institut ermittelten Eigenmittel die tatsächliche Eigenmittelbasis nicht angemessen abbildet. 5 Die Festsetzung ist aufzuheben oder für gegenstandslos zu erklären, sobald die Voraussetzungen für die Festsetzung weggefallen sind.

(2) 1 Die Institute haben der Bundesanstalt und der Deutschen Bundesbank vierteljährlich die für die Überprüfung der angemessenen Eigenmittelausstattung erforderlichen Angaben einzureichen. 2 Die Rechtsverordnung nach Absatz 3 kann in besonderen Fällen einen anderen Meldezeitraum vorsehen. 3 Die Bundesanstalt kann bei der Beurteilung der Angemessenheit der Eigenmittel auf der Grundlage einer Bewertung der Geschäftsorganisation, des Risikomanagements, der Verlustdatenbank im Sinne des Artikels 324 der Verordnung (EU) Nr. 575/2013[3)], der internen Kontrollmechanismen sowie der tatsächlichen Risiken des Instituts vorschreiben, dass die Eigenmittelunterlegung einem Betrag entsprechen muss, der um bis zu 20 Prozent von den Solvabilitätsgrundsätzen abweicht.

(3) 1 Das Bundesministerium der Finanzen wird ermächtigt, durch Rechtsverordnung, die nicht der Zustimmung des Bundesrates bedarf, im Benehmen mit der Deutschen Bundesbank nähere Bestimmungen über die angemessene Eigenmittelausstattung (Solvabilität) der Institute zu erlassen, insbesondere über

1. die Berechnungsmethoden,

---

1) Nr. **9**.
2) Nr. **10**.
3) Nr. **6**.

2. Inhalt, Art, Umfang und Form der nach Absatz 2 erforderlichen Angaben,
3. Meldepflichten bei Nichteinhaltung von Eigenmittelanforderungen und
4. die für die Datenübermittlung zulässigen Datenträger, Übertragungswege und Datenformate.

[2] Das Bundesministerium der Finanzen kann die Ermächtigung im Einvernehmen mit der Deutschen Bundesbank durch Rechtsverordnung auf die Bundesanstalt übertragen. [3] Vor Erlass der Rechtsverordnung sind die Spitzenverbände der Institute anzuhören.

(4) [1] Institute, die eine Erlaubnis nach § 32 Absatz 1 des Kreditwesengesetzes haben, müssen neben den Eigenmittelanforderungen nach diesem Gesetz auch die Eigenmittelanforderungen nach den Artikeln 24 bis 386 der Verordnung (EU) Nr. 575/2013 oder nach § 1a des Kreditwesengesetzes in Verbindung mit den Artikeln 24 bis 386 der Verordnung (EU) Nr. 575/2013 ermitteln, sofern sie nicht von der Anwendung dieser Artikel ausgenommen sind. [2] Institute, die eine Erlaubnis nach § 17 des Wertpapierinstitutsgesetzes haben, müssen neben den Eigenmittelanforderungen nach diesem Gesetz die für Wertpapierinstitute geltenden Eigenmittelanforderungen einhalten. [3] Sofern die Anforderungen nach diesem Gesetz höher sind, sind diese mit Eigenmitteln nach Absatz 1 abzudecken.

(5) Sofern die Voraussetzungen für eine Freistellung nach § 2a des Kreditwesengesetzes in Verbindung mit Artikel 7 Absatz 1 und 2 der Verordnung (EU) Nr. 575/2013 gegeben sind, kann die Bundesanstalt davon absehen, die Absätze 1, 2 und 4 auf Institute anzuwenden, die in die konsolidierte Beaufsichtigung des übergeordneten Instituts einbezogen sind.

§ 16 Absicherung für den Haftungsfall für Zahlungsauslösedienste; Verordnungsermächtigung. (1) [1] Ein Institut, das Zahlungsauslösedienste erbringt, hat eine Berufshaftpflichtversicherung oder eine andere gleichwertige Garantie abzuschließen und während der Gültigkeitsdauer seiner Erlaubnis aufrechtzuerhalten. [2] Die Berufshaftpflichtversicherung oder die andere gleichwertige Garantie hat sich auf die Gebiete, in denen der Zahlungsauslösedienstleister seine Dienste anbietet, zu erstrecken und muss die sich für den Zahlungsauslösedienstleister ergebende Haftung aus den Vorschriften des Bürgerlichen Gesetzbuchs abdecken. [3] § 17 Absatz 3 gilt entsprechend.

(2) [1] Die Berufshaftpflichtversicherung muss bei einem im Inland zum Geschäftsbetrieb befugten Versicherungsunternehmen genommen werden. [2] In der Vereinbarung ist das Versicherungsunternehmen zu verpflichten, der Bundesanstalt die Beendigung oder Kündigung der Berufshaftpflichtversicherung, gegebenenfalls erst nach Ablauf der Frist des § 38 Absatz 3 Satz 3 des Versicherungsvertragsgesetzes, sowie jede Vertragsänderung, die die vorgeschriebene Absicherung für den Haftungsfall im Verhältnis zu Dritten beeinträchtigt, unverzüglich mitzuteilen.

(3) [1] In den Fällen des § 115 Absatz 1 Satz 1 Nummer 2 und 3 des Versicherungsvertragsgesetzes erteilt die Bundesanstalt Dritten zur Geltendmachung von Haftungsansprüchen auf Antrag Auskunft über den Namen und die Adresse des Versicherungsunternehmens sowie die Vertragsnummer, soweit das Unternehmen, das den Zahlungsauslösedienst erbringt, kein überwiegendes schutzwürdiges Interesse an der Nichterteilung der Auskunft hat. [2] Dies gilt

auch, wenn die Erlaubnis als Zahlungsauslösedienstleister erloschen oder aufgehoben ist.

(4) Zuständige Stelle im Sinne des § 117 Absatz 2 des Versicherungsvertragsgesetzes ist die Bundesanstalt.

(5) [1]Das Bundesministerium der Finanzen wird ermächtigt, durch Rechtsverordnung, die nicht der Zustimmung des Bundesrates bedarf, nähere Bestimmungen zu Umfang und Inhalt der erforderlichen Absicherung im Haftungsfall zu treffen. [2]Das Bundesministerium der Finanzen kann die Ermächtigung durch Rechtsverordnung auf die Bundesanstalt übertragen. [3]Vor Erlass der Rechtsverordnung sind die Spitzenverbände der Institute und der Versicherungsunternehmen anzuhören.

Abschnitt 4. Sicherungsanforderungen

§ 17 Sicherungsanforderungen für die Entgegennahme von Geldbeträgen im Rahmen der Erbringung von Zahlungsdiensten und des Betreibens des E-Geld-Geschäfts. (1) [1]Institute, die die Zahlungsdienste gemäß § 1 Absatz 1 Satz 2 Nummer 1 bis 6 erbringen oder das E-Geld-Geschäft betreiben, haben die Geldbeträge, die sie von den Zahlungsdienstnutzern oder über einen anderen Zahlungsdienstleister für die Ausführung von Zahlungsvorgängen oder die Ausgabe von E-Geld entgegengenommen haben, nach den Methoden 1 oder 2 zu sichern. [2]Die Geldbeträge

1. a) dürfen zu keinem Zeitpunkt mit den Geldbeträgen anderer natürlicher oder juristischer Personen als der Zahlungsdienstnutzer oder E-Geld-Inhaber, für die sie gehalten werden, vermischt werden,

   b) sind, wenn sie sich am Ende des auf den Tag ihres Eingangs folgenden Geschäftstags noch im Besitz des Instituts befinden und noch nicht dem Zahlungsempfänger übergeben oder an einen anderen Zahlungsdienstleister übermittelt worden sind, auf einem offenen Treuhandkonto bei einem Kreditinstitut zu hinterlegen oder in sichere liquide Aktiva mit niedrigem Risiko nach Abstimmung mit der Bundesanstalt anzulegen; die Bundesanstalt kann insoweit nach pflichtgemäßem Ermessen im Einzelfall nach § 1 Absatz 31 grundsätzlich erfasste Aktiva ausschließen, wenn die kategorische Einordnung als sichere liquide Aktiva mit niedrigem Risiko mit Rücksicht auf die objektive Werthaltigkeit der Sicherheit, insbesondere Fälligkeit und anderer relevanter Risikofaktoren sachlich nicht gerechtfertigt erscheint,

   c) sind so von den übrigen Vermögenswerten des Instituts zu trennen, dass sie im Insolvenzfall nicht in die Insolvenzmasse des Instituts fallen und dessen Gläubiger auf sie auch nicht im Wege der Einzelzwangsvollstreckung Zugriff haben, oder

2. sind durch eine Versicherung oder eine andere vergleichbare Garantie bei einem Versicherungsunternehmen oder Kreditinstitut, das im Geltungsbereich dieses Gesetzes zum Geschäftsbetrieb befugt ist und nicht zur selben Gruppe gehört wie das Institut selbst, in Höhe eines Betrags abzusichern, der demjenigen entspricht, der ohne die Versicherung oder die andere vergleichbare Garantie getrennt gehalten werden müsste und der im Falle der Zahlungsunfähigkeit des Zahlungsinstituts auszuzahlen ist.

[3] Die Bundesanstalt kann dem Institut nach pflichtgemäßem Ermessen eine der beiden in Satz 2 beschriebenen Methoden vorgeben.

(2) [1] Muss ein Institut Geldbeträge nach Absatz 1 absichern und ist ein Teil dieser Geldbeträge für zukünftige Zahlungsvorgänge zu verwenden, während der verbleibende Teil für Dienste, die keine Zahlungsdienste sind, verwendet werden muss, gilt Absatz 1 auch für den Anteil der Geldbeträge, der für zukünftige Zahlungsvorgänge zu verwenden ist. [2] Ist dieser Anteil variabel oder nicht im Voraus bekannt, ist Satz 1 mit der Maßgabe anzuwenden, dass ein repräsentativer Anteil zugrunde gelegt wird, der typischerweise für Zahlungsdienste verwendet wird, sofern sich dieser repräsentative Anteil auf der Grundlage historischer Daten nach Überzeugung der Bundesanstalt mit hinreichender Sicherheit schätzen lässt.

(3) [1] Das Institut hat der Bundesanstalt während des laufenden Geschäftsbetriebs auf Anforderung darzulegen und nachzuweisen, dass es ausreichende Maßnahmen ergriffen hat, um die in den Absätzen 1 und 2 genannten Anforderungen zu erfüllen. [2] Wird der Nachweis nicht erbracht oder sind die Maßnahmen nicht ausreichend, kann die Bundesanstalt das Institut auffordern, die erforderlichen Nachweise vorzulegen oder Vorkehrungen zu treffen, die geeignet und erforderlich sind, die bestehenden Mängel zu beseitigen; die Bundesanstalt kann dafür eine angemessene Frist bestimmen. [3] Werden die Nachweise oder Vorkehrungen nicht oder nicht fristgerecht vorgelegt oder getroffen, kann die Bundesanstalt Maßnahmen nach § 21 Absatz 2 treffen.

§ 18 Sicherungsanforderungen für die Entgegennahme von Geldbeträgen für die Ausgabe von E-Geld. Sofern Geldbeträge zum Zweck der Ausgabe von E-Geld durch Zahlung mittels eines Zahlungsinstruments entgegengenommen werden, sind diese Geldbeträge, sobald sie dem Zahlungskonto des E-Geld-Instituts gutgeschrieben oder dem E-Geld-Institut nach Maßgabe des § 675s des Bürgerlichen Gesetzbuchs[1)] zur Verfügung gestellt worden sind, spätestens jedoch fünf Geschäftstage im Sinne des § 675n Absatz 1 Satz 4 des Bürgerlichen Gesetzbuchs nach Ausgabe des E-Geldes zu sichern; die Vorgaben des § 17 gelten entsprechend.

Abschnitt 5. Vorschriften über die laufende Beaufsichtigung von Instituten

§ 19 Auskünfte und Prüfungen. (1) [1] Ein Institut, die Mitglieder seiner Organe sowie seine Beschäftigten und die für das Institut tätigen Agenten sowie E-Geld-Agenten, seine Zweigniederlassungen und Auslagerungsunternehmen sowie zentrale Kontaktpersonen haben der Bundesanstalt, den Personen und Einrichtungen, derer sich die Bundesanstalt bei der Durchführung ihrer Aufgaben bedient, sowie der Deutschen Bundesbank auf Verlangen Auskünfte über alle Geschäftsangelegenheiten zu erteilen, Unterlagen vorzulegen und erforderlichenfalls Kopien anzufertigen. [2] Die Bundesanstalt kann, auch ohne besonderen Anlass, bei den Instituten, ihren Zweigniederlassungen, Agenten sowie E-Geld-Agenten und Auslagerungsunternehmen Prüfungen vornehmen und die Durchführung der Prüfungen der Deutschen Bundesbank übertragen. [3] Die Bediensteten der Bundesanstalt, der Deutschen Bundesbank sowie die sonstigen

[1)] Nr. **24**.

Personen, derer sich die Bundesanstalt bei der Durchführung der Prüfungen bedient, können hierzu die Geschäftsräume des Instituts, der Zweigniederlassung, des Agenten sowie E-Geld-Agenten oder des Auslagerungsunternehmens innerhalb der üblichen Betriebs- und Geschäftszeiten betreten und besichtigen. [4] Die Betroffenen haben Maßnahmen nach den Sätzen 2 und 3 zu dulden.

(2) [1] Die Bundesanstalt und die Deutsche Bundesbank können zu den Hauptversammlungen, Generalversammlungen oder Gesellschafterversammlungen sowie zu den Sitzungen der Verwaltungs- und Aufsichtsorgane Vertreter entsenden. [2] Diese können in der Versammlung oder Sitzung das Wort ergreifen. [3] Die Betroffenen haben Maßnahmen nach den Sätzen 1 und 2 zu dulden.

(3) [1] Institute haben auf Verlangen der Bundesanstalt die Einberufung der in Absatz 2 Satz 1 bezeichneten Versammlungen, die Anberaumung von Sitzungen der Verwaltungs- und Aufsichtsorgane sowie die Ankündigung von Gegenständen zur Beschlussfassung vorzunehmen. [2] Die Bundesanstalt kann zu einer nach Satz 1 anberaumten Sitzung Vertreter entsenden; diese können in der Sitzung das Wort ergreifen. [3] Die Betroffenen haben Maßnahmen nach den Sätzen 1 und 2 zu dulden. [4] Absatz 2 bleibt unberührt.

(4) Wer zur Auskunft verpflichtet ist, kann die Auskunft auf solche Fragen verweigern, deren Beantwortung ihn selbst oder einen der in § 383 Absatz 1 Nummer 1 bis 3 der Zivilprozessordnung bezeichneten Angehörigen der Gefahr strafgerichtlicher Verfolgung oder eines Verfahrens nach dem Gesetz über Ordnungswidrigkeiten aussetzen würde.

§ 20 Abberufung von Geschäftsleitern und Mitgliedern des Verwaltungs- und Aufsichtsorgans, Übertragung von Organbefugnissen auf Sonderbeauftragte. (1) [1] In den Fällen des § 13 Absatz 2 Nummer 3 bis 5 kann die Bundesanstalt, statt die Erlaubnis aufzuheben, die Abberufung der verantwortlichen Geschäftsleiter verlangen und diesen Geschäftsleitern auch die Ausübung ihrer Tätigkeit bei Instituten untersagen. [2] In den Fällen des § 13 Absatz 2 Nummer 5 kann die Bundesanstalt auch die vorübergehende Abberufung der verantwortlichen Geschäftsleiter verlangen und ihnen vorübergehend die Ausübung einer Geschäftsleitertätigkeit bei dem Institut und bei einem anderen Verpflichteten nach § 2 Absatz 1 des Geldwäschegesetzes[1)] untersagen. [3] Die Anordnung nach Satz 2 kann die Bundesanstalt auch gegenüber jeder anderen Person treffen, die für den Verstoß verantwortlich ist.

(2) [1] Die Bundesanstalt kann unter den Voraussetzungen des Absatzes 1 Befugnisse, die Organen des Instituts zustehen, ganz oder teilweise auf einen Sonderbeauftragten übertragen, der zur Wahrung der Befugnisse geeignet erscheint. [2] § 45c Absatz 6 und 7 des Kreditwesengesetzes[2)] gilt entsprechend.

(2a) [1] Die Aufsichtsbehörde kann einen Geschäftsleiter verwarnen, wenn dieser gegen die Bestimmungen dieses Gesetzes, des Geldwäschegesetzes oder die zur Durchführung dieser Gesetze erlassenen Verordnungen oder gegen Anordnungen der Bundesanstalt verstoßen hat. [2] Gegenstand der Verwarnung ist die Feststellung des entscheidungserheblichen Sachverhaltes und des hierdurch begründeten Verstoßes.

---

1) Nr. **18**.
2) Nr. **9**.

(3) Die Bundesanstalt kann die Abberufung eines Geschäftsleiters auch verlangen und ihm auch die Ausübung seiner Tätigkeit bei Instituten untersagen, wenn er gegen die in Absatz 2a genannten Rechtsakte oder gegen Anordnungen der Bundesanstalt verstoßen hat und dieses Verhalten trotz Verwarnung nach Absatz 2a durch die Bundesanstalt vorsätzlich oder leichtfertig fortsetzt.

(4) [1] Die Mitglieder des Verwaltungs- oder Aufsichtsorgans eines Instituts müssen zuverlässig sein und die zur Wahrnehmung der Kontrollfunktion sowie zur Beurteilung und Überwachung der Geschäfte, die das Institut betreibt, erforderliche Sachkunde besitzen. [2] Bei der Prüfung, ob eine der in Satz 1 genannten Personen die erforderliche Sachkunde besitzt, berücksichtigt die Bundesanstalt den Umfang und die Komplexität der vom Institut betriebenen Geschäfte. [3] Liegen Tatsachen vor, aus denen sich ergibt, dass eine der in Satz 1 genannten Personen nicht zuverlässig ist oder nicht die erforderliche Sachkunde besitzt, kann die Bundesanstalt von dem Institut verlangen, diese abzuberufen oder ihr die Ausübung ihrer Tätigkeit zu untersagen. [4] Die Bundesanstalt kann dies von dem Institut auch dann verlangen, wenn einer der in Satz 1 genannten Personen wesentliche Verstöße des Instituts gegen die Grundsätze einer ordnungsgemäßen Geschäftsführung wegen sorgfaltswidriger Ausübung ihrer Überwachungs- und Kontrollfunktion verborgen geblieben sind oder sie nicht alles Erforderliche zur Beseitigung festgestellter Verstöße veranlasst hat und dieses Verhalten trotz Verwarnung des Instituts durch die Bundesanstalt fortsetzt. [5] Soweit das Gericht auf Antrag des Aufsichtsrats ein Aufsichtsratsmitglied abzuberufen hat, kann dieser Antrag bei Vorliegen der Voraussetzungen nach Satz 3 oder Satz 4 auch von der Bundesanstalt gestellt werden, wenn der Aufsichtsrat dem Abberufungsverlangen der Aufsichtsbehörde nicht nachgekommen ist. [6] Die Vorschriften der Mitbestimmungsgesetze über die Wahl und die Abberufung der Arbeitnehmervertreter im Verwaltungs- oder Aufsichtsorgan bleiben unberührt.

§ 21 Maßnahmen in besonderen Fällen und Insolvenzantrag. (1) Entsprechen die Eigenmittel eines Instituts nicht den Anforderungen dieses Gesetzes, kann die Bundesanstalt

1. Entnahmen durch die Inhaber oder Gesellschafter sowie die Ausschüttung von Gewinnen untersagen oder beschränken oder
2. anordnen, dass das Institut Maßnahmen zur Verringerung von Risiken ergreift, soweit sich diese aus bestimmten Arten von Geschäften und Produkten, insbesondere aus der Vergabe von Krediten, oder der Nutzung bestimmter Zahlungssysteme ergeben.

(2) [1] Ist die Erfüllung der Verpflichtungen eines Instituts gegenüber seinen Gläubigern gefährdet, insbesondere die Sicherheit der ihm anvertrauten Vermögenswerte, liegen die Voraussetzungen für die Aufhebung der Erlaubnis oder der Registrierung vor oder besteht der begründete Verdacht, dass eine wirksame Aufsicht über das Institut nicht möglich ist, kann die Bundesanstalt zur Abwendung dieser Gefahren einstweilige Maßnahmen treffen. [2] Sie kann insbesondere

1. Anweisungen für die Geschäftsführung des Instituts erlassen,
2. Inhabern und Geschäftsleitern die Ausübung ihrer Tätigkeit untersagen oder beschränken und
3. Aufsichtspersonen bestellen.

(3) [1] Unter den Voraussetzungen des Absatzes 2 Satz 1 kann die Bundesanstalt zur Vermeidung eines Insolvenzverfahrens oder zur Vermeidung der Erlaubnisaufhebung vorübergehend

1. die Annahme von Geldern und die Gewährung von Darlehen verbieten,
2. ein Veräußerungs- und Zahlungsverbot an das Institut erlassen,
3. die Schließung des Instituts für den Verkehr mit der Kundschaft anordnen und
4. die Entgegennahme von Zahlungen, die nicht zur Tilgung von Verbindlichkeiten gegenüber dem Institut bestimmt sind, verbieten.

[2] § 45c Absatz 2 Nummer 8, Absatz 6 und 7, § 46 Absatz 1 Satz 3 bis 6 sowie § 46c des Kreditwesengesetzes[1)] gelten entsprechend.

(4) [1] Wird ein Institut zahlungsunfähig oder tritt Überschuldung ein, so haben die Geschäftsleiter dies der Bundesanstalt unter Beifügung aussagefähiger Unterlagen unverzüglich anzuzeigen; die Geschäftsleiter haben eine solche Anzeige unter Beifügung entsprechender Unterlagen auch dann vorzunehmen, wenn das Institut voraussichtlich nicht in der Lage sein wird, die bestehenden Zahlungspflichten zum Zeitpunkt der Fälligkeit zu erfüllen (drohende Zahlungsunfähigkeit). [2] Soweit diese Personen nach anderen Rechtsvorschriften verpflichtet sind, bei Zahlungsunfähigkeit oder Überschuldung die Eröffnung des Insolvenzverfahrens zu beantragen, tritt an die Stelle der Antragspflicht die Anzeigepflicht nach Satz 1. [3] Das Insolvenzverfahren über das Vermögen eines Instituts findet im Falle der Zahlungsunfähigkeit, der Überschuldung oder unter den Voraussetzungen des Satzes 5 auch im Falle der drohenden Zahlungsunfähigkeit statt. [4] Den Antrag auf Eröffnung des Insolvenzverfahrens über das Vermögen des Instituts, das eine Erlaubnis nach § 10 Absatz 1 oder § 11 Absatz 1 hat, kann nur die Bundesanstalt stellen. [5] Im Falle der drohenden Zahlungsunfähigkeit darf die Bundesanstalt den Antrag jedoch nur mit Zustimmung des Instituts und nur dann stellen, wenn Maßnahmen nach Absatz 3 nicht erfolgversprechend erscheinen. [6] Vor der Bestellung des Insolvenzverwalters hat das Insolvenzgericht die Bundesanstalt anzuhören. [7] Der Eröffnungsbeschluss ist der Bundesanstalt gesondert zuzustellen.

(5) [1] Die Antragsrechte nach § 3a Absatz 1, § 3d Absatz 2 und § 269d Absatz 2 der Insolvenzordnung stehen bei Instituten ausschließlich der Bundesanstalt zu. [2] Die Einleitung eines Koordinationsverfahrens nach den §§ 269d bis 269i der Insolvenzordnung entfaltet für die gruppenangehörigen Institute nur dann Wirkung, wenn die Bundesanstalt sie beantragt oder ihr zugestimmt hat.

§ 22 Vorlage von Jahresabschluss, Lagebericht und Prüfungsberichten. (1) [1] Ein Institut hat den Jahresabschluss in den ersten drei Monaten des Geschäftsjahres für das vergangene Geschäftsjahr aufzustellen und den aufgestellten sowie später den festgestellten Jahresabschluss und den Lagebericht der Bundesanstalt und der Deutschen Bundesbank jeweils unverzüglich einzureichen. [2] Der Jahresabschluss muss mit dem Bestätigungsvermerk oder einem Vermerk über die Versagung der Bestätigung versehen sein. [3] Der Abschlussprüfer hat den Bericht über die Prüfung des Jahresabschlusses (Prüfungsbericht) unverzüglich nach Beendigung der Prüfung der Bundesanstalt und der Deutschen Bundesbank einzureichen.

---

1) Nr. 9.

(2) [1] Ein Institut, das einen Konzernabschluss oder einen Konzernlagebericht aufstellt, hat diese Unterlagen der Bundesanstalt und der Deutschen Bundesbank unverzüglich einzureichen. [2] Wird ein Prüfungsbericht von einem Konzernabschlussprüfer erstellt, hat dieser den Prüfungsbericht unverzüglich nach Beendigung der Prüfung der Bundesanstalt und der Deutschen Bundesbank einzureichen. [3] Die Bestimmungen dieses Absatzes gelten entsprechend für einen Einzelabschluss nach § 325 Absatz 2a des Handelsgesetzbuchs.

§ 23 Anzeigepflicht bei Bestellung des Abschlussprüfers, Bestellung in besonderen Fällen. (1) [1] Das Institut hat einen Abschlussprüfer oder Konzernabschlussprüfer unverzüglich nach dessen Bestellung der Bundesanstalt und der Deutschen Bundesbank anzuzeigen. [2] Die Bundesanstalt kann innerhalb von zwei Monaten nach Zugang der Anzeige die Bestellung eines anderen Prüfers verlangen, wenn dies zur Erreichung des Prüfungszweckes geboten ist. [3] Die Bestellung eines anderen Prüfers ist in der Regel zur Erreichung des Prüfungszwecks geboten, wenn ein Institut, das kein Unternehmen von öffentlichem Interesse nach § 316a Satz 2 Nummer 1 des Handelsgesetzbuchs ist, der Bundesanstalt für mindestens elf aufeinanderfolgende Geschäftsjahre denselben Prüfer angezeigt hat. [4] Die Bundesanstalt kann die Bestellung eines anderen Prüfers auch dann verlangen, wenn ihr Tatsachen bekannt werden, die die Annahme rechtfertigen, dass der Prüfer seine Pflichten nach § 24 Absatz 2 verletzt hat.

(2) [1] Das Registergericht des Sitzes des Instituts hat auf Antrag der Bundesanstalt einen Prüfer zu bestellen, wenn

1. nicht unverzüglich nach Ablauf des Geschäftsjahres die Bestellung nach Absatz 1 Satz 1 angezeigt worden ist;
2. das Institut dem Verlangen auf Bestellung eines anderen Prüfers nach Absatz 1 Satz 2 oder 4 nicht unverzüglich nachkommt;
3. der gewählte Prüfer die Annahme des Prüfungsauftrags abgelehnt hat, weggefallen ist oder am rechtzeitigen Abschluss der Prüfung gehindert ist und das Institut nicht unverzüglich einen anderen Prüfer bestellt hat.

[2] Die Bestellung durch das Gericht ist endgültig. [3] § 318 Absatz 5 des Handelsgesetzbuchs gilt entsprechend. [4] Das Registergericht kann auf Antrag der Bundesanstalt einen nach Satz 1 bestellten Prüfer abberufen.

§ 24 Besondere Pflichten des Prüfers; Verordnungsermächtigung.

(1) [1] Als Teil der Prüfung des Jahresabschlusses sowie eines Zwischenabschlusses hat der Prüfer auch die wirtschaftlichen Verhältnisse des Instituts zu prüfen. [2] Bei der Prüfung des Jahresabschlusses hat er insbesondere festzustellen, ob das Institut die Anzeigepflichten nach § 10 Absatz 5, § 11 Absatz 4, § 21 Absatz 4 Satz 1, § 28 Absatz 1, auch in Verbindung mit einer Rechtsverordnung nach § 28 Absatz 4, erfüllt hat. [3] Der Prüfer hat auch zu prüfen, ob das Institut seinen Verpflichtungen

1. nach dem Geldwäschegesetz[1)] und der Verordnung (EU) 2015/847 nachgekommen ist,

---

[1)] Nr. **18**.

2. nach § 3, nach § 15, auch in Verbindung mit einer Rechtsverordnung nach § 15 Absatz 3, nach den §§ 16 bis 18, 25 bis 30, 36, 45, 46 und 48 bis 55 nachgekommen ist,
3. nach der Verordnung (EG) Nr. 924/2009 des Europäischen Parlaments und des Rates vom 16. September 2009 über grenzüberschreitende Zahlungen in der Gemeinschaft und zur Aufhebung der Verordnung (EG) Nr. 2560/2001 (ABl. L 266 vom 9.10.2009, S. 11), die durch die Verordnung (EU) Nr. 260/2012 (ABl. L 94 vom 30.3.2012, S. 22) geändert worden ist, und der Verordnung (EU) Nr. 260/2012 des Europäischen Parlaments und des Rates vom 14. März 2012 zur Festlegung der technischen Vorschriften und der Geschäftsanforderungen für Überweisungen und Lastschriften in Euro und zur Änderung der Verordnung (EG) Nr. 924/2009 (ABl. L 94 vom 30.3.2012, S. 22), die durch die Verordnung (EU) Nr. 248/2014 (ABl. L 84 vom 20.3.2014, S. 1) geändert worden ist, nachgekommen ist und
4. nach der Verordnung (EU) 2015/751 des Europäischen Parlaments und des Rates vom 29. April 2015 über Interbankenentgelte für kartengebundene Zahlungsvorgänge (ABl. L 123 vom 19.5.2015, S. 1) nachgekommen ist.

(2) [1] Der Prüfer hat es unverzüglich der Bundesanstalt und der Deutschen Bundesbank anzuzeigen, wenn ihm bei der Prüfung Tatsachen bekannt werden,
1. welche die Einschränkung oder Versagung des Bestätigungsvermerkes rechtfertigen,
2. die den Bestand des Instituts gefährden oder seine Entwicklung wesentlich beeinträchtigen können,
3. die einen erheblichen Verstoß gegen die Vorschriften über die Zulassungsvoraussetzungen des Instituts oder über die Ausübung einer Tätigkeit nach diesem Gesetz darstellen oder
4. die schwerwiegende Verstöße der Geschäftsleiter gegen Gesetz, Satzung oder Gesellschaftsvertrag erkennen lassen.

[2] Auf Verlangen der Bundesanstalt oder der Deutschen Bundesbank hat der Prüfer ihnen den Prüfungsbericht zu erläutern und sonstige bei der Prüfung bekannt gewordene Tatsachen mitzuteilen, dic gegen eine ordnungsmäßige Durchführung der Geschäfte des Instituts sprechen. [3] Die Anzeige-, Erläuterungs- und Mitteilungspflichten nach den Sätzen 1 und 2 bestehen auch in Bezug auf ein Unternehmen, das mit dem Institut in enger Verbindung steht, sofern dem Prüfer die Tatsachen im Rahmen der Prüfung des Instituts bekannt werden. [4] Der Prüfer haftet nicht für die Richtigkeit von Tatsachen, die er nach diesem Absatz in gutem Glauben anzeigt.

(3) [1] Das Bundesministerium der Finanzen wird ermächtigt, durch Rechtsverordnung, die nicht der Zustimmung des Bundesrates bedarf, im Einvernehmen mit dem Bundesministerium der Justiz und für Verbraucherschutz und nach Anhörung der Deutschen Bundesbank nähere Bestimmungen über den Gegenstand der Prüfung, den Zeitpunkt ihrer Durchführung und den Inhalt der Prüfungsberichte sowie die Form ihrer Einreichung zu erlassen, soweit dies zur Erfüllung der Aufgaben der Bundesanstalt erforderlich ist. [2] Insbesondere sollen die Bestimmungen geeignet sein, Missstände, welche die Sicherheit der dem Institut anvertrauten Vermögenswerte gefährden oder die ordnungsmäßige Durchführung der Zahlungsdienste oder das ordnungsgemäße Betreiben des E-

Geld-Geschäfts beeinträchtigen können, zu erkennen sowie einheitliche Unterlagen zur Beurteilung der von den Instituten durchgeführten Geschäfte zu erhalten. [3]Das Bundesministerium der Finanzen kann die Ermächtigung im Einvernehmen mit dem Bundesministerium der Justiz und für Verbraucherschutz auf die Bundesanstalt übertragen. [4]Vor Erlass der Rechtsverordnung sind die Spitzenverbände der Institute anzuhören.

(4) [1]§ 29 des Kreditwesengesetzes[1)] bleibt unberührt. [2]Unbeschadet der Absätze 1 bis 3 kann die Bundesanstalt gegenüber dem Institut auch Bestimmungen über den Inhalt der Prüfung treffen, die vom Prüfer im Rahmen der Jahresabschlussprüfung zu berücksichtigen sind. [3]Sie kann insbesondere Schwerpunkte für die Prüfungen festlegen.

§ 25 Inanspruchnahme von Agenten; Verordnungsermächtigung.

(1) [1]Beabsichtigt ein Institut, Zahlungsdienste über einen Agenten zu erbringen, hat es der Bundesanstalt und der Deutschen Bundesbank folgende Angaben zu übermitteln:

1. Name und Anschrift des Agenten;
2. eine Beschreibung der internen Kontrollmechanismen, die der Agent anwendet, um die Anforderungen des Geldwäschegesetzes[2)] zu erfüllen; diese ist bei sachlichen Änderungen der zuvor übermittelten Angaben unverzüglich zu aktualisieren;
3. die Namen der Geschäftsleiter und der für die Geschäftsleitung verantwortlichen Personen eines Agenten, der zur Erbringung von Zahlungsdiensten eingesetzt werden soll, und im Falle von Agenten, die keine Zahlungsdienstleister sind, den Nachweis, dass sie zuverlässig und fachlich geeignet sind;
4. die Zahlungsdienste des Zahlungsinstituts, mit denen der Agent beauftragt ist;
5. gegebenenfalls den Identifikationscode oder die Kennnummer des Agenten.

[2]Die Bundesanstalt teilt dem Institut binnen zwei Monaten nach vollständiger Übermittlung der Angaben nach Satz 1 mit, ob der Agent in das Zahlungsinstituts-Register eingetragen wird. [3]Der Agent darf erst nach Eintragung in das Zahlungsinstituts-Register mit der Erbringung von Zahlungsdiensten beginnen. [4]Ändern sich Verhältnisse, die nach Satz 1 angezeigt wurden, hat das Institut diese Änderungen der Bundesanstalt und der Deutschen Bundesbank unverzüglich in Textform anzuzeigen; die Sätze 2 und 3 gelten entsprechend.

(2) [1]Das Institut hat sicherzustellen, dass der Agent zuverlässig und fachlich geeignet ist, bei der Erbringung der Zahlungsdienste die gesetzlichen Vorgaben erfüllt, den Zahlungsdienstnutzer vor oder während der Aufnahme der Geschäftsbeziehung über seinen Status informiert und diesen unverzüglich von der Beendigung dieses Status in Kenntnis setzt. [2]Das Institut hat die erforderlichen Nachweise für die Erfüllung seiner Pflichten nach Satz 1 mindestens fünf Jahre nach dem Ende des Status des Agenten aufzubewahren.

(3) [1]Die Bundesanstalt kann einem Institut, das die Auswahl oder Überwachung seiner Agenten nicht ordnungsgemäß durchgeführt hat, untersagen, Agenten im Sinne der Absätze 1 und 2 in das Institut einzubinden. [2]Die

---

[1)] Nr. **9**.
[2)] Nr. **18**.

Untersagung kann sich auf die Ausführung von Zahlungsdiensten durch einzelne Agenten oder auf die Einbindung von Agenten insgesamt beziehen.

(4) Beabsichtigt ein Institut durch Beauftragung eines Agenten in einem anderen Mitgliedstaat oder einem anderen Vertragsstaat des Abkommens über den Europäischen Wirtschaftsraum Zahlungsdienste zu erbringen, so muss es das Verfahren nach § 38 Absatz 1 befolgen.

(5) [1] Das Bundesministerium der Finanzen wird ermächtigt, durch Rechtsverordnung, die nicht der Zustimmung des Bundesrates bedarf, im Benehmen mit der Deutschen Bundesbank nähere Bestimmungen über Art, Umfang und Form der Nachweise nach Absatz 2 Satz 2 zu erlassen, soweit dies zur Erfüllung der Aufgaben der Bundesanstalt erforderlich ist. [2] Das Bundesministerium der Finanzen kann die Ermächtigung im Einvernehmen mit der Deutschen Bundesbank durch Rechtsverordnung auf die Bundesanstalt übertragen. [3] Vor Erlass der Rechtsverordnung sind die Spitzenverbände der Institute anzuhören.

§ 26 Auslagerung. (1) [1] Ein Institut muss abhängig von Art, Umfang, Komplexität und Risikogehalt einer Auslagerung von Aktivitäten und Prozessen auf ein anderes Unternehmen, die für die Durchführung von Zahlungsdiensten, E-Geld-Geschäften oder sonstigen nach diesem Gesetz institutstypischen Dienstleistungen wesentlich sind, einschließlich IT-Systeme, angemessene Vorkehrungen treffen, um übermäßige zusätzliche Risiken zu vermeiden. [2] Eine Auslagerung darf weder die Ordnungsmäßigkeit dieser Geschäfte und Dienstleistungen noch die Geschäftsorganisation beeinträchtigen. [3] Insbesondere muss ein angemessenes und wirksames Risikomanagement durch das Institut gewährleistet bleiben, das die ausgelagerten Aktivitäten und Prozesse einbezieht, und die Auslagerung darf nicht zu einer Delegation der Verantwortung der Geschäftsleiter oder anderen in § 10 Absatz 2 Nummer 14 und in § 11 Absatz 2 Satz 2 Nummer 5 bezeichneten Personen an das Auslagerungsunternehmen führen. [4] Das Institut bleibt für die Einhaltung der von ihm zu beachtenden gesetzlichen Bestimmungen verantwortlich. [5] Durch die Auslagerung darf die Bundesanstalt an der Wahrnehmung ihrer Aufgaben nicht gehindert werden; ihre Auskunfts- und Prüfungsrechte sowie Kontrollmöglichkeiten müssen in Bezug auf die ausgelagerten Aktivitäten und Prozesse auch bei einer Auslagerung auf ein Unternehmen mit Sitz im Ausland durch geeignete Vorkehrungen gewährleistet werden; Entsprechendes gilt für die Wahrnehmung der Aufgaben der Prüfer des Instituts. [6] Eine Auslagerung bedarf einer schriftlichen Vereinbarung, welche die zur Einhaltung der vorstehenden Voraussetzungen erforderlichen Rechte des Instituts, einschließlich Weisungs- und Kündigungsrechten, sowie die korrespondierenden Pflichten des Auslagerungsunternehmens festschreibt. [7] Hat bei einer wesentlichen Auslagerung ein Auslagerungsunternehmen seinen Sitz in einem Drittstaat, ist vertraglich sicherzustellen, dass das Auslagerungsunternehmen einen inländischen Zustellungsbevollmächtigten benennt, an den Bekanntgaben und Zustellungen durch die Bundesanstalt bewirkt werden können. [8] Ein Institut hat im Rahmen seines Risikomanagements ein Auslagerungsregister zu führen; darin sind sämtliche wesentlichen und nicht wesentlichen Auslagerungen zu erfassen.

(2) [1] Beabsichtigt ein Institut, wesentliche betriebliche Aufgaben von Zahlungsdiensten oder des E-Geld-Geschäfts auszulagern, hat es die Bundesanstalt und die Deutsche Bundesbank hiervon in Kenntnis zu setzen. [2] Eine betriebliche Aufgabe ist dann wesentlich, wenn deren unzureichende oder unterlasse-

ne Wahrnehmung die dauerhafte Einhaltung der Zulassungsanforderungen oder der anderen Verpflichtungen des Instituts nach diesem Gesetz, seine finanzielle Leistungsfähigkeit oder die Solidität oder die Kontinuität seiner Zahlungsdienste oder des E-Geld-Geschäfts wesentlich beeinträchtigen würde.

(3) [1]Rechtfertigen Tatsachen die Annahme, dass eine Auslagerung die Prüfungsrechte und Kontrollmöglichkeiten der Bundesanstalt beeinträchtigt, kann die Bundesanstalt gegenüber dem Institut die Anordnungen treffen, die geeignet und erforderlich sind, die Beeinträchtigungen zu beseitigen und künftigen Beeinträchtigungen vorzubeugen. [2]Erweisen sich die Maßnahmen nicht als hinreichend, um die Prüfungsrechte und Kontrollmöglichkeiten der Bundesanstalt zu gewährleisten, kann die Bundesanstalt die Rücklagerung der ausgelagerten Tätigkeiten anordnen. [3]Die Befugnisse der Bundesanstalt nach § 27 Absatz 3 bleiben unberührt.

(3a) Die Bundesanstalt kann auch unmittelbar gegenüber Auslagerungsunternehmen im Einzelfall Anordnungen treffen, die geeignet und erforderlich sind,

1. um Verstöße gegen aufsichtsrechtliche Bestimmungen zu verhindern oder zu unterbinden oder
2. um Missstände in einem Institut zu verhindern oder zu beseitigen, welche die Sicherheit der dem Institut anvertrauten Vermögenswerte gefährden könnte oder die ordnungsgemäße Durchführung von Zahlungsdiensten, des E-Geld-Geschäfts oder von sonstigen nach diesem Gesetz institutstypischen Dienstleistungen beeinträchtigen.

(4) Ändert sich die Inanspruchnahme von Stellen, an die Tätigkeiten ausgelagert werden, hat das Institut der Bundesanstalt und der Deutschen Bundesbank diese Änderungen unverzüglich in Textform anzuzeigen.

§ 27 Organisationspflichten. (1) [1]Ein Institut muss über eine ordnungsgemäße Geschäftsorganisation verfügen; die Geschäftsleiter sind für die ordnungsgemäße Geschäftsorganisation des Instituts verantwortlich. [2]Eine ordnungsgemäße Geschäftsorganisation umfasst insbesondere:

1. angemessene Maßnahmen der Unternehmenssteuerung, Kontrollmechanismen und Verfahren, die gewährleisten, dass das Institut seine Verpflichtungen erfüllt;
2. das Führen und Pflegen einer Verlustdatenbank sowie eine vollständige Dokumentation der Geschäftstätigkeit, die eine lückenlose Überwachung durch die Bundesanstalt für ihren Zuständigkeitsbereich gewährleistet;
3. ein angemessenes Notfallkonzept für IT-Systeme;
4. interne Verfahren und Kontrollsysteme, die die Einhaltung der Verordnung (EG) Nr. 924/2009, der Verordnung (EU) Nr. 260/2012 und der Verordnung (EU) 2015/751 des Europäischen Parlaments und des Rates vom 29. April 2015 über Interbankenentgelte für kartengebundene Zahlungsvorgänge (ABl. L 123 vom 19.5.2015, S. 1) gewährleisten;
5. unbeschadet der Pflichten der §§ 4 bis 7 des Geldwäschegesetzes[1)] angemessene Maßnahmen, einschließlich Datenverarbeitungssysteme, die die Einhaltung der Anforderungen des Geldwäschegesetzes und der Verordnung (EU)

[1)] Nr. **18**.

2015/847 gewährleisten; soweit dies zur Erfüllung dieser Pflicht erforderlich ist, darf das Institut personenbezogene Daten verarbeiten.

(2) [1] Die §§ 6a, 24c, 25i, 25m und 60b des Kreditwesengesetzes[1)] sowie § 93 Absatz 7 und 8 in Verbindung mit § 93b der Abgabenordnung gelten für Institute im Sinne dieses Gesetzes entsprechend. [2] § 24c des Kreditwesengesetzes gilt mit der Maßgabe, dass die Bundesanstalt einzelne Daten aus dem Dateisystem nach § 24c Absatz 1 Satz 1 des Kreditwesengesetzes abrufen darf, soweit dies zur Erfüllung ihrer aufsichtsrechtlichen Aufgaben nach diesem Gesetz und dem Geldwäschegesetz, insbesondere im Hinblick auf unerlaubte Zahlungsdienste und unerlaubte E-Geld-Geschäfte erforderlich ist und besondere Eilbedürftigkeit im Einzelfall vorliegt.

(3) [1] Die Bundesanstalt kann gegenüber einem Institut im Einzelfall Anordnungen treffen, die geeignet und erforderlich sind, um die Anforderungen an eine ordnungsgemäße Geschäftsorganisation im Sinne des Absatzes 1 zu erfüllen. [2] Die Bundesanstalt kann Kriterien bestimmen, bei deren Vorliegen Institute vom Einsatz von Datenverarbeitungssystemen nach Absatz 1 Satz 2 Nummer 5 absehen können. [3] Satz 1 gilt entsprechend für Auslagerungsunternehmen, soweit ausgelagerte Aktivitäten und Prozesse betroffen sind.

(4) [1] Die Bundesanstalt überwacht die Einhaltung der in der Verordnung (EU) 2015/847, in der Verordnung (EG) Nr. 924/2009, in der Verordnung (EU) Nr. 260/2012 und in der Verordnung (EU) 2015/751 enthaltenden Pflichten durch die Institute. [2] Sie kann gegenüber einem Institut und seinen Geschäftsleitern Anordnungen treffen, die geeignet und erforderlich sind, um Verstöße gegen die Pflichten nach den Verordnungen nach Satz 1 zu verhindern oder zu unterbinden.

§ 28 Anzeigen; Verordnungsermächtigung. (1) Ein Institut hat der Bundesanstalt und der Deutschen Bundesbank unverzüglich anzuzeigen:

1. die Absicht der Bestellung eines Geschäftsleiters und der Ermächtigung einer Person zur Einzelvertretung des Instituts in dessen gesamten Geschäftsbereich unter Angabe der Tatsachen, die für die Beurteilung der Zuverlässigkeit und der fachlichen Eignung, einschließlich der Leitungserfahrung, wesentlich sind, und den Vollzug einer solchen Absicht;
2. das Ausscheiden eines Geschäftsleiters sowie die Entziehung der Befugnis zur Einzelvertretung des Instituts in dessen gesamten Geschäftsbereich;
3. die Änderung der Rechtsform, soweit nicht bereits eine neue Erlaubnis nach § 10 Absatz 1 oder § 11 Absatz 1 oder neue Registrierung nach § 34 Absatz 1 erforderlich ist, und die Änderung der Firma;
4. den Erwerb oder die Aufgabe einer bedeutenden Beteiligung an dem eigenen Institut, das Erreichen, das Über- oder das Unterschreiten der Beteiligungsschwellen von 20 Prozent, 30 Prozent und 50 Prozent der Stimmrechte oder des Kapitals sowie die Tatsache, dass das Institut Tochterunternehmen eines anderen Unternehmens wird oder nicht mehr ist, sobald das Institut von der bevorstehenden Änderung dieser Beteiligungsverhältnisse Kenntnis erlangt;
5. einen Verlust in Höhe von 25 Prozent der Eigenmittel;
6. die Verlegung der Niederlassung oder des Sitzes;

[1)] Nr. **9**.

7. die Einstellung des Geschäftsbetriebs;
8. das Entstehen, die Änderung oder die Beendigung einer engen Verbindung im Sinne des Artikels 4 Absatz 1 Nummer 38 der Verordnung (EU) Nr. 575/2013[1] zu einer anderen natürlichen Person oder einem anderen Unternehmen;
9. die Absicht, sich mit einem anderen Institut im Sinne dieses Gesetzes, einem Institut im Sinne des § 1 Absatz 1b des Kreditwesengesetzes[2] oder einem Wertpapierinstitut im Sinne des Wertpapierinstitutsgesetzes[3] zu vereinigen;
10. die Absicht einer Auslagerung, den Vollzug einer Auslagerung sowie wesentliche Änderungen und schwerwiegende Vorfälle im Rahmen von bestehenden wesentlichen Auslagerungen, die einen wesentlichen Einfluss auf die Geschäftstätigkeit des Instituts haben können.

(2) [1] Ein Institut hat der Bundesanstalt und der Deutschen Bundesbank im Voraus jede wesentliche Änderung der zur Sicherung von Geldbeträgen nach § 17 getroffenen Maßnahmen anzuzeigen. [2] Hat ein Institut eine Absicherung im Haftungsfall gemäß § 16 oder § 36 aufrechtzuerhalten, so hat es der Bundesanstalt und der Deutschen Bundesbank im Voraus jede wesentliche Änderung der Absicherung anzuzeigen.

(3) Geschäftsleiter, die für die Geschäftsleitung des Instituts verantwortlichen Personen und soweit es sich um Institute handelt, die neben der Erbringung von Zahlungsdiensten und der Ausgabe von E-Geld anderen Geschäftsaktivitäten nachgehen, die Personen, die für die Führung der Zahlungsdienstgeschäfte und des E-Geld-Geschäfts des Instituts verantwortlich sind, haben der Bundesanstalt und der Deutschen Bundesbank unverzüglich anzuzeigen:
1. die Aufnahme und die Beendigung einer Tätigkeit als Geschäftsleiter oder als Aufsichtsrats- oder Verwaltungsratsmitglied eines anderen Unternehmens und
2. die Übernahme und die Aufgabe einer unmittelbaren Beteiligung an einem Unternehmen sowie Veränderungen in der Höhe der Beteiligung.

(4) [1] Das Bundesministerium der Finanzen wird ermächtigt, durch Rechtsverordnung, die nicht der Zustimmung des Bundesrates bedarf, im Benehmen mit der Deutschen Bundesbank nähere Bestimmungen über Art, Umfang, Zeitpunkt und Form der nach diesem Gesetz vorgesehenen Anzeigen und Vorlagen von Unterlagen, über die zulässigen Datenträger, Übertragungswege und Datenformate und über zu verwendende und anzuzeigende Zusatzinformationen zu den Hauptinformationen, etwa besondere Rechtsträgerkennungen sowie Angaben zu deren Aktualität oder Validität zu erlassen und die bestehenden Anzeigepflichten durch die Verpflichtung zur Erstattung von Sammelanzeigen und die Einreichung von Sammelaufstellungen zu ergänzen, soweit dies zur Erfüllung der Aufgaben der Bundesanstalt erforderlich ist, insbesondere um einheitliche Unterlagen zur Beurteilung der erbrachten Zahlungsdienste und des betriebenen E-Geld-Geschäfts zu erhalten. [2] In der Rechtsverordnung können ebenfalls nähere Bestimmungen für die Führung eines öffentlichen Registers durch die Bundesanstalt sowie über die Zugriffs-

---

[1] Nr. **6**.
[2] Nr. **9**.
[3] Nr. **10**.

möglichkeiten auf Seiten dieses Registers und die Zuweisung von Verantwortung für die Richtigkeit und Aktualität der Seiten erlassen werden. [3]Das Bundesministerium der Finanzen kann die Ermächtigung im Einvernehmen mit der Deutschen Bundesbank durch Rechtsverordnung auf die Bundesanstalt übertragen. [4]Vor Erlass der Rechtsverordnung sind die Spitzenverbände der Institute anzuhören.

§ 29 Monatsausweise; Verordnungsermächtigung. (1) [1]Ein Institut hat unverzüglich nach Ablauf eines jeden Monats der Deutschen Bundesbank einen Monatsausweis einzureichen. [2]Die Deutsche Bundesbank leitet diese Meldungen an die Bundesanstalt mit ihrer Stellungnahme weiter; diese kann auf die Weiterleitung bestimmter Meldungen verzichten.

(2) In den Fällen des § 15 Absatz 1 Satz 3 kann die Bundesanstalt festlegen, ob und wie ein Institut unverzüglich nach Ablauf eines jeden Monats der Deutschen Bundesbank einen zusammengefassten Monatsausweis einzureichen hat.

(3) [1]Das Bundesministerium der Finanzen wird ermächtigt, durch Rechtsverordnung, die nicht der Zustimmung des Bundesrates bedarf, im Benehmen mit der Deutschen Bundesbank nähere Bestimmungen über Inhalt, Art, Umfang und Zeitpunkt sowie über die zulässigen Datenträger, Übertragungswege und Datenformate der Monatsausweise zu erlassen, insbesondere um Einblick in die Entwicklung der Vermögens- und Ertragslage der Institute zu erhalten, sowie über weitere Angaben, soweit dies zur Erfüllung der Aufgaben der Bundesanstalt erforderlich ist. [2]Das Bundesministerium der Finanzen kann die Ermächtigung im Einvernehmen mit der Deutschen Bundesbank durch Rechtsverordnung auf die Bundesanstalt übertragen. [3]Vor Erlass der Rechtsverordnung sind die Spitzenverbände der Institute anzuhören.

§ 30 Aufbewahrung von Unterlagen. [1]Die Institute haben für aufsichtsrechtliche Zwecke alle Unterlagen unbeschadet anderer gesetzlicher Bestimmungen mindestens fünf Jahre aufzubewahren. [2]§ 257 Absatz 3 und 5 des Handelsgesetzbuchs sowie § 147 Absatz 5 und 6 der Abgabenordnung gelten entsprechend. [3]§ 257 Absatz 4 des Handelsgesetzbuchs bleibt unberührt.

Abschnitt 6. Sondervorschriften für das E-Geld-Geschäft und den Vertrieb und die Rücktauschbarkeit

§ 31 Verbot der Ausgabe von E-Geld über andere Personen. E-Geld-Institute dürfen E-Geld nicht über natürliche oder juristische Personen ausgeben, die im Namen des E-Geld-Instituts tätig werden.

§ 32 Vertrieb und Rücktausch von E-Geld durch E-Geld-Agenten.

(1) [1]E-Geld-Institute können sich für den Vertrieb oder den Rücktausch von E-Geld eines E-Geld-Agenten bedienen. [2]§ 25 Absatz 1 gilt entsprechend mit der Maßgabe, dass Nachweise über die Zuverlässigkeit und die fachliche Eignung nicht einzureichen sind.

(2) [1]Die Bundesanstalt kann einem E-Geld-Institut, das die Auswahl oder Überwachung seiner E-Geld-Agenten nicht ordnungsgemäß durchgeführt hat, untersagen, E-Geld-Agenten in das E-Geld-Institut einzubinden. [2]Die Unter-

sagung kann sich auf den Vertrieb oder Rücktausch von E-Geld oder auf die Einbindung von E-Geld-Agenten insgesamt beziehen.

(3) Sofern ein E-Geld-Institut beabsichtigt, E-Geld über E-Geld-Agenten in einem Mitgliedstaat oder einem anderen Vertragsstaat des Abkommens über den Europäischen Wirtschaftsraum zu vertreiben oder zurückzutauschen, ist § 25 Absatz 4 in Verbindung mit § 38 Absatz 1 entsprechend anzuwenden.

§ 33 Verpflichtungen des E-Geld-Emittenten bei der Ausgabe und dem Rücktausch von E-Geld. (1) [1] Der E-Geld-Emittent hat E-Geld stets zum Nennwert des entgegengenommenen Geldbetrags auszugeben. [2] Er ist verpflichtet, E-Geld auf Verlangen des E-Geld-Inhabers jederzeit zum Nennwert in gesetzliche Zahlungsmittel zurückzutauschen. [3] Das Rücktauschverlangen des E-Geld-Inhabers kann sich vor Beendigung des Vertrags auch auf einen Teil des E-Geldes beziehen.

(2) [1] Der E-Geld-Emittent ist verpflichtet, den E-Geld-Inhaber über die Bedingungen für den Rücktausch von E-Geld einschließlich insoweit etwaig zu vereinbarender Entgelte zu unterrichten, bevor dieser durch einen Vertrag oder ein Angebot gebunden wird. [2] Die Bedingungen sind im Vertrag zwischen dem E-Geld-Emittenten und dem E-Geld-Inhaber eindeutig und deutlich erkennbar anzugeben.

(3) [1] Der E-Geld-Emittent darf vom E-Geld-Inhaber für den Rücktausch von E-Geld nur dann ein Entgelt verlangen, wenn dies vertraglich vereinbart wurde. [2] Eine solche Vereinbarung ist nur für den Fall zulässig, dass

1. der E-Geld-Inhaber den Rücktausch vor Beendigung des Vertrags verlangt,
2. der Vertrag für einen bestimmten Zeitraum geschlossen wurde und durch eine Kündigung des E-Geld-Inhabers vor Ablauf dieses Zeitraums beendet wird oder
3. der E-Geld-Inhaber den Rücktausch nach mehr als einem Jahr nach Beendigung des Vertrags verlangt.

[3] Das Entgelt muss in einem angemessenen Verhältnis zu den tatsächlich entstandenen Kosten des E-Geld-Emittenten stehen.

(4) [1] Abweichend von Absatz 1 Satz 3 ist im Falle eines Rücktauschverlangens mit Beendigung des Vertrags oder bis zu einem Jahr nach Vertragsbeendigung der gesamte Betrag des vom E-Geld-Emittenten gehaltenen E-Geldes zurückzutauschen. [2] Übt ein E-Geld-Institut eine oder mehrere Tätigkeiten im Sinne des § 11 Absatz 1 Satz 2 Nummer 5 aus und fordert der E-Geld-Inhaber nach Beendigung des E-Geld-Vertrags einen Gesamtbetrag, so ist dieser in gesetzliche Zahlungsmittel zurückzutauschen, wenn im Voraus nicht bekannt ist, welcher Anteil der Geldbeträge als E-Geld verwendet werden soll.

(5) Von den Regelungen des Absatzes 1 Satz 3 und der Absätze 3 und 4 darf zum Nachteil des E-Geld-Inhabers nur abgewichen werden, wenn es sich bei diesem nicht um einen Verbraucher handelt.

Abschnitt 7. Sonderbestimmungen für Kontoinformationsdienste

§ 34 Registrierungspflicht; Verordnungsermächtigung. (1) [1] Wer im Inland gewerbsmäßig oder in einem Umfang, der einen in kaufmännischer Weise eingerichteten Geschäftsbetrieb erfordert, als Zahlungsdienst ausschließlich Kontoinformationsdienste erbringen will, bedarf nur der schriftlichen

mit der Deutschen Bundesbank nähere Bestimmungen über Art, Umfang, und Form der nach dieser Vorschrift vorgesehenen Antragsunterlagen zu erlassen. [2] Das Bundesministerium der Finanzen kann die Ermächtigung im Einvernehmen mit der Deutschen Bundesbank durch Rechtsverordnung auf die Bundesanstalt übertragen. [3] Vor Erlass der Rechtsverordnung sind die Spitzenverbände der Institute anzuhören. [4] Das Bundesamt für Sicherheit in der Informationstechnik ist anzuhören, soweit die Sicherheit informationstechnischer Systeme betroffen ist.

§ 35 Versagung der Registrierung. Die Registrierung zur Erbringung von Kontoinformationsdiensten ist zu versagen, wenn

1. der Antrag entgegen § 34 Absatz 1 keine ausreichenden Angaben oder Unterlagen enthält;
2. der Antragsteller nicht über eine Absicherung für den Haftungsfall gemäß den Voraussetzungen des § 36 verfügt;
3. Tatsachen die Annahme rechtfertigen, dass der Antragsteller nicht zuverlässig ist oder aus anderen Gründen nicht den im Interesse einer soliden und umsichtigen Führung des Kontoinformationsdienstes zu stellenden Ansprüchen genügt;
4. Tatsachen vorliegen, aus denen sich ergibt, dass ein Geschäftsleiter nicht zuverlässig ist oder nicht die zur Leitung des Kontoinformationsdienstes erforderliche fachliche Eignung hat und die Bundesanstalt nach § 1 Absatz 8 Satz 2 eine andere Person als Geschäftsleiter bestimmt; die fachliche Eignung setzt voraus, dass in ausreichendem Maß theoretische und praktische Kenntnisse in den betreffenden Geschäften und Leitungserfahrung vorhanden sind;
5. der Antragsteller nicht über wirksame Verfahren zur Ermittlung, Steuerung, Überwachung und Meldung von Risiken sowie angemessene interne Kontrollverfahren einschließlich solider Verwaltungs- und Rechnungslegungsverfahren verfügt;
6. Tatsachen die Annahme rechtfertigen, dass eine wirksame Aufsicht über den Antragsteller beeinträchtigt wird;
7. der Antragsteller seine Hauptverwaltung nicht im Inland hat oder nicht zumindest einen Teil seiner Dienste im Inland erbringt.

§ 36 Absicherung für den Haftungsfall; Verordnungsermächtigung.

(1) [1] Ein Institut, das Kontoinformationsdienste erbringt, ist verpflichtet, eine Berufshaftpflichtversicherung oder eine andere gleichwertige Garantie abzuschließen und während der Gültigkeitsdauer seiner Registrierung aufrechtzuerhalten. [2] Die Berufshaftpflichtversicherung oder die andere gleichwertige Garantie hat sich auf die Gebiete, in denen der Kontoinformationsdienstleister seine Dienste anbietet, zu erstrecken und muss die sich für den Kontoinformationsdienstleister ergebende Haftung gegenüber dem kontoführenden Zahlungsdienstleister und dem Zahlungsdienstnutzer für einen nicht autorisierten oder betrügerischen Zugang zu Zahlungskontoinformationen und deren nicht autorisierte oder betrügerische Nutzung abdecken.

(2) Die Berufshaftpflichtversicherung muss bei einem im Inland zum Geschäftsbetrieb befugten Versicherungsunternehmen genommen werden; § 16 Absatz 2 Satz 2 gilt entsprechend.

(3) § 16 Absatz 3 und 4 sowie § 17 Absatz 3 gelten entsprechend.

(4) [1] Das Bundesministerium der Finanzen wird ermächtigt, durch Rechtsverordnung, die nicht der Zustimmung des Bundesrates bedarf, nähere Bestimmungen zu Umfang und Inhalt der erforderlichen Absicherung im Haftungsfall zu treffen. [2] Das Bundesministerium der Finanzen kann die Ermächtigung durch Rechtsverordnung auf die Bundesanstalt übertragen. [3] Vor Erlass der Rechtsverordnung sind die Spitzenverbände der Institute und der Versicherungsunternehmen anzuhören.

§ 37 Erlöschen und Aufhebung der Registrierung. (1) Die Registrierung erlischt, wenn der Kontoinformationsdienstleister von ihr nicht innerhalb eines Jahres seit ihrer Erteilung Gebrauch macht oder wenn er ausdrücklich auf sie verzichtet.

(2) Die Bundesanstalt kann die Registrierung außer nach den Vorschriften des Verwaltungsverfahrensgesetzes aufheben, wenn

1. der Geschäftsbetrieb, auf den sich die Registrierung bezieht, seit mehr als sechs Monaten nicht mehr ausgeübt worden ist;
2. die Registrierung aufgrund falscher Angaben oder auf andere Weise unrechtmäßig erlangt wurde;
3. Tatsachen bekannt werden, die die Versagung der Registrierung nach § 35 rechtfertigten, oder gegen die Mitteilungspflicht nach § 34 Absatz 5 verstoßen wird.

(3) [1] § 38 des Kreditwesengesetzes[1)] gilt entsprechend. [2] § 48 Absatz 4 Satz 1 und § 49 Absatz 2 Satz 2 des Verwaltungsverfahrensgesetzes über die Jahresfrist sind nicht anzuwenden.

(4) Die Bundesanstalt macht die Aufhebung oder das Erlöschen der Registrierung im Bundesanzeiger und im Zahlungsinstituts-Register bekannt.

Abschnitt 8. Europäischer Pass, Zweigniederlassung und grenzüberschreitender Dienstleistungsverkehr, Zweigstellen aus Drittstaaten

§ 38 Errichten einer Zweigniederlassung, grenzüberschreitender Dienstleistungsverkehr durch inländische Institute. (1) [1] Ein nach § 10 Absatz 1 oder § 11 Absatz 1 zugelassenes oder nach § 34 Absatz 1 registriertes Institut, das die Absicht hat, eine Zweigniederlassung in einem anderen Mitgliedstaat oder einem anderen Vertragsstaat des Abkommens über den Europäischen Wirtschaftsraum zu errichten oder Agenten heranzuziehen, hat dies der Bundesanstalt und der Deutschen Bundesbank unverzüglich nach Maßgabe des Satzes 2 anzuzeigen. [2] Die Anzeige muss enthalten:

1. die Angabe des Staates, in dem die Zweigniederlassung errichtet oder der Agent herangezogen werden soll;
2. einen Geschäftsplan, aus dem die Art der geplanten Geschäfte, der organisatorische Aufbau der Zweigniederlassung und die Angaben nach § 10 Absatz 2 Satz 1 Nummer 2 und 5 hervorgehen;
3. die Angaben nach § 25 Absatz 1, wenn die Heranziehung von Agenten beabsichtigt ist;

[1)] Nr. 9.

4. die Anschrift, unter der dem Institut in dem Staat, in dem es eine Zweigniederlassung unterhält, Schriftstücke zugestellt und Unterlagen angefordert werden können;
5. die Angabe der Leiter der Zweigniederlassung.

(2) [1] Absatz 1 Satz 1 gilt entsprechend für die Absicht, im Wege des grenzüberschreitenden Dienstleistungsverkehrs in einem anderen Mitgliedstaat oder einem anderen Vertragsstaat des Abkommens über den Europäischen Wirtschaftsraum Zahlungsdienste zu erbringen oder das E-Geld-Geschäft zu betreiben. [2] Die Anzeige muss enthalten:
1. die Angabe des Staates, in dem die grenzüberschreitende Dienstleistung erbracht werden soll,
2. einen Geschäftsplan mit Angabe der beabsichtigten Tätigkeiten und
3. die Angaben nach § 25 Absatz 1, wenn in diesem Staat Agenten oder E-Geld-Agenten herangezogen werden sollen.

(3) Beabsichtigt ein Institut betriebliche Aufgaben von Zahlungsdiensten oder des E-Geld-Geschäfts auf ein anderes Unternehmen in einem anderen Mitgliedstaat oder einem anderen Vertragsstaat des Abkommens über den Europäischen Wirtschaftsraum auszulagern, hat es dies der Bundesanstalt und der Deutschen Bundesbank unverzüglich anzuzeigen.

(4) Die Bundesanstalt teilt den zuständigen Behörden des jeweiligen Aufnahmemitgliedstaates innerhalb eines Monats nach Erhalt der vollständigen Anzeigen nach den Absätzen 1 bis 3 die entsprechenden Angaben mit.

(5) [1] Die Bundesanstalt entscheidet, ob die Zweigniederlassung oder der Agent in das Institutsregister gemäß § 43 Absatz 1, § 44 Absatz 2 eingetragen wird und teilt ihre Entscheidung den zuständigen Behörden des Aufnahmemitgliedstaates und dem Institut innerhalb von drei Monaten nach vollständigem Eingang der in den Absätzen 1 bis 3 genannten Angaben mit. [2] Sie berücksichtigt hierbei eine Bewertung der zuständigen Behörden des Aufnahmemitgliedstaates. [3] Stimmt die Bundesanstalt der Bewertung durch die zuständigen Behörden des Aufnahmemitgliedstaates nicht zu, so teilt sie diesen die Gründe für ihre Entscheidung mit. [4] Fällt die Bewertung der Bundesanstalt insbesondere vor dem Hintergrund der von den zuständigen Behörden des Aufnahmemitgliedstaates übermittelten Angaben negativ aus, so lehnt sie die Eintragung des Agenten oder der Zweigniederlassung in das Institutsregister gemäß § 43 Absatz 1, § 44 Absatz 2 ab oder löscht diese Eintragung, falls sie bereits erfolgt ist.

(6) [1] Nach Eintragung in das Institutsregister gemäß § 43 Absatz 1, § 44 Absatz 2 dürfen die Agenten oder darf die Zweigniederlassung ihre Tätigkeiten in dem Aufnahmemitgliedstaat aufnehmen. [2] Das Institut hat der Bundesanstalt und der Deutschen Bundesbank den Zeitpunkt mitzuteilen, ab dem die Agenten oder die Zweigniederlassung ihre Tätigkeiten in dem betreffenden Aufnahmemitgliedstaat aufnehmen. [3] Die Bundesanstalt informiert die zuständigen Behörden des Aufnahmemitgliedstaates hierüber.

(7) [1] Teilt die zuständige Behörde des Aufnahmemitgliedstaates der Bundesanstalt mit, dass ein im Inland zugelassenes Institut, das in dem Hoheitsgebiet des anderen Mitgliedstaates Agenten oder Zweigniederlassungen hat, seinen dortigen aufsichtsrechtlichen Verpflichtungen nicht nachkommt, hat die Bundesanstalt nach Bewertung der ihr übermittelten Informationen unverzüglich alle Maßnahmen zu ergreifen, die erforderlich sind, um für die Erfüllung der

Verpflichtungen zu sorgen. [2] Über die von ihr ergriffenen Maßnahmen hält sie die zuständigen Behörden des Aufnahmemitgliedstaates und die zuständigen Behörden jedes anderen betroffenen Mitgliedstaates auf dem Laufenden.

(8) [1] Gegenüber der ausländischen Zweigniederlassung sowie gegenüber den Agenten, E-Geld-Agenten und Auslagerungsunternehmen, deren sich ein inländisches Institut in anderen Staaten des Europäischen Wirtschaftsraums bedient, stehen der Bundesanstalt und der Deutschen Bundesbank unmittelbar die gleichen Rechte nach diesem Gesetz zu wie gegenüber den inländischen Stellen des Instituts. [2] Bei Prüfungen vor Ort hat die Bundesanstalt oder die Deutsche Bundesbank über die Bundesanstalt grundsätzlich vorab die Zustimmung der zuständigen Behörden des Aufnahmemitgliedstaates einzuholen.

(9) [1] Ändern sich die Verhältnisse, die nach Absatz 1 Satz 2, Absatz 2 Satz 2 oder Absatz 3 angezeigt wurden, hat das Institut diese Änderungen der Bundesanstalt und der Deutschen Bundesbank unverzüglich in Textform anzuzeigen. [2] Auf das Verfahren finden die Absätze 4 und 5 entsprechende Anwendung.

§ 39 Errichten einer Zweigniederlassung, grenzüberschreitender Dienstleistungsverkehr von Unternehmen mit Sitz in einem anderen Staat des Europäischen Wirtschaftsraums. (1) [1] Ein Institut mit Sitz in einem anderen Mitgliedstaat oder einem anderen Vertragsstaat des Abkommens über den Europäischen Wirtschaftsraum darf ohne Erlaubnis durch die Bundesanstalt über eine Zweigniederlassung oder im Wege des grenzüberschreitenden Dienstleistungsverkehrs oder über Agenten im Inland Zahlungsdienste erbringen oder das E-Geld-Geschäft betreiben oder über E-Geld-Agenten E-Geld vertreiben oder rücktauschen, wenn das Unternehmen von den zuständigen Behörden des anderen Staates zugelassen oder registriert worden ist, die Geschäfte durch die Zulassung oder Registrierung abgedeckt sind und das Unternehmen, die Agenten oder E-Geld-Agenten von den zuständigen Behörden nach Vorschriften, die denen der Richtlinie (EU) 2015/2366 des Europäischen Parlaments und des Rates vom 25. November 2015 über Zahlungsdienste im Binnenmarkt, zur Änderung der Richtlinien 2002/65/EG, 2009/110/EG und 2013/36/EU und der Verordnung (EU) Nr. 1093/2010 sowie zur Aufhebung der Richtlinie 2007/64/EG (ABl. L 337 vom 23.12.2015, S. 35; L 169 vom 28.6.2016, S. 18) oder der Richtlinie 2009/110/EG des Europäischen Parlaments und des Rates vom 16. September 2009 über die Aufnahme, Ausübung und Beaufsichtigung der Tätigkeit von E-Geld-Instituten, zur Änderung der Richtlinien 2005/60/EG und 2006/48/EG sowie zur Aufhebung der Richtlinie 2000/46/EG (ABl. L 267 vom 10.10.2009, S. 7) entsprechen, beaufsichtigt werden und die Agenten in das Institutsregister der zuständigen Behörde des Herkunftsmitgliedstaates eingetragen wurden. [2] § 14 der Gewerbeordnung bleibt unberührt.

(2) [1] Hat die Bundesanstalt im Fall des Absatzes 1 tatsächliche Anhaltspunkte dafür, dass im Zusammenhang mit der geplanten Beauftragung eines Agenten oder E-Geld-Agenten oder der Gründung einer Zweigniederlassung Geldwäsche im Sinne des § 261 des Strafgesetzbuchs oder Terrorismusfinanzierung im Sinne des § 1 Absatz 2 des Geldwäschegesetzes[1)] stattfinden, stattgefunden haben oder versucht wurden, oder dass die Beauftragung des Agenten oder die Gründung der Zweigniederlassung das Risiko erhöht, dass Geldwäsche oder

[1)] Nr. **18**.

Terrorismusfinanzierung stattfinden, so unterrichtet die Bundesanstalt die zuständige Behörde des Herkunftsmitgliedstaates. [2] Zuständige Behörde des Herkunftsmitgliedstaates ist die Behörde, die die Eintragung des Agenten oder der Zweigniederlassung in das dortige Zahlungsinstituts-Register oder E-Geld-Instituts-Register ablehnen oder, falls bereits eine Eintragung erfolgt ist, löschen kann.

(3) [1] Auf Institute im Sinne des Absatzes 1 Satz 1 sind § 17 des Finanzdienstleistungsaufsichtsgesetzes[1)] sowie die §§ 3, 7 bis 9 und 19 Absatz 1 und 4 anzuwenden. [2] Auf Institute, die eine Zweigniederlassung errichten oder Agenten heranziehen, sind zusätzlich § 27 Absatz 1 Satz 2 Nummer 5, Absatz 2 bis 4, § 28 Absatz 1 Nummer 1, 2, 6 und 7 sowie die §§ 60 bis 62 mit der Maßgabe anzuwenden, dass eine oder mehrere Zweigniederlassungen desselben Unternehmens im Inland als eine Zweigniederlassung gelten. [3] Änderungen des Geschäftsplans, insbesondere der Art der geplanten Geschäfte und des organisatorischen Aufbaus der Zweigniederlassung, der Anschrift und der Leiter sind der Bundesanstalt und der Deutschen Bundesbank mindestens einen Monat vor dem Wirksamwerden der Änderungen in Textform anzuzeigen.

(4) Für Agenten, E-Geld-Agenten und zentrale Kontaktpersonen gilt Absatz 3 Satz 1 entsprechend.

(5) Werden der Bundesanstalt von den zuständigen Behörden des Staates, in dem das Institut zugelassen ist, nach § 38 entsprechende Angaben übermittelt, bewertet die Bundesanstalt diese Angaben innerhalb eines Monats nach ihrem Erhalt und teilt den zuständigen Behörden dieses Staates die einschlägigen Angaben zu den Zahlungsdiensten mit, die das Institut im Wege der Errichtung einer Zweigniederlassung oder des grenzüberschreitenden Dienstleistungsverkehrs im Inland zu erbringen beabsichtigt.

(6) [1] Stellt die Bundesanstalt fest, dass das ausländische Institut seinen aufsichtsrechtlichen Verpflichtungen im Inland nicht nachkommt, unterrichtet sie unverzüglich die zuständigen Behörden des Herkunftsmitgliedstaates hierüber. [2] Solange die zuständigen Behörden des Herkunftsmitgliedstaates keine Maßnahmen ergreifen oder sich die ergriffenen Maßnahmen als unzureichend erweisen, kann die Bundesanstalt nach Unterrichtung der zuständigen Behörden des Herkunftsmitgliedstaates die Maßnahmen ergreifen, die erforderlich sind, um eine ernste Bedrohung der kollektiven Interessen der Zahlungsdienstnutzer im Inland abzuwenden; falls erforderlich kann sie die Durchführung neuer Geschäfte im Inland untersagen. [3] In dringenden Fällen kann die Bundesanstalt vor Einleitung des Verfahrens die erforderlichen Maßnahmen ergreifen. [4] Entsprechende Maßnahmen müssen im Hinblick auf den mit ihnen verfolgten Zweck, eine ernste Bedrohung für die kollektiven Interessen der Zahlungsdienstnutzer im Aufnahmemitgliedstaat abzuwenden, angemessen sein. [5] Sie sind zu beenden, wenn die festgestellte ernste Bedrohung abgewendet wurde. [6] Sie dürfen nicht zu einer Bevorzugung der Zahlungsdienstnutzer des Zahlungsinstituts im Aufnahmemitgliedstaat gegenüber den Zahlungsdienstnutzern von Zahlungsinstituten in anderen Mitgliedstaaten führen. [7] Die Bundesanstalt hat die zuständigen Behörden des Herkunftsmitgliedstaates und die jedes anderen betroffenen Mitgliedstaates sowie die Kommission und die Europäische Bankenaufsichtsbehörde vorab oder in dringenden Fällen unverzüglich über die nach Satz 2 ergriffenen Maßnahmen zu unterrichten.

[1)] Nr. **8**.

(7) [1] Nach vorheriger Unterrichtung der Bundesanstalt können die zuständigen Behörden des Herkunftsmitgliedstaates selbst oder durch ihre Beauftragten die für die aufsichtsrechtliche Überwachung der Zweigniederlassung erforderlichen Informationen bei der Zweigniederlassung prüfen. [2] Auf Ersuchen der zuständigen Behörden des Herkunftsmitgliedstaates dürfen die Bediensteten der Bundesanstalt und der Deutschen Bundesbank diese bei der Prüfung nach Satz 1 unterstützen oder die Prüfung in deren Auftrag durchführen; der Bundesanstalt und der Deutschen Bundesbank stehen dabei die Befugnisse nach § 19 oder, falls Tatsachen die Annahme rechtfertigen oder feststeht, dass das ausländische Unternehmen unerlaubte Zahlungsdienste erbringt oder unerlaubt das E-Geld-Geschäft betreibt, oder dass dieses unerlaubte Geschäfte nach dem Kreditwesengesetz[1)], nach dem Versicherungsaufsichtsgesetz oder nach dem Kapitalanlagegesetzbuch betreibt oder gegen vergleichbare Bestimmungen des Herkunftsstaates verstößt, auch die Rechte nach § 8 zu.

(8) [1] Wird der Austritt des Vereinigten Königreichs Großbritannien und Nordirland aus der Europäischen Union wirksam, ohne dass bis zu diesem Zeitpunkt ein Austrittsabkommen im Sinne von Artikel 50 Absatz 2 Satz 2 des Vertrags über die Europäische Union in Kraft getreten ist, so kann die Bundesanstalt zur Vermeidung von Nachteilen für die Funktionsfähigkeit oder die Stabilität der Zahlungsverkehrsmärkte anordnen, dass die Absätze 1 bis 7 für einen Übergangszeitraum nach dem Austritt auf Unternehmen mit Sitz im Vereinigten Königreich Großbritannien und Nordirland, die zum Zeitpunkt des Austritts des Vereinigten Königreichs Großbritannien und Nordirland nach Absatz 1 im Inland über eine Zweigniederlassung oder im Wege des grenzüberschreitenden Dienstleistungsverkehrs oder über Agenten Zahlungsdienste erbracht oder das E-Geld-Geschäft betrieben oder über E-Geld-Agenten E-Geld vertrieben oder rückgetauscht haben, ganz oder teilweise entsprechend anzuwenden sind. [2] Dies gilt nur, soweit die Unternehmen nach dem Austritt Zahlungsdienste erbringen oder E-Geld-Geschäfte betreiben, die in engem Zusammenhang mit zum Zeitpunkt des Austritts bestehenden Verträgen stehen. [3] Der im Zeitpunkt des Austritts beginnende Übergangszeitraum darf eine Dauer von 21 Monaten nicht überschreiten. [4] Die Anordnung kann auch durch Allgemeinverfügung ohne vorherige Anhörung getroffen und öffentlich bekanntgegeben werden.

§ 40 Berichtspflicht. Ein Institut mit Sitz in einem anderen Mitgliedstaat, das im Inland über Agenten oder Zweigniederlassungen verfügt, hat der Bundesanstalt in regelmäßigen Abständen über die im Inland ausgeübten Tätigkeiten zu berichten.

§ 41 Zentrale Kontaktperson; Verordnungsermächtigung. (1) Ein Institut mit Sitz in einem anderen Mitgliedstaat, das im Inland in anderer Form als einer Zweigniederlassung tätig ist, hat der Bundesanstalt auf Anforderung eine zentrale Kontaktperson im Inland zu benennen.

(2) [1] Das Bundesministerium der Finanzen wird ermächtigt, durch Rechtsverordnung, die nicht der Zustimmung des Bundesrates bedarf, die Aufgaben der zentralen Kontaktperson, die Anforderungen an die Übermittlung von Unterlagen und die Vorlage von Informationen näher zu bestimmen. [2] Das

---

1) Nr. **9**.

Bundesministerium der Finanzen kann die Ermächtigung durch Rechtsverordnung auf die Bundesanstalt übertragen. [3]Vor Erlass der Rechtsverordnung sind die Spitzenverbände der Institute anzuhören.

§ 42 Zweigstellen von Unternehmen mit Sitz außerhalb des Europäischen Wirtschaftsraums. (1) [1]Unterhält ein Unternehmen mit Sitz außerhalb der Europäischen Union oder des Europäischen Wirtschaftsraums eine Zweigstelle im Inland, die Zahlungsdienste erbringt oder das E-Geld-Geschäft betreibt, gilt die Zweigstelle als Institut im Sinne dieses Gesetzes. [2]Unterhält das Unternehmen mehrere Zweigstellen im Inland, gelten diese als ein Institut.

(2) Auf die in Absatz 1 bezeichneten Institute ist dieses Gesetz nach Maßgabe der Absätze 3 bis 6 anzuwenden.

(3) [1]Das Institut hat mindestens zwei natürliche Personen mit Wohnsitz im Inland zu bestellen, die für den Geschäftsbereich des Instituts zur Geschäftsführung und zur Vertretung des Unternehmens befugt sind. [2]Solche Personen gelten als Geschäftsleiter. [3]Sie sind zur Eintragung in das Handelsregister anzumelden. [4]Bei Instituten mit geringer Größe und mit geringem Geschäftsvolumen genügt ein Geschäftsleiter.

(4) [1]Das Institut ist verpflichtet, über die von ihm betriebenen Geschäfte und über das seinem Geschäftsbetrieb dienende Vermögen des Unternehmens gesondert Buch zu führen und gegenüber der Bundesanstalt und der Deutschen Bundesbank Rechnung zu legen. [2]Die Vorschriften des Handelsgesetzbuchs über Handelsbücher für Kreditinstitute und Finanzdienstleistungsinstitute gelten insoweit entsprechend. [3]Auf der Passivseite der jährlichen Vermögensübersicht ist der Betrag des dem Institut von dem Unternehmen zur Verfügung gestellten Betriebskapitals und der Betrag der dem Institut zur Verstärkung der eigenen Mittel belassenen Betriebsüberschüsse gesondert auszuweisen. [4]Der Überschuss der Passivposten über die Aktivposten oder der Überschuss der Aktivposten über die Passivposten ist am Schluss der Vermögensübersicht ungeteilt und gesondert auszuweisen.

(5) [1]Die nach Absatz 4 für den Schluss eines jeden Geschäftsjahres aufzustellende Vermögensübersicht mit einer Aufwands- und Ertragsrechnung und einem Anhang gilt als Jahresabschluss. [2]Für die Prüfung des Jahresabschlusses gilt § 340k des Handelsgesetzbuchs entsprechend mit der Maßgabe, dass der Prüfer von den Geschäftsleitern gewählt und bestellt wird. [3]Mit dem Jahresabschluss des Instituts ist der Jahresabschluss des Unternehmens für das gleiche Geschäftsjahr einzureichen.

(6) Als Eigenmittel des Instituts gilt die Summe der Beträge, die in der vierteljährlichen Meldung nach § 15 Absatz 2 als dem Institut von dem Unternehmen zur Verfügung gestelltes Betriebskapital und ihm zur Verstärkung der eigenen Mittel belassene Betriebsüberschüsse ausgewiesen wird, abzüglich des Betrags eines etwaigen aktiven Verrechnungssaldos.

Abschnitt 9. Register

§ 43 Zahlungsinstituts-Register. (1) [1]Die Bundesanstalt führt auf ihrer Internetseite ein Zahlungsinstituts-Register, in das sie einträgt:

1. jedes inländische Zahlungsinstitut, dem sie eine Erlaubnis nach § 10 Absatz 1 erteilt hat, mit dem Datum der Erteilung und dem Umfang der Erlaubnis

und gegebenenfalls dem Datum des Erlöschens oder der Aufhebung der Erlaubnis;
2. jeden inländischen Kontoinformationsdienstleister, dem sie die Registrierung nach § 34 bestätigt hat, mit dem Datum der Aufnahme in das Zahlungsinstituts-Register und gegebenenfalls dem Datum der Löschung aus dem Zahlungsinstituts-Register;
3. die von inländischen Zahlungsinstituten errichteten Zweigniederlassungen unter Angabe des Staates, in dem die Zweigniederlassung errichtet ist, des Umfangs sowie des Zeitpunkts der Aufnahme der Geschäftstätigkeit;
4. die Agenten, die für ein Zahlungsinstitut nach § 25 tätig sind sowie das Datum des Beginns und des Endes der Tätigkeit des jeweiligen Agenten.

[2] Zahlungsinstitute, die lediglich als Kontoinformationsdienstleister registriert sind, sind getrennt von den anderen Zahlungsinstituten auszuweisen. [3] Das Zahlungsinstituts-Register ist laufend und unverzüglich zu aktualisieren.

(2) [1] Liegen Tatsachen vor, die darauf schließen lassen, dass die der Bundesanstalt nach § 25 Absatz 1 von einem Institut übermittelten Angaben über einen Agenten nicht zutreffend sind, kann die Bundesanstalt die Eintragung des Agenten in das Zahlungsinstituts-Register ablehnen. [2] Die Bundesanstalt setzt das Institut hiervon unverzüglich in Kenntnis.

(3) [1] Die Bundesanstalt übermittelt der Europäischen Bankenaufsichtsbehörde unverzüglich die nach Absatz 1 im Zahlungsinstituts-Register aufgenommenen Angaben in einer im Finanzsektor gebräuchlichen Sprache. [2] Sie unterrichtet die Europäische Bankenaufsichtsbehörde über die Gründe für das Erlöschen oder die Aufhebung einer nach § 10 Absatz 1 oder § 11 Absatz 1 erteilten Erlaubnis oder einer gemäß § 34 Absatz 1 erteilten Registrierung.

§ 44 E-Geld-Instituts-Register. (1) Die Bundesanstalt führt auf ihrer Internetseite ein gesondertes, laufend zu aktualisierendes E-Geld-Instituts-Register, in das sie jedes inländische E-Geld-Institut, dem sie eine Erlaubnis nach § 11 Absatz 1 erteilt hat, mit dem Datum der Erteilung und dem Umfang der Erlaubnis und gegebenenfalls dem Datum des Erlöschens oder der Aufhebung der Erlaubnis einträgt.

(2) [1] Zweigniederlassungen und Agenten des E-Geld-Instituts werden entsprechend § 43 Absatz 1 Nummer 3 und 4 sowie Absatz 2 eingetragen. [2] § 43 Absatz 2 gilt für beide entsprechend.

Abschnitt 10. Gemeinsame Bestimmungen für alle Zahlungsdienstleister

Unterabschnitt 1.[1] Kartengebundene Zahlungsinstrumente

§ 45[1] Pflichten des kontoführenden Zahlungsdienstleisters. (1) Ein kontoführender Zahlungsdienstleister hat einem Zahlungsdienstleister, der kartengebundene Zahlungsinstrumente ausgibt (kartenausgebender Zahlungsdienstleister) auf dessen Ersuchen unverzüglich zu bestätigen, ob der für die

[1] §§ 45–52 sowie § 55 sind gem. Art. 15 Abs. 1 G v. 17.7.2017 (BGBl. I S. 2446) 18 Monate nach dem gem. Bek. v. 26.7.2019 (BGBl. I S. 1113) am 14.3.2018 erfolgten Inkrafttreten der Delegierten VO (EU) 2018/389 am 14.9.2019 in Kraft getreten.

Ausführung eines kartengebundenen Zahlungsvorgangs erforderliche Geldbetrag auf dem Zahlungskonto des Zahlers verfügbar ist, wenn

1. das Zahlungskonto des Zahlers zum Zeitpunkt des Ersuchens online zugänglich ist,
2. der Zahler dem kontoführenden Zahlungsdienstleister seine ausdrückliche Zustimmung erteilt hat, den Ersuchen eines bestimmten kartenausgebenden Zahlungsdienstleisters um Bestätigung der Verfügbarkeit des Geldbetrags, der einem bestimmten kartengebundenen Zahlungsvorgang entspricht, auf dem Zahlungskonto des Zahlers nachzukommen und
3. die Zustimmung nach Nummer 2 vor Eingang des ersten Ersuchens erteilt worden ist.

(2) Die Antwort des kontoführenden Zahlungsdienstleisters auf das Ersuchen darf keine Mitteilung des Kontostandes des Zahlers enthalten und besteht ausschließlich aus „Ja" oder „Nein".

(3) Die Bestätigung nach Absatz 1 erlaubt es dem kontoführenden Zahlungsdienstleister nicht, einen Geldbetrag auf dem Zahlungskonto des Zahlers zu sperren.

§ 46[1)] Rechte und Pflichten des kartenausgebenden Zahlungsdienstleisters. [1]Der kartenausgebende Zahlungsdienstleister darf den kontoführenden Zahlungsdienstleister um die Bestätigung nach § 45 Absatz 1 ersuchen, wenn der Zahler

1. dem kartenausgebenden Zahlungsdienstleister vorab seine ausdrückliche Zustimmung hierzu erteilt und
2. den kartengebundenen Zahlungsvorgang über den betreffenden Betrag unter Verwendung eines vom kartenausgebenden Zahlungsdienstleister ausgegebenen kartengebundenen Zahlungsinstruments ausgelöst hat.

[2]Der kartenausgebende Zahlungsdienstleister hat sich gegenüber dem kontoführenden Zahlungsdienstleister vor jedem einzelnen Ersuchen um Bestätigung zu authentifizieren und mit ihm auf sichere Weise zu kommunizieren. [3]Der kartenausgebende Zahlungsdienstleister darf die Antwort nach § 45 Absatz 2 nicht speichern oder für andere Zwecke als für die Ausführung des kartengebundenen Zahlungsvorgangs verwenden. [4]Näheres regelt der delegierte Rechtsakt nach Artikel 98 der Richtlinie (EU) 2015/2366.

§ 47[1)] Ausnahme für E-Geld-Instrumente. Die §§ 45 und 46 gelten nicht für Zahlungsvorgänge, die durch kartengebundene Zahlungsinstrumente ausgelöst werden, auf denen E-Geld gespeichert ist.

Unterabschnitt 2.[1)] Zugang von Zahlungsauslöse- und Kontoinformationsdienstleistern zu Zahlungskonten

§ 48[1)] Pflichten des kontoführenden Zahlungsdienstleisters bei Zahlungsauslösediensten. (1) Erteilt der Zahler seine ausdrückliche Zustimmung zur Ausführung einer Zahlung, so ist der kontoführende Zahlungsdienstleister verpflichtet,

---

[1)] §§ 45–52 sowie § 55 sind gem. Art. 15 Abs. 1 G v. 17.7.2017 (BGBl. I S. 2446) 18 Monate nach dem gem. Bek. v. 26.7.2019 (BGBl. I S. 1113) am 14.3.2018 erfolgten Inkrafttreten der Delegierten VO (EU) 2018/389 am 14.9.2019 in Kraft getreten.

1. mit dem Zahlungsauslösedienstleister auf sichere Weise zu kommunizieren,
2. unmittelbar nach Eingang des Zahlungsauftrags über einen Zahlungsauslösedienstleister diesem alle Informationen über die Auslösung des Zahlungsvorgangs und alle dem kontoführenden Zahlungsdienstleister zugänglichen Informationen hinsichtlich der Ausführung des Zahlungsvorgangs mitzuteilen oder zugänglich zu machen und
3. Zahlungsaufträge, die über einen Zahlungsauslösedienstleister übermittelt werden, insbesondere in Bezug auf zeitliche Abwicklung, Prioritäten oder Entgelte so zu behandeln wie Zahlungsaufträge, die der Zahler unmittelbar übermittelt, es sei denn, es bestehen objektive Gründe für eine abweichende Behandlung.

(2) Das Erbringen von Zahlungsauslösediensten ist nicht davon abhängig, ob der Zahlungsauslösedienstleister und der kontoführende Zahlungsdienstleister zu diesem Zweck einen Vertrag abgeschlossen haben.

(3) Näheres regelt der delegierte Rechtsakt nach Artikel 98 der Richtlinie (EU) 2015/2366.

§ 49[1)] Pflichten des Zahlungsauslösedienstleisters. (1) [1] Der Zahlungsauslösedienstleister darf den Zahlungsbetrag, den Zahlungsempfänger oder ein anderes Merkmal des Zahlungsvorgangs nicht ändern. [2] Er darf zu keiner Zeit Gelder des Zahlers im Zusammenhang mit der Erbringung des Zahlungsauslösedienstes halten.

(2) [1] Ein Zahlungsauslösedienstleister ist verpflichtet, sich gegenüber dem kontoführenden Zahlungsdienstleister des Zahlers jedes Mal, wenn er eine Zahlung auslöst, zu identifizieren. [2] Er muss sicherstellen, dass die personalisierten Sicherheitsmerkmale des Zahlungsdienstnutzers keiner anderen Partei als dem Nutzer und demjenigen, der die personalisierten Sicherheitsmerkmale ausgegeben hat, zugänglich sind.

(3) [1] Der Zahlungsauslösedienstleister hat mit dem kontoführenden Zahlungsdienstleister, dem Zahler und dem Zahlungsempfänger auf sichere Weise zu kommunizieren. [2] Soweit die Übermittlung der personalisierten Sicherheitsmerkmale des Zahlers erforderlich ist, darf dies nur über sichere und effiziente Kanäle geschehen.

(4) [1] Der Zahlungsauslösedienstleister darf vom Zahler nur die für die Erbringung des Zahlungsauslösedienstes erforderlichen Daten verlangen und keine sensiblen Zahlungsdaten des Zahlers speichern. [2] Er darf Daten nur für die Zwecke des vom Zahler ausdrücklich geforderten Zahlungsauslösedienstes speichern, verwenden oder darauf zugreifen. [3] Alle anderen Informationen, die er über den Zahler bei der Bereitstellung von Zahlungsauslösediensten erlangt hat, darf er nur dem Zahlungsempfänger mitteilen; dies setzt die ausdrückliche Zustimmung des Zahlers voraus.

(5) Sobald der Zahlungsauftrag ausgelöst worden ist, hat der Zahlungsauslösedienstleister dem kontoführenden Zahlungsdienstleister des Zahlers die Referenzangaben des Zahlungsvorgangs zugänglich zu machen.

[1)] §§ 45–52 sowie § 55 sind gem. Art. 15 Abs. 1 G v. 17.7.2017 (BGBl. I S. 2446) 18 Monate nach dem gem. Bek. v. 26.7.2019 (BGBl. I S. 1113) am 14.3.2018 erfolgten Inkrafttreten der Delegierten VO (EU) 2018/389 am 14.9.2019 in Kraft getreten.

(6) Näheres regelt der delegierte Rechtsakt nach Artikel 98 der Richtlinie (EU) 2015/2366.

§ 50[1)] Pflichten des kontoführenden Zahlungsdienstleisters bei Kontoinformationsdiensten. (1) Der kontoführende Zahlungsdienstleister ist verpflichtet,

1. mit dem Kontoinformationsdienstleister auf sichere Weise zu kommunizieren und
2. Anfragen nach der Übermittlung von Daten, die von einem Kontoinformationsdienstleister übermittelt werden, ohne Benachteiligung zu behandeln, es sei denn, es bestehen objektive Gründe für eine abweichende Behandlung.

(2) Das Erbringen von Kontoinformationsdiensten ist nicht davon abhängig, ob der Kontoinformationsdienstleister und der kontoführende Zahlungsdienstleister zu diesem Zweck einen Vertrag abgeschlossen haben.

(3) Näheres regelt der delegierte Rechtsakt nach Artikel 98 der Richtlinie (EU) 2015/2366.

§ 51[1)] Pflichten des Kontoinformationsdienstleisters. (1) [1]Der Kontoinformationsdienstleister darf seine Dienste nur mit der ausdrücklichen Zustimmung des Zahlungsdienstnutzers erbringen. [2]Er darf nur auf Informationen von Zahlungskonten, die der Zahlungsdienstnutzer bezeichnet hat, und mit diesen im Zusammenhang stehenden Zahlungsvorgängen zugreifen. [3]Er darf keine sensiblen Zahlungsdaten anfordern, die mit den Zahlungskonten in Zusammenhang stehen. [4]Er darf Daten nur für die Zwecke des vom Zahlungsdienstnutzer ausdrücklich geforderten Kontoinformationsdienstes speichern, verwenden oder darauf zugreifen.

(2) [1]Ein Kontoinformationsdienstleister ist verpflichtet, sich gegenüber dem kontoführenden Zahlungsdienstleister des Zahlungsdienstnutzers jedes Mal, wenn er mit ihm kommuniziert, zu identifizieren. [2]Er muss sicherstellen, dass die personalisierten Sicherheitsmerkmale des Zahlungsdienstnutzers keiner anderen Partei als dem Nutzer und demjenigen, der die personalisierten Sicherheitsmerkmale ausgegeben hat, zugänglich sind.

(3) [1]Der Kontoinformationsdienstleister hat mit dem kontoführenden Zahlungsdienstleister und dem Zahlungsdienstnutzer auf sichere Weise zu kommunizieren. [2]Soweit die Übermittlung der personalisierten Sicherheitsmerkmale erforderlich ist, darf dies nur über sichere und effiziente Kanäle geschehen.

(4) Näheres regelt der delegierte Rechtsakt nach Artikel 98 der Richtlinie (EU) 2015/2366.

§ 52[1)] Zugang zu Zahlungskonten. (1) Ein kontoführender Zahlungsdienstleister kann einem Kontoinformationsdienstleister oder einem Zahlungsauslösedienstleister den Zugang zu einem Zahlungskonto verweigern, wenn objektive und gebührend nachgewiesene Gründe im Zusammenhang mit einem nicht autorisierten oder betrügerischen Zugang des Kontoinformationsdienstleisters oder des Zahlungsauslösedienstleisters zum Zahlungskonto, ein-

---

1) §§ 45–52 sowie § 55 sind gem. Art. 15 Abs. 1 G v. 17.7.2017 (BGBl. I S. 2446) 18 Monate nach dem gem. Bek. v. 26.7.2019 (BGBl. I S. 1113) am 14.3.2018 erfolgten Inkrafttreten der Delegierten VO (EU) 2018/389 am 14.9.2019 in Kraft getreten.

schließlich der nicht autorisierten oder betrügerischen Auslösung eines Zahlungsvorgangs, es rechtfertigen.

(2) [1] In den Fällen des Absatzes 1 hat der kontoführende Zahlungsdienstleister den Vorfall der Bundesanstalt unverzüglich zu melden. [2] Hierbei sind die Einzelheiten des Vorfalls und die Gründe für das Tätigwerden anzugeben. [3] Die Bundesanstalt hat den Fall zu bewerten und kann erforderlichenfalls geeignete Maßnahmen ergreifen. [4] Die Aufgaben und Zuständigkeiten anderer Behörden, insbesondere der Kartellbehörden nach dem Gesetz gegen Wettbewerbsbeschränkungen sowie der Strafverfolgungsbehörden nach der Strafprozessordnung, bleiben unberührt.

(3) Der kontoführende Zahlungsdienstleister hat den Zugang zu dem Zahlungskonto zu gewähren, sobald die Gründe für die Verweigerung des Zugangs nicht mehr bestehen.

Unterabschnitt 3. Risiken und Meldung von Vorfällen

§ 53 Beherrschung operationeller und sicherheitsrelevanter Risiken.

(1) [1] Ein Zahlungsdienstleister hat angemessene Risikominderungsmaßnahmen und Kontrollmechanismen zur Beherrschung der operationellen und der sicherheitsrelevanten Risiken im Zusammenhang mit den von ihm erbrachten Zahlungsdiensten einzurichten, aufrechtzuerhalten und anzuwenden. [2] Dies umfasst wirksame Verfahren für die Behandlung von Störungen im Betriebsablauf, auch zur Aufdeckung und Klassifizierung schwerer Betriebs- und Sicherheitsvorfälle.

(2) [1] Ein Zahlungsdienstleister hat der Bundesanstalt einmal jährlich eine aktuelle und umfassende Bewertung der operationellen und sicherheitsrelevanten Risiken im Zusammenhang mit den von ihm erbrachten Zahlungsdiensten und hinsichtlich der Angemessenheit der Risikominderungsmaßnahmen und Kontrollmechanismen, die er zur Beherrschung dieser Risiken ergriffen hat, zu übermitteln. [2] Die Bundesanstalt kann gegenüber einem Zahlungsdienstleister festlegen, dass die Übermittlung der Bewertung nach Satz 1 in kürzeren Zeitabständen zu erfolgen hat.

§ 54 Meldung schwerwiegender Betriebs- oder Sicherheitsvorfälle.

(1) [1] Ein Zahlungsdienstleister hat die Bundesanstalt unverzüglich über einen schwerwiegenden Betriebs- oder Sicherheitsvorfall zu unterrichten. [2] Die Bundesanstalt unterrichtet die Europäische Bankenaufsichtsbehörde und die Europäische Zentralbank unverzüglich nach Eingang einer Meldung über die maßgeblichen Einzelheiten des Vorfalls. [3] Sie hat die Relevanz des Vorfalls für andere in ihrer sachlichen Zuständigkeit betroffene inländische Behörden unverzüglich zu prüfen und diese entsprechend zu unterrichten.

(2) Die Bundesanstalt wirkt an der Prüfung der Relevanz des Vorfalls für andere in ihrer sachlichen Zuständigkeit betroffene Behörden der Europäischen Union, der anderen Mitgliedstaaten und der anderen Vertragsstaaten des Abkommens über den Europäischen Wirtschaftsraum durch die Europäische Bankenaufsichtsbehörde und die Europäische Zentralbank mit.

(3) Wird die Bundesanstalt von der Europäischen Bankenaufsichtsbehörde oder der Europäischen Zentralbank über einen Vorfall im Sinne des Absatzes 1 Satz 1 unterrichtet, so hat sie die für die unmittelbare Sicherheit des Finanzsystems notwendigen Schutzvorkehrungen zu treffen.

(4) Kann sich ein Vorfall im Sinne des Absatzes 1 Satz 1 auf die finanziellen Interessen seiner Zahlungsdienstnutzer auswirken, hat ein Zahlungsdienstleister diese unverzüglich über den Vorfall zu benachrichtigen und über alle Maßnahmen zu informieren, die sie ergreifen können, um negative Auswirkungen des Vorfalls zu begrenzen.

(5) [1] Die Zahlungsdienstleister haben der Bundesanstalt mindestens einmal jährlich statistische Daten zu Betrugsfällen in Verbindung mit den unterschiedlichen Zahlungsmitteln vorzulegen. [2] Die Bundesanstalt hat der Europäischen Bankenaufsichtsbehörde und der Europäischen Zentralbank die vorgelegten Daten in aggregierter Form zur Verfügung zu stellen.

(6) Meldepflichten der Zahlungsdienstleister an andere inländische Behörden, Mitwirkungsaufgaben der Bundesanstalt sowie die Zuständigkeiten anderer inländischen Behörden für schwerwiegende Betriebs- oder Sicherheitsvorfälle bleiben unberührt.

Unterabschnitt 4.[1)] Starke Kundenauthentifizierung

§ 55[1)] Starke Kundenauthentifizierung. (1) [1] Der Zahlungsdienstleister ist verpflichtet, eine starke Kundenauthentifizierung zu verlangen, wenn der Zahler

1. online auf sein Zahlungskonto zugreift;
2. einen elektronischen Zahlungsvorgang auslöst;
3. über einen Fernzugang eine Handlung vornimmt, die das Risiko eines Betrugs im Zahlungsverkehr oder anderen Missbrauchs beinhaltet.

[2] Ein Zahlungsdienstleister muss im Fall des Satzes 1 über angemessene Sicherheitsvorkehrungen verfügen, um die Vertraulichkeit und die Integrität der personalisierten Sicherheitsmerkmale der Zahlungsdienstnutzer zu schützen.

(2) Handelt es sich bei dem elektronischen Zahlungsvorgang nach Absatz 1 Satz 1 Nummer 2 um einen elektronischen Fernzahlungsvorgang, hat der Zahlungsdienstleister eine starke Kundenauthentifizierung zu verlangen, die Elemente umfasst, die den Zahlungsvorgang dynamisch mit einem bestimmten Betrag und einem bestimmten Zahlungsempfänger verknüpfen.

(3) [1] Absatz 1 Satz 2 und Absatz 2 gelten auch, wenn Zahlungen über einen Zahlungsauslösedienstleister ausgelöst werden. [2] Absatz 1 gilt auch, wenn die Informationen über einen Kontoinformationsdienstleister angefordert werden.

(4) Der kontoführende Zahlungsdienstleister hat es dem Zahlungsauslösedienstleister und dem Kontoinformationsdienstleister zu gestatten, sich auf die Authentifizierungsverfahren zu stützen, die er dem Zahlungsdienstnutzer gemäß Absatz 1 sowie, in Fällen, in denen ein Zahlungsauslösedienstleister beteiligt ist, darüber hinaus gemäß Absatz 2 bereitstellt.

(5) Näheres zu Erfordernissen und Verfahren zur starken Kundenauthentifizierung einschließlich etwaiger Ausnahmen von deren Anwendung sowie Anforderungen an Sicherheitsvorkehrungen für die Vertraulichkeit und die Integrität der personalisierten Sicherheitsmerkmale regelt der delegierte Rechtsakt nach Artikel 98 der Richtlinie (EU) 2015/2366.

---

1) §§ 45–52 sowie § 55 sind gem. Art. 15 Abs. 1 G v. 17.7.2017 (BGBl. I S. 2446) 18 Monate nach dem gem. Bek. v. 26.7.2019 (BGBl. I S. 1113) am 14.3.2018 erfolgten Inkrafttreten der Delegierten VO (EU) 2018/389 am 14.9.2019 in Kraft getreten.

Unterabschnitt 5. Zugang zu Konten und Zahlungssystemen

§ 56 Zugang zu Zahlungskontodiensten bei CRR-Kreditinstituten.

(1) [1] CRR-Kreditinstitute im Sinne des § 1 Absatz 3d Satz 1 des Kreditwesengesetzes[1)] haben den Instituten, die im Inland auf der Grundlage einer entsprechenden Erlaubnis tätig werden, auf objektiver, nichtdiskriminierender und verhältnismäßiger Grundlage den Zugang zu Zahlungskontodiensten zu gewähren. [2] Der Zugang nach Satz 1 muss so umfassend sein, dass das Institut seine Dienstleistung ungehindert und effizient erbringen kann. [3] Das CRR-Kreditinstitut hat die Ablehnung des Zugangs nach Satz 1 mit einer nachvollziehbaren Begründung der Bundesanstalt mitzuteilen.

(2) Die Vorschriften zur Bekämpfung der Geldwäsche und der Terrorismusfinanzierung bleiben unberührt.

§ 57 Zugang zu Zahlungssystemen. (1) [1] Der Betreiber eines Zahlungssystems darf Zahlungsdienstleister, Zahlungsdienstnutzer und gleichartige Zahlungssysteme weder unmittelbar noch mittelbar

1. bei dem Zugang zum Zahlungssystem durch restriktive Bedingungen oder mit sonstigen unverhältnismäßigen Mitteln behindern;
2. in Bezug auf ihre Rechte und Pflichten als Teilnehmer des Zahlungssystems ohne sachlich gerechtfertigten Grund unterschiedlich behandeln;
3. im Hinblick auf den institutionellen Status des Zahlungsdienstleisters beschränken.

[2] Der Betreiber eines Zahlungssystems darf objektive Bedingungen für eine Teilnahme an einem Zahlungssystem festlegen, soweit diese für einen wirksamen Schutz der finanziellen und operativen Stabilität des Zahlungssystems und zur Verhinderung der mit der Teilnahme an einem Zahlungssystem verbundenen Risiken erforderlich sind. [3] Zu diesen Risiken gehören insbesondere das operationelle Risiko, das Erfüllungsrisiko und das unternehmerische Risiko. [4] Jeder Zahlungsdienstleister und jedes andere Zahlungssystem hat vor dem Beitritt und während seiner Teilnahme an einem Zahlungssystem gegenüber dem Betreiber und den anderen Teilnehmern des Zahlungssystems auf Anforderung darzulegen, dass seine eigenen Vorkehrungen die objektiven Bedingungen im Sinne des Satzes 2 erfüllen. [5] Der Betreiber hat bei Ablehnung eines Antrags auf Zugang zu dem System oder Ausschluss eines Teilnehmers mit der Bekanntgabe der Maßnahme die Gründe abschließend darzulegen.

(2) [1] Wer als Betreiber eines Zahlungssystems gegen die Vorschriften des Absatzes 1 verstößt, ist dem Betroffenen zur Beseitigung und bei Wiederholungsgefahr zur Unterlassung verpflichtet. [2] Wer den Verstoß vorsätzlich oder fahrlässig begeht, ist dem Betroffenen zum Ersatz des daraus entstehenden Schadens verpflichtet; für diese Ansprüche ist der ordentliche Rechtsweg gegeben.

(3) [1] Die Absätze 1 und 2 gelten nicht für die in § 1 Absatz 16 des Kreditwesengesetzes[1)] bezeichneten Systeme sowie für die Zahlungssysteme, die ausschließlich aus einer einzigen Unternehmensgruppe angehörenden Zahlungsdienstleistern bestehen. [2] Gewährt ein Teilnehmer eines in § 1 Absatz 16 des Kreditwesengesetzes bezeichneten Systems einem zugelassenen oder registrier-

---

[1)] Nr. 9.

ten Zahlungsdienstleister, der kein Teilnehmer des Systems ist, das Recht, über ihn Überweisungsaufträge über das System zu erteilen, hat er auch anderen zugelassenen oder registrierten Zahlungsdienstleistern auf Antrag die gleiche Möglichkeit in objektiver, verhältnismäßiger und nichtdiskriminierender Weise einzuräumen; die Bestimmungen des Absatzes 1 Satz 4 und Absatz 2 gelten für diese Teilnehmer insoweit entsprechend.

(4) Die Aufgaben und Zuständigkeiten der Kartellbehörden nach dem Gesetz gegen Wettbewerbsbeschränkungen bleiben unberührt.

§ 58 Aufgaben der Bundesanstalt bei Kartenzahlverfahren, Ausnahmen für neue Zahlverfahren im Massenzahlungsverkehr; Verordnungsermächtigung. (1) Die Bundesanstalt überwacht die Einhaltung der Pflichten der Betreiber von Kartenzahlverfahren nach der Verordnung (EU) 2015/751; sie kann gegenüber den Betreibern von Kartenzahlverfahren Anordnungen treffen, die geeignet und erforderlich sind, um Verstöße gegen die Pflichten nach dieser Verordnung zu verhindern oder zu unterbinden.

(2) Die Bundesanstalt ist zuständige Behörde nach Artikel 4 Absatz 4 der Verordnung (EU) Nr. 260/2012, an die die Anträge nach Artikel 4 Absatz 4 dieser Verordnung zu stellen sind, wenn der Antragsteller seinen Sitz im Inland hat.

(3) [1] Das Bundesministerium der Finanzen wird ermächtigt, durch Rechtsverordnung, die nicht der Zustimmung des Bundesrates bedarf, im Benehmen mit der Deutschen Bundesbank nähere Bestimmungen über Inhalt, Art und Umfang der Angaben, Nachweise und Unterlagen zu treffen, die ein Antrag nach Artikel 4 Absatz 4 der Verordnung (EU) Nr. 260/2012 enthalten muss. [2] Das Bundesministerium der Finanzen kann die Ermächtigung im Einvernehmen mit der Deutschen Bundesbank durch Rechtsverordnung auf die Bundesanstalt übertragen. [3] Vor Erlass der Rechtsverordnung sind die Spitzenverbände der Zahlungsdienstleister anzuhören.

Unterabschnitt 5a. Technische Infrastrukturleistungen

§ 58a Zugang zu technischen Infrastrukturleistungen bei der Erbringung von Zahlungsdiensten oder dem Betreiben des E-Geld-Geschäfts.

(1) [1] Ein Unternehmen, das durch technische Infrastrukturleistungen zu dem Erbringen von Zahlungsdiensten oder dem Betreiben des E-Geld-Geschäfts im Inland beiträgt (Systemunternehmen), ist auf Anfrage eines Zahlungsdienstleisters im Sinne des § 1 Absatz 1 Satz 1 Nummer 1 bis 3 oder eines E-Geld-Emittenten im Sinne des § 1 Absatz 2 Satz 1 Nummer 1 oder 2 verpflichtet, diese technischen Infrastrukturleistungen gegen ein die tatsächlichen Kosten des jeweiligen Zugriffs nicht übersteigendes Entgelt unverzüglich und unter Verwendung einer standardisierten technischen Schnittstelle zu allen Endgeräten zur Verfügung zu stellen. [2] Die Zurverfügungstellung im Sinne des Satzes 1 muss so ausgestaltet sein, dass das anfragende Unternehmen seine Zahlungsdienste oder E-Geld-Geschäfte ungehindert erbringen oder betreiben kann und Funktionsgleichheit gewährleistet ist.

(2) Absatz 1 gilt nicht, wenn es sich im Zeitpunkt der Anfrage bei dem Systemunternehmen nicht um ein Unternehmen handelt, dessen technische Infrastrukturleistungen von mehr als zehn Zahlungsdienstleistern im Sinne des § 1 Absatz 1 Satz 1 Nummer 1 bis 3 oder E-Geld-Emittenten im Sinne des § 1

Absatz 2 Satz 1 Nummer 1 oder 2 in Anspruch genommen werden oder das mehr als zwei Millionen registrierte Nutzer hat.

(3) [1] Das Systemunternehmen ist ausnahmsweise nicht entsprechend Absatz 1 verpflichtet, wenn sachlich gerechtfertigte Gründe für die Ablehnung der Zurverfügungstellung vorliegen. [2] Diese liegen insbesondere vor, wenn das Systemunternehmen nachweisen kann, dass die Sicherheit und Integrität der technischen Infrastrukturleistungen durch die Zurverfügungstellung konkret gefährdet wird. [3] Die Ablehnung muss nachvollziehbar begründet sein. [4] Der Zahlungsdienstleister kann die Gründe der Ablehnung durch einen Sachverständigen überprüfen lassen. [5] Dazu hat das Systemunternehmen dem Sachverständigen die für diese Prüfung erforderlichen Informationen nach Aufforderung unverzüglich zur Verfügung zu stellen. [6] Der Sachverständige ist in Bezug auf die vorgelegten Informationen zur Verschwiegenheit verpflichtet und darf diese gegenüber dem Zahlungsdienstleister oder Dritten nicht offen legen.

(4) [1] Verstößt ein Systemunternehmen schuldhaft gegen Absatz 1, ist es dem anfragenden Unternehmen zum Ersatz des daraus entstehenden Schadens verpflichtet. [2] Der ordentliche Rechtsweg ist gegeben.

(5) Die Aufgaben und Zuständigkeiten der Kartellbehörden nach dem Gesetz gegen Wettbewerbsbeschränkungen bleiben unberührt.

Abschnitt 11. Datenschutz

§ 59 Datenschutz. (1) Betreiber von Zahlungssystemen und Zahlungsdienstleister dürfen personenbezogene Daten verarbeiten, soweit das zur Verhütung, Ermittlung und Feststellung von Betrugsfällen im Zahlungsverkehr notwendig ist.

(2) Zahlungsdienstleister dürfen die für das Erbringen ihrer Zahlungsdienste notwendigen personenbezogenen Daten nur mit der ausdrücklichen Einwilligung des Zahlungsdienstnutzers verarbeiten.

(3) Die datenschutzrechtlichen Vorschriften über die Verarbeitung personenbezogener Daten sind zu beachten.

Abschnitt 12. Beschwerden und Außergerichtliche Streitbeilegung

§ 60 Beschwerden über Zahlungsdienstleister. (1) [1] Zahlungsdienstnutzer und die Stellen nach Satz 2 können jederzeit wegen behaupteter Verstöße eines Zahlungsdienstleisters gegen Bestimmungen dieses Gesetzes oder gegen die §§ 675c bis 676c des Bürgerlichen Gesetzbuchs[1)] oder Artikel 248 des Einführungsgesetzes zum Bürgerlichen Gesetzbuche[2)] eine Beschwerde bei der Bundesanstalt einlegen. [2] Beschwerdebefugte Stellen sind:

1. die Industrie- und Handelskammern;
2. qualifizierte Einrichtungen nach § 3 Absatz 1 Nummer 1 des Unterlassungsklagengesetzes;
3. rechtsfähige Verbände zur Förderung gewerblicher Interessen,

---

1) Nr. 24.
2) Nr. 25.

a) die insbesondere nach ihrer personellen, sachlichen und finanziellen Ausstattung imstande sind, ihre satzungsgemäßen Aufgaben der Verfolgung gewerblicher Interessen tatsächlich wahrzunehmen und
b) denen eine erhebliche Zahl von Unternehmen angehört, die Zahlungsdienste auf demselben Markt anbieten,

wenn der Verstoß die Interessen der Mitglieder berührt und geeignet ist, den Wettbewerb nicht unerheblich zu verfälschen.

(2) [1] Beschwerden sind schriftlich oder zur Niederschrift bei der Bundesanstalt einzulegen und sollen den Sachverhalt sowie den Beschwerdegrund angeben. [2] Bei Beschwerden von Zahlungsdienstnutzern wegen behaupteter Verstöße von Zahlungsdienstleistern gegen die §§ 675c bis 676c des Bürgerlichen Gesetzbuchs oder Artikel 248 des Einführungsgesetzes zum Bürgerlichen Gesetzbuche weist die Bundesanstalt in ihrer Antwort auch auf die Möglichkeit zur außergerichtlichen Streitbeilegung nach § 14 Absatz 1 Nummer 4 des Unterlassungsklagengesetzes hin.

§ 61 Beschwerden über E-Geld-Emittenten. (1) Inhaber von E-Geld und die in § 60 Absatz 1 Satz 2 genannten Einrichtungen, Verbände und Kammern können jederzeit wegen behaupteter Verstöße eines E-Geld-Emittenten gegen Bestimmungen dieses Gesetzes oder gegen die §§ 675c bis 676c des Bürgerlichen Gesetzbuchs[1)] oder Artikel 248 des Einführungsgesetzes zum Bürgerlichen Gesetzbuche[2)] eine Beschwerde bei der Bundesanstalt einlegen.

(2) [1] Beschwerden sind schriftlich oder zur Niederschrift bei der Bundesanstalt einzulegen und sollen den Sachverhalt und den Beschwerdegrund angeben. [2] § 60 Absatz 2 Satz 2 gilt entsprechend.

§ 62 Streitbeilegung bei einem Zahlungsdienstleister. (1) Ein Zahlungsdienstleister hat angemessene und wirksame Verfahren zur Abhilfe bei Beschwerden in Bezug auf die Rechte und Pflichten von Zahlungsdienstnutzern nach den §§ 675c bis 676c des Bürgerlichen Gesetzbuchs[1)] oder Artikel 248 des Einführungsgesetzes zum Bürgerlichen Gesetzbuche[2)] einzurichten und anzuwenden (Streitbeilegung bei einem Zahlungsdienstleister).

(2) [1] Die Streitbeilegung bei einem Zahlungsdienstleister findet in jedem Mitgliedstaat und den anderen Vertragsstaaten des Abkommens über den Europäischen Wirtschaftsraum Anwendung, in denen der Zahlungsdienstleister die Zahlungsdienste anbietet. [2] Sie muss in einer Amtssprache des jeweiligen Mitgliedstaates oder in einer anderen zwischen dem Zahlungsdienstleister und dem Zahlungsdienstnutzer vereinbarten Sprache zur Verfügung stehen.

(3) [1] Ein Zahlungsdienstleister hat Beschwerden der Zahlungsdienstnutzer in Papierform oder im Falle einer Vereinbarung zwischen Zahlungsdienstleister und Zahlungsdienstnutzer auf einem anderen dauerhaften Datenträger zu beantworten. [2] Die Antwort des Zahlungsdienstleisters muss innerhalb einer angemessenen Frist, spätestens innerhalb von 15 Arbeitstagen nach Eingang der Beschwerde, erfolgen und hat auf alle vom Zahlungsdienstnutzer angesprochenen Fragen einzugehen. [3] Kann ein Zahlungsdienstleister ausnahmsweise aus Gründen, die er nicht zu vertreten hat, nicht innerhalb von 15 Arbeitstagen antworten, so hat er ein vorläufiges Antwortschreiben zu versenden, das die

---

1) Nr. **24**.
2) Nr. **25**.

Gründe für die Verzögerung bei der Beantwortung der Beschwerde eindeutig angibt und den Zeitpunkt benennt, bis zu dem der Zahlungsdienstnutzer die endgültige Antwort spätestens erhält. [4] Die endgültige Antwort darf in keinem Fall später als 35 Arbeitstage nach Eingang der Beschwerde erfolgen.

(4) [1] Ein Zahlungsdienstleister hat Zahlungsdienstnutzer auch dann entsprechend § 36 Absatz 1 Nummer 1 des Verbraucherstreitbeilegungsgesetzes über die zuständige Verbraucherschlichtungsstelle zu informieren, wenn er über keine Webseite verfügt und keine Allgemeinen Geschäftsbedingungen verwendet oder der Zahlungsdienstnutzer kein Verbraucher ist. [2] Verfügt der Zahlungsdienstleister über keine Webseite oder verwendet er keine Allgemeinen Geschäftsbedingungen, sind die Informationen nach Satz 1 im Zahlungsdienstevertrag zu geben. [3] Informationen nach Satz 1 müssen auch Angaben darüber enthalten, wo weitere Informationen über die zuständige Stelle zur alternativen Streitbeilegung und über die Voraussetzungen für deren Anrufung erhältlich sind.

Abschnitt 13. Strafvorschriften, Bußgeldvorschriften

§ 63 Strafvorschriften. (1) Mit Freiheitsstrafe bis zu fünf Jahren oder mit Geldstrafe wird bestraft, wer

1. entgegen § 3 Absatz 1 Einlagen oder andere rückzahlbare Gelder entgegennimmt,
2. entgegen § 3 Absatz 2 Satz 1 dort genannte Gelder nicht oder nicht rechtzeitig in E-Geld umtauscht,
3. entgegen § 3 Absatz 4 Satz 1 einen Kredit gewährt,
4. ohne Erlaubnis nach § 10 Absatz 1 Satz 1 oder ohne Registrierung nach § 34 Absatz 1 Satz 1 Zahlungsdienste erbringt,
5. ohne Erlaubnis nach § 11 Absatz 1 Satz 1 das E-Geld-Geschäft betreibt oder
6. entgegen § 49 Absatz 1 Satz 2 dort genannte Gelder hält.

(2) Mit Freiheitsstrafe bis zu drei Jahren oder mit Geldstrafe wird bestraft, wer

1. entgegen § 21 Absatz 4 Satz 1 erster Halbsatz eine Anzeige nicht, nicht richtig oder nicht rechtzeitig erstattet oder
2. entgegen § 31 E-Geld ausgibt.

(3) Handelt der Täter fahrlässig, so ist die Strafe in den Fällen des Absatzes 1 Freiheitsstrafe bis zu drei Jahren oder Geldstrafe und in den Fällen des Absatzes 2 Freiheitsstrafe bis zu einem Jahr oder Geldstrafe.

§ 64 Bußgeldvorschriften. (1) Ordnungswidrig handelt, wer einer vollziehbaren Anordnung nach § 7 Absatz 1 Satz 2 Nummer 1, auch in Verbindung mit Satz 4, oder nach § 20 Absatz 1, 3 oder 4 zuwiderhandelt.

(2) Ordnungswidrig handelt, wer vorsätzlich oder leichtfertig

1. entgegen § 2 Absatz 2 Satz 1 oder Absatz 3, § 28 Absatz 1 Nummer 4 bis 10 oder Absatz 2 oder § 38 Absatz 1 Satz 1 eine Anzeige nicht, nicht richtig, nicht vollständig oder nicht rechtzeitig erstattet oder
2. entgegen

a) § 22 Absatz 1 Satz 1 oder 3 oder Absatz 2 Satz 1 oder 2 einen Jahresabschluss, einen Lagebericht, einen Prüfungsbericht, einen Konzernabschluss oder einen Konzernlagebericht oder

b) § 29 Absatz 1 Satz 1, auch in Verbindung mit Absatz 2, jeweils in Verbindung mit einer Rechtsverordnung nach Absatz 3 Satz 1 oder 2, einen Monatsausweis

nicht, nicht richtig, nicht vollständig oder nicht rechtzeitig einreicht.

(3) Ordnungswidrig handelt, wer vorsätzlich oder fahrlässig

1. entgegen § 8 Absatz 1 oder § 19 Absatz 1 Satz 1 eine Auskunft nicht, nicht richtig, nicht vollständig oder nicht rechtzeitig erteilt oder eine Unterlage nicht, nicht richtig, nicht vollständig oder nicht rechtzeitig vorlegt,
2. entgegen § 8 Absatz 5 Satz 1, auch in Verbindung mit Absatz 6, oder § 19 Absatz 1 Satz 4 eine Maßnahme nicht duldet,
3. einer vollziehbaren Auflage nach § 10 Absatz 4 Satz 1 oder § 11 Absatz 3 Satz 1 zuwiderhandelt,
4. entgegen § 19 Absatz 3 Satz 1 eine dort genannte Maßnahme nicht oder nicht rechtzeitig vornimmt,
5. einer vollziehbaren Anordnung nach § 21 Absatz 3 Satz 1 oder § 27 Absatz 3 Satz 1 zuwiderhandelt,

5a. entgegen § 27 Absatz 1 Satz 1 und 2 Nummer 5 über keine angemessenen Maßnahmen, einschließlich Datenverarbeitungssysteme, zur Gewährleistung der Einhaltung der Anforderungen des Geldwäschegesetzes[1] und der Verordnung (EU) 2015/847 verfügt,

6. einer vollziehbaren Anordnung nach § 27 Absatz 2 Satz 1 in Verbindung mit § 6a Absatz 1 oder § 25i Absatz 4 des Kreditwesengesetzes[2] zuwiderhandelt,
7. entgegen § 27 Absatz 2 Satz 1 in Verbindung mit § 24c Absatz 1 Satz 1 oder § 25i Absatz 3 Satz 1 des Kreditwesengesetzes ein Dateisystem nicht, nicht richtig oder nicht vollständig führt,
8. entgegen § 27 Absatz 2 Satz 1 in Verbindung mit § 24c Absatz 1 Satz 5 des Kreditwesengesetzes nicht gewährleistet, dass die Bundesanstalt Daten abrufen kann,
9. entgegen § 27 Absatz 2 Satz 1 in Verbindung mit § 25i Absatz 1 des Kreditwesengesetzes die Sorgfaltspflichten nach § 10 Absatz 1 des Geldwäschegesetzes nicht erfüllt,
10. *(aufgehoben)*
11. einer vollziehbaren Anordnung nach § 27 Absatz 2 Satz 1 in Verbindung mit § 25i Absatz 4 des Kreditwesengesetzes zuwiderhandelt,
12. entgegen § 27 Absatz 2 Satz 1 in Verbindung mit § 8 Absatz 1 des Geldwäschegesetzes erhobene Angaben oder eingeholte Informationen nicht, nicht richtig oder nicht vollständig aufzeichnet,
13. einer vollziehbaren Anordnung nach § 27 Absatz 3 zur Verhinderung und Unterbindung von Verstößen gegen die Verordnung (EU) 2015/847 zuwider handelt,

---

[1] Nr. **18**.
[2] Nr. **9**.

14. entgegen § 52 Absatz 1 und 3 einem Zahlungsauslösedienstleister oder einem Kontoinformationsdienstleister den Zugang zu einem Zahlungskonto nicht gewährt,
15. entgegen § 54 Absatz 1 Satz 1 die Bundesanstalt nicht, nicht richtig, nicht vollständig oder nicht rechtzeitig unterrichtet.

(4) Die Ordnungswidrigkeit kann in Fällen des Absatzes 1 mit einer Geldbuße bis zu einer Million Euro, in Fällen des Absatzes 3 Nummer 1 und 2 mit einer Geldbuße bis dreihunderttausend Euro und in den übrigen Fällen mit einer Geldbuße bis zu hunderttausend Euro geahndet werden.

(5) Verwaltungsbehörde im Sinne des § 36 Absatz 1 Nummer 1 des Gesetzes über Ordnungswidrigkeiten ist die Bundesanstalt.

§ 65 Mitteilung in Strafsachen. [1]Das Gericht, die Strafverfolgungs- oder die Strafvollstreckungsbehörde hat in Strafverfahren gegen Inhaber oder Geschäftsleiter von Instituten sowie gegen Inhaber bedeutender Beteiligungen an Instituten oder deren gesetzliche Vertreter wegen Verletzung ihrer Berufspflichten oder anderer Straftaten bei oder im Zusammenhang mit der Ausübung eines Gewerbes oder dem Betrieb einer sonstigen wirtschaftlichen Unternehmung, im Fall der Erhebung der öffentlichen Klage der Bundesanstalt

1. die Anklageschrift oder eine an ihre Stelle tretende Antragsschrift,
2. den Antrag auf Erlass eines Strafbefehls und
3. die das Verfahren abschließende Entscheidung mit Begründung

zu übermitteln. [2]Ist gegen die Entscheidung ein Rechtsbehelf eingelegt worden, ist die Entscheidung unter Hinweis auf den eingelegten Rechtsbehelf zu übermitteln. [3]§ 60a Absatz 1a bis 3 des Kreditwesengesetzes[1)] gilt entsprechend.

Abschnitt 14. Übergangsvorschriften

§ 66 Übergangsvorschriften für Zahlungsinstitute, die bereits über eine Erlaubnis verfügen. (1) [1]Zahlungsinstitute mit einer Erlaubnis gemäß § 8 dieses Gesetzes in der bis zum 12. Januar 2018 geltenden Fassung dürfen die Zahlungsdienste, für die ihnen diese Erlaubnis erteilt worden ist, bis zur Bestandskraft der Entscheidung der Bundesanstalt nach den Absätzen 3 oder 4, längstens jedoch bis zum 13. Juli 2018, weiter erbringen. [2]Für sie ist dieses Gesetz in der bis zum 12. Januar 2018 geltenden Fassung insoweit weiter anzuwenden.

(2) [1]Hat ein Zahlungsinstitut nach Absatz 1 die Absicht, Zahlungsdienste gemäß seiner Erlaubnis auch über den 13. Juli 2018 hinaus zu erbringen, so hat es diese Absicht spätestens zwei Wochen nach Inkrafttreten dieses Gesetzes der Bundesanstalt schriftlich anzuzeigen. [2]Spätestens vier Wochen nach Inkrafttreten dieses Gesetzes hat das Zahlungsinstitut die Angaben und Nachweise gemäß § 10 Absatz 2 Satz 1 Nummer 6 bis 10 sowie alle Angaben und Nachweise entsprechend § 10 Absatz 5 bei der Bundesanstalt und der Deutschen Bundesbank einzureichen.

(3) Entscheidet die Bundesanstalt nach Prüfung der gemäß Absatz 2 Satz 2 eingereichten Angaben und Nachweise, dass eine Erlaubnis gemäß § 10 als

---

[1)] Nr. 9.

erteilt gilt, so trägt sie das Zahlungsinstitut in das Register gemäß § 43 ein und teilt dem Zahlungsinstitut die Entscheidung mit; ab diesem Zeitpunkt ist auf das Zahlungsinstitut nach Absatz 1 dieses Gesetz in der ab dem 13. Januar 2018 geltenden Fassung anzuwenden.

(4) [1] Lassen die eingereichten Angaben und Nachweise eine positive Gesamtbewertung nicht zu oder hat das Zahlungsinstitut keine Anzeige nach Absatz 2 Satz 1 erstattet oder keine Unterlagen nach Absatz 2 Satz 2 eingereicht, so stellt die Bundesanstalt fest, dass die Erlaubnis nach § 10 nicht als erteilt gilt. [2] § 13 Absatz 3 ist entsprechend anzuwenden.

(5) Wird dem Zahlungsinstitut im Sinne des Absatzes 1 keine Erlaubnis nach Absatz 3 erteilt, so macht die Bundesanstalt das Erlöschen der Erlaubnis mit Bestandskraft seiner Entscheidung im Bundesanzeiger und im Zahlungsinstituts-Register gemäß § 30 dieses Gesetzes in der bis zum 12. Januar 2018 geltenden Fassung bekannt.

§ 67 Übergangsvorschriften für E-Geld-Institute, die bereits über eine Erlaubnis verfügen. (1) [1] E-Geld-Institute dürfen im Rahmen der Erlaubnis, die ihnen nach § 8a dieses Gesetzes in der bis zum 12. Januar 2018 gültigen Fassung erteilt worden ist, das E-Geld-Geschäft bis zur Bestandskraft der Entscheidung der Bundesanstalt nach den Absätzen 3 oder 4, längstens jedoch bis zum 13. Juli 2018, weiter betreiben und so lange auch die Zahlungsdienste weiter erbringen. [2] Für sie ist dieses Gesetz in der bis zum 12. Januar 2018 geltenden Fassung insoweit weiter anzuwenden.

(2) [1] Hat ein E-Geld-Institut nach Absatz 1 die Absicht, Geschäfte gemäß seiner E-Geld-Erlaubnis auch über den 13. Juli 2018 hinaus zu erbringen, so hat es diese Absicht spätestens zwei Wochen nach Inkrafttreten dieses Gesetzes der Bundesanstalt schriftlich anzuzeigen. [2] Spätestens vier Wochen nach Inkrafttreten dieses Gesetzes hat das E-Geld-Institut die Angaben und Nachweise gemäß § 11 Absatz 2 Satz 1 in Verbindung mit § 10 Absatz 2 Satz 1 Nummer 6 bis 10 sowie alle Angaben und Nachweise entsprechend § 11 Absatz 4 bei der Bundesanstalt und der Deutschen Bundesbank einzureichen.

(3) Entscheidet die Bundesanstalt nach Prüfung der gemäß Absatz 2 Satz 2 eingereichten Angaben und Nachweise, dass eine Erlaubnis gemäß § 11 als erteilt gilt, so trägt sie das E-Geld-Institut in das Register nach § 44 ein und teilt dem E-Geld-Institut die Entscheidung mit; ab diesem Zeitpunkt ist auf das E-Geld-Institut nach Absatz 1 dieses Gesetz in der ab dem 13. Januar 2018 geltenden Fassung anzuwenden.

(4) [1] Lassen die eingereichten Angaben und Nachweise eine positive Gesamtbewertung nicht zu oder hat das E-Geld-Institut keine Anzeige nach Absatz 2 Satz 1 erstattet oder keine Unterlagen nach Absatz 2 Satz 2 eingereicht, so stellt die Bundesanstalt fest, dass die Erlaubnis nach § 11 nicht als erteilt gilt. [2] § 13 Absatz 3 ist entsprechend anzuwenden.

(5) Wird dem E-Geld-Institut im Sinne des Absatzes 1 keine Erlaubnis nach Absatz 3 erteilt, so macht die Bundesanstalt das Erlöschen der Erlaubnis mit Bestandskraft der Entscheidung im Bundesanzeiger und im E-Geld-Instituts-Register gemäß § 30a dieses Gesetzes in der bis zum 12. Januar 2018 geltenden Fassung bekannt.

§ 68 Übergangsvorschriften für bestimmte Zahlungsdienste und für die starke Kundenauthentifizierung. (1) Unternehmen, die vor dem 12. Januar 2016 im Inland Zahlungsauslösedienste im Sinne dieses Gesetzes in seiner ab dem 13. Januar 2018 geltenden Fassung erbracht haben, dürfen diese Tätigkeit bis zum Inkrafttreten der §§ 45 bis 52 sowie des § 55 im Inland insoweit weiter unter den vor dem 13. Januar 2018 geltenden Voraussetzungen ausüben.

(2) Unternehmen, die vor dem 12. Januar 2016 im Inland Kontoinformationsdienste im Sinne dieses Gesetzes in seiner ab dem 13. Januar 2018 geltenden Fassung erbracht haben, dürfen diese Tätigkeit bis zum Inkrafttreten der §§ 45 bis 52 sowie des § 55 im Inland insoweit weiter unter den vor dem 13. Januar 2018 geltenden Voraussetzungen ausüben.

(3) Kontoführende Zahlungsdienstleister dürfen bis zum Inkrafttreten der §§ 45 bis 52 sowie des § 55 Zahlungsauslöse- und Kontoinformationsdienstleistern den Zugang zu ihren Zahlungskonten nicht verweigern, weil sie die Anforderungen der §§ 45 bis 52 sowie des § 55 nicht erfüllen.

(4) Bis zum Inkrafttreten des § 55 erfolgt die starke Kundenauthentifizierung nach Maßgabe des Rundschreibens der Bundesanstalt 4/2015 (BA) vom 5. Mai 2015, abrufbar von der Internetseite der Bundesanstalt.

(5) [1] Ein Unternehmen, das ab dem 13. Januar 2018 Zahlungsdienste anbietet, die nach diesem Gesetz in der bis zum 12. Januar 2018 geltenden Fassung noch erlaubnisfrei waren, und diese Dienste auch ab dem 13. Januar 2018 weiter anbieten will, hat innerhalb von drei Monaten ab dem 13. Januar 2018 einen Erlaubnisantrag nach § 10 Absatz 1 oder einen Registrierungsantrag nach § 34 Absatz 1 zu stellen. [2] Wird der Erlaubnisantrag oder Registrierungsantrag rechtzeitig und vollständig gestellt, ist dieses Unternehmen bis zur Bestandskraft der Entscheidung über den Erlaubnisantrag oder Registrierungsantrag durch die Bundesanstalt insoweit weiterhin erlaubt tätig.

13. Verordnung (EU) 2021/1230 des Europäischen Parlaments und des Rates vom 14. Juli 2021 über grenzüberschreitende Zahlungen in der Union

(kodifizierter Text) (Text von Bedeutung für den EWR)

(ABl. L 274 S. 20)

Celex-Nr. 3 2021 R 1230

DAS EUROPÄISCHE PARLAMENT UND DER RAT DER EUROPÄISCHEN UNION –

gestützt auf den Vertrag über die Arbeitsweise der Europäischen Union[1)], insbesondere auf Artikel 114 Absatz 1,

auf Vorschlag der Europäischen Kommission,

nach Zuleitung des Entwurfs des Gesetzgebungsakts an die nationalen Parlamente,

nach Stellungnahme der Europäischen Zentralbank[2)],

nach Stellungnahme des Europäischen Wirtschafts- und Sozialausschusses[3)],

gemäß dem ordentlichen Gesetzgebungsverfahren[4)],

in Erwägung nachstehender Gründe:

(1) Die Verordnung (EG) Nr. 924/2009 des Europäischen Parlaments und des Rates[5)] wurde mehrfach und erheblich geändert[6)]. Aus Gründen der Klarheit und der Übersichtlichkeit empfiehlt es sich, sie zu kodifizieren.

(2) Um ein reibungsloses Funktionieren des Binnenmarktes zu ermöglichen und den grenzüberschreitenden Handel innerhalb der Union zu vereinfachen, muss sichergestellt werden, dass für grenzüberschreitende Zahlungen in Euro die gleichen Entgelte erhoben werden wie für entsprechende Euro-Zahlungen innerhalb eines Mitgliedstaats.

(3) Für Zahlungsinstrumente wie Schecks, die hauptsächlich oder ausschließlich in Papierform bestehen, empfiehlt es sich nicht, den Grundsatz der Gleichheit der Entgelte anzuwenden, da sie sich naturgemäß nicht so effizient bearbeiten lassen wie elektronische Zahlungen.

(4) Der Grundsatz der Gleichheit der Entgelte sollte für Zahlungen gelten, die in Papierform oder in bar ausgelöst oder abgeschlossen und im Zuge der Zahlungsausführungskette elektronisch verarbeitet werden, außer für Schecks; er sollte auch für alle Entgelte gelten, die direkt oder indirekt mit einem Zahlungsvorgang verbunden sind, einschließlich von Entgelten, die mit einem Vertrag in Zusammenhang stehen. Indirekte Entgelte sind unter anderem Entgelte für die Einrichtung eines Dauerauftrags oder Entgelte für die Benutzung von Zahlungskarten oder von Debit- oder Kreditkarten, die für innerstaatliche und grenzüberschreitende Zahlungsvorgänge innerhalb der Union identisch sein sollten.

(5) Um eine Fragmentierung der Zahlungsverkehrsmärkte zu verhindern, empfiehlt es sich, den Grundsatz der Gleichheit der Entgelte anzuwenden. Deshalb sollte für jede Kategorie grenzüberschreitender Zahlungsvorgänge eine Inlandszahlung bestimmt werden, die die gleichen oder sehr ähnliche Merkmale wie der grenzüberschreitende Zahlungsvorgang aufweist. Für die Bestimmung der Inlandszahlung, die einer grenzüberschreitenden Zahlung entspricht, sollten unter anderem folgende Kriterien herangezogen werden können: die Art und Weise der Auftragserteilung, der Ausführung und des Abschlusses der Zahlung, der Automatisierungsgrad, eine etwaige Zahlungsgarantie, der Status des Kunden und die Beziehung zum Zahlungsdienstleister

---

1) Auszugsweise abgedruckt unter Nr. **1**.

2) **Amtl. Anm.:** ABl. C 65 vom 25.2.2021, S. 4.

3) **Amtl. Anm.:** ABl. C 56 vom 16.2.2021, S. 43.

4) **Amtl. Anm.:** Stellungnahme des Europäischen Parlaments vom 23. Juni 2021 (noch nicht im Amtsblatt veröffentlicht) und Beschluss des Rates vom 13. Juli 2021.

5) **Amtl. Anm.:** Verordnung (EG) Nr. 924/2009 des Europäischen Parlaments und des Rates vom 16. September 2009 über grenzüberschreitende Zahlungen in der Gemeinschaft und zur Aufhebung der Verordnung (EG) Nr. 2560/2001 (ABl. L 266 vom 9.10.2009, S. 11).

6) **Amtl. Anm.:** Siehe Anhang I.

oder das benutzte Zahlungsinstrument gemäß der Definition in Artikel 4 Nummer 14 der Richtlinie (EU) 2015/2366 des Europäischen Parlaments und des Rates[1]. Diese Kriterien sollten nicht als erschöpfend betrachtet werden.

(6) Die zuständigen Behörden sollten Leitlinien zur Bestimmung der entsprechenden Zahlungen erstellen, wenn sie dies für erforderlich halten. Die Kommission sollte – gegebenenfalls mit Unterstützung des gemäß Artikel 85 Absatz 1 der Richtlinie 2007/64/EG des Europäischen Parlaments und des Rates[2] eingesetzten Zahlungsverkehrsausschusses – angemessene Orientierungen geben und die zuständigen Behörden unterstützen.

(7) Um das Funktionieren des Binnenmarkts zu erleichtern und Ungleichheiten zu vermeiden, die bei grenzüberschreitenden Zahlungen in Euro zwischen Zahlungsdienstnutzern im Euro-Währungsgebiet und solchen in nicht zum Euro-Währungsgebiet gehörenden Mitgliedstaaten bestehen, muss dafür gesorgt werden, dass Entgelte für grenzüberschreitende Zahlungen in Euro innerhalb der Union an die Entgelte für entsprechende Inlandszahlungen in der Landeswährung des Mitgliedstaats angeglichen werden, in dem der Zahlungsdienstleister des Zahlungsdienstnutzers ansässig ist. Ein Zahlungsdienstleister gilt als in dem Mitgliedstaat ansässig, in dem er dem Zahlungsdienstnutzer seine Dienste erbringt.

(8) Währungsumrechnungsentgelte sind ein bedeutender Kostenfaktor bei grenzüberschreitenden Zahlungen, bei denen im Mitgliedstaat des Zahlers und im Mitgliedstaat des Zahlungsempfängers unterschiedliche Währungen verwendet werden. Gemäß Artikel 45 der Richtlinie (EU) 2015/2366 müssen die Entgelte und der verwendete Wechselkurs transparent sein, Artikel 52 Nummer 3 der genannten Richtlinie legt die Informationspflichten in Bezug auf die unter einen Rahmenvertrag fallenden Zahlungsvorgänge fest, und Artikel 59 Absatz 2 der genannten Richtlinie umfasst die Informationspflichten für die Parteien, die Währungsumrechnungsdienste an einem Geldautomaten oder an der Verkaufsstelle anbieten. Es bedarf zusätzlicher Maßnahmen, um die Verbraucher vor überhöhten Entgelten für die Währungsumrechnung zu schützen und sicherzustellen, dass die Verbraucher die Informationen erhalten, die sie benötigen, um die günstigste Möglichkeit der Währungsumrechnung wählen zu können.

(9) Die umzusetzenden Maßnahmen sollten angemessen, geeignet und kostengünstig sein. Gleichzeitig sollte in Situationen, in denen der Zahler unterschiedlichen Währungsumrechnungsmöglichkeiten an einem Geldautomaten oder an der Verkaufsstelle gegenübersteht, durch die bereitgestellten Informationen ein Vergleich ermöglicht werden, damit der Zahler eine sachkundige Entscheidung treffen kann.

(10) Um Vergleichbarkeit zu erreichen, sollten die Währungsumrechnungsentgelte für alle kartengebundenen Zahlungen in der gleichen Weise ausgedrückt werden, nämlich als prozentuale Aufschläge auf die letzten verfügbaren Euro-Referenzwechselkurse der Europäischen Zentralbank (EZB). Bei einer Umrechnung zwischen zwei nicht dem Euro-Währungsgebiet angehörenden Währungen muss ein Aufschlag möglicherweise auf einem Umrechnungskurs beruhen, der sich aus zwei Kursen der EZB ableitet.

(11) Gemäß den in der Richtlinie (EU) 2015/2366 festgelegten allgemeinen Informationspflichten im Hinblick auf Währungsumrechnungsentgelte sollten die Anbieter von Währungsumrechnungen die Informationen über ihre Währungsumrechnungsentgelte vor Auslösung des Zahlungsvorgangs offenlegen. Parteien, die Währungsumrechnungen an einem Geldautomaten oder an der Verkaufsstelle anbieten, sollten Informationen über ihre Entgelte für diese Dienste in einer klaren und verständlichen Weise zur Verfügung stellen, z.B. durch Anzeige ihrer Entgelte am Schalter oder in digitaler Form am Terminal oder auf dem Bildschirm bei Online-Einkäufen. Zusätzlich zu den in Artikel 59 Absatz 2 der Richtlinie (EU) 2015/2366 genannten Informationen sollten diese Parteien vor Auslösung der Zahlung ausdrückliche Informationen über den Betrag, der in der vom Zahlungsempfänger verwendeten Währung an den Zahlungsempfänger zu zahlen ist, und den Gesamtbetrag, der vom Zahler in der Währung des Kontos des Zahlers zu zahlen ist, zur Verfügung stellen. Der zu zahlende Betrag in der vom Zahlungsempfänger verwendeten Währung

---

[1] **Amtl. Anm.:** Richtlinie (EU) 2015/2366 des Europäischen Parlaments und des Rates vom 25. November 2015 über Zahlungsdienste im Binnenmarkt, zur Änderung der Richtlinien 2002/65/EG, 2009/110/EG und 2013/36/EU und der Verordnung (EU) Nr. 1093/2010 sowie zur Aufhebung der Richtlinie 2007/64/EG (ABl. L 337 vom 23.12.2015, S. 35).

[2] **Amtl. Anm.:** Richtlinie 2007/64/EG des Europäischen Parlaments und des Rates vom 13. November 2007 über Zahlungsdienste im Binnenmarkt, zur Änderung der Richtlinien 97/7/EG, 2002/65/EG, 2005/60/EG und 2006/48/EG sowie zur Aufhebung der Richtlinie 97/5/EG (ABl. L 319 vom 5.12.2007, S. 1).

sollte den Preis der zu kaufenden Waren oder Dienstleistungen widerspiegeln und wird möglicherweise an der Kasse und nicht am Zahlungsterminal angezeigt. Die vom Zahlungsempfänger verwendete Währung ist im Allgemeinen die Landeswährung; nach dem Grundsatz der Vertragsfreiheit kann diese jedoch in einigen Fällen eine andere Währung der Union sein. Der Gesamtbetrag, den der Zahler in der Währung des Kontos des Zahlers zu zahlen hat, sollte sich aus dem Preis der Waren oder Dienstleistungen und den Währungsumrechnungsentgelten zusammensetzen. Darüber hinaus sollten beide Beträge auf der Quittung oder auf einem anderen dauerhaften Datenträger dokumentiert werden.

(12) Hinsichtlich Artikel 59 Absatz 2 der Richtlinie (EU) 2015/2366 sollte der Zahler, wenn ein Währungsumrechnungsdienst an einem Geldautomaten oder an der Verkaufsstelle angeboten wird, die Möglichkeit haben, diesen Dienst abzulehnen und stattdessen in der vom Zahlungsempfänger verwendeten Währung zu bezahlen.

(13) Um es den Zahlern zu ermöglichen, die Entgelte für die Währungsumrechnungsmöglichkeiten an einem Geldautomaten oder an der Verkaufsstelle zu vergleichen, sollten die Zahlungsdienstleister des Zahlers nicht nur vollständig vergleichbare Informationen über die anwendbaren Entgelte für die Währungsumrechnung in die Geschäftsbedingungen ihres Rahmenvertrags aufnehmen, sondern diese Informationen auch auf einer allgemein verfügbaren und leicht zugänglichen elektronischen Plattform, insbesondere auf ihren Kunden-Websites, auf ihren Homebanking-Websites und in ihren mobilen Banking-Anwendungen, in einer leicht verständlichen und zugänglichen Weise zugänglich machen. Dies würde der Entwicklung von Vergleichswebsites dienen, um den Verbrauchern den Preisvergleich auf Reisen oder beim Einkauf im Ausland zu erleichtern. Darüber hinaus sollten die Zahlungsdienstleister der Zahler die Zahler an die anwendbaren Währungsumrechnungsentgelte erinnern, wenn eine kartengebundene Zahlung in einer anderen Währung erfolgt, indem sie allgemein verfügbare und leicht zugängliche elektronische Kommunikationskanäle wie SMS-Nachrichten, E-Mails oder Push-Benachrichtigungen über die mobile Banking-Anwendung des Zahlers nutzen. Zahlungsdienstleister sollten sich mit den Zahlungsdienstnutzern auf den elektronischen Kommunikationskanal einigen, über den sie die Informationen über die Währungsumrechnungsentgelte bereitstellen, wobei sie berücksichtigen sollten, über welchen Kanal sie den Zahler am effektivsten erreichen. Zahlungsdienstleister sollten auch Anträge von Zahlungsdienstnutzern annehmen, in denen sie auf den Erhalt der elektronischen Nachrichten mit Informationen über die Währungsumrechnungsentgelte verzichten.

(14) Regelmäßige Erinnerungen sind angebracht, wenn sich der Zahler für längere Zeit im Ausland aufhält, z.B. wenn der Zahler entsandt wird, im Ausland studiert oder wenn der Zahler eine Karte regelmäßig für Online-Einkäufe in der Landeswährung verwendet. Eine Verpflichtung zu solchen Erinnerungen würde sicherstellen, dass der Zahler bei der Auswahl der verschiedenen Währungsumrechnungsmöglichkeiten informiert ist.

(15) Die Ausführung grenzüberschreitender Zahlungsvorgänge durch die Zahlungsdienstleister sollte vereinfacht werden. Zu diesem Zweck sollte die Standardisierung vorangetrieben und insbesondere die Verwendung der internationalen Nummer eines Zahlungskontos (IBAN) und der internationalen Bankleitzahl (BIC) gefördert werden. Deshalb sollten den Zahlungsdienstnutzern von den Zahlungsdienstleistern hinreichende Informationen über die IBAN und die BIC des betreffenden Kontos bereitgestellt werden.

(16) Um eine kontinuierliche, zeitnahe und effiziente Bereitstellung der Zahlungsbilanzstatistiken im Rahmen des einheitlichen Euro-Zahlungsverkehrsraums (SEPA) zu gewährleisten, sollte sichergestellt werden, dass frei verfügbare Zahlungsdaten wie IBAN, BIC und die Beträge der Zahlungsvorgänge oder grundlegende, aggregierte Zahlungsdaten für verschiedene Zahlungsinstrumente noch erfasst werden können, sofern die Datenerfassung die automatisierte Zahlungsverarbeitung nicht behindert und vollständig automatisiert werden kann. Diese Verordnung berührt nicht die Meldepflichten für andere Regelungszwecke, wie beispielsweise zur Prävention von Geldwäsche oder von Terrorismusfinanzierung, oder für steuerliche Zwecke.

(17) Die zuständigen Behörden sollten die erforderlichen Befugnisse erhalten, um ihren Überwachungsaufgaben effizient nachkommen und alle notwendigen Maßnahmen treffen zu können, damit gewährleistet ist, dass die Zahlungsdienstleister diese Verordnung einhalten.

(18) Um im Falle einer nicht ordnungsgemäßen Anwendung dieser Verordnung den Beschwerdeweg zu ermöglichen, sollten die Mitgliedstaaten angemessene und wirksame Beschwerde- und Rechtsbehelfsverfahren sowie Verfahren zur Beilegung von Streitigkeiten zwischen dem Zahlungsdienstnutzer und seinem Zahlungsdienstleister vorsehen. Zudem sollten zuständige Behörden und außergerichtliche Schlichtungsstellen benannt werden.

(19) Zuständige Behörden und außergerichtliche Schlichtungsstellen müssen in der Union aktiv zusammenarbeiten, damit grenzübergreifende Streitigkeiten im Zusammenhang mit dieser Verordnung reibungslos und zügig beigelegt werden können. Diese Zusammenarbeit sollte in Form einer wechselseitigen Erteilung von Auskünften über das Recht oder die Rechtspraxis innerhalb ihres Zuständigkeitsbereichs oder gegebenenfalls in Form einer Abgabe oder Übernahme von Beschwerde- und Rechtsbehelfsverfahren erfolgen können.

(20) Die Mitgliedstaaten müssen in ihrem innerstaatlichen Recht wirksame, verhältnismäßige und abschreckende Sanktionen für Verstöße gegen diese Verordnung festlegen..

(21) Die Ausweitung des Geltungsbereichs dieser Verordnung auf andere Währungen als den Euro würde insbesondere im Hinblick auf die Anzahl der erfassten Zahlungsvorgänge eindeutige Vorteile bieten. Es sollte ein Anmeldeverfahren vorgesehen werden, das es auch Mitgliedstaaten, die den Euro nicht als ihre Währung eingeführt haben, ermöglicht, diese Verordnung auf grenzüberschreitende Zahlungen in ihrer Landeswährung anzuwenden.

(22) Die Kommission sollte dem Europäischen Parlament, dem Rat, der EZB und dem Europäischen Wirtschafts- und Sozialausschuss einen Bericht über die Anwendung der Regelung, durch die die Kosten für grenzüberschreitende Zahlungen in Euro an die Kosten für inländische Zahlungsvorgänge in Landeswährungen angeglichen werden, und über die Wirksamkeit der in dieser Verordnung festgelegten Informationspflichten über die Währungsumrechnung vorlegen. Die Kommission sollte auch weitere Möglichkeiten – und die technische Durchführbarkeit dieser Möglichkeiten – prüfen, die Regelung der Gleichheit der Entgelte auf alle Währungen der Union auszudehnen und die Transparenz und Vergleichbarkeit der Währungsumrechnungsentgelte weiter zu verbessern, sowie die Möglichkeit, die Option der Währungsumrechnung durch andere Parteien als den Zahlungsdienstleister des Zahlers zu deaktivieren und zu aktivieren.

(23) Da die Ziele dieser Verordnung von den Mitgliedstaaten nicht ausreichend verwirklicht werden können, sondern vielmehr wegen des Umfangs oder der Wirkungen der Maßnahme auf Unionsebene besser zu verwirklichen sind, kann die Union im Einklang mit dem in Artikel 5 des Vertrags über die Europäische Union verankerten Subsidiaritätsprinzip tätig werden. Entsprechend dem in demselben Artikel genannten Grundsatz der Verhältnismäßigkeit geht diese Verordnung nicht über das für die Verwirklichung dieser Ziele erforderliche Maß hinaus –

HABEN FOLGENDE VERORDNUNG ERLASSEN:

Art. 1 Gegenstand und Geltungsbereich. (1) In dieser Verordnung werden Bestimmungen über grenzüberschreitende Zahlungen und über die Transparenz von Währungsumrechnungsentgelten innerhalb der Union festgelegt.

(2) *[1]* Diese Verordnung gilt im Einklang mit der Richtlinie (EU) 2015/2366 für grenzüberschreitende Zahlungen, die in Euro oder einer Landeswährung der Mitgliedstaaten getätigt werden, die gemäß Artikel 13 der vorliegenden Verordnung ihren Beschluss, die Anwendung dieser Verordnung auf ihre Landeswährung auszudehnen, mitgeteilt haben.

[2] Ungeachtet des ersten Unterabsatzes dieses Absatzes gelten die Artikel 4 und 5 für inländische und grenzüberschreitende Zahlungen, die auf Euro oder auf eine Landeswährung eines Mitgliedstaats lauten, die nicht der Euro ist, und eine Währungsumrechnung beinhalten.

(3) Diese Verordnung gilt nicht für Zahlungen, die Zahlungsdienstleister auf eigene Rechnung oder für Rechnung anderer Zahlungsdienstleister vornehmen.

Art. 2 Begriffsbestimmungen. Für die Zwecke dieser Verordnung bezeichnet der Ausdruck

1. „grenzüberschreitende Zahlung" einen elektronisch verarbeiteten Zahlungsvorgang, der von einem Zahler oder von einem oder über einen Zahlungsempfänger ausgelöst wird und bei dem der Zahlungsdienstleister des Zahlers und der Zahlungsdienstleister des Zahlungsempfängers in unterschiedlichen Mitgliedstaaten ansässig sind;

2. „Inlandszahlung“ einen elektronisch verarbeiteten Zahlungsvorgang, der von einem Zahler oder von einem oder über einen Zahlungsempfänger ausgelöst wird und bei dem der Zahlungsdienstleister des Zahlers und der Zahlungsdienstleister des Zahlungsempfängers in ein und demselben Mitgliedstaat ansässig sind;
3. „Zahler“ eine natürliche oder juristische Person, die Inhaber eines Zahlungskontos ist und die einen Zahlungsauftrag von diesem Zahlungskonto gestattet oder – falls kein Zahlungskonto vorhanden ist – eine natürliche oder juristische Person, die den Auftrag für einen Zahlungsvorgang erteilt;
4. „Zahlungsempfänger“ eine natürliche oder juristische Person, die den bei einem Zahlungsvorgang transferierten Geldbetrag als Empfänger erhalten soll;
5. „Zahlungsdienstleister“ eine der in Artikel 1 Absatz 1 der Richtlinie (EU) 2015/2366 genannten Kategorien juristischer Personen oder eine in Artikel 32 dieser Richtlinie genannte natürliche oder juristische Person, jedoch mit Ausnahme der Institute, die in Artikel 2 Absatz 5 Nummern 2 bis 23 der Richtlinie 2013/36/EU des Europäischen Parlaments und des Rates[1)] genannt sind und für die ein Mitgliedstaat die in Artikel 2 Absatz 5 der Richtlinie (EU) 2015/2366 vorgesehene Ausnahme gewährt hat;
6. „Zahlungsdienstnutzer“ eine natürliche oder juristische Person, die einen Zahlungsdienst als Zahler oder Zahlungsempfänger oder in beiden Eigenschaften in Anspruch nimmt;
7. „Zahlungsvorgang“ die Bereitstellung, den Transfer oder die Abhebung eines Geldbetrags, ausgelöst von einem Zahler oder von einem oder über einen Zahlungsempfänger, unabhängig von etwaigen zugrunde liegenden Verpflichtungen im Verhältnis zwischen Zahler und Zahlungsempfänger;
8. „Zahlungsauftrag“ einen Auftrag, den ein Zahler oder Zahlungsempfänger seinem Zahlungsdienstleister zur Ausführung eines Zahlungsvorgangs erteilt;
9. „Entgelt“ jeden Betrag, den ein Zahlungsdienstleister von einem Zahlungsdienstnutzer erhebt und der direkt oder indirekt mit einem Zahlungsvorgang verbunden ist, jeden Betrag, den ein Zahlungsdienstleister oder eine Partei, die Währungsumrechnungen gemäß Artikel 59 Absatz 2 der Richtlinie (EU) 2015/2366 erbringt, von einem Zahlungsdienstnutzer für eine Währungsumrechnung erhebt, oder eine Kombination aus beidem;
10. „Geldbetrag“ Banknoten und Münzen, Giralgeld und elektronisches Geld im Sinne des Artikels 2 Nummer 2 der Richtlinie 2009/110/EG des Europäischen Parlaments und des Rates[2)];
11. „Verbraucher“ eine natürliche Person, die zu Zwecken handelt, die nicht ihrer gewerblichen oder beruflichen Tätigkeit zugerechnet werden können;

[1)] **Amtl. Anm.:** Richtlinie 2013/36/EU des Europäischen Parlaments und des Rates vom 26. Juni 2013 über den Zugang zur Tätigkeit von Kreditinstituten und die Beaufsichtigung von Kreditinstituten, zur Änderung der Richtlinie 2002/87/EG und zur Aufhebung der Richtlinien 2006/48/EG und 2006/49/EG (ABl. L 176 vom 27.6.2013, S. 338).

[2)] **Amtl. Anm.:** Richtlinie 2009/110/EG des Europäischen Parlaments und des Rates vom 16. September 2009 über die Aufnahme, Ausübung und Beaufsichtigung der Tätigkeit von E-Geld-Instituten, zur Änderung der Richtlinien 2005/60/EG und 2006/48/EG sowie zur Aufhebung der Richtlinie 2000/46/EG (ABl. L 267 vom 10.10.2009, S. 7).

12. „Kleinstunternehmen" ein Unternehmen, das zum Zeitpunkt des Abschlusses des Zahlungsdienstvertrags ein Unternehmen im Sinne von Artikel 1 und Artikel 2 Absätze 1 und 3 des Anhangs der Empfehlung 2003/361/EG der Kommission[1)] ist;
13. „Interbankenentgelt" ein zwischen dem Zahlungsdienstleister des Zahlers und dem Zahlungsdienstleister des Zahlungsempfängers für jede Lastschrift gezahltes Entgelt;
14. „Lastschrift" einen vom Zahlungsempfänger ausgelösten Zahlungsdienst zur Belastung des Zahlungskontos des Zahlers aufgrund einer Zustimmung des Zahlers zu einem Zahlungsvorgang, die der Zahler gegenüber dem Zahlungsempfänger, dessen Zahlungsdienstleister oder seinem eigenen Zahlungsdienstleister erteilt;
15. „Lastschriftverfahren" gemeinsame Regeln, Verfahren und Normen, die zwischen den Zahlungsdienstleistern für die Ausführung von Lastschriften vereinbart wurden.

Art. 3 Entgelte für grenzüberschreitende Zahlungen und entsprechende Inlandszahlungen. (1) Zahlungsdienstleister erheben von einem Zahlungsdienstnutzer für grenzüberschreitende Zahlungen in Euro die gleichen Entgelte, die sie für entsprechende Inlandszahlungen in gleicher Höhe in der Landeswährung des Mitgliedstaats, in dem der Zahlungsdienstleister des Zahlungsdienstnutzers ansässig ist, erheben.

(2) Für grenzüberschreitende Zahlungen in der Landeswährung eines Mitgliedstaats, der gemäß Artikel 13 seinen Beschluss mitgeteilt hat, die Anwendung dieser Verordnung auf seine Landeswährung zu erweitern, erheben Zahlungsdienstleister von einem Zahlungsdienstnutzer die gleichen Entgelte, die sie von Zahlungsdienstnutzern für entsprechende Inlandszahlungen in gleicher Höhe und in derselben Währung erheben.

(3) [1] Bei der Berechnung der Entgelte für grenzüberschreitende Zahlungen für die Zwecke von Absatz 1 muss der Zahlungsdienstleister die entsprechende Inlandszahlung bestimmen. [2] Die zuständigen Behörden erstellen Leitlinien zur Bestimmung der entsprechenden Inlandszahlungen, wenn sie dies für erforderlich halten. [3] Die zuständigen Behörden arbeiten im Rahmen des gemäß Artikel 85 Absatz 1 der Richtlinie 2007/64/EG eingesetzten Zahlungsverkehrsausschusses aktiv zusammen, um die Kohärenz der Leitlinien für entsprechende Inlandszahlungen sicherzustellen.

(4) Die Absätze 1 und 2 gelten nicht für Entgelte für die Währungsumrechnung.

Art. 4 Entgelte für die Währungsumrechnung im Zusammenhang mit kartengebundenen Zahlungsvorgängen. (1) [1] In Bezug auf die Informationspflichten im Hinblick auf Währungsumrechnungsentgelte und den anwendbaren Wechselkurs gemäß Artikel 45 Absatz 1, Artikel 52 Nummer 3 und Artikel 59 Absatz 2 der Richtlinie (EU) 2015/2366 drücken Zahlungsdienstleister und Parteien, die Währungsumrechnungen an einem Geldautomaten oder an der Verkaufsstelle gemäß Artikel 59 Absatz 2 der genannten Richtlinie

---

[1)] **Amtl. Anm.:** Empfehlung 2003/361/EG der Kommission vom 6. Mai 2003 betreffend die Definition der Kleinstunternehmen sowie der kleinen und mittleren Unternehmen (ABl. L 124 vom 20.5.2003, S. 36).

erbringen, die gesamten Währungsumrechnungsentgelte als prozentualen Aufschlag auf die letzten verfügbaren Euro-Referenzwechselkurse der Europäischen Zentralbank (EZB) aus. [2] Dieser Aufschlag ist dem Zahler vor Auslösung des Zahlungsvorgangs offenzulegen.

(2) Zahlungsdienstleister machen den Aufschlagnach Absatz 1 auch in einer verständlichen und leicht zugänglichen Weise auf einer allgemein verfügbaren und leicht zugänglichen elektronischen Plattform zugänglich.

(3) Zusätzlich zu den in Absatz 1 genannten Informationen muss eine Partei, die eine Währungsumrechnung an einem Geldautomaten oder an der Verkaufsstelle erbringt, dem Zahler vor Auslösung des Zahlungsvorgangs die folgenden Informationen bereitstellen:

a) den Betrag, der an den Zahlungsempfänger in der vom Zahlungsempfänger verwendeten Währung zu zahlen ist;

b) den Betrag, der vom Zahler in der Währung des Kontos des Zahlers zu zahlen ist.

(4) [1] Eine Partei, die Währungsumrechnungen an einem Geldautomaten oder an der Verkaufsstelle erbringt, muss die in Absatz 1 genannten Informationen am Geldautomaten oder an der Verkaufsstelle deutlich anzeigen. [2] Vor der Auslösung des Zahlungsvorgangs informiert diese Partei den Zahler auch über die Möglichkeit, in der vom Zahlungsempfänger verwendeten Währung zu zahlen und die Währungsumrechnung anschließend vom Zahlungsdienstleister des Zahlers durchführen zu lassen. [3] Die in den Absätzen 1 und 3 genannten Informationen sind dem Zahler nach Auslösung des Zahlungsvorgangs auch auf einem dauerhaften Datenträger zur Verfügung zu stellen.

(5) *[1]* Für jede Zahlungskarte, die dem Zahler von seinem Zahlungsdienstleister ausgegeben wurde und die mit demselben Konto verknüpft ist, übermittelt der Zahlungsdienstleister des Zahlers unverzüglich nachdem er einen Zahlungsauftrag wegen einer Barabhebung an einem Geldautomaten oder einer Zahlung an der Verkaufsstelle erhalten hat, der auf eine Währung der Union lautet, die von der Währung des Kontos des Zahlers abweicht, dem Zahler eine elektronische Mitteilung mit den in Absatz 1 genannten Informationen.

[2] Ungeachtet des Unterabsatzes 1 wird eine derartige Mitteilung einmal in jedem Monat versendet, in dem der Zahlungsdienstleister des Zahlers vom Zahler einen Zahlungsauftrag in der gleichen Währung erhält.

(6) *[1]* Der Zahlungsdienstleister vereinbart mit dem Zahlungsdienstnutzer den bzw. die allgemein verfügbaren und leicht zugänglichen elektronischen Kommunikationskanal bzw. -kanäle, über den bzw. die der Zahlungsdienstleister die in Absatz 5 genannte Mitteilung übermittelt.

[2] Der Zahlungsdienstleister bietet den Zahlungsdienstnutzern die Möglichkeit, auf den Erhalt der in Absatz 5 genannten elektronischen Mitteilung zu verzichten.

[3] Der Zahlungsdienstleister und der Zahlungsdienstnutzer können vereinbaren, dass Absatz 5 und dieser Absatz insgesamt oder teilweise keine Anwendung finden, wenn es sich bei dem Zahlungsdienstnutzer nicht um einen Verbraucher handelt.

(7) Die in diesem Artikel genannten Informationen werden kostenlos und in einer neutralen und verständlichen Weise zur Verfügung gestellt.

Art. 5 Entgelte für die Währungsumrechnung im Zusammenhang mit Überweisungen. (1) Wird eine Währungsumrechnung vom Zahlungsdienstleister des Zahlers im Zusammenhang mit einer Überweisung im Sinne von Artikel 4 Nummer 24 der Richtlinie (EU) 2015/2366 angeboten, die direkt online über die Website oder über die mobile Banking-Anwendung des Zahlungsdienstleisters getätigt wird, so informiert der Zahlungsdienstleister den Zahler im Hinblick auf Artikel 45 Absatz 1 und Artikel 52 Nummer 3 der genannten Richtlinie vor Auslösung des Zahlungsvorgangs in einer klaren, neutralen und verständlichen Weise über die geschätzten Währungsumrechnungsentgelte, die für die Überweisung gelten.

(2) [1] Vor Auslösung eines Zahlungsvorgangs teilt der Zahlungsdienstleister dem Zahler in einer klaren, neutralen und verständlichen Weise den geschätzten Gesamtbetrag der Überweisung, einschließlich jeglicher Entgelte für Zahlungsvorgänge und Währungsumrechnungsentgelte, in der Währung des Kontos des Zahlers mit. [2] Der Zahlungsdienstleister muss auch den geschätzten dem Zahlungsempfänger zu überweisenden Betrag in der vom Zahlungsempfänger verwendeten Währung mitteilen.

Art. 6 Maßnahmen zur Erleichterung der automatischen Zahlungsabwicklung. (1) *[1]* Der Zahlungsdienstleister teilt dem Zahlungsdienstnutzer gegebenenfalls die internationale Nummer eines Zahlungskontos (IBAN) des Zahlungsdienstnutzers und die internationale Bankleitzahl (BIC) des Zahlungsdienstleisters mit.

[2] Der Zahlungsdienstleister gibt zudem gegebenenfalls die IBAN des Zahlungsdienstnutzers und die BIC des Zahlungsdienstleisters auf den Kontoauszügen oder auf einer Anlage dazu an.

[3] Der Zahlungsdienstleister stellt dem Zahlungsdienstnutzer für die Bereitstellung von Informationen nach diesem Absatz kein Entgelt in Rechnung.

(2) [1] Der Zahlungsdienstleister kann dem Zahlungsdienstnutzer über das gemäß Artikel 3 Absatz 1 erhobene Entgelt hinausgehende Entgelte in Rechnung stellen, wenn der Zahlungsdienstnutzer dem Zahlungsdienstleister den Auftrag zur Ausführung einer grenzüberschreitenden Zahlung ohne Angabe der IBAN und, sofern gemäß der Verordnung (EU) Nr. 260/2012 des Europäischen Parlaments und des Rates[1)] angebracht, der entsprechenden BIC für das Zahlungskonto in dem anderen Mitgliedstaat erteilt. [2] Diese Entgelte müssen angemessen und an den anfallenden Kosten ausgerichtet sein. [3] Sie werden zwischen dem Zahlungsdienstleister und dem Zahlungsdienstnutzer vereinbart. [4] Der Zahlungsdienstleister muss dem Zahlungsdienstnutzer die Höhe der zusätzlichen Entgelte rechtzeitig, bevor der Zahlungsdienstnutzer durch eine solche Vereinbarung gebunden ist, mitteilen.

(3) Je nach Art des betreffenden Zahlungsvorgangs teilt ein Lieferant von Waren bzw. ein Dienstleister, der unter diese Verordnung fallende Zahlungen akzeptiert, bei der Rechnungsstellung für Waren und Dienstleistungen in der Union seinen Kunden seine IBAN und die BIC seines Zahlungsdienstleisters mit.

[1)] **Amtl. Anm.:** Verordnung (EU) Nr. 260/2012 des Europäischen Parlaments und des Rates vom 14. März 2012 zur Festlegung der technischen Vorschriften und der Geschäftsanforderungen für Überweisungen und Lastschriften in Euro und zur Änderung der Verordnung (EG) Nr. 924/2009 (ABl. L 94 vom 30.3.2012, S. 22).

Art. 7 Zahlungsbilanzstatistisch begründete Meldepflichten. (1) Die Mitgliedstaaten sehen keine zahlungsbilanzstatistisch begründeten innerstaatlichen Pflichten der Zahlungsdienstleister zur Meldung von Zahlungsverkehrsdaten im Zusammenhang mit Zahlungen ihrer Kunden vor.

(2) Unbeschadet von Absatz 1 können die Mitgliedstaaten aggregierte Daten oder andere relevante, ohne weiteres verfügbare Informationen erfassen, sofern diese Erfassung keinen Einfluss auf die vollautomatische Zahlungsabwicklung hat und die Zahlungsdienstleister die Daten vollautomatisch erfassen können.

Art. 8 Zuständige Behörden. *[1]* Die Mitgliedstaaten benennen die zuständigen Behörden, die für die Sicherstellung der Einhaltung dieser Verordnung verantwortlich sind.

[2] Die Mitgliedstaaten teilen der Kommission unverzüglich jede Änderung mit, die die zuständigen Behörden betrifft, die ihr nach Artikel 9 Absatz 2 der Verordnung (EG) Nr. 924/2009 notifiziert wurden.

[3] Die Mitgliedstaaten schreiben vor, dass die zuständigen Behörden die Einhaltung dieser Verordnung wirksam zu überwachen und alle erforderlichen Maßnahmen zu treffen haben, um diese Einhaltung sicherzustellen.

Art. 9 Beschwerdeverfahren für Verstöße gegen diese Verordnung.

(1) Die Mitgliedstaaten sehen Verfahren vor, die es den Zahlungsdienstnutzern und anderen interessierten Parteien ermöglichen, bei den zuständigen Behörden wegen mutmaßlicher Verstöße der Zahlungsdienstleister gegen diese Verordnung Beschwerde einzulegen.

(2) Unbeschadet des Rechts, nach dem innerstaatlichen Prozessrecht vor Gericht zu klagen, weist die zuständige Behörde die Partei, die die Beschwerde eingereicht hat, gegebenenfalls auf die nach Artikel 10 vorgesehenen außergerichtlichen Beschwerde- und Rechtsbehelfsverfahren hin.

Art. 10 Außergerichtliche Beschwerde- und Rechtsbehelfsverfahren.

(1) [1] Die Mitgliedstaaten sehen angemessene und wirksame außergerichtliche Beschwerde- und Rechtsbehelfsverfahren für die Beilegung von Streitigkeiten zwischen Zahlungsdienstnutzern und ihren Zahlungsdienstleistern über aus dieser Verordnung erwachsende Rechte und Pflichten vor. [2] Für diese Zwecke werden von den Mitgliedstaaten die zuständigen Einrichtungen benannt.

(2) Die Mitgliedstaaten teilen der Kommission unverzüglich jede Änderung mit, die die Einrichtungen betrifft, die ihr nach Artikel 11 Absatz 2 der Verordnung (EG) Nr. 924/2009 notifiziert wurden.

(3) [1] Die Mitgliedstaaten können vorsehen, dass dieser Artikel nur für Zahlungsdienstnutzer gilt, bei denen es sich um Verbraucher oder Kleinstunternehmen handelt. [2] In diesem Fall unterrichten die Mitgliedstaaten die Kommission entsprechend.

Art. 11 Grenzüberschreitende Zusammenarbeit. [1] Die in den Artikeln 8 und 10 genannten zuständigen Behörden und außergerichtlichen Schlichtungsstellen der Mitgliedstaaten arbeiten bei der Lösung grenzübergreifender Streitigkeiten aktiv und zügig zusammen. [2] Die Mitgliedstaaten stellen sicher, dass diese Zusammenarbeit tatsächlich erfolgt.

Art. 12 Sanktionen. [1] Die Mitgliedstaaten erlassen die Vorschriften über Sanktionen, die bei Verstößen gegen diese Verordnung zu verhängen sind, und treffen alle für die Anwendung der Sanktionen erforderlichen Maßnahmen. [2] Die Sanktionen müssen wirksam, verhältnismäßig und abschreckend sein. [3] Die Mitgliedstaaten teilen der Kommission unverzüglich jede Änderung mit, die die Vorschriften und Maßnahmen betrifft, die ihr nach Artikel 13 der Verordnung (EG) Nr. 924/2009 notifiziert wurden.

Art. 13 Anwendung auf andere Währungen als den Euro. *[1]* Ein Mitgliedstaat, der den Euro nicht als seine Währung eingeführt hat und beschließt, die Anwendung dieser Verordnung auf seine Landeswährung auszudehnen, teilt dies der Kommission mit.

[2] [1] Diese Mitteilung wird im *Amtsblatt der Europäischen Union* veröffentlicht. [2] Die Ausweitung des Geltungsbereichs dieser Verordnung auf die Landeswährung des betreffenden Mitgliedstaats wird 14 Tage nach dieser Veröffentlichung wirksam.

Art. 14 Überprüfung. (1) Die Kommission legt dem Europäischen Parlament, dem Rat, der EZB und dem Europäischen Wirtschafts- und Sozialausschuss bis zum 19. April 2022 einen Bericht über die Anwendung und die Auswirkungen dieser Verordnung vor, der insbesondere Folgendes enthalten muss:

a) eine Bewertung der Art und Weise, wie Zahlungsdienstleister Artikel 3 dieser Verordnung, anwenden;

b) eine Bewertung der Entwicklung der Volumen und Entgelte für inländische und grenzüberschreitende Zahlungen in den Landeswährungen der Mitgliedstaaten und in Euro seit dem Datum der Annahme der Verordnung (EU) 2019/518 des Europäischen Parlaments und des Rates[1)], das heißt dem 19. März 2019;

c) eine Bewertung der Auswirkungen von Artikel 3 dieser Verordnung auf die Entwicklung der Währungsumrechnungsentgelte und der anderen Entgelte im Zusammenhang mit Zahlungsdiensten sowohl für die Zahler als auch für die Zahlungsempfänger;

d) eine Bewertung der geschätzten Auswirkungen der Änderung von Artikel 3 Absatz 1 dieser Verordnung zur Einbeziehung der Währungen aller Mitgliedstaaten;

e) eine Bewertung der Art und Weise, wie Anbieter von Währungsumrechnungen die in den Artikeln 4 und 5 dieser Verordnung und im nationalen Rechtzur Umsetzung des Artikels 45 Absatz 1, des Artikels 52 Nummer 3 und des Artikels 59 Absatz 2 der Richtlinie (EU) 2015/2366 festgelegten Informationspflichten anwenden und ob mit diesen Vorschriften die Transparenz der Währungsumrechnungsentgelte erhöht wird;

f) eine Bewertung der Frage, ob und inwieweit Anbieter von Währungsumrechnungen Schwierigkeiten bei der praktischen Anwendung der Artikel 4 und 5 dieser Verordnung und der nationalen Rechtsvorschriften zur

[1)] **Amtl. Anm.:** Verordnung (EU) 2019/518des Europäischen Parlaments und des Rates vom 19. März 2019 zur Änderung der Verordnung (EG) Nr. 924/2009 in Bezug auf Entgelte für grenzüberschreitende Zahlungen in der Union und Entgelte für Währungsumrechnungen (ABl. L 91 vom 29.3.2019, S. 36).

Umsetzung des Artikels 45 Absatz 1, des Artikels 52 Nummer 3 und des Artikels 59 Absatz 2 der Richtlinie (EU) 2015/2366 haben;

g) eine Kosten-Nutzen-Analyse der Kommunikationskanäle und -technologien, die von Anbietern von Währungsumrechnungen genutzt werden oder ihnen zur Verfügung stehen und durch die die Transparenz der Währungsumrechnungsentgelte weiter erhöht werden kann, einschließlich einer Bewertung der Frage, ob es bestimmte Kanäle gibt, die Zahlungsdienstleister für die Übermittlung der in Artikel 4 genannten Informationen anbieten müssten; diese Analyse umfasst auch eine Bewertung der technischen Durchführbarkeit der gleichzeitigen Offenlegung der in Artikel 4 Absätze 1 und 3 dieser Verordnung genannten Informationen vor Auslösung jedes Zahlungsvorgangs für alle an einem Geldautomaten oder an der Verkaufsstelle verfügbaren Währungsumrechnungsmöglichkeiten;

h) eine Kosten-Nutzen-Analyse der Einführung der Möglichkeit für die Zahler, die von einer anderen Partei als dem Zahlungsdienstleister des Zahlers angebotene Option der Währungsumrechnung an einem Geldautomaten oder an der Verkaufsstelle zu sperren und ihre Präferenzen in dieser Hinsicht zu ändern;

i) eine Kosten-Nutzen-Analyse der Einführung einer Verpflichtung für den Zahlungsdienstleister des Zahlers, bei der Erbringung von Währungsumrechnungen in Bezug auf einen einzelnen Zahlungsvorgang den zum Zeitpunkt der Auslösung des Zahlungsvorgangs geltenden Wechselkurs bei der Abwicklung und Abrechnung des Zahlungsvorgangs anzuwenden.

(2) [1] Der in Absatz 1 genannte Bericht umfasst mindestens den Zeitraum vom 15. Dezember 2019 bis zum 19. Oktober 2021. [2] Die Kommission kann für die Erstellung ihres Berichts von den Mitgliedstaaten im Zusammenhang mit Absatz 1 erhobene Daten verwenden und hat darin die Besonderheiten der verschiedenen Zahlungsvorgänge zu berücksichtigen, wobei insbesondere zwischen an einem Geldautomaten und an der Verkaufsstelle ausgelösten Zahlungsvorgängen unterschieden wird.

Art. 15 Aufhebung von Rechtsakten. *[1]* Die Verordnung (EG) Nr. 924/2009 wird aufgehoben.

[2] Bezugnahmen auf die aufgehobene Verordnung gelten als Bezugnahmen auf die vorliegende Verordnung und sind nach Maßgabe der Entsprechungstabelle in Anhang II zu lesen.

Art. 16 Inkrafttreten. Diese Verordnung tritt am zwanzigsten Tag nach ihrer Veröffentlichung[1] im *Amtsblatt der Europäischen Union* in Kraft.

Diese Verordnung ist in allen ihren Teilen verbindlich und gilt unmittelbar in jedem Mitgliedstaat.

Geschehen zu Brüssel am 14. Juli 2021

---

[1] Veröffentlicht am 30.7.2021.

Anhang I. Aufgehobene Verordnung mit der Liste ihrer nachfolgenden Änderungen

Verordnung (EG) Nr. 924/2009 des Europäischen Parlaments und des Rates (ABl. L 266 vom 9.10.2009, S. 11).	
Verordnung (EU) Nr. 260/2012 des Europäischen Parlaments und des Rates (ABl. L 94 vom 30.3.2012, S. 22).	(Nur hinsichtlich der in Artikel 17 enthaltenen Verweisungen auf die Artikel 2, 3, 4, 5, 7 und 8),
Verordnung (EU) 2019/518 des Europäischen Parlaments und des Rates (ABl. L 91 vom 29.3.2019, S. 36).	

Anhang II. Entsprechungstabelle

Verordnung (EG) Nr. 924/2009	Vorliegende Verordnung
Artikel 1 Absätze 1, 2 und 3	Artikel 1 Absätze 1, 2 und 3
Artikel 1 Absatz 4	–
Artikel 2	Artikel 2
Artikel 3 Absatz 1	Artikel 3 Absatz 1
Artikel 3 Absatz 1a	Artikel 3 Absatz 2
Artikel 3 Absatz 2	Artikel 3 Absatz 3
Artikel 3 Absatz 4	Artikel 3 Absatz 4
Artikel 3a	Artikel 4
Artikel 3b	Artikel 5
Artikel 4 Absatz 1	Artikel 6 Absatz 1
Artikel 4 Absatz 3	Artikel 6 Absatz 2
Artikel 4 Absatz 4	Artikel 6 Absatz 3
Artikel 5	Artikel 7
Artikel 6	–
Artikel 7	–
Artikel 9 Absatz 1	Artikel 8 Absatz 1
Artikel 9 Absatz 2	Artikel 8 Absatz 2
Artikel 9 Absatz 3	–
Artikel 9 Absatz 4	Artikel 8 Absatz 3
Artikel 10 Absatz 1 Unterabsatz 1	Artikel 9 Absatz 1
Artikel 10 Absatz 1 Unterabsatz 2	–
Artikel 10 Absatz 2	Artikel 9 Absatz 2
Artikel 11	Artikel 10
Artikel 12	Artikel 11
Artikel 13	Artikel 12
Artikel 14 Absatz 1	Artikel 13
Artikel 14 Absatz 2	–
Artikel 14 Absatz 3	–
Artikel 15	Artikel 14
Artikel 16	Artikel 15
Artikel 17	Artikel 16
–	ANHANG I
–	ANHANG II

14. Anlegerentschädigungsgesetz (AnlEntG)[1)]

Vom 16. Juli 1998
(BGBl. I S. 1842)

FNA 7610-13

zuletzt geänd. durch Art. 7 Abs. 11 G zur Umsetzung der RL (EU) 2019/2034 über die Beaufsichtigung von Wertpapierinstituten v. 12.5.2021 (BGBl. I S. 990)

Inhaltsübersicht

§ 1 Begriffsbestimmungen. (1) Institute im Sinne dieses Gesetzes sind

1. Wertpapierinstitute, denen eine Erlaubnis zur Erbringung von Wertpapierdienstleistungen im Sinne des § 2 Absatz 1 Nummer 1 bis 10 Buchstabe a bis c des Wertpapierinstitutsgesetzes erteilt ist,
2. Kreditinstitute oder Finanzdienstleistungsinstitute, denen eine Erlaubnis zum Betreiben von Bankgeschäften im Sinne des § 1 Absatz 1 Satz 2 Nummer 4 oder Nummer 10 des Kreditwesengesetzes oder zur Erbringung von Finanzdienstleistungen im Sinne des § 1 Absatz 1a Satz 2 Nummer 1 bis 4 Buchstabe a bis c des Kreditwesengesetzes erteilt ist, soweit sie keine CRR-Kreditinstitute im Sinne des § 1 Absatz 3d Satz 1 des Kreditwesengesetzes[2)] sind und nicht in Artikel 2 Absatz 5 Nummer 5 der Richtlinie 2013/36/EU des Europäischen Parlaments und des Rates vom 26. Juni 2013 über den Zugang zur Tätigkeit von Kreditinstituten und die Beaufsichtigung von Kreditinstituten und Wertpapierfirmen, zur Änderung der Richtlinie 2002/87/EG und zur Aufhebung der Richtlinien 2006/48/EG und 2006/49/EG (ABl. L 176 vom 27.6.2013, S. 338; L 208 vom 2.8.2013, S. 73; L 20 vom 25.1.2017, S. 1; L 203 vom 26.6.2020, S. 95), die zuletzt durch die Richt-

---

[1)] Verkündet als Art. 1 G v. 16.7.1998 (BGBl. I S. 1842); Inkrafttreten gemäß Art. 7 Satz 2 dieses G am 1.8.1998.

[2)] Nr. **9**.

linie (EU) 2019/2034 (ABl. L 314 vom 5.12.2019, S. 64) geändert worden ist, genannt werden, und,[1)]

3. externe Kapitalverwaltungsgesellschaften, denen eine Erlaubnis nach § 20 Absatz 1 in Verbindung mit § 21 oder § 22 des Kapitalanlagegesetzbuchs erteilt ist und die zur Erbringung der in § 20 Absatz 2 Nummer 1, 2 und 3 oder Absatz 3 Nummer 2 bis 5 des Kapitalanlagegesetzbuchs genannten Dienst- oder Nebendienstleistungen befugt sind.

(2) Wertpapiergeschäfte im Sinne dieses Gesetzes sind

1. Bankgeschäfte oder Finanzdienstleistungen im Sinne des § 1 Absatz 1 Satz 2 Nummer 4, 5 oder Nummer 10 oder Absatz 1a Satz 2 Nummer 1 bis 4 des Kreditwesengesetzes,
2. Wertpapierdienstleistungen im Sinne des § 2 Absatz 1 Nummer 1 bis 10 Buchstabe c des Wertpapierinstitutsgesetzes oder
3. Dienstleistungen und Nebendienstleistungen nach § 20 Absatz 2 Nummer 1, 2 und 3 oder Absatz 3 Nummer 2 bis 5 des Kapitalanlagegesetzbuchs,

soweit sie sich nicht auf Rechnungseinheiten im Sinne des § 1 Absatz 11 Satz 1 Nummer 7 des Kreditwesengesetzes oder auf Kryptowerte im Sinne des § 1 Absatz 11 Satz 1 Nummer 10 des Kreditwesengesetzes beziehen.

(3) [1] Verbindlichkeiten aus Wertpapiergeschäften im Sinne dieses Gesetzes sind die Verpflichtungen eines Instituts zur Rückzahlung von Geldern, die Anlegern aus Wertpapiergeschäften geschuldet werden oder gehören und die für deren Rechnung im Zusammenhang mit Wertpapiergeschäften gehalten werden. [2] Hierzu gehören auch Ansprüche von Anlegern auf Herausgabe von Instrumenten, deren Eigentümer diese sind und die für deren Rechnung im Zusammenhang mit Wertpapiergeschäften gehalten oder verwahrt werden.

(4) Ein Entschädigungsfall im Sinne dieses Gesetzes tritt ein, wenn die Bundesanstalt für Finanzdienstleistungsaufsicht (Bundesanstalt) feststellt, dass ein Institut aus Gründen, die mit seiner Finanzlage unmittelbar zusammenhängen, nicht in der Lage ist, Verbindlichkeiten aus Wertpapiergeschäften zu erfüllen und keine Aussicht auf eine spätere Erfüllung besteht.

§ 2 Sicherungspflicht der Institute. Die Institute sind verpflichtet, ihre Verbindlichkeiten aus Wertpapiergeschäften nach Maßgabe dieses Gesetzes durch Zugehörigkeit zu einer Entschädigungseinrichtung zu sichern.

§ 3 Entschädigungsanspruch. (1) Der Gläubiger eines Instituts hat im Entschädigungsfall gegen die Entschädigungseinrichtung einen Anspruch auf Entschädigung nach Maßgabe des § 4.

(2) [1] Keinen Anspruch haben

1. CRR-Kreditinstitute im Sinne des § 1 Absatz 3d Satz 1 des Kreditwesengesetzes[2)] einschließlich Zweigstellen von Unternehmen mit Sitz im Ausland, denen eine Erlaubnis gemäß § 1 Absatz 1 Satz 2 Nummer 1 und 2 des Kreditwesengesetzes erteilt ist, Wertpapierfirmen im Sinne des Artikels 4 Absatz 1 Nummer 1 der Richtlinie 2004/39/EG des Europäischen Parlaments und des Rates vom 21. April 2004 über Märkte für Finanzinstrumente, zur Änderung der Richtlinien 85/611/EWG und 93/6/EWG des

[1)] Zeichensetzung amtlich.
[2)] Nr. **9**.

Rates und der Richtlinie 2000/12/EG des Europäischen Parlaments und des Rates und zur Aufhebung der Richtlinie 93/22/EWG des Rates (ABl. L 145 vom 30.4.2004, S. 1) und Finanzinstitute im Sinne des Artikels 4 Absatz 1 Nummer 26 der Verordnung (EU) Nr. 575/2013[1] des Europäischen Parlaments und des Rates vom 26. Juni 2013 über Aufsichtsanforderungen an Kreditinstitute und Wertpapierfirmen und zur Änderung der Verordnung (EU) Nr. 646/2012 (ABl. L 176 vom 27.6.2013, S. 1) mit Sitz im In- oder Ausland, soweit sie im eigenen Namen und auf eigene Rechnung handeln,

2. private und öffentlich-rechtliche Versicherungsunternehmen mit Sitz im In- oder Ausland,
3. Verwaltungsgesellschaften im Sinne des § 1 Absatz 14 des Kapitalanlagegesetzbuchs mit Sitz im In- oder Ausland einschließlich der von ihnen verwalteten inländischen, EU- und ausländischen Investmentvermögen im Sinne des § 1 Absatz 1 des Kapitalanlagegesetzbuchs,
4. der Bund, ein Land, ein rechtlich unselbständiges Sondervermögen des Bundes oder eines Landes, eine kommunale Gebietskörperschaft, ein anderer Staat oder eine Regionalregierung oder eine örtliche Gebietskörperschaft eines anderen Staates,
5. Geschäftsleiter, persönlich haftende Gesellschafter oder Mitglieder von Aufsichtsorganen des Instituts, Personen, die mindestens 5 Prozent des Kapitals des Instituts halten, Prüfer im Sinne des § 28 des Kreditwesengesetzes, des § 77 des Wertpapierinstitutsgesetzes[2] oder des § 38 Absatz 2 des Kapitalanlagegesetzbuchs und Gläubiger, die eine entsprechende Stellung oder Funktion in einem Unternehmen haben, das mit dem Institut einen Konzern im Sinne des § 18 des Aktiengesetzes, ohne dass es auf die Rechtsform ankommt, bildet,
6. Ehegatten, Lebenspartner und Verwandte ersten und zweiten Grades der unter Nummer 5 genannten Personen, es sei denn, dass die Gelder oder Finanzinstrumente aus dem eigenen Vermögen der Ehegatten, Lebenspartner oder Verwandten stammen,
7. Unternehmen, die mit dem Institut einen Konzern im Sinne des § 18 des Aktiengesetzes, ohne dass es auf die Rechtsform ankommt, bilden,
8. Gläubiger, die bei dem Institut Sachverhalte herbeigeführt oder genutzt haben, welche die finanziellen Schwierigkeiten verursacht oder wesentlich zur Verschlechterung der finanziellen Lage des Instituts beigetragen haben; dies sind insbesondere Gläubiger, die auf Grund einzeln ausgehandelter Vereinbarungen hohe Zinsen oder finanzielle Vorteile erhalten haben,
9. Unternehmen, die nach den Vorschriften des Dritten Buchs des Handelsgesetzbuchs einen Lagebericht aufzustellen haben oder nur wegen ihrer Einbeziehung in einen Konzernabschluss von dieser Verpflichtung befreit sind, und vergleichbare Unternehmen mit Sitz im Ausland sowie
10. Gläubiger, deren Ansprüche gegen das Institut im Zusammenhang mit Geschäften stehen, auf Grund derer Personen in einem Strafverfahren wegen Geldwäsche im Sinne des Artikels 1 der Richtlinie 2005/60/EG des Europäischen Parlaments und des Rates vom 26. Oktober 2005 zur Ver-

[1] Nr. **6**.
[2] Nr. **10**.

hinderung der Nutzung des Finanzsystems zum Zwecke der Geldwäsche und der Terrorismusfinanzierung (ABl. L 309 vom 25.11.2005, S. 15) rechtskräftig verurteilt worden sind.

[2] Hat der Gläubiger des Instituts für Rechnung eines Dritten gehandelt und ist das Treuhandverhältnis eindeutig als solches gekennzeichnet, so ist für die Feststellung der Berechtigung des Anspruchs nach Satz 1 auf den Dritten abzustellen.

(3) Der Anspruch des Entschädigungsberechtigten gegen die Entschädigungseinrichtung verjährt in fünf Jahren nach Unterrichtung des Entschädigungsberechtigten über den Entschädigungsfall gemäß § 5 Absatz 4 Satz 1.

(4) Für Streitigkeiten über den Grund und die Höhe des Entschädigungsanspruchs ist der Zivilrechtsweg gegeben.

§ 4 Umfang des Entschädigungsanspruchs. (1) [1] Der Entschädigungsanspruch des Gläubigers des Instituts richtet sich nach der Höhe und dem Umfang der ihm gegenüber bestehenden Verbindlichkeiten aus Wertpapiergeschäften unter Berücksichtigung etwaiger Aufrechnungs- und Zurückbehaltungsrechte des Instituts. [2] Ein Entschädigungsanspruch besteht nicht, soweit Gelder nicht auf die Währung eines EU-Mitgliedstaates oder auf Euro lauten.

(2) Der Entschädigungsanspruch ist der Höhe nach begrenzt auf 90 Prozent der Verbindlichkeiten aus Wertpapiergeschäften und den Gegenwert von 20 000 Euro.

(3) [1] Bei der Berechnung der Höhe des Entschädigungsanspruchs ist der Betrag der Gelder und der Marktwert der Finanzinstrumente bei Eintritt des Entschädigungsfalles zugrunde zu legen. [2] Der Entschädigungsanspruch umfasst im Rahmen der Obergrenze nach Absatz 2 auch Ansprüche auf Zinsen. [3] Diese bestehen ab dem Eintritt des Entschädigungsfalles bis zur Rückzahlung der Verbindlichkeiten, längstens bis zur Eröffnung des Insolvenzverfahrens. [4] Der Entschädigungsanspruch mindert sich insoweit, als der durch den Entschädigungsfall eingetretene Vermögensverlust des Gläubigers durch Leistungen Dritter ausgeglichen wird.

(4) [1] Die Obergrenze nach Absatz 2 bezieht sich auf die Gesamtforderung des Gläubigers gegen das Institut, unabhängig von der Zahl der Konten, der Währung und dem Ort, an dem die Konten geführt oder die Finanzinstrumente verwahrt werden. [2] Die Entschädigung kann in Euro geleistet werden.

(5) [1] Bei Gemeinschaftskonten ist für die Obergrenze nach Absatz 2 der jeweilige Anteil des einzelnen Kontoinhabers maßgeblich. [2] Fehlen besondere Bestimmungen, so werden die Gelder oder die Finanzinstrumente den Kontoinhabern zu gleichen Anteilen zugerechnet.

(6) Hat der Gläubiger für Rechnung eines Dritten gehandelt, ist für die Obergrenze nach Absatz 2 auf den Dritten abzustellen.

§ 5 Entschädigungsverfahren. (1) [1] Die Bundesanstalt hat den Entschädigungsfall unverzüglich festzustellen, spätestens jedoch innerhalb von 21 Tagen, nachdem sie davon Kenntnis erlangt hat, dass ein Institut nicht in der Lage ist, Verbindlichkeiten aus Wertpapiergeschäften zu erfüllen. [2] Sie hat den Entschädigungsfall auch festzustellen, wenn Maßnahmen nach § 46 Absatz 1 Satz 2

Nummer 4 bis 6 des Kreditwesengesetzes[1)], nach § 79 Absatz 1 Satz 2 Nummer 4 bis 6 des Wertpapierinstitutsgesetzes[2)] oder nach § 42 des Kapitalanlagegesetzbuchs angeordnet worden sind und diese länger als sechs Wochen andauern.

(2) Widerspruch und Anfechtungsklage gegen die Feststellung des Entschädigungsfalls haben keine aufschiebende Wirkung.

(3) [1] Die Bundesanstalt veröffentlicht die Feststellung des Entschädigungsfalls im Bundesanzeiger. [2] Sie unterrichtet die Entschädigungseinrichtung unverzüglich über die Feststellung des Entschädigungsfalls.

(4) [1] Die Entschädigungseinrichtung hat die Gläubiger des Instituts unverzüglich über den Eintritt des Entschädigungsfalles und die Frist gemäß Absatz 5 Satz 1 zu unterrichten; sie trifft geeignete Maßnahmen, um die Gläubiger innerhalb der in Absatz 6 genannten Frist zu entschädigen. [2] Das Institut hat der Entschädigungseinrichtung unverzüglich, spätestens jedoch innerhalb einer Woche, die für die Entschädigung der Gläubiger erforderlichen Unterlagen zur Verfügung zu stellen.

(5) [1] Der Entschädigungsanspruch ist schriftlich innerhalb eines Jahres nach Unterrichtung über den Entschädigungsfall bei der Entschädigungseinrichtung anzumelden. [2] Nach Ablauf dieser Frist ist der Entschädigungsanspruch ausgeschlossen, es sei denn, die Fristversäumnis ist nicht vom Entschädigungsberechtigten zu vertreten.

(6) [1] Die Entschädigungseinrichtung hat die angemeldeten Ansprüche unverzüglich zu prüfen. [2] Die Entschädigungseinrichtung hat Ansprüche spätestens drei Monate, nachdem sie die Berechtigung und die Höhe der Ansprüche festgestellt hat, zu erfüllen. [3] In besonderen Fällen kann diese Frist mit Zustimmung der Bundesanstalt um bis zu drei Monate verlängert werden.

(7) Soweit die Entschädigungseinrichtung den Entschädigungsanspruch eines Berechtigten erfüllt, gehen dessen Ansprüche gegen das Institut auf sie über.

(8) Steht der Anspruch des Gläubigers im Zusammenhang mit Geschäften, auf Grund derer gegen Personen in einem Strafverfahren wegen Geldwäsche im Sinne des Artikels 1 der Richtlinie 2005/60/EG ermittelt wird, so kann die Entschädigungseinrichtung die Leistung der Entschädigung aussetzen, bis das Strafverfahren beendet ist.

§ 6 Entschädigungseinrichtung. (1) [1] Bei der Kreditanstalt für Wiederaufbau wird eine Entschädigungseinrichtung als nicht rechtsfähiges Sondervermögen des Bundes errichtet, der die Institute gemäß § 1 Absatz 1 zugeordnet sind. [2] Die Entschädigungseinrichtung kann im Rechtsverkehr handeln, klagen oder verklagt werden.

(2) Die Entschädigungseinrichtung hat die Aufgabe, die Beiträge der ihr zugeordneten Institute einzuziehen, die Mittel nach Maßgabe des § 8 Absatz 1 anzulegen und im Entschädigungsfall die Gläubiger eines ihr zugeordneten Instituts für nicht erfüllte Verbindlichkeiten aus Wertpapiergeschäften zu entschädigen.

(3) [1] Die Kreditanstalt für Wiederaufbau verwaltet die Entschädigungseinrichtung. Sie unterliegt insoweit der Aufsicht durch die Bundesanstalt. [2] § 7

---

1) Nr. **9**.
2) Nr. **10**.

Absatz 3 Satz 2 bis 4 gilt entsprechend. [3] Für die Verwaltung erhält sie eine angemessene Vergütung aus dem Sondervermögen.

(4) Über den Widerspruch gegen Verwaltungsakte der Entschädigungseinrichtung entscheidet die Bundesanstalt.

(5) [1] Die Entschädigungseinrichtung hat in regelmäßigen Abständen ihre Systeme im Hinblick auf ihre Funktionstüchtigkeit zu überprüfen. [2] Sie hat die Bundesanstalt über die Ergebnisse der Prüfungen zu unterrichten.

(6) [1] Sofern die Bundesanstalt Kenntnis über Umstände bei einem Institut erlangt, welche voraussichtlich den Eintritt eines Entschädigungsfalls nach sich ziehen, hat sie die Entschädigungseinrichtung hiervon zu unterrichten.

§ 7 Beliehene Entschädigungseinrichtung; Verordnungsermächtigung. (1) [1] Das Bundesministerium der Finanzen wird ermächtigt, durch Rechtsverordnung Aufgaben und Befugnisse der Entschädigungseinrichtung einer juristischen Person des Privatrechts zuzuweisen, wenn diese bereit ist, die Aufgaben der Entschädigungseinrichtung zu übernehmen, und hinreichende Gewähr für die Erfüllung der Ansprüche der Entschädigungsberechtigten bietet (beliehene Entschädigungseinrichtung). [2] Eine juristische Person bietet hinreichende Gewähr, wenn

1. die Personen, die nach Gesetz oder Satzung die Geschäftsführung und Vertretung der juristischen Person ausüben, zuverlässig und geeignet sind,
2. die juristische Person über die zur Erfüllung der Aufgaben der Entschädigungseinrichtung notwendige Ausstattung und Organisation, insbesondere in Bezug auf die Beitragseinziehung, die Verwaltung der Mittel und die Auszahlung der Entschädigungen, verfügt und dafür eigene Mittel im Gegenwert von mindestens 1 Million Euro vorhält.

[3] Durch die Rechtsverordnung nach Satz 1 kann sich das Bundesministerium der Finanzen die Genehmigung der Satzung der juristischen Person und die Genehmigung von Satzungsänderungen der juristischen Person vorbehalten.

(2) [1] Im Fall der Beleihung nach Absatz 1 tritt die juristische Person des Privatrechts in die Rechte und Pflichten der Entschädigungseinrichtung nach § 6 ein. [2] Die Bestimmungen des § 6 Absatz 1 über die Zuordnung der Institute sowie des § 6 Absatz 4 bis 6 sind entsprechend anzuwenden.

(3) [1] Eine beliehene Entschädigungseinrichtung unterliegt der Aufsicht der Bundesanstalt. [2] Die Bundesanstalt hat Missständen entgegenzuwirken, welche die ordnungsgemäße Durchführung der Entschädigung beeinträchtigen oder das zur Durchführung der Entschädigung angesammelte Vermögen gefährden können. [3] Die Bundesanstalt kann Anordnungen treffen, die geeignet und erforderlich sind, diese Missstände zu beseitigen oder zu verhindern. [4] Der Bundesanstalt stehen gegenüber der beliehenen Entschädigungseinrichtung die Auskunfts- und Prüfungsrechte nach § 44 Absatz 1 des Kreditwesengesetzes[1)] zu.

§ 8 Mittel der Entschädigungseinrichtung. (1) [1] Die Mittel für die Durchführung der Entschädigung werden durch Beiträge der Institute erbracht. [2] Die Beiträge der Institute müssen die Ansprüche gegen die Entschädigungseinrichtung, die entstehenden Verwaltungskosten und sonstige Kosten, die durch die

---

[1)] Nr. **9**.

Tätigkeit der Entschädigungseinrichtung entstehen, decken. [3] Die für die Entschädigung angesammelten Mittel sind nach dem Gesichtspunkt der Risikomischung so anzulegen, dass eine möglichst große Sicherheit und ausreichende Liquidität der Anlagen bei angemessener Rentabilität gewährleistet sind.

(2) [1] Die Institute sind verpflichtet, jeweils zum Ende eines Abrechnungsjahres Jahresbeiträge an die Entschädigungseinrichtung zu leisten. [2] Das Abrechnungsjahr umfasst den Zeitraum vom 1. Oktober eines Jahres bis zum 30. September des Folgejahres. [3] In der Rechtsverordnung nach Absatz 9 Satz 1 ist eine Obergrenze für die Erhebung von Jahresbeiträgen festzulegen. [4] Institute, die nach dem 1. August 1998 einer Entschädigungseinrichtung zugeordnet sind, haben neben dem Jahresbeitrag eine einmalige Zahlung zu leisten. [5] Die Entschädigungseinrichtung kann nach Zustimmung durch die Bundesanstalt die Beitragspflicht herab- oder aussetzen, wenn die vorhandenen Mittel zur Durchführung der Entschädigung ausreichen.

(3) [1] Die Entschädigungseinrichtung hat unverzüglich nach der Unterrichtung durch die Bundesanstalt über einen Entschädigungsfall nach § 5 Absatz 3 Satz 2 den Mittelbedarf festzustellen und hiernach vorbehaltlich des Absatzes 4 Sonderbeiträge zu erheben, wenn dies zur Durchführung des Entschädigungsverfahrens erforderlich ist. [2] Die Entschädigungseinrichtung ist berechtigt, den Mittelbedarf für einen Entschädigungsfall durch Sonderbeiträge zu decken, die in Teilbeträgen zu erheben sind, soweit damit die Verpflichtung nach § 5 Absatz 6 unter Berücksichtigung der Dauer, der Größe und der Umstände des Entschädigungsfalls erfüllt werden kann. [3] Im Fall der Erhebung von Teilbeträgen hat die Entschädigungseinrichtung die betroffenen Institute über die von ihr beabsichtigte weitere Vorgehensweise zu informieren.

(4) [1] Sonderbeiträge sind Vorausleistungen zur Deckung des Mittelbedarfs, der in einem Entschädigungsfall besteht. [2] Der Mittelbedarf ergibt sich aus der Gesamtentschädigung in dem Entschädigungsfall zuzüglich der zur Durchführung des Entschädigungsfalls entstehenden Verwaltungskosten und sonstigen Kosten abzüglich der für diese Entschädigung im Zeitpunkt der Feststellung zur Verfügung stehenden Mittel der Entschädigungseinrichtung. [3] Die Gesamtentschädigung ist von der Entschädigungseinrichtung aus den Unterlagen zu bestimmen, die die Institute nach § 5 Absatz 4 Satz 2 zu übermitteln haben. [4] Lässt sich die Gesamtentschädigung anhand der Unterlagen nicht hinreichend bestimmen, hat die Entschädigungseinrichtung den Betrag insbesondere auf Grund der ihr vorliegenden Daten über den Entschädigungsfall und der durchschnittlichen Entschädigungsleistung sowie der Kosten aus den bisherigen Entschädigungsfällen bei den zugeordneten Instituten zu schätzen. [5] Stellt die Entschädigungseinrichtung fest, dass der tatsächliche Mittelbedarf für die Gesamtentschädigung den nach Satz 3 oder Satz 4 ermittelten Betrag übersteigt, ist die Entschädigungseinrichtung verpflichtet, unverzüglich nach dieser Feststellung weitere Sonderbeiträge zur Deckung des Mittelbedarfs zu erheben. [6] Sonderbeiträge werden mit der Bekanntgabe der Sonderbeitragsbescheide fällig.

(5) [1] Soweit der Mittelbedarf der Entschädigungseinrichtung durch die Erhebung von Sonderbeiträgen nicht rechtzeitig zur Erfüllung ihrer Pflichten nach § 5 Absatz 6 gedeckt werden kann, hat die Entschädigungseinrichtung einen Kredit aufzunehmen. [2] Kann die Entschädigungseinrichtung den Kredit voraussichtlich nicht aus dem verfügbaren Vermögen bedienen, hat sie für Tilgung, Zins und Kosten Sonderzahlungen zu erheben. [3] Sonderzahlungen werden jeweils sechs Wochen vor Fälligkeit der Kreditleistungen fällig, frühestens

jedoch zwei Wochen nach der Bekanntgabe der Sonderzahlungsbescheide. [4]Anstelle der Beitragserhebung nach Absatz 3 Satz 1 kann die Entschädigungseinrichtung einen Kredit aufnehmen, wenn zu erwarten ist, dass dieser Kredit einschließlich der Zinsen und Kosten innerhalb des laufenden und des darauf folgenden Abrechnungsjahres aus dem verfügbaren Vermögen vollständig zurückgeführt werden kann, ohne dass eine Erhebung von Sonderzahlungen erforderlich wird.

(6) [1]Die Pflicht zur Leistung von Sonderbeiträgen und Sonderzahlungen besteht für alle Unternehmen, die der Entschädigungseinrichtung zu Beginn des Abrechnungsjahres, in dem ein Sonderbeitrag oder eine Sonderzahlung erhoben wird, zugeordnet waren. [2]Dies gilt nicht für Institute, die vor der Feststellung des Entschädigungsfalls aus der Entschädigungseinrichtung ausgeschieden sind.

(7) [1]Die Höhe des jeweiligen Sonderbeitrags und der jeweiligen Sonderzahlung bemisst sich nach dem Verhältnis des zuletzt fälligen vollen Jahresbeitrags des einzelnen Instituts zur Gesamtsumme der Jahresbeiträge und der einmaligen Zahlungen sowie, in den Fällen des Satzes 3, der fiktiven Jahresbeiträge aller nach Absatz 6 beitrags- oder zahlungspflichtigen Institute. [2]Für Institute, die noch keinen Jahresbeitrag zu zahlen hatten, tritt an die Stelle des zuletzt fälligen Jahresbeitrags die einmalige Zahlung nach Absatz 2 Satz 4. [3]Die Rechtsverordnung nach Absatz 9 Satz 1 kann vorsehen, dass die Entschädigungseinrichtung in Fällen des Satzes 2 auf Antrag eines Instituts und nach Vorlage von glaubhaft gemachten Planzahlen einen fiktiven Jahresbeitrag berechnet, der an die Stelle des zuletzt fälligen Jahresbeitrags tritt, sofern sich hiernach eine erhebliche Abweichung zu der einmaligen Zahlung des Instituts ergibt. [4]Wenn auf Grund der Bildung von Sonderposten nach § 340g des Handelsgesetzbuchs eine einheitliche und gerechte Verteilung der Leistungspflicht auf die Institute unter Berücksichtigung der Anforderungen nach Absatz 9 Satz 1 zweiter Halbsatz nicht mehr gewährleistet ist, kann die Rechtsverordnung nach Absatz 8 Satz 1 auch vorsehen, dass die Entschädigungseinrichtung in den Fällen des Satzes 1 für Institute, die einen Sonderposten nach § 340g des Handelsgesetzbuchs bilden, einen fiktiven Jahresbeitrag berechnet, der an die Stelle des zuletzt fälligen Jahresbeitrags tritt; bei der Berechnung dieses fiktiven Jahresbeitrags werden über § 340e Absatz 4 des Handelsgesetzbuchs hinausgehend gebildete Sonderposten im Sinne des § 340g des Handelsgesetzbuchs nur in Höhe der Hälfte ihres Betrages berücksichtigt. [5]Die Entschädigungseinrichtung ist berechtigt, in einem Abrechnungsjahr mehrere Sonderbeiträge und Sonderzahlungen zu erheben. [6]Die in einem Abrechnungsjahr erhobenen Sonderbeiträge und Sonderzahlungen dürfen insgesamt das Fünffache des für ein Institut zuletzt fälligen Jahresbeitrags nicht übersteigen; bei Instituten, die noch keinen Jahresbeitrag zu zahlen hatten, dürfen die in einem Abrechnungsjahr erhobenen Sonderbeiträge und Sonderzahlungen insgesamt das Fünffache der einmaligen Zahlung oder des fiktiven Jahresbeitrags nicht übersteigen. [7]Hat ein Institut über einen Zeitraum von drei aufeinanderfolgenden Abrechnungsjahren Sonderbeiträge oder Sonderzahlungen geleistet, dürfen in unmittelbar nachfolgenden Jahren erhobene Sonderbeiträge und Sonderzahlungen in jedem Abrechnungsjahr insgesamt das Zweifache des für ein Institut zuletzt fälligen Jahresbeitrags nicht übersteigen. [8]Die Entschädigungseinrichtung kann ein Institut mit Zustimmung der Bundesanstalt von der Pflicht zur Leistung eines Sonderbeitrags oder einer Sonderzahlung ganz oder teilweise befreien, wenn durch die

Gesamtheit der an die Entschädigungseinrichtung zu leistenden Zahlungen Gefahr für die Erfüllung der Verpflichtungen dieses Instituts gegenüber seinen Gläubigern bestehen würde.

(8) [1] Nach Abschluss eines Entschädigungsverfahrens hat die Entschädigungseinrichtung den Instituten über die Verwendung der Sonderbeiträge und Sonderzahlungen zu berichten. [2] Sie hat den Instituten gezahlte Sonderbeiträge und Sonderzahlungen nach Abschluss des Entschädigungsverfahrens zu erstatten, soweit sie im Fall von Sonderbeiträgen nicht zur Durchführung des Entschädigungsfalls oder im Fall von Sonderzahlungen nicht zur Bedienung eines Kredits nach Absatz 5 Satz 1 und 2 verwendet worden sind.

(9) [1] Das Nähere über die Jahresbeiträge, die einmaligen Zahlungen, die Sonderbeiträge und die Sonderzahlungen regelt das Bundesministerium der Finanzen durch Rechtsverordnung ohne Zustimmung des Bundesrates nach Anhörung der Entschädigungseinrichtung; hinsichtlich der Jahresbeiträge, der einmaligen Zahlungen sowie der Sonderbeiträge und Sonderzahlungen sind die Art und der Umfang der gesicherten Geschäfte, das Geschäftsvolumen und die Anzahl, die Größe, die Geschäftsstruktur und das Risiko der der Entschädigungseinrichtung zugeordneten Institute, einen Entschädigungsfall herbeizuführen, zu berücksichtigen. [2] Die Rechtsverordnung kann auch Bestimmungen zur Erhebung von Verzugszinsen für verspätet geleistete Beiträge zur Kreditaufnahme und zur Anlage der Mittel enthalten. [3] Das Bundesministerium der Finanzen kann die Ermächtigung durch Rechtsverordnung auf die Bundesanstalt übertragen.

(10) [1] Aus den Beitragsbescheiden der Entschädigungseinrichtung findet die Vollstreckung nach den Bestimmungen des Verwaltungsvollstreckungsgesetzes statt. [2] Die vollstreckbare Ausfertigung erteilt die Entschädigungseinrichtung. [3] Widerspruch und Anfechtungsklage gegen Beitragsbescheide haben keine aufschiebende Wirkung.

(11) [1] Für die Erfüllung der Verpflichtungen nach § 3 Absatz 1 haftet die Entschädigungseinrichtung nur mit dem Vermögen, das auf Grund der Beitragsleistungen nach Abzug der Kosten nach Absatz 1 Satz 2 zur Verfügung steht. [2] Eine beliehene Entschädigungseinrichtung hat dieses Vermögen getrennt von ihrem sonstigen Vermögen zu halten und zu verwalten.

§ 9 Prüfung der Institute. (1) [1] Die Entschädigungseinrichtung soll zur Einschätzung der Gefahr des Eintritts eines Entschädigungsfalls regelmäßig und bei gegebenem Anlass Prüfungen der ihr zugeordneten Institute vornehmen. [2] Sie hat die Intensität und Häufigkeit der Prüfungen an der Wahrscheinlichkeit des Eintritts eines Entschädigungsfalls bei einem Institut und an der Höhe der in diesem Fall zu erwartenden Gesamtentschädigung auszurichten. [3] Widerspruch und Anfechtungsklage gegen die Prüfungen haben keine aufschiebende Wirkung.

(2) [1] Die Institute sind verpflichtet, der Entschädigungseinrichtung, der sie zugeordnet sind, den festgestellten Jahresabschluss mit dem dazugehörigen Prüfungsbericht unverzüglich einzureichen sowie auf Verlangen alle Auskünfte zu erteilen und Unterlagen vorzulegen, welche die Entschädigungseinrichtung zur Wahrnehmung ihrer Aufgaben nach diesem Gesetz benötigt. [2] Den bei der Entschädigungseinrichtung beschäftigten oder für sie tätigen Personen ist während der üblichen Arbeitszeit das Betreten der Grundstücke und Geschäftsräume des Instituts zu gestatten, soweit dies zur Wahrnehmung der Aufgaben

der Entschädigungseinrichtung nach diesem Gesetz erforderlich ist. [3] Der zur Erteilung einer Auskunft Verpflichtete kann die Auskunft auf solche Fragen verweigern, deren Beantwortung ihn selbst oder einen der in § 383 Absatz 1 Nummer 1 bis 3 der Zivilprozessordnung bezeichneten Angehörigen der Gefahr strafgerichtlicher Verfolgung oder eines Verfahrens nach dem Gesetz über Ordnungswidrigkeiten aussetzen würde. [4] Der Verpflichtete ist über sein Recht zur Verweigerung der Auskunft zu belehren.

(3) Die Entschädigungseinrichtung darf bei einem Unternehmen, das einen Erlaubnisantrag gemäß § 32 Absatz 1 Satz 5 des Kreditwesengesetzes[1)], nach § 15 Absatz 1 des Wertpapierinstitutsgesetzes[2)] oder nach § 20 des Kapitalanlagegesetzbuchs bei der Bundesanstalt eingereicht hat und ihr bei Erteilung der Erlaubnis zugeordnet würde, Prüfungen zur Einschätzung der Gefahr des Eintritts eines Entschädigungsfalles im Fall einer Erteilung der Erlaubnis vornehmen.

(4) [1] Für die Entschädigungseinrichtung bei der Kreditanstalt für Wiederaufbau werden die Prüfungen nach den Absätzen 1 und 3 durch die Deutsche Bundesbank durchgeführt. [2] Die Bundesanstalt erteilt der Deutschen Bundesbank auf Vorschlag der Entschädigungseinrichtung den Auftrag, die Prüfungen durchzuführen. [3] Eine beliehene Entschädigungseinrichtung nach § 7 hat die Prüfungen nach den Absätzen 1 und 3 durch eigene sachkundige Prüfer durchzuführen oder geeignete Dritte mit den Prüfungen zu beauftragen. [4] Geeignete Dritte sind Wirtschaftsprüfer, vereidigte Buchprüfer, Wirtschaftsprüfungs- und Buchprüfungsgesellschaften sowie andere Dritte, die über die erforderlichen Kenntnisse und Erfahrungen verfügen, sofern keine Umstände vorliegen, die bei diesen Personen im Hinblick auf die zu prüfenden Institute Interessenkonflikte begründen können. [5] Die beliehene Entschädigungseinrichtung hat die mit den Aufgaben nach Satz 3 betrauten Personen zu verpflichten, ihr das Vorliegen entsprechender Umstände unverzüglich mitzuteilen. [6] Die Prüfungen dürfen nicht durch den Abschlussprüfer oder den Prüfer der Meldepflichten und Verhaltensregeln des Instituts durchgeführt werden. [7] Die für Prüfungen entstehenden Kosten haben die geprüften Unternehmen der Entschädigungseinrichtung zu erstatten. [8] Die Entschädigungseinrichtung hat der Deutschen Bundesbank oder, in den Fällen des Satzes 3, den geeigneten Dritten den Personal- und Sachaufwand zu ersetzen.

(5) Die Entschädigungseinrichtung legt die Einzelheiten der Prüfungen in Prüfungsrichtlinien fest, die der Genehmigung durch die Bundesanstalt bedürfen.

(6) [1] Die Mitarbeiter der Entschädigungseinrichtung sowie die Personen, deren sich diese bedient, können die Geschäftsräume eines Instituts innerhalb der üblichen Betriebs- und Geschäftszeiten betreten, soweit die Bundesanstalt Maßnahmen gemäß § 46 des Kreditwesengesetzes[1)], nach § 79 des Wertpapierinstitutsgesetzes oder nach § 42 des Kapitalanlagegesetzbuchs gegen dieses Institut angeordnet hat. [2] Ihnen sind sämtliche Unterlagen vorzulegen, die diese benötigen, um ein Entschädigungsverfahren gemäß § 5 Absatz 1 Satz 1 und 2 vorzubereiten. [3] Sofern Bereiche des Instituts auf ein anderes Unternehmen ausgelagert worden sind, gelten die Sätze 1 und 2 gegenüber diesem Unternehmen entsprechend.

---

1) Nr. **9**.
2) Nr. **10**.

(7) Die Aufwendungen der Entschädigungseinrichtung zur Durchführung oder Vorbereitung eines Entschädigungsverfahrens im Sinne von § 5 hat das Institut der Entschädigungseinrichtung zu ersetzen.

(8) Erhält die Entschädigungseinrichtung im Rahmen einer Prüfung nach Absatz 1 oder in sonstiger Weise Kenntnis von Umständen, welche die Gefahr des Eintritts des Entschädigungsfalls bei einem Institut begründen, hat sie diese unverzüglich der Bundesanstalt mitzuteilen.

§ 10 Prüfung der Entschädigungseinrichtung. (1) [1] Die Entschädigungseinrichtung hat nach Ablauf eines Kalenderjahres einen Geschäftsbericht aufzustellen und einen unabhängigen Wirtschaftsprüfer oder eine unabhängige Wirtschaftsprüfungsgesellschaft mit der Prüfung der Vollständigkeit des Geschäftsberichts und der Richtigkeit der Angaben zu beauftragen. [2] Die Entschädigungseinrichtung hat der Bundesanstalt den von ihr bestellten Prüfer unverzüglich nach der Bestellung anzuzeigen. [3] Die Bundesanstalt kann innerhalb eines Monats nach Zugang der Anzeige die Bestellung eines anderen Prüfers verlangen, wenn dies zur Erreichung des Prüfungszwecks geboten ist; Widerspruch und Anfechtungsklage hiergegen haben keine aufschiebende Wirkung. [4] Der Geschäftsbericht muss Angaben zu der Tätigkeit und zu den finanziellen Verhältnissen der Entschädigungseinrichtung, insbesondere zu der Höhe und der Anlage der Mittel, zu der Verwendung der Mittel für Entschädigungsfälle, zu der Höhe der Beiträge sowie zu den Kosten der Verwaltung enthalten.

(2) [1] Die Entschädigungseinrichtung hat der Bundesanstalt und der Deutschen Bundesbank jeweils bis zum 31. Mai den aufgestellten Geschäftsbericht einzureichen. [2] Der Prüfer hat den Bericht über die Prüfung des Geschäftsberichts unverzüglich nach Beendigung der Prüfung der Bundesanstalt und der Deutschen Bundesbank einzureichen. [3] Die Bundesanstalt und die Deutsche Bundesbank sind auch auf Anforderung über die Angaben nach Absatz 1 Satz 4 zu unterrichten. [4] § 9 des Kreditwesengesetzes[1)] ist entsprechend anzuwenden.

(3) [1] Wurde die Wahrnehmung der Aufgaben und Befugnisse der Entschädigungseinrichtung nach § 7 einem Beliehenen übertragen, prüft der Bundesrechnungshof die beliehene Entschädigungseinrichtung im Hinblick auf eine ordnungsgemäße Haushalts- und Wirtschaftsführung. [2] Die §§ 89, 90, 92 bis 100 der Bundeshaushaltsordnung sind entsprechend anzuwenden. [3] Der Bundesrechnungshof ist unverzüglich zu unterrichten, wenn oberste Bundesbehörden allgemeine Vorschriften erlassen oder erläutern, welche die Entschädigungseinrichtung betreffen. [4] Der Bundesrechnungshof ist vor dem Erlass dieser Vorschriften zu hören.

§ 11 Ausschluss aus der Entschädigungseinrichtung. (1) [1] Erfüllt ein Institut die Beitrags- oder Mitwirkungspflichten nach § 8 oder § 9 nicht, nicht richtig, nicht vollständig oder nicht rechtzeitig, so hat die Entschädigungseinrichtung die Bundesanstalt und die Deutsche Bundesbank zu unterrichten. [2] Erfüllt das Institut auch innerhalb eines Monats nach Aufforderung durch die Bundesanstalt seine Verpflichtungen nicht, kann die Entschädigungseinrichtung dem Institut mit einer Frist von zwölf Monaten den Ausschluss aus der Entschädigungseinrichtung ankündigen. [3] Erfüllt das Institut die Verpflichtungen

---

[1)] Nr. 9.

auch weiterhin nicht, kann die Entschädigungseinrichtung mit Zustimmung der Bundesanstalt nach Ablauf dieser Frist das Institut von der Entschädigungseinrichtung ausschließen. 4 Nach dem Ausschluss haftet die Entschädigungseinrichtung nur noch für Verbindlichkeiten des Instituts, die vor Ablauf dieser Frist begründet wurden.

(2) Fällt die Erlaubnis zum Betreiben von Wertpapiergeschäften gemäß § 1 Absatz 2 weg, haftet die Entschädigungseinrichtung nur noch für Verbindlichkeiten des Instituts, die vor dem Wegfall begründet wurden.

§ 12 Zweigniederlassungen von Unternehmen mit Sitz in einem anderen Staat des Europäischen Wirtschaftsraums. (1) 1 Zweigniederlassungen eines Unternehmens im Sinne des § 73 des Wertpapierinstitutsgesetzes haben zu den für inländische Institute geltenden Bedingungen einen Anspruch auf Einbeziehung in eine Entschädigungseinrichtung, sofern die Entschädigung nach diesem Gesetz nach Höhe oder Umfang die Sicherung im Herkunftsstaat des Unternehmens übersteigt. 2 Voraussetzung ist, dass dem Unternehmen in seinem Herkunftsstaat die Erlaubnis zum Betreiben der Geschäfte eines Wertpapierinstituts im Sinne des § 2 Absatz 1 des Wertpapierinstitutsgesetzes erteilt ist.

(2) 1 Die Sicherung im Sinne des Absatzes 1 ist nach Höhe und Umfang auf den Anteil beschränkt, der die Sicherung im Herkunftsstaat übersteigt. 2 Nicht gesichert sind Bankgeschäfte, Finanzdienstleistungen oder Wertpapierdienstleistungen mit Devisen oder Rechnungseinheiten.

(3) 1 Erfüllt eine Zweigniederlassung, die nach Absatz 1 in eine Entschädigungseinrichtung einbezogen ist, ihre Verpflichtungen gegenüber der Entschädigungseinrichtung nicht, hat die Entschädigungseinrichtung die Bundesanstalt und die Deutsche Bundesbank zu unterrichten. 2 Die Bundesanstalt fordert die Zweigniederlassung auf, ihre Verpflichtungen innerhalb einer von der Bundesanstalt zu bestimmenden Frist zu erfüllen. 3 Kommt die Zweigniederlassung dieser Aufforderung nicht nach, unterrichtet die Bundesanstalt die zuständigen Behörden des Herkunftsstaats, welche die in Absatz 1 Satz 2 genannte Erlaubnis erteilt haben. 4 Die Bundesanstalt und die zuständigen Behörden des Herkunftsstaats ergreifen im Zusammenwirken mit der Entschädigungseinrichtung alle erforderlichen Maßnahmen, um sicherzustellen, dass die Zweigniederlassung ihre Verpflichtungen nach diesem Gesetz erfüllt.

(4) 1 Sofern die zuständigen Behörden des Herkunftsstaats keine Maßnahmen ergreifen oder sich die Maßnahmen nach Absatz 3 als unzureichend erweisen, kann die Entschädigungseinrichtung mit Zustimmung der zuständigen Behörden des Herkunftsstaats die Zweigniederlassung mit einer Frist von zwölf Monaten von der Entschädigungseinrichtung ausschließen. 2 Nach dem Ausschluss haftet die Entschädigungseinrichtung nur noch für Verbindlichkeiten der Zweigniederlassung, die vor Ablauf dieser Frist begründet wurden.

(5) Die Entschädigungseinrichtung arbeitet in Abstimmung mit der Bundesanstalt in den Fällen der Absätze 1 bis 4 mit der Entschädigungseinrichtung des Herkunftsstaats zusammen.

§ 13 Verschwiegenheitspflicht. 1 Personen, die bei der Entschädigungseinrichtung beschäftigt oder für sie tätig sind, dürfen fremde Geheimnisse, insbesondere Betriebs- oder Geschäftsgeheimnisse, nicht unbefugt offenbaren oder verwerten. 2 Sie sind nach dem Verpflichtungsgesetz vom 2. März 1974

(BGBl. I S. 469, 547), das durch § 1 Nummer 4 des Gesetzes vom 15. August 1974 (BGBl. I S. 1942) geändert worden ist, von der Bundesanstalt auf eine gewissenhafte Erfüllung ihrer Obliegenheiten zu verpflichten. [3] Ein unbefugtes Offenbaren oder Verwerten fremder Geheimnisse liegt insbesondere nicht vor, wenn Tatsachen an die Bundesanstalt oder die Deutsche Bundesbank weitergegeben werden.

§ 13a Verarbeitung personenbezogener Daten. (1) [1] Die Entschädigungseinrichtung ist befugt, personenbezogene Daten zu verarbeiten, soweit dies zur Erfüllung ihrer gesetzlichen Aufgaben erforderlich ist. [2] Verarbeitet die Entschädigungseinrichtung im Zuge einer Maßnahme zur Durchführung ihrer Aufgaben nach diesem Gesetz personenbezogene Daten, stehen den betroffenen Personen die Rechte aus den Artikeln 15 bis 18 und 20 bis 22 der Verordnung (EU) 2016/679 des Europäischen Parlaments und des Rates vom 27. April 2016 zum Schutz natürlicher Personen bei der Verarbeitung personenbezogener Daten, zum freien Datenverkehr und zur Aufhebung der Richtlinie 95/46/EG (Datenschutz- Grundverordnung) (ABl. L 119 vom 4.5. 2016, S. 1; L 314 vom 22.11.2016, S. 72; L 127 vom 23.5.2018, S. 2) in der jeweils geltenden Fassung nicht zu, soweit die Erfüllung der Rechte der betroffenen Personen Folgendes gefährden würde:

1. die Stabilität und Integrität der Finanzmärkte der Bundesrepublik Deutschland oder eines oder mehrerer Mitgliedstaaten des Europäischen Wirtschaftsraums,
2. den Zweck der Maßnahme,
3. ein sonstiges wichtiges Ziel des allgemeinen öffentlichen Interesses der Bundesrepublik Deutschland oder eines oder mehrerer Mitgliedstaaten des Europäischen Wirtschaftsraums, insbesondere ein wichtiges wirtschaftliches oder finanzielles Interesse, oder
4. die Verhütung, Ermittlung, Aufdeckung oder Verfolgung von Straftaten oder die Strafvollstreckung, einschließlich des Schutzes vor und der Abwehr von Gefahren für die öffentliche Sicherheit.

[3] Unter diesen Voraussetzungen ist die Entschädigungseinrichtung auch von den Pflichten nach den Artikeln 5, 12 bis 14, 19 und 34 der Verordnung (EU) 2016/679 befreit.

(2) Die jeweils betroffene Person ist über das Ende der Beschränkung in geeigneter Form zu unterrichten, sofern dies nicht dem Zweck der Beschränkung abträglich ist.

(3) [1] Soweit die Entschädigungseinrichtung der betroffenen Person in den Fällen des Absatzes 1 Satz 1 und 2 keine Auskunft erteilt, ist die Auskunft auf Verlangen der betroffenen Person dem Bundesbeauftragten für den Datenschutz und die Informationsfreiheit zu erteilen, soweit nicht im Einzelfall festgestellt wird, dass dadurch die öffentliche Sicherheit des Bundes oder eines Landes oder die Stabilität und Integrität der Finanzmärkte gefährdet würde. [2] Die Mitteilung des Bundesbeauftragten für den Datenschutz und die Informationsfreiheit an die betroffene Person über das Ergebnis der datenschutzrechtlichen Prüfung darf keine Rückschlüsse auf den Erkenntnisstand der Entschädigungseinrichtung zulassen, sofern diese nicht einer weitergehenden Auskunft zustimmt.

(4) Soweit Personen und Unternehmen personenbezogene Daten zur Erfüllung der Aufgaben nach Absatz 1 an die Entschädigungseinrichtung übermit-

teln oder diese von dort erhoben werden, bestehen die Pflicht zur Information der betroffenen Person nach Artikel 13 Absatz 3 und Artikel 14 Absatz 4 der Verordnung (EU) 2016/679 und das Recht auf Auskunft der betroffenen Person nach Artikel 15 der Verordnung (EU) 2016/679 nicht.

§ 14 Nichtanwendung des Versicherungsaufsichtsgesetzes. Die Vorschriften des Versicherungsaufsichtsgesetzes gelten nicht für Entschädigungseinrichtungen im Sinne der §§ 6 und 7.

§ 15 Bußgeldvorschriften. (1) Ordnungswidrig handelt, wer vorsätzlich oder leichtfertig entgegen § 9 Absatz 2 Satz 1 den Jahresabschluss mit dem dazugehörigen Prüfungsbericht nicht, nicht richtig, nicht vollständig oder nicht rechtzeitig einreicht.

(2) Ordnungswidrig handelt, wer vorsätzlich oder fahrlässig entgegen § 9 Absatz 2 Satz 1 eine Auskunft nicht, nicht richtig, nicht vollständig oder nicht rechtzeitig erteilt oder eine Unterlage nicht, nicht richtig, nicht vollständig oder nicht rechtzeitig vorlegt.

(3) Die Ordnungswidrigkeit kann mit einer Geldbuße bis zu fünfzigtausend Euro geahndet werden.

(4) Verwaltungsbehörde im Sinne des § 36 Absatz 1 Nummer 1 des Gesetzes über Ordnungswidrigkeiten ist die Bundesanstalt.

§ 16 Zwangsmittel. (1) Die Entschädigungseinrichtung kann die Befolgung der Verfügungen, die sie innerhalb ihrer gesetzlichen Befugnisse trifft, mit Zwangsmitteln nach den Bestimmungen des Verwaltungsvollstreckungsgesetzes durchsetzen.

(2) Die Höhe des Zwangsgeldes beträgt bei Maßnahmen gemäß § 8 Absatz 1, 2 Satz 1, § 9 Absatz 2 Satz 1, Absatz 3 und 6 Satz 1 und 2 bis zu 50 000 Euro, bei Maßnahmen nach § 9 Absatz 1 Satz 1 bis zu 100 000 Euro.

§ 17 Zeitlicher Anwendungsbereich. (1) Ein Anspruch auf Entschädigung nach diesem Gesetz besteht für einen Entschädigungsfall wegen Nichterfüllung von Verbindlichkeiten aus Wertpapiergeschäften nur, wenn dieser Entschädigungsfall nach dem 25. September 1998 eingetreten ist.

(2) [1] Ansprüche auf Entschädigung nach diesem Gesetz können erstmals ab dem 1. November 1998 angemeldet werden. [2] Sofern die Unterrichtung gemäß § 5 Absatz 4 vorher erfolgt ist, beginnt die Anmeldefrist gemäß § 5 Absatz 5 erst ab dem 1. November 1998.

§ 18[1)] Anwendungsbestimmung und Übergangsregelung. (1) Bis zum 31. Dezember 2010 können die Entschädigungseinrichtungen und Institute § 5 weiter in der bis zum 29. Juni 2009 geltenden Fassung anwenden.

(2) Institute, die vor dem 30. Juni 2009 aus einer Entschädigungseinrichtung ausgeschieden sind, können nicht mehr für die Abwicklung von Entschädigungsfällen bei dieser Entschädigungseinrichtung herangezogen werden.

(3) Für Entschädigungsfälle, die vor dem 30. Juni 2009 festgestellt worden sind und bei denen das Entschädigungsverfahren noch nicht abgeschlossen ist,

---

1) Beachte auch die Übergangsregelung in § 63 des Einlagensicherungsgesetzes (Nr. **15**).

ist § 8 Abs. 3 bis 10 in der ab dem 30. Juni 2009 geltenden Fassung mit folgenden Maßgaben anzuwenden:

1. An die Stelle der Unterrichtung durch die Bundesanstalt nach § 8 Abs. 3 Satz 1 tritt der 30. Juni 2009.
2. Hat die Entschädigungseinrichtung zur Deckung des Mittelbedarfs bereits vor dem 30. Juni 2009 einen Kredit aufgenommen, entfällt die Verpflichtung zur Erhebung von Sonderbeiträgen nach § 8 Abs. 3 Satz 1, soweit der Mittelbedarf durch den Kredit gedeckt wird.

(4) Kapitalanlagegesellschaften, die am 29. Juni 2009 eine Erlaubnis zum Erbringen der individuellen Vermögensverwaltung nach § 7 Abs. 2 Nr. 1 des Investmentgesetzes haben und von dieser Erlaubnis länger als ein Jahr keinen Gebrauch gemacht haben, gelten bis zum 29. September 2009 nicht als Institute im Sinne des § 1 Abs. 1 Nr. 4.

(5) Wertpapiergeschäfte im Sinne des § 1 Absatz 2 Nummer 1, die sich auf Rechnungseinheiten im Sinne des § 1 Absatz 11 Nummer 7 des Kreditwesengesetzes[1)] beziehen und die vor dem 1. Januar 2020 abgeschlossen worden sind, gelten als Wertpapiergeschäfte im Sinne dieses Gesetzes.

[1)] Nr. **9**.

15. Einlagensicherungsgesetz (EinSiG)[1)]

Vom 28. Mai 2015
(BGBl. I S. 786)

FNA 7610-20

zuletzt geänd. durch Art. 7 Abs. 15 G zur Umsetzung der RL (EU) 2019/2034 über die Beaufsichtigung von Wertpapierinstituten v. 12.5.2021 (BGBl. I S. 990)

Inhaltsübersicht

[1)] Verkündet als Art. 1 G v. 28.5.2015 (BGBl. I S. 786); Inkrafttreten gem. Art. 9 dieses G am 3.7. 2015, mit Ausnahme der §§ 23, 33, 43, 44, 47 und 48, die gem. Art. 9 Abs. 2 bereits am 6.6.2015 in Kraft getreten sind.

Amtl. Anm. am Titel des vorgenannten G: „Dieses Gesetz dient der Umsetzung der Richtlinie 2014/49/EU des Europäischen Parlaments und des Rates vom 16. April 2014 über Einlagensicherungssysteme (ABl. L 173 vom 12.6.2014, S. 149)".

Teil 1. Allgemeine Vorschriften

§ 1 Sicherungspflicht der Institute. [1]Die CRR-Kreditinstitute im Sinne des § 1 Absatz 3d Satz 1 des Kreditwesengesetzes[1)] sind verpflichtet, ihre Einlagen nach Maßgabe dieses Gesetzes durch Zugehörigkeit zu einem Einlagensicherungssystem zu sichern. [2]Im Sinne dieses Gesetzes gelten als CRR-Kreditinstitute auch Zweigstellen im Inland, die von Unternehmen mit Sitz im Ausland unterhalten werden und zumindest das Einlagengeschäft nach § 1 Absatz 1 Satz 2 Nummer 1 des Kreditwesengesetzes und das Kreditgeschäft nach § 1 Absatz 1 Satz 2 Nummer 2 des Kreditwesengesetzes betreiben.

§ 2 Begriffsbestimmungen. (1) Einlagensicherungssysteme im Sinne dieses Gesetzes sind
1. gesetzliche Entschädigungseinrichtungen nach § 22 Absatz 2 und
2. institutsbezogene Sicherungssysteme, die nach § 43 als Einlagensicherungssystem anerkannt sind.

(2) Ein institutsbezogenes Sicherungssystem im Sinne dieses Gesetzes ist eine Haftungsvereinbarung im Sinne des Artikels 113 Absatz 7 der Verordnung (EU) Nr. 575/2013[2)] des Europäischen Parlaments und des Rates vom 26. Juni 2013 über Aufsichtsanforderungen an Kreditinstitute und Wertpapierfirmen und zur Änderung der Verordnung (EU) Nr. 646/2012 (ABl. L 176 vom 27.6.2013, S. 1).

(3) [1]Einlagen im Sinne dieses Gesetzes sind Guthaben, einschließlich Festgeld und Spareinlagen, die
1. sich aus Beträgen, die auf einem Konto verblieben sind, oder aus Zwischenpositionen im Rahmen von Bankgeschäften ergeben und
2. vom CRR-Kreditinstitut nach den geltenden gesetzlichen und vertraglichen Bedingungen zurückzuzahlen sind.

[2]Von Einlagen nach Satz 1 ausgenommen ist ein Guthaben, wenn
1. die Existenz dieses Guthabens nur durch ein Finanzinstrument im Sinne des § 2 Absatz 4 des Wertpapierhandelsgesetzes nachgewiesen werden kann, es sei denn, es handelt sich um ein Sparprodukt, das durch ein auf eine benannte Person lautendes Einlagenzertifikat verbrieft ist und bereits zum 2. Juli 2014 bestand,
2. das Guthaben nicht zum Nennwert rückzahlbar ist oder
3. das Guthaben nur im Rahmen einer bestimmten, vom CRR-Kreditinstitut oder einem Dritten gestellten Garantie oder Vereinbarung rückzahlbar ist.

[1)] Nr. **9**.
[2)] Nr. **6**.

[3] Als Einlagen im Sinne dieses Gesetzes gelten auch Verbindlichkeiten aus Wertpapiergeschäften eines CRR-Kreditinstituts, das auch die Erlaubnis zum Betreiben von Bankgeschäften nach § 1 Absatz 1 Satz 2 Nummer 4 und 10 des Kreditwesengesetzes[1)] oder zur Erbringung von Finanzdienstleistungen im Sinne des § 1 Absatz 1a Satz 2 Nummer 1 bis 4 des Kreditwesengesetzes besitzt, sofern die Verbindlichkeiten des CRR-Kreditinstituts darin bestehen, den Kunden Besitz oder Eigentum an Geld zu verschaffen.

(4) Entschädigungsfähige Einlagen eines CRR-Kreditinstituts im Sinne dieses Gesetzes sind alle Einlagen mit Ausnahme der nicht entschädigungsfähigen Einlagen gemäß § 6.

(5) Gedeckte Einlagen eines CRR-Kreditinstituts im Sinne dieses Gesetzes sind die Teile entschädigungsfähiger Einlagen, die die Deckungssumme gemäß § 8 nicht übersteigen.

§ 3 Informationen für den Einleger über die Einlagensicherung.

(1) Die Internetseiten der Einlagensicherungssysteme müssen alle erforderlichen Informationen für die Gläubiger eines CRR-Kreditinstituts, die Inhaber einer Einlage sind (Einleger), enthalten, insbesondere Informationen über das Entschädigungsverfahren und die Bedingungen der Einlagensicherung nach Maßgabe dieses Gesetzes.

(2) Die Informationen für die Einleger können die Funktionsweise des Einlagensicherungssystems sachlich beschreiben, dürfen aber keinen Verweis auf eine unbegrenzte Deckung von Einlagen enthalten.

§ 4 Information für den Einleger und Kündigungsrecht bei Umwandlung. (1) [1] Ein CRR-Kreditinstitut hat die Einleger im Falle einer Umwandlung, die zu einem Wechsel des Einlagensicherungssystems führt, mindestens einen Monat, bevor die Umwandlung wirksam wird, über die Umwandlung und den Wechsel des Einlagensicherungssystems zu informieren, es sei denn, die Bundesanstalt für Finanzdienstleistungsaufsicht (Bundesanstalt) lässt aus Gründen der Wahrung von Geschäftsgeheimnissen oder der Stabilität des Finanzsystems eine kürzere Frist zu. [2] Über eine Verkürzung der Frist nach Satz 1 entscheidet die Bundesanstalt auf Antrag des CRR-Kreditinstituts innerhalb von fünf Arbeitstagen.

(2) Die Einleger sind berechtigt, innerhalb einer Frist von drei Monaten nach Zugang der Informationen nach Absatz 1 ihre entschädigungsfähigen Einlagen im Sinne des § 2 Absatz 4 einschließlich der Ansprüche auf Zinsen auf diese Einlagen, soweit sie die Deckungssumme gemäß § 8 übersteigen, höchstens jedoch den zum Zeitpunkt der Umwandlung vorhandenen Betrag entschädigungsfrei abzuheben oder auf ein anderes CRR-Kreditinstitut zu übertragen.

Teil 2. Entschädigung der Einleger

Kapitel 1. Entschädigungsanspruch

§ 5 Rechtsanspruch auf Entschädigung. (1) [1] Der Einleger hat im Entschädigungsfall gegen das Einlagensicherungssystem, dem das CRR-Kredit-

[1)] Nr. 9.

institut angehört, einen Anspruch auf Entschädigung nach Maßgabe der §§ 6 bis 15. [2]Darf der Einleger nicht uneingeschränkt über die Einlage verfügen, steht der Anspruch auf Entschädigung dem uneingeschränkt Nutzungsberechtigten zu, sofern dieser im Zeitpunkt des Entschädigungsfalls bekannt ist oder ermittelt werden kann.

(2) Das Einlagensicherungssystem, dem das CRR-Kreditinstitut angehört, ist verpflichtet, Verbindlichkeiten aus Wertpapiergeschäften im Sinne des § 1 Absatz 3 Satz 2 des Anlegerentschädigungsgesetzes[1)] nach Maßgabe der §§ 3 bis 5 des Anlegerentschädigungsgesetzes zu entschädigen.

(3) Fällt die Erlaubnis zum Betreiben des Einlagengeschäftes gemäß § 1 Absatz 1 Satz 2 Nummer 1 des Kreditwesengesetzes[2)] weg, haftet das Einlagensicherungssystem nur für Verbindlichkeiten des CRR-Kreditinstituts, die vor dem Wegfall begründet wurden.

§ 6 Nicht entschädigungsfähige Einlagen. Nicht nach § 5 werden folgende Einlagen entschädigt:

1. Einlagen, die andere CRR-Kreditinstitute im eigenen Namen und auf eigene Rechnung getätigt haben,
2. Eigenmittel im Sinne des Artikels 4 Absatz 1 Nummer 118 der Verordnung (EU) Nr. 575/2013[3)],
3. Einlagen, die entstanden sind im Zusammenhang mit Transaktionen, auf Grund derer Personen in einem Strafverfahren wegen Geldwäsche im Sinne des Artikels 1 Absatz 2 der Richtlinie 2005/60/EG des Europäischen Parlaments und des Rates vom 26. Oktober 2005 zur Verhinderung der Nutzung des Finanzsystems zum Zwecke der Geldwäsche und der Terrorismusfinanzierung (ABl. L 309 vom 25.11.2005, S. 15) verurteilt worden sind,
4. Einlagen von Finanzinstituten im Sinne des Artikels 4 Absatz 1 Nummer 26 der Verordnung (EU) Nr. 575/2013,
5. Einlagen von Wertpapierfirmen im Sinne des Artikels 4 Absatz 1 Nummer 1 der Richtlinie 2004/39/EG des Europäischen Parlaments und des Rates vom 21. April 2004 über Märkte für Finanzinstrumente, zur Änderung der Richtlinien 85/611/EWG und 93/6/EWG des Rates und der Richtlinie 2000/12/EG des Europäischen Parlaments und des Rates und zur Aufhebung der Richtlinie 93/22/EWG des Rates (ABl. L 145 vom 30.4.2004, S. 1),
6. Einlagen, die nicht mehr verfügbar sind und bei denen die Identität ihres Inhabers niemals nach Artikel 9 Absatz 1 der Richtlinie 2005/60/EG festgestellt wurde,
7. Einlagen von Versicherungsunternehmen und von Rückversicherungsunternehmen im Sinne des Artikels 13 Nummer 1 bis 6 der Richtlinie 2009/138/EG des Europäischen Parlaments und des Rates vom 25. November 2009 betreffend die Aufnahme und Ausübung der Versicherungs- und der Rückversicherungstätigkeit (Solvabilität II) (ABl. L 335 vom 17.12. 2009, S. 1),

---

1) Nr. **14**.
2) Nr. **9**.
3) Nr. **6**.

8. Einlagen von Organismen für gemeinsame Anlagen im Sinne des Artikels 4 Absatz 1 Nummer 7 der Verordnung (EU) Nr. 575/2013,
9. Einlagen von Pensions- und Rentenfonds, insbesondere von Einrichtungen der betrieblichen Altersversorgung im Sinne des Artikels 6 Buchstabe a der Richtlinie 2003/41/EG des Europäischen Parlaments und des Rates vom 3. Juni 2003 über die Tätigkeiten und die Beaufsichtigung von Einrichtungen der betrieblichen Altersversorgung (ABl. L 235 vom 23.9.2003, S. 10),
10. Einlagen staatlicher Stellen, insbesondere staatlicher Stellen des Bundes, eines Landes, eines rechtlich unselbständigen Sondervermögens des Bundes oder eines Landes, einer kommunalen Gebietskörperschaft, eines anderen Staats oder einer Regionalregierung oder einer örtlichen Gebietskörperschaft eines anderen Staats,
11. Schuldverschreibungen eines CRR-Kreditinstituts und Verbindlichkeiten aus eigenen Akzepten und Solawechseln außer Namensschuldscheine und Namensschuldverschreibungen, die Einlagen im Sinne des § 2 Absatz 3 sind.

§ 7 Umfang und Berechnung des Entschädigungsanspruchs. (1) Der Entschädigungsanspruch des Einlegers richtet sich nach dem Umfang seiner entschädigungsfähigen Einlagen und ist der Höhe nach auf die Deckungssumme nach § 8 begrenzt.

(2) Bei der Berechnung der Höhe des Entschädigungsanspruchs ist der Betrag der entschädigungsfähigen Einlagen bei Eintritt des Entschädigungsfalls, einschließlich der Ansprüche auf Zinsen auf entschädigungsfähige Einlagen bis zum Zeitpunkt der Feststellung des Entschädigungsfalls nach § 10 Absatz 1, zugrunde zu legen.

(3) Die Deckungssumme nach § 8 bezieht sich auf die Gesamtforderung des Einlegers gegen das CRR-Kreditinstitut nach Absatz 2, unabhängig von der Zahl der Konten, der Währung und dem Ort, an dem die Konten geführt werden.

(4) [1] Bei einem Konto, das im Namen von zwei oder mehreren Personen eröffnet wurde oder an dem zwei oder mehrere Personen Rechte haben, die mittels der Unterschrift von einer oder mehreren dieser Personen ausgeübt werden können (Gemeinschaftskonto), ist für die Deckungssumme nach § 8 der jeweilige Anteil des einzelnen Kontoinhabers maßgeblich. [2] Fehlen besondere Bestimmungen, so wird die Einlage den Kontoinhabern jeweils zu gleichen Anteilen zugerechnet.

(4a) Handelt der Kontoinhaber für Rechnung eines Dritten, ist für die Deckungssumme nach § 8 auf den Dritten abzustellen, sofern das Konto in der Kontobezeichnung als offenes Treuhandkonto eindeutig gekennzeichnet ist oder als solches hätte gekennzeichnet werden müssen und das Bestehen des Treuhandverhältnisses nachgewiesen wird.

(5) Für Konten, welche auf den Namen einer Gemeinschaft von Wohnungseigentümern geführt wird, gilt Absatz 4 entsprechend mit der Maßgabe, dass die Mitglieder der Wohnungseigentümergemeinschaft als Kontoinhaber gelten.

(6) Sind an einer entschädigungsfähigen Einlage mehrere Personen uneingeschränkt nutzungsberechtigt, gilt Absatz 4 entsprechend.

(7) [1] Die Entschädigung wird in Euro gewährt. [2] Falls Konten eines Einlegers in einer anderen Währung als in Euro geführt werden, wird als Wechselkurs der

Referenzkurs der Europäischen Zentralbank des Tages verwendet, an dem die Bundesanstalt nach § 10 Absatz 1 den Entschädigungsfall festgestellt hat. [3]Liegt ein Referenzkurs der Europäischen Zentralbank nicht vor, ist für die Umrechnung der Mittelkurs aus feststellbaren An- und Verkaufskursen des Stichtages zugrunde zu legen.

(8) [1]Die CRR-Kreditinstitute sind verpflichtet, dem Einlagensicherungssystem auf Verlangen jederzeit alle Informationen zur Verfügung zu stellen, die es zur Vorbereitung einer Entschädigung benötigt, einschließlich der Informationen über die entschädigungsfähigen Gesamteinlagen der einzelnen Einleger. [2]Dafür sind die entschädigungsfähigen Einlagen so zu kennzeichnen, dass sie für jeden einzelnen Einleger sofort ermittelt werden können. [3]Das CRR-Kreditinstitut hat dem Einlagensicherungssystem die für die Entschädigung der Gläubiger erforderlichen Daten nach den Vorgaben des Einlagensicherungssystems in maschinell bearbeitbarer Form zur Verfügung zu stellen.

§ 8 Deckungssumme. (1) Der Entschädigungsanspruch ist der Höhe nach begrenzt auf den Gegenwert von 100 000 Euro (Deckungssumme).

(2) Abweichend von Absatz 1 beträgt die Deckungssumme den Gegenwert von bis zu 500 000 Euro, wenn und soweit

1. die Gesamtforderung des Einlegers gegen das CRR-Kreditinstitut den in Absatz 1 genannten Betrag übersteigt durch die Gutschrift folgender nicht regelmäßig ausgezahlter Beträge:
   a) Beträge, die aus Immobilientransaktionen im Zusammenhang mit privat genutzten Wohnimmobilien resultieren,
   b) Beträge, die soziale, gesetzlich vorgesehene Zwecke erfüllen und an bestimmte Lebensereignisse eines Einlegers geknüpft sind, wie Heirat, Scheidung, Renteneintritt, Ruhestand, Kündigung, Entlassung, Geburt, Krankheit, Pflegebedürftigkeit, Invalidität, Behinderung oder Tod,
   c) Beträge, die bestimmte Zwecke erfüllen und auf der Auszahlung von Versicherungsleistungen oder Entschädigungszahlungen für aus Gewalttaten verursachte gesundheitliche Schädigungen oder für durch nicht zu Recht erlittene Strafverfolgungsmaßnahmen verursachte Schäden beruhen,
   d) Beträge aus Zahlungen nach dem Recht anderer Staaten, die den in den Buchstaben a bis c genannten Leistungen und Zahlungen vergleichbar sind, und
2. der Entschädigungsfall eingetreten ist
   a) in einem Zeitraum von bis zu sechs Monaten nach Gutschrift der Beträge nach Nummer 1, sofern diese Beträge ab Gutschrift auf rechtlich zulässige Weise übertragen werden können, oder
   b) in einem Zeitraum ab Gutschrift der Beträge nach Nummer 1 bis zu sechs Monaten nach dem Tag, ab dem diese Beträge nach ihrer Gutschrift erstmalig auf rechtlich zulässige Weise übertragen werden können.

(3) Beträge im Sinne des Absatzes 2 Nummer 1 Buchstabe b sind insbesondere:

1. Leistungen auf Grund des Sozialgesetzbuches;
2. Auszahlungen von Wertguthaben im Sinne des Vierten Buches Sozialgesetzbuch;

3. Leistungen auf Grund des Beamtenversorgungsgesetzes, der entsprechenden Regelungen der Länder, des Soldatenversorgungsgesetzes, des Gesetzes über den Auswärtigen Dienst sowie auf Grund von beamtenrechtlichen Vorschriften bezüglich Beihilfe in Krankheits-, Pflege- und Geburtsfällen;
4. Kapitalauszahlungen und Kapitalabfindungen aus betrieblicher Altersversorgung, aus nach § 10a oder Abschnitt XI des Einkommensteuergesetzes geförderter Altersvorsorge sowie von berufsständischen Versorgungswerken;
5. Leistungen auf Grund von Sozialplänen im Sinne des § 112 des Betriebsverfassungsgesetzes, des § 32 Absatz 2 Satz 2 des Sprecherausschussgesetzes, auf Grund personalvertretungsrechtlicher Vorschriften oder kirchenrechtlicher Vorschriften nach dem Mitarbeitervertretungsgesetz der Evangelischen Kirche in Deutschland und der Mitarbeitervertretungsordnungen;
6. Abfindungen auf Grund der §§ 1a, 9, 13, 14 des Kündigungsschutzgesetzes, des § 113 des Betriebsverfassungsgesetzes sowie Abfindungen für den Verlust des Arbeitsplatzes oder auf Grund eines Aufhebungsvertrages oder auf Grund von Tarifverträgen;
7. schuldrechtliche Ausgleichszahlungen zur Durchführung des Versorgungsausgleichs gemäß § 22 des Versorgungsausgleichsgesetzes;
8. Erstattungen eines Versicherungsunternehmens, die Gegenstand einer substitutiven Krankenversicherung im Sinne des § 12 des Versicherungsaufsichtsgesetzes sind;
9. Leistungen auf Grund eines Vergleichs über die von den Nummern 1 bis 8 erfassten Leistungen.

(4) Beträge im Sinne des Absatzes 2 Nummer 1 Buchstabe c sind insbesondere:

1. Leistungen auf Grund von Ansprüchen nach den Vorschriften des 27. Titels des Achten Abschnitts des Zweiten Buchs des Bürgerlichen Gesetzbuchs[1];
2. Leistungen nach dem Gesetz über die Entschädigung für Strafverfolgungsmaßnahmen;
3. Leistungen nach dem Gesetz über die Entschädigung für Opfer von Gewalttaten;
4. Leistungen nach Artikel 5 Absatz 5 der Konvention zum Schutze der Menschenrechte und Grundfreiheiten.

(5) Ein die Deckungssumme nach Absatz 1 übersteigender Rechtsanspruch auf Entschädigung gemäß § 5 in Verbindung mit Absatz 2 ist vom Einleger gesondert schriftlich unter Nachweis der anspruchsbegründenden Tatsachen glaubhaft zu machen.

§ 9 Verjährung des Entschädigungsanspruchs; Rechtsweg. (1) Der Entschädigungsanspruch gegen das Einlagensicherungssystem verjährt in fünf Jahren nach Unterrichtung des Einlegers über den Entschädigungsfall gemäß § 12.

(2) Für Streitigkeiten über Grund und Höhe des Entschädigungsanspruchs ist der Zivilrechtsweg gegeben.

---

[1] Nr. **24**.

Kapitel 2. Eintritt des Entschädigungsfalls

§ 10 Eintritt und Feststellung des Entschädigungsfalls. (1) Ein Entschädigungsfall im Sinne dieses Gesetzes tritt ein, wenn die Bundesanstalt feststellt, dass

1. ein CRR-Kreditinstitut aus Gründen, die mit seiner Finanzlage unmittelbar zusammenhängen, vorerst nicht in der Lage ist, fällige Einlagen zurückzuzahlen, und
2. gegenwärtig keine Aussicht besteht, dass das CRR-Kreditinstitut dazu zukünftig in der Lage sein wird.

(2) [1] Die Bundesanstalt hat den Entschädigungsfall unverzüglich festzustellen, spätestens jedoch innerhalb von fünf Arbeitstagen, nachdem sie davon Kenntnis erlangt hat, dass ein CRR-Kreditinstitut nicht in der Lage ist, fällige Einlagen zurückzuzahlen. [2] Sie hat den Entschädigungsfall auch festzustellen, wenn sie gegenüber dem CRR-Kreditinstitut Maßnahmen nach § 46 Absatz 1 Satz 2 Nummer 4 bis 6 des Kreditwesengesetzes[1)] angeordnet hat und diese Maßnahmen länger als sechs Wochen andauern.

(3) Widerspruch und Anfechtungsklage gegen die Feststellung des Entschädigungsfalls haben keine aufschiebende Wirkung.

§ 11 Bekanntgabe der Feststellung des Entschädigungsfalls; Unterrichtung des Einlagensicherungssystems. (1) Die Bundesanstalt hat die Feststellung des Entschädigungsfalls unverzüglich im Bundesanzeiger bekannt zu geben.

(2) Die Bundesanstalt unterrichtet das Einlagensicherungssystem, dem das CRR-Kreditinstitut angehört, unverzüglich über die Feststellung des Entschädigungsfalls.

Kapitel 3. Entschädigungsverfahren

§ 12 Unterrichtung der Einleger über den Eintritt des Entschädigungsfalls. [1] Das Einlagensicherungssystem hat die Einleger des CRR-Kreditinstituts unverzüglich über den Eintritt des Entschädigungsfalls zu unterrichten und darauf hinzuweisen, dass Ansprüche nach § 5 in Verbindung mit § 8 Absatz 2 nach Maßgabe von § 8 Absatz 5 glaubhaft gemacht werden müssen. [2] Die Unterrichtung kann mit der Entschädigung erfolgen.

§ 13 Im Entschädigungsverfahren zu verwendende Sprachen.

(1) Jeder Schriftwechsel zwischen dem Einlagensicherungssystem und dem Einleger ist in einer der folgenden Sprachen abzufassen:

1. in der Amtssprache der Organe der Union, die das CRR-Kreditinstitut, das die gedeckte Einlage hält, in seinem Schriftverkehr mit dem Einleger verwendet, oder
2. in der oder den Amtssprachen des Mitgliedstaats, in dem sich die gedeckte Einlage befindet.

(2) Ist ein CRR-Kreditinstitut unmittelbar in einem anderen Mitgliedstaat tätig, ohne Zweigstellen errichtet zu haben, so ist die Sprache zu verwenden, die der Einleger bei Kontoeröffnung gewählt hat.

[1)] Nr. 9.

§ 14 Prüfung und Erfüllung der Entschädigungsansprüche. (1) Das Einlagensicherungssystem hat die Entschädigungsansprüche der Einleger unverzüglich zu prüfen und geeignete Maßnahmen zu treffen, um die Einleger innerhalb der Frist nach Absatz 3 zu entschädigen.

(2) Das CRR-Kreditinstitut hat dem Einlagensicherungssystem auf Verlangen unverzüglich die für die Prüfung der Entschädigungsansprüche der Einleger und deren Entschädigung erforderlichen Unterlagen sowie die hierzu erforderlichen Angaben zu Einlagen und Einlegern zur Verfügung zu stellen.

(3) [1] Das Einlagensicherungssystem hat Ansprüche der Einleger auf Entschädigung bis zum 31. Mai 2016 spätestens 20 Arbeitstage und ab dem 1. Juni 2016 spätestens sieben Arbeitstage nach der Feststellung des Entschädigungsfalls durch die Bundesanstalt zu erfüllen, ohne dass es eines Antrags beim Einlagensicherungssystem bedarf. [2] Beträge, die vorübergehend einer hohen Deckungssumme gemäß § 8 Absatz 2 unterliegen, sind innerhalb von sieben Arbeitstagen nach Zugang der Anmeldung dieser Beträge durch den Einleger gemäß § 8 Absatz 5 zu entschädigen.

§ 15 Ausschluss, Aufschub und Aussetzung der Entschädigung.

(1) Eine Entschädigung ist ausgeschlossen, wenn in den letzten 24 Monaten keine Transaktion in Verbindung mit der Einlage stattgefunden hat und der Wert dieser Einlage geringer ist als die Verwaltungskosten, die dem Einlagensicherungssystem bei einer Entschädigung durchschnittlich entstehen.

(2) [1] Die Erfüllung des Entschädigungsanspruchs kann abweichend von § 14 Absatz 3 aufgeschoben werden, wenn

1. der Anspruch des Einlegers auf Entschädigung streitig ist,
2. in den letzten 24 Monaten keine Transaktionen in Verbindung mit der Einlage stattgefunden haben,
3. der zu entschädigende Betrag Bestandteil einer vorübergehend höheren Deckungssumme gemäß § 8 Absatz 2 ist oder
4. der Einleger nicht uneingeschränkt über die Einlage verfügen kann.

[2] Der Entschädigungsanspruch ist im Fall von Satz 1 Nummer 4 innerhalb von drei Monaten nach der Feststellung des Entschädigungsfalls durch die Bundesanstalt, in den übrigen Fällen binnen angemessener Frist zu erfüllen.

(3) Die Erfüllung des Entschädigungsanspruchs kann ausgesetzt werden, wenn

1. die Einlage Gegenstand einer Rechtsstreitigkeit ist, bis zur rechtskräftigen Entscheidung über die Rechtsstreitigkeit,
2. die Einlage restriktiven Maßnahmen unterliegt, die von einer zuständigen deutschen Behörde oder der Europäischen Union oder von einem anderen Staat oder einer internationalen Organisation verhängt worden sind und die für die Bundesrepublik Deutschland rechtlich verbindlich sind, bis zur Aufhebung der betreffenden Maßnahmen,
3. Tatsachen darauf hindeuten, dass der Entschädigungsanspruch sich auf Vermögenswerte bezieht, die im Zusammenhang mit Geldwäsche oder Terrorismusfinanzierung stehen und aus diesem Grund ein Ermittlungsverfahren gegen Personen eingeleitet worden ist, bis zur Beendigung dieses Verfahrens.

§ 16 Forderungsübergang bei Entschädigung. Soweit das Einlagensicherungssystem den Entschädigungsanspruch eines Berechtigten erfüllt, gehen dessen Forderungen gegen das CRR-Kreditinstitut auf das Einlagensicherungssystem über.

Teil 3. Einlagensicherungssysteme

Kapitel 1. Finanzierung und Zielausstattung der Einlagensicherungssysteme und Verwendung ihrer Mittel

§ 17 Finanzierung und Zielausstattung der Einlagensicherungssysteme. (1) [1] Einlagensicherungssysteme müssen über angemessene Finanzmittel im Verhältnis zu ihren bestehenden und potentiellen Verbindlichkeiten verfügen (verfügbare Finanzmittel). [2] Zur Feststellung ihrer potentiellen Verbindlichkeiten haben sie angemessene Systeme einzurichten.

(2) [1] Die Einlagensicherungssysteme sorgen dafür, dass ihre verfügbaren Finanzmittel bis zum Ablauf des 3. Juli 2024 mindestens eine Zielausstattung von 0,8 Prozent der gedeckten Einlagen nach § 8 Absatz 1 der ihnen angehörenden CRR-Kreditinstitute betragen. [2] Hat ein Einlagensicherungssystem bis zum Ablauf des 3. Juli 2024 mehr als 0,8 Prozent der nach § 8 Absatz 1 gedeckten Einlagen der ihm angehörenden CRR-Kreditinstitute für Auszahlungen verwendet, verlängert sich der Ansparzeitraum für das betroffene Einlagensicherungssystem bis zum Ablauf des 3. Juli 2028.

(3) [1] Unterschreiten die verfügbaren Finanzmittel die Zielausstattung, haben die Einlagensicherungssysteme dafür Sorge zu tragen, dass so lange wieder Beiträge erhoben werden, bis die Zielausstattung erneut erreicht ist. [2] Verringern sich die verfügbaren Finanzmittel nach dem erstmaligen Erreichen der Zielausstattung auf weniger als zwei Drittel der Zielausstattung, werden die Beiträge in einer Höhe festgesetzt, mit der die Zielausstattung innerhalb von sechs Jahren wieder erreicht werden kann.

(4) [1] Zur Feststellung der erforderlichen Zielausstattung nach Absatz 2 sowie nach der Delegierten Verordnung (EU) 2015/63 der Kommission vom 21. Oktober 2014 zur Ergänzung der Richtlinie 2014/59/EU des Europäischen Parlaments und des Rates im Hinblick auf im Voraus erhobene Beiträge zu Abwicklungsfinanzierungsmechanismen (ABl. L 11 vom 17.1.2015, S. 44) melden die CRR-Kreditinstitute dem Einlagensicherungssystem, dem sie angehören, bis zum 15. Januar jeden Jahres die Höhe der bei ihnen vorhandenen nach § 8 Absatz 1 gedeckten Einlagen zum Stand vom 31. März, 30. Juni, 30. September und 31. Dezember des Vorjahres. [2] Die Einlagensicherungssysteme legen die Berechnung auf Quartalsbasis des durchschnittlichen Betrags der gedeckten Einlagen aller ihnen angeschlossenen CRR-Kreditinstitute der Abwicklungsbehörde bis zum 31. Januar jeden Jahres vor. [3] Die zusammengefassten Meldungen der CRR-Kreditinstitute sowie die Höhe der verfügbaren Finanzmittel geben die Einlagensicherungssysteme bis zum 31. Januar jeden Jahres an die Bundesanstalt und die Deutsche Bundesbank weiter.

(5) Die Bundesanstalt teilt der Europäischen Bankenaufsichtsbehörde bis zum 31. März jeden Jahres die Höhe der in Deutschland nach § 8 Absatz 1 gedeckten Einlagen sowie die Höhe der verfügbaren Finanzmittel deutscher Einlagensicherungssysteme zum Stand vom 31. Dezember des Vorjahres mit.

§ 18 Verfügbare Finanzmittel. (1) [1]Als verfügbare Finanzmittel im Sinne dieses Gesetzes sind Bargeld sowie Einlagen und risikoarme Schuldtitel, die innerhalb des in § 14 Absatz 3 genannten Zeitraums liquidiert werden können, zu berücksichtigen. [2]Risikoarme Schuldtitel sind Titel, die unter die erste oder zweite der in Tabelle 1 des Artikels 336 der Verordnung (EU) Nr. 575/2013[1)] genannten Kategorien fallen, sowie alle Titel, von denen die Bundesanstalt auf Antrag eines Einlagensicherungssystems feststellt, dass diese Titel als ähnlich sicher und liquide anzusehen sind.

(2) Als verfügbare Finanzmittel können abweichend von Absatz 1 auch Zahlungsverpflichtungen eines CRR-Kreditinstituts gegenüber einem Einlagensicherungssystem berücksichtigt werden, wenn

1. diese Zahlungsverpflichtungen vollständig besichert sind und
2. die Sicherheiten für diese Zahlungsverpflichtungen
   a) für das Einlagensicherungssystem verfügbar sind,
   b) aus risikoarmen Schuldtiteln bestehen und
   c) nicht mit Rechten Dritter belastet sind.

(3) Der Gesamtanteil der Zahlungsverpflichtungen nach Absatz 2 an den verfügbaren Finanzmitteln ist im Hinblick auf die Anerkennung der Zielausstattung auf höchstens 30 Prozent der verfügbaren Finanzmittel des jeweiligen Einlagensicherungssystems begrenzt.

(4) [1]Die verfügbaren Finanzmittel müssen risikoarm und ausreichend diversifiziert angelegt werden. [2]Sie sind so anzulegen, dass eine möglichst große Sicherheit und eine ausreichende Liquidität der Anlagen bei angemessener Rentabilität gewährleistet sind. [3]Die Erträge aus der Anlage der verfügbaren Finanzmittel können zur Deckung der Verwaltungskosten und sonstigen Kosten der Einlagensicherungssysteme verwendet werden.

§ 19 Beitragsberechnung; Methoden der Beitragsbemessung. (1) [1]Die verfügbaren Finanzmittel werden durch Beiträge der dem Einlagensicherungssystem angehörenden CRR-Kreditinstitute nach Maßgabe dieses Gesetzes aufgebracht. [2]Die Verpflichtung der CRR-Kreditinstitute zur Beitragsleistung steht einer zusätzlichen Finanzierung eines Einlagensicherungssystems aus anderen Quellen nicht entgegen.

(2) Die Beiträge zu den Einlagensicherungssystemen beruhen auf der Höhe der gedeckten Einlagen der dem Einlagensicherungssystem angehörenden CRR-Kreditinstitute und der Höhe des Risikos, dem das entsprechende CRR-Kreditinstitut ausgesetzt ist.

(3) [1]Ein Einlagensicherungssystem ist mit Zustimmung der Bundesanstalt berechtigt, zur Bemessung der risikobasierten Beiträge eigene risikobasierte Methoden zu verwenden. [2]Die Berechnung der jeweiligen Beiträge erfolgt proportional zum Risiko der dem Einlagensicherungssystem angehörenden CRR-Kreditinstitute und berücksichtigt in angemessener Form die Risikoprofile der unterschiedlichen Geschäftsmodelle. [3]Die eigenen risikobasierten Methoden der Beitragsbemessung können auch die Aktivseite der Bilanz und Risikoindikatoren wie die Kapitaladäquanz sowie die Qualität der Aktiva und die Liquidität berücksichtigen.

[1)] Nr. **6**.

(4) Für CRR-Kreditinstitute, die risikoarmen Sektoren angehören oder die Mitglieder eines nicht als Einlagensicherungssystem anerkannten institutsbezogenen Sicherungssystems sind, können geringere Beiträge vorgesehen werden.

(5) Die Europäische Bankenaufsichtsbehörde wird über die Methoden nach Absatz 3 unterrichtet, denen die Bundesanstalt zugestimmt hat.

§ 20 Verwendung der verfügbaren Finanzmittel. (1) Die verfügbaren Finanzmittel der Einlagensicherungssysteme sind für folgende Zwecke zu verwenden:

1. zur Entschädigung der Einleger und zur Finanzierung der Entschädigung der Einleger nach Maßgabe dieses Gesetzes,
2. für Ausgleichsbeiträge gemäß § 145 des Sanierungs- und Abwicklungsgesetzes[1] im Rahmen einer Abwicklung von CRR-Kreditinstituten.

(2) Anerkannte institutsbezogene Sicherungssysteme können ihre verfügbaren Finanzmittel auch für Maßnahmen nach Maßgabe des § 49 verwenden.

§ 21 Verschwiegenheitspflicht und Datenschutz. (1) [1] Personen, die bei einem Einlagensicherungssystem beschäftigt oder für dieses tätig sind, dürfen fremde Geheimnisse, insbesondere Betriebs- oder Geschäftsgeheimnisse, nicht unbefugt offenbaren oder verwerten. [2] Sie sind nach dem Verpflichtungsgesetz vom 2. März 1974 (BGBl. I S. 469, 547), das durch § 1 Nummer 4 des Gesetzes vom 15. August 1974 (BGBl. I S. 1942) geändert worden ist, von der Bundesanstalt auf eine gewissenhafte Erfüllung ihrer Obliegenheiten zu verpflichten.

(2) Ein unbefugtes Offenbaren oder Verwerten nach Absatz 1 Satz 1 liegt insbesondere dann nicht vor, wenn Tatsachen an die Bundesanstalt, die Abwicklungsbehörde, die Deutsche Bundesbank, die Europäische Zentralbank oder die Europäische Bankenaufsichtsbehörde zur Erfüllung ihrer Aufgaben weitergegeben werden.

(3) [1] Die Einlagensicherungssysteme gewährleisten die Vertraulichkeit und den Schutz der mit den Konten der Einleger zusammenhängenden Daten. [2] Für die Verarbeitung solcher Daten gelten die allgemeinen datenschutzrechtlichen Vorschriften.

(4) [1] Die Einlagensicherungssysteme sind befugt, personenbezogene Daten zu verarbeiten, soweit dies zur Erfüllung ihrer gesetzlichen Aufgaben erforderlich ist. [2] Verarbeiten die Einlagensicherungssysteme personenbezogene Daten im Zuge einer Maßnahme zur Durchführung ihrer Aufgaben nach diesem Gesetz, stehen den betroffenen Personen die Rechte aus den Artikeln 15 bis 18 und 20 bis 22 der Verordnung (EU) 2016/679 des Europäischen Parlaments und des Rates vom 27. April 2016 zum Schutz natürlicher Personen bei der Verarbeitung personenbezogener Daten, zum freien Datenverkehr und zur Aufhebung der Richtlinie 95/46/EG (Datenschutz-Grundverordnung) (ABl. L 119 vom 4.5.2016, S. 1; L 314 vom 22.11.2016, S. 72; L 127 vom 23.5.2018, S. 2) in der jeweils geltenden Fassung nicht zu, soweit die Erfüllung der Rechte der betroffenen Personen Folgendes gefährden würde:

1. die Stabilität und Integrität der Finanzmärkte der Bundesrepublik Deutschland oder eines oder mehrerer Mitgliedstaaten des Europäischen Wirtschaftsraums,

---

[1] Nr. 23.

2. den Zweck der Maßnahme,
3. ein sonstiges wichtiges Ziel des allgemeinen öffentlichen Interesses der Bundesrepublik Deutschland oder eines oder mehrerer Mitgliedstaaten des Europäischen Wirtschaftsraums, insbesondere ein wichtiges wirtschaftliches oder finanzielles Interesse, oder
4. die Verhütung, Ermittlung, Aufdeckung oder Verfolgung von Straftaten oder die Strafvollstreckung, einschließlich des Schutzes vor und der Abwehr von Gefahren für die öffentliche Sicherheit.

[3] Unter diesen Voraussetzungen sind die Einlagensicherungssysteme auch von den Pflichten nach den Artikeln 5, 12 bis 14, 19 und 34 der Verordnung (EU) 2016/679 befreit.

(5) Die jeweils betroffene Person ist über das Ende der Beschränkung in geeigneter Form zu unterrichten, sofern dies nicht dem Zweck der Beschränkung abträglich ist.

(6) [1] Soweit das Einlagensicherungssystem der betroffenen Person in den Fällen des Absatzes 4 keine Auskunft erteilt, ist die Auskunft auf Verlangen der betroffenen Person dem Bundesbeauftragten für den Datenschutz und die Informationsfreiheit zu erteilen, soweit nicht im Einzelfall festgestellt wird, dass dadurch die öffentliche Sicherheit des Bundes oder eines Landes oder die Stabilität und Integrität der Finanzmärkte gefährdet würde. [2] Die Mitteilung des Bundesbeauftragten für den Datenschutz und die Informationsfreiheit an die betroffene Person über das Ergebnis der datenschutzrechtlichen Prüfung darf keine Rückschlüsse auf den Erkenntnisstand der Einlagensicherungssysteme zulassen, sofern diese nicht einer weitergehenden Auskunft zustimmen.

(7) Soweit Personen und Unternehmen personenbezogene Daten zur Erfüllung der Aufgaben nach Absatz 4 an die Einlagensicherungssysteme übermitteln oder diese von dort erhoben werden, bestehen die Pflicht zur Information der betroffenen Person nach Artikel 13 Absatz 3 und Artikel 14 Absatz 4 der Verordnung (EU) 2016/679 und das Recht auf Auskunft der betroffenen Person nach Artikel 15 der Verordnung (EU) 2016/679 nicht.

Kapitel 2. Gesetzliche Entschädigungseinrichtungen

Abschnitt 1. Errichtung gesetzlicher Entschädigungseinrichtungen; Zuordnung der CRR-Kreditinstitute

§ 22 Gesetzliche Entschädigungseinrichtungen. (1) Die gesetzlichen Entschädigungseinrichtungen haben die Aufgaben und Befugnisse nach diesem Gesetz, insbesondere haben sie die Beiträge der ihnen zugeordneten CRR-Kreditinstitute zu erheben, die Mittel nach Maßgabe dieses Gesetzes anzulegen und im Entschädigungsfall die Gläubiger eines ihnen zugeordneten CRR-Kreditinstituts für nicht zurückgezahlte Einlagen zu entschädigen.

(2) Gesetzliche Entschädigungseinrichtungen sind
1. juristische Personen des Privatrechts, denen die Aufgaben und Befugnisse einer gesetzlichen Entschädigungseinrichtung nach diesem Gesetz durch Rechtsverordnung nach § 23 Absatz 1 zugewiesen sind (beliehene Entschädigungseinrichtungen),
2. Entschädigungseinrichtungen, die durch Rechtsverordnung nach § 23 Absatz 2 bei der Kreditanstalt für Wiederaufbau errichtet werden.

(3) Über den Widerspruch gegen Verwaltungsakte der gesetzlichen Entschädigungseinrichtungen entscheidet die Bundesanstalt.

(4) [1] Für die Erfüllung ihrer Verpflichtungen nach § 5 haftet die gesetzliche Entschädigungseinrichtung nur mit dem Vermögen, das ihr auf Grund der Beitragsleistungen nach Abzug der Kosten zur Verfügung steht. [2] Eine beliehene Entschädigungseinrichtung hat dieses Vermögen getrennt von ihrem sonstigen Vermögen zu halten und zu verwalten.

§ 23[1)] Verordnungsermächtigung. (1) [1] Das Bundesministerium der Finanzen wird ermächtigt, durch Rechtsverordnung, die nicht der Zustimmung des Bundesrates bedarf, einer juristischen Person des Privatrechts die Aufgaben und Befugnisse einer gesetzlichen Entschädigungseinrichtung zuzuweisen (Beleihung), wenn diese juristische Person bereit ist, die Aufgaben der Entschädigungseinrichtung zu übernehmen, und hinreichende Gewähr für die Erfüllung der Ansprüche der Entschädigungsberechtigten bietet. [2] Eine juristische Person bietet hinreichende Gewähr, wenn

1. die Personen, die nach Gesetz oder Satzung die Geschäftsführung und Vertretung der juristischen Person ausüben, zuverlässig und geeignet sind und
2. sie über die zur Erfüllung ihrer Aufgaben notwendige Ausstattung und Organisation, insbesondere für die Beitragserhebung, die Verwaltung der Mittel und die Auszahlung der Entschädigungen, verfügt und dafür eigene Mittel im Gegenwert von mindestens einer Million Euro vorhält.

[3] Durch die Rechtsverordnung nach Satz 1 kann sich das Bundesministerium der Finanzen die Genehmigung der Satzung und von Änderungen der Satzung der juristischen Person vorbehalten und nähere Bestimmungen über die Auflösung und Abwicklung der Entschädigungseinrichtung erlassen.

(2) Das Bundesministerium der Finanzen wird ermächtigt, durch Rechtsverordnung, die nicht der Zustimmung des Bundesrates bedarf, gesetzliche Entschädigungseinrichtungen bei der Kreditanstalt für Wiederaufbau zu errichten und nähere Bestimmungen zur Verwaltung der gesetzlichen Entschädigungseinrichtungen und zur angemessenen Vergütung der Verwaltung zu erlassen, wenn gesetzliche Entschädigungseinrichtungen nach § 22 Absatz 2 Nummer 1 nicht zur Verfügung stehen, insbesondere wenn eine solche Entschädigungseinrichtung aufgelöst oder abgewickelt wird.

§ 24 Zuordnung der CRR-Kreditinstitute zu einer gesetzlichen Entschädigungseinrichtung. (1) Den gesetzlichen Entschädigungseinrichtungen wird jeweils eine der folgenden Institutsgruppen zugeordnet:

1. Institutsgruppe der privatrechtlichen CRR-Kreditinstitute oder
2. Institutsgruppe der öffentlich-rechtlichen CRR-Kreditinstitute.

(2) Besteht nur eine gesetzliche Entschädigungseinrichtung, so sind die CRR-Kreditinstitute dieser Entschädigungseinrichtung zugeordnet.

(3) Werden nach dem 29. Dezember 2020 neue Entschädigungseinrichtungen beliehen oder errichtet, richtet sich die Zuordnung der CRR-Kreditinstitute abweichend von Absatz 1 nach den Kriterien, die das Bundesministe-

---

1) Siehe zum Inkrafttreten der §§ 23, 33, 43, 44, 47 und 48 die Anm. am Gesetzestitel.

rium der Finanzen durch Rechtsverordnung, die nicht der Zustimmung des Bundesrates bedarf, festlegt.

(4) Die Bundesanstalt kann ein CRR-Kreditinstitut auf Antrag einer anderen gesetzlichen Entschädigungseinrichtung zuordnen, wenn

1. das CRR-Kreditinstitut ein berechtigtes Interesse an der beantragten Zuordnung darlegt,
2. die Erfüllung der Aufgabe der Entschädigungseinrichtung, der das CRR-Kreditinstitut angehört, nicht gefährdet wird und
3. die andere Entschädigungseinrichtung der beantragten Zuordnung zustimmt.

(5) Die Bundesanstalt kann CRR-Kreditinstitute auch dann einer anderen gesetzlichen Entschädigungseinrichtung zuordnen, wenn alle CRR-Kreditinstitute, die einer Entschädigungseinrichtung angehören,

1. die Zuordnung zu einer anderen Entschädigungseinrichtung beantragt haben und
2. die andere Entschädigungseinrichtung der beantragten Zuordnung zustimmt.

(6) Ein Antrag nach Absatz 2 oder Absatz 3 ist mindestens sechs Monate vor dem beabsichtigten Wechsel der Entschädigungseinrichtung zu stellen.

(7) Ein CRR-Kreditinstitut ist von der Zuordnung zu einer gesetzlichen Entschädigungseinrichtung befreit, wenn es einem nach § 43 anerkannten institutsbezogenen Sicherungssystem angehört.

§ 25 Rechtsfolgen bei Wechsel der gesetzlichen Entschädigungseinrichtung. (1) Während der Antragsfrist nach § 24 Absatz 6 bleibt ein CRR-Kreditinstitut weiterhin verpflichtet, Beiträge und Zahlungen an seine bisherige Entschädigungseinrichtung nach den §§ 26 und 27 Absatz 1 Nummer 1 und 2 zu leisten.

(2) Wird ein CRR-Kreditinstitut auf Antrag einer anderen gesetzlichen Entschädigungseinrichtung zugeordnet, so hat die gesetzliche Entschädigungseinrichtung, der das CRR-Kreditinstitut bisher angehörte, die Beiträge und Zahlungen mit Ausnahme der Sonderbeiträge und Sonderzahlungen nach § 27 Absatz 1 Nummer 1 und 2, die in den zwölf Monaten vor Ende der Zuordnung gezahlt wurden, auf diese Entschädigungseinrichtung zu übertragen.

(3) Das CRR-Kreditinstitut hat seine Einleger innerhalb eines Monats nach dem Wechsel zu einer gesetzlichen Entschädigungseinrichtung über diesen Wechsel zu informieren.

§ 25a Verordnungsermächtigung zur Aufhebung der Beleihung und zur Rückgängigmachung der Errichtung. (1) Das Bundesministerium der Finanzen kann durch Rechtsverordnung, die nicht der Zustimmung des Bundesrates bedarf,

1. die Beleihung einer Entschädigungseinrichtung nach § 23 Absatz 1 Satz 1 aufheben oder
2. die Errichtung einer Entschädigungseinrichtung bei der Kreditanstalt für Wiederaufbau nach § 23 Absatz 2 rückgängig machen.

(2) [1] In der Verordnung nach Absatz 1 legt das Bundesministerium der Finanzen fest, welche gesetzliche Entschädigungseinrichtung (nachfolgende

Entschädigungseinrichtung) derjenigen gesetzlichen Entschädigungseinrichtung nach den Vorgaben der Absätze 3 bis 7 nachfolgt, deren Beleihung aufgehoben oder deren Errichtung rückgängig gemacht wird (ehemalige Entschädigungseinrichtung). [2] Die betroffenen Entschädigungseinrichtungen sind vor Erlass der Verordnung nach Absatz 1 anzuhören.

(3) [1] Mit dem Tag des Inkrafttretens der Verordnung nach Absatz 1 tritt die nachfolgende Entschädigungseinrichtung in Bezug auf die verfügbaren Finanzmittel der ehemaligen Entschädigungseinrichtung und die zur Deckung von Verwaltungs- und sonstigen Kosten vorhandenen Finanzmittel nach § 26 Absatz 1 im Wege der Rechtsnachfolge in die Rechte und Pflichten der ehemaligen Entschädigungseinrichtung ein. [2] Von der Rechtsnachfolge ausgenommen sind die verfügbaren Finanzmittel, die nach Absatz 4 auf ein institutsbezogenes Sicherungssystem nach § 2 Absatz 1 Nummer 2 zu übertragen sind. [3] Die nachfolgende Entschädigungseinrichtung tritt mit dem Inkrafttreten der Verordnung nach Absatz 1 in sämtliche hoheitlichen Rechte und Pflichten der ehemaligen Entschädigungseinrichtung nach diesem Gesetz ein. [4] Alle zum Zeitpunkt des Inkrafttretens der Verordnung nach Absatz 1 anhängigen Verwaltungsverfahren, Widerspruchsverfahren und Verwaltungsstreitverfahren der ehemaligen Entschädigungseinrichtung werden von der nachfolgenden Entschädigungseinrichtung aus eigenem Recht und in eigenem Namen fortgesetzt.

(4) [1] Schließt sich ein CRR-Kreditinstitut, das vor dem Inkrafttreten der Verordnung nach Absatz 1 der ehemaligen Entschädigungseinrichtung zugeordnet war, mit dem Zeitpunkt des Inkrafttretens der Verordnung nach Absatz 1 einem institutsbezogenen Sicherungssystem nach § 2 Absatz 1 Nummer 2 an, so ist die ehemalige Entschädigungseinrichtung verpflichtet, unverzüglich einen Anteil ihrer zum Zeitpunkt des Inkrafttretens der Verordnung nach Absatz 1 verfügbaren Finanzmittel an das institutsbezogene Sicherungssystem zu übertragen. [2] Der zu übertragende Anteil entspricht dem Anteil der gedeckten Einlagen des CRR-Kreditinstituts nach § 8 Absatz 1 an den gesamten Einlagen aller der ehemaligen Entschädigungseinrichtung zugeordneten CRR-Kreditinstitute. [3] Zur Ermittlung des zu übertragenden Anteils ist der Wert der gedeckten Einlagen aller der ehemaligen Entschädigungseinrichtung zugeordneten CRR-Kreditinstitute zum Zeitpunkt der letzten Beitragsberechnung vor dem Übertritt zu dem institutsbezogenen Sicherungssystem maßgeblich.

(5) [1] Die Zugehörigkeit zu einem institutsbezogenen Sicherungssystem nach § 2 Absatz 1 Nummer 2 muss zum Zeitpunkt des Inkrafttretens der Verordnung nach Absatz 1 wirksam werden. [2] Dies ist der Bundesanstalt von dem aufnehmenden institutsbezogenen Sicherungssystem vor der Übertragung der Finanzmittel nach Absatz 4 nachzuweisen. [3] Dazu sind der Bundesanstalt die entsprechenden Nachweise, wie Beschlüsse, Beitrittserklärungen oder anderweitig gemäß Satzung erforderliche Rechtsakte, unverzüglich vorzulegen.

(6) Die Einzelheiten der Rechtsnachfolge regeln die nachfolgende und die ehemalige Entschädigungseinrichtung durch Vertrag, der der Zustimmung der Bundesanstalt bedarf.

(7) Die Bundesanstalt kann die zur Durchführung der Absätze 1 bis 6 erforderlichen Anordnungen treffen.

Abschnitt 2. Beitragspflicht; Deckung des Mittelbedarfs durch Beiträge und Zahlungen

§ 26 Pflicht zur Leistung von Jahresbeiträgen und einmaligen Zahlungen. (1) [1]Die CRR-Kreditinstitute sind bis zur Erreichung der Zielausstattung der gesetzlichen Entschädigungseinrichtung, der sie zugeordnet sind, verpflichtet, jährlich zum Ende eines Abrechnungsjahres Beiträge an diese gesetzliche Entschädigungseinrichtung zu leisten (Jahresbeiträge). [2]Die Jahresbeiträge dienen der Aufbringung der verfügbaren Finanzmittel nach § 19 Absatz 1 Satz 1 und der Deckung der Verwaltungskosten und sonstigen Kosten, die der gesetzlichen Entschädigungseinrichtung im Rahmen ihrer Tätigkeit entstehen. [3]Die Jahresbeiträge werden nach Maßgabe von § 19 Absatz 2 bis 4 berechnet, zuzüglich eines angemessenen pauschalierten Zuschlags zur Deckung der Verwaltungskosten und sonstigen Kosten. [4]Die Entschädigungseinrichtung kann Mindestbeiträge erheben. [5]Das Abrechnungsjahr umfasst den Zeitraum vom 1. Oktober eines Jahres bis zum 30. September des Folgejahres.

(2) CRR-Kreditinstitute, die nach dem 1. August 1998 einer gesetzlichen Entschädigungseinrichtung zugeordnet wurden, haben neben dem Jahresbeitrag eine nach Maßgabe des § 19 Absatz 2 bis 4 berechnete einmalige Zahlung zu leisten.

§ 27 Pflicht zur Leistung von Sonderbeiträgen und Sonderzahlungen.

(1) Reichen die verfügbaren Finanzmittel einer gesetzlichen Entschädigungseinrichtung nicht aus, um die Einleger eines der Entschädigungseinrichtung zugeordneten CRR-Kreditinstituts im Entschädigungsfall zu entschädigen, sind die dieser gesetzlichen Entschädigungseinrichtung zugeordneten CRR-Kreditinstitute verpflichtet,

1. Sonderbeiträge als Vorausleistung zur Deckung des Mittelbedarfs in einem Entschädigungsfall gemäß § 29 zu leisten oder
2. Sonderzahlungen zur Rückführung von Krediten zur Deckung des Mittelbedarfs in einem Entschädigungsfall gemäß § 30 zu leisten.

(2) Die Pflicht zur Leistung von Sonderbeiträgen und Sonderzahlungen besteht nur für CRR-Kreditinstitute, die der gesetzlichen Entschädigungseinrichtung bereits zu Beginn des Abrechnungsjahres, in dem ein Sonderbeitrag oder eine Sonderzahlung erhoben wird, zugeordnet waren und zum Zeitpunkt der Feststellung des Entschädigungsfalls der gesetzlichen Entschädigungseinrichtung noch angehörten.

(3) [1]Die Höhe des jeweiligen Sonderbeitrags und der jeweiligen Sonderzahlung der nach den Absätzen 1 und 2 beitrags- oder zahlungspflichtigen CRR-Kreditinstitute bemisst sich nach dem Verhältnis des zuletzt fälligen vollen Jahresbeitrags des jeweiligen CRR-Kreditinstituts zur Gesamtsumme aller zuletzt fälligen vollen Jahresbeiträge und einmaligen Zahlungen nach § 26 Absatz 2. [2]Für CRR-Kreditinstitute, die noch keinen Jahresbeitrag zu zahlen hatten, tritt an die Stelle des zuletzt fälligen Jahresbeitrags die einmalige Zahlung nach § 26 Absatz 2.

(4) [1]Die gesetzliche Entschädigungseinrichtung ist berechtigt, in einem Abrechnungsjahr mehrere Sonderbeiträge und Sonderzahlungen nach Maßgabe der §§ 29 und 30 zu erheben. [2]In einem Abrechnungsjahr darf eine gesetzliche Entschädigungseinrichtung jedoch nur Sonderbeiträge und Sonderzahlungen in Höhe von maximal 0,5 Prozent der gedeckten Einlagen der ihr zugeord-

neten CRR-Kreditinstitute erheben. [3]Mit Zustimmung der Bundesanstalt kann eine gesetzliche Entschädigungseinrichtung unter außergewöhnlichen Umständen zum Schutz der Funktionsfähigkeit der gesetzlichen Entschädigungseinrichtung höhere Sonderbeiträge und höhere Sonderzahlungen verlangen.

(5) [1]Die gesetzliche Entschädigungseinrichtung kann die Erhebung eines Sonderbeitrags oder einer Sonderzahlung gegenüber einem CRR-Kreditinstitut mit Zustimmung der Bundesanstalt ganz oder teilweise zurückstellen, wenn die Gefahr besteht, dass dieses CRR-Kreditinstitut auf Grund der Gesamtheit der an die gesetzliche Entschädigungseinrichtung zu leistenden Zahlungen seine Verpflichtungen gegenüber seinen Gläubigern nicht mehr erfüllen kann. [2]Die Zurückstellung erfolgt auf Antrag des CRR-Kreditinstituts. [3]Das CRR-Kreditinstitut hat mit dem Antrag die Bestätigung eines Wirtschaftsprüfers oder einer Wirtschaftsprüfungsgesellschaft vorzulegen, dass durch die Gesamtheit der an die gesetzliche Entschädigungseinrichtung im jeweiligen Abrechnungsjahr zu leistenden Zahlungen Gefahr für die Erfüllung seiner Verpflichtungen gegenüber seinen Gläubigern bestehen würde. [4]Eine solche Zurückstellung wird für maximal sechs Monate gewährt und kann auf Antrag des CRR-Kreditinstituts jeweils um weitere sechs Monate verlängert werden. [5]Die zurückgestellten Sonderbeiträge oder Sonderzahlungen sind zu erheben, wenn die Bundesanstalt feststellt, dass die Liquidität und die Solvenz des Kreditinstituts durch die Zahlung nicht mehr gefährdet sind. [6]Die zurückgestellten Beträge werden mit Ablauf der Zurückstellung fällig.

§ 28 Feststellung des Mittelbedarfs im Entschädigungsfall. (1) Die Entschädigungseinrichtung hat unverzüglich nach der Unterrichtung durch die Bundesanstalt über einen Entschädigungsfall nach § 11 Absatz 2 den Mittelbedarf festzustellen.

(2) Der Mittelbedarf ergibt sich aus der Gesamtentschädigung in diesem Entschädigungsfall zuzüglich der zur Durchführung dieses Entschädigungsfalls entstehenden Verwaltungskosten und sonstigen Kosten.

(3) [1]Die Gesamtentschädigung ist von der Entschädigungseinrichtung anhand der Unterlagen zu bestimmen, die von den CRR-Kreditinstituten nach § 14 Absatz 2 zu übermitteln sind. [2]Lässt sich die Gesamtentschädigung anhand dieser Unterlagen nicht hinreichend bestimmen, hat die Entschädigungseinrichtung die Gesamtentschädigung insbesondere auf Grund folgender Daten zu schätzen:

1. der ihr vorliegenden Daten über den Entschädigungsfall,
2. der durchschnittlichen Entschädigungsleistung und
3. der Kosten aus den bisherigen Entschädigungsfällen bei den ihr zugeordneten CRR-Kreditinstituten.

§ 29 Deckung des Mittelbedarfs durch Sonderbeiträge. (1) Übersteigt der für einen Entschädigungsfall festgestellte Mittelbedarf zum Zeitpunkt der Feststellung die verfügbaren Finanzmittel der Entschädigungseinrichtung, hat die Entschädigungseinrichtung in dieser Höhe vorbehaltlich des § 30 unverzüglich Sonderbeiträge zu erheben, wenn dies zur Durchführung des Entschädigungsverfahrens erforderlich ist.

(2) Stellt die Entschädigungseinrichtung fest, dass der tatsächliche Mittelbedarf für die Gesamtentschädigung im Entschädigungsfall den festgestellten Mittelbedarf übersteigt, ist die Entschädigungseinrichtung verpflichtet, unverzüglich nach dieser Feststellung weitere Sonderbeiträge zur Deckung des Mittelbedarfs zu erheben.

(3) Sonderbeiträge werden mit der Bekanntgabe der Sonderbeitragsbescheide fällig.

§ 30 Deckung des Mittelbedarfs durch Kredit; Sonderzahlungen.

(1) Kann die Entschädigungseinrichtung den festgestellten Mittelbedarf im Entschädigungsfall nicht rechtzeitig zur Erfüllung ihrer Pflicht nach § 14 Absatz 3 durch die Erhebung von Sonderbeiträgen decken, hat sie einen Kredit aufzunehmen.

(2) [1] Wenn die Entschädigungseinrichtung den Kredit voraussichtlich nicht aus den verfügbaren Finanzmitteln bedienen kann, hat sie für die Tilgung, die Zinsen und die Kosten dieses Kredits Sonderzahlungen zu erheben. [2] Sonderzahlungen werden jeweils sechs Wochen vor Fälligkeit der jeweiligen Forderung aus dem Kredit, frühestens jedoch zwei Wochen nach der Bekanntgabe der Sonderzahlungsbescheide fällig.

(3) Anstelle der Erhebung von Sonderbeiträgen nach § 29 kann die Entschädigungseinrichtung einen Kredit aufnehmen, wenn zu erwarten ist, dass dieser Kredit einschließlich der Zinsen und Kosten innerhalb des laufenden und des darauffolgenden Abrechnungsjahres aus den verfügbaren Finanzmitteln vollständig zurückgeführt werden kann, ohne dass eine Erhebung von Sonderzahlungen nach Absatz 2 erforderlich wird.

§ 31 Berichtspflicht; Erstattung von Sonderbeiträgen und Sonderzahlungen; Rückflüsse aus Insolvenzverfahren. (1) Nach Abschluss eines Entschädigungsverfahrens hat die gesetzliche Entschädigungseinrichtung den ihr zugeordneten CRR-Kreditinstituten über die Verwendung der Sonderbeiträge und Sonderzahlungen zu berichten.

(2) Die gesetzliche Entschädigungseinrichtung hat den ihr zugeordneten CRR-Kreditinstituten gezahlte Sonderbeiträge und Sonderzahlungen nach Abschluss des Entschädigungsverfahrens zu erstatten, soweit sie im Fall von Sonderbeiträgen nicht zur Durchführung des Entschädigungsfalls oder im Fall von Sonderzahlungen nicht zur Bedienung eines Kredits verwendet worden sind.

(3) Rückflüsse aus Insolvenzverfahren gemäß § 46f Absatz 4 des Kreditwesengesetzes[1)] sind den verfügbaren Finanzmitteln der jeweiligen gesetzlichen Entschädigungseinrichtung gemäß § 20 zuzurechnen.

§ 32 Sofortige Vollziehbarkeit; Zwangsvollstreckung. (1) Widerspruch und Anfechtungsklage gegen Beitragsbescheide haben keine aufschiebende Wirkung.

(2) Aus den Beitragsbescheiden der Entschädigungseinrichtung findet die Vollstreckung nach den Bestimmungen des Verwaltungsvollstreckungsgesetzes statt.

[1)] Nr. **9**.

§ 32a Inanspruchnahme einer gesetzlichen Entschädigungseinrichtung im Rahmen einer Abwicklung. Die §§ 27 bis 32 sind im Falle der Inanspruchnahme einer gesetzlichen Entschädigungseinrichtung im Rahmen einer Abwicklung gemäß § 145 des Sanierungs- und Abwicklungsgesetzes[1] entsprechend anzuwenden, wenn die verfügbaren Finanzmittel nicht ausreichen, um die sich aus § 145 des Sanierungs- und Abwicklungsgesetzes ergebende Pflicht zur Haftung zu erfüllen.

§ 33[2] Verordnungsermächtigung. (1) [1]Das Bundesministerium der Finanzen wird ermächtigt, durch Rechtsverordnung, die nicht der Zustimmung des Bundesrates bedarf, nähere Bestimmungen zu treffen über

1. die Methoden der Beitragsbemessung nach Maßgabe des § 19 Absatz 2 bis 4,
2. die Berechnung und Erhebung der Jahresbeiträge, einschließlich der Deckung der Verwaltungskosten und sonstigen Kosten und der Erhebung von Mindestbeiträgen nach Maßgabe des § 26 Absatz 1 Satz 3 und 4, der einmaligen Zahlungen, der Sonderbeiträge und der Sonderzahlungen,
3. die Erhebung von Verzugszinsen für verspätet geleistete Beiträge,
4. die Modalitäten der Kreditaufnahme,
5. die Anforderungen an die Anlage der verfügbaren Finanzmittel,
6. die Voraussetzungen für die Berücksichtigung von Zahlungsverpflichtungen nach § 18 Absatz 2 und 3 als verfügbare Finanzmittel.

[2]Vor Erlass der Rechtsverordnung sind die gesetzlichen Entschädigungseinrichtungen zu hören.

(2) Die Europäische Bankenaufsichtsbehörde wird über den Inhalt der Rechtsverordnung unterrichtet.

(3) Das Bundesministerium der Finanzen kann die Ermächtigung durch Rechtsverordnung auf die Bundesanstalt übertragen.

Abschnitt 3. Prüfung der CRR-Kreditinstitute durch gesetzliche Entschädigungseinrichtungen

§ 34 Informationspflichten der CRR-Kreditinstitute. (1) Die CRR-Kreditinstitute sind verpflichtet, der gesetzlichen Entschädigungseinrichtung, der sie zugeordnet sind, unverzüglich den festgestellten Jahresabschluss mit dem dazugehörigen Prüfungsbericht einzureichen sowie auf Verlangen alle Auskünfte zu erteilen und alle Unterlagen vorzulegen, welche die Entschädigungseinrichtung zur Wahrnehmung ihrer Aufgaben nach diesem Gesetz benötigt.

(2) Die CRR-Kreditinstitute sind verpflichtet, die Entschädigungseinrichtung über jede wesentliche Änderung des Geschäftsmodells oder eine Änderung sonstiger wesentlicher Umstände zu informieren, die den Umfang der gedeckten Einlagen wesentlich erhöhen oder der Gefahr des Eintritts eines Entschädigungsfalls begründen oder erhöhen können.

§ 35 Prüfung der CRR-Kreditinstitute. (1) [1]Die gesetzliche Entschädigungseinrichtung hat zur Einschätzung der Gefahr des Eintritts eines Entschädigungsfalls und zur Überprüfung der Einhaltung der Pflichten nach § 7 Absatz 8 regelmäßig und bei gegebenem Anlass Prüfungen der ihr zugeordneten

---

[1] Nr. 23.
[2] Siehe zum Inkrafttreten der §§ 23, 33, 43, 44, 47 und 48 die Anm. am Gesetzestitel.

CRR-Kreditinstitute vorzunehmen. [2] Sie hat die Intensität und Häufigkeit der Prüfungen an der Wahrscheinlichkeit des Eintritts eines Entschädigungsfalls bei einem CRR-Kreditinstitut und an der Höhe der in diesem Fall zu erwartenden Gesamtentschädigung auszurichten.

(2) Die Entschädigungseinrichtung darf bei einem Unternehmen, das einen Erlaubnisantrag gemäß § 32 Absatz 1 Satz 5 des Kreditwesengesetzes[1)] bei der Bundesanstalt eingereicht hat und ihr bei einer Erlaubniserteilung zugeordnet wird, Prüfungen zur Einschätzung der Gefahr des Eintritts eines Entschädigungsfalls im Falle einer Erlaubniserteilung vornehmen.

(3) Widerspruch und Anfechtungsklage gegen die Prüfungsanordnung haben keine aufschiebende Wirkung.

§ 36 Durchführung der Prüfung. (1) [1] Gesetzliche Entschädigungseinrichtungen haben die Prüfungen nach § 35 durch eigene sachkundige Prüfer durchzuführen oder geeignete Dritte mit den Prüfungen zu beauftragen. [2] Geeignete Dritte sind Wirtschaftsprüfer, vereidigte Buchprüfer, Wirtschaftsprüfungs- und Buchprüfungsgesellschaften sowie andere Dritte, die über die erforderlichen Kenntnisse und Erfahrungen verfügen, sofern keine Umstände vorliegen, die bei diesen Personen im Hinblick auf die zu prüfenden CRR-Kreditinstitute Interessenkonflikte begründen können. [3] Die Entschädigungseinrichtung hat die mit den Prüfungen betrauten Personen zu verpflichten, ihr das Vorliegen entsprechender Umstände unverzüglich mitzuteilen. [4] Die Prüfungen dürfen nicht durch den Abschlussprüfer oder den Prüfer der Meldepflichten und Verhaltensregeln des CRR-Kreditinstituts durchgeführt werden.

(2) Die gesetzliche Entschädigungseinrichtung legt die Einzelheiten der Prüfungen in Prüfungsrichtlinien fest, die der Genehmigung durch die Bundesanstalt bedürfen.

(3) [1] Während der üblichen Betriebs- und Geschäftszeiten ist den Mitarbeitern der gesetzlichen Entschädigungseinrichtung oder den für sie nach Absatz 1 tätigen Personen, soweit dies zur Wahrnehmung der Aufgaben der Entschädigungseinrichtung nach diesem Gesetz erforderlich ist, das Betreten der Grundstücke und Geschäftsräume des CRR-Kreditinstituts zu gestatten. [2] Der zur Erteilung einer Auskunft Verpflichtete kann die Auskunft auf solche Fragen verweigern, deren Beantwortung ihn selbst oder einen der in § 383 Absatz 1 Nummer 1 bis 3 der Zivilprozessordnung bezeichneten Angehörigen der Gefahr strafgerichtlicher Verfolgung oder eines Verfahrens nach dem Gesetz über Ordnungswidrigkeiten aussetzen würde. [3] Der Verpflichtete ist über sein Recht zur Verweigerung der Auskunft zu belehren.

(4) [1] Die Mitarbeiter der gesetzlichen Entschädigungseinrichtung sowie die für sie nach Absatz 1 tätigen Personen können die Geschäftsräume eines CRR-Kreditinstituts innerhalb der üblichen Betriebs- und Geschäftszeiten betreten, soweit die Bundesanstalt Maßnahmen gemäß § 46 des Kreditwesengesetzes[1)] gegen dieses CRR-Kreditinstitut angeordnet hat. [2] Ihnen sind sämtliche Unterlagen vorzulegen, die diese benötigen, um ein Entschädigungsverfahren gemäß den §§ 12 bis 15 vorzubereiten. [3] Sofern Bereiche des CRR-Kreditinstituts auf ein anderes Unternehmen ausgelagert worden sind, gelten die Sätze 1 und 2 gegenüber diesem Unternehmen entsprechend.

[1)] Nr. **9**.

§ 37 Bericht über das Ergebnis der Prüfung. (1) Über das Ergebnis der Prüfungen nach § 35 ist ein Bericht zu erstellen.

(2) Der Bericht enthält die Feststellung, ob bei dem geprüften CRR-Kreditinstitut Umstände vorliegen, welche die Gefahr des Eintritts eines Entschädigungsfalls bei dem CRR-Kreditinstitut begründen.

(3) Wurden im Rahmen der Prüfung wesentliche Verstöße des CRR-Kreditinstituts gegen dieses Gesetz, das Kreditwesengesetz[1] oder die Verordnung (EU) Nr. 575/2013[2] festgestellt, enthält der Bericht auch diese Feststellungen.

§ 38 Kosten der Prüfung; Kosten des Entschädigungsverfahrens.

(1) Die für Prüfungen nach § 35 entstehenden Kosten haben die geprüften CRR-Kreditinstitute der gesetzlichen Entschädigungseinrichtung, der sie zugeordnet sind, zu erstatten.

(2) Die gesetzlichen Entschädigungseinrichtungen haben den geeigneten Dritten den für eine Prüfung nach den §§ 35 bis 37 entstehenden Personal- und Sachaufwand zu ersetzen.

(3) Das CRR-Kreditinstitut hat der gesetzlichen Entschädigungseinrichtung, der es zugeordnet ist, die Aufwendungen zur Durchführung oder Vorbereitung eines Entschädigungsverfahrens nach den §§ 12 bis 15 zu ersetzen.

§ 39 Pflicht der CRR-Kreditinstitute zur Berichterstattung über Mängelbeseitigung. (1) Stellt die gesetzliche Entschädigungseinrichtung im Rahmen einer Prüfung nach § 35 einen Mangel hinsichtlich der rechtlichen, organisatorischen oder wirtschaftlichen Verhältnisse einschließlich der Vermögens-, Finanz-, Ertrags- und Risikolage des CRR-Kreditinstituts fest und ist der Mangel geeignet, die Gefahr des Eintritts eines Entschädigungsfalls zu erhöhen, kann die Entschädigungseinrichtung das CRR-Kreditinstitut auffordern, ihr über die zur Beseitigung des Mangels geplanten Maßnahmen und deren Umsetzung zu berichten.

(2) Die Befugnisse der gesetzlichen Entschädigungseinrichtung nach § 35 bleiben hiervon unberührt.

§ 40 Unterrichtung der Bundesanstalt. Erhält die gesetzliche Entschädigungseinrichtung im Rahmen einer Prüfung nach § 35 oder in sonstiger Weise Kenntnis von Umständen, welche die Gefahr des Eintritts eines Entschädigungsfalls bei einem CRR-Kreditinstitut begründen oder erhöhen, hat sie diese unverzüglich der Bundesanstalt mitzuteilen.

Abschnitt 4. Ausschluss aus der gesetzlichen Entschädigungseinrichtung und Verwaltungsverfahren

§ 41 Ausschluss aus der gesetzlichen Entschädigungseinrichtung; Rechtsfolgen. (1) Erfüllt ein CRR-Kreditinstitut die Beitrags-, Zahlungs- oder Mitwirkungspflichten nach § 7 Absatz 8, den §§ 26, 27, 35, 36, 38 und 39 nicht, nicht richtig, nicht vollständig oder nicht rechtzeitig, so hat die gesetzliche Entschädigungseinrichtung, der das CRR-Kreditinstitut zugeordnet ist, die Bundesanstalt und die Deutsche Bundesbank darüber zu unterrichten.

---

[1] Nr. **9**.
[2] Nr. **6**.

(2) [1] Die Bundesanstalt fordert das CRR-Kreditinstitut auf, seine Verpflichtungen gegenüber der gesetzlichen Entschädigungseinrichtung innerhalb eines Monats nach Aufforderung durch die Bundesanstalt zu erfüllen. [2] Erfüllt das CRR-Kreditinstitut seine Verpflichtungen nicht innerhalb der Frist nach Satz 1, kann die Entschädigungseinrichtung dem CRR-Kreditinstitut mit einer Frist von einem weiteren Monat den Ausschluss aus der Entschädigungseinrichtung ankündigen. [3] Hat das CRR-Kreditinstitut seine Verpflichtungen bei Ablauf der Ausschlussfrist nach Satz 2 nicht erfüllt, so schließt die betroffene Entschädigungseinrichtung das CRR-Kreditinstitut mit Zustimmung der Bundesanstalt aus.

(3) Die gesetzliche Entschädigungseinrichtung sichert Einlagen, die bis zum Ausschluss des CRR-Kreditinstituts nach Absatz 2 Satz 3 entgegengenommen wurden, weiterhin in vollem Umfang nach Maßgabe dieses Gesetzes.

(4) Das ausgeschlossene CRR-Kreditinstitut hat seine Einleger unverzüglich über den Ausschluss aus der gesetzlichen Entschädigungseinrichtung und dessen Rechtsfolgen zu informieren.

§ 42 Zwangsmittel. (1) Die Befolgung der Verfügungen, die die gesetzliche Entschädigungseinrichtung innerhalb ihrer gesetzlichen Befugnisse trifft, ist mit Zwangsmitteln nach den Bestimmungen des Verwaltungsvollstreckungsgesetzes durchzusetzen.

(2) Das Zwangsgeld beträgt bei Maßnahmen gemäß § 26 Absatz 1 Satz 1, § 34 Satz 1 und 2, § 35 Absatz 2, § 36 Absatz 3 Satz 1 und Absatz 4 Satz 1 und 2 bis zu 50 000 Euro, bei Maßnahmen nach § 35 Absatz 1 Satz 1 bis zu 100 000 Euro.

Kapitel 3. Als Einlagensicherungssystem anerkannte institutsbezogene Sicherungssysteme

Abschnitt 1. Anerkennung institutsbezogener Sicherungssysteme und laufende Pflichten

§ 43[1)] Voraussetzungen für die Anerkennung institutsbezogener Sicherungssysteme. (1) Ein institutsbezogenes Sicherungssystem kann auf Antrag von der Bundesanstalt als Einlagensicherungssystem anerkannt werden, wenn das System

1. die Entschädigung der Einleger der dem System angehörenden CRR-Kreditinstitute nach Maßgabe der §§ 5 bis 16 übernimmt,
2. die Voraussetzungen des Artikels 113 Absatz 7 der Verordnung (EU) Nr. 575/2013[2)] erfüllt und
3. hinreichende Gewähr für die ordnungsgemäße Erfüllung seiner Aufgaben nach diesem Gesetz bietet.

(2) Ein institutsbezogenes Sicherungssystem bietet hinreichende Gewähr für die ordnungsgemäße Erfüllung seiner Aufgaben nach diesem Gesetz, wenn

1. das System über mindestens zwei Personen verfügt, die nach Gesetz oder Satzung die Geschäftsführung und Vertretung des Systems ausüben und zuverlässig und fachlich geeignet sind,

---

[1)] Siehe zum Inkrafttreten der §§ 23, 33, 43, 44, 47 und 48 die Anm. am Gesetzestitel.
[2)] Nr. **6**.

2. die Geschäftsführung des Systems von einem Kontrollorgan überwacht wird und die Mitglieder dieses Kontrollorgans entsprechend § 25d Absatz 1 des Kreditwesengesetzes[1] zuverlässig sind und über die erforderliche Sachkunde zur Wahrnehmung ihrer Kontrollfunktion verfügen,
3. das System über die zur Erfüllung der Aufgaben eines Einlagensicherungssystems nach diesem Gesetz notwendige sachliche und personelle Ausstattung sowie über eine Organisation und Entscheidungsstruktur verfügt, die insbesondere die Entschädigung der Einleger sowie die Beitragserhebung und Verwaltung der Mittel sicherstellen,
4. die verfügbaren Finanzmittel nach § 18 getrennt vom sonstigen Vermögen des Systems verwaltet und angelegt werden und
5. die Satzung des institutsbezogenen Sicherungssystems den Mindestanforderungen des § 47 Absatz 1 und 2 entspricht.

§ 44[2] Anerkennungsantrag. (1) Der Anerkennungsantrag muss insbesondere folgende Unterlagen und Angaben enthalten:
1. einen Ansparplan nach Maßgabe von Absatz 2;
2. das Statut oder die Satzung sowie die vertraglichen Grundlagen des institutsbezogenen Sicherungssystems;
3. die Namen der Personen nach § 43 Absatz 2 Nummer 1 und der Mitglieder des Kontrollorgans nach § 43 Absatz 2 Nummer 2 sowie Angaben zu den Tatsachen, die für die Beurteilung der Zuverlässigkeit und fachlichen Eignung erforderlich sind;
4. die Leitlinien und Rechtsgrundlagen für die Prüfung der dem institutsbezogenen Sicherungssystem angehörenden CRR-Kreditinstitute im Hinblick auf entschädigungsrelevante Risiken;
5. einen Organisationsplan, aus dem sich die Entscheidungsstruktur des institutsbezogenen Sicherungssystems ergibt;
6. Angaben zu den Pflichten der dem institutsbezogenen Sicherungssystem angehörenden CRR-Kreditinstitute gegenüber dem institutsbezogenen Sicherungssystem, insbesondere zu den Pflichten zur Einreichung des festgestellten Jahresabschlusses mit dem dazugehörenden Prüfungsbericht sowie den Informations- und Auskunftspflichten entsprechend § 34 Absatz 1.

(2) [1] Ein Ansparplan hat folgende Angaben zu enthalten:
1. Angaben zur aktuellen finanziellen Ausstattung des Systems und der voraussichtlichen Entwicklung der finanziellen Ausstattung;
2. Angaben zu den Einzelheiten der Erhebung von Jahres- und Sonderbeiträgen bei den dem institutsbezogenen Sicherungssystem angehörenden CRR-Kreditinstituten;
3. Angaben zur risikoorientierten Beitragserhebung nach § 19 und
4. Angaben zu den bei dem institutsbezogenen Sicherungssystem angehörenden CRR-Kreditinstituten vorhandenen gedeckten Einlagen.

[2] Der Ansparplan hat zudem Schätzungen zu enthalten, wie sich Maßnahmen nach § 49 in der Zukunft auf die Länge der Ansparphase auswirken können, und die Auswirkungen zu berücksichtigen. [3] Soweit die Zielausstattung durch

---

[1] Nr. **9**.
[2] Siehe zum Inkrafttreten der §§ 23, 33, 43, 44, 47 und 48 die Anm. am Gesetzestitel.

Zahlungsverpflichtungen gemäß § 18 Absatz 2 erreicht werden soll, sind Angaben zur Einhaltung der Voraussetzungen des § 18 Absatz 2 zu machen.

§ 45 Anzeigepflichten. (1) Die anerkannten institutsbezogenen Sicherungssysteme haben der Bundesanstalt unverzüglich anzuzeigen:

1. ein Beschluss über die Änderung ihrer Satzung;
2. die Bestellung einer Person nach § 43 Absatz 2 Nummer 1 unter Angabe der Tatsachen, die für die Beurteilung ihrer Zuverlässigkeit und fachlichen Eignung für die Wahrnehmung der jeweiligen Aufgaben wesentlich sind;
3. das Ausscheiden einer Person nach § 43 Absatz 2 Nummer 1;
4. die Bestellung eines Mitglieds des Kontrollorgans nach § 43 Absatz 2 Nummer 2 unter Angabe der Tatsachen, die für die Beurteilung seiner Zuverlässigkeit und Sachkunde notwendig sind;
5. das Ausscheiden eines Mitglieds des Kontrollorgans nach § 43 Absatz 2 Nummer 2;
6. die Absicht der Organe des Systems, eine Entscheidung über die Aufgabe der Anerkennung nach § 43 oder die Auflösung des institutsbezogenen Sicherungssystems herbeizuführen.

(2) Der Ansparplan nach § 44 Absatz 2 ist jährlich zu aktualisieren und der Bundesanstalt zum 10. Februar jeden Jahres vorzulegen.

§ 46 Widerruf der Anerkennung; Rechtsfolgen. (1) [1] Liegen die Voraussetzungen für eine Anerkennung nach § 43 nicht mehr vor, kann die Anerkennung durch die Bundesanstalt widerrufen werden. [2] Widerspruch und Anfechtungsklage gegen den Widerruf haben keine aufschiebende Wirkung.

(2) Das institutsbezogene Sicherungssystem hat die bisher ihm angehörenden CRR-Kreditinstitute über den Widerruf der Anerkennung zu informieren und ihnen mitzuteilen, welcher gesetzlichen Entschädigungseinrichtung sie gemäß § 24 zugeordnet sind.

(3) Nach Zugang des Widerrufs hat das institutsbezogene Sicherungssystem die verfügbaren Finanzmittel bis zu dem in § 17 Absatz 2 genannten Betrag, einschließlich der Forderungen gegen die CRR-Kreditinstitute auf Grund bestehender Zahlungsverpflichtungen nach § 18 Absatz 2, innerhalb von fünf Arbeitstagen an die von der Bundesanstalt zu benennende gesetzliche Entschädigungseinrichtung zu übertragen.

(4) [1] Sind die betroffenen CRR-Kreditinstitute verschiedenen gesetzlichen Entschädigungseinrichtungen zugeordnet, werden die verfügbaren Finanzmittel anteilig nach der Höhe der gedeckten Einlagen der betroffenen CRR-Kreditinstitute aufgeteilt. [2] Vorübergehend gedeckte Einlagen nach § 8 Absatz 2 werden dabei nicht berücksichtigt.

Abschnitt 2. Mindestanforderungen an die Satzung; Ausscheiden eines CRR-Kreditinstituts aus einem anerkannten institutsbezogenen Sicherungssystem

§ 47[1] Anforderungen an die Satzung und Satzungsänderung; Ausscheiden eines CRR-Kreditinstituts aus einem anerkannten institutsbezogenen Sicherungssystem. (1) Die Satzung eines anerkannten institutsbezogenen Sicherungssystems muss mindestens Folgendes regeln:

1. die Beitragserhebung nach Maßgabe von § 48;
2. Bedingungen zur Durchführung von Maßnahmen nach Maßgabe von § 49;
3. Prüfungs-, Informations- und Auskunftsrechte gegenüber den dem anerkannten institutsbezogenen Sicherungssystem angehörenden CRR-Kreditinstituten entsprechend den §§ 34 und 35 sowie Regelungen zu geeigneten Maßnahmen, mit denen diese Rechte durchgesetzt werden können;
4. Voraussetzung und Umfang der Weitergabe von eigenen und fremden Geheimnissen, insbesondere von Betriebs- und Geschäftsgeheimnissen des Systems und der ihm angehörenden CRR-Kreditinstitute, an die Bundesanstalt entsprechend den Regelungen für ein Einlagensicherungssystem nach diesem Gesetz oder dem Kreditwesengesetz[2];
5. Regelungen zur Ermächtigung des anerkannten institutsbezogenen Sicherungssystems zur Kreditaufnahme;
6. für den Fall des Widerrufs Vorschriften zu einer Übertragung des Vermögens gemäß § 46 Absatz 3 auf ein anderes von der Bundesanstalt zu benennendes Einlagensicherungssystem;
7. Regelungen zum Ausschluss von CRR-Kreditinstituten aus dem System entsprechend § 41, wobei § 41 Absatz 2 mit der Maßgabe umzusetzen ist, dass Maßnahmen gegenüber dem CRR-Kreditinstitut von dem anerkannten institutsbezogenen Sicherungssystem mit Zustimmung der Bundesanstalt vorgenommen werden.

(2) Eine Änderung der Satzung eines anerkannten institutsbezogenen Sicherungssystems wird erst drei Monate nach der Anzeige gemäß § 45 Absatz 1 wirksam, wenn die Bundesanstalt nicht vorher die Unbedenklichkeit feststellt.

(3) [1] Hat ein anerkanntes institutsbezogenes Sicherungssystem ein CRR-Kreditinstitut entsprechend § 41 Absatz 2 Satz 3 mit Zustimmung der Bundesanstalt aus dem System ausgeschlossen, stellt die Bundesanstalt gegenüber dem CRR-Kreditinstitut fest, dass die Zugehörigkeit des CRR-Kreditinstituts zu einem Einlagensicherungssystem gemäß § 1 Satz 1 nicht mehr gegeben ist. [2] Der Ausschluss durch das anerkannte institutsbezogene Sicherungssystem wird wirksam, wenn die Feststellung der Bundesanstalt nach Satz 1 sofort vollziehbar oder bestandskräftig ist.

(4) [1] Scheidet ein CRR-Kreditinstitut aus einem anerkannten institutsbezogenen Sicherungssystem aus, wird es gemäß § 24 einer gesetzlichen Entschädigungseinrichtung zugeordnet. [2] § 25 Absatz 2 ist entsprechend anzuwenden. [3] Die Sätze 1 und 2 gelten nicht im Falle eines nach Maßgabe des Absatzes 3 erfolgten Ausschlusses.

---

1) Siehe zum Inkrafttreten der §§ 23, 33, 43, 44, 47 und 48 die Anm. am Gesetzestitel.

2) Nr. **9**.

§ 48[1] Beitragserhebung anerkannter institutsbezogener Sicherungssysteme. (1) Die Beitragserhebung eines anerkannten institutsbezogenen Sicherungssystems wird durch seine Satzung bestimmt.

(2) In der Satzung ist mindestens vorzusehen, dass

1. die zur Erreichung der Zielausstattung nach § 17 Absatz 2 notwendigen Finanzmittel mindestens einmal jährlich durch Beiträge an das Sicherungssystem aufgebracht werden;
2. Sonderbeiträge für den Fall zu erheben sind, dass die verfügbaren Finanzmittel nicht ausreichen, um im Entschädigungsfall die Einleger zu entschädigen oder im Abwicklungsfall die Pflichten aus der Haftung nach § 145 des Sanierungs- und Abwicklungsgesetzes[2] zu erfüllen;
3. in einem Beitragsjahr mehrere Sonderbeiträge und Sonderzahlungen nur unter den Voraussetzungen des § 27 Absatz 4 Satz 2 und 3 erhoben werden dürfen;
4. die Erhebung eines Sonderbeitrags oder einer Sonderzahlung entsprechend § 27 Absatz 5 zurückgestellt werden kann, wenn die Gefahr besteht, dass ein CRR-Kreditinstitut auf Grund der Gesamtheit der an das anerkannte institutsbezogene Sicherungssystem zu leistenden Zahlungen seine Verpflichtungen gegenüber seinen Gläubigern nicht mehr erfüllen kann;
5. die dem System angehörenden CRR-Kreditinstitute verpflichtet werden, ihre Beiträge auf erstes Anfordern hin zu leisten und eine entsprechende Garantieerklärung abzugeben.

(3) [1]In der Satzung kann die Erhebung von Mindestbeiträgen von den CRR-Kreditinstituten vorgesehen werden. [2]Das Nähere über die Bemessung und Erhebung der Jahresbeiträge und Sonderbeiträge regelt das anerkannte institutsbezogene Sicherungssystem in seiner Satzung. [3]Werden nach § 18 Absatz 2 und 3 Zahlungsverpflichtungen eines CRR-Kreditinstituts gegenüber dem institutsbezogenen Sicherungssystem berücksichtigt, sind die Anforderungen an diese Zahlungsverpflichtungen in der Satzung zu regeln.

(4) Die Bundesanstalt unterrichtet die Europäische Bankenaufsichtsbehörde über die in der Satzung enthaltenden Vorgaben zur Beitragserhebung.

Abschnitt 3. Stützungsmaßnahmen durch anerkannte institutsbezogene Sicherungssysteme

§ 49 Stützungsmaßnahmen anerkannter institutsbezogener Sicherungssysteme. (1) [1]Ein anerkanntes institutsbezogenes Sicherungssystem ist, um die Bestandsgefährdung eines ihm angehörenden CRR-Kreditinstituts zu verhindern, berechtigt, Maßnahmen zur Abwendung einer Bestandsgefährdung, insbesondere zur Sicherstellung der Liquidität und Solvenz dieses CRR-Kreditinstituts durchzuführen, sofern

1. das Sicherungssystem über geeignete Mechanismen und Verfahren für die Auswahl und Durchführung solcher Maßnahmen und für die Überwachung der damit verbundenen Risiken verfügt,
2. die Abwicklungsanstalt keine Abwicklungsmaßnahme gemäß § 62 des Sanierungs- und Abwicklungsgesetzes[2] getroffen hat,

---

[1] Siehe zum Inkrafttreten der §§ 23, 33, 43, 44, 47 und 48 die Anm. am Gesetzestitel.
[2] Nr. **23**.

3. die Kosten dieser Maßnahme nicht die notwendigen Kosten zur Erfüllung der Aufgaben des institutsbezogenen Sicherungssystems übersteigen,
4. diese Maßnahme mit Auflagen gegenüber dem gestützten CRR-Kreditinstitut verbunden ist, die im Vergleich zu den bestehenden Bestimmungen mindestens eine strengere Risikoüberwachung und weitergehende Prüfungsrechte für das anerkannte institutsbezogene Sicherungssystem umfassen,
5. diese Maßnahme mit der Zusage seitens des gestützten CRR-Kreditinstituts im Hinblick auf die Gewährleistung des Zugangs des Einlegers zu gedeckten Einlagen verbunden ist und
6. die Bundesanstalt auf Grund einer Bewertung bestätigt, dass die dem institutsbezogenen Sicherungssystem angehörenden CRR-Kreditinstitute in der Lage sind, die nach Absatz 3 zu erhebenden Sonderbeiträge zu zahlen.

[2] Das Nähere regelt das System in seiner Satzung. [3] Es setzt sich mit der Bundesanstalt über die Maßnahmen und die Auflagen für das CRR-Kreditinstitut ins Benehmen.

(2) Wenn die Bundesanstalt nach Abstimmung mit der Abwicklungsbehörde feststellt, dass die Voraussetzungen für eine Abwicklungsmaßnahme gemäß § 62 des Sanierungs- und Abwicklungsgesetzes erfüllt sind, werden die in Absatz 1 genannten Maßnahmen nicht durchgeführt.

(3) Verwendet das anerkannte institutsbezogene Sicherungssystem die verfügbaren Finanzmittel für Maßnahmen nach Absatz 1, hat es sicherzustellen, dass die ihm angehörenden CRR-Kreditinstitute, erforderlichenfalls durch Sonderbeiträge, die Mittel, die für die Maßnahmen verwendet wurden, unverzüglich wieder zur Verfügung stellen, falls

1. Einleger entschädigt werden müssen und die verfügbaren Finanzmittel weniger als zwei Drittel der Zielausstattung nach § 17 Absatz 2 betragen oder
2. die verfügbaren Finanzmittel 25 Prozent der Zielausstattung nach § 17 Absatz 2 unterschreiten.

Kapitel 4. Aufsicht und Prüfungsrechte

§ 50 Aufsicht über Einlagensicherungssysteme. (1) Einlagensicherungssysteme unterliegen der Aufsicht der Bundesanstalt.

(2) [1] Die Bundesanstalt hat Missständen entgegenzuwirken, welche die ordnungsgemäße Durchführung der Entschädigung beeinträchtigen oder die zur Durchführung der Entschädigung verfügbaren Finanzmittel gefährden können. [2] Die Bundesanstalt kann Anordnungen treffen, die geeignet und erforderlich sind, diese Missstände zu beseitigen oder zu verhindern. [3] Verstoßen Personen, die nach Gesetz oder Satzung die Geschäftsführung und Vertretung des Einlagensicherungssystems ausüben, vorsätzlich oder leichtfertig gegen die Bestimmungen dieses Gesetzes, gegen die zur Durchführung dieses Gesetzes erlassenen Verordnungen oder gegen Anordnungen der Aufsichtsbehörde, und setzen sie trotz Verwarnung durch die Bundesanstalt dieses Verhalten fort, kann die Bundesanstalt ihre Abberufung verlangen und ihnen die Ausübung ihrer Tätigkeit untersagen.

(3) Der Bundesanstalt stehen gegenüber den Einlagensicherungssystemen die Auskunfts- und Prüfungsrechte nach § 44 Absatz 1, 4 und 5 des Kreditwesengesetzes[1] zu.

(4) Sofern die Bundesanstalt Kenntnis von Umständen bei einem CRR-Kreditinstitut erlangt, welche voraussichtlich den Eintritt eines Entschädigungsfalls nach sich ziehen, hat sie das Einlagensicherungssystem, dem das CRR-Kreditinstitut zugeordnet ist, hiervon zu unterrichten.

§ 51 Prüfung durch die Bundesanstalt. Erhält die Bundesanstalt von einem Einlagensicherungssystem Kenntnis von Umständen, welche die Gefahr des Eintritts eines Entschädigungsfalls bei einem dem Einlagensicherungssystem angehörenden CRR-Kreditinstitut begründen, prüft sie unverzüglich, ob aufsichtsrechtliche Maßnahmen gegenüber dem CRR-Kreditinstitut zu treffen sind.

§ 52 Prüfung der Einlagensicherungssysteme. (1) Die Einlagensicherungssysteme haben nach Ablauf eines Kalenderjahres einen Geschäftsbericht aufzustellen und der Bundesanstalt und der Deutschen Bundesbank jeweils bis zum 31. Mai einzureichen.

(2) Der Geschäftsbericht muss folgende Angaben enthalten:

1. Angaben zur Tätigkeit und zu den finanziellen Verhältnissen des Einlagensicherungssystems, insbesondere zur Höhe und Anlage der verfügbaren Finanzmittel sowie zu deren Verwendung für Entschädigungsfälle,
2. Angaben zur Höhe der Beiträge,
3. Angaben zu den Kosten der Verwaltung sowie
4. eine Aktualisierung des Ansparplans gemäß § 45 Absatz 2.

§ 53 Prüfungsbericht. (1) [1]Die Einlagensicherungssysteme haben einen Wirtschaftsprüfer oder eine Wirtschaftsprüfungsgesellschaft zur Prüfung der Vollständigkeit des Geschäftsberichts und der Richtigkeit der Angaben zu bestellen. [2]Die Einlagensicherungssysteme haben der Bundesanstalt den bestellten Prüfer unverzüglich nach der Bestellung anzuzeigen. [3]Die Bundesanstalt kann innerhalb eines Monats nach Zugang der Anzeige die Bestellung eines anderen Prüfers verlangen, wenn dies zur Erreichung des Prüfungszwecks geboten ist; Widerspruch und Anfechtungsklage hiergegen haben keine aufschiebende Wirkung.

(2) Der Prüfer hat den Bericht über die Prüfung des Geschäftsberichts der Bundesanstalt und der Deutschen Bundesbank unverzüglich nach Beendigung der Prüfung einzureichen.

(3) [1]Die Einlagensicherungssysteme unterrichten auf Anforderung die Bundesanstalt und die Deutsche Bundesbank auch über die im Geschäftsbericht enthaltenen Angaben nach § 52 Absatz 2. [2]§ 9 des Kreditwesengesetzes[1] ist entsprechend anzuwenden.

§ 54 Prüfung der Systeme durch Stresstests. (1) [1]Die Einlagensicherungssysteme haben in regelmäßigen Abständen, jedoch mindestens alle drei Jahre, ihre Systeme durch Stresstests auf ihre Funktionstüchtigkeit zu überprüfen. [2]Der erste Test ist spätestens am 3. Juli 2017 durchzuführen.

---

[1] Nr. **9**.

(2) [1] Die Einlagensicherungssysteme verwenden die Informationen, die zur Durchführung von Stresstests ihrer Systeme notwendig sind, nur zu diesem Zweck. [2] Sie bewahren diese Informationen nur so lange auf, wie es für diesen Zweck erforderlich ist.

(3) [1] Die Bundesanstalt ist über die Ergebnisse der Prüfungen durch Stresstests zu unterrichten. [2] Sie gibt diese Ergebnisse an die Europäische Bankenaufsichtsbehörde weiter.

§ 55 Prüfung durch den Bundesrechnungshof. (1) [1] Der Bundesrechnungshof prüft die Haushalts- und Wirtschaftsführung der Einlagensicherungssysteme. [2] Die §§ 89, 90, 92 bis 100 der Bundeshaushaltsordnung sind entsprechend anzuwenden. [3] Bei anerkannten institutsbezogenen Sicherungssystemen beschränkt sich die Prüfung auf die ordnungsgemäße und wirtschaftliche Erfüllung ihrer Aufgaben hinsichtlich der Entschädigung der Einleger nach den §§ 5 bis 16 sowie der Finanzierung und Zielausstattung nach den §§ 17 bis 19.

(2) [1] Der Bundesrechnungshof ist unverzüglich zu unterrichten, wenn oberste Bundesbehörden allgemeine Vorschriften erlassen oder erläutern, welche die Einlagensicherungssysteme betreffen und sich auf den Gegenstand der Prüfung nach Absatz 1 beziehen. [2] Der Bundesrechnungshof ist vor dem Erlass dieser Vorschriften zu hören.

Kapitel 5. Zusammenarbeit mit anderen Einlagensicherungssystemen

§ 56 Zweigniederlassungen von inländischen CRR-Kreditinstituten in einem anderen Staat des Europäischen Wirtschaftsraums. (1) [1] Ein Einlagensicherungssystem schützt die Einlagen einer Zweigniederlassung eines ihm angehörenden CRR-Kreditinstituts in einem anderen Staat des Europäischen Wirtschaftsraums. [2] Zur Durchführung der Einlegerentschädigung, die vom Einlagensicherungssystem des Aufnahmemitgliedstaats im Namen und entsprechend den Anweisungen des inländischen Einlagensicherungssystems durchgeführt wird, stellt das inländische Einlagensicherungssystem dem Einlagensicherungssystem des Aufnahmemitgliedstaats die notwendigen Mittel zur Einlegerentschädigung vor der Auszahlung zur Verfügung und erstattet diesem die angefallenen Kosten des Entschädigungsverfahrens. [3] Die Erstattung kann entsprechend § 15 Absatz 2 aufgeschoben werden.

(2) [1] Das inländische Einlagensicherungssystem stellt dem Einlagensicherungssystem des Aufnahmemitgliedstaats die notwendigen Informationen zur Vorbereitung einer Einlegerentschädigung sowie zur Durchführung von Stresstests zur Verfügung. [2] Das inländische Einlagensicherungssystem stellt mittels geeigneter Verfahren sicher, dass Informationen mit anderen Einlagensicherungssystemen, diesen angehörenden CRR-Kreditinstituten, Aufsichtsbehörden und gegebenenfalls mit anderen Stellen auf grenzübergreifender Basis wirksam ausgetauscht werden können.

(3) [1] Um die effektive Zusammenarbeit zwischen den Einlagensicherungssystemen nach den Absätzen 1 und 2 zu erleichtern, schließen die inländischen Einlagensicherungssysteme eine Kooperationsvereinbarung mit dem Einlagensicherungssystem des Aufnahmemitgliedstaats. [2] Die inländischen Einlagensicherungssysteme unterrichten die Bundesanstalt über das Bestehen und den Inhalt der Vereinbarungen. [3] Die Bundesanstalt unterrichtet hierüber die Europäische Bankenaufsichtsbehörde.

§ 57 Zweigniederlassungen von CRR-Kreditinstituten mit Sitz in einem anderen Staat des Europäischen Wirtschaftsraums. (1) [1]Ein inländisches Einlagensicherungssystem nach diesem Gesetz hat die Aufgabe, die Erstattung von Einlagen der Zweigniederlassungen eines CRR-Kreditinstituts mit Sitz in einem anderen Staat des Europäischen Wirtschaftsraums im Namen und entsprechend den Anweisungen des Einlagensicherungssystems des Herkunftsmitgliedstaats durchzuführen, soweit das inländische Einlagensicherungssystem die notwendigen Mittel zur Einlegerentschädigung vor der Auszahlung von dem Einlagensicherungssystems des Herkunftsmitgliedstaats erhalten hat. [2]Das Einlagensicherungssystem des Herkunftsmitgliedstaats erstattet dem inländischen Einlagensicherungssystem die Kosten des Entschädigungsverfahrens. [3]Das Einlagensicherungssystem haftet nicht für Handlungen, die es entsprechend den Anweisungen des Einlagensicherungssystems des Herkunftsmitgliedstaats durchgeführt hat.

(2) Das Einlagensicherungssystem ist befugt, die Korrespondenz der Einleger im Namen des Einlagensicherungssystems des Herkunftsmitgliedstaats entgegenzunehmen und informiert die betroffenen Einleger im Namen dieses Einlagensicherungssystems.

(3) [1]Die Bundesanstalt fordert die Zweigniederlassung auf, das für sie zuständige Einlagensicherungssystem im Herkunftsmitgliedstaat zu benennen und bestimmt für diese Zweigniederlassung das für die Zwecke des Absatzes 1 zuständige inländische Einlagensicherungssystem. [2]Das von der Bundesanstalt bestimmte inländische Einlagensicherungssystem hat sich unverzüglich um eine Kooperationsvereinbarung im Sinne des § 56 Absatz 3 mit dem Einlagensicherungssystem des Herkunftsmitgliedstaats zu bemühen. [3]§ 56 Absatz 3 Satz 2 und 3 gilt entsprechend.

§ 58 Beitragszahlung bei Übertragung von Tätigkeiten eines CRR-Kreditinstituts. Wenn ein Teil der Tätigkeiten eines CRR-Kreditinstituts auf ein anderes CRR-Kreditinstitut in einem anderen Staat des Europäischen Wirtschaftsraums übertragen wird und somit einem anderen Einlagensicherungssystem im Europäischen Wirtschaftsraum außerhalb des Geltungsbereiches dieses Gesetzes unterliegt, werden die Beiträge dieses CRR-Kreditinstituts, die in den letzten zwölf Monaten vor der Übertragung gezahlt wurden, proportional zur Höhe der übertragenen gedeckten Einlagen auf das andere Einlagensicherungssystem übertragen; ausgenommen davon sind Sonderbeiträge und Sonderzahlungen nach § 27 Absatz 1 Nummer 1 und 2.

§ 59 Zweigstellen von CRR-Kreditinstituten mit Sitz in einem Drittland. (1) [1]Verfügen niedergelassene Zweigstellen eines CRR-Kreditinstituts, das seinen Sitz außerhalb des Europäischen Wirtschaftsraums hat, über einen Einlagenschutz, der dem in diesem Gesetz vorgesehenen Schutz gleichwertig ist, befreit die Bundesanstalt diese Zweigstelle auf Antrag von der Zuordnung nach § 24. [2]Der Schutz ist als gleichwertig anzusehen, wenn lediglich die in § 6 genannten Einlagen von dem Schutz ausgenommen sind und die Einlagen der Einleger zumindest in einer der Deckungssumme gemäß § 8 Absatz 1 entsprechenden Höhe geschützt sind.

(2) [1]Eine Zweigstelle eines CRR-Kreditinstituts mit Sitz außerhalb des Europäischen Wirtschaftsraums, die nicht Mitglied eines Einlagensicherungssystems nach diesem Gesetz ist, stellt den Einlegern dieser Zweigstelle alle

wichtigen Informationen über die Sicherungsvorkehrungen für die Einlagen zur Verfügung. [2]Die in Satz 1 genannten Informationen müssen in der Sprache, die der Einleger und das CRR-Kreditinstitut bei Eröffnung des Kontos vereinbart haben, oder in deutscher Sprache vorliegen sowie klar und verständlich sein.

Kapitel 6. Bußgeldvorschriften

§ 60 Bußgeldvorschriften. (1) Ordnungswidrig handelt, wer vorsätzlich oder leichtfertig entgegen § 34 Absatz 1 einen Jahresabschluss mit dem dazugehörigen Prüfungsbericht nicht, nicht richtig, nicht vollständig oder nicht rechtzeitig einreicht.

(2) Ordnungswidrig handelt, wer vorsätzlich oder fahrlässig

1. entgegen § 34 Absatz 1 eine Auskunft nicht, nicht richtig, nicht vollständig oder nicht rechtzeitig erteilt oder eine Unterlage nicht, nicht richtig, nicht vollständig oder nicht rechtzeitig vorlegt oder
2. entgegen § 41 Absatz 4 eine Information nicht, nicht richtig, nicht vollständig oder nicht rechtzeitig gibt.

(3) Die Ordnungswidrigkeit kann mit einer Geldbuße bis zu hunderttausend Euro geahndet werden.

(4) Verwaltungsbehörde im Sinne des § 36 Absatz 1 Nummer 1 des Gesetzes über Ordnungswidrigkeiten ist die Bundesanstalt.

Teil 4. Institutsbezogene Sicherungssysteme und Einlagensicherungssysteme ohne Anerkennung

§ 61 Anforderungen an nicht anerkannte Systeme. (1) [1]Für vertragliche Systeme zum Schutz von Einlagen und institutsbezogene Sicherungssysteme, die nicht als Einlagensicherungssysteme anerkannt sind, sowie für die ihnen angehörenden CRR-Kreditinstitute gelten § 3 Absatz 2, § 41 Absatz 4 sowie § 23a Absatz 1 Satz 9 des Kreditwesengesetzes[1)] entsprechend. [2]Systeme, die einer Rechtspflicht zur Entschädigung von Einlegern unterliegen, müssen über angemessene finanzielle Mittel oder entsprechende Finanzierungsmechanismen verfügen, um ihre Verpflichtungen erfüllen zu können.

(2) [1]Die Systeme nach Absatz 1 unterliegen unbeschadet der bestehenden Aufsicht anderer staatlicher Stellen hinsichtlich der Anforderungen des Absatzes 1 der Aufsicht und Prüfung durch die Bundesanstalt. [2]§ 44 Absatz 1 des Kreditwesengesetzes gilt entsprechend.

Teil 5. Schlussvorschriften

§ 62 Nichtanwendung des Versicherungsaufsichtsgesetzes. Die Vorschriften des Versicherungsaufsichtsgesetzes gelten nicht für Einlagensicherungssysteme.

§ 63 Übergangsregelung. (1) Auf Entschädigungsfälle, die bis zum Inkrafttreten des Einlagensicherungsgesetzes vom 28. Mai 2015 (BGBl. I S. 786) fest-

---

1) Nr. 9.

gestellt sind, sind die §§ 3 bis 5 des Einlagensicherungs- und Anlegerentschädigungsgesetzes[1] vom 16. Juli 1998 (BGBl. I S. 1842), das zuletzt durch Artikel 6 des Gesetzes vom 15. Juli 2014 (BGBl. I S. 934) geändert worden ist, in seiner bis dahin geltenden Fassung weiter anzuwenden.

(2) Bis zum erstmaligen Erreichen der in § 17 Absatz 2 genannten Beträge sind die Schwellenwerte nach § 49 Absatz 3 nicht in Bezug auf diese Beträge, sondern auf die bisher verfügbaren Finanzmittel anzuwenden.

(3) § 8 des Einlagensicherungs- und Anlegerentschädigungsgesetzes vom 16. Juli 1998 (BGBl. I S. 1842), das zuletzt durch Artikel 6 des Gesetzes vom 15. Juli 2014 (BGBl. I S. 934) geändert worden ist, sowie die Bestimmungen der nach § 8 Absatz 8 Satz 1 des Einlagensicherungs- und Anlegerentschädigungsgesetzes erlassenen EdB-Beitragsverordnung vom 10. Juli 1999 (BGBl. I S. 1540), die zuletzt durch Artikel 5 der Verordnung vom 30. Januar 2014 (BGBl. I S. 322) geändert worden ist, und der EdVÖB-Beitragsverordnung vom 10. Juli 1999 (BGBl. I S. 1538), die zuletzt durch Artikel 4 der Verordnung vom 30. Januar 2014 (BGBl. I S. 322) geändert worden ist, finden weiterhin Anwendung auf die Jahresbeiträge, einmalige Zahlungen, Sonderbeiträge und Sonderzahlungen, die für die bis zum 30. September 2014 endenden Abrechnungsjahre zu erheben waren.

(4) Die Jahresbeiträge für die nach § 24 Absatz 1 Nummer 1 und 2 zugeordneten CRR-Kreditinstitute werden für das am 30. September 2015 endende Abrechnungsjahr abweichend von § 19 Absatz 2 bis 4 nach § 8 des Einlagensicherungs- und Anlegerentschädigungsgesetzes vom 16. Juli 1998 (BGBl. I S. 1842), das zuletzt durch Artikel 6 des Gesetzes vom 15. Juli 2014 (BGBl. I S. 934) geändert worden ist, sowie den Bestimmungen der nach § 8 Absatz 8 Satz 1 des Einlagensicherungs- und Anlegerentschädigungsgesetzes erlassenen EdB-Beitragsverordnung vom 10. Juli 1999 (BGBl. I S. 1540), die zuletzt durch Artikel 5 der Verordnung vom 30. Januar 2014 (BGBl. I S. 322) geändert worden ist, und der EdVÖB-Beitragsverordnung vom 10. Juli 1999 (BGBl. I S. 1538), die zuletzt durch Artikel 4 der Verordnung vom 30. Januar 2014 (BGBl. I S. 322) geändert worden ist, erhoben.

(5) Die Satzung eines anerkannten institutsbezogenen Sicherungssystems nach § 47 Absatz 1 kann dem Sicherungssystem gestatten, den jährlichen Beitrag für das in 2015 endende Beitragsjahr abweichend von den Vorschriften dieses Gesetzes zu erheben.

(6) Institutsbezogene Sicherungssysteme, die am 29. Dezember 2020 nach § 43 als Einlagensicherungssysteme anerkannt waren, müssen bis zum 29. Dezember 2021 ihre Satzung anpassen, um im Abwicklungsfall Sonderbeiträge nach § 48 Absatz 2 Nummer 2 zur Erfüllung der Pflichten aus der Haftung nach § 145 des Sanierungs- und Abwicklungsgesetzes[2] erheben zu können.

---

[1] Nr. **14**.
[2] Nr. **23**.

16. Gesetz über die Vergleichbarkeit von Zahlungskontoentgelten, den Wechsel von Zahlungskonten sowie den Zugang zu Zahlungskonten mit grundlegenden Funktionen (Zahlungskontengesetz – ZKG)[1) 2) 3)]

Vom 11. April 2016

(BGBl. I S. 720, ber. BGBl. 2018 I S. 1102)

FNA 7610-21

zuletzt geänd. durch Art. 9 Abs. 7 Risikoreduzierungsgesetz v. 9.12.2020 (BGBl. I S. 2773)

Inhaltsübersicht

[1)] Verkündet als Art. 1 G v. 11.4.2016 (BGBl. I S. 720); Inkrafttreten gem. Art. 9 Abs. 4 dieses G am **18.4.2016** mit folgenden Ausnahmen:
– §§ 20–29 ZKG traten gem. Art. 9 Abs. 2 dieses G am **18.9.2016** in Kraft.
– §§ 16–19 ZKG traten gem. Art. 9 Abs. 1a G v. 11.4.2016 (BGBl. I S. 720, insoweit geänd. durch G v. 10.7.2018, BGBl. I S. 1102) am **14.7.2018** in Kraft.
– §§ 5–13, 14 Abs. 1 Nr. 1 und 5 sowie § 15 ZKG treten gem. Art. 9 Abs. 1 G v. 11.4.2016 (BGBl. I S. 720, insoweit geänd. durch G v. 10.7.2018, BGBl. I S. 1102) neun Monate nach dem Inkrafttreten des delegierten Rechtsakts nach Art. 3 Abs. 4 der Richtlinie 2014/92/EU in Kraft.
Dieser Rechtsakt – die Delegierte Verordnung (EU) 2018/32 v. 28.9.2017 (ABl. L 6 v. 11.1.2018, S. 3) – ist gem. Bek. v. 6.6.2018 (BGBl. I S. 668) am 31.1.2018 in Kraft getreten; die genannten Vorschriften des ZKG traten somit am **31.10.2018** in Kraft.

[2)] **Amtl. Anm.:** Dieses Gesetz dient der Umsetzung der Richtlinie 2014/92/EU des Europäischen Parlaments und des Rates vom 23. Juli 2014 über die Vergleichbarkeit von Zahlungskontoentgelten, den Wechsel von Zahlungskonten und den Zugang zu Zahlungskonten mit grundlegenden Funktionen (ABl. L 257 vom 28.8.2014, S. 214).

[3)] Siehe hierzu ua die Vergleichswebsitesverordnung v. 16.7.2018 (BGBl. I S. 1182).

Abschnitt 1. Allgemeine Vorschriften

§ 1 Anwendungsbereich. Dieses Gesetz gilt, soweit hierin nicht ausdrücklich etwas anderes geregelt ist, für alle Verbraucher sowie für Zahlungsdienstleister, die auf dem Markt Zahlungskonten für Verbraucher anbieten.

§ 2 Begriffsbestimmungen. (1) [1] Rechtmäßiger Aufenthalt in der Europäischen Union ist der rechtmäßige Aufenthalt natürlicher Personen, einschließlich Personen ohne festen Wohnsitz, in einem Mitgliedstaat der Europäischen Union auf Grund des Unionsrechts oder auf Grund nationalen Rechts sowie der rechtmäßige Aufenthalt Asylsuchender im Sinne des Abkommens über die Rechtsstellung der Flüchtlinge vom 28. Juli 1951 (BGBl. 1953 II S. 560), des Protokolls über die Rechtsstellung der Flüchtlinge vom 31. Januar 1967 (BGBl. 1969 II S. 1294) und anderer einschlägiger völkerrechtlicher Verträge. [2] Als rechtmäßiger Aufenthalt in der Europäischen Union im Sinne dieses Gesetzes gilt auch der Aufenthalt im Inland Geduldeter.

(2) Ein mit einem Zahlungskonto verbundener Dienst ist jeder Dienst im Zusammenhang mit der Eröffnung, dem Führen oder dem Schließen eines Zahlungskontos einschließlich Zahlungsdiensten und Zahlungsvorgängen, die unter Artikel 3 Buchstabe g der Richtlinie 2007/64/EG des Europäischen Parlaments und des Rates vom 13. November 2007 über Zahlungsdienste im Binnenmarkt, zur Änderung der Richtlinien 97/7/EG, 2002/65/EG, 2005/60/EG und 2006/48/EG sowie zur Aufhebung der Richtlinie 97/5/EG (ABl. L 319 vom 5.12.2007, S. 1; L 187 vom 18.7.2009, S. 5), die durch die Richtlinie 2009/111/EG (ABl. L 302 vom 17.11.2009, S. 97) geändert worden ist, fallen, sowie Überziehungsmöglichkeiten und Überschreitungen.

(3) Zahlungsdienstleister ist ein Zahlungsdienstleister im Sinne des Artikels 4 Nummer 9 der Richtlinie 2007/64/EG.

(4) Europäischer Zahlungsdienstleister ist ein in einem anderen Mitgliedstaat der Europäischen Union ansässiger Zahlungsdienstleister im Sinne des Artikels 4 Nummer 9 der Richtlinie 2007/64/EG.

(5) Institut im Sinne dieses Gesetzes ist ein Kreditinstitut im Sinne des Artikels 4 Absatz 1 Nummer 1 der Verordnung (EU) Nr. 575/2013[1)] des Europäischen Parlaments und des Rates vom 26. Juni 2013 über Aufsichtsanforderungen an Kreditinstitute und Wertpapierfirmen und zur Änderung der Verordnung (EU) Nr. 646/2012 (ABl. L 176 vom 27.6.2013, S. 1; L 208 vom 2.8.2013, S. 68; L 321 vom 30.11.2013, S. 6), die durch die Delegierte Verordnung (EU) 2015/62 (ABl. L 11 vom 17.1.2015, S. 37) geändert worden ist, eine Zweigniederlassung nach § 53b Absatz 1 Satz 1 oder 2 des Kreditwesengesetzes[2)] oder eine Zweigstelle nach § 53 des Kreditwesengesetzes.

(6) Maßgebliche Zahlungskontendienste sind die mit einem Zahlungskonto verbundenen Dienste, die in der jeweils aktuellen Liste der repräsentativsten mit einem Zahlungskonto verbundenen Dienste enthalten sind, die von der Bundesanstalt für Finanzdienstleistungsaufsicht veröffentlicht worden ist.

(7) Standardisierte Zahlungskontenterminologie ist die von der Europäischen Kommission gemäß Artikel 3 Absatz 4 der Richtlinie 2014/92/EU des Europäi-

---

[1)] Nr. **6**.
[2)] Nr. **9**.

schen Parlaments und des Rates vom 23. Juli 2014 über die Vergleichbarkeit von Zahlungskontoentgelten, den Wechsel von Zahlungskonten und den Zugang zu Zahlungskonten mit grundlegenden Funktionen (ABl. L 257 vom 28.8.2014, S. 214) festgelegte jeweils aktuelle standardisierte Terminologie für die mit einem Zahlungskonto verbundenen Dienste.

(8) Zahlungskonto im Sinne dieses Gesetzes ist ein auf den Namen eines oder mehrerer Zahlungsdienstnutzer lautendes Konto, das für die Ausführung von Zahlungsvorgängen genutzt wird.

§ 3 Allgemeines Benachteiligungsverbot. Verbraucher mit rechtmäßigem Aufenthalt in der Europäischen Union, die innerhalb der Europäischen Union den Abschluss eines Zahlungsdiensterahmenvertrags über die Führung eines Zahlungskontos im Sinne des § 1 Absatz 17 des Zahlungsdiensteaufsichtsgesetzes[1] beantragen, dürfen von Instituten bei der Eröffnung eines solchen Kontos weder auf Grund ihrer Staatsangehörigkeit, ihrer Sprache oder ihres Wohnsitzes noch aus anderen Gründen, die in Artikel 21 der Charta der Grundrechte der Europäischen Union genannt werden, benachteiligt werden.

§ 4 Abweichende Vereinbarungen. (1) Soweit die Vorschriften dieses Gesetzes das Verhältnis zwischen Zahlungsdienstleistern und Verbrauchern regeln, darf von ihnen nicht zum Nachteil des Verbrauchers abgewichen werden, es sei denn, es ist etwas anderes bestimmt.

(2) Die Vorschriften dieses Gesetzes gehen anderweitigen Gestaltungen vor, es sei denn, es ist etwas anderes bestimmt.

Abschnitt 2. Informationspflichten sowie Vergleichbarkeit der Entgelte für Zahlungskonten

Unterabschnitt 1. Informationspflichten

§ 5[2] Vorvertragliche Entgeltinformation. Der Zahlungsdienstleister hat dem Verbraucher rechtzeitig vor dessen Vertragserklärung zum Abschluss eines Zahlungsdiensterahmenvertrags über die Führung eines Zahlungskontos Informationen über Entgelte für mit einem Zahlungskonto verbundene Dienste (Entgeltinformation) nach den §§ 6 bis 9 unentgeltlich mitzuteilen.

§ 6[2] Inhalt der Entgeltinformation zu den maßgeblichen Zahlungskontendiensten. (1) [1] Die Entgeltinformation muss angeben, welche der maßgeblichen Zahlungskontendienste von dem Zahlungsdienstleister angeboten werden und welches Entgelt er dafür verlangt. [2] Soweit einer oder mehrere dieser Dienste von dem Zahlungsdienstleister nicht angeboten werden, ist auch dies anzugeben. [3] Soweit nach dem Angebot des Zahlungsdienstleisters im Zusammenhang mit den angebotenen maßgeblichen Zahlungskontendiensten die Erstattung von Kosten durch den Verbraucher oder die Verwirkung von vom Verbraucher zu zahlenden Vertragsstrafen vorgesehen ist, sind auch diese Kosten und Vertragsstrafen anzugeben.

---

[1] Nr. **12**.

[2] §§ 5–13, 14 Abs. 1 Nr. 1 und 5 sowie § 15 ZKG sind gem. Art. 9 Abs. 1 G v. 11.4.2016 (BGBl. I S. 720) iVm Bek. v. 6.6.2018 (BGBl. I S. 668) am 31.10.2018 in Kraft getreten.

(2) Die Entgeltinformation muss den Hinweis enthalten, dass nur die Entgelte für die maßgeblichen Zahlungskontendienste angegeben sind und dass die vollständigen vorvertraglichen und vertraglichen Informationen zu den maßgeblichen Zahlungskontendiensten und den übrigen angebotenen Diensten anderen Dokumenten zu entnehmen sind.

§ 7[1)] Inhalt der Entgeltinformation bei Paketen von Diensten oder von weiteren Produkten. (1) Soweit einer oder mehrere der maßgeblichen Zahlungskontendienste von dem Zahlungsdienstleister als Teil eines Dienstepakets für ein Zahlungskonto angeboten werden, muss die Entgeltinformation auch die folgenden Angaben enthalten:

1. die Dienste, die in dem Paket enthalten sind,
2. der Umfang, in dem die Dienste in dem Paket enthalten sind,
3. die Entgelte, die für das Paket zu zahlen sind, und
4. die zusätzlichen Entgelte, die für Dienste anfallen, die über den im Entgelt für das Paket enthaltenen Umfang hinausgehen.

(2) [1] Soweit ein Zahlungskonto als Teil eines Pakets angeboten wird, das Produkte oder Dienste enthält, die über die Erbringung von Zahlungskontendiensten hinausgehen, muss die Entgeltinformation angeben, ob es auch möglich ist, einen Zahlungsdiensterahmenvertrag über die Führung eines Zahlungskontos separat abzuschließen. [2] In diesem Fall sind auch die Entgelte anzugeben, die jeweils für die übrigen im Paket enthaltenen Produkte und Dienste anfallen, soweit diese separat erworben werden könnten.

(3) Im Rahmen der Angaben nach den Absätzen 1 und 2 sind auch vom Verbraucher zu erstattende Kosten und vom Verbraucher zu zahlende Vertragsstrafen zu nennen, die nach dem Angebot des Zahlungsdienstleisters in Bezug auf die angebotenen Dienste oder Pakete vorgesehen sind.

§ 8[1)] Verwendung der standardisierten Zahlungskontenterminologie, Währungsangaben und Sprache der Entgeltinformation. (1) [1] Für die Bezeichnung der in der Entgeltinformation genannten maßgeblichen Zahlungskontendienste ist die standardisierte Zahlungskontenterminologie zu verwenden. [2] Andere Bezeichnungen dürfen in der Entgeltinformation nur zusätzlich zur standardisierten Zahlungskontenterminologie und als untergeordnete Bezeichnungen für die jeweiligen Dienste verwendet werden.

(2) Entgelte sind in der Währung des Zahlungskontos oder in der Währung eines Mitgliedstaates der Europäischen Union anzugeben, auf die sich Verbraucher und Zahlungsdienstleister geeinigt haben.

(3) Die Entgeltinformation muss in deutscher Sprache abgefasst sein, wenn Verbraucher und Zahlungsdienstleister nichts anderes vereinbart haben.

§ 9[1)] Form und Gestaltung der Entgeltinformation. (1) Die Entgeltinformation bedarf der Textform.

(2) [1] Die Entgeltinformation ist als ein kurz gehaltenes, eigenständiges Dokument abzufassen. [2] Sie muss so gestaltet sein, dass sie klar und leicht verständlich ist. [3] Schriftart und Schriftgröße sowie Farbgestaltung müssen so gewählt werden,

---

[1)] §§ 5–13, 14 Abs. 1 Nr. 1 und 5 sowie § 15 ZKG sind gem. Art. 9 Abs. 1 G v. 11.4.2016 (BGBl. I S. 720) iVm Bek. v. 6.6.2018 (BGBl. I S. 668) am 31.10.2018 in Kraft getreten.

dass die Entgeltinformation sowohl im Original als auch ebenso, wenn sie farbig oder schwarz-weiß kopiert oder ausgedruckt wird, gut lesbar ist.

(3) [1] Die Entgeltinformation muss den Anforderungen des von der Europäischen Kommission gemäß Artikel 4 Absatz 6 der Richtlinie 2014/92/EU festgelegten standardisierten Präsentationsformats entsprechen. [2] Das Dokument muss am oberen Ende der ersten Seite mit „Entgeltinformation" überschrieben sein. [3] Neben der Überschrift ist das gemeinsame Symbol zur Unterscheidung der Entgeltinformation von anderen Unterlagen anzubringen, das von der Europäischen Kommission gemäß Artikel 4 Absatz 6 der Richtlinie 2014/92/EU festgelegt worden ist.

(4) Zahlungsdienstleister genügen den Anforderungen an die Gestaltung der Entgeltinformation nach den Absätzen 2 und 3, wenn sie das von der Bundesanstalt für Finanzdienstleistungsaufsicht nach § 47 Absatz 2 für Entgeltinformationen veröffentlichte Muster verwenden.

§ 10[1)] Entgeltaufstellung während und bei Beendigung des Vertragsverhältnisses. [1] Ein Zahlungsdienstleister hat einem Verbraucher bei einem Zahlungsdiensterahmenvertrag über die Führung eines Zahlungskontos eine Information über sämtliche Entgelte, die für mit dem Zahlungskonto verbundene Dienste angefallen sind, sowie gegebenenfalls über den Sollzinssatz bei Überziehungen und den Zinssatz für Einlagen für dieses Zahlungskonto (Entgeltaufstellung) unentgeltlich zur Verfügung zu stellen. [2] Eine Entgeltaufstellung ist dem Verbraucher während des Vertragsverhältnisses mindestens jährlich sowie bei Beendigung des Vertragsverhältnisses zur Verfügung zu stellen.

§ 11[1)] Inhalt der Entgeltaufstellung. (1) Die Entgeltaufstellung muss bezogen auf den Zeitraum, für den die Entgeltaufstellung erteilt wird, mindestens folgende Angaben enthalten:

1. das in Rechnung gestellte Einzelentgelt je Dienst und die Anzahl der Inanspruchnahmen der betreffenden Dienste,
2. für den Fall, dass die Dienste in einem Paket zusammengefasst sind, das für das Paket in Rechnung gestellte Entgelt, die Angabe, wie oft das Entgelt für das Paket in Rechnung gestellt wurde, sowie das für jeden Dienst, der über den im Entgelt für das Paket enthaltenen Umfang hinausgeht, in Rechnung gestellte zusätzliche Entgelt,
3. den Gesamtbetrag der angefallenen Entgelte für jeden Dienst sowie für jedes Dienstepaket und für Dienste, die über den im Entgelt für das Paket enthaltenen Umfang hinausgehen,
4. bei Inanspruchnahme einer eingeräumten Überziehungsmöglichkeit gemäß § 504 des Bürgerlichen Gesetzbuchs[2)] oder bei einer geduldeten Überziehung gemäß § 505 des Bürgerlichen Gesetzbuchs den hierfür angewandten Sollzinssatz und den Gesamtbetrag der angefallenen Zinsen,
5. bei Anfallen von Guthabenzinsen den Zinssatz für Einlagen und den Gesamtbetrag der angefallenen Zinsen sowie
6. den in Rechnung gestellten Gesamtbetrag der Entgelte für sämtliche geleistete Dienste.

[1)] §§ 5–13, 14 Abs. 1 Nr. 1 und 5 sowie § 15 ZKG sind gem. Art. 9 Abs. 1 G v. 11.4.2016 (BGBl. I S. 720) iVm Bek. v. 6.6.2018 (BGBl. I S. 668) am 31.10.2018 in Kraft getreten.

[2)] Nr. **24**.

(2) Im Rahmen der Angaben nach Absatz 1 sind auch Kosten und Vertragsstrafen zu nennen, die in Bezug auf die angebotenen Dienste oder Pakete angefallen sind.

§ 12[1)] Verwendung der standardisierten Zahlungskontenterminologie, Währungsangaben und Sprache der Entgeltaufstellung. (1) [1] Für die Bezeichnung der in der Entgeltaufstellung genannten maßgeblichen Zahlungskontendienste ist die standardisierte Zahlungskontenterminologie zu verwenden. [2] Andere Bezeichnungen dürfen in der Entgeltaufstellung nur zusätzlich zur standardisierten Zahlungskontenterminologie und als untergeordnete Bezeichnungen für die jeweiligen Dienste verwendet werden.

(2) Entgelte sind in der Währung des Zahlungskontos oder in der Währung eines Mitgliedstaates der Europäischen Union anzugeben, auf die sich Verbraucher und Zahlungsdienstleister geeinigt haben.

(3) Die Entgeltaufstellung muss in deutscher Sprache abgefasst sein, wenn Verbraucher und Zahlungsdienstleister nichts anderes vereinbart haben.

§ 13[1)] Form und Gestaltung der Entgeltaufstellung. (1) [1] Die Entgeltaufstellung muss dem Verbraucher in Textform zur Verfügung gestellt werden. [2] Der Verbraucher kann verlangen, dass ihm die Entgeltaufstellung auf Papier zur Verfügung gestellt wird.

(2) [1] Die Entgeltaufstellung muss so gestaltet sein, dass sie klar und leicht verständlich ist. [2] Schriftart und Schriftgröße müssen so gewählt werden, dass die Entgeltaufstellung gut lesbar ist.

(3) [1] Die Entgeltaufstellung muss den Anforderungen des von der Europäischen Kommission gemäß Artikel 5 Absatz 4 der Richtlinie 2014/92/EU festgelegten standardisierten Präsentationsformats entsprechen. [2] Das Dokument muss am oberen Ende der ersten Seite mit „Entgeltaufstellung" überschrieben sein. [3] Neben der Überschrift ist das gemeinsame Symbol zur Unterscheidung der Entgeltaufstellung von anderen Unterlagen anzubringen, das gemäß Artikel 5 Absatz 4 der Richtlinie 2014/92/EU von der Europäischen Kommission festgelegt worden ist.

(4) Zahlungsdienstleister genügen den Anforderungen an die Gestaltung der Entgeltaufstellung nach den Absätzen 2 und 3, wenn sie das von der Bundesanstalt für Finanzdienstleistungsaufsicht nach § 47 Absatz 2 für Entgeltaufstellungen veröffentlichte Muster verwenden.

§ 14[2)] Allgemeine Informationspflichten der Zahlungsdienstleister.

(1) Ein Zahlungsdienstleister, der sich öffentlich zur Führung von Zahlungskonten für Verbraucher erboten hat, hat Verbrauchern ergänzend zu den in § 675a des Bürgerlichen Gesetzbuchs[3)] genannten Informationen unentgeltlich die folgenden Angaben in Textform jederzeit leicht zugänglich zur Verfügung zu stellen:

1. eine Entgeltinformation zu den angebotenen Zahlungskonten nach den §§ 6 bis 8 und 9 Absatz 2 bis 4,

---

[1)] §§ 5–13, 14 Abs. 1 Nr. 1 und 5 sowie § 15 ZKG sind gem. Art. 9 Abs. 1 G v. 11.4.2016 (BGBl. I S. 720) iVm Bek. v. 6.6.2018 (BGBl. I S. 668) am 31.10.2018 in Kraft getreten.

[2)] § 14 Abs. 1 Nr. 1 und 5 sind gem. Art. 9 Abs. 1 G v. 11.4.2016 (BGBl. I S. 720) iVm Bek. v. 6.6.2018 (BGBl. I S. 668) am 31.10.2018 in Kraft getreten.

[3)] Nr. **24**.

2. Informationen in Bezug auf die Merkmale, Entgelte sowie Kosten und Nutzungsbedingungen der angebotenen Basiskonten nach Abschnitt 5, wobei diese Informationen auch auf besonders schutzbedürftige Verbraucher, Verbraucher ohne festen Wohnsitz, Geduldete, Asylsuchende und Verbraucher, die über kein Zahlungskonto verfügen, ausgerichtet sein müssen,
3. einen Hinweis darauf, ob der Abschluss und der Inhalt eines Basiskontovertrags sowie die tatsächliche Nutzung des hiervon umfassten Leistungsangebots von in § 32 Absatz 1 genannten Voraussetzungen abhängig gemacht werden und dass der Zugang zu einem Basiskonto von keinen zusätzlichen Voraussetzungen oder der Vereinbarung zusätzlicher Dienste abhängig gemacht werden darf,
4. Informationen zur Kontenwechselhilfe nach Abschnitt 3 unter Einschluss der Pflichten der beteiligten Zahlungsdienstleister, der hierfür geltenden Fristen, der vom Verbraucher geschuldeten Entgelte, der Kosten, der beim Verbraucher anzufordernden Informationen sowie der einschlägigen Verfahren vor einer Verbraucherschlichtungsstelle nach § 14 des Unterlassungsklagengesetzes sowie
5. ein klar und verständlich abgefasstes Glossar zu mit einem Zahlungskonto verbundenen Diensten, das mindestens die maßgeblichen Zahlungskontendienste sowie die Begriffsbestimmungen nennen muss, die von der Europäischen Kommission zur standardisierten Zahlungskontenterminologie zu diesen Diensten festgelegt worden sind.

(2) Absatz 1 Nummer 2 und 3 gilt nur für Institute, die Zahlungskonten auf dem Markt anbieten.

(3) [1] Die Informationen nach Absatz 1 Nummer 1, 4 und 5 sind Verbrauchern in den Geschäftsräumen des Zahlungsdienstleisters zur Verfügung zu stellen. [2] Verfügt der Zahlungsdienstleister über einen Internetauftritt, so sind diese Informationen auch dort zur Verfügung zu stellen.

(4) Die Informationen nach Absatz 1 Nummer 1 und 5 sind Verbrauchern auf Verlangen auch mitzuteilen.

(5) Zahlungsdienstleister genügen den Anforderungen an die Gestaltung und den Inhalt des Glossars nach Absatz 1 Nummer 5, wenn sie das von der Bundesanstalt für Finanzdienstleistungsaufsicht nach § 47 Absatz 2 für dieses Glossar veröffentlichte Muster verwenden.

§ 15[1)] Allgemeine Verwendung der standardisierten Zahlungskontenterminologie. [1] Ein Zahlungsdienstleister, der sich öffentlich zur Führung von Zahlungskonten für Verbraucher erboten hat, hat die standardisierte Zahlungskontenterminologie auch für die Bezeichnung der maßgeblichen Zahlungskontendienste in anderen für Verbraucher bestimmten Informationen als der Entgeltinformation und der Entgeltaufstellung zu verwenden. [2] Andere Bezeichnungen dürfen in diesen anderen Informationen für diese Dienste des Zahlungsdienstleisters nur dann verwendet werden, wenn der Zahlungsdienstleister zusätzlich eindeutig angibt, mit welchen Begriffen aus der standardisierten Zahlungskontenterminologie die betreffenden Dienste bezeichnet werden.

---

1) §§ 5–13, 14 Abs. 1 Nr. 1 und 5 sowie § 15 ZKG sind gem. Art. 9 Abs. 1 G v. 11.4.2016 (BGBl. I S. 720) iVm Bek. v. 6.6.2018 (BGBl. I S. 668) am 31.10.2018 in Kraft getreten.

Unterabschnitt 2. Vergleichswebsites

§ 16[1] Zertifizierung als Vergleichswebsite nach dem Zahlungskontengesetz, Berechtigung zur Führung dieser Bezeichnung sowie zur Verwendung des Zertifizierungssymbols. (1) Dem Betreiber einer Website, die die in § 17 genannten Kriterien in der in § 18 vorgeschriebenen Art und Weise für den Verbraucher entgeltfrei vergleicht (Vergleichswebsite), ist auf Antrag ein Zertifikat durch die akkreditierten Konformitätsbewertungsstellen zu erteilen.

(2) Das Zertifikat nach Absatz 1 berechtigt den Betreiber der Website zur Führung der Bezeichnung „Vergleichswebsite nach dem Zahlungskontengesetz“ sowie zur Verwendung des Zertifizierungssymbols.

§ 17[1] Anforderungen an Vergleichskriterien. Der Betreiber einer Vergleichswebsite muss auf dieser Vergleichswebsite das Angebot verschiedener Zahlungsdienstleister, die Zahlungskontendienste anbieten und Zahlungskonten führen, mindestens anhand der folgenden Kriterien vergleichen:

1. die von den Zahlungsdienstleistern erhobenen Entgelte für die maßgeblichen Zahlungskontendienste sowie etwaige Kosten und Vertragsstrafen, die in Bezug auf die angebotenen Dienste oder Pakete vorgesehen sind,
2. das Filialnetz,
3. das Geldautomatennetz und
4. den Sollzinssatz für eingeräumte Überziehungsmöglichkeiten gemäß § 504 des Bürgerlichen Gesetzbuchs[2] und für geduldete Überziehungen gemäß § 505 des Bürgerlichen Gesetzbuchs.

§ 18[1] Weitere Anforderungen an Vergleichswebsites. Eine Vergleichswebsite muss

1. unabhängig betrieben werden, wobei sicherzustellen ist, dass Zahlungsdienstleister bei den Vergleichsergebnissen gleichbehandelt werden;
2. ihre Betreiber nennen;
3. klare und objektive Kriterien verwenden, auf die sich der Vergleich stützt;
4. leicht verständliche und eindeutige Sprache sowie die standardisierte Zahlungskontenterminologie für die maßgeblichen Zahlungskontendienste verwenden;
5. korrekte und aktuell gehaltene Informationen bereitstellen und den Zeitpunkt der letzten Aktualisierung angeben;
6. genügend Zahlungskontenangebote enthalten, damit ein wesentlicher Teil des deutschen Marktes abgedeckt wird, und, falls die angebotenen Informationen keine vollständige Marktübersicht darstellen, eine eindeutige diesbezügliche Erklärung geben, bevor sie Ergebnisse anzeigt, und
7. ein wirksames Verfahren für die Meldung unrichtiger Informationen über Entgelte, Kosten und Vertragsstrafen vorsehen.

§ 19[1] Verordnungsermächtigung; Verwaltungsvorschriften. (1) Das Bundesministerium der Finanzen wird ermächtigt, im Einvernehmen mit dem Bundesministerium der Justiz und für Verbraucherschutz Rechtsverordnungen ohne Zustimmung des Bundesrates zu erlassen

---

[1] §§ 16–19 ZKG sind gem. Art. 9 Abs. 1a G v. 11.4.2016 (BGBl. I S. 720, insoweit geänd. durch G v. 10.7.2018, BGBl. I S. 1102) am 14.7.2018 in Kraft getreten.

[2] Nr. **24**.

1. zur Konkretisierung und Ergänzung der in den §§ 17 und 18 genannten Anforderungen,
2. zur Festlegung der an Akkreditierung und Konformitätsbewertung im Zusammenhang mit Vergleichswebsites gestellten Anforderungen,
3. zum Schutz und zur Gestaltung des Zertifizierungssymbols für Vergleichswebsites, insbesondere zu dessen Aufmachung, Zusammensetzung und Größe, und
4. zur Verwendung des Zertifizierungssymbols.

(2) Das Bundesministerium der Finanzen bestimmt im Einvernehmen mit dem Bundesministerium der Justiz und für Verbraucherschutz durch Rechtsverordnung ohne Zustimmung des Bundesrates die für die Ausführung dieses Unterabschnittes und der auf ihm beruhenden Rechtsvorschriften zuständigen Behörden und Stellen.

(3) Das Bundesministerium der Finanzen wird ermächtigt, im Einvernehmen mit dem Bundesministerium der Justiz und für Verbraucherschutz durch Rechtsverordnung ohne Zustimmung des Bundesrates zur Erfüllung der in den §§ 17 und 18 genannten Vorgaben für Vergleichswebsites

1. Zahlungsdienstleister zu verpflichten, einer Behörde oder einer anderen in der Rechtsverordnung zu benennenden Stelle die Vergleichskriterien nach § 17 bereitzustellen oder ihr diese zu übermitteln, sowie
2. nähere Bestimmungen zum Zeitpunkt sowie zur Art und Form der Bereitstellung oder Übermittlung der Vergleichskriterien nach § 17 zu erlassen.

(4) Das Bundesministerium der Finanzen kann im Einvernehmen mit dem Bundesministerium der Justiz und für Verbraucherschutz Verwaltungsvorschriften erlassen, die für die Ausführung dieses Unterabschnittes und der auf ihm beruhenden Rechtsvorschriften durch die zuständigen Behörden und Stellen erforderlich sind.

Abschnitt 3. Kontenwechselhilfe

Unterabschnitt 1. Anspruch auf Kontenwechselhilfe

§ 20[1)] Verpflichtung zur Gewährung von Kontenwechselhilfe. (1) [1] Im Zusammenhang mit einem Wechsel von einem beim übertragenden Zahlungsdienstleister geführten Zahlungskonto zu einem beim empfangenden Zahlungsdienstleister geführten Zahlungskonto sind die Zahlungsdienstleister verpflichtet, dem Verbraucher auf dessen Wunsch Unterstützungsleistungen zu erbringen (Kontenwechselhilfe). [2] Die Kontenwechselhilfe erfolgt nach Maßgabe dieses und des folgenden Unterabschnittes.

(2) Die Verpflichtung gemäß Absatz 1 besteht nicht, wenn

1. der übertragende oder der empfangende Zahlungsdienstleister nicht im Geltungsbereich dieses Gesetzes ansässig ist oder
2. die betreffenden Zahlungskonten des Verbrauchers bei den beteiligten Zahlungsdienstleistern nicht in derselben Währung geführt werden.

(3) Die Kontenwechselhilfe darf nur gewährt werden, wenn der Verbraucher und gegebenenfalls jeder weitere Inhaber der betroffenen Zahlungskonten eine

---

1) §§ 20–29 ZKG sind gem. Art. 9 Abs. 2 G v. 11.4.2016 (BGBl. I S. 720) am 18.9.2016 in Kraft getreten.

den Anforderungen des § 21 entsprechende Ermächtigung zur Kontenwechselhilfe erteilt hat.

§ 21[1)] Ermächtigung des Kontoinhabers. (1) [1] Eine Ermächtigung zur Kontenwechselhilfe bedarf der Schriftform. [2] Sie muss in deutscher Sprache verfasst sein, es sei denn, die beteiligten Zahlungsdienstleister und der Inhaber des betroffenen Zahlungskontos haben sich auf eine andere Sprache geeinigt. [3] Jeder der beteiligten Zahlungsdienstleister hat dem Verbraucher sowie gegebenenfalls jedem weiteren Inhaber der betroffenen Zahlungskonten auf dessen Wunsch unverzüglich ein Formular für die Ermächtigung zu übermitteln. [4] Dem Verbraucher ist eine Kopie der erteilten Ermächtigung auszuhändigen.

(2) Das Formular für die Ermächtigung muss so gestaltet sein, dass der Inhaber des betroffenen Zahlungskontos die Möglichkeit hat, eine Ermächtigung in Schriftform zu erteilen, in der er

1. dem übertragenden Zahlungsdienstleister für die Ausführung jeder der in den §§ 22 und 23 genannten Leistungen separat seine ausdrückliche Einwilligung erteilen kann,
2. dem empfangenden Zahlungsdienstleister für die Ausführung jeder der in den §§ 22 und 24 genannten Leistungen separat seine ausdrückliche Einwilligung erteilen kann,
3. die einzelnen eingehenden Überweisungen, Daueraufträge und Lastschriftmandate bestimmen kann, die von der Kontenwechselhilfe erfasst werden sollen,
4. Daten bestimmen kann, ab denen der übertragende Zahlungsdienstleister für das bei ihm geführte Zahlungskonto Lastschriften und eingehende Überweisungen nicht mehr akzeptieren sowie Daueraufträge nicht mehr ausführen und Zahlungsauthentifizierungsinstrumente sperren soll sowie zu denen er das bei ihm geführte Zahlungskonto schließen und einen verbleibenden positiven Saldo auf das beim empfangenden Zahlungsdienstleister geführte Zahlungskonto überweisen soll, und
5. Daten bestimmen kann, ab denen Daueraufträge von dem beim empfangenden Zahlungsdienstleister geführten Zahlungskonto ausgeführt und Lastschriften akzeptiert werden sollen.

(3) Ein Zahlungsdienstleister kann sich des Musterformulars in Anlage 1 bedienen, das den Anforderungen des Absatzes 2 entspricht.

(4) Die Ermächtigung nach Absatz 1 kann abweichend von Absatz 1 Satz 1 auch im Online-Banking durch den Inhaber des betroffenen Zahlungskontos erteilt werden.

Unterabschnitt 2. Pflichten der beteiligten Zahlungsdienstleister

§ 22[1)] Einleitung des Kontenwechsels über den empfangenden Zahlungsdienstleister. Der empfangende Zahlungsdienstleister hat auf Verlangen des Verbrauchers innerhalb von zwei Geschäftstagen nach Erhalt der Ermächtigung zur Kontenwechselhilfe den übertragenden Zahlungsdienstleister aufzufordern, folgende Leistungen zu erbringen, soweit die Ermächtigung zur Kontenwechselhilfe dies vorsieht:

[1)] §§ 20–29 ZKG sind gem. Art. 9 Abs. 2 G v. 11.4.2016 (BGBl. I S. 720) am 18.9.2016 in Kraft getreten.

1. dem empfangenden Zahlungsdienstleister und dem Verbraucher eine Liste der bestehenden Daueraufträge und die beim übertragenden Zahlungsdienstleister verfügbaren Informationen zu Lastschriftmandaten zu übermitteln, die bei dem Kontowechsel transferiert werden,
2. dem empfangenden Zahlungsdienstleister und dem Verbraucher die verfügbaren Informationen über eingehende Überweisungen und vom Zahlungsempfänger veranlasste Lastschriften auf dem Zahlungskonto des Verbrauchers in den vorangegangenen 13 Monaten zu übermitteln,
3. Lastschriften und eingehende Überweisungen mit Wirkung ab dem in der Ermächtigung hierzu bestimmten Datum gemäß § 21 Absatz 2 Nummer 4 nicht mehr zu akzeptieren, wenn der übertragende Zahlungsdienstleister keinen Mechanismus für die automatische Umleitung der Lastschriften und eingehenden Überweisungen auf das beim empfangenden Zahlungsdienstleister geführte Zahlungskonto des Verbrauchers vorsieht,
4. Daueraufträge mit Wirkung ab dem in der Ermächtigung hierzu bestimmten Datum gemäß § 21 Absatz 2 Nummer 4 nicht mehr auszuführen,
5. einen auf dem Zahlungskonto des Verbrauchers verbliebenen positiven Saldo zu dem in der Ermächtigung hierzu bestimmten Datum gemäß § 21 Absatz 2 Nummer 4 auf das beim empfangenden Zahlungsdienstleister geführte oder eröffnete Zahlungskonto zu überweisen und
6. das beim übertragenden Zahlungsdienstleister geführte Zahlungskonto des Verbrauchers zu dem in der Ermächtigung hierzu bestimmten Datum gemäß § 21 Absatz 2 Nummer 4 zu schließen.

§ 23[1)] Pflichten des übertragenden Zahlungsdienstleisters. (1) Der übertragende Zahlungsdienstleister hat nach Erhalt einer entsprechenden Aufforderung nach § 22 folgende Leistungen zu erbringen, soweit die Ermächtigung zur Kontenwechselhilfe dies vorsieht:

1. dem empfangenden Zahlungsdienstleister und dem Verbraucher die Listen und Informationen gemäß § 22 Nummer 1 und 2 innerhalb von fünf Geschäftstagen zu senden,
2. Lastschriften und eingehende Überweisungen mit Wirkung ab dem in der Ermächtigung hierzu bestimmten Datum gemäß § 21 Absatz 2 Nummer 4 nicht mehr zu akzeptieren, wenn er keinen Mechanismus für die automatische Umleitung der Lastschriften und der eingehenden Überweisungen auf das beim empfangenden Zahlungsdienstleister geführte Zahlungskonto des Verbrauchers vorsieht, sowie Zahlungsempfänger und Zahler dieser nicht akzeptierten Zahlungsvorgänge darüber zu informieren, aus welchem Grund sie nicht akzeptiert wurden,
3. Daueraufträge mit Wirkung ab dem in der Ermächtigung hierzu bestimmten Datum gemäß § 21 Absatz 2 Nummer 4 nicht mehr auszuführen,
4. den auf dem Zahlungskonto des Verbrauchers verbliebenen positiven Saldo zu dem in der Ermächtigung hierzu bestimmten Datum gemäß § 21 Absatz 2 Nummer 4 auf das beim empfangenden Zahlungsdienstleister geführte oder eröffnete Zahlungskonto zu überweisen und

1) §§ 20–29 ZKG sind gem. Art. 9 Abs. 2 G v. 11.4.2016 (BGBl. I S. 720) am 18.9.2016 in Kraft getreten.

5. das beim übertragenden Zahlungsdienstleister geführte Zahlungskonto des Verbrauchers unbeschadet des § 675h Absatz 1 des Bürgerlichen Gesetzbuchs[1] zu dem in der Ermächtigung hierzu bestimmten Datum gemäß § 21 Absatz 2 Nummer 4 zu schließen, wenn die Schritte nach den Nummern 1, 2 und 4 vollzogen wurden.

(2) Der übertragende Zahlungsdienstleister darf unbeschadet des § 675k Absatz 2 des Bürgerlichen Gesetzbuchs vom Verbraucher eingesetzte Zahlungsauthentifizierungsinstrumente nicht vor dem in der Ermächtigung hierzu bestimmten Datum gemäß § 21 Absatz 2 Nummer 4 sperren.

§ 24[2] Abschluss des Kontenwechsels durch den empfangenden Zahlungsdienstleister. (1) Der empfangende Zahlungsdienstleister hat innerhalb von fünf Geschäftstagen nach Erhalt der Listen und Informationen nach § 23 Absatz 1 Nummer 1 folgende Leistungen zu erbringen, soweit die Ermächtigung zur Kontenwechselhilfe dies vorsieht:

1. die vom Verbraucher gewünschten Daueraufträge einzurichten und sie mit Wirkung ab dem in der Ermächtigung hierzu bestimmten Datum gemäß § 21 Absatz 2 Nummer 5 auszuführen,
2. die notwendigen Vorkehrungen zu treffen, um Lastschriften zu akzeptieren, und sie mit Wirkung ab dem in der Ermächtigung hierzu bestimmten Datum gemäß § 21 Absatz 2 Nummer 5 zu akzeptieren,
3. den in der Ermächtigung genannten Zahlern, die Überweisungen auf das Zahlungskonto des Verbrauchers tätigen, die Angaben zur neuen Zahlungskontoverbindung des Verbrauchers beim empfangenden Zahlungsdienstleister mitzuteilen und ihnen eine Kopie der hierauf bezogenen Ermächtigung des Verbrauchers zu übermitteln,
4. soweit er nicht über alle Informationen verfügt, die er für die Mitteilung nach Nummer 3 benötigt, den Verbraucher oder den übertragenden Zahlungsdienstleister aufzufordern, ihm die fehlenden Informationen mitzuteilen,
5. den in der Ermächtigung genannten Zahlungsempfängern, die im Lastschriftverfahren Geldbeträge vom Zahlungskonto des Verbrauchers abbuchen, die Angaben zur neuen Zahlungskontoverbindung des Verbrauchers beim empfangenden Zahlungsdienstleister sowie das in der Ermächtigung hierzu bestimmte Datum gemäß § 21 Absatz 2 Nummer 5, ab dem Lastschriften von diesem Zahlungskonto abzubuchen sind, mitzuteilen und ihnen eine Kopie der hierauf bezogenen Ermächtigung des Verbrauchers zu übermitteln,
6. soweit er nicht über alle Informationen verfügt, die er für die Mitteilung nach Nummer 5 benötigt, den Verbraucher oder den übertragenden Zahlungsdienstleister aufzufordern, ihm die fehlenden Informationen mitzuteilen, sowie
7. den Verbraucher über seine Rechte, soweit einschlägig, zu informieren,
   a) Lastschrifteinzüge auf einen bestimmten Betrag oder eine bestimmte Periodizität oder beides zu begrenzen,
   b) den empfangenden Zahlungsdienstleister zu beauftragen, falls das Lastschriftmandat gemäß dem Zahlungsverfahren kein Erstattungsrecht vorsieht, vor Belastung seines Zahlungskontos jede Lastschrift anhand der Mandatsanga-

---

[1] Nr. **24**.

[2] §§ 20–29 ZKG sind gem. Art. 9 Abs. 2 G v. 11.4.2016 (BGBl. I S. 720) am 18.9.2016 in Kraft getreten.

ben zu überprüfen und zu kontrollieren, ob der Betrag und die Periodizität der vorgelegten Lastschrift den Vereinbarungen im Mandat entsprechen, und

c) sämtliche auf sein Zahlungskonto bezogenen Lastschriften oder sämtliche von einem oder mehreren genannten Zahlungsempfängern veranlassten Lastschriften zu blockieren oder lediglich durch einen oder mehrere genannte Zahlungsempfänger veranlasste Lastschriften zu autorisieren.

(2) Statt der Mitteilung an die Zahler gemäß Absatz 1 Nummer 3 oder der Mitteilung an die Zahlungsempfänger gemäß Absatz 1 Nummer 5 kann der Verbraucher vom empfangenden Zahlungsdienstleister verlangen, ihm Musterschreiben zur Verfügung zu stellen, die die Angaben zur neuen Zahlungskontoverbindung sowie das in der Ermächtigung hierzu bestimmte Datum gemäß § 21 Absatz 2 Nummer 5, ab dem Lastschriften von diesem Zahlungskonto abzubuchen sind, enthalten.

(3) Liegt ein in der Ermächtigung bestimmtes Datum gemäß § 21 Absatz 2 Nummer 5 nicht mindestens sechs Geschäftstage nach dem Erhalt der Listen und Informationen nach § 23 Absatz 1 Nummer 1 durch den empfangenden Zahlungsdienstleister, so tritt an die Stelle dieses in der Ermächtigung bestimmten Datums der sechste Geschäftstag nach dem Erhalt der Listen und Informationen.

§ 25[1)] Haftung bei Pflichtverletzungen. Der empfangende und der übertragende Zahlungsdienstleister haften dem Verbraucher für Schäden aus einer Verletzung ihrer Pflichten nach diesem und dem vorangegangenen Unterabschnitt als Gesamtschuldner nach den allgemeinen Vorschriften.

Unterabschnitt 3. Entgelte, Kosten und Verbot von Vertragsstrafen

§ 26[1)] Entgelte, Kosten und Verbot von Vertragsstrafen. (1) [1] Ein Zahlungsdienstleister hat für die Erfüllung seiner Pflichten nach den Unterabschnitten 1 und 2 nur dann einen Entgeltanspruch gegenüber dem Verbraucher, wenn dies zwischen dem Verbraucher und dem Zahlungsdienstleister vereinbart worden ist. [2] Dieses Entgelt muss angemessen und an den tatsächlichen Kosten des Zahlungsdienstleisters ausgerichtet sein.

(2) Absatz 1 Satz 2 gilt für Vereinbarungen über zu erstattende Kosten entsprechend.

(3) Ein Entgelt oder die Erstattung von Kosten darf mit dem Verbraucher nicht vereinbart werden für

1. den Zugang des Verbrauchers zu seinen personenbezogenen Daten im Zusammenhang mit bestehenden Daueraufträgen und Lastschriften, die beim betreffenden Zahlungsdienstleister vorhanden sind,
2. die Übersendung der Informationen und Listen nach § 23 Absatz 1 Nummer 1 sowie
3. die Schließung des beim übertragenden Zahlungsdienstleister geführten Zahlungskontos des Verbrauchers.

(4) Der übertragende Zahlungsdienstleister darf mit dem empfangenden Zahlungsdienstleister weder ein Entgelt noch die Erstattung von Kosten für die Über-

---

1) §§ 20–29 ZKG sind gem. Art. 9 Abs. 2 G v. 11.4.2016 (BGBl. I S. 720) am 18.9.2016 in Kraft getreten.

sendung der Informationen und Listen nach § 23 Absatz 1 Nummer 1 vereinbaren.

(5) Eine Vereinbarung, nach der der Verbraucher eine Vertragsstrafe im Zusammenhang mit der Kontenwechselhilfe nach diesem Abschnitt schuldet, ist unzulässig.

Abschnitt 4. Grenzüberschreitende Kontoeröffnung

§ 27[1)] Verpflichtung des Zahlungsdienstleisters zur Erleichterung einer grenzüberschreitenden Kontoeröffnung. (1) Teilt der Verbraucher einem Zahlungsdienstleister, bei dem für ihn ein Zahlungskonto geführt wird, mit, dass er bei einem europäischen Zahlungsdienstleister ein Zahlungskonto eröffnen möchte, so hat der Zahlungsdienstleister die in § 29 genannten Handlungen vorzunehmen, soweit der Verbraucher ihn hierzu gemäß § 28 auffordert.

(2) Auf die Mitteilung nach Absatz 1 hat der Zahlungsdienstleister dem Verbraucher unentgeltlich das Formular nach Anlage 2 zur Datenabfrage für die grenzüberschreitende Kontoeröffnung zu übermitteln.

§ 28[1)] Aufforderung durch den Verbraucher. (1) [1]Die Aufforderung durch den Verbraucher zur Vornahme der in § 29 genannten Handlungen muss das Datum enthalten, zu welchem diese Handlungen vorgenommen werden sollen. [2]Dieses Datum muss mindestens sechs Geschäftstage nach dem Eingang der Aufforderung beim Zahlungsdienstleister liegen. [3]Dies gilt nicht, sofern der Verbraucher und der Zahlungsdienstleister ausdrücklich etwas anderes vereinbart haben. [4]Fehlt eine Datumsangabe oder entspricht sie nicht den in Satz 2 genannten Voraussetzungen, so gilt die Aufforderung als für den siebten Geschäftstag nach ihrem Eingang beim Zahlungsdienstleister erteilt.

(2) Verlangt der Verbraucher die Übertragung eines positiven Saldos seines beim übertragenden Zahlungsdienstleister geführten Zahlungskontos auf das Zahlungskonto, das bei einem anderen europäischen Zahlungsdienstleister eröffnet oder geführt wird, so muss der Verbraucher dem übertragenden Zahlungsdienstleister die IBAN dieses Kontos oder gleichwertige Angaben nennen, die dem Zahlungsdienstleister die Identifizierung des europäischen Zahlungsdienstleisters sowie des dortigen Zahlungskontos des Verbrauchers ermöglichen.

§ 29[1)] Handlungen des Zahlungsdienstleisters zur Erleichterung einer grenzüberschreitenden Kontoeröffnung. Der Zahlungsdienstleister hat auf Aufforderung durch den Verbraucher zu dem gemäß § 28 Absatz 1 maßgeblichen Datum

1. dem Verbraucher unentgeltlich ein Verzeichnis mit Informationen über die folgenden Positionen zu übermitteln:
   a) über vom Verbraucher erteilte laufende Daueraufträge,
   b) über vom Zahler veranlasste, dem Zahlungsdienstleister verfügbare Lastschriftmandate und
   c) über eingehende Überweisungen sowie über die vom Zahlungsempfänger veranlassten Lastschriften auf dem Zahlungskonto des Verbrauchers, bezogen auf die vorangegangenen 13 Monate;

[1)] §§ 20–29 ZKG sind gem. Art. 9 Abs. 2 G v. 11.4.2016 (BGBl. I S. 720) am 18.9.2016 in Kraft getreten.

2. einen verbleibenden positiven Saldo auf dem Zahlungskonto des Verbrauchers an den Verbraucher auszuzahlen oder auf dessen Zahlungskonto bei einem anderen europäischen Zahlungsdienstleister zu überweisen, sofern die Aufforderung des Verbrauchers die nach § 28 Absatz 2 und 3 erforderlichen Angaben enthält, und
3. das Zahlungskonto des Verbrauchers zu schließen; § 675h Absatz 1 des Bürgerlichen Gesetzbuchs[1] bleibt unberührt.

Abschnitt 5. Zahlungskonten mit grundlegenden Funktionen

Unterabschnitt 1. Anwendungsbereich

§ 30 Anwendungsbereich. (1) Dieser Abschnitt gilt für Zahlungsdiensterahmenverträge über die Führung eines Zahlungskontos für Verbraucher mit grundlegenden Funktionen (Basiskontoverträge).

(2) Ein Zahlungskonto mit grundlegenden Funktionen (Basiskonto) ist ein bei einem Institut geführtes Zahlungskonto, das folgende Kriterien erfüllt:
1. mit ihm wird mindestens die Erbringung von Zahlungsdiensten im Sinne des § 38 Absatz 2 Nummer 1 und 2 ermöglicht und
2. es wird auf Grund eines Basiskontovertrags geführt, der
   a) vom Kontoinhaber auf Grund der Geltendmachung eines Anspruchs auf Abschluss eines Basiskontovertrags mit dem nach § 31 Absatz 1 Satz 1 Verpflichteten geschlossen worden ist oder
   b) zwischen dem Kontoinhaber und dem kontoführenden Institut in anderer als in Buchstabe a bezeichneter Weise auf Grund eines angebotenen Zahlungsdiensterahmenvertrags über die Führung eines Basiskontos bei ausdrücklicher Bezeichnung des Zahlungskontos als Basiskonto geschlossen worden ist.

(3) [1] Wenn es sich bei dem Institut um eine rechtlich nicht selbständige Zweigniederlassung nach § 53b Absatz 1 des Kreditwesengesetzes[2] oder eine Zweigstelle nach § 53 des Kreditwesengesetzes handelt, so ist Träger der Rechte und Pflichten des Instituts nach diesem Abschnitt das Unternehmen mit Sitz im Ausland, das diese Zweigniederlassung oder Zweigstelle betreibt. [2] Maßgeblich für den Umfang des Angebots des Instituts nach § 38 Absatz 4 ist der Umfang des allgemeinen Angebots des Instituts für Verbraucher in Bezug auf diese Zweigniederlassung oder Zweigstelle.

Unterabschnitt 2. Zugang zu Zahlungskonten mit grundlegenden Funktionen

§ 31 Anspruch auf Abschluss eines Basiskontovertrags. (1) [1] Ein Institut, das Zahlungskonten für Verbraucher anbietet (Verpflichteter), hat mit einem Berechtigten einen Basiskontovertrag zu schließen, wenn dessen Antrag die Voraussetzungen des § 33 erfüllt. [2] Berechtigter ist jeder Verbraucher mit rechtmäßigem Aufenthalt in der Europäischen Union einschließlich Personen ohne festen Wohnsitz und Asylsuchende sowie Personen ohne Aufenthaltstitel, die aber aus rechtlichen oder tatsächlichen Gründen nicht abgeschoben werden können.

---

[1] Nr. **24**.
[2] Nr. **9**.

(2) [1] Der Verpflichtete hat dem Berechtigten den Abschluss des Basiskontovertrags unverzüglich, spätestens jedoch innerhalb von zehn Geschäftstagen nach Eingang des in Absatz 1 genannten Antrags, anzubieten. [2] Der Verpflichtete hat dem Berechtigten den Eingang des Antrags unter Beifügung einer Abschrift des Antrags zu bestätigen.

§ 32 Benachteiligungsfreies Leistungsangebot und Koppelungsverbot.

(1) Der Abschluss und der gesetzlich vorgegebene Inhalt eines Basiskontovertrags nach dem dritten Unterabschnitt sowie die tatsächliche Nutzung des hiervon umfassten Leistungsangebots dürfen nur von den folgenden Voraussetzungen abhängig gemacht werden:

1. von der Zugehörigkeit zu einer bestimmten Berufsgruppe nur dann, wenn sich der Verpflichtete bei der Kontoführung mit seinem Geschäftsmodell ausnahmslos an Personen dieser Berufsgruppe wendet, sowie
2. von dem Erwerb von Geschäftsanteilen eines Verpflichteten, wenn der Verpflichtete diese Anforderung an alle seine Kunden gleichermaßen stellt.

(2) Alle weiteren Koppelungen mit der Nutzung oder der Vereinbarung zusätzlicher Dienstleistungen sind unzulässig.

§ 33 Antrag auf Abschluss eines Basiskontovertrags. (1) [1] Der Antrag des Berechtigten auf Abschluss eines Basiskontovertrags muss alle Angaben enthalten, die für den Abschluss dieses Vertrags erforderlich sind. [2] Dies schließt Angaben darüber ein, ob und gegebenenfalls bei welchem Institut für den Berechtigten bereits ein Zahlungskonto geführt wird, das die Voraussetzungen des § 35 Absatz 1 Satz 2 erfüllt. [3] Der Berechtigte kann bereits bei Stellung des Antrags auf Abschluss eines Basiskontovertrags verlangen, dass der Verpflichtete das Basiskonto als Pfändungsschutzkonto nach § 850k der Zivilprozessordnung führt.

(2) [1] Teilt ein Berechtigter dem Verpflichteten mit, dass er mit diesem einen Basiskontovertrag abschließen möchte, so hat der Verpflichtete dem Berechtigten das Formular nach Anlage 3 unentgeltlich zu übermitteln. [2] Der Berechtigte soll dieses Formular zur Antragstellung nutzen. [3] Hat er es vollständig ausgefüllt, so kann sich der Verpflichtete nicht darauf berufen, dass der Antrag unvollständig sei. [4] Verfügt der Verpflichtete über einen Internetauftritt, so ist das Formular nach Anlage 3 auch dort zur Verfügung zu stellen.

§ 34 Ablehnung des Antrags auf Abschluss eines Basiskontovertrags.

(1) Ein Verpflichteter kann den Antrag eines Berechtigten auf Abschluss eines Basiskontovertrags, der den Voraussetzungen des § 33 Absatz 1 genügt, nur aus den in den §§ 35 bis 37 genannten Gründen ablehnen.

(2) Die Ablehnung des Antrags auf Abschluss eines Basiskontovertrags hat der Verpflichtete gegenüber dem Berechtigten unverzüglich, spätestens jedoch zehn Geschäftstage nach Eingang des Antrags des Berechtigten, zu erklären.

(3) [1] Der Verpflichtete hat den Berechtigten mit der Ablehnung des Antrags auf Abschluss eines Basiskontovertrags unentgeltlich in Textform sowie, soweit nicht anders vereinbart, in deutscher Sprache über die Gründe der Ablehnung zu unterrichten. [2] Die Unterrichtung über die Gründe der Ablehnung unterbleibt, soweit hierdurch die öffentliche Sicherheit, insbesondere die gesetzlichen Regelungen zur Verhinderung der Nutzung des Finanzsystems zum Zweck der Geldwäsche

oder der Terrorismusfinanzierung, gefährdet oder gegen ein Verbot der Informationsweitergabe verstoßen würde.

(4) [1] Der Verpflichtete hat den Berechtigten mit der Ablehnung des Antrags auf Abschluss eines Basiskontovertrags unentgeltlich in Textform sowie, soweit nicht anders vereinbart, in deutscher Sprache auch über das Verwaltungsverfahren nach § 48 sowie über das Recht des Berechtigten zu unterrichten, sich an die nach § 14 Absatz 1 des Unterlassungsklagengesetzes zuständige Verbraucherschlichtungsstelle zu wenden. [2] Er hat dem Berechtigten zugleich die Kontaktdaten dieser Stelle mitzuteilen. [3] Der Ablehnungserklärung durch den Verpflichteten ist das Antragsformular nach Anlage 4 beizufügen.

§ 35 Ablehnung wegen eines bereits vorhandenen Zahlungskontos.

(1) [1] Ein Verpflichteter kann den Antrag auf Abschluss eines Basiskontovertrags ablehnen, wenn der Berechtigte bereits Inhaber eines Zahlungskontos bei einem im Geltungsbereich dieses Gesetzes ansässigen Institut ist und er mit diesem Konto die in § 38 Absatz 2 genannten Dienste tatsächlich nutzen kann. [2] Eine tatsächliche Nutzungsmöglichkeit setzt insbesondere voraus, dass der Kunde mit diesen Diensten am Zahlungsverkehr teilnehmen kann. [3] Der Verpflichtete darf den Antrag nicht ablehnen, wenn das Konto gekündigt wurde oder der Berechtigte von der Schließung dieses Zahlungskontos benachrichtigt wurde.

(2) [1] Ein Verpflichteter ist berechtigt, vor Abschluss eines Basiskontovertrags innerhalb der Frist des § 31 Absatz 2 nachzuprüfen, ob der Berechtigte bereits Inhaber eines Zahlungskontos im Sinne des Absatzes 1 ist. [2] Der Verpflichtete darf sich dabei auch an eine Stelle wenden, die geschäftsmäßig personenbezogene Daten, die zur Bewertung der Kreditwürdigkeit herangezogen werden dürfen, zum Zweck der Übermittlung erhebt, speichert oder ändert. [3] Der Verpflichtete darf sich bei dieser Nachprüfung nicht auf Auskünfte dieser Stelle beschränken, wenn deren Auskünfte zu den Angaben des Verbrauchers nach § 33 Absatz 1 Satz 2 in Widerspruch stehen.

§ 36 Ablehnung wegen strafbaren Verhaltens oder wegen Verstoßes gegen ein gesetzliches Verbot. (1) Ein Verpflichteter kann den Antrag auf Abschluss eines Basiskontovertrags ablehnen, wenn

1. der Berechtigte innerhalb der letzten drei Jahre vor Antragstellung wegen einer vorsätzlichen Straftat zum Nachteil dieses Verpflichteten, dessen Mitarbeitern oder Kunden mit Bezug auf deren Stellung als Mitarbeiter oder Kunden des Verpflichteten verurteilt worden ist,
2. der Berechtigte Inhaber eines Basiskontos bei demselben Verpflichteten war und der Verpflichtete den Zahlungsdiensterahmenvertrag über die Führung dieses Basiskontos innerhalb des letzten Jahres vor Antragstellung nach § 42 Absatz 4 Nummer 1 berechtigt gekündigt hat oder
3. der Verpflichtete die Sorgfaltspflichten im Hinblick auf die Aufnahme und das Unterhalten einer Geschäftsbeziehung zu diesem Berechtigten nach § 10 Absatz 1 Nummer 1 bis 3 des Geldwäschegesetzes[1)] oder nach § 25j des Kreditwesengesetzes[2)] nicht erfüllen kann oder bei der Begründung der Ablehnung gegen das Verbot der Informationsweitergabe nach § 47 Absatz 1 des Geldwäschegesetzes verstoßen würde.

[1)] Nr. **18**.
[2)] Nr. **9**.

(2) In den Fällen des Absatzes 1 Nummer 3 hat der Verpflichtete die gemäß § 46 Absatz 2 zuständige Behörde über die Ablehnung und den Ablehnungsgrund zu informieren.

§ 37 Ablehnung bei früherer Kündigung wegen Zahlungsverzugs. Ein Verpflichteter kann den Antrag auf Abschluss eines Basiskontovertrags ablehnen, wenn der Berechtigte Inhaber eines Basiskontos bei demselben Verpflichteten war und dieser Verpflichtete den Zahlungsdiensterahmenvertrag über die Führung dieses Basiskontos innerhalb des letzten Jahres vor Antragstellung nach § 42 Absatz 3 Nummer 2 berechtigt gekündigt hat.

Unterabschnitt 3. Basiskontovertrag

§ 38 Pflicht des kontoführenden Instituts zur Führung eines Basiskontos und zur Erbringung von Diensten in Bezug auf dieses Konto. (1) Durch einen Basiskontovertrag wird das kontoführende Institut verpflichtet, für den Kontoinhaber ein Basiskonto in Euro zu eröffnen und zu führen.

(2) Die Kontoführung nach Absatz 1 muss die Erbringung folgender Zahlungsdienste ohne Kreditgeschäft (Zahlungsgeschäft) ermöglichen:

1. die Dienste, mit denen Bareinzahlungen auf das Zahlungskonto oder Barauszahlungen von dem Zahlungskonto ermöglicht werden (Ein- oder Auszahlungsgeschäft), sowie alle für die Führung eines Zahlungskontos erforderlichen Vorgänge und
2. die Ausführung von Zahlungsvorgängen einschließlich der Übermittlung von Geldbeträgen auf ein Zahlungskonto beim kontoführenden Institut des Kontoinhabers oder bei einem anderen Zahlungsdienstleister durch
   a) die Ausführung von Lastschriften einschließlich einmaliger Lastschriften (Lastschriftgeschäft),
   b) die Ausführung von Überweisungen einschließlich Daueraufträgen (Überweisungsgeschäft),
   c) die Ausführung von Zahlungsvorgängen mittels einer Zahlungskarte oder eines ähnlichen Zahlungsinstruments (Zahlungskartengeschäft).

(3) [1] Barauszahlungen nach Absatz 2 Nummer 1 sind innerhalb des Europäischen Wirtschaftsraums an Schaltern sowie unabhängig von den Geschäftszeiten an Geldautomaten des kontoführenden Instituts oder eines Geldautomatennetzes, dem das kontoführende Institut angehört, zu ermöglichen. [2] Zahlungsdienste nach Absatz 2 Nummer 2 sind auch dann zu ermöglichen, wenn der Zahlungsdienstleister des Zahlungsdienstnutzers, an den die Zahlung des Kontoinhabers erfolgt oder von dem der Kontoinhaber eine Zahlung empfängt, seinen Sitz zwar nicht im Geltungsbereich dieses Gesetzes, aber innerhalb des Europäischen Wirtschaftsraums hat.

(4) [1] Zahlungsdienste nach den Absätzen 2 und 3 sind dem Kontoinhaber in dem Umfang zur Verfügung zu stellen, wie sie von dem kontoführenden Institut Verbrauchern als Inhabern von Zahlungskonten allgemein angeboten werden. [2] Die Anzahl der Zahlungsdienste darf nicht beschränkt werden. [3] Dem Kontoinhaber ist die Erteilung von Aufträgen für die Erbringung von Zahlungsdiensten in den Geschäftsräumen des kontoführenden Instituts oder über alle weiteren vom kontoführenden Institut hierfür allgemein vorgesehenen Kommunikationsformen zu ermöglichen.

§ 39 Vereinbarung weiterer Dienstleistungen. [1] Unbeschadet des § 32 dürfen das kontoführende Institut und der Kontoinhaber zusätzlich Dienstleistungen vereinbaren, die sich auf das Basiskonto beziehen und nicht von § 38 erfasst sind. [2] Dies schließt auch die Vereinbarung einer eingeräumten Überziehungsmöglichkeit gemäß § 504 des Bürgerlichen Gesetzbuchs[1)] oder eines Entgelts für eine geduldete Überziehung gemäß § 505 des Bürgerlichen Gesetzbuchs ein.

§ 40 Benachteiligungsverbot bei der Führung eines Basiskontos. Das kontoführende Institut darf das Basiskonto für den Kontoinhaber im Übrigen nicht zu Bedingungen führen, die benachteiligend sind im Vergleich zu den Bedingungen für Zahlungskonten, die für Verbraucher angeboten werden, die keine Inhaber eines Basiskontos sind.

§ 41 Entgelte, Kosten und Verbot von Vertragsstrafen. (1) Der Kontoinhaber ist verpflichtet, an das kontoführende Institut für die Erbringung von Diensten auf Grund des Basiskontovertrags das vereinbarte Entgelt zu entrichten.

(2) [1] Das Entgelt für die von § 38 erfassten Dienste muss angemessen sein. [2] Für die Beurteilung der Angemessenheit sind insbesondere die marktüblichen Entgelte sowie das Nutzerverhalten zu berücksichtigen. [3] Die Sätze 1 und 2 gelten für Vereinbarungen über vom Kontoinhaber zu erstattende Kosten entsprechend.

(3) Eine Vereinbarung, nach der der Kontoinhaber eine Vertragsstrafe im Zusammenhang mit dem Basiskontovertrag schuldet, ist unzulässig.

(4) Die Unwirksamkeit der Vereinbarung eines Entgelts, eines Kostenerstattungsanspruchs oder einer Vertragsstrafe lässt die Wirksamkeit des Basiskontovertrags im Übrigen unberührt.

§ 42 Kündigung durch das kontoführende Institut. (1) Das kontoführende Institut kann den Basiskontovertrag nur unter den Voraussetzungen der nachfolgenden Absätze kündigen.

(2) Sofern ein entsprechendes Kündigungsrecht vereinbart wurde, kann das kontoführende Institut den Basiskontovertrag unter Einhaltung einer Kündigungsfrist von mindestens zwei Monaten kündigen, wenn

1. über das Basiskonto in mehr als 24 aufeinanderfolgenden Monaten kein vom Kontoinhaber in Auftrag gegebener Zahlungsvorgang ausgeführt wurde,
2. der Kontoinhaber die Voraussetzungen des § 31 Absatz 1 Satz 2 nicht mehr erfüllt,
3. der Kontoinhaber ein weiteres Zahlungskonto, das von ihm nach Maßgabe des § 35 Absatz 1 Satz 1 und 2 genutzt werden kann, im Geltungsbereich dieses Gesetzes eröffnet hat oder
4. der Kontoinhaber eine angekündigte Änderung des Basiskontovertrags nach § 675g des Bürgerlichen Gesetzbuchs[1)] abgelehnt hat, die das kontoführende Institut allen Inhabern von bei ihm geführten entsprechenden Basiskonten wirksam angeboten hat.

(3) Auch ohne Vereinbarung eines entsprechenden Kündigungsrechts kann das kontoführende Institut den Basiskontovertrag unter Einhaltung einer Kündigungsfrist von mindestens zwei Monaten kündigen, wenn der Kontoinhaber

---

[1)] Nr. **24**.

1. eine vorsätzliche Straftat zum Nachteil des kontoführenden Instituts oder dessen Mitarbeitern oder Kunden mit Bezug auf deren Stellung als Mitarbeiter oder Kunden des Instituts begangen oder durch sonstiges vorsätzliches strafbares Verhalten die Interessen des Instituts schwerwiegend verletzt hat und deshalb dem kontoführenden Institut unter Berücksichtigung aller Umstände des Einzelfalls und unter Abwägung der Interessen beider Vertragsteile die Fortsetzung des Vertragsverhältnisses nicht zugemutet werden kann oder
2. mit der Entrichtung eines nicht unerheblichen Teils der dem kontoführenden Institut geschuldeten Entgelte oder Kosten über einen Zeitraum von mehr als drei Monaten in Verzug ist und dieser Betrag 100 Euro übersteigt, und zu besorgen ist, dass aus der Führung des Basiskontos weitere Forderungen entstehen werden, deren Erfüllung nicht gesichert ist.

(4) Das kontoführende Institut kann den Basiskontovertrag ohne Einhaltung einer Kündigungsfrist kündigen, wenn der Kontoinhaber
1. das Zahlungskonto vorsätzlich für Zwecke nutzt, die gegen ein gesetzliches Verbot verstoßen, oder
2. unzutreffende Angaben gemacht hat, um den Basiskontovertrag abschließen zu können, und bei Vorlage der zutreffenden Angaben kein solcher Vertrag mit ihm abgeschlossen worden wäre.

(5) [1] Für eine Kündigung nach Absatz 3 oder Absatz 4 gilt § 314 Absatz 3 und 4 des Bürgerlichen Gesetzbuchs. [2] Für eine Kündigung nach Absatz 3 ist auch § 314 Absatz 2 des Bürgerlichen Gesetzbuchs entsprechend anzuwenden. [3] In diesem Fall unterbleiben die Bestimmung einer Frist zur Abhilfe und eine Abmahnung auch dann, wenn hierdurch die öffentliche Sicherheit, insbesondere die gesetzlichen Regelungen zur Verhinderung der Nutzung des Finanzsystems zum Zweck der Geldwäsche oder der Terrorismusfinanzierung, gefährdet oder gegen ein Verbot der Informationsweitergabe verstoßen würde.

§ 43 Kündigungserklärung des kontoführenden Instituts. (1) [1] Die Kündigung durch das kontoführende Institut ist in Textform zu erklären. [2] Die Kündigung muss klar und verständlich sein. [3] Sie muss, wenn der Verbraucher und das kontoführende Institut nichts anderes vereinbart haben, in deutscher Sprache abgefasst sein.

(2) [1] In der Kündigung ist der Kündigungsgrund anzugeben. [2] Die Angabe des Kündigungsgrundes unterbleibt, soweit hierdurch die öffentliche Sicherheit, insbesondere die gesetzlichen Regelungen zur Verhinderung der Nutzung des Finanzsystems zum Zwecke der Geldwäsche oder der Terrorismusfinanzierung, gefährdet oder gegen ein Verbot der Informationsweitergabe verstoßen würde.

(3) [1] In der Kündigung ist der Kontoinhaber darüber zu informieren, dass er berechtigt ist, sich an die zuständige Behörde gemäß § 46 Absatz 2 und an die nach § 14 Absatz 1 des Unterlassungsklagengesetzes zuständige Verbraucherschlichtungsstelle zu wenden. [2] Dabei sind dem Kontoinhaber die einschlägigen Kontaktdaten mitzuteilen.

(4) Sieht das kontoführende Institut ein Verfahren zum Einlegen einer Beschwerde gegen die Kündigung vor, gilt Absatz 3 entsprechend.

(5) Gibt das kontoführende Institut den Kündigungsgrund wegen Gefährdung der öffentlichen Sicherheit oder wegen eines Verbots der Informationsweitergabe nicht an, so hat das Institut die gemäß § 46 Absatz 2 zuständige Behörde über die Kündigung und den Kündigungsgrund zu informieren.

§ 44 Ordentliche Kündigung durch den Kontoinhaber. [1] Für die ordentliche Kündigung des Basiskontovertrags durch den Kontoinhaber gilt § 675h Absatz 1 des Bürgerlichen Gesetzbuchs[1)]. [2] Das kontoführende Institut ist verpflichtet, das Konto nach Wirksamwerden der Kündigung zu schließen.

§ 45 Unterstützungsleistungen zu Basiskonten. Institute, die Zahlungskonten auf dem Markt für Verbraucher anbieten, haben Verbrauchern jederzeit unentgeltlich Unterstützung in Bezug auf die spezifischen Merkmale, Entgelte und Kosten sowie auf die Nutzungsbedingungen der angebotenen Basiskonten zur Verfügung zu stellen.

Abschnitt 6. Organisationspflichten der Zahlungsdienstleister; zuständige Behörde; Verwaltungsverfahren und Rechtsschutz

§ 46 Organisationspflichten der Zahlungsdienstleister; zuständige Behörde; Aufsicht. (1) Ein Zahlungsdienstleister muss über eine ordnungsgemäße Geschäftsorganisation, über interne Verfahren und über Kontrollsysteme verfügen, die die Erfüllung der Pflichten dieses Gesetzes gewährleisten.

(2) [1] Die Bundesanstalt für Finanzdienstleistungsaufsicht (Bundesanstalt) überwacht die Einhaltung der Pflichten der Zahlungsdienstleister nach diesem Gesetz. [2] Sie ist Kontaktstelle im Sinne des Artikels 22 Absatz 1 Unterabsatz 3 Satz 1 der Richtlinie 2014/92/EU.

(3) [1] Die Bundesanstalt kann gegenüber einem Zahlungsdienstleister oder seinen Geschäftsleitern Anordnungen treffen, die geeignet und erforderlich sind, um Verstöße gegen Pflichten des Zahlungsdienstleisters nach diesem Gesetz zu verhindern oder zu unterbinden. [2] Widerspruch und Anfechtungsklage gegen diese Anordnungen haben keine aufschiebende Wirkung. [3] Für die Durchsetzung der Anordnungen mit Zwangsmitteln ist § 17 des Finanzdienstleistungsaufsichtsgesetzes[2)] anzuwenden.

(4) [1] Die Bundesanstalt kann unanfechtbar gewordene Anordnungen, die sie wegen Verstößen gegen dieses Gesetz getroffen hat, auf ihren Internetseiten nach Maßgabe des § 60b des Kreditwesengesetzes[3)] öffentlich bekannt machen. [2] Die Bekanntmachung soll mindestens für fünf Jahre ab Bestandskraft der Maßnahme oder ab Unanfechtbarkeit der Bußgeldentscheidung auf den Internetseiten der Bundesanstalt veröffentlicht bleiben. [3] Sie ist zu löschen, sobald sie nicht mehr zu Warn- und Informationszwecken erforderlich ist.

(5) Die Bundesanstalt stellt die Erfüllung der Anforderungen des Artikels 3 Absatz 6 der Richtlinie 2014/92/EU sicher.

(6) § 4 Absatz 1a und 4 des Finanzdienstleistungsaufsichtsgesetzes bleibt unberührt.

§ 47 Öffentliche Informationen der Bundesanstalt. (1) Die Bundesanstalt veröffentlicht die Liste der repräsentativsten mit einem Zahlungskonto verbundenen Dienste nach Artikel 3 Absatz 5 der Richtlinie 2014/92/EU.

(2) [1] Die Bundesanstalt veröffentlicht und aktualisiert die nach § 9 Absatz 4, § 13 Absatz 4 und § 14 Absatz 5 vorgegebenen Muster auf ihren Internetseiten.

---

1) Nr. **24**.
2) Nr. **8**.
3) Nr. **9**.

²Nicht mehr aktuelle Fassungen sind zu archivieren und zum Abruf bereitzuhalten.

§ 48 Verwaltungsverfahren. (1) ¹Der Berechtigte kann gegenüber der Bundesanstalt die Durchführung eines Verwaltungsverfahrens nach dieser Vorschrift gegen den Verpflichteten beantragen, wenn dieser

1. den Antrag des Berechtigten auf Abschluss eines Basiskontovertrags ablehnt,
2. über den Antrag nach Nummer 1 nicht innerhalb von zehn Geschäftstagen nach dessen Eingang entscheidet oder
3. ein Basiskonto nicht innerhalb von zehn Geschäftstagen nach Abschluss eines Basiskontovertrags eröffnet.

²Die Frist nach Satz 1 Nummer 3 verringert sich um den Zeitraum, der zwischen dem Eingang des Antrags auf Abschluss eines Basiskontovertrags beim Verpflichteten und dem Zugang des Angebots des Abschlusses des Basiskontovertrags durch den Verpflichteten beim Berechtigten verstrichen ist. ³Die Frist nach Satz 1 Nummer 3 verlängert sich um den Zeitraum, der zwischen dem Zugang des Angebots auf Abschluss des Basiskontovertrags beim Berechtigten und dem Zugang der Annahme dieses Angebots durch den Berechtigten beim Verpflichteten liegt.

(2) Die Beantragung eines Verwaltungsverfahrens nach Absatz 1 ist unzulässig, wenn

1. der Berechtigte wegen der in Absatz 1 Satz 1 Nummer 1 bis 3 genannten Gründe bereits eine Klage gegen den Verpflichteten vor den ordentlichen Gerichten erhoben hat und diese Klage noch anhängig ist oder rechtskräftig über sie entschieden wurde oder
2. wegen der in Absatz 1 Satz 1 Nummer 1 bis 3 genannten Gründe ein Verfahren vor der nach § 14 Absatz 1 des Unterlassungsklagengesetzes zuständigen Verbraucherschlichtungsstelle anhängig ist.

(3) ¹Die Bundesanstalt bestätigt dem Berechtigten schriftlich den Eingang des Antrags auf Durchführung des Verwaltungsverfahrens. ²Den Abschluss des Verwaltungsverfahrens bestätigt sie gleichermaßen.

§ 49 Anordnung bei unrechtmäßiger Ablehnung des Antrags auf Abschluss eines Basiskontovertrags, Untätigkeit und Fristversäumnis.

(1) ¹Verweigert ein Verpflichteter dem Berechtigten den Abschluss eines Basiskontovertrags oder die Eröffnung eines Basiskontos, ordnet die Bundesanstalt gegenüber dem Verpflichteten den Abschluss eines Basiskontovertrags oder die Eröffnung eines Basiskontos zugunsten des Berechtigten an. ²Dies gilt nicht, wenn der Verpflichtete die Voraussetzungen einer Ablehnung des Antrags nach den §§ 34 bis 37 oder das Nichtvorliegen nach § 32 Absatz 1 zulässiger Voraussetzungen gegenüber der Bundesanstalt glaubhaft machen kann. ³In diesem Fall ist der nach § 48 Absatz 1 gestellte Antrag abzulehnen.

(2) Die Anordnung des Abschlusses eines Basiskontovertrags nach Absatz 1 verpflichtet den Verpflichteten, dem Berechtigten ein Angebot auf Abschluss eines Basiskontovertrags zu machen und nach Abschluss des Basiskontovertrags ein Basiskonto zu eröffnen.

(3) Die Bundesanstalt kann von dem Verpflichteten für die Anordnung eine Gebühr nach Maßgabe des § 14 Absatz 1 und 2 des Finanzdienstleistungsaufsichtsgesetzes[1)] sowie der auf dieser Grundlage erlassenen Rechtsverordnung erheben.

§ 50 Klage gegen die Bundesanstalt; Verordnungsermächtigung.

(1) [1] Gegen Anordnungen der Bundesanstalt gegenüber dem Verpflichteten gemäß § 49 Absatz 1 Satz 1 oder gegen Ablehnungen des Antrags des Berechtigten gemäß § 49 Absatz 1 Satz 3 ist die Klage des Verpflichteten oder des Berechtigten zulässig. [2] Die Klage des Berechtigten ist auch gegen die Unterlassung einer beantragten Anordnung der Bundesanstalt zulässig, auf deren Vornahme der Berechtigte ein Recht zu haben behauptet, wenn die Bundesanstalt den Antrag ohne zureichenden Grund nicht binnen eines Monats nach Eingang eines vollständigen und zulässigen Antrags nach § 48 Absatz 1 entschieden hat. [3] Für die Klage ist das Landgericht zuständig, in dessen Bezirk der Verpflichtete seinen Sitz hat. [4] An dem Rechtsstreit sind der Berechtigte, der Verpflichtete und die Bundesanstalt beteiligt.

(2) [1] Vor Erhebung der Klage sind von der Bundesanstalt Rechtmäßigkeit und Zweckmäßigkeit der Anordnung gemäß § 49 Absatz 1 Satz 1 oder 3 in einem Widerspruchsverfahren nachzuprüfen. [2] Die §§ 69 bis 72 sowie § 73 Absatz 1 und 3 der Verwaltungsgerichtsordnung sind entsprechend anzuwenden. [3] Widerspruch und Klage gegen eine Anordnung gemäß § 49 Absatz 1 Satz 1 oder 3 haben keine aufschiebende Wirkung.

(3) [1] Die Klage muss innerhalb eines Monats nach Zustellung des Widerspruchsbescheids schriftlich bei dem zuständigen Gericht erhoben werden. [2] Ergeht ohne zureichenden Grund in angemessener Frist auf einen Antrag keine Anordnung oder auf einen Widerspruch kein Widerspruchsbescheid, so ist die Klage abweichend von Absatz 2 Satz 1 zulässig und nicht an eine Frist gebunden.

(4) [1] Auch wenn einer oder mehrere Beteiligte in einem Verhandlungstermin trotz ordnungsgemäßer Ladung nicht erschienen sind, kann gleichwohl in der Sache verhandelt und entschieden werden. [2] Hält das Gericht die Anordnung der Bundesanstalt für rechtswidrig, hebt es sie auf. [3] Hält es die Ablehnung oder Unterlassung der Anordnung für rechtswidrig, so spricht es die Verpflichtung der Bundesanstalt aus, die beantragte Anordnung zu erlassen.

(5) Das Gericht kann anordnen, dass die Kosten, die zur zweckentsprechenden Erledigung der Angelegenheit notwendig waren, von einem Beteiligten ganz oder teilweise zu erstatten sind, wenn dies der Billigkeit entspricht.

(6) Abweichend von § 78 der Zivilprozessordnung kann sich die Bundesanstalt durch ein Mitglied der Behörde vertreten lassen.

(7) Für das Verfahren gelten die Vorschriften der Zivilprozessordnung entsprechend, soweit sich nicht aus den Vorschriften dieses Gesetzes etwas Abweichendes ergibt.

(8) [1] Die Landesregierungen werden ermächtigt, die Zuständigkeit für Klagen gemäß Absatz 1 sowie für Klagen nach § 51 durch Rechtsverordnung einem Landgericht für die Bezirke mehrerer Landgerichte zuzuweisen. [2] Die Landesregierungen können diese Ermächtigung durch Rechtsverordnung auf die Landesjustizverwaltungen übertragen.

---

1) Nr. 8.

§ 51 Klage gegen den Verpflichteten. (1) Die Vorschriften dieses Abschnitts lassen die Zulässigkeit einer Klage des Berechtigten gegen den Verpflichteten auf Abschluss eines Basiskontovertrags oder auf Eröffnung eines Basiskontos unberührt, soweit Absatz 2 nichts anderes bestimmt.

(2) Die Klage des Berechtigten gegen den Verpflichteten auf Abschluss eines Basiskontovertrags oder auf Eröffnung eines Basiskontos ist unzulässig während der Anhängigkeit eines Verwaltungsverfahrens gemäß den §§ 48 bis 50 zur Durchsetzung des Anspruchs oder bei Vorliegen einer in einem solchen Verfahren ergangenen Entscheidung der Bundesanstalt, die unanfechtbar ist.

(3) Für die Klage ist das Landgericht zuständig, in dessen Bezirk der Verpflichtete seinen Sitz hat.

§ 52 Mitteilung an die Bundesanstalt in Zivilverfahren. In Streitigkeiten vor den Zivilgerichten um die Rechte und Pflichten des Berechtigten und des Verpflichteten auf Grund der Vorschriften dieses Gesetzes, soweit nicht ein Fall des § 50 vorliegt, hat das Gericht der Bundesanstalt eine Abschrift des Schriftsatzes zu übersenden, in dem erstmals in dem betreffenden Verfahren eine Bezugnahme auf die Bestimmungen dieses Gesetzes erfolgt.

Abschnitt 7. Sanktionen

§ 53 Bußgeldvorschriften. (1) Ordnungswidrig handelt, wer vorsätzlich oder fahrlässig

1. entgegen § 10 Satz 2 eine Entgeltaufstellung nicht, nicht richtig, nicht vollständig oder nicht rechtzeitig zur Verfügung stellt,
2. entgegen § 14 Absatz 1 Nummer 1, 3 oder 5 eine Angabe nicht, nicht richtig oder nicht vollständig zur Verfügung stellt,
3. entgegen § 14 Absatz 4 eine Mitteilung nicht, nicht richtig, nicht vollständig oder nicht rechtzeitig macht,
4. entgegen § 15 Satz 1 die standardisierte Zahlungskontenterminologie nicht verwendet,
5. entgegen § 15 Satz 2 eine andere Bezeichnung verwendet,
6. entgegen § 20 Absatz 1 Satz 1 Kontenwechselhilfe nicht oder nicht rechtzeitig erbringt,
7. entgegen § 21 Absatz 1 Satz 3 oder § 27 Absatz 2 ein Formular nicht, nicht richtig oder nicht rechtzeitig übermittelt,
8. entgegen § 22 den übertragenden Zahlungsdienstleister nicht, nicht richtig, nicht vollständig oder nicht rechtzeitig auffordert,
9. entgegen § 23 Absatz 1 oder § 24 Absatz 1 eine Leistung nicht oder nicht rechtzeitig erbringt,
10. entgegen § 23 Absatz 2 ein Zahlungsauthentifizierungsinstrument sperrt,
11. entgegen § 26 Absatz 3, 4 oder 5 ein Entgelt, eine Erstattung von Kosten oder eine Vertragsstrafe vereinbart,
12. entgegen § 29 Nummer 1 ein Verzeichnis nicht, nicht richtig, nicht vollständig oder nicht rechtzeitig übermittelt,
13. entgegen § 29 Nummer 2 einen Saldo nicht, nicht vollständig oder nicht rechtzeitig auszahlt und nicht, nicht vollständig oder nicht rechtzeitig überweist,

14. entgegen § 29 Nummer 3 das Zahlungskonto nicht oder nicht rechtzeitig schließt,
15. entgegen § 31 Absatz 2 Satz 1 den Abschluss eines Basiskontovertrags nicht oder nicht rechtzeitig anbietet,
16. entgegen § 32 Absatz 1, auch in Verbindung mit Absatz 2, den Abschluss eines Basiskontovertrags von einer dort genannten Voraussetzung oder Koppelung abhängig macht oder
17. entgegen § 38 Absatz 1 ein Basiskonto nicht führt.

(2) Die Ordnungswidrigkeit kann in den Fällen des Absatzes 1 Nummer 1 bis 8 und 10 mit einer Geldbuße bis zu fünfzigtausend Euro und in den übrigen Fällen mit einer Geldbuße bis zu dreihunderttausend Euro geahndet werden.

(3) Verwaltungsbehörde im Sinne des § 36 Absatz 1 Nummer 1 des Gesetzes über Ordnungswidrigkeiten ist die Bundesanstalt.

17. Verordnung über die Rechnungslegung der Kreditinstitute, Finanzdienstleistungsinstitute und Wertpapierinstitute (Kreditinstituts-Rechnungslegungsverordnung – RechKredV)[1] [2]

In der Fassung der Bekanntmachung vom 11. Dezember 1998[3]
(BGBl. I S. 3658)

FNA 4142-1

zuletzt geänd. durch Art. 25 Abs. 6 G zur Ergänzung und Änd. der Regelungen für die gleichberechtigte Teilhabe von Frauen an Führungspositionen in der Privatwirtschaft und im öffentl. Dienst v. 7.8. 2021 (BGBl. I S. 3311)

Inhaltsübersicht

---

[1] **Amtl. Anm.:** Diese Verordnung dient der Umsetzung der Richtlinie 86/635/EWG des Rates vom 8. Dezember 1986 über den Jahresabschluß und den konsolidierten Abschluß von Banken und anderen Finanzinstituten (ABl. EG Nr. L 372 S. 1) und der Richtlinie 89/117/EWG des Rates vom 13. Februar 1989 über die Pflichten der in einem Mitgliedstaat eingerichteten Zweigniederlassungen von Kreditinstituten und Finanzinstituten mit Sitz außerhalb dieses Mitgliedstaats zur Offenlegung von Jahresabschlußunterlagen (ABl. EG Nr. L 44 S. 40).

[2] Die VO wurde erlassen aufgrund des durch Art. 1 Nr. 3 des Bankbilanzrichtlinie-G v. 30.11.1990 (BGBl. I S. 2570) eingefügten § 330 Abs. 2 des Handelsgesetzbuchs in Verbindung mit dessen durch Art. 1 Nr. 8 des BilanzrichtlinienG v. 19.12.1985 (BGBl. I S. 2355) eingefügten Absatz 1.

[3] Neubekanntmachung der VO v. 10.2.1992 (BGBl. I S. 203).

Abschnitt 1. Anwendungsbereich

§ 1 Anwendungsbereich. [1] Diese Verordnung ist auf Kreditinstitute, Finanzdienstleistungsinstitute und Wertpapierinstitute (Institute) sowie Zweigstellen anzuwenden, für die nach § 340 Absatz 1 Satz 1, Absatz 4 Satz 1 und Absatz 4a Satz 1 des Handelsgesetzbuchs der Erste Unterabschnitt des Vierten Abschnitts des Dritten Buchs des Handelsgesetzbuchs anzuwenden ist. [2] Diese Verordnung ist auf Wohnungsunternehmen mit Spareinrichtung nicht anzuwenden.

Abschnitt 2. Bilanz und Gewinn- und Verlustrechnung

§ 2 Formblätter. (1) [1] Institute haben an Stelle des § 266 des Handelsgesetzbuchs über die Gliederung der Bilanz das anliegende Formblatt 1 und an Stelle des § 275 des Handelsgesetzbuchs über die Gliederung der Gewinn- und Verlustrechnung das anliegende Formblatt 2 (Kontoform) oder 3 (Staffelform) anzuwenden, soweit für bestimmte Arten von Instituten nachfolgend sowie in den Fußnoten zu den Formblättern nichts anderes vorgeschrieben ist. [2] Kreditinstitute mit Bausparabteilung haben die für Bausparkassen vorgesehenen besonderen Posten in ihre Bilanz und in ihre Gewinn- und Verlustrechnung zu übernehmen.

(2) [1] Die mit kleinen Buchstaben versehenen Posten der Bilanz und der Gewinn- und Verlustrechnung können zusammengefaßt ausgewiesen werden, wenn

1. sie einen Betrag enthalten, der für die Vermittlung eines den tatsächlichen Verhältnissen entsprechenden Bildes im Sinne des § 264 Abs. 2 des Handelsgesetzbuchs nicht erheblich ist, oder
2. dadurch die Klarheit der Darstellung vergrößert wird; in diesem Falle müssen die zusammengefaßten Posten jedoch im Anhang gesondert ausgewiesen werden.

[2] Satz 1 ist auf die der Deutschen Bundesbank und der Bundesanstalt für Finanzdienstleistungsaufsicht einzureichenden Bilanzen und Gewinn- und Verlustrechnungen nicht anzuwenden.

§ 3 Unterposten. [1] Als Unterposten sind im Formblatt jeweils gesondert auszuweisen:

1. die verbrieften und unverbrieften Forderungen an verbundene Unternehmen zu den Posten „Forderungen an Kreditinstitute" (Aktivposten Nr. 3), „Forderungen an Kunden" (Aktivposten Nr. 4) und „Schuldverschreibungen und andere festverzinsliche Wertpapiere" (Aktivposten Nr. 5);
2. die verbrieften und unverbrieften Forderungen an Unternehmen, mit denen ein Beteiligungsverhältnis besteht, zu den Posten „Forderungen an Kreditinstitute" (Aktivposten Nr. 3), „Forderungen an Kunden" (Aktivposten Nr. 4) und „Schuldverschreibungen und andere festverzinsliche Wertpapiere" (Aktivposten Nr. 5);
3. die verbrieften und unverbrieften Verbindlichkeiten gegenüber verbundenen Unternehmen zu den Posten „Verbindlichkeiten gegenüber Kreditinstituten" (Passivposten Nr. 1), „Verbindlichkeiten gegenüber Kunden" (Passivposten Nr. 2), „Verbriefte Verbindlichkeiten" (Passivposten Nr. 3) und „Nachrangige Verbindlichkeiten" (Passivposten Nr. 9);
4. die verbrieften und unverbrieften Verbindlichkeiten gegenüber Unternehmen, mit denen ein Beteiligungsverhältnis besteht, zu den Posten „Verbindlichkeiten gegenüber Kreditinstituten" (Passivposten Nr. 1), „Verbindlichkeiten gegenüber Kunden" (Passivposten Nr. 2), „Verbriefte Verbindlichkeiten" (Passivposten Nr. 3) und „Nachrangige Verbindlichkeiten" (Passivposten Nr. 9).

[2] Die Angaben nach Satz 1 können statt in der Bilanz im Anhang in der Reihenfolge der betroffenen Posten gemacht werden.

§ 4 Nachrangige Vermögensgegenstände und Schulden. (1) Vermögensgegenstände und Schulden sind als nachrangig auszuweisen, wenn sie als Forderungen oder Verbindlichkeiten im Falle der Liquidation oder der Insolvenz erst nach den Forderungen der anderen Gläubiger erfüllt werden dürfen.

(2) [1] Nachrangige Vermögensgegenstände sind auf der Aktivseite bei dem jeweiligen Posten oder Unterposten gesondert auszuweisen. [2] Die Angaben können statt in der Bilanz im Anhang in der Reihenfolge der betroffenen Posten gemacht werden.

§ 5 Gemeinschaftsgeschäfte. [1] Wird ein Kredit von mehreren Kreditinstituten gemeinschaftlich gewährt (Gemeinschaftskredit), so hat jedes beteiligte oder unterbeteiligte Kreditinstitut nur seinen eigenen Anteil an dem Kredit in die Bilanz aufzunehmen, soweit es die Mittel für den Gemeinschaftskredit zur Verfügung gestellt hat. [2] Übernimmt ein Kreditinstitut über seinen eigenen Anteil hinaus die Haftung für einen höheren Betrag, so ist der Unterschiedsbetrag als Eventualverbindlichkeit auf der Passivseite der Bilanz unter dem Strich zu vermerken. [3] Wird von einem Kreditinstitut lediglich die Haftung für den Ausfall eines Teils der Forderung aus dem Gemeinschaftskredit übernommen, so hat das kreditgebende Kreditinstitut den vollen Kreditbetrag auszuweisen, das haftende Kreditinstitut seinen Haftungsbetrag in der Bilanz im Unterposten „Verbindlichkeiten aus Bürgschaften und Gewährleistungsverträgen" (Passivposten unter dem Strich Nr. 1 Buchstabe b) zu vermerken. [4] Die Sätze 1 und 2 sind entsprechend anzuwenden, wenn Kreditinstitute Wertpapiere oder Beteiligungen gemeinschaftlich erwerben.

§ 6 Treuhandgeschäfte. (1) [1] Vermögensgegenstände und Schulden, die ein Institut im eigenen Namen, aber für fremde Rechnung hält, sind in seine Bilanz aufzunehmen. [2] Die Gesamtbeträge sind in der Bilanz unter den Posten „Treuhandvermögen" (Aktivposten Nr. 9) und „Treuhandverbindlichkeiten" (Passivposten Nr. 4) auszuweisen und im Anhang nach den Aktiv- und Passivposten des Formblatts aufzugliedern. [3] Als Gläubiger gilt bei hereingenommenen Treuhandgeldern die Stelle, der das bilanzierende Kreditinstitut die Gelder unmittelbar schuldet. [4] Als Schuldner gilt bei Treuhandkrediten die Stelle, an die das bilanzierende Kreditinstitut die Gelder unmittelbar ausreicht.

(2) Kredite sind unter den Voraussetzungen des Absatzes 1 in der Bilanz im Vermerk „darunter: Treuhandkredite" bei Aktivposten Nr. 9 und bei Passivposten Nr. 4 auszuweisen.

(3) Vermögensgegenstände und Schulden, die ein Institut im fremden Namen für fremde Rechnung hält, dürfen in seine Bilanz nicht aufgenommen werden.

(4) Kapitalverwaltungsgesellschaften haben die Summe der Inventarwerte und die Zahl der verwalteten Investmentvermögen in der Bilanz auf der Passivseite unter dem Strich in einem Posten mit der Bezeichnung „Für Anteilinhaber verwaltete Sondervermögen" auszuweisen.

§ 7 Wertpapiere. (1) [1] Als Wertpapiere sind Aktien, Zwischenscheine, Anteile oder Aktien an Investmentvermögen, Optionsscheine, Zins- und Gewinnanteilscheine, börsenfähige Inhaber- und Ordergenußscheine, börsenfähige Inhaberschuldverschreibungen auszuweisen, auch wenn sie vinkuliert sind, unabhängig davon, ob sie in Wertpapierurkunden verbrieft oder als Wertrechte ausgestaltet sind, börsenfähige Orderschuldverschreibungen, soweit sie Teile einer Gesamtemission sind, ferner andere festverzinsliche Inhaberpapiere, soweit sie börsenfähig sind, und andere nicht festverzinsliche Wertpapiere, soweit sie börsennotiert sind. [2] Hierzu rechnen auch ausländische Geldmarktpapiere, die zwar auf den Namen lauten, aber wie Inhaberpapiere gehandelt werden.

(2) Als börsenfähig gelten Wertpapiere, die die Voraussetzungen einer Börsenzulassung erfüllen; bei Schuldverschreibungen genügt es, daß alle Stücke einer Emission hinsichtlich Verzinsung, Laufzeitbeginn und Fälligkeit einheitlich ausgestattet sind.

(3) Als börsennotiert gelten Wertpapiere, die an einer deutschen Börse zum Handel im regulierten Markt zugelassen sind, außerdem Wertpapiere, die an ausländischen Börsen zugelassen sind oder gehandelt werden.

§ 8 Restlaufzeit. (1) [1] Für die Gliederung nach Restlaufzeiten sind bei ungekündigten Kündigungsgeldern die Kündigungsfristen maßgebend. [2] Sofern neben der Kündigungsfrist noch eine Kündigungssperrfrist vereinbart wird, ist diese ebenfalls zu berücksichtigen. [3] Bei Forderungen sind vorzeitige Kündigungsmöglichkeiten nicht zu berücksichtigen.

(2) Bei Forderungen oder Verbindlichkeiten mit Rückzahlungen in regelmäßigen Raten gilt als Restlaufzeit der Zeitraum zwischen dem Bilanzstichtag und dem Fälligkeitstag jedes Teilbetrags.

(3) Als täglich fällig sind nur solche Forderungen und Verbindlichkeiten auszuweisen, über die jederzeit ohne vorherige Kündigung verfügt werden kann oder für die eine Laufzeit oder Kündigungsfrist von 24 Stunden oder von einem Geschäftstag vereinbart worden ist; hierzu rechnen auch die sogenannten Tagesgelder und Gelder mit täglicher Kündigung einschließlich der über geschäftsfreie Tage angelegten Gelder mit Fälligkeit oder Kündigungsmöglichkeit am nächsten Geschäftstag.

§ 9 Fristengliederung. (1) [1] Im Anhang sind gesondert die Beträge der folgenden Posten oder Unterposten des Formblattes 1 (Bilanz) nach Restlaufzeiten aufzugliedern:

1. andere Forderungen an Kreditinstitute mit Ausnahme der darin enthaltenen Bausparguthaben aus abgeschlossenen Bausparverträgen (Aktivposten Nr. 3 Buchstabe b),
2. Forderungen an Kunden (Aktivposten Nr. 4),
3. Verbindlichkeiten gegenüber Kreditinstituten mit vereinbarter Laufzeit oder Kündigungsfrist (Passivposten Nr. 1 Buchstabe b),
4. Spareinlagen mit vereinbarter Kündigungsfrist von mehr als drei Monaten (Passivposten Nr. 2 Buchstabe a Doppelbuchstabe ab),
5. andere Verbindlichkeiten gegenüber Kunden mit vereinbarter Laufzeit oder Kündigungsfrist (Passivposten Nr. 2 Buchstabe b Doppelbuchstabe bb),
6. andere verbriefte Verbindlichkeiten (Passivposten Nr. 3 Buchstabe b).

[2] Auf Pfandbriefbanken und Bausparkassen ist Satz 1 entsprechend anzuwenden; Bausparkassen brauchen die Bauspareinlagen nicht nach Restlaufzeiten aufzugliedern.

(2) Für die Aufgliederung nach Absatz 1 sind folgende Restlaufzeiten maßgebend:

1. bis drei Monate,
2. mehr als drei Monate bis ein Jahr,
3. mehr als ein Jahr bis fünf Jahre,
4. mehr als fünf Jahre.

(3) Im Anhang sind ferner zu folgenden Posten der Bilanz anzugeben:

1. die im Posten „Forderungen an Kunden" (Aktivposten Nr. 4) enthaltenen Forderungen mit unbestimmter Laufzeit;

2. die im Posten „Schuldverschreibungen und andere festverzinsliche Wertpapiere" (Aktivposten Nr. 5) und im Unterposten „begebene Schuldverschreibungen" (Passivposten Nr. 3 Buchstabe a) enthaltenen Beträge, die in dem Jahr, das auf den Bilanzstichtag folgt, fällig werden.

§ 10 Verrechnung. (1) Täglich fällige, keinerlei Bindungen unterliegende Verbindlichkeiten gegenüber einem Kontoinhaber müssen mit gegen denselben Kontoinhaber bestehenden täglich fälligen Forderungen und Forderungen, die auf einem Kreditsonderkonto belastet und gleichzeitig auf einem laufenden Konto erkannt sind, verrechnet werden, sofern für die Zins- und Provisionsberechnung vereinbart ist, daß der Kontoinhaber wie bei Verbuchung über ein einziges Konto gestellt wird.

(2) [1] Eine Verrechnung von Forderungen und Verbindlichkeiten in verschiedenen Währungen ist nicht zulässig. [2] Nicht verrechnet werden darf mit Sperrguthaben und Spareinlagen.

§ 11 Anteilige Zinsen. [1] Anteilige Zinsen und ähnliche das Geschäftsjahr betreffende Beträge, die erst nach dem Bilanzstichtag fällig werden, aber bereits am Bilanzstichtag bei Kreditinstituten den Charakter von bankgeschäftlichen und bei Finanzdienstleistungsinstituten oder Wertpapierinstituten den Charakter von für diese Institute typischen Forderungen oder Verbindlichkeiten haben, sind demjenigen Posten der Aktiv- oder Passivseite der Bilanz zuzuordnen, dem sie zugehören. [2] § 268 Abs. 4 Satz 2, Abs. 5 Satz 3 des Handelsgesetzbuchs bleibt unberührt. [3] Die in Satz 1 genannten Beträge brauchen nicht nach Restlaufzeiten aufgegliedert zu werden.

Abschnitt 3. Vorschriften zu einzelnen Posten der Bilanz (Formblatt 1)

Unterabschnitt 1. Posten der Aktivseite

§ 12 Barreserve (Nr. 1) (1) [1] Als Kassenbestand sind gesetzliche Zahlungsmittel einschließlich der ausländischen Noten und Münzen sowie Postwertzeichen und Gerichtsgebührenmarken auszuweisen. [2] Zu einem höheren Betrag als dem Nennwert erworbene Gedenkmünzen sowie Goldmünzen, auch wenn es sich um gesetzliche Zahlungsmittel handelt, und Barrengold sind im Posten „Sonstige Vermögensgegenstände" (Aktivposten Nr. 15) zu erfassen.

(2) [1] Als Guthaben dürfen nur täglich fällige Guthaben einschließlich der täglich fälligen Fremdwährungsguthaben bei Zentralnotenbanken und Postgiroämtern der Niederlassungsländer des Instituts ausgewiesen werden. [2] Andere Guthaben wie Übernachtguthaben im Rahmen der Einlagefazilität der Deutschen Bundesbank sowie Forderungen an die Deutsche Bundesbank aus Devisenswapgeschäften, Wertpapierpensionsgeschäften und Termineinlagen sind im Posten „Forderungen an Kreditinstitute" (Aktivposten Nr. 3) auszuweisen. [3] Bei Zentralnotenbanken in Anspruch genommene Kredite wie Übernachtkredite im Rahmen der Spitzenrefinanzierungsfazilität der Deutschen Bundesbank oder andere täglich fällige Darlehen sind nicht von den Guthaben abzusetzen, sondern im Posten „Verbindlichkeiten gegenüber Kreditinstituten" (Passivposten Nr. 1) als täglich fällige Verbindlichkeiten auszuweisen.

§ 13 Schuldtitel öffentlicher Stellen und Wechsel, die zur Refinanzierung bei Zentralnotenbanken zugelassen sind (Nr. 2) (1) [1] Im Posten Nr. 2 sind Schatzwechsel und unverzinsliche Schatzanweisungen sowie ähnliche Schuldtitel öffentlicher Stellen und Wechsel auszuweisen, die unter Diskontabzug hereingenommen wurden und zur Refinanzierung bei den Zentralnotenbanken der Niederlassungsländer zugelassen sind. [2] Schuldtitel öffentlicher Stellen, die die bezeichneten Voraussetzungen nicht erfüllen, sind im Unterposten „Geldmarktpapiere von öffentlichen Emittenten" (Aktivposten Nr. 5 Buchstabe a Doppelbuchstabe aa), gegebenenfalls im Unterposten „Anleihen und Schuldverschreibungen von öffentlichen Emittenten" (Aktivposten Nr. 5 Buchstabe b Doppelbuchstabe ba), auszuweisen, sofern sie börsenfähig sind, andernfalls im Posten „Forderungen an Kunden" (Aktivposten Nr. 4). [3] Öffentliche Stellen im Sinne dieser Vorschrift sind öffentliche Haushalte einschließlich ihrer Sondervermögen.

(2) Im Vermerk zum Unterposten Buchstabe a „bei der Deutschen Bundesbank refinanzierbar" sind alle im Bestand befindlichen Schatzwechsel und unverzinslichen Schatzanweisungen und ähnliche Schuldtitel öffentlicher Stellen auszuweisen, die bei der Deutschen Bundesbank refinanzierungsfähig sind.

(3) [1] Der Bestand an eigenen Akzepten ist nicht auszuweisen. [2] Den Kunden nicht abgerechnete Wechsel, Solawechsel und eigene Ziehungen, die beim bilanzierenden Institut hinterlegt sind (Depot- oder Kautionswechsel), sind nicht als Wechsel zu bilanzieren.

§ 14 Forderungen an Kreditinstitute (Nr. 3) [1] Im Posten „Forderungen an Kreditinstitute" sind alle Arten von Forderungen aus Bankgeschäften sowie alle Forderungen von Finanzdienstleistungsinstituten oder Wertpapierinstituten an in- und ausländische Kreditinstitute einschließlich der von Kreditinstituten eingereichten Wechsel auszuweisen, soweit es sich nicht um börsenfähige Schuldverschreibungen im Sinne des Postens „Schuldverschreibungen und andere festverzinsliche Wertpapiere" (Aktivposten Nr. 5) handelt. [2] Von den à forfait eingereichten Wechseln sind diejenigen hier auszuweisen, die von Kreditinstituten akzeptiert sind, soweit sie nicht unter Aktivposten Nr. 2 Buchstabe b auszuweisen sind. Zu den Forderungen an Kreditinstitute gehören auch Namensschuldverschreibungen sowie nicht börsenfähige Inhaberschuldverschreibungen, Orderschuldverschreibungen, die nicht Teile einer Gesamtemission sind, sowie nicht börsenfähige Orderschuldverschreibungen, die Teile einer Gesamtemission sind, Namensgeldmarktpapiere und nicht börsenfähige Inhabergeldmarktpapiere, Namensgenußscheine, nicht börsenfähige Inhabergenußscheine und andere nicht in Wertpapieren verbriefte rückzahlbare Genußrechte. [3] § 7 bleibt unberührt. [4] Ferner gehören hierzu Bausparguthaben aus abgeschlossenen Bausparverträgen und Soll-Salden aus Effektengeschäften und Verrechnungskonten.

§ 15 Forderungen an Kunden (Nr. 4) (1) [1] Im Posten „Forderungen an Kunden" sind alle Arten von Vermögensgegenständen einschließlich der von Kunden eingereichten Wechsel auszuweisen, die Forderungen an in- und ausländische Nichtbanken (Kunden) darstellen, soweit es sich nicht um börsenfähige Schuldverschreibungen im Sinne des Postens „Schuldverschreibungen und andere festverzinsliche Wertpapiere" (Aktivposten Nr. 5) handelt. [2] § 7 bleibt unberührt. [3] Von den à forfait eingereichten Wechseln sind diejenigen hier auszuweisen, die von Nichtbanken akzeptiert sind, soweit sie nicht unter

Aktivposten Nr. 2 Buchstabe b auszuweisen sind. [4] Zu den Forderungen an Kunden gehören auch Forderungen aus dem eigenen Warengeschäft und die in § 14 Satz 3 bezeichneten Papiere. [5] Es darf nur die Summe der in Anspruch genommenen Kredite, nicht die Summe der Kreditzusagen, eingesetzt werden.

(2) [1] Als durch Grundpfandrechte gesichert sind nur Forderungen zu vermerken, für die dem bilanzierenden Institut Grundpfandrechte bestellt, verpfändet oder abgetreten worden sind und die den Erfordernissen des § 14 Abs. 1 und des § 16 Abs. 1 und 2 des Pfandbriefgesetzes[1)] entsprechen, jedoch unabhängig davon, ob sie zur Deckung ausgegebener Schuldverschreibungen dienen oder nicht. [2] Bausparkassen haben hier nur solche Baudarlehen zu vermerken, für die dem bilanzierenden Institut Grundpfandrechte bestellt, verpfändet oder abgetreten worden sind, die den Erfordernissen des § 7 Abs. 1 des Gesetzes über Bausparkassen entsprechen. [3] Durch Grundpfandrechte gesicherte Forderungen, die in Höhe des die zulässige Beleihungsgrenze übersteigenden Betrages durch eine Bürgschaft oder Gewährleistung der öffentlichen Hand gesichert sind (Ib-Hypothekendarlehen), sind ebenfalls hier zu vermerken.

(3) [1] Als Kommunalkredite sind alle Forderungen zu vermerken, die an inländische Körperschaften und Anstalten des öffentlichen Rechts gewährt wurden oder für die eine solche Körperschaft oder Anstalt die volle Gewährleistung übernommen hat, unabhängig davon, ob sie zur Deckung ausgegebener Schuldverschreibungen dienen oder nicht. [2] Hier sind auch Kredite gemäß § 20 Abs. 1 Nr. 1 Buchstabe b bis e des Pfandbriefgesetzes auszuweisen.

(4) Schiffshypotheken dürfen unter der Bezeichnung „durch Schiffshypotheken gesichert" gesondert vermerkt werden, wenn sie den Erfordernissen des § 22 Abs. 1, 2 Satz 1 und Abs. 5 Satz 3, des § 23 Abs. 1 und 4 sowie des § 24 Abs. 2 in Verbindung mit Abs. 3 des Pfandbriefgesetzes entsprechen.

§ 16 Schuldverschreibungen und andere festverzinsliche Wertpapiere (Nr. 5) (1) [1] Als Schuldverschreibungen und andere festverzinsliche Wertpapiere sind die folgenden Rechte, wenn sie börsenfähig sind und nicht zu dem Unterposten „Schatzwechsel und unverzinsliche Schatzanweisungen sowie ähnliche Schuldtitel öffentlicher Stellen" (Aktivposten Nr. 2 Buchstabe a) gehören, auszuweisen: festverzinsliche Inhaberschuldverschreibungen, Orderschuldverschreibungen, die Teile einer Gesamtemission sind, Schatzwechsel, Schatzanweisungen und andere verbriefte Rechte (wie zum Beispiel commercial papers, euronotes, certificates of deposit, bons de caisse), Kassenobligationen sowie Schuldbuchforderungen. [2] Vor Fälligkeit hereingenommene Zinsscheine sind ebenfalls hier aufzunehmen.

(2) Als festverzinslich gelten auch Wertpapiere, die mit einem veränderlichen Zinssatz ausgestattet sind, sofern dieser an eine bestimmte Größe, zum Beispiel an einen Interbankzinssatz oder an einen Euro-Geldmarktsatz gebunden ist, sowie Null-Kupon-Anleihen, ferner Schuldverschreibungen, die einen anteiligen Anspruch auf Erlöse aus einem gepoolten Forderungsvermögen verbriefen.

(2a) Als Geldmarktpapiere gelten alle Schuldverschreibungen und anderen festverzinslichen Wertpapiere unabhängig von ihrer Bezeichnung, sofern ihre ursprüngliche Laufzeit ein Jahr nicht überschreitet.

[1)] Nr. **20**.

(3) [1] Als „beleihbar bei der Deutschen Bundesbank" sind nur solche Wertpapiere zu vermerken, die bei der Deutschen Bundesbank refinanzierungsfähig sind. [2] Sie sind mit dem Bilanzwert zu vermerken.

(4) Im Unterposten Buchstabe c sind zurückgekaufte börsenfähige Schuldverschreibungen eigener Emissionen auszuweisen; der Bestand an nicht börsenfähigen eigenen Schuldverschreibungen ist vom Passivposten 3 Buchstabe a abzusetzen.

(5) Bezüglich der Absätze 1 bis 2a und 4 bleibt § 7 unberührt.

§ 17 Aktien und andere nicht festverzinsliche Wertpapiere (Nr. 6)

[1] Im Posten „Aktien und andere nicht festverzinsliche Wertpapiere" sind Aktien auszuweisen, soweit sie nicht im Posten „Beteiligungen" (Aktivposten Nr. 7) oder im Posten „Anteile an verbundenen Unternehmen" (Aktivposten Nr. 8) auszuweisen sind, ferner Zwischenscheine, Anteile oder Aktien an Investmentvermögen, Optionsscheine, Gewinnanteilscheine, als Inhaber- oder Orderpapiere ausgestaltete börsenfähige Genußscheine sowie andere nicht festverzinsliche Wertpapiere, soweit sie börsennotiert sind. [2] Vor Fälligkeit hereingenommene Gewinnanteilscheine sind ebenfalls hier aufzunehmen.

§ 18 Beteiligungen (Nr. 7) [1] Institute in der Rechtsform der eingetragenen Genossenschaft und genossenschaftliche Zentralbanken haben Geschäftsguthaben bei Genossenschaften unter dem Posten „Beteiligungen" (Aktivposten Nr. 7) auszuweisen. [2] In diesem Falle ist die Postenbezeichnung entsprechend anzupassen.

§ 19 Ausgleichsforderungen gegen die öffentliche Hand einschließlich Schuldverschreibungen aus deren Umtausch (Nr. 10) [1] Im Posten Nr. 10 sind Ausgleichsforderungen aus der Währungsreform von 1948 sowie Ausgleichsforderungen gegenüber dem Ausgleichsfonds Währungsumstellung auszuweisen. [2] Hierzu zählen auch Schuldverschreibungen des Ausgleichsfonds Währungsumstellung, die aus der Umwandlung gegen ihn gerichteter Ausgleichsforderungen entstanden sind, unabhängig davon, ob das bilanzierende Institut die Schuldverschreibungen aus dem Umtausch eigener Ausgleichsforderungen oder als Erwerber von einem anderen Institut oder einem Außenhandelsbetrieb erlangt hat.

§ 20 Sonstige Vermögensgegenstände (Nr. 14) [1] Im Posten „Sonstige Vermögensgegenstände" sind Forderungen und sonstige Vermögensgegenstände auszuweisen, die einem anderen Posten nicht zugeordnet werden können. [2] Hierzu gehören auch Schecks, fällige Schuldverschreibungen, Zins- und Gewinnanteilscheine, Inkassowechsel und sonstige Inkassopapiere, soweit sie innerhalb von 30 Tagen ab Einreichung zur Vorlage bestimmt und dem Einreicher bereits gutgeschrieben worden sind. [3] Dies gilt auch dann, wenn sie unter dem Vorbehalt des Eingangs gutgeschrieben worden sind. [4] Hierzu zählen ferner nicht in Wertpapieren verbriefte Genußrechte, die nicht rückzahlbar sind. [5] Zur Verhütung von Verlusten im Kreditgeschäft erworbene Grundstücke und Gebäude dürfen, soweit sie nicht im Posten Nr. 12 „Sachanlagen" ausgewiesen sind, im Posten Nr. 14 „Sonstige Vermögensgegenstände" nur ausgewiesen werden, wenn sie sich nicht länger als fünf Jahre im Bestand des bilanzierenden Instituts befinden.

Unterabschnitt 2. Posten der Passivseite

§ 21 Verbindlichkeiten gegenüber Kreditinstituten (Nr. 1), Verbindlichkeiten gegenüber Kunden (Nr. 2) (1) [1] Als Verbindlichkeiten gegenüber Kreditinstituten sind alle Arten von Verbindlichkeiten aus Bankgeschäften sowie alle Verbindlichkeiten von Finanzdienstleistungsinstituten oder Wertpapierinstituten gegenüber in- und ausländischen Kreditinstituten auszuweisen, sofern es sich nicht um verbriefte Verbindlichkeiten (Passivposten Nr. 3) handelt. [2] Hierher gehören auch Verbindlichkeiten aus Namensschuldverschreibungen, Orderschuldverschreibungen, die nicht Teile einer Gesamtemission sind, Namensgeldmarktpapieren, Haben-Salden aus Effektengeschäften und aus Verrechnungskonten sowie Verbindlichkeiten aus verkauften Wechseln einschließlich eigener Ziehungen, die den Kreditnehmern nicht abgerechnet worden sind.

(2) [1] Als Verbindlichkeiten gegenüber Kunden sind alle Arten von Verbindlichkeiten gegenüber in- und ausländischen Nichtbanken (Kunden) auszuweisen, sofern es sich nicht um verbriefte Verbindlichkeiten (Passivposten Nr. 3) handelt. [2] Hierzu gehören auch Verbindlichkeiten aus Namensschuldverschreibungen, Orderschuldverschreibungen, die nicht Teile einer Gesamtemission sind, Namensgeldmarktpapieren, Sperrguthaben und Abrechnungsguthaben der Anschlußfirmen im Teilzahlungsfinanzierungsgeschäft, soweit der Ausweis nicht unter dem Posten „Verbindlichkeiten gegenüber Kreditinstituten" (Passivposten Nr. 1) vorzunehmen ist, sowie „Anweisungen im Umlauf".

(3) [1] Verbindlichkeiten, die einem Institut dadurch entstehen, daß ihm von einem anderen Institut Beträge zugunsten eines namentlich genannten Kunden mit der Maßgabe überwiesen werden, sie diesem erst auszuzahlen, nachdem er bestimmte Auflagen erfüllt hat (sogenannte Treuhandzahlungen), sind unter „Verbindlichkeiten gegenüber Kunden" (Passivposten Nr. 2) auszuweisen, auch wenn die Verfügungsbeschränkung noch besteht. [2] Eine Ausnahme besteht nur dann, wenn nach dem Vertrag mit dem die Treuhandzahlung überweisenden Kreditinstitut nicht der Kunde, sondern das empfangende Institut der Schuldner ist.

(4) [1] Als Spareinlagen sind nur unbefristete Gelder auszuweisen, die folgende vier Voraussetzungen erfüllen:

1. sie sind durch Ausfertigung einer Urkunde, insbesondere eines Sparbuchs, als Spareinlagen gekennzeichnet;
2. sie sind nicht für den Zahlungsverkehr bestimmt;
3. sie werden nicht von Kapitalgesellschaften, Genossenschaften, wirtschaftlichen Vereinen, Personenhandelsgesellschaften oder von Unternehmen mit Sitz im Ausland mit vergleichbarer Rechtsform angenommen, es sei denn, diese Unternehmen dienen gemeinnützigen, mildtätigen oder kirchlichen Zwecken oder es handelt sich bei den von diesen Unternehmen angenommenen Geldern um Sicherheiten gemäß § 551 des Bürgerlichen Gesetzbuchs[1)];
4. sie weisen eine Kündigungsfrist von mindestens drei Monaten auf.

[2] Sparbedingungen, die dem Kunden das Recht einräumen, über seine Einlagen mit einer Kündigungsfrist von drei Monaten bis zu einem bestimmten Betrag,

---

[1)] Nr. **24**.

der jedoch pro Sparkonto und Kalendermonat 2 000 Euro nicht überschreiten darf, ohne Kündigung zu verfügen, schließen deren Einordnung als Spareinlagen im Sinne dieser Vorschrift nicht aus. 3 Geldbeträge, die auf Grund von Vermögensbildungsgesetzen geleistet werden, gelten als Spareinlagen. 4 Bauspareinlagen gelten nicht als Spareinlagen.

§ 22 Verbriefte Verbindlichkeiten (Nr. 3) (1) Als verbriefte Verbindlichkeiten sind Schuldverschreibungen und diejenigen Verbindlichkeiten auszuweisen, für die nicht auf den Namen lautende übertragbare Urkunden ausgestellt sind.

(2) 1 Als begebene Schuldverschreibungen sind auf den Inhaber lautende Schuldverschreibungen sowie Orderschuldverschreibungen, die Teile einer Gesamtemission sind, unabhängig von ihrer Börsenfähigkeit auszuweisen. 2 Zurückgekaufte, nicht börsenfähige eigene Schuldverschreibungen sind abzusetzen. 3 Null-Kupon-Anleihen sind einschließlich der anteiligen Zinsen auszuweisen.

(3) Als Geldmarktpapiere sind nur Inhaberpapiere oder Orderpapiere, die Teile einer Gesamtemission sind, unabhängig von ihrer Börsenfähigkeit zu vermerken.

(4) 1 Als eigene Akzepte sind nur Akzepte zu vermerken, die vom Institut zu seiner eigenen Refinanzierung ausgestellt worden sind und bei denen es erster Zahlungspflichtiger („Bezogener") ist. 2 Der eigene Bestand sowie verpfändete eigene Akzepte und eigene Solawechsel gelten nicht als im Umlauf befindlich.

(5) 1 Bei Instituten, die einen unabhängigen Treuhänder haben, gehören Stücke, die vom Treuhänder ausgefertigt sind, auch dann zu den begebenen Schuldverschreibungen, wenn sie dem Erwerber noch nicht geliefert worden sind. 2 Dem Treuhänder zurückgegebene Stücke dürfen nicht mehr ausgewiesen werden.

§ 23 Rechnungsabgrenzungsposten (Nr. 6) 1 Dem Kreditnehmer aus Teilzahlungsfinanzierungsgeschäften berechnete Zinsen, Provisionen und Gebühren, die künftigen Rechnungsperioden zuzurechnen sind, sind in diesem Posten auszuweisen, soweit sie nicht mit dem entsprechenden Aktivposten verrechnet werden. 2 Bei Teilzahlungsfinanzierungsgeschäften ist auch die anfallende Zinsmarge aus der Weitergabe von Wechselabschnitten, soweit sie künftigen Rechnungsperioden zuzurechnen ist, hier auszuweisen; letzteres gilt entsprechend auch für andere Wechselrefinanzierungen.

§ 24 Rückstellungen (Nr. 7) Wird im Unterposten Buchstabe c „andere Rückstellungen" eine Rückstellung für einen drohenden Verlust aus einer unter dem Strich vermerkten Eventualverbindlichkeit oder einem Kreditrisiko gebildet, so ist der Posten unter dem Strich in Höhe des zurückgestellten Betrags zu kürzen.

§ 25 Eigenkapital (Nr. 12) (1) 1 Im Unterposten Buchstabe a „Gezeichnetes Kapital" sind, ungeachtet ihrer genauen Bezeichnung im Einzelfall, alle Beträge auszuweisen, die entsprechend der Rechtsform des Instituts als von den Gesellschaftern oder anderen Eigentümern gezeichnete Eigenkapitalbeträge gelten; auch Einlagen stiller Gesellschafter, Dotationskapital sowie Geschäftsguthaben sind in diesen Posten einzubeziehen. 2 Die genaue Bezeichnung im Einzelfall kann zusätzlich zu der Postenbezeichnung „Gezeichnetes Kapital" in das Bilanzformblatt eingetragen werden.

(2) [1] Im Unterposten Buchstabe c „Gewinnrücklagen" sind auch die Sicherheitsrücklage der Sparkassen sowie die Ergebnisrücklagen der Kreditgenossenschaften auszuweisen. [2] Die genaue Bezeichnung im Einzelfall kann zusätzlich zu der Postenbezeichnung „Gewinnrücklagen" in das Bilanzformblatt eingetragen werden.

§ 26 Eventualverbindlichkeiten (Nr. 1 unter dem Strich) (1) [1] Im Unterposten Buchstabe a „Eventualverbindlichkeiten aus weitergegebenen abgerechneten Wechseln" sind nur Indossamentsverbindlichkeiten und andere wechselrechtliche Eventualverbindlichkeiten aus abgerechneten und weiterverkauften Wechseln (einschließlich eigenen Ziehungen) bis zu ihrem Verfalltag zu vermerken. [2] Verbindlichkeiten aus umlaufenden eigenen Akzepten, Eventualverbindlichkeiten aus Schatzwechseln sind nicht einzubeziehen.

(2) [1] Im Unterposten Buchstabe b „Verbindlichkeiten aus Bürgschaften und Gewährleistungsverträgen" sind auch Ausbietungs- und andere Garantieverpflichtungen, verpflichtende Patronatserklärungen, unwiderrufliche Kreditbriefe einschließlich der dazugehörigen Nebenkosten zu vermerken, ferner Akkreditiveröffnungen und -bestätigungen. [2] Die Verbindlichkeiten sind in voller Höhe zu vermerken, soweit für sie keine zweckgebundenen Deckungsguthaben unter dem Posten „Verbindlichkeiten gegenüber Kreditinstituten" (Passivposten Nr. 1) oder dem Posten „andere Verbindlichkeiten gegenüber Kunden" (Passivposten Nr. 2 Buchstabe b) ausgewiesen sind.

(3) [1] Im Unterposten Buchstabe c „Haftung aus der Bestellung von Sicherheiten für fremde Verbindlichkeiten" sind die Beträge mit dem Buchwert der bestellten Sicherheiten zu vermerken. [2] Hierzu gehören Sicherungsabtretungen, Sicherungsübereignungen und Kautionen für fremde Verbindlichkeiten sowie Haftungen aus der Bestellung von Pfandrechten an beweglichen Sachen und Rechten wie auch aus Grundpfandrechten für fremde Verbindlichkeiten. [3] Besteht außerdem eine Verbindlichkeit aus einer Bürgschaft oder aus einem Gewährleistungsvertrag, so ist nur diese zu vermerken, und zwar im Unterposten Buchstabe b „Verbindlichkeiten aus Bürgschaften und Gewährleistungsverträgen".

§ 27 Andere Verpflichtungen (Nr. 2 unter dem Strich) (1) [1] Im Unterposten Buchstabe b „Plazierungs- und Übernahmeverpflichtungen" sind Verbindlichkeiten aus der Übernahme einer Garantie für die Plazierung oder Übernahme von Finanzinstrumenten gegenüber Emittenten zu vermerken, die während eines vereinbarten Zeitraums Finanzinstrumente revolvierend am Geldmarkt begeben. [2] Es sind nur Garantien zu erfassen, durch die ein Kreditinstitut sich verpflichtet, Finanzinstrumente zu übernehmen oder einen entsprechenden Kredit zu gewähren, wenn die Finanzinstrumente am Markt nicht plaziert werden können. [3] Die Verbindlichkeiten sind gekürzt um die in Anspruch genommenen Beträge zu vermerken. [4] Über die Inanspruchnahme ist im Anhang zu berichten. [5] Wird eine Garantie von mehreren Kreditinstituten gemeinschaftlich gewährt, so hat jedes beteiligte Kreditinstitut nur seinen eigenen Anteil an dem Kredit zu vermerken.

(2) [1] Im Unterposten Buchstabe c „Unwiderrufliche Kreditzusagen" sind alle unwiderruflichen Verpflichtungen, die Anlaß zu einem Kreditrisiko geben

können, zu vermerken. [2]Der Abschluß eines Bausparvertrages gilt nicht als unwiderrufliche Kreditzusage.

Abschnitt 4. Vorschriften zu einzelnen Posten der Gewinn- und Verlustrechnung (Formblätter 2 und 3)

§ 28 Zinserträge (Formblatt 2 Spalte Erträge Nr. 1, Formblatt 3 Nr. 1) [1]Im Posten „Zinserträge" sind Zinserträge und ähnliche Erträge aus dem Bankgeschäft einschließlich des Factoring-Geschäfts sowie alle Zinserträge und ähnliche Erträge der Finanzdienstleistungsinstitute oder Wertpapierinstitute auszuweisen, insbesondere alle Erträge aus den in den Posten der Bilanz „Barreserve" (Aktivposten Nr. 1), „Schuldtitel öffentlicher Stellen und Wechsel, die zur Refinanzierung bei Zentralnotenbanken zugelassen sind" (Aktivposten Nr. 2), „Forderungen an Kreditinstitute" (Aktivposten Nr. 3), „Forderungen an Kunden" (Aktivposten Nr. 4) und „Schuldverschreibungen und andere festverzinsliche Wertpapiere" (Aktivposten Nr. 5) bilanzierten Vermögensgegenständen ohne Rücksicht darauf, in welcher Form sie berechnet werden. [2]Hierzu gehören auch Diskontabzüge, Ausschüttungen auf Genußrechte und Gewinnschuldverschreibungen im Bestand, Erträge mit Zinscharakter, die im Zusammenhang mit der zeitlichen Verteilung des Unterschiedsbetrages bei unter dem Rückzahlungsbetrag erworbenen Vermögensgegenständen entstehen, Zuschreibungen aufgelaufener Zinsen zu Null-Kupon-Anleihen im Bestand, die sich aus gedeckten Termingeschäften ergebenden, auf die tatsächliche Laufzeit des jeweiligen Geschäfts verteilten Erträge mit Zinscharakter sowie Gebühren und Provisionen mit Zinscharakter, die nach dem Zeitablauf oder nach der Höhe der Forderung berechnet werden.

§ 29 Zinsaufwendungen (Formblatt 2 Spalte Aufwendungen Nr. 1, Formblatt 3 Nr. 2) [1]Im Posten „Zinsaufwendungen" sind Zinsaufwendungen und ähnliche Aufwendungen aus dem Bankgeschäft einschließlich des Factoring-Geschäfts sowie alle Zinsaufwendungen und ähnliche Aufwendungen der Finanzdienstleistungsinstitute oder Wertpapierinstitute auszuweisen, insbesondere alle Aufwendungen für die in den Posten der Bilanz „Verbindlichkeiten gegenüber Kreditinstituten" (Passivposten Nr. 1), „Verbindlichkeiten gegenüber Kunden" (Passivposten Nr. 2), „Verbriefte Verbindlichkeiten" (Passivposten Nr. 3) und „Nachrangige Verbindlichkeiten" (Passivposten Nr. 9) bilanzierten Verbindlichkeiten ohne Rücksicht darauf, in welcher Form sie berechnet werden. [2]Hierzu gehören auch Diskontabzüge, Ausschüttungen auf begebene Genußrechte und Gewinnschuldverschreibungen, Aufwendungen mit Zinscharakter, die im Zusammenhang mit der zeitlichen Verteilung des Unterschiedsbetrages bei unter dem Erfüllungsbetrag eingegangenen Verbindlichkeiten entstehen, Zuschreibungen aufgelaufener Zinsen zu begebenen Null-Kupon-Anleihen, die sich aus gedeckten Termingeschäften ergebenden, auf die tatsächliche Laufzeit des jeweiligen Geschäfts verteilten Aufwendungen mit Zinscharakter sowie Gebühren und Provisionen mit Zinscharakter, die nach dem Zeitablauf oder nach der Höhe der Verbindlichkeiten berechnet werden.

§ 30 Provisionserträge (Formblatt 2 Spalte Erträge Nr. 4, Formblatt 3 Nr. 5), Provisionsaufwendungen (Formblatt 2 Spalte Aufwendungen Nr. 2, Formblatt 3 Nr. 6) (1) [1]Im Posten „Provisionserträge" sind Provisionen und ähnliche Erträge aus Dienstleistungsgeschäften wie dem Zahlungsver-

zu machen. [2]Die Zuschreibungen, Abschreibungen und Wertberichtigungen auf Beteiligungen, Anteile an verbundenen Unternehmen sowie auf andere Wertpapiere, die wie Anlagevermögen behandelt werden, können mit anderen Posten zusammengefaßt werden.

§ 35 Zusätzliche Pflichtangaben. (1) Zu den Posten der Bilanz und der Gewinn- und Verlustrechnung sind im Anhang anzugeben:

1. eine Aufgliederung der in den Bilanzposten „Schuldverschreibungen und andere festverzinsliche Wertpapiere" (Aktivposten Nr. 5), „Aktien und andere nicht festverzinsliche Wertpapiere" (Aktivposten Nr. 6), „Beteiligungen" (Aktivposten Nr. 7), „Anteile an verbundenen Unternehmen" (Aktivposten Nr. 8) enthaltenen börsenfähigen Wertpapiere nach börsennotierten und nicht börsennotierten Wertpapieren;

1a. eine Aufgliederung des Bilanzpostens „Handelsbestand" (Aktivposten Nr. 6a) in derivative Finanzinstrumente, Forderungen, Schuldverschreibungen und andere festverzinsliche Wertpapiere, Aktien und andere nicht festverzinsliche Wertpapiere sowie sonstige Vermögensgegenstände und eine Aufgliederung des Bilanzpostens „Handelsbestand" (Passivposten Nr. 3a) in derivative Finanzinstrumente und Verbindlichkeiten;

2. der Betrag der nicht mit dem Niederstwert bewerteten börsenfähigen Wertpapiere jeweils zu folgenden Posten der Bilanz: „Schuldverschreibungen und andere festverzinsliche Wertpapiere" (Aktivposten Nr. 5) sowie „Aktien und andere nicht festverzinsliche Wertpapiere" (Aktivposten Nr. 6); es ist anzugeben, in welcher Weise die so bewerteten Wertpapiere von den mit dem Niederstwert bewerteten börsenfähigen Wertpapieren abgegrenzt worden sind;

3. der auf das Leasing-Geschäft entfallende Betrag zu jedem davon betroffenen Posten der Bilanz, ferner die im Posten „Abschreibungen und Wertberichtigungen auf immaterielle Anlagewerte und Sachanlagen" (Formblatt 2 Spalte Aufwendungen Nr. 5, Formblatt 3 Nr. 11) enthaltenen Abschreibungen und Wertberichtigungen auf Leasinggegenstände sowie die im Posten „Sonstige betriebliche Erträge" (Formblatt 2 Spalte Erträge Nr. 8, Formblatt 3 Nr. 8) enthaltenen Erträge aus Leasinggeschäften;

4. die in den folgenden Posten enthaltenen wichtigsten Einzelbeträge, sofern sie für die Beurteilung des Jahresabschlusses nicht unwesentlich sind: „Sonstige Vermögensgegenstände" (Formblatt 1, Aktivposten Nr. 14), „Sonstige Verbindlichkeiten" (Formblatt 1, Passivposten Nr. 5), „Sonstige betriebliche Aufwendungen" (Formblatt 2 Spalte Aufwendungen Nr. 6, Formblatt 3 Nr. 12), „Sonstige betriebliche Erträge" (Formblatt 2 Spalte Erträge Nr. 8, Formblatt 3 Nr. 8), „Außerordentliche Aufwendungen" (Formblatt 2 Spalte Aufwendungen Nr. 11, Formblatt 3 Nr. 21) und „Außerordentliche Erträge" (Formblatt 2 Spalte Erträge Nr. 10, Formblatt 3 Nr. 20). Die Beträge und ihre Art sind zu erläutern;

5. die Dritten erbrachten Dienstleistungen für Verwaltung und Vermittlung, sofern ihr Umfang in bezug auf die Gesamttätigkeit des Instituts von wesentlicher Bedeutung ist;

6. der Gesamtbetrag der Vermögensgegenstände und der Gesamtbetrag der Schulden, die auf Fremdwährung lauten, jeweils in Euro[1];

6a. bei Finanzinstrumenten des Handelsbestands die Methode der Ermittlung des Risikoabschlags nebst den wesentlichen Annahmen, insbesondere die Haltedauer, der Beobachtungszeitraum und das Konfidenzniveau sowie der absolute Betrag des Risikoabschlags;

6b. in den Fällen der Umgliederung deren Gründe, der Betrag der umgegliederten Finanzinstrumente des Handelsbestands und die Auswirkungen der Umgliederung auf den Jahresüberschuss/Jahresfehlbetrag sowie für den Fall der Umgliederung wegen Aufgabe der Handelsabsicht die außergewöhnlichen Umstände, die dies rechtfertigen;

6c. ob innerhalb des Geschäftsjahres die institutsinternen festgelegten Kriterien für die Einbeziehung von Finanzinstrumenten in den Handelsbestand geändert worden sind und welche Auswirkungen sich daraus auf den Jahresüberschuss/Jahresfehlbetrag ergeben;

7. von Pfandbriefbanken eine Deckungsrechnung getrennt nach Hypotheken-, Schiffshypotheken- und Kommunalkreditgeschäft nach Maßgabe des § 28 des Pfandbriefgesetzes[2], ferner zu den Posten der Aktivseite der Bilanz die zur Deckung begebener Schuldverschreibungen bestimmten Aktiva;

8. von Bausparkassen

   a) zu den Posten der Bilanz „Forderungen an Kreditinstitute" (Aktivposten Nr. 3) und „Forderungen an Kunden" (Aktivposten Nr. 4) rückständige Zins- und Tilgungsbeträge für Baudarlehen in einem Betrag sowie noch nicht ausgezahlte bereitgestellte Baudarlehen

      aa) aus Zuteilung,

      bb) zur Vor- und Zwischenfinanzierung und

      cc) sonstige;

   b) zu den Posten der Bilanz „Verbindlichkeiten gegenüber Kreditinstituten" (Passivposten Nr. 1) und „Verbindlichkeiten gegenüber Kunden" (Passivposten Nr. 2) die Bewegung des Bestandes an nicht zugeteilten und zugeteilten Bausparverträgen und vertraglichen Bausparsummen;

   c) zu den Posten der Bilanz „Verbindlichkeiten gegenüber Kreditinstituten" (Passivposten Nr. 1), „Verbindlichkeiten gegenüber Kunden" (Passivposten Nr. 2) und „Verbriefte Verbindlichkeiten" (Passivposten Nr. 3) die aufgenommenen Fremdgelder nach § 4 Abs. 1 Nr. 5 des Gesetzes über Bausparkassen und deren Verwendung;

   d) zu den Posten der Bilanz „Forderungen an Kreditinstitute" (Aktivposten Nr. 3), „Forderungen an Kunden" (Aktivposten Nr. 4), „Verbindlichkeiten gegenüber Kreditinstituten" (Passivposten Nr. 1) und „Verbindlichkeiten gegenüber Kunden" (Passivposten Nr. 2) die Bewegung der Zuteilungsmasse.

   Die Angaben zu den Buchstaben b und d können auch in einen statistischen Anhang zum Lagebericht aufgenommen werden, sofern der Lagebericht

---

[1] **Amtl. Anm.:** Bis zum 31. Dezember 1998 gilt an Stelle der Währungsbezeichnung „Euro" die Währungsbezeichnung„Deutsche Mark"; vgl. aber ab 1. Januar 1999 Artikel 42 Abs. 1 Satz 2 des Einführungsgesetzes zum Handelsgesetzbuch.

[2] Nr. **20**.

und der statistische Anhang im Geschäftsbericht der einzelnen Bausparkasse abgedruckt werden;

9. von Sparkassen
   a) zu dem Posten der Bilanz „Forderungen an Kreditinstitute" (Aktivposten Nr. 3) die im Gesamtbetrag enthaltenen Forderungen an die eigene Girozentrale,
   b) zu dem Posten der Bilanz „Verbindlichkeiten gegenüber Kreditinstituten" (Passivposten Nr. 1) die im Gesamtbetrag enthaltenen Verbindlichkeiten gegenüber der eigenen Girozentrale;
10. von Girozentralen
   a) zu dem Posten der Bilanz „Forderungen an Kreditinstitute" (Aktivposten Nr. 3) die im Gesamtbetrag enthaltenen Forderungen an angeschlossene Sparkassen,
   b) zu dem Posten der Bilanz „Verbindlichkeiten gegenüber Kreditinstituten" (Passivposten Nr. 1) die im Gesamtbetrag enthaltenen Verbindlichkeiten gegenüber angeschlossenen Sparkassen;
11. von Kreditgenossenschaften
   a) zu dem Posten der Bilanz „Forderungen an Kreditinstitute" (Aktivposten Nr. 3) die im Gesamtbetrag enthaltenen Forderungen an die zuständige genossenschaftliche Zentralbank,
   b) zu dem Posten der Bilanz „Verbindlichkeiten gegenüber Kreditinstituten" (Passivposten Nr. 1) die im Gesamtbetrag enthaltenen Verbindlichkeiten gegenüber der zuständigen genossenschaftlichen Zentralbank;
12. von genossenschaftlichen Zentralbanken
   a) zu dem Posten der Bilanz „Forderungen an Kreditinstitute" (Aktivposten Nr. 3) die im Gesamtbetrag enthaltenen
      aa) Forderungen an die Deutsche Genossenschaftsbank,
      bb) Forderungen an angeschlossene Kreditgenossenschaften,
   b) zu dem Posten der Bilanz „Verbindlichkeiten gegenüber Kreditinstituten" (Passivposten Nr. 1) die im Gesamtbetrag enthaltenen
      aa) Verbindlichkeiten gegenüber der Deutschen Genossenschaftsbank,
      bb) Verbindlichkeiten gegenüber angeschlossenen Kreditgenossenschaften;
13. von der Deutschen Genossenschaftsbank
   a) zu dem Posten der Bilanz „Forderungen an Kreditinstitute" (Aktivposten Nr. 3) die im Gesamtbetrag enthaltenen Forderungen an angeschlossene Kreditinstitute sowie die darin enthaltenen Forderungen an regionale genossenschaftliche Zentralbanken,
   b) zu dem Posten der Bilanz „Verbindlichkeiten gegenüber Kreditinstituten" (Passivposten Nr. 1) die im Gesamtbetrag enthaltenen Verbindlichkeiten gegenüber angeschlossenen Kreditinstituten sowie die darin enthaltenen Verbindlichkeiten gegenüber regionalen genossenschaftlichen Zentralbanken.

(2) Zu dem Posten der Bilanz „Sachanlagen" (Aktivposten Nr. 12) sind im Anhang mit ihrem Gesamtbetrag anzugeben:

1. die vom Institut im Rahmen seiner eigenen Tätigkeit genutzten Grundstücke und Bauten,

2. die Betriebs- und Geschäftsausstattung.

(3) Zu dem Posten der Bilanz „Nachrangige Verbindlichkeiten" (Passivposten Nr. 9) sind im Anhang anzugeben:

1. der Betrag der für nachrangige Verbindlichkeiten angefallenen Aufwendungen,
2. zu jeder zehn vom Hundert des Gesamtbetrags der nachrangigen Verbindlichkeiten übersteigenden Mittelaufnahme:
   a) der Betrag, die Währung, auf die sie lautet, ihr Zinssatz und ihre Fälligkeit sowie, ob eine vorzeitige Rückzahlungsverpflichtung entstehen kann,
   b) die Bedingungen ihrer Nachrangigkeit und ihrer etwaigen Umwandlung in Kapital oder in eine andere Schuldform,
3. zu anderen Mittelaufnahmen die wesentlichen Bedingungen.

(4) Zu dem Posten der Bilanz „Eventualverbindlichkeiten" (Passivposten Nr. 1 unter dem Strich) sind im Anhang Art und Betrag jeder Eventualverbindlichkeit anzugeben, die in bezug auf die Gesamttätigkeit des Instituts von wesentlicher Bedeutung ist.

(5) Zu jedem Posten der in der Bilanz ausgewiesenen Verbindlichkeiten und der unter dem Strich vermerkten Eventualverbindlichkeiten ist im Anhang jeweils der Gesamtbetrag der als Sicherheit übertragenen Vermögensgegenstände anzugeben.

(6) Zu dem Posten der Bilanz „Andere Verpflichtungen" (Passivposten Nr. 2 unter dem Strich) sind im Anhang Art und Höhe jeder der in den Unterposten Buchstabe a bis c bezeichneten Verbindlichkeiten anzugeben, die in bezug auf die Gesamttätigkeit des Instituts von wesentlicher Bedeutung sind.

§ 36 Termingeschäfte. [1] In den Anhang ist eine Aufstellung über die Arten von am Bilanzstichtag noch nicht abgewickelten fremdwährungs-, zinsabhängigen und sonstigen Termingeschäften, die lediglich ein Erfüllungsrisiko sowie Währungs-, Zins- und/oder sonstige Marktpreisänderungsrisiken aus offenen und im Falle eines Adressenausfalls auch aus geschlossenen Positionen beinhalten, aufzunehmen. [2] Hierzu gehören:

1. Termingeschäfte in fremden Währungen, insbesondere Devisentermingeschäfte, Devisenterminkontrakte, Währungsswaps, Zins-/Währungsswaps, Stillhalterverpflichtungen aus Devisenoptionsgeschäften, Devisenoptionsrechte, Termingeschäfte in Gold und anderen Edelmetallen, Edelmetallterminkontrakte, Stillhalterverpflichtungen aus Goldoptionen, Goldoptionsrechte;
2. zinsbezogene Termingeschäfte, insbesondere Termingeschäfte mit festverzinslichen Wertpapieren, Zinsterminkontrakte, Forward Rate Agreements, Stillhalterverpflichtungen aus Zinsoptionen, Zinsoptionsrechte, Zinsswaps, Abnahmeverpflichtungen aus Forward Forward Deposits; Lieferverpflichtungen aus solchen Geschäften sind in dem Unterposten der Bilanz „Unwiderrufliche Kreditzusagen" (Passivposten Nr. 2 unter dem Strich Buchstabe c) zu vermerken;
3. Termingeschäfte mit sonstigen Preisrisiken, insbesondere aktienkursbezogene Termingeschäfte, Stillhalterverpflichtungen aus Aktienoptionen, Aktienoptionsrechte, Indexterminkontrakte, Stillhalterverpflichtungen aus Indexoptionen, Indexoptionsrechte.

[3] Für jeden der drei Gliederungsposten der Termingeschäfte ist anzugeben, ob ein wesentlicher Teil davon zur Deckung von Zins-, Wechselkurs- oder Marktpreisschwankungen abgeschlossen wurde und ob ein wesentlicher Teil davon auf Handelsgeschäfte entfällt.

Abschnitt 6. Konzernrechnungslegung

§ 37 Konzernrechnungslegung. Auf den Konzernabschluß sind, soweit seine Eigenart keine Abweichung bedingt, die §§ 1 bis 36 entsprechend anzuwenden.

Abschnitt 7. Ordnungswidrigkeiten

§ 38 Ordnungswidrigkeiten. (1) Ordnungswidrig im Sinne des § 340n Absatz 1 Satz 1 Nummer 6 des Handelsgesetzbuchs handelt, wer als Geschäftsleiter im Sinne des § 1 Abs. 2 Satz 1 oder des § 53 Abs. 2 Nr. 1 des Gesetzes über das Kreditwesen[1)], oder als Geschäftsleiter im Sinne des § 2 Absatz 36 des Wertpapierinstitutsgesetzes[2)], oder als Inhaber eines in der Rechtsform des Einzelkaufmanns betriebenen Instituts oder als Mitglied des Aufsichtsrats bei der Aufstellung oder Feststellung des Jahresabschlusses

1. entgegen § 2 Abs. 1 Satz 1 nicht das vorgeschriebene Formblatt anwendet,
2. entgegen §§ 3 bis 5, 6 Abs. 1 Satz 1 oder 2, Abs. 2 oder 4 die dort genannten Posten nicht, nicht in der vorgeschriebenen Weise oder nicht mit dem vorgeschriebenen Inhalt ausweist,
3. entgegen § 6 Abs. 3 dort genannte Vermögensgegenstände oder Schulden in seine Bilanz aufnimmt,
4. einer Vorschrift des § 9 über die Fristengliederung zuwiderhandelt,
5. entgegen § 10 Abs. 1 dort genannte Verbindlichkeiten nicht verrechnet,
6. entgegen § 10 Abs. 2 Forderungen oder Verbindlichkeiten verrechnet,
7. einer Vorschrift der §§ 12 bis 33 über die in einzelne Posten der Bilanz oder der Gewinn- und Verlustrechnung aufzunehmenden Angaben zuwiderhandelt,
8. einer Vorschrift des § 34 oder 35 über zusätzliche Erläuterungen oder Pflichtangaben zuwiderhandelt oder
9. einer Vorschrift des § 36 über Termingeschäfte zuwiderhandelt.

(2) Die Bestimmungen des Absatzes 1 gelten auch für den Konzernabschluß im Sinne des § 37.

Abschnitt 8. Schlußvorschriften

§ 39 Übergangsvorschriften. (1) Vor dem 1. Juli 1993 begründete Spareinlagen nach § 21 des Gesetzes über das Kreditwesen[1)] in der Fassung der Bekanntmachung vom 11. Juli 1985 (BGBl. I S. 1472) und dafür gutgeschriebene oder danach gutzuschreibende Zinsen gelten weiterhin als Spareinlagen, wenn für sie die Voraussetzungen des § 21 Abs. 4 Satz 1 Nr. 1 und 2, Satz 2 dieser Verordnung zutreffen und sie die Vorschriften des § 22 Abs. 1 Satz 1 und

---

1) Nr. **9**.
2) Nr. **10**.

Abs. 2 des Gesetzes über das Kreditwesen in der Fassung der Bekanntmachung vom 11. Juli 1985 (BGBl. I S. 1472) erfüllt haben.

(2) [1] Die Vorschriften dieser Verordnung in der Fassung der Zweiten Verordnung zur Änderung der Verordnung über die Rechnungslegung der Kreditinstitute sind erstmals auf den Jahresabschluß und den Lagebericht sowie den Konzernabschluß und den Konzernlagebericht für das nach dem 31. Dezember 1997 beginnende Geschäftsjahr anzuwenden. [2] § 4 Abs. 1 Satz 1, § 12 Abs. 2, § 13 Abs. 2 und 3, § 16 Abs. 1 Satz 1, Abs. 3 Satz 1 und § 26 Abs. 1 Satz 2 in der Fassung der Zweiten Verordnung zur Änderung der Verordnung über die Rechnungslegung der Kreditinstitute sind erstmals auf den Jahresabschluß und den Lagebericht sowie den Konzernabschluß und den Konzernlagebericht für das nach dem 31. Dezember 1998 endende Geschäftsjahr anzuwenden.

(3) [1] §§ 20, 29 Satz 2, § 34 Absatz 2 Satz 1 Nummer 1 Buchstabe d, Nummer 4, § 35 Absatz 1 Nummer 1a, 6a bis 6c und 7 in der Fassung des Bilanzrechtsmodernisierungsgesetzes vom 25. Mai 2009 (BGBl. I S. 1102) sowie die Formblätter 1 bis 3 mit den Änderungen, die durch das Bilanzrechtsmodernisierungsgesetz sowie durch Artikel 3 Nummer 2 bis 4 der Verordnung zur Änderung von Rechnungslegungsverordnungen vom 9. Juni 2011 (BGBl. I S. 1041) erfolgt sind, sind erstmals auf Jahres- und Konzernabschlüsse für das nach dem 31. Dezember 2009 beginnende Geschäftsjahr anzuwenden. [2] Die Formblätter 1 bis 3 in der bis zum 28. Mai 2009 geltenden Fassung sind letztmals auf Jahres- und Konzernabschlüsse für das vor dem 1. Januar 2010 beginnende Geschäftsjahr anzuwenden. [3] Soweit im Übrigen in dieser Verordnung auf Bestimmungen des Handelsgesetzbuchs in der Fassung des Bilanzrechtsmodernisierungsgesetzes verwiesen wird, gelten die in den Artikeln 66 und 67 des Einführungsgesetzes zum Handelsgesetzbuch enthaltenen Übergangsregelungen entsprechend. [4] Artikel 66 Abs. 3 Satz 6 des Einführungsgesetzes zum Handelsgesetzbuch gilt entsprechend. [5] Die von Finanzdienstleistungsinstituten geforderten Angaben nach der Fußnote 14 des Bilanzformblatts und den jeweiligen Fußnoten 8 und 9 der Formblätter für die Gewinn- und Verlustrechnung sind erstmals auf Jahresabschlüsse für Geschäftsjahre anzuwenden, die nach dem 31. Dezember 2010 beginnen.

(4) Auf die Formblätter 2 und 3 in der Fassung der Verordnung zur Änderung der Versicherungsunternehmens-Rechnungslegungsverordnung sowie zur Änderung weiterer Rechnungslegungsverordnungen vom 18. Dezember 2009 (BGBl. I S. 3934) ist Absatz 10 Satz 1, 2 und 4 entsprechend anzuwenden.

(5) Die §§ 6, 7 und 17 in der Fassung des AIFM-Umsetzungsgesetzes vom 4. Juli 2013 (BGBl. I S. 1981) sind erstmals auf Jahres- und Konzernabschlüsse für nach dem 21. Juli 2013 beginnende Geschäftsjahre anzuwenden.

(6) § 34 Absatz 1 und 3 in der Fassung des Bilanzrichtlinie-Umsetzungsgesetzes vom 17. Juli 2015 (BGBl. I S. 1245) ist erstmals auf Jahres- und Konzernabschlüsse für Geschäftsjahre anzuwenden, die nach dem 31. Dezember 2015 beginnen.

§ 40 (Inkrafttreten, Aufhebung von Rechtsvorschriften)

Anlage Formblätter

(hier nicht wiedergegeben)

18. Gesetz über das Aufspüren von Gewinnen aus schweren Straftaten (Geldwäschegesetz – GwG)[1] [2]

Vom 23. Juni 2017
(BGBl. I S. 1822)

FNA 7613-3

zuletzt geänd. durch Art. 92 PersonengesellschaftsrechtsmodernisierungsG (MoPeG) v. 10.8.2021 (BGBl. I S. 3436)

Inhaltsübersicht

---

[1] Verkündet als Art. 1 G v. 23.6.2017 (BGBl. I S. 1822); Inkrafttreten gem. Art. 24 Abs. 1 Satz 1 dieses G am 26.6.2017.

[2] Die Änderungen durch G v. 10.8.2021 (BGBl. I S. 3436) treten erst **mWv 1.1.2024** in Kraft und sind im Text noch nicht berücksichtigt.

§ 25h KWG

Abschnitt 1. Begriffsbestimmungen, Verpflichtete und risikobasierter Ansatz

§ 1 Begriffsbestimmungen (1) Geldwäsche im Sinne dieses Gesetzes ist eine Straftat nach § 261 des Strafgesetzbuchs.

(2) Terrorismusfinanzierung im Sinne dieses Gesetzes ist

1. die Bereitstellung oder Sammlung von Vermögensgegenständen mit dem Wissen oder in der Absicht, dass diese Vermögensgegenstände ganz oder teilweise dazu verwendet werden oder verwendet werden sollen, eine oder mehrere der folgenden Straftaten zu begehen:
   a) eine Tat nach § 129a des Strafgesetzbuchs, auch in Verbindung mit § 129b des Strafgesetzbuchs, oder
   b) eine andere der in den Artikeln 3, 5 bis 10 und 12 der Richtlinie (EU) 2017/541 des Europäischen Parlaments und des Rates vom 15. März 2017 zur Terrorismusbekämpfung und zur Ersetzung des Rahmenbeschlusses 2002/475/JI des Rates und zur Änderung des Beschlusses 2005/671/JI des Rates (ABl. L 88 vom 31.3.2017, S. 6) umschriebenen Straftaten,
2. die Begehung einer Tat nach § 89c des Strafgesetzbuchs oder
3. die Anstiftung oder Beihilfe zu einer Tat nach Nummer 1 oder 2.

(3) Identifizierung im Sinne dieses Gesetzes besteht aus
1. dem Erheben von Angaben zum Zweck der Identifizierung und
2. der Überprüfung dieser Angaben zum Zweck der Identifizierung.

(4) Geschäftsbeziehung im Sinne dieses Gesetzes ist jede Beziehung, die unmittelbar in Verbindung mit den gewerblichen oder beruflichen Aktivitäten der Verpflichteten steht und bei der beim Zustandekommen des Kontakts davon ausgegangen wird, dass sie von gewisser Dauer sein wird.

(5) [1] Transaktion im Sinne dieses Gesetzes ist oder sind eine oder, soweit zwischen ihnen eine Verbindung zu bestehen scheint, mehrere Handlungen, die eine Geldbewegung oder eine sonstige Vermögensverschiebung bezweckt oder bezwecken oder bewirkt oder bewirken. [2] Bei Vermittlungstätigkeiten von Verpflichteten nach § 2 Absatz 1 Nummer 14 und 16 gilt als Transaktion im Sinne dieses Gesetzes das vermittelte Rechtsgeschäft.

(6) [1] Trust im Sinne dieses Gesetzes ist eine Rechtgestaltung, die als Trust errichtet wurde, wenn das für die Errichtung anwendbare Recht das Rechtsinstitut des Trusts vorsieht. [2] Sieht das für die Errichtung anwendbare Recht ein Rechtsinstitut vor, das dem Trust nachgebildet ist, so gelten auch Rechtsgestaltungen, die unter Verwendung dieses Rechtsinstituts errichtet wurden, als Trust.

(7) Vermögensgegenstand im Sinne dieses Gesetzes ist
1. jeder Vermögenswert, ob körperlich oder nichtkörperlich, beweglich oder unbeweglich, materiell oder immateriell, sowie
2. Rechtstitel und Urkunden in jeder Form, einschließlich der elektronischen und digitalen Form, die das Eigentumsrecht oder sonstige Rechte an Vermögenswerten nach Nummer 1 verbriefen.

(8) Glücksspiel im Sinne dieses Gesetzes ist jedes Spiel, bei dem ein Spieler für den Erwerb einer Gewinnchance ein Entgelt entrichtet und der Eintritt von Gewinn oder Verlust ganz oder überwiegend vom Zufall abhängt.

(9) Güterhändler im Sinne dieses Gesetzes ist, wer gewerblich Güter veräußert, unabhängig davon, in wessen Namen oder auf wessen Rechnung.

(10) [1] Hochwertige Güter im Sinne dieses Gesetzes sind Gegenstände,
1. die sich aufgrund ihrer Beschaffenheit, ihres Verkehrswertes oder ihres bestimmungsgemäßen Gebrauchs von Gebrauchsgegenständen des Alltags abheben oder

2. die aufgrund ihres Preises keine Alltagsanschaffung darstellen.

[2] Zu ihnen gehören insbesondere
1. Edelmetalle wie Gold, Silber und Platin,
2. Edelsteine,
3. Schmuck und Uhren,
4. Kunstgegenstände und Antiquitäten,
5. Kraftfahrzeuge, Schiffe und Motorboote sowie Luftfahrzeuge.

(11) Immobilienmakler im Sinne dieses Gesetzes ist, wer gewerblich den Abschluss von Kauf-, Pacht- oder Mietverträgen über Grundstücke, grundstücksgleiche Rechte, gewerbliche Räume oder Wohnräume vermittelt.

(12) [1] Politisch exponierte Person im Sinne dieses Gesetzes ist jede Person, die ein hochrangiges wichtiges öffentliches Amt auf internationaler, europäischer oder nationaler Ebene ausübt oder ausgeübt hat oder ein öffentliches Amt unterhalb der nationalen Ebene, dessen politische Bedeutung vergleichbar ist, ausübt oder ausgeübt hat. [2] Zu den politisch exponierten Personen gehören insbesondere
1. Personen, die folgende Funktionen innehaben:
   a) Staatschefs, Regierungschefs, Minister, Mitglieder der Europäischen Kommission, stellvertretende Minister und Staatssekretäre,
   b) Parlamentsabgeordnete und Mitglieder vergleichbarer Gesetzgebungsorgane,
   c) Mitglieder der Führungsgremien politischer Parteien,
   d) Mitglieder von obersten Gerichtshöfen, Verfassungsgerichtshöfen oder sonstigen hohen Gerichten, gegen deren Entscheidungen im Regelfall kein Rechtsmittel mehr eingelegt werden kann,
   e) Mitglieder der Leitungsorgane von Rechnungshöfen,
   f) Mitglieder der Leitungsorgane von Zentralbanken,
   g) Botschafter, Geschäftsträger und Verteidigungsattachés,
   h) Mitglieder der Verwaltungs-, Leitungs- und Aufsichtsorgane staatseigener Unternehmen,
   i) Direktoren, stellvertretende Direktoren, Mitglieder des Leitungsorgans oder sonstige Leiter mit vergleichbarer Funktion in einer zwischenstaatlichen internationalen oder europäischen Organisation;
2. Personen, die Ämter innehaben, welche in der nach Artikel 1 Nummer 13 der Richtlinie (EU) 2018/843 des Europäischen Parlaments und des Rates vom 30. Mai 2018 zur Änderung der Richtlinie (EU) 2015/849 zur Verhinderung der Nutzung des Finanzsystems zum Zwecke der Geldwäsche und der Terrorismusfinanzierung und zur Änderung der Richtlinien 2009/138/EG und 2013/36/EU (ABl. L 156 vom 19.6.2018, S. 43) von der Europäischen Kommission veröffentlichten Liste enthalten sind.

[3] Das Bundesministerium der Finanzen erstellt, aktualisiert und übermittelt der Europäischen Kommission eine Liste gemäß Artikel 1 Nummer 13 der Richtlinie (EU) 2018/843. [4] Organisationen nach Satz 2 Nummer 1 Buchstabe i mit Sitz in Deutschland übermitteln dem Bundesministerium der Finanzen hierfür jährlich zum Jahresende eine Liste mit wichtigen öffentlichen Ämtern nach dieser Vorschrift.

(13) Familienmitglied im Sinne dieses Gesetzes ist ein naher Angehöriger einer politisch exponierten Person, insbesondere

1. der Ehepartner oder eingetragene Lebenspartner,
2. ein Kind und dessen Ehepartner oder eingetragener Lebenspartner sowie
3. jeder Elternteil.

(14) Bekanntermaßen nahestehende Person im Sinne dieses Gesetzes ist eine natürliche Person, bei der der Verpflichtete Grund zu der Annahme haben muss, dass diese Person

1. gemeinsam mit einer politisch exponierten Person
   a) wirtschaftlich Berechtigter einer Vereinigung nach § 20 Absatz 1 ist oder
   b) wirtschaftlich Berechtigter einer Rechtsgestaltung nach § 21 ist,
2. zu einer politisch exponierten Person sonstige enge Geschäftsbeziehungen unterhält oder
3. alleiniger wirtschaftlich Berechtigter
   a) einer Vereinigung nach § 20 Absatz 1 ist oder
   b) einer Rechtsgestaltung nach § 21 ist,

   bei der der Verpflichtete Grund zu der Annahme haben muss, dass die Errichtung faktisch zugunsten einer politisch exponierten Person erfolgte.

(15) [1] Mitglied der Führungsebene im Sinne dieses Gesetzes ist eine Führungskraft oder ein leitender Mitarbeiter eines Verpflichteten mit ausreichendem Wissen über die Risiken, denen der Verpflichtete in Bezug auf Geldwäsche und Terrorismusfinanzierung ausgesetzt ist, und mit der Befugnis, insoweit Entscheidungen zu treffen. [2] Ein Mitglied der Führungsebene muss nicht zugleich ein Mitglied der Leitungsebene sein.

(16) Gruppe im Sinne dieses Gesetzes ist ein Zusammenschluss von Unternehmen, der besteht aus

1. einem Mutterunternehmen,
2. den Tochterunternehmen des Mutterunternehmens,
3. den Unternehmen, an denen das Mutterunternehmen oder seine Tochterunternehmen eine Beteiligung halten, und
4. Unternehmen, die untereinander verbunden sind durch eine Beziehung im Sinne des Artikels 22 Absatz 1 der Richtlinie 2013/34/EU des Europäischen Parlaments und des Rates vom 26. Juni 2013 über den Jahresabschluss, den konsolidierten Abschluss und damit verbundene Berichte von Unternehmen bestimmter Rechtsformen und zur Änderung der Richtlinie 2006/43/EG des Europäischen Parlaments und des Rates und zur Aufhebung der Richtlinien 78/660/EWG und 83/349/EWG des Rates (ABl. L 182 vom 29.6. 2013, S. 19).

(17) Drittstaat im Sinne dieses Gesetzes ist ein Staat,

1. der nicht Mitgliedstaat der Europäischen Union ist und
2. der nicht Vertragsstaat des Abkommens über den Europäischen Wirtschaftsraum ist.

(18) E-Geld im Sinne dieses Gesetzes ist E-Geld nach § 1 Absatz 2 Satz 3 und 4 des Zahlungsdiensteaufsichtsgesetzes[1)].

(19) Aufsichtsbehörde im Sinne dieses Gesetzes ist die zuständige Aufsichtsbehörde nach § 50.

(20) Die Zuverlässigkeit eines Mitarbeiters im Sinne dieses Gesetzes liegt vor, wenn der Mitarbeiter die Gewähr dafür bietet, dass er

1. die in diesem Gesetz geregelten Pflichten, sonstige geldwäscherechtliche Pflichten und die beim Verpflichteten eingeführten Strategien, Kontrollen und Verfahren zur Verhinderung von Geldwäsche und von Terrorismusfinanzierung sorgfältig beachtet,
2. Tatsachen nach § 43 Absatz 1 dem Vorgesetzten oder dem Geldwäschebeauftragten, sofern ein Geldwäschebeauftragter bestellt ist, meldet und
3. sich weder aktiv noch passiv an zweifelhaften Transaktionen oder Geschäftsbeziehungen beteiligt.

(21) Korrespondenzbeziehung im Sinne dieses Gesetzes ist eine Geschäftsbeziehung, in deren Rahmen folgende Leistungen erbracht werden:

1. Bankdienstleistungen, wie die Unterhaltung eines Kontokorrent- oder eines anderen Zahlungskontos und die Erbringung damit verbundener Leistungen wie die Verwaltung von Barmitteln, die Durchführung von internationalen Geldtransfers oder Devisengeschäften und die Vornahme von Scheckverrechnungen, durch Verpflichtete nach § 2 Absatz 1 Nummer 1 (Korrespondenten) für CRR-Kreditinstitute oder für Unternehmen in einem Drittstaat, die Tätigkeiten ausüben, die denen solcher Kreditinstitute gleichwertig sind (Respondenten), oder
2. andere Leistungen als Bankdienstleistungen, soweit diese anderen Leistungen nach den jeweiligen gesetzlichen Vorschriften durch Verpflichtete nach § 2 Absatz 1 Nummer 1 bis 3 und 6 bis 9 (Korrespondenten) erbracht werden dürfen
   a) für andere CRR-Kreditinstitute oder Finanzinstitute im Sinne des Artikels 3 Nummer 2 der Richtlinie (EU) 2015/849 oder
   b) für Unternehmen oder Personen in einem Drittstaat, die Tätigkeiten ausüben, die denen solcher Kreditinstitute oder Finanzinstitute gleichwertig sind (Respondenten).

(22) Bank-Mantelgesellschaft im Sinne dieses Gesetzes ist

1. ein CRR-Kreditinstitut oder ein Finanzinstitut nach Artikel 3 Nummer 2 der Richtlinie (EU) 2015/849 oder
2. ein Unternehmen,
   a) das Tätigkeiten ausübt, die denen eines solchen Kreditinstituts oder Finanzinstituts gleichwertig sind, und das in einem Land in ein Handelsregister oder ein vergleichbares Register eingetragen ist, in dem die tatsächliche Leitung und Verwaltung nicht erfolgen, und
   b) das keiner regulierten Gruppe von Kredit- oder Finanzinstituten angeschlossen ist.

(23) [1]Kunstvermittler im Sinne dieses Gesetzes ist, wer gewerblich den Abschluss von Kaufverträgen über Kunstgegenstände vermittelt, auch als Auk-

---

[1)] Nr. **12**.

tionator oder Galerist. [2] Kunstlagerhalter im Sinne dieses Gesetzes ist, wer gewerblich Kunstgegenstände lagert. [3] Unerheblich ist, in wessen Namen oder auf wessen Rechnung die Tätigkeit nach Satz 1 oder 2 erfolgt.

(24) [1] Finanzunternehmen im Sinne dieses Gesetzes ist ein Unternehmen, dessen Haupttätigkeit darin besteht,

1. Beteiligungen zu erwerben, zu halten oder zu veräußern,
2. Geldforderungen mit Finanzierungsfunktion entgeltlich zu erwerben,
3. mit Finanzinstrumenten auf eigene Rechnung zu handeln,
4. Finanzanlagenvermittler nach § 34f Absatz 1 Satz 1 der Gewerbeordnung und Honorar-Finanzanlagenberater nach § 34h Absatz 1 Satz 1 der Gewerbeordnung zu sein, es sei denn, die Vermittlung oder Beratung bezieht sich ausschließlich auf Anlagen, die von Verpflichteten nach diesem Gesetz vertrieben oder emittiert werden,
5. Unternehmen über die Kapitalstruktur, die industrielle Strategie und die damit verbundenen Fragen zu beraten sowie bei Zusammenschlüssen und Übernahmen von Unternehmen diese Unternehmen zu beraten und ihnen Dienstleistungen anzubieten oder
6. Darlehen zwischen Kreditinstituten zu vermitteln (Geldmaklergeschäfte).

[2] Holdinggesellschaften, die ausschließlich Beteiligungen an Unternehmen außerhalb des Kreditinstituts-, Finanzinstituts- und Versicherungssektors halten und die nicht über die mit der Verwaltung des Beteiligungsbesitzes verbundenen Aufgaben hinaus unternehmerisch tätig sind, sind keine Finanzunternehmen im Sinne dieses Gesetzes.

(25) Mutterunternehmen im Sinne dieses Gesetzes ist ein Unternehmen, dem mindestens ein anderes Unternehmen nach Absatz 16 Nummer 2 bis 4 nachgeordnet ist, und dem kein anderes Unternehmen übergeordnet ist.

(26) Finanzinformationen im Sinne dieses Gesetzes sind alle Arten von Informationen oder Daten, insbesondere Daten über finanzielle Vermögenswerte, Geldbewegungen oder finanzgeschäftliche Beziehungen, die bereits bei der Zentralstelle für Finanztransaktionsuntersuchungen oder anderen zentralen Meldestellen im Sinne des Artikels 32 der Richtlinie (EU) 2015/849 vorhanden sind, um Geldwäsche und Terrorismusfinanzierung zu verhüten, aufzudecken und zu bekämpfen.

(27) Finanzanalyse im Sinne dieses Gesetzes ist das Ergebnis der von der Zentralstelle für Finanztransaktionsuntersuchungen oder einer anderen zentralen Meldestelle im Sinne des Artikel 32 der Richtlinie (EU) 2015/849 für die Erfüllung ihrer Aufgaben nach der Richtlinie (EU) 2015/849 bereits durchgeführten operativen und strategischen Analyse.

(28) Die Bezeichnung

1. Richtlinie (EU) 2015/849 bezeichnet die Richtlinie (EU) 2015/849 des Europäischen Parlamentes und des Rates vom 20. Mai 2015 zur Verhinderung der Nutzung des Finanzsystems zum Zweck der Geldwäsche und der Terrorismusfinanzierung, zur Änderung der Verordnung (EU) Nr. 648/2012 des Europäischen Parlaments und des Rates und zur Aufhebung der Richtlinie 2005/60/EG des Europäischen Parlaments und des Rates und der Richtlinie 2006/70/EG der Kommission, die zuletzt durch die Richtlinie (EU) 2018/843 des Europäischen Parlamentes und des Rates vom 30. Mai 2018 zur Änderung der Richtlinie (EU) 2015/849 zur Verhinderung der

Nutzung des Finanzsystems zum Zweck der Geldwäsche und der Terrorismusfinanzierung und zur Änderung der Richtlinien 2009/138/EG und 2013/36/EU geändert worden ist.

2. Richtlinie (EU) 2019/1153 bezeichnet die Richtlinie (EU) 2019/1153 des Europäischen Parlamentes und des Rates vom 20. Juni 2019 zur Festlegung von Vorschriften zur Erleichterung der Nutzung von Finanz- und sonstigen Informationen für die Verhütung, Aufdeckung, Untersuchung oder Verfolgung bestimmter Straftaten und zur Aufhebung des Beschlusses 2000/642/JI des Rates.
3. Verordnung (EU) 2016/794 bezeichnet die Verordnung (EU) 2016/794 des Europäischen Parlamentes und des Rates vom 11. Mai 2016 über die Agentur der Europäischen Union für die Zusammenarbeit auf dem Gebiet der Strafverfolgung (Europol) und zur Ersetzung und Aufhebung der Beschlüsse 2009/371/JI, 2009/934/JI, 2009/935/JI, 2009/936/JI und 2009/968/JI.

(29) Kryptowerte im Sinne dieses Gesetzes sind Kryptowerte nach § 1 Absatz 11 Satz 1 Nummer 10 in Verbindung mit Satz 4 und 5 des Kreditwesengesetzes[1)].

(30) Übertragung von Kryptowerten im Sinne dieses Gesetzes ist jeglicher Transfer von Kryptowerten zwischen natürlichen oder juristischen Personen im Rahmen der Erbringung von Finanzdienstleistungen oder dem Betreiben von Bankgeschäften im Sinne des Kreditwesengesetzes, der nicht ausschließlich die Kryptoverwahrung im Sinne des § 1 Absatz 1a Satz 2 Nummer 6 des Kreditwesengesetzes darstellt.

§ 2 Verpflichtete, Verordnungsermächtigung. (1) Verpflichtete im Sinne dieses Gesetzes sind, soweit sie in Ausübung ihres Gewerbes oder Berufs handeln,

1. Kreditinstitute nach § 1 Absatz 1 des Kreditwesengesetzes[1)], mit Ausnahme der in § 2 Absatz 1 Nummer 3 bis 8 des Kreditwesengesetzes genannten Unternehmen, und im Inland gelegene Zweigstellen und Zweigniederlassungen von Kreditinstituten mit Sitz im Ausland,
2. Finanzdienstleistungsinstitute nach § 1 Absatz 1a des Kreditwesengesetzes, mit Ausnahme der in § 2 Absatz 6 Satz 1 Nummer 3 bis 10 und 12 und Absatz 10 des Kreditwesengesetzes genannten Unternehmen, im Inland gelegene Zweigstellen und Zweigniederlassungen von Finanzdienstleistungsinstituten mit Sitz im Ausland sowie Wertpapierinstitute nach § 2 Absatz 1 des Wertpapierinstitutsgesetzes[2)] und im Inland gelegene Niederlassungen vergleichbarer Unternehmen mit Sitz im Ausland,
3. Zahlungsinstitute und E-Geld-Institute nach § 1 Absatz 3 des Zahlungsdiensteaufsichtsgesetzes[3)] und im Inland gelegene Zweigstellen und Zweigniederlassungen von vergleichbaren Instituten mit Sitz im Ausland,
4. Agenten nach § 1 Absatz 9 des Zahlungsdiensteaufsichtsgesetzes und E-Geld-Agenten nach § 1 Absatz 10 des Zahlungsdiensteaufsichtsgesetzes sowie diejenigen Zahlungsinstitute und E-Geld-Institute mit Sitz in einem anderen Vertragsstaat des Abkommens über den Europäischen Wirtschafts-

---

[1)] Nr. **9**.
[2)] Nr. **10**.
[3)] Nr. **12**.

raum, die im Inland über Agenten nach § 1 Absatz 9 des Zahlungsdiensteaufsichtsgesetzes oder über E-Geld-Agenten nach § 1 Absatz 10 des Zahlungsdiensteaufsichtsgesetzes niedergelassen sind,

5. selbständige Gewerbetreibende, die E-Geld eines Kreditinstituts nach § 1 Absatz 2 Satz 1 Nummer 2 des Zahlungsdiensteaufsichtsgesetzes vertreiben oder rücktauschen,
6. Finanzunternehmen sowie im Inland gelegene Zweigstellen und Zweigniederlassungen von Finanzunternehmen mit Sitz im Ausland, soweit sie nicht bereits von den Nummern 1 bis 5, 7, 9, 10, 12 oder 13 erfasst sind,
7. Versicherungsunternehmen nach Artikel 13 Nummer 1 der Richtlinie 2009/138/EG des Europäischen Parlaments und des Rates vom 25. November 2009 betreffend die Aufnahme und Ausübung der Versicherungs- und der Rückversicherungstätigkeit (Solvabilität II) (ABl. L 335 vom 17.12. 2009, S. 1) und im Inland gelegene Niederlassungen solcher Unternehmen mit Sitz im Ausland, soweit sie jeweils
   a) Lebensversicherungstätigkeiten, die unter diese Richtlinie fallen, anbieten,
   b) Unfallversicherungen mit Prämienrückgewähr anbieten,
   c) Darlehen im Sinne von § 1 Absatz 1 Satz 2 Nummer 2 des Kreditwesengesetzes vergeben oder
   d) Kapitalisierungsprodukte anbieten,
8. Versicherungsvermittler nach § 59 des Versicherungsvertragsgesetzes, soweit sie die unter Nummer 7 fallenden Tätigkeiten, Geschäfte, Produkte oder Dienstleistungen vermitteln, mit Ausnahme der gemäß § 34d Absatz 6 oder 7 Nummer 1 der Gewerbeordnung tätigen Versicherungsvermittler, und im Inland gelegene Niederlassungen entsprechender Versicherungsvermittler mit Sitz im Ausland,
9. Kapitalverwaltungsgesellschaften nach § 17 Absatz 1 des Kapitalanlagegesetzbuchs, im Inland gelegene Zweigniederlassungen von EU-Verwaltungsgesellschaften und ausländischen AIF-Verwaltungsgesellschaften sowie ausländische AIF-Verwaltungsgesellschaften, für die die Bundesrepublik Deutschland Referenzmitgliedstaat ist und die der Aufsicht der Bundesanstalt für Finanzdienstleistungsaufsicht gemäß § 57 Absatz 1 Satz 3 des Kapitalanlagegesetzbuchs unterliegen,
10. Rechtsanwälte, Kammerrechtsbeistände, Patentanwälte sowie Notare, soweit sie
    a) für den Mandanten an der Planung oder Durchführung von folgenden Geschäften mitwirken:
       aa) Kauf und Verkauf von Immobilien oder Gewerbebetrieben,
       bb) Verwaltung von Geld, Wertpapieren oder sonstigen Vermögenswerten,
       cc) Eröffnung oder Verwaltung von Bank-, Spar- oder Wertpapierkonten,
       dd) Beschaffung der zur Gründung, zum Betrieb oder zur Verwaltung von Gesellschaften erforderlichen Mittel,
       ee) Gründung, Betrieb oder Verwaltung von Treuhandgesellschaften, Gesellschaften oder ähnlichen Strukturen,

b) im Namen und auf Rechnung des Mandanten Finanz- oder Immobilientransaktionen durchführen,

c) den Mandanten im Hinblick auf dessen Kapitalstruktur, dessen industrielle Strategie oder damit verbundene Fragen beraten,

d) Beratung oder Dienstleistungen im Zusammenhang mit Zusammenschlüssen oder Übernahmen erbringen oder

e) geschäftsmäßig Hilfeleistung in Steuersachen erbringen,

11. Rechtsbeistände, die nicht Mitglied einer Rechtsanwaltskammer sind, und registrierte Personen nach § 10 des Rechtsdienstleistungsgesetzes, soweit sie Tätigkeiten nach Nummer 10 Buchstabe a bis d erbringen, ausgenommen die Erbringung von Inkassodienstleistungen im Sinne des § 2 Absatz 2 Satz 1 des Rechtsdienstleistungsgesetzes,

12. Wirtschaftsprüfer, vereidigte Buchprüfer, Steuerberater, Steuerbevollmächtigte und die in § 4 Nummer 11 des Steuerberatungsgesetzes genannten Vereine,

13. Dienstleister für Gesellschaften und für Treuhandvermögen oder Treuhänder, die nicht den unter den Nummern 10 bis 12 genannten Berufen angehören, wenn sie für Dritte eine der folgenden Dienstleistungen erbringen:

a) Gründung einer juristischen Person oder Personengesellschaft,

b) Ausübung der Leitungs- oder Geschäftsführungsfunktion einer juristischen Person oder einer Personengesellschaft, Ausübung der Funktion eines Gesellschafters einer Personengesellschaft oder Ausübung einer vergleichbaren Funktion,

c) Bereitstellung eines Sitzes, einer Geschäfts-, Verwaltungs- oder Postadresse und anderer damit zusammenhängender Dienstleistungen für eine juristische Person, für eine Personengesellschaft oder für eine Rechtsgestaltung nach § 3 Absatz 3,

d) Ausübung der Funktion eines Treuhänders für eine Rechtsgestaltung nach § 3 Absatz 3,

e) Ausübung der Funktion eines nominellen Anteilseigners für eine andere Person, bei der es sich nicht um eine auf einem organisierten Markt notierte Gesellschaft nach § 2 Absatz 11 des Wertpapierhandelsgesetzes handelt, die dem Gemeinschaftsrecht entsprechenden Transparenzanforderungen im Hinblick auf Stimmrechtsanteile oder gleichwertigen internationalen Standards unterliegt,

f) Schaffung der Möglichkeit für eine andere Person, die in den Buchstaben b, d und e genannten Funktionen auszuüben,

14. Immobilienmakler,

15. Veranstalter und Vermittler von Glücksspielen, soweit es sich nicht handelt um

a) Betreiber von Geldspielgeräten nach § 33c der Gewerbeordnung,

b) Vereine, die das Unternehmen eines Totalisatoren nach § 1 des Rennwett- und Lotteriegesetzes betreiben,

c) Lotterien, für die die Veranstalter und Vermittler über eine glücksspielrechtliche Erlaubnis der in Deutschland jeweils zuständigen Behörde verfügen, und

16. Güterhändler, Kunstvermittler und Kunstlagerhalter, soweit die Lagerhaltung in Zollfreigebieten erfolgt.

(2) [1] Das Bundesministerium der Finanzen kann durch Rechtsverordnung ohne Zustimmung des Bundesrates Verpflichtete gemäß Absatz 1 Nummer 1 bis 9 und 16, die Finanztätigkeiten, die keinen Finanztransfer im Sinne von § 1 Absatz 1 Satz 2 Nummer 6 des Zahlungsdiensteaufsichtsgesetzes darstellen, nur gelegentlich oder in sehr begrenztem Umfang ausüben und bei denen ein geringes Risiko der Geldwäsche oder der Terrorismusfinanzierung besteht, vom Anwendungsbereich dieses Gesetzes ausnehmen, wenn

1. die Finanztätigkeit auf einzelne Transaktionen beschränkt ist, die in absoluter Hinsicht je Kunde und einzelne Transaktion den Betrag von 1 000 Euro nicht überschreitet,
2. der Umsatz der Finanztätigkeit insgesamt nicht über 5 Prozent des jährlichen Gesamtumsatzes der betroffenen Verpflichteten hinausgeht,
3. die Finanztätigkeit lediglich eine mit der ausgeübten Haupttätigkeit zusammenhängende Nebentätigkeit darstellt und
4. die Finanztätigkeit nur für Kunden der Haupttätigkeit und nicht für die allgemeine Öffentlichkeit erbracht wird.

[2] In diesem Fall hat es die Europäische Kommission zeitnah zu unterrichten.

(3) [1] Für Gerichte, die öffentliche Versteigerungen durchführen, gelten im Rahmen der Zwangsversteigerung von Grundstücken, von im Schiffsregister eingetragenen Schiffen, von Schiffsbauwerken, die im Schiffsbauregister eingetragen sind oder in dieses Register eingetragen werden können, und Luftfahrzeugen im Wege der Zwangsvollstreckung die in den Abschnitten 3, 5 und 6 genannten Identifizierungs- und Meldepflichten sowie die Pflicht zur Zusammenarbeit mit der Zentralstelle für Finanztransaktionsuntersuchungen entsprechend, soweit Transaktionen mit Barzahlungen über mindestens 10 000 Euro getätigt werden. [2] Die Identifizierung des Erstehers soll unmittelbar nach Erteilung des Zuschlags erfolgen, spätestens jedoch bei Einzahlung des Bargebots; dabei ist bei natürlichen Personen die Erhebung des Geburtsorts und der Staatsangehörigkeit sowie bei Personengesellschaften und juristischen Personen die Erhebung der Namen sämtlicher Mitglieder des Vertretungsorgans oder sämtlicher gesetzlicher Vertreter nicht erforderlich.

(4) [1] Für Behörden sowie Körperschaften und Anstalten des öffentlichen Rechts, die öffentliche Versteigerungen durchführen, gelten die in den Abschnitten 3, 5 und 6 genannten Identifizierungs- und Meldepflichten sowie die Pflicht zur Zusammenarbeit mit der Zentralstelle für Finanztransaktionsuntersuchungen entsprechend, soweit Transaktionen mit Barzahlungen über mindestens 10 000 Euro getätigt werden. [2] Satz 1 gilt nicht, soweit im Rahmen der Zwangsvollstreckung gepfändete Gegenstände verwertet werden. [3] Die Identifizierung des Erstehers soll bei Zuschlag erfolgen, spätestens jedoch bei Einzahlung des Bargebots. [4] Nach Satz 1 verpflichtete Behörden sowie Körperschaften und Anstalten des öffentlichen Rechts können bei der Erfüllung ihrer Pflichten nach Satz 1 auf Dritte zurückgreifen.

§ 3 Wirtschaftlich Berechtigter. (1) [1] Wirtschaftlich Berechtigter im Sinne dieses Gesetzes ist

1. die natürliche Person, in deren Eigentum oder unter deren Kontrolle eine juristische Person, sonstige Gesellschaft oder eine Rechtsgestaltung im Sinne des Absatzes 3 letztlich steht, oder
2. die natürliche Person, auf deren Veranlassung eine Transaktion letztlich durchgeführt oder eine Geschäftsbeziehung letztlich begründet wird.

[2] Zu den wirtschaftlich Berechtigten zählen insbesondere die in den Absätzen 2 bis 4 aufgeführten natürlichen Personen.

(2) [1] Bei juristischen Personen außer rechtsfähigen Stiftungen und bei sonstigen Gesellschaften, die nicht an einem organisierten Markt nach § 2 Absatz 11 des Wertpapierhandelsgesetzes notiert sind und keinen dem Gemeinschaftsrecht entsprechenden Transparenzanforderungen im Hinblick auf Stimmrechtsanteile oder gleichwertigen internationalen Standards unterliegen, zählt zu den wirtschaftlich Berechtigten jede natürliche Person, die unmittelbar oder mittelbar

1. mehr als 25 Prozent der Kapitalanteile hält,
2. mehr als 25 Prozent der Stimmrechte kontrolliert oder
3. auf vergleichbare Weise Kontrolle ausübt.

[2] Mittelbare Kontrolle liegt insbesondere vor, wenn entsprechende Anteile von einer oder mehreren Vereinigungen nach § 20 Absatz 1 gehalten werden, die von einer natürlichen Person kontrolliert werden. [3] Kontrolle liegt insbesondere vor, wenn die natürliche Person unmittelbar oder mittelbar einen beherrschenden Einfluss auf die Vereinigung nach § 20 Absatz 1 ausüben kann. [4] Für das Bestehen eines beherrschenden Einflusses gilt § 290 Absatz 2 bis 4 des Handelsgesetzbuchs entsprechend. [5] Wenn auch nach Durchführung umfassender Prüfungen und ohne dass Tatsachen nach § 43 Absatz 1 vorliegen von der meldepflichtigen Vereinigung nach § 20 Absatz 1 kein wirtschaftlich Berechtigter nach Absatz 1 oder nach den Sätzen 1 bis 4 ermittelt werden kann, gilt als wirtschaftlich Berechtigter der gesetzliche Vertreter, der geschäftsführende Gesellschafter oder der Partner des Vertragspartners.

(3) Bei rechtsfähigen Stiftungen und Rechtsgestaltungen, mit denen treuhänderisch Vermögen verwaltet oder verteilt oder die Verwaltung oder Verteilung durch Dritte beauftragt wird, oder bei diesen vergleichbaren Rechtsformen zählt zu den wirtschaftlich Berechtigten:

1. jede natürliche Person, die als Treugeber (Settlor), Verwalter von Trusts (Trustee) oder Protektor, sofern vorhanden, handelt,
2. jede natürliche Person, die Mitglied des Vorstands der Stiftung ist,
3. jede natürliche Person, die als Begünstigte bestimmt worden ist,
4. die Gruppe von natürlichen Personen, zu deren Gunsten das Vermögen verwaltet oder verteilt werden soll, sofern die natürliche Person, die Begünstigte des verwalteten Vermögens werden soll, noch nicht bestimmt ist,
5. jede natürliche Person, die auf sonstige Weise unmittelbar oder mittelbar beherrschenden Einfluss auf die Vermögensverwaltung oder Ertragsverteilung ausübt, und
6. jede natürliche Person, die unmittelbar oder mittelbar beherrschenden Einfluss auf eine Vereinigung ausüben kann, die
   a) Mitglied des Vorstands der Stiftung ist oder die als Begünstigte der Stiftung bestimmt worden ist, oder

b) als Treugeber (Settlor), Verwalter von Trusts (Trustee) oder Protektor handelt oder die als Begünstige der Rechtsgestaltung bestimmt worden ist.

(4) [1]Bei Handeln auf Veranlassung zählt zu den wirtschaftlich Berechtigten derjenige, auf dessen Veranlassung die Transaktion durchgeführt wird. [2]Soweit der Vertragspartner als Treuhänder handelt, handelt er ebenfalls auf Veranlassung.

§ 3a Risikobasierter Ansatz, nationale Risikoanalyse. (1) [1]Die Verhinderung und Bekämpfung von Geldwäsche und Terrorismusfinanzierung nach den Anforderungen dieses Gesetzes folgt einem risikobasierten Ansatz. [2]Die spezielleren Regelungen der nachfolgenden Abschnitte dieses Gesetzes bleiben hiervon unberührt.

(2) [1]Die für die Verhinderung und Bekämpfung von Geldwäsche und Terrorismusfinanzierung zuständigen Behörden des Bundes sowie die Länder wirken an der vom Bundesministerium der Finanzen koordinierten nationalen Risikoanalyse mit. [2]Die Verpflichteten nach diesem Gesetz werden bei Erstellung der nationalen Risikoanalyse eingebunden und über die Ergebnisse unterrichtet. [3]Die nationale Risikoanalyse berücksichtigt die Risikobewertung der Europäischen Kommission nach Artikel 6 der Richtlinie (EU) 2015/843 und wird regelmäßig aktualisiert. [4]Nach Bedarf werden spezifische sektorale Risikoanalysen erstellt.

Abschnitt 2. Risikomanagement

§ 4 Risikomanagement. (1) Die Verpflichteten müssen zur Verhinderung von Geldwäsche und von Terrorismusfinanzierung über ein wirksames Risikomanagement verfügen, das im Hinblick auf Art und Umfang ihrer Geschäftstätigkeit angemessen ist.

(2) Das Risikomanagement umfasst eine Risikoanalyse nach § 5 sowie interne Sicherungsmaßnahmen nach § 6.

(3) [1]Verantwortlich für das Risikomanagement sowie für die Einhaltung der geldwäscherechtlichen Bestimmungen in diesem und anderen Gesetzen sowie in den aufgrund dieses und anderer Gesetze ergangenen Rechtsverordnungen ist ein zu benennendes Mitglied der Leitungsebene. [2]Die Risikoanalyse und interne Sicherungsmaßnahmen bedürfen der Genehmigung dieses Mitglieds.

(4) Verpflichtete nach § 2 Absatz 1 Nummer 14 müssen über ein wirksames Risikomanagement einschließlich gruppenweiter Verfahren verfügen:

1. bei der Vermittlung von Kaufverträgen und
2. bei der Vermittlung von Miet- oder Pachtverträgen mit einer monatlichen Nettokaltmiete oder Nettokaltpacht in Höhe von mindestens 10 000 Euro.

(5) Verpflichtete nach § 2 Absatz 1 Nummer 16 müssen über ein wirksames Risikomanagement einschließlich gruppenweiter Verfahren verfügen:

1. als Güterhändler bei folgenden Transaktionen:
   a) Transaktionen im Wert von mindestens 10 000 Euro über Kunstgegenstände,
   b) Transaktionen über hochwertige Güter nach § 1 Absatz 10 Satz 2 Nummer 1, bei welchen sie Barzahlungen über mindestens 2 000 Euro selbst oder durch Dritte tätigen oder entgegennehmen, oder

c) Transaktionen über sonstige Güter, bei welchen sie Barzahlungen über mindestens 10 000 Euro selbst oder durch Dritte tätigen oder entgegennehmen, und

2. als Kunstvermittler und Kunstlagerhalter bei Transaktionen im Wert von mindestens 10 000 Euro.

§ 5 Risikoanalyse. (1) [1]Die Verpflichteten haben diejenigen Risiken der Geldwäsche und der Terrorismusfinanzierung zu ermitteln und zu bewerten, die für Geschäfte bestehen, die von ihnen betrieben werden. [2]Dabei haben sie insbesondere die in den Anlagen 1 und 2 genannten Risikofaktoren sowie die Informationen, die auf Grundlage der nationalen Risikoanalyse zur Verfügung gestellt werden, zu berücksichtigen. [3]Der Umfang der Risikoanalyse richtet sich nach Art und Umfang der Geschäftstätigkeit der Verpflichteten.

(2) Die Verpflichteten haben

1. die Risikoanalyse zu dokumentieren,
2. die Risikoanalyse regelmäßig zu überprüfen und gegebenenfalls zu aktualisieren und
3. der Aufsichtsbehörde auf Verlangen die jeweils aktuelle Fassung der Risikoanalyse zur Verfügung zu stellen.

(3) Für Verpflichtete als Mutterunternehmen einer Gruppe gelten die Absätze 1 und 2 in Bezug auf die gesamte Gruppe.

(4) Die Aufsichtsbehörde kann einen Verpflichteten auf dessen Antrag von der Dokumentation der Risikoanalyse befreien, wenn der Verpflichtete darlegen kann, dass die in dem jeweiligen Bereich bestehenden konkreten Risiken klar erkennbar sind und sie verstanden werden.

§ 6 Interne Sicherungsmaßnahmen. (1) [1]Verpflichtete haben angemessene geschäfts- und kundenbezogene interne Sicherungsmaßnahmen zu schaffen, um die Risiken von Geldwäsche und von Terrorismusfinanzierung in Form von Grundsätzen, Verfahren und Kontrollen zu steuern und zu mindern. [2]Angemessen sind solche Maßnahmen, die der jeweiligen Risikosituation des einzelnen Verpflichteten entsprechen und diese hinreichend abdecken. [3]Die Verpflichteten haben die Funktionsfähigkeit der internen Sicherungsmaßnahmen zu überwachen und sie bei Bedarf zu aktualisieren.

(2) Interne Sicherungsmaßnahmen sind insbesondere:

1. die Ausarbeitung von internen Grundsätzen, Verfahren und Kontrollen in Bezug auf
   a) den Umgang mit Risiken nach Absatz 1,
   b) die Kundensorgfaltspflichten nach den §§ 10 bis 17,
   c) die Erfüllung der Meldepflicht nach § 43 Absatz 1,
   d) die Aufzeichnung von Informationen und die Aufbewahrung von Dokumenten nach § 8 und
   e) die Einhaltung der sonstigen geldwäscherechtlichen Vorschriften,
2. die Bestellung eines Geldwäschebeauftragten und seines Stellvertreters gemäß § 7,
3. für Verpflichtete, die Mutterunternehmen einer Gruppe sind, die Schaffung von gruppenweiten Verfahren gemäß § 9,

4. die Schaffung und Fortentwicklung geeigneter Maßnahmen zur Verhinderung des Missbrauchs von neuen Produkten und Technologien zur Begehung von Geldwäsche und von Terrorismusfinanzierung oder für Zwecke der Begünstigung der Anonymität von Geschäftsbeziehungen oder von Transaktionen,
5. die Überprüfung der Mitarbeiter auf ihre Zuverlässigkeit durch geeignete Maßnahmen, insbesondere durch Personalkontroll- und Beurteilungssysteme der Verpflichteten,
6. die erstmalige und laufende Unterrichtung der Mitarbeiter in Bezug auf Typologien und aktuelle Methoden der Geldwäsche und der Terrorismusfinanzierung sowie die insoweit einschlägigen Vorschriften und Pflichten, einschließlich Datenschutzbestimmungen, und
7. die Überprüfung der zuvor genannten Grundsätze und Verfahren durch eine unabhängige Prüfung, soweit diese Überprüfung angesichts der Art und des Umfangs der Geschäftstätigkeit angemessen ist.

(3) Soweit ein Verpflichteter nach § 2 Absatz 1 Nummer 10 bis 14 und 16 seine berufliche Tätigkeit als Angestellter eines Unternehmens ausübt, obliegen die Verpflichtungen nach den Absätzen 1 und 2 diesem Unternehmen.

(4) [1] Verpflichtete nach § 2 Absatz 1 Nummer 15 haben über die in Absatz 2 genannten Maßnahmen hinaus Datenverarbeitungssysteme zu betreiben, mittels derer sie in der Lage sind, sowohl Geschäftsbeziehungen als auch einzelne Transaktionen im Spielbetrieb und über ein Spielerkonto nach § 16 zu erkennen, die als zweifelhaft oder ungewöhnlich anzusehen sind aufgrund des öffentlich verfügbaren oder im Unternehmen verfügbaren Erfahrungswissens über die Methoden der Geldwäsche und der Terrorismusfinanzierung. [2] Sie haben diese Datenverarbeitungssysteme zu aktualisieren. [3] Die Aufsichtsbehörde kann Kriterien bestimmen, bei deren Erfüllung Verpflichtete nach § 2 Absatz 1 Nummer 15 vom Einsatz von Datenverarbeitungssystemen nach Satz 1 absehen können.

(5) Die Verpflichteten haben im Hinblick auf ihre Art und Größe angemessene Vorkehrungen zu treffen, damit es ihren Mitarbeitern und Personen in einer vergleichbaren Position unter Wahrung der Vertraulichkeit ihrer Identität möglich ist, Verstöße gegen geldwäscherechtliche Vorschriften geeigneten Stellen zu berichten.

(6) [1] Die Verpflichteten treffen Vorkehrungen, um auf Anfrage der Zentralstelle für Finanztransaktionsuntersuchungen oder auf Anfrage anderer zuständiger Behörden Auskunft darüber zu geben, ob sie während eines Zeitraums von fünf Jahren vor der Anfrage mit bestimmten Personen eine Geschäftsbeziehung unterhalten haben und welcher Art diese Geschäftsbeziehung war. [2] Sie haben sicherzustellen, dass die Informationen sicher und vertraulich an die anfragende Stelle übermittelt werden. [3] Verpflichtete nach § 2 Absatz 1 Nummer 10 und 12 können die Auskunft verweigern, wenn sich die Anfrage auf Informationen bezieht, die sie im Rahmen von Tätigkeiten der Rechtsberatung oder Prozessvertretung erhalten haben. [4] Die Pflicht zur Auskunft bleibt bestehen, wenn der Verpflichtete weiß, dass die Rechtsberatung oder Prozessvertretung für den Zweck der Geldwäsche oder der Terrorismusfinanzierung genutzt wurde oder wird.

(7) [1] Die Verpflichteten dürfen die internen Sicherungsmaßnahmen im Rahmen von vertraglichen Vereinbarungen durch einen Dritten durchführen lassen,

wenn sie dies vorher der Aufsichtsbehörde angezeigt haben. [2]Die Aufsichtsbehörde kann die Übertragung dann untersagen, wenn

1. der Dritte nicht die Gewähr dafür bietet, dass die Sicherungsmaßnahmen ordnungsgemäß durchgeführt werden,
2. die Steuerungsmöglichkeiten der Verpflichteten beeinträchtigt werden oder
3. die Aufsicht durch die Aufsichtsbehörde beeinträchtigt wird.

[3]Die Verpflichteten haben in ihrer Anzeige darzulegen, dass die Voraussetzungen für eine Untersagung der Übertragung nach Satz 2 nicht vorliegen. [4]Die Verantwortung für die Erfüllung der Sicherungsmaßnahmen bleibt bei den Verpflichteten.

(8) Die Aufsichtsbehörde kann im Einzelfall Anordnungen erteilen, die geeignet und erforderlich sind, damit der Verpflichtete die erforderlichen internen Sicherungsmaßnahmen schafft.

(9) Die Aufsichtsbehörde kann anordnen, dass auf einzelne Verpflichtete oder Gruppen von Verpflichteten wegen der Art der von diesen betriebenen Geschäfte und wegen der Größe des Geschäftsbetriebs unter Berücksichtigung der Risiken in Bezug auf Geldwäsche oder Terrorismusfinanzierung die Vorschriften der Absätze 1 bis 6 risikoangemessen anzuwenden sind.

§ 7 Geldwäschebeauftragter. (1) [1]Verpflichtete nach § 2 Absatz 1 Nummer 1 bis 3, 6, 7, 9 und 15 haben einen Geldwäschebeauftragten auf Führungsebene sowie einen Stellvertreter zu bestellen. [2]Der Geldwäschebeauftragte ist für die Einhaltung der geldwäscherechtlichen Vorschriften zuständig; die Verantwortung der Leitungsebene bleibt hiervon unberührt. [3]Der Geldwäschebeauftragte ist der Geschäftsleitung unmittelbar nachgeordnet.

(2) Die Aufsichtsbehörde kann einen Verpflichteten von der Pflicht, einen Geldwäschebeauftragten zu bestellen, befreien, wenn sichergestellt ist, dass

1. die Gefahr von Informationsverlusten und -defiziten aufgrund arbeitsteiliger Unternehmensstruktur nicht besteht und
2. nach risikobasierter Bewertung anderweitige Vorkehrungen getroffen werden, um Geschäftsbeziehungen und Transaktionen zu verhindern, die mit Geldwäsche oder Terrorismusfinanzierung zusammenhängen.

(3) [1]Die Aufsichtsbehörde kann anordnen, dass Verpflichtete nach § 2 Absatz 1 Nummer 4, 5, 8, 10 bis 14 und 16 einen Geldwäschebeauftragten zu bestellen haben, wenn sie dies für angemessen erachtet. [2]Bei Verpflichteten nach § 2 Absatz 1 Nummer 16 soll die Anordnung erfolgen, wenn die Haupttätigkeit des Verpflichteten im Handel mit hochwertigen Gütern besteht.

(4) [1]Die Verpflichteten haben der Aufsichtsbehörde die Bestellung des Geldwäschebeauftragten und seines Stellvertreters oder ihre Entpflichtung vorab anzuzeigen. [2]Die Bestellung einer Person zum Geldwäschebeauftragten oder zu seinem Stellvertreter muss auf Verlangen der Aufsichtsbehörde widerrufen werden, wenn die Person nicht die erforderliche Qualifikation oder Zuverlässigkeit aufweist.

(5) [1]Der Geldwäschebeauftragte muss seine Tätigkeit im Inland ausüben. [2]Er muss Ansprechpartner sein für die Strafverfolgungsbehörden, für die für Aufklärung, Verhütung und Beseitigung von Gefahren zuständigen Behörden, für die Zentralstelle für Finanztransaktionsuntersuchungen und für die Aufsichtsbehörde in Bezug auf die Einhaltung der einschlägigen Vorschriften. [3]Ihm

sind ausreichende Befugnisse und die für eine ordnungsgemäße Durchführung seiner Funktion notwendigen Mittel einzuräumen. [4]Insbesondere ist ihm ungehinderter Zugang zu sämtlichen Informationen, Daten, Aufzeichnungen und Systemen zu gewähren oder zu verschaffen, die im Rahmen der Erfüllung seiner Aufgaben von Bedeutung sein können. [5]Der Geldwäschebeauftragte hat der Geschäftsleitung unmittelbar zu berichten. [6]Soweit der Geldwäschebeauftragte die Erstattung einer Meldung nach § 43 Absatz 1 beabsichtigt oder ein Auskunftsersuchen der Zentralstelle für Finanztransaktionsuntersuchungen nach § 30 Absatz 3 beantwortet, unterliegt er nicht dem Direktionsrecht durch die Geschäftsleitung.

(6) Der Geldwäschebeauftragte darf Daten und Informationen ausschließlich zur Erfüllung seiner Aufgaben verwenden.

(7) [1]Dem Geldwäschebeauftragten und dem Stellvertreter darf wegen der Erfüllung ihrer Aufgaben keine Benachteiligung im Beschäftigungsverhältnis entstehen. [2]Die Kündigung des Arbeitsverhältnisses ist unzulässig, es sei denn, dass Tatsachen vorliegen, welche die verantwortliche Stelle zur Kündigung aus wichtigem Grund ohne Einhaltung einer Kündigungsfrist berechtigen. [3]Nach der Abberufung als Geldwäschebeauftragter oder als Stellvertreter ist die Kündigung innerhalb eines Jahres nach der Beendigung der Bestellung unzulässig, es sei denn, dass die verantwortliche Stelle zur Kündigung aus wichtigem Grund ohne Einhaltung einer Kündigungsfrist berechtigt ist.

§ 8 Aufzeichnungs- und Aufbewahrungspflicht. (1) [1]Vom Verpflichteten aufzuzeichnen und aufzubewahren sind

1. die im Rahmen der Erfüllung der Sorgfaltspflichten erhobenen Angaben und eingeholten Informationen
   a) über die Vertragspartner, die Vertragsparteien des vermittelten Rechtsgeschäfts nach § 11 Absatz 2 und gegebenenfalls über die für die Vertragspartner oder die Vertragsparteien des vermittelten Rechtsgeschäfts auftretenden Personen und wirtschaftlich Berechtigten,
   b) über Geschäftsbeziehungen und Transaktionen, insbesondere Transaktionsbelege, soweit sie für die Untersuchung von Transaktionen erforderlich sein können,
2. hinreichende Informationen über die Durchführung und über die Ergebnisse der Risikobewertung nach § 10 Absatz 2, § 14 Absatz 1 und § 15 Absatz 3 und über die Angemessenheit der auf Grundlage dieser Ergebnisse ergriffenen Maßnahmen,
3. die Ergebnisse der Untersuchung nach § 15 Absatz 6 Nummer 1 und
4. die Erwägungsgründe und eine nachvollziehbare Begründung des Bewertungsergebnisses eines Sachverhalts hinsichtlich der Meldepflicht nach § 43 Absatz 1.

[2]Die Aufzeichnungen nach Satz 1 Nummer 1 Buchstabe a schließen Aufzeichnungen über die getroffenen Maßnahmen zur Ermittlung des wirtschaftlich Berechtigten sowie die Dokumentation der Eigentums- und Kontrollstruktur nach § 12 Absatz 4 Satz 1 ein. [3]Bei Personen, die nach § 3 Absatz 2 Satz 5 als wirtschaftlich Berechtigte gelten, sind zudem die Maßnahmen zur Überprüfung der Identität nach § 11 Absatz 5 und etwaige Schwierigkeiten, die während des Überprüfungsvorgangs aufgetreten sind, aufzuzeichnen.

(2) [1] Zur Erfüllung der Pflicht nach Absatz 1 Satz 1 Nummer 1 Buchstabe a sind in den Fällen des § 12 Absatz 1 Satz 1 Nummer 1 auch die Art, die Nummer und die Behörde, die das zur Überprüfung der Identität vorgelegte Dokument ausgestellt hat, aufzuzeichnen. [2] Soweit zur Überprüfung der Identität einer natürlichen Person Dokumente nach § 12 Absatz 1 Satz 1 Nummer 1, 4 oder 5 oder zur Überprüfung der Identität einer juristischen Person Unterlagen nach § 12 Absatz 2 vorgelegt werden oder soweit Dokumente, die aufgrund einer Rechtsverordnung nach § 12 Absatz 3 bestimmt sind, vorgelegt oder herangezogen werden, haben die Verpflichteten das Recht und die Pflicht, Kopien dieser Dokumente oder Unterlagen anzufertigen oder sie optisch digitalisiert zu erfassen oder, bei einem Vor-Ort-Auslesen nach § 18a des Personalausweisgesetzes, nach § 78 Absatz 5 Satz 2 des Aufenthaltsgesetzes oder nach § 13 des eID-Karte-Gesetzes, das dienste- und kartenspezifische Kennzeichen sowie die Tatsache aufzuzeichnen, dass die Daten im Wege des Vor-Ort-Auslesens übernommen wurden. [3] Diese gelten als Aufzeichnung im Sinne des Satzes 1. [4] Die Aufzeichnungs- und Aufbewahrungspflicht nach Absatz 1 Satz 1 Nummer 1 Buchstabe a umfasst auch die zur Erfüllung geldwäscherechtlicher Sorgfaltspflichten angefertigten Aufzeichnungen von Video- und Tonaufnahmen. [5] Wird nach § 11 Absatz 3 Satz 1 von einer erneuten Identifizierung abgesehen, so sind der Name des zu Identifizierenden und der Umstand, dass er bei früherer Gelegenheit identifiziert worden ist, aufzuzeichnen. [6] Im Fall des § 12 Absatz 1 Satz 1 Nummer 2 ist anstelle der Art, der Nummer und der Behörde, die das zur Überprüfung der Identität vorgelegte Dokument ausgestellt hat, das dienste- und kartenspezifische Kennzeichen und die Tatsache, dass die Prüfung anhand eines elektronischen Identitätsnachweises erfolgt ist, aufzuzeichnen. [7] Bei der Überprüfung der Identität anhand einer qualifizierten Signatur nach § 12 Absatz 1 Satz 1 Nummer 3 ist auch deren Validierung aufzuzeichnen. [8] Bei Einholung von Angaben und Informationen durch Einsichtnahme in elektronisch geführte Register oder Verzeichnisse gemäß § 12 Absatz 2 gilt die Anfertigung eines Ausdrucks als Aufzeichnung der darin enthaltenen Angaben oder Informationen.

(3) [1] Die Aufzeichnungen können auch digital auf einem Datenträger gespeichert werden. [2] Die Verpflichteten müssen sicherstellen, dass die gespeicherten Daten

1. mit den festgestellten Angaben und Informationen übereinstimmen,
2. während der Dauer der Aufbewahrungsfrist verfügbar sind und
3. jederzeit innerhalb einer angemessenen Frist lesbar gemacht werden können.

(4) [1] Die Aufzeichnungen und sonstigen Belege nach den Absätzen 1 bis 3 sind fünf Jahre aufzubewahren, soweit nicht andere gesetzliche Bestimmungen über Aufzeichnungs- und Aufbewahrungspflichten eine längere Frist vorsehen. [2] In jedem Fall sind die Aufzeichnungen und sonstigen Belege spätestens nach Ablauf von zehn Jahren zu vernichten. [3] Die Aufbewahrungsfrist im Fall des § 10 Absatz 3 Satz 1 Nummer 1 beginnt mit dem Schluss des Kalenderjahres, in dem die Geschäftsbeziehung endet. [4] In den übrigen Fällen beginnt sie mit dem Schluss des Kalenderjahres, in dem die jeweilige Angabe festgestellt worden ist.

(5) Soweit aufzubewahrende Unterlagen einer öffentlichen Stelle vorzulegen sind, gilt für die Lesbarmachung der Unterlagen § 147 Absatz 5 der Abgabenordnung entsprechend.

§ 9 Gruppenweite Pflichten. (1) [1] Verpflichtete, die Mutterunternehmen einer Gruppe sind, haben eine Risikoanalyse für alle Zweigstellen, Zweigniederlassungen und gruppenangehörigen Unternehmen nach § 1 Absatz 16 Nummer 2 bis 4, die geldwäscherechtlichen Pflichten unterliegen, durchzuführen. [2] Auf Grundlage dieser Risikoanalyse haben sie gruppenweit folgende Maßnahmen zu ergreifen:

1. die Einrichtung von einheitlichen internen Sicherungsmaßnahmen nach § 6 Absatz 2,
2. die Bestellung eines Geldwäschebeauftragten, der für die Erstellung einer gruppenweiten Strategie zur Verhinderung von Geldwäsche und Terrorismusfinanzierung sowie für die Koordinierung und Überwachung ihrer Umsetzung zuständig ist,
3. die Schaffung von Verfahren für den Informationsaustausch innerhalb der Gruppe zur Verhinderung von Geldwäsche und von Terrorismusfinanzierung sowie
4. die Schaffung von Vorkehrungen zum Schutz von personenbezogenen Daten.

[3] Sie haben sicherzustellen, dass die von ihnen getroffenen Maßnahmen nach Satz 2 Nummer 1, 3 und 4 von ihren Zweigstellen, Zweigniederlassungen und gruppenangehörigen Unternehmen nach § 1 Absatz 16 Nummer 2 bis 4, soweit diese geldwäscherechtlichen Pflichten und dem beherrschenden Einfluss des Mutterunternehmens unterliegen, wirksam umgesetzt werden. [4] Für die Bestellung eines Geldwäschebeauftragten nach Satz 2 Nummer 2 gelten die Regelungen des § 7 Absatz 4 bis 7 entsprechend.

(2) Verpflichtete, die Mutterunternehmen einer Gruppe sind, haben sicherzustellen, dass Zweigniederlassungen und gruppenangehörige Unternehmen nach § 1 Absatz 16 Nummer 2 bis 4, die mehrheitlich in ihrem Besitz stehen und die in einem anderen Mitgliedstaat der Europäischen Union ansässig sind, nach dessen Recht sie Pflichten zur Verhinderung von Geldwäsche und von Terrorismusfinanzierung unterliegen, die dort geltenden nationalen Rechtsvorschriften zur Umsetzung der Richtlinie (EU) 2015/849 einhalten.

(3) [1] Verpflichtete, die Mutterunternehmen einer Gruppe sind, haben sicherzustellen, dass Zweigstellen und gruppenangehörige Unternehmen nach § 1 Absatz 16 Nummer 2 bis 4, die mehrheitlich in ihrem Besitz stehen und ihren Sitz in einem Drittstaat haben, in dem die Mindestanforderungen zur Verhinderung von Geldwäsche und von Terrorismusfinanzierung geringer sind als die Anforderungen für Unternehmen mit Sitz in Deutschland, die Anforderungen nach diesem Gesetz erfüllen, soweit das Recht des Drittstaats dies zulässt. [2] Soweit eine Umsetzung der in Absatz 1 Satz 2 Nummer 1, 3 und 4 genannten Maßnahmen nach dem Recht des Drittstaats nicht zulässig ist, sind die Mutterunternehmen verpflichtet,

1. sicherzustellen, dass ihre in Satz 1 genannten Zweigstellen und gruppenangehörigen Unternehmen, die mehrheitlich in ihrem Besitz stehen, zusätzliche Maßnahmen ergreifen, um dem Risiko der Geldwäsche und der Terrorismusfinanzierung wirksam zu begegnen, und
2. die nach § 50 zuständige Aufsichtsbehörde über die getroffenen Maßnahmen zu informieren.

[3] Reichen die getroffenen Maßnahmen nicht aus, so ordnet die nach § 50 zuständige Aufsichtsbehörde an, dass die Mutterunternehmen sicherstellen, dass die in Satz 1 genannten Zweigstellen und gruppenangehörigen Unternehmen nach § 1 Absatz 16 Nummer 2 bis 4 in diesem Drittstaat weder eine Geschäftsbeziehung begründen oder fortsetzen noch Transaktionen durchführen.

(4) Die Absätze 1 bis 3 gelten entsprechend für Verpflichtete,

1. die gruppenangehörige Unternehmen nach § 1 Absatz 16 Nummer 2 bis 4 sind, soweit ihnen mindestens ein anderes Unternehmen nach § 1 Absatz 16 Nummer 2 bis 4 nachgeordnet ist und ihrem beherrschenden Einfluss unterliegt, und
2. deren Mutterunternehmen weder nach Absatz 1 noch nach dem Recht des Staates, in dem es ansässig ist, gruppenweite Maßnahmen ergreifen muss.

(5) [1] Verpflichtete, die gruppenangehörige Unternehmen nach § 1 Absatz 16 Nummer 2 bis 4 eines Mutterunternehmens im Sinne von Absatz 1 sind, haben die in Absatz 1 Satz 2 Nummer 1, 3 und 4 genannten Maßnahmen umzusetzen. [2] Alle anderen gruppenangehörigen Verpflichteten müssen die in Absatz 1 Satz 2 Nummer 3 und 4 genannten Maßnahmen umsetzen. [3] Die Pflichten nach den Sätzen 1 und 2 gelten unbeschadet der von den Verpflichteten zu beachtenden eigenen gesetzlichen Verpflichtung zur Erfüllung sonstiger geldwäscherechtlicher Vorschriften.

Abschnitt 3. Sorgfaltspflichten in Bezug auf Kunden

§ 10 Allgemeine Sorgfaltspflichten. (1) Die allgemeinen Sorgfaltspflichten sind:

1. die Identifizierung des Vertragspartners und gegebenenfalls der für ihn auftretenden Person nach Maßgabe des § 11 Absatz 4 und des § 12 Absatz 1 und 2 sowie die Prüfung, ob die für den Vertragspartner auftretende Person hierzu berechtigt ist,
2. die Abklärung, ob der Vertragspartner für einen wirtschaftlich Berechtigten handelt, und, soweit dies der Fall ist, die Identifizierung des wirtschaftlich Berechtigten nach Maßgabe des § 11 Absatz 5 und des § 12 Absatz 3 und 4; dies umfasst in Fällen, in denen der Vertragspartner keine natürliche Person ist, die Pflicht, die Eigentums- und Kontrollstruktur des Vertragspartners mit angemessenen Mitteln in Erfahrung zu bringen,
3. die Einholung und Bewertung von Informationen über den Zweck und über die angestrebte Art der Geschäftsbeziehung, soweit sich diese Informationen im Einzelfall nicht bereits zweifelsfrei aus der Geschäftsbeziehung ergeben,
4. die Feststellung mit angemessenen, risikoorientierten Verfahren, ob es sich bei dem Vertragspartner oder dem wirtschaftlich Berechtigten um eine politisch exponierte Person, um ein Familienmitglied oder um eine bekanntermaßen nahestehende Person handelt, und
5. die kontinuierliche Überwachung der Geschäftsbeziehung einschließlich der Transaktionen, die in ihrem Verlauf durchgeführt werden, zur Sicherstellung, dass diese Transaktionen übereinstimmen
   a) mit den beim Verpflichteten vorhandenen Dokumenten und Informationen über den Vertragspartner und gegebenenfalls über den wirtschaftlich Berechtigten, über deren Geschäftstätigkeit und Kundenprofil und,

b) soweit erforderlich, mit den beim Verpflichteten vorhandenen Informationen über die Herkunft der Vermögenswerte;

im Rahmen der kontinuierlichen Überwachung haben die Verpflichteten sicherzustellen, dass die jeweiligen Dokumente, Daten oder Informationen unter Berücksichtigung des jeweiligen Risikos im angemessenen zeitlichen Abstand aktualisiert werden.

(2) [1]Der konkrete Umfang der Maßnahmen nach Absatz 1 Nummer 2 bis 5 muss dem jeweiligen Risiko der Geldwäsche oder Terrorismusfinanzierung, insbesondere in Bezug auf den Vertragspartner, die Geschäftsbeziehung oder Transaktion, entsprechen. [2]Die Verpflichteten berücksichtigen dabei insbesondere die in den Anlagen 1 und 2 genannten Risikofaktoren. [3]Darüber hinaus zu berücksichtigen haben sie bei der Bewertung der Risiken zumindest

1. den Zweck des Kontos oder der Geschäftsbeziehung,
2. die Höhe der von Kunden eingezahlten Vermögenswerte oder den Umfang der ausgeführten Transaktionen sowie
3. die Regelmäßigkeit oder die Dauer der Geschäftsbeziehung.

[4]Verpflichtete müssen gegenüber den Aufsichtsbehörden auf deren Verlangen darlegen, dass der Umfang der von ihnen getroffenen Maßnahmen im Hinblick auf die Risiken der Geldwäsche und der Terrorismusfinanzierung angemessen ist.

(3) Die allgemeinen Sorgfaltspflichten sind von Verpflichteten zu erfüllen:

1. bei der Begründung einer Geschäftsbeziehung,
2. bei Transaktionen, die außerhalb einer Geschäftsbeziehung durchgeführt werden, wenn es sich handelt um
   a) Geldtransfers nach Artikel 3 Nummer 9 der Verordnung (EU) 2015/847 des Europäischen Parlaments und des Rates vom 20. Mai 2015 über die Übermittlung von Angaben bei Geldtransfers und zur Aufhebung der Verordnung (EU) Nr. 1781/2006 (ABl. L 141 vom 5.6.2015, S. 1) und dieser Geldtransfer einen Betrag von 1 000 Euro oder mehr ausmacht,
   b) die Durchführung einer sonstigen Transaktion im Wert von 15 000 Euro oder mehr,
   c) die Übertragung von Kryptowerten, die zum Zeitpunkt der Übertragung einem Gegenwert von 1 000 Euro oder mehr entspricht,
3. ungeachtet etwaiger nach diesem Gesetz oder anderen Gesetzen bestehender Ausnahmeregelungen, Befreiungen oder Schwellenbeträge beim Vorliegen von Tatsachen, die darauf hindeuten, dass
   a) es sich bei Vermögensgegenständen, die mit einer Transaktion oder Geschäftsbeziehung im Zusammenhang stehen, um den Gegenstand von Geldwäsche handelt oder
   b) die Vermögensgegenstände im Zusammenhang mit Terrorismusfinanzierung stehen,
4. bei Zweifeln, ob die aufgrund von Bestimmungen dieses Gesetzes erhobenen Angaben zu der Identität des Vertragspartners, zu der Identität einer für den Vertragspartner auftretenden Person oder zu der Identität des wirtschaftlich Berechtigten zutreffend sind.

(3a) [1]Die Verpflichteten müssen die allgemeinen Sorgfaltspflichten bei allen neuen Kunden erfüllen. [2]Bei bereits bestehenden Geschäftsbeziehungen müssen sie die allgemeinen Sorgfaltspflichten zu geeigneter Zeit auf risikobasierter Grundlage erfüllen, insbesondere dann, wenn

1. sich bei einem Kunden maßgebliche Umstände ändern,
2. der Verpflichtete rechtlich verpflichtet ist, den Kunden im Laufe des betreffenden Kalenderjahres zu kontaktieren, um etwaige einschlägige Informationen über den wirtschaftlich Berechtigten zu überprüfen, oder
3. der Verpflichtete gemäß der Richtlinie 2011/16/EU des Rates vom 15. Februar 2011 über die Zusammenarbeit der Verwaltungsbehörden im Bereich der Besteuerung und zur Aufhebung der Richtlinie 77/799/EWG (ABl. L 64 vom 11.3.2011, S. 1) dazu verpflichtet ist.

(4) Nehmen Verpflichtete nach § 2 Absatz 1 Nummer 3 bis 5 Bargeld bei der Erbringung von Zahlungsdiensten nach § 1 Absatz 1 Satz 2 des Zahlungsdiensteaufsichtsgesetzes[1)] an, so haben sie die allgemeinen Sorgfaltspflichten nach Absatz 1 Nummer 1 und 2 zu erfüllen.

(5) [1] Verpflichtete nach § 2 Absatz 1 Nummer 15 haben die allgemeinen Sorgfaltspflichten bei Transaktionen in Form von Gewinnen oder Einsätzen eines Spielers in Höhe von 2 000 Euro oder mehr zu erfüllen, es sei denn, das Glücksspiel wird im Internet angeboten oder vermittelt. [2] Der Identifizierungspflicht kann auch dadurch nachgekommen werden, dass der Spieler bereits beim Betreten der Spielbank oder der sonstigen örtlichen Glücksspielstätte identifiziert wird, wenn vom Verpflichteten zusätzlich sichergestellt wird, dass Transaktionen im Wert von 2 000 Euro oder mehr einschließlich des Kaufs oder Rücktauschs von Spielmarken dem jeweiligen Spieler zugeordnet werden können.

(6) Verpflichtete nach § 2 Absatz 1 Nummer 14 haben die allgemeinen Sorgfaltspflichten zu erfüllen:

1. bei der Vermittlung von Kaufverträgen und
2. bei der Vermittlung von Miet- oder Pachtverträgen bei Transaktionen mit einer monatlichen Nettokaltmiete oder Nettokaltpacht in Höhe von mindestens 10 000 Euro.

(6a) Verpflichtete nach § 2 Absatz 1 Nummer 16 haben die allgemeinen Sorgfaltspflichten zu erfüllen:

1. als Güterhändler bei folgenden Transaktionen:
   a) Transaktionen im Wert von mindestens 10 000 Euro über Kunstgegenstände,
   b) Transaktionen über hochwertige Güter nach § 1 Absatz 10 Satz 2 Nummer 1, bei welchen sie Barzahlungen über mindestens 2 000 Euro selbst oder durch Dritte tätigen oder entgegennehmen oder
   c) Transaktionen über sonstige Güter, bei welchen sie Barzahlungen über mindestens 10 000 Euro selbst oder durch Dritte tätigen oder entgegennehmen, und
2. als Kunstvermittler und Kunstlagerhalter bei Transaktionen im Wert von mindestens 10 000 Euro.

[1)] Nr. **12**.

(7) [1] Für Verpflichtete nach § 2 Absatz 1 Nummer 4 und 5, die bei der Ausgabe von E-Geld tätig sind, gilt § 25i Absatz 1 des Kreditwesengesetzes[1)] mit der Maßgabe, dass lediglich die Pflichten nach Absatz 1 Nummer 1 und 4 zu erfüllen sind. [2] § 25i Absatz 2 und 4 des Kreditwesengesetzes gilt entsprechend.

(8) Versicherungsvermittler nach § 2 Absatz 1 Nummer 8, die für ein Versicherungsunternehmen nach § 2 Absatz 1 Nummer 7 Prämien einziehen, haben diesem Versicherungsunternehmen mitzuteilen, wenn Prämienzahlungen in bar erfolgen und den Betrag von 15 000 Euro innerhalb eines Kalenderjahres übersteigen.

(8a) Soweit ein Verpflichteter nach § 2 Absatz 1 Nummer 10 als Syndikusrechtsanwalt oder als Syndikuspatentanwalt oder ein Verpflichteter nach § 2 Absatz 1 Nummer 12 als Syndikussteuerberater für ein Unternehmen tätig wird, das selbst Verpflichteter nach § 2 Absatz 1 ist, obliegen die Verpflichtungen nach Absatz 1 diesem Unternehmen.

(9) [1] Ist der Verpflichtete nicht in der Lage, die allgemeinen Sorgfaltspflichten nach Absatz 1 Nummer 1 bis 4 zu erfüllen, so darf die Geschäftsbeziehung nicht begründet oder nicht fortgesetzt werden und darf keine Transaktion durchgeführt werden. [2] Soweit eine Geschäftsbeziehung bereits besteht, ist sie vom Verpflichteten ungeachtet anderer gesetzlicher oder vertraglicher Bestimmungen durch Kündigung oder auf andere Weise zu beenden. [3] Die Sätze 1 und 2 gelten für Verpflichtete nach § 2 Absatz 1 Nummer 10 und 12 nicht, wenn Tätigkeiten der Rechtsberatung oder Prozessvertretung erbracht werden sollen, es sei denn, der Verpflichtete weiß, dass die Rechtsberatung oder Prozessvertretung bewusst für den Zweck der Geldwäsche oder der Terrorismusfinanzierung genutzt wurde oder wird. [4] Solange der Vertragspartner seiner Pflicht nach § 12 Absatz 4 Satz 1, eine Vereinigung mit Sitz im Ausland ihrer Mitteilungspflicht nach § 20 Absatz 1 Satz 2 und 3 oder ein Trustee, der außerhalb der Europäischen Union seinen Wohnsitz oder Sitz hat, seiner Mitteilungspflicht nach § 21 Absatz 1 Satz 2 Alternative 2 und Satz 3 nicht nachkommt, hat der Notar die Beurkundung abzulehnen; § 15 Absatz 2 der Bundesnotarordnung gilt insoweit entsprechend.

§ 11 Identifizierung; Erhebung von Angaben zum Zweck der Identifizierung. (1) [1] Verpflichtete haben Vertragspartner, gegebenenfalls für diese auftretende Personen und wirtschaftlich Berechtigte vor Begründung der Geschäftsbeziehung oder vor Durchführung der Transaktion zu identifizieren, indem sie die Angaben nach den Absätzen 4 und 5 erheben und diese nach § 12 überprüfen. [2] Die Identifizierung kann auch noch während der Begründung der Geschäftsbeziehung unverzüglich abgeschlossen werden, wenn dies erforderlich ist, um den normalen Geschäftsablauf nicht zu unterbrechen, und wenn ein geringes Risiko der Geldwäsche und der Terrorismusfinanzierung besteht.

(2) [1] Abweichend von Absatz 1 haben Verpflichtete nach § 2 Absatz 1 Nummer 14 die Vertragsparteien des vermittelten Rechtsgeschäfts, gegebenenfalls für diese *auftretende*[2)] Personen und wirtschaftlich Berechtigte zu identifizieren, sobald ein ernsthaftes Interesse der Vertragsparteien an der Durchführung des

---

[1)] Nr. **9**.

[2)] Richtig wohl: „auftretenden".

vermittelten Rechtsgeschäfts besteht und die Vertragsparteien hinreichend bestimmt sind. [2] Sind für beide Vertragsparteien des vermittelten Rechtsgeschäfts Verpflichtete nach § 2 Absatz 1 Nummer 14 tätig, so muss jeder Verpflichtete nur die Vertragspartei identifizieren, für die er handelt.

(3) [1] Von einer Identifizierung kann abgesehen werden, wenn der Verpflichtete die zu identifizierende Person bereits bei früherer Gelegenheit im Rahmen der Erfüllung seiner Sorgfaltspflichten identifiziert hat und die dabei erhobenen Angaben aufgezeichnet hat. [2] Muss der Verpflichtete aufgrund der äußeren Umstände Zweifel hegen, ob die bei der früheren Identifizierung erhobenen Angaben weiterhin zutreffend sind, hat er eine erneute Identifizierung durchzuführen.

(4) In Bezug auf Vertragspartner und gegebenenfalls für diese *auftretende*[1)] Personen hat der Verpflichtete zum Zweck der Identifizierung folgende Angaben zu erheben:

1. bei einer natürlichen Person:
   a) Vorname und Nachname,
   b) Geburtsort,
   c) Geburtsdatum,
   d) Staatsangehörigkeit und
   e) eine Wohnanschrift oder, sofern kein fester Wohnsitz mit rechtmäßigem Aufenthalt in der Europäischen Union besteht und die Überprüfung der Identität im Rahmen des Abschlusses eines Basiskontovertrags im Sinne von § 38 des Zahlungskontengesetzes[2)] erfolgt, die postalische Anschrift, unter der der Vertragspartner sowie die gegenüber dem Verpflichteten auftretende Person erreichbar ist;
2. bei einer juristischen Person oder bei einer Personengesellschaft:
   a) Firma, Name oder Bezeichnung,
   b) Rechtsform,
   c) Registernummer, falls vorhanden,
   d) Anschrift des Sitzes oder der Hauptniederlassung und
   e) die Namen der Mitglieder des Vertretungsorgans oder die Namen der gesetzlichen Vertreter und, sofern ein Mitglied des Vertretungsorgans oder der gesetzliche Vertreter eine juristische Person ist, von dieser juristischen Person die Daten nach den Buchstaben a bis d.

(5) [1] In Bezug auf einen wirtschaftlich Berechtigten hat der Verpflichtete zum Zweck der Identifizierung zumindest dessen Vor- und Nachnamen und, soweit dies in Ansehung des im Einzelfall bestehenden Risikos der Geldwäsche oder der Terrorismusfinanzierung angemessen ist, weitere Identifizierungsmerkmale zu erheben. [2] Geburtsdatum, Geburtsort und Anschrift des wirtschaftlich Berechtigten dürfen unabhängig vom festgestellten Risiko erhoben werden. [3] Die Erhebung der Angaben hat beim Vertragspartner oder der gegebenenfalls für diesen auftretenden Personen zu erfolgen; eine Erhebung der Angaben aus dem Transparenzregister genügt zur Erfüllung der Pflicht zur Erhebung der Angaben nicht. [4] Werden bei Trusts oder anderen Rechtsgestaltungen nach § 21 die wirtschaftlich Berechtigten nach besonderen Merkmalen

---

1) Richtig wohl: „auftretenden".
2) Nr. **16**.

oder nach einer Kategorie bestimmt, so hat der Verpflichtete ausreichende Informationen über den wirtschaftlich Berechtigten einzuholen, um zum Zeitpunkt der Ausführung der Transaktion oder der Ausübung seiner Rechte die Identität des wirtschaftlich Berechtigten feststellen zu können.

(6) [1] Der Vertragspartner eines Verpflichteten hat dem Verpflichteten die Informationen und Unterlagen zur Verfügung zu stellen, die zur Identifizierung erforderlich sind. [2] Ergeben sich im Laufe der Geschäftsbeziehung Änderungen, hat er diese Änderungen unverzüglich dem Verpflichteten anzuzeigen. [3] Der Vertragspartner hat gegenüber dem Verpflichteten offenzulegen, ob er die Geschäftsbeziehung oder die Transaktion für einen wirtschaftlich Berechtigten begründen, fortsetzen oder durchführen will. [4] Mit der Offenlegung hat er dem Verpflichteten auch die Identität des wirtschaftlich Berechtigten nachzuweisen. [5] Die Sätze 1 bis 4 gelten entsprechend für die Vertragsparteien des vermittelten Rechtsgeschäfts im Sinne des Absatzes 2, die nicht Vertragspartner des Verpflichteten nach § 2 Absatz 1 Nummer 14 sind.

(7) [1] Verwalter von Rechtsgestaltungen im Sinne des § 3 Absatz 3 haben dem Verpflichteten ihre Verwaltereigenschaft offenzulegen und ihm unverzüglich die Angaben zu übermitteln, die nach Absatz 5 zur Identifizierung aller wirtschaftlich Berechtigten im Sinne des § 3 Absatz 3 erforderlich sind, wenn sie in dieser Position eine Geschäftsbeziehung aufnehmen oder eine Transaktion oberhalb der in § 10 Absatz 3 Nummer 2, Absatz 5, Absatz 6 oder Absatz 6a genannten Schwellenbeträge durchführen. [2] Im Falle von Trusts und anderen Rechtsgestaltungen nach § 21 sind dem Verpflichteten die Angaben nach § 21 Absatz 1 und 2 unverzüglich zu übermitteln.

§ 11a Verarbeitung personenbezogener Daten durch Verpflichtete.

(1) Verpflichtete nach § 2 dürfen personenbezogene Daten nur verarbeiten, soweit dies auf Grundlage dieses Gesetzes für Zwecke der Verhinderung von Geldwäsche und Terrorismusfinanzierung erforderlich ist.

(2) Soweit ein den Vorschriften dieses Gesetzes unterliegender Verpflichteter nach § 2 personenbezogene Daten für Zwecke gemäß Absatz 1 an die zuständigen Aufsichtsbehörden oder die Personen und Einrichtungen, deren sich die zuständigen Aufsichtsbehörden bei der Durchführung ihrer Aufgaben bedienen, oder an die Zentralstelle für Finanztransaktionsuntersuchungen übermittelt, bestehen die Pflicht zur Information der betroffenen Person nach Artikel 13 Absatz 3 der Verordnung (EU) 2016/679 und das Recht auf Auskunft der betroffenen Person nach Artikel 15 der Verordnung (EU) 2016/679 nicht.

(3) Die Absätze 1 und 2 finden entsprechende Anwendung auf Dritte im Sinne von § 17, auf die ein Verpflichteter zur Erfüllung der allgemeinen Sorgfaltspflichten nach § 10 Absatz 1 Nummer 1 bis 4 zurückgreift.

§ 12 Überprüfung von Angaben zum Zweck der Identifizierung, Verordnungsermächtigung. (1) [1] Die Überprüfung der nach § 11 Absatz 4 erhobenen Angaben zum Vertragspartner und gegebenenfalls für diesen auftretende Personen hat bei natürlichen Personen zu erfolgen anhand

1. eines gültigen amtlichen Ausweises, der ein Lichtbild des Inhabers enthält und mit dem die Pass- und Ausweispflicht im Inland erfüllt wird, insbesondere anhand eines inländischen oder nach ausländerrechtlichen Bestimmungen anerkannten oder zugelassenen Passes, Personalausweises oder Pass- oder Ausweisersatzes,

2. eines elektronischen Identitätsnachweises nach § 18 des Personalausweisgesetzes, nach § 12 des eID-Karte-Gesetzes oder nach § 78 Absatz 5 des Aufenthaltsgesetzes,
3. einer qualifizierten elektronischen Signatur nach Artikel 3 Nummer 12 der Verordnung (EU) Nr. 910/2014 des Europäischen Parlaments und des Rates vom 23. Juli 2014 über elektronische Identifizierung und Vertrauensdienste für elektronische Transaktionen im Binnenmarkt und zur Aufhebung der Richtlinie 1999/93/EG (ABl. L 257 vom 28.8.2014, S. 73),
4. eines nach Artikel 8 Absatz 2 Buchstabe c in Verbindung mit Artikel 9 der Verordnung (EU) Nr. 910/2014 notifizierten elektronischen Identifizierungssystems oder
5. von Dokumenten nach § 1 Absatz 1 der Verordnung über die Bestimmung von Dokumenten, die zur Identifizierung einer nach dem Geldwäschegesetz zu identifizierenden Person zum Zwecke des Abschlusses eines Zahlungskontovertrags zugelassen werden.

[2] Im Fall der Identitätsüberprüfung anhand einer qualifizierten elektronischen Signatur gemäß Satz 1 Nummer 3 hat der Verpflichtete eine Validierung der qualifizierten elektronischen Signatur nach Artikel 32 Absatz 1 der Verordnung (EU) Nr. 910/2014 vorzunehmen. [3] Er hat in diesem Falle auch sicherzustellen, dass eine Transaktion unmittelbar von einem Zahlungskonto im Sinne des § 1 Absatz 17 des Zahlungsdiensteaufsichtsgesetzes[1)] erfolgt, das auf den Namen des Vertragspartners lautet, bei einem Verpflichteten nach § 2 Absatz 1 Satz 1 Nummer 1 oder Nummer 3 oder bei einem Kreditinstitut, das ansässig ist in einem

1. anderen Mitgliedstaat der Europäischen Union,
2. Vertragsstaat des Abkommens über den Europäischen Wirtschaftsraum oder
3. Drittstaat, in dem das Kreditinstitut Sorgfalts- und Aufbewahrungspflichten unterliegt, die den in der Richtlinie (EU) 2015/849 festgelegten Sorgfalts- und Aufbewahrungspflichten entsprechen und deren Einhaltung in einer mit Kapitel IV Abschnitt 2 der Richtlinie (EU) 2015/849 im Einklang stehenden Weise beaufsichtigt wird.

(2) Die Überprüfung der nach § 11 Absatz 4 erhobenen Angaben zum Vertragspartner und gegebenenfalls für diesen auftretende Personen hat bei juristischen Personen oder bei Personengesellschaften zu erfolgen anhand

1. eines Auszuges aus dem Handels- oder Genossenschaftsregister oder aus einem vergleichbaren amtlichen Register oder Verzeichnis,
2. von Gründungsdokumenten oder von gleichwertigen beweiskräftigen Dokumenten oder
3. einer eigenen dokumentierten Einsichtnahme des Verpflichteten in die Register- oder Verzeichnisdaten.

(3) [1] Zur Überprüfung der nach § 11 Absatz 5 erhobenen Angaben zu den wirtschaftlich Berechtigten hat sich der Verpflichtete durch risikoangemessene Maßnahmen zu vergewissern, dass die Angaben zutreffend sind. [2] Im Falle der Identifizierung anlässlich der Begründung einer neuen Geschäftsbeziehung mit einer Vereinigung nach § 20 oder einer Rechtsgestaltung nach § 21 hat der

---

1) Nr. **12**.

Verpflichtete einen Nachweis der Registrierung nach § 20 Absatz 1 oder § 21 oder einen Auszug der im Transparenzregister zugänglichen Daten einzuholen. [3] Der Verpflichtete muss bei Geschäftsbeziehungen oder Transaktionen mit Vereinigungen nach § 20 oder Rechtsgestaltungen nach § 21 keine über die Einsicht in das Transparenzregister hinausgehenden Maßnahmen zur Erfüllung seiner Pflicht nach Satz 1 ergreifen, wenn die nach § 11 Absatz 5 erhobenen Angaben mit den Angaben zu den wirtschaftlich Berechtigten im Transparenzregister übereinstimmen und keine sonstigen Anhaltspunkte bestehen, die Zweifel an der Identität der wirtschaftlich Berechtigten, ihrer Stellung als wirtschaftlich Berechtigten oder der Richtigkeit sonstiger Angaben nach § 19 Absatz 1 begründen oder die auf ein höheres Risiko der Geldwäsche und der Terrorismusfinanzierung gemäß § 15 Absatz 2 hindeuten.

(4) [1] Sofern der Vertragspartner bei einem Erwerbsvorgang nach § 1 des Grunderwerbsteuergesetzes für eine Rechtsform im Sinne von § 3 Absatz 2 oder 3 handelt, hat der beurkundende Notar vor der Beurkundung die Identität des wirtschaftlich Berechtigten anhand einer von dem jeweiligen Vertragspartner in Textform vorzulegenden Dokumentation der Eigentums- und Kontrollstruktur auf ihre Schlüssigkeit zu überprüfen. [2] Die Dokumentation ist der Zentralstelle für Finanztransaktionsuntersuchungen sowie den Strafverfolgungsbehörden auf Verlangen zur Verfügung zu stellen.

(5) Das Bundesministerium der Finanzen kann im Einvernehmen mit dem Bundesministerium des Innern, für Bau und Heimat durch Rechtsverordnung ohne Zustimmung des Bundesrates weitere Dokumente bestimmen, die zur Überprüfung der Identität geeignet sind.

§ 13 Verfahren zur Überprüfung von Angaben zum Zweck der Identifizierung, Verordnungsermächtigung. (1) Verpflichtete überprüfen die zum Zweck der Identifizierung erhobenen Angaben bei natürlichen Personen mit einem der folgenden Verfahren:

1. durch angemessene Prüfung des vor Ort vorgelegten Dokuments oder
2. mittels eines sonstigen Verfahrens, das zur geldwäscherechtlichen Überprüfung der Identität geeignet ist und ein Sicherheitsniveau aufweist, das dem in Nummer 1 genannten Verfahren gleichwertig ist.

(2) [1] Das Bundesministerium der Finanzen kann im Einvernehmen mit dem Bundesministerium des Innern, für Bau und Heimat durch Rechtsverordnung, die nicht der Zustimmung des Bundesrates bedarf,

1. Konkretisierungen oder weitere Anforderungen an das in Absatz 1 genannte Verfahren und an die sich dieses Verfahrens bedienenden Verpflichteten sowie die Aufzeichnungs- und Aufbewahrungspflichten bei Nutzung dieses Verfahrens festlegen,
2. Verfahren bestimmen, die zur geldwäscherechtlichen Identifizierung nach Absatz 1 Nummer 2 geeignet sind und
3. Verfahren bestimmen, deren Eignung zur geldwäscherechtlichen Überprüfung der Identität erprobt wird und bei denen zu ermitteln ist, ob sie ein Sicherheitsniveau aufweisen, das dem in Absatz 1 Nummer 1 genannten Verfahren gleichwertig ist.

[2] Bei Verfahren nach Nummer 3 können die Aufsichtsbehörden nach § 50 dazu ermächtigt werden, die Nutzung der Verfahren befristet, unter Vorbehalt eines

Widerrufs und unter Auflagen zuzulassen. [3] Eine Zulassung elektronischer Verfahren nach Nummer 3 erfolgt nur, wenn das Bundesamt für Sicherheit in der Informationstechnik bei einer vorherigen Überprüfung des Verfahrens das für die Erprobung notwendige Sicherheitsniveau festgestellt hat.

§ 14 Vereinfachte Sorgfaltspflichten, Verordnungsermächtigung.

(1) [1] Verpflichtete müssen nur vereinfachte Sorgfaltspflichten erfüllen, soweit sie unter Berücksichtigung der in den Anlagen 1 und 2 genannten Risikofaktoren feststellen, dass in bestimmten Bereichen, insbesondere im Hinblick auf Kunden, Transaktionen und Dienstleistungen oder Produkte, nur ein geringes Risiko der Geldwäsche oder der Terrorismusfinanzierung besteht. [2] Vor der Anwendung vereinfachter Sorgfaltspflichten haben sich die Verpflichteten zu vergewissern, dass die Geschäftsbeziehung oder Transaktion tatsächlich mit einem geringeren Risiko der Geldwäsche oder Terrorismusfinanzierung verbunden ist. [3] Für die Darlegung der Angemessenheit gilt § 10 Absatz 2 Satz 4 entsprechend.

(2) [1] Bei Anwendbarkeit der vereinfachten Sorgfaltspflichten können Verpflichtete

1. den Umfang der Maßnahmen, die zur Erfüllung der allgemeinen Sorgfaltspflichten zu treffen sind, angemessen reduzieren und
2. insbesondere die Überprüfung der zum Zweck der Identifizierung nach § 11 erhobenen Angaben abweichend von den §§ 12 und 13 auf der Grundlage von sonstigen Dokumenten, Daten oder Informationen durchführen, die von einer glaubwürdigen und unabhängigen Quelle stammen und für die Überprüfung geeignet sind.

[2] Die Verpflichteten müssen in jedem Fall die Überprüfung von Transaktionen und die Überwachung von Geschäftsbeziehungen in einem Umfang sicherstellen, der es ihnen ermöglicht, ungewöhnliche oder verdächtige Transaktionen zu erkennen und zu melden.

(3) Ist der Verpflichtete nicht in der Lage, die vereinfachten Sorgfaltspflichten zu erfüllen, so gilt § 10 Absatz 9 entsprechend.

(4) [1] Das Bundesministerium der Finanzen kann im Einvernehmen mit dem Bundesministerium des Innern, für Bau und Heimat durch Rechtsverordnung ohne Zustimmung des Bundesrates Fallkonstellationen festlegen, in denen insbesondere im Hinblick auf Kunden, Produkte, Dienstleistungen, Transaktionen oder Vertriebskanäle ein geringeres Risiko der Geldwäsche oder der Terrorismusfinanzierung bestehen kann und die Verpflichteten unter den Voraussetzungen von Absatz 1 nur vereinfachte Sorgfaltspflichten in Bezug auf Kunden erfüllen müssen. [2] Bei der Festlegung sind die in den Anlagen 1 und 2 genannten Risikofaktoren zu berücksichtigen.

(5) Die Verordnung (EU) 2015/847 findet keine Anwendung auf Inlandsgeldtransfers auf ein Zahlungskonto eines Begünstigten, auf das ausschließlich Zahlungen für die Lieferung von Gütern oder Dienstleistungen vorgenommen werden können, wenn

1. der Zahlungsdienstleister des Begünstigten den Verpflichtungen dieses Gesetzes unterliegt,
2. der Zahlungsdienstleister des Begünstigten in der Lage ist, anhand einer individuellen Transaktionskennziffer über den Begünstigten den Geldtransfer

bis zu der Person zurückzuverfolgen, die mit dem Begünstigten eine Vereinbarung über die Lieferung von Gütern und Dienstleistungen getroffen hat, und

3. der überwiesene Betrag höchstens 1 000 Euro beträgt.

§ 15 Verstärkte Sorgfaltspflichten, Verordnungsermächtigung.

(1) Die verstärkten Sorgfaltspflichten sind zusätzlich zu den allgemeinen Sorgfaltspflichten zu erfüllen.

(2) [1] Verpflichtete haben verstärkte Sorgfaltspflichten zu erfüllen, wenn sie im Rahmen der Risikoanalyse oder im Einzelfall unter Berücksichtigung der in den Anlagen 1 und 2 genannten Risikofaktoren feststellen, dass ein höheres Risiko der Geldwäsche oder Terrorismusfinanzierung bestehen kann. [2] Die Verpflichteten bestimmen den konkreten Umfang der zu ergreifenden Maßnahmen entsprechend dem jeweiligen höheren Risiko der Geldwäsche oder der Terrorismusfinanzierung. [3] Für die Darlegung der Angemessenheit gilt § 10 Absatz 2 Satz 4 entsprechend.

(3) Ein höheres Risiko liegt insbesondere vor, wenn es sich

1. bei einem Vertragspartner des Verpflichteten oder bei einem wirtschaftlich Berechtigten um eine politisch exponierte Person, ein Familienmitglied oder um eine bekanntermaßen nahestehende Person handelt,
2. um eine Geschäftsbeziehung oder Transaktion handelt, an der ein von der Europäischen Kommission nach Artikel 9 Absatz 2 der Richtlinie (EU) 2015/849, der durch Artikel 1 Nummer 5 der Richtlinie (EU) 2018/843 geändert worden ist, ermittelter Drittstaat mit hohem Risiko oder eine in diesem Drittstaat ansässige natürliche oder juristische Person beteiligt ist; dies gilt nicht für Zweigstellen von in der Europäischen Union niedergelassenen Verpflichteten nach Artikel 2 Absatz 1 der Richtlinie (EU) 2015/849, der durch Artikel 1 Nummer 1 der Richtlinie (EU) 2018/843 geändert worden ist, und für mehrheitlich im Besitz dieser Verpflichteten befindliche Tochterunternehmen, die ihren Standort in einem Drittstaat mit hohem Risiko haben, sofern sich diese Zweigstellen und Tochterunternehmen uneingeschränkt an die von ihnen anzuwendenden gruppenweiten Strategien und Verfahren nach Artikel 45 Absatz 1 der Richtlinie (EU) 2015/849 halten,
3. um eine Transaktion handelt, die im Vergleich zu ähnlichen Fällen
   a) besonders komplex oder ungewöhnlich groß ist,
   b) einem ungewöhnlichen Transaktionsmuster folgt oder
   c) keinen offensichtlichen wirtschaftlichen oder rechtmäßigen Zweck hat, oder
4. für Verpflichtete nach § 2 Absatz 1 Nummer 1 bis 3 und 6 bis 8 um eine grenzüberschreitende Korrespondenzbeziehung mit Respondenten mit Sitz in einem Drittstaat oder, vorbehaltlich einer Beurteilung durch die Verpflichteten als erhöhtes Risiko, in einem Staat des Europäischen Wirtschaftsraums handelt.

(4) [1] In einem der in den Absätzen 2 und 3 Nummer 1 genannten Fälle sind mindestens folgende verstärkte Sorgfaltspflichten zu erfüllen:

1. die Begründung oder Fortführung einer Geschäftsbeziehung bedarf der Zustimmung eines Mitglieds der Führungsebene,

2. es sind angemessene Maßnahmen zu ergreifen, mit denen die Herkunft der Vermögenswerte bestimmt werden kann, die im Rahmen der Geschäftsbeziehung oder der Transaktion eingesetzt werden, und
3. die Geschäftsbeziehung ist einer verstärkten kontinuierlichen Überwachung zu unterziehen.

[2] Wenn im Fall des Absatzes 3 Nummer 1 der Vertragspartner oder der wirtschaftlich Berechtigte erst im Laufe der Geschäftsbeziehung ein wichtiges öffentliches Amt auszuüben begonnen hat oder der Verpflichtete erst nach Begründung der Geschäftsbeziehung von der Ausübung eines wichtigen öffentlichen Amts durch den Vertragspartner oder den wirtschaftlich Berechtigten Kenntnis erlangt, so hat der Verpflichtete sicherzustellen, dass die Fortführung der Geschäftsbeziehung nur mit Zustimmung eines Mitglieds der Führungsebene erfolgt. [3] Bei einer ehemaligen politisch exponierten Person haben die Verpflichteten für mindestens zwölf Monate nach Ausscheiden aus dem öffentlichen Amt das Risiko zu berücksichtigen, das spezifisch für politisch exponierte Personen ist, und so lange angemessene und risikoorientierte Maßnahmen zu treffen, bis anzunehmen ist, dass dieses Risiko nicht mehr besteht.

(5) In dem in Absatz 3 Nummer 2 genannten Fall haben Verpflichtete mindestens folgende verstärkte Sorgfaltspflichten zu erfüllen:

1. sie müssen einholen:
   a) zusätzliche Informationen über den Vertragspartner und den wirtschaftlich Berechtigten,
   b) zusätzliche Informationen über die angestrebte Art der Geschäftsbeziehung,
   c) Informationen über die Herkunft der Vermögenswerte und des Vermögens des Vertragspartners,
   d) Informationen über die Herkunft der Vermögenswerte und des Vermögens des wirtschaftlich Berechtigten mit Ausnahme der Person, die nach § 3 Absatz 2 Satz 5 als wirtschaftlich Berechtigter gilt,
   e) Informationen über die Gründe für die geplante oder durchgeführte Transaktion und
   f) Informationen über die geplante Verwendung der Vermögenswerte, die im Rahmen der Transaktion oder Geschäftsbeziehung eingesetzt werden, soweit dies zur Beurteilung der Gefahr von Terrorismusfinanzierung erforderlich ist,
2. die Begründung oder Fortführung einer Geschäftsbeziehung bedarf der Zustimmung eines Mitglieds der Führungsebene und
3. bei einer Geschäftsbeziehung müssen sie die Geschäftsbeziehung verstärkt überwachen durch
   a) häufigere und intensivere Kontrollen sowie
   b) die Auswahl von Transaktionsmustern, die einer weiteren Prüfung bedürfen.

(5a) [1] In dem in Absatz 3 Nummer 2 genannten Fall und zusätzlich zu den in Absatz 5 genannten verstärkten Sorgfaltspflichten können die zuständigen Aufsichtsbehörden risikoangemessen und im Einklang mit den internationalen Pflichten der Europäischen Union eine oder mehrere von den Verpflichteten zu erfüllende verstärkte Sorgfaltspflichten anordnen, die auch folgende Maßnahmen umfassen können:

1. die Meldung von Finanztransaktionen an die Zentralstelle für Finanztransaktionsuntersuchungen,
2. die Beschränkung oder das Verbot geschäftlicher Beziehungen oder Transaktionen mit natürlichen oder juristischen Personen aus Drittstaaten mit hohem Risiko,
3. das Verbot für Verpflichtete mit Sitz in einem Drittstaat mit hohem Risiko, im Inland Tochtergesellschaften, Zweigniederlassungen oder Repräsentanzen zu gründen,
4. das Verbot, Zweigniederlassungen oder Repräsentanzen in einem Drittstaat mit hohem Risiko zu gründen,
5. die Verpflichtung für Zweigniederlassungen und Tochtergesellschaften von Verpflichteten mit Sitz in einem Drittstaat mit hohem Risiko, sich einer verschärften Prüfung der Einhaltung der geldwäscherechtlichen Pflichten
   a) durch die zuständige Aufsichtsbehörde zu unterziehen oder
   b) durch einen externen Prüfer zu unterziehen,
6. die Einführung verschärfter Anforderungen in Bezug auf eine externe Prüfung nach Nummer 5 Buchstabe b,
7. für Verpflichtete nach § 2 Absatz 1 Nummer 1 bis 3 und 6 bis 9 die Überprüfung, Änderung oder erforderlichenfalls Beendigung von Korrespondenzbankbeziehungen zu Respondenten in einem Drittstaat mit hohem Risiko.

[2] Bei der Anordnung dieser Maßnahmen gilt für die zuständigen Aufsichtsbehörden Absatz 10 Satz 2 entsprechend.

(6) In dem in Absatz 3 Nummer 3 genannten Fall sind mindestens folgende verstärkte Sorgfaltspflichten zu erfüllen:

1. die Transaktion sowie deren Hintergrund und Zweck sind mit angemessenen Mitteln zu untersuchen, um das Risiko der jeweiligen Geschäftsbeziehung oder Transaktionen in Bezug auf Geldwäsche oder auf Terrorismusfinanzierung überwachen und einschätzen zu können und um gegebenenfalls prüfen zu können, ob die Pflicht zu einer Meldung nach § 43 Absatz 1 vorliegt, und
2. die der Transaktion zugrunde liegende Geschäftsbeziehung, soweit vorhanden, ist einer verstärkten kontinuierlichen Überwachung zu unterziehen, um das mit der Geschäftsbeziehung und mit einzelnen Transaktionen verbundene Risiko in Bezug auf Geldwäsche oder auf Terrorismusfinanzierung einschätzen und bei höherem Risiko überwachen zu können.

(7) In dem in Absatz 3 Nummer 4 genannten Fall haben Verpflichtete nach § 2 Absatz 1 Nummer 1 bis 3 und 6 bis 9 bei Begründung einer Geschäftsbeziehung mindestens folgende verstärkte Sorgfaltspflichten zu erfüllen:

1. es sind ausreichende Informationen über den Respondenten einzuholen, um die Art seiner Geschäftstätigkeit in vollem Umfang verstehen und seine Reputation, seine Kontrollen zur Verhinderung der Geldwäsche und Terrorismusfinanzierung sowie die Qualität der Aufsicht bewerten zu können,
2. es ist vor Begründung einer Geschäftsbeziehung mit dem Respondenten die Zustimmung eines Mitglieds der Führungsebene einzuholen,
3. es sind vor Begründung einer solchen Geschäftsbeziehung die jeweiligen Verantwortlichkeiten der Beteiligten in Bezug auf die Erfüllung der Sorgfaltspflichten festzulegen und nach Maßgabe des § 8 zu dokumentieren,

4. es sind Maßnahmen zu ergreifen, um sicherzustellen, dass sie keine Geschäftsbeziehung mit einem Respondenten begründen oder fortsetzen, von dem bekannt ist, dass seine Konten von einer Bank-Mantelgesellschaft genutzt werden, und
5. es sind Maßnahmen zu ergreifen, um sicherzustellen, dass der Respondent keine Transaktionen über Durchlaufkonten zulässt.

(8) Liegen Tatsachen, einschlägige Evaluierungen, Berichte oder Bewertungen nationaler oder internationaler für die Verhinderung oder Bekämpfung der Geldwäsche oder der Terrorismusfinanzierung zuständiger Stellen vor, die die Annahme rechtfertigen, dass über die in Absatz 3 genannten Fälle hinaus ein höheres Risiko besteht, so kann die Aufsichtsbehörde anordnen, dass die Verpflichteten die Transaktionen oder Geschäftsbeziehungen einer verstärkten Überwachung unterziehen und zusätzliche, dem Risiko angemessene Sorgfaltspflichten sowie erforderliche Gegenmaßnahmen zu erfüllen haben.

(9) Ist der Verpflichtete nicht in der Lage, die verstärkten Sorgfaltspflichten zu erfüllen, so gilt § 10 Absatz 9 entsprechend.

(10) [1] Das Bundesministerium der Finanzen kann durch Rechtsverordnung, die nicht der Zustimmung des Bundesrates bedarf,

1. Fallkonstellationen bestimmen, in denen insbesondere im Hinblick auf Staaten, Kunden, Produkte, Dienstleistungen, Transaktionen oder Vertriebskanäle ein potenziell höheres Risiko der Geldwäsche oder der Terrorismusfinanzierung besteht und die Verpflichteten bestimmte verstärkte Sorgfaltspflichten und Gegenmaßnahmen zu erfüllen haben,
2. für Fallkonstellationen im Sinne des Absatzes 3 Nummer 2 bestimmte verstärkte Sorgfaltspflichten und Gegenmaßnahmen anordnen sowie für die Anordnung und Ausgestaltung verstärkter Sorgfaltspflichten durch die zuständigen Aufsichtsbehörden nach Absatz 5a Regelungen treffen.

[2] Das Bundesministerium der Finanzen hat bei Erlass einer Rechtsverordnung nach dieser Vorschrift einschlägige Evaluierungen, Bewertungen oder Berichte internationaler Organisationen oder von Einrichtungen für die Festlegung von Standards mit Kompetenzen im Bereich der Verhinderung von Geldwäsche und der Bekämpfung von Terrorismusfinanzierung hinsichtlich der von einzelnen Drittstaaten ausgehenden Risiken zu berücksichtigen.

§ 16 Besondere Vorschriften für das Glücksspiel im Internet. (1) [1] Für Verpflichtete nach § 2 Absatz 1 Nummer 15 gelten, soweit sie das Glücksspiel im Internet anbieten oder vermitteln, die besonderen Vorschriften der Absätze 2 bis 8. [2] Bei der Anwendung der allgemeinen Sorgfaltspflichten findet der Schwellenbetrag nach § 10 Absatz 5 keine Anwendung.

(2) Der Verpflichtete darf einen Spieler erst zu einem Glücksspiel im Internet zulassen, wenn er zuvor für den Spieler auf dessen Namen ein Spielerkonto eingerichtet hat.

(3) [1] Der Verpflichtete darf auf dem Spielerkonto weder Einlagen noch andere rückzahlbare Gelder vom Spieler entgegennehmen. [2] Das Guthaben auf dem Spielerkonto darf nicht verzinst werden. [3] Für die entgegengenommenen

Geldbeträge gilt § 3 Absatz 3 Satz 3 des Zahlungsdiensteaufsichtsgesetzes[1] entsprechend.

(4) [1] Der Verpflichtete muss sicherstellen, dass Transaktionen des Spielers auf das Spielerkonto nur erfolgen

1. durch die Ausführung eines Zahlungsvorgangs
   a) mittels einer Lastschrift nach § 1 Absatz 1 Satz 2 Nummer 3 Buchstabe a des Zahlungsdiensteaufsichtsgesetzes,
   b) mittels einer Überweisung nach § 1 Absatz 1 Satz 2 Nummer 3 Buchstabe c des Zahlungsdiensteaufsichtsgesetzes oder
   c) mittels einer auf den Namen des Spielers ausgegebenen Zahlungskarte nach § 1 Absatz 1 Satz 2 Nummer 3 Buchstabe b des Zahlungsdiensteaufsichtsgesetzes und
2. von einem Zahlungskonto nach § 1 Absatz 17 des Zahlungsdiensteaufsichtsgesetzes, das auf den Namen des Spielers bei einem Verpflichteten nach § 2 Absatz 1 Nummer 1 oder 3 errichtet worden ist.

[2] Von der Erfüllung der Verpflichtung nach Satz 1 Nummer 1 Buchstabe c und Nummer 2 kann der Verpflichtete absehen, wenn gewährleistet ist, dass die Zahlung zur Teilnahme am Spiel für eine einzelne Transaktion 25 Euro und für mehrere Transaktionen innerhalb eines Kalendermonats 100 Euro nicht überschreitet.

(5) Der Verpflichtete hat die Aufsichtsbehörde unverzüglich zu informieren über die Eröffnung und Schließung eines Zahlungskontos nach § 1 Absatz 17 des Zahlungsdiensteaufsichtsgesetzes, das auf seinen eigenen Namen bei einem Verpflichteten nach § 2 Absatz 1 Nummer 1 oder 3 eingerichtet ist und auf dem Gelder eines Spielers zur Teilnahme an Glücksspielen im Internet entgegengenommen werden.

(6) Wenn der Verpflichtete oder ein anderer Emittent einem Spieler für Transaktionen auf einem Spielerkonto monetäre Werte ausstellt, die auf einem Instrument nach § 2 Absatz 1 Nummer 10 des Zahlungsdiensteaufsichtsgesetzes gespeichert sind, hat der Verpflichtete oder der andere Emittent sicherzustellen, dass der Inhaber des monetären Werts mit dem Inhaber des Spielerkontos identisch ist.

(7) [1] Der Verpflichtete darf Transaktionen an den Spieler nur vornehmen

1. durch die Ausführung eines Zahlungsvorgangs nach Absatz 4 und
2. auf ein Zahlungskonto, das auf den Namen des Spielers bei einem Verpflichteten nach § 2 Absatz 1 Nummer 1 oder 3 eingerichtet worden ist.

[2] Bei der Transaktion hat der Verpflichtete den Verwendungszweck dahingehend zu spezifizieren, dass für einen Außenstehenden erkennbar ist, aus welchem Grund der Zahlungsvorgang erfolgt ist. [3] Für diesen Verwendungszweck können die Aufsichtsbehörden Standardformulierungen festlegen, die vom Verpflichteten zu verwenden sind.

(8) [1] Abweichend von § 11 kann der Verpflichtete bei einem Spieler, für den er ein Spielerkonto einrichtet, eine vorläufige Identifizierung durchführen. [2] Die vorläufige Identifizierung kann anhand einer elektronisch oder auf dem Postweg übersandten Kopie eines Dokuments nach § 12 Absatz 1 Satz 1

[1] Nr. **12**.

Nummer 1 erfolgen. [3]Eine vollständige Identifizierung ist unverzüglich nachzuholen. [4]Sowohl die vorläufige als auch die vollständige Identifizierung kann auch anhand der glücksspielrechtlichen Anforderungen an Identifizierung und Authentifizierung erfolgen.

§ 17 Ausführung der Sorgfaltspflichten durch Dritte, vertragliche Auslagerung. (1) [1]Zur Erfüllung der allgemeinen Sorgfaltspflichten nach § 10 Absatz 1 Nummer 1 bis 4 kann ein Verpflichteter auf Dritte zurückgreifen. [2]Dritte dürfen nur sein

1. Verpflichtete nach § 2 Absatz 1,
2. Verpflichtete gemäß Artikel 2 Absatz 1 der Richtlinie (EU) 2015/849 in einem anderen Mitgliedstaat der Europäischen Union oder in einem Vertragsstaat des Abkommens über den Europäischen Wirtschaftsraum,
3. Mitgliedsorganisationen oder Verbände von Verpflichteten nach Nummer 2 oder in einem Drittstaat ansässige Institute und Personen, sofern diese Sorgfalts- und Aufbewahrungspflichten unterliegen,
   a) die den in der Richtlinie (EU) 2015/849 festgelegten Sorgfalts- und Aufbewahrungspflichten entsprechen und
   b) deren Einhaltung in einer mit Kapitel VI Abschnitt 2 der Richtlinie (EU) 2015/849 im Einklang stehenden Weise beaufsichtigt wird.

[3]Die Verantwortung für die Erfüllung der allgemeinen Sorgfaltspflichten bleibt bei dem Verpflichteten.

(2) [1]Verpflichtete dürfen nicht auf einen Dritten zurückgreifen, der in einem Drittstaat mit hohem Risiko niedergelassen ist. [2]Ausgenommen hiervon sind

1. Zweigstellen von in der Europäischen Union niedergelassenen Verpflichteten nach Artikel 2 Absatz 1 der Richtlinie (EU) 2015/849, wenn die Zweigstelle sich uneingeschränkt an die gruppenweit anzuwendenden Strategien und Verfahren gemäß Artikel 45 der Richtlinie (EU) 2015/849 hält, und
2. Tochterunternehmen, die sich im Mehrheitsbesitz von in der Europäischen Union niedergelassenen Verpflichteten nach Artikel 2 Absatz 1 der Richtlinie (EU) 2015/849 befinden, wenn das Tochterunternehmen sich uneingeschränkt an die gruppenweit anzuwendenden Strategien und Verfahren gemäß Artikel 45 der Richtlinie (EU) 2015/849 hält.

(3) [1]Wenn ein Verpflichteter auf Dritte zurückgreift, muss er sicherstellen, dass die Dritten

1. bei der Identifizierung von im Inland ansässigen Personen den Vorschriften dieses Gesetzes entsprechen,
2. die Informationen einholen, die für die Durchführung der Sorgfaltspflichten nach § 10 Absatz 1 Nummer 1 bis 4 notwendig sind, und
3. ihm diese Informationen unverzüglich und unmittelbar übermitteln.

[2]Er hat zudem angemessene Schritte zu unternehmen, um zu gewährleisten, dass die Dritten ihm auf seine Anforderung hin unverzüglich Kopien derjenigen Dokumente, die maßgeblich zur Feststellung und Überprüfung der Identität des Vertragspartners, gegebenenfalls der für diesen auftretenden Personen und eines etwaigen wirtschaftlich Berechtigten sind, einschließlich Informationen, soweit diese verfügbar sind, die mittels elektronischer Mittel nach § 12 Absatz 1 Satz 1 Nummer 4 eingeholt wurden, sowie andere maßgebliche

§ 20a Automatische Eintragung für Vereine. (1) [1]Für eingetragene Vereine nach § 21 des Bürgerlichen Gesetzbuchs[1)] erstellt die registerführende Stelle anhand der im Vereinsregister eingetragenen Daten eine Eintragung in das Transparenzregister, ohne dass es hierfür einer Mitteilung nach § 20 Absatz 1 Satz 1 bedarf. [2]Im Rahmen dieser Eintragung werden alle Mitglieder des Vorstands eines Vereins mit den Daten nach § 19 Absatz 1 als wirtschaftliche Berechtigte nach § 3 Absatz 2 Satz 5 im Transparenzregister erfasst. [3]Soweit diese Daten nicht im Vereinsregister vorhanden sind, wird als Wohnsitzland Deutschland und als einzige Staatsangehörigkeit die deutsche Staatsangehörigkeit angenommen. [4]Die nach Satz 1 eingetragenen Daten gelten als Angaben des Vereins, soweit der Verein der registerführenden Stelle keine abweichenden Angaben mitgeteilt hat.

(2) [1]Abweichend von § 20 Absatz 1 Satz 1 muss ein eingetragener Verein nach § 21 des Bürgerlichen Gesetzbuchs die in § 19 Absatz 1 aufgeführten Angaben zu den wirtschaftlich Berechtigten der registerführenden Stelle nur dann zur Eintragung mitteilen, wenn

1. eine Änderung des Vorstands nicht unverzüglich zur Eintragung in das Vereinsregister angemeldet worden ist,
2. mindestens ein wirtschaftlich Berechtigter nach § 3 Absatz 2 Satz 1 bis 4 vorhanden ist oder
3. die Annahmen nach Absatz 1 Satz 3 nicht zutreffen.

[2]Eine Eintragung durch die registerführende Stelle nach Absatz 1 wird nicht vorgenommen, wenn der Verein der registerführenden Stelle Angaben nach § 19 Absatz 1 zur Eintragung in das Transparenzregister mitgeteilt hat. [3]Dies gilt nicht, wenn der Verein der registerführenden Stelle mitgeteilt hat, dass die mitgeteilten Angaben nach § 19 Absatz 1 nicht mehr gelten sollen. [4]Die Mitteilung nach Satz 3 hat elektronisch über die Webseite des Transparenzregisters zu erfolgen.

(3) [1]Eine Eintragung nach Absatz 1 erfolgt erstmals spätestens zum 1. Januar 2023. [2]Danach erfolgt die automatische Eintragung anlassbezogen.

(4) [1]Bei Eintragung nach Absatz 1 handelt die registerführende Stelle nach § 18 Absatz 2 im Rahmen der hoheitlichen Aufgaben des Bundes. [2]Zu diesem Zweck ist die registerführende Stelle beim Abruf von Daten aus den Vereinsregistern von der Zahlung der Gebühren nach § 2 Absatz 1 des Justizverwaltungskostengesetzes befreit.

§ 21 Transparenzpflichten im Hinblick auf bestimmte Rechtsgestaltungen. (1) [1]Verwalter von Trusts (Trustees) mit Wohnsitz oder Sitz in Deutschland haben die in § 19 Absatz 1 aufgeführten Angaben zu den wirtschaftlich Berechtigten des Trusts, den sie verwalten, einzuholen, aufzubewahren, auf aktuellem Stand zu halten und der registerführenden Stelle unverzüglich zur Eintragung in das Transparenzregister mitzuteilen. [2]Die Pflicht nach Satz 1 gilt auch für Trustees, die außerhalb der Europäischen Union ihren Wohnsitz oder Sitz haben, wenn sie für den Trust eine Geschäftsbeziehung mit einem Vertragspartner mit Sitz in Deutschland aufnehmen oder sich verpflichten, Eigentum an einer im Inland gelegenen Immobilie zu erwerben, wenn Anteile im Sinne des § 1 Absatz 3 des Grunderwerbsteuergesetzes sich bei ihr

[1)] Nr. **24**.

vereinigen oder auf sie übergehen, oder wenn sie im Sinne des § 1 Absatz 3a des Grunderwerbsteuergesetzes aufgrund eines Rechtsvorgangs eine wirtschaftliche Beteiligung innehaben. 3 Die Pflicht nach Satz 1 gilt nicht für die in Satz 2 genannten Trustees, wenn ein Trustee die Angaben nach Artikel 1 Nummer 16 Buchstabe a der Richtlinie (EU) 2018/843 und nach § 19 Absatz 1 bereits an ein anderes Register eines Mitgliedstaates der Europäischen Union übermittelt hat und

1. der Trustee in diesem Mitgliedstaat der Europäischen Union ebenfalls einen Wohnsitz oder Sitz unterhält oder
2. einer der Vertragspartner, zu dem ein Trust mit Wohnsitz oder Sitz außerhalb der Europäischen Union ebenfalls eine Geschäftsbeziehung unterhält, in diesem Mitgliedstaat seinen Sitz hat.

(1a) 1 Die Mitteilung hat elektronisch in einer Form zu erfolgen, die ihre elektronische Zugänglichmachung ermöglicht. 2 Der Trust ist in der Mitteilung eindeutig zu bezeichnen. 3 Bei den Angaben zu Art und Umfang des wirtschaftlichen Interesses nach § 19 Absatz 1 Nummer 4 ist anzugeben, woraus nach § 19 Absatz 3 Nummer 2 die Stellung als wirtschaftlich Berechtigter folgt.

(1b) Der registerführenden Stelle ist ferner durch den nach Absatz 1 zur Mitteilung Verpflichteten unverzüglich mitzuteilen, wenn der Trust

1. umbenannt wurde,
2. aufgelöst wurde oder
3. nicht mehr nach Absatz 1 verpflichtet ist.

(2) Die Pflichten der Absätze 1, 1a und 1b gelten entsprechend auch für Treuhänder mit Wohnsitz oder Sitz in Deutschland folgender Rechtsgestaltungen:

1. nichtrechtsfähige Stiftungen, wenn der Stiftungszweck aus Sicht des Stifters eigennützig ist, und
2. Rechtsgestaltungen, die solchen Stiftungen in ihrer Struktur oder Funktion entsprechen.

(3) 1 Die Zentralstelle für Finanztransaktionsuntersuchungen und die Aufsichtsbehörden können im Rahmen ihrer Aufgaben und Befugnisse die von Trustees nach Absatz 1 und von Treuhändern nach Absatz 2 aufbewahrten Angaben einsehen oder sich vorlegen lassen. 2 Die Angaben sind ihnen unverzüglich zur Verfügung zu stellen.

(4) Das Bundesministerium der Finanzen wird ermächtigt, im Einvernehmen mit dem Bundesministerium der Justiz und für Verbraucherschutz durch Rechtsverordnung, die nicht der Zustimmung des Bundesrates bedarf, die Einzelheiten zu regeln, welche Trusts und trustähnlichen Rechtsgestaltungen von § 21 Absatz 1 und 2 erfasst sind und durch welche Merkmale sich diese auszeichnen.

§ 22 Zugängliche Dokumente und Datenübermittlung an das Transparenzregister, Verordnungsermächtigung. (1) 1 Über die Internetseite des Transparenzregisters sind nach Maßgabe des § 23 zugänglich:

1. Eintragungen im Transparenzregister zu Meldungen nach § 20 Absatz 1 Satz 1 und nach § 21,

2. Bekanntmachungen des Bestehens einer Beteiligung nach § 20 Absatz 6 des Aktiengesetzes,
3. Stimmrechtsmitteilungen nach den §§ 40 und 41 des Wertpapierhandelsgesetzes,
4. Listen der Gesellschafter von Gesellschaften mit beschränkter Haftung und Unternehmergesellschaften nach § 8 Absatz 1 Nummer 3, § 40 des Gesetzes betreffend die Gesellschaften mit beschränkter Haftung sowie Gesellschafterverträge gemäß § 8 Absatz 1 Nummer 1 in Verbindung mit § 2 Absatz 1a Satz 2 des Gesetzes betreffend die Gesellschaften mit beschränkter Haftung, sofern diese als Gesellschafterliste gelten, nach § 2 Absatz 1a Satz 4 des Gesetzes betreffend die Gesellschaften mit beschränkter Haftung,
5. Eintragungen im Handelsregister,
6. Eintragungen im Partnerschaftsregister,
7. Eintragungen im Genossenschaftsregister,
8. Eintragungen im Vereinsregister.

[2] Zugänglich in dem nach den besonderen registerrechtlichen Vorschriften für die Einsicht geregelten Umfang sind nur solche Dokumente und Eintragungen nach Satz 1 Nummer 2 bis 8, die aus dem Handelsregister, Genossenschaftsregister, Partnerschaftsregister, Unternehmensregister oder Vereinsregister elektronisch abrufbar sind.

(2) [1] Um die Eröffnung des Zugangs zu den Originaldaten nach Absatz 1 Satz 1 Nummer 2 bis 8 über die Internetseite des Transparenzregisters zu ermöglichen, sind dem Transparenzregister die dafür erforderlichen Daten (Indexdaten) zu übermitteln. [2] Der Betreiber des Unternehmensregisters übermittelt die Indexdaten zu den Originaldaten nach Absatz 1 Satz 1 Nummer 2 und 3 dem Transparenzregister. [3] Die Landesjustizverwaltungen übermitteln die Indexdaten zu den Originaldaten nach Absatz 1 Satz 1 Nummer 4 bis 8 dem Transparenzregister. [4] Die Indexdaten dienen nur der Zugangsvermittlung und dürfen nicht zugänglich gemacht werden.

(3) [1] Das Bundesministerium der Finanzen wird ermächtigt, im Benehmen mit dem Bundesministerium der Justiz und für Verbraucherschutz für die Datenübermittlung nach Absatz 2 Satz 3 durch Rechtsverordnung, die der Zustimmung des Bundesrates bedarf, technische Einzelheiten der Datenübermittlung zwischen den Behörden der Länder und dem Transparenzregister einschließlich der Vorgaben für die zu verwendenden Datenformate und zur Sicherstellung von Datenschutz und Datensicherheit zu regeln. [2] Abweichungen von den Verfahrensregelungen durch Landesrecht sind ausgeschlossen.

(4) Das Bundesministerium der Finanzen wird ermächtigt, im Benehmen mit dem Bundesministerium der Justiz und für Verbraucherschutz durch Rechtsverordnung, die nicht der Zustimmung des Bundesrates bedarf, Registrierungsverfahren für die Mitteilungsverpflichteten nach den §§ 20 und 21 sowie technische Einzelheiten der Datenübermittlung nach Absatz 2 Satz 2 sowie nach den §§ 20 und 21 einschließlich der Vorgaben für die zu verwendenden Datenformate und Formulare sowie zur Sicherstellung von Datenschutz und Datensicherheit zu regeln.

§ 23 Einsichtnahme in das Transparenzregister, Verordnungsermächtigung. (1) [1] Bei Vereinigungen nach § 20 Absatz 1 Satz 1 und Rechtsgestaltungen nach § 21 ist die Einsichtnahme gestattet:

1. den folgenden Behörden, soweit sie zur Erfüllung ihrer gesetzlichen Aufgaben erforderlich ist:
   a) den Aufsichtsbehörden und der Behörde nach § 25 Absatz 6 sowie nach § 56 Absatz 5 Satz 2,
   b) der Zentralstelle für Finanztransaktionsuntersuchungen,
   c) den gemäß § 13 des Außenwirtschaftsgesetzes zuständigen Behörden,
   d) den Strafverfolgungsbehörden,
   e) dem Bundeszentralamt für Steuern sowie den örtlichen Finanzbehörden nach § 6 Absatz 2 Nummer 5 der Abgabenordnung,
   f) den für Aufklärung, Verhütung und Beseitigung von Gefahren zuständigen Behörden,
   g) den Gerichten sowie
   h) den Stellen nach § 2 Absatz 4,
2. den Verpflichteten, sofern sie der registerführenden Stelle darlegen, dass die Einsichtnahme zur Erfüllung ihrer Sorgfaltspflichten in einem der in § 10 Absatz 3 und 3a genannten Fälle erfolgt, und
3. allen Mitgliedern der Öffentlichkeit.

[2] In diesen Fällen ist die registerführende Stelle befugt, die zugänglichen Daten an den Einsichtnehmenden zu übermitteln. [3] Im Fall des Satzes 1 Nummer 3 sind neben den Angaben nach § 19 Absatz 1 Nummer 1 und 4 nur Monat und Jahr der Geburt des wirtschaftlich Berechtigten, sein Wohnsitzland und alle Staatsangehörigkeiten der Einsichtnahme zugänglich und dürfen übermittelt werden.

(2) [1] Auf Antrag des wirtschaftlich Berechtigten beschränkt die registerführende Stelle die Einsichtnahme in das Transparenzregister und die Übermittlung der Daten vollständig oder teilweise, wenn ihr der wirtschaftlich Berechtigte darlegt, dass der Einsichtnahme und der Übermittlung unter Berücksichtigung aller Umstände des Einzelfalls überwiegende schutzwürdige Interessen des wirtschaftlich Berechtigten entgegenstehen. [2] Schutzwürdige Interessen liegen vor, wenn

1. Tatsachen die Annahme rechtfertigen, dass die Einsichtnahme und Übermittlung den wirtschaftlich Berechtigten der Gefahr aussetzen würde, Opfer einer der folgenden Straftaten zu werden:
   a) eines Betrugs (§ 263 des Strafgesetzbuchs),
   b) eines erpresserischen Menschenraubs (§ 239a des Strafgesetzbuchs),
   c) einer Geiselnahme (§ 239b des Strafgesetzbuchs),
   d) einer Erpressung oder räuberischen Erpressung (§§ 253, 255 des Strafgesetzbuchs),
   e) einer strafbaren Handlung gegen Leib oder Leben (§§ 211, 212, 223, 224, 226, 227 des Strafgesetzbuchs),
   f) einer Nötigung (§ 240 des Strafgesetzbuchs),
   g) einer Bedrohung (§ 241 des Strafgesetzbuchs) oder
2. der wirtschaftlich Berechtigte minderjährig oder geschäftsunfähig ist.

[3] Schutzwürdige Interessen des wirtschaftlich Berechtigten liegen nicht vor, wenn sich die Daten bereits aus den in § 22 Absatz 1 genannten Registern ergeben. [4] Die Beschränkung der Einsichtnahme und Übermittlung nach Satz 1 ist nicht möglich gegenüber den in Absatz 1 Satz 1 Nummer 1 aufgeführten

Behörden und gegenüber Verpflichteten nach § 2 Absatz 1 Nummer 1 bis 3 und 7 sowie gegenüber Notaren. [5] Die registerführende Stelle hat jährlich eine Statistik über die Anzahl der bewilligten Beschränkungen und darüber, ob die Beschränkungen nach Satz 2 Nummer 1 oder 2 erfolgt sind, zu erstellen, auf ihrer Internetseite zu veröffentlichen und an die Europäische Kommission zu übermitteln.

(3) [1] Die in § 23 Absatz 1 Satz 1 Nummer 1 genannten Behörden sowie diejenigen in § 23 Absatz 1 Satz 1 Nummer 2 genannten Verpflichteten, gegenüber denen die Beschränkung der Einsichtnahme und Übermittlung nach § 23 Absatz 2 Satz 4 nicht möglich ist, können die Einsichtnahme mittels eines durch die registerführende Stelle geschaffenen und nach ihren Vorgaben ausgestalteten automatisierten Einsichtnahmeverfahrens durchführen. [2] Die registerführende Stelle ist befugt, den in Satz 1 genannten Stellen die nach Maßgabe des Absatzes 1 zugänglichen Daten im automatisierten Verfahren zu übermitteln. [3] Bestehen Zweifel daran, dass die Einsichtnahme zur Erfüllung der gesetzlichen Aufgaben einer Behörde erforderlich ist oder zur Erfüllung der Sorgfaltspflicht eines Verpflichteten nach Satz 1 erfolgt, ist die registerführende Stelle berechtigt, die Verfahren nach den Sätzen 1 und 2 zu sperren. [4] Sie kann die Behörde nach Satz 1 zur Bestätigung, dass die Einsichtnahme zur Erfüllung der gesetzlichen Aufgaben erforderlich ist, auffordern und den Verpflichteten nach Satz 1 dauerhaft auf das für alle Verpflichteten geltende Verfahren nach Absatz 1 verweisen. [5] Die Bestätigung nach Satz 4 hat durch den Dienstvorgesetzten zu erfolgen. [6] Die beteiligten Stellen haben zu gewährleisten, dass für Einsichtnahmen und Datenübermittlungen im automatisierten Verfahren die erforderlichen technischen und organisatorischen Maßnahmen nach den Artikeln 24, 25 und 32 der Verordnung (EU) 2016/679 des Europäischen Parlaments und des Rates vom 27. April 2016 zum Schutz natürlicher Personen bei der Verarbeitung personenbezogener Daten, zum freien Datenverkehr und zur Aufhebung der Richtlinie 95/46/EG zur Sicherstellung von Datenschutz und Datensicherheit getroffen werden, die insbesondere die Vertraulichkeit und Unversehrtheit der Daten gewährleisten.

(4) [1] Die Einsichtnahme ist nur nach vorheriger Online-Registrierung des Nutzers möglich und kann zum Zweck der Kontrolle, wer Einsicht genommen hat, protokolliert werden. [2] Die registerführende Stelle ist nicht befugt, gegenüber Vereinigungen nach § 20 und Rechtsgestaltungen nach § 21 offenzulegen, wer Einsicht in die Angaben genommen hat, die die Vereinigungen und Rechtsgestaltungen zu ihren wirtschaftlich Berechtigten gemacht haben.

(5) Das Transparenzregister erlaubt die Suche nach Vereinigungen nach § 20 Absatz 1 Satz 1 und Rechtsgestaltungen nach § 21 über alle eingestellten Daten sowie über sämtliche Indexdaten.

(6) [1] Die Einsichtnahme und Übermittlung der Daten aus dem Transparenzregister an einsichtnehmende Behörden erfolgt ausschließlich zu den in Absatz 1 Nummer 1 genannten Zwecken der Aufgabenerfüllung der jeweiligen Behörden. [2] Die Einsichtnahme und Übermittlung der Daten aus dem Transparenzregister an einsichtnehmende Verpflichtete erfolgt ausschließlich zur Erfüllung der Sorgfaltspflichten des jeweiligen Verpflichteten.

(7) Das Bundesministerium der Finanzen wird ermächtigt, durch Rechtsverordnung, die nicht der Zustimmung des Bundesrates bedarf, die Einzelheiten der Einsichtnahme, Datenübermittlung und Beschränkung, insbesondere der Online-Registrierung und der Protokollierung wie die zu protokollierenden

Daten und die Löschungsfrist für die protokollierten Daten nach Absatz 3, der Darlegungsanforderungen für die Einsichtnahme und Übermittlung nach Absatz 1 Satz 1 Nummer 2 und 3 und der Darlegungsanforderungen für die Beschränkung der Einsichtnahme und Übermittlung nach Absatz 2 zu bestimmen.

(8) [1] Auf Antrag ist dem wirtschaftlich Berechtigten durch die registerführende Stelle Auskunft über die nach § 23 Absatz 1 Satz 1 Nummer 3 erfolgten Einsichtnahmen zu erteilen. [2] Der wirtschaftlich Berechtigte hat bei Antragstellung die Vereinigung nach § 20 oder die Rechtsgestaltung nach § 21 anzugeben, für die eine Auskunft beantragt wird. [3] Die Auskunft beinhaltet folgende Informationen:

1. die beauskunfteten personenbezogenen Daten des wirtschaftlich Berechtigten,
2. die monatsweise dargestellte Anzahl der seit der letzten Antragstellung erfolgten Einsichtnahmen,
3. der Zeitpunkt der jeweiligen Einsichtnahmen,
4. eine anonymisierte Auflistung der natürlichen Personen, die Einsicht genommen haben und
5. bei Einsichtnahme durch juristische Personen deren Bezeichnung.

[4] Die beantragte Auskunft ist mindestens einmal im Kalenderjahr, höchstens jedoch einmal im Quartal zu erteilen. [5] Der wirtschaftlich Berechtigte belegt im Rahmen der Antragstellung nach Satz 1 seine Identität und seine Stellung als wirtschaftlich Berechtigter der im Antrag in Bezug genommenen Vereinigung nach § 20 oder Rechtsgestaltung nach § 21 anhand geeigneter Nachweise. [6] Geeignete Nachweise sind solche nach § 12. [7] Die Antragstellung und Auskunftserteilung nach diesem Absatz ist ausschließlich über die Internetseite des Transparenzregisters nach den Vorgaben der registerführenden Stelle möglich.

§ 23a Meldung von Unstimmigkeiten an die registerführende Stelle.

(1) [1] Verpflichtete nach § 23 Absatz 1 Satz 1 Nummer 2 haben der registerführenden Stelle Unstimmigkeiten unverzüglich zu melden, die sie zwischen den Angaben über die wirtschaftlich Berechtigten, die im Transparenzregister zugänglich sind, und den ihnen zur Verfügung stehenden Angaben und Erkenntnissen über die wirtschaftlich Berechtigten feststellen. [2] § 43 Absatz 2 gilt entsprechend. [3] Zuständige Behörden nach § 23 Absatz 1 Satz 1 Nummer 1 Buchstabe a und b trifft die Pflicht nach Satz 1, sofern dadurch die Aufgabenwahrnehmung der Behörden nicht beeinträchtigt wird. [4] Eine Unstimmigkeit nach Satz 1 besteht, wenn Eintragungen nach § 20 Absatz 1 sowie nach § 21 Absatz 1 und 2 fehlen, einzelne Angaben zu den wirtschaftlich Berechtigten nach § 19 Absatz 1 abweichen oder wenn abweichende wirtschaftlich Berechtigte ermittelt wurden. [5] Die der Unstimmigkeitsmeldung zugrunde liegende Ermittlung der wirtschaftlich Berechtigten hat nach den Vorgaben des § 3 zu erfolgen.

(2) Die registerführende Stelle hat auf der Internetseite des Transparenzregisters deutlich sichtbar eine Vorkehrung einzurichten, über die Unstimmigkeitsmeldungen nach Absatz 1 abzugeben sind.

(3) [1] Die registerführende Stelle hat die Unstimmigkeitsmeldung nach Absatz 1 unverzüglich zu prüfen. [2] Hierzu kann sie von dem Erstatter der Unstimmigkeitsmeldung, der betroffenen Vereinigung nach § 20 oder der Rechts-

gestaltung nach § 21 die zur Aufklärung erforderlichen Informationen und Unterlagen verlangen.

(3a) [1] Im Rahmen der Prüfung der Unstimmigkeitsmeldung erstellt die registerführende Stelle auf Basis der in den anderen Registern vorhandenen Informationen sowie der aufgrund von Nachfragen nach Absatz 3 erhaltenen Informationen und Unterlagen Eigentums- und Kontrollstrukturübersichten der betroffenen Vereinigung nach § 20 oder der Rechtsgestaltung nach § 21, soweit dies im Einzelfall zur Prüfung der Unstimmigkeitsmeldung erforderlich ist. [2] Sie hat diese Übersichten nach Abschluss der Prüfung zwei Jahre aufzubewahren und danach zu löschen. [3] Die Eigentums- und Kontrollstrukturübersicht wird nicht Teil der Eintragung im Transparenzregister.

(4) Die registerführende Stelle übergibt die Unstimmigkeitsmeldung mit allen erforderlichen Unterlagen der Behörde nach § 56 Absatz 5 Satz 2 im Rahmen ihrer Zuständigkeit für die Verfolgung von Ordnungswidrigkeiten nach § 56 Absatz 1 Satz 1 Nummer 54 bis 66, wenn

1. sie zu der Erkenntnis gelangt, dass die im Transparenzregister enthaltenen Angaben zum wirtschaftlich Berechtigten nicht zutreffend sind oder
2. sie die Prüfung der Unstimmigkeitsmeldung aufgrund unklarer Sachlage nicht abschließen konnte.

(5) [1] Die registerführende Stelle hat dem Erstatter der Unstimmigkeitsmeldung die von ihr ermittelten Angaben zum wirtschaftlich Berechtigten im Sinne des § 19 Absatz 1 nach Abschluss der Prüfung unverzüglich zu übermitteln. [2] Das Verfahren zur Prüfung der Unstimmigkeitsmeldung gilt als abgeschlossen, wenn die registerführende Stelle oder die Behörde nach § 56 Absatz 5 Satz 2 aufgrund der nach Absatz 3 erlangten Erkenntnisse oder aufgrund einer neuen oder berichtigenden Mitteilung der Vereinigung nach § 20 oder der Rechtsgestaltung nach § 21, die Gegenstand der Unstimmigkeitsmeldung ist, zu dem Ergebnis gekommen ist, dass die Unstimmigkeit ausgeräumt ist.

(6) [1] Nach Eingang der Unstimmigkeitsmeldung nach Absatz 1 hat die registerführende Stelle auf dem Registerauszug sichtbar zu vermerken, dass die Angaben zu den wirtschaftlich Berechtigten der Vereinigung nach § 20 oder der Rechtsgestaltung nach § 21 der Prüfung unterliegen. [2] Der Abschluss des Verfahrens zur Prüfung der Unstimmigkeitsmeldung ist auf dem Registerauszug zu vermerken.

§ 24 Gebühren und Auslagen, Verordnungsermächtigung. (1) [1] Für die Führung des Transparenzregisters erhebt die registerführende Stelle von Vereinigungen nach § 20 und von Rechtsgestaltungen nach § 21 Gebühren. [2] Dies gilt auf Antrag nicht für Vereinigungen nach § 20, die einen steuerbegünstigten Zweck im Sinne der §§ 52 bis 54 der Abgabenordnung verfolgen und dies mittels einer Bescheinigung des zuständigen Finanzamtes gegenüber der registerführenden Stelle nachweisen. [3] Ein Nachweis nach Satz 2 ist nicht erforderlich, wenn im Antrag die Verfolgung der nach den §§ 52 bis 54 der Abgabenordnung steuerbegünstigten Zwecke versichert und das Einverständnis darüber erklärt werden, dass die registerführende Stelle beim zuständigen Finanzamt eine Bestätigung der Verfolgung dieser steuerbegünstigten Zwecke einholen darf. [4] Die registerführende Stelle erhebt keine Gebühren von Vereinigungen nach § 20, wenn sich die Verfolgung der nach den §§ 52 bis 54 der Abgabenordnung steuerbegünstigten Zwecke unmittelbar aus dem Zuwendungsempfängerregister nach § 60b der Abgabenordnung ergibt. [5]Die durch die Gebührenbefreiung entstehenden Mindereinnahmen werden der registerführenden Stelle durch den Bund erstattet.

(2) [1]Für die Einsichtnahme in die dem Transparenzregister nach § 20 Absatz 1 und § 21 mitgeteilten Daten und deren Übermittlung erhebt die registerführende Stelle zur Deckung des Verwaltungsaufwands Gebühren und Auslagen. [2]Dasselbe gilt für die Erstellung von Ausdrucken, Bestätigungen und Beglaubigungen nach § 18 Absatz 4. [3]Behörden und Gerichte nach § 23 Absatz 1 Satz 1 Nummer 1 und die Behörde nach § 56 Absatz 5 Satz 2 haben keine Gebühren und Auslagen nach den Sätzen 1 und 2 zu entrichten. [4]§ 8 Absatz 2 Satz 1 des Bundesgebührengesetzes ist nicht anzuwenden.

(2a) Für die Registrierung und Identifizierung von wirtschaftlich Berechtigten im Zusammenhang mit einem Antrag nach § 23 Absatz 6 erhebt die registerführende Stelle zur Deckung des Verwaltungsaufwands Gebühren und Auslagen von den Antragstellern nach § 23 Absatz 6.

(3) Das Bundesministerium der Finanzen wird ermächtigt, durch Rechtsverordnung, die nicht der Zustimmung des Bundesrates bedarf, Einzelheiten zu Folgendem näher zu regeln:

1. die gebührenpflichtigen Tatbestände,
2. die Gebührenschuldner,
3. die Gebührensätze nach festen Sätzen oder als Rahmengebühren,
4. die Auslagenerstattung und
5. das Verfahren für eine Gebührenbefreiung nach Absatz 1 Satz 2.

§ 25 Übertragung der Führung des Transparenzregisters, Verordnungsermächtigung. (1) Das Bundesministerium der Finanzen wird ermächtigt, durch Rechtsverordnung, die nicht der Zustimmung des Bundesrates bedarf, eine juristische Person des Privatrechts mit den Aufgaben der registerführenden Stelle und mit den hierfür erforderlichen Befugnissen zu beleihen.

(2) [1]Eine juristische Person des Privatrechts darf nur beliehen werden, wenn sie die Gewähr für die ordnungsgemäße Erfüllung der ihr übertragenen Aufgaben, insbesondere für den langfristigen und sicheren Betrieb des Transparenzregisters, bietet. [2]Sie bietet die notwendige Gewähr, wenn

1. die natürlichen Personen, die nach Gesetz, dem Gesellschaftsvertrag oder der Satzung die Geschäftsführung und Vertretung ausüben, zuverlässig und fachlich geeignet sind,
2. sie grundlegende Erfahrungen mit der Zugänglichmachung von registerrechtlichen Informationen, insbesondere von Handelsregisterdaten, Gesellschaftsbekanntmachungen und kapitalmarktrechtlichen Informationen, hat,
3. sie die zur Erfüllung ihrer Aufgaben notwendige Organisation sowie technische und finanzielle Ausstattung hat und
4. sie sicherstellt, dass sie die Vorschriften zum Schutz personenbezogener Daten einhält.

(3) [1]Die Dauer der Beleihung ist zu befristen. [2]Sie soll fünf Jahre nicht unterschreiten. [3]Die Möglichkeit, bei Vorliegen eines wichtigen Grundes die Beleihung vor Ablauf der Frist zu beenden, ist vorzusehen. [4]Haben die Voraussetzungen für die Beleihung nicht vorgelegen oder sind sie nachträglich entfallen, soll die Beleihung jederzeit beendet werden können. [5]Es ist sicherzustellen,

dass mit Beendigung der Beleihung dem Bundesministerium der Finanzen oder einer von ihm bestimmten Stelle alle für den ordnungsgemäßen Weiterbetrieb des Transparenzregisters erforderlichen Softwareprogramme und Daten unverzüglich zur Verfügung gestellt werden und die Rechte an diesen Softwareprogrammen und an der für das Transparenzregister genutzten Internetadresse übertragen werden.

(4) [1]Der Beliehene ist berechtigt, das kleine Bundessiegel zu führen. [2]Es wird vom Bundesministerium der Finanzen zur Verfügung gestellt. [3]Das kleine Bundessiegel darf ausschließlich zur Beglaubigung von Ausdrucken aus dem Transparenzregister und zu Bestätigungen nach § 18 Absatz 4 genutzt werden.

(5) [1]Der Beliehene ist befugt, die Gebühren nach § 24 zu erheben. [2]Das Gebührenaufkommen steht ihm zu. [3]In der Rechtsverordnung kann das Bundesministerium der Finanzen die Vollstreckung der Gebührenbescheide dem Beliehenen übertragen sowie die Ausgestaltung der Erstattung nach § 24 Absatz 1 Satz 5 näher regeln.

(6) [1]Der Beliehene untersteht der Rechts- und Fachaufsicht durch das Bundesverwaltungsamt. [2]Das Bundesverwaltungsamt kann sich zur Wahrnehmung seiner Aufsichtstätigkeit jederzeit über die Angelegenheiten des Beliehenen unterrichten, insbesondere durch Einholung von Auskünften und Berichten sowie durch das Verlangen nach Vorlage von Aufzeichnungen aller Art, rechtswidrige Maßnahmen beanstanden sowie entsprechende Abhilfe verlangen. [3]Der Beliehene ist verpflichtet, den Weisungen des Bundesverwaltungsamts nachzukommen. [4]Dieses kann, wenn der Beliehene den Weisungen nicht oder nicht fristgerecht nachkommt, die erforderlichen Maßnahmen an Stelle und auf Kosten des Beliehenen selbst durchführen oder durch einen anderen durchführen lassen. [5]Die Bediensteten und sonstigen Beauftragten des Bundesverwaltungsamts sind befugt, zu den Betriebs- und Geschäftszeiten Betriebsstätten, Geschäfts- und Betriebsräume des Beliehenen zu betreten, zu besichtigen und zu prüfen, soweit dies zur Erfüllung ihrer Aufgaben erforderlich ist. [6]Gegenstände oder geschäftliche Unterlagen können im erforderlichen Umfang eingesehen und in Verwahrung genommen werden.

(7) Für den Fall, dass keine juristische Person des Privatrechts beliehen wird, oder für den Fall, dass die Beleihung beendet wird, kann das Bundesministerium der Finanzen die Führung des Transparenzregisters auf eine Bundesoberbehörde in seinem Geschäftsbereich oder im Einvernehmen mit dem zuständigen Bundesministerium auf eine Bundesoberbehörde in dessen Geschäftsbereich übertragen.

§ 26 Europäisches System der Registervernetzung, Verordnungsermächtigung. (1) [1]Die in § 22 Absatz 1 Satz 1 Nummer 1 aufgeführten Daten sind, sofern sie Vereinigungen nach § 20 sowie Rechtsgestaltungen nach § 21 betreffen, über die durch Artikel 22 Absatz 1 der Richtlinie (EU) 2017/1132 des Europäischen Parlaments und des Rates vom 14. Juni 2017 über bestimmte Aspekte des Gesellschaftsrechts geschaffene zentrale Europäische Plattform zugänglich. [2]§ 23 Absatz 1 bis 3 gilt entsprechend. [3]Zur Zugänglichmachung über die zentrale Europäische Plattform übermittelt die registerführende Stelle die dem Transparenzregister nach § 20 Absatz 1 und § 21 mitgeteilten Daten sowie die nach Maßgabe der von der Europäischen Kommission gemäß Artikel 31a der Richtlinie (EU) 2018/843 erlassenen Durchführungsakte erforderlichen Daten sowie die Indexdaten nach § 22 Absatz 2 an die zentrale Europäische Plattform nach Artikel 22 Absatz 1 der Richtlinie (EU) 2017/1132 und Artikel 4a Absatz 1 der Richtlinie 2009/101/EG des Europäischen Parlaments und des Rates vom 16. September 2009 zur Koordinierung der Schutzbestimmungen, die in den Mitgliedstaaten den Gesellschaften im Sinne des Artikels 48 Absatz 2 des Vertrags im Interesse der Gesellschafter sowie Dritter vorgeschrieben sind, um diese Bestimmungen gleichwertig zu gestalten (ABl. L 258 vom 1.10.2009, S. 11), die zuletzt durch die Richtlinie 2013/24/EU (ABl. L 158 vom 10.6.2013, S. 365) geändert worden ist, sofern die Übermittlung für die Eröffnung eines Zugangs zu den Originaldaten über den Suchdienst auf der Internetseite der zentralen Europäischen Plattform erforderlich ist.

(2) [1] Das Transparenzregister ist mit den Registern anderer Mitgliedstaaten der Europäischen Union im Sinne von Artikel 22 Absatz 2 der Richtlinie (EU) 2017/1132 über die durch Artikel 22 Absatz 1 der Richtlinie (EU) 2017/1132 geschaffene zentrale Europäische Plattform zu vernetzen. [2] Die Vernetzung der Register der Mitgliedstaaten über die Plattform erfolgt nach Maßgabe der technischen Spezifikationen und Verfahren, die durch von der Europäischen Kommission gemäß Artikel 24 der Richtlinie (EU) 2017/1132 und Artikel 1 Nummer 17 der Richtlinie (EU) 2018/843 erlassene Durchführungsrechtsakte festgelegt werden.

(3) Daten nach § 22 Absatz 1 Satz 1, soweit sie Vereinigungen nach § 20 oder Rechtsgestaltungen nach § 21 betreffen, sind nach Abschluss der Abwicklung und, soweit sie registerlich geführt sind, nach Löschung im Register der Vereinigungen oder Rechtsgestaltungen noch für einen Zeitraum von mindestens fünf und höchstens zehn Jahren über das Transparenzregister und die durch Artikel 22 Absatz 1 der Richtlinie (EU) 2017/1132 geschaffene zentrale Europäische Plattform zugänglich.

(4) Das Bundesministerium der Finanzen wird im Benehmen mit dem Bundesministerium der Justiz und für Verbraucherschutz ermächtigt, durch Rechtsverordnung, die der Zustimmung des Bundesrates bedarf, die erforderlichen Bestimmungen über die Einzelheiten des elektronischen Datenverkehrs und seiner Abwicklung nach Absatz 1 einschließlich Vorgaben über Datenformate und Zahlungsmodalitäten zu treffen, soweit keine Regelungen in den von der Europäischen Kommission gemäß Artikel 24 der Richtlinie (EU) 2017/1132 und Artikel 31a der Richtlinie (EU) 2018/843 erlassenen Durchführungsrechtsakten enthalten sind.

§ 26a Abruf durch bestimmte Behörden. (1) Die registerführende Stelle übermittelt die erforderlichen Informationen aus dem Transparenzregister an

1. die Zentralstelle für Finanztransaktionsuntersuchungen für Zwecke nach § 28 Absatz 1 Satz 2 Nummer 2, 4 und 8,
2. die Strafverfolgungsbehörden für ihre Aufgabenerfüllung,
3. die Aufsichtsbehörden, soweit dies im Einzelfall für die Erfüllung ihrer Aufgaben nach § 51 erforderlich ist,
4. das Bundeszentralamt für Steuern und die örtlichen Finanzbehörden nach § 6 Absatz 2 Nummer 5 der Abgabenordnung, soweit dies im Einzelfall für die Erfüllung ihrer jeweiligen Aufgaben erforderlich ist, und
5. die Verfassungsschutzbehörden des Bundes und der Länder, soweit dies im Einzelfall zur Erfüllung ihrer Aufgaben erforderlich ist.

(2) [1] Die Übermittlung erfolgt im Wege des automatisierten Abrufs. [2] Die registerführende Stelle richtet für Abfragen nach Absatz 1 einen nach den Vorgaben der registerführenden Stelle ausgestalteten automatisierten Zugriff auf die im Transparenzregister gespeicherten Daten ein, der auch die Suche nach wirtschaftlich Berechtigten einer Vereinigung nach § 20 oder einer Rechtsgestaltung nach § 21 über die Angaben Name und Vorname sowie zusätzlich Geburtsdatum, Wohnort oder Staatsangehörigkeit des wirtschaftlich Berechtigten erlaubt. [3] § 23 bleibt hiervon unberührt.

(3) Die beteiligten Stellen haben zu gewährleisten, dass für Abfragen nach Absatz 1 dem jeweiligen Stand der Technik entsprechende Maßnahmen zur Sicherstellung von Datenschutz und Datensicherheit getroffen werden, die insbesondere die Vertraulichkeit und Unversehrtheit der Daten gewährleisten.

Abschnitt 5. Zentralstelle für Finanztransaktionsuntersuchungen

§ 27 Zentrale Meldestelle. (1) Zentrale Meldestelle zur Verhinderung, Aufdeckung und Unterstützung bei der Bekämpfung von Geldwäsche und Terrorismusfinanzierung nach Artikel 32 Absatz 1 der Richtlinie (EU) 2015/849 ist die Zentralstelle für Finanztransaktionsuntersuchungen.

(2) Die Zentralstelle für Finanztransaktionsuntersuchungen ist organisatorisch eigenständig und arbeitet im Rahmen ihrer Aufgaben und Befugnisse fachlich unabhängig.

§ 28 Aufgaben, Aufsicht und Zusammenarbeit. (1) [1] Die Zentralstelle für Finanztransaktionsuntersuchungen hat die Aufgabe der Erhebung und Analyse von Informationen im Zusammenhang mit Geldwäsche oder Terrorismusfinanzierung und der Weitergabe dieser Informationen an die zuständigen inländischen öffentlichen Stellen zum Zwecke der Aufklärung, Verhinderung oder Verfolgung solcher Taten. [2] Ihr obliegen in diesem Zusammenhang:

1. die Entgegennahme und Sammlung von Meldungen nach diesem Gesetz,
2. die Durchführung von operativen Analysen einschließlich der Bewertung von Meldungen und sonstigen Informationen,
3. der Informationsaustausch und die Koordinierung mit inländischen Aufsichtsbehörden,
4. die Zusammenarbeit und der Informationsaustausch mit zentralen Meldestellen anderer Staaten,
5. die Untersagung von Transaktionen und die Anordnung von sonstigen Sofortmaßnahmen,
6. die Übermittlung der sie betreffenden Ergebnisse der operativen Analyse nach Nummer 2 und zusätzlicher relevanter Informationen an die zuständigen inländischen öffentlichen Stellen,
7. die Rückmeldung an den Verpflichteten, der eine Meldung nach § 43 Absatz 1 abgegeben hat,
8. die Durchführung von strategischen Analysen und Erstellung von Berichten aufgrund dieser Analysen,
9. der Austausch mit den Verpflichteten sowie mit den inländischen Aufsichtsbehörden und für die Aufklärung, Verhinderung oder Verfolgung der Geldwäsche und der Terrorismusfinanzierung zuständigen inländischen öffentlichen Stellen insbesondere über entsprechende Typologien und Methoden,

10. die Erstellung von Statistiken zu den in Artikel 44 Absatz 2 der Richtlinie (EU) 2015/849 genannten Zahlen und Angaben und die Veröffentlichung einer konsolidierten Statistik auf Jahresbasis in einem Jahresbericht,
11. die Veröffentlichung eines Jahresberichts über die erfolgten operativen Analysen,
12. die Teilnahme an Treffen nationaler und internationaler Arbeitsgruppen und
13. die Wahrnehmung der Aufgaben, die ihr darüber hinaus nach anderen Bestimmungen übertragen worden sind.

(2) Die Zentralstelle für Finanztransaktionsuntersuchungen untersteht der Aufsicht des Bundesministeriums der Finanzen, die sich in den Fällen des Absatzes 1 Nummer 1, 2, 5 und 6 auf die Rechtsaufsicht beschränkt.

(3) Die Zentralstelle für Finanztransaktionsuntersuchungen sowie die sonstigen für die Aufklärung, Verhütung und Verfolgung der Geldwäsche, Terrorismusfinanzierung und sonstiger Straftaten sowie die zur Gefahrenabwehr zuständigen inländischen öffentlichen Stellen und die inländischen Aufsichtsbehörden arbeiten zur Durchführung dieses Gesetzes zusammen und unterstützen sich gegenseitig.

(4) Die Zentralstelle für Finanztransaktionsuntersuchungen informiert, soweit erforderlich, die für das Besteuerungsverfahren oder den Schutz der sozialen Sicherungssysteme zuständigen Behörden über Sachverhalte, die ihr bei der Wahrnehmung ihrer Aufgaben bekannt werden und die sie nicht an eine andere zuständige staatliche Stelle übermittelt hat.

§ 29 Verarbeitung personenbezogener Daten durch die Zentralstelle für Finanztransaktionsuntersuchungen. (1) Die Zentralstelle für Finanztransaktionsuntersuchungen darf personenbezogene Daten verarbeiten, soweit dies zur Erfüllung ihrer Aufgaben erforderlich ist.

(2) Die Zentralstelle für Finanztransaktionsuntersuchungen darf personenbezogene Daten, die sie zur Erfüllung ihrer Aufgaben gespeichert hat, mit anderen Daten abgleichen, wenn dies nach diesem Gesetz oder nach einem anderen Gesetz zulässig ist.

(3) Die Zentralstelle für Finanztransaktionsuntersuchungen darf personenbezogene Daten, die bei ihr vorhanden sind, zu Fortbildungszwecken oder zu statistischen Zwecken verarbeiten, soweit eine Verarbeitung anonymisierter Daten zu diesen Zwecken nicht möglich ist.

(4) Die Zentralstelle für Finanztransaktionsuntersuchungen stellt durch Schulungen sicher, dass das eingesetzte Personal mit den geltenden europäischen und nationalen Datenschutzbestimmungen vertraut ist.

§ 30 Entgegennahme und Analyse von Meldungen. (1) Die Zentralstelle für Finanztransaktionsuntersuchungen hat zur Erfüllung ihrer Aufgaben folgende Meldungen und Informationen entgegenzunehmen und zu verarbeiten:
1. Meldungen von Verpflichteten nach § 43 sowie Meldungen von Aufsichtsbehörden nach § 44,
2. Mitteilungen von Finanzbehörden nach § 31b der Abgabenordnung,
3. Informationen, die ihr übermittelt werden
   a) nach Artikel 5 Absatz 1 der Verordnung (EG) Nr. 1889/2005 des Europäischen Parlaments und des Rates vom 26. Oktober 2005 über die Über-

wachung von Barmitteln, die in die Gemeinschaft oder aus der Gemeinschaft verbracht werden (ABl. L 309 vom 25.11.2005, S. 9), und

b) nach § 12a des Zollverwaltungsgesetzes, und

4. sonstige Informationen aus öffentlichen und nicht öffentlichen Quellen im Rahmen ihres Aufgabenbereiches.

(2) Die Zentralstelle für Finanztransaktionsuntersuchungen analysiert die Meldungen nach den §§ 43 und 44 sowie die Mitteilungen nach § 31b der Abgabenordnung, um zu prüfen, ob der gemeldete Sachverhalt im Zusammenhang mit Geldwäsche, mit Terrorismusfinanzierung oder mit einer sonstigen Straftat steht.

(3) [1] Die Zentralstelle für Finanztransaktionsuntersuchungen kann unabhängig vom Vorliegen einer Meldung Informationen von Verpflichteten einholen, soweit dies zur Erfüllung ihrer Aufgaben erforderlich ist. [2] Zur Beantwortung ihres Auskunftsverlangens gewährt sie dem Verpflichteten eine angemessene Frist. [3] Verpflichtete nach § 2 Absatz 1 Nummer 10 und 12 können die Auskunft verweigern, soweit sich das Auskunftsverlangen auf Informationen bezieht, die sie im Rahmen der Rechtsberatung oder der Prozessvertretung des Vertragspartners erhalten haben. [4] Die Auskunftspflicht bleibt jedoch bestehen, wenn der Verpflichtete weiß, dass der Vertragspartner die Rechtsberatung für den Zweck der Geldwäsche oder der Terrorismusfinanzierung in Anspruch genommen hat oder nimmt.

§ 31 Auskunftsrecht gegenüber inländischen öffentlichen Stellen, Datenzugriffsrecht, Verordnungsermächtigung. (1) [1] Die Zentralstelle für Finanztransaktionsuntersuchungen kann, soweit es zur Erfüllung ihrer Aufgaben erforderlich ist, bei inländischen öffentlichen Stellen Daten erheben; zu den inländischen öffentlichen Stellen zählt auch die inländische benannte Behörde im Sinne des Artikel 3 Absatz 2 der Richtlinie (EU) 2019/1153. [2] Die inländischen öffentlichen Stellen erteilen der Zentralstelle für Finanztransaktionsuntersuchungen zur Erfüllung von deren Aufgaben auf deren Ersuchen Auskunft, soweit der Auskunft keine Übermittlungsbeschränkungen entgegenstehen.

(2) [1] Die Anfragen sind von der inländischen öffentlichen Stelle unverzüglich zu beantworten. [2] Daten, die mit der Anfrage im Zusammenhang stehen, sind zur Verfügung zu stellen.

(3) [1] Die Zentralstelle für Finanztransaktionsuntersuchungen soll ein automatisiertes Verfahren für die Übermittlung personenbezogener Daten, die bei anderen inländischen öffentlichen Stellen gespeichert sind und zu deren Erhalt die Zentralstelle für Finanztransaktionsuntersuchungen gesetzlich berechtigt ist, durch Abruf einrichten, soweit gesetzlich nichts anderes bestimmt ist und diese Form der Datenübermittlung unter Berücksichtigung der schutzwürdigen Interessen der betroffenen Personen wegen der Vielzahl der Übermittlungen oder wegen ihrer besonderen Eilbedürftigkeit angemessen ist. [2] Zur Kontrolle der Zulässigkeit des automatisierten Abrufverfahrens hat die Zentralstelle für Finanztransaktionsuntersuchungen schriftlich festzulegen:

1. den Anlass und den Zweck des Abgleich- oder Abrufverfahrens,
2. die Dritten, an die übermittelt wird,
3. die Art der zu übermittelnden Daten und

4. die technischen und organisatorischen Maßnahmen zur Gewährleistung des Datenschutzes.

(4) [1] Die Zentralstelle für Finanztransaktionsuntersuchungen ist berechtigt, soweit dies zur Erfüllung ihrer Aufgaben nach § 28 Absatz 1 Satz 2 Nummer 2 erforderlich ist, die in ihrem Informationssystem gespeicherten, personenbezogenen Daten mit den im polizeilichen Informationsverbund nach § 29 Absatz 1 und 2 des Bundeskriminalamtgesetzes enthaltenen, personenbezogenen Daten automatisiert abzugleichen. [2] Wird im Zuge des Abgleichs nach Satz 1 eine Übereinstimmung übermittelter Daten mit im polizeilichen Informationsverbund gespeicherten Daten festgestellt, so erhält die Zentralstelle für Finanztransaktionsuntersuchungen automatisiert die Information über das Vorliegen eines Treffers und ist berechtigt, die dazu im polizeilichen Informationsverbund vorhandenen Daten automatisiert abzurufen. [3] Haben die Teilnehmer am polizeilichen Informationsverbund Daten als besonders schutzwürdig eingestuft und aus diesem Grund einen Datenabruf der Zentralstelle für Finanztransaktionsuntersuchungen nach Satz 2 ausgeschlossen, erhält der datenbesitzende Teilnehmer am polizeilichen Informationsverbund automatisiert die Information über das Vorliegen eines Treffers. [4] Zugleich erhält die Zentralstelle für Finanztransaktionsuntersuchungen in den Fällen nach Satz 3 die Information über das Vorliegen eines Treffers sowie die Information, wer datenbesitzender Teilnehmer am polizeilichen Informationsverbund ist. [5] Bei Information über das Vorliegen eines Treffers nach Satz 3 obliegt es dem jeweiligen datenbesitzenden Teilnehmer des polizeilichen Informationsverbunds, mit der Zentralstelle für Finanztransaktionsuntersuchungen unverzüglich Kontakt aufzunehmen und ihr die Daten zu übermitteln, soweit dem keine Übermittlungsbeschränkungen entgegenstehen. [6] Die Regelungen der Sätze 1 bis 5 gehen der Regelung des § 29 Absatz 8 des Bundeskriminalamtgesetzes vor. [7] Die Einrichtung eines weitergehenden automatisierten Abrufverfahrens für die Zentralstelle für Finanztransaktionsuntersuchungen ist mit Zustimmung des Bundesministeriums des Innern, für Bau und Heimat, des Bundesministeriums der Finanzen und der Innenministerien und Senatsinnenverwaltungen der Länder zulässig, soweit diese Form der Datenübermittlung unter Berücksichtigung der schutzwürdigen Interessen der Betroffenen wegen der Vielzahl der Übermittlungen oder wegen der besonderen Eilbedürftigkeit angemessen ist.

(4a) [1] Die Zentralstelle für Finanztransaktionsuntersuchungen ist berechtigt, soweit dies zur Erfüllung ihrer Aufgaben nach § 28 Absatz 1 Satz 2 Nummer 2 erforderlich ist, unter Angabe des Vornamens, des Nachnamens sowie zusätzlich des Geburtsdatums, des Geburtsortes oder der letzten bekannten Anschrift einer natürlichen Person Auskunft aus dem Zentralen Staatsanwaltschaftlichen Verfahrensregister automatisiert einzuholen. [2] Wird im Zuge der Auskunftseinholung nach Satz 1 eine Übereinstimmung übermittelter Daten mit den im Zentralen Staatsanwaltschaftlichen Verfahrensregister gespeicherten Daten festgestellt, so erhält die Zentralstelle für Finanztransaktionsuntersuchungen automatisiert die Information über das Vorliegen eines Treffers und ist berechtigt, die dazu im Zentralen Staatsanwaltschaftlichen Verfahrensregister vorhandenen Daten automatisiert abzurufen. [3] Die aus dem Zentralen Staatsanwaltschaftlichen Verfahrensregister erhobenen personenbezogenen Daten dürfen nur für die Zwecke der operativen Analyse verwendet werden.

(5) [1] Finanzbehörden erteilen der Zentralstelle für Finanztransaktionsuntersuchungen nach Maßgabe des § 31b Absatz 1 Nummer 5 der Abgabenordnung

Auskunft und teilen ihr nach § 31b Absatz 2 der Abgabenordnung die dort genannten Informationen mit. [2]Die Zentralstelle für Finanztransaktionsuntersuchungen darf zur Wahrnehmung ihrer Aufgaben nach § 28 Absatz 1 Satz 2 Nummer 2 folgende, nach § 30 der Abgabenordnung dem Steuergeheimnis unterliegende Daten im automatisierten Verfahren abrufen, soweit aufgrund der Analyse einer Meldung, Mitteilung oder Information nach § 30 Absatz 1 vorliegender Tatsachen diese Daten für die weitere Analyse erforderlich sind:

1. beim Bundeszentralamt für Steuern die nach § 5 Absatz 1 Nummer 13 des Finanzverwaltungsgesetzes vorgehaltenen Daten,
2. bei den Landesfinanzbehörden die zu einem Steuerpflichtigen gespeicherten Grundinformationen, die die Steuernummer, die Gewerbekennzahl, die Grund- und Zusatzkennbuchstaben, die Bankverbindung, die vergebene Umsatzsteuer-Identifikationsnummer, sowie das zuständige Finanzamt umfassen.

[3]Bei Abrufen nach Satz 2 sind hinsichtlich natürlicher Personen der Vorname, der Nachname und die Anschrift oder das Geburtsdatum, hinsichtlich juristischer Personen und Personenvereinigungen der Name oder die Firma sowie der Ort der Geschäftsleitung oder des Sitzes anzugeben. [4]Die Verantwortung für die Zulässigkeit eines Datenabrufs nach Satz 2 trägt die Zentralstelle für Finanztransaktionsuntersuchungen. [5]Die Zentralstelle für Finanztransaktionsuntersuchungen prüft unverzüglich, inwieweit sie die als Antwort übermittelten Daten im konkreten Einzelfall benötigt; nicht benötigte Daten löscht sie unverzüglich. [6]Wird das Ergebnis der Analyse nicht nach § 32 Absatz 2 Satz 1 an die zuständige Strafverfolgungsbehörde übermittelt, werden die nach den Sätzen 1 und 2 erhobenen Daten unverzüglich gelöscht. [7]Im Übrigen gilt für die Verarbeitung der Daten, die die Zentralstelle für Finanztransaktionsuntersuchungen nach Satz 1 oder Satz 2 erhält, § 29 Absatz 1; eine Übermittlung der nach den Sätzen 1 oder 2 erhobenen Daten an die für Verfahren im Sinne des § 32 Absatz 3 Satz 2 Nummer 2 und 3 zuständigen Stellen ist nicht zulässig. [8]Soweit zu befürchten ist, dass ein Datenabruf nach Satz 2 Nummer 1 den Untersuchungszweck eines Ermittlungsverfahrens im Sinne des § 30 Absatz 2 Nummer 1 Buchstabe b der Abgabenordnung gefährdet, so kann die für dieses Verfahren zuständige Finanzbehörde oder die zuständige Staatsanwaltschaft anordnen, dass kein Datenabruf nach Satz 2 erfolgen darf. [9]§ 480 Absatz 1 Satz 1 und 2 der Strafprozessordnung findet Anwendung, soweit die Daten Verfahren betreffen, die zu einem Strafverfahren geführt haben. [10]Weitere Einzelheiten des Abrufverfahrens nach Satz 2, insbesondere zu den technischen Formaten der abrufbaren Daten, zur Erteilung und zum Umfang der Abrufberechtigungen, zur Protokollierung und zur Prüfung der Abrufe und sonstiger datenschutzrechtlich erforderlicher technischer und organisatorischer Maßnahmen, regelt eine Rechtsverordnung des Bundesministeriums der Finanzen im Einvernehmen mit dem Bundesministerium der Justiz und für Verbraucherschutz, die der Zustimmung des Bundesrates bedarf. [11]Ein Abruf anderer als der in Satz 2 genannten Daten, die bei den Finanzbehörden gespeichert sind und die nach § 30 der Abgabenordnung dem Steuergeheimnis unterliegen, durch die Zentralstelle für Finanztransaktionsuntersuchungen ist nur zulässig, soweit dies nach § 31b der Abgabenordnung oder sonst in den Steuergesetzen zugelassen ist. [12]Abweichend von den Sätzen 2 bis 9 findet für den Abruf von Daten, die bei den Finanzbehörden der Zollverwaltung gespeichert sind und für deren

Erhalt die Zentralstelle für Finanztransaktionsuntersuchungen die gesetzliche Berechtigung hat, Absatz 3 Anwendung.

(5a) [1] Wird von der Verordnungsermächtigung des § 22a des Grunderwerbsteuergesetzes zur elektronischen Übermittlung der Anzeige im Sinne des § 18 des Grunderwerbsteuergesetzes Gebrauch gemacht, darf die Zentralstelle für Finanztransaktionsuntersuchungen unter den Voraussetzungen des Absatzes 5 Satz 2 bei den Landesfinanzbehörden die dort hierzu eingegangenen Datensätze erheben und in sonstiger Weise verarbeiten, soweit Tatsachen die Annahme rechtfertigen, dass die Transaktion einen Zusammenhang mit einem nach § 18 Absatz 1 Satz 1 des Grunderwerbsteuergesetzes anzuzeigenden Vorgang aufweist. [2] Absatz 5 Satz 3 bis 5, 7 und 10 gilt entsprechend.

(6) [1] Verpflichtete nach § 2 Absatz 1 Nummer 1 haben das nach § 24c Absatz 1 des Kreditwesengesetzes[1)] zu führende Dateisystem auch für Abrufe der Zentralstelle für Finanztransaktionsuntersuchungen zu führen. [2] Entsprechendes gilt für Verpflichtete nach § 2 Absatz 1 Nummer 3 in Bezug auf das nach § 27 des Zahlungsdiensteaufsichtsgesetzes[2)] zu führende Dateisystem sowie für Verpflichtete nach § 2 Absatz 1 Nummer 9 in Bezug auf das nach § 28 des Kapitalanlagegesetzbuchs zu führende Dateisystem. [3] Die Zentralstelle für Finanztransaktionen darf zur Erfüllung ihrer Aufgaben Daten aus diesen Dateisystemen im automatisierten Verfahren abrufen. [4] § 24c Absatz 4 bis 8 des Kreditwesengesetzes gilt entsprechend.

[Abs. 7 bis 30.4.2022:]

(7) Soweit zur Überprüfung der Personalien des Betroffenen erforderlich, darf die Zentralstelle für Finanztransaktionsuntersuchungen im automatisierten Abrufverfahren nach § 38 des Bundesmeldegesetzes über die in § 38 Absatz 1 des Bundesmeldegesetzes aufgeführten Daten hinaus folgende Daten abrufen:

1. derzeitige Staatsangehörigkeiten,
2. frühere Anschriften, gekennzeichnet nach Haupt- und Nebenwohnung, und
3. Ausstellungsbehörde, Ausstellungsdatum, Gültigkeitsdauer, Seriennummer des Personalausweises, vorläufigen Personalausweises oder Ersatzpersonalausweises, des anerkannten und gültigen Passes oder Passersatzpapiers.

[Abs. 7 ab 1.5.2022:]

(7) [1] Soweit zur Überprüfung der Personalien des Betroffenen erforderlich, darf die Zentralstelle für Finanztransaktionsuntersuchungen im automatisierten Abrufverfahren nach den §§ 34a und 38 des Bundesmeldegesetzes über die in § 34 Absatz 1 Satz 1 des Bundesmeldegesetzes aufgeführten Daten hinaus folgende Daten abrufen:

1. *Ausstellungsbehörde, Ausstellungsdatum, Gültigkeitsdauer, Seriennummer des Personalausweises, vorläufigen Personalausweises oder Ersatzpersonalausweises, des anerkannten Passes oder Passersatzpapiers,*
2. *Tatsachen zu den Pass- und Ausweisdaten nach § 3 Absatz 2 Nummer 4 des Bundesmeldegesetzes sowie*
3. *Daten zum Wohnungsgeber nach § 3 Absatz 2 Nummer 10 des Bundesmeldegesetzes.*

[2] Entsprechendes gilt, soweit konkrete Anhaltspunkte dafür bestehen, dass dies zur Erfüllung der Aufgaben nach § 28 Absatz 1 Satz 2 Nummer 2 erforderlich ist. [3] In den

---

[1)] Nr. **9**.
[2)] Nr. **12**.

Fällen des Satzes 2 sind die nach Satz 1 abgerufenen Daten unverzüglich zu löschen, wenn sich nach Abschluss der operativen Analyse ergibt, dass die Voraussetzungen für eine Übermittlung nach § 32 Absatz 2 Satz 1 nicht vorliegen.

§ 32 Datenübermittlungsverpflichtung an inländische öffentliche Stellen. (1) Meldungen nach § 43 Absatz 1, § 44 sind von der Zentralstelle für Finanztransaktionsuntersuchungen unverzüglich an das Bundesamt für Verfassungsschutz zu übermitteln, soweit tatsächliche Anhaltspunkte dafür bestehen, dass die Übermittlung dieser Informationen für die Erfüllung der Aufgaben des Bundesamtes für Verfassungsschutz erforderlich ist.

(2) [1] Stellt die Zentralstelle für Finanztransaktionsuntersuchungen bei der operativen Analyse fest, dass ein Vermögensgegenstand mit Geldwäsche, mit Terrorismusfinanzierung oder mit einer sonstigen Straftat im Zusammenhang steht, übermittelt sie das Ergebnis ihrer Analyse sowie alle sachdienlichen Informationen unverzüglich an die zuständigen Strafverfolgungsbehörden. [2] Die in Satz 1 genannten Informationen sind außerdem an den Bundesnachrichtendienst zu übermitteln, soweit tatsächliche Anhaltspunkte vorliegen, dass diese Übermittlung für die Erfüllung der Aufgaben des Bundesnachrichtendienstes erforderlich ist. [3] Im Fall von Absatz 1 übermittelt die Zentralstelle für Finanztransaktionsuntersuchungen außerdem dem Bundesamt für Verfassungsschutz zu der zuvor übermittelten Meldung auch das entsprechende Ergebnis ihrer operativen Analyse sowie alle sachdienlichen Informationen.

(3) [1] Die Zentralstelle für Finanztransaktionsuntersuchungen übermittelt auf Ersuchen Daten aus Finanzinformationen und Finanzanalysen, auch soweit sie personenbezogene Daten enthalten, an die Strafverfolgungsbehörden, das Bundesamt für Verfassungsschutz, den Bundesnachrichtendienst oder den Militärischen Abschirmdienst des Bundesministeriums der Verteidigung, soweit dies erforderlich ist für

1. die Aufklärung von Geldwäsche und Terrorismusfinanzierung oder die Durchführung von diesbezüglichen Strafverfahren oder
2. die Aufklärung sonstiger Gefahren und die Durchführung von anderen, nicht von Nummer 1 erfassten Strafverfahren.

[2] Die Zentralstelle für Finanztransaktionsuntersuchungen übermittelt von Amts wegen oder auf Ersuchen Daten aus Finanzinformationen und Finanzanalysen, auch soweit sie personenbezogene Daten enthalten, an andere als in Satz 1 benannte, zuständige inländische öffentliche Stellen, soweit dies erforderlich ist für

1. Besteuerungsverfahren,
2. Verfahren zum Schutz der sozialen Sicherungssysteme oder
3. die Aufgabenwahrnehmung der Aufsichtsbehörden.

(3a) Die Zentralstelle für Finanztransaktionsuntersuchungen übermittelt auf Ersuchen unverzüglich Daten aus Finanzinformationen und Finanzanalysen, auch soweit sie personenbezogene Daten enthalten, an die inländische benannte Behörde im Sinne des Artikel 3 Absatz 2 der Richtlinie (EU) 2019/1153, soweit dies zur Erfüllung ihrer gesetzlichen Aufgaben bei der Verhinderung oder Verfolgung und Ahndung schwerer Straftaten im Sinne des Anhangs I der VO (EU) 2016/794 erforderlich ist.

(4) [1] In den Fällen des Absatzes 3 Satz 1 Nummer 1 und 2 sind die Strafverfolgungsbehörden und das Bundesamt für Verfassungsschutz sowie die inländische benannte Behörde im Sinne des Artikel 3 Absatz 2 der Richtlinie (EU) 2019/1153 berechtigt, die Daten zur Erfüllung ihrer Aufgaben automatisiert bei der Zentralstelle für Finanztransaktionsuntersuchungen abzurufen, soweit dem keine Übermittlungsbeschränkungen entgegenstehen. [2] Zur Kontrolle der Zulässigkeit des automatisierten Abrufverfahrens hat die abrufende Behörde schriftlich festzulegen:

1. den Anlass und den Zweck des Abrufverfahrens,
2. die Dritten, an die übermittelt wird,
3. die Art der zu übermittelnden Daten und
4. die technischen und organisatorischen Maßnahmen zur Gewährleistung des Datenschutzes.

(5) [1] Die Übermittlung nach Absatz 3 und 3a unterbleibt, soweit

1. sich die Bereitstellung der Daten negativ auf den Erfolg laufender Ermittlungen oder Analysen der zuständigen inländischen öffentlichen Stellen auswirken könnte oder
2. die Weitergabe der Daten unverhältnismäßig wäre.

[2] In den Fällen des Absatzes 3a begründet die Zentralstelle für Finanztransaktionsuntersuchungen das Unterbleiben einer Übermittlung gegenüber der ersuchenden Stelle [3] Soweit ein Abruf nach Absatz 4 zu Daten erfolgt, zu denen Übermittlungsbeschränkungen dem automatisierten Abruf grundsätzlich entgegenstehen, wird die Zentralstelle für Finanztransaktionsuntersuchungen automatisiert durch Übermittlung aller Anfragedaten über die Abfrage unterrichtet. [4] Ihr obliegt es in diesem Fall, unverzüglich mit der anfragenden Behörde Kontakt aufzunehmen, um im Einzelfall zu klären, ob Erkenntnisse nach Absatz 3 übermittelt werden können.

(6) [1] Falls die Strafverfolgungsbehörde ein Strafverfahren aufgrund eines nach Absatz 2 übermittelten Sachverhalts eingeleitet hat, teilt sie den Sachverhalt zusammen mit den zugrunde liegenden Tatsachen der zuständigen Finanzbehörde mit, wenn eine Transaktion festgestellt wird, die für die Finanzverwaltung für die Einleitung oder Durchführung von Besteuerungs- oder Steuerstrafverfahren Bedeutung haben könnte. [2] Zieht die Strafverfolgungsbehörde im Strafverfahren Aufzeichnungen nach § 11 Absatz 1 heran, dürfen auch diese der Finanzbehörde übermittelt werden. [3] Die Mitteilungen und Aufzeichnungen dürfen für Besteuerungsverfahren und für Strafverfahren wegen Steuerstraftaten verwendet werden.

(7) [1] Der Empfänger darf die ihm übermittelten personenbezogenen Daten nur zu dem Zweck verwenden, zu dem sie ihm übermittelt worden sind. [2] Eine Verwendung für andere Zwecke ist zulässig, soweit die Daten auch dafür hätten übermittelt werden dürfen. [3] Im Falle einer Übermittlung nach Absatz 3a ist eine Verwendung für andere Zwecke zulässig, soweit die Daten auch dafür hätten übermittelt werden dürfen und die Zentralstelle für Finanztransaktionsuntersuchungen dieser Verwendung zuvor zugestimmt hat.

§ 32a Datenübermittlung an Europol. (1) [1] Die Zentralstelle für Finanztransaktionsuntersuchungen ist befugt, auf ordnungsgemäß begründete Ersuchen von Europol Finanzinformationen und Finanzanalysen, auch soweit sie personenbezogene Daten enthalten, zu übermitteln, soweit dies in einem Einzelfall im Rahmen der Zuständigkeiten von Europol und zur Erfüllung der Aufgaben von Europol gemäß Artikel 4 der Verordnung (EU) 2016/794 erforderlich und nach Artikel 18 der Verordnung (EU) 2016/794 zulässig ist. [2] Sie übermittelt diese Informationen zeitnah über das Bundeskriminalamt in seiner Aufgabe als nationale Stelle nach § 1 Nummer 1 des Europol-Gesetzes.

(2) [1] Die Übermittlung kann verweigert werden, soweit

1. sich die Bereitstellung der Daten negativ auf den Erfolg laufender Ermittlungen oder Analysen der zuständigen inländischen öffentlichen Stellen auswirken könnte oder
2. die Weitergabe der Daten unverhältnismäßig wäre oder
3. die angeforderten Finanzinformationen und Finanzanalysen Daten enthalten, die von einer zentralen Meldestelle eines ausländischen Staates übermittelt wurden und diese einer Weiterübermittlung nicht zugestimmt hat, es sei denn, die Informationen stammen aus öffentlich zugänglichen Quellen.

[2] Sie unterbleibt darüber hinaus in den in Artikel 7 Absatz 7 der Verordnung (EU) 2016/794 genannten Fällen.

(3) Die Zentralstelle für Finanztransaktionsuntersuchungen hat die Verweigerung einer Übermittlung gegenüber Europol zu begründen.

(4) [1] Die Übermittlung ist mit der Bedingung zu verbinden, dass Europol die ihm übermittelten personenbezogenen Daten nur zu dem Zweck verwenden darf, zu dem sie ihm übermittelt worden sind. [2] Eine Verwendung zu anderen Zwecken bedarf der Zustimmung der Zentralstelle für Finanztransaktionsuntersuchungen.

§ 33 Datenaustausch mit Mitgliedstaaten der Europäischen Union.

(1) [1] Der Datenaustausch mit den für die Verhinderung, Aufdeckung und Bekämpfung von Geldwäsche und von Terrorismusfinanzierung zuständigen zentralen Meldestellen anderer Mitgliedstaaten der Europäischen Union ist unabhängig von der Art der Vortat der Geldwäsche und auch dann, wenn die Art der Vortat nicht feststeht, zu gewährleisten. [2] Insbesondere steht eine im Einzelfall abweichende Definition der Steuerstraftaten, die nach nationalem Recht eine taugliche Vortat zur Geldwäsche sein können, einem Informationsaustausch mit zentralen Meldestellen anderer Mitgliedstaaten der Europäischen Union nicht entgegen. [3] Geht bei der Zentralstelle für Finanztransaktionsuntersuchungen eine Meldung nach § 43 Absatz 1 ein, die die Zuständigkeit eines anderen Mitgliedstaates betrifft, so leitet sie diese Meldung umgehend an die zentrale Meldestelle des betreffenden Mitgliedstaates weiter. [4] Hierzu kann die Zentralstelle für Finanztransaktionsuntersuchungen mit den Zentralstellen anderer Mitgliedstaaten ein System zur verschlüsselten automatisierten Weiterleitung einrichten und betreiben.

(2) [1] Für die Übermittlung der Daten gelten die Vorschriften über die Datenübermittlung im internationalen Bereich nach § 35 Absatz 2 bis 6 entsprechend. [2] § 35 Absatz 2 gilt mit der Maßgabe, dass die Zentralstelle für Finanztransaktionsuntersuchungen bei der Beantwortung eines Auskunftsersuchens die ihr nach diesem Gesetz zur Erhebung und Weiterleitung von Informationen zustehenden Befugnisse zu nutzen hat. [3] § 35 Absatz 2 Satz 4 gilt mit der Maßgabe, dass die Zentralstelle für Finanztransaktionsuntersuchungen die Anfrage zeitnah zu beantworten hat; richtet sich die Anfrage auf Finanzinforma-

tionen oder Finanzanalysen, die im Zusammenhang mit Terrorismus oder mit organisierter Kriminalität mit Bezug zu Terrorismus von Belang sein können, so hat sich die Zentralstelle für Finanztransaktionsuntersuchungen um eine umgehende Beantwortung zu bemühen. [4] Die Verantwortung für die Zulässigkeit der Datenübermittlung trägt die Zentralstelle für Finanztransaktionsuntersuchungen. [5] Für den Datenaustausch mit zentralen Meldestellen anderer Mitgliedstaaten nutzt die Zentralstelle für Finanztransaktionsuntersuchungen gesicherte Kommunikationskanäle.

(3) [1] Sind zusätzliche Informationen über einen in Deutschland tätigen Verpflichteten, der in einem anderen Mitgliedstaat der Europäischen Union in einem öffentlichen Register eingetragen ist, erforderlich, richtet die Zentralstelle für Finanztransaktionsuntersuchungen ihr Ersuchen an die zentrale Meldestelle dieses anderen Mitgliedstaates der Europäischen Union. [2] Geht bei der Zentralstelle für Finanztransaktionsuntersuchungen ein Ersuchen einer zentralen Meldestelle eines anderen Mitgliedstaates um zusätzliche Informationen über einen in ihrem Hoheitsgebiet tätigen Verpflichteten ein, der in Deutschland eingetragen ist, so nutzt die Zentralstelle für Finanztransaktionsuntersuchen die ihr nach diesem Gesetz zur Erhebung und Weiterleitung von Informationen zustehenden Befugnisse. [3] Die Übermittlung von Anfragen und Antworten nach den Sätzen 1 und 2 hat unverzüglich zu erfolgen.

(4) [1] Die Zentralstelle für Finanztransaktionsuntersuchungen darf ein Ersuchen um Informationsübermittlung, das eine zentrale Meldestelle eines Mitgliedstaates der Europäischen Union im Rahmen ihrer Aufgabenerfüllung an sie gerichtet hat, nur ablehnen, wenn

1. durch die Informationsübermittlung die innere oder äußere Sicherheit oder andere wesentliche Interessen der Bundesrepublik Deutschland gefährdet werden könnten,
2. im Einzelfall die Informationsübermittlung, auch unter Berücksichtigung des öffentlichen Interesses an der Datenübermittlung, mit den Grundprinzipien des deutschen Rechts nicht in Einklang zu bringen ist,
3. durch die Informationsübermittlung strafrechtliche Ermittlungen oder die Durchführung eines Gerichtsverfahrens behindert oder gefährdet werden könnten oder
4. rechtshilferechtliche Bedingungen ausländischer Stellen entgegenstehen, die von den zuständigen Behörden zu beachten sind.

[2] Die Gründe für die Ablehnung des Informationsersuchens legt die Zentralstelle für Finanztransaktionsuntersuchungen der ersuchenden zentralen Meldestelle angemessen schriftlich dar, außer wenn die operative Analyse noch nicht abgeschlossen ist oder soweit die Ermittlungen hierdurch gefährdet werden könnten.

(5) [1] Übermittelt die Zentralstelle für Finanztransaktionsuntersuchungen einer zentralen Meldestelle eines Mitgliedstaates der Europäischen Union auf deren Ersuchen Informationen, so soll sie in der Regel umgehend und unabhängig von der Art der Vortaten, die damit in Zusammenhang stehen können, ihre Einwilligung dazu erklären, dass diese Informationen an andere Behörden dieses Mitgliedstaates weitergeleitet werden dürfen. [2] Die Zentralstelle für Finanztransaktionsuntersuchungen darf ihre Einwilligung nur aus den in Absatz 4 genannten Gründen verweigern. [3] Die Gründe für die Verweigerung der Einwilligung legt die Zentralstelle für Finanztransaktionsuntersuchun-

gen angemessen dar. [4]Die Verwendung der Informationen zu anderen Zwecken bedarf der vorherigen Zustimmung der Zentralstelle für Finanztransaktionsuntersuchungen.

(6) Die Zentralstelle für Finanztransaktionsuntersuchungen benennt eine zentrale Kontaktstelle, die für die Annahme von Informationsersuchen der zentralen Meldestellen anderer Mitgliedstaaten nach dieser Vorschrift zuständig ist.

§ 34 Informationsersuchen im Rahmen der internationalen Zusammenarbeit. (1) Die Zentralstelle für Finanztransaktionsuntersuchungen kann die zentralen Meldestellen anderer Staaten, die mit der Verhinderung, Aufdeckung und Bekämpfung von Geldwäsche, von Vortaten der Geldwäsche sowie von Terrorismusfinanzierung befasst sind, um die Erteilung von Auskünften einschließlich der personenbezogenen Daten oder der Übermittlung von Unterlagen ersuchen, wenn diese Informationen und Unterlagen erforderlich sind zur Erfüllung ihrer Aufgaben.

(2) Für ein Ersuchen kann die Zentralstelle für Finanztransaktionsuntersuchungen personenbezogene Daten übermitteln, soweit dies erforderlich ist, um ein berechtigtes Interesse an der begehrten Information glaubhaft zu machen und wenn überwiegende berechtigte Interessen des Betroffenen nicht entgegenstehen.

(3) [1]In dem Ersuchen muss die Zentralstelle für Finanztransaktionsuntersuchungen den Zweck der Datenerhebung offenlegen und die beabsichtigte Weitergabe der Daten an andere inländische öffentliche Stellen mitteilen. [2]Die Zentralstelle für Finanztransaktionsuntersuchungen darf die von einer zentralen Meldestelle eines anderen Staates übermittelten Daten nur verwenden

1. zu den Zwecken, zu denen um die Daten ersucht wurde, und
2. zu den Bedingungen, unter denen die Daten zur Verfügung gestellt wurden.

[3]Sollen die übermittelten Daten nachträglich an eine andere öffentliche Stelle weitergegeben werden oder für einen Zweck genutzt werden, der über die ursprünglichen Zwecke hinausgeht, so ist vorher die Zustimmung der übermittelnden zentralen Meldestelle einzuholen.

§ 35 Datenübermittlung im Rahmen der internationalen Zusammenarbeit. (1) [1]Geht bei der Zentralstelle für Finanztransaktionsuntersuchungen eine Meldung nach § 43 Absatz 1 ein, die die Zuständigkeit eines anderen Staates betrifft, so kann sie diese Meldung umgehend an die zentrale Meldestelle des betreffenden Staates weiterleiten. [2]Sie weist die zentrale Meldestelle des betreffenden Staates darauf hin, dass die personenbezogenen Daten nur zu dem Zweck genutzt werden dürfen, zu dem sie übermittelt worden sind.

(2) [1]Die Zentralstelle für Finanztransaktionsuntersuchungen kann einer zentralen Meldestelle eines anderen Staates auf deren Ersuchen personenbezogene Daten übermitteln

1. für eine von der zentralen Meldestelle des anderen Staates durchzuführende operative Analyse,
2. im Rahmen einer beabsichtigten Sofortmaßnahme nach § 40, soweit Tatsachen darauf hindeuten, dass der Vermögensgegenstand
   a) sich in Deutschland befindet und

b) im Zusammenhang steht mit einem Sachverhalt, der der zentralen Meldestelle des anderen Staates vorliegt, oder

3. zur Erfüllung der Aufgaben einer anderen ausländischen öffentlichen Stelle, die der Verhinderung, Aufdeckung und Bekämpfung von Geldwäsche oder von Vortaten der Geldwäsche oder von Terrorismusfinanzierung dient.

[2] Sie kann hierbei auf ihr vorliegende Informationen zurückgreifen. [3] Enthalten diese Informationen auch Daten, die von anderen in- oder ausländischen Behörden erhoben oder von diesen übermittelt wurden, so ist eine Weitergabe dieser Daten nur mit Zustimmung dieser Behörden zulässig, es sei denn, die Informationen stammen aus öffentlich zugänglichen Quellen. [4] Die Ersuchen einer zentralen Meldestelle eines anderen Staates sind in angemessener Zeit zu beantworten. [5] Die Zentralstelle für Finanztransaktionsuntersuchungen kann nach Maßgabe der §§ 28, 30 und 31 andere inländische öffentliche Stellen um Auskunft ersuchen oder von Verpflichteten Auskunft verlangen.

(3) Die Übermittlung personenbezogener Daten an eine zentrale Meldestelle eines anderen Staates ist nur zulässig, wenn das Ersuchen mindestens folgende Angaben enthält:

1. die Bezeichnung, die Anschrift und sonstige Kontaktdaten der ersuchenden Behörde,
2. die Gründe des Ersuchens und die Benennung des Zwecks, zu dem die Daten verwendet werden sollen, nach Absatz 2,
3. erforderliche Einzelheiten zur Identität der betroffenen Person, sofern sich das Ersuchen auf eine bekannte Person bezieht,
4. die Beschreibung des Sachverhalts, der dem Ersuchen zugrunde liegt, sowie die Behörde, an die die Daten gegebenenfalls weitergeleitet werden sollen, und
5. die Angabe, inwieweit der Sachverhalt mit Geldwäsche oder mit Terrorismusfinanzierung im Zusammenhang steht.

(4) [1] Die Zentralstelle für Finanztransaktionsuntersuchungen kann auch ohne Ersuchen personenbezogene Daten an eine zentrale Meldestelle eines anderen Staates übermitteln, wenn Tatsachen darauf hindeuten, dass natürliche oder juristische Personen auf dem Hoheitsgebiet dieses Staates Handlungen, die wegen Geldwäsche oder Terrorismusfinanzierung strafbar sind, begangen haben. [2] Dies gilt unabhängig von der Art der Vortat der Geldwäsche und auch, wenn die Art der Vortat nicht feststeht.

(5) [1] Die Verantwortung für die Zulässigkeit der Übermittlung trägt die Zentralstelle für Finanztransaktionsuntersuchungen. [2] Sie kann bei der Übermittlung von Daten an eine ausländische zentrale Meldestelle Einschränkungen und Auflagen für die Verwendung der übermittelten Daten festlegen.

(6) [1] Der Empfänger personenbezogener Daten ist darauf hinzuweisen, dass die personenbezogenen Daten nur zu dem Zweck genutzt werden dürfen, zu dem sie übermittelt worden sind. [2] Sollen die Daten von der ersuchenden ausländischen zentralen Meldestelle an eine andere Behörde in dem Staat weitergeleitet werden, muss die Zentralstelle für Finanztransaktionsuntersuchungen dem unter Berücksichtigung des Zwecks und der schutzwürdigen Interessen des Betroffenen an den Daten zuvor zustimmen. [3] Soweit die Informationen als Beweismittel in einem Strafverfahren verwendet werden sollen, gelten die Regeln der grenzüberschreitenden Zusammenarbeit in Strafsachen.

(7) [1]Die Übermittlung personenbezogener Daten an eine ausländische zentrale Meldestelle unterbleibt, soweit

1. durch die Übermittlung die innere oder äußere Sicherheit oder andere wesentliche Interessen der Bundesrepublik Deutschland verletzt werden könnten,
2. einer Übermittlung besondere bundesgesetzliche Übermittlungsvorschriften entgegenstehen oder
3. im Einzelfall, auch unter Berücksichtigung des besonderen öffentlichen Interesses an der Datenübermittlung, die schutzwürdigen Interessen der betroffenen Person überwiegen.

[2]Zu den schutzwürdigen Interessen der betroffenen Person gehört auch das Vorhandensein eines angemessenen Datenschutzniveaus im Empfängerstaat. [3]Die schutzwürdigen Interessen der betroffenen Person können auch dadurch gewahrt werden, dass der Empfängerstaat oder die empfangende zwischen- oder überstaatliche Stelle im Einzelfall einen angemessenen Schutz der übermittelten Daten garantiert.

(8) Die Übermittlung personenbezogener Daten soll unterbleiben, wenn

1. strafrechtliche Ermittlungen oder die Durchführung eines Gerichtsverfahrens durch die Übermittlung behindert oder gefährdet werden könnten oder
2. nicht gewährleistet ist, dass die ersuchende ausländische zentrale Meldestelle einem gleichartigen deutschen Ersuchen entsprechen würde.

(9) Die Gründe für die Ablehnung eines Informationsersuchens sollen der ersuchenden zentralen Meldestelle angemessen dargelegt werden.

(10) [1]Die Zentralstelle für Finanztransaktionsuntersuchungen hat den Zeitpunkt, die übermittelten Daten sowie die empfangende zentrale Meldestelle aufzuzeichnen. [2]Unterbleibt die Datenübermittlung, so ist dies entsprechend aufzuzeichnen. [3]Sie hat diese Daten drei Jahre aufzubewahren und danach zu löschen.

§ 36 Automatisierter Datenabgleich im europäischen Verbund. [1]Die Zentralstelle für Finanztransaktionsuntersuchungen kann im Verbund mit zentralen Meldestellen anderer Mitgliedstaaten der Europäischen Union ein System zum verschlüsselten automatisierten Abgleich von dazu geeigneten Daten, die die nationalen zentralen Meldestellen im Rahmen ihrer Aufgabenerfüllung erhoben haben, einrichten und betreiben. [2]Zweck dieses Systems ist es, Kenntnis davon zu erlangen, ob zu einer betreffenden Person bereits durch zentrale Meldestellen anderer Mitgliedstaaten der Europäischen Union eine Analyse nach § 30 durchgeführt wurde oder anderweitige Informationen zu dieser Person dort vorliegen.

§ 37 Berichtigung, Einschränkung der Verarbeitung und Löschung personenbezogener Daten aus automatisierter Verarbeitung und bei Speicherung in automatisierten Dateien. (1) Die Zentralstelle für Finanztransaktionsuntersuchungen berichtigt unrichtig gespeicherte personenbezogene Daten, die sie automatisiert verarbeitet.

(2) Die Zentralstelle für Finanztransaktionsuntersuchungen löscht gespeicherte personenbezogene Daten, wenn die Speicherung dieser Daten unzulässig ist oder die Kenntnis dieser Daten für die Aufgabenerfüllung nicht mehr erforderlich ist.

(3) [1] An die Stelle einer Löschung tritt eine Einschränkung der Verarbeitung der gespeicherten personenbezogenen Daten, wenn

1. Anhaltspunkte vorliegen, dass durch die Löschung schutzwürdige Interessen eines Betroffenen beeinträchtigt würden,
2. die Daten für laufende Forschungsarbeiten benötigt werden oder
3. eine Löschung wegen der besonderen Art der Speicherung nur mit unverhältnismäßigem Aufwand möglich ist.

[2] Der eingeschränkten Verarbeitung unterliegende Daten dürfen nur für den Zweck verarbeitet werden, für den die Löschung unterblieben ist. [3] Sie dürfen auch verarbeitet werden, soweit dies zur Durchführung eines laufenden Strafverfahrens unerlässlich ist oder der Betroffene einer Verarbeitung zustimmt.

(4) Die Zentralstelle für Finanztransaktionsuntersuchungen prüft bei der Einzelfallbearbeitung und nach festgesetzten Fristen, ob gespeicherte personenbezogene Daten zu berichtigen, zu löschen oder in der Verarbeitung einzuschränken sind.

(5) Die Fristen beginnen mit dem Tag, an dem die Zentralstelle für Finanztransaktionsuntersuchungen die operative Analyse nach § 30 abgeschlossen hat.

(6) [1] Die Zentralstelle für Finanztransaktionsuntersuchungen ergreift angemessene Maßnahmen, um zu gewährleisten, dass personenbezogene Daten, die unrichtig, unvollständig oder in der Verarbeitung eingeschränkt sind, nicht übermittelt werden. [2] Zu diesem Zweck überprüft sie, soweit durchführbar, die Qualität der Daten vor ihrer Übermittlung. [3] Bei jeder Übermittlung von personenbezogenen Daten fügt sie nach Möglichkeit Informationen bei, die es dem Empfänger gestatten, die Richtigkeit, die Vollständigkeit und die Zuverlässigkeit der personenbezogenen Daten zu beurteilen.

(7) Stellt die Zentralstelle für Finanztransaktionsuntersuchungen fest, dass sie unrichtige, zu löschende oder in der Verarbeitung einzuschränkende personenbezogene Daten übermittelt hat, so teilt sie dem Empfänger dieser Daten die Berichtigung, Löschung oder Einschränkung der Verarbeitung mit, wenn eine Mitteilung erforderlich ist, um schutzwürdige Interessen des Betroffenen zu wahren.

§ 38 Berichtigung, Einschränkung der Verarbeitung und Vernichtung personenbezogener Daten, die weder automatisiert verarbeitet werden noch in einer automatisierten Datei gespeichert sind. (1) Die Zentralstelle für Finanztransaktionsuntersuchungen hält in geeigneter Weise fest, wenn

1. sie feststellt, dass personenbezogene Daten, die weder automatisiert verarbeitet werden noch in einer automatisierten Datei gespeichert sind, unrichtig sind, oder
2. die Richtigkeit der personenbezogenen Daten, die weder automatisiert verarbeitet werden noch in einer automatisierten Datei gespeichert sind, von dem Betroffenen bestritten wird.

(2) [1] Die Zentralstelle für Finanztransaktionsuntersuchungen schränkt die Verarbeitung personenbezogener Daten, die weder automatisiert verarbeitet werden noch in einer automatisierten Datei gespeichert sind, ein, wenn sie im Einzelfall feststellt, dass

1. ohne die Einschränkung der Verarbeitung schutzwürdige Interessen des Betroffenen beeinträchtigt würden und

2. die Daten für die Aufgabenerfüllung nicht mehr erforderlich sind.

[2] Die personenbezogenen Daten sind auch dann in der Verarbeitung einzuschränken, wenn für sie eine Löschungsverpflichtung nach § 37 Absatz 2 besteht.

(3) Die Zentralstelle für Finanztransaktionsuntersuchungen vernichtet die Unterlagen mit personenbezogenen Daten entsprechend den Bestimmungen über die Aufbewahrung von Akten, wenn diese Unterlagen insgesamt zur Erfüllung der Aufgaben der Zentralstelle für Finanztransaktionsuntersuchungen nicht mehr erforderlich sind.

(4) [1] Die Vernichtung unterbleibt, wenn

1. Anhaltspunkte vorliegen, dass anderenfalls schutzwürdige Interessen des Betroffenen beeinträchtigt würden, oder
2. die Daten für laufende Forschungsarbeiten benötigt werden.

[2] In diesen Fällen schränkt die Zentralstelle für Finanztransaktionsuntersuchungen die Verarbeitung der Daten ein und versieht die Unterlagen mit einem Einschränkungsvermerk. [3] Für die Einschränkung gilt § 37 Absatz 3 Satz 2 und 3 entsprechend.

(5) Anstelle der Vernichtung nach Absatz 3 sind die Unterlagen an das zuständige Archiv abzugeben, sofern diesen Unterlagen ein bleibender Wert nach § 3 des Bundesarchivgesetzes vom 10. März 2017 (BGBl. I S. 410), das zuletzt durch Artikel 1 des Gesetzes vom 9. April 2021 (BGBl. I S. 750) geändert worden ist, in der jeweils geltenden Fassung zukommt.

(6) Für den Fall, dass unrichtige, zu löschende oder in der Verarbeitung einzuschränkende personenbezogene Daten übermittelt worden sind, gilt § 37 Absatz 7 entsprechend.

§ 38a Protokollierung von Informationsersuchen, Statistik, Verordnungsermächtigung. (1) Die Zentralstelle für Finanztransaktionsuntersuchungen protokolliert Ersuchen um Auskunft in den Fällen des § 32 Absatz 3a, des § 32a, des § 33 Absatz 2 Satz 3 Halbsatz 2 sowie in den Fällen des § 31, wenn die Zentralstelle für Finanztransaktionsuntersuchungen Daten bei der inländischen benannten Behörde im Sinne des Artikels 3 Absatz 2 der Richtlinie (EU) 2019/1153 erhebt.

(2) Die Protokolle enthalten mindestens folgende Angaben:

1. Die Bezeichnung und Kontaktdaten derjenigen Behörde sowie den Namen derjenigen Person, die das Ersuchen an die Zentralstelle für Finanztransaktionsuntersuchungen gerichtet hat sowie – sofern bekannt – den Namen derjenigen Person, die das Ergebnis des Ersuchens empfängt;
2. das Aktenzeichen des nationalen Falles, hinsichtlich dessen das Ersuchen an die Zentralstelle für Finanztransaktionsuntersuchungen gerichtet wird;
3. den Gegenstand des Ersuchens und
4. alle Maßnahmen, die getroffen werden, um dem Ersuchen nachzukommen.

(3) [1] Die Protokolle werden über einen Zeitraum von fünf Jahren nach ihrer Erstellung zugriffsgeschützt aufbewahrt. [2] Sie dienen ausschließlich dem Zweck der Datenschutzkontrolle. [3] Die Zentralstelle für Finanztransaktionsuntersuchungen stellt auf Anforderung der oder dem Bundesbeauftragten für den Datenschutz und die Informationssicherheit alle erforderlichen Protokolle zur

Verfügung. [4] Nach Ablauf der Aufbewahrungsfrist sind die Protokolle unverzüglich zu löschen, sofern sie nicht für laufende Kontrollverfahren erforderlich sind.

(4) [1] Die Zentralstelle für Finanztransaktionsuntersuchungen führt eine Statistik über Ersuchen um Auskunft in den Fällen des § 33 Absatz 2 Satz 3 Halbsatz 2. [2] Sie erhebt hierfür die Zahl der Ersuchen sowie die Reaktionszeit sowie nach Möglichkeit die Kosten der Bearbeitung der Ersuchen und stellt die Daten dem Bundesministerium der Finanzen zur Verfügung. [3] Das Bundesministerium der Finanzen wird ermächtigt, durch Rechtsverordnung, die nicht der Zustimmung des Bundesrates bedarf, das Nähere zu den zu erhebenden Daten, deren Aufbereitung, Auswertung und Bereitstellung zu regeln.

§ 39 Errichtungsanordnung. (1) [1] Die Zentralstelle für Finanztransaktionsuntersuchungen erlässt für jede automatisierte Datei mit personenbezogenen Daten, die sie zur Erfüllung ihrer Aufgaben führt, eine Errichtungsanordnung. [2] Die Errichtungsanordnung bedarf der Zustimmung des Bundesministeriums der Finanzen. [3] Vor Erlass einer Errichtungsanordnung ist die oder der Bundesbeauftragte für den Datenschutz und die Informationsfreiheit anzuhören.

(2) [1] In der Errichtungsanordnung sind festzulegen:

1. die Bezeichnung der Datei,
2. die Rechtsgrundlage und Zweck der Verarbeitung,
3. der Personenkreis, über den Daten gespeichert werden,
4. die Art der zu speichernden personenbezogenen Daten,
5. die Arten der personenbezogenen Daten, die der Erschließung der Datei dienen,
6. die Anlieferung oder Eingabe der zu speichernden Daten,
7. die Voraussetzungen, unter denen in der Datei gespeicherte personenbezogene Daten an welche Empfänger und in welchem Verfahren übermittelt werden,
8. die Fristen für die Überprüfung der gespeicherten Daten und die Dauer der Speicherung,
9. die Protokollierung.

[2] Die Fristen für die Überprüfung der gespeicherten Daten dürfen fünf Jahre nicht überschreiten. [3] Diese richten sich nach dem Zweck der Speicherung sowie nach Art und Bedeutung des Sachverhalts, wobei nach dem Zweck der Speicherung sowie nach Art und Bedeutung des Sachverhalts zu unterscheiden ist.

(3) [1] Ist im Hinblick auf die Dringlichkeit der Aufgabenerfüllung der Zentralstelle für Finanztransaktionsuntersuchungen eine Mitwirkung der in Absatz 1 genannten Stellen nicht möglich, so kann die Generalzolldirektion eine Sofortanordnung treffen. [2] Gleichzeitig unterrichtet die Generalzolldirektion das Bundesministerium der Finanzen und legt ihm die Sofortanordnung vor. [3] Das Verfahren nach Absatz 1 ist unverzüglich nachzuholen.

(4) In angemessenen Abständen ist die Notwendigkeit der Weiterführung oder der Änderung der Errichtungsanordnung zu überprüfen.

§ 40 Sofortmaßnahmen. (1) [1] Liegen der Zentralstelle für Finanztransaktionsuntersuchungen Anhaltspunkte dafür vor, dass eine Transaktion im Zusammenhang mit Geldwäsche steht oder der Terrorismusfinanzierung dient, oder erhält sie eine Meldung nach Artikel 23 Absatz 2 der Verordnung (EU) 2017/1509 des Rates vom 30. August 2017 über restriktive Maßnahmen gegen die Demokratische Volksrepublik Korea, so kann sie die Durchführung der Transaktion untersagen, um den Anhaltspunkten nachzugehen und die Transaktion zu analysieren. [2] Außerdem kann sie unter den Voraussetzungen des Satzes 1

1. einem Verpflichteten nach § 2 Absatz 1 Nummer 1 bis 3 untersagen,
   a) Verfügungen von einem bei ihm geführten Konto oder Depot auszuführen und
   b) sonstige Finanztransaktionen durchzuführen,
2. einen Verpflichteten nach § 2 Absatz 1 Nummer 1 anweisen, dem Vertragspartner und allen sonstigen Verfügungsberechtigten den Zugang zu einem Schließfach zu verweigern, oder
3. gegenüber einem Verpflichteten anderweitige Anordnungen in Bezug auf eine Transaktion treffen.

(2) [1] Maßnahmen nach Absatz 1 können von der Zentralstelle für Finanztransaktionsuntersuchungen aufgrund des Ersuchens einer zentralen Meldestelle eines anderen Staates getroffen werden. [2] Ein Ersuchen hat die Angaben entsprechend § 35 Absatz 3 zu enthalten. [3] Die Zentralstelle für Finanztransaktionsuntersuchungen soll die Gründe für die Ablehnung eines Ersuchens angemessen darlegen.

(3) Maßnahmen nach Absatz 1 werden von der Zentralstelle für Finanztransaktionsuntersuchungen aufgehoben, sobald oder soweit die Voraussetzungen für die Maßnahmen nicht mehr vorliegen.

(4) Maßnahmen nach Absatz 1 enden

1. spätestens mit Ablauf eines Monats nach Anordnung der Maßnahmen durch die Zentralstelle für Finanztransaktionsuntersuchungen,
2. mit Ablauf des fünften Werktages nach Abgabe des Sachverhalts an die zuständige Strafverfolgungsbehörde, wobei der Samstag nicht als Werktag gilt, oder
3. zu einem früheren Zeitpunkt, wenn ein solcher von der Zentralstelle für Finanztransaktionsuntersuchungen festgelegt wurde.

(5) Die Zentralstelle für Finanztransaktionsuntersuchungen kann Vermögensgegenstände, die einer Maßnahme nach Absatz 1 Satz 2 unterliegen, auf Antrag der betroffenen Person oder einer nichtrechtsfähigen Personenvereinigung freigeben, soweit diese Vermögensgegenstände einem der folgenden Zwecke dienen:

1. der Deckung des notwendigen Lebensunterhalts der Person oder ihrer Familienmitglieder,
2. der Bezahlung von Versorgungsleistungen oder Unterhaltsleistungen oder
3. vergleichbaren Zwecken.

(6) [1] Gegen Maßnahmen nach Absatz 1 kann der Verpflichtete oder ein anderer Beschwerter Widerspruch erheben. [2] Der Widerspruch hat keine aufschiebende Wirkung.

§ 41 Rückmeldung an den meldenden Verpflichteten. (1) Die Zentralstelle für Finanztransaktionsuntersuchungen bestätigt dem Verpflichteten, der

(4) Bei Erfüllung der Meldepflicht nach § 43 Absatz 1 kann ein Verpflichteter entsprechend § 6 Absatz 7 auf Dritte zurückgreifen.

(5) [1] Das Bundesministerium der Finanzen kann durch Rechtsverordnung ohne Zustimmung des Bundesrates nähere Bestimmungen über die Form der Meldung nach § 43 Absatz 1 oder § 44 erlassen. [2] Von Absatz 1 und den Regelungen einer Rechtsverordnung nach Satz 1 kann durch Landesrecht nicht abgewichen werden.

§ 46 Durchführung von Transaktionen. (1) [1] Eine Transaktion, wegen der eine Meldung nach § 43 Absatz 1 erfolgt ist, darf frühestens durchgeführt werden, wenn

1. dem Verpflichteten die Zustimmung der Zentralstelle für Finanztransaktionsuntersuchungen oder der Staatsanwaltschaft zur Durchführung übermittelt wurde oder
2. der dritte Werktag nach dem Abgangstag der Meldung verstrichen ist, ohne dass die Durchführung der Transaktion durch die Zentralstelle für Finanztransaktionsuntersuchungen oder die Staatsanwaltschaft untersagt worden ist.

[2] Für die Berechnung der Frist gilt der Samstag nicht als Werktag.

(2) [1] Ist ein Aufschub der Transaktion, bei der Tatsachen vorliegen, die auf einen Sachverhalt nach § 43 Absatz 1 hindeuten, nicht möglich oder könnte durch den Aufschub die Verfolgung einer mutmaßlichen strafbaren Handlung behindert werden, so darf die Transaktion durchgeführt werden. [2] Die Meldung nach § 43 Absatz 1 ist vom Verpflichteten unverzüglich nachzuholen.

§ 47 Verbot der Informationsweitergabe, Verordnungsermächtigung.

(1) Ein Verpflichteter darf den Vertragspartner, den Auftraggeber der Transaktion und sonstige Dritte nicht in Kenntnis setzen von

1. einer beabsichtigten oder erstatteten Meldung nach § 43 Absatz 1,
2. einem Ermittlungsverfahren, das aufgrund einer Meldung nach § 43 Absatz 1 eingeleitet worden ist, und
3. einem Auskunftsverlangen nach § 30 Absatz 3 Satz 1.

(2) [1] Das Verbot gilt nicht für eine Informationsweitergabe

1. an staatliche Stellen,
2. zwischen Verpflichteten nach § 2 Absatz 1 Nummer 1 bis 3 und 6 bis 8, die derselben Unternehmensgruppe angehören,
3. zwischen Verpflichteten nach § 2 Absatz 1 Nummer 1 bis 3 und 6 bis 8, die Mutterunternehmen nach § 9 Absatz 1 sind, und ihren in Drittstaaten ansässigen und dort geldwäscherechtlichen Pflichten unterliegenden Zweigstellen und gruppenangehörigen Unternehmen gemäß § 1 Absatz 16 Nummer 2, sofern diese die Maßnahmen nach § 9 Absatz 1 Satz 2 Nummer 1, 3 und 4 wirksam umgesetzt haben,
4. zwischen Verpflichteten nach § 2 Absatz 1 Nummer 10 bis 12 aus Mitgliedstaaten der Europäischen Union oder aus Drittstaaten, in denen die Anforderungen an ein System zur Verhinderung von Geldwäsche und von Terrorismusfinanzierung denen der Richtlinie (EU) 2015/849 entsprechen, sofern die betreffenden Personen ihre berufliche Tätigkeit
   a) selbständig ausüben,
   b) angestellt in derselben juristischen Person ausüben oder

c) angestellt in einer Struktur ausüben, die einen gemeinsamen Eigentümer oder eine gemeinsame Leitung hat oder über eine gemeinsame Kontrolle in Bezug auf die Einhaltung der Vorschriften zur Verhinderung der Geldwäsche oder der Terrorismusfinanzierung verfügt,

5. zwischen Verpflichteten nach § 2 Absatz 1 Nummer 1 bis 3, 6, 7, 9, 10 und 12 in Fällen, die sich auf denselben Vertragspartner und auf dieselbe Transaktion beziehen, an der zwei oder mehr Verpflichtete beteiligt sind, wenn
   a) die Verpflichteten ihren Sitz in einem Mitgliedstaat der Europäischen Union oder in einem Drittstaat haben, in dem die Anforderungen an ein System zur Verhinderung von Geldwäsche und Terrorismusfinanzierung den Anforderungen der Richtlinie (EU) 2015/849 entsprechen,
   b) die Verpflichteten derselben Berufskategorie angehören und
   c) für die Verpflichteten vergleichbare Verpflichtungen in Bezug auf das Berufsgeheimnis und auf den Schutz personenbezogener Daten gelten.

[2] Nach Satz 1 Nummer 2 bis 5 weitergegebene Informationen dürfen ausschließlich zum Zweck der Verhinderung der Geldwäsche oder der Terrorismusfinanzierung verwendet werden.

(3) [1] Soweit in diesem oder anderen Gesetzen nicht etwas anderes geregelt ist, dürfen andere staatliche Stellen als die Zentralstelle für Finanztransaktionsuntersuchungen, die Kenntnis von einer nach § 43 Absatz 1 abgegebenen Meldung erlangt haben, diese Informationen nicht weitergeben an

1. den Vertragspartner des Verpflichteten,
2. den Auftraggeber der Transaktion,
3. den wirtschaftlich Berechtigten,
4. eine Person, die von einer der in den Nummern 1 bis 3 genannten Personen als Vertreter oder Bote eingesetzt worden ist, und
5. den Rechtsbeistand, der von einer der in den Nummern 1 bis 4 genannten Personen mandatiert worden ist.

[2] Eine Weitergabe dieser Informationen an diese Personen ist nur zulässig, wenn die Zentralstelle für Finanztransaktionsuntersuchungen vorher ihr Einverständnis erklärt hat und durch die Weitergabe dieser Informationen der ursprüngliche Zweck der Verdachtsmeldung nicht verändert wird.

(4) Nicht als Informationsweitergabe gilt, wenn sich Verpflichtete nach § 2 Absatz 1 Nummer 10 bis 12 bemühen, einen Mandanten davon abzuhalten, eine rechtswidrige Handlung zu begehen.

(5) [1] Verpflichtete nach § 2 Absatz 1 Nummer 1 bis 9 dürfen einander andere als die in Absatz 1 genannten Informationen über konkrete Sachverhalte, die auf Geldwäsche, eine ihrer Vortaten oder Terrorismusfinanzierung hindeutende Auffälligkeiten oder Ungewöhnlichkeiten enthalten, zur Kenntnis geben, wenn sie davon ausgehen können, dass andere Verpflichtete diese Informationen benötigen für

1. die Risikobeurteilung einer entsprechenden oder ähnlichen Transaktion oder Geschäftsbeziehung oder
2. die Beurteilung, ob eine Meldung nach § 43 Absatz 1 oder eine Strafanzeige nach § 158 der Strafprozessordnung erstattet werden sollte.

[2]Die Informationen dürfen auch unter Verwendung von Datenbanken zur Kenntnis gegeben werden, unabhängig davon, ob diese Datenbanken von den Verpflichteten nach § 2 Absatz 1 Nummer 1 bis 9 selbst oder von Dritten betrieben werden. [3]Die weitergegebenen Informationen dürfen ausschließlich zum Zweck der Verhinderung der Geldwäsche, ihrer Vortaten oder der Terrorismusfinanzierung und nur unter den durch den übermittelnden Verpflichteten vorgegebenen Bedingungen verwendet werden.

(6) Das Bundesministerium der Finanzen kann im Einvernehmen mit dem Bundesministerium des Innern, für Bau und Heimat, dem Bundesministerium der Justiz und für Verbraucherschutz und dem Bundesministerium für Wirtschaft und Energie durch Rechtsverordnung ohne Zustimmung des Bundesrates weitere Regelungen treffen, nach denen in Bezug auf Verpflichtete aus Drittstaaten mit erhöhtem Risiko nach Artikel 9 der Richtlinie (EU) 2015/849 keine Informationen weitergegeben werden dürfen.

§ 48 Freistellung von der Verantwortlichkeit. (1) Wer Sachverhalte nach § 43 meldet oder eine Strafanzeige nach § 158 der Strafprozessordnung erstattet, darf deshalb nicht nach zivilrechtlichen oder strafrechtlichen Vorschriften verantwortlich gemacht oder disziplinarrechtlich verfolgt werden, es sei denn, die Meldung oder Strafanzeige ist vorsätzlich oder grob fahrlässig unwahr erstattet worden.

(2) Absatz 1 gilt auch, wenn

1. ein Beschäftigter einen Sachverhalt nach § 43 Absatz 1 seinem Vorgesetzten meldet oder einer Stelle meldet, die unternehmensintern für die Entgegennahme einer solchen Meldung zuständig ist, und
2. ein Verpflichteter oder einer seiner Beschäftigten einem Auskunftsverlangen der Zentralstelle für Finanztransaktionsuntersuchungen nach § 30 Absatz 3 Satz 1 nachkommt.

§ 49 Informationszugang und Schutz der meldenden Beschäftigten.

(1) [1]Ist die Analyse aufgrund eines nach § 43 gemeldeten Sachverhalts noch nicht abgeschlossen, so kann die Zentralstelle für Finanztransaktionsuntersuchungen dem Betroffenen auf Anfrage Auskunft über die zu ihm vorliegenden Informationen geben, wenn dadurch der Analysezweck nicht beeinträchtigt wird. [2]Gibt sie dem Betroffenen Auskunft, so macht sie die personenbezogenen Daten der Einzelperson, die die Meldung nach § 43 Absatz 1 abgegeben hat, unkenntlich.

(2) [1]Ist die Analyse aufgrund eines nach § 43 gemeldeten Sachverhalts abgeschlossen, aber nicht an die Strafverfolgungsbehörde übermittelt worden, so kann die Zentralstelle für Finanztransaktionsuntersuchungen auf Anfrage des Betroffenen über die zu ihm vorliegenden Informationen Auskunft geben. [2]Sie verweigert die Auskunft, wenn ein Bekanntwerden dieser Informationen negative Auswirkungen hätte auf

1. internationale Beziehungen,
2. Belange der inneren oder äußeren Sicherheit der Bundesrepublik Deutschland,
3. die Durchführung eines anderen strafrechtlichen Ermittlungsverfahrens oder
4. die Durchführung eines laufenden Gerichtsverfahrens.

[3] In der Auskunft macht sie personenbezogene Daten der Einzelperson, die eine Meldung nach § 43 Absatz 1 abgegeben hat oder die einem Auskunftsverlangen der Zentralstelle für Finanztransaktionsuntersuchungen nachgekommen ist, unkenntlich. [4] Auf Antrag des Betroffenen kann sie Ausnahmen von Satz 3 zulassen, wenn schutzwürdige Interessen des Betroffenen überwiegen.

(3) [1] Die Zentralstelle für Finanztransaktionsuntersuchungen ist nicht mehr befugt, dem Betroffenen Auskunft zu geben, nachdem sie den jeweiligen Sachverhalt an die Strafverfolgungsbehörde übermittelt hat. [2] Ist das Verfahren durch die Staatsanwaltschaft oder das Gericht abgeschlossen worden, ist die Zentralstelle für Finanztransaktionsuntersuchungen wieder befugt, dem Betroffenen Auskunft zu erteilen. [3] In diesem Fall gilt Absatz 2 entsprechend.

(4) Steht die Person, die eine Meldung nach § 43 Absatz 1 abgegeben hat oder die dem Verpflichteten intern einen solchen Sachverhalt gemeldet hat, in einem Beschäftigungsverhältnis zum Verpflichteten, so darf ihr aus der Meldung keine Benachteiligung im Beschäftigungsverhältnis entstehen.

(5) [1] Einer Person, die aufgrund der Abgabe einer Meldung nach § 43 Absatz 1 oder aufgrund der internen Meldung eines solchen Sachverhalts an den Verpflichteten entgegen dem Benachteiligungsverbot des Absatzes 4 einer Benachteiligung im Zusammenhang mit ihrem Beschäftigungsverhältnis ausgesetzt ist, steht bei der zuständigen Aufsichtsbehörde nach § 50 das Recht der Beschwerde zu. [2] Der Rechtsweg bleibt von dem Beschwerdeverfahren unberührt. [3] Dem Beschwerdeführer steht für die Einreichung der Beschwerde nach Satz 1 das vertrauliche Informationssystem der Aufsichtsbehörde nach § 53 Absatz 1 Satz 2 zur Verfügung.

Abschnitt 7. Aufsicht, Zusammenarbeit, Bußgeldvorschriften, Datenschutz

§ 50 Zuständige Aufsichtsbehörde. Zuständige Aufsichtsbehörde für die Durchführung dieses Gesetzes ist

1. die Bundesanstalt für Finanzdienstleistungsaufsicht für
   a) Kreditinstitute mit Ausnahme der Deutschen Bundesbank,
   b) Finanzdienstleistungsinstitute sowie Zahlungsinstitute nach § 1 Absatz 1 Satz 1 Nummer 1 des Zahlungsdiensteaufsichtsgesetzes, E-Geld-Institute nach § 1 Absatz 2 Satz 1 Nummer 1 des Zahlungsdiensteaufsichtsgesetzes[1)] und Wertpapierinstitute nach § 2 Absatz 1 des Wertpapierinstitutsgesetzes[2)],
   c) im Inland gelegene Zweigstellen und Zweigniederlassungen von Kreditinstituten mit Sitz im Ausland, von Finanzdienstleistungsinstituten mit Sitz im Ausland, von Zahlungsinstituten mit Sitz im Ausland und von Wertpapierinstituten mit Sitz im Ausland,
   d) Kapitalverwaltungsgesellschaften nach § 17 Absatz 1 des Kapitalanlagegesetzbuchs,
   e) im Inland gelegene Zweigniederlassungen von EU-Verwaltungsgesellschaften nach § 1 Absatz 17 des Kapitalanlagegesetzbuchs sowie von

1) Nr. **12**.
2) Nr. **10**.

ausländischen AIF-Verwaltungsgesellschaften nach § 1 Absatz 18 des Kapitalanlagegesetzbuchs,

f) ausländische AIF-Verwaltungsgesellschaften, für die die Bundesrepublik Deutschland Referenzmitgliedstaat ist und die der Aufsicht der Bundesanstalt für Finanzdienstleistungsaufsicht nach § 57 Absatz 1 Satz 3 des Kapitalanlagegesetzbuchs unterliegen,

g) Zahlungsinstitute und E-Geld-Institute mit Sitz in einem anderen Vertragsstaat des Abkommens über den Europäischen Wirtschaftsraum, Agenten und E-Geld-Agenten nach § 2 Absatz 1 Nummer 4,

h) Unternehmen und Personen nach § 2 Absatz 1 Nummer 5 und

i) die Kreditanstalt für Wiederaufbau,

2. für Versicherungsunternehmen nach § 2 Absatz 1 Nummer 7 die jeweils zuständige Aufsichtsbehörde für das Versicherungswesen,
3. für Rechtsanwälte und Kammerrechtsbeistände nach § 2 Absatz 1 Nummer 10 die jeweils örtlich zuständige Rechtsanwaltskammer (§§ 60, 163 Satz 4 der Bundesrechtsanwaltsordnung),
4. für Patentanwälte nach § 2 Absatz 1 Nummer 10 die Patentanwaltskammer (§ 53 der Patentanwaltsordnung),
5. für Notare nach § 2 Absatz 1 Nummer 10 der jeweilige Präsident des Landgerichts, in dessen Bezirk der Notar seinen Sitz hat (§ 92 Absatz 1 Nummer 1 der Bundesnotarordnung),
6. für Wirtschaftsprüfer und vereidigte Buchprüfer nach § 2 Absatz 1 Nummer 12 die Wirtschaftsprüferkammer (§ 57 Absatz 2 Nummer 17 der Wirtschaftsprüferordnung),
7. für Steuerberater und Steuerbevollmächtigte nach § 2 Absatz 1 Nummer 12 die jeweils örtlich zuständige Steuerberaterkammer (§ 76 des Steuerberatungsgesetzes),

7a. für Vereine nach § 4 Nummer 11 des Steuerberatungsgesetzes die für die Aufsicht nach § 27 des Steuerberatungsgesetzes zuständige Behörde,

8. für die Veranstalter und Vermittler von Glücksspielen nach § 2 Absatz 1 Nummer 15, soweit das Landesrecht nichts anderes bestimmt, die für die glücksspielrechtliche Aufsicht zuständige Behörde und
9. im Übrigen die jeweils nach Bundes- oder Landesrecht zuständige Stelle.

§ 51 Aufsicht. (1) Die Aufsichtsbehörden üben die Aufsicht über die Verpflichteten aus.

(2) [1] Die Aufsichtsbehörden können im Rahmen der ihnen gesetzlich zugewiesenen Aufgaben die geeigneten und erforderlichen Maßnahmen und Anordnungen treffen, um die Einhaltung der in diesem Gesetz und der in aufgrund dieses Gesetzes ergangenen Rechtsverordnungen festgelegten Anforderungen sicherzustellen. [2] Insbesondere können die Aufsichtsbehörden in diesem Rahmen durch erforderliche Maßnahmen und Anordnungen sicherstellen, dass die Verpflichteten diese Anforderungen auch im Einzelfall einhalten und nicht entgegen diesen Anforderungen Geschäftsbeziehungen begründen oder fortsetzen und Transaktionen durchführen. [3] Sie können hierzu auch die ihnen für sonstige Aufsichtsaufgaben eingeräumten Befugnisse ausüben. [4] Widerspruch und Anfechtungsklage gegen diese Maßnahmen haben keine aufschiebende Wirkung.

(3) [1]Die Aufsichtsbehörde nach § 50 Nummer 1, soweit sich die Aufsichtstätigkeit auf die in § 50 Nummer 1 Buchstabe g und h genannten Verpflichteten bezieht, und die Aufsichtsbehörden nach § 50 Nummer 3 bis 9 können bei den Verpflichteten Prüfungen zur Einhaltung der in diesem Gesetz festgelegten Anforderungen durchführen. [2]Die Prüfungen können ohne besonderen Anlass vor Ort und anderswo erfolgen. [3]Die Aufsichtsbehörden können die Durchführung der Prüfungen vertraglich auf sonstige Personen und Einrichtungen übertragen. [4]Häufigkeit und Intensität der Prüfungen haben sich am Risikoprofil der Verpflichteten im Hinblick auf Geldwäsche und Terrorismusfinanzierung zu orientieren, das in regelmäßigen Abständen und bei Eintritt wichtiger Ereignisse oder Entwicklungen in deren Geschäftsleitung und Geschäftstätigkeit neu zu bewerten ist.

(4) Für Maßnahmen und Anordnungen nach dieser Vorschrift kann die Aufsichtsbehörde nach § 50 Nummer 8 und 9 zur Deckung des Verwaltungsaufwands Kosten erheben.

(5) [1]Die Aufsichtsbehörde nach § 50 Nummer 1, soweit sich die Aufsichtstätigkeit auf die in § 50 Nummer 1 Buchstabe g und h genannten Verpflichteten bezieht, und die Aufsichtsbehörden nach § 50 Nummer 3 bis 9 können einem Verpflichteten, dessen Tätigkeit einer Zulassung bedarf und durch die Aufsichtsbehörde zugelassen wurde, die Ausübung des Geschäfts oder Berufs vorübergehend untersagen oder ihm gegenüber die Zulassung widerrufen, wenn der Verpflichtete vorsätzlich oder fahrlässig

1. gegen die Bestimmungen dieses Gesetzes, gegen die zur Durchführung dieses Gesetzes erlassenen Verordnungen oder gegen Anordnungen der zuständigen Aufsichtsbehörde verstoßen hat,
2. trotz Verwarnung durch die zuständige Aufsichtsbehörde dieses Verhalten fortsetzt und
3. der Verstoß nachhaltig ist.

[2]Hat ein Mitglied der Führungsebene oder ein anderer Beschäftigter eines Verpflichteten vorsätzlich oder fahrlässig einen Verstoß nach Satz 1 begangen, kann die Aufsichtsbehörde nach § 50 Nummer 1, soweit sich die Aufsichtstätigkeit auf die in § 50 Nummer 1 Buchstabe g und h genannten Verpflichteten bezieht, und können die Aufsichtsbehörden nach § 50 Nummer 3 bis 9 dem Verstoßenden gegenüber ein vorübergehendes Verbot zur Ausübung einer Leitungsposition bei Verpflichteten nach § 2 Absatz 1 aussprechen. [3]Handelt es sich bei der Aufsichtsbehörde nicht um die Behörde, die dem Verpflichteten für die Ausübung seiner Tätigkeit die Zulassung erteilt hat, führt die Zulassungsbehörde auf Verlangen derjenigen Aufsichtsbehörde, die einen Verstoß nach Satz 1 festgestellt hat, das Verfahren entsprechend Satz 1 oder 2 durch.

(5a) [1]Ist die für die Aufsicht über einen Verpflichteten nach § 50 Nummer 1 Buchstabe g und h zuständige Behörde eine Behörde in einem anderen Mitgliedstaat der Europäischen Union oder in einem anderen Vertragsstaat des Abkommens über den Europäischen Wirtschaftsraum, kann die Aufsichtsbehörde nach § 50 Nummer 1, wenn die ausländische Behörde selbst keine Maßnahmen ergreift oder sich die von ihr ergriffenen Maßnahmen als unzureichend erweisen und eine sofortige Abhilfe geboten ist, nach Unterrichtung der zuständigen ausländischen Behörde die zur Behebung eines schweren Verstoßes erforderlichen Maßnahmen ergreifen. [2]Soweit erforderlich, kann sie die Durchführung neuer Geschäfte im Inland untersagen. [3]In dringenden Fällen kann die Aufsichtsbehörde nach § 50 Nummer 1 vor Unterrichtung die erforderlichen Maßnahmen ergreifen. [4] Die Maßnahmen müssen befristet und im Hinblick auf den mit ihnen verfolgten Zweck, der Abwendung schwerer Verstöße gegen die Bestimmungen dieses Gesetzes, gegen die zur Durchführung dieses Gesetzes erlassenen Verordnungen oder gegen Anordnungen der zuständigen Aufsichtsbehörden, angemessen sein. [5] Sie sind zu beenden, wenn die festgestellten schweren Verstöße abgewendet wurden. [6] In dringenden Fällen des Satzes 3 ist die ausländische Behörde über die ergriffenen Maßnahmen unverzüglich zu unterrichten.

(5b) [1] Verpflichtete nach § 2 Absatz 1 Nummer 13 haben sich unter Angabe ihrer konkreten Tätigkeit bei der Aufsichtsbehörde zu registrieren, wenn sie nicht bereits nach anderen Vorschriften einer Anmeldung, Eintragung, Erlaubnis oder Zulassung bedürfen. [2] Soweit nicht nach anderen Vorschriften die Befugnis hierzu besteht, kann die Aufsichtsbehörde Mitglieder der Führungs- und Leitungsebene des Verpflichteten abberufen, soweit begründete Tatsachen die Annahme rechtfertigen, dass diese nicht die erforderliche Eignung oder Zuverlässigkeit besitzen. [3] Die Aufsichtsbehörde kann Verpflichteten, bei denen begründete Tatsachen die Annahme rechtfertigen, dass der wirtschaftlich Berechtigte die erforderliche Eignung oder Zuverlässigkeit nicht besitzt, die Ausübung der Dienstleistung nach § 2 Absatz 1 Nummer 13 untersagen. [4] Absatz 5 Satz 1 und 2 gilt entsprechend.

(6) Die nach § 50 Nummer 9 zuständige Aufsichtsbehörde übt zudem die Aufsicht aus, die ihr übertragen ist nach Artikel 55 Absatz 1 der Verordnung (EU) Nr. 1031/2010 der Kommission vom 12. November 2010 über den zeitlichen und administrativen Ablauf sowie sonstige Aspekte der Versteigerung von Treibhausgasemissionszertifikaten gemäß der Richtlinie 2003/87/EG des Europäischen Parlaments und des Rates über ein System für den Handel mit Treibhausgasemissionszertifikaten in der Gemeinschaft (ABl. L 302 vom 18.11. 2010, S. 1).

(7) Die nach § 50 Nummer 8 und 9 zuständige Aufsichtsbehörde für Verpflichtete nach § 2 Absatz 1 Nummer 15 kann zur Erfüllung ihrer Aufgaben im Einzelfall bei einem Verpflichteten nach § 2 Absatz 1 Nummer 1 oder Nummer 3 Auskünfte einholen zu Zahlungskonten nach § 1 Absatz 17 des Zahlungsdiensteaufsichtsgesetzes[1)] und zu darüber ausgeführten Zahlungsvorgängen

1. eines Veranstalters oder Vermittlers von Glücksspielen im Internet, unabhängig davon, ob er im Besitz einer glücksspielrechtlichen Erlaubnis ist, sowie
2. eines Spielers.

(8) [1] Die Aufsichtsbehörde stellt den Verpflichteten regelmäßig aktualisierte Auslegungs- und Anwendungshinweise für die Umsetzung der Sorgfaltspflichten und der internen Sicherungsmaßnahmen nach den gesetzlichen Bestimmungen zur Verhinderung von Geldwäsche und von Terrorismusfinanzierung zur Verfügung. [2] Sie kann diese Pflicht auch dadurch erfüllen, dass sie solche Hinweise, die durch Verbände der Verpflichteten erstellt worden sind, genehmigt.

(9) [1] Die Aufsichtsbehörden haben zur Dokumentation ihrer Aufsichtstätigkeit folgende Daten in Form einer Statistik vorzuhalten:

[1)] Nr. **12**.

1. Daten zur Aufsichtstätigkeit pro Kalenderjahr, insbesondere:
   a) die Anzahl der in der Aufsichtsbehörde beschäftigten Personen, gemessen in Vollzeitäquivalenten, die mit der Aufsicht über die Verpflichteten nach § 2 Absatz 1 betraut sind;
   b) die Anzahl der durchgeführten Vor-Ort-Prüfungen und der sonstigen ergriffenen Prüfungsmaßnahmen, differenziert nach den betroffenen Verpflichteten nach § 2 Absatz 1;
   c) die Anzahl der Maßnahmen nach Buchstabe b, bei denen die Aufsichtsbehörde eine Pflichtverletzung nach diesem Gesetz oder nach einer auf der Grundlage dieses Gesetzes erlassenen Rechtsverordnung festgestellt hat, sowie die Anzahl der Fälle, in denen die Aufsichtsbehörde anderweitig Kenntnis von einer solchen Pflichtverletzung erlangt hat, und
   d) Art und Umfang der daraufhin von der Aufsichts- und Verwaltungsbehörde rechtskräftig ergriffenen Maßnahmen; dazu gehören die Anzahl
      aa) der erteilten Verwarnungen,
      bb) der festgesetzten Bußgelder einschließlich der jeweiligen Höhe, differenziert danach, ob und inwieweit eine Bekanntmachung nach § 57 erfolgte,
      cc) der angeordneten Abberufungen von Geldwäschebeauftragten oder Mitgliedern der Geschäftsführung,
      dd) der angeordneten Erlaubnisentziehungen,
      ee) der sonstigen ergriffenen Maßnahmen;
   e) Art und Umfang der Maßnahmen, um die Verpflichteten nach § 2 Absatz 1 über die von ihnen einzuhaltenden Sorgfaltspflichten und internen Sicherungsmaßnahmen zu informieren;
2. die Anzahl der von der Aufsichtsbehörde nach § 44 abgegebenen Verdachtsmeldungen pro Kalenderjahr, differenziert nach den betroffenen Verpflichteten nach § 2 Absatz 1.

[2] Die Aufsichtsbehörden haben dem Bundesministerium der Finanzen und der Zentralstelle für Finanztransaktionsuntersuchungen die Daten nach Satz 1 mit Stand zum 31. Dezember des Berichtsjahres bis zum 31. März des Folgejahres in elektronischer Form zu übermitteln. [3] Das Bundesministerium der Finanzen und die Zentralstelle für Finanztransaktionsuntersuchungen können dazu einen gemeinsamen Vordruck vorsehen. [4] Die Aufsichtsbehörden teilen der Zentralstelle für Finanztransaktionsuntersuchungen ihre Kontaktdaten, ihre Angaben zu ihrem Zuständigkeitsbereich und ihre Änderungen der Daten unverzüglich mit.

(10) [1] Die zuständigen Aufsichtsbehörden unterrichten das Bundesministerium der Finanzen vor der Anordnung oder der Anwendung der in § 15 Absatz 5a genannten Maßnahmen. [2] Das Bundesministerium der Finanzen unterrichtet die Europäische Kommission vor der Anordnung oder der Anwendung der in § 15 Absatz 5a genannten Maßnahmen durch die zuständigen Aufsichtsbehörden sowie über den Erlass einer Rechtsverordnung nach § 15 Absatz 10 Satz 1 Nummer 2.

§ 51a Verarbeitung personenbezogener Daten durch Aufsichtsbehörden. (1) Die nach diesem Gesetz zuständigen Aufsichtsbehörden sind befugt, personenbezogene Daten zu verarbeiten, soweit dies zur Erfüllung ihrer gesetzlichen Aufgaben erforderlich ist.

(2) [1] Verarbeiten die nach diesem Gesetz zuständigen Aufsichtsbehörden im Zuge einer aufsichtsrechtlichen Maßnahme nach diesem Gesetz oder auf Grundlage der nach diesem Gesetz ergangenen Rechtsverordnungen personenbezogene Daten, stehen den betroffenen Personen die Rechte aus den Artikeln 15 bis 18 und 20 bis 22 der Verordnung (EU) 2016/679 nicht zu, soweit die Erfüllung der Rechte der betroffenen Personen Folgendes gefährden würde:

1. den Zweck der Maßnahme,
2. die Stabilität der Finanzmärkte der Bundesrepublik Deutschland oder eines oder mehrerer Mitgliedstaaten des Europäischen Wirtschaftsraums,
3. ein sonstiges wichtiges Ziel des allgemeinen öffentlichen Interesses der Bundesrepublik Deutschland oder eines oder mehrerer Mitgliedstaaten des Europäischen Wirtschaftsraums, insbesondere ein wichtiges wirtschaftliches oder finanzielles Interesse oder
4. die Verhütung, Ermittlung, Aufdeckung oder Verfolgung von Straftaten oder die Strafvollstreckung, einschließlich des Schutzes vor und der Abwehr von Gefahren für die öffentliche Sicherheit.

[2] Unter diesen Voraussetzungen ist die zuständige Aufsichtsbehörde auch von den Pflichten nach den Artikeln 12 bis 14, 19 und 34 sowie den Transparenzpflichten nach Artikel 5 der Verordnung (EU) 2016/679 befreit. [3] Die Sätze 1 und 2 gelten entsprechend für Personen und Einrichtungen, derer sich die zuständige Aufsichtsbehörde bei der Durchführung ihrer Aufgaben bedient sowie für die registerführende Stelle.

(3) Die betroffene Person ist über den Wegfall der Beschränkung zu informieren, sofern dies nicht dem Zweck der Beschränkung abträglich ist.

(4) [1] Wird der betroffenen Person in den Fällen des Absatzes 2 Satz 1 bis 3 keine Auskunft erteilt, so ist auf ihr Verlangen je nach Zuständigkeit dem Bundesbeauftragten für den Datenschutz und die Informationsfreiheit oder der nach Landesrecht für den Datenschutz zuständigen Aufsichtsbehörde die Auskunft zu erteilen, soweit nicht im Einzelfall festgestellt wird, dass dadurch die öffentliche Sicherheit des Bundes oder eines Landes oder die Stabilität und Integrität der Finanzmärkte gefährdet würde. [2] Die Mitteilung des Bundesbeauftragten für den Datenschutz und die Informationsfreiheit oder der nach Landesrecht für den Datenschutz zuständigen Aufsichtsbehörde an die betroffene Person über das Ergebnis der datenschutzrechtlichen Prüfung darf keine Rückschlüsse auf den Erkenntnisstand der zuständigen Aufsichtsbehörde und der Personen und Einrichtungen, derer sich die zuständige Aufsichtsbehörde bei der Durchführung ihrer Aufgaben bedient, zulassen, sofern diese nicht einer weitergehenden Auskunft zustimmt.

§ 52 Mitwirkungspflichten. (1) [1] Ein Verpflichteter, die Mitglieder seiner Organe und seine Beschäftigten haben der nach § 50 Nummer 1 zuständigen Aufsichtsbehörde, soweit sich die Aufsichtstätigkeit auf die in § 50 Nummer 1 Buchstabe g und h genannten Verpflichteten bezieht, der nach § 50 Nummer 3 bis 9 zuständigen Aufsichtsbehörde sowie den Personen und Einrichtungen, derer sich diese Aufsichtsbehörden zur Durchführung ihrer Aufgaben bedienen, auf Verlangen unentgeltlich

1. Auskunft über alle Geschäftsangelegenheiten und Transaktionen zu erteilen und

2. Unterlagen vorzulegen,

die für die Einhaltung der in diesem Gesetz festgelegten Anforderungen von Bedeutung sind. [2]Im Rahmen der Pflicht nach Satz 1 Nummer 2 hat der Verpflichtete der Behörde die vorzulegenden Unterlagen im Original, in Form von Kopien oder in digitaler Form auf elektronischem Wege oder auf einem digitalen Speichermedium zur Verfügung zu stellen.

(2) Bei den Prüfungen nach § 51 Absatz 3 ist es den Bediensteten der Aufsichtsbehörde und den sonstigen Personen, derer sich die zuständige Aufsichtsbehörde bei der Durchführung der Prüfungen bedient, gestattet, die Geschäftsräume des Verpflichteten innerhalb der üblichen Betriebs- und Geschäftszeiten zu betreten und zu besichtigen.

(3) Die Betroffenen haben Maßnahmen nach Absatz 2 zu dulden.

(4) Der zur Erteilung einer Auskunft Verpflichtete kann die Auskunft auf solche Fragen verweigern, deren Beantwortung ihn selbst oder einen der in § 383 Absatz 1 Nummer 1 bis 3 der Zivilprozessordnung bezeichneten Angehörigen der Gefahr strafrechtlicher Verfolgung oder eines Verfahrens nach dem Gesetz über Ordnungswidrigkeiten aussetzen würde.

(5) [1]Verpflichtete nach § 2 Absatz 1 Nummer 10 und 12 können die Auskunft auch auf Fragen verweigern, wenn sich diese Fragen auf Informationen beziehen, die sie im Rahmen der Rechtsberatung oder der Prozessvertretung des Vertragspartners erhalten haben. [2]Die Pflicht zur Auskunft bleibt bestehen, wenn der Verpflichtete weiß, dass sein Mandant seine Rechtsberatung für den Zweck der Geldwäsche oder der Terrorismusfinanzierung in Anspruch genommen hat oder nimmt.

(6) [1]Personen, bei denen aufgrund ihrer Geschäftstätigkeit Tatsachen die Annahme rechtfertigen, dass sie Verpflichtete nach § 2 Absatz 1 sind, haben der nach § 50 zuständigen Aufsichtsbehörde auf Verlangen unentgeltlich Auskunft über alle Geschäftsangelegenheiten zu erteilen und Unterlagen vorzulegen, soweit dies für die Feststellung der Verpflichteteneigenschaft erforderlich ist. [2]Absatz 1 Satz 2 sowie die Absätze 4 und 5 gelten entsprechend.

§ 53 Hinweise auf Verstöße. (1) [1]Die Aufsichtsbehörden errichten ein System zur Annahme von Hinweisen zu potenziellen oder tatsächlichen Verstößen gegen dieses Gesetz und gegen auf Grundlage dieses Gesetzes erlassene Rechtsverordnungen und gegen andere Bestimmungen zur Verhinderung von Geldwäsche und von Terrorismusfinanzierung, bei denen es die Aufgabe der Aufsichtsbehörde ist, die Einhaltung der genannten Rechtsvorschriften sicherzustellen oder Verstöße gegen die genannten Rechtsvorschriften zu ahnden. [2]Das System hat die Abgabe von Hinweisen über einen geschützten Kommunikationsweg zu ermöglichen. [3]Die Hinweise können auch anonym abgegeben werden.

(2) Die Aufsichtsbehörden sind zu diesem Zweck befugt, personenbezogene Daten zu verarbeiten, soweit dies zur Erfüllung ihrer Aufgaben erforderlich ist.

(3) [1]Die Aufsichtsbehörden machen die Identität einer Person, die einen Hinweis abgegeben hat, nur bekannt, wenn sie zuvor die ausdrückliche Zustimmung dieser Person eingeholt haben. [2]Sie geben die Identität einer Person, die Gegenstand eines Hinweises ist, nicht bekannt. [3]Die Sätze 1 und 2 gelten nicht, wenn

1. eine Weitergabe der Information im Kontext weiterer Ermittlungen oder nachfolgender Verwaltungs- oder Gerichtsverfahren aufgrund eines Gesetzes erforderlich ist oder
2. die Offenlegung durch einen Gerichtsbeschluss oder in einem Gerichtsverfahren angeordnet wird.

(4) Das Informationsfreiheitsgesetz findet auf die Vorgänge nach dieser Vorschrift keine Anwendung.

(5) [1] Mitarbeiter, die bei Unternehmen und Personen beschäftigt sind, die von den zuständigen Aufsichtsbehörden nach Absatz 1 beaufsichtigt werden, oder bei anderen Unternehmen oder Personen beschäftigt sind, auf die Tätigkeiten von beaufsichtigten Unternehmen oder Personen ausgelagert wurden, und die einen Hinweis nach Absatz 1 abgeben, dürfen wegen dieses Hinweises weder nach arbeitsrechtlichen oder nach strafrechtlichen Vorschriften verantwortlich gemacht noch zum Ersatz von Schäden herangezogen oder anderweitig benachteiligt werden. [2] Satz 1 gilt nicht, wenn der Hinweis vorsätzlich unwahr oder grob fahrlässig unwahr abgegeben worden ist.

(5a) [1] Mitarbeitern im Sinne des Absatzes 5, die aufgrund der Abgabe eines Hinweises nach Absatz 1 und entgegen dem Benachteiligungsverbot des Absatzes 5 einer Benachteiligung im Zusammenhang mit ihrem Beschäftigungsverhältnis ausgesetzt sind, steht bei der zuständigen Aufsichtsbehörde das Recht der Beschwerde zu. [2] Der Rechtsweg bleibt von dem Beschwerdeverfahren unberührt. [3] Dem Beschwerdeführer steht für die Einreichung der Beschwerde nach Satz 1 der geschützte Kommunikationsweg nach Absatz 1 Satz 2 zur Verfügung.

(6) [1] Nicht vertraglich eingeschränkt werden darf die Berechtigung zur Abgabe von Hinweisen nach Absatz 1 durch Mitarbeiter, die beschäftigt sind bei

1. Unternehmen und Personen, die von den Aufsichtsbehörden nach Absatz 1 beaufsichtigt werden, oder
2. anderen Unternehmen oder Personen, auf die Tätigkeiten von beaufsichtigten Unternehmen oder Personen ausgelagert wurden.

[2] Dem entgegenstehende Vereinbarungen sind unwirksam.

(7) Durch die Einrichtung und Führung des Systems zur Abgabe von Hinweisen zu Verstößen werden die Rechte einer Person, die Gegenstand eines Hinweises ist, nicht eingeschränkt, insbesondere nicht die Rechte nach den

1. §§ 28 und 29 des Verwaltungsverfahrensgesetzes,
2. §§ 68 bis 71 der Verwaltungsgerichtsordnung und
3. §§ 137, 140, 141 und 147 der Strafprozessordnung.

§ 54 Verschwiegenheitspflicht. (1) [1] Soweit Personen, die bei den zuständigen Aufsichtsbehörden nach § 50 beschäftigt sind oder für diese Aufsichtsbehörden tätig sind, Aufgaben nach § 51 Absatz 1 erfüllen, dürfen sie die ihnen bei ihrer Tätigkeit bekannt gewordenen Tatsachen nicht unbefugt offenbaren oder verwerten, wenn die Geheimhaltung dieser Tatsachen, insbesondere Geschäfts- und Betriebsgeheimnisse, im Interesse eines von ihnen beaufsichtigten Verpflichteten oder eines Dritten liegt. [2] Satz 1 gilt auch, wenn sie nicht mehr im Dienst sind oder ihre Tätigkeit beendet ist. [3] Die datenschutzrechtlichen Bestimmungen, die von den beaufsichtigten Verpflichteten zu beachten sind, bleiben unberührt.

(2) Absatz 1 gilt auch für andere Personen, die durch dienstliche Berichterstattung Kenntnis von den in Absatz 1 Satz 1 bezeichneten Tatsachen erhalten.

(3) Ein unbefugtes Offenbaren oder Verwerten liegt insbesondere nicht vor, wenn Tatsachen im Sinne von Absatz 1 weitergegeben werden, soweit der Weitergabe keine anderen Rechtsvorschriften entgegenstehen,

1. in zusammengefasster oder aggregierter Form, so dass einzelne Verpflichtete nicht identifiziert werden können, oder
2. an eine der folgenden Stellen, soweit diese Stellen die Informationen zur Erfüllung ihrer Aufgaben benötigen:
   a) an die Strafverfolgungsbehörden, an die für Straf- und Bußgeldsachen zuständigen Behörden und Gerichte,
   b) an andere Stellen, die kraft Gesetzes oder im öffentlichen Auftrag mit der Aufklärung und Verhinderung von Geldwäsche oder von Terrorismusfinanzierung oder mit der Aufsicht über Kredit- und Finanzinstitute im Sinne von Artikel 3 der Richtlinie (EU) 2015/849 betraut sind, sowie an Personen, die von diesen Stellen beauftragt werden,
   c) an die Europäische Zentralbank, soweit sie im Einklang mit der Verordnung (EU) Nr. 1024/2013[1] des Rates vom 15. Oktober 2013 zur Übertragung besonderer Aufgaben im Zusammenhang mit der Aufsicht über Kreditinstitute auf die Europäische Zentralbank tätig wird,
   d) an die zentralen Meldestellen im Sinne von Artikel 32 Absatz 1 der Richtlinie (EU) 2015/849 und
   e) an andere Stellen, die kraft Gesetzes oder im öffentlichen Auftrag mit der Aufsicht über das allgemeine Risikomanagement oder über die Compliance von Verpflichteten betraut sind, sowie an Personen, die von diesen Stellen beauftragt sind.

(4) [1] Befindet sich eine der in Absatz 3 genannten Stellen in einem anderen Staat oder handelt es sich um eine supranationale Stelle, so dürfen Tatsachen im Sinne von Absatz 1 nur weitergegeben werden, wenn die bei dieser Stelle beschäftigten Personen oder die im Auftrag dieser Stelle handelnden Personen einer Verschwiegenheitspflicht unterliegen, die der Verschwiegenheitspflicht nach den Absätzen 1 bis 3 weitgehend entspricht. [2] Die ausländische oder supranationale Stelle ist von der weitergebenden Stelle darauf hinzuweisen, dass sie die Tatsachen nur zu dem Zweck verwenden darf, zu dessen Erfüllung ihr diese übermittelt werden. [3] Tatsachen, die aus einem anderen Staat stammen, dürfen nur weitergegeben werden

1. mit ausdrücklicher Zustimmung der zuständigen Behörden, die diese Tatsachen mitgeteilt haben, und
2. für solche Zwecke, denen die zuständigen Behörden zugestimmt haben.

§ 55 Zusammenarbeit mit anderen Behörden. (1) [1] Die Aufsichtsbehörden arbeiten zur Verhinderung und zur Bekämpfung von Geldwäsche und von Terrorismusfinanzierung bei der Wahrnehmung ihrer Aufgaben nach § 51 untereinander sowie mit den in § 54 Absatz 3 genannten Stellen umfassend zusammen. [2] Im Rahmen dieser Zusammenarbeit sind die Aufsichtsbehörden

[1] Nr. 5.

verpflichtet, einander von Amts wegen und auf Ersuchen Informationen einschließlich personenbezogener Daten und die Ergebnisse der Prüfungen zu übermitteln, soweit deren Kenntnis für die Erfüllung der Aufgaben der Aufsichtsbehörden nach § 51 erforderlich ist. [3]Die zuständige Aufsichtsbehörde übermittelt im Einzelfall von Amts wegen sämtliche Informationen an die zuständige Verwaltungsbehörde, soweit diese für die Erfüllung der Aufgaben der Verwaltungsbehörde erforderlich sind. [4]Bei Anhaltspunkten für strafrechtliche Verstöße informieren die Aufsichtsbehörden unverzüglich die zuständigen Strafverfolgungsbehörden.

(2) Die nach § 155 Absatz 2 der Gewerbeordnung in Verbindung mit dem jeweiligen Landesrecht nach § 14 Absatz 1 der Gewerbeordnung zuständigen Behörden übermitteln auf Ersuchen den nach § 50 Nummer 9 zuständigen Aufsichtsbehörden kostenfrei die Daten aus der Gewerbeanzeige gemäß den Anlagen 1 bis 3 der Gewerbeanzeigenverordnung über Verpflichtete nach § 2 Absatz 1, soweit die Kenntnis dieser Daten zur Wahrnehmung der Aufgaben der Aufsichtsbehörden nach § 51 erforderlich ist.

(3) Die Registerbehörde nach § 11a Absatz 1 der Gewerbeordnung übermittelt auf Ersuchen den nach § 50 Nummer 9 zuständigen Aufsichtsbehörden kostenfrei die in § 6 der Finanzanlagenvermittlungsverordnung und die in § 8 der Versicherungsvermittlungsverordnung genannten Daten, soweit die Kenntnis dieser Daten zur Wahrnehmung der Aufgaben der Aufsichtsbehörden nach § 51 erforderlich ist.

(4) Weitergehende Befugnisse der Aufsichtsbehörden zur Verarbeitung von personenbezogenen Daten nach anderen Rechtsvorschriften bleiben unberührt.

(5) [1]In grenzüberschreitenden Fällen koordinieren die zusammenarbeitenden Aufsichtsbehörden und die in § 54 Absatz 3 genannten Stellen ihre Maßnahmen. [2]Unterhält ein Verpflichteter, der seinen Sitz in einem anderen Mitgliedstaat der Europäischen Union hat, eine oder mehrere Zweigstellen oder Zweigniederlassungen in Deutschland, so arbeiten die in Satz 1 genannten Aufsichtsbehörden und Stellen mit den zuständigen Behörden des Mitgliedstaats zusammen, in dem der Verpflichtete seinen Hauptsitz hat.

(6) [1]Soweit die Aufsichtsbehörden die Aufsicht über die Verpflichteten nach § 2 Absatz 1 Nummer 1 bis 3 und 6 bis 9 ausüben, stellen sie der Europäischen Bankenaufsichtsbehörde auf deren Verlangen alle Informationen zur Verfügung, die erforderlich sind zur Durchführung von ihren Aufgaben aufgrund der Richtlinie (EU) 2015/849 sowie der Verordnung (EU) Nr. 1093/2010 des Europäischen Parlaments und des Rates vom 24. November 2010 zur Errichtung einer Europäischen Aufsichtsbehörde (Europäische Bankenaufsichtsbehörde), zur Änderung des Beschlusses Nr. 716/2009/EG und zur Aufhebung des Beschlusses 2009/78/EG der Kommission (ABl. L 331 vom 15.12.2010, S. 12). [2]Die Informationen sind zur Verfügung zu stellen nach Maßgabe des Artikels 35 der Verordnung (EU) Nr. 1093/2010.

(6a) Die zuständigen Aufsichtsbehörden unterrichten die Europäische Bankenaufsichtsbehörde über Fälle, in denen bei Verpflichteten nach § 2 Absatz 1 Nummer 1 bis 3 und 6 bis 9, die Mutterunternehmen einer Gruppe sind, eine Umsetzung der in § 9 Absatz 1 Satz 2 Nummer 1, 3 und 4 genannten Maßnahmen nach dem Recht des Drittstaates nicht zulässig ist.

(6b) Die Aufsichtsbehörde nach § 50 Nummer 1 dient in Kooperation mit den weiteren Aufsichtsbehörden nach § 50 Nummer 2 und 9 als Kontaktstelle für die Europäische Bankenaufsichtsbehörde hinsichtlich der Verpflichteten nach § 2 Absatz 1 Nummer 1 bis 3 und 6 bis 9.

(7) Dem Informationsaustausch mit den zuständigen Aufsichtsbehörden anderer Mitgliedstaaten der Europäischen Union stehen nicht entgegen:

1. ein Bezug des Ersuchens zu steuerlichen Belangen,
2. Vorgaben des nationalen Rechts, nach denen die Verpflichteten die Vertraulichkeit oder Geheimhaltung zu wahren haben, außer in Fällen, in denen
   a) die einschlägigen Informationen, auf die sich das Ersuchen bezieht, durch ein Zeugnisverweigerungsrecht geschützt werden oder
   b) ein Berufsgeheimnis gemäß § 43 Absatz 2 Satz 1 greift,
3. die Anhängigkeit eines Ermittlungsverfahrens, einer Untersuchung oder eines Verfahrens in dem ersuchenden Mitgliedstaat, es sei denn, das Ermittlungsverfahren, die Untersuchung oder das Verfahren würde durch die Amtshilfe beeinträchtigt,
4. Unterschiede in der Art und Stellung der ersuchenden und der ersuchten Behörde.

(8) [1] Die zuständigen Aufsichtsbehörden gemäß § 50 Nummer 1 und 2 können mit den zuständigen Behörden von Drittstaaten, die diesen zuständigen Aufsichtsbehörden entsprechen, Kooperationsvereinbarungen zur Zusammenarbeit und zum Austausch von Tatsachen im Sinne von § 54 Absatz 1 schließen. [2] Solche Kooperationsvereinbarungen werden auf Basis der Gegenseitigkeit und nur dann geschlossen, wenn gewährleistet ist, dass die übermittelten Tatsachen zumindest den in § 54 Absatz 1 enthaltenen Anforderungen unterliegen. [3] Die gemäß diesen Kooperationsvereinbarungen weitergegebenen Tatsachen müssen der Erfüllung der aufsichtsrechtlichen Aufgaben dieser Behörden dienen. [4] § 54 Absatz 4 gilt entsprechend.

§ 56 Bußgeldvorschriften. (1) [1] Ordnungswidrig handelt, wer vorsätzlich oder leichtfertig

1. entgegen § 5 Absatz 1 Satz 1 Risiken nicht ermittelt oder nicht bewertet,
2. entgegen § 5 Absatz 2 Nummer 1 und Nummer 2 die Risikoanalyse nicht dokumentiert oder regelmäßig überprüft und gegebenenfalls aktualisiert,
3. entgegen § 6 Absatz 1 keine angemessenen geschäfts- und kundenbezogenen internen Sicherungsmaßnahmen schafft oder entgegen § 6 Absatz 1 Satz 3 die Funktionsfähigkeit der Sicherungsmaßnahmen nicht überwacht oder wer geschäfts- und kundenbezogene interne Sicherungsmaßnahmen nicht regelmäßig oder nicht bei Bedarf aktualisiert,
4. entgegen § 6 Absatz 4 keine Datenverarbeitungssysteme betreibt oder sie nicht aktualisiert,
5. einer vollziehbaren Anordnung nach § 6 Absatz 9 nicht nachkommt,
6. entgegen § 8 Absatz 1 und 2 eine Angabe, eine Information, Ergebnisse der Untersuchung, Erwägungsgründe oder eine nachvollziehbare Begründung des Bewertungsergebnisses nicht, nicht richtig oder nicht vollständig aufzeichnet oder aufbewahrt,
7. entgegen § 8 Absatz 4 Satz 1 eine Aufzeichnung oder einen sonstigen Beleg nicht fünf Jahre aufbewahrt,

8. entgegen § 9 Absatz 1 Satz 2, auch in Verbindung mit Absatz 4, keine gruppenweit einheitlichen Vorkehrungen, Verfahren und Maßnahmen schafft,
9. entgegen § 9 Absatz 1 Satz 3, auch in Verbindung mit Absatz 4, nicht die wirksame Umsetzung der gruppenweit einheitlichen Pflichten und Maßnahmen sicherstellt,
10. entgegen § 9 Absatz 2, auch in Verbindung mit Absatz 4, nicht sicherstellt, dass die in einem anderen Mitgliedstaat der Europäischen Union befindlichen gruppenangehörigen Unternehmen gemäß § 1 Absatz 16 Nummer 2 bis 4, die dort Pflichten zur Verhinderung von Geldwäsche und Terrorismusfinanzierung unterliegen, die geltenden nationalen Rechtsvorschriften zur Umsetzung der Richtlinie (EU) 2015/849 einhalten,
11. entgegen § 9 Absatz 3 Satz 2, auch in Verbindung mit Absatz 4, nicht sicherstellt, dass die in einem Drittstaat ansässigen Zweigstellen und gruppenangehörigen Unternehmen nach § 1 Absatz 16 Nummer 2 zusätzliche Maßnahmen ergreifen, um dem Risiko der Geldwäsche oder der Terrorismusfinanzierung wirksam zu begegnen, oder die nach § 50 zuständige Aufsichtsbehörde nicht über die getroffenen Maßnahmen informiert,
12. einer vollziehbaren Anordnung nach § 9 Absatz 3 Satz 3, auch in Verbindung mit Absatz 4, zuwiderhandelt,
13. entgegen § 9 Absatz 5 Satz 1 die in Absatz 1 Satz 2 Nummer 1, 3 und 4 genannten Maßnahmen nicht umsetzt,
14. entgegen § 9 Absatz 5 Satz 2 die in Absatz 1 Satz 2 Nummer 3 und 4 genannten Maßnahmen nicht umsetzt,
15. entgegen § 10 Absatz 1 Nummer 1 eine Identifizierung des Vertragspartners oder einer für den Vertragspartner auftretenden Person nicht, nicht richtig, nicht vollständig oder nicht in der vorgeschriebenen Weise vornimmt oder nicht prüft, ob die für den Vertragspartner auftretende Person hierzu berechtigt ist,
16. entgegen § 10 Absatz 1 Nummer 2 nicht prüft, ob der Vertragspartner für einen wirtschaftlich Berechtigten handelt,
17. entgegen § 10 Absatz 1 Nummer 2 den wirtschaftlich Berechtigten nicht identifiziert,
18. entgegen § 10 Absatz 1 Nummer 3 keine Informationen über den Zweck und die angestrebte Art der Geschäftsbeziehung einholt oder diese Informationen nicht bewertet,
19. entgegen § 10 Absatz 1 Nummer 4 nicht oder nicht richtig feststellt, ob es sich bei dem Vertragspartner oder bei dem wirtschaftlich Berechtigten um eine politisch exponierte Person, um ein Familienmitglied oder um eine bekanntermaßen nahestehende Person handelt,
20. entgegen § 10 Absatz 1 Nummer 5 die Geschäftsbeziehung, einschließlich der in ihrem Verlauf durchgeführten Transaktionen, nicht oder nicht richtig kontinuierlich überwacht,
21. entgegen § 10 Absatz 2 Satz 1 den konkreten Umfang der allgemeinen Sorgfaltspflichten nicht entsprechend dem jeweiligen Risiko der Geldwäsche oder Terrorismusfinanzierung bestimmt,
22. entgegen § 10 Absatz 2 Satz 4 oder entgegen § 14 Absatz 1 Satz 2 nicht darlegt, dass der Umfang der von ihm getroffenen Maßnahmen im Hinblick

auf die Risiken der Geldwäsche und der Terrorismusfinanzierung als angemessen anzusehen ist,

23. entgegen § 10 Absatz 6 oder Absatz 6a den Sorgfaltspflichten nicht nachkommt,
24. entgegen § 10 Absatz 8 keine Mitteilung macht,
25. entgegen § 10 Absatz 9, § 14 Absatz 3 oder § 15 Absatz 9 in Verbindung mit § 15 Absatz 3 Nummer 1, 3 und 4 die Geschäftsbeziehung begründet, fortsetzt, sie nicht kündigt oder nicht auf andere Weise beendet oder die Transaktion durchführt,
26. entgegen § 11 Absatz 1 Vertragspartner, für diese auftretenden Personen oder wirtschaftlich Berechtigte nicht rechtzeitig identifiziert,
27. entgegen § 11 Absatz 2 die Vertragsparteien, für diese auftretende Personen oder wirtschaftlich Berechtigte nicht oder nicht rechtzeitig identifiziert,
28. entgegen § 11 Absatz 3 Satz 2 keine erneute Identifizierung durchführt,
29. entgegen § 11 Absatz 4 Nummer 1 oder 2 die Angaben nicht oder nicht vollständig erhebt,
30. entgegen § 11 Absatz 5 Satz 1 zur Feststellung der Identität des wirtschaftlich Berechtigten dessen Namen nicht erhebt,
31. entgegen § 14 Absatz 2 Satz 2 nicht die Überprüfung von Transaktionen und die Überwachung von Geschäftsbeziehungen in einem Umfang sicherstellt, der es ermöglicht, ungewöhnliche oder verdächtige Transaktionen zu erkennen und zu melden,
32. entgegen § 15 Absatz 2 keine verstärkten Sorgfaltspflichten erfüllt,
33. entgegen § 15 Absatz 4 Satz 1 Nummer 1 in Verbindung mit Absatz 2 oder Absatz 3 Nummer 1 vor der Begründung oder Fortführung einer Geschäftsbeziehung nicht die Zustimmung eines Mitglieds der Führungsebene einholt,
34. entgegen § 15 Absatz 4 Satz 1 Nummer 2 in Verbindung mit Absatz 2 oder Absatz 3 Nummer 1 keine Maßnahmen ergreift,
35. entgegen § 15 Absatz 4 Satz 1 Nummer 3 in Verbindung mit Absatz 2 oder Absatz 3 Nummer 1 die Geschäftsbeziehung keiner verstärkten kontinuierlichen Überwachung unterzieht,
36. entgegen § 15 Absatz 5 Nummer 1 Buchstabe a bis f in Verbindung mit Absatz 3 Nummer 2 keine Informationen einholt,
37. entgegen § 15 Absatz 5 Nummer 2 in Verbindung mit Absatz 3 Nummer 2 nicht die Zustimmung eines Mitglieds der Führungsebene einholt,
38. entgegen § 15 Absatz 5 Nummer 3 in Verbindung mit Absatz 3 Nummer 2 die Geschäftsbeziehung nicht einer verstärkten Überwachung unterzieht,
39. entgegen § 15 Absatz 6 Nummer 1 in Verbindung mit Absatz 3 Nummer 3 die Transaktion nicht untersucht,
40. entgegen § 15 Absatz 6 Nummer 2 in Verbindung mit Absatz 3 Nummer 3 die zugrunde liegende Geschäftsbeziehung keiner verstärkten kontinuierlichen Überwachung unterzieht,
41. entgegen § 15 Absatz 7 Nummer 1 in Verbindung mit Absatz 3 Nummer 4 keine ausreichenden Informationen einholt,
42. entgegen § 15 Absatz 7 Nummer 2 in Verbindung mit Absatz 3 Nummer 4 nicht die Zustimmung eines Mitglieds der Führungsebene einholt,

43. entgegen § 15 Absatz 7 Nummer 3 in Verbindung mit Absatz 3 Nummer 4 die Verantwortlichkeiten nicht festlegt oder nicht dokumentiert,
44. entgegen § 15 Absatz 7 Nummer 4 oder Nummer 5 in Verbindung mit Absatz 3 Nummer 4 keine Maßnahmen ergreift,
45. entgegen § 15 Absatz 5a und 8 einer vollziehbaren Anordnung der Aufsichtsbehörde zuwiderhandelt,
46. entgegen § 16 Absatz 2 einen Spieler zum Glücksspiel zulässt,
47. entgegen § 16 Absatz 3 Einlagen oder andere rückzahlbare Gelder entgegennimmt,
48. entgegen § 16 Absatz 4 Transaktionen des Spielers an den Verpflichteten auf anderen als den in § 16 Absatz 4 Nummer 1 und 2 genannten Wegen zulässt,
49. entgegen § 16 Absatz 5 seinen Informationspflichten nicht nachkommt,
50. entgegen § 16 Absatz 7 Satz 1 Nummer 2 Transaktionen auf ein Zahlungskonto vornimmt,
51. entgegen § 16 Absatz 7 Satz 2 trotz Aufforderung durch die Aufsichtsbehörde den Verwendungszweck nicht hinreichend spezifiziert,
52. entgegen § 16 Absatz 8 Satz 3 die vollständige Identifizierung nicht oder nicht rechtzeitig durchführt,
53. entgegen § 17 Absatz 2 die Erfüllung der Sorgfaltspflichten durch einen Dritten ausführen lässt, der in einem Drittstaat mit hohem Risiko ansässig ist,
54. entgegen § 18 Absatz 3 Informationen nicht oder nicht rechtzeitig zur Verfügung stellt,
55. entgegen § 20 Absatz 1 Angaben zu den wirtschaftlich Berechtigten
    a) nicht einholt,
    b) nicht, nicht richtig oder nicht vollständig aufbewahrt,
    c) nicht auf aktuellem Stand hält oder
    d) nicht, nicht richtig, nicht vollständig oder nicht rechtzeitig der registerführenden Stelle mitteilt,
56. entgegen § 20 Absatz 2 seine Mitteilungspflicht nicht, nicht richtig, nicht vollständig oder nicht rechtzeitig erfüllt,
57. ohne von der mitteilungspflichtigen Vereinigung dazu ermächtigt worden zu sein, der registerführenden Stelle Angaben zu den wirtschaftlich Berechtigten zur Eintragung in das Transparenzregister elektronisch mitteilt,
58. entgegen § 20 Absatz 3 seine Mitteilungspflicht nicht, nicht richtig, nicht vollständig oder nicht rechtzeitig erfüllt,
59. entgegen § 20 Absatz 3a Satz 1 bis 3 oder Absatz 3b Satz 1 seine Mitteilungspflicht nicht, nicht richtig, nicht vollständig oder nicht rechtzeitig erfüllt,
60. entgegen § 20 Absatz 3a Satz 4 oder Absatz 3b Satz 3 seiner Dokumentationspflicht nicht nachkommt,
61. entgegen § 21 Absatz 1 oder 2 Angaben zu den wirtschaftlich Berechtigten
    a) nicht einholt,
    b) nicht, nicht richtig oder nicht vollständig aufbewahrt,
    c) nicht auf aktuellem Stand hält oder

d) nicht, nicht richtig, nicht vollständig oder nicht rechtzeitig der registerführenden Stelle mitteilt,

62. entgegen § 21 Absatz 1b seine Mitteilungspflicht nicht, nicht richtig, nicht vollständig oder nicht rechtzeitig erfüllt,
63. eine unrichtige Mitteilung nach § 20 Absatz 1 oder § 21 Absatz 1 nicht berichtigt,
64. die Einsichtnahme in das Transparenzregister entgegen § 23 Absatz 1 Satz 1 Nummer 2 unter Vorspiegelung falscher Tatsachen erschleicht oder sich auf sonstige Weise widerrechtlich Zugriff auf das Transparenzregister verschafft,
65. entgegen § 23a Absatz 1 Satz 1 seine Mitteilungspflicht nicht erfüllt,
66. als Verpflichteter entgegen § 23a Absatz 3 Informationen oder Dokumente nicht oder nicht rechtzeitig zur Verfügung stellt,
67. entgegen § 30 Absatz 3 einem Auskunftsverlangen nicht, nicht richtig, nicht vollständig oder nicht rechtzeitig nachkommt,
68. entgegen § 40 Absatz 1 Satz 1 oder 2 einer Anordnung oder Weisung nicht, nicht rechtzeitig oder nicht vollständig nachkommt,
69. entgegen § 43 Absatz 1 eine Meldung nicht, nicht richtig, nicht vollständig oder nicht rechtzeitig abgibt,
70. entgegen § 46 Absatz 2 Satz 2 die Meldung nicht unverzüglich nachholt,
71. eine Untersagung nach § 51 Absatz 5 nicht beachtet,
72. Auskünfte nach § 51 Absatz 7 nicht, nicht richtig, nicht vollständig oder nicht rechtzeitig gibt,
73. entgegen § 52 Absatz 1 und 6
    a) Auskünfte nicht, nicht richtig, nicht vollständig oder nicht rechtzeitig erteilt oder
    b) Unterlagen nicht, nicht richtig, nicht vollständig oder nicht rechtzeitig vorlegt oder
74. entgegen § 52 Absatz 3 eine Prüfung nicht duldet.

[2] Die Ordnungswidrigkeit kann bei vorsätzlicher Begehung mit einer Geldbuße bis zu einhundertfünfzigtausend Euro, im Übrigen mit einer Geldbuße bis zu einhunderttausend Euro geahndet werden.

(2) [1] Ordnungswidrig handelt, wer vorsätzlich oder fahrlässig

1. entgegen § 4 Absatz 3 Satz 1 kein Mitglied der Leitungsebene benennt,
2. entgegen § 7 Absatz 1 keinen Geldwäschebeauftragten oder keinen Stellvertreter bestellt,
3. einer vollziehbaren Anordnung nach § 7 Absatz 3 nicht oder nicht rechtzeitig nachkommt,
4. entgegen § 9 Absatz 1 Satz 2, auch in Verbindung mit Absatz 4, keinen Gruppengeldwäschebeauftragten bestellt,
5. entgegen § 15 Absatz 9 in Verbindung mit § 15 Absatz 3 Nummer 2 die Geschäftsbeziehung begründet, fortsetzt, sie nicht kündigt oder nicht auf andere Weise beendet oder die Transaktion durchführt,
6. entgegen § 46 Absatz 1 Satz 1 eine Transaktion durchführt oder
7. entgegen § 47 Absatz 1 in Verbindung mit Absatz 2 den Vertragspartner, den Auftraggeber oder einen Dritten in Kenntnis setzt.

[2] Die Ordnungswidrigkeit kann bei vorsätzlicher Begehung mit einer Geldbuße bis zu einhundertfünfzigtausend Euro, bei leichtfertiger Begehung mit einer Geldbuße bis zu einhunderttausend Euro, im Übrigen mit einer Geldbuße bis zu fünfzigtausend Euro geahndet werden.

(3) [1] Die Ordnungswidrigkeit nach Absatz 1 und bei vorsätzlicher oder leichtfertiger Begehung nach Absatz 2 kann geahndet werden mit einer

1. Geldbuße bis zu einer Million Euro oder
2. Geldbuße bis zum Zweifachen des aus dem Verstoß gezogenen wirtschaftlichen Vorteils,

wenn es sich um einen schwerwiegenden, wiederholten oder systematischen Verstoß handelt. [2] Der wirtschaftliche Vorteil umfasst erzielte Gewinne und vermiedene Verluste und kann geschätzt werden. [3] Gegenüber Verpflichteten gemäß § 2 Absatz 1 Nummer 1 bis 3 und 6 bis 9, die juristische Personen oder Personenvereinigungen sind, kann über Satz 1 hinaus eine höhere Geldbuße verhängt werden. [4] In diesen Fällen darf die Geldbuße den höheren der folgenden Beträge nicht übersteigen:

1. fünf Millionen Euro oder
2. 10 Prozent des Gesamtumsatzes, den die juristische Person oder die Personenvereinigung im Geschäftsjahr, das der Behördenentscheidung vorausgegangen ist, erzielt hat.

[5] Gegenüber Verpflichteten gemäß § 2 Absatz 1 Nummer 1 bis 3 und 6 bis 9, die natürliche Personen sind, kann über Satz 1 hinaus eine Geldbuße bis zu fünf Millionen Euro verhängt werden.

(4) [1] Gesamtumsatz im Sinne des Absatzes 3 Satz 4 Nummer 2 ist

1. bei Kreditinstituten, Zahlungsinstituten, Wertpapierinstituten und Finanzdienstleistungsinstituten nach § 340 des Handelsgesetzbuchs der Gesamtbetrag, der sich ergibt aus dem auf das Institut anwendbaren nationalen Recht im Einklang mit Artikel 27 Nummer 1, 3, 4, 6 und 7 oder Artikel 28 Abschnitt B Nummer 1 bis 4 und 7 der Richtlinie 86/635/EWG des Rates vom 8. Dezember 1986 über den Jahresabschluss und den konsolidierten Abschluss von Banken und anderen Finanzinstituten (ABl. L 372 vom 31.12. 1986, S. 1), abzüglich der Umsatzsteuer und sonstiger direkt auf diese Erträge erhobener Steuern,
2. bei Versicherungsunternehmen der Gesamtbetrag, der sich ergibt aus dem auf das Versicherungsunternehmen anwendbaren nationalen Recht im Einklang mit Artikel 63 der Richtlinie 91/674/EWG des Rates vom 19. Dezember 1991 über den Jahresabschluss und den konsolidierten Abschluss von Versicherungsunternehmen (ABl. L 374 vom 31.12.1991, S. 7), abzüglich der Umsatzsteuer und sonstiger direkt auf diese Erträge erhobener Steuern,
3. im Übrigen der Betrag der Nettoumsatzerlöse nach Maßgabe des auf das Unternehmen anwendbaren nationalen Rechts im Einklang mit Artikel 2 Nummer 5 der Richtlinie 2013/34/EU.

[2] Handelt es sich bei der juristischen Person oder Personenvereinigung um ein Mutterunternehmen oder um ein Tochterunternehmen, so ist anstelle des Gesamtumsatzes der juristischen Person oder Personenvereinigung der jeweilige Gesamtbetrag in demjenigen Konzernabschluss des Mutterunternehmens maßgeblich, der für den größten Kreis von Unternehmen aufgestellt wird. [3] Wird der Konzernabschluss für den größten Kreis von Unternehmen nicht nach den

in Satz 1 genannten Vorschriften aufgestellt, ist der Gesamtumsatz nach Maßgabe der den in Satz 1 Nummer 1 bis 3 vergleichbaren Posten des Konzernabschlusses zu ermitteln. [4] Ist ein Jahresabschluss oder Konzernabschluss für das maßgebliche Geschäftsjahr nicht verfügbar, so ist der Jahresabschluss oder Konzernabschluss für das unmittelbar vorausgehende Geschäftsjahr maßgeblich. [5] Ist auch der Jahresabschluss oder Konzernabschluss für das unmittelbar vorausgehende Geschäftsjahr nicht verfügbar, so kann der Gesamtumsatz geschätzt werden.

(5) [1] Die jeweils nach § 50 Nummer 1 und 7a bis 9 zuständige Aufsichtsbehörde ist auch Verwaltungsbehörde nach § 36 Absatz 1 Nummer 1 des Gesetzes über Ordnungswidrigkeiten. [2] Für Ordnungswidrigkeiten nach Absatz 1 Satz 1 Nummer 54 bis 66 ist Verwaltungsbehörde nach § 36 Absatz 1 Nummer 1 des Gesetzes über Ordnungswidrigkeiten das Bundesverwaltungsamt.

(5a) Soweit nach Absatz 5 Satz 1 die Finanzbehörde Verwaltungsbehörde ist, gelten § 387 Absatz 2, § 410 Absatz 1 Nummer 2, 6 bis 11, Absatz 2 und § 412 der Abgabenordnung sinngemäß.

(6) Die zuständige Verwaltungsbehörde übermittelt, sofern sie nicht zugleich zuständige Aufsichtsbehörde ist, auf Ersuchen sämtliche Informationen einschließlich personenbezogener Daten an die zuständige Aufsichtsbehörde, soweit die Informationen für die Erfüllung der Aufgaben der Aufsichtsbehörde, insbesondere für die Vorhaltung der Statistik nach § 51 Absatz 9, erforderlich sind.

(7) Die Aufsichtsbehörden überprüfen im Bundeszentralregister, ob eine einschlägige Verurteilung der betreffenden Person vorliegt.

(8) Die zuständigen Aufsichtsbehörden nach § 50 Nummer 1, 2 und 9 informieren die Europäische Bankenaufsichtsbehörde hinsichtlich der Verpflichteten nach § 2 Absatz 1 Nummer 1 bis 3 und 6 bis 9 über

1. die gegen diese Verpflichteten verhängten Geldbußen,
2. sonstige Maßnahmen aufgrund von Verstößen gegen Vorschriften dieses Gesetzes oder anderer Gesetze zur Verhinderung von Geldwäsche oder von Terrorismusfinanzierung und
3. diesbezügliche Rechtsmittelverfahren und deren Ergebnisse.

§ 57 Bekanntmachung von bestandskräftigen Maßnahmen und von unanfechtbaren Bußgeldentscheidungen. (1) [1] Die zuständigen Aufsichts- und Verwaltungsbehörden und die Behörde nach§ 56 Absatz 5 Satz 2 haben bestandskräftige Maßnahmen und unanfechtbare Bußgeldentscheidungen, die sie wegen eines Verstoßes gegen dieses Gesetz oder die auf seiner Grundlage erlassenen Rechtsverordnungen verhängt haben, nach Unterrichtung des Adressaten der Maßnahme oder Bußgeldentscheidung auf ihrer Internetseite oder auf einer gemeinsamen Internetseite bekannt zu machen. [2] Dies gilt auch für gerichtliche Entscheidungen, soweit diese unanfechtbar geworden sind und die Verhängung eines Bußgeldes zum Gegenstand haben. [3] In der Bekanntmachung sind Art und Charakter des Verstoßes und die für den Verstoß verantwortlichen natürlichen Personen und juristischen Personen oder Personenvereinigungen zu benennen.

(2) [1] Die Bekanntmachung nach Absatz 1 ist aufzuschieben, solange die Bekanntmachung

1. das Persönlichkeitsrecht natürlicher Personen verletzen würde oder eine Bekanntmachung personenbezogener Daten aus sonstigen Gründen unverhältnismäßig wäre,
2. die Stabilität der Finanzmärkte der Bundesrepublik Deutschland oder eines oder mehrerer Vertragsstaaten des Abkommens über den Europäischen Wirtschaftsraum gefährden würde oder
3. laufende Ermittlungen gefährden würde.

[2] Anstelle einer Aufschiebung kann die Bekanntmachung auf anonymisierter Basis erfolgen, wenn hierdurch ein wirksamer Schutz nach Satz 1 Nummer 1 gewährleistet ist. [3] Ist vorhersehbar, dass die Gründe der anonymisierten Bekanntmachung innerhalb eines überschaubaren Zeitraums wegfallen werden, so kann die Bekanntmachung der Informationen nach Satz 1 Nummer 1 entsprechend aufgeschoben werden. [4] Die Bekanntmachung erfolgt, wenn die Gründe für den Aufschub entfallen sind.

(3) Eine Bekanntmachung darf nicht erfolgen, wenn die Maßnahmen nach Absatz 2 nicht ausreichend sind, um eine Gefährdung der Finanzmarktstabilität auszuschließen oder die Verhältnismäßigkeit der Bekanntmachung sicherzustellen.

(4) [1] Eine Bekanntmachung muss fünf Jahre auf der Internetseite der Aufsichtsbehörde veröffentlicht bleiben. [2] Abweichend von Satz 1 sind personenbezogene Daten zu löschen, sobald die Bekanntmachung nicht mehr erforderlich ist.

§ 58 *(aufgehoben)*

§ 59 Übergangsregelung. (1) Die Mitteilungen nach § 20 Absatz 1 und § 21 haben erstmals bis zum 1. Oktober 2017 an das Transparenzregister zu erfolgen.

(2) [1] Die Eröffnung des Zugangs zu Eintragungen im Vereinsregister, welche § 22 Absatz 1 Satz 1 Nummer 8 vorsieht, erfolgt ab dem 26. Juni 2018. [2] Bis zum 25. Juni 2018 werden die technischen Voraussetzungen geschaffen, um diejenigen Indexdaten nach § 22 Absatz 2 zu übermitteln, welche für die Eröffnung des Zugangs zu den Originaldaten nach § 22 Absatz 1 Satz 1 Nummer 8 erforderlich sind. [3] Für den Übergangszeitraum vom 26. Juni 2017 bis zum 25. Juni 2018 enthält das Transparenzregister stattdessen einen Link auf das gemeinsame Registerportal der Länder.

(3) § 23 Absatz 3 findet ab dem 1. Januar 2023 Anwendung.

(4) Gewährte Befreiungen der Aufsichtsbehörden nach § 50 Nummer 8 gegenüber Verpflichteten nach § 2 Absatz 1 Nummer 15, soweit sie Glücksspiele im Internet veranstalten oder vermitteln, bleiben in Abweichung zu § 16 bis zum 30. Juni 2018 wirksam.

(5) Ist am 25. Juni 2015 ein Gerichtsverfahren betreffend die Verhinderung, Aufdeckung, Ermittlung oder Verfolgung von mutmaßlicher Geldwäsche oder Terrorismusfinanzierung anhängig gewesen und besitzt ein Verpflichteter Informationen oder Unterlagen im Zusammenhang mit diesem anhängigen Verfahren, so darf der Verpflichtete diese Informationen oder Unterlagen bis zum 25. Juni 2020 aufbewahren.

(6) [1] Die Pflicht zur Registrierung nach § 45 Absatz 1 Satz 2 besteht mit Inbetriebnahme des neuen Informationsverbundes der Zentralstelle für Finanz-

g) der Kunde ist ein Drittstaatsangehöriger, der Aufenthaltsrechte oder die Staatsbürgerschaft eines Mitgliedstaats im Austausch gegen die Übertragung von Kapital, den Kauf von Immobilien oder Staatsanleihen oder Investitionen in Gesellschaften in diesem Mitgliedstaat beantragt;

2. Faktoren bezüglich des Produkt-, Dienstleistungs-, Transaktions- oder Vertriebskanalrisikos:

a) Betreuung vermögender Privatkunden,

b) Produkte oder Transaktionen, die Anonymität begünstigen könnten,

c) Geschäftsbeziehungen oder Transaktionen ohne persönliche Kontakte und ohne bestimmte Sicherungsmaßnahmen wie elektronische Mittel für die Identitätsfeststellung, einschlägige Vertrauensdienste gemäß der Definition in der Verordnung (EU) Nr. 910/2014 oder andere von den einschlägigen nationalen Behörden regulierte, anerkannte, gebilligte oder akzeptierte sichere Verfahren zur Identifizierung aus der Ferne oder auf elektronischem Weg,

d) Eingang von Zahlungen unbekannter oder nicht verbundener Dritter,

e) neue Produkte und neue Geschäftsmodelle einschließlich neuer Vertriebsmechanismen sowie Nutzung neuer oder in der Entwicklung begriffener Technologien für neue oder bereits bestehende Produkte,

f) Transaktionen in Bezug auf Öl, Waffen, Edelmetalle, Tabakerzeugnisse, Kulturgüter und andere Artikel von archäoloischer, historischer, kultureller oder religiöser Bedeutung oder von außergewöhnlichem wissenschaftlichem Wert sowie Elfenbein und geschützte Arten;

3. Faktoren bezüglich des geografischen Risikos:

a) unbeschadet des Artikels 9 der Richtlinie (EU) 2015/849 ermittelte Länder, deren Finanzsysteme laut glaubwürdigen Quellen (z.B. gegenseitige Evaluierungen, detaillierte Bewertungsberichte oder veröffentlichte Follow-up-Berichte) nicht über hinreichende Systeme zur Verhinderung, Aufdeckung und Bekämpfung von Geldwäsche und Terrorismusfinanzierung verfügen,

b) Drittstaaten, in denen Korruption oder andere kriminelle Tätigkeiten laut glaubwürdigen Quellen signifikant stark ausgeprägt sind,

c) Staaten, gegen die beispielsweise die Europäische Union oder die Vereinten Nationen Sanktionen, Embargos oder ähnliche Maßnahmen verhängt hat oder haben,

d) Staaten, die terroristische Aktivitäten finanziell oder anderweitig unterstützen oder in denen bekannte terroristische Organisationen aktiv sind.

18a. Verordnung über die Bestimmung von Dokumenten, die zur Überprüfung der Identität einer nach dem Geldwäschegesetz zu identifizierenden Person zum Zwecke des Abschlusses eines Zahlungskontovertrags zugelassen werden (Zahlungskonto-Identitätsprüfungsverordnung – ZIdPrüfV)

Vom 5. Juli 2016
(BAnz AT 06.07.2016 V1)

FNA 7613-2-1

zuletzt geänd. durch Art. 14 Abs. 6 G zur Umsetzung der Zweiten ZahlungsdiensteRL v. 17.7.2017 (BGBl. I S. 2446)

Auf Grund des § 4 Absatz 4 Satz 2 des Geldwäschegesetzes[1)] vom 13. August 2008 (BGBl. I S. 1690) verordnet das Bundesministerium des Innern im Einvernehmen mit dem Bundesministerium der Finanzen:

§ 1 Weitere Dokumente, die zur Überprüfung der Identität zum Zwecke des Abschlusses eines Zahlungskontovertrags zugelassen werden.

(1) Zum Zwecke des Abschlusses eines Vertrags über ein Zahlungskonto im Sinne von § 1 Absatz 17 des Zahlungsdiensteaufsichtsgesetzes[2)] ist zur Überprüfung der Identität einer nach dem Geldwäschegesetz[1)] zu identifizierenden Person auch zugelassen:

1. bei einer Person, die das 16. Lebensjahr nicht vollendet hat und nicht selbst im Besitz eines Dokuments nach § 12 Absatz 1 Satz 1 Nummer 1 des Geldwäschegesetzes ist, die Geburtsurkunde in Verbindung mit der Überprüfung der Identität des gesetzlichen Vertreters anhand eines Dokuments nach § 12 Absatz 1 Satz 1 Nummer 1 des Geldwäschegesetzes,
2. bei einem Betreuten die Bestellungsurkunde des Betreuers nach § 290 des Gesetzes über das Verfahren in Familiensachen und in den Angelegenheiten der freiwilligen Gerichtspraxis in Verbindung mit der Überprüfung der Identität des Betreuers anhand eines Dokuments nach § 12 Absatz 1 Satz 1 Nummer 1 des Geldwäschegesetzes.

(2) Zum Zwecke des Abschlusses eines Basiskontovertrags im Sinne der §§ 31, 38 des Zahlungskontengesetzes[3)] ist zur Überprüfung der Identität einer nach dem Geldwäschegesetz zu identifizierenden Person auch zugelassen:

1. bei einem Ausländer, der nicht im Besitz eines der in § 12 Absatz 1 Satz 1 Nummer 1 des Geldwäschegesetzes genannten Dokumente ist, eine Bescheinigung über die Aussetzung der Abschiebung nach § 60a Absatz 4 des Aufenthaltsgesetzes gemäß Anlage D2b in Verbindung mit Anlage D2a der Aufenthaltsverordnung,

---

1) Nr. **18**.
2) Nr. **12**.
3) Nr. **16**.

2. bei einem Asylsuchenden, der nicht im Besitz eines der in § 12 Absatz 1 Satz 1 Nummer 1 des Geldwäschegesetzes genannten Dokumente ist, ein Ankunftsnachweis nach § 63a des Asylgesetzes.

§ 2 Inkrafttreten. Diese Verordnung tritt am Tag nach der Verkündung[1] in Kraft.

[1] Verkündet am 6.7.2016.

19. Verordnung (EU) 2020/1503 des Europäischen Parlaments und des Rates vom 7. Oktober 2020 über Europäische Schwarmfinanzierungsdienstleister für Unternehmen und zur Änderung der Verordnung (EU) 2017/1129 und der Richtlinie (EU) 2019/1937

(Text von Bedeutung für den EWR)

(ABl. L 347 S. 1)

Celex-Nr. 3 2020 R 1503

DAS EUROPÄISCHE PARLAMENT UND DER RAT DER EUROPÄISCHEN UNION –

gestützt auf den Vertrag über die Arbeitsweise der Europäischen Union, insbesondere auf Artikel 114,

auf Vorschlag der Europäischen Kommission,

nach Zuleitung des Entwurfs des Gesetzgebungsakts an die nationalen Parlamente,

nach Anhörung der Europäischen Zentralbank,

nach Stellungnahme des Europäischen Wirtschafts- und Sozialausschusses[1)],

gemäß dem ordentlichen Gesetzgebungsverfahren[2)],

in Erwägung nachstehender Gründe:

(1) Schwarmfinanzierung etabliert sich zunehmend als alternative Finanzierungsform für neugegründete Unternehmen sowie kleine und mittlere Unternehmen (KMU) und stützt sich meist auf relativ kleine Anlagebeträge. Dabei handelt es sich um eine zunehmend bedeutsame Art der Vermittlung, bei der ein Schwarmfinanzierungsdienstleister, ohne dabei selbst ein Risiko einzugehen, eine öffentlich zugängliche digitale Plattform betreibt, um eine Zusammenführung potenzieller Anleger oder Kreditgeber mit Unternehmen zu ermöglichen oder zu erleichtern, die sich Finanzmittel beschaffen wollen. Diese Finanzierung könnte in Form von Krediten oder in Form des Erwerbs von übertragbaren Wertpapieren oder von anderen für Schwarmfinanzierungszwecke zugelassenen Instrumenten erfolgen. Die vorliegende Verordnung sollte daher sowohl für kreditbasierte als auch für anlagebasierte Schwarmfinanzierung gelten, da diese Arten von Schwarmfinanzierung als vergleichbare Finanzierungsalternativen strukturiert werden können.

(2) An der Erbringung von Schwarmfinanzierungsdienstleistungen sind in der Regel drei Arten von Akteuren beteiligt: der Projektträger, der das zu finanzierende Projekt vorschlägt, Anleger, die das vorgeschlagene Projekt finanzieren, und ein Schwarmfinanzierungsdienstleister als Mittlerorganisation, der die Projektträger und Anleger mithilfe einer Online-Plattform zusammenbringt.

(3) Schwarmfinanzierung kann dazu beitragen, KMU Zugang zu Finanzmitteln zu verschaffen und die Kapitalmarktunion zu vollenden. Ein mangelhafter Zugang von KMU zu Finanzmitteln ist auch in den Mitgliedstaaten ein Problem, in denen der Zugang zu Bankkrediten während der gesamten Finanzkrise stabil blieb. Schwarmfinanzierung ist eine zunehmend gängige Praxis geworden, wenn es um die Finanzierung von Geschäftstätigkeiten von natürlichen und juristischen Personen geht. Solche Finanzierungen erfolgen mithilfe von Online-Plattformen; die Geschäftstätigkeiten werden für gewöhnlich durch eine große Zahl von Personen oder Organisationen finanziert; und die Unternehmen, einschließlich neugegründete Unternehmen, beschaffen sich relativ geringe Geldbeträge.

(4) Schwarmfinanzierung ist jedoch nicht nur eine alternative Quelle von Finanzmitteln wie zum Beispiel Risikokapital, sondern kann Unternehmen weitere Vorteile bieten. Schwarmfinanzierung kann eine Geschäftsidee bestätigen, Unternehmern Zugang zu einer großen Zahl von

---

[1)] **Amtl. Anm.:** ABl. C 367 vom 10.10.2018, S. 65.

[2)] **Amtl. Anm.:** Standpunkt des Europäischen Parlaments vom 27. März 2019 (noch nicht im Amtsblatt veröffentlicht) und Standpunkt des Rates in erster Lesung vom 20. Juli 2020 (noch nicht im Amtsblatt veröffentlicht). Standpunkt des Europäischen Parlaments vom 5. Oktober 2020 (noch nicht im Amtsblatt veröffentlicht).

Personen und somit auch zu Wissen und Informationen eröffnen und als Marketinginstrument dienen.

(5) Einige Mitgliedstaaten haben bereits auf den nationalen Markt abgestimmte Schwarmfinanzierungsregelungen eingeführt. Diese sind auf die Merkmale und Erfordernisse der lokalen Märkte und Anleger zugeschnitten. Dadurch unterscheiden sich jedoch die bestehenden nationalen Vorschriften innerhalb der Union, was die Betriebsbedingungen für Schwarmfinanzierungsplattformen, den zulässigen Tätigkeitsumfang und die Voraussetzungen für die Zulassung betrifft.

(6) Die Unterschiede zwischen den bestehenden nationalen Vorschriften sind von solcher Art, dass sie die grenzüberschreitende Erbringung von Schwarmfinanzierungsdienstleistungen erschweren und daher direkte Auswirkungen auf die Funktionsweise des Binnenmarkts für diese Dienste haben. So führt insbesondere die Tatsache, dass der Rechtsrahmen entlang nationaler Grenzen fragmentiert ist, zu erheblichen Kosten für Kleinanleger, die bei der Bestimmung des anwendbaren Rechts für grenzüberschreitende Schwarmfinanzierungsdienstleistungen oft mit Schwierigkeiten konfrontiert sind. Diese Anleger schrecken daher oft davor zurück, mittels Schwarmfinanzierungsplattformen grenzüberschreitend anzulegen. Ebenso werden Schwarmfinanzierungsdienstleister, die diese Plattformen betreiben, davon abgehalten, ihre Dienstleistungen auch in anderen Mitgliedstaaten als dem ihrer Niederlassung anzubieten. Schwarmfinanzierungsdienstleistungen beschränken sich daher bisher noch immer weitgehend auf den nationalen Markt, was auf Kosten eines unionsweiten Schwarmfinanzierungsmarkts geht; dadurch wird der Zugang der Unternehmen zu Schwarmfinanzierungsdienstleistungen erschwert, insbesondere in Fällen, in denen diese Unternehmen auf kleineren nationalen Märkten tätig sind.

(7) Zur Unterstützung grenzüberschreitender Schwarmfinanzierungsdienstleistungen und zur Erleichterung der Ausübung der Freiheit, diese Dienstleistungen auf dem Binnenmarkt für Schwarmfinanzierungen zu erbringen und in Anspruch zu nehmen, ist es erforderlich, die bestehenden Hindernisse für einen reibungslos funktionierenden Binnenmarkt für Schwarmfinanzierungsdienstleistungen abzubauen und durch Festlegung eines Regelungsrahmens auf Unionsebene ein hohes Maß an Anlegerschutz zu gewährleisten.

(8) Durch den Abbau der Hindernisse für einen funktionierenden Binnenmarkt für Schwarmfinanzierungsdienstleistungen soll die vorliegende Verordnung die grenzüberschreitende Finanzierung von Unternehmen erleichtern. Schwarmfinanzierungsdienstleistungen in Zusammenhang mit Krediten für Verbraucher im Sinne des Artikels 3 Buchstabe a der Richtlinie 2008/48/EG des Europäischen Parlaments und des Rates[1)] sollten daher nicht in den Anwendungsbereich dieser Verordnung fallen.

(9) Zur Vermeidung von Aufsichtsarbitrage und zur Gewährleistung einer wirksamen Beaufsichtigung sollten Schwarmfinanzierungsdienstleister keine Einlagen oder sonstigen rückzahlbaren Gelder des Publikums entgegennehmen dürfen, außer sie sind gemäß Artikel 8 der Richtlinie 2013/36/EU des Europäischen Parlaments und des Rates[2)] auch als Kreditinstitut zugelassen. Die Mitgliedstaaten sollten jedoch sicherstellen, dass nach nationalem Recht keine Zulassung als Kreditinstitut oder eine andere individuelle Zulassung, Ausnahme oder Befreiung für Projektträger oder Anleger erforderlich ist, wenn diese für die Zwecke des Angebots von Schwarmfinanzierungsprojekten oder der Anlage in solche Projekte Gelder entgegennehmen oder Kredite gewähren.

(10) Ziel der Erbringung von Schwarmfinanzierungsdienstleistungen ist es, die Finanzierung eines Projekts zu erleichtern, indem Kapital von einer großen Zahl von Personen beschafft wird, die über ein öffentlich zugängliches internetbasiertes Informationssystem jeweils relativ geringe Anlagebeträge beitragen. Schwarmfinanzierungsdienstleistungen stehen daher einem unbeschränkten Pool von Anlegern offen, die gleichzeitig Vorschläge für Anlagen erhalten, und sie beinhalten die Beschaffung von Finanzmitteln vorwiegend von natürlichen Personen, einschließlich solcher, die nicht über ein hohes Reinvermögen verfügen. Die vorliegende Verordnung sollte auf Schwarmfinanzierungsdienstleistungen Anwendung finden, die die gemeinsame Erbringung der Annahme und Übermittlung von Kundenaufträgen und die Platzierung von übertragbaren

---

[1)] **Amtl. Anm.:** Richtlinie 2008/48/EG des Europäischen Parlaments und des Rates vom 23. April 2008 über Verbraucherkreditverträge und zur Aufhebung der Richtlinie 87/102/EWG des Rates (ABl. L 133 vom 22.5.2008, S. 66).

[2)] **Amtl. Anm.:** Richtlinie 2013/36/EU des Europäischen Parlaments und des Rates vom 26. Juni 2013 über den Zugang zur Tätigkeit von Kreditinstituten und die Beaufsichtigung von Kreditinstituten und Wertpapierfirmen, zur Änderung der Richtlinie 2002/87/EG und zur Aufhebung der Richtlinien 2006/48/EG und 2006/49/EG (ABl. L 176 vom 27.6.2013, S. 338).

Wertpapieren oder für Schwarmfinanzierungszwecke zugelassenen Instrumenten ohne feste Übernahmeverpflichtung auf einer öffentlichen Plattform, die Anleger unbeschränkten Zugang bietet, umfassen. Die gemeinsame Erbringung dieser Dienstleistungen ist das Hauptmerkmal von Schwarmfinanzierungsdienstleistungen verglichen mit bestimmten Wertpapierdienstleistungen, die gemäß der Richtlinie 2014/65/EU des Europäischen Parlaments und des Rates[1)] erbracht werden, auch wenn jene Dienstleistungen jeweils einzeln betrachtet den unter die genannte Richtlinie fallenden Dienstleistungen entsprechen.

(11) In Bezug auf kreditbasierte Schwarmfinanzierungen sollte die vorliegende Verordnung auf Schwarmfinanzierungsdienstleistungen Anwendung finden, die die Vermittlung von Krediten, einschließlich Dienstleistungen wie der Unterbreitung von Schwarmfinanzierungsangeboten gegenüber Kunden und der Preisfestsetzung oder der Bewertung des Kreditrisikos von Schwarmfinanzierungsprojekten oder Projektträgern umfassen. Die Definition von Schwarmfinanzierungsdienstleistungen sollte verschiedene Geschäftsmodelle umfassen und es ermöglichen, einen Kreditvertrag zwischen einem oder mehreren Anlegern und einem oder mehreren Projektträgern über eine Schwarmfinanzierungsplattform zu schließen. In den Anwendungsbereich dieser Verordnung fallende Kredite sollten Kredite mit unbedingter Verpflichtung zur Rückzahlung eines vereinbarten Geldbetrags an den Anleger sein, wobei kreditbasierte Schwarmfinanzierungsplattformen den Abschluss von Kreditverträgen durch Anleger und Projektträger lediglich erleichtern, ohne dass der Schwarmfinanzierungsdienstleister zu irgendeinem Zeitpunkt als Gläubiger des Projektträgers handelt. Die Vermittlung von Krediten innerhalb des Anwendungsbereichs dieser Verordnung ist von der Tätigkeit eines Kreditinstituts zu unterscheiden, das Kredite für eigene Rechnung gewährt und Einlagen oder andere rückzahlbare Gelder von Kunden entgegennimmt.

(12) Zur Erbringung ihrer Dienstleistungen betreiben Schwarmfinanzierungsdienstleister öffentlich zugängliche internetbasierte Informationssysteme, einschließlich Systemen, die eine Registrierung der Nutzer verlangen.

(13) Bei anlagebasierten Schwarmfinanzierungen bietet die Übertragbarkeit den Anlegern die wichtige Sicherheit, aus ihrer Anlage aussteigen zu können, da sie die Möglichkeit haben, ihren Anteil an den Kapitalmärkten zu veräußern. Im Rahmen dieser Verordnung sind Schwarmfinanzierungsdienstleistungen daher im Zusammenhang mit übertragbaren Wertpapieren geregelt und gestattet. Die Anteile bestimmter Gesellschaften mit beschränkter Haftung, die nach dem nationalen Recht der Mitgliedstaaten gegründet wurden, sind an den Kapitalmärkten ebenfalls frei übertragbar; ihrer Aufnahme in den Anwendungsbereich dieser Verordnung sollte daher nichts entgegenstehen.

(14) Für bestimmte für Schwarmfinanzierungszwecke zugelassene Instrumente gilt in einigen Mitgliedstaaten nationales Recht, das ihre Übertragbarkeit regelt, wie beispielsweise die Anforderung der notariellen Beurkundung der Übertragung. Diese Verordnung sollte unbeschadet des nationalen Rechts gelten, das die Übertragung solcher Instrumente regelt.

(15) Die Ausgaben neuer virtueller Krypto-Token haben das Potenzial, KMU, innovative neugegründete Unternehmen und expandierende Unternehmen zu finanzieren, und können den Technologietransfer beschleunigen, doch unterscheiden sich ihre Merkmale erheblich von den in dieser Verordnung geregelten Schwarmfinanzierungsdienstleistungen.

(16) Angesichts der mit Schwarmfinanzierungsanlagen verbundenen Risiken und im Interesse eines wirksamen Anlegerschutzes und der Einrichtung eines Mechanismus für Marktdisziplin sollte ein Schwellenwert für den Gesamtgegenwert der von einem bestimmten Projektträger unterbreiteten Schwarmfinanzierungsangebote festgesetzt werden. Dementsprechend sollte dieser Schwellenwert auf 5 000 000 EUR festgesetzt werden, da dies der Höchstbetrag ist, bis zu dem die meisten Mitgliedstaaten nach der Verordnung (EU) 2017/1129 des Europäischen Parlaments und des Rates[2)] eine Ausnahme von der Verpflichtung vorsehen, bei öffentlichen Wertpapierangeboten einen Prospekt zu veröffentlichen.

(17) Die sich überschneidenden Regelungsrahmen, die gemäß der vorliegenden Verordnung und der Verordnung (EU) 2017/1129 festgelegt wurden, könnten wegen des Schwellenwerts von

---

[1)] **Amtl. Anm.:** Richtlinie 2014/65/EU des Europäischen Parlaments und des Rates vom 15. Mai 2014 über Märkte für Finanzinstrumente sowie zur Änderung der Richtlinien 2002/92/EG und 2011/61/EU (ABl. L 173 vom 12.6.2014, S. 349).

[2)] **Amtl. Anm.:** Verordnung (EU) 2017/1129 des Europäischen Parlaments und des Rates vom 14. Juni 2017 über den Prospekt, der beim öffentlichen Angebot von Wertpapieren oder bei deren Zulassung zum Handel an einem geregelten Markt zu veröffentlichen ist und zur Aufhebung der Richtlinie 2003/71/EG (ABl. L 168 vom 30.6.2017, S. 12).

5 000 000 EUR ein höheres Risiko der Aufsichtsarbitrage mit sich bringen und negative Folgen für den Zugang zu Finanzmitteln und die Entwicklung der Kapitalmärkte in bestimmten Mitgliedstaaten haben. Darüber hinaus verfügt bisher nur eine begrenzte Zahl von Mitgliedstaaten über einen spezifischen Rechtsrahmen zur Regelung von Schwarmfinanzierungsplattformen und -dienstleistungen. Unter Berücksichtigung des Umstands, dass bei der Umsetzung der Verordnung (EU) 2017/1129 einige Mitgliedstaaten den Schwellenwert für eine Ausnahme von der Verpflichtung, bei öffentlichen Wertpapierangeboten einen Prospekt zu veröffentlichen, auf unter 5 000 000 EUR festgesetzt haben, und unter Berücksichtigung der besonderen Anstrengung, die diesen Mitgliedstaaten hinsichtlich der Anpassung ihres nationalen Rechts und hinsichtlich der Anwendung des einheitlichen Schwellenwerts gemäß der vorliegenden Verordnung abverlangt würde, sollte die vorliegende Verordnung eine nicht zu verlängernde befristete Ausnahmeregelung vorsehen, damit die besagten Mitgliedstaaten diese erhebliche Anstrengung unternehmen können. Die befristete Ausnahmeregelung sollte für einen möglichst kurzen Zeitraum gelten, um das Funktionieren des Binnenmarkts so wenig wie möglich zu stören.

(18) Im Interesse eines hohen Anlegerschutzes, zur Verringerung der mit Schwarmfinanzierung verbundenen Risiken und zur Gewährleistung einer fairen Behandlung aller Kunden sollten die Schwarmfinanzierungsdienstleister über Vorschriften verfügen, die eine professionelle, faire und transparente Auswahl der Projekte auf ihren Plattformen und eine professionelle, faire und transparente Erbringung der Schwarmfinanzierungsdienstleistungen sicherstellen.

(19) Zur Verbesserung der Dienstleistungen für ihre Kunden sollten Schwarmfinanzierungsdienstleister in der Lage sein, einzelnen Anlegern Schwarmfinanzierungsprojekte auf der Grundlage eines oder mehrerer spezifischer Parameter oder Risikoindikatoren, wie beispielsweise der Art oder des Sektors der Geschäftstätigkeit oder einer Bonitätsbewertung, die dem Schwarmfinanzierungsdienstleister vom Anleger im Voraus mitgeteilt wurden, vorzuschlagen. Die gemäß der vorliegenden Verordnung erlangte Zulassung sollte Schwarmfinanzierungsdienstleistern jedoch nicht das Recht einräumen, individuelle oder kollektive Vermögensverwaltungsdienstleistungen zu erbringen. Um sicherzustellen, dass die Anlagemöglichkeiten den potenziellen Anlegern auf neutrale Weise angeboten werden, sollten die Schwarmfinanzierungsdienstleister keine Vergütung, keinen Rabatt und keinen nichtmonetären Vorteil dafür erhalten bzw. gewähren, dass sie Anlegeraufträge zu einem bestimmten Angebot auf ihrer Plattform oder der Plattform eines Dritten weiterleiten.

(20) Geschäftsmodelle, bei denen automatisierte Prozesse genutzt werden, durch die Finanzmittel vom Schwarmfinanzierungsdienstleister gemäß im Voraus vom Anleger festgelegten Parametern und Risikoindikatoren automatisch Schwarmfinanzierungsprojekten zugeteilt werden, sogenanntes Auto-Investing, sollten als individuelle Verwaltung des Kreditportfolios gelten.

(21) Das Vorhandensein von Filterinstrumenten auf einer Schwarmfinanzierungsplattform gemäß der vorliegenden Verordnung sollte nicht als Anlageberatung gemäß der Richtlinie 2014/65/EU betrachtet werden, solange diese Instrumente den Kunden in neutraler Weise Informationen liefern, die keine Empfehlung darstellen. Diese Filterinstrumente sollten solche Instrumente einschließen, die Ergebnisse auf der Grundlage von Kriterien im Zusammenhang mit rein objektiven Produktmerkmalen anzeigen. Objektive Produktmerkmale im Kontext einer Schwarmfinanzierungsplattform könnten im Voraus definierte Projektkriterien wie der Wirtschaftssektor, das eingesetzte Anlageinstrument und der Zinssatz oder, sofern ausreichende Informationen über die Berechnungsmethode offengelegt werden, die Risikokategorie sein. In ähnlicher Weise sollten auch Finanzkennzahlen, die ohne jeden Ermessenspielraum berechnet wurden, als objektive Kriterien gelten.

(22) Diese Verordnung soll Direktanlagen erleichtern und dazu beitragen, Möglichkeiten der Aufsichtsarbitrage für Finanzintermediäre zu vermeiden, die anderen Rechtsakten der Union, insbesondere den Rechtsakten für Vermögensverwalter, unterliegen. Die Nutzung von Rechtsstrukturen, die zwischen das Schwarmfinanzierungsprojekt und die Anleger geschaltet sind, einschließlich Zweckgesellschaften, sollte daher streng geregelt und nur dann zulässig sein, wenn dies dadurch gerechtfertigt ist, dass einem Anleger ermöglicht wird, eine Beteiligung, zum Beispiel an einem illiquiden oder unteilbaren Vermögenswert, mittels der Ausgabe übertragbarer Wertpapiere durch eine Zweckgesellschaft zu erwerben.

(23) Die Gewährleistung einer wirksamen Unternehmensführung ist für ein angemessenes Risikomanagement und die Vermeidung von Interessenkonflikten von entscheidender Bedeutung. Schwarmfinanzierungsdienstleister sollten daher über Regelungen für die Unternehmensführung verfügen, die eine wirksame und umsichtige Geschäftsleitung dieser Dienstleister sicherstellen. Die für deren Geschäftsleitung verantwortlichen natürlichen Personen sollten zuverlässig sein und über ausreichende Kenntnisse, Fähigkeiten und Berufserfahrung verfügen. Zudem sollten

Schwarmfinanzierungsdienstleister Verfahren für die Entgegennahme und Bearbeitung von Kundenbeschwerden einführen.

(24) Kunden sind potenziellen Risiken im Zusammenhang mit den Schwarmfinanzierungsdienstleistern ausgesetzt, insbesondere Geschäftsrisiken. Um Kunden vor solchen Risiken zu schützen, sollten Schwarmfinanzierungsdienstleister Aufsichtsanforderungen unterliegen.

(25) Schwarmfinanzierungsdienstleister sollten Pläne für die Geschäftsfortführung im Krisenfall ausarbeiten müssen, in denen auf die mit einem Ausfall eines Schwarmfinanzierungsdienstleisters zusammenhängenden Risiken eingegangen wird. Diese Geschäftsfortführungspläne sollten Bestimmungen für den Umgang mit entscheidenden Funktionen umfassen, die – je nach dem Geschäftsmodell des Schwarmfinanzierungsdienstleisters – Bestimmungen für die fortgesetzte Verwaltung ausstehender Kredite, die Kundenbenachrichtigung und die Übertragung von Vorkehrungen für die Verwahrung des Kundenvermögens einschließen könnten.

(26) Schwarmfinanzierungsdienstleister sollten auf ihrer Schwarmfinanzierungsplattform als neutrale Vermittler zwischen ihren Kunden operieren. Zur Vermeidung von Interessenkonflikten sollten bestimmte Anforderungen an Schwarmfinanzierungsdienstleister, ihre Anteilseigner, Mitglieder der Geschäftsleitung und Beschäftigte sowie an alle natürlichen und juristischen Personen, die mit ihnen durch Kontrolle eng verbunden sind, festgelegt werden. Insbesondere sollten Schwarmfinanzierungsdienstleister keine Beteiligung an den Schwarmfinanzierungsangeboten auf ihren Schwarmfinanzierungsplattformen halten dürfen. Wesentliche Anteilseigner, Mitglieder der Geschäftsleitung und Beschäftigte sowie alle natürlichen und juristischen Personen, die mit ihnen durch Kontrolle eng verbunden sind, sollten in Bezug auf die auf ihrer Schwarmfinanzierungsplattform angebotenen Schwarmfinanzierungsdienstleistungen nicht als Projektträger tätig werden. Es sollte diesen wesentlichen Anteilseignern, Mitgliedern der Geschäftsleitung, Beschäftigten und natürlichen und juristischen Personen jedoch nicht untersagt sein, im Rahmen der auf ihrer Schwarmfinanzierungsplattform angebotenen Projekte als Anleger tätig zu werden, vorausgesetzt, dass angemessene Schutzmaßnahmen gegen Interessenkonflikte vorhanden sind.

(27) Im Interesse der effizienten und reibungslosen Erbringung von Schwarmfinanzierungsdienstleistungen sollte es Schwarmfinanzierungsdienstleistern gestattet sein, einen Dritten ganz oder teilweise mit ihren betrieblichen Aufgaben zu betrauen, sofern eine solche Auslagerung keine Auswirkungen auf die Qualität der internen Kontrolle der Schwarmfinanzierungsdienstleister oder die wirksame Aufsicht über die Schwarmfinanzierungsdienstleister hat. Die Schwarmfinanzierungsdienstleister sollten jedoch hinsichtlich der ausgelagerten Tätigkeiten für die Einhaltung dieser Verordnung vollständig verantwortlich bleiben.

(28) Die Anforderungen in Bezug auf die Vermögensverwahrung sind für den Schutz von Anlegern, die Schwarmfinanzierungsdienstleistungen in Anspruch nehmen, von entscheidender Bedeutung. Übertragbare Wertpapiere oder für Schwarmfinanzierungszwecke zugelassene Instrumente, die auf einem Konto für Finanzinstrumente verbucht oder einer Verwahrstelle physisch übergeben werden können, sollten von einer qualifizierten Verwahrstelle verwahrt werden, die gemäß der Richtlinie 2013/36/EU oder 2014/65/EU zugelassen wurde. Je nach der Art der zu verwahrenden Vermögenswerte müssen die Vermögenswerte entweder in Verwahrung genommen werden, wie dies bei übertragbaren Wertpapieren, die auf einem Konto für Finanzinstrumente verbucht oder einer Verwahrstelle physisch übergeben werden können, der Fall ist, oder einer Überprüfung der Eigentumsverhältnisse und dem Führen von Aufzeichnungen unterliegen. Die Verwahrung von übertragbaren Wertpapieren oder von für Schwarmfinanzierungszwecke zugelassenen Instrumenten, die nach nationalem Recht nur beim Projektträger oder seinem Bevollmächtigten registriert sind, wie beispielsweise Anlagen in nicht börsennotierte Gesellschaften, oder die auf einem Einzelkunden-Konto gehalten werden, das ein Kunde direkt bei einer zentralen Wertpapierverwahrstelle eröffnen könnte, gilt als der Vermögensverwahrung durch qualifizierte Verwahrstellen gleichwertig.

(29) Da nur Zahlungsdienstleister Zahlungsdienste im Sinne der Richtlinie (EU) 2015/2366 des Europäischen Parlaments und des Rates[1)] erbringen dürfen, ist eine Zulassung für die Erbringung von Schwarmfinanzierungsdienstleistungen einer Zulassung für die Erbringung von Zahlungsdiensten nicht gleichwertig. Es sollte daher präzisiert werden, dass ein Schwarmfinanzierungsdienstleister auch über eine Zulassung als Zahlungsdienstleister im Sinne der Richtlinie (EU)

[1)] **Amtl. Anm.:** Richtlinie (EU) 2015/2366 des Europäischen Parlaments und des Rates vom 25. November 2015 über Zahlungsdienste im Binnenmarkt, zur Änderung der Richtlinien 2002/65/EG, 2009/110/EG und 2013/36/EU und der Verordnung (EU) Nr. 1093/2010 sowie zur Aufhebung der Richtlinie 2007/64/EG (ABl. L 337 vom 23.12.2015, S. 35).

2015/2366 verfügen muss, wenn er im Zusammenhang mit seinen Schwarmfinanzierungsdienstleistungen solche Zahlungsdienste erbringt. Diese Anforderung gilt unbeschadet der gemäß der Richtlinie 2014/65/EU zugelassenen Unternehmen, die eine in Artikel 3 der Richtlinie (EU) 2015/2366 genannte Tätigkeit ausüben und die auch der in Artikel 37 der Richtlinie (EU) 2015/2366 vorgesehenen Meldeanforderung unterliegen. Damit diese Tätigkeiten ordnungsgemäß beaufsichtigt werden können, sollte der Schwarmfinanzierungsdienstleister die zuständigen Behörden darüber unterrichten, ob er selbst mit der erforderlichen Zulassung Zahlungsdienste zu erbringen beabsichtigt oder einen zugelassenen Dritten mit diesen Diensten beauftragt.

(30) Das Wachstum des Schwarmfinanzierungssektors und die reibungslose Erbringung grenzübergreifender Schwarmfinanzierungsdienstleistungen setzen eine ausreichende Größe und das Vertrauen der Öffentlichkeit in diese Dienstleistungen voraus. Es ist daher erforderlich, einheitliche, verhältnismäßige und unmittelbar anwendbare Anforderungen an die Zulassung von Schwarmfinanzierungsdienstleistern festzulegen. Die Anforderungen an Schwarmfinanzierungsdienstleistungen sollten die grenzüberschreitende Erbringung dieser Dienstleistungen daher erleichtern, die betrieblichen Risiken begrenzen und ein hohes Maß an Transparenz und Anlegerschutz gewährleisten.

(31) Um eine wirksame Beaufsichtigung der Schwarmfinanzierungsdienstleister sicherzustellen, sollten nur juristische Personen, die über eine tatsächliche und dauerhafte Niederlassung in der Union verfügen, was die notwendigen Mittel miteinschließt, eine Zulassung als Schwarmfinanzierungsdienstleister gemäß dieser Verordnung beantragen können.

(32) Wie im Bericht der Kommission an das Europäische Parlament und den Rat vom 26. Juni 2017 über die Bewertung der mit grenzüberschreitenden Tätigkeiten im Zusammenhang stehenden Risiken der Geldwäsche und der Terrorismusfinanzierung für den Binnenmarkt hervorgehoben wurde, können Schwarmfinanzierungsdienstleistungen mit Risiken hinsichtlich Geldwäsche und Terrorismusfinanzierung verbunden sein. Daher sollten Schutzmaßnahmen vorgesehen werden, wenn die Bedingungen für die Zulassung von Schwarmfinanzierungsdienstleistern und für die Bewertung der Zuverlässigkeit der für die Geschäftsleitung verantwortlichen natürlichen Personen festgelegt werden sowie indem die Erbringung von Zahlungsdiensten auf zugelassene Unternehmen beschränkt wird, die den Bestimmungen über die Bekämpfung von Geldwäsche und Terrorismusfinanzierung unterliegen. Zwecks weiterer Gewährleistung der Marktintegrität durch Vorbeugung gegen die Risiken von Geldwäsche und Terrorismusfinanzierung und unter Berücksichtigung des Kapitalbetrags, der gemäß der vorliegenden Verordnung im Rahmen eines Schwarmfinanzierungsangebots beschafft werden kann, sollte die Kommission prüfen, inwieweit es notwendig und verhältnismäßig ist, Schwarmfinanzierungsdienstleister zur Einhaltung des nationalen Rechts zur Umsetzung der Richtlinie (EU) 2015/849 des Europäischen Parlaments und des Rates[1)] in Bezug auf Geldwäsche und Terrorismusfinanzierung zu verpflichten und diese Schwarmfinanzierungsdienstleister in die Liste der Verpflichteten im Sinne der genannten Richtlinie aufzunehmen.

(33) Um es Schwarmfinanzierungsdienstleistern zu ermöglichen, grenzüberschreitend tätig zu werden, ohne dabei unterschiedlichen Vorschriften zu unterliegen, und die unionsweite Projektfinanzierung durch Anleger aus verschiedenen Mitgliedstaaten somit zu erleichtern, sollten die Mitgliedstaaten an jene Schwarmfinanzierungsdienstleister, die gemäß dieser Verordnung zugelassen wurden, keine zusätzlichen Anforderungen stellen dürfen.

(34) Das Zulassungsverfahren sollte es den zuständigen nationalen Behörden ermöglichen, Informationen über die Dienstleistungen, die die potenziellen Schwarmfinanzierungsdienstleister zu erbringen beabsichtigen, einschließlich über die Schwarmfinanzierungsplattformen, die diese zu betreiben beabsichtigen, einzuholen und die Qualität der Geschäftsleitung sowie ihre interne Organisation und internen Verfahren, die zur Gewährleistung der Einhaltung dieser Verordnung einführen, zu bewerten.

(35) Um eine ordnungsgemäße Beaufsichtigung zu gewährleisten und unverhältnismäßigen Verwaltungsaufwand zu vermeiden, sollten Unternehmen, die nach der Richtlinie 2009/110/EG des

---

[1)] **Amtl. Anm.:** Richtlinie (EU) 2015/849 des Europäischen Parlaments und des Rates vom 20. Mai 2015 zur Verhinderung der Nutzung des Finanzsystems zum Zwecke der Geldwäsche und der Terrorismusfinanzierung, zur Änderung der Verordnung (EU) Nr. 648/2012 des Europäischen Parlaments und des Rates und zur Aufhebung der Richtlinie 2005/60/EG des Europäischen Parlaments und des Rates und der Richtlinie 2006/70/EG der Kommission (ABl. L 141 vom 5.6.2015, S. 73).

Europäischen Parlaments und des Rates[1] oder der Richtlinie 2013/36/EU, 2014/65/EU oder (EU) 2015/2366 zugelassen wurden und die Schwarmfinanzierungsdienstleistungen zu erbringen beabsichtigen, über eine Zulassung sowohl im Rahmen einer dieser Richtlinien als auch im Rahmen der vorliegenden Verordnung verfügen können. In diesen Fällen sollte ein vereinfachtes Zulassungsverfahren gelten und die zuständigen Behörden sollten nicht verlangen, dass Dokumente oder Nachweise eingereicht werden, die ihnen bereits vorliegen.

(36) Im Interesse der Transparenz für Anleger hinsichtlich der Erbringung von Schwarmfinanzierungsdienstleistungen sollte die gemäß Verordnung (EU) Nr. 1095/2010 des Europäischen Parlaments und des Rates[2] eingerichtete Europäische Aufsichtsbehörde (Europäische Wertpapier-und Marktaufsichtsbehörde) (ESMA) ein aktuelles öffentliches Verzeichnis aller gemäß dieser Verordnung zugelassenen Schwarmfinanzierungsdienstleister führen. Dieses Verzeichnis sollte Informationen über alle in der Union betriebenen Schwarmfinanzierungsplattformen beinhalten.

(37) Eine Zulassung gemäß der vorliegenden Verordnung sollte entzogen werden, wenn der Schwarmfinanzierungsdienstleister die Voraussetzungen, unter denen die Zulassung erteilt wurde, nicht mehr erfüllt. Die zuständigen Behörden sollten auch befugt sein, eine gemäß dieser Verordnung erteilte Zulassung zu entziehen, wenn ein Schwarmfinanzierungsdienstleister oder ein Dritter, der in seinem Namen handelt, seine Zulassung zur Erbringung von Zahlungsdiensten im Sinne der Richtlinie (EU) 2015/2366 oder Wertpapierdienstleistungen im Sinne der Richtlinie 2014/65/EU verloren hat oder wenn ein Schwarmfinanzierungsdienstleister, der zugleich ein Zahlungsdienstleister ist, oder die Mitglieder seiner Geschäftsleitung, seine Beschäftigten oder Dritte, die in seinem Namen handeln, gegen nationales Recht zur Umsetzung der Richtlinie (EU) 2015/849 verstoßen haben.

(38) Um seinen Kunden eine breite Palette von Dienstleistungen anbieten zu können, sollte ein nach dieser Verordnung zugelassener Schwarmfinanzierungsdienstleister andere Tätigkeiten ausüben dürfen als die Erbringung von unter eine Zulassung gemäß dieser Verordnung fallenden Schwarmfinanzierungsdienstleistungen.

(39) Damit Klarheit über die Art von Schwarmfinanzierungsdienstleistungen und die Risiken, Kosten und Gebühren solcher Dienstleistungen gewährleistet ist, sollten die Schwarmfinanzierungsdienstleister ihren Kunden Informationen bereitstellen, die fair, klar und nicht irreführend sind.

(40) Schwarmfinanzierungsdienstleister, die Schwarmfinanzierungsdienstleistungen erbringen, die in der Vermittlung von Krediten bestehen, sollten allen Kunden bestimmte relevante Informationen, wie etwa Ausfallquoten von Krediten, zur Verfügung stellen.

(41) Schwarmfinanzierungsdienstleister, die Kreditbewertungspunkte anwenden oder Preise für Schwarmfinanzierungsangebote vorschlagen, sollten die wichtigsten Elemente der von ihnen angewandten Methode offenlegen. Die Anforderung der Offenlegung der Methoden zur Berechnung von Kreditbewertungspunkten oder zur Festlegung des Preises oder des Zinssatzes sollte nicht dazu führen, dass sensible Geschäftsinformationen offenzulegen sind oder Innovationen behindert werden.

(42) Um einen angemessenen Anlegerschutz für verschiedene Kategorien von Anlegern, die an Schwarmfinanzierungsprojekten teilnehmen, zu gewährleisten und zugleich Anlageflüsse zu erleichtern, wird in dieser Verordnung zwischen kundigen und nicht kundigen Anlegern unterschieden und werden unterschiedliche Anlegerschutzbestimmungen für diese Kategorien festgelegt. Die Unterscheidung zwischen kundigen und nicht kundigen Anlegern sollte auf der Unterscheidung zwischen professionellen Kunden und Kleinanlegern gemäß der Richtlinie 2014/65/EU aufbauen. Dabei sollte allerdings auch den Besonderheiten des Schwarmfinanzierungsmarkts Rechnung getragen werden. Insbesondere sollten bei dieser Unterscheidung zwischen kundigen und nicht kundigen Anlegern in der vorliegenden Verordnung auch die Erfahrungen und Kenntnisse potenzieller Anleger bezüglich Schwarmfinanzierung berücksichtigt werden, die alle zwei Jahre neu bewertet werden sollten.

---

[1] **Amtl. Anm.:** Richtlinie 2009/110/EG des Europäischen Parlaments und des Rates vom 16. September 2009 über die Aufnahme, Ausübung und Beaufsichtigung der Tätigkeit von E-Geld-Instituten, zur Änderung der Richtlinien 2005/60/EG und 2006/48/EG sowie zur Aufhebung der Richtlinie 2000/46/EG (ABl. L 267 vom 10.10.2009, S. 7).

[2] **Amtl. Anm.:** Verordnung (EU) Nr. 1095/2010 des Europäischen Parlaments und des Rates vom 24. November 2010 zur Errichtung einer Europäischen Aufsichtsbehörde (Europäische Wertpapier- und Marktaufsichtsbehörde), zur Änderung des Beschlusses Nr. 716/2009/EG und zur Aufhebung des Beschlusses 2009/77/EG der Kommission (ABl. L 331 vom 15.12.2010, S. 84).

(43) Finanzprodukte, die auf Schwarmfinanzierungsplattformen vermarktet werden, sind keine traditionellen Anlage- oder Sparprodukte und sollten daher nicht als solche vermarktet werden. Um sicherzustellen, dass potenzielle nicht kundige Anleger das Ausmaß der mit Schwarmfinanzierungsanlagen verbundenen Risikos verstehen, sollten Schwarmfinanzierungsdienstleister jedoch verpflichtet sein, potenzielle nicht kundige Anleger zunächst einer Kenntnisprüfung zu unterziehen, um ihr Verständnis solcher Anlagen zu überprüfen. Schwarmfinanzierungsdienstleister sollten potenzielle nicht kundige Anleger, die nicht über ausreichende Kenntnisse, Fähigkeiten und Berufserfahrung verfügen, ausdrücklich warnen, dass die angebotenen Schwarmfinanzierungsdienstleistungen für sie ungeeignet sein könnten.

(44) Da sich kundige Anleger per Definition der Risiken bewusst sind, die mit Anlagen in Schwarmfinanzierungsprojekte verbunden sind, ist es nicht sinnvoll, sie zuvor einer Kenntnisprüfung zu unterziehen. Dementsprechend sollten Schwarmfinanzierungsdienstleister nicht verpflichtet sein, Risikowarnungen an kundige Anleger zu übermitteln.

(45) Um sicherzustellen, dass nicht kundige Anleger die vom Schwarmfinanzierungsdienstleister an sie gerichteten ausdrücklichen Risikowarnungen gelesen und verstanden haben, sollten sie die Risiken, die sie bei Anlagen in ein Schwarmfinanzierungsprojekt eingehen, ausdrücklich bestätigen. Um ein hohes Maß an Anlegerschutz zu erhalten und da das Fehlen einer solchen Bestätigung auf ein potenzielles mangelndes Verständnis der mit der Anlage verbundenen Risiken hindeutet, sollten die Schwarmfinanzierungsdienstleister Anlagen von nicht kundigen Anlegern nur akzeptieren, wenn diese ausdrücklich bestätigt haben, diese Warnhinweise erhalten und verstanden zu haben.

(46) Angesichts der mit Schwarmfinanzierungsprojekten verbundenen Risiken sollten nicht kundige Anleger vermeiden, sich diesen übermäßig auszusetzen. Es besteht ein erhebliches Risiko, einen großen Teil der ursprünglich angelegten Beträge zu verlieren oder sogar einen Totalverlust zu erleiden. Es ist daher angezeigt, einen Betrag festzulegen, den nicht kundige Anleger, ohne weitere Schutzmaßnahmen, höchstens in ein einzelnes Projekt anlegen können. Im Gegensatz dazu sollten kundige Anleger, die über die erforderlichen Erfahrungen, Kenntnisse oder finanziellen Kapazitäten bzw. eine entsprechende Kombination dessen verfügen, nicht durch einen derartigen Höchstbetrag begrenzt werden

(47) Um den Anlegerschutz für nicht kundige Anleger zu erhöhen, sind Bestimmungen über eine Bedenkzeit vorzusehen, während der der potenzielle nicht kundige Anleger ein Anlageangebot oder eine Interessensbekundung an einem bestimmten Schwarmfinanzierungsangebot ohne Begründung und ohne Vertragsstrafe widerrufen kann. Dies ist erforderlich, um zu vermeiden, dass der potenzielle nicht kundige Anleger durch die Annahme eines Schwarmfinanzierungsangebots auch ein Angebot für einen rechtsverbindlichen Vertrag annimmt, ohne eine Möglichkeit des Widerrufs innerhalb eines angemessenen Zeitraums zu haben. Die Bedenkzeit ist nicht erforderlich, wenn ein potenzieller nicht kundiger Anleger Interesse an einem bestimmten Schwarmfinanzierungsangebot bekunden kann, ohne sich dadurch vertraglich zu binden, es sei denn dieses Anlageangebot wird zu einem Zeitpunkt unterbreitet oder diese Interessensbekundung erfolgt zu einem Zeitpunkt, der nahe beim Ablauf des geplanten Gültigkeitsdatums des Angebots oder dem Zeitpunkt, zu dem das angestrebte Finanzierungsziel erreicht ist, liegt. Schwarmfinanzierungsdienstleister sollten sicherstellen, dass vor Ende der Bedenkzeit keine Mittel von dem Anleger eingezogen oder an den Projektträger überwiesen werden.

(48) Angesichts der möglichen Auswirkungen eines Widerrufs eines Anlageangebots oder einer Interessensbekundung während einer Bedenkzeit auf die Kosten der Kapitalbeschaffung über Schwarmfinanzierungsplattformen sollte die Kommission im Rahmen ihres Berichts nach dieser Verordnung bewerten, ob die Bedenkzeit im Interesse eines effizienteren Kapitalbeschaffungsverfahrens verkürzt werden sollte, jedoch ohne dadurch den Anlegerschutz zu beeinträchtigen.

(49) Die Richtlinie 97/9/EG des Europäischen Parlaments und des Rates[1)] erstreckt sich auf Forderungen, die dadurch entstanden sind, dass eine Wertpapierfirma nicht in der Lage ist, Gelder zurückzuzahlen, die Anlegern geschuldet werden oder gehören und für deren Rechnung im Zusammenhang mit Wertpapiergeschäften gehalten werden, oder nicht in der Lage ist, den Anlegern Instrumente zurückzugeben, die diesen gehören und für deren Rechnung im Zusammenhang mit Wertpapiergeschäften gehalten, verwahrt oder verwaltet werden. Da die Verwahrung von Vermögenswerten im Zusammenhang mit Schwarmfinanzierungsdienstleistungen, die von einer auch gemäß der Richtlinie 2014/65/EU zugelassenen Wertpapierfirma erbracht wer-

---

[1)] **Amtl. Anm.:** Richtlinie 97/9/EG des Europäischen Parlaments und des Rates vom 3. März 1997 über Systeme für die Entschädigung der Anleger (ABl. L 84 vom 26.3.1997, S. 22).

den, nicht mit der Erbringung von Wertpapierdienstleistungen im Sinne von Artikel 4 Absatz 1 Nummer 2 jener Richtlinie verbunden ist, sollten nicht kundige Anleger im Anlagebasisinformationsblatt darüber informiert werden, dass der Schutz durch das Anlegerentschädigungssystem nicht für die übertragbaren Wertpapiere oder die für Schwarmfinanzierungszwecke zugelassenen Instrumente gilt, die über die Schwarmfinanzierungsplattform erworben wurden. Darüber hinaus sollte die Erbringung von Schwarmfinanzierungsdienstleistungen durch solche Schwarmfinanzierungsdienstleister nicht als Entgegennahme von Einlagen im Sinne von Artikel 2 Absatz 1 Nummer 3 der Richtlinie 2014/49/EU des Europäischen Parlaments und des Rates[1] gelten.

(50) In dieser Verordnung wird der Inhalt des Anlagebasisinformationsblatts festgelegt, das potenzielle Anleger von den Schwarmfinanzierungsdienstleistern für jedes Schwarmfinanzierungsangebot erhalten müssen, damit sie eine Anlageentscheidung in Kenntnis der Sachlage treffen können. Das Anlagebasisinformationsblatt sollte die Warnung an die potenziellen Anleger enthalten, dass das Anlageumfeld Risiken aufweist, die weder durch gemäß der Richtlinie 2014/49/EU eingerichtete Einlagensicherungssysteme noch durch gemäß der Richtlinie 97/9/EG eingerichtete Anlegerentschädigungssysteme gedeckt werden.

(51) Das Anlagebasisinformationsblatt sollte auf die Besonderheiten von kreditbasierter und anlagebasierter Schwarmfinanzierung eingehen. Zu diesem Zweck sollten spezifische relevante Indikatoren vorgeschrieben werden. Das Anlagebasisinformationsblatt sollte gegebenenfalls auch den Besonderheiten von Projektträgern und den mit ihnen verbundenen Risiken Rechnung tragen und sich auf wesentliche Informationen über die Projektträger, die Rechte und Gebühren für Anleger sowie die Art der angebotenen übertragbaren Wertpapiere, für Schwarmfinanzierungszwecke zugelassenen Instrumente und Kredite konzentrieren. Das Anlagebasisinformationsblatt sollte durch die Projektträger erstellt werden, da die Projektträger die darin notwendigen Informationen am besten bereitstellen können. Da Schwarmfinanzierungsdienstleister jedoch dafür verantwortlich sind, das Anlagebasisinformationsblatt potenziellen Anlegern bereitzustellen, sollten die Schwarmfinanzierungsdienstleister sicherstellen, dass das Anlagebasisinformationsblatt klar, richtig und vollständig ist.

(52) Schwarmfinanzierungsdienstleister sollten mehr Informationen vorlegen dürfen als in dem vom Projektträger erstellten Anlagebasisinformationsblatt verlangt wird. Diese Informationen sollten jedoch die anderen Angaben im Anlagebasisinformationsblatt ergänzen und mit ihnen übereinstimmen.

(53) Stellt ein Schwarmfinanzierungsdienstleister eine Auslassung, einen Fehler oder eine Ungenauigkeit in dem Anlagebasisinformationsblatt fest, der bzw. die wesentliche Auswirkungen auf die erwartete Kapitalrendite haben könnte, so sollte er die Auslassung, den Fehler oder die Ungenauigkeit unverzüglich beim Projektträger anzeigen, der diese Information vervollständigen oder korrigieren sollte. Wird eine solche Vervollständigung oder Korrektur nicht vorgenommen, sollte der Schwarmfinanzierungsdienstleister das Schwarmfinanzierungsangebot unter bestimmten Bedingungen aussetzen oder sogar annullieren.

(54) Um einen reibungslosen und raschen Zugang von neugegründeten Unternehmen und KMU zu den Kapitalmärkten sicherzustellen, ihre Finanzierungskosten zu verringern und Verzögerungen und Kosten für Schwarmfinanzierungsdienstleister zu vermeiden, sollte es keine Verpflichtung geben, das Anlagebasisinformationsblatt von der zuständigen Behörde genehmigen zu lassen.

(55) Soweit nach nationalem Recht zulässig, sollte ein Schwarmfinanzierungsdienstleister Anteile an einem anlagebasierten Schwarmfinanzierungsprojekt durch Aktualisierung seines Informationssystems übertragen können. Ein Schwarmfinanzierungsdienstleister sollte es Kunden, die über seine Schwarmfinanzierungsplattform Anlagen getätigt haben, im Interesse der Transparenz und eines ungehinderten Informationsflusses ferner ermöglichen können, über ein Forum auf seiner Schwarmfinanzierungsplattform ihr Interesse am Kauf oder Verkauf von Krediten, übertragbaren Wertpapieren oder für Schwarmfinanzierungszwecke zugelassenen Instrumenten, die ursprünglich auf dieser Schwarmfinanzierungsplattform angeboten wurden, anzeigen vorausgesetzt das Forum führt nicht die Interessen mehrerer Dritter am Kauf und Verkauf von Finanzinstrumenten in einer Weise zusammen, die zu einem Vertrag im Zusammenhang mit diesen Anzeigen führt. Das von einem Schwarmfinanzierungsdienstleister bereitgestellte Forum sollte daher kein internes System zur Zusammenführung von Aufträgen sein, das Kundenaufträge auf multilateraler Basis ausführt, es sei denn, der Schwarmfinanzierungsdienstleister verfügt in Bezug auf übertragbare Wertpapiere auch über eine gesonderte Zulassung als Wertpapierfirma gemäß Artikel 5 der

[1] **Amtl. Anm.:** Richtlinie 2014/49/EU des Europäischen Parlaments und des Rates vom 16. April 2014 über Einlagensicherungssysteme (ABl. L 173 vom 12.6.2014, S. 149).

Richtlinie 2014/65/EU oder als geregelter Markt gemäß Artikel 44 der genannten Richtlinie. Wurde Schwarmfinanzierungsdienstleistern keine solche Zulassung in Bezug auf übertragbare Wertpapiere erteilt, so sollten sie die Anleger klar und deutlich darüber unterrichten, dass sie keine Aufträge zum Zwecke des Kaufs oder Verkaufs von Verträgen im Zusammenhang mit Anlagen, die ursprünglich auf der Schwarmfinanzierungsplattform getätigt wurden, annehmen, dass jede An- und Verkaufstätigkeit auf ihrer Schwarmfinanzierungsplattform im Ermessen und in der Verantwortung des Anlegers liegt und dass sie keinen Handelsplatz im Sinne der Richtlinie 2014/65/EU betreiben.

(56) Im Interesse der Transparenz und einer ordnungsgemäßen Dokumentation der Kommunikation mit Kunden sollten Schwarmfinanzierungsdienstleister alle relevanten Aufzeichnungen über ihre Dienstleistungen und Transaktionen aufbewahren.

(57) Zur Gewährleistung einer fairen und nicht diskriminierenden Behandlung der Kunden sollten Schwarmfinanzierungsdienstleister, die mit Marketingmitteilungen für ihre Dienstleistungen werben, faire, klare und nicht irreführende Informationen bereitstellen.

(58) Im Interesse von mehr Rechtssicherheit für unionsweit tätige Schwarmfinanzierungsdienstleister sowie eines leichteren Marktzugangs sollten die in den Mitgliedstaaten geltenden Rechts- und Verwaltungsvorschriften, die speziell Regelungen über die Marketingmitteilungen von Schwarmfinanzierungsdienstleistern enthalten, in elektronischer Form veröffentlicht werden, ebenso wie Zusammenfassungen dieser Regelungen in einer in der internationalen Finanzwelt gebräuchlichen Sprache. Dazu sollten die ESMA und die zuständigen Behörden ihre Internetseite auf dem neusten Stand halten.

(59) Im Interesse eines besseren Verständnisses der aufsichtsrechtlichen Unterschiede zwischen den Mitgliedstaaten bei den Anforderungen an die Marketingmitteilungen sollten die zuständigen Behörden der ESMA jährlich einen ausführlichen Bericht über ihre Durchsetzungsmaßnahmen in diesem Bereich vorlegen.

(60) Zur Vermeidung unnötiger Kosten und eines unnötigen Verwaltungsaufwands für die grenzüberschreitende Erbringung von Schwarmfinanzierungsdienstleistungen sollten Marketingmitteilungen nicht übersetzt werden müssen, wenn sie in mindestens einer der Amtssprachen des Mitgliedstaats, in dem die Marketingmitteilungen verbreitet werden, oder in einer von den zuständigen Behörden dieses Mitgliedstaats akzeptierten Sprache vorliegen.

(61) Im Interesse eines effizienten Beaufsichtigungs- und Zulassungsverfahrens sollten die Mitgliedstaaten die Aufgaben und Funktionen festlegen, die gemäß dieser Verordnung von den zuständigen Behörden wahrzunehmen sind. Um eine wirksame grenzüberschreitende Verwaltungszusammenarbeit zu erleichtern, sollte jeder Mitgliedstaat eine einzige Anlaufstelle für die Kommunikation mit der ESMA und den zuständigen Behörden in der Union benennen.

(62) Da wirksame Instrumente, Befugnisse und Mittel der zuständigen Behörden die Wirksamkeit der Aufsicht gewährleisten, sollte diese Verordnung ein Mindestmaß an Aufsichts- und Untersuchungsbefugnissen vorsehen, die den zuständigen Behörden im Einklang mit dem nationalen Recht zu übertragen sind. Wenn es das nationale Recht erfordert, sollten diese Befugnisse durch Antrag bei den zuständigen Justizbehörden ausgeübt werden. Bei der Wahrnehmung ihrer Befugnisse gemäß dieser Verordnung sollten die ESMA und die zuständigen Behörden objektiv und unparteiisch handeln und in ihren Entscheidungen unabhängig bleiben.

(63) Zur Aufdeckung von Verstößen gegen diese Verordnung müssen die zuständigen Behörden die Möglichkeit haben, sich zu anderen Räumlichkeiten als den privaten Wohnräumen natürlicher Personen Zugang zu verschaffen, um Dokumente zu beschlagnahmen. Zugang zu solchen Räumlichkeiten ist erforderlich, wenn der begründete Verdacht besteht, dass Dokumente und andere Daten vorhanden sind, die in Zusammenhang mit dem Gegenstand einer Überprüfung oder Ermittlung stehen und Beweismittel für einen Verstoß gegen diese Verordnung sein könnten. Darüber hinaus ist der Zugang zu solchen Räumlichkeiten erforderlich, wenn die natürliche oder juristische Person, an die ein Auskunftsersuchen gerichtet wurde, diesem nicht nachkommt, oder wenn berechtigte Gründe für die Annahme bestehen, dass im Falle eines Auskunftsersuchens diesem nicht Folge geleistet würde oder die Dokumente oder Informationen, die Gegenstand des Auskunftsersuchens sind, beseitigt, manipuliert oder zerstört würden.

(64) Um sicherzustellen, dass die Anforderungen dieser Verordnung erfüllt werden, ist es wichtig, dass die Mitgliedstaaten die notwendigen Schritte unternehmen, damit bei Verstößen gegen diese Verordnung angemessene verwaltungsrechtliche Sanktionen und andere verwaltungsrechtliche Maßnahmen verhängt werden. Diese Sanktionen und Maßnahmen sollten wirksam, verhältnismäßig und abschreckend sein und einen gemeinsamen Ansatz der Mitgliedstaaten sowie eine

abschreckende Wirkung sicherstellen. Diese Verordnung sollte die Möglichkeit der Mitgliedstaaten, höhere verwaltungsrechtliche Sanktionen festzusetzen, unbeschadet lassen.

(65) Um sicherzustellen, dass die Entscheidungen der zuständigen Behörden über die Verhängung von verwaltungsrechtlichen Sanktionen oder anderen verwaltungsrechtlichen Maßnahmen eine abschreckende Wirkung auf die Öffentlichkeit entfalten, sollten sie veröffentlicht werden, es sei denn, die zuständige Behörde hält es für notwendig, eine Veröffentlichung auf anonymer Basis vorzunehmen, die Veröffentlichung zu verschieben oder auf die Veröffentlichung vollständig zu verzichten.

(66) Obwohl es den Mitgliedstaaten freisteht, für dieselben Verstöße sowohl Verwaltungs- als auch strafrechtliche Sanktionen vorzusehen, sollten sie nicht verpflichtet sein, Vorschriften für verwaltungsrechtliche Sanktionen bei Verstößen gegen diese Verordnung festzulegen, die dem nationalen Strafrecht unterliegen. Die Aufrechterhaltung strafrechtlicher Sanktionen anstelle von verwaltungsrechtlichen Sanktionen für Verstöße gegen diese Verordnung sollte jedoch nicht die Möglichkeit der zuständigen Behörden einschränken oder in anderer Weise beeinträchtigen, sich für die Zwecke dieser Verordnung rechtzeitig mit den zuständigen Behörden in anderen Mitgliedstaaten ins Einvernehmen zu setzen, um mit ihnen zusammenzuarbeiten, Zugang zu ihren Informationen zu erhalten und mit ihnen Informationen auszutauschen, und zwar auch dann, wenn die zuständigen Justizbehörden bereits mit der strafrechtlichen Verfolgung der betreffenden Verstöße befasst wurden.

(67) Da das Anlagebasisinformationsblatt darauf ausgelegt ist, an die Besonderheiten eines Schwarmfinanzierungsangebots und an den Informationsbedarf der Anleger angepasst zu werden, sollten Schwarmfinanzierungsangebote gemäß der vorliegenden Verordnung von der Verpflichtung, einen Prospekt gemäß der Verordnung (EU) 2017/1129 zu veröffentlichen, ausgenommen werden, und die genannte Verordnung sollte entsprechend geändert werden.

(68) Hinweisgeber können den zuständigen Behörden neue Informationen zur Kenntnis bringen, die diese bei der Aufdeckung von Verstößen gegen diese Verordnung und der Verhängung von Sanktionen unterstützen. Deshalb sollte diese Verordnung sicherstellen, dass angemessene Vorkehrungen bestehen, um Hinweisgeber zur Unterrichtung der zuständigen Behörden über tatsächliche oder mögliche Verstöße gegen diese Verordnung zu befähigen und sie vor Vergeltungsmaßnahmen zu schützen. Dafür sollte die Richtlinie 2019/1937 des Europäischen Parlaments und des Rates[1)] geändert werden, damit sie auf Verstöße gegen diese Verordnung anwendbar ist.

(69) Um die in dieser Verordnung festgelegten Anforderungen zu präzisieren, sollte der Kommission die Befugnis übertragen werden, gemäß Artikel 290 des Vertrags über die Arbeitsweise der Europäischen Union (AEUV[2)]) Rechtsakte hinsichtlich der Verlängerung der Übergangszeit im Hinblick auf Schwarmfinanzierungsdienstleistungen gemäß nationalem Recht zu erlassen. Es ist von besonderer Bedeutung, dass die Kommission im Zuge ihrer Vorbereitungsarbeit angemessene Konsultationen, auch auf der Ebene von Sachverständigen, durchführt, die mit den Grundsätzen in Einklang stehen, die in der Interinstitutionellen Vereinbarung vom 13. April 2016 über bessere Rechtsetzung[3)] niedergelegt wurden. Um insbesondere eine gleichberechtigte Beteiligung an der Ausarbeitung der delegierten Rechtsakte zu gewährleisten, erhalten das Europäische Parlament und der Rat alle Dokumente zur gleichen Zeit wie die Sachverständigen der Mitgliedstaaten, und ihre Sachverständigen haben systematisch Zugang zu den Sitzungen der Sachverständigengruppen der Kommission, die mit der Ausarbeitung der delegierten Rechtsakte befasst sind.

(70) Um die einheitliche Anwendung dieser Verordnung, einschließlich eines angemessenen Anleger- und Verbraucherschutzes in der gesamten Union, zu fördern, sollten technische Standards ausgearbeitet werden. Da die ESMA und die gemäß Verordnung (EU) Nr. 1093/2010 des Europäischen Parlaments und des Rates[4)] eingerichtete Europäische Aufsichtsbehörde (Europäische Bankenaufsichtsbehörde) (EBA) über hoch spezialisierte Fachkräfte verfügen, wäre es sinnvoll

---

[1)] **Amtl. Anm.:** Richtlinie (EU) 2019/1937 des Europäischen Parlaments und des Rates vom 23. Oktober 2019 zum Schutz von Personen, die Verstöße gegen das Unionsrecht melden (ABl. L 305 vom 26.11.2019, S. 17).

[2)] Auszugsweise abgedruckt unter Nr. **1**.

[3)] **Amtl. Anm.:** ABl. L 123 vom 12.5.2016, S. 1.

[4)] **Amtl. Anm.:** Verordnung (EU) Nr. 1093/2010 des Europäischen Parlaments und des Rates vom 24. November 2010 zur Errichtung einer Europäischen Aufsichtsbehörde (Europäische Bankenaufsichtsbehörde), zur Änderung des Beschlusses Nr. 716/2009/EG und zur Aufhebung des Beschlusses 2009/78/EG der Kommission (ABl. L 331 vom 15.12.2010, S. 12).

und angemessen, ihnen die Aufgabe zu übertragen, Entwürfe für technische Regulierungsstandards, die keine politischen Entscheidungen erfordern, auszuarbeiten und der Kommission vorzulegen.

(71) Der Kommission sollte die Befugnis übertragen werden, technische Regulierungsstandards zu erlassen, die von der ESMA und der EBA ausgearbeitet wurden und Folgendes regeln: individuelle Verwaltung des Kreditportfolios, Bearbeitung von Beschwerden, Interessenkonflikte, Zulassung von Schwarmfinanzierungsdienstleistern, Informationen an Kunden, Offenlegung von Ausfallquoten, Kenntnisprüfung und Simulation der Fähigkeit, Verluste zu tragen, Anlagebasisinformationsblatt und Zusammenarbeit zwischen den zuständigen Behörden. Die Kommission sollte diese technischen Regulierungsstandards im Wege delegierter Rechtsakte im Sinne des Artikels 290 AEUV und gemäß den Artikeln 10 bis 14 der Verordnungen (EU) Nr. 1093/2010 und (EU) Nr. 1095/2010 annehmen.

(72) Der Kommission sollte außerdem die Befugnis übertragen werden, technische Durchführungsstandards, die von der ESMA in Bezug auf die Berichterstattung durch Schwarmfinanzierungsdienstleister, die Veröffentlichung nationaler Bestimmungen über Marketinganforderungen und die Zusammenarbeit zwischen den zuständigen Behörden und mit der ESMA ausgearbeitet wurden, zu erlassen. Die Kommission sollte diese technischen Durchführungsstandards im Wege von Durchführungsrechtsakten im Sinne des Artikels 291 AEUV und gemäß Artikel 15 der Verordnung (EU) Nr. 1095/2010 annehmen.

(73) Jede Verarbeitung personenbezogener Daten im Rahmen dieser Verordnung, wie der Austausch oder die Übermittlung personenbezogener Daten durch die zuständigen Behörden, sollte im Einklang mit der Verordnung (EU) 2016/679 des Europäischen Parlaments und des Rates[1)] und jeder Austausch oder jede Übermittlung von Informationen durch die ESMA im Einklang mit der Verordnung (EU) 2018/1725 des Europäischen Parlaments und des Rates[2)] erfolgen.

(74) Da die Ziele dieser Verordnung, nämlich die Beseitigung der Fragmentierung des Rechtsrahmens für Schwarmfinanzierungsdienstleistungen im Interesse eines reibungslos funktionierenden Binnenmarktes für diese Dienstleistungen, die Verbesserung des Anlegerschutzes und der Markteffizienz sowie der Aufbau der Kapitalmarktunion, von den Mitgliedstaaten nicht ausreichend verwirklicht werden können, sondern vielmehr auf Unionsebene besser zu verwirklichen sind, kann die Union im Einklang mit dem in Artikel 5 des Vertrags über die Europäische Union verankerten Subsidiaritätsprinzip tätig werden. Entsprechend dem in demselben Artikel genannten Grundsatz der Verhältnismäßigkeit geht diese Verordnung nicht über das für die Verwirklichung dieser Ziele erforderliche Maß hinaus.

(75) Der Geltungsbeginn dieser Verordnung sollte verschoben werden, um ihn an den Geltungsbeginn der nationalen Bestimmungen zur Umsetzung der Richtlinie (EU) 2020/1504 des Europäischen Parlaments und des Rates[3)] anzugleichen, in der Schwarmfinanzierungsdienstleister, die unter die vorliegende Verordnung fallen, vom Anwendungsbereich der Richtlinie 2014/65/EU ausgenommen werden.

(76) Im Interesse der Rechtssicherheit und im Hinblick auf die Ersetzung nationaler Vorschriften durch die Vorschriften dieser Verordnung, soweit es um Arten von Schwarmfinanzierungsdienstleistungen geht, die nunmehr in den Anwendungsbereich dieser Verordnung fallen, sollten Übergangsregelungen vorgesehen werden, die es Personen, die solche Schwarmfinanzierungsdienstleistungen im Einklang mit dem vor dieser Verordnung geltenden nationalen Recht erbringen, ermöglichen, ihre Geschäftstätigkeit an diese Verordnung anzupassen und über genügend Zeit für die Beantragung einer Zulassung gemäß dieser Verordnung zu verfügen. Diese Personen sollten daher in der Lage sein, Schwarmfinanzierungsdienstleistungen, die in den Anwendungsbereich

---

[1)] **Amtl. Anm.:** Verordnung (EU) 2016/679 des Europäischen Parlaments und des Rates vom 27. April 2016 zum Schutz natürlicher Personen bei der Verarbeitung personenbezogener Daten, zum freien Datenverkehr und zur Aufhebung der Richtlinie 95/46/EG (Datenschutz-Grundverordnung) (ABl. L 119 vom 4.5.2016, S. 1).

[2)] **Amtl. Anm.:** Verordnung (EU) 2018/1725 des Europäischen Parlaments und des Rates vom 23. Oktober 2018 zum Schutz natürlicher Personen bei der Verarbeitung personenbezogener Daten durch die Organe, Einrichtungen und sonstigen Stellen der Union, zum freien Datenverkehr und zur Aufhebung der Verordnung (EG) Nr. 45/2001 und des Beschlusses Nr. 1247/2002/EG (ABl. L 295 vom 21.11.2018, S. 39).

[3)] **Amtl. Anm.:** Richtlinie (EU) 2020/1504 des Europäischen Parlaments und des Rates vom 7. Oktober 2020 zur Änderung der Richtlinie 2014/65/EU über Märkte für Finanzinstrumente (siehe Seite 50 dieses Amtsblatts [Anm. d. Red.: ABl. L 347 vom 20.10.2020]).

dieser Verordnung fallen, bis zum 10. November 2022 weiterhin gemäß den geltenden nationalen Rechtsvorschriften zu erbringen. Während dieses Übergangszeitraums können die Mitgliedstaaten besondere Verfahren einführen, die es juristischen Personen, die nach nationalem Recht zur Erbringung von in den Anwendungsbereich dieser Verordnung fallenden Schwarmfinanzierungsdienstleistungen befugt sind, ermöglichen, ihre nationalen Zulassungen in Zulassungen gemäß dieser Verordnung umzuwandeln, sofern die Schwarmfinanzierungsdienstleister die Anforderungen dieser Verordnung erfüllen.

(77) Schwarmfinanzierungsdienstleister, die bis zum 10. November 2022 keine Zulassung gemäß dieser Verordnung erhalten haben, sollten nach diesem Datum keine neuen Schwarmfinanzierungsangebote veröffentlichen. Um zu vermeiden, dass das Kapitalbeschaffungsziel für ein bestimmtes Schwarmfinanzierungsprojekt nicht bis zum 10. November 2022 erreicht wird, sollten die Aufforderungen zur Bereitstellung von Finanzmitteln bis zu diesem Datum abgeschlossen sein. Allerdings kann die Erfüllung bestehender Verträge, darunter die Einziehung und Übertragung von Forderungen sowie die Erbringung von Dienstleistungen der Verwahrung von Vermögenswerten oder die Durchführung von Kapitalmaßnahmen nach dem 10. November 2022 weiterhin im Einklang mit dem anwendbaren nationalen Recht erfolgen.

(78) Diese Verordnung steht im Einklang mit den Grundrechten und Grundsätzen, die mit der Charta der Grundrechte der Europäischen Union anerkannt wurden. Deshalb sollte diese Verordnung im Einklang mit diesen Rechten und Grundsätzen ausgelegt und angewandt werden.

(79) Der Europäische Datenschutzbeauftragte wurde gemäß Artikel 42 Absatz 1 der Verordnung (EU) 2018/1725 konsultiert –

HABEN FOLGENDE VERORDNUNG ERLASSEN:

Kapitel I. Allgemeine Bestimmungen

Art. 1 Gegenstand, Anwendungsbereich und Ausnahmen. (1) Mit dieser Verordnung werden einheitliche Anforderungen an die Erbringung von Schwarmfinanzierungsdienstleistungen, an die Organisation, die Zulassung und die Beaufsichtigung von Schwarmfinanzierungsdienstleistern, an den Betrieb von Schwarmfinanzierungsplattformen sowie an Transparenz und Marketingmitteilungen in Bezug auf die Erbringung von Schwarmfinanzierungsdienstleistungen in der Union festgelegt.

(2) Diese Verordnung gilt nicht für

a) Schwarmfinanzierungsdienstleistungen für Projektträger, die als Verbraucher im Sinne des Artikels 3 Buchstabe a der Richtlinie 2008/48/EG anzusehen sind;

b) andere Dienstleistungen, die mit den Dienstleistungen im Sinne des Artikels 2 Absatz 1 Buchstabe a verbunden sind und nach nationalem Recht erbracht werden;

c) Schwarmfinanzierungsangebote mit einem Gegenwert von mehr als 5 000 000 EUR, wobei dieser Gegenwert über einen Zeitraum von 12 Monaten zu berechnen ist als Summe aus:

   i) dem Gesamtgegenwert der Angebote von übertragbaren Wertpapieren und der für Schwarmfinanzierungszwecke zugelassenen Instrumente im Sinne von Artikel 2 Absatz 1 Buchstabe m und n der vorliegenden Verordnung durch einen bestimmten Projektträger und der Beträge, die dieser Projektträger durch Kredite über eine Schwarmfinanzierungsplattform beschafft hat, und

   ii) dem Gesamtgegenwert der öffentlichen Angebote von übertragbaren Wertpapieren, die der in Ziffer i des vorliegenden Buchstabens genannte Projektträger in seiner Eigenschaft als Anbieter gemäß der Ausnahme nach

Artikel 1 Absatz 3 oder gemäß Artikel 3 Absatz 2 der Verordnung (EU) 2017/1129 unterbreitet hat.

(3) Außer wenn ein Schwarmfinanzierungsdienstleister, ein Projektträger oder ein Anleger gemäß Artikel 8 der Richtlinie 2013/36/EU als Kreditinstitut zugelassen ist, bringen die Mitgliedstaaten die nationalen Vorschriften zur Umsetzung von Artikel 9 Absatz 1 jener Richtlinie nicht zur Anwendung und stellen sicher, dass nach nationalem Recht bei der Erbringung von Schwarmfinanzierungsdienstleistungen in den folgenden Situationen keine Zulassung als Kreditinstitut oder sonstige individuelle Zulassung, Ausnahme oder Befreiung vorliegen muss:

a) bei Projektträgern, die in Bezug auf die vom Schwarmfinanzierungsdienstleister vermittelten Kredite Mittel von Anlegern annehmen, oder

b) bei Anlegern, die den vom Schwarmfinanzierungsdienstleister vermittelten Projektträgern Kredite gewähren.

Art. 2 Begriffsbestimmungen. (1) Im Sinne dieser Verordnung bezeichnet der Ausdruck:

a) „Schwarmfinanzierungsdienstleistung“ die Zusammenführung von Geschäftsfinanzierungsinteressen von Anlegern und Projektträgern mithilfe einer Schwarmfinanzierungsplattform, durch eine der folgenden Tätigkeiten:

   i) die Vermittlung von Krediten;

   ii) die Platzierung – ohne feste Übernahmeverpflichtung im Sinne des Anhangs I Abschnitt A Nummer 7 der Richtlinie 2014/65/EU – von übertragbaren Wertpapieren und für Schwarmfinanzierungszwecke zugelassenen Instrumenten, die von Projektträgern oder einer Zweckgesellschaft ausgegeben wurden, sowie die Annahme und Übermittlung von Kundenaufträgen im Sinne von Nummer 1 jenes Abschnitts in Bezug auf diese übertragbaren Wertpapiere und für Schwarmfinanzierungszwecke zugelassenen Instrumente;

b) „Kredit“ eine Vereinbarung, in deren Rahmen ein Anleger einem Projektträger für einen vereinbarten Zeitraum einen vereinbarten Geldbetrag zur Verfügung stellt und der Projektträger die unbedingte Verpflichtung übernimmt, diesen Betrag zuzüglich der aufgelaufenen Zinsen gemäß dem Ratenzahlungsplan an den Anleger zurückzuzahlen;

c) „individuelle Verwaltung des Kreditportfolios“ die Zuweisung eines im Voraus festgelegten Betrags aus Mitteln eines Anlegers, der ein ursprünglicher Kreditgeber ist, durch den Schwarmfinanzierungsdienstleister an ein oder mehrere Schwarmfinanzierungsprojekt(e) auf seiner Schwarmfinanzierungsplattform im Rahmen eines individuellen Mandats des Anlegers, das dieser nach eigenem Ermessen erteilt;

d) „Schwarmfinanzierungsplattform“ ein öffentlich zugängliches, internetbasiertes, von einem Schwarmfinanzierungsdienstleister betriebenes oder verwaltetes elektronisches Informationssystem;

e) „Schwarmfinanzierungsdienstleister“ eine juristische Person, die Schwarmfinanzierungsdienstleistungen erbringt;

f) „Schwarmfinanzierungsangebot“ jegliche Mitteilung eines Schwarmfinanzierungsdienstleisters in jedweder Form und auf jedwede Art und Weise, die ausreichende Informationen über die Angebotsbedingungen und das angebotene Schwarmfinanzierungsprojekt enthält, um einen Anleger in die Lage zu versetzen, sich für eine Anlage in das Schwarmfinanzierungsprojekt zu entscheiden;

g) „Kunde" jeden potenziellen oder tatsächlichen Anleger oder Projektträger, für den ein Schwarmfinanzierungsdienstleister Schwarmfinanzierungsdienstleistungen erbringt oder zu erbringen beabsichtigt;

h) „Projektträger" jede natürliche oder juristische Person, die eine Finanzierung über eine Schwarmfinanzierungsplattform anstrebt;

i) „Anleger" jede natürliche oder juristische Person, die über eine Schwarmfinanzierungsplattform Kredite gewährt oder übertragbare Wertpapiere oder für Schwarmfinanzierungszwecke zugelassene Instrumente erwirbt;

j) „kundiger Anleger" jede natürliche oder juristische Person, die ein professioneller Kunde gemäß Anhang II Abschnitt I Nummer 1, 2, 3 oder 4 der Richtlinie 2014/65/EU ist, oder jede natürliche oder juristische Person, für die die Genehmigung des Schwarmfinanzierungsdienstleisters für eine Behandlung als kundiger Anleger im Einklang mit den Kriterien und dem Verfahren gemäß Anhang II der vorliegenden Verordnung vorliegt;

k) „nicht kundiger Anleger" einen Anleger, bei dem es sich nicht um einen kundigen Anleger handelt;

l) „Schwarmfinanzierungsprojekt" die Geschäftstätigkeit(en), für die ein Projektträger eine Finanzierung über das Schwarmfinanzierungsangebot anstrebt;

m) „übertragbare Wertpapiere" übertragbare Wertpapiere im Sinne des Artikels 4 Absatz 1 Nummer 44 der Richtlinie 2014/65/EU;

n) „für Schwarmfinanzierungszwecke zugelassene Instrumente" – in Bezug auf jeden Mitgliedstaat – Anteile einer Gesellschaft mit beschränkter Haftung, die keinen Beschränkungen unterliegen, durch die eine Übertragung der Anteile effektiv verhindert würde, einschließlich Beschränkungen der Art und Weise, wie diese Anteile öffentlich angeboten oder beworben werden dürfen;

o) „Marketingmitteilungen" alle an potenzielle Anleger oder potenzielle Projektträger gerichtete Informationen oder Mitteilungen eines Schwarmfinanzierungsdienstleisters über seine Dienstleistungen mit Ausnahme der gemäß dieser Verordnung offenzulegenden Angaben für Anleger;

p) „dauerhafter Datenträger" jedes Medium, mit dessen Hilfe Informationen so gespeichert werden können, dass sie für eine für die Zwecke der Informationen angemessene Dauer eingesehen und unverändert wiedergegeben werden können;

q) „Zweckgesellschaft" eine Gesellschaft, die einzig zu dem Zweck gegründet wurde oder die einzig dem Zweck dient, eine Verbriefung im Sinne des Artikels 1 Nummer 2 der Verordnung (EU) Nr. 1075/2013 der Europäischen Zentralbank[1)] durchzuführen;

r) „zuständige Behörde" eine Behörde oder Behörden, die von einem Mitgliedstaat gemäß Artikel 29 benannt wurde(n).

[1)] **Amtl. Anm.**: Verordnung (EU) Nr. 1075/2013 der Europäischen Zentralbank vom 18. Oktober 2013 über die Statistik über die Aktiva und Passiva von finanziellen Mantelkapitalgesellschaften, die Verbriefungsgeschäfte betreiben (ABl. L 297 vom 7.11.2013, S. 107).

(2) Unbeschadet der Tatsache, dass Anteile einer Gesellschaft mit beschränkter Haftung unter die Definition übertragbarer Wertpapiere gemäß Absatz 1 Buchstabe m fallen können, darf die Verwendung solcher Anteile für die Zwecke dieser Verordnung von zuständigen Behörden, die dem Schwarmfinanzierungsdienstleister die Zulassung erteilt haben, gestattet werden, sofern sie die Bedingungen erfüllen, die für die für Schwarmfinanzierungszwecke zugelassenen Instrumente gemäß Absatz 1 Buchstabe n gelten.

(3) *[1]* Die zuständigen Behörden unterrichten die ESMA jährlich unter Bezugnahme auf das geltende nationale Recht über die Arten von Gesellschaften mit beschränkter Haftung und deren Anteile, die angeboten werden und in den Anwendungsbereich dieser Verordnung fallen.

[2] Die ESMA macht die in Unterabsatz 1 genannten Angaben der Öffentlichkeit unverzüglich auf ihrer Internetseite zugänglich.

(4) [1] Die ESMA holt für die ersten beiden Jahre der Anwendung dieser Verordnung jährlich die Basisinformationsblätter ein, die von Projektträgern, die für Schwarmfinanzierungszwecke zugelassene Instrumente ausgegeben haben, erstellt wurden. [2] Die ESMA vergleicht die in den Basisinformationsblättern gemäß Anhang I Teil F Buchstaben b und c gemachten Angaben mit den von den Mitgliedstaaten gemäß Absatz 3 dieses Artikels gemeldeten Angaben. [3] Die ESMA übermittelt diesen Vergleich der Kommission, die ihn in den Bericht gemäß Artikel 45 aufnimmt.

Kapitel II. Erbringung von Schwarmfinanzierungsdienstleistungen sowie organisatorische und betriebliche Anforderungen an Schwarmfinanzierungsdienstleister

Art. 3 Erbringung von Schwarmfinanzierungsdienstleistungen.

(1) Schwarmfinanzierungsdienstleistungen werden nur von juristischen Personen erbracht, die in der Union niedergelassen und gemäß Artikel 12 als Schwarmfinanzierungsdienstleister zugelassen sind.

(2) Schwarmfinanzierungsdienstleister müssen ehrlich, fair und professionell sowie im bestmöglichen Interesse ihrer Kunden handeln.

(3) Schwarmfinanzierungsdienstleister dürfen keine Vergütung, keinen Rabatt und keinen nichtmonetären Vorteil dafür gewähren bzw. erhalten, dass sie Aufträge von Anlegern zu einem bestimmten Schwarmfinanzierungsangebot auf ihrer eigenen Schwarmfinanzierungsplattform oder der Schwarmfinanzierungsplattform eines Dritten weiterleiten.

(4) *[1]* [1] Schwarmfinanzierungsdienstleister können einzelnen Anlegern bestimmte Schwarmfinanzierungsprojekte vorschlagen, sofern sie einem oder mehreren der vom Anleger gewählten spezifischen Parameter oder Risikoindikatoren entsprechen. [2] Wenn der Anleger in die vorgeschlagenen Schwarmfinanzierungsprojekte anlegen möchte, überprüft er jedes einzelne Schwarmfinanzierungsangebot und trifft in jedem einzelnen Fall ausdrücklich eine Anlageentscheidung.

[2] [1] Schwarmfinanzierungsdienstleister, die eine individuelle Verwaltung des Kreditportfolios anbieten, halten diesbezüglich die von den Anlegern vorgegebenen Parameter ein und treffen alle notwendigen Maßnahmen, um für diese Anleger das bestmögliche Ergebnis zu erzielen. [2] Die Schwarmfinanzierungs-

dienstleister legen gegenüber den Anlegern den Entscheidungsprozess zur Ausführung des erteilten Verwaltungsmandats offen.

(5) Abweichend von Absatz 4 Unterabsatz 1 können Schwarmfinanzierungsdienstleister, die eine individuelle Verwaltung des Kreditportfolios anbieten, im Namen ihrer Anleger im Rahmen der vereinbarten Parameter Ermessensbefugnisse ausüben, ohne dass Anleger dazu verpflichtet sind, jedes einzelne Schwarmfinanzierungsangebot zu überprüfen und diesbezüglich eine Anlageentscheidung zu treffen.

(6) [1] Wenn für die Erbringung von Schwarmfinanzierungsdienstleistungen auf eine Zweckgesellschaft zurückgegriffen wird, wird über eine solche Zweckgesellschaft nur ein einziger nicht liquider oder nicht teilbarer Vermögenswert angeboten. [2] Diese Anforderung gilt nach dem Durchsichtsansatz für den zugrunde liegenden illiquiden oder unteilbaren Vermögenswert, der von Finanz- oder Rechtsstrukturen gehalten wird, die sich vollständig oder teilweise im Eigentum oder unter der Kontrolle der Zweckgesellschaft befinden. [3] Die Entscheidung über die Beteiligung hinsichtlich dieses zugrunde liegenden Vermögenswerts treffen allein die Anleger.

Art. 4 Wirksame und umsichtige Geschäftsleitung. (1) Die Geschäftsleitung eines Schwarmfinanzierungsdienstleisters legt angemessene Regelungen und Verfahren zur Sicherstellung einer wirksamen und umsichtigen Leitung fest, etwa in Bezug auf die Aufgabentrennung, die Geschäftsfortführung im Krisenfall und die Vorbeugung von Interessenkonflikten, und überwacht deren Umsetzung, um die Marktintegrität und die Interessen ihrer Kunden zu fördern.

(2) *[1]* Die Geschäftsleitung eines Schwarmfinanzierungsdienstleisters richtet geeignete Systeme und Kontrollen zur Bewertung der Risiken ein, die mit den über die Schwarmfinanzierungsplattform vermittelten Krediten verbunden sind, und überwacht deren Umsetzung.

[2] Ein Schwarmfinanzierungsdienstleister, der eine individuelle Verwaltung des Kreditportfolios anbietet, trägt dafür Sorge, dass er über angemessene Systeme und Kontrollen für das Management der Risiken und die Finanzmodellierung für dieses Angebot von Dienstleistungen verfügt und den Anforderungen gemäß Artikel 6 Absätze 1 bis 3 nachkommt.

(3) Die Geschäftsleitung eines Schwarmfinanzierungsdienstleisters überprüft unter Berücksichtigung der Art, des Umfangs und der Komplexität der erbrachten Schwarmfinanzierungsdienstleistungen mindestens alle zwei Jahre die aufsichtsrechtlichen Sicherheiten gemäß Artikel 12 Absatz 2 Buchstabe h und den Geschäftsfortführungsplan gemäß Artikel 12 Absatz 2 Buchstabe j.

(4) Wenn ein Schwarmfinanzierungsdienstleister den Preis eines Schwarmfinanzierungsangebots bestimmt,

a) führt er vor Unterbreitung des Schwarmfinanzierungsangebots eine angemessene Bewertung des Kreditrisikos des Schwarmfinanzierungsprojekts oder Projektträgers durch, wobei er unter anderem auch das Risiko berücksichtigt, dass der Projektträger im Fall eines Kredits, einer Schuldverschreibung oder eines sonstigen verbrieften Schuldtitels eine oder mehrere Rückzahlungen nicht zum Fälligkeitstermin leistet;

b) stützt er die Bewertung des Kreditrisikos gemäß Buchstabe a auf hinreichende Informationen, einschließlich

i) geprüfter Abschlüsse für die letzten beiden Finanzjahre, soweit verfügbar,
ii) Informationen, von denen er zum Zeitpunkt der Bewertung des Kreditrisikos Kenntnis hat;
iii) Informationen, die er gegebenenfalls beim Projektträger eingeholt hat und
iv) Informationen, die dem Schwarmfinanzierungsdienstleister die Durchführung einer angemessenen Bewertung des Kreditrisikos ermöglichen;

c) legt er eindeutige und wirksame Regelungen und Verfahren, die ihm die Durchführung von Kreditrisikobewertungen ermöglichen, fest, setzt diese um, erhält sie aufrecht und veröffentlicht sie;

d) stellt er sicher, dass der Preis fair und angemessen ist, und zwar auch in Fällen, in denen ein Schwarmfinanzierungsdienstleister, der den Preis von Krediten bestimmt, einem Kreditgeber ermöglicht, vor dem Fälligkeitstermin des Kredits auszusteigen;

e) bewertet er jeden Kredit mindestens in den folgenden Situationen:
i) zum Zeitpunkt der Kreditausreichung;
ii) wenn es aus Sicht des Schwarmfinanzierungsdienstleisters unwahrscheinlich ist, dass der Projektträger seinen Verpflichtungen im Rahmen des Kredits in voller Höhe nachkommt, ohne dass der Schwarmfinanzierungsdienstleister ein einschlägiges Sicherungsrecht durchsetzt oder Maßnahmen gleicher Wirkung ergreift;
iii) nach Zahlungsverzug und
iv) wenn der Schwarmfinanzierungsdienstleister einem Kreditgeber vor dem Fälligkeitstermin des Kredits auszusteigen ermöglicht;

f) sieht er einen Rahmen für das Risikomanagement vor, der so ausgelegt ist, dass die Anforderungen gemäß Buchstabe a bis e erfüllt werden, und bringt diesen zur Anwendung;

g) führt er Aufzeichnungen zu jedem vermittelten Schwarmfinanzierungsangebot, anhand deren hinreichend belegt werden kann, dass
i) im Einklang mit den Buchstaben a und b eine Kreditrisikobewertung durchgeführt wurde, wenn die Notwendigkeit bestand, und
ii) der Preis des Schwarmfinanzierungsangebots im Einklang mit dem Rahmen für das Risikomanagement fair und angemessen war.

Art. 5 Anforderungen an eine sorgfältige Prüfung. (1) Ein Schwarmfinanzierungsdienstleister sorgt in Bezug auf Projektträger, die ihre Projekte für die Finanzierung über die Schwarmfinanzierungsplattform des Schwarmfinanzierungsdienstleisters vorschlagen, zumindest für ein Mindestmaß an sorgfältiger Prüfung.

(2) Das Mindestmaß an sorgfältiger Prüfung gemäß Absatz 1 beinhaltet die Einholung sämtlicher folgender Nachweise:

a) dass der Projektträger keine Vorstrafen wegen Verstößen gegen nationale Vorschriften in den Bereichen Handelsrecht, Insolvenzrecht, Finanzdienstleistungsrecht, Geldwäschebekämpfungsrecht, Vermögenstrafrecht, Steuerstrafrecht oder Berufshaftpflichtverpflichtungen hat;

b) dass der Projektträger nicht in einem Land oder Gebiet, das im Rahmen der einschlägigen Unionspolitik als nicht kooperatives Land oder Gebiet gilt, oder in einem Drittland mit hohem Risiko gemäß Artikel 9 Absatz 2 der Richtlinie (EU) 2015/849 niedergelassen ist.

Art. 6 Individuelle Verwaltung des Kreditportfolios. (1) Wenn ein Schwarmfinanzierungsdienstleister eine individuelle Verwaltung des Kreditportfolios anbietet, umfasst das von einem Anleger erteilte Mandat, das die Parameter zur Erbringung der Dienstleistung festlegt, mindestens zwei der folgenden Kriterien, die im Fall jedes Kredits in dem Portfolio erfüllt sein müssen:

a) Mindest- und Höchstzinssatz, der im Fall jedes Kredits, der für den Anleger vermittelt wird, zu zahlen ist;

b) Mindest- und Höchstlaufzeit jedes Kredits, der für den Anleger vermittelt wird;

c) Bandbreite und Verteilung jeglicher Risikokategorien, die für Kredite gelten, und

d) falls eine angestrebte jährliche Rendite der Anlage angeboten wird, die Wahrscheinlichkeit, dass der Anleger die angestrebte Rendite mit den ausgewählten Krediten mit hinreichender Sicherheit erzielen kann.

(2) *[1]* [1] Damit ein Schwarmfinanzierungsdienstleister in der Lage ist, Absatz 1 nachzukommen, verfügt er über solide interne Abläufe und Methoden und verwendet geeignete Daten. [2] Der Schwarmfinanzierungsdienstleister kann seine eigenen Daten oder von Dritten bezogene Daten nutzen.

[2] Auf der Grundlage solider und klar definierter Kriterien und unter Berücksichtigung aller einschlägigen Faktoren, die sich ungünstig auf die Bedienung der Kredite auswirken können, beurteilt der Schwarmfinanzierungsdienstleister

a) das Kreditrisiko der einzelnen, für das Portfolio des Anlegers ausgewählten Schwarmfinanzierungsprojekte;

b) das Kreditrisiko auf Ebene des Portfolios des Anlegers und

c) das Kreditrisiko der Projektträger, die für das Portfolio des Anlegers ausgewählt wurden, indem er überprüft, inwiefern die Aussicht besteht, dass die Projektträger ihren Verpflichtungen aus dem Kreditvertrag nachkommen.

[3] Der Schwarmfinanzierungsdienstleister legt dem Anleger auch eine Beschreibung der für die Beurteilungen gemäß Unterabsatz 2 Buchstabe a, b und c verwendeten Methode vor.

(3) [1] Wenn ein Schwarmfinanzierungsdienstleister eine individuelle Verwaltung des Kreditportfolios anbietet, hat er zu dem betreffenden Mandat und zu jedem Kredit in einem individuellen Portfolio Aufzeichnungen zu führen. [2] Der Schwarmfinanzierungsdienstleister führt zu dem betreffenden Mandat und zu jedem Kredit nach seinem Fälligkeitstermin mindestens drei Jahre lang Aufzeichnungen auf einem dauerhaften Datenträger.

(4) Der Schwarmfinanzierungsdienstleister stellt auf elektronischem Wege regelmäßig und auf Anfrage des Anlegers zu jedem individuellen Portfolio mindestens die folgenden Informationen zur Verfügung:

a) die Liste der individuellen Kredite, aus denen sich das Portfolio zusammensetzt;

b) den gewichteten durchschnittlichen jährlichen Zinssatz für Kredite in einem Portfolio;

c) die Verteilung von Krediten nach Risikokategorie in Prozent und in absoluten Zahlen;

d) zu jedem Kredit eines Portfolios: wichtige Informationen, die mindestens einen Zinssatz oder andere Formen der Entschädigung des Anlegers, den Fälligkeitstermin, die Risikokategorie, den Tilgungsplan für die Rückzahlung der Kreditsumme und die Zahlung der Zinsen und Informationen zur Einhaltung des Ratenzahlungsplans durch den Projektträger umfassen;

e) zu jedem Kredit eines Portfolios: Maßnahmen zur Risikobegrenzung, einschließlich der Sicherungsgeber oder Garantiegeber oder anderer Arten von Sicherheiten;

f) jeglichen Zahlungsverzug des Projektträgers bei Kreditverträgen in den letzten fünf Jahren;

g) jegliche Gebühren, die der Anleger, der Schwarmfinanzierungsdienstleister oder der Projektträger in Bezug auf den Kredit gezahlt hat;

h) wenn der Schwarmfinanzierungsdienstleister eine Kreditbewertung vorgenommen hat:
   i) die letzte Bewertung;
   ii) das Datum dieser Bewertung;
   iii) die Gründe für die Durchführung der Kreditbewertung durch den Schwarmfinanzierungsdienstleister und
   iv) eine angemessene Beschreibung der wahrscheinlichen tatsächlichen Rendite unter Berücksichtigung von Kontogebühren und Ausfallquoten.

(5) Wenn ein Schwarmfinanzierungsdienstleister für seine Tätigkeit in Verbindung mit der individuellen Verwaltung des Kreditportfolios einen Notfallfonds eingerichtet hat und diesen betreibt, stellt er den Anlegern die folgenden Informationen zur Verfügung:

a) eine Risikowarnung folgenden Inhalts: „Der von uns angebotene Notfallfonds begründet keinen Zahlungsanspruch; selbst wenn Sie einen Verlust erleiden, erhalten Sie möglicherweise keine Auszahlung. Die Höhe des möglicherweise ausgezahlten Betrags sowie die Entscheidung, keine Zahlung zu leisten, liegt im alleinigen Ermessen des Betreibers des Notfallfonds. Aus diesem Grund sollten sich Anleger bei der Überlegung, ob und in welcher Höhe angelegt werden soll, nicht auf etwaige Auszahlungen aus dem Notfallfonds verlassen.“;

b) eine Beschreibung der Notfallfondspolitik, einschließlich
   i) der Offenlegung der Quelle der in den Fonds eingezahlten Mittel;
   ii) einer Erläuterung der Verwaltung des Fonds;
   iii) der Offenlegung der Eigentümer der Mittel;
   iv) der Aspekte, die der Betreiber des Notfallfonds berücksichtigt, wenn er entscheidet, ob und wie er seinen Ermessensspielraum in Bezug auf Auszahlungen aus dem Fonds nutzen will, einschließlich:
      – ob die Mittel im Fonds für eine Auszahlung ausreichen und
      – dass die Entscheidung, keine Zahlung zu leisten, oder die Entscheidung über die Höhe des möglicherweise ausgezahlten Betrags im alleinigen Ermessen des Betreibers des Notfallfonds liegt;

v) einer Erläuterung des Entscheidungswegs bezüglich der Frage, ob eine ermessensabhängige Auszahlung aus dem Fonds erfolgen soll, und

vi) einer Beschreibung, wie mit den in den Fonds eingezahlten Mitteln bei Insolvenz des Betreibers des Notfallfonds umzugehen ist.

(6) Ein Schwarmfinanzierungsdienstleister, der einen Notfallfonds gemäß Absatz 5 eingerichtet hat und diesen betreibt, stellt der Öffentlichkeit vierteljährlich die folgenden Informationen zur Leistung des Fonds zur Verfügung:

a) Ausstattung des Notfallfonds im Vergleich zu den Gesamtaußenständen von für den Notfallfonds relevanten Krediten und

b) Verhältnis zwischen den aus dem Notfallfonds gemachten Zahlungen und den Gesamtaußenständen von für den Notfallfonds relevanten Krediten.

(7) *[1]* Die EBA arbeitet in enger Zusammenarbeit mit der ESMA Entwürfe technischer Regulierungsstandards aus, in denen Folgendes festgelegt wird:

a) die Elemente, einschließlich des Formats, die in die Beschreibung der Methode gemäß Absatz 2 Unterabsatz 3 aufgenommen werden;

b) die Informationen nach Absatz 4 und

c) die Regelungen, Verfahren und organisatorischen Vorkehrungen, über die Schwarmfinanzierungsdienstleister bezüglich der Notfallfonds, die sie möglicherweise gemäß den Absätzen 5 und 6 anbieten, verfügen müssen.

[2] Die EBA übermittelt der Kommission diese Entwürfe technischer Regulierungsstandards spätestens am 10. November 2021.

[3] Der Kommission wird die Befugnis übertragen, diese Verordnung durch die Annahme der in Unterabsatz 1 dieses Absatzes genannten technischen Regulierungsstandards gemäß den Artikeln 10 bis 14 der Verordnung (EU) Nr. 1093/2010 zu ergänzen.

Art. 7 Bearbeitung von Beschwerden. (1) Schwarmfinanzierungsdienstleister verfügen über wirksame und transparente Verfahren für die umgehende, faire und einheitliche Bearbeitung von Kundenbeschwerden und veröffentlichen Beschreibungen dieser Verfahren.

(2) Schwarmfinanzierungsdienstleister sorgen dafür, dass Kunden unentgeltlich Beschwerden gegen sie einreichen können.

(3) Schwarmfinanzierungsdienstleister entwickeln eine Standardvorlage für Beschwerden, die sie Kunden zur Verfügung stellen, und führen Aufzeichnungen zu allen eingegangenen Beschwerden und den daraufhin getroffenen Maßnahmen.

(4) Schwarmfinanzierungsdienstleister gehen allen Beschwerden zeitnah und auf faire Weise nach und teilen dem Beschwerdeführer das Ergebnis innerhalb einer angemessenen Frist mit.

(5) *[1]* Die ESMA erarbeitet Entwürfe technischer Regulierungsstandards, um die Vorschriften, Standardformate und Verfahren für die Bearbeitung von Beschwerden festzulegen.

[2] Die ESMA übermittelt der Kommission diese Entwürfe technischer Regulierungsstandards bis zum 10. November 2021.

[3] Der Kommission wird die Befugnis übertragen, diese Verordnung durch die Annahme der in Unterabsatz 1 dieses Absatzes genannten technischen

Regulierungsstandards gemäß den Artikeln 10 bis 14 der Verordnung (EU) Nr. 1095/2010 zu ergänzen.

Art. 8 Interessenkonflikte. (1) Schwarmfinanzierungsdienstleister dürfen keine Beteiligung an den Schwarmfinanzierungsangeboten auf ihren Schwarmfinanzierungsplattformen halten.

(2) *[1]* Schwarmfinanzierungsdienstleister dürfen in Bezug auf die auf ihrer Schwarmfinanzierungsplattform angebotenen Schwarmfinanzierungsangebote keine der folgenden Personen als Projektträger zulassen:

a) eigene Anteilseigner, die mindestens 20 % der Kapitalanteile oder Stimmrechte halten,

b) Mitglieder der Geschäftsleitung oder Beschäftigte,

c) jede natürliche oder juristische Person, die mit diesen Anteilseignern, Mitgliedern der Geschäftsleitung oder Beschäftigten durch Kontrolle im Sinne des Artikels 4 Absatz 1 Nummer 35 Buchstabe b der Richtlinie 2014/65/EU verbunden ist,

[2] Schwarmfinanzierungsdienstleister, die für die auf ihrer Schwarmfinanzierungsplattform angebotenen Schwarmfinanzierungsprojekte eine der unter den Buchstaben a, b und c genannten Personen als Anleger zulassen, legen die Tatsache, dass sie solche Personen als Anleger zulassen – sowie Informationen zu den konkreten Schwarmfinanzierungsprojekten, in die angelegt wird – auf ihrer Internetseite uneingeschränkt offen und stellen sicher, dass diese Anlagen unter denselben Bedingungen wie im Fall anderer Anleger erfolgen und diese Personen keine Vorzugsbehandlung oder privilegierten Zugang zu Informationen erhalten.

(3) Schwarmfinanzierungsdienstleister müssen wirksame interne Vorschriften zur Verhinderung von Interessenkonflikten aufrechterhalten und anwenden.

(4) Schwarmfinanzierungsdienstleister müssen alle geeigneten Vorkehrungen treffen, um Interessenkonflikte zwischen ihnen selbst, ihren Anteilseignern, den Mitgliedern ihrer Geschäftsleitung oder ihren Beschäftigten oder natürlichen oder juristischen Personen, die mit diesen durch Kontrolle im Sinne des Artikels 4 Absatz 1 Nummer 35 Buchstabe b der Richtlinie 2014/65/EU verbunden sind, und ihren Kunden oder zwischen ihren Kunden untereinander zu vermeiden, zu erkennen, zu beheben und offenzulegen.

(5) *[1]* Schwarmfinanzierungsdienstleister legen gegenüber ihren Kunden die allgemeine Art und die Ursachen von Interessenkonflikten sowie die zu ihrer Abschwächung getroffenen Vorkehrungen offen.

[2] Diese Offenlegung erfolgt an gut sichtbarer Stelle auf der Internetseite des Schwarmfinanzierungsdienstleisters.

(6) Diese in Absatz 5 genannte Offenlegung muss

a) auf einem dauerhaften Datenträger erfolgen und

b) je nach Art des Kunden so ausführlich sein, dass dieser bezüglich der Dienstleistung, in deren Zusammenhang der Interessenkonflikt auftritt, eine Entscheidung in Kenntnis der Sachlage treffen kann.

(7) *[1]* Die ESMA arbeitet Entwürfe technischer Regulierungsstandards aus, um Folgendes festzulegen:

a) die Anforderungen an die Aufrechterhaltung oder Anwendung der in Absatz 3 genannten internen Vorschriften;

b) die Vorkehrungen gemäß Absatz 4,

c) die Modalitäten der in den Absätzen 5 und 6 genannten Offenlegung.

[2] Bei der Ausarbeitung der Entwürfe für technische Regulierungsstandards, berücksichtigt die ESMA die Art, den Umfang und die Komplexität der vom Schwarmfinanzierungsdienstleister erbrachten Schwarmfinanzierungsdienstleistungen.

[3] Die ESMA übermittelt der Kommission diese Entwürfe technischer Regulierungsstandards bis zum 10. November 2021.

[4] Der Kommission wird die Befugnis übertragen, diese Verordnung durch die Annahme der in Unterabsatz 1 dieses Absatzes genannten technischen Regulierungsstandards gemäß den Artikeln 10 bis 14 der Verordnung (EU) Nr. 1095/2010 zu ergänzen.

Art. 9 Auslagerung. (1) Schwarmfinanzierungsdienstleister treffen alle angemessenen Vorkehrungen, um zusätzliche Geschäftsrisiken zu vermeiden, wenn sie bei der Wahrnehmung betrieblicher Aufgaben auf Dritte zurückgreifen.

(2) Die Auslagerung der in Absatz 1 genannten betrieblichen Aufgaben darf keine Auswirkungen auf die Qualität der internen Kontrolle des Schwarmfinanzierungsdienstleisters und die Möglichkeit der zuständigen Behörde haben, die Einhaltung dieser Verordnung durch den Schwarmfinanzierungsdienstleister zu überprüfen.

(3) Die Schwarmfinanzierungsdienstleister bleiben hinsichtlich der ausgelagerten Tätigkeiten für die Einhaltung dieser Verordnung vollständig verantwortlich.

Art. 10 Erbringung von Dienstleistungen zur Verwahrung des Kundenvermögens und von Zahlungsdiensten. (1) Werden Dienstleistungen zur Verwahrung des Kundenvermögens und Zahlungsdienste erbracht, so unterrichten Schwarmfinanzierungsdienstleister ihre Kunden

a) über die Art dieser Dienstleistungen und die dafür geltenden Geschäftsbedingungen, und verweisen dazu auch auf das geltende nationale Recht;

b) darüber, ob diese Dienstleistungen unmittelbar von ihnen oder von einem Dritten erbracht werden.

(2) Führen Schwarmfinanzierungsdienstleister Zahlungsvorgänge im Zusammenhang mit übertragbaren Wertpapieren und mit für Schwarmfinanzierungszwecke zugelassenen Instrumenten durch, so hinterlegen sie die Geldbeträge bei einer der folgenden Einrichtungen:

a) einer Zentralbank oder

b) einem gemäß der Richtlinie 2013/36/EU zugelassenen Kreditinstitut.

(3) [1] Auf einer Schwarmfinanzierungsplattform angebotene übertragbare Wertpapiere oder für Schwarmfinanzierungszwecke zugelassene Instrumente, die auf einem für einen Anleger eröffneten Konto für Finanzinstrumente verbucht oder einer Verwahrstelle physisch übergeben werden können, werden vom Schwarmfinanzierungsdienstleister oder von einem Dritten verwahrt. [2] Ein

Unternehmen, das Verwahrdienste erbringt, muss im Einklang mit der Richtlinie 2013/36/EU oder 2014/65/EU über eine Zulassung verfügen.

(4) Ein Schwarmfinanzierungsdienstleister darf selbst oder über einen Dritten Zahlungsdienste erbringen, sofern er selbst oder der Dritte ein Zahlungsdienstleister im Sinne der Richtlinie (EU) 2015/2366 ist.

(5) Wenn ein Schwarmfinanzierungsdienstleister die Zahlungsdienste im Zusammenhang mit den Schwarmfinanzierungsdienstleistungen nicht selbst oder über einen Dritten erbringt, muss er Vorkehrungen treffen und aufrechterhalten, mit denen sichergestellt wird, dass Projektträger Finanzmittel für Schwarmfinanzierungsprojekte oder sonstige Zahlungen nur über Zahlungsdienstleister im Sinne der Richtlinie (EU) 2015/2366 annehmen.

Art. 11 Aufsichtsanforderungen. (1) Schwarmfinanzierungsdienstleister verfügen zu jeder Zeit über aufsichtsrechtliche Sicherheiten, die mindestens dem höheren der folgenden Beträge entsprechen:

a) 25 000 EUR oder

b) einem Viertel der jährlich überprüften fixen Gemeinkosten des Vorjahres, einschließlich der für drei Monate anfallenden Kosten für die Verwaltung von Krediten, wenn der Schwarmfinanzierungsdienstleister auch die Gewährung von Krediten vermittelt.

(2) Die aufsichtsrechtlichen Sicherheiten nach Absatz 1 dieses Artikels erfolgen in einer der folgenden Formen

a) in Form von Eigenmitteln, bestehend aus Posten des harten Kernkapitals im Sinne der Artikel 26 bis 30 der Verordnung (EU) Nr. 575/2013[1] des Europäischen Parlaments und des Rates[2] nach vollständiger Anwendung der Abzüge gemäß Artikel 36 der genannten Verordnung und ohne Anwendung der Schwellenwerte für Ausnahmen gemäß den Artikeln 46 und 48 dieser Verordnung;

b) in Form einer Versicherungspolice für die Gebiete der Union, in denen Schwarmfinanzierungsangebote aktiv vermarktet werden, oder einer vergleichbaren Garantie oder

c) in Form einer Kombination der Buchstaben a und b.

(3) Absatz 1 dieses Artikels gilt nicht, wenn es sich bei den Schwarmfinanzierungsdienstleistern um Unternehmen handelt, die auf Einzelbasis oder auf Basis ihrer konsolidierten Lage Teil 3 Titel III der Verordnung (EU) Nr. 575/2013 oder der Verordnung (EU) 2019/2033 des Europäischen Parlaments und des Rates[3] unterliegen.

(4) Absatz 1 dieses Artikels gilt nicht, wenn es sich bei den Schwarmfinanzierungsdienstleistern um Unternehmen handelt, die Artikel 4 und 5 der

[1] Nr. **6**.

[2] **Amtl. Anm.:** Verordnung (EU) Nr. 575/2013 des Europäischen Parlaments und des Rates vom 26. Juni 2013 über Aufsichtsanforderungen an Kreditinstitute und Wertpapierfirmen und zur Änderung der Verordnung (EU) Nr. 648/2012 (ABl. L 176, 27.6.2013, S. 1).

[3] **Amtl. Anm.:** Richtlinie (EU) 2019/2033 des Europäischen Parlaments und des Rates vom 27. November 2019 über Aufsichtsanforderungen an Wertpapierfirmen und zur Änderung der Verordnungen (EU) Nr. 1093/2010, (EU) Nr. 575/2013, (EU) Nr. 600/2014 und (EU) Nr. 806/2014 (ABl. L 314 vom 5.12.2019, S. 1).

Richtlinie 2009/110/EG oder Artikel 7 bis 9 der Richtlinie (EU) 2015/2366 unterliegen.

(5) Wenn ein Schwarmfinanzierungsdienstleister seit weniger als 12 Monaten tätig ist, kann er bei der Berechnung der fixen Gemeinkosten zukunftsgerichtete Schätzungen verwenden, sofern er zur Verwendung historischer Daten übergeht, sobald diese verfügbar werden.

(6) Die Versicherungspolice nach Absatz 2 Buchstabe b weist mindestens alle der folgenden Merkmale auf:

a) sie hat eine anfängliche Laufzeit von mindestens einem Jahr;

b) die Kündigungsfrist beträgt mindestens 90 Tage;

c) sie wird bei einem Unternehmen abgeschlossen, das nach dem Unionsrecht oder dem nationalen Recht über die Zulassung zur Ausübung der Versicherungstätigkeit verfügt;

d) sie wird von einem Drittunternehmen angeboten.

(7) Die Versicherungspolice nach Absatz 2 Buchstabe b erstreckt sich, ohne darauf beschränkt zu sein, auf

a) das Risiko des Verlusts von Dokumenten;

b) das Risiko von Fehldarstellungen oder irreführenden Aussagen;

c) das Risiko von Handlungen, Fehlern oder Unterlassungen, aufgrund deren gegen Folgendes verstoßen wird:
   i) gesetzliche oder regulatorische Pflichten;
   ii) die Pflicht, den Kunden gegenüber Sachkenntnis und Sorgfalt walten zu lassen;
   iii) die Pflicht zur vertraulichen Behandlung;

d) das Risiko, dass keine angemessenen Verfahren zur Prävention von Interessenkonflikten geschaffen, umgesetzt und beibehalten werden;

e) das Risiko von Verlusten, die durch eine Betriebsunterbrechung, durch Systemausfälle oder durch das Prozessmanagement verursacht werden;

f) soweit für das Geschäftsmodell zutreffend: das Risiko grober Fahrlässigkeit bei der Bewertung von Vermögenswerten oder bei der Preisfestsetzung und Bewertung von Krediten.

(8) Für die Zwecke von Absatz 1 Buchstabe b berechnen Schwarmfinanzierungsdienstleister ihre fixen Gemeinkosten des Vorjahres, legen dabei die Zahlen des geltenden Rechnungslegungsrahmens zugrunde und ziehen folgende Posten von den Gesamtaufwendungen nach Ausschüttung von Gewinnen an die Aktionäre in ihrem jüngsten geprüften Jahresabschluss oder, falls nicht vorhanden, in dem von nationalen Aufsichtsbehörden geprüften Jahresabschluss ab:

a) Bonuszahlungen für die Beschäftigten und sonstige Vergütungen, soweit sie von einem Nettogewinn der Schwarmfinanzierungsdienstleister im betreffenden Jahr abhängen;

b) Gewinnbeteiligungen der Beschäftigten, der Führungsebene und der Gesellschafter;

c) sonstige Gewinnausschüttungen und sonstige variable Vergütungen, soweit sie vollständig diskretionär sind;

d) zu entrichtende geteilte Provisionen und Entgelte, die direkt mit den einzufordernden Provisionen und Entgelten in Verbindung stehen, die Bestandteil der Gesamterlöse sind, und bei denen die Zahlung der zu entrichtenden Provisionen und Entgelte vom tatsächlichen Erhalt der einzufordernden Provisionen und Entgelte abhängt, und
e) einmalige Aufwendungen aus außergewöhnlichen Tätigkeiten.

(9) Haben Dritte im Namen der Schwarmfinanzierungsdienstleister fixe Aufwendungen verursacht, und sind diese fixen Aufwendungen nicht bereits in den Gesamtaufwendungen im Sinne von Absatz 8 enthalten, so ergreifen die Schwarmfinanzierungsdienstleister eine der nachfolgend genannten Maßnahmen:

a) Liegt eine Aufschlüsselung der Aufwendungen dieser Dritten vor, so müssen die Schwarmfinanzierungsdienstleister den Betrag der fixen Aufwendungen bestimmen, die Dritte im Namen der Schwarmfinanzierungsdienstleister verursacht haben, und diesen Betrag zu dem sich aus Absatz 8 ergebenden Betrag addieren;
b) liegt die Aufschlüsselung der Aufwendungen dieser Dritten nicht vor, müssen die Schwarmfinanzierungsdienstleister den Betrag der durch Dritte im Namen der Schwarmfinanzierungsdienstleister verursachten Aufwendungen gemäß den Geschäftsplänen der Schwarmfinanzierungsdienstleister bestimmen und diesen Betrag zu dem sich aus Absatz 8 ergebenden Betrag addieren.

Kapitel III. Zulassung und Beaufsichtigung von Schwarmfinanzierungsdienstleistern

Art. 12 Zulassung als Schwarmfinanzierungsdienstleister. (1) Eine juristische Person, die Schwarmfinanzierungsdienstleistungen zu erbringen beabsichtigt, beantragt bei der zuständigen Behörde des Mitgliedstaats, in dem sie niedergelassen ist, die Zulassung als Schwarmfinanzierungsdienstleister.

(2) Der Antrag nach Absatz 1 muss alle folgenden Angaben umfassen:

a) den Namen (einschließlich des eingetragenen Namens und etwaiger sonstiger im Handel zu verwendender Namen) des potenziellen Schwarmfinanzierungsdienstleisters, die Internet-Adresse der Internetseite, die von diesem betrieben wird, und dessen physische Adresse;
b) die Rechtsform des potenziellen Schwarmfinanzierungsdienstleisters;
c) den Gesellschaftsvertrag des potenziellen Schwarmfinanzierungsdienstleisters;
d) einen Geschäftsplan, aus dem die Arten der geplanten Schwarmfinanzierungsdienstleistungen des potenziellen Schwarmfinanzierungsdienstleisters hervorgehen, und die Schwarmfinanzierungsplattform, die dieser zu betreiben beabsichtigt, einschließlich der Angabe, wo und wie Angebote vermarktet werden sollen;
e) eine Beschreibung der Regelungen zur Unternehmensführung und der internen Kontrollmechanismen des potenziellen Schwarmfinanzierungsdienstleisters, mit denen die Einhaltung dieser Verordnung sichergestellt wird, einschließlich der Risikomanagement- und Rechnungslegungsverfahren;

f) eine Beschreibung der Systeme, Mittel und Verfahren des potenziellen Schwarmfinanzierungsdienstleisters zur Kontrolle und Sicherung der Datenverarbeitungssysteme;

g) eine Beschreibung der operationellen Risiken des potenziellen Schwarmfinanzierungsdienstleisters;

h) eine Beschreibung der vom potenziellen Schwarmfinanzierungsdienstleister einzuführenden aufsichtsrechtlichen Sicherheiten gemäß Artikel 11;

i) einen Nachweis, dass der potenzielle Schwarmfinanzierungsdienstleister die aufsichtsrechtlichen Sicherheiten gemäß Artikel 11 einhält;

j) eine Beschreibung des Plans des potenziellen Schwarmfinanzierungsdienstleisters zur Geschäftsfortführung im Krisenfall, in der – unter Berücksichtigung der Art, des Umfangs und der Komplexität der Schwarmfinanzierungsdienstleistungen, die dieser potenzielle Schwarmfinanzierungsdienstleister zu erbringen beabsichtigt – Maßnahmen und Verfahren festgelegt sind, die bei Ausfall des potenziellen Schwarmfinanzierungsdienstleisters die Kontinuität der Erbringung entscheidender Dienstleistungen im Zusammenhang mit vorhandenen Anlagen und der ordnungsgemäßen Durchführung von Vereinbarungen zwischen dem potenziellen Schwarmfinanzierungsdienstleister und seinen Kunden sicherstellen;

k) die Namen der für die Geschäftsleitung des potenziellen Schwarmfinanzierungsdienstleisters verantwortlichen natürlichen Personen;

l) den Nachweis, dass die unter Buchstabe k genannten natürlichen Personen zuverlässig sind und über ausreichende Kenntnisse, Fähigkeiten und Berufserfahrung für die Leitung des potenziellen Schwarmfinanzierungsdienstleisters verfügen;

m) eine Beschreibung der internen Vorschriften des potenziellen Schwarmfinanzierungsdienstleisters, mit denen verhindert wird, dass unter Artikel 8 Absatz 2 Unterabsatz 1 genannte Personen sich als Projektträger an Schwarmfinanzierungsdienstleistungen beteiligen, die der potenzielle Schwarmfinanzierungsdienstleister anbietet;

n) eine Beschreibung der Auslagerungsvereinbarungen des potenziellen Schwarmfinanzierungsdienstleisters;

o) eine Beschreibung der Verfahren des potenziellen Schwarmfinanzierungsdienstleisters zur Bearbeitung von Kundenbeschwerden;

p) eine Bestätigung, ob der potenzielle Schwarmfinanzierungsdienstleister die Zahlungsdienste selbst oder durch einen Dritten gemäß der Richtlinie (EU) 2015/2366 oder durch eine Vorkehrung gemäß Artikel 10 Absatz 5 der vorliegenden Verordnung zu erbringen beabsichtigt;

q) eine Beschreibung der Verfahren, die der potenzielle Schwarmfinanzierungsdienstleister eingerichtet hat, um die Vollständigkeit, Richtigkeit und Klarheit der im Anlagebasisinformationsblatt enthaltenen Angaben zu überprüfen;

r) eine Beschreibung der Verfahren, die der potenzielle Schwarmfinanzierungsdienstleister in Bezug auf Obergrenzen für Anlagen bei nicht kundigen Anlegern nach Artikel 21 Absatz 7 eingerichtet hat.

(3) Für die Zwecke des Absatzes 2 Buchstabe l legen potenzielle Schwarmfinanzierungsdienstleister Nachweise vor,

a) dass keine Vorstrafen wegen Verstößen gegen nationale Vorschriften in den Bereichen Handelsrecht, Insolvenzrecht, Finanzdienstleistungsrecht, Geldwäschebekämpfungsrecht, Vermögenstrafrecht, Steuerstrafrecht oder Berufshaftpflichtverpflichtungen vorliegen, und zwar für alle an der Leitung des potenziellen Schwarmfinanzierungsdienstleisters beteiligten natürlichen Personen und für alle Anteilseigner, die mindestens 20 % der Kapitalanteile oder Stimmrechte halten;

b) dass die an der Leitung des potenziellen Schwarmfinanzierungsdienstleisters beteiligten natürlichen Personen in ihrer Gesamtheit über ausreichende Kenntnisse, Fähigkeiten und Berufserfahrung verfügen, um den potenziellen Schwarmfinanzierungsdienstleister zu leiten, und verpflichtet sind, ausreichend Zeit für die Erfüllung ihrer Aufgaben aufzuwenden.

(4) [1] Die zuständige Behörde prüft binnen 25 Arbeitstagen nach Eingang des in Absatz 1 genannten Antrags, ob der Antrag vollständig ist, indem sie überprüft, ob die in Absatz 2 aufgeführten Angaben unterbreitet worden sind. [2] Ist der Antrag unvollständig, so setzt die zuständige Behörde eine Frist, innerhalb deren ihr der potenzielle Schwarmfinanzierungsdienstleister die fehlenden Angaben zu übermitteln hat.

(5) Ist ein Antrag gemäß Absatz 1 nach Ablauf der in Absatz 4 genannten Frist immer noch unvollständig, so kann die zuständige Behörde die Prüfung des Antrags ablehnen und sendet im Falle einer solchen Ablehnung die vorgelegten Dokumente an den potenziellen Schwarmfinanzierungsdienstleister zurück.

(6) Ist ein Antrag gemäß Absatz 1 vollständig, so teilt die zuständige Behörde dies dem potenziellen Schwarmfinanzierungsdienstleister unverzüglich mit.

(7) Vor dem Erlass einer Entscheidung über die Erteilung oder Verweigerung einer Zulassung als Schwarmfinanzierungsdienstleister hat die zuständige Behörde die zuständige Behörde eines anderen Mitgliedstaats in folgenden Fällen zu konsultieren:

a) Der potenzielle Schwarmfinanzierungsdienstleister ist ein Tochterunternehmen eines in diesem anderen Mitgliedstaat zugelassenen Schwarmfinanzierungsdienstleisters;

b) der potenzielle Schwarmfinanzierungsdienstleister ist ein Tochterunternehmen des Mutterunternehmens eines in diesem anderen Mitgliedstaat zugelassenen Schwarmfinanzierungsdienstleisters; oder

c) der potenzielle Schwarmfinanzierungsdienstleister wird von denselben natürlichen oder juristischen Personen kontrolliert, die einen in diesem anderen Mitgliedstaat zugelassenen Schwarmfinanzierungsdienstleister kontrollieren.

(8) [1] Die zuständige Behörde prüft innerhalb von drei Monaten nach Eingang eines vollständigen Antrags, ob der potenzielle Schwarmfinanzierungsdienstleister die Anforderungen dieser Verordnung erfüllt und erlässt eine ausführlich begründete Entscheidung über die Erteilung oder Verweigerung einer Zulassung als Schwarmfinanzierungsdienstleister. [2] Bei dieser Prüfung werden die Art, der Umfang und die Komplexität der Schwarmfinanzierungsdienstleistungen berücksichtigt, die der potenzielle Schwarmfinanzierungsdienstleister zu erbringen beabsichtigt. [3] Die zuständige Behörde kann die Zulassung verweigern, wenn objektive und nachweisbare Gründe für die Vermutung vor-

liegen, dass die Geschäftsleitung des potenziellen Schwarmfinanzierungsdienstleisters dessen wirksame, solide und umsichtige Leitung und die Geschäftsfortführung im Krisenfall sowie die angemessene Berücksichtigung der Kundeninteressen und die Marktintegrität gefährden könnte.

(9) [1] Die zuständige Behörde unterrichtet die ESMA über alle nach diesem Artikel erteilten Zulassungen. [2] Die ESMA fügt dem Verzeichnis zugelassener Schwarmfinanzierungsdienstleister nach Artikel 14 Angaben zu erfolgreichen Anträgen hinzu. [3] Die ESMA kann Informationen anfordern, um sicherzustellen, dass zuständige Behörden die Zulassungen nach diesem Artikel in kohärenter Weise erteilen.

(10) Die zuständige Behörde teilt dem potenziellen Schwarmfinanzierungsdienstleister ihre Entscheidung binnen drei Arbeitstagen nach dem Datum des Erlasses mit.

(11) Ein nach diesem Artikel zugelassener Schwarmfinanzierungsdienstleister muss jederzeit die Voraussetzungen für seine Zulassung erfüllen.

(12) Die Mitgliedstaaten verpflichten Schwarmfinanzierungsdienstleister, die grenzüberschreitend Schwarmfinanzierungsdienstleistungen erbringen, nicht dazu, im Gebiet eines anderen Mitgliedstaats als dem, in dem die Schwarmfinanzierungsdienstleister zugelassen sind, eine physische Präsenz zu haben.

(13) Schwarmfinanzierungsdienstleister, die gemäß der vorliegenden Verordnung zugelassen sind, können auch andere als die durch die in diesem Artikel genannte Zulassung erfassten Tätigkeiten im Einklang mit dem einschlägigen anwendbaren Unionsrecht oder nationalen Recht ausüben.

(14) Beantragt ein Unternehmen, das gemäß der Richtlinie 2009/110/EG, 2013/36/EU, 2014/65/EU oder (EU) 2015/2366, oder gemäß dem vor Inkrafttreten der vorliegenden Verordnung auf Schwarmfinanzierungsdienstleistungen anwendbaren nationalen Recht zugelassen wurde, eine Zulassung als Schwarmfinanzierungsdienstleister gemäß der vorliegenden Verordnung, so verlangt die zuständige Behörde nicht, dass das Unternehmen Angaben oder Dokumente übermittelt, die es bereits bei der Beantragung der Zulassung gemäß den genannten Richtlinien oder dem nationalen Recht vorgelegt hat, vorausgesetzt, diese Angaben oder Dokumente sind nach wie vor aktuell und der zuständigen Behörde zugänglich.

(15) Möchte ein potenzieller Schwarmfinanzierungsdienstleister auch eine Zulassung für die Erbringung von Zahlungsdiensten lediglich in Verbindung mit der Erbringung von Schwarmfinanzierungsdienstleistungen beantragen, so verlangen die zuständigen Behörden – soweit diese auch für die Zulassung gemäß der Richtlinie (EU) 2015/2366 zuständig sind –, dass die Angaben und Dokumente, die bei jedem Antrag vorzulegen sind, nur einmal vorgelegt werden.

(16) *[1]* Die ESMA arbeitet Entwürfe technischer Regulierungsstandards aus, um Folgendes näher zu bestimmen:

a) die Anforderungen und Regelungen für den Antrag nach Absatz 1, einschließlich der Standardformulare, Vorlagen und Verfahren für den Antrag auf Zulassung, und

b) die Maßnahmen und Verfahren für den Plan zur Geschäftsfortführung im Krisenfall nach Absatz 2 Buchstabe j.

[2] Bei der Ausarbeitung der Entwürfe für technische Regulierungsstandards berücksichtigt die ESMA die Art, den Umfang und die Komplexität der vom Schwarmfinanzierungsdienstleister erbrachten Schwarmfinanzierungsdienstleistungen.

[3] Die ESMA übermittelt der Kommission diese Entwürfe technischer Regulierungsstandards bis zum 10. November 2021.

[4] Der Kommission wird die Befugnis übertragen, diese Verordnung durch die Annahme der in Unterabsatz 1 dieses Absatzes genannten technischen Regulierungsstandards gemäß den Artikeln 10 bis 14 der Verordnung (EU) Nr. 1095/2010 zu ergänzen.

Art. 13 Umfang der Zulassung. (1) Die zuständigen Behörden, die eine Zulassung erteilt haben, die gemäß Artikel 12 Absatz 10 mitgeteilt wurde, stellen sicher, dass in einer solchen Zulassung die Schwarmfinanzierungsdienstleistungen angegeben sind, für deren Erbringung der Schwarmfinanzierungsdienstleister zugelassen ist.

(2) [1] Ein Schwarmfinanzierungsdienstleister, der um eine Zulassung zur Ausweitung seiner Tätigkeit auf zusätzliche Schwarmfinanzierungsdienstleistungen ersucht, die bei der gemäß Artikel 12 erteilten Zulassung nicht vorgesehen waren, stellt einen Antrag auf Ausweitung seiner Zulassung bei den zuständigen Behörden, die dem Schwarmfinanzierungsdienstleister seine Zulassung gemäß Artikel 12 erteilt haben, indem er die Angaben gemäß Artikel 12 Absatz 2 ergänzt und aktualisiert. [2] Der Antrag auf Ausweitung wird im Einklang mit Artikel 12 Absätze 4 bis 11 bearbeitet.

Art. 14 Verzeichnis von Schwarmfinanzierungsdienstleistern.

(1) [1] Die ESMA erstellt ein Verzeichnis aller Schwarmfinanzierungsdienstleister. [2] Sie stellt dieses Verzeichnis auf ihrer Internetseite öffentlich zur Verfügung und aktualisiert es regelmäßig.

(2) Das in Absatz 1 genannte Verzeichnis muss folgende Angaben enthalten:

a) den Namen, die Rechtsform und gegebenenfalls die Rechtsträgerkennung des Schwarmfinanzierungsdienstleisters;

b) den Handelsnamen, die physische Adresse und die Internet-Adresse der von dem Schwarmfinanzierungsdienstleister betriebenen Schwarmfinanzierungsplattform;

c) den Namen und die Adresse der zuständigen Behörde, die die Zulassung erteilt hat, und ihre Kontaktdaten;

d) Informationen über die Schwarmfinanzierungsdienstleistung, für die der Schwarmfinanzierungsdienstleister zugelassen ist;

e) eine Liste der Mitgliedstaaten, in denen der Schwarmfinanzierungsdienstleister seine Absicht mitgeteilt hat, Schwarmfinanzierungsdienstleistungen gemäß Artikel 18 zu erbringen;

f) alle sonstigen nicht unter diese Verordnung fallenden Dienstleistungen, die vom Schwarmfinanzierungsdienstleister erbracht werden, mit einer Bezugnahme auf das einschlägige Unionsrecht oder nationale Recht;

g) gegen den Schwarmfinanzierungsdienstleister oder die Mitglieder seiner Geschäftsleitung verhängte Strafen.

(3) Jeder Entzug der Zulassung eines Schwarmfinanzierungsdienstleisters gemäß Artikel 17 wird in dem Verzeichnis veröffentlicht und bleibt dort fünf Jahre lang veröffentlicht.

Art. 15 Beaufsichtigung. (1) Schwarmfinanzierungsdienstleister werden bei der Erbringung ihrer Dienstleistungen von den zuständigen Behörden beaufsichtigt, die die Zulassung erteilt haben.

(2) [1] Die zuständige Behörde prüft, ob die Schwarmfinanzierungsdienstleister die in dieser Verordnung vorgesehenen Pflichten erfüllen. [2] Sie legt die Häufigkeit und die Intensität dieser Prüfungen fest und berücksichtigt dabei die Art, den Umfang und die Komplexität der Tätigkeiten des Schwarmfinanzierungsdienstleisters. [3] Für den Zweck dieser Prüfung kann die zuständige Behörde eine Vor-Ort-Prüfung beim Schwarmfinanzierungsdienstleister vornehmen.

(3) Schwarmfinanzierungsdienstleister unterrichten die zuständige Behörde unverzüglich über alle wesentlichen Änderungen der für die Zulassung erforderlichen Voraussetzungen und legen auf Anforderung die für die Prüfung der Einhaltung dieser Verordnung erforderlichen Informationen vor.

Art. 16 Berichterstattung durch Schwarmfinanzierungsdienstleister.

(1) Ein Schwarmfinanzierungsdienstleister übermittelt der zuständigen Behörde, welche die Zulassung erteilt hat, jährlich und vertraulich eine Liste der Projekte, die mithilfe seiner Schwarmfinanzierungsplattform finanziert werden, wobei er für jedes Projekt Folgendes angibt:

a) den Projektträger und den beschafften Betrag;

b) das ausgegebene Instrument wie in Artikel 2 Absatz 1 Buchstaben b, m und n definiert;

c) aggregierte Angaben zu den Anlegern und den angelegten Beträgen, aufgeschlüsselt nach dem steuerlichen Wohnsitz der Anleger, mit der Unterscheidung zwischen kundigen und nicht kundigen Anlegern.

(2) [1] Die zuständigen Behörden übermitteln der ESMA die in Absatz 1 genannten Angaben innerhalb eines Monats nach Eingang dieser Angaben in anonymisiertem Format. [2] Die ESMA arbeitet aggregierte Jahresstatistiken zum Schwarmfinanzierungsmarkt in der Union aus und veröffentlicht diese auf ihrer Internetseite.

(3) *[1]* Die ESMA arbeitet Entwürfe technischer Durchführungsstandards aus, um Datenstandards und -formate, Vorlagen und Verfahren für die Angaben, über die gemäß diesem Artikel Bericht zu erstatten ist, festzulegen.

[2] Die ESMA übermittelt der Kommission diese Entwürfe technischer Durchführungsstandards spätestens am 10. November 2021.

[3] Der Kommission wird die Befugnis übertragen, die in Unterabsatz 1 dieses Absatzes genannten technischen Durchführungsstandards gemäß Artikel 15 der Verordnung (EU) Nr. 1095/2010 zu erlassen.

Art. 17 Entzug der Zulassung. (1) *[1]* Die zuständigen Behörden, die die Zulassung erteilt haben, haben die Befugnis, die Zulassung in jeder der folgenden Situationen zu entziehen, in denen der Schwarmfinanzierungsdienstleister

a) von seiner Zulassung binnen 18 Monaten nach dem Datum der Erteilung keinen Gebrauch gemacht hat;

b) ausdrücklich auf seine Zulassung verzichtet hat;

c) neun aufeinanderfolgende Monate lang keine Schwarmfinanzierungsdienstleistungen erbracht hat und zudem nicht mehr an der Durchführung bestehender Verträge beteiligt ist, die das Ergebnis einer anfänglichen Zusammenführung von Geschäftsfinanzierungsinteressen mithilfe seiner Schwarmfinanzierungsplattform sind;

d) die Zulassung auf rechtswidrige Weise, etwa durch falsche Angaben in seinem Zulassungsantrag, erlangt hat;

e) die Voraussetzungen, unter denen die Zulassung erteilt wurde, nicht mehr erfüllt;

f) in schwerwiegender Weise gegen diese Verordnung verstoßen hat.

[2] Die zuständigen Behörden, die die Zulassung erteilt haben, haben ferner die Befugnis, die Zulassung in jeder der folgenden Situationen zu entziehen,

a) in denen der Schwarmfinanzierungsdienstleister auch ein Zahlungsdienstleister im Sinne der Richtlinie (EU) 2015/2366 ist und er oder die Mitglieder seiner Geschäftsleitung, seine Beschäftigten oder Dritte, die in seinem Namen handeln, gegen nationales Recht zur Umsetzung der Richtlinie (EU) 2015/849 in Bezug auf Geldwäsche oder Terrorismusfinanzierung verstoßen haben; oder

b) in denen der Schwarmfinanzierungsdienstleister oder ein Dritter, der in seinem Namen handelt, die Zulassung für die Erbringung von Zahlungsdiensten im Sinne der Richtlinie (EU) 2015/2366 oder von Wertpapierdienstleistungen gemäß der Richtlinie 2014/65/EU verloren hat und jener Schwarmfinanzierungsdienstleister oder ein Dritter es versäumt hat, die Situation innerhalb von 40 Kalendertagen zu bereinigen.

(2) [1] Wenn eine zuständige Behörde in einem Mitgliedstaat eine Zulassung entzieht, dann teilt die in diesem Mitgliedstaat gemäß Artikel 29 Absatz 2 als einzige Anlaufstelle benannte zuständige Behörde dies der ESMA und den zuständigen Behörden der anderen Mitgliedstaaten, in denen der Schwarmfinanzierungsdienstleister Schwarmfinanzierungsdienstleistungen gemäß Artikel 18 erbringt, unverzüglich mit. [2] Die ESMA nimmt die Information über die Entziehung der Zulassung in das Verzeichnis nach Artikel 14 auf.

(3) Vor dem Erlass einer Entscheidung über den Entzug der Zulassung hat die zuständige Behörde, welche die Zulassung erteilt hat, die zuständige Behörde eines anderen Mitgliedstaats zu konsultieren, wenn der Schwarmfinanzierungsdienstleister

a) ein Tochterunternehmen eines in diesem anderen Mitgliedstaat zugelassenen Schwarmfinanzierungsdienstleisters ist,

b) ein Tochterunternehmen des Mutterunternehmens eines in diesem anderen Mitgliedstaat zugelassenen Schwarmfinanzierungsdienstleisters ist oder

c) von denselben natürlichen oder juristischen Personen kontrolliert wird, die einen in diesem anderen Mitgliedstaat zugelassenen Schwarmfinanzierungsdienstleister kontrollieren.

Art. 18 Grenzüberschreitende Erbringung von Schwarmfinanzierungsdienstleistungen. (1) Beabsichtigt ein gemäß Artikel 12 zugelassener Schwarmfinanzierungsdienstleister, Schwarmfinanzierungsdienstleistungen in einem anderen Mitgliedstaat als dem, dessen zuständige Behörde die Zulassung gemäß Artikel 12 erteilt hat, zu erbringen, so übermittelt er der zuständigen

Behörde, die gemäß Artikel 29 Absatz 2 von dem Mitgliedstaat, in dem die Zulassung erteilt wurde, als einzige Anlaufstelle benannt wurde, die folgenden Angaben:

a) eine Liste der Mitgliedstaaten, in denen der Schwarmfinanzierungsdienstleister die Schwarmfinanzierungsdienstleistungen zu erbringen beabsichtigt;

b) die Identität der natürlichen und juristischen Personen, die für die Erbringung der Schwarmfinanzierungsdienstleistungen in den betreffenden Mitgliedstaaten verantwortlich sind;

c) das Anfangsdatum der beabsichtigten Erbringung der Schwarmfinanzierungsdienstleistungen durch den Schwarmfinanzierungsdienstleister;

d) eine Liste aller anderen Tätigkeiten, die vom Schwarmfinanzierungsdienstleister ausgeübt werden, jedoch nicht unter diese Verordnung fallen.

(2) [1] Die einzige Anlaufstelle des Mitgliedstaats, in dem die Zulassung erteilt wurde, teilt die Angaben nach Absatz 1 dieses Artikels den zuständigen Behörden der Mitgliedstaaten, in denen der Schwarmfinanzierungsdienstleister die Schwarmfinanzierungsdienstleistungen gemäß Absatz 1 dieses Artikels zu erbringen beabsichtigt, und der ESMA innerhalb von 10 Arbeitstagen nach Eingang dieser Angaben mit. [2] Die ESMA nimmt diese Angaben in das Verzeichnis nach Artikel 14 auf.

(3) Die einzige Anlaufstelle des Mitgliedstaats, in dem die Zulassung erteilt wurde, unterrichtet danach den Schwarmfinanzierungsdienstleister unverzüglich über die Mitteilung nach Absatz 2.

(4) Der Schwarmfinanzierungsdienstleister darf ab dem Zeitpunkt des Eingangs der Mitteilung nach Absatz 3 oder spätestens 15 Kalendertage nach Übermittlung der Angaben nach Absatz 1 mit der Erbringung von Schwarmfinanzierungsdienstleistungen in einem anderen Mitgliedstaat als dem, in dem die zuständige Behörde die Zulassung erteilt hat, beginnen.

Kapitel IV. Anlegerschutz

Art. 19 Informationen für Kunden. (1) Sämtliche Informationen, einschließlich Marketingmitteilungen nach Artikel 27, die Schwarmfinanzierungsdienstleister ihren Kunden über sich selbst, über Kosten, finanzielle Risiken und Gebühren im Zusammenhang mit Schwarmfinanzierungsdienstleistungen oder -anlagen, über die Auswahlkriterien für Schwarmfinanzierungsprojekte, und über die Art ihrer Schwarmfinanzierungsdienstleistungen und die damit verbundenen Risiken zur Verfügung stellen, müssen fair, klar und nicht irreführend sein.

(2) Die Schwarmfinanzierungsdienstleister unterrichten ihre Kunden darüber, dass ihre Schwarmfinanzierungsdienstleistungen nicht durch die gemäß der Richtlinie 2014/49/EU geschaffenen Einlagensicherungssysteme geschützt sind und dass übertragbare Wertpapiere oder für Schwarmfinanzierungszwecke zugelassene Instrumente, die über ihre Schwarmfinanzierungsplattform erworben wurden, nicht durch die gemäß der Richtlinie 97/9/EG geschaffenen Anlegerentschädigungssysteme geschützt sind.

(3) [1] Die Schwarmfinanzierungsdienstleister unterrichten ihre Kunden über die Bedenkzeit für nicht kundige Anleger gemäß Artikel 22. [2] Wenn ein Schwarmfinanzierungsangebot unterbreitet wird, stellt der Schwarmfinanzierungsdienstleister jene Informationen an gut sichtbarer Stelle des Mediums

bereit, auch auf jeder mobilen Anwendung und Website, auf der ein solches Angebot unterbreitet wird.

(4) Sämtliche Informationen, die gemäß Absatz 1 bereitzustellen sind, werden Kunden mitgeteilt, wann immer dies zweckmäßig ist, mindestens jedoch vor Abschluss einer Schwarmfinanzierungstransaktion.

(5) Die Informationen nach den Absätzen 1, 2 und 6 werden allen Kunden in einem klar ausgewiesenen und leicht zugänglichen Abschnitt der Internetseite der Schwarmfinanzierungsplattform und auf nichtdiskriminierende Weise bereitgestellt.

(6) [1] Wenden Schwarmfinanzierungsdienstleister Kreditbewertungspunkte auf Schwarmfinanzierungsprojekte an oder schlagen sie Preise für Schwarmfinanzierungsangebote auf ihren Schwarmfinanzierungsplattformen vor, so stellen sie eine Beschreibung der zur Berechnung dieser Kreditbewertungspunkte bzw. Preise angewandten Methode zur Verfügung. [2] Beruht die Berechnung auf nicht geprüften Rechnungslegungsunterlagen, so ist dies in der Beschreibung der Methode klar und deutlich anzugeben.

(7) *[1]* Die EBA arbeitet in enger Zusammenarbeit mit der ESMA Entwürfe technischer Regulierungsstandards aus, in denen Folgendes festgelegt wird:

a) die Elemente, einschließlich des Formats, die in die Beschreibung der Methode zur Berechnung der Kreditbewertungspunkte bzw. Preise gemäß Absatz 6 aufgenommen werden müssen;

b) die Informationen und Faktoren, die Schwarmfinanzierungsdienstleister berücksichtigen müssen, wenn sie die Bewertung des Kreditrisikos nach Artikel 4 Absatz 4 Buchstaben a und b und die Bewertung eines Kredits nach Artikel 4 Absatz 4 Buchstabe e durchführen;

c) die Faktoren, denen ein Schwarmfinanzierungsdienstleister Rechnung tragen sollte, wenn er gemäß Artikel 4 Absatz 4 Buchstabe d sicherstellt, dass der Preis eines Kredits, den er vermittelt, fair und angemessen ist;

d) der Mindestinhalt und die Steuerung der Regelungen und Verfahren, die gemäß dem vorliegenden Artikel erforderlich sind, und des Rahmens für das Risikomanagement nach Artikel 4 Absatz 4 Buchstabe f.

[2] Die EBA übermittelt der Kommission diese Entwürfe technischer Regulierungsstandards bis zum 10. Mai 2022.

[3] Der Kommission wird die Befugnis übertragen, diese Verordnung durch die Annahme der in Unterabsatz 1 dieses Absatzes genannten technischen Regulierungsstandards gemäß den Artikeln 10 bis 14 der Verordnung (EU) Nr. 1093/2010 zu ergänzen.

Art. 20 Offenlegung von Ausfallquoten. (1) Schwarmfinanzierungsdienstleister, die Schwarmfinanzierungsdienstleistungen erbringen, die aus der Vermittlung von Krediten bestehen, müssen

a) jährlich die Ausfallquoten der auf ihrer Schwarmfinanzierungsplattform angebotenen Schwarmfinanzierungsprojekte mindestens der letzten 36 Monate offenlegen und

b) innerhalb von vier Monaten ab dem Ende jedes Geschäftsjahres eine Erklärung zu den Ergebnissen veröffentlichen, in der sie – soweit zutreffend – Folgendes angeben:

i) die erwartete und tatsächliche Ausfallquote aller Kredite, die der Schwarmfinanzierungsdienstleister vermittelt hat, nach Risikokategorie, wobei auf die im Rahmen für das Risikomanagement festgelegten Risikokategorien Bezug zu nehmen ist;

ii) eine Zusammenfassung der Annahmen, die bei der Bestimmung der erwarteten Ausfallquoten verwendet wurden, und

iii) – wenn der Schwarmfinanzierungsdienstleister eine Zielrendite im Zusammenhang mit der individuellen Verwaltung des Kreditportfolios angeboten hat –, die tatsächlich erzielte Rendite.

(2) Die in Absatz 1 genannten Ausfallquoten werden an gut sichtbarer Stelle auf der Internetseite des Schwarmfinanzierungsdienstleisters veröffentlicht.

(3) *[1]* Die ESMA arbeitet in enger Zusammenarbeit mit der EBA Entwürfe technischer Regulierungsstandards aus, um die Methode für die Berechnung der Ausfallquoten der auf einer Schwarmfinanzierungsplattform angebotenen Projekte nach Absatz 1 festzulegen.

[2] Die ESMA übermittelt der Kommission diese Entwürfe technischer Regulierungsstandards bis zum 10. November 2021.

[3] Der Kommission wird die Befugnis übertragen, diese Verordnung durch die Annahme der in Unterabsatz 1 dieses Absatzes genannten technischen Regulierungsstandards gemäß den Artikeln 10 bis 14 der Verordnung (EU) Nr. 1095/2010 zu ergänzen.

Art. 21 Kenntnisprüfung und Simulation der Fähigkeit, Verluste zu tragen. (1) Bevor Schwarmfinanzierungsdienstleister potenziellen nicht kundigen Anlegern uneingeschränkten Zugang zu Anlagen in die auf ihrer Schwarmfinanzierungsplattform angebotenen Schwarmfinanzierungsprojekte gewähren, bewerten sie, ob bzw. welche angebotenen Schwarmfinanzierungsdienstleistungen für die potenziellen nicht kundigen Anleger geeignet sind.

(2) Für die Zwecke der Bewertung nach Absatz 1 verlangen die Schwarmfinanzierungsdienstleister Informationen über die Erfahrung, Anlageziele, finanzielle Situation und das grundlegende Verständnis der potenziellen nicht kundigen Anleger hinsichtlich der Risiken, die mit Anlagen im Allgemeinen und mit den auf der Schwarmfinanzierungsplattform angebotenen Anlagearten im Besonderen verbunden sind, darunter Informationen über

a) frühere Anlagen des potenziellen nicht kundigen Anlegers in übertragbare Wertpapiere oder den früheren Erwerb von für Schwarmfinanzierungszwecke zugelassenen Instrumenten oder Krediten, einschließlich in Unternehmen, die sich in der Gründungs- oder Expansionsphase befinden, sowie

b) das Verständnis des potenziellen Anlegers hinsichtlich der Risiken, die mit der Gewährung von Krediten, der Anlage in übertragbare Wertpapiere oder dem Erwerb von für Schwarmfinanzierungszwecke zugelassenen Instrumenten über eine Schwarmfinanzierungsplattform einhergehen, und Berufserfahrung im Zusammenhang mit Schwarmfinanzierungsanlagen.

(3) Die Schwarmfinanzierungsdienstleister überprüfen für jeden nicht kundigen Anleger alle zwei Jahre nachdem die erste Bewertung nach Absatz 1 durchgeführt wurde die Bewertung gemäß dieses Absatzes.

(4) [1] Stellen potenzielle nicht kundige Anleger die nach Absatz 2 erforderlichen Informationen nicht bereit oder gelangen die Schwarmfinanzierungs-

dienstleister auf der Grundlage der nach jenem Absatz erhaltenen Informationen zu der Auffassung, dass die potenziellen nicht kundigen Anleger nicht über ausreichende Kenntnisse, Fähigkeiten und Berufserfahrung verfügen, so setzen Schwarmfinanzierungsdienstleister diese potenziellen nicht kundigen Anleger davon in Kenntnis, dass die auf ihren Schwarmfinanzierungsplattformen angebotenen Dienstleistungen für sie ungeeignet sein könnten, und übermitteln ihnen eine Risikowarnung. [2] In dieser Risikowarnung wird eindeutig auf das Risiko eines Verlusts des gesamten angelegten Geldes hingewiesen. [3] Potenzielle nicht kundige Anleger müssen ausdrücklich bestätigen, dass sie die vom Schwarmfinanzierungsdienstleister übermittelte Warnung erhalten und verstanden haben.

(5) Für die Zwecke der Bewertung nach Absatz 1 verlangen Schwarmfinanzierungsdienstleister von potenziellen nicht kundigen Anlegern auch, dass sie ihre Fähigkeit, einen als 10 % ihres Reinvermögens berechneten Verlust zu tragen, auf der Grundlage der folgenden Angaben simulieren:

a) regelmäßiges Einkommen und Gesamteinkommen sowie Angaben dazu, ob das Einkommen dauerhaft oder vorübergehend erzielt wird;
b) Vermögenswerte, einschließlich Finanzanlagen und Bareinlagen, jedoch unter Ausschluss von beweglichem und unbeweglichem persönlichem Vermögen und Anlagevermögen sowie Pensionsfonds;
c) finanzielle Verpflichtungen, einschließlich regelmäßiger, bestehender und künftiger Verpflichtungen.

(6) *[1]* Der Schwarmfinanzierungsdienstleister überprüft für jeden nicht kundigen Anleger jedes Jahr nachdem die erste Simulation nach Absatz 5 durchgeführt wurde die Simulation gemäß jenes Absatzes.

[2] [1] Potenzielle nicht kundige Anleger sowie nicht kundige Anleger werden nicht daran gehindert, in Schwarmfinanzierungsprojekten anzulegen. [2] Die nicht kundigen Anleger müssen bestätigen, dass sie die Ergebnisse der Simulation nach Absatz 5 erhalten haben.

(7) *[1]* Jedes Mal bevor ein potenzieller nicht kundiger Anleger oder ein nicht kundiger Anleger ein einzelnes Schwarmfinanzierungsangebot annimmt, wodurch er einen Betrag anlegt, der 1 000 EUR bzw. 5 % des gemäß Absatz 5 berechneten Reinvermögens dieses Anlegers – je nachdem, welcher Betrag höher ist – übersteigt, stellt der Schwarmfinanzierungsdienstleister sicher, dass ein solcher Anleger

a) eine Risikowarnung erhält;
b) dem Schwarmfinanzierungsdienstleister die ausdrückliche Zustimmung erteilt und
c) dem Schwarmfinanzierungsdienstleister gegenüber nachweist, dass der Anleger die Anlage und deren Risiken versteht.

[2] Für die Zwecke von Unterabsatz 1 Buchstabe c dieses Absatzes kann die Bewertung nach Absatz 1 als Beweis verwendet werden, dass der potenzielle nicht kundige Anleger oder der nicht kundige Anleger die Anlage und deren Risiken versteht.

(8) *[1]* Die ESMA arbeitet in enger Zusammenarbeit mit der EBA Entwürfe technischer Regulierungsstandards aus, um die erforderlichen Regelungen für Folgendes festzulegen:

a) die Durchführung der Bewertung nach Absatz 1;

b) die Durchführung der Simulation nach Absatz 5;
c) die Bereitstellung der Informationen nach den Absätzen 2 und 4.

[2] Bei der Ausarbeitung der Entwürfe für technische Regulierungsstandards berücksichtigt die ESMA die Art, den Umfang und die Komplexität der vom Schwarmfinanzierungsdienstleister erbrachten Schwarmfinanzierungsdienstleistungen.

[3] Die ESMA übermittelt der Kommission diese Entwürfe technischer Regulierungsstandards bis zum 10. November 2021.

[4] Der Kommission wird die Befugnis übertragen, diese Verordnung durch die Annahme der in Unterabsatz 1 dieses Absatzes genannten technischen Regulierungsstandards gemäß den Artikeln 10 bis 14 der Verordnung (EU) Nr. 1095/2010 zu ergänzen.

Art. 22 Vorvertragliche Bedenkzeit. (1) Die Modalitäten und Bedingungen des Schwarmfinanzierungsangebots bleiben für den Projektträger von dem Zeitpunkt an, zu dem das Schwarmfinanzierungsangebot auf der Schwarmfinanzierungsplattform erfasst ist, bis zum früheren der folgenden Zeitpunkte bindend:

a) dem Zeitpunkt des Ablaufs der Gültigkeit des Schwarmfinanzierungsangebots, der vom Schwarmfinanzierungsdienstleister zum Zeitpunkt der Erfassung des Schwarmfinanzierungsangebots auf seiner Schwarmfinanzierungsplattform angekündigt wird, oder
b) dem Zeitpunkt, zu dem das angestrebte Finanzierungsziel erreicht ist, oder im Falle einer Spanne beim Finanzierungsziel, zu dem das höchstmögliche angestrebte Finanzierungsziel erreicht ist.

(2) Der Schwarmfinanzierungsdienstleister sieht eine vorvertragliche Bedenkzeit vor, während der der potenzielle nicht kundige Anleger sein Anlageangebot oder die Bekundung seines Interesses am Schwarmfinanzierungsangebot ohne Begründung und ohne Vertragsstrafe jederzeit widerrufen kann.

(3) Die Bedenkzeit nach Absatz 2 beginnt zu dem Zeitpunkt, zu dem das Anlageangebot oder die Interessenbekundung des potenziellen nicht kundigen Anlegers erfolgt, und läuft vier Kalendertage danach ab.

(4) Der Schwarmfinanzierungsdienstleister führt Aufzeichnungen über die Anlageangebote und Interessenbekundungen, die er erhalten, und über den Zeitpunkt von deren Eingang.

(5) Die Modalitäten des Widerrufs eines Anlageangebots oder einer Interessenbekundung müssen zumindest dieselben Modalitäten umfassen, mittels derer der potenzielle nicht kundige Anleger ein Anlageangebot machen oder Interesse an einem Schwarmfinanzierungsangebot bekunden kann.

(6) Der Schwarmfinanzierungsdienstleister stellt den potenziellen nicht kundigen Anleger genaue, klare und rechtzeitige Informationen über die Bedenkzeit und die Modalitäten des Widerrufs eines Anlageangebots oder einer Interessenbekundung bereit, die mindestens Folgendes umfassen müssen:

a) Unmittelbar bevor der potenzielle nicht kundige Anleger sein Anlageangebot oder seine Interessenbekundung übermitteln kann, muss der Schwarmfinanzierungsdienstleister den potenziellen nicht kundigen Anleger über Folgendes unterrichten:

i) den Umstand, dass für das Anlageangebot oder die Interessenbekundung eine Bedenkzeit gilt;
ii) die Dauer der Bedenkzeit;
iii) die Modalitäten des Widerrufs des Anlageangebots oder der Interessensbekundung.

b) Unmittelbar nach dem Erhalt des Anlageangebots oder der Interessensbekundung muss der Schwarmfinanzierungsdienstleister den potenziellen nicht kundigen Anleger über seine Schwarmfinanzierungsplattform darüber unterrichten, dass die Bedenkzeit begonnen hat.

(7) Im Fall der individuellen Verwaltung des Kreditportfolios gilt dieser Artikel nur für das anfängliche Anlagemandat, das von dem nicht kundigen Anleger erteilt wurde, und nicht für die gemäß diesem Mandat getätigten Anlagen in spezifische Kredite.

Art. 23 Anlagebasisinformationsblatt. (1) Die Schwarmfinanzierungsdienstleister stellen potenziellen Anlegern alle in diesem Artikel genannten Informationen bereit.

(2) [1] Die Schwarmfinanzierungsdienstleister stellen potenziellen Anlegern für jedes Schwarmfinanzierungsangebot ein vom Projektträger erstelltes Anlagebasisinformationsblatt zur Verfügung. [2] Das Anlagebasisinformationsblatt wird in mindestens einer der Amtssprachen des Mitgliedstaats, dessen zuständige Behörden die Zulassung gemäß Artikel 12 erteilt haben, oder in einer anderen von diesen Behörden akzeptierten Sprache abgefasst.

(3) Bewirbt ein Schwarmfinanzierungsdienstleister ein Schwarmfinanzierungsangebot durch Marketingmitteilungen in einem anderen Mitgliedstaat, so wird das Anlagebasisinformationsblatt in mindestens einer der Amtssprachen des genannten Mitgliedstaats oder in einer von den zuständigen Behörden dieses Mitgliedstaats akzeptierten Sprache zur Verfügung gestellt.

(4) [1] Schwarmfinanzierungsdienstleister werden nicht daran gehindert, eine Übersetzung des Anlagebasisinformationsblatts in eine andere Sprache oder andere Sprachen als die in Absatz 2 oder 3 genannten zu veranlassen. [2] Diese Übersetzungen müssen den Inhalt der Originalfassung des Anlagebasisinformationsblatts korrekt wiedergeben.

(5) [1] Die zuständigen Behörden unterrichten die ESMA über die Sprache oder Sprachen, die sie für die Zwecke dieser Verordnung gemäß den Absätzen 2 und 3 akzeptieren. [2] Die ESMA stellt diese Informationen auf ihrer Internetseite zur Verfügung.

(6) Das Anlagebasisinformationsblatt nach Absatz 2 enthält alle nachstehend genannten Informationen:

a) die in Anhang I dargelegten Informationen;

b) den folgenden Haftungsausschluss, der direkt unter dem Titel des Anlagebasisinformationsblatts erscheint:
„Dieses Schwarmfinanzierungsangebot wurde von den zuständigen Behörden bzw. der Europäischen Wertpapier-und Marktaufsichtsbehörde (ESMA) weder geprüft noch genehmigt.
Die Angemessenheit Ihrer Erfahrung und Ihres Wissens wurde nicht zwangsläufig bewertet, bevor Ihnen der Zugang zu dieser Anlage gewährt wurde. Wenn Sie diese Anlage tätigen, übernehmen Sie alle damit verbundenen

Risiken, einschließlich des Risikos eines teilweisen oder vollständigen Verlusts des angelegten Geldes.";

c) folgende Risikowarnung:
„Anlagen in dieses Schwarmfinanzierungsprojekt sind mit Risiken verbunden, einschließlich des Risikos eines teilweisen oder vollständigen Verlusts des angelegten Geldes. Ihre Anlage ist nicht durch die gemäß der Richtlinie 2014/49/EU des Europäischen Parlaments und des Rates* Ihre Anlage ist auch nicht durch die gemäß der Richtlinie 97/9/EG des Europäischen Parlaments und des Rates** geschaffenen Anlegerentschädigungssysteme geschützt.
Sie erhalten möglicherweise keine Rendite aus Ihrer Anlage.
Es handelt sich hierbei nicht um ein Sparprodukt, und wir raten Ihnen, nicht mehr als 10 % Ihres Reinvermögens in Schwarmfinanzierungsprojekten anzulegen.
Sie werden die Anlageinstrumente möglicherweise nicht jederzeit verkaufen können. Selbst wenn Sie sie verkaufen können, können Sie doch Verluste erleiden.

(7) [1] Das Anlagebasisinformationsblatt muss fair, klar und nicht irreführend sein und darf mit Ausnahme von Verweisen auf geltende Rechtsakte, einschließlich gegebenenfalls Zitaten aus diesen, keine Fußnoten enthalten. [2] Es wird auf einem eigenständigen, dauerhaften Datenträger bereitgestellt, der deutlich von Marketingmitteilungen unterscheidbar ist, und umfasst in gedruckter Form höchstens sechs Seiten im DIN-A4-Format. [3] Im Falle von für Schwarmfinanzierungszwecke zugelassenen Instrumenten muss dann, wenn die gemäß Anhang I Teil F erforderliche Information in gedruckter Form mehr als eine Seite im DIN-A4-Format umfasst, der verbleibende Teil in einer Anlage zum Anlagebasisinformationsblatt wiedergegeben werden.

(8) [1] Der Schwarmfinanzierungsdienstleister fordert den Projektträger auf, jede Änderung der Informationen mitzuteilen, damit das Anlagebasisinformationsblatt während der Laufzeit des Schwarmfinanzierungsangebots stets auf dem neuesten Stand gehalten wird. [2] Der Schwarmfinanzierungsdienstleister unterrichtet die Anleger, die ein Anlageangebot unterbreitet oder Interesse an dem Schwarmfinanzierungsangebot bekundet haben, unverzüglich über jede wesentliche Änderung der im Anlagebasisinformationsblatt enthaltenen Informationen, über die er informiert wurde.

(9) [1] Die Mitgliedstaaten stellen sicher, dass zumindest der Projektträger oder dessen Verwaltungs-, Leitungs- oder Aufsichtsorgan für die in einem Anlagebasisinformationsblatt angegebenen Informationen haftet. [2] Die für das Anlagebasisinformationsblatt Verantwortlichen sind im Anlagebasisinformationsblatt eindeutig unter Angabe ihres Namens und ihrer Funktion bei natürlichen Personen bzw. ihres Namens und ihres eingetragenen Sitzes bei juristischen Personen zu benennen; das Anlagebasisinformationsblatt muss zudem Erklärungen der betreffenden Personen enthalten, dass ihres Wissens die Angaben in dem Basisinformationsblatt richtig sind und darin keine Auslassungen vorliegen, die die Aussage des Anlagebasisinformationsblatts verändern können.

---

* **Amtl. Anm.:** Richtlinie 2014/49/EU des Europäischen Parlaments und des Rates vom 16. April 2014 über Einlagensicherungssysteme (ABl. L 173 vom 12.6.2014, S. 149).

** **Amtl. Anm.:** Richtlinie 97/9/EG des Europäischen Parlaments und des Rates vom 3. März 1997 über Systeme für die Entschädigung der Anleger (ABl. L 84 vom 26.3.1997, S. 22)."

(10) Die Mitgliedstaaten stellen sicher, dass ihre Rechts- und Verwaltungsvorschriften bezüglich der zivilrechtlichen Haftung für natürliche und juristische Personen gelten, die für die in einem Anlagebasisinformationsblatt angegebenen Informationen verantwortlich sind, samt etwaiger Übersetzungen, und zwar zumindest in den folgenden Fällen:

a) Die Information ist irreführend oder unrichtig; oder

b) in dem Anlagebasisinformationsblatt wurden wichtige Informationen, die erforderlich wären, um Anleger bei ihrer Abwägung einer Finanzierung des Schwarmfinanzierungsprojekts zu unterstützen, ausgelassen.

(11) Die Schwarmfinanzierungsdienstleister richten angemessene Verfahren zur Überprüfung der Vollständigkeit, Richtigkeit und Klarheit der im Anlagebasisinformationsblatt enthaltenen Angaben ein und wenden diese an.

(12) *[1]* Stellt ein Schwarmfinanzierungsdienstleister eine Auslassung, einen Fehler oder eine Ungenauigkeit in dem Anlagebasisinformationsblatt fest, der bzw. die wesentliche Auswirkungen auf die erwartete Kapitalrendite haben könnte, so weist dieser Schwarmfinanzierungsdienstleister den Projektträger unverzüglich auf die Auslassung, den Fehler oder die Ungenauigkeit hin, der diese Information unverzüglich vervollständigt oder korrigiert.

[2] Wird eine Vervollständigung oder Korrektur nicht unverzüglich vorgenommen, so setzt der Schwarmfinanzierungsdienstleister das Schwarmfinanzierungsangebot aus, bis das Basisinformationsblatt vervollständigt oder korrigiert worden ist, jedoch höchstens für einen Zeitraum von 30 Kalendertagen.

[3] Der Schwarmfinanzierungsdienstleister unterrichtet die Anleger, die ein Anlageangebot unterbreitet oder Interesse an dem Schwarmfinanzierungsangebot bekundet haben, unverzüglich über solche festgestellten Unregelmäßigkeiten, die vom Schwarmfinanzierungsdienstleister ergriffenen und noch zu ergreifenden Maßnahmen sowie über die Möglichkeit, ihr Anlageangebot oder ihre Interessenbekundung an dem Schwarmfinanzierungsangebot zu widerrufen.

[4] Ist das Anlagebasisinformationsblatt nach 30 Kalendertagen nicht vervollständigt oder korrigiert worden, um alle festgestellten Unregelmäßigkeiten zu beheben, so wird das Schwarmfinanzierungsangebot annulliert.

(13) *[1]* [1] Ein potenzieller Anleger kann einen Schwarmfinanzierungsdienstleister auffordern, eine Übersetzung des Anlagebasisinformationsblatts in eine vom Anleger gewählte Sprache zu veranlassen. [2] Die Übersetzung muss den Inhalt der Originalfassung des Anlagebasisinformationsblatt originalgetreu und korrekt wiedergeben.

[2] Stellt der Schwarmfinanzierungsdienstleister die angeforderte Übersetzung des Anlagebasisinformationsblatts nicht bereit, so rät der Schwarmfinanzierungsdienstleister dem potenziellen Anleger unmissverständlich von der Anlage ab.

(14) [1] Die zuständigen Behörden des Mitgliedstaats, in dem dem Schwarmfinanzierungsdienstleister die Zulassung erteilt wurde, können verlangen, dass eine Vorabmitteilung eines Anlagebasisinformationsblatts mindestens sieben Arbeitstage vor dessen Bereitstellung für potenzielle Anleger erfolgt. [2] Anlagebasisinformationsblätter unterliegen keiner Vorabgenehmigung durch die zuständigen Behörden.

(15) *[1]* Wird potenziellen Anlegern ein Anlagebasisinformationsblatt bereitgestellt, das gemäß dem vorliegenden Artikel erstellt wurde, so gilt die Verpflichtung der Schwarmfinanzierungsdienstleister und der Projektträger, ein Basisinformationsblatt im Einklang mit der Verordnung (EU) Nr. 1286/2014 des Europäischen Parlaments und des Rates[1)] zu erstellen, als erfüllt.

[2] Unterabsatz 1 gilt entsprechend für natürliche und juristische Personen, die über ein Schwarmfinanzierungsangebot beraten oder es vermarkten.

(16) *[1]* Die ESMA arbeitet Entwürfe technischer Regulierungsstandards aus, um Folgendes festzulegen:

a) die Anforderungen an das Muster für die in Absatz 6 und in Anhang I genannten Informationen sowie dessen Inhalt;

b) die Arten von Hauptrisiken, die im Zusammenhang mit dem Schwarmfinanzierungsangebot stehen und die daher gemäß Anhang I Teil C offengelegt werden müssen;

c) die Verwendung bestimmter Finanzkennzahlen, um wesentliche Finanzinformationen klarer darzustellen, einschließlich mit Blick auf die Darstellung der Informationen nach Anhang I Teil A Buchstabe e;

d) die Provisionen, Gebühren und Transaktionskosten, die unter Anhang I Teil H Buchstabe a fallen, einschließlich einer detaillierten Aufschlüsselung der direkten und indirekten Kosten, die vom Anleger zu tragen sind.

[2] Bei der Ausarbeitung der Entwürfe für technische Regulierungsstandards berücksichtigt die ESMA die Art, den Umfang und die Komplexität der vom Schwarmfinanzierungsdienstleister erbrachten Schwarmfinanzierungsdienstleistungen.

[3] Die ESMA übermittelt der Kommission diese Entwürfe technischer Regulierungsstandards bis zum 10. Mai 2022.

[4] Der Kommission wird die Befugnis übertragen, diese Verordnung durch die Annahme der in Unterabsatz 1 dieses Absatzes genannten technischen Regulierungsstandards gemäß den Artikeln 10 bis 14 der Verordnung (EU) Nr. 1095/2010 zu ergänzen.

Art. 24 Anlagebasisinformationsblatt auf Ebene der Plattform.

(1) [1] Abweichend von Artikel 23 Absatz 2 Satz 1 und Artikel 23 Absatz 6 Buchstabe a erstellen Schwarmfinanzierungsdienstleister, die eine individuelle Verwaltung des Kreditportfolios anbieten, gemäß dem vorliegenden Artikel ein Anlagebasisinformationsblatt auf Ebene der Plattform und stellen es potenziellen Anlegern zur Verfügung; dieses Anlagebasisinformationsblatt muss alle folgenden Informationen umfassen:

a) die in Anhang I Teile H und I vorgesehenen Informationen;

b) Informationen über die natürlichen oder juristischen Personen, die für die in dem Anlagebasisinformationsblatt angegebenen Informationen haften; bei natürlichen Personen, einschließlich Mitgliedern der Verwaltungs-, Leitungs- oder Aufsichtsorgane des Schwarmfinanzierungsdienstleisters, sind

[1)] **Amtl. Anm.:** Verordnung (EU) Nr. 1286/2014 des Europäischen Parlaments und des Rates vom 26. November 2014 über Basisinformationsblätter für verpackte Anlageprodukte für Kleinanleger und Versicherungsanlageprodukte (PRIIP) (ABl. L 352 vom 9.12.2014, S. 1).

Name und Funktion der natürlichen Person anzugeben; bei juristischen Personen sind Name und eingetragener Sitz der Gesellschaft anzugeben;

c) die folgende Erklärung der haftenden Personen:

„Der Schwarmfinanzierungsdienstleister erklärt, dass seines Wissens keine Informationen ausgelassen wurden oder sachlich irreführend oder unrichtig sind. [2] Der Schwarmfinanzierungsdienstleister ist für die Ausarbeitung dieses Anlagebasisinformationsblatts verantwortlich."

(2) [1] Der Schwarmfinanzierungsdienstleister hält das Anlagebasisinformationsblatt auf Ebene der Plattform während der Laufzeit des Schwarmfinanzierungsangebots stets auf dem neuesten Stand. [2] Der Schwarmfinanzierungsdienstleister unterrichtet die Anleger, die ein Anlageangebot unterbreitet oder Interesse an dem Schwarmfinanzierungsangebot bekundet haben, unverzüglich über jede wesentliche Änderung dieser im Anlagebasisinformationsblatt enthaltenen Informationen.

(3) [1] Das Anlagebasisinformationsblatt auf Ebene der Plattform muss fair, klar und nicht irreführend sein und darf mit Ausnahme von Verweisen auf geltende Rechtsakte, einschließlich gegebenenfalls Zitaten aus diesen, keine Fußnoten enthalten. [2] Es wird auf einem eigenständigen, dauerhaften Datenträger bereitgestellt, der deutlich von Marketingmitteilungen unterscheidbar ist, und umfasst in gedruckter Form höchstens sechs Seiten im DIN-A4-Format.

(4) [1] Die Mitgliedstaaten stellen sicher, dass zumindest der Schwarmfinanzierungsdienstleister für die in einem Anlagebasisinformationsblatt auf Ebene der Plattform angegebenen Informationen haftet. [2] Die für das Basisinformationsblatt Verantwortlichen sind im Anlagebasisinformationsblatt eindeutig unter Angabe ihres Namens und ihrer Funktion bei natürlichen Personen bzw. ihres Namens und ihres eingetragenen Sitzes bei juristischen Personen zu benennen; das Anlagebasisinformationsblatt auf Ebene der Plattform muss zudem Erklärungen der betreffenden Personen enthalten, dass ihres Wissens die Angaben in dem Anlagebasisinformationsblatt richtig sind und darin keine Auslassungen vorliegen, die die Aussage des Anlagebasisinformationsblatts verändern können.

(5) Die Mitgliedstaaten stellen sicher, dass ihre Rechts- und Verwaltungsvorschriften bezüglich der zivilrechtlichen Haftung für natürliche und juristische Personen gelten, die für die in einem Anlagebasisinformationsblatt auf Ebene der Plattform angegebenen Informationen verantwortlich sind, samt etwaiger Übersetzungen, und zwar zumindest in den folgenden Fällen:

a) Die Information ist irreführend oder unrichtig; oder

b) im Anlagebasisinformationsblatt auf Ebene der Plattform wurden wichtige Informationen ausgelassen, die erforderlich wären, um Anleger bei ihrer Abwägung einer Anlage durch die individuelle Verwaltung des Kreditportfolios zu unterstützen.

(6) Die Schwarmfinanzierungsdienstleister richten angemessene Verfahren zur Überprüfung der Vollständigkeit, Richtigkeit und Klarheit der im Anlagebasisinformationsblatt auf Ebene der Plattform enthaltenen Angaben ein und wenden diese an.

(7) Stellt ein Schwarmfinanzierungsdienstleister eine Auslassung, einen Fehler oder eine Ungenauigkeit in dem Anlagebasisinformationsblatt auf Ebene der Plattform fest, der bzw. die wesentliche Auswirkungen auf die erwartete Kapitalrendite der individuellen Verwaltung des Kreditportfolios haben könnte, so

muss der Schwarmfinanzierungsdienstleister die Auslassung, den Fehler oder die Ungenauigkeit im Anlagebasisinformationsblatt selbst beheben.

(8) *[1]* Wird potenziellen Anlegern ein Anlagebasisinformationsblatt auf Ebene der Plattform bereitgestellt, das gemäß dem vorliegenden Artikel erstellt wurde, so gilt die Verpflichtung der Schwarmfinanzierungsdienstleister, ein Basisinformationsblatt im Einklang mit der Verordnung (EU) Nr. 1286/2014 zu erstellen, als erfüllt.

[2] Der erste Unterabsatz gilt entsprechend für natürliche und juristische Personen, die zu einem Schwarmfinanzierungsangebot beraten oder es vermarkten.

Art. 25 Forum. (1) Schwarmfinanzierungsdienstleister können ein Forum betreiben und zulassen, dass ihre Kunden darauf ihr Interesse am Kauf und Verkauf von Krediten, übertragbaren Wertpapieren oder für Schwarmfinanzierungszwecke zugelassenen Instrumenten, die ursprünglich auf ihren Schwarmfinanzierungsplattformen angeboten wurden, anzeigen.

(2) [1] Das Forum nach Absatz 1 darf nicht dazu genutzt werden, um Kauf- und Verkaufsinteressen mithilfe von Protokollen oder internen Betriebsverfahren des Schwarmfinanzierungsdienstleisters in einer Weise zusammenzuführen, dass ein Vertrag zustande kommt. [2] Das Forum darf daher nicht aus einem internen Zusammenführungssystem bestehen, das Kundenaufträge auf multilateraler Basis ausführt.

(3) Schwarmfinanzierungsdienstleister, welche die Anzeige von Interesse nach Absatz 1 dieses Artikels zulassen, müssen folgende Anforderungen erfüllen:

a) Sie unterrichten ihre Kunden über die Art des Forums gemäß den Absätzen 1 und 2.
b) Sie verlangen von ihren Kunden, die Werbung für einen Verkauf eines Kredits, eines Wertpapiers oder eines Instruments nach Absatz 1 machen, dass sie das Basisinformationsblatt zur Verfügung stellen.
c) Sie stellen Kunden, die beabsichtigen, auf dem Forum beworbene Kredite zu kaufen, Informationen über die Bedienung von durch die Schwarmfinanzierungsdienstleister vermittelten Krediten bereit.
d) Sie stellen sicher, dass ihre Kunden, die Interesse am Kauf eines Kredits, eines Wertpapiers oder eines Instruments nach Absatz 1 dieses Artikels anzeigen und die als nicht kundige Anleger gelten, die Informationen nach Artikel 19 Absatz 2 und die Risikowarnung nach Artikel 21 Absatz 4 erhalten.

(4) Schwarmfinanzierungsdienstleister, die die Anzeige von Interesse nach Absatz 1 dieses Artikels zulassen und die Dienstleistungen zur Verwahrung des Kundenvermögens gemäß Artikel 10 Absatz 1 anbieten, müssen von ihren Anlegern, die solches Interesse anzeigen, verlangen, ihnen – für die Zwecke der Durchführung einer Überprüfung der Eigentumsverhältnisse und des Führens von Aufzeichnungen – jegliche Änderungen der Eigentumsverhältnisse mitzuteilen.

(5) Schwarmfinanzierungsdienstleister, die Referenzpreise für eine An- oder Verkaufstätigkeit nach Absatz 1 dieses Artikels vorschlagen, unterrichten ihre Kunden darüber, dass die vorgeschlagenen Referenzpreise unverbindlich sind, begründen die vorgeschlagenen Referenzpreise und legen die wichtigsten Elemente der Methode im Einklang mit Artikel 19 Absatz 6 offen.

Art. 26 Zugang zu Aufzeichnungen. Die Schwarmfinanzierungsdienstleister

a) bewahren sämtliche Aufzeichnungen über ihre Dienstleistungen und Transaktionen für einen Zeitraum von mindestens fünf Jahren auf einem dauerhaften Datenträger auf,
b) stellen sicher, dass ihre Kunden jederzeit sofortigen Zugang zu Aufzeichnungen über die ihnen erbrachten Dienstleistungen haben, und
c) bewahren alle Vereinbarungen zwischen den Schwarmfinanzierungsdienstleistern und ihren Kunden für einen Zeitraum von mindestens fünf Jahren auf.

Kapitel V. Marketingmitteilungen

Art. 27 Anforderungen in Bezug auf Marketingmitteilungen. (1) Die Schwarmfinanzierungsdienstleister stellen sicher, dass alle auf ihre Dienste, einschließlich der an Dritte ausgelagerten, bezogenen Marketingmitteilungen eindeutig als solche erkennbar sind.

(2) *[1]* Vor Abschluss der Kapitalbeschaffung für ein Projekt dürfen Marketingmitteilungen nicht in unverhältnismäßiger Weise auf einzelne geplante, anhängige oder laufende Schwarmfinanzierungsprojekte oder -angebote ausgerichtet sein.

[2] Die in einer Marketingmitteilung enthaltenen Informationen sind redlich, eindeutig und nicht irreführend und stimmen – sofern bereits ein Anlagebasisinformationsblatt vorliegt – mit den darin enthaltenen Informationen überein oder – falls noch kein Anlagebasisinformationsblatt vorliegt – mit den zwingend für das Anlagebasisinformationsblatt vorgeschriebenen Informationen.

(3) Für ihre Marketingmitteilungen verwenden die Schwarmfinanzierungsdienstleister eine oder mehrere der Amtssprachen des Mitgliedstaats, in dem die Marketingmitteilungen verbreitet werden, oder eine von den zuständigen Behörden dieses Mitgliedstaats akzeptierte Sprache.

(4) Die zuständigen Behörden des Mitgliedstaats, in dem die Marketingmitteilungen verbreitet werden, sind für die Überwachung der Einhaltung ihrer für Marketingmitteilungen geltenden nationalen Rechts- und Verwaltungsvorschriften sowie für deren Durchsetzung gegenüber Schwarmfinanzierungsdienstleistern zuständig.

(5) Die zuständigen Behörden verlangen keine vorherige Notifizierung oder Genehmigung der Marketingmitteilungen.

Art. 28 Veröffentlichung der nationalen Vorschriften über Marketinganforderungen. (1) Die zuständigen Behörden veröffentlichen auf ihren Internetseiten jene für Marketingmitteilungen von Schwarmfinanzierungsdienstleistern geltenden nationalen Rechts- und Verwaltungsvorschriften, deren Einhaltung sie überwachen und die sie gegenüber Schwarmfinanzierungsdienstleistern durchsetzen müssen, und sie halten diese Vorschriften auf dem neuesten Stand.

(2) Die zuständigen Behörden unterrichten die ESMA über die Rechts- und Verwaltungsvorschriften nach Absatz 1 und übermitteln der ESMA eine Zusammenfassung dieser Rechts- und Verwaltungsvorschriften in einer in der internationalen Finanzwelt gebräuchlichen Sprache.

(3) Die zuständigen Behörden unterrichten die ESMA über jede Änderung der gemäß Absatz 2 übermittelten Informationen und übermitteln der ESMA unverzüglich eine aktualisierte Zusammenfassung der einschlägigen Rechts- und Verwaltungsvorschriften nach Absatz 1.

(4) Sind die zuständigen Behörden nicht für die Überwachung der Einhaltung und Durchsetzung der Rechts- und Verwaltungsvorschriften nach Absatz 1 zuständig, so veröffentlichen sie auf ihren Internetseiten die Kontaktdaten, unter denen Informationen über die Rechts- und Verwaltungsvorschriften nach Absatz 1 erhältlich sind.

(5) *[1]* Die ESMA arbeitet Entwürfe technischer Durchführungsstandards aus, um die Standardformulare, Vorlagen und Verfahren für nach diesem Artikel erfolgende Mitteilungen festzulegen.

[2] Die ESMA legt der Kommission diese Entwürfe technischer Durchführungsstandards bis zum 10. November 2021 vor.

[3] Der Kommission wird die Befugnis übertragen, die in Unterabsatz 1 dieses Absatzes genannten technischen Durchführungsstandards gemäß Artikel 15 der Verordnung (EU) Nr. 1095/2010 zu erlassen.

(6) [1] Die ESMA veröffentlicht auf ihrer Internetseite die Zusammenfassung nach Absatz 2 sowie die Hyperlinks zu den Internetseiten der zuständigen Behörden nach Absatz 1 und hält sie auf dem neuesten Stand. [2] Die ESMA haftet nicht für die in der Zusammenfassung enthaltenen Informationen.

(7) Die zuständigen Behörden sind die einzigen Anlaufstellen, die für die Bereitstellung von Informationen über die Marketingregeln in ihren jeweiligen Mitgliedstaaten zuständig sind.

(8) [1] Die zuständigen Behörden erstatten der ESMA regelmäßig, jedoch mindestens einmal jährlich über die Durchsetzungsmaßnahmen Bericht, die sie jeweils im Vorjahr auf der Grundlage nationaler Rechts- und Verwaltungsvorschriften über Marketingmitteilungen von Schwarmfinanzierungsdienstleistungen ergriffen haben. [2] Der Bericht enthält insbesondere folgende Angaben:

a) gegebenenfalls die Gesamtzahl der Durchsetzungsmaßnahmen, aufgeschlüsselt nach Art der Verfehlung;

b) gegebenenfalls die Ergebnisse der Durchsetzungsmaßnahmen, einschließlich der Art der verhängten Sanktionen, oder der von den Schwarmfinanzierungsdienstleistern ergriffenen Abhilfemaßnahmen; und

c) gegebenenfalls Beispiele für das Vorgehen der zuständigen Behörden, wenn Schwarmfinanzierungsdienstleister die nationalen Rechts- und Verwaltungsvorschriften nicht einhalten.

Kapitel VI. Zuständige Behörden und ESMA

Art. 29 Zuständige Behörden. (1) Die Mitgliedstaaten benennen die zuständigen Behörden, die mit der Wahrnehmung der in dieser Verordnung vorgesehenen Funktionen und Aufgaben betraut sind, und teilen dies der ESMA mit.

(2) Benennt ein Mitgliedstaat mehr als eine zuständige Behörde nach Absatz 1, so legt er deren jeweilige Aufgaben fest und benennt eine dieser Behörden als einzige Anlaufstelle für die grenzüberschreitende Verwaltungszusammenarbeit zwischen den zuständigen Behörden und mit der ESMA.

(3) Die ESMA veröffentlicht auf ihrer Internetseite ein Verzeichnis der gemäß Absatz 1 benannten zuständigen Behörden.

Art. 30 Befugnisse der zuständigen Behörden. (1) Zur Wahrnehmung ihrer Aufgaben gemäß dieser Verordnung müssen die zuständigen Behörden nach nationalem Recht zumindest über die folgenden Ermittlungsbefugnisse verfügen:

a) von Schwarmfinanzierungsdienstleistern und von Dritten, die zur Wahrnehmung von Aufgaben im Zusammenhang mit der Erbringung der Schwarmfinanzierungsdienstleistung benannt wurden, sowie von natürlichen und juristischen Personen, die diese kontrollieren oder von diesen kontrolliert werden, die Vorlage von Informationen und Unterlagen zu verlangen;

b) von Rechnungsprüfern und von Führungskräften der Schwarmfinanzierungsdienstleister und der Dritten, die zur Wahrnehmung von Aufgaben im Zusammenhang mit der Erbringung der Schwarmfinanzierungsdienstleistung benannt wurden, die Vorlage von Informationen zu verlangen;

c) Überprüfungen oder Ermittlungen vor Ort an anderen Standorten als den privaten Wohnräumen natürlicher Personen durchzuführen und zu jenem Zweck Zugang zu Räumlichkeiten zu erhalten, um Unterlagen und Daten gleich welcher Form einzusehen, wenn der begründete Verdacht besteht, dass im Zusammenhang mit dem Gegenstand einer Überprüfung oder Ermittlung Dokumente und andere Daten vorhanden sind, die als Nachweis für einen Verstoß gegen diese Verordnung dienen können.

(2) *[1]* Zur Wahrnehmung ihrer Aufgaben gemäß dieser Verordnung müssen die zuständigen Behörden nach nationalem Recht zumindest über die folgenden Aufsichtsbefugnisse verfügen:

a) ein Schwarmfinanzierungsangebot für jeweils höchstens zehn aufeinander folgende Arbeitstage auszusetzen, wenn ein hinreichend begründeter Verdacht besteht, dass gegen diese Verordnung verstoßen wurde;

b) die Marketingmitteilung zu untersagen oder für jeweils höchstens zehn aufeinander folgende Arbeitstage auszusetzen oder zu verlangen, dass ein Schwarmfinanzierungsdienstleister oder Dritter, der zur Wahrnehmung von Aufgaben im Zusammenhang mit der Erbringung von Schwarmfinanzierungsdienstleistungen benannt wurde, die Marketingmitteilung unterlässt oder für jeweils höchstens zehn aufeinander folgende Arbeitstage aussetzt, wenn ein hinreichend begründeter Verdacht besteht, dass gegen diese Verordnung verstoßen wurde;

c) ein Schwarmfinanzierungsangebot zu untersagen, wenn sie feststellen, dass gegen diese Verordnung verstoßen wurde, oder ein hinreichend begründeter Verdacht besteht, dass gegen sie verstoßen würde;

d) die Erbringung von Schwarmfinanzierungsdienstleistungen für jeweils höchstens zehn aufeinander folgende Arbeitstage auszusetzen oder von einem Schwarmfinanzierungsdienstleister die Aussetzung der Erbringung von Schwarmfinanzierungsdienstleistungen für jeweils höchstens zehn aufeinander folgende Arbeitstage zu verlangen, wenn ein hinreichend begründeter Verdacht besteht, dass gegen diese Verordnung verstoßen wurde;

e) die Erbringung von Schwarmfinanzierungsdienstleistungen zu untersagen, wenn sie feststellen, dass gegen diese Verordnung verstoßen wurde;

f) den Umstand bekannt zu machen, dass ein Schwarmfinanzierungsdienstleister oder ein Dritter, der zur Wahrnehmung von Aufgaben im Zusammenhang mit der Erbringung von Schwarmfinanzierungsdienstleistungen benannt wurde, seinen Verpflichtungen nicht nachkommt;

g) zur Gewährleistung des Anlegerschutzes oder des reibungslosen Funktionierens des Marktes alle wesentlichen Informationen, die die Erbringung von Schwarmfinanzierungsdienstleistungen beeinflussen könnten, bekannt zu machen oder von einem Schwarmfinanzierungsdienstleister oder einem Dritten, der zur Wahrnehmung von Aufgaben im Zusammenhang mit der Erbringung der Schwarmfinanzierungsdienstleistung benannt wurde, die Bekanntgabe dieser Informationen zu verlangen;

h) die Erbringung von Schwarmfinanzierungsdienstleistungen auszusetzen oder von einem Schwarmfinanzierungsdienstleister oder einem Dritten, der zur Wahrnehmung von Aufgaben im Zusammenhang mit der Erbringung von Schwarmfinanzierungsdienstleistungen benannt wurde, deren Aussetzung zu verlangen, wenn die zuständigen Behörden der Auffassung sind, dass die Erbringung der Schwarmfinanzierungsdienstleistung den Anlegerinteressen abträglich wäre;

i) bestehende Verträge an einen anderen Schwarmfinanzierungsdienstleister zu übertragen, falls einem Schwarmfinanzierungsdienstleister die Zulassung nach Artikel 17 Absatz 1 Unterabsatz 1 Buchstabe c entzogen wurde, vorbehaltlich der Zustimmung der Kunden und des übernehmenden Schwarmfinanzierungsdienstleisters.

[2] Jede Maßnahme, die in Ausübung der Befugnisse gemäß diesem Absatz angenommen wurde, muss verhältnismäßig und hinreichend begründet sein und im Einklang mit Artikel 40 stehen.

(3) Sofern das nationale Recht dies erfordert, kann die zuständige Behörde die zuständige Justizbehörde ersuchen, über die Ausübung der in den Absätzen 1 und 2 genannten Befugnisse zu entscheiden.

(4) Der Schwarmfinanzierungsdienstleister, an den die bestehenden Verträge nach Maßgabe von Absatz 2 Unterabsatz 1 Buchstabe i übertragen werden, erhält eine Zulassung für die Erbringung von Schwarmfinanzierungsdienstleistungen in demselben Mitgliedstaat, in dem der ursprüngliche Schwarmfinanzierungsdienstleister zugelassen war.

(5) Die zuständigen Behörden nehmen ihre in den Absätzen 1 und 2 genannten Aufgaben und Befugnisse auf eine der folgenden Arten wahr:

a) unmittelbar,

b) in Zusammenarbeit mit anderen Behörden,

c) unter ihrer Verantwortung durch Übertragung von Aufgaben an solche anderen Behörden,

d) durch Antrag bei den zuständigen Justizbehörden.

(6) Die Mitgliedstaaten stellen durch geeignete Maßnahmen sicher, dass die zuständigen Behörden alle zur Wahrnehmung ihrer Aufgaben erforderlichen Aufsichts- und Ermittlungsbefugnisse haben.

(7) Wenn eine natürliche oder juristische Person der zuständigen Behörde im Einklang mit dieser Verordnung Informationen meldet, gilt dies nicht als Verstoß gegen eine etwaige vertraglich oder durch Rechts- oder Verwaltungs-

vorschriften geregelte Einschränkung der Offenlegung von Informationen und hat keine diesbezügliche Haftung zur Folge.

Art. 31 Zusammenarbeit zwischen zuständigen Behörden. (1) *[1]* [1]Die zuständigen Behörden arbeiten untereinander für die Zwecke dieser Verordnung zusammen. [2]Sie tauschen Informationen unverzüglich aus und kooperieren bei Ermittlungen sowie Überwachungs- und Durchsetzungsmaßnahmen.

[2] Mitgliedstaaten, die beschlossen haben, nach Artikel 39 Absatz 1 strafrechtliche Sanktionen für Verstöße im Sinne dieser Verordnung festzulegen, stellen durch geeignete Maßnahmen sicher, dass die zuständigen Behörden über alle notwendigen Befugnisse verfügen, um sich mit den Justiz-, Strafverfolgungs- oder Strafjustizbehörden in ihrem Hoheitsgebiet in Verbindung zu setzen und im Zusammenhang mit strafrechtlichen Ermittlungen oder Verfahren, die wegen Verstößen dieser Verordnung eingeleitet wurden, spezifische Informationen zu erhalten und anderen zuständigen Behörden sowie der ESMA zur Verfügung zu stellen, um ihre Pflicht zur Zusammenarbeit für die Zwecke dieser Verordnung zu erfüllen.

(2) Eine zuständige Behörde kann es nur dann ablehnen, einem Ersuchen um Informationen oder einer Anfrage in Bezug auf die Zusammenarbeit bei einer Ermittlung zu entsprechen, wenn einer der folgenden außergewöhnlichen Umstände gegeben ist:

a) Ein Stattgeben wäre dazu geeignet, ihre eigene Untersuchung, ihre eigenen Durchsetzungsmaßnahmen oder eine strafrechtliche Ermittlung zu beeinträchtigen;
b) aufgrund derselben Tat ist gegen dieselben natürlichen und juristischen Personen bereits ein Verfahren vor einem Gericht des ersuchten Mitgliedstaats anhängig;
c) gegen die genannten natürlichen und juristischen Personen ist aufgrund derselben Tat bereits ein rechtskräftiges Urteil in dem ersuchten Mitgliedstaat ergangen.

(3) Die zuständigen Behörden übermitteln auf Ersuchen unverzüglich alle Informationen, die für die Zwecke dieser Verordnung erforderlich sind.

(4) *[1]* Eine zuständige Behörde kann im Hinblick auf Überprüfungen oder Ermittlungen vor Ort die zuständige Behörde eines anderen Mitgliedstaats um Amtshilfe ersuchen.

[2] [1]Die ersuchende zuständige Behörde setzt die ESMA von jedem Ersuchen nach Unterabsatz 1 in Kenntnis. [2]Erhält eine zuständige Behörde einen Antrag einer zuständigen Behörde eines anderen Mitgliedstaats auf Durchführung einer Überprüfung oder Ermittlung vor Ort, kann sie folgende Maßnahmen ergreifen:

a) Sie führt die Überprüfung oder Ermittlung vor Ort selbst durch;
b) sie gestattet der antragstellenden zuständigen Behörde, sich an der Überprüfung oder Ermittlung vor Ort zu beteiligen;
c) sie gestattet der antragstellenden zuständigen Behörde, die Überprüfung oder Ermittlung vor Ort selbst durchzuführen;
d) sie beauftragt Rechnungsprüfer oder Sachverständige mit der Durchführung der Überprüfung oder Ermittlung vor Ort;

e) sie teilt sich bestimmte mit der Wahrnehmung der Aufsichtstätigkeiten zusammenhängende Aufgaben mit den anderen zuständigen Behörden.

(5) [1] Die zuständigen Behörden können die ESMA mit Fällen befassen, in denen ein Ersuchen um Zusammenarbeit, insbesondere um Informationsaustausch, zurückgewiesen wurde oder innerhalb einer angemessenen Frist zu keiner Reaktion geführt hat. [2] Unbeschadet des Artikels 258 AEUV kann die ESMA in solchen Fällen gemäß den ihr durch Artikel 19 der Verordnung (EU) Nr. 1095/2010 übertragenen Befugnissen tätig werden.

(6) Die zuständigen Behörden stimmen ihre Aufsichtstätigkeit eng untereinander ab, um Verstöße gegen diese Verordnung festzustellen und ihnen abzuhelfen, bewährte Verfahren zu entwickeln und zu fördern, die Zusammenarbeit zu erleichtern, eine kohärente Auslegung zu fördern und bei Uneinigkeit eine Bewertung vorzunehmen, die sich nicht nur auf eine einzelne Rechtsordnung stützt.

(7) Stellt eine zuständige Behörde fest oder hat sie Grund zu der Annahme, dass eine der Anforderungen nach dieser Verordnung nicht erfüllt wurde, unterrichtet sie die für die unter dem Verdacht eines solchen Verstoßes stehende(n) Einrichtung(en) zuständige Behörde hinreichend genau über ihre Erkenntnisse.

(8) *[1]* Die ESMA arbeitet Entwürfe technischer Regulierungsstandards zur Präzisierung der gemäß Absatz 1 zwischen den zuständigen Behörden auszutauschenden Informationen aus.

[2] Die ESMA übermittelt der Kommission diese Entwürfe technischer Regulierungsstandards bis zum 10. Mai 2022.

[3] Der Kommission wird die Befugnis übertragen, diese Verordnung durch die Annahme der in Unterabsatz 1 dieses Absatzes genannten technischen Regulierungsstandards gemäß den Artikeln 10 bis 14 der Verordnung (EU) Nr. 1095/2010 zu ergänzen.

(9) *[1]* Die ESMA arbeitet Entwürfe technischer Durchführungsstandards zur Festlegung von Standardformularen, Vorlagen und Verfahren für die Zusammenarbeit und den Austausch von Informationen zwischen den zuständigen Behörden aus.

[2] Die ESMA übermittelt der Kommission diese Entwürfe technischer Durchführungsstandards bis zum 10. Mai 2022.

[3] Der Kommission wird die Befugnis übertragen, die in Unterabsatz 1 dieses Absatzes genannten technischen Durchführungsstandards gemäß Artikel 15 der Verordnung (EU) Nr. 1095/2010 zu erlassen.

Art. 32 Zusammenarbeit zwischen den zuständigen Behörden und der ESMA. (1) [1] Die zuständigen Behörden und die ESMA arbeiten gemäß der Verordnung (EU) Nr. 1095/2010 für die Zwecke dieser Verordnung eng zusammen. [2] Sie tauschen untereinander Informationen aus, um ihre Aufgaben nach diesem Kapitel wahrzunehmen.

(2) Im Falle einer Überprüfung oder Ermittlung vor Ort mit grenzüberschreitender Wirkung koordiniert die ESMA auf Ersuchen einer der zuständigen Behörden die Überprüfung oder Ermittlung.

(3) Die zuständigen Behörden stellen der ESMA gemäß Artikel 35 der Verordnung (EU) Nr. 1095/2010 unverzüglich alle für die Erfüllung ihrer Aufgaben erforderlichen Informationen zur Verfügung.

(4) *[1]* Um einheitliche Bedingungen für die Anwendung dieses Artikels zu gewährleisten, arbeitet die ESMA Entwürfe technischer Durchführungsstandards aus, um Standardformulare, Vorlagen und Verfahren für die Zusammenarbeit und den Informationsaustausch zwischen den zuständigen Behörden und der ESMA festzulegen.

[2] Die ESMA legt der Kommission diese Entwürfe technischer Durchführungsstandards bis zum 10. Mai 2022.

[3] Der Kommission wird die Befugnis übertragen, die in Unterabsatz 1 dieses Absatzes genannten technischen Durchführungsstandards gemäß Artikel 15 der Verordnung (EU) Nr. 1095/2010 zu erlassen.

Art. 33 Zusammenarbeit mit anderen Behörden. Übt ein Schwarmfinanzierungsdienstleister andere Tätigkeiten als die in der Zulassung nach Artikel 12 genannten Tätigkeiten aus, so arbeiten die zuständigen Behörden mit den für diese anderen Tätigkeiten zuständigen Aufsichtsbehörden gemäß den einschlägigen Vorschriften des Unionsrechts oder des nationalen Rechts zusammen.

Art. 34 Mitteilungspflichten. [1] Die Mitgliedstaaten teilen der Kommission und der ESMA bis zum 10. November 2021 die Rechts- und Verwaltungsvorschriften, einschließlich der einschlägigen strafrechtlichen Vorschriften, zur Umsetzung dieses Kapitels mit. [2] Sie teilen der Kommission und der ESMA unverzüglich jede spätere Änderung dieser Vorschriften mit.

Art. 35 Berufsgeheimnis. (1) Alle im Rahmen dieser Verordnung zwischen den zuständigen Behörden ausgetauschten Informationen, die Geschäfts- oder Betriebsbedingungen und andere wirtschaftliche oder persönliche Angelegenheiten betreffen, gelten als vertraulich und unterliegen den Anforderungen des Berufsgeheimnisses, es sei denn, ihre Weitergabe wird von den zuständigen Behörden zum Zeitpunkt der Übermittlung für zulässig erklärt oder ist für Gerichtsverfahren erforderlich.

(2) [1] Die Pflicht zur Wahrung des Berufsgeheimnisses gilt für alle natürlichen oder juristischen Personen, die für die zuständige Behörde oder einen Dritten, auf den die zuständige Behörde ihre Befugnisse übertragen hat, arbeiten oder gearbeitet haben. [2] Die unter das Berufsgeheimnis fallenden Informationen dürfen keiner anderen natürlichen oder juristischen Person oder Behörde bekannt gegeben werden, es sei denn, dies geschieht aufgrund einer Rechtsvorschrift der Union oder eines Mitgliedstaats.

Art. 36 Datenschutz. *[1]* In Bezug auf die Verarbeitung personenbezogener Daten im Rahmen dieser Verordnung führen die zuständigen Behörden ihre Aufgaben im Sinne dieser Verordnung im Einklang mit der Verordnung (EU) 2016/679 aus.

[2] Die ESMA handelt bei der Verarbeitung personenbezogener Daten im Rahmen dieser Verordnung gemäß der Verordnung (EU) 2018/1725.

Art. 37 Vorsichtsmaßnahmen. (1) Hat die zuständige Behörde eines Mitgliedstaats, in dem die Schwarmfinanzierungsdienstleistungen erbracht werden, klare und nachweisliche Gründe für die Annahme, dass von dem Schwarmfinanzierungsdienstleister oder von Dritten, die zur Wahrnehmung von Aufgaben im Zusammenhang mit der Erbringung von Schwarmfinanzierungsdienstleistungen benannt wurden, Unregelmäßigkeiten begangen worden sind oder dass der Schwarmfinanzierungsdienstleister oder Dritte den Pflichten, die ihnen aus dieser Verordnung erwachsen, nicht nachgekommen sind, so unterrichtet sie die zuständige Behörde, die die Zulassung erteilt hat, und die ESMA darüber.

(2) Verstoßen der Schwarmfinanzierungsdienstleister oder der Dritte, der zur Wahrnehmung von Aufgaben im Zusammenhang mit der Erbringung von Schwarmfinanzierungsdienstleistungen benannt wurde, trotz der Maßnahmen seitens der zuständigen Behörde, die die Zulassung erteilt hat, weiterhin gegen diese Verordnung, so ergreift die zuständige Behörde des Mitgliedstaats, in dem die Schwarmfinanzierungsdienstleistungen erbracht werden, nach Unterrichtung der zuständigen Behörde, die die Zulassung erteilt hat, und der ESMA alle für den Schutz der Anleger erforderlichen Maßnahmen und unterrichtet die Kommission und die ESMA unverzüglich darüber.

(3) [1] Ist eine zuständige Behörde mit einer von einer anderen zuständigen Behörde nach Absatz 2 dieses Artikels getroffenen Maßnahme nicht einverstanden, so kann sie die Angelegenheit der ESMA zur Kenntnis bringen. [2] Die ESMA kann im Rahmen der ihr durch Artikel 19 der Verordnung (EU) Nr. 1095/2010 übertragenen Befugnisse tätig werden.

Art. 38 Bearbeitung von Beschwerden durch die zuständigen Behörden. (1) [1] Die zuständigen Behörden legen Verfahren fest, die es Kunden und anderen interessierten Kreisen einschließlich Verbraucherverbänden erlauben, Beschwerden betreffend mutmaßliche Verstöße von Schwarmfinanzierungsdienstleistern gegen diese Verordnung an die zuständigen Behörden zu richten. [2] Beschwerden sollten in allen Fällen in schriftlicher oder elektronischer Form und in einer Amtssprache des Mitgliedstaats, in dem die Beschwerde eingereicht wurde, oder in einer von den zuständigen Behörden dieses Mitgliedstaats akzeptierten Sprache eingereicht werden können.

(2) [1] Informationen über die Beschwerdeverfahren nach Absatz 1 stehen auf der Internetseite jeder zuständigen Behörde zur Verfügung und werden der ESMA übermittelt. [2] Die ESMA veröffentlicht auf ihrer Internetseite Verweise auf die die Beschwerdeverfahren betreffenden Abschnitte der jeweiligen Internetseiten der zuständigen Behörden.

Kapitel VII. Verwaltungsrechtliche Sanktionen und andere verwaltungsrechtliche Maßnahmen

Art. 39 Verwaltungsrechtliche Sanktionen und andere verwaltungsrechtliche Maßnahmen. (1) *[1]* [1] Unbeschadet der Aufsichts- und Ermittlungsbefugnisse der zuständigen Behörden gemäß Artikel 30 und des Rechts der Mitgliedstaaten, strafrechtliche Sanktionen vorzusehen und zu verhängen, statten die Mitgliedstaaten die zuständigen Behörden im Einklang mit dem nationalen Recht mit der Befugnis aus, verwaltungsrechtliche Sanktionen zu verhängen und geeignete andere verwaltungsrechtliche Maßnahmen zu ergreifen, die wirksam, verhältnismäßig und abschreckend sein müssen. [2] Diese verwaltungsrechtlichen Sanktionen und anderen verwaltungsrechtlichen Maßnahmen finden mindestens Anwendung

a) bei Verstößen gegen Artikel 3, 4 und 5, Artikel 6 Absätze 1 bis 6, Artikel 7 Absätze 1 bis 4, Artikel 8 Absätze 1 bis 6, Artikel 9 Absätze 1 und 2, Artikel 10, Artikel 11, Artikel 12 Absatz 1, Artikel 13 Absatz 2, Artikel 15 Absätze 2 und 3, Artikel 16 Absatz 1, Artikel 18 Absätze 1 und 4, Artikel 19 Absätze 1 bis 6, Artikel 20 Absätze 1 und 2, Artikel 21 Absätze 1 bis 7, Artikel 22, Artikel 23 Absätze 2 bis 13, Artikel 24, 25, 26 und Artikel 27 Absätze 1 bis 3;

b) wenn bei einer Ermittlung oder Überprüfung nicht zusammengearbeitet oder einem unter Artikel 30 Absatz 1 fallenden Ersuchen nicht nachgekommen wird.

[2] Die Mitgliedstaaten können entscheiden, für Verstöße, die nach nationalem Recht strafrechtlichen Sanktionen unterliegen, keine Vorschriften für verwaltungsrechtliche Sanktionen oder andere verwaltungsrechtliche Maßnahmen zu erlassen.

[3] [1] Die Mitgliedstaaten teilen der Kommission und der ESMA bis zum 10. November 2021 die Einzelheiten der in den Unterabsätzen 1 und 2 genannten Vorschriften mit. [2] Sie melden der Kommission und der ESMA unverzüglich jegliche späteren Änderungen dieser Vorschriften.

(2) Die Mitgliedstaaten stellen im Einklang mit ihrem nationalen Recht sicher, dass die zuständigen Behörden die Befugnis haben, bei Verstößen gemäß Absatz 1 Unterabsatz 1 Buchstabe a zumindest die folgenden verwaltungsrechtlichen Sanktionen und anderen verwaltungsrechtlichen Maßnahmen zu verhängen:

a) eine öffentliche Erklärung mit Angabe der für den Verstoß verantwortlichen natürlichen oder juristischen Person und der Art des Verstoßes;

b) eine Anordnung, an die natürliche oder juristische Person, das den Verstoß darstellende Verhalten einzustellen und von einer Wiederholung abzusehen;

c) ein Verbot, das ein Mitglied des Leitungsorgans der für den Verstoß verantwortlichen juristischen Person oder jede andere natürliche Person, die für den Verstoß verantwortlich gemacht wird, daran hindert, in Schwarmfinanzierungsdienstleistern Leitungsaufgaben wahrzunehmen;

d) maximale Verwaltungsgeldbußen in mindestens zweifacher Höhe des aus dem Verstoß gezogenen Nutzens, soweit sich dieser beziffern lässt, auch wenn dieser über die unter Buchstabe e genannten Maximalbeträge hinausgeht;

e) im Falle einer juristischen Person maximale Verwaltungsgeldbußen in Höhe von mindestens 500 000 EUR bzw. in den Mitgliedstaaten, deren Währung nicht der Euro ist, des entsprechenden Werts in der Landeswährung am 9. November 2020 oder bis zu 5 % des jährlichen Gesamtumsatzes der betreffenden juristischen Person nach dem letzten verfügbaren Abschluss, der vom Leitungsorgan gebilligt wurde. Handelt es sich bei der juristischen Person um eine Muttergesellschaft oder eine Tochtergesellschaft einer Muttergesellschaft, die nach der Richtlinie 2013/34/EU des Europäischen Parlaments und des Rates[1)] einen konsolidierten Abschluss aufzustellen hat, so ist der relevante jährliche Gesamtumsatz der jährliche Gesamtumsatz oder die entsprechende Einkunftsart nach dem einschlägigen Unionsrecht für die Rechnungslegung, der/die im letzten verfügbaren konsolidierten Abschluss ausgewiesen ist, der vom Leitungsorgan der Muttergesellschaft an der Spitze gebilligt wurde;

f) im Falle einer natürlichen Person maximale Verwaltungsgeldbußen in Höhe von mindestens 500 000 EUR bzw. in den Mitgliedstaaten, deren Währung nicht der Euro ist, des entsprechenden Werts in der Landeswährung am 9. November 2020.

(3) Die Mitgliedstaaten können sowohl für natürliche als auch juristische Personen, die für den Verstoß verantwortlich sind, zusätzliche Sanktionen oder Maßnahmen sowie höhere Verwaltungsgeldbußen, als in dieser Verordnung festgelegt, vorsehen.

Art. 40 Wahrnehmung der Aufsichts- und Sanktionsbefugnisse.

(1) Bei der Festlegung von Art und Umfang einer nach Artikel 39 zu verhängenden verwaltungsrechtlichen Sanktion oder anderen verwaltungsrechtlichen Maßnahme berücksichtigen die zuständigen Behörden, inwieweit der Verstoß vorsätzlich erfolgte oder das Ergebnis von Fahrlässigkeit ist, sowie alle anderen relevanten Umstände, einschließlich gegebenenfalls

a) Schwere und Dauer des Verstoßes,

b) Grad an Verantwortung der für den Verstoß verantwortlichen natürlichen oder juristischen Person,

c) Finanzkraft der für den Verstoß verantwortlichen natürlichen oder juristischen Person, die sich aus dem Gesamtumsatz der verantwortlichen juristischen Person oder den Jahreseinkünften und dem Nettovermögen der verantwortlichen natürlichen Person ablesen lässt,

d) Höhe der erzielten Gewinne bzw. vermiedenen Verluste der für den Verstoß verantwortlichen natürlichen oder juristischen Person, sofern sie sich beziffern lassen,

e) Verluste, die Dritten durch den Verstoß entstanden sind, sofern sie sich beziffern lassen,

f) Umfang der Zusammenarbeit der für den Verstoß verantwortlichen natürlichen oder juristischen Person mit der zuständigen Behörde, unbeschadet der Notwendigkeit, die Herausgabe des von dieser Person erlangten Vorteils (erzielte Gewinne oder vermiedene Verluste) sicherzustellen,

g) früherer Verstöße der für den Verstoß verantwortlichen natürlichen oder juristischen Person,

h) Auswirkungen des Verstoßes auf die Interessen der Anleger.

(2) Die zuständigen Behörden nehmen ihre in Artikel 39 genannten Aufgaben und Befugnisse im Einklang mit Artikel 30 Absatz 2 Unterabsatz 2 wahr.

[1)] **Amtl. Anm.:** Richtlinie 2013/34/EU des Europäischen Parlaments und des Rates vom 26. Juni 2013 über den Jahresabschluss, den konsolidierten Abschluss und damit verbundene Berichte von Unternehmen bestimmter Rechtsformen und zur Änderung der Richtlinie 2006/43/EG des Europäischen Parlaments und des Rates und zur Aufhebung der Richtlinien 78/660/EWG und 83/349/EWG des Rates (ABl. L 182 vom 29.6.2013, S. 19).

(3) [1] Bei der Wahrnehmung ihrer Befugnisse zur Verhängung von verwaltungsrechtlichen Sanktionen und anderen verwaltungsrechtlichen Maßnahmen nach Artikel 39 arbeiten die zuständigen Behörden eng zusammen, um sicherzustellen, dass die Wahrnehmung ihrer Aufsichts- und Ermittlungsbefugnisse sowie die verwaltungsrechtlichen Sanktionen und die anderen verwaltungsrechtlichen Maßnahmen, die sie verhängen, im Rahmen dieser Verordnung wirksam und angemessen sind. [2] Sie koordinieren ihre Maßnahmen, um Doppelarbeit und Überschneidungen bei der Wahrnehmung ihrer Aufsichts- und Ermittlungsbefugnisse und bei der Verhängung von verwaltungsrechtlichen Sanktionen und anderen verwaltungsrechtlichen Maßnahmen in grenzüberschreitenden Fällen zu vermeiden.

Art. 41 Recht auf Einlegung eines Rechtsmittels. [1] Die Mitgliedstaaten stellen sicher, dass jede in Anwendung dieser Verordnung getroffene Entscheidung ordnungsgemäß begründet ist und gegen sie Rechtsmittel eingelegt werden können. [2] Rechtsmittel können auch eingelegt werden, wenn über einen Antrag auf Zulassung, der alle erforderlichen Angaben enthält, nicht innerhalb von sechs Monaten nach Einreichung entschieden wurde.

Art. 42 Veröffentlichung von Entscheidungen. (1) [1] Eine Entscheidung, wegen eines Verstoßes gegen diese Verordnung eine verwaltungsrechtliche Sanktion oder andere verwaltungsrechtliche Maßnahmen zu verhängen, wird von den zuständigen Behörden auf ihren offiziellen Internetseiten veröffentlicht, unverzüglich nachdem die von der Entscheidung betroffene natürliche oder juristische Person über die Entscheidung informiert wurde. [2] Diese Veröffentlichung muss zumindest Informationen zu Art und Charakter des Verstoßes und zu den verantwortlichen natürlichen oder juristischen Personen enthalten. [3] Diese Verpflichtung gilt nicht für Entscheidungen, durch die Maßnahmen mit Ermittlungscharakter verfügt werden.

(2) *[1]* Ist die zuständige Behörde nach einer einzelfallbezogenen Bewertung der Verhältnismäßigkeit der Veröffentlichung derartiger Daten zu der Ansicht gelangt, dass die Veröffentlichung der Identität von Rechtspersönlichkeiten oder der Identität oder der personenbezogenen Daten von natürlichen Personen unverhältnismäßig wäre, oder würde eine solche Veröffentlichung laufende Ermittlungen gefährden, so ergreifen die zuständigen Behörden eine der folgenden Maßnahmen:

a) die Verschiebung der Veröffentlichung der Entscheidung zur Verhängung einer Sanktion oder Maßnahme, bis die Gründe für ihre Nichtveröffentlichung weggefallen sind;
b) die Veröffentlichung der Entscheidung zur Verhängung einer Sanktion oder Maßnahme im Einklang mit nationalem Recht in anonymisierter Form, wenn eine solche anonymisierte Veröffentlichung einen wirksamen Schutz der betreffenden personenbezogenen Daten gewährleistet;
c) Keine Veröffentlichung der Entscheidung zur Verhängung einer Sanktion oder Maßnahme, falls die unter den Buchstaben a und b genannten Optionen ihrer Ansicht nach nicht ausreichen, um zu gewährleisten, dass die Veröffentlichung solcher Entscheidungen über Maßnahmen, die als geringfügiger eingestuft werden, verhältnismäßig ist.

[2] Bei der Entscheidung, eine Sanktion oder Maßnahme in anonymisierter Form gemäß Unterabsatz 1 Buchstabe b zu veröffentlichen, kann die Veröffent-

lichung der relevanten Daten für vertretbare Zeit zurückgestellt werden, wenn vorhersehbar ist, dass die Gründe für die anonymisierte Veröffentlichung bei Ablauf dieser Zeitspanne nicht mehr bestehen.

(3) [1] Werden gegen die Entscheidung, eine Sanktion oder eine Maßnahme zu verhängen, bei den einschlägigen Justizbehörden oder sonstigen Behörden Rechtsmittel eingelegt, so veröffentlichen die zuständigen Behörden dies auf ihrer offiziellen Internetseite umgehend und informieren dort auch über den Ausgang dieses Verfahrens. [2] Ferner wird jede Entscheidung, mit der eine frühere Entscheidung zur Verhängung einer Sanktion oder Maßnahme für ungültig erklärt wird, ebenfalls veröffentlicht.

(4) [1] Die zuständigen Behörden stellen sicher, dass Veröffentlichungen nach diesem Artikel ab dem Zeitpunkt ihrer Veröffentlichung mindestens fünf Jahre lang auf ihrer offiziellen Internetseite zugänglich bleiben. [2] In der Veröffentlichung enthaltene personenbezogene Daten bleiben nur so lange auf der offiziellen Internetseite der zuständigen Behörde einsehbar, wie dies nach den geltenden Datenschutzbestimmungen erforderlich ist.

Art. 43 Meldung von Sanktionen und verwaltungsrechtlichen Maßnahmen an die ESMA. (1) *[1]* [1] Die zuständige Behörde übermittelt der ESMA jährlich aggregierte Informationen über alle gemäß Artikel 39 verhängten verwaltungsrechtlichen Sanktionen und anderen verwaltungsrechtlichen Maßnahmen. [2] Die ESMA veröffentlicht diese Informationen in einem Jahresbericht.

[2] [1] Haben sich die Mitgliedstaaten gemäß Artikel 39 Absatz 1 dafür entschieden, strafrechtliche Sanktionen für Verstöße gegen die in jenem Absatz genannten Bestimmungen festzulegen, so übermitteln ihre zuständigen Behörden der ESMA jedes Jahr anonymisierte und aggregierte Informationen über alle durchgeführten strafrechtlichen Ermittlungen und verhängten strafrechtlichen Sanktionen. [2] Die ESMA veröffentlicht die Daten zu den verhängten strafrechtlichen Sanktionen in einem Jahresbericht.

(2) Hat die zuständige Behörde verwaltungsrechtliche Sanktionen, andere verwaltungsrechtliche Maßnahmen oder strafrechtliche Sanktionen öffentlich gemacht, so meldet sie sie gleichzeitig der ESMA.

(3) [1] Die zuständigen Behörden unterrichten die ESMA über alle verhängten, aber nicht veröffentlichten verwaltungsrechtlichen Sanktionen oder anderen verwaltungsrechtlichen Maßnahmen, einschließlich aller in diesem Zusammenhang eingelegten Rechtsmittel und der Ergebnisse der Rechtsmittelverfahren. [2] Die Mitgliedstaaten stellen sicher, dass die zuständigen Behörden die Informationen und das rechtskräftige Urteil im Zusammenhang mit verhängten strafrechtlichen Sanktionen erhalten und an die ESMA weiterleiten. [3] Die ESMA betreibt eine zentrale Datenbank der ihr gemeldeten Sanktionen und verwaltungsrechtlichen Maßnahmen, deren alleiniger Zweck der Informationsaustausch zwischen den zuständigen Behörden ist. [4] Diese Datenbank ist nur der ESMA, der EBA und den zuständigen Behörden zugänglich und wird anhand der von den zuständigen Behörden übermittelten Informationen aktualisiert.

Kapitel VIII. Delegierte Rechtsakte

Art. 44 Ausübung der Befugnisübertragung. (1) Die Befugnis zum Erlass delegierter Rechtsakte wird der Kommission unter den in diesem Artikel festgelegten Bedingungen übertragen.

(2) Die Befugnis zum Erlass delegierter Rechtsakte gemäß Artikel 48 Absatz 3 wird der Kommission für einen Zeitraum von 36 Monaten ab dem 9. November 2020 übertragen.

(3) [1] Die Befugnisübertragung gemäß Artikel 48 Absatz 3 kann vom Europäischen Parlament oder vom Rat jederzeit widerrufen werden. [2] Der Beschluss über den Widerruf beendet die Übertragung der in diesem Beschluss angegebenen Befugnis. [3] Er wird am Tag nach seiner Veröffentlichung im *Amtsblatt der Europäischen Union* oder zu einem im Beschluss über den Widerruf angegebenen späteren Zeitpunkt wirksam. [4] Die Gültigkeit von delegierten Rechtsakten, die bereits in Kraft sind, wird von dem Beschluss über den Widerruf nicht berührt.

(4) Vor dem Erlass eines delegierten Rechtsakts konsultiert die Kommission die von den einzelnen Mitgliedstaaten benannten Sachverständigen im Einklang mit den in der Interinstitutionellen Vereinbarung vom 13. April 2016 über bessere Rechtsetzung enthaltenen Grundsätzen.

(5) Sobald die Kommission einen delegierten Rechtsakt erlässt, übermittelt sie ihn gleichzeitig dem Europäischen Parlament und dem Rat.

(6) [1] Ein delegierter Rechtsakt, der gemäß Artikel 48 Absatz 3 erlassen wurde, tritt nur in Kraft, wenn weder das Europäische Parlament noch der Rat innerhalb einer Frist von drei Monaten nach Übermittlung dieses Rechtsakts an das Europäische Parlament und den Rat Einwände erhoben haben oder wenn vor Ablauf dieser Frist das Europäische Parlament und der Rat beide der Kommission mitgeteilt haben, dass sie keine Einwände erheben werden. [2] Auf Initiative des Europäischen Parlaments oder des Rates wird die Frist um drei Monate verlängert.

Kapitel IX. Schlussbestimmungen

Art. 45 Bericht. (1) Vor dem 10. November 2023 legt die Kommission nach Anhörung der ESMA und der EBA dem Europäischen Parlament und dem Rat einen Bericht über die Anwendung dieser Verordnung vor, dem gegebenenfalls ein Gesetzgebungsvorschlag beigefügt ist.

(2) In dem Bericht wird Folgendes bewertet:

a) das Funktionieren des Marktes für Schwarmfinanzierungsdienstleister in der Union, einschließlich Marktentwicklung und -trends, unter Berücksichtigung der Aufsichtserfahrung, der Anzahl und des Marktanteils der zugelassenen Schwarmfinanzierungsdienstleister sowie der Auswirkungen dieser Verordnung im Verhältnis zu anderem einschlägigen Unionsrechts, darunter Richtlinie 97/9/EG, Richtlinie 2011/61/EU des Europäischen Parlaments und des Rates[1)], Richtlinie 2014/65/EU und Verordnung (EU) 2017/1129;

[1)] **Amtl. Anm.:** Richtlinie 2011/61/EU des Europäischen Parlaments und des Rates vom 8. Juni 2011 über die Verwalter alternativer Investmentfonds und zur Änderung der Richtlinien 2003/41/EG ➔

b) ob der Umfang der unter diese Verordnung fallenden Dienstleistungen im Verhältnis zu dem in Artikel 1 Absatz 2 Buchstabe c genannten Schwellenwert weiterhin angemessen ist;

c) der Einsatz von für Schwarmfinanzierungszwecke zulässigen Instrumenten bei der grenzüberschreitenden Erbringung von Schwarmfinanzierungsdienstleistungen;

d) ob der Umfang der unter diese Verordnung fallenden Dienstleistungen weiterhin angemessen ist angesichts der Entwicklung von Geschäftsmodellen, die die Vermittlung von Finanzforderungen beinhalten, darunter die Abtretung oder der Verkauf von Kreditforderungen an Drittanleger über die Schwarmfinanzierungsplattformen;

e) ob die in dieser Verordnung festgelegten Begriffsbestimmungen, unter anderem die Begriffsbestimmung des kundigen Anlegers nach Artikel 2 Absatz 1 Buchstabe j, und die Kriterien in Anhang II mit Blick auf ihre Wirksamkeit zur Gewährleistung des Anlegerschutzes angepasst werden müssen;

f) ob die Anforderungen nach Artikel 4 Absatz 1, Artikel 6 und Artikel 24 weiterhin zur Verwirklichung der Ziele dieser Verordnung in Bezug auf Unternehmensführung, Einhaltung und Offenlegung von Informationen zur individuellen Verwaltung des Kreditportfolios und angesichts ähnlicher, für übertragbare Wertpapiere gemäß der Richtlinie 2014/65/EU erbrachter Dienstleistungen geeignet sind;

g) die Auswirkungen dieser Verordnung auf das reibungslose Funktionieren des Binnenmarkts der Union für Schwarmfinanzierungsdienstleistungen, einschließlich der Auswirkungen auf den Zugang von KMU zu Finanzmitteln sowie auf Anleger und andere Kategorien von natürlichen oder juristischen Personen, die von diesen Dienstleistungen betroffen sind;

h) die Umsetzung technologischer Innovationen im Schwarmfinanzierungssektor, einschließlich der Anwendung neuer und innovativer Geschäftsmodelle und Technologien;

i) ob die Aufsichtsanforderungen nach Artikel 11 weiterhin zur Verwirklichung der Ziele dieser Verordnung, insbesondere in Bezug auf die Höhe der Mindesteigenmittelanforderungen, die Definition von Eigenmitteln, die Nutzung von Versicherungen und die Kombination von Eigenmitteln und Versicherung, geeignet sind;

j) ob Änderungen an den Anforderungen bezüglich der Informationen für Kunden nach Artikel 19 oder an den Regelungen zum Anlegerschutz nach Artikel 21 erforderlich sind;

k) ob der Betrag nach Artikel 21 Absatz 7 weiterhin angemessen ist, um die Ziele dieser Verordnung zu verwirklichen;

l) die Auswirkungen der von den zuständigen Behörden akzeptierten Sprachen im Einklang mit Artikel 23 Absätze 2 und 3;

m) der Einsatz der in Artikel 25 genannten Foren, einschließlich der Auswirkungen auf den Sekundärmarkt für Kredite, übertragbare Wertpapiere und für Schwarmfinanzierungszwecke zugelassene Instrumente;

(Fortsetzung der Anm. von voriger Seite)
und 2009/65/EG und der Verordnungen (EG) Nr. 1060/2009 und (EU) Nr. 1095/2010 (ABl. L 174 vom 1.7.2011, S. 1).

n) die Auswirkungen der nationalen Rechts- und Verwaltungsvorschriften über die Marketingmitteilungen von Schwarmfinanzierungsdienstleistern auf den freien Dienstleistungsverkehr, den Wettbewerb und den Anlegerschutz;

o) die Anwendung von verwaltungsrechtlichen Sanktionen und anderen verwaltungsrechtlichen Maßnahmen und insbesondere die Notwendigkeit einer weiteren Harmonisierung der bei Verstößen gegen diese Verordnung vorgesehenen verwaltungsrechtlichen Sanktionen;

p) inwieweit es notwendig und verhältnismäßig ist, die Schwarmfinanzierungsdienstleister zur Einhaltung des nationalen Rechts zur Umsetzung der Richtlinie (EU) 2015/849 in Bezug auf Geldwäsche und Terrorismusfinanzierung zu verpflichten und diese Schwarmfinanzierungsdienstleister in die Liste der Verpflichteten im Sinne jener Richtlinie aufzunehmen;

q) ob es angemessen ist, in Drittländern niedergelassenen Unternehmen zu erlauben, nach dieser Verordnung als Schwarmfinanzierungsdienstleister zugelassen zu werden;

r) die Zusammenarbeit zwischen den zuständigen Behörden und der ESMA sowie die Frage, ob die zuständigen Behörden als Aufsichtsorgan dieser Verordnung geeignet sind;

s) die Möglichkeit der Einführung spezifischer Maßnahmen in dieser Verordnung, um nachhaltige und innovative Schwarmfinanzierungsprojekte sowie den Einsatz von Unionsmitteln zu fördern;

t) die Gesamtzahl und der Gesamtanteil am Markt der im Rahmen dieser Verordnung zugelassenen Schwarmfinanzierungsdienstleister innerhalb des Zeitraums vom 10. November 2021 bis zum 10. November 2022, aufgeschlüsselt nach kleinen, mittleren und großen Unternehmen;

u) Volumen, Anzahl der Projekte und Trends von grenzüberschreitender Erbringung von Schwarmfinanzierungsdienstleistungen, aufgeschlüsselt nach Mitgliedstaaten;

v) der Anteil der im Rahmen dieser Verordnung erbrachten Schwarmfinanzierungsdienstleistungen am weltweiten Schwarmfinanzierungsmarkt und am Finanzmarkt der Union;

w) die Kosten der Einhaltung dieser Verordnung für Schwarmfinanzierungsdienstleister, ausgedrückt als Prozentsatz der Betriebskosten;

x) das Volumen der Anlagen, aus denen sich Anleger während der Bedenkzeit zurückgezogen haben, dessen Anteil am Gesamtvolumen der Anlagen und – ausgehend von diesen Daten – die Bewertung der Frage, ob Dauer und Art der Bedenkzeit nach Artikel 22 angemessen sind und die Effizienz des Kapitalbeschaffungsverfahrens und des Anlegerschutzes nicht beeinträchtigen;

y) Anzahl und Beträge der Verwaltungsgeldbußen und strafrechtlichen Sanktionen, die gemäß oder im Zusammenhang mit dieser Verordnung verhängt wurden, aufgeschlüsselt nach Mitgliedstaaten;

z) Arten und Trends des im Zusammenhang mit dieser Verordnung auftretenden betrügerischen Verhaltens von Anlegern, Schwarmfinanzierungsdienstleistern und Dritten.

Art. 46 Änderung der Verordnung (EU) 2017/1129. In Artikel 1 Absatz 4 der Verordnung (EU) 2017/1129 wird folgender Buchstabe angefügt:

„„„k) ein von einem im Rahmen der Verordnung (EU) 2020/1503 des Europäischen Parlaments und des Rates* zugelassenen Schwarmfinanzierungsdienstleister unterbreitetes öffentliches Angebot von Wertpapieren, sofern es nicht den in Artikel 1 Absatz 2 Buchstabe c jener Verordnung genannten Schwellenwert übersteigt."

Art. 47 Änderung der Richtlinie (EU) 2019/1937. In Teil I.B des Anhangs der Richtlinie (EU) 2019/1937 wird folgende Ziffer angefügt:

„„„xxi) Verordnung (EU) 2020/1503 des Europäischen Parlaments und des Rates vom 7. Oktober 2020 über Europäische Schwarmfinanzierungsdienstleister für Unternehmen und zur Änderung der Verordnung (EU) 2017/1129 und der Richtlinie (EU) 2019/1937 (ABl. L 347 vom 20.10. 2020, S. 1).""

Art. 48 Übergangszeit im Hinblick auf Schwarmfinanzierungsdienstleistungen gemäß nationalem Recht. (1) Schwarmfinanzierungsdienstleister können bis zum 10. November 2022 oder bis die in Artikel 12 genannte Zulassung erteilt wurde, je nachdem, was früher eintritt, weiterhin gemäß den geltenden nationalen Rechtsvorschriften Schwarmfinanzierungsdienstleistungen erbringen, die in den Anwendungsbereich dieser Verordnung fallen.

(2) [1] Für die Dauer des Übergangszeitraums nach Absatz 1 dieses Artikels können die Mitgliedstaaten für Einrichtungen, die zum Zeitpunkt des Inkrafttretens dieser Verordnung über eine nach nationalem Recht erteilte Zulassung für die Erbringung von Schwarmfinanzierungsdienstleistungen verfügen, vereinfachte Zulassungsverfahren anwenden. [2] Die zuständigen Behörden stellen sicher, dass die Anforderungen nach Artikel 12 erfüllt sind, bevor sie eine Zulassung nach diesem vereinfachten Verfahren erteilen.

(3) [1] Bis zum 10. Mai 2022 bewertet die Kommission nach Anhörung der ESMA die Anwendung dieser Verordnung auf Schwarmfinanzierungsdienstleister, die lediglich auf nationaler Ebene Schwarmfinanzierungsdienstleistungen erbringen, sowie der Auswirkungen dieser Verordnung auf die Entwicklung nationaler Schwarmfinanzierungsmärkte und den Zugang zu Finanzmitteln. [2] Auf der Grundlage dieser Bewertung wird der Kommission die Befugnis übertragen, gemäß Artikel 44 delegierte Rechtsakte zu erlassen, um den in Absatz 1 dieses Artikels einmalig um einen Zeitraum von 12 Monaten zu verlängern.

Art. 49 Befristete Ausnahmeregelung im Hinblick auf den Schwellenwert gemäß Artikel 1 Absatz 2 Buchstabe c. Liegt in einem Mitgliedstaat der Schwellenwert für den Gesamtgegenwert, der die Veröffentlichung eines Prospekts gemäß der Verordnung (EU) 2017/1129 begründet, unter 5 000 000 EUR, so gilt die vorliegende Verordnung abweichend von ihrem Artikel 1 Absatz 2 Buchstabe c in diesem Mitgliedstaat für einen Zeitraum von 24 Monaten ab dem 10. November 2021 nur für Schwarmfinanzierungsangebote, deren Gesamtgegenwert diesen Schwellenwert nicht überschreitet.

---

* **Amtl. Anm.:** Verordnung (EU) 2020/1503 des Europäischen Parlaments und des Rates vom 7. Oktober 2020 über Europäische Schwarmfinanzierungsdienstleister für Unternehmen und zur Änderung der Verordnung (EU) 2017/1129 und der Richtlinie 2019/1937 (ABl. L 347 vom 20.10. 2020, S. 1)."

Art. 50 Umsetzung der Änderung der Richtlinie (EU) 2019/1937.

(1) [1] Die Mitgliedstaaten erlassen, veröffentlichen und wenden bis zum 10. November 2021 die Rechts- und Verwaltungsvorschriften an, die erforderlich sind, um Artikel 47 nachzukommen. [2] Liegt dieser Tag jedoch vor dem Tag der Umsetzung gemäß Artikel 26 Absatz 1 der Rchtlinie (EU) 2019/1937, wird der Erlass, die Veröffentlichung und die Anwendung solcher Gesetze, Verordnungen und Verwaltungsvorschriften bis zum Tag der Umsetzung gemäß Artikel 26 Absatz 1 der Richtlinie (EU) 2019/1937 verschoben.

(2) Die Mitgliedstaaten teilen der Kommission und der ESMA den Wortlaut der wichtigsten innerstaatlichen Rechtsvorschriften mit, die sie auf dem unter Artikel 47 fallenden Gebiet erlassen.

Art. 51 Inkrafttreten und Anwendung. *[1]* Diese Verordnung tritt am zwanzigsten Tag nach ihrer Veröffentlichung[1)] im *Amtsblatt der Europäischen Union* in Kraft.

[2] Sie gilt ab dem 10. November 2021.

Diese Verordnung ist in allen ihren Teilen verbindlich und gilt unmittelbar in jedem Mitgliedstaat.

Geschehen zu Brüssel am 7. Oktober 2020.

Anhang I. Anlagebasisinformationsblatt

Teil A: über den/die Projektträger und das Schwarmfinanzierungsprojekt

a) Identität, Rechtsform, Eigentumsverhältnisse, Management und Kontaktdaten;

b) alle natürlichen und juristischen Personen, die für die im Anlagebasisinformationsblatt angegebenen Informationen verantwortlich sind. Bei natürlichen Personen, einschließlich Mitglieder des Verwaltungs-, Leitungs- oder Aufsichtsorgans des Projektträgers, sind Name und Funktion der natürlichen Person anzugeben; bei juristischen Personen sind Name und eingetragener Sitz anzugeben;

die folgende Erklärung der verantwortlichen Personen:

„Der Projektträger erklärt, dass seines Wissens keine Informationen ausgelassen wurden oder sachlich irreführend oder unrichtig sind. Der Projektträger ist für die Ausarbeitung dieses Anlagebasisinformationsblatts verantwortlich."

c) Haupttätigkeit des Projektträgers, angebotene Produkte oder Dienstleistungen des Projektträgers;

d) Hyperlink zu den jüngsten Jahresabschlüssen des Projektträgers, sofern verfügbar;

e) die wichtigsten nach Jahren aufgeschlüsselten finanzwirtschaftlichen Zahlen und Kennziffern des Projektträgers für die letzten drei Jahre, sofern verfügbar;

f) Beschreibung des Schwarmfinanzierungsprojekts, einschließlich seines Zwecks und seiner Hauptmerkmale.

Teil B: Hauptmerkmale des Schwarmfinanzierungsverfahrens und gegebenenfalls Bedingungen für die Kapitalbeschaffung oder Kreditaufnahme

a) Mindestzielbetrag der Kapitalbeschaffung oder Kreditaufnahme im Rahmen eines einzigen Schwarmfinanzierungsangebots sowie Anzahl der vom Projektträger oder Schwarmfinanzierungsdienstleister bereits durchgeführten Angebote für das Schwarmfinanzierungsprojekt;

b) Frist für die Erreichung des Zielbetrags der Kapitalbeschaffung oder Kreditaufnahme;

c) Informationen über die Folgen, falls der Zielbetrag der Kapitalbeschaffung oder Kreditaufnahme nicht fristgerecht erreicht wird;

d) Höchstangebotssumme, sofern sie sich von dem unter Buchstabe a genannten Zielbetrag der Kapitalbeschaffung unterscheidet;

---

1) Veröffentlicht am 20.10.2020.

e) Höhe der vom Projektträger für das Schwarmfinanzierungsprojekt bereitgestellten Eigenmittel;

f) Änderung der Zusammensetzung des Kapitals oder der Kredite des Projektträgers im Zusammenhang mit dem Schwarmfinanzierungsangebot;

g) Vorhandensein und Bedingungen einer vorvertraglichen Bedenkzeit für nicht kundige Anleger.

Teil C. Risikofaktoren

Darlegung der Hauptrisiken im Zusammenhang mit der Finanzierung des Schwarmfinanzierungsprojekts, dem Sektor, dem Projekt, dem Projektträger und den übertragbaren Wertpapieren, den für Schwarmfinanzierungszwecke zugelassenen Instrumenten oder Krediten, gegebenenfalls einschließlich geografischer Risiken.

Teil D: Informationen über das Angebot übertragbarer Wertpapiere und für Schwarmfinanzierungszwecke zugelassener Instrumente

a) Gesamtbetrag und Art der anzubietenden übertragbaren Wertpapiere oder für Schwarmfinanzierungszwecke zugelassenen Instrumente;

b) Zeichnungspreis;

c) Angaben dazu, ob Überzeichnungen akzeptiert werden und wie sie zugewiesen werden;

d) Zeichnungs- und Zahlungsbedingungen;

e) Verwahrung von übertragbaren Wertpapieren oder für Schwarmfinanzierungszwecke zugelassenen Instrumenten für Anleger und deren Lieferung an Anleger;

f) Sofern die Anlage durch eine Garantie oder eine Sicherung besichert ist:

   i) Angaben dazu, ob es sich bei dem Garantie- oder Sicherungsgeber um eine juristische Person handelt;

   ii) Identität, Rechtsform und Kontaktdaten dieses Garantie- oder Sicherungsgebers;

   iii) Informationen über Art und Bedingungen der Garantie oder Sicherheit;

g) gegebenenfalls feste Verpflichtung zum Rückkauf der übertragbaren Wertpapiere oder für Schwarmfinanzierungszwecke zugelassenen Instrumente und Frist für einen solchen Rückkauf;

h) bei Nichteigenkapitalinstrumenten: nominaler Zinssatz, Datum ab dem die Zinsen zahlbar sind, Fälligkeitstermine für Zinszahlungen, Laufzeit und anwendbare Rendite.

Teil E: Informationen über Zweckgesellschaften

a) Angaben dazu, ob zwischen dem Projektträger und dem Anleger eine Zweckgesellschaft zwischengeschaltet ist;

b) Kontaktdaten der Zweckgesellschaft.

Teil F: Anlegerrechte

a) Mit den übertragbaren Wertpapieren oder für Schwarmfinanzierungszwecke zugelassenen Instrumenten verbundene Rechte;

b) Beschränkungen, denen die übertragbaren Wertpapiere oder für Schwarmfinanzierungszwecke zugelassenen Instrumente unterliegen, einschließlich Vereinbarungen in Gesellschaftsverträgen oder andere Vereinbarungen, die die Übertragbarkeit verhindern;

c) Beschreibung der Beschränkungen für das Übertragen der übertragbaren Wertpapiere oder für Schwarmfinanzierungszwecke zugelassenen Instrumente;

d) Ausstiegsmöglichkeiten des Anlegers aus der Anlage;

e) für Eigenkapitalinstrumente: Kapital- und Stimmrechtsverteilung vor und nach der sich aus dem Angebot ergebenden Kapitalerhöhung (unter der Annahme, dass alle übertragbaren Wertpapiere oder für Schwarmfinanzierungszwecke zugelassenen Instrumente gezeichnet werden).

Teil G: Informationen über Kredite

Sieht das Schwarmfinanzierungsangebot eine Kreditvermittlung vor, so enthält das Anlagebasisinformationsblatt anstelle der in den Teilen D, E und F dieses Anhangs genannten Angaben folgende Informationen:

a) Art, Laufzeit und Bedingungen des Kredits;

b) anwendbare Zinssätze oder gegebenenfalls sonstige Vergütungen für den Anleger;

c) Maßnahmen zur Risikobegrenzung, einschließlich verfügbare Sicherungs- oder Garantiegeber oder andere Arten von Sicherheiten;

d) Tilgungsplan für die Rückzahlung der Kreditsumme und Zahlung der Zinsen;

e) jeglicher Zahlungsverzug des Projektträgers bei Kreditverträgen in den letzten fünf Jahren;

f) Bedienung des Kredits, einschließlich für den Fall, dass der Projektträger seinen Verpflichtungen nicht nachkommt.

Teil H: Gebühren, Informationen und Rechtsmittel

a) Dem Anleger im Zusammenhang mit der Anlage in Rechnung gestellte Gebühren und die Kosten, die ihm im Zusammenhang mit der Anlage entstehen, einschließlich Verwaltungskosten infolge der Veräußerung von für Schwarmfinanzierungszwecke zugelassenen Instrumenten;

b) Angaben dazu, wo und wie zusätzliche Informationen über das Schwarmfinanzierungsprojekt, den Projektträger und die Zweckgesellschaft unentgeltlich angefordert werden können;

c) Angaben dazu, an wen der Anleger eine Beschwerde über die Anlage oder das Verhalten des Projektträgers oder des Schwarmfinanzierungsdienstleisters richten kann und wie.

Teil I: Informationen über die individuelle Verwaltung des Kreditportfolios, die Schwarmfinanzierungsdienstleister vorzulegen haben

a) Identität, Rechtsform, Eigentumsverhältnisse, Management und Kontaktdaten;

b) Mindest- und Höchstzinssatz für Kredite, die gegebenenfalls für das individuelle Portfolio eines Anlegers zur Verfügung stehen;

c) Mindest- und Höchstlaufzeit von Krediten, die gegebenenfalls für das individuelle Portfolio eines Anlegers zur Verfügung stehen;

d) sofern genutzt, die Bandbreite und Verteilung der Risikokategorien, in die die Kredite fallen, sowie die Ausfallquoten und ein gewichteter durchschnittlicher Zinssatz je Risikokategorie mit einer weiteren Aufschlüsselung nach Jahren, in denen die Kredite über den Schwarmfinanzierungsdienstleister gewährt wurden;

e) die wichtigsten Elemente der internen Methode zur Kreditrisikobewertung der einzelnen Schwarmfinanzierungsprojekte und für die Festlegung der Risikokategorien;

f) wenn in Bezug auf Anlagen eine jährliche Zielrendite angeboten wird: eine jährlich umgerechnete Zielrendite und deren Konfidenzintervall während des Anlagezeitraums unter Berücksichtigung von Gebühren und Ausfallquoten;

g) Verfahren, interne Methoden und Kriterien für die Auswahl der Schwarmfinanzierungsprojekte für das individuelle Kreditportfolio des Anlegers;

h) Deckung und Bedingungen der geltenden Kapitalgarantien;

i) Bedienung von Portfoliokrediten, auch für die Fälle, in denen der Projektträger seinen Verpflichtungen nicht nachkommt;

j) Risikodiversifizierungsstrategien;

k) vom Projektträger oder Anleger zu entrichtende Gebühren, einschließlich etwaiger Abzüge der vom Projektträger zahlbaren Zinsen.

Anhang II. Kundige Anleger für die Zwecke dieser Verordnung

I. Einstufungskriterien

Ein kundiger Anleger ist ein Anleger, der sich der mit einer Anlage an den Kapitalmärkten verbundenen Risiken bewusst ist und über ausreichende Mittel verfügt, um diese Risiken zu übernehmen, ohne sich unverhältnismäßigen finanziellen Konsequenzen auszusetzen. Kundige Anleger können als solche eingestuft werden, wenn sie die Einstufungskriterien gemäß dieses Abschnitts erfüllen und wenn sie die Verfahren nach Abschnitt II befolgen.

Die folgenden natürlichen und juristischen Personen gelten als kundige Anleger in Bezug auf alle von Schwarmfinanzierungsdienstleistern gemäß dieser Verordnung angebotenen Schwarmfinanzierungsdienstleistungen:

1. Juristische Personen, die mindestens eines der folgenden Kriterien erfüllen:

   a) Eigenmittel von mindestens 100 000 EUR

   b) Nettoumsatz von mindestens 2 000 000 EUR

c) Bilanzsumme von mindestens 1 000 000 EUR.

2. Natürliche Personen, die mindestens zwei der folgenden Kriterien erfüllen:

a) Persönliche Bruttoeinkünfte von mindestens 60 000 EUR pro Haushaltsjahr oder ein Finanzinstrument-Portfolio von über 100 000 EUR, das definitionsgemäß Bareinlagen und finanzielle Vermögenswerte enthalten muss;

b) der Anleger ist oder war mindestens ein Jahr lang in einer beruflichen Position im Finanzsektor tätig, die Kenntnisse über die geplanten Geschäfte oder Dienstleistungen voraussetzt, oder er hatte mindestens 12 Monate eine Führungsposition bei einer juristischen Person im Sinne von Nummer 1 inne;

c) der Anleger hat an den Kapitalmärkten während der vier vorhergehenden Quartale durchschnittlich pro Quartal 10 Geschäfte von erheblichem Umfang abgeschlossen.

II. Antrag auf Behandlung als kundiger Anleger

Die Schwarmfinanzierungsdienstleister stellen ihren Anlegern eine Vorlage zur Verfügung, die sie zur Einreichung eines Antrags auf Behandlung als kundiger Anleger verwenden können. Diese Vorlage enthält die Einstufungskriterien nach Abschnitt I und eine deutliche Warnung zum Anlegerschutz, auf den ein kundiger Anleger durch seine Einstufung als solcher keinen Anspruch mehr hat.

Ein Antrag auf Behandlung als kundiger Anleger muss folgende Angaben enthalten:

1. Eine Bescheinigung über die Einstufungskriterien nach Abschnitt I, die der beantragende Anleger jeweils erfüllt.

2. Eine Erklärung, wonach der beantragende Anleger sich der Konsequenzen bewusst ist, die mit dem Verlust des nicht kundigen Anlegern zustehenden Anlegerschutzes verbunden sind.

3. Eine Erklärung, wonach der beantragende Anleger weiterhin für die Richtigkeit der in dem Antrag erteilten Angaben haftet.

Der Schwarmfinanzierungsdienstleister trifft angemessene Maßnahmen, um sicherzustellen, dass der Anleger als kundiger Anleger einzustufen ist, und er führt zweckmäßige schriftliche interne Vorgaben ein, anhand deren die Anleger eingestuft werden können. Der Schwarmfinanzierungsdienstleister genehmigt den Antrag, es sei denn, er hat begründete Zweifel an der Richtigkeit der im Antrag erteilten Angaben. Der Schwarmfinanzierungsdienstleister teilt den Anlegern ausdrücklich mit, sobald ihr Status bestätigt ist.

Die in Absatz 3 genannte Genehmigung gilt für zwei Jahre. Anleger, die ihren Status als kundiger Anleger nach Ablauf der Gültigkeitsdauer beibehalten möchten, beantragen dies erneut beim Schwarmfinanzierungsdienstleister.

Kundige Anleger sind dafür verantwortlich, den Schwarmfinanzierungsdienstleister über alle Änderungen zu informieren, die sich auf ihre Einstufung auswirken könnten. Gelangt der Schwarmfinanzierungsdienstleister zu der Erkenntnis, dass der Anleger die Bedingungen nicht mehr erfüllt, aufgrund deren der Anleger ursprünglich für eine Behandlung als kundiger Anleger in Frage kam, so informiert er den Anleger darüber, dass er als nicht kundiger Anleger behandelt werden wird.

III. Kundige Anleger, bei denen es sich um professionelle Kunden handelt

Abweichend von dem Verfahren nach Abschnitt II dieses Anhangs werden die in der Richtlinie 2014/65/EU in Anhang II Abschnitt I Nummern 1 bis 4 genannten Rechtspersönlichkeiten als kundige Anleger betrachtet, sofern sie ihren Status als professionelle Kunden gegenüber dem Schwarmfinanzierungsdienstleister nachweisen.

20. Pfandbriefgesetz (PfandBG)[1)]

Vom 22. Mai 2005

(BGBl. I S. 1373)

FNA 7628-8

zuletzt geänd. durch Art. 27 G zur Umsetzung der DigitalisierungsRL v. 5.7.2021 (BGBl. I S. 3338)

Inhaltsübersicht

[1)] Verkündet als Art. 1 G zur Neuordnung des Pfandbriefrechts v. 22.5.2005 (BGBl. I S. 1373); Inkrafttreten gem. Art. 20 dieses G am 19.7.2005 mit Ausnahme der §§ 4 Abs. 6, 5 Abs. 3, 16 Abs. 4, 24 Abs. 5 und 53, die am 28.5.2005 in Kraft getreten sind.

Abschnitt 1. Anwendungsbereich, Erlaubnis und Aufsicht

§ 1 Begriffsbestimmungen. (1) [1] Pfandbriefbanken sind Kreditinstitute, deren Geschäftsbetrieb das Pfandbriefgeschäft umfasst. [2] Pfandbriefgeschäft ist

1. die Ausgabe gedeckter Schuldverschreibungen auf Grund erworbener Hypotheken unter der Bezeichnung Pfandbriefe oder Hypothekenpfandbriefe (im Folgenden: Hypothekenpfandbriefe),

2. die Ausgabe gedeckter Schuldverschreibungen auf Grund erworbener Forderungen gegen staatliche Stellen unter der Bezeichnung Kommunalschuldverschreibungen, Kommunalobligationen oder Öffentliche Pfandbriefe (im Folgenden: Öffentliche Pfandbriefe),
3. die Ausgabe gedeckter Schuldverschreibungen auf Grund erworbener Schiffshypotheken unter der Bezeichnung Schiffspfandbriefe,
4. die Ausgabe gedeckter Schuldverschreibungen auf Grund erworbener Registerpfandrechte nach § 1 des Gesetzes über Rechte an Luftfahrzeugen oder ausländischer Flugzeughypotheken unter der Bezeichnung Flugzeugpfandbriefe.

(2) [1] Dem Erwerb einer Hypothek steht gleich der Anspruch gegen ein geeignetes Kreditinstitut auf Abtretung oder Teilabtretung einer Hypothek, die von dem Kreditinstitut treuhänderisch zugunsten der Pfandbriefbank verwaltet wird, sofern im Falle der Insolvenz des Kreditinstituts die Pfandbriefbank die Aussonderung der Hypothek verlangen kann. [2] Für Forderungen im Sinne des Absatzes 1 Satz 2 Nummer 2, für Schiffshypotheken und für Registerpfandrechte im Sinne des Absatzes 1 Satz 2 Nummer 4 oder ausländische Flugzeughypotheken gilt Satz 1 entsprechend. [3] Bei Forderungen im Sinne des Absatzes 1 Satz 2 Nummer 2 gegen öffentliche Schuldner im Sinne des § 20 Absatz 1 können Gegenstand des Abtretungs- und Übertragungsanspruchs auch Ansprüche sein, die sich gegen geeignete andere Kreditinstitute richten und die Voraussetzungen des Satzes 1 erfüllen oder ihrerseits gleiche Ansprüche gegen geeignete Kreditinstitute oder unter öffentlicher Aufsicht stehende Wertpapierverwahrer zum Gegenstand haben.

(3) Pfandbriefe im Sinne der folgenden Vorschriften sind Hypothekenpfandbriefe, Öffentliche Pfandbriefe, Schiffspfandbriefe und Flugzeugpfandbriefe.

§ 2 Erlaubnis. (1) [1] Ein Kreditinstitut mit Sitz im Geltungsbereich dieses Gesetzes, das das Pfandbriefgeschäft betreiben will, bedarf der schriftlichen Erlaubnis der Bundesanstalt für Finanzdienstleistungsaufsicht (Bundesanstalt) nach § 32 des Kreditwesengesetzes[1)]. [2] Zusätzlich muss das Kreditinstitut für eine Erlaubnis zum Betreiben des Pfandbriefgeschäfts folgende Voraussetzungen erfüllen:

1. Das Kreditinstitut muss über ein Kernkapital von mindestens 25 Millionen Euro verfügen.
2. Das Kreditinstitut muss als CRR-Kreditinstitut im Sinne des Artikels 4 Absatz 1 Nummer 1 Buchstabe a der Verordnung (EU) Nr. 575/2013[2)] des Europäischen Parlaments und des Rates vom 26. Juni 2013 über Aufsichtsanforderungen an Kreditinstitute und Wertpapierfirmen und zur Änderung der Verordnung (EU) Nr. 648/2012 (ABl. L 176 vom 27.6.2013, S. 1; L 208 vom 2.8.2013, S. 68; L 321 vom 30.11.2013, S. 6; L 193 vom 21.7.2015, S. 166; L 20 vom 25.1.2017, S. 3), die zuletzt durch die Verordnung (EU) 2021/558 (ABl. L 116 vom 6.4.2021, S. 25) geändert worden ist, zugelassen sein.

---

1) Nr. **9**.
2) Nr. **6**.

3. Das Kreditinstitut muss über geeignete Regelungen und Instrumente im Sinne des § 27 zur Steuerung, Überwachung und Kontrolle der Risiken für die Deckungsmassen und das darauf gründende Emissionsgeschäft verfügen.
4. Aus dem der Bundesanstalt vorzulegenden Geschäftsplan des Kreditinstituts muss hervorgehen, dass das Kreditinstitut das Pfandbriefgeschäft regelmäßig und nachhaltig betreiben wird und dass ein dafür erforderlicher organisatorischer Aufbau vorhanden ist.
5. Der organisatorische Aufbau und die Ausstattung des Kreditinstituts müssen, abhängig von der Reichweite der Erlaubnis, künftigen Pfandbriefemissionen sowie dem Immobilienfinanzierungs-, Staatsfinanzierungs-, Schiffsfinanzierungs- oder Flugzeugfinanzierungsgeschäft angemessen Rechnung tragen.

[3] Abweichend von § 33 Absatz 3 des Kreditwesengesetzes ist die nach Satz 1 erforderliche Erlaubnis auch dann zu versagen, wenn die Voraussetzungen des Satzes 2 Nr. 1 bis 5 nicht vorliegen. [4] § 32 Abs. 2 Satz 2 des Kreditwesengesetzes ist mit der Maßgabe anzuwenden, dass die Erlaubnis für das Pfandbriefgeschäft auch auf einzelne der in § 1 Abs. 1 Satz 2 Nr. 1 bis 4 genannten Tätigkeiten beschränkt werden kann. [5] Die nach § 25c Absatz 1 Satz 2 des Kreditwesengesetzes vorausgesetzten theoretischen und praktischen Kenntnisse sind im Pfandbriefgeschäft abhängig von der Reichweite der Erlaubnis regelmäßig anzunehmen, wenn die Geschäftsleiter über entsprechende Kenntnisse im Bereich des Hypothekarkreditgeschäfts, des Kommunalkreditgeschäfts, des Schiffskreditgeschäfts oder des Flugzeugfinanzierungsgeschäfts und dessen Refinanzierung verfügen.

(2) [1] Die Bundesanstalt kann die Erlaubnis zum Betreiben des Pfandbriefgeschäfts außer in den Fällen des § 35 Abs. 2 des Kreditwesengesetzes auch aufheben, wenn

1. die Voraussetzungen des Absatzes 1 Satz 2 Nr. 1 bis 3 und 5 nicht mehr vorliegen,
2. die Pfandbriefbank seit mehr als zwei Jahren keine Pfandbriefe begeben hat und nicht zu erwarten ist, dass das Pfandbriefgeschäft innerhalb der nächsten sechs Monate als regelmäßig und nachhaltig betriebenes Bankgeschäft wieder aufgenommen wird oder
3. die Pfandbriefbank nachhaltig gegen Bestimmungen dieses Gesetzes oder die zu dessen Durchführung erlassenen Verordnungen oder Anordnungen verstoßen hat.

[2] Absatz 1 Satz 4 gilt entsprechend.

(3) Hebt die Bundesanstalt die Erlaubnis für das Pfandbriefgeschäft auf oder erlischt diese, so sind die Deckungsmassen abzuwickeln.

(4) Hebt die Bundesanstalt die Erlaubnis nach § 32 des Kreditwesengesetzes zum Betreiben von Bankgeschäften und zur Erbringung von Finanzdienstleistungen vollständig auf oder erlischt diese, besteht die bisherige Erlaubnis der Pfandbriefbank in Ansehung der Deckungsmassen und der durch diese gesicherten Verbindlichkeiten bis zur vollständigen und fristgerechten Erfüllung der Pfandbriefverbindlichkeiten fort, soweit nicht die Bundesanstalt die Erstreckung der Erlaubnisaufhebung ausdrücklich anordnet.

(5) [1] In den Fällen der Absätze 3 und 4 ist ein Sachwalter zu ernennen, wenn dies für die vollständige und fristgerechte Erfüllung der Pfandbriefverbindlichkeiten erforderlich ist und nicht bereits nach § 30 Absatz 2 oder 5 ein Sach-

walter ernannt worden ist. [2] Die Ernennung kann auf Antrag der Bundesanstalt mit Zustimmung der Geschäftsleiter der Pfandbriefbank auch dann erfolgen, wenn die Ernennung eines Sachwalters dienlich erscheint. [3] Für das Verfahren der Ernennung und die Rechtsstellung dieses Sachwalters gelten die Vorschriften der §§ 30 bis 36 mit Ausnahme des § 30 Absatz 2 Satz 6 in Verbindung mit § 30 Absatz 2a entsprechend.

[Abs. 6 ab 8.7.2022:]

(6) [1] Die Bundesanstalt veröffentlicht auf ihrer Internetseite eine Liste der Institute, die über die Erlaubnis zum Betreiben des Pfandbriefgeschäfts nach § 1 Absatz 1 Satz 2 verfügen. [2] In diese Liste sind des Weiteren Angaben zur Reichweite der Erlaubnis, das Datum der Erlaubniserteilung und die Angabe aufzunehmen, für welche der in Umlauf befindlichen Pfandbriefgattungen der Pfandbriefbank welche der in § 41a genannten Bezeichnungen verwendet werden dürfen. [3] In den Fällen, in denen die Voraussetzungen des § 42 Absatz 1 vorliegen, ist als Datum der Erlaubniserteilung der 19. Juli 2005 anzugeben. [4] Die Bundesanstalt hat diese Liste mindestens einmal in jedem Quartal zu aktualisieren.

§ 3 Aufsicht; Auskunfts- und Vorlageverlangen. (1) [1] Die Bundesanstalt übt die Aufsicht über die Pfandbriefbanken nach den Vorschriften dieses Gesetzes und den in § 6 Absatz 1 Satz 1 des Kreditwesengesetzes[1)] genannten Gesetzen und Verordnungen aus. [2] Sie ist befugt, alle Anordnungen zu treffen, die geeignet und erforderlich sind, um das Geschäft der Pfandbriefbanken mit diesem Gesetz und den dazu erlassenen Rechtsverordnungen im Einklang zu erhalten. [3] Sie hat zu von ihr bestimmten Zeitpunkten auf der Grundlage geeigneter Stichproben die Deckung der Pfandbriefe zu prüfen; hierbei kann sie sich anderer Personen und Einrichtungen bedienen. [4] Die Prüfung soll in der Regel nach jeweils drei Jahren erfolgen. [5] Die von anderen staatlichen Stellen ausgeübte Aufsicht bleibt unberührt.

(2) Eine Pfandbriefbank, die Mitglieder deren Organe, deren Beschäftigte und ein Sachwalter haben der Bundesanstalt sowie den Personen und Einrichtungen, derer sich die Bundesanstalt bei der Durchführung ihrer Aufgaben bedient, auf Verlangen über die Deckungssituation einschließlich der wirtschaftlichen Werthaltigkeit der Deckung Auskünfte zu erteilen und Unterlagen vorzulegen.

[§ 3a bis 7.7.2022:]

§ 3a Zusammenarbeit mit Stellen im Europäischen Wirtschaftsraum
(noch nicht in Kraft)

[§ 3a ab 8.7.2022:]

§ 3a Zusammenarbeit mit Stellen im Europäischen Wirtschaftsraum.

(1) Die Bundesanstalt arbeitet nach Maßgabe der Richtlinie (EU) 2019/2162 des Europäischen Parlaments und des Rates vom 27. November 2019 über die Emission gedeckter Schuldverschreibungen und die öffentliche Aufsicht über gedeckte Schuldverschreibungen und zur Änderung der Richtlinien 2009/65/EG und 2014/59/EU (ABl. L 328 vom 18.12.2019, S. 29) mit folgenden Stellen zusammen:

1. der Europäischen Zentralbank, soweit dieser die allgemeine Beaufsichtigung der Kreditinstitute, die Pfandbriefbanken sind, nach Artikel 4 der Verordnung (EU)

[1)] Nr. **9**.

Nr. 1024/2013[1] des Rates vom 15. Oktober 2013 zur Übertragung besonderer Aufgaben im Zusammenhang mit der Aufsicht über Kreditinstitute auf die Europäische Zentralbank (ABl. L 287 vom 29.10.2013, S. 63; L 218 vom 19.8.2015, S. 82) übertragen ist,

2. dem Einheitlichen Abwicklungsausschuss nach Artikel 42 der Verordnung (EU) Nr. 806/2014[2] des Europäischen Parlaments und des Rates vom 15. Juli 2014 zur Festlegung einheitlicher Vorschriften und eines einheitlichen Verfahrens für die Abwicklung von Kreditinstituten und bestimmten Wertpapierfirmen im Rahmen eines einheitlichen Abwicklungsmechanismus und eines einheitlichen Abwicklungsfonds sowie zur Änderung der Verordnung (EU) Nr. 1093/2010 (ABl. L 225 vom 30.7.2014, S. 1; L 101 vom 18.4.2015, S. 62), die zuletzt durch die Verordnung (EU) 2021/23 (ABl. L 22 vom 22.1.2021, S. 1) geändert worden ist, wenn dieser Abwicklungsmaßnahmen in Bezug auf Kreditinstitute, die Pfandbriefbanken sind, trifft,

3. der Europäischen Bankenaufsichtsbehörde und der Europäischen Wertpapier- und Marktaufsichtsbehörde sowie

4. den nach Artikel 18 Absatz 2 der Richtlinie (EU) 2019/2162 benannten Aufsichtsbehörden der anderen Mitgliedstaaten der Europäischen Union und der anderen Vertragsstaaten des Abkommens über den Europäischen Wirtschaftsraum.

(2) [1] Die Bundesanstalt teilt der Europäischen Bankenaufsichtsbehörde nach Maßgabe des Artikels 24 Absatz 9 der Richtlinie 2019/2162 die nach § 40a veröffentlichten Maßnahmen, Bußgeldentscheidungen und Mitteilungen in Strafsachen mit und übermittelt nach Maßgabe des Artikels 26 Absatz 3 der Richtlinie 2019/2162 jährlich die nach § 2 Absatz 6 veröffentlichte Liste. [2] Sie teilt den nach Artikel 18 Absatz 2 der Richtlinie 2019/2162 benannten Aufsichtsbehörden der anderen Mitgliedstaaten der Europäischen Union und der anderen Vertragsstaaten des Abkommens über den Europäischen Wirtschaftsraum diejenigen Umstände mit, die bei sachkundiger Betrachtung erhebliche Auswirkungen auf die Emission Europäischer gedeckter Schuldverschreibungen im betreffenden Mitgliedstaat der Europäischen Union oder im betreffenden anderen Vertragsstaat des Abkommens über den Europäischen Wirtschaftsraum haben könnten.

Abschnitt 2. Allgemeine Vorschriften über die Pfandbriefemission

§ 4 Deckungskongruenz; Anordnung erhöhter Mindestdeckungsanforderungen. (1) [1] Die jederzeitige Deckung der umlaufenden Pfandbriefe nach dem Barwert, der die Zins- und Tilgungsverpflichtungen einbezieht, muss sichergestellt sein. [2] Der Barwert der eingetragenen Deckungswerte muss den Barwert der zu deckenden Verbindlichkeiten um 2 Prozent übersteigen (barwertige sichernde Überdeckung). [3] Die barwertige sichernde Überdeckung muss bestehen in

1. Schuldverschreibungen, Schuldbuchforderungen, Schatzwechseln und Schatzanweisungen, deren Schuldner der Bund, ein Sondervermögen des Bundes, ein Land, die Europäischen Gemeinschaften, ein anderer Mitgliedstaat der Europäischen Union, ein anderer Vertragsstaat des Abkommens über den Europäischen Wirtschaftsraum, die Europäische Investitionsbank, die Internationale Bank für Wiederaufbau und Entwicklung, die Entwick-

[1] Nr. 5.
[2] Nr. 22.

lungsbank des Europarates oder die Europäische Bank für Wiederaufbau und Entwicklung ist; dies gilt auch für Schuldverschreibungen, Schuldbuchforderungen, Schatzwechsel und Schatzanweisungen, deren Schuldner die Schweiz, das Vereinigte Königreich Großbritannien und Nordirland, die Vereinigten Staaten von Amerika, Kanada oder Japan sind, sofern deren Risikogewicht ***[bis 7.7.2022:*** entsprechend dem Rating einer anerkannten internationalen Ratingagentur***]*** der Bonitätsstufe 1 nach Tabelle 1 des Artikels 114 Absatz 2 der Verordnung (EU) Nr. 575/2013[1)] zugeordnet worden ist;

2. Schuldverschreibungen, für deren Verzinsung und Rückzahlung eine der unter Nummer 1 bezeichneten Stellen die Gewährleistung übernommen hat,

2a. Guthaben, sofern die Höhe der Forderungen der Pfandbriefbank bereits beim Erwerb bekannt ist, deren Erfüllung nicht bedingt, befristet, anderen Forderungen rechtsgeschäftlich nachgeordnet oder in sonstiger Weise eingeschränkt ist und die unterhalten werden bei
   a) der Europäischen Zentralbank oder
   b) Zentralbanken der Mitgliedstaaten der Europäischen Union oder anderer Vertragsstaaten des Abkommens über den Europäischen Wirtschaftsraum.

[Nr. 3 bis 7.7.2022:]

3. Guthaben bei der Europäischen Zentralbank, bei geeigneten Kreditinstituten mit Sitz in einem der in Nummer 1 genannten Staaten, für den, sofern er nicht Mitgliedstaat der Europäischen Union oder ein anderer Vertragsstaat des Abkommens über den Europäischen Wirtschaftsraum ist, die Gleichwertigkeit des Aufsichtsrahmens im Sinne des Artikels 107 Absatz 4 der Verordnung (EU) Nr. 575/2013 durch die Europäische Kommission festgestellt ist,, denen nach Maßgabe von Artikel 119 Absatz 1 der Verordnung (EU) Nr. 575/2013 ein der Bonitätsstufe 1, bei Ursprungslaufzeiten von bis zu 100 Tagen und Sitz in einem Mitgliedstaat der Europäischen Union ein der Bonitätsstufe 1 oder 2 entsprechendes Risikogewicht nach der Tabelle 3 des Artikels 120 Absatz 1 oder der Tabelle 5 des Artikels 121 Absatz 1 der Verordnung (EU) Nr. 575/2013 zugeordnet worden ist, deren Erfüllung nicht bedingt, befristet, anderen Forderungen rechtsgeschäftlich nachgeordnet oder in sonstiger Weise eingeschränkt ist, jedoch nur, sofern die Höhe der Forderungen der Pfandbriefbank bereits beim Erwerb bekannt ist; für die Zuordnung zu den Bonitätsstufen sind die Ratings anerkannter internationaler Ratingagenturen maßgeblich.

[Nr. 3 ab 8.7.2022:]

3. Guthaben, sofern die Höhe der Forderungen der Pfandbriefbank bereits beim Erwerb bekannt ist, deren Erfüllung nicht bedingt, befristet, anderen Forderungen rechtsgeschäftlich nachgeordnet oder in sonstiger Weise eingeschränkt ist und die unterhalten werden bei geeigneten Kreditinstituten,
   a) die ihren Sitz in einem der in Nummer 1 genannten Staaten haben, für den, sofern er nicht Mitgliedstaat der Europäischen Union oder ein anderer Vertragsstaat des Abkommens über den Europäischen Wirtschaftsraum ist, die Gleichwertigkeit des Aufsichtsrahmens im Sinne des Artikels 107 Absatz 4 der Verordnung (EU) Nr. 575/2013 durch die Europäische Kommission festgestellt ist,

---

1) Nr. **6**.

b) *denen ein der Bonitätsstufe 1 oder 2 entsprechendes Risikogewicht nach der Tabelle 3 des Artikels 120 Absatz 1 der Verordnung (EU) Nr. 575/2013 zugeordnet worden ist und*

c) *die nicht derselben Gruppe im Sinne des § 10a Absatz 1 Satz 1 oder Absatz 2 Satz 1 des Kreditwesengesetzes*[1] *wie die Pfandbriefbank angehören.*

[Satz 4 bis 7.7.2022:] [4]Die Begrenzungen des § 19 Abs. 1 Nr. 2 und 3, des § 20 Abs. 2 Nr. 2, des § 26 Abs. 1 Nr. 3 und 4 und des § 26f Abs. 1 Nr. 3 und 4 sind insoweit nicht anzuwenden. ***[Satz 5 bis 7.7.2022:]*** [5]Die Bundesanstalt kann nach Anhörung der Europäischen Bankenaufsichtsbehörde durch Allgemeinverfügung anordnen, dass abweichend von Absatz 1 Satz 3 Nummer 3 auch Guthaben mit einer Ursprungslaufzeit von über 100 Tagen bei inländischen Kreditinstituten, denen ein der Bonitätsstufe 2 entsprechendes Risikogewicht nach der Tabelle 3 des Artikels 120 Absatz 1 der Verordnung (EU) Nr. 575/2013 zugeordnet ist, zur Deckung verwendet werden dürfen, sofern durch die Beschränkung auf Bonitätsstufe 1 die Gefahr einer erheblichen Schuldnerkonzentration bei Forderungen gegen inländische Kreditinstitute entstünde. ***[Satz 6 bis 7.7.2022:]*** [6]Die Bundesanstalt überprüft das Fortbestehen des Anordnungsgrundes mindestens halbjährlich. ***[Satz 7 bis 7.7.2022:]*** [7]Die Allgemeinverfügung ist aufzuheben, sobald ihr Anordnungsgrund weggefallen ist. ***[Satz 8 bis 7.7.2022:]*** [8]Die Allgemeinverfügung und ihre Aufhebung sind auf der Internetseite der Bundesanstalt und im Bundesanzeiger bekannt zu machen. ***[Satz 9 bis 7.7.2022:]*** [9]Bis zur Bekanntmachung der Aufhebung der Allgemeinverfügung im Bundesanzeiger in das Deckungsregister eingetragene Deckungswerte, deren Deckungsfähigkeit auf der Allgemeinverfügung beruht, dürfen nach Aufhebung der Allgemeinverfügung bis zu ihrer ursprünglichen Fälligkeit, längstens jedoch sechs Monate nach Bekanntmachung der Aufhebung, zur Deckung verwendet werden. ***[Satz 4 ab 8.7.2022:]*** [4]*Für die Zuordnung zu den Bonitätsstufen sind die Ratings anerkannter internationaler Ratingagenturen maßgeblich.* ***[Satz 5 ab 8.7.2022:]*** [5]*Die Begrenzungen des § 19 Absatz 1 Satz 1 Nummer 2 Buchstabe a und b, Nummer 3 Buchstabe a bis c und Nummer 4, auch in Verbindung mit § 20 Absatz 2 Satz 1 Nummer 2, mit § 26 Absatz 1 Satz 1 Nummer 3 bis 5 oder mit § 26f Absatz 1 Satz 1 Nummer 3 bis 5, sowie des § 20 Absatz 1 Satz 1 Nummer 3 Buchstabe a und b sind insoweit nicht anzuwenden.*

(1a) [1]Zusätzlich ist zur Sicherung der Liquidität für die nächsten 180 Tage ein taggenauer Abgleich der fällig werdenden Forderungen aus eingetragenen Deckungswerten und fällig werdenden Verbindlichkeiten aus ausstehenden Pfandbriefen und in Deckung befindlichen Derivategeschäften vorzunehmen. [2]Für jeden Tag ist die Summe der bis zu diesem Tag anfallenden Tagesdifferenzen zu bilden. [3]Die größte sich ergebende negative Summe in den nächsten 180 Tagen muss jederzeit durch die Summe aus den ***[bis 7.7.2022:*** Deckungswerten nach Absatz 1 Satz 3 und den eingetragenen Deckungswerten, die vom Europäischen System der Zentralbanken als notenbankfähig eingestuft werden,***]*** ***[ab 8.7.2022:*** *eingetragenen Deckungswerten, die jeweils den Anforderungen der Artikel 10, 11 oder 12 der Delegierten Verordnung (EU) 2015/61 der Kommission vom 10. Oktober 2014 zur Ergänzung der Verordnung (EU) Nr. 575/2013 des Europäischen Parlaments und des Rates in Bezug auf die Liquiditätsdeckungsanforderung an Kreditinstitute (ABl. L 11 vom 17.1.2015, S. 1), die durch die Delegierte Verordnung (EU) 2018/1620 (ABl. L 271 vom 30.10.2018, S. 10) geändert*

---

[1] Nr. **9**.

worden ist, entsprechen und für diesen Zweck nach Maßgabe des Artikels 9 der Delegierten Verordnung (EU) 2015/61 bewertet werden, sowie den Deckungswerten nach Absatz 1 Satz 3 Nummer 3, deren Restlaufzeit drei Monate nicht übersteigt,] gedeckt werden. [4] Für Werte, die ausschließlich zur Sicherung der Liquidität ins Deckungsregister eingetragen werden, sind die Begrenzungen der §§ 19, 20, 26 und 26f nicht anzuwenden.

[Abs. 2 bis 7.7.2022:]

(2) [1] Der jeweilige Gesamtbetrag der im Umlauf befindlichen Pfandbriefe einer Gattung muss auch in Höhe des Nennwertes jederzeit durch Werte von mindestens gleicher Höhe gedeckt sein. [2] Wenn der zum Zeitpunkt der Pfandbriefausgabe bekannte maximale Einlösungswert höher als der Nennwert ist, tritt er an die Stelle des Nennwertes. [3] Für Deckungswerte, die zu einem geringeren als ihrem Nennwert erfüllt werden können, ist insoweit der geringere Einlösungswert maßgeblich.

[Abs. 2 ab 8.7.2022:]

(2) [1] Die jederzeitige Deckung der umlaufenden Pfandbriefe einer Gattung nach ihrem Nennwert durch den Nennwert der für diese Gattung eingetragenen Deckungswerte muss sichergestellt sein. [2] Wenn der zum Zeitpunkt der Pfandbriefausgabe bekannte maximale Einlösungswert höher als der Nennwert ist, tritt er an die Stelle des Nennwerts. [3] Für Deckungswerte, die zu einem geringeren als ihrem Nennwert erfüllt werden können, ist insoweit der geringere Einlösungswert maßgeblich. [4] Zusätzlich muss der Gesamtbetrag der Nennwerte der für eine Gattung eingetragenen Deckungswerte den Gesamtbetrag der Nennwerte der im Umlauf befindlichen Pfandbriefe dieser Gattung um folgende Prozentsätze übersteigen (nennwertige sichernde Überdeckung):

1. bei Hypothekenpfandbriefen und Öffentlichen Pfandbriefen um mindestens 2 Prozent,

2. bei Schiffspfandbriefen und Flugzeugpfandbriefen um mindestens 5 Prozent.

[5] Die Sätze 2 und 3 gelten entsprechend. [6] Deckungswerte, die zur Erfüllung der Anforderung an eine barwertige sichernde Überdeckung nach Absatz 1 Satz 1 verwendet werden, dürfen zur Erfüllung der nennwertigen sichernden Überdeckung nicht angesetzt werden.

(3) Soweit aus als Deckung verwendeten Derivategeschäften Verbindlichkeiten der Pfandbriefbank begründet werden, müssen auch die Ansprüche der Vertragspartner der Pfandbriefbank genauso wie Pfandbriefverbindlichkeiten gedeckt sein.

(3a) [1] Die Bundesanstalt kann für jede Deckungsmasse anordnen, dass eine Pfandbriefbank über Absatz 1 Satz 1 und 2 und Absatz 2, jeweils in Verbindung mit Absatz 3 Satz 1, hinausgehende Deckungsanforderungen einhalten muss, sofern eine werthaltige Deckung der Verbindlichkeiten aus im Umlauf befindlichen Pfandbriefen und in Deckung befindlichen Derivategeschäften nicht sichergestellt erscheint. [2] Den Umstand einer Anordnung nach Satz 1 hat die Pfandbriefbank unverzüglich unter Angabe der entsprechenden Höhe der Zusatzanforderung auf ihrer Internetseite bei den nach § 28 zu der betreffenden Pfandbriefgattung veröffentlichten Angaben zu veröffentlichen. [3] Eine Anordnung nach Satz 1 ist aufzuheben, soweit ihr Grund nachweislich entfallen ist, frühestens jedoch drei Monate nach ihrem Erlass.

(3b) [1] Absatz 3a Satz 1 und 2 gilt entsprechend bei im Rahmen der Jahresabschlussprüfung oder von Sonderprüfungen nach § 44 Absatz 1 Satz 2 des

Kreditwesengesetzes, einschließlich Deckungsprüfungen nach § 3 Absatz 1 Satz 3, festgestellten Mängeln, die die Deckungsrechnung nach Absatz 4, die Deckungsregisterführung nach § 5, die Anforderungen an das Risikomanagement nach § 27, das pfandbriefrechtliche Meldewesen nach § 27a, die Einhaltung der Transparenzvorschriften des § 28, die Angemessenheit der zur Ermittlung der barwertigen sichernden Überdeckung nach der Pfandbrief-Barwertverordnung verwendeten Methoden und Prozesse oder die Angemessenheit der Methoden und Verfahren der Beleihungswertermittlung betreffen. [2] Eine nach Satz 1 getroffene Anordnung ist aufzuheben, wenn die Pfandbriefbank die Behebung des zur Anordnung führenden Mangels zur Überzeugung der Bundesanstalt nachgewiesen hat oder sobald prüferisch festgestellt worden ist, dass der zur Anordnung nach Satz 1 führende Mangel nicht mehr fortbesteht und kein neuer Anordnungsgrund vorliegt.

(4) [1] Die Pfandbriefbank hat fortlaufend durch geeignete Rechenwerke sicherzustellen und in nachvollziehbarer Weise zu dokumentieren, dass die vorschriftsmäßige Deckung jederzeit gegeben ist. [2] Für die vorschriftmäßige Deckung dürfen Deckungswerte, für die weder ein Grundpfandrecht, noch eine Schiffshypothek, noch ein Registerpfandrecht oder eine ausländische Flugzeughypothek bestellt ist, noch eine Gewährleistung im Sinne des § 20 Absatz 1 Nummer 2 Satz 2 und 3 besteht und für die oder für deren Schuldner ein Ausfall im Sinne des Artikels 178 Absatz 1 der Verordnung (EU) Nr. 575/2013 als eingetreten gilt, nicht berücksichtigt werden. [3] Satz 2 gilt entsprechend für gewährleistete Deckungswerte, deren Gewährleistungsgeber danach als ausgefallen gilt.

(5) [1] Im Umlauf befindlich ist ein Pfandbrief, wenn der Treuhänder ihn gemäß § 8 Abs. 3 ausgefertigt und der Pfandbriefbank übergeben hat; soweit sichergestellt wird, dass eine Verfügung über einen von der Pfandbriefbank gehaltenen Pfandbrief ohne Zustimmung des Treuhänders nicht ausgeführt würde, scheidet der Pfandbrief für die Dauer der Sicherstellung aus dem Umlauf aus. [2] Ein als elektronisches Wertpapier nach § 2 Absatz 1 des Gesetzes über elektronische Wertpapiere begebener Pfandbrief ist im Umlauf, sobald die von § 8 Absatz 3 Satz 1 geforderte Bescheinigung nach § 8 Absatz 3 Satz 3 niedergelegt ist.

(6) [1] Das Bundesministerium der Finanzen wird ermächtigt, im Einvernehmen mit dem Bundesministerium der Justiz und für Verbraucherschutz durch Rechtsverordnung, die nicht der Zustimmung des Bundesrates bedarf, Einzelheiten der Methode für die Barwertrechnung nach Absatz 1 Satz 1 und 2 und ***[bis 7.7.2022:*** § 4b Absatz 2***][ab 8.7.2022: § 4b Absatz 3]***, sowie das Maß der Zins- und Währungskursveränderungen zu bestimmen, dem die Deckung nach Absatz 1 Satz 1 mindestens standhalten muss. [2] Das Bundesministerium der Finanzen kann diese Ermächtigung durch Rechtsverordnung auf die Bundesanstalt für Finanzdienstleistungsaufsicht übertragen. [3] Vor Erlass der Rechtsverordnung sind die Spitzenverbände der Kreditwirtschaft anzuhören.

(7) [1] Es ist verboten, für eine Pfandbriefbank Pfandbriefe in den Verkehr zu bringen, wenn deren Betrag nicht durch die im jeweiligen Deckungsregister eingetragenen Werte vorschriftsmäßig gedeckt ist. [2] Es ist auch verboten, für eine Pfandbriefbank über einen im Deckungsregister eingetragenen Wert durch Veräußerung oder Belastung zum Nachteil der Pfandbriefgläubiger oder der Gläubiger von Ansprüchen aus Derivategeschäften nach Absatz 3 zu verfügen, obwohl die übrigen im jeweiligen Deckungsregister eingetragenen Werte zur

vorschriftsmäßigen Deckung der entsprechenden Pfandbriefe und der Ansprüche aus Derivaten nach Absatz 3 nicht genügen. [3] Pfandbriefe dürfen nicht ohne die nach § 8 Abs. 3 Satz 1 erforderliche Bescheinigung in den Verkehr gebracht werden.

§ 4a Umschuldungsklauseln in Staatsanleihen. Umschuldungsklauseln nach § 4a des Bundesschuldenwesengesetzes in den Emissionsbedingungen von Schuldverschreibungen des Bundes sowie entsprechende Umschuldungsklauseln in den Emissionsbedingungen von Schuldverschreibungen anderer Schuldner im Sinne des § 20 Absatz 1 Nummer 1 stehen einer Indeckungnahme nach ***[bis 7.7.2022:*** § 4 Absatz 1 Satz 3 Nummer 1 und 2, § 19 Absatz 1 Nummer 3, § 20 Absatz 1 Nummer 1, § 26 Absatz 1 Nummer 4 oder § 26f Absatz 1 Nummer 4***][ab 8.7.2022:*** *§ 19 Absatz 1 Satz 1 Nummer 4, § 26 Absatz 1 Satz 1 Nummer 5 oder § 26f Absatz 1 Satz 1 Nummer 5****]*** nicht entgegen.

§ 4b Deckungsgeeignete Derivategeschäfte. (1) [1] Deckungsgeeignete Derivategeschäfte (Derivategeschäfte) sind unter einem standardisierten Rahmenvertrag für jede Pfandbriefgattung separat zusammengefasste Derivate nach § 1 Absatz 11 Satz 6 Nummer 1 des Kreditwesengesetzes[1)] einschließlich der unter dem Rahmenvertrag abgeschlossenen Besicherungsanhänge und weiteren Vereinbarungen. [2] Hierbei müssen sämtliche der einbezogenen Derivate als Festgeschäfte ausgestaltet sein und der Absicherung einzelner anderer Deckungswerte oder Pfandbriefverbindlichkeiten oder einer Gesamtheit von Deckungswerten oder Pfandbriefverbindlichkeiten gegen ein allgemeines Zinsänderungsrisiko, ein besonderes zinsbezogenes Kursrisiko, ein Währungsrisiko oder eine Kombination davon dienen. [3] Weiterhin muss für den Rahmenvertrag sichergestellt sein, dass die Ansprüche der Pfandbriefbank nach Maßgabe des Rahmenvertrags im Falle weder der Insolvenz der Pfandbriefbank, noch des Erlasses von Abwicklungsmaßnahmen im Sinne des § 2 Absatz 3 Nummer 5 des Sanierungs- und Abwicklungsgesetzes[2)] oder des Artikels 3 Absatz 1 Nummer 10 der Verordnung (EU) Nr. 806/2014[3)] des Europäischen Parlaments und des Rates vom 15. Juli 2014 zur Festlegung einheitlicher Vorschriften und eines einheitlichen Verfahrens für die Abwicklung von Kreditinstituten und bestimmten Wertpapierfirmen im Rahmen eines einheitlichen Abwicklungsmechanismus und eines einheitlichen Abwicklungsfonds sowie zur Änderung der Verordnung (EU) Nr. 1093/2010 (ABl. L 225 vom 30.7.2014, S. 1; L 101 vom 18.4.2015, S. 62), die zuletzt durch die Verordnung (EU) 2021/23 (ABl. L 22 vom 22.1.2021, S. 1) geändert worden ist, gegen die Pfandbriefbank noch eines Insolvenzverfahrens über das Vermögen der Pfandbriefbank mit beschränkter Geschäftstätigkeit anderer Pfandbriefgattungen beeinträchtigt werden können. ***[Satz 4 ab 8.7.2022:]*** *[4] Derivategeschäfte sowie etwaige Rechtsgutachten zu ihrer Durchsetzbarkeit sind angemessen zu dokumentieren, regelmäßig zu überprüfen, bei Bedarf zu aktualisieren und verfügbar zu halten.* ***[Satz 5 ab 8.7.2022:]*** *[5] In gleicher Weise ist auch das Bestehen einer Absicherung gemäß Satz 2 zu dokumentieren.*

[Abs. 2 ab 8.7.2022:]

(2) [1] Ein Derivat dient in der Regel einer Absicherung im Sinne des Absatzes 1 Satz 2, wenn die gesetzlichen Anforderungen an die bilanzielle Abbildung einer

---

1) Nr. **9**.
2) Nr. **23**.
3) Nr. **22**.

Sicherungsbeziehung vorliegen. ²Führen Tilgungen oder Ausdeckungnahmen von Deckungswerten oder Tilgungen von Pfandbriefverbindlichkeiten, die jeweils in einer Sicherungsbeziehung zu einem Derivat stehen, dazu, dass die Sicherungsbeziehung eines Derivats nicht mehr im nach Satz 1 erforderlichen Umfang fortbesteht, hat die Pfandbriefbank unter Wahrung ihrer Verpflichtungen aus dem Rahmenvertrag den notwendigen Umfang der Sicherungsbeziehung wiederherzustellen.

(2) ***[ab 8.7.2022:** (3)]* ¹Der jeweils nach dem Barwert bestimmte Anteil sämtlicher Verbindlichkeiten der Pfandbriefbank aus Derivategeschäften einer Pfandbriefgattung am Gesamtbetrag der in Umlauf befindlichen Pfandbriefe dieser Gattung zuzüglich der Verbindlichkeiten aus diesen Derivategeschäften darf 12 Prozent nicht übersteigen. ²Verbindlichkeiten der Pfandbriefbank aus Derivategeschäften, die ausschließlich der Absicherung eines Währungsrisikos von Deckungswerten oder Pfandbriefverbindlichkeiten dienen, bleiben hierfür unberücksichtigt.

(3) ***[ab 8.7.2022:** (4)]* Derivategeschäfte dürfen abgeschlossen werden mit

1. dem Bund,
2. einem Land***[bis 7.7.2022:** oder**]**[ab 8.7.2022:** ,**]***
3. einem Kreditinstitut im Sinne des § 4 Absatz 1 Satz 3 Nummer 3***[bis 7.7.2022:** .**][ab 8.7.2022:** oder**]***

[Nr. 4 ab 8.7.2022:]

4. einem anderen geeigneten Kreditinstitut nach Maßgabe einer Allgemeinverfügung der Bundesanstalt gemäß Absatz 5, sofern für die Ansprüche der Pfandbriefbank aus dem Derivategeschäft eine angemessene Besicherung durch den Vertragspartner vorliegt.

[Abs. 5 ab 8.7.2022:]

(5) ¹Die Bundesanstalt kann auf Antrag mindestens einer Pfandbriefbank nach Anhörung der Europäischen Bankaufsichtsbehörde durch Allgemeinverfügung anordnen, dass auch Derivategeschäfte mit geeigneten Kreditinstituten mit Sitz in einem der in § 4 Absatz 1 Satz 3 Nummer 1 genannten Staaten, denen ein der Bonitätsstufe 3 entsprechendes Risikogewicht nach der Tabelle 3 des Artikels 120 Absatz 1 der Verordnung (EU) Nr. 575/2013[1)] *zugeordnet worden ist und die die Bedingungen des § 4 Absatz 1 Satz 3 Nummer 3 Buchstabe a und c erfüllen, zur Deckung verwendet werden dürfen, sofern durch die Beschränkung auf Bonitätsstufe 1 oder 2 die Gefahr einer erheblichen Schuldnerkonzentration entstünde. ²In dem Antrag nach Satz 1 hat die Pfandbriefbank die Umstände darzulegen, aus denen sich die Gefahr einer erheblichen Schuldnerkonzentration ergibt, insbesondere, soweit sich diese aus der fehlenden Bereitschaft von Kreditinstituten, die die Bedingungen des § 4 Absatz 1 Satz 3 Nummer 3 erfüllen, zum Abschluss von Derivategeschäften ableitet. ³Die im Antrag dargelegten Umstände müssen zum Zeitpunkt der Antragstellung aktuell sein. ⁴Die Allgemeinverfügung ist auf der Internetseite der Bundesanstalt und im Bundesanzeiger bekannt zu machen.*

[Abs. 6 ab 8.7.2022:]

(6) ¹Die Allgemeinverfügung ist ein Jahr nach ihrer Bekanntmachung im Bundesanzeiger aufzuheben, sofern bis zum Ablauf des zehnten Monats nach Bekanntmachung der Allgemeinverfügung im Bundesanzeiger nicht mindestens eine Pfandbriefbank einen den Anforderungen gemäß Absatz 5 Satz 2 entsprechenden Antrag auf Verlängerung der Allgemeinverfügung gestellt hat. ²Ein Antrag auf Verlängerung darf frühestens nach Ablauf des siebten Monats nach Bekanntmachung der Allgemeinverfügung im Bundes-

---

[1)] Nr. **6**.

anzeiger gestellt werden. [3] Für die Aufhebung und die Verlängerung der Allgemeinverfügung gilt Absatz 5 Satz 4 entsprechend. [4] Zum Zeitpunkt der Bekanntmachung der Aufhebung der Allgemeinverfügung im Bundesanzeiger zur Deckung verwendete Derivategeschäfte, deren Deckungsfähigkeit auf der Allgemeinverfügung beruht, bleiben nach Aufhebung der Allgemeinverfügung bis zur vollständigen Abwicklung der zu diesem Zeitpunkt einbezogenen Derivate deckungsfähig, sofern die Anforderungen der aufgehobenen Allgemeinverfügung weiterhin erfüllt werden.

§ 5 Deckungsregister. (1) [1] Die zur Deckung der Pfandbriefe sowie der Ansprüche aus Derivategeschäften nach § 4 Abs. 3 verwendeten Deckungswerte sind von der Pfandbriefbank einzeln in das für die jeweilige Pfandbriefgattung geführte Register (Deckungsregister) einzutragen. [2] Derivate dürfen nur mit Zustimmung des Treuhänders und des Vertragspartners der Pfandbriefbank eingetragen werden; eine Eintragung ohne die erforderliche Zustimmung gilt als nicht erfolgt. [3] Wird ein zur vorschriftsmäßigen Deckung benötigter Wert zurückgezahlt oder verliert ein solcher Wert seine Eignung zur Deckung, so hat derjenige, der für die Eintragung der Deckungswerte verantwortlich ist, unverzüglich entsprechende Ersatzwerte in das Deckungsregister einzutragen. [4] Zum jeweiligen Deckungsregister können mehrere Unterregister, die den Anforderungen des Deckungsregisters entsprechen, angelegt werden, wenn dadurch die Klarheit und die Funktion des Deckungsregisters nicht beeinträchtigt werden. [5] Die Bundesanstalt kann anordnen, dass die Eintragungen aus einem Unterregister oder mehreren Unterregistern innerhalb einer angemessenen Frist in das Hauptregister zu übertragen sind.

(1a) [1] Soweit eingetragene Werte nur teilweise zur Deckung der Pfandbriefe der Pfandbriefbank bestimmt sind, muss das Deckungsregister genaue Angaben über den Umfang des zur Deckung bestimmten Teils und seinen Rang gegenüber dem nicht zur Deckung bestimmten Teil enthalten; im Zweifel hat der zur Deckung bestimmte Teil Vorrang. [2] Vorbehaltlich einer teilweisen Indeckungnahme in geringerer Höhe nach Satz 1 gelten Hypotheken stets nur bis zur Höhe der Beleihungsgrenze nach den §§ 14 und 22 Abs. 2 sowie § 26b Abs. 2 als zur Deckung bestimmt. [3] Die Beleihungsgrenze errechnet sich anhand des eingetragenen Beleihungswertes; der zur Deckung bestimmte Teil hat im Zweifel Vorrang. [4] Werden eingetragene Werte ganz oder teilweise von der Pfandbriefbank als Treuhänder verwaltet, muss das Deckungsregister genaue Angaben über den Gläubiger des Übertragungsanspruchs enthalten; bei teilweiser treuhänderischer Verwaltung gelten die Sätze 1 und 2 entsprechend. [5] Eine treuhänderische Verwaltung nach Satz 4 liegt vor, wenn die verwalteten Werte im Verhältnis zwischen dem Treugeber und der Pfandbriefbank oder deren Gläubigern als Werte des Treugebers gelten, obwohl sie nicht übertragen sind, insbesondere im Falle der Verwaltung als Refinanzierungsunternehmen nach den §§ 22a bis 22o des Kreditwesengesetzes[1)].

(1b) Die Übermittlung der im Deckungsregister einzutragenden personenbezogenen Daten an eine Pfandbriefbank, die zum Zwecke der Refinanzierung über Pfandbriefe nach der Deckungsregisterverordnung zur Eintragung der Daten in ihr Deckungsregister verpflichtet ist, ist zur Wahrnehmung berechtigter Interessen zulässig.

[1)] Nr. **9**.

(1c) [1] Wird das Pfandbriefgeschäft einer Pfandbriefbank ganz oder teilweise im Wege der Gesamtrechtsnachfolge auf eine andere Pfandbriefbank übertragen, so bilden die von der übertragenden Bank geführten Deckungsregister einschließlich bestehender Unterregister mit Wirksamkeit der Übertragung gesonderte Unterregister des Deckungsregisters der jeweiligen Pfandbriefgattung der übernehmenden Pfandbriefbank. [2] Die in diesen gesonderten Unterregistern eingetragenen Deckungswerte sind innerhalb eines angemessenen Zeitraums in das Hauptregister und entsprechende Unterregister des jeweiligen Deckungsregisters der übernehmenden Pfandbriefbank zu übertragen.

(2) [1] Innerhalb des ersten Monats eines jeden Kalenderhalbjahres hat die Pfandbriefbank der Bundesanstalt eine Aufzeichnung sämtlicher Eintragungen des Deckungsregisters in elektronischer Form zu übermitteln. [2] Der nach § 7 bestellte Treuhänder hat dabei die Übereinstimmung mindestens der das letzte Kalenderhalbjahr betreffenden Eintragungen mit den im entsprechenden Kalenderhalbjahr im Deckungsregister vorgenommenen Eintragungen zu bestätigen. [3] Das Nähere regelt die Rechtsverordnung nach Absatz 3.

(3) [1] Das Bundesministerium der Finanzen hat im Einvernehmen mit dem Bundesministerium der Justiz und für Verbraucherschutz durch Rechtsverordnung, die nicht der Zustimmung des Bundesrates bedarf, Einzelheiten über die Form und den notwendigen Inhalt des Deckungsregisters sowie der vorzunehmenden Eintragungen, einschließlich Verfahren und Dokumentation der Zustimmung des Treuhänders nach Absatz 1 Satz 2 und § 8 Absatz 4 Satz 1, zu bestimmen. [2] Die Rechtsverordnung muss auch Vorschriften über die Form der Aufzeichnung, über die Form der Bestätigung durch den Treuhänder sowie über die Art und Weise der Übermittlung der Aufzeichnung und deren Aufbewahrung durch die Bundesanstalt enthalten. [3] Vor Erlass der Rechtsverordnung sind die Spitzenverbände der Kreditwirtschaft anzuhören. [4] Das Bundesministerium der Finanzen kann diese Ermächtigung durch Rechtsverordnung auf die Bundesanstalt für Finanzdienstleistungsaufsicht übertragen.

§ 6 Inhalt der Pfandbriefe. (1) *[ab 8.7.2022: 1]* In den Pfandbriefen sind die für das Rechtsverhältnis zwischen der Pfandbriefbank und den Pfandbriefgläubigern maßgebenden Bestimmungen, insbesondere bezüglich der Kündbarkeit der Pfandbriefe, ersichtlich zu machen. ***[Satz 2 ab 8.7.2022:]*** *[2] Auf die Möglichkeit einer Fälligkeitsverschiebung nach § 30 Absatz 2a und die dafür maßgeblichen Voraussetzungen ist in den Emissionsbedingungen von Pfandbriefen deutlich hinzuweisen.*

(2) [1] Den Pfandbriefgläubigern darf ein Kündigungsrecht nicht eingeräumt werden. [2] Ein entgegen Satz 1 eingeräumtes Kündigungsrecht ist unwirksam.

(3) Die Ausgabe von Pfandbriefen, deren maximaler Einlösungswert nicht bekannt ist, ist nicht gestattet.

§ 7 Treuhänder und Stellvertreter. (1) Bei jeder Pfandbriefbank ist ein Treuhänder sowie mindestens ein Stellvertreter zu bestellen.

(2) [1] Treuhänder und Stellvertreter müssen die zur Erfüllung ihrer Aufgaben erforderlichen Kenntnisse und Erfahrungen besitzen. [2] Die Qualifikation als Wirtschaftsprüfer oder vereidigter Buchprüfer lässt die erforderlichen Kenntnisse vermuten. [3] Eine Bestellung als Treuhänder oder Stellvertreter ist ausgeschlossen, wenn Gründe vorliegen, nach denen die Besorgnis der Befangenheit besteht. [4] Das ist insbesondere der Fall, wenn die Person in einem Beschäf-

tigungs- oder Mandatsverhältnis mit der Pfandbriefbank steht oder innerhalb der vorausgegangenen drei Jahre gestanden hat.

(3) [1] Die Bestellung erfolgt durch die Bundesanstalt nach Anhörung der Pfandbriefbank; vor der erstmaligen Ausgabe von Pfandbriefen findet eine Bestellung nur auf Antrag der Pfandbriefbank statt. [2] Die Bestellung kann befristet und jederzeit aus sachlichem Grund durch die Bundesanstalt widerrufen werden. [3] Die Bestellung endet spätestens zum Ende des Monats, in dem das 75. Lebensjahr vollendet wird. [4] Mit der Ernennung eines Sachwalters nach § 2 Absatz 5 Satz 1 oder 2, § 30 Absatz 2 oder 5, § 36a Absatz 1 Satz 1 oder seiner vorläufigen Bestellung nach § 36a Absatz 1 Satz 5 oder Absatz 2 ruht das Amt des Treuhänders bis zur Beendigung des Sachwalteramtes. [5] Der Treuhänder bleibt verpflichtet, dem Sachwalter alle Informationen mitzuteilen, die für die Verwaltung der Deckungswerte von Bedeutung sein können.

(4) [1] Der Treuhänder hat der Bundesanstalt die von ihm im Rahmen seiner Tätigkeit getroffenen wesentlichen Feststellungen und Beobachtungen mitzuteilen und ihr auf Verlangen Auskunft zu erteilen. [2] Der Treuhänder ist an Weisungen der Bundesanstalt nicht gebunden.

(5) [1] Treuhänder und Stellvertreter haften der Pfandbriefbank sowie den Pfandbriefgläubigern und den Gläubigern von Ansprüchen aus Derivategeschäften nach § 4 Abs. 3 aus ihrer Tätigkeit nur im Falle von Vorsatz und grober Fahrlässigkeit. [2] Die Ersatzpflicht des Treuhänders oder des Stellvertreters beschränkt sich im Falle grob fahrlässigen Handelns auf 1 Million Euro. [3] Sie kann nicht durch Vertrag ausgeschlossen oder beschränkt werden. [4] Wird die Haftung des Treuhänders oder des Stellvertreters durch eine Versicherung abgedeckt, ist ein Selbstbehalt in Höhe des Eineinhalbfachen der nach § 11 Absatz 1 festgesetzten jährlichen Vergütung vorzusehen. [5] Die Pfandbriefbank darf den Versicherungsvertrag zugunsten des Treuhänders und des Stellvertreters schließen und die Prämien zahlen.

§ 8 Aufgaben. (1) [1] Der Treuhänder hat darauf zu achten, dass die vorschriftsmäßige Deckung für die Pfandbriefe und Ansprüche aus Derivategeschäften nach § 4 Abs. 3 jederzeit vorhanden ist; hierbei hat er darauf zu achten, dass der Wert der beliehenen Grundstücke nach der auf Grund des § 16 Abs. 4 erlassenen Rechtsverordnung, der Wert der beliehenen Schiffe und Schiffsbauwerke nach der auf Grund des § 24 Abs. 5 erlassenen Rechtsverordnung und der Wert der beliehenen Flugzeuge nach der auf Grund des § 26d Abs. 3 erlassenen Rechtsverordnung festgesetzt ist. [2] Darüber hinaus ist er nicht verpflichtet zu untersuchen, ob der festgesetzte Wert dem wirklichen Wert entspricht.

(2) [1] Der Treuhänder hat darauf zu achten, dass die zur Deckung der Pfandbriefe und der Ansprüche aus Derivategeschäften nach § 4 Abs. 3 verwendeten Werte gemäß § 5 Abs. 1 in das jeweilige Deckungsregister eingetragen werden. [2] Er hat auch darauf zu achten, dass die Eintragung eines Derivats von der Pfandbriefbank unter Angabe des entsprechenden Deckungsregisters unverzüglich dem Vertragspartner des Derivategeschäfts mitgeteilt wird.

(3) [1] Der Treuhänder hat die Pfandbriefe vor der Ausgabe mit einer Bescheinigung über das Vorhandensein der vorschriftsmäßigen Deckung und über die Eintragung in das entsprechende Deckungsregister zu versehen. [2] Eine Nachbildung der eigenhändigen Unterschrift genügt. [3] Bei einem Pfandbrief, der als elektronisches Wertpapier nach § 2 Absatz 1 des Gesetzes über elektronische Wertpapiere begeben werden soll, ist die Bescheinigung nach Satz 1 vor Ein-

tragung des Pfandbriefs in ein elektronisches Wertpapierregister bei derselben registerführenden Stelle im Sinne des § 4 Absatz 10 des Gesetzes über elektronische Wertpapiere niederzulegen, bei der auch die Emissionsbedingungen des Pfandbriefs niedergelegt sind; § 5 Absatz 1 des Gesetzes über elektronische Wertpapiere gilt entsprechend.

(4) [1] Im Deckungsregister eingetragene Werte können nur mit Zustimmung des Treuhänders in dem Deckungsregister gelöscht werden. [2] Die Zustimmung des Treuhänders bedarf bei einem in Papierform geführten Deckungsregister der Schriftform; sie kann in der Weise erfolgen, dass der Treuhänder seine Namensunterschrift dem Löschungsvermerk im Deckungsregister beifügt. [3] Bei einem elektronisch geführten Deckungsregister darf die Pfandbriefbank von einer Zustimmung des Treuhänders ausgehen, wenn sie mittels eines geeigneten Authentifizierungsinstruments erteilt wurde und beweissicher dokumentiert ist. [4] Für die Löschung eines eingetragenen Derivats, das noch nicht vollständig abgewickelt ist, ist ferner die Zustimmung des Vertragspartners der Pfandbriefbank erforderlich; eine Löschung ohne die erforderliche Zustimmung gilt als nicht erfolgt. [5] Absatz 2 Satz 2 ist entsprechend anzuwenden.

§ 9 *(aufgehoben)*

§ 10 Befugnisse. (1) Der Treuhänder ist befugt, jederzeit die Unterlagen der Pfandbriefbank einzusehen und Auskünfte zu verlangen, soweit sie sich auf die Pfandbriefe und auf die in die Deckungsregister eingetragenen Werte beziehen.

(2) Die Pfandbriefbank ist verpflichtet, von den Kapitalrückzahlungen auf die in die Deckungsregister eingetragenen Werte sowie von sonstigen für die Pfandbriefgläubiger und die Gläubiger von Ansprüchen aus Derivategeschäften nach § 4 Abs. 3 erheblichen Änderungen, welche diese Werte betreffen, dem Treuhänder fortlaufende Mitteilung zu machen.

§ 11 Vergütung, Streitentscheidung. (1) [1] Der Treuhänder und seine Stellvertreter erhalten von der Pfandbriefbank eine angemessene Vergütung, deren Höhe von der Bundesanstalt festgesetzt wird, und Ersatz der notwendigen Auslagen. [2] Darüber hinausgehende Leistungen der Pfandbriefbank sind unzulässig.

(2) Streitigkeiten zwischen dem Treuhänder und der Pfandbriefbank entscheidet die Bundesanstalt.

Abschnitt 3. Besondere Vorschriften über die Deckungswerte

Unterabschnitt 1. Hypothekenpfandbriefe

§ 12 Deckungswerte. (1) Zur Deckung für Hypothekenpfandbriefe nach § 1 Abs. 1 Satz 2 Nr. 1 dürfen nur Hypotheken benutzt werden, soweit sie den Erfordernissen der §§ 13 bis 16 entsprechen.

(2) Steht der Pfandbriefbank eine Hypothek an einem Grundstück zu, das sie zur Verhütung eines Verlustes an der Hypothek erworben hat, so darf sie die Hypothek nur auf Grund einer neuen Beleihungswertermittlung nach § 16 zur Deckung verwenden.

(3) [1] Die eingetragenen Deckungswerte erstrecken sich auch auf alle Forderungen, deren Inhaber die Pfandbriefbank ist und die auf die wirtschaftliche Substanz des Grundstücks gerichtet sind, insbesondere Forderungen, auf die

sich die Hypothek bei inländischen Grundstücken nach den §§ 1120, 1123, 1126, 1127 und 1128 des Bürgerlichen Gesetzbuchs erstrecken würde sowie auf Ansprüche der Pfandbriefbank aus eigenem oder abgetretenem Recht aus einer Versicherung nach § 15, auf die Übertragung des Grundstücks oder grundstücksgleiche oder vergleichbare Rechte und auf die Auskehr des Erlöses einer Verwertung. [2] Für den Fall der Insolvenz der Pfandbriefbank gilt Satz 1 in Bezug auf einen Anspruch auf die Mittel nach § 251 Absatz 3 Satz 1 der Insolvenzordnung oder die Mittel nach § 64 Absatz 3 Satz 1 des Unternehmensstabilisierungs- und -restrukturierungsgesetzes entsprechend, soweit die Pfandbriefbank wegen der Bestätigung eines Insolvenzplans oder Restrukturierungsplans zum Ausgleich für die Schlechterstellung auf Grund einer gegen ihren Willen vorgenommenen Umgestaltung eines Deckungswertes Anspruch auf diese Mittel hat.

§ 13 Belegenheit der Sicherheiten. (1) [1] Die Hypotheken müssen lasten auf Grundstücken, grundstücksgleichen Rechten oder solchen Rechten einer ausländischen Rechtsordnung, die den grundstücksgleichen Rechten deutschen Rechts vergleichbar sind. [2] Die belasteten Grundstücke und die Grundstücke, an denen die belasteten Rechte bestehen, müssen in einem Mitgliedstaat der Europäischen Union oder einem anderen Vertragsstaat des Abkommens über den Europäischen Wirtschaftsraum, in der Schweiz, im Vereinigten Königreich Großbritannien und Nordirland, in den Vereinigten Staaten von Amerika, in Kanada, in Japan, in Australien, in Neuseeland oder in Singapur belegen sein; der Gesamtbetrag der Beleihungen in Staaten, die nicht der Europäischen Union angehören, bei denen nicht sichergestellt ist, dass sich das Vorrecht der Pfandbriefgläubiger nach § 30 Abs. 1 auf die Forderungen der Pfandbriefbank aus diesen Beleihungen erstreckt, darf 10 Prozent des Gesamtbetrages der Beleihungen, bei denen das Vorrecht sichergestellt ist, nicht übersteigen.

(2) Die Beleihung befristeter Rechte ist nur zulässig, wenn die planmäßige Tilgung der Hypothek spätestens zehn Jahre vor Ablauf des Rechts endet und nicht länger dauert, als zur buchmäßigen Abschreibung des Bauwerks nach wirtschaftlichen Grundsätzen erforderlich ist.

§ 14 Beleihungsgrenze. Hypotheken dürfen nur bis zur Höhe der ersten 60 Prozent des von der Pfandbriefbank auf Grund einer Wertermittlung nach § 16 festgesetzten Wertes des Grundstücks (Beleihungswert) zur Deckung benutzt werden.

§ 15 Versicherungspflicht. [1] Werden mit dem Grundstück fest verbundene Bauwerke beim Beleihungswert werterhöhend berücksichtigt, muss während der gesamten Dauer der Beleihung sichergestellt sein, dass die Pfandbriefbank im Falle der Beschädigung oder Zerstörung des Bauwerks, sofern dieses nicht wiederhergestellt wird, eine Entschädigungsleistung aus einer Versicherung erhält. [2] Die Versicherung muss mindestens die nach Art und Lage des Objektes erheblichen Schadensrisiken erfassen. [3] Die Höhe der Versicherung muss mindestens Folgendes abdecken:

1. die für eine Wiederherstellung der in Satz 1 genannten Bauwerke erwartungsgemäß aufzuwendenden Kosten,
2. den bei Eintritt erheblicher Risiken an den in Satz 1 genannten Bauwerken mit hoher Wahrscheinlichkeit nicht überschrittenen Schaden oder

3. die jeweils ausstehende Darlehensforderung, begrenzt auf den Zeitwertschaden, den die Pfandbriefbank aus einer wertangemessenen Gebäudeversicherung im Schadensfall erhalten hätte.

[4] Ist die Versicherung für eine Vielzahl von Objekten oder eine Vielzahl von ausstehenden Darlehensforderungen abgeschlossen, so ist die Vereinbarung einer Begrenzung der Versicherungsleistung auf den in einem Zeitraum von einem Jahr mit hoher Wahrscheinlichkeit nicht überschrittenen Schaden (Jahreshöchstentschädigung) zulässig. [5] Bei einer Gebäudeeinzelversicherung ist eine Jahreshöchstentschädigung für einzelne Gefahrenarten mit Ausnahme der Feuergefahr zulässig. [6] Die Pfandbriefbank darf die Versicherung für eigene Rechnung nur abschließen, wenn eine Verpflichtung des Darlehensnehmers zum Abschluss einer entsprechenden Versicherung nach Satz 3 Nummer 1 oder Nummer 2 besteht.

§ 16 Beleihungswertermittlung. (1) Die als Grundlage für die Beleihungswertfestsetzung dienende Wertermittlung ist von einem von der Kreditentscheidung unabhängigen Gutachter vorzunehmen, der über die hierzu notwendige Berufserfahrung sowie über die notwendigen Fachkenntnisse für Beleihungswertermittlungen verfügen muss.

(2) [1] Der Beleihungswert darf den Wert nicht überschreiten, der sich im Rahmen einer vorsichtigen Bewertung der zukünftigen Verkäuflichkeit einer Immobilie und unter Berücksichtigung der langfristigen, nachhaltigen Merkmale des Objektes, der normalen regionalen Marktgegebenheiten sowie der derzeitigen und möglichen anderweitigen Nutzungen ergibt. [2] Spekulative Elemente dürfen dabei nicht berücksichtigt werden. [3] Der Beleihungswert darf einen auf transparente Weise und nach einem anerkannten Bewertungsverfahren ermittelten Marktwert nicht übersteigen. [4] Der Marktwert ist der geschätzte Betrag, für welchen ein Beleihungsobjekt am Bewertungsstichtag zwischen einem verkaufsbereiten Verkäufer und einem kaufbereiten Erwerber, nach angemessenem Vermarktungszeitraum, in einer Transaktion im gewöhnlichen Geschäftsverkehr verkauft werden könnte, wobei jede Partei mit Sachkenntnis, Umsicht und ohne Zwang handelt.

(3) [1] Die zur Deckung verwendeten Hypotheken an Bauplätzen sowie an solchen Neubauten, die noch nicht fertig gestellt und ertragsfähig sind, dürfen zusammen 10 Prozent des Gesamtbetrages der zur Deckung der Hypothekenpfandbriefe benutzten Deckungswerte nicht überschreiten. [2] Hypotheken an Bauplätzen dürfen 1 Prozent des Gesamtbetrages der zur Deckung der Hypothekenpfandbriefe benutzten Deckungswerte nicht überschreiten. [3] Hypotheken an Grundstücken, die einen dauernden Ertrag nicht gewähren, insbesondere an Gruben und Brüchen, sind von der Verwendung zur Deckung ebenso ausgeschlossen wie Hypotheken an Bergwerken. [4] Hypotheken an anderen Berechtigungen, für welche die sich auf Grundstücke beziehenden Vorschriften Anwendung finden, sind von der Verwendung zur Deckung von Hypothekenpfandbriefen ebenfalls ausgeschlossen, sofern die Berechtigungen einen dauernden Ertrag nicht gewähren.

(4) [1] Das Bundesministerium der Finanzen wird ermächtigt, im Einvernehmen mit dem Bundesministerium der Justiz und für Verbraucherschutz durch Rechtsverordnung, die nicht der Zustimmung des Bundesrates bedarf, Einzelheiten der Methodik und Form der Beleihungswertermittlung sowie die Mindestanforderungen an die Qualifikation des Gutachters zu bestimmen. [2] Die

Rechtsverordnung kann für die Bewertung von überwiegend zu Wohnzwecken genutzten Beleihungsobjekten Erleichterungen vorsehen. [3]Vor Erlass der Rechtsverordnung sind die Spitzenverbände der Kreditwirtschaft anzuhören. [4]Das Bundesministerium der Finanzen kann diese Ermächtigung durch Rechtsverordnung auf die Bundesanstalt für Finanzdienstleistungsaufsicht übertragen.

§ 17 *(aufgehoben)*

§ 18 Grundschulden und ausländische Sicherungsrechte. (1) Im Sinne dieses Gesetzes stehen den Hypotheken die Grundschulden und solche ausländische Sicherungsrechte gleich, die eine vergleichbare Sicherheit bieten und den Gläubiger berechtigen, seine Forderung auch durch Verwertung des belasteten Grundstücks oder Rechts im Sinne des § 13 Abs. 1 Satz 1 zu befriedigen.

(2) [1]Auf Grundschulden, die auf Grund einer Zweckvereinbarung zwischen der Pfandbriefbank und dem jeweiligen Grundstückseigentümer der Sicherung einer Darlehensforderung dienen, ist § 12 Abs. 1 mit der Maßgabe anzuwenden, dass an die Stelle der Hypotheken die Grundschulden nebst den ihr zugrunde liegenden Darlehensforderungen treten. [2]§ 5 Absatz 1a gilt entsprechend, wenn eine Zweckvereinbarung mehrere Forderungen umfasst. [3]Mehrere zur Deckung bestimmte Forderungen haben im Zweifel gleichen Rang. [4]Soweit ausländische Sicherungsrechte Forderungen unterschiedlicher Gläubiger sichern, bestimmt sich der Rang einer zur Deckung bestimmten Forderung nach den Regeln des jeweils anwendbaren Rechts.

(3) Hat die Pfandbriefbank ein Grundstück zur Verhütung von Verlusten an einer ihr an dem Grundstück zustehenden Hypothek oder Grundschuld bei der Zwangsversteigerung erworben und an Stelle der gelöschten Hypothek oder Grundschuld für sich eine Grundschuld eintragen lassen, so findet auf diese § 12 Abs. 2 entsprechende Anwendung.

§ 19 Weitere Deckungswerte.
[Abs. 1 bis 7.7.2022:]

(1) [1]Die in § 12 Absatz 1 vorgeschriebene Deckung kann auch erfolgen

1. durch in Inhaberschuldverschreibungen umgewandelte Ausgleichsforderungen nach § 8 Abs. 2 der Verordnung über die Bestätigung der Umstellungsrechnung und das Verfahren der Zuteilung und des Erwerbs von Ausgleichsforderungen in der Fassung der Bekanntmachung vom 7. Dezember 1994 (BGBl. I S. 3738), die durch die Verordnung vom 26. September 1995 (BGBl. I S. 1194) geändert worden ist,
2. bis zu insgesamt 10 Prozent des Gesamtbetrages der im Umlauf befindlichen Hypothekenpfandbriefe durch Werte der in § 4 Absatz 1 Satz 3 Nummer 1 und 2 bezeichneten Art, durch Geldforderungen gegen die Europäische Zentralbank, gegen Zentralbanken der Mitgliedstaaten der Europäischen Union oder gegen Kreditinstitute im Sinne des § 4 Absatz 1 Satz 2 Nummer 3, sofern die Höhe der Forderungen der Pfandbriefbank bereits beim Erwerb bekannt ist, sowie durch das jeweilige Guthaben aus einer Kontoverbindung mit den vorgenannten Stellen; der Anteil an Geldforderungen gegen ein und dasselbe Kreditinstitut darf nicht höher sein als 2 Prozent des Gesamtbetrages der in Halbsatz 1 genannten Hypothekenpfandbriefe,

3. bis zu insgesamt 20 Prozent des Gesamtbetrages der im Umlauf befindlichen Hypothekenpfandbriefe durch Werte der in § 20 Abs. 1 bezeichneten Art, sofern es sich um Schuldverschreibungen handelt; die in Nummer 2 genannten Deckungswerte sind anzurechnen,
4. bis zu 12 Prozent des nach dem Barwert bemessenen Gesamtbetrages der im Umlauf befindlichen Hypothekenpfandbriefe durch den Barwert der Ansprüche aus in das Deckungsregister eingetragenen Derivategeschäften im Sinne des § 4b.

[2] Für Nummer 2 gilt § 4 Absatz 1 Satz 5 bis 9 entsprechend.

[Abs. 1 ab 8.7.2022:]

(1) [1] Die in § 12 Absatz 1 vorgeschriebene Deckung kann auch erfolgen

1. nach Maßgabe einer auf Grund des § 4b Absatz 5 erlassenen Allgemeinverfügung bis zu insgesamt 8 Prozent des Gesamtbetrages der im Umlauf befindlichen Hypothekenpfandbriefe durch Ansprüche auf den bei vorzeitiger Beendigung des Rahmenvertrags einheitlich an die Pfandbriefbank zu zahlenden Betrag eines Derivategeschäfts, das mit einem Vertragspartner nach § 4b Absatz 4 Nummer 4 unter den dort genannten Voraussetzungen besteht;

2. bis zu insgesamt 10 Prozent des Gesamtbetrages der im Umlauf befindlichen Hypothekenpfandbriefe

a) durch Geldforderungen, sofern die Höhe der Forderungen der Pfandbriefbank bereits beim Erwerb bekannt ist, deren Erfüllung nicht bedingt, anderen Forderungen rechtsgeschäftlich nachgeordnet oder in sonstiger Weise eingeschränkt ist, gegen Kreditinstitute, die die Bedingungen des § 4 Absatz 1 Satz 3 Nummer 3 erfüllen und denen ein der Bonitätsstufe 2 entsprechendes Risikogewicht zugewiesen ist,

b) durch jeweilige Guthaben aus einer Kontoverbindung mit den in Buchstabe a genannten Kreditinstituten,

c) durch Ansprüche auf den bei vorzeitiger Beendigung des Rahmenvertrags einheitlich an die Pfandbriefbank zu zahlenden Betrag eines Derivategeschäfts, das mit einem Kreditinstitut abgeschlossen ist, das die Bedingungen des § 4 Absatz 1 Satz 3 Nummer 3 erfüllt und dem ein der Bonitätsstufe 2 entsprechendes Risikogewicht zugewiesen ist;

3. bis zu insgesamt 15 Prozent des Gesamtbetrages der im Umlauf befindlichen Hypothekenpfandbriefe

a) durch Deckungswerte der in § 4 Absatz 1 Satz 3 Nummer 1 und 2 bezeichneten Art,

b) durch Geldforderungen, sofern die Höhe der Forderungen der Pfandbriefbank bereits beim Erwerb bekannt ist, deren Erfüllung nicht bedingt, anderen Forderungen rechtsgeschäftlich nachgeordnet oder in sonstiger Weise eingeschränkt ist,

aa) gegen die Europäische Zentralbank,

bb) gegen Zentralbanken der Mitgliedstaaten der Europäischen Union oder anderer Vertragsstaaten des Abkommens über den Europäischen Wirtschaftsraum oder

cc) gegen Kreditinstitute, die die Bedingungen des § 4 Absatz 1 Satz 3 Nummer 3 erfüllen und denen ein der Bonitätsstufe 1 entsprechendes Risikogewicht zugewiesen ist,

c) durch jeweilige Guthaben aus einer Kontoverbindung mit den in Buchstabe b genannten Stellen,

d) durch Ansprüche auf den bei vorzeitiger Beendigung des Rahmenvertrags einheitlich an die Pfandbriefbank zu zahlenden Betrag eines Derivategeschäfts, das abgeschlossen ist mit

aa) dem Bund,

bb) einem Land oder

cc) einem Kreditinstitut, das die Bedingungen des § 4 Absatz 1 Satz 3 Nummer 3 erfüllt und dem ein der Bonitätsstufe 1 entsprechendes Risikogewicht zugewiesen ist;

4. bis zu insgesamt 20 Prozent des Gesamtbetrages der im Umlauf befindlichen Hypothekenpfandbriefe durch Deckungswerte der in § 20 Absatz 1 bezeichneten Art, sofern es sich um Schuldverschreibungen handelt.

[2] Bei der Deckung gemäß Satz 1 Nummer 2 sind die in Satz 1 Nummer 1 genannten Deckungswerte anzurechnen. [3] Bei der Deckung gemäß Satz 1 Nummer 3 sind die in Satz 1 Nummer 1 und 2 genannten Deckungswerte anzurechnen. [4] Bei der Deckung gemäß Satz 1 Nummer 4 sind die in Satz 1 Nummer 1 bis 3 genannten Deckungswerte anzurechnen. [5] Der Anteil an Geldforderungen, auch als jeweiliges Guthaben aus einer Kontoverbindung, und Ansprüchen auf den bei vorzeitiger Beendigung des Rahmenvertrags einheitlich an die Pfandbriefbank zu zahlenden Betrag eines Derivategeschäfts gegen Kreditinstitute, die derselben Gruppe im Sinne des § 10a Absatz 1 Satz 1 oder Absatz 2 Satz 1 des Kreditwesengesetzes[1)] angehören, darf nicht höher sein als 2 Prozent des Gesamtbetrages der im Umlauf befindlichen Hypothekenpfandbriefe. [6] Für Geldforderungen gemäß Satz 1 Nummer 2 Buchstabe a, auch in Verbindung mit Satz 1 Nummer 2 Buchstabe b, und gemäß Satz 1 Nummer 3 Buchstabe b Doppelbuchstabe cc, auch in Verbindung mit Satz 1 Nummer 3 Buchstabe c, die aus der Zahlungsabwicklung von Deckungswerten entstehen, gilt § 4 Absatz 1 Satz 3 Nummer 3 Buchstabe c nicht. [7] § 20 Absatz 3 gilt entsprechend.

(2) Im Falle des § 2 Abs. 3 kann die Bundesanstalt Ausnahmen von den Begrenzungen ***[bis 7.7.2022:*** des Absatzes 1 Nr. 2 und 3***][ab 8.7.2022:*** *gemäß Absatz 1 Satz 1 Nummer 3 Buchstabe a und b Doppelbuchstabe aa und bb, auch in Verbindung mit Buchstabe c, und gemäß Absatz 1 Satz 1 Nummer 3 Buchstabe d Doppelbuchstabe aa und bb und Nummer 4]* zulassen.

Unterabschnitt 2. Öffentliche Pfandbriefe

§ 20 Deckungswerte. (1) Zur Deckung Öffentlicher Pfandbriefe dürfen nur Geldforderungen aus der Vergabe von Darlehen, aus Schuldverschreibungen oder aus einem vergleichbaren Rechtsgeschäft oder andere, von den in Nummer 1 genannten Stellen schriftlich als einredefrei anerkannte Geldforderungen benutzt werden,

1. die sich unmittelbar richten gegen

a) inländische Gebietskörperschaften und solche Körperschaften und Anstalten des öffentlichen Rechts, für die eine Anstaltslast oder eine auf Gesetz beruhende Gewährträgerhaftung oder eine staatliche Refinanzierungsgarantie gilt oder die das gesetzliche Recht zur Erhebung von Gebühren, Umlagen oder anderen Abgaben innehaben,

---

1) Nr. **9**.

b) Mitgliedstaaten der Europäischen Union oder Vertragsstaaten des Abkommens über den Europäischen Wirtschaftsraum sowie deren Zentralnotenbanken,

c) Regionalverwaltungen sowie Gebietskörperschaften der in Buchstabe b genannten Staaten,

d) die Vereinigten Staaten von Amerika, Japan, die Schweiz, das Vereinigte Königreich Großbritannien und Nordirland und Kanada sowie deren Zentralnotenbanken, sofern das Risikogewicht nach Tabelle 1 des Artikels 114 Absatz 2 der Verordnung (EU) Nr. 575/2013[1] entsprechend der von den zuständigen Behörden vorgenommenen Zuordnung des Ratings anerkannter internationaler Ratingagenturen der Bonitätsstufe 1 zugeordnet worden ist,

e) Regionalverwaltungen sowie Gebietskörperschaften der in Buchstabe d genannten Staaten, sofern sie von der jeweiligen nationalen Behörde dem Zentralstaat gleichgestellt worden sind oder sofern ihnen ein der Bonitätsstufe 1 entsprechendes Risikogewicht nach Tabelle 5 des Artikels 121 Absatz 1 der Verordnung (EU) Nr. 575/2013 nach den nationalen Regelungen zugeordnet worden ist, die zur Umsetzung der Rahmenvereinbarung „Internationale Konvergenz der Kapitalmessung und Eigenkapitalanforderungen" des Baseler Ausschusses für Bankenaufsicht vom Juni 2004 erlassen worden sind; für die Zuordnung zur Bonitätsstufe 1 sind die Ratings anerkannter internationaler Ratingagenturen maßgeblich; hierfür gilt Artikel 115 Absatz 4 der Verordnung (EU) Nr. 575/2013 entsprechend,

f) die Europäische Zentralbank sowie multilaterale Entwicklungsbanken und internationale Organisationen im Sinne von Artikel 117 Absatz 2 und Artikel 118 der Verordnung (EU) Nr. 575/2013,

g) öffentliche Stellen eines anderen Mitgliedstaats der Europäischen Union oder eines anderen Vertragsstaats des Abkommens über den Europäischen Wirtschaftsraum,

h) öffentliche Stellen im Sinne des Artikels 4 Absatz 1 Nummer 8 der Verordnung (EU) Nr. 575/2013 der unter Buchstabe d genannten Staaten, sofern sie die in Buchstabe e aufgeführten Anforderungen erfüllen, oder

2. für die eine der in Nummer 1 Buchstabe a bis f genannten Stellen oder ein Exportkreditversicherer mit Sitz in einem der in Nummer 1 Buchstabe b und d genannten Staaten, sofern die Anforderungen der Nummer 1 Buchstabe g oder Buchstabe h erfüllt sind, die Gewährleistung übernommen hat. Eine Gewährleistung liegt insoweit vor, als auf Grund eines Gesetzes, einer Verordnung, einer Satzung oder eines Rechtsgeschäfts der Forderungsinhaber einen Anspruch gegen den Gewährleistenden hat, dass dieser im Falle der Nichtzahlung des Schuldners die für die Erfüllung der Verpflichtung erforderlichen Mittel zur Verfügung stellt. Der Gewährleistende darf gegenüber der Pfandbriefbank nicht das Recht haben, Einwendungen aus dem Rechtsverhältnis mit Dritten geltend zu machen oder sich einseitig von seinen Verpflichtungen zu lösen, oder

3. die von einer

---

[1] Nr. **6**.

a) Zentralregierung, Zentralnotenbank, Regionalverwaltung oder örtlichen Gebietskörperschaft eines in Nummer 1 Buchstabe d aufgeführten Staates oder
b) von einer öffentlichen Stelle eines in Nummer 1 Buchstabe d aufgeführten Staates

geschuldet oder von den in Buchstabe a genannten Einrichtungen gewährleistet werden, sofern der Schuldner oder Gewährleistungsgeber der Bonitätsstufe 2 zugeordnet ist und zum Zeitpunkt der Eintragung der konkreten Forderung in das Deckungsregister der Bonitätsstufe 1 zugeordnet war und diese Forderungen insgesamt 20 Prozent des Gesamtbetrages der ausstehenden Öffentlichen Pfandbriefe der Pfandbriefbank nicht übersteigen.

[Abs. 2 bis 7.7.2022:]

(2) Die in Absatz 1 vorgeschriebene Deckung kann auch erfolgen

1. durch die in § 19 Abs. 1 Nr. 1 genannten Werte;
2. bis zu 10 Prozent des Gesamtbetrages der im Umlauf befindlichen Öffentlichen Pfandbriefe durch Geldforderungen gegen die Europäische Zentralbank, gegen Zentralbanken der Mitgliedstaaten der Europäischen Union oder gegen Kreditinstitute im Sinne des § 4 Absatz 1 Satz 3 Nummer 3, sofern die Höhe der Forderungen der Pfandbriefbank bereits beim Erwerb bekannt ist, sowie durch das jeweilige Guthaben aus einer Kontoverbindung mit den vorgenannten Stellen; der Anteil an Geldforderungen gegen ein und dasselbe geeignete Kreditinstitut darf nicht höher als 2 Prozent des Gesamtbetrages der im Umlauf befindlichen Öffentlichen Pfandbriefe sein; § 4 Absatz 1 Satz 5 bis 9 gilt entsprechend;
3. durch die in § 19 Abs. 1 Nr. 4 genannten Werte unter den dort genannten Voraussetzungen und Begrenzungen mit der Maßgabe, dass an die Stelle des Gesamtbetrages der im Umlauf befindlichen Hypothekenpfandbriefe der Gesamtbetrag der im Umlauf befindlichen Öffentlichen Pfandbriefe tritt.

[Abs. 2 ab 8.7.2022:]

(2) [1] Die in Absatz 1 vorgeschriebene Deckung kann auch erfolgen

1. *durch die in § 19 Absatz 1 Satz 1 Nummer 1 genannten Deckungswerte unter den dort genannten Voraussetzungen und Begrenzungen mit der Maßgabe, dass an die Stelle des Gesamtbetrages der im Umlauf befindlichen Hypothekenpfandbriefe der Gesamtbetrag der im Umlauf befindlichen Öffentlichen Pfandbriefe tritt;*
2. *durch die in § 19 Absatz 1 Satz 1 Nummer 2 genannten Deckungswerte unter den dort genannten Voraussetzungen und Begrenzungen mit der Maßgabe, dass an die Stelle des Gesamtbetrages der im Umlauf befindlichen Hypothekenpfandbriefe der Gesamtbetrag der im Umlauf befindlichen Öffentlichen Pfandbriefe tritt;*
3. *bis zu insgesamt 15 Prozent des Gesamtbetrages der im Umlauf befindlichen Öffentlichen Pfandbriefe*
   a) *durch Geldforderungen, sofern die Höhe der Forderungen der Pfandbriefbank bereits beim Erwerb bekannt ist, deren Erfüllung nicht bedingt, anderen Forderungen rechtsgeschäftlich nachgeordnet oder in sonstiger Weise eingeschränkt ist, gegen Kreditinstitute, die die Bedingungen des § 4 Absatz 1 Satz 3 Nummer 3 erfüllen und denen ein der Bonitätsstufe 1 entsprechendes Risikogewicht zugewiesen ist,*
   b) *durch jeweilige Guthaben aus einer Kontoverbindung mit Kreditinstituten, die die Bedingungen des § 4 Absatz 1 Satz 3 Nummer 3 erfüllen und denen ein der Bonitätsstufe 1 entsprechendes Risikogewicht zugewiesen ist,*

c) durch Ansprüche auf den bei vorzeitiger Beendigung des Rahmenvertrags einheitlich an die Pfandbriefbank zu zahlenden Betrag eines Derivategeschäfts, das abgeschlossen ist mit

aa) dem Bund,

bb) einem Land oder

cc) einem Kreditinstitut, das die Bedingungen des § 4 Absatz 1 Satz 3 Nummer 3 erfüllt und dem ein der Bonitätsstufe 1 entsprechendes Risikogewicht zugewiesen ist;

4. durch jeweilige Guthaben aus einer Kontoverbindung mit

a) der Europäischen Zentralbank oder

b) der Zentralbank eines der Mitgliedstaaten der Europäischen Union oder der anderen Vertragsstaaten des Abkommens über den Europäischen Wirtschaftsraum.

[2] Bei der Deckung gemäß Satz 1 Nummer 2 sind die in Satz 1 Nummer 1 genannten Deckungswerte anzurechnen. [3] Bei der Deckung gemäß Satz 1 Nummer 3 sind die in Satz 1 Nummer 1 und 2 genannten Deckungswerte anzurechnen. [4] § 19 Absatz 1 Satz 5 gilt mit der Maßgabe, dass an die Stelle des Gesamtbetrages der im Umlauf befindlichen Hypothekenpfandbriefe der Gesamtbetrag der im Umlauf befindlichen Öffentlichen Pfandbriefe tritt. [5] § 19 Absatz 1 Satz 6 gilt entsprechend.

(2a) ***[ab 8.7.2022:** (3)**]*** [1] Der Gesamtbetrag der Forderungen gegen außerhalb der Mitgliedstaaten der Europäischen Union ansässige Schuldner, bei denen nicht sichergestellt ist, dass sich das Vorrecht der Gläubiger der Öffentlichen Pfandbriefe nach § 30 Absatz 1 auf die Forderungen der Pfandbriefbank nach den Absätzen 1 und 2 erstreckt, darf 10 Prozent des Gesamtbetrags der Forderungen, bei denen das Vorrecht sichergestellt ist oder für die eine Verpflichtung nach Satz 3 besteht, nicht übersteigen. [2] Satz 1 gilt entsprechend für Ansprüche gegen Gewährleistende nach Absatz 1 Nummer 2. [3] Eine Anrechnung von Forderungen gegen die in den Sätzen 1 und 2 genannten Schuldner auf die in Satz 1 genannte Grenze unterbleibt, soweit eine der in Absatz 1 Nummer 1 Buchstabe b oder Buchstabe d genannten Stellen oder ein Exportkreditversicherer, der die Anforderungen des Absatzes 1 Nummer 2 erfüllt, gegenüber der Pfandbriefbank die Verpflichtung übernommen hat, die Pfandbriefbank mit beschränkter Geschäftstätigkeit im Falle der Entziehung der betreffenden Forderung schadlos zu stellen, und dieser Anspruch bei der betreffenden Forderung in das Deckungsregister für Öffentliche Pfandbriefe eingetragen wird; sofern der zur Schadlosstellung Verpflichtete seinen Sitz außerhalb der Mitgliedstaaten der Europäischen Union hat, unterbleibt die Anrechnung auf die in Satz 1 genannte Grenze nur, wenn sichergestellt ist, dass sich das Vorrecht der Pfandbriefgläubiger auf den Anspruch auf Schadlosstellung erstreckt.

[Abs. 3 bis 7.7.2022:]

(3) Im Falle des § 2 Abs. 3 kann die Bundesanstalt Ausnahmen von den Begrenzungen des Absatzes 2 zulassen.

(4) Die eingetragenen Deckungswerte erstrecken sich auch auf alle Forderungen, deren Inhaber die Pfandbriefbank ist und die auf die wirtschaftliche Substanz des Deckungswertes gerichtet sind, im Falle einer nach Absatz 1 Nummer 2 gewährleisteten Hypothek insbesondere auch auf die in § 12 Abs. 3 genannten Forderungen.

Unterabschnitt 3. Schiffspfandbriefe

§ 21 Deckungswerte. [1]Zur Deckung für Schiffspfandbriefe dürfen nur durch Schiffshypotheken gesicherte Darlehensforderungen verwendet werden, soweit sie den Erfordernissen der §§ 22 bis 24 entsprechen. [2]Im Falle einer teilweisen Verwendung einer Darlehensforderung zur Deckung hat die Pfandbriefbank den Vorgang nachvollziehbar zu dokumentieren.

§ 22 Beleihungsgrenze. (1) Die Beleihung ist auf Schiffe und Schiffsbauwerke beschränkt, die in einem öffentlichen Register eingetragen sind.

(2) [1]Die Beleihung darf die ersten 60 Prozent des von der Pfandbriefbank auf Grund einer Wertermittlung nach § 24 festgesetzten Wertes des Schiffes (Schiffsbeleihungswert) oder Schiffsbauwerkes nicht übersteigen. [2]Sie darf nur durch Gewährung von Abzahlungsdarlehen erfolgen, wobei die Abzahlung des Darlehens in der Regel gleichmäßig auf die einzelnen Jahre zu verteilen ist; die Vereinbarung sich ermäßigender Tilgungsraten ist unschädlich. [3]Wird für ein Darlehen vereinbart, dass dieses bis zum Ende der Darlehenslaufzeit nicht vollständig durch Abzahlungsraten gemäß Satz 2, sondern zusätzlich durch eine am Ende der Darlehenslaufzeit zu erbringende Schlussrate zu tilgen ist, gilt dies nicht als Fall ungleichmäßiger Abzahlung, wenn die Schlussrate den Betrag nicht übersteigt, der bei Zugrundelegung der für das Darlehen vereinbarten gleichmäßigen Abzahlung bis zum Ende des zwanzigsten Lebensjahres des Schiffes zurückgezahlt werden könnte. [4]Die Bundesanstalt kann in Einzelfällen weitere Ausnahmen von den Vorschriften der Sätze 1 und 2 zulassen, wenn die Eigenart des zu beleihenden Schiffes oder Schiffsbauwerks, die wirtschaftlichen Verhältnisse des Darlehensschuldners oder zusätzliche Sicherheiten sie gerechtfertigt erscheinen lassen.

(3) *(aufgehoben)*

(4) [1]Die Beleihung darf höchstens bis zum Ende des zwanzigsten Lebensjahres des Schiffes reichen, es sei denn, dass eine geringere Lebensdauer zu erwarten ist. [2]Die Bundesanstalt kann darüber hinaus unter den Voraussetzungen des Absatzes 2 Satz 4 weitere Ausnahmen zulassen. [3]Eine dem Darlehensnehmer gewährte Stundung, die zur Folge haben würde, dass die zulässige Höchstdauer des Beleihungszeitraums überschritten wird, ist nur mit Zustimmung des Treuhänders zulässig. [4]Werden mehrere Schiffe oder Schiffsbauwerke durch eine durch Schiffshypotheken gesicherte Darlehensforderung beliehen, ist die Darlehensforderung nur dann zur Deckung geeignet, wenn bei deren Aufteilung auf die einzelnen Schiffe und Schiffsbauwerke die einzelnen Darlehensforderungen zur Deckung geeignet wären.

(5) [1]Die Beleihung von Schiffen und Schiffsbauwerken, die im Ausland registriert sind, ist zulässig, wenn nach dem Recht des Staates, in dessen Register das Schiff oder das Schiffsbauwerk eingetragen ist,

1. an Schiffen und Schiffsbauwerken ein dingliches Recht bestellt werden kann, das in ein öffentliches Register eingetragen wird,
2. das dingliche Recht dem Gläubiger eine der Schiffshypothek des deutschen Rechts vergleichbare Sicherheit, insbesondere das Recht gewährt, wegen der gesicherten Darlehensforderung Befriedigung aus dem Schiff oder dem Schiffsbauwerk zu suchen,
3. die Rechtsverfolgung für Gläubiger, die einem anderen Staat angehören, gegenüber den eigenen Staatsangehörigen nicht wesentlich erschwert ist.

²Der Gesamtbetrag der Beleihungen nach Satz 1 außerhalb der Mitgliedstaaten der Europäischen Union, bei denen nicht sichergestellt ist, dass sich das Vorrecht der Schiffspfandbriefgläubiger nach § 30 Abs. 1 auf die Forderungen der Pfandbriefbank aus diesen Beleihungen erstreckt, darf 20 Prozent des Gesamtbetrages der Forderungen, bei denen das Vorrecht sichergestellt ist, nicht übersteigen. ³Sieht das Recht des Staates, in dessen Register das Schiff oder Schiffsbauwerk eingetragen ist, vor, dass das dingliche Recht ohne Eintragung in ein öffentliches Register entsteht, zur Sicherung der Rechte des Gläubigers Dritten gegenüber aber in ein solches Register eingetragen werden kann, so ist die Beleihung nur mit der Maßgabe zulässig, dass die Pfandbriefbank die Eintragung in das öffentliche Register unverzüglich herbeiführt. ⁴Die Beleihung ist regelmäßig nur zur ersten Stelle zulässig; Absatz 2 Satz 4 gilt entsprechend.

(6) ¹Die eingetragenen Deckungswerte erstrecken sich auch auf alle Forderungen, deren Inhaber die Pfandbriefbank ist und die auf die wirtschaftliche Substanz des Schiffes oder Schiffsbauwerkes gerichtet sind, insbesondere Forderungen, auf die sich die Schiffshypothek bei in das deutsche Seeschiffsregister eingetragenen Schiffen und Schiffsbauwerken nach den §§ 31 und 32 des Gesetzes über Rechte an eingetragenen Schiffen und Schiffsbauwerken erstrecken würde, sowie Miet- und Pachtforderungen, Forderungen auf die Übertragung des Schiffes oder Schiffsbauwerkes und Forderungen auf Auskehr des Erlöses einer Verwertung. ²§ 12 Absatz 3 Satz 2 gilt entsprechend.

§ 23 Versicherung. (1) ¹Das Schiff oder das Schiffsbauwerk muss während der gesamten Dauer der Beleihung zumindest in Höhe von 110 Prozent der jeweiligen ausstehenden Darlehensforderungen zuzüglich eventueller vor- oder gleichrangiger Schiffshypotheken Dritter entsprechend den Geschäftsbedingungen der Pfandbriefbank versichert sein. ²Der Versicherer muss sich verpflichtet haben, der Pfandbriefbank gegenüber Einwendungen auf Grund des § 36 Abs. 2 Nr. 2 des Gesetzes über Rechte an eingetragenen Schiffen und Schiffsbauwerken oder bei Beleihung von im Ausland registrierten Schiffen und Schiffsbauwerken die entsprechenden Einwendungen nicht zu erheben.

(2) Die Pfandbriefbank hat die Beleihung dem Versicherer unverzüglich anzuzeigen.

(3) ¹Soweit der Versicherer auf Grund der nach Absatz 1 übernommenen Verpflichtung die Pfandbriefbank befriedigt, geht die Schiffshypothek auf ihn über. ²Der Übergang kann nicht zum Nachteil der Pfandbriefbank oder eines gleich- oder nachstehenden Schiffshypothekengläubigers, demgegenüber die Verpflichtung des Versicherers zur Leistung bestehen geblieben ist, geltend gemacht werden.

(4) Erstreckt sich die Schiffshypothek nicht kraft Gesetzes auf die Versicherungsforderung, ist die Beleihung nur zulässig, wenn die Pfandbriefbank durch Vertrag eine entsprechende Sicherheit erhält.

§ 24 Beleihungswertermittlung. (1) Die als Grundlage für die Festsetzung des Schiffsbeleihungswertes dienende Wertermittlung ist von einem von der Kreditentscheidung unabhängigen Gutachter vorzunehmen, der über die hierzu notwendige Berufserfahrung sowie über die notwendigen Fachkenntnisse für Schiffsbeleihungswertermittlungen verfügen muss.

(2) ¹Der Schiffsbeleihungswert darf den Wert nicht überschreiten, der sich im Rahmen einer vorsichtigen Bewertung der zukünftigen Verkäuflichkeit des

Schiffes und unter Berücksichtigung der langfristigen, nachhaltigen Merkmale des Objektes, der Marktgegebenheiten sowie der derzeitigen und möglichen anderweitigen Nutzungen ergibt. [2] Spekulative Elemente dürfen dabei nicht berücksichtigt werden. [3] Der Schiffsbeleihungswert darf einen auf transparente Weise und nach einem anerkannten Bewertungsverfahren ermittelten Marktwert nicht übersteigen. [4] § 16 Abs. 2 Satz 4 gilt entsprechend.

(3) Die Absätze 1 und 2 gelten für die Bewertung eines Schiffsbauwerkes sinngemäß.

(4) Die zur Deckung von Schiffspfandbriefen in Ansatz gebrachten, durch Schiffshypotheken an Schiffsbauwerken gesicherten Forderungen dürfen zusammen 20 Prozent des Gesamtbetrages der zur Deckung der Schiffspfandbriefe verwendeten Schiffshypotheken nicht übersteigen.

(5) [1] Das Bundesministerium der Finanzen wird ermächtigt, im Einvernehmen mit dem Bundesministerium der Justiz und für Verbraucherschutz durch Rechtsverordnung, die nicht der Zustimmung des Bundesrates bedarf, Einzelheiten der Methodik und Form der Schiffsbeleihungswertermittlung sowie die Mindestanforderungen an die Qualifikation des Gutachters zu bestimmen. [2] Vor Erlass der Rechtsverordnung sind die Spitzenverbände der Kreditwirtschaft anzuhören. [3] Das Bundesministerium der Finanzen kann diese Ermächtigung durch Rechtsverordnung auf die Bundesanstalt für Finanzdienstleistungsaufsicht übertragen.

§ 25 Abzahlungsbeginn. Der Beginn der Abzahlung darf für einen Zeitraum, der die Dauer von zwei Jahren nicht übersteigt, hinausgeschoben werden; mit Genehmigung der Bundesanstalt kann dieser Zeitraum für einzelne Darlehensforderungen aus besonderen Gründen bis zu fünf Jahren verlängert werden.

§ 26 Weitere Deckungswerte. (1) *[ab 8.7.2022: 1]* Die in § 21 Satz 1 vorgeschriebene Deckung kann auch erfolgen

1. durch Schuldversprechen oder Schuldanerkenntnisse im Sinne der §§ 780 und 781 des Bürgerlichen Gesetzbuchs, die durch Schiffshypotheken gesichert sind, sofern ihnen Darlehensforderungen zugrunde liegen, die den in den §§ 22 bis 24 bezeichneten Erfordernissen entsprechen; soweit die Darlehensforderungen den vorgenannten Erfordernissen nur teilweise entsprechen, können sie nur in diesem Umfang zur Deckung verwendet werden; § 21 Satz 2 gilt entsprechend;

[Nr. 2 bis 7.7.2022:]

2. durch Werte der in § 19 Abs. 1 Nr. 1 bezeichneten Art;

[Nr. 3 bis 7.7.2022:]

3. bis zu 10 Prozent des Gesamtbetrages der im Umlauf befindlichen Schiffspfandbriefe durch Werte der in § 4 Absatz 1 Satz 3 Nummer 1 und 2 bezeichneten Art, durch Geldforderungen gegen die Europäische Zentralbank, gegen Zentralbanken der Mitgliedstaaten der Europäischen Union oder gegen Kreditinstitute im Sinne des § 4 Abs. 1 Satz 2 Nr. 3, sofern die Höhe der Forderungen der Pfandbriefbank bereits beim Erwerb bekannt ist, sowie durch das jeweilige Guthaben aus einer Kontoverbindung mit den vorgenannten Stellen; der Anteil an Geldforderungen gegen ein und dasselbe Kreditinstitut darf nicht höher als 2 Prozent des Gesamtbetrages der in Halb-

satz 1 genannten Schiffspfandbriefe sein; § 4 Absatz 1 Satz 5 bis 9 gilt entsprechend;

[Nr. 4 bis 7.7.2022:]

4. bis zu insgesamt 20 Prozent des Gesamtbetrages der im Umlauf befindlichen Schiffspfandbriefe durch Werte der in § 20 Abs. 1 bezeichneten Art, sofern es sich um Schuldverschreibungen handelt; die in Nummer 3 genannten Deckungswerte sind anzurechnen;

[Nr. 2 ab 8.7.2022:]

2. *durch die in § 19 Absatz 1 Satz 1 Nummer 1 genannten Deckungswerte unter den dort genannten Voraussetzungen und Begrenzungen mit der Maßgabe, dass an die Stelle des Gesamtbetrages der im Umlauf befindlichen Hypothekenpfandbriefe der Gesamtbetrag der im Umlauf befindlichen Schiffspfandbriefe tritt;*

[Nr. 3 ab 8.7.2022:]

3. *durch die in § 19 Absatz 1 Satz 1 Nummer 2 genannten Deckungswerte unter den dort genannten Voraussetzungen und Begrenzungen mit der Maßgabe, dass an die Stelle des Gesamtbetrages der im Umlauf befindlichen Hypothekenpfandbriefe der Gesamtbetrag der im Umlauf befindlichen Schiffspfandbriefe tritt;*

[Nr. 4 ab 8.7.2022:]

4. *durch die in § 19 Absatz 1 Satz 1 Nummer 3 genannten Deckungswerte unter den dort genannten Voraussetzungen und Begrenzungen mit der Maßgabe, dass an die Stelle des Gesamtbetrages der im Umlauf befindlichen Hypothekenpfandbriefe der Gesamtbetrag der im Umlauf befindlichen Schiffspfandbriefe tritt;*

5. durch die in ***[bis 7.7.2022:*** § 19 Abs. 1 Nr. 4 genannten Werte***][ab 8.7.2022:*** *§ 19 Absatz 1 Satz 1 Nummer 4 genannten Deckungswerte**]*** unter den dort genannten Voraussetzungen und Begrenzungen mit der Maßgabe, dass an die Stelle des Gesamtbetrages der im Umlauf befindlichen Hypothekenpfandbriefe der Gesamtbetrag der im Umlauf befindlichen Schiffspfandbriefe tritt.

[Satz 2 ab 8.7.2022:] *[2] Bei der Deckung gemäß Satz 1 Nummer 3 sind die in Satz 1 Nummer 2 genannten Deckungswerte anzurechnen.* ***[Satz 3 ab 8.7.2022:]*** *[3] Bei der Deckung gemäß Satz 1 Nummer 4 sind die in Satz 1 Nummer 2 und 3 genannten Deckungswerte anzurechnen.* ***[Satz 4 ab 8.7.2022:]*** *[4] Bei der Deckung gemäß Satz 1 Nummer 5 sind die in Satz 1 Nummer 2 bis 4 genannten Deckungswerte anzurechnen.* ***[Satz 5 ab 8.7.2022:]*** *[5] § 19 Absatz 1 Satz 5 gilt mit der Maßgabe, dass an die Stelle des Gesamtbetrages der im Umlauf befindlichen Hypothekenpfandbriefe der Gesamtbetrag der im Umlauf befindlichen Schiffspfandbriefe tritt.* ***[Satz 6 ab 8.7.2022:]*** *[6] § 19 Absatz 1 Satz 6 und § 20 Absatz 3 gelten entsprechend.*

(2) Im Falle des § 2 Abs. 3 kann die Bundesanstalt Ausnahmen von den Begrenzungen des ***[bis 7.7.2022:*** Absatzes 1 Nr. 3 und 4***][ab 8.7.2022:*** *Absatzes 1 Satz 1 Nummer 4 und 5 nach entsprechender Maßgabe des § 19 Absatz 2**]*** zulassen.

Unterabschnitt 4. Flugzeugpfandbriefe

§ 26a Deckungswerte. [1] Zur Deckung für Flugzeugpfandbriefe dürfen nur durch Registerpfandrechte nach § 1 des Gesetzes über Rechte an Luftfahrzeugen oder durch ausländische Flugzeughypotheken gesicherte Darlehensforderungen verwendet werden, soweit sie den Erfordernissen der §§ 26b bis 26d entsprechen. [2] Im Falle einer teilweisen Verwendung einer Darlehensforderung zur Deckung hat die Pfandbriefbank den Vorgang nachvollziehbar zu dokumentieren. ³Bei der Indeckungnahme ist eine kritische Konzentration von Risiken zu vermeiden. ⁴Eine solche ist im Regelfall anzunehmen, wenn ein unangemessen hoher Anteil der belasteten Flugzeuge von derselben Gesellschaft betrieben wird oder zu einem einzelnen Flugzeugtyp gehört und dadurch eine zeitnahe Verwertung der Deckungswerte gefährdet ist.

§ 26b Beleihungsgrenze. (1) Die Beleihung ist auf Flugzeuge im Sinne des § 1 Abs. 2 Satz 1 Nr. 1 des Luftverkehrsgesetzes beschränkt, die in einem öffentlichen Register eingetragen sind.

(2) ¹Die Beleihung darf die ersten 60 Prozent des von der Pfandbriefbank auf Grund einer Wertermittlung nach § 26d festgesetzten Wertes des Flugzeuges (Flugzeugbeleihungswert) nicht übersteigen. ²Es ist durch geeignete Maßnahmen sicherzustellen, dass sich das Registerpfandrecht oder die ausländische Flugzeughypothek auch auf die Triebwerke erstreckt. ³Umregistrierungen von Flugzeugen und sich daraus ergebende Auswirkungen auf das Registerpfandrecht oder die ausländische Flugzeughypothek sind zu überwachen; die fortlaufende Erfüllung der Anforderungen nach Absatz 4 ist durch geeignete Maßnahmen sicherzustellen. ⁴Die Beleihung darf nur durch Gewährung von Abzahlungsdarlehen erfolgen, wobei die Abzahlung des Darlehens in der Regel gleichmäßig auf die einzelnen Jahre zu verteilen ist; die Vereinbarung sich ermäßigender Tilgungsraten ist unschädlich. ⁵Wird für ein Darlehen vereinbart, dass dieses bis zum Ende der Darlehenslaufzeit nicht vollständig durch Abzahlungsraten nach Satz 4, sondern zusätzlich durch eine am Ende der Darlehenslaufzeit zu erbringende Schlussrate zu tilgen ist, gilt dies nicht als Fall ungleichmäßiger Abzahlung, wenn die Schlussrate den Betrag nicht übersteigt, der bei Zugrundelegung der für das Darlehen vereinbarten gleichmäßigen Abzahlung bis zum Ende des 20. Lebensjahres des Flugzeuges zurückgezahlt werden könnte. ⁶Die Bundesanstalt kann in Einzelfällen weitere Ausnahmen von den Vorschriften der Sätze 1 und 4 zulassen, wenn die Eigenart des zu beleihenden Flugzeuges, die wirtschaftlichen Verhältnisse des Darlehensschuldners oder zusätzliche Sicherheiten sie gerechtfertigt erscheinen lassen.

(3) ¹Die Beleihung darf höchstens bis zum Ende des 20. Lebensjahres des Flugzeuges reichen, es sei denn, dass eine geringere Lebensdauer zu erwarten ist. ²Die Bundesanstalt kann darüber hinaus unter den Voraussetzungen des Absatzes 2 Satz 6 weitere Ausnahmen zulassen. ³Eine dem Darlehensnehmer gewährte Stundung, die zur Folge haben würde, dass die zulässige Höchstdauer des Beleihungszeitraums überschritten wird, ist nur mit Zustimmung des Treuhänders zulässig.

(4) ¹Die Beleihung von Flugzeugen, die im Ausland registriert sind, ist zulässig, wenn nach dem Recht des Staates, in dessen Register das Flugzeug eingetragen ist,

1. an Flugzeugen ein dingliches Recht bestellt werden kann, das in ein öffentliches Register eingetragen wird,
2. das dingliche Recht dem Gläubiger eine dem Registerpfandrecht des deutschen Rechts vergleichbare Sicherheit, insbesondere das Recht gewährt, wegen der gesicherten Darlehensforderung Befriedigung aus dem Flugzeug zu suchen, und
3. die Rechtsverfolgung für Gläubiger, die einem anderen Staat angehören, gegenüber den eigenen Staatsangehörigen nicht wesentlich erschwert ist.

[2] Der Gesamtbetrag der Beleihungen nach Satz 1 außerhalb der Mitgliedstaaten der Europäischen Union, bei denen nicht sichergestellt ist, dass sich das Vorrecht der Flugzeugpfandbriefgläubiger nach § 30 Abs. 1 auf die Forderungen der Pfandbriefbank aus diesen Beleihungen erstreckt, darf 20 Prozent des Gesamtbetrages der Forderungen, bei denen das Vorrecht sichergestellt ist, nicht übersteigen. [3] Sieht das Recht des Staates, in dessen Register das Flugzeug eingetragen ist, vor, dass das dingliche Recht ohne Eintragung in ein öffentliches Register entsteht, zur Sicherung der Rechte des Gläubigers Dritten gegenüber aber in ein solches Register eingetragen werden kann, so ist die Beleihung nur mit der Maßgabe zulässig, dass die Pfandbriefbank die Eintragung in das öffentliche Register unverzüglich herbeiführt. [4] Die Beleihung ist regelmäßig nur zur ersten Stelle zulässig. [5] Absatz 2 Satz 6 gilt entsprechend.

(5) [1] Die eingetragenen Deckungswerte erstrecken sich auch auf alle Forderungen, deren Inhaber die Pfandbriefbank ist und die auf die wirtschaftliche Substanz des Flugzeuges gerichtet sind, insbesondere Forderungen, auf die sich das Registerpfandrecht nach den §§ 31 und 32 des Gesetzes über Rechte an Luftfahrzeugen oder die ausländische Flugzeughypothek erstrecken würde, sowie Miet- und Pachtforderungen, Forderungen auf die Übertragung des Flugzeuges und Forderungen auf Auskehr des Erlöses einer Verwertung. [2] § 12 Absatz 3 Satz 2 gilt entsprechend.

§ 26c Versicherung. (1) [1] Das Flugzeug muss während der gesamten Dauer der Beleihung zumindest in Höhe von 110 Prozent der jeweiligen ausstehenden Darlehensforderungen zuzüglich eventueller vor- oder gleichrangiger Registerpfandrechte Dritter entsprechend den Geschäftsbedingungen der Pfandbriefbank versichert sein. [2] Der Versicherer muss sich verpflichtet haben, der Pfandbriefbank gegenüber Einwendungen in Bezug auf leistungsbefreiendes Verhalten des Versicherungsnehmers oder des Versicherten nach § 36 Satz 1 des Gesetzes über Rechte an Luftfahrzeugen oder bei Beleihung von im Ausland registrierten Flugzeugen die entsprechenden Einwendungen nicht zu erheben.

(2) Die Pfandbriefbank hat die Beleihung dem Versicherer unverzüglich anzuzeigen.

(3) [1] Soweit der Versicherer auf Grund der nach Absatz 1 übernommenen Verpflichtung die Pfandbriefbank befriedigt, geht das Registerpfandrecht auf ihn über. [2] Der Übergang kann nicht zum Nachteil der Pfandbriefbank oder eines gleich- oder nachstehenden Registerpfandrechtsgläubigers, demgegenüber die Verpflichtung des Versicherers zur Leistung bestehen geblieben ist, geltend gemacht werden.

(4) Erstreckt sich das Registerpfandrecht nicht kraft Gesetzes auf die Versicherungsforderung, ist die Beleihung nur zulässig, wenn die Pfandbriefbank durch Vertrag eine entsprechende Sicherheit erhält.

§ 26d Beleihungswertermittlung. (1) Die als Grundlage für die Festsetzung des Flugzeugbeleihungswertes dienende Wertermittlung ist von einem von der Kreditentscheidung unabhängigen Gutachter vorzunehmen, der über die hierzu notwendige Berufserfahrung sowie über die notwendigen Fachkenntnisse für Flugzeugbeleihungswertermittlungen verfügen muss.

(2) [1] Der Flugzeugbeleihungswert darf den Wert nicht überschreiten, der sich im Rahmen einer vorsichtigen Bewertung der zukünftigen Verkäuflichkeit des Flugzeugs und unter Berücksichtigung der langfristigen, nachhaltigen Merkma-

le des Objekts, der Marktgegebenheiten sowie der derzeitigen und möglichen anderweitigen Nutzungen ergibt. [2] Spekulative Elemente dürfen dabei nicht berücksichtigt werden. [3] Der Flugzeugbeleihungswert darf einen auf transparente Weise und nach einem anerkannten Bewertungsverfahren ermittelten Marktwert nicht übersteigen. [4] § 16 Abs. 2 Satz 4 gilt entsprechend.

(3) [1] Das Bundesministerium der Finanzen wird ermächtigt, im Einvernehmen mit dem Bundesministerium der Justiz und für Verbraucherschutz durch Rechtsverordnung, die nicht der Zustimmung des Bundesrates bedarf, Einzelheiten der Methodik und Form der Flugzeugbeleihungswertermittlung sowie die Mindestanforderungen an die Qualifikation des Gutachters zu bestimmen. [2] Vor Erlass der Rechtsverordnung sind die Spitzenverbände der Kreditwirtschaft anzuhören. [3] Das Bundesministerium der Finanzen kann diese Ermächtigung durch Rechtsverordnung auf die Bundesanstalt für Finanzdienstleistungsaufsicht übertragen.

§ 26e Abzahlungsbeginn. Der Beginn der Abzahlung darf für einen Zeitraum, der die Dauer von zwei Jahren nicht übersteigt, hinausgeschoben werden; mit Genehmigung der Bundesanstalt kann dieser Zeitraum für einzelne Darlehensforderungen aus besonderen Gründen bis zu fünf Jahren verlängert werden.

§ 26f Weitere Deckungswerte. (1) *[ab 8.7.2022: 1]* Die in § 26a Satz 1 vorgeschriebene Deckung kann auch erfolgen

1. durch Schuldversprechen oder Schuldanerkenntnisse im Sinne der §§ 780 und 781 des Bürgerlichen Gesetzbuchs, die durch Registerpfandrechte gesichert sind, sofern ihnen Darlehensforderungen zugrunde liegen, die den in den §§ 26b bis 26d bezeichneten Erfordernissen entsprechen; soweit die Darlehensforderungen den vorgenannten Erfordernissen nur teilweise entsprechen, können sie nur in diesem Umfang zur Deckung verwendet werden; § 26 Satz 2 gilt entsprechend;

[Nr. 2 bis 7.7.2022:]

2. durch Werte der in § 19 Abs. 1 Nr. 1 bezeichneten Art;

[Nr. 3 bis 7.7.2022:]

3. bis zu 10 Prozent des Gesamtbetrages der im Umlauf befindlichen Flugzeugpfandbriefe durch Werte der in § 4 Absatz 1 Satz 3 Nummer 1 und 2 bezeichneten Art, durch Geldforderungen gegen die Europäische Zentralbank, gegen Zentralbanken der Mitgliedstaaten der Europäischen Union oder gegen Kreditinstitute im Sinne des § 4 Abs. 1 Satz 2 Nr. 3, sofern die Höhe der Forderungen der Pfandbriefbank bereits beim Erwerb bekannt ist, sowie durch das jeweilige Guthaben aus einer Kontoverbindung mit den vorgenannten Stellen; der Anteil an Geldforderungen gegen ein und dasselbe Kreditinstitut darf nicht höher als 2 Prozent des Gesamtbetrages der in Halbsatz 1 genannten Flugzeugpfandbriefe sein; § 4 Absatz 1 Satz 5 bis 9 gilt entsprechend;

[Nr. 4 bis 7.7.2022:]

4. bis zu insgesamt 20 Prozent des Gesamtbetrages der im Umlauf befindlichen Flugzeugpfandbriefe durch Werte der in § 20 Abs. 1 bezeichneten Art, sofern es sich um Schuldverschreibungen handelt; die in Nummer 3 genannten Deckungswerte sind anzurechnen;

[Nr. 2 ab 8.7.2022:]

2. durch die in § 19 Absatz 1 Satz 1 Nummer 1 genannten Deckungswerte unter den dort genannten Voraussetzungen und Begrenzungen mit der Maßgabe, dass an die Stelle des Gesamtbetrages der im Umlauf befindlichen Hypothekenpfandbriefe der Gesamtbetrag der im Umlauf befindlichen Flugzeugpfandbriefe tritt;

[Nr. 3 ab 8.7.2022:]

3. durch die in § 19 Absatz 1 Satz 1 Nummer 2 genannten Deckungswerte unter den dort genannten Voraussetzungen und Begrenzungen mit der Maßgabe, dass an die Stelle des Gesamtbetrages der im Umlauf befindlichen Hypothekenpfandbriefe der Gesamtbetrag der im Umlauf befindlichen Flugzeugpfandbriefe tritt;

[Nr. 4 ab 8.7.2022:]

4. durch die in § 19 Absatz 1 Satz 1 Nummer 3 genannten Deckungswerte unter den dort genannten Voraussetzungen und Begrenzungen mit der Maßgabe, dass an die Stelle des Gesamtbetrages der im Umlauf befindlichen Hypothekenpfandbriefe der Gesamtbetrag der im Umlauf befindlichen Flugzeugpfandbriefe tritt;

5. durch die in ***[bis 7.7.2022:*** § 19 Abs. 1 Nr. 4 genannten Werte***][ab 8.7.2022:*** *§ 19 Absatz 1 Satz 1 Nummer 4 genannten Deckungswerte]* unter den dort genannten Voraussetzungen und Begrenzungen mit der Maßgabe, dass an die Stelle des Gesamtbetrages der im Umlauf befindlichen Hypothekenpfandbriefe der Gesamtbetrag der im Umlauf befindlichen Flugzeugpfandbriefe tritt.

[Satz 2 ab 8.7.2022:] *2 Bei der Deckung gemäß Satz 1 Nummer 3 sind die in Satz 1 Nummer 2 genannten Deckungswerte anzurechnen.* ***[Satz 3 ab 8.7.2022:]*** *3 Bei der Deckung gemäß Satz 1 Nummer 4 sind die in Satz 1 Nummer 2 und 3 genannten Deckungswerte anzurechnen.* ***[Satz 4 ab 8.7.2022:]*** *4 Bei der Deckung gemäß Satz 1 Nummer 5 sind die in Satz 1 Nummer 2 bis 4 genannten Deckungswerte anzurechnen.* ***[Satz 5 ab 8.7.2022:]*** *5 § 19 Absatz 1 Satz 5 gilt mit der Maßgabe, dass an die Stelle des Gesamtbetrages der im Umlauf befindlichen Hypothekenpfandbriefe der Gesamtbetrag der im Umlauf befindlichen Flugzeugpfandbriefe tritt.* ***[Satz 6 ab 8.7.2022:]*** *6 § 19 Absatz 1 Satz 6 und § 20 Absatz 3 gelten entsprechend.*

(2) Im Falle des § 2 Abs. 3 kann die Bundesanstalt Ausnahmen von den Begrenzungen des ***[bis 7.7.2022:*** Absatzes 1 Nr. 3 und 4***][ab 8.7.2022:*** *Absatzes 1 Satz 1 Nummer 3 bis 5 mit Ausnahme von Ansprüchen auf den bei vorzeitiger Beendigung des Rahmenvertrags einheitlich an die Pfandbriefbank zu zahlenden Betrag eines Derivategeschäfts]* zulassen.

Abschnitt 4. Allgemeine Vorschriften für das Pfandbriefgeschäft

§ 27 Risikomanagement. (1) 1 Die Pfandbriefbank muss für das Pfandbriefgeschäft über ein geeignetes Risikomanagementsystem verfügen. 2 Das System hat die Identifizierung, Beurteilung, Steuerung und Überwachung sämtlicher damit verbundener Risiken, wie insbesondere Adressenausfallrisiken, Zinsänderungs-, Währungs- sowie sonstiger Marktpreisrisiken, operationeller Risiken und Liquiditätsrisiken sicherzustellen. 3 Darüber hinaus muss

1. die Konzentration von Risiken anhand eines Limitsystems begrenzt werden,
2. ein Verfahren vorgehalten werden, das bei starker Erhöhung des Risikos die Risikorückführung sicherstellt; das Verfahren muss die frühzeitige Information der Entscheidungsträger beinhalten,

3. das Risikomanagementsystem kurzfristig an sich ändernde Bedingungen angepasst sowie zumindest jährlich einer Überprüfung unterzogen werden,
4. ein gemäß dieser Vorschrift erstellter Risikoreport dem Vorstand in angemessenen Zeitabständen, mindestens vierteljährlich, vorgelegt werden.

[4] Das Risikomanagementsystem ist ausführlich und nachvollziehbar zu dokumentieren.

(2) [1] Vor Aufnahme von Geschäften in neuen Produkten, Geschäftsarten oder auf neuen Märkten hat die Pfandbriefbank eine umfassende Analyse der damit einhergehenden Risiken und der daraus resultierenden Erfordernisse an das Risikomanagementsystem vorzunehmen und zu dokumentieren. [2] Die Pfandbriefbank darf die Werte erst nach Erwerb eines gefestigten Erfahrungswissens hinsichtlich dieser neuen Geschäfte in Deckung nehmen, bei Geschäften auf neuen Märkten im Bereich des Hypothekarkredites nicht jedoch vor Ablauf von zwei Jahren nach deren Aufnahme. [3] Das Vorhandensein eines gefestigten Erfahrungswissens ist ausführlich in Textform zu dokumentieren. ***[Satz 4 ab 8.7.2022:]*** *[4] Die Pfandbriefbank darf nur solche von Dritten begründeten Forderungen in das Deckungsregister eintragen, bei denen sie sich nachträglich selbst von der Kreditwürdigkeit des Forderungsschuldners oder, sofern es sich um Darlehensforderungen handelt, von der Einhaltung der für das Kreditgeschäft geltenden kreditwesenrechtlichen Anforderungen bei der Begründung dieser Darlehensforderungen überzeugt hat.*

§ 27a Pfandbriefmeldungen; Verordnungsermächtigung. (1) [1] Die Pfandbriefbank hat der Bundesanstalt innerhalb von zwei Wochen nach Quartalsende auf das Quartalsende bezogen zu jeder Gattung im Umlauf befindlicher Pfandbriefe Meldungen zu den Deckungsmassen, insbesondere zu deren Werthaltigkeit, einzureichen. [2] Die Bundesanstalt kann den Berichtszeitraum für einzelne Pfandbriefbanken oder im Wege der Allgemeinverfügung für einzelne Pfandbriefgattungen auf einen Monat verkürzen, sofern dies die Deckungssituation oder die Marktverhältnisse angemessen erscheinen lassen.

(2) [1] Das Bundesministerium der Finanzen kann durch Rechtsverordnung, die nicht der Zustimmung des Bundesrates bedarf, nähere Bestimmungen über Inhalt und Umfang und über die zu verwendenden Datenträger, Übertragungswege und Datenformate der Pfandbriefmeldungen erlassen. [2] Vor Erlass der Rechtsverordnung sind die Spitzenverbände der Kreditwirtschaft anzuhören. [3] Das Bundesministerium der Finanzen kann diese Ermächtigung durch Rechtsverordnung auf die Bundesanstalt übertragen.

§ 28 Transparenzvorschriften. (1) ***[Satz 1 bis 7.7.2022:]*** [1] Die Pfandbriefbank hat quartalsweise folgende, jeweils auf das Quartalsende bezogene Angaben zu veröffentlichen:

1. den jeweiligen Gesamtbetrag der im Umlauf befindlichen Hypothekenpfandbriefe, Öffentlichen Pfandbriefe, Schiffspfandbriefe und Flugzeugpfandbriefe sowie der entsprechenden Deckungsmassen in Höhe des Nennwertes, des Barwertes sowie des in der Rechtsverordnung nach § 4 Abs. 6 festgelegten Risikobarwertes,
2. die Laufzeitenstruktur der im Umlauf befindlichen Hypothekenpfandbriefe, Öffentlichen Pfandbriefe, Schiffspfandbriefe und Flugzeugpfandbriefe sowie die Zinsbindungsfristen der entsprechenden Deckungsmassen, jeweils in Stufen von bis zu sechs Monaten, von mehr als sechs Monaten bis zu zwölf Monaten, von mehr als zwölf Monaten bis zu 18 Monaten, von mehr

als 18 Monaten bis zu zwei Jahren, von mehr als zwei Jahren bis zu drei Jahren, von mehr als drei Jahren bis zu vier Jahren, von mehr als vier Jahren bis zu fünf Jahren, von mehr als fünf Jahren bis zu zehn Jahren und über zehn Jahren,

3. den Anteil der Derivategeschäfte an den Deckungsmassen gemäß § 19 Absatz 1 Satz 1 Nummer 4, auch in Verbindung mit § 20 Abs. 2 Nr. 3 und § 26 Abs. 1 Nr. 5 sowie § 26f Abs. 1 Nr. 5, bei einem negativen Gesamtwert der Derivategeschäfte an Stelle des Anteils an den Deckungsmassen den Anteil an den zu deckenden Verbindlichkeiten,
4. jeweils den Gesamtbetrag der in das Deckungsregister eingetragenen Forderungen im Sinne des § 19 Absatz 1 Nummer 1, § 20 Absatz 2 Nummer 1, § 26 Absatz 1 Nummer 2 und § 26f Absatz 1 Nummer 2,
5. jeweils den Gesamtbetrag der in das Deckungsregister eingetragenen Forderungen im Sinne des § 19 Absatz 1 Nummer 2, § 20 Absatz 2 Nummer 2, § 26 Absatz 1 Nummer 3 und § 26f Absatz 1 Nummer 3 jeweils mit Ausnahme der Werte im Sinne des § 4 Absatz 1 Satz 3 Nummer 1 und 2 getrennt nach den Staaten, in denen die Schuldner ihren Sitz haben, und hierzu jeweils zusätzlich den Gesamtbetrag der Forderungen im Sinne des Artikels 129 der Verordnung (EU) Nr. 575/2013[1)],
6. jeweils den Gesamtbetrag der in das Deckungsregister eingetragenen Forderungen im Sinne des § 19 Absatz 1 Nummer 3 zuzüglich der Werte nach § 19 Absatz 1 Nummer 2 in Verbindung mit § 4 Absatz 1 Satz 3 Nummer 1 und 2, § 26 Absatz 1 Nummer 4 zuzüglich der Werte nach § 26 Absatz 1 Nummer 3 in Verbindung mit § 4 Absatz 1 Satz 2 Nummer 1 und 2 sowie § 26f Absatz 1 Nummer 4 zuzüglich der Werte nach § 26f Absatz 1 Nummer 3 in Verbindung mit § 4 Absatz 1 Satz 3 Nummer 1 und 2 getrennt nach den Staaten, in denen die Schuldner oder im Fall einer vollen Gewährleistung die gewährleistenden Stellen ihren Sitz haben,
7. für die in das Deckungsregister eingetragenen Hypotheken nach § 12 Absatz 1 auch den Gesamtbetrag der Forderungen, die die Grenzen des § 13 Absatz 1 überschreiten,
8. für die Nummern 5 und 6 jeweils auch den Gesamtbetrag der Forderungen, die die Begrenzungen des § 19 Absatz 1, des § 20 Absatz 2, des § 26 Absatz 1 und des § 26f Absatz 1 überschreiten,
9. den prozentualen Anteil der festverzinslichen Deckungswerte an der entsprechenden Deckungsmasse sowie den prozentualen Anteil der festverzinslichen Pfandbriefe an den zu deckenden Verbindlichkeiten,
10. je Fremdwährung den Nettobarwert nach § 6 der Pfandbrief-Barwertverordnung und
11. für die zur Deckung nach § 12 Absatz 1 verwendeten Forderungen auch den volumengewichteten Durchschnitt der seit der Kreditvergabe verstrichenen Laufzeit.

[Satz 1 ab 8.7.2022:] *[1] Die Pfandbriefbank hat gesondert für ihre im Umlauf befindlichen Hypothekenpfandbriefe, Öffentlichen Pfandbriefe, Schiffspfandbriefe und Flugzeugpfandbriefe quartalsweise folgende, auf das jeweilige Quartalsende bezogene Angaben auf ihrer Internetseite zu veröffentlichen:*

---

1) Nr. **6**.

1. *den Gesamtbetrag der Pfandbriefe einschließlich der Verbindlichkeiten aus Derivategeschäften im Sinne des § 4 Absatz 3 sowie der entsprechenden Deckungsmassen nach dem Nennwert, dem Barwert sowie dem in einem Stresstest nach § 4 der Pfandbrief-Barwertverordnung ermittelten Barwert (Risikobarwert),*
2. *eine nach Pfandbriefgattungen untergliederte Liste der internationalen Wertpapierkennnummern der Internationalen Organisation für Normung derjenigen Pfandbriefe, die eine solche internationale Wertpapierkennnummer führen,*
3. *jeweils den Betrag, um den die Deckungsmassen nach Nummer 1 den Gesamtbetrag der Pfandbriefe nach Nummer 1 übersteigen, sowie jeweils die Beträge der gesetzlichen, vertraglichen und freiwilligen Überdeckung,*
4. *die Laufzeitenstruktur der im Umlauf befindlichen Hypothekenpfandbriefe, Öffentlichen Pfandbriefe, Schiffspfandbriefe und Flugzeugpfandbriefe sowie die Zinsbindungsfristen der entsprechenden Deckungsmassen, jeweils in folgenden Stufen:*
   a) bis zu sechs Monate,
   b) mehr als sechs Monate bis zu zwölf Monate,
   c) mehr als zwölf Monate bis zu 18 Monate,
   d) mehr als 18 Monate bis zu zwei Jahre,
   e) mehr als zwei Jahre bis zu drei Jahre,
   f) mehr als drei Jahre bis zu vier Jahre,
   g) mehr als vier Jahre bis zu fünf Jahre,
   h) mehr als fünf Jahre bis zu zehn Jahre und
   i) über zehn Jahre,
5. *die Voraussetzungen für die Verschiebung der Fälligkeit der Pfandbriefe nach § 30 Absatz 2a, die diesbezüglichen Befugnisse des Sachwalters sowie die Auswirkungen einer derartigen Fälligkeitsverschiebung auf die Laufzeitenstruktur der Pfandbriefe nach Nummer 4,*
6. *jeweils den Absolutbetrag der von null verschiedenen größten sich ergebenden negativen Summe in den nächsten 180 Tagen im Sinne des § 4 Absatz 1a Satz 3 für die Pfandbriefe und die Angabe, für den wievielten der nächsten 180 Tage sich diese größte negative Summe ergibt, sowie den Gesamtbetrag der Deckungswerte, soweit er höchstens nach § 4 Absatz 1a Satz 3 in Ansatz gebracht werden dürfte,*
7. *den Anteil der Derivategeschäfte an den Deckungsmassen gemäß § 19 Absatz 1 Satz 1 Nummer 1, auch in Verbindung mit § 20 Absatz 2 Satz 1 Nummer 1, mit § 26 Absatz 1 Satz 1 Nummer 2 und mit § 26f Absatz 1 Satz 1 Nummer 2, gemäß § 19 Absatz 1 Satz 1 Nummer 2 Buchstabe c, auch in Verbindung mit § 20 Absatz 2 Satz 1 Nummer 2, mit § 26 Absatz 1 Satz 1 Nummer 3 und mit § 26f Absatz 1 Satz 1 Nummer 3, gemäß § 19 Absatz 1 Satz 1 Nummer 3 Buchstabe d, auch in Verbindung mit § 26 Absatz 1 Satz 1 Nummer 4 und mit § 26f Absatz 1 Satz 1 Nummer 4, sowie gemäß § 20 Absatz 2 Satz 1 Nummer 3 Buchstabe c, bei einem negativen Gesamtwert der Derivategeschäfte an Stelle des Anteils an den Deckungsmassen den Anteil an den zu deckenden Verbindlichkeiten,*
8. *jeweils den Gesamtbetrag der in das Deckungsregister eingetragenen Forderungen gemäß § 19 Absatz 1 Satz 1 Nummer 2 Buchstabe a und b, auch in Verbindung mit § 20 Absatz 2 Satz 1 Nummer 2, mit § 26 Absatz 1 Satz 1 Nummer 3 und mit § 26f Absatz 1 Satz 1 Nummer 3, getrennt nach den Staaten, in denen die Schuldner ihren Sitz haben, und hierzu jeweils zusätzlich den Gesamtbetrag der Forderungen gemäß Artikel 129 der Verordnung (EU) Nr. 575/2013,*

9. jeweils den Gesamtbetrag der in das Deckungsregister eingetragenen Forderungen gemäß § 19 Absatz 1 Satz 1 Nummer 3 Buchstabe a bis c, auch in Verbindung mit § 26 Absatz 2 Satz 1 Nummer 4 und mit § 26f Absatz 1 Satz 1 Nummer 4, und gemäß § 20 Absatz 2 Satz 1 Nummer 3 Buchstabe a bis c und gemäß § 20 Absatz 2 Satz 1 Nummer 4, getrennt nach den Staaten, in denen die Schuldner oder im Falle einer Gewährleistung die gewährleistenden Stellen ihren Sitz haben, und hierzu jeweils zusätzlich den Gesamtbetrag der Forderungen gemäß Artikel 129 der Verordnung (EU) Nr. 575/2013,

10. jeweils den Gesamtbetrag der in das Deckungsregister eingetragenen Forderungen gemäß § 19 Absatz 1 Satz 1 Nummer 4, auch in Verbindung mit § 26 Absatz 1 Satz 1 Nummer 5 und mit § 26f Absatz 1 Satz 1 Nummer 5, getrennt nach den Staaten, in denen die Schuldner oder im Falle einer Gewährleistung die gewährleistenden Stellen ihren Sitz haben,

11. für die in das Deckungsregister eingetragenen Hypotheken nach § 12 Absatz 1, Forderungen nach § 20 Absatz 1, Schiffshypotheken nach § 21 und Registerpfandrechte oder ausländische Flugzeughypotheken nach § 26a und die Werte nach § 19 Absatz 1, § 20 Absatz 2, § 26 Absatz 1 und § 26f Absatz 1 jeweils den Gesamtbetrag der Forderungen, die die Grenzen überschreiten, die in § 13 Absatz 1 Satz 2 zweiter Halbsatz, auch in Verbindung mit § 19 Absatz 1 Satz 6, in § 20 Absatz 3, in § 22 Absatz 5 Satz 2, auch in Verbindung mit § 26 Absatz 1 Satz 5, oder in § 26b Absatz 4 Satz 2, auch in Verbindung mit § 26f Absatz 1 Satz 5, festgelegt sind,

12. für die Nummern 8 bis 10 jeweils auch den Gesamtbetrag der Forderungen, die die Begrenzungen des § 19 Absatz 1, des § 20 Absatz 2, des § 26 Absatz 1 und des § 26f Absatz 1 überschreiten, getrennt nach den Staaten, in denen die Schuldner oder im Falle einer Gewährleistung die gewährleistenden Stellen ihren Sitz haben,

13. den prozentualen Anteil der festverzinslichen Deckungswerte an der entsprechenden Deckungsmasse sowie den prozentualen Anteil der festverzinslichen Pfandbriefe an den zu deckenden Verbindlichkeiten,

14. für jede Fremdwährung den Nettobarwert nach § 6 der Pfandbrief-Barwertverordnung,

15. den Anteil derjenigen Deckungswerte am Gesamtbetrag der Deckungsmasse, einschließlich der nach Absatz 2 Satz 1 Nummer 2, nach Absatz 3 Nummer 3 oder nach Absatz 4 Satz 1 Nummer 2 berücksichtigten Forderungen, für die oder für deren Schuldner ein Ausfall gemäß Artikel 178 Absatz 1 der Verordnung (EU) Nr. 575/2013 mit der Maßgabe als eingetreten gilt, dass ein Ausfall nach Artikel 178 Absatz 1 Unterabsatz 1 Buchstabe b der Verordnung (EU) Nr. 575/2013 stets nach 90 Tagen als eingetreten gilt.

[Satz 2 bis 7.7.2022:] [2] Die Angaben sind in den Anhang des Jahresabschlusses aufzunehmen und für die Dauer von zwei Jahren auf der Internetseite der Pfandbriefbank zu veröffentlichen. ***[Satz 3 bis 7.7.2022:]*** [3] Die Veröffentlichung der Angaben auf der Internetseite hat für die ersten drei Quartale eines Geschäftsjahres jeweils innerhalb eines Monats nach Quartalsende zu erfolgen; für das vierte Quartal eines Geschäftsjahres hat die Veröffentlichung der Angaben innerhalb von zwei Monaten nach Quartalsende zu erfolgen. ***[Satz 2 ab 8.7.2022:]*** *[2] Die Veröffentlichung der Angaben hat für die ersten drei Quartale eines Geschäftsjahres jeweils innerhalb eines Monats nach Quartalsende zu erfolgen.* ***[Satz 3 ab 8.7.2022:]*** *[3] Für das vierte Quartal eines Geschäftsjahres hat die Veröffentlichung der Angaben innerhalb von zwei Monaten nach Quartalsende zu erfolgen.* ***[Satz 4 ab***

8.7.2022:] *[4] Die Veröffentlichung der Angaben hat jeweils für die Dauer von zwei Jahren zu erfolgen.* ***[Satz 5 ab 8.7.2022:]*** *[5] Ferner sind die Angaben in den Anhang des Jahresabschlusses aufzunehmen.*

(2) [1] Für den Gesamtbetrag der zur Deckung von Hypothekenpfandbriefen verwendeten Forderungen nach § 12 Absatz 1 sind zusätzlich anzugeben:

1. die Verteilung mit den nennwertig als Deckung in Ansatz gebrachten Beträgen
   a) nach ihrer Höhe in Stufen bis zu 300 000 Euro, von mehr als 300 000 Euro bis zu 1 Million Euro, von mehr als 1 Million Euro bis zu 10 Millionen Euro und von mehr als 10 Millionen Euro,
   b) nach den Staaten, in denen die Grundstückssicherheiten liegen, dabei jeweils
   c) nach gewerblich und wohnwirtschaftlich genutzten Grundstücken, sowie nach Eigentumswohnungen, Ein- und Zweifamilienhäusern, Mehrfamilienhäusern, Bürogebäuden, Handelsgebäuden, Industriegebäuden, sonstigen gewerblich genutzten Gebäuden, unfertigen und noch nicht ertragsfähigen Neubauten sowie Bauplätzen,
2. der Gesamtbetrag der mindestens 90 Tage rückständigen Leistungen auf diese Forderungen sowie der Gesamtbetrag dieser Forderungen, soweit der jeweilige Rückstand mindestens 5 Prozent der Forderung beträgt, und deren Verteilung nach Staaten entsprechend Nummer 1 Buchstabe b,
3. der durchschnittliche, anhand des Betrags der zur Deckung verwendeten Forderungen gewichtete Beleihungsauslauf; werden mehrere auf einem Grundstück lastende Hypotheken zur Deckung genutzt, so ist hiervon nur diejenige mit dem höchsten Beleihungsauslauf zugrunde zu legen; Beleihungsauslauf im Sinne dieses Gesetzes ist das prozentuale Verhältnis der nach § 14 zur Deckung genutzten Hypothek zuzüglich der ihr vorrangigen und gleichrangigen Belastungen zum Beleihungswert,***[bis 7.7.2022:*** sowie***]***

[Nr. 4 ab 8.7.2022:]

4. *der anhand des Restbetrages der Darlehensforderung gewichtete Durchschnitt der seit der Kreditvergabe verstrichenen Laufzeit sowie*
4. ***[ab 8.7.2022: 5.]*** ausschließlich im Anhang des Jahresabschlusses
   a) die Zahl der Zwangsversteigerungs- und Zwangsverwaltungsverfahren, die am Abschlussstichtag anhängig waren, sowie die Zahl der im Geschäftsjahr durchgeführten Zwangsversteigerungen,
   b) die Zahl der Fälle, in denen die Pfandbriefbank während des Geschäftsjahres Grundstücke zur Verhütung von Verlusten an Hypotheken hat übernehmen müssen,
   c) der Gesamtbetrag der Rückstände auf die von Hypothekenschuldnern zu entrichtenden Zinsen, soweit diese nicht bereits in den vorhergehenden Jahren abgeschrieben worden sind.

[2] Die in Satz 1 ***[bis 7.7.2022:*** Nummer 4 Buchstabe a bis c***][ab 8.7.2022:*** *Nummer 5****]*** bezeichneten Angaben sind getrennt nach gewerblich genutzten und Wohnzwecken dienenden Grundstücken aufzuführen.

(3) Für den Gesamtbetrag der zur Deckung von Öffentlichen Pfandbriefen verwendeten Forderungen nach § 20 Absatz 1 sind zusätzlich anzugeben:

1. die Verteilung mit den nennwertig als Deckung in Ansatz gebrachten Beträgen nach ihrer Höhe in Stufen bis zu 10 Millionen Euro, von mehr als 10

Millionen Euro bis zu 100 Millionen Euro und von mehr als 100 Millionen Euro, jeweils bezogen auf einen Schuldner oder eine gewährleistende Stelle;
2. verteilt auf die einzelnen Staaten, in denen die Schuldner und im Falle einer Gewährleistung die gewährleistenden Stellen ihren Sitz haben, die nennwertig als Deckung in Ansatz gebrachten Beträge, der Art nach zusätzlich danach aufgeschlüsselt, ob sich die Forderung gegen den Staat, regionale Gebietskörperschaften, örtliche Gebietskörperschaften oder sonstige Schuldner richtet oder von diesen jeweils gewährleistet ist sowie danach, ob eine Gewährleistung aus Gründen der Exportförderung gewährt wurde;
3. der Gesamtbetrag der mindestens 90 Tage rückständigen Leistungen auf diese Forderungen sowie der Gesamtbetrag dieser Forderungen, soweit der jeweilige Rückstand mindestens 5 Prozent der Forderung beträgt, und deren regionale Verteilung gemäß Nummer 2.

(4) [1] Für den Gesamtbetrag der zur Deckung von Schiffspfandbriefen und Flugzeugpfandbriefen verwendeten Forderungen sind zusätzlich anzugeben:
1. die Verteilung mit den nennwertig als Deckung in Ansatz gebrachten Beträgen
   a) nach ihrer Höhe in Stufen bis zu 500 000 Euro, von mehr als 500 000 Euro bis zu 5 Millionen Euro und von mehr als 5 Millionen Euro,
   b) nach den Staaten, in denen die beliehenen Schiffe und Schiffsbauwerke registriert sind, jeweils getrennt nach Seeschiffen und Binnenschiffen, und
   c) nach den Staaten, in denen die beliehenen Flugzeuge registriert sind,
2. der Gesamtbetrag der mindestens 90 Tage rückständigen Leistungen auf diese Forderungen sowie der Gesamtbetrag dieser Forderungen, soweit der jeweilige Rückstand mindestens 5 Prozent der Forderung beträgt, sowie
3. ausschließlich im Anhang des Jahresabschlusses
   a) die Zahl der Verfahren zur Zwangsversteigerung von Schiffen, Schiffsbauwerken und Flugzeugen, die am Abschlussstichtag anhängig waren, sowie die Zahl der im Geschäftsjahr durchgeführten Zwangsversteigerungen,
   b) die Zahl der Fälle, in denen die Bank während des Geschäftsjahres Schiffe, Schiffsbauwerke oder Flugzeuge zur Verhütung von Verlusten an Schiffshypotheken, Registerpfandrechten oder ausländischen Flugzeughypotheken hat übernehmen müssen,
   c) der Gesamtbetrag der Rückstände auf die von Darlehensschuldnern zu entrichtenden Zinsen, soweit diese nicht bereits in den vorhergehenden Jahren abgeschrieben worden sind.

[2] Die in Satz 1 Nummer 3 Buchstabe a bis c bezeichneten Angaben sind getrennt nach Seeschiffen und Binnenschiffen vorzunehmen.

(5) Für sämtliche Angaben nach den Absätzen 1 bis 4 ist jeweils auch der entsprechende Wert des Vorjahres anzugeben.

Abschnitt 5. Schutz vor Zwangsvollstreckung; Trennungsprinzip bei Insolvenz der Pfandbriefbank

§ 29 Schutz vor Zwangsvollstreckung, Arresten und Aufrechnung.

[1] Arreste und Zwangsvollstreckungen in alle in ein Deckungsregister eingetragenen Werte einschließlich der Werte im Sinne des § 30 Abs. 3 finden nur

wegen der Ansprüche aus den jeweiligen Pfandbriefen und der Ansprüche aus den in das entsprechende Deckungsregister eingetragenen Derivategeschäften statt. [2] § 394 des Bürgerlichen Gesetzbuchs ist entsprechend anzuwenden.

§ 30 Trennungsprinzip bei Insolvenz der Pfandbriefbank; Fälligkeitsverschiebung. (1) [1] Die in die Deckungsregister eingetragenen Werte einschließlich der Werte im Sinne des Absatzes 3 sowie die bei der Deutschen Bundesbank unterhaltene Mindestreserve, soweit sie auf Pfandbriefe entfällt, bilden vom allgemeinen Vermögen der Pfandbriefbank getrennte Vermögensmassen, die nicht in die Insolvenzmasse fallen, wenn über das Vermögen der Pfandbriefbank das Insolvenzverfahren eröffnet wird (insolvenzfreie Vermögen). [2] Die Forderungen der Pfandbriefgläubiger werden von der Eröffnung des Insolvenzverfahrens über das Vermögen der Pfandbriefbank nicht berührt; das Recht der Pfandbriefgläubiger nach Absatz 6 Satz 4 bleibt gewahrt. [3] Diese in den Sätzen 1 und 2 genannten Teile der Pfandbriefbank bestehen außerhalb des Insolvenzverfahrens für jede Pfandbriefgattung als Pfandbriefbank mit beschränkter Geschäftstätigkeit fort. [4] Zweck der jeweiligen Pfandbriefbank mit beschränkter Geschäftstätigkeit ist die vollständige vertragsgemäße Erfüllung der Pfandbriefverbindlichkeiten und die hierzu notwendige ordnungsgemäße Verwaltung des insolvenzfreien Vermögens. [5] Die Geschäftsführung der jeweiligen Pfandbriefbank mit beschränkter Geschäftstätigkeit steht dem nach § 31 Absatz 1 und 2 ernannten Sachwalter zu. [6] Die jeweilige Pfandbriefbank mit beschränkter Geschäftstätigkeit haftet für die Pfandbriefverbindlichkeiten sowie für die Ansprüche nach Absatz 3 Satz 3 und 4 und den Absätzen 4 und 7 sowie für die aus Geschäften des Sachwalters entstehenden Verbindlichkeiten mit dem zugehörigen insolvenzfreien Vermögen.

(2) [1] Im Fall des Absatzes 1 ist ein Sachwalter zu ernennen; für das Verfahren gilt § 31 Absatz 1 und 2. [2] Mit der Ernennung geht das Recht, alle eingetragenen Werte einschließlich der Werte im Sinne des Absatzes 3 zu verwalten und über sie zu verfügen, auf den Sachwalter über. [3] Hat die Pfandbriefbank nach der Ernennung des Sachwalters über einen im Deckungsregister eingetragenen Wert verfügt, so ist diese Verfügung unwirksam; die §§ 892 und 893 des Bürgerlichen Gesetzbuchs und die §§ 16 und 17 des Gesetzes über Rechte an eingetragenen Schiffen und Schiffsbauwerken sowie die §§ 16 und 17 des Gesetzes über Rechte an Luftfahrzeugen bleiben unberührt. [4] Hat die Pfandbriefbank am Tag der Ernennung des Sachwalters verfügt, so wird vermutet, dass sie nach der Bestellung verfügt hat. [5] Der Sachwalter darf mit Wirkung für die jeweilige Pfandbriefbank mit beschränkter Geschäftstätigkeit nach Absatz 1 Rechtsgeschäfte tätigen, soweit dies für die ordnungsgemäße Verwaltung der Deckungsmassen im Interesse der vollständigen vertragsgemäßen Erfüllung der Pfandbriefverbindlichkeiten erforderlich ist. [6] Insbesondere darf er liquide Mittel zur zeitgerechten Bedienung ausstehender Pfandbriefe beschaffen oder die Fälligkeit von Zinszahlungen und Tilgungszahlungen unter den Voraussetzungen der Absätze 2a und 2b hinausschieben. [7] Für diesen Geschäftskreis vertritt er die Pfandbriefbank gerichtlich und außergerichtlich. [8] Der Sachwalter ist unter den in Satz 5 genannten Voraussetzungen auch berechtigt, sonstige Handlungen im Hinblick auf die Verwaltung der Deckungsmassen vorzunehmen, insbesondere ein neues Refinanzierungsregister im Sinne der §§ 22a bis 22o

des Kreditwesengesetzes[1)] einzurichten und ein bestehendes Refinanzierungsregister der Pfandbriefbank zu nutzen. [9] Die Begrenzungen gemäß § 19 Absatz 1, § 20 Absatz 2, § 26 Absatz 1 und § 26f Absatz 1 gelten nicht.

(2a) [1] Der Sachwalter kann die Fälligkeiten der Tilgungszahlungen unter den Voraussetzungen des Absatzes 2b verschieben. [2] Die Verschiebungsdauer bestimmt der Sachwalter entsprechend der Erforderlichkeit nach Absatz 2b. [3] Insgesamt darf die Verschiebungsdauer einen Zeitraum von zwölf Monaten nicht überschreiten. [4] Weiterhin kann der Sachwalter die Fälligkeiten der Zinszahlungen, die innerhalb eines Monats nach seiner Ernennung fällig werden, auf das Ende dieses Monatszeitraums verschieben. [5] Der Sachwalter darf von seiner Befugnis für sämtliche Pfandbriefe einer Emission nur einheitlich, jedoch vollständig oder anteilig, Gebrauch machen. [6] Macht der Sachwalter von der Möglichkeit der Fälligkeitsverschiebung für eine Pfandbriefemission Gebrauch, muss er auch die Fälligkeiten der innerhalb dieses Verschiebungszeitraums fällig werdenden Zahlungen anderer Pfandbriefverbindlichkeiten in mindestens dem Verhältnis verschieben, in dem die ursprünglich früher fällige Pfandbriefemission zu diesem Zeitpunkt noch nicht erfüllt ist. [7] Pfandbriefverbindlichkeiten, deren Fälligkeit ohne die Verschiebung eingetreten wäre, bleiben auch während der Dauer ihrer Verschiebung mit der Maßgabe erfüllbar, dass die Verbindlichkeiten einer Emission nur einheitlich, aber vollständig oder anteilig, und höchstens in dem Verhältnis getilgt werden dürfen, in dem ursprünglich früher fällige, aber noch nicht vollständig zurückgezahlte Pfandbriefemissionen zu diesem Zeitpunkt erfüllt sind. [8] Vorbehaltlich abweichender Vereinbarungen sind hinausgeschobene Beträge für die Dauer der Fälligkeitsverschiebung nach den bis zur Verschiebung geltenden Bedingungen zu verzinsen. [9] Hinausgeschobene Zinszahlungen gelten hierbei als Kapitalbeträge. [10] Absatz 6 Satz 1 und 2 bleibt unberührt.

(2b) [1] Der Sachwalter darf eine Fälligkeitsverschiebung nur vornehmen, sofern zum Zeitpunkt des Hinausschiebens der Fälligkeit

1. das Hinausschieben der Fälligkeit erforderlich ist, um die Zahlungsunfähigkeit der Pfandbriefbank mit beschränkter Geschäftstätigkeit zu vermeiden,
2. die Pfandbriefbank mit beschränkter Geschäftstätigkeit nicht überschuldet ist und
3. Grund zu der Annahme besteht, dass die Pfandbriefbank mit beschränkter Geschäftstätigkeit jedenfalls nach Ablauf des größtmöglichen Verschiebungszeitraums unter Berücksichtigung weiterer Verschiebungsmöglichkeiten ihre dann fälligen Verbindlichkeiten erfüllen kann.

[2] Für Fälligkeitsverschiebungen, die den Zeitraum von einem Monat nach Ernennung des Sachwalters nicht überschreiten, wird das Vorliegen dieser Voraussetzungen unwiderlegbar vermutet.

(2c) [1] Der Sachwalter hat jedes Hinausschieben der Fälligkeit unverzüglich unter Angabe der betroffenen Pfandbriefemissionen sowie des jeweiligen Verschiebungsumfangs auf der Internetseite der Pfandbriefbank bei den nach § 28 zu der betreffenden Pfandbriefgattung veröffentlichten Angaben, in mindestens einem überregionalen Börsenpflichtblatt sowie im Bundesanzeiger zu veröffentlichen. [2] Satz 1 gilt entsprechend für nach Absatz 2a Satz 7 vorgenommene Tilgungszahlungen.

[1)] Nr. **9**.

(3) [1] Die im Deckungsregister eingetragenen Werte unterliegen auch insoweit der Verwaltungs- und Verfügungsbefugnis des Sachwalters, als sie nach § 5 Abs. 1a nicht zur Deckung der Pfandbriefe der Pfandbriefbank bestimmt sind. [2] Der Sachwalter hat insbesondere Forderungen entsprechend ihrer Fälligkeit einzuziehen und Hypotheken bei Verwertungsreife zu verwerten. [3] Nach Abzug angemessener Verwaltungskosten führt er an die Gläubiger treuhänderisch gehaltener Werte im Sinne des § 5 Abs. 1a Satz 4 und 5 und im Übrigen an die Insolvenzmasse den Anteil ab, der bei getrennten Forderungen oder Einzelhypotheken auf die Anteile unter Berücksichtigung ihres Ranges entfallen würde. [4] Die in Satz 3 genannten Gläubiger und der Insolvenzverwalter können jeweils rangwahrende Teilung von Forderungen oder Hypotheken verlangen; die Kosten tragen die Gläubiger oder, soweit der Insolvenzverwalter Teilung verlangt, die Insolvenzmasse.

(4) [1] Der Insolvenzverwalter kann jederzeit verlangen, dass eingetragene Werte, die nicht treuhänderischer Verwaltung unterliegen und zur Deckung der jeweiligen Pfandbriefgattung einschließlich der barwertigen ***[ab 8.7.2022:** *und nennwertigen]* sichernden Überdeckung offensichtlich nicht notwendig sein werden, vom Sachwalter der Insolvenzmasse zugeführt werden. [2] Nach Befriedigung der Pfandbriefgläubiger und Deckung der Verwaltungskosten verbleibende Werte sind an die Insolvenzmasse herauszugeben. [3] Eine Anfechtung der Handlungen des Sachwalters durch den Insolvenzverwalter der Pfandbriefbank ist ausgeschlossen.

(5) [1] Das nach § 31 Absatz 11 zuständige Gericht kann auf Antrag der Bundesanstalt schon vor der Eröffnung eines Insolvenzverfahrens über das Vermögen der Pfandbriefbank bei Vorliegen der Voraussetzungen des § 46 Absatz 1 des Kreditwesengesetzes einen Sachwalter ernennen. [2] Für die Rechtsstellung dieses Sachwalters gelten die Vorschriften über den nach Absatz 2 Satz 1 ernannten Sachwalter entsprechend.

(6) [1] Die Bundesanstalt kann entsprechend § 46 des Kreditwesengesetzes eigene Maßnahmen in Bezug auf einzelne Deckungsmassen treffen. [2] Im Falle der Zahlungsunfähigkeit oder Überschuldung einer Deckungsmasse findet über das Vermögen der Pfandbriefbank mit beschränkter Geschäftstätigkeit ein gesondertes Insolvenzverfahren statt; der Antrag auf Eröffnung des Insolvenzverfahrens kann nur von der Bundesanstalt gestellt werden. [3] Absatz 4 ist entsprechend anzuwenden. [4] Im Insolvenzverfahren über das übrige Vermögen der Pfandbriefbank können die Pfandbriefgläubiger ihre Forderungen nur in Höhe des Ausfalls geltend machen. [5] Vor vollständiger Abwicklung der Pfandbriefbank mit beschränkter Geschäftstätigkeit hat der Insolvenzverwalter im Insolvenzverfahren über das Vermögen der Pfandbriefbank bei einer Abschlagsverteilung angemessene Beträge als Vorsorge für mögliche Ausfallforderungen nach Satz 4 einzubehalten; eine Schlussverteilung findet erst statt, sobald feststeht, in welcher Höhe Ausfallforderungen im Sinne des Satzes 4 geltend gemacht werden können. [6] Im Übrigen gelten die Vorschriften für absonderungsberechtigte Gläubiger, insbesondere § 52 Satz 1, § 190 Absatz 1 und 2 sowie § 192 der Insolvenzordnung entsprechend. [7] Werte im Sinne des Absatzes 3, die zur Insolvenzmasse der Pfandbriefbank gehören, berechtigen im Insolvenzverfahren über das Vermögen der Pfandbriefbank mit beschränkter Geschäftstätigkeit zur Aussonderung nach § 47 der Insolvenzordnung. [8] Sowohl der Sachwalter als auch der Insolvenzverwalter in dem Insolvenzverfahren über das Vermögen der Pfandbriefbank mit beschränkter Geschäftstätigkeit sind

berechtigt, die in Satz 4 genannten Forderungen der Pfandbriefgläubiger in dem Insolvenzverfahren über das Vermögen der Pfandbriefbank anzumelden. [9]Das Recht der Pfandbriefgläubiger, die Anmeldung abzulehnen oder zurückzunehmen, bleibt unberührt.

(6a) [1]Im Insolvenzverfahren über das Vermögen der Pfandbriefbank mit beschränkter Geschäftstätigkeit soll das Insolvenzgericht auf Antrag der Bundesanstalt die Eigenverwaltung durch den Sachwalter anordnen, es sei denn, es ist nach den Umständen zu erwarten, dass die Anordnung zu Nachteilen für die Gläubiger führen wird. [2]Falls eine solche von der Bundesanstalt beantragte Anordnung dem einstimmigen Beschluss eines vorläufigen Gläubigerausschusses, sofern ein solcher vorhanden ist, widerspricht, entscheidet das Gericht nach pflichtgemäßem Ermessen auf der Grundlage der von der Bundesanstalt, dem Sachwalter und dem vorläufigen Gläubigerausschuss mitgeteilten Tatsachen. [3]Im Verfahren der Eigenverwaltung bleibt der Sachwalter im Sinne des Absatzes 2 (Eigenverwalter) für die schuldnerische Pfandbriefbank mit beschränkter Geschäftstätigkeit geschäftsführungs- und vertretungsbefugt, soweit die Vorschriften der Insolvenzordnung diese Befugnisse nicht beschränken. [4]Die Stellung des Beirats nach § 31 Absatz 6a bleibt unberührt. [5]Vor der Bestellung des Sachwalters im Sinne des § 270f Absatz 2 der Insolvenzordnung und des vorläufigen Sachwalters im Sinne des § 270b Absatz 1 Satz 1 der Insolvenzordnung ist die Bundesanstalt zu hören. [6]Neben den gemäß § 270e Absatz 1 Nummer 4 bis 5 und § 272 Absatz 1 Nummer 3 bis 5 der Insolvenzordnung Antragsberechtigten ist auch die Bundesanstalt berechtigt, die Aufhebung der Anordnung der Eigenverwaltung oder der vorläufigen Eigenverwaltung zu beantragen. [7]§ 270c Absatz 5, die §§ 270d, 270f Absatz 1 und die §§ 276a, 278 Absatz 1 der Insolvenzordnung gelten nicht.

(7) [1]Gläubiger von Ansprüchen aus Derivategeschäften nach § 4 Absatz 3 und Gläubiger von Ansprüchen aus Rechtsgeschäften nach Absatz 2 Satz 5 stehen Pfandbriefgläubigern gleich. [2]Auf die Zahlungsverpflichtungen aus den in Satz 1 genannten Geschäften findet die Befugnis eines Sachwalters nach Absatz 2 Satz 6 in Verbindung mit Absatz 2a keine Anwendung.

§ 31 Ernennung des Sachwalters; Rechte und Pflichten. (1) [1]Zuständig für die Ernennung des Sachwalters ist das gemäß Absatz 11 zuständige Gericht. [2]Die Bundesanstalt schlägt dem Gericht mindestens eine geeignete natürliche Person zur Ernennung vor. [3]Das Gericht darf die Ernennung einer vorgeschlagenen Person nur versagen, wenn die Person zur Übernahme des Amtes nicht geeignet ist; vor einer Versagung ist die Bundesanstalt anzuhören. [4]Vor einer vom Vorschlag der Bundesanstalt abweichenden Ernennung ist die Bundesanstalt ebenfalls zu hören.

(2) [1]Das zuständige Gericht kann auf Vorschlag der Bundesanstalt bis zu drei Sachwalter ernennen. [2]Der Vorschlag der Bundesanstalt muss bei Benennung mehrerer Sachwalter eine Regelung der Geschäftsführungs- und Vertretungsbefugnisse enthalten; Absatz 1 Satz 4 gilt entsprechend. [3]Ein Sachwalter kann gleichzeitig für mehrere Pfandbriefbanken mit beschränkter Geschäftstätigkeit ernannt werden. [4]Die Vorschriften dieses Gesetzes über den Sachwalter gelten für mehrere Sachwalter entsprechend.

(2a) [1]Der Sachwalter steht unter der Aufsicht des für die Ernennung zuständigen Gerichts. [2]Das Gericht kann insbesondere jederzeit einzelne Auskünfte oder einen Bericht über den Sachstand und die Geschäftsführung von ihm verlangen. [3]Es kann den Sachwalter auf Antrag der Bundesanstalt abberufen, wenn ein wichtiger Grund vorliegt. [4]Der Sachwalter tritt gegenüber der Bundesanstalt in die Pflichten ein, die von der Pfandbriefbank nach diesem Gesetz und dem Kreditwesengesetz[1)] im Zusammenhang mit der Verwaltung der Deckungswerte zu erfüllen sind.

(2b) [1]Der Sachwalter erhält eine Urkunde über seine Ernennung, die er bei Beendigung seines Amtes dem Gericht zurückzugeben hat. [2]In der Urkunde ist der Rechtsgrund der Ernennung anzugeben. [3]Das Gericht hat die Ernennung und Abberufung des Sachwalters dem zuständigen Registergericht mitzuteilen und unverzüglich im Bundesanzeiger bekannt zu machen. ***[Satz 4 bis 31.7.2022:]*** [4]Die Ernennung und Abberufung des Sachwalters ist von Amts wegen in das Handelsregister oder im Falle des § 33 Abs. 5 in das Genossenschaftsregister einzutragen. [5] *[ab 1.8.2022: 4]* Die Eintragungen werden nicht bekannt gemacht. [6] *[ab 1.8.2022: 5]* Die Vorschriften des § 15 des Handelsgesetzbuchs sind nicht anzuwenden.

(3) [1]Die Ernennung des Sachwalters ist bei den im Deckungsregister eingetragenen Hypotheken in das Grundbuch einzutragen, wenn nach Art des Rechts und nach den Umständen zu befürchten ist, dass ohne die Eintragung die Pfandbriefgläubiger benachteiligt würden. [2]Die Eintragung ist vom Sachwalter beim Grundbuchamt zu beantragen. [3]Werden Hypotheken, bei denen die Ernennung des Sachwalters eingetragen worden ist, im Deckungsregister gelöscht, so hat der Sachwalter beim Grundbuchamt die Löschung der Eintragung der Sachwalterernennung zu beantragen. [4]Bei im Deckungsregister eingetragenen Rechten an Schiffen tritt an die Stelle des Grundbuches das Schiffsregister, bei im Deckungsregister eingetragenen Rechten an Schiffsbauwerken das Schiffsbauregister, bei im Deckungsregister eingetragenen Registerpfandrechten nach § 1 des Gesetzes über Rechte an Luftfahrzeugen das Register für Pfandrechte an Luftfahrzeugen und an die Stelle des Grundbuchamtes tritt das jeweilige Registergericht.

(4) *(aufgehoben)*

(5) [1]Der Sachwalter hat die Werthaltigkeit der einzelnen Deckungsmassen regelmäßig zu überwachen; § 4 Absatz 4 ist entsprechend anzuwenden. [2]Die Bundesanstalt kann Sonderprüfungen anordnen. [3]Die der Bundesanstalt dadurch entstehenden Kosten sind anteilig aus den in den Registern eingetragenen Werten zu tragen; maßgeblich ist das Verhältnis des Nennwertes der einzelnen Deckungsmasse zum Nennwert aller Deckungsmassen der Pfandbriefbank.

(6) [1]Der Sachwalter hat bei seiner Geschäftsführung die Sorgfalt eines ordentlichen und gewissenhaften Geschäftsführers anzuwenden. [2]Bei einer Pflichtverletzung ist er der Pfandbriefbank mit beschränkter Geschäftstätigkeit zum Schadensersatz verpflichtet. [3]Eine Pflichtverletzung liegt nicht vor, wenn der Sachwalter bei einer unternehmerischen Entscheidung vernünftigerweise annehmen durfte, auf der Grundlage angemessener Information zum Wohle der Pfandbriefgläubiger zu handeln.

(6a) [1]Der Sachwalter kann einen Beirat mit bis zu fünf sachverständigen Mitgliedern berufen. [2]Der Beirat berät den Sachwalter. [3]Er gibt sich eine Geschäftsordnung. [4]Der Sachwalter kann die Mitglieder abberufen und neue

---

[1)] Nr. 9.

Mitglieder berufen. [5] Für die Vergütung und den Ersatz von Auslagen gelten § 17 Absatz 1 und § 18 der Insolvenzrechtlichen Vergütungsverordnung entsprechend. [6] Im Übrigen gilt § 31a entsprechend.

(7) Sachwalter und Insolvenzverwalter haben einander alle Informationen mitzuteilen, die für das Insolvenzverfahren der Pfandbriefbank oder die Verwaltung der Deckungswerte von Bedeutung sein können.

(8) [1] Der Sachwalter ist berechtigt, zur Erfüllung seiner Aufgaben auf die personellen und sachlichen Mittel der Pfandbriefbank zurückzugreifen. [2] Auf Verlangen des Sachwalters hat die Pfandbriefbank alle zur Abwicklung der Deckungsmassen erforderlichen Handlungen und Rechtsgeschäfte vorzunehmen beziehungsweise Handlungen und Rechtsgeschäfte, die die Abwicklung der Deckungsmassen zu verhindern drohen, zu unterlassen. [3] Die dabei tatsächlich anfallenden Kosten hat der Sachwalter der Insolvenzmasse zu erstatten.

(9) [1] Der Sachwalter darf personenbezogene Daten verarbeiten, soweit dies zur Erfüllung seiner Aufgaben erforderlich ist. [2] § 203 des Strafgesetzbuchs steht einer Übertragung von Informationen, die zur Erfüllung seiner Aufgaben erforderlich ist, nicht entgegen.

(10) [1] Die Bundesanstalt kann einen Sonderbeauftragten gemäß § 45c Absatz 1 Satz 1 des Kreditwesengesetzes bestellen mit der ausschließlichen Aufgabe, die Verwaltung der Deckungsmasse als Sachwalter vorzubereiten. [2] Der Sonderbeauftragte darf keine geschäftsführenden oder beratenden Aufgaben wahrnehmen. [3] Im Übrigen gilt § 45c Absatz 1 Satz 3 bis 5, Absatz 6 und 7 des Kreditwesengesetzes entsprechend. [4] Die Bestellung zum Sonderbeauftragten ist kein Grund zur Ablehnung der späteren Ernennung zum Sachwalter durch das zuständige Gericht, es sei denn, der Sonderbeauftragte hat entgegen den Sätzen 1 und 2 geschäftsführende oder beratende Aufgaben wahrgenommen.

(11) [1] Für alle die Ernennung und Stellung des Sachwalters betreffenden gerichtlichen Entscheidungen richtet sich die Zuständigkeit nach den §§ 2 und 3 der Insolvenzordnung. [2] Die Entscheidungen ergehen durch Beschluss. [3] Für das Verfahren gelten die §§ 4, 5 Absatz 1 und 3 und § 6 Absatz 1 Satz 2 und Absatz 2 und 3 der Insolvenzordnung entsprechend. [4] Gegen Entscheidungen des Gerichts steht der Bundesanstalt, dem Sachwalter sowie der Pfandbriefbank die sofortige Beschwerde zu; Halbsatz 1 gilt nicht in den Fällen des § 30 Absatz 6a.

§ 31a Vergütung des Sachwalters. (1) [1] Der Sachwalter hat Anspruch auf Vergütung seiner Tätigkeit und Ersatz angemessener Auslagen. [2] Die Höhe der Vergütung soll den Aufwand des Sachwalters, den wertmäßigen Erfolg der Abwicklung und den Nennwert des Pfandbriefumlaufs berücksichtigen. [3] Die Kosten der Verwaltung durch den Sachwalter einschließlich seiner Vergütung und der Erstattung seiner Auslagen sind aus dem Vermögen der Pfandbriefbank mit beschränkter Geschäftstätigkeit zu tragen.

(2) [1] Das für die Ernennung zuständige Gericht setzt die Vergütung und die Auslagen auf Antrag des Sachwalters fest. [2] Aus der rechtskräftigen Entscheidung findet die Zwangsvollstreckung nach der Zivilprozessordnung statt.

§ 32 Übertragung der Deckungsmassen und -verbindlichkeiten.

(1) Der Sachwalter kann mit schriftlicher Zustimmung der Bundesanstalt alle oder einen Teil der im Deckungsregister eingetragenen Werte einschließlich der Werte im Sinne des § 30 Abs. 3 und der Verbindlichkeiten aus Pfandbriefen

als Gesamtheit nach den folgenden Vorschriften auf eine andere Pfandbriefbank übertragen.

(2) Der Übertragungsvertrag muss mindestens folgende Angaben enthalten:

1. die Firma und den Sitz der übertragenden und der übernehmenden Pfandbriefbank,
2. die Vereinbarung über die Übertragung der im Deckungsregister eingetragenen Werte und der Verbindlichkeiten aus Pfandbriefen als Gesamtheit und gegebenenfalls über eine Gegenleistung,
3. die genaue Bezeichnung der zu übertragenden Werte und Verbindlichkeiten aus Pfandbriefen.

(3) [1] Soweit für die Übertragung von Gegenständen im Falle der Einzelrechtsnachfolge in den allgemeinen Vorschriften eine besondere Art der Bezeichnung bestimmt ist, sind diese Regelungen für die Bezeichnung der zu übertragenden Werte und Verbindlichkeiten aus Pfandbriefen nach Absatz 2 Nr. 3 anzuwenden. [2] § 28 der Grundbuchordnung sowie § 36 der Schiffsregisterordnung und § 87 des Gesetzes über Rechte an Luftfahrzeugen sind zu beachten. [3] Im Übrigen kann auf Urkunden Bezug genommen werden, deren Inhalt eine Zuweisung des einzelnen Gegenstands ermöglicht; die Urkunden sind dem Übertragungsvertrag als Anlagen beizufügen.

(4) Der Übertragungsvertrag muss notariell beurkundet werden.

§ 33 Handelsregistereintragung. (1) [1] Der Sachwalter und das Vertretungsorgan der übernehmenden Pfandbriefbank haben die Übertragung zur Eintragung in das Handelsregister des Sitzes der jeweiligen Pfandbriefbank anzumelden. [2] Der Anmeldung sind der Übertragungsvertrag in Ausfertigung oder öffentlich beglaubigter Abschrift und die Zustimmungsurkunde der Bundesanstalt beizufügen.

(2) [1] Die Übertragung darf in das Handelsregister des Sitzes der übertragenden Pfandbriefbank erst eingetragen werden, nachdem sie im Handelsregister des Sitzes der übernehmenden Pfandbriefbank eingetragen worden ist. [2] Die Eintragung im Handelsregister des Sitzes der übernehmenden Pfandbriefbank ist mit dem Vermerk zu versehen, dass die Übertragung erst mit der Eintragung im Handelsregister des Sitzes der übertragenden Pfandbriefbank wirksam wird.

(3) [1] Das Gericht des Sitzes der übertragenden Pfandbriefbank hat von Amts wegen dem Gericht des Sitzes der übernehmenden Pfandbriefbank den Tag der Eintragung der Übertragung mitzuteilen und einen Auszug aus dem Handelsregister zu übersenden. [2] Nach Eingang der Mitteilung hat das Gericht des Sitzes der übernehmenden Pfandbriefbank von Amts wegen den Tag der Eintragung der Übertragung im Handelsregister zu vermerken.

(4) Das Gericht des Sitzes jeder der an der Übertragung beteiligten Pfandbriefbanken hat jeweils die von ihr vorgenommene Eintragung der Übertragung von Amts wegen im Bundesanzeiger ihrem ganzen Inhalt nach bekannt zu machen.

(5) Sofern die Pfandbriefbank eine eingetragene Genossenschaft im Sinne des § 1 Abs. 1 des Genossenschaftsgesetzes ist, tritt bei Anwendung der Absätze 1 bis 4 an die Stelle des Handelsregisters das Genossenschaftsregister.

§ 34 Übergang von Deckungswerten und -verbindlichkeiten. (1) [1] Bei Eintragung der Übertragung in das Handelsregister des Sitzes der übertragenden Pfandbriefbank gehen die im Übertragungsvertrag bezeichneten Werte und Pfandbriefverbindlichkeiten als Gesamtheit auf die übernehmende Pfandbriefbank über. [2]Durch die Eintragung wird der Mangel der notariellen Beurkundung des Übertragungsvertrags geheilt. [3]§ 33 Abs. 5 gilt entsprechend. [4]Für die übertragenen Pfandbriefverbindlichkeiten haften die übertragende Pfandbriefbank und die übernehmende Pfandbriefbank als Gesamtschuldner. [5]§ 30 Absatz 6 Satz 4 bleibt unberührt.

(2) [1]Im Falle der Gewährung einer Gegenleistung gilt § 30 Absatz 4 Satz 1 und 2 entsprechend. [2]§ 30 Abs. 3 gilt mit der Maßgabe entsprechend, dass an die Stelle des Sachwalters die übernehmende Pfandbriefbank tritt.

§ 35 Treuhänderische Verwaltung. (1) [1]Mit schriftlicher Zustimmung der Bundesanstalt kann der Sachwalter mit einer anderen Pfandbriefbank vereinbaren, dass die in den Deckungsregistern der insolventen Pfandbriefbank eingetragenen Werte einschließlich der Werte im Sinne des § 30 Abs. 3, ganz oder teilweise treuhänderisch durch den Sachwalter der insolventen Pfandbriefbank für die andere Pfandbriefbank verwaltet werden, soweit die andere Pfandbriefbank die Haftung für die gedeckten Verbindlichkeiten der insolventen Pfandbriefbank übernimmt. [2]Der Vertrag bedarf der Schriftform. [3]Die Werte und Pfandbriefverbindlichkeiten sind darin genau zu bezeichnen.

(2) Die im Sinne des Absatzes 1 treuhänderisch verwalteten Werte gelten im Verhältnis zwischen der anderen Pfandbriefbank und der insolventen Pfandbriefbank oder deren Gläubigern als Werte der anderen Pfandbriefbank, auch wenn sie nicht auf diese übertragen wurden.

(3) [1]Der aus dem Treuhandverhältnis folgende Übertragungsanspruch ist in das entsprechende Deckungsregister der anderen Pfandbriefbank einzutragen. [2]Die im Vertrag im Sinne des Absatzes 1 bezeichneten und im Deckungsregister der insolventen Pfandbriefbank eingetragenen Werte gelten als im Deckungsregister der anderen Pfandbriefbank eingetragen. [3]Der Treuhänder der anderen Pfandbriefbank nimmt seine Aufgaben und Befugnisse insoweit gegenüber der insolventen Pfandbriefbank wahr. [4]Die teilweise treuhänderische Verwaltung ist im jeweiligen Deckungsregister der insolventen Pfandbriefbank bei den einzelnen Deckungswerten zu vermerken.

(4) § 30 Abs. 3 gilt entsprechend.

§ 36 Teilweise Übertragung. [1]Im Falle der teilweisen Übertragung der Deckungsmasse nach § 32 Abs. 1 muss der bei der insolventen Pfandbriefbank verbleibende Teil der entsprechenden Deckungsmasse den Vorschriften über die Pfandbriefdeckung genügen. [2]Satz 1 gilt entsprechend für den Fall der teilweisen treuhänderischen Verwaltung der Deckungsmasse nach § 35 Abs. 1.

§ 36a Trennungsprinzip bei Reorganisation oder Restrukturierung der Pfandbriefbank. (1) [1]Trifft die Abwicklungsbehörde bei einer Übertragung im Sinne des § 107 des Sanierungs- und Abwicklungsgesetzes[1)] Bestimmungen zur teilweisen oder vollständigen Übertragung des Pfandbriefgeschäfts, ist die Übertragung abweichend von § 114 Absatz 2 des Sanierungs- und Abwicklungsgesetzes nach Maßgabe der §§ 30 bis 36 zu vollziehen. [2]Der Sachwalter beachtet bei Erfüllung seiner Pflichten und Ausübung seiner Rechte

[1)] Nr. **23**.

die Bestimmungen der Anordnung im Sinne des Satzes 1. [3] Die Anordnung im Sinne des Satzes 1 kann abweichend von Satz 1 auch den unmittelbaren Übergang der in den Deckungsregistern eingetragenen Werte einschließlich der Werte im Sinne des § 30 Absatz 3 und der zugehörigen Pfandbriefverbindlichkeiten anordnen. [4] Im Fall des Satzes 3 gilt § 30 Absatz 3 mit der Maßgabe entsprechend, dass an die Stelle des Sachwalters die übernehmende Pfandbriefbank tritt und die Abführungspflicht gegenüber der übertragenden Pfandbriefbank unabhängig von ihrer Insolvenz besteht; ist die Gewährung einer Gegenleistung vorgesehen, gilt darüber hinaus § 30 Absatz 4 Satz 1 und 2 entsprechend. [5] Sind im Deckungsregister

1. Forderungen gegen Schuldner eingetragen, die ihren Sitz nicht in einem Mitgliedstaat der Europäischen Union oder einem anderen Vertragsstaat des Abkommens über den Europäischen Wirtschaftsraum haben, oder
2. Sicherheiten an Grundstücken oder grundstücksgleichen Rechten, Schiffen oder Flugzeugen eingetragen, die ihrerseits außerhalb der Mitgliedstaaten der Europäischen Union oder der anderen Vertragsstaaten des Abkommens über den Europäischen Wirtschaftsraum belegen oder registriert sind,

kann die Übertragung nach Satz 3 jedoch nur in der Weise erfolgen, dass die Abwicklungsbehörde zeitgleich einen Sachwalter von Amts wegen vorläufig bestellt, der die übertragenen Werte gemäß § 35 treuhänderisch für die übernehmende Pfandbriefbank verwaltet. [6] Für das Verfahren der vorläufigen Bestellung und die Rechtsstellung des Sachwalters im Sinne des Satzes 5 gelten § 31 mit der Maßgabe, dass die Bundesanstalt an die Stelle des Gerichts tritt, sowie § 31a entsprechend. [7] Die gerichtliche Ernennung ist unverzüglich nachzuholen. [8] Für das Verfahren der Ernennung gilt § 31 Absatz 1 und 2 entsprechend.

(2) [1] Bei Erlass der Anordnung im Sinne des Absatzes 1 Satz 1 kann die Abwicklungsbehörde den Sachwalter von Amts wegen vorläufig bestellen, sofern nicht nach Absatz 1 Satz 5 eine vorläufige Bestellung erfolgen muss. [2] Für diesen Sachwalter gilt Absatz 1 Satz 6 bis 8 entsprechend.

(3) Die Absätze 1 und 2 gelten entsprechend bei Anwendung eines Instrumentes nach den Artikeln 24 bis 26 der Verordnung (EU) Nr. 806/2014[1)].

Abschnitt 6. Rechtsbehelfe und Zuwiderhandlungen

§ 37 Sofortige Vollziehbarkeit. Widerspruch und Anfechtungsklage gegen Maßnahmen der Bundesanstalt einschließlich der Androhung und Festsetzung von Zwangsmitteln auf der Grundlage von § 2 Abs. 2 Nr. 1, § 3 Absatz 1 Satz 2 und 3, Absatz 2, § 4 Absatz 3a und 3b, § 7 Abs. 3 Satz 2, § 27a Absatz 1 Satz 2, § 32 Abs. 1, § 35 Abs. 1 Satz 1, § 36a Absatz 1 Satz 5 und Absatz 2 sowie § 42 Abs. 1 Satz 3 und Abs. 2 haben keine aufschiebende Wirkung.

§ 38 Strafvorschriften. Mit Freiheitsstrafe bis zu einem Jahr oder mit Geldstrafe wird bestraft, wer

1. entgegen § 4 Abs. 7 Satz 1 Pfandbriefe in den Verkehr bringt,
2. wissentlich entgegen § 4 Abs. 7 Satz 2 über einen dort genannten Wert verfügt oder

---

[1)] Nr. 22.

3. entgegen § 5 Abs. 1 Satz 3 einen Ersatzwert nicht oder nicht rechtzeitig in das Deckungsregister einträgt.

§ 39 Bußgeldvorschriften.

[Abs. 1 bis 7.7.2022:]

(1) Ordnungswidrig handelt, wer vorsätzlich oder fahrlässig entgegen § 4 Abs. 7 Satz 3 Pfandbriefe in den Verkehr bringt.

[Abs. 1 ab 8.7.2022:]

(1) Ordnungswidrig handelt, wer vorsätzlich oder fahrlässig

1. entgegen § 4 Absatz 7 Satz 3 einen Pfandbrief in den Verkehr bringt,

2. entgegen § 5 Absatz 1 Satz 1 oder 3, jeweils auch in Verbindung mit einer Rechtsverordnung nach § 5 Absatz 3 Satz 1 oder 4, eine Eintragung nicht richtig oder nicht vollständig vornimmt und dadurch eine eindeutige Identifizierung des eingetragenen Werts verhindert,

3. entgegen § 5 Absatz 1 Satz 2 erster Halbsatz eine Eintragung vornimmt,

4. entgegen § 28 Absatz 1 Satz 1 eine dort genannte Angabe nicht richtig oder nicht vollständig veröffentlicht,

5. entgegen § 28 Absatz 1 Satz 4 eine Angabe nicht oder nicht mindestens zwei Jahre veröffentlicht oder

6. entgegen § 41a ein Finanzinstrument in den Verkehr bringt.

(2) Die Ordnungswidrigkeit kann mit einer Geldbuße bis zu ***[bis 7.7.2022:*** einhunderttausend***]*** ***[ab 8.7.2022:** fünfhunderttausend**]*** Euro geahndet werden.

§ 40 Verwaltungsbehörde. Verwaltungsbehörde im Sinne des § 36 Abs. 1 Nr. 1 des Gesetzes über Ordnungswidrigkeiten ist die Bundesanstalt für Finanzdienstleistungsaufsicht.

Abschnitt 7. Schlussvorschriften

[§ 40a bis 7.7.2022:]

§ 40a Bekanntmachung von Maßnahmen und Mitteilungen in Strafsachen *(noch nicht in Kraft)*

[§ 40a ab 8.7.2022:]

§ 40a Bekanntmachung von Maßnahmen und Mitteilungen in Strafsachen.

(1) Die Bundesanstalt soll jede gegen eine ihrer Aufsicht unterstehende Pfandbriefbank oder gegen einen Geschäftsleiter einer Pfandbriefbank verhängte und bestandskräftig gewordene Maßnahme, die sie wegen eines Verstoßes gegen dieses Gesetz oder die dazu erlassenen Rechtsverordnungen getroffen hat, und jede unanfechtbar gewordene Bußgeldentscheidung nach Maßgabe des Absatzes 2 unverzüglich auf ihrer Internetseite bekannt machen und dabei auch Informationen zu Art und Charakter des Verstoßes mitteilen.

(2) [1] Die Bundesanstalt hat eine bestandskräftig gewordene Maßnahme oder eine unanfechtbar gewordene Bußgeldentscheidung auf anonymisierter Basis bekannt zu machen, wenn eine Bekanntmachung nach Absatz 1

1. das Persönlichkeitsrecht natürlicher Personen verletzt oder eine Bekanntmachung personenbezogener Daten aus sonstigen Gründen unverhältnismäßig wäre,

2. die Stabilität der Finanzmärkte der Bundesrepublik Deutschland oder eines Mitgliedstaats der Europäischen Union oder eines anderen Vertragsstaats des Abkommens über den Europäischen Wirtschaftsraums erheblich gefährden oder den Fortgang einer strafrechtlichen Ermittlung behindern würde oder

3. den beteiligten Pfandbriefbanken oder natürlichen Personen einen unverhältnismäßig großen Schaden zufügen würde.

[2] Abweichend von Satz 1 kann die Bundesanstalt in den Fällen von Satz 1 Nummer 2 und 3 so lange von der Bekanntmachung nach Absatz 1 absehen, bis die Gründe für eine Bekanntmachung auf anonymisierter Basis weggefallen sind.

(3) [1] Die Maßnahmen und Bußgeldentscheidungen gemäß Absatz 1 sollen mindestens für fünf Jahre ab Bestandskraft der Maßnahme oder ab Unanfechtbarkeit der Bußgeldentscheidung auf der Internetseite der Bundesanstalt veröffentlicht bleiben. [2] Abweichend von Satz 1 sind personenbezogene Daten unverzüglich zu löschen, sobald ihre Veröffentlichung nicht mehr erforderlich ist, spätestens aber drei Jahre nach ihrer Bekanntmachung.

(4) Die Absätze 1 bis 3 gelten entsprechend für Informationen, die die Bundesanstalt nach § 60a des Kreditwesengesetzes[1)] über eine rechtskräftige Entscheidung im Sinne des § 4 des Bundeszentralregistergesetzes erhält, sofern das entsprechende Strafverfahren Straftaten nach § 54 Absatz 1 Nummer 2 in Verbindung mit § 32 Absatz 1 Satz 1 und § 1 Absatz 1 Satz 2 Nummer 1a des Kreditwesengesetzes oder nach § 38 zum Gegenstand hatte.

[§ 41 bis 7.7.2022:]

§ 41 Bezeichnungsschutz. Schuldverschreibungen dürfen unter einer der in § 1 Abs. 1 Satz 2 Nr. 1 bis 4 genannten Bezeichnungen oder unter einer anderen Bezeichnung, die das Wort Pfandbrief enthält, nur in Verkehr gebracht werden

1. von Kreditinstituten, denen eine Erlaubnis zum Betreiben des Pfandbriefgeschäfts erteilt worden ist,
2. von Kreditinstituten im Sinne des Artikels 4 Absatz 1 Nummer 1 der Verordnung (EU) Nr. 575/2013[2)] mit Sitz in einem anderen Mitgliedstaat der Europäischen Union oder einem anderen Vertragsstaat des Abkommens über den Europäischen Wirtschaftsraum auch ohne Erlaubnis durch die Bundesanstalt, wenn
   a) die Ausgabe von Schuldverschreibungen unter einer der oben genannten Bezeichnungen auch im Herkunftsstaat zulässigerweise betrieben wird,
   b) es sich um Schuldverschreibungen im Sinne des Artikels 52 Absatz 4 Unterabsatz 1 der Richtlinie 2009/65/EG des Europäischen Parlaments und des Rates vom 13. Juli 2009 zur Koordinierung der Rechts- und Verwaltungsvorschriften betreffend bestimmte Organismen für gemeinsame Anlagen in Wertpapieren (OGAW) (ABl. L 302 vom 17.11.2009, S. 32, L 269 vom 13.10.2010, S. 27) in der jeweils geltenden Fassung handelt und die Schuldverschreibungen in einer gemäß Artikel 52 Absatz 4 Unterabsatz 3 der vorgenannten Richtlinie vom Herkunftsstaat des Kreditinstituts an die Europäische Kommission übersandten Liste enthalten sind,
   c) bei den zur Deckung verwendeten Hypotheken, Schiffshypotheken und Registerpfandrechten oder ausländischen Flugzeughypotheken eine Gren-

[1)] Nr. **9**.
[2)] Nr. **6**.

ze von 50 Prozent des Marktwertes oder 60 Prozent des Beleihungswertes entsprechend dem Artikel 4 Absatz 1 Nummer 74 der Verordnung (EU) Nr. 575/2013 nicht überschritten wird und

d) bei der Bezeichnung der Schuldverschreibung in allen Prospekten, Berichten und Werbeschriften eine etwaige fremdsprachige Originalbezeichnung des Pfandbriefs angegeben wird und darauf hingewiesen wird, dass die Schuldverschreibung auf der Grundlage des jeweiligen ausländischen Rechts ausgegeben wird.

[§ 41 ab 8.7.2022:]

§ 41 Bezeichnungsschutz Pfandbrief. *Schuldverschreibungen dürfen außer von Kreditinstituten, denen eine Erlaubnis zum Betreiben des Pfandbriefgeschäfts erteilt worden ist, unter einer der in § 1 Absatz 1 Satz 2 genannten Bezeichnungen oder unter einer anderen Bezeichnung, die das Wort „Pfandbrief" enthält, nur von Kreditinstituten im Sinne des Artikels 4 Absatz 1 Nummer 1 der Verordnung (EU) Nr. 575/2013*[1] *mit Sitz in einem anderen Mitgliedstaat der Europäischen Union oder einem anderen Vertragsstaat des Abkommens über den Europäischen Wirtschaftsraum auch ohne Erlaubnis der Bundesanstalt zum Betreiben des Pfandbriefgeschäfts in den Verkehr gebracht werden, wenn*

1. *die Ausgabe von Schuldverschreibungen unter einer der oben genannten Bezeichnungen auch im Herkunftsstaat zulässigerweise betrieben wird,*
2. *es sich um gedeckte Schuldverschreibungen im Sinne des Artikels 3 Nummer 1 der Richtlinie (EU) 2019/2162 handelt,*
3. *die Anforderungen des Artikels 129 der Verordnung (EU) Nr. 575/2013 erfüllt werden und*
4. *bei der Bezeichnung der Schuldverschreibung in allen Prospekten, Berichten und Werbeschriften eine etwaige fremdsprachige Originalbezeichnung des Pfandbriefs angegeben wird und darauf hingewiesen wird, dass die Schuldverschreibung auf der Grundlage des jeweiligen ausländischen Rechts ausgegeben wird.*

§ 41a Bezeichnungsschutz Europäische gedeckte Schuldverschreibung. (1) Es ist verboten, ein Finanzinstrument unter der Bezeichnung „Europäische gedeckte Schuldverschreibung" sowie deren Übersetzung in die anderen Amtssprachen der Europäischen Union nach Artikel 27 Absatz 1 der Richtlinie (EU) 2019/2162 in den Verkehr zu bringen, es sei denn, bei dem Finanzinstrument handelt es sich um

1. einen von einer Pfandbriefbank nach dem 7. Juli 2022 begebenen Pfandbrief im Sinne des § 1 Absatz 3 oder
2. einen von einem Kreditinstitut mit Sitz in einem anderen Mitgliedstaat der Europäischen Union oder Vertragsstaat des Abkommens über den Europäischen Wirtschaftsraum begebenen Schuldtitel, für den sich die Befugnis zum Führen dieser Bezeichnung in der Amtssprache am Sitz des Kreditinstituts anhand der von der nach Artikel 18 Absatz 2 der Richtlinie (EU) 2019/2162 im Sitzstaat des Kreditinstituts benannten Aufsichtsbehörde nach Maßgabe des Artikels 26 Absatz 1 Buchstabe c der Richtlinie (EU) 2019/2162 veröffentlichten Information nachweisen lässt.

---

[1] Nr. **6**.

(2) Es ist verboten, ein Finanzinstrument unter der Bezeichnung „Europäische gedeckte Schuldverschreibung (Premium)" sowie deren Übersetzung in die anderen Amtssprachen der Europäischen Union nach Artikel 27 Absatz 2 der Richtlinie (EU) 2019/2162 in den Verkehr zu bringen, es sei denn, bei dem Finanzinstrument handelt es sich um

1. einen von einer Pfandbriefbank nach dem 7. Juli 2022 begebenen Hypothekenpfandbrief, Öffentlichen Pfandbrief oder Schiffspfandbrief oder
2. einen von einem Kreditinstitut mit Sitz in einem anderen Mitgliedstaat der Europäischen Union oder Vertragsstaat des Abkommens über den Europäischen Wirtschaftsraum nach dem 7. Juli 2022 begebenen Schuldtitel, für den sich die Befugnis zum Führen dieser Bezeichnung in der Amtssprache am Sitz des Kreditinstituts anhand der von der nach Artikel 18 Absatz 2 der Richtlinie (EU) 2019/2162 im Sitzstaat des Kreditinstituts benannten Aufsichtsbehörde nach Maßgabe des Artikels 26 Absatz 1 Buchstabe c der Richtlinie (EU) 2019/2162 veröffentlichten Information nachweisen lässt.

§ 42 Erlaubnis für bestehende Pfandbriefbanken. (1) [1] Soweit ein Kreditinstitut vor dem 19. Juli 2005 zulässigerweise Pfandbriefe der in § 1 Abs. 1 Satz 2 Nr. 1 bis 3 genannten Gattungen begeben hat und auch noch zu Beginn des 19. Juli 2005 die Befugnis zur Ausgabe von Pfandbriefen besitzt, gilt die für das Betreiben des Pfandbriefgeschäfts nach § 2 Abs. 1 Satz 1 erforderliche Erlaubnis beschränkt auf die jeweilige Pfandbriefgattung als erteilt. [2] Das Kreditinstitut hat vor Ablauf des 18. Oktober 2005 eine Anzeige einzureichen, die den inhaltlichen Anforderungen eines Erlaubnisantrages entspricht. [3] Wird die Anzeige nicht fristgerecht eingereicht, kann die Bundesanstalt die als erteilt geltende Erlaubnis aufheben.

(2) Die Bundesanstalt kann die als erteilt geltende Erlaubnis auch aufheben, wenn die Voraussetzungen für eine Aufhebung nach § 35 Abs. 2 des Kreditwesengesetzes[1)] erfüllt sind oder wenn das Kreditinstitut, unbeschadet des Absatzes 3, die Anforderungen des § 2 Abs. 1 Satz 2 nicht erfüllt.

(3) [1] Für die in Absatz 1 genannten Kreditinstitute findet § 2 Abs. 1 Satz 2 Nr. 1 bis zum 31. Dezember 2008 keine Anwendung. [2] Die in Satz 1 genannte Befristung ist nicht anzuwenden auf das Ritterschaftliche Kreditinstitut Stade und den Calenberg-Göttingen-Grubenhagen-Hildesheim'schen ritterschaftlichen Kreditverein.

§ 43 Erlaubnis für Hypothekenbanken. [1] Für die bei Ablauf des 18. Juli 2005 zugelassenen Hypothekenbanken im Sinne des § 1 des Hypothekenbankgesetzes gilt die Erlaubnis für die in § 1 Abs. 1 Satz 2 Nr. 1 bis 5 und 7 bis 10 des Kreditwesengesetzes[1)] bezeichneten Bankgeschäfte nach § 32 des Kreditwesengesetzes als erteilt. [2] Die in § 35 Abs. 1 des Kreditwesengesetzes genannte Frist beginnt am 19. Juli 2005.

§ 44 *(aufgehoben)*

§ 45 Versicherungspflicht. [1] Hypotheken, die den Pfandbriefbanken zu Beginn des 19. Juli 2005 zustehen, sind zur Deckung der von ihnen ausgegebenen Hypothekenpfandbriefe nicht aus dem Grunde ungeeignet, weil das aufstehen-

---

[1)] Nr. 9.

de Gebäude nicht nach Maßgabe des § 15 Satz 3 Nummer 1 versichert ist. [2]Durch Schiffshypotheken gesicherte Darlehensforderungen, die den Pfandbriefbanken zu Beginn des 19. Juli 2005 zustehen, sind zur Deckung der von ihnen ausgegebenen Schiffspfandbriefe nicht aus dem Grunde ungeeignet, weil das Schiff oder Schiffsbauwerk nicht in Höhe der Versicherungspflicht nach Maßgabe des § 23 Abs. 1 Satz 1 versichert ist.

§ 46 Beleihungsgrenze. (1) Hypotheken, die vor dem 13. Oktober 2004 in ein bei der Pfandbriefbank geführtes Deckungsregister für Hypothekenpfandbriefe eingetragen worden sind, dürfen, soweit sie nicht den Erfordernissen des § 16 Abs. 1 bis 3 entsprechen, abweichend von § 14 Abs. 1 bis zum 30. Juni 2006 in Höhe von 50 Prozent des von der Pfandbriefbank auf Grund einer vor dem 13. Oktober durchgeführten Wertermittlung festgesetzten Wertes zur Deckung von Hypothekenpfandbriefen benutzt werden.

(2) Im Falle des Absatzes 1 sind § 14 Abs. 2 und § 30 Abs. 3 Satz 4 mit der Maßgabe anzuwenden, dass statt der in § 14 Abs. 1 festgelegten Beleihungsgrenze die Grenze nach Absatz 1 maßgeblich ist.

§ 47 *(aufgehoben)*

§ 48 *(aufgehoben)*

§ 49 Fortgeltende Deckungsfähigkeit. (1) [1]Abweichend von § 20 Absatz 1 Nummer 1 Buchstabe a sind Forderungen gegen solche Kreditinstitute, die in der Rechtsform einer Körperschaft oder Anstalt des öffentlichen Rechts geführt werden, weiterhin unbeschränkt deckungsfähig, wenn die Forderungen bereits am 18. Juli 2001 bestanden. [2]Forderungen gegen die genannten Kreditinstitute sind auch deckungsfähig, wenn die Forderungen nach dem 18. Juli 2001 und vor dem 19. Juli 2005 vereinbart worden sind und ihre Laufzeit nicht über den 31. Dezember 2015 hinausgeht.

(2) [1]Abweichend von § 20 Absatz 1 Nummer 1 Buchstabe d, e und h in der ab dem 26. März 2009 geltenden Fassung sind Forderungen gegen die dort genannten Schuldner oder Gewährleistungsgeber, welche der Bonitätsstufe 2 nach Tabelle 1 des Artikels 114 Absatz 2, Tabelle 5 des Artikels 121 Absatz 1, Tabelle 2 des Artikels 116 Absatz 1 oder Tabelle 3 des Artikels 120 Absatz 1 der Verordnung (EU) Nr. 575/2013[1)] zugeordnet worden sind, weiterhin deckungsfähig, sofern die Forderungen vor dem 26. März 2009 in das Deckungsregister eingetragen worden sind. [2]Der Gesamtbetrag der Forderungen gegen Schuldner der Bonitätsstufe 2 darf höchstens einen Anteil von 20 Prozent der ausstehenden Pfandbriefe der jeweiligen Pfandbriefgattung betragen; die von § 20 Absatz 1 Nummer 3 in der ab dem 26. März 2009 geltenden Fassung umfassten Deckungswerte sind anzurechnen.

(3) [1]Abweichend von § 4 Absatz 1 Satz 3 Nummer 2a Buchstabe b, ***[bis 7.7. 2022:*** § 19 Absatz 1 Satz 1 Nummer 2, § 20 Absatz 2 Nummer 2, § 26 Absatz 1 Nummer 3 sowie § 26f Absatz 1 Nummer 3***][ab 8.7.2022:*** *§ 19 Absatz 1 Satz 1 Nummer 3 Buchstabe b Doppelbuchstabe bb, auch in Verbindung mit § 19 Absatz 1 Satz 1 Nummer 3 Buchstabe c, mit § 26 Absatz 1 Satz 1 Nummer 4 und mit § 26f Absatz 1 Satz 1 Nummer 4, sowie von § 20 Absatz 2 Satz 1 Nummer 4 Buchstabe b****]*** sind Forderungen, die sich gegen das Vereinigte Königreich Großbritannien

---

1) Nr. **6**.

und Nordirland oder dort ansässige Schuldner richten oder für die von diesen Stellen die Gewährleistung übernommen worden ist und vor dem Zeitpunkt, ab dem das Vereinigte Königreich Großbritannien und Nordirland nicht mehr Mitgliedstaat der Europäischen Union ist und auch nicht wie ein solcher zu behandeln ist, gemäß den vorgenannten Vorschriften zur Deckung verwendet worden sind, weiterhin für die entsprechende Pfandbriefgattung deckungsfähig. [2] Für Sichteinlagen und Geldforderungen mit täglicher Fälligkeit gilt dies bis zu einem Monat nach dem Tag, an dem erstmalig über die vorgenannten Guthaben seitens der Pfandbriefbank verfügt werden konnte.

(4) Forderungen, die

1. durch Grundpfandrechte an im Vereinigten Königreich Großbritannien und Nordirland belegenen Grundstücken und grundstücksgleichen Rechten,
2. durch Schiffshypotheken an dort registrierten Schiffen und Schiffsbauwerken oder
3. durch Flugzeughypotheken an dort registrierten Flugzeugen im Sinne des § 1 Absatz 2 Satz 1 Nummer 1 des Luftverkehrsgesetzes besichert sind oder die
4. sich gegen das Vereinigte Königreich Großbritannien und Nordirland oder dort ansässige Schuldner richten oder für die von diesen Stellen die Gewährleistung übernommen worden ist

und vor dem Zeitpunkt, ab dem das Vereinigte Königreich Großbritannien und Nordirland nicht mehr Mitgliedstaat der Europäischen Union ist und auch nicht wie ein solcher zu behandeln ist, gemäß § 12 Absatz 1 in Verbindung mit § 13 Absatz 1 Satz 2, § 20 Absatz 1 Nummer 1 Buchstabe b, c und g sowie Nummer 2, § 21 in Verbindung mit § 22 Absatz 5 Satz 1 und § 26a in Verbindung mit § 26b Absatz 4 Satz 1 zur Deckung verwendet worden sind, sind nicht auf die in § 13 Absatz 1 Satz 2 zweiter Halbsatz, ***[bis 7.7.2022:*** § 20 Absatz 2a***][ab 8.7.2022:*** *§ 20 Absatz 3* ***]***, § 22 Absatz 5 Satz 2 und § 26b Absatz 4 Satz 2 genannten Grenzen anzurechnen.

§ 50 Fortgeltung bisherigen Rechts. (1) Im Falle des § 2 Abs. 3 gelten für öffentlich-rechtliche Kreditanstalten hinsichtlich der von ihnen nach den Vorschriften des Gesetzes über die Pfandbriefe und verwandten Schuldverschreibungen öffentlich-rechtlicher Kreditanstalten abgeschlossenen Geschäfte und der ausschließlich zur Deckung dieser Geschäfte geführten Deckungsregister das vorgenannte Gesetz und die zu dessen Durchführung erlassenen Rechtsverordnungen jeweils in der vor dem 19. Juli 2005 geltenden Fassung mit der Maßgabe fort, dass Forderungen gegen inländische öffentlich-rechtliche Kreditinstitute nur soweit zur ordentlichen Deckung geeignet sind, als für die Kreditinstitute eine unbeschränkte Anstaltslast oder als für die entsprechenden Verbindlichkeiten der Kreditinstitute eine Gewährträgerhaftung oder Refinanzierungsgarantie gilt.

(2) Im Falle des § 2 Abs. 3 gelten für Hypothekenbanken hinsichtlich der von ihnen nach den Vorschriften des Hypothekenbankgesetzes abgeschlossenen Geschäfte und der ausschließlich zur Deckung dieser Geschäfte geführten Deckungsregister das Hypothekenbank und die zu dessen Durchführung erlassenen Rechtsverordnungen jeweils in der vor dem 19. Juli 2005 geltenden Fassung mit der Maßgabe fort, dass Forderungen gegen inländische öffentlich-rechtliche Kreditinstitute nur soweit zur ordentlichen Deckung geeignet sind,

als für die Kreditinstitute eine unbeschränkte Anstaltslast oder als für die entsprechenden Verbindlichkeiten der Kreditinstitute eine Gewährträgerhaftung oder Refinanzierungsgarantie gilt.

(3) Im Falle des § 2 Abs. 3 gelten für Schiffsbanken hinsichtlich der von ihnen nach den Vorschriften des Schiffsbankgesetzes abgeschlossenen Geschäfte und der ausschließlich zur Deckung dieser Geschäfte geführten Deckungsregister das Schiffsbankgesetz und die zu dessen Durchführung erlassenen Rechtsverordnungen jeweils in der vor dem 19. Juli 2005 geltenden Fassung mit der Maßgabe fort, dass Forderungen gegen inländische öffentlich-rechtliche Kreditinstitute nur soweit zur ordentlichen Deckung geeignet sind, als für die Kreditinstitute eine unbeschränkte Anstaltslast oder als für die entsprechenden Verbindlichkeiten der Kreditinstitute eine Gewährträgerhaftung oder Refinanzierungsgarantie gilt.

(4) Im Falle der Umwandlung einer öffentlich-rechtlichen Kreditanstalt in einer in § 1 Abs. 1 des Umwandlungsgesetzes genannten Weise gilt Absatz 1 hinsichtlich der von der Kreditanstalt vor Wirksamwerden der Umwandlung abgeschlossenen Geschäfte für den fortbestehenden Rechtsträger nach Rechtsformwechsel oder für einen Rechtsträger, auf den im Zuge der Umwandlung das Vermögen der Kreditanstalt als Ganzes oder in Teilen übertragen worden ist, auch dann, wenn es sich bei dem Rechtsträger um ein Unternehmen in einer Rechtsform des Privatrechts handelt.

§ 51 Getrennter Pfandbriefumlauf. [1]Abweichend von § 4 Abs. 1 bis 2 kann eine Pfandbriefbank die von ihr vor Inkrafttreten dieses Gesetzes begebenen Pfandbriefe weiter nach den bis zum Inkrafttreten dieses Gesetzes geltenden Vorschriften decken, wenn die Pfandbriefbank diese Absicht bis spätestens zum 18. Juli 2005 bei der Bundesanstalt angezeigt hat. [2]Bei der Anzeigefrist handelt es sich um eine Ausschlussfrist. [3]In diesem Fall ist das bisherige Deckungsregister getrennt von demjenigen nach § 5 Abs. 1 Satz 1 zu führen. [4]Forderungen gegen inländische öffentlich-rechtliche Kreditinstitute sind nur soweit zur ordentlichen Deckung geeignet, als für die Kreditinstitute eine unbeschränkte Anstaltslast oder als für die entsprechenden Verbindlichkeiten der Kreditinstitute eine Gewährträgerhaftung oder Refinanzierungsgarantie gilt. [5]Die Vorschriften der §§ 8, 9, 10, 27 und 28 sind hinsichtlich des bisherigen Deckungsregisters nicht anzuwenden.

§ 52 Fortgeltende Bestimmungen des Gesetzes zur Änderung und Ergänzung des Schiffsbankgesetzes. (1) [1]Wird für eine Forderung, die in ausländischer Währung zu zahlen ist, eine Schiffshypothek in das Schiffsregister eingetragen, so kann der Geldbetrag der Forderung und etwaiger Nebenleistungen oder der Höchstbetrag, bis zu dem das Schiff haften soll, in ausländischer Währung angegeben werden. [2]Dasselbe gilt für die Eintragung einer Schiffshypothek in das Schiffsbauregister.

(2) Die durch Artikel 4 Abs. 1 des Gesetzes zur Änderung und Ergänzung des Schiffsbankgesetzes in der im Bundesgesetzblatt Teil III, Gliederungsnummer 7628-2-1, veröffentlichten bereinigten Fassung mit der Maßgabe aufgehobenen Vorschriften, dass sie, soweit sie noch in Geltung sind, auf Rechte anwendbar bleiben, die vor Inkrafttreten des bezeichneten Gesetzes in ausländischer Währung eingetragen waren, bleiben für den durch die Maßgabe bezeichneten Umfang und Anwendungsbereich unverändert anwendbar.

§ 53 Übergangsvorschrift zum CRD IV-Umsetzungsgesetz. [1] § 28 Absatz 1 bis 3 dieses Gesetzes in der ab dem 1. Januar 2014 geltenden Fassung ist erstmals auf das am 1. April 2014 beginnende Quartal, bei Anwendung des § 28 Absatz 5 erstmals auf das am 1. April 2015 beginnende Quartal, anzuwenden. [2] § 28 Absatz 1 bis 3 in der bis zum 31. Dezember 2013 geltenden Fassung ist letztmalig auf das am 31. März 2014 endende Quartal und § 28 Absatz 5 in der bis zum 31. Dezember 2013 geltenden Fassung ist in Bezug auf § 28 Absatz 1 Satz 1 Nummer 1 und 3, Absatz 2 Satz 1 Nummer 3 und Satz 2, Absatz 3 Nummer 1 und Absatz 4 in der bis zum 31. Dezember 2013 geltenden Fassung letztmalig auf das am 31. März 2015 endende Quartal anzuwenden.

§ 54 Übergangsvorschrift zum BRRD-Umsetzungsgesetz. [1] § 28 Absatz 1 bis 4 dieses Gesetzes in der ab dem 19. Dezember 2014 geltenden Fassung ist erstmals auf das am 1. April 2015 beginnende Quartal, bei Anwendung des § 28 Absatz 5 erstmals auf das am 1. April 2016 beginnende Quartal, anzuwenden. [2] § 28 Absatz 1 bis 4 in der bis zum 18. Dezember 2014 geltenden Fassung ist letztmalig auf das am 31. März 2015 endende Quartal und § 28 Absatz 5 ist in Bezug auf § 28 Absatz 1 Satz 1 Nummer 5 und 6, Absatz 2 Satz 1 Nummer 3, Absatz 3 Nummer 1 und 2 letzter Satzteil sowie auf Absatz 4 Nummer 2 in der bis zum 18. Dezember 2014 geltenden Fassung letztmalig auf das am 31. März 2016 endende Quartal anzuwenden. [3] § 27a Absatz 1 ist erst mit Inkrafttreten der Rechtsverordnung nach § 27a Absatz 2 Satz 1 anzuwenden.

[§ 55 bis 7.7.2022:]

§ 55 Übergangsvorschrift zum CBD-Umsetzungsgesetz *(noch nicht in Kraft)*

[§ 55 ab 8.7.2022:]

§ 55 Übergangsvorschrift zum CBD-Umsetzungsgesetz. *§ 28 Absatz 5 ist in Bezug auf die Angaben nach § 28 Absatz 1 Satz 1 Nummer 2, 3, 5, 6, 8 bis 10 und 12 in der ab dem 8. Juli 2022 geltenden Fassung erstmals auf das am 1. Juli 2023 beginnende Quartal anzuwenden.*

21. Gesetz über Bausparkassen (Bausparkassengesetz – BauSparkG)

In der Fassung der Bekanntmachung vom 15. Februar 1991[1)]
(BGBl. I S. 454)

FNA 7691-2

zuletzt geänd. durch Art. 11 Brexit-Steuerbegleitgesetz v. 25.3.2019 (BGBl. I S. 357)

Nichtamtliche Inhaltsübersicht

§ 1 Begriffsbestimmungen. (1) [1] Bausparkassen sind Kreditinstitute, deren Geschäftsbetrieb darauf gerichtet ist, Einlagen von Bausparern (Bauspareinlagen) entgegenzunehmen und aus den angesammelten Beträgen den Bausparern für wohnungswirtschaftliche Maßnahmen Gelddarlehen (Bauspardarlehen) zu gewähren (Bauspargeschäft). [2] Das Bauspargeschäft darf nur von Bausparkassen betrieben werden.

(2) [1] Bausparer ist, wer mit einer Bausparkasse einen Vertrag schließt, durch den er nach Leistung von Bauspareinlagen einen Rechtsanspruch auf Gewährung eines Bauspardarlehens erwirbt (Bausparvertrag). [2] Ein Bausparvertrag kann auch als Altersvorsorgevertrag im Sinne des Altersvorsorgeverträge-Zertifizierungsgesetzes vom 26 Juni 2001 (BGBl. I S. 1310, 1322), zuletzt geändert durch Artikel 2 Absatz 8 des Gesetzes vom 1. April 2015 (BGBl. I S. 434), in der jeweils geltenden Fassung abgeschlossen werden. [3] Jeder Bausparer einer Bausparkasse ist Mitglied einer Zweckspargemeinschaft (Kollektiv).

(3) [1] Wohnungswirtschaftliche Maßnahmen im Sinne dieses Gesetzes sind

---

[1)] Neubekanntmachung des BausparkassenG v. 16.11.1972 (BGBl. I S. 2097) in der ab 1.1.1991 geltenden Fassung.

1. die Errichtung, Beschaffung, Erhaltung und Verbesserung von überwiegend zu Wohnzwecken bestimmten Gebäuden und von Wohnungen, insbesondere von Eigenheimen und Eigentumswohnungen, sowie der Erwerb von Rechten zur dauernden Nutzung von Wohnraum,
2. die Errichtung, Beschaffung, Erhaltung und Verbesserung von anderen Gebäuden, soweit sie Wohnzwecken dienen,
3. der Erwerb von Bauland und Erbbaurechten zur Errichtung von überwiegend zu Wohnzwecken bestimmten Gebäuden,
4. der Erwerb von Bauland und Erbbaurechten zur Errichtung anderer Gebäude hinsichtlich des Anteils, der dem Verhältnis des zu Wohnzwecken bestimmten Teils des auf dem Grundstück zu errichtenden Gebäudes zum Gesamtgebäude entspricht,
5. Maßnahmen zur Erschließung und zur Förderung von Wohngebieten,
6. die Ablösung von Verbindlichkeiten, die zur Durchführung von Maßnahmen nach den Nummern 1 bis 5 eingegangen worden sind,
7. die Ablösung von Verbindlichkeiten, die auf einem überwiegend Wohnzwecken dienenden Grundstück ruhen.

[2] Als wohnungswirtschaftliche Maßnahmen gelten die Ablösung von Verbindlichkeiten, die zur Leistung von Bauspareinlagen eingegangen worden sind, sowie gewerbliche Bauvorhaben und der Erwerb gewerblicher Bauwerke, wenn sie dazu bestimmt sind, zur Versorgung von Wohngebieten beizutragen.

(4) [1] Die kollektiv bedingte Zinsspanne ist der Quotient aus dem kollektiv bedingten Zinsüberschuss und dem Jahresdurchschnittsbestand an Bauspareinlagen. [2] Der kollektiv bedingte Zinsüberschuss ist die Summe der Erträge aus Bauspardarlehen und der nicht in Bauspardarlehen angelegten Bauspareinlagen abzüglich des Zinsaufwands für Bauspareinlagen.

(5) Zuteilung ist die Bereitstellung des Bausparguthabens und des Bauspardarlehens aus der zur Verfügung stehenden Zuteilungsmasse nach Erreichen der vertraglich vereinbarten Zuteilungsvoraussetzungen.

(6) Zuteilungsmasse ist die Summe aus den Bauspareinlagen, den Mitteln, die zur Gewährung von Bauspardarlehen zugeführt worden sind, und dem Fonds zur bauspartechnischen Absicherung im Sinne des § 6 Absatz 2, abzüglich der Summe der gewährten Bauspardarlehen.

(7) Kollektivmittel sind die Summe aus Bauspareinlagen und dem Fonds zur bauspartechnischen Absicherung im Sinne des § 6 Absatz 2.

(8) Wartezeit ist der Zeitraum vom Beginn des Bausparvertrages bis zur Zuteilung.

(9) Aufsichtsbehörde ist die Behörde im Sinne des § 1 Absatz 5 des Kreditwesengesetzes[1)].

(10) Das Recht der Länder, den öffentlich-rechtlichen Bausparkassen besondere Aufgaben für den Wohnungsbau oder sonstige öffentliche Aufgaben zu übertragen, bleibt unberührt.

§ 2 Zulassung zum Geschäftsbetrieb; Rechtsform. (1) [1] Wer das Bauspargeschäft betreiben will, bedarf der schriftlichen oder elektronischen Erlaubnis der Aufsichtsbehörde. [2] Zusätzlich zu den in § 32 des Kreditwesengesetzes[1)] genann-

---

[1)] Nr. 9.

ten Voraussetzungen setzt die Erteilung der Erlaubnis voraus, dass eine Bausparkasse

1. über ein Kernkapital im Sinne des Artikels 25 der Verordnung (EU) Nr. 575/2013[1)] des Europäischen Parlaments und des Rates vom 26. Juni 2013 über Aufsichtsanforderungen an Kreditinstitute und Wertpapierfirmen und zur Änderung der Verordnung (EU) Nr. 646/2012 (ABl. L 176 vom 27.6.2013, S. 1) von mindestens 20 Millionen Euro verfügt,
2. geeignete Geschäftsleiter hat, die insbesondere über ausreichende Erfahrungen im Kredit- und Bauspargeschäft verfügen und nicht gleichzeitig Mitglied der Geschäftsleitung eines übergeordneten Unternehmens oder Schwesterunternehmens sind,
3. Allgemeine Geschäftsgrundsätze und Allgemeine Bedingungen für Bausparverträge formuliert hat, die jeweils den Anforderungen nach § 5 entsprechen,
4. geeignete Regelungen und Instrumente im Sinne des § 8 Absatz 1 zur Steuerung, Überwachung und Kontrolle der Risiken aus dem Bauspargeschäft besitzt,
5. der Bundesanstalt für Finanzdienstleistungsaufsicht (Bundesanstalt) einen Geschäftsplan vorlegt, in dem sie darlegt, wie sie das Bauspargeschäft regelmäßig und nachhaltig betreiben wird,
6. über den für den regelmäßigen und nachhaltigen Betrieb des Bauspargeschäfts erforderlichen organisatorischen Aufbau verfügt und
7. eine nachhaltige Vertriebstätigkeit sowie deren Kontrolle und Steuerung dauerhaft gewährleistet erscheinen lässt, um durch den ausreichenden Abschluss neuer Bausparverträge (Neugeschäft) eine gleichmäßige und möglichst kurze Wartezeit sicherstellen zu können.

[3] Das Vorliegen dieser Voraussetzungen ist im Erlaubnisantrag darzulegen.

(2) [1] Private Bausparkassen dürfen nur in der Rechtsform der Aktiengesellschaft betrieben werden. [2] Die Rechtsform der öffentlich-rechtlichen Bausparkassen wird von den Ländern bestimmt.

(3) [1] Abweichend von § 33 Absatz 3 des Kreditwesengesetzes ist die erforderliche Erlaubnis auch dann zu versagen, wenn die Voraussetzungen nach den Absätzen 1 und 2 nicht vorliegen. [2] Die Bundesanstalt kann die Erlaubnis auch versagen, wenn der Antrag entgegen Absatz 1 Satz 3 keine ausreichenden Angaben oder Unterlagen enthält.

(4) [1] Die Aufsichtsbehörde kann die Erlaubnis außer in den Fällen des § 35 Absatz 2 des Kreditwesengesetzes auch dann aufheben, wenn die Voraussetzungen nach Absatz 1 Satz 2 Nummer 1 bis 4, 6 und 7 sowie nach Absatz 2 nicht mehr vorliegen. [2] Ist die Europäische Zentralbank Aufsichtsbehörde, kann die Bundesanstalt ihr nach Maßgabe von Satz 1 und § 35 Absatz 2 und 2a des Kreditwesengesetzes Beschlussentwürfe nach Artikel 14 Absatz 5 der Verordnung (EU) Nr. 1024/2013[2)] des Rates vom 15. Oktober 2013 zur Übertragung besonderer Aufgaben im Zusammenhang mit der Aufsicht über Kreditinstitute auf die Europäische Zentralbank (ABl. L 287 vom 29.10.2013, S. 63) vorlegen.

(5) [1] Hebt die Aufsichtsbehörde die Erlaubnis für das Bauspargeschäft auf oder erlischt die Erlaubnis nach § 35 Absatz 1 des Kreditwesengesetzes, so ist der

---

[1)] Nr. **6**.
[2)] Nr. **5**.

gesamte Bestand an Bausparverträgen mit den zugehörigen Aktiva und Passiva gemäß § 14 Absatz 1 auf eine andere Bausparkasse zu übertragen. [2]Soweit zu diesem Zweck erforderlich, sind sonstige Aktiva und Passiva mit zu übertragen, etwa Forderungen aus einer Anlage nach § 4 Absatz 1 Nummer 10 in Verbindung mit § 4 Absatz 3, die zur Gewährung von Bauspardarlehen zugeführten Mittel sowie Verbindlichkeiten aus Geschäften nach § 4 Absatz 1 Nummer 5.

(6) [1]Kommt die Bausparkasse einer Aufforderung der Bundesanstalt zur Übertragung im Sinne des Absatzes 5 innerhalb einer angemessenen Zeit nicht nach, kann die Bundesanstalt die Abwicklung der Geschäfte anordnen. [2]Für Bausparkassen, die keine juristischen Personen des öffentlichen Rechts sind, gilt § 38 Absatz 1 Satz 2 und 3 des Kreditwesengesetzes entsprechend.

(7) Die Regelungen des Sanierungs- und Abwicklungsgesetzes, des Kreditinstitute-Reorganisationsgesetzes und § 48t des Kreditwesengesetzes bleiben jeweils unberührt.

§ 2a Unwirksamkeit von Verträgen oder Absprachen mit beherrschender Wirkung. Verträge und Absprachen, durch die die Leitung einer Bausparkasse ganz oder teilweise einer anderen Person unterstellt wird, sind unwirksam, sofern es sich bei der anderen Person nicht um eine Bausparkasse handelt.

§ 3 Aufsicht. (1) [1]Die Aufsichtsbehörde übt die Aufsicht über die Bausparkassen nach den Vorschriften dieses Gesetzes, des Kreditwesengesetzes[1)] und der in § 6 Absatz 1 Satz 1 des Kreditwesengesetzes genannten Gesetze und Verordnungen aus. [2]Sie ist befugt, im Rahmen der Aufsicht alle Anordnungen zu treffen, die erforderlich sind, um den Geschäftsbetrieb einer Bausparkasse mit den Allgemeinen Geschäftsgrundsätzen und den Allgemeinen Bedingungen für Bausparverträge im Einklang zu erhalten.

(2) Soweit Bausparkassen einer anderen staatlichen Aufsicht unterliegen, bleibt diese neben der Aufsicht der Aufsichtsbehörde bestehen.

(3) [1]Die Aufsichtsbehörde entscheidet in Zweifelsfällen, ob ein Unternehmen den Vorschriften dieses Gesetzes unterliegt. [2]Ihre Entscheidungen binden die Verwaltungsbehörden.

(4) [1]Die Bausparkasse hat die Genehmigungen der Bundesanstalt nach diesem Gesetz schriftlich oder elektronisch zu beantragen. [2]Sie hat dem Antrag jeweils sämtliche Unterlagen und Informationen beizufügen, die zur Beurteilung des Antrags erforderlich sind. [3]Die Bundesanstalt kann die Genehmigung versagen, wenn der Antrag keine ausreichenden Unterlagen oder Informationen enthält.

(5) [1]Bausparkassen haben der Bundesanstalt laufend, mindestens einmal jährlich, über

1. die Erfüllbarkeit der von der Bausparkasse übernommenen Verpflichtungen,
2. den Bestand an Bausparverträgen mit den zugehörigen Aktiva und Passiva,
3. Zuführungen zur Zuteilungsmasse,
4. Zwischenanlagen der Mittel der Zuteilungsmasse,
5. Entnahmen aus der Zuteilungsmasse und
6. die aktuellen Forderungen aus Bauspardarlehen samt ihrer Besicherung

---

1) Nr. **9**.

zu berichten (kollektiver Lagebericht). [2]Die Bausparkasse hat im Rahmen des kollektiven Lageberichts gesondert zur Erfüllbarkeit von längerfristigen Verbindlichkeiten Stellung zu nehmen. [3]Der kollektive Lagebericht hat insbesondere Fortschreibungen über die erwartete Entwicklung des Bauspargeschäfts sowie Prognosen weiterer, im Zusammenhang mit dem Bauspargeschäft stehender betriebswirtschaftlicher Größen zu enthalten.

(6) [1]Liegen nach den Ergebnissen der von den Bausparkassen nach den Regelungen des § 8 Absatz 4 zu verwendenden bauspartechnischen Simulationsmodelle die Voraussetzungen des § 2 Absatz 1 Nummer 3 in Verbindung mit § 5 Absatz 4 nicht vor, so hat die Bausparkasse dies unverzüglich der Bundesanstalt anzuzeigen. [2]Die Bausparkasse hat der Bundesanstalt zudem auf Anforderung aktuelle Ergebnisse eines bausparspezifischen Simulationsmodells vorzulegen, sofern dies zur Erfüllung der Aufgaben der Bundesanstalt erforderlich ist.

§ 4 Zulässige Geschäfte. (1) Bausparkassen dürfen außer dem Bauspargeschäft nur folgende Geschäfte betreiben:

1. Gelddarlehen gewähren, die der Vorfinanzierung oder der Zwischenfinanzierung von Leistungen der Bausparkasse auf Bausparverträge ihrer Bausparer dienen (Vorfinanzierungskredite oder Zwischenfinanzierungskredite);
2. für wohnungswirtschaftliche Maßnahmen sonstige Gelddarlehen nach Maßgabe des Absatzes 2 gewähren (sonstige Baudarlehen);
3. Gelddarlehen Dritter verwalten, vermitteln und im eigenen oder fremden Namen und für Rechnung Dritter bewilligen, wenn die Darlehen der Finanzierung wohnungswirtschaftlicher Maßnahmen dienen;
4. nach Maßgabe des Absatzes 2 Gewährleistungen für Gelddarlehen Dritter übernehmen, welche die Bausparkasse selbst zu geben befugt wäre und die in der in § 7 vorgeschriebenen Weise gesichert sind;
5. zur Gewährung von Bauspardarlehen und von Darlehen nach den Nummern 1 und 2, zur Erfüllung von Verpflichtungen aus Verträgen nach § 1 Abs. 2 Satz 2 sowie zur Beschaffung der darüber hinaus für den Geschäftsbetrieb erforderlichen Mittel
   a) fremde Gelder von Kreditinstituten und sonstigen Kapitalsammelstellen aufnehmen,
   b) fremde Gelder von sonstigen Gläubigern entgegennehmen,
   c) vorbehaltlich einer Erlaubnis nach § 2 Absatz 1 Satz 1 des Pfandbriefgesetzes[1)] Hypothekenpfandbriefe im Sinne des § 1 Absatz 1 Satz 2 Nummer 1 des Pfandbriefgesetzes nach den Bestimmungen des Pfandbriefgesetzes ausgeben,
   d) sonstige Schuldverschreibungen ausgeben;
6. sich an Unternehmen beteiligen, wenn die Beteiligungen dazu dienen, die nach § 1 betriebenen Geschäfte zu fördern, und die Haftung der Bausparkasse aus den Beteiligungen durch die Rechtsform des Unternehmens beschränkt ist, mit der Maßgabe, daß die einzelne Beteiligung insgesamt den dritten Teil des Kapitals (Nennkapital, Summe der Kapitalanteile) des Unternehmens nicht übersteigen darf. Eine höhere Beteiligung ist zulässig, sofern der Geschäftszweck des Unternehmens gesetzlich oder satzungsmäßig im wesentlichen auf solche Geschäfte ausgerichtet ist, welche die Bausparkasse selbst

---

1) Nr. **20**.

betreiben darf; der Gesamtbetrag dieser Beteiligungen darf zwanzig vom Hundert des haftenden Eigenkapitals der Bausparkasse nicht übersteigen; die Regelungen des Absatzes 3 Satz 1 Nummer 8, Satz 2 und 3 bleiben hiervon unberührt;

7. Gelddarlehen an Unternehmen gewähren, an denen die Bausparkasse beteiligt ist;
8. die Gelegenheit zum Abschluss von Verträgen über den Erwerb, die Veräußerung oder die Nutzung von Grundstücken und Räumen nachweisen;
9. Wertermittlungen und Standortanalysen sowie Finanzierungsberatungen auch unabhängig von der Gewährung von eigenen Darlehen durchführen;
10. verfügbares Geld nach Maßgabe des Absatzes 3 anlegen;
11. sonstige Geschäfte betreiben, die mit dem Bauspargeschäft oder mit den nach den Nummern 1 bis 10 zulässigen Geschäften in einem unmittelbaren Zusammenhang stehen, diesem nützlich und allenfalls mit einem geringen Risiko verbunden sind sowie keine neuen Geschäftskreise eröffnen.

(2) Der Gesamtbetrag der Forderungen aus Darlehen nach Absatz 1 Nr. 2 und der Gewährleistungen nach Absatz 1 Nr. 4 darf den Gesamtbetrag der Bauspardarlehen und der Darlehen nach Absatz 1 Nr. 1 nicht übersteigen.

(3) [1] Verfügbares Geld dürfen die Bausparkassen anlegen in

1. Guthaben bei dem einheitlichen Aufsichtsmechanismus nach Artikel 6 der Verordnung (EU) Nr. 1024/2013[1)] oder einer staatlichen Aufsicht unterliegenden Kreditinstituten in der Europäischen Union, in anderen Vertragsstaaten des Abkommens über den Europäischen Wirtschaftsraum oder in der Schweiz,
2. Namensschuldverschreibungen, die von den in Nummer 1 genannten Kreditinstituten ausgegeben werden,
3. Einlagenzertifikate von den in Nummer 1 genannten Kreditinstituten, sofern diese Papiere eine restliche Laufzeit von höchstens zwölf Monaten haben,
4. Schuldbuchforderungen, unverzinslichen Schatzanweisungen und Schatzwechseln des Bundes, seiner Sondervermögen und der Länder sowie vergleichbaren Schuldtiteln der Europäischen Union, ihrer Mitgliedstaaten oder anderer Vertragsstaaten des Abkommens über den Europäischen Wirtschaftsraum sowie der Schweiz,
5. Schuldverschreibungen,
   a) die von einer der in Nummer 4 bezeichneten Stellen ausgegeben wurden,
   b) für deren Verzinsung und Rückzahlung eine der in Nummer 4 bezeichneten Stellen die Gewährleistung übernommen hat oder
   c) die zum Handel an einem organisierten Markt nach § 2 Absatz 11 des Wertpapierhandelsgesetzes zugelassen sind und bei denen die Erfüllung der Leistungspflichten aus der Schuldverschreibung während der gesamten Laufzeit gewährleistet erscheint,
6. Forderungen aus Gelddarlehen, über die ein Schuldschein ausgestellt wurde, sofern diese Forderungen nach dem Erwerb durch die Bausparkasse mindestens zweimal abgetreten werden können und das Darlehen gewährt wurde,
   a) einer der in Nummer 4 bezeichneten Stellen, einer anderen regionalen oder lokalen Gebietskörperschaft im Sinne des Artikels 115 der Verordnung (EU)

---

1) Nr. **5**.

Nr. 575/2013[1] eines Mitgliedstaats der Europäischen Union oder eines anderen Vertragsstaats des Abkommens über den Europäischen Wirtschaftsraum oder der Schweiz,

b) geeigneten sonstigen Körperschaften oder Anstalten des öffentlichen Rechts im Inland oder in einem anderen Mitgliedstaat der Europäischen Union oder in einem anderen Vertragsstaat des Abkommens über den Europäischen Wirtschaftsraum oder in der Schweiz,

c) Unternehmen, die Wertpapiere ausgegeben haben, die zum Handel an einem organisierten Markt nach § 2 Absatz 11 des Wertpapierhandelsgesetzes zugelassen sind, oder

d) gegen Übernahme der Gewährleistung für die Verzinsung und Rückzahlung durch eine der in Nummer 4 bezeichneten Stellen;

der Gesamtbetrag dieser Forderungen der Bausparkasse darf ihr haftendes Eigenkapital nicht übersteigen;

7. Investmentanteilen an einem nach dem Grundsatz der Risikomischung angelegten Vermögen, die von einer Kapitalverwaltungsgesellschaft oder von einer ausländischen Investmentgesellschaft, die jeweils zum Schutz der Anteilinhaber einer besonderen öffentlichen Aufsicht unterliegt, ausgegeben wurden, wenn nach den Vertragsbedingungen oder der Satzung der Kapitalverwaltungsgesellschaft oder der Investmentgesellschaft das Vermögen nur in den Schuldtiteln nach den Nummern 1 bis 6 und 8 sowie in Bankguthaben angelegt werden darf,

8. Aktien,

a) die voll eingezahlt sind und

b) die zum Handel zugelassen oder an einem anderen organisierten Markt zugelassen oder in diesen einbezogen oder an einer Börse in einem Staat außerhalb des Europäischen Wirtschaftsraums zum Handel zugelassen oder dort an einem anderen organisierten Markt zugelassen oder in diesen einbezogen sind.

[2] Die Anlagen nach Satz 1 Nummer 8 dürfen unter Berücksichtigung von Investmentanteilen nach Satz 1 Nummer 7 insgesamt 5 Prozent der Summe der Zuteilungsmasse gemäß § 1 Absatz 6 nicht übersteigen. [3] Die Anlagen nach Satz 1 Nummer 8 bei demselben Unternehmen dürfen unter Berücksichtigung von Investmentanteilen nach Satz 1 Nummer 7 0,2 Prozent der Summe der Zuteilungsmasse gemäß § 1 Absatz 6 nicht übersteigen.

(3a) [1] Soweit eine Bausparkasse im Rahmen der betrieblichen Altersversorgung in zulässiger Art und Weise sowie in zulässigem Umfang zur Erfüllung von Ansprüchen aus betrieblicher Altersversorgung einem Dritten Vermögensgegenstände überlässt, die ausschließlich der Erfüllung von Verbindlichkeiten aus Altersversorgungsverpflichtungen dienen und dem Zugriff aller übrigen Gläubiger entzogen sind, unterliegt der Dritte bei der Anlage dieser Vermögensgegenstände nicht den Beschränkungen des Absatzes 3. [2] Die Vermögensgegenstände sind unter Berücksichtigung der Art und Dauer der Altersversorgungsverpflichtungen so anzulegen, dass möglichst große Sicherheit und Rentabilität unter Wahrung angemessener Mischung und Streuung sowie der Liquidität zur Erfüllung der Verbindlichkeiten erreicht wird.

---

[1] Nr. **6**.

(4) Bausparkassen ist der Erwerb von Grundstücken, Erbbaurechten, Rechten in der Form des Wohnungseigentums, Teileigentums, Wohnungserbbaurechts und Teilerbbaurechts nur zur Verhütung von Ausfällen an Forderungen und zur Beschaffung von Geschäftsräumen sowie von Wohnräumen für ihre Betriebsangehörigen gestattet.

(5) Bausparkassen können sich vor Zuteilung eines Bausparvertrages nicht verpflichten, die Bausparsumme zu einem bestimmten Zeitpunkt auszuzahlen.

§ 5 Allgemeine Geschäftsgrundsätze, Allgemeine Bedingungen für Bausparverträge. (1) Bausparkassen haben ihrem Geschäftsbetrieb Allgemeine Geschäftsgrundsätze und Allgemeine Bedingungen für Bausparverträge zugrunde zu legen.

(2) Die Allgemeinen Geschäftsgrundsätze müssen Bestimmungen enthalten über

1. die Berechnungen für die Abwicklung der Bausparverträge unter Angabe der individuellen Sparer-Kassen-Leistungsverhältnisse (§ 5 Absatz 4 Nummer 1) und der zugehörigen Wartezeiten;
2. die Zusammensetzung der Zuteilungsmasse, die Zuteilungstermine sowie die Voraussetzungen und die Ermittlung der Reihenfolge für die Zuteilung (Zuteilungsverfahren);

2a. die Berechnung der Mehrerträge aus der Anlage der Kollektivmittel nach § 1 Absatz 7 sowie die Verwendung des daraus gebildeten Sonderpostens „Fonds zur bauspartechnischen Absicherung“;

3. die Berechnung des Beleihungswertes der zu beleihenden Grundstücke;
4. die Finanzierung von Maßnahmen zur Erschließung und zur Förderung von Wohngebieten;
5. die Finanzierung von Gebäuden, die überwiegend oder ausschließlich gewerblichen Zwecken dienen, soweit dies nach § 1 zulässig ist;
6. das Verfahren bei Rückzahlung der Einlagen gekündigter Bausparverträge;
7. eine die Belange der Bausparer wahrende vereinfachte Abwicklung der Bausparverträge im Falle der Einstellung des Geschäftsbetriebes der Bausparkasse oder der Rücknahme der Erlaubnis zum Betrieb einer Bausparkasse durch die Aufsichtsbehörde.

(3) Die Allgemeinen Bedingungen für Bausparverträge müssen Bestimmungen enthalten über

1. die Höhe und Fälligkeit der Leistungen des Bausparers und der Bausparkasse sowie über die Rechtsfolgen, die bei Leistungsverzug eintreten;
2. die Verzinsung der Bauspareinlagen und der Bauspardarlehen;
3. die Höhe der Kosten und Gebühren, die den Bausparern berechnet werden;
4. die Voraussetzungen und die Ermittlung der Reihenfolge für die Zuteilung und die Bedingungen für die Auszahlung der Bausparsumme;
5. die Sicherung der Forderungen aus Bauspardarlehen;
6. die Bedingungen, nach denen ein Bausparvertrag geteilt oder mit einem anderen Bausparvertrag zusammengelegt oder die Bausparsumme erhöht oder ermäßigt werden kann;
7. die Bedingungen, nach denen Ansprüche aus dem Bausparvertrag abgetreten oder verpfändet werden können oder ein Bausparvertrag gekündigt werden

kann, sowie die Rechtsfolgen, die sich aus der Kündigung des Bausparvertrages oder aus einer vereinfachten Abwicklung der Bausparverträge ergeben;
8. das zuständige Gericht oder einen Schiedsvertrag;
9. den Abschluß von Lebensversicherungen auf den Todesfall, die Höhe der Versicherungssumme und die vom Bausparer hierfür zu zahlenden Versicherungsbeiträge sowie die Möglichkeit der Anrechnung bereits bestehender Lebensversicherungen, wenn der Bausparer zum Abschluß einer solchen Versicherung verpflichtet ist.

(4) Die Allgemeinen Geschäftsgrundsätze und die Allgemeinen Bedingungen für Bausparverträge
1. müssen die Erfüllbarkeit der von der Bausparkasse übernommenen Verpflichtungen dauerhaft gewährleistet erscheinen lassen, insbesondere bezogen auf ihre gesamte Laufzeit ein angemessenes Verhältnis zwischen den Leistungen der Bausparer und denen der Bausparkasse (individuelles Sparer-Kassen-Leistungsverhältnis) aufweisen und
2. dürfen keine Bestimmungen vorsehen, die die Zuteilung unangemessen hinausschieben, zu unangemessen langen Vertragslaufzeiten führen oder sonstige Belange der Bausparer nicht ausreichend wahren.

(5) [1] Legt eine Bausparkasse für die gleiche Zuteilungsmasse Allgemeine Geschäftsgrundsätze und Allgemeine Bedingungen für Bausparverträge unterschiedlichen Inhalts zugrunde, sind diese so zu gestalten, dass zwischen ihnen eine weitgehende Ausgewogenheit gewährleistet ist. [2] Bei Tarifen, die eine Bausparkasse nicht mehr anbietet, kann hiervon in begründeten Ausnahmefällen abgewichen werden.

§ 6 Zweckbindung. (1) [1] Die Zuteilungsmasse im Sinne des § 1 Absatz 6 darf nur für das Bauspargeschäft und zur Rückzahlung fremder Gelder, die der Zuteilungsmasse zugeführt worden sind, verwendet werden. [2] Mittel aus der Zuteilungsmasse, die vorübergehend nicht für die Zuteilung verwendet werden können, darf die Bausparkasse zwischenzeitlich
1. nach § 4 Absatz 3 anlegen sowie
2. mit Genehmigung der Bundesanstalt zur Gewährung von Darlehen nach § 4 Absatz 1 Nummer 1 und 2 verwenden, wenn die Bausparkasse auf Grund einer nachhaltig gesicherten Liquidität ihrer Zuteilungsmasse ohne die Zuführung von Eigenmitteln und Fremdmitteln und ohne die Mittel des Fonds zur bauspartechnischen Absicherung jederzeit in der Lage ist, Ansprüche auf Auszahlung der Bauspardarlehen und Bauspareinlagen zu befriedigen.

[3] Die Zuteilungsmasse ist mit dem Ziel gleichmäßiger, möglichst kurzer Wartezeiten einzusetzen. [4] Die Bundesanstalt kann eine Genehmigung nach Satz 2 Nummer 2 jederzeit widerrufen, insbesondere wenn die Voraussetzungen des Satzes 2 Nummer 2 nicht mehr vorliegen.

(2) [1] Bausparkassen haben zur Wahrung der Belange der Bausparer einen Sonderposten „Fonds zur bauspartechnischen Absicherung" zu bilden, der Folgendes absichert:
1. die Gewährleistung gleichmäßiger, möglichst kurzer Wartezeiten und
2. die für den nachhaltigen Betrieb des Bauspargeschäfts erforderliche kollektiv bedingte Zinsspanne.

[2] Hierzu müssen Überschüsse aus einer Anlage der Kollektivmittel dem Sonderposten zugeführt werden, und zwar in Höhe des Unterschiedsbetrages zwischen dem erzielten Ertrag aus der Anlage der Kollektivmittel und dem Zinsertrag, der sich bei Anlage der gesamten Kollektivmittel in Bauspardarlehen ergeben hätte (Mehrerträge). [3] Der Sonderposten ist von der Bausparkasse gemäß Satz 1 zu verwenden. [4] Darüber hinaus kann er mit Genehmigung der Bundesanstalt unter hinreichender Wahrung der Belange der Bausparer verwendet werden, wenn dies geeignet und erforderlich erscheint, um ein bausparspezifisches Risiko für den nachhaltigen Betrieb des Bauspargeschäfts zu beseitigen. [5] Ein bausparspezifisches Risiko für den nachhaltigen Betrieb des Bauspargeschäfts kann insbesondere vorliegen, wenn

1. die Wartezeiten unangemessen lang sind,
2. die Zuteilung nicht gewährleistet erscheint oder
3. die Erfüllung der von der Bausparkasse in den Bausparverträgen übernommenen Verpflichtungen nicht gewährleistet erscheint.

[6] Die Bausparkasse darf am Ende eines Geschäftsjahres diesen Sonderposten auflösen, soweit er zu diesem Zeitpunkt 3 Prozent der Bauspareinlagen übersteigt.

(3) [1] Forderungen aus Bauspardarlehen und die zu ihrer Sicherheit dienenden Grundpfandrechte und sonstigen Sicherheiten dürfen nur für das Bauspargeschäft und für das Geschäft mit Vorfinanzierungsund Zwischenfinanzierungskrediten veräußert, beliehen oder verpfändet werden. [2] Das Gleiche gilt für Forderungen aus Vorfinanzierungs- und Zwischenfinanzierungskrediten sowie sonstigen Baudarlehen für wohnungswirtschaftliche Maßnahmen und die zu ihrer Sicherheit dienenden Grundpfandrechte und sonstigen Sicherheiten. [3] § 4 Absatz 1 Nummer 5 Buchstabe c bleibt hiervon unberührt.

§ 6a Vorgaben für Zuteilungsmassen. (1) [1] Grundsätzlich darf eine Bausparkasse nur eine einheitliche Zuteilungsmasse für alle Bausparverträge bilden. [2] Ausnahmen sind nur übergangsweise für eine beschränkte Zeit und nur mit Zustimmung der Bundesanstalt möglich.

(2) [1] Für Bausparverträge, die in fremden Währungen oder in Rechnungseinheiten zu erfüllen sind, hat eine Bausparkasse jeweils getrennte Zuteilungsmassen zu bilden, um Währungsrisiken zu vermeiden. [2] Die Bundesanstalt kann im Einzelfall von der Pflicht zur Bildung getrennter Zuteilungsmassen befreien, wenn dadurch die Belange der Bausparer nicht erheblich beeinträchtigt werden.

§ 7 Sicherung der Forderungen aus Darlehen. (1) [1] Forderungen aus Bauspardarlehen und aus Darlehen nach § 4 Abs. 1 Nr. 2 sowie Forderungen aus Darlehen nach § 4 Abs. 1 Nr. 1, soweit diese nicht durch Abtretung von Rechten aus Bausparverträgen gesichert werden, sind durch Bestellung von Hypotheken oder Grundschulden an einem inländischen Pfandobjekt zu sichern. [2] Der Bestellung einer Grundschuld steht gleich der Anspruch einer Bausparkasse gegen ein Kreditinstitut auf Abtretung oder Teilabtretung einer Grundschuld, die von dem Kreditinstitut treuhänderisch zugunsten der Bausparkasse verwaltet wird. [3] Die Beleihung darf ohne ausreichende zusätzliche Sicherheiten (Zusatzsicherheiten) die ersten vier Fünftel des Beleihungswertes des Pfandobjektes nicht übersteigen. [4] Bei der Finanzierung von selbstgenutztem Wohneigentum kann die Bausparkasse Beleihungen bis zum Beleihungswert vornehmen.

(2) Forderungen im Sinne des Absatzes 1 Satz 1 können auch durch die Bestellung von Grundpfandrechten an einem Pfandobjekt in einem anderen Mitgliedstaat der Europäischen Union oder einem anderen Vertragsstaat des Abkommens über den Europäischen Wirtschaftsraum oder in der Schweiz gesichert werden, wenn das Grundpfandrecht von Finanzinstituten in diesem Mitgliedstaat oder Vertragsstaat üblicherweise zur Sicherung von Forderungen aus Wohnungsbaudarlehen vereinbart wird.

(2a) Forderungen im Sinne des Absatzes 1 Satz 1 können auch durch die Bestellung von Grundpfandrechten an einem Pfandobjekt in anderen als den in Absatz 2 erfaßten europäischen Staaten gesichert werden, sofern

1. der Staat Vollmitglied der Organisation für wirtschaftliche Zusammenarbeit und Entwicklung ist,
2. das Grundpfandrecht in diesem Staat die Rückzahlung und Verzinsung der Forderungen sicherstellt und
3. der Gesamtbetrag dieser Beleihungen das haftende Eigenkapital der Bausparkasse nicht übersteigt.

(3) Von einer Sicherung durch Grundpfandrechte kann abgesehen werden, wenn ausreichende anderweitige Sicherheiten gestellt werden (Ersatzsicherheiten).

(4) [1] Von einer Sicherung durch Grundpfandrechte oder durch Ersatzsicherheiten kann abgesehen werden, wenn

1. wegen der geringen Höhe des Darlehensbetrages eine Erklärung des Darlehensnehmers als ausreichend erscheint, in der er sich gegenüber der Bausparkasse verpflichtet, eine mögliche Sicherung durch Grundpfandrechte nicht durch eine Verpfändung des als Pfandobjekt in Betracht kommenden Gegenstandes für eine andere Verbindlichkeit oder durch seine Veräußerung zu verhindern oder
2. eine Sicherung wegen der geringen Höhe des Darlehensbetrages nicht erforderlich erscheint.

[2] Wenn gesicherte Darlehen nach den Absätzen 1 bis 3 und Darlehen nach Nummer 1 oder 2 derselben Finanzierungsmaßnahme dienen sollen, so sind auch die Darlehen nach Nummer 1 oder Nummer 2 gemäß den Absätzen 1 bis 3 zu sichern.

(5) Von einer Sicherung kann abgesehen werden bei der Gewährung von Darlehen an

1. inländische Körperschaften und Anstalten des öffentlichen Rechts,
2. die Europäische Union, ihre Mitgliedstaaten, andere Vertragsstaaten des Abkommens über den Europäischen Wirtschaftsraum und die Europäische Investitionsbank,
3. andere regionale und lokale Gebietskörperschaften im Sinne des Artikels 115 der Verordnung (EU) Nr. 575/2013[1)] eines Mitgliedstaats der Europäischen Union und eines anderen Vertragsstaats des Abkommens über den Europäischen Wirtschaftsraum,
4. andere Darlehensnehmer, wenn für die Darlehen eine der in den Nummern 1 bis 3 bezeichneten Stellen die Gewährleistung übernommen hat.

---

1) Nr. **6**.

(6) Die Bundesanstalt kann zulassen, daß Pfandobjekte beliehen werden, die außerhalb der in den Absätzen 2 und 2a erfaßten Staaten belegen sind, wenn das zu bestellende Grundpfandrecht oder zusätzliche Sicherheiten eine Ausnahme gerechtfertigt erscheinen lassen.

(7) [1]Der bei der Beleihung angenommene Wert des Pfandobjektes (Beleihungswert) darf den Verkehrswert nicht übersteigen. [2]Bei der Feststellung des Beleihungswertes sind nur die dauernden Eigenschaften des Pfandobjektes und der Ertrag zu berücksichtigen, den das Pfandobjekt bei ordnungsgemäßer Wirtschaft jedem Besitzer nachhaltig gewähren kann.

§ 8 Risikomanagement, bauspartechnische Simulationsmodelle.

(1) [1]Die Bausparkasse muss über ein dem § 25a Absatz 1 des Kreditwesengesetzes[1)] entsprechendes, auf ihre Belange ausgerichtetes eigenständiges Risikomanagementsystem verfügen. [2]Dies umfasst insbesondere auch Verfahren und Methoden zur Beurteilung, ob die Voraussetzungen des § 5 Absatz 4 laufend vorliegen.

(2) [1]Wesentliche Tätigkeiten zur Steuerung und Kontrolle der spezifischen Risiken des Bauspargeschäfts darf die Bausparkasse nicht auf Dritte übertragen oder auslagern. [2]Dazu gehören insbesondere das Risikomanagement des kollektiven Bauspargeschäfts, die Kollektivsteuerung und die hierauf bezogenen Tätigkeiten der internen Revision.

(3) Die Bausparkasse hat mit der Sorgfalt eines ordentlichen Kaufmanns die erforderlichen Maßnahmen zu treffen, um Währungsrisiken aus ihrem Geschäftsbetrieb zu vermeiden.

(4) Bausparkassen haben im Rahmen ihres Risikomanagements unter Zugrundelegung angemessener bauspartechnischer Annahmen laufend geeignete Verfahren und Methoden zu verwenden, anhand derer die Entwicklung des Bauspargeschäfts, insbesondere der Bauspareinlagen und der Bauspardarlehen, hinreichend genau prognostiziert werden kann (bauspartechnische Simulationsmodelle).

(5) [1]Die Eignung eines bauspartechnischen Simulationsmodells ist vor der erstmaligen Verwendung und bei wesentlichen Änderungen von einem unabhängigen Wirtschaftsprüfer oder einer unabhängigen Wirtschaftsprüfungsgesellschaft zu prüfen. [2]Der Prüfer hat insbesondere zu beurteilen, ob mit dem bauspartechnischen Simulationsmodell die Entwicklung des Bauspargeschäfts hinreichend genau prognostiziert werden kann. [3]Der Prüfer hat über Art und Umfang sowie über das Ergebnis der Prüfung schriftlich oder elektronisch und mit der gebotenen Klarheit zu berichten (Prüfungsbericht). [4]Der Prüfer hat das Ergebnis der Prüfung in einem Bestätigungsvermerk zum Prüfungsbericht zusammenzufassen. [5]§ 28 Absatz 1 und 2 des Kreditwesengesetzes gilt entsprechend.

§ 9 Änderung der Allgemeinen Geschäftsgrundsätze und der Allgemeinen Bedingungen für Bausparverträge. (1) [1]Änderungen und Ergänzungen der Allgemeinen Geschäftsgrundsätze und der Allgemeinen Bedingungen für Bausparverträge, welche die in § 5 Abs. 2 und 3 Nr. 1, 2, 4 bis 9 aufgeführten Bestimmungen betreffen, sowie die Allgemeinen Geschäftsgrundsätze und die Allgemeinen Bedingungen für Bausparverträge, die neuen Bauspartarifen zugrunde gelegt werden sollen, bedürfen der Genehmigung der Bundesanstalt; § 37

[1)] Nr. 9.

Abs. 4 des Verwaltungsverfahrensgesetzes ist anzuwenden. [2]Die Genehmigung kann auch mit Wirkung für bestehende Verträge erteilt werden, sofern die Änderungen und Ergänzungen zur hinreichenden Wahrung der Belange der Bausparer erforderlich erscheinen. [3]Die Genehmigung kann insbesondere versagt werden, wenn die Voraussetzungen des § 5 oder der nach § 10 in Konkretisierung des § 5 zu erlassenden Rechtsverordnung nicht vorliegen. [4]Sonstige Änderungen und Ergänzungen sind der Bundesanstalt mindestens drei Monate vor ihrem Inkrafttreten anzuzeigen.

(2) [1]Erscheint die Erfüllung der von der Bausparkasse in den Bausparverträgen übernommenen Verpflichtungen nicht mehr gewährleistet, so kann die Bundesanstalt verlangen, daß die Bausparkasse die Allgemeinen Geschäftsgrundsätze und die Allgemeinen Bedingungen für Bausparverträge ändert. [2]Unter der gleichen Voraussetzung kann die Bundesanstalt, unbeschadet ihrer Befugnisse nach § 46 Abs. 1 des Kreditwesengesetzes[1)], der Bausparkasse den Abschluß neuer Verträge verbieten.

§ 10 Erlaß von Rechtsverordnungen. [1]Im Interesse der Erfüllung der Verpflichtungen der Bausparkassen gegenüber ihren Gläubigern, insbesondere zur Sicherung der ihnen anvertrauten Vermögenswerte und einer ausreichenden Zahlungsbereitschaft für die Zuteilung der Bausparsummen sowie zur dauerhaften Aufrechterhaltung einer möglichst gleichmäßigen Zuteilungsfolge kann der Bundesminister der Finanzen nach Anhörung der Deutschen Bundesbank und der Spitzenverbände der Bausparkassen durch Rechtsverordnung Vorschriften erlassen über

1. die näheren Voraussetzungen für die zwischenzeitliche Verwendung der Mittel der Zuteilungsmasse nach § 6 Absatz 1;
2. den zulässigen Anteil von Bausparverträgen, die einen in der Rechtsverordnung festzusetzenden Betrag übersteigen (Großbausparverträge), am gesamten nicht zugeteilten Vertragssummenbestand der Bausparverträge einer Bausparkasse und den zulässigen Anteil von Großbausparverträgen, die innerhalb eines Kalenderjahres abgeschlossen werden, an der gesamten Vertragssumme der in diesem Jahr von der Bausparkasse abgeschlossenen Bausparverträge; dabei gelten die innerhalb von zwölf Monaten abgeschlossenen Verträge eines Bausparers als ein Vertrag; auf die zulässigen Anteile von Großbausparverträgen sind die Bausparverträge, auf die der Bausparer die nach den Allgemeinen Geschäftsgrundsätzen für eine Zuteilung erforderliche Mindestansparsumme innerhalb des ersten Jahres nach Vertragsabschluß eingezahlt hat, anzurechnen;
3. die Voraussetzungen für die Gewährung von Darlehen, die der Finanzierung von Bauvorhaben mit gewerblichem Charakter dienen, und den zulässigen Anteil solcher Darlehen am Gesamtbestand der Forderungen aus Darlehen einer Bausparkasse; der Anteil darf höchstens auf drei Prozent festgesetzt werden;
4. Prozentsätze des haftenden Eigenkapitals der Bausparkassen, bis zu denen Darlehen nach § 4 Abs. 1 Nr. 7 insgesamt sowie an ein Unternehmen gewährt werden dürfen;

4a. Anlagen gemäß § 4 Absatz 3 Satz 1, insbesondere durch quantitative und qualitative Vorgaben, die auch Beschränkungen enthalten können, die über

[1)] Nr. **9**.

die Anforderungen in § 4 Absatz 3 Satz 2 und 3 hinausgehen, wenn dies zur Gewährleistung einer möglichst großen Sicherheit und Rentabilität bei jederzeitiger Liquidität unter Wahrung angemessener Mischung und Streuung erforderlich erscheint;

5. taugliche Zusatzsicherheiten;
6. taugliche Ersatzsicherheiten sowie den zulässigen Anteil von Darlehen, für die Ersatzsicherheiten gestellt werden, am Gesamtbestand der Forderungen aus Darlehen einer Bausparkasse;

6a. den Betrag, bis zu dem eine Bausparkasse im Einzelfall Darlehen ohne Sicherheit nach § 7 Absatz 4 Nummer 2 und Darlehen gegen Abgabe einer Verpflichtungserklärung nach § 7 Absatz 4 Nummer 1 gewähren darf, sowie den zulässigen Anteil solcher Darlehen am Gesamtbestand der Forderungen aus Darlehen einer Bausparkasse; der Anteil darf höchstens auf 30 Prozent festgesetzt werden;

7. folgende Voraussetzungen und Anforderungen einschließlich der erforderlichen Begriffsbestimmungen:
   a) die näheren Voraussetzungen des § 5 Absatz 1 bis 3, insbesondere Festlegung von Mindestanforderungen an Bestimmungen in den Allgemeinen Geschäftsgrundsätzen und den Allgemeinen Bedingungen für Bausparverträge,
   b) die näheren Voraussetzungen des § 5 Absatz 4 und 5, etwa Bestimmungen zur tariflichen Zinsspanne,
   c) die Mindestvoraussetzungen für die Zuteilung zur Gewährleistung eines angemessenen individuellen Sparer-Kassen-Leistungsverhältnisses, insbesondere die Mindestansparung und die Bemessung einer Mindestbewertungszahl,
   d) die Voraussetzungen, unter denen die Bausparkasse ihre Zuteilungsvoraussetzungen anzupassen hat, sowie
   e) die Anforderungen an das individuelle Sparer-Kassen-Leistungsverhältnis, insbesondere die Festlegung von dessen Ober- und Untergrenzen;
8. die Einzelheiten der Ermittlung der Mehrerträge nach § 6 Absatz 2 Satz 1 und 2 und ihrer Zuführung zum Sonderposten „Fonds zur bauspartechnischen Absicherung";
9. die näheren Voraussetzungen, unter denen der Sonderposten „Fonds zur bauspartechnischen Absicherung" gemäß § 6 Absatz 2 Satz 3 bis 5 verwendet werden kann, und wann dieser spätestens zu verwenden ist sowie die näheren Voraussetzungen, unter denen dieser Sonderposten nach § 6 Absatz 2 Satz 6 aufgelöst werden kann, und wann dieser spätestens aufzulösen ist;
10. Verfahren und Methoden der Bausparkassen sowie die erforderlichen technischen Grundsätze der Bausparkassen, die zur Prüfung herangezogen werden können, ob
    a) im Sinne des § 5 Absatz 4 die Allgemeinen Geschäftsgrundsätze und die Allgemeinen Bedingungen für Bausparverträge die Erfüllbarkeit der von der Bausparkasse übernommenen Verpflichtungen dauerhaft gewährleistet erscheinen lassen und keine Bestimmungen vorsehen, die die Zuteilung unangemessen hinausschieben, zu unangemessen langen Vertragslaufzeiten führen oder sonstige Belange der Bausparer nicht ausreichend wahren würden,

b) im Sinne des § 5 Absatz 5 Satz 1 zwischen Bauspartarifen eine weitgehende Ausgewogenheit gewährleistet ist,

c) im Sinne des § 6 Absatz 1 Satz 2 Nummer 2 die Bausparkasse auf Grund einer nachhaltig gesicherten Liquidität ihrer Zuteilungsmasse ohne die Zuführung von Eigenmitteln und Fremdmitteln und ohne die Mittel des Fonds zur bauspartechnischen Absicherung jederzeit in der Lage ist, Ansprüche auf Auszahlung der Bauspardarlehen und Bauspareinlagen zu befriedigen,

d) im Sinne des § 6 Absatz 2 Satz 4 die Belange der Bausparer hinreichend gewahrt werden,

e) im Sinne des § 6 Absatz 2 Satz 4 ein bausparspezifisches Risiko für den nachhaltigen Betrieb des Bauspargeschäfts vorliegt,

f) im Sinne des § 6 Absatz 2 Satz 5 Nummer 1 die Wartezeiten unangemessen lang sind,

g) im Sinne des § 6 Absatz 2 Satz 5 Nummer 2 die Zuteilung nicht gewährleistet erscheint,

h) im Sinne des § 6 Absatz 2 Satz 5 Nummer 3 die Erfüllung der von der Bausparkasse in den Bausparverträgen übernommenen Verpflichtungen nicht gewährleistet erscheint,

i) im Sinne des § 9 Absatz 1 Satz 2 und § 14 Absatz 3 die Änderungen und Ergänzungen zur hinreichenden Wahrung der Belange der Bausparer erforderlich erscheinen,

j) im Sinne des § 14 Absatz 1 Satz 4 durch die Übertragung die Belange der Bausparer der übertragenden oder der übernehmenden Bausparkasse gefährdet werden und

k) im Sinne des § 16 Absatz 3 Satz 2 der Plan für eine geordnete Abwicklung unter Berücksichtigung der Belange der Bausparer keine Gewähr zu bieten scheint;

11. nähere Bestimmungen über Art, Umfang, Zeitpunkt und Form der Unterlagen und Informationen, die die Bausparkasse nach § 3 Absatz 4 dem Antrag beizufügen hat;

12. nähere Bestimmungen über Art, Umfang, Zeitpunkt und Form der kollektiven Lageberichte, die die Bausparkasse gemäß § 3 Absatz 5 zu erstellen hat, insbesondere die Festlegung von Szenarien, Größen, Parametern, Stichtagen und Berechnungsmethoden für den kollektiven Lagebericht einschließlich der Fortschreibungen und Prognosen, sowie die Bestimmung von Form und Frist, in der der kollektive Lagebericht vorzulegen ist;

13. nähere Bestimmungen über die Anforderungen an ein bauspartechnisches Simulationsmodell nach § 8 Absatz 4 und dessen Anwendungsbereich sowie über Art, Umfang und Form der Ergebnisse eines bausparspezifischen Simulationsmodells und unbeschadet des § 3 Absatz 6 über den Zeitpunkt, zu dem diese Ergebnisse der Bundesanstalt vorzulegen sind;

14. nähere Bestimmungen über

    a) den Gegenstand der nach § 8 Absatz 5 vorzunehmenden Prüfung sowie den Zeitpunkt ihrer Durchführung und

b) den Inhalt der nach § 8 Absatz 5 zu erstellenden Prüfungsberichte und der Bestätigungsvermerke sowie über den Zeitpunkt, zu dem diese jeweils der Bundesanstalt einzureichen sind.

[2] Der Bundesminister der Finanzen kann diese Ermächtigung durch Rechtsverordnung auf die Bundesanstalt übertragen.

§ 11 Abberufung von Geschäftsleitern. Die Bundesanstalt kann die Abberufung des Geschäftsleiters einer Bausparkasse außer aus den in § 36 des Kreditwesengesetzes[1)] bezeichneten Gründen auch dann verlangen, wenn dieser vorsätzlich ober leichtfertig gegen die Bestimmungen dieses Gesetzes, die zu seiner Durchführung erlassenen Verordnungen, gegen Anordnungen der Bundesanstalt oder gegen die in § 5 Abs. 2 und 3 bezeichneten Bestimmungen der Allgemeinen Geschäftsgrundsätze oder der Allgemeinen Bedingungen für Bausparverträge verstoßen hat und trotz Verwarnung durch die Bundesanstalt dieses Verhalten fortsetzt.

§ 12 Vertrauensmann. (1) [1] Die Bundesanstalt bestellt bei jeder Bausparkasse einen Vertrauensmann. [2] Vor der Bestellung ist die Bausparkasse und, soweit eine andere staatliche Aufsicht nach § 3 Abs. 2 besteht, auch die für diese Aufsicht zuständige Behörde zu hören. [3] Die Bestellung kann jederzeit widerrufen werden.

(2) Der Vertrauensmann hat darauf zu achten, daß die Bestimmungen der Allgemeinen Bedingungen für Bausparverträge über das Zuteilungsverfahren eingehalten werden.

(3) [1] Der Vertrauensmann ist befugt, die Bücher und Schriften der Bausparkasse einzusehen, soweit sie sich auf das Zuteilungsverfahren beziehen. [2] Bei Streitigkeiten zwischen der Bausparkasse und dem Vertrauensmann über dessen Obliegenheiten entscheidet die Bundesanstalt.

(4) [1] Der Vertrauensmann teilt der Bundesanstalt seine Feststellungen und Beobachtungen mit. [2] Er ist an Weisungen der Bundesanstalt nicht gebunden.

(5) Der Vertrauensmann erhält von der Bundesanstalt eine angemessene Vergütung; diese ist von der Bausparkasse in sinngemäßer Anwendung des § 51 Abs. 3 des Kreditwesengesetzes[1)] gesondert zu erstatten.

§ 13 Besondere Pflichten des Prüfers. [1] Bei der Prüfung des Jahresabschlusses einer Bausparkasse hat der Prüfer auch festzustellen, ob

1. die Bausparsummen den Allgemeinen Bedingungen für Bausparverträge entsprechend zugeteilt worden sind,
2. die Bausparkasse die in § 5 Abs. 2 Nr. 2 bezeichnete Bestimmung der Allgemeinen Geschäftsgrundsätze und die in § 5 Abs. 3 Nr. 5 bezeichnete Bestimmung der Allgemeinen Bedingungen für Bausparverträge eingehalten hat und
3. die Vorschriften einer nach § 10 erlassenen Rechtsverordnung beachtet worden sind.

[2] Das Ergebnis ist in den Prüfungsbericht aufzunehmen.

§ 14 Bestandsübertragung. (1) [1] Ein Vertrag, durch den der Bestand einer Bausparkasse an Bausparverträgen mit den zugehörigen Aktiva und Passiva auf

---

[1)] Nr. 9.

eine andere Bausparkasse oder auf mehrere andere Bausparkassen ganz oder teilweise übertragen werden soll, bedarf der Genehmigung der Bundesanstalt. [2]Die Genehmigung ist von der Bundesanstalt im Bundesanzeiger zu veröffentlichen; sie gilt mit der Veröffentlichung den Bausparern als bekanntgegeben. [3]Die Rechte und Pflichten der übertragenden Bausparkasse aus den Bausparverträgen gehen mit der Genehmigung auch im Verhältnis zu den Bausparern auf die übernehmende Bausparkasse über; § 415 des Bürgerlichen Gesetzbuchs[1)] ist nicht anzuwenden. [4]Die Genehmigung darf nur versagt werden, wenn durch die Übertragung die Belange der Bausparer der übertragenden oder der übernehmenden Bausparkasse gefährdet werden.

(2) Der Vertrag bedarf der Schriftform.

(3) Zur Zusammenführung der Kollektive genehmigt die Bundesanstalt innerhalb von zwölf Monaten nach einer Übertragung nach Absatz 1 oder einer Verschmelzung der Bausparkasse auf Antrag Änderungen oder Ergänzungen der Allgemeinen Geschäftsgrundsätze und der Allgemeinen Bedingungen für Bausparverträge, sofern die Änderungen und Ergänzungen zur hinreichenden Wahrung der Belange der Bausparer erforderlich erscheinen, es sei denn, die Änderungen oder Ergänzungen erscheinen für die Zusammenführung der Bestände an Bausparverträgen nicht geeignet oder nicht erforderlich.

§ 15 Zahlungsverbot, Zustimmung zur vereinfachten Abwicklung.

(1) [1]Besteht Gefahr für die Erfüllung der Verpflichtungen einer Bausparkasse und erscheint die Vermeidung des Insolvenzverfahrens unter Abwägung der Interessen der Bausparer und der übrigen Gläubiger geboten, so kann die Bundesanstalt alle Arten von Zahlungen einstweilen verbieten. [2]Unter den gleichen Voraussetzungen kann die Bundesanstalt auch einer vereinfachten Abwicklung (§ 5 Abs. 2 Nr. 7) zustimmen. [3]Die Vorschriften der Insolvenzordnung zum Schutz von Zahlungs- sowie Wertpapierliefer- und -abrechnungssystemen sowie von dinglichen Sicherheiten der Zentralbanken und von Finanzsicherheiten finden entsprechend Anwendung.

(2) Die Regelungen des Sanierungs- und Abwicklungsgesetzes, des Kreditinstitute-Reorganisationsgesetzes, des Einlagensicherungsgesetzes sowie § 48t des Kreditwesengesetzes[2)] bleiben unberührt.

§ 16 Einstellung des Geschäftsbetriebs. (1) [1]Beschließt eine Bausparkasse, ihren Geschäftsbetrieb einzustellen, oder ordnet die Bundesanstalt die Abwicklung der Geschäfte einer Bausparkasse nach § 2 Absatz 6 an, so ist die Bausparkasse im Rahmen der geltenden gesetzlichen Vorschriften unter Berücksichtigung der Belange der Bausparer abzuwickeln. [2]Soweit dies zur Abwendung von Nachteilen für die Belange der Bausparer erforderlich erscheint, hat sich die Bausparkasse um eine Übertragung ihres Bauspargeschäfts auf eine andere Bausparkasse nach § 14 Absatz 1 zu bemühen. [3]§ 2 Absatz 5 ist entsprechend anzuwenden.

(2) [1]Die Bausparkasse hat der Bundesanstalt einen Plan für die Abwicklung nach Absatz 1 vorzulegen, es sei denn, über ihr Vermögen wurde ein Insolvenzverfahren eröffnet. [2]In dem Plan hat die Bausparkasse der Bundesanstalt insbesondere darzulegen,

---

[1)] Nr. **24**.
[2)] Nr. **9**.

1. dass sie sich erfolglos um eine Übertragung ihres Bauspargeschäfts auf eine andere Bausparkasse nach § 14 Absatz 1 bemüht hat oder dass die Abwicklung keine Nachteile für die Bausparer bringt,
2. ihren derzeitigen Bestand an Bausparverträgen mit den zugehörigen Aktiva und Passiva,
3. wie die Bausparverträge mit den zugehörigen Aktiva und Passiva abgewickelt werden sollen, wobei sie die voraussichtlich noch erfolgenden Zuteilungen gesondert auszuweisen hat,
4. in welcher Art, in welchem Umfang und zu welchem Zeitpunkt die Befriedigung ihrer Gläubiger erfolgt,
5. ob und gegebenenfalls welche Verträge auf eine andere Bausparkasse übertragen werden und
6. wann die Abwicklung voraussichtlich beendet sein wird.

(3) [1] Der Plan bedarf der Zustimmung der Bundesanstalt. [2] Die Bundesanstalt kann die Zustimmung versagen, wenn der Plan für eine geordnete Abwicklung unter Berücksichtigung der Belange der Bausparer keine Gewähr zu bieten scheint. [3] Dies kann insbesondere anzunehmen sein, wenn die Nachteile einer Abwicklung für die Bausparer durch eine Übertragung voraussichtlich vermieden werden können.

(4) [1] Die Verpflichtungen der Bausparkasse nach den Absätzen 1 und 2 sind Bestandteil der Abwicklung. [2] Kommt die Bausparkasse diesen nicht oder nur unzureichend nach oder liegen die Voraussetzungen nach Absatz 3 Satz 2 vor und versagt die Bundesanstalt ihre Zustimmung zu dem Plan, so kann die Bundesanstalt Maßnahmen zur Sicherung einer geordneten Abwicklung unter Berücksichtigung der Belange der Bausparer treffen. [3] Sie kann insbesondere

1. nach Absatz 6 in Verbindung mit § 38 Absatz 2 des Kreditwesengesetzes[1)] Weisungen für die Abwicklung erlassen und die Bestellung von Abwicklern beantragen oder vornehmen sowie
2. einen Plan für die Bausparkasse erstellen.

(5) [1] Stimmt die Bundesanstalt dem Plan zu oder erstellt sie einen Plan, so ist die Bausparkasse im Rahmen der geltenden gesetzlichen Vorschriften gemäß diesem Plan abzuwickeln. [2] Für eine spätere Änderung des Planes gelten die Absätze 2 bis 6 entsprechend.

(6) [1] Soweit in diesem Gesetz nichts Abweichendes geregelt ist, gilt § 38 Absatz 2 bis 3 des Kreditwesengesetzes. [2] Liegen die Voraussetzungen nach Absatz 4 vor, wird vermutet, dass die sonst zur Abwicklung berufenen Personen keine Gewähr für die ordnungsgemäße Abwicklung im Sinne des § 38 Absatz 2 Satz 2 des Kreditwesengesetzes bieten. [3] Die Regelungen des Sanierungs- und Abwicklungsgesetzes, des Kreditinstitute-Reorganisationsgesetzes sowie § 48t des Kreditwesengesetzes bleiben unberührt.

§ 17 Bezeichnung „Bausparkasse". (1) Die Bezeichnung „Bausparkasse" oder eine Bezeichnung, in der das Wort „Bausparkasse" oder der Wortstamm „Bauspar" enthalten ist, dürfen in der Firma, als Zusatz zur Firma, zur Bezeichnung des Geschäftszweckes oder zu Werbezwecken nur Unternehmen führen, die die Erlaubnis zum Betreiben der Geschäfte einer Bausparkasse besitzen.

---

1) Nr. **9**.

(2) Absatz 1 gilt nicht für Unternehmen, die das Wort „Bausparkasse" oder eine Bezeichnung, in der das Wort „Bausparkasse" oder der Wortstamm „Bauspar" enthalten ist, in einem Zusammenhang führen, der den Anschein ausschließt, daß sie Bauspargeschäfte betreiben.

(3) Die Vorschriften der §§ 42 und 43 des Kreditwesengesetzes[1)] gelten entsprechend.

§ 18 Bestimmungen für bestehende und für neue rechtlich unselbständige Bausparkassen. (1) [1] Für Kreditinstitute, die beim Inkrafttreten dieses Gesetzes das Bauspargeschäft betreiben durften, gilt die nach § 32 des Kreditwesengesetzes[1)] erforderliche Erlaubnis zum Betrieb der für Bausparkassen zulässigen Bankgeschäfte als erteilt. [2] Die in § 35 Abs. 1 des Kreditwesengesetzes bezeichnete Frist beginnt mit dem Inkrafttreten dieses Gesetzes.

(2) [1] Kreditinstitute, die bei Inkrafttreten dieses Gesetzes das Bauspargeschäft durch rechtlich unselbständige Einrichtungen betreiben durften, gelten insoweit als Bausparkassen. [2] Sie haben das Vermögen der Bausparkasse getrennt von ihrem sonstigen Vermögen zu verwalten, für die Bausparkasse einen gesonderten Jahresabschluß aufzustellen sowie einen besonderen Geschäftsbericht zu erstatten. [3] Die Vorschriften über die Prüfung der Buchführung, des Jahresabschlusses und des Geschäftsberichts der Kreditinstitute gelten sinngemäß. [4] Der auf die Bausparkasse entfallende, in dem gesonderten Jahresabschluß ausgewiesene Anteil am haftenden Eigenkapital des Kreditinstituts gilt als haftendes Eigenkapital der Bausparkasse.

(3) [1] Auf Bausparkassen, die bis zum Inkrafttreten dieses Gesetzes andere als die nach § 4 zulässigen Geschäfte oder Geschäfte in einem weiteren als dem nach den §§ 4, 6 und 7 sowie nach den Rechtsverordnungen gemäß § 10 zulässigen Umfang betrieben haben, sind diese Vorschriften nicht anzuwenden, soweit bereits abgeschlossene Verträge betroffen werden. [2] Die Bundesanstalt kann eine angemessene Frist für die Abwicklung dieser Geschäfte festsetzen.

(4) Absatz 3 gilt entsprechend auch für solche Kreditinstitute, die nach Inkrafttreten dieses Gesetzes das Bauspargeschäft durch rechtlich unselbständige Einrichtungen betreiben.

§ 19 Überleitungsbestimmungen. (1) [1] Die auf dem Gebiet des Bausparwesens bestehenden Rechtsvorschriften sowie die auf Grund der bisherigen Rechtsvorschriften erlassenen Anordnungen bleiben aufrechterhalten, soweit ihnen nicht Bestimmungen dieses Gesetzes, des Kreditwesengesetzes[1)] oder der Verordnung (EU) Nr. 575/2013[2)] entgegenstehen. [2] Rechtsvorschriften, die für die geschäftliche Betätigung bestimmter Arten von Bausparkassen weitergehende Anforderungen stellen als dieses Gesetz, bleiben unberührt.

(2) *(aufgehoben)*

(3) Die Zuständigkeit der Länder für die Bestätigung der Umstellungsrechnung von Bausparkassen, die ihrer besonderen staatlichen Aufsicht unterliegen, bleibt unberührt.

(4) [1] Mehrerträge im Sinne des § 6 Abs. 1, die vor dem 1. Januar 2001 anfallen, müssen mindestens zu sechzig Prozent in den Sonderposten „Fonds zur bauspartechnischen Absicherung" eingestellt werden. [2] Mehrerträge im Sinne des § 6

[1)] Nr. **9**.
[2)] Nr. **6**.

Abs. 1 brauchen nicht in den Sonderposten „Fonds zur bauspartechnischen Absicherung" eingestellt zu werden, sofern die Zuteilungsmittel, die vorübergehend nicht zugeteilt werden können, aus Bausparverträgen herrühren, die vor dem 1. Januar 1991 abgeschlossen worden sind.

(5) Die Bausparkasse darf abweichend von § 4 Abs. 1 Nr. 6 Satz 1 Beteiligungen an einem Unternehmen über den dritten Teil des Nennbetrages aller Anteile dieses Unternehmens hinaus halten, wenn sie diese Beteiligungen vor dem 31. Mai 1990 zulässigerweise übernommen oder erworben hat.

(5a) Die Regelungen des § 4 Absatz 3 Satz 1 Nummer 8 und des § 4 Absatz 3 Satz 2 und 3 finden erstmals Anwendung auf Anlagen, die ab dem 1. Januar 2017 getätigt werden.

(6) [1] Die nach § 6 Absatz 1 Satz 2 in der bis zum 28. Dezember 2015 geltenden Fassung dem Sonderposten „Fonds zur bauspartechnischen Absicherung" zugeführten Erträge gelten mit Ablauf des 28. Dezember 2015 als nach § 6 Absatz 2 in der ab dem 29. Dezember 2015 geltenden Fassung gebildet, soweit dieser Sonderposten nicht bis zum 28. Dezember 2015 nach § 6 Absatz 1 Satz 3 in der bis zum 28. Dezember 2015 geltenden Fassung von der Bausparkasse aufgelöst werden konnte. [2] Ab dem 29. Dezember 2015 kann der Sonderposten ausschließlich nach § 6 Absatz 2 in der ab dem 29. Dezember 2015 geltenden Fassung dieses Gesetzes verwendet und aufgelöst werden.

(7) § 8 Absatz 5 findet erstmals Anwendung auf die nach § 8 Absatz 4 zu verwendenden bauspartechnischen Simulationsmodelle, die 18 Monate nach Inkrafttreten der nach § 10 zu erlassenden Rechtsverordnung, die Bestimmungen nach § 10 Satz 1 Nummer 13 enthält, verwendet werden.

(8) Anlagen nach § 4 Absatz 3 Satz 1, die vor dem Zeitpunkt, ab dem das Vereinigte Königreich Großbritannien und Nordirland nicht mehr Mitgliedstaat der Europäischen Union ist und auch nicht wie ein solcher zu behandeln ist, im Gebiet des Vereinigten Königreichs Großbritannien und Nordirland getätigt wurden, können bis zu ihrer Fälligkeit weiter gehalten werden.

(9) Eine Sicherung von Forderungen im Sinne des § 7 Absatz 1 Satz 1, die nach § 7 Absatz 2 vor dem Zeitpunkt, ab dem das Vereinigte Königreich Großbritannien und Nordirland nicht mehr Mitgliedstaat der Europäischen Union ist und auch nicht wie ein solcher zu behandeln ist, durch die Bestellung von Grundpfandrechten an einem im Gebiet des Vereinigten Königreichs Großbritannien und Nordirland belegenen Pfandobjekt erfolgt ist, bleibt bis zum Wegfall der besicherten Forderung weiterhin zulässig.

§ 20 (Änderung und Aufhebung von Rechtsvorschriften)

§ 21[1)] (Inkrafttreten)

[1)] Das G in seiner ursprünglichen Fassung ist am 1.1.1973 in Kraft getreten.

21a. Verordnung zum Gesetz über Bausparkassen (Bausparkassen-Verordnung – BausparkV)

Vom 29. Dezember 2015
(BGBl. I S. 2576)

FNA 7691-2-1-3

geänd. durch Art. 1 VO zur Änd. der Bausparkassen-VO v. 23.7.2021 (BGBl. I S. 3206)

Auf Grund des § 10 des Gesetzes über Bausparkassen[1)], der zuletzt durch Artikel 1 Nummer 12 des Gesetzes vom 21. Dezember 2015 (BGBl. I S. 2399) geändert worden ist, in Verbindung mit § 1 der Verordnung zur Übertragung der Ermächtigung zum Erlass von Rechtsverordnungen nach § 10 Satz 1 des Gesetzes über Bausparkassen auf die Bundesanstalt für Finanzdienstleistungsaufsicht, der durch Artikel 1 Absatz 4 Nummer 2 der Verordnung vom 13. Dezember 2002 (BGBl. 2003 I S. 2) geändert worden ist, verordnet die Bundesanstalt für Finanzdienstleistungsaufsicht nach Anhörung der Deutschen Bundesbank und der Spitzenverbände der Bausparkassen:

§ 1 Bauspartechnische Simulationsmodelle. (1) Ein bauspartechnisches Simulationsmodell ist jeweils nur dann als geeignet anzusehen für die in § 8 Absatz 4 des Gesetzes über Bausparkassen[1)] und die in § 2 genannten Zwecke sowie zur Beurteilung, ob nach § 4 Absatz 3 eine nachhaltig gesicherte kollektive Liquidität sichergestellt ist und die Bausparkasse aufgrund einer nachhaltig gesicherten kollektiven Liquidität jederzeit in der Lage ist, Ansprüche auf Auszahlung der Bauspardarlehen und Bausparguthaben zu befriedigen, wenn damit eine hinreichend genaue Fortschreibung der Entwicklung des Bauspargeschäfts im Sinne des § 1 Absatz 1 des Gesetzes über Bausparkassen sowie der zugehörigen Zinsaufwendungen und -erträge über einen Zeitraum von in der Regel 20 Jahren (Simulationszeitraum) möglich ist.

(2) [1] Zur Überprüfung der Güte des bauspartechnischen Simulationsmodells hat jede Bausparkasse mindestens einmal jährlich einen Rückvergleich durchzuführen. [2] Zur Beurteilung der Güte der Simulationsparameter sind mindestens einmal jährlich Soll-Ist-Vergleiche durchzuführen. [3] Die Ergebnisse des Rückvergleichs und der Soll-Ist-Vergleiche hat die jeweilige Bausparkasse in einem Validierungsbericht zusammenzufassen. [4] Der Validierungsbericht ist vorzulegen bei

1. einem unabhängigen Wirtschaftsprüfer oder einer unabhängigen Wirtschaftsprüfungsgesellschaft einmalig im Rahmen einer Prüfung nach § 8 Absatz 5 des Gesetzes über Bausparkassen und
2. der Bundesanstalt jährlich im Rahmen des kollektiven Lageberichts gemäß § 3.

(3) [1] Der Prüfer nach § 8 Absatz 5 des Gesetzes über Bausparkassen hat zur Beurteilung, ob das bauspartechnische Simulationsmodell im Sinne des Absatzes 1 geeignet ist, insbesondere zu prüfen, ob

1. die der Simulation zugrunde liegenden Annahmen plausibel erscheinen und nachvollziehbar dargelegt sowie begründet wurden,

---

[1)] Nr. **21**.

2. die Simulationsparameter mit geeigneten Methoden und hinreichender Genauigkeit unter Berücksichtigung möglicher Verhaltensweisen der Bausparer sowie der gesamtwirtschaftlichen Rahmenbedingungen plausibel und nachvollziehbar bestimmt wurden,
3. die internen Rechenperioden des Simulationsmodells drei Monate nicht übersteigen,
4. bei Annahme der Konstanz aller Simulationsparameter die Simulation zu einem Beharrungszustand im Sinne von konstanten Umsatz- und Bestandsgrößen führt und bei Einstellung eines Tarifs bei ausreichend langer Simulationsdauer die Bestandszahlen im Wesentlichen auf null geführt werden,
5. bei der Verwendung einer Stichprobe oder einer anderen geeigneten Methode zur Komprimierung des Datenbestandes der Vertragsbestand hinreichend genau abgebildet wird,
6. der Aufbau des Modells und der Ablauf des Verfahrens einschließlich der Prämissen- und Parameterfestlegung schriftlich dokumentiert wird und sichergestellt ist, dass diese Dokumentation regelmäßig aktualisiert wird, und
7. die Ergebnisse des Validierungsberichts nach Absatz 2 den Anforderungen nach Absatz 1 nicht entgegenstehen.

[2] Der Prüfungsbericht nach § 8 Absatz 5 des Gesetzes über Bausparkassen muss zweifelsfrei ergeben, ob die in Absatz 1 und 2 genannten Anforderungen an ein bauspartechnisches Simulationsmodell erfüllt sind. [3] Der Prüfer hat den Prüfungsbericht und den Bestätigungsvermerk nach § 8 Absatz 5 des Gesetzes über Bausparkassen unverzüglich nach Beendigung der Prüfung der Bundesanstalt vorzulegen.

(4) [1] Die Bundesanstalt kann der Bausparkasse die Verwendung des bauspartechnischen Simulationsmodells für sämtliche oder einzelne der in Absatz 1 genannten Zwecke untersagen, wenn es die Anforderungen nach den Absätzen 1 bis 3 nicht erfüllt. [2] Zur Beurteilung, ob die Voraussetzungen der Absätze 1 bis 3 vorliegen, zieht die Bundesanstalt in der Regel den in Absatz 3 genannten Prüfungsbericht und den Bestätigungsvermerk mit heran.

§ 2 Simulationen und Prognosen. (1) [1] Bei den nach den Regelungen des § 8 Absatz 4 des Gesetzes über Bausparkassen[1)] sowie dieser Verordnung zu erstellenden Simulationen und Prognosen hat die Bausparkasse jeweils ein Basisszenario und geeignete Stressszenarien zu simulieren. [2] Ein Basisszenario stellt insbesondere die von der Bausparkasse erwartete Entwicklung der Ertrags- und Liquiditätslage unter Berücksichtigung des erwarteten Marktzinsniveaus über einen bestimmten Zeitraum dar. [3] Ein Stressszenario liegt vor, wenn gegenüber dem Basisszenario abweichende und aus Sicht der Bausparkasse ungünstige Entwicklungen bestimmter Parameter, beispielsweise des Marktzinsniveaus oder der Neugeschäftsentwicklung, angenommen werden.

(2) [1] Die Ergebnisse einer gemäß § 8 Absatz 4 des Gesetzes über Bausparkassen mit einem bauspartechnischen Simulationsmodell durchgeführten Simulation (Simulationsergebnisse) sind von der Bausparkasse nachvollziehbar zu dokumentieren. [2] Hierzu hat die Bausparkasse einen Bericht zu erstellen. [3] In dem Bericht sind nachvollziehbar darzulegen und zu begründen:
1. die den Simulationsergebnissen zugrunde liegenden Annahmen und

---

[1)] Nr. **21**.

2. die Simulationsparameter und die Abhängigkeiten, die zu den jeweiligen Simulationsergebnissen führen.

(3) Die Bundesanstalt kann die Gestaltung der Szenarien vorgeben und bei Bedarf weitere Szenarien anfordern, sofern dies für den jeweiligen Zweck erforderlich erscheint.

(4) [1] Die Bundesanstalt kann die Simulationsergebnisse zur Beurteilung mit heranziehen, ob die in § 10 Nummer 10 Buchstaben a bis k des Gesetzes über Bausparkassen genannten Voraussetzungen vorliegen. [2] Zur Beurteilung nach Satz 1 kann die Bundesanstalt ferner weitere im Zusammenhang mit dem Bauspargeschäft stehende betriebswirtschaftliche Größen mit heranziehen. [3] Die Bausparkasse hat die Entwicklung dieser betriebswirtschaftlichen Größen über einen Zeitraum von in der Regel 20 Jahren (Prognosezeitraum) zu prognostizieren. [4] Zu den betriebswirtschaftlichen Größen im Sinne des Satzes 2 zählen insbesondere

1. die Höhe der Vorfinanzierungskredite oder der Zwischenfinanzierungskredite nach § 4 Absatz 1 Nummer 1 des Gesetzes über Bausparkassen,
2. die Höhe der sonstigen Baudarlehen nach § 4 Absatz 1 Nummer 2 des Gesetzes über Bausparkassen,
3. die Höhe der Geldanlagen nach § 4 Absatz 3 des Gesetzes über Bausparkassen,
4. die Höhe der zur Gewährung von Bauspardarlehen und von Darlehen nach § 4 Absatz 1 Nummer 1 und 2 des Gesetzes über Bausparkassen sowie zur Beschaffung der darüber hinaus für den Geschäftsbetrieb erforderlichen Mittel nach den Regelungen des § 4 Absatz 1 Nummer 5 des Gesetzes über Bausparkassen eingegangenen Verbindlichkeiten,
5. die Höhe des Fonds zur bauspartechnischen Absicherung nach § 6 Absatz 2 des Gesetzes über Bausparkassen,
6. die Höhe der jeweiligen Aufwendungen und Erträge, die jeweils den in Nummer 1 bis 5 genannten Größen zuzuordnen sind,
7. die Höhe der unverzinslichen Passiva,
8. die Höhe des Verwaltungsaufwands,
9. die Höhe des Provisionsüberschusses,
10. die Höhe des Teilbetriebsergebnisses im Sinne des Satzes 5,
11. die kollektive Zinsspanne im Sinne des Satzes 6,
12. die kollektiv bedingte Zinsspanne im Sinne des § 1 Absatz 4 Satz 1 des Gesetzes über Bausparkassen,
13. der kollektiv bedingte Zinsüberschuss im Sinne des § 1 Absatz 4 Satz 2 des Gesetzes über Bausparkassen und
14. der gesamte Zinsüberschuss.

[5] Das Teilbetriebsergebnis im Sinne des Satzes 4 Nummer 10 ist die Summe aus Zinsüberschuss und Provisionsüberschuss abzüglich des Verwaltungsaufwands. [6] Die kollektive Zinsspanne im Sinne des Satzes 4 Nummer 11 ist die Differenz von durchschnittlicher Verzinsung der Bauspardarlehen und durchschnittlicher Verzinsung der Bauspareinlagen. [7] Die durchschnittliche Verzinsung der Bauspardarlehen im Sinne des Satzes 6 ist das Verhältnis Zinsertrag zu Jahresdurchschnittsbestand an Bauspardarlehen. [8] Die durchschnittliche Verzinsung der Bauspareinlagen im Sinne des Satzes 6 ist das Verhältnis Zinsaufwand zu Jahres-

durchschnittsbestand an Bauspareinlagen. [9]Die Annahmen, die der Prognose über die Entwicklung der in Satz 4 Nummer 1 bis 9 genannten Größen zugrunde liegen, sind nachvollziehbar darzulegen und zu begründen.

(5) Die Bundesanstalt kann weitere zu prognostizierende Größen benennen, sofern dies erforderlich erscheint, um zu beurteilen, ob die Voraussetzungen nach § 10 Nummer 10 Buchstabe a bis k des Gesetzes über Bausparkassen vorliegen.

(6) [1]Die Ergebnisse einer nach den Absätzen 4 und 5 erstellten Prognose (Prognoseergebnisse) sind von der Bausparkasse nachvollziehbar zu dokumentieren. [2]Absatz 1 Satz 1 und Absatz 3 gelten entsprechend. [3]Die den Prognoseergebnissen zugrunde liegenden Annahmen, die Prognoseparameter und die Abhängigkeiten, die zu den jeweiligen Prognoseergebnissen führen, sowie die Zusammenhänge mit den Simulationsergebnissen nach Absatz 2 sind von der Bausparkasse nachvollziehbar darzulegen und zu begründen.

(7) Die Bundesanstalt kann die Form vorgeben, in der Simulations- und Prognoseergebnissen darzulegen und zu begründen sind, insbesondere auch deren Verbindung in einem gemeinsamen Bericht.

(8) [1]Bei Anträgen auf eine Genehmigung nach § 6 Absatz 1 Satz 2 Nummer 2 und Absatz 2 Satz 4, nach § 9 Absatz 1 Satz 1 und 2 sowie nach § 14 Absatz 1 und 3 des Gesetzes über Bausparkassen hat die Bausparkasse ihrem jeweiligen Antrag in der Regel beizufügen:

1. aktuelle Simulations- und Prognoseergebnisse sowie
2. einen Bericht zu den Simulations- und Prognoseergebnissen.

[2]Diese müssen den Anforderungen nach den Absätzen 1 bis 7 entsprechen.

§ 3 Kollektiver Lagebericht. (1) [1]Die Bausparkasse hat der Bundesanstalt bis spätestens zum Ende eines Kalenderjahres einen kollektiven Lagebericht nach § 3 Absatz 5 des Gesetzes über Bausparkassen[1)] einzureichen. [2]Dieser hat unter Beschreibung des Istzustands des Bausparkollektivs und der aktuellen gesamtwirtschaftlichen Rahmenbedingungen die in § 2 Absatz 8 Satz 1 Nummer 1 und 2 aufgeführten Informationen und Unterlagen zu enthalten. [3]§ 2 Absatz 8 Satz 2 gilt entsprechend. [4]Darüber hinaus hat die Bausparkasse insbesondere darzulegen

1. die Risiken derjenigen Tarife, deren Verzinsung vom jeweiligen Marktzinsniveau erheblich abweicht,
2. den Anteil der Tarife, absolut und relativ gemessen am gesamten Bausparsummenbestand, getrennt nach der Spar- und der Darlehensphase, deren individuelles Sparer-Kassen-Leistungsverhältnis größer als 1,000 ist, einschließlich einer Erläuterung der Auswirkungen dieser Tarife auf den Zinsertrag und die kollektive Liquidität sowie einer Beurteilung der diesbezüglichen Risiken und auch der Risikobegrenzungsmaßnahmen,
3. die Maßnahmen zur Absicherung der Risiken aus längerfristigen Verbindlichkeiten und
4. eine Beurteilung, ob die Erfüllung der übernommenen Verpflichtungen im Sinne des § 3 Absatz 5 Satz 1 Nummer 1 des Gesetzes über Bausparkassen im Simulationszeitraum gewährleistet ist.

---

1) Nr. **21**.

(2) [1] Den kollektiven Lagebericht hat die Bausparkasse um Schwellenwerte für ausgewählte, geeignete Größen der Simulations- und Prognoseergebnisse gemäß § 2 Absatz 2 und 6 zu ergänzen, deren Über- oder Unterschreitung Gegensteuerungsmaßnahmen erforderlich machen würde. [2] Sind die Schwellenwerte im Simulationszeitrum über- oder unterschritten, hat die Bausparkasse geeignete Gegensteuerungsmaßnahmen aufzuzeigen. [3] Sind die Schwellenwerte in den ersten fünf Jahren des Simulationszeitraums über- oder unterschritten, so sind die Wirkungen geeigneter Gegensteuerungsmaßnahmen qualitativ und quantitativ zu beschreiben.

(3) Die Bundesanstalt kann den Bausparkassen abweichend von Absatz 1 Satz 1 vorgeben, zu welchen Zeitpunkten und in welcher Häufigkeit innerhalb eines Kalenderjahres die Bausparkasse der Bundesanstalt einen kollektiven Lagebericht einzureichen hat.

§ 4 Mindestanforderungen an Bauspartarife. (1) In die Allgemeinen Bedingungen für Bausparverträge sind Mindestbewertungszahlen oder andere geeignete Zuteilungsvoraussetzungen aufzunehmen, die eine nachhaltig gesicherte kollektive Liquidität sicherstellen sollen.

(2) [1] Die Leistungen der Bausparer im Sinne des § 5 Absatz 4 Nummer 1 des Gesetzes über Bausparkassen[1)] sind das Verhältnis Guthabenzinsen, die in der Sparphase angefallenen sind, zu Guthabenzinssatz (Sparerleistungen). [2] Die Leistungen der Bausparkasse im Sinne des § 5 Absatz 4 Nummer 1 des Gesetzes über Bausparkassen sind das Verhältnis Darlehenszinsen, die in der Tilgungsphase angefallenen sind, zu Darlehenszinssatz (Kassenleistungen). [3] Das niedrigste individuelle Sparer-Kassen-Leistungsverhältnis eines Bauspartarifs im Sinne des § 5 Absatz 4 Nummer 1 des Gesetzes über Bausparkassen muss vorbehaltlich des Satzes 4 zum Zeitpunkt der Zuteilung mindestens 0,400 betragen. [4] Die Bundesanstalt kann unter Berücksichtigung der Umstände des Einzelfalls den Mindestwert für das individuelle Sparer-Kassen-Leistungsverhältnis abweichend von Satz 3 bestimmen, sofern für die in einer Zuteilungsmasse geführten Bauspartarife eine nachhaltig gesicherte kollektive Liquidität gewährleistet erscheint. .

(3) [1] Zur Beurteilung, ob eine nachhaltig gesicherte kollektive Liquidität sichergestellt ist, kann die Bundesanstalt insbesondere die Simulationsergebnisse gemäß § 2 Absatz 2 mit heranziehen. [2] Der Nachweis einer nachhaltig gesicherten kollektiven Liquidität ist zudem durch ein langfristig angemessenes kollektives Sparer-Kassen-Leistungsverhältnis und gegebenenfalls weitere, von der Bundesanstalt zu benennende Größen zu führen. [3] Das kollektive Sparer-Kassen-Leistungsverhältnis ist der Quotient aus der Summe der Sparerleistungen der Bausparverträge, deren Bausparguthaben an die Bausparer innerhalb eines Kalenderjahres ausgezahlt wurden, und der Summe der Kassenleistungen derjenigen Bausparverträge, bei denen im Kalenderjahr die erste Darlehensauszahlung erfolgte. [4] Bei der Berechnung der Kassenleistung kann die Bundesanstalt neben der Berücksichtigung der tariflichen Tilgungsbeiträge auch zusätzliche Berechnungen mit höheren Tilgungsbeiträgen (Sondertilgungen) verlangen. [5] Die Werte des kollektiven Sparer-Kassen-Leistungsverhältnisses für das abgelaufene Kalenderjahr sind der Bundesanstalt jährlich vorzulegen.

[1)] Nr. **21**.

(4) Führen die Zuteilungsvoraussetzungen nicht zu einer nachhaltig gesicherten kollektiven Liquidität oder ergeben sich für das kollektive Sparer-Kassen-Leistungsverhältnis nicht nur vorübergehend unangemessen hohe Werte, hat die Bausparkasse die Zuteilungsvoraussetzungen unverzüglich in geeigneter Weise anzupassen.

(5) [1] In den Allgemeinen Bedingungen für Bausparverträge ist die Differenz zwischen nominalem Darlehenszins und dem Guthabenzins in einem Bauspartarif (tarifliche Zinsspanne) so festzulegen, dass die Erfüllbarkeit der von der Bausparkasse übernommenen Verpflichtungen dauerhaft gewährleistet erscheint. [2] Bei der Festlegung der tariflichen Zinsspanne ist die Höhe der individuellen Sparer-Kassen-Leistungsverhältnisse angemessen zu berücksichtigen.

§ 5 Gewährung von Vorfinanzierungs- oder Zwischenfinanzierungskrediten und sonstigen Baudarlehen aus Zuteilungsmitteln. (1) [1] Beantragt eine Bausparkasse eine Genehmigung nach § 6 Absatz 1 Satz 2 Nummer 2 des Gesetzes über Bausparkassen[1)], so hat sie insbesondere mittels Simulationsergebnissen darzulegen, dass sie aufgrund einer nachhaltig gesicherten kollektiven Liquidität jederzeit in der Lage ist, Ansprüche auf Auszahlung der Bauspardarlehen und Bausparguthaben zu befriedigen. [2] Die Bundesanstalt kann zusätzlich weitere relevante Informationen, insbesondere aus dem kollektiven Lagebericht (§ 3) mit heranziehen, die zur Beurteilung, ob die Voraussetzungen des § 6 Absatz 1 Nummer 2 des Gesetzes über Bausparkassen vorliegen, erforderlich sind.

(2) [1] Die Laufzeit der Darlehen nach § 4 Absatz 1 Nummer 1 und 2 des Gesetzes über Bausparkassen, die aus Mitteln der Zuteilungsmasse refinanziert werden, darf einen Zeitraum von zwölf Jahren nicht überschreiten. [2] Die Bundesanstalt kann diesen Zeitraum verkürzen, wenn anderenfalls die Belange der Bausparer nicht ausreichend gewahrt wären. [3] Dies kann insbesondere dann der Fall sein, wenn die Zuteilung zur Mindestbewertungszahl nicht gewährleistet ist oder es nicht gewährleistet erscheint, dass die Bausparkasse aufgrund einer nachhaltig gesicherten kollektiven Liquidität jederzeit in der Lage ist, Ansprüche auf Auszahlung der Bauspardarlehen und Bausparguthaben zu befriedigen. [4] Die Bundesanstalt kann Ausnahmen von Satz 1 in besonderen Fällen auf Antrag zulassen.

(3) Bausparkassen, die eine Genehmigung nach § 6 Absatz 1 Nummer 2 des Gesetzes über Bausparkassen beantragt oder erhalten haben, haben nachfolgende Anforderungen einzuhalten:

1. insbesondere die fortgeschriebenen Werte der Bauspareinlagen und Bauspardarlehen mindestens jährlich mit den Ist-Werten zu vergleichen und am Ende eines Kalenderjahres die fortgeschriebenen Werte den Ist-Werten gegenüberzustellen sowie das Ergebnis der Bundesanstalt einzureichen;
2. bei gravierenden Abweichungen der Ist-Werte von den Soll-Werten im Sinne der Nummer 1 eine Abweichungsanalyse durchzuführen, die Ergebnisse der Analyse der Bundesanstalt anzuzeigen, die Abweichungsursachen zu begründen und Maßnahmen aufzuzeigen, die geeignet sind, derartige Abweichungen künftig zu verhindern.

[1)] Nr. **21**.

(4) Die Bausparkasse hat der Bundesanstalt unverzüglich schriftlich anzuzeigen, wenn ihr aufgrund der Simulationsergebnisse, Prognoseergebnisse oder sonstiger Größen Erkenntnisse vorliegen, nach denen es nicht gewährleistet erscheint, dass die Bausparkasse aufgrund einer nachhaltig gesicherten kollektiven Liquidität jederzeit in der Lage ist, Ansprüche auf Auszahlung der Bauspardarlehen und Bausparguthaben zu befriedigen.

(5) [1] Die Bundesanstalt kann eine Genehmigung nach § 6 Absatz 1 Nummer 2 des Gesetzes über Bausparkassen insbesondere auch versagen, bei Bekanntgabe oder nachträglich mit Nebenbestimmungen versehen oder widerrufen, wenn

1. die Anforderungen nach Absatz 1 Satz 1 oder Absatz 2 nicht eingehalten werden oder
2. gravierende Abweichungen im Sinne des Absatzes 2 Nummer 2 nicht nur einmalig auftreten und die Abweichungen nicht nachweislich auf von der Bausparkasse nicht prognostizierbare externe Faktoren zurückzuführen sind.

[2] Bei ihrer Entscheidung über eine Versagung, einen Widerruf oder eine Nebenbestimmung zu der Genehmigung berücksichtigt die Bundesanstalt die Belange der Bausparer. [3] Liegen die Voraussetzungen vor, eine Genehmigung zu widerrufen, kann die Bundesanstalt anstelle eines sofortigen Widerrufs insbesondere die Genehmigung nachträglich befristen und mit Auflagen versehen, wenn dies geeignet und erforderlich erscheint, um der Bausparkasse zu ermöglichen, ihre Kollektivsteuerung innerhalb eines angemessenen Zeitraums an den Umstand anzupassen, dass sie die Zuteilungsmasse nicht mehr gemäß der ursprünglichen Genehmigung verwenden darf.

§ 6 Tarifgenehmigungsanträge und Anträge auf Genehmigung von Bestandsübertragungen. (1) [1] Die Bausparkasse hat Anträgen auf eine Genehmigung nach § 9 Absatz 1 Satz 1 und 2 und nach § 14 Absatz 3 des Gesetzes über Bausparkassen[1)] insbesondere die nachfolgend aufgeführten Unterlagen beizufügen:

1. die Allgemeinen Geschäftsgrundsätze und Allgemeinen Bedingungen für Bausparverträge, die Gegenstand des Antrags sind, sowie
2. Nachweise darüber, dass die Anforderungen nach § 4 eingehalten worden sind.

[2] Die Unterlagen können auch in elektronischer Form bei der Bundesanstalt vorgelegt werden.

(2) Die Bausparkasse hat Anträgen auf eine Genehmigung nach § 14 Absatz 1 des Gesetzes über Bausparkassen insbesondere die folgenden Unterlagen beizufügen:

1. den Vertrag, durch den der Bestand an Bausparverträgen mit den zugehörigen Aktiva und Passiva auf eine andere oder auf mehrere andere Bausparkassen ganz oder teilweise übertragen werden soll, sowie
2. Unterlagen, aus denen hervorgeht, dass die Anforderungen nach § 4 eingehalten werden.

(3) § 2 Absatz 8 bleibt von den Absätzen 1 und 2 unberührt.

[1)] Nr. **21**.

§ 7 Zuführung zum Fonds zur bauspartechnischen Absicherung.

(1) [1]Die Zuführung zum Fonds zur bauspartechnischen Absicherung nach § 6 Absatz 2 Satz 2 des Gesetzes über Bausparkassen[1)] erfolgt jährlich zum Ende des Geschäftsjahres. [2]Für den Fall, dass der Unterschiedsbetrag zwischen dem Ist-Zinsertrag im Sinne des Absatzes 2 und dem Soll-Zinsertrag im Sinne des Absatzes 3 positiv ist, sind dem Fonds sechs Zehntel des Unterschiedsbetrags zuzuführen.

(2) [1]Der Ist-Zinsertrag ist das Produkt aus dem außerkollektiven Zinssatz und der Summe aus den nicht in Bauspardarlehen angelegten Bausparguthaben und dem Fonds zuzüglich des Produkts aus den Bauspardarlehen und dem bauspardarlehensgewichteten Durchschnitt der tariflichen Bauspardarlehenszinssätze. [2]Der außerkollektive Zinssatz ist der Quotient aus dem außerkollektiven Zinsertrag und dem Volumen der außerkollektiven Geldanlagen und der außerkollektiven Kredite der Bausparkasse.

(3) [1]Der Soll-Zinsertrag ist das Produkt aus dem kollektiven Zinssatz und den Kollektivmitteln im Sinne des § 1 Absatz 7 des Gesetzes über Bausparkassen. [2]Der kollektive Zinssatz ist der bauspareinlagengewichtete Durchschnitt der tariflichen Bauspardarlehenszinssätze.

(4) Bei Tarifen oder Tarifvarianten, bei denen das individuelle Sparer-Kassen-Leistungsverhältnis größer als 1,000 ist, kann statt des Zinssatzes für Bauspardarlehen wahlweise der Guthabenzins für Bauspareinlagen zuzüglich 2 Prozent zum Ansatz gebracht werden.

§ 8 Einsatz des Fonds zur bauspartechnischen Absicherung. (1) [1]Die Mittel des Fonds zur bauspartechnischen Absicherung sind im Sinne des § 6 Absatz 2 Satz 1 Nummer 1 des Gesetzes über Bausparkassen[1)] einzusetzen, soweit die Zuteilung mit einer Zielbewertungszahl, die für Regelsparer zu einem individuellen Sparer-Kassen-Leistungsverhältnis von 1,000 führt, ohne Zuführung außerkollektiver Mittel zur Zuteilungsmasse nicht aufrechterhalten werden kann (obere Einsatzbewertungszahl). [2]Für alle Bauspartarife einer Zuteilungsmasse gilt eine in den Allgemeinen Geschäftsgrundsätzen zu nennende einheitliche obere Einsatzbewertungszahl, die nach den Allgemeinen Bedingungen für Bausparverträge derjenigen Bauspartarifvariante zu ermitteln ist, die im nicht zugeteilten Vertragsbestand summenmäßig den größten Anteil hat und deren niedrigstes individuelles Sparer-Kassen-Leistungsverhältnis gleichzeitig weniger als 0,800 beträgt.

(2) [1]Die Mittel des Fonds zur bauspartechnischen Absicherung können im Sinne des § 6 Absatz 2 Satz 1 Nummer 1 des Gesetzes über Bausparkassen eingesetzt werden, soweit die Zuteilung mit einer Zielbewertungszahl in Höhe der unteren Einsatzbewertungszahl nicht aufrechterhalten werden kann. [2]Für alle Bauspartarife einer Zuteilungsmasse gilt eine in den Allgemeinen Geschäftsgrundsätzen zu nennende einheitliche untere Einsatzbewertungszahl, die das 1,4fache der nach den Allgemeinen Bedingungen für Bausparverträge höchsten Mindestbewertungszahl aller Tarife nicht übersteigen darf.

(3) Die Bausparkasse kann aus dem Fonds zur bauspartechnischen Absicherung in den Fällen der Absätze 1 und 2 den Betrag entnehmen, der sich ergibt, wenn auf die außerkollektiven Mittel, die der Zuteilungsmasse zugeführt wer-

---

1) Nr. **21**.

den, ein Zinssatz angewendet wird, der dem Unterschiedsbetrag aus dem effektiven Jahreszins für die zugeführten Mittel und dem kollektiven Zinssatz entspricht.

(4) Zur Sicherung einer kollektiv bedingten Zinsspanne im Sinne des § 6 Absatz 2 Satz 1 Nummer 2 des Gesetzes über Bausparkassen kann die Bausparkasse für den Fall, dass der Unterschiedsbetrag zwischen dem Ist-Zinsertrag (§ 7 Absatz 2) und dem Soll-Zinsertrag (§ 7 Absatz 3), negativ ist, bis zu acht Zehntel dieses negativen Unterschiedsbetrags dem Fonds zur bauspartechnischen Absicherung zum Ende des Geschäftsjahres entnehmen.

(5) § 6 Absatz 2 Satz 3 bis 6 des Gesetzes über Bausparkassen sowie die Absätze 1 bis 4 gelten auch für Mittel, die dem Fonds über die Anforderungen nach § 7 Absatz 1 hinaus zugeführt wurden.

§ 9 Großbausparverträge. (1) [1] Großbausparverträge sind Bausparverträge, bei denen die Bausparsumme den Betrag von 700 000 Euro übersteigt. [2] Alle innerhalb von zwölf Monaten abgeschlossenen Bausparverträge eines Bausparers gelten dabei als ein Vertrag.

(2) Der Anteil der nicht zugeteilten Großbausparverträge am gesamten nicht zugeteilten Bausparsummenbestand der Bausparverträge einer Bausparkasse darf nicht höher als 15 Prozent sein.

(3) Der Anteil der Großbausparverträge, die innerhalb eines Kalenderjahres abgeschlossen werden, an der gesamten Bausparsumme der in diesem Jahr von der Bausparkasse abgeschlossenen Bausparverträge darf nicht höher als 30 Prozent sein.

(4) Auf die nach den Absätzen 2 und 3 zulässigen Anteile von Großbausparverträgen sind diejenigen Bausparverträge anzurechnen, auf die der Bausparer die für eine Zuteilung erforderliche Mindestansparsumme innerhalb des ersten Jahres nach Vertragsabschluss eingezahlt hat.

§ 10 Gewerbliche Finanzierungen. Der Anteil der Darlehen, die der Finanzierung von Bauvorhaben mit gewerblichem Charakter dienen, darf drei Prozent des Gesamtbestandes der Forderungen aus Darlehen einer Bausparkasse nicht übersteigen.

§ 11 Darlehen an Beteiligungsunternehmen. (1) Darlehen nach § 4 Absatz 1 Nummer 7 des Gesetzes über Bausparkassen[1)] dürfen einer Bausparkasse insgesamt in Höhe von bis zu 60 Prozent ihrer Eigenmittel nach Artikel 72 der Verordnung (EU) Nr. 575/2013[2)] des Europäischen Parlaments und des Rates vom 26. Juni 2013 über Aufsichtsanforderungen an Kreditinstitute und Wertpapierfirmen und zur Änderung der Verordnung (EU) Nr. 648/2012 (ABl. L 176 vom 27.6.2013, S. 1, L 208 vom 2.8.2013, S. 68, L 321 vom 30.11.2013, S. 6, L 193 vom 21.7.2015, S. 166), die durch die Delegierte Verordnung (EU) 2015/62 (ABl. L 11 vom 17.1.2015, S. 37) geändert worden ist, gewährt werden.

(2) Einem einzelnen Unternehmen, an dem die Bausparkasse beteiligt ist, dürfen Darlehen nach Absatz 1 insgesamt in Höhe von bis zu 20 Prozent ihrer

---

1) Nr. **21**.
2) Nr. **6**.

Eigenmittel nach Artikel 72 der Verordnung (EU) Nr. 575/2013 gewährt werden.

§ 12 Darlehen gegen Verpflichtungserklärung, Blankodarlehen.

(1) Darlehen gegen Abgabe einer Verpflichtungserklärung nach § 7 Absatz 4 Nummer 1 des Gesetzes über Bausparkassen[1)] oder ohne Sicherung nach § 7 Absatz 4 Nummer 2 des Gesetzes über Bausparkassen dürfen im Einzelfall nur bis zu einem Betrag von 50 000 Euro gewährt werden.

(2) Der Anteil aller Darlehen nach Absatz 1 darf insgesamt 30 Prozent des Gesamtbestandes der Forderungen aus Darlehen einer Bausparkasse nicht übersteigen.

§ 13 Begrenzung der nicht durch Grundpfandrechte gesicherten Darlehen. Der Anteil der Darlehen, für die Ersatzsicherheiten nach § 7 Absatz 3 des Gesetzes über Bausparkassen[1)] gestellt werden, sowie der Darlehen nach § 12 Absatz 1 darf insgesamt 45 Prozent des Gesamtbestandes der Forderungen aus Darlehen einer Bausparkasse nicht übersteigen.

§ 14 Überleitungsbestimmung. Eine nach den Regelungen des § 6 Absatz 1 Satz 1 in Verbindung mit § 10 Satz 1 Nummer 1 des Gesetzes über Bausparkassen[1)] in der bis zum 28. Dezember 2015 geltenden Fassung in Verbindung mit § 1 Absatz 4 der Bausparkassen-Verordnung in der bis zum 30. Dezember 2015 geltenden Fassung von der Bundesanstalt zugelassene Ausnahme von § 1 Absatz 1 bis 3 der Bausparkassen-Verordnung in der bis zum 30. Dezember 2015 geltenden Fassung gilt für einen Übergangszeitraum vom 29. Dezember 2015 bis zum 29. August 2017 als eine Genehmigung der Bundesanstalt nach § 6 Absatz 1 Nummer 2 des Gesetzes über Bausparkassen in der ab dem 29. Dezember 2015 geltenden Fassung, Mittel aus der Zuteilungsmasse, die vorübergehend nicht für die Zuteilung verwendet werden können, zwischenzeitlich zur Gewährung von Darlehen nach § 4 Absatz 1 Nummer 1 des Gesetzes über Bausparkassen in der ab dem 29. Dezember 2015 geltenden Fassung, verwenden zu dürfen.

§ 15 Inkrafttreten, Außerkrafttreten. [1] Diese Verordnung tritt am Tag nach der Verkündung[2)] in Kraft. [2] Gleichzeitig tritt die Bausparkassen-Verordnung vom 19. Dezember 1990 (BGBl. I S. 2947), die zuletzt durch Artikel 1 der Verordnung vom 24. April 2009 (BGBl. I S. 999) geändert worden ist, außer Kraft.

---

1) Nr. **21**.

2) Verkündet am 30.12.2015.

22. Verordnung (EU) Nr. 806/2014 des Europäischen Parlaments und des Rates vom 15. Juli 2014 zur Festlegung einheitlicher Vorschriften und eines einheitlichen Verfahrens für die Abwicklung von Kreditinstituten und bestimmten Wertpapierfirmen im Rahmen eines einheitlichen Abwicklungsmechanismus und eines einheitlichen Abwicklungsfonds sowie zur Änderung der Verordnung (EU) Nr. 1093/2010[1)]

(ABl. L 225 S. 1, ber. ABl. 2015 L 101 S. 62)[2)]

Celex-Nr. 3 2014 R 0806

zuletzt geänd. durch Art. 94 VO (EU) 2021/23 v. 16.12.2020 (ABl. 2021 L 22 S. 1)

DAS EUROPÄISCHE PARLAMENT UND DER RAT DER EUROPÄISCHEN UNION –

gestützt auf den Vertrag über die Arbeitsweise der Europäischen Union, insbesondere auf Artikel 114,

auf Vorschlag der Europäischen Kommission,

nach Zuleitung des Entwurfs des Gesetzgebungsakts an die nationalen Parlamente,

nach Stellungnahme der Europäischen Zentralbank[3)],

nach Stellungnahme des Europäischen Wirtschafts- und Sozialausschusses[4)],

gemäß dem ordentlichen Gesetzgebungsverfahren[5)],

in Erwägung nachstehender Gründe:

(1) Die Union hat in den letzten Jahrzehnten Fortschritte bei der Schaffung eines Binnenmarkts für Bankdienstleistungen erzielt. Ein stärker integrierter Binnenmarkt für Bankdienstleistungen ist für die Förderung des Wirtschaftswachstums in der Union und einer angemessenen Finanzierung der Realwirtschaft von entscheidender Bedeutung. Die Finanz- und Wirtschaftskrise hat jedoch gezeigt, dass die Funktionsfähigkeit des Binnenmarkts in diesem Bereich bedroht ist und das Risiko einer finanziellen Fragmentierung wächst. Dies gibt in einem Binnenmarkt, in dem Banken die Möglichkeit haben sollten, nennenswerte grenzüberschreitende Tätigkeiten auszuüben, Anlass zu erheblicher Sorge. Die Liquidität an den Interbankenmärkten hat abgenommen und grenzüberschreitende Banktätigkeiten werden aus Furcht vor Ansteckung sowie aufgrund des mangelnden Vertrauens in die Bankensysteme anderer Länder und in die Fähigkeit der Mitgliedstaaten, die Banken zu stützen, zurückgefahren.

(2) Die zwischen den nationalen Abwicklungsvorschriften sowie den entsprechenden Verwaltungsverfahren in verschiedenen Mitgliedstaaten bestehenden Unterschiede sowie die Tatsache, dass es kein einheitliches Beschlussfassungsverfahren für die Abwicklung in der Bankenunion gibt, tragen zu diesem mangelnden Vertrauen und zur Instabilität des Marktes bei, da hinsichtlich der möglichen Folgen des Ausfalls einer Bank keine Vorhersagbarkeit gewährleistet ist.

(3) Insbesondere die unterschiedlichen Anreize und Vorgehensweisen der Mitgliedstaaten hinsichtlich der Behandlung von Gläubigern von in Abwicklung befindlichen Banken und hinsichtlich des Bail-out ausfallender Banken mit Geld der Steuerzahler wirken sich auf die Einschätzung des Kreditrisikos, der finanziellen Solidität und der Solvenz ihrer Banken aus und bewirken ungleiche Wettbewerbsbedingungen. Dies schwächt das Vertrauen der Allgemeinheit in den Bankensektor und behindert die Wahrnehmung der Niederlassungsfreiheit und des freien Dienstleis-

---

[1)] Zum Inkrafttreten beachte Artikel 99.

[2)] Veröffentlicht am 30.7.2014.

[3)] **Amtl. Anm.:** ABl. C 109 vom 11.4.2014, S. 2.

[4)] **Amtl. Anm.:** ABl. C 67 vom 6.3.2014, S. 58.

[5)] **Amtl. Anm.:** Standpunkt des Europäischen Parlaments vom 15. April 2014 (noch nicht im Amtsblatt veröffentlicht) und Beschluss des Rates vom 14. Juli 2014.

tungsverkehrs im Binnenmarkt, denn die Finanzierungskosten wären geringer, wenn zwischen den Vorgehensweisen der einzelnen Mitgliedstaaten nicht derartige Unterschiede bestünden.

(4) Die zwischen den nationalen Abwicklungsvorschriften und den entsprechenden Verwaltungsverfahren in den verschiedenen Mitgliedstaaten bestehenden Unterschiede können dazu führen, dass Banken und Kunden, unabhängig von ihrer tatsächlichen Kreditwürdigkeit, allein aufgrund des Ortes ihrer Niederlassung höhere Kreditkosten entstehen. Zudem sehen sich die Kunden von Banken in einigen Mitgliedstaaten unabhängig von ihrer eigenen Kreditwürdigkeit höheren Kreditzinsen gegenüber als Kunden von Banken in anderen Mitgliedstaaten.

(5) Der Europäische Rat gelangte am 18. Oktober 2012 zu dem Schluss, dass „die Wirtschafts- und Währungsunion [...] angesichts der grundlegenden Herausforderungen, vor denen sie derzeit steht, gestärkt werden [muss], um das wirtschaftliche und soziale Wohlergehen sowie Stabilität und anhaltenden Wohlstand zu sichern“, und dass „die Entwicklung hin zu einer vertieften Wirtschafts- und Währungsunion [...] auf dem institutionellen und rechtlichen Rahmen der EU aufbauen und von Offenheit und Transparenz gegenüber den Mitgliedstaaten, die die einheitliche Währung nicht verwenden, und von der Wahrung der Integrität des Binnenmarkts geprägt sein“ sollte. Hierfür wird eine Bankenunion geschaffen, die sich auf ein umfassendes und detailliertes einheitliches Regelwerk für Finanzdienstleistungen im Binnenmarkt als Ganzes stützt. Die Entwicklung in Richtung einer Bankenunion ist von Offenheit und Transparenz gegenüber nicht teilnehmenden Mitgliedstaaten und von der Wahrung der Integrität des Binnenmarkts geprägt.

(6) Das Europäische Parlament hat die Kommission in seiner Entschließung vom 7. Juli 2010 mit Empfehlungen an die Kommission zu einem grenzübergreifenden Krisenmanagement im Bankensektor aufgefordert, „auf der Grundlage von Artikel 50 und Artikel 114 des Vertrags über die Arbeitsweise der Europäischen Union ... einen oder mehrere Legislativvorschläge zu einem EU-Rahmen für das Krisenmanagement, einem EU-Finanzstabilisierungsfonds [...] und einer Abwicklungsstelle zu unterbreiten“, und in seiner Entschließung vom 20. November 2012 mit Empfehlungen an die Kommission zum Bericht der Präsidenten des Europäischen Rates, der Europäischen Kommission, der Europäischen Zentralbank und der Euro-Gruppe „Auf dem Weg zu einer echten Wirtschafts- und Währungsunion“ betont, „dass das Aufbrechen der negativen Rückkopplungen zwischen Staaten, Banken und der Realwirtschaft für ein reibungsloses Funktionieren der WWU entscheidend ist“ und „dass zusätzliche und weitreichende Maßnahmen dringend erforderlich sind, um die Krise im Bankensektor zu lösen“, und dass „die Verwirklichung einer voll funktionsfähigen europäischen Bankenunion“ geboten ist, was allerdings „nicht das weitere reibungslose Funktionieren des Binnenmarktes für Finanzdienstleistungen und den freien Kapitalverkehr behindern“ sollte.

(7) Als erster Schritt zur Schaffung einer Bankenunion hat der durch die Verordnung (EU) Nr. 1024/2013[1] des Rates[2] eingerichtete einheitliche Aufsichtsmechanismus (Single Supervisory Mechanism – SSM) sicherzustellen, dass die Politik der Union hinsichtlich der Beaufsichtigung von Kreditinstituten kohärent und wirksam umgesetzt wird, dass das einheitliche Regelwerk für Finanzdienstleistungen auf die Kreditinstitute in den Mitgliedstaaten des Euro-Währungsgebiets und den nicht dem Euro-Währungsgebiet angehörenden Mitgliedstaaten, die sich für eine Beteiligung am einheitlichen Aufsichtsmechanismus entscheiden (im Folgenden „teilnehmende Mitgliedstaaten“) ebenso angewandt wird und dass bei der Beaufsichtigung dieser Kreditinstitute höchste Standards Anwendung finden.

(8) Effizientere Abwicklungsmechanismen sind ein unentbehrliches Instrument zur Verhütung von Schäden, die durch Ausfälle von Banken in der Vergangenheit verursacht wurden.

(9) Solange Abwicklungsvorschriften, praktische Vorgehensweisen und Ausgestaltung der Lastenteilung in nationaler Hand bleiben und die zur Finanzierung einer Abwicklung erforderlichen Mittel auf nationaler Ebene erhoben und verausgabt werden, wird die Fragmentierung des Binnenmarkts fortbestehen. Darüber hinaus haben die nationalen Aufsichtsbehörden ein großes Interesse daran, die potenziellen Auswirkungen von Bankenkrisen auf die Volkswirtschaften ihrer Länder so gering wie möglich zu halten und zu diesem Zweck einseitige Maßnahmen zur Absicherung von Bankgeschäften zu treffen, indem sie beispielsweise gruppeninterne Übertragungen und Ausleihungen beschränken oder für die in ihrem Hoheitsgebiet niedergelassenen

---

[1] Nr. **5**.

[2] **Amtl. Anm.:** Verordnung (EU) Nr. 1024/2013 des Rates vom 15. Oktober zur Übertragung besonderer Aufgaben im Zusammenhang mit der Aufsicht über Kreditinstitute auf die Europäische Zentralbank (ABl. L 287 vom 29.10.2013, S. 63).

Tochterunternehmen potenziell ausfallender Mutterunternehmen höhere Liquiditäts- oder Eigenkapitalanforderungen festlegen. Dies schränkt die grenzüberschreitenden Tätigkeiten der Banken ein, behindert die Wahrnehmung der Grundfreiheiten und verzerrt den Wettbewerb im Binnenmarkt. Strittige Angelegenheiten zwischen Herkunfts- und Aufnahmemitgliedstaat werden zwar im Rahmen des einheitlichen Aufsichtsmechanismus und der Richtlinie 2014/59/EU des Europäischen Parlaments und des Rates[1)] behandelt, könnten aber dennoch der Effizienz grenzüberschreitender Abwicklungsverfahren abträglich sein.

(10) Um diese Probleme zu bewältigen, hat es sich als notwendig erwiesen, den Abwicklungsrahmen für Kreditinstitute und Wertpapierfirmen (im Folgenden „Institute") stärker zu integrieren, um die Union zu stärken, die Finanzstabilität wiederherzustellen und die Grundlage für eine wirtschaftliche Erholung zu legen. Die Richtlinie 2014/59/EU ist ein bedeutender Schritt in Richtung auf die Harmonisierung von Vorschriften zur Abwicklung von Banken in der gesamten Union und sieht bei Ausfall grenzübergreifend tätiger Banken eine Zusammenarbeit zwischen den Abwicklungsbehörden vor. Jedoch werden mit der genannten Richtlinie Mindestharmonisierungsregeln festgelegt, und sie führt nicht zu einer Zentralisierung des Entscheidungsprozesses im Bereich der Abwicklung. Im Wesentlichen sieht die genannte Richtlinie für die nationalen Behörden der Mitgliedstaaten dieselben Abwicklungsinstrumente und Abwicklungsbefugnisse vor, belässt den Behörden bei der Anwendung der Instrumente und der Nutzung der nationalen Finanzierungsmechanismen für die Abwicklungsverfahren jedoch einen Ermessensspielraum. Damit wird sichergestellt, dass den Behörden das Instrumentarium an die Hand gegeben wird, welches ihnen eine rechtzeitige und rasche Intervention bei einem unsoliden oder ausfallenden Institut ermöglicht, sodass der Fortbestand der kritischen Finanz- und Wirtschaftsfunktionen des Instituts gewährleistet wird und gleichzeitig die Auswirkungen des Ausfalls eines Instituts auf die Wirtschaft und das Finanzsystem so gering wie möglich gehalten werden.
Obwohl durch die Richtlinie 2014/59/EU Regulierungs- und Vermittlungsaufgaben auf die mit der Verordnung (EU) Nr. 1093/2010 des Europäischen Parlaments und des Rates[2)] geschaffene Europäische Aufsichtsbehörde (Europäische Bankenaufsichtsbehörde) (im Folgenden „EBA") übertragen wurden, verhindert sie nicht vollständig, dass die Mitgliedstaaten hinsichtlich der Abwicklung grenzüberschreitender Gruppen getrennte und potenziell inkohärente Entscheidungen treffen, die sich auf die Abwicklungskosten insgesamt auswirken können. Da sie zudem nationale Finanzierungsmechanismen vorsieht, schränkt sie die Abhängigkeit der Banken von der Unterstützung aus nationalen Haushaltsmitteln nicht genügend ein und schließt nicht völlig aus, dass die Mitgliedstaaten unterschiedliche Ansätze für die Inanspruchnahme der Finanzierungsmechanismen verfolgen.

(11) Für teilnehmende Mitgliedstaaten wird im Zusammenhang mit dem einheitlichen Abwicklungsmechanismus eine zentrale Abwicklungsbefugnis auf den gemäß dieser Verordnung eingerichteten *Einheitlicher*[3)] Abwicklungsausschuss (im Folgenden „Ausschuss") und auf die nationalen Abwicklungsbehörden übertragen. Die Einrichtung dieses Ausschusses ist Bestandteil des Harmonisierungsprozesses im Bereich der Abwicklung, der gemäß der Richtlinie 2014/59/EU und den in dieser Verordnung festgelegten einheitlichen Bestimmungen zur Abwicklung abläuft. Die einheitliche Anwendung der Abwicklungsregelung in den teilnehmenden Mitgliedstaaten wird dadurch gestärkt, dass sie einer zentralen Instanz wie dem einheitlichen Abwicklungsmechanismus übertragen wird. Außerdem ist der einheitliche Abwicklungsmechanismus mit dem Harmonisierungsprozess im Bereich der Aufsicht verwoben, der durch die Errichtung der EBA, die Erstellung des einheitlichen Regelwerks zur Beaufsichtigung (Verordnung (EU) Nr. 575/

[1)] **Amtl. Anm.:** Richtlinie 2014/59/EU des Europäischen Parlaments und des Rates vom 15. Mai 2014 zur Festlegung eines Rahmens für die Sanierung und Abwicklung von Kreditinstituten und Wertpapierfirmen und zur Änderung der Richtlinie 82/891/EWG des Rates, der Richtlinien 2001/24/EG, 2002/47/EG, 2004/25/EG, 2005/56/EG, 2007/36/EG, 2011/35/EU, 2012/30/EU und 2013/36/EU sowie der Verordnungen (EU) Nr. 1093/2010 und (EU) Nr. 648/2012 des Europäischen Parlaments und des Rates (ABl. L 173 vom 12.6.2014, S. 190).

[2)] **Amtl. Anm.:** Verordnung (EU) Nr. 1093/2010 des Europäischen Parlaments und des Rates vom 24. November 2010 zur Errichtung einer Europäischen Aufsichtsbehörde (Europäische Bankenaufsichtsbehörde), zur Änderung des Beschlusses Nr. 716/2009/EG und zur Aufhebung des Beschlusses 2009/78/EG der Kommission (ABl. L 331 vom 15.12.2010, S. 12).

[3)] Richtig wohl: „Einheitlichen".

2013[1] des Europäischen Parlaments und des Rates[2] und Richtlinie 2013/36/EU des Euopäischen Parlaments und des Rates[3]) sowie – in den teilnehmenden Mitgliedstaaten – die Einrichtung des einheitlichen Aufsichtsmechanismus erfolgt, dem die Anwendung der Aufsichtsregeln der Union übertragen wird. Aufsicht und Abwicklung sind zwei sich ergänzende Aspekte der Schaffung des Binnenmarktes für Finanzdienstleistungen, deren Anwendung auf der gleichen Ebene als von wechselseitigen Abhängigkeiten gekennzeichnet gilt.

(12) Die Gewährleistung wirksamer Beschlüsse über die Abwicklung ausfallender Banken innerhalb der Union, einschließlich über die Verwendung der auf Unionsebene aufgebrachten Mittel, ist von wesentlicher Bedeutung für die Verwirklichung des Binnenmarkts für Finanzdienstleistungen. Im Binnenmarkt kann der Ausfall Banken in einem Mitgliedstaat die Stabilität der Finanzmärkte in der Union als Ganzes beeinträchtigen. Die Sicherstellung wirksamer und einheitlicher Abwicklungsvorschriften und gleicher Bedingungen für die Finanzierung von Abwicklungen in allen Mitgliedstaaten liegt nicht nur im Interesse der Mitgliedstaaten, in denen Banken tätig sind, sondern auch allgemein im Interesse aller Mitgliedstaaten, da es sich um ein Mittel zur Schaffung gleicher Wettbewerbsbedingungen und für ein besseres Funktionieren des Binnenmarkts handelt. Die Bankensysteme im Binnenmarkt sind eng miteinander verflochten, die Bankengruppen sind international aufgestellt und die Banken besitzen einen prozentual hohen Anteil an Auslandsvermögen. Ohne einen einheitlichen Abwicklungsmechanismus würden sich Bankkrisen in Mitgliedstaaten, die am einheitlichen Aufsichtsmechanismus teilnehmen, auch in nicht teilnehmenden Mitgliedstaaten stärker auf das Bankensystem auswirken. Mit der Einrichtung des einheitlichen Abwicklungsmechanismus soll ein neutraler Ansatz beim Umgang mit ausfallenden Banken sichergestellt und damit die Stabilität der Banken der teilnehmenden Mitgliedstaaten gestärkt und zudem verhindert werden, dass Krisen auf nicht teilnehmende Mitgliedstaaten übergreifen, wodurch das Funktionieren des Binnenmarkts insgesamt gefördert wird. Die Mechanismen der Zusammenarbeit hinsichtlich der Institute, die sowohl in teilnehmenden als auch in nicht teilnehmenden Mitgliedstaaten niedergelassen sind, sollten klar sein, und kein Mitgliedstaat und keine Gruppe von Mitgliedstaaten sollte unmittelbar oder mittelbar als Handelsplatz für Finanzdienstleistungen diskriminiert werden.

(13) Damit das Vertrauen und die Glaubwürdigkeit im Bankensektor wiederhergestellt werden, nimmt die Europäische Zentralbank (EZB) derzeit eine umfassende Bewertung der Bilanzen aller unmittelbar beaufsichtigten Banken vor. Eine solche Bewertung sollte allen Interessenträgern die Gewissheit geben, dass Banken, die in den einheitlichen Aufsichtsmechanismus aufgenommen werden und damit in den Geltungsbereich des einheitlichen Abwicklungsmechanismus fallen, grundsolide und vertrauenswürdig sind.

(14) Mit der Schaffung des einheitlichen Aufsichtsmechanismus durch die Verordnung (EU) Nr. 1024/2013[4], nach welchem die Banken in den teilnehmenden Mitgliedstaaten entweder zentral von der EZB oder durch die zuständigen nationalen Behörden im Rahmen des einheitlichen Aufsichtsmechanismus beaufsichtigt werden, kommt es zu einer Inkongruenz zwischen der Beaufsichtigung dieser Banken auf der Ebene der Union und der Behandlung dieser Banken auf nationaler Ebene beim Abwicklungsverfahren nach der Richtlinie 2014/59/EU, auf welche mit der Schaffung des einheitlichen Aufsichtsmechanismus reagiert wird.

(15) Diese Verordnung gilt nur für Banken, deren Aufsichtsbehörde im Herkunftsmitgliedstaat entweder die EZB oder die zuständige nationale Behörde in denjenigen Mitgliedstaaten ist, deren Währung der Euro ist, beziehungsweise in denjenigen Mitgliedstaaten ist, deren Währung nicht der Euro ist, welche eine enge Zusammenarbeit nach Maßgabe des Artikels 7 der Verordnung (EU) Nr. 1024/2013[4] eingegangen sind. Der Geltungsbereich dieser Verordnung ist an den Geltungsbereich der Verordnung (EU) Nr. 1024/2013[4] des Rates gekoppelt. Wenn man nämlich berücksichtigt, dassdie dem einheitlichen Aufsichtsmechanismus übertragenen Aufsichtsaufgaben in erheblichem Umfang mit Abwicklungsmaßnahmen verwoben sind, ist die Schaffung eines zentralen Aufsichtssystems nach Maßgabe des Artikels 127 Absatz 6 des Vertrags

---

[1] Nr. **6**.

[2] **Amtl. Anm.:** Verordnung (EU) Nr. 575/2013 des Europäischen Parlaments und des Rates vom 26. Juni 2013 über Aufsichtsanforderungen an Kreditinstitute und Wertpapierfirmen und zur Änderung der Verordnung (EU) Nr. 648/2012 (ABl. L 176 vom 27.6.2013, S. 1).

[3] **Amtl. Anm.:** Richtlinie 2013/36/EU des Europäischen Parlaments und des Rates vom 26. Juni 2013 über den Zugang zur Tätigkeit von Kreditinstituten und die Beaufsichtigung von Kreditinstituten und Wertpapierfirmen, zur Änderung der Richtlinie 2002/87/EG und zur Aufhebung der Richtlinien 2006/48/EG und 2006/49/EG (ABl. L 176 vom 27.6.2013, S. 338).

[4] Nr. **5**.

über die Arbeitsweise der Europäischen Union[1] (AEUV) in teilnehmenden Mitgliedstaaten von grundlegender Bedeutung für den Harmonisierungsprozess bezüglich der Abwicklung. Dass die in den Anwendungsbereich der Verordnung (EU) Nr. 1024/2013[2] fallenden Unternehmen der Aufsicht durch den einheitlichen Aufsichtsmechanismus unterliegen, stellt eine spezifische Besonderheit dar, die diese Unternehmen im Hinblick auf die Abwicklung in objektiver und charakteristischer Weise von anderen unterscheidet. Es gilt, im Interesse eines reibungslosen und stabilen Funktionierens des Binnenmarkts Maßnahmen zu erlassen, durch die für alle am einheitlichen Aufsichtsmechanismus teilnehmenden Mitgliedstaaten der einheitliche Abwicklungsmechanismus geschaffen wird.

(16) Während für Banken in Mitgliedstaaten, die nicht am einheitlichen Aufsichtsmechanismus teilnehmen, auf nationaler Ebene aufeinander abgestimmte Aufsichts-, Abwicklungs- und Letztsicherungsmechanismen gelten, unterliegen Banken in Mitgliedstaaten, die sich am einheitlichen Aufsichtsmechanismus beteiligen, in Bezug auf die Aufsicht einer Regelung auf Unionsebene und in Bezug auf Abwicklung und Letztsicherung nationalen Regelungen. Da Aufsicht und Abwicklung auf zwei verschiedenen Ebenen innerhalb des einheitlichen Aufsichtsmechanismus stattfinden, würden Intervention und Abwicklung bei Banken in den am einheitlichen Aufsichtsmechanismus teilnehmenden Mitgliedstaaten nicht so schnell, kohärent und wirkungsvoll erfolgen wie bei Banken außerhalb des einheitlichen Aufsichtsmechanismus. Deshalb ist für die Gewährleistung gleicher Wettbewerbsbedingungen im Binnenmarkt ein zentralisierter Abwicklungsmechanismus für alle Banken, die in einem am einheitlichen Aufsichtsmechanismus teilnehmenden Mitgliedstaat niedergelassen sind, unentbehrlich.

(17) Solange in einem Mitgliedstaat die Aufsicht nicht im Rahmen des einheitlichen Aufsichtsmechanismus erfolgt, sollte der Mitgliedstaat auch künftig die finanziellen Folgen des Ausfalls einer Bank selbst tragen. Der einheitliche Abwicklungsmechanismus sollte deshalb nur für Banken und Finanzinstitute gelten, die in einem am einheitlichen Aufsichtsmechanismus teilnehmenden Mitgliedstaat niedergelassen sind und im Rahmen des einheitlichen Aufsichtsmechanismus der Aufsicht der EZB und der nationalen Behörden unterstehen.Banken, die in einem nicht am einheitlichen Aufsichtsmechanismus teilnehmenden Mitgliedstaat niedergelassen sind, sollten auch nicht dem einheitlichen Abwicklungsmechanismus unterliegen. Würden diese Mitgliedstaaten unter den einheitlichen Abwicklungsmechanismus fallen, würden falsche Anreize für sie geschaffen. Insbesondere könnten die Aufsichtsbehörden in diesen Mitgliedstaaten gegenüber den Banken in ihren jeweiligen Rechtsräumen nachsichtiger werden, da sie nicht das volle finanzielle Risiko für deren Ausfall tragen würden. Um Parallelität mit dem einheitlichen Aufsichtsmechanismus sicherzustellen, sollte der einheitliche Abwicklungsmechanismus daher nur auf Mitgliedstaaten Anwendung finden, die am einheitlichen Aufsichtsmechanismus teilnehmen. Sobald sich ein Mitgliedstaat dem einheitlichen Aufsichtsmechanismus anschließt, sollte er automatisch auch dem einheitlichen Abwicklungsmechanismus unterliegen. Langfristig könnte sich der einheitliche Abwicklungsmechanismus möglicherweise auf den gesamten Binnenmarkt erstrecken.

(18) In Anbetracht des Ziels, für gleiche Wettbewerbsbedingungen im gesamten Binnenmarkt zu sorgen, steht diese Verordnung im Einklang mit der Richtlinie 2014/59/EU. Deshalb werden hier die Regeln und Grundsätze der genannten Richtlinie an die Besonderheiten des einheitlichen Abwicklungsmechanismus angepasst, und es wird sichergestellt, dass dem einheitlichen Abwicklungsmechanismus angemessene Mittel zur Verfügung stehen. Wenn der Ausschuss, der Rat und die Kommission die ihnen durch diese Verordnung übertragenen Befugnisse ausüben, sollten für sie die delegierten Rechtsakte, die technischen Regulierungs- und Durchführungsstandards sowie die Leitlinien und Empfehlungen gelten, die die EBA auf der Grundlage der Artikel 10 bis 15 bzw. des Artikels 16 der Verordnung (EU) Nr. 1093/2010 innerhalb des Geltungsbereichs der Richtlinie 2014/59/EU annimmt. Der Ausschuss, der Rat und die Kommission sollten zudem in ihren jeweiligen Zuständigkeitsbereichen mit der EBA gemäß den Artikeln 25 und 30 der Verordnung (EU) Nr. 1093/2010 zusammenarbeiten und Anforderungen von Informationen entsprechen, die die EBA gemäß Artikel 35 der genannten Verordnung an sie richtet. Laut dem letzten Satz der Erwägung 32 der genannten Verordnung können „in den Fällen, in denen die einschlägigen Rechtsvorschriften der Union den zuständigen Behörden der Mitgliedstaaten ein eigenes Ermessen einräumen, die Beschlüsse der Behörde die Ausübung dieses Ermessens im Einklang mit dem Unionsrecht nicht ersetzen". Der gleiche Grundsatz sollte auf diese Verordnung erweitert werden, wobei gleichzeitig die im Primärrecht der Union

---

[1] Nr. **1**.
[2] Nr. **5**.

verankerten Grundsätze zu achten sind. Angesichts dieser Schlüsselelemente sollte die EBA in der Lage sein, ihre Aufgaben wirkungsvoll wahrzunehmen und die Gleichbehandlung von Ausschuss, Rat, Kommission und nationalen Behörden bei der Wahrnehmung ähnlicher Aufgaben sicherzustellen.

(19) Ein einheitlicher Abwicklungsfonds (im Folgenden „Fonds") ist für das ordnungsgemäße Funktionieren eines einheitlichen Abwicklungsmechanismus unentbehrlich. Wenn die Finanzierung der Abwicklung von Instituten langfristig national bliebe, würde die Verbindung zwischen Staaten und dem Bankensektor nicht völlig gekappt, und die Anleger würden weiterhin Darlehensbedingungen aufstellen, die sich nach dem Niederlassungsort der Banken und nicht nach ihrer Kreditwürdigkeit richten. Der Fonds sollte dazu beitragen, eine einheitliche Verwaltungspraxis bei der Finanzierung von Abwicklungen sicherzustellen und der Entstehung von Hindernissen für die Wahrnehmung der Grundfreiheiten oder eine durch divergierende nationale Vorgehensweisen bewirkten Verzerrung des Wettbewerbs im Binnenmarkt vorzubeugen. Der Fonds sollte durch Beiträge von Banken finanziert werden, die auf nationaler Ebene erhoben und auf Unionsebene gemäß eines zwischenstaatlichen Übereinkommens über die Übertragung und schrittweise erfolgende gemeinsame Nutzung dieser Beiträge (im Folgenden „Übereinkommen") gebündelt werden sollten, wodurch die Finanzstabilität gestärkt und die Verknüpfung zwischen der Haushaltslage einzelner Mitgliedstaaten und den Finanzierungskosten der dort tätigen Banken und Unternehmen abgeschwächt wird. Um diese Verbindung noch stärker zu kappen, sollten die Beschlüsse, die innerhalb des einheitlichen Abwicklungsmechanismus gefasst werden, die haushaltspolitischen Zuständigkeiten der Mitgliedstaaten nicht einschränken. In dieser Hinsicht sollte nur bei einer außerordentlichen finanziellen Unterstützung aus öffentlichen Mitteln davon ausgegangen werden, dass die Haushaltshoheit und die haushaltspolitischen Zuständigkeiten der Mitgliedstaaten eingeschränkt sind. Insbesondere sollte bei Entscheidungen, die die Inanspruchnahme des Fonds oder eines Einlagensicherungssystems erfordern, nicht davon ausgegangen werden, dass sie die Haushaltshoheit oder die haushaltspolitischen Zuständigkeiten der Mitgliedstaaten einschränken.

(20) In dieser Verordnung sowie inder Richtlinie 2014/59/EU sind die Modalitäten für die Inanspruchnahme des Fonds und die allgemeinen Kriterien zur Bestimmung der Höhe und Berechnung der im Voraus und nachträglich erhobenen Beiträge festgelegt. Die teilnehmenden Mitgliedstaaten bleiben für die Erhebung der Beiträge bei den Unternehmen, die in ihrem jeweiligen Hoheitsgebiet angesiedelt sind, gemäß der Richtlinie 2014/59/EU und dieser Verordnung zuständig. Im Wege des Übereinkommens werden sich die teilnehmenden Mitgliedstaaten verpflichten, die von ihnen gemäß der Richtlinie 2014/59/EU und dieser Verordnung auf nationaler Ebene erhobenen Beiträge auf den Fonds zu übertragen. Während eines Übergangszeitraums werden die Beiträge verschiedenen Kammern zugewiesen, die den einzelnen teilnehmenden Mitgliedstaaten entsprechen (nationale Kammern). Diese Kammern werden schrittweise zusammengeführt, sodass sie am Ende des Übergangszeitraums aufhören zu bestehen. Im Übereinkommen werden die Bedingungen festgelegt, unter denen die Parteien dieses Übereinkommens vereinbaren, die von ihnen auf nationaler Ebene erhobenen Beiträge auf den Fonds zu übertragen und die Kammern schrittweise zusammenzuführen. Die Übertragung der von den Parteien erhobenen Beiträge an die nationalen Kammern des Fonds kann erst mit Inkrafttreten des Übereinkommens erfolgen. In dieser Verordnung werden die Befugnisse des Ausschusses in Bezug auf die Inanspruchnahme und Verwaltung des Fonds festgelegt. Im Übereinkommen wird geregelt, wie der Ausschuss über die schrittweise zusammengeführten nationalen Kammern verfügen kann.

(21) Für eine zentralisierte Anwendung der in der Richtlinie 2014/59/EU verankerten Abwicklungsvorschriften für Institute in den teilnehmenden Mitgliedstaten durch eine einheitliche Abwicklungsbehörde auf der Ebene der Union kann allerdings nur gesorgt werden, wenn die Vorschriften für die Einrichtung und Umsetzung des einheitlichen Abwicklungsmechanismus in den Mitgliedstaaten unmittelbar anwendbar sind und dadurch unterschiedliche Auslegungen in den Mitgliedstaaten verhindert werden. Eine solche unmittelbare Anwendbarkeit sollte dem Binnenmarkt insgesamt zugutekommen, da sie zur Wahrung eines fairen Wettbewerbs beigetragen und Hindernisse für die Wahrnehmung der Grundfreiheiten nicht nur in den teilnehmenden Mitgliedstaaten, sondern im Binnenmarkt insgesamt ausräumen wird.

(22) Spiegelbildlich zum Anwendungsbereich der Verordnung (EU) Nr. 1024/2013[1)] sollte sich der einheitliche Abwicklungsmechanismus auf alle in den teilnehmenden Mitgliedstaaten niedergelassenen Kreditinstitute erstrecken. Um während eines Abwicklungsverfahrens Asymmetrien

---

[1)] Nr. **5**.

innerhalb des Binnenmarkts in Bezug auf die Behandlung ausfallender Institute oder Gläubiger zu verhindern, sollte es jedoch im Rahmen des einheitlichen Abwicklungsmechanismus möglich sein, Institute eines teilnehmenden Mitgliedstaats direkt abzuwickeln. Wenn Mutterunternehmen, Wertpapierfirmen und Finanzinstitute unter die Beaufsichtigung auf konsolidierter Basis durch die EZB fallen, sollten sie auch beim einheitlichen Abwicklungsmechanismus berücksichtigt werden. Auch wenn die EZB diese Institute nicht einer Einzelaufsicht unterziehen würde, wird sie die einzige Aufsichtsbehörde sein, die sich ein Gesamtbild von dem Risiko machen kann, dem eine Gruppe und damit indirekt auch deren einzelne Mitglieder ausgesetzt sind. Würden Unternehmen, die Teil der Beaufsichtigung auf konsolidierter Basis durch die EZB sind, aus dem Anwendungsbereich des einheitlichen Abwicklungsmechanismus ausgeschlossen, wäre es unmöglich, die Abwicklung von Gruppen zeitlich zu planen und eine Abwicklungsstrategie für Gruppen zu verfolgen, sodass Abwicklungsbeschlüsse deutlich an Wirksamkeit verlieren würden.

(23) Innerhalb des einheitlichen Abwicklungsmechanismus sollten Beschlüsse auf der am besten geeigneten Ebene gefasst werden. Wenn der Ausschuss und die nationalen Abwicklungsbehörden Beschlüsse nach dieser Verordnung fassen, sollten sie die gleichen materiellen Vorschriften anwenden.

(24) Da nur Organe der Union die Abwicklungspolitik der Union festlegen dürfen und da bei der Festlegung jedes spezifischen Abwicklungskonzepts ein Ermessensspielraum verbleibt, ist es notwendig, für die angemessene Einbeziehung des Rates und der Kommission als Organe zu sorgen, die gemäß Artikel 291 AEUV Durchführungsbefugnisse ausüben dürfen. Die Bewertung der Aspekte von durch den Ausschuss gefassten Abwicklungsbeschlüssen, bei denen ein Ermessensspielraum besteht, sollte durch die Kommission erfolgen. Wegen der beträchtlichen Auswirkungen der Abwicklungsbeschlüsse auf die finanzielle Stabilität der Mitgliedstaaten und der Union als solche sowie auf die Haushaltshoheit der Mitgliedstaaten, ist es wichtig, dass dem Rat Durchführungsbefugnisse zum Erlass bestimmter Beschlüsse im Zusammenhang mit der Abwicklung übertragen werden. Deshalb sollte es dem Rat obliegen, auf Vorschlag der Kommission eine wirksame Kontrolle über die durch den Ausschuss vorgenommene Bewertung der Frage auszuüben, ob ein öffentliches Interesse besteht, und etwaige erhebliche Änderungen an dem Betrag aus dem Fonds zu bewerten, der im Rahmen einer konkreten Abwicklungsmaßnahme in Anspruch genommen werden soll. Darüber hinaus sollte der Kommission die Befugnis übertragen werden, delegierte Rechtsakte zu erlassen, um weitere Kriterien und Bedingungen festzulegen, die vom Ausschuss bei der Ausübung seiner verschiedenen Befugnisse zu berücksichtigen sind. Diese Übertragung von Abwicklungsaufgaben sollte in keiner Weise das Funktionieren des Binnenmarktes für Finanzdienstleistungen behindern. Die EBA sollte deshalb ihre Rolle behalten und weiterhin ihre bestehenden Befugnisse und Aufgaben wahrnehmen. Sie sollte die kohärente Anwendung der für alle Mitgliedstaaten geltenden Rechtsvorschriften der Union weiterentwickeln und einen Beitrag dazu leisten sowie für eine stärkere Konvergenz der Abwicklungsverfahren in der Union als Ganzes sorgen.

(25) Um die Einhaltung der in Artikel 3 Absatz 3 der Richtlinie 2014/59/EU aufgestellten Grundsätze sicherzustellen, sollten die Organe der Union bei der Wahrnehmung der ihnen durch diese Verordnung übertragenen Aufgaben dafür sorgen, dass es geeignete organisatorische Regelungen gibt.

(26) Die EZB in ihrer Rolle als Aufsichtsbehörde innerhalb des einheitlichen Aufsichtsmechanismus und der Ausschuss sollten in der Lage sein zu bewerten, ob ein Kreditinstitut ausfällt oder wahrscheinlich ausfällt und ob nach vernünftigem Ermessen keine Aussicht besteht, dass der Ausfall des Instituts innerhalb eines angemessenen Zeitrahmens durch alternative Maßnahmen des privaten Sektors oder der Aufsichtsbehörden abgewendet werden kann. Wenn der Ausschuss der Auffassung ist, dass alle Kriterien im Zusammenhang mit der Einleitung von Abwicklungen erfüllt sind, sollte er das Abwicklungskonzept festlegen. Das Verfahren im Zusammenhang mit der Festlegung des Abwicklungskonzepts, an dem die Kommission und der Rat beteiligt sind, stärkt die notwendige operative Unabhängigkeit des Ausschusses, ohne den Grundsatz der Übertragung von Befugnissen auf Einrichtungen entsprechend der Auslegung des Gerichtshofs der Europäischen Union (im Folgenden „Gerichtshof") anzutasten. Deshalb ist in dieser Verordnung vorgesehen, dass das vom Ausschuss angenommene Abwicklungskonzept nur in Kraft tritt, wenn innerhalb einer Frist von 24 Stunden nach Annahme des Konzepts durch den Ausschuss weder der Rat noch die Kommission Einwände erhoben haben oder wenn das Abwicklungskonzept durch die Kommission gebilligt wurde. Die Gründe, die es dem Rat gestatten, auf Vorschlag der Kommission Einwände gegen das Abwicklungskonzept des Ausschusses zu erheben, sollten strikt auf das Vorliegen eines öffentlichen Interesses und auf

erhebliche Änderungen des Betrags der Inanspruchnahme des Fonds, wie er vom Ausschuss vorgeschlagen wurde, durch die Kommission beschränkt sein.
Eine Änderung des Betrags aus dem Fonds um 5 % oder mehr im Vergleich zu dem ursprünglichen Vorschlag des Ausschusses sollte als erheblich gelten. Der Rat sollte den Vorschlag der Kommission billigen oder ablehnen, ohne ihn zu ändern. Als Beobachterin in den Sitzungen des Ausschusses sollte sich die Kommission laufend vergewissern, dass das vom Ausschuss festgelegte Abwicklungskonzept in jeder Hinsicht im Einklang mit dieser Verordnung steht, für ein angemessenens Gleichgewicht zwischen den verschiedenen Zielen und Interessen, um die es geht, sorgt, dem öffentlichen Interesse Rechnung trägt und dass die Integrität des Binnenmarkts gewahrt ist. Da die Abwicklungsmaßnahme einen sehr zügigen Beschlussfassungsprozess erfordert, sollten der Rat und die Kommission eng zusammenarbeiten, und der Rat sollte die bereits durch die Kommission geleisteten vorbereitenden Arbeiten nicht erneut durchführen. Der Ausschuss sollte den nationalen Abwicklungsbehörden, die alle für die Umsetzung des Abwicklungskonzepts notwendigen Maßnahmen ergreifen sollten, Anweisungen erteilen.

(27) Die Erstellung eines Gruppenabwicklungskonzepts sollte eine koordinierte Abwicklung erleichtern, die mit höherer Wahrscheinlichkeit für alle Unternehmen der Gruppe zu einem bestmöglichen Ergebnis führt. Der Ausschuss oder, soweit relevant, die nationalen Abwicklungsbehörden sollten befugt sein, das Instrument des Brückeninstituts auf Gruppenebene anzuwenden (was gegebenenfalls auch Vereinbarungen über die Lastenverteilung umfassen kann), um eine Gruppe als Ganzes zu stabilisieren. So könnten Eigentumstitel an Tochterunternehmen unter angemessenen Marktbedingungen entweder als Paket oder einzeln auf das Brückeninstitut übertragen werden, um sie weiter zu veräußern. Darüber hinaus sollten dem Ausschuss oder gegebenenfalls der nationalen Abwicklungsbehörde die Befugnis übertragen werden, das Bail-in-Instrument auf der Ebene des Mutterinstituts anzuwenden.

(28) Der Ausschuss sollte insbesondere befugt sein, Beschlüsse im Zusammenhang mit bedeutenden Unternehmen oder Gruppen, Unternehmen oder Gruppen, die direkt von der EZB beaufsichtigt werden, oder grenzüberschreitenden Gruppen zu fassen. Die nationalen Abwicklungsbehörden sollten den Ausschuss bei der Planung, der Abwicklung und der Ausarbeitung der Abwicklungsbeschlüsse unterstützen. Für Unternehmen und Gruppen, die nicht bedeutend oder nicht grenzüberschreitend tätig sind, sollten die nationalen Abwicklungsbehörden zuständig sein, insbesondere für die Abwicklungsplanung, die Bewertung der Abwicklungsfähigkeit, die Ausräumung von Hindernissen für die Abwicklungsfähigkeit, die Maßnahmen, die die Abwicklungsbehörden während einer Frühintervention ergreifen dürfen, und Abwicklungsmaßnahmen. Unter bestimmten Umständen sollten die nationalen Abwicklungsbehörden ihre Aufgaben auf der Grundlage und im Einklang mit dieser Verordnung wahrnehmen und gleichzeitig die ihnen durch das nationale Recht zur Umsetzung der Richtlinie 2014/59/EU übertragenen Befugnisse ausüben, sofern dies nicht dieser Verordnung zuwiderläuft.

(29) Für das reibungslose Funktionieren des Binnenmarkts ist es von entscheidender Bedeutung, dass für alle Abwicklungsmaßnahmen dieselben Vorschriften gelten, unabhängig davon, ob sie von Abwicklungsbehörden im Rahmen der Richtlinie 2014/59/EU oder im Rahmen des einheitlichen Abwicklungsmechanismus ergriffen werden. Die Kommission sollte die genannten Maßnahmen nach Artikel 107 AEUV prüfen.

(30) Würde die Abwicklungsmaßnahme die Gewährung staatlicher Beihilfen gemäß Artikel 107 Absatz 1 AEUV umfassen oder als Unterstützung aus dem Fonds erfolgen, kann ein Abwicklungsbeschluss gefasst werden, nachdem die Kommission eine positive oder an Bedingungen geknüpfte Entscheidung hinsichtlich der Vereinbarkeit des Einsatzes einer solchen Beihilfe mit dem Binnenmarkt getroffen hat. Durch die Entscheidung der Kommission über eine der Unterstützung aus dem Fonds können Bedingungen, Verpflichtungen oder Zusagen hinsichtlich des Begünstigten aufgestellt werden. Zu den Bedingungen, die von der Kommission aufgestellt werden können, kann unter anderem Folgendes gehören: Anforderungen in Bezug auf die Lastenteilung, einschließlich der Anforderung, dass Verluste zunächst durch Eigenkapital absorbiert werden, und Anforderungen in Bezug auf Beiträge von Inhabern hybrider Finanzinstrumente sowie nachrangigen und bevorzugten Gläubigern auch im Einklang mit den Anforderungen der Richtlinie 2014/59/EU; Beschränkungen der Auszahlung von Dividenden aus Anteilen oder Kupons auf hybride Finanzinstrumente, des Rückkaufs eigener Anteile oder hybrider Finanzinstrumente, oder von Kapitalmanagementgeschäften; Beschränkungen des Erwerbs von Beteiligungen an Unternehmen entweder durch Übertragung von Vermögenswerten oder durch Übertragung von Anteilen; Verbot aggressiver Geschäftspraktiken oder -strategien oder der Werbung für Unterstützung aus öffentlichen Mitteln; Anforderungen hinsichtlich der Marktanteile, der Preisbildung und der Produktmerkmale oder andere das Verhalten betreffende

Anforderungen; Anforderungen an Umstrukturierungspläne; Anforderungen an die Unternehmensführung; Anforderungen an Berichterstattung und Offenlegung, auch in Bezug auf die Einhaltung derjenigen Bedingungen, die von der Kommission festgelegt werden können; Anforderungen im Zusammenhang mit dem Verkauf des Begünstigten oder aller oder eines Teils seiner Vermögenswerte, Rechte und Verbindlichkeiten; Anforderungen im Zusammenhang mit der Liquidation des Begünstigten.

(31) Damit bei Abwicklungen eine zügige und effektive Beschlussfassung sichergestellt ist sollte es sich bei dem Ausschuss um eine spezifische Agentur der Union mit einer den besonderen Aufgaben entsprechenden spezifischen Struktur handeln, die sich am Modell der anderen Agenturen der Union orientiert. Die Zusammensetzung des Ausschusses sollte sicherstellen, dass allen einschlägigen Interessen, die in Abwicklungsverfahren von Bedeutung sind, gebührend Rechnung getragen wird. Angesichts des Auftrags des Ausschusses sollten ein Vorsitzender, ein stellvertretender Vorsitzender und vier weitere Vollzeit-Mitglieder des Ausschusses auf der Grundlage ihrer Verdienste, Fähigkeiten, Kenntnisse in Banken- und Finanzangelegenheiten sowie ihrer Erfahrung im Bereich der Finanzaufsicht und -regulierung und der Abwicklung von Instituten ernannt werden. Der Vorsitzende, der stellvertretende Vorsitzende und vier weitere Vollzeit-Mitglieder des Ausschusses sollten auf der Grundlage eines offenen Auswahlverfahrens ausgewählt werden, von dem das Europäische Parlament und der Rat gebührend unterrichtet werden sollten und bei dem der Grundsatz der Ausgewogenheit der Geschlechter, der Erfahrung und der Qualifikation geachtet werden sollte. Die Kommission sollte dem zuständigen Ausschuss des Europäischen Parlaments eine Auswahlliste von Bewerbern für die Position des Vorsitzenden, des stellvertretenden Vorsitzenden und vier weitere Vollzeit-Mitglieder des Ausschusses zur Verfügung stellen. Die Kommission sollte dem Europäischen Parlament einen Vorschlag zur Ernennung des Vorsitzenden, des stellvertretenden Vorsitzenden und vier weitere Vollzeit-Mitglieder des Ausschusses zur Billigung vorlegen. Wenn das Europäische Parlament diesen Vorschlag gebilligt hat, sollte der Rat einen Durchführungsbeschluss zur Ernennung des Vorsitzenden, des stellvertretenden Vorsitzenden und der vier weitere Vollzeit-Mitglieder des Ausschusses erlassen.

(32) Der Ausschuss sollte Präsidiums- und Plenarsitzungen halten. In seinen Präsidiumssitzungen sollte er aus seinem Vorsitzendem, vier weiteren unabhängigen Vollzeitmitgliedern, die unabhängig und objektiv im Interesse der gesamten Union handeln, sowie den ständigen von der Kommission und der EZB ernannten Beobachtern zusammengesetzt sein. Bei Beratungen über die Abwicklung eines Instituts oder einer Gruppe, die in nur einem teilnehmenden Mitgliedstaat niedergelassen ist, sollte der Ausschuss das Mitglied, das von dem betroffenen Mitgliedstaat zu benennen ist und die nationale Abwicklungsbehörde vertritt, zur Präsidiumssitzung einladen und in den Entscheidungsprozess einbeziehen. Bei Beratungen über grenzüberschreitende Gruppen sollten die Mitglieder, die vom Herkunftsmitgliedstaat und von allen betroffenen Aufnahmemitgliedstaaten benannt wurden und die die betreffenden nationalen Abwicklungsbehörden vertreten, zur Präsidiumssitzung des Ausschusses eingeladen und in den Entscheidungsprozess einbezogen werden.

(33) Der Ausschuss sollte in seiner Präsidiumssitzung alle Beschlüsse bezüglich Abwicklungsverfahren vorbereiten und diese Beschlüsse im größtmöglichen Umfang verabschieden. Wegen der institutsspezifischen Art der Informationen, die in den Abwicklungsplänen enthalten sind, sollten Beschlüsse im Zusammenhang mit der Erstellung, der Bewertung und der Genehmigung der Abwicklungspläne vom Ausschuss in seiner Präsidiumssitzung gefasst werden. Bei der Inanspruchnahme des Fonds ist es wichtig, dass es keinen Vorteil des zuerst Handelnden gibt und dass die Abflüsse aus dem Fonds überwacht werden. Damit für eine entsprechende Beschlussfassung durch den Ausschuss gesorgt ist, sollte jedes Mitglied des Plenums innerhalb einer eng gesetzten Frist beantragen können, dass in der Plenarsitzung entschieden wird, wenn eine Abwicklungsmaßnahme oberhalb der Schwelle von 5 000 000 000 EUR erforderlich ist. Wenn eine Liquiditätsunterstützung mit keinem oder einem bedeutend geringeren Risiko als andere Formen der Unterstützung verbunden ist, insbesondere im Fall einer kurzfristigen, einmaligen Kreditverlängerung für solvente Institute gegen angemessene hochwertige Sicherheiten, ist es sachgerecht, dieser Form der Unterstützung eine geringere Gewichtung von lediglich 0,5 zu geben. Sobald die akkumulierte Nettoinanspruchnahme des Fonds in den vorangegangenen aufeinanderfolgenden zwölf Monaten die Schwelle von 5 000 000 000 EUR pro Jahr erreicht, sollte in der Plenarsitzung die Anwendung der Abwicklungsinstrumente evaluiert werden, einschließlich der Inanspruchnahme des Fonds, und sollten Leitlinien vorgegeben werden, an die sich die Präsidiumssitzung bei nachfolgenden Abwicklungsbeschlüssen halten sollte. Bei den Leitlinien für die Präsidiumsitzung sollte der Schwerpunkt insbesondere darauf liegen, dass für die nicht diskriminierende Anwendung der Abwicklungsinstrumente gesorgt wird, einer Sub-

stanzverringerung des Fonds vorgebeugt wird und zwischen Liquidität ohne oder mit geringem Risiko und anderen Formen der Unterstützung unterschieden wird.

(34) Da die Teilnehmer am Entscheidungsprozess des Ausschusses in seinen Präsidiumssitzungen je nachdem, in welchem Mitgliedstaat das jeweilige Institut tätig ist, wechseln, sollten die ständigen Teilnehmer sicherstellen, dass die Entscheidungen in allen Zusammensetzungen der Präsidiumssitzungen des Ausschusses kohärent, sachgerecht und verhältnismäßig sind.

(35) Der Ausschuss sollte Beobachter zu seinen Sitzungen einladen dürfen. Die Übertragung von Abwicklungsaufgaben auf den Ausschluss sollte mit dem Europäischen Finanzaufsichtssystem (im Folgenden „ESFS") und dem zugrunde liegenden Ziel der Ausarbeitung eines einheitlichen Regelwerks und der Stärkung der Konvergenz der Aufsichts- und Abwicklungsverfahren in der Union insgesamt im Einklang stehen. Insbesondere sollte die EBA Initiativen gemäß der Verordnung (EU) Nr. 1093/2010 zu Abwicklungsplänen im Hinblick auf die Förderung von Konvergenz in diesem Bereich bewerten und koordinieren. Deshalb sollte der Ausschuss grundsätzlich die EBA einladen, wenn Angelegenheiten erörtert werden, für die die EBA gemäß der Richtlinie 2014/59/EU technische Standards entwickeln oder Leitlinien herausgeben muss. Andere Beobachter, wie etwa ein Vertreter des Europäischen Stabilitätsmechanismus (ESM), sollten, falls angemessen, auch eingeladen werden können, an den Sitzungen des Ausschusses teilzunehmen.

(36) Beobachter sollten derselben Verpflichtung zur Wahrung des Berufsgeheimnisses unterliegen wie die Mitglieder und das Personal des Ausschusses und die Mitarbeiter, die zwischen teilnehmenden Mitgliedstaaten ausgetauscht oder von ihnen entsandt wurden und Abwicklungsaufgaben wahrnehmen.

(37) Der Ausschuss sollte interne Abwicklungsteams einrichten, die sich aus eigenem Personal und Personal der nationalen Abwicklungsbehörden, einschließlich, falls angemessen, Beobachter aus nicht teilnehmenden Mitgliedstaaten, zusammensetzen. Diese internen Abwicklungsteams sollten der Leitung von Koordinatoren, die aus den Reihen der leitenden Mitarbeiter des Ausschusses ernannt werden, unterstehen, die eingeladen werden könnten, als Beobachter an den Präsidiumssitzungen des Ausschusses teilzunehmen.

(38) Der Ausschuss, die Abwicklungsbehörden und die zuständigen Behörden der nicht teilnehmenden Mitgliedstaaten sollten Vereinbarungen schließen, in denen sie allgemein die Art und Weise ihrer Zusammenarbeit bei der Wahrnehmung ihrer Aufgaben nach der Richtlinie 2014/59/EU festlegen. In den Vereinbarungen könnte u.a. die Abstimmung im Hinblick auf die Beschlüsse des Ausschusses geklärt werden, die Auswirkungen auf die in den nicht teilnehmenden Mitgliedstaaten niedergelassenen Tochterunternehmen oder dort befindlichen Zweigstellen haben, deren Mutterunternehmen in einem teilnehmenden Mitgliedstaat niedergelassen sind. Die Vereinbarungen sollten regelmäßig überprüft werden.

(39) Der Ausschuss sollte unabhängig handeln. Er sollte in der Lage sein, sich mit großen Gruppen zu befassen, und rasch und unvoreingenommen zu handeln. Der Ausschuss sollte sicherstellen, dass der nationalen Finanzstabilität sowie der Finanzstabilität der Union und des Binnenmarkts in angemessener Weise Rechnung getragen wird. Die Mitglieder des Ausschusses sollten über das erforderliche Fachwissen bezüglich der Umstrukturierung der und Insolvenz von Banken verfügen.

(40) Wenn in Ausübung der durch diese Verordnung übertragenen Befugnisse Beschlüsse gefasst oder Maßnahmen ergriffen werden, sollte der Bedeutung der Ausübung des im AEUV vorgesehenen Niederlassungsrechts für den Binnenmarkt und insbesondere, soweit möglich, den Auswirkungen auf die Fortführung grenzüberschreitender Tätigkeiten Rechnung getragen werden.

(41) In Anbetracht des Auftrags des Ausschusses und der Abwicklungsziele, zu denen unter anderem der Schutz öffentlicher Mittel gehört, sollte die Arbeit des einheitlichen Abwicklungsmechanismus aus Beiträgen der Institute, die in den teilnehmenden Mitgliedstaaten niedergelassen sind, finanziert werden.

(42) In allen Angelegenheiten, die sich auf Beschlussverfahren bei Abwicklungen beziehen, sollten der Ausschuss, gegebenfalls der Rat und die Kommission an die Stelle der aufgrund der Richtlinie 2014/59/EU benannten nationalen Abwicklungsbehörden treten. Die nationalen Abwicklungsbehörden, die aufgrund der genannten Richtlinie benannt wurden, sollten weiterhin alle Aufgaben wahrnehmen, die mit der Umsetzung der vom Ausschuss angenommenen Abwicklungskonzepte in Verbindung stehen. Zur Gewährleistung von Transparenz und demokratischer Kontrolle und zum Schutz der Rechte der Unionsorgane sollte der Ausschuss bei allen Beschlüssen, die auf der Grundlage dieser Verordnung getroffen werden, dem Europäischen Parlament und dem Rat rechenschaftspflichtig sein. Aus Gründen der Transparenz und der demo-

kratischen Kontrolle sollten die nationalen Parlamente bestimmte Rechte haben, durch sie sich über die Arbeit des Ausschusses informieren und in einen Dialog mit ihm eintreten können.

(43) Das nationale Parlament eines teilnehmenden Mitgliedstaats oder sein zuständiger Ausschuss sollte in der Lage sein, den Vorsitz einzuladen, gemeinsam mit einem Vertreter der nationalen Abwicklungsbehörde an einem Gedankenaustausch über die Abwicklung von Instituten in diesem Mitgliedstaat teilzunehmen. Eine solche Rolle der nationalen Parlamente ist aufgrund der potenziellen Auswirkungen, die die Abwicklungsmaßnahmen auf die öffentlichen Finanzen, die Institute, deren Kunden und Angestellte sowie auf die Märkte in den teilnehmenden Mitgliedstaaten haben können, angemessen. Der Vorsitzende und die nationalen Abwicklungsbehörden sollten positiv auf solche Einladungen zu einem Gedankenaustausch mit den nationalen Parlamenten reagieren.

(44) Um einen einheitlichen Ansatz für Institute und Gruppen sicherzustellen, sollte der Ausschuss ermächtigt werden, für solche Institute und Gruppen nach Anhörung der zuständigen nationalen Behörden und Abwicklungsbehörden Abwicklungspläne zu erstellen. Es sollte die allgemeine Regel gelten, dass die Gruppenabwicklungspläne für die Gruppe als Ganzes ausgearbeitet werden und Maßnahmen in Bezug auf das Mutterunternehmen und alle einzelnen Tochterunternehmen, die Teil der Gruppe sind, vorsehen. In den Gruppenabwicklungsplänen sollte den finanziellen, technischen und unternehmerischen Strukturen der jeweiligen Gruppe Rechnung getragen werden. Wenn einzelne Abwicklungspläne für Unternehmen erstellt werden, die Teil einer Gruppe sind, sollten der Ausschuss oder, soweit relevant die nationalen Abwicklungsbehörden nach Möglichkeit Kohärenz mit den Abwicklungsplänen für den Rest der Gruppe anstreben. Der Ausschuss oder, soweit relevant, die nationalen Abwicklungsbehörden sollten die Abwicklungspläne und etwaige Änderungen an ihnen der zuständigen Behörde übermitteln, so dass sie stets umfassend informiert ist. Der Ausschuss sollte die Abwicklungsfähigkeit von Instituten und Gruppen prüfen und Maßnahmen ergreifen, mit denen etwaige Hindernisse für die Abwicklungsfähigkeit ausgeräumt werden können. Der Ausschuss sollte von den nationalen Abwicklungsbehörden verlangen, derartige geeignete Maßnahmen zur Ausräumung von Hindernissen für die Abwicklungsfähigkeit anzuwenden, um Kohärenz und die Abwicklungsfähigkeit der betroffenen Institute zu gewährleisten. Abwicklungspläne sollten angesichts der sensiblen Art der in ihnen enthaltenen Informationen den in dieser Verordnung festgelegten Verpflichtung zur Wahrung des Berufsgeheimnisses unterliegen.

(45) Bei der Anwendung von Abwicklungsinstrumenten und der Ausübung von Abwicklungsbefugnissen sollten das Verhältnismäßigkeitsprinzip und die Besonderheiten der Rechtsform eines Instituts berücksichtigt werden.

(46) Der Planung einer Abwicklung kommt im Hinblick auf ihre Wirksamkeit eine entscheidende Rolle zu. Der Ausschuss sollte daher befugt sein, Änderungen in der Struktur und Organisation der Institute oder Gruppen zu fordern, Maßnahmen zu ergreifen, die angemessen und verhältnismäßig sind, um wesentliche Hindernisse für die Anwendung von Abwicklungsinstrumenten zu verringern oder zu beseitigen und die Abwicklungsfähigkeit der betreffenden Unternehmen sicherzustellen. Angesichts der potenziell systemischen Wesensart sämtlicher Institute ist es zur Aufrechterhaltung der Finanzstabilität von ausschlaggebender Bedeutung, dass der Ausschuss oder gegebenenfalls die nationalen Abwicklungsbehörden die Möglichkeit haben, jedes Institut abzuwickeln. Damit das Recht auf unternehmerische Freiheit nach Artikel 16 der Charta der Grundrechte der Europäischen Union (im Folgenden „Charta") geachtet wird, sollte der Ermessensspielraum des Ausschusses auf das zur Vereinfachung der Struktur und der Tätigkeiten des Instituts unbedingt erforderliche Maß beschränkt werden, um die Abwicklungsfähigkeit zu verbessern. Darüber hinaus sollte jede diesbezügliche Maßnahme mit dem Unionsrecht im Einklang stehen. Die Maßnahmen sollten weder direkt noch indirekt aus Gründen der Staatsangehörigkeit diskriminierend wirken und mit dem übergeordneten Argument der Durchführung im öffentlichen Interesse an der Finanzstabilität gerechtfertigt sein. Um zu ermitteln, ob eine Maßnahme im allgemeinen öffentlichen Interesse ergriffen wurde, sollte der Ausschuss, der im allgemeinen öffentlichen Interesse handelt, die Abwicklungsziele verwirklichen können, ohne dass er bei der Anwendung der Abwicklungsinstrumente oder der Ausübung der ihm durch diese Verordnung übertragenen Befugnisse behindert wird. Darüber hinaus sollte eine Maßnahme nicht über das zur Realisierung der Ziele Erforderliche hinausgehen. Bei der Festlegung der zu ergreifenden Maßnahmen sollte der Ausschuss oder gegebenenfalls die nationalen Abwicklungsbehörden den Warnungen und Empfehlungen des mit der Verordnung (EU)

Nr. 1092/2010 des Europäischen Parlaments und des Rates[1] eingesetzten Europäischen Ausschusses für Systemrisiken (im Folgenden „ESRB") Rechnung tragen.

(47) Angesichts der potenziell systemischen Wesensart sämtlicher Institute ist es von ausschlaggebender Bedeutung, dass der Ausschuss, wo angezeigt in Zusammenarbeit mit den nationalen Abwicklungsbehörden, Abwicklungspläne festlegen, die Abwicklungsfähigkeit von Instituten und Gruppen bewerten und erforderlichenfalls Maßnahmen zum Abbau bzw. zur Ausräumung von Hindernissen für die Abwicklungsfähigkeit irgendeines Instituts der teilnehmenden Mitgliedstaaten ergreifen kann. Der Ausfall systemrelevanter Institute, einschließlich derjenigen nach Artikel 131 der Richtlinie 2013/36/EU, ausfallen, könnte eine erhebliche Gefahr für das Funktionieren der Finanzmärkte schaffen und negative Auswirkungen auf die Finanzstabilität haben. Der Ausschuss sollte unbeschadet seiner Unabhängigkeit und seiner Pflicht, die Abwicklung aller Institute, die seinen Befugnissen unterliegen, zu planen und deren Abwicklungsfähigkeit zu bewerten, mit der gebotenen Sorgfalt vorrangig auf die Erstellung der Abwicklungspläne dieser systemrelevanten Institute sowie auch auf die Bewertung ihrer Abwicklungsfähigkeit und auf die Ergreifung aller notwendigen Maßnahmen zum Abbau bzw. zur Ausräumung aller Hindernisse für deren Abwicklungsfähigkeit achten.

(48) Abwicklungspläne sollten, soweit angemessen, Verfahren zur Information und Anhörung der Arbeitnehmervertreter während des gesamten Abwicklungsprozesses umfassen. Gegebenenfalls sollten in diesem Zusammenhang Tarifverträge oder sonstige Vereinbarungen der Sozialpartner sowie Unionsrecht und nationales Recht über die Einbeziehung von Gewerkschaften und Arbeitnehmervertretern in die Verfahren zur Umstrukturierung von Unternehmen eingehalten werden.

(49) Im Zusammenhang mit der Pflicht, Abwicklungspläne zu erstellen, sollten der Ausschuss oder gegebenenfalls die nationalen Abwicklungsbehörden im Zusammenhang mit den Abwicklungsplänen und beim Rückgriff auf die verschiedenen ihnen zur Verfügung stehenden Befugnisse und Instrumente, der Art der Tätigkeit eines Unternehmens, seiner Eigentümerstruktur, seiner Rechtsform, seinem Risikoprofil, seiner Größe, seinem Rechtsstatus und seiner Verflechtung eines Instituts mit anderen Instituten bzw. mit dem Finanzsystem im Allgemeinen, dem Umfang und der Komplexität seiner Tätigkeiten, dem Umstand, ob es Mitglied in einem institutsbezogenen Sicherungssystem oder in anderen gemeinschaftlichen Systemen der wechselseitigen Solidarität ist, der Frage, ob das betreffende Institut Wertpapierdienstleistungen erbringt oder Anlagetätigkeiten ausübt und ob sein Ausfall und seine anschließende Liquidation im Wege eines regulären Insolvenzverfahrens wesentliche negative Auswirkungen auf die Finanzmärkte, auf andere Institute, die Finanzierungsbedingungen oder die Gesamtwirtschaft haben kann, Rechnung tragen und dabei sicherstellen, dass die Regelung auf angemessene und verhältnismäßige Art und Weise angewandt wird und dass der Verwaltungsaufwand im Zusammenhang mit der Verpflichtung zur Erstellung eines Abwicklungsplans so niedrig wie möglich gehalten wird. Während durch die in Abschnitt A des Anhangs der Richtlinie 2014/59/EU spezifizierten Inhalte und Informationen eine Mindestnorm für offenkundig systemrelevante Unternehmen festgelegt wird, ist es gestattet, auf institutsspezifischer Basis unterschiedliche oder erheblich eingeschränkte Anforderungen an die Abwicklungsplanung und Information anzuwenden und eine geringere als einmal jährliche Aktualisierungspflicht vorzusehen. Der Abwicklungsplan für ein kleines Unternehmen mit geringer Vernetzung und Komplexität könnte reduziert werden. Außerdem sollte die Regelung so angewandt werden, dass die Stabilität der Finanzmärkte nicht in Gefahr gerät. Insbesondere in Situationen, die durch weitreichendere Schwierigkeiten oder sogar Zweifel an der Widerstandsfähigkeit vieler Unternehmen gekennzeichnet sind, ist es von zentraler Bedeutung, dass das Ansteckungsrisiko, das aus den in Bezug auf einzelne Unternehmen getroffenen Maßnahmen entsteht, berücksichtigt wird.

(50) Wenn die Richtlinie 2014/59/EU die Möglichkeit vorsieht, dass die nationalen Abwicklungsbehörden vereinfachte Anforderungen oder Ausnahmeregelungen in Bezug auf die Anforderung der Erstellung von Abwicklungsplänen anwenden, sollte ein Verfahren vorgesehen werden, nach dem der Ausschuss oder, soweit relevant, die nationalen Abwicklungsbehörden die Anwendung solcher vereinfachten Anforderungen genehmigen können.

(51) Entsprechend der Kapitalstruktur von Unternehmen, die einer Zentralorganisation zugeordnet sind, sollten der Ausschuss oder, gegebenenfalls die nationalen Abwicklungsbehörden für die

---

[1] **Amtl. Anm.:** Verordnung (EU) Nr. 1092/2010 des Europäischen Parlaments und des Rates vom 24. November 2010 über die Finanzaufsicht der Europäischen Union auf Makroebene und zur Errichtung eines Europäischen Ausschusses für Systemrisiken (ABl. L 331 vom 15.12.2010, S. 1).

Zwecke dieser Verordnung nicht zur Aufstellung getrennter Abwicklungspläne verpflichtet werden, nur weil die Zentralorganisation, der diese Unternehmen zugeordnet sind, unter direkter Aufsicht der EZB steht. Im Fall von Gruppenabwicklungsplänen sollten bei der Erstellung der Pläne die potenziellen Auswirkungen der Abwicklungsmaßnahmen in allen Mitgliedstaaten, in denen die Gruppe tätig ist, speziell berücksichtigt werden.

(52) Der einheitliche Abwicklungsmechanismus sollte auf den Rahmenvorgaben der Verordnung (EU) Nr. 1024/2013[1)] und der Richtlinie 2014/59/EU beruhen. Der Ausschuss sollte deshalb befugt sein, frühzeitig einzugreifen, wenn sich die Finanzlage oder Solvenz eines Unternehmens verschlechtert. Die Informationen, die der Ausschuss in dieser Phase von den nationalen Abwicklungsbehörden oder von der EZB erhält, sind für seine Entscheidung über das weitere Vorgehen zur Vorbereitung der Abwicklung des betreffenden Unternehmens von großer Bedeutung.

(53) Um zum gegebenen Zeitpunkt eine schnelle Abwicklung vornehmen zu können, sollte der Ausschuss in Zusammenarbeit mit der EZB oder der jeweils zuständigen nationalen Behörde die Lage der betroffenen Unternehmen genau beobachten und prüfen, ob sie Frühinterventionsmaßnahmen, die in Bezug sie getroffen wurden, einhalten. Wenn die geeignete Behörde feststellt, ob der Ausfall eines Unternehmens innerhalb eines angemessenen Zeitrahmens durch Maßnahmen des privaten Sektors verhindert werden könnte, sollte sie die Wirksamkeit von Frühinterventionsmaßnahmen berücksichtigen, die innerhalb des von der zuständigen Behörde festgelegten Zeitrahmens ergriffen werden.

(54) Der Ausschuss, die nationalen Abwicklungsbehörden und die zuständigen Behörden, einschließlich der EZB, sollten erforderlichenfalls eine Vereinbarung schließen, in der sie die allgemeinen Bestimmungen für ihre Zusammenarbeit bei der Wahrnehmung ihrer jeweiligen Aufgaben nach dem Unionsrecht festlegen. Die Vereinbarung sollte regelmäßig überprüft werden.

(55) Wenn Beschlüsse gefasst oder Maßnahmen ergriffen werden, insbesondere in Bezug auf Unternehmen, die sowohl in teilnehmenden als auch in nicht teilnehmenden Mitgliedstaaten niedergelassen sind, sollten auch mögliche nachteilige Auswirkungen auf diese Mitgliedstaaten, wie etwa eine Bedrohung der Stabilität ihrer Finanzmärkte, und auf die in diesen Mitgliedstaaten niedergelassenen Unternehmen, berücksichtigt werden.

(56) Um eine Störung des Finanzmarkts und der Wirtschaft so gering wie möglich zu halten, sollte die Abwicklung innerhalb kurzer Zeit vollzogen werden. Einlegern sollte zumindest zu garantierten Einlagen so bald wie möglich Zugang gewährt werden, und in jedem Fall innerhalb der Fristen, die auch in der Richtlinie 2014/49/EU des Europäischen Parlaments und des Rates[2)] vorgesehen sind. Die Kommission sollte während des gesamten Abwicklungsverfahrens Zugang zu allen Informationen haben, die sie für erforderlich erachtet, um in Kenntnis der Sachlage einen Beschluss im Rahmen des Abwicklungsverfahrens fassen zu können.

(57) Der Beschluss zur Abwicklung eines Unternehmens sollte gefasst werden, bevor ein Finanzunternehmen bilanzmäßig insolvent ist und das gesamte Eigenkapital aufgezehrt ist. Die Abwicklung sollte eingeleitet werden, nachdem festgestellt wurde, dass ein Unternehmen ausfällt oder wahrscheinlich ausfällt und dass keine alternativen Maßnahmen des privaten Sektors einen solchen Ausfall innerhalb eines angemessenen Zeitrahmens abwenden würden. Die Tatsache, dass ein Unternehmen die Zulassungsanforderungen nicht erfüllt, sollte nicht als solche die Einleitung einer Abwicklung rechtfertigen, insbesondere wenn das Unternehmen existenzfähig bleibt oder wahrscheinlich existenzfähig bleiben dürfte. In diesem Zusammenhang sollte ein Unternehmen als ausfallend oder wahrscheinlich ausfallend angesehen werden, wenn es gegen die an eine dauerhafte Zulassung geknüpften Anforderungen verstößt oder in naher Zukunft verstoßen dürfte, wenn die Vermögenswerte des Unternehmens geringer als seine Verbindlichkeiten sind oder in naher Zukunft sein dürften, wenn das Unternehmen nicht in der Lage ist oder in naher Zukunft nicht in der Lage sein dürfte, seine Verbindlichkeiten bei Fälligkeit zu erfüllen, oder wenn das Unternehmen eine außerordentliche finanzielle Unterstützung aus öffentlichen Mitteln anfordert, außer unter den in dieser Verordnung genannten besonderen Umständen. Die Notwendigkeit einer Notfallliquiditätshilfe von Seiten der Zentralbank sollte nicht für sich genommen eine Gegebenheit sein, die hinreichend nachweist, dass ein Unternehmen nicht in der Lage ist – oder es in naher Zukunft wahrscheinlich nicht sein wird –, seine Verbindlichkeiten bei Fälligkeit zu erfüllen. Gäbe es eine staatliche Garantie für diese Fazilität,

---

[1)] Nr. **5**.

[2)] **Amtl. Anm.:** Richtlinie 2014/49/EU des Europäischen Parlaments und des Rates vom 16. April 2014 über Einlagensicherungssysteme (ABl. L 173 vom 12.6.2014, S. 149).

würde ein Unternehmen, das eine solche Fazilität in Anspruch nimmt, Vorschriften über staatliche Beihilfen unterliegen. Zur Wahrung der Finanzstabilität, speziell bei einer systemischen Liquiditätsknappheit, sollten staatliche Garantien für Liquiditätsfazilitäten von Zentralbanken oder staatliche Garantien für neu emittierte Verbindlichkeiten zur Abhilfe bei einer schweren Störung der Volkswirtschaft eines Mitgliedstaats nicht den Abwicklungsrahmen auslösen, sofern eine Reihe von Bedingungen erfüllt ist. Insbesondere sollten die staatlichen Garantiemaßnahmen innerhalb des Rechtsrahmens für staatliche Beihilfen genehmigt werden und nicht Teil eines größeren Hilfspakets sein, und der Rückgriff auf Garantiemaßnahmen sollte zeitlich streng begrenzt sein. Garantien der Mitgliedstaaten für Eigenkapitalansprüche sollten untersagt sein. Wird eine Garantie gewährt, sollte der Mitgliedstaat dafür sorgen, dass das Unternehmen ein angemessenes Entgelt für die Garantieleistung zahlt. Außerdem sollte die Gewährung einer außerordentlichen finanziellen Unterstützung aus öffentlichen Mitteln nicht eine Abwicklung auslösen, wenn ein Mitgliedstaat als Vorsichtsmaßnahme eine Kapitalbeteiligung an einem Unternehmen – einschließlich bei Unternehmen, die in öffentlichem Eigentum stehen – übernimmt, das seine Kapitalanforderungen erfüllt. Dies kann beispielsweise der Fall sein, wenn von einem Unternehmen aufgrund des Ergebnisses eines szenariogestützten Stresstests oder eines gleichwertigen, von Behörden auf Makroebene durchgeführten Tests, der eine Anforderung einschließt, die dazu dienen soll, die Finanzstabilität im Kontext einer Systemkrise zu bewahren, verlangt wird, sich neues Kapital zu beschaffen, das Unternehmen jedoch nicht in der Lage ist, sich privat auf dem Markt Kapital zu beschaffen. Ein Unternehmen sollte nicht nur deswegen, weil eine außerordentliche finanzielle Unterstützung aus öffentlichen Mitteln vor Inkrafttreten dieser Verordnung gewährt wurde, als ausfallend oder wahrscheinlich ausfallend betrachtet werden. Schließlich kann der Zugang zu Liquiditätsfazilitäten, einschließlich Notfallliquiditätshilfe der Zentralbanken, eine staatliche Beihilfe gemäß dem Rechtsrahmen der Union für staatliche Beihilfen darstellen.

(58) Die Liquidation eines ausfallenden Unternehmens nach dem regulären Insolvenzverfahren könnte die Finanzstabilität gefährden, die Erbringung wesentlicher Dienstleistungen unterbrechen und den Einlegerschutz beeinträchtigen. In einem solchen Fall besteht ein öffentliches Interesse am Rückgriff auf Abwicklungsinstrumente. Ziele der Abwicklung sollten folglich die Sicherstellung der Kontinuität wesentlicher Finanzdienstleistungen, die Aufrechterhaltung der Stabilität des Finanzsystems, die Verringerung des „moral hazard" durch geringere Inanspruchnahme finanzieller Unterstützung für ausfallende Unternehmen aus öffentlichen Mitteln und der Schutz der Einleger sein.

(59) Es sollte jedoch immer erst eine Liquidation eines insolventen Unternehmens im Rahmen eines regulären Insolvenzverfahrens erwogen werden, bevor ein Beschluss über die Fortführung der Geschäftstätigkeit des Unternehmens gefasst wird. Im Interesse der Finanzstabilität sollte die Geschäftstätigkeit eines insolventen Unternehmens im Rahmen des Möglichen unter Rückgriff auf private Mittel fortgeführt werden. Dies kann entweder durch Veräußerung an einen privaten Erwerber oder einen Fusion mit einem privaten Erwerber oder aber mittels Herabschreibung der Verbindlichkeiten des Unternehmens bzw. Umwandlung seiner Schulden in Eigenkapital zwecks Rekapitalisierung erfolgen.

(60) Werden Beschlüsse im Zusammenhang mit Abwicklungsbefugnissen gefasst oder vorbereitet, sollten der Ausschuss, der Rat und die Kommission sicherstellen, dass die Abwicklungsmaßnahme im Einklang mit bestimmten Grundsätzen durchgeführt wird, zu denen auch gehört, dass Anteilseigner und Gläubiger einen angemessenen Teil der Verluste tragen, die Geschäftsleitung in der Regel ersetzt wird, die Abwicklungskosten für das Unternehmen so gering wie möglich gehalten und Gläubiger derselben Klasse angemessen und fair behandelt werden. Insbesondere wenn Gläubiger derselben Klasse im Zuge einer Abwicklungsmaßnahme unterschiedlich behandelt werden, sollte eine solche unterschiedliche Behandlung aus Gründen des öffentlichen Interesses gerechtfertigt sein und sollte weder direkt noch indirekt aus Gründen der Staatsangehörigkeit diskriminierend sein.

(61) Die Einschränkungen der Anteilseigner- und Gläubigerrechte sollten in Übereinstimmung mit Artikel 52 der Charta erfolgen. Die Abwicklungsinstrumente sollten folglich nur auf die Unternehmen angewandt werden, die ausfallen oder wahrscheinlich ausfallen, und auch nur dann, wenn dies dem Ziel der Wahrung der Finanzstabilität im Allgemeininteresse dient. Insbesondere sollten die Abwicklungsinstrumente angewandt werden, wenn das Unternehmen nicht nach dem regulären Insolvenzverfahren liquidiert werden kann, ohne das Finanzsystem zu destabilisieren, und die Maßnahmen erforderlich sind, um für den raschen Transfer und für die Fortführung systemisch wichtiger Funktionen zu sorgen, und keine vernünftige Aussicht auf eine etwaige alternative Privatlösung besteht, einschließlich einer Kapitalerhöhung seitens der

vorhandenen Anteilseigner oder eines Dritten, die ausreichen würde, um die vollständige Existenzfähigkeit des Unternehmens wiederherzustellen.

(62) Der Eingriff in die Eigentumsrechte sollte nicht unverhältnismäßig sein. Folglich sollten die betroffenen Anteilseigner und Gläubiger keine größeren Verluste tragen als sie hätten tragen müssen, wenn das Unternehmen zum Zeitpunkt des Abwicklungsbeschlusses liquidiert worden wäre. Für den Fall eines Teiltransfers von Vermögenswerten eines in Abwicklung befindlichen Instituts auf einen privaten Käufer oder ein Brückeninstitut sollte der verbleibende Teil des in Abwicklung befindlichen Instituts nach dem regulären Insolvenzverfahren liquidiert werden. Zum Schutz der Anteilseigner und Gläubiger des Unternehmens während des Liquidationsverfahrens sollten diese befugt sein, Zahlungen aufgrund ihrer Forderungen in einer Höhe zu verlangen, die den Betrag nicht unterschreiten, den sie Schätzungen zufolge im Fall eines regulären Insolvenzverfahrens für das Unternehmen insgesamt zurückerhalten hätten.

(63) Zum Schutz der Rechte der Anteilseigner und Gläubiger sollten klare Verpflichtungen für die Bewertung von Vermögenswerten und Verbindlichkeiten des in Abwicklung befindlichen Instituts und – soweit nach dieser Verordnung vorgeschrieben – für die Bewertung der Behandlung festgelegt werden, die Anteilseigner und Gläubiger im Fall einer Liquidation des Unternehmens im Rahmen eines regulären Insolvenzverfahrens erfahren hätten. Es sollte möglich sein, eine Bewertung bereits in der Phase der Frühintervention einzuleiten. Vor einer Abwicklungsmaßnahme sollte eine faire, vorsichtige und realistische Bewertung der Vermögenswerte und Verbindlichkeiten des Unternehmens vorgenommen werden. Eine solche Bewertung sollte einem Rechtsmittel nur zusammen mit einem Abwicklungsbeschluss unterliegen. Darüber hinaus sollte – soweit nach dieser Verordnung vorgeschrieben – nach Anwendung der Abwicklungsinstrumente ein Ex-post-Vergleich zwischen der Behandlung durchgeführt werden, die die Anteilseigner und Gläubiger erfahren haben, und der, die sie im Rahmen eines regulären Insolvenzverfahrens erfahren hätten. Sollte sich herausstellen, dass Anteilseigner und Gläubiger in Gegenleistung für ihre Forderungen eine geringere Zahlung erhalten haben, als sie bei einer Liquidation im Rahmen des regulären Insolvenzverfahrens erhalten hätten, sollten die Anteilseigner und Gläubiger – soweit nach dieser Verordnung vorgeschrieben – einen Anspruch auf Auszahlung der Differenz haben. Sollte es eine solche Differenz geben, sollte sie aus dem gemäß dieser Verordnung eingerichteten Fonds gezahlt werden.

(64) Es ist von großer Bedeutung, Verluste sofort beim Ausfall eines Unternehmens auszuweisen. Die Bewertung von Vermögenswerten und Verbindlichkeiten ausfallender Unternehmen sollte auf fairen, vorsichtigen und realistischen Annahmen zum Zeitpunkt der Nutzung der Abwicklungsinstrumente beruhen. Der Wert der Verbindlichkeiten sollte bei der Bewertung jedoch nicht durch die finanzielle Lage des Unternehmens beeinflusst werden. Aus Dringlichkeitsgründen sollte es möglich sein, dass der Ausschuss eine rasche Bewertung der Vermögenswerte oder Verbindlichkeiten eines ausfallenden Unternehmens vornimmt. Diese Bewertung sollte bis zu dem Zeitpunkt, zu dem eine unabhängige Bewertung vorgenommen wird, vorläufig gelten.

(65) Um für Objektivität und Zuverlässigkeit des Abwicklungsverfahrens zu sorgen, muss festgelegt werden, in welcher Reihenfolge unbesicherte Forderungen von Gläubigern gegenüber einem in Abwicklung befindlichen Institut herabgeschrieben oder umgewandelt werden sollten. Zur Begrenzung des Risikos, dass Gläubiger größere Verluste erleiden als es bei einer Liquidation des Instituts nach dem regulären Insolvenzverfahren der Fall wäre, sollte die festzulegende Reihenfolge sowohl für reguläre Insolvenzverfahren als auch für eine Herabschreibung oder Umwandlung im Rahmen des Abwicklungsverfahrens gelten. Dies würde auch die Ermittlung des Schuldenstands erleichtern.

(66) Der Ausschuss sollte über die konkrete Ausgestaltung des Abwicklungskonzepts entscheiden. Zu den einschlägigen Abwicklungsinstrumenten sollten das Instrument der Unternehmensveräußerung, das Instrument des Brückeninstituts, das Bail-in-Instrument und das Instrument der Ausgliederung von Vermögenswerten gehören, die auch in der Richtlinie 2014/59/EU vorgesehen sind. Das Konzept sollte es zudem ermöglichen zu beurteilen, ob die Voraussetzungen für eine Herabschreibung und Umwandlung von Kapitalinstrumenten erfüllt sind.

(67) Wenn Abwicklungsmaßnahmen ergriffen werden, sollte der Ausschuss die in den Abwicklungsplänen vorgesehenen Maßnahmen berücksichtigen und beachten, es sei denn, der Ausschuss gelangt unter Berücksichtigung der Sachlage zu der Einschätzung, dass sich die Ziele der Abwicklung mit Maßnahmen, die in den Abwicklungsplänen nicht vorgesehen sind, besser erreichen lassen.

(68) Zu den Abwicklungsinstrumenten sollte Folgendes zählen: die Unternehmensveräußerung oder die Veräußerung von Anteilen des in Abwicklung befindlichen Instituts, die Errichtung eines Brückenunternehmens, die Trennung der werthaltigen Vermögenswerte von den wertgemin-

derten oder ausfallgefährdeteren Vermögenswerten des ausfallenden Unternehmens sowie das Bail-in der Anteilseigner und Gläubiger des ausfallenden Unternehmens.

(69) Wurden die Abwicklungsinstrumente zur Übertragung systemisch bedeutender Dienstleistungen oder existenzfähiger Geschäftsbereiche eines Unternehmens auf ein solides Unternehmen wie einen privaten Käufer oder ein Brückenunternehmen genutzt, sollte der verbleibende Teil des Unternehmens liquidiert werden.

(70) Das Instrument der Unternehmensveräußerung sollte die Veräußerung des Unternehmens oder einzelner Geschäftsbereiche ohne Zustimmung der Anteilseigner an einen oder mehrere Erwerber ermöglichen.

(71) Alle Nettoerlöse aus der Übertragung von Vermögenswerten oder Verbindlichkeiten des in Abwicklung befindlichen Instituts bei der Anwendung des Instruments der Unternehmensveräußerung sollten dem im Liquidationsverfahren befindlichen Unternehmen zugutekommen. Alle Nettoerlöse aus der Übertragung von Eigentumstiteln des in Abwicklung befindlichen Instituts bei der Anwendung des Instruments der Unternehmensveräußerung sollten den Inhabern dieser Eigentumstitel des im Liquidationsverfahren befindlichen Unternehmens zugutekommen. Die Erlöse sollten abzüglich der Kosten aus dem Ausfall des Unternehmens und aus dem Abwicklungsverfahrens berechnet werden.

(72) Das Instrument der Ausgliederung von Vermögenswerten sollte die Behörden in die Lage versetzen, Vermögenswerte, Rechte oder Verbindlichkeiten eines in Abwicklung befindlichen Instituts auf eine gesonderte Zweckgesellschaft zu übertragen. Dieses Instrument sollte ausschließlich im Zusammenhang mit anderen Instrumenten genutzt werden, um einen unlauteren Wettbewerbsvorteil für das ausfallende Unternehmen zu verhindern.

(73) Ein wirksames Abwicklungsregelwerk sollte den Umfang, in dem die Abwicklungskosten eines ausfallenden Unternehmens von Steuerzahlern getragen werden, so gering wie möglich halten. Es sollte auch sicherstellen, dass systemrelevante Unternehmen ohne Gefährdung der Finanzstabilität abgewickelt werden können. Das Bail-in-Instrument dient eben diesem Ziel, indem es sicherstellt, dass die Anteilseigner und Gläubiger des ausfallenden Unternehmens Verluste in angemessenem Umfang tragen und einen angemessenen Teil der Kosten, die durch den Ausfall des Unternehmens entstehen, übernehmen. Durch das Bail-in-Instrument erhalten Anteilseigner und Gläubiger der Unternehmen deshalb einen stärkeren Anreiz zur Überwachung des guten Zustands eines Unternehmens unter normalen Bedingungen. Es steht auch im Einklang mit der Empfehlung des Rates für Finanzstabilität, in den Abwicklungsrahmen obligatorische Herabschreibungs- und Umwandlungsbefugnisse als zusätzliche Option im Zusammenhang mit anderen Abwicklungsinstrumenten vorzusehen.

(74) Um sicherzustellen, dass bei der Zuweisung von Verlusten an die Gläubiger in verschiedenen Szenarien die erforderliche Flexibilität gegeben ist, sollte sowohl in Fällen, in denen das Ziel die Abwicklung des ausfallenden Unternehmens unter Fortführung seiner Geschäftstätigkeit ist, sofern eine realistische Aussicht auf die Wiederherstellung der Existenzfähigkeit des Unternehmens besteht, als auch in Fällen, in denen systemrelevante Dienstleistungen auf ein Brückenunternehmen übertragen werden und die verbleibende Geschäftstätigkeit des Unternehmens eingestellt und liquidiert wird, auf das Bail-in-Instrument zurückgegriffen werden können.

(75) Wird das Bail-in-Instrument mit dem Ziel der Wiederherstellung des Kapitals des ausfallenden Unternehmens angewandt, um die Fortführung seiner Geschäftstätigkeit sicherzustellen, sollte die Abwicklung mittels Bail-in mit der Auswechslung der Geschäftsleitung einhergehen – es sei denn, die Beibehaltung der Geschäftsleitung ist angemessen und erforderlich für das Erreichen der Abwicklungsziele – sowie mit einer anschließenden Umstrukturierung des Unternehmens und seiner Tätigkeiten auf eine Art und Weise, durch die die Gründe des Ausfalls beseitigt werden. Diese Umstrukturierung sollte mittels der Durchführung eines Geschäftsreorganisationsplans erfolgen. Sofern anwendbar sollten solche Pläne mit dem Umstrukturierungsplan vereinbar sein, den das Unternehmen der Kommission gemäß dem Rechtsrahmen der Union für staatliche Beihilfen vorzulegen hat. Insbesondere sollte der Plan – über die Maßnahmen zur Wiederherstellung der langfristigen Existenzfähigkeit des Unternehmens hinaus – Maßnahmen zur Beschränkung der Beihilfen auf das Mindestmaß der Lastenverteilung sowie Maßnahmen zur Begrenzung von Wettbewerbsverzerrungen enthalten.

(76) Das Bail-in-Instrument sollte nicht auf Forderungen angewandt werden, die gedeckt, besichert oder auf andere Art und Weise garantiert sind. Um jedoch dafür zu sorgen, dass das Bail-in-Instrument wirksam ist und seine Ziele erreicht, ist es wünschenswert, dass es so weit wie möglich auf die nicht besicherten Verbindlichkeiten eines ausfallenden Unternehmens angewandt werden kann. Allerdings ist es zweckmäßig, bestimmte Arten nicht abgesicherter Ver-

bindlichkeiten vom Anwendungsbereich des Bail-in-Instruments auszunehmen. Um die Inhaber gedeckter Einlagen zu schützen, sollte das Bail-in-Instrument nicht auf Einlagen angewandt werden, die unter die Richtlinie 2014/49/EU fallen. Um die Kontinuität der kritischen Funktionen sicherzustellen, sollte das Bail-in-Instrument nicht auf bestimmte Verbindlichkeiten gegenüber Beschäftigten des ausfallenden Unternehmens bzw. auf kommerzielle Forderungen im Zusammenhang mit den für das alltägliche Funktionieren des Unternehmens kritischen Gütern und Dienstleistungen angewandt werden. Um Rentenansprüche und Rentenbeträge zu schützen, die Pensionsfonds und Rententreuhändern geschuldet werden, sollte das Bail-in-Instrument nicht auf die Verbindlichkeiten des ausfallenden Unternehmens gegenüber einem Altersversorgungssystem angewandt werden, mit Ausnahme von Verbindlichkeiten bezüglich Rentenleistungen, die variablen Vergütungen zugeordnet werden können und nicht aus Tarifverträgen resultieren. Um die Gefahr einer systemischen Ansteckung zu verringern, sollte das Bail-in-Instrument nicht auf Verbindlichkeiten aus einer Beteiligung an Zahlungsverkehrssystemen mit einer Restlaufzeit von weniger als sieben Tagen oder auf Verbindlichkeiten gegenüber Unternehmen – ausgenommen Unternehmen, die Teil derselben Gruppe sind – mit einer ursprünglichen Laufzeit von weniger als sieben Tagen angewandt werden.

(77) Es sollte möglich sein, unter bestimmten Umständen Verbindlichkeiten vollständig oder teilweise vom Bail-in auszuschließen, unter anderem wenn ein Bail-in dieser Verbindlichkeiten innerhalb eines angemessenen Zeitrahmens nicht möglich ist, wenn der Ausschluss unbedingt erforderlich und verhältnismäßig ist, um für die Kontinuität der kritischen Funktionen und Kerngeschäftsbereiche zu sorgen, oder wenn die Anwendung des Bail-in-Instruments auf die Verbindlichkeiten eine Wertvernichtung verursachen würde, bei der die von anderen Gläubigern zu tragenden Verluste höher wären, als wenn diese Verbindlichkeiten nicht vom Bail-in ausgeschlossen würden. Es sollte auch möglich sein, unter bestimmten Umständen Verbindlichkeiten vollständig oder teilweise auszuschließen, wenn dies notwendig ist, um Ansteckung und finanzieller Instabilität vorzubeugen, die die Wirtschaft eines Mitgliedstaats erheblich beeinträchtigen könnten. Bei der Vornahme dieser Bewertungen sollten der Ausschuss oder gegebenenfalls die nationalen Abwicklungsbehörden die Folgen eines potenziellen „Bail-in" von Verbindlichkeiten berücksichtigen, die aus erstattungsfähigen Einlagen stammen, die von natürlichen Personen, Kleinstunternehmen sowie kleinen und mittleren Unternehmen oberhalb der von der Richtlinie 2014/49/EU garantierten Deckungssumme gehalten werden.

(78) Wird ein solcher Ausschluss angewandt, kann der Umfang der Herabschreibung oder der Umwandlung anderer berücksichtigungsfähiger Verbindlichkeiten erweitert werden, um diesen Ausschluss zu berücksichtigen, sofern der Grundsatz „keine Schlechterstellung von Gläubigern als bei einem regulären Insolvenzverfahren" beachtet wird. Können die Verluste nicht an andere Gläubiger weitergegeben werden, kann der Fonds einen Beitrag zu dem in Abwicklung befindlichen Institut leisten, wobei einige strenge Bedingungen einzuhalten sind, einschließlich der Anforderung, dass Verluste in Höhe von mindestens 8 % der gesamten Verbindlichkeiten einschließlich Eigenmittel bereits absorbiert worden sind und dass die durch den Abwicklungsfonds bereitgestellten Mittel auf den niedrigeren Wert aus 5 % der gesamten Verbindlichkeiten einschließlich Eigenmittel oder den dem Fonds zur Verfügung stehenden Mitteln und dem Betrag, der innerhalb von drei Jahren durch nachträglich erhobene Beiträge aufgebracht werden kann, beschränkt sind.

(79) Unter außergewöhnlichen Umständen, wenn Verbindlichkeiten ausgeschlossen worden sind und der Fonds bis zur zulässigen Obergrenze für einen Beitrag zum Bail-in anstelle dieser Verbindlichkeiten in Anspruch genommen worden ist, sollte der Ausschuss eine Finanzierung aus alternativen Finanzierungsmöglichkeiten anstreben können.

(80) Die Mindesthöhe des Bail-in von 8 % der gesamten Verbindlichkeiten gemäß dieser Verordnung sollte auf der Grundlage der im Einklang mit dieser Verordnung vorgenommenen Bewertung berechnet werden. Historische Verluste, die bereits vor dieser Bewertung von den Anteilseignern durch eine Reduzierung der Eigenmittel absorbiert wurden, sollten nicht in diese Prozentsätze einbezogen werden.

(81) Da der Schutz der abgesicherten Einleger zu den wichtigsten Abwicklungszielen gehört, sollten gedeckte Einlagen nicht vom Bail-in-Instrument betroffen sein. Das Einlagensicherungssystem trägt jedoch zur Finanzierung des Abwicklungsverfahrens bei, indem Verluste in Höhe der Nettoverluste ausgeglichen werden, die es bei einem regulären Insolvenzverfahren nach Entschädigung der Einleger zu tragen gehabt hätte. Die Ausübung der Bail-in-Befugnisse würde sicherstellen, dass Einleger weiterhin Zugang zu ihren Einlagen haben, denn aus eben diesem Grunde wurde das Einlagensicherungssystem geschaffen. Würden diese Systeme in solchen

Fällen nicht einbezogen, läge darin ein unfairer Vorteil gegenüber den übrigen Gläubigern, die der Ausübung der Befugnisse der Abwicklungsbehörde unterlägen.

(82) Im Fall einer Übertragung von Einlagen im Zusammenhang mit der Abwicklung eines Unternehmens auf ein anderes Unternehmen sollten die Einleger nicht über die in der Richtlinie 2014/49/EU vorgesehene Deckungssumme hinaus abgesichert sein. Folglich sollten Forderungen in Bezug auf Einlagen, die bei dem in Abwicklung befindlichen Instituts verbleiben, auf den Unterschiedsbetrag zwischen den übertragenen Mitteln und der in der Richtlinie 2014/49/EU vorgesehenen Deckungssumme beschränkt werden. Übersteigen die übertragenen Einlagen die Deckungssumme, sollte der Einleger im Zusammenhang mit den Einlagen, die bei dem in Abwicklung befindlichen Instituts verbleiben, keine Ansprüche gegenüber dem Einlagensicherungssystem haben.

(83) Um zu verhindern, dass Unternehmen ihre Verbindlichkeiten auf eine Art und Weise strukturieren, die die Wirksamkeit des Bail-in-Instruments einschränkt, ist es zweckmäßig festzulegen, dass die Unternehmen jederzeit eine als Prozentsatz der Gesamtverbindlichkeiten und der Eigenmittel des Unternehmens ausgedrückte Mindestanforderung an Eigenmittel und berücksichtigungsfähige Verbindlichkeiten, die dem Bail-in-Instrument unterliegen können, erfüllen müssen.

(84) Ein Top-Down-Ansatz sollte bei der Festlegung der Mindestanforderung an Eigenmittel und berücksichtigungsfähige Verbindlichkeiten innerhalb einer Gruppe verfolgt werden. Bei diesem Ansatz sollte der Tatsache Rechnung getragen werden, dass die Abwicklungsmaßnahmen auf der Ebene der einzelnen juristischen Personen angewandt werden und dass es unabdingbar ist, dass die Verlustabsorptionskapazität bei dem Rechtsträger innerhalb der Gruppe vorhanden oder für diesen erschließbar ist, bei dem Verluste entstehen. Zu diesem Zweck sollte sichergestellt werden, dass die Verlustabsorptionskapazität innerhalb einer Gruppe gemäß dem in ihren einzelnen juristischen Personen gegebenen Risikograd über die Gruppe verteilt wird. Die erforderliche Mindestanforderung an Eigenmittel und berücksichtigungsfähige Verbindlichkeiten an jedes einzelne Tochterunternehmen sollte gesondert beurteilt werden. Darüber hinaus sollte sichergestellt werden, dass das gesamte Kapital und alle Verbindlichkeiten, die auf die konsolidierte Mindestanforderung an Eigenmittel und berücksichtigungsfähige Verbindlichkeiten angerechnet werden, in den Rechtsträgern belegen sind, in denen Verluste auftreten können, oder in anderer Weise zur Absorption der Verluste zur Verfügung stehen.
Diese Verordnung sollte einen multiplen und einen singulären Abwicklungsansatz ermöglichen. In der Mindestanforderung an Eigenmittel und berücksichtigungsfähige Verbindlichkeiten sollte die für eine Gruppe im Einklang mit dem Abwicklungsplan geeignete Abwicklungsstrategie, zum Ausdruck kommen. Die Mindestanforderung an Eigenmittel und berücksichtigungsfähige Verbindlichkeiten sollte insbesondere auf der richtigen Ebene innerhalb der Gruppe gestellt werden, damit sie den im Abwicklungsplan enthaltenen multiplen oder singulären Ansatz zur Geltung bringt, wobei zu berücksichtigen ist, dass Umstände eintreten könnten, unter denen ein anderer Ansatz als im Plan vorgesehen verwendet wird, da er beispielsweise ermöglichen würde, die Abwicklungsziele effizienter zu erreichen. Vor diesem Hintergrund sollten, unabhängig davon, ob eine Gruppe den multiplen oder den singulären Ansatz gewählt hat, für alle Unternehmen der Gruppe jederzeit solide Mindestanforderungen an Eigenmittel und berücksichtigungsfähige Verbindlichkeiten gelten, um das Risiko einer Ansteckung oder eines Ansturms auf die Banken abzuwenden.

(85) Es sollte die nach den Umständen des Einzelfalls am besten geeignete Abwicklungsmethode gewählt werden; zu diesem Zweck sollte auf alle in der Richtlinie 2014/59/EU vorgesehenen Abwicklungsinstrumente zurückgegriffen werden können. Wenn der Ausschuss, der Rat und die Kommission entscheiden, welcher Abwicklungsansatz gewählt wird, sollten sie im Rahmen des Möglichen jeweils denjenigen Ansatz wählen, der dem Fonds die geringsten Kosten verursacht.

(86) Durch die Richtlinie 2014/59/EU wurde den nationalen Abwicklungsbehörden die Befugnis zur Herabschreibung und Umwandlung von Kapitalinstrumenten übertragen, da gleichzeitig die Voraussetzungen für die Herabschreibung und Umwandlung von Kapitalinstrumenten und die Voraussetzungen für eine Abwicklung gegeben sein können und in einem solchen Fall zu prüfen ist, ob eine Herabschreibung und Umwandlung der Kapitalinstrumente ausreicht, um die finanzielle Solidität des betroffenen Unternehmens wiederherzustellen, oder ob auch eine Abwicklungsmaßnahme erforderlich ist. In der Regel wird letzteres in einem Abwicklungskontext der Fall sein. Der Ausschuss sollte unter der Kontrolle der Kommission oder, soweit relevant, des Rates auch in dieser Funktion an die Stelle der nationalen Abwicklungsbehörden treten und daher befugt sein zu bewerten, ob die Voraussetzungen für die Herabschreibung und

Umwandlung von Kapitalinstrumenten gegeben sind, und zu entscheiden, ob ein Unternehmen abgewickelt werden soll, sofern auch die Voraussetzungen für eine Abwicklung erfüllt sind.

(87) In allen teilnehmenden Mitgliedstaaten sollten Effizienz und Einheitlichkeit der Abwicklungsmaßnahmen gewährleistet sein. Daher sollte der Ausschuss befugt sein, dann, wenn eine nationale Abwicklungsbehörde einen Beschluss des Ausschusses gemäß dieser Verordnung nicht umgesetzt oder eingehalten oder ihn in einer Weise umgesetzt hat, die eine Gefährdung eines der Abwicklungsziele oder der wirksamen Umsetzung des Abwicklungsansatzes darstellt, bestimmte Rechte, Vermögenswerte oder Verbindlichkeiten eines in Abwicklung befindlichen Instituts auf eine andere Person zu übertragen, die Umwandlung von Schuldtiteln zu verlangen, deren vertragliche Bedingungen unter bestimmten Umständen eine Umwandlung vorsehen, oder jede notwendige Maßnahme zu ergreifen, durch die die Bedrohung der einschlägigen Abwicklungsziele erheblich vermindert wird. Maßnahmen einer nationalen Abwicklungsbehörde, die den Ausschuss in der Ausübung seiner Befugnisse oder Funktionen beeinträchtigen oder sich darauf auswirken würden, sollten ausgeschlossen werden.

(88) Die maßgeblichen an der Anwendung dieser Verordnung beteiligen Stellen, Gremien und Behörden sollten entsprechend der Verpflichtung zur loyalen Zusammenarbeit, die in den Verträgen verankert ist, zusammenarbeiten.

(89) Zur Steigerung der Effizienz des einheitlichen Abwicklungsmechanismus sollte der Ausschuss in allen Fällen eng mit der EBA zusammenarbeiten. Sofern angezeigt, sollte der Ausschuss auch mit dem ESRB, der Europäischen Aufsichtsbehörde für das Versicherungswesen und die betriebliche Altersversorgung (im Folgenden „EIOPA"), die durch die Verordnung (EU) Nr. 1094/2010 des Europäischen Parlaments und des Rates[1] errichtet wurde, und der Europäischen Aufsichtsbehörde (Europäische Wertpapier- und Marktaufsichtsbehörde) (im Folgenden „ESMA"), die durch die Verordnung (EU) Nr. 1095/2010 des Europäischen Parlaments und des Rates[2] errichtet wurde, und den anderen Behörden, die das ESFS bilden, zusammenarbeiten. Darüber hinaus sollte der Ausschuss eng mit der EZB und den anderen Behörden zusammenarbeiten, die zur Überwachung von Unternehmen im Rahmen des einheitlichen Aufsichtsmechanismus befugt sind, insbesondere im Fall von Gruppen, die einer Beaufsichtigung auf konsolidierter Basis durch die EZB unterliegen. Zur effektiven Durchführung des Abwicklungsverfahrens für ausfallende Banken sollte der Ausschuss in allen Phasen des Abwicklungsverfahrens mit den nationalen Abwicklungsbehörden zusammenarbeiten. Diese Zusammenarbeit ist nicht nur für die Durchführung der vom Ausschuss gefassten Abwicklungsbeschlüsse erforderlich, sondern auch im Vorfeld von Abwicklungsbeschlüssen, in der Phase der Abwicklungsplanung oder in der Phase der Frühintervention. Der Ausschuss sollte mit den maßgeblichen Abwicklungsbehörden und Einrichtungen zusammenarbeiten können, die unmittelbar oder mittelbar finanzielle Unterstützung aus öffentlichen Mitteln finanzieren.

(90) Bei der Anwendung der Abwicklungsinstrumente und der Ausübung der Abwicklungsbefugnisse sollte der Ausschuss die nationalen Abwicklungsbehörden anweisen sicherzustellen, dass Vertreter der Beschäftigten der betroffenen Unternehmen unterrichtet und gegebenenfalls angehört werden, wie es in der Richtlinie 2014/59/EU vorgesehen ist.

(91) Da der Ausschuss die nationalen Abwicklungsbehörden der teilnehmenden Mitgliedstaaten bei ihren Abwicklungsbeschlüssen ersetzt, sollte er auch für die Zwecke der Zusammenarbeit mit nicht teilnehmenden Mitgliedstaaten, einschließlich der in der Richtlinie 2014/59/EU genannten Abwicklungskollegien, die jeweiligen Behörden ersetzen, soweit es um Abwicklungsaufgaben geht.

(92) Da viele Institute nicht nur innerhalb der Union, sondern international tätig sind, muss ein wirksamer Abwicklungsmechanismus Grundsätze für die Zusammenarbeit mit den jeweiligen Drittlandsbehörden festlegen. Drittlandsbehörden sollten im Einklang mit dem in Artikel 88 der Richtlinie 2014/59/EU vorgegebenen Rechtsrahmen unterstützt werden. Um für einen kohä-

---

[1] **Amtl. Anm.:** Verordnung (EU) Nr. 1094/2010 des Europäischen Parlaments und des Rates vom 24. November 2010 zur Errichtung einer Europäischen Aufsichtsbehörde (Europäische Aufsichtsbehörde für das Versicherungswesen und die betriebliche Altersversorgung), zur Änderung des Beschlusses Nr. 716/2009/EG und zur Aufhebung des Beschlusses 2009/79/EG der Kommission (ABl. L 331 vom 15.12.2010, S. 48).

[2] **Amtl. Anm.:** Verordnung (EU) Nr. 1095/2010 des Europäischen Parlaments und des Rates vom 24. November 2010 zur Errichtung einer Europäischen Aufsichtsbehörde (Europäische Wertpapier- und Marktaufsichtsbehörde), zur Änderung des Beschlusses Nr. 716/2009/EG und zur Aufhebung des Beschlusses 2009/77/EG der Kommission (ABl. L 331 vom 15.12.2010, S. 84).

renten Ansatz gegenüber Drittländern zu sorgen, sollten divergierende Entscheidungen in den teilnehmenden Mitgliedstaaten hinsichtlich der Anerkennung von Abwicklungsverfahren, welche in Drittländern in Bezug auf Institute oder Muttergesellschaften durchgeführt werden, die in den teilnehmenden Mitgliedstaaten Tochtergesellschaften oder andere Vermögenswerte, Rechte oder Verbindlichkeiten haben, so weit wie möglich verhindert werden. Dem Ausschuss sollte deshalb die Möglichkeit eingeräumt werden, entsprechende Empfehlungen abzugeben.

(93) Damit der Ausschuss seine Aufgaben wirkungsvollwahrnehmen kann, sollte er über angemessene Untersuchungsbefugnisse verfügen. Er sollte entweder über die nationalen Abwicklungsbehörden oder direkt nach deren Unterrichtung alle erforderlichen Informationen einholen und Untersuchungen und Prüfungen vor Ort durchführen können, gegebenenfalls in Zusammenarbeit mit den zuständigen nationalen Behörden, wobei er alle ihm von der EZB und den zuständigen nationalen Behörden zur Verfügung gestellten Informationen in vollem Umfang nutzt. Im Zusammenhang mit Abwicklungen sollten Prüfungen vor Ort dem Ausschuss zur Verfügung stehen, um zu gewährleisten, dass Beschlüsse auf der Grundlage vollständig richtiger Informationen gefasst werden, und um die Durchführung durch nationale Behörden wirksam zu überwachen.

(94) Damit sichergestellt ist, dass der Ausschuss Zugang zu allen relevanten Informationen hat, sollten sich die jeweiligen Unternehmen und ihre Beschäftigten oder Dritte, an die die Unternehmen Funktionen oder Tätigkeiten ausgelagert haben, nicht auf die Verpflichtung zur Wahrung des Berufsgeheimnisses berufen können, um die Offenlegung von Informationen gegenüber dem Ausschuss zu verhindern. Gleichzeitig sollte die Offenlegung dieser Informationen nicht als Verletzung der Verpflichtung zur Wahrung des Berufsgeheimnisses angesehen werden.

(95) Damit die Befolgung der im Rahmen des einheitlichen Abwicklungsmechanismus gefassten Beschlüsse sichergestelltwird, sollten bei Verstößen verhältnismäßige und abschreckende Geldbußen verhängt werden. Der Ausschuss sollte berechtigt sein, Geldbußen oder in regelmäßigen Abständen zu zahlende Strafgelder gegen Unternehmen zu verhängen, die seinen an sie gerichteten Beschlüssen nicht nachkommen.

(96) Verstößt eine nationale Abwicklungsbehörde gegen die Vorschriften des einheitlichen Abnwicklungsmechanismus, indem sie die ihr nach dem nationalen Recht übertragenen Befugnisse nicht ausübt, um einer Weisung des Ausschusses nachzukommen, kann der betroffene Mitgliedstaat gemäß der einschlägigen Rechtsprechung für etwaige Schäden haftbar gemacht werden, die Einzelpersonen, gegebenenfalls auch dem in Abwicklung befindlichen Institut bzw. der in Abwicklung befindlichen Gruppe, oder Gläubigern eines Teils des Unternehmens oder der Gruppe in einem Mitgliedstaat entstanden ist.

(97) Damit die volle Autonomie und Unabhängigkeit des Ausschusses gegeben ist, sollte dieser über einen eigenen Haushalt verfügen, der aus Pflichtbeiträgen der Institute in den teilnehmenden Mitgliedstaaten finanziert wird. Es sollten geeignete Vorschriften festgelegt werden über den Haushalt des Ausschusses, die Ausarbeitung des Haushaltsplans, den Erlass interner Vorschriften für das Verfahren zur Aufstellung und Ausführung des Haushaltsplans sowie über die interne und externe Rechnungsprüfung.

(98) Diese Verordnung sollte die Fähigkeit der Mitgliedstaaten, zur Deckung der Verwaltungskosten ihrer nationalen Abwicklungsbehörden Gebühren zu erheben, nicht berühren.

(99) Die teilnehmenden Mitgliedstaaten haben gemeinsam vereinbart sicherzustellen, dass nicht teilnehmende Mitgliedstaaten unverzüglich und mit Zinsen für den Betrag entschädigt werden, den ein nicht teilnehmender Mitgliedstaat aus eigenen Mitteln mit Blick auf einer Verwendung von Unionshaushaltsmitteln zum Zweck der Erfüllung außervertraglicher Verbindlichkeiten und der Deckung von damit verbundenen Kosten im Zusammenhang mit der Wahrnehmung von Aufgaben nach dieser Verordnung gezahlt hat. Die teilnehmenden Mitgliedstaaten haben ein Übereinkommen geschlossen, um diese Zusage einzuhalten.

(100) Unter bestimmten Umständen kann die Wirksamkeit der angewandten Abwicklungsinstrumente von der Verfügbarkeit einer kurzfristigen Finanzierung für das Unternehmen oder ein Brückenunternehmen, der Bereitstellung von Garantien für potenzielle Erwerber bzw. der Bereitstellung von Kapital für das Brückenunternehmen abhängen. Unbeschadet der Rolle der Zentralbanken, die dem Finanzsystem selbst in schwierigen Zeiten Liquidität zur Verfügung stellen, ist die Einrichtung eines Fonds daher wichtig, um zu vermeiden, dass für solche Zwecke benötigte Mittel unter Inanspruchnahme der nationalen Haushalte aufgebracht werden. Die gesamte Finanzbranche sollte die Stabilisierung des Finanzsystems finanzieren.

(101) Es muss gewährleistet sein, dass der Fonds in vollem Umfang für die Zwecke der Abwicklung ausfallender Institute zur Verfügung steht. Er sollte deshalb nicht für andere Zwecke als die

effiziente Anwendung von Abwicklungsinstrumenten und Ausübung von Abwicklungsbefugnissen in Anspruch genommen werden. Außerdem sollte er nur im Einklang mit den jeweiligen Abwicklungszielen und -grundsätzen genutzt werden. Entsprechend sollte der Ausschuss dafür sorgen, dass etwaige im Zusammenhang mit der Anwendung der Abwicklungsinstrumente entstehende Verluste, Kosten oder sonstige Aufwendungen zunächst von den Anteilseignern und Gläubigern des in Abwicklung befindlichen Instituts getragen werden. Erst wenn die Mittel der Anteilseigner und Gläubiger ausgeschöpft sind, sollten Verluste, Kosten und sonstige Aufwendungen im Zusammenhang mit den Abwicklungsinstrumenten vom Fonds getragen werden.

(102) In der Regel sollten die Beiträge von der Branche kommen, und zwar vor der Einleitung einer Abwicklungsmaßnahme und unabhängig davon. Sollte die Vorfinanzierung zur Deckung der Verluste oder Kosten, die sich aus dem Rückgriff auf den Fonds ergeben, nicht ausreichen, sollten zusätzliche Beiträge zur Deckung dieser zusätzlichen Kosten oder Verluste erhoben werden. Darüber hinaus sollte der Fonds bei Instituten, Finanzinstituten oder anderen Dritten Kredite aufnehmen oder andere Formen der Unterstützung vertraglich vereinbaren können, falls die im Voraus und die nachträglich erhobenen Beiträge nicht unmittelbar verfügbar sind oder die durch die Inanspruchnahme des Fonds im Zusammenhang mit Abwicklungsmaßnahmen entstandenen Aufwendungen nicht decken.

(103) Um Doppelzahlungen zu vermeiden, sollten die Mitgliedstaaten verfügbare Finanzmittel einsetzen können, die durch nationale Bankgebühren, Steuern oder Abwicklungsbeiträge zustande kommen, die zwischen dem 17. Juni 2010 und dem 2. Juli 2014 zum Zweck der im Voraus erhobenen Beiträge eingefügt wurden.

(104) Um eine kritische Masse zu erreichen und einer prozyklischen Wirkung entgegenzuwirken, die entstünde, wenn der Fonds in einer Systemkrise ausschließlich auf nachträglich erhobene Beiträge zurückgreifen würde, ist es unerlässlich, dass die dem Fonds vorab zur Verfügung stehenden Mittel zumindest eine bestimmte Mindestzielausstattung erreichen.

(105) Die Zielausstattung des Fonds sollte als Prozentsatz des Betrags der gedeckten Einlagen aller in den teilnehmenden Mitgliedstaaten zugelassenen Kreditinstitute festgelegt werden. Da allerdings der Betrag der gesamten Verbindlichkeiten dieser Institute unter Berücksichtigung der Funktionen des Fonds ein besser geeigneter Richtwert wäre, sollte die Kommission prüfen, ob die gedeckten Einlagen oder die Gesamtverbindlichkeiten eine angemessenere Grundlage sind, und ob ein absoluter Mindestbetrag für den Fonds in Zukunft eingeführt werden sollte, damit weiter gleiche Wettbewerbsbedingungen mit der Richtlinie 2014/59/EU gegeben sind.

(106) Es sollte ein angemessener Zeitrahmen für das Erreichen der Zielausstattung des Fonds vorgesehen werden. Der Ausschuss sollte jedoch über die Möglichkeit verfügen, den Beitragszeitraum anzupassen, um größeren Auszahlungen aus dem Fonds Rechnung zu tragen.

(107) Die Gewährleistung einer wirksamen und ausreichenden Finanzierung des Fonds ist für die Glaubwürdigkeit des einheitlichen Abwicklungsmechanismus von überragender Bedeutung. Die Möglichkeit des Ausschusses, auf alternative Finanzierungsmöglichkeiten für den Fonds zurückzugreifen, sollte in der Weise gestärkt werden, dass die Finanzierungskosten optimiert werden und die Kreditwürdigkeit des Fonds gewahrt wird. Unmittelbar nach Inkrafttreten dieser Verordnung sollte der Ausschuss in Zusammenarbeit mit den teilnehmenden Mitgliedstaaten die notwendigen Schritte unternehmen, um die geeigneten Methoden und Modalitäten auszuarbeiten, durch die die Kreditaufnahmekapazität des Fonds erhöht werden kann und die bis zum Geltungsbeginn dieser Verordnung zur Verfügung stehen sollten.

(108) Haben teilnehmende Mitgliedstaaten bereits nationale Abwicklungsfinanzierungsmechanismen eingerichtet, sollten sie vorsehen können, dass diese Mechanismen ihre verfügbaren Finanzmittel, die sie in der Vergangenheit durch im Voraus erhobene Beiträge der Unternehmen beschafft haben, einsetzen, um den Unternehmen einen Ausgleich für die im Voraus erhobenen Beiträge zu gewähren, die sie an den Fonds abzuführen haben. Die den Mitgliedstaaten aus der Richtlinie 2014/49/EU erwachsenden Verpflichtungen sollten von einer solchen Erstattung unberührt bleiben.

(109) Um für eine faire Berechnung der Beiträge zu sorgen und Anreize zu schaffen, weniger riskant zu operieren, sollten sich die Beiträge zum Fonds nach Maßgabe der Richtlinie 2014/59/EU und der aufgrund der Richtlinie 2014/59/EU erlassenen delegierten Rechtsakte nach der Höhe des Risikos richten, dem das Kreditinstitut ausgesetzt ist.

(110) Im Hinblick auf eine angemessene Aufteilung der Abwicklungskosten zwischen den Einlagensicherungssystemen und dem Fonds sollte von dem Einlagensicherungssystem, dem ein in Abwicklung befindliches Institut angehört, verlangt werden, einen Beitrag zu leisten, der nicht

höher als der Betrag der Verluste ist, die es tragen müsste, wenn das Unternehmen nach dem regulären Insolvenzverfahren liquidiert worden wäre.

(111) Zum Schutz des Wertes der vom Fonds verwalteten Mittel sollten diese in ausreichend sicheren, diversifizierten und liquiden Vermögenswerten angelegt werden.

(112) Wird die enge Zusammenarbeit zwischen einem teilnehmenden Mitgliedstaat, dessen Währung nicht der Euro ist, und der EZB gemäß Artikel 7 der Verordnung (EU) Nr. 1024/2013[1] beendet, muss eine gerechte Aufteilung der kumulierten Beiträge des betroffenen teilnehmenden Mitgliedstaats festgelegt werden, wobei den Interessen sowohl des betroffenen teilnehmenden Mitgliedstaats als auch des Fonds Rechnung zu tragen ist.

(113) Der Kommission sollte die Befugnis übertragen werden, im Einklang mit Artikel 290 AEUV delegierte Rechtsakte zu erlassen, um Folgendes festzulegen: die Vorschriften für die Berechnung des Zinssatzes, der im Fall eines Beschlusses über die Einziehung missbräuchlich verwendeter Beträge aus dem Fonds anzuwenden ist, und die Garantien der Rechte von Begünstigten auf gute Verwaltung und auf Zugang zu Dokumenten in Verfahren bezüglich einer solchen Einziehung, die Art der in den Fonds einzuzahlenden Beiträge und die Angelegenheiten, für die Beiträge fällig werden, und die Methode zur Berechnung der Höhe der Beiträge und die Art, wie sie zu zahlen sind, die Registrierungs-, Rechnungslegungs- und Berichtspflichten sowie weitere Vorschriften zur Sicherstellung der vollständigen und pünktlichen Entrichten der Beiträge, die jährlichen Beiträge zur Deckung der Verwaltungsausgaben bis zur vollständigen Funktionsfähigkeit des Ausschusses, das Beitragssystem für Institute, deren Geschäftstätigkeit nach Erreichung der Zielausstattung des Fonds zugelassen wird, Kriterien für die zeitliche Staffelung der Beiträge, Kriterien für die Festlegung der Anzahl von Jahren, um die die Aufbauphase für das Erreichen der Zielausstattung verlängert werden kann, Kriterien für die Festlegung der jährlichen Beiträge, wenn die verfügbaren Finanzmittel des Fonds nach der Aufbauphase unter die Zielausstattung sinken, Maßnahmen zur Festlegung der Umstände und Bedingungen, unter denen einzelne Institute vorübergehend von nachträglich erhobenen Beiträgen befreit werden können, und die detaillierten Regeln zur Verwaltung des Fonds und die allgemeinen Grundsätze und Kriterien für seine Anlagestrategie.

(114) Der Rat sollte im Rahmen der aufgrund der Richtlinie 2014/59/EU angenommenen delegierten Rechtsakte Durchführungsrechtsakte erlassen, um die Anwendung der Methode für die Berechnung einzelner Beiträge zum Fonds sowie die technischen Modalitäten zur Berechnung des Pauschalbeitrags und des risikoadjustierten Beitrags festzulegen. Durch diese Methode sollte sichergestellt werden, dass sowohl die pauschalen als auch die risikoadjustierten Elemente in der Formel zur Berechnung einzelner Beiträge in einer Weise zu Geltung kommen, die im Einklang mit den Abwicklungsgrundsätzen steht und mit den gemäß Artikel 103 Absatz 7 der Richtlinie 2014/59/EU angenommenen delegierten Rechtsakten entspricht. Bei der Methode sollte der Verhältnismäßigkeitsgrundsatz berücksichtigt werden, ohne dass Verzerrungen zwischen den Strukturen der Bankensektoren der Mitgliedstaaten geschaffen werden.

(115) Entsprechend der Erklärung Nr. 39 zu Artikel 290 AEUV sollte die Kommission bei der Ausarbeitung von in dieser Verordnung vorgesehenen Entwürfen für delegierte Rechtsakte nach ihrer üblichen Praxis weiterhin von den Mitgliedstaaten benannte Experten konsultieren. Auch ist es in diesem Bereich besonders wichtig, dass die Kommission während ihrer Vorbereitungsarbeiten, soweit relevant, geeignete Konsultationen mit der EZB und dem Ausschuss in deren Zuständigkeitsbereichen führt.

(116) Abwicklungsmaßnahmen sollten ordnungsgemäß gemeldet und – vorbehaltlich der beschränkten Ausnahmen nach dieser Verordnung – veröffentlicht werden. Da die von dem Ausschuss, den nationalen Abwicklungsbehörden und ihren professionellen Beratern während des Abwicklungsverfahrens erhaltenen Informationen vertraulich sein dürften, sollten sie vor der Veröffentlichung der Abwicklungsentscheidung der Verpflichtung zur Wahrung des Berufsgeheimnisses unterliegen. Es muss berücksichtigt werden, dass Informationen über den Inhalt und die Einzelheiten von Abwicklungsplänen und über die Ergebnisse einer Bewertung dieser Pläne weitreichende Auswirkungen haben können, insbesondere für die betroffenen Unternehmen. Bei allen bereitgestellten Informationen in Bezug auf eine noch nicht gefällte Entscheidung, beispielsweise darüber, ob die Abwicklungsbedingungen erfüllt sind, über die Anwendung eines spezifischen Instruments oder über Maßnahmen im Verlauf des Verfahrens, muss davon ausgegangen werden, dass sie Auswirkungen auf die öffentlichen und privaten Interessen haben, die von den Maßnahmen betroffen sind. Jedoch könnte die Information, dass der Ausschuss und die na-

---

[1] Nr. **5**.

tionalen Abwicklungsbehörden ein bestimmtes Unternehmen untersuchen, ausreichen, um negative Folgen für dieses Unternehmen zu haben. Deshalb muss sichergestellt werden, dass geeignete Mechanismen für die Wahrung der Vertraulichkeit entsprechender Informationen, beispielsweise des Inhalts und der Einzelheiten der Abwicklungspläne und des Ergebnisses von in diesem Zusammenhang vorgenommenen Bewertungen, existieren.

(117) Mit Blick auf die Wahrung der Vertraulichkeit der Arbeit des Ausschusses sollten seine Mitglieder und sein Personal, einschließlich der Mitarbeiter, die im Rahmen eines Austauschs mit teilnehmenden Mitgliedstaaten oder einer Entsendung durch teilnehmende Mitgliedstaaten Abwicklungsaufgaben ausüben, auch nach Beendigung ihrer Tätigkeit zur Wahrung des Berufsgeheimnisses verpflichtet sein. Diese Anforderungen sollten auch für sonstige Personen, die vom Ausschuss bevollmächtigt wurden, für Personen, die von nationalen Abwicklungsbehörden der Mitgliedstaaten bevollmächtigt oder ernannt wurden, um Prüfungen vor Ort vorzunehmen, und für Beobachter, die eingeladen wurden, an den Plenar- und Präsidiumssitzungen des Ausschusses teilzunehmen, und für Beobachter aus nicht teilnehmenden Mitgliedstaaten, die an internen Abwicklungsteams teilnehmen, gelten. Zum Zweck der Wahrnehmung der ihm durch diese Verordnung übertragenen Aufgaben sollte der Ausschuss befugt sein, unter bestimmten Bedingungen Informationen mit nationalen Behörden oder Unionsbehörden und sonstigen Einrichtungen auszutauschen.

(118) Damit die Gleichstellung des Ausschusses im ESFS sichergestellt wird, sollte die Verordnung (EU) Nr. 1093/2010 dahin gehend geändert werden, dass der Ausschuss von dem in der Verordnung festgelegten Begriff der „zuständigen Behörden" erfasst wird. Eine derartige Gleichstellung des Ausschusses mit den zuständigen Behörden gemäß der Verordnung (EU) Nr. 1093/2010 steht im Einklang mit den der EBA durch Artikel 25 der Verordnung (EU) Nr. 1093/2010 zugewiesenen Aufgaben, dazu beizutragen, dass Sanierungs- und Abwicklungspläne aufgestellt und aufeinander abgestimmt werden, und sich aktiv daran zu beteiligen und die Abwicklung von insolvenzbedrohten Unternehmen und insbesondere von grenzüberschreitenden Gruppen zu erleichtern.

(119) Solange der Ausschuss noch nicht voll funktionsfähig ist, sollte die Kommission für die Durchführung der ersten Maßnahmen zuständig sein, einschließlich der Ernennung eines Interimsvorsitzenden, der sämtliche notwendigen Zahlungen im Namen des Ausschusses genehmigt.

(120) Im einheitlichen Abwicklungsmechanismus sind der Ausschuss, der Rat, die Kommission und die Abwicklungsbehörden der teilnehmenden Mitgliedstaaten vertreten. Für die Prüfung der Rechtmäßigkeit der Beschlüsse des Ausschusses, des Rates und der Kommission ist der Gerichtshof gemäß Artikel 263 AEUV zuständig; dies gilt auch für die Bestimmung ihrer außervertraglichen Haftung. Außerdem ist der Gerichtshof gemäß Artikel 267 AEUV für Vorabentscheidungen auf Antrag nationaler Gerichte über die Gültigkeit und die Auslegung der Handlungen der Organe, Einrichtungen oder sonstigen Stellen der Union zuständig. Für die Prüfung der Rechtmäßigkeit von Beschlüssen, die von den Abwicklungsbehörden der teilnehmenden Mitgliedstaaten in Ausübung ihrer durch diese Verordnung übertragenen Befugnisse gefasst werden, sowie für die Bestimmung ihrer außervertraglichen Haftung sollten nationale Gerichte im Einklang mit ihrem nationalen Recht zuständig sein.

(121) Diese Verordnung steht in Einklang mit den Grundrechten und den in der Charta verankerten Rechten, Freiheiten und Grundsätzen, insbesondere dem Eigentumsrecht, dem Recht auf den Schutz personenbezogener Daten, der unternehmerischen Freiheit, dem Recht auf einen wirksamen Rechtsbehelf und ein unparteiisches Gericht und den Verteidigungsrechten, und ist im Einklang mit diesen Rechten und Grundsätzen anzuwenden.

(122) Da die Ziele dieser Verordnung, nämlich die Festlegung eines effizienten, effektiven einheitlichen europäischen Rahmens für die Abwicklung von Unternehmen und die Gewährleistung einer kohärenten Anwendung der Abwicklungsvorschriften, durch die Mitgliedstaaten nicht ausreichend verwirklicht werden können, sondern vielmehr auf Unionsebene besser zu verwirklichen sind, kann die Union im Einklang mit dem in Artikel 5 des Vertrags über die Europäische Union (EUV) niedergelegten Subsidiaritätsprinzip tätig werden. Entsprechend dem in demselben Artikel genannten Grundsatz der Verhältnismäßigkeit geht diese Verordnung nicht über das zur Erreichung dieser Ziele erforderliche Maß hinaus.

(123) Die Kommission sollte die Anwendung dieser Verordnung regelmäßig überprüfen, um ihre Auswirkungen auf den Binnenmarkt zu bewerten und festzustellen, ob Änderungen oder weitere Entwicklungen erforderlich sind, um die Effizienz und Effektivität des einheitlichen Abwicklungsmechanismus zu verbessern, und insbesondere ob die Bankenunion durch die Harmonisierung der Insolvenzverfahren für ausfallende Institute auf Unionsebene vollendet werden muss.

(124) Die Übertragung von auf nationaler Ebene gemäß dieser Verordnung erhobenen Beiträgen sollte die Arbeit des Fonds und damit die wirksame Anwendung der Abwicklungsinstrumente ermöglichen. Deshalb sollten die Bestimmungen dieser Verordnung in Bezug auf die Abwicklungsinstrumente und die Beiträge ab dem 1. Januar 2016 anwendbar sein. Ab Dezember 2015 sollte es möglich sein, diesen Termin um Zeiträume von einem Monat zu verschieben, wenn die Bedingungen nicht erfüllt sind, die die Übertragung der auf nationaler Ebene erhobenen Beiträge ermöglichen –

HABEN FOLGENDE VERORDNUNG ERLASSEN:

Teil I. Allgemeine Bestimmungen

Art. 1 Gegenstand. *[1]* Diese Verordnung legt einheitliche Vorschriften und ein einheitliches Verfahren für die Abwicklung von Unternehmen gemäß Artikel 2 fest, die in den in Artikel 4 genannten teilnehmenden Mitgliedstaaten niedergelassen sind.

[2] [1] Diese einheitlichen Vorschriften und dieses einheitliche Verfahren werden von dem gemäß Artikel 42 errichteten *Einheitlicher*[1)] Abwicklungsausschuss (im Folgenden „Ausschuss") in Zusammenarbeit mit dem Rat und der Kommission sowie den nationalen Abwicklungsbehörden im Rahmen des mit dieser Verordnung geschaffenen einheitlichen Abwicklungsmechanismus angewandt. [2] Der einheitliche Abwicklungsmechanismus wird durch einen einheitlichen Abwicklungsfonds (im Folgenden „Fonds") unterstützt.

[3] Die Inanspruchnahme des Fonds ist abhängig von dem Inkrafttreten eines Übereinkommens zwischen den teilnehmenden Mitgliedstaaten (im Folgenden „Übereinkommen") über die Übertragung von auf nationaler Ebene erhobenen Mitteln auf den Fonds sowie über eine schrittweise Zusammenführung der verschiedenen auf nationaler Ebene erhobenen Mittel, die nationalen Kammern des Fonds zuzuweisen sind.

Art. 2 Anwendungsbereich. ***[ab 12.8.2022: (1)]*** Diese Verordnung gilt für folgende Unternehmen:

a) in einem teilnehmenden Mitgliedstaat niedergelassene Kreditinstitute,
b) Mutterunternehmen, einschließlich Finanzholdinggesellschaften und gemischter Finanzholdinggesellschaften, die in einem teilnehmenden Mitgliedstaat niedergelassen sind, wenn sie gemäß Artikel 4 Absatz 1 Buchstabe g der Verordnung (EU) Nr. 1024/2013[2)] auf konsolidierter Basis von der EZB beaufsichtigt werden,
c) in einem teilnehmenden Mitgliedstaat niedergelassene Wertpapierfirmen und Finanzinstitute, wenn sie gemäß Artikel 4 Absatz 1 Buchstabe g der Verordnung (EU) Nr. 1024/2013 in die Beaufsichtigung ihres Mutterunternehmens auf konsolidierter Basis durch die EZB einbezogen sind.

[Abs. 2 ab 12.8.2022:]

(2) Diese Verordnung gilt nicht für Unternehmen, die auch gemäß Artikel 14 der Verordnung (EU) Nr. 648/2012 zugelassen sind.

Art. 3 Begriffsbestimmungen. (1) Für die Zwecke dieser Verordnung bezeichnet der Ausdruck

---

1) Richtig wohl: „Einheitlichen".
2) Nr. **5**.

1. „zuständige nationale Behörde" eine zuständige nationale Behörde im Sinne vom Artikel 2 Nummer 2 der Verordnung (EU) Nr. 1024/2013[1];
2. „zuständige Behörde" eine zuständige Behörde im Sinne von Artikel 4 Nummer 2 Buchstabe i der Verordnung (EU) Nr. 1093/2010;
3. „nationale Abwicklungsbehörde" eine gemäß Artikel 3 der Richtlinie 2014/59/EU von einem teilnehmenden Mitgliedstaat benannte Behörde;
4. „betreffende nationale Abwicklungsbehörde" die nationale Abwicklungsbehörde eines teilnehmenden Mitgliedstaats, in dem ein Unternehmen oder ein Unternehmen einer Gruppe niedergelassen ist;
5. „Voraussetzungen für eine Abwicklung" die in Artikel 18 Absatz 1 genannten Voraussetzungen;
6. „Abwicklungsplan" einen gemäß Artikel 8 oder 9 erstellten Plan;
7. „Gruppenabwicklungsplan" einen gemäß Artikel 8 oder 9 für eine Gruppenabwicklung erstellten Plan;
8. „Abwicklungsziele" die in Artikel 14 genannten Ziele;
9. „Abwicklungsinstrumente" ein in Artikel 22 Absatz 2 genanntes Abwicklungsinstrument;
10. „Abwicklungsmaßnahme" den Beschluss gemäß Artikel 18 über die Abwicklung eines Unternehmens im Sinne von Artikel 2, die Anwendung eines Abwicklungsinstruments oder die Ausübung einer oder mehrerer Abwicklungsbefugnisse;
11. „gedeckte Einlagen" Einlagen im Sinne von Artikel 2 Absatz 1 Nummer 5 der Richtlinie 2014/49/EU;
12. „erstattungsfähige Einlagen" erstattungsfähige Einlagen im Sinne von Artikel 2 Absatz 1 Nummer 4 der Richtlinie 2014/49/EU;
13. „Institut" ein Kreditinstitut oder eine Wertpapierfirma, das bzw. die einer Beaufsichtigung auf konsolidierter Basis gemäß Artikel 2 Buchstabe c unterliegt;
14. „in Abwicklung befindliches Institut" ein Unternehmen im Sinne des Artikels 2, für das eine Abwicklungsmaßnahme eingeleitet worden ist;
15. „Finanzinstitut" ein Finanzinstitut im Sinne des Artikels 4 Absatz 1 Nummer 26 der Verordnung (EU) Nr. 575/2013[2];
16. „Finanzholdinggesellschaft" eine Finanzholdinggesellschaft im Sinne des Artikels 4 Absatz 1 Nummer 20 der Verordnung (EU) Nr. 575/2013;
17. „gemischte Finanzholdinggesellschaft" eine gemischte Finanzholdinggesellschaft im Sinne des Artikels 4 Absatz 1 Nummer 21 der Verordnung (EU) Nr. 575/2013;
18. „Unionsmutterfinanzholdinggesellschaft" eine EU-Mutterfinanzholdinggesellschaft im Sinne des Artikels 4 Absatz 1 Nummer 31 der Verordnung (EU) Nr. 575/2013;
19. „Unionsmutterinstitut" ein EU-Mutterinstitut im Sinne des Artikels 4 Absatz 1 Nummer 29 der Verordnung (EU) Nr. 575/2013;
20. „Mutterunternehmen" ein Mutterunternehmen im Sinne des Artikels 4 Absatz 1 Nummer 15 Buchstabe a der Verordnung (EU) Nr. 575/2013;

---

[1] Nr. **5**.
[2] Nr. **6**.

21. „Tochterunternehmen" ein Tochterunternehmen gemäß Nummer 6 des Artikels 4 Absatz 1 der Verordnung (EU) Nr. 575/2013 und für die Zwecke der Anwendung des Artikels 8, des Artikels 10 Absatz 10 sowie der Artikel 12 bis 12k, 21 und 53 dieser Verordnung auf Abwicklungsgruppen gemäß Nummer 24b Buchstabe b dieses Absatzes schließt die Bezugnahme auf Tochterunternehmen – falls und soweit angemessen – Kreditinstitute, die einer Zentralorganisation ständig zugeordnet sind, die Zentralorganisation selbst und ihre jeweiligen Tochterunternehmen ein, wobei zu berücksichtigen ist, in welcher Weise diese Abwicklungsgruppen Artikel 12f Absatz 3 dieser Verordnung erfüllen.

21a. „bedeutendes Tochterunternehmen" ein Tochterunternehmen gemäß Artikel 4 Absatz 1 Nummer 135 der Verordnung (EU) Nr. 575/2013.

22. „Zweigstelle" eine Zweigstelle im Sinne des Artikels 4 Absatz 1 Nummer 17 der Verordnung (EU) Nr. 575/2013;

23. „Gruppe" ein Mutterunternehmen und seine Tochterunternehmen, bei denen es sich um Unternehmen im Sinne des Artikels 2 handelt;

24. „grenzüberschreitende Gruppe" eine Gruppe, zu der Unternehmen im Sinne des Artikels 2 gehören, die in mehr als einem teilnehmenden Mitgliedstaat niedergelassen sind;

24a. „Abwicklungseinheit" eine in einem teilnehmenden Mitgliedstaat niedergelassene juristische Person, die vom Ausschuss nach Artikel 8 als ein Unternehmen identifiziert wurde, für das im Abwicklungsplan Abwicklungsmaßnahmen vorgesehen sind;

24b. „Abwicklungsgruppe"
   a) eine Abwicklungseinheit zusammen mit ihren Tochterunternehmen, die nicht
      i) selbst Abwicklungseinheiten sind,
      ii) Tochterunternehmen anderer Abwicklungseinheiten sind oder
      iii) in einem Drittland niedergelassene Unternehmen sind, die gemäß dem Abwicklungsplan nicht der Abwicklungsgruppe angehören, und deren Tochterunternehmen; oder
   b) Kreditinstitute, die einer Zentralorganisation ständig zugeordnet sind, und die Zentralorganisation selbst, wenn mindestens eines dieser Kreditinstitute oder die Zentralorganisation eine Abwicklungseinheit ist, und ihre jeweiligen Tochterunternehmen;

24c. „global systemrelevantes Institut" oder „G-SRI" ein G-SRI im Sinne von Artikel 4 Absatz 1 Nummer 133 der Verordnung (EU) Nr. 575/2013;

25. „auf konsolidierter Basis" auf Basis der konsolidierten Lage im Sinne des Artikels 4 Absatz 1 Nummer 47 der Verordnung (EU) Nr. 575/2013;

26. „konsolidierende Aufsichtsbehörde" eine konsolidierende Aufsichtsbehörde im Sinne des Artikels 4 Absatz 1 Nummer 41 der Verordnung (EU) Nr. 575/2013;

27. „für die Gruppenabwicklung zuständige Behörde" die Abwicklungsbehörde in dem teilnehmenden Mitgliedstaat, in dem das Institut oder Mutterunternehmen, das der Beaufsichtigung auf konsolidierter Basis auf der höchsten Konsolidierungsebene innerhalb des teilnehmenden Mitgliedstaats gemäß Artikel 111 der Richtlinie 2013/36/EU unterliegt, niedergelassen ist;

28. „institutsbezogenes Sicherungssystem" eine Regelung, die den Anforderungen nach Artikel 113 Absatz 7 der Verordnung (EU) Nr. 575/2013 genügt;
29. „außerordentliche finanzielle Unterstützung aus öffentlichen Mitteln" eine staatliche Beihilfe im Sinne von Artikel 107 Absatz 1 AEUV – oder eine sonstige öffentliche finanzielle Unterstützung auf supranationaler Ebene, die, wenn sie auf nationaler Ebene geleistet würde, als staatliche Beihilfe gelten würde –, die zur Erhaltung oder Wiederherstellung der Existenzfähigkeit, Liquidität oder Solvenz eines Unternehmens im Sinne des Artikels 2 dieser Verordnung oder einer Gruppe, der ein solches Unternehmen angehört, gewährt wird;
30. „Instrument der Unternehmensveräußerung" den Mechanismus für die Durchführung einer Übertragung der von einem in Abwicklung befindlichen Institut ausgegebenen Eigentumstitel oder der Vermögenswerte, Rechte oder Verbindlichkeiten eines in Abwicklung befindlichen Instituts auf einen Erwerber, bei dem es sich nicht um ein Brückeninstitut handelt, gemäß Artikel 24 durch eine Abwicklungsbehörde;
31. „Instrument des Brückeninstituts" den Mechanismus für die Durchführung einer Übertragung von Eigentumstiteln, die von einem in Abwicklung befindlichen Institut ausgegeben wurden, oder von Vermögenswerten, Rechten oder Verbindlichkeiten eines in Abwicklung befindlichen Instituts gemäß Artikel 25 auf ein Brückeninstitut;
32. „Instrument der Ausgliederung von Vermögenswerten" den Mechanismus für die Übertragung von Vermögenswerten, Rechten oder Verbindlichkeiten eines in Abwicklung befindlichen Instituts gemäß Artikel 26 auf eine für die Vermögensverwaltung gegründete Zweckgesellschaft;
33. „Bail-in-Instrument" den Mechanismus für die Ausübung der Herabschreibungs- und Umwandlungsbefugnisse gemäß Artikel 27 in Bezug auf Verbindlichkeiten eines in Abwicklung befindlichen Instituts;
34. „verfügbare Finanzmittel" Barmittel, Einlagen, Vermögenswerte und unwiderrufliche Zahlungsverpflichtungen, die dem Fonds für die in Artikel 76 Absatz 1 genannten Zwecke zur Verfügung stehen;
35. „Zielausstattung" die gemäß Artikel 69 Absatz 1 sicherzustellende Höhe der verfügbaren Finanzmittel;
36. „Übereinkommen" das Übereinkommen über die Übertragung von Beiträgen auf den Fonds und über die gemeinsame Nutzung dieser Beiträge;
37. „Übergangszeitraum" den Zeitraum von dem in Artikel 99 Absätze 2 und 6 festgelegten Geltungsbeginn dieser Verordnung bis zu dem Zeitpunkt, zu dem der Fonds die Zielausstattung erreicht, oder bis zum 1. Januar 2024, je nachdem, welcher Zeitpunkt vorher liegt;
38. „Finanzinstrument" ein Finanzinstrument im Sinne des Artikels 4 Absatz 1 Nummer 50 Buchstabe b der Verordnung (EU) Nr. 575/2013;
39. „Schuldtitel" Anleihen und andere Formen übertragbarer Schuldtitel, Instrumente, mit denen eine Schuld begründet oder anerkannt wird, und Instrumente, die einen Anspruch auf den Erwerb von Schuldtiteln begründen;
40. „Eigenmittel" Eigenmittel im Sinne von Artikel 4 Absatz 1 Nummer 118 der Verordnung (EU) Nr. 575/2013;

41. „Eigenmittelanforderungen": die Anforderungen nach den Artikeln 92 bis 98 der Verordnung (EU) Nr. 575/2013;
42. „Liquidation" die Veräußerung von Vermögenswerten eines Unternehmens im Sinne von Artikel 2;
43. „Derivat" ein Derivat im Sinne von Artikel 2 Nummer 5 der Verordnung (EU) Nr. 648/2012;
44. „Herabschreibungs- und Umwandlungsbefugnisse" die in Artikel 21 genannten Befugnisse;
45. „Instrumente des harten Kernkapitals": Kapitalinstrumente, die die Bedingungen nach Artikel 28 Absätze 1 bis 4, Artikel 29 Absätze 1 bis 5 oder Artikel 31 Absatz 1 der Verordnung (EU) Nr. 575/2013 erfüllen;

45a. „hartes Kernkapital" hartes Kernkapital, das gemäß Artikel 50 der Verordnung (EU) Nr. 575/2013 berechnet wurde;

46. „Instrumente des zusätzlichen Kernkapitals": Kapitalinstrumente, die die Bedingungen nach Artikel 52 Absatz 1 der Verordnung (EU) Nr. 575/2013 erfüllen;
47. „Instrumente des Ergänzungskapitals": Kapitalinstrumente oder nachrangige Darlehen, die die Bedingungen nach Artikel 63 der Verordnung (EU) Nr. 575/2013 erfüllen;
48. „aggregierter Betrag": der aggregierte Betrag, den die Abwicklungsbehörde bei der Entscheidung zugrunde legt, dass bail-in-fähige Verbindlichkeiten gemäß Artikel 27 Absatz 13 herabzuschreiben oder umzuwandeln sind;
49. „bail-in-fähige Verbindlichkeiten" die Verbindlichkeiten und andere Kapitalinstrumente als solche des harten Kernkapitals, des zusätzlichen Kernkapitals oder des Ergänzungskapitals eines Unternehmens im Sinne von Artikel 2, die nicht aufgrund von Artikel 27 Absatz 3 vom Anwendungsbereich des Bail-in-Instruments ausgenommen sind;

49a. „berücksichtigungsfähige Verbindlichkeiten" bail-in-fähige Verbindlichkeiten, die die in Artikel 12c bzw. Artikel 12g Absatz 2 Buchstabe a der vorliegenden Verordnung genannten Voraussetzungen erfüllen, sowie Instrumente des Ergänzungskapitals, die die in Artikel 72a Absatz 1 Buchstabe b der Verordnung (EU) Nr. 575/2013 genannten Voraussetzungen erfüllen;

49b. „nachrangige berücksichtigungsfähige Instrumente" Instrumente die alle Bedingungen gemäß Artikel 72a der Verordnung (EU) Nr. 575/2013 erfüllen, ausgenommen Artikel 72b Absätze 3 bis 5 jener Verordnung;

50. „Einlagensicherungssystem": ein Einlagensicherungssystem, das von einem Mitgliedstaat gemäß Artikel 4 der Richtlinie 2014/49/EU eingeführt und amtlich anerkannt wurde;
51. „relevante Kapitalinstrumente" Instrumente des zusätzlichen Kernkapital sowie des Ergänzungskapitals;
52. „gedeckte Schuldverschreibung" ein Instrument im Sinne von Artikel 52 Absatz 4 der Richtlinie 2009/65/EG des Europäischen Parlaments und des Rates[1];

---

[1] **Amtl. Anm.:** Richtlinie 2009/65/EG des Europäischen Parlaments und des Rates vom 13. Juli 2009 zur Koordinierung der Rechts- und Verwaltungsvorschriften betreffend bestimmte Organismen für gemeinsame Anlagen in Wertpapieren (OGAW) (ABl. L 302 vom 17.11.2009, S. 32).

53. „Einleger" einen Einleger im Sinne von Artikel 2 Absatz 1 Nummer 6 der Richtlinie 2014/49/EU;
54. „Anleger" einen Anleger im Sinne von Artikel 1 Absatz 4 der Richtlinie 97/9/EG des Europäischen Parlaments und des Rates[1];
55. „kombinierte Kapitalpufferanforderung" Kapitalpufferanforderungen gemäß Artikel 128 Nummer 6 der Richtlinie 2013/36/EU.

(2) [1] In Ermangelung einer einschlägigen Begriffsbestimmung in Absatz 1 dieses Artikels gelten die in Artikel 2 der Richtlinie 2014/59/EU genannten Begriffsbestimmungen. [2] In Ermangelung einer einschlägigen Begriffsbestimmung in Absatz 1 dieses Artikels und in Artikel 2 der Richtlinie 2014/59/EU gelten die in Artikel 3 der Richtlinie 2013/36/EU genannten Begriffsbestimmungen.

Art. 4 Teilnehmende Mitgliedstaaten. (1) Teilnehmende Mitgliedstaaten im Sinne des Artikels 2 der Verordnung (EU) Nr. 1024/2013[2] gelten als teilnehmende Mitgliedstaaten für die Zwecke dieser Verordnung.

(2) Wird die enge Zusammenarbeit zwischen einem Mitgliedstaat und der EZB gemäß Artikel 7 der Verordnung (EU) Nr. 1024/2013 ausgesetzt oder beendet, fallen ab dem Geltungsbeginn des Beschlusses, die enge Zusammenarbeit auszusetzen oder zu beenden, in diesem Mitgliedstaat niedergelassene Unternehmen nicht mehr unter diese Verordnung.

(3) *[1]* Wird die enge Zusammenarbeit eines Mitgliedstaats, dessen Währung nicht der Euro ist, mit der EZB gemäß Artikel 7 der Verordnung (EU) Nr. 1024/2013 beendet, so beschließt der Ausschuss binnen drei Monaten nach dem Zeitpunkt der Annahme des Beschlusses zur Beendigung der engen Zusammenarbeit im Einvernehmen mit diesem Mitgliedstaat die Modalitäten für die Rückerstattung der Beiträge, welche der betreffende Mitgliedstaat auf den Fonds übertragen hat, und alle damit verbundenen Bedingungen.

[2] [1] Rückerstattungen enthalten den Teil der dem Mitgliedstaat entsprechenden Kammer, die nicht Gegenstand der gemeinsamen Nutzung ist. [2] Falls während des im Übereinkommen festgelegten Übergangszeitraums die Rückerstattung des Teils, der nicht Gegenstand der gemeinsamen Nutzung ist, nicht ausreicht, um die Finanzierung des eigenen nationalen Finanzierungsmechanismus durch den Mitgliedstaat gemäß der Richtlinie 2014/59/EU zu ermöglichen, ist bzw. sind in die Rückerstattung auch die Gesamtheit oder ein Teil der diesem Mitgliedstaat entsprechenden Kammer, die bzw. der Gegenstand der gemeinsamen Nutzung gemäß dem Übereinkommen ist, oder anderenfalls – nach dem Übergangszeitraum – die Beiträge, die von dem Mitgliedstaat im Laufe der engen Zusammenarbeit übertragen wurden, insgesamt oder zum Teil in Höhe eines Betrags einzubeziehen, der ausreicht, um die Finanzierung dieses nationalen Finanzierungsmechanismus zu ermöglichen.

[3] Bei der Beurteilung der Frage, in welcher Höhe Finanzmittel aus dem Teil, der Gegenstand der gemeinsamen Nutzung ist, oder anderenfalls – nach dem Übergangszeitraum – aus dem Fonds in die Rückerstattung einzubeziehen sind, ist folgenden zusätzlichen Kriterien Rechnung zu tragen:

---

[1] **Amtl. Anm.:** Richtlinie 97/9/EG des Europäischen Parlaments und des Rates vom 3. März 1997 über Systeme für die Entschädigung der Anleger (ABl. L 84 vom 26.3.1997, S. 22).

[2] Nr. **5**.

a) Der Art und Weise, in der die Beendigung der engen Zusammenarbeit mit der EZB vorgenommen wurde, ob sie gemäß Artikel 7 Absatz 6 der Verordnung 1024/2013 freiwillig erfolgt ist oder nicht;
b) dem Vorhandensein von fortlaufenden Abwicklungsmaßnahmen zum Zeitpunkt der Beendigung;
c) dem Konjunkturzyklus des von der Beendigung betroffenen Mitgliedstaats.

[4] [1] Rückerstattungen werden auf begrenzte Zeit entsprechend der Dauer der engen Zusammenarbeit geleistet. [2] Der Anteil des betroffenen Mitgliedstaats an den Finanzmitteln aus dem Fonds, die während des Zeitraums der engen Zusammenarbeit für Abwicklungsmaßnahmen verwendet werden, ist von dieser Rückerstattung abzuziehen.

(4) Für Abwicklungsverfahren, die zum Geltungsbeginn des in Absatz 2 genannten Beschlusses noch laufen, gilt diese Verordnung weiter.

Art. 5 Beziehung zur Richtlinie 2014/59/EU und zum anwendbaren nationalen Recht. (1) Wenn der Ausschuss gemäß dieser Verordnung Aufgaben wahrnimmt oder Befugnisse ausübt, die gemäß der Richtlinie 2014/59/EU von der nationalen Abwicklungsbehörde wahrzunehmen oder auszuüben sind, tritt der Ausschuss für die Zwecke der Anwendung dieser Verordnung und der Richtlinie 2014/59/EU an die Stelle der betreffenden nationalen Abwicklungsbehörde oder -im Fall einer grenzüberschreitenden Gruppenabwicklung – an die Stelle der für die Gruppenabwicklung zuständigen Behörde.

(2) *[1]* Der Ausschuss, der Rat und die Kommission sowie gegebenenfalls die nationalen Abwicklungsbehörden fassen Beschlüsse auf der Grundlage und unter Einhaltung des einschlägigen Unionsrechts und insbesondere aller Rechtsakte mit und ohne Gesetzescharakter, einschließlich der Rechtsakte gemäß den Artikeln 290 und 291 AEUV.

[2] [1] Der Ausschuss, der Rat und die Kommission unterliegen den von der EBA ausgearbeiteten und von der Kommission gemäß den Artikeln 10 bis 15 der Verordnung (EU) Nr. 1093/2010 erlassenen verbindlichen technischen Regulierungs- und Durchführungsstandards sowie allen von der EBA gemäß Artikel 16 dieser Verordnung herausgegebenen Leitlinien und Empfehlungen. [2] Sie bemühen sich nach Kräften, die Leitlinien und Empfehlungen der EBA zu befolgen, die sich auf die Art der von diesen Gremien wahrzunehmenden Aufgaben beziehen. [3] Wenn sie solche Leitlinien oder Empfehlungen nicht befolgen oder nicht zu befolgen beabsichtigen, ist die EBA hiervon gemäß Artikel 16 Absatz 3 der genannten Verordnung zu unterrichten. [4] Der Ausschuss, der Rat und die Kommission arbeiten bei der Anwendung der Artikel 25 und 30 der genannten Verordnung mit der EBA zusammen. [5] Der Ausschuss unterliegt auch den Beschlüssen der EBA gemäß Artikel 19 der Verordnung (EU) Nr. 1093/2010, sofern in der Richtlinie 2014/59/EU solche Beschlüsse vorgesehen sind.

Art. 6 Allgemeine Grundsätze. (1) Keine Maßnahme, kein Vorschlag und keine Konzepte des Ausschusses, des Rates, der Kommission oder einer nationalen Abwicklungsbehörde darf zu einer Diskriminierung von in der Union niedergelassenen Unternehmen, Einlegern, Anlegern oder anderen Gläubigern aufgrund ihrer Nationalität oder ihres Geschäftssitzes führen.

(2) Alle Maßnahmen, Vorschläge oder Ansätze des Ausschusses, des Rates, der Kommission oder einer nationalen Abwicklungsbehörde im Rahmen des einheitlichen Abwicklungsmechanismus haben unter vollständiger Achtung und Einhaltung der Sorgfaltspflicht hinsichtlich der Einheit und Integrität des Binnenmarkts zu erfolgen.

(3) Bei Beschlüssen oder Maßnahmen, die sich in mehr als einem Mitgliedstaat auswirken können, insbesondere bei Beschlüssen, die in zwei oder mehr Mitgliedstaaten niedergelassene Gruppen betreffen, ist den Abwicklungszielen nach Artikel 14 sowie allen im Folgenden genannten Faktoren gebührend Rechnung zu tragen:

a) den Interessen der Mitgliedstaaten, in denen eine Gruppe tätig ist, und insbesondere was die Auswirkungen einer Entscheidung oder Maßnahme oder eines Nichttätigwerdens auf die Finanzstabilität, die Finanzmittel, die Wirtschaft, die Finanzierungsvereinbarungen, das Einlagensicherungs- oder das Anlegerentschädigungssystem eines dieser Mitgliedstaaten und auf den Fonds betrifft;

b) dem Ziel des Interessenausgleichs zwischen den verschiedenen beteiligten Mitgliedstaaten und der Vermeidung einer unfairen Bevorzugung oder Benachteiligung der Interessen eines Mitgliedstaats;

c) der Notwendigkeit, negative Auswirkungen auf Teile einer Gruppe, der ein in Abwicklung befindliches Unternehmen im Sinne des Artikels 2 angehört, möglichst gering zu halten;

(4) Im Rahmen der Fassung von Beschlüssen oder der Ergreifung von Maßnahmen, insbesondere hinsichtlich Unternehmen oder Gruppen, die sowohl in einem teilnehmenden als auch in einem nicht teilnehmenden Mitgliedstaat niedergelassen sind, werden die möglichen negativen Auswirkungen auf nicht teilnehmende Mitgliedstaaten, einschließlich der in diesen Mitgliedstaaten niedergelassenen Unternehmen, in die Erwägungen einbezogen.

(5) Je nach Art und Umständen des Einzelfalls wägen der Ausschuss, der Rat und die Kommission die in Absatz 3 genannten Faktoren und die Abwicklungsziele gemäß Artikel 14 ab und kommen den Beschlüssen der Kommission gemäß Artikel 107 AEUV und Artikel 19 dieser Verordnung, nach.

(6) Beschlüsse oder Maßnahmen des Ausschusses, des Rates oder der Kommission dürfen weder von den Mitgliedstaaten die Gewährung einer außerordentlichen finanziellen Unterstützung aus öffentlichen Mitteln verlangen noch die Haushaltshoheit oder die haushaltspolitischen Zuständigkeiten der Mitgliedstaatenbeeinträchtigen.

(7) [1] Fasst der Ausschuss einen Beschluss, der an eine nationale Abwicklungsbehörde gerichtet ist, ist diese berechtigt, die näheren Einzelheiten der zu ergreifenden Maßnahmen festzulegen. [2] Solche Festlegungen müssen im Einklang mit dem jeweiligen Beschluss des Ausschusses stehen.

Art. 7 Aufteilung der Aufgaben innerhalb des einheitlichen Abwicklungsmechanismus. (1) Der Ausschuss ist dafür verantwortlich, dass der einheitliche Abwicklungsmechanismus wirkungsvoll und einheitlich funktioniert.

(2) Der Ausschuss ist vorbehaltlich des Artikels 31 Absatz 1 zuständig für die Erstellung der Abwicklungspläne und alle Beschlüsse im Zusammenhang mit einer Abwicklung:

a) der Unternehmen im Sinne des Artikels 2, die nicht Teil einer Gruppe sind, und von Gruppen,

i) die im Einklang mit Artikel 6 Absatz 4 der Verordnung (EU) Nr. 1024/2013[1)] als bedeutend gelten oder

ii) in Bezug auf welche die EZB gemäß Artikel 6 Absatz 5 Buchstabe b der Verordnung (EU) Nr. 1024/2013 beschlossen hat, sämtliche einschlägigen Befugnisse unmittelbar auszuüben, und

b) anderer grenzüberschreitender Gruppen.

(3) *[1]* In Bezug auf andere Unternehmen oder Gruppen als die in Absatz 2 genannten sind die nationalen Abwicklungsbehörden, unbeschadet der Zuständigkeiten des Ausschusses für die ihm durch diese Verordnung übertragenen Aufgaben, zur Wahrnehmung der folgenden Aufgaben verpflichtet und für sie verantwortlich:

a) Annahme von Abwicklungsplänen und Bewertung der Abwicklungsfähigkeit gemäß den Artikeln 8 und 10 und dem Verfahren nach Artikel 9;

b) Maßnahmen während der Frühintervention gemäß Artikel 13 Absatz 3;

c) Anwendung vereinfachter Anforderungen oder Aufhebung der Pflicht, einen Abwicklungsplan zu erstellen, gemäß Artikel 11;

d) Festlegung der Höhe der Mindestanforderung an Eigenmittel und berücksichtigungsfähige Verbindlichkeiten gemäß den Artikeln 12 bis 12k;

e) Annahme von Abwicklungsbeschlüssen und Anwendung von in dieser Verordnung genannten Abwicklungsinstrumenten im Einklang mit den einschlägigen Verfahren und Schutzmechanismen unter der Voraussetzung, dass die Abwicklungsmaßnahme keine Inanspruchnahme des Fonds erfordert und ausschließlich durch die in den Artikeln 21 und 24 bis 27 genannten Instrumente und/oder durch das Einlagensicherungssystem finanziert wird, im Einklang mit Artikel 79 und gemäß dem in Artikel 31 festgelegten Verfahren;

f) Herabschreibung oder Umwandlung von relevanten Kapitalinstrumenten gemäß Artikel 21 nach dem in Artikel 31 festgelegten Verfahren.

[2] Erfordert die Abwicklungsmaßnahme die Inanspruchnahme des Fonds, so nimmt der Ausschuss das Abwicklungskonzept an.

[3] Wenn die nationalen Abwicklungsbehörden einen Abwicklungsbeschluss fassen, berücksichtigen und befolgen sie den Abwicklungsplan nach Artikel 9, es sei denn, sie gelangen unter Berücksichtigung der Sachlage zu der Einschätzung, dass die Abwicklungsziele mit Maßnahmen, die im Abwicklungsplan nicht vorgesehen sind, besser zu erreichen sind.

[4] [1] Bei der Wahrnehmung der in diesem Absatz genannten Aufgaben wenden die nationalen Abwicklungsbehörden die einschlägigen Bestimmungen dieser Verordnung an. [2] Bezugnahmen auf den Ausschuss in Artikel 5 Absatz 2, Artikel 6 Absatz 5, Artikel 8 Absätze 6, 8, 12 und 13, Artikel 10 Absätze 1 bis 10, Artikel 11 bis 14, Artikel 15 Absätze 1 bis 3, Artikel 16, Artikel 18 Absatz 1 Unterabsatz 1, Artikel 18 Absätze 2 und 6, Artikel 20, Artikel 21 Absätze 1 bis 7, Artikel 21 Absatz 8 Unterabsatz 2, Artikel 21 Absätze 9 und 10, Artikel 22 Absätze 1, 3 und 6, Artikel 23 und 24, Artikel 25 Absatz 3 und Artikel 27 Absätze 1 bis 15, Artikel 27 Absatz 16 Unterabsatz 2 Satz 2, Unter-

1) Nr. 5.

absatz 3, Unterabsatz 4 Sätze 1, 3 und 4 und Artikel 32 gelten als Bezugnahmen auf die nationalen Abwicklungsbehörden im Hinblick auf die in Unterabsatz 1 dieses Absatzes genannten Gruppen und Unternehmen. [3] Zu diesem Zweck üben die nationalen Abwicklungsbehörden ihre Befugnisse gemäß den nationalen Rechtsvorschriften zur Umsetzung der Richtlinie 2014/59/EU im Einklang mit den in ihrem nationalen Recht verankerten Bedingungen aus.

[5] Die nationalen Abwicklungsbehörden unterrichten den Ausschuss über die in diesem Absatz genannten zu treffenden Maßnahmen und stimmen sich eng mit dem Ausschuss ab, wenn sie diese Maßnahmen treffen.

[6] Die nationalen Abwicklungsbehörden legen dem Ausschuss die in Artikel 9 genannten Abwicklungspläne sowie etwaige Aktualisierungen zusammen mit einer begründeten Bewertung der Abwicklungsfähigkeit des betroffenen Unternehmens oder der betroffenen Gruppe gemäß Artikel 10 vor.

(4) Wenn dies für die kohärente Anwendung hoher Abwicklungsstandards nach dieser Verordnung notwendig ist, kann der Ausschuss

a) auf die Unterrichtung über eine Maßnahme nach Absatz 3 durch eine nationale Abwicklungsbehörde gemäß Artikel 31 Absatz 1 hin innerhalb des geeigneten Zeitrahmens je nach der gebotenen Dringlichkeit eine Warnung an die betreffende nationale Abwicklungsbehörde herausgeben, wenn der Ausschuss der Auffassung ist, dass der Entwurf eines Beschlusses in Bezug auf ein Unternehmen oder eine Gruppe nach Absatz 3 nicht im Einklang mit dieser Verordnung oder mit seinen allgemeinen Anweisungen nach Artikel 31 Absatz 1 Buchstabe a steht;

b) jederzeit von sich aus nach Anhörung der betroffenen nationalen Abwicklungsbehörde oder auf deren Ersuchen – insbesondere wenn seine unter Buchstabe a genannte Warnung nicht gebührend beachtet wird – entscheiden, alle dieser nationalen Abwicklungsbehörde durch diese Verordnung übertragenen einschlägigen Befugnisse auch in Bezug auf ein Unternehmen oder eine Gruppe nach Absatz 3 unmittelbar auszuüben.

(5) [1] Unbeschadet des Absatzes 3 dieses Artikels können die teilnehmenden Mitgliedstaaten entscheiden, dass der Ausschuss alle ihm durch diese Verordnung übertragenen einschlägigen Befugnisse und Zuständigkeiten in Bezug auf Unternehmen und andere Gruppen als die in Absatz 2 genannten, die in ihrem Hoheitsgebiet niedergelassen sind, auszuüben hat. [2] In diesem Fall gelten die Absätze 3 und 4 dieses Artikels, Artikel 9, Artikel 12 Absatz 2 und Artikel 31 Absatz 1 nicht. [3] Mitgliedstaaten, die von dieser Möglichkeit Gebrauch machen wollen, unterrichten den Ausschuss und die Kommission entsprechend. [4] Die Unterrichtung wird am Tag ihrer Veröffentlichung im *Amtsblatt der Europäischen Union* wirksam.

Teil II. Besondere Bestimmungen

Titel I. Funktionen innerhalb des einheitlichen Abwicklungsmechanismus und Verfahrensvorschriften

Kapitel 1. Abwicklungsplanung

Art. 8 Vom Ausschuss erstellte Abwicklungspläne. (1) Der Ausschuss erstellt für Unternehmen und Gruppen nach Artikel 7 Absatz 2 sowie für Unternehmen und Gruppen nach Artikel 7 Absatz 4 Buchstabe b und Absatz 5

Abwicklungspläne und nimmt sie an, sofern die Voraussetzungen für die Anwendung dieser Absätze erfüllt sind.

(2) [1] Der Ausschuss erstellt die Abwicklungspläne nach Anhörung der EZB oder der betreffenden nationalen zuständigen Behörden und der nationalen Abwicklungsbehörden, einschließlich der für die Gruppenabwicklung zuständigen Behörde, der teilnehmenden Mitgliedstaaten, in denen die Unternehmen niedergelassen sind, und der Abwicklungsbehörden der nicht teilnehmenden Mitgliedstaaten, in denen bedeutende Zweigstellen ansässig sind, sowie dies für die bedeutende Zweigstelle relevant ist. [2] Hierzu kann der Ausschuss die nationalen Abwicklungsbehörden auffordern, Entwürfe von Abwicklungsplänen zu erstellen und dem Ausschuss vorzulegen, sowie die für die Gruppenabwicklung zuständige Behörde auffordern, den Entwurf eines Gruppenabwicklungsplans zu erstellen und dem Ausschuss vorzulegen.

(3) Zur Sicherstellung einer wirkungsvollen und kohärenten Anwendung dieses Artikels gibt der Ausschuss Leitlinien heraus und richtet Anweisungen an die nationalen Abwicklungsbehörden zur Erstellung von Entwürfen von Abwicklungsplänen und Entwürfen von Gruppenabwicklungsplänen in Bezug auf bestimmte Unternehmen oder Gruppen.

(4) Unbeschadet des Kapitels 5 dieses Titels legen die nationalen Abwicklungsbehörden dem Ausschuss für die Zwecke des Absatzes 1 dieses Artikels alle zur Aufstellung und Umsetzung der Abwicklungspläne notwendigen Informationen vor, die sie sich gemäß Artikel 11 und Artikel 13 Absatz 1 der Richtlinie 2014/59/EU beschafft haben.

(5) In dem Abwicklungsplan werden Optionen für die Anwendung der in dieser Verordnung genannten Abwicklungsinstrumente und die Ausübung der in dieser Verordnung genannten Abwicklungsbefugnisse auf die in Absatz 1 genannten Unternehmen dargelegt.

(6) *[1]* Der Abwicklungsplan enthält die Abwicklungsmaßnahmen, die der Ausschuss ergreifen kann, wenn ein in Absatz 1 genanntes Unternehmen die Voraussetzungen für eine Abwicklung erfüllt.

[2] Die in Absatz 9 Buchstabe a genannten Informationen sind dem betreffenden Unternehmen offenzulegen.

[3] Anlässlich der Erstellung und Aktualisierung des Abwicklungsplans zeigt der Ausschuss alle wesentlichen Hindernisse für die Abwicklungsfähigkeit auf und erläutert, sofern dies erforderlich und verhältnismäßig ist, die relevanten Maßnahmen, mit denen diese Hindernisse nach Maßgabe des Artikels 10 ausgeräumt werden können.

[4] Im Abwicklungsplan sind relevante Szenarien zu berücksichtigen, unter anderem auch die Fälle, dass das Ausfallereignis idiosynkratischer Natur ist oder in Zeiten allgemeiner finanzieller Instabilität oder systemweiter Ereignisse eintritt.

[5] In dem Abwicklungsplan darf nicht von Folgendem ausgegangen werden:

a) Gewährung einer außerordentlichen finanziellen Unterstützung aus öffentlichen Mitteln über die Inanspruchnahme des nach Artikel 67 geschaffenen Fonds hinaus,

b) Notfallliquiditätshilfe der Zentralbank oder

c) Liquiditätshilfe der Zentralbank auf der Grundlage nicht standardisierter Bedingungen in Bezug auf Besicherung, Laufzeit und Zinssätze.

(7) Im Abwicklungsplan ist zu analysieren, wie und wann ein Institut unter den in dem Plan genannten Voraussetzungen die Inanspruchnahme von Zentralbankfazilitäten beantragen kann, und es sind die Vermögenswerte aufzuzeigen, die voraussichtlich als Sicherheiten in Betracht kommen.

(8) Der Ausschuss kann verlangen, dass die Institute ihn bei der Erstellung und Aktualisierung der Pläne unterstützen.

(9) Der Abwicklungsplan umfasst für jedes Unternehmen – soweit möglich und angezeigt mit quantifizierten Angaben –

a) eine zusammenfassende Darstellung der Hauptbestandteile des Plans;

b) eine zusammenfassende Darstellung der seit Vorlage des letzten Abwicklungsplans eingetretenen wesentlichen Veränderungen innerhalb des Instituts;

c) Ausführungen dazu, wie kritische Funktionen und Kerngeschäftsbereiche im erforderlichen Umfang rechtlich und wirtschaftlich von anderen Funktionen getrennt werden könnten, um ihre Fortführung nach einem Ausfall des Instituts sicherzustellen;

d) eine Schätzung des Zeitrahmens für die Durchführung jedes der wesentlichen Aspekts des Plans;

e) eine detaillierte Darstellung der nach Artikel 10 vorgenommenen Bewertung der Abwicklungsfähigkeit;

f) eine Beschreibung etwaiger nach Artikel 10 Absatz 7 verlangter Maßnahmen zum Abbau bzw. zur Beseitigung von Hindernissen für die Abwicklungsfähigkeit, die im Rahmen der nach Artikel 10 vorgenommenen Bewertung festgestellt wurden;

g) eine Beschreibung der Verfahren zur Ermittlung des Werts und der Marktfähigkeit der kritischen Funktionen, der Kerngeschäftsbereiche und der Vermögenswerte des Instituts;

h) eine detaillierte Beschreibung der Vorkehrungen, durch die gewährleistet wird, dass die gemäß Artikel 11 der Richtlinie 2014/59/EU beizubringenden Informationen auf dem aktuellen Stand sind und den Abwicklungsbehörden jederzeit zur Verfügung stehen;

i) Erläuterungen dazu, wie die Abwicklungsoptionen finanziert werden könnten, wobei nicht von Folgendem ausgegangen werden darf:

   i) Gewährung einer außerordentlichen finanziellen Unterstützung aus öffentlichen Mitteln über die Inanspruchnahme des nach Artikel 67 geschaffenen Fonds hinaus,

   ii) Notfallliquiditätshilfe der Zentralbank oder

   iii) Liquiditätshilfe der Zentralbank auf der Grundlage nicht standardisierter Bedingungen in Bezug auf Besicherung, Laufzeit und Zinssätze;

j) eine detaillierte Beschreibung der verschiedenen Abwicklungsstrategien, die im Kontext der unterschiedlichen möglichen Szenarien und der Zeitrahmen angewandt werden könnten;

k) Erläuterungen zu kritischen gegenseitigen Abhängigkeiten;

l) eine Beschreibung der Optionen für die Aufrechterhaltung des Zugangs zu Zahlungsverkehrs- und Clearingdiensten und anderen Infrastrukturen und eine Bewertung der Übertragbarkeit von Kundenpositionen;

m) eine Analyse der Auswirkungen des Plans für die Mitarbeiter des Instituts einschließlich einer Bewertung damit verbundener Kosten und eine Beschreibung der vorgesehenen Verfahren zur Anhörung des Personals während des Abwicklungsprozesses, gegebenenfalls unter Berücksichtigung der nationalen Systeme zum Dialog mit Sozialpartnern;

n) einen Plan für die Kommunikation mit den Medien und der Öffentlichkeit;

o) die Anforderungen nach den Artikeln 12f und 12g sowie einen Stichtag für das Erreichen dieses Niveaus gemäß Artikel 12k;

p) sofern der Ausschuss Artikel 12c Absatz 4, 5 oder 7 anwendet, einen Zeitplan für die Einhaltung durch die Abwicklungseinheit gemäß Artikel 12k;

q) eine Beschreibung der wesentlichen Prozesse und Systeme zur Fortführung des Geschäftsbetriebs des Instituts;

r) gegebenenfalls Stellungnahmen des Instituts zu dem Abwicklungsplan.

(10) *[1]* Gruppenabwicklungspläne umfassen den in Absatz 1 genannten Plan für die Abwicklung der Gruppe unter der Führung des in einem teilnehmenden Mitgliedstaat niedergelassenen Unionsmutterunternehmens und zeigen auf, welche Maßnahmen zu ergreifen sind in Bezug auf

a) das Unionsmutterunternehmen,

b) die Tochterunternehmen, die der Gruppe angehören und in der Union niedergelassen sind,

c) die Unternehmen, die in Artikel 2 Buchstabe b genannt werden und

d) die Tochterunternehmen, vorbehaltlich des Artikels 33, die der Gruppe angehören und außerhalb der Union niedergelassen sind.

[2] Im Einklang mit den in Unterabsatz 1 genannten Maßnahmen sind im Abwicklungsplan für jede Gruppe die Abwicklungseinheiten und die Abwicklungsgruppen zu bestimmen.

(11) *[1]* Im Gruppenabwicklungsplan

a) werden die Abwicklungsmaßnahmen, die nach den in Absatz 6 genannten Szenarien in Bezug auf Abwicklungseinheiten zu treffen sind, sowie die Auswirkungen dieser Abwicklungsmaßnahmen auf andere Unternehmen der Gruppe, das Mutterunternehmen sowie Tochterinstitute im Sinne des Absatzes 1 dargelegt,

aa) werden, sofern eine in Absatz 1 genannte Gruppe mehr als eine Abwicklungsgruppe umfasst, Abwicklungsmaßnahmen für die Abwicklungseinheiten einer jeden Abwicklungsgruppe dargelegt, mitsamt den Auswirkungen dieser Maßnahmen auf

i) andere Unternehmen der Gruppe, die derselben Abwicklungsgruppe angehören, und

ii) andere Abwicklungsgruppen,

b) wird analysiert, inwieweit bei in der Union niedergelassenen Abwicklungseinheiten in koordinierter Weise die Abwicklungsinstrumente angewandt und die Abwicklungsbefugnisse ausgeübt werden könnten – unter anderem durch Maßnahmen zur Erleichterung des Erwerbs der Gruppe als Ganzes, bestimmter abgegrenzter Geschäftsbereiche oder -tätigkeiten, die von mehreren Unternehmen der Gruppe erbracht werden, bestimmter Unternehmen der Gruppe oder bestimmter Abwicklungsgruppen durch einen Dritten –, und werden etwaige Hindernisse für eine koordinierte Abwicklung aufgezeigt,

c) wird die nach Artikel 10 vorgenommene Bewertung der Abwicklungsfähigkeit detailliert beschrieben,

d) werden, sofern einer Gruppe Unternehmen angehören, die in Drittländern eingetragen sind, geeignete Regelungen für die Zusammenarbeit und Koordinierung mit den jeweiligen Behörden dieser Drittländer und die Auswirkungen für die Abwicklung innerhalb der Union aufgezeigt,

e) werden Maßnahmen, einschließlich einer rechtlichen und wirtschaftlichen Trennung bestimmter Funktionen oder Geschäftsbereiche, aufgezeigt, die erforderlich sind, um eine Abwicklung auf Gruppenebene zu erleichtern, sofern die Abwicklungsvoraussetzungen erfüllt sind,

f) werden Angaben zur möglichen Finanzierung der Gruppenabwicklungsmaßnahmen gemacht und – wo der Fonds und die nach Artikel 100 der Richtlinie 2014/59/EU eingerichteten Finanzierungsmechanismen aus nicht teilnehmenden Mitgliedstaaten erforderlich wären – Grundsätze für eine Aufteilung der Finanzierungsverantwortung zwischen Finanzierungsquellen in verschiedenen teilnehmenden und nicht teilnehmenden Mitgliedstaaten festgelegt. In dem Plan darf nicht von Folgendem ausgegangen werden:

   i) Gewährung einer außerordentlichen finanziellen Unterstützung aus öffentlichen Mitteln über die Inanspruchnahme des nach Artikel 67 dieser Verordnung geschaffenen Fonds und der nach Artikel 100 der Richtlinie 2014/59/EU eingerichteten Finanzierungsmechanismen aus nicht teilnehmenden Mitgliedstaaten hinaus,

   ii) Notfallliquiditätshilfe der Zentralbank oder

   iii) Liquiditätshilfe der Zentralbank auf der Grundlage nicht standardisierter Bedingungen in Bezug auf Besicherung, Laufzeit und Zinssätze.

[2] Diese Grundsätze müssen auf fairen und ausgewogenen Kriterien beruhen und insbesondere Artikel 107 Absatz 5 der Richtlinie 2014/59/EU und den Auswirkungen auf die Finanzstabilität in allen betroffenen Mitgliedstaaten Rechnung tragen.

[3] Der Gruppenabwicklungsplan darf keine unverhältnismäßigen Auswirkungen auf einen Mitgliedstaat haben.

(12) *[1]* [1] Der Ausschuss bestimmt den Termin, zu dem die ersten Abwicklungspläne erstellt werden müssen. [2] Die Abwicklungspläne und Gruppenabwicklungspläne werden überprüft und gegebenenfalls aktualisiert; dies erfolgt mindestens jährlich sowie nach wesentlichen Änderungen der Rechts- oder Organisationsstruktur, der Geschäftstätigkeit oder der Finanzlage des Unternehmens oder – im Fall von Gruppenabwicklungsplänen – der Gruppe, einschließlich aller Unternehmen der Gruppe, die sich wesentlich auf die Effektivität des Plans auswirken könnten oder die anderweitig eine Überarbeitung des Abwicklungsplans erforderlich machen.

[2] Im Hinblick auf die Überarbeitung oder Aktualisierung der Abwicklungspläne gemäß Unterabsatz 1 teilen die Institute, die EZB oder die zuständigen nationalen Behörden dem Ausschuss unverzüglich jede Änderung mit, die eine solche Überarbeitung oder Aktualisierung erforderlich macht.

[3] Die in Unterabsatz 1 genannte Überprüfung erfolgt nach der Durchführung der Abwicklungsmaßnahmen oder der Ausübung der Befugnisse nach Artikel 21.

[4] Bei Festlegung der Stichtage nach Absatz 9 Buchstaben o und p dieses Artikels unter den in Unterabsatz 3 des vorliegenden Absatzes genannten Umständen berücksichtigt der Ausschuss die Frist für die Erfüllung der Anforderung nach Artikel 104b der Richtlinie 2013/36/EU.

(13) Der Ausschuss übermittelt die Abwicklungspläne mit allen Änderungen an die EZB oder die betreffenden nationalen zuständigen Behörden.

Art. 9 Abwicklungspläne. (1) Die nationalen Abwicklungsbehörden erstellen und verabschieden gemäß Artikel 8 Absätze 5 bis 13 Abwicklungspläne für andere Unternehmen und Gruppen als diejenigen nach Artikel 7 Absatz 2, Absatz 4 Buchstabe b und Absatz 5.

(2) Die nationalen Abwicklungsbehörden erstellen Abwicklungspläne nach Anhörung der betreffenden nationalen zuständigen Behörden und der nationalen Abwicklungsbehörden der teilnehmenden und der nicht teilnehmenden Mitgliedstaaten, in denen bedeutende Zweigstellen ansässig sind, soweit dies für die bedeutende Zweigstelle relevant ist.

Art. 10 Bewertung der Abwicklungsfähigkeit. (1) Bei der Erstellung und Aktualisierung der Abwicklungspläne gemäß Artikel 7 bewertet der Ausschuss nach Anhörung der zuständigen Behörden, einschließlich der EZB, und der Abwicklungsbehörden nicht teilnehmender Mitgliedstaaten, in denen sich bedeutende Zweigstellen befinden – soweit dies für die bedeutende Zweigstelle relevant ist –, inwieweit Institute und Gruppen abwicklungsfähig sind, wobei nicht von Folgendem ausgegangen werden darf:

a) Gewährung einer außerordentlichen finanziellen Unterstützung aus öffentlichen Mitteln über die Inanspruchnahme des nach Artikel 67 geschaffenen Fonds hinaus,
b) Notfallliquiditätshilfe der Zentralbank oder
c) Liquiditätshilfe der Zentralbank im Rahmen einer nicht standardisierten Besicherung und nicht standardisierter Rückzahlungsmodalitäten und Zinsbedingungen.

(2) [1] Die EZB oder die relevante nationale zuständige Behörde stellt dem Ausschuss einen Sanierungsplan oder Gruppensanierungsplan zur Verfügung. [2] Der Ausschuss prüft den Sanierungsplan, um Maßnahmen in dem Sanierungsplan zu ermitteln, die sich nachteilig auf die Abwicklungsfähigkeit des Instituts oder der Gruppe auswirken können, und gibt der EZB oder der zuständigen nationalen Behörde diesbezüglich Empfehlungen.

(3) *[1]* [1] Bei der Erstellung von Abwicklungsplänen bewertet der Ausschuss, inwieweit ein solches Unternehmen gemäß dieser Verordnung abwicklungsfähig ist. [2] Ein Unternehmen ist als abwicklungsfähig zu betrachten, wenn es aus Sicht des Ausschusses durchführbar und glaubwürdig ist, das Unternehmen im Rahmen eines regulären Insolvenzverfahrens zu liquidieren oder es durch Anwendung von Abwicklungsinstrumenten und die Ausübung von Abwicklungsbefugnissen abzuwickeln, und zwar bei möglichst weitgehender Vermeidung erheblicher negativer Auswirkungen – auch im Kontext einer allgemeinen finanziellen Instabilität oder systemweiter Ereignisse – auf die Finanzsysteme des Mitgliedstaats, in dem das Unternehmen niedergelassen ist, oder der anderen Mitgliedstaaten oder der Union und in dem Bestreben, die Fortfüh-

rung bestimmter von dem Unternehmen ausgeübter kritischer Funktionen sicherzustellen.

[2] Der Ausschuss informiert die EBA rechtzeitig, wenn er zu der Einschätzung gelangt, dass ein Institut nicht abwicklungsfähig ist.

(4) *[1]* Eine Gruppe ist als abwicklungsfähig zu betrachten, wenn es aus Sicht des Ausschusses durchführbar und glaubwürdig ist, die Unternehmen der Gruppe entweder im Rahmen eines regulären Insolvenzverfahrens zu liquidieren oder sie durch Anwendung der Abwicklungsinstrumente und Ausübung der Abwicklungsbefugnisse auf Abwicklungseinheiten dieser Gruppe abzuwickeln, und zwar unter möglichst weitgehender Vermeidung erheblicher negativer Auswirkungen auf die Finanzsysteme der Mitgliedstaaten, in denen sich die Unternehmen der Gruppe befinden, oder der anderen Mitgliedstaaten oder der Union, einschließlich allgemeiner finanzieller Instabilität oder systemweiter Ereignisse – und in dem Bestreben, die Fortführung der von diesen Unternehmen der Gruppe ausgeübten kritischen Funktionen sicherzustellen, wenn diese leicht rechtzeitig ausgegliedert werden können, oder durch andere Maßnahmen.

[2] Der Ausschuss informiert die EBA rechtzeitig, wenn er zu der Einschätzung gelangt, dass eine Gruppe nicht abwicklungsfähig ist.

[3] Setzt sich eine Gruppe aus mehr als einer Abwicklungsgruppe zusammen, so bewertet der Ausschuss die Abwicklungsfähigkeit einer jeden Abwicklungsgruppe gemäß diesem Artikel.

[4] Die in Unterabsatz 1 genannte Bewertung wird zusätzlich zu der Bewertung der Abwicklungsfähigkeit der gesamten Gruppe durchgeführt.

(5) [1] Für die Zwecke der Absätze 3, 4 und 10 ist mit erheblichen negativen Auswirkungen auf das Finanzsystem und einer Bedrohung für die Finanzstabilität eine Situation gemeint, in der das Finanzsystem tatsächlich oder potenziell der Gefahr einer Störung ausgesetzt ist, welche zu einer Finanzkrise führen kann, die das ordnungsgemäße Funktionieren, die Effizienz und die Integrität des Binnenmarktes oder der Wirtschaft oder des Finanzsystems eines oder mehrerer Mitgliedstaaten gefährden könnte. [2] Bei der Feststellung der erheblichen negativen Auswirkungen berücksichtigt der Ausschuss die entsprechenden Warnungen und Empfehlungen des ESRB und die einschlägigen von der EBA aufgestellten Kriterien, die bei der Ermittlung und Messung des Systemrisikos anzulegen sind.

(6) Für die Zwecke der in diesem Artikel genannten Bewertung prüft der Ausschuss die in Abschnitt C des Anhangs der Richtlinie 2014/59/EU genannten Aspekte.

(7) [1] Gelangt der Ausschuss nach einer gemäß Absatz 3 oder 4 durchgeführten Bewertung der Abwicklungsfähigkeit eines Unternehmens oder einer Gruppe nach Anhörung der zuständigen Behörden, einschließlich der EZB, zu der Feststellung, dass der Abwicklungsfähigkeit dieses Unternehmens oder dieser Gruppe wesentliche Hindernisse entgegenstehen, erstellt der Ausschuss in Zusammenarbeit mit den zuständigen Behörden einen an das Institut oder das Mutterunternehmen gerichteten Bericht, in dem die wesentlichen Hindernisse für die effektive Anwendung von Abwicklungsinstrumenten und die Ausübung von Abwicklungsbefugnisse analysiert werden. [2] In dem Bericht werden die Auswirkungen auf das Geschäftsmodell des Instituts beurteilt und Empfehlungen für angemessene und zielgerichtete Maßnahmen formuliert, die nach

Auffassung des Ausschusses erforderlich oder geeignet sind, um diese Hindernisse gemäß Absatz 10 zu beseitigen.

(8) [1] Der Bericht wird auch den zuständigen Behörden und den Abwicklungsbehörden nicht teilnehmender Mitgliedstaaten übermittelt, in denen sich bedeutende Zweigstellen von Instituten, die nicht Teil einer Gruppe sind, befinden. [2] Er muss die Gründe enthalten, die zu der Bewertung bzw. Feststellung geführt haben, und darlegen, inwiefern die Bewertung bzw. Feststellung dem in Artikel 6 niedergelegten Gebot der Verhältnismäßigkeit genügt.

(9) *[1]* [1] Innerhalb von vier Monaten nach Eingang des Berichts schlägt das Unternehmen oder das Mutterunternehmen dem Ausschuss mögliche Maßnahmen vor, mit denen die im Bericht aufgezeigten wesentlichen Hindernisse abgebaut bzw. beseitigt werden können. [2] Der Ausschuss unterrichtet die zuständigen Behörden, die EBA und, wenn bedeutende Zweigstellen von Instituten, die nicht Teil einer Gruppe sind, in nicht teilnehmenden Mitgliedstaaten ansässig sind, die Abwicklungsbehörden dieser Mitgliedstaaten über jede von dem Unternehmen oder Mutterunternehmen vorgeschlagene Maßnahme.

[2] Innerhalb von zwei Wochen nach Erhalt eines nach Absatz 7 dieses Artikels erstellten Berichts schlägt das Unternehmen dem Ausschuss mögliche Maßnahmen und einen Zeitplan für deren Durchführung vor, um sicherzustellen, dass das Unternehmen oder dessen Mutterunternehmen Artikel 12f oder 12g sowie der Anforderung einer kombinierten Kapitalpufferanforderung nachkommt, sofern ein wesentliches Hindernis für die Abwicklungsfähigkeit auf eine der folgenden Situationen zurückzuführen ist:

i) Das Unternehmen erfüllt die kombinierte Kapitalpufferanforderung zwar, wenn sie zusätzlich zu jeder der Anforderungen nach Artikel 141a Absatz 1 Buchstaben a, b und c der Richtlinie 2013/36/EU betrachtet wird, erfüllt die kombinierte Kapitalpufferanforderung jedoch nicht, wenn sie zusätzlich zu den Anforderungen nach den Artikeln 12d und 12e der vorliegenden Verordnung – sofern nach Artikel 12a Absatz 2 Buchstabe a dieser Verordnung berechnet – betrachtet wird; oder

ii) das Unternehmen erfüllt die Anforderungen nach den Artikeln 92a und 494 der Verordnung (EU) Nr. 575/2013[1)] oder die Anforderungen nach den Artikeln 12d und 12e der vorliegenden Verordnung nicht.

[3] [1] Beim Vorschlag eines Zeitplanes für die Durchführung der gemäß Unterabsatz 2 vorgeschlagenen Maßnahmen trägt das Unternehmen den Gründen für das wesentliche Hindernis Rechnung. [2] Der Ausschuss bewertet nach Anhörung der zuständigen Behörden, einschließlich der EZB, ob diese Maßnahmen geeignet sind, das infrage stehende wesentliche Hindernis effektiv abzubauen bzw. zu beseitigen.

(10) *[1]* [1] Der Ausschuss bewertet nach Anhörung der zuständigen Behörden, ob die in Absatz 9 genannten Maßnahmen geeignet sind, die in Frage stehenden wesentlichen Hindernisse effektiv abzubauen bzw. zu beseitigen. [2] Werden die Hindernisse für die Abwicklungsfähigkeit durch die von dem Unternehmen oder Mutterunternehmen vorgeschlagenen Maßnahmen nicht wirkungsvoll abgebaut bzw. beseitigt, fasst der Ausschuss nach Anhörung der zuständigen Behörden sowie gegebenenfalls der für die Makroaufsicht benannten Behörde einen Beschluss, in dem er feststellt, dass die Hindernisse für die Abwicklungs-

---

1) Nr. **6**.

fähigkeit durch die vorgeschlagenen Maßnahmen nicht wirkungsvoll abgebaut bzw. beseitigt werden, und die nationalen Abwicklungsbehörden anweist, das Institut, das Mutterunternehmen oder ein Tochterunternehmen der betroffenen Gruppe zur Einleitung einer der in Absatz 11 aufgeführten Maßnahmen zu verpflichten.

[2] [1]Bei der Ermittlung alternativer Maßnahmen weist der Ausschuss nach, inwiefern die von dem Institut vorgeschlagenen Maßnahmen die Hindernisse für die Abwicklungsfähigkeit nicht ausräumen konnten und inwiefern die vorgeschlagenen alternativen Maßnahmen im Hinblick auf die Ausräumung der Hindernisse für die Abwicklungsfähigkeit verhältnismäßig sind. [2]Der Ausschuss berücksichtigt die Bedrohung der Finanzstabilität durch diese Hindernisse für die Abwicklungsfähigkeit und die Auswirkungen der Maßnahmen auf die Geschäftstätigkeit des Instituts, seine Stabilität und seine Fähigkeit, einen Beitrag zur Wirtschaft zu leisten, auf den Binnenmarkt für Finanzdienstleistungen sowie auf die Finanzstabilität in anderen Mitgliedstaaten und in der Union insgesamt.

[3] Der Ausschuss berücksichtigt auch die Notwendigkeit, alle Auswirkungen auf das Institut oder die Gruppe abzuwenden, die über das zur Ausräumung der Hindernisse für die Abwicklungsfähigkeit notwendige Maß hinausgehen würden oder unverhältnismäßig wären.

(11) *[1]* Für die Zwecke des Absatzes 10 weist der Ausschuss, soweit anwendbar, die nationalen Abwicklungsbehörden an, eine der folgenden Maßnahmen zu ergreifen:

a) von dem Unternehmen zu verlangen, innerhalb der Gruppe bestehende Finanzierungsvereinbarungen zu ändern oder deren Fehlen zu überdenken oder Dienstleistungsvereinbarungen (innerhalb der Gruppe oder mit Dritten) über die Bereitstellung kritischer Funktionen zu schließen;

b) von dem Unternehmen zu verlangen, seine maximalen individuellen und aggregierten Risikopositionen zu begrenzen;

c) besondere oder regelmäßige zusätzliche für Abwicklungszwecke relevante Informationspflichten vorzusehen;

d) von dem Unternehmen die Veräußerung bestimmter Vermögenswerte zu verlangen;

e) von dem Unternehmen zu verlangen, bestimmte bestehende oder geplante Tätigkeiten einzuschränken oder einzustellen;

f) die Entwicklung neuer oder bestehender Geschäftsbereiche bzw. die Veräußerung neuer oder bestehender Produkte einzuschränken oder zu unterbinden;

g) Änderungen der rechtlichen oder operativen Strukturen des Unternehmens oder eines unmittelbar oder mittelbar ihrer Kontrolle unterstehenden Unternehmens der Gruppe zu verlangen, um die Komplexität zu reduzieren und dadurch sicherzustellen, dass kritische Funktionen durch Anwendung der Abwicklungsinstrumente rechtlich und operativ von anderen Funktionen getrennt werden können;

h) von einem Unternehmen zu verlangen, eine Mutterfinanzholdinggesellschaft in einem Mitgliedstaat oder eine Unionsmutterfinanzholdinggesellschaft zu gründen;

i) von einem Unternehmen zu verlangen, berücksichtigungsfähige Verbindlichkeiten zu begeben, um die Anforderungen der Artikel 12f und 12g zu erfüllen;

j) von einem Unternehmen zu verlangen, andere Schritte zu unternehmen, um die Anforderungen nach Artikel 12f und 12g zu erfüllen, und in diesem Zuge insbesondere eine Neuaushandlung von berücksichtigungsfähigen Verbindlichkeiten, von Instrumenten des zusätzlichen Kernkapitals oder von Instrumenten des Ergänzungskapitals, die es ausgegeben hat, anzustreben, um dafür zu sorgen, dass Entscheidungen des Ausschusses, die jeweilige Verbindlichkeit oder das jeweilige Instrument herabzuschreiben oder umzuwandeln, nach dem Recht des Rechtsgebiets durchgeführt werden, das für die Verbindlichkeit oder das Instrument maßgeblich ist;

k) von einem Unternehmen die Vorlage eines Plans zu verlangen, mit dem die erneute Einhaltung der in den Artikeln 12f und 12g dieser Verordnung genannten Anforderungen, ausgedrückt als Prozentsatz des nach Artikel 92 Absatz 3 der Verordnung (EU) Nr. 575/2013 berechneten Gesamtrisikobetrag, sowie gegebenenfalls der kombinierten Kapitalpufferanforderung und der in Artikel 12f oder 12g dieser Verordnung genannten Anforderungen, ausgedrückt als Prozentsatz der Gesamtrisikopositionsmessgröße nach den Artikeln 429 und 429a der Verordnung (EU) Nr. 575/2013, erreicht werden soll;

l) zur Gewährleistung der fortlaufenden Einhaltung des Artikels 12f oder 12g von einem Unternehmen zu verlangen, das Fälligkeitsprofil der folgenden Instrumente zu ändern:

i) der Eigenmittelinstrumente, nach Einholung der Zustimmung der zuständigen Behörden, einschließlich der EZB, und

ii) der berücksichtigungsfähigen Verbindlichkeiten nach Artikel 12c und Artikel 12g Absatz 2 Buchstabe a.

[2] Soweit anwendbar, ergreifen die nationalen Abwicklungsbehörden die in Unterabsatz 1 Buchstaben a bis j genannten Maßnahmen unmittelbar.

(12) Die nationalen Abwicklungsbehörden setzen die Weisungen des Ausschusses gemäß Artikel 29 um.

(13) Ein Beschluss gemäß Absatz 10 oder Absatz 11 muss folgende Anforderungen erfüllen:

a) Er muss Gründe für die jeweilige Bewertung bzw. Feststellung enthalten.

b) In ihm muss dargelegt werden, dass die Bewertung bzw. Feststellung dem Gebot der Verhältnismäßigkeit gemäß Absatz 10 genügt.

Art. 10a Befugnis, bestimmte Ausschüttungen zu untersagen.

(1) *[1]* Befindet sich ein Unternehmen in der Situation, dass es die kombinierte Kapitalpufferanforderung zwar erfüllt, wenn sie zusätzlich zu jeder der Anforderungen nach Artikel 141a Absatz 1 Buchstaben a, b und c der Richtlinie 2013/36/EU betrachtet wird, die kombinierte Kapitalpufferanforderung jedoch nicht erfüllt, wenn sie zusätzlich zu den Anforderungen nach den Artikeln 12d und 12e der vorliegenden Verordnung – sofern nach Artikel 12a Absatz 2 Buchstabe a dieser Verordnung berechnet – betrachtet wird, so hat der Ausschuss die Befugnis, einem Unternehmen zu untersagen, gemäß den Bedingungen der Absätze 2 und 3 des vorliegenden Artikels einen höheren Betrag als

den nach Absatz 4 des vorliegenden Artikels berechneten ausschüttungsfähigen Höchstbetrag („Maximum Distributable Amount") in Bezug auf die Mindestanforderung an Eigenmittel und berücksichtigungsfähige Verbindlichkeiten („M-MDA") durch eine der folgenden Maßnahmen auszuschütten:

a) Vornahme einer mit hartem Kernkapital verbundenen Ausschüttung;

b) Eingehen einer Verpflichtung zur Zahlung einer variablen Vergütung oder freiwilliger Altersvorsorgeleistungen oder Zahlung einer variablen Vergütung, wenn die entsprechende Verpflichtung zu einer Zeit eingegangen wurde, in der das Unternehmen die kombinierte Kapitalpufferanforderung nicht erfüllte; oder

c) Vornahme von Zahlungen in Bezug auf zusätzliche Kernkapitalinstrumente.

[2] Befindet sich ein Unternehmen in der in Unterabsatz 1 beschriebenen Situation, so teilt es der nationalen Abwicklungsbehörde und dem Ausschuss die Nichterfüllung unverzüglich mit.

(2) *[1]* In der in Absatz 1 beschriebenen Situation beurteilt der Ausschuss nach Anhörung der zuständigen Behörden, gegebenenfalls einschließlich der EZB, unverzüglich, ob die Befugnis nach Absatz 1 auszuüben ist, wobei er jedem der folgenden Aspekte Rechnung trägt:

a) Ursache, Dauer und Ausmaß der Nichterfüllung und deren Auswirkungen auf die Abwicklungsfähigkeit;

b) Entwicklung der Finanzlage des Unternehmens und Wahrscheinlichkeit, dass es in absehbarer Zukunft die Voraussetzung nach Artikel 18 Absatz 1 Buchstabe a erfüllt;

c) Aussicht, dass das Unternehmen in der Lage sein wird sicherzustellen, dass die Anforderungen nach Absatz 1 innerhalb einer angemessenen Frist erfüllt werden;

d) wenn das Unternehmen nicht in der Lage ist, Verbindlichkeiten zu ersetzen, die die in den Artikeln 72b und 72c der Verordnung (EU) Nr. 575/2013[1], in Artikel 12c oder in Artikel 12g Absatz 2 der vorliegenden Verordnung festgelegten Kriterien für die Berücksichtigungsfähigkeit oder Laufzeit nicht mehr erfüllen, der Frage, ob dieses Unvermögen idiosynkratischer Natur oder auf generelle Marktstörungen zurückzuführen ist;

e) der Frage, ob die Ausübung der in Absatz 1 genannten Befugnis die geeignetste und angemessenste Vorgehensweise ist, um die Situation des Unternehmens anzugehen, unter Berücksichtigung ihrer möglichen Auswirkungen sowohl auf die Finanzierungsbedingungen als auch auf die Abwicklungsfähigkeit des betreffenden Unternehmens.

[2] Der Ausschuss wiederholt mindestens einmal monatlich seine Beurteilung der Frage, ob die Befugnis nach Absatz 1 auszuüben ist, während der Dauer der Nichterfüllung und solange sich das Unternehmen weiterhin in der in Absatz 1 beschriebenen Situation befindet.

(3) *[1]* Stellt der Ausschuss fest, dass sich das Unternehmen neun Monate nach dessen Mitteilung über seine Situation immer noch in der in Absatz 1 beschriebenen Situation befindet, so übt er nach Anhörung der zuständigen Behörden, gegebenenfalls einschließlich der EZB, die Befugnis nach Absatz 1

[1] Nr. **6**.

aus, es sei denn, er stellt nach einer Beurteilung fest, dass mindestens zwei der folgenden Voraussetzungen erfüllt sind:

a) die Nichterfüllung ist auf eine schwerwiegende Störung des Funktionierens der Finanzmärkte zurückzuführen, die auf breiter Basis zu Spannungen in verschiedenen Finanzmarktsegmenten führt;

b) die Störung nach Buchstabe a führt nicht nur zu erhöhter Preisvolatilität bei Eigenmittelinstrumenten und Instrumenten berücksichtigungsfähiger Verbindlichkeiten des Unternehmens oder zu erhöhten Kosten für das Unternehmen, sondern auch zu einer vollständigen oder teilweisen Marktschließung, was das Unternehmen daran hindert, Eigenmittelinstrumente und Instrumente berücksichtigungsfähiger Verbindlichkeiten an jenen Märkten zu begeben;

c) die Marktschließung nach Buchstabe b ist nicht nur für das betreffende Unternehmen, sondern auch für mehrere andere Unternehmen zu beobachten;

d) die Störung nach Buchstabe a hindert das betreffende Unternehmen daran, Eigenmittelinstrumente und Instrumente berücksichtigungsfähiger Verbindlichkeiten zu begeben, um die Nichterfüllung abzustellen; oder

e) eine Ausübung der Befugnis nach Absatz 1 führt zu negativen Ausstrahlungseffekten auf Teile des Bankensektors, wodurch die Finanzstabilität untergraben werden könnte.

[2] Findet die Ausnahme nach Unterabsatz 1 Anwendung, so teilt der Ausschuss den zuständigen Behörden, gegebenenfalls einschließlich der EZB, seinen Beschluss mit und erläutert seine Bewertung schriftlich.

[3] Der Ausschuss wiederholt monatlich seine Bewertung, um zu beurteilen, ob die Ausnahme nach Unterabsatz 1 anwendbar ist.

(4) [1] Der „M-MDA" wird berechnet durch Multiplikation der gemäß Absatz 5 berechneten Summe mit dem gemäß Absatz 6 bestimmten Faktor. [2] Der „M-MDA" wird durch alle Beträge, die aus den in Absatz 1 Buchstabe a, b oder c aufgeführten Maßnahmen resultieren, reduziert.

(5) Die gemäß Absatz 4 zu multiplizierende Summe umfasst

a) Zwischengewinne, die gemäß Artikel 26 Absatz 2 der Verordnung (EU) Nr. 575/2013 nicht dem harten Kernkapital zugerechnet wurden, abzüglich etwaiger Gewinnausschüttungen oder Zahlungen aufgrund der Maßnahmen nach Absatz 1 Buchstabe a, b oder c des vorliegenden Artikels, zuzüglich

b) der Jahresendgewinne, die gemäß Artikel 26 Absatz 2 der Verordnung (EU) Nr. 575/2013 nicht dem harten Kernkapital zugerechnet wurden, abzüglich etwaiger Gewinnausschüttungen oder Zahlungen aufgrund der Maßnahmen nach Absatz 1 Buchstabe a, b oder c des vorliegenden Artikels, abzüglich

c) der Beträge, die in Form von Steuern zu zahlen wären, wenn die Gewinne nach den Buchstaben a und b einbehalten würden.

(6) *[1]* Der in Absatz 4 genannte Faktor wird wie folgt bestimmt:

a) Liegt das von einem Unternehmen vorgehaltene und nicht zur Unterlegung etwaiger Anforderungen nach Artikel 92a der Verordnung (EU) Nr. 575/2013 und nach den Artikeln 12d und 12e der vorliegenden Verordnung verwendete harte Kernkapital, ausgedrückt als Prozentsatz des nach Artikel 92 Absatz 3 der Verordnung (EU) Nr. 575/2013 berechneten Gesamtrisikobetrags, innerhalb des ersten (d.h. des untersten) Quartils der kombinierten Kapitalpufferanforderung, so ist der Faktor 0;

b) liegt das von einem Unternehmen vorgehaltene und nicht zur Unterlegung etwaiger Anforderungen nach Artikel 92a der Verordnung (EU) Nr. 575/2013 und nach den Artikeln 12d und 12e der vorliegenden Verordnung verwendete harte Kernkapital, ausgedrückt als Prozentsatz des nach Artikel 92 Absatz 3 der Verordnung (EU) Nr. 575/2013 berechneten Gesamtrisikobetrags, innerhalb des zweiten Quartils der kombinierten Kapitalpufferanforderung, so ist der Faktor 0,2;

c) liegt das von einem Unternehmen vorgehaltene und nicht zur Unterlegung der Anforderungen nach Artikel 92a der Verordnung (EU) Nr. 575/2013 und nach den Artikeln 12d und 12e der vorliegenden Verordnung verwendete harte Kernkapital, ausgedrückt als Prozentsatz des nach Artikel 92 Absatz 3 der Verordnung (EU) Nr. 575/2013 berechneten Gesamtrisikobetrags, innerhalb des dritten Quartils der kombinierten Kapitalpufferanforderung, so ist der Faktor 0,4;

d) liegt das von einem Unternehmen vorgehaltene und nicht zur Unterlegung der Anforderungen nach Artikel 92a der Verordnung (EU) Nr. 575/2013 und nach den Artikeln 12d und 12e der vorliegenden Verordnung verwendete harte Kernkapital, ausgedrückt als Prozentsatz des nach Artikel 92 Absatz 3 der Verordnung (EU) Nr. 575/2013 berechneten Gesamtrisikobetrags, innerhalb des vierten (d.h. des obersten) Quartils der kombinierten Kapitalpufferanforderung, so ist der Faktor 0,6.

[2] Die Ober- und Untergrenzen für jedes Quartil der kombinierten Kapitalpufferanforderung werden wie folgt berechnet:

$$\text{Quartiluntergrenze} = \frac{\text{Kombinierte Kapitalpufferanforderung}}{4} \times (Q_n - 1)$$

$$\text{Quartilobergrenze} = \frac{\text{Kombinierte Kapitalpufferanforderung}}{4} \times Q_n$$

wobei „Q_n" = die Ordinalzahl des betreffenden Quartils.

Art. 11 Vereinfachte Anforderungen für bestimmte Institute. (1) Der Ausschuss kann auf eigene Initiative nach Anhörung einer nationalen Abwicklungsbehörde oder auf Vorschlag einer nationalen Abwicklungsbehörde für die Erstellung der in Artikel 8 genannten Abwicklungspläne vereinfachte Anforderungen zugrunde legen oder von der Pflicht zur Erstellung solcher Pläne im Einklang mit den Absätzen 3 bis 9 dieses Artikels absehen.

(2) [1] Nationale Abwicklungsbehörden können dem Ausschuss vorschlagen, bei Instituten oder Gruppen vereinfachte Anforderungen gemäß den Absätzen 3 und 4 zugrunde zu legen oder gemäß Absatz 7 von der Pflicht zur Erstellung solcher Pläne abzusehen. [2] Ein solcher Vorschlag muss begründet werden und von allen maßgeblichen Unterlagen begleitet sein.

(3) *[1]* Wenn der Ausschuss einen Vorschlag gemäß Absatz 2 dieses Artikels, vereinfachte Anforderungen zugrunde zu legen, erhält oder auf eigene Initiative tätig wird, unterzieht er das betroffene Institute oder die betroffene Gruppe einer Bewertung und legt vereinfachte Anforderungen zugrunde, wenn nicht davon auszugehen ist, dass der Ausfall des Instituts oder der Gruppe erhebliche

negative Auswirkungen auf das Finanzsystem oder eine Bedrohung für die Finanzstabilität im Sinne des Artikels 10 Absatz 5 hat bzw.darstellt.

[2] Hierbei berücksichtigt der Ausschuss Folgendes:

a) die Art der Geschäftstätigkeit des Instituts oder der Gruppe, seine/ihre Beteiligungsstruktur, seine/ihre Rechtsform, sein/ihr Risikoprofil, seine/ihre Größe und seinen/ihren Rechtsstatus sowie seine/ihre Verflechtung mit anderen Instituten oder dem Finanzsystem allgemein, den Umfang und die Komplexität seiner/ihrer Tätigkeiten,

b) seine/ihre Mitgliedschaft in einem institutsbezogenen Sicherungssystem bzw. anderen gemeinsamen Systemen der wechselseitigen Solidarität gemäß Artikel 113 Absatz 7 der Verordnung (EU) Nr. 575/2013[1)],

c) eine etwaige Erbringung von Wertpapierdienstleistungen oder Ausübung von Anlagetätigkeiten im Sinne von Artikel 4 Absatz 1 Nummer 2 der Richtlinie 2014/65/EU des Europäischen Parlaments und des Rates[2)],

d) die Frage, ob der Ausfall und die anschließende Liquidation im Wege eines regulären Insolvenzverfahrens wahrscheinlich erhebliche negative Auswirkungen auf die Finanzmärkte, auf andere Institute, die Finanzierungsbedingungen oder die Gesamtwirtschaft hätten.

[3] Der Ausschuss nimmt die in Unterabsatz 1 genannte Bewertung nach Anhörung der nationalen makroprudentiellen Behörde, falls dies sachgerecht ist, oder des ESRB, falls dies sachgerecht ist, vor.

(4) Wenn der Ausschuss vereinfachte Anforderungen zugrunde legt, bestimmt er Folgendes:

a) Inhalt und Detaillierungsgrad der Abwicklungspläne nach Artikel 7;

b) den Zeitpunkt, zu dem die ersten Abwicklungspläne erstellt werden müssen, und die Häufigkeit der Aktualisierungen der Abwicklungspläne, die geringer sein kann als die in Artikel 8 Absatz 12 vorgesehene Häufigkeit;

c) Inhalt und Detaillierungsgrad der von Instituten verlangten Informationen nach Artikel 9 Absatz 9 dieser Verordnung und Abschnitt B des Anhangs der Richtlinie 2014/59/EU;

d) Detaillierungsgrad dfür die Bewertung der Abwicklungsfähigkeit nach Artikel 10 dieser Verordnung und Abschnitt C des Anhangs der Richtlinie 2014/59/EU.

(5) Wenn der Ausschuss vereinfachte Anforderungen zugrunde legt, berührt dies als solches nicht seine Befugnisse, Abwicklungsmaßnahmen zu ergreifen.

(6) Werden vereinfachte Anforderungen zugrunde gelegt, hat der Ausschuss jederzeit vollständige, nicht vereinfachte Anforderungen aufzuerlegen, sobald einer der Umstände, die die vereinfachten Umstände gerechtfertigt hatten, nicht mehr gegeben ist.

(7) *[1]* Unbeschadet der Artikel 9 und 31 sieht der Ausschuss nach Eingang eines Vorschlags, von der Pflicht zur Erstellung von Abwicklungsplänen abzusehen, gemäß Absatz 2 dieses Artikels oder, wenn er aus eigener Initiative tätig wird, gemäß Absatz 3 dieses Artikels von der Anwendung der Pflicht zur

---

1) Nr. **6**.

2) **Amtl. Anm.:** Richtlinie 2014/65/EU des Europäischen Parlaments und des Rates vom 15. Mai 2014 über Märkte für Finanzinstrumente sowie zur Änderung der Richtlinien 2002/92/EG und 2011/61/EU (ABl. L 173 vom 12.6.2014, S. 349).

Erstellung von Abwicklungsplänen auf Institute ab, die aufgrund des Artikels 10 der Verordnung (EU) Nr. 575/2013 einer Zentralorganisation zugeordnet und ganz oder teilweise von den Aufsichtsanforderungen des nationalen Rechts ausgenommen sind.

[2] [1] Wird von der Pflicht, Abwicklungspläne zu erstellen, gemäß Unterabsatz 1 abgesehen, so gilt diese Pflicht auf konsolidierter Basis für die Zentralorganisation und ihr zugeordnete Institute im Sinne des Artikels 10 der Verordnung (EU) Nr. 575/2013. [2] Für diesen Zweck schließt eine Bezugnahme auf eine Gruppe in diesem Kapitel eine Zentralorganisation sowie die ihr zugeordneten Institute im Sinne von Artikel 10 der Verordnung (EU) Nr. 575/2013 und deren Tochterunternehmen ein, und eine Bezugnahme auf Mutterunternehmen oder auf einer Beaufsichtigung auf konsolidierter Basis gemäß Artikel 111 der Richtlinie 2013/36/EU unterliegende Institute schließt die Zentralorganisation ein.

(8) *[1]* Institute, die von der EZB gemäß Artikel 6 Absatz 4 der Verordnung (EU) Nr. 1024/2013[1)] direkt beaufsichtigt werden oder die einen beträchtlichen Anteil am Finanzsystem eines teilnehmenden Mitgliedstaats haben, unterliegen individuellen Abwicklungsplänen.

[2] Für die Zwecke dieses Absatzes haben die Geschäfte eines Instituts einen beträchtlichen Anteil am Finanzsystem dieses teilnehmenden Mitgliedstaats, wenn

a) der Gesamtwert seiner Vermögenswerte liegt über 30 000 000 000 EUR oder

b) das Verhältnis seiner gesamten Vermögenswerte zum BIP des Niederlassungsmitgliedstaats übersteigt 20 %, sofern der Gesamtwert seiner Vermögenswerte nicht weniger als 5 000 000 000 EUR beträgt.

(9) [1] Ist die nationale Abwicklungsbehörde, die gemäß Absatz 2 die vereinfachten Anforderungen oder die Ausnahmeregelung vorgeschlagen hat, der Auffassung, dass der Beschluss, vereinfachte Anforderungen zugrunde zu legen oder die Ausnahmeregelung zu gewähren, aufgehoben werden muss, legt sie dem Ausschuss einen entsprechenden Vorschlag vor. [2] Der Ausschuss fasst in diesem Fall einen Beschluss zu der vorgeschlagenen Aufhebung, in dem er den von der nationalen Abwicklungsbehörde genannten Gründen unter Berücksichtigung der in Absatz 3 oder den Absätzen 7 und 8 genannten Faktoren oder Umstände in vollem Umfang Rechnung trägt.

(10) Der Ausschuss unterrichtet die EBA, wenn er diesen Artikel anwendet.

Art. 12 Mindestanforderung an Eigenmittel und berücksichtigungsfähige Verbindlichkeiten. (1) Der Ausschuss legt nach Anhörung der zuständigen Behörden, einschließlich der EZB, vorbehaltlich seiner Herabschreibungs- und Umwandlungsbefugnisse die Anforderungen an Eigenmittel und berücksichtigungsfähige Verbindlichkeiten entsprechend den Artikeln 12a bis 12i fest, die Unternehmen und Gruppen nach Artikel 7 Absatz 2 sowie Unternehmen und Gruppen nach Artikel 7 Absatz 4 Buchstabe b und nach Artikel 7 Absatz 5 jederzeit einhalten müssen, sofern die Voraussetzungen für die Anwendung dieser Bestimmungen erfüllt sind.

---

1) Nr. **5**.

(2) *[1]* Die in Absatz 1 genannten Unternehmen – einschließlich Unternehmen, die einer Gruppe angehören – übermitteln der nationalen Abwicklungsbehörde des teilnehmenden Mitgliedstaats, in dem sie niedergelassen sind, die in Artikel 45i Absätze 1, 2, und 4 der Richtlinie 2014/59/EU genannten Angaben.

[2] Die nationale Abwicklungsbehörde übermittelt dem Ausschuss unverzüglich die Angaben nach Unterabsatz 1.

(3) [1] Bei der Erstellung von Abwicklungsplänen gemäß Artikel 9 legen die nationalen Abwicklungsbehörden nach Anhörung der zuständigen Behörden vorbehaltlich der Herabschreibungs- und Umwandlungsbefugnisse die Anforderungen an Eigenmittel und berücksichtigungsfähige Verbindlichkeiten gemäß den Artikeln 12a bis 12i fest, die Unternehmen nach Artikel 7 Absatz 3 jederzeit einhalten müssen. [2] Hierfür gilt das Verfahren nach Artikel 31.

(4) Jede Festlegung des Ausschusses gemäß Absatz 1 dieses Artikels wird parallel zur Erstellung und Fortschreibung der Abwicklungspläne gemäß Artikel 8 vorgenommen.

(5) [1] Der Ausschuss teilt seine Festlegung den nationalen Abwicklungsbehörden mit. [2] Die nationalen Abwicklungsbehörden setzen die Weisungen des Ausschusses gemäß Artikel 29 um. [3] Der Ausschuss verpflichtet die nationalen Abwicklungsbehörden, sich zu vergewissern und sicherzustellen, dass Unternehmen und Gruppen stets über die in Absatz 1 vorgesehenen Anforderungen an Eigenmittel und berücksichtigungsfähige Verbindlichkeiten verfügen.

(6) Der Ausschuss teilt der EZB und der EBA mit, welche Anforderungen an Eigenmittel und berücksichtigungsfähige Verbindlichkeiten er gemäß Absatz 1 für jedes Unternehmen und jede Gruppe festgelegt hat.

(7) Zur Sicherstellung einer wirkungsvollen und kohärenten Anwendung dieses Artikels gibt der Ausschuss Leitlinien heraus und richtet Anweisungen an die nationalen Abwicklungsbehörden in Bezug auf bestimmte Unternehmen oder Gruppen.

Art. 12a Anwendung und Berechnung der Mindestanforderung an Eigenmittel und berücksichtigungsfähige Verbindlichkeiten. (1) Der Ausschuss und die nationalen Abwicklungsbehörden stellen sicher, dass die in Artikel 12 Absätze 1 und 3 genannten Unternehmen die Anforderungen an Eigenmittel und berücksichtigungsfähige Verbindlichkeiten soweit in diesem Artikel und den Artikeln 12a bis 12i vorgeschrieben und gemäß diesen Artikeln jederzeit einhalten.

(2) Die in Absatz 1 dieses Artikels genannte Anforderung wird als Betrag der Eigenmittel und berücksichtigungsfähigen Verbindlichkeiten gemäß Artikel 12d Absatz 3, 4 bzw. 6 berechnet und ausgedrückt als prozentualer Anteil

a) des gemäß Artikel 92 Absatz 3 der Verordnung (EU) Nr. 575/2013[1)] berechneten Gesamtrisikobetrags des betreffenden in Absatz 1 des vorliegenden Artikels genannten Unternehmens und

b) der gemäß den Artikeln 429 und 429a der Verordnung (EU) Nr. 575/2013 berechneten Gesamtrisikopositionsmessgröße des betreffenden in Absatz 1 des vorliegenden Artikels genannten Unternehmens.

---

1) Nr. **6**.

(3) *[1]* Gemäß Artikel 65 der Verordnung (EU) 2019/2033[1] des Europäischen Parlaments und des Rates[2] sind Bezugnahmen auf Artikel 92 der Verordnung (EU) Nr. 575/2013 in der vorliegenden Verordnung in Bezug auf die Eigenmittelanforderungen auf Einzelbasis an Wertpapierfirmen nach Artikel 2 Buchstabe c der vorliegenden Verordnung, die nicht Wertpapierfirmen nach Artikel 1 Absatz 2 oder 5 der Verordnung (EU) 2019/2033 sind, wie folgt zu verstehen:

a) Bezugnahmen auf Artikel 92 Absatz 1 Buchstabe c der Verordnung (EU) Nr. 575/2013 in Bezug auf die Gesamtkapitalquote in der vorliegenden Verordnung beziehen sich auf Artikel 11 Absatz 1 der Verordnung (EU) 2019/2033;

b) Bezugnahmen auf Artikel 92 Absatz 3 der Verordnung (EU) Nr. 575/2013 in Bezug auf den Gesamtrisikobetrag in der vorliegenden Verordnung beziehen sich auf die geltende Anforderung in Artikel 11 Absatz 1 der Verordnung (EU) 2019/2033, multipliziert mit 12,5.

[2] Gemäß Artikel 65 der Richtlinie (EU) 2019/2034 des Europäischen Parlaments und des Rates[3] gelten Bezugnahmen auf Artikel 104a der Richtlinie 2013/36/EU in der vorliegenden Verordnung in Bezug auf die zusätzliche Eigenmittelanforderung an Wertpapierfirmen nach Artikel 2 Buchstabe c der vorliegenden Verordnung, die nicht Wertpapierfirmen nach Artikel 1 Absatz 2 oder 5 der Verordnung (EU) 2019/2033 sind, als Bezugnahmen auf Artikel 40 der Richtlinie (EU) 2019/2034.

Art. 12b Ausnahme von der Mindestanforderung an Eigenmittel und berücksichtigungsfähige Verbindlichkeiten. (1) Unbeschadet des Artikels 12a nimmt der Ausschuss durch gedeckte Schuldverschreibungen finanzierte Hypothekenkreditinstitute, die nach nationalem Recht keine Einlagen entgegennehmen dürfen, von der in Artikel 12a Absatz 1 festgelegten Anforderung aus, sofern alle folgenden Voraussetzungen erfüllt sind:

a) Diese Institute werden nach nationalen Insolvenzverfahren oder anderen für diese Institute gemäß Artikel 38, 40 oder 42 der Richtlinie 2014/59/EU vorgesehenen und umgesetzten Verfahren liquidiert, und

b) jene Verfahren gemäß Buchstabe a stellen sicher, dass die von den Gläubigern dieser Institute und soweit relevant auch von den Inhabern der gedeckten Schuldverschreibungen getragenen Verluste den Abwicklungszielen entsprechen.

(2) Die von den Anforderungen des Artikels 12 Absatz 1 ausgenommenen Institute werden nicht in die in Artikel 12f Absatz 1 genannte Konsolidierung einbezogen.

---

[1] Nr. 7.

[2] **Amtl. Anm.:** Verordnung (EU) 2019/2033 des Europäischen Parlaments und des Rates vom 27. November 2019 über Aufsichtsanforderungen an Wertpapierfirmen und zur Änderung der Verordnungen (EU) Nr. 1093/2010, (EU) Nr. 575/2013, (EU) Nr. 600/2014 und (EU) Nr. 806/2014 (ABl. L 314 vom 5.12.2019, S. 1).

[3] **Amtl. Anm.:** Richtlinie (EU) 2019/2034 des Europäischen Parlaments und des Rates vom 27. November 2019 über die Beaufsichtigung von Wertpapierfirmen und zur Änderung der Richtlinien 2002/87/EG, 2009/65/EG, 2011/61/EU, 2013/36/EU, 2014/59/EU und 2014/65/EU (ABl. L 314 vom 5.12.2019, S. 64).

Art. 12c Berücksichtigungsfähige Verbindlichkeiten für Abwicklungseinheiten. (1) *[1]* Verbindlichkeiten dürfen im Betrag der Eigenmittel und berücksichtigungsfähigen Verbindlichkeiten von Abwicklungseinheiten nur dann enthalten sein, wenn sie die in den folgenden Artikeln der Verordnung (EU) Nr. 575/2013[1)] genannten Voraussetzungen erfüllen:

a) Artikel 72a,

b) Artikel 72b, mit Ausnahme von Absatz 2 Buchstabe d, und

c) Artikel 72c.

[2] Abweichend von Unterabsatz 1 des vorliegenden Absatzes gilt Folgendes: Wird in der vorliegenden Verordnung auf die Anforderungen des Artikels 92a oder 92b der Verordnung (EU) Nr. 575/2013 Bezug genommen, so bestehen die berücksichtigungsfähigen Verbindlichkeiten für die Zwecke dieser Artikel aus berücksichtigungsfähigen Verbindlichkeiten wie in Artikel 72k der genannten Verordnung definiert und gemäß Teil Zwei Titel I Kapitel 5a der genannten Verordnung bestimmt.

(2) *[1]* Verbindlichkeiten aus Schuldtiteln mit eingebetteten Derivaten, wie etwa strukturierten Schuldtiteln, die die in Absatz 1 Unterabsatz 1 genannten Voraussetzungen erfüllen, mit Ausnahme jener des Artikels 72a Absatz 2 Buchstabe l der Verordnung (EU) Nr. 575/2013, dürfen nur dann im Betrag der Eigenmittel und berücksichtigungsfähigen Verbindlichkeiten enthalten sein, wenn eine der folgenden Voraussetzungen erfüllt ist:

a) der Nennwert der aus dem Schuldtitel erwachsenden Verbindlichkeit ist zum Zeitpunkt der Emission bereits bekannt, fixiert oder steigt an und ist von keiner eingebetteten Derivatkomponente betroffen, und der Gesamtbetrag der aus dem Schuldtitel erwachsenden Verbindlichkeit einschließlich der eingebetteten Derivatkomponente, kann täglich mit Bezug auf einen aktiven und aus Käufer- und Verkäufersicht liquiden Markt für ein gleichwertiges Instrument ohne Kreditrisiko im Einklang mit den Artikeln 104 und 105 der Verordnung (EU) Nr. 575/2013 bewertet werden; oder

b) der Schuldtitel enthält eine Vertragsklausel, in der festgelegt ist, dass der Wert der Forderung im Falle einer Insolvenz und einer Abwicklung des Emittenten fixiert ist oder ansteigt und nicht höher ist als der ursprünglich eingezahlte Betrag der Verbindlichkeit.

[2] Schuldtitel nach Unterabsatz 1, einschließlich ihrer eingebetteten Derivate, dürfen keiner Saldierungsvereinbarung unterliegen und werden nicht nach Artikel 49 Absatz 3 der Richtlinie 2014/59/EU bewertet.

[3] Die in Unterabsatz 1 genannten Verbindlichkeiten dürfen nur für den Teil, der dem in Buchstabe a genannten Nennwert oder dem in Buchstabe b dieses Unterabsatzes genannten fixierten oder ansteigenden Betrag entspricht, im Betrag der Eigenmittel und berücksichtigungsfähigen Verbindlichkeiten enthalten sein.

(3) Werden Verbindlichkeiten von einem in der Union niedergelassenen Tochterunternehmen, das Teil derselben Abwicklungsgruppe ist wie die Abwicklungseinheit, an einen seiner vorhandenen Anteilseigner, der nicht Teil derselben Abwicklungsgruppe ist, begeben, so dürfen diese Verbindlichkeiten im Betrag der Eigenmittel und berücksichtigungsfähigen Verbindlichkeiten

---

1) Nr. **6**.

dieser Abwicklungseinheit enthalten sein, wenn sämtliche nachstehenden Voraussetzungen erfüllt sind:

a) Sie werden in Übereinstimmung mit Artikel 12g Absatz 2 Buchstabe a begeben,

b) die Kontrolle der Abwicklungseinheit über das Tochterunternehmen wird durch die Ausübung der Befugnis zur Herabschreibung oder Umwandlung in Bezug auf diese Verbindlichkeiten nach Artikel 21 nicht beeinträchtigt,

c) jene Verbindlichkeiten übersteigen nicht einen Betrag, der sich ergibt nach Abzug:

   i) der Summe der Verbindlichkeiten, die an die Abwicklungseinheit begeben und von dieser erworben werden, entweder direkt oder indirekt über andere Unternehmen derselben Abwicklungsgruppe, und des Betrags der gemäß Artikel 12g Absatz 2 Buchstabe b begebenen Eigenmittel; von

   ii) dem Betrag, der gemäß Artikel 12g Absatz 1 erforderlich ist.

(4) *[1]* [1]Unbeschadet der Mindestanforderung nach Artikel 12d Absatz 4 oder Artikel 12e Absatz 1 Buchstabe a sorgt der Ausschuss nach Anhörung der nationalen Abwicklungsbehörde auf eigene Initiative oder auf Vorschlag einer nationalen Abwicklungsbehörde dafür, dass ein Teil der in Artikel 12f genannten Anforderung in Höhe von 8 % der gesamten Verbindlichkeiten, einschließlich Eigenmitteln, durch Abwicklungseinheiten, die G-SRI sind, oder durch Abwicklungseinheiten, die Artikel 12d Absätze 4 oder 5 unterliegen, mit Eigenmitteln und mit nachrangigen berücksichtigungsfähigen Instrumenten, oder mit Verbindlichkeiten nach Absatz 3 des vorliegenden Artikels erfüllt wird. [2]Der Ausschuss kann zulassen, dass ein Niveau, das unter 8 % der gesamten Verbindlichkeiten, einschließlich Eigenmitteln, aber über dem Betrag liegt, der sich aus der Anwendung der Formel (1 – (X1/X2)) × 8 % der gesamten Verbindlichkeiten, einschließlich Eigenmitteln, ergibt, durch Abwicklungseinheiten, die G-SRI sind, oder durch Abwicklungseinheiten, die Artikel 12d Absätze 4 oder 5 unterliegen, mit Eigenmitteln und mit nachrangigen berücksichtigungsfähigen Instrumenten oder mit Verbindlichkeiten nach Absatz 3 des vorliegenden Artikels erfüllt wird, sofern alle Voraussetzungen nach Artikel 72b Absatz 3 der Verordnung (EU) Nr. 575/2013 erfüllt sind, wobei hinsichtlich der gemäß Artikel 72b Absatz 3 jener Verordnung möglichen Reduzierung gilt:

X1 = 3,5 % des gemäß Artikel 92 Absatz 3 der Verordnung (EU) Nr. 575/2013 berechneten Gesamtrisikobetrags und

X2 = die Summe aus 18 % des gemäß Artikel 92 Absatz 3 der Verordnung (EU) Nr. 575/2013 berechneten Gesamtrisikobetrags und dem Betrag der kombinierten Kapitalpufferanforderung.

[2] Ergibt sich durch die Anwendung von Unterabsatz 1 dieses Absatzes für Abwicklungseinheiten, die Artikel 12d Absatz 4 unterliegen, eine Anforderung von mehr als 27 % des Gesamtrisikobetrags, so begrenzt der Ausschuss für die betreffende Abwicklungseinheit den Teil der Anforderung nach Artikel 12f, der durch den Einsatz von Eigenmitteln, von nachrangigen berücksichtigungsfähigen Instrumenten, oder von Verbindlichkeiten nach Absatz 3 des vorliegenden Artikels zu erfüllen ist, auf einen Betrag in Höhe von 27 % des Gesamtrisikobetrags, wenn der Ausschuss zu der Einschätzung gelangt ist, dass

a) der Zugang zum Fonds im Abwicklungsplan nicht als Option zur Abwicklung dieser betreffenden Abwicklungseinheit betrachtet wird und,

b) wenn Buchstabe a nicht zutrifft, diese Abwicklungseinheit die Anforderung nach Artikel 27 Absatz 7 durch die Anforderung nach Artikel 12f erfüllen kann.

[3] Bei der Durchführung dieser Einschätzung gemäß Unterabsatz 2 berücksichtigt der Ausschuss auch das Risiko unverhältnismäßiger Auswirkungen auf das Geschäftsmodell der betreffenden Abwicklungseinheit.

[4] Unterabsatz 2 dieses Absatzes gilt nicht für Abwicklungseinheiten, die Artikel 12d Absatz 5 unterliegen.

(5) *[1]* Im Fall von Abwicklungseinheiten, die weder G-SRI sind noch Abwicklungseinheiten, die Artikel 12d Absatz 4 oder 5 unterliegen, kann der Ausschuss nach Anhörung der nationalen Abwicklungsbehörde entweder auf eigene Initiative oder auf Vorschlag einer nationalen Abwicklungsbehörde beschließen, dass ein Teil der in Artikel 12f genannten Anforderung bis zu einer Höhe von 8 % der gesamten Verbindlichkeiten, einschließlich Eigenmitteln, des Unternehmens und dem Betrag, der sich anhand der Formel nach Absatz 7 dieses Artikels errechnet, – je nachdem, welcher Wert höher ist – mit Eigenmitteln und mit nachrangigen berücksichtigungsfähigen Instrumenten, oder mit Verbindlichkeiten nach Absatz 3 des vorliegenden Artikels zu erfüllen ist, sofern die folgenden Voraussetzungen erfüllt sind:

a) Die in den Absätzen 1 und 2 dieses Artikels genannten nicht nachrangigen Verbindlichkeiten nehmen in der nationalen Insolvenzrangfolge denselben Rang ein wie bestimmte Verbindlichkeiten, die gemäß Artikel 27 Absatz 3 oder 5 von den Herabschreibungs- und Umwandlungsbefugnissen ausgenommen sind;

b) es besteht ein Risiko, dass aufgrund des geplanten Gebrauchs von Herabschreibungs- und Umwandlungsbefugnissen bei nicht nachrangigen Verbindlichkeiten, die nicht gemäß Artikel 27 Absatz 3 oder 5 von der Anwendung dieser Befugnisse ausgenommen sind, Gläubiger von aus diesen Verbindlichkeiten erwachsenden Forderungen größere Verluste zu tragen haben als bei einer Liquidation nach dem regulären Insolvenzverfahren;

c) die Höhe der Eigenmittel und anderen nachrangigen Verbindlichkeiten übersteigt nicht den Betrag, der erforderlich ist, um zu gewährleisten, dass die unter Buchstabe b genannten Gläubiger keine größeren Verluste erleiden, als es bei einer Liquidation nach dem regulären Insolvenzverfahren der Fall gewesen wäre.

[2] Stellt der Ausschuss fest, dass innerhalb einer Kategorie von Verbindlichkeiten, die berücksichtigungsfähige Verbindlichkeiten einschließt, der Betrag der Verbindlichkeiten, die gemäß Artikel 27 Absatz 3 oder 5 von der Anwendung der Herabschreibungs- und Umwandlungsbefugnisse ausgeschlossen sind oder nach allgemeinem Ermessen ausgeschlossen werden könnten, insgesamt über 10 % dieser Kategorie ausmacht, so bewertet der Ausschuss das in Unterabsatz 1 Buchstabe b dieses Absatzes genannte Risiko.

(6) *[1]* Für die Zwecke der Absätze 4, 5 und 7 umfassen die gesamten Verbindlichkeiten auch Derivatverbindlichkeiten auf der Grundlage, dass die Saldierungsrechte der Gegenpartei uneingeschränkt anerkannt werden.

[2] Die Eigenmittel einer Abwicklungseinheit, die zur Erfüllung der kombinierten Kapitalpufferanforderung verwendet werden, sind für die Zwecke der Erfüllung der Anforderungen nach den Absätzen 4, 5 und 7 berücksichtigungsfähig.

(7) Abweichend von Absatz 3 dieses Artikels kann der Ausschuss beschließen, dass die Anforderung nach Artikel 12f der vorliegenden Verordnung von Abwicklungseinheiten, die G-SRI sind, oder von Abwicklungseinheiten, die Artikel 12d Absätze 4 und 5 der vorliegenden Verordnung unterliegen, mit Eigenmitteln, mit nachrangigen berücksichtigungsfähigen Instrumenten, oder mit Verbindlichkeiten nach Absatz 3 des vorliegenden Artikels zu erfüllen ist, soweit die Summe dieser Eigenmittel, Instrumente und Verbindlichkeiten aufgrund der Verpflichtung der Abwicklungseinheit, den kombinierten Kapitalpufferanforderungen und den Anforderungen nach Artikel 92a der Verordnung (EU) Nr. 575/2013, Artikel 12d Absatz 4 und Artikel 12f der vorliegenden Verordnung nachzukommen, den höheren der folgenden Werte nicht übersteigt:

a) 8 % der gesamten Verbindlichkeiten, einschließlich Eigenmitteln, des Unternehmens oder

b) den Betrag, der sich anhand der Formel $A \times 2 + B \times 2 + C$ errechnet, wobei A, B und C die folgenden Beträge sind:
A = der Betrag, der sich aufgrund der Anforderung nach Artikel 92 Absatz 1 Buchstabe c der Verordnung (EU) Nr. 575/2013 ergibt;
B = der Betrag, der sich aufgrund der Anforderung nach Artikel 104a der Richtlinie 2013/36/EU ergibt, und
C = der Betrag, der sich aufgrund der kombinierten Kapitalpufferanforderung ergibt.

(8) *[1]* Der Ausschuss kann die in Absatz 7 dieses Artikels genannte Befugnis in Bezug auf Abwicklungseinheiten, die G-SRI sind oder die Artikel 12d Absatz 4 oder 5 unterliegen und die eine der Voraussetzungen nach Unterabsatz 2, dieses Absatzes erfüllen, ausüben, für bis zu höchstens 30 % aller Abwicklungseinheiten, die G-SRI sind oder die Artikel 12d Absatz 4 oder 5 unterliegen und für die der Ausschuss die Anforderung nach Artikel 12f festlegt.

[2] Die folgenden Voraussetzungen werden vom Ausschuss berücksichtigt:

a) In der vorangegangenen Bewertung der Abwicklungsfähigkeit wurden wesentliche Hindernisse für die Abwicklungsfähigkeit ermittelt und
   i) nach Ergreifung der Maßnahmen nach Artikel 10 Absatz 11 wurden innerhalb des vom Ausschuss vorgeschriebenen Zeitplans keine Abhilfemaßnahmen ergriffen oder
   ii) das ermittelte wesentliche Hindernis lässt sich durch keine der Maßnahmen nach Artikel 10 Absatz 11 beseitigen und die Ausübung der Befugnis nach Absatz 7 des vorliegenden Artikels würde die negativen Auswirkungen des wesentlichen Hindernisses für die Abwicklungsfähigkeit teilweise oder vollständig aufwiegen;

b) der Ausschuss ist der Auffassung, dass die Durchführbarkeit und Glaubwürdigkeit der bevorzugten Abwicklungsstrategie der Abwicklungseinheit angesichts seiner Größe, seiner Verflechtungen, der Art, des Umfangs, des Risikos und der Komplexität seiner Tätigkeiten, seiner Rechtsform sowie seiner Beteiligungsstruktur beschränkt sind; oder

c) in der Anforderung nach Artikel 104a der Richtlinie 2013/36/EU wird berücksichtigt, dass die Abwicklungseinheit, die ein G-SRI ist oder Artikel 12d Absatz 4 oder 5 der vorliegenden Verordnung unterliegt, zu den 20 % der Institute mit dem höchsten Risiko gehört, für die der Ausschuss die Anforderung nach Artikel 12a Absatz 1 der vorliegenden Verordnung festlegt.

[3] Für die Zwecke der Prozentsätze nach den Unterabsätzen 1 und 2 rundet der Ausschuss das berechnete Ergebnis auf die nächsthöhere ganze Zahl auf.

(9) *[1]* Der Ausschuss fasst die in den Absatz 5 oder 7 genannten Beschlüsse nach Anhörung der zuständigen Behörden, einschließlich der EZB.

[2] Bei diesem Beschluss berücksichtigt der Ausschuss zudem

a) die Markttiefe für die Eigenmittelinstrumente der Abwicklungseinheit und die nachrangigen berücksichtigungsfähigen Instrumente, die Bepreisung solcher Instrumente, sofern vorhanden, und die Zeit, die für die Ausführung jeglicher zum Zweck der Einhaltung des Beschlusses erforderlicher Transaktionen benötigt wird;

b) den Betrag der Instrumente berücksichtigungsfähiger Verbindlichkeiten, die allen in Artikel 72a der Verordnung (EU) Nr. 575/2013 genannten Voraussetzungen genügen, mit einer Restlaufzeit von weniger als einem Jahr ab dem Zeitpunkt, zu dem der Beschluss gefasst wird, um quantitative Anpassungen an den Anforderungen nach den Absätzen 5 und 7 des vorliegenden Artikels vorzunehmen;

c) die Verfügbarkeit und den Betrag der Instrumente, die allen in Artikel 72a der Verordnung (EU) Nr. 575/2013 genannten Voraussetzungen – mit Ausnahme der in Artikel 72b Absatz 2 Buchstabe d jener Verordnung genannten Voraussetzungen – genügen;

d) die Frage, ob der Betrag der gemäß Artikel 27 Absatz 3 oder 5 von der Anwendung der Herabschreibungs- und Umwandlungsbefugnisse ausgeschlossenen Verbindlichkeiten, die in regulären Insolvenzverfahren denselben Rang oder einen niedrigeren Rang einnehmen als die höchstrangigen berücksichtigungsfähigen Verbindlichkeiten, erheblich ist, wenn er mit den Eigenmitteln und berücksichtigungsfähigen Verbindlichkeiten der Abwicklungseinheit verglichen wird. Übersteigt der Betrag der ausgeschlossenen Verbindlichkeiten 5 % des Betrags der Eigenmittel und berücksichtigungsfähigen Verbindlichkeiten der Abwicklungseinheit nicht, so gilt der ausgeschlossene Betrag als nicht erheblich. Oberhalb dieses Schwellenwertes wird die Erheblichkeit der ausgeschlossenen Verbindlichkeiten vom Ausschuss bewertet;

e) das Geschäftsmodell, das Refinanzierungsmodell und das Risikoprofil der Abwicklungseinheit sowie seine Stabilität und seine Fähigkeit, einen Beitrag zur Wirtschaft zu leisten, und

f) die Auswirkungen etwaiger Umstrukturierungskosten auf die Rekapitalisierung der Abwicklungseinheit.

Art. 12d Festlegung der Mindestanforderung an Eigenmittel und berücksichtigungsfähige Verbindlichkeiten. (1) Die in Artikel 12a Absatz 1 genannte Anforderung wird vom Ausschuss nach Anhörung der zuständigen Behörden, einschließlich der EZB, anhand folgender Kriterien bestimmt:

a) der Notwendigkeit, sicherzustellen, dass die Abwicklungsgruppe durch Anwendung der Abwicklungsinstrumente, gegebenenfalls auch des Bail-in-Instruments, auf die Abwicklungseinheit den Abwicklungszielen entsprechend abgewickelt werden kann;

b) der Notwendigkeit, gegebenenfalls sicherzustellen, dass die Abwicklungseinheit und ihre Tochterunternehmen, bei denen es sich um Institute oder die in Artikel 12 Absätze 1 und 3 genannten Unternehmen, aber nicht um Abwicklungseinheiten handelt, über ausreichende Eigenmittel und berücksichtigungsfähige Verbindlichkeiten verfügen, damit für den Fall, dass bei ihnen von dem Bail-in-Instrument bzw. den Herabschreibungs- und Umwandlungsbefugnissen Gebrauch gemacht wird, Verluste absorbiert werden können und die Gesamtkapitalquote und gegebenenfalls die Verschuldungsquote der betreffenden Unternehmen wieder auf ein Niveau angehoben werden können, das erforderlich ist, damit sie auch weiterhin den Zulassungsvoraussetzungen genügen und die Tätigkeiten, für die sie gemäß der Richtlinie 2013/36/EU oder der Richtlinie 2014/65/EU zugelassen sind, weiter ausüben können;

c) der Notwendigkeit, sicherzustellen, dass in Fällen, in denen der Abwicklungsplan bereits die Möglichkeit vorsieht, bestimmte Kategorien berücksichtigungsfähiger Verbindlichkeiten gemäß Artikel 27 Absatz 5 dieser Verordnung vom Bail-in auszunehmen oder im Rahmen einer partiellen Übertragung vollständig auf einen übernehmenden Rechtsträger zu übertragen, die Abwicklungseinheit über ausreichende Eigenmittel und andere berücksichtigungsfähige Verbindlichkeiten verfügt, damit Verluste absorbiert werden können und die Gesamtkapitalquote und gegebenenfalls die Verschuldungsquote der Abwicklungseinheit wieder auf ein Niveau angehoben werden können, das erforderlich ist, damit sie auch weiterhin den Zulassungsvoraussetzungen genügt und die Tätigkeiten, für die sie gemäß der Richtlinie 2013/36/EU oder der Richtlinie 2014/65/EU zugelassen ist, weiter ausüben kann;

d) Größe, Geschäftsmodell, Refinanzierungsmodell und Risikoprofil des Unternehmens;

e) dem Umfang, in dem der Ausfall des Unternehmens die Finanzstabilität beeinträchtigen würde, unter anderem durch Ansteckung anderer Institute oder Unternehmen aufgrund seiner Verflechtungen mit jenen anderen Instituten oder Unternehmen oder mit dem übrigen Finanzsystem.

(2) *[1]* Ist im Abwicklungsplan vorgesehen, dass gemäß dem entsprechenden in Artikel 8 Absatz 6 genannten Szenario Abwicklungsmaßnahmen zu treffen sind oder dass von Befugnissen relevante Kapitalinstrumente und berücksichtigungsfähige Verbindlichkeiten im Einklang mit Artikel 59 Gebrauch zu machen ist, so muss die in Artikel 12a Absatz 1 genannte Anforderung hoch genug sein, um Folgendes zu gewährleisten:

a) Die erwarteten Verluste, die das Unternehmen zu tragen hat, werden vollständig absorbiert („Verlustabsorption");

b) die Abwicklungseinheit und ihre Tochterunternehmen, bei denen es sich um Institute oder die in Artikel 12 Absätze 1 und 3 genannten Unternehmen, aber nicht um Abwicklungseinheiten handelt, werden auf ein Niveau rekapitalisiert, das ihnen ermöglicht, weiterhin den Zulassungsvoraussetzungen zu genügen und die Tätigkeiten, für die sie gemäß der Richtlinie 2013/

36/EU, der Richtlinie 2014/65/EU oder einem vergleichbaren Gesetzgebungsakt zugelassen sind, für einen angemessenen Zeitraum, der nicht länger als ein Jahr ist, weiter auszuüben („Rekapitalisierung").

[2] Sieht der Abwicklungsplan für das Unternehmen eine Liquidation im Rahmen des normalen Insolvenzverfahrens oder anderer gleichwertiger nationaler Verfahren vor, so bewertet der Ausschuss, ob es gerechtfertigt ist, die in Artikel 12a Absatz 1 genannte Anforderung für dieses Unternehmen zu beschränken, sodass sie nicht über den zur Absorption der Verluste gemäß Unterabsatz 1 Buchstabe a ausreichenden Betrag hinausgeht.

[3] In der Bewertung des Ausschusses wird insbesondere die in Unterabsatz 2 genannte Beschränkung hinsichtlich etwaiger Auswirkungen auf die Finanzstabilität und auf die Ansteckungsgefahr für das Finanzsystem evaluiert.

(3) *[1]* Für Abwicklungseinheiten entspricht der in Absatz 2 Unterabsatz 1 genannte Betrag

a) für die Zwecke der Berechnung der Anforderung nach Artikel 12a Absatz 1 nach Maßgabe von Artikel 12a Absatz 2 Buchstabe a der Summe aus

   i) den bei der Abwicklung zu absorbierenden Verlusten, die den Anforderungen des Artikels 92 Absatz 1 Buchstabe c der Verordnung (EU) Nr. 575/2013[1] und des Artikels 104a der Richtlinie 2013/36/EU an die Abwicklungseinheit auf konsolidierter Basis auf Ebene der Abwicklungsgruppe entsprechen, und

   ii) einem Rekapitalisierungsbetrag, der es der aus der Abwicklung hervorgehenden Abwicklungsgruppe ermöglicht, die für sie geltende Anforderung an die Gesamtkapitalquote nach Artikel 92 Absatz 1 Buchstabe c der Verordnung (EU) Nr. 575/2013 und die für sie geltende Anforderung nach Artikel 104a der Richtlinie 2013/36/EU auf konsolidierter Basis auf Ebene der Abwicklungsgruppe nach Durchführung der bevorzugten Abwicklungsstrategie wieder zu erfüllen, und

b) für die Zwecke der Berechnung der Anforderung nach Artikel 12a Absatz 1 nach Maßgabe von Artikel 12a Absatz 2 Buchstabe b der Summe aus

   i) den bei der Abwicklung zu absorbierenden Verlusten, die der Anforderung an die Verschuldungsquote der Abwicklungseinheit nach Artikel 92 Absatz 1 Buchstabe d der Verordnung (EU) Nr. 575/2013 auf konsolidierter Basis auf Ebene der Abwicklungsgruppe entsprechen, und

   ii) einem Rekapitalisierungsbetrag, der es der aus der Abwicklung hervorgehenden Abwicklungsgruppe ermöglicht, die Anforderung an die Verschuldungsquote nach Artikel 92 Absatz 1 Buchstabe d der Verordnung (EU) Nr. 575/2013 auf konsolidierter Basis auf Ebene der Abwicklungsgruppe nach Durchführung der bevorzugten Abwicklungsstrategie wieder zu erfüllen.

[2] Für die Zwecke des Artikels 12a Absatz 2 Buchstabe a wird die in Artikel 12a Absatz 1 genannte Anforderung als der gemäß Unterabsatz 1 Buchstabe a des vorliegenden Absatzes berechnete Betrag dividiert durch den Gesamtrisikobetrag als Prozentwert ausgedrückt.

[3] Für die Zwecke des Artikels 12a Absatz 2 Buchstabe b wird die in Artikel 12a Absatz 1 genannte Anforderung als der gemäß Unterabsatz 1 Buch-

---

[1] Nr. **6**.

stabe b des vorliegenden Absatzes berechnete Betrag dividiert durch die Gesamtrisikopositionsmessgröße als Prozentwert ausgedrückt.

[4] Bei der Festlegung der individuellen Anforderung nach Unterabsatz 1 Buchstabe b dieses Absatzes berücksichtigt der Ausschuss die Anforderungen nach Artikel 27 Absatz 7.

[5] Bei der Festlegung der in den vorstehenden Unterabsätzen genannten Rekapitalisierungsbeträge verfährt der Ausschuss wie folgt:

a) Er verwendet die jüngsten gemeldeten Werte für den relevanten Gesamtrisikobetrag oder die relevante Gesamtrisikopositionsmessgröße nach Anpassung an jegliche Änderungen infolge der im Abwicklungsplan vorgesehenen Abwicklungsmaßnahmen, und

b) er passt nach Anhörung der zuständigen Behörden, einschließlich der EZB, den Betrag, der der geltenden in Artikel 104a der Richtlinie 2013/36/EU genannten Anforderung entspricht, nach unten oder oben an, um die nach Durchführung der bevorzugten Abwicklungsstrategie für die Abwicklungseinheit anzuwendende Anforderung zu bestimmen.

[6] Der Ausschuss kann die Anforderung nach Unterabsatz 1 Buchstabe a Ziffer ii um einen angemessenen Betrag erhöhen, der notwendig ist, um sicherzustellen, dass das Unternehmen nach der Abwicklung für einen angemessenen Zeitraum, der nicht länger als ein Jahr ist, in der Lage ist, ausreichendes Marktvertrauen in das Unternehmen aufrechtzuerhalten.

[7] Kommt Unterabsatz 6 dieses Absatzes zur Anwendung, so wird der Betrag gemäß jenem Unterabsatz der nach Anwendung der Abwicklungsinstrumente anzuwendenden kombinierten Kapitalpufferanforderung abzüglich des in Artikel 128 Nummer 6 Buchstabe a der Richtlinie 2013/36/EU genannten Betrages gleichgesetzt.

[8] [1]Der Betrag gemäß Unterabsatz 6 dieses Absatzes wird nach unten korrigiert, wenn der Ausschuss – nach Anhörung der zuständigen Behörden, einschließlich der EZB – feststellt, dass es durchführbar und glaubwürdig ist, dass ein geringerer Betrag ausreicht, um das Marktvertrauen aufrechtzuerhalten und sowohl die Fortführung kritischer wirtschaftlicher Funktionen des Instituts oder des in Artikel 12 Absatz 1 genannten Unternehmens als auch seinen Zugang zu Finanzmitteln sicherzustellen, ohne dass nach Durchführung der Abwicklungsstrategie eine außerordentliche finanzielle Unterstützung aus öffentlichen Mitteln erforderlich wäre, die über die Beiträge des Fonds gemäß Artikel 27 Absatz 7 und Artikel 76 Absatz 3 hinausgeht. [2]Dieser Betrag wird nach oben korrigiert, wenn der Ausschuss – nach Anhörung der zuständigen Behörden, einschließlich der EZB – feststellt, dass ein höherer Betrag notwendig ist, um für einen angemessenen Zeitraum, der nicht länger als ein Jahr ist, ein ausreichendes Marktvertrauen aufrechtzuerhalten und sowohl die Fortführung kritischer wirtschaftlicher Funktionen des Instituts oder des in Artikel 12 Absatz 1 genannten Unternehmens als auch seinen Zugang zu Finanzmitteln sicherzustellen, ohne dass über die Beiträge des Fonds gemäß Artikel 27 Absatz 7 und Artikel 76 Absatz 3 hinaus eine außerordentliche finanzielle Unterstützung aus öffentlichen Mitteln erforderlich wäre.

(4) *[1]* Für Abwicklungseinheiten, die Artikel 92a der Verordnung (EU) Nr. 575/2013 nicht unterliegen und die Teil einer Abwicklungsgruppe sind, bei der der Gesamtwert der Vermögenswerte über 100 Mrd. EUR liegt, ent-

spricht die Höhe der in Absatz 3 dieses Artikels genannten Anforderung mindestens

a) 13,5 %, sofern gemäß Artikel 12a Absatz 2 Buchstabe a berechnet, und

b) 5 %, sofern gemäß Artikel 12a Absatz 2 Buchstabe b berechnet.

[2] Abweichend von Artikel 12c erfüllen Abwicklungseinheiten gemäß Unterabsatz 1 dieses Absatzes die Höhe der in Unterabsatz 1 dieses Absatzes genannten Anforderung von 13,5 %, sofern gemäß Artikel 12a Absatz 2 Buchstabe a berechnet, bzw. von 5 %, sofern gemäß Artikel 12a Absatz 2 Buchstabe b berechnet, mit Eigenmitteln, nachrangigen berücksichtigungsfähigen Instrumenten oder mit Verbindlichkeiten im Sinne von Artikel 12c Absatz 3 der vorliegenden Verordnung.

(5) *[1]* Auf Verlangen der nationalen Abwicklungsbehörde einer Abwicklungseinheit wendet der Ausschuss die Anforderungen nach Absatz 4 dieses Artikels auf eine Abwicklungseinheit an, die Artikel 92a der Verordnung (EU) Nr. 575/2013 nicht unterliegt und die Teil einer Abwicklungsgruppe ist, bei der der Gesamtwert der Vermögenswerte unter 100 Mrd. EUR liegt, und bei der die nationale Abwicklungsbehörde zu dem Ergebnis kommt, dass sie im Falle eines Ausfalls mit hinreichender Wahrscheinlichkeit ein Systemrisiko darstellt.

[2] Bei einer Entscheidung darüber, ob ein Verlangen gemäß Unterabsatz 1 dieses Absatzes gestellt wird, berücksichtigt die nationale Abwicklungsbehörde die folgenden Kriterien:

a) das Überwiegen von Einlagen und das Fehlen von Schuldtiteln in dem Refinanzierungsmodell;

b) inwieweit der Zugang zu den Kapitalmärkten für berücksichtigungsfähige Verbindlichkeiten beschränkt ist;

c) inwieweit die Abwicklungseinheit auf den Rückgriff auf hartes Kernkapital angewiesen ist, um die Anforderung nach Artikel 12f einzuhalten.

[3] Liegt kein Verlangen der nationalen Abwicklungsbehörde nach Unterabsatz 1 dieses Absatzes vor, so bleiben jegliche Entscheidungen des Ausschusses nach Artikel 12c Absatz 5 hiervon unberührt.

(6) *[1]* Für Unternehmen, die selbst keine Abwicklungseinheiten sind, entspricht der in Absatz 2 Unterabsatz 1 genannte Betrag

a) für die Zwecke der Berechnung der Anforderung nach Artikel 12a Absatz 1 nach Maßgabe von Artikel 12a Absatz 2 Buchstabe a der Summe aus

i) den zu absorbierenden Verlusten, die den Anforderungen des Artikels 92 Absatz 1 Buchstabe c der Verordnung (EU) Nr. 575/2013 und des Artikels 104a der Richtlinie 2013/36/EU an das Unternehmen entsprechen, und

ii) einem Rekapitalisierungsbetrag, der es dem Unternehmen ermöglicht, die für es geltende Anforderung an die Gesamtkapitalquote nach Artikel 92 Absatz 1 Buchstabe c der Verordnung (EU) Nr. 575/2013 und die Anforderung nach Artikel 104a der Richtlinie 2013/36/EU nach Ausübung der Befugnis zur Herabschreibung oder Umwandlung von relevanten Kapitalinstrumenten und berücksichtigungsfähigen Verbindlichkeiten im Einklang mit Artikel 21 der vorliegenden Verordnung oder nach Abwicklung der Abwicklungsgruppe wieder zu erfüllen, und

b) für die Zwecke der Berechnung der Anforderung nach Artikel 12a Absatz 1 nach Maßgabe von Artikel 12a Absatz 2 Buchstabe b der Summe aus

i) den zu absorbierenden Verlusten, die der Anforderung an die Verschuldungsquote des Unternehmens nach Artikel 92 Absatz 1 Buchstabe d der Verordnung (EU) Nr. 575/2013 entsprechen, und

ii) einem Rekapitalisierungsbetrag, der es dem Unternehmen ermöglicht, die für es geltende Anforderung an die Verschuldungsquote nach Artikel 92 Absatz 1 Buchstabe d der Verordnung (EU) Nr. 575/2013 nach Ausübung der Befugnis zur Herabschreibung oder Umwandlung von relevanten Kapitalinstrumenten und berücksichtigungsfähigen Verbindlichkeiten im Einklang mit Artikel 21 der vorliegenden Verordnung oder nach Abwicklung der Abwicklungsgruppe wieder zu erfüllen.

[2] Für die Zwecke des Artikels 12a Absatz 2 Buchstabe a wird die in Artikel 12a Absatz 1 genannte Anforderung als der gemäß Unterabsatz 1 Buchstabe a des vorliegenden Absatzes berechnete Betrag dividiert durch den Gesamtrisikobetrag als Prozentwert ausgedrückt.

[3] Für die Zwecke des Artikels 12a Absatz 2 Buchstabe b wird die in Artikel 12a Absatz 1 genannte Anforderung als der gemäß Unterabsatz 1 Buchstabe b des vorliegenden Absatzes berechnete Betrag dividiert durch die Gesamtrisikopositionsmessgröße als Prozentwert ausgedrückt.

[4] Bei der Festlegung der individuellen Anforderung nach Unterabsatz 1 Buchstabe b dieses Absatzes berücksichtigt der Ausschuss die Anforderungen nach Artikel 27 Absatz 7.

[5] Bei der Festlegung der in den vorstehenden Unterabsätzen genannten Rekapitalisierungsbeträge verfährt der Ausschuss wie folgt:

a) Er verwendet die jüngsten gemeldeten Werte für den relevanten Gesamtrisikobetrag oder den relevanten Gesamtrisikopositionsbetrag für die Verschuldungsquote nach Anpassung an jegliche Änderungen infolge der im Abwicklungsplan vorgesehenen Maßnahmen, und

b) er passt nach Anhörung der zuständigen Behörden, einschließlich der EZB, den Betrag, der der geltenden in Artikel 104a der Richtlinie 2013/36/EU genannten Anforderung entspricht, nach unten oder oben an, um die Anforderung zu bestimmten, die nach Ausübung der Befugnis zur Herabschreibung oder Umwandlung von relevanten Kapitalinstrumenten und berücksichtigungsfähigen Verbindlichkeiten im Einklang mit Artikel 21 der vorliegenden Verordnung oder nach Abwicklung der Abwicklungsgruppe für das entsprechende Unternehmen anzuwenden ist.

[6] Der Ausschuss kann die Anforderung nach Unterabsatz 1 Buchstabe a Ziffer ii dieses Absatzes um einen angemessenen Betrag erhöhen, der notwendig ist, um sicherzustellen, dass das Unternehmen nach Ausübung der Befugnis zur Herabschreibung oder Umwandlung von relevanten Kapitalinstrumenten und berücksichtigungsfähigen Verbindlichkeiten im Einklang mit Artikel 21 für einen angemessenen Zeitraum, der nicht länger als ein Jahr ist, in der Lage ist, ausreichendes Marktvertrauen aufrechtzuerhalten.

[7] Kommt Unterabsatz 6 dieses Absatzes zur Anwendung, so wird der Betrag gemäß jenem Unterabsatz der nach Ausübung der Befugnis gemäß Artikel 21 der vorliegenden Verordnung oder nach Abwicklung der Abwicklungsgruppe anzuwendenden kombinierten Kapitalpufferanforderung abzüglich des

in Artikel 128 Nummer 6 Buchstabe a der Richtlinie 2013/36/EU genannten Betrages gleichgesetzt.

[8] [1]Der in Unterabsatz 6 dieses Artikels genannte Betrag wird nach unten korrigiert, wenn der Ausschuss – nach Anhörung der zuständigen Behörden, einschließlich der EZB – feststellt, dass es durchführbar und glaubwürdig ist, dass ein geringerer Betrag ausreicht, um das Marktvertrauen sicherzustellen und sowohl die Fortführung kritischer wirtschaftlicher Funktionen des Instituts oder des in Artikel 12 Absatz 1 genannten Unternehmens als auch seinen Zugang zu Finanzmitteln sicherzustellen, ohne dass eine außerordentliche finanzielle Unterstützung aus öffentlichen Mitteln erforderlich wäre, die über die Beiträge des Fonds gemäß Artikel 27 Absatz 7 und Artikel 76 Absatz 3 hinausgeht, nachdem die Ausübung der Befugnis nach Artikel 21 oder nachdem die Abwicklung der Abwicklungsgruppe erfolgt ist. [2]Dieser Betrag wird nach oben korrigiert, wenn der Ausschuss – nach Anhörung der zuständigen Behörden, einschließlich der EZB – feststellt, dass ein höherer Betrag notwendig ist, um für einen angemessenen Zeitraum, der nicht länger als ein Jahr ist, ein ausreichendes Marktvertrauen aufrechtzuerhalten und sowohl die Fortführung kritischer wirtschaftlicher Funktionen des Instituts oder des in Artikel 12 Absatz 1 genannten Unternehmens als auch seinen Zugang zu Finanzmitteln sicherzustellen, ohne dass über die Beiträge des Fonds gemäß Artikel 27 Absatz 7 und Artikel 76 Absatz 3 hinaus eine außerordentliche finanzielle Unterstützung aus öffentlichen Mitteln erforderlich wäre.

(7) Geht der Ausschuss davon aus, dass bestimmte Kategorien berücksichtigungsfähiger Verbindlichkeiten mit hinreichender Wahrscheinlichkeit gemäß Artikel 27 Absatz 5 vollständig oder teilweise vom Bail-in ausgeschlossen werden oder im Rahmen einer partiellen Übertragung vollständig auf einen übernehmenden Rechtsträger übertragen werden könnten, so wird die in Artikel 12a Absatz 1 genannte Anforderung mit Eigenmitteln oder anderen berücksichtigungsfähigen Verbindlichkeiten erfüllt, die ausreichen, um

a) die gemäß Artikel 27 Absatz 5 ausgeschlossenen Verbindlichkeiten zu decken;

b) die Erfüllung der in Absatz 2 genannten Voraussetzungen zu gewährleisten.

(8) Ein Beschluss des Ausschusses, im Rahmen des vorliegenden Artikels eine Mindestanforderung an Eigenmittel und berücksichtigungsfähige Verbindlichkeiten vorzuschreiben, umfasst eine entsprechende Begründung samt einer vollständigen Bewertung der in den Absätzen 2 bis 7 dieses Artikels genannten Elemente und wird unverzüglich durch den Ausschuss überprüft, um jeglichen Änderungen der Höhe der in Artikel 104a der Richtlinie 2013/36/EU genannten Anforderung Rechnung zu tragen.

(9) Für die Zwecke der Absätze 3 und 6 dieses Artikels sind die Kapitalanforderungen so auszulegen, wie es die zuständigen Behörden bei der Anwendung der Übergangsbestimmungen tun, die in Teil 10 Titel I Kapitel 1, 2 und 4 der Verordnung (EU) Nr. 575/2013 und in den nationalen Rechtsvorschriften zur Ausübung der Optionen, die den zuständigen Behörden im Rahmen der genannten Verordnung zur Verfügung stehen, festgelegt sind.

Art. 12e Festlegung der Mindestanforderung an Eigenmittel und berücksichtigungsfähige Verbindlichkeiten für Abwicklungseinheiten von

G-SRI und bedeutende Unions-Tochterunternehmen von Nicht-EU-G-SRI. (1) Die in Artikel 12a Absatz 1 genannte Anforderung an eine Abwicklungseinheit, bei der es sich um ein G-SRI oder einen Teil eines G-SRIs handelt, besteht aus

a) den in den Artikeln 92a und 494 der Verordnung (EU) Nr. 575/2013[1] genannten Anforderungen und

b) jeglicher zusätzlichen Anforderung an Eigenmittel und berücksichtigungsfähige Verbindlichkeiten, die vom Ausschuss gemäß Absatz 3 dieses Artikels eigens im Zusammenhang mit diesem Unternehmen festgelegt wurde.

(2) Die in Artikel 12a Absatz 1 genannte Anforderung an ein bedeutendes Unions-Tochterunternehmen einer Nicht-EU-G-SRI besteht aus

a) den in den Artikeln 92b und 494 der Verordnung (EU) Nr. 575/2013 genannten Anforderungen und

b) jeglicher zusätzlichen Anforderung an Eigenmittel und berücksichtigungsfähige Verbindlichkeiten, die vom Ausschuss eigens im Zusammenhang mit diesem bedeutenden Tochterunternehmen gemäß Absatz 3 dieses Artikels festgelegt wurde und mit Eigenmitteln und Verbindlichkeiten zu erfüllen ist, die den in Artikel 12g und Artikel 92b Absatz 2 der Verordnung (EU) Nr. 575/2013 genannten Bedingungen genügen.

(3) Der Ausschuss stellt eine zusätzliche Anforderung an Eigenmittel und berücksichtigungsfähige Verbindlichkeiten gemäß Absatz 1 Buchstabe b und Absatz 2 Buchstabe b nur,

a) wenn die in Absatz 1 Buchstabe a oder Absatz 2 Buchstabe a genannte Anforderung nicht ausreicht, um die in Artikel 12d genannten Bedingungen zu erfüllen, und

b) in einem solchen Umfang, dass die Erfüllung der Bedingungen nach Artikel 12d sichergestellt ist.

(4) Ein Beschluss des Ausschusses, gemäß Absatz 1 Buchstabe b oder Absatz 2 Buchstabe b dieses Artikels eine zusätzliche Anforderung an Eigenmittel und berücksichtigungsfähige Verbindlichkeiten vorzuschreiben, umfasst eine Begründung samt einer vollständigen Bewertung der in Absatz 3 dieses Artikels genannten Elemente und wird unverzüglich durch den Ausschuss überprüft, um jeglichen Änderungen in Bezug auf die für die Abwicklungsgruppe oder das bedeutende Unions-Tochterunternehmen einer Nicht-EU-G-SRI geltende Höhe der in Artikel 104a der Richtlinie 2013/36/EU genannten Anforderung Rechnung zu tragen.

Art. 12f Anwendung der Mindestanforderung an Eigenmittel und berücksichtigungsfähige Verbindlichkeiten auf Abwicklungseinheiten.

(1) Abwicklungseinheiten kommen den in den Artikeln 12c bis 12e festgelegten Anforderungen auf konsolidierter Basis auf Ebene der Abwicklungsgruppe nach.

(2) Der Ausschuss legt, nach Anhörung der für die Gruppenabwicklung zuständigen Behörde – sofern diese nicht mit dem Ausschuss identisch ist – und der konsolidierenden Aufsichtsbehörde, die in Artikel 12a Absatz 1 genannte Anforderung an eine in einem teilnehmenden Mitgliedstaat niedergelassene

---

[1] Nr. **6**.

Abwicklungseinheit auf konsolidierter Basis auf Ebene der Abwicklungsgruppe auf der Grundlage der Anforderungen nach den Artikeln 12c bis 12e und abhängig davon fest, ob die Tochterunternehmen der Gruppe in Drittländern dem Abwicklungsplan zufolge getrennt abzuwickeln sind.

(3) Im Falle von Abwicklungsgruppen, die gemäß Artikel 3 Absatz 1 Nummer 24b Buchstabe b identifiziert wurden, beschließt der Ausschuss nach Maßgabe der Merkmale des Solidaritätsmechanismus und der bevorzugten Abwicklungsstrategie, welche Unternehmen der Abwicklungsgruppe Artikel 12d Absätze 3 und 4 sowie Artikel 12e Absatz 1 Buchstabe a nachkommen müssen, um zu gewährleisten, dass die Abwicklungsgruppe als Ganzes den Absätzen 1 und 2 des vorliegenden Artikels nachkommt, und wie diese Unternehmen dies im Einklang mit dem Abwicklungsplan bewerkstelligen sollen.

Art. 12g Anwendung der Mindestanforderungen an Eigenmittel und berücksichtigungsfähige Verbindlichkeiten auf Unternehmen, bei denen es sich nicht um Abwicklungseinheiten handelt. (1) *[1]* Institute, die Tochterunternehmen einer Abwicklungseinheit oder eines Drittlandunternehmens aber selbst keine Abwicklungseinheiten sind, kommen den in Artikel 12d festgelegten Anforderungen auf Einzelunternehmensbasis nach.

[2] Nach Anhörung der zuständigen Behörden, einschließlich der EZB, kann der Ausschuss beschließen, die in diesem Artikel festgelegte Anforderung auf ein Unternehmen im Sinne von Artikel 2 Buchstabe b anzuwenden, das ein Tochterunternehmen einer Abwicklungseinheit aber selbst keine Abwicklungseinheit ist.

[3] Abweichend von Unterabsatz 1 dieses Absatzes kommen Unionsmutterunternehmen, die selbst keine Abwicklungseinheiten, aber Tochterunternehmen von Drittlandsunternehmen sind, den in den Artikeln 12d und 12e festgelegten Anforderungen auf konsolidierter Basis nach.

[4] Abwicklungsgruppen, die gemäß Artikel 3 Absatz 1 Nummer 24b Buchstabe b identifiziert wurden, jene Kreditinstitute, die einer Zentralorganisation ständig zugeordnet aber selbst keine Abwicklungseinheiten sind, eine Zentralorganisation, die jedoch selbst keine Abwicklungseinheit ist, sowie alle Abwicklungseinheiten, die nicht den Anforderungen nach Artikel 12f Absatz 3 unterliegen, kommen Artikel 12d Absatz 6 auf Einzelunternehmensbasis nach.

[5] Für ein in diesem Absatz genanntes Unternehmen wird die in Artikel 12a Absatz 1 genannte Anforderung anhand der in Artikel 12d festgelegten Anforderungen bestimmt.

(2) Die in Artikel 12a Absatz 1 genannte Anforderung an Unternehmen im Sinne von Absatz 1 des vorliegenden Artikels wird mit einem oder mehreren der folgenden Elemente erfüllt:

a) Verbindlichkeiten,
   i) die an die Abwicklungseinheit begeben und von dieser erworben werden, entweder direkt oder indirekt über andere Unternehmen derselben Abwicklungsgruppe, die die Verbindlichkeiten von dem diesem Artikel unterliegenden Unternehmen erworben haben, oder an einen vorhandenen Anteilseigner, der nicht Teil derselben Abwicklungsgruppe ist, begeben und von diesem erworben werden, sofern die Kontrolle der Abwicklungseinheit über das Tochterunternehmen durch die Ausübung

der Befugnis zur Herabschreibung oder Umwandlung nach Artikel 21 nicht beeinträchtigt wird;

ii) die die in Artikel 72a der Verordnung (EU) Nr. 575/2013[1)] genannten Kriterien für die Berücksichtigungsfähigkeit erfüllen, mit Ausnahme jener des Artikels 72b Absatz 2 Buchstaben b, c, k, l und m und des Artikels 72b Absätze 3 bis 5 jener Verordnung;

iii) die in regulären Insolvenzverfahren einen niedrigeren Rang einnehmen als Verbindlichkeiten, die die Bedingung gemäß Ziffer i nicht erfüllen und für die Eigenmittelanforderungen nicht berücksichtigt werden können;

iv) der Befugnis zur Herabschreibung oder Umwandlung gemäß Artikel 21 unterliegen, die mit der Abwicklungsstrategie der Abwicklungsgruppe im Einklang stehen und insbesondere die Kontrolle der Abwicklungseinheit über das Tochterunternehmen nicht beeinträchtigen;

v) deren Erwerb weder direkt noch indirekt durch das diesem Artikel unterliegende Unternehmen finanziert wird;

vi) für die Bestimmungen gelten, die weder explizit noch implizit erkennen lassen, dass das diesem Artikel unterliegende Unternehmen die Verbindlichkeiten – außer im Falle der Insolvenz oder Liquidation des Unternehmens – vorzeitig kündigen, tilgen, zurückzahlen bzw. zurückkaufen würde, und das Unternehmen gibt auch anderweitig keinen dahingehenden Hinweis;

vii) für die Bestimmungen gelten, die dem Inhaber nicht das Recht verleihen, die planmäßige künftige Auszahlung von Zinsen oder des Kapitalbetrags zu beschleunigen, außer im Falle der Insolvenz oder Liquidation des diesem Artikel unterliegenden Unternehmens;

viii) für die gilt, dass die Höhe der auf die Verbindlichkeiten gegebenenfalls fälligen Zins- oder Dividendenzahlungen nicht aufgrund der Bonität des diesem Artikel unterliegenden Unternehmens oder seines Mutterunternehmens angepasst wird;

b) Eigenmittel wie folgt:

i) hartem Kernkapital und

ii) sonstige Eigenmittel, die

– an Unternehmen derselben Abwicklungsgruppe begeben und von diesen erworben werden oder

– an Unternehmen begeben und von diesen erworben werden, die nicht derselben Abwicklungsgruppe angehören, sofern die Kontrolle der Abwicklungseinheit über das Tochterunternehmen durch die Ausübung der Befugnis zur Herabschreibung oder Umwandlung nach Artikel 21 nicht beeinträchtigt wird.

(3) *[1]* Der Ausschuss kann zulassen, dass die Anforderung gemäß Artikel 12a Absatz 1 ganz oder teilweise mittels einer Garantie erfüllt wird, die von der Abwicklungseinheit gestellt wird und folgende Voraussetzungen erfüllt:

a) Sowohl das Tochterunternehmen als auch die Abwicklungseinheit sind in demselben teilnehmenden Mitgliedstaat niedergelassen und Teil derselben Abwicklungsgruppe;

---

1) Nr. **6**.

b) die Abwicklungseinheit erfüllt die Anforderung nach Artikel 12f;

c) die gestellte Garantie entspricht in ihrer Höhe zumindest der zu deckenden Anforderung;

d) die Garantie wird fällig, wenn das Tochterunternehmen seine Schulden oder andere Verbindlichkeiten bei Fälligkeit nicht bedienen kann oder wenn in Bezug auf das Tochterunternehmen eine Feststellung gemäß Artikel 21 Absatz 3 getroffen wurde, je nachdem, welcher Fall zuerst eintritt;

e) die Garantie wird zu mindestens 50 % ihres Betrags über eine Finanzsicherheit im Sinne von Artikel 2 Absatz 1 Buchstabe a der Richtlinie 2002/47/EG des Europäischen Parlaments und des Rates[1)] besichert;

f) die Sicherheit, mit der die Garantie unterlegt ist, erfüllt die Anforderungen nach Artikel 197 der Verordnung (EU) Nr. 575/2013 und reicht nach angemessen konservativen Sicherheitsabschlägen aus, um den gemäß Buchstabe e besicherten Garantiebetrag zu decken;

g) die Sicherheit, mit der die Garantie unterlegt ist, ist unbelastet und dient insbesondere nicht als Sicherheit für andere Garantien;

h) die Sicherheit verfügt über eine effektive Laufzeit, die dieselbe Anforderung an die Laufzeit erfüllt wie jene, die in Artikel 72c Absatz 1 der Verordnung (EU) Nr. 575/2013 genannt ist; und

i) es bestehen keinerlei rechtliche, regulatorische oder operative Hürden für die Übertragung der Sicherheit von der Abwicklungseinheit an das betreffende Tochterunternehmen, auch dann nicht, wenn in Bezug auf die Abwicklungseinheit Abwicklungsmaßnahmen getroffen werden.

[2] Für die Zwecke des Unterabsatzes 1 Buchstabe g stellt die Abwicklungseinheit auf Verlangen des Ausschusses ein unabhängiges, schriftliches und mit einer Begründung versehenes Rechtsgutachten bereit oder weist auf andere Weise glaubhaft nach, dass keinerlei rechtliche, regulatorische oder operative Hürden für die Übertragung der Sicherheit von der Abwicklungseinheit an das betreffende Tochterunternehmen bestehen.

Art. 12h Ausnahmeregelung in Bezug auf die Mindestanforderung an Eigenmittel und berücksichtigungsfähige Verbindlichkeiten für Unternehmen, die selbst keine Abwicklungseinheiten sind. (1) Der Ausschuss kann ein in einem teilnehmenden Mitgliedstaat niedergelassenes Tochterunternehmen einer Abwicklungseinheit von der Anwendung des Artikels 12g ausnehmen, wenn

a) sowohl das Tochterunternehmen als auch die Abwicklungseinheit in demselben teilnehmenden Mitgliedstaat niedergelassen und Teil derselben Abwicklungsgruppe sind;

b) die Abwicklungseinheit die in Artikel 12f genannte Anforderung erfüllt;

c) kein wesentliches praktisches oder rechtliches Hindernis für die unverzügliche Übertragung von Eigenmitteln oder die Rückzahlung von Verbindlichkeiten durch die Abwicklungseinheit an das Tochterunternehmen, in Bezug auf das eine Feststellung gemäß Artikel 21 Absatz 3 getroffen wurde, vorhanden oder abzusehen ist, insbesondere wenn in Bezug auf die Abwicklungseinheit Abwicklungsmaßnahmen getroffen werden.

[1)] **Amtl. Anm.:** Richtlinie 2002/47/EG des Europäischen Parlaments und des Rates vom 6. Juni 2002 über Finanzsicherheiten (ABl. L 168 vom 27.6.2002, S. 43).

(2) Der Ausschuss kann ein in einem teilnehmenden Mitgliedstaat niedergelassenes Tochterunternehmen einer Abwicklungseinheit von der Anwendung des Artikels 12g ausnehmen, wenn

a) sowohl das Tochterunternehmen als auch sein Mutterunternehmen in demselben teilnehmenden Mitgliedstaat niedergelassen und Teil derselben Abwicklungsgruppe sind;

b) das Mutterunternehmen die Anforderung nach Artikel 12a Absatz 1 in diesem teilnehmenden Mitgliedstaat auf konsolidierter Basis erfüllt;

c) kein wesentliches praktisches oder rechtliches Hindernis für die unverzügliche Übertragung von Eigenmitteln oder die Rückzahlung von Verbindlichkeiten durch das Mutterunternehmen an das Tochterunternehmen, in Bezug auf das eine Feststellung gemäß Artikel 21 Absatz 3 getroffen wurde, vorhanden oder abzusehen ist, insbesondere wenn in Bezug auf das Mutterunternehmen Abwicklungsmaßnahmen getroffen werden.

Art. 12i Ausnahmen für eine Zentralorganisation und Kreditinstitute, die einer Zentralorganisation ständig zugeordnet sind. Der Ausschuss kann die Zentralorganisation oder ein Kreditinstitut, das einer Zentralorganisation ständig zugeordnet ist, ganz oder teilweise von der Anwendung des Artikels 12g ausnehmen, wenn alle der folgenden Bedingungen erfüllt sind:

a) Das Kreditinstitut und die Zentralorganisation unterliegen der Beaufsichtigung durch dieselbe zuständige Behörde, sind in demselben teilnehmenden Mitgliedstaat niedergelassen und Teil derselben Abwicklungsgruppe;

b) die Verbindlichkeiten der Zentralorganisation und der ihr ständig zugeordneten Kreditinstitute sind gemeinsame Verbindlichkeiten oder die Verbindlichkeiten der ständig zugeordneten Kreditinstitute werden von der Zentralorganisation in vollem Umfang garantiert;

c) die Mindestanforderung an Eigenmittel und berücksichtigungsfähige Verbindlichkeiten sowie an Solvenz und Liquidität der Zentralorganisation sowie aller ihr ständig zugeordneten Kreditinstitute werden insgesamt auf der Grundlage konsolidierter Abschlüsse dieser Institute überwacht;

d) im Falle von Ausnahmen für ein einer Zentralorganisation ständig zugeordnetes Kreditinstitut ist die Leitung der Zentralorganisation befugt, der Leitung der ihr ständig zugeordneten Institute Weisungen zu erteilen;

e) die betreffende Abwicklungsgruppe erfüllt die Anforderung nach Artikel 12f Absatz 3; und

f) es ist kein wesentliches tatsächliches oder rechtliches Hindernis für die unverzügliche Übertragung von Eigenmitteln oder die Rückzahlung von Verbindlichkeiten zwischen der Zentralorganisation und den ihr ständig zugeordneten Kreditinstituten im Fall der Abwicklung vorhanden oder abzusehen.

Art. 12j Verstöße gegen die Mindestanforderung an Eigenmittel und berücksichtigungsfähige Verbindlichkeiten. (1) *[1]* Jedem Verstoß gegen die Mindestanforderung an Eigenmittel und berücksichtigungsfähige Verbindlichkeiten nach Artikel 12f oder 12g wird auf der Grundlage von mindestens einem der folgenden Punkte nachgegangen:

a) Befugnissen zum Abbau bzw. zur Beseitigung von Hindernissen für die Abwicklungsfähigkeit gemäß Artikel 10;

b) den Befugnissen gemäß Artikel 10a;

c) den in Artikel 104 der Richtlinie 2013/36/EU genannten Maßnahmen;

d) Frühinterventionsmaßnahmen gemäß Artikel 13;

e) Verwaltungssanktionen und anderen Verwaltungsmaßnahmen gemäß den Artikeln 110 und 111 der Richtlinie 2014/59/EU;

[2] Der Ausschuss oder die EZB kann auch gemäß Artikel 18 eine Bewertung vornehmen, ob das Institut ausfällt oder wahrscheinlich ausfällt.

(2) Der Ausschuss, die Abwicklungsbehörden und die zuständigen Behörden der teilnehmenden Mitgliedstaaten konsultieren einander bei der Ausübung ihrer jeweiligen Befugnisse gemäß Absatz 1.

Art. 12k Übergangsregelungen und Regelungen nach Abwicklung.

(1) *[1]* [1] Abweichend von Artikel 12a Absatz 1 legen der Ausschuss und die nationalen Abwicklungsbehörden für die in Artikel 12 Absätze 1 und 3 genannten Unternehmen angemessene Übergangszeiträume fest, um die Anforderungen nach Artikel 12f bzw. 12g oder eine Anforderung, die sich aufgrund der Anwendung von Artikel 12c Absatz 4, 5 oder 7, je nach Anwendbarkeit, ergibt, zu erfüllen. [2] Die Frist für Unternehmen zur Erfüllung der Anforderungen nach Artikel 12f bzw. 12g oder der Anforderungen, die sich aufgrund der Anwendung von Artikel 12c Absatz 4, 5 oder 7 ergeben, endet am 1. Januar 2024.

[2] [1] Der Ausschuss legt Zwischenziele für die Anforderungen nach Artikel 12f bzw. 12g oder für Anforderungen fest, die sich aufgrund der Anwendung von Artikel 12c Absatz 4, 5 oder 7, je nach Anwendbarkeit, ergeben, die Unternehmen im Sinne von Artikel 12 Absätze 1 und 3 bis zum 1. Januar 2022 erfüllen müssen. [2] Mit diesen Zwischenzielen wird im Regelfall gewährleistet, dass ein linearer Aufbau von Eigenmitteln und des Bestands an berücksichtigungsfähigen Verbindlichkeiten zur Erfüllung der Anforderung erfolgt.

[3] Der Ausschuss kann einen Übergangszeitraum festsetzen, der nach dem 1. Januar 2024 endet, wenn dies auf der Grundlage der in Absatz 7 genannten Kriterien hinreichend begründet und angemessen ist, wobei Folgendes berücksichtigt wird:

a) die Entwicklung der Finanzlage des Unternehmens,

b) die Aussicht, dass das Unternehmen in der Lage sein wird, innerhalb eines angemessenen Zeitrahmens sicherzustellen, dass die Anforderungen nach Artikel 12f bzw. 12g oder eine Anforderung, die sich aufgrund der Anwendung von Artikel 12c Absatz 4, 5 oder 7 ergibt, erfüllt werden, und

c) ob das Unternehmen in der Lage ist, Verbindlichkeiten zu ersetzen, die die in den Artikeln 72b und 72c der Verordnung (EU) Nr. 575/2013[1)] und in Artikel 12c oder Artikel 12g Absatz 2 der vorliegenden Verordnung festgelegten Kriterien für die Berücksichtigungsfähigkeit oder Laufzeit nicht mehr erfüllen, und wenn nicht, ob dieses Unvermögen idiosynkratischer Natur ist oder auf marktweite Störungen zurückzuführen ist.

(2) Die Frist für Abwicklungseinheiten zur Erfüllung der Mindesthöhe der Anforderungen gemäß Artikel 12d Absätze 4 und 5 endet am 1. Januar 2022.

---

1) Nr. **6**.

(3) Die Mindesthöhe der Anforderungen gemäß Artikel 12d Absätze 4 und 5 gilt nicht für einen Zeitraum von zwei Jahren ab dem Tag,

a) an dem der Ausschuss oder die nationale Abwicklungsbehörde das Bail-in-Instrument angewandt hat;

b) an dem die Abwicklungseinheit eine alternative Maßnahme der Privatwirtschaft nach Artikel 18 Absatz 1 Buchstabe b eingeführt hat, durch die Kapitalinstrumente und andere Verbindlichkeiten herabgeschrieben oder in Instrumente des harten Kernkapitals umgewandelt wurden oder an dem Herabschreibungs- oder Umwandlungsbefugnisse gemäß Artikel 21 in Bezug auf diese Abwicklungseinheit ausgeübt wurden, um die Abwicklungseinheit ohne Anwendung von Abwicklungsinstrumenten zu rekapitalisieren.

(4) Die Anforderungen nach Artikel 12c Absätze 4 und 7 sowie Artikel 12d Absätze 4 und 5, je nach Anwendbarkeit, gelten nicht für einen Zeitraum von drei Jahren ab dem Tag, an dem die Abwicklungseinheit oder die Gruppe, der die Abwicklungseinheit angehört, als ein G-SRI identifiziert wurde oder seit dem sich die Abwicklungseinheit in der in Artikel 12d Absatz 4 oder 5 beschriebenen Situation befindet.

(5) Abweichend von Artikel 12a Absatz 1 legen der Ausschuss und die nationalen Abwicklungsbehörden für Unternehmen, auf die Abwicklungsinstrumente oder die Befugnis zur Herabschreibung oder Umwandlung gemäß Artikel 21 angewandt wurden, einen angemessenen Übergangszeitraum fest, um die Anforderungen nach Artikel 12f bzw. 12g oder eine Anforderung, die sich aufgrund der Anwendung von Artikel 12c Absatz 4, 5 oder 7, je nach Anwendbarkeit, ergibt, zu erfüllen.

(6) [1] Für die Zwecke der Absätze 1 bis 5 teilen der Ausschuss und die nationalen Abwicklungsbehörden dem Unternehmen während des Übergangszeitraums für jeden Zeitraum von 12 Monaten eine geplante Mindestanforderung an Eigenmittel und berücksichtigungsfähige Verbindlichkeiten mit, um ihm einen schrittweisen Aufbau seiner Verlustabsorptions- und Rekapitalisierungskapazität zu erleichtern. [2] Am Ende des Übergangszeitraums entspricht die Mindestanforderung an Eigenmittel und berücksichtigungsfähige Verbindlichkeiten dem gemäß Artikel 12c Absatz 4, Absatz 5 oder Absatz 7, Artikel 12d Absatz 4, oder Absatz 5, Artikel 12f, oder Artikel 12g, je nach Anwendbarkeit, festgesetzten Betrag.

(7) Bei der Festlegung des Übergangszeitraums berücksichtigt der Ausschuss Folgendes:

a) das Überwiegen von Einlagen und das Fehlen von Schuldtiteln in dem Refinanzierungsmodell;

b) den Zugang zu den Kapitalmärkten für berücksichtigungsfähige Verbindlichkeiten;

c) inwieweit die Abwicklungseinheit auf den Rückgriff auf hartes Kernkapital angewiesen ist, um die Anforderung nach Artikel 12f einzuhalten.

(8) Vorbehaltlich des Absatzes 1 wird der Ausschuss nicht daran gehindert, den Übergangszeitraum oder die gemäß Absatz 6 mitgeteilte geplante Mindestanforderung an Eigenmittel und berücksichtigungsfähige Verbindlichkeiten anschließend zu ändern.

Kapitel 2. Frühintervention

Art. 13 Frühintervention. (1) *[1]* Die EZB oder die zuständigen nationalen Behörden unterrichten den Ausschuss über alle Maßnahmen, zu denen sie ein Institut oder eine Gruppe verpflichten, oder die sie nach Artikel 16 der Verordnung (EU) Nr. 1024/2013[1] des Rates, Artikel 27 Absatz 1 oder Artikel 28 oder 29 der Richtlinie 2014/59/EU oder Artikel 104 der Richtlinie 2013/36/EU selbst treffen.

[2] Der Ausschuss leitet alle Informationen, die er gemäß Unterabsatz 1 erhält, an die Kommission weiter.

(2) *[1]* Ab dem Datum, an dem er die in Absatz 1 genannten Informationen erhält, und unbeschadet der Befugnisse von EZB und zuständigen nationalen Behörden im Rahmen anderer Unionsvorschriften kann der Ausschuss die Abwicklung des betroffenen Instituts oder der betroffenen Gruppe vorbereiten.

[2] Für die Zwecke des Unterabsatzes 1 beobachtet die EZB oder die jeweils zuständige nationale Behörde in Zusammenarbeit mit dem Ausschuss die Verfassung des Instituts oder des Mutterunternehmens sowie die Einhaltung aller etwaigen Frühinterventionsmaßnahmen, zu denen diese verpflichtet wurden, eingehend.

[3] Die EZB oder die relevante nationale zuständige Behörde stellt dem Ausschuss alle Informationen zur Verfügung, die er benötigt, um den Abwicklungsplan zu aktualisieren, die mögliche Abwicklung des Instituts vorzubereiten und eine Bewertung der Vermögenswerte und Verbindlichkeiten des Instituts nach Artikel 20 Absätze 1 bis 15 vorzunehmen.

(3) *[1]* Der Ausschuss ist befugt, von dem Institut oder dem Mutterunternehmen vorbehaltlich der in Artikel 39 Absatz 2 der Richtlinie 2014/59/EU festgelegten Kriterien und der in Artikel 88 dieser Verordnung festgelegte Verpflichtung zur Wahrung des Berufsgeheimnisses zu verlangen, an potenzielle Erwerber heranzutreten, um die Abwicklung des Instituts vorzubereiten.

[2] Der Ausschuss ist außerdem befugt von der betreffenden nationalen Abwicklungsbehörde den Entwurf eines vorläufigen Abwicklungskonzepts für das betroffene Institut oder die betroffene Gruppe zu verlangen.

[3] Der Ausschuss unterrichtet die EZB, die betreffenden nationalen zuständigen Behörden und die betreffenden nationalen Abwicklungsbehörden von den Maßnahmen, die er gemäß diesem Absatz ergreift.

(4) Wollen die EZB oder die zuständigen nationalen Behörden einem Institut oder einer Gruppe zusätzliche Maßnahmen nach Artikel 16 der Verordnung (EU) Nr. 1024/2013, nach Artikel 27 Absatz 1, Artikel 28 oder 29 der Richtlinie 2014/59/EU oder nach Artikel 104 der Richtlinie 2013/36/EU auferlegen, bevor das Unternehmen oder die Gruppe die erste dem Ausschuss mitgeteilte Maßnahme zur Gänze erfüllt hat, unterrichten sie erst den Ausschuss, bevor sie dem betroffenen Institut oder der betroffenen Gruppe eine solche zusätzliche Maßnahme auferlegen.

(5) Die EZB oder die zuständige nationale Behörde, der Ausschuss und die betreffenden nationalen Abwicklungsbehörden stellen sicher, dass die in Absatz 4 genannte zusätzliche Maßnahme sowie vom Ausschuss gemäß Absatz 2 zur Vorbereitung der Abwicklung getroffene Maßnahmen kohärent sind.

---

[1] Nr. **5**.

Kapitel 3. Abwicklung

Art. 14 Abwicklungsziele. (1) Werden der Ausschuss, der Rat, die Kommission und gegebenenfalls die nationalen Abwicklungsbehörden im Rahmen des in Artikel 18 genannten Abwicklungsverfahrens tätig, tragen sie dabei in Bezug auf ihre jeweiligen Zuständigkeiten den Abwicklungszielen Rechnung und wählen die Abwicklungsinstrumente und die Abwicklungsbefugnisse aus, mit denen sich ihrer Ansicht nach den Umständen des Einzelfalls relevanten Abwicklungsziele am besten erreichen lassen.

(2) *[1]* Abwicklungsziele im Sinne des Absatzes 1 sind Folgende:

a) die Sicherstellung der Kontinuität kritischer Funktionen;

b) die Vermeidung erheblicher negativer Auswirkungen auf die Finanzstabilität, vor allem durch die Verhinderung einer Ansteckung, beispielsweise von Marktinfrastrukturen, und durch die Erhaltung der Marktdisziplin;

c) der Schutz öffentlicher Mittel durch geringere Inanspruchnahme außerordentlicher finanzieller Unterstützung aus öffentlichen Mitteln;

d) der Schutz der unter die Richtlinie 2014/49/EU fallenden Einleger und der unter die Richtlinie 97/9/EG fallenden Anleger;

e) der Schutz der Gelder und Vermögenswerte der Kunden.

[2] Der Ausschuss, der Rat, die Kommission und gegebenenfalls die nationale Abwicklungsbehörde müssen bei der Verfolgung der in Unterabsatz 1 genannten Ziele bemüht sein, die Kosten der Abwicklung möglichst gering zu halten und die Vernichtung von Werten zu vermeiden, wenn sie nicht zur Verwirklichung der Abwicklungsziele erforderlich ist.

(3) Vorbehaltlich anderweitiger Bestimmungen dieser Verordnung sind die Abwicklungsziele gleichrangig und entsprechend der Art und den Umständen des jeweiligen Falls in angemessener Weise abzuwägen.

Art. 15 Allgemeine Grundsätze für eine Abwicklung. (1) Werden der Ausschuss, der Rat und die Kommission sowie gegebenenfalls die nationalen Abwicklungsbehörden im Rahmen des in Artikel 18 genannten Abwicklungsverfahrens tätig, treffen sie alle geeigneten Maßnahmen, damit die Abwicklung im Einklang mit nachstehenden Grundsätzen erfolgt:

a) Verluste werden zuerst von den Anteilseignern des in Abwicklung befindlichen Instituts getragen.

b) Nach den Anteilseignern tragen die Gläubiger des in Abwicklung befindlichen Instituts die Verluste in der Rangfolge der Forderungen gemäß Artikel 17, sofern in dieser Verordnung nicht ausdrücklich etwas anderes vorgesehen ist.

c) Das Leitungsorgan und die Geschäftsleitung des in Abwicklung befindlichen Instituts werden ersetzt, außer in den Fällen, in denen die vollständige oder teilweise Beibehaltung des Leitungsorgans und der Geschäftsleitung unter den gegebenen Umständen als für die Erreichung der Abwicklungsziele erforderlich betrachtet wird.

d) Das Leitungsorgan und die Geschäftsleitung des in Abwicklung befindlichen Instituts leisten die erforderliche Unterstützung für die Erreichung der Abwicklungsziele.

e) Natürliche und juristische Personen haften nach geltendem nationalen Recht zivil- und strafrechtlich im Rahmen ihrer Verantwortung für den Ausfall des in Abwicklung befindlichen Instituts.

f) Gläubiger derselben Klasse werden – vorbehaltlich anders lautender Bestimmungen dieser Verordnung – in gleicher Weise behandelt.

g) Kein Gläubiger hat größere Verluste zu tragen, als er im Fall einer Liquidation eines Unternehmens im Sinne des Artikels 2 im Wege eines regulären Insolvenzverfahrens nach Maßgabe der in Artikel 29 vorgesehenen Schutzbestimmungen zu tragen gehabt hätte.

h) Gedeckte Einlagen sind vollständig abgesichert und

i) die Abwicklungsmaßnahmen werden nach Maßgabe der in dieser Verordnung vorgesehenen Schutzbestimmungen getroffen.

(2) Handelt es sich bei einem Institut um ein Unternehmen einer Gruppe, achten unbeschadet des Artikels 14 der Ausschuss, der Rat und die Kommission bei der Entscheidung über die Anwendung von Abwicklungsinstrumenten und die Ausübung von Abwicklungsbefugnissen darauf, dass die Auswirkungen auf andere Unternehmen der Gruppe und die Gruppe als Ganzes ebenso wie die negativen Auswirkungen auf die Finanzstabilität in der Union und ihren Mitgliedstaaten, insbesondere in Ländern, in denen die Gruppe tätig ist, so gering wie möglich gehalten werden.

(3) Wird das Instrument der Unternehmensveräußerung, das Instrument des Brückeninstituts oder das Instrument der Ausgliederung von Vermögenswerten auf ein Unternehmen im Sinne des Artikels 2 dieser Verordnung angewandt, gilt dieses Unternehmen als Gegenstand eines Konkursverfahrens oder eines entsprechenden Insolvenzverfahrens im Sinne des Artikels 5 Absatz 1 der Richtlinie 2001/23/EG des Rates[1)].

(4) *[1]* Bei der Entscheidung über die Anwendung der Abwicklungsinstrumente und die Ausübung der Abwicklungsbefugnisse weist der Ausschuss die nationalen Abwicklungsbehörden an, soweit angemessen die Arbeitnehmervertreter zu informieren und anzuhören.

[2] Dies gilt unbeschadet der Bestimmungen über die Vertretung der Arbeitnehmer in Leitungsorganen gemäß dem nationalen Recht oder nationalen Gepflogenheiten.

Art. 16 Abwicklung von Finanzinstituten und Mutterunternehmen.

(1) Der Ausschuss entscheidet über eine Abwicklungsmaßnahme für ein in einem teilnehmenden Mitgliedstaat niedergelassenes Finanzinstitut, wenn die in Artikel 18 Absatz 1 festgelegten Voraussetzungen sowohl in Bezug auf das Finanzinstitut als auch in Bezug auf das Mutterunternehmen, das einer Beaufsichtigung auf konsolidierter Basis unterliegt, erfüllt sind.

(2) Der Ausschuss leitet für ein Mutterunternehmen im Sinne von Artikel 2 Buchstabe b eine Abwicklungsmaßnahme ein, wenn die in Artikel 18 Absatz 1 festgelegten Voraussetzungen erfüllt sind.

[1)] **Amtl. Anm.:** Richtlinie 2001/23/EG des Rates vom 12. März 2001 zur Angleichung der Rechtsvorschriften der Mitgliedstaaten über die Wahrung von Ansprüchen der Arbeitnehmer beim Übergang von Unternehmen, Betrieben oder Unternehmens- oder Betriebsteilen (ABl. L 82 vom 22.3.2001, S. 16).

(3) Auch dann, wenn ein Mutterunternehmen die in Artikel 18 Absatz 1 genannten Voraussetzungen nicht erfüllt, kann der Ausschuss über eine Abwicklungsmaßnahme in Bezug auf dieses Mutterunternehmen entscheiden, sofern dieses eine Abwicklungseinheit ist und sofern ein oder mehrere seiner Tochterunternehmen, bei denen es sich um Institute, nicht aber um Abwicklungseinheiten handelt, die in Artikel 18 Absatz 1 genannten Voraussetzungen erfüllen und ihre Vermögenswerte und Verbindlichkeiten so beschaffen sind, dass ihr Ausfall eine Bedrohung für ein Institut oder die Gruppe als Ganzes bewirkt, und eine Abwicklungsmaßnahme in Bezug auf dieses Mutterunternehmen entweder für die Abwicklung jener Tochterunternehmen, bei denen es sich um Institute handelt, oder für die Abwicklung der betreffenden Abwicklungsgruppe als Ganzes erforderlich ist.

Art. 17 Rangfolge der Forderungen. (1) Bei der Anwendung des Bail-in-Instruments auf ein Unternehmen im Sinne des Artikels 2 dieser Verordnung entscheiden der Ausschuss, die Kommission oder gegebenenfalls die nationalen Abwicklungsbehörden – unbeschadet der in Artikel 27 Absatz 3 festgelegten Ausnahme bestimmter Verbindlichkeiten vom Bail-in-Instrument – über die Ausübung der Herabschreibungs- und Umwandlungsbefugnisse, einschließlich einer möglichen Anwendung von Artikel 27 Absatz 5 dieser Verordnung, und die nationalen Abwicklungsbehörden üben diese Befugnisse entsprechend den Artikeln 47 und 48 der Richtlinie 2014/59/EU und in der umgekehrten Rangfolge von Forderungen aus, die durch ihr nationales Recht, einschließlich der Bestimmungen zur Umsetzung des Artikels 108 dieser Richtlinie, festgelegt ist.

(2) *[1]* Die teilnehmenden Mitgliedstaaten unterrichten die Kommission und den Ausschuss über die Rangfolge der Forderungen gegen Unternehmen im Sinne des Artikels 2 in nationalen Insolvenzverfahren am 1. Juli jeden Jahres oder unverzüglich nach einer Änderung der Rangfolge.

[2] Wenn das Bail-in-Instrument angewandt wird, haftet das jeweilige Einlagensicherungssystem unter den in Artikel 79 vorgesehenen Bedingungen.

Art. 18 Abwicklungsverfahren. (1) *[1]* Der Ausschuss legt nur dann ein Abwicklungskonzept gemäß Absatz 5 in Bezug auf Unternehmen und Gruppen nach Artikel 7 Absatz 2 und auf Unternehmen und Gruppen nach Artikel 7 Absatz 4 Buchstabe b und Absatz 5, sofern die Voraussetzungen für die Anwendung dieser Absätze erfüllt sind, fest, wenn er in seiner Präsidiumssitzung bei Erhalt einer Mitteilung gemäß Unterabsatz 4 oder von sich aus zu der Einschätzung gelangt, dass folgende Voraussetzungen erfüllt sind:

a) Das Unternehmen fällt aus oder fällt wahrscheinlich aus.

b) Bei Berücksichtigung zeitlicher Zwänge und anderer relevanter Umstände besteht nach vernünftigem Ermessen keine Aussicht, dass der Ausfall des Instituts innerhalb eines angemessenen Zeitrahmens durch alternative Maßnahmen der Privatwirtschaft, darunter Maßnahmen im Rahmen von institutsbezogenen Sicherungssystemen, oder der Aufsichtsbehörden, darunter Frühinterventionsmaßnahmen oder die Herabschreibung oder Umwandlung relevanter Kapitalinstrumente oder berücksichtigungsfähiger Verbindlichkeiten gemäß Artikel 21 Absatz 1, die in Bezug auf das Institut getroffen werden, abgewendet werden kann;

c) Eine Abwicklungsmaßnahme ist gemäß Absatz 5 im öffentlichen Interesse erforderlich.

[2] [1]Eine Bewertung der Voraussetzung nach Unterabsatz 1 Buchstabe a erfolgt durch die EZB nach Anhörung des Ausschusses. [2]Der Ausschuss darf in seiner Präsidiumssitzung eine solche Bewertung erst nach Unterrichtung der EZB über seine Absicht und nur dannvornehmen, wenn die EZB innerhalb von drei Kalendertagen nach Eingang der Unterrichtung die genannte Bewertung nicht vornimmt. [3]Die EZB stellt dem Ausschuss unverzüglich alle einschlägigen Informationen zur Verfügung, die er als Grundlage für seine Bewertung anfordert.

[3] Gelangt die EZB zu der Einschätzung, dass die in Unterabsatz 1 Buchstabe a genannte Voraussetzung in Bezug auf ein Institut oder eine Gruppe im Sinne des Unterabsatzes 1 erfüllt ist, teilt sie diese Einschätzung umgehend der Kommission und dem Ausschuss mit.

[4] [1]Die Bewertung der in Unterabsatz 1 Buchstabe b genannten Voraussetzung erfolgt durch den Ausschuss in seiner Präsidiumssitzung oder gegebenenfalls durch die nationalen Abwicklungsbehörden in enger Zusammenarbeit mit der EZB. [2]Die EZB kann auch den Ausschuss oder die betroffenen nationalen Abwicklungsbehörden davon unterrichten, dass sie der Auffassung ist, dass die Voraussetzung nach Buchstabe b erfüllt ist.

(1a) Der Ausschuss kann ein Abwicklungskonzept gemäß Absatz 1 in Bezug auf eine Zentralorganisation und alle ihr ständig zugeordneten Kreditinstitute, die Teil derselben Abwicklungsgruppe sind, festlegen, wenn diese Abwicklungsgruppe als Ganzes die Voraussetzungen nach Absatz 1 Unterabsatz 1 Buchstaben a bis c erfüllt.

(2) Unbeschadet der Fälle, in denen die EZB beschlossen hat, die Aufsichtsaufgaben in Bezug auf Kreditinstitute durch die EZB nach Artikel 6 Absatz 5 Buchstabe b der Verordnung (EU) Nr. 1024/2013[1)] unmittelbar wahrzunehmen teilt der Ausschuss im Fall des Empfangs einer Unterrichtung nach Absatz 1, oder wenn der Ausschuss beabsichtigt, eine Bewertung nach Absatz 1 aus eigener Initiative in Bezug auf ein Unternehmen oder eine Gruppe nach Artikel 7 Absatz 3 vorzunehmen, seine Bewertung der EZB unverzüglich mit.

(3) Die vorherige Annahme einer Maßnahme nach Artikel 16 der Verordnung (EU) Nr. 1024/2013, Artikel 27 Absatz 1 oder Artikel 28 oder 29 der Richtlinie 2014/59/EU oder Artikel 104 der Richtlinie 2013/36/EU ist keine Voraussetzung für eine Abwicklungsmaßnahme.

(4) *[1]* Für die Zwecke von Absatz 1 Buchstabe a ist das Unternehmen als ausfallend oder wahrscheinlich ausfallend zu betrachten, wenn eine oder mehrere der nachstehenden Voraussetzungen erfüllt sind:

a) Das Unternehmen verstößt gegen die an eine dauerhafte Zulassung geknüpften Anforderungen in einer Weise, die den Entzug der Zulassung durch die EZB rechtfertigen würde, oder es liegen objektive Anhaltspunkte dafür vor, dass dies in naher Zukunft der Fall sein wird, unter anderem weil das Institut Verluste erlitten hat oder voraussichtlich erleiden wird, durch die sein gesamtes Eigenkapital oder ein wesentlicher Teil seines Eigenkapitals aufgebraucht wird.

[1)] Nr. **5**.

b) Die Vermögenswerte des Unternehmens unterschreiten die Höhe seiner Verbindlichkeiten, oder es liegen objektive Anhaltspunkte dafür vor, dass dies in naher Zukunft der Fall sein wird.

c) Das Unternehmen ist nicht in der Lage, seine Schulden oder sonstigen Verbindlichkeiten bei Fälligkeit zu begleichen, oder es liegen objektive Anhaltspunkte dafür vor, dass dies in naher Zukunft der Fall sein wird.

d) Eine außerordentliche finanzielle Unterstützung aus öffentlichen Mitteln wird benötigt, es sei denn, diese außerordentliche finanzielle Unterstützung aus öffentlichen Mitteln wird zur Abhilfe bei einer schweren Störung der Volkswirtschaft eines Mitgliedstaats und zur Wahrung der Finanzstabilität in folgender Form gewährt:
   i) einer staatlichen Garantie für Liquiditätsfazilitäten, die von Zentralbanken zu deren Bedingungen bereitgestellt werden,
   ii) einer staatlichen Garantie aus neu emittierten Verbindlichkeiten oder
   iii) einer Zufuhr von Eigenmitteln oder des Kaufs von Kapitalinstrumenten zu das Unternehmen nicht begünstigenden Preisen und Bedingungen, wenn weder die unter den Buchstaben a, b und c dieses Absatzes genannten Voraussetzungen noch die in Artikel 21 Absatz 1 genannten Voraussetzungen zu dem Zeitpunkt gegeben sind, zu dem die Unterstützung aus öffentlichen Mitteln gewährt wird.

[2] [1] In jedem der in Unterabsatz 1 Buchstabe d Ziffern i, ii und iii genannten Fälle sind die Garantie oder gleichwertige Maßnahmen, die unter diesen Ziffern genannt werden, solventen Unternehmen vorbehalten und bedürfen einer abschließenden Genehmigung nach dem Rechtrahmen der Union für staatliche Beihilfen. [2] Diese vorsorglichen und zeitweiligen Maßnahmen müssen verhältnismäßig sein, um den Folgen schwerer Störungen zu begegnen, und sind nicht zum Ausgleich von Verlusten zu verwenden, die das Unternehmen erlitten hat oder in naher Zukunft voraussichtlich erleiden wird.

[3] Die Unterstützungsmaßnahmen nach Unterabsatz 1 Buchstabe d Ziffer iii beschränken sich auf zum Schließen von Kapitallücken notwendige Zufuhren, die in Stresstests auf der Ebene der Mitgliedstaaten, der Union oder des SSM, bei der Bewertung der Qualität der Vermögenswerte oder vergleichbaren Prüfungen durch die EZB, die EBA oder nationale Behörden festgestellt und gegebenenfalls durch die zuständige Behörde bestätigt wurden.

[4] Wenn die Kommission einen Gesetzgebungsvorschlag nach Artikel 32 Absatz 4 der Richtlinie 2014/59/EU vorlegt, legt sie, soweit angemessen, einen entsprechenden Gesetzgebungsvorschlag zur Änderung dieser Verordnung vor.

(5) Für die Zwecke von Absatz 1 Buchstabe c dieses Artikels ist eine Abwicklungsmaßnahme als im öffentlichen Interesse liegend zu betrachten, wenn sie für das Erreichen eines oder mehrerer der in Artikel 14 genannten Abwicklungsziele notwendig und mit Blick auf diese Ziele verhältnismäßig ist und wenn dies bei einer Liquidation des Unternehmens im Wege eines regulären Insolvenzverfahrens nicht im selben Umfang der Fall wäre.

(6) [1] Sind die in Absatz 1 genannten Voraussetzungen erfüllt, legt der Ausschuss ein Abwicklungskonzept fest. [2] Durch das Abwicklungskonzept

a) wird das Unternehmen abgewickelt;

b) wird bestimmt, die in Artikel 22 Absatz 2 genannten Abwicklungsinstrumente auf das in Abwicklung befindliche Institut anzuwenden, insbesondere etwaige Ausnahmen von der Anwendung des Bail-in gemäß Artikel 27 Absätze 5 und 14;

c) wird die Inanspruchnahme des Fonds zur Unterstützung der Abwicklungsmaßnahme gemäß Artikel 76 und gemäß einem Beschluss bestimmt, den die Kommission gemäß Artikel 19 gefasst hat.

(7) *[1]* Unmittelbar nach der Festlegung des Abwicklungskonzepts übermittelt der Ausschuss es der Kommission.

[2] Innerhalb von 24 Stunden ab Übermittlung des Abwicklungskonzepts durch den Ausschuss hat die Kommission das Abwicklungskonzept entweder zu billigen oder in den Fällen, die nicht unter Unterabsatz 3 dieses Absatzes fallen, hinsichtlich der Aspekte des Abwicklungskonzepts, bei denen ein Ermessensspielraum besteht, Einwände zu erheben.

[3] Innerhalb von 12 Stunden nach Übermittlung des Abwicklungskonzepts durch den Ausschuss kann die Kommission dem Rat vorschlagen,

a) gegen das Abwicklungskonzept Einwände mit der Begründung zu erheben, dass das vom Ausschuss angenommene Abwicklungskonzept nicht das Kriterium des öffentlichen Interesses nach Absatz 1 Buchstabe c erfüllt,

b) eine erhebliche Änderung des Betrags des Fonds, der im Abwicklungskonzept des Ausschusses vorgesehen ist, zu billigen oder Einwände zu erheben.

[4] Für die Zwecke des Unterabsatzes 3 handelt der Rat mit einfacher Mehrheit.

[5] Das Abwicklungskonzept kann nur in Kraft treten, wenn weder der Rat noch die Kommission innerhalb von 24 Stunden nach seiner Übermittlung durch den Ausschuss Einwände erheben.

[6] Der Rat bzw. die Kommission haben die Gründe für die Ausübung ihres Rechts, Einwände zu erheben, anzugeben.

[7] Wenn der Rat innerhalb von 24 Stunden ab der Übermittlung des Abwicklungskonzepts durch den Ausschuss den Vorschlag der Kommission zur Änderung des Abwicklungskonzepts aus den in Unterabsatz 3 Buchstabe b genannten Gründen gebilligt hat oder wenn die Kommission gemäß Unterabsatz 2 Einwände erhoben hat, ändert der Ausschuss das Abwicklungskonzept innerhalb von acht Stunden nach Maßgabe der angegebenen Gründe.

[8] Wenn in dem vom Ausschuss angenommenen Abwicklungskonzept der Ausschluss bestimmter Verbindlichkeiten unter den außergewöhnlichen Umständen nach Artikel 24 Absatz 5 vorgesehene ist und wenn ein solcher Ausschluss einen Beitrag aus dem Fonds oder einer alternativen Finanzierungsquelle erfordert, um die Integrität des Binnenmarktes zu schützen, kann die Kommission den vorgeschlagenen Ausschluss verbieten oder Änderungen verlangen; hierfür gibt sie angemessene Gründe auf der Grundlage der Verletzung der Anforderungen nach Artikel 27 und nach dem von der Kommission gemäß Artikel 44 Absatz 11 der Richtlinie 2014/59/EU erlassenen delegierten Rechtsakt an.

(8) Wenn der Rat Einwände dagegen erhebt, ein Institut abzuwickeln, weil das Kriterium des öffentlichen Interesses nach Absatz 1 Buchstabe c nicht erfüllt ist, wird das jeweilige Unternehmen nach dem anwendbaren nationalen Recht geordnet liquidiert.

(9) [1] Der Ausschuss sorgt dafür, dass die betreffenden nationalen Abwicklungsbehörden die zur Durchführung des Abwicklungskonzepts notwendigen

Abwicklungsmaßnahmen einleiten. [2] Das Abwicklungskonzept ist an die betreffenden nationalen Abwicklungsbehörden gerichtet und weist diese an, gemäß Artikel 29 alle zur Umsetzung dieses Konzepts notwendigen Maßnahmen zu ergreifen und zu diesem Zweck Abwicklungsbefugnisse auszuüben. [3] Liegt eine staatliche Beihilfe oder eine Unterstützung aus dem Fonds vor, hält sich der Ausschuss an eine Entscheidung, die die Kommission über diese Beihilfe bzw. Unterstützung getroffen hat.

(10) [1] Die Kommission ist befugt, sich vom Ausschuss alle Informationen zu beschaffen, die sie zur Wahrnehmung ihrer Aufgaben aufgrund dieser Verordnung für relevant hält. [2] Der Ausschuss ist befugt, sich von jeder Person gemäß Kapitel 5 dieses Titels alle Informationen zu beschaffen, die er zur Vorbereitung einer Abwicklungsmaßnahme und für den dazugehörigen Beschluss benötigt, einschließlich der in den Abwicklungsplänen gelieferten Aktualisierungen und Ergänzungen.

Art. 19 Staatliche Beihilfen und Unterstützung aus dem Fonds.

(1) *[1]* Umfasst die Abwicklungsmaßnahme die Gewährung staatlicher Beihilfen gemäß Artikel 107 Absatz 1 AEUV oder eine Unterstützung aus dem Fonds gemäß Absatz 3 dieses Artikels, darf das Abwicklungskonzept erst dann nach Maßgabe von Artikel 18 Absatz 5 dieser Verordnung festgelegt werden, wenn die Kommission eine positive oder an Bedingungen geknüpfte Entscheidung bezüglich der Vereinbarkeit des Einsatzes dieser Beihilfen bzw. Unterstützung mit dem Binnenmarkt getroffen hat.

[2] Bei der Wahrnehmung der ihnen durch Artikel 18 dieser Verordnung übertragenen Aufgaben handeln die Organe der Union gemäß den in Artikel 3 Absatz 3 der Richtlinie 2014/59/EU aufgestellten Grundsätzen und machen alle einschlägigen Informationen über ihre diesbezügliche interne Organisation in geeigneter Weise öffentlich zugänglich.

(2) [1] Wenn der Ausschuss bei Erhalt einer Mitteilung gemäß Artikel 18 Absatz 1 dieser Verordnung oder von sich aus zu der Auffassung gelangt, dass Abwicklungsmaßnahmen staatliche Beihilfen im Sinne von Artikel 107 Absatz 1 AEUV darstellen könnten, fordert er den oder die betroffenen teilnehmenden Mitgliedstaat(en) auf, die Kommission gemäß Artikel 108 Absatz 3 AEUV umgehend von den beabsichtigten Maßnahmen zu unterrichten. [2] Der Ausschuss teilt der Kommission alle Fälle mit, in denen er einen oder mehrere Mitgliedstaat(en) zu einer Unterrichtung gemäß Artikel 108 Absatz 3 AEUV auffordert.

(3) *[1]* [1] Soweit die Abwicklungsmaßnahme, wie sie vom Ausschuss vorgeschlagen wird, die Inanspruchnahme des Fonds mit sich bringt, gibt der Ausschuss der Kommission die vorgeschlagene Inanspruchnahme des Fonds bekannt. [2] Die Mitteilung des Ausschusses umfasst alle Informationen, die notwendig sind, damit die Kommission die Bewertungen nach diesem Absatz vornehmen kann.

[2] [1] Die Mitteilung nach diesem Absatz führt dazu, dass die Kommission eine vorläufige Untersuchung einleitet, während derer die Kommission weitere Informationen vom Ausschuss anfordern kann. [2] Die Kommission bewertet, ob die Inanspruchnahme des Fonds den Wettbewerb dadurch verfälschen oder zu verfälschen drohen würde, dass sie den Begünstigten oder ein anderes Unternehmen insofern, als sie den Handel zwischen den Mitgliedstaaten beeinträchtigen würde, in einer mit dem Binnenmarkt nicht zu vereinbarenden Weise

bevorzugen würde. [3]Die Kommission legt an die Inanspruchnahme des Fonds die Kriterien an, die für die Anwendung der Vorschriften über staatliche Beihilfen gelten, wie sie in Artikel 107 AEUV verankert sind. [4]Der Ausschuss stellt der Kommission die Informationen zur Verfügung, die die Kommission zur Durchführung dieser Bewertung für erforderlich hält.

[3] [1]Wenn die Kommission erhebliche Zweifel an der Vereinbarkeit der vorgeschlagenen Inanspruchnahme des Fonds mit dem Binnenmarkt hat oder wenn der Ausschuss die erforderlichen Informationen auf eine Anforderung der Kommission gemäß Unterabsatz 2 hin nicht zur Verfügung gestellt hat, leitet die Kommission eine gründliche Untersuchung ein und teilt dies dem Ausschuss mit. [2]Die Kommission veröffentlicht ihre Entscheidung, eine gründliche Untersuchung einzuleiten, im *Amtsblatt der Europäischen Union.* [3]Der Ausschuss, ein Mitgliedstaat oder eine Person, ein Unternehmen oder ein Verband, dessen/deren Interessen durch die Inanspruchnahme des Fonds berührt sein könnten, können der Kommission Anmerkungen innerhalb eines Zeitraums zukommen lassen, der in der Mitteilung festgesetzt wird. [4]Der Ausschuss kann sich zu den von den Mitgliedstaaten und interessierten Dritten übermittelten Anmerkungen innerhalb eines Zeitraums äußern, der von der Kommission festgesetzt werden kann. [5]Am Ende des Untersuchungszeitraums nimmt die Kommission ihre Bewertung der Frage vor, ob die Inanspruchnahme des Fonds mit dem Binnenmarkt vereinbar wäre.

[4] [1]Bei ihren Bewertungen und Untersuchungen nach diesem Absatz richtet sich die Kommission nach allen einschlägigen gemäß Artikel 109 AEUV angenommenen Verordnungen sowie nach einschlägigen Mitteilungen, Leitlinien und Maßnahmen, die von der Kommission in Anwendung der Vorschriften der Verträge zu staatlichen Beihilfen, die zu dem Zeitpunkt in Kraft sind, zu dem die Bewertung vorzunehmen ist, angenommen wurden. [2]Bei diesen Maßnahmen wird so verfahren, als ob Bezugnahmen auf den für die Unterrichtung über die Beihilfe zuständigen Mitgliedstaat Bezugnahmen auf den Ausschuss wären, und es werden alle sonstigen erforderlichen Änderungen vorgenommen.

[5] [1]Die Kommission fasst einen Beschluss über die Vereinbarkeit der Inanspruchnahme des Fonds mit dem Binnenmarkt, der an den Ausschuss und die nationalen Abwicklungsbehörden des bzw. der betroffenen Mitgliedstaats/Mitgliedstaaten gerichtet ist. [2]Dieser Beschluss kann an Bedingungen, Verpflichtungen oder Zusagen in Bezug auf den Begünstigten geknüpft sein.

[6] [1]In dem Beschluss können dem Ausschuss, den nationalen Abwicklungsbehörden in dem/den betroffenen teilnehmenden Mitgliedstaat(en) oder dem Begünstigten auch Pflichten auferlegt werden, durch die die Einhaltung dieses Beschlusses überwacht werden kann. [2]Hierzu können Anforderungen bezüglich der Ernennung eines Treuhänders oder einer anderen unabhängigen Person, die die Überwachung unterstützt, gehören. [3]Die Funktionen, die ein Treuhänder oder eine andere unabhängige Person ausüben kann, können im Beschluss der Kommission festgelegt werden.

[7] Ein Beschluss nach diesem Absatz wird im *Amtsblatt der Europäischen Union* veröffentlicht.

[8] [1]Die Kommission kann einen an den Ausschuss gerichteten ablehnenden Beschluss fassen, wenn sie entscheidet, dass die vorgeschlagene Inanspruchnahme des Fonds mit dem Binnenmarkt unvereinbar wäre und nicht in der

vom Ausschuss vorgeschlagenen Weise durchgeführt werden kann. [2] Erhält der Ausschuss einen solchen Beschluss, hat er sein Abwicklungskonzept zu überprüfen und ein überarbeitetes Abwicklungskonzept zu erstellen.

(4) [1] Wenn die Kommission erhebliche Zweifel hat, ob ihr Beschluss nach Absatz 3 eingehalten wird, führt sie die notwendigen Untersuchungen durch. [2] Zu diesem Zweck kann die Kommission die Befugnisse ausüben, die ihr nach den in Absatz 3 Unterabsatz 4 genannten Verordnungen und sonstigen Maßnahmen zur Verfügung stehen, und sie hat sich von ihnen leiten zu lassen.

(5) *[1]* [1] Ist die Kommission auf der Grundlage der von ihr durchgeführten Untersuchungen und nach Aufforderung an die betroffenen Parteien, ihre Anmerkungen zu übermitteln, der Auffassung, dass der Beschluss nach Absatz 3 nicht eingehalten wurde, erlässt sie einen Beschluss an die nationale Abwicklungsbehörde im betroffenen teilnehmenden Mitgliedstaat, in dem diese Behörde aufgefordert wird, die missbräuchlich verwendeten Beträge innerhalb einer Frist einzuziehen, die von der Kommission festzusetzen ist. [2] Die gemäß dem Einziehungsbeschluss einzuziehende Unterstützung aus dem Fonds umfasst Zinsen zu einem angemessenen Satz, der von der Kommission festgesetzt wird, und wird an den Ausschuss gezahlt.

[2] Der Ausschuss zahlt nach Unterabsatz 1 eingegangene Beträge in den Fonds ein und berücksichtigt diese Beträge, wenn er die Beiträge gemäß den Artikeln 70 und 71 festlegt.

[3] Bei dem Einziehungsverfahren nach Unterabsatz 1 sind die Rechte der Begünstigten auf gute Verwaltung und auf Zugang zu Dokumenten zu achten, wie sie in den Artikeln 41 und 42 der Charta verankert sind.

(6) [1] Unbeschadet der Berichterstattungspflichten, die die Kommission in ihrem Beschluss nach Absatz 3 dieses Artikels auferlegen kann, legt der Ausschuss der Kommission jährliche Berichte vor, in denen bewertet wird, ob bei der Inanspruchnahme des Fonds der Beschluss nach jenem Absatz eingehalten wurde. [2] Bei der Ausarbeitung dieser Berichte macht der Ausschuss von seinen Befugnissen nach Artikel 34 Gebrauch.

(7) Ein Mitgliedstaat oder eine Person, ein Unternehmen oder ein Verband, dessen/deren Interessen durch die Inanspruchnahme des Fonds berührt sein könnten, insbesondere Unternehmen im Sinne des Artikels 2, sind berechtigt, der Kommission jeden mutmaßlichen Missbrauch des Fonds, der mit dem Beschluss nach Absatz 3 dieses Artikels unvereinbar ist, zu melden.

(8) Der Kommission wird die Befugnis übertragen, delegierte Rechtsakte gemäß Artikel 93 zu erlassen zur Festlegung detaillierter Verfahrensvorschriften über

a) die Berechnung des Zinssatzes, der im Fall eines Einziehungsbeschlusses gemäß Absatz 5 anzuwenden ist,
b) die Garantien des Rechts auf gute Verwaltung und des Rechts auf Zugang zu Dokumenten gemäß Absatz 5.

(9) Wenn die Kommission nach einer Empfehlung des Ausschusses oder von sich aus zu der Auffassung gelangt, dass die Anwendung von Abwicklungsinstrumenten und -maßnahmen nicht den Kriterien genügt, aufgrund derer ihr Beschluss nach Absatz 3 ergangen ist, kann sie einen solchen Beschluss überprüfen und geeignete Änderungen beschließen.

(10) [1] Abweichend von Absatz 3 kann der Rat einstimmig auf Antrag eines Mitgliedstaats beschließen, dass die Inanspruchnahme des Fonds als mit dem Binnenmarkt vereinbar zu betrachten ist, wenn außergewöhnliche Umstände einen solchen Beschluss rechtfertigen. [2] Äußert sich der Rat nicht binnen sieben Tagen nach Antragstellung, entscheidet die Kommission.

(11) Die teilnehmenden Mitgliedstaaten stellen sicher, dass ihre nationalen Abwicklungsbehörden über die Befugnisse verfügen, die notwendig sind, um für die Einhaltung der Bedingungen zu sorgen, die in einem Beschluss der Kommission nach Absatz 3 festgelegt sind, und missbräuchlich verwendete Beträge gemäß einem Beschluss der Kommission nach Absatz 5 einzuziehen.

Art. 20 Bewertung für Abwicklungszwecke. (1) Bevor Abwicklungsmaßnahmen getroffen werden oder die Befugnis zur Herabschreibung oder Umwandlung von relevanten Kapitalinstrumenten und berücksichtigungsfähige Verbindlichkeiten im Einklang mit Artikel 21 ausgeübt wird, stellt der Ausschuss sicher, dass eine faire, vorsichtige und realistische Bewertung der Vermögenswerte und Verbindlichkeiten eines Unternehmens im Sinne des Artikels 2 durch eine von staatlichen Stellen – einschließlich des Ausschusses und der nationalen Abwicklungsbehörde – und dem betroffenen Unternehmen unabhängige Person vorgenommen wird.

(2) Vorbehaltlich des Absatzes 15 gilt die Bewertung als endgültig, wenn alle in den Absätzen 1 und 4 bis 9 festgelegten Anforderungen erfüllt sind.

(3) Ist eine unabhängige Bewertung gemäß Absatz 1 nicht möglich, kann der Ausschuss eine vorläufige Bewertung der Vermögenswerte und Verbindlichkeiten des Unternehmens im Sinne des Artikels 2 nach Maßgabe von Absatz 10 dieses Artikels vornehmen.

(4) Das Ziel der Bewertung ist, den Wert der Vermögenswerte und Verbindlichkeiten eines Unternehmens im Sinne des Artikels 2 zu ermitteln, das die Voraussetzungen für eine Abwicklung gemäß den Artikeln 16 und 18 erfüllt.

(5) Die Bewertung dient folgenden Zwecken:

a) der fundierten Feststellung, ob die Voraussetzungen für eine Abwicklung oder die Voraussetzungen für die Herabschreibung oder Umwandlung von Kapitalinstrumenten und berücksichtigungsfähige Verbindlichkeiten im Einklang mit Artikel 21 erfüllt sind;
b) falls die Voraussetzungen für eine Abwicklung erfüllt sind, der fundierten Entscheidung über die in Bezug auf ein Unternehmen im Sinne des Artikels 2 zu treffenden angemessenen Abwicklungsmaßnahmen;
c) wenn die Befugnis nach Artikel 21 Absatz 7, relevante Kapitalinstrumente und berücksichtigungsfähige Verbindlichkeiten herabzuschreiben oder umzuwandeln, ausgeübt wird, der fundierten Entscheidung über den Umfang der Löschung oder der Verwässerung von Eigentumstiteln und über den Umfang der Herabschreibung oder Umwandlung der relevanten Kapitalinstrumente und berücksichtigungsfähigen Verbindlichkeiten;
d) wenn das Bail-in-Instrument angewandt wird, der fundierten Entscheidung über den Umfang der Herabschreibung oder Umwandlung von bail-in-fähige Verbindlichkeiten;
e) wenn das Instrument des Brückeninstituts oder das Instrument der Ausgliederung von Vermögenswerten angewandt wird, der fundierten Entscheidung

über die zu übertragenden Vermögenswerte, Rechte, Verbindlichkeiten oder Eigentumstitel und der fundierten Entscheidung über den Wert von Gegenleistungen, die an das in Abwicklung befindliche Institut oder gegebenenfalls an die Inhaber der Eigentumstitel zu entrichten sind;

f) wenn das Instrument der Unternehmensveräußerung angewandt wird, der fundierten Entscheidung über die zu übertragenden Vermögenswerte, Rechte, Verbindlichkeiten oder Eigentumstitel und dem Verständnis der Abwicklungsbehörde dafür, was unter kommerziellen Bedingungen für die Zwecke des Artikels 24 Absatz 2 Buchstabe b zu verstehen ist;

g) in jedem Fall der Sicherstellung, dass jegliche Verluste in Bezug auf Vermögenswerte eines Unternehmens im Sinne des Artikels 2 zum Zeitpunkt der Anwendung der Abwicklungsinstrumente oder der Ausübung der Befugnis zur Herabschreibung oder Umwandlung von relevanten Kapitalinstrumenten und berücksichtigungsfähige Verbindlichkeiten im Einklang mit Artikel 21 vollständig erfasst werden.

(6) [1] Unbeschadet des Rechtsrahmens der Union für staatliche Beihilfen beruht die Bewertung gegebenenfalls auf vorsichtigen Annahmen, unter anderem für die Ausfallquoten und den Umfang der Verluste. [2] Bei der Bewertung darf ab dem Zeitpunkt, an dem eine Abwicklungsmaßnahme ergriffen oder die Befugnis zur Herabschreibung oder Umwandlung von relevanten Kapitalinstrumenten und berücksichtigungsfähige Verbindlichkeiten im Einklang mit Artikel 21 ausgeübt wird, nicht von einer potenziellen künftigen Gewährung einer außerordentlichen finanziellen Unterstützung aus öffentlichen Mitteln, einer Notfallliquiditätshilfe oder sonstigen Liquiditätshilfe der Zentralbank auf Grundlage nicht standardisierter Bedingungen in Bezug auf Besicherung, Laufzeit und Zinssätze für ein Unternehmen im Sinne des Artikels 2 ausgegangen werden. [3] Außerdem muss bei der Bewertung berücksichtigt werden, dass im Fall der Anwendung eines Abwicklungsinstruments

a) der Ausschuss sich gemäß Artikel 22 Absatz 6 alle angemessenen Ausgaben, die ordnungsgemäß getätigt wurden, von dem in Abwicklung befindlichen Institut erstatten lassen kann,

b) der Fonds Zinsen und Gebühren für die Garantien und Darlehen, die dem in Abwicklung befindlichen Institut nach Artikel 76 gewährt werden, erheben kann.

(7) Die Bewertung wird durch folgende in den Büchern und Aufzeichnungen eines Unternehmens im Sinne des Artikels 2 enthaltenen Unterlagen ergänzt:

a) eine aktualisierte Bilanz und einen Bericht über die Finanzlage eines Unternehmens im Sinne des Artikels 2;

b) eine Analyse und eine Schätzung des Buchwerts der Vermögenswerte;

c) eine Aufstellung der in den Büchern und Aufzeichnungen eines Unternehmens im Sinne des Artikels 2 ausgewiesenen bilanziellen und außerbilanziellen offenen Verbindlichkeiten mit Angaben zu den jeweiligen Krediten und zu ihrem Rang nach Artikel 17.

(8) Soweit zweckmäßig, können die Unterlagen nach Absatz 7 Buchstabe b dieses Artikels durch eine Analyse und eine Schätzung des Werts der Vermögenswerte und Verbindlichkeiten eines Unternehmens im Sinne des Artikels 2 auf der Grundlage des Marktwerts ergänzt werden, damit fundierte Ent-

scheidungen nach Absatz 5 Buchstaben e und f dieses Artikels getroffen werden können.

(9) [1] Die Bewertung enthält Angaben zur Unterteilung der Gläubiger in Klassen entsprechend ihrem Rang nach Artikel 17 sowie eine Einschätzung der Behandlung jeder Klasse von Anteilseignern und Gläubigern, die zu erwarten wäre, wenn ein Unternehmen im Sinne des Artikels 2 im Wege eines regulären Insolvenzverfahrens liquidiert würde. [2] Die Anwendung des in Artikel 15 Absatz 1 Buchstabe g genannten Grundsatzes „keine Schlechterstellung von Gläubigern" wird von dieser Einschätzung nicht berührt.

(10) *[1]* [1] Ist es aufgrund der gebotenen Dringlichkeit entweder nicht möglich, die Anforderungen der Absätze 7 und 9 zu erfüllen, oder gilt Absatz 3, wird eine vorläufige Bewertung vorgenommen. [2] Bei der vorläufigen Bewertung müssen die Anforderungen von Absatz 4 und – insoweit dies unter den gegebenen Umständen angemessen und durchführbar ist – die Anforderungen der Absätze 1, 7 und 9 erfüllt werden.

[2] Die vorläufige Bewertung gemäß Unterabsatz 1 umfasst einen Puffer für zusätzliche Verluste mit einer angemessenen Begründung.

(11) *[1]* [1] Eine Bewertung, die nicht sämtliche in den Absätzen 1 und 4 bis 9 festgelegten Anforderungen erfüllt, ist als vorläufig zu betrachten, bis eine unabhängige Person nach Absatz 1 eine Bewertung vornimmt, die sämtlichen in diesen Absätzen festgelegten Anforderungen uneingeschränkt genügt. [2] Diese endgültige Ex-post-Bewertung wird so bald wie möglich vorgenommen. [3] Sie wird entweder unabhängig von der Bewertung nach den Absätzen 16, 17 und 18 oder gleichzeitig mit ihr und von derselben unabhängigen Person wie diese Bewertung durchgeführt, muss aber davon getrennt werden.

[2] Die endgültige Ex-post-Bewertung dient folgenden Zwecken:

a) der Sicherstellung, dass jegliche Verluste in Bezug auf Vermögenswerte eines Unternehmens im Sinne des Artikels 2 in den Büchern dieses Unternehmens vollständig erfasst werden;
b) der fundierten Entscheidung über die Wiederheraufschreibung von Forderungen der Gläubiger oder die Erhöhung des Werts der zu entrichtenden Gegenleistung nach Absatz 12 dieses Artikels.

(12) Fällt die im Rahmen der endgültigen Ex-post-Bewertung durchgeführte Schätzung des Nettovermögenswerts eines Unternehmens im Sinne des Artikels 2 höher aus als die im Rahmen der vorläufigen Bewertung durchgeführte Schätzung des Nettovermögenswerts dieses Unternehmens, kann der Ausschuss die Abwicklungsbehörde ersuchen,

a) ihre Befugnis zur Erhöhung des Werts der Forderungen von Gläubigern oder Eigentümern relevanter Kapitalinstrumente, die im Rahmen des Bail-in-Instruments herabgeschrieben wurden;
b) ein Brückeninstitut oder eine für die Vermögensverwaltung gegründete Zweckgesellschaft anzuweisen, eine weitere Gegenleistung in Bezug auf die Vermögenswerte, Rechte oder Verbindlichkeiten an ein in Abwicklung befindliches Unternehmen oder gegebenenfalls in Bezug auf Eigentumstitel an die Eigner dieser Eigentumstitel zu entrichten.

(13) Unbeschadet des Absatzes 1 stellt eine gemäß den Absätzen 10 und 11 durchgeführte vorläufige Bewertung eine zulässige Grundlage für den Ausschuss dar, um Abwicklungsmaßnahmen zu ergreifen – unter anderem, indem

er die nationalen Abwicklungsbehörden anweist, die Kontrolle über ein ausfallendes Institut zu übernehmen – oder über die Ausübung der Befugnis zur Herabschreibung oder Umwandlung von relevanten Kapitalinstrumenten und berücksichtigungsfähige Verbindlichkeiten im Einklang mit Artikel 21 zu beschließen.

(14) Der Ausschuss legt Regelungen fest und behält sie bei, um dafür zu sorgen, dass die Angaben über die Vermögenswerte und Verbindlichkeiten des in Abwicklung befindlichen Instituts, auf die sich die Beurteilung der Anwendung des Bail-in-Instruments im Sinne des Artikels 27 und die Bewertung gemäß Artikel 27 Absätze 1 bis 15 stützen, so aktuell und vollständig wie vernünftigerweise möglich sind.

(15) [1] Die Bewertung ist integraler Bestandteil der Entscheidung über die Anwendung eines Abwicklungsinstruments oder die Ausübung einer Abwicklungsbefugnis bzw. die Entscheidung über die Ausübung der Befugnis zur Abschreibung oder Umwandlung von Kapitalinstrumenten und berücksichtigungsfähige Verbindlichkeiten im Einklang mit Artikel 21. [2] Gegen die Bewertung selbst kann kein gesondertes Rechtsmittel eingelegt werden, aber gegen sie kann zusammen mit dem Beschluss des Ausschusses ein Rechtsmittel eingelegt werden.

(16) [1] Der Ausschuss stellt zur Bewertung der Frage, ob die Anteilseigner und Gläubiger besser behandelt worden wären, wenn für das in Abwicklung befindliche Unternehmen ein reguläres Insolvenzverfahren eingeleitet worden wäre, sicher, dass möglichst bald nach Durchführung der Abwicklungsmaßnahme oder -maßnahmen eine Bewertung durch eine unabhängige Person nach Absatz 1 vorgenommen wird. [2] Diese Bewertung erfolgt getrennt von der Bewertung nach den Absätzen 1 bis 15.

(17) Bei der Bewertung nach Absatz 16 wird festgestellt,

a) wie Anteilseigner und Gläubiger, oder die einschlägigen Einlagensicherungssysteme, behandelt worden wären, wenn für ein in Abwicklung befindliches Institut, für das die Abwicklungsmaßnahme oder die Abwicklungsmaßnahmen durchgeführt wurden, zu dem Zeitpunkt, als der Beschluss über die Abwicklungsmaßnahme gefasst wurde, das reguläre Insolvenzverfahren eingeleitet worden wäre;

b) wie Anteilseigner und Gläubiger im Rahmen der Abwicklung eines in Abwicklung befindlichen Instituts behandelt wurden und

c) ob Unterschiede zwischen der Behandlung gemäß Buchstabe a dieses Absatzes und der Behandlung gemäß Buchstabe b dieses Absatzes bestehen.

(18) Die Bewertung nach Absatz 16 erfolgt

a) unter der Annahme, dass für ein in Abwicklung befindliches Institut, für das die Abwicklungsmaßnahme oder die Abwicklungsmaßnahmen durchgeführt wurden, zu dem Zeitpunkt, als der Beschluss über die Abwicklungsmaßnahme gefasst wurde, das reguläre Insolvenzverfahren eingeleitet worden wäre;

b) unter der Annahme, dass die Abwicklungsmaßnahme oder die Abwicklungsmaßnahmen nicht durchgeführt worden wären;

c) ohne Berücksichtigung jeglicher außerordentlichen finanziellen Unterstützung eines in Abwicklung befindlichen Instituts aus öffentlichen Mitteln.

Art. 21 Herabschreibung oder Umwandlung von Kapitalinstrumenten und berücksichtigungsfähigen Verbindlichkeiten. (1) *[1]* Der Ausschuss übt nur dann die Befugnis zur Herabschreibung oder Umwandlung von relevanten Kapitalinstrumenten und berücksichtigungsfähigen Verbindlichkeiten gemäß Absatz 7a nach dem Verfahren des Artikels 18 in Bezug auf Unternehmen und Gruppen im Sinne des Artikels 7 Absatz 2 und auf Unternehmen und Gruppen im Sinne des Artikels 7 Absatz 4 Buchstabe b und Absatz 5, sofern die Voraussetzungen für die Anwendung dieser Absätze erfüllt sind, wenn er in seiner Präsidiumssitzung bei Erhalt einer Mitteilung gemäß Unterabsatz 2 oder aus eigener Initiative zu der Einschätzung gelangt, dass eine oder mehrere der folgenden Voraussetzungen erfüllt sind:

a) Es wurde festgestellt, dass die Voraussetzungen für eine Abwicklung nach Artikel 16 und 18 erfüllt waren, bevor eine Abwicklungsmaßnahme eingeleitet wurde.

b) Das Unternehmen ist nur dann weiter existenzfähig, wenn die relevanten Kapitalinstrumente und berücksichtigungsfähigen Verbindlichkeiten gemäß Absatz 7a herabgeschrieben oder in Eigenkapital umgewandelt werden.

c) Im Falle von relevanten Kapitalinstrumenten, die von einem Tochterunternehmen ausgegeben werden und die auf Einzelbasis und auf konsolidierter Basis für die Zwecke der Erfüllung der Eigenmittelanforderungen anerkannt sind, ist die Gruppe nur dann, wenn die Befugnis zur Herabschreibung oder Umwandlung in Bezug auf diese Instrumente ausgeübt wird, weiter existenzfähig.

d) Im Falle von relevanten Kapitalinstrumenten, die auf der Ebene des Mutterunternehmens ausgegeben werden und diese relevanten Kapitalinstrumente auf Einzelbasis auf der Ebene des Mutterunternehmens oder auf konsolidierter Basis für die Zwecke der Erfüllung der Eigenmittelanforderungen anerkannt sind, ist die Gruppe nur dann, wenn die Befugnis zur Herabschreibung oder Umwandlung in Bezug auf diese Instrumente ausgeübt wird, weiter existenzfähig.

e) Von dem Unternehmen oder der Gruppe wird eine außerordentliche finanzielle Unterstützung aus öffentlichen Mitteln benötigt, außer in den Situationen nach Artikel 18 Absatz 4 Buchstabe d Ziffer iii.

[2] [1] Die EZB bewertet nach Anhörung des Ausschusses, ob die in den Buchstaben a, c und d des Unterabsatzes 1 genannten Voraussetzungen erfüllt sind. [2] Der Ausschuss kann in seiner Präsidiumssitzung ebenfalls eine solche Bewertung vornehmen.

(2) [1] Was die Bewertung der Existenzfähigkeit des Unternehmens oder der Gruppe betrifft, darf der Ausschuss in seiner Präsidiumssitzung eine solche Bewertung erst nach Unterrichtung der EZB über seine Absicht und nur dann treffen, wenn die EZB innerhalb von drei Kalendertagen nach Eingang einer solchen Unterrichtung eine solche Bewertung nicht vornimmt. [2] Die EZB stellt dem Ausschuss unverzüglich alle einschlägigen Informationen zur Verfügung, die er zur Stützung seiner Bewertung anfordert.

(3) Für die Zwecke des Absatzes 1 dieses Artikels gilt ein Unternehmen im Sinne des Artikels 2 oder eine Gruppe nur dann als nicht mehr existenzfähig, wenn die beiden nachstehend aufgeführten Voraussetzungen erfüllt sind:

a) das Unternehmen oder die Gruppe fällt aus oder fällt wahrscheinlich aus;

b) bei Berücksichtigung zeitlicher Zwänge und anderer relevanter Umstände besteht nach vernünftigem Ermessen keine Aussicht, dass der Ausfall des Unternehmens oder der Gruppe innerhalb eines angemessenen Zeitrahmens durch andere Maßnahmen, einschließlich alternativer Maßnahmen der Privatwirtschaft oder der Aufsichtsbehörden, einschließlich Frühinterventionsmaßnahmen, als durch eine unabhängig oder zusammen mit einer Abwicklungsmaßnahme durchgeführte Herabschreibung oder Umwandlung von Kapitalinstrumenten und berücksichtigungsfähigen Verbindlichkeiten gemäß Absatz 7a abgewendet werden kann.

(4) Für die Zwecke des Absatzes 2 Buchstabe a dieses Artikels gilt das Unternehmen als ausfallendes oder wahrscheinlich ausfallendes Unternehmen, wenn eine oder mehrere der in Artikel 18 Absatz 4 genannten Situationen eintreten.

(5) Für die Zwecke des Absatzes 3 Buchstabe a gilt eine Gruppe als ausfallende oder wahrscheinlich ausfallende Gruppe, wenn sie gegen ihre konsolidierten Aufsichtsanforderungen in einer Weise verstößt, die ein Eingreifen der EZB oder der zuständigen Behörde rechtfertigen würde, oder wenn objektive Anhaltspunkte dafür vorliegen, dass dies in naher Zukunft der Fall sein wird, unter anderem weil die Gruppe Verluste erlitten hat oder voraussichtlich erleiden wird, durch die die Gesamtheit oder ein wesentlicher Teil ihrer Eigenmittel aufgebraucht wird.

(6) Ein von einem Tochterunternehmen ausgegebenes relevantes Kapitalinstrument wird höchstens in dem Umfang gemäß Absatz 59 Absatz 3 Buchstabe c der Richtlinie 2014/59/EU herabgeschrieben oder zu schlechteren Bedingungen umgewandelt, wie gleichrangige Kapitalinstrumente auf der Ebene des Mutterunternehmens herabgeschrieben oder umgewandelt wurden.

(7) *[1]* Wenn eine oder mehrere der Voraussetzungen gemäß Absatz 1 erfüllt sind, legt der Ausschuss nach dem Verfahren des Artikels 18 fest, ob die Befugnisse zur Herabschreibung oder Umwandlung von relevanten Kapitalinstrumenten und berücksichtigungsfähigen Verbindlichkeiten unabhängig oder nach dem Verfahren des Artikels 18 zusammen mit einer Abwicklungsmaßnahme auszuüben sind.

[2] Wurden relevante Kapitalinstrumente und berücksichtigungsfähige Verbindlichkeiten von der Abwicklungseinheit indirekt über andere Unternehmen in derselben Abwicklungsgruppe erworben, so wird die Befugnis zur Herabschreibung oder Umwandlung dieser relevanten Kapitalinstrumente und berücksichtigungsfähigen Verbindlichkeiten zusammen mit derselben Befugnis auf Ebene des Mutterunternehmens des betreffenden Unternehmens oder auf der Ebene anderer Mutterunternehmen, die keine Abwicklungseinheiten sind, ausgeübt, sodass die Verluste tatsächlich auf das betreffende Unternehmen übertragen werden und dieses durch die Abwicklungseinheit rekapitalisiert wird.

[3] Nach der Ausübung der Befugnis, relevante Kapitalinstrumente oder berücksichtigungsfähige Verbindlichkeiten unabhängig von Abwicklungsmaßnahmen herabzuschreiben oder umzuwandeln, wird die Bewertung nach Artikel 20 Absatz 16 vorgenommen und Artikel 76 Absatz 1 Buchstabe e findet Anwendung.

(7a) *[1]* Von der Befugnis, berücksichtigungsfähige Verbindlichkeiten unabhängig von Abwicklungsmaßnahmen herabzuschreiben oder umzuwandeln, darf nur bei berücksichtigungsfähigen Verbindlichkeiten Gebrauch gemacht werden, die den in Artikel 12g Absatz 2 Buchstabe a der vorliegenden Verordnung genannten Voraussetzungen – mit Ausnahme der Voraussetzung in Bezug auf die Restlaufzeit der Verbindlichkeiten nach Maßgabe des Artikels 72c Absatz 1 der Verordnung (EU) Nr. 575/2013[1)] – genügen.

[2] Wird diese Befugnis ausgeübt, so erfolgt die Herabschreibung oder Umwandlung nach dem Grundsatz des Artikels 15 Absatz 1 Buchstabe g.

(7b) Wird eine Abwicklungsmaßnahme in Bezug auf eine Abwicklungseinheit oder in Ausnahmefällen und abweichend vom Abwicklungsplan in Bezug auf ein Unternehmen, das keine Abwicklungseinheit ist, getroffen, so wird der Betrag, der auf Ebene eines solchen Unternehmens gemäß Artikel 21 Absatz 10 verringert, herabgeschrieben oder umgewandelt wird, auf die Schwellenwerte angerechnet, die gemäß Artikel 27 Absatz 7 Buchstabe a für das betreffende Unternehmen gelten.

(8) *[1]* Stellt der Ausschuss nach dem Verfahren des Artikels 18 dieser Verordnung fest, dass eine oder mehrere der Voraussetzungen gemäß Absatz 1 dieses Artikels erfüllt, die Voraussetzungen für eine Abwicklung gemäß Artikel 18 Absatz 2 dieser Verordnung aber nicht erfüllt sind, weist er die nationalen Abwicklungsbehörden unverzüglich an, die Herabschreibungs- oder Umwandlungsbefugnisse gemäß den Artikeln 59 und 60 der Richtlinie 2014/59/EU auszuüben.

[2] [1] Der Ausschuss muss sicherstellen, dass vor der Ausübung der Befugnis zur Herabschreibung oder Umwandlung von relevanten Kapitalinstrumenten und berücksichtigungsfähigen Verbindlichkeiten gemäß Absatz 7a durch die nationalen Abwicklungsbehörden eine Bewertung der Vermögenswerte und Verbindlichkeiten eines Unternehmens im Sinne des Artikels 2 oder einer Gruppe nach Maßgabe von Artikel 20 Absätze 1 bis 15 durchgeführt wird. [2] Diese Bewertung bildet die Grundlage für die Berechnung der Herabschreibung, die bei den relevanten Kapitalinstrumenten anzuwenden ist, um Verluste auszugleichen, und für die Berechnung des Umfangs der Umwandlung, die bei den relevanten Kapitalinstrumenten anzuwenden ist, um das Unternehmen im Sinne des Artikels 2 oder die Gruppe zu rekapitalisieren.

(9) Ist bzw. sind auch eine oder mehrere der Voraussetzungen gemäß Absatz 1 und gemäß Artikel 18 Absatz 2 gegeben, findet das in Artikel 18 Absätze 6, 7 und 8 dargelegte Verfahren Anwendung.

(10) Der Ausschuss stellt sicher, dass die nationalen Abwicklungsbehörden unverzüglich und im Einklang mit der Rangfolge der Forderungen gemäß Artikel 17 so von den Herabschreibungs- bzw. Umwandlungsbefugnissen Gebrauch machen, dass folgende Ergebnisse erzielt werden:

a) Die Posten des harten Kernkapitals werden als Erstes proportional zu den Verlusten und bis zu ihrer Kapazitätsgrenze verringert.

b) Der Nennwert der Instrumente des zusätzlichen Kernkapitals wird – je nachdem, welcher Wert niedriger ist – in dem zur Verwirklichung der Abwicklungsziele nach Artikel 14 erforderlichen Maß oder bis zu der Kapazitätsgrenze der relevanten Kapitalinstrumente herabgeschrieben oder in Instrumente des harten Kernkapitals umgewandelt oder beides.

c) Der Nennwert der Instrumente des Ergänzungskapitals wird – je nachdem, welcher Wert niedriger ist – in dem zur Verwirklichung der Abwicklungs-

---

1) Nr. 6.

ziele nach Artikel 14 erforderlichen Maß oder im Maß der Kapazität der relevanten Kapitalinstrumente herabgeschrieben oder in Instrumente des harten Kernkapitals umgewandelt oder beides.

d) Der Nennwert der in Absatz 7a genannten berücksichtigungsfähigen Verbindlichkeiten wird – je nachdem, welcher Wert niedriger ist – in dem zur Verwirklichung der Abwicklungsziele nach Artikel 14 erforderlichen Maß oder bis zur Kapazitätsgrenze der relevanten berücksichtigungsfähigen Verbindlichkeiten herabgeschrieben oder in Instrumente des harten Kernkapitals umgewandelt oder beides.

(11) Die nationalen Abwicklungsbehörden setzen die Weisungen des Ausschusses um und führen die Herabschreibung oder Umwandlung von relevanten Kapitalinstrumenten gemäß Artikel 29 durch.

Art. 22 Allgemeine Grundsätze für Abwicklungsinstrumente.

(1) Beschließt der Ausschuss, ein Abwicklungsinstrument auf ein Unternehmen oder eine Gruppe im Sinne des Artikels 7 Absatz 2 oder auf ein Unternehmen oder eine Gruppe im Sinne des Artikels 7 Absatz 4 Buchstabe b und Absatz 5, sofern die Voraussetzungen für die Anwendung dieser Absätze erfüllt sind, anzuwenden und würde die Abwicklungsmaßnahme zu Verlusten für die Gläubiger oder zu einer Umwandlung ihrer Forderungen führen, weist der Ausschuss die nationalen Abwicklungsbehörden an, die Befugnis zur Herabschreibung oder Umwandlung von relevanten Kapitalinstrumenten gemäß Artikel 21 unmittelbar vor oder zeitgleich mit der Anwendung des Abwicklungsinstruments auszuüben.

(2) Bei den Abwicklungsinstrumenten im Sinne des Artikels 18 Absatz 6 Buchstabe b handelt es sich um

a) das Instrument der Unternehmensveräußerung;
b) das Instrument des Brückeninstituts;
c) das Instrument der Ausgliederung von Vermögenswerten;
d) das Bail-in-Instrument.

(3) Bei der Annahme des Abwicklungskonzepts gemäß Artikel 18 Absatz 6 berücksichtigt der Ausschuss folgende Faktoren:

a) die Vermögenswerte und Verbindlichkeiten des in Abwicklung befindlichen Instituts aufgrund der Bewertung gemäß Artikel 20;
b) die Liquiditätslage des in Abwicklung befindlichen Instituts;
c) die Marktfähigkeit des Franchise-Werts des in Abwicklung befindlichen Instituts im Lichte der Wettbewerbsbedingungen und der wirtschaftlichen Bedingungen am Markt;
d) die zur Verfügung stehende Zeit.

(4) [1] Die Abwicklungsinstrumente werden zur Verwirklichung der in Artikel 14 festgelegten Abwicklungsziele im Einklang mit den Abwicklungsgrundsätzen nach Artikel 15 angewandt. [2] Sie können entweder einzeln oder in einer beliebigen Kombination angewandt werden, mit Ausnahme des Instruments der Ausgliederung von Vermögenswerten, das nur zusammen mit einem anderen Abwicklungsinstrument angewandt werden kann.

(5) Werden die in Absatz 2 Buchstabe a oder b dieses Artikels genannten Abwicklungsinstrumente angewandt, um die Vermögenswerte, Rechte oder

Verbindlichkeiten des in Abwicklung befindlichen Unternehmens nur teilweise zu übertragen, wird der verbleibende Teil des Unternehmens im Sinne des Artikels 2, dessen Vermögenswerte, Rechte oder Verbindlichkeiten übertragen wurden, im Wege eines regulären Insolvenzverfahrens liquidiert.

(6) *[1]* Der Ausschuss kann sich alle angemessenen Ausgaben, die in Verbindung mit der Anwendung eines Abwicklungsinstruments oder der Ausübung einer Abwicklungsbefugnis ordnungsgemäß getätigt wurden, auf eine oder mehrere der folgenden Weisen erstatten lassen:

a) als Abzug von einer vom übernehmenden Rechtsträger an das in Abwicklung befindliche Institut oder gegebenenfalls an die Inhaber der Eigentumstitel entrichteten Gegenleistung,

b) von dem in Abwicklung befindlichen Institut als bevorrechtigter Gläubiger oder

c) als bevorrechtigter Gläubiger aus Erlösen, die im Zusammenhang mit der Einstellung des Betriebs des Brückeninstituts oder der für die Vermögensverwaltung gegründeten Zweckgesellschaft erzielt wurden.

[2] Die Erlöse der nationalen Abwicklungsbehörden aus der Inanspruchnahme des Fonds werden dem Ausschuss erstattet.

Art. 23 Abwicklungskonzept. *[1]* In dem vom Ausschuss nach Artikel 18 beschlossenen Abwicklungskonzept werden im Einklang mit etwaigen Beschlüssen über staatliche Beihilfen oder Unterstützung aus dem Fonds die Einzelheiten der auf das in Abwicklung befindliche Institut anzuwendenden Abwicklungsinstrumente zumindest im Hinblick auf die in Artikel 24 Absatz 2, Artikel 25 Absatz 2, Artikel 26 Absatz 2 und Artikel 27 Absatz 1 genannten Maßnahmen, die von den nationalen Abwicklungsbehörden im Einklang mit den einschlägigen Bestimmungen der Richtlinie 2014/59/EU so auszuführen sind, wie sie in nationales Recht umgesetzt wurden, sowie die genauen Beträge und Zwecke festgelegt, für die der Fonds verwendet werden soll.

[2] Im Abwicklungskonzept werden die Abwicklungsmaßnahmen umrissen, die der Ausschuss in Bezug auf das Unionsmutterunternehmen oder auf bestimmte in den teilnehmenden Mitgliedstaaten niedergelassene Unternehmen der Gruppe mit dem Ziel ergreifen sollte, die Abwicklungsziele gemäß Artikel 14 zu erreichen und die Abwicklungsgrundsätze gemäß Artikel 15 einzuhalten.

[3] Bei einem Beschluss über ein Abwicklungskonzept berücksichtigen und befolgen der Ausschuss, der Rat und die Kommission den Abwicklungsplan nach Artikel 8, es sei denn, der Ausschuss gelangt unter Berücksichtigung der Sachlage zu der Einschätzung, dass die Abwicklungsziele mit Maßnahmen, die im Abwicklungsplan nicht vorgesehen sind, besser zu erreichen sind.

[4] [1] Im Laufe des Abwicklungsverfahrens kann das Abwicklungskonzept vom Ausschuss in einer den Umständen des Einzelfalls angemessenen Weise geändert und aktualisiert werden. [2] Bei Änderungen und Aktualisierungen kommt das Verfahren gemäß Artikel 18 zur Anwendung.

[5] [1] Darüber hinaus ist im Abwicklungskonzept, falls angezeigt, die Bestellung eines Sonderverwalters für das in Abwicklung befindliche Institut nach Artikel 35 der Richtlinie 2014/59/EU durch die nationalen Abwicklungsbehörden vorzusehen. [2] Der Ausschuss kann festlegen, dass ein und derselbe Sonderverwalter für alle Unternehmen derselben Gruppe bestellt wird, bei

denen dies notwendig ist, um Lösungen für die Wiederherstellung der finanziellen Solidität der betroffenen Unternehmen zu finden.

Art. 24 Instrument der Unternehmensveräußerung. (1) Im Abwicklungskonzept besteht das Instrument der Unternehmensveräußerung darin, Folgendes auf einen Erwerber, bei dem es sich nicht um ein Brückeninstitut handelt, zu übertragen:

a) von einem in Abwicklung befindlichen Instituts ausgegebene Eigentumstitel oder

b) alle oder einzelne Vermögenswerte, Rechte oder Verbindlichkeiten eines in Abwicklung befindlichen Instituts.

(2) Mit Blick auf das Instrument der Unternehmensveräußerung wird in dem Abwicklungskonzept Folgendes festgelegt:

a) die von der nationalen Abwicklungsbehörde gemäß Artikel 38 Absatz 1 und Absätze 7 bis 11 der Richtlinie 2014/59/EU zu übertragenden Titel, Vermögenswerte, Rechte und Verbindlichkeiten;

b) die kommerziellen Bedingungen, unter Berücksichtigung der Umstände und der im Abwicklungsverfahren entstehenden Kosten und Aufwendungen, zu denen die nationale Abwicklungsbehörde die Übertragung gemäß Artikel 38 Absätze 2, 3 und 4 der Richtlinie 2014/59/EU vornimmt;

c) ob die Übertragungsbefugnisse von der nationalen Abwicklungsbehörde gemäß Artikel 38 Absätze 5 und 6 der Richtlinie 2014/59/EU mehr als einmal ausgeübt werden können;

d) die Regelungen für die Vermarktung des jeweiligen Unternehmens oder der jeweiligen Titel, Vermögenswerte, Rechte und Verbindlichkeiten durch die nationale Abwicklungsbehörde gemäß Artikel 39 Absätze 1 und 2 der Richtlinie 2014/59/EU;

e) ob die Einhaltung der Vermarktungsanforderungen durch die nationale Abwicklungsbehörde wahrscheinlich die Erreichung der Abwicklungsziele gemäß Absatz 3 dieses Artikels beeinträchtigen würde.

(3) Der Ausschuss wendet das Instrument der Unternehmensveräußerung an, ohne die in Absatz 2 Buchstabe e genannten Vermarktungsanforderungen einzuhalten, wenn er zu der Feststellung gelangt, dass die Einhaltung dieser Anforderungen wahrscheinlich die Erreichung eines oder mehrerer Abwicklungsziele beeinträchtigen würde, und insbesondere, wenn er der Auffassung ist, dass

a) ein Ausfall oder wahrscheinlicher Ausfall des in Abwicklung befindlichen Instituts eine schwerwiegende Bedrohung für die Finanzstabilität darstellt bzw. eine bereits bestehende derartige Bedrohung erhöht, und

b) die Einhaltung dieser Anforderungen wahrscheinlich die Wirksamkeit des Instruments der Unternehmensveräußerung mit Blick auf die Abwendung der Bedrohung oder die Erreichung des in Artikel 14 Absatz 2 Buchstabe b genannten Abwicklungsziels beeinträchtigen würde.

Art. 25 Instrument des Brückeninstituts. (1) Im Abwicklungskonzept besteht das Instrument des Brückeninstituts darin, Folgendes auf ein Brückeninstitut zu übertragen:

a) Eigentumstitel, die von einem oder mehreren in Abwicklung befindlichen Instituten ausgegeben werden;
b) alle oder einzelne Vermögenswerte, Rechte oder Verbindlichkeiten eines oder mehrerer in Abwicklung befindlicher Institute.

(2) Mit Blick auf das Instrument des Brückeninstituts wird in dem Abwicklungskonzept Folgendes festgelegt:
a) die von der nationalen Abwicklungsbehörde gemäß Artikel 40 Absätze 1 bis 12 der Richtlinie 2014/59/EU auf ein Brückeninstitut zu übertragenden Titel, Vermögenswerte, Rechte und Verbindlichkeiten;
b) die Regelungen für die Einrichtung, den Betrieb und die Einstellung des Betriebs des Brückeninstituts durch die nationale Abwicklungsbehörde gemäß Artikel 41 Absätze 1, 2, 3 und 5 bis 9 der Richtlinie 2014/59/EU;
c) die Regelungen für die Vermarktung des Brückeninstituts oder seiner Vermögenswerte oder Verbindlichkeiten durch die nationale Abwicklungsbehörde gemäß Artikel 41 Absatz 4 der Richtlinie 2014/59/EU.

(3) Der Ausschuss stellt sicher, dass der Gesamtwert der von der nationalen Abwicklungsbehörde auf das Brückeninstitut übertragenen Verbindlichkeiten nicht den Gesamtwert der Rechte und Vermögenswerte übersteigt, die von dem in Abwicklung befindlichen Institut übertragen werden oder aus anderen Quellen stammen.

Art. 26 Instrument der Ausgliederung von Vermögenswerten.
(1) Im Abwicklungskonzept besteht das Instrument der Ausgliederung von Vermögenswerten darin, Vermögenswerte, Rechte oder Verbindlichkeiten eines in Abwicklung befindlichen Instituts oder eines Brückeninstituts auf eine oder mehrere für die Vermögensverwaltung gegründete Zweckgesellschaften zu übertragen.

(2) *[1]* Mit Blick auf das Instrument der Ausgliederung von Vermögenswerten wird in dem Abwicklungskonzept Folgendes festgelegt:
a) die von der nationalen Abwicklungsbehörde gemäß Artikel 42 Absätze 1 bis 5 und Absätze 8 bis 13 der Richtlinie 2014/59/EU auf eine für die Vermögensverwaltung gegründete Zweckgesellschaft zu übertragenden Vermögenswerte, Rechte und Verbindlichkeiten;
b) die Gegenleistung für die von der nationalen Abwicklungsbehörde auf die für die Vermögensverwaltung gegründete Zweckgesellschaft zu übertragenden Vermögenswerte, Rechte und Verbindlichkeiten im Einklang mit den in Artikel 20 dieser Verordnung und in Artikel 42 Absatz 7 der Richtlinie 2014/59/EU niedergelegten Grundsätzen und mit dem Rechtsrahmen der Union für staatliche Beihilfen.

[2] Unterabsatz 1 Buchstabe b schließt nicht aus, dass die Gegenleistung einen Nominalwert oder negativen Wert annimmt.

Art. 27 Bail-in-Instrument. (1) *[1]* Das Bail-in-Instrument kann für folgende Zwecke angewandt werden:
a) zur Rekapitalisierung eines die Voraussetzungen für eine Abwicklung erfüllenden Unternehmens im Sinne des Artikels 2 dieser Verordnung in einem Umfang, der ausreichend ist, um es wieder in die Lage zu versetzen, den Zulassungsbedingungen zu genügen – soweit diese Bedingungen für das

Unternehmen gelten – und weiterhin die Tätigkeiten auszuüben, für die es gemäß der Richtlinie 2013/36/EU oder der Richtlinie 2014/65/EU zugelassen ist – sofern das Unternehmen gemäß diesen Richtlinien zugelassen ist –, sowie genügend Vertrauen des Marktes in das Institut oder Unternehmen aufrechtzuerhalten;

b) zur Umwandlung in Eigenkapital – oder Herabsetzung des Nennwerts – der Forderungen oder Schuldtitel, die übertragen werden

i) auf ein Brückeninstitut mit dem Ziel, Kapital für das Brückeninstitut bereitzustellen, oder

ii) im Rahmen des Instruments der Unternehmensveräußerung oder des Instruments der Ausgliederung von Vermögenswerten.

[2] Im Abwicklungskonzept wird mit Blick auf das Bail-in-Instrument Folgendes festgelegt:

a) der aggregierte Betrag, um den die berücksichtigungsfähigen Verbindlichkeiten gemäß Absatz 13 zu vermindern oder umzuwandeln sind;

b) die Verbindlichkeiten, die gemäß den Absätzen 5 bis 14 ausgeschlossen werden können;

c) die Ziele und der Mindestinhalt des gemäß Absatz 16 vorzulegenden Reorganisationsplans.

(2) *[1]* Das Bail-in-Instrument kann für den in Absatz 1 Buchstabe a genannten Zweck nur dann angewandt werden, wenn die begründete Aussicht besteht, dass die Anwendung dieses Instruments – zusammen mit anderen einschlägigen Maßnahmen, einschließlich der Maßnahmen, die im Einklang mit dem nach Absatz 16 vorzulegenden Reorganisationsplan umgesetzt werden – über die Verwirklichung relevanter Abwicklungsziele hinaus die finanzielle Solidität und langfristige Überlebensfähigkeit des jeweiligen Unternehmens wiederherstellt.

[2] Werden eines der in Artikel 22 Absatz 2 Buchstaben a, b und c genannten Abwicklungsinstrumente und das in Artikel 22 Absatz 2 Buchstabe d genannte Bail-in-Instrument angewandt, soweit dies angezeigt ist, wenn die in Unterabsatz 1 genannten Bedingungen nicht erfüllt sind.

(3) *[1]* Die folgenden Verbindlichkeiten sind – unabhängig davon, ob sie dem Recht eines Mitgliedstaats oder eines Drittlands unterliegen – nicht Gegenstand einer Herabschreibung oder Umwandlung:

a) gedeckte Einlagen;

b) besicherte Verbindlichkeiten einschließlich gedeckter Schuldverschreibungen und Verbindlichkeiten in Form von Finanzinstrumenten, die zu Absicherungszwecken verwendet werden, einen festen Bestandteil des Deckungspools bilden und nach nationalem Recht ähnlich wie gedeckte Schuldverschreibungen besichert sind;

c) etwaige Verbindlichkeiten aus einer von einem Institut oder einem Unternehmen im Sinne des Artikels 2 dieser Verordnung wahrgenommenen Verwaltung von Kundenvermögen oder Kundengeldern, darunter Kundenvermögen oder Kundengelder, die im Namen von OGAW gemäß Artikel 1 Absatz 2 der Richtlinie 2009/65/EG oder von AIF gemäß Artikel 4 Absatz 1 Buchstabe a der Richtlinie 2011/61/EU des Europäischen Parlaments und des Rates[1] hinterlegt wurden, sofern der jeweilige Kunde nach dem geltenden Insolvenzrecht geschützt ist;

d) etwaige Verbindlichkeiten aus einem Treuhandverhältnis zwischen einem Unternehmen im Sinne des Artikels 2 (als Treuhänder) und einer anderen Person (als Begünstigten), sofern der Begünstigte nach dem geltenden Insolvenz- oder Zivilrecht geschützt ist;

e) Verbindlichkeiten gegenüber Instituten – ausgenommen Unternehmen, die Teil derselben Gruppe sind – mit einer Ursprungslaufzeit von weniger als sieben Tagen;

f) Verbindlichkeiten mit einer Restlaufzeit von weniger als sieben Tagen gegenüber Systemen oder Betreibern von Systemen, die gemäß der Richtlinie 98/26/EG des Europäischen Parlaments und des Rates[2] benannt wurden, oder gegenüber deren Teilnehmern, die aus der Teilnahme an einem solchen System resultieren, oder gegenüber zentralen Gegenparteien, die in der Union gemäß Artikel 14 der Verordnung (EU) Nr. 648/2012 zugelassen sind, und zentralen Gegenparteien aus Drittländern, die von der ESMA gemäß Artikel 25 der genannten Verordnung anerkannt wurden;

g) Verbindlichkeiten gegenüber

i) Beschäftigten aufgrund ausstehender Lohnforderungen, Rentenleistungen oder anderer fester Vergütungen, ausgenommen variable Vergütungsbestandteile, die nicht tarifvertraglich geregelt sind;

ii) Geschäfts- oder Handelsgläubigern aufgrund von Lieferungen und Leistungen, die für den alltäglichen Geschäftsbetrieb eines Instituts oder eines Unternehmens im Sinne des Artikels 2 von wesentlicher Bedeutung sind, einschließlich IT-Diensten, Versorgungsdiensten sowie Anmietung, Bewirtschaftung und Instandhaltung von Gebäuden;

iii) Steuer- und Sozialversicherungsbehörden, sofern es sich nach dem anwendbaren Recht um bevorrechtigte Verbindlichkeiten handelt;

iv) Einlagensicherungssystemen aus fälligen Beiträgen nach der Richtlinie 2014/49/EU.

h) Verbindlichkeiten gegenüber Unternehmen gemäß Artikel 1 Absatz 1 Buchstabe a, b, c oder d der Richtlinie 2014/59/EU, die Teil derselben Abwicklungsgruppe, selbst aber keine Abwicklungseinheiten sind, unabhängig von ihrer Laufzeit, außer wenn diese Verbindlichkeiten einen niedrigeren Rang einnehmen als gewöhnliche unbesicherte Verbindlichkeiten nach den einschlägigen nationalen Rechtsvorschriften des teilnehmenden Mitgliedstaats über reguläre Insolvenzverfahren, die am 28. Dezember 2020 Anwendung finden; wenn diese Ausnahmeregelung gilt, bewertet der Ausschuss, ob der Betrag der Posten, die die Anforderungen des Artikels 12g Absatz 2 erfüllen, ausreicht, um die Durchführung der bevorzugten Abwicklungsstrategie zu unterstützen.

---

[1] **Amtl. Anm.:** Richtlinie 2011/61/EU des Europäischen Parlaments und des Rates vom 8. Juni 2011 über die Verwalter alternativer Investmentfonds und zur Änderung der Richtlinien 2003/41/EG und 2009/65/EG und der Verordnungen (EG) Nr. 1060/2009 und (EU) Nr. 1095/2010 (ABl. L 174 vom 1.7.2011, S. 1).

[2] **Amtl. Anm.:** Richtlinie 98/26/EG des Europäischen Parlaments und des Rates vom 19. Mai 1998 über die Wirksamkeit von Abrechnungen in Zahlungs- sowie Wertpapierliefer- und -abrechnungssystemen (ABl. L 166 vom 11.6.1998, S. 45).

[2] Unterabsatz 1 Buchstabe g Ziffer i findet keine Anwendung auf den variablen Bestandteil von Vergütungen von Trägern eines erheblichen Risikos nach Artikel 92 Absatz 2 der Richtlinie 2013/36/EU.

(4) *[1]* Der in Absatz 3 dieses Artikels dargelegte Anwendungsbereich des Bail-in-Instruments hindert die Abwicklungsbehörden nicht daran, die Bail-in-Befugnisse, soweit dies angezeigt ist, in Bezug auf einen beliebigen Teil einer mit Sicherheiten unterlegten Verbindlichkeit oder einer Verbindlichkeit, für die eine Sicherheit gestellt wurde, die den Wert der Vermögenswerte, des als Sicherheit gestellten Pfands, des Zurückbehaltungsrechts oder der Sicherheit, gegen die sie besichert ist, übersteigt, oder in Bezug auf einen Einlagebetrag, der die in Artikel 6 der Richtlinie 2014/49/EU vorgesehene Deckung übersteigt, auszuüben.

[2] Der Ausschuss sorgt dafür, dass sämtliche besicherten Vermögenswerte im Zusammenhang mit einem Deckungspool für gedeckte Schuldverschreibungen weiterhin unberührt bleiben, getrennt behandelt werden und mit ausreichenden Mitteln ausgestattet sind.

[3] Unbeschadet der Vorschriften über Großkredite in der Verordnung (EU) Nr. 575/2013[1)] und der Richtlinie 2013/36/EU und mit Blick auf die Abwicklungsfähigkeit von Unternehmen und Gruppen weist der Ausschuss die nationalen Abwicklungsbehörden an, im Einklang mit Artikel 10 Absatz 11 Buchstabe b dieser Verordnung den Umfang, in dem andere Institute Verbindlichkeiten halten, die als Bail-in-Instrument infrage kommen, zu beschränken; hiervon ausgenommen sind Verbindlichkeiten, die von Unternehmen gehalten werden, die derselben Gruppe angehören.

(5) *[1]* In Ausnahmefällen können bei der Anwendung des Bail-in-Instruments bestimmte Verbindlichkeiten aus dem Anwendungsbereich der Herabschreibungs- oder Umwandlungsbefugnisse vollständig oder teilweise ausgeschlossen werden, sofern

a) für diese Verbindlichkeiten trotz redlicher Bemühungen der betreffenden nationalen Abwicklungsbehörde ein Bail-in innerhalb einer angemessenen Frist nicht möglich ist,

b) der Ausschluss zwingend erforderlich und angemessen ist, um die Kontinuität der kritischen Funktionen und Kerngeschäftsbereiche sicherzustellen, sodass die Fähigkeit des in Abwicklung befindlichen Instituts, die wichtigsten Geschäfte, Dienste und Transaktionen fortzusetzen, aufrechterhalten wird,

c) der Ausschluss zwingend erforderlich und angemessen ist, um die Gefahr einer ausgedehnten Ansteckung – vor allem in Bezug auf erstattungsfähige Einlagen von natürlichen Personen, Kleinstunternehmen und kleinen und mittleren Unternehmen – abzuwenden, die das Funktionieren der Finanzmärkte, einschließlich der Finanzmarktinfrastrukturen, derart stören würde, dass dies die Wirtschaft eines Mitgliedstaats oder der Union erheblich beeinträchtigen könnte, oder

d) die Anwendung des Bail-in-Instruments auf diese Verbindlichkeiten zu einer Wertvernichtung führen würde, bei der die von anderen Gläubigern zu tragenden Verluste höher wären, als wenn diese Verbindlichkeiten vom Bail-in ausgeschlossen würden.

[1)] Nr. **6**.

[2] Der Ausschuss bewertet sorgfältig, ob Verbindlichkeiten gegenüber Instituten oder Unternehmen, die Teil derselben Abwicklungsgruppe, selbst aber keine Abwicklungseinheiten sind und die nicht von der Anwendung der Herabschreibungs- und Umwandlungsbefugnisse nach Absatz 3 Buchstabe h ausgenommen sind, gemäß Unterabsatz 1 Buchstaben a bis d ganz oder teilweise ausgeschlossen werden sollten, um die wirksame Durchführung der Abwicklungsstrategie sicherzustellen.

[3] Wird eine bail-in-fähige Verbindlichkeit oder eine Kategorie bail-in-fähiger Verbindlichkeiten gemäß diesem Absatz ganz oder teilweise ausgeschlossen, kann der Umfang der auf andere bail-in-fähige Verbindlichkeiten angewandten Herabschreibung oder Umwandlung erweitert werden, um solchen Ausschlüssen Rechnung zu tragen, sofern beim Umfang der auf die anderen bail-in-fähigen Verbindlichkeiten angewandten Herabschreibung oder Umwandlung der Grundsatz gemäß Artikel 15 Absatz 1 Buchstabe g eingehalten wird.

(6) Wird eine bail-in-fähige Verbindlichkeit oder eine Kategorie bail-in-fähiger Verbindlichkeiten gemäß Absatz 5 ganz oder teilweise ausgeschlossen und sind die Verluste, die von diesen Verbindlichkeiten absorbiert worden wären, nicht vollständig an andere Gläubiger weitergegeben worden, kann aus dem Fonds ein Beitrag an das in Abwicklung befindliche Institut geleistet werden, um

a) alle Verluste, die nicht von bail-in-fähigen Verbindlichkeiten absorbiert wurden, abzudecken und den Nettovermögenswert des in Abwicklung befindlichen Instituts gemäß Absatz 13 Buchstabe a wieder auf null zu bringen und/oder

b) Eigentumstitel oder Kapitalinstrumente des in Abwicklung befindlichen Instituts zu erwerben, um das Institut gemäß Absatz 13 Buchstabe b zu rekapitalisieren.

(7) Der Fonds kann den in Absatz 6 genannten Beitrag nur leisten, sofern

a) von den Anteilseignern oder den Inhabern relevanter Kapitalinstrumente und anderer bail-in-fähiger Verbindlichkeiten durch Herabschreibung, Umwandlung oder auf andere Weise ein Beitrag zum Verlustausgleich und zur Rekapitalisierung in Höhe von mindestens 8 % der gesamten Verbindlichkeiten einschließlich Eigenmittel des in Abwicklung befindlichen Instituts – berechnet zum Zeitpunkt der Abwicklungsmaßnahme gemäß der in Artikel 20 Absätze 1 bis 15 vorgesehenen Bewertung – geleistet worden ist und

b) der Beitrag des Fonds 5 % der gesamten Verbindlichkeiten einschließlich Eigenmittel des in Abwicklung befindlichen Instituts – berechnet zum Zeitpunkt der Abwicklungsmaßnahme gemäß der in Artikel 20 Absätze 1 bis 15 vorgesehenen Bewertung – nicht übersteigt.

(8) Der in Absatz 7 dieses Artikels genannte Beitrag des Fonds kann wie folgt finanziert werden:

a) durch den dem Fonds zur Verfügung stehenden Betrag, der durch Beiträge von Unternehmen im Sinne des Artikels 2 dieser Verordnung gemäß der Richtlinie 2014/59/EU sowie gemäß Artikel 67 Absatz 4 und den Artikeln 70 und 71 dieser Verordnung aufgebracht wurde;

b) wenn die Beträge gemäß Buchstabe a dieses Absatzes nicht ausreichen, durch Beträge, die durch alternative Finanzierungsmöglichkeiten gemäß den Artikeln 73 und 74 aufgebracht werden.

(9) Unter außergewöhnlichen Umständen kann eine weitere Finanzierung aus alternativen Finanzierungsquellen angestrebt werden, nachdem

a) die in Absatz 7 Buchstabe b festgelegte Obergrenze von 5 % erreicht worden ist und

b) alle nicht besicherten und nicht bevorrechtigten Verbindlichkeiten, die keine erstattungsfähigen Einlagen sind, vollständig herabgeschrieben oder umgewandelt worden sind.

(10) Alternativ oder zusätzlich kann – sofern die in Absatz 9 Buchstaben a und b festgelegten Voraussetzungen erfüllt sind – ein Beitrag aus den Mitteln geleistet werden, die durch im Voraus erhobene Beiträge gemäß Artikel 70 aufgebracht wurden und noch nicht in Anspruch genommen worden sind.

(11) Für die Zwecke dieser Verordnung findet Artikel 44 Absatz 8 der Richtlinie 2014/59/EU keine Anwendung.

(12) Bei der Entscheidung nach Absatz 5 wird Folgendes gebührend berücksichtigt:

a) der Grundsatz, dass Verluste in erster Linie von den Anteilseignern und dann grundsätzlich von den Gläubigern des in Abwicklung befindlichen Instituts entsprechend ihrer Rangfolge zu tragen sind;

b) das Niveau der Verlustabsorptionskapazität, über die das in Abwicklung befindliche Institut noch verfügen würde, wenn die Verbindlichkeit oder Kategorie von Verbindlichkeiten ausgeschlossen würde; und

c) die Erforderlichkeit der Beibehaltung ausreichender Mittel zur Abwicklungsfinanzierung.

(13) *[1]* Der Ausschuss bewertet den Anforderungen des Artikels 20 Absätze 1 bis 15 entsprechend folgenden aggregierten Betrag:

a) gegebenenfalls den Betrag, um den die berücksichtigungsfähigen Verbindlichkeiten herabzuschreiben sind, damit der Nettovermögenswert des in Abwicklung befindlichen Instituts gleich null ist, und

b) gegebenenfalls den Betrag, in dessen Höhe die berücksichtigungsfähigen Verbindlichkeiten in Anteile oder andere Arten von Kapitalinstrumenten umzuwandeln sind, um die harte Kernkapitalquote eines der folgenden Institute wiederherzustellen:

i) entweder des in Abwicklung befindlichen Instituts oder

ii) des Brückeninstituts.

[2] Bei der Bewertung nach Unterabsatz 1 wird der Betrag festgelegt, um den die berücksichtigungsfähigen Verbindlichkeiten herabgeschrieben oder umgewandelt werden müssen, um bei dem in Abwicklung befindlichen Institut die harte Kernkapitalquote wiederherzustellen oder gegebenenfalls die Quote für das Brückeninstitut festzulegen, wobei etwaige Kapitalzuführungen durch den Fonds nach Artikel 76 Absatz 1 Buchstabe d zu berücksichtigen sind, und um ausreichendes Vertrauen des Markts in das in Abwicklung befindliche Institut oder das Brückeninstitut sicherzustellen und es in die Lage zu versetzen, während mindestens eines Jahres die Zulassungsvoraussetzungen weiterhin zu

erfüllen und die Tätigkeiten, für die es im Rahmen der Richtlinie 2013/36/EU oder der Richtlinie 2014/65/EU zugelassen ist, fortzuführen.

[3] Beabsichtigt der Ausschuss, das Instrument der Ausgliederung von Vermögenswerten nach Artikel 26 anzuwenden, wird bei der Bestimmung des Betrags, um den die berücksichtigungsfähigen Verbindlichkeiten gesenkt werden müssen, gegebenenfalls eine vorsichtige Schätzung des Kapitalbedarfs der für die Vermögensverwaltung gegründeten Zweckgesellschaft berücksichtigt.

(14) Die Ausschlüsse nach Absatz 5 können entweder vorgenommen werden, um eine Verbindlichkeit vollständig von der Herabschreibung auszuschließen oder um den Umfang der auf diese Verbindlichkeit angewandten Herabschreibung zu begrenzen.

(15) Bei den Herabschreibungs- und Umwandlungsbefugnissen werden die in Artikel 17 dieser Verordnung niedergelegten Anforderungen in Bezug auf die Rangfolge der Forderungen eingehalten.

(16) *[1]* Die nationale Abwicklungsbehörde legt den Reorganisationsplan, den sie gemäß Artikel 52 Absätze 1, 2 und 3 der Richtlinie 2014/59/EU von dem Leitungsorgan oder der Person bzw. den Personen, die nach Artikel 72 Absatz 1 der genannten Richtlinie bestellt wurde bzw. wurden, erhalten hat, unverzüglich dem Ausschuss vor.

[2] [1] Innerhalb von zwei Wochen nach Vorlage des Reorganisationsplans übermittelt die betreffende nationale Abwicklungsbehörde dem Ausschuss ihre Bewertung des Plans. [2] Der Ausschuss bewertet innerhalb eines Monats nach Vorlage des Reorganisationsplans die Wahrscheinlichkeit, dass die langfristige Existenzfähigkeit eines Unternehmens im Sinne des Artikels 2 bei Durchführung des Plans wiederhergestellt wird. [3] Die Bewertung wird im Einvernehmen mit der nationalen zuständigen Behörde oder, falls angezeigt, der EZB vorgenommen.

[3] [1] Ist der Ausschuss davon überzeugt, dass dieses Ziel mit dem Plan erreicht werden würde, gestattet er der nationalen Abwicklungsbehörde, den Plan gemäß Artikel 52 Absatz 7 der Richtlinie 2014/59/EU zu genehmigen. [2] Ist der Ausschuss nicht davon überzeugt, dass dieses Ziel mit dem Plan erreicht werden würde, weist er die nationale Abwicklungsbehörde an, gemäß Artikel 52 Absatz 8 der genannten Richtlinie dem Leitungsorgan oder der Person bzw. den Personen, die nach Artikel 72 Absatz 1 der genannten Richtlinie bestellt wurde bzw. wurden, seine Bedenken mit der Aufforderung mitzuteilen, den Plan so zu ändern, dass seine Bedenken berücksichtigt werden. [3] In beiden Fällen wird die Bewertung im Benehmen mit der nationalen zuständigen Behörde oder, falls angezeigt, der EZB vorgenommen.

[4] [1] Das Leitungsorgan oder die nach Artikel 72 Absatz 1 der Richtlinie 2014/59/EU bestellte Person bzw. bestellten Personen legt bzw. legen der nationalen Abwicklungsbehörde innerhalb von zwei Wochen nach Erhalt einer solchen Mitteilung einen geänderten Plan zur Genehmigung vor. [2] Die nationale Abwicklungsbehörde legt dem Ausschuss den geänderten Plan und ihre Bewertung dieses Plans vor. [3] Der Ausschuss bewertet den geänderten Plan und weist die nationale Abwicklungsbehörde an, dem Leitungsorgan oder der Person bzw. den Personen, die nach Artikel 72 Absatz 1 der Richtlinie 2014/59/EU bestellt wurde bzw. wurden, innerhalb einer Woche mitzuteilen, ob der geänderte Plan seiner Überzeugung nach den geäußerten Bedenken Rechnung trägt oder ob er weiterer Änderungen bedarf.

[5] Der Ausschuss teilt der EBA den Gruppenreorganisationsplan mit.

Art. 28 Überwachung durch den Ausschuss. (1) *[1]* [1] Der Ausschuss überwacht die Umsetzung des Abwicklungskonzepts durch die nationalen Abwicklungsbehörden sorgfältig. [2] Im Hinblick darauf sind die nationalen Abwicklungsbehörden verpflichtet,

a) mit dem Ausschuss zusammenzuarbeiten und ihn bei der Erfüllung seiner Überwachungspflicht zu unterstützen;

b) in regelmäßigen, vom Ausschuss festgelegten Abständen auf dessen Aufforderung genaue, verlässliche und vollständige Informationen zur Umsetzung des Abwicklungskonzepts, zur Anwendung der Abwicklungsinstrumente und zur Ausübung der Abwicklungsbefugnisse vorzulegen, unter anderem in Bezug auf

   i) den Betrieb und die Finanzlage des in Abwicklung befindlichen Instituts, des Brückeninstituts und der für die Vermögensverwaltung gegründeten Zweckgesellschaft;

   ii) die Behandlung, die die Anteilseigner und Gläubiger bei einer Liquidation des Instituts im Rahmen eines regulären Insolvenzverfahrens erfahren hätten;

   iii) laufende Gerichtsverfahren im Zusammenhang mit der Liquidation der Vermögenswerte des in Abwicklung befindlichen Instituts, Anfechtungen des Abwicklungsbeschlusses und der Bewertung oder im Zusammenhang mit Entschädigungsanträgen von Anteilseignern oder Gläubigern;

   iv) die Bestellung, Absetzung oder Ersetzung vonGutachtern, Verwaltern, Wirtschaftsprüfern, Anwälten und sonstigen Berufsträgern, die die nationale Abwicklungsbehörde gegebenenfalls unterstützen müssen, sowie in Bezug auf die Erfüllung ihrer Aufgaben;

   v) alle sonstigen Angelegenheiten, die für die Umsetzung des Abwicklungskonzepts, einschließlich möglicher Verstöße gegen die in der Richtlinie 2014/59/EU festgelegten Schutzbestimmungen, relevant sind und auf die der Ausschuss gegebenenfalls Bezug nimmt;

   vi) Umfang und Art der Ausübung der in den Artikeln 63 bis 72 der Richtlinie 2014/59/EU genannten Befugnisse der nationalen Abwicklungsbehörden;

   vii) die wirtschaftliche Tragfähigkeit, Durchführbarkeit und Umsetzung des in Artikel 27 Absatz 16 vorgesehenen Reorganisationsplans.

[2] Die nationalen Abwicklungsbehörden legen dem Ausschuss einen Abschlussbericht über die Umsetzung des Abwicklungskonzepts vor.

(2) Auf der Grundlage der bereitgestellten Informationen kann der Ausschuss den nationalen Abwicklungsbehörden Weisungen zu allen Aspekten der Umsetzung des Abwicklungskonzepts erteilen, insbesondere hinsichtlich der in Artikel 23 genannten Elemente und der Ausübung der Abwicklungsbefugnisse.

(3) [1] Soweit es für die Erreichung der Abwicklungsziele erforderlich ist, kann das Abwicklungskonzept geändert werden. [2] Das Verfahren nach Artikel 18 findet Anwendung.

Art. 29 Durchführung von Beschlüssen gemäß dieser Verordnung.

(1) *[1]* [1]Die nationalen Abwicklungsbehörden treffen die erforderlichen Maßnahmen, um die Beschlüsse gemäß dieser Verordnung umzusetzen, insbesondere indem sie Kontrolle über Unternehmen und Gruppen im Sinne des Artikels 7 Absatz 2 sowie über die Unternehmen und Gruppen im Sinne des Artikels 7 Absatz 4 Buchstabe b und Absatz 5 ausüben, sofern die Voraussetzungen für die Anwendung dieser Absätze erfüllt sind, die erforderlichen Maßnahmen gemäß Artikel 35 oder Artikel 72 der Richtlinie 2014/59/EU treffen und sicherstellen, dass die in jener Richtlinie festgelegten Schutzbestimmungen eingehalten werden. [2]Die nationalen Abwicklungsbehörden setzen alle an sie gerichteten Beschlüsse des Ausschusses um.

[2] [1]Dazu üben sie – im Rahmen dieser Verordnung – die Befugnisse, die ihnen im nationalen Recht zur Umsetzung der Richtlinie 2014/59/EU übertragen werden, im Einklang mit den in nationalem Recht vorgesehenen Bedingungen aus. [2]Die nationalen Abwicklungsbehörden unterrichten den Ausschuss in vollem Umfang über die Ausübung dieser Befugnisse. [3]Alle von ihnen getroffenen Maßnahmen müssen mit den gemäß dieser Verordnung gefassten Beschlüssen des Ausschusses im Einklang stehen.

[3] Bei der Umsetzung dieser Beschlüsse sorgen die nationalen Abwicklungsbehörden dafür, dass die in der Richtlinie 2014/59/EU festgelegten Schutzbestimmungen eingehalten werden.

(2) *[1]* Sollte eine nationale Abwicklungsbehörde einen gemäß dieser Verordnung gefassten Beschluss des Ausschusses nicht durchgeführt oder nicht eingehalten haben oder ihn so durchgeführt haben, dass die Abwicklungsziele gemäß Artikel 14 oder die effiziente Umsetzung des Abwicklungskonzepts gefährdet sind, darf der Ausschuss ein in Abwicklung befindliches Institut anweisen,

a) im Fall einer Maßnahme nach Artikel 18 bestimmte Rechte, Vermögenswerte oder Verbindlichkeiten eines in Abwicklung befindlichen Instituts auf eine andere Person zu übertragen,

b) im Fall einer Maßnahme nach Artikel 18 die Umwandlung etwaiger Schuldtitel zu verlangen, deren vertragliche Bedingungen unter den in Artikel 21 genannten Umständen eine Umwandlung vorsehen,

c) andere Maßnahmen zu treffen, die notwendig sind, um die Einhaltung des jeweiligen Beschlusses zu erwirken.

[2] Der Ausschuss fasst nur dann einen Beschluss im Sinne von Buchstabe c des Unterabsatzes 1, wenn mit der Maßnahme in erheblichem Umfang aufdie Gefährdung des jeweiligen Abwicklungsziels oder die effiziente Umsetzung des Abwicklungskonzepts eingegangenwird.

[3] [1]Vor einem Beschluss über die Auferlegung von Maßnahmen unterrichtet der Ausschuss die betroffenen nationalen Abwicklungsbehörden und die Kommission über die beabsichtigten Maßnahmen. [2]Die entsprechende Mitteilung muss nähere Angaben zu den vorgesehenen Maßnahmen, die Gründe für diese Maßnahmen und nähere Angaben zum Zeitpunkt des geplanten Inkrafttretens der Maßnahmen enthalten.

[4] [1]Die Mitteilung muss mindestens 24 Stunden vor dem vorgesehenen Inkrafttreten der Maßnahmen erfolgen. [2]Unter außergewöhnlichen Umständen, unter denen eine Unterrichtung mit mindestens 24 Stunden Vorlauf nicht

möglich ist, darf die Mitteilung durch den Ausschuss weniger als 24 Stunden vor dem geplanten Inkrafttreten der Maßnahmen erfolgen.

(3) [1] Das in Abwicklung befindliche Institut muss alle gemäß Absatz 2 gefassten Beschlüsse einhalten. [2] Diese Beschlüsse haben Vorrang vor allen zuvor von den nationalen Abwicklungsbehörden in derselben Angelegenheit erlassenen Beschlüssen.

(4) Die nationalen Abwicklungsbehörden halten diesen Beschluss ein, wenn sie Maßnahmen in Bezug auf Angelegenheiten treffen, die Gegenstand eines Beschlusses gemäß Absatz 2 sind.

(5) [1] Der Ausschuss veröffentlicht auf seiner Website eine Kopie des Abwicklungskonzepts oder eine Bekanntmachung, in der die Auswirkungen der Abwicklungsmaßnahme, insbesondere die Auswirkungen auf die Kleinanleger, zusammengefasst werden. [2] Die nationalen Abwicklungsbehörden halten die geltenden Verfahrenspflichten gemäß Artikel 83 der Richtlinie 2014/59/EU ein.

Kapitel 4. Zusammenarbeit

Art. 30 Verpflichtung zur Zusammenarbeit und Informationsaustausch im einheitlichen Abwicklungsmechanismus. (1) [1] Der Ausschuss unterrichtet die Kommission über alle von ihm zur Vorbereitung einer Abwicklung getroffenen Maßnahmen. [2] Die Mitglieder des Rates, die Kommission sowie das Personal des Rates und der Kommission unterliegen hinsichtlich aller Informationen, die der Ausschuss ihnen bereitstellt, der in Artikel 88 festgelegten Verpflichtung zur Wahrung des Berufsgeheimnisses.

(2) [1] Bei der Ausübung ihrer jeweiligen Zuständigkeiten gemäß dieser Verordnung arbeiten der Ausschuss, der Rat, die Kommission, die EZB sowie die nationalen Abwicklungsbehörden und die nationalen zuständigen Behörden eng zusammen, insbesondere bei der Planung einer Abwicklung, bei frühzeitigem Eingreifen und in den einzelnen Phasen der Abwicklung gemäß den Artikeln 8 bis 29. [2] Sie stellen einander alle Informationen bereit, die für die Wahrnehmung ihrer Aufgaben erforderlich sind.

(3) Die EZB oder die nationalen zuständigen Behörden übermitteln dem Ausschuss und den nationalen Abwicklungsbehörden die von ihnen genehmigten Vereinbarungen über gruppeninterne finanzielle Unterstützung und Änderungen daran.

(4) [1] Für die Zwecke dieser Verordnung kann die EZB den Vorsitzenden des Ausschusses zur Teilnahme als Beobachter an dem nach Artikel 19 der Verordnung (EU) Nr. 1024/2013[1)] eingerichteten Aufsichtsgremium der EZB einladen. [2] Der Ausschuss kann, wenn er es für zweckmäßig erachtet, zu diesem Zweck einen anderen Vertreter anstelle des Vorsitzenden benennen.

(5) Der Ausschuss benennt für die Zwecke dieser Verordnung einen Vertreter, der für ihn an dem nach Artikel 127 der Richtlinie 2014/59/EU eingerichteten Abwicklungsausschuss der EBA teilnimmt.

(6) Der Ausschuss bemüht sich darum, eng mit den Fazilitäten für eine öffentliche finanzielle Unterstützung, einschließlich der Europäischen Finanzstabilisierungsfazilität (EFSF) und dem Europäischen Stabilitätsmechanismus

[1)] Nr. 5.

(ESM), zusammenzuarbeiten, insbesondere unter den in Artikel 27 Absatz 9 genannten außergewöhnlichen Umständen und wenn eine solche Einrichtung in einem teilnehmenden Mitgliedstaat niedergelassenen Unternehmen direkten oder indirekten finanziellen Beistand gewährt hat oder voraussichtlich gewähren wird.

(7) [1] Der Ausschuss schließt erforderlichenfalls mit der EZB und den nationalen Abwicklungsbehörden und den nationalen zuständigen Behörden eine Vereinbarung, in der die allgemeinen Bestimmungen für ihre Zusammenarbeit gemäß den Absätzen 2 und 4 bei der Wahrnehmung ihrer jeweiligen Aufgaben nach dem Unionsrecht festgelegt werden. [2] Die Vereinbarung wird regelmäßig überprüft und vorbehaltlich der Verpflichtung zur Wahrung des Berufsgeheimnisses veröffentlicht.

Art. 31 Zusammenarbeit im einheitlichen Abwicklungsmechanismus. (1) *[1]* [1] Der Ausschuss nimmt seine Aufgaben in enger Zusammenarbeit mit den nationalen Abwicklungsbehörden wahr. [2] In Zusammenarbeit mit den nationalen Abwicklungsbehörden billigt und veröffentlicht er für die Gestaltung der praktischen Vereinbarungen ein Rahmenwerk über die Umsetzung dieses Artikels.

[2] Im Interesse einer wirksamen und einheitlichen Anwendung dieses Artikels verfährt der Ausschuss wie folgt:

a) er gibt Leitlinien heraus und richtet allgemeine Anweisungen an die nationalen Abwicklungsbehörden, nach denen sie Aufgaben ausführen und Abwicklungsbeschlüsse fassen;

b) er kann jederzeit die in den Artikeln 34 bis 37 genannten Befugnisse ausüben;

c) er kann auf Ad-hoc-Basis oder auf kontinuierlicher Basis Informationen von den nationalen Abwicklungsbehörden über die Ausübung der von ihnen gemäß Artikel 7 Absatz 3 wahrgenommenen Aufgaben anfordern;

d) er erhält von den nationalen Abwicklungsbehörden den Entwurf einer Entscheidung, zu dem er seine Ansichten darlegen und bei dem er insbesondere auf die Elemente hinweisen kann, die nicht mit dieser Verordnung oder seinen allgemeinen Anweisungen im Einklang stehen.

[3] Unbeschadet des Kapitels 5 dieses Titels kann der Ausschuss die nationalen Abwicklungsbehörden auffordern, ihm zwecks Beurteilung von Abwicklungsplänen alle notwendigen Informationen, die sie sich gemäß Artikel 11 und Artikel 13 Absatz 1 der Richtlinie 2014/59/EU beschafft haben,vorzulegen.

(2) [1] Artikel 13 Absätze 4 bis 10 und die Artikel 88 bis 92 der Richtlinie 2014/59/EU gelten nicht für die Beziehungen zwischen den nationalen Abwicklungsbehörden. [2] Gemeinsame Entscheidungen und bei Fehlen einer gemeinsamen Entscheidung gemäß Artikel 45h der Richtlinie 2014/59/EU getroffene Entscheidungen finden keine Anwendung. [3] Stattdessen finden die einschlägigen Bestimmungen dieser Verordnung Anwendung.

Art. 32 Anhörung von und Zusammenarbeit mit nicht teilnehmenden Mitgliedstaaten und Drittländern. (1) *[1]* Umfasst eine Gruppe sowohl in teilnehmenden Mitgliedstaaten niedergelassene als auch in nicht teilnehmenden Mitgliedstaaten oder Drittländern niedergelassene Unternehmen, so vertritt der Ausschuss unbeschadet einer gemäß dieser Verordnung gegebenenfalls erforderlichen Zustimmung des Rates oder der Kommission die nationalen Abwicklungsbehörden der teilnehmenden Mitgliedstaaten bei der Anhörung von und der Zusammenarbeit mit nicht teilnehmenden Mitgliedstaaten oder Drittländern gemäß den Artikeln 7, 8, 12, 13, 16, 18, 55 und 88 bis 92 der Richtlinie 2014/59/EU.

[2] Umfasst eine Gruppe in teilnehmenden Mitgliedstaaten niedergelassene Unternehmen und in nicht teilnehmenden Mitgliedstaaten niedergelassene Tochterunternehmen oder dort ansässige bedeutende Zweigstellen, so unterrichtet der Ausschuss die zuständigen Behörden und/oder die Abwicklungsbehörden des nicht teilnehmenden Mitgliedstaats über alle, gruppenrelevanten Pläne, Beschlüsse oder Maßnahmen gemäß den Artikeln 8, 10, 11, 12 bis 12k und 13, soweit dies angezeigt ist.

(2) *[1]* Der Ausschuss, die EZB und die Abwicklungsbehörden sowie die zuständigen Behörden der nicht teilnehmenden Mitgliedstaaten schließen Vereinbarungen, in denen sie die allgemeinen Bestimmungen für ihre Zusammenarbeit bei der Wahrnehmung ihrer Aufgaben nach der Richtlinie 2014/59/EU festlegen.

[2] Unbeschadet des Unterabsatzes 1 schließt der Ausschuss eine Vereinbarung mit der Abwicklungsbehörde jedes nicht teilnehmenden Mitgliedstaats, in dem mindestens ein global systemrelevantes Institut angesiedelt ist, das als solches gemäß Artikel 131 der Richtlinie 2013/36/EU anerkannt ist.

(3) Jede Vereinbarung wird regelmäßig überprüft und vorbehaltlich der Verpflichtung zur Wahrung des Berufsgeheimnisses veröffentlicht.

(4) [1] Der Ausschuss schließt im Namen der nationalen Abwicklungsbehörden der teilnehmenden Mitgliedstaaten rechtlich nicht bindende Kooperationsvereinbarungen gemäß der in Artikel 97 Absatz 2 der Richtlinie 2014/59/EU genannten Rahmenkooperationsvereinbarung der EBA. [2] Er unterrichtet die EBA über diese Kooperationsvereinbarungen.

Art. 33 Anerkennung und Durchsetzung der Abwicklungsverfahren von Drittländern. (1) [1] Dieser Artikel gilt in Bezug auf Drittlandsabwicklungsverfahren, sofern und solange keine internationale Übereinkunft gemäß Artikel 93 Absatz 1 der Richtlinie 2014/59/EU mit dem betreffenden Drittland in Kraft tritt. [2] Er gilt ferner nach dem Inkrafttreten einer internationalen Übereinkunft gemäß Artikel 93 Absatz 1 der genannten Richtlinie mit dem betreffenden Drittland, insofern die Anerkennung und Durchsetzung der Abwicklungsverfahren von Drittländern nicht durch diese Übereinkunft geregelt wird.

(2) *[1]* Der Ausschuss richtet eine einschlägige Empfehlung an die nationalen Abwicklungsbehörden, nachdem er die Anerkennung und Durchsetzung von Abwicklungsverfahren bewertet hat, die von Abwicklungsbehörden von Drittländern in Bezug auf ein in Drittländern ansässiges Institut oder Mutterunternehmen durchgeführt werden, das

a) ein oder mehrere Unionstochterunternehmen in einem oder mehreren teilnehmenden Mitgliedstaaten hat oder
b) über Vermögenswerte, Rechte oder Verbindlichkeiten verfügt, die in einem oder mehreren teilnehmenden Mitgliedstaaten belegen sind oder dem Recht der teilnehmenden Mitgliedstaaten unterliegen.

[2] Der Ausschuss führt seine Bewertung nach Anhörung der nationalen Abwicklungsbehörden bzw. – wenn ein europäisches Abwicklungskollegium gemäß Artikel 89 der Richtlinie 2014/59/EU eingerichtet wurde – der Abwicklungsbehörden nicht teilnehmender Mitgliedstaaten durch.

[3] Bei der Bewertung wird den Interessen der einzelnen teilnehmenden Mitgliedstaaten, in denen ein Drittlandinstitut oder Mutterunternehmen unterhalten wird, und vor allem den potenziellen Folgen der Anerkennung und Durchsetzung von Drittlandabwicklungsverfahren für die anderen Unternehmen der Gruppe und die Finanzstabilität in den jeweiligen Mitgliedstaaten gebührend Rechnung getragen.

(3) Der Ausschuss empfiehlt die Verweigerung der Anerkennung oder Durchsetzung des Abwicklungsverfahrens nach Absatz 1, wenn er der Auffassung ist, dass

a) sich das jeweilige Abwicklungsverfahren des Drittlands negativ auf die Finanzstabilität in einem teilnehmenden Mitgliedstaat auswirken würde,

b) Gläubiger, insbesondere Einleger, die in einem teilnehmenden Mitgliedstaat ansässig oder auszuzahlen sind, im Rahmen des inländischen Abwicklungsverfahrens des Drittlands nicht dieselbe Behandlung wie Drittlandgläubiger und Einleger mit vergleichbaren Rechten genießen würden,

c) die Anerkennung oder Durchsetzung des Drittlandabwicklungsverfahrens erhebliche haushaltspolitische Auswirkungen auf den teilnehmenden Mitgliedstaat haben würde oder

d) die Auswirkungen dieser Anerkennung oder Durchsetzung im Widerspruch zum nationalen Recht des teilnehmenden Mitgliedstaats stehen würden.

(4) Die nationalen Abwicklungsbehörden setzen die Empfehlung des Ausschusses um und ersuchen um die Anerkennung oder Durchsetzung der Abwicklungsverfahren in ihren jeweiligen Hoheitsgebieten oder erläutern dem Ausschuss in einer begründeten Stellungnahme, warum sie die Empfehlung des Ausschusses nicht umsetzen können.

(5) Bei der Ausübung von Abwicklungsbefugnissen gegenüber Unternehmen in Drittländern üben die nationalen Abwicklungsbehörden gegebenenfalls die Befugnisse aus, die ihnen auf der Grundlage der Bestimmungen des Artikels 94 Absatz 4 der Richtlinie 2014/59/EU übertragen wurden.

Kapitel 5. Untersuchungsbefugnisse

Art. 34 Auskunftsersuchen. (1) Der Ausschuss kann unter voller Ausschöpfung aller bei der EZB oder den nationalen zuständigen Behörden verfügbaren Informationen zur Wahrnehmung seiner Aufgaben im Sinne dieser Verordnung von den folgenden juristischen oder natürlichen Personen über die nationalen Abwicklungsbehörden oder, nachdem diese Personen von ihm darüber informiert worden sind, direkt sämtliche Informationen anfordern, die für die Wahrnehmung der ihm durch diese Verordnung übertragenen Aufgaben erforderlich sind:

a) von Unternehmen im Sinne des Artikels 2,

b) von Mitarbeitern der Unternehmen im Sinne des Artikels 2,

c) von Dritten, an die Unternehmen im Sinne des Artikels 2 Funktionen oder Tätigkeiten ausgelagert haben.

(2) [1] Die in Absatz 1 genannten Unternehmen und Personen müssen die gemäß jenem Absatz angeforderten Informationen zur Verfügung stellen. [2] Die Verpflichtung zur Wahrung des Berufsgeheimnisses führt nicht dazu, dass diese Unternehmen und Personen von der Pflicht freigestellt werden, diese Informationen zur Verfügung zu stellen. [3] Die Bereitstellung der angeforderten Informationen gilt nicht als Verstoß gegen die Verpflichtung zur Wahrung des Berufsgeheimnisses.

(3) Erhält der Ausschuss Informationen direkt von diesen Unternehmen oder Personen, übermittelt er sie den betroffenen nationalen Abwicklungsbehörden.

(4) Der Ausschuss kann hinsichtlich eines Instituts, das seinen Abwicklungsbefugnissen unterliegt, alle Informationen, die für die Ausübung seiner Funktionen im Sinne dieser Verordnung erforderlich sind, insbesondere über das Kapital, die Liquidität sowie die Vermögenswerte und Verbindlichkeiten, auch kontinuierlich einholen.

(5) [1] Der Ausschuss, die EZB, die nationalen zuständigen Behörden und die nationalen Abwicklungsbehörden können Vereinbarungen mit Bestimmungen über das bei diesem Informationsaustausch anzuwendende Verfahren schließen. [2] Der Informationsaustausch zwischen dem Ausschuss, der EZB, den nationalen zuständigen Behörden und den nationalen Abwicklungsbehörden gilt nicht als Verstoß gegen die Verpflichtung zur Wahrung des Berufsgeheimnisses.

(6) [1] Die nationalen zuständigen Behörden, gegebenenfalls die EZB und die nationalen Abwicklungsbehörden arbeiten mit dem Ausschuss zusammen, um nachzuprüfen, ob einige oder alle angeforderten Informationen bereits vorliegen. [2] Ist dies der Fall, stellen die nationalen zuständigen Behörden, gegebenenfalls die EZB oder die nationalen Abwicklungsbehörden dem Ausschuss diese Informationen bereit.

Art. 35 Allgemeine Untersuchungen. (1) *[1]* Der Ausschuss kann zur Wahrnehmung seiner Aufgaben im Sinne dieser Verordnung und vorbehaltlich anderer im einschlägigen Unionsrecht festgelegten Bedingungen hinsichtlich jeder in einem teilnehmenden Mitgliedstaat niedergelassenen oder ansässigen juristischen oder natürlichen Person im Sinne des Artikels 34 Absatz 1 alle erforderlichen Untersuchungen durchführen, und zwar über die nationalen Abwicklungsbehörden, oder er kann, nachdem diese Personen von ihm darüber informiert worden sind, direkt entsprechend tätig werden.

[2] Zu diesem Zweck kann der Ausschuss

a) Unterlagen anfordern,
b) die Bücher und Aufzeichnungen jeder juristischen oder natürlichen Person im Sinne des Artikels 34 Absatz 1 prüfen und Kopien oder Auszüge dieser Bücher und Aufzeichnungen anfertigen,
c) von jeder juristischen oder natürlichen Person im Sinne des Artikels 34 Absatz 1 oder deren Vertretern oder Mitarbeitern schriftliche oder mündliche Erklärungen einholen,
d) jede andere natürliche oder juristische Person befragen, die dieser Befragung zum Zweck der Einholung von Informationen über den Gegenstand einer Untersuchung zustimmt.

(2) *[1]* Die natürlichen oder juristischen Personen im Sinne des Artikels 34 Absatz 1 müssen sich den mit einem Beschluss des Ausschusses eingeleiteten Untersuchungen unterziehen.

[2] Behindert eine Person die Durchführung einer Untersuchung, so leisten die nationalen Abwicklungsbehörden des teilnehmenden Mitgliedstaats, in dem sich die betroffenen Räumlichkeiten befinden, die erforderliche Amtshilfe im Einklang mit dem nationalen Recht; dazu leisten sie unter anderem Hilfe beim Zugang des Ausschusses zu den Geschäftsräumen natürlicher oder juristischer Personen im Sinne des Artikels 34 Absatz 1, damit diese Rechte ausgeübt werden können.

Art. 36 Prüfungen vor Ort. (1) [1] Der Ausschuss kann zur Wahrnehmung seiner Aufgaben im Sinne dieser Verordnung, vorbehaltlich anderer im einschlägigen Unionsrecht festgelegten Bedingungen nach Maßgabe des Artikels 37 und nach vorheriger Unterrichtung der jeweiligen nationalen Abwicklungsbehörden sowie der jeweils betreffenden nationalen zuständigen Behörden und, falls angezeigt, in Zusammenarbeit mit diesen Behörden in den Geschäftsräumen natürlicher oder juristischer Personen im Sinne des Artikels 34 Absatz 1 alle erforderlichen Prüfungen vor Ort durchführen. [2] Der Ausschuss kann die Prüfung vor Ort durchführen, ohne diese juristischen Personen vorab darüber zu informieren, soweit dies für die ordnungsgemäße Durchführung und die Effizienz der Prüfung erforderlich ist.

(2) Die Bediensteten des Ausschusses und sonstige von ihm zur Durchführung der Prüfungen vor Ort bevollmächtigte Personen sind befugt, die Geschäftsräume und Grundstücke der juristischen Personen, die Gegenstand eines Beschlusses des Ausschusses über die Einleitung einer Untersuchung gemäß Artikel 35 Absatz 2 sind, zu betreten, und verfügen über sämtliche in Artikel 35 Absatz 1 genannten Befugnisse.

(3) Juristische Personen im Sinne des Artikels 34 Absatz 1 müssen sich den mit einem Beschluss des Ausschusses eingeleiteten Prüfungen vor Ort unterziehen.

(4) [1] Die Bediensteten der nationalen Abwicklungsbehörde des Mitgliedstaats, in dem die Prüfung vorgenommen werden soll, sowie andere von dieser Behörde entsprechend bevollmächtigte oder bestellte Begleitpersonen unterstützen unter Aufsicht und Koordinierung des Ausschusses die Bediensteten des Ausschusses und sonstige von ihm bevollmächtigte Personen aktiv. [2] Sie verfügen hierzu über die in Absatz 2 genannten Befugnisse. [3] Die Bediensteten der nationalen Abwicklungsbehörden der betroffenen teilnehmenden Mitgliedstaaten sowie andere von dieser Behörde entsprechend bevollmächtigte oder bestellte Begleitpersonen sind ebenfalls berechtigt, an den Prüfungen vor Ort teilzunehmen.

(5) [1] Stellen die Bediensteten des Ausschusses und andere von ihm bevollmächtigte oder bestellte Begleitpersonen fest, dass sich eine Person einer gemäß Absatz 1 angeordneten Prüfung widersetzt, so leistet die nationale Abwicklungsbehörde des betroffenen teilnehmenden Mitgliedstaats im Einklang mit ihrem nationalen Recht die erforderliche Amtshilfe. [2] Soweit es für die Prüfung erforderlich ist, schließt diese Amtshilfe die Versiegelung jeglicher Geschäftsräume und Bücher oder Aufzeichnungen ein. [3] Verfügt die betroffene nationale Abwicklungsbehörde nicht über die dafür erforderliche Befugnis, übt sie ihre

Befugnisse aus, um die erforderliche Amtshilfe von anderen nationalen Behörden anzufordern.

Art. 37 Gerichtliche Genehmigung. (1) Ist für eine Prüfung vor Ort gemäß Artikel 36 Absätze 1 und 2 oder für die Amtshilfe gemäß Artikel 36 Absatz 5 nach nationalem Recht eine gerichtliche Genehmigung erforderlich, wird diese beantragt.

(2) [1] Wird die in Absatz 1 dieses Artikels genannte Genehmigung beantragt, prüft das nationale Gericht, ob der Beschluss des Ausschusses echt ist und ob die beantragten Zwangsmaßnahmen in Anbetracht des Gegenstands der Prüfung nicht willkürlich oder unverhältnismäßig sind. [2] Bei der Prüfung der Verhältnismäßigkeit der Zwangsmaßnahmen kann das nationale Gericht den Ausschuss um detaillierte Erläuterungen bitten, insbesondere in Bezug auf die Gründe, aus denen der Ausschuss annimmt, dass ein Verstoß gegen die in Artikel 29 genannten Entscheidungen erfolgt ist, die Schwere des mutmaßlichen Verstoßes und die Art der Beteiligung der den Zwangsmaßnahmen unterworfenen Person. [3] Das nationale Gericht prüft jedoch weder die Notwendigkeit der Prüfung noch verlangt es die Übermittlung der in den Akten des Ausschusses enthaltenen Informationen. [4] Die Rechtmäßigkeit des Beschlusses des Ausschusses unterliegt ausschließlich der Prüfung durch den Gerichtshof.

Kapitel 6. Sanktionen

Art. 38 Geldbußen. (1) *[1]* Stellt der Ausschuss fest, dass ein Unternehmen im Sinne des Artikels 2 vorsätzlich oder fahrlässig einen der in Absatz 2 aufgeführten Verstöße begangen hat, so fasst er im Sinne des Absatzes 3 einen Beschluss über die Verhängung einer Geldbuße.

[2] Ein Verstoß eines dieser Unternehmen gilt als vorsätzlich begangen, wenn objektive Anhaltspunkte dafür vorliegen, dass das Unternehmen oder sein Leitungsorgan oder seine Geschäftsleitung den Verstoß absichtlich begangen hat.

(2) Gegen Unternehmen im Sinne des Artikels 2 werden bei folgenden Verstößen Geldbußen verhängt:

a) wenn sie die gemäß Artikel 34 angeforderten Informationen nicht vorlegen,
b) wenn sie sich einer allgemeinen Untersuchung gemäß Artikel 24 oder einer Prüfung vor Ort gemäß Artikel 36 nicht unterziehen,
c) wenn sie einen gemäß Artikel 29 an sie gerichteten Beschluss des Ausschusses nicht einhalten.

(3) *[1]* Der Grundbetrag der Geldbußen nach Absatz 1 dieses Artikels wird als Prozentsatz des jährlichen Gesamtnettoumsatzes, einschließlich des Bruttoeinkommens aus Zinserträgen und ähnlichen Erträgen, Erträgen aus Aktien und anderen nicht festverzinslichen oder festverzinslichen Wertpapieren sowie Erträgen aus Provisionen und Gebühren im Sinne des Artikels 316 der Verordnung (EU) Nr. 575/2013[1)], den das Unternehmen im vorangegangenen Geschäftsjahr erzielt hat, bzw. in Mitgliedstaaten, deren Währung nicht der Euro ist, in entsprechender Höhe in Landeswährung am 19. August 2014 innerhalb folgender Grenzwerte veranschlagt:

[1)] Nr. **6**.

a) Bei Verstößen im Sinne von Absatz 2 Buchstaben a und b beläuft sich der Grundbetrag auf mindestens 0,05 % und darf 0,15 % nicht übersteigen.

b) Bei Verstößen im Sinne von Absatz 2 Buchstabe c beläuft sich der Grundbetrag auf mindestens 0,25 % und darf 0,5 % nicht übersteigen.

[2] [1] Wenn der Ausschuss festlegt, ob der Grundbetrag einer Geldbuße an den in Unterabsatz 1 genannten Untergrenzen, in der Mitte oder an den dort genannten Obergrenzen liegen sollte, berücksichtigt er den Jahresumsatz des betroffenen Unternehmens im vorangegangenen Geschäftsjahr. [2] Der Grundbetrag liegt für Unternehmen mit einem Jahresumsatz von weniger als 1 000 000 000 EUR an den Untergrenzen, mit einem Jahresumsatz zwischen 1 000 000 000 und 5 000 000 000 EUR in der Mitte und mit einem Jahresumsatz von mehr als 5 000 000 000 EUR an den Obergrenzen.

(4) *[1]* Die in Absatz 3 genannten Grundbeträge werden erforderlichenfalls unter Berücksichtigung der erschwerenden Umstände gemäß Absatz 5 oder der mildernden Umstände gemäß Absatz 6 durch Anwendung der relevanten Koeffizienten gemäß Absatz 9 angepasst.

[2] [1] Jeder relevante mildernde Koeffizient wird einzeln auf den Grundbetrag angewendet. [2] Ist mehr als ein mildernder Koeffizient anzuwenden, wird die Differenz zwischen dem Grundbetrag und dem Betrag, der sich aus der Anwendung jedes einzelnen mildernden Koeffizienten ergibt, vom Grundbetrag abgezogen.

[3] [1] Jeder relevante erschwerende Koeffizient wird einzeln auf den Grundbetrag angewendet. [2] Ist mehr als ein erschwerender Koeffizient anzuwenden, wird die Differenz zwischen dem Grundbetrag und dem Betrag, der sich aus der Anwendung jedes einzelnen erschwerenden Koeffizienten ergibt, zum Grundbetrag hinzugerechnet.

(5) In Bezug auf die Geldbußen gemäß Absatz 1 gelten als erschwerende Umstände:

a) Der Verstoß wurde vorsätzlich begangen.

b) Der Verstoß wurde wiederholt begangen.

c) Der Verstoß wurde während eines Zeitraums von mehr als drei Monaten begangen.

d) Durch den Verstoß sind systemimmanente Schwachstellen in der Organisation des Unternehmens, insbesondere in seinen Verfahren, Verwaltungssystemen oder internen Kontrollen, erkennbar geworden.

e) Seit der Feststellung des Verstoßes wurden keine Abhilfemaßnahmen getroffen.

f) Die Geschäftsleitung des Unternehmens hat nicht mit dem Ausschuss bei der Durchführung von dessen Ermittlungen zusammengearbeitet.

(6) In Bezug auf die Geldbußen gemäß Absatz 1 gelten als mildernde Umstände:

a) Der Verstoß wurde während eines Zeitraums von weniger als zehn Arbeitstagen begangen.

b) Die Geschäftsleitung des Unternehmens kann nachweisen, dass sie alle erforderlichen Maßnahmen zur Verhinderung des Verstoßes ergriffen hat.

c) Das Unternehmen hat den Ausschuss zügig, wirkungsvoll und umfassend von dem Verstoß in Kenntnis gesetzt.

d) Das Unternehmen hat freiwillig Maßnahmen getroffen, damit ein ähnlicher Verstoß künftig nicht mehr begangen werden kann.

(7) *[1]* Ungeachtet der Absätze 2 bis 6 dürfen die auferlegten Geldbußen 1 % des im vorangegangenen Geschäftsjahr erzielten Jahresumsatzes des betroffenen Unternehmens im Sinne von Absatz 1 nicht übersteigen.

[2] Abweichend von Unterabsatz 1 beläuft sich die Geldbuße in Fällen, in denen dem Unternehmen direkt oder indirekt ein finanzieller Vorteil aus dem Verstoß entstanden ist und in denen festgestellt werden kann, dass wegen des Verstoßes Gewinne erzielt oder Verluste abgewendet wurden, mindestens auf die Höhe dieses finanziellen Vorteils.

[3] Hat ein Unternehmen im Sinne von Absatz 1 als Folge einer Handlung oder Unterlassung mehr als einen der in Absatz 2 aufgeführten Verstöße begangen, wird nur die höhere der gemäß diesem Artikel berechneten Geldbußen für einen der zugrunde liegenden Verstöße verhängt.

(8) In Fällen, die nicht unter Absatz 2 fallen, kann der Ausschuss den nationalen Abwicklungsbehörden empfehlen, mit geeigneten Maßnahmen dafür zu sorgen, dass angemessene Sanktionen nach Maßgabe der Artikel 110 bis 114 der Richtlinie 2014/59/EU und den einschlägigen innerstaatlichen Rechtsvorschriften verhängt werden.

(9) *[1]* Bei der Berechnung der Geldbußen wendet der Ausschuss folgende Berichtigungskoeffizienten auf erschwerende Umstände an:

a) Wenn der Verstoß wiederholt begangen wurde, gilt für jede Wiederholung ein zusätzlicher Koeffizient von 1,1.
b) Wenn der Verstoß während eines Zeitraums von mehr als drei Monaten begangen wurde, gilt ein Koeffizient von 1,5.
c) Wenn durch den Verstoß systemimmanente Schwachstellen in der Organisation des Unternehmens, insbesondere in seinen Verfahren, Verwaltungssystemen oder internen Kontrollen, erkennbar geworden sind, gilt ein Koeffizient von 2,2.
d) Wenn der Verstoß vorsätzlich begangen wurde, gilt ein Koeffizient von 2.
e) Wenn seit der Feststellung des Verstoßes keine Abhilfemaßnahmen getroffen wurden, gilt ein Koeffizient von 1,7.
f) Wenn die Geschäftsleitung des Unternehmens nicht mit dem Ausschuss bei der Durchführung von dessen Ermittlungen zusammengearbeitet hat, gilt ein Koeffizient von 1,5.

[2] Bei der Berechnung der Geldbußen wendet der Ausschuss folgende Berichtigungskoeffizienten auf mildernde Umstände an:

a) Wenn der Verstoß während eines Zeitraums von weniger als zehn Arbeitstagen begangen wurde, gilt ein Koeffizient von 0,9.
b) Wenn die Geschäftsleitung des Unternehmens nachweisen kann, dass sie alle erforderlichen Maßnahmen zur Verhinderung des Verstoßes ergriffen hat, gilt ein Koeffizient von 0,7.
c) Wenn das Unternehmen den Ausschuss zügig, wirkungsvoll und umfassend von dem Verstoß in Kenntnis gesetzt hat, gilt ein Koeffizient von 0,4.
d) Wenn das Unternehmen freiwillig Maßnahmen getroffen hat, damit ein ähnlicher Verstoß künftig nicht mehr begangen werden kann, gilt ein Koeffizient von 0,6.

Art. 39 Zwangsgelder. (1) Der Ausschuss verhängt durch Beschluss ein Zwangsgeld gegen ein Unternehmen im Sinne des Artikels 2, um

a) dieses Unternehmen zur Einhaltung eines gemäß Artikel 34 erlassenen Beschlusses zu verpflichten;

b) eine in Artikel 34 Absatz 1 genannte Person zur Vorlage vollständiger Informationen zu verpflichten, die mit einem Beschluss gemäß dem genannten Artikel angefordert wurden;

c) eine in Artikel 35 Absatz 1 genannte Person zur Duldung einer Untersuchung und insbesondere zur Vorlage vollständiger Unterlagen, Daten, Verfahren und sonstiger angeforderter Materialien sowie zur Vervollständigung und Korrektur sonstiger Informationen zu verpflichten, die im Rahmen einer mit einem Beschluss gemäß dem genannten Artikel eingeleiteten Untersuchung bereitgestellt wurden;

d) eine in Artikel 36 Absatz 1 genannte Person zur Duldung einer Prüfung vor Ort zu verpflichten, die mit einem Beschluss gemäß dem genannten Artikel angeordnet wurde.

(2) [1] Zwangsgelder müssen wirksam und verhältnismäßig sein. [2] Ein Zwangsgeld wird für jeden Tag bis zu dem Zeitpunkt berechnet, zu dem das betroffene Unternehmen im Sinne des Artikels 2 oder die betroffene Person den jeweiligen Beschlüssen gemäß Absatz 1 Buchstaben a bis d dieses Artikels nachkommt.

(3) [1] Ungeachtet von Absatz 2 beläuft sich der Betrag der Zwangsgelder auf 0,1 % des durchschnittlichen Tagesumsatzes im vorangegangenen Geschäftsjahr. [2] Ein Zwangsgeld wird ab dem Datum berechnet, das in dem Beschluss über die Verhängung des Zwangsgelds festgelegt ist.

(4) Ein Zwangsgeld kann für einen Zeitraum von höchstens sechs Monaten ab der Bekanntgabe des Beschlusses des Ausschusses verhängt werden.

Art. 40 Anhörung der dem Verfahren unterworfenen Personen.

(1) [1] Vor einem Beschluss über die Verhängung einer Geldbuße und/oder eines Zwangsgelds gemäß den Artikeln 38 und 39 gibt der Ausschuss den natürlichen oder juristischen Personen, die dem Verfahren unterworfen sind, Gelegenheit, zu den im Rahmen des Verfahrens getroffenen Feststellungen angehört zu werden. [2] Der Ausschuss stützt seine Beschlüsse nur auf Feststellungen, zu denen die natürlichen oder juristischen Personen, die dem Verfahren unterworfen sind, sich äußern konnten.

(2) [1] Die Verteidigungsrechte der natürlichen oder juristischen Personen, die dem Verfahren unterworfen sind, müssen während des Verfahrens in vollem Umfang gewahrt werden. [2] Die Personen haben vorbehaltlich des berechtigten Interesses anderer Personen an der Wahrung ihrer Geschäftsgeheimnisse das Recht auf Einsicht in die Akten des Ausschusses. [3] Vom Recht auf Akteneinsicht ausgenommen sind vertrauliche Informationen sowie interne vorbereitende Unterlagen des Ausschusses.

Art. 41 Offenlegung, Art, Zwangsvollstreckung und Zuweisung der Geldbußen und Zwangsgelder. (1) *[1]* [1] Der Ausschuss macht Beschlüsse über die Verhängung von Zwangsgeldern im Sinne von Artikel 38 Absatz 1 und Artikel 39 Absatz 1 öffentlich bekannt, es sei denn, die Abwicklung des betroffenen Unternehmens könnte dadurch gefährdet werden. [2] In den folgenden Fällen erfolgt die öffentliche Bekanntmachung anonym:

a) Die veröffentlichten Informationen enthalten personenbezogene Daten, und eine vorgeschriebene vorherige Bewertung ergibt, dass die öffentliche Bekanntmachung der personenbezogenen Daten unverhältnismäßig wäre.

b) Die öffentliche Bekanntmachung würde die Stabilität der Finanzmärkte oder laufende strafrechtliche Ermittlungen gefährden.

c) Durch die öffentliche Bekanntmachung würde den beteiligten natürlichen oder juristischen Personen – sofern sich dieser ermitteln lässt – ein unverhältnismäßiger Schaden zugefügt.

[2] Alternativ kann in diesen Fällen die Bekanntmachung der betreffenden Angaben um einen angemessenen Zeitraum aufgeschoben werden, wenn abzusehen ist, dass die Gründe für eine anonyme Bekanntmachung im Laufe dieses Zeitraums wegfallen werden.

[3] Der Ausschuss unterrichtet die EBA über alle Geldbußen und Zwangsgelder, die er gemäß den Artikeln 38 und 39 verhängt hat, und stellt Informationen zum Stand der jeweiligen Beschwerden und deren Ergebnisse bereit.

(2) Gemäß den Artikeln 38 und 39 verhängte Geldbußen und Zwangsgelder sind administrativer Art.

(3) *[1]* Gemäß den Artikeln 38 und 39 verhängte Geldbußen und Zwangsgelder sind vollstreckbar.

[2] [1] Die Zwangsvollstreckung erfolgt nach dem geltenden Verfahrensrecht des teilnehmenden Mitgliedstaats, in dessen Hoheitsgebiet sie stattfindet. [2] Der Vollstreckungstitel wird dem Vollstreckungsbeschluss nach einer Prüfung, die sich lediglich auf die Echtheit des Vollstreckungsbeschlusses erstrecken darf, von der Behörde ausgestellt, die die Regierung jedes teilnehmenden Mitgliedstaats zu diesem Zweck bestimmt und die sie dem Ausschuss und dem Gerichtshof benennt.

[3] Sind diese Formvorschriften auf Antrag der die Vollstreckung betreibenden Partei erfüllt, so kann diese die Zwangsvollstreckung nach nationalem Recht betreiben, indem sie die zuständige Stelle unmittelbar anruft.

[4] [1] Die Zwangsvollstreckung kann nur durch eine Entscheidung des Gerichtshofs ausgesetzt werden. [2] Für die Prüfung der Ordnungsmäßigkeit der Vollstreckungsmaßnahmen sind jedoch die Rechtsprechungsorgane des betroffenen teilnehmenden Mitgliedstaats zuständig.

(4) Die Beträge der Geldbußen und Zwangsgelder werden dem Fonds zugewiesen.

Teil III. Institutioneller Rahmen

Titel I. Der Ausschuss

Art. 42 Rechtsform. (1) [1] Hiermit wird der Ausschuss geschaffen. [2] Der Ausschuss ist eine Agentur der Union mit einer seinen Aufgaben entsprechenden Struktur. [3] Er besitzt eigene Rechtspersönlichkeit.

(2) [1] Der Ausschuss genießt in jedem Mitgliedstaat die weitestgehende Rechts- und Geschäftsfähigkeit, die juristischen Personen nach nationalem Recht zuerkannt ist. [2] Er kann insbesondere bewegliches und unbewegliches Vermögen erwerben und veräußern und ist vor Gericht parteifähig.

(3) Der Ausschuss wird von seinem Vorsitzenden vertreten.

Art. 43 Zusammensetzung. (1) Der Ausschuss setzt sich zusammen aus

a) dem Vorsitzenden, der nach Maßgabe des Artikels 56 ernannt wird;

b) vier weiteren Vollzeitmitgliedern, die nach Maßgabe des Artikels 56 ernannt werden;

c) jeweils einem von jedem teilnehmenden Mitgliedstaat benannten Mitglied, die ihre nationalen Abwicklungsbehörden vertreten.

(2) Jedes Mitglied, einschließlich des Vorsitzenden, hat eine Stimme.

(3) *[1]* Die Kommission und die EZB benennen je einen Vertreter, der als ständiger Beobachter zur Teilnahme an den Präsidiumssitzungen und Plenarsitzungen berechtigt ist.

[2] Die Vertreter der Kommission und der EZB sind berechtigt, an den Aussprachen teilzunehmen, und haben Zugang zu allen Unterlagen.

(4) Gibt es in einem teilnehmenden Mitgliedstaat mehr als eine nationale Abwicklungsbehörde, so ist ein zweiter Vertreter zur Teilnahme als Beobachter ohne Stimmrecht berechtigt.

(5) Die Verwaltungs- und Managementstruktur des Ausschusses umfasst

a) eine Plenarsitzung des Ausschusses, in der die in Artikel 50 genannten Aufgaben wahrgenommen werden,

b) eine Präsidiumssitzung des Ausschusses, in der die in Artikel 54 genannten Aufgaben wahrgenommen werden,

c) einen Vorsitzenden, der die in Artikel 56 genannten Aufgaben wahrnimmt,

d) ein Sekretariat, das die für die Wahrnehmung aller dem Ausschuss zugewiesenen Aufgaben erforderliche administrative und technische Unterstützung leistet.

Art. 44 Einhaltung des Unionsrechts. Der Ausschuss arbeitet im Einklang mit dem Unionsrecht, insbesondere mit nach dieser Verordnung erlassenen Beschlüssen des Rates und der Kommission.

Art. 45 Rechenschaftspflicht. (1) Der Ausschuss ist dem Europäischen Parlament, dem Rat und der Kommission in Bezug auf die Anwendung dieser Verordnung gemäß den Absätzen 2 bis 8 rechenschaftspflichtig.

(2) [1] Der Ausschuss unterbreitet dem Europäischen Parlament, den nationalen Parlamenten der teilnehmenden Mitgliedstaaten nach Maßgabe des Artikels 46, dem Rat, der Kommission und dem Europäischen Rechnungshof einen jährlichen Bericht über die Wahrnehmung der ihm durch diese Verordnung übertragenen Aufgaben. [2] Dieser Bericht wird, vorbehaltlich der Verpflichtung zur Wahrung des Berufsgeheimnisses, auf der Website des Ausschusses veröffentlicht.

(3) Der Vorsitzende legt diesen Bericht öffentlich dem Europäischen Parlament und dem Rat vor.

(4) [1] Der Vorsitzende nimmt auf Verlangen des Europäischen Parlaments an Anhörungen des zuständigen Ausschusses des Europäischen Parlaments zur Wahrnehmung der Abwicklungsaufgaben durch den Ausschuss teil. [2] Mindestens einmal jährlich findet eine Anhörung statt.

(5) Der Vorsitzende kann vom Rat auf dessen Verlangen zur Wahrnehmung der Abwicklungsaufgaben des Ausschusses gehört werden.

(6) Der Ausschuss antwortet gemäß seinen eigenen Verfahren und in jedem Fall innerhalb von fünf Wochen nach Eingang einer Frage mündlich oder schriftlich auf Fragen, die ihm vom Europäischen Parlament oder vom Rat gestellt werden.

(7) [1] Auf Verlangen führt der Vorsitzende mit dem Vorsitz und den stellvertretenden Vorsitzen des zuständigen Ausschusses des Europäischen Parlaments unter Ausschluss der Öffentlichkeit vertrauliche Gespräche, sofern solche Gespräche erforderlich sind, damit das Europäische Parlament seine Befugnisse gemäß dem AEUV ausüben kann. [2] Das Europäische Parlament und der Ausschuss schließen eine Vereinbarung über die ausführlichen Modalitäten solcher Gespräche im Hinblick auf die Wahrung absoluter Vertraulichkeit im Einklang mit der Verpflichtung zur Wahrung des Berufsgehimnisses, die dem Ausschuss durch diese Verordnung und wenn er als eine nationale Abwicklungsbehörde handelt, gemäß dem einschlägigen Unionsrecht auferlegt wurde.

(8) [1] Bei Untersuchungen durch das Europäische Parlament arbeitet der Ausschuss nach Maßgabe des AEUV und insbesondere der in dessen Artikel 226 genannten Verordnungen mit dem Europäischen Parlament zusammen. [2] Der Ausschuss und das Europäische Parlament schließen binnen sechs Monaten nach der Ernennung des Vorsitzenden angemessene Vereinbarungen über die praktischen Modalitäten für die Ausübung der demokratischen Rechenschaftspflicht und die Kontrolle über die Wahrnehmung der dem Ausschuss durch diese Verordnung übertragenen Aufgaben. [3] Vorbehaltlich der Befugnisse des Europäischen Parlaments nach Artikel 226 AEUV wird in diesen Vereinbarungen unter anderem der Zugang zu Informationen, einschließlich der Vorschriften über den Umgang mit und den Schutz von Verschlusssachen oder anderweitig als vertraulich eingestuften Informationen, die Zusammenarbeit bei Anhörungen im Sinne des Artikels 45 Absatz 4 dieser Verordnung, vertraulichen Gesprächen, Berichten, Antworten auf Anfragen und Untersuchungen sowie die Unterrichtung über das Verfahren zur Auswahl des Vorsitzenden, des stellvertretenden Vorsitzenden und der vier Mitglieder nach Artikel 43 Absatz 1 Buchstabe b dieser Verordnung geregelt.

Art. 46 Nationale Parlamente. (1) Aufgrund der spezifischen Aufgaben, die dem Ausschuss durch diese Verordnung übertragen werden, können die nationalen Parlamente der teilnehmenden Mitgliedstaaten den Ausschuss im Rahmen ihrer eigenen Verfahren ersuchen, auf ihre an den Ausschuss gerichteten Bemerkungen oder Fragen zu den Aufgaben des Ausschusses nach dieser Verordnung zu antworten, und der Ausschuss ist verpflichtet, schriftlich auf alle Bemerkungen oder Fragen zu antworten.

(2) [1] Gleichzeitig mit der Vorlage des Berichts nach Artikel 45 Absatz 2 legt der Ausschuss den nationalen Parlamenten der teilnehmenden Mitgliedstaaten diesen Bericht unmittelbar vor. [2] Die nationalen Parlamente können dem Ausschuss begründete Stellungnahmen zu diesem Bericht übermitteln. [3] Der Ausschuss antwortet gemäß seinen eigenen Verfahren mündlich oder schriftlich auf Bemerkungen oder Fragen, die von den nationalen Parlamenten der teilnehmenden Mitgliedstaaten an ihn gerichtet werden.

(3) [1] Das nationale Parlament eines teilnehmenden Mitgliedstaats kann den Vorsitzenden einladen, gemeinsam mit einem Vertreter der nationalen Abwicklungsbehörde an einem Gedankenaustausch über die Abwicklung von Unter-

nehmen im Sinne des Artikels 2 in diesem Mitgliedstaat teilzunehmen. [2]Der Vorsitzende muss derartigen Einladungen Folge leisten.

(4) Diese Verordnung berührt nicht die Rechenschaftspflicht der nationalen Abwicklungsbehörden gegenüber ihren nationalen Parlamenten nach Maßgabe des nationalen Rechts in Bezug auf die Wahrnehmung von Aufgaben, die dem Ausschuss, dem Rat oder der Kommission durch diese Verordnung nicht übertragen werden, sowie auf Tätigkeiten, die sie gemäß Artikel 7 Absatz 3 ausüben.

Art. 47 Unabhängigkeit. (1) Bei der Wahrnehmung der ihnen durch diese Verordnung übertragenen Aufgaben handeln der Ausschuss und die nationalen Abwicklungsbehörden unabhängig und im Allgemeininteresse.

(2) *[1]* [1]Der Vorsitzende, der stellvertretende Vorsitzende und die Mitglieder nach Artikel 43 Absatz 1 Buchstabe b nehmen ihre Aufgaben im Einklang mit den Beschlüssen des Ausschusses, des Rates und der Kommission wahr. [2]Sie handeln unabhängig und objektiv im Interesse der Union als Ganzes und dürfen von den Organen oder Einrichtungen der Union, von der Regierung eines Mitgliedstaats oder von öffentlichen oder privaten Stellen weder Weisungen anfordern noch entgegennehmen.

[2] Bei Beratungen und im Beschlussverfahren im Ausschuss äußern sie ihre eigenen Ansichten und stimmen unabhängig ab.

(3) Weder die Mitgliedstaaten, die Organe oder Einrichtungen der Union noch andere öffentliche oder private Stellen dürfen versuchen, den Vorsitzenden, den stellvertretenden Vorsitzenden oder die Mitglieder des Ausschusses zu beeinflussen.

(4) Nach Maßgabe des in Artikel 87 Absatz 6 dieser Verordnung genannten Statuts der Beamten in der Fassung der Verordnung (EWG, Euratom, EGKS) Nr. 259/68 des Rates[1)] (im Folgenden „Statut") sind der Vorsitzende, der stellvertretende Vorsitzende und die Mitglieder nach Artikel 43 Absatz 1 Buchstabe b dieser Verordnung auch nach ihrem Ausscheiden aus dem Dienst verpflichtet, bei der Annahme gewisser Tätigkeiten oder Vorteile ehrenhaft und zurückhaltend zu sein.

Art. 48 Sitz. Der Ausschuss hat seinen Sitz in Brüssel, Belgien.

Titel II. Plenarsitzung des Ausschusses

Art. 49 Teilnahme an Plenarsitzungen. An den Plenarsitzungen des in Artikel 43 Absatz 1 genannten Ausschusses nehmen alle Ausschussmitglieder teil.

Art. 50 Aufgaben. (1) Aufgaben des Ausschusses im Rahmen der Plenarsitzung:

a) jährlich zum 30. November Verabschiedung des Jahresarbeitsprogramms des Ausschusses für das Folgejahr auf der Grundlage eines Entwurfs des Vor-

---

[1)] **Amtl. Anm.:** Verordnung (EWG, Euratom, EGKS) Nr. 259/68 des Rates vom 29. Februar 1968 zur Festlegung des Statuts der Beamten der Europäischen Gemeinschaften und der Beschäftigungsbedingungen für die sonstigen Bediensteten dieser Gemeinschaften sowie zur Einführung von Sondermaßnahmen, die vorübergehend auf die Beamten der Kommission anwendbar sind (ABl. L 56 vom 4.3.1968, S. 1).

sitzenden und Übermittlung des Programms zur Kenntnisnahme an das Europäische Parlament, den Rat, die Kommission und die EZB;

b) Annahme und Kontrolle des jährlichen Haushalts des Ausschusses gemäß Artikel 61 Absatz 2; Genehmigung des endgültigen Jahresabschlusses des Ausschusses und Entlastung des Vorsitzenden gemäß Artikel 63 Absatz 4 bzw. 8;

c) vorbehaltlich des Verfahrens nach Absatz 2 Fassung von Beschlüssen über die Inanspruchnahme des Fonds, wenn die Unterstützung des Fonds bei einer spezifischen Abwicklungsmaßnahme oberhalb des Schwellenwerts von 5 000 000 000 EUR, für die der Gewichtungsfaktor für die Liquiditätsunterstützung 0,5 beträgt, erforderlich ist;

d) sobald die akkumulierte Nettoinanspruchnahme des Fonds in den vorangegangenen aufeinanderfolgenden zwölf Monaten den Schwellenwert von 5 000 000 000 EUR erreicht, Bewertung der Anwendung der Abwicklungsinstrumente, insbesondere der Inanspruchnahme des Fonds, und Bereitstellung von Leitlinien, an die sich die Präsidiumssitzung bei nachfolgenden Abwicklungsbeschlüssen halten muss, wobei insbesondere, falls angezeigt, zwischen Liquiditätsunterstützung und anderen Formen der Unterstützung zu unterscheiden ist;

e) Fassung von Beschlüssen über die Notwendigkeit der Erhebung außerordentlicher nachträglicher Beiträge gemäß Artikel 71, über freiwillige Darlehen zwischen Finanzierungsmechanismen gemäß Artikel 72, über alternative Finanzierungsmöglichkeiten gemäß Artikel 73 und 74 und über die gegenseitige Unterstützung der nationalen Finanzierungsmechanismen gemäß Artikel 78 unter Einbeziehung der Unterstützung des Fonds oberhalb des Schwellenwerts gemäß Buchstabe c dieses Absatzes;

f) Fassung von Beschlüssen über Anlagen gemäß Artikel 75;

g) Verabschiedung des jährlichen Tätigkeitsberichts über die in Artikel 45 genannten Tätigkeiten des Ausschusses, wobei der Bericht detaillierte Angaben zur Ausführung des Haushalts enthalten muss;

h) Annahme der Finanzvorschriften des Ausschusses gemäß Artikel 64;

i) Annahme einer Betrugsbekämpfungsstrategie, die unter Berücksichtigung der Kosten und des Nutzens der durchzuführenden Maßnahmen den Betrugsrisiken angemessen ist;

j) Annahme von Bestimmungen zur Verhinderung und Bewältigung von Interessenkonflikten bei Mitgliedern;

k) Annahme der Geschäftsordnung und der Geschäftsordnung des Ausschusses in seiner Präsidiumssitzung;

l) gemäß Absatz 2 dieses Artikels in Bezug auf das Personal des Ausschusses Ausübung der Befugnisse, die durch das Statut der Beamten der Europäischen Union der Anstellungsbehörde und durch die Beschäftigungsbedingungen für die sonstigen Bediensteten der Europäischen Union in der Fassung der Verordnung (EWG, Euratom, EGKS) Nr. 259/68 des Rates (im Folgenden „Beschäftigungsbedingungen") der zum Abschluss von Dienstverträgen ermächtigten Behörde übertragen werden (im Folgenden „Befugnisse der Anstellungsbehörde");

m) Erlass geeigneter Durchführungsbestimmungen zur Anwendung des Statuts und der Beschäftigungsbedingungen gemäß Artikel 110 des Statuts;

n) Ernennung eines Rechnungsführers gemäß dem Statut und den Beschäftigungsbedingungen, der seinen Aufgaben funktional unabhängig nachkommt;

o) Durchführung angemessener Folgemaßnahmen zu den Ergebnissen und Empfehlungen von Berichten über interne und externe Prüfungen und von internen und externen Evaluierungen sowie von Untersuchungen des Europäischen Amts für Betrugsbekämpfung (OLAF);

p) Fassung sämtlicher Beschlüsse über die Schaffung sowie, falls notwendig, Änderung der internen Strukturen des Ausschusses;

q) Billigung des in Artikel 31 Absatz 1 genannten Rahmens für die Gestaltung der praktischen Vereinbarungen über die Zusammenarbeit mit den nationalen Abwicklungsbehörden.

(2) *[1]* Bei der Beschlussfassung handelt die Plenarsitzung des Ausschusses im Einklang mit den in den Artikeln 6 und 14 festgelegten Zielen.

[2] [1] Für die Zwecke von Absatz 1 Buchstabe c gilt das von der Präsidiumssitzung ausgearbeitete Abwicklungskonzept als angenommen, es sei denn, binnen drei Stunden nach Übermittlung des Entwurfs durch die Präsidiumssitzung an die Plenarsitzung hat mindestens ein Mitglied der Plenarsitzung eine Plenarsitzung einberufen. [2] In diesem Fall wird der Beschluss über das Abwicklungskonzept von der Plenarsitzung gefasst.

(3) *[1]* [1] Der Ausschuss erlässt auf seiner Plenarsitzung gemäß Artikel 110 des Statuts der Beamten einen Beschluss auf der Grundlage von Artikel 2 Absatz 1 des Statuts und Artikel 6 der Beschäftigungsbedingungen, mit dem dem Vorsitzenden die entsprechenden Befugnisse der Anstellungsbehörde übertragen und die Bedingungen festgelegt werden, unter denen die Befugnisübertragung ausgesetzt werden kann. [2] Der Vorsitzende kann diese Befugnisse weiter übertragen.

[2] In außergewöhnlichen Umständen kann der Ausschuss in seiner Plenarsitzung in einem Beschluss die Übertragung der Befugnisse der Anstellungsbehörde an den Vorsitzenden und alle von ihm weiter übertragenen Befugnisse vorübergehend aussetzen und sie selbst ausüben oder sie einem seiner Mitglieder oder einem anderen Personalmitglied als dem Vorsitzenden übertragen.

Art. 51 Plenarsitzung des Ausschusses. (1) Gemäß Artikel 56 Absatz 2 Buchstabe a beruft der Vorsitzende die Plenarsitzungen des Ausschusses ein und nimmt den Vorsitz dabei wahr.

(2) [1] Der Ausschuss hält jährlich mindestens zwei ordentliche Plenarsitzungen ab. [2] Darüber hinaus tritt er auf Veranlassung des Vorsitzenden oder auf Antrag von mindestens einem Drittel seiner Mitglieder zusammen. [3] Der Vertreter der Kommission kann den Vorsitzenden ersuchen, eine Plenarsitzung des Ausschusses einzuberufen. [4] Beruft der Vorsitzende innerhalb einer angemessenen Frist keine Sitzung ein, begründet er dies schriftlich.

(3) Der Ausschuss kann, falls angezeigt, zusätzlich zu den in Artikel 43 Absatz 3 auf Ad-hoc-Basis Beobachter, einschließlich eines Vertreters der EBA, zur Teilnahme an seinen Plenarsitzungen einladen.

(4) Der Ausschuss übernimmt die Sekretariatsgeschäfte für seine Plenarsitzungen.

Art. 52 Allgemeine Bestimmungen zum Beschlussverfahren. (1) [1] Sofern in dieser Verordnung nicht anders bestimmt, fasst der Ausschuss seine Beschlüsse auf der Plenarsitzung mit einfacher Mehrheit seiner Mitglieder. [2] Jedes stimmberechtigte Mitglied hat eine Stimme. [3] Bei Stimmengleichheit gibt die Stimme des Vorsitzenden den Ausschlag.

(2) [1] Abweichend von Absatz 1 werden Beschlüsse nach Artikel 50 Absatz 1 Buchstaben c und d sowie Beschlüsse über die gegenseitige Unterstützung nationaler Finanzierungsmechanismen gemäß Artikel 78 – sofern sie auf die Inanspruchnahme der verfügbaren Finanzmittel des Fonds beschränkt sind – von einer einfachen Mehrheit der Mitglieder des Ausschusses gefasst, die mindestens 30 % der Beiträge repräsentieren muss. [2] Jedes stimmberechtigte Mitglied hat eine Stimme. [3] Bei Stimmengleichheit gibt die Stimme des Vorsitzenden den Ausschlag.

(3) [1] Abweichend von Absatz 1 dieses Artikels werden Beschlüsse nach Artikel 50 Absatz 1 im Zusammenhang mit der Erhebung von nachträglichen Beiträgen gemäß Artikel 71, über freiwillige Darlehen zwischen Finanzierungsmechanismen gemäß Artikel 72, über alternative Finanzierungsmöglichkeiten gemäß Artikel 73 und Artikel 74 sowie über die gegenseitige Unterstützung der nationalen Finanzierungsmechanismen gemäß Artikel 78, die über die Inanspruchnahme der verfügbaren Finanzmittel des Fonds hinausgehen, mit Zweidrittelmehrheit der Mitglieder des Ausschusses gefasst, die während des Übergangszeitraums von acht Jahren bis zur vollständigen Zusammenlegung des Fonds mindestens 50 % der Beiträge und danach mindestens 30 % der Beiträge repräsentieren muss. [2] Jedes stimmberechtigte Mitglied hat eine Stimme. [3] Bei Stimmengleichheit gibt die Stimme des Vorsitzenden den Ausschlag.

(4) [1] Der Ausschuss gibt sich eine Geschäftsordnung und veröffentlicht sie. [2] In der Geschäftsordnung werden detaillierte Abstimmungsmodalitäten, insbesondere die Bedingungen, unter denen ein Mitglied im Namen eines anderen Mitglieds handeln kann, und, soweit angebracht, die Bestimmungen für die Beschlussfähigkeit festgelegt.

Titel III. Präsidiumssitzung des Ausschusses

Art. 53 Teilnahme an den Präsidiumssitzungen. (1) *[1]* [1] An den Präsidiumssitzungen des Ausschusses nehmen der Vorsitzende und die vier Mitglieder gemäß Artikel 43 Absatz 1 Buchstabe b teil. [2] Die Präsidiumssitzungen des Ausschusses finden nach Bedarf statt.

[2] Präsidiumssitzungen des Ausschusses werden vom Vorsitzenden auf dessen eigene Veranlassung oder auf Antrag eines seiner Mitglieder einberufen und vom Vorsitzenden geleitet.

[3] [1] Falls angezeigt, kann der Ausschuss zu den Präsidiumssitzungen zusätzlich zu den ständigen Beobachtern gemäß Artikel 43 Absatz 3 weitere Beobachter einschließlich eines Vertreters der EBA einladen. [2] Er lädt außerdem die nationalen Abwicklungsbehörden nicht teilnehmender Mitgliedstaaten zur Teilnahme an seinen Sitzungen ein, wenn über eine Gruppe beraten wird, die Tochterunternehmen oder bedeutende Zweigstellen in diesen nicht teilnehmenden Mitgliedstaaten hat. [3] Die Teilnahme erfolgt auf Ad-hoc-Basis.

(2) Im Einklang mit den Absätzen 3 und 4 nehmen die Ausschussmitglieder gemäß Artikel 43 Absatz 1 Buchstabe c an den Präsidiumssitzungen des Ausschusses teil.

(3) Bei Beratungen über Unternehmen im Sinne des Artikels 2 oder Unternehmensgruppen, die nur in einem teilnehmenden Mitgliedstaat niedergelassen sind, nimmt an den Beratungen und am Beschlussverfahren auch das von dem betreffenden Mitgliedstaat benannte Mitglied teil, und die Bestimmungen des Artikels 55 Absatz 1 finden Anwendung.

(4) Bei Beratungen über grenzüberschreitende Gruppen nehmen am Beschlussverfahren auch das von dem Mitgliedstaat, in dem die für die Gruppenabwicklung zuständige Behörde ansässig ist, benannte Mitglied und die von den Mitgliedstaaten, in denen ein Tochterunternehmen oder ein unter die konsolidierte Beaufsichtigung fallendes Unternehmen niedergelassen ist, benannten Mitglieder teil, und die Bestimmungen des Artikels 55 Absatz 2 finden Anwendung.

(5) Die Mitglieder des Ausschusses gemäß Artikel 43 Absatz 1 Buchstaben a und b stellen sicher, dass die Abwicklungsbeschlüsse und -maßnahmen, insbesondere hinsichtlich der Inanspruchnahme des Fonds, in den verschiedenen Zusammensetzungen der Präsidiumssitzungen des Ausschusses durchgehend kohärent, sachgerecht und verhältnismäßig sind.

Art. 54 Aufgaben. (1) Aufgaben des Ausschusses im Rahmen der Präsidiumssitzung:

a) Vorbereitung aller von der Plenarsitzung des Ausschusses zu verabschiedenden Beschlüsse,

b) Annahme aller Beschlüsse zur Umsetzung dieser Verordnung, sofern in dieser Verordnung nichts anderes vorgesehen ist.

(2) Bei der Wahrnehmung seiner Aufgaben gemäß Absatz 1 dieses Artikels erfolgt durch den Ausschuss:

a) die Vorbereitung, die Bewertung und die Genehmigung der Abwicklungspläne für Unternehmen und Gruppen gemäß Artikel 7 Absatz 2 sowie – sofern die Voraussetzungen für die Anwendung dieser Bestimmungen erfüllt sind – für Unternehmen und Gruppen gemäß Artikel 7 Absatz 4 Buchstabe b und Absatz 5 im Einklang mit den Artikeln 8, 10 und 11;

b) die Anwendung vereinfachter Anforderungen bei Unternehmen und Gruppen gemäß Artikel 7 Absatz 2 sowie – sofern die Voraussetzungen für die Anwendung dieser Bestimmungen erfüllt sind – bei Unternehmen und Gruppen gemäß Artikel 7 Absatz 4 Buchstabe b und Absatz 5 im Einklang mit Artikel 11;

c) die Festlegung der Mindestanforderungen an Eigenmittel und berücksichtigungsfähige Verbindlichkeiten, die Unternehmen und Gruppen gemäß Artikel 7 Absatz 2 sowie – sofern die Voraussetzungen für die Anwendung dieser Bestimmungen erfüllt sind – Unternehmen und Gruppen gemäß Artikel 7 Absatz 4 Buchstabe b und Absatz 5 im Einklang mit Artikel 12 jederzeit einhalten müssen;

d) die frühestmögliche Übermittlung eines Abwicklungskonzepts gemäß Artikel 18 mit allen relevanten Informationen an die Kommission, damit sie innerhalb einer angemessenen Frist eine Bewertung vornehmen und gemäß Artikel 18 Absatz 7 einen Beschluss fassen oder gegebenenfalls dem Rat einen Beschluss vorschlagen kann;

e) das Fassen von Beschlüsse über Teil II des Ausschusshaushalts (Fonds) gemäß Artikel 60.

(3) Bei dringlichem Bedarf kann der Ausschuss auf der Präsidiumssitzung bestimmte vorläufige Beschlüsse im Namen der Plenarsitzung des Ausschusses treffen; dies gilt insbesondere in Bezug auf Verwaltungs- und Haushaltsfragen.

(4) Die Präsidiumssitzung des Ausschusses unterrichtet die Plenarsitzung des Ausschusses über die hinsichtlich der Abwicklung gefassten Beschlüsse.

Art. 55 Beschlussfassung. (1) Bei Beratungen über einzelne Unternehmen oder nur in einem teilnehmenden Mitgliedstaat niedergelassene Gruppen fassen der Vorsitzende und die Mitglieder gemäß Artikel 43 Absatz 1 Buchstabe b einen Beschluss mit einfacher Mehrheit, sofern die Mitglieder gemäß Artikel 53 Absatz 1 und Absatz 3 nicht innerhalb einer vom Vorsitzenden festgelegten Frist im Konsens zu einer Einigung gelangen.

(2) Bei Beratungen über grenzüberschreitende Gruppen fassen der Vorsitzende und die Mitglieder gemäß Artikel 43 Absatz 1 Buchstabe b einen Beschluss mit einfacher Mehrheit, sofern die Mitglieder gemäß Artikel 53 Absatz 1 und Absatz 4 nicht innerhalb einer vom Vorsitzenden festgelegten Frist im Konsens zu einer Einigung gelangen.

(3) Bei Stimmengleichheit gibt die Stimme des Vorsitzenden den Ausschlag.

Titel IV. Vorsitzender

Art. 56 Ernennung und Aufgaben. (1) Der Vorsitz des Ausschusses wird von einem Vorsitzenden in Vollzeittätigkeit ausgeübt.

(2) *[1]* Der Vorsitzende hat folgende Aufgaben:

a) Vorbereitung der Arbeiten des Ausschusses für die Plenar- und Präsidiumssitzungen sowie Einberufung und Wahrnehmung des Vorsitzes der Sitzungen;

b) Regelung aller Personalangelegenheiten;

c) laufende Verwaltung;

d) Erstellung des Entwurfs des Haushalts des Ausschusses gemäß Artikel 61 Absatz 1 und Ausführung des Haushalts des Ausschusses gemäß Artikel 63;

e) Leitung des Ausschusses;

f) Umsetzung des Jahresarbeitsprogramms des Ausschusses;

g) jährliche Erstellung des Entwurfs eines Jahresberichts gemäß Artikel 45 mit einem Abschnitt über die Abwicklungstätigkeiten des Ausschusses und einem Abschnitt über finanzielle und administrative Angelegenheiten.

[2] Bei der Wahrnehmung seiner in diesem Artikel genannten Aufgaben wird der Vorsitzende von eigens hierfür vorgesehenem Personal unterstützt.

(3) *[1]* Der Vorsitzende wird von einem stellvertretenden Vorsitzenden unterstützt.

[2] Der stellvertretende Vorsitzende nimmt bei Abwesenheit oder begründeter Verhinderung des Vorsitzenden dessen Aufgaben im Einklang mit dieser Verordnung wahr.

(4) [1]Der Vorsitzende, der stellvertretende Vorsitzende und die Mitglieder gemäß Artikel 43 Absatz 1 Buchstabe b werden auf der Grundlage ihrer Verdienste, Fähigkeiten, Kenntnisse in Banken- und Finanzfragen sowie ihrer Erfahrung im Bereich der Finanzaufsicht und -regulierung und der Bankenabwicklung ernannt. [2]Der Vorsitzende, der stellvertretende Vorsitzende und die

Mitglieder gemäß Artikel 43 Absatz 1 Buchstabe b werden auf der Grundlage eines offenen Auswahlverfahrens ausgewählt, bei dem die Grundsätze der Ausgewogenheit der Geschlechter, der Erfahrung und der Qualifikation geachtet werden und über das das Europäische Parlament und der Rat in jeder Phase zeitnah gebührend unterrichtet werden.

(5) *[1]* [1]Die Amtszeit des Vorsitzenden, des stellvertretenden Vorsitzenden und der Mitglieder gemäß Artikel 43 Absatz 1 Buchstabe b beträgt fünf Jahre. [2]Vorbehaltlich Absatz 7 ist eine Wiederernennung nicht zulässig.

[2] Der Vorsitzende, der stellvertretende Vorsitzende und die Mitglieder gemäß Artikel 43 Absatz 1 Buchstabe b dürfen kein Amt auf nationaler, Unions- oder internationaler Ebene bekleiden.

(6) *[1]* Die Kommission unterbreitet dem Europäischen Parlament nach Anhörung der Plenarsitzung des Ausschusses eine Auswahlliste der Kandidaten für die Positionen des Vorsitzenden und des stellvertretenden Vorsitzenden sowie für die Mitglieder gemäß Artikel 43 Absatz 1 Buchstabe b und unterrichtet den Rat über die Auswahlliste.

[2] Abweichend von Unterabsatz 1 legt die Kommission die Auswahlliste der Kandidaten für die Ernennung der ersten Mitglieder des Ausschusses nach dem Inkrafttreten dieser Verordnung ohne Anhörung des Ausschusses vor.

[3] [1]Die Kommission unterbreitet dem Europäischen Parlament einen Vorschlag für die Ernennung des Vorsitzenden, des stellvertretenden Vorsitzenden und der Mitglieder gemäß Artikel 43 Absatz 1 Buchstabe b und ersucht um dessen Annahme. [2]Im Anschluss an die Annahme dieses Vorschlags erlässt der Rat einen Durchführungsbeschluss zur Ernennung des Vorsitzenden, des stellvertretenden Vorsitzenden und der Mitglieder gemäß Artikel 43 Absatz 1 Buchstabe b. [3]Der Rat beschließt mit qualifizierter Mehrheit.

(7) [1]Abweichend von Absatz 5 beträgt die Amtszeit des ersten Vorsitzenden, der nach Inkrafttreten dieser Verordnung ernannt wird, drei Jahre. [2]Die Amtszeit kann einmalig um fünf Jahre verlängert werden. [3]Der Vorsitzende, der stellvertretende Vorsitzende und die Mitglieder gemäß Artikel 43 Absatz 1 Buchstabe b bleiben bis zur Ernennung ihrer Nachfolger im Amt.

(8) Ein Vorsitzender, dessen Amtszeit verlängert worden ist, darf bei Ende des Gesamtzeitraums nicht an einem weiteren Auswahlverfahren für die gleiche Stelle teilnehmen.

(9) *[1]* [1]Erfüllen der Vorsitzende, der stellvertretende Vorsitzende oder ein in Artikel 43 Absatz 1 Buchstabe b genanntes Mitglied die für die Ausübung ihres Amtes erforderlichen Voraussetzungen nicht mehr oder haben sie sich eines schweren Fehlverhaltens schuldig gemacht, so kann der Rat auf einen vom Europäischen Parlament gebilligten Vorschlag der Kommission im Wege eines Durchführungsbeschlusses den Vorsitzenden, den stellvertretenden Vorsitzenden oder das in Artikel 43 Absatz 1 Buchstabe b genannte Mitglied seines Amtes entheben. [2]Der Rat beschließt mit qualifizierter Mehrheit.

[2] Für diese Zwecke können das Europäische Parlament oder der Rat der Kommission mitteilen, dass sie die Bedingungen für die Enthebung des Vorsitzenden oder des stellvertretenden Vorsitzenden oder der in Artikel 43 Absatz 1 Buchstabe b genannten Mitglieder von ihrem Amt als erfüllt erachten, worauf die Kommission zu antworten hat.

Titel V. Finanzvorschriften

Kapitel 1. Allgemeine Bestimmungen

Art. 57 Ressourcen. (1) Der Ausschuss ist dafür verantwortlich, die für die Wahrnehmung der ihm durch diese Verordnung übertragenen Aufgaben erforderlichen finanziellen Mittel sowie das dafür erforderliche Personal einzusetzen.

(2) Für die Finanzierung des Haushalts des Ausschusses oder seiner im Rahmen dieser Verordnung ergriffenen Abwicklungsmaßnahmen dürfen unter keinen Umständen Haushaltsmittel der Mitgliedstaaten herangezogen werden.

Art. 58 Haushalt. (1) [1] Der Ausschuss verfügt über einen eigenen Haushalt, der nicht Teil des Haushalts der Union ist. [2] Alle Einnahmen und Ausgaben des Ausschusses werden für jedes Haushaltsjahr geschätzt und im Haushaltsplan des Ausschusses ausgewiesen; das Haushaltsjahr fällt mit dem Kalenderjahr zusammen.

(2) Der Haushalt des Ausschusses muss hinsichtlich der Einnahmen und der Ausgaben ausgeglichen sein.

(3) Der Haushalt umfasst zwei Teile: Teil I betrifft die Verwaltung des Ausschusses und Teil II den Fonds.

Art. 59 Teil I des Haushalts: Verwaltung des Ausschusses. (1) Die Einnahmen von Teil I des Haushalts stammen aus den jährlichen Beiträgen zur Deckung der geschätzten jährlichen Verwaltungsausgaben.

(2) Die Ausgaben von Teil I des Haushalts umfassen zumindest Personalaufwendungen, Entgelte, Verwaltungs- und Infrastrukturausgaben, Ausgaben für berufliche Fortbildung und laufende Kosten.

(3) Dieser Artikel berührt nicht das Recht der nationalen Abwicklungsbehörden, im Einklang mit dem nationalen Recht Gebühren zur Deckung ihrer Verwaltungsausgaben der in den Absätzen 1 und 2 genannten Arten zu erheben, was auch für die Ausgaben gilt, die bei der Zusammenarbeit mit dem Ausschuss und seiner Unterstützung entstehen.

Art. 60 Teil II des Haushalts: der Fonds. (1) Die Einnahmen von Teil II des Haushalts stammen insbesondere aus

a) Beiträgen von Instituten mit Sitz in den teilnehmenden Mitgliedstaaten gemäß Artikel 67 Absatz 4 und den Artikeln 69, 70 und 71;
b) Darlehen von anderen Abwicklungsfinanzierungsmechanismen in nicht teilnehmenden Mitgliedstaaten gemäß Artikel 72 Absatz 1;
c) Darlehen von Finanzinstituten oder sonstigen Dritten gemäß den Artikeln 73 und 74;
d) Erträgen aus der Anlage der vom Fonds gehaltenen Beträge gemäß Artikel 75;
e) dem Teil der Ausgaben für die Zwecke von Artikel 76, der bei den Abwicklungsverfahren wiedererlangt wird.

(2) Die Ausgaben von Teil II des Haushalts umfassen

a) Ausgaben für die Zwecke von Artikel 76;
b) Anlagen gemäß Artikel 75;

c) Zinsen für Darlehen von anderen Abwicklungsfinanzierungsmechanismen in nicht teilnehmenden Mitgliedstaaten gemäß Artikel 72 Absatz 1;

d) Zinsen für Darlehen von Finanzinstituten oder sonstigen Dritten gemäß den Artikeln 73 und 74.

Art. 61 Aufstellung und Ausführung des Haushalts. (1) Der Vorsitzende erstellt bis zum 15. Februar eines jeden Jahres einen Entwurf des Haushalts des Ausschusses einschließlich eines Voranschlags der Einnahmen und Ausgaben des Ausschusses für das Folgejahr und des Stellenplans und legt ihn dem Ausschuss zur Annahme vor.

(2) Der Ausschuss ändert gegebenenfalls in seiner Plenarsitzung den vom Vorsitzenden vorgelegten Entwurf und nimmt den endgültigen Haushalt des Ausschusses zusammen mit dem Stellenplan spätestens am 31. März eines jeden Jahres an.

Art. 62 Interne Rechnungsprüfung und Kontrolle. (1) [1]Der Ausschuss schafft eine Stelle für die interne Rechnungsprüfung, die gemäß den einschlägigen internationalen Standards arbeitet. [2]Der interne Prüfer wird vom Ausschuss ernannt und ist ihm gegenüber dafür verantwortlich zu überprüfen, ob die Systeme und Verfahren des Ausschusses für die Ausführung des Haushalts ordnungsgemäß funktionieren.

(2) Der interne Prüfer berät den Ausschuss in Fragen der Risikokontrolle durch unabhängige Stellungnahmen zur Qualität der Verwaltungs- und Kontrollsysteme und durch Abgabe von Empfehlungen zur Verbesserung der Voraussetzungen für die praktischen Tätigkeiten sowie Empfehlungen für eine wirtschaftliche Haushaltsführung.

(3) Der Ausschuss ist dafür zuständig, im Hinblick auf die Wahrnehmung der Aufgaben des internen Prüfers geeignete Systeme und Verfahren für die interne Kontrolle zu schaffen.

Art. 63 Ausführung des Haushalts, Rechnungslegung und Entlastung.

(1) Der Vorsitzende handelt als Weisungsbefugter und führt den Haushaltsplan des Ausschusses aus.

(2) *[1]* Der Rechnungsführer des Ausschusses übermittelt dem Rechnungshof bis zum 1. März des folgenden Haushaltsjahres die vorläufigen Abschlüsse mit dem Bericht über die Haushaltsführung und das Finanzmanagement für das abgeschlossene Haushaltsjahr und ersucht den Rechnungshof um Bemerkungen.

[2] Der Rechnungsführer des Ausschusses legt den Mitgliedern des Ausschusses, dem Europäischen Parlament, dem Rat und der Kommission den Bericht über die Haushaltsführung und das Finanzmanagement bis zum 31. März des folgenden Haushaltsjahres vor.

(3) Der Vorsitzende übermittelt dem Europäischen Parlament, dem Rat und der Kommission bis zum 31. März eines jeden Jahres die vorläufigen Abschlüsse des Ausschusses für das abgelaufene Haushaltsjahr.

(4) Nach Eingang der Bemerkungen des Rechnungshofs zu den vorläufigen Abschlüssen des Ausschusses erstellt der Vorsitzende in eigener Verantwortung den endgültigen Jahresabschluss des Ausschusses und legt diesen der Plenarsitzung des Ausschusses zur Genehmigung vor.

(5) Im Anschluss an die Genehmigung durch den Ausschuss übermittelt der Vorsitzende dem Europäischen Parlament, dem Rat, der Kommission und dem Rechnungshof bis zum 1. Juli jedes Jahres den endgültigen Jahresabschluss für das vorangegangene Haushaltsjahr.

(6) Gehen Bemerkungen des Rechnungshofs ein, so übermittelt der Vorsitzende ihm darauf bis zum 30. September eine Antwort.

(7) Der endgültige Jahresabschluss für das vorangegangene Haushaltsjahr wird bis zum 15. November jedes Jahres im *Amtsblatt der Europäischen Union* veröffentlicht.

(8) Der Ausschuss erteilt dem Vorsitzenden auf seiner Plenarsitzung Entlastung für die Ausführung des Haushalts.

(9) Der Vorsitzende übermittelt auf Anfrage des Europäischen Parlaments oder des Rates dem ersuchenden Organ der Union alle Informationen, auf die in der Buchführung des Ausschusses verwiesen wird, wobei jedoch die in dieser Verordnung festgelegte Verpflichtung zur Wahrung des Berufsgeheimnisses einzuhalten sind.

Art. 64 Finanzvorschriften. *[1]* Der Ausschuss legt nach Anhörung des Rechnungshofes und der Kommission interne Finanzvorschriften fest, die insbesondere das Verfahren für die Aufstellung und Ausführung des Haushalts gemäß den Artikeln 61 und 63 detailliert regeln.

[2] Soweit mit dem besonderen Charakter des Ausschusses vereinbar, beruhen die Finanzvorschriften auf der Rahmenfinanzregelung für Einrichtungen, die gemäß dem AEUV geschaffen wurden, nach Artikel 208 der Verordnung (EU, Euratom) Nr. 966/2012 des Europäischen Parlaments und des Rates[1)].

Art. 65 Beiträge zu den Verwaltungsausgaben des Ausschusses.

(1) Die Unternehmen im Sinne des Artikels 2 tragen zu Teil I des Haushalts des Ausschusses gemäß dieser Verordnung und den nach Absatz 5 erlassenen delegierten Rechtsakten über Beiträge bei.

(2) Die Höhe der Beiträge wird so festgelegt, dass die diesbezüglichen Einnahmen grundsätzlich ausreichen, Teil I des Haushalts des Ausschusses jedes Jahr auszugleichen.

(3) [1] Der Ausschuss legt gemäß den in Absatz 5 dieses Artikels genannten delegierten Rechtsakten die Beiträge der Unternehmen im Sinne des Artikels 2 jeweils in einem an das betroffene Unternehmen gerichteten Beschluss fest und erhebt sie entsprechend. [2] Der Ausschuss wendet Regeln über die anzuwendenden Verfahren und das Berichtswesen sowie weitere Vorschriften an, damit die Beiträge vollständig und pünktlich gezahlt werden.

(4) Die nach den Absätzen 1, 2 und 3 erhobenen Beträge werden ausschließlich für die Zwecke dieser Verordnung verwendet.

(5) Der Kommission wird die Befugnis übertragen, im Einklang mit Artikel 93 delegierte Rechtsakte über Beiträge zu erlassen, um Folgendes festzulegen:

[1)] **Amtl. Anm.:** Verordnung (EU, Euratom) Nr. 966/2012 des Europäischen Parlaments und des Rates vom 25. Oktober 2012 über die Haushaltsordnung für den Gesamthaushaltsplan der Union (ABl. L 298 vom 26.10.2012, S. 1).

a) die Art der Beiträge und die Angelegenheiten, für die Beiträge fällig werden, die Methode zur Berechnung der Höhe der Beiträge und die Art, wie sie zu zahlen sind;
b) die in Absatz 3 genannten Registrierungs-, Rechnungslegungs- und Berichtspflichten sowie weitere Vorschriften zur Sicherstellung der vollständigen und pünktlichen Zahlung der Beiträge;
c) die jährlichen Beiträge zur Deckung der Verwaltungsausgaben bis zur vollständigen Arbeitsaufnahme des Ausschusses.

Art. 66 Betrugsbekämpfung. (1) Zum Zweck der Bekämpfung von Betrug, Korruption und sonstigen rechtswidrigen Handlungen nach der Verordnung (EU, Euratom) Nr. 883/2013 des Europäischen Parlaments und des Rates[1)] tritt der Ausschuss innerhalb von sechs Monaten nach dem Tag der Aufnahme seiner Tätigkeiten der Interinstitutionellen Vereinbarung vom 25. Mai 1999 über interne Untersuchungen von OLAF bei und verabschiedet unverzüglich geeignete Bestimmungen nach dem Muster in der Anlage zu der Interinstitutionellen Vereinbarung, die für sämtliche Mitarbeiter des Ausschusses gelten.

(2) Der Rechnungshof ist befugt, bei Empfängern, Auftragnehmern und Unterauftragnehmern, die vom Ausschuss Gelder erhalten haben, Rechnungsprüfungen anhand von Unterlagen und vor Ort durchzuführen.

(3) OLAF kann gemäß den Vorschriften und Verfahren, die in der Verordnung (Euratom, EG) Nr. 2185/96[2)] und in der Verordnung (EU, Euratom) Nr. 883/2013 niedergelegt sind, Untersuchungen einschließlich Kontrollen und Überprüfungen vor Ort durchführen, um festzustellen, ob im Zusammenhang mit einem vom Ausschuss finanzierten Vertrag ein Betrugs- oder Korruptionsdelikt oder eine sonstige rechtswidrige Handlung, die den finanziellen Interessen der Union schadet, vorliegt.

Kapitel 2. Der einheitliche Abwicklungsfonds

Abschnitt 1. Bildung des Fonds

Art. 67 Allgemeine Bestimmungen. (1) [1]Hiermit wird der einheitliche Abwicklungsfonds (im Folgenden „Fonds") errichtet. [2]Der Fonds wird gemäß den im Übereinkommen verankerten Regelungen über die Übertragung der auf nationaler Ebene erhobenen Mittel auf den Fonds gefüllt.

(2) [1]Der Ausschuss bedient sich des Fonds ausschließlich zu dem Zweck, die effiziente Anwendung der Abwicklungsinstrumente und die effiziente Ausübung der Abwicklungsbefugnisse, die in Teil II Titel I genannt sind,sicherzustellen, und gemäß den in den Artikeln 14 und 15 genannten Abwicklungszielen und -grundsätzen. [2]Der Unionshaushalt oder die einzelstaatlichen Haus-

---

1) **Amtl. Anm.:** Verordnung (EU, Euratom) Nr. 883/2013 des Europäischen Parlaments und des Rates vom 11. September 2013 über die Untersuchungen des Europäischen Amtes für Betrugsbekämpfung (OLAF) und zur Aufhebung der Verordnung (EG) Nr. 1073/1999 des Europäischen Parlaments und des Rates und der Verordnung (Euratom) Nr. 1074/1999 des Rates (ABl. L 248 vom 18.9.2013, S. 1).

2) **Amtl. Anm.:** Verordnung (Euratom, EG) Nr. 2185/96 des Rates vom 11. November 1996 betreffend die Kontrollen und Überprüfungen vor Ort durch die Kommission zum Schutz der finanziellen Interessen der Europäischen Gemeinschaften vor Betrug und anderen Unregelmäßigkeiten (ABl. L 292 vom 15.11.1996, S. 2).

halte werden unter keinen Umständen für Aufwendungen oder Verluste des Fonds haftbar gemacht.

(3) Eigentümer des Fonds ist der Ausschuss.

(4) Die Beiträge nach Maßgabe der Artikel 69, 70 und 71 werden von den nationalen Abwicklungsbehörden bei den Unternehmen im Sinne des Artikels 2 erhoben und gemäß dem Übereinkommen auf den Fonds übertragen.

Art. 68 Verpflichtung zur Einrichtung von Abwicklungsfinanzierungsmechanismen. Die teilnehmenden Mitgliedstaaten richten Finanzierungsmechanismen gemäß Artikel 100 der Richtlinie 2014/59/EU und dieser Verordnung ein.

Art. 69 Zielausstattung. (1) Bis zum Ende einer Aufbauphase von acht Jahren ab dem 1. Januar 2016 oder andernfalls ab dem Zeitpunkt, ab dem dieser Absatz gemäß Artikel 99 Absatz 6 gilt, erreichen die verfügbaren Mittel des Fonds mindestens 1 % der gedeckten Einlagen aller in allen teilnehmenden Mitgliedstaaten zugelassenen Kreditinstitute.

(2) Während der in Absatz 1 genannten Aufbauphase werden die gemäß Artikel 70 berechneten und nach Artikel 67 Absatz 4 erhobenen Beiträge zum Fonds zeitlich so gleichmäßig wie möglich gestaffelt, bis die Zielausstattung erreicht ist, wobei jedoch die Konjunkturphase und die etwaigen Auswirkungen prozyklischer Beiträge auf die Finanzlage der beitragenden Institute zu berücksichtigen sind.

(3) Der Ausschuss verlängert die in Absatz 1 genannte Aufbauphase um maximal vier Jahre, wenn der Fonds insgesamt Auszahlungen in Höhe von über 0,5 % des in Absatz 1 genannten Gesamtbetrags der gedeckten Einlagen vorgenommen hat und wenn die Kriterien, die mit dem delegierten Rechtsakt gemäß Absatz 5 Buchstabe b festgelegt wurden, erfüllt sind.

(4) *[1]* [1] Liegt nach der in Absatz 1 genannten Aufbauphase der Betrag der verfügbaren Mittel unter der in dem genannten Absatz angegebenen Zielausstattung, werden die nach Artikel 70 berechneten regulären Beiträge erhoben, bis die Zielausstattung erreicht ist. [2] Nachdem die Zielausstattung erstmals erreicht worden ist und nachdem die verfügbaren Finanzmittel auf weniger als zwei Drittel der Zielausstattung abgeschmolzen sind, werden die genannten Beiträge in einer Höhe festgelegt, mit der die Zielausstattung binnen sechs Jahren erreicht werden kann.

[2] Bei der Festlegung der Jahresbeiträge im Rahmen dieses Absatzes wird der reguläre Beitrag unter gebührender Berücksichtigung der Konjunkturphase und der etwaigen Auswirkungen prozyklischer Beiträge festgelegt.

(5) Der Kommission wird die Befugnis übertragen, delegierte Rechtsakte gemäß Artikel 93 zu erlassen, in denen Folgendes festgelegt wird:

a) Kriterien für die zeitliche Staffelung der nach Absatz 2 berechneten Beiträge,
b) Kriterien für die Festlegung der Anzahl der Jahre, um die die in Absatz 1 genannte Aufbauphase gemäß Absatz 3 verlängert werden kann,
c) Kriterien für die Festlegung der jährlichen Beiträge gemäß Absatz 4.

Art. 70 Im Voraus erhobene Beiträge. (1) Die jeweiligen Beiträge der einzelnen Institute werden mindestens jährlich erhoben und anteilig zur Gesamthöhe ihrer Verbindlichkeiten (ohne Eigenmittel) abzüglich gedeckter Einlagen im Verhältnis zu den aggregierten Verbindlichkeiten (ohne Eigenmittel) abzüglich gedeckter Einlagen aller im Hoheitsgebiet aller teilnehmenden Mitgliedstaaten zugelassenen Institute berechnet.

(2) *[1]* Nach Anhörung der EZB oder der nationalen zuständigen Behörde und in enger Zusammenarbeit mit den nationalen Abwicklungsbehörden errechnet der Ausschuss jährlich die einzelnen Beiträge, damit die Beiträge, die von allen im Hoheitsgebiet aller teilnehmenden Mitgliedstaaten zugelassenen Instituten zu entrichten sind, 12,5 % der Zielausstattung nicht übersteigen.

[2] Die jährliche Berechnung der Beiträge der einzelnen Institute beruht auf:

a) einem Pauschalbetrag, der sich anteilig aus dem Betrag der Verbindlichkeiten – ohne Eigenmittel und gedeckte Einlagen – eines Instituts im Verhältnis zur Gesamthöhe der Verbindlichkeiten – ohne Eigenmittel und gedeckte Einlagen – aller im Hoheitsgebiet der teilnehmenden Mitgliedstaaten zugelassenen Institute ergibt, und

b) einem risikoadjustierten Beitrag, der auf der Grundlage der in Artikel 103 Absatz 7 der Richtlinie 2014/59/EU festgelegten Kriterien errechnet wird, wobei der Grundsatz der Verhältnismäßigkeit gewahrt werden muss und keine Verzerrungen zwischen den Strukturen der Bankensektoren der Mitgliedstaaten ausgelöst werden dürfen.

[3] Bei dem Verhältnis zwischen dem Pauschalbeitrag und den risikobereinigten Beiträgen ist auf eine ausgewogene Verteilung der Beiträge zwischen den verschiedenen Arten von Banken zu achten.

[4] In jedem Fall darf der gemäß den Buchstaben a und b jährlich berechnete aggregierte Betrag der einzelnen Beiträge aller im Hoheitsgebiet aller teilnehmenden Mitgliedstaaten zugelassenen Institute 12,5 % der Zielausstattung nicht übersteigen.

(3) [1]Die verfügbaren Finanzmittel, die mit Blick auf die Erreichung der Zielausstattung gemäß Artikel 69 zu berücksichtigen sind, können unwiderrufliche Zahlungsverpflichtungen umfassen, die in vollem Umfang durch Sicherheiten mit niedrigem Risiko abgesichert sind, die nicht durch Rechte Dritter belastet, frei verfügbar und ausschließlich der Verwendung durch den Ausschuss für die in Artikel 76 Absatz 1 genannten Zwecke vorbehalten sind. [2]Der Anteil dieser unwiderruflichen Zahlungsverpflichtungen darf 30 % des Gesamtbetrags der gemäß diesem Artikel erhobenen Beiträge nicht übersteigen.

(4) Die ordnungsgemäß von Unternehmen im Sinne des Artikels 2 erhaltenen Beiträge werden diesen Unternehmen nicht rückerstattet.

(5) [1]Haben teilnehmende Mitgliedstaaten bereits nationale Abwicklungsfinanzierungsmechanismen eingerichtet, können sie vorsehen, dass diese Mechanismen ihre verfügbaren Finanzmittel, die sie zwischen dem 17. Juni 2010 und dem Zeitpunkt des Inkrafttretens der Richtlinie 2014/59/EU von den Instituten erhoben haben, einsetzen, um den Instituten einen Ausgleich für die im Voraus erhobenen Beiträge zu gewähren, die sie gegebenenfalls an den Fonds abzuführen haben. [2]Die den Mitgliedstaaten aus der Richtlinie 2014/49/EU erwachsenden Verpflichtungen bleiben von einer solchen Rückerstattung unberührt.

(6) Es gelten die von der Kommission gemäß Artikel 103 Absatz 7 der Richtlinie 2014/59/EU erlassenen delegierten Rechtsakte, in denen das Kon-

zept der Beitragsanpassung entsprechend dem Risikoprofil der Institute festgelegt wird.

(7) Der Rat erlässt im Rahmen eines in Absatz 6 genannten delegierten Rechtsakts auf Vorschlag der Kommission Durchführungsrechtsakte zur Festlegung der Durchführungsbestimmungen zu den Absätzen 1, 2 und 3 und insbesondere hinsichtlich

a) der Anwendung der Methode zur Berechnung der einzelnen Beiträge;

b) der praktischen Modalitäten bei der Zuordnung der Institute zu den in dem delegierten Rechtsakt festgelegten Risikofaktoren.

Art. 71 Außerordentliche nachträglich erhobene Beiträge. (1) *[1]* [1]Reichen die verfügbaren Finanzmittel nicht aus, um Verluste, Kosten und sonstige Aufwendungen im Zusammenhang mit der Inanspruchnahme des Fonds für Abwicklungsmaßnahmen zu decken, werden von den im Hoheitsgebiet der teilnehmenden Mitgliedstaaten zugelassenen Instituten außerordentliche nachträgliche Beiträge erhoben, um die zusätzlichen Aufwendungen zu decken. [2]Die Berechnung der Höhe der außerordentlichen nachträglich erhobenen Beiträge und ihre Zuweisung zu den einzelnen Instituten erfolgen gemäß den in den Artikeln 69 und 70 festgelegten Regeln.

[2] Der Gesamtbetrag der jährlichen außerordentlichen nachträglich erhobenen Beiträge darf das Dreifache der jährlichen Summe der gemäß Artikel 70 festgelegten Beiträge nicht übersteigen.

(2) [1]Der Ausschuss schiebt auf eigenes Betreiben – nach Anhörung der nationalen Abwicklungsbehörde – oder auf Vorschlag einer nationalen Abwicklungsbehörde im Einklang mit den in Absatz 3 genannten delegierten Rechtsakten ganz oder teilweise die Zahlung außerordentlicher nachträglich erhobener Beiträge eines Instituts gemäß Absatz 1 auf, wenn dies für den Schutz der Finanzlage des Instituts erforderlich ist. [2]Ein solcher Aufschub wird für höchstens sechs Monate gewährt, kann aber auf Antrag des Instituts erneuert werden. [3]Die gemäß dieses Absatzes aufgeschobenen Beiträge werden zu einem späteren Zeitpunkt entrichtet, wenn die Finanzlage des Instituts durch die Entrichtung des Betrags nicht mehr gefährdet ist.

(3) Der Kommission wird die Befugnis übertragen, gemäß Artikel 93 delegierte Rechtsakte zu erlassen, in denen sie die Umstände und Bedingungen festlegt, unter denen die Zahlung von nachträglich erhobenen Beiträgen durch ein Unternehmen im Sinne des Artikels 2 gemäß Absatz 2 dieses Artikels teilweise oder ganz aufgeschoben werden kann.

Art. 72 Freiwillige Darlehen zwischen Abwicklungsfinanzierungsmechanismen. (1) Der Ausschuss beschließt, für den Fonds freiwillige Darlehen bei Abwicklungsfinanzierungsmechanismen in nicht teilnehmenden Mitgliedstaaten zu beantragen, falls

a) die nach Artikel 70 erhobenen Beträge nicht ausreichen, um die im Zusammenhang mit der Inanspruchnahme des Fonds für Abwicklungsmaßnahmen entstandenen Verluste, Kosten und sonstigen Aufwendungen zu decken;

b) die in Artikel 71 vorgesehenen außerordentlichen nachträglich erhobenen Beiträge nicht unmittelbar verfügbar sind und

c) die in Artikel 73 vorgesehenen alternativen Finanzierungsmöglichkeiten zu vertretbaren Bedingungen nicht unmittelbar verfügbar sind.

(2) [1]Die genannten Abwicklungsfinanzierungsmechanismen entscheiden über einen solchen Antrag gemäß Artikel 106 der Richtlinie 2014/59/EU. [2]Die Darlehensbedingungen unterliegen Artikel 106 Absätze 4, 5 und 6 der Richtlinie 2014/59/EU

(3) [1]Der Ausschuss kann beschließen, anderen Abwicklungsfinanzierungsmechanismen nicht teilnehmender Mitgliedstaaten Darlehen zu gewähren, wenn ein entsprechender Antrag gemäß Artikel 106 der Richtlinie 2014/59/EU gestellt wird. [2]Die Darlehensbedingungen unterliegen Artikel 106 Absätze 4, 5 und 6 der Richtlinie 2014/59/EU.

Art. 73 Alternative Finanzierungsmöglichkeiten. (1) Um die Kosten der Finanzierung so gering wie möglich zu halten und das Ansehen des Ausschusses zu wahren, kann der Ausschuss für den Fonds bei den Instituten, Finanzinstituten oder anderen Dritten, die zu dem am besten geeigneten Zeitpunkt die besseren Bedingungen bieten, Darlehen aufnehmen oder andere Formen der Unterstützung vertraglich vereinbaren, falls die nach den Artikeln 70 und 71 erhobenen Beträge nicht unmittelbar verfügbar sind oder die durch die Inanspruchnahme des Fonds für Abwicklungsmaßnahmen entstandenen Aufwendungen nicht decken.

(2) Die in Absatz 1 erwähnten Darlehen oder andere Formen der Unterstützung werden im Einklang mit den Artikeln 69, 70 und 71 innerhalb der Laufzeit der Ausleihung voll rückerstattet.

(3) Aufwendungen, die durch die Inanspruchnahme der in Absatz 1 genannten Darlehen entstehen, werden von Teil II des Haushalts des Ausschusses und nicht vom Haushalt der Union oder von den teilnehmenden Mitgliedstaaten getragen.

Art. 74 Zugriff auf Finanzierungsfazilitäten. Reichen die gemäß den Artikeln 70 und 71 erhobenen oder zur Verfügung stehenden Beträge nicht aus, um die Verpflichtungen des Fonds zu erfüllen, trifft der Ausschuss für den Fonds vertragliche Vereinbarungen über Finanzierungskonstruktionen einschließlich – falls angezeigt – öffentlicher Finanzierungskonstruktionen, damit unmittelbar zusätzliche Finanzmittel für eine Verwendung gemäß Artikel 76 zur Verfügung stehen.

Abschnitt 2. Verwaltung des Fonds

Art. 75 Anlagen. (1) Der Ausschuss verwaltet den Fonds im Einklang mit dieser Verordnung und mit den nach Absatz 4 erlassenen delegierten Rechtsakten.

(2) Die von einem in Abwicklung befindlichen Institut oder einem Brückeninstitut eingegangenen Beträge, Zinsen und sonstigen Erträge aus Anlagen und etwaigen weiteren Einnahmen werden ausschließlich dem Fonds zugeführt.

(3) [1]Der Ausschuss verfolgt eine vorsichtige und auf Sicherheit bedachte Anlagestrategie, die in den nach Absatz 4 dieses Artikels erlassenen delegierten Rechtsakten vorgesehen ist, und legt die im Fonds gehaltenen Beträge in Schuldverschreibungen der Mitgliedstaaten oder zwischenstaatlicher Organisationen oder in hochliquiden Vermögenswerten hoher Bonität an, wobei er

dem delegierten Rechtsakt gemäß Artikel 460 der Verordnung (EU) Nr. 575/2013[1)] und anderen einschlägigen Bestimmungen der genannten Verordnung Rechnung trägt. [2]Die Anlagen müssen branchenspezifisch, geografisch und anteilmäßig diversifiziert sein. [3]Die Einkünfte aus diesen Anlagen werden dem Fonds zugeführt.

(4) Der Kommission wird die Befugnis übertragen, nach dem in Artikel 93 festgelegten Verfahren delegierte Rechtsakte über die detaillierten Regeln zur Verwaltung des Fonds und über die allgemeinen Grundsätze und Kriterien für seine Anlagestrategie zu erlassen.

Abschnitt 3. Inanspruchnahme des Fonds

Art. 76 Auftrag des Fonds. (1) Innerhalb des Abwicklungskonzepts kann der Ausschuss bei der Anwendung der Abwicklungsinstrumente auf Unternehmen im Sinne des Artikels 2 den Fonds nur insoweit heranziehen, als es für die wirksame Anwendung der Abwicklungsinstrumente zu folgenden Zwecken erforderlich ist:

a) für die Besicherung der Vermögenswerte oder Verbindlichkeiten des in Abwicklung befindlichen Instituts, seiner Tochterunternehmen, eines Brückeninstituts oder einer für die Vermögensverwaltung gegründeten Zweckgesellschaft;
b) für die Gewährung von Darlehen an das in Abwicklung befindliche Institut, seine Tochterunternehmen, ein Brückeninstitut oder eine für die Vermögensverwaltung gegründete Zweckgesellschaft;
c) für den Erwerb von Vermögenswerten des in Abwicklung befindlichen Instituts;
d) für die Bereitstellung von Kapital für ein Brückeninstitut und eine für die Vermögensverwaltung gegründete Zweckgesellschaft;
e) für Entschädigungszahlungen an Anteilseigner oder Gläubiger, falls sie nach einer Bewertung gemäß Artikel 20 Absatz 5 größere Verluste erlitten haben als sie nach einer Bewertung gemäß Artikel 20 Absatz 16 bei einer Liquidation im Rahmen eines regulären Insolvenzverfahrens erlitten hätten;
f) für Beitragsleistungen an das in Abwicklung befindliche Institut anstelle der Herabschreibung oder Umwandlung der Verbindlichkeiten bestimmter Gläubiger, wenn das Bail-in-Instrument angewandt wird und die Entscheidung getroffen wird, bestimmte Gläubiger vom Anwendungsbereich des Bail-in gemäß Artikel 27 Absatz 5 auszuschließen;
g) für eine beliebige Kombination der unter den Buchstaben a bis f genannten Maßnahmen.

(2) Der Fonds kann im Kontext des Instruments der Unternehmensveräußerung auch für unter Absatz 1 genannte Maßnahmen in Bezug auf den Erwerber in Anspruch genommen werden.

(3) [1]Der Fonds wird nicht unmittelbar herangezogen, um die Verluste eines Unternehmens im Sinne des Artikels 2 auszugleichen oder solch ein Unternehmen zu rekapitalisieren. [2]Führt die Inanspruchnahme des Fonds für die in Absatz 1 dieses Artikels genannten Zwecke indirekt dazu, dass ein Teil der Verluste eines Unternehmens im Sinne von Artikel 2 an den Fonds weiterge-

[1)] Nr. 6.

geben wird, gelten die in Artikel 27 für die Inanspruchnahme des Fonds genannten Grundsätze.

(4) Der Ausschuss darf das Kapital, das gemäß Absatz 1 Buchstabe f beigetragen wurde, höchstens für einen Zeitraum von fünf Jahren halten.

Art. 77 Inanspruchnahme des Fonds. *[1]* Die Inanspruchnahme des Fonds ist an das Übereinkommen gebunden, in dem die teilnehmenden Mitgliedstaaten vereinbaren, die von ihnen gemäß dieser Verordnung und der Richtlinie 2014/59/EU und auf nationaler Ebene erhobenen Beiträge auf den Fonds zu übertragen, und erfolgt unter Einhaltung der Grundsätze dieses Übereinkommens.

[2] Demzufolge nimmt der Ausschuss gemäß dem Übereinkommen solange, bis die in Artikel 69 genannte Zielausstattung des Fonds erreicht ist, jedoch höchstens acht Jahre ab dem Geltungsbeginn dieses Artikels, den Fonds im Einklang mit den Grundsätzen in Anspruch, die auf einer Aufteilung des Fonds in nationale Kammern jedes teilnehmenden Mitgliedstaats und auf einer fortschreitenden Zusammenführung der einzelnen, auf nationaler Ebene erhobenen und den nationalen Kammern des Fonds zugewiesenen Mittel beruhen.

Art. 78 Gegenseitige Unterstützung der nationalen Finanzierungsmechanismen bei Gruppenabwicklungen, bei denen Institute in nicht teilnehmenden Mitgliedstaaten involviert sind. Bei einer Gruppenabwicklung, bei der einerseits in einem oder mehreren teilnehmenden Mitgliedstaaten niedergelassene Institute und andererseits in einem oder mehreren nicht teilnehmenden Mitgliedstaaten niedergelassene Institute involviert sind, trägt der Fonds gemäß Artikel 107 Absätze 2 bis 5 der Richtlinie 2014/59/EU zur Finanzierung der Gruppenabwicklung bei.

Art. 79 Inanspruchnahme von Einlagensicherungssystemen im Rahmen einer Abwicklung. (1) *[1]* Die teilnehmenden Mitgliedstaaten stellen sicher, dass – wenn der Ausschuss Abwicklungsmaßnahmen ergreift und vorausgesetzt, dass durch diese Maßnahmen Einleger weiterhin auf ihre Einlagen zugreifen können – das Einlagensicherungssystem, dem das Institut angehört, für die in Artikel 109 Absätze 1 und 4 der Richtlinie 2014/59/EU genannten Beträge haftet.

[2] Das einschlägige Einlagensicherungssystem tritt bei Liquidationsverfahren mit einem der Höhe seiner Zahlung entsprechenden Betrag in die Rechte und Pflichten der gedeckten Einleger ein.

(2) Der Betrag, in dessen Höhe das Einlagensicherungssystem gemäß Absatz 1 dieses Artikels haftet, bestimmt sich nach den in Artikel 20 genannten Bedingungen.

(3) Bevor der Ausschuss nach Absatz 2 dieses Artikels entscheidet, in welcher Höhe das Einlagensicherungssystem haftet, hört er die betroffene benannte Behörde im Sinne des Artikels 2 Absatz 1 Nummer 18 der Richtlinie 2014/49/EU unter voller Berücksichtigung der Dringlichkeit der Angelegenheit an.

(4) Werden erstattungsfähige Einlagen bei einem in Abwicklung befindlichen Institut anhand des Instruments für die Unternehmensveräußerung oder des Instruments des Brückeninstituts an ein anderes Unternehmen übertragen, haben die Einleger hinsichtlich der Teile ihrer Einlagen bei dem in Abwicklung befindlichen Institut, die nicht übertragen werden, keinen Anspruch gegenüber

dem Einlagensicherungssystem im Rahmen der Richtlinie 2014/49/EU, vorausgesetzt, dass die Höhe der übertragenen Mittel der in Artikel 6 der genannten Richtlinie vorgesehenen Gesamtdeckungssumme entspricht oder sie übersteigt.

(5) *[1]* Ungeachtet der Absätze 1 bis 4 wird der reguläre Beitrag zum Einlagensicherungssystem, wenn die verfügbaren Finanzmittel solcher Systeme nach den Absätzen 1 bis 4 eingesetzt werden und in der Folge auf weniger als zwei Drittel der Zielausstattung des Einlagensicherungssytems abgeschmolzen sind, in einer Höhe festgelegt, mit der die Zielausstattung binnen sechs Jahren erreicht werden kann.

[2] Die Haftung eines Einlagensicherungssystems geht nicht über 50 % des Betrags hinaus, der gemäß Artikel 10 Absatz 2 der Richtlinie 2014/49/EU als seine Zielausstattung vorgeschrieben ist.

[3] In jedem Fall geht die Beteiligung des Einlagensicherungssystems nach dieser Verordnung nicht über den Betrag der Verluste hinaus, die es im Fall einer Liquidation nach dem normalen Insolvenzverfahren hätte erleiden müssen.

Titel VI. Sonstige Bestimmungen

Art. 80 Vorrechte und Befreiungen. Das Protokoll Nr. 7 über die Vorrechte und Befreiungen der Europäischen Union im Anhang zum EUV und zum AEUV gilt für den Ausschuss und dessen Personal.

Art. 81 Sprachenregelung. (1) Für den Ausschuss gilt die Verordnung Nr. 1[1)] des Rates.

(2) Der Ausschuss entscheidet über die interne Sprachregelung des Ausschusses.

(3) Der Ausschuss kann darüber entscheiden, welche der Amtssprachen er bei der Übermittlung von Dokumenten an Organe oder Einrichtungen der Union benutzt.

(4) Der Ausschuss kann sich mit jeder nationalen Abwicklungsbehörde über die Sprache oder die Sprachen einigen, in der/denen die an die nationale Abwicklungsbehörde oder von ihr zu übermittelnden Dokumente abgefasst sein sollen.

(5) Die für die Arbeit des Ausschusses erforderlichen Übersetzungsaufgaben werden vom Übersetzungszentrum für die Einrichtungen der Europäischen Union angefertigt.

Art. 82 Personal. (1) *[1]* Das Statut, die Beschäftigungsbedingungen sowie die gemeinsam von den Organen der Union zum Zweck ihrer Anwendung erlassenen Vorschriften gelten für das Personal des Ausschusses.

[2] [1] Abweichend von Unterabsatz 1 sind der Vorsitzende, der stellvertretende Vorsitzende und die vier Mitglieder gemäß Artikel 43 Absatz 1 Buchstabe b hinsichtlich der Besoldung und des Alters für die Versetzung in den Ruhestand jeweils einem Vizepräsidenten, einem Richter und einem Kanzler des Gerichtshofs gemäß der Verordnung Nr. 422/67/EWG, Nr. 5/67/Euratom des

---

[1)] **Amtl. Anm.:** Verordnung Nr. 1 des Rates zur Regelung der Sprachenfrage für die Europäische Wirtschaftsgemeinschaft (ABl. Nr. 17 vom 6.10.1958, S. 385).

Rates[1)] gleichgestellt; für sie gilt beim Alter für die Versetzung in den Ruhestand keine Höchstgrenze. [2] Für Angelegenheiten, die nicht in den Geltungsbereich dieser Verordnung oder der Verordnung Nr. 422/67/EWG, Nr. 5/67/ Euratom fallen, gelten das Statut und die Beschäftigungsbedingungen entsprechend.

(2) Der Ausschuss erlässt im Einvernehmen mit der Kommission die erforderlichen Durchführungsbestimmungen gemäß den Festlegungen von Artikel 110 des Statuts.

(3) Der Ausschuss übt hinsichtlich seines Personals die Befugnisse aus, die der Anstellungsbehörde durch das Statut und der vertragsschließenden Behörde durch die Beschäftigungsbedingungen übertragen wurden.

Art. 83 Austausch von Personal. (1) Der Ausschuss kann entsandte nationale Sachverständige oder anderes nicht vom Ausschuss eingestelltes Personal heranziehen.

(2) Der Ausschuss verabschiedet auf seiner Plenarsitzung geeignete Beschlüsse zur Festlegung von Vorschriften über Austausch und Entsendung von Mitarbeitern sowohl zwischen den nationalen Abwicklungsbehörden als auch zwischen diesen Behörden und dem Ausschuss.

(3) Der Ausschuss kann interne Abwicklungsteams einrichten, die sich aus seinen Mitarbeitern und Mitarbeitern der nationalen Abwicklungsbehörden sowie, falls angezeigt, Beobachtern der nationalen Abwicklungsbehörden von nicht teilnehmenden Mitgliedstaaten zusammensetzen.

(4) [1] Richtet der Ausschuss interne Abwicklungsteams gemäß Absatz 3 dieses Artikels ein, ernennt er Koordinatoren derjenigen Teams, die sich aus eigenen Mitarbeitern zusammensetzen. [2] Gemäß Artikel 51 Absatz 3 können die Koordinatoren als Beobachter zur Teilnahme an den Präsidiumssitzungen des Ausschusses eingeladen werden, an den die von den jeweiligen Mitgliedstaaten ernannten Mitglieder gemäß Artikel 53 Absätze 3 und 4 teilnehmen.

Art. 84 Interne Ausschüsse. Der Ausschuss kann interne Ausschüsse einsetzen, die die Aufgabe haben, ihn bei der Wahrnehmung seiner Funktionen nach dieser Verordnung zu beraten und Anleitung zu geben.

Art. 85 Beschwerdeausschuss. (1) Der Ausschuss richtet einen Beschwerdeausschuss ein, der über die gemäß Absatz 3 eingereichten Beschwerden beschließt.

(2) [1] Der Beschwerdeausschuss besteht aus fünf Personen, die ein hohes Ansehen genießen, aus den Mitgliedstaaten stammen und nachweislich über weitreichende einschlägige Kenntnisse und Berufserfahrung – auch in der Abwicklung – im Bankensektor oder im Bereich anderer Finanzdienstleistungen verfügen und nicht zum aktuellen Personal des Ausschusses, der Abwicklungsbehörden oder anderer Organe, Einrichtungen, Ämter und Agenturen der Mitgliedstaaten oder der Union gehören, das an der Wahrnehmung der

---

[1)] **Amtl. Anm.:** Verordnung Nr. 422/67/EWG, Nr. 5/67/Euratom des Rates vom 25. Juli 1967 über die Regelung der Amtsbezüge für den Präsidenten und die Mitglieder der Kommission sowie für den Präsidenten, die Richter, die Generalanwälte und den Kanzler des Gerichtshofs und für den Präsidenten, die Mitglieder und den Kanzler des Gerichts sowie für den Präsidenten, die Mitglieder und den Kanzler des Gerichts für den öffentlichen Dienst der Europäischen Union (ABl. L 187 vom 8.8.1967, S. 1).

Aufgaben, die dem Ausschuss durch diese Verordnung übertragen wurden, beteiligt ist. [2] Der Beschwerdeausschuss ist mit den Mitteln und dem Fachwissen ausgestattet, die erforderlich sind, um den Ausschuss bei der Ausübung seiner Befugnisse sachkundig rechtlich zu beraten. [3] Der Ausschuss ernennt die Mitglieder des Beschwerdeausschusses und zwei Stellvertreter für eine Amtszeit von fünf Jahren, die im Anschluss an eine im *Amtsblatt der Europäischen Union* veröffentlichte öffentliche Aufforderung zur Interessenbekundung einmal verlängert werden kann. [4] Die Mitglieder des Beschwerdeausschusses und die Stellvertreter sind an keinerlei Weisungen gebunden.

(3) *[1]* Eine natürliche oder juristische Person einschließlich der Abwicklungsbehörden kann Beschwerde gegen einen Beschluss des Ausschusses gemäß den Artikel 10 Absatz 10, Artikel 11, Artikel 12 Absatz 1, den Artikeln 38 bis 41, Artikel 65 Absatz 3, Artikel 71 und Artikel 90 Absatz 3 einlegen, wenn dieser Beschluss an diese Person gerichtet ist oder diese Person unmittelbar und einzeln betrifft.

[2] Die Beschwerde ist samt Begründung innerhalb von sechs Wochen nach dem Tag der Bekanntgabe des Beschlusses an die betroffene Person oder, sofern eine Bekanntgabe nicht erfolgt ist, innerhalb von sechs Wochen ab dem Tag, an dem die betroffene Person Kenntnis von dem Beschluss erlangt hat, schriftlich bei dem Beschwerdeausschuss einzureichen.

(4) *[1]* Der Beschwerdeausschuss entscheidet innerhalb eines Monats nach der Einreichung über die Beschwerde.

[2] Er entscheidet mit einer Mehrheit von mindestens drei seiner fünf Mitglieder.

(5) [1] Die Mitglieder des Beschwerdeausschusses handeln unabhängig und im öffentlichen Interesse. [2] Zu diesem Zweck geben sie eine öffentliche Verpflichtungserklärung und eine öffentliche Interessenerklärung ab, in der angegeben wird, welche direkten oder indirekten Interessen vorhanden sind, die als ihre Unabhängigkeit beeinträchtigend angesehen werden könnten, oder aus der hervorgeht, dass keine solchen Interessen bestehen.

(6) *[1]* Eine Beschwerde nach Absatz 3 hat keine aufschiebende Wirkung.

[2] Der Beschwerdeausschuss kann jedoch den Vollzug des angefochtenen Beschlusses aussetzen, wenn die Umstände dies seiner Auffassung nach erfordern.

(7) [1] Ist die Beschwerde zulässig, prüft der Beschwerdeausschuss, ob sie begründet ist. [2] Er fordert die am Beschwerdeverfahren Beteiligten auf, innerhalb bestimmter Fristen eine Stellungnahme zu den von ihm selbst abgegebenen Mitteilungen oder zu den Schriftsätzen der anderen am Beschwerdeverfahren Beteiligten einzureichen. [3] Die am Beschwerdeverfahren Beteiligten haben das Recht, mündliche Erklärungen abzugeben.

(8) [1] Der Beschwerdeausschuss kann den Beschluss des Ausschusses bestätigen oder den Fall an den Ausschuss zurückverweisen. [2] Der Ausschuss ist an die Entscheidung des Beschwerdeausschusses gebunden und erlässt in der betreffenden Angelegenheit einen geänderten Beschluss.

(9) Die Entscheidungen des Beschwerdeausschusses sind zu begründen und werden den Parteien übermittelt.

(10) Der Beschwerdeausschuss gibt sich eine Geschäftsordnung und veröffentlicht sie.

Art. 86 Klagen vor dem Gerichtshof. (1) Im Einklang mit Artikel 263 AEUV kann vor dem Gerichtshof Klage gegen eine Entscheidung des Beschwerdeausschusses oder – in Fällen, in denen keine Beschwerde beim Beschwerdeausschuss eingereicht werden kann – des Ausschusses erhoben werden.

(2) Im Einklang mit Artikel 263 AEUV können die Mitgliedstaaten und die Organe der Union sowie jede natürliche oder juristische Person Klage vor dem Gerichtshof gegen Beschlüsse des Ausschusses erheben.

(3) Fasst der Ausschuss trotz der Verpflichtung, tätig zu werden, keinen Beschluss, so kann vor dem Gerichtshof eine Untätigkeitsklage nach Artikel 265 AEUV erhoben werden.

(4) Der Ausschuss ergreift die erforderlichen Maßnahmen, um dem Urteil des Gerichtshofs nachzukommen.

Art. 87 Haftung des Ausschusses. (1) Die vertragliche Haftung des Ausschusses bestimmt sich nach dem Recht, das auf den betreffenden Vertrag anzuwenden ist.

(2) Der Gerichtshof ist für Entscheidungen aufgrund einer Schiedsklausel in einem vom Ausschuss geschlossenen Vertrag zuständig.

(3) Im Bereich der außervertraglichen Haftung ersetzt der Ausschuss den durch ihn oder seine Bediensteten in Ausübung ihrer Amtstätigkeit, insbesondere ihrer Abwicklungsfunktionen einschließlich Handlungen und Unterlassungen zugunsten ausländischer Abwicklungsverfahren, verursachten Schaden nach den allgemeinen Rechtsgrundsätzen, die den Rechtsordnungen der Mitgliedstaaten hinsichtlich der Haftung der öffentlichen Stellen für Schäden gemeinsam sind.

(4) [1] Der Ausschuss entschädigt eine nationale Abwicklungsbehörde für Schadenersatz, dessen Entrichtung von einem nationalen Gericht angeordnet wurde oder zu dem sie sich in Absprache mit dem Ausschuss infolge einer gütlichen Regelung verpflichtet hat und der sich aus einer Handlung oder Unterlassung dieser nationalen Abwicklungsbehörde im Zuge einer Abwicklung nach dieser Verordnung von Unternehmen und Gruppen nach Artikel 7 Absatz 2 sowie von Unternehmen und Gruppen nach Artikel 7 Absatz 4 Buchstabe b und Absatz 5, sofern die Voraussetzungen für die Anwendung dieser Absätze erfüllt sind, oder gemäß Artikel 7 Absatz 3 Unterabsatz 2 ergab. [2] Diese Verpflichtung gilt nicht, wenn mit dieser Handlung oder Unterlassung vorsätzlich oder im Rahmen eines offensichtlichen und schweren Beurteilungsfehlers gegen diese Verordnung, eine andere Rechtsvorschrift der Union, einen Beschluss des Ausschusses, des Rates oder der Kommission verstoßen wurde.

(5) [1] Der Gerichtshof ist bei jeder Streitigkeit im Zusammenhang mit den Absätzen 3 und 4 zuständig. [2] Die aus außervertraglicher Haftung hergeleiteten Ansprüche verjähren fünf Jahre nach Eintritt des Ereignisses, das ihnen zugrunde liegt.

(6) Die persönliche Haftung der Mitarbeiter gegenüber dem Ausschuss unterliegt dem Statut bzw. den für sie geltenden Beschäftigungsbedingungen.

Art. 88 Berufsgeheimnis und Informationsaustausch. (1) *[1]* [1] Mitglieder des Ausschusses, der stellvertretende Vorsitzende, die Mitglieder des Ausschusses gemäß Artikel 43 Absatz 1 Buchstabe b, das Personal des Ausschusses und

Mitarbeiter, die im Rahmen eines Austauschs mit oder einer Entsendung von den teilnehmenden Mitgliedstaaten Abwicklungsaufgaben wahrnehmen, sind nach Artikel 339 AEUV und den einschlägigen Bestimmungen des Unionsrechts verpflichtet, auch nach Beendigung ihrer Amtstätigkeit das Berufsgeheimnis zu wahren. [2] Insbesondere ist es ihnen untersagt, vertrauliche Informationen, die sie in Ausübung ihrer beruflichen Tätigkeiten oder von einer zuständigen Behörde oder einer Abwicklungsbehörde im Zusammenhang mit ihren Funktionen nach dieser Verordnung erhalten haben, an andere Personen oder Stellen weiterzugeben, es sei denn, dies geschieht im Rahmen ihrer Funktionen nach dieser Verordnung oder in zusammengefasster oder allgemeiner Form, die keine Rückschlüsse auf die Unternehmen im Sinne des Artikels 2 zulässt, oder die Behörde oder das Unternehmen, von der bzw. dem die Information stammt, hat im Voraus ausdrücklich ihre bzw. seine Zustimmung erteilt.

[2] Die unter die Verpflichtung zur Wahrung des Berufsgeheimnisses fallenden Informationen werden keiner anderen öffentlichen oder privaten Stelle gegenüber offengelegt, es sei denn, die Offenlegung ist für ein Gerichtsverfahren erforderlich.

[3] Diese Verpflichtung gilt auch für potenzielle Erwerber, an die gemäß Artikel 13 Absatz 3 herangetreten wurde, um die Abwicklung eines Unternehmens vorzubereiten.

(2) Der Ausschuss stellt sicher, dass Einzelpersonen, die direkt oder indirekt, ständig oder gelegentlich Dienstleistungen im Zusammenhang mit der Wahrnehmung von Aufsichtsaufgaben erbringen, einschließlich Beamter und anderer Personen, die vom Ausschuss ermächtigt oder von den nationalen Abwicklungsbehörden ernannt wurden, um Prüfungen vor Ort vorzunehmen, der Verpflichtung zur Wahrung des Berufsgeheimnisses entsprechend den in Absatz 1 festgelegten Pflichten unterliegen.

(3) Die Verpflichtung zur Wahrung des Berufsgeheimnisses gemäß Absatz 1 gelten auch für die Beobachter, die an den Sitzungen des Ausschusses teilnehmen, und für die Beobachter aus nicht teilnehmenden Mitgliedstaaten, die gemäß Artikel 83 Absatz 3 an internen Abwicklungsteams beteiligt sind.

(4) Der Ausschuss ergreift die für den sicheren Umgang mit und die sichere Verarbeitung von vertraulichen Informationen erforderlichen Maßnahmen.

(5) [1] Vor der Offenlegung von Informationen trägt der Ausschuss dafür Sorge, dass diese Informationen keine vertraulichen Angaben enthalten, indem er insbesondere die Folgen einer etwaigen Weitergabe dieser Informationen mit Blick auf öffentliche Interessen der Finanz-, Währungs- oder Wirtschaftspolitik, Geschäftsinteressen natürlicher und juristischer Personen und die Zwecke von Inspektions-, Untersuchungs- und Prüftätigkeiten bewertet. [2] Die Verfahren zur Überprüfung der Folgen einer Offenlegung von Informationen enthalten eine konkrete Bewertung der Folgen einer Weitergabe der Inhalte und Einzelheiten von Abwicklungsplänen im Sinne der Artikel 8 und 9, der Ergebnisse der nach Artikel 10 durchgeführten Bewertungen oder des Abwicklungskonzepts nach Artikel 18 stattfindet.

(6) Mit diesem Artikel wird es dem Ausschuss, dem Rat, der Kommission, der EZB, den nationalen Abwicklungsbehörden oder den nationalen zuständigen Behörden einschließlich ihrer Bediensteten und Sachverständigen nicht untersagt, zum Zweck der Planung oder Durchführung einer Abwicklungs-

maßnahme Informationen untereinander und mit zuständigen Ministerien, Zentralbanken, Einlagensicherungssystemen, Anlegerentschädigungssystemen, den für das reguläre Insolvenzverfahren zuständigen Behörden, Abwicklungsbehörden und zuständigen Behörden nicht teilnehmender Mitgliedstaaten, der EBA oder vorbehaltlich Artikel 33 mit Drittlandsbehörden, die ähnliche Aufgaben wie Abwicklungsbehörden wahrnehmen, oder vorbehaltlich strenger Vertraulichkeitsanforderungen mit einem potenziellen Erwerber auszutauschen.

Art. 89 Datenschutz. Diese Verordnung berührt weder die aus der Richtlinie 95/46/EG des Europäischen Parlaments und des Rates[1)] erwachsenden Verpflichtungen der Mitgliedstaaten hinsichtlich der Verarbeitung personenbezogener Daten noch die aus der Verordnung (EG) Nr. 45/2001 des Europäischen Parlaments und des Rates[2)] hervorgehenden Verpflichtungen des Ausschusses, des Rates und der Kommission hinsichtlich ihrer Verarbeitung personenbezogener Daten bei der Erfüllung ihrer Aufgaben.

Art. 90 Zugang zu Dokumenten. (1) Für Dokumente im Besitz des Ausschusses gilt die Verordnung (EG) Nr. 1049/2001 des Europäischen Parlaments und des Rates[3)].

(2) Binnen sechs Monaten nach seiner ersten Sitzung verabschiedet der Ausschuss die konkreten Maßnahmen für die Anwendung der Verordnung (EG) Nr. 1049/2001.

(3) Gegen Beschlüsse des Ausschusses nach Artikel 8 der Verordnung (EG) Nr. 1049/2001 kann eine Beschwerde beim Europäischen Bürgerbeauftragten eingelegt oder Klage vor dem Gerichtshof erhoben werden, nachdem gemäß den Artikeln 228 und 263 AEUV bei dem in Artikel 85 dieser Verordnung genannten Beschwerdeausschuss in geeigneter Weise ein Rechtsbehelf eingelegt worden ist.

(4) [1] Die von den Beschlüssen des Ausschusses betroffenen Personen haben vorbehaltlich des legitimen Interesses anderer Personen an dem Schutz ihrer Geschäftsgeheimnisse das Recht auf Zugang zu den Akten des Ausschusses. [2] Vom Recht auf Akteneinsicht ausgenommen sind vertrauliche Informationen sowie interne vorbereitende Unterlagen des Ausschusses.

Art. 91 Sicherheitsvorschriften für den Schutz von Verschlusssachen und nicht als Verschlusssache eingestuften vertraulichen Informationen. [1] Der Ausschuss wendet die Sicherheitsgrundsätze gemäß den Sicherheitsvorschriften der Kommission für den Schutz von Verschlusssachen der Europäischen Union und nicht als Verschlusssache eingestuften sensiblen Informationen an, die im Anhang des Beschlusses 2001/844/EG, EGKS, Euratom der

---

[1)] **Amtl. Anm.:** Richtlinie 95/46/EG des Europäischen Parlaments und des Rates vom 24. Oktober 1995 zum Schutz natürlicher Personen bei der Verarbeitung personenbezogener Daten und zum freien Datenverkehr (ABl. L 281 vom 23.11.1995, S. 31).

[2)] **Amtl. Anm.:** Verordnung (EG) Nr. 45/2001 des Europäischen Parlaments und des Rates vom 18. Dezember 2000 zum Schutz natürlicher Personen bei der Verarbeitung personenbezogener Daten durch die Organe und Einrichtungen der Gemeinschaft und zum freien Datenverkehr (ABl. L 8 vom 12.1.2001, S. 1).

[3)] **Amtl. Anm.:** Verordnung (EG) Nr. 1049/2001 des Europäischen Parlaments und des Rates vom 30. Mai 2001 über den Zugang der Öffentlichkeit zu Dokumenten des Europäischen Parlaments, des Rates und der Kommission (ABl. L 145 vom 31.5.2001, S. 43).

Kommission[1)] festgelegt sind. [2]Die Anwendung der Sicherheitsgrundsätze umfasst unter anderem Bestimmungen über den Austausch, die Verarbeitung und die Speicherung solcher Informationen.

Art. 92 Rechnungshof. (1) Der Rechnungshof erstellt für jeden Zwölfmonatszeitraum vom 1. April bis zum 31. März des Folgejahres einen Sonderbericht.

(2) In jedem dieser Berichte wird geprüft, ob

a) bei der Inanspruchnahme des Fonds den Grundsätzen der Wirtschaftlichkeit, der Wirksamkeit und der Effizienz und insbesondere dem Erfordernis, die Inanspruchnahme des Fonds möglichst gering zu halten, Rechnung getragen wurde;

b) die durch den Fonds geleistete Unterstützung wirksam und konsequent bewertet wurde.

(3) Jeder Bericht gemäß Absatz 1 ist innerhalb von sechs Monaten nach dem Ende des Berichtszeitraums zu erstellen.

(4) [1]Nach der Prüfung des vom Ausschuss gemäß Artikel 63 aufgestellten Jahresabschlusses erstellt der Rechnungshof bis zum 1. Dezember nach Ablauf des vorangegangenen Haushaltsjahres einen Bericht mit seinen Ergebnissen. [2]Insbesondere berichtet der Rechnungshof über alle Eventualverbindlichkeiten (für den Ausschuss, den Rat, die Kommission oder sonstige), die daraus resultieren, dass der Ausschuss, der Rat und die Kommission ihre Aufgaben nach dieser Verordnung wahrnehmen.

(5) Das Europäische Parlament und der Rat können den Rechnungshof ersuchen, auch andere einschlägige Fragen innerhalb ihrer in Artikel 287 Absatz 4 AEUV festgelegten Zuständigkeit zu prüfen.

(6) Die Berichte gemäß den Absätzen 1 und 4 werden dem Ausschuss, dem Europäischen Parlament, dem Rat und der Kommission übermittelt und unverzüglich veröffentlicht.

(7) *[1]* Die Kommission legt innerhalb von zwei Monaten nach dem Zeitpunkt der Veröffentlichung jedes Berichts gemäß Absatz 1 eine ausführliche Antwort in schriftlicher Form vor, die ebenfalls veröffentlicht wird.

[2] Der Ausschuss, der Rat und die Kommission legen innerhalb von zwei Monaten nach dem Zeitpunkt der Veröffentlichung jedes Berichts gemäß Absatz 4 eine ausführliche Antwort in schriftlicher Form vor, die ebenfalls veröffentlicht wird.

(8) [1]Der Rechnungshof ist befugt, beim Ausschuss, beim Rat und bei der Kommission alle Informationen einzuholen, die er für die Wahrnehmung der ihm durch diesen Artikel übertragenen Aufgaben benötigt. [2]Der Ausschuss, der Rat und die Kommission stellen innerhalb einer vom Rechnungshof festzulegenden Frist alle angeforderten einschlägigen Informationen bereit.

[1)] **Amtl. Anm.:** Beschluss 2001/844/EG, EGKS, Euratom der Kommission vom 29. November 2001 zur Änderung ihrer Geschäftsordnung (ABl. L 317 vom 3.12.2001, S. 1).

Teil IV. Durchführungsbefugnisse und Schlussbestimmungen

Art. 93 Ausübung der Befugnisübertragung. (1) Die Befugnis zum Erlass delegierter Rechtsakte wird der Kommission unter den in diesem Artikel festgelegten Bedingungen übertragen.

(2) Die Befugnisübertragung gemäß Artikel 19 Absatz 8, Artikel 65 Absatz 5, Artikel 69 Absatz 5, Artikel 71 Absatz 3 und Artikel 75 Absatz 4 gilt ab den in Artikel 99 angegebenen Zeitpunkten auf unbestimmte Zeit.

(3) Die Kommission trägt für die Kohärenz zwischen den gemäß dieser Verordnung und den gemäß der Richtlinie 2014/59/EU erlassenen delegierten Rechtsakten Sorge.

(4) [1] Die Befugnisübertragung gemäß Artikel 19 Absatz 8, Artikel 65 Absatz 5, Artikel 69 Absatz 5, Artikel 71 Absatz 3 und Artikel 75 Absatz 4 kann vom Europäischen Parlament oder vom Rat jederzeit widerrufen werden. [2] Der Beschluss über den Widerruf beendet die Übertragung der in diesem Beschluss angegebenen Befugnis. [3] Er wird am Tag nach seiner Veröffentlichung im *Amtsblatt der Europäischen Union* oder zu einem im Beschluss über den Widerruf angegebenen späteren Zeitpunkt wirksam. [4] Die Gültigkeit von delegierten Rechtsakten, die bereits in Kraft sind, wird von dem Beschluss über den Widerruf nicht berührt.

(5) Sobald die Kommission einen delegierten Rechtsakt erlässt, übermittelt sie ihn gleichzeitig dem Europäischen Parlament und dem Rat.

(6) [1] Ein delegierter Rechtsakt, der gemäß Artikel 19 Absatz 8, Artikel 65 Absatz 5, Artikel 69 Absatz 5, Artikel 71 Absatz 3 und Artikel 75 Absatz 4 erlassen wurde, tritt nur in Kraft, wenn weder das Europäische Parlament noch der Rat innerhalb einer Frist von drei Monaten nach Übermittlung dieses Rechtsakts Einwände erhoben haben oder wenn vor Ablauf dieser Frist das Europäische Parlament und der Rat beide der Kommission mitgeteilt haben, dass sie keine Einwände erheben werden. [2] Auf Initiative des Europäischen Parlaments oder des Rates wird diese Frist um drei Monate verlängert.

(7) Wenn dem Europäischen Parlament aufgrund einer Parlamentspause weniger als fünf Monate einschließlich Verlängerung zur Prüfung bleiben, erlässt die Kommission keine delegierten Rechtsakte.

Art. 94 Überprüfung. (1) [1] Die Kommission veröffentlicht bis zum 31. Dezember 2018 und danach alle drei Jahre einen Bericht über die Anwendung dieser Verordnung, wobei sie einen besonderen Schwerpunkt auf die Überwachung der möglichen Auswirkungen auf das reibungslose Funktionieren des Binnenmarkts legt. [2] In diesem Bericht wird Folgendes evaluiert:

a) das Funktionieren des einheitlichen Abwicklungsmechanismus, seine Kosteneffizienz und die Auswirkungen seiner Abwicklungstätigkeiten auf die Interessen der Union als Ganzes und auf die Kohärenz und Integrität des Binnenmarkts für Finanzdienstleistungen – einschließlich der möglichen Auswirkungen auf die Strukturen der nationalen Bankensysteme innerhalb der Union gegenüber anderen Bankensystemen – und in Bezug auf die Wirksamkeit der Zusammenarbeit und der Informationsaustauschregelungen innerhalb des einheitlichen Abwicklungsmechanismus, zwischen dem einheitlichen Abwicklungsmechanismus und dem einheitlichen Aufsichtsmechanismus sowie zwischen dem einheitlichen Abwicklungsmechanismus und den nationalen Abwicklungsbehörden sowie den nationalen zuständigen

Behörden und den Abwicklungsbehörden der nicht teilnehmenden Mitgliedstaaten, wobei insbesondere bewertet wird, ob

i) die mit dieser Verordnung dem Ausschuss, dem Rat und der Kommission übertragenen Aufgaben ausschließlich von einem unabhängigen Organ der Union wahrgenommen werden müssen, und – wenn dies der Fall ist – ob eine Änderung der einschlägigen Bestimmungen erforderlich ist, was auch das Primärrecht einschließt;

ii) die Zusammenarbeit zwischen dem einheitlichen Abwicklungsmechanismus, dem einheitlichen Aufsichtsmechanismus, dem ESRB, der EBA, der ESMA und der EIOPA sowie den anderen Behörden, die dem ESFS angehören, sachgerecht ist;

iii) das Anlageportfolio nach Artikel 75 aus sicheren und diversifizierten Vermögenswerten besteht;

iv) die Verknüpfung von Staatsschulden und Bankrisiko beseitigt wurde;

v) die Verwaltungsregelungen angemessen sind, was auch die Aufgabenteilung innerhalb des Ausschusses und die Abfassung der Abstimmungsmodalitäten sowohl in den Präsidiums- als auch in den Plenarsitzungen des Ausschusses und dessen Beziehungen zur Kommission und zum Rat umfasst;

vi) der Referenzpunkt für die Festlegung der Zielausstattung des Fonds angemessen ist und insbesondere, ob gedeckte Einlagen oder Gesamtverbindlichkeiten eine besser geeignete Grundlage darstellen und ob ein absoluter Mindestbetrag für den Fonds festgelegt werden sollte, um Schwankungen beim Zufluss der Finanzmittel an den Fonds vorzubeugen und um für die langfristige Stabilität und Angemessenheit der Finanzierung des Fonds zu sorgen;

vii) die Höhe der für den Fonds festgelegten Zielausstattung und die Höhe der Beiträge geändert werden müssen, damit innerhalb der Union gleiche Rahmenbedingungen gegeben sind;

b) die Wirksamkeit der Regelungen bezüglich der Unabhängigkeit und der Rechenschaftspflicht;

c) das Zusammenspiel zwischen dem Ausschuss und der EBA;

d) das Zusammenspiel zwischen dem Ausschuss und den nationalen Abwicklungsbehörden der nicht teilnehmenden Mitgliedstaaten und die Auswirkungen des einheitlichen Abwicklungsmechanismus auf diese Mitgliedstaaten sowie das Zusammenspiel zwischen dem Ausschuss und zuständigen Behörden von Drittländern wie in Artikel 2 Absatz 1 Nummer 90 der Richtlinie 2014/59/EU festgelegt;

e) die Notwendigkeit von Maßnahmen für die Harmonisierung von Insolvenzverfahren für ausgefallene Institute.

(2) [1] Der Bericht wird dem Europäischen Parlament und dem Rat übermittelt. [2] Die Kommission macht gegebenenfalls begleitende Vorschläge.

(3) Die Kommission wird aufgefordert, anlässlich der Überprüfung der Richtlinie 2014/59/EU auch diese Verordnung zu überprüfen, soweit dies angemessen ist.

Art. 95 Änderung der Verordnung (EU) Nr. 1093/2010 *(hier nicht wiedergegeben)*

Art. 96 Ersetzung der nationalen Abwicklungsfinanzierungsmechanismen. Ab dem in Artikel 99 Absätze 2 und 6 dieser Verordnung genannten Geltungsbeginn wird der Fonds als der Abwicklungsfinanzierungsmechanismus der teilnehmenden Mitgliedstaaten gemäß der Artikel 99 bis 109 der Richtlinie 2014/59/EU betrachtet.

Art. 97 Sitzabkommen und Bedingungen der Funktionsweise.

(1) Die notwendigen Vorkehrungen im Hinblick auf die Unterbringung des Ausschusses in dem Mitgliedstaat, in dem er seinen Sitz hat, und die von diesem Mitgliedstaat zur Verfügung zu stellenden Einrichtungen sowie die spezifischen Vorschriften, die in diesem Mitgliedstaat für den Vorsitzenden, die Mitglieder der Plenarsitzung des Ausschusses, das Personal des Ausschusses sowie deren Familienmitglieder gelten, werden in einem Sitzabkommen zwischen dem Ausschuss und diesem Mitgliedstaat festgelegt; dieses Abkommen wird geschlossen, nachdem der Ausschuss auf seiner Plenarsitzung seine Zustimmung erteilt hat, spätestens am 20. August 2016.

(2) Der Mitgliedstaat, in dem der Ausschuss seinen Sitz hat, sorgt für die bestmöglichen Voraussetzungen für einen reibungslosen Arbeitsablauf des Ausschusses, einschließlich eines mehrsprachigen und europäisch ausgerichteten schulischen Angebots und geeigneter Verkehrsanbindungen.

Art. 98 Aufnahme der Tätigkeit durch den Ausschuss. (1) Der Ausschuss nimmt bis zum 1. Januar 2015 seine volle Tätigkeit auf.

(2) [1] Die Kommission ist für die Errichtung und den anfänglichen Betrieb des Ausschusses zuständig, bis der Ausschuss die operativen Kapazitäten zur Ausführung seines eigenen Haushalts erreicht hat. [2] Zu diesem Zweck wird Folgendes bestimmt:

a) Bis der Vorsitzende nach seiner Ernennung durch den Rat gemäß Artikel 56 sein Amt antritt, kann die Kommission einen Kommissionsbediensteten benennen, der als Interimsvorsitzender fungiert und die Aufgaben des Vorsitzenden wahrnimmt;

b) abweichend von Artikel 50 Absatz 1 Buchstabe l und bis zur Annahme eines Beschlusses, wie er in Artikel 50 Absatz 3 aufgeführt ist, übt der Interimsvorsitzende die Befugnisse der Anstellungsbehörde aus;

c) die Kommission kann dem Ausschuss Unterstützung leisten, insbesondere durch die Entsendung von Kommissionsbeamten zur Ausübung der Tätigkeiten der Agentur unter der Verantwortung des Interimsvorsitzenden oder des Vorsitzenden;

(3) Der Interimsvorsitzende kann alle durch Mittel gedeckte Zahlungen, die in den Haushaltsplan des Ausschusses eingetragen wurden, genehmigen und kann Verträge – einschließlich Dienstverträgen – abschließen.

Art. 99 Inkrafttreten. (1) Diese Verordnung tritt am zwanzigsten Tag nach ihrer Veröffentlichung im *Amtsblatt der Europäischen Union* in Kraft.

(2) Vorbehaltlich der in den Absätzen 3 bis 5 genannten Einschränkungen gilt diese Verordnung ab dem 1. Januar 2016.

(3) Abweichend von Absatz 2 dieses Artikels gelten die Bestimmungen über die Befugnisse des Ausschusses hinsichtlich der Erhebung von Informationen und der Zusammenarbeit mit den nationalen Abwicklungsbehörden bei der

Ausarbeitung von Abwicklungsplänen gemäß den Artikeln 8 und 9 sowie alle anderen damit verknüpften Bestimmungen ab dem 1. Januar 2015.

(4) Abweichend von Absatz 2 dieses Artikels gelten die Artikel 1 bis 4, 6, 30, 42 bis 48, 49, Artikel 50 Absatz 1 Buchstaben a, b and g bis p, Artikel 50 Absatz 3, Artikel 51, Artikel 52 Absätze 1 und 4, Artikel 53 Absätze 1 und 2, die Artikel 56 bis 59, 61 bis 66, 80 bis 84, 87 bis 95 und 97 und 98 ab dem 19. August 2014.

(5) Abweichend von Absatz 2 dieses Artikels gelten Artikel 69 Absatz 5, Artikel 70 Absätze 6 und 7 und Artikel 71 Absatz 3, mit denen dem Rat die Befugnis zum Erlass von Durchführungsrechtsakten und der Kommission die Befugnis zum Erlass von delegierten Rechtsakten übertragen wird, ab dem 1. November 2014.

(6) *[1]* Ab dem 1. Januar 2015 übermittelt der Ausschuss dem Europäischen Parlament, dem Rat und der Kommission monatlich einen in seiner Plenarsitzung verabschiedeten Bericht, in dem er angibt, ob die Voraussetzungen für die Übertragung von Beiträgen auf den Fonds erfüllt sind.

[2] [1] Ab dem 1. Dezember 2015, sofern in diesen Berichten zutage tritt, dass die Voraussetzungen für die Übertragung von Beiträgen auf den Fonds nicht erfüllt sind, wird die Anwendung der Bestimmungen nach Absatz 2 jeweils um einen Monat verschoben. [2] Der Ausschuss übermittelt jedes Mal am Ende dieses Monats einen weiteren Bericht.

Diese Verordnung ist in allen ihren Teilen verbindlich und gilt unmittelbar in jedem Mitgliedstaat.

Geschehen zu Straßburg am 15. Juli 2014.

23. Gesetz zur Sanierung und Abwicklung von Instituten und Finanzgruppen (Sanierungs- und Abwicklungsgesetz – SAG)[1)]

Vom 10. Dezember 2014
(BGBl. I S. 2091)

FNA 660-10

zuletzt geänd. durch Art. 16 G zur begleitenden Ausführung der VO (EU) 2020/1503 und der Umsetzung der RL EU 2020/1504 v. 3.6.2021 (BGBl. I S. 1568)

Inhaltsübersicht

[1)] Verkündet als Art. 1 G v. 10.12.2014 (BGBl. I S. 2091); Inkrafttreten gem. Art. 10 dieses G am 1.1.2015; § 19 Abs. 3, § 30 Abs. 2, § 36 Abs. 4, § 41 Abs. 4, § 42 Abs. 4, § 45 Abs. 2, § 59 Abs. 10, § 63 Abs. 3, §§ 76, 98 Abs. 3, § 126 Abs. 5 und § 132 treten am 19.12.2014 in Kraft; § 146 Abs. 6 tritt an dem Tag außer Kraft, an dem die technischen Regulierungsstandards gemäß Art. 74 Absatz 4 der Richtlinie 2014/59/EU des Europäischen Parlaments und des Rates vom 15. Mai 2014 in Kraft treten.

Dieses Gesetz dient der Umsetzung der Richtlinie 2014/59/EU des Europäischen Parlaments und des Rates vom 15. Mai 2014 zur Festlegung eines Rahmens für die Sanierung und Abwicklung von Kreditinstituten und Wertpapierfirmen und zur Änderung der Richtlinie 82/891/EWG des Rates, der Richtlinien 2001/24/EG, 2002/47/EG, 2004/25/EG, 2005/56/EG, 2007/36/EG, 2011/35/EU, 2012/30/EU und 2013/36/EU sowie der Verordnungen (EU) Nr. 1093/2010 und (EU) Nr. 648/2012 des Europäischen Parlaments und des Rates (ABl. L 173 vom 12.6.2014, S. 84) sowie der Anpassung an die Verordnung (EU) Nr. 1024/2013 des Rates vom 15. Oktober 2013 zur Übertragung besonderer Aufgaben im Zusammenhang mit der Aufsicht über Kreditinstitute auf die Europäische Zentralbank (ABl. L 287 vom 29.10.2013, S. 63).

Teil 1. Allgemeine Vorschriften

§ 1 Anwendungsbereich; Verhältnis zur SRM-Verordnung; Umsetzung von Beschlüssen des Ausschusses (1) *[ab 12.8.2022: 1]* Dieses Gesetz gilt für folgende Unternehmen, soweit nicht die Verordnung (EU) Nr. 806/2014[1)] des Europäischen Parlaments und des Rates vom 15. Juli 2014 zur Festlegung einheitlicher Vorschriften und eines einheitlichen Verfahrens für die Abwicklung von Kreditinstituten und bestimmten Wertpapierfirmen im Rahmen eines einheitlichen Abwicklungsmechanismus und eines einheitlichen Abwicklungsfonds sowie zur Änderung der Verordnung (EU) Nr. 1093/2010 (ABl. L 225 vom 30.7.2014, S. 1; ABl. L 101 vom 18.4.2015, S. 62), die zuletzt durch die Verordnung (EU) 2019/877 (ABl. L 150 vom 7.6.2019, S. 226) geändert worden ist, maßgeblich ist:

1. CRR-Kreditinstitute im Sinne des § 1 Absatz 3d Satz 1 des Kreditwesengesetzes[2)] mit Ausnahme der Unternehmen im Sinne von Artikel 2 Absatz 5 Nummer 5 der Richtlinie 2013/36/EU des Europäischen Parlaments und des Rates vom 26. Juni 2013 über den Zugang zur Tätigkeit von Kreditinstituten und die Beaufsichtigung von Kreditinstituten und Wertpapierfirmen, zur Änderung der Richtlinie 2002/87/EG und zur Aufhebung der Richtlinien 2006/48/EG und 2006/49/EG (ABl. L 176 vom 27.6.2013, S. 338; L 208 vom 2.8.2013, S. 73; L 20 vom 25.1.2017, S. 1; L 203 vom 26.6.2020, S. 95), die zuletzt durch die Richtlinie (EU) 2019/2034 (ABl. L 314 vom 5.12.2019, S. 64) geändert worden ist,
2. Wertpapierinstitute im Sinne des § 2 Absatz 1 des Wertpapierinstitutsgesetzes[3)], die gemäß § 17 Absatz 1 Nummer 1 Buchstabe a des Wertpapierinstitutsgesetzes mit einem Anfangskapital im Gegenwert von mindestens 750 000 Euro auszustatten sind,
3. übergeordnete Unternehmen einer Institutsgruppe, einer Finanzholding-Gruppe oder einer gemischten Finanzholding-Gruppe gemäß § 10a Absatz 1

[1)] Nr. **22**.
[2)] Nr. **9**.
[3)] Nr. **10**.

und 2 des Kreditwesengesetzes und deren nachgeordnete Unternehmen gemäß § 10a Absatz 1 und 2 des Kreditwesengesetzes mit Sitz im Inland mit Ausnahme der Unternehmen im Sinne von Artikel 2 Absatz 5 Nummer 5 der Richtlinie 2013/36/EU und

4. inländische Unionszweigstellen.

[Satz 2 ab 12.8.2022:] *[2] Für inländische Unternehmen, die gemäß Artikel 14 der Verordnung (EU) Nr. 648/2012 des Europäischen Parlaments und des Rates vom 4. Juli 2012 über OTC-Derivate, zentrale Gegenparteien und Transaktionsregister (ABl. L 201 vom 27.7.2012, S. 1; L 321 vom 30.11.2013, S. 6), die zuletzt durch die Verordnung (EU) 2019/2099 (ABl. L 322 vom 12.12.2019, S. 1) geändert worden ist, zugelassen sind, gilt ausschließlich Teil 5 dieses Gesetzes.*

(2) [1] Die Abwicklungsbehörde setzt gemäß Artikel 29 der Verordnung (EU) 806/2014 an sie gerichtete Beschlüsse des Ausschusses, die der Ausschuss im Rahmen seiner Zuständigkeit gemäß Artikel 7 Absatz 2, Absatz 4 Buchstabe b und Absatz 5 der Verordnung (EU) 806/2014 fasst, sowie Weisungen und Mitteilungen des Ausschusses nach der Verordnung (EU) 806/2014 unter Anwendung der ihr nach nationalem Recht zustehenden Befugnisse um. [2] Dabei hat sie Feststellungen und Vorgaben der Beschlüsse sowie die Mitteilungen des Ausschusses zugrunde zu legen. [3] Die Notwendigkeit der Zustimmung des Bundesministeriums der Finanzen nach § 140 Absatz 1 Satz 2 bleibt hiervon unberührt.

(3) Die Abwicklungsbehörde beachtet bei Ausführung ihrer Aufgaben die nach der Verordnung (EU) Nr. 806/2014 ergangenen Leitlinien und allgemeinen Anweisungen des Ausschusses.

(4) Die Abwicklungsbehörde und die Aufsichtsbehörde berücksichtigen Empfehlungen des Ausschusses bei ihren Entscheidungen.

§ 2 Begriffsbestimmungen. (1) Institute im Sinne dieses Gesetzes sind CRR-Kreditinstitute und Wertpapierinstitute, die vom Anwendungsbereich dieses Gesetzes gemäß § 1 erfasst sind.

(2) Relevante Kapitalinstrumente sind Kapitalinstrumente, die beim ausgebenden Unternehmen für die Zwecke der Erfüllung der Eigenmittelanforderungen als zusätzliches Kernkapital oder Ergänzungskapital anerkannt sind.

(3) Die folgenden Begriffe werden für die Zwecke dieses Gesetzes wie folgt bestimmt:

1. Abwicklung ist die Anwendung eines Abwicklungsinstruments zur Erreichung eines oder mehrerer Abwicklungsziele.
2. Abwicklungsbefugnis ist eine der in den §§ 78 bis 86, 101, 107 sowie 144 und 153 genannten Befugnisse.
3. Abwicklungsbehörden sind die von einem Mitgliedstaat benannten Behörden, die für die Anwendung der Abwicklungsinstrumente und die Ausübung der Abwicklungsbefugnisse zuständig sind.

3a. Abwicklungseinheit ist
   a) eine in der Union niedergelassene juristische Person, die von der Abwicklungsbehörde gemäß § 46 als ein Unternehmen bestimmt wurde, für das im Abwicklungsplan Abwicklungsmaßnahmen vorgesehen sind, oder
   b) ein Institut,

aa) das nicht Teil einer Gruppe ist, die einer Beaufsichtigung auf konsolidierter Basis gemäß den §§ 8a bis 8c des Kreditwesengesetzes[1] unterliegt, und

bb) für das in einem nach Maßgabe von § 40 erstellten Abwicklungsplan eine Abwicklungsmaßnahme vorgesehen ist.

3b. Abwicklungsgruppe ist

a) eine Abwicklungseinheit und ihre Tochterunternehmen, die nicht selbst Abwicklungseinheiten, Tochterunternehmen anderer Abwicklungseinheiten oder in einem Drittstaat niedergelassene Unternehmen sind, die gemäß dem Abwicklungsplan nicht der Abwicklungsgruppe angehören, und deren Tochterunternehmen, oder

b) CRR-Kreditinstitute, die einer Zentralorganisation ständig zugeordnet sind, und die Zentralorganisation selbst, wenn mindestens eines dieser Kreditinstitute oder die Zentralorganisation eine Abwicklungseinheit ist, und ihre jeweiligen Tochterunternehmen.

4. Abwicklungsinstrument ist ein Instrument nach den §§ 89, 90 oder 107.

5. Abwicklungsmaßnahme ist die Entscheidung über die Abwicklung eines Instituts oder gruppenangehörigen Unternehmens nach Maßgabe von § 62 oder § 64, die Anwendung eines Abwicklungsinstruments oder die Ausübung einer Abwicklungsbefugnis.

6. Anteilsinhaber im Sinne dieses Gesetzes sind Anteilsinhaber oder Gesellschafter.

7. Auf konsolidierter Basis entspricht auf Basis der konsolidierten Lage im Sinne des Artikels 4 Absatz 1 Nummer 47 der Verordnung (EU) Nr. 575/2013[2] des Europäischen Parlaments und des Rates vom 26. Juni 2013 über Aufsichtsanforderungen an Kreditinstitute und Wertpapierfirmen und zu Änderung der Verordnung (EU) Nr. 646/2012 (ABl. L 176 vom 27.6.2013, S. 1).

8. Aufsichtskollegium ist ein Aufsichtskollegium im Sinne des § 8e des Kreditwesengesetzes.

9. Außerordentliche finanzielle Unterstützung aus öffentlichen Mitteln ist eine staatliche Beihilfe gemäß Artikel 107 Absatz 1 des Vertrages über die Arbeitsweise der Europäischen Union oder eine vergleichbare finanzielle Unterstützung aus öffentlichen Mitteln auf supranationaler Ebene, die jeweils zur Erhaltung oder Wiederherstellung der Existenzfähigkeit, Liquidität oder Solvenz eines Instituts oder einer Gruppe gewährt wird.

9a. Ausschuss ist der Ausschuss nach Artikel 42 Absatz 1 der Verordnung (EU) Nr. 806/2014[3].

10. Bedeutende Zweigniederlassung ist eine bedeutende Zweigniederlassung im Sinne des § 8f Absatz 1 des Kreditwesengesetzes.

10a. Clearingmitglied ist ein Unternehmen im Sinne des Artikels 2 Nummer 14 der Verordnung (EU) Nr. 648/2012 des Europäischen Parlaments und des Rates vom 4. Juli 2012 über OTC-Derivate, zentrale Gegenparteien und Transaktionsregister (ABl. L 201 vom 27.7.2012, S. 1; L 321 vom 30.11.

---

[1] Nr. **9**.
[2] Nr. **6**.
[3] Nr. **22**.

2013, S. 6), die zuletzt durch die Verordnung (EU) 2019/834 (ABl. L 141 vom 28.5.2019, S. 42) geändert worden ist.

10b. Bail-in-fähige Verbindlichkeiten sind die in § 91 Absatz 1 näher bestimmten Verbindlichkeiten.

10c. Berücksichtigungsfähige Verbindlichkeiten sind bail-in-fähige Verbindlichkeiten im Sinne des § 91 Absatz 1, die die in § 49b oder in § 49f Absatz 2 Nummer 1 genannten Voraussetzungen erfüllen, sowie Instrumente des Ergänzungskapitals, die die in Artikel 72a Absatz 1 Buchstabe b der Verordnung (EU) Nr. 575/2013 genannten Voraussetzungen erfüllen.

11. Derivate sind Derivate im Sinne des § 1 Absatz 11 Satz 3 des Kreditwesengesetzes.

12. Drittstaat ist ein Staat, der kein Mitgliedstaat ist.

13. Drittstaatsinstitut ist ein Unternehmen, dessen Hauptsitz sich in einem Drittstaat befindet und das nach dem Recht des betreffenden Drittstaats zur Ausübung einer der in Anhang I der Richtlinie 2013/36/EU oder in Anhang I Abschnitt A der Richtlinie 2014/65/EU des Europäischen Parlaments und des Rates vom 15. Mai 2014 über Märkte für Finanzinstrumente sowie zur Änderung der Richtlinien 2002/92/EG und 2011/61/EU (ABl. L 173 vom 12.6.2014, S. 349) genannten Tätigkeiten zugelassen ist.

14. Eigenmittelanforderungen sind die Anforderungen der Artikel 92 bis 98 der Verordnung (EU) Nr. 575/2013.

14a. Einheitlicher Abwicklungsfonds ist der einheitliche Abwicklungsfonds nach Artikel 67 Absatz 1 der Verordnung (EU) Nr. 806/2014.

15. Einleger ist der Inhaber einer Einlage im Sinne des § 2 Absatz 3 des Einlagensicherungsgesetzes[1)].

16. Einlagensicherungssysteme sind solche im Sinne des § 2 Absatz 1 des Einlagensicherungsgesetzes.

17. Ergänzungskapital sind die Instrumente des Ergänzungskapitals im Sinne des Artikels 63 der Verordnung (EU) Nr. 575/2013.

18. Entschädigungsfähige Einlagen sind Einlagen im Sinne des § 2 Absatz 4 des Einlagensicherungsgesetzes.

19. EU-Mutterunternehmen ist ein EU-Mutterinstitut, eine EU-Mutterfinanzholdinggesellschaft oder eine gemischte EU-Mutterfinanzholdinggesellschaft.

20. Finanzierungsmechanismen sind die von den Mitgliedstaaten im Wege eines Fonds oder auf Grundlage von Pflichtbeiträgen der in ihrem Hoheitsgebiet zugelassenen Institute in Umsetzung von Artikel 100 der Richtlinie 2014/59/EU eingerichteten Mechanismen.

21. Finanzkontrakte sind
    a) Wertpapierkontrakte, insbesondere
        aa) Kontrakte über den Kauf, den Verkauf oder die Leihe eines Wertpapiers, einer Gruppe von Wertpapieren oder Anteilen an Indexfonds,
        bb) Optionen auf ein Wertpapier, eine Gruppe von Wertpapieren oder einen Wertpapierindex sowie

---

1) Nr. **15**.

cc) Pensions- oder umgekehrte Pensionsgeschäfte mit einem Wertpapier, einer Gruppe von Wertpapieren oder einem Wertpapierindex,

dd) sonstige vergleichbare Kontrakte, die das Institut mit Wertpapiersammelstellen, Abwicklungssystemen oder Zahlungsverkehrssystemen, zentralen Kontrahenten oder Auslagerungsunternehmen abschließt sowie

ee) Verträge, aus welchen dem Institut bail-in-fähige Verbindlichkeiten im Sinne des § 91 Absatz 1 erwachsen,

b) Warenkontrakte, insbesondere

aa) Kontrakte über den Kauf, den Verkauf oder die Leihe einer Ware, einer Gruppe von Waren oder eines Warenindexes zwecks künftiger Lieferung,

bb) Optionen auf eine Ware, eine Gruppe von Waren oder einen Warenindex,

cc) Pensions- oder umgekehrte Pensionsgeschäfte mit einer Ware, einer Gruppe von Waren oder einem Warenindex,

c) Terminkontrakte, insbesondere Kontrakte über den Kauf, den Verkauf oder die Übertragung einer Ware oder eines anderen Gutes, einer Dienstleistung, eines Rechts oder eines Anteils zu einem festgelegten Preis zu einem künftigen Zeitpunkt,

d) Swap-Vereinbarungen, insbesondere

aa) Zinsswaps und -optionen, Kassa- oder sonstige Devisenvereinbarungen, Vereinbarungen über Währungen, einen Aktienindex oder eine Aktie, einen Schuldtitelindex oder einen Schuldtitel, Warenindizes oder Waren sowie Vereinbarungen bezogen auf das Wetter, Emissionen oder Inflation,

bb) Gesamtertrags-, Credit-Spread- oder Credit-Swaps,

e) Kreditvereinbarungen zwischen Instituten mit einer Laufzeit von bis zu drei Monaten,

f) Rahmenvereinbarungen für die in den Buchstaben a bis e genannten Kontrakte und Vereinbarungen und

g) den in den Buchstaben a bis f genannten Kontrakten und Vereinbarungen vergleichbare Verträge.

22. Finanzmarktinfrastruktur ist ein multilaterales System zwischen teilnehmenden Finanzmarktakteuren, einschließlich eines Systembetreibers, das für die Abrechnung, Abwicklung, Verwahrung und Verbuchung von Zahlungen, Wertpapieren, Derivaten und anderen Finanztransaktionen sorgt oder solche Finanztransaktionen erleichtert oder ermöglicht; es umfasst insbesondere Systeme im Sinne des § 1 Absatz 16 des Kreditwesengesetzes, die in § 1 Absatz 31 Satz 1 und 2 des Kreditwesengesetzes genannten zentralen Gegenparteien sowie Börsen.

23. Gedeckte Einlagen sind Einlagen im Sinne des § 2 Absatz 5 des Einlagensicherungsgesetzes.

[Nr. 24 bis 7.7.2022:]

24. Gedeckte Schuldverschreibung ist ein Instrument im Sinne von Artikel 52 Absatz 4 der Richtlinie 2009/65/EG des Europäischen Parlaments und des Rates vom 13. Juli 2009 zur Koordinierung der Rechts- und Verwaltungs-

vorschriften betreffend bestimmte Organismen für gemeinsame Anlagen in Wertpapieren (OGAW) (ABl. L 302 vom 17.11.2009, S. 32), die durch die Richtlinie 2014/91/EU (ABl. L 257 vom 28.8.2014, S. 186) geändert worden ist.

[Nr. 24 ab 8.7.2022:]

24. *Gedeckte Schuldverschreibung ist eine gedeckte Schuldverschreibung im Sinne des Artikels 3 Nummer 1 der Richtlinie (EU) 2019/2162 des Europäischen Parlaments und des Rates vom 27. November 2019 über die Emission gedeckter Schuldverschreibungen und die öffentliche Aufsicht über gedeckte Schuldverschreibungen und zur Änderung der Richtlinien 2009/65/EG und 2014/59/EU (ABl. L 328 vom 18.12.2019, S. 29) oder, wenn das Instrument vor dem 8. Juli 2022 begeben wurde, eine gedeckte Schuldverschreibung gemäß Artikel 52 Absatz 4 der Richtlinie 2009/65/EG des Europäischen Parlaments und des Rates vom 13. Juli 2009 zur Koordinierung der Rechts- und Verwaltungsvorschriften betreffend bestimmte Organismen für gemeinsame Anlagen in Wertpapieren (OGAW) (ABl. L 302 vom 17.11.2009, S. 32; L 269 vom 13.10.2010, S. 27), die zuletzt durch die Richtlinie (EU) 2019/2162 (ABl. L 328 vom 18.12.2019, S. 29) geändert worden ist, in der am Emissionstag gültigen Fassung.*
25. Geschäftsleiter sind Geschäftsleiter im Sinne des § 1 Absatz 2 des Kreditwesengesetzes.
26. Geschäftstag ist jeder Tag mit Ausnahme von Samstag und Sonntag sowie von gesetzlichen Feiertagen in der Bundesrepublik Deutschland, an denen mindestens an einer Börse im Inland kein Börsenhandel betrieben wird.

26a. Global systemrelevantes Institut ist ein Institut im Sinne von Artikel 4 Absatz 1 Nummer 133 der Verordnung (EU) Nr. 575/2013.

27. Grenzüberschreitende Gruppe ist eine Gruppe, deren gruppenangehörige Unternehmen ihren Sitz in mehr als in einem Staat der Europäischen Union haben.
28. Eine Gruppe besteht aus dem übergeordneten Unternehmen und seinen nachgeordneten Unternehmen.
29. Gruppenabwicklung ist eine Abwicklungsmaßnahme auf der Ebene des Mutterunternehmens oder des einer Beaufsichtigung auf konsolidierter Basis unterliegenden Instituts sowie die Koordinierung der Anwendung von Abwicklungsinstrumenten und der Ausübung von Abwicklungsbefugnissen durch Abwicklungsbehörden in Bezug auf Unternehmen einer Gruppe, die die Voraussetzungen für eine Abwicklung erfüllen.
30. Gruppenangehöriges Unternehmen ist ein Unternehmen, das übergeordnetes oder nachgeordnetes Unternehmen einer Gruppe ist.

30a. Hartes Kernkapital ist hartes Kernkapital, das gemäß Artikel 50 der Verordnung (EU) Nr. 575/2013 berechnet wurde.

31. Inländische Unionszweigstelle ist eine im Inland unterhaltene Unionszweigstelle.
32. Instrumente des harten Kernkapitals sind die Instrumente des harten Kernkapitals im Sinne des Artikels 28 der Verordnung (EU) Nr. 575/2013.
33. In Abwicklung befindliches Institut oder gruppenangehöriges Unternehmen ist ein Institut oder ein gruppenangehöriges Unternehmen, für das eine Abwicklungsmaßnahme getroffen wird.
34. Institutsbezogenes Sicherungssystem ist eine Haftungsvereinbarung im Sinne des Artikels 113 Absatz 7 der Verordnung (EU) Nr. 575/2013.

34a. Kombinierte Kapitalpufferanforderung ist eine kombinierte Kapitalpufferanforderung im Sinne von § 10i Absatz 1 des Kreditwesengesetzes.

35. Konsolidierende Aufsichtsbehörde ist die Behörde, die im Sinne von Artikel 4 Absatz 1 Nummer 41 der Verordnung (EU) Nr. 575/2013 für die Beaufsichtigung auf konsolidierter Basis zuständig ist.

36. Krisenmanagementmaßnahme ist eine Abwicklungsmaßnahme oder die Ausübung von Kontrollbefugnissen gemäß § 86 Absatz 1.

37. Krisenpräventionsmaßnahme ist
   a) die Ausübung von Befugnissen zur Beseitigung von Unzulänglichkeiten oder Hindernissen für die Sanierungsfähigkeit nach § 16,
   b) die Ausübung von Befugnissen zum Abbau oder zur Beseitigung von Hindernissen für die Abwicklungsfähigkeit nach § 59 oder § 60,
   c) die Anwendung von Maßnahmen frühzeitigen Eingreifens nach den §§ 36 bis 38 oder
   d) die Ausübung des Instruments der Beteiligung der Inhaber relevanter Kapitalinstrumente gemäß § 89.

38. Kritische Funktionen sind Tätigkeiten, Dienstleistungen und Geschäfte, deren Einstellung zu einer Störung der für die Realwirtschaft unverzichtbaren Dienste oder zu einer Störung der Finanzmarktstabilität in einem oder mehreren Mitgliedstaaten aufgrund der Größe des Instituts oder der Gruppe oder deren Marktanteils, deren externen und internen Verflechtungen, deren Komplexität oder deren grenzüberschreitenden Tätigkeiten führen kann, und zwar insbesondere im Hinblick auf ihre Substituierbarkeit.

39. Maßnahmenziel meint:
   a) im Fall des § 107 Absatz 1 Nummer 1 die Herstellung einer Vermögens-, Finanz- und Ertragslage, welche die Wettbewerbsfähigkeit des übertragenen Unternehmens nachhaltig gewährleistet oder dessen geordnete Abwicklung sicherstellt und
   b) im Fall des § 85 Absatz 1 Nummer 2 die in § 132 Absatz 1 Nummer 1 bis 3 genannten Ziele.

39a. Mitarbeiterinnen und Mitarbeiter der nachgelagerten Führungsebene sind die Geschäftsleitung im Sinne des Artikels 4 Absatz 1 Nummer 10 der Verordnung (EU) Nr. 575/2013, wobei die Geschäftsleiter im Sinne von Nummer 25 nicht erfasst sind.

40. Mitgliedstaat ist ein Mitgliedstaat der Europäischen Union.

40a. Nachrangige berücksichtigungsfähige Instrumente sind Instrumente, die die Bedingungen gemäß Artikel 72a der Verordnung (EU) Nr. 575/2013 erfüllen und nicht gemäß Artikel 72b Absatz 3 bis 5 der Verordnung (EU) Nr. 575/2013 zugelassen worden sind.

41. Notfallliquiditätshilfe ist eine zeitlich begrenzte Maßnahme einer Zentralbank im Sinne des Artikels 4 Absatz 1 Nummer 46 der Verordnung (EU) Nr. 575/2013 gegenüber solventen Instituten oder Gruppen mit vorübergehenden Liquiditätsproblemen zur Behebung der Liquiditätsprobleme.

42. Relevantes Mutterinstitut ist ein Mutterinstitut in einem Mitgliedstaat, ein EU-Mutterinstitut, eine Finanzholdinggesellschaft, eine gemischte Finanzholdinggesellschaft, eine gemischte Holdinggesellschaft, eine Mutterfinanzholdinggesellschaft in einem Mitgliedstaat, eine EU-Mutterfinanz-

holdinggesellschaft, eine gemischte Mutterfinanzholdinggesellschaft in einem Mitgliedstaat oder eine gemischte EU-Mutterfinanzholdinggesellschaft, auf die das Instrument der Gläubigerbeteiligung angewandt wird.

43. Saldierungsvereinbarung ist eine Vereinbarung, der zufolge eine Reihe von im Vorhinein festgelegten oder bestimmbaren Forderungen oder Verpflichtungen in eine einzige Nettoforderung umgewandelt werden kann einschließlich
    a) Vereinbarungen, bei denen die Leistungspflichten der Parteien bei Eintreten eines Ereignisses unmittelbar fällig oder beendet werden und in eine einzige Nettoforderung umzuwandeln oder durch eine solche zu ersetzen sind (Close-out-Nettingvereinbarung),
    b) Aufrechnungen auf Grund einer Beendigung (close out netting) im Sinne von Artikel 2 Absatz 1 Buchstabe n Ziffer i der Richtlinie 2002/47/EG des Europäischen Parlaments und des Rates vom 6. Juni 2002 über Finanzsicherheiten (ABl. L 168 vom 27.6.2002, S. 43) und
    c) Aufrechnungen im Sinne von Artikel 2 Buchstabe k der Richtlinie 98/26/EG des Europäischen Parlaments und des Rates vom 19. Mai 1998 über die Wirksamkeit von Abrechnungen in Zahlungs- sowie Wertpapierliefer- und -abrechnungssystemen (ABl. L 166 vom 11.6.1998, S. 45).
44. Unionszweigstelle ist eine in einem Mitgliedstaat befindliche Zweigstelle eines Drittstaatsinstituts.
45. Wesentliche Geschäftsaktivitäten sind Geschäftsbereiche und damit verbundene Dienste, die die Vermögens-, Finanz- und Ertragslage eines Instituts oder einer Gruppe in erheblicher Weise beeinflussen können. Wesentlich sind auch Geschäftsaktivitäten, die aus Sicht des Instituts oder der Gruppe im Fall einer Störung zu einem erheblichen Ausfall von Einnahmen oder Gewinnen, zu erheblichen Verlusten oder zu einem erheblichen Verlust des Beteiligungswerts führen könnten.
46. Zusätzliches Kernkapital sind die Instrumente des zusätzlichen Kernkapitals im Sinne des Artikels 52 der Verordnung (EU) Nr. 575/2013.
47. Zweigstelle ist eine Betriebsstelle im Sinne des Artikels 4 Absatz 17 der Verordnung (EU) Nr. 575/2013.

(4) Im Übrigen gelten für die Zwecke dieses Gesetzes die folgenden Definitionen aus Artikel 4 Absatz 1 der Verordnung (EU) Nr. 575/2013:

1. Mutterunternehmen im Sinne des Artikels 4 Absatz 1 Nummer 15 der Verordnung (EU) Nr. 575/2013;
2. Tochterunternehmen im Sinne des Artikels 4 Absatz 1 Nummer 16 der Verordnung (EU) Nr. 575/2013. Werden die §§ 14, 46, 49 bis 54, 59, 60, 65, 66, 89, 96, 164 und 166 auf Abwicklungsgruppen gemäß Absatz 3 Nummer 3b angewandt, gelten als Tochterunternehmen auch CRR-Kreditinstitute, die einer Zentralorganisation ständig zugeordnet sind, die Zentralorganisation selbst und ihre jeweiligen Tochterunternehmen, sofern die Abwicklungsgruppen die Anforderung des § 49e Absatz 3 erfüllen;

2a. bedeutendes Tochterunternehmen im Sinne des Artikel 4 Absatz 1 Nummer 135 der Verordnung (EU) Nr. 575/2013;

3. Finanzholdinggesellschaft im Sinne des Artikels 4 Absatz 1 Nummer 20 der Verordnung (EU) Nr. 575/2013;

4. gemischte Finanzholdinggesellschaft im Sinne des Artikels 4 Absatz 1 Nummer 21 der Verordnung (EU) Nr. 575/2013;
5. gemischte Holdinggesellschaft im Sinne des Artikels 4 Absatz 1 Nummer 22 der Verordnung (EU) Nr. 575/2013;
6. Finanzinstitut im Sinne des Artikels 4 Absatz 1 Nummer 26 der Verordnung (EU) Nr. 575/2013;
7. Mutterinstitut in einem Mitgliedstaat im Sinne des Artikels 4 Absatz 1 Nummer 28 der Verordnung (EU) Nr. 575/2013;
8. EU-Mutterinstitut im Sinne des Artikels 4 Absatz 1 Nummer 29 der Verordnung (EU) Nr. 575/2013;
9. Mutterfinanzholdinggesellschaft in einem Mitgliedstaat im Sinne des Artikels 4 Absatz 1 Nummer 30 der Verordnung (EU) Nr. 575/2013;
10. EU-Mutterfinanzholdinggesellschaft im Sinne des Artikels 4 Absatz 1 Nummer 31 der Verordnung (EU) Nr. 575/2013;
11. gemischte Mutterfinanzholdinggesellschaft im Sinne des Artikels 4 Absatz 1 Nummer 32 der Verordnung (EU) Nr. 575/2013;
12. gemischte EU-Mutterfinanzholdinggesellschaft im Sinne des Artikels 4 Absatz 1 Nummer 33 der Verordnung (EU) Nr. 575/2013;
13. Eigenmittel im Sinne des Artikels 4 Absatz 1 Nummer 118 der Verordnung (EU) Nr. 575/2013.

§ 3 Abwicklungsbehörde; Aufsichtsbehörde. (1) Abwicklungsbehörde ist die Bundesanstalt für Finanzdienstleistungsaufsicht.

(2) Aufsichtsbehörde ist die Aufsichtsbehörde im Sinne des § 1 Absatz 5 des Kreditwesengesetzes[1)].

§ 4 Vertraulichkeit von Informationen; personenbezogene Daten; Informationsansprüche. (1) Die §§ 5 bis 10 gelten für die Weitergabe von

1. vertraulichen Informationen, insbesondere Betriebs- und Geschäftsgeheimnissen von Kreditinstituten, gruppenangehörigen Unternehmen oder sonstigen Dritten, sowie
2. Informationen, deren Bekanntwerden nachteilige Auswirkungen auf die Erreichung der Abwicklungsziele im Sinne des § 67 Absatz 1, auf die Effektivität von Aufsichts- und Abwicklungsinstrumenten oder auf die Finanz-, Geldmarkt- oder Wirtschaftspolitik haben kann.

(2) Der Schutz personenbezogener Daten nach der Verordnung (EU) 2016/679 des Europäischen Parlaments und des Rates vom 27. April 2016 zum Schutz natürlicher Personen bei der Verarbeitung personenbezogener Daten, zum freien Datenverkehr und zur Aufhebung der Richtlinie 95/46/EG (Datenschutz-Grundverordnung) (ABl. L 119 vom 4.5.2016, S. 1; L 314 vom 22.11.2016, S. 72; L 127 vom 23.5.2018, S. 2) in der jeweils geltenden Fassung und nach dem Bundesdatenschutzgesetz sowie der Schutz des geistigen Eigentums bleiben unberührt, soweit die Absätze 3 bis 6 nicht etwas anderes regeln.

(3) [1] Werden personenbezogene Daten im Rahmen der Zuständigkeit der Aufsichtsbehörde oder der Abwicklungsbehörde aufgrund dieses Gesetzes oder

---

1) Nr. **9**.

aufgrund der Verordnung (EU) 806/2014[1)] verarbeitet, stehen den betroffenen Personen die Rechte nach den Artikeln 15 bis 18 und den Artikeln 20 bis 22 der Verordnung (EU) 2016/679 nicht zu, soweit eine Gefährdung des Erfolgs der jeweiligen Maßnahmen nicht ausgeschlossen werden kann. [2] Unter diesen Voraussetzungen sind die Aufsichtsbehörde und die Abwicklungsbehörde auch von den Pflichten nach den Artikeln 5, 12 bis 14, 19 und 34 der Verordnung (EU) 2016/679 befreit.

(4) Die Aufsichtsbehörde und die Abwicklungsbehörde informieren die von den Beschränkungen nach Absatz 3 Satz 1 betroffenen Personen in geeigneter Form über das Ende der Beschränkung, sofern dies nicht dem Zweck der Beschränkung abträglich ist.

(5) [1] Soweit die Aufsichtsbehörde oder die Abwicklungsbehörde der betroffenen Person keine Auskunft erteilt, ist die Auskunft auf Verlangen der betroffenen Person dem Bundesbeauftragten für den Datenschutz und die Informationsfreiheit zu erteilen. [2] Dies gilt nur, soweit die jeweilige Behörde nicht im Einzelfall festgestellt hat, dass dadurch die öffentliche Sicherheit des Bundes oder eines Landes oder die Finanzmarktstabilität gefährdet würde. [3] Die Mitteilung des Bundesbeauftragten für den Datenschutz und die Informationsfreiheit an die betroffene Person über das Ergebnis der datenschutzrechtlichen Prüfung darf keine Rückschlüsse auf den Erkenntnisstand der jeweiligen Behörde zulassen, sofern diese nicht einer weitergehenden Auskunft zustimmt.

(6) Soweit Institute, Unternehmen oder inländische Unionszweigstellen gemäß § 1 personenbezogene Daten für Zwecke nach diesem Gesetz oder nach der Verordnung (EU) 806/2014 übermitteln, bestehen die Pflicht zur Information der betroffenen Person nach Artikel 13 Absatz 3 und Artikel 14 Absatz 4 der Verordnung (EU) 2016/679 und das Recht auf Auskunft der betroffenen Person nach Artikel 15 der Verordnung (EU) 2016/679 nicht.

§ 5 Verschwiegenheitspflicht. (1) [1] Die bei der Abwicklungsbehörde, bei der Aufsichtsbehörde, bei dem Bundesministerium der Finanzen und bei anderen nationalen Behörden beschäftigten Personen dürfen die ihnen bei ihrer Tätigkeit im Rahmen dieses Gesetzes bekanntgewordenen Informationen im Sinne des § 4 Absatz 1 nicht unbefugt offenbaren oder verwerten. [2] Dies gilt auch, wenn die Bediensteten der vorbezeichneten Behörden nicht mehr im Dienst sind oder ihre Tätigkeit im Rahmen dieses Gesetzes beendet haben. [3] Gleiches gilt für andere Personen, welche im Wege dienstlicher Berichterstattung Kenntnis von den in Satz 1 bezeichneten Informationen erhalten.

(2) Absatz 1 gilt für die folgenden Personen oder die bei den folgenden Stellen tätigen Personen entsprechend:

1. Einlagensicherungssysteme und bei ihnen tätige Personen;
2. potentielle Erwerber, die von den im Rahmen dieses Gesetzes tätigen anderen nationalen Behörden kontaktiert oder von den Abwicklungsbehörden angesprochen wurden;
3. Rechnungsprüfer, Wirtschaftsprüfer, vereidigte Buchprüfer, Rechtsberater, sonstige professionelle Berater, Bewerter und andere von den Abwicklungsbehörden, von anderen im Rahmen dieses Gesetzes tätigen Behörden oder

[1)] Nr. 22.

von potentiellen Erwerbern unmittelbar oder mittelbar hinzugezogene Experten;

4. vorläufige Verwalter gemäß § 38 und den Sonderverwalter nach § 87;
5. die von der Abwicklungsbehörde ernannten Mitglieder der Geschäftsleitung und des Aufsichts- oder Verwaltungsorgans eines Brückeninstituts oder einer Vermögensverwaltungsgesellschaft vor, während oder nach ihrer Ernennung;
6. sonstige Personen oder Stellen, die unmittelbar oder mittelbar, dauerhaft oder zeitweise Dienstleistungen für die Abwicklungsbehörde, für die im Rahmen dieses Gesetzes tätigen national zuständigen Behörden und für die in den Nummern 1 bis 5 genannten Personen, Stellen oder Behörden erbringen oder erbracht haben;
7. die Mitarbeiter und Mitarbeiterinnen der nachgelagerten Führungsebene und die Mitglieder der Geschäftsleitung und des Aufsichts- oder Verwaltungsorgans der in den Nummern 1 bis 6 genannten Personen, Stellen oder Behörden vor, während oder nach ihrer Ernennung und Bedienstete oder ehemalige Bedienstete der unter den Nummern 1 bis 6 genannten Personen, Stellen oder Behörden.

(3) [1] Die Abwicklungsbehörde, die Aufsichtsbehörde, das Bundesministerium der Finanzen und andere nationale Behörden, welche im Rahmen dieses Gesetzes tätig werden, Einlagensicherungssysteme sowie Brückeninstitute und Vermögensverwaltungsgesellschaften haben in ihrem jeweiligen Bereich interne Geheimhaltungsregelungen vorzusehen, welche den Regeln der §§ 4 bis 10 weitgehend entsprechen. [2] Insbesondere ist sicherzustellen, dass Informationen im Sinne des § 4 Absatz 1 nur an Personen gelangen, welche unmittelbar mit dem Abwicklungsprozess befasst sind.

(4) Die Verschwiegenheitspflicht steht einer Weitergabe oder Verwertung von Informationen im Sinne von § 4 Absatz 1 Nummer 1 dann nicht entgegen, wenn die Kreditinstitute, gruppenangehörigen Unternehmen oder sonstigen Dritten, deren Belange durch die Weitergabe oder Verwertung berührt sind, in die Weitergabe oder Verwertung ausdrücklich eingewilligt haben und die Informationen nicht im Interesse der zuständigen Behörden geheim zu halten sind.

(5) [1] Bei Verletzung der Verschwiegenheitspflicht gelten die allgemeinen Haftungs- und Schadensersatzregeln. [2] Hinsichtlich der Inanspruchnahme eines Beschäftigten der Abwicklungsbehörde, Aufsichtsbehörde oder einer im Rahmen des Gesetzes tätigen national zuständigen Behörde gelten die Regelungen des § 181.

§ 6 Zulässiger Informationsaustausch zwischen Behörden im Rahmen dieses Gesetzes. (1) [1] Zwischen der Abwicklungsbehörde und der Aufsichtsbehörde findet im Rahmen gegenseitiger Unterstützung, Beratung und Abstimmung ein ungehinderter Informationsaustausch statt. [2] Soweit dies für die Erfüllung ihrer Aufgaben erforderlich ist, können sie voneinander Informationen anfordern und haben sie einander Beobachtungen und Feststellungen mitzuteilen. [3] Die Sätze 1 und 2 gelten auch im Verhältnis zwischen Abwicklungsbehörde und Deutscher Bundesbank, soweit Informationen betroffen sind, welche bei der laufenden Überwachung der Institute durch die Deutsche Bundesbank entstanden oder zur laufenden Überwachung der Institute durch die Deutsche Bundesbank erforderlich sind. [4] Die Sätze 1 und 2 gelten auch im

Verhältnis zwischen der Abwicklungsbehörde und dem Bundesministerium der Finanzen, soweit Informationen betroffen sind, die zur Erfüllung der dem Bundesministerium der Finanzen obliegenden Aufgaben erforderlich sind.

(2) Die in § 5 Absatz 1 und 2 genannten Behörden, Personen oder Stellen sind befugt, sich gegenseitig Informationen zu übermitteln, sofern der Erhalt der Information zur Erfüllung der nach diesem Gesetz obliegenden Aufgaben nötig ist.

§ 7 Weitergabe von Informationen an sonstige Stellen. (1) Die Abwicklungsbehörde und die Aufsichtsbehörde sind ferner berechtigt, die ihnen im Zusammenhang mit diesem Gesetz vorliegenden Informationen folgenden Behörden, Personen oder Stellen zur Verfügung zu stellen:

1. im Rahmen von Abwicklungskollegien deren Mitgliedern, den Abwicklungsbehörden sowie den zuständigen Stellen in anderen Staaten, mit denen die Aufsichtsbehörde im Rahmen von Aufsichtskollegien nach § 8e des Kreditwesengesetzes[1] zusammenarbeitet, unter entsprechender Anwendung des § 8e des Kreditwesengesetzes,
2. der Europäischen Bankenaufsichtsbehörde,

2a. dem Bundesministerium der Finanzen,

3. Behörden, deren Urteil für die Abwicklungsbehörde erforderlich ist,
4. mit der Liquidation oder dem Insolvenzverfahren über das Verfahren eines Instituts oder eines gruppenangehörigen Unternehmens befassten Stellen oder Behörden,
5. Strafverfolgungsbehörden oder Gerichten,
6. Stellen sowie von diesen beauftragten Personen, die kraft Gesetzes oder im öffentlichen Auftrag betraut sind
   a) mit der Überwachung von Instituten, Kapitalverwaltungsgesellschaften, extern verwalteten Investmentgesellschaften, EU-Verwaltungsgesellschaften oder ausländischen AIF-Verwaltungsgesellschaften, Finanzunternehmen, Versicherungsunternehmen, der Finanzmärkte oder des Zahlungsverkehrs oder
   b) mit der Geldwäscheprävention,
7. mit der gesetzlichen Prüfung der Rechnungslegung von Instituten oder Finanzunternehmen betraute Personen sowie Stellen, welche die vorgenannten Personen beaufsichtigen,
8. Behörden, die für die Aufsicht über Zahlungs- und Abwicklungssysteme zuständig sind,
9. parlamentarischen Untersuchungsausschüssen nach § 1 des Untersuchungsausschussgesetzes auf Grund einer Entscheidung über ein Ersuchen nach § 18 Absatz 2 des Untersuchungsausschussgesetzes,
10. der Bank für Internationalen Zahlungsausgleich einschließlich der bei ihr ansässigen multilateralen Gremien, insbesondere dem Financial Stability Board,
11. dem Internationalen Währungsfonds,
12. dem Ausschuss für Finanzstabilität oder dem Europäischen Ausschuss für Systemrisiken,

---

[1] Nr. **9**.

13. dem Gremium zum Finanzmarktstabilisierungsfonds im Sinne des § 10a Absatz 1 des Stabilisierungsfondsgesetzes, dem Lenkungsausschuss im Sinne des § 4 Absatz 1 Satz 2 des Stabilisierungsfondsgesetzes,
14. der Deutschen Bundesbank oder
15. dem Ausschuss nach Artikel 42 bis 48 der Verordnung (EU) Nr. 806/2014[1] des Europäischen Parlaments und des Rates vom 15. Juli 2014 zur Festlegung einheitlicher Vorschriften und eines einheitlichen Verfahrens für die Abwicklung von Kreditinstituten und bestimmten Wertpapierfirmen im Rahmen eines einheitlichen Abwicklungsmechanismus und eines einheitlichen Abwicklungsfonds sowie zur Änderung der Verordnung (EU) Nr. 1093/2010 (ABl. L 225 vom 30.7.2014, S. 1).

(2) [1] Eine Weitergabe von Informationen nach Absatz 1 darf nur erfolgen, soweit die dort genannten Stellen die Informationen zur Erfüllung ihrer Aufgaben benötigen. [2] Für die Weitergabe von Informationen an Drittstaaten müssen zusätzlich die Anforderungen des § 8 erfüllt sein.

(3) Bei Weitergabe von Informationen nach Absatz 1 und 2 liegt kein unbefugtes Offenbaren oder Verwerten im Sinne von § 9 Absatz 1 Satz 1 des Kreditwesengesetzes vor.

§ 8 Vertraulichkeit gegenüber Drittstaaten. (1) Die Abwicklungsbehörde und die im Rahmen dieses Gesetzes tätigen national zuständigen Behörden dürfen Informationen im Sinne des § 4 Absatz 1 nur dann an Drittstaatsbehörden weitergeben, wenn die folgenden Voraussetzungen erfüllt sind:
1. für die betreffenden Drittstaatsbehörden gelten Geheimhaltungsvorschriften, welche den Anforderungen dieses Gesetzes mindestens gleichwertig sind; die Beurteilung trifft die weitergebende Behörde gegebenenfalls im Benehmen mit den weiteren betroffenen Behörden;
2. die Informationen sind für die jeweiligen Drittstaatsbehörden erforderlich, um die ihnen nach nationalem Recht obliegenden Funktionen, die den in diesem Gesetz vorgesehenen Funktionen vergleichbar sind, auszuüben, und sie werden vorbehaltlich der Offenbarungs- und Verwendungsbefugnisse nach Nummer 1 nicht für einen anderen Zweck verarbeitet;
3. personenbezogene Daten werden nur unter den Voraussetzungen des Kapitels V der Verordnung (EU) 2016/679 übermittelt.

(2) [1] Aus einem anderen EU-Mitgliedstaat stammende vertrauliche Informationen dürfen die Abwicklungsbehörden und die sonstigen nationalen Behörden nur dann den jeweiligen Drittstaatsbehörden offenlegen, wenn folgende Voraussetzungen erfüllt sind:
1. die Aufsichtsbehörde des Mitgliedstaats, aus dem die Information stammt (Ursprungsbehörde), willigt in die Offenlegung ein;
2. die Information wird nur für die von der Ursprungsbehörde genehmigten Zwecke offengelegt.

[2] Eine aus einem anderen EU-Mitgliedstaat stammende Information ist dann als vertraulich zu betrachten, wenn sie Geheimhaltungsvorschriften gemäß Unionsrecht unterfällt oder nach dem Recht des jeweiligen Mitgliedstaates der Verschwiegenheitspflicht unterliegt.

---

[1] Nr. **22**.

§ 9 Vorabprüfung auf Vertraulichkeit bei sonstiger Weitergabe von Informationen. [1]Vor der Weitergabe von Informationen außerhalb der Offenbarungsbefugnisse der §§ 5 bis 8 ist sicherzustellen, dass sich darunter keine Informationen im Sinne des § 4 Absatz 1 befinden. [2]Im Rahmen dieser Prüfung sind die Auswirkungen einer Weitergabe auf wirtschaftliche Interessen Betroffener nach § 4 Absatz 1 Nummer 1 und auf öffentliche Interessen nach § 4 Absatz 1 Nummer 2 zu berücksichtigen. [3]Die Auswirkungen einer Weitergabe von Inhalten und Details der Sanierungs- und Abwicklungspläne nach den §§ 12 bis 21 und 40 bis 48 und von Ergebnissen einer Bewertung nach den §§ 57 bis 60 sind dabei gesondert zu untersuchen.

§ 10 Sonstige Vorschriften. (1) Hinsichtlich der Weitergabe von Informationen für die Zwecke von Straf- oder Zivilverfahren gelten die Regelungen des § 9 des Kreditwesengesetzes[1)] entsprechend.

(2) Hinsichtlich einer Inanspruchnahme eines Beschäftigten einer im Rahmen dieses Gesetzes tätigen national zuständigen Behörde, die auf der Verletzung der Verschwiegenheit im Sinne dieses Gesetzes beruht, gelten die Regelungen des § 181.

§ 11 Zugang zu Informationen. Zum Schutz einer effektiven Sanierungs- und Abwicklungsplanung und einer effektiven Anwendung der Abwicklungsinstrumente wird ein Zugang zu den Informationen, die der Aufsichts- oder Abwicklungsbehörde im Zusammenhang mit der Sanierungsplanung nach den §§ 12 bis 21 oder der Abwicklungsplanung nach den §§ 40 bis 48 übermittelt wurden oder im Zusammenhang mit der Bewertung gemäß § 69 oder dem Vermarktungsprozess gemäß § 126 bei der Aufsichts- oder Abwicklungsbehörde entstanden sind, nicht gewährt.

Teil 2. Aufsichtsrechtliche Vorschriften und Anforderungen zur Vorbereitung der Sanierung und zur Frühintervention

Kapitel 1. Sanierungsplanung

§ 12 Sanierungsplanung. (1) [1]Institute, die nicht nach § 20 Absatz 1 befreit sind, haben einen Sanierungsplan zu erstellen. [2]In dem Sanierungsplan hat das Institut darzulegen, mit welchen von dem Institut zu treffenden Maßnahmen die finanzielle Stabilität gesichert oder wiederhergestellt werden kann, falls sich seine Vermögens-, Finanz- oder Ertragsentwicklung wesentlich verschlechtert und diese Verschlechterung zu einer Bestandsgefährdung führen kann (Krisenfall).

(2) Ist das Institut Teil einer Gruppe, gilt Absatz 1 mit der Maßgabe, dass allein das übergeordnete Unternehmen einen Sanierungsplan zu erstellen hat, der sich auf die gesamte Gruppe bezieht, soweit sich nicht aus § 14 etwas Abweichendes ergibt.

(3) [1]Die Aufsichtsbehörde fordert die Institute auf, einen Sanierungsplan vorzulegen, und bestimmt dafür eine Frist, die sechs Monate nicht überschreiten darf; auf Antrag des Instituts kann die Aufsichtsbehörde die Frist um bis zu sechs Monate verlängern. [2]In der Aufforderung hat die Aufsichtsbehörde auch anzugeben, ob für das Institut vereinfachte Anforderungen in Bezug auf den

[1)] Nr. 9.

Inhalt und den Detaillierungsgrad des Sanierungsplans gemäß § 19 Absatz 1 Nummer 1 und in Bezug auf die Frist für die Aktualisierung des Sanierungsplans gemäß § 19 Absatz 1 Nummer 2 gelten. [3]Die Institute reichen den Sanierungsplan der Aufsichtsbehörde und der Deutschen Bundesbank ein.

(4) [1]Institute haben ihren Sanierungsplan zu aktualisieren und der Aufsichtsbehörde und der Deutschen Bundesbank zu übermitteln nach jeder Änderung der Rechts- oder Organisationsstruktur des Instituts, seiner Geschäftstätigkeit oder Vermögens-, Finanz- oder Ertragsentwicklung oder nach jeder Änderung der allgemeinen Risikosituation, die sich wesentlich auf den Sanierungsplan des Instituts auswirken könnte oder aus anderen Gründen dessen Änderung erforderlich macht, mindestens jedoch jährlich zu übermitteln. [2]Die Aufsichtsbehörde kann von einem Institut verlangen, seinen Sanierungsplan häufiger zu aktualisieren.

(5) Die Absätze 3 und 4 finden auf das übergeordnete Unternehmen einer Gruppe entsprechende Anwendung.

§ 13 Ausgestaltung von Sanierungsplänen. (1) Die Ausgestaltung des Sanierungsplans ist abhängig von Größe, Komplexität und Vernetzung des Instituts oder der Gruppe sowie von Art, Umfang und Komplexität des Geschäftsmodells und des damit einhergehenden Risikos.

(2) Neben den Anforderungen an die Sanierungsplanung der Delegierten Verordnung (EU) 2016/1075 der Kommission vom 23. März 2016 zur Ergänzung der Richtlinie 2014/59/EU des Europäischen Parlaments und des Rates durch technische Regulierungsstandards, in denen der Inhalt von Sanierungsplänen, Abwicklungsplänen und Gruppenabwicklungsplänen, die Mindestkriterien, anhand deren die zuständige Behörde Sanierungs- und Gruppensanierungspläne zu bewerten hat, die Voraussetzungen für gruppeninterne finanzielle Unterstützung, die Anforderungen an die Unabhängigkeit der Bewerter, die vertragliche Anerkennung von Herabschreibungs- und Umwandlungsbefugnissen, die Verfahren und Inhalte von Mitteilungen und Aussetzungsbekanntmachungen und die konkrete Arbeitsweise der Abwicklungskollegien festgelegt wird (ABl. L 184 vom 8.7.2016, S. 1) hat der Sanierungsplan insbesondere folgende wesentliche Bestandteile zu enthalten:

1. eine Zusammenfassung der wesentlichen Inhalte des Sanierungsplans einschließlich einer Bewertung der Sanierungsfähigkeit des Instituts oder der Gruppe;
2. eine strategische Analyse des Instituts oder der Gruppe, die Folgendes zu enthalten hat:
   a) eine Darstellung der Unternehmensstruktur und des Geschäftsmodells,
   b) die Benennung der wesentlichen Geschäftsaktivitäten und kritischen Funktionen sowie
   c) eine Beschreibung der internen und externen Vernetzungsstrukturen;
3. eine Darstellung, welche Handlungsoptionen dem Institut oder der Gruppe zur Verfügung stehen, um im Krisenfall die finanzielle Stabilität zu sichern oder wiederherzustellen;
4. eine Analyse der Auswirkungen jeder der dargestellten Handlungsoptionen auf das Institut oder die Gruppe sowie der Auswirkungen der Handlungsoptionen auf die Fortführung von kritischen Funktionen sowie der Auswirkungen auf andere Marktteilnehmer, Gläubiger und Anteilsinhaber; in

diesem Zusammenhang sind auch die Folgen der Handlungsoptionen für die Arbeitnehmer und ihre Vertretungen zu beschreiben;

5. eine Analyse der Umsetzbarkeit der dargestellten Handlungsoptionen, einschließlich der möglicher Umsetzungshindernisse, sowie eine Darstellung, ob und wie diese Hindernisse überwunden werden können;
6. die Festlegung von qualitativen und quantitativen Indikatoren, die eine rechtzeitige Durchführung von Handlungsoptionen zur Sicherstellung oder Wiederherstellung der finanziellen Stabilität des Instituts oder der Gruppe dergestalt ermöglichen, dass der Krisenfall aus eigener Kraft und ohne Stabilisierungsmaßnahmen der öffentlichen Hand überwunden werden kann; in diesem Zusammenhang ist auch ein Eskalations- und Informationsprozess zu definieren, der sicherstellt, dass die Geschäftsleiterebene rechtzeitig und umfassend in die Entscheidungen eingebunden wird; in dem Sanierungsplan ist ebenfalls vorzusehen, wann und wie die Aufsichtsbehörde im Rahmen des Eskalations- und Informationsprozesses beim Erreichen von Schwellenwerten der Indikatoren informiert wird;
7. eine Darstellung von Szenarien für schwerwiegende Belastungen, die einen Krisenfall auslösen können, und deren Auswirkungen auf das Institut oder die Gruppe; die Belastungsszenarien sollen sowohl systemweite Ereignisse als auch das einzelne Institut oder die ganze Gruppe betreffende Ereignisse beinhalten, welche die instituts- oder gruppenspezifischen Gefährdungspotenziale abbilden;
8. eine Prüfung der Wirksamkeit und Umsetzbarkeit des Sanierungsplans anhand der Belastungsszenarien;
9. ein Kommunikations- und Informationskonzept, in dem die interne und die externe Kommunikation unter Berücksichtigung der für bestimmte Handlungsoptionen geltenden Besonderheiten dargelegt wird;
10. eine Aufstellung der vorbereitenden Maßnahmen, die das Institut oder die Gruppe getroffen hat oder zu treffen beabsichtigt, um die Umsetzung des Sanierungsplans zu erleichtern.

(3) [1] Der Sanierungsplan darf nicht von der Möglichkeit des Zugangs zu einer außerordentlichen finanziellen Unterstützung aus öffentlichen Mitteln oder vom Erhalt einer solchen Unterstützung ausgehen. [2] In dem Sanierungsplan ist jedoch zu analysieren, wie und wann das Institut in einer Krisensituation die Nutzung von Zentralbankfazilitäten beantragen könnte und sind Vermögenspositionen zu ermitteln, die als Sicherheit herangezogen werden könnten.

(4) [1] Weiterhin hat der Sanierungsplan folgende Anforderungen zu erfüllen:

1. die Umsetzung der in dem Sanierungsplan vorgesehenen Maßnahmen ist, unter Berücksichtigung der vom betreffenden Institut getroffenen oder geplanten vorbereitenden Maßnahmen gemäß Absatz 2 Nummer 10, mit überwiegender Wahrscheinlichkeit geeignet, die Überlebensfähigkeit und finanzielle Solidität des Instituts oder der Gruppe nachhaltig zu sichern oder wiederherzustellen;
2. der Sanierungsplan und die Handlungsoptionen können mit überwiegender Wahrscheinlichkeit im Krisenfall schnell und wirksam umgesetzt werden, so dass wesentliche negative Auswirkungen auf das Finanzsystem, auch in Fällen, in denen andere Institute im selben Zeitraum Sanierungspläne umsetzen, so weit wie möglich vermieden werden.

[2]Der Sanierungsplan muss die Erfüllung der in Satz 1 Nummer 1 und 2 genannten Anforderungen nachvollziehbar darlegen.

(5) Jeder Geschäftsleiter ist, unabhängig von der internen Zuständigkeitsregelung, für die Erstellung, die Implementierung und die Aktualisierung des Sanierungsplans sowie für dessen Umsetzung im Krisenfall verantwortlich.

(6) Die Aufsichtsbehörde kann im Benehmen mit der Abwicklungsbehörde von Instituten oder dem übergeordneten Unternehmen einer Gruppe die Führung detaillierter Aufzeichnungen in einer zentralen Datenbank über Finanzkontrakte verlangen, bei denen das betreffende Institut Vertragspartei ist.

§ 14 Besondere Anforderungen an die Ausgestaltung von Gruppensanierungsplänen; Einzelsanierungsplan. (1) Ein übergeordnetes Unternehmen, das ein EU-Mutterunternehmen ist und für das die Aufsichtsbehörde gleichzeitig die konsolidierende Aufsichtsbehörde ist, hat einen Gruppensanierungsplan zu erstellen.

(2) Ergänzend zu den Anforderungen des § 13 hat der Gruppensanierungsplan folgende Anforderungen zu erfüllen:

1. der Gruppensanierungsplan hat Handlungsoptionen zu enthalten, die sowohl auf der Ebene des übergeordneten Unternehmens als auch auf der Ebene von nachgeordneten Unternehmen umgesetzt werden können;
2. der Gruppensanierungsplan soll Regelungen vorsehen, die gewährleisten, dass Handlungsoptionen miteinander in Einklang stehen, die zu ergreifen sind auf der Ebene
   a) des übergeordneten Unternehmens,
   b) einer Finanzholdinggesellschaft, einer gemischten Finanzholdinggesellschaft, einer gemischten Holdinggesellschaft, einer Mutterfinanzholdinggesellschaft in einem Mitgliedstaat, einer EU-Mutterfinanzholdinggesellschaft, einer gemischten Mutterfinanzholdinggesellschaft in einem Mitgliedstaat oder einer gemischten EU-Mutterfinanzholdinggesellschaft,
   c) der Tochterunternehmen und
   d) bedeutender Zweigstellen;
3. der Gruppensanierungsplan soll Regelungen für eine mögliche gruppeninterne Unterstützung enthalten, sofern eine Vereinbarung über gruppeninterne finanzielle Unterstützung gemäß § 22 vorliegt.

(3) [1]Nach Maßgabe von § 17 Absatz 2 bis 4 und § 18 kann die Aufsichtsbehörde die Erstellung eines Einzelsanierungsplans in Bezug auf ein inländisches Institut verlangen, das nachgeordnetes Unternehmen eines EU-Mutterunternehmens in einem anderen Mitgliedstaat ist. [2]Anstelle und unter den Voraussetzungen eines Verlangens nach Satz 1 kann die Aufsichtsbehörde die Erstellung eines Sanierungsplans durch ein inländisches übergeordnetes Unternehmen verlangen, welcher sich auch auf alle ihm nachgeordneten Unternehmen bezieht.

§ 15 Prüfung und Bewertung von Sanierungsplänen. (1) [1]Die Aufsichtsbehörde legt der Abwicklungsbehörde den Sanierungsplan vor. [2]Die Abwicklungsbehörde kann den Sanierungsplan prüfen, um dort vorgesehene Maßnahmen zu identifizieren, welche sich nachteilig auf die Abwicklungsfähigkeit des Instituts oder der Gruppe auswirken könnten. [3]Die Abwicklungsbehörde kann der Aufsichtsbehörde diesbezüglich Empfehlungen geben.

(2) [1] Die Aufsichtsbehörde prüft und bewertet in Abstimmung mit der Deutschen Bundesbank, inwieweit der Sanierungsplan die Anforderungen der §§ 13 und 14 erfüllt. [2] Bei der Bewertung des Sanierungsplans wird die Aufsichtsbehörde auch die Angemessenheit der Kapital- und Refinanzierungsstruktur im Verhältnis zur Komplexität der Organisationsstruktur und des Risikoprofils des Instituts oder der Gruppe beurteilen.

§ 16 Maßnahmen bei Mängeln von Sanierungsplänen. (1) [1] Gelangt die Aufsichtsbehörde zu der Einschätzung, dass der Sanierungsplan nicht den Anforderungen der §§ 13 und 14 entspricht oder dass seiner Umsetzung wesentliche Hindernisse entgegenstehen, so teilt sie dem betreffenden Institut oder dem übergeordneten Unternehmen einer Gruppe ihre Bewertungsergebnisse mit und fordert das Institut oder das übergeordnete Unternehmen auf, innerhalb von zwei Monaten einen überarbeiteten Sanierungsplan vorzulegen. [2] Auf Antrag kann die Aufsichtsbehörde diese Frist um bis zu einen Monat verlängern.

(2) [1] In dem überarbeiteten Sanierungsplan hat das Institut oder übergeordnete Unternehmen darzulegen, wie die von der Aufsichtsbehörde festgestellten Mängel beseitigt werden. [2] Vor der Anforderung eines überarbeiteten Sanierungsplans ist das Institut oder übergeordnete Unternehmen von der Aufsichtsbehörde anzuhören. [3] Ist die Aufsichtsbehörde der Auffassung, dass die Unzulänglichkeiten und Hindernisse mit dem überarbeiteten Sanierungsplan nicht angemessen beseitigt wurden, kann sie das Institut oder übergeordnete Unternehmen anweisen, bestimmte Änderungen an dem Sanierungsplan vorzunehmen.

(3) Legt das betreffende Institut oder übergeordnete Unternehmen keinen überarbeiteten Sanierungsplan vor oder gelangt die Aufsichtsbehörde zu dem Schluss, dass die von ihr in ihrer ursprünglichen Bewertung aufgezeigten Unzulänglichkeiten oder potentiellen Hindernisse mit dem überarbeiteten Sanierungsplan nicht in angemessener Weise behoben werden, und können die Unzulänglichkeiten oder Hindernisse durch die Anweisung, bestimmte Änderungen an dem Plan vorzunehmen, nicht angemessen beseitigt werden, so kann die Aufsichtsbehörde von dem Institut oder übergeordneten Unternehmen verlangen, dass dieses innerhalb angemessener Frist mitteilt, durch welche Änderungen an seiner Geschäftstätigkeit die Unzulänglichkeiten oder Hindernisse, die eine Sanierung in einem Krisenfall unmöglich machen oder wesentlich erschweren würden (Sanierungshindernisse), behoben werden können.

(4) Teilt das Institut oder übergeordnete Unternehmen keine Änderungen mit, die es zur Beseitigung von Sanierungshindernissen an seiner Geschäftstätigkeit vornehmen kann, oder gelangt die Aufsichtsbehörde zu der Einschätzung, dass die Sanierungshindernisse mit den von dem Institut oder übergeordneten Unternehmen vorgeschlagenen Maßnahmen nicht angemessen beseitigt werden können, so kann die Aufsichtsbehörde das Institut oder übergeordnete Unternehmen anweisen, Maßnahmen zu treffen, die sie unter Berücksichtigung der Schwere der Unzulänglichkeiten und Hindernisse sowie der Auswirkungen der Maßnahmen auf die Geschäftstätigkeit des Instituts für erforderlich und verhältnismäßig erachtet, um die Sanierungshindernisse zu beseitigen.

(5) [1] Die Aufsichtsbehörde kann von dem Institut oder übergeordneten Unternehmen gemäß Absatz 4 insbesondere verlangen, dass es

1. das Risikoprofil einschließlich des Liquiditätsrisikos verringert,

2. Maßnahmen trifft, um die rechtzeitige Einleitung von Rekapitalisierungsmaßnahmen zu ermöglichen,
3. die Geschäftsstrategie und die Organisationsstruktur überprüft,
4. Korrekturen an der Refinanzierungsstrategie vornimmt, um die Widerstandsfähigkeit der wesentlichen Geschäftsaktivitäten und kritischen Funktionen zu erhöhen, oder
5. die Organisation der Unternehmensführung so ändert, dass Handlungsoptionen aus dem Sanierungsplan rechtzeitig und zügig umgesetzt werden können.

[2] Die Befugnis der Aufsichtsbehörde, Maßnahmen nach dem Kreditwesengesetz[1)] und den §§ 36 bis 39 zu erlassen, bleibt hiervon unberührt.

(6) Eine nach den Absätzen 4 und 5 anzuordnende Maßnahme ist insbesondere dann

1. erforderlich, wenn sich die festgestellten Sanierungshindernisse bei einer drohenden Belastungssituation nicht mehr rechtzeitig beheben lassen und daher die Gefahr besteht, dass sich bei Eintritt eines Krisenfalls eine Bestandsgefährdung des Instituts nicht mehr wirksam vermeiden lässt und
2. verhältnismäßig, wenn die mit der Anweisung verbundenen Belastungen in einem angemessenen Verhältnis zu der von einer Bestandsgefährdung ausgehenden Systemgefährdung stehen.

(7) [1] Vor Erlass einer Anweisung gemäß den Absätzen 4 und 5 stimmt sich die Aufsichtsbehörde mit der Abwicklungsbehörde bezüglich möglicher Maßnahmen nach § 59 Absatz 5 ab. [2] Der Verwaltungsakt bedarf der Schriftform.

(8) Wird der Sanierungsplan gemäß § 20 Absatz 4 von einem Institutssicherungssystem erstellt, stehen der Aufsichtsbehörde die in den Absätzen 1 und 2 genannten Befugnisse gegenüber dem Institutssicherungssystem zu.

§ 17 Verfahren bei Gruppensanierungsplänen und Mängeln von Gruppensanierungsplänen, wenn die Aufsichtsbehörde zugleich konsolidierende Aufsichtsbehörde ist. (1) [1] Ist die Aufsichtsbehörde zugleich die konsolidierende Aufsichtsbehörde, übermittelt sie die Gruppensanierungspläne an

1. die Aufsichtsbehörden der Mitgliedstaaten, in denen sich Tochterunternehmen befinden;
2. die Aufsichtsbehörden der Mitgliedstaaten, in denen sich bedeutende Zweigstellen befinden, sofern der Gruppensanierungsplan für die bedeutende Zweigstelle von Belang ist;
3. die Abwicklungsbehörde;
4. die Abwicklungsbehörden der Mitgliedstaaten, in denen sich Tochterunternehmen befinden.

[2] Eine Übermittlung an eine Behörde in einem Mitgliedstaat erfolgt nur, soweit sichergestellt ist, dass von dieser Behörde den §§ 4 bis 10 entsprechende Anforderungen an die Geheimhaltung eingehalten werden.

(2) [1] Nach Abstimmung mit den im relevanten Aufsichtskollegium vertretenen Aufsichtsbehörden und mit den Aufsichtsbehörden der bedeutenden Zweigstellen, soweit die bedeutenden Zweigstellen vom Gruppensanierungs-

---

1) Nr. 9.

plan betroffen sind, bemüht sich die Aufsichtsbehörde, innerhalb von vier Monaten nach Übermittlung des Gruppensanierungsplans gemäß Absatz 1 mit den Aufsichtsbehörden der Tochterunternehmen eine gemeinsame Entscheidung zu treffen über

1. die Bewertung des Gruppensanierungsplans,
2. die Notwendigkeit der Erstellung eines Sanierungsplans auf Einzelbasis für Institute, die Teil der Gruppe sind, und
3. die Anwendung der Maßnahmen nach § 16.

[2]Die Aufsichtsbehörde kann die Europäische Bankenaufsichtsbehörde gemäß Artikel 31 der Verordnung (EU) Nr. 1093/2010 des Europäischen Parlaments und des Rates vom 24. November 2010 zur Errichtung einer Europäischen Aufsichtsbehörde (Europäische Bankenaufsichtsbehörde), zur Änderung des Beschlusses Nr. 716/2009/EG und zur Aufhebung des Beschlusses 2009/78/EG der Kommission (ABl. L 331 vom 15.12.2010, S. 12) um Unterstützung bei der Erzielung einer Einigung ersuchen. [3]Soweit einzelne betroffene Aufsichtsbehörden einer gemeinsamen Entscheidung nach Satz 1 nicht zustimmen, kann die Aufsichtsbehörde mit den übrigen betroffenen Aufsichtsbehörden eine gemeinsame Entscheidung treffen.

(3) [1]Soweit die Aufsichtsbehörde und die anderen betroffenen Aufsichtsbehörden innerhalb von vier Monaten keine gemeinsame Entscheidung gemäß Absatz 2 erreichen, trifft die Aufsichtsbehörde die Entscheidung nach Absatz 2 allein. [2]Die Aufsichtsbehörde trägt bei ihrer Entscheidung den von den anderen betroffenen Aufsichtsbehörden innerhalb der Viermonatsfrist geäußerten Standpunkten und Vorbehalten Rechnung. [3]Sie teilt die Entscheidung dem übergeordneten Unternehmen und den anderen betroffenen Aufsichtsbehörden mit.

(4) [1]Die Aufsichtsbehörde trifft ihre Entscheidung im Einklang mit dem Beschluss der Europäischen Bankenaufsichtsbehörde nach Artikel 19 Absatz 3 der Verordnung (EU) Nr. 1093/2010, sofern bis zum Ablauf der Viermonatsfrist eine der betroffenen Aufsichtsbehörden gemäß Artikel 19 der Verordnung (EU) Nr. 1093/2010 die Europäische Bankenaufsichtsbehörde mit einer der Angelegenheiten, die in Absatz 2 Satz 1 Nummer 1 oder, soweit Maßnahmen nach § 16 Absatz 5 Satz 1 Nummer 1, 2 und 4 betroffen sind, in Absatz 2 Satz 1 Nummer 3 genannt sind, befasst. [2]Fasst die Europäische Bankenaufsichtsbehörde innerhalb eines Monats keinen Beschluss, so gilt Absatz 3 entsprechend.

§ 18 Verfahren bei Gruppensanierungsplänen und Mängeln von Gruppensanierungsplänen, wenn die Aufsichtsbehörde nicht konsolidierende Aufsichtsbehörde ist. (1) [1]Erhält die Aufsichtsbehörde von der konsolidierenden Aufsichtsbehörde einen Gruppensanierungsplan, bemüht sie sich, nach Abstimmung mit den im relevanten Aufsichtskollegium vertretenen Aufsichtsbehörden und mit den Aufsichtsbehörden der bedeutenden Zweigstellen, soweit bedeutende Zweigstellen vom Gruppensanierungsplan betroffen sind, innerhalb von vier Monaten mit der konsolidierenden Aufsichtsbehörde und den anderen betroffenen Aufsichtsbehörden eine gemeinsame Entscheidung zu treffen über

1. die Bewertung des Gruppensanierungsplans,
2. die Notwendigkeit der Erstellung eines Sanierungsplans auf Einzelbasis für Institute, die Teil der Gruppe sind, und

3. die Anwendung der Maßnahmen nach § 16.

[2]Die Aufsichtsbehörde kann die Europäische Bankenaufsichtsbehörde gemäß Artikel 31 der Verordnung (EU) Nr. 1093/2010 um Unterstützung bei der Erzielung einer Einigung ersuchen. [3]Soweit einzelne betroffene Aufsichtsbehörden einer gemeinsamen Entscheidung nach Satz 1 nicht zustimmen, kann die Aufsichtsbehörde mit den übrigen betroffenen Aufsichtsbehörden eine gemeinsame Entscheidung treffen.

(2) Die Aufsichtsbehörde trifft die Entscheidung allein, wenn innerhalb von vier Monaten keine gemeinsame Entscheidung der Aufsichtsbehörden nach Absatz 1 vorliegt über

1. die Notwendigkeit der Erstellung eines Einzelsanierungsplans gemäß Absatz 1 Satz 1 Nummer 2 für ein inländisches Institut oder
2. die Anwendung der Maßnahmen nach § 16 auf Ebene des deutschen Tochterunternehmens.

(3) [1]Die Aufsichtsbehörde trifft ihre Entscheidung im Einklang mit dem Beschluss der Europäischen Bankenaufsichtsbehörde, sofern bis zum Ablauf der Viermonatsfrist die konsolidierende Aufsichtsbehörde oder eine der betroffenen Aufsichtsbehörden gemäß Artikel 19 Absatz 3 der Verordnung (EU) Nr. 1093/2010 die Europäische Bankenaufsichtsbehörde mit einer der in Absatz 2 Nummer 2 genannten Angelegenheiten, soweit Maßnahmen nach § 16 Absatz 5 Satz 1 Nummer 1, 2 und 4 betroffen sind, befasst hat. [2]Fasst die Europäische Bankenaufsichtsbehörde innerhalb eines Monats keinen Beschluss, gilt Absatz 2 entsprechend.

(4) Soweit eine gemeinsame Entscheidung gemäß Absatz 1 nicht zustande kommt, legt die Aufsichtsbehörde die durch die konsolidierende Aufsichtsbehörde oder die anderen betroffenen Aufsichtsbehörden im Rahmen ihrer jeweiligen Zuständigkeit getroffenen Entscheidungen als bindend zugrunde.

§ 19 Vereinfachte Anforderungen. (1) Die Aufsichtsbehörde kann die Anforderungen nach den §§ 12 bis 18 in Abstimmung mit der Deutschen Bundesbank beschränken in Bezug auf

1. den Inhalt und den Detaillierungsgrad der zu erstellenden Sanierungspläne,
2. die Frist, innerhalb der Sanierungspläne aufzustellen oder zu aktualisieren sind, oder
3. den Inhalt und den Detaillierungsgrad der von den Instituten im Zusammenhang mit der Sanierungs- oder Abwicklungsplanung zur Verfügung zu stellenden Informationen.

(2) [1]Bei der Festlegung vereinfachter Anforderungen berücksichtigt die Aufsichtsbehörde

1. die Auswirkungen, die der Ausfall eines Instituts abhängig von der Größe des Instituts, der Art, dem Umfang und der Komplexität der Geschäftsaktivitäten, von der Eigentümerstruktur, von der Rechtsform, dem Risikoprofil und der Vernetztheit und von der Mitgliedschaft in einem institutsbezogenen Sicherungssystem hätte, insbesondere, ob das Institut potentiell systemrelevant im Sinne des § 12 des Kreditwesengesetzes[1] ist, und

---

[1] Nr. 9.

2. ob eine Liquidation in einem Insolvenzverfahren negative Auswirkungen auf die Finanzmärkte, auf andere Unternehmen der Finanzbranche einschließlich deren Refinanzierung oder auf die Realwirtschaft haben kann.

[2] Hinsichtlich der Kriterien, die einer Beurteilung der Auswirkungen nach Satz 1 Nummer 1 und 2 zugrunde zu legen sind, wird auf die Delegierte Verordnung (EU) 2019/348 der Kommission vom 25. Oktober 2018 zur Ergänzung der Richtlinie 2014/59/EU des Europäischen Parlaments und des Rates durch technische Regulierungsstandards zur Festlegung der Kriterien, anhand deren die Auswirkungen eines Institutsausfalls auf die Finanzmärkte, auf andere Institute und auf die Finanzierungsbedingungen zu bewerten sind (ABl. L 63 vom 4.3.2019, S. 1), verwiesen.

(3) Die Aufsichtsbehörde unterrichtet die Europäische Bankenaufsichtsbehörde darüber, wie sie Artikel 4 Absatz 1 und 8 bis 10 der Richtlinie 2014/59/EU umsetzt und anwendet.

(4) [1] Das Bundesministerium der Finanzen wird ermächtigt, durch Rechtsverordnung, die nicht der Zustimmung des Bundesrates bedarf, im Benehmen mit der Deutschen Bundesbank nähere Bestimmungen zu erlassen zur Einreichung der Sanierungspläne, für die vereinfachte Anforderungen gemäß Absatz 1 festgelegt wurden und die gemäß § 12 Absatz 3 Satz 3 bei der Aufsichtsbehörde und der Deutschen Bundesbank einzureichen sind. [2] Dies umfasst insbesondere Bestimmungen zu Inhalt, Art, Umfang und Form der Angaben in den Sanierungsplänen, zur Häufigkeit ihrer Einreichung und zu den zulässigen Datenträgern, Datenformaten, Übertragungswegen und Adressaten. [3] Das Bundesministerium der Finanzen kann die Ermächtigung durch Rechtsverordnung auf die Bundesanstalt für Finanzdienstleistungsaufsicht mit der Maßgabe übertragen, dass die Rechtsverordnung im Einvernehmen mit der Deutschen Bundesbank ergeht.

§ 20 Befreiung von Instituten, die institutsbezogenen Sicherungssystemen angehören. (1) [1] Die Aufsichtsbehörde kann ein Institut, das einem institutsbezogenen Sicherungssystem angehört, in Abstimmung mit der Deutschen Bundesbank auf Antrag von den Anforderungen der §§ 12 bis 18 dieses Gesetzes befreien. [2] Satz 1 gilt nicht für die Pflicht zur Erstellung eines Einzelsanierungsplans, wenn

1. das Institut potentiell systemrelevant im Sinne des § 12 des Kreditwesengesetzes[1] ist,
2. das Institut nach Artikel 6 Absatz 4 der Verordnung (EU) Nr. 1024/2013[2] des Rates vom 15. Oktober 2013 zur Übertragung besonderer Aufgaben im Zusammenhang mit der Aufsicht über Kreditinstitute auf die Europäische Zentralbank (ABl. L 287 vom 29.10.2013, S. 93) der Aufsicht der Europäischen Zentralbank unterliegt,
3. der Gesamtwert der Aktiva des Instituts 30 Milliarden Euro übersteigt oder
4. das Verhältnis der gesamten Aktiva des Instituts zum Bruttoinlandsprodukt 20 Prozent übersteigt, es sei denn, der Gesamtwert der Aktiva des Instituts liegt unter 5 Milliarden Euro.

---

[1] Nr. **9**.
[2] Nr. **5**.

[3] Satz 2 gilt entsprechend für die Befreiung von der Pflicht zur Erstellung eines Gruppensanierungsplans.

(2) [1] Dem Antrag nach Absatz 1 sind geeignete Unterlagen beizufügen, die nachweisen, dass die Voraussetzungen für eine Freistellung vorliegen. [2] Der Antrag bedarf der Zustimmung des institutsbezogenen Sicherungssystems. [3] Der Antrag kann gesammelt durch das institutsbezogene Sicherungssystem erfolgen. [4] Der Sammelantrag nach Satz 3 hat die Erklärung zu enthalten, dass die Zustimmung der vom Sammelantrag umfassten Institute zum Befreiungsantrag vorliegt.

(3) [1] Auf Anforderung der Aufsichtsbehörde hat der Antragsteller nachzuweisen, dass die Voraussetzungen der Befreiung noch vorliegen. [2] Liegen die Voraussetzungen der Befreiung nicht mehr vor, kann die Aufsichtsbehörde die Befreiung jederzeit widerrufen.

(4) Das institutsbezogene Sicherungssystem hat die Anforderungen der §§ 12 bis 18 für die dem institutsbezogenen Sicherungssystem angehörigen Institute, die von der Befreiung betroffen sind, gegebenenfalls nach Maßgabe des § 19 zu erfüllen.

§ 21 Vertraulichkeitspflicht der Institute und gruppenangehörigen Unternehmen. Institute und gruppenangehörige Unternehmen sind verpflichtet, Sanierungspläne und Gruppensanierungspläne vertraulich zu behandeln; sie dürfen die Sanierungspläne oder Gruppensanierungspläne nur an diejenigen Dritten weitergeben, die an der Erstellung und Umsetzung des Sanierungsplans oder Gruppensanierungsplans beteiligt sind.

§ 21a Verordnungsermächtigung. (1) [1] Das Bundesministerium der Finanzen wird ermächtigt, durch Rechtsverordnung ohne Zustimmung des Bundesrates im Benehmen mit der Deutschen Bundesbank nähere Bestimmungen zu erlassen über

1. die Anforderungen an die Ausgestaltung von Sanierungsplänen, insbesondere nähere Bestimmungen zu den in § 13 Absatz 2 genannten wesentlichen Bestandteilen des Sanierungsplans, jeweils auch unter Berücksichtigung besonderer Geschäftsmodelle und besonderer Geschäftsaktivitäten von Instituten,
2. den Inhalt von vereinfachten Anforderungen an Sanierungspläne gemäß § 19 Absatz 1 und
3. die Anforderungen nach § 20, insbesondere
   a) zum Antrag auf Befreiung,
   b) zu den vom Institut und vom institutsbezogenen Sicherungssystem zu erfüllenden Voraussetzungen der Befreiung und
   c) zum Inhalt von Sanierungsplänen, die im Falle einer Befreiung gemäß § 20 vom jeweiligen institutsbezogenen Sicherungssystem zu erstellen sind.

[2] Das Bundesministerium der Finanzen kann die Ermächtigung durch Rechtsverordnung auf die Bundesanstalt für Finanzdienstleistungsaufsicht mit der Maßgabe übertragen, dass die Rechtsverordnung im Einvernehmen mit der Deutschen Bundesbank ergeht. [3] Vor Erlass der Rechtsverordnung ist die Abwicklungsbehörde anzuhören.

(2) [1] Das Bundesministerium der Finanzen wird ermächtigt, durch Rechtsverordnung ohne Zustimmung des Bundesrates im Benehmen mit der Deutschen Bundesbank nähere Bestimmungen zu erlassen zu den in § 19 Absatz 2 genannten Kriterien für die Festlegung vereinfachter Anforderungen. [2] Das Bundesministerium der Finanzen kann die Ermächtigung durch Rechtsverordnung ohne Zustimmung des Bundesrates auf die Bundesanstalt für Finanzdienstleistungsaufsicht mit der Maßgabe übertragen, dass die Rechtsverordnung im Einvernehmen mit der Deutschen Bundesbank und im Benehmen mit der Abwicklungsbehörde ergeht.

Kapitel 2. Gruppeninterne finanzielle Unterstützung

§ 22 Vereinbarung über gruppeninterne finanzielle Unterstützung.

(1) Eine Vereinbarung über gruppeninterne finanzielle Unterstützung im Sinne dieses Gesetzes ist eine Vereinbarung über die einseitige oder wechselseitige Gewährung gruppeninterner finanzieller Unterstützung, die abgeschlossen wird

1. zwischen dem übergeordneten Unternehmen und gruppenangehörigen Instituten oder Finanzinstituten, die jeweils in die Beaufsichtigung auf konsolidierter Basis des übergeordneten Unternehmens einbezogen sind und von denen mindestens ein Institut oder Finanzinstitut seinen Sitz in einem anderen Mitgliedstaat hat,
2. für den Fall, dass bei mindestens einem an der Vereinbarung beteiligten Institut oder Finanzinstitut die Voraussetzungen für ein frühzeitiges Eingreifen gemäß § 36 Absatz 1 eintreten sollten.

(2) Die Gewährung finanzieller Unterstützung an ein Unternehmen der Gruppe, bei dem die Voraussetzungen für ein frühzeitiges Eingreifen gemäß § 36 Absatz 1 vorliegen, setzt keine Vereinbarung über gruppeninterne finanzielle Unterstützung voraus, wenn die Unterstützung auf der Grundlage einer Einzelfallenscheidung im Einklang mit den Konzernrichtlinien gewährt wird und kein Risiko für die Gruppe insgesamt begründet wird.

(3) [1] Auf Verträge, welche nicht auf den Zweck des Absatzes 1 Nummer 2 gerichtet sind, insbesondere Verträge des normalen Geschäftsgangs, finden die Regelungen der §§ 22 bis 35 keine Anwendung. [2] Die Befugnis der Aufsichtsbehörde gemäß § 46 Absatz 1 Satz 2 in Verbindung mit Satz 1 des Kreditwesengesetzes[1)] bleibt für Zahlungen, die weder auf der Grundlage einer Vereinbarung über gruppeninterne finanzielle Unterstützung nach Absatz 1 erfolgen noch die Voraussetzungen für die Gewährung finanzieller Unterstützung nach Absatz 2 erfüllen, unberührt.

§ 23 Zulässigkeit und Inhalt einer Vereinbarung über gruppeninterne finanzielle Unterstützung. (1) Die Partei einer Vereinbarung über gruppeninterne finanzielle Unterstützung darf weder von anderen gruppenangehörigen Unternehmen einschließlich dem übergeordneten Unternehmen noch von Dritten zum Abschluss bestimmt werden.

(2) Die Parteien können eine Vereinbarung über gruppeninterne finanzielle Unterstützung nicht abschließen, wenn im Zeitpunkt des Vertragsschlusses

1) Nr. **9**.

bereits bei mindestens einer Partei der Vereinbarung die Voraussetzungen für ein frühzeitiges Eingreifen gemäß § 36 Absatz 1 vorliegen.

(3) In einer Vereinbarung über gruppeninterne finanzielle Unterstützung können jeweils einzeln oder nebeneinander folgende Leistungen zur Unterstützung vereinbart werden:

1. Darlehen oder
2. Sicherheiten zur Absicherung von Verbindlichkeiten der die Unterstützung empfangenden Partei in Form von Personalsicherheiten oder der Bereitstellung von Vermögenswerten.

(4) In einer Vereinbarung über gruppeninterne finanzielle Unterstützung ist festzulegen,

1. dass die die Unterstützung empfangende Partei eine Gegenleistung zu erbringen hat und
2. nach welchen Grundsätzen die Gegenleistung im Zeitpunkt der Gewährung der finanziellen Unterstützung festzulegen und zu berechnen ist.

(5) Die Vereinbarung über gruppeninterne finanzielle Unterstützung einschließlich der Grundsätze zur Berechnung der Gegenleistung muss folgenden Prinzipien entsprechen:

1. die Voraussetzungen für die Gewährung gruppeninterner finanzieller Unterstützung müssen zumindest den in § 30 geregelten Voraussetzungen entsprechen;
2. bei Abschluss der Vereinbarung und bei Berechnung der Gegenleistung für die Gewährung der finanziellen Unterstützung handelt jede Partei in ihrem eigenen Interesse; dabei können direkte und indirekte Vorteile berücksichtigt werden, die einer Partei auf Grund der Gewährung einer finanziellen Unterstützung zugutekommen;
3. jede Partei, die eine finanzielle Unterstützung gewährt, erhält vor der Entscheidung, eine finanzielle Unterstützung zu gewähren, und vor der Berechnung der hierfür zu erbringenden Gegenleistung Zugang zu allen relevanten Informationen über die die Unterstützung empfangende Partei;
4. bei der Berechnung der Gegenleistung für die Gewährung finanzieller Unterstützung können auch Informationen berücksichtigt werden, die sich auf Grund der Gruppenzugehörigkeit im Besitz der die Unterstützung gewährenden Partei befinden und dem Markt nicht bekannt sind;
5. bei der Berechnung der Gegenleistung für die Gewährung finanzieller Unterstützung muss nicht jede Auswirkung auf Markpreise berücksichtigt werden, die voraussichtlich vorübergehend ist und sich aus Umständen außerhalb der Gruppe ergibt.

§ 24 Abtretungsverbot. [1]Forderungen und andere Rechte aus einer Vereinbarung über gruppeninterne finanzielle Unterstützung können nicht abgetreten werden. [2]Dritte können keine Rechte aus einer Vereinbarung über gruppeninterne finanzielle Unterstützung herleiten.

§ 25 Genehmigungserfordernis. Eine Vereinbarung über gruppeninterne finanzielle Unterstützung darf nur mit vorheriger Genehmigung der zuständigen Aufsichtsbehörde auf Antrag des übergeordneten Unternehmens der Gruppe abgeschlossen werden.

§ 26 Genehmigungsverfahren bei übergeordnetem Unternehmen mit Sitz im Inland. (1) [1]Hat das übergeordnete Unternehmen seinen Sitz im Inland, hat es den Antrag auf Genehmigung des geplanten Abschlusses der Vereinbarung über gruppeninterne finanzielle Unterstützung bei der Aufsichtsbehörde zu stellen. [2]Dem Antrag ist die geplante Vereinbarung beizufügen.

(2) Die Aufsichtsbehörde leitet den Antrag unverzüglich an die Aufsichtsbehörden weiter, die für die nachgeordneten Unternehmen in anderen Mitgliedstaaten, die Parteien der Vereinbarung über gruppeninterne finanzielle Unterstützung zu werden beabsichtigen, zuständig sind.

(3) [1]Die Aufsichtsbehörde und die betroffenen Aufsichtsbehörden in den anderen Mitgliedstaaten sollen innerhalb von vier Monaten nach Eingang eines vollständigen Antrages nach Absatz 1 einvernehmlich entscheiden, ob die Bedingungen der geplanten Vereinbarung die Anforderungen gemäß § 23 Absatz 5 oder gemäß den in Umsetzung der Artikel 19 und 23 der Richtlinie 2014/59/EU erlassenen Vorschriften in anderen Mitgliedstaaten erfüllen. [2]Bei der Entscheidung sind die potentiellen Auswirkungen der Durchführung der Vereinbarung in allen Mitgliedstaaten, in denen die Gruppe tätig ist, einschließlich der steuerlichen Konsequenzen zu berücksichtigen. [3]Auf Antrag einer der für die einvernehmliche Entscheidung zuständigen Aufsichtsbehörden kann die Europäische Bankenaufsichtsbehörde die Aufsichtsbehörden gemäß Artikel 31 der Verordnung (EU) Nr. 1093/2010 bei der Erreichung einer Einigung unterstützen. [4]Die einvernehmliche Entscheidung ist schriftlich zu begründen.

(4) Hat eine der für die einvernehmliche Entscheidung gemäß Absatz 3 zuständigen Aufsichtsbehörden vor Erreichen einer einvernehmlichen Entscheidung und vor dem Ablauf der viermonatigen Frist nach Absatz 3 Satz 1 nach Maßgabe des Artikels 19 der Verordnung (EU) Nr. 1093/2010 die Europäische Bankenaufsichtsbehörde um Hilfe ersucht, entscheidet die Aufsichtsbehörde in Übereinstimmung mit dem Beschluss der Europäischen Bankenaufsichtsbehörde.

(5) [1]Die Aufsichtsbehörde entscheidet unter Würdigung der Auffassungen und Vorbehalte, die von den betroffenen Aufsichtsbehörden in den anderen Mitgliedstaaten im Rahmen des Verfahrens nach Absatz 3 vorgebracht wurden, wenn die für die einvernehmliche Entscheidung zuständigen Aufsichtsbehörden bis zum Ablauf der viermonatigen Frist nach Absatz 3 Satz 1 weder einvernehmlich entschieden haben noch die Europäische Bankenaufsichtsbehörde nach Maßgabe des Artikels 19 der Verordnung (EU) Nr. 1093/2010 um Hilfe ersucht haben. [2]Die Aufsichtsbehörde teilt ihre Entscheidung den betroffenen Aufsichtsbehörden in den anderen Mitgliedstaaten mit.

(6) [1]Die Aufsichtsbehörde gibt dem Antrag des übergeordneten Unternehmens auf Genehmigung des Abschlusses der Vereinbarung statt, wenn nach Durchführung des Genehmigungsverfahrens nach Maßgabe der Absätze 3 bis 5 entschieden wird, dass die Vereinbarung über gruppeninterne finanzielle Unterstützung die Anforderungen des § 23 Absatz 5 erfüllt. [2]Liegen die Voraussetzungen für eine Genehmigung nicht vor, lehnt die Aufsichtsbehörde den Antrag ab. [3]Dem übergeordneten Unternehmen ist die schriftliche Begründung einer einvernehmlichen Entscheidung nach Absatz 3 Satz 4 zu übermitteln.

§ 27 Genehmigungsverfahren bei übergeordnetem Unternehmen mit Sitz in einem anderen Mitgliedstaat. (1) [1]Leitet die zuständige Aufsichtsbehörde mit Sitz in einem Mitgliedstaat an die Aufsichtsbehörde den Antrag eines übergeordneten Unternehmens mit Sitz in einem anderen Mitgliedstaat weiter, eine Vereinbarung über gruppeninterne finanzielle Unterstützung zu genehmigen, an der ein nachgeordnetes Unternehmen, das von der Aufsichtsbehörde beaufsichtigt wird, Partei zu werden beabsichtigt, hat die Aufsichtsbehörde innerhalb einer Frist von vier Monaten auf eine einvernehmliche Entscheidung aller betroffenen Aufsichtsbehörden hinzuwirken, ob die Vereinbarung über gruppeninterne finanzielle Unterstützung die Anforderungen von § 23 Absatz 5 erfüllt. [2] Dabei hat die Aufsichtsbehörde die potentiellen Auswirkungen der Durchführung der Vereinbarung in allen Mitgliedstaaten, in denen die Gruppe tätig ist, einschließlich der steuerlichen Konsequenzen zu berücksichtigen.

(2) Die Aufsichtsbehörde kann bis zum Ablauf der viermonatigen Frist nach Maßgabe des Artikels 19 der Verordnung (EU) Nr. 1093/2010 die Europäische Bankenaufsichtsbehörde um Hilfe ersuchen.

§ 28 Weiterleitung an die Abwicklungsbehörde. Die Aufsichtsbehörde leitet eine gemäß § 26 oder § 27 genehmigte Vereinbarung über gruppeninterne finanzielle Unterstützung an die Abwicklungsbehörde weiter.

§ 29 Einholung der Zustimmung der Anteilsinhaber; Berichtspflichten gegenüber den Anteilsinhabern. (1) [1] Eine Vereinbarung über gruppeninterne finanzielle Unterstützung wird nur im Verhältnis derjenigen Parteien wirksam, deren Anteilsinhaber der Vereinbarung zustimmen. [2] Falls die Anteilsinhaber ihre Entscheidungen auf Grund der Rechtsform des Instituts oder des Finanzinstituts in einer Versammlung treffen, tritt die Zustimmung der Versammlung an die Stelle der Zustimmung der Anteilsinhaber.

(2) Die Geschäftsleitung jedes Unternehmens, das Partei einer Vereinbarung über gruppeninterne finanzielle Unterstützung ist, erstattet den Anteilsinhabern mindestens jährlich Bericht über den Stand der Durchführung der Vereinbarung und die Umsetzung aller auf der Grundlage der Vereinbarung getroffenen Entscheidungen.

§ 30 Voraussetzungen für die Gewährung gruppeninterner finanzieller Unterstützung; Verordnungsermächtigung. (1) Eine finanzielle Unterstützung in Durchführung einer Vereinbarung über gruppeninterne finanzielle Unterstützung darf von einem Unternehmen der Gruppe nach Maßgabe der §§ 31 und 32 nur unter folgenden Voraussetzungen gewährt werden:

1. es bestehen begründete Aussichten, dass die finanziellen Schwierigkeiten des Unternehmens der Gruppe, welches Empfänger der Unterstützung ist, durch die gewährte Unterstützung in wesentlichem Umfang behoben werden;
2. die Gewährung der finanziellen Unterstützung
   a) bezweckt, die finanzielle Stabilität der Gruppe als Ganzes oder eines Unternehmens der Gruppe zu erhalten oder wiederherzustellen und
   b) liegt im Interesse des die finanzielle Unterstützung gewährenden Unternehmens der Gruppe;
3. es wird eine dem § 23 Absatz 5 entsprechende Gegenleistung festgelegt;
4. die Informationen, die der Geschäftsleitung des die finanzielle Unterstützung gewährenden Unternehmens der Gruppe bei Entscheidung über die Gewährung einer finanziellen Unterstützung vorliegen, rechtfertigen die begründe-

te Erwartung, dass das die Unterstützung empfangende Unternehmen der Gruppe seine Verpflichtungen aus der Vereinbarung über gruppeninterne Unterstützung erfüllen wird;
5. die Gewährung der finanziellen Unterstützung gefährdet weder die Liquidität noch die Solvabilität des die Unterstützung gewährenden Unternehmens der Gruppe;
6. die Gewährung der finanziellen Unterstützung bewirkt insbesondere in dem Mitgliedstaat des die finanzielle Unterstützung gewährenden Unternehmens der Gruppe keine Bedrohung für die Finanzstabilität;
7. das die finanzielle Unterstützung gewährende Unternehmen der Gruppe
   a) erfüllt zum Zeitpunkt der Bereitstellung der Unterstützung die Anforderungen, die in Umsetzung der Richtlinie 2013/36/EU erlassen wurden, in Bezug
      aa) auf Eigenmittel oder Liquidität sowie sonstige gemäß Artikel 104 Absatz 2 der Richtlinie 2013/36/EU gestellte Anforderungen,
      bb) auf Großkredite, einschließlich jeglicher nationaler Rechtsvorschriften über die Ausübung der darin vorgesehenen Optionen;
   b) wird durch die Gewährung der finanziellen Unterstützung nicht dazu veranlasst, gegen die Anforderungen nach Buchstabe a zu verstoßen, es sei denn, die für die Beaufsichtigung des Unternehmens auf Einzelbasis zuständige Behörde hat dies genehmigt;
8. durch die Gewährung der finanziellen Unterstützung wird die Abwicklungsfähigkeit des die Unterstützung gewährenden Unternehmens der Gruppe nicht beeinträchtigt.

(2)[1)] [1] Das Bundesministerium der Finanzen wird ermächtigt, durch Rechtsverordnung, die nicht der Zustimmung des Bundesrates bedarf, nähere Bestimmungen über die in Absatz 1 Nummer 2, 4, 6 und 7 genannten Voraussetzungen zu erlassen. [2] Das Bundesministerium der Finanzen kann die Ermächtigung durch Rechtsverordnung auf die Bundesanstalt für Finanzdienstleistungsaufsicht mit der Maßgabe übertragen, dass vor Erlass der Rechtsverordnung nach Satz 1 die Abwicklungsbehörde anzuhören ist.

§ 31 Beschlüsse über Gewährung und Annahme einer finanziellen Unterstützung. (1) [1] Die Geschäftsleitung entscheidet über die beabsichtigte Gewährung einer gruppeninternen finanziellen Unterstützung nach Maßgabe der Vereinbarung über gruppeninterne finanzielle Unterstützung und der Entscheidung der Aufsichtsbehörde gemäß § 33 Absatz 1. [2] Die Gründe für die Gewährung sind von der Geschäftsleitung zu dokumentieren.

(2) Die Geschäftsleitung entscheidet über die Annahme einer gruppeninternen finanziellen Unterstützung.

§ 32 Anzeige der beabsichtigten Gewährung gruppeninterner finanzieller Unterstützung. (1) Hat die Geschäftsleitung eines gruppenangehörigen Unternehmens mit Sitz im Inland die Absicht, gruppeninterne finanzielle Unterstützung zu gewähren, so hat sie dies vor der Gewährung folgenden Behörden schriftlich anzuzeigen:

[1)] § 30 Abs. 2 ist bereits am 19.12.2014 in Kraft getreten; vgl. Art. 10 Abs. 3 G v. 10.12.2014 (BGBl. I S. 2091).

1. der Aufsichtsbehörde,
2. der konsolidierenden Aufsichtsbehörde,
3. der Aufsichtsbehörde des Unternehmens, das beabsichtigt, die finanzielle Unterstützung zu empfangen, und
4. der Europäischen Bankenaufsichtsbehörde.

(2) Die Anzeige nach Absatz 1 muss folgende Angaben enthalten:

1. den begründeten Beschluss der Geschäftsleitung,
2. detaillierte Angaben der beabsichtigten Gewährung finanzieller Unterstützung,
3. eine nachvollziehbare Darstellung der auf Grundlage der in der Vereinbarung über gruppeninterne finanzielle Unterstützung festgelegten Grundsätze zur Festlegung und Berechnung ermittelten Gegenleistung und
4. eine Kopie der Vereinbarung über gruppeninterne finanzielle Unterstützung.

(3) Ist die Aufsichtsbehörde zugleich die konsolidierende Aufsichtsbehörde des Unternehmens, das die Absicht der Gewährung finanzieller Unterstützung anzeigt, informiert sie die übrigen Mitglieder des Aufsichtskollegiums sowie die Mitglieder des Abwicklungskollegiums unverzüglich über die angezeigte Absicht.

§ 33 Entscheidung der Aufsichtsbehörde über die Gewährung gruppeninterner finanzieller Unterstützung durch ein Unternehmen mit Sitz im Inland. (1) [1] Die Aufsichtsbehörde kann der Gewährung der finanziellen Unterstützung innerhalb von fünf Werktagen nach Eingang der vollständigen Anzeige gemäß § 32 Absatz 1 zustimmen oder diese untersagen oder beschränken, wenn die Voraussetzungen für die Gewährung einer finanziellen Unterstützung gemäß § 30 im Zeitpunkt der Gewährung nicht erfüllt sind. [2] Die Entscheidung, die finanzielle Unterstützung zu untersagen oder zu beschränken, ist zu begründen.

(2) [1] Die Entscheidung der Aufsichtsbehörde, der Gewährung der finanziellen Unterstützung zuzustimmen, diese zu untersagen oder zu beschränken, ist unverzüglich der Aufsichtsbehörde des Unternehmens, dem die finanzielle Unterstützung gewährt werden soll, der Europäischen Bankenaufsichtsbehörde und, wenn die Aufsichtsbehörde nicht zugleich die konsolidierende Aufsichtsbehörde ist, auch dieser unverzüglich anzuzeigen. [2] Ist die Aufsichtsbehörde zugleich die konsolidierende Aufsichtsbehörde, informiert sie die übrigen Mitglieder des Aufsichtskollegiums sowie die Mitglieder des Abwicklungskollegiums unverzüglich über die Entscheidung.

(3) Macht die Aufsichtsbehörde nach Zugang einer ordnungsgemäßen Anzeige nach § 32 Absatz 1 nicht innerhalb der in Absatz 1 Satz 1 bestimmten Frist von ihrer Befugnis zur Untersagung oder Beschränkung der Gewährung finanzieller Unterstützungsleistung Gebrauch oder stimmt sie der Gewährung innerhalb der in Absatz 1 Satz 1 bestimmten Frist zu, kann die Vereinbarung gemäß den angezeigten Angaben vollzogen werden.

§ 34 Beteiligung der Aufsichtsbehörde bei der Entscheidung über die Gewährung gruppeninterner finanzieller Unterstützung durch ein Unternehmen mit Sitz in einem anderen Mitgliedstaat. (1) Untersagt oder beschränkt eine Aufsichtsbehörde mit Sitz in einem anderen Mitgliedstaat die Gewährung finanzieller Unterstützung an ein Unternehmen der Gruppe mit

Sitz im Inland, das von der Aufsichtsbehörde beaufsichtigt wird, oder an ein Unternehmen innerhalb einer Gruppe, die der konsolidierenden Aufsicht der Aufsichtsbehörde unterliegt, und hat die Aufsichtsbehörde Einwände gegen die Untersagung oder Beschränkung der Gewährung finanzieller Unterstützung, kann die Aufsichtsbehörde innerhalb von zwei Kalendertagen nach Mitteilung der Entscheidung durch die betroffene Aufsichtsbehörde die Europäische Bankenaufsichtsbehörde mit der Angelegenheit befassen und ihre Unterstützung gemäß Artikel 31 der Verordnung (EU) Nr. 1093/2010 beantragen.

(2) Untersagt oder beschränkt eine Aufsichtsbehörde mit Sitz in einem anderen Mitgliedstaat die Gewährung finanzieller Unterstützung an ein gruppenangehöriges Unternehmen mit Sitz im Inland, das von der Aufsichtsbehörde beaufsichtigt wird und dessen Gruppensanierungsplan gemäß Artikel 7 Absatz 5 der Richtlinie 2014/59/EU Angaben zu getroffenen Vereinbarungen über gruppeninterne finanzielle Unterstützung enthält, so kann die Aufsichtsbehörde bei der konsolidierenden Aufsichtsbehörde beantragen, eine Neubewertung des Gruppensanierungsplans gemäß Artikel 8 der Richtlinie 2014/59/EU einzuleiten oder, wenn der Sanierungsplan auf Ebene des Einzelunternehmens erstellt wird, von diesem die Übersendung eines aktualisierten Sanierungsplans verlangen.

§ 35 Offenlegungspflichten. (1) [1]Jedes Unternehmen einer Gruppe hat offenzulegen, ob es Partei einer Vereinbarung über gruppeninterne finanzielle Unterstützung ist. [2]Jede Partei einer Vereinbarung über gruppeninterne finanzielle Unterstützung hat darüber hinaus die allgemeinen Bedingungen der Vereinbarung sowie die Namen der beteiligten Unternehmen der Gruppe offenzulegen. [3]Die nach den Sätzen 1 und 2 offenzulegenden Angaben sind mindestens einmal jährlich zu aktualisieren.

(2) Die Vorschriften der Artikel 431 bis 434 der Verordnung (EU) Nr. 575/2013[1)] sind anzuwenden.

Kapitel 3. Frühzeitiges Eingreifen

§ 36 Frühinterventionsmaßnahmen; Verordnungsermächtigung.

(1) [1]Verschlechtert sich die Finanzlage eines Instituts, insbesondere auf Grund seiner Liquiditätssituation, auf Grund seiner Fremdkapitalquote oder auf Grund von Kreditausfällen oder Klumpenrisiken, signifikant und verstößt ein Institut hierdurch gegen die Anforderungen der Verordnung (EU) Nr. 575/2013[1)], gegen Vorschriften des Kreditwesengesetzes[2)] oder einen der Artikel 3 bis 7, 14 bis 17 und 24, 25 und 26 der Verordnung (EU) Nr. 600/2014 des Europäischen Parlaments und des Rates vom 15. Mai 2014 über Märkte für Finanzinstrumente und zur Änderung der Verordnung (EU) Nr. 648/2012 (ABl. L 173 vom 12.6.2014, S. 84), kann die Aufsichtsbehörde, unbeschadet ihrer Befugnisse nach dem Kreditwesengesetz, gegenüber dem Institut Maßnahmen anordnen, die geeignet und erforderlich sind, um die signifikant verschlechterte wirtschaftliche Situation des Instituts zu verbessern. [2]Gleiches gilt, wenn dem Institut nach einer Bewertung der maßgeblichen Umstände, einschließlich der Eigenmittelanforderungen des Instituts zuzüglich 1,5 Prozent-

[1)] Nr. **6**.
[2)] Nr. **9**.

punkten, in naher Zukunft eine Verschlechterung seiner Finanzlage nach Satz 1 droht. [3] Insbesondere kann die Aufsichtsbehörde

1. von der Geschäftsleitung des Instituts verlangen,
   a) den Sanierungsplan gemäß § 12 Absatz 4 zu aktualisieren, wenn sich die Umstände, die zur Erfüllung oder zur drohenden Erfüllung der in Satz 1 genannten Voraussetzungen geführt haben, von den Annahmen im Sanierungsplan unterscheiden;
   b) eine oder mehrere der im Sanierungsplan genannten Handlungsoptionen umzusetzen;
   c) eine Analyse der Situation vorzunehmen und einen Plan zur Überwindung bestehender Probleme einschließlich eines Zeitplans zu erstellen;
   d) einen Plan für Verhandlungen über eine Umschuldung mit einigen oder allen Gläubigern zu erstellen;
   e) die Geschäftsstrategie sowie die rechtlichen und operativen Strukturen zu ändern;
   f) der Aufsichtsbehörde und der Abwicklungsbehörde, auch im Rahmen einer Prüfung vor Ort, Zugang zu allen Informationen zu gewähren, die zur Aktualisierung des Abwicklungsplans, zur Vorbereitung der Abwicklung des Instituts und zur Bewertung der Vermögenswerte und Verbindlichkeiten des Instituts für Abwicklungszwecke erforderlich sind; § 78 Absatz 2 gilt entsprechend;
   g) eine Versammlung der Anteilsinhaber mit einer von der Aufsichtsbehörde vorgegebenen Tagesordnung einzuberufen; kommt die Geschäftsleitung dem nicht nach, so kann die Aufsichtsbehörde die Einberufung, einschließlich der erforderlichen Bekanntmachungen, Einladungen, Veröffentlichungen und sonstigen Handlungen, anstelle der Geschäftsleitung mit gleicher Wirkung selbst vornehmen;
2. vom Institut verlangen, dass eines oder mehrere der Mitglieder der Geschäftsleitung und des Aufsichts- oder Verwaltungsorgans des Instituts abberufen werden, sofern sie gemäß den Vorschriften des Kreditwesengesetzes für die Erfüllung ihrer Aufgaben nicht geeignet sind.

(2) Die Aufsichtsbehörde hat die zuständigen Abwicklungsbehörden unverzüglich über die Maßnahmen zu unterrichten.

(3) Absatz 1 steht der Verpflichtung des Instituts zur Einhaltung der Beteiligungsrechte nach dem Betriebsverfassungsgesetz nicht entgegen; die Pflicht des Instituts, der Anordnung binnen der von der Aufsichtsbehörde gesetzten Frist in vollem Umfang nachzukommen, bleibt hiervon unberührt.

(4)[1)] [1] Das Bundesministerium der Finanzen wird ermächtigt, durch Rechtsverordnung, die nicht der Zustimmung des Bundesrates bedarf, nähere Bestimmungen bezüglich der Umstände zu treffen, auf Grund derer auf einen in naher Zukunft drohenden Verstoß nach Absatz 1 Satz 2 geschlossen werden kann. [2] Das Bundesministerium der Finanzen kann die Ermächtigung durch Rechtsverordnung auf die Bundesanstalt für Finanzdienstleistungsaufsicht mit der Maßgabe übertragen, dass die Rechtsverordnung im Benehmen mit der Abwicklungsbehörde ergeht.

[1)] § 36 Abs. 4 ist bereits am 19.12.2014 in Kraft getreten; vgl. Art. 10 Abs. 3 G v. 10.12.2014 (BGBl. I S. 2091).

(5) [1] In der Satzung eines Instituts in der Rechtsform der Aktiengesellschaft kann vorgesehen werden, dass eine Hauptversammlung, deren Tagesordnung allein oder neben anderen Gegenständen die Beschlussfassung über eine Kapitalerhöhung enthält, abweichend von § 123 Absatz 1 Satz 1 des Aktiengesetzes mindestens zehn Tage vor der Hauptversammlung einzuberufen ist, wenn

1. die Voraussetzungen für ein aufsichtsbehördliches Tätigwerden nach Absatz 1 Satz 1 oder Satz 2 erfüllt sind und
2. eine Kapitalerhöhung erforderlich ist, um zu verhindern, dass die Abwicklungsvoraussetzungen im Sinne von § 62 eintreten.

[2] Der Beschluss der Hauptversammlung zu einer entsprechenden Änderung der Satzung bedarf der Mehrheit von zwei Dritteln der abgegebenen Stimmen.

(6) [1] Bei der Ermittlung der Mindestfrist ist der Tag der Einberufung nicht mitzurechnen. [2] § 121 Absatz 7 des Aktiengesetzes gilt entsprechend. [3] Sieht die Satzung vor, dass die Frist des § 123 Absatz 1 Satz 1 des Aktiengesetzes unterschritten werden kann, und wird davon Gebrauch gemacht, so müssen zwischen Anmeldung und Versammlung mindestens drei Tage liegen und sind Mitteilungen nach § 125 Absatz 1 Satz 1 des Aktiengesetzes unverzüglich zu machen; § 121 Absatz 7, § 123 Absatz 2 Satz 4 und § 125 Absatz 1 Satz 2 des Aktiengesetzes gelten entsprechend. [4] § 122 Absatz 2 Satz 3 des Aktiengesetzes findet mit der Maßgabe Anwendung, dass das Verlangen der Gesellschaft mindestens sechs Tage vor der Versammlung zugehen muss. [5] Die Gesellschaft hat den Aktionären die Erteilung von Stimmrechtsvollmachten, soweit nach Gesetz und Satzung möglich, zu erleichtern. [6] Mitteilungen an die Aktionäre und fristgerecht eingereichte Anträge von Aktionären sind allen Aktionären zugänglich und in Kurzfassung bekannt zu machen. [7] Die Zusendung von Mitteilungen kann unterbleiben, wenn zur Überzeugung des Vorstands mit Zustimmung des Aufsichtsrats der rechtzeitige Eingang bei den Aktionären nicht wahrscheinlich ist.

(7) [1] Ein Beschluss der Hauptversammlung über eine Kapitalerhöhung im Sinne des Absatzes 5 ist unverzüglich zur Eintragung in das Handelsregister anzumelden. [2] Er ist, sofern er nicht offensichtlich nichtig ist, unverzüglich in das Handelsregister einzutragen. [3] Klagen oder Anträge auf Erlass von Entscheidungen im einstweiligen Anordnungsverfahren stehen seiner Eintragung nicht entgegen. [4] § 246a Absatz 4 des Aktiengesetzes gilt entsprechend.

(8) Die Absätze 1 bis 7 sind auf übergeordnete Unternehmen im Sinne des § 10a des Kreditwesengesetzes sowie auf Institute, die nach Artikel 22 der Verordnung (EU) Nr. 575/2013 zur Teilkonsolidierung verpflichtet sind, entsprechend anzuwenden, wenn auf konsolidierter Ebene gegen die Anforderungen des Absatzes 1 Satz 1 verstoßen wird oder ein solcher Verstoß in naher Zukunft droht.

§ 37 Abberufung der Geschäftsleitung. (1) [1] Sind die Maßnahmen nach § 36 nicht ausreichend, die signifikante Verschlechterung der wirtschaftlichen Situation des Instituts zu verbessern und die Verstöße gegen die in § 36 Absatz 1 genannten Rechtsvorschriften zu beseitigen, kann die Aufsichtsbehörde gegenüber dem Institut die Abberufung einzelner oder aller Geschäftsleiter oder Mitglieder des Aufsichts- oder Verwaltungsorgans anordnen. [2] Die Bestellung der neuen Geschäftsleiter oder Mitglieder des Aufsichts- oder Verwaltungsorgans durch das Institut bedarf der Zustimmung der Aufsichtsbehörde.

(2) Befugnisse der Aufsichtsbehörde nach dem Kreditwesengesetz[1] bleiben unberührt.

§ 38 Vorläufiger Verwalter. (1) [1] Wäre eine Maßnahme nach § 37 nicht ausreichend, die signifikant verschlechterte wirtschaftliche Situation des Instituts zu verbessern, kann die Aufsichtsbehörde einen Verwalter für das Institut bestellen, der vorübergehend entweder die Geschäftsleitung und das Aufsichts- oder Verwaltungsorgan des Instituts ablöst oder mit ihnen zusammenarbeitet (vorläufiger Verwalter). [2] Der vorläufige Verwalter muss über die für die Ausübung seiner Funktionen erforderlichen Qualifikationen, Fähigkeiten und Kenntnisse verfügen. [3] Bei ihm dürfen keine Interessenkonflikte gegeben sein. [4] Insbesondere muss er von Gläubigern und dem Institut unabhängig sein. [5] Die Aufgaben und Befugnisse des vorläufigen Verwalters sind von der Aufsichtsbehörde festzulegen, wobei die Befugnis zur Einberufung einer Versammlung der Anteilsinhaber und die Festlegung der Tagesordnung nur mit vorheriger Zustimmung der Aufsichtsbehörde ausgeübt werden darf. [6] Die Übertragung von Aufgaben und Befugnissen eines Geschäftsleiters und des Aufsichts- oder Verwaltungsorgans auf einen vorläufigen Verwalter sowie die Aufhebung der Übertragung sind von Amts wegen im Register einzutragen.

(2) Die Aufsichtsbehörde kann für ein Institut auch mehrere vorläufige Verwalter nach Absatz 1 bestellen.

(3) Der vorläufige Verwalter hat der Aufsichtsbehörde in festgelegten Abständen über seine Tätigkeit zu berichten.

(4) [1] Der vorläufige Verwalter wird für einen Zeitraum von maximal einem Jahr bestellt. [2] Dieser Zeitraum kann ausnahmsweise verlängert werden, wenn die Voraussetzungen für die Bestellung eines vorläufigen Verwalters fortbestehen. [3] Die Aufsichtsbehörde kann den vorläufigen Verwalter jederzeit wieder abberufen.

(5) § 45c des Kreditwesengesetzes[1] bleibt unberührt.

§ 39 Koordinierung der Frühinterventionsmaßnahmen und Bestellung eines vorläufigen Verwalters bei Gruppen. (1) [1] Liegen bei einem EU-Mutterunternehmen, für das die Aufsichtsbehörde die konsolidierende Aufsichtsbehörde ist, die Voraussetzungen der §§ 36 oder 38 vor, so unterrichtet die konsolidierende Aufsichtsbehörde die Europäische Bankenaufsichtsbehörde und konsultiert die anderen Aufsichtsbehörden innerhalb des Aufsichtskollegiums. [2] Im Anschluss an die Unterrichtung und Konsultation entscheidet die konsolidierende Aufsichtsbehörde unter Berücksichtigung der Auswirkungen auf die Unternehmen der Gruppe in den anderen Mitgliedstaaten, ob in Bezug auf das EU-Mutterunternehmen eine Maßnahme nach den §§ 36 oder 38 angeordnet werden soll. [3] Ihre Entscheidung teilt sie den anderen Aufsichtsbehörden innerhalb des Aufsichtskollegiums und der Europäischen Bankenaufsichtsbehörde mit.

(2) [1] Liegen bei einem Tochterunternehmen eines EU-Mutterunternehmens, das von der Aufsichtsbehörde beaufsichtigt wird, die Voraussetzungen der §§ 36 oder 38 vor und beabsichtigt die Aufsichtsbehörde die Anordnung einer Maßnahme, so unterrichtet sie die Europäische Bankenaufsichtsbehörde und konsultiert die konsolidierende Aufsichtsbehörde im Hinblick auf deren

---

[1] Nr. **9**.

Bewertung der möglichen Auswirkungen auf die Gruppe oder auf Unternehmen der Gruppe in anderen Mitgliedstaaten. [2]Die Aufsichtsbehörde entscheidet unter Berücksichtigung der Bewertung durch die konsolidierende Aufsichtsbehörde über die Anordnung der Maßnahme. [3]Ist nach Ablauf von drei Kalendertagen keine Bewertung der konsolidierenden Aufsichtsbehörde eingegangen, so kann die Aufsichtsbehörde ohne deren Bewertung entscheiden. [4]Ihre Entscheidung teilt sie der konsolidierenden Aufsichtsbehörde und den anderen Aufsichtsbehörden innerhalb des Aufsichtskollegiums sowie der Europäischen Bankenaufsichtsbehörde mit.

(3) [1]Beabsichtigt die Aufsichtsbehörde die Anordnung einer Maßnahme nach den §§ 36 oder 38 bei einem Institut und beabsichtigt zugleich zumindest eine Aufsichtsbehörde in einem Mitgliedstaat die Anordnung einer Maßnahme nach den entsprechenden nationalen Bestimmungen in Umsetzung der Artikel 27 oder 29 der Richtlinie 2014/59/EU bei einem anderen Institut derselben Gruppe, wirkt die Aufsichtsbehörde an der gemeinsamen Bewertung der Frage mit, ob für alle betroffenen Institute derselbe vorläufige Verwalter bestellt wird oder ob die Anwendung von Frühinterventionsmaßnahmen im Interesse der Wiederherstellung der finanziellen Stabilität des betroffenen Instituts koordiniert wird. [2]Die Bewertung soll in Form einer schriftlichen und mit Gründen versehenen gemeinsamen Entscheidung ergehen, welche die Aufsichtsbehörde, sofern sie die konsolidierende Aufsichtsbehörde ist, dem EU-Mutterunternehmen übermittelt. [3]Die Aufsichtsbehörde kann die Europäische Bankenaufsichtsbehörde gemäß Artikel 31 der Verordnung (EU) Nr. 1093/2010 um Unterstützung bei der Erzielung einer Einigung ersuchen. [4]Liegt innerhalb von fünf Kalendertagen keine einvernehmliche Entscheidung der betroffenen Aufsichtsbehörden vor, entscheidet die Aufsichtsbehörde im Rahmen ihrer Zuständigkeit selbst über die Anordnung der Maßnahme.

(4) [1]Wird die Aufsichtsbehörde in den Fällen des Artikels 30 Absatz 1 oder 3 der Richtlinie 2014/59/EU von einer Entscheidung einer Aufsichtsbehörde eines Mitgliedstaats über Frühinterventionsmaßnahmen unterrichtet und ist sie mit der Entscheidung nicht einverstanden, kann sie bis zum Abschluss der Konsultation gemäß Artikel 19 Absatz 3 der Verordnung (EU) Nr. 1093/2010 die Europäische Bankenaufsichtsbehörde anrufen, wenn die Entscheidung eine der folgenden Frühinterventionsmaßnahmen betrifft:

1. Frühinterventionsmaßnahmen hinsichtlich der Umsetzung von Regelungen oder Maßnahmen aus dem Sanierungsplan, sofern das zur Aufrechterhaltung oder Wiederherstellung der Existenzfähigkeit und der Finanzlage des Instituts erforderliche Spektrum an Kapital- und Liquiditätsmaßnahmen nach Nummer 4 des Abschnitts A des Anhangs der Richtlinie 2014/59/EU, Regelungen und Maßnahmen zur Erhaltung beziehungsweise Wiederherstellung der Eigenmittel des Instituts nach Nummer 10 des Abschnitts A des Anhangs der Richtlinie 2014/59/EU, Regelungen und Maßnahmen zur Sicherstellung des Zugangs zu Liquiditätsquellen nach Nummer 11 des Abschnitts A des Anhangs der Richtlinie 2014/59/EU oder Maßnahmen zur Durchführung des Sanierungsplans nach Nummer 19 des Abschnitts A des Anhangs der Richtlinie 2014/59/EU betroffen sind;
2. Frühinterventionsmaßnahmen hinsichtlich der Erstellung eines Plans für Verhandlungen über eine Umschuldung oder
3. Frühinterventionsmaßnahmen hinsichtlich der Änderung der rechtlichen oder operativen Strukturen eines Instituts.

[2] Ferner kann sie gemäß Artikel 19 Absatz 3 der Verordnung (EU) Nr. 1093/2010 die Europäische Bankenaufsichtsbehörde anrufen, wenn innerhalb der Frist des Absatzes 3 Satz 4 kein Einvernehmen hinsichtlich der Bewertung in Bezug auf diese Frühinterventionsmaßnahmen erzielt wird. [3] Hat eine Aufsichtsbehörde in einem Mitgliedstaat nach Artikel 19 Absatz 3 der Verordnung (EU) Nr. 1093/2010 die Europäische Bankenaufsichtsbehörde befasst, entscheidet die Aufsichtsbehörde im Einklang mit dem Beschluss der Europäischen Bankenaufsichtsbehörde. [4] Wenn nicht innerhalb von drei Kalendertagen eine Entscheidung der Europäischen Bankenaufsichtsbehörde vorliegt, entscheidet die Aufsichtsbehörde im Rahmen ihrer Zuständigkeit selbst über die Anordnung der Maßnahme.

Teil 3. Abwicklungsrechtliche Vorschriften und Anforderungen zur Vorbereitung der Restrukturierung und Abwicklung

Kapitel 1. Abwicklungsplanung

§ 40 Erstellung und Aktualisierung von Abwicklungsplänen. (1) [1] Die Abwicklungsbehörde erstellt für jedes Institut, das nicht Teil einer Gruppe ist, die einer Beaufsichtigung auf konsolidierter Basis unterliegt, einen Abwicklungsplan. [2] Die Abwicklungsbehörde stimmt sich bei der Erstellung des Abwicklungsplans mit der Aufsichtsbehörde ab. [3] Gleiches gilt für die Abwicklungsbehörden der Mitgliedstaaten und Drittstaaten, in denen sich bedeutende Zweigniederlassungen befinden, soweit Belange der bedeutenden Zweigniederlassung betroffen sind.

(2) [1] Der Abwicklungsplan

1. sieht Abwicklungsmaßnahmen vor, die die Abwicklungsbehörde treffen kann, sofern das Institut die Abwicklungsvoraussetzungen erfüllt, und legt, sofern ein Insolvenzverfahren nicht in Frage kommt, Optionen für die Anwendung der in Teil 4 vorgesehenen Abwicklungsinstrumente und -befugnisse dar;
2. berücksichtigt relevante Szenarien, insbesondere den Fall, dass die Ursachen der Bestandsgefährdung unternehmensspezifischer Natur oder auf eine allgemeine finanzielle Instabilität oder systemweite Ereignisse zurückzuführen sind;
3. darf nicht von folgenden Annahmen ausgehen:
   a) der Gewährung einer außerordentlichen finanziellen Unterstützung aus öffentlichen Mitteln, die über die Gewährung von Mitteln des Restrukturierungsfonds gemäß § 1 des Restrukturierungsfondsgesetzes hinausgeht,
   b) der Gewährung einer Notfallliquiditätshilfe durch eine Zentralbank oder
   c) der Gewährung einer Liquiditätshilfe durch eine Zentralbank auf der Basis nicht standardisierter Besicherungen, Laufzeiten oder Zinssätze;
4. beachtet technische Regulierungsstandards, die nach Artikel 10 Absatz 9 der Richtlinie 2014/59/EU erlassen werden.

[2] Sofern möglich und angezeigt, sollen die Angaben im Abwicklungsplan mengen- und zahlenmäßig belegt werden und nicht nur qualitativer Natur sein.

(3) Der Abwicklungsplan enthält insbesondere

1. eine zusammenfassende Darstellung der Hauptbestandteile des Plans,

2. eine zusammenfassende Darstellung der seit Vorlage des letzten Abwicklungsplans eingetretenen wesentlichen Veränderungen innerhalb des Instituts,
3. Ausführungen dazu, wie kritische Funktionen und wesentliche Geschäftsaktivitäten im erforderlichen Umfang rechtlich und wirtschaftlich von anderen Funktionen getrennt werden könnten, um deren Fortführung nach einem Ausfall des Instituts zu gewährleisten,
4. eine Analyse, unter welchen zeitlichen und sachlichen Voraussetzungen das Institut bei Berücksichtigung der im Abwicklungsplan diskutierten Umstände Zentralbankfazilitäten, die nicht unter Absatz 2 Satz 1 Nummer 3 Buchstabe b fallen, in Anspruch nehmen kann; in diesem Zusammenhang sollen auch Vermögensgegenstände identifiziert werden, die sich als Sicherheiten eignen könnten,
5. eine Schätzung des Zeitrahmens für die jeweilige Umsetzung der wesentlichen Aspekte des Plans,
6. eine detaillierte Darstellung der gemäß § 57 vorgenommenen Bewertung der Abwicklungsfähigkeit,
7. eine Beschreibung wesentlicher Abwicklungshindernisse und etwaiger nach § 59 Absatz 4 verlangter Maßnahmen zum Abbau oder zur Beseitigung von Hindernissen für die Abwicklungsfähigkeit, die im Rahmen der nach § 57 vorgenommenen Bewertung festgestellt wurden,
8. eine Beschreibung der Verfahren zur Ermittlung des Werts und der Marktfähigkeit der kritischen Funktionen, der wesentlichen Geschäftsaktivitäten und der Vermögenswerte des Instituts,
9. eine detaillierte Beschreibung der Vorkehrungen, durch die gewährleistet werden soll, dass die gemäß § 42 zu übermittelnden Informationen auf dem aktuellen Stand sind und den Abwicklungsbehörden jederzeit zur Verfügung stehen,
10. Erläuterungen, wie die verschiedenen Abwicklungsmaßnahmen unter Beachtung der Grundsätze in Absatz 2 Satz 1 Nummer 3 finanziert werden können,
11. eine detaillierte Beschreibung der verschiedenen Abwicklungsstrategien, die im Kontext der unterschiedlichen Szenarien und Zeithorizonte angewandt werden können,
12. Erläuterungen zu kritischen wechselseitigen Abhängigkeiten (Vernetzungsanalyse),
13. eine Beschreibung der Voraussetzungen für die Aufrechterhaltung des Zugangs zu Finanzmarktinfrastrukturen, Anlegerentschädigungseinrichtungen und Einlagensicherungssystemen sowie der Übertragbarkeit von Kundenpositionen,
14. eine Analyse der Auswirkungen des Abwicklungsplans auf die Arbeitnehmer und ihre Vertreter, insbesondere unter Berücksichtigung möglicher Kosten,
15. eine Darstellung der Kommunikation mit Medien und der Öffentlichkeit,
16. die Anforderungen gemäß den §§ 49e und 49f sowie eine Frist, bis wann diese Anforderungen gemäß § 54 zu erreichen sind,

16a. in einem Fall von § 49b Absatz 4, 5 oder 7 einen Zeitplan für die Einhaltung durch die Abwicklungseinheit gemäß § 54,

17. eine Beschreibung der wesentlichen Prozesse und Systeme zur Fortführung des Geschäftsbetriebs des Instituts und
18. sofern einschlägig, Einschätzungen des Instituts in Bezug auf den Abwicklungsplan.

(4) [1] Nach seiner erstmaligen Erstellung wird der Abwicklungsplan mindestens einmal im Kalenderjahr geprüft und gegebenenfalls aktualisiert. [2] Dasselbe gilt nach wesentlichen Änderungen der Rechts- oder Organisationsstruktur des Instituts, seiner Geschäftstätigkeit oder seiner Finanzlage, die sich nicht unwesentlich auf die Wirkungsweise des Abwicklungsplans auswirken oder in sonstiger Weise dessen Änderung erforderlich machen können. [3] Die Aufsichtsbehörde unterrichtet die Abwicklungsbehörde über jede der Aufsichtsbehörde bekannte Änderung, die im Rahmen einer turnusmäßigen Aktualisierung nach Satz 1 oder einer sonstigen Anpassung nach Satz 2 relevant ist oder eine solche Aktualisierung oder Anpassung erforderlich macht. [4] Die Überprüfung erfolgt auch nach der Durchführung der Abwicklungsmaßnahmen oder nach der Anwendung des Instruments der Beteiligung der Inhaber relevanter Kapitalinstrumente und berücksichtigungsfähiger Verbindlichkeiten gemäß § 65 Absatz 1 und § 89. [5] Bei Festlegung der Frist nach Absatz 3 Nummer 16 unter den in Satz 4 genannten Umständen berücksichtigt die Abwicklungsbehörde die Frist für die Erfüllung der Anforderung nach § 6d des Kreditwesengesetzes[1)].

(5) [1] Die Abwicklungsbehörde übermittelt den Abwicklungsplan und eventuelle Änderungen an die Aufsichtsbehörde. [2] Die zusammenfassende Darstellung der Hauptbestandteile des Plans nach Absatz 3 Nummer 1 soll dem Institut offengelegt werden.

§ 41 Vereinfachte Anforderungen; Verordnungsermächtigung.

(1) Die Abwicklungsbehörde kann die Anforderungen nach den §§ 40 bis 48 und 57 und 58 beschränken in Bezug auf

1. den Inhalt und den Detaillierungsgrad der zu erstellenden Abwicklungspläne,
2. die Frist, innerhalb der Abwicklungspläne aufzustellen oder zu aktualisieren sind,
3. den Inhalt und den Detaillierungsgrad der von den Instituten im Zusammenhang mit der Abwicklungsplanung zu übermittelnden Informationen oder
4. den Detaillierungsgrad der Bewertung der Abwicklungsfähigkeit gemäß den §§ 57 und 58.

(2) Bei der Festlegung vereinfachter Anforderungen berücksichtigt die Abwicklungsbehörde

1. die Auswirkungen, die der Ausfall eines Instituts abhängig von der Art, dem Umfang und der Komplexität der Geschäftsaktivitäten, von der Eigentümerstruktur, von der Rechtsform, dem Risikoprofil und der Vernetztheit und von der Mitgliedschaft in einem institutsbezogenen Sicherungssystem hätte, und
2. ob eine Liquidation in einem Insolvenzverfahren negative Auswirkungen auf die Finanzmärkte, auf andere Unternehmen der Finanzbranche einschließlich deren Refinanzierung oder auf die Realwirtschaft haben kann.

[1)] Nr. **9**.

(3) Hinsichtlich der Kriterien, die einer Beurteilung der Auswirkungen nach Absatz 2 Nummer 1 und 2 zugrunde zu legen sind, wird auf die Delegierte Verordnung (EU) 2019/348 verwiesen.

(4)[1)] [1] Das Bundesministerium der Finanzen wird ermächtigt, durch Rechtsverordnung, die nicht der Zustimmung des Bundesrates bedarf, nähere Bestimmungen zu erlassen über die in Absatz 2 genannten Kriterien für die Festlegung vereinfachter Anforderungen. [2] Das Bundesministerium der Finanzen kann die Ermächtigung durch Rechtsverordnung auf die Abwicklungsbehörde mit der Maßgabe übertragen, dass die Rechtsverordnung im Benehmen mit der Bundesanstalt für Finanzdienstleistungsaufsicht und der Deutschen Bundesbank ergeht.

(5) Die Abwicklungsbehörde unterrichtet die Europäische Bankenaufsichtsbehörde darüber, wie sie Artikel 4 Absatz 1 und 8 bis 10 der Richtlinie 2014/59/EU umsetzt und anwendet.

§ 42 Mitwirkung des Instituts; Verordnungsermächtigung. (1) [1] Die Abwicklungsbehörde kann vorbehaltlich der Regelungen in Absatz 2 verlangen, dass das Institut die Abwicklungsbehörde bei der Erstellung und Aktualisierung des Abwicklungsplans umfassend unterstützt. [2] Insbesondere kann die Abwicklungsbehörde verlangen, dass das Institut ihr alle zur Erstellung und Umsetzung des Abwicklungsplans erforderlichen Informationen und Analysen übermittelt. [3] Die Abwicklungsbehörde kann Instituten Anzeige- und Meldepflichten auferlegen, die für die Erstellung und Aktualisierung des Abwicklungsplans erforderlich sind. [4] § 40 Absatz 4 Satz 3 gilt entsprechend für das Institut. [5] In den Fällen der Sätze 1 und 2 sowie im Rahmen von Anzeige- und Meldepflichten nach Satz 3 beachtet die Abwicklungsbehörde technische Regulierungsstandards, die nach Artikel 11 Absatz 3 der Richtlinie 2014/59/EU erlassen werden.

(2) [1] Die Aufsichtsbehörde und die Deutsche Bundesbank prüfen in Zusammenarbeit mit der Abwicklungsbehörde, ob einige oder alle der nach Absatz 1 zu übermittelnden Informationen bereits vorliegen. [2] Liegen entsprechende Informationen vor, stellen die Aufsichtsbehörde und die Deutsche Bundesbank diese der Abwicklungsbehörde zur Verfügung.

(3) [1] Die Abwicklungsbehörde kann im Benehmen mit der Aufsichtsbehörde

1. von einem Institut die Führung detaillierter Aufzeichnungen über Finanzkontrakte, an denen es als Vertragspartei beteiligt ist, in einer zentralen Datenbank verlangen und
2. für alle Institute eine angemessene Frist vorsehen, innerhalb derer die Erstellung solcher Aufzeichnungen möglich sein muss.

[2] Die Abwicklungsbehörde kann für verschiedene Arten von Finanzkontrakten jeweils unterschiedliche Fristen nach Satz 1 Nummer 2 festlegen. [3] Die Befugnisse der Aufsichtsbehörde bleiben unberührt.

(4)[2)] [1] Das Bundesministerium der Finanzen wird ermächtigt, durch Rechtsverordnung, die nicht der Zustimmung des Bundesrates bedarf, nähere Bestim-

[1)] § 41 Abs. 4 ist bereits am 19.12.2014 in Kraft getreten; vgl. Art. 10 Abs. 3 G v. 10.12.2014 (BGBl. I S. 2091).

[2)] § 42 Abs. 4 ist bereits am 19.12.2014 in Kraft getreten; vgl. Art. 10 Abs. 3 G v. 10.12.2014 (BGBl. I S. 2091).

mungen zu erlassen über Art und Umfang der Pflichten nach den Absätzen 1 und 3 zur Übermittlung von Informationen und Analysen sowie der Anzeigepflichten, die zulässigen Datenträger, Übertragungswege und Datenformate und die Verpflichtung zur Erstattung von Sammelanzeigen und die Einreichung von Sammelaufstellungen, soweit dies zur Erfüllung der Aufgaben der Abwicklungsbehörde erforderlich ist, insbesondere, um einheitliche Unterlagen zur Erstellung und Aktualisierung des Abwicklungsplans zu erhalten. [2] Das Bundesministerium der Finanzen kann die Ermächtigung durch Rechtsverordnung auf die Abwicklungsbehörde mit der Maßgabe übertragen, dass die Rechtsverordnung nach Anhörung der Bundesanstalt für Finanzdienstleistungsaufsicht und der Deutschen Bundesbank ergeht.

(5) Die Abwicklungsbehörde ist nicht verpflichtet, dem betroffenen Institut die infolge der Anwendung dieser Vorschrift entstandenen Kosten und Aufwendungen zu ersetzen.

§ 43 Zentrale Verwahrung und Verwaltung von Finanzkontrakten.

(1) [1] Die Aufsichtsbehörde oder die Abwicklungsbehörde kann verlangen, dass Institute und gruppenangehörige Unternehmen sowie das übergeordnete Unternehmen einer Gruppe für die gesamte Gruppe sämtliche Finanzkontrakte zentral verwahren und angemessen verwalten. [2] Die Verwaltung kann zentral für die gruppenangehörigen Unternehmen durch ein Institut im Inland erfolgen. [3] Die Verwaltung der Finanzkontrakte muss insbesondere so ausgestaltet sein, dass

1. Finanzkontrakte in kurzer Zeit auffindbar und zu prüfen sind und
2. Finanzkontrakte vom Institut oder von gruppenangehörigen Unternehmen auf ihre Bedeutung für das Institut oder gruppenangehörige Unternehmen untersucht und eingestuft sind und davon abhängig die wesentlichen Vertragsinhalte erfasst sind.

[4] Das Institut, die gruppenangehörigen Unternehmen sowie das übergeordnete Unternehmen einer Gruppe für die gesamte Gruppe müssen ein System vorhalten, das auch kurzfristig die Auswertung der verwahrten und verwalteten Finanzkontrakte ermöglicht.

(2) Die Aufsichtsbehörde oder die Abwicklungsbehörde kann

1. von einem Institut oder gruppenangehörigen Unternehmen jederzeit Auskünfte und Auswertungen zu den verwahrten und verwalteten Finanzkontrakten im Sinne des Absatzes 1 verlangen,
2. dem Institut oder gruppenangehörigen Unternehmen sowie dem übergeordneten Unternehmen einer Gruppe für die gesamte Gruppe aufgeben, die Finanzkontrakte in einer bestimmten Weise zu verwahren und zu verwalten oder
3. von dem Institut oder gruppenangehörigen Unternehmen ergänzende Aufzeichnungen über Finanzkontrakte verlangen.

(3) Auf Anordnung der Aufsichtsbehörde oder der Abwicklungsbehörde hat ein Transaktionsregister gemäß Artikel 81 der Verordnung (EU) Nr. 648/2012 des Europäischen Parlaments und des Rates vom 4. Juli 2012 über OTC-Derivate, zentrale Gegenparteien und Transaktionsregister (ABl. L 201 vom 27.7.2012, S. 1) mit Sitz im Inland der Aufsichtsbehörde oder der Abwicklungsbehörde die für die Erfüllung ihrer jeweiligen Aufgaben und Mandate

erforderlichen Informationen zugänglich zu machen und Auswertungen bereitzustellen.

(4) § 42 Absatz 5 ist entsprechend anzuwenden.

§ 44 Information der Abwicklungsbehörde über Vermögenswerte und Verbindlichkeiten. [1]Die Abwicklungsbehörde trifft geeignete Vorkehrungen, um zu gewährleisten, dass sie stets so aktuell und umfassend wie möglich über Vermögenswerte und Verbindlichkeiten des Instituts oder des gruppenangehörigen Unternehmens informiert ist. [2]Institute und gruppenangehörige Unternehmen haben der Abwicklungsbehörde diese Informationen regelmäßig zur Verfügung zu stellen. [3]§ 42 Absatz 5 ist entsprechend anzuwenden.

§ 45 Mitwirkung Dritter; Verordnungsermächtigung. (1) [1]Die folgenden Unternehmen haben der Abwicklungsbehörde, der Bundesanstalt für Finanzdienstleistungsaufsicht und der Deutschen Bundesbank Art und Ausmaß der Vernetzung im Sinne des § 40 Absatz 3 Nummer 12 mit Instituten mitzuteilen:

1. Erst- und Rückversicherungsunternehmen sowie Pensionsfonds mit Sitz im Inland,
2. Versicherungs-Holdinggesellschaften im Sinne der §§ 1b und 104a Absatz 2 Nummer 4 des Versicherungsaufsichtsgesetzes mit Sitz im Inland,
3. Versicherungs-Zweckgesellschaften mit Sitz im Inland,
4. gemischte Finanzholding-Gesellschaften mit Sitz im Inland,
5. übergeordnete Unternehmen eines Finanzkonglomerats mit Sitz im Inland, es sei denn, es handelt sich um Institute im Sinne des § 1 Absatz 1b des Kreditwesengesetzes[1)],
6. im Inland erlaubnispflichtige Niederlassungen von Erst- und Rückversicherungsunternehmen mit Sitz in einem Drittstaat,
7. Einrichtungen der betrieblichen Altersversorgung mit Sitz in einem Drittstaat,
8. im Inland nach § 110d Absatz 1 Satz 1 des Versicherungsaufsichtsgesetzes erlaubnispflichtige Niederlassungen von Versicherungsunternehmen mit Sitz in einem anderen Mitgliedstaat der Europäischen Gemeinschaft oder in einem anderen Vertragsstaat des Abkommens über den Europäischen Wirtschaftsraum, die nicht den Richtlinien des Rates der Europäischen Gemeinschaft auf dem Gebiet des Versicherungswesens unterliegen,
9. OGAW-Kapitalverwaltungsgesellschaften nach dem Kapitalanlagegesetzbuch, bei extern verwalteten OGAW-Kapitalverwaltungsgesellschaften auch in Bezug auf die von ihnen verwalteten Investmentvermögen, und
10. AIF-Kapitalverwaltungsgesellschaften nach dem Kapitalanlagegesetzbuch, bei extern verwalteten AIF-Kapitalverwaltungsgesellschaften auch in Bezug auf die von ihnen verwalteten Investmentvermögen.

[2]Die Abwicklungsbehörde kann den in Satz 1 genannten Unternehmen weitere Anzeige- und Meldepflichten gegenüber der Abwicklungsbehörde, der Bundesanstalt für Finanzdienstleistungsaufsicht und der Deutschen Bundesbank auferlegen und von diesen Unternehmen weitere Informationen anfordern, die

---

1) Nr. **9**.

bei der Erstellung und Aktualisierung des Abwicklungsplans für die Vernetzungsanalyse erforderlich sind.

(2)[1] [1] Das Bundesministerium der Finanzen wird ermächtigt, durch Rechtsverordnung, die nicht der Zustimmung des Bundesrates bedarf, nähere Bestimmungen zu erlassen über Art und Umfang der Mitteilungspflichten nach Absatz 1 sowie deren Zeitpunkt und Form, die zulässigen Datenträger, Übertragungswege und Datenformate und die Verpflichtung zur Erstattung von Sammelanzeigen und die Einreichung von Sammelaufstellungen, soweit dies zur Erfüllung der Aufgaben der Abwicklungsbehörde erforderlich ist, insbesondere, um einheitliche Unterlagen zur Erstellung und Aktualisierung des Abwicklungsplans zu erhalten. [2] Das Bundesministerium der Finanzen kann die Ermächtigung durch Rechtsverordnung auf die Bundesanstalt für Finanzdienstleistungsaufsicht mit der Maßgabe übertragen, dass die Rechtsverordnung im Benehmen mit der Abwicklungsbehörde ergeht.

§ 46 Gruppenabwicklungspläne; Mitwirkung der EU-Mutterunternehmen und Dritter. (1) [1] Ist die Abwicklungsbehörde gemäß § 155 die für die Gruppenabwicklung zuständige Behörde, erstellt sie den Gruppenabwicklungsplan. [2] Die Abwicklungsbehörde arbeitet dabei mit den in Absatz 6 Satz 1 Nummer 5 genannten Abwicklungsbehörden in Abwicklungskollegien zusammen und stimmt sich mit den jeweils zuständigen Aufsichtsbehörden ab. [3] Wenn die Anforderungen des § 8 erfüllt sind, kann die Abwicklungsbehörde bei der Erstellung des Gruppenabwicklungsplans Abwicklungsbehörden aus Drittstaaten einbeziehen, in denen die Gruppe Tochterunternehmen, Finanzholdinggesellschaften oder bedeutende Zweigniederlassungen hat. [4] Der Gruppenabwicklungsplan soll keine unverhältnismäßigen Auswirkungen auf einen Mitgliedstaat haben.

(2) [1] Der Gruppenabwicklungsplan wird auf der Basis der nach Absatz 5 zur Verfügung gestellten Informationen erstellt. [2] Der Gruppenabwicklungsplan umfasst einen Plan für die Abwicklung der Gruppe als Ganzes entweder durch das Ergreifen von Maßnahmen auf der Ebene des EU-Mutterunternehmens oder durch eine Aufteilung der Gruppe und eine Abwicklung der Tochtergesellschaften. [3] Der Gruppenabwicklungsplan enthält Abwicklungsmaßnahmen in Bezug auf

1. das EU-Mutterunternehmen,
2. die Tochterunternehmen, die Teil der Gruppe sind und ihren Sitz in einem Mitgliedstaat haben,
3. sonstige gruppenangehörige Unternehmen und
4. Tochterunternehmen, die ihren Sitz nicht in einem Mitgliedstaat haben, vorbehaltlich der Regelungen in §§ 167 bis 171.

[4] Im Gruppenabwicklungsplan sind für jede Gruppe die Abwicklungseinheiten und die Abwicklungsgruppen zu bestimmen.

(3) [1] Im Gruppenabwicklungsplan

1. werden die Abwicklungsmaßnahmen, die nach den in § 40 Absatz 2 Nummer 2 genannten Szenarien in Bezug auf Abwicklungseinheiten zu treffen sind, sowie die Auswirkungen dieser Abwicklungsmaßnahmen auf das EU-

---

[1] § 45 Abs. 2 ist bereits am 19.12.2014 in Kraft getreten; vgl. Art. 10 Abs. 3 G v. 10.12.2014 (BGBl. I S. 2091).

Mutterunternehmen, auf das Tochterunternehmen und auf sonstige gruppenangehörige Unternehmen dargelegt; dabei werden, sofern eine in Absatz 2 genannte Gruppe mehr als eine Abwicklungsgruppe umfasst, Abwicklungsmaßnahmen für die Abwicklungseinheiten einer jeden Abwicklungsgruppe dargelegt einschließlich der Auswirkungen dieser Maßnahmen auf andere Unternehmen der Gruppe, die derselben Abwicklungsgruppe angehören, und auf andere Abwicklungsgruppen;

2. wird analysiert, inwieweit bei in einem Mitgliedstaat niedergelassenen Abwicklungseinheiten in koordinierter Weise die Abwicklungsinstrumente angewandt und die Abwicklungsbefugnisse ausgeübt werden können, unter anderem, indem einem Dritten der Erwerb folgender Teile erleichtert wird:
   a) der Gruppe als Ganzes,
   b) bestimmter abgegrenzter Geschäftsbereiche oder -tätigkeiten, die von mehreren Unternehmen der Gruppe erbracht werden,
   c) bestimmter Unternehmen der Gruppe oder
   d) bestimmter Abwicklungsgruppen;
3. werden etwaige Hindernisse für eine koordinierte Abwicklung aufgezeigt;
4. werden, sofern einer Gruppe Unternehmen angehören, die ihren Sitz in Drittstaaten haben, zum einen angemessene Verfahren für die Zusammenarbeit und die Abstimmung mit den jeweils zuständigen Behörden der betreffenden Drittstaaten festgelegt und zum anderen die Auswirkungen einer Abwicklung in der Union aufgezeigt;
5. werden Maßnahmen, einschließlich einer rechtlichen und wirtschaftlichen Trennung bestimmter Funktionen oder Geschäftsbereiche, dargestellt, die erforderlich sind, um bei Vorliegen der Abwicklungsvoraussetzungen eine Abwicklung auf Gruppenebene zu erleichtern;
6. werden alle zusätzlichen Maßnahmen beschrieben, die die Abwicklungsbehörde in Bezug auf die Unternehmen innerhalb einer jeden Abwicklungsgruppe zu treffen beabsichtigt;
7. soll nicht von den folgenden Annahmen ausgegangen werden:
   a) der Gewährung einer außerordentlichen finanziellen Unterstützung aus öffentlichen Mitteln, die über die Gewährung von Mitteln des Restrukturierungsfonds gemäß § 1 des Restrukturierungsfondsgesetzes hinausgeht,
   b) der Gewährung einer Notfallliquiditätshilfe durch eine Zentralbank oder
   c) der Gewährung einer Liquiditätshilfe durch eine Zentralbank auf der Basis nicht standardisierter Besicherungen, Laufzeiten oder Zinssätze;
8. werden, vorbehaltlich der Regelung in Nummer 7, Angaben zur möglichen Finanzierung der verschiedenen Gruppenabwicklungsmaßnahmen gemacht und, sofern der Einsatz von Finanzierungsmechanismen erforderlich ist, Grundsätze für eine Aufteilung der Finanzierungsverantwortung zwischen Finanzierungsmechanismen in mehreren Mitgliedstaaten dargelegt; diese Grundsätze sollen auf fairen und ausgewogenen Kriterien beruhen und insbesondere den Bestimmungen des § 12i des Restrukturierungsfondsgesetzes sowie den Auswirkungen auf die Finanzstabilität in allen betroffenen Mitgliedstaaten Rechnung tragen;
9. ist detailliert auf die Bewertung der Abwicklungsfähigkeit nach § 58 einzugehen und

10. werden technische Regulierungsstandards, die nach Artikel 12 Absatz 6 der Richtlinie 2014/59/EU erlassen werden, beachtet.

[2]Der Inhalt des Gruppenabwicklungsplans soll sich an den Vorgaben des § 40 Absatz 3 orientieren.

(4) [1]Nach seiner erstmaligen Erstellung wird der Gruppenabwicklungsplan mindestens einmal im Kalenderjahr sowie nach Änderungen der Rechts- oder Organisationsstruktur, der Geschäftstätigkeit oder der Finanzlage der Gruppe, einschließlich der Finanzlage jedes Unternehmens der Gruppe, die sich wesentlich auf den Gruppenabwicklungsplan auswirken oder dessen Änderung erforderlich machen könnten, geprüft und gegebenenfalls aktualisiert. [2]Absatz 1 Satz 2 und 3 ist entsprechend anzuwenden.

(5) [1]Das EU-Mutterunternehmen unterstützt die Abwicklungsbehörde umfassend und übermittelt ihr die entsprechenden Informationen und Analysen. [2]Diese umfassende Unterstützung, Informationen und Analysen betreffen das EU-Mutterunternehmen und, soweit notwendig, jedes nachgeordnete Unternehmen der Gruppe und sonstige Mitglieder der Gruppe. [3]§ 42 ist entsprechend anzuwenden.

(6) [1]Unter der Voraussetzung, dass die Vertraulichkeit nach Maßgabe der §§ 5 bis 10 und 21 gewahrt ist, übermittelt die Abwicklungsbehörde die Informationen und Analysen, die sie gemäß Absatz 5 erhält, an

1. die Europäische Bankenaufsichtsbehörde,
2. die in Bezug auf Tochterunternehmen zuständigen Abwicklungsbehörden,
3. die Abwicklungsbehörden der Aufnahmemitgliedstaaten, in denen sich bedeutende Zweigniederlassungen befinden, sofern Belange der jeweiligen bedeutenden Zweigniederlassung betroffen sind,
4. die in den Artikeln 115 und 116 der Richtlinie 2013/36/EU genannten zuständigen Behörden und
5. die Abwicklungsbehörden der Mitgliedstaaten, in denen sich gruppenangehörige Unternehmen befinden.

[2]Die Informationen und Analysen, die nach Satz 1 Nummer 2, 3 und 4 an die dort genannten Behörden übermittelt werden, umfassen mindestens die Informationen und Analysen, die Belange des Tochterunternehmens oder der bedeutenden Zweigniederlassung betreffen. [3]Der Europäischen Bankenaufsichtsbehörde sind alle Informationen und Analysen zu übermitteln, die für ihre Rolle im Prozess der Gruppenabwicklungsplanung von Belang sind. [4]Handelt es sich um Informationen über Drittstaatsunternehmen, so ist die Abwicklungsbehörde nicht verpflichtet, diese Informationen ohne Zustimmung der betreffenden Aufsichts- oder Abwicklungsbehörde des Drittstaats zu übermitteln.

(7) Dritte sind entsprechend § 45 zur Mitwirkung verpflichtet.

(8) § 40 Absatz 5 ist entsprechend anzuwenden, wobei im Rahmen der entsprechenden Anwendung von § 40 Absatz 5 Satz 2 die Offenlegung gegenüber dem EU-Mutterunternehmen erfolgt.

§ 47 Verfahren für Gruppenabwicklungspläne, wenn die Abwicklungsbehörde die für die Gruppenabwicklung zuständige Behörde ist.

(1) [1]Ist die Abwicklungsbehörde für die Gruppenabwicklung zuständig, so entscheidet sie gemeinsam mit den für die Tochterunternehmen zuständigen Abwicklungsbehörden über den Gruppenabwicklungsplan. [2]Besteht eine

Gruppe aus mehr als einer Abwicklungsgruppe, wird die in § 46 Absatz 3 Satz 1 Nummer 1 zweiter Halbsatz genannte Planung der Abwicklungsmaßnahmen in die gemeinsame Entscheidung nach Satz 1 aufgenommen.

(2) [1] Auf Antrag einer für die gemeinsame Entscheidung zuständigen Abwicklungsbehörde kann die Europäische Bankenaufsichtsbehörde die Abwicklungsbehörden gemäß Artikel 31 Buchstabe c der Verordnung (EU) Nr. 1093/2010 bei der Erreichung einer Einigung unterstützen. [2] Dies gilt nicht, wenn eine der betroffenen Abwicklungsbehörden zu der Einschätzung gelangt, dass die strittige Thematik Auswirkungen fiskalischer Art auf den entsprechenden Mitgliedstaat hat. [3] Als für die Gruppenabwicklung zuständige Behörde soll die Abwicklungsbehörde in diesem Fall eine Neubewertung des Gruppenabwicklungsplanes einschließlich der Mindestanforderungen an Eigenmittel und berücksichtigungsfähige Verbindlichkeiten einleiten.

(3) [1] Liegt innerhalb von vier Monaten nach dem Zeitpunkt der Übermittlung der in § 46 Absatz 5 genannten Informationen und Analysen durch die Abwicklungsbehörde keine gemeinsame Entscheidung der Abwicklungsbehörden vor, so entscheidet die Abwicklungsbehörde allein über den Gruppenabwicklungsplan. [2] Die Entscheidung ist zu begründen und hat den Standpunkten und Vorbehalten anderer Abwicklungsbehörden Rechnung zu tragen.

(4) [1] Die Abwicklungsbehörde teilt die Entscheidung dem EU-Mutterunternehmen mit. [2] Hat eine Abwicklungsbehörde nach Ablauf der Viermonatsfrist die Europäische Bankenaufsichtsbehörde gemäß Artikel 19 der Verordnung (EU) Nr. 1093/2010 mit der Angelegenheit befasst, so stellt die Abwicklungsbehörde ihre Entscheidung in Erwartung eines etwaigen Beschlusses der Europäischen Bankenaufsichtsbehörde nach Artikel 19 Absatz 3 der Verordnung (EU) Nr. 1093/2010 zurück und trifft anschließend ihre Entscheidung im Einklang mit dem Beschluss der Europäischen Bankenaufsichtsbehörde. [3] Die Viermonatsfrist ist als Schlichtungsphase im Sinne der Verordnung (EU) Nr. 1093/2010 zu betrachten. [4] Fasst die Europäische Bankenaufsichtsbehörde innerhalb eines Monats keinen Beschluss, so findet die Entscheidung der Abwicklungsbehörde Anwendung.

(5) [1] Die Abwicklungsbehörde trifft ihre Entscheidung im Einklang mit dem Beschluss der Europäischen Bankenaufsichtsbehörde nach Artikel 19 Absatz 3 der Verordnung (EU) Nr. 1093/2010, sofern bis zum Ablauf der Viermonatsfrist eine der betroffenen Abwicklungsbehörden die Europäische Bankenaufsichtsbehörde gemäß Artikel 19 der Verordnung (EU) Nr. 1093/2010 mit der Angelegenheit befasst. [2] Fasst die Europäische Bankenaufsichtsbehörde innerhalb eines Monats keinen Beschluss, so gilt Absatz 3 entsprechend.

§ 48 Verfahren für Gruppenabwicklungspläne, wenn die Abwicklungsbehörde nicht die für die Gruppenabwicklung zuständige Behörde ist. (1) Ist die Abwicklungsbehörde nicht die für die Gruppenabwicklung zuständige Behörde, sondern die zuständige Abwicklungsbehörde für ein Tochterunternehmen, bemüht sie sich nach Erhalt der in § 46 Absatz 5 genannten Informationen und Analysen von der für die Gruppenabwicklung zuständigen Behörde, zusammen mit anderen Abwicklungsbehörden und nach Abstimmung mit der Bundesanstalt für Finanzdienstleistungsaufsicht, wenn diese Aufsichtsbehörde ist, eine gemeinsame Entscheidung über einen Gruppenabwicklungsplan für die ihrer Zuständigkeit unterliegenden Unternehmen der Gruppe zu treffen.

(2) [1] Die Abwicklungsbehörde kann die Europäische Bankenaufsichtsbehörde und die Abwicklungsbehörden gemäß Artikel 31 Buchstabe c der Verordnung (EU) Nr. 1093/2010 um Unterstützung bei der Erreichung einer Einigung ersuchen. [2] Dies gilt nicht, wenn eine der betroffenen Abwicklungsbehörden zu der Einschätzung gelangt, dass die strittige Thematik Auswirkungen fiskalischer Art auf den entsprechenden Mitgliedstaat hat.

(3) [1] Liegt innerhalb von vier Monaten nach dem Zeitpunkt, an dem die für die Gruppenabwicklung zuständige Behörde die in § 46 Absatz 5 genannten Informationen und Analysen übermittelt hat, keine gemeinsame Entscheidung der Abwicklungsbehörden über einen Gruppenabwicklungsplan vor, so trifft die Abwicklungsbehörde, sofern sie für ein Tochterunternehmen zuständig ist und dem Gruppenabwicklungsplan nicht zustimmt, ihre eigene Entscheidung. [2] Sie bestimmt dafür gegebenenfalls die Abwicklungseinheit, erstellt für die Abwicklungsgruppe, die sich aus den in ihren Zuständigkeitsbereich fallenden Unternehmen zusammensetzt, einen Abwicklungsplan und hält diesen auf dem aktuellen Stand. [3] Die Entscheidung ist umfassend zu begründen. [4] Es sind insbesondere die Gründe für die Ablehnung des vorgeschlagenen Gruppenabwicklungsplans darzulegen und es ist den Standpunkten und Vorbehalten der anderen Abwicklungsbehörden und Aufsichtsbehörden Rechnung zu tragen. [5] Die Abwicklungsbehörde teilt ihre eigene Entscheidung nach Satz 1 den anderen Mitgliedern des Abwicklungskollegiums mit.

(4) [1] Die Abwicklungsbehörde trifft ihre Entscheidung im Einklang mit dem Beschluss der Europäischen Bankenaufsichtsbehörde nach Artikel 19 Absatz 3 der Verordnung (EU) Nr. 1093/2010, sofern bis zum Ablauf der Viermonatsfrist eine der betroffenen Abwicklungsbehörden die Europäische Bankenaufsichtsbehörde gemäß Artikel 19 der Verordnung (EU) Nr. 1093/2010 mit der Angelegenheit befasst. [2] Fasst die Europäische Bankenaufsichtsbehörde innerhalb eines Monats keinen Beschluss, so gilt Absatz 3 entsprechend.

Kapitel 2. Anforderungen in Bezug auf berücksichtigungsfähige Verbindlichkeiten, relevante Kapitalinstrumente und genehmigtes Kapital

Abschnitt 1. Mindestbetrag berücksichtigungsfähiger Verbindlichkeiten

§ 49 Anwendung und Berechnung der Mindestanforderung an Eigenmittel und berücksichtigungsfähige Verbindlichkeiten. (1) Institute und gruppenangehörige Unternehmen haben auf Verlangen der Abwicklungsbehörde die Mindestanforderung an Eigenmittel und berücksichtigungsfähige Verbindlichkeiten gemäß Absatz 2 und den §§ 49a bis 51 einzuhalten.

(2) Die in Absatz 1 genannte Anforderung wird als Betrag der Eigenmittel und berücksichtigungsfähigen Verbindlichkeiten gemäß § 49c Absatz 3 bis 5 oder 7 bis 9, vorbehaltlich besonderer Regelungen in Absatz 3, wie folgt berechnet und ausgedrückt als prozentualer Anteil

1. des gemäß Artikel 92 Absatz 3 der Verordnung (EU) Nr. 575/2013[1)] berechneten Gesamtrisikobetrags des Instituts oder gruppenangehörigen Unternehmens und

---

[1)] Nr. **6**.

2. der gemäß den Artikeln 429 und 429a der Verordnung (EU) Nr. 575/2013 berechneten Gesamtrisikopositionsmessgröße des Instituts oder gruppenangehörigen Unternehmens.

(3) Soweit in den Vorschriften dieses Gesetzes auf Regelungen der Verordnung (EU) Nr. 575/2013 oder der Richtlinie (EU) Nr. 36/2013 Bezug genommen wird, gelten die folgenden Besonderheiten im Hinblick auf Wertpapierinstitute, die nicht die Anforderungen gemäß Artikel 1 Absatz 2 oder Absatz 5 der Verordnung (EU) 2019/2033[1)] erfüllen:

1. die Bezugnahme auf Artikel 92 Absatz 3 der Verordnung (EU) Nr. 575/2013 zur Bestimmung des Gesamtrisikobetrags des Instituts gilt als Bezugnahme auf die entsprechende Regelung in Artikel 11 Absatz 1 der Verordnung (EU) 2019/2033, multipliziert mit 12,5,
2. die Bezugnahme auf Artikel 92 Absatz 1 Buchstabe c der Verordnung (EU) Nr. 575/2013 zur Bestimmung der Gesamtkapitalquote des Instituts gilt als Bezugnahme auf die entsprechende Regelung in Artikel 11 Absatz 1 der Verordnung (EU) 2019/2033 und
3. die Bezugnahme auf die zusätzliche Eigenmittelanforderung nach Artikel 104a der Richtlinie (EU) Nr. 36/2013 gilt als Bezugnahme auf die entsprechende Regelung in Artikel 9 der Richtlinie (EU) 2019/2034.

§ 49a Ausnahme von der Mindestanforderung an Eigenmittel und berücksichtigungsfähige Verbindlichkeiten. (1) Durch gedeckte Schuldverschreibungen finanzierte Hypothekenkreditinstitute, die keine Einlagen entgegennehmen dürfen, sind von einer Mindestanforderung an Eigenmittel und berücksichtigungsfähige Verbindlichkeiten ausgenommen, sofern das jeweilige Hypothekenkreditinstitut im Wege eines Insolvenzverfahrens oder durch Maßnahmen gemäß § 107 Absatz 1 abgewickelt wird und dadurch sichergestellt ist, dass die von den Gläubigern dieser Hypothekenkreditinstitute und von den Inhabern der gedeckten Schuldverschreibungen getragenen Verluste den Abwicklungszielen entsprechen.

(2) Hypothekenkreditinstitute im Sinne des Absatzes 1 werden auch nicht in die Konsolidierung nach § 49e Absatz 1 einbezogen.

§ 49b Berücksichtigungsfähige Verbindlichkeiten für Abwicklungseinheiten. (1) [1] Verbindlichkeiten dürfen im Betrag der Eigenmittel und berücksichtigungsfähigen Verbindlichkeiten von Abwicklungseinheiten nur dann enthalten sein, wenn sie die in den Artikeln 72a, 72b und 72c der Verordnung (EU) Nr. 575/2013[2)] genannten Voraussetzungen mit Ausnahme der in Artikel 72b Absatz 2 Buchstabe d genannten Voraussetzungen erfüllen. [2] Soweit gemäß den §§ 49 bis 54 Artikel 92a oder 92b der Verordnung (EU) Nr. 575/2013 Anwendung findet, sind berücksichtigungsfähige Verbindlichkeiten solche im Sinne des Artikels 72k und des Teils 2 Titel I Kapitel 5a der Verordnung (EU) Nr. 575/2013.

(2) [1] Abweichend von Artikel 72a Absatz 2 Buchstabe l der Verordnung (EU) Nr. 575/2013 dürfen Verbindlichkeiten aus Schuldtiteln mit eingebetteten Derivaten, wie zum Beispiel strukturierten Schuldtiteln, die im Übrigen die in

---

1) Nr. **7**.
2) Nr. **6**.

Absatz 1 Satz 1 genannten Voraussetzungen erfüllen, im Betrag der Eigenmittel und berücksichtigungsfähigen Verbindlichkeiten enthalten sein, wenn

1. der Nennwert der Verbindlichkeit, die aus dem Schuldtitel erwächst, zum Zeitpunkt der Emission bereits bekannt ist, festgelegt ist oder ansteigt und von keiner eingebetteten Derivatkomponente betroffen ist, und der Gesamtbetrag der aus dem Schuldtitel erwachsenden Verbindlichkeit einschließlich der eingebetteten Derivatkomponente täglich mit Bezug auf einen aktiven und aus Käufer- und Verkäufersicht liquiden Markt für ein gleichwertiges Instrument ohne Kreditrisiko im Einklang mit den Artikeln 104 und 105 der Verordnung (EU) Nr. 575/2013 bewertet werden kann oder
2. der Schuldtitel eine Vertragsklausel enthält, in der festgelegt ist, dass der Wert der Forderung im Fall eines Insolvenzverfahrens und einer Abwicklung des Emittenten festgelegt ist oder ansteigt und nicht höher ist als der ursprünglich eingezahlte Betrag der Verbindlichkeit.

[2] Schuldtitel, einschließlich ihrer eingebetteten Derivate, dürfen keiner Saldierungsvereinbarung unterliegen und werden nicht nach § 93 Absatz 3 bewertet. [3] Verbindlichkeiten aus Schuldtiteln mit eingebetteten Derivaten dürfen nur für den Teil, der dem in Satz 1 Nummer 1 genannten Nennwert oder dem in Satz 1 Nummer 2 genannten festgelegten oder ansteigenden Betrag entspricht, im Betrag der Eigenmittel und berücksichtigungsfähigen Verbindlichkeiten enthalten sein.

(3) Werden Verbindlichkeiten von einem in der Union niedergelassenen Tochterunternehmen, das Teil derselben Abwicklungsgruppe wie die Abwicklungseinheit ist, an einen seiner Anteilseigner, der nicht Teil derselben Abwicklungsgruppe ist, begeben, so dürfen diese Verbindlichkeiten im Betrag der Eigenmittel und berücksichtigungsfähigen Verbindlichkeiten dieser Abwicklungseinheit enthalten sein, wenn die folgenden Voraussetzungen erfüllt sind:

1. die Begebung der Verbindlichkeiten erfüllt die Voraussetzungen nach § 49f Absatz 2 Nummer 1,
2. die Kontrolle der Abwicklungseinheit über das Tochterunternehmen durch die Ausübung der Befugnis zur Herabschreibung oder Umwandlung in Bezug auf diese Verbindlichkeiten nach den §§ 65 und 66 wird nicht beeinträchtigt und
3. die begebenen Verbindlichkeiten nicht den nach § 49f Absatz 1 erforderlichen Betrag übersteigen, von dem die Summe der Verbindlichkeiten, die entweder direkt oder indirekt über andere Unternehmen derselben Abwicklungsgruppe an die Abwicklungseinheit begeben und von dieser erworben werden, und der Betrag der gemäß § 49f Absatz 2 Nummer 2 begebenen Eigenmittel abzuziehen ist.

(4) [1] Unbeschadet der Anforderung nach § 49c Absatz 5 oder § 49d Absatz 1 Nummer 1 ist ein Teil der in § 49e genannten Anforderung in Höhe von 8 Prozent der gesamten Verbindlichkeiten, einschließlich Eigenmitteln, durch Abwicklungseinheiten, die ein global systemrelevantes Institut sind, oder durch Abwicklungseinheiten, die den Anforderungen gemäß § 49c Absatz 5 oder 6 unterliegen, mit Eigenmitteln und mit nachrangigen berücksichtigungsfähigen Instrumenten oder mit Verbindlichkeiten nach Absatz 3 zu erfüllen. [2] Die Abwicklungsbehörde kann zulassen, dass ein Niveau, das unter 8 Prozent der gesamten Verbindlichkeiten einschließlich Eigenmitteln, aber über dem Betrag

liegt, der sich aus der Anwendung der Formel (1 – X1 / X2) × 8 Prozent der gesamten Verbindlichkeiten einschließlich Eigenmitteln, ergibt, durch Abwicklungseinheiten, die ein global systemrelevantes Institut sind, oder durch Abwicklungseinheiten, die den Anforderungen gemäß § 49c Absatz 5 oder 6 unterliegen, mit Eigenmitteln und mit nachrangigen berücksichtigungsfähigen Instrumenten oder mit Verbindlichkeiten nach Absatz 3 erfüllt wird, sofern alle Voraussetzungen nach Artikel 72b Absatz 3 der Verordnung (EU) Nr. 575/2013 erfüllt sind. [3]Hierbei sind hinsichtlich der gemäß Artikel 72b Absatz 3 der Verordnung (EU) Nr. 575/2013 möglichen Reduzierung X1 = 3,5 Prozent des gemäß Artikel 92 Absatz 3 der Verordnung (EU) Nr. 575/2013 berechneten Gesamtrisikobetrags und X2 = die Summe aus 18 Prozent des gemäß Artikel 92 Absatz 3 der Verordnung (EU) Nr. 575/2013 berechneten Gesamtrisikobetrags und dem Betrag der kombinierten Kapitalpufferanforderung anzusetzen. [4]Ergibt sich durch die Festlegung gemäß den Sätzen 1 und 2 für Abwicklungseinheiten, die § 49c Absatz 5 unterliegen, eine Anforderung von mehr als 27 Prozent des Gesamtrisikobetrags, so begrenzt die Abwicklungsbehörde für die betreffende Abwicklungseinheit den Teil der Anforderung nach § 49e, der durch den Einsatz von Eigenmitteln, von nachrangigen berücksichtigungsfähigen Instrumenten oder von Verbindlichkeiten nach Absatz 3 zu erfüllen ist, auf einen Betrag in Höhe von 27 Prozent des Gesamtrisikobetrags, wenn die Abwicklungsbehörde zu der Einschätzung gelangt ist, dass

1. der Zugang zum Abwicklungsfinanzierungsmechanismus im Abwicklungsplan nicht als Option zur Abwicklung dieser Abwicklungseinheit betrachtet wird und
2. wenn Nummer 1 nicht zutrifft, die Abwicklungseinheit die Anforderungen nach § 7a Absatz 3 und 4 des Restrukturierungsfondsgesetzes, je nach Anwendbarkeit, durch die Anforderung nach § 49e erfüllen kann.

[5]Bei der Einschätzung gemäß Satz 4 ist zudem das Risiko unverhältnismäßiger Auswirkungen auf das Geschäftsmodell der betreffenden Abwicklungseinheit zu berücksichtigen. [6]Satz 4 gilt nicht für Abwicklungseinheiten, für die § 49c Absatz 6 Anwendung findet.

(5) [1]Im Fall von Abwicklungseinheiten, die weder global systemrelevante Institute sind noch Abwicklungseinheiten, auf die § 49c Absatz 5 oder 6 Anwendung findet, kann die Abwicklungsbehörde entscheiden, dass ein Teil der in § 49e genannten Anforderung bis zu einer Höhe von 8 Prozent der gesamten Verbindlichkeiten des Unternehmens einschließlich Eigenmitteln oder bis zu dem Betrag, der sich anhand der Formel nach Absatz 7 errechnet, je nachdem, welcher Wert höher ist, mit Eigenmitteln, mit nachrangigen berücksichtigungsfähigen Instrumenten oder mit Verbindlichkeiten nach Absatz 3 zu erfüllen ist, sofern die folgenden Voraussetzungen erfüllt sind:

1. die in den Absätzen 1 und 2 genannten nicht nachrangigen Verbindlichkeiten nehmen in der Insolvenzrangfolge denselben Rang ein wie Verbindlichkeiten, die gemäß § 91 Absatz 2 oder § 92 Absatz 1 von den Herabschreibungs- und Umwandlungsbefugnissen ausgenommen sind;
2. es besteht ein Risiko, dass auf Grund des geplanten Gebrauchs von Herabschreibungs- und Umwandlungsbefugnissen bei nicht nachrangigen Verbindlichkeiten, die nicht gemäß § 91 Absatz 2 oder § 92 Absatz 1 von der Anwendung dieser Befugnisse ausgenommen sind, Gläubiger von aus diesen

Verbindlichkeiten erwachsenden Forderungen größere Verluste zu tragen haben als bei einer Liquidation nach dem Insolvenzverfahren;

3. die Höhe der Eigenmittel und anderen nachrangigen Verbindlichkeiten übersteigt nicht den Betrag, der erforderlich ist, um zu gewährleisten, dass die in Nummer 2 genannten Gläubiger keine größeren Verluste erleiden, als es bei einer Liquidation nach dem Insolvenzverfahren der Fall gewesen wäre.

[2] Stellt die Abwicklungsbehörde fest, dass innerhalb eines Insolvenzranges von Verbindlichkeiten, der berücksichtigungsfähige Verbindlichkeiten einschließt, der Betrag der Verbindlichkeiten, die gemäß § 91 Absatz 2 oder § 92 Absatz 1 von der Anwendung der Herabschreibungs- und Umwandlungsbefugnisse ausgeschlossen sind oder mit hinreichender Wahrscheinlichkeit ausgeschlossen werden könnten, insgesamt über 10 Prozent dieser Kategorie ausmacht, so bewertet die Abwicklungsbehörde das in Satz 1 Nummer 2 genannte Risiko.

(6) [1] Für die Zwecke der Absätze 4, 5 und 7 umfassen die gesamten Verbindlichkeiten auch Derivatverbindlichkeiten, sofern die Saldierungsrechte der Gegenpartei uneingeschränkt anerkannt werden. [2] Die Eigenmittel einer Abwicklungseinheit, die zur Erfüllung der kombinierten Kapitalpufferanforderung verwendet werden, sind für die Zwecke der Erfüllung der Anforderungen nach den Absätzen 4, 5 und 7 berücksichtigungsfähig.

(7) Abweichend von Absatz 4 hat die Abwicklungsbehörde die Befugnis, zu entscheiden, dass die Anforderung nach § 49e von Abwicklungseinheiten, die ein global systemrelevantes Institut sind, oder von Abwicklungseinheiten, die den Anforderungen nach § 49c Absatz 5 oder 6 unterliegen, mit Eigenmitteln, mit nachrangigen berücksichtigungsfähigen Instrumenten oder mit Verbindlichkeiten nach Absatz 3 zu erfüllen ist, soweit die Summe dieser Eigenmittel, Instrumente und Verbindlichkeiten auf Grund der Verpflichtung der Abwicklungseinheit, den kombinierten Kapitalpufferanforderungen sowie den Anforderungen nach Artikel 92a der Verordnung (EU) Nr. 575/2013, § 49c Absatz 5 und § 49e nachzukommen, den höheren der folgenden Werte nicht übersteigt:

1. 8 Prozent der gesamten Verbindlichkeiten des Unternehmens, einschließlich der Eigenmittel, oder

2. den Betrag, der sich anhand der Formel A x 2 + B x 2 + C errechnet, wobei A, B und C die folgenden Beträge sind:
   A = der Betrag, der sich, vorbehaltlich des § 49 Absatz 3, aufgrund der Anforderungen nach Artikel 92 Absatz 1 Buchstabe c der Verordnung (EU) Nr. 575/2013 ergibt;
   B = der Betrag, der sich, vorbehaltlich des § 49 Absatz 3, aufgrund der Anforderungen nach Artikel 104a der Richtlinie 2013/36/EU ergibt;
   C = der Betrag, der sich aufgrund der kombinierten Kapitalpufferanforderung ergibt.

(8) [1] Die Abwicklungsbehörde kann die in Absatz 7 genannte Befugnis in Bezug auf Abwicklungseinheiten, die ein global systemrelevantes Institut sind oder die § 49c Absatz 5 oder 6 unterliegen und die eine der Voraussetzungen nach Satz 2 erfüllen, für bis zu höchstens 30 Prozent aller Abwicklungseinheiten ausüben, die ein global systemrelevantes Institut sind oder die § 49c Absatz 5 oder 6 unterliegen und für die die Abwicklungsbehörde die Anforderung nach § 49e festlegt. [2] Die folgenden Voraussetzungen werden von der Abwicklungsbehörde bei Ausübung der Befugnis berücksichtigt:

1. in der vorangegangenen Bewertung der Abwicklungsfähigkeit wurden wesentliche Abwicklungshindernisse für die Abwicklungsfähigkeit ermittelt und
   a) nach Einleitung der Maßnahmen zum Abbau der Abwicklungshindernisse nach § 59 Absatz 6 wurden innerhalb des von der Abwicklungsbehörde vorgeschriebenen Zeitplans keine Abhilfemaßnahmen ergriffen oder
   b) das ermittelte wesentliche Hindernis lässt sich durch keine der Maßnahmen zum Abbau der Abwicklungshindernisse nach § 59 Absatz 6 beseitigen und die Ausübung der Befugnis nach Absatz 7 würde die negativen Auswirkungen des wesentlichen Hindernisses für die Abwicklungsfähigkeit teilweise oder vollständig aufwiegen;
2. die Abwicklungsbehörde ist der Auffassung, dass die Umsetzbarkeit und Glaubhaftigkeit der bevorzugten Abwicklungsstrategie der Abwicklungseinheit angesichts ihrer Größe, ihrer Verflechtungen, der Art, des Umfangs, des Risikos und der Komplexität ihrer Tätigkeiten, ihrer Rechtsform sowie ihrer Beteiligungsstruktur eingeschränkt sind oder
3. ergibt sich, vorbehaltlich des § 49 Absatz 3, aus der Anforderung nach Artikel 104a der Richtlinie 2013/36/EU, dass die Abwicklungseinheit, die ein G-SRI ist oder § 49c Absatz 5 oder 6 unterliegt, zu den 20 Prozent der Institute mit dem höchsten Risiko gehört, für die die Abwicklungsbehörde die Anforderung nach § 49 Absatz 1 festlegt.

[3] Für die Zwecke der Prozentsätze nach den Sätzen 1 und 2 rundet die Abwicklungsbehörde das berechnete Ergebnis auf die nächsthöhere ganze Zahl auf.

(9) [1] Die Abwicklungsbehörde fasst die in den Absätzen 5 und 7 genannten Entscheidungen nach Anhörung der Aufsichtsbehörde. [2] Bei diesen Entscheidungen berücksichtigt die Abwicklungsbehörde zudem

1. die Markttiefe für die Eigenmittelinstrumente der Abwicklungseinheit und die nachrangigen berücksichtigungsfähigen Instrumente, gegebenenfalls die Bepreisung dieser Instrumente und die Zeit, die für die Umsetzung der Entscheidung erforderlichen Transaktionen benötigt wird,
2. den Betrag der Instrumente berücksichtigungsfähiger Verbindlichkeiten, die alle in Artikel 72a der Verordnung (EU) Nr. 575/2013 genannten Voraussetzungen erfüllen, mit einer Restlaufzeit von weniger als einem Jahr ab dem Zeitpunkt, zu dem die Entscheidung gefasst wird, um quantitative Anpassungen an den Anforderungen nach den Absätzen 5 und 7 vorzunehmen,
3. die Verfügbarkeit und den Betrag der Instrumente, die alle in Artikel 72a der Verordnung (EU) Nr. 575/2013 genannten Voraussetzungen – mit Ausnahme der in Artikel 72b Absatz 2 Buchstabe d der Verordnung (EU) Nr. 575/2013 genannten Voraussetzungen – erfüllen,
4. die Frage, ob der Betrag der gemäß § 91 Absatz 2 oder § 92 Absatz 1 von der Anwendung der Herabschreibungs- und Umwandlungsbefugnisse ausgeschlossenen Verbindlichkeiten, die in regulären Insolvenzverfahren denselben Rang wie oder einen niedrigeren Rang einnehmen als die höchstrangigen berücksichtigungsfähigen Verbindlichkeiten, erheblich ist, wenn er mit den Eigenmitteln und berücksichtigungsfähigen Verbindlichkeiten der Abwicklungseinheit verglichen wird; übersteigt der Betrag der ausgeschlossenen Verbindlichkeiten 5 Prozent des Betrags der Eigenmittel und berücksichtigungsfähigen Verbindlichkeiten der Abwicklungseinheit nicht, so gilt der ausgeschlossene Betrag als nicht erheblich; oberhalb dieses Schwellenwerts

wird die Erheblichkeit der ausgeschlossenen Verbindlichkeiten von der Abwicklungsbehörde bewertet,

5. das Geschäftsmodell, das Refinanzierungsmodell und das Risikoprofil der Abwicklungseinheit sowie seine Stabilität und seine Fähigkeit, einen Beitrag zur Wirtschaft zu leisten, und
6. die Auswirkungen etwaiger Umstrukturierungskosten auf die Rekapitalisierung der Abwicklungseinheit.

§ 49c Festlegung der Mindestanforderung an Eigenmittel und berücksichtigungsfähige Verbindlichkeiten. (1) Die Anforderung nach § 49 Absatz 1 wird von der Abwicklungsbehörde nach Anhörung der Aufsichtsbehörde anhand folgender Kriterien bestimmt:

1. der Notwendigkeit, sicherzustellen, dass die Abwicklungsgruppe durch Anwendung der Abwicklungsinstrumente, gegebenenfalls auch des Instruments der Gläubigerbeteiligung, auf die Abwicklungseinheit den Abwicklungszielen entsprechend abgewickelt werden kann;
2. der Notwendigkeit, gegebenenfalls sicherzustellen, dass die Abwicklungseinheit und ihre Tochterunternehmen, bei denen es sich um Institute oder gruppenangehörige Unternehmen aber nicht um Abwicklungseinheiten handelt, über ausreichende Eigenmittel und berücksichtigungsfähige Verbindlichkeiten verfügen, damit für den Fall, dass bei ihnen vom Instrument der Gläubigerbeteiligung beziehungsweise von den Herabschreibungs- und Umwandlungsbefugnissen Gebrauch gemacht wird, Verluste absorbiert werden können und weiterhin die Möglichkeit besteht, zu einer Gesamtkapitalquote und gegebenenfalls der Verschuldungsquote der betreffenden Unternehmen auf ein Niveau zurückzukehren, das erforderlich ist, damit sie auch weiterhin den Zulassungsvoraussetzungen genügen und die Tätigkeiten, für die sie gemäß der Richtlinie 2013/36/EU oder der Richtlinie 2014/65/EU zugelassen sind, weiter ausüben können;
3. der Notwendigkeit, sicherzustellen, dass in Fällen, in denen der Abwicklungsplan bereits die Möglichkeit vorsieht, bestimmte Kategorien berücksichtigungsfähiger Verbindlichkeiten gemäß § 92 Absatz 1 vom Instrument der Gläubigerbeteiligung auszunehmen oder im Rahmen einer teilweisen Übertragung vollständig auf einen übernehmenden Rechtsträger zu übertragen, die Abwicklungseinheit über ausreichende Eigenmittel und andere berücksichtigungsfähige Verbindlichkeiten verfügt, damit Verluste absorbiert werden können und die Gesamtkapitalquote und gegebenenfalls die Verschuldungsquote der Abwicklungseinheit wieder auf ein Niveau angehoben werden können, das erforderlich ist, damit sie auch weiterhin den Zulassungsvoraussetzungen genügt und die Tätigkeiten, für die sie gemäß der Richtlinie 2013/36/EU oder der Richtlinie 2014/65/EU zugelassen ist, weiter ausüben kann;
4. von Größe, Geschäftsmodell, Refinanzierungsmodell und Risikoprofil des Unternehmens;
5. des Umfangs, in dem der Ausfall des Unternehmens die Finanzstabilität beeinträchtigen würde, unter anderem durch Ansteckung anderer Institute oder Unternehmen auf Grund seiner Verflechtungen mit anderen Instituten oder Unternehmen oder mit dem übrigen Finanzsystem.

(2) [1] Ist im Abwicklungsplan vorgesehen, dass die Abwicklungsmaßnahmen gemäß dem in § 40 Absatz 2 Nummer 2 und 3 genannten Szenario zu treffen sind oder dass von den Befugnissen, relevante Kapitalinstrumente und berücksichtigungsfähige Verbindlichkeiten gemäß § 65 Absatz 4 herabzuschreiben oder umzuwandeln, Gebrauch zu machen ist, muss die in § 49 Absatz 1 genannte Anforderung hoch genug sein, um Folgendes zu gewährleisten:

1. die erwarteten Verluste, die das Unternehmen zu tragen hat, werden vollständig absorbiert (Verlustabsorption);
2. die Abwicklungseinheit und ihre Tochterunternehmen, bei denen es sich um Institute oder gruppenangehörige Unternehmen, aber nicht um Abwicklungseinheiten handelt, werden auf ein Niveau rekapitalisiert, das es ihnen ermöglicht, weiterhin den Zulassungsvoraussetzungen zu genügen und die Tätigkeiten, für die sie gemäß der Richtlinie 2013/36/EU, der Richtlinie 2014/65/EU oder vergleichbaren Zulassungsvoraussetzungen zugelassen sind, für einen angemessenen Zeitraum, der nicht länger als ein Jahr ist, weiter auszuüben (Rekapitalisierung).

[2] Sieht der Abwicklungsplan für das Unternehmen eine Liquidation im Rahmen eines Insolvenzverfahrens vor, so bewertet die Abwicklungsbehörde, ob es gerechtfertigt ist, die in § 49 Absatz 1 genannte Anforderung für dieses Unternehmen zu beschränken, sodass sie nicht über den zur Verlustabsorption ausreichenden Betrag hinausgeht. [3] Bei der Bewertung der Abwicklungsbehörde wird die Beschränkung insbesondere hinsichtlich etwaiger Auswirkungen auf die Finanzstabilität und auf die Ansteckungsgefahr für das Finanzsystem beurteilt.

(3) [1] Für Abwicklungseinheiten entspricht der aus der Anforderung nach Absatz 2 Satz 1 resultierende Betrag

1. für die Zwecke der Berechnung der Anforderung nach § 49 Absatz 1 nach Maßgabe von § 49 Absatz 2 Nummer 1 der Summe aus
   a) den bei der Abwicklung zu absorbierenden Verlusten, die, vorbehaltlich des § 49 Absatz 3, den Anforderungen des Artikels 92 Absatz 1 Buchstabe c der Verordnung (EU) Nr. 575/2013[1)] und des Artikels 104a der Richtlinie 2013/36/EU an die Abwicklungseinheit auf konsolidierter Basis auf Ebene der Abwicklungsgruppe entsprechen,
   b) einem Rekapitalisierungsbetrag, der es der aus der Abwicklung hervorgehenden Abwicklungsgruppe ermöglicht, die für sie, vorbehaltlich des § 49 Absatz 3, geltende Anforderung an die Gesamtkapitalquote nach Artikel 92 Absatz 1 Buchstabe c der Verordnung (EU) Nr. 575/2013 und die für sie geltende Anforderung nach Artikel 104a der Richtlinie 2013/36/EU auf konsolidierter Basis auf Ebene der Abwicklungsgruppe nach Durchführung der bevorzugten Abwicklungsstrategie wieder zu erfüllen, und
2. für die Zwecke der Berechnung der Anforderung nach § 49 Absatz 1 nach Maßgabe von § 49 Absatz 2 Nummer 2 der Summe aus
   a) den bei der Abwicklung zu absorbierenden Verlusten, die der Anforderung an die Verschuldungsquote der Abwicklungseinheit nach Artikel 92

[1)] Nr. **6**.

Absatz 1 Buchstabe d der Verordnung (EU) Nr. 575/2013 auf konsolidierter Basis auf Ebene der Abwicklungsgruppe entsprechen, und

b) einem Rekapitalisierungsbetrag, der es der aus der Abwicklung hervorgehenden Abwicklungsgruppe ermöglicht, die Anforderung an die Verschuldungsquote nach Artikel 92 Absatz 1 Buchstabe d der Verordnung (EU) Nr. 575/2013 auf konsolidierter Basis auf Ebene der Abwicklungsgruppe nach Durchführung der bevorzugten Abwicklungsstrategie wieder zu erfüllen.

[2] Für die Zwecke des § 49 Absatz 2 Nummer 1 wird die in § 49 Absatz 1 genannte Anforderung als der gemäß Satz 1 Nummer 1 berechnete Verlustabsorptions- und Rekapitalisierungsbetrag geteilt durch den Gesamtrisikobetrag als Prozentwert ausgedrückt. [3] Für die Zwecke des § 49 Absatz 2 Nummer 2 wird die in § 49 Absatz 1 genannte Anforderung als der gemäß Satz 1 Nummer 2 berechnete Betrag geteilt durch die Gesamtrisikopositionsmessgröße als Prozentwert ausgedrückt. [4] Bei der Festlegung der individuellen Anforderung nach Satz 1 Nummer 2 berücksichtigt die Abwicklungsbehörde die Anforderungen nach § 7a Absatz 3 und 4 des Restrukturierungsfondsgesetzes.

(4) Bei der Festlegung der in Absatz 3 genannten Rekapitalisierungsbeträge verfährt die Abwicklungsbehörde wie folgt:

1. sie verwendet die jüngsten gemeldeten Werte für den relevanten Gesamtrisikobetrag oder die relevante Gesamtrisikopositionsmessgröße für die Verschuldungsquote nach Anpassung an jegliche Änderungen infolge der im Abwicklungsplan vorgesehenen Abwicklungsmaßnahmen und
2. sie passt nach Anhörung der Aufsichtsbehörde den Betrag, der, vorbehaltlich des § 49 Absatz 3, den nach § 6c Absatz 1 des Kreditwesengesetzes[1)] bestehenden Anforderungen entspricht, nach unten oder oben an, um die nach Durchführung der bevorzugten Abwicklungsstrategie für die Abwicklungseinheit anzuwendende Anforderung zu bestimmen.

(4a) [1] Die Abwicklungsbehörde kann die Anforderung nach Absatz 3 Satz 1 Nummer 1 Buchstabe b um eine Anforderung erhöhen, die notwendig ist, um sicherzustellen, dass das Unternehmen nach der Abwicklung für einen angemessenen Zeitraum, der maximal ein Jahr beträgt, in der Lage ist, ausreichendes Marktvertrauen in das Unternehmen aufrechtzuerhalten. [2] Erhöht die Abwicklungsbehörde die Anforderung nach Absatz 4, so wird der Betrag der nach Anwendung der Abwicklungsinstrumente anzuwendenden kombinierten Kapitalpufferanforderung abzüglich des Betrags, der sich aus der Anforderung nach § 10i Absatz 1 Nummer 2 des Kreditwesengesetzes gleichgesetzt. [3] Der Betrag gemäß Absatz 4 wird nach unten angepasst, wenn die Abwicklungsbehörde nach Anhörung der Aufsichtsbehörde feststellt, dass es umsetzbar und glaubhaft ist, dass ein geringerer Betrag ausreicht, um das Marktvertrauen aufrechtzuerhalten und sowohl die Fortführung kritischer Funktionen des Instituts oder des gruppenangehörigen Unternehmens als auch seinen Zugang zu Finanzmitteln sicherzustellen, ohne dass nach Durchführung der Abwicklungsstrategie eine außerordentliche finanzielle Unterstützung aus öffentlichen Mitteln erforderlich wäre, die über die Beiträge aus den Abwicklungsfinanzierungsmechanismen nach § 3a Absatz 4 und § 7a Absatz 3 und 4 des Restrukturierungsfondsgesetzes hinausgeht. [4] Dieser Betrag wird erhöht, wenn die Ab-

---

1) Nr. **9**.

wicklungsbehörde nach Anhörung der Aufsichtsbehörde feststellt, dass ein höherer Betrag notwendig ist, um für einen angemessenen Zeitraum, der nicht länger als ein Jahr ist, ein ausreichendes Marktvertrauen aufrechtzuerhalten und sowohl die Fortführung kritischer Funktionen des Instituts oder des gruppenangehörigen Unternehmens als auch seinen Zugang zu Finanzmitteln sicherzustellen, ohne dass über die Beiträge aus den Abwicklungsfinanzierungsmechanismen nach § 3a Absatz 4 und § 7a Absatz 3 und 4 des Restrukturierungsfondsgesetzes hinaus eine außerordentliche finanzielle Unterstützung aus öffentlichen Mitteln erforderlich wäre.

(5) [1] Für Abwicklungseinheiten, die nicht den Anforderungen gemäß Artikel 92a der Verordnung (EU) Nr. 575/2013 unterliegen und die Teil einer Abwicklungsgruppe sind, bei der der Gesamtwert der Vermögenswerte über 100 Milliarden Euro liegt, entspricht die Höhe der in Absatz 3 genannten Anforderung mindestens

1. 13,5 Prozent, sofern gemäß § 49 Absatz 2 Nummer 1 berechnet, und
2. 5 Prozent, sofern gemäß § 49 Absatz 2 Nummer 2 berechnet.

[2] Abweichend von § 49b erfüllen Abwicklungseinheiten die Anforderung gemäß Satz 1 mit Eigenmitteln, nachrangigen berücksichtigungsfähigen Instrumenten oder mit Verbindlichkeiten im Sinne von § 49b Absatz 3.

(6) [1] Die Abwicklungsbehörde kann nach Anhörung der Aufsichtsbehörde entscheiden, die Anforderungen nach Absatz 5 auf eine Abwicklungseinheit anzuwenden, die den Anforderungen gemäß Artikel 92a der Verordnung (EU) Nr. 575/2013 nicht unterliegt und die Teil einer Abwicklungsgruppe ist, bei der der Gesamtwert der Vermögenswerte unter 100 Milliarden Euro liegt, und bei der die Abwicklungsbehörde zu dem Ergebnis kommt, dass sie bei einem Ausfall mit hinreichender Wahrscheinlichkeit ein Systemrisiko darstellt. [2] Bei ihrer Entscheidung berücksichtigt die Abwicklungsbehörde die folgenden Kriterien:

1. das Überwiegen von Einlagen und das Fehlen von Schuldtiteln im Refinanzierungsmodell,
2. inwieweit der Zugang zu den Kapitalmärkten für berücksichtigungsfähige Verbindlichkeiten beschränkt ist und
3. inwieweit die Abwicklungseinheit auf den Rückgriff auf hartes Kernkapital angewiesen ist, um die Anforderung nach § 49e einzuhalten.

[3] Liegt keine Entscheidung nach Satz 1 vor, so bleiben Entscheidungen nach § 49b Absatz 5 hiervon unberührt. [4] Die Abwicklungsbehörde teilt dem Ausschuss Entscheidungen nach Satz 1 mit, sofern es sich um Abwicklungseinheiten handelt, für die der Ausschuss zuständig ist.

(7) [1] Für Unternehmen, die selbst keine Abwicklungseinheiten sind und vorbehaltlich abweichender Regelungen gemäß § 49 Absatz 3, entspricht die in Absatz 2 Satz 1 genannte Anforderung

1. für die Zwecke der Berechnung der Anforderung nach § 49 Absatz 1 nach Maßgabe von § 49 Absatz 2 Nummer 1 der Summe aus
   a) den zu absorbierenden Verlusten, die den Anforderungen an das Unternehmen nach Artikel 92 Absatz 1 Buchstabe c der Verordnung (EU) Nr. 575/2013 und § 6c Absatz 1 des Kreditwesengesetzes entsprechen, und

b) einem Rekapitalisierungsbetrag, der es dem Unternehmen ermöglicht, die für es geltende Anforderung an die Gesamtkapitalquote nach Artikel 92 Absatz 1 Buchstabe c der Verordnung (EU) Nr. 575/2013 und die Anforderung nach § 6c Absatz 1 des Kreditwesengesetzes nach Ausübung der Befugnis zur Herabschreibung oder Umwandlung von relevanten Kapitalinstrumenten und berücksichtigungsfähigen Verbindlichkeiten gemäß § 65 Absatz 4 oder nach Abwicklung der Abwicklungsgruppe wieder zu erfüllen, und

2. für die Zwecke der Berechnung der Anforderung nach § 49 Absatz 1 nach Maßgabe von § 49 Absatz 2 Nummer 2 der Summe aus

a) den zu absorbierenden Verlusten, die der Anforderung an die Verschuldungsquote des Unternehmens nach Artikel 92 Absatz 1 Buchstabe d der Verordnung (EU) Nr. 575/2013 entsprechen, und

b) einem Rekapitalisierungsbetrag, der es dem Unternehmen ermöglicht, die Anforderung an die Verschuldungsquote nach Artikel 92 Absatz 1 Buchstabe d der Verordnung (EU) Nr. 575/2013 nach Ausübung der Befugnis zur Herabschreibung oder Umwandlung von relevanten Kapitalinstrumenten und berücksichtigungsfähigen Verbindlichkeiten gemäß § 65 Absatz 4 oder nach Abwicklung der Abwicklungsgruppe wieder zu erfüllen.

[2] Für die Zwecke des § 49 Absatz 2 Nummer 1 wird die in § 49 Absatz 1 genannte Anforderung als der gemäß Satz 1 Nummer 1 berechnete Betrag geteilt durch den Gesamtrisikobetrag als Prozentwert ausgedrückt. [3] Für die Zwecke des § 49 Absatz 2 Nummer 2 wird die in § 49 Absatz 1 genannte Anforderung als der gemäß Satz 1 Nummer 2 berechnete Betrag geteilt durch die Gesamtrisikopositionsmessgröße als Prozentwert ausgedrückt. [4] Bei der Festlegung der individuellen Anforderung nach Satz 1 Nummer 2 berücksichtigt die Abwicklungsbehörde die Anforderungen nach § 7a Absatz 3 und 4 des Restrukturierungsfondsgesetzes.

(8) Bei der Festlegung der in Absatz 7 genannten Rekapitalisierungsbeträge hat die Abwicklungsbehörde

1. die jüngsten gemeldeten Werte für den relevanten Gesamtrisikobetrag oder die relevante Gesamtrisikomessgröße nach Anpassung an alle Änderungen infolge der im Abwicklungsplan vorgesehenen Maßnahmen zu verwenden und

2. nach Anhörung der Aufsichtsbehörde den Betrag, der, vorbehaltlich des § 49 Absatz 3, der in § 6c Absatz 1 des Kreditwesengesetzes genannten Anforderung entspricht, nach unten oder oben anzupassen, um die Anforderung zu bestimmen, die nach Ausübung der Befugnis zur Herabschreibung oder Umwandlung von relevanten Kapitalinstrumenten und berücksichtigungsfähigen Verbindlichkeiten gemäß § 65 Absatz 4 oder nach Abwicklung der Abwicklungsgruppe für das entsprechende Unternehmen anzuwenden ist.

(9) [1] Die Abwicklungsbehörde kann die Anforderung nach Absatz 7 Satz 1 Nummer 1 Buchstabe b um eine Anforderung erhöhen, die notwendig ist, um sicherzustellen, dass das Unternehmen nach Ausübung der Befugnis zur Herabschreibung oder Umwandlung von relevanten Kapitalinstrumenten und berücksichtigungsfähigen Verbindlichkeiten gemäß § 65 Absatz 4 für einen angemessenen Zeitraum, der nicht länger als ein Jahr ist, in der Lage ist, ausreichendes Marktvertrauen aufrechtzuerhalten. [2] Erhöht die Abwicklungsbehörde die Anforderung nach Satz 1, so wird der Betrag, der nach Ausübung

der Befugnis gemäß den §§ 65, 77 und 89 oder nach Abwicklung der Abwicklungsgruppe anzuwendenden kombinierten Kapitalpufferanforderung abzüglich des Betrags, der sich aus der Anforderung nach § 10i Absatz 1 Nummer 2 des Kreditwesengesetzes gleichgesetzt. [3] Die in Satz 1 genannte Anforderung wird nach unten angepasst, wenn die Abwicklungsbehörde nach Anhörung der Aufsichtsbehörde feststellt, dass es umsetzbar und glaubhaft ist, dass ein geringerer Betrag ausreicht, um das Marktvertrauen sicherzustellen und sowohl die Fortführung kritischer Funktionen des Instituts oder gruppenangehörigen Unternehmens als auch seinen Zugang zu Finanzmitteln sicherzustellen, ohne dass eine außerordentliche finanzielle Unterstützung aus öffentlichen Mitteln erforderlich wäre, die über die Beiträge aus den Abwicklungsfinanzierungsmechanismen nach § 3a Absatz 2 und § 7a Absatz 3 und 4 des Restrukturierungsfondsgesetzes hinausgeht, nachdem die Ausübung der Befugnis nach den §§ 65, 77 Absatz 2 und § 89 oder nachdem die Abwicklung der Abwicklungsgruppe erfolgt ist. [4] Dieser Betrag wird erhöht, wenn die Abwicklungsbehörde nach Anhörung der Aufsichtsbehörde feststellt, dass ein höherer Betrag notwendig ist, um für einen angemessenen Zeitraum, der nicht länger als ein Jahr ist, ein ausreichendes Marktvertrauen aufrechtzuerhalten und sowohl die Fortführung kritischer Funktionen des Instituts oder gruppenangehörigen Unternehmens als auch seinen Zugang zu Finanzmitteln sicherzustellen, ohne dass über die Beiträge aus den Abwicklungsfinanzierungsmechanismen gemäß § 3a Absatz 2 und § 7a Absatz 3 und 4 des Restrukturierungsfondsgesetzes hinaus eine außerordentliche finanzielle Unterstützung aus öffentlichen Mitteln erforderlich wäre.

(10) Geht die Abwicklungsbehörde davon aus, dass bestimmte Kategorien berücksichtigungsfähiger Verbindlichkeiten mit hinreichender Wahrscheinlichkeit gemäß § 92 Absatz 1 vollständig oder teilweise vom Instrument der Gläubigerbeteiligung ausgeschlossen werden oder im Rahmen einer partiellen Übertragung vollständig auf einen übernehmenden Rechtsträger übertragen werden könnten, so wird die in § 49 Absatz 1 genannte Anforderung mit Eigenmitteln oder anderen berücksichtigungsfähigen Verbindlichkeiten erfüllt, die ausreichen, um

1. die gemäß § 92 Absatz 1 ausgeschlossenen Verbindlichkeiten zu decken und
2. die Erfüllung der in Absatz 2 genannten Voraussetzungen zu gewährleisten.

(11)[1)] Eine Entscheidung der Abwicklungsbehörde, eine Mindestanforderung an Eigenmittel und berücksichtigungsfähige Verbindlichkeiten vorzuschreiben, umfasst eine entsprechende Begründung samt einer vollständigen Bewertung der in den Absätzen 2 bis 8 genannten Elemente und wird unverzüglich durch die Abwicklungsbehörde überprüft, um allen Änderungen der Höhe einer nach § 6c Absatz 1 des Kreditwesengesetzes festgesetzten Anforderung Rechnung zu tragen.

(12) Für die Zwecke der Absätze 3 und 7 sind für die Kapitalanforderungen die Übergangsbestimmungen maßgeblich, die in Teil 10 Titel I Kapitel 1, 2 und 4 der Verordnung (EU) Nr. 575/2013 und in den nationalen Rechtsvor-

---

[1)] Änderung in Abs. 11 durch G v. 12.5.2021 (BGBl. I S. 990) hier nicht durchführbar:„e) In Absatz 11 werden nach der Angabe „Richtlinie 2013/36/EU" ein Komma und die Wörter „vorbehaltlich des § 49 Absatz 3," eingefügt."

schriften zur Ausübung der Optionen, die den Aufsichtsbehörden im Rahmen dieser Verordnung zur Verfügung stehen, festgelegt sind.

§ 49d Festlegung der Mindestanforderung an Eigenmittel und berücksichtigungsfähige Verbindlichkeiten für Abwicklungseinheiten von global systemrelevanten Instituten und in der Union ansässige bedeutende Tochterunternehmen von global systemrelevanten Nicht-EU-Instituten. (1) Die in § 49 Absatz 1 genannte Anforderung an eine Abwicklungseinheit, bei der es sich um ein global systemrelevantes Institut oder einen Teil eines global systemrelevanten Instituts handelt, besteht aus

1. den in den Artikeln 92a und 494 der Verordnung (EU) Nr. 575/2013[1] genannten Anforderungen und
2. der zusätzlichen Anforderung an Eigenmittel und berücksichtigungsfähige Verbindlichkeiten, die von der Abwicklungsbehörde gemäß Absatz 3 für dieses Unternehmen festgelegt wurde.

(2) Die in § 49 Absatz 1 genannte Anforderung an ein in der Union ansässiges bedeutendes Tochterunternehmen eines global systemrelevanten Nicht-EU-Instituts besteht aus

1. den in den Artikeln 92b und 494 der Verordnung (EU) Nr. 575/2013 genannten Anforderungen und
2. der zusätzlichen Anforderung an Eigenmittel und berücksichtigungsfähige Verbindlichkeiten, die von der Abwicklungsbehörde für dieses bedeutende Tochterunternehmen gemäß Absatz 3 festgelegt wurde und mit Eigenmitteln und Verbindlichkeiten zu erfüllen ist, die den in den §§ 49f und 159 Absatz 2 genannten Bedingungen genügen.

(3) [1]Die Abwicklungsbehörde legt eine zusätzliche Anforderung an Eigenmittel und berücksichtigungsfähige Verbindlichkeiten gemäß Absatz 1 Nummer 2 und Absatz 2 Nummer 2 fest, wenn die in Absatz 1 Nummer 1 oder Absatz 2 Nummer 1 genannte Anforderung nicht ausreicht, um die in § 49c genannten Bedingungen zu erfüllen. [2]Die Festlegung erfolgt in der Höhe, die erforderlich ist, um die Erfüllung der Bedingungen nach § 49c sicherzustellen.

(4) Besteht die Gruppe des global systemrelevanten Instituts aus mehreren Abwicklungseinheiten, berechnet die Abwicklungsbehörde den in Absatz 3 genannten Betrag für die Zwecke des § 50 Absatz 2 für jede Abwicklungseinheit und für das Mutterunternehmen in der Union, als wäre es die einzige Abwicklungseinheit des global systemrelevanten Instituts.

(5)[2] [1]Zusammen mit der Entscheidung der Abwicklungsbehörde, gemäß Absatz 1 Nummer 2 oder Absatz 2 Nummer 2 eine zusätzliche Anforderung an Eigenmittel und berücksichtigungsfähige Verbindlichkeiten vorzuschreiben, ist eine Begründung einschließlich einer vollständigen Bewertung der in Absatz 3 genannten Elemente vorzulegen. [2]Die Entscheidung wird unverzüglich durch die Abwicklungsbehörde überprüft, um Änderungen in Bezug auf die für die Abwicklungsgruppe oder das bedeutende Unions-Tochterunternehmen eines global systemrelevanten Nicht-EU-Instituts geltende Höhe einer nach § 6c

---

[1] Nr. **6**.

[2] Änderung in Abs. 5 durch G v. 12.5.2021 (BGBl. I S. 990) hier nicht durchführbar: „In § 49d Absatz 5 werden nach der Angabe „Richtlinie 2013/36/EU“ ein Komma und die Wörter „vorbehaltlich des § 49 Absatz 3,“ eingefügt.“

Absatz 1 des Kreditwesengesetzes[1] festgesetzten Anforderung Rechnung zu tragen.

§ 49e Anwendung der Mindestanforderung an Eigenmittel und berücksichtigungsfähige Verbindlichkeiten auf Abwicklungseinheiten.

(1) Abwicklungseinheiten kommen den in den §§ 49b bis 49d festgelegten Anforderungen auf konsolidierter Basis auf Ebene der Abwicklungsgruppe nach.

(2) Die Abwicklungsbehörde legt die in § 49 Absatz 1 genannte Anforderung an eine Abwicklungseinheit auf konsolidierter Basis auf Ebene der Abwicklungsgruppe gemäß § 50 auf der Grundlage der Anforderungen nach den §§ 49b bis 49d und abhängig davon fest, ob die Tochterunternehmen der Gruppe in Drittstaaten dem Abwicklungsplan zufolge getrennt abzuwickeln sind.

(3) Im Fall von Abwicklungsgruppen, die gemäß § 2 Absatz 3 Nummer 3b bestimmt wurden, entscheidet die Abwicklungsbehörde nach Maßgabe wechselseitiger Sicherungs- und Einstandsvereinbarungen und der bevorzugten Abwicklungsstrategie, welche Unternehmen der Abwicklungsgruppe § 49c Absatz 3 und 5 sowie § 49d Absatz 1 nachkommen müssen, um zu gewährleisten, dass die Abwicklungsgruppe als Ganzes den Anforderungen nach den Absätzen 1 und 2 nachkommt und wie diese Unternehmen dies im Einklang mit dem Abwicklungsplan erfüllen sollen.

§ 49f Anwendung der Mindestanforderung an Eigenmittel und berücksichtigungsfähige Verbindlichkeiten auf Unternehmen, die selbst keine Abwicklungseinheit sind. (1) [1] Institute, die Tochterunternehmen einer Abwicklungseinheit oder eines Mutterunternehmens mit Sitz in einem Drittstaat aber selbst keine Abwicklungseinheiten sind, kommen den Anforderungen gemäß § 49c auf Einzelbasis nach. [2] Nach Anhörung der Aufsichtsbehörde kann die Abwicklungsbehörde entscheiden, die Anforderung an ein gruppenangehöriges Unternehmen zu stellen, das ein Tochterunternehmen einer Abwicklungseinheit aber selbst keine Abwicklungseinheit ist. [3] Abweichend von Satz 1 kommen EU-Mutterunternehmen, die selbst keine Abwicklungseinheiten, aber Tochterunternehmen von Mutterunternehmen mit Sitz in einem Drittstaat sind, den Anforderungen gemäß den §§ 49c und 49d auf konsolidierter Basis nach. [4] Den Anforderungen nach § 49c Absatz 7 bis 9 kommen auf Einzelbasis nach:

1. Abwicklungsgruppen, die gemäß § 2 Absatz 3 Nummer 3b bestimmt wurden,
2. CRR-Kreditinstitute, die einer Zentralorganisation ständig zugeordnet aber selbst keine Abwicklungseinheiten sind,
3. eine Zentralorganisation, die keine Abwicklungseinheit ist, sowie
4. alle Abwicklungseinheiten, die nicht den Anforderungen nach § 49e Absatz 3 unterliegen.

[5] Für die Unternehmen des Satzes 4 gelten für die Bestimmung der Anforderung nach § 49 Absatz 1 die §§ 49c, 50 und 159.

---

[1] Nr. **9**.

(2) Die in § 49 Absatz 1 genannte Anforderung an Unternehmen im Sinne von Absatz 1 wird mit einer oder mehreren der folgenden Positionen erfüllt:

1. Verbindlichkeiten,
   a) die an die Abwicklungseinheit entweder direkt oder indirekt über andere Unternehmen derselben Abwicklungsgruppe begeben oder von dieser erworben wurden, die die Verbindlichkeiten von dem diesem Paragraphen unterliegenden Unternehmen erworben haben, oder an einen vorhandenen Anteilseigner, der nicht Teil derselben Abwicklungsgruppe ist, begeben und von diesem erworben werden, sofern die Kontrolle der Abwicklungseinheit über das Tochterunternehmen durch die Ausübung der Befugnis zur Herabschreibung oder Umwandlung nach den §§ 65, 66, 77, 89 und 96 bis 101 nicht beeinträchtigt wird,
   b) die die in Artikel 72a der Verordnung (EU) Nr. 575/2013[1] genannten Kriterien für die Berücksichtigungsfähigkeit erfüllen, mit Ausnahme derer des Artikels 72b Absatz 2 Buchstabe b, c, k, l und m und des Absatz 3 bis 5 jener Verordnung,
   c) die in regulären Insolvenzverfahren einen niedrigeren Rang einnehmen als Verbindlichkeiten, die die Bedingung gemäß Buchstabe a nicht erfüllen und für die Eigenmittelanforderungen nicht berücksichtigt werden können,
   d) die der Befugnis zur Herabschreibung oder Umwandlung gemäß den §§ 65, 66, 77, 89 und 96 bis 101 unterliegen, die mit der Abwicklungsstrategie der Abwicklungsgruppe im Einklang stehen und insbesondere die Kontrolle der Abwicklungseinheit über das Tochterunternehmen nicht beeinträchtigen,
   e) deren Erwerb weder direkt noch indirekt durch das Unternehmen finanziert wird,
   f) für die Bestimmungen gelten, die weder explizit noch implizit erkennen lassen, dass das Unternehmen die Verbindlichkeiten außer im Fall der Insolvenz oder Liquidation des Unternehmens vorzeitig kündigen, tilgen, zurückzahlen oder zurückkaufen würde, und das Unternehmen auch anderweitig keinen dahingehenden Hinweis gibt,
   g) für die Bestimmungen gelten, die den Inhaber nicht berechtigen, die planmäßige künftige Zahlung von Zinsen oder des Kapitalbetrags zu beschleunigen, außer im Fall der Insolvenz oder Liquidation des diesem Paragraphen unterliegenden Unternehmens,
   h) für die gilt, dass die Höhe der auf die Verbindlichkeiten gegebenenfalls fälligen Zins- oder Dividendenzahlungen nicht auf Grund der Bonität des Unternehmens oder seines Mutterunternehmens angepasst wird,
2. Eigenmittel mit hartem Kernkapital und
3. sonstige Eigenmittel, die
   a) an Unternehmen derselben Abwicklungsgruppe begeben und von diesen erworben werden oder
   b) an Unternehmen begeben und von diesen erworben werden, die nicht derselben Abwicklungsgruppe angehören, sofern die Kontrolle der Abwicklungseinheit über das Tochterunternehmen durch die Ausübung der

[1] Nr. 6.

Befugnis zur Herabschreibung oder Umwandlung nach den §§ 65, 66, 77, 89 und 96 bis 101 nicht beeinträchtigt wird.

(3) Ein Tochterunternehmen, bei dem es sich nicht um eine Abwicklungseinheit handelt, kann von der zuständigen Abwicklungsbehörde von den Anforderungen nach den Absätzen 1 und 2 ausgenommen werden, wenn

1. sowohl das Tochterunternehmen als auch die Abwicklungseinheit im Inland niedergelassen und Teil derselben Abwicklungsgruppe sind,
2. die Abwicklungseinheit die Anforderung nach § 49e erfüllt,
3. kein wesentliches praktisches oder rechtliches Hindernis für die unverzügliche Übertragung von Eigenmitteln oder die Rückzahlung von Verbindlichkeiten durch die Abwicklungseinheit an das Tochterunternehmen, in Bezug auf das eine Feststellung gemäß den §§ 65 und 66 getroffen wurde, vorhanden oder abzusehen ist, insbesondere, wenn in Bezug auf die Abwicklungseinheit Abwicklungsmaßnahmen getroffen werden,
4. die Abwicklungseinheit in Bezug auf die umsichtige Führung des Tochterunternehmens die Anforderungen der Aufsichtsbehörde erfüllt und mit deren Zustimmung erklärt hat, dass es für die von seinem Tochterunternehmen eingegangenen Verpflichtungen haftet, oder die durch das Tochterunternehmen verursachten Risiken unerheblich sind,
5. die Risikobewertungs-, Risikomess- und Risikokontrollverfahren der Abwicklungseinheit sich auch auf das Tochterunternehmen erstrecken und
6. die Abwicklungseinheit mehr als 50 Prozent der mit den Anteilen oder Aktien des Tochterunternehmens verbundenen Stimmrechte hält oder zur Bestellung oder Abberufung der Mehrheit der Mitglieder des Leitungsorgans des Tochterunternehmens berechtigt ist.

(4) Ebenfalls von der Mindestanforderung an Eigenmittel und berücksichtigungsfähige Verbindlichkeiten nach den Absätzen 1 und 2 kann ein Tochterunternehmen, bei dem es sich nicht um eine Abwicklungseinheit handelt, von der Abwicklungsbehörde ausgenommen werden, wenn

1. sowohl das Tochterunternehmen als auch sein Mutterunternehmen im Inland niedergelassen und Teil derselben Abwicklungsgruppe sind,
2. das Mutterunternehmen die Anforderung nach § 49 Absatz 1 auf konsolidierter Basis erfüllt,
3. kein wesentliches praktisches oder rechtliches Hindernis für die unverzügliche Übertragung von Eigenmitteln oder die Rückzahlung von Verbindlichkeiten durch das Mutterunternehmen an das Tochterunternehmen, in Bezug auf das eine Feststellung gemäß den §§ 65 und 66 getroffen wurde, vorhanden oder abzusehen ist, insbesondere, wenn in Bezug auf das Mutterunternehmen Abwicklungsmaßnahmen getroffen oder Befugnisse nach den §§ 65, 66 und 77 Absatz 2 ausgeübt werden,
4. das Mutterunternehmen in Bezug auf die umsichtige Führung des Tochterunternehmens die Anforderungen der Aufsichtsbehörde erfüllt und mit deren Zustimmung erklärt hat, dass es für die von seinem Tochterunternehmen eingegangenen Verpflichtungen haftet, oder die durch das Tochterunternehmen verursachten Risiken unerheblich sind,
5. die Risikobewertungs-, Risikomess- und Risikokontrollverfahren des Mutterunternehmens sich auch auf das Tochterunternehmen erstrecken und

6. das Mutterunternehmen mehr als 50 Prozent der mit den Anteilen oder Aktien des Tochterunternehmens verbundenen Stimmrechte hält oder zur Bestellung oder Abberufung der Mehrheit der Mitglieder des Leitungsorgans des Tochterunternehmens berechtigt ist.

(5) [1] Wenn sowohl das Tochterunternehmen als auch die Abwicklungseinheit im Inland niedergelassen und Teil derselben Abwicklungsgruppe sind und die Abwicklungseinheit die Anforderung nach § 49e erfüllt, kann die für das Tochterunternehmen zuständige Abwicklungsbehörde zulassen, dass die Anforderung nach § 49 Absatz 1 ganz oder teilweise mittels einer Garantie erfüllt wird, die von der Abwicklungseinheit gestellt wird und folgende Voraussetzungen erfüllt:

1. die Garantie entspricht in ihrer Höhe zumindest der zu deckenden Anforderung,
2. die Garantie wird fällig, wenn das Tochterunternehmen seine Schulden oder andere Verbindlichkeiten bei Fälligkeit nicht bedienen kann oder wenn in Bezug auf das Tochterunternehmen eine Feststellung gemäß den §§ 65 und 66 getroffen wurde,
3. die Garantie wird in Höhe von mindestens 50 Prozent durch eine Finanzsicherheit im Sinne von Artikel 2 Absatz 1 Buchstabe a der Richtlinie 2002/47/EG unterlegt,
4. die Sicherheit, mit der die Garantie unterlegt ist, erfüllt die Anforderungen des Artikels 197 der Verordnung (EU) Nr. 575/2013 und reicht nach angemessen konservativen Sicherheitsabschlägen aus, um den gemäß Nummer 3 besicherten Garantiebetrag zu decken,
5. die Sicherheit, mit der die Garantie unterlegt ist, ist unbelastet und dient insbesondere nicht als Sicherheit für andere Garantien,
6. die Sicherheit verfügt über eine effektive Laufzeit, die dieselbe Anforderung an die Laufzeit erfüllt wie die in Artikel 72c Absatz 1 der Verordnung (EU) Nr. 575/2013 genannte, und
7. es bestehen keine rechtlichen, regulatorischen oder operativen Hindernisse für die Übertragung der Sicherheit von der Abwicklungseinheit an das betreffende Tochterunternehmen, auch dann nicht, wenn in Bezug auf die Abwicklungseinheit Abwicklungsmaßnahmen getroffen werden.

[2] Für die Zwecke des Satzes 1 Nummer 7 stellt die Abwicklungseinheit auf Verlangen der Abwicklungsbehörde ein unabhängiges, schriftliches und mit einer Begründung versehenes Rechtsgutachten bereit oder weist auf andere Weise glaubhaft nach, dass keinerlei rechtliche, regulatorische oder operative Hindernisse für die Übertragung der Sicherheit von der Abwicklungseinheit an das betreffende Tochterunternehmen bestehen.

§ 49g Ausnahmen für eine Zentralorganisation und CRR-Kreditinstitute, die einer Zentralorganisation ständig zugeordnet sind. Die Abwicklungsbehörde kann die Zentralorganisation oder ein CRR-Kreditinstitut, das einer Zentralorganisation ständig zugeordnet ist, von der Anwendung des § 49f teilweise oder ganz ausnehmen, wenn

1. das CRR-Kreditinstitut und die Zentralorganisation
   a) der Beaufsichtigung durch dieselbe Aufsichtsbehörde unterliegen,
   b) im Inland niedergelassen sind und

c) Teil derselben Abwicklungsgruppe sind,
2. die Verbindlichkeiten der Zentralorganisation und der ihr ständig zugeordneten CRR-Kreditinstitute gemeinsame Verbindlichkeiten sind oder die Verbindlichkeiten der ständig zugeordneten Kreditinstitute von der Zentralorganisation in vollem Umfang garantiert werden,
3. die Mindestanforderung an Eigenmittel und berücksichtigungsfähige Verbindlichkeiten sowie die Anforderungen an die Solvabilität und Liquidität der Zentralorganisation sowie aller ihr ständig zugeordneten CRR-Kreditinstitute insgesamt auf der Grundlage konsolidierter Abschlüsse dieser Institute überwacht werden,
4. im Fall von Ausnahmen für ein einer Zentralorganisation ständig zugeordnetes CRR-Kreditinstitut die Leitung der Zentralorganisation befugt ist, der Leitung der ihr ständig zugeordneten Institute Weisungen zu erteilen,
5. die betreffende Abwicklungsgruppe die Anforderung nach § 49e Absatz 3 erfüllt und
6. kein wesentliches tatsächliches oder rechtliches Hindernis für die unverzügliche Übertragung von Eigenmitteln oder die Rückzahlung von Verbindlichkeiten zwischen der Zentralorganisation und den ihr ständig zugeordneten CRR-Kreditinstituten im Fall der Abwicklung vorhanden oder abzusehen ist.

§ 50 Gemeinsame Entscheidung über die Mindestanforderung an Eigenmittel und berücksichtigungsfähige Verbindlichkeiten. (1) [1]Die für die Abwicklungseinheit zuständige Abwicklungsbehörde, die für die Gruppenabwicklung zuständige Abwicklungsbehörde, sofern diese nicht identisch sind, und die für die Tochterunternehmen einer Abwicklungsgruppe, die den Anforderungen nach § 49f auf Einzelbasis unterliegen, zuständigen Abwicklungsbehörden streben eine gemeinsame Entscheidung an über
1. den Betrag der Anforderung, die an die Abwicklungseinheit auf konsolidierter Basis auf Ebene der Abwicklungsgruppe gestellt wird, und
2. den Betrag der Anforderung, die an ein Unternehmen einer Abwicklungsgruppe, bei dem es sich nicht um eine Abwicklungseinheit handelt, auf Einzelbasis gestellt wird.

[2]Die gemeinsame Entscheidung hat die Anforderungen gemäß den §§ 49e und 49f zu berücksichtigen, ist zu begründen und zu übermitteln
1. von der zuständigen Abwicklungsbehörde an die Abwicklungseinheit;
2. von den jeweils für sie zuständigen Abwicklungsbehörden an die Unternehmen einer Abwicklungsgruppe, bei denen es sich nicht um eine Abwicklungseinheit handelt;
3. von der für die Abwicklungseinheit zuständigen Abwicklungsbehörde an das EU-Mutterunternehmen der Gruppe, falls dieses Mutterunternehmen nicht selbst eine Abwicklungseinheit derselben Abwicklungsgruppe ist.

[3]In der gemeinsamen Entscheidung kann vorgesehen werden, dass die Anforderungen nach § 49c Absatz 7 bis 9 von dem Tochterunternehmen im Einklang mit § 49f Absatz 2 teilweise mit Instrumenten erfüllt werden können, die an Unternehmen begeben und von diesen erworben werden, die nicht der Abwicklungsgruppe angehören. [4]Die Erfüllung muss im Einklang mit der Abwicklungsstrategie stehen und die Abwicklungseinheit darf weder direkt noch

indirekt ausreichende Instrumente erworben haben, die den Anforderungen des § 49f Absatz 2 genügen. [5] Wird innerhalb von vier Monaten keine gemeinsame Entscheidung erzielt, so wird gemäß den Absätzen 3 bis 5 entschieden.

(2) [1] Handelt es sich bei mehr als einer Einheit eines global systemrelevanten Instituts desselben global systemrelevanten Instituts um eine Abwicklungseinheit, so erörtern und vereinbaren die in Absatz 1 genannten Abwicklungsbehörden unter Berücksichtigung der Abwicklungsstrategie des global systemrelevanten Instituts die Anwendung von Artikel 72e der Verordnung (EU) Nr. 575/2013[1)] sowie eine eventuelle Anpassung zur weitest möglichen Verringerung oder Beseitigung der Differenz zwischen der Summe der in § 49d Absatz 4 und der in Artikel 12 der Verordnung (EU) Nr. 575/2013 genannten Beträge für einzelne Abwicklungseinheiten und der Summe der in § 49d Absatz 4 und der in Artikel 12 der Verordnung (EU) Nr. 575/2013 genannten Beträge. [2] Eine Anpassung kann erfolgen, indem die Höhe der Anforderung angepasst wird, wenn die Anpassung mit Rücksicht auf Unterschiede bei der Berechnung der Gesamtrisikobeträge in den betreffenden Mitgliedstaaten vorgenommen wird. [3] Eine Anpassung darf nicht erfolgen, um Unterschiede auszugleichen, die sich aus Risikopositionen zwischen Abwicklungsgruppen ergeben. [4] Die Summe der in § 49d Absatz 4 und der in Artikel 12 der Verordnung (EU) Nr. 575/2013 für einzelne Abwicklungseinheiten genannten Beträge darf nicht geringer sein als die Summe der in § 49d Absatz 4 und der in Artikel 12 der Verordnung (EU) Nr. 575/2013 genannten Beträge. [5] Wird innerhalb von vier Monaten keine gemeinsame Entscheidung erzielt, so wird gemäß den Absätzen 3 bis 5 entschieden.

(3) [1] Wird auf Grund einer Meinungsverschiedenheit über eine konsolidierte Anforderung für die Abwicklungsgruppe nach § 49e innerhalb von vier Monaten keine gemeinsame Entscheidung getroffen, so entscheidet die für die Abwicklungseinheit zuständige Abwicklungsbehörde über diese Anforderung unter Berücksichtigung

1. der von den zuständigen Abwicklungsbehörden vorgenommenen Bewertung der Unternehmen der Abwicklungsgruppe, bei denen es sich nicht um eine Abwicklungseinheit handelt, und
2. der Stellungnahme der für die Gruppenabwicklung zuständigen Behörde, falls diese nicht mit der für die Abwicklungseinheit zuständigen Abwicklungsbehörde identisch ist.

[2] Hat bis zum Ablauf der Viermonatsfrist eine der betreffenden Abwicklungsbehörden gemäß Artikel 19 der Verordnung (EU) Nr. 1093/2010 die Europäische Bankenaufsichtsbehörde mit der Angelegenheit befasst, so stellt die für die Abwicklungseinheit zuständige Abwicklungsbehörde ihre Entscheidung in Erwartung eines Beschlusses der Europäischen Bankenaufsichtsbehörde gemäß Artikel 19 Absatz 3 der genannten Verordnung zurück und trifft ihre Entscheidung anschließend im Einklang mit dem Beschluss der Europäischen Bankenaufsichtsbehörde. [3] Die Viermonatsfrist ist als Schlichtungsphase im Sinne der Verordnung (EU) Nr. 1093/2010 zu betrachten. [4] Nach Ablauf der Viermonatsfrist oder nachdem eine gemeinsame Entscheidung getroffen worden ist, kann die Europäische Bankenaufsichtsbehörde nicht mehr mit der Angelegenheit befasst werden. [5] Fasst die Europäische Bankenaufsichtsbehörde

---

[1)] Nr. **6**.

innerhalb eines Monats, nachdem sie mit der Angelegenheit befasst wurde keinen Beschluss, so findet die Entscheidung der Abwicklungsbehörde Anwendung, die für die Abwicklungseinheit zuständig ist.

(4)[1)] [1] Wird auf Grund einer Meinungsverschiedenheit über die Höhe der Anforderung, die nach § 49f für ein Unternehmen einer Abwicklungsgruppe auf Einzelbasis gilt, innerhalb von vier Monaten keine gemeinsame Entscheidung getroffen, so entscheidet die Abwicklungsbehörde, die für dieses Unternehmen zuständig ist, unter der Voraussetzung, dass

1. die von der Abwicklungsbehörde der Abwicklungseinheit schriftlich geäußerten Standpunkte und Vorbehalte gebührend berücksichtigt wurden und
2. falls die für die Gruppenabwicklung zuständige Behörde nicht mit der Abwicklungsbehörde der Abwicklungseinheit identisch ist, die schriftlich geäußerten Standpunkte und Vorbehalte der für die Gruppenabwicklung zuständigen Behörde gebührend berücksichtigt wurden.

[2] Die Abwicklungsbehörde der Abwicklungseinheit oder die für die Gruppenabwicklung zuständige Behörde befasst die Europäische Bankenaufsichtsbehörde nicht mit der Wahrnehmung einer bindenden Vermittlertätigkeit gemäß Artikel 19 der Verordnung (EU) Nr. 1093/2010, wenn der von der für das Tochterunternehmen zuständigen Abwicklungsbehörde festgelegte Schwellenwert in Bezug auf die Anforderung nach § 49e bei höchstens 2 Prozent des Gesamtrisikobetrags nach Artikel 92 Absatz 3 der Verordnung (EU) Nr. 575/2013 liegt und die Voraussetzungen nach § 49c Absatz 7 bis 9 erfüllt. [3] Absatz 3 Satz 2 bis 5 findet entsprechende Anwendung. [4] Fasst die Europäische Bankenaufsichtsbehörde innerhalb eines Monats keinen Beschluss, so finden die Entscheidungen der Abwicklungsbehörden der Tochterunternehmen Anwendung.

(5) Wird auf Grund einer Meinungsverschiedenheit über die Höhe der konsolidierten Anforderung für die Abwicklungsgruppe und über die Höhe der für die Unternehmen der Abwicklungsgruppe auf Einzelbasis geltenden Anforderung innerhalb von vier Monaten keine gemeinsame Entscheidung getroffen, ist eine Entscheidung über die Höhe

1. der für die Tochterunternehmen der Abwicklungsgruppe auf Einzelbasis geltenden Anforderung gemäß Absatz 4 zu treffen und
2. eine Entscheidung über die Höhe der konsolidierten Anforderung für die Abwicklungsgruppe gemäß Absatz 3 zu treffen.

(6) [1] Die gemeinsame Entscheidung oder die in Ermangelung einer gemeinsamen Entscheidung von den Abwicklungsbehörden getroffenen Entscheidungen nach den Absätzen 3 bis 5 sind für die Abwicklungsbehörden, die diese getroffen haben, verbindlich. [2] Die gemeinsame Entscheidung und die in Ermangelung einer gemeinsamen Entscheidung getroffenen Entscheidungen werden regelmäßig überprüft und gegebenenfalls aktualisiert.

(7) Die Abwicklungsbehörden verlangen und überprüfen in Abstimmung mit den jeweils zuständigen Aufsichtsbehörden, dass und ob Unternehmen die Anforderung nach § 49 Absatz 1 einhalten, und treffen etwaige Entscheidungen parallel zur Ausarbeitung und Fortschreibung von Abwicklungsplänen.

[1)] Änderung in Abs. 4 Satz 2 durch G v. 12.5.2021 (BGBl. I S. 990) hier nicht durchführbar: „In § 50 Absatz 4 Satz 2 werden nach den Wörtern „Vermittlertätigkeit befassen, wenn" ein Komma und die Wörter „unter Beachtung der Vorgaben des § 49 Absatz 3," eingefügt."

§ 51 Berichterstattung und Offenlegung der Anforderung. (1) [1]Die Unternehmen, die der Anforderung nach § 49 Absatz 1 unterliegen, melden der Abwicklungsbehörde und der Aufsichtsbehörde

1. die Beträge an Eigenmitteln, die die Bedingungen des § 49f Absatz 2 Nummer 2 erfüllen, und die Beträge der berücksichtigungsfähigen Verbindlichkeiten, einschließlich einer Angabe dieser Beträge als prozentuale Anteile gemäß § 49 Absatz 2 unter Berücksichtigung der berechneten Abzüge gemäß den Artikeln 72e bis 72j der Verordnung (EU) Nr. 575/2013[1)],
2. die Beträge der übrigen bail-in-fähigen Verbindlichkeiten und
3. für die in den Nummern 1 und 2 genannten Beträge
   a) ihre Zusammensetzung einschließlich ihres Fälligkeitsprofils,
   b) ihren Rang im regulären Insolvenzverfahren und
   c) wenn sie den gesetzlichen Vorschriften eines Drittstaats unterliegen, um welchen Drittstaat es sich handelt und ob sie die Vertragsklausel nach § 55 Absatz 1, Artikel 52 Absatz 1 Buchstabe p und q sowie Artikel 63 Buchstabe n und o der Verordnung (EU) Nr. 575/2013 enthalten.

[2]Die Meldepflicht für Beträge der übrigen bail-in-fähigen Verbindlichkeiten in Satz 1 Nummer 2 gilt nicht für Unternehmen, die zum Zeitpunkt der Meldung der Angaben Beträge an Eigenmitteln und berücksichtigungsfähigen Verbindlichkeiten in Höhe von mindestens 150 Prozent der Anforderung nach § 49 Absatz 1, unter Berücksichtigung der Vorgaben von Satz 1 Nummer 1, halten.

(2) [1]Die Unternehmen melden mindestens halbjährlich die Angaben nach Absatz 1 Nummer 1 und mindestens jährlich die Angaben nach Absatz 1 Nummer 2 und 3. [2]Die Abwicklungsbehörde kann verlangen, dass die Unternehmen die Angaben nach Absatz 1 häufiger melden.

(3) [1]Die Unternehmen legen mindestens jährlich folgende Angaben offen:

1. die Beträge an Eigenmitteln, die gegebenenfalls die Bedingungen nach § 49f Absatz 2 Nummer 2 erfüllen, und an berücksichtigungsfähigen Verbindlichkeiten;
2. die Zusammensetzung der in Nummer 1 genannten Eigenmittel und berücksichtigungsfähigen Verbindlichkeiten, einschließlich ihres Fälligkeitsprofils und ihres Rangs im regulären Insolvenzverfahren;
3. die anzuwendende Anforderung nach § 49e oder § 49f als Beträge gemäß § 49 Absatz 2.

[2]Die Angaben nach Satz 1 sind erstmalig zum 1. Januar 2024 offenzulegen. [3]Abweichend von Satz 2 sind die Angaben in den Fällen des § 54 Absatz 1 erstmalig zum für die Erfüllung der Anforderungen festgesetzten Termin offenzulegen.

(4) Die Absätze 1 und 3 gelten nicht für Unternehmen, deren Abwicklungsplan vorsieht, dass das Unternehmen im Wege eines regulären Insolvenzverfahrens liquidiert werden kann.

(5) Wurden Abwicklungsmaßnahmen durchgeführt oder wurde die Abschreibungs- oder Umwandlungsbefugnis nach den §§ 65, 77 Absatz 2 und § 89 ausgeübt, so gelten die Offenlegungspflichten nach Absatz 3 ab dem in

---

1) Nr. **6**.

§ 54 genannten Stichtag für die Erfüllung der Anforderungen nach § 49e oder § 49f.

§ 52 Berichterstattung der Abwicklungsbehörde an die Europäische Bankenaufsichtsbehörde. Die Abwicklungsbehörde teilt der Europäischen Bankenaufsichtsbehörde die Mindestanforderung an Eigenmittel und berücksichtigungsfähige Verbindlichkeiten mit, die sie für jedes Unternehmen in ihrer Zuständigkeit im Einklang mit § 49e oder § 49f festgelegt hat.

§ 53 Verstöße gegen die Mindestanforderung an Eigenmittel und berücksichtigungsfähige Verbindlichkeiten. (1) [1]Bei einem Verstoß gegen die Mindestanforderung an Eigenmittel und berücksichtigungsfähige Verbindlichkeiten nach § 49e oder § 49f können die Aufsichtsbehörde und die Abwicklungsbehörde im Rahmen ihrer jeweiligen Zuständigkeit von ihren Befugnissen nach den §§ 36, 58, 58a, 59, 60, 172 und 174 oder § 45 des Kreditwesengesetzes[1)] Gebrauch machen. [2]Die Abwicklungsbehörde oder die Aufsichtsbehörde kann im Rahmen ihrer jeweiligen Zuständigkeit auch gemäß den §§ 62 bis 64, 77 Absatz 6 eine Bewertung vornehmen, ob die Voraussetzungen des § 62 Absatz 1 Satz 1 Nummer 1 vorliegen.

(2) Die Abwicklungsbehörden und die Aufsichtsbehörden informieren sich über die Ausübung ihrer jeweiligen Befugnisse gemäß Absatz 1.

§ 54 Übergangsregelungen und Regelungen nach Abwicklung.

(1) [1]Die Abwicklungsbehörde legt für Institute oder gruppenangehörige Unternehmen abweichend von § 49 Absatz 1 angemessene Übergangszeiträume fest, um die Anforderungen nach § 49e oder § 49f oder eine Anforderung, die sich auf Grund der Anwendung von § 49b Absatz 4, 5 oder 7 ergibt, zu erfüllen. [2]Die Übergangsfrist für Institute und gruppenangehörige Unternehmen zur Erfüllung der Anforderungen im Sinne des Satzes 1 endet am 1. Januar 2024.

(2) [1]Die Abwicklungsbehörde legt Zwischenziele für die Anforderungen nach § 49e oder § 49f oder für Anforderungen fest, die sich auf Grund der Anwendung von § 49b Absatz 4, 5 oder 7 ergeben. [2]Die Zwischenziele müssen die Institute oder gruppenangehörigen Unternehmen bis zum 1. Januar 2022 erreichen, um zu gewährleisten, dass ein linearer Aufbau von Eigenmitteln und des Bestands an berücksichtigungsfähigen Verbindlichkeiten zur Erfüllung der Anforderungen erfolgt.

(2a) [1]Die Abwicklungsbehörde kann einen Übergangszeitraum festsetzen, der nach dem 1. Januar 2024 endet, wenn dies auf der Grundlage der in Absatz 7 genannten Kriterien hinreichend begründet und angemessen ist unter Berücksichtigung

1. der Entwicklung der Finanzlage des Unternehmens,
2. der Aussicht, dass das Unternehmen in der Lage sein wird, innerhalb eines angemessenen Zeitrahmens sicherzustellen, dass die Anforderungen nach § 49e oder § 49f oder eine Anforderung, die sich auf Grund der Anwendung von § 49b Absatz 4, 5 oder 7 ergibt, erfüllt werden, und

---

1) Nr. **9**.

3. der Fähigkeit des Unternehmens, Verbindlichkeiten zu ersetzen, die die in den Artikeln 72b und 72c der Verordnung (EU) Nr. 575/2013[1)] und in § 49b oder § 49f Absatz 2 festgelegten Kriterien für die Berücksichtigungsfähigkeit oder Laufzeit nicht mehr erfüllen.

[2] Wenn die Bedingung nach Satz 1 Nummer 3 nicht erfüllt ist, hat die Abwicklungsbehörde zu bewerten, ob dies auf unternehmensinterne Entwicklungen oder auf marktweite Störungen zurückzuführen ist.

(3) Die Frist für Abwicklungseinheiten zur Erfüllung der Mindesthöhe der Anforderungen nach § 49c Absatz 5 und 6 endet am 1. Januar 2022.

(4) Die Höhen der Anforderungen nach § 49c Absatz 5 oder 6 gelten nicht für einen Zeitraum von zwei Jahren ab dem Tag,

1. an dem die Abwicklungsbehörde das Instrument der Gläubigerbeteiligung angewandt hat und
2. an dem hinsichtlich der Abwicklungseinheit eine alternative Maßnahme der Privatwirtschaft nach § 62 Absatz 1 Satz 1 Nummer 3 Buchstabe b durchgeführt wurde, durch die Kapitalinstrumente und andere Verbindlichkeiten herabgeschrieben oder in Instrumente des harten Kernkapitals umgewandelt wurden oder an dem Herabschreibungs- oder Umwandlungsbefugnisse gemäß den §§ 65, 77 Absatz 2 und § 89 in Bezug auf diese Abwicklungseinheit ausgeübt wurden, um die Abwicklungseinheit ohne Anwendung von Abwicklungsinstrumenten zu rekapitalisieren.

(5) Die Anforderungen nach § 49b Absatz 4 und 7 sowie § 49c Absatz 5 und 6 gelten nicht für einen Zeitraum von drei Jahren ab dem Tag, an dem die Abwicklungseinheit oder die Gruppe, der die Abwicklungseinheit angehört, als ein global systemrelevantes Institut identifiziert wurde oder seitdem die Abwicklungseinheit die Bedingungen nach § 49c Absatz 5 erfüllt oder auf Grund einer Entscheidung der Abwicklungsbehörde nach § 49c Absatz 6 zu erfüllen hat.

(6) Die Abwicklungsbehörde legt abweichend von § 49 Absatz 1 für ein Institut oder gruppenangehöriges Unternehmen, auf das Abwicklungsinstrumente oder die Befugnis zur Herabschreibung oder Umwandlung gemäß den §§ 65, 77 Absatz 2 und § 89 angewandt wurden, einen angemessenen Übergangszeitraum fest, um die Anforderungen nach § 49e oder § 49f oder eine Anforderung, die sich auf Grund der Anwendung von § 49b Absatz 4, 5 oder 7 ergibt, zu erfüllen.

(7) [1] Für die Zwecke der Absätze 1 bis 5 teilt die Abwicklungsbehörde dem Institut oder gruppenangehörigen Unternehmen während des Übergangszeitraums für einen Zeitraum von jeweils zwölf Monaten eine geplante Mindestanforderung an Eigenmittel und berücksichtigungsfähige Verbindlichkeiten mit, um ihm einen schrittweisen Aufbau seiner Verlustabsorptions- und Rekapitalisierungskapazität zu erleichtern. [2] Am Ende des Übergangszeitraums entspricht die Mindestanforderung an Eigenmittel und berücksichtigungsfähige Verbindlichkeiten jeweils dem gemäß § 49b Absatz 4, 5 oder 7, § 49c Absatz 5 oder 6, § 49e oder § 49f festgesetzten Betrag.

(8) [1] Bei der Festlegung des Übergangszeitraums berücksichtigt die Abwicklungsbehörde, ob beim Institut oder gruppenangehörigen Unternehmen die

---

1) Nr. **6**.

vorhandenen Einlagen überwiegen und Schuldtitel in dem Refinanzierungsmodell fehlen. [2] Weiterhin ist der Zugang des Instituts oder gruppenangehörigen Unternehmens zu den Kapitalmärkten für berücksichtigungsfähige Verbindlichkeiten zu berücksichtigen und inwieweit die Abwicklungseinheit auf den Rückgriff auf hartes Kernkapital angewiesen ist, um die Anforderung nach § 49e einzuhalten.

(9) Die Abwicklungsbehörde kann den nach Absatz 1 Satz 1 oder nach Absatz 6 festgelegten Übergangszeitraum nachträglich ändern.

§ 55 Vertragliche Anerkennung des Instruments der Gläubigerbeteiligung und des Instruments der Beteiligung der Inhaber relevanter Kapitalinstrumente in Drittstaaten. (1) [1] Institute und gruppenangehörige Unternehmen sind verpflichtet, in den Vertragsbestimmungen von Verbindlichkeiten, die dem Recht eines Drittstaats unterliegen, zu vereinbaren, dass der Gläubiger oder die Partei der die Verbindlichkeit begründenden Vereinbarung

1. anerkennt, dass das Instrument der Gläubigerbeteiligung auf die Verbindlichkeit angewendet werden kann, und
2. sich sowohl mit einer teilweisen als auch mit einer vollständigen Herabschreibung des Nennwerts oder des ausstehenden Restbetrags und einer Umwandlung in Anteile oder andere Instrumente des harten Kernkapitals einverstanden erklärt, die die Abwicklungsbehörde in Anwendung des Instruments der Gläubigerbeteiligung vornimmt.

[2] Das Fehlen einer Klausel im Sinne des Satzes 1 hindert die Abwicklungsbehörde nicht daran, das Instrument der Gläubigerbeteiligung auf die betreffende Verbindlichkeit anzuwenden.

(2) Auf Verlangen hat das Institut oder das gruppenangehörige Unternehmen der Abwicklungsbehörde ein Rechtsgutachten in Bezug auf die rechtliche Durchsetzbarkeit und Rechtswirksamkeit dieser Vertragsbestimmung vorzulegen.

(3) Die Verpflichtung gemäß Absatz 1 gilt nicht für

1. Verbindlichkeiten, die gemäß § 91 Absatz 2 vom Anwendungsbereich des Instruments der Gläubigerbeteiligung ausgenommen sind,
2. Verbindlichkeiten aus Einlagen gemäß § 46f Absatz 4 Nummer 2 des Kreditwesengesetzes[1)], und
3. Verbindlichkeiten, die bereits vor dem 1. Januar 2015 begründet worden sind.

(3a) [1] Die Abwicklungsbehörde kann festlegen, dass die Verpflichtung gemäß Absatz 1 nicht für Institute oder gruppenangehörige Unternehmen gilt, bei denen die Mindestanforderung an Eigenmittel und berücksichtigungsfähige Verbindlichkeiten nach § 49 Absatz 1 dem Verlustabsorptionsbetrag gemäß § 49c Absatz 2 Satz 1 Nummer 1 entspricht. [2] Erfolgt eine Festlegung nach Satz 1, sind die Verbindlichkeiten nicht auf die Mindestanforderung an Eigenmittel und berücksichtigungsfähige Verbindlichkeiten anrechenbar.

(4) [1] Die Abwicklungsbehörde kann Verbindlichkeiten, die dem Recht eines bestimmten Drittstaats oder bestimmter Drittstaaten unterliegen, von der Verpflichtung nach Absatz 1 ausnehmen, soweit Verbindlichkeiten nach dem

---

1) Nr. 9.

Recht des betreffenden Drittstaats oder einem bindenden Abkommen mit dem betreffenden Drittstaat den Herabschreibungs- und Umwandlungsbefugnissen der Abwicklungsbehörde unterliegen. [2]Die Abwicklungsbehörde kann diese Ausnahme jederzeit aufheben, wenn die Voraussetzungen nach Satz 1 nicht mehr vorliegen.

(5) Die Absätze 1, 2 und 3 Nummer 3 sowie die Absätze 3a und 4 sind auf das Instrument der Beteiligung der Inhaber relevanter Kapitalinstrumente entsprechend anzuwenden.

(6) [1]Fehlt eine gemäß Absatz 1 erforderliche Vereinbarung in den Vertragsbestimmungen einer Verbindlichkeit, die nicht nach Absatz 3 oder Absatz 4 vom Anwendungsbereich des Absatzes 1 ausgenommen ist, und ist es für ein Institut oder gruppenangehöriges Unternehmen aus rechtlichen oder sonstigen Gründen undurchführbar, eine entsprechende Vereinbarung in die Vertragsbestimmung dieser Verbindlichkeit aufzunehmen, teilt das Institut oder gruppenangehörige Unternehmen diesen Umstand der Abwicklungsbehörde mit. [2]In dieser Mitteilung sind auch die Haftungsklasse der betreffenden Verbindlichkeit und der Grund anzugeben, aus dem die Aufnahme einer Vereinbarung nach Absatz 1 nicht möglich ist. [3]Die Abwicklungsbehörde kann unter Berücksichtigung der nach Artikel 55 Absatz 8 der Richtlinie 2014/59/EU erlassenen technischen Regulierungsstandards nähere Vorgaben für die Form und den Inhalt der Mitteilung nach Satz 1 machen. [4]Nach erfolgter Mitteilung ist die Verpflichtung des Instituts oder gruppenangehörigen Unternehmens nach Absatz 1 für diese Verbindlichkeiten ausgesetzt. [5]Absatz 11 bleibt unberührt.

(7) Innerhalb eines angemessenen Zeitraums nach Erhalt einer Mitteilung gemäß Absatz 6 kann die Abwicklungsbehörde von einem Institut oder gruppenangehörigen Unternehmen sämtliche Informationen verlangen, die sie benötigt, um die Umstände, die dazu führen, dass die Aufnahme der gemäß Absatz 1 erforderlichen Vereinbarung in die Vertragsbestimmungen einer Verbindlichkeit aus rechtlichen oder anderen Gründen undurchführbar ist, sowie die Auswirkungen der Mitteilung auf die Abwicklungsfähigkeit des Instituts oder gruppenangehörigen Unternehmens zu überprüfen.

(8) [1]Gelangt die Abwicklungsbehörde unter Berücksichtigung der Notwendigkeit, die Abwicklungsfähigkeit des Instituts oder gruppenangehörigen Unternehmens sicherzustellen, zu der Einschätzung, dass keine rechtlichen oder sonstigen Gründe entgegenstehen, in die vertraglichen Bestimmungen eine gemäß Absatz 1 erforderliche Vereinbarung aufzunehmen, verlangt sie innerhalb eines angemessenen Zeitraums nach Erhalt der Mitteilung gemäß Absatz 6 die Aufnahme der nach Absatz 1 erforderlichen Vereinbarung. [2]Die Abwicklungsbehörde kann darüber hinaus das Institut oder gruppenangehörige Unternehmen auffordern, seine Vorgehensweise bezüglich der Befreiung von der vertraglichen Anerkennung des Instruments der Gläubigerbeteiligung zu ändern.

(9) [1]Absatz 6 gilt ausschließlich für Verbindlichkeiten, die im Rahmen eines regulären Insolvenzverfahrens im Rang vor Schuldtiteln gemäß § 46f Absatz 6 Satz 1 und Absatz 9 des Kreditwesengesetzes berichtigt werden, sofern sie nicht gemäß Absatz 3 aus dem Anwendungsbereich des Absatzes 1 ausgenommen sind. [2]Keine Anwendung findet Absatz 6 auf relevante Kapitalinstrumente, unbesicherte nachrangige Verbindlichkeiten, die in einem regulären Insolvenzverfahren im Rang nach den Schuldtiteln gemäß § 46f Absatz 6 Satz 1 und

Absatz 9 des Kreditwesengesetzes berichtigt werden, und auf Schuldtitel gemäß § 46f Absatz 6 Satz 1 und Absatz 9 des Kreditwesengesetzes.

(10) [1] Stellt die Abwicklungsbehörde im Zusammenhang mit der Bewertung der Abwicklungsfähigkeit eines Instituts oder eines gruppenangehörigen Unternehmens oder zu einem anderen Zeitpunkt fest, dass mindestens 10 Prozent der Verbindlichkeiten einer Haftungsklasse, einschließlich der Verbindlichkeiten dieser Haftungsklasse, sich zusammensetzt aus

1. Verbindlichkeiten, deren Vertragsbestimmungen im Einklang mit Absatz 6 die Vereinbarung nach Absatz 1 nicht enthalten, und
2. den Verbindlichkeiten, die von der Anwendung des Instruments der Gläubigerbeteiligung nach § 91 Absatz 2 ausgeschlossen sind oder nach § 92 voraussichtlich ausgeschlossen werden,

so bewertet die Abwicklungsbehörde umgehend die Auswirkungen auf die Abwicklungsfähigkeit dieses Instituts oder gruppenangehörigen Unternehmens. [2] Dabei bewertet die Abwicklungsbehörde auch die Auswirkungen auf die Abwicklungsfähigkeit, die sich bei Ausübung der Befugnis, berücksichtigungsfähige Verbindlichkeiten herabzuschreiben und umzuwandeln, auf Grund des Risikos ergeben, gegen die Gläubigerschutzbestimmungen nach § 68 Absatz 1 Nummer 1 zu verstoßen.

(11) Kommt die Abwicklungsbehörde auf Grund der Bewertung nach Absatz 10 zu dem Schluss, dass durch einen oder mehrere Verträge über Verbindlichkeiten, die im Einklang mit Absatz 6 keine Vereinbarung im Sinne des Absatzes 1 enthalten, ein wesentliches Hindernis für die Abwicklungsfähigkeit entsteht, kann sie von den Befugnissen nach § 59 oder § 60 Gebrauch machen.

(12) Fehlt eine nach Absatz 1 erforderliche Vereinbarung in den Vertragsbestimmungen einer Verbindlichkeit oder besteht die Verpflichtung nach Absatz 1 gemäß Absatz 6 Satz 4 auf Grund der angezeigten Undurchführbarkeit nicht fort, ist diese Verbindlichkeit nicht für die Mindestanforderung an Eigenmittel und berücksichtigungsfähige Verbindlichkeiten anrechenbar.

(13) Die Abwicklungsbehörde kann unter Berücksichtigung der nach Artikel 55 Absatz 6 der Richtlinie 2014/59/EU erlassenen technischen Regulierungsstandards Kategorien von Verbindlichkeiten festlegen, bei denen ein Institut oder gruppenangehöriges Unternehmen zu der Feststellung im Sinne des Absatzes 6 gelangen kann.

Abschnitt 2. Genehmigtes Kapital und andere Instrumente harten Kernkapitals

§ 56 Beseitigung der verfahrenstechnischen Hindernisse für das Instrument der Gläubigerbeteiligung. (1) [1] Die Abwicklungsbehörde kann im Benehmen mit der Bundesanstalt für Finanzdienstleistungsaufsicht, wenn diese Aufsichtsbehörde ist, anordnen, dass Institute oder gruppenangehörige Unternehmen jederzeit in ausreichendem Umfang genehmigtes Grundkapital, genehmigtes Stammkapital oder andere Instrumente des harten Kernkapitals vorzuhalten oder eine bedingte Kapitalerhöhung durchzuführen haben, um die praktische Durchführbarkeit der Umwandlung von Verbindlichkeiten in Anteile oder andere Instrumente des harten Kernkapitals durch die Ausgabe neuer Anteile oder anderer Instrumente des harten Kernkapitals zu gewährleisten. [2] § 202 Absatz 3 Satz 1 des Aktiengesetzes und § 55a Absatz 1 Satz 2 des Gesetzes betreffend die Gesellschaften mit beschränkter Haftung sind nicht anzuwenden auf genehmigtes Kapital, das in Vollzug einer Anordnung nach Satz 1 geschaffen wird. [3] Genehmigtes Kapital, das in Vollzug einer Anordnung nach Satz 1 geschaffen wird, wird nicht auf sonstiges genehmigtes Kapital angerechnet. [4] Sollten trotz einer Anordnung gemäß Satz 1 nicht in ausreichendem Umfang genehmigtes Grundkapital, genehmigtes Stammkapital oder andere Instrumente des harten Kernkapitals vorhanden sein, steht dies der Wirksamkeit einer Abwicklungsanordnung nicht entgegen.

(2) [1] Die Abwicklungsbehörde bewertet im Rahmen der Abwicklungsplanung für das betreffende Institut oder gruppenangehörige Unternehmen, ob und in welcher Höhe sie von ihrer Befugnis gemäß Absatz 1 Gebrauch macht. [2] Dabei berücksichtigt sie insbesondere die im Rahmen der Abwicklungsplanung in Betracht gezogenen Abwicklungsinstrumente. [3] Sieht der Abwicklungsplan die Möglichkeit der Anwendung des Instruments der Gläubigerbeteiligung vor, prüft die Abwicklungsbehörde, ob das genehmigte Grundkapital, das genehmigte Stammkapital oder die anderen Instrumente des harten Kernkapitals zur Deckung der in § 96 genannten Beträge ausreichen könnten.

(3) Absatz 1 gilt nicht, wenn rechtsformspezifische Besonderheiten dem Vorhalten von Instrumenten des harten Kernkapitals entgegenstehen und die Möglichkeit der Anwendung des Instruments der Gläubigerbeteiligung bei Vorliegen der Abwicklungsvoraussetzungen oder der Voraussetzungen des § 65 durch andere Maßnahmen, insbesondere die Anordnung eines Rechtsformwechsels nach § 149, sichergestellt ist.

(4) [1] Die Abwicklungsbehörde kann von einem Institut oder gruppenangehörigen Unternehmen verlangen, der Abwicklungsbehörde darzulegen, dass sich aus den Gründungsdokumenten oder der Satzung des Instituts oder gruppenangehörigen Unternehmens keine Hindernisse für die Umwandlung von Verbindlichkeiten in Anteile oder andere Instrumente des harten Kernkapitals ergeben oder dass solche Hindernisse insbesondere durch Anordnung eines Rechtsformwechsels nach § 149 überwunden werden können. [2] Sollten dennoch bei Anwendung des Instruments der Gläubigerbeteiligung solche Hindernisse vorhanden sein, stehen diese der Wirksamkeit einer Abwicklungsanordnung nicht entgegen.

(5) Sehen die Vertragsbestimmungen einer Verbindlichkeit keine Vertragsbestimmung im Sinne des § 55 Absatz 1 vor, hindert dies die Abwicklungsbehörde nicht daran, bei dieser Verbindlichkeit von dem Instrument der Gläubigerbeteiligung Gebrauch zu machen.

Kapitel 3. Abwicklungsfähigkeit

§ 57 Bewertung der Abwicklungsfähigkeit von Instituten. (1) [1] Die Abwicklungsbehörde bewertet, inwieweit ein Institut, das keiner Gruppe angehört, die einer Beaufsichtigung auf konsolidierter Basis unterliegt, abwicklungsfähig ist. [2] Die Abwicklungsbehörde stimmt sich bei ihrer Bewertung mit der Aufsichtsbehörde und den Abwicklungsbehörden der Mitgliedstaaten und der Drittstaaten ab, in denen sich bedeutende Zweigniederlassungen befinden, soweit Belange dieser bedeutenden Zweigniederlassungen betroffen sind.

(2) Ein Institut ist abwicklungsfähig, wenn es aus Sicht der Abwicklungsbehörde möglich ist, über das Vermögen des Instituts entweder ein Insolvenzverfahren zu eröffnen und durchzuführen oder dieses durch Anwendung von Abwicklungsinstrumenten und -befugnissen abzuwickeln, insofern dabei

1. auch in einer Situation allgemeiner finanzieller Instabilität oder bei Eintritt systemweiter Ereignisse wesentliche nachteilige Auswirkungen auf Finanzsysteme in der Bundesrepublik Deutschland, den anderen Mitgliedstaaten oder der Union insgesamt soweit wie möglich vermieden werden,
2. die Fortführung kritischer Funktionen gewährleistet ist, sofern der Geschäftsbetrieb des Instituts solche kritischen Funktionen umfasst, und
3. kritische Funktionen und wesentliche Geschäftsaktivitäten im erforderlichen Umfang rechtlich und wirtschaftlich von anderen Funktionen getrennt werden.

(3) Für die Zwecke der Bewertung der Abwicklungsfähigkeit gemäß den Absätzen 1 und 2 prüft die Abwicklungsbehörde mindestens die in Abschnitt C des Anhangs der Richtlinie 2014/59/EU genannten Aspekte.

(4) Die Abwicklungsbehörde bewertet die Abwicklungsfähigkeit nach dieser Vorschrift zeitgleich mit und für die Zwecke der Erstellung und Aktualisierung des Abwicklungsplans gemäß § 40.

(5) Kommt die Abwicklungsbehörde im Rahmen der Bewertung der Abwicklungsfähigkeit eines Instituts zu einem negativen Ergebnis, informiert sie die Europäische Bankenaufsichtsbehörde entsprechend und umfassend.

(6) § 42 findet entsprechende Anwendung.

§ 58 Bewertung der Abwicklungsfähigkeit von Gruppen. (1) [1] Wenn die Abwicklungsbehörde gemäß § 155 für die Gruppenabwicklung zuständig ist, bewertet sie die Abwicklungsfähigkeit der entsprechenden Gruppe. [2] Die Abwicklungsbehörde führt die Bewertung innerhalb eines Abwicklungskollegiums nach Abstimmung mit der konsolidierenden Aufsichtsbehörde, den für die Tochterunternehmen zuständigen Abwicklungsbehörden und den Abwicklungsbehörden der Mitgliedstaaten und Drittstaaten, in denen sich bedeutende Zweigniederlassungen befinden, soweit Belange dieser bedeutenden Zweigniederlassungen betroffen sind, durch.

(2) Eine Gruppe ist abwicklungsfähig, wenn es aus Sicht der Abwicklungsbehörden möglich ist, über die Vermögen der Gruppenunternehmen entweder ein Insolvenzverfahren zu eröffnen und durchzuführen oder es durch Anwendung von Abwicklungsinstrumenten und -befugnissen abzuwickeln, sofern dabei

1. insbesondere in einer Situation allgemeiner finanzieller Instabilität oder bei Eintritt systemweiter Ereignisse, wesentliche nachteilige Auswirkungen auf Finanzsysteme in Mitgliedstaaten, in denen sich Unternehmen der Gruppe oder bedeutende Zweigniederlassungen befinden, anderen Mitgliedstaaten oder der Union insgesamt soweit möglich vermieden werden,
2. die Fortführung einschließlich der Möglichkeit der geordneten Abwicklung kritischer Funktionen gewährleistet ist, sofern der Geschäftsbetrieb des jeweiligen Gruppenunternehmens solche kritischen Funktionen umfasst, und
3. die Bedingungen des § 46 Absatz 3 Satz 1 Nummer 7 eingehalten werden.

(2a) [1] Die in Absatz 1 Satz 1 genannte Behörde bewertet in Fällen, in denen eine Gruppe aus mehr als einer Abwicklungsgruppe besteht, die Abwicklungsfähigkeit jeder Abwicklungsgruppe. [2] Die Bewertung wird zusätzlich zu der Bewertung der Abwicklungsfähigkeit der gesamten Gruppe durchgeführt und findet im Rahmen der Verfahren nach den §§ 46 bis 48 statt.

(3) [1] Für die Zwecke der Bewertung der Abwicklungsfähigkeit gemäß den Absätzen 1 und 2 prüfen die Abwicklungsbehörden mindestens die in Abschnitt C des Anhangs zur Richtlinie 2014/59/EU genannten Aspekte. [2] Darüber hinaus beachtet die Abwicklungsbehörde technische Regulierungsstandards, die nach Artikel 15 Absatz 4 der Richtlinie 2014/59/EU erlassen werden.

(4) Die Bewertung der Abwicklungsfähigkeit nach dieser Vorschrift

1. erfolgt zeitgleich mit und für Zwecke der Erstellung und Aktualisierung des Abwicklungsplans gemäß § 46,
2. ergeht im Rahmen des Entscheidungsprozesses nach § 47 und
3. wird von den Abwicklungskollegien gemäß § 156 berücksichtigt.

(5) Kommt die Abwicklungsbehörde im Rahmen ihrer Beteiligung an der Bewertung der Abwicklungsfähigkeit einer Gruppe zu einem negativen Ergebnis, informiert sie die Europäische Bankenaufsichtsbehörde.

(6) § 47 Absatz 2 findet entsprechende Anwendung.

§ 58a Befugnis zur Untersagung bestimmter Ausschüttungen.

(1) [1] Die Abwicklungsbehörde hat die Befugnis, einem Unternehmen zu untersagen, Ausschüttungen vorzunehmen, die den nach Absatz 4 berechneten maximal ausschüttungsfähigen Betrag in Bezug auf die Mindestanforderung an Eigenmittel und berücksichtigungsfähige Verbindlichkeiten übersteigen, wenn das Unternehmen die kombinierte Kapitalpufferanforderung unter Einbeziehung der in § 10i Absatz 1a Nummer 1 bis 3 des Kreditwesengesetzes[1)] genannten Anforderungen zwar erfüllt, jedoch nicht erfüllt, wenn sie zusätzlich zu den Anforderungen nach den §§ 49c und 49d betrachtet wird, sofern diese nach § 49 Absatz 2 Nummer 1 berechnet werden. [2] Im Fall einer Untersagung darf die Ausschüttung nicht erfolgen durch

1. eine mit hartem Kernkapital verbundene Ausschüttung,
2. eine Verpflichtung zur Zahlung einer variablen Vergütung oder freiwilliger Altersvorsorgeleistungen oder Zahlung einer variablen Vergütung, wenn die entsprechende Verpflichtung zu einer Zeit eingegangen wurde, in der das Unternehmen die kombinierte Kapitalpufferanforderung nicht erfüllte, oder
3. Zahlungen in Bezug auf zusätzliche Kernkapitalinstrumente.

[3] Erfüllt ein Unternehmen die kombinierten Kapitalpufferanforderungen im Sinne des Satzes 1 nicht, teilt es dies der Abwicklungsbehörde unverzüglich mit.

(2) [1] Werden die Anforderungen nach Absatz 1 Satz 1 nicht erfüllt, entscheidet die für das Unternehmen zuständige Abwicklungsbehörde nach Anhörung der zuständigen Aufsichtsbehörde unverzüglich unter Beachtung insbesondere folgender Kriterien, ob sie von der Befugnis nach Absatz 1 Satz 1 Gebrauch macht:

1. Ursache, Dauer und Ausmaß der Nichterfüllung und deren Auswirkungen auf die Abwicklungsfähigkeit;

[1)] Nr. 9.

2. Entwicklung der Finanzlage des Unternehmens und Wahrscheinlichkeit, dass es in absehbarer Zeit die Voraussetzung nach § 62 Absatz 1 Satz 1 Nummer 1 erfüllen wird;
3. Aussicht, dass das Unternehmen in der Lage sein wird, innerhalb einer angemessenen Frist sicherzustellen, dass die Anforderungen nach Absatz 1 erfüllt werden;
4. wenn das Unternehmen nicht in der Lage ist, Verbindlichkeiten zu ersetzen, die die in den Artikeln 72b und 72c der Verordnung (EU) Nr. 575/2013[1], in § 49b oder § 49f Absatz 2 festgelegten Kriterien für die Berücksichtigungsfähigkeit oder Laufzeit nicht mehr erfüllen, der Frage, ob dieses Unvermögen auf unternehmensinterne Entwicklungen oder auf generelle Marktstörungen zurückzuführen ist;
5. Geeignetheit und Erforderlichkeit der Maßnahme nach Absatz 1 sowie die möglichen Auswirkungen sowohl auf die Finanzierungsbedingungen als auch auf die Abwicklungsfähigkeit des betreffenden Unternehmens.

[2]Die Abwicklungsbehörde überprüft innerhalb des Zeitraums, in dem das Unternehmen die Anforderung nach Absatz 1 Satz 1 nicht erfüllt, mindestens monatlich, ob die Untersagung der Ausschüttungen erforderlich ist.

(3) [1]Stellt die Abwicklungsbehörde fest, dass die Anforderungen nach Absatz 1 Satz 1 neun Monate nach der Mitteilung des Unternehmens nach Absatz 1 Satz 3 weiterhin nicht erfüllt werden, untersagt die zuständige Abwicklungsbehörde nach Anhörung der Aufsichtsbehörde die Ausschüttung nach Absatz 1, es sei denn, sie stellt nach einer Beurteilung fest, dass mindestens zwei der folgenden Voraussetzungen erfüllt sind:

1. die Nichterfüllung ist auf eine schwerwiegende Störung des Funktionierens der Finanzmärkte zurückzuführen, die auf breiter Basis zu Spannungen in verschiedenen Finanzmarktsegmenten führt,
2. die Störung nach Nummer 1 führt nicht nur zu erhöhter Preisvolatilität bei Eigenmittelinstrumenten und Instrumenten berücksichtigungsfähiger Verbindlichkeiten des Unternehmens oder zu erhöhten Kosten für das Unternehmen, sondern auch zu einer vollständigen oder teilweisen Marktschließung, was das Unternehmen daran hindert, Eigenmittelinstrumente und Instrumente berücksichtigungsfähiger Verbindlichkeiten an jenen Märkten zu begeben,
3. die Marktschließung nach Nummer 2 ist nicht nur für das betreffende Unternehmen, sondern auch für mehrere andere Unternehmen zu beobachten,
4. die Störung nach Nummer 1 hindert das betreffende Unternehmen daran, Eigenmittelinstrumente und Instrumente berücksichtigungsfähiger Verbindlichkeiten zu begeben, um die Nichterfüllung abzustellen, oder
5. eine Ausübung der Befugnis nach Absatz 1 Satz 1 führt zu negativen Ausstrahlungseffekten auf Teile des Bankensektors, wodurch die Finanzstabilität untergraben werden könnte.

[2]Kommt die Abwicklungsbehörde bei ihrer Beurteilung zu dem Ergebnis, dass sie von ihrer Befugnis der Untersagung bestimmter Ausschüttungen keinen

---

[1] Nr. **6**.

Gebrauch macht, teilt sie das der zuständigen Behörde schriftlich mit und begründet dies. [3] Absatz 2 Satz 2 findet entsprechende Anwendung.

(4) [1] Der maximal ausschüttungsfähige Betrag gemäß Absatz 1 Satz 1 wird berechnet durch Multiplikation der gemäß Absatz 5 berechneten Summe mit dem gemäß Absatz 6 festgelegten Faktor. [2] Der maximal ausschüttungsfähige Betrag reduziert sich durch jede nach Absatz 1 Satz 2 Nummer 1, 2 oder 3 durchgeführte Maßnahme.

(5) Die gemäß Absatz 4 zu multiplizierende Summe umfasst

1. Zwischengewinne, die gemäß Artikel 26 Absatz 2 der Verordnung (EU) Nr. 575/2013 nicht dem harten Kernkapital zugerechnet wurden, abzüglich etwaiger Gewinnausschüttungen oder Zahlungen auf Grund der Maßnahmen nach Absatz 1 Satz 2 Nummer 1, 2 oder 3, zuzüglich der
2. Jahresendgewinne, die gemäß Artikel 26 Absatz 2 der Verordnung (EU) Nr. 575/2013 nicht dem harten Kernkapital zugerechnet wurden, abzüglich etwaiger Gewinnausschüttungen oder Zahlungen auf Grund der Maßnahmen nach Absatz 1 Satz 2 Nummer 1, 2 oder 3, abzüglich der
3. Beträge, die in Form von Steuern zu zahlen wären, wenn die Gewinne nach den Nummern 1 und 2 einbehalten würden.

(6) Der in Absatz 4 genannte Faktor wird, vorbehaltlich des § 49 Absatz 3, wie folgt bestimmt:

1. Liegt das von einem Unternehmen vorgehaltene und nicht zur Unterlegung etwaiger Anforderungen nach Artikel 92a der Verordnung (EU) Nr. 575/2013 und nach den §§ 49c und 49d verwendete harte Kernkapital, ausgedrückt als Prozentsatz des nach Artikel 92 Absatz 3 der Verordnung (EU) Nr. 575/2013 berechneten Gesamtrisikobetrags, innerhalb des ersten, das heißt des untersten, Quartils der kombinierten Kapitalpufferanforderung, so ist der Faktor 0;
2. liegt das von einem Unternehmen vorgehaltene und nicht zur Unterlegung etwaiger Anforderungen nach Artikel 92a der Verordnung (EU) Nr. 575/2013 und nach den §§ 49c und 49d verwendete harte Kernkapital, ausgedrückt als Prozentsatz des nach Artikel 92 Absatz 3 der Verordnung (EU) Nr. 575/2013 berechneten Gesamtrisikobetrags, innerhalb des zweiten Quartils der kombinierten Kapitalpufferanforderung, so ist der Faktor 0,2;
3. liegt das von einem Unternehmen vorgehaltene und nicht zur Unterlegung etwaiger Anforderungen nach Artikel 92a der Verordnung (EU) Nr. 575/2013 und nach den §§ 49c und 49d verwendete harte Kernkapital, ausgedrückt als Prozentsatz des nach Artikel 92 Absatz 3 der Verordnung (EU) Nr. 575/2013 berechneten Gesamtrisikobetrags, innerhalb des dritten Quartils der kombinierten Kapitalpufferanforderung, so ist der Faktor 0,4;
4. liegt das von einem Unternehmen vorgehaltene und nicht zur Unterlegung etwaiger Anforderungen nach Artikel 92a der Verordnung (EU) Nr. 575/2013 und nach den §§ 49c und 49d verwendete harte Kernkapital, ausgedrückt als Prozentsatz des nach Artikel 92 Absatz 3 der Verordnung (EU) Nr. 575/2013 berechneten Gesamtrisikobetrags, innerhalb des vierten, das heißt des obersten, Quartils der kombinierten Kapitalpufferanforderung, so ist der Faktor 0,6.

(7) Die Ober- und Untergrenzen für jedes Quartil der kombinierten Kapitalpufferanforderung werden wie folgt berechnet:

$$\text{Quartiluntergrenze} = \frac{\text{Kombinierte Kapitalpufferanforderung}}{4} \times (Q_n - 1)$$

$$\text{Quartilobergrenze} = \frac{\text{Kombinierte Kapitalpufferanforderung}}{4} \times Q_n$$

wobei Qn = die Ordinalzahl des betreffenden Quartils.

§ 59 Abbau und Beseitigung von Abwicklungshindernissen bei Instituten; Verordnungsermächtigung. (1) Stellt die Abwicklungsbehörde bei ihrer Bewertung nach den §§ 57 und 58 fest, dass der Abwicklungsfähigkeit des Unternehmens wesentliche Abwicklungshindernisse entgegenstehen, so teilt sie dies dem betreffenden Unternehmen und den nach § 57 Absatz 1 beteiligten Behörden schriftlich unter Hinweis auf die Frist nach Absatz 2 mit.

(2) [1] Innerhalb von vier Monaten nach Erhalt einer Mitteilung nach Absatz 1 hat das Unternehmen der Abwicklungsbehörde geeignete Maßnahmen vorzuschlagen, mit denen die in der Mitteilung nach Absatz 1 genannten Abwicklungshindernisse beseitigt oder abgebaut werden können. [2] Das Unternehmen schlägt der Abwicklungsbehörde innerhalb von zwei Wochen nach Erhalt einer nach Absatz 1 erfolgten Mitteilung mögliche Maßnahmen und einen Zeitplan für deren Durchführung vor, um sicherzustellen, dass das Unternehmen den Anforderungen gemäß § 49e oder § 49f sowie der kombinierten Kapitalpufferanforderung nachkommt, sofern ein wesentliches Hindernis für die Abwicklungsfähigkeit auf eine der folgenden Situationen zurückzuführen ist:

1. das Unternehmen erfüllt die kombinierte Kapitalpufferanforderung zwar, wenn sie zusätzlich zu den in § 10i Absatz 1a Nummer 1 bis 3 des Kreditwesengesetzes[1)] genannten Anforderungen betrachtet wird, erfüllt die kombinierte Kapitalpufferanforderung jedoch nicht, wenn sie zusätzlich zu den Anforderungen nach den §§ 49c und 49d – sofern nach § 49 Absatz 2 Nummer 1 berechnet – betrachtet wird, oder
2. das Unternehmen erfüllt die Anforderungen nach den Artikeln 92a und 494 der Verordnung (EU) Nr. 575/2013[2)] oder die Anforderungen nach den §§ 49c und 49d nicht.

[3] Der Zeitplan für die Durchführung der gemäß Absatz 2 Satz 2 vorgeschlagenen Maßnahmen hat den Gründen für das wesentliche Hindernis Rechnung zu tragen.

(3) Die Abwicklungsbehörde bewertet nach Anhörung der Aufsichtsbehörde, ob die nach Absatz 2 vorgeschlagenen Maßnahmen geeignet sind, die Abwicklungshindernisse zu beseitigen oder abzubauen.

(4) [1] Kommt die Abwicklungsbehörde in ihrer Bewertung zu dem Ergebnis, dass die vorgeschlagenen Maßnahmen geeignet sind, die in Frage stehenden Abwicklungshindernisse zu beseitigen oder zumindest abzubauen, ordnet die Abwicklungsbehörde an, dass das Unternehmen die nach Absatz 2 vorgeschlagenen Maßnahmen unverzüglich umzusetzen hat. [2] Andernfalls ordnet die Abwicklungsbehörde an, dass das Unternehmen andere von der Abwicklungsbehörde festgelegte alternative Maßnahmen zur Beseitigung oder zum Abbau der in Frage stehenden Abwicklungshindernisse umzusetzen hat, und legt im

---

[1)] Nr. **9**.
[2)] Nr. **6**.

Zusammenhang mit dieser Anordnung dar, warum sie die vom Unternehmen vorgeschlagenen Maßnahmen für nicht geeignet zur Beseitigung des Abwicklungshindernisses hält. [3]Das Unternehmen erstellt innerhalb eines Monats einen Plan, der darlegt, wie die von der Abwicklungsbehörde festgelegten Maßnahmen umgesetzt werden sollen.

(5) Die von der Abwicklungsbehörde anzuordnenden alternativen Maßnahmen nach Absatz 4 Satz 2 müssen erforderlich und verhältnismäßig sein, um die in Frage stehenden Abwicklungshindernisse abzubauen oder zu beseitigen, und dabei der Bedrohung der Finanzstabilität durch diese Abwicklungshindernisse sowie den Auswirkungen der alternativen Maßnahmen auf die Geschäftstätigkeit, die Stabilität und die Fähigkeit des Unternehmens, einen Beitrag zur Wirtschaft zu leisten, Rechnung tragen.

(6) Die Abwicklungsbehörde kann nach Maßgabe von Absatz 5 anordnen, dass das Unternehmen eine oder mehrere der folgenden Maßnahmen umsetzt:

1. den Abschluss oder die Änderung von Vereinbarungen über eine gruppeninterne finanzielle Unterstützung,
2. den Abschluss von Dienstleistungsvereinbarungen über die Sicherstellung kritischer Funktionen,
3. die Begrenzung der maximalen individuellen und aggregierten Risikopositionen; dies gilt, unbeschadet der Regelungen über Großkredite, auch für bail-in-fähige Verbindlichkeiten, die gegenüber anderen Unternehmen bestehen, es sei denn, es handelt sich um Verbindlichkeiten gegenüber einem gruppenangehörigen Unternehmen,
4. die Erfüllung zusätzlicher, für Zwecke der Abwicklungsplanung relevanter Informationspflichten in regelmäßigen oder unregelmäßigen Abständen,
5. die Veräußerung von Vermögensgegenständen,
6. die Einschränkung oder die Einstellung der Entwicklung bestehender oder geplanter Geschäftsaktivitäten oder des Vertriebs neuer oder existierender Produkte,
7. die Änderung der rechtlichen oder operativen Strukturen des Unternehmens oder eines unmittelbar oder mittelbar seiner Kontrolle unterstehenden Unternehmens der Gruppe, um die Komplexität zu reduzieren und um zu gewährleisten, dass kritische Funktionen durch die Anwendung der Abwicklungsinstrumente rechtlich und operativ von anderen Funktionen getrennt werden können,
8. die Errichtung einer EU-Mutterfinanzholding-Gesellschaft oder einer gemischten EU-Mutterfinanzholding-Gesellschaft oder einer EU-Finanzholding-Gesellschaft,

8a. die Vorlage eines Plans, mit dem die Einhaltung der in § 49e oder § 49f genannten Anforderungen, unter Beachtung der Vorgaben des § 49 Absatz 3, ausgedrückt als ein Prozentsatz des nach Artikel 92 Absatz 3 der Verordnung (EU) Nr. 575/2013 berechneten Gesamtrisikobetrags, sowie gegebenenfalls der kombinierten Kapitalpufferanforderung und der in § 49e oder § 49f genannten Anforderungen, ausgedrückt als Prozentsatz der Gesamtrisikopositionsmessgröße nach den Artikeln 429 und 429a der Verordnung (EU) Nr. 575/2013, erreicht werden soll,

9. die Begebung berücksichtigungsfähiger Verbindlichkeiten, um die Anforderungen von § 49e oder § 49f zu erfüllen oder die Vornahme alternativer Maßnahmen, um die Mindestanforderungen an Eigenmittel und berück-

sichtigungsfähige Verbindlichkeiten gemäß § 49e oder § 49f zu erfüllen; zu den alternativen Maßnahmen gehört insbesondere der Versuch, die Bedingungen ausstehender berücksichtigungsfähiger Verbindlichkeiten, Kernkapital oder Ergänzungskapitalinstrumente mit dem Ziel nachzuverhandeln, dass Entscheidungen der Abwicklungsbehörde nach dem maßgeblichen Recht Anerkennung finden,

9a. die Änderung des Fälligkeitsprofils der Eigenmittelinstrumente, sofern die Zustimmung der Abwicklungsbehörde vorliegt, und der berücksichtigungsfähigen Verbindlichkeiten nach den §§ 49c und 49f Absatz 2 Nummer 1 zur Gewährleistung der fortlaufenden Einhaltung der Anforderungen gemäß § 49e oder § 49f und

10. wenn es sich bei einem Unternehmen um ein Tochterunternehmen einer gemischten Holdinggesellschaft handelt, die Errichtung einer getrennten Finanzholding-Gesellschaft durch die gemischte Holdinggesellschaft zur Kontrolle des Unternehmens, soweit dies erforderlich ist, um die Abwicklung des Unternehmens zu erleichtern und zu verhindern, dass die Anwendung der in Teil 4 vorgesehenen Abwicklungsinstrumente und -befugnisse sich negativ auf die nicht im Finanzsektor operierenden Teile der Gruppe auswirkt.

(7) Die Abwicklungsbehörde soll Maßnahmen nach Absatz 6 Nummer 5 bis 7 nur anordnen, wenn dem Unternehmen zuvor erneut Gelegenheit gegeben wurde, Maßnahmen zur Beseitigung der Abwicklungshindernisse vorzuschlagen, und die vorgeschlagenen Maßnahmen nach Einschätzung der Abwicklungsbehörde nicht geeignet sind, die Abwicklungshindernisse wirksam zu beseitigen.

(8) Bevor die Abwicklungsbehörde eine Maßnahme nach Absatz 4 Satz 2 verlangt, prüft sie nach Anhörung der Aufsichtsbehörde, der Deutschen Bundesbank und gegebenenfalls gemeinsam mit der Behörde, die mit der Durchführung der makroprudentiellen Politik nach der Empfehlung B Nummer 1 der Empfehlung des Europäischen Ausschusses für Systemrisiken vom 22. Dezember 2011 zu dem makroprudentiellen Mandat der nationalen Behörden (ESRB/2011/3) (ABl. C 41 vom 14.2.2012, S. 1) betraut ist, die potentiellen Auswirkungen der betreffenden Maßnahme auf

1. das jeweilige Unternehmen,
2. den gemeinsamen Markt für Finanzdienstleistungen,
3. die Finanzstabilität in anderen Mitgliedstaaten und der Union insgesamt.

(9) Absatz 4 Satz 2 und die Absätze 5 und 6 gelten entsprechend, wenn das Unternehmen innerhalb der Frist von vier Monaten gemäß Absatz 2 keine Vorschläge unterbreitet.

(10) Im Fall des Absatzes 1 ist die Pflicht der Abwicklungsbehörde zur Erstellung eines Abwicklungsplans nach § 40 soweit und solange ausgesetzt, bis das Verfahren nach Absatz 4, einschließlich einer entsprechenden Anwendung des Absatzes 4 nach Absatz 8, beendet wurde und die entsprechenden Hindernisse beseitigt oder zumindest abgebaut wurden.

(11) [1]Das Bundesministerium der Finanzen wird ermächtigt, durch Rechtsverordnung, die nicht der Zustimmung des Bundesrates bedarf, nähere Bestimmungen für den Abschluss oder die Änderung von Vereinbarungen über eine gruppeninterne finanzielle Unterstützung, den Abschluss von Dienstleistungs-

vereinbarungen über die Sicherstellung kritischer Funktionen, die Begrenzung der maximalen individuellen und aggregierten Risikopositionen, die Erfüllung zusätzlicher, für Zwecke der Abwicklungsmaßnahmen relevanter Informationen, die Veräußerung von Vermögensgegenständen, die Einschränkung oder die Erstellung der Entwicklung bestehender oder geplanter Geschäftsaktivitäten oder des Vertriebs neuer oder existierender Produkte, die Änderung der rechtlichen oder operativen Strukturen des Unternehmens oder eines unmittelbar oder mittelbar seiner Kontrolle unterstehenden Unternehmens der Gruppe, die Errichtung einer EU-Mutterfinanzholding-Gesellschaft oder gemischten EU-Mutterfinanzholding-Gesellschaft oder einer EU-Finanzholding-Gesellschaft, die Vorlage eines Plans, mit dem die Einhaltung der in § 49e oder § 49f genannten Anforderungen erreicht werden soll, die Begebung berücksichtigungsfähiger Verbindlichkeiten, die Änderung des Fälligkeitsprofils der Eigenmittelinstrumente und die Errichtung einer getrennten Finanzholding-Gesellschaft durch die gemischte Holdinggesellschaft zur Kontrolle des Unternehmens im Sinne der in Absatz 6 genannten Voraussetzungen, unter denen die Maßnahmen jeweils angeordnet werden können, zu treffen. [2]Das Bundesministerium der Finanzen kann die Ermächtigung durch Rechtsverordnung auf die Abwicklungsbehörde übertragen.

§ 60 Abbau und Beseitigung von Abwicklungshindernissen bei Gruppen. (1) Gemeinsam mit den für die Tochterunternehmen zuständigen Abwicklungsbehörden und nach Anhörung des Aufsichtskollegiums und der Abwicklungsbehörden der Mitgliedstaaten, in denen sich bedeutende Zweigniederlassungen befinden, soweit das Abwicklungshindernis für die bedeutende Zweigniederlassung von Belang ist, prüft die für die Gruppenabwicklung zuständige Behörde die Bewertung der Abwicklungsfähigkeit von Gruppen nach § 58 innerhalb des Abwicklungskollegiums und unternimmt alle geeigneten Schritte, um zu einer gemeinsamen Entscheidung über die Anwendung der nach § 59 Absatz 4 ermittelten Maßnahmen auf alle Abwicklungseinheiten und ihre Tochterunternehmen zu gelangen, die Unternehmen im Sinne von § 1 und Teil der Gruppe sind.

(2) [1]Ist die Abwicklungsbehörde nach § 155 für die Gruppenabwicklung zuständig, erstellt sie in Zusammenarbeit mit der konsolidierenden Aufsichtsbehörde und der Europäischen Bankenaufsichtsbehörde im Einklang mit Artikel 25 Absatz 1 der Verordnung (EU) Nr. 1093/2010 und nach Anhörung der betroffenen Aufsichtsbehörden einen Bericht. [2]Diesen übermittelt sie an

1. das EU-Mutterunternehmen,
2. die für die Tochterunternehmen zuständigen Abwicklungsbehörden, die ihn an die Tochterunternehmen weiterleiten, für die sie zuständig sind, und
3. die Abwicklungsbehörden der Mitgliedstaaten, in denen sich bedeutende Zweigniederlassungen befinden.

(3) [1]In dem Bericht nach Absatz 2 Satz 1 werden

1. etwaige wesentliche Abwicklungshindernisse für eine effektive Anwendung der Abwicklungsinstrumente und für eine Ausübung der Abwicklungsbefugnisse in Bezug auf die Gruppe und in Fällen, in denen die Gruppe aus mehr als einer Abwicklungsgruppe besteht, auch in Bezug auf die Abwicklungsgruppen analysiert und

2. Empfehlungen für angemessene Maßnahmen formuliert, die nach Auffassung der für die Gruppenabwicklung zuständigen Behörde geeignet und erforderlich sind, um Abwicklungshindernisse nach Nummer 1 zu beseitigen.

[2]Die Auswirkungen auf das Geschäftsmodell der Gruppe sind jeweils zu berücksichtigen. [3]Ist ein Abwicklungshindernis für die Abwicklungsfähigkeit der Gruppe auf eine in § 59 Absatz 2 Satz 2 angeführte Situation eines Unternehmens der Gruppe zurückzuführen, so teilt die für die Gruppenabwicklung zuständige Behörde dem EU-Mutterunternehmen nach Abstimmung mit der für die Abwicklungseinheit zuständigen Abwicklungsbehörde und den für deren Tochterunternehmen zuständigen Abwicklungsbehörden ihre Einschätzung dieses Abwicklungshindernisses mit.

(4) [1]Innerhalb von vier Monaten nach Eingang des Berichts nach Absatz 2 kann das EU-Mutterunternehmen Stellung nehmen und der Abwicklungsbehörde als für die Gruppenabwicklung zuständige Behörde alternative Maßnahmen vorschlagen, mit denen die im Bericht aufgezeigten Abwicklungshindernisse beseitigt oder abgebaut werden können. [2]Beruhen die im Bericht aufgezeigten Abwicklungshindernisse auf Situationen im Sinne des § 59 Absatz 2 Satz 2, so schlägt das EU-Mutterunternehmen der für die Gruppenabwicklung zuständigen Behörde innerhalb von zwei Wochen nach Erhalt einer gemäß Absatz 3 Satz 3 erfolgten Mitteilung mögliche Maßnahmen und einen Zeitplan für deren Durchführung vor, um sicherzustellen, dass das Unternehmen der Gruppe den in § 49e oder § 49f genannten Anforderungen, unter Beachtung der Vorgaben des § 49 Absatz 3, ausgedrückt als ein nach Artikel 92 Absatz 3 der Verordnung (EU) Nr. 575/2013[1)] berechneter Gesamtrisikobetrag, und gegebenenfalls der kombinierten Kapitalpufferanforderung sowie den in den §§ 49e und 49f genannten Anforderungen, ausgedrückt als Prozentsatz der Gesamtrisikopositionsmessgröße nach den Artikeln 429 und 429a der Verordnung (EU) Nr. 575/2013, nachkommt. [3]Der Zeitplan für die Durchführung der gemäß Satz 2 vorgeschlagenen Maßnahmen trägt den Gründen für das wesentliche Abwicklungshindernis Rechnung. [4]Die Abwicklungsbehörde bewertet nach Anhörung der zuständigen Behörde, ob diese Maßnahmen geeignet sind, das wesentliche Abwicklungshindernis effektiv abzubauen beziehungsweise zu beseitigen. [5]Die für die Gruppenabwicklung zuständige Behörde unterrichtet die konsolidierende Aufsichtsbehörde, die Europäische Bankenaufsichtsbehörde, die für die Tochterunternehmen zuständigen Abwicklungsbehörden sowie die Abwicklungsbehörden der Mitgliedstaaten, in denen sich bedeutende Zweigniederlassungen befinden, soweit die vorgeschlagenen Maßnahmen für die bedeutende Zweigniederlassung von Bedeutung sind, über die vom EU-Mutterunternehmen vorgeschlagenen Maßnahmen.

(5) [1]Ist die Abwicklungsbehörde die für die Gruppenabwicklung zuständige Behörde, so strebt sie an, nach Anhörung der übrigen Aufsichtsbehörden und der Abwicklungsbehörden der Mitgliedstaaten und Drittstaaten, in denen sich bedeutende Zweigstellen befinden, mit den für die Tochterunternehmen zuständigen Abwicklungsbehörden eine gemeinsame Entscheidung zu treffen bezüglich

1. der Identifizierung der wesentlichen Abwicklungshindernisse und, soweit erforderlich,

---

1) Nr. **6**.

2. der Bewertung der von dem EU-Mutterunternehmen vorgeschlagenen Maßnahmen sowie der von den Behörden verlangten Maßnahmen zur Beseitigung oder zum Abbau der bestehenden wesentlichen Abwicklungshindernisse.

[2] Bei der Entscheidung sollen die möglichen Auswirkungen solcher Maßnahmen in den Mitgliedstaaten, in denen die Gruppe tätig ist, berücksichtigt werden.

(6) [1] Die gemeinsame Entscheidung nach Absatz 5 wird innerhalb von vier Monaten nach Vorlage etwaiger Stellungnahmen des EU-Mutterunternehmens getroffen. [2] Hat das EU-Mutterunternehmen keine Stellungnahme vorgelegt, wird die gemeinsame Entscheidung innerhalb eines Monats nach Ablauf der in Absatz 4 Satz 1 genannten Viermonatsfrist getroffen. [3] Gemeinsame Entscheidungen in Bezug auf Abwicklungshindernisse, die auf eine der in § 59 Absatz 2 Satz 2 beschriebenen Situationen zurückzuführen sind, werden innerhalb von zwei Wochen nach Vorlage etwaiger Stellungnahmen des EU-Mutterunternehmens gemäß Absatz 4 getroffen. [4] Gemeinsame Entscheidungen sind zu begründen und in einem Dokument festzuhalten, das die für die Gruppenabwicklung zuständige Behörde dem EU-Mutterunternehmen übermittelt. [5] Die Abwicklungsbehörde kann die Europäische Bankenaufsichtsbehörde gemäß Artikel 31 Buchstabe c der Verordnung (EU) Nr. 1093/2010 um Unterstützung bei der Erzielung einer Einigung ersuchen.

(7) [1] Ergeht innerhalb des in Absatz 6 genannten maßgeblichen Zeitraums keine gemeinsame Entscheidung, so entscheidet die Abwicklungsbehörde als für die Gruppenabwicklung zuständige Behörde allein über die auf Gruppenebene nach § 59 Absatz 4 zu treffenden Maßnahmen. [2] Die Entscheidung muss umfassend begründet werden und den Standpunkten und Vorbehalten anderer Abwicklungsbehörden Rechnung tragen. [3] Die für die Gruppenabwicklung zuständige Behörde teilt die Entscheidung dem EU-Mutterunternehmen mit. [4] Hat eine Abwicklungsbehörde nach Ablauf des in Absatz 6 genannten maßgeblichen Zeitraums die Europäische Bankenaufsichtsbehörde gemäß Artikel 19 der Verordnung (EU) Nr. 1093/2010 mit einer in § 59 Absatz 6 Nummer 7, 8 oder 10 genannten Angelegenheit befasst, so stellt die für die Gruppenabwicklung zuständige Behörde ihre Entscheidung in Erwartung eines etwaigen Beschlusses der Europäischen Bankenaufsichtsbehörde gemäß Artikel 19 Absatz 3 der genannten Verordnung zurück und folgt in ihrer anschließenden Entscheidung dem Beschluss der Europäischen Bankenaufsichtsbehörde. [5] Der in Absatz 6 genannte maßgebliche Zeitraum ist als Schlichtungsphase im Sinne der Verordnung (EU) Nr. 1093/2010 zu betrachten. [6] Nach Ablauf des in Absatz 6 genannten maßgeblichen Zeitraums oder nach Erreichen einer gemeinsamen Entscheidung kann die Europäische Bankenaufsichtsbehörde nicht mehr mit der Angelegenheit befasst werden. [7] Fasst die Europäische Bankenaufsichtsbehörde innerhalb eines Monats keinen Beschluss, gilt die Entscheidung der für die Gruppenabwicklung zuständigen Abwicklungsbehörde.

(8) [1] Ergeht innerhalb des in Absatz 6 genannten maßgeblichen Zeitraums keine gemeinsame Entscheidung, entscheidet die Abwicklungsbehörde als die für die betreffende Abwicklungseinheit zuständige Behörde selbst über die nach § 59 Absatz 4 auf Ebene der Abwicklungsgruppe zu treffenden geeigneten Maßnahmen. [2] Die Entscheidung nach Satz 1 muss umfassend begründet werden und den Standpunkten und Vorbehalten der Abwicklungsbehörden anderer

Unternehmen derselben Abwicklungsgruppe sowie der für die Gruppenabwicklung zuständigen Behörde Rechnung tragen. [3]Die betreffende Abwicklungsbehörde übermittelt die Entscheidung der Abwicklungseinheit. [4]Hat eine Abwicklungsbehörde nach Ablauf des in Absatz 6 genannten maßgeblichen Zeitraums die Europäische Bankenaufsichtsbehörde gemäß Artikel 19 der Verordnung (EU) Nr. 1093/2010 mit einer in § 59 Absatz 6 Nummer 7, 8 und 10 genannten Angelegenheit befasst, so stellt die für die Abwicklungseinheit zuständige Abwicklungsbehörde ihre Entscheidung in Erwartung eines etwaigen Beschlusses der Europäischen Bankenaufsichtsbehörde gemäß Artikel 19 Absatz 3 der genannten Verordnung zurück und folgt in ihrer anschließenden Entscheidung dem Beschluss der Europäischen Bankenaufsichtsbehörde. [5]Der in Absatz 6 genannte maßgebliche Zeitraum ist als Schlichtungsphase im Sinne der Verordnung (EU) Nr. 1093/2010 zu betrachten. [6]Nach Ablauf des in Absatz 6 genannten maßgeblichen Zeitraums oder nach Erreichen einer gemeinsamen Entscheidung kann die Europäische Bankenaufsichtsbehörde nicht mehr mit der Angelegenheit befasst werden. [7]Fasst die Europäische Bankenaufsichtsbehörde innerhalb eines Monats keinen Beschluss, gilt die Entscheidung der für die Abwicklungseinheit zuständigen Abwicklungsbehörde.

(9) [1]Kommt keine gemeinsame Entscheidung zustande, entscheidet die Abwicklungsbehörde als für die Tochterunternehmen, die keine Abwicklungseinheiten sind, zuständige Abwicklungsbehörde selbst über die geeigneten Maßnahmen, die von den Tochterunternehmen auf Einzelunternehmensebene gemäß § 59 Absatz 4 zu treffen sind. [2]Die Entscheidung muss umfassend begründet werden und den Standpunkten und Vorbehalten der anderen Abwicklungsbehörden Rechnung tragen. [3]Die Entscheidung wird dem betreffenden Tochterunternehmen und der Abwicklungseinheit derselben Abwicklungsgruppe, der Abwicklungsbehörde der Abwicklungseinheit und, sofern es sich dabei nicht um dieselbe Behörde handelt, der für die Gruppenabwicklung zuständigen Behörde übermittelt. [4]Hat eine Abwicklungsbehörde nach Ablauf des in Absatz 6 genannten maßgeblichen Zeitraums die Europäische Bankenaufsichtsbehörde gemäß Artikel 19 der Verordnung (EU) Nr. 1093/2010 mit einer in § 59 Absatz 6 Nummer 7, 8 und 10 genannten Angelegenheit befasst, so stellt die für das Tochterunternehmen zuständige Abwicklungsbehörde ihre Entscheidung in Erwartung eines etwaigen Beschlusses der Europäischen Bankenaufsichtsbehörde gemäß Artikel 19 Absatz 3 der genannten Verordnung zurück und folgt in ihrer anschließenden Entscheidung dem Beschluss der Europäischen Bankenaufsichtsbehörde. [5]Der in Absatz 6 genannte maßgebliche Zeitraum ist als Schlichtungsphase im Sinne der Verordnung (EU) Nr. 1093/2010 zu betrachten. [6]Nach Ablauf des in Absatz 6 genannten maßgeblichen Zeitraums oder nach Erreichen einer gemeinsamen Entscheidung kann die Europäische Bankenaufsichtsbehörde nicht mehr mit der Angelegenheit befasst werden. [7]Fasst die Europäische Bankenaufsichtsbehörde innerhalb eines Monats keinen Beschluss, gilt die Entscheidung der für das Tochterunternehmen zuständigen Abwicklungsbehörde.

§ 60a Vertragliche Anerkennung von Befugnissen zur vorübergehenden Aussetzung von Beendigungsrechten. (1) Institute und gruppenangehörige Unternehmen sind verpflichtet, in Finanzkontrakte, die dem Recht eines Drittstaats unterliegen, eine vertragliche Bestimmung aufzunehmen, durch welche die Gegenpartei anerkennt, dass die Befugnisse zur vorübergehenden Aussetzung von Beendigungsrechten und sonstigen vertraglichen

Rechten nach den §§ 66a, 82 bis 84 und 169 Absatz 5 Nummer 3 und 4 auf die Verbindlichkeit des Instituts oder gruppenangehörigen Unternehmens angewendet werden können, und sich mit einer in Ausübung der Befugnisse nach den §§ 66a und 82 bis 84 ergehenden Aussetzung von Beendigungsrechten und sonstigen vertraglichen Rechten im Sinne des § 144 Absatz 3 einverstanden erklärt.

(2) [1] EU-Mutterunternehmen sorgen dafür, dass ihre Tochterunternehmen mit Sitz in einem Drittstaat in Finanzkontrakte nach Absatz 1 Bestimmungen aufnehmen, durch welche ausgeschlossen wird, dass die Ausübung der Befugnisse nach Absatz 1 eine frühzeitige Kündigung, Aussetzung, Änderung, Verrechnung, Ausübung von Aufrechnungsrechten oder eine Durchsetzung von Sicherungsrechten dieser Verträge rechtfertigt, sofern die betroffenen Finanzkontrakte Verpflichtungen enthalten, deren Erfüllung von einem gruppenangehörigen Unternehmen mit Sitz im Inland garantiert oder auf andere Art und Weise sichergestellt wird. [2] Satz 1 gilt für Tochterunternehmen, die Institute oder Finanzinstitute sind. [3] § 10a Absatz 8 des Kreditwesengesetzes[1)] gilt entsprechend. [4] Diese Verpflichtung gilt für Kreditinstitute, Wertpapierfirmen oder Unternehmen, die als Wertpapierfirmen anzusehen wären, wenn sie in dem betreffenden Mitgliedstaat einen Sitz hätten, oder Finanzinstitute.

(3) Absatz 1 gilt für Finanzkontrakte, die

1. nach Inkrafttreten dieser Vorschrift eine neue Verpflichtung schaffen oder eine bestehende Verpflichtung wesentlich ändern und
2. die Ausübung eines oder mehrerer Kündigungsrechte oder Rechte zur Durchsetzung von Sicherungsrechten vorsehen, für die die §§ 66a, 82 bis 84 oder 144 gelten würden, falls der Finanzkontrakt dem Recht eines Mitgliedstaats unterläge.

(4) Erfüllt ein Unternehmen die Verpflichtungen nach den Absätzen 1 und 2 nicht, hindert dies die Abwicklungsbehörde nicht, ihre Befugnisse nach den §§ 66a, 82 bis 84 oder 144 in Bezug auf den jeweiligen Finanzkontrakt auszuüben.

(5) [1] Die Abwicklungsbehörde kann die Pflichten nach den Absätzen 1 und 2 mittels Verwaltungsakts durchsetzen. [2] Bei der Ausübung ihres Ermessens kann die Abwicklungsbehörde insbesondere berücksichtigen:

1. die Besonderheiten des Geschäftsmodells,
2. die Besonderheiten des betroffenen ausländischen Marktes,
3. die Besonderheiten des betroffenen Vertragstyps,
4. die Systemrelevanz des betroffenen Instituts oder gruppenangehörigen Unternehmens sowie
5. die zu erwartenden Auswirkungen auf die Abwicklungsfähigkeit des betroffenen Instituts oder gruppenangehörigen Unternehmens, im Fall des Absatzes 2 des gruppenangehörigen Unternehmens mit Sitz im Inland.

---

1) Nr. **9**.

Kapitel 4. Gründung von Brückeninstituten und Vermögensverwaltungsgesellschaften

§ 61 Gründung von Brückeninstituten und Vermögensverwaltungsgesellschaften. (1) Die Abwicklungsbehörde oder der Restrukturierungsfonds gemäß § 1 des Restrukturierungsfondsgesetzes kann, auch ohne konkreten Anlass, juristische Personen gründen, die

1. im Rahmen von Übertragungen nach § 107 Absatz 1 Nummer 1 Buchstabe b als übernehmender Rechtsträger fungieren können (Brückeninstitut) oder
2. im Rahmen von Übertragungen nach § 107 Absatz 1 Nummer 2 als übernehmender Rechtsträger fungieren können (Vermögensverwaltungsgesellschaft).

(2) [1] Die Abwicklungsbehörde oder der Restrukturierungsfonds kann Anteile an einem Rechtsträger erwerben, der von einem Dritten für die Zwecke des § 107 Absatz 1 Nummer 1 Buchstabe a oder Nummer 2 gegründet wurde, um diesen als Brückeninstitut im Rahmen einer Übertragung nach § 107 Absatz 1 Nummer 1 Buchstabe b oder als Vermögensverwaltungsgesellschaft im Rahmen einer Übertragung nach § 107 Absatz 1 Nummer 2 zu verwenden. [2] Ein Anteilserwerb soll nur erfolgen, wenn ein wichtiges Interesse des Bundes vorliegt und sich der vom Bund erstrebte Zweck nicht besser und wirtschaftlicher auf andere Weise erreichen lässt. [3] Die §§ 65 bis 69 der Bundeshaushaltsordnung sind nicht anzuwenden.

(3) § 202 Absatz 3 Satz 1 des Aktiengesetzes ist auf Brückeninstitute und Vermögensverwaltungsgesellschaften nicht anzuwenden.

Teil 4. Abwicklung

Kapitel 1. Abwicklungsbefugnis, Voraussetzungen und weitere Befugnisse

§ 62 Abwicklungsvoraussetzungen in Bezug auf Institute. (1) [1] Die Abwicklungsvoraussetzungen in Bezug auf ein Institut liegen vor, wenn

1. das Institut in seinem Bestand gefährdet ist,
2. die Durchführung einer Abwicklungsmaßnahme zur Erreichung eines oder mehrerer Abwicklungsziele erforderlich und verhältnismäßig ist und wenn dies bei einer Liquidation des Instituts im Wege eines regulären Insolvenzverfahrens nicht im selben Umfang der Fall wäre und
3. die Bestandsgefährdung sich innerhalb des zur Verfügung stehenden Zeitrahmens nicht ebenso sicher durch andere Maßnahmen als durch Abwicklungsmaßnahmen beseitigen lässt, wobei als andere Maßnahmen in Betracht kommen:
   a) Maßnahmen des privaten Sektors einschließlich Maßnahmen eines Institutssicherungssystems,
   b) Maßnahmen der Aufsichtsbehörde, insbesondere Maßnahmen des frühzeitigen Eingreifens gemäß den §§ 36 bis 38 oder Maßnahmen gemäß den §§ 45 bis 46 des Kreditwesengesetzes[1] oder

---

[1] Nr. 9.

c) Herabschreibung oder Umwandlung relevanter Kapitalinstrumente und berücksichtigungsfähiger Verbindlichkeiten gemäß § 65 Absatz 4.

[2] Keine Voraussetzung für den Erlass von Abwicklungsmaßnahmen ist

1. die vorhergehende Anwendung von Maßnahmen frühzeitigen Eingreifens gemäß den §§ 36 bis 38,
2. die vorhergehende Anwendung von Maßnahmen gemäß den §§ 45 bis 46 des Kreditwesengesetzes oder
3. die Herabschreibung oder Umwandlung relevanter Kapitalinstrumente und berücksichtigungsfähiger Verbindlichkeiten gemäß § 65 Absatz 4.

(2) [1] Die Aufsichtsbehörde stellt nach Anhörung der Abwicklungsbehörde oder die Abwicklungsbehörde stellt nach Anhörung der Aufsichtsbehörde die Bestandsgefährdung des Instituts fest. [2] Zu diesem Zweck stellen sich die Abwicklungsbehörde und die Aufsichtsbehörde auf Anforderung gegenseitig unverzüglich alle Informationen zur Verfügung, die für diese Feststellung erforderlich sind.

§ 63 Bestandsgefährdung; Verordnungsermächtigung. (1) Eine Bestandsgefährdung eines Instituts liegt vor, wenn

1. das Institut gegen die mit einer Erlaubnis nach § 32 des Kreditwesengesetzes[1)] verbundenen Anforderungen in einer Weise verstößt, die die Aufhebung der Erlaubnis durch die Aufsichtsbehörde rechtfertigen würde oder objektive Anhaltspunkte dafür vorliegen, dass dies in naher Zukunft bevorsteht,
2. die Vermögenswerte des Instituts die Höhe seiner Verbindlichkeiten unterschreiten oder objektive Anhaltspunkte dafür vorliegen, dass dies in naher Zukunft bevorsteht, oder
3. das Institut zahlungsunfähig ist oder objektive Anhaltspunkte dafür vorliegen, dass das Institut in naher Zukunft nicht mehr in der Lage sein wird, die bestehenden Zahlungspflichten im Zeitpunkt der Fälligkeit zu erfüllen, es sei denn, es bestehen ernsthafte Aussichten darauf, dass das Institut durch Garantien im Sinne von Absatz 2 Satz 2 Nummer 1 oder 2 in die Lage versetzt wird, bestehende Zahlungspflichten im Zeitpunkt der Fälligkeit zu erfüllen.

(2) [1] Einer Bestandsgefährdung steht die Bewilligung einer außerordentlichen finanziellen Unterstützung aus öffentlichen Mitteln gleich. [2] Dies gilt nicht, wenn die außerordentliche finanzielle Unterstützung aus öffentlichen Mitteln zur Abwendung einer schweren Störung der Volkswirtschaft und zur Wahrung der Finanzstabilität erfolgt in der Form

1. einer staatlichen Garantie für Liquiditätsfazilitäten, die von der Europäischen Zentralbank oder der Deutschen Bundesbank zu ihren jeweiligen Bedingungen bereitgestellt werden,
2. einer staatlichen Garantie für neu emittierte Verbindlichkeiten oder
3. einer Zuführung von Eigenkapital oder des Kaufs von Kapitalinstrumenten
   a) zu Preisen und Bedingungen, die das Institut nicht begünstigen,
   b) zwecks Schließung von Kapitallücken, die in Stresstests auf nationaler Ebene oder der Ebene der Union oder des einheitlichen Aufsichtsmechanismus, bei der Bewertung der Qualität der Vermögenswerte oder ver-

---

1) Nr. **9**.

gleichbaren Prüfungen durch die Aufsichtsbehörde, die Europäische Zentralbank oder die Europäische Bankenaufsichtsbehörde festgestellt und gegebenenfalls durch die Aufsichtsbehörde bestätigt wurden,

c) wenn im Zeitpunkt der Kapitalzuführung die Voraussetzungen des § 65 Absatz 2 nicht erfüllt sind.

[3]Die Regelungen gemäß den Nummern 1, 2 und 3 gelten nur für präventive, zeitlich befristete und verhältnismäßige Maßnahmen, die nicht dem Ausgleich von Verlusten dienen, die das Institut bereits erlitten hat oder in naher Zukunft voraussichtlich erleiden wird. [4]Kapitalmaßnahmen öffentlicher Eigentümer, die keine Beihilfe im Sinne des Artikels 107 Absatz 1 des Vertrags über die Arbeitsweise der Europäischen Union sind, bleiben unbenommen.

(3)[1)] [1]Das Bundesministerium der Finanzen wird ermächtigt, durch Rechtsverordnung, die nicht der Zustimmung des Bundesrates bedarf, nähere Bestimmungen bezüglich der Umstände zu treffen, unter denen eine Bestandsgefährdung nach den Absätzen 1 und 2 vorliegt. [2]Das Bundesministerium der Finanzen kann die Ermächtigung durch Rechtsverordnung auf die Abwicklungsbehörde mit der Maßgabe übertragen, dass die Rechtsverordnung im Einvernehmen mit der Bundesanstalt für Finanzdienstleistungsaufsicht und der Deutschen Bundesbank ergeht.

§ 64 Abwicklungsvoraussetzungen in Bezug auf Finanzinstitute und Holdinggesellschaften. (1) [1]Die Abwicklungsvoraussetzungen in Bezug auf ein Finanzinstitut, das nachgeordnetes Unternehmen eines auf konsolidierter Basis beaufsichtigten übergeordneten Unternehmens ist, liegen vor, wenn die in § 62 Absatz 1 genannten Voraussetzungen sowohl in Bezug auf das Finanzinstitut als auch in Bezug auf das übergeordnete Unternehmen erfüllt sind. [2]§ 62 Absatz 2 gilt entsprechend.

(2) Die Abwicklungsvoraussetzungen in Bezug auf eine Finanzholding-Gesellschaft, eine gemischte Finanzholding-Gesellschaft, eine gemischte Holdinggesellschaft, eine Mutterfinanzholding-Gesellschaft in einem Mitgliedstaat, eine EU-Mutterfinanzholding-Gesellschaft, eine gemischte Mutterfinanzholding-Gesellschaft in einem Mitgliedstaat oder eine gemischte EU-Mutterfinanzholding-Gesellschaft liegen vor, wenn die in § 62 Absatz 1 genannten Voraussetzungen in Bezug auf eine der vorgenannten Holdinggesellschaften erfüllt sind.

(3) Abweichend von Absatz 2 kann die Abwicklungsbehörde auch dann Abwicklungsmaßnahmen für eine in Absatz 2 genannte Holdinggesellschaft anordnen, wenn

1. die in § 62 Absatz 1 genannten Voraussetzungen in Bezug auf ein Tochterunternehmen oder mehrere Tochterunternehmen dieser Holdinggesellschaft erfüllt sind, sofern es sich bei den Tochterunternehmen um Institute handelt, die selbst keine Abwicklungseinheiten sind,
2. die Vermögenswerte und Verbindlichkeiten des Tochterunternehmens oder der Tochterunternehmen nach Nummer 1 so beschaffen sind, dass deren Ausfall eine Bestandsgefährdung der Abwicklungsgruppe als Ganzes auslösen könnte,

---

1) § 63 Abs. 3 ist bereits am 19.12.2014 in Kraft getreten; vgl. Art. 10 Abs. 3 G v. 10.12.2014 (BGBl. I S. 2091).

3. eine Abwicklungsmaßnahme in Bezug auf diese Holdinggesellschaft für die Abwicklung eines Tochterunternehmens oder mehrerer Tochterunternehmen nach Nummer 1 oder für die Abwicklung der Abwicklungsgruppe als Ganzes erforderlich ist und
4. diese Holdinggesellschaft eine Abwicklungseinheit ist.

(4) Die Zwischen-Finanzholding-Gesellschaft ist im Abwicklungsplan als Abwicklungseinheit auszuweisen und Abwicklungsmaßnahmen zum Zweck einer Gruppenabwicklung nach Absatz 2 oder Absatz 3 dürfen nur für die Zwischen-Finanzholding-Gesellschaft und nicht für die gemischte Holdinggesellschaft angeordnet werden, wenn die Tochterinstitute einer gemischten Holdinggesellschaft direkt oder indirekt von einer Zwischen-Finanzholding-Gesellschaft gehalten werden.

(5) Die Abwicklungsbehörde kann Abwicklungsmaßnahmen in Bezug auf eine Zentralorganisation und alle ihr ständig zugeordneten Kreditinstitute, die Teil derselben Abwicklungsgruppe sind, ergreifen, wenn diese Abwicklungsgruppe als Ganzes die Voraussetzungen nach § 62 Absatz 1 erfüllt.

§ 65 Voraussetzungen für die Anwendung des Instruments der Beteiligung der Inhaber relevanter Kapitalinstrumente und berücksichtigungsfähiger Verbindlichkeiten. (1) Außer in den Fällen des § 89 kann die Abwicklungsbehörde das Instrument der Beteiligung der Inhaber relevanter Kapitalinstrumente gemäß § 89 auch in Bezug auf relevante Kapitalinstrumente und auf berücksichtigungsfähige Verbindlichkeiten nach Absatz 4 anwenden, die

1. von einem Tochterunternehmen ausgegeben werden und die auf Einzelbasis oder auf konsolidierter Basis für die Zwecke der Erfüllung der Eigenmittelanforderungen anerkannt sind, wenn die Abwicklungsbehörde und die für die Feststellung zuständige Behörde des Mitgliedstaats des Tochterunternehmens in Form einer gemeinsamen Entscheidung gemäß § 166 Absatz 3 und 4 nach Maßgabe des § 66 feststellen, dass in Bezug auf die Gruppe die Voraussetzungen des § 62 Absatz 1 Satz 1 Nummer 1 und 3 vorliegen;
2. von einem inländischen Mutterunternehmen ausgegeben werden und die auf Einzelbasis auf der Ebene des inländischen Mutterunternehmens oder auf konsolidierter Basis für die Zwecke der Erfüllung der Eigenmittelanforderungen anerkannt sind, wenn die Abwicklungsbehörde feststellt, dass in Bezug auf die Gruppe die Voraussetzungen des § 62 Absatz 1 Satz 1 Nummer 1 und 3 vorliegen;
3. von einem Institut ausgegeben werden, wenn diesem eine außerordentliche finanzielle Unterstützung aus öffentlichen Mitteln bewilligt wird, außer in Fällen des § 63 Absatz 2 Satz 2 Nummer 3 oder
4. von einem Institut oder gruppenangehörigen Unternehmen ausgegeben werden, wenn die Abwicklungsbehörde feststellt, dass die Voraussetzungen des § 62 Absatz 1 Satz 1 Nummer 1 und 3 vorliegen.

(2) Für die Zwecke von Absatz 1 Nummer 1, 2 und 4 liegt die Bestandsgefährdung einer Gruppe vor, wenn die Gruppe gegen die Aufsichtsanforderungen auf konsolidierter Ebene in einer Weise verstößt, die Maßnahmen gemäß § 45 Absatz 1 des Kreditwesengesetzes[1], durch die Aufsichtsbehörde in

[1] Nr. **9**.

Bezug auf ein auf konsolidierter Basis beaufsichtigtes Unternehmen der Gruppe rechtfertigt oder wenn objektive Anhaltspunkte dafür vorliegen, dass ein Verstoß nach Absatz 1 Nummer 1 zumindest in naher Zukunft bevorsteht.

(3) Bei einer Maßnahme nach Absatz 1 wird die Bewertung nach § 146 vorgenommen und § 147 findet Anwendung.

(4) [1] Berücksichtigungsfähige Verbindlichkeiten dürfen nach Absatz 1 herabgeschrieben oder umgewandelt werden, sofern diese die in § 49f Absatz 2 Nummer 1 genannten Voraussetzungen erfüllen, mit Ausnahme der Voraussetzung in Bezug auf die Restlaufzeit der Verbindlichkeiten nach Maßgabe des Artikels 72c Absatz 1 der Verordnung (EU) Nr. 575/2013[1)]. [2] § 68 Absatz 1 Nummer 1 findet Anwendung.

§ 66 Feststellung der Voraussetzungen für die Anwendung des Instruments der Beteiligung der Inhaber relevanter Kapitalinstrumente und berücksichtigungsfähiger Verbindlichkeiten bei gruppenangehörigen Unternehmen. (1) [1] Beabsichtigt die Abwicklungsbehörde in Bezug auf ein Tochterunternehmen, das relevante Kapitalinstrumente ausgibt, die auf Einzelbasis und auf konsolidierter Basis zur Erfüllung der Eigenmittelanforderungen anerkannt sind oder das berücksichtigungsfähige Verbindlichkeiten nach § 65 Absatz 4 zur Erfüllung der Anforderung nach § 49f auf Einzelbasis ausgibt, die Feststellung der in § 62 Absatz 1 Satz 1 Nummer 1 und 3 genannten Voraussetzungen, sofern die Beteiligung der Inhaber relevanter Kapitalinstrumente gemäß § 89 zur Erreichung der Abwicklungsziele ausreichen würde, oder die Feststellung nach § 65 Absatz 1 Nummer 3, so teilt sie diese Absicht nach Anhörung der für die betreffende Abwicklungseinheit zuständigen Abwicklungsbehörde innerhalb von 24 Stunden der konsolidierenden Aufsichtsbehörde mit. [2] Ist die konsolidierende Aufsichtsbehörde nicht für die Feststellung hinsichtlich des übergeordneten Unternehmens zuständig, so teilt die Abwicklungsbehörde ihre Absicht auch der für die Feststellung zuständigen Behörde des Mitgliedstaats mit. [3] Die Abwicklungsbehörde teilt ihre Absicht nach Anhörung der Abwicklungsbehörde, die für die betreffende Abwicklungseinheit zuständig ist, innerhalb von 24 Stunden auch den Abwicklungsbehörden mit, die für andere Unternehmen innerhalb derselben Abwicklungsgruppe zuständig sind, die direkt oder indirekt in § 49f Absatz 2 genannte Verbindlichkeiten von dem Unternehmen, das § 49f Absatz 1 unterliegt, erworben haben.

(2) Beabsichtigt die Abwicklungsbehörde in Bezug auf ein Tochterunternehmen, das relevante Kapitalinstrumente ausgibt, die auf Einzelbasis oder auf konsolidierter Basis zur Erfüllung der Eigenmittelanforderungen anerkannt sind oder das berücksichtigungsfähige Verbindlichkeiten nach § 65 Absatz 4 zur Erfüllung der Anforderung nach § 49f auf Einzelbasis ausgibt, die Feststellung der in § 65 Absatz 1 Nummer 1 genannten Voraussetzungen, so teilt sie diese Absicht umgehend der Aufsichtsbehörde des Tochterunternehmens mit, auf dessen relevante Kapitalinstrumente und berücksichtigungsfähige Verbindlichkeiten nach § 65 Absatz 4 das Instrument der Beteiligung der Inhaber relevanter Kapitalinstrumente angewendet wird.

(3) Die Abwicklungsbehörde fügt einer Mitteilung gemäß Absatz 1 oder 2 eine Begründung bei, warum sie die betreffende Feststellung in Betracht zieht.

[1)] Nr. **6**.

(4) [1] Die Abwicklungsbehörde bewertet nach Abstimmung mit den Behörden, denen eine Mitteilung gemäß Absatz 1 oder Absatz 2 gemacht wurde, ob eine oder mehrere alternative Maßnahmen durchführbar sind, durch die sich die Abwicklungsziele auch ohne die Beteiligung der Inhaber relevanter Kapitalinstrumente und berücksichtigungsfähiger Verbindlichkeiten nach § 65 Absatz 4 sicherstellen lassen. [2] Als alternative Maßnahmen sind insbesondere Frühinterventionsmaßnahmen nach § 36, die in Artikel 104 Absatz 1 der Richtlinie 2013/36/EU genannten Maßnahmen oder eine Mittel- oder Kapitalübertragung des Mutterunternehmens in Betracht zu ziehen.

(5) Gelangt die Abwicklungsbehörde – nach Abstimmung mit den benachrichtigten Behörden – gemäß Absatz 4 zu dem Schluss, dass alternative Maßnahmen zur Verfügung stehen, bringt sie diese zur Anwendung.

(6) Gelangt die Abwicklungsbehörde im Fall des Absatzes 1 – nach Abstimmung mit den benachrichtigten Behörden – gemäß Absatz 4 zu dem Schluss, dass keine alternativen Maßnahmen zur Verfügung stehen, entscheidet die Abwicklungsbehörde, ob die in Absatz 1 genannte, in Betracht gezogene Feststellung angemessen ist.

(7) [1] Im Fall des Absatzes 2 erfolgt die Feststellung in Form einer gemeinsamen Entscheidung der für die Feststellung ausgewählten Behörden der Mitgliedstaaten, in denen sich Tochterunternehmen befinden, gemäß den §§ 161 bis 165. [2] In Ermangelung einer gemeinsamen Entscheidung wird keine Feststellung gemäß § 65 Absatz 1 Nummer 1 getroffen.

(8) Die Abwicklungsbehörde trifft im Einklang mit diesem Paragraphen eine Entscheidung zur Beteiligung von Inhabern relevanter Kapitalinstrumente und berücksichtigungsfähiger Verbindlichkeiten nach § 65 Absatz 4 und setzt sie unter gebührender Berücksichtigung der Dringlichkeit der Umstände umgehend um.

§ 66a Befugnis zur Aussetzung vertraglicher Pflichten bei Bestandsgefährdung. (1) [1] Die Abwicklungsbehörde kann anordnen, dass alle oder einzelne Zahlungs- oder Lieferverpflichtungen eines Instituts oder gruppenangehörigen Unternehmens aus Verträgen, bei denen es Vertragspartei ist, ausgesetzt werden, wenn

1. das Institut oder das gruppenangehörige Unternehmen gemäß § 62 Absatz 1 Satz 1 Nummer 1 in seinem Bestand gefährdet ist;
2. es keine sofort verfügbaren Maßnahmen des privaten Sektors im Sinne des § 62 Absatz 1 Satz 1 Nummer 3 Buchstabe a gibt, mit denen sich die Bestandsgefährdung des Instituts oder gruppenangehörigen Unternehmens abwenden ließe;
3. die Anordnung erforderlich ist, um die weitere Verschlechterung der Finanzlage des Instituts oder gruppenangehörigen Unternehmens zu verhindern; und
4. die Anordnung erforderlich ist,
   a) um zu den in § 62 Absatz 1 Satz 1 Nummer 2 vorgesehenen Feststellungen zu gelangen,
   b) um zu entscheiden, welche Abwicklungsmaßnahmen geeignet sind, oder
   c) um die wirksame Anwendung eines oder mehrerer Abwicklungsinstrumente sicherzustellen.

[2]Vor der Ausübung der Befugnis hört die Abwicklungsbehörde die Aufsichtsbehörde an. [3]Die Aufsichtsbehörde nimmt unverzüglich zum Inhalt der Anhörung Stellung.

(2) [1]Die Abwicklungsbehörde kann eine Aussetzung auch dann anordnen, wenn dies in Umsetzung eines Beschlusses des Ausschusses erforderlich ist oder der Ausschuss das Vorliegen der Voraussetzungen nach Absatz 1 festgestellt und der Abwicklungsbehörde mitgeteilt hat. [2]Die Feststellungen und Vorgaben des Beschlusses oder der Mitteilung des Ausschusses hat die Abwicklungsbehörde bei der Anordnung der Aussetzung zugrunde zu legen. [3]In diesem Fall findet Absatz 1 Satz 2 keine Anwendung auf Unternehmen im Sinne des Artikels 7 Absatz 2 Buchstabe a der Verordnung (EU) Nr. 806/2014[1)].

(3) Von einer Aussetzung ausgenommen sind Zahlungs- und Lieferverpflichtungen gegenüber Systemen im Sinne des § 1 Absatz 16 des Kreditwesengesetzes[2)], Systembetreibern im Sinne des § 1 Absatz 16a des Kreditwesengesetzes, zentralen Gegenparteien im Sinne des § 1 Absatz 31 des Kreditwesengesetzes, die gemäß Artikel 14 der Verordnung (EU) Nr. 648/2012 in der Union zugelassen sind, sowie von der Europäischen Wertpapier- und Marktaufsichtsbehörde gemäß Artikel 25 der genannten Verordnung anerkannten zentralen Gegenparteien aus Drittländern und Zentralbanken.

(4) [1]Bei der Festlegung des Umfangs einer Aussetzung berücksichtigt die Abwicklungsbehörde die Umstände des Einzelfalls. [2]Dabei bewertet die Abwicklungsbehörde insbesondere, ob die Erstreckung der Aussetzung auf entschädigungsfähige Einlagen, insbesondere auf gedeckte Einlagen, die von natürlichen Personen, Kleinstunternehmen sowie kleinen und mittleren Unternehmen gehalten werden, angemessen ist.

(5) Im Fall einer Erstreckung der Aussetzung auf entschädigungsfähige Einlagen hat die Abwicklungsbehörde für jeden Tag der Aussetzung einen angemessenen Betrag festzusetzen, der von der Aussetzung ausgenommen ist.

(6) [1]Der Zeitraum der Aussetzung ist so kurz wie möglich festzulegen. [2]Die Aussetzung kann höchstens für einen Zeitraum ab der öffentlichen Bekanntgabe der Aussetzung bis zum Ablauf des auf diese Bekanntgabe folgenden Geschäftstages angeordnet werden. [3]§ 137 Absatz 1 gilt entsprechend.

(7) [1]Die Abwicklungsbehörde berücksichtigt bei einer Aussetzung die möglichen Auswirkungen der Aussetzung auf das ordnungsgemäße Funktionieren der Finanzmärkte und trägt den geltenden Rechtsvorschriften sowie Befugnissen von Gerichten, Justiz- und Verwaltungsbehörden Rechnung, um die Rechte von Gläubigern und deren Gleichbehandlung in regulären Insolvenzverfahren zu gewährleisten. [2]Die Abwicklungsbehörde berücksichtigt dabei insbesondere, ob möglicherweise infolge der Feststellung gemäß § 62 Absatz 1 Satz 1 Nummer 2 ein Insolvenzverfahren über das Vermögen des Instituts oder gruppenangehörigen Unternehmens angewandt werden könnte, und trifft die Vorkehrungen, die sie für zweckmäßig erachtet, um eine angemessene Abstimmung mit den Gerichten, Justiz- und Verwaltungsbehörden sicherzustellen.

(8) Im Rahmen des nach Absatz 6 festgelegten Zeitraums erstreckt sich die Aussetzung auch auf die Zahlungs- oder Lieferverpflichtungen jeder Vertragspartei der von der Aussetzung betroffenen Verträge.

---

1) Nr. **22**.
2) Nr. **9**.

(9) Eine Zahlungs- oder Lieferverpflichtung, die während des nach Absatz 6 festgelegten Zeitraums fällig geworden wäre, wird unmittelbar nach Ablauf dieses Zeitraums fällig.

(10) [1]Die Abwicklungsbehörde informiert das Institut oder das gruppenangehörige Unternehmen und die in § 140 Absatz 1 und 2 genannten Stellen unverzüglich über die Anordnung der Aussetzung. [2]Die Information erfolgt nach der Feststellung der Bestandsgefährdung und vor dem Erlass einer Abwicklungsanordnung. [3]§ 140 Absatz 5 Satz 2 und 3 gilt entsprechend.

(11) Die Abwicklungsbehörde veröffentlicht die Anordnung der Aussetzung sowie die Bedingungen und Dauer der Aussetzung auf dem in § 140 Absatz 4 genannten Wege.

(12) Hat die Abwicklungsbehörde eine Aussetzung angeordnet, sind die §§ 46 und 46g des Kreditwesengesetzes auf das von der Aussetzung betroffene Institut oder gruppenangehörige Unternehmen während des Zeitraums der Aussetzung nur mit Zustimmung der Abwicklungsbehörde anzuwenden.

(13) Wenn die Abwicklungsbehörde die Aussetzung anordnet, kann sie für den Zeitraum der Aussetzung von ihren Befugnissen zur Beschränkung von Sicherungsrechten entsprechend § 83 und zur vorübergehenden Aussetzung von Beendigungsrechten entsprechend § 84 Gebrauch machen.

§ 67 Abwicklungsziele. (1) Abwicklungsziele sind

1. die Sicherstellung der Kontinuität kritischer Funktionen;
2. die Vermeidung erheblicher negativer Auswirkungen auf die Finanzstabilität vor allem durch die Verhinderung einer Ansteckung, beispielsweise von Finanzmarktinfrastrukturen, und durch die Erhaltung der Marktdisziplin;
3. der Schutz öffentlicher Mittel durch geringere Inanspruchnahme außerordentlicher finanzieller Unterstützung aus öffentlichen Mitteln;
4. der Schutz der unter das Einlagensicherungsgesetz[1)] fallenden Einleger und der unter das Anlegerentschädigungsgesetz[2)] fallenden Anleger;
5. der Schutz der Gelder und Vermögenswerte der Kunden.

(2) Vorbehaltlich anderer Bestimmungen dieses Gesetzes sind die Abwicklungsziele gleichrangig; es obliegt der Abwicklungsbehörde, entsprechend der Art und den Umständen des jeweiligen Falls eine angemessene Abwägung vorzunehmen.

§ 68 Allgemeine Grundsätze für eine Abwicklung. (1) Die Abwicklungsbehörde verfolgt bei Abwicklungsmaßnahmen die Grundsätze, dass

1. Verluste von Anteilsinhabern und Gläubigern in demselben Umfang zu tragen sind wie in einem Insolvenzverfahren, das zum Zeitpunkt der Anordnung der Abwicklung eröffnet worden wäre, sofern in diesem Gesetz keine abweichenden Bestimmungen getroffen werden,
2. gedeckte Einlagen vollständig geschützt werden,
3. die Kosten der Abwicklung möglichst gering zu halten sind und eine Vernichtung von Werten, die nicht zur Erreichung der Abwicklungsziele erforderlich ist, vermieden wird,

---

1) Nr. **15**.
2) Nr. **14**.

4. die Geschäftsleiter, die Mitglieder des Aufsichts- oder Verwaltungsorgans sowie die Mitarbeiter und Mitarbeiterinnen der nachgelagerten Führungsebene des in Abwicklung befindlichen Instituts oder gruppenangehörigen Unternehmens ersetzt werden, es sei denn, die Abwicklungsbehörde betrachtet deren vollständige oder teilweise Beibehaltung im Einzelfall als erforderlich, um die Abwicklungsziele zu erreichen,
5. die Geschäftsleiter, die Mitglieder des Aufsichts- oder Verwaltungsorgans sowie die Mitarbeiter und Mitarbeiterinnen der nachgelagerten Führungsebene des in Abwicklung befindlichen Instituts oder gruppenangehörigen Unternehmens zu jeder erforderlichen Unterstützung für die Erreichung der Abwicklungsziele herangezogen werden,
6. die straf- und zivilrechtliche Verantwortung von natürlichen und juristischen Personen für die Bestandsgefährdung des in Abwicklung befindlichen Instituts unberührt bleibt.

(2) Die Abwicklungsbehörde trifft Abwicklungsmaßnahmen gegenüber einem Institut, das einer Gruppe angehört, nach Maßgabe dieses Gesetzes in einer Weise, die die negativen Auswirkungen auf gruppenangehörige Unternehmen und die Gruppe als Ganzes sowie auf die Finanzstabilität in der Europäischen Union und in ihren Mitgliedstaaten, insbesondere in Mitgliedstaaten, in denen gruppenangehörige Unternehmen tätig sind, so gering wie möglich hält.

(3) Bei Abwicklungsmaßnahmen wird die Abwicklungsbehörde den Betriebsrat des Instituts oder gruppenangehörigen Unternehmens informieren, soweit dies ohne Beeinträchtigung der Abwicklungsziele möglich ist.

§ 69 Bewertung; gerichtliche Überprüfung. (1) Bevor eine Abwicklungsanordnung erlassen wird,

1. stellt die Abwicklungsbehörde sicher, dass nach Maßgabe der §§ 69 bis 75 eine angemessene und vorsichtige Bewertung der Vermögenswerte und Verbindlichkeiten des Instituts oder des gruppenangehörigen Unternehmens durch einen unabhängigen, sachverständigen Prüfer vorgenommen wird oder
2. nimmt die Abwicklungsbehörde zumindest eine vorläufige Bewertung nach Maßgabe des § 74 vor.

(2) Eine Bewertung nach den §§ 69 bis 75 kann nur im Rahmen der gerichtlichen Überprüfung einer Abwicklungsmaßnahme oder der Anwendung des Instruments der Beteiligung der Inhaber relevanter Kapitalinstrumente gerichtlich überprüft werden.

§ 70 Sachverständiger Prüfer. (1) [1]Der sachverständige Prüfer (Prüfer) muss unabhängig sein von

1. staatlichen Stellen einschließlich der Abwicklungsbehörde,
2. dem Institut oder gruppenangehörigen Unternehmen und
3. dem übernehmenden Rechtsträger, soweit vorhanden.

[2]Die für die Durchführung einer abschließenden Bewertung erforderliche Unabhängigkeit des Prüfers wird nicht schon dadurch ausgeschlossen, dass der Prüfer bereits an der vorläufigen Bewertung der Vermögenswerte und Ver-

bindlichkeiten des Instituts oder des gruppenangehörigen Unternehmens durch die Abwicklungsbehörde beteiligt war.

(2) [1] Der Prüfer wird von der Abwicklungsbehörde bestellt. [2] Er erhält eine angemessene Vergütung, deren Höhe von der Abwicklungsbehörde festgesetzt wird, und bekommt seine notwendigen Auslagen ersetzt. [3] Die Anforderungen an die Unabhängigkeit des Prüfers bestimmen sich nach den Artikeln 37 bis 41 der Verordnung (EU) 2016/1075.

§ 71 Zwecke der Bewertung. Die Bewertung dient der Abwicklungsbehörde als Beurteilungsgrundlage für die folgenden Zwecke:

1. die Feststellung, ob die Abwicklungsvoraussetzungen oder die Voraussetzungen für die Anwendung des Instruments der Beteiligung der Inhaber relevanter Kapitalinstrumente für das Institut oder das gruppenangehörige Unternehmen erfüllt sind;
2. wenn die Abwicklungsvoraussetzungen erfüllt sind, die Entscheidung über die in Bezug auf das Institut oder das gruppenangehörige Unternehmen zu treffenden angemessenen Abwicklungsmaßnahmen;
3. wenn das Instrument der Beteiligung der Inhaber relevanter Kapitalinstrumente und berücksichtigungsfähigen Verbindlichkeiten nach § 65 Absatz 4 gemäß § 89 ausgeübt wird, die fundierte Entscheidung über den Umfang der Einziehung, Löschung, Übertragung von Anteilen oder anderen Instrumenten des harten Kernkapitals an dem Institut oder dem gruppenangehörigen Unternehmen und über den Umfang der Herabschreibung und Umwandlung der relevanten Kapitalinstrumente;
4. wenn das Instrument der Gläubigerbeteiligung gemäß § 90 angewandt wird, die Entscheidung über die Höhe der Herabschreibung oder Umwandlung von bail-in-fähigen Verbindlichkeiten;
5. wenn das Instrument des Brückeninstituts oder das Instrument der Übertragung auf eine Vermögensverwaltungsgesellschaft angewandt wird, die Bestimmung der zu übertragenden Vermögenswerte, Rechte, Verbindlichkeiten oder Anteile oder anderen Eigentumstitel und die Bewertung der Gegenleistung, die an das in Abwicklung befindliche Institut oder gruppenangehörige Unternehmen oder gegebenenfalls an die Inhaber der Anteile oder anderen Eigentumstitel zu entrichten ist;
6. wenn das Instrument der Unternehmensveräußerung angewandt wird, die Bestimmung der zu übertragenden Vermögenswerte, Rechte, Verbindlichkeiten oder Anteile oder anderen Eigentumsrechte;
7. wenn das Instrument der Unternehmensveräußerung, das Instrument des Brückeninstituts oder das Instrument der Übertragung auf eine Vermögensverwaltungsgesellschaft angewandt wird, die Durchführung des Drittvergleichs gemäß § 112;
8. in allen Fällen der Sicherstellung, dass jegliche Verluste in Bezug auf Vermögenswerte des Instituts oder des gruppenangehörigen Unternehmens zum Zeitpunkt der Anwendung der Abwicklungsinstrumente vollständig erfasst werden.

§ 72 Grundsätze der Bewertung. (1) Die Bewertung hat sich auf vorsichtige Annahmen zu stützen, insbesondere auch in Bezug auf Ausfallwahrscheinlichkeiten und Verlustquoten hinsichtlich der Vermögenswerte des Instituts.

(2) [1] Bei der Bewertung darf nicht die Möglichkeit in Betracht gezogen werden, dass dem Institut oder dem gruppenangehörigen Unternehmen ab dem Zeitpunkt, zu dem eine Abwicklungsmaßnahme ergriffen wird, eine außerordentliche finanzielle Unterstützung aus öffentlichen Mitteln, eine Notfallliquiditätshilfe einer Zentralbank oder eine Liquiditätshilfe einer Zentralbank zu nicht marktüblichen Konditionen hinsichtlich Besicherung, Laufzeit und Verzinsung gewährt werden könnte. [2] Satz 1 gilt nicht für Leistungen des Restrukturierungsfonds, die nach Maßgabe dieses Gesetzes erfolgen.

(3) Bei der Bewertung muss berücksichtigt werden, dass

1. die Abwicklungsbehörde für den Erlass einer Abwicklungsanordnung und damit zusammenhängende Tätigkeiten Gebühren und Auslagen nach dem Bundesgebührengesetz erheben sowie Kostenerstattungen nach § 15 Absatz 1 Satz 1 Nummer 11 des Finanzdienstleistungsaufsichtsgesetzes[1)] verlangen kann;
2. der Restrukturierungsfonds im Sinne des § 1 des Restrukturierungsfondsgesetzes Zinsen und Gebühren für die Garantien und Darlehen berechnen kann, die dem in Abwicklung befindlichen Institut oder gruppenangehörigen Unternehmen nach den §§ 6 bis 6b des Restrukturierungsfondsgesetzes gewährt werden.

§ 73 Umfang der Bewertung; Prüfungsbericht und ergänzende Bestandteile. (1) [1] Die Bewertung hat unter Berücksichtigung ihres Zwecks nach § 71 und der Grundsätze der Bewertung nach § 72 für alle Verbindlichkeiten die Rangstellung sowie die voraussichtlichen Befriedigungsquoten in einem Insolvenzverfahren anzugeben, das zum Zeitpunkt der Vornahme der ersten Abwicklungsmaßnahme oder der ersten Beteiligung der Inhaber relevanter Kapitalinstrumente eröffnet worden wäre. [2] Die Durchführung der Bewertung des hypothetischen Insolvenzverfahrens gemäß § 146 erfolgt unabhängig von der Bewertung nach § 69.

(2) [1] Der Prüfer hat der Abwicklungsbehörde schriftlich über das Ergebnis seiner Prüfung zu berichten (Prüfungsbericht). [2] Zudem hat der Prüfer als ergänzende Bestandteile des Prüfungsberichts folgende Unterlagen beizufügen:

1. eine auf den Bewertungsstichtag aktualisierte Bilanz und einen Bericht über die Finanzlage des Instituts oder des gruppenangehörigen Unternehmens;
2. eine Analyse und eine Schätzung des Buchwerts der Vermögenswerte, die dem Institut oder dem gruppenangehörigen Unternehmen zuzuordnen sind;
3. eine Aufstellung der in den Büchern oder in sonstigen Aufzeichnungen des Instituts oder des gruppenangehörigen Unternehmens enthaltenen bilanziellen und außerbilanziellen Verbindlichkeiten mit Angaben zu den jeweiligen Gläubigern und den jeweils zugrunde liegenden Forderungen und ihrer Rangstellung in einem Insolvenzverfahren.

(3) Als Grundlage für die in § 71 Nummer 5 und 6 genannten Entscheidungen der Abwicklungsbehörde können die Analyse und eine Schätzung nach Absatz 2 Satz 2 Nummer 2 durch eine Analyse oder Schätzung des Werts der Vermögenswerte und Verbindlichkeiten des Instituts oder des gruppenangehörigen Unternehmens auf der Grundlage des Marktwerts ergänzt werden.

---

1) Nr. 8.

(4) [1] Die Abwicklungsbehörde kann den Prüfungsbericht einschließlich der ergänzenden Bestandteile dem übernehmenden Rechtsträger und dem in Abwicklung befindlichen Institut oder gruppenangehörigen Unternehmen übermitteln, wenn dies mit den Abwicklungszielen vereinbar ist. [2] Ein Rechtsanspruch auf Übermittlung des Prüfungsberichts besteht nicht.

§ 74 Vorläufige Bewertung. (1) Ist die Durchführung einer Bewertung, die sämtliche Anforderungen der §§ 70 bis 73 erfüllt, nicht oder nicht rechtzeitig vor der Anwendung einer Abwicklungsanordnung möglich, so kann die Abwicklungsbehörde eine vorläufige Bewertung der Vermögenswerte und Verbindlichkeiten des Instituts oder des gruppenangehörigen Unternehmens vornehmen.

(2) Die Anforderungen der §§ 71, 72 und 73 Absatz 1 gelten für die vorläufige Bewertung entsprechend, soweit dies auf Grund der Dringlichkeit im Einzelfall angemessen und durchführbar ist.

(3) Die vorläufige Bewertung hat einen Abschlag für zusätzliche Verluste zu enthalten und diesen angemessen zu begründen.

(4) Die vorläufige Bewertung ist für die Abwicklungsbehörde eine zulässige Grundlage zum Ergreifen von Abwicklungsmaßnahmen, einschließlich der Übernahme der Kontrolle über das in Abwicklung befindliche Institut oder gruppenangehörige Unternehmen und des Instruments der Beteiligung der Inhaber relevanter Kapitalinstrumente.

§ 75 Abschließende Bewertung. (1) [1] Eine Bewertung, die nicht sämtliche Anforderungen der §§ 70 bis 73 erfüllt, gilt so lange als vorläufige Bewertung, bis ein sachverständiger und unabhängiger Prüfer nach § 70 eine abschließende Bewertung vorgenommen hat, die sämtliche Anforderungen der §§ 70 bis 73 erfüllt. [2] Die Abwicklungsbehörde hat die abschließende Bewertung unverzüglich zu veranlassen.

(2) [1] Die abschließende Bewertung kann separat oder zeitgleich mit der Bewertung gemäß § 146 durch den sachverständigen und unabhängigen Prüfer durchgeführt werden. [2] Sie muss jedoch inhaltlich getrennt von der Bewertung gemäß § 146 erfolgen.

(3) Die abschließende Bewertung dient über die Zwecke des § 71 hinaus

1. dem Zweck sicherzustellen, dass sämtliche Verluste in Bezug auf Vermögenswerte des Instituts oder des gruppenangehörigen Unternehmens in dessen Büchern vollständig erfasst werden, und
2. als Grundlage der Entscheidung, ob Forderungen der Gläubiger oder Inhaber relevanter Kapitalinstrumente wieder heraufzusetzen sind oder ob der Wert der zu entrichtenden Gegenleistung zu erhöhen ist.

(4) Fällt die im Rahmen der abschließenden Bewertung durchgeführte Schätzung des Nettovermögenswerts des Instituts oder des gruppenangehörigen Unternehmens höher aus als die im Rahmen der vorläufigen Bewertung durchgeführte Schätzung des Nettovermögenswerts, so kann die Abwicklungsbehörde

1. ihre Befugnis zur Wiederheraufsetzung des Werts der Forderungen der Gläubiger und der Inhaber der relevanten Kapitalinstrumente, die auf Basis der vorläufigen Bewertung durch Anwendung der Instrumente der Betei-

ligung der Inhaber relevanter Kapitalinstrumente und der Gläubigerbeteiligung herabgeschrieben wurden, ausüben;

2. das Brückeninstitut oder die Vermögensverwaltungsgesellschaft anweisen, eine zusätzliche angemessene Zahlung als weitere Gegenleistung in Bezug auf die Vermögenswerte, Rechte oder Verbindlichkeiten an das in Abwicklung befindliche Institut oder gruppenangehörige Unternehmen oder in Bezug auf Anteile oder Eigentumstitel an die Inhaber der Anteile oder anderen Eigentumstitel zu entrichten.

§ 76[1)] Verordnungsermächtigung. [1]Das Bundesministerium der Finanzen wird ermächtigt, durch Rechtsverordnung, die nicht der Zustimmung des Bundesrates bedarf, nähere Bestimmungen unter Berücksichtigung der technischen Regulierungsstandards gemäß Artikel 36 Absatz 14, 15 und 16 der Richtlinie 2014/59/EU zu erlassen über

1. die Anforderungen an die Unabhängigkeit des sachverständigen Prüfers gemäß § 70 Absatz 1,
2. die zur Bewertung der Vermögenswerte und Verbindlichkeiten anzuwendende Methode und
3. die bei der Berechnung und Einbeziehung des Abschlags gemäß § 74 Absatz 3 anzuwendende Methode.

[2]Das Bundesministerium der Finanzen kann die Ermächtigung durch Rechtsverordnung auf die Abwicklungsbehörde übertragen.

§ 77 Anordnung von Abwicklungsmaßnahmen. (1) Die Abwicklungsbehörde kann bei Vorliegen der Abwicklungsvoraussetzungen nach Maßgabe dieses Gesetzes alle zur Erreichung der Abwicklungsziele erforderlichen Maßnahmen treffen, insbesondere kann sie

1. in einer Abwicklungsanordnung nach § 136 die Anwendung folgender Abwicklungsinstrumente anordnen:
   a) das Instrument der Beteiligung der Inhaber relevanter Kapitalinstrumente nach § 89;
   b) das Instrument der Gläubigerbeteiligung nach § 90;
   c) das Instrument der Unternehmensveräußerung nach § 107 Absatz 1 Nummer 1 Buchstabe a;
   d) das Instrument der Übertragung auf ein Brückeninstitut nach § 107 Absatz 1 Nummer 1 Buchstabe b;
   e) das Instrument der Übertragung auf eine Vermögensgesellschaft nach § 107 Absatz 1 Nummer 2;
2. in oder neben, in den Fällen der §§ 78 und 82 bis 86 auch in Vorbereitung einer Abwicklungsanordnung nach § 136 Maßnahmen auf Grund ihrer Befugnisse nach den §§ 78 bis 87 treffen.

(1a) Maßnahmen nach Absatz 1 Nummer 2, die neben oder in Vorbereitung einer Abwicklungsanordnung getroffen werden, können als Allgemeinverfügung entsprechend § 137 Absatz 1 und 2 ergehen.

[1)] § 76 ist bereits am 19.12.2014 in Kraft getreten; vgl. Art. 10 Abs. 3 G v. 10.12.2014 (BGBl. I S. 2091).

(2) Bei Vorliegen der Voraussetzungen nach § 65 kann die Abwicklungsbehörde in einer Abwicklungsanordnung nach § 136 das Instrument der Beteiligung der Inhaber relevanter Kapitalinstrumente für relevante Kapitalinstrumente und berücksichtigungsfähige Verbindlichkeiten nach § 65 Absatz 4 anordnen und in oder neben dieser Abwicklungsanordnung alle Abwicklungsbefugnisse ausüben, die zur Ausübung des Instruments der Beteiligung der Inhaber relevanter Kapitalinstrumente erforderlich sind.

(3) [1] Wenn dies für die Anwendung der Abwicklungsmaßnahmen oder des Instruments der Beteiligung der Inhaber relevanter Kapitalinstrumente erforderlich ist, kann die Abwicklungsbehörde bei einem in Abwicklung befindlichen Institut oder gruppenangehörigen Unternehmen nach § 149 in einer Abwicklungsanordnung einen Rechtsformwechsel in eine Aktiengesellschaft anordnen. [2] Bei Instituten oder gruppenangehörigen Unternehmen, für die Landesrecht maßgeblich ist, ist die Anordnung des Rechtsformwechsels unzulässig, wenn das Landesrecht dies ausdrücklich bestimmt.

(4) Bei der Anwendung von Abwicklungsmaßnahmen trägt die Abwicklungsbehörde den Abwicklungszielen Rechnung und wählt diejenigen Abwicklungsinstrumente und Abwicklungsbefugnisse aus, mit denen sich die unter den Umständen des Einzelfalls relevanten Ziele am besten erreichen lassen.

(5) Die Abwicklungsinstrumente können einzeln oder in beliebiger Kombination angewendet werden.

(6) [1] Abweichend von Absatz 5 wendet die Abwicklungsbehörde bei Vorliegen der Abwicklungsvoraussetzungen nach Maßgabe dieses Gesetzes stets das Instrument der Beteiligung der Inhaber relevanter Kapitalinstrumente an. [2] Ist die Beteiligung der Inhaber relevanter Kapitalinstrumente ausreichend, um die Abwicklungsziele zu erreichen, ordnet die Abwicklungsbehörde keine weiteren Abwicklungsinstrumente an.

(7) Abweichend von Absatz 5 darf das Instrument der Übertragung auf eine Vermögensverwaltungsgesellschaft gemäß § 107 Absatz 1 Nummer 2 nur gemeinsam mit einem anderen Abwicklungsinstrument angewendet werden.

(8) [1] Liegen die Voraussetzungen des § 63 Absatz 2 Satz 2 Nummer 3 vor, kann die Abwicklungsbehörde das Instrument der Gläubigerbeteiligung nach § 90 und das Instrument der Beteiligung der Inhaber relevanter Kapitalinstrumente nach § 89 anordnen und die Abwicklungsbefugnisse nach den §§ 78 bis 87 ausüben, soweit dies der Erfüllung beihilferechtlicher Anforderungen dient. [2] Das Gleiche gilt, wenn im Fall des § 64 Absatz 1 oder 2 die Abwicklungsvoraussetzungen nur auf Grund von § 63 Absatz 2 Satz 2 Nummer 3 nicht vorliegen.

[Abs. 9 ab 12.8.2022:]

(9) [1] Wird die Kontrolle im Sinne des § 29 Absatz 2 des Wertpapiererwerbs- und Übernahmegesetzes über eine Zielgesellschaft auf Grund der Anwendung von Abwicklungsmaßnahmen erlangt, so befreit die Bundesanstalt den jeweils die Kontrolle erwerbenden Rechtsträger auf Antrag der Abwicklungsbehörde von der Pflicht zur Veröffentlichung nach § 35 Absatz 1 Satz 1 des Wertpapiererwerbs- und Übernahmegesetzes und zur Abgabe eines Angebots nach § 35 Absatz 2 Satz 1 des Wertpapiererwerbs- und Übernahmegesetzes. [2] Im Befreiungsverfahren kommen die §§ 10 bis 12 der Verordnung über den Inhalt der Angebotsunterlage, die Gegenleistung bei Übernahmeangeboten und Pflichtangeboten und die Befreiung von der Verpflichtung zur Veröffent-

lichung und zur Abgabe eines Angebots vom 27. Dezember 2001 (BGBl. I S. 4263) entsprechend zur Anwendung.

§ 78 Allgemeine Befugnisse der Abwicklungsbehörde; Prüfungen vor Ort. (1) Wenn die Abwicklungsvoraussetzungen vorliegen, kann die Abwicklungsbehörde

1. gegenüber dem Institut oder dem gruppenangehörigen Unternehmen und den in § 45 Absatz 1 Satz 1 genannten Unternehmen anordnen, sämtliche Informationen zu übermitteln, die erforderlich sind, um eine Abwicklungsmaßnahme zu beschließen und vorzubereiten, einschließlich Aktualisierungen und Nachträgen zu den für die Abwicklungspläne gelieferten Angaben;
2. das Institut oder das gruppenangehörige Unternehmen verpflichten, eigene Prüfungen durchzuführen oder die Vornahme von Prüfungen vor Ort durch die Abwicklungsbehörde oder von ihr beauftragte Personen zu dulden und zu unterstützen, wobei die Kosten der Prüfungen von dem Institut oder dem gruppenangehörigen Unternehmen zu tragen sind;
3. die Fälligkeit der von einem Institut oder gruppenangehörigen Unternehmen ausgegebenen Schuldtitel und anderen bail-in-fähigen Verbindlichkeiten oder den auf Grund der entsprechenden Schuldtitel und der anderen bail-in-fähigen Verbindlichkeiten zahlbaren Zinsbetrag oder den Zeitpunkt, an dem die Zinsen zu zahlen sind, ändern, insbesondere durch eine zeitlich befristete Aussetzung der Zahlungen;
4. Rechte zum Erwerb weiterer Anteile oder anderer Eigentumstitel an dem Institut oder gruppenangehörigen Unternehmen aufheben;
5. die Geschäftsleiter, die Mitglieder des Aufsichts- oder Verwaltungsorgans sowie die Mitarbeiter und Mitarbeiterinnen der nachgelagerten Führungsebene eines in Abwicklung befindlichen Instituts oder gruppenangehörigen Unternehmens abberufen oder ersetzen.

(2) [1] Zur Verhütung dringender Gefahren für die öffentliche Sicherheit und Ordnung sind die Bediensteten der Aufsichtsbehörde und der Abwicklungsbehörde oder von der Aufsichtsbehörde oder der Abwicklungsbehörde beauftragte Personen befugt, zu einer Prüfung vor Ort nach Absatz 1 Nummer 2 Geschäftsräume auch außerhalb der üblichen Betriebszeiten zu betreten und zu besichtigen. [2] Die Bediensteten der Aufsichts- und der Abwicklungsbehörde oder von der Aufsichts- oder der Abwicklungsbehörde beauftragte Personen dürfen die Geschäftsräume durchsuchen und Kopien und Auszüge aus Büchern und Aufzeichnungen anfertigen, soweit dies für die Durchführung der Prüfung erforderlich und angemessen ist. [3] Das Grundrecht des Artikels 13 des Grundgesetzes wird durch die Sätze 1 und 2 eingeschränkt.

(3) [1] Die Durchsuchungen der Geschäftsräume dürfen nur durch den Richter, bei Gefahr im Verzug auch durch die Abwicklungsbehörde oder die Aufsichtsbehörde angeordnet werden. [2] Zuständig für die richterliche Anordnung ist das Amtsgericht, in dessen Bezirk sich die Räume befinden. [3] Gegen die richterliche Entscheidung ist die Beschwerde zulässig; die §§ 306 bis 310 und 311a der Strafprozessordnung gelten entsprechend. [4] Für Durchsuchungen ohne richterliche Anordnung gilt § 98 Absatz 2 Satz 1, 2 und 5 der Strafprozessordnung entsprechend; zuständig ist das Amtsgericht, in dessen Bezirk die Durchsuchung der Geschäftsräume stattgefunden hat.

(4) [1] Über die Durchsuchung ist eine Niederschrift zu fertigen. [2] Sie muss die verantwortliche Dienststelle, den Grund, die Zeit und den Ort der Durchsuchung und ihr Ergebnis enthalten sowie, falls keine richterliche Anordnung ergangen ist, auch die Tatsachen, welche die Annahme einer Gefahr im Verzug begründet haben.

§ 79 Unterstützende Maßnahmen. (1) Die Abwicklungsbehörde kann Maßnahmen nach den Absätzen 2 bis 7 anordnen, wenn dies erforderlich ist, um Abwicklungsanordnungen wirksam anzuwenden oder die Abwicklungsziele zu erreichen.

(2) [1] Die Abwicklungsbehörde kann vorbehaltlich des Absatzes 3 durch Anordnung Rechte Dritter an Gegenständen ändern und beseitigen, die sich im Vermögen des in Abwicklung befindlichen Instituts befinden. [2] Unbeschadet der Befugnisse der Abwicklungsbehörde nach den §§ 82 bis 84 und 144 kann ein Sicherungsrecht nicht umgestaltet werden, soweit die gesicherte Verbindlichkeit hierdurch unbesichert würde, es sei denn, es handelt sich bei den Verbindlichkeiten um gedeckte Einlagen und die Umgestaltung ist erforderlich, um die Verfügbarkeit der gedeckten Einlagen zu gewährleisten.

(3) Soweit dies zur Wahrnehmung ihrer Aufgaben erforderlich ist, kann die Abwicklungsbehörde den Handel von Finanzinstrumenten aussetzen oder einstellen, die an einem Handelsplatz im Sinne des § 2 Absatz 22 des Wertpapierhandelsgesetzes oder durch einen systematischen Internalisierer im Sinne des § 2 Absatz 8 Satz 1 Nummer 2 Buchstabe b des Wertpapierhandelsgesetzes gehandelt werden oder gemäß der Richtlinie 2001/34/EG des Europäischen Parlaments und des Rates vom 28. Mai 2001 über die Zulassung von Wertpapieren zur amtlichen Börsennotierung und über die hinsichtlich dieser Wertpapiere zu veröffentlichenden Informationen (ABl. L 184 vom 6.7.2001, S. 1) amtlich notiert sind und die das von Abwicklungsmaßnahmen betroffene Institut ausgegeben hat.

(4) [1] Die Abwicklungsbehörde kann unter anderem für die Zwecke des § 118 Absatz 3 anordnen, dass der übernehmende Rechtsträger so behandelt wird, als wäre er das in Abwicklung befindliche Institut oder gruppenangehörige Unternehmen. [2] Diese Gleichbehandlung bezieht sich insbesondere auf Rechte oder Verpflichtungen des in Abwicklung befindlichen Instituts oder gruppenangehörigen Unternehmens, einschließlich der Rechte oder Verpflichtungen im Zusammenhang mit der Beteiligung an einer Marktinfrastruktur oder deren Nutzung.

(5) Die Abwicklungsbehörde kann in Bezug auf einen Vertrag, bei dem das in Abwicklung befindliche Institut oder gruppenangehörige Unternehmen Vertragspartei ist,

1. alle oder einzelne Regelungen umgestalten;
2. die weitere Erfüllung ablehnen;
3. einen übernehmenden Rechtsträger als Vertragspartei einsetzen.

(6) [1] Eine Maßnahme nach Absatz 5 berechtigt die anderen Parteien des Vertrags nicht zur Kündigung oder sonstigen Beendigung oder Änderung des Vertrags. [2] Unbeschadet der Befugnisse der Abwicklungsbehörde gemäß den §§ 82 bis 84 und 144 erstreckt sich die die Befugnis nach Absatz 5 nicht auf

Finanzsicherheiten im Sinne des § 1 Absatz 17 des Kreditwesengesetzes[1], Aufrechnungsvereinbarungen, Saldierungsvereinbarungen, Verbindlichkeiten aus gedeckten Schuldverschreibungen einschließlich von in Deckung befindlichen Derivategeschäften im Sinne des § 4 Absatz 3 Satz 2 des Pfandbriefgesetzes[2] und Verbindlichkeiten aus begebenen Verbriefungstransaktionen.

(7) [1] Bei Systemen im Sinne des § 1 Absatz 16 des Kreditwesengesetzes darf eine Maßnahme nach Absatz 5 nicht die Funktionsweise von unter die Richtlinie 98/26/EG fallenden Systemen berühren oder den Bestimmungen der Richtlinie zuwiderlaufen. [2] Sie darf insbesondere nicht zu einem Widerruf von Übertragungsaufträgen im Sinne des Artikels 5 der Richtlinie 98/26/EG führen und muss die rechtliche Verbindlichkeit von Übertragungsaufträgen und Aufrechnungen gemäß den Artikeln 3 und 5 der Richtlinie 98/26/EG, die Verwendung von Guthaben, Wertpapieren oder Kreditfazilitäten im Sinne von Artikel 4 der Richtlinie 98/26/EG und den Schutz dinglicher Sicherheiten im Sinne von Artikel 9 der Richtlinie 98/26/EG unberührt lassen.

(8) Die Abwicklungsbehörde kann Maßnahmen anordnen, die erforderlich sind, um zu gewährleisten, dass die Abwicklungsmaßnahme wirksam ist und gegebenenfalls die übertragene Tätigkeit vom übernehmenden Rechtsträger wahrgenommen werden kann (Kontinuitätsmaßnahmen).

(9) Folgende Rechte bleiben von Maßnahmen nach den Absätzen 4 und 8 unberührt:

1. das Recht eines Geschäftsleiters oder einer Geschäftsleiterin sowie eines Mitarbeiters oder einer Mitarbeiterin des in Abwicklung befindlichen Instituts oder gruppenangehörigen Unternehmens, seinen oder ihren Arbeits- oder Anstellungsvertrag zu kündigen;
2. vorbehaltlich der §§ 82 bis 84 und 144 das Recht einer Vertragspartei, von ihren vertraglich vorgesehenen Rechten Gebrauch zu machen, einschließlich von ihrem Recht auf Kündigung, sofern ein vertragliches Kündigungsrecht für den Fall einer bestimmten Handlung oder Unterlassung des in Abwicklung befindlichen Instituts oder gruppenangehörigen Unternehmens vor der entsprechenden Übertragung oder des übernehmenden Rechtsträgers nach der Übertragung vereinbart ist.

§ 80 Bereitstellung von Diensten und Einrichtungen. (1) Die Abwicklungsbehörde kann bei Vorliegen der Abwicklungsvoraussetzungen gegenüber dem in Abwicklung befindlichen Institut oder gruppenangehörigen Unternehmen oder gegenüber einem anderen Unternehmen der Gruppe, dem das in Abwicklung befindliche Institut oder gruppenangehörige Unternehmen angehört, anordnen, Informationen, Dienstleistungen, Einrichtungen sowie Mitarbeiter und Mitarbeiterinnen bereitzustellen, die ein übernehmender Rechtsträger für den effektiven Betrieb des auf ihn übertragenen Geschäfts benötigt.

(2) [1] Die Abwicklungsbehörde kann auf Ersuchen der Abwicklungsbehörde eines anderen Mitgliedstaats der Europäischen Union Maßnahmen auf Grundlage des Artikels 65 Absatz 1 der Richtlinie 2014/59/EU, die nach der Anordnung dieser Abwicklungsbehörde für ein gruppenangehöriges Unternehmen mit Sitz im Inland gelten sollen, dadurch anerkennen, dass sie gegenüber

[1] Nr. **9**.
[2] Nr. **20**.

dem betroffenen gruppenangehörigen Unternehmen mit Sitz im Inland eine entsprechende Anordnung trifft. 2 In den Fällen des Satzes 1 gilt Absatz 1 entsprechend.

(3) 1 Ein Institut sowie ein übergeordnetes Unternehmen und deren nachgeordnete Unternehmen haben bei wesentlichen Auslagerungen in Auslagerungsverträgen Vereinbarungen zu treffen, die den Anordnungsbefugnissen im Sinne der Absätze 1 und 2 Rechnung tragen. 2 Die Anforderungen gemäß § 25b des Kreditwesengesetzes[1)] bleiben unberührt.

(4) Die Befugnisse nach den Absätzen 1 und 2 berechtigen die Abwicklungsbehörde nicht dazu, das Institut oder das gruppenangehörige Unternehmen zu einer finanziellen Unterstützung zu verpflichten.

(5) 1 Die Gegenleistung richtet sich bei Vereinbarungen über Dienstleistungen und Einrichtungen im Sinne der Absätze 1 und 2, die im Zeitpunkt der Anordnung einer Abwicklungsmaßnahme bereits bestehen, nach der bestehenden Vereinbarung. 2 In allen anderen Fällen bestimmt die Abwicklungsbehörde eine angemessene Gegenleistung.

(6) 1 Wird über das Vermögen des Instituts oder des gruppenangehörigen Unternehmens ein Insolvenzverfahren eröffnet, bestehen die aus einer Anordnung nach Absatz 1 folgenden Verpflichtungen gegenüber dem Insolvenzverwalter fort. 2 Die Anordnung kann auch gegenüber dem Insolvenzverwalter erfolgen. 3 Die Absätze 2 bis 5 gelten entsprechend.

§ 81 Befugnis in Bezug auf in Drittstaaten belegene Gegenstände.

(1) Erstreckt sich eine Abwicklungsmaßnahme auch auf Gegenstände oder Verbindlichkeiten, die in einem Drittstaat belegen sind oder die dem Recht eines Drittstaats unterliegen, kann die Abwicklungsbehörde bei Vorliegen der Abwicklungsvoraussetzungen oder der Voraussetzungen nach § 65 anordnen, dass

1. die Geschäftsleitung, ein Sonderverwalter im Sinne des § 45c des Kreditwesengesetzes[1)], ein vorläufiger Verwalter im Sinne des § 38, ein Sonderverwalter im Sinne des § 87 oder eine andere Person, die die Kontrolle über das in Abwicklung befindliche Institut oder gruppenangehörige Unternehmen ausübt, und der übernehmende Rechtsträger alle geeigneten und erforderlichen Maßnahmen ergreifen, damit die Übertragung, die Herabschreibung, die Umwandlung oder sonstige Abwicklungsmaßnahmen für die betreffenden Gegenstände und Verbindlichkeiten wirksam werden;
2. die Geschäftsleitung, ein Sonderverwalter im Sinne des § 45c des Kreditwesengesetzes, ein vorläufiger Verwalter im Sinne des § 38, ein Sonderverwalter im Sinne des § 87 oder eine andere Person, die die Kontrolle über das in Abwicklung befindliche Institut oder gruppenangehörige Unternehmen ausübt, sicherstellt, dass das Institut oder gruppenangehörige Unternehmen die betreffenden Gegenstände hält oder die betreffenden Verbindlichkeiten im Namen des übernehmenden Rechtsträgers begleicht, bis die Abwicklungsmaßnahme wirksam wird;
3. die Aufwendungen des übernehmenden Rechtsträgers, die diesem bei der Durchführung der unter den Nummern 1 und 2 vorgeschriebenen Maß-

---

1) Nr. 9.

nahmen entstanden sind, soweit sie angemessen sind, nach § 142 Absatz 2 ersetzt werden.

(2) [1] Wenn nach Einschätzung der Abwicklungsbehörde die in Absatz 1 vorgesehenen Maßnahmen mit hoher Wahrscheinlichkeit nicht geeignet sind, eine nach dem Recht des Drittstaats wirksame Übertragung, Herabschreibung, Umwandlung oder sonstige Abwicklungsmaßnahme herbeizuführen, obwohl die Geschäftsleiter, Sonderverwalter im Sinne des § 45c des Kreditwesengesetzes, vorläufigen Verwalter im Sinne des § 38, Sonderverwalter im Sinne des § 87 oder anderen Personen, die die Kontrolle über das in Abwicklung befindliche Institut oder gruppenangehörige Unternehmen ausüben, die nach Absatz 1 vorgesehenen Maßnahmen ergreifen, verzichtet die Abwicklungsbehörde insoweit auf die Übertragung, Herabschreibung, Umwandlung oder sonstige Abwicklungsmaßnahme. [2] Hat die Abwicklungsbehörde die Übertragung, Herabschreibung, Umwandlung oder sonstige Abwicklungsmaßnahme bereits angeordnet, so hebt sie diese rückwirkend auf.

§ 82 Befugnis zur Aussetzung vertraglicher Pflichten. (1) [1] Die Abwicklungsbehörde kann anordnen, dass alle oder einzelne Zahlungs- oder Lieferverpflichtungen eines in Abwicklung befindlichen Instituts oder gruppenangehörigen Unternehmens aus Verträgen, bei denen es Vertragspartei ist, ausgesetzt werden für den Zeitraum von der öffentlichen Bekanntgabe dieser Aussetzung gemäß § 137 Absatz 1 bis zum Ablauf des auf diese Bekanntgabe folgenden Geschäftstages. [2] Bei der Anordnung der Aussetzung berücksichtigt die Abwicklungsbehörde die möglichen Auswirkungen auf das ordnungsgemäße Funktionieren der Finanzmärkte. [3] Bei der Festlegung des Umfangs einer Aussetzung berücksichtigt die Abwicklungsbehörde die Umstände des Einzelfalls. [4] Dabei bewertet die Abwicklungsbehörde insbesondere, ob die Erstreckung der Aussetzung auf entschädigungsfähige Einlagen, insbesondere auf gedeckte Einlagen, die von natürlichen Personen, Kleinstunternehmen sowie kleinen und mittleren Unternehmen gehalten werden, angemessen ist. [5] Im Fall einer Erstreckung der Aussetzung auf entschädigungsfähige Einlagen hat die Abwicklungsbehörde für jeden Tag der Aussetzung einen angemessenen Betrag festzusetzen, der von der Aussetzung ausgenommen ist. [6] Die Anordnung nach Satz 1 kann nicht bezüglich eines Instituts oder gruppenangehörigen Unternehmens ausgeübt werden, sofern von der Anordnung nach § 66a Gebrauch gemacht wurde.

(2) Von einer Aussetzung gemäß Absatz 1 Satz 1 ausgenommen sind Zahlungs- und Lieferverpflichtungen gegenüber Systemen im Sinne des § 1 Absatz 16 des Kreditwesengesetzes[1)], Systembetreibern im Sinne des § 1 Absatz 16a des Kreditwesengesetzes, zentralen Gegenparteien im Sinne des § 1 Absatz 31 des Kreditwesengesetzes, die gemäß Artikel 14 der Verordnung (EU) Nr. 648/2012 in der Union zugelassen sind, sowie gegenüber von der Europäischen Wertpapier- und Marktaufsichtsbehörde gemäß Artikel 25 der genannten Verordnung anerkannten zentralen Gegenparteien aus Drittstaaten und gegenüber Zentralbanken.

(3) Werden die Zahlungs- oder Lieferverpflichtungen eines in Abwicklung befindlichen Instituts oder gruppenangehörigen Unternehmens aus einem Vertrag gemäß Absatz 1 Satz 1 ausgesetzt, so sind die Zahlungs- oder Liefer-

---

[1)] Nr. **9**.

pflichtungen der Gegenparteien des in Abwicklung befindlichen Instituts oder des gruppenangehörigen Unternehmens aus diesem Vertrag für den gleichen Zeitraum ausgesetzt.

(4) Eine Zahlungs- oder Lieferverpflichtung, deren Fälligkeit in den Aussetzungszeitraum fällt, wird unmittelbar nach Ablauf des Aussetzungszeitraums fällig.

(5) Hat die Abwicklungsbehörde eine Abwicklungsmaßnahme angeordnet, sind die §§ 46 und 46g des Kreditwesengesetzes in Bezug auf das betroffene Institut nur mit Zustimmung der Abwicklungsbehörde anzuwenden.

§ 83 Befugnis zur zeitweiligen Untersagung der Durchsetzung von Sicherungsrechten. (1) [1] Bei Vorliegen der Abwicklungsvoraussetzungen kann die Abwicklungsbehörde den Gläubigern eines in Abwicklung befindlichen Instituts oder gruppenangehörigen Unternehmens, deren Forderungen besichert sind, die Durchsetzung von Sicherungsrechten untersagen für den Zeitraum von der öffentlichen Bekanntgabe dieser Beschränkung gemäß § 137 Absatz 1 bis zum Ablauf des auf diese Bekanntgabe folgenden Geschäftstages. [2] Bei der Untersagung berücksichtigt die Abwicklungsbehörde die möglichen Auswirkungen auf das ordnungsgemäße Funktionieren der Finanzmärkte. [3] Die Untersagung kann nicht bezüglich eines Instituts oder gruppenangehörigen Unternehmens ausgeübt werden, sofern von der Anordnung nach § 66a Gebrauch gemacht wurde.

(2) Von einer zeitweiligen Untersagung der Durchsetzung von Sicherungsrechten sind Sicherungsrechte ausgenommen, die das in Abwicklung befindliche Institut oder gruppenangehörige Unternehmen gegenüber Systemen im Sinne des § 1 Absatz 16 des Kreditwesengesetzes[1)] oder Systembetreibern im Sinne des § 1 Absatz 16a des Kreditwesengesetzes, zentralen Gegenparteien im Sinne des § 1 Absatz 31 des Kreditwesengesetzes, die gemäß Artikel 14 der Verordnung (EU) Nr. 648/2012 in der Union zugelassen sind, sowie von der Europäischen Wertpapier- und Marktaufsichtsbehörde gemäß Artikel 25 der genannten Verordnung anerkannten zentralen Gegenparteien aus Drittstaaten und Zentralbanken an seinen Vermögenswerten bestellt hat.

§ 84 Befugnis zur vorübergehenden Aussetzung von Beendigungsrechten. (1) Bei Vorliegen der Abwicklungsvoraussetzungen kann die Abwicklungsbehörde das Recht einer Partei, einen Vertrag mit einem in Abwicklung befindlichen Institut oder gruppenangehörigen Unternehmen zu beenden, aussetzen für den Zeitraum ab der öffentlichen Bekanntgabe dieser Aussetzung gemäß § 137 Absatz 1 bis zum Ablauf des auf diese Bekanntgabe folgenden Geschäftstages.

(2) Die Abwicklungsbehörde kann das Recht einer Partei, einen Vertrag mit einem gruppenangehörigen Unternehmen zu beenden, das derselben Gruppe angehört wie ein in Abwicklung befindliches gruppenangehöriges Unternehmen, aussetzen für den Zeitraum ab der öffentlichen Bekanntgabe gemäß § 137 Absatz 1 bis zum Ablauf des auf diese Bekanntgabe folgenden Geschäftstages in dem Mitgliedstaat, in dem die von der Aussetzung betroffene Vertragspartei ihren Sitz hat, wenn folgende Voraussetzungen vorliegen:

[1)] Nr. **9**.

1. die Erfüllung der sich aus dem Vertrag ergebenden Verpflichtungen wird von dem in Abwicklung befindlichen gruppenangehörigen Unternehmen garantiert oder auf andere Art und Weise sichergestellt;
2. das Beendigungsrecht knüpft ausschließlich auf das Vorliegen von Insolvenzgründen oder die Abwicklungsvoraussetzungen oder die Anordnung oder Durchführung von Abwicklungsmaßnahmen an und,
3. für den Fall, dass eine Übertragung in Bezug auf das in Abwicklung befindliche Institut oder gruppenangehörige Unternehmen angeordnet wurde oder angeordnet werden kann,
   a) alle mit diesem Vertrag verbundenen Rechte und Pflichten des in Abwicklung befindlichen Instituts oder des gruppenangehörigen Unternehmens wurden auf den übernehmenden Rechtsträger übertragen und von ihm übernommen oder können auf ihn übertragen und von ihm übernommen werden oder
   b) die Abwicklungsbehörde kann einen anderweitigen Schutz der Ansprüche der anderen Vertragsparteien bewirken.

(3) Bei einer Anordnung nach Absatz 1 oder Absatz 2 berücksichtigt die Abwicklungsbehörde die möglichen Auswirkungen auf das ordnungsgemäße Funktionieren der Finanzmärkte.

(4) Eine Anordnung nach Absatz 1 oder 2 erfolgt nicht gegenüber

1. Teilnehmern von Systemen im Sinne des § 1 Absatz 16 des Kreditwesengesetzes[1)],
2. Systembetreibern im Sinne des § 1 Absatz 16a des Kreditwesengesetzes,
3. zentralen Gegenparteien im Sinne des § 1 Absatz 31 des Kreditwesengesetzes, die gemäß Artikel 14 der Verordnung (EU) Nr. 648/2012 in der Union zugelassen sind,
4. zentralen Gegenparteien aus Drittstaaten, die von der Europäischen Wertpapier- und Marktaufsichtsbehörde gemäß Artikel 25 der Verordnung (EU) Nr. 648/2012 anerkannt sind, und
5. Zentralbanken.

(5) Eine Vertragspartei kann vor Ablauf des in Absatz 1 oder 2 genannten Zeitraums von einem Beendigungsrecht nur Gebrauch machen, wenn sie von der Abwicklungsbehörde die Mitteilung erhält, dass die mit dem Vertrag verbundenen Rechte und Pflichten weder auf einen übernehmenden Rechtsträger übertragen werden, noch Gegenstand einer Herabschreibung oder Umwandlung bei der Anwendung des Instruments der Gläubigerbeteiligung sind.

(6) [1] Auf eine Mitteilung der Abwicklungsbehörde nach Absatz 5 besteht kein Anspruch. [2] Eine Vertragspartei kann nach Ablauf des in Absatz 1 oder 2 genannten Zeitraums, sofern keine Mitteilung nach Absatz 5 ergangen ist, von einem Beendigungsrecht vorbehaltlich der Regelungen der §§ 82 und 144 Gebrauch machen, wenn

1. in Fällen, in denen die mit dem Vertrag verbundenen Rechte und Pflichten auf einen übernehmenden Rechtsträger übertragen wurden, die vertraglichen Voraussetzungen für eine Beendigung des Vertrags auch nach Übertragung an den übernehmenden Rechtsträger noch vorliegen;

---

1) Nr. **9**.

2. in Fällen, in denen die mit dem Vertrag verbundenen Rechte und Pflichten bei dem in Abwicklung befindlichen Institut oder gruppenangehörigen Unternehmen verbleiben und die Abwicklungsbehörde das Instrument der Gläubigerbeteiligung nicht auf das in Abwicklung befindliche Institut oder ein gruppenangehöriges Unternehmen angewendet hat, die vertraglichen Voraussetzungen für eine Beendigung des Vertrags bei Ablauf des in Absatz 1 genannten Zeitraums noch vorliegen.

(7) [1] Die Absätze 1 bis 6 gelten entsprechend für sämtliche Beendigungstatbestände, die sich aus einem Vertrag mit einem in Abwicklung befindlichen Institut oder gruppenangehörigen Unternehmen ergeben. [2] Die Aussetzung kann nicht erfolgen, wenn bezüglich des Instituts oder des gruppenangehörigen Unternehmens bereits von der Anordnung nach § 66a Gebrauch gemacht wurde.

§ 85 Streichung des Gesamtbetrags variabler Vergütungen und zurückbehaltener variabler Vergütungen. (1) [1] Die Abwicklungsbehörde kann bei Vorliegen der Abwicklungsvoraussetzungen gegenüber dem Institut oder gruppenangehörigen Unternehmen anordnen, dass das Institut oder das gruppenangehörige Unternehmen den Jahresgesamtbetrag, der für die variable Vergütung aller Geschäftsleiter und Geschäftsleiterinnen sowie Mitarbeiter und Mitarbeiterinnen vorgesehen ist (Gesamtbetrag der variablen Vergütungen), auf einen bestimmten Anteil des Jahresergebnisses beschränkt oder vollständig streicht. [2] Von der Beschränkung nach Satz 1 ausgenommen sind variable Vergütungsbestandteile, die vereinbart sind

1. durch Tarifvertrag oder
2. im Geltungsbereich eines Tarifvertrags durch Vereinbarung der Arbeitsvertragsparteien über die Anwendung der tarifvertraglichen Regelungen oder auf Grund eines Tarifvertrags in einer Betriebs- oder Dienstvereinbarung.

(2) Die Abwicklungsbehörde kann bei Vorliegen der Abwicklungsvoraussetzungen gegenüber dem Institut oder dem gruppenangehörigen Unternehmen anordnen, dass das Institut oder gruppenangehörige Unternehmen sämtliche bereits zurückbehaltene variable Vergütungen von Geschäftsleitern und Geschäftsleiterinnen sowie von Mitarbeitern und Mitarbeiterinnen im Sinne des § 25a Absatz 5 Satz 4 des Kreditwesengesetzes[1] und des § 20 Absatz 1 und 2 der Institutsvergütungsverordnung[2] reduziert oder streicht.

§ 86 Kontrollbefugnisse. (1) Bei Vorliegen der Abwicklungsvoraussetzungen kann die Abwicklungsbehörde zur Vornahme einer Abwicklungsmaßnahme direkt oder über einen Sonderverwalter im Sinne des § 87 die Kontrolle über das in Abwicklung befindliche Institut und gruppenangehörige Unternehmen übernehmen, um

1. das in Abwicklung befindliche Institut oder gruppenangehörige Unternehmen mit allen Befugnissen der Anteilsinhaber, der Geschäftsleitung und des Aufsichts- oder Verwaltungsorgans des in Abwicklung befindlichen Instituts betreiben und die Tätigkeiten und Dienstleistungen des Instituts erbringen zu können,

---

[1] Nr. **9**.
[2] Nr. **9f**.

2. Vermögenswerte und Eigentum des in Abwicklung befindlichen Instituts oder gruppenangehörigen Unternehmens verwalten und über diese Vermögenswerte und das Eigentum verfügen zu können.

(2) Die Abwicklungsbehörde und der Sonderverwalter gelten nicht als Geschäftsleiter im Sinne des § 25c des Kreditwesengesetzes[1)] und nicht als Aufsichts- oder Verwaltungsorgan im Sinne des § 25d des Kreditwesengesetzes.

§ 87 Sonderverwaltung; gemeinsamer Sonderverwalter für gruppenangehörige Unternehmen. (1) [1] Hat die Abwicklungsbehörde gegenüber einem Institut eine Abwicklungsanordnung erlassen, kann sie die Geschäftsleitung und das Aufsichts- oder Verwaltungsorgan dieses Instituts für einen Zeitraum von bis zu einem Jahr durch einen geeigneten Sonderverwalter ersetzen. [2] Der Zeitraum kann ausnahmsweise auf insgesamt bis zu zwei Jahre verlängert werden, wenn die Voraussetzungen für die Bestellung eines Sonderverwalters fortbestehen. [3] Die Abwicklungsbehörde kann den Sonderverwalter jederzeit ohne Angabe von Gründen abberufen.

(2) [1] Falls die Abwicklungsbehörde erwägt, einen Sonderverwalter für ein gruppenangehöriges Unternehmen zu bestellen und gleichzeitig eine Abwicklungsbehörde in einem anderen Mitgliedstaat oder mehrere Abwicklungsbehörden in anderen Mitgliedstaaten erwägen, ebenfalls Sonderverwalter für andere Unternehmen derselben Gruppe zu bestimmen, so prüft die Abwicklungsbehörde gemeinsam mit den anderen Abwicklungsbehörden die Bestellung eines gemeinsamen Sonderverwalters, um eine gemeinsame Lösung für die Wiederherstellung der Lebensfähigkeiten der Einheiten zu finden. [2] Die Abwicklungsbehörde stimmt der Bestellung eines gemeinsamen Sonderverwalters nur zu, wenn hierdurch die Wiederherstellung der Lebensfähigkeit aller Einheiten überwiegend wahrscheinlich ist und der zu bestellende Sonderverwalter die Anforderungen dieser Vorschrift erfüllt.

(3) Mit der Bestellung eines Sonderverwalters nach Absatz 1 endet eine bestehende Bestellung eines vorläufigen Verwalters für dieses Institut nach § 38 oder eines Sonderverwalters nach § 45c des Kreditwesengesetzes[1)].

§ 88 Rechte, Aufgaben und Befugnisse des Sonderverwalters.

(1) [1] Die Abwicklungsbehörde kann dem Sonderverwalter nach § 87 die in § 45c Absatz 2 des Kreditwesengesetzes[1)] genannten Aufgaben und Befugnisse und die Rechte der Anteilsinhaber sowie die Aufgaben und Befugnisse des Verwaltungs- sowie des Aufsichtsorgans des Instituts übertragen. [2] Im Rahmen seiner Tätigkeit ist der Sonderverwalter insbesondere dazu befugt, zur Durchführung der von der Abwicklungsbehörde angeordneten Abwicklungsmaßnahmen Kapitalerhöhungen und sonstige Maßnahmen durchzuführen, die die Eigentümerstruktur des Instituts verändern, und das Institut an ein organisatorisch und finanziell solides Drittinstitut unter Beachtung der für eine solche Abwicklungsmaßnahme geltenden Vorgaben nach den §§ 107 ff. zu veräußern.

(2) Der Sonderverwalter unterliegt bei der Wahrnehmung seiner Rechte, Aufgaben und Befugnisse nach Absatz 1 der Aufsicht durch die Abwicklungsbehörde und hat deren Anordnungen zu befolgen.

[1)] Nr. 9.

(3) [1] Der Sonderverwalter hat bei Wahrnehmung seiner Rechte, Aufgaben und Befugnisse nach Absatz 1 stets die Abwicklungsziele zu verfolgen und im Rahmen seiner Befugnisse die von der Abwicklungsbehörde für das Institut angeordneten Abwicklungsmaßnahmen durchzuführen. [2] Diese Pflicht hat Vorrang vor anderen Geschäftsleiterpflichten und Pflichten des Aufsichts- oder Verwaltungsorgans.

(4) Die Abwicklungsbehörde kann die Rechte, Aufgaben und Befugnisse nach Absatz 1 jederzeit ohne Angabe von Gründen beschränken oder anordnen, dass der Sonderverwalter diese nur mit der vorherigen, schriftlichen Zustimmung der Abwicklungsbehörde wahrnehmen darf.

(5) [1] Der Sonderverwalter hat der Abwicklungsbehörde zu Beginn und zum Ende seiner Tätigkeit sowie zwischenzeitlich regelmäßig in Intervallen, welche von der Abwicklungsbehörde festgesetzt werden, ausführlich schriftlich Bericht über die wirtschaftliche und finanzielle Lage des Instituts sowie die Wahrnehmung der ihm übertragenen Aufgaben und der hierbei erzielten Ergebnisse zu erstatten. [2] Im Übrigen sind die Vorschriften über den Sonderbeauftragten in § 45c des Kreditwesengesetzes entsprechend anzuwenden.

Kapitel 2. Abwicklungsinstrumente

Abschnitt 1. Beteiligung der Anteilsinhaber und Gläubiger

§ 89 Instrument der Beteiligung der Inhaber relevanter Kapitalinstrumente. (1) [1] Liegen bei einem Institut oder einem gruppenangehörigen Unternehmen die Abwicklungsvoraussetzungen gemäß § 62 oder § 64 vor, so hat die Abwicklungsbehörde nach Maßgabe der nachfolgenden Bestimmungen anzuordnen, dass relevante Kapitalinstrumente des Instituts oder des gruppenangehörigen Unternehmens in Anteile oder andere Instrumente des harten Kernkapitals am Institut oder am gruppenangehörigen Unternehmen umgewandelt werden oder im Fall des § 96 Absatz 1 Nummer 1 auch der Nennwert oder der ausstehende Restbetrag von relevanten Kapitalinstrumenten des Instituts oder des gruppenangehörigen Unternehmens ganz oder teilweise herabgeschrieben wird; im Fall des § 96 Absatz 7 kann eine Herabschreibung ohne Durchführung einer Umwandlung erfolgen. [2] Eine Umwandlung oder Herabschreibung nach Satz 1 hat sich bei Vorliegen der Voraussetzungen des § 65 Absatz 1 auch auf berücksichtigungsfähige Verbindlichkeiten im Sinne des § 65 Absatz 4 zu erstrecken.

(2) Soweit bei Abwicklungsgruppen relevante Kapitalinstrumente und berücksichtigungsfähige Verbindlichkeiten im Sinne von § 65 Absatz 4 von der Abwicklungseinheit indirekt über andere Unternehmen in derselben Abwicklungsgruppe erworben wurden, wird die Herabschreibung oder Umwandlung zusammen mit der Herabschreibung oder Umwandlung auf Ebene des Mutterunternehmens des betreffenden Unternehmens oder auf der Ebene anderer Mutterunternehmen ausgeübt, die keine Abwicklungseinheiten sind.

(3) Bei einer Maßnahme nach Absatz 1 in Bezug auf eine Abwicklungseinheit oder in Ausnahmefällen und abweichend vom Abwicklungsplan in Bezug auf ein Unternehmen, das keine Abwicklungseinheit ist, wird der Betrag, der auf Ebene eines solchen Unternehmens gemäß § 96 verringert, herabgeschrieben oder umgewandelt wird, auf die Schwellenwerte angerechnet, die gemäß § 7a Absatz 3 des Restrukturierungsfondsgesetzes für das betreffende Unternehmen gelten.

§ 90 Instrument der Gläubigerbeteiligung. Liegen bei einem Institut oder einem gruppenangehörigen Unternehmen die Abwicklungsvoraussetzungen gemäß § 62 oder § 64 vor, so kann die Abwicklungsbehörde nach Maßgabe der nachfolgenden Bestimmungen anordnen, dass

1. bail-in-fähige Verbindlichkeiten des Instituts oder des gruppenangehörigen Unternehmens umgewandelt werden in Anteile oder in andere Instrumente des harten Kernkapitals an
   a) diesem Institut oder gruppenangehörigen Unternehmen,
   b) einem relevanten Mutterinstitut oder
   c) an einem Brückeninstitut, auf das Vermögenswerte, Rechte oder Verbindlichkeiten des Instituts oder des gruppenangehörigen Unternehmens übertragen werden, oder
2. im Fall des § 96 Absatz 1 Nummer 1 auch der Nennwert oder der ausstehende Restbetrag von bail-in-fähigen Verbindlichkeiten des Instituts oder des gruppenangehörigen Unternehmens ganz oder teilweise herabgeschrieben wird; im Fall des § 96 Absatz 7 kann eine Herabschreibung ohne Durchführung einer Umwandlung erfolgen.

§ 91 Bail-in-fähige Verbindlichkeiten. (1) Das Instrument der Gläubigerbeteiligung ist auf alle Verbindlichkeiten eines Instituts oder eines gruppenangehörigen Unternehmens anzuwenden, die weder gemäß Absatz 2 vom Anwendungsbereich des Instruments der Gläubigerbeteiligung ausgenommen sind noch relevante Kapitalinstrumente sind (bail-in-fähige Verbindlichkeiten).

(2) Folgende Verbindlichkeiten sind vom Anwendungsbereich des Instruments der Gläubigerbeteiligung ausgenommen, und zwar unabhängig davon, ob sie dem Recht eines Mitgliedstaats oder eines Drittstaats unterliegen:

1. gedeckte Einlagen bis zur Höhe des Deckungsniveaus gemäß § 8 des Einlagensicherungsgesetzes[1]; für Einlagen nach § 8 Absatz 2 des Einlagensicherungsgesetzes gilt dies nur, sofern der Einleger diese binnen einer von der Abwicklungsbehörde festgelegten angemessenen Frist gesondert schriftlich unter Nachweis der anspruchsbegründenden Tatsachen glaubhaft macht; mit der Fristsetzung ist er auf die Anwendung des Instruments der Gläubigerbeteiligung und die Erforderlichkeit der gesonderten Geltendmachung und des Nachweises der Voraussetzungen des § 8 Absatz 2 des Einlagensicherungsgesetzes hinzuweisen;
2. besicherte Verbindlichkeiten einschließlich Verbindlichkeiten aus gedeckten Schuldverschreibungen, einschließlich von in Deckung befindlichen Derivategeschäften im Sinne des § 4 Absatz 3 Satz 2 des Pfandbriefgesetzes[2], soweit sie mindestens durch den Wert der hierfür bestellten Sicherung besichert oder gedeckt sind; die Abwicklungsbehörde kann das Instrument der Gläubigerbeteiligung nach § 90 auf einen Teil der besicherten Verbindlichkeit, der den Wert der Sicherung oder Deckung übersteigt, anwenden;
3. Verbindlichkeiten aus der Verwahrung von Kundenvermögen oder Kundengeldern durch das Institut oder das gruppenangehörige Unternehmen, sofern dem betreffenden Kunden in einem Insolvenzverfahren über das Vermögen des Instituts in Bezug auf das verwaltete Vermögen oder die verwalteten

---

[1] Nr. **15**.
[2] Nr. **20**.

Gelder ein Aussonderungs- oder Absonderungsrecht zusteht; dies gilt auch für Kundenvermögen oder Kundengelder, die für Organismen für gemeinsame Anlagen in Wertpapieren und alternative Investmentfonds im Sinne des Kapitalanlagegesetzbuchs gehalten werden;

4. Verbindlichkeiten aus einem Treuhandverhältnis zwischen dem Institut oder dem gruppenangehörigen Unternehmen als Treuhänder und einer anderen Person als Treugeber, sofern dem Treugeber in Bezug auf das Treugut in einem Insolvenzverfahren ein Aussonderungsrecht zustehen würde;
5. Verbindlichkeiten gegenüber anderen Instituten, die nicht der Gruppe des in Abwicklung befindlichen Instituts oder gruppenangehörigen Unternehmens angehören, mit einer Ursprungslaufzeit von weniger als sieben Tagen;
6. Verbindlichkeiten mit einer Restlaufzeit von weniger als sieben Tagen gegenüber Systemen im Sinne des § 1 Absatz 16 des Kreditwesengesetzes[1], Systembetreibern im Sinne des § 1 Absatz 16a des Kreditwesengesetzes, wenn diese Verbindlichkeiten aus einer Teilnahme an dem System resultieren, oder gegenüber zentralen Gegenparteien, die in der Europäischen Union gemäß Artikel 14 der Verordnung (EU) Nr. 648/2012 zugelassen sind, und zentralen Gegenparteien aus Drittstaaten, die von der Europäischen Wertpapier- und Marktaufsichtsbehörde gemäß Artikel 25 der genannten Verordnung anerkannt wurden;
7. Verbindlichkeiten gegenüber
   a) Beschäftigten auf Grund ausstehender Gehaltsforderungen, Rentenleistungen oder anderer fester Vergütungen mit Ausnahme von
      aa) variablen Vergütungsbestandteilen, die nicht durch Tarifvertrag oder in seinem Geltungsbereich durch Vereinbarung der Arbeitsvertragsparteien über die Anwendung der tarifvertraglichen Regelungen oder auf Grund eines Tarifvertrags in einer Betriebs- oder Dienstvereinbarung geregelt sind, und
      bb) variablen Vergütungsbestandteilen, die in Bezug auf Geschäftsleiter und Geschäftsleiterinnen sowie Mitarbeiter und Mitarbeiterinnen im Sinne des § 18 Absatz 1 der Institutsvergütungsverordnung[2] in der jeweils geltenden Fassung vereinbart sind,
   b) Geschäfts- oder Handelsgläubigern auf Grund von Lieferungen und Leistungen, die für den laufenden Geschäftsbetrieb des Instituts oder des gruppenangehörigen Unternehmens von wesentlicher Bedeutung sind, einschließlich Diensten der Informationstechnologie, Versorgungsdienstleistungen sowie auf Grund von Miete, Bewirtschaftung und Instandhaltung von Gebäuden,
   c) Einlagensicherungssystemen auf Grund von Beitragspflichten;
8. Verbindlichkeiten gegenüber Instituten oder gruppenangehörigen Unternehmen, die Teil derselben Abwicklungsgruppe, selbst aber keine Abwicklungseinheiten sind, unabhängig von ihrer Laufzeit; dies gilt nicht, wenn diese Verbindlichkeiten im Rahmen des regulären Insolvenzverfahrens einen gleichen oder einen niedrigeren Rang einnehmen als Verbindlichkeiten gemäß § 46f Absatz 6 und 9 des Kreditwesengesetzes; in diesem Fall bewertet die Abwicklungsbehörde des betreffenden Tochterunternehmens, das keine

[1] Nr. 9.
[2] Nr. 9f.

Abwicklungseinheit ist, ob der Betrag der Posten, die die Anforderungen des § 49f Absatz 2 erfüllen, ausreicht, um die Durchführung der bevorzugten Abwicklungsstrategie zu unterstützen.

§ 92 Ausschluss der Anwendung des Instruments der Gläubigerbeteiligung im Einzelfall. (1) Die Abwicklungsbehörde kann im Einzelfall bestimmte berücksichtigungsfähige Verbindlichkeiten oder bestimmte Kategorien bail-in-fähige Verbindlichkeiten ganz oder teilweise aus dem Anwendungsbereich des Instruments der Gläubigerbeteiligung ausschließen, sofern

1. für die betreffende Verbindlichkeit trotz angemessener Bemühungen der Abwicklungsbehörde die Anwendung des Instruments der Gläubigerbeteiligung innerhalb einer angemessenen Frist nicht möglich ist;
2. der Ausschluss zwingend notwendig und verhältnismäßig ist, um die Fortführung der kritischen Funktionen und wesentlichen Geschäftsaktivitäten sicherzustellen, so dass das Institut oder gruppenangehörige Unternehmen die existentiell wichtigen Geschäfte, Dienstleistungen und Transaktionen fortführen kann;
3. der Ausschluss zwingend notwendig und verhältnismäßig ist, um die Gefahr einer Ansteckung zu vermeiden, die das Funktionieren der Finanzmärkte, einschließlich der Finanzmarktinfrastrukturen, so stören würde, dass dies die Wirtschaft Deutschlands, eines anderen Mitgliedstaats oder der Europäischen Union erheblich beeinträchtigen könnte; dies betrifft insbesondere Einlagen, die von natürlichen Personen, von Kleinstunternehmen sowie kleinen oder mittleren Unternehmen gehalten werden und deren Höhe die gedeckten Einlagen überschreitet oder
4. die Anwendung des Instruments der Gläubigerbeteiligung auf diese Verbindlichkeiten zu einer Wertvernichtung führen würde, bei der die von anderen Gläubigern zu tragenden Verluste höher wären, als wenn diese Verbindlichkeiten vom Instrument der Gläubigerbeteiligung ausgeschlossen würden.

(2) Bei der Ausübung des Ermessens nach Absatz 1 hat die Abwicklungsbehörde Folgendes zu berücksichtigen:

1. den Grundsatz, dass Verluste in erster Linie von den Anteilsinhabern und erst dann von den Gläubigern des Instituts oder des gruppenangehörigen Unternehmens entsprechend dem Rang ihrer Verbindlichkeiten zu tragen sind;
2. die Höhe der Verlustabsorptionskapazität, über die das Institut oder das gruppenangehörige Unternehmen noch verfügen würde, wenn die Verbindlichkeit oder die Kategorie von Verbindlichkeiten aus dem Anwendungsbereich des Instruments der Gläubigerbeteiligung ausgeschlossen würde;
3. das Vorhandensein ausreichender Mittel zur Finanzierung der Abwicklungsmaßnahmen.

(2a) [1] Bei der Ausübung des Ermessens nach Absatz 1 berücksichtigt die Abwicklungsbehörde ferner, ob Verbindlichkeiten gegenüber Instituten und gruppenangehörigen Unternehmen, die Teil derselben Abwicklungsgruppe, selbst aber keine Abwicklungseinheiten sind, ausgeschlossen werden sollten, um die wirksame Durchführung der Abwicklungsstrategie sicherzustellen. [2] Bei der Ausübung des Ermessens nach Satz 1 werden nur solche Verbindlichkeiten berücksichtigt, die nicht von der Anwendung der Herabschreibungs- und Umwandlungsbefugnisse nach § 91 Absatz 2 Nummer 8 ausgenommen sind.

(3) [1] Bevor die Abwicklungsbehörde von der Möglichkeit eines Ausschlusses gemäß Absatz 1 Gebrauch macht, meldet sie den beabsichtigten Ausschluss der Kommission. [2] Für den Fall, dass der beabsichtigte Ausschluss entweder einen Ausgleichsbeitrag des Restrukturierungsfonds oder eine Finanzierung aus einer alternativen Finanzierungsquelle gemäß § 94 erfordert und die Anforderungen dieses Paragraphen in Verbindung mit delegierten Rechtsakten der Kommission nach Artikel 44 Absatz 11 der Richtlinie 2014/59/EU nicht erfüllt sind, gibt die Abwicklungsbehörde der Kommission die Gelegenheit, binnen 24 Stunden den beabsichtigten Ausschluss zu untersagen oder eine Modifizierung des beabsichtigten Ausschlusses vorzuschlagen. [3] Die Abwicklungsbehörde kann ihr Einverständnis zu einer längeren Frist geben.

§ 93 Anwendung des Instruments der Gläubigerbeteiligung in Bezug auf Verbindlichkeiten aus Derivaten. (1) In Bezug auf Verbindlichkeiten aus Derivaten ist das Instrument der Gläubigerbeteiligung nur nach oder gleichzeitig mit der Glattstellung der Derivate anwendbar.

(2) Die Abwicklungsbehörde ist bei Vorliegen der Abwicklungsvoraussetzungen des § 62 Absatz 1 befugt, Derivateverträge zum Zweck der Anwendung des Instruments der Gläubigerbeteiligung zu kündigen und glattzustellen, es sei denn, eine Verbindlichkeit aus einem Derivat wird gemäß § 92 aus dem Anwendungsbereich des Instruments der Gläubigerbeteiligung ausgenommen.

(3) Unterliegen Transaktionen mit Derivaten einer Saldierungsvereinbarung, so bestimmt die Abwicklungsbehörde oder ein unabhängiger Sachverständiger im Rahmen der Bewertung gemäß § 69 auf der Basis der Derivateverträge den Nettowert der Verbindlichkeiten.

(4) Den Nettowert von Verbindlichkeiten aus Derivaten bestimmt die Abwicklungsbehörde oder der unabhängige Sachverständige nach Absatz 3 anhand von

1. angemessenen Methoden zur Bestimmung des Werts von Derivatekategorien, einschließlich Transaktionen, die Saldierungsvereinbarungen unterliegen;
2. Grundsätzen für die Festlegung des Zeitpunkts, zu dem der Wert einer Derivateposition festgestellt werden sollte und
3. geeigneten Methoden für den Vergleich der Höhe der Wertvernichtung, die aus der Glattstellung und der Anwendung des Instruments der Gläubigerbeteiligung auf Derivate resultieren würde, mit der Höhe der Verluste, die für diese Derivate bei der Anwendung des Instruments der Gläubigerbeteiligung entstehen würden.

(5) Die Absätze 1 bis 4 gelten entsprechend für Verbindlichkeiten aus Finanzleistungen im Sinne des § 104 Absatz 1 der Insolvenzordnung, die in einem Rahmenvertrag nach § 104 Absatz 3 der Insolvenzordnung zusammengefasst sind.

§ 94 Ausgleichsbeiträge des Restrukturierungsfonds. (1) Für die nach § 92 ganz oder teilweise ausgeschlossenen Verbindlichkeiten kann nach Maßgabe des § 7a des Restrukturierungsfondsgesetzes ein Ausgleichsbeitrag des Restrukturierungsfonds erbracht werden.

(2) Unter außergewöhnlichen Umständen kann die Abwicklungsbehörde für eine weitere Finanzierung der Abwicklung alternative Finanzierungsquellen in Anspruch nehmen, wenn

1. die in § 7a Absatz 4 des Restrukturierungsfondsgesetzes genannte Obergrenze von 5 Prozent erreicht worden ist und
2. alle unbesicherten bail-in-fähigen Verbindlichkeiten mit Ausnahme von entschädigungsfähigen Einlagen, die nicht gemäß § 92 ausgeschlossen worden sind, vollständig abgeschrieben oder umgewandelt worden sind.

§ 95 Zwecke des Instruments der Gläubigerbeteiligung. [1] Das Instrument der Gläubigerbeteiligung kann für folgende Zwecke eingesetzt werden:

1. zur Rekapitalisierung des Instituts oder gruppenangehörigen Unternehmens in dem Umfang, der erforderlich ist, um
   a) das Institut oder gruppenangehörige Unternehmen wieder in die Lage zu versetzen, den Zulassungsbedingungen zu genügen und die Tätigkeiten auszuüben, für die es gemäß der Richtlinie 2013/36/EG oder der Richtlinie 2014/65/EU zugelassen ist und
   b) das Vertrauen des Marktes in das Institut oder das gruppenangehörige Unternehmen aufrechtzuerhalten,

   wenn die begründete Aussicht besteht, dass die Anwendung dieses Instruments in Kombination mit den Maßnahmen, die im Rahmen des nach § 102 vorzulegenden Restrukturierungsplans umgesetzt werden, über die Verwirklichung der Abwicklungsziele hinaus die finanzielle Solidität und Überlebensfähigkeit des betreffenden Instituts oder gruppenangehörigen Unternehmens wiederherstellen wird;
2. zur Umwandlung von berücksichtigungsfähigen Verbindlichkeiten in Instrumente des harten Kernkapitals oder zur Reduzierung des Nennwerts von berücksichtigungsfähigen Verbindlichkeiten in den Fällen, in denen die Verbindlichkeiten übertragen werden
   a) auf ein Brückeninstitut mit dem Ziel, Kapital für das Brückeninstitut bereitzustellen, oder
   b) im Rahmen des Instruments der Unternehmensveräußerung oder des Instruments der Übertragung auf eine Vermögensverwaltungsgesellschaft.

§ 96 Festlegung des Betrags der herabzuschreibenden oder umzuwandelnden relevanten Kapitalinstrumente und Verbindlichkeiten.

(1) Vor der Anwendung des Instruments der Beteiligung der Inhaber relevanter Kapitalinstrumente oder des Instruments der Gläubigerbeteiligung legt die Abwicklungsbehörde auf Grundlage der gemäß § 69 vorgenommenen Bewertung folgende Beträge fest:

1. den Gesamtbetrag der relevanten Kapitalinstrumente und berücksichtigungsfähigen Verbindlichkeiten nach § 65 Absatz 4 oder bail-in-fähigen Verbindlichkeiten des Instituts oder des gruppenangehörigen Unternehmens, die herabzuschreiben sind, um
   a) sicherzustellen, dass der Nettovermögenswert des Instituts oder des gruppenangehörigen Unternehmens gleich null ist, oder
   b) im Fall eines drohenden Verlustes sicherzustellen, dass der Nettovermögenswert null nicht unterschreitet, und

2. den Gesamtbetrag der relevanten Kapitalinstrumente und berücksichtigungsfähigen Verbindlichkeiten nach § 65 Absatz 4 oder bail-in-fähigen Verbindlichkeiten des Instituts oder des gruppenangehörigen Unternehmens, die in Anteile oder andere Instrumente des harten Kernkapitals am Institut oder am gruppenangehörigen Unternehmen umzuwandeln sind, um
   a) die erforderliche Quote für das harte Kernkapital des Instituts oder gruppenangehörigen Unternehmens wiederherzustellen oder
   b) die erforderliche Quote für das harte Kernkapital des Brückeninstituts zu erreichen.

(2) Sollte der Nettovermögenswert des Instituts oder des gruppenangehörigen Unternehmens vor der Anwendung des Instruments der Beteiligung der Inhaber relevanter Kapitalinstrumente oder des Instruments der Gläubigerbeteiligung bereits größer als null sein und drohen keine in Absatz 1 Nummer 1 Buchstabe b genannten Verluste, ordnet die Abwicklungsbehörde die Umwandlung gemäß § 89 Absatz 1 und § 90 Nummer 1 an.

(3) [1] Bei der Festlegung des in Absatz 1 Nummer 2 genannten Betrags legt die Abwicklungsbehörde folgende weitere Beträge fest:

1. den Betrag, der zur Wiederherstellung oder, im Fall eines Brückeninstituts, zum Erreichen der erforderlichen Quote für das harte Kernkapital erforderlich ist,
2. erforderlichenfalls einen zusätzlichen Betrag, um ein ausreichendes Marktvertrauen in das in Abwicklung befindliche Institut oder gruppenangehörige Unternehmen oder das Brückeninstitut sicherzustellen und es in die Lage zu versetzen, über einen Zeitraum von mindestens einem Jahr die Zulassungsvoraussetzungen weiterhin zu erfüllen und die Tätigkeiten, für die es im Rahmen der Richtlinie 2013/36/EU oder der Richtlinie 2014/65/EU zugelassen ist, fortzuführen.

[2] Etwaige Kapitalzuführungen durch den Restrukturierungsfonds an das Brückeninstitut nach § 7 des Restrukturierungsfondsgesetzes sind zu berücksichtigen.

(4) Im Fall von § 65 Absatz 1 Satz 1 Nummer 1 wird ein von einem Tochterunternehmen ausgegebenes relevantes Kapitalinstrument oder eine berücksichtigungsfähige Verbindlichkeit nach § 65 Absatz 4 nicht zu einem höheren Betrag oder zu ungünstigeren Bedingungen herabgeschrieben oder umgewandelt, als gleichrangige relevante Kapitalinstrumente oder eine berücksichtigungsfähige Verbindlichkeit nach § 65 Absatz 4 auf der Ebene des Mutterunternehmens.

(5) Wird das Instrument der Gläubigerbeteiligung in Kombination mit dem Instrument der Übertragung auf eine Vermögensverwaltungsgesellschaft angewendet, so ist bei der Festlegung der Höhe der herabzuschreibenden bail-in-fähigen Verbindlichkeiten eine vernünftige Schätzung der Kapitalanforderungen der Vermögensverwaltungsgesellschaft zu berücksichtigen.

(6) [1] Wird eine bail-in-fähige Verbindlichkeit oder eine Kategorie bail-in-fähiger Verbindlichkeiten gemäß § 92 Absatz 1 ganz oder teilweise ausgeschlossen, so kann der Umfang, in dem andere bail-in-fähige Verbindlichkeiten herabzuschreiben oder umzuwandeln sind, entsprechend erhöht werden. [2] Dabei sind die Grundsätze gemäß § 68 Absatz 1 Nummer 3 und 4 einzuhalten.

(7) [1] Für den Fall, dass eine Umwandlung von relevanten Kapitalinstrumenten und berücksichtigungsfähigen Verbindlichkeiten nach § 65 Absatz 4 oder bail-in-fähigen Verbindlichkeiten im Sinne des Absatzes 1 Nummer 2 auf Grund der Rechtsform des Instituts oder gruppenangehörigen Unternehmens nicht möglich und ein Rechtsformwechsel gemäß § 77 Absatz 3 unverhältnismäßig ist, kann bei der Festlegung der Beträge zugrunde gelegt werden, dass eine Wandlung im Sinne des Absatzes 1 Nummer 2 nicht stattfindet und die Herabschreibung nach Absatz 1 Nummer 1 auch zu den in Absatz 1 Nummer 2 Buchstabe a oder b aufgeführten Zwecken erfolgt. [2] Die Festlegung ist ebenfalls nach Maßgabe des Satzes 1 vorzunehmen, wenn das Landesrecht anstelle eines Rechtsformwechsels nach § 77 Absatz 3 Satz 2 ein Alternativmodell vorsieht.

§ 97 Haftungskaskade. (1) [1] Anteile, andere Instrumente des harten Kernkapitals, relevante Kapitalinstrumente und berücksichtigungsfähige Verbindlichkeiten nach § 65 Absatz 4 sowie bail-in-fähige Verbindlichkeiten werden in folgender Reihenfolge zur Haftung herangezogen:

1. Anteile und andere Instrumente des harten Kernkapitals,
2. Instrumente des zusätzlichen Kernkapitals,
3. Instrumente des Ergänzungskapitals,
4. berücksichtigungsfähige Verbindlichkeiten nach § 65 Absatz 4 sowie bail-in-fähige Verbindlichkeiten.

[2] Dabei wird eine der in Satz 1 Nummer 2 bis 4 genannten Kategorien erst herangezogen, wenn durch Maßnahmen der Abwicklungsbehörde in der jeweils vorhergehenden Kategorie der betreffende nach § 96 Absatz 1 festgelegte Betrag nicht erreicht wurde. [3] Innerhalb der berücksichtigungsfähigen Verbindlichkeiten nach § 65 Absatz 4 und bail-in-fähigen Verbindlichkeiten gilt Satz 1 entsprechend für den Rang, den die Verbindlichkeiten als Insolvenzforderungen eingenommen hätten.

(2) [1] Bei der Anwendung des Instruments der Beteiligung der Inhaber relevanter Kapitalinstrumente oder des Instruments der Gläubigerbeteiligung weist die Abwicklungsbehörde die Verluste, die in dem betreffenden nach § 96 Absatz 1 festgelegten Betrag ausgedrückt sind, unter Beachtung der Haftungskaskade gleichmäßig den Anteilen oder anderen Instrumenten des harten Kernkapitals, des zusätzlichen Kernkapitals oder des Ergänzungskapitals sowie den berücksichtigungsfähigen Verbindlichkeiten nach § 65 Absatz 4 und bail-in-fähigen Verbindlichkeiten gleichen Ranges zu. [2] Zu diesem Zweck schreibt sie den Nennwert dieser Anteile und den Nennwert oder den noch ausstehenden Restbetrag der anderen Kapitalinstrumente und berücksichtigungsfähigen Verbindlichkeiten nach § 65 Absatz 4 oder dieser bail-in-fähigen Verbindlichkeiten im gleichen Umfang proportional zu ihrem Nennwert herab oder wandelt sie diese im gleichen Umfang proportional zu ihrem Nennwert um. [3] Satz 1 gilt nicht, wenn eine andere Verlustverteilung innerhalb von Verbindlichkeiten des gleichen Ranges gemäß § 92 Absatz 1 zulässig ist.

§ 98 Umwandlungssatz; Verordnungsermächtigung. (1) Der Faktor, zu dem ein relevantes Kapitalinstrument oder eine berücksichtigungsfähige Verbindlichkeit nach § 65 Absatz 4 oder eine bail-in-fähige Verbindlichkeit im Rahmen der Anwendung des Instruments der Beteiligung der Inhaber relevanter Kapitalinstrumente oder des Instruments der Gläubigerbeteiligung umgewandelt wird (Umwandlungssatz), muss wertangemessen sein.

(2) Um den Grundsätzen des § 68 Absatz 1 Rechnung zu tragen, berücksichtigt die Abwicklungsbehörde bei der Festlegung des Umwandlungssatzes den Nennwert und die Rangstellung, welche die Forderung und die relevanten Kapitalinstrumente in einem Insolvenzverfahren einnehmen würden.

(3)[1] [1]Das Bundesministerium der Finanzen wird ermächtigt, durch Rechtsverordnung, die nicht der Zustimmung des Bundesrates bedarf, nähere Bestimmungen darüber zu erlassen, wie betroffene Gläubiger durch den Umwandlungssatz angemessen entschädigt werden können, insbesondere auch darüber, wie der Priorität vorrangiger Verbindlichkeiten nach geltendem Insolvenzrecht durch den Umwandlungssatz Rechnung getragen werden kann. [2]Das Bundesministerium der Finanzen kann die Ermächtigung durch Rechtsverordnung auf die Abwicklungsbehörde übertragen.

§ 99 Weitere Wirkungen der Anwendung des Instruments der Beteiligung der Inhaber relevanter Kapitalinstrumente und des Instruments der Gläubigerbeteiligung. (1) Schreibt die Abwicklungsbehörde den Nennwert oder den geschuldeten Restbetrag eines relevanten Kapitalinstruments oder einer berücksichtigungsfähigen Verbindlichkeit nach § 65 Absatz 4 oder bail-in-fähigen Verbindlichkeit unter Ausübung der in § 89 Absatz 1 oder § 90 Nummer 2 genannten Befugnisse auf null herab, gelten die betreffende Verbindlichkeit und etwaige daraus resultierende Verpflichtungen oder Ansprüche gegenüber dem Institut oder gruppenangehörigen Unternehmen sowie deren Rechtsnachfolgern als erfüllt.

(2) Schreibt die Abwicklungsbehörde den Nennwert oder den ausstehenden Restbetrag eines relevanten Kapitalinstruments oder einer berücksichtigungsfähigen Verbindlichkeit nach § 65 Absatz 4 oder bail-in-fähigen Verbindlichkeit unter Ausübung der in den §§ 89 und 90 genannten Befugnisse nur teilweise herab,

1. gelten die betreffende Verbindlichkeit und etwaige daraus resultierende Verpflichtungen oder Ansprüche gegenüber dem Institut oder gruppenangehörigen Unternehmen sowie deren Rechtsnachfolgern als in Höhe des herabgeschriebenen Betrags beglichen;
2. ist die Vereinbarung, durch die die ursprüngliche Verbindlichkeit begründet wurde, vorbehaltlich einer der Herabschreibung des Nennwerts entsprechenden Änderung des zahlbaren Zinsbetrags und etwaiger weiterer Änderungen der Bedingungen, die die Abwicklungsbehörde in Ausübung der in § 78 Absatz 1 Nummer 3 genannten Befugnis vorsehen könnte, weiterhin auf den verbleibenden Nennwert oder den noch ausstehenden Restbetrag der Verbindlichkeit anwendbar.

(3) [1]Die Herabschreibung des Nennwerts oder des ausstehenden Restbetrags ist von Dauer. [2]Hiervon unberührt bleibt die Befugnis der Abwicklungsbehörde gemäß § 75 Absatz 4, den Wert der herabgeschriebenen Verbindlichkeiten wieder zu erhöhen. [3]Wenn die Voraussetzungen des § 75 Absatz 4 erfüllt sind, hat die Abwicklungsbehörde außerdem die Befugnis, in der erforderlichen Höhe die Einziehung von Anteilen oder die Löschung anderer Instrumente des harten Kernkapitals rückgängig zu machen. [4]Auch die Rechtsposition der

---

[1] § 98 Abs. 3 ist bereits am 19.12.2014 in Kraft getreten; vgl. Art. 10 Abs. 3 G v. 10.12.2014 (BGBl. I S. 2091).

Anteilsinhaber oder Inhaber anderer Instrumente des harten Kernkapitals ist in entsprechender Höhe wiederherzustellen. [5] Die Umsetzung dieser Befugnisse erfolgt durch einen Verwaltungsakt, der in der gleichen Form wie die Abwicklungsanordnung bekannt gemacht wird.

(4) [1] Die Abwicklungsanordnung ersetzt für die in ihr angeordneten Maßnahmen alle nach Gesellschaftsrecht erforderlichen Beschlüsse und Zustimmungen, sofern diese nicht bereits vor Anwendung des Instruments der Beteiligung der Inhaber relevanter Kapitalinstrumente oder des Instruments der Gläubigerbeteiligung gefasst worden sind. [2] Ladungen, Bekanntmachungen und sonstige Maßnahmen zur Vorbereitung von gesellschaftsrechtlichen Beschlüssen gelten als in der vorgeschriebenen Form bewirkt. [3] Die Abwicklungsanordnung ersetzt auch alle rechtsgeschäftlichen Erklärungen der Beteiligten, die zur Umsetzung der gesellschaftsrechtlichen Maßnahmen erforderlich sind.

(5) Die Vorschriften über Gesellschafterdarlehen und wirtschaftlich vergleichbare Forderungen, insbesondere § 39 Absatz 1 Nummer 5 der Insolvenzordnung, sind auf die Inhaber relevanter Kapitalinstrumente und berücksichtigungsfähiger Verbindlichkeiten nach § 65 Absatz 4 oder Gläubiger nicht anzuwenden, wenn sie allein deshalb zu einem Gesellschafter oder einem dem Gesellschafter wirtschaftlich vergleichbaren Dritten geworden sind, weil auf ihre Forderungen das Instrument der Beteiligung der Inhaber relevanter Kapitalinstrumente oder das Instrument der Gläubigerbeteiligung angewendet wurde.

(6) Werden berücksichtigungsfähige Verbindlichkeiten nach § 65 Absatz 4 oder bail-in-fähige Verbindlichkeiten in Anteile oder andere Instrumente des harten Kernkapitals am Institut oder am gruppenangehörigen Unternehmen umgewandelt, kann das Institut oder gruppenangehörige Unternehmen keine Ansprüche wegen einer fehlerhaften Bewertung der umgewandelten Verbindlichkeiten gegen die bisherigen Gläubiger oder Inhaber relevanter Kapitalinstrumente und berücksichtigungsfähiger Verbindlichkeiten nach § 65 Absatz 4 geltend machen.

[Abs. 7 bis 11.8.2022:]

(7) Erlangt ein oder erlangen mehrere Inhaber relevanter Kapitalinstrumente und berücksichtigungsfähiger Verbindlichkeiten nach § 65 Absatz 4 oder Gläubiger auf Grund der Anwendung des Instruments der Beteiligung der Inhaber relevanter Kapitalinstrumente oder des Instruments der Gläubigerbeteiligung die Kontrolle im Sinne von § 29 Absatz 2 des Wertpapiererwerbs- und Übernahmegesetzes, so befreit die Bundesanstalt für Finanzdienstleistungsaufsicht auf Antrag der Abwicklungsbehörde die betroffenen Anteilsinhaber von

1. der Pflicht zur Veröffentlichung nach § 35 Absatz 1 Satz 1 des Wertpapiererwerbs- und Übernahmegesetzes und
2. der Pflicht zur Abgabe eines Angebots nach § 35 Absatz 2 Satz 1 des Wertpapiererwerbs- und Übernahmegesetzes.

[Abs. 7 ab 12.8.2022:]

(7) (aufgehoben)

(8) [1] Die Rechte der Inhaber relevanter Kapitalinstrumente und berücksichtigungsfähiger Verbindlichkeiten nach § 65 Absatz 4 oder der Gläubiger gegen Mitschuldner, Bürgen und sonstige Dritte, die für Verbindlichkeiten des Instituts oder gruppenangehörigen Unternehmens haften, werden durch die An-

wendung des Instruments der Beteiligung der Inhaber relevanter Kapitalinstrumente oder des Instruments der Gläubigerbeteiligung nicht berührt. [2]Das Institut oder gruppenangehörige Unternehmen sowie deren Rechtsnachfolger werden jedoch durch die Anwendung der in Satz 1 genannten Instrumente gegenüber dem Mitschuldner, dem Bürgen, dem sonstigen Dritten oder anderen Rückgriffsberechtigten in gleicher Weise befreit wie gegenüber dem Inhaber relevanter Kapitalinstrumente und berücksichtigungsfähiger Verbindlichkeiten nach § 65 Absatz 4 oder dem Gläubiger.

§ 100 Behandlung der Anteilsinhaber und der Inhaber von Instrumenten des harten Kernkapitals bei der Anwendung des Instruments der Beteiligung der Inhaber relevanter Kapitalinstrumente und des Instruments der Gläubigerbeteiligung. (1) [1]Im Fall des § 96 Absatz 2 wird die Beteiligung der Anteilsinhaber durch die Anwendung des Instruments der Beteiligung der Inhaber relevanter Kapitalinstrumente oder des Instruments der Gläubigerbeteiligung entsprechend dem Umwandlungssatz verwässert. [2]Andernfalls verlieren die Anteilsinhaber ihre Rechtsposition vollständig.

(2) Anteilsinhaber und Inhaber von Instrumenten des harten Kernkapitals werden auch dann nach Maßgabe des § 97 Absatz 1 Satz 1 Nummer 1 berücksichtigt, wenn die betreffenden Anteile oder Instrumente des harten Kernkapitals erworben wurden im Rahmen einer Umwandlung von Schuldinstrumenten in Anteile oder andere Instrumente des harten Kernkapitals gemäß den Vertragsbedingungen der ursprünglichen Schuldinstrumente, wenn das die Umwandlung auslösende Ereignis spätestens zu dem Zeitpunkt eingetreten ist, zu dem die Bewertung der Abwicklungsbehörde ergeben hat, dass das Institut oder das gruppenangehörige Unternehmen die Abwicklungsvoraussetzungen erfüllt.

(3) Bei der Anwendung des Instruments der Gläubigerbeteiligung werden Anteilsinhaber und Inhaber von Instrumenten des harten Kernkapitals auch dann nach Maßgabe des § 97 Absatz 1 Satz 1 Nummer 1 berücksichtigt, wenn die betreffenden Anteile oder Instrumente des harten Kernkapitals erworben wurden im Rahmen einer Beteiligung der Inhaber relevanter Kapitalinstrumente und berücksichtigungsfähiger Verbindlichkeiten nach § 65 Absatz 4 gemäß § 89, die vor oder zu dem Zeitpunkt erfolgt ist, zu dem die Bewertung der Abwicklungsbehörde ergeben hat, dass das Institut oder das gruppenangehörige Unternehmen die Abwicklungsvoraussetzungen erfüllt.

(4) Wenn die Anwendung des Instruments der Beteiligung der Inhaber relevanter Kapitalinstrumente oder des Instruments der Gläubigerbeteiligung zum Erwerb oder zur Erhöhung einer qualifizierten Beteiligung an dem Institut oder gruppenangehörigen Unternehmen im Sinne des § 1 Absatz 9 des Kreditwesengesetzes[1)] führen würde, soll die Aufsichtsbehörde abweichend von den §§ 2a, 2c, 24 Absatz 1 Nummer 10 und Absatz 1a Nummer 3 des Kreditwesengesetzes und von den Vorschriften der Inhaberkontrollverordnung[2)] die danach erforderliche Beurteilung so rechtzeitig vornehmen, dass dies die Anwendung des Instruments der Beteiligung der Inhaber relevanter Kapitalinstrumente und des Instruments der Gläubigerbeteiligung nicht verzögert und das Erreichen

---

[1)] Nr. **9**.
[2)] Nr. **9h**.

der mit der Maßnahme jeweils angestrebten Abwicklungsziele nicht beeinträchtigt wird.

(5) Hat die Aufsichtsbehörde die Beurteilung nach Maßgabe des Absatzes 4 bis zum Zeitpunkt der Anwendung des Instruments der Beteiligung der relevanten Kapitalinstrumente oder des Instruments der Gläubigerbeteiligung nicht abgeschlossen, so ist § 120 Absatz 2 bis 4 auf jeden Erwerb und jede Erhöhung einer qualifizierten Beteiligung durch einen Erwerber anzuwenden, die sich auf Grund der Anwendung des Instruments der Beteiligung von relevanten Kapitalinstrumenten oder des Instruments der Gläubigerbeteiligung ergeben.

§ 101 Abwicklungsbefugnisse bei Anwendung des Instruments der Beteiligung der Inhaber relevanter Kapitalinstrumente und des Instruments der Gläubigerbeteiligung. [1]Bei Anwendung des Instruments der Beteiligung der Inhaber relevanter Kapitalinstrumente und des Instruments der Gläubigerbeteiligung kann die Abwicklungsbehörde nach Maßgabe von § 96 Absatz 1 und 2 und § 97 alle erforderlichen Anordnungen treffen. [2]Die Abwicklungsbehörde kann insbesondere

1. Anteile oder andere Instrumente des harten Kernkapitals einziehen oder löschen;
2. Anteile oder andere Instrumente des harten Kernkapitals auf Gläubiger übertragen;
3. den Nennwert oder den noch ausstehenden Restbetrag von relevanten Kapitalinstrumenten des Instituts oder gruppenangehörigen Unternehmens herabschreiben;
4. den Nennwert oder den noch ausstehenden Restbetrag von berücksichtigungsfähigen Verbindlichkeiten nach § 65 Absatz 4 und bail-in-fähigen Verbindlichkeiten des Instituts oder gruppenangehörigen Unternehmens herabschreiben;
5. relevante Kapitalinstrumente in Anteile oder andere Instrumente des harten Kernkapitals umwandeln;
6. berücksichtigungsfähige Verbindlichkeiten nach § 65 Absatz 4 und bail-in-fähige Verbindlichkeiten in Anteile oder andere Instrumente des harten Kernkapitals umwandeln;
7. Kapital des Instituts oder gruppenangehörigen Unternehmens herabsetzen;
8. Kapital des Instituts oder gruppenangehörigen Unternehmens erhöhen, auch unter Ausschluss von Bezugsrechten und gegen Sacheinlagen.

§ 102 Erfordernis der Erstellung eines Restrukturierungsplans. (1) Wird das Instrument der Gläubigerbeteiligung zur Rekapitalisierung eines Instituts oder gruppenangehörigen Unternehmens gemäß § 95 Nummer 1 angewandt, so hat die Geschäftsleitung des betroffenen Instituts oder gruppenangehörigen Unternehmens innerhalb eines Monats, nachdem das Instrument der Gläubigerbeteiligung durch die Abwicklungsbehörde angewandt geworden ist, einen Restrukturierungsplan zu erstellen, der die in § 103 festgelegten Anforderungen erfüllt und ihn der Abwicklungsbehörde zur Genehmigung vorzulegen.

(2) [1]In Ausnahmefällen kann die Abwicklungsbehörde die in Absatz 1 genannte Frist um bis zu einen Monat verlängern, sofern dies erforderlich ist, um die Abwicklungsziele zu erreichen. [2]Besteht nach den Vorschriften des Unions-

rechts für staatliche Beihilfen eine Pflicht zur Notifizierung des Restrukturierungsplans, kann die Frist nach Absatz 1 entsprechend der im Beihilfeverfahren bestehenden Frist verlängert werden, höchstens jedoch um einen Monat.

(3) Die Abwicklungsbehörde kann zum Zweck der Erstellung und Umsetzung eines Restrukturierungsplans einen oder mehrere Sonderverwalter gemäß § 87 bestellen.

(4) [1] Wird das Instrument der Gläubigerbeteiligung gemäß § 95 Nummer 1 auf zwei oder mehr als zwei Unternehmen einer Gruppe angewendet, so muss der Restrukturierungsplan vom EU-Mutterinstitut erstellt werden und sämtliche Institute der Gruppe abdecken; § 14 gilt entsprechend. [2] Der Restrukturierungsplan ist bei der für die Abwicklung auf Gruppenebene zuständigen Behörde einzureichen. [3] Ist die Abwicklungsbehörde die gemäß § 155 für die Gruppenabwicklung zuständige Behörde, leitet sie den Restrukturierungsplan an die für die anderen Gruppenunternehmen zuständigen Abwicklungsbehörden und die Europäische Bankenaufsichtsbehörde weiter.

§ 103 Anforderungen an den Restrukturierungsplan. (1) [1] Im Restrukturierungsplan ist festzulegen, wie innerhalb eines angemessenen Zeitrahmens die vollständige oder teilweise Fortführung der Geschäftstätigkeit des Instituts oder des gruppenangehörigen Unternehmens sichergestellt werden kann. [2] Der Restrukturierungsplan berücksichtigt unter anderem die aktuelle Lage und die künftigen Aussichten auf den Finanzmärkten und enthält Annahmen für den besten wie für den schlechtesten Fall. [3] Dabei sind auch Kombinationen von Ereignissen zu berücksichtigen, anhand derer institutsspezifische Gefährdungspotenziale identifiziert werden können. [4] Die im Restrukturierungsplan enthaltenen Maßnahmen sollen auf realistischen Annahmen hinsichtlich der Wirtschafts- und Finanzmarktbedingungen, unter denen das Institut oder gruppenangehörige Unternehmen tätig sein wird, beruhen. [5] Annahmen, die in dem Restrukturierungsplan getroffen wurden, sind mit sektorweiten Referenzwerten zu vergleichen.

(2) Der Restrukturierungsplan hat mindestens die folgenden Bestandteile zu enthalten:

1. eine detaillierte Analyse der Ursachen und Umstände, auf Grund derer die Bestandsgefährdung des Instituts oder des gruppenangehörigen Unternehmens eingetreten ist,
2. eine Beschreibung der zu treffenden Maßnahmen, die die finanzielle Solidität und Überlebensfähigkeit des Instituts oder gruppenangehörigen Unternehmens wiederherstellen sollen, einschließlich der Folgen der Maßnahmen für die Arbeitnehmer und
3. einen Zeitplan für die Umsetzung dieser Maßnahmen.

(3) In Bezug auf das Institut oder gruppenangehörige Unternehmen können insbesondere folgende Maßnahmen, die die finanzielle Solidität und Überlebensfähigkeit des Instituts oder gruppenangehörigen Unternehmens wiederherstellen sollen, getroffen werden:

1. die Restrukturierung von Geschäftsaktivitäten;
2. Änderungen der operativen Systeme und der Institutsinfrastruktur;
3. die Aufgabe von verlustbringenden Geschäftsaktivitäten;

4. die Umstrukturierung bestehender Geschäftsaktivitäten, um deren Wettbewerbsfähigkeit wiederherzustellen;
5. die Veräußerung von Vermögenswerten oder Geschäftsbereichen.

(4) Sind die Vorschriften der Europäischen Union für staatliche Beihilfen anwendbar, so muss der Restrukturierungsplan mit dem Umstrukturierungsplan, den das Institut oder gruppenangehörige Unternehmen der Kommission gemäß den Vorschriften des Unionsrechts für staatliche Beihilfen vorlegen muss, vereinbar sein.

§ 104 Bewertung und Genehmigung des Restrukturierungsplans.

(1) [1] Die Abwicklungsbehörde bewertet im Benehmen mit der Aufsichtsbehörde innerhalb eines Monats nach Vorlage des Restrukturierungsplans die Wahrscheinlichkeit, dass die Fortführung der Geschäftstätigkeit des Instituts oder gruppenangehörigen Unternehmens bei Umsetzung des Restrukturierungsplans sichergestellt werden kann. [2] Die Abwicklungsbehörde genehmigt den Restrukturierungsplan, wenn sich die Abwicklungsbehörde und die Aufsichtsbehörde im Rahmen ihrer Bewertung davon überzeugt haben, dass die Umsetzung des Restrukturierungsplans die Fortführung der Geschäftstätigkeit des Instituts oder des gruppenangehörigen Unternehmens mit überwiegender Wahrscheinlichkeit sicherstellt.

(2) Ist die Abwicklungsbehörde in Übereinstimmung mit der Aufsichtsbehörde nicht davon überzeugt, dass der Restrukturierungsplan das in Absatz 1 genannte Ziel erreichen kann, teilt die Abwicklungsbehörde der Geschäftsleitung oder der als Sonderverwalter gemäß § 87 bestellten Person die Bedenken mit und fordert diese auf, den Restrukturierungsplan entsprechend zu ändern.

(3) [1] Die Geschäftsleitung oder der gemäß § 87 bestellte Sonderverwalter des Instituts oder gruppenangehörigen Unternehmens legt der Abwicklungsbehörde innerhalb von zwei Wochen nach Erhalt einer Mitteilung nach Absatz 2 einen geänderten Restrukturierungsplan zur Genehmigung vor. [2] Innerhalb einer Woche bewertet die Abwicklungsbehörde den geänderten Restrukturierungsplan und genehmigt diesen oder teilt der Geschäftsleitung oder dem gemäß § 87 bestellten Sonderverwalter des Instituts oder des gruppenangehörigen Unternehmens mit, ob der geänderte Restrukturierungsplan weiterer Änderungen bedarf.

§ 105 Umsetzung des Restrukturierungsplans; spätere Überarbeitungen.

(1) Die Geschäftsleitung des Instituts oder gruppenangehörigen Unternehmens oder die als Sonderverwalter gemäß § 87 bestellte Person setzt den genehmigten Restrukturierungsplan um und erstattet der Abwicklungsbehörde mindestens alle sechs Monate über die Fortschritte bei der Umsetzung Bericht.

(2) [1] Auf Anforderung der Abwicklungsbehörde hat die Geschäftsleitung des Instituts oder gruppenangehörigen Unternehmens oder die als Sonderverwalter gemäß § 87 bestellte Person den Plan zu überarbeiten, falls dies nach Ansicht der Abwicklungsbehörde im Benehmen mit der Aufsichtsbehörde zur Erreichung des in § 104 Absatz 1 genannten Ziels erforderlich ist, und der Abwicklungsbehörde zur Genehmigung vorzulegen. [2] Absatz 1 gilt für die Umsetzung des geänderten Plans entsprechend.

§ 106 Zulassung zum Handel und Einbeziehung in den Handel von neu ausgegebenen Wertpapieren. (1) Wertpapiere, die zum Zweck der Anwendung des Instruments der Beteiligung der Inhaber relevanter Kapitalinstrumente oder des Instruments der Gläubigerbeteiligung emittiert worden sind, sind an jeder inländischen Börse zum Handel im regulierten Markt zugelassen, wenn Wertpapiere dieser Art bereits vor Anwendung des Instruments der Beteiligung der Inhaber relevanter Kapitalinstrumente oder des Instruments der Gläubigerbeteiligung an einer inländischen Börse zum Handel im regulierten Markt zugelassen waren.

(2) [1] Die Abwicklungsbehörde teilt der Geschäftsführung der jeweiligen Börse die Merkmale des einzuführenden Wertpapiers gemäß Absatz 1 Satz 1 mit. [2] Die Regelungen der jeweiligen Börsenordnungen über den Antrag nach § 38 Absatz 1 Satz 2 des Börsengesetzes sind auf die Mitteilung entsprechend anzuwenden.

(3) Die Börse nimmt am dritten Börsentag, der auf die Mitteilung gemäß Absatz 2 folgt, die Notierung des Wertpapiers auf (Einführung).

(4) § 38 Absatz 2 bis 4 des Börsengesetzes gilt nicht für die Fälle dieses Paragraphen.

(5) Die Folgepflichten der Einführung sind durch das Institut oder gruppenangehörige Unternehmen zu erfüllen.

Abschnitt 2. Übertragung von Anteilen, Vermögenswerten, Verbindlichkeiten und Rechtsverhältnissen

Unterabschnitt 1. Allgemeine Vorschriften

§ 107 Übertragung. (1) Liegen die Abwicklungsvoraussetzungen gemäß § 62 oder § 64 vor, kann die Abwicklungsbehörde nach Maßgabe der §§ 108 bis 137 in der Abwicklungsanordnung anordnen, dass

1. die von einem in Abwicklung befindlichen Institut oder gruppenangehörigen Unternehmen ausgegebenen Anteile oder ein Teil oder die Gesamtheit des Vermögens eines in Abwicklung befindlichen Instituts oder gruppenangehörigen Unternehmens einschließlich seiner Verbindlichkeiten übertragen werden auf
   a) einen Dritten (Instrument der Unternehmensveräußerung) oder
   b) ein Brückeninstitut (Instrument der Übertragung auf ein Brückeninstitut),
2. ein Teil oder die Gesamtheit des Vermögens eines in Abwicklung befindlichen Instituts oder gruppenangehörigen Unternehmens einschließlich seiner Verbindlichkeiten auf eine Vermögensverwaltungsgesellschaft übertragen wird (Instrument der Übertragung auf eine Vermögensverwaltungsgesellschaft).

(2) Übertragungsgegenstände sind die übertragenen Anteile, Vermögenswerte, Verbindlichkeiten und Rechtsverhältnisse.

(3) [1] Anteilsinhaber und Gläubiger des übertragenden Rechtsträgers sowie sonstige Dritte, deren Vermögenswerte, Verbindlichkeiten oder Rechtsverhältnisse nicht nach dieser Vorschrift übertragen werden, haben keinerlei Rechte in Bezug auf die Übertragungsgegenstände. [2] Ein Anspruch auf Übertragung besteht nicht.

§ 108 Mehrfache Anwendung. Liegen die Abwicklungsvoraussetzungen gemäß § 62 oder § 64 vor, können das Instrument der Unternehmensveräußerung, das Instrument der Übertragung auf ein Brückeninstitut und das Instrument der Übertragung auf eine Vermögensverwaltungsgesellschaft auch mehr als einmal ausgeübt werden.

§ 109 Einwilligung des übernehmenden Rechtsträgers. (1) [1] Eine Übertragung nach § 107 bedarf der Einwilligung des übernehmenden Rechtsträgers. [2] Die Einwilligung muss auf einen Entwurf der Abwicklungsanordnung Bezug nehmen, der der erlassenen Abwicklungsanordnung inhaltlich entspricht. [3] Im Fall des § 107 Absatz 1 Nummer 1 Buchstabe a bedarf die Einwilligung der öffentlichen Beurkundung; der Entwurf der Abwicklungsanordnung ist der Einwilligung als Anlage beizufügen. [4] Das Vorliegen der Einwilligung ist in der Abwicklungsanordnung zu dokumentieren.

(2) Soll in der Abwicklungsanordnung vorgesehen werden, dass dem Institut oder dem gruppenangehörigen Unternehmen als Gegenleistung für die Übertragung Anteile an dem übernehmenden Rechtsträger einzuräumen sind und ist hierfür ein Beschluss der Anteilsinhaberversammlung beim übernehmenden Rechtsträger erforderlich, darf die Abwicklungsanordnung erst erlassen werden, wenn die erforderlichen Beschlüsse der Anteilsinhaberversammlung gefasst sind und nicht mehr mit der Rechtsfolge einer möglichen Rückabwicklung angefochten werden können.

§ 110 Auswahl der Übertragungsgegenstände. (1) Unbeschadet der Befugnisse der Abwicklungsbehörde gemäß den §§ 82, 83 und 144 können die Übertragungsgegenstände nur zusammen mit den bestellten Sicherheiten übertragen werden und können Sicherheiten nur zusammen mit den Übertragungsgegenständen, für welche die Sicherheiten bestellt sind, übertragen werden.

(2) [1] Absatz 1 gilt nicht für gedeckte Einlagen. [2] Soweit es erforderlich ist, um die Verfügbarkeit der gedeckten Einlagen zu gewährleisten, können Übertragungsgegenstände auch ohne die bestellten Sicherheiten und bestellte Sicherheiten auch ohne die Übertragungsgegenstände, für die die Sicherheiten bestellt sind, übertragen werden.

(3) Absatz 1 gilt entsprechend für

1. Sicherheiten, die der Besicherung von Verbindlichkeiten in einem System im Sinne des § 1 Absatz 16 des Kreditwesengesetzes[1)] dienen oder in ein System von Zentralbanken einbezogen sind,
2. Saldierungsvereinbarungen,
3. Aufrechnungsvereinbarungen,
4. Verbindlichkeiten aus begebenen Verbriefungstransaktionen und die verbrieften Forderungen sowie
5. Verbindlichkeiten aus umlaufenden gedeckten Schuldverschreibungen einschließlich von in Deckung befindlichen Derivategeschäften im Sinne des § 4 Absatz 3 Satz 2 des Pfandbriefgesetzes[2)] und die in das zugehörige Deckungsregister eingetragenen Deckungswerte.

[1)] Nr. **9**.
[2)] Nr. **20**.

(4) Bei Systemen im Sinne des § 1 Absatz 16 des Kreditwesengesetzes berechtigt eine Übertragung von Übertragungsgegenständen nicht zu einem Widerruf von Übertragungsaufträgen im Sinne des Artikels 5 der Richtlinie 98/26/EG; die Übertragung lässt die rechtliche Verbindlichkeit von Übertragungsaufträgen und Aufrechnungen gemäß den Artikeln 3 und 5 der Richtlinie 98/26/EG, die Verwendung von Guthaben, Wertpapieren oder Kreditfazilitäten im Sinne von Artikel 4 der Richtlinie 98/26/EG und den Schutz dinglicher Sicherheiten im Sinne von Artikel 9 der Richtlinie 98/26/EG unberührt.

§ 111 Bewertung von Angeboten; Gegenleistung; Ausgleichsverbindlichkeit. (1) Im Fall des § 107 Absatz 1 Nummer 1 Buchstabe a dient der Wert der Übertragungsgegenstände auf der Grundlage der Bewertung nach § 69 der Abwicklungsbehörde als Grundlage für die Bewertung der Angebote, die im Rahmen eines Vermarktungsprozesses nach § 126 Absatz 1 und 2 oder bei Verzicht auf einen Vermarktungsprozess nach Maßgabe von § 126 Absatz 3 außerhalb eines solchen Vermarktungsprozesses eingehen.

(2) Ist der Wert der Übertragungsgegenstände auf der Grundlage der Bewertung nach § 69 positiv, schuldet der übernehmende Rechtsträger in den Fällen des § 107 Absatz 1 Nummer 1 Buchstabe b und Nummer 2 nach Maßgabe von Absatz 5 eine Gegenleistung in der Höhe des festgestellten Wertes.

(3) Ist der Wert der Übertragungsgegenstände auf der Grundlage der Bewertung nach § 69 negativ und ist der Übertragungsgegenstand ein Teil oder die Gesamtheit des Vermögens eines in Abwicklung befindlichen Instituts einschließlich seiner Verbindlichkeiten, schuldet der übertragende Rechtsträger dem übernehmenden Rechtsträger in den Fällen des § 107 Absatz 1 Nummer 1 Buchstabe b und des Nummer 2 einen Ausgleich in der Höhe des Absolutbetrags des festgestellten negativen Werts.

(4) [1] Wurde vor Erlass einer Abwicklungsanordnung lediglich eine vorläufige Bewertung nach § 74 durchgeführt, legt die Abwicklungsbehörde diese ihrer Bewertung nach Absatz 1 und der Ermittlung der Gegenleistung oder Ausgleichsverbindlichkeit nach den Absätzen 2 und 3 zugrunde. [2] Eine nach Satz 1 vorläufig ermittelte Gegenleistung oder Ausgleichsverbindlichkeit ist ebenfalls vorläufig und nach vollständiger Durchführung der Bewertung nach § 69 entweder zu bestätigen oder entsprechend anzupassen. [3] Kommt die vorläufige Bewertung zu dem Ergebnis, dass weder eine Gegenleistung nach Absatz 2 noch ein Ausgleich nach Absatz 3 geschuldet ist, ist dies nach vollständiger Durchführung der Bewertung nach § 69 entweder zu bestätigen, oder es ist eine entsprechende Gegenleistung oder ein entsprechender Ausgleich festzusetzen.

(5) [1] Die Gegenleistung ist in Geld oder Anteilen des übernehmenden Rechtsträgers zu leisten. [2] Im Fall des § 107 Absatz 1 Nummer 2 kann die Gegenleistung auch in Schuldtiteln des übernehmenden Rechtsträgers bestehen. [3] Leistungen nach § 124 Absatz 2 können, sofern eine entsprechende Umrechnung vorzunehmen ist, nach dieser Umrechnung in Abzug gebracht werden. [4] Sind Übertragungsgegenstände die von dem in Abwicklung befindlichen Institut oder gruppenangehörigen Unternehmen ausgegebenen Anteile, ist die Gegenleistung den ehemaligen Anteilsinhabern geschuldet. [5] Ist Übertragungsgegenstand ein Teil oder die Gesamtheit des Vermögens eines in Abwicklung befindlichen Instituts oder gruppenangehörigen Unternehmens

einschließlich seiner Verbindlichkeiten, ist die Gegenleistung dem übertragenden Rechtsträger geschuldet. [6] § 142 Nummer 1 bleibt unberührt. [7] Abzüge nach dieser Vorschrift haben auch gegenüber den nach Satz 4 oder Satz 5 Empfangsberechtigten schuldbefreiende Wirkung. [8] Sind dem übernehmenden Rechtsträger im Fall des Satzes 4 die Anteilsinhaber nicht bekannt, so kann er die Gegenleistung in entsprechender Anwendung des § 372 Satz 2 des Bürgerlichen Gesetzbuchs[1)] hinterlegen. [9] Leistungsort im Sinne einer entsprechenden Anwendung des § 374 Absatz 1 des Bürgerlichen Gesetzbuchs ist Frankfurt am Main.

(6) [1] Die Verpflichtung zur Gegenleistung und die Ausgleichsverbindlichkeit entstehen mit Bekanntgabe der Abwicklungsanordnung. [2] Fälligkeit und insolvenzrechtlicher Rang der Ausgleichsverbindlichkeit richten sich nach Fälligkeit und Rang der von der Übertragung erfassten Verbindlichkeiten.

§ 112 Drittvergleich. (1) [1] Eine Übertragung nach § 107 muss einem Drittvergleich standhalten. [2] Hierbei sind zu berücksichtigen:

1. die Umstände des Einzelfalls vor und bei Vorliegen der Abwicklungsvoraussetzungen und vor und bei dem Erlass der Abwicklungsanordnung,
2. die Vorschriften des Unionsrechts für staatliche Beihilfen und
3. die Bewertung nach Maßgabe von § 69.

(2) [1] Eine Übertragung, für die eine gleichwertige Gegenleistung in das Vermögen des übertragenden Rechtsträgers gelangt, erfüllt die Kriterien des Absatzes 1 Nummer 1 und 3 in jedem Fall und ohne dass es einer weiteren Prüfung bedarf. [2] Eine Gegenleistung oder Ausgleichsverbindlichkeit, die auf der Grundlage von § 111 und, soweit einschlägig, im Rahmen eines Vermarktungsprozesses ermittelt wird, hält einem Drittvergleich im Sinne von Absatz 1 stand.

§ 113 Wirkungen der Abwicklungsanordnung bei Übertragung.

(1) Eine Übertragung nach § 107 vollzieht sich ausschließlich nach Maßgabe dieses Gesetzes in Verbindung mit der nach Maßgabe dieses Gesetzes erlassenen Abwicklungsanordnung; § 36a des Pfandbriefgesetzes[2)] bleibt unberührt.

(2) Die Abwicklungsanordnung hat folgende Wirkungen:

1. in Bezug auf den übertragenden Rechtsträger gelten
   a) Verfahrensschritte, die nach den allgemeinen Vorschriften einzuhalten oder vertraglich vereinbart sind, insbesondere Beschlüsse einer Haupt-, General- oder Gläubigerversammlung oder anderer Gremien, als ersetzt;
   b) gesetzlich geforderte oder vertraglich vereinbarte Beteiligungs- und Zustimmungserfordernisse als erfüllt und Übertragungshindernisse als beseitigt; die §§ 118 bis 122 bleiben unberührt;
2. in Bezug auf die Übertragung von Übertragungsgegenständen
   a) sind Register-, Grundbuch- und sonstige Eintragungen oder Umschreibungen für den Rechtsübergang nicht konstitutiv;
   b) werden Urkunden, insbesondere Globalurkunden, entsprechend umgestaltet; sie können ausgetauscht oder berichtigt werden;

[1)] Nr. **24**.
[2)] Nr. **20**.

c) ist die Einhaltung außerhalb dieses Gesetzes geregelter oder vertraglich vereinbarter Formvorschriften oder sonstiger allgemeiner Vorschriften nicht erforderlich.

(3) Die Mitwirkung der Mitglieder der Leitungs- und Aufsichtsorgane bei der Vorbereitung und Durchführung der Übertragung stellt gegenüber dem übertragenden Rechtsträger und seinen Anteilsinhabern keine Pflichtwidrigkeit dar.

(4) Anteilsinhaberähnliche Rechte ohne Stimmrecht, Umtauschrechte sowie Instrumente, die auf Anteile referenzieren oder eine Wandlung oder einen Umtausch vorsehen, werden im Zweifel an die durch die Übertragung geschaffene Lage angepasst.

§ 114 Wirksamwerden der Übertragung. (1) Die Übertragung wird mit der Bekanntgabe der Abwicklungsanordnung nach § 137 wirksam.

(2) Mit Wirksamwerden der Übertragung gehen die von der Abwicklungsanordnung erfassten Übertragungsgegenstände auf den übernehmenden Rechtsträger über.

§ 115 Eintragung der Übertragung. (1) [1] Ist Übertragungsgegenstand ein Teil oder die Gesamtheit des Vermögens eines in Abwicklung befindlichen Instituts oder gruppenangehörigen Unternehmens einschließlich seiner Verbindlichkeiten, haben der übertragende und der übernehmende Rechtsträger die Übertragung unverzüglich zur Eintragung in das Register ihres jeweiligen Sitzes anzumelden. [2] Den Anmeldungen ist neben der Schlussbilanz eine Ausfertigung der Abwicklungsanordnung beizufügen. [3] In den Fällen des § 107 Absatz 1 Nummer 1 Buchstabe a ist auch die notariell beurkundete Einwilligungserklärung des übernehmenden Rechtsträgers nach § 109 Absatz 1 Satz 3 beizufügen.

(2) Besteht die Gegenleistung in Anteilen an dem übernehmenden Rechtsträger und ist eine Kapitalerhöhung zur Schaffung der Anteile erforderlich, muss der übernehmende Rechtsträger unverzüglich die für die Eintragung der Kapitalerhöhung und ihre Durchführung erforderlichen Handlungen vornehmen.

(3) [1] Die Eintragungen sind unverzüglich vorzunehmen. [2] Die Einlegung eines Rechtsbehelfs oder die Erhebung einer Klage gegen die Abwicklungsanordnung, die Kapitalerhöhung oder die Eintragung der Übertragung oder der Kapitalerhöhung beim übernehmenden Rechtsträger stehen der Eintragung nicht entgegen.

(4) [1] Unterlässt oder verzögert der übertragende oder der übernehmende Rechtsträger die nach Absatz 1 gebotene Anmeldung zur Eintragung in ein Register, kann die Abwicklungsbehörde die Anmeldung für den Eintragungsverpflichteten vornehmen. [2] In diesem Fall kann die Anmeldung nicht ohne Zustimmung durch die Abwicklungsbehörde zurückgenommen werden.

§ 116 Insolvenzantragspflicht; Haftung des übernehmenden Rechtsträgers. (1) [1] Werden die in § 107 Absatz 1 Nummer 1 genannten Abwicklungsinstrumente angewendet, stellt die Abwicklungsbehörde bei Vorliegen eines Insolvenzgrundes unverzüglich einen Antrag auf Eröffnung des Insolvenzverfahrens über das verbleibende Vermögen des übertragenden Rechtsträgers.

[2] § 46b Absatz 1 Satz 4 des Kreditwesengesetzes[1)] gilt mit der Maßgabe entsprechend, dass die Abwicklungsbehörde an die Stelle der Bundesanstalt tritt. [3] Liegt im Fall des Satzes 1 kein Insolvenzgrund vor, veranlasst die Abwicklungsbehörde die Liquidation des übertragenden Rechtsträgers.

(2) [1] In allen Fällen des § 107 gehören Übertragungsgegenstände in einem Insolvenzverfahren über das Vermögen des übertragenden Rechtsträgers nicht zur Insolvenzmasse. [2] Der übernehmende Rechtsträger haftet nicht für von der Übertragung nicht erfasste Verbindlichkeiten des übertragenden Rechtsträgers.

§ 117 Übertragungsgegenstände, die ausländischem Recht unterliegen. (1) Unterliegen Übertragungsgegenstände ausländischem Recht und werden danach die Rechtswirkungen der Abwicklungsanordnung nicht oder nicht vollständig anerkannt, ist der übertragende Rechtsträger verpflichtet, darauf hinzuwirken, dass sämtliche Maßnahmen getroffen werden, die nach dem ausländischen Recht für den Rechtsübergang auf den übernehmenden Rechtsträger erforderlich sind.

(2) [1] In den Fällen des Absatzes 1 sind der übertragende Rechtsträger und der übernehmende Rechtsträger bis zum Rechtsübergang verpflichtet, einander in Bezug auf die hiervon betroffenen Übertragungsgegenstände so zu stellen, als wäre der Rechtsübergang nach den Vorschriften der ausländischen Rechtsordnung erfolgt. [2] Zu diesem Zweck hat

1. der übertragende Rechtsträger die betroffenen Übertragungsgegenstände für Rechnung und im Interesse des übernehmenden Rechtsträgers, dessen Weisungen er unterliegt, zu verwalten;
2. der übernehmende Rechtsträger den übertragenden Rechtsträger von den Aufwendungen, die im Zusammenhang mit den betroffenen Übertragungsgegenständen anfallen, freizustellen;
3. der übertragende Rechtsträger das aus der Verwaltung des betroffenen Übertragungsgegenstands Erlangte an den übernehmenden Rechtsträger herauszugeben.

(3) [1] Übertragungsgegenstände, deren Übertragung nach Absatz 1 durch die ausländische Rechtsordnung nicht anerkannt wird, gehören in einem Insolvenzverfahren über das Vermögen des übertragenden Rechtsträgers nicht zur Insolvenzmasse. [2] Die Gläubiger von Forderungen gegen den übertragenden Rechtsträger, deren Übertragung nach Absatz 1 durch die ausländische Rechtsordnung nicht anerkannt wird, können ihre Ansprüche nicht gegen den übertragenden Rechtsträger geltend machen. [3] Ansprüche und Verpflichtungen nach den Absätzen 1 und 2 bleiben von einem solchen Insolvenzverfahren unberührt. [4] Rechtshandlungen, die der Erfüllung dieser Ansprüche und Verpflichtungen dienen, sind weder innerhalb noch außerhalb dieses Insolvenzverfahrens anfechtbar.

(4) Bestehen Zweifel daran, ob die Rechtswirkungen der Abwicklungsanordnung nach ausländischem Recht anerkannt werden, sind die Absätze 1 bis 3 entsprechend anzuwenden.

[1)] Nr. 9.

§ 118 Erforderliche Erlaubnisse, Zulassungen und Genehmigungen; aufsichtliche Anforderungen; Mitgliedschaft in und Zugang zu Finanzmarktinfrastrukturen. (1) Führt die Übertragung von Übertragungsgegenständen nach § 107 auf den übernehmenden Rechtsträger dazu, dass dieser erlaubnis-, zulassungs- oder genehmigungspflichtige Geschäfte oder Tätigkeiten betreiben wird, bedarf der übernehmende Rechtsträger der erforderlichen Erlaubnisse, Zulassungen und Genehmigungen.

(2) Der übernehmende Rechtsträger muss die etwaig für seine Tätigkeiten geltenden Anforderungen der Verordnung (EU) Nr. 575/2013[1)] und der in Umsetzung der Richtlinien 2013/36/EU und 2014/65/EU ergangenen Vorschriften erfüllen; dabei unterliegt er einer Beaufsichtigung nach Maßgabe dieser Richtlinien und deren nationaler Umsetzung.

(3) [1] Der übernehmende Rechtsträger kann als Rechtsnachfolger des in Abwicklung befindlichen Instituts alle Rechte, die zuvor von dem in Abwicklung befindlichen Institut in Bezug auf die Übertragungsgegenstände ausgeübt wurden, weiter ausüben. [2] Satz 1 gilt auch für das Recht auf Mitgliedschaft in und den Zugang zu Finanzmarktinfrastrukturen, Anlegerentschädigungseinrichtungen und Einlagensicherungssystemen, wenn der übernehmende Rechtsträger die entsprechenden Zugangsvoraussetzungen oder Voraussetzungen einer Mitgliedschaft erfüllt. [3] Der Zugang zu den in Satz 2 genannten Finanzmarktinfrastrukturen, Anlegerentschädigungseinrichtungen und Einlagensicherungssystemen darf jedoch nicht mit der Begründung verweigert werden, dass der übernehmende Rechtsträger kein von einer Ratingagentur erteiltes Rating besitzt oder dass sein Rating nicht den Ratingniveaus entspricht, die für die Gewährung eines solchen Zugangs erforderlich sind. [4] Erfüllt der übernehmende Rechtsträger nicht die Voraussetzungen für den Zugang zu solchen Finanzmarktinfrastrukturen, zu einer Anlegerentschädigungseinrichtung oder zu einem Einlagensicherungssystem, so kann der übernehmende Rechtsträger die in Satz 2 genannten Rechte auf Anordnung der Abwicklungsbehörde für eine von dieser bestimmten Frist ausüben. [5] Diese Frist soll 24 Monate nicht überschreiten, sie kann jedoch auf Antrag des übernehmenden Rechtsträgers von der Abwicklungsbehörde auch über diesen Zeitraum hinaus verlängert werden.

§ 119 Inländische Erlaubnis-, Zulassungs- und Genehmigungsverfahren. (1) Die Abwicklungsbehörde informiert die Aufsichtsbehörde und die weiteren betroffenen Behörden im Inland, wenn ihr bekannt ist, dass der übernehmende Rechtsträger noch nicht über die erforderlichen Erlaubnisse, Zulassungen oder Genehmigungen verfügt.

(2) [1] Die Abwicklungsanordnung gilt im Inland als Antrag auf Erteilung der Erlaubnis, Zulassung oder Genehmigung; der Antrag ist unverzüglich zu bescheiden. [2] Ein Antrag nach Satz 1 soll von der betroffenen Behörde positiv beschieden werden, wenn der übertragende Rechtsträger über die entsprechende Erlaubnis, Zulassung oder Genehmigung verfügte und keine offensichtlichen Gründe vorliegen, dem übernehmenden Rechtsträger die Erlaubnis, Zulassung oder Genehmigung zu versagen. [3] Beabsichtigt die Aufsichtsbehörde oder eine andere betroffene Behörde, den Antrag nach Satz 1 abzulehnen, so informiert sie die Abwicklungsbehörde unverzüglich und setzt sie von ihren

---

1) Nr. **6**.

Gründen in Kenntnis. [4]Die betroffene Behörde und die Abwicklungsbehörde arbeiten gemeinsam mit dem übertragenden und dem übernehmenden Rechtsträger an einer Lösung, die den Abwicklungszielen und der Notwendigkeit einer zeitnahen Entscheidung Rechnung trägt.

(3) [1]Bis zur endgültigen Erteilung der erforderlichen Erlaubnis, Zulassung oder Genehmigung oder bis zu der Feststellung, dass eine solche Erlaubnis, Zulassung oder Genehmigung doch nicht erforderlich ist, gilt die dem übertragenden Rechtsträger erteilte Erlaubnis, Zulassung oder Genehmigung als dem übernehmenden Rechtsträger erteilt. [2]Bedarf der übernehmende Rechtsträger einer Erlaubnis nach § 32 des Kreditwesengesetzes[1)], gibt die Aufsichtsbehörde nach Prüfung des Antrags abweichend von Satz 1 dem übernehmenden Rechtsträger den Zeitraum bekannt, innerhalb dessen er Geschäfte entsprechend Satz 1 betreiben darf, wenn die Aufsichtsbehörde beabsichtigt, die Erlaubnis zu erteilen.

§ 120 Besondere Vorschriften für das Verfahren nach § 2c des Kreditwesengesetzes. (1) Wenn eine Übertragung von Anteilen nach § 107 zum Erwerb oder zur Erhöhung einer bedeutenden Beteiligung führt, nimmt die Aufsichtsbehörde abweichend von § 2c des Kreditwesengesetzes[1)] die danach erforderliche Beurteilung so rechtzeitig vor, dass die Anwendung des entsprechenden Abwicklungsinstruments nicht verzögert wird und das Erreichen der mit der Abwicklungsmaßnahme angestrebten Abwicklungsziele nicht verhindert wird.

(2) Wenn die Aufsichtsbehörde ihre Beurteilung nach Absatz 1 ausnahmsweise nicht bis zum Zeitpunkt des Wirksamwerdens der Übertragung nach § 114 abgeschlossen hat, so

1. wird die Übertragung wirksam, ohne dass ein Vollzugshindernis besteht;
2. wird das Stimmrecht des übernehmenden Rechtsträgers während des Beurteilungszeitraums ausgesetzt und geht auf die Abwicklungsbehörde über; die Abwicklungsbehörde ist nicht verpflichtet, solche Stimmrechte wahrzunehmen; sie haftet nicht für die Wahrnehmung oder Nichtwahrnehmung solcher Stimmrechte;
3. gelten während des Beurteilungszeitraums die in den §§ 2c, 44b, 56 Absatz 2 Nummer 1 Buchstabe a und b, Nummer 2 Buchstabe a und Nummer 3 Buchstabe a des Kreditwesengesetzes geregelten Sanktionen und Maßnahmen bei Verstößen gegen die Anforderungen beim Erwerb oder bei der Veräußerung bedeutender Beteiligungen nicht für eine Übertragung nach § 107.

(3) [1]Nach Abschluss ihrer Beurteilung teilt die Aufsichtsbehörde der Abwicklungsbehörde und dem übernehmenden Rechtsträger unverzüglich schriftlich mit, ob sie gemäß § 2c des Kreditwesengesetzes die Übertragung nach § 107 untersagt. [2]Untersagt die Aufsichtsbehörde eine Übertragung nach § 107, so kann die Abwicklungsbehörde von dem übernehmenden Rechtsträger verlangen, die nach § 107 übertragene Beteiligung innerhalb einer von der Abwicklungsbehörde festgelegten Veräußerungsfrist unter Berücksichtigung der herrschenden Marktbedingungen zu veräußern. [3]Bis zum Ende der Veräußerungsfrist nach Satz 2 gilt Absatz 2 Nummer 2 und 3 entsprechend.

---

1) Nr. 9.

(4) Nach Absatz 2 Nummer 2 auf die Abwicklungsbehörde übergegangene Stimmrechte gehen mit Ablauf der Untersagungsfrist oder mit Zustimmung der Aufsichtsbehörde vollständig auf den übernehmenden Rechtsträger über.

§ 121 Erlaubnisverfahren in anderen Mitgliedstaaten und Drittstaaten. (1) Erfordert die Anwendung eines der Abwicklungsinstrumente nach § 107 nach Einschätzung der Abwicklungsbehörde die Durchführung eines nicht inländischen Zulassungs-, Erlaubnis- oder Genehmigungsverfahrens, insbesondere eines Wettbewerbs- oder Beihilfeverfahrens, so

1. informiert die Abwicklungsbehörde die betroffene Behörde unverzüglich und nach Möglichkeit vor dem beabsichtigten Erlass einer Abwicklungsanordnung,
2. bietet die Abwicklungsbehörde der betroffenen Behörde ihre Unterstützung an und
3. bittet die Abwicklungsbehörde um unverzügliche Entscheidung, nach Möglichkeit vor dem beabsichtigten Erlass der Abwicklungsanordnung.

(2) Ist die Abwicklungsbehörde in dem betreffenden Verfahren nicht antragsbefugt oder auf sonstige Weise gehindert, die erforderlichen Rechtshandlungen vorzunehmen, sind der übertragende Rechtsträger und der übernehmende Rechtsträger verpflichtet, die Abwicklungsbehörde zu unterstützen.

(3) [1] Ergeht vor dem beabsichtigten Erlass der Abwicklungsanordnung ein ablehnender Bescheid, soll die Abwicklungsanordnung nicht erlassen werden. [2] Ergeht der ablehnende Bescheid nach Erlass der Abwicklungsanordnung, ist § 120 Absatz 3 entsprechend anzuwenden.

§ 122 Mitwirkung der Abwicklungsbehörde bei Erlaubnis-, Zulassungs- oder Genehmigungsverfahren einer ausländischen Behörde.

(1) [1] Wird ein Rechtsakt, der einer Abwicklungsanordnung vergleichbar ist, von einer ausländischen Abwicklungsbehörde erlassen und erfordert die Wirksamkeit des ausländischen Rechtsakts, dass Erlaubnisse, Zulassungen oder Genehmigungen im Inland erteilt werden, so koordiniert die Abwicklungsbehörde nach Information durch die ausländische Abwicklungsbehörde oder durch ein inländisches Institut oder gruppenangehöriges Unternehmen oder auf eigene Initiative als einheitliche Stelle im Sinne des § 71a des Verwaltungsverfahrensgesetzes die Verfahren zur Erteilung solcher Erlaubnisse, Zulassungen oder Genehmigungen. [2] Die §§ 71a bis 71e des Verwaltungsverfahrensgesetzes sind anzuwenden; die Abwicklungsbehörde ist als einheitliche Stelle befugt, die dort genannten oder sonst einschlägigen Fristen und Eingangsfiktionen zu verkürzen oder zu bestimmen.

(2) Die Abwicklungsbehörde ist nicht verpflichtet, zu erforschen, welche Erlaubnisse, Zulassungen oder Genehmigungen im Inland erforderlich sind.

(3) [1] Koordiniert die Abwicklungsbehörde das Verfahren nach Absatz 1, so kann eine inländische Behörde die entsprechende Erlaubnis, Zulassung oder Genehmigung nur mit Zustimmung der Abwicklungsbehörde versagen. [2] Entscheidet eine inländische Behörde nicht innerhalb der von der Abwicklungsbehörde gesetzten Frist, gilt die entsprechende Erlaubnis, Zulassung oder Genehmigung als erteilt. [3] Sie kann nur mit Zustimmung der Abwicklungsbehörde zurückgenommen oder widerrufen werden.

§ 123 Gegenseitige Unterstützung der betroffenen Rechtsträger.

(1) [1] Verbleiben bei dem übertragenden Rechtsträger Gegenstände, auf deren Nutzung oder Mitnutzung der übernehmende Rechtsträger angewiesen ist, um die auf ihn übertragenen Unternehmensteile fortführen zu können, hat der übertragende Rechtsträger dem übernehmenden Rechtsträger die Nutzung oder Mitnutzung gegen ein angemessenes Entgelt zu gestatten, bis der übernehmende Rechtsträger die betroffenen Gegenstände ersetzen kann. [2] Ansprüche nach Satz 1 oder aus einem auf Grund der Verpflichtung nach Satz 1 geschlossenen Vertrag bleiben von einem über das Vermögen des Instituts oder gruppenangehörigen Unternehmens eröffneten Insolvenzverfahren unberührt; der Vertragsschluss und die Erfüllungshandlungen sind nicht anfechtbar.

(2) Werden auf den übernehmenden Rechtsträger Gegenstände übertragen, auf deren Nutzung oder Mitnutzung der übertragende Rechtsträger angewiesen ist, um die bei ihm verbliebenen Unternehmensteile geordnet fortführen oder liquidieren zu können, hat der übernehmende Rechtsträger dem übertragenden Rechtsträger die Nutzung oder Mitnutzung gegen ein angemessenes Entgelt zu gestatten, bis der übertragende Rechtsträger die betroffenen Gegenstände ersetzen kann.

§ 124 Maßnahmen beim übertragenden Rechtsträger. (1) [1] Besteht die Gegenleistung nach § 111 Absatz 2 und 5 in Anteilen am übernehmenden Rechtsträger, so wird das Stimmrecht des übertragenden Rechtsträgers ausgesetzt und geht auf die Abwicklungsbehörde über, bis die Abwicklungsbehörde gemäß § 128 Absatz 4 Satz 1 festgestellt hat, dass der übernehmende Rechtsträger seine Eigenschaft als Brückeninstitut verloren hat, oder anderweitig das Erreichen des jeweiligen Maßnahmenziels beim übernehmenden Rechtsträger festgestellt hat. [2] Im Fall eines Insolvenzverfahrens über das Vermögen des in Abwicklung befindlichen Instituts gilt die Regelung nach Satz 1 auch gegenüber dem Insolvenzverwalter. [3] Die Abwicklungsbehörde ist nicht verpflichtet, solche Stimmrechte wahrzunehmen. [4] Sie haftet nicht für die Wahrnehmung oder Nichtwahrnehmung solcher Stimmrechte.

(2) Besteht die Gegenleistung nach § 111 Absatz 2 und 5 in Anteilen am übernehmenden Rechtsträger, darf der übertragende Rechtsträger nicht ohne vorherige schriftliche Zustimmung der Abwicklungsbehörde über die ihm zustehenden Anteile an dem übernehmenden Rechtsträger verfügen, solange die Abwicklungsbehörde keine Feststellung nach Absatz 1 Satz 1 getroffen hat.

(3) Die Absätze 1 und 2 gelten für die ehemaligen Anteilsinhaber im Sinne von § 111 Absatz 5 Satz 4 entsprechend.

(4) Wird das Instrument der Gläubigerbeteiligung dahingehend angewandt, dass die betroffenen Gläubiger auf Grund einer Umwandlung der ihnen gegenüber bestehenden Verbindlichkeiten gemäß § 90 Nummer 1 Buchstabe c Anteile an einem Brückeninstitut erhalten, gelten die Absätze 1 und 2 für diese Gläubiger entsprechend.

(5) Droht ein Antrag auf Eröffnung eines Insolvenzverfahrens über das Vermögen des übertragenden Rechtsträgers abgewiesen zu werden, weil das Vermögen des übertragenden Rechtsträgers voraussichtlich nicht ausreicht, um die Kosten des Verfahrens zu decken, ist der übernehmende Rechtsträger verpflichtet, den für die Eröffnung des Verfahrens erforderlichen Kostenvorschuss zu leisten.

§ 125 Maßnahmen beim übernehmenden Rechtsträger. (1) [1] Der übernehmende Rechtsträger hat der Abwicklungsbehörde auf Verlangen unverzüglich Auskunft über alle Umstände zu geben, die für die Beurteilung, ob das jeweilige Maßnahmenziel erfüllt ist, erforderlich sind. [2] Soweit dies zur Überprüfung von Angaben nach Satz 1 erforderlich ist, kann die Abwicklungsbehörde die Vorlage von Unterlagen und die Überlassung von Kopien verlangen.

(1a) [1] In den Fällen einer Übertragung nach § 107 Absatz 1 Nummer 1 Buchstabe b und Nummer 2 kann die Abwicklungsbehörde alle Maßnahmen anordnen, die zur wirksamen Ausübung der Kontrolle im Sinne des § 128 Absatz 1 Nummer 2 oder des § 133 Absatz 1 Nummer 2 erforderlich sind. [2] Insbesondere kann die Abwicklungsbehörde den übernehmenden Rechtsträger anweisen, Maßnahmen vorzunehmen oder zu unterlassen, bis die Abwicklungsbehörde gemäß § 128 Absatz 4 Satz 1 festgestellt hat, dass der übernehmende Rechtsträger seine Eigenschaft als Brückeninstitut verloren hat, oder anderweitig das Erreichen des jeweiligen Maßnahmenziels beim übernehmenden Rechtsträger festgestellt hat.

(2) [1] Um eine Abwicklungsanordnung zu ermöglichen oder umzusetzen, gelten für Beschlussfassungen der Anteilsinhaberversammlung des übernehmenden Rechtsträgers über Kapitalmaßnahmen, über die Änderung von Gesellschaftsverträgen oder Satzungen, über den Abschluss oder die Beendigung von Unternehmensverträgen oder über Maßnahmen nach dem Umwandlungsgesetz die §§ 7 bis 7b, 7d, 7e, 8 bis 11, 12 Absatz 1 bis 3, die §§ 14, 15 und 17 bis 19 des Wirtschaftsstabilisierungsbeschleunigungsgesetzes entsprechend, bis die Abwicklungsbehörde festgestellt hat, dass das jeweilige Maßnahmenziel erreicht ist. [2] Dies gilt auch dann, wenn andere private oder öffentliche Stellen Beiträge zum Erreichen der Maßnahmenziele oder zur Beseitigung der Bestandsgefährdung leisten. [3] Zentralbankgeschäfte, die zu üblichen Bedingungen abgeschlossen werden, sind keine Beiträge nach Satz 2.

(3) [1] Ein Beschluss nach Absatz 2 ist unverzüglich zur Eintragung in das Register des Sitzes des übernehmenden Rechtsträgers anzumelden. [2] Er ist, sofern er nicht offensichtlich nichtig ist, unverzüglich in das Register einzutragen. [3] Klagen und Anträge auf Erlass von Entscheidungen gegen den Beschluss oder seine Eintragung stehen der Eintragung nicht entgegen. [4] § 246a Absatz 4 des Aktiengesetzes gilt entsprechend. [5] Die Sätze 1 bis 4 gelten entsprechend für die Beschlussfassungen über die Ausnutzung einer nach Absatz 2 geschaffenen Ermächtigung zur Ausnutzung eines genehmigten Kapitals.

(4) [1] Übt die Abwicklungsbehörde das Stimmrecht des übertragenden Rechtsträgers in Bezug auf eine Maßnahme gemäß Absatz 2 nach § 124 Absatz 1 aus, kann der übertragende Rechtsträger gegen den Beschluss Klage erheben. [2] Die Klage kann im Fall einer Kapitalerhöhung auch daraufgestützt werden, dass der Ausgabebetrag der neuen Anteile unangemessen niedrig ist. [3] Im Fall einer Kapitalherabsetzung kann die Klage auch darauf gestützt werden, dass die Kapitalherabsetzung in dem beschlossenen Umfang nicht dem Ausgleich von Verlusten dient. [4] Im Fall einer Maßnahme nach dem Umwandlungsgesetz kann die Klage auch darauf gestützt werden, dass die dem übertragenden Rechtsträger eingeräumte Gegenleistung oder Abfindung nicht angemessen ist. [5] Ist die Klage begründet, die Maßnahme aber nach Absatz 3 bereits in das Register eingetragen, so soll der dem übertragenden Rechtsträger nach Absatz 3 Satz 4 zustehende Schadensersatzanspruch durch die Ausgabe

von Anteilen erfüllt werden, wenn der dem übernehmenden Rechtsträger entstandene Schaden in einer wirtschaftlichen Verwässerung seiner Beteiligung am übernehmenden Rechtsträger besteht. [6] Die vorstehenden Regelungen gelten entsprechend für die in § 124 Absatz 3 und 4 genannten Anteilsinhaber und Gläubiger.

(5) [1] Sind dem übernehmenden Rechtsträger durch den Restrukturierungsfonds oder auf andere Weise Unterstützungsleistungen zu dem Zweck gewährt worden, eine Bestandsgefährdung zu beseitigen, so kann die Abwicklungsbehörde bis zur Erreichung des jeweiligen Maßnahmenziels

1. Auszahlungen an die Anteilsinhaber des übernehmenden Rechtsträgers untersagen,
2. Auszahlungen an die Inhaber anderer Eigenmittelbestandteile untersagen, die nach den vertraglichen Bestimmungen an die Erreichung festgelegter Kenngrößen geknüpft sind, sofern die einschlägigen Kenngrößen ohne die Unterstützungsleistung nicht erreicht worden wären, oder
3. Auszahlungen an Gläubiger untersagen, solange deren Ansprüche auf Grund einer Nachrangabrede nach einer hypothetischen Rückführung der Unterstützungsleistung nicht zu bedienen wären.

[2] Als Auszahlung im Sinne des Satzes 1 gelten auch die Kündigung oder der Rückerwerb der betroffenen Eigenmittelbestandteile und Schuldtitel sowie bilanzielle Maßnahmen, die zur Folge haben, dass die nach Satz 1 Nummer 2 maßgeblichen Kenngrößen erreicht werden. [3] Wird eine Auszahlung nach Satz 1 Nummer 2 untersagt, gelten die einschlägigen Kenngrößen als nicht erreicht. [4] Satz 1 gilt nicht

1. für Ausschüttungen auf Anteile, die dem Restrukturierungsfonds oder dem Finanzmarktstabilisierungsfonds im Zusammenhang mit einer Unterstützungsleistung gewährt wurden, und
2. für Zahlungen auf Forderungen des Restrukturierungsfonds, die im Zusammenhang mit der staatlichen Unterstützungsleistung entstanden sind.

[5] Absatz 2 Satz 3 gilt entsprechend. [6] Den Unterstützungsleistungen durch den Restrukturierungsfonds steht die für die Beseitigung der Bestandsgefährdung oder zum Erreichen des jeweiligen Maßnahmenziels erforderliche Zuführung von Eigenmitteln oder Liquidität durch private Dritte gleich.

Unterabschnitt 2. Besondere Vorschriften für das Instrument der Unternehmensveräußerung

§ 126 Vermarktungsprozess; Verordnungsermächtigung. (1) [1] Beabsichtigt die Abwicklungsbehörde, im Rahmen einer Abwicklungsanordnung vom Instrument der Unternehmensveräußerung Gebrauch zu machen, leitet sie rechtzeitig vor Erlass der Abwicklungsanordnung einen Vermarktungsprozess ein. [2] Der Vermarktungsprozess bezieht sich auf die Übertragungsgegenstände, welche die Abwicklungsbehörde zu übertragen beabsichtigt. [3] Die Abwicklungsbehörde kann die Übertragungsgegenstände einzeln oder mehrere Übertragungsgegenstände gemeinsam vermarkten.

(2) [1] Der Vermarktungsprozess nach Absatz 1 muss folgende Grundsätze einhalten:

1. er muss unter Berücksichtigung der Umstände des Einzelfalls und der Wahrung der Finanzmarktstabilität offen und so transparent wie möglich sein;

2. er darf nicht diskriminierend sein, so dass weder eine unangemessene Begünstigung noch eine unangemessene Benachteiligung potentieller Erwerber stattfindet und keinem potentiellen Erwerber ein unlauterer Vorteil gewährt wird;
3. Interessenkonflikte sind, soweit möglich, zu vermeiden; § 21 des Verwaltungsverfahrensgesetzes ist entsprechend anzuwenden;
4. es ist der Notwendigkeit einer raschen Durchführung der Abwicklungsmaßnahme Rechnung zu tragen;
5. es ist eine möglichst hohe Gegenleistung für die betroffenen Übertragungsgegenstände anzustreben.

[2] Vorbehaltlich des Satzes 1 Nummer 2 kann die Abwicklungsbehörde gezielt an bestimmte potentielle Erwerber herantreten. [3] Stellt die Vermarktungsabsicht eine Insiderinformation dar, kann eine Veröffentlichung nach Artikel 17 Absatz 1 der Verordnung (EU) Nr. 596/2014 des Europäischen Parlaments und des Rates vom 16. April 2014 über Marktmissbrauch (Marktmissbrauchsverordnung) und zur Aufhebung der Richtlinie 2003/6/EG des Europäischen Parlaments und des Rates und der Richtlinien 2003/124/EG, 2003/125/EG und 2004/72/EG der Kommission (ABl. L 173 vom 12.6.2014, S. 1) in der jeweils geltenden Fassung nach Maßgabe von Artikel 17 Absatz 4 oder Absatz 5 der Verordnung (EU) Nr. 596/2014 aufgeschoben werden. [4] Der Vermarktungsprozess soll nicht vor dem Abschluss einer Bewertung nach § 69 eingeleitet werden, es sei denn, ein Abwarten würde die Verwirklichung der Abwicklungsziele beeinträchtigen.

(3) Abweichend von Absatz 1 kann die Abwicklungsbehörde das Instrument der Unternehmensveräußerung anwenden, ohne einen Vermarktungsprozess durchzuführen, wenn sie zu der Einschätzung gelangt, dass die Einhaltung der Anforderungen an den Vermarktungsprozess wahrscheinlich die Effektivität des Instruments der Unternehmensveräußerung und damit das Erreichen eines oder mehrerer Abwicklungsziele beeinträchtigt.

(4) [1] Weicht der in einem Vermarktungsprozess erzielte positive oder negative Kaufpreis von dem nach § 69 ermittelten Wert ab, so können die Verfahrensbeteiligten oder Dritte daraus keine Rechte ableiten. [2] Insbesondere wird die Entscheidung der Abwicklungsbehörde für die Wahl des Instruments der Unternehmensveräußerung nicht allein auf Grund einer solchen Abweichung ermessensfehlerhaft.

(5)[1)] [1] Das Bundesministerium der Finanzen wird ermächtigt, durch Rechtsverordnung, die nicht der Zustimmung des Bundesrates bedarf, nähere Bestimmungen zu erlassen über die Umstände, unter denen die Abwicklungsbehörde nach Absatz 3 von der Durchführung eines Vermarktungsprozesses absehen kann. [2] Das Bundesministerium der Finanzen kann die Ermächtigung durch Rechtsverordnung auf die Abwicklungsbehörde übertragen.

§ 127 Rückübertragungen. (1) Die Abwicklungsbehörde kann innerhalb von vier Monaten nach dem Wirksamwerden der Übertragung nach § 114 anordnen, dass Gegenstände an die vorherigen Anteilsinhaber oder den übertragenden Rechtsträger zurückübertragen werden (Rückübertragungsanord-

---

[1)] § 126 Abs. 5 ist bereits am 19.12.2014 in Kraft getreten; vgl. Art. 10 Abs. 3 G v. 10.12.2014 (BGBl. I S. 2091).

nung), sofern der übernehmende Rechtsträger in die Rückübertragung einwilligt.

(2) Der von einer Rückübertragungsanordnung betroffene Gegenstand gilt als von Anfang an im Vermögen des übertragenden Rechtsträgers oder des Anteilsinhabers verblieben.

(3) [1]Die Gegenleistung oder Ausgleichsverbindlichkeit nach § 111 ist anzupassen. [2]Die §§ 109 und 113 bis 115 finden entsprechende Anwendung; an die Stelle der in § 115 Absatz 1 Satz 2 genannten Unterlagen tritt eine Ausfertigung der Rückübertragungsanordnung.

(4) [1]Der übernehmende Rechtsträger haftet für Verbindlichkeiten, die von einer Rückübertragungsanordnung betroffen sind, nur in Höhe des Betrags, den der Gläubiger im Rahmen der Abwicklung des übertragenden Rechtsträgers erlöst hätte, wenn die Rückübertragung unterblieben wäre. [2]Die Haftung besteht nur, soweit der Gläubiger vom übertragenden Rechtsträger keine Befriedigung erlangen kann.

Unterabschnitt 3. Besondere Vorschriften für das Instrument der Übertragung auf ein Brückeninstitut

§ 128 Verfassung des Brückeninstituts. (1) Brückeninstitut kann nur ein Rechtsträger sein,

1. dessen Anteile ganz oder teilweise von der Abwicklungsbehörde oder einer anderen öffentlichen Stelle gehalten werden,
2. der von der Abwicklungsbehörde auf Grund gesellschaftsrechtlicher, vertraglicher oder hoheitlicher Einflussmöglichkeiten kontrolliert wird und
3. der als Brückeninstitut für die Zwecke des § 107 Absatz 1 Nummer 1 Buchstabe b gegründet wurde.

(2) [1]Der Einwilligung der Abwicklungsbehörde bedürfen

1. der Gesellschaftsvertrag oder die Satzung, die Anmeldung der Gesellschaft, der Gründungsbericht und die Gründungsprüfung,
2. die Berufung der Geschäftsleiter und der Mitglieder des Aufsichts- oder Verwaltungsorgans des Brückeninstituts,
3. die Festlegung der Zuständigkeiten der jeweiligen Geschäftsleiter sowie die für sie geltenden Vergütungsregelungen und
4. die Geschäftsorganisation im Sinne des § 25a des Kreditwesengesetzes[1)].

[2]Die Abwicklungsbehörde kann die Einwilligung versagen, wenn dies die Erreichung der Abwicklungsziele fördert.

(3) Das Brückeninstitut ist mit dem Ziel zu betreiben,

1. den Zugang zu kritischen Funktionen zu erhalten und
2. innerhalb der gegebenenfalls verlängerten Frist nach Absatz 4 Satz 1 Nummer 3 das Brückeninstitut oder seine Vermögenswerte, Rechte und Verbindlichkeiten unter angemessenen Bedingungen an einen oder mehrere private Erwerber zu veräußern.

(4) [1]Die Abwicklungsbehörde hat festzustellen, dass ein Rechtsträger seine Eigenschaft als Brückeninstitut verliert, wenn

---

[1)] Nr. **9**.

1. die Voraussetzungen nach Absatz 1 Nummer 1 und 2 nicht mehr erfüllt sind,
2. alle oder weitgehend alle Vermögenswerte, Rechte oder Verbindlichkeiten des Brückeninstituts an einen Dritten veräußert werden oder
3. die in den Nummern 1 und 2 genannten Ergebnisse nicht innerhalb von zwei Jahren ab dem Zeitpunkt, zu dem die letzte Übertragung nach § 107 Absatz 1 Nummer 1 Buchstabe b auf das Brückeninstitut erfolgt ist, eintreten.

[2] Die Abwicklungsbehörde kann die Frist nach Satz 1 Nummer 3 auch mehrfach jeweils um ein Jahr verlängern, wenn sie Grund zu der Annahme hat, dass sich durch die Verlängerung eines der in Satz 1 Nummer 1 und 2 genannten Ergebnisse besser erreichen lässt oder wenn eine Verlängerung erforderlich ist, um die Fortführung wesentlicher Bank- oder Finanzdienstleistungen zu gewährleisten. [3] Die Entscheidung nach Satz 2 ist zu begründen und muss eine detaillierte Beurteilung der Lage, einschließlich der Marktbedingungen und -aussichten enthalten, die die Entscheidung rechtfertigen.

(5) [1] Stellt die Abwicklungsbehörde nach Absatz 4 Satz 1 Nummer 2 oder 3 fest, dass ein Rechtsträger seine Eigenschaft als Brückeninstitut verliert, stellt die Abwicklungsbehörde bei Vorliegen eines Insolvenzgrundes unverzüglich einen Antrag auf Eröffnung des Insolvenzverfahrens über das verbleibende Vermögen des Brückeninstituts. [2] § 46b Absatz 1 Satz 4 des Kreditwesengesetzes gilt mit der Maßgabe, dass an die Stelle der Bundesanstalt die Abwicklungsbehörde tritt. [3] Liegt im Fall des Satzes 1 kein Insolvenzgrund vor, veranlasst die Abwicklungsbehörde die Liquidation des Brückeninstituts.

§ 129 Vermarktung oder Liquidation des Brückeninstituts. (1) [1] Sollen die Anteile an dem Brückeninstitut an einen oder mehrere andere Rechtsträger oder sollen die an das Brückeninstitut übertragenen Übertragungsgegenstände an einen oder mehrere andere Rechtsträger veräußert werden, so findet ein Vermarktungsprozess statt, auf den § 126 Absatz 2 Nummer 1, 2 und 5 entsprechend anzuwenden ist. [2] Eine Veräußerung muss einem Drittvergleich unter Berücksichtigung der Umstände des Einzelfalls standhalten und mit den wettbewerbs- und beihilferechtlichen Regelungen vereinbar sein.

(2) [1] Ist eine Vermarktung nach Absatz 1 nicht oder nur zu unverhältnismäßigen wirtschaftlichen Bedingungen zu erreichen, kann die Abwicklungsbehörde von dem Brückeninstitut die Erstellung eines Liquidationsplans verlangen. [2] Aus dem Liquidationsplan muss hervorgehen, dass und aufwelche Weise das von dem Brückeninstitut fortgeführte Unternehmen geordnet abgewickelt oder die übernommenen Gegenstände geordnet liquidiert werden. [3] Die mit der Abwicklungsanordnung verfolgten Abwicklungsziele sind zu beachten.

(3) [1] Die Abwicklungsbehörde kann einen nach Absatz 2 erstellten Liquidationsplan für verbindlich erklären. [2] Die Abwicklungsbehörde ist befugt, alle Maßnahmen zu ergreifen, die zur Durchsetzung eines nach Satz 1 verbindlichen Liquidationsplans erforderlich sind. [3] Insbesondere ist die Abwicklungsbehörde befugt, dem Brückeninstitut Weisungen zu erteilen.

(4) Bieten die Geschäftsleiter des Brückeninstituts keine Gewähr für die ordnungsmäßige Durchführung des Liquidationsplans, kann die Abwicklungs-

behörde nach § 45c des Kreditwesengesetzes[1] die Befugnisse der Geschäftsleiter auf einen Sonderbeauftragten übertragen, der geeignet ist, für die ordnungsmäßige Umsetzung des Liquidationsplans zu sorgen.

(5) [1]Die Geschäftsleiter des Brückeninstituts haften für Vorsatz und grobe Fahrlässigkeit. [2]§ 31 des Bürgerlichen Gesetzbuchs[2] ist auf das Brückeninstitut nicht anzuwenden.

§ 130 Vermögenslage des Brückeninstituts. (1) Wird das Instrument der Übertragung auf ein Brückeninstitut angewendet, stellt die Abwicklungsbehörde sicher, dass der Gesamtwert der auf das Brückeninstitut übertragenen Verbindlichkeiten nicht den Gesamtwert der Rechte und Vermögenswerte übersteigt, die von dem in Abwicklung befindlichen Institut oder gruppenangehörigen Unternehmen übertragen werden oder aus anderen Quellen stammen.

(2) Maßgeblich für die Beurteilung nach Absatz 1 ist der Zeitpunkt des Erlasses der Abwicklungsanordnung.

§ 131 Rück- und Weiterübertragungen. (1) [1]Die Abwicklungsbehörde kann anordnen, dass Gegenstände an die vorherigen Anteilsinhaber oder den übertragenden Rechtsträger zurückübertragen werden, wenn

1. die Möglichkeit einer solchen Rückübertragungsanordnung in der Abwicklungsanordnung in Bezug auf diese Übertragungsgegenstände ausdrücklich vorgesehen ist oder
2. sich herausgestellt hat, dass die betroffenen Gegenstände tatsächlich nicht zu den in der Abwicklungsanordnung genannten Gattungen von übertragenen Gegenständen gehören.

[2]In der Abwicklungsanordnung ist die Möglichkeit einer Rückübertragungsanordnung nach Satz 1 Nummer 1 zu befristen und sind die Voraussetzungen einer Rückübertragung näher zu bestimmen.

(2) [1]Die Abwicklungsbehörde kann anordnen, dass Gegenstände, die nach § 107 Absatz 1 Nummer 1 Buchstabe b auf ein Brückeninstitut übertragen wurden, mit Einwilligung des übernehmenden Rechtsträgers auf einen Dritten übertragen werden (Anschlussübertragungsanordnung). [2]Die Abwicklungsbehörde berücksichtigt dabei bereits getätigte Rechtsgeschäfte sowie die Auswirkungen, die eine Anschlussübertragungsanordnung auf die Situation des Brückeninstituts, insbesondere seine Stellung am Markt, haben kann. [3]Die §§ 109 und 113 bis 115 sind entsprechend anzuwenden; an die Stelle der in § 115 Absatz 1 Satz 2 genannten Unterlagen tritt eine Ausfertigung der Anschlussübertragungsanordnung.

Unterabschnitt 4. Besondere Vorschriften für das Instrument der Übertragung auf eine Vermögensverwaltungsgesellschaft

§ 132[3] Zusätzliche Anwendungsvoraussetzungen; Verordnungsermächtigung. (1) Die Abwicklungsbehörde kann das Instrument der Übertragung auf eine Vermögensverwaltungsgesellschaft nur anwenden, wenn

---

[1] Nr. **9**.
[2] Nr. **24**.
[3] § 132 ist bereits am 19.12.2014 in Kraft getreten; vgl. Art. 10 Abs. 3 G v. 10.12.2014 (BGBl. I S. 2091).

1. eine Verwertung der betreffenden zu übertragenden Übertragungsgegenstände im Rahmen eines Insolvenzverfahrens angesichts der Lage auf dem Markt negative Auswirkungen auf einen Finanzmarkt oder mehrere Finanzmärkte haben könnte,
2. die Übertragung erforderlich ist, um das ordnungsgemäße Funktionieren des in Abwicklung befindlichen Instituts oder des Brückeninstituts sicherzustellen oder
3. die Übertragung erforderlich ist, um die entsprechenden Verwertungserlöse zu maximieren.

(2) [1] Das Bundesministerium der Finanzen wird ermächtigt, durch Rechtsverordnung, die nicht der Zustimmung des Bundesrates bedarf, nähere Bestimmungen darüber zu erlassen, unter welchen Umständen eine Verwertung der Übertragungsgegenstände im Rahmen eines Insolvenzverfahrens negative Auswirkungen auf einen oder mehrere Finanzmärkte im Sinne des Absatzes 1 Nummer 1 haben könnte. [2] Das Bundesministerium der Finanzen kann die Ermächtigung durch Rechtsverordnung auf die Abwicklungsbehörde übertragen.

§ 133 Verfassung der Vermögensverwaltungsgesellschaft. (1) Vermögensverwaltungsgesellschaft kann nur ein Rechtsträger sein,

1. dessen Anteile entweder ganz oder teilweise von der Abwicklungsbehörde oder einer anderen öffentlichen Stelle gehalten werden,
2. der von der Abwicklungsbehörde auf Grund gesellschaftsrechtlicher, vertraglicher oder hoheitlicher Einflussmöglichkeiten kontrolliert wird und
3. der als Vermögensverwaltungsgesellschaft für die Zwecke nach § 107 Absatz 1 Nummer 2 gegründet wurde.

(2) [1] § 128 Absatz 2 ist entsprechend anzuwenden. [2] Ist § 25a des Kreditwesengesetzes[1] auf die Vermögensverwaltungsgesellschaft nicht anzuwenden, so gilt anstelle einer entsprechenden Anwendung der Regelung in § 128 Absatz 2 Nummer 4, dass das Risikomanagement einschließlich der entsprechenden Strategien, die die Vermögensverwaltungsgesellschaft verfolgt, der Einwilligung der Abwicklungsbehörde bedarf.

(3) In der Satzung oder im Gesellschaftsvertrag ist als Gesellschaftszweck zu bestimmen, dass die Vermögensverwaltungsgesellschaft mit der Verwaltung der Übertragungsgegenstände mit dem Ziel betraut ist, die Verwertungserlöse durch Veräußerung oder geordnete Abwicklung zu maximieren.

(4) [1] Nachdem das Instrument der Übertragung auf ein Brückeninstitut angewendet wurde, können Gegenstände vom Brückeninstitut durch Rechtsgeschäft auf eine Vermögensverwaltungsgesellschaft übertragen werden. [2] § 129 Absatz 1 findet entsprechende Anwendung, wobei es keines neuen Vermarktungsprozesses bedarf, wenn

1. die Vermögensverwaltungsgesellschaft am Vermarktungsprozess teilgenommen hat oder
2. die Übertragung auf die Vermögensverwaltungsgesellschaft zu Bedingungen erfolgt, die bei wertender Betrachtung denen des wirtschaftlichsten Gebots entsprechen, das im Rahmen des Vermarktungsprozesses eingegangen ist.

---

[1] Nr. **9**.

(5) [1] Die Geschäftsleiter der Vermögensverwaltungsgesellschaft haften für Vorsatz und grobe Fahrlässigkeit. [2] § 31 des Bürgerlichen Gesetzbuchs[1)] ist auf die Vermögensverwaltungsgesellschaft nicht anzuwenden.

§ 134 Besondere Vorschriften für die Gegenleistung. Werden alle oder einzelne Vermögenswerte, Verbindlichkeiten und Rechtsverhältnisse eines Brückeninstituts auf eine Vermögensverwaltungsgesellschaft übertragen, so richtet sich die Gegenleistung, die dem Brückeninstitut von der Vermögensverwaltungsgesellschaft geschuldet wird, nach der Gegenleistung, die das Brückeninstitut nach Maßgabe von § 111 Absatz 2 geleistet hat oder zu leisten hat; diese soll nicht unterschritten werden.

§ 135 Rückübertragung. § 131 Absatz 1 ist auf die Rückübertragung von Übertragungsgegenständen, die vom übertragenden Rechtsträger auf die Vermögensverwaltungsgesellschaft übertragen wurden, entsprechend anzuwenden.

Abschnitt 3. Abwicklungsanordnung; Vorschriften für das Verfahren; Rechtsformwechsel; Inanspruchnahme von Einlagensicherungssystemen; Schutzbestimmungen

Unterabschnitt 1. Bestimmungen für den Erlass einer Abwicklungsanordnung; sonstige Verfahrensvorschriften; Rechtswirkungen

§ 136 Inhalt der Abwicklungsanordnung. (1) Die Abwicklungsanordnung muss mindestens die folgenden Angaben enthalten:

1. den Namen oder die Firma und den Sitz
   a) des abzuwickelnden Instituts oder gruppenangehörigen Unternehmens und
   b) bei Anwendung eines der Abwicklungsinstrumente nach § 107 des übertragenden Rechtsträgers sowie des übernehmenden Rechtsträgers;
2. Angaben zu den eingesetzten Abwicklungsinstrumenten, insbesondere
   a) die Angabe der übertragenen Gegenstände im Fall des § 107 und
   b) die Angabe der betroffenen Kapitalinstrumente und Verbindlichkeiten in den Fällen der §§ 89 und 90;

   eine gattungsmäßige Bezeichnung reicht jeweils aus;
3. den Abwicklungsstichtag;
4. Angaben zum Vorliegen der Voraussetzungen des § 109;
5. sofern einschlägig, Angaben zur Gegenleistung oder Ausgleichsverbindlichkeit nach § 111;
6. sofern bereits bekannt, Angaben nach § 142;
7. Vorbehalte einer Rückübertragung nach den §§ 131 und 135.

(2) [1] Sieht die Abwicklungsanordnung vor, dass dem Institut oder dem gruppenangehörigen Unternehmen als Gegenleistung Anteile am übernehmenden Rechtsträger zu gewähren sind, muss sie folgende Angaben enthalten:

1. Angaben zur Ausstattung und zur Anzahl der zu gewährenden Anteile am übernehmenden Rechtsträger;

[1)] Nr. **24**.

2. Angaben zur Bestimmung des Werts der Gesamtheit der Übertragungsgegenstände zum Zeitpunkt des § 114, insbesondere hinsichtlich der Bestimmung von Ausstattung und Anzahl der als Gegenleistung gewährten Anteile, und
3. Angaben zu den Methoden und den Annahmen, die der Bestimmung des Werts nach Nummer 2 zugrunde gelegt wurden.

[2] Besteht die Gegenleistung aus Schuldtiteln des übernehmenden Rechtsträgers, gilt Satz 1 entsprechend. [3] Besteht die Gegenleistung aus einer Geldleistung, ist anstelle der Angaben nach Satz 1 der Umfang der zu gewährenden Geldleistung anzugeben. [4] Ist eine Ausgleichsverbindlichkeit vorgesehen, ist anstelle der Angaben nach Satz 1 der Betrag des Ausgleichs anzugeben. [5] Wird eine vorläufige Gegenleistung oder Ausgleichsverbindlichkeit festgesetzt, ist anstelle der Angaben nach Satz 1 Nummer 2 und 3 auf die Vorläufigkeit und auf das Verfahren zur Bestimmung der endgültigen Gegenleistung oder Ausgleichsverbindlichkeit hinzuweisen.

(3) Sieht die Abwicklungsanordnung die Anwendung des Instruments der Beteiligung der Inhaber relevanter Kapitalinstrumente oder des Instruments der Gläubigerbeteiligung vor, muss sie mindestens folgende Angaben enthalten:

1. Angaben zu der Anwendung der Instrumente auf die Anteilsinhaber und Inhaber von anderen Instrumenten des harten Kernkapitals;
2. Angaben zu der prozentualen Höhe der Herabschreibung von Inhabern von relevanten Kapitalinstrumenten;
3. Angaben zu der prozentualen Höhe der Herabschreibung von berücksichtigungsfähigen Verbindlichkeiten, gruppiert nach Kategorien von Verbindlichkeiten;
4. Angaben zu der Umwandlung von berücksichtigungsfähigen Verbindlichkeiten und von relevanten Kapitalinstrumenten;
5. Angaben zu den Anteilsinhabern und den Inhabern von anderen Instrumenten des harten Kernkapitals nach Ausübung des Instruments der Gläubigerbeteiligung.

(4) [1] Wenn die Abwicklungsanordnung gesellschaftsrechtliche Maßnahmen enthält, die eintragungspflichtig sind, sind diese im Verwaltungsakt gesondert aufzuführen. [2] Soweit in § 115 Absatz 2 und 4 nichts Abweichendes geregelt ist, ist die Abwicklungsbehörde berechtigt, die erforderlichen Eintragungen beim Registergericht zu beantragen. [3] Die Eintragung ist für die Wirksamkeit der Maßnahmen nicht konstitutiv.

§ 137 Erlass und Bekanntgabe der Abwicklungsanordnung. (1) [1] Die Abwicklungsanordnung ergeht als Allgemeinverfügung. [2] Einer gesonderten Bekanntgabe an die Beteiligten bedarf es genauso wenig wie einer gesonderten Zuleitung an den zuständigen Betriebsrat.

(2) Die Abwicklungsanordnung ist nach Erlass unverzüglich nach Maßgabe des § 140 Absatz 4 zu veröffentlichen.

(3) Die Veröffentlichung enthält auch Angaben zur Einwilligungserklärung des übernehmenden Rechtsträgers und zu den Kapitalerhöhungsbeschlüssen nach § 109.

§ 137a *(aufgehoben)*

§ 138 Mitteilungspflichten bei einer Bestandsgefährdung. (1) Im Fall einer Bestandsgefährdung oder einer drohenden Bestandsgefährdung eines Instituts oder eines gruppenangehörigen Unternehmens informiert die Geschäftsleitung des Instituts oder des übergeordneten Unternehmens der Gruppe sowie des bestandsgefährdeten gruppenangehörigen Unternehmens unverzüglich die Aufsichtsbehörde und die Abwicklungsbehörde.

(2) Die Aufsichtsbehörde unterrichtet die Abwicklungsbehörde unverzüglich und vollumfänglich über alle Krisenpräventionsmaßnahmen und alle bankaufsichtlichen Maßnahmen, die sie gegenüber einem Institut oder gruppenangehörigen Unternehmen vornimmt.

(3) [1] Gelangt die Aufsichtsbehörde oder die Abwicklungsbehörde zu der Einschätzung, dass eine Bestandsgefährdung eines Instituts oder gruppenangehörigen Unternehmens vorliegt, informiert sie die jeweils andere Behörde unverzüglich hierüber. [2] Darüber hinaus informieren die Aufsichtsbehörde und die Abwicklungsbehörde unverzüglich die folgenden Stellen:

1. das Bundesministerium der Finanzen,
2. die Deutsche Bundesbank,
3. die Bundesanstalt für Finanzdienstleistungsaufsicht,
4. das betroffene Einlagensicherungssystem,
5. die Aufsichtsbehörden, die für die betroffenen gruppenangehörigen Unternehmen und Zweigstellen zuständig sind, einschließlich der konsolidierenden Aufsichtsbehörde,
6. die Abwicklungsbehörden, die für die betroffenen gruppenangehörigen Unternehmen und Zweigstellen zuständig sind, einschließlich der Abwicklungsbehörde des Staates, in dem die konsolidierende Aufsichtsbehörde ihren Sitz hat,
7. den Ausschuss für Finanzstabilität und
8. den Europäischen Ausschuss für Systemrisiken.

(4) [1] Besteht die Gefahr, dass bei einer Informationsweitergabe an eine Stelle im Sinne des Absatzes 3 Satz 2 die Abwicklungsziele verfehlt werden könnten, kann die Abwicklungsbehörde von einer Information dieser Stelle absehen oder anonymisierte oder aggregierte Angaben zum bestandsgefährdeten Institut oder zu bestandsgefährdeten gruppenangehörigen Unternehmen machen. [2] Unbenommen der Regelungen der §§ 167 bis 171 gilt Satz 1 gegenüber Aufsichtsbehörden und Abwicklungsbehörden in einem Drittstaat entsprechend, sofern es sich nicht um den Drittstaat handelt, in dem das konsolidierungspflichtige übergeordnete Unternehmen seinen Sitz hat.

§ 139 Entscheidung der Abwicklungsbehörde. (1) [1] Erhält die Abwicklungsbehörde von einer anderen Stelle Kenntnis von einer möglichen Bestandsgefährdung, prüft sie unverzüglich, ob die Voraussetzungen einer Bestandsgefährdung vorliegen. [2] Erhält die Abwicklungsbehörde die Kenntnis von einer möglichen Bestandsgefährdung von einer Stelle im Sinne des § 138 Absatz 3 Satz 2 Nummer 1 bis 4, ist diese Stelle verpflichtet, der Abwicklungsbehörde umfassend und unverzüglich alle Auskünfte zu der möglichen Bestandsgefährdung zu erteilen.

(2) Die Abwicklungsbehörde dokumentiert das Ergebnis und die wesentlichen Erwägungen zu der Prüfung im Sinne des Absatzes 1 sowie das geplante weitere Vorgehen.

§ 140 Verfahrenspflichten der Abwicklungsbehörde. (1) [1]Vor der Vornahme einer Abwicklungsmaßnahme informiert die Abwicklungsbehörde

1. das Bundesministerium der Finanzen und
2. das betroffene Einlagensicherungssystem.

[2]Die Abwicklungsbehörde erlässt Abwicklungsmaßnahmen mit unmittelbaren finanziellen Auswirkungen oder systemischen Auswirkungen nur mit Zustimmung des Bundesministeriums der Finanzen.

(2) Die Abwicklungsbehörde informiert die folgenden Stellen über die Vornahme einer Abwicklungsmaßnahme:

1. die Deutsche Bundesbank,
2. die Bundesanstalt für Finanzdienstleistungsaufsicht,
3. die Aufsichtsbehörden, die für die betroffenen gruppenangehörigen Unternehmen und Zweigstellen zuständig sind, einschließlich der konsolidierenden Aufsichtsbehörde,
4. die Abwicklungsbehörden, die für die betroffenen gruppenangehörigen Unternehmen und Zweigstellen zuständig sind, einschließlich der Abwicklungsbehörde des Staates, in dem die konsolidierende Aufsichtsbehörde ihren Sitz hat,
5. den Ausschuss für Finanzstabilität,
6. den Europäischen Ausschuss für Systemrisiken,
7. die Kommission, die Europäische Zentralbank, die Europäische Wertpapier- und Marktaufsichtsbehörde, die Europäische Aufsichtsbehörde für das Versicherungswesen und die betriebliche Altersvorsorge und die Europäische Bankenaufsichtsbehörde sowie
8. die Systembetreiber eines Systems im Sinne des § 1 Absatz 16 des Kreditwesengesetzes[1)], bei dem das betroffene Institut oder gruppenangehörige Unternehmen Teilnehmer ist.

(3) Eine Mitteilung über die Vornahme einer Abwicklungsmaßnahme im Sinne des Absatzes 1 enthält eine Abschrift der Abwicklungsanordnung und nennt das Datum, ab dem die Abwicklungsmaßnahme wirksam wird.

(4) Die Abwicklungsbehörde und die Aufsichtsbehörde veröffentlichen auf ihrer Internetseite die Abwicklungsanordnung oder eine Bekanntmachung, in der die Auswirkungen der Abwicklungsmaßnahme, insbesondere in Bezug auf die Einleger, und etwaige Anordnungen nach den §§ 82 bis 84 zusammengefasst werden.

(5) [1]Die Abwicklungsbehörde informiert auch das in Abwicklung befindliche Institut oder gruppenangehörige Unternehmen sowie das übergeordnete Unternehmen der Gruppe. [2]Absatz 3 gilt entsprechend. [3]Die nach Absatz 4 zu veröffentlichenden Informationen gelten als zu veröffentlichende Insiderinformationen im Sinne des Artikels 17 der Verordnung (EU) Nr. 596/2014.

[1)] Nr. **9**.

(6) Die Abwicklungsbehörde veröffentlicht auf ihrer Internetseite und im Bundesanzeiger, dass die Abwicklungsmaßnahmen beendet sind.

§ 141 Insolvenzfestigkeit von Abwicklungsmaßnahmen, Anfechtbarkeit. Ein Insolvenzverfahren über das Vermögen des Instituts oder des gruppenangehörigen Unternehmens lässt die Anwendung eines Abwicklungsinstruments und die Ausübung von Abwicklungsbefugnissen und deren jeweilige Rechtswirkungen unberührt; eine Anfechtung ist weder innerhalb noch außerhalb eines solchen Insolvenzverfahrens möglich.

§ 142 Abzugsmöglichkeit. Die Abwicklungsbehörde kann anordnen, dass Gebühren und Auslagen nach dem Bundesgebührengesetz sowie Kostenerstattungen nach § 15 Absatz 1 Satz 1 Nummer 11 des Finanzdienstleistungsaufsichtsgesetzes[1)] vorweg durch Abzug von den folgenden Positionen beglichen werden:

1. von einer Gegenleistung, die der übernehmende Rechtsträger nach § 111 Absatz 2 schuldet oder
2. von Erlösen im Zusammenhang mit der Abwicklung eines Brückeninstituts oder einer Vermögensverwaltungsgesellschaft.

§ 143 Schadensersatzansprüche gegen Organmitglieder und ehemalige Organmitglieder. [1] Die Abwicklungsbehörde soll bei dem Institut oder dem gruppenangehörigen Unternehmen einen Sonderprüfer einsetzen, um zu prüfen, ob Schadensersatzansprüche gegen Organmitglieder oder ehemalige Organmitglieder wegen der Verletzung von Sorgfaltspflichten bestehen. [2] § 45c Absatz 6 des Kreditwesengesetzes[2)] sowie die §§ 144 und 145 des Aktiengesetzes gelten entsprechend.

§ 144 Ausschluss bestimmter vertraglicher Bedingungen bei frühzeitigem Eingreifen und bei der Abwicklung. (1) [1] Eine Krisenpräventionsmaßnahme oder eine Krisenmanagementmaßnahme, einschließlich eines unmittelbar mit der Anwendung einer solchen Maßnahme verbundenen Ereignisses, gelten in Bezug auf das Institut oder die Gruppe und alle gruppenangehörigen Unternehmen nicht als Verwertungs- oder Beendigungsfall im Sinne der Richtlinie 2002/47/EG des Europäischen Parlaments und des Rates oder als Insolvenzverfahren im Sinne der Richtlinie 98/26/EG des Europäischen Parlaments und des Rates, wenn die Hauptleistungspflichten aus dem Vertrag, einschließlich Zahlungs- und Leistungsverpflichtungen, und die Pflicht zur Stellung von Sicherheiten weiterhin erfüllt werden. [2] Eine Aussetzung oder Beschränkung gemäß den §§ 66a und 82 bis 84 stellt keine Nichterfüllung von vertraglichen Hauptleistungspflichten dar.

(2) Wird ein Drittstaatsabwicklungsverfahren gemäß § 169 anerkannt, so gilt dieses Verfahren für die Zwecke dieser Vorschrift als Krisenmanagementmaßnahme.

(3) [1] Eine Krisenpräventionsmaßnahme, eine Maßnahme nach § 66a oder eine Krisenmanagementmaßnahme, einschließlich eines unmittelbar mit der

---

1) Nr. 8.
2) Nr. 9.

Anwendung einer solchen Maßnahme verbundenen Ereignisses, berechtigen nicht dazu,

1. Kündigungs-, Aussetzungs-, Änderungs-, Zurückbehaltungs-, Verrechnungs- oder Aufrechnungsrechte gegenüber einem Institut oder gruppenangehörigen Unternehmen auszuüben,
2. Eigentum des betreffenden Instituts oder gruppenangehörigen Unternehmens zu erlangen, Kontrolle darüber auszuüben oder Ansprüche aus einer Sicherheit geltend zu machen und
3. etwaige vertragliche Rechte des betreffenden Instituts oder gruppenangehörigen Unternehmens zu beeinträchtigen.

[2] Dies gilt nur, wenn die Hauptleistungspflichten aus dem Vertrag, einschließlich Zahlungs- und Leistungspflichten, und die Pflicht zur Stellung von Sicherheiten weiterhin erfüllt werden. [3] Absatz 1 Satz 2 gilt entsprechend.

(4) Die in Absatz 3 Satz 1 genannten Rechte können ausgeübt werden, wenn die Rechte auf Grund eines anderen Ereignisses als einer Krisenpräventionsmaßnahme, einer Krisenmanagementmaßnahme oder einem unmittelbar mit der Anwendung einer solchen Maßnahme verbundenen Ereignis entstanden sind.

(5) Aus Vereinbarungen, die den Regelungen der Absätze 1 und 3 zuwiderlaufen, können keine Rechte hergeleitet werden.

Unterabschnitt 2. Inanspruchnahme von Einlagensicherungssystemen

§ 145 Inanspruchnahme von Einlagensicherungssystemen im Rahmen einer Abwicklung. (1) Für den Fall, dass für ein Institut oder für ein gruppenangehöriges Unternehmen eine Abwicklungsmaßnahme durchgeführt wird und dadurch sichergestellt wird, dass die Einleger dieses Instituts oder dieses gruppenangehörigen Unternehmens weiterhin auf ihre Einlagen zugreifen können, haftet das Einlagensicherungssystem, dem das Institut oder das gruppenangehörige Unternehmen angehört,

1. für den Fall, dass das Instrument der Gläubigerbeteiligung angewendet wird: für den Betrag, um den die gedeckten Einlagen herabgeschrieben worden wären, um die Verluste des Instituts oder des gruppenangehörigen Unternehmens gemäß § 78 Absatz 1 Nummer 1 auszugleichen, wenn die gedeckten Einlagen nicht vom Anwendungsbereich des Instruments der Gläubigerbeteiligung ausgenommen wären und daher im gleichen Umfang herabgeschrieben worden wären, oder
2. für den Fall, dass ein anderes oder mehrere andere Abwicklungsinstrumente als das Instrument der Gläubigerbeteiligung angewendet werden: für den Betrag der Verluste, den die Inhaber gedeckter Einlagen im Zuge der Anwendung dieser Instrumente erlitten hätten.

(2) Das Einlagensicherungssystem haftet nach Absatz 1 nicht über den Betrag der Verluste hinaus, den es hätte tragen müssen, wenn über das Vermögen des Instituts oder des gruppenangehörigen Unternehmens ein Insolvenzverfahren eröffnet und durchgeführt worden wäre.

(3) Wird das Instrument der Gläubigerbeteiligung angewendet, so muss das Einlagensicherungssystem keinen Beitrag zur Wiederherstellung der Quote für das harte Kernkapital gemäß § 96 Absatz 1 Nummer 2 leisten.

(4) [1]Die Festlegung des Betrags, für den das Einlagensicherungssystem nach Absatz 1 haftet, erfolgt auf Grundlage einer Bewertung nach § 69 dieses Gesetzes. [2]In Höhe dieses Betrags zahlt das Einlagensicherungssystem einen Beitrag in bar.

(5) Werden entschädigungsfähige Einlagen bei einem in Abwicklung befindlichen Institut oder gruppenangehörigen Unternehmen durch Anwendung des Instruments der Unternehmensveräußerung oder des Instruments der Übertragung auf ein Brückeninstitut auf einen anderen Rechtsträger übertragen, hat der betroffene Einleger keinen Entschädigungsanspruch nach § 5 Absatz 1 des Einlagensicherunggesetzes[1)] gegenüber dem Einlagensicherungssystem in Bezug auf den Teil seiner Einlage, der nicht übertragen wird, wenn der Betrag der übertragenen Einlage die Deckungsgrenze nach § 8 des Einlagensicherungsgesetzes[2)] erreicht oder überschreitet.

(6) Die Haftung des Einlagensicherungssystems ist auf die Hälfte der Zielausstattung gemäß Artikel 10 der Richtlinie 2014/49/EU des Europäischen Parlaments und des Rates vom 16. April 2014 über Einlagensicherungssysteme (ABl. L 173 vom 12.6.2014, S. 149) beschränkt.

Unterabschnitt 3. Ausgleichszahlung für benachteiligte Anteilsinhaber, Gläubiger und Einlagensicherungssysteme; Schutzbestimmungen

§ 146 Vergleich mit dem Ausgang eines hypothetischen Insolvenzverfahrens; Verordnungsermächtigung. (1) [1]Die Abwicklungsbehörde hat unverzüglich nach Durchführung einer oder mehrerer Abwicklungsmaßnahmen durch einen unabhängigen, sachverständigen Prüfer ermitteln zu lassen, ob und in welchem Umfang Anteilsinhaber und Gläubiger durch die Anordnung und Durchführung der Abwicklungsmaßnahmen im Vergleich zu der Situation, die sich bei Eröffnung und Durchführung eines Insolvenzverfahrens über das Vermögen des Instituts eingestellt hätte, benachteiligt worden sind. [2]Diese Bewertung erfolgt inhaltlich getrennt von der Bewertung nach § 69.

(2) [1]Der Prüfer wird auf Antrag der Abwicklungsbehörde vom Gericht ausgewählt und bestellt. [2]§ 10 Absatz 1 Satz 3, Absatz 3 und 4 und § 11 des Umwandlungsgesetzes gelten entsprechend. [3]Zuständig ist das Landgericht, in dessen Bezirk sich der Sitz der Abwicklungsbehörde befindet. [4]Die Auswahl und Bestellung durch das Landgericht soll spätestens innerhalb von fünf Werktagen nach Antragstellung erfolgen. [5]Über eine Beschwerde soll das Oberlandesgericht innerhalb von fünf Werktagen entscheiden.

(3) Bei der Bewertung nach Absatz 1 ist festzustellen,

1. welche Befriedigungsquoten die Anteilsinhaber und Gläubiger zu erwarten gehabt hätten, wenn für das in Abwicklung befindliche Institut oder das gruppenangehörige Unternehmen zum Zeitpunkt des § 138 Absatz 3 Satz 1 ein Insolvenzverfahren eröffnet worden wäre,
2. welche Ergebnisse die Anteilsinhaber und Gläubiger des Instituts oder gruppenangehörigen Unternehmens im Rahmen der Abwicklung tatsächlich erzielt haben und
3. ob und gegebenenfalls welche Unterschiede zwischen der hypothetischen Behandlung der Anteilsinhaber und Gläubiger gemäß Nummer 1 und der

---

1) Nr. **15**.
2) Nr. **14**.

tatsächlichen Behandlung der Anteilsinhaber und Gläubiger gemäß Nummer 2 bestehen.

(4) Die Bewertung nach Absatz 1 hat unter der Annahme zu erfolgen, dass

1. für das in Abwicklung befindliche Institut oder gruppenangehörige Unternehmen zum Zeitpunkt des § 138 Absatz 3 Satz 1 ein Insolvenzverfahren eröffnet wurde;
2. keine Abwicklungsmaßnahmen vorgenommen wurden;
3. keine außerordentliche finanzielle Unterstützung des in Abwicklung befindlichen Instituts oder gruppenangehörigen Unternehmens aus öffentlichen Mitteln erfolgt.

(5) Der Prüfer hat der Abwicklungsbehörde schriftlich über das Ergebnis seiner Prüfung zu berichten.

(6)[1)] [1] Für den Zeitraum bis zum Inkrafttreten der technischen Regulierungsstandards gemäß Artikel 74 Absatz 4 der Richtlinie 2014/59/EU wird das Bundesministerium der Finanzen ermächtigt, durch Rechtsverordnung, die nicht der Zustimmung des Bundesrates bedarf, nähere Bestimmungen über die Methode der Bewertung nach den Absätzen 1 bis 3 zu erlassen. [2] Das Bundesministerium der Finanzen kann die Ermächtigung durch Rechtsverordnung auf die Abwicklungsbehörde übertragen.

§ 147 Schutzbestimmungen für Anteilsinhaber und Gläubiger. [1] Führt die Bewertung gemäß § 146 zu dem Ergebnis, dass die von einem Anteilsinhaber, Gläubiger oder Einlagensicherungssystem im Sinne des § 145 Absatz 1 infolge einer Abwicklungsmaßnahme erlittenen Verluste die Verluste übersteigen, welche sie bei Unterbleiben der Maßnahme im Rahmen eines Insolvenzverfahrens erlitten hätten, steht ihnen gegen den Restrukturierungsfonds ein Anspruch auf Ausgleich in Höhe des Differenzbetrags nach Maßgabe von § 8 des Restrukturierungsfondsgesetzes zu. [2] Entsprechendes gilt für Eingriffe in Verträge nach § 79 Absatz 5.

§ 148 Schutzbestimmungen für Sozialpläne. Ansprüche aus einem Sozialplan, der nach dem Zeitpunkt des § 138 Absatz 3 Satz 1 aufgestellt wird, sind vom Anwendungsbereich des Instruments der Gläubigerbeteiligung ausgenommen, soweit sie im hypothetischen Insolvenzfall mit überwiegender Wahrscheinlichkeit in einem Sozialplan nach § 123 Absatz 1 der Insolvenzordnung enthalten gewesen und als Masseverbindlichkeiten nach § 123 Absatz 2 der Insolvenzordnung beglichen worden wären.

Unterabschnitt 4. Rechtsformwechsel

§ 149 Anordnung eines Rechtsformwechsels. (1) [1] Die Anordnung eines Formwechsels muss folgende Bestimmungen enthalten:

1. die Angabe, dass das Institut oder gruppenangehörige Unternehmen durch den Formwechsel die Rechtsform einer Aktiengesellschaft erlangt;
2. die Firma des Rechtsträgers neuer Rechtsform mit dem Zusatz „Aktiengesellschaft auf Anordnung“;

[1)] § 146 Abs. 6 tritt an dem Tag außer Kraft, an dem die technischen Regulierungsstandards gemäß Art. 74 Absatz 4 der Richtlinie 2014/59/EU des Europäischen Parlaments und des Rates vom 15. Mai 2014 in Kraft treten; vgl. Art. 10 Abs. 3 G v. 10.12.2014 (BGBl. I S. 2091).

3. die vorläufige Satzung des Rechtsträgers neuer Rechtsform;
4. die vorläufigen Mitglieder des Vorstands sowie Art und Umfang ihrer Vertretungsbefugnis;
5. die vorläufigen Mitglieder des Aufsichtsrats;
6. Angaben zu Zahl, Art und Umfang der Anteile, welche die bisherigen Anteilsinhaber durch den Formwechsel erlangen;
7. Angaben zu den Rechten, die den Inhabern besonderer Rechte wie Anteile ohne Stimmrecht, Vorzugsaktien, Mehrstimmrechtsaktien, Schuldverschreibungen und Genussrechte in dem Rechtsträger gewährt werden.

[2] Die Anteile und Rechte nach Satz 1 Nummer 4 und 6 entsprechen den bisherigen Berechtigungen, sofern sie nicht Veränderungen auf Grund der Anwendung der Abwicklungsinstrumente Rechnung tragen.

(2) [1] Der Formwechsel wird mit der öffentlichen Bekanntgabe der Abwicklungsanordnung nach § 137 wirksam. [2] Die Bekanntgabe der Anordnung hat insbesondere folgende Wirkungen:

1. der formwechselnde Rechtsträger besteht in der neuen Rechtsform weiter;
2. die Anteilsinhaber des formwechselnden Rechtsträgers sind an dem Rechtsträger nach den für die neue Rechtsform geltenden Vorschriften beteiligt;
3. die Inhaber besonderer Rechte wie Anteile ohne Stimmrecht, Vorzugsaktien, Mehrstimmrechtsaktien, Schuldverschreibungen und Genussrechte haben einen Anspruch auf Gewährung gleichwertiger Rechte gegenüber dem Rechtsträger neuer Rechtsform;
4. Rechte Dritter an den Anteilen oder Mitgliedschaften des formwechselnden Rechtsträgers bestehen als Rechte an den an ihre Stelle tretenden Anteilen des Rechtsträgers neuer Rechtsform weiter; insbesondere besteht die Mitgliedschaft des formwechselnden Rechtsträgers in Einlagensicherungssystemen fort und kann seitens der Einlagensicherungssysteme nicht infolge des Formwechsels beendet werden.

[3] Die Befugnisse nach diesem Gesetz zur Beschränkung von Anteilen oder von sonstigen Rechten am formwechselnden Rechtsträger bleiben unberührt. [4] Ihre Ausübung kann mit der Anordnung des Formwechsels verbunden werden. [5] Der Formwechsel berührt nicht die zum Zeitpunkt des Formwechsels fälligen Ansprüche der Gläubiger des formwechselnden Instituts oder gruppenangehörigen Unternehmens gegen einen seiner Gesellschafter aus Verbindlichkeiten des formwechselnden Instituts oder gruppenangehörigen Unternehmens, für die dieser zum Zeitpunkt des Formwechsels persönlich haftet.

(3) [1] Der Formwechsel und die sonstigen mit der Anordnung verbundenen eintragungspflichtigen Tatsachen und Rechtsverhältnisse sind unter Bezugnahme auf die Anordnung gemäß Absatz 1 in die entsprechenden Register einzutragen. [2] Die Abwicklungsbehörde hat dem Registergericht für die Eintragung unverzüglich die Anordnung gemäß Absatz 1 einzureichen.

(4) Die Vorschriften des Aktiengesetzes sind auf den Rechtsträger neuer Rechtsform anzuwenden, soweit Regelungen dieses Gesetzes nicht entgegenstehen.

(5) [1] Der vorläufige Vorstand hat nach Maßgabe der für die neue Rechtsform geltenden Gründungsvorschriften unverzüglich die erforderlichen Maßnahmen für die Gründung einzuleiten und bei dem Handelsregister anzumelden, soweit sich nicht aus der Anordnung gemäß Absatz 1 etwas anderes ergibt. [2] Liegen die

gesetzlichen Voraussetzungen für die Eintragung der Aktiengesellschaft vor, löscht das Registergericht den Zusatz „auf Anordnung" in der Firma der Aktiengesellschaft. [3] Der angeordnete Formwechsel bleibt unabhängig von der Anmeldung oder Eintragung wirksam.

Unterabschnitt 5. *(aufgehoben)*

Teil 5. Sondervorschriften für zentrale Gegenparteien

[§ 152a bis 11.8.2022:]

§ 152a Anwendungsbereich. (1) Die Vorschriften dieses Teils gelten für zentrale Gegenparteien, die ein Unternehmen im Sinne des Artikels 2 Nummer 1 der Verordnung (EU) Nr. 648/2012 sind, und ihren Sitz im Inland haben.

(2) [1] Handelt es sich bei der zentralen Gegenpartei um ein Kreditinstitut, eine Wertpapierfirma oder ein Unternehmen im Sinne des § 1 oder um eine inländische Unionszweigestelle, kommen die Vorschriften dieses Teils ergänzend zur Anwendung. [2] Für zentrale Gegenparteien, die ausschließlich über eine Erlaubnis verfügen, die Tätigkeit einer zentralen Gegenpartei im Sinne des § 1 Absatz 1 Satz 2 Nummer 12 des Kreditwesengesetzes[1)] auszuüben, gelten vorbehaltlich dieses Teils die übrigen Bestimmungen dieses Gesetzes so, als seien diese zentralen Gegenparteien ein Kreditinstitut, eine Wertpapierfirma oder ein Unternehmen im Sinne des § 1 oder eine inländische Unionszweigstelle. [3] § 2 Absatz 9a des Kreditwesengesetzes bleibt unberührt.

(3) Für zentrale Gegenparteien nach Absatz 2 Satz 2 gelten § 19 Absatz 2 und § 41 Absatz 2 mit der Maßgabe, dass auch die Besonderheiten der Geschäftsaktivitäten einer zentralen Gegenpartei zu berücksichtigen sind.

[§ 152a ab 12.8.2022:]

§ 152a Anwendungsbereich. *Die Vorschriften dieses Teils finden ausschließlich Anwendung auf zentrale Gegenparteien, die ein Unternehmen im Sinne des Artikels 2 Nummer 1 der Verordnung (EU) Nr. 648/2012 sind und ihren Sitz im Inland haben.*

[§§ 152b–152d bis 11.8.2022:]

§§ 152b–152d *(aufgehoben)*

[§ 152b ab 12.8.2022:]

§ 152b Zuständigkeit. *(1) Die Bundesanstalt ist zuständige Abwicklungsbehörde im Sinne von Artikel 3 Absatz 1 der Verordnung (EU) 2021/23 des Europäischen Parlaments und des Rates vom 16. Dezember 2020 über einen Rahmen für die Sanierung und Abwicklung zentraler Gegenparteien und zur Änderung der Verordnungen (EU) Nr. 1095/2010, (EU) Nr. 648/2012, (EU) Nr. 600/2014, (EU) Nr. 806/2014 und (EU) 2015/2365 sowie der Richtlinien 2002/47/EG, 2004/25/EG, 2007/36/EG, 2014/59/EU und (EU) 2017/1132 (ABl. L 22 vom 22.1.2021, S. 1).*

(2) Das Bundesministerium der Finanzen ist zuständiges Ministerium im Sinne von Artikel 3 Absatz 8 der Verordnung (EU) 2021/23.

---

1) Nr. **9**.

(3) [1] Die Bundesanstalt übt ihre Zuständigkeit für die Sanierung und Abwicklung von zentralen Gegenparteien nach den Vorschriften von Teil 5 dieses Gesetzes, den dazu erlassenen Rechtsverordnungen, der Verordnung (EU) 2021/23 sowie den auf ihrer Grundlage erlassenen Rechtsakten aus. [2] Die Deutsche Bundesbank ist abweichend von § 1 Absatz 1 Satz 2 in entsprechender Anwendung von § 12 Absatz 3 Satz 3, Absatz 4 Satz 1 und 5 sowie § 15 Absatz 2 Satz 1 in die Sanierungsplanung einzubeziehen.

(4) Bei Abwicklungsmaßnahmen wird die Abwicklungsbehörde den Betriebsrat der zentralen Gegenpartei informieren, soweit dies ohne Beeinträchtigung der Abwicklungsziele möglich ist.

[§ 152c ab 12.8.2022:]

§ 152c Unabhängiger Prüfer. *(1) Die für die Durchführung einer abschließenden Bewertung erforderliche Unabhängigkeit des Prüfers wird nicht dadurch ausgeschlossen, dass der Prüfer bereits an der vorläufigen Bewertung der Vermögenswerte und Verbindlichkeiten der zentralen Gegenpartei durch die Abwicklungsbehörde beteiligt war.*

(2) [1] Der Prüfer wird von der Abwicklungsbehörde bestellt. [2] Er erhält eine angemessene Vergütung, deren Höhe von der Abwicklungsbehörde festgesetzt wird, und seine notwendigen Auslagen ersetzt. [3] Die Anforderungen an die Unabhängigkeit des Prüfers bestimmen sich nach den Artikeln 37 bis 41 der Verordnung (EU) 2016/1075.

[§ 152d ab 12.8.2022:]

§ 152d Abwicklungsinstrumente, Anordnungsbefugnis. *(1) Die Abwicklungsbehörde kann von der zentralen Gegenpartei verlangen, die Positionszuweisungs- und Verlustzuweisungsinstrumente nach den Artikeln 29 bis 31 der Verordnung (EU) 2021/23 in ihre Betriebsvorschriften aufzunehmen.*

(2) Die Bundesanstalt kann gegenüber einer zentralen Gegenpartei im Einzelfall Anordnungen treffen, die geeignet und erforderlich sind, die Einhaltung der Verordnung (EU) 2021/23 sicherzustellen.

[§ 152e bis 11.8.2022:]

§ 152e Erstellung und Aktualisierung von Abwicklungsplänen.

(1) [1] Die Abwicklungsbehörde erstellt für die zentrale Gegenpartei einen Abwicklungsplan und stimmt sich bei der Erstellung mit der Aufsichtsbehörde ab und übermittelt den Abwicklungsplan an die Aufsichtsbehörde. [2] Der Abwicklungsplan für die zentrale Gegenpartei enthält neben der Darstellung der Abwicklungsmaßnahmen, die die Abwicklungsbehörde treffen kann, und den in § 40 Absatz 3 genannten Bestandteilen, insbesondere

1. eine Darstellung der relevanten Szenarien, die sowohl Ausfallereignisse von einem oder mehreren Clearingmitgliedern, Nichtausfallereignisse und eine Kombination aus beiden Ereignissen berücksichtigt,
2. eine Beschreibung der Möglichkeiten zur Sicherstellung der rechtzeitigen Erfüllung und Abwicklung der fälligen Verbindlichkeiten zugunsten der Clearingmitglieder und deren Kunden,
3. eine Beschreibung der Möglichkeiten zur Aufrechterhaltung des Zugangs von Clearingmitgliedern und deren Kunden zu den ihnen zugeordneten Wertpapier- oder Geldkonten zu von der zentralen Gegenpartei zu gewährenden transparenten und diskriminierungsfreien Bedingungen sowie

4. eine Beschreibung der Maßnahmen zur Erleichterung der Übertragbarkeit von Positionen und damit verbundenen Vermögenswerten der Clearingmitglieder und deren Kunden auf eine andere zentrale Gegenpartei oder ein Brückeninstitut, ohne dass die erleichterte Übertragbarkeit die vertraglichen Beziehungen zwischen den Clearingmitgliedern und ihren Kunden beeinträchtigt.

(2) Der Abwicklungsplan soll die Auswirkungen berücksichtigen, die seine Umsetzung auf Clearingmitglieder und deren Kunden sowie auf das Finanzsystem in den relevanten Mitgliedstaaten und in der Union insgesamt hätte.

(3) [1] Nach seiner erstmaligen Erstellung wird der Abwicklungsplan mindestens einmal im Kalenderjahr von der Abwicklungsbehörde geprüft. [2] Zu prüfen ist der Abwicklungsplan auch nach

1. wesentlichen Änderungen der Rechts- und Organisationsstruktur der zentralen Gegenpartei oder
2. einer Änderung der Verpflichtungen des Mutterunternehmens oder eines sonst mit der zentralen Gegenpartei verbundenen Unternehmens, die Verluste der zentralen Gegenpartei auszugleichen oder
3. einer Änderung der Vereinbarung über gruppeninterne finanzielle Unterstützung im Sinne von § 22.

[§ 152f bis 11.8.2022:]

§ 152f Abwicklungsfähigkeit, Abbau und Beseitigung von Abwicklungshindernissen; Verordnungsermächtigung. (1) Gelangt die Abwicklungsbehörde zu der Einschätzung, dass der Abwicklungsfähigkeit der zentralen Gegenpartei wesentliche Hindernisse entgegenstehen, kann sie neben den in § 59 Absatz 6 genannten Maßnahmen nach Maßgabe von § 59 Absatz 5 anordnen, dass die zentrale Gegenpartei die zur Erreichung der Abwicklungsfähigkeit erforderlichen und angemessenen Änderungen der Clearingbedingungen der zentralen Gegenpartei und der damit in Zusammenhang stehenden vertraglichen Vereinbarungen oder anderen vertraglichen Vereinbarungen vornimmt.

(2) [1] Vor Anordnung der Maßnahme nach Absatz 1 ist die zentrale Gegenpartei anzuhören. [2] Die zentrale Gegenpartei kann innerhalb von vier Monaten nach Erhalt der Anordnung geeignete Maßnahmen vorschlagen, mit denen die Hindernisse, die der Abwicklungsfähigkeit entgegenstehen, beseitigt oder abgebaut werden sollen.

(3) Die Abwicklungsbehörde prüft die potentiellen Auswirkungen der betreffenden Maßnahmen auf die zentrale Gegenpartei, auf den gemeinsamen Markt für Finanzdienstleistungen, die Finanzstabilität in relevanten Mitgliedstaaten und in der Union insgesamt und stimmt sich darüber mit der Aufsichtsbehörde und mit der Deutschen Bundesbank ab, bevor sie eine Änderung nach Absatz 1 verlangt.

(4) [1] Das Bundesministerium der Finanzen wird ermächtigt, durch Rechtsverordnung, die nicht der Zustimmung des Bundesrates bedarf, nähere Bestimmungen zu den zur Erreichung der Abwicklungsfähigkeit erforderlichen und angemessenen Änderungen der Clearingbedingungen der zentralen Gegenpartei und der damit in Zusammenhang stehenden vertraglichen Vereinbarungen oder anderer vertraglicher Vereinbarungen und zu den Voraussetzungen, unter denen diese Änderungen jeweils angeordnet werden können, zu treffen. [2] Das

Bundesministerium der Finanzen kann die Ermächtigung zum Erlass der Rechtsverordnung durch Rechtsverordnung auf die Abwicklungsbehörde übertragen.

[§ 152g bis 11.8.2022:]

§ 152g Zwecke und Umfang der Bewertung; Unterlagen. (1) Die gemäß § 69 vorzunehmende Bewertung dient der Abwicklungsbehörde neben den in § 71 genannten Zwecken auch als Grundlage für die Feststellung, ob die Voraussetzungen für die Anwendung des Instruments

1. der Vertragsbeendigung gemäß § 152j,
2. der Minderung zu zahlender Gewinne nichtausgefallener Clearingmitglieder gemäß § 152k oder
3. des zusätzlichen Barmittelabrufs gemäß § 152l

erfüllt sind, und der Feststellung der Höhe der relevanten Verluste sowie der ausstehenden Verpflichtungen und Positionen der zentralen Gegenpartei.

(2) Die Unterlagen, die der Prüfer der Bewertung neben den in § 72 Absatz 2 Satz 2 genannten Unterlagen beifügen muss, müssen insbesondere enthalten

1. einen Bericht über die Finanzlage der zentralen Gegenpartei, der insbesondere eine Auflistung der noch verbleibenden vorfinanzierten Finanzmittel sowie der noch offenen finanziellen Zusagen umfasst,
2. einen Bericht über die im Clearing erstellten Positionen, insbesondere Angaben zum Markt- und Buchwert der Vermögenswerte, zu Verbindlichkeiten und sonstigen Positionen einschließlich der noch offenen Verpflichtungen der Vertragspartner gegenüber der zentralen Gegenpartei oder der zentralen Gegenpartei gegenüber ihren Vertragspartnern, und
3. die Aufzeichnungen über erbrachte Dienstleistungen und ausgeübte Tätigkeiten der zentralen Gegenpartei im Sinne des Artikels 29 Absatz 1 der Verordnung (EU) Nr. 648/2012.

[§ 152h bis 11.8.2022:]

§ 152h Anordnung von Abwicklungsmaßnahmen. (1) [1]Die Abwicklungsbehörde kann bei Vorliegen der Abwicklungsvoraussetzungen nach § 62 alle zur Erreichung der Abwicklungsziele erforderlichen Maßnahmen treffen. [2]Insbesondere kann sie die Anwendung der folgenden Abwicklungsinstrumente einzeln oder in Kombination anordnen:

1. Vertragsbeendigung nach § 152j,
2. Minderung zu zahlender Gewinne nichtausgefallener Clearingmitglieder nach § 152k,
3. zusätzlicher Barmittelabruf nach § 152l.

[3]Die in § 77 Absatz 1 genannten Abwicklungsinstrumente und Befugnisse bleiben unberührt.

(2) [1]Vor der Anordnung zum Einsatz von Abwicklungsinstrumenten nach Absatz 1 hat die Abwicklungsbehörde ausstehende Rechte der zentralen Gegenpartei geltend zu machen, insbesondere vertragliche Verpflichtungen

1. von Clearingmitgliedern zur Bereitstellung zusätzlicher Ressourcen und zur Verlustübernahme für die zentrale Gegenpartei,
2. zur Übernahme von Positionen ausgefallener Clearingmitglieder,

3. zur Leistung anderer Mittel, die in den Clearingbedingungen und mit diesen in Zusammenhang stehenden Zusagen vertraglich vereinbart wurden,
4. zu einer finanziellen Unterstützung oder Verlustübernahme durch natürliche oder juristische Personen, die keine Clearingmitglieder sind.

[2]Die Abwicklungsbehörde kann nach Prüfung davon absehen, die genannten vertraglichen Verpflichtungen teilweise oder vollständig geltend zu machen, wenn die vertraglichen Verpflichtungen nicht innerhalb einer angemessenen Frist durchgesetzt werden können.

(3) [1]Die Abwicklungsbehörde kann auch davon absehen, die in Absatz 2 genannten vertraglichen Verpflichtungen teilweise oder vollständig geltend zu machen, um erhebliche nachteilige Auswirkungen auf das Finanzsystem zu vermeiden. [2]Sie kann auch davon absehen, wenn die unverzügliche Durchführung der in Absatz 1 genannten Abwicklungsinstrumente geeigneter ist, um die Abwicklungsziele zu erreichen.

(4) [1]Unterlässt die Abwicklungsbehörde die Geltendmachung von vertraglichen Verpflichtungen nach Absatz 2 Satz 2 oder Absatz 3, so erlöschen diese nicht. [2]Eine spätere Geltendmachung bleibt davon unberührt. [3]Die in Satz 1 genannten vertraglichen Verpflichtungen können bis zum Ablauf des dritten auf den Beginn der Abwicklung folgenden Kalenderjahres geltend gemacht werden. [4]Die Einrede der Verjährung kann gegenüber der Abwicklungsbehörde nicht erhoben werden. [5]Absatz 3 Satz 1 findet bei späterer Geltendmachung Anwendung.

(5) Bei der Anordnung von Instrumenten nach den §§ 152k und 152l ist ein zusätzlicher Barmittelabruf von der Deutschen Bundesbank oder eine Minderung von Bewertungsgewinnen der Deutschen Bundesbank ausgeschlossen.

[§ 152i bis 11.8.2022:]

§ 152i Zwecke der Instrumente der Vertragsbeendigung, der Minderung zu zahlender Gewinne und des zusätzlichen Barmittelabrufs.

Die Abwicklungsbehörde wendet die in den §§ 152k und 152l genannten Instrumente der Minderung zu zahlender Gewinne nichtausgefallener Clearingmitglieder und des zusätzlichen Barmittelabrufs für einen oder mehrere der folgenden Zwecke an

1. zur Deckung der gemäß § 152g Absatz 1 ermittelten Verluste der zentralen Gegenpartei oder eines Brückeninstituts,
2. zur Wiederherstellung der Fähigkeit der zentralen Gegenpartei oder eines Brückeninstituts, Zahlungsverpflichtungen bei Fälligkeit zu erfüllen, oder
3. zur Unterstützung der Unternehmensveräußerung.

[§ 152j bis 11.8.2022:]

§ 152j Instrument der Vertragsbeendigung. (1) Liegen bei einer zentralen Gegenpartei die Abwicklungsvoraussetzungen gemäß § 62 vor, kann die Abwicklungsbehörde mit dem Instrument der Vertragsbeendigung ein ausgeglichenes Buch der im Clearing erstellten Positionen der zentralen Gegenpartei oder des Brückeninstituts im Sinne von § 128 wiederherstellen.

(2) Die Abwicklungsbehörde kann alle oder einzelne Verpflichtungen einer in Abwicklung befindlichen zentralen Gegenpartei aus einem Vertrag oder

einzelnen Verträgen, bei der die zentrale Gegenpartei Vertragspartei ist, beenden, insbesondere

1. Verträge mit einem ausgefallenen Clearingmitglied,
2. Verträge, die mit Clearingdiensten oder betroffenen Anlageklassen in Verbindung stehen.

(3) Die Abwicklungsbehörde unterrichtet die zentrale Gegenpartei und die betroffenen Clearingmitglieder über das Datum, zu dem ein Vertrag nach Absatz 2 beendet wird.

(4) Vor der Beendigung eines Vertrages hat die Abwicklungsbehörde

1. zu verlangen, dass die in Abwicklung befindliche zentrale Gegenpartei jeden Vertrag bewertet und die Bestände der Wertpapier- und Barsicherheiten jedes Clearingmitglieds aktualisiert,
2. den Nettobetrag zu bestimmen, der auf Grund der Vertragsbeendigung von dem verpflichteten oder an das berechtigte Clearingmitglied zu zahlen ist, unter Berücksichtigung fälliger, aber noch nicht gezahlter Nachschusszahlungen, einschließlich Nachschusszahlungen, die auf Grund der in Nummer 1 genannten Vertragsbewertungen fällig werden, und
3. jedes Clearingmitglied über die festgestellten Nettobeträge zu informieren und von der zentralen Gegenpartei zu verlangen, dass sie geschuldete Nettobeträge einfordert.

(5) [1] Die Bewertung der Verträge nach Absatz 4 Nummer 1 soll auf einem Marktpreis basieren, der auf der Grundlage der eigenen Regeln und Vereinbarungen der zentralen Gegenpartei oder einer anderen von der Abwicklungsbehörde als angemessen und nachvollziehbar angesehenen Preisfindungsmethode ermittelt wird. [2] Die Berechnung des Nettobetrages nach Absatz 4 Nummer 2 ist nach Aufforderung der Abwicklungsbehörde durch die zentrale Gegenpartei vorzunehmen. [3] Die Abwicklungsbehörde ist berechtigt, von dem durch die zentrale Gegenpartei berechneten Nettobetrag abzuweichen, wenn dies aus ihrer Sicht im Interesse der Erreichung der Abwicklungsziele erforderlich ist. [4] Eine solche Abweichung ist von der Abwicklungsbehörde zu begründen.

(6) Leistet ein nichtausgefallenes Clearingmitglied den nach Absatz 4 ermittelten Nettobetrag nicht unverzüglich nach der ersten Anforderung, kann die Abwicklungsbehörde verlangen, dass die zentrale Gegenpartei den Ausfall dieses Clearingmitglieds feststellt und dessen Einschusszahlungen im Sinne des Artikels 41 der Verordnung (EU) Nr. 648/2012 und seinen Beitrag zum Ausfallfonds im Sinne des Artikels 42 der Verordnung (EU) Nr. 648/2012 im Einklang mit Artikel 45 der Verordnung (EU) Nr. 648/2012 verwendet.

(7) Hat die Abwicklungsbehörde einen oder mehrere der in Absatz 2 genannten Verträge beendet, so kann sie der zentralen Gegenpartei vorübergehend untersagen, das Clearing für neue Verträge derselben Art vorzunehmen.

[§ 152e ab 12.8.2022:]

§ 152e Ausgleich des Differenzbetrags. *Der Ausgleich des Differenzbetrags nach Artikel 62 der Verordnung (EU) 2021/23 steht den Anteilseignern, den Clearingmitgliedern und den anderen Gläubigern gegenüber der Abwicklungsbehörde zu.*

[§ 152f ab 12.8.2022:]

§ 152f Inhalt der Abwicklungsanordnung. *(1) Die Abwicklungsanordnung muss mindestens enthalten:*

1. den Namen oder die Firma und den Sitz

a) der abzuwickelnden zentralen Gegenpartei,

b) bei Anwendung eines der Abwicklungsinstrumente nach Artikel 40 oder Artikel 42 der Verordnung (EU) 2021/23 des übertragenden Rechtsträgers sowie des übernehmenden Rechtsträgers;

2. Angaben zu den eingesetzten Abwicklungsinstrumenten, insbesondere

a) die Angabe der zu übertragenden Gegenstände in den Fällen der Artikel 40 und 42 der Verordnung (EU) 2021/23,

b) die Angabe der betroffenen Kontrakte und Sicherheiten in den Fällen der Artikel 29 und 30 der Verordnung (EU) 2021/23,

c) die Angabe zu der Gesamthöhe des Abwicklungsbarmittelabrufs im Falle des Artikels 31 der Verordnung (EU) 2021/23 und

d) die Angabe der betroffenen Eigentumstitel und Schuldtitel oder anderer unbesicherter Verbindlichkeiten im Fall des Artikels 32 der Verordnung (EU) 2021/23,

wobei eine gattungsmäßige Bezeichnung jeweils ausreicht;

3. den Abwicklungsstichtag;

4. Angaben zum Vorliegen der Zustimmung des Käufers im Falle des Artikels 40 Absatz 1 der Verordnung (EU) 2021/23; § 109 Absatz 1 Satz 2 und 4 findet entsprechende Anwendung;

5. sofern bereits bekannt, Angaben zur Entschädigung nach Artikel 33 Absatz 7 der Verordnung (EU) 2021/23;

6. sofern bereits bekannt, Angaben aus der entsprechenden Anwendung des § 142.

(2) § 136 Absatz 2 bis 4 findet entsprechende Anwendung.

[§ 152g ab 12.8.2022:]

§ 152g Verfahrensvorschriften, Einlagensicherung, Sozialpläne. *[1] Liegen die Abwicklungsvoraussetzungen vor, kann die Abwicklungsbehörde die Abwicklungsanordnung durch Allgemeinverfügung treffen. [2] § 10 Absatz 1, die §§ 11, 77 Absatz 9, § 137 Absatz 1 Satz 2, Absatz 2 und 3 sowie die §§ 139 bis 143, 145, 148, 151, 152 finden entsprechende Anwendung.*

[§ 152h ab 12.8.2022:]

§ 152h Rechtsschutz. *(1) [1] Ein Widerspruchsverfahren gegen eine Abwicklungsmaßnahme nach Artikel 27 Absatz 1, den Artikeln 48 bis 59 der Verordnung (EU) 2021/23 wird nicht durchgeführt. [2] Eine Anfechtungsklage gegen Abwicklungsmaßnahmen der Abwicklungsbehörde einschließlich der Androhung und Festsetzung von Zwangsmitteln nach diesem Gesetz hat keine aufschiebende Wirkung.*

(2) Widerspruch und Anfechtungsklage gegen Verwaltungsakte einschließlich der Androhung und Festsetzung von Zwangsmitteln auf der Grundlage der Artikel 9, 10, 13, 15, 16, 18 und 19 der Verordnung (EU) 2021/23 sowie des § 152d dieses Gesetzes haben keine aufschiebende Wirkung.

(3) § 179 Absatz 2 bis 4 gilt entsprechend.

[§ 152i ab 12.8.2022:]

§ 152i ***Verordnungsermächtigung.*** *(1) Das Bundesministerium der Finanzen wird ermächtigt, durch Rechtsverordnung ohne Zustimmung des Bundesrates nähere Bestimmungen zu erlassen über*

1. *die Anforderungen an die Ausgestaltung von Sanierungsplänen, insbesondere nähere Bestimmungen zu den Bestandteilen und Maßnahmen des Sanierungsplans, jeweils auch unter Berücksichtigung besonderer Geschäftsmodelle und besonderer Geschäftsaktivitäten von zentralen Gegenparteien;*
2. *Art, Umfang und Fristen der Behebung von Hindernissen nach Artikel 10 Absatz 10 der Verordnung (EU) 2021/23;*
3. *die Art und Weise, wie eine Umwandlung oder Herabschreibung von Eigentumstiteln und Schuldtiteln oder anderen unbesicherten Verbindlichkeiten und eine Löschung oder Verwässerung nach Artikel 33 Absatz 2 Unterabsatz 2 der Verordnung (EU) 2021/23 bewirkt wird;*
4. *die Umstände, unter denen die Abwicklungsbehörde nach Artikel 41 Absatz 3 der Verordnung (EU) 2021/23 das Instrument der Unternehmensveräußerung auch für den Fall anwenden kann, dass die Kriterien der Vermarktung nicht erfüllt werden;*
5. *den Inhalt der gemäß Artikel 53 Absatz 2 der Verordnung (EU) 2021/23 erforderlichen Bestimmungen in Verträgen und sonstigen Vereinbarungen.*

(2) Das Bundesministerium der Finanzen kann die Ermächtigung nach Absatz 1 durch Rechtsverordnung auf die Aufsichtsbehörde und auf die Abwicklungsbehörde übertragen.

[§ 152j ab 12.8.2022:]

§ 152j ***Besondere Befugnisse nach der Verordnung (EU) 2021/23.*** *(1) [1] Die Bundesanstalt überwacht die Einhaltung der Verbote und Gebote der in den Titeln III bis V enthaltenen Artikel der Verordnung (EU) 2021/23. [2] Sie kann Anordnungen treffen, die zur Durchsetzung der in Satz 1 genannten Verbote geeignet und erforderlich sind. [3] Insbesondere kann sie ein vorübergehendes Verbot für die Mitglieder der Geschäftsleitung der zentralen Gegenpartei oder für eine andere verantwortliche natürliche Person, in einer zentralen Gegenpartei Aufgaben wahrzunehmen, verhängen, wenn*

1. *entgegen Artikel 9 Sanierungspläne nicht erstellt, fortgeschrieben oder aktualisiert werden;*
2. *entgegen Artikel 9 Absatz 6 eine Mitteilung nicht, nicht richtig, nicht vollständig oder nicht rechtzeitig erstattet wird;*
3. *entgegen Artikel 9 Absatz 7 Unterabsatz 2 Maßnahmen gegen das Verlangen der Aufsichtsbehörde durchgeführt werden;*
4. *entgegen Artikel 13 Absatz 1 Unterabsatz 1 nicht alle für die Ausarbeitung von Abwicklungsplänen erforderlichen Informationen bereitgestellt werden;*
5. *entgegen Artikel 13 Absatz 2 Aufzeichnungen nicht, nicht vollständig oder nicht rechtzeitig zur Verfügung gestellt werden;*
6. *entgegen Artikel 13 Absatz 3 Informationen nicht, nicht vollständig oder nicht rechtzeitig ausgetauscht werden;*
7. *entgegen Artikel 70 Absatz 1 die zuständige Behörde nicht darüber unterrichtet wird, dass die zentrale Gegenpartei ausfällt oder wahrscheinlich ausfällt.*

(2) Die Bundesanstalt kann Entscheidungen über Maßnahmen und Sanktionen, die nach Absatz 1 Satz 2 und 3 sowie nach § 152l erlassen wurden, auf ihrer Internetseite bekannt machen.

[§ 152k bis 11.8.2022:]

§ 152k Instrument der Minderung zu zahlender Gewinne nichtausgefallener Clearingmitglieder. (1) Die Minderung zu zahlender Gewinne nichtausgefallener Clearingmitglieder wird von der Abwicklungsbehörde nur zur Deckung von Verlusten aus dem Ausfall eines oder mehrerer Clearingmitglieder verwendet, um die Zwecke des § 152i zu erreichen.

(2) Die Abwicklungsbehörde kann die Höhe der Zahlungsverpflichtungen der zentralen Gegenpartei gegenüber nichtausgefallenen Clearingmitgliedern mindern, wenn diese Zahlungsverpflichtungen das Ergebnis von Bewertungsgewinnen sind, die auf Grund der Clearingbedingungen und damit im Zusammenhang stehender vertraglicher Vereinbarungen der zentralen Gegenpartei mit den Clearingmitgliedern zu Nachschusszahlungen oder einer Zahlung mit gleicher wirtschaftlicher Wirkung fällig werden.

(3) [1] Die Abwicklungsbehörde berechnet die in Absatz 2 genannte Minderung der Zahlungsverpflichtungen nach einem angemessenen und nachvollziehbaren Verfahren, das auf Grundlage der Bewertung nach § 152g festgelegt und den Clearingmitgliedern von der Abwicklungsbehörde mitgeteilt wird, sobald das Instrument verwendet wird. [2] Die Clearingmitglieder müssen ihren Kunden unverzüglich die Anwendung eines solchen Instruments mitteilen. [3] Die Nettogewinne, die für jedes nichtausgefallene Clearingmitglied insgesamt gemindert werden, sind der Höhe nach beschränkt auf den doppelten Beitrag des nichtausgefallenen Clearingmitglieds zum Ausfallfonds der zentralen Gegenpartei.

(4) [1] Die Minderung der zu zahlenden Bewertungsgewinne wird zu dem Zeitpunkt wirksam, zu dem die Abwicklungsbehörde diese Abwicklungsmaßnahme ergreift. [2] In Höhe der Minderung erlöschen die Zahlungsansprüche der nichtausgefallenen Clearingmitglieder gegen die zentrale Gegenpartei.

(5) Wird die Minderung der zu zahlenden Bewertungsgewinne von der Abwicklungsbehörde nur teilweise zur Deckung von Verlusten im Sinne von Absatz 1 verwendet, bleibt die Pflicht der zentralen Gegenpartei bestehen, den ausstehenden Restbetrag an das nichtausgefallene Clearingmitglied zu zahlen.

[§ 152l bis 11.8.2022:]

§ 152l Instrument des zusätzlichen Barmittelabrufs. (1) [1] Die Abwicklungsbehörde kann zur Deckung von Verlusten aus dem Ausfall eines oder mehrerer Clearingmitglieder von nichtausgefallenen Clearingmitgliedern verlangen, einen Barbetrag an die zentrale Gegenpartei zu zahlen (Barmittelabruf), um die Zwecke des § 152i zu erreichen. [2] Der Betrag ist der Höhe nach beschränkt auf den jeweiligen Beitrag des nichtausgefallenen Clearingmitglieds zum Ausfallfonds der zentralen Gegenpartei.

(2) Die Abwicklungsbehörde kann den Barmittelabruf unabhängig davon geltend machen, ob alle vertraglichen Verpflichtungen, die Zahlungen von nichtausgefallenen Clearingmitgliedern erfordern, vollständig erfüllt sind.

(3) Die Abwicklungsbehörde legt den Betrag des Barmittelabrufs jedes nichtausgefallenen Clearingmitglieds im Verhältnis zum Beitrag des nichtausgefallenen Clearingmitglieds zum Ausfallfonds bis zu der in Absatz 1 Satz 2 genannten Höhe fest.

(4) Leistet ein nichtausgefallenes Clearingmitglied den geforderten Betrag des Barmittelabrufs nicht unverzüglich nach der ersten Anforderung, kann die

Abwicklungsbehörde verlangen, dass die zentrale Gegenpartei den Ausfall dieses Clearingmitglieds feststellt und dessen Einschusszahlungen im Sinne des Artikels 41 der Verordnung (EU) Nr. 648/2012 und seinen Beitrag zum Ausfallfonds im Sinne des Artikels 42 der Verordnung (EU) Nr. 648/2012 gemäß Artikel 45 der Verordnung (EU) Nr. 648/2012 verwendet.

[§ 152m bis 11.8.2022:]

§ 152m Schutzbestimmungen für Anteilsinhaber, Gläubiger und Clearingmitglieder. (1) [1] Führt die Bewertung nach § 146 Absatz 1 zu dem Ergebnis, dass die von einem Anteilsinhaber, Gläubiger oder Clearingmitglied infolge einer Abwicklungsmaßnahme im Sinne des § 152h Absatz 1 erlittenen Verluste die Verluste übersteigen, die der Anteilsinhaber, Gläubiger oder das Clearingmitglied beim Unterbleiben der Maßnahme im Rahmen eines Insolvenzverfahrens erlitten hätten, steht dem Anteilsinhaber, Gläubiger oder Clearingmitglied gegen die zentrale Gegenpartei oder das Brückeninstitut oder den Erwerber im Rahmen einer Unternehmensveräußerung ein Anspruch auf Ersatz der erlittenen Verluste zu. [2] Satz 1 gilt entsprechend, wenn eine Abwicklungsmaßnahme im Sinne des § 77 Absatz 1 Nummer 1 auf eine zentrale Gegenpartei im Sinne des § 152a Absatz 2 Satz 2 angewendet wurde.

(2) [1] Für den Anspruch nach Absatz 1 haften die zentrale Gegenpartei, das Brückeninstitut und der Erwerber als Gesamtschuldner. [2] Ein Anspruch gegen den Restrukturierungsfonds nach den §§ 146 und 147 oder gegen den einheitlichen Abwicklungsfonds besteht nicht.

(3) Ansprüche nach Absatz 1 können erfüllt werden durch eine Beteiligung der Anteilsinhaber, Gläubiger oder Clearingmitglieder an den

1. Gewinnen,
2. Kapitalinstrumenten oder
3. Verbindlichkeiten

der zentralen Gegenpartei oder des Brückeninstituts, die dem Anspruch wertmäßig entsprechen.

(4) Auf Anordnung der Abwicklungsbehörde ist die zentrale Gegenpartei oder das Brückeninstitut verpflichtet, Kapitalinstrumente oder Verbindlichkeiten zu begeben, um Ansprüche nach Absatz 1 zu erfüllen.

[§ 152n bis 11.8.2022:]

§ 152n Rechtsschutz. Für den Rechtsschutz gegen Abwicklungsmaßnahmen nach § 152h Absatz 1 gilt § 179 entsprechend.

[§§ 152k–152n ab 12.8.2022:]

§§ 152k–152n *(aufgehoben)*

Teil 6. Grenzüberschreitende Gruppenabwicklung und Beziehungen zu Drittstaaten

Kapitel 1. Anerkennung von Maßnahmen der Behörden anderer Mitgliedstaaten

§ 153 Wirksamkeit von Krisenmanagementmaßnahmen oder Krisenpräventionsmaßnahmen anderer Mitgliedstaaten. (1) Überträgt eine Abwicklungsbehörde in einem anderen Mitgliedstaat in Anwendung eines Abwicklungsinstruments im Sinne der Richtlinie 2014/59/EU Anteile oder andere Eigentumstitel oder Vermögenswerte, Rechte oder Verbindlichkeiten und betrifft die Übertragung in der Bundesrepublik Deutschland belegene Vermögenswerte oder deutschem Recht unterfallende Rechte oder Verbindlichkeiten, wirkt eine solche Übertragung wie eine Übertragung durch die Abwicklungsbehörde selbst.

(2) Gleiches gilt für Maßnahmen, die eine Abwicklungsbehörde in einem anderen Mitgliedstaat in Ausübung des Instruments der Gläubigerbeteiligung oder des Instruments der Beteiligung der Inhaber relevanter Kapitalinstrumente trifft, sofern die betroffenen Verbindlichkeiten und Kapitalinstrumente deutschem Recht unterliegen oder gegenüber Gläubigern mit Sitz im Inland bestehen.

(3) Die Abwicklungsbehörde unterstützt die Abwicklungsbehörde in einem anderen Mitgliedstaat bei der Übertragung nach Absatz 1.

Kapitel 2. Grenzüberschreitende Gruppenabwicklung

Abschnitt 1. Grenzüberschreitende Entscheidungsfindung und Information; Abwicklungskollegien

§ 154 Allgemeine Grundsätze für Entscheidungsfindungen, an denen eine Behörde oder mehrere Behörden anderer Mitgliedstaaten beteiligt sind. Wenn die Abwicklungsbehörde oder andere nach diesem Gesetz zuständige Behörden Entscheidungen treffen oder Maßnahmen nach diesem Gesetz einleiten, die Auswirkungen in einem oder mehreren anderen Mitgliedstaaten haben können, müssen sie

1. bei der Einleitung einer Abwicklungsmaßnahme die Gebote der Wirksamkeit der Entscheidungsfindung und der geringstmöglichen Abwicklungskosten berücksichtigen;
2. bei der Entscheidungsfindung und der Einleitung von Maßnahmen zügig und mit der jeweils gebotenen Dringlichkeit vorgehen;
3. mit anderen deutschen Behörden sowie mit Abwicklungsbehörden, Aufsichtsbehörden und anderen Behörden aus anderen Mitgliedstaaten zusammenarbeiten, um sicherzustellen, dass die Entscheidungsfindung und die Einleitung von Maßnahmen koordiniert und zügig erfolgen;
4. die Interessen der anderen Mitgliedstaaten, in denen ein EU-Mutterunternehmen oder ein Tochterunternehmen niedergelassen ist, in angemessener Weise berücksichtigen, insbesondere die Auswirkungen einer Entscheidung oder einer Maßnahme oder eines Unterbleibens von Maßnahmen auf die Finanzstabilität, die Finanzmittel, den Abwicklungsfonds, das Einlagensicherungs- oder das Anlegerentschädigungssystem dieser Mitgliedstaaten;
5. die Interessen der anderen Mitgliedstaaten, in denen bedeutende Zweigstellen niedergelassen sind, in angemessener Weise berücksichtigen, insbesondere die Auswirkungen einer Entscheidung oder einer Maßnahme oder eines Unterbleibens von Maßnahmen auf die Finanzstabilität dieser Staaten;
6. einen angemessenen Ausgleich der Interessen der Mitgliedstaaten beachten sowie eine Beeinträchtigung oder einen unangemessenen Schutz der Interessen bestimmter Mitgliedstaaten und eine nicht gerechtfertigte ungleiche Verteilung der Lasten auf die Mitgliedstaaten vermeiden;

7. wenn gemäß diesem Gesetz eine Verpflichtung besteht, vor einer Entscheidung oder einer Maßnahme eine Behörde zu konsultieren, diese Behörde zumindest zu denjenigen Aspekten der vorgeschlagenen Entscheidung oder Maßnahme konsultieren, die Auswirkungen hat oder wahrscheinlich haben wird auf
   a) das betroffene EU-Mutterunternehmen, Tochterunternehmen oder die betroffene Zweigstelle, für das oder die die betroffene Behörde zuständig ist, oder
   b) die Stabilität des betroffenen Mitgliedstaats;
8. bei der Anwendung von Abwicklungsmaßnahmen die jeweiligen Abwicklungspläne befolgen, es sei denn, die zuständigen Abwicklungsbehörden kommen nach der Bewertung der Umstände des Einzelfalls zu dem Ergebnis, dass die Abwicklungsziele wirksamer durch Maßnahmen erreicht werden können, die nicht im Abwicklungsplan vorgesehen sind;
9. das Transparenzgebot berücksichtigen, wenn eine beabsichtigte Entscheidung oder eine beabsichtigte Maßnahme voraussichtlich Auswirkungen auf die Finanzstabilität, die Finanzmittel, den Abwicklungsfonds, das Einlagensicherungssystem oder das Anlegerentschädigungssystem eines anderen Mitgliedstaats haben wird;
10. durch Koordinierung und Zusammenarbeit nach Möglichkeit ein Ergebnis erzielen, durch das sich die Gesamtkosten der Abwicklung verringern.

§ 155 Zuständigkeit der Abwicklungsbehörde. Die Abwicklungsbehörde ist für die Gruppenabwicklung eines Instituts oder eines übergeordneten Unternehmens zuständig, wenn die Bundesanstalt für Finanzdienstleistungsaufsicht die konsolidierende Aufsichtsbehörde ist, oder, sofern die Europäische Zentralbank die konsolidierende Aufsichtsbehörde ist, die Bundesanstalt für Finanzdienstleistungsaufsicht ohne Anwendung der Verordnung (EU) Nr. 1024/2013[1)] die konsolidierende Aufsichtsbehörde wäre.

§ 156 Abwicklungskollegium. (1) [1] Ist die Abwicklungsbehörde für die Gruppenabwicklung eines Instituts oder übergeordneten Unternehmens zuständig, richtet sie vorbehaltlich des § 159 ein Abwicklungskollegium ein, das die in den §§ 46, 47, 49 bis 50, 58, 60 und 161 bis 166 genannten Aufgaben wahrnimmt und die Zusammenarbeit und Koordinierung mit Abwicklungsbehörden in Drittstaaten sicherstellt. [2] Das Abwicklungskollegium dient

1. dem Austausch von Informationen, die relevant sind für die Ausarbeitung eines Gruppenabwicklungsplans, für die Ausübung vorbereitender und präventiver Befugnisse in Bezug auf die Gruppe und für die Gruppenabwicklung;
2. der Ausarbeitung eines Gruppenabwicklungsplans gemäß den §§ 46 und 47;
3. der Bewertung der Abwicklungsfähigkeit der Gruppe gemäß § 58;
4. der Ausübung von Befugnissen zum Abbau oder zur Beseitigung von Hindernissen für die Abwicklungsfähigkeit der Gruppe gemäß § 60;
5. der Entscheidung über die Notwendigkeit der Ausarbeitung eines Gruppenabwicklungskonzepts gemäß den §§ 161 bis 165 oder § 166;

[1)] Nr. 5.

6. der Einigung über ein Gruppenabwicklungskonzept, das gemäß den §§ 161 bis 165 oder § 166 vorgeschlagen wird;
7. der Koordinierung der öffentlichen Kommunikation von Gruppenabwicklungsstrategien und -konzepten;
8. der Koordinierung der Inanspruchnahme der jeweiligen Finanzierungsmechanismen;
9. der Festlegung von Mindestanforderungen auf Gruppenebene und Einzelinstitutsebene gemäß den §§ 49 bis 50.

(2) Das Abwicklungskollegium kann auch als Diskussionsforum für alle Fragen im Zusammenhang mit der grenzüberschreitenden Gruppenabwicklung genutzt werden.

(3) [1] Die Abwicklungsbehörde ist nicht verpflichtet, ein Abwicklungskollegium einzurichten, wenn bereits eine andere Gruppe oder ein anderes Kollegium die in Absatz 1 und in den §§ 157 und 158 genannten Funktionen und Aufgaben wahrnimmt und alle in Absatz 1 und in den §§ 157 und 158 festgelegten Bedingungen und Verfahren, einschließlich derjenigen betreffend die Mitgliedschaft in und die Beteiligung an Abwicklungskollegien, erfüllt und einhält. [2] In diesem Fall sind sämtliche in diesem Gesetz enthaltenen Bezugnahmen auf ein Abwicklungskollegium als Bezugnahmen auf diese andere Gruppe oder dieses andere Kollegium zu verstehen.

§ 157 Mitglieder des Abwicklungskollegiums und weitere Teilnehmer. (1) Die folgenden Behörden sind stimmberechtigte Mitglieder des Abwicklungskollegiums:

1. die Abwicklungsbehörde;
2. die Abwicklungsbehörden der anderen Mitgliedstaaten, in denen ein der Beaufsichtigung auf konsolidierter Basis unterliegendes Tochterunternehmen niedergelassen ist;
3. die Abwicklungsbehörden der anderen Mitgliedstaaten, in denen ein Mutterunternehmen eines oder mehrerer Institute der Gruppe niedergelassen ist;
4. die Abwicklungsbehörden der anderen Mitgliedstaaten, in denen sich bedeutende Zweigstellen befinden;
5. die Deutsche Bundesbank;
6. die Europäische Zentralbank, sofern sie nach Maßgabe der Verordnung (EU) Nr. 1024/2013 zuständige Behörde für ein gruppenangehöriges Unternehmen ist;
7. die Aufsichtsbehörde;
8. die Aufsichtsbehörden der anderen Mitgliedstaaten, deren Abwicklungsbehörde ein Mitglied des Abwicklungskollegiums ist; ist die Aufsichtsbehörde eines Mitgliedstaats nicht die Zentralbank des Staates, so kann die Aufsichtsbehörde entscheiden, sich von einem Vertreter der Zentralbank des Mitgliedstaats begleiten zu lassen;
9. das Bundesministerium der Finanzen;
10. die zuständigen Ministerien in den Fällen, in denen die Abwicklungsbehörden der anderen Mitgliedstaaten, die Mitglieder des Abwicklungskollegiums sind, nicht die zuständigen Ministerien sind;
11. die Behörde, die die Aufsicht über das Einlagensicherungssystem führt;

12. die Behörde, die für die Aufsicht über das Einlagensicherungssystem eines Mitgliedstaats zuständig ist, wenn die Abwicklungsbehörde dieses Staates ein Mitglied des Abwicklungskollegiums ist.

(2) [1] Die Europäische Bankenaufsichtsbehörde trägt dazu bei, eine effiziente, effektive und einheitliche Arbeitsweise von Abwicklungskollegien unter Beachtung internationaler Standards zu gewährleisten. [2] Zu diesem Zweck ist sie als Mitglied ohne Stimmrecht zu den Sitzungen des Abwicklungskollegiums einzuladen.

(3) Die Abwicklungsbehörden der Drittstaaten, in denen ein in der Europäischen Union niedergelassenes EU-Mutterunternehmen ein Tochterunternehmen oder eine bedeutende Zweigstelle hat, können auf ihr Ersuchen als Beobachter zur Teilnahme am betreffenden Abwicklungskollegium eingeladen werden, sofern diese Abwicklungsbehörden Verschwiegenheitspflichten unterliegen, die nach Auffassung der Abwicklungsbehörde den in den §§ 4 bis 10 und 21 festgelegten Anforderungen vergleichbar sind.

§ 158 Organisation des Abwicklungskollegiums. (1) [1] Die Abwicklungsbehörde führt den Vorsitz im Abwicklungskollegium. [2] In dieser Eigenschaft muss sie

1. nach Konsultation der anderen Mitglieder des Abwicklungskollegiums die Modalitäten und Verfahren für die Arbeitsweise des Abwicklungskollegiums schriftlich festlegen;
2. sämtliche Tätigkeiten des Abwicklungskollegiums koordinieren;
3. Sitzungen des Abwicklungskollegiums einberufen und dessen Mitglieder vorab umfassend über die Einberufung der Sitzungen, die wichtigsten Tagesordnungspunkte und die zu erörternden Fragen informieren;
4. den Mitgliedern des Abwicklungskollegiums mitteilen, welche Sitzungen geplant sind, damit diese um Teilnahme ersuchen können;
5. darüber entscheiden, welche Mitglieder und Beobachter zur Teilnahme an bestimmten Sitzungen des Abwicklungskollegiums eingeladen werden, wobei sie der Bedeutung der zu erörternden Frage für die betreffenden Mitglieder und Beobachter, insbesondere den möglichen Auswirkungen auf die Finanzstabilität in den betreffenden Mitgliedstaaten und Drittstaaten, Rechnung zu tragen hat;
6. alle Mitglieder des Kollegiums rechtzeitig über die in den betreffenden Sitzungen getroffenen Entscheidungen und erzielten Ergebnisse informieren.

(2) [1] Die Mitglieder des Abwicklungskollegiums müssen um Teilnahme an den Sitzungen ersuchen. [2] Die Abwicklungsbehörden der anderen Mitgliedstaaten sind immer dann zur Teilnahme an Sitzungen des Abwicklungskollegiums berechtigt, wenn Angelegenheiten auf der Tagesordnung stehen, die der gemeinsamen Beschlussfassung unterliegen oder die im Zusammenhang mit einem Unternehmen der Gruppe stehen, das sich in ihrem Rechtsraum befindet.

(3) Die Mitglieder des Abwicklungskollegiums arbeiten eng zusammen.

§ 159 Europäische Abwicklungskollegien. (1) Hat ein Institut mit Sitz in einem Drittstaat oder ein Drittstaatsmutterunternehmen

1. Tochterunternehmen, die in der Union niedergelassen sind,

2. EU-Mutterunternehmen, die in mindestens zwei Mitgliedstaaten niedergelassen sind, oder
3. mindestens zwei Unionszweigstellen, die von mindestens zwei Mitgliedstaaten als bedeutend eingestuft werden,

richtet die Abwicklungsbehörde mit den Abwicklungsbehörden der anderen Mitgliedstaaten, in denen diese Unternehmen niedergelassen sind oder sich diese Unionszweigstellen befinden, ein einziges europäisches Abwicklungskollegium ein.

(2) [1] Das europäische Abwicklungskollegium nimmt die in § 156 genannten Funktionen und Aufgaben in Bezug auf die in Absatz 1 genannten Unternehmen und, soweit diese Aufgaben von Bedeutung sind, auch in Bezug auf die Unionszweigstellen wahr. [2] Zu den Aufgaben zählt auch die Festlegung der Mindestanforderung an Eigenmittel und berücksichtigungsfähige Verbindlichkeiten gemäß den §§ 49 bis 50. [3] Bei der Festlegung der Mindestanforderung an Eigenmittel und berücksichtigungsfähige Verbindlichkeiten berücksichtigt die Abwicklungsbehörde gegebenenfalls die von den Abwicklungsbehörden von Drittstaaten festgelegte globale Abwicklungsstrategie. [4] Sind Tochterunternehmen, die in der Europäischen Union niedergelassen sind, oder ein EU-Mutterunternehmen und seine Tochterinstitute gemäß der globalen Abwicklungsstrategie keine Abwicklungseinheiten und stimmen die Mitglieder des europäischen Abwicklungskollegiums dieser Strategie zu, so haben die Tochterunternehmen, die in der Union niedergelassen sind, oder auf konsolidierter Basis das EU-Mutterunternehmen den Anforderungen des § 49f Absatz 1 zu entsprechen, indem sie die in § 49f Absatz 2 Nummer 1 und 2 genannten Instrumente an das in einem Drittstaat niedergelassene Mutterunternehmen oder ihre im selben Drittstaat wie das Mutterunternehmen niedergelassene Tochterunternehmen oder andere Unternehmen unten den Bedingungen gemäß § 49f Absatz 2 Nummer 1 Buchstabe a und Nummer 3 ausgeben.

(3) [1] Unterstehen alle in der Union niedergelassenen Tochterunternehmen eines Instituts mit Sitz in einem Drittstaat oder Drittstaatsmutterunternehmens einem einzigen EU-Mutterunternehmen, so führt den Vorsitz des europäischen Abwicklungskollegiums die Abwicklungsbehörde des Mitgliedstaats, in dem das EU-Mutterunternehmen niedergelassen ist. [2] Ist Satz 1 nicht anwendbar, führt den Vorsitz des europäischen Abwicklungskollegiums die Abwicklungsbehörde des EU-Mutterunternehmens oder des Tochterunternehmens, das insgesamt über die meisten bilanzwirksamen Vermögenswerte verfügt.

(4) [1] Die Abwicklungsbehörde ist nicht verpflichtet, ein europäisches Abwicklungskollegium einzurichten, wenn bereits eine andere Gruppe oder ein anderes Kollegium die in den Absätzen 1 bis 3 und 5 genannten Funktionen und Aufgaben wahrnimmt und alle in den Absätzen 1 bis 3, 5 und in § 160 festgelegten Bedingungen erfüllt und die Verfahren einhält, einschließlich derjenigen, die die Mitgliedschaft in und die Beteiligung an europäischen Abwicklungskollegien betreffen. [2] In diesem Fall sind sämtliche in diesem Gesetz enthaltenen Bezugnahmen auf ein europäisches Abwicklungskollegium als Bezugnahmen auf diese andere Gruppe oder dieses andere Kollegium zu verstehen. [3] Der Verzicht der Errichtung eines europäischen Abwicklungskollegiums bedarf des Einvernehmens mit den Behörden, welche Mitglieder in dem europäischen Abwicklungskollegium wären.

(5) Vorbehaltlich der Absätze 3 und 4 gilt § 156 entsprechend.

§ 160 Informationsaustausch mit Behörden und Ministerien anderer Mitgliedstaaten. (1) [1]Vorbehaltlich der §§ 4 bis 10 übermitteln die Abwicklungsbehörde und die Aufsichtsbehörde den Abwicklungsbehörden und Aufsichtsbehörden in anderen Mitgliedstaaten auf Antrag alle Informationen, die für die Wahrnehmung der diesen durch die Richtlinie 2014/59/EU übertragenen Funktionen zweckdienlich sind. [2]Insbesondere stellt die Abwicklungsbehörde den Abwicklungsbehörden in anderen Mitgliedstaaten alle einschlägigen Informationen rechtzeitig zur Verfügung, um ihnen die Ausübung der in § 156 Absatz 1 Satz 2 Nummer 2 bis 9 genannten Aufgaben zu erleichtern. [3]Ist die Abwicklungsbehörde die für die Gruppenabwicklung zuständige Behörde, koordiniert die Abwicklungsbehörde den Austausch aller relevanten Informationen zwischen den Abwicklungsbehörden.

(2) Vor der Weitergabe von Informationen, die von der Abwicklungsbehörde eines Drittstaats stammen, fragt die Abwicklungsbehörde bei der Abwicklungsbehörde des Drittstaats nach, ob diese der Weitergabe zustimmt oder nicht, sofern die Abwicklungsbehörde des Drittstaats nicht schon zuvor der Weitergabe der Information zugestimmt hat.

(3) Die Abwicklungsbehörde ist berechtigt, Informationen, die von der Abwicklungsbehörde eines Mitgliedstaats oder Drittstaats stammen, an das Bundesministerium der Finanzen weiterzugeben, wenn sich die Informationen auf eine Entscheidung oder eine Angelegenheit beziehen, die eine Mitteilung an das Bundesministerium der Finanzen erfordern oder die eine Anhörung oder die Zustimmung des Bundesministeriums der Finanzen erfordert oder die Auswirkungen auf die öffentlichen Finanzen haben könnte.

Abschnitt 2. Gruppenabwicklung im Fall eines Tochterunternehmens, das nicht EU-Mutterunternehmen ist

§ 161 Übermittlung von Informationen über die Abwicklungsvoraussetzungen. Gelangt die Abwicklungsbehörde zu der Einschätzung, dass ein Institut oder gruppenangehöriges Unternehmen, das Mitglied einer Gruppe ist, die Voraussetzungen des § 62 oder § 64 erfüllt, und ist dieses Institut oder gruppenangehörige Unternehmen kein EU-Mutterunternehmen, so übermittelt die Abwicklungsbehörde unverzüglich folgende Informationen an die für die Gruppenabwicklung zuständige Behörde, an die konsolidierende Aufsichtsbehörde sowie an die Mitglieder des für die betreffende Gruppe zuständigen Abwicklungskollegiums:

1. ihre Einschätzung, dass das betreffende Institut oder gruppenangehörige Unternehmen Voraussetzungen des § 62 oder § 64 erfüllt, und
2. Angaben zu den Abwicklungsmaßnahmen oder zu einem möglichen Insolvenzverfahren, die die Abwicklungsbehörde im Fall des betreffenden Instituts oder gruppenangehörigen Unternehmens für zweckmäßig erachtet.

§ 162 Vorgehen, wenn die Abwicklungsbehörde nicht die für die Gruppenabwicklung zuständige Behörde ist. (1) Ist die Abwicklungsbehörde nicht die für die Gruppenabwicklung zuständige Behörde, so kann sie die nach § 161 Nummer 2 mitgeteilten Abwicklungsmaßnahmen treffen oder den Antrag auf Eröffnung eines Insolvenzverfahrens über das Vermögen des betreffenden Instituts oder gruppenangehörigen Unternehmens stellen, wenn

1. die für die Gruppenabwicklung zuständige Behörde nach Anhörung der Abwicklungsbehörde und der übrigen Mitglieder des Abwicklungskollegiums zu der Einschätzung gelangt, dass die ihr nach § 161 Nummer 2 mitgeteilten Abwicklungsmaßnahmen oder Insolvenzmaßnahmen nicht erwarten lassen, dass die Voraussetzungen gemäß § 62 oder § 64 in Bezug auf ein Institut oder Unternehmen der Gruppe in einem anderen Mitgliedstaat erfüllt werden, oder
2. die für die Gruppenabwicklung zuständige Behörde innerhalb von 24 Stunden oder eines vereinbarten längeren Zeitraums nach Erhalt der Mitteilung gemäß § 161 nicht zu einer Einschätzung nach Nummer 1 gelangt.

(2) [1] Ist die Abwicklungsbehörde mit einem Gruppenabwicklungskonzept im Sinne des § 164, das von der für die Gruppenabwicklung zuständigen Behörde vorgeschlagen wurde, nicht einverstanden oder ist sie der Auffassung, dass sie aus Gründen der Finanzstabilität andere Abwicklungsmaßnahmen oder Maßnahmen als die in dem Gruppenabwicklungskonzept vorgeschlagenen in Bezug auf ein Institut oder ein Unternehmen im Sinne des § 161 ergreifen muss, muss sie detailliert begründen, warum sie nicht mit dem Gruppenabwicklungskonzept einverstanden ist, die für die Gruppenabwicklung zuständige Behörde und die Abwicklungsbehörden anderer Mitgliedstaaten die von dem Gruppenabwicklungskonzept erfasst sind, über die Gründe unterrichten und ihnen mitteilen, welche Maßnahmen sie ergreifen wird. [2] Bei der Begründung, warum sie nicht einverstanden ist, hat sie den potentiellen Auswirkungen auf die Finanzstabilität der betreffenden Mitgliedstaaten sowie der potentiellen Wirkung der Maßnahmen auf andere Teile der Gruppe in angemessener Weise Rechnung zu tragen.

§ 163 Vorgehen, wenn die Abwicklungsbehörde die für die Gruppenabwicklung zuständige Behörde ist. (1) [1] Ist die Abwicklungsbehörde die für die Gruppenabwicklung zuständige Behörde und erhält sie eine dem § 161 entsprechende Mitteilung einer Abwicklungsbehörde eines anderen Mitgliedstaats, so bewertet sie nach Anhörung der anderen Mitglieder des jeweiligen Abwicklungskollegiums die Folgen, welche die mitgeteilten Abwicklungsmaßnahmen, der beabsichtigte Antrag auf Eröffnung eines Insolvenzverfahrens oder die anderen mitgeteilten Insolvenzmaßnahmen der Abwicklungsbehörden anderer Mitgliedstaaten auf die Gruppe und auf Unternehmen der Gruppe haben könnten. [2] Sie bewertet insbesondere, ob die ihr mitgeteilten Abwicklungsmaßnahmen oder Insolvenzmaßnahmen erwarten lassen, dass die Bedingungen oder Voraussetzungen für die Abwicklung in Bezug auf ein Institut oder Unternehmen der Gruppe in einem anderen Mitgliedstaat als dem Staat der mitteilenden Abwicklungsbehörde erfüllt werden.

(2) Gelangt die Abwicklungsbehörde nach Anhörung der anderen Mitglieder des Abwicklungskollegiums zu der Einschätzung, dass die ihr mitgeteilten Maßnahmen nicht erwarten lassen, dass die Voraussetzungen des § 62 oder § 64 in Bezug auf ein Institut oder Unternehmen der Gruppe in einem weiteren Mitgliedstaat erfüllt werden, teilt sie dies der mitteilenden Abwicklungsbehörde mit.

(3) [1] Gelangt die Abwicklungsbehörde nach Anhörung der anderen Mitglieder des Abwicklungskollegiums zu der Einschätzung, dass die ihr mitgeteilten Abwicklungsmaßnahmen und Insolvenzmaßnahmen erwarten lassen, dass die Voraussetzungen gemäß § 62 oder § 64 in Bezug auf ein Institut oder Unter-

nehmen der Gruppe in einem anderen Mitgliedstaat erfüllt werden, unterbreitet sie dem Abwicklungskollegium innerhalb von 24 Stunden nach Erhalt der dem § 161 entsprechenden Mitteilung einen Vorschlag für ein Gruppenabwicklungskonzept. [2] Der 24-Stunden-Zeitraum kann mit Zustimmung der mitteilenden Abwicklungsbehörde verlängert werden.

§ 164 Gruppenabwicklungskonzept. (1) In einem Gruppenabwicklungskonzept

1. sind die Abwicklungsmaßnahmen darzustellen, die durch die Abwicklungsbehörde oder die Abwicklungsbehörden der anderen Mitgliedstaaten ergriffen werden sollten, um die Abwicklungsziele zu erreichen und die Abwicklungsgrundsätze gemäß § 68 einzuhalten;
2. ist darzulegen, wie diese Abwicklungsmaßnahmen koordiniert werden sollten;
3. ist ein Finanzierungsplan festzulegen.

(2) Der in Absatz 1 Nummer 3 genannte Finanzierungsplan hat dem Gruppenabwicklungsplan, den Grundsätzen für die Aufteilung der Finanzierungsverantwortung im Einklang mit § 46 Absatz 3 Nummer 8 und den allgemeinen Grundsätzen der gegenseitigen Unterstützung gemäß § 12i des Restrukturierungsfondsgesetzes Rechnung zu tragen.

(3) [1] Das Gruppenabwicklungskonzept ist Gegenstand einer gemeinsamen Entscheidung der Abwicklungsbehörde und der Abwicklungsbehörden der anderen Mitgliedstaaten, die für die vom Gruppenabwicklungskonzept erfassten Tochterunternehmen zuständig sind. [2] Stimmen nicht alle Abwicklungsbehörden anderer Mitgliedstaaten dem Gruppenabwicklungskonzept zu, kann die Abwicklungsbehörde mit den übrigen Abwicklungsbehörden in anderen Mitgliedstaaten eine gemeinsame Entscheidung über ein Gruppenabwicklungskonzept für die ihrer Rechtshoheit unterliegenden Institute und Unternehmen der Gruppe treffen. [3] Auf Anfrage einer Aufsichtsbehörde kann die Europäische Bankenaufsichtsbehörde die zuständigen Abwicklungsbehörden bei dem Erreichen einer gemeinsamen Entscheidung in Übereinstimmung mit Artikel 31 Buchstabe c der Verordnung (EU) Nr. 1093/2010 unterstützen.

(4) [1] Wird ein Gruppenabwicklungskonzept nicht umgesetzt oder weicht eine Abwicklungsbehörde zu einem späteren Zeitpunkt von dem Gruppenabwicklungskonzept ab und trifft die Abwicklungsbehörde Abwicklungsmaßnahmen in Bezug auf ein Institut oder Unternehmen im Sinne des Absatzes 1, so hat sie mit den betreffenden Abwicklungsbehörden aus anderen Mitgliedstaaten innerhalb des Abwicklungskollegiums eng zusammenzuarbeiten, um eine koordinierte Abwicklungsstrategie für alle von einem Ausfall betroffenen oder bedrohten Institute und Unternehmen der Gruppe zu entwickeln. [2] Sie hat die Mitglieder des Abwicklungskollegiums regelmäßig und umfassend über die getroffenen Abwicklungsmaßnahmen und die laufenden Fortschritte zu unterrichten.

§ 165 Unverzügliche Durchführung der Maßnahmen. Die Abwicklungsbehörde führt alle Maßnahmen gemäß den §§ 161 bis 164 unverzüglich und unter gebührender Berücksichtigung der gebotenen Dringlichkeit durch.

Abschnitt 3. Gruppenabwicklung im Fall eines EU-Mutterunternehmens

§ 166 Gruppenabwicklung im Fall eines EU-Mutterunternehmens.

(1) [1] Gelangt die Abwicklungsbehörde zu der Einschätzung, dass ein übergeordnetes Unternehmen, welches gleichzeitig ein EU-Mutterunternehmen ist, die Voraussetzungen des § 62 oder des § 64 erfüllt, übermittelt sie unverzüglich die in § 161 genannten Informationen zu diesem übergeordneten Unternehmen an die anderen Mitglieder des für die betreffende Gruppe zuständigen Abwicklungskollegiums. [2] Die Abwicklungsmaßnahmen oder Insolvenzmaßnahmen gemäß § 161 Nummer 2 können auch die Umsetzung eines gemäß § 164 ausgearbeiteten Gruppenabwicklungskonzepts umfassen, wenn

1. es auf Grund von gemäß § 161 Nummer 2 mitgeteilten Abwicklungsmaßnahmen oder sonstigen Maßnahmen auf Ebene des übergeordneten Unternehmens im Sinne des Absatzes 1 Satz 1 wahrscheinlich ist, dass die Voraussetzungen des § 62 oder § 64 in Bezug auf ein Unternehmen der Gruppe in einem der anderen Mitgliedstaaten erfüllt werden;
2. Abwicklungsmaßnahmen oder sonstige Maßnahmen auf Ebene des übergeordneten Unternehmens im Sinne des Absatzes 1 Satz 1 nicht ausreichen, um die Lage zu stabilisieren oder voraussichtlich nicht zu einem zufriedenstellenden Ergebnis führen;
3. gemäß einer Feststellung der für sie zuständigen Abwicklungsbehörden in anderen Mitgliedstaaten ein oder mehrere Tochterunternehmen die Voraussetzungen des § 62 oder § 64 erfüllen oder
4. Abwicklungsmaßnahmen oder sonstige Maßnahmen auf Ebene des übergeordneten Unternehmens im Sinne des Absatzes 1 Satz 1 für die Tochterunternehmen der Gruppe so vorteilhaft sind, dass ein Gruppenabwicklungskonzept anzuwenden ist.

(2) [1] Umfassen die von der Abwicklungsbehörde gemäß Absatz 1 mitgeteilten Maßnahmen kein Gruppenabwicklungskonzept, so trifft die Abwicklungsbehörde ihre Entscheidung im Benehmen mit den Mitgliedern des Abwicklungskollegiums. [2] Bei ihrer Entscheidung befolgt die Abwicklungsbehörde die jeweiligen Abwicklungspläne, wenn sie nicht nach der Bewertung der Umstände des Einzelfalls zu dem Ergebnis kommt, dass die Abwicklungsziele wirksamer durch Maßnahmen erreicht werden können, die nicht im Abwicklungsplan vorgesehen sind, und berücksichtigt die Finanzstabilität der betreffenden Mitgliedstaaten.

(3) [1] Umfassen die gemäß Absatz 1 mitgeteilten Maßnahmen ein Gruppenabwicklungskonzept, so ist das Gruppenabwicklungskonzept Gegenstand einer gemeinsamen Entscheidung der Abwicklungsbehörde und der für die Tochterunternehmen, die von dem Gruppenabwicklungskonzept erfasst sind, zuständigen Abwicklungsbehörden anderer Mitgliedstaaten. [2] Stimmen nicht alle Abwicklungsbehörden im Sinne des Satzes 1 dem Gruppenabwicklungskonzept zu, kann die Abwicklungsbehörde mit den übrigen Abwicklungsbehörden der anderen Mitgliedstaaten eine gemeinsame Entscheidung über ein Gruppenabwicklungskonzept für die ihrer Rechtshoheit unterliegenden Institute und Unternehmen der Gruppe treffen. [3] Auf Anfrage einer Aufsichtsbehörde kann die Europäische Bankenaufsichtsbehörde die zuständigen Abwicklungsbehörden bei dem Erreichen einer gemeinsamen Entscheidung in Übereinstimmung mit Artikel 31 Buchstabe c der Verordnung (EU) Nr. 1093/2010 unterstützen.

(4) [1]Wird ein Gruppenabwicklungskonzept nicht umgesetzt und trifft die Abwicklungsbehörde Abwicklungsmaßnahmen in Bezug auf ein Unternehmen im Sinne des Absatzes 1, so hat sie mit den Abwicklungsbehörden der anderen Mitgliedstaaten innerhalb des betreffenden Abwicklungskollegiums eng zusammenzuarbeiten, um eine koordinierte Abwicklungsstrategie für alle betroffenen Institute und Unternehmen der Gruppe zu entwickeln. [2]Sie hat die Mitglieder des Abwicklungskollegiums regelmäßig und umfassend über die getroffenen Abwicklungsmaßnahmen und die laufenden Fortschritte zu unterrichten.

(5) Die Abwicklungsbehörde führt alle Maßnahmen gemäß dieser Vorschrift unverzüglich und unter gebührender Berücksichtigung der gebotenen Dringlichkeit durch.

Kapitel 3. Beziehungen zu Drittstaaten

§ 167 Vereinbarungen mit Drittstaaten. (1) In Vereinbarungen mit Drittstaaten kann die Art und Weise der Zusammenarbeit zwischen der Abwicklungsbehörde und der Aufsichtsbehörde und den jeweiligen Drittstaatsbehörden insbesondere zum Zweck des Informationsaustauschs im Zusammenhang mit der Sanierungs- und Abwicklungsplanung in Bezug auf Institute, Finanzinstitute, Mutterunternehmen und Drittstaatsinstitute in folgenden Fällen festgelegt werden:

1. in Fällen, in denen ein Drittstaatsmutterunternehmen oder Drittstaatsinstitut Tochterinstitute oder als bedeutend eingestufte Zweigstellen im Inland und in mindestens einem anderen Mitgliedstaat hat;
2. in Fällen, in denen ein im Inland niedergelassenes Mutterunternehmen, das in mindestens einem anderen Mitgliedstaat ein Tochterunternehmen oder eine bedeutende Zweigstelle hat, ein Drittstaatstochterinstitut oder mehrere Drittstaatstochterinstitute hat;
3. in Fällen, in denen ein im Inland niedergelassenes Institut oder eine im Inland niedergelassene bedeutende Zweigstelle, das oder die in mindestens einem anderen Mitgliedstaat ein Mutterunternehmen, ein Tochterunternehmen oder eine bedeutende Zweigstelle hat, ein oder mehrere Tochterunternehmen oder eine oder mehrere bedeutende Zweigstellen in mindestens einem Drittstaat hat;
4. in Fällen, in denen ein im Inland niedergelassenes Mutterunternehmen in mindestens einem anderen Mitgliedstaat ein Tochterunternehmen oder eine bedeutende Zweigstelle hat, ein oder mehrere Tochterunternehmen oder eine oder mehrere bedeutende Zweigstellen in einem Drittstaat hat.

(2) Die in Absatz 1 genannten Vereinbarungen dürfen keine Bestimmungen in Bezug auf einzelne Institute, Finanzdienstleistungsinstitute, Mutterunternehmen oder Drittstaatsinstitute enthalten.

(3) Die in Absatz 1 genannten Vereinbarungen müssen zumindest die inhaltlichen Anforderungen des § 168 Absatz 3 und 4 erfüllen und sollen insbesondere die Zusammenarbeit zwischen der Abwicklungsbehörde und der jeweiligen Drittstaatsbehörde bei der Erfüllung der in § 168 beschriebenen Aufgaben sowie der Ausübung der dort genannten Kompetenzen regeln.

(4) Die in Absatz 1 genannten Vereinbarungen werden auf unbestimmte Zeit geschlossen und treten außer Kraft, sobald der Europäische Rat anhand von

Vorschlägen der Kommission Übereinkünfte entsprechend den Vorgaben des Artikels 93 der Richtlinie 2014/59/EU geschlossen hat.

§ 168 Zusammenarbeit mit Drittstaatsbehörden. (1) Die Bestimmungen dieses Paragraphen gelten in Bezug auf die Zusammenarbeit mit einem Drittstaat, sofern und solange keine Übereinkunft gemäß § 167 Absatz 4 mit dem betreffenden Drittstaat in Kraft getreten ist.

(2) [1] Im Hinblick auf die Zusammenarbeit mit einem Drittstaat kann die Europäische Bankenaufsichtsbehörde nicht bindende Rahmenkooperationsvereinbarungen mit Drittstaatsbehörden schließen. [2] In dem und für den Zeitraum, in dem noch keine nicht bindende Rahmenkooperationsvereinbarung zwischen der Europäischen Bankenaufsichtsbehörde und den zuständigen Drittstaatsbehörden geschlossen wurde, kann die Abwicklungsbehörde oder die Aufsichtsbehörde nicht bindende Kooperationsvereinbarungen mit folgenden zuständigen Drittstaatsbehörden schließen:

1. in Fällen, in denen ein Tochterinstitut im Inland und in mindestens einem anderen Mitgliedstaat niedergelassen ist, mit der jeweiligen Behörde des Drittstaats, in dem das Drittstaatsmutterunternehmen oder ein Drittstaatsinstitut niedergelassen ist;
2. in Fällen, in denen ein Drittstaatsinstitut eine oder mehrere Unionszweigstellen im Inland und in mindestens einem anderen Mitgliedstaat unterhält, mit der jeweiligen Behörde des Drittstaats, in dem das betreffende Institut niedergelassen ist;
3. in Fällen, in denen ein gruppenangehöriges Unternehmen mit Sitz im Inland ein Tochterinstitut oder eine bedeutende Zweigstelle in einem anderen Mitgliedstaat sowie gleichzeitig ein Drittstaatstochterinstitut oder mehrere Drittstaatsstochterinstitute oder eine oder mehrere Drittstaatszweigstellen unterhält, mit den jeweiligen Behörden der Drittstaaten, in denen die betreffenden Tochterinstitute oder Zweigstellen niedergelassen sind;
4. in Fällen, in denen ein gruppenangehöriges Unternehmen mit Sitz in einem anderen Mitgliedstaat ein Tochterinstitut oder eine bedeutende Zweigstelle im Inland und in einem anderen Mitgliedstaat sowie gleichzeitig ein Drittstaatstochterinstitut oder mehrere Drittstaatstochterinstitute oder eine oder mehrere Drittstaatszweigstellen unterhält, mit den jeweiligen Behörden der Drittstaaten, in denen die betreffenden Drittstaatstochterinstitute oder Drittstaatszweigstellen niedergelassen sind;
5. in Fällen, in denen ein im Inland niedergelassenes Institut mit einem Tochterinstitut oder einer bedeutenden Zweigstelle in einem anderen Mitgliedstaat ein Drittstaatstochterinstitut oder mehrere Drittstaatstochterinstitute oder eine oder mehrere Drittstaatszweigstellen unterhält, mit den jeweiligen Behörden der Drittstaaten, in denen diese Zweigstellen niedergelassen sind.

[3] Die in diesem Absatz genannten Kooperationsvereinbarungen dürfen keine Bestimmungen in Bezug auf einzelne Institute enthalten.

(3) In den in Absatz 2 genannten Kooperationsvereinbarungen werden die Verfahren und Modalitäten für den Austausch der erforderlichen Informationen und die Zusammenarbeit zwischen den beteiligten Behörden festgelegt im Hinblick auf die Wahrnehmung der folgenden Aufgaben sowie für die Ausübung der folgenden Befugnisse in Bezug auf die in Absatz 2 Nummer 1 bis 5 genannten Institute oder Gruppen, denen entsprechende Institute angehören:

1. Ausarbeitung von Abwicklungsplänen im Einklang mit den §§ 40 bis 48 und den vergleichbaren Anforderungen nach dem Recht der jeweiligen Drittstaaten;
2. Bewertung der Abwicklungsfähigkeit der Institute und Gruppen im Einklang mit den §§ 57 und 58 und den vergleichbaren Anforderungen nach dem Recht der jeweiligen Drittstaaten;
3. Ausübung der Befugnisse zum Abbau oder zur Beseitigung von Hindernissen für die Abwicklungsfähigkeit im Einklang mit den §§ 59 und 60 und den vergleichbaren Befugnissen nach dem Recht der jeweiligen Drittstaaten;
4. Anwendung der Frühinterventionsmaßnahmen im Einklang mit § 36 und den vergleichbaren Befugnissen nach dem Recht der jeweiligen Drittstaaten;
5. Anwendung der Abwicklungsinstrumente und Ausübung der Abwicklungsbefugnisse und vergleichbarer Befugnisse, die von den jeweiligen Drittstaatsbehörden ausgeübt werden können.

(4) Die gemäß Absatz 2 geschlossenen Kooperationsvereinbarungen können darüber hinaus Bestimmungen zu folgenden Aspekten enthalten:
1. zu dem für die Ausarbeitung und Fortschreibung von Abwicklungsplänen erforderlichen Informationsaustausch;
2. zu Konsultationen und zur Zusammenarbeit bei der Ausarbeitung von Abwicklungsplänen, einschließlich der Grundsätze für die Ausübung der Befugnisse gemäß den §§ 169 bis 171 und vergleichbarer Befugnisse nach dem Recht der jeweiligen Drittstaaten;
3. zum Informationsaustausch, der für die Anwendung der Abwicklungsinstrumente und die Ausübung der Abwicklungsbefugnisse und vergleichbarer Befugnisse nach dem Recht der jeweiligen Drittstaaten erforderlich ist;
4. zur frühzeitigen Warnung oder Konsultation der Parteien der Kooperationsvereinbarung, bevor wesentliche Maßnahmen gemäß diesem Gesetz oder nach dem Recht des jeweiligen Drittstaats ergriffen werden, die das Institut oder die Gruppe betreffen, die Gegenstand der Vereinbarung ist;
5. zur Koordinierung der öffentlichen Kommunikation im Fall gemeinsamer Abwicklungsmaßnahmen;
6. zu Verfahren und Modalitäten für den Informationsaustausch und die Zusammenarbeit nach den Nummern 1 bis 5, insbesondere, soweit angemessen, durch Einsetzung und Tätigwerden von Krisenmanagementgruppen.

(5) Die Abwicklungsbehörde unterrichtet die Europäische Bankenaufsichtsbehörde über Kooperationsvereinbarungen, die die Abwicklungsbehörde oder Aufsichtsbehörde geschlossen hat.

§ 169 Anerkennung und Durchsetzung von Drittstaatsabwicklungsverfahren. (1) [1]Die Bestimmungen dieses Paragraphen gelten in Bezug auf Drittstaatsabwicklungsverfahren, sofern und solange keine Übereinkunft gemäß § 167 Absatz 4 mit dem betreffenden Drittstaat in Kraft getreten ist. [2]Sie gelten ferner nach dem Inkrafttreten einer Übereinkunft gemäß § 167 Absatz 4 mit einem Drittstaat, sofern in der Übereinkunft die Anerkennung und Durchsetzung der Drittstaatsabwicklungsverfahren nicht geregelt wird.

(2) Drittstaatsabwicklungsverfahren ist eine nach dem Recht eines Drittstaats vorgesehene Maßnahme zum Umgang mit dem Ausfall eines Drittstaatsinsti-

tuts, die in ihren Zielen und zu erwartenden Ergebnissen mit den in diesem Gesetz vorgesehenen Abwicklungsmaßnahmen vergleichbar ist.

(3) [1] Besteht ein europäisches Abwicklungskollegium gemäß § 159 Absatz 1, entscheidet dieses im Rahmen einer gemeinsamen Entscheidung darüber, ob es Drittstaatsabwicklungsverfahren in Bezug auf ein Drittstaatsinstitut oder ein Mutterunternehmen anerkennt, sofern kein Fall gemäß § 170 vorliegt und sofern

1. das Drittstaatsinstitut oder Mutterunternehmen inländische Tochterinstitute oder eine oder mehrere als bedeutend eingestufte, inländische Unionszweigstellen in zwei oder mehreren anderen Mitgliedstaaten hat oder
2. das Drittstaatsinstitut oder Mutterunternehmen über Vermögenswerte, Rechte oder Verbindlichkeiten verfügt, die in zwei oder mehreren Mitgliedstaaten belegen sind oder dem Recht dieser Mitgliedstaaten unterliegen.

[2] Hat sich das europäische Abwicklungskollegium in einer gemeinsamen Entscheidung auf die Anerkennung eines Drittstaatsabwicklungsverfahrens verständigt, so setzt die Abwicklungsbehörde dieses Drittstaatsabwicklungsverfahren, vorbehaltlich dessen Vereinbarkeit mit deutschem Recht sowie mit bestehenden zwischenstaatlichen Vereinbarungen mit dem jeweiligen Drittstaat, im Wege der Amtshilfe durch.

(4) [1] Liegt keine gemeinsame Entscheidung des europäischen Abwicklungskollegiums über die Anerkennung eines Drittstaatsabwicklungsverfahrens nach Absatz 2 vor, entscheidet die Abwicklungsbehörde für Tochterinstitute mit Sitz im Inland oder eine als bedeutend eingestufte inländische Unionszweigstelle sowie für Vermögenswerte, Rechte oder Verbindlichkeiten, die in Deutschland belegen sind oder deutschem Recht unterliegen, unter Berücksichtigung der Regelung des § 170 über die Anerkennung und Durchsetzung von Drittstaatsabwicklungsverfahren. [2] Sie berücksichtigt dabei die Interessen der einzelnen Mitgliedstaaten, in denen ein Drittstaatsinstitut oder ein Mutterunternehmen tätig ist, sowie insbesondere mögliche Auswirkungen der Anerkennung und Durchsetzung von Drittstaatsabwicklungsverfahren auf andere Teile der Gruppe und auf die Finanzstabilität in den betroffenen Mitgliedstaaten.

(5) Unter der Voraussetzung der Vereinbarkeit mit deutschem Recht sowie mit bestehenden zwischenstaatlichen Vereinbarungen mit dem jeweiligen Drittstaat ist die Abwicklungsbehörde nach Maßgabe des Absatzes 4 insbesondere berechtigt

1. zur Ausübung der Abwicklungsbefugnisse gemäß Drittstaatsabwicklungsverfahren im Wege der Amtshilfe in Bezug auf
   a) Vermögenswerte eines Drittstaatsinstituts oder eines Mutterunternehmens, die sich im Inland befinden oder deutschem Recht unterliegen;
   b) Rechte oder Verbindlichkeiten eines Drittstaatsinstituts, die der Unionszweigstelle im Inland obliegen oder dem deutschen Recht unterliegen oder die im Inland einklagbare Forderungen begründen;
2. zum Vollzug oder zur Anordnung des Vollzugs einer Übertragung von Anteilen oder Eigentumstiteln an einem in Deutschland niedergelassenen Tochterinstitut;
3. zur Ausübung der Befugnisse gemäß den §§ 82, 83 oder 84 in Bezug auf die Rechte der Parteien eines Vertrags mit einem in Absatz 3 genannten Unter-

nehmen, wenn solche Befugnisse für die Durchsetzung der Drittstaatsabwicklungsverfahren notwendig sind;

4. zur Beschränkung der Durchsetzbarkeit vertraglicher Rechte, welche insbesondere
   a) die Beendigung, Kündigung, Auflösung oder Abwicklung von Verträgen oder die Tilgung oder Fälligstellung von Forderungen zum Gegenstand haben oder
   b) die vertraglichen Rechte der in Absatz 3 genannten Parteien und anderer gruppenangehöriger Unternehmen beeinträchtigen, wenn und soweit das durchzusetzende Recht aus einer Abwicklungsmaßnahme mit Bezug auf diese Parteien resultiert, unter der Maßgabe, dass die wesentlichen vertraglichen Verpflichtungen, einschließlich der Zahlungs- und Lieferverpflichtungen sowie der Verpflichtung zur Leistung von Sicherheiten, hiervon unberührt bleiben.

(6) Die Abwicklungsbehörde kann, soweit dies im öffentlichen Interesse erforderlich ist, Abwicklungsmaßnahmen in Bezug auf ein Mutterunternehmen durchführen, wenn die zuständige Drittstaatsabwicklungsbehörde zu der Einschätzung gelangt, dass dieses Unternehmen die Abwicklungsvoraussetzungen nach dem nationalen Recht dieses Drittstaats erfüllt.

(7) Die Anerkennung und Durchsetzung der Drittstaatsabwicklungsverfahren berührt nicht die Insolvenzverfahren nach deutschem Recht, die gegebenenfalls im Einklang mit diesem Gesetz anwendbar sind.

(8) [1] Vorbehaltlich der vorherigen Prüfung der Vereinbarkeit mit deutschem Recht sowie mit bestehenden zwischenstaatlichen Vereinbarungen mit dem jeweiligen Drittstaat erkennt die Abwicklungsbehörde, außer in den in § 170 genannten Fällen, Drittstaatsabwicklungsverfahren an, soweit diese Regelungen vorsehen, die für die Erreichung eines oder mehrerer Abwicklungsziele erforderlich sind. [2] Die Anerkennung des Drittstaatsabwicklungsverfahrens berührt in diesem Fall nicht das Abwicklungsverfahren nach deutschem Recht.

§ 170 Recht auf Verweigerung der Anerkennung oder Durchsetzung von Drittstaatsabwicklungsverfahren. Nach Konsultation der betroffenen Abwicklungsbehörden der anderen Mitgliedstaaten des europäischen Abwicklungskollegiums gemäß § 159 kann die Abwicklungsbehörde die Anerkennung oder Durchsetzung der Drittstaatsabwicklungsverfahren verweigern, wenn sie der Auffassung ist, dass

1. sich das betreffende Drittstaatsabwicklungsverfahren negativ auf die nationale Finanzstabilität auswirken würde oder dass sich das Verfahren negativ auf die Finanzstabilität in einem anderen Mitgliedstaat auswirken würde,
2. unabhängige Abwicklungsmaßnahmen gemäß § 171 in Bezug auf eine inländische Unionszweigstelle erforderlich sind, um eines oder mehrere der Abwicklungsziele zu erreichen,
3. Gläubiger, insbesondere Einleger, die in einem Mitgliedstaat ansässig oder auszuzahlen sind, im Rahmen des Drittstaatsabwicklungsverfahrens keine Gleichbehandlung mit Drittstaatsgläubigern und -anlegern mit gleichartigen rechtlichen Interessen genießen würden,
4. die Anerkennung oder Durchsetzung des Drittstaatsabwicklungsverfahrens erhebliche haushaltspolitische Auswirkungen haben würde oder

5. die Auswirkungen dieser Anerkennung oder Durchsetzung im Widerspruch zu nationalem Recht oder nach Auslegung im Sinne dieses Gesetzes im Widerspruch zu geschlossenen bilateralen Abkommen stehen würden.

§ 171 Abwicklung von inländischen Unionszweigstellen. (1) Wenn eine inländische Unionszweigstelle entweder keinem Drittstaatsabwicklungsverfahren unterliegt oder wenn die inländische Unionszweigstelle einem Drittstaatsabwicklungsverfahren unterliegt und gleichzeitig einer der Umstände gemäß § 170 vorliegt, kann die Abwicklungsbehörde in Bezug auf diese Unionszweigstelle eine Abwicklungsmaßnahme treffen, wenn sie der Auffassung ist, dass die Abwicklungsmaßnahme im öffentlichen Interesse erforderlich ist und wenn gleichzeitig mindestens eine der folgenden Voraussetzungen erfüllt ist:

1. die inländische Unionszweigstelle erfüllt nicht mehr oder erfüllt nach Auffassung der Abwicklungsbehörde wahrscheinlich nicht mehr die nach deutschem Recht geltenden Voraussetzungen für ihre Zulassung und die Ausübung ihrer Geschäftstätigkeit und es besteht keine Aussicht, dass eine Maßnahme des privaten Sektors, der Aufsichtsbehörde oder des Drittstaats, in dem das übergeordnete Unternehmen seinen Sitz hat, bewirkt, dass die Voraussetzungen innerhalb eines vertretbaren Zeitrahmens wieder erfüllt werden;
2. das Drittstaatsinstitut ist nach Auffassung der Abwicklungsbehörde nicht in der Lage, wahrscheinlich nicht in der Lage oder nicht dazu bereit, seinen finanziellen Verpflichtungen gegenüber Gläubigern mit Sitz oder Wohnsitz im Inland oder den von der Unionszweigstelle eingegangenen oder von der Unionszweigstelle verbuchten Verpflichtungen bei Fälligkeit nachzukommen, und die Abwicklungsbehörde geht davon aus, dass in Bezug auf das Drittstaatsinstitut kein Drittstaatsabwicklungs- oder -insolvenzverfahren eingeleitet wurde oder in einem vertretbaren Zeitrahmen eingeleitet wird;
3. die Drittstaatsbehörde hat in Bezug auf das Drittstaatsinstitut ein Drittstaatsabwicklungsverfahren eingeleitet oder die Abwicklungsbehörde über ihre Absicht, ein solches Drittstaatsabwicklungsverfahren einzuleiten, in Kenntnis gesetzt.

(2) Trifft die Abwicklungsbehörde eine Abwicklungsmaßnahme in Bezug auf eine inländische Unionszweigstelle, so hat sie dabei den Abwicklungszielen Rechnung zu tragen und hat diese Abwicklungsmaßnahme im Einklang mit den in § 68 festgelegten Grundsätzen sowie den Anforderungen im Zusammenhang mit den Abwicklungsinstrumenten zu treffen, soweit diese Grundsätze oder Anforderungen für die fragliche Abwicklungsmaßnahme einschlägig sind.

Teil 7. Bußgeldvorschriften

§ 172 Bußgeldvorschriften. (1) [1] Ordnungswidrig handelt, wer vorsätzlich oder fahrlässig

1. einer vollziehbaren Anordnung nach § 12 Absatz 3 Satz 1 zuwiderhandelt,
2. entgegen § 12 Absatz 4 Satz 1 einen aktualisierten Sanierungsplan nicht, nicht richtig, nicht vollständig oder nicht rechtzeitig übermittelt,
3. einer vollziehbaren Anordnung nach § 12 Absatz 4 Satz 2 zuwiderhandelt,

4. entgegen § 32 Absatz 1 eine Anzeige nicht, nicht richtig, nicht vollständig oder nicht rechtzeitig erstattet,
5. einer vollziehbaren Anordnung nach
   a) § 42 Absatz 1 Satz 2 oder Satz 3 oder
   b) § 42 Absatz 3 Satz 1 Nummer 1,

   jeweils auch in Verbindung mit § 47 Absatz 1, zuwiderhandelt,
6. entgegen § 45 Absatz 1 Satz 1 in Verbindung mit einer Rechtsverordnung nach § 45 Absatz 2 eine Mitteilung nicht, nicht richtig, nicht vollständig oder nicht rechtzeitig macht,
7. einer vollziehbaren Anordnung nach § 45 Absatz 1 Satz 2 zuwiderhandelt,
8. entgegen § 138 Absatz 1 eine dort genannte Behörde nicht, nicht richtig oder nicht rechtzeitig informiert oder
9. gegen die Mindestanforderung an Eigenmittel und berücksichtigungsfähige Verbindlichkeiten nach § 45e oder § 45f verstößt.

(2) [1] Die Ordnungswidrigkeit kann

1. in den Fällen des Absatzes 1 Nummer 1, 2, 3, 4, 5 Buchstabe a, Nummer 8 oder Nummer 9 mit einer Geldbuße in Höhe von bis zu fünf Millionen Euro,
2. in den Fällen des Absatzes 1 Nummer 5 Buchstabe b mit einer Geldbuße in Höhe von bis zu einer Million Euro und
3. in den Fällen des Absatzes 1 Nummer 6 und 7 mit einer Geldbuße in Höhe von bis zu zweihunderttausend Euro

geahndet werden. [2] § 30 Absatz 2 Satz 3 des Gesetzes über Ordnungswidrigkeiten ist anzuwenden.

(3) [1] Die Geldbuße soll den wirtschaftlichen Vorteil, den der Täter aus der Ordnungswidrigkeit gezogen hat, übersteigen. [2] Reicht das Höchstmaß nach Absatz 2 Satz 1 hierzu nicht aus, so kann es für juristische Personen oder Personenvereinigungen bis zu einem Betrag in folgender Höhe überschritten werden:

1. 10 Prozent des Jahresnettoumsatzes im Sinne des Absatzes 4 des Unternehmens im Geschäftsjahr, das der Ordnungswidrigkeit vorausgeht, oder
2. das Zweifache des durch die Zuwiderhandlung erlangten Mehrerlöses.

[3] § 17 Absatz 4 des Gesetzes über Ordnungswidrigkeiten bleibt unberührt.

(4) [1] Der Jahresnettoumsatz im Sinne des Absatzes 3 Satz 2 Nummer 1 ist der Gesamtbetrag der in § 34 Absatz 2 Satz 1 Nummer 1 Buchstabe a bis e der Kreditinstituts-Rechnungslegungsverordnung[1)] in der jeweils geltenden Fassung genannten Erträge einschließlich der Bruttoerträge bestehend aus Zinserträgen und ähnlichen Erträgen, Erträgen aus Aktien, anderen Anteilsrechten und nicht festverzinslichen bzw. festverzinslichen Wertpapieren sowie Erträgen aus Provisionen und Gebühren wie in Artikel 316 der Verordnung (EU) Nr. 575/2013[2)] ausgeführt, abzüglich der Umsatzsteuer und sonstiger direkt auf diese Erträge erhobener Steuern. [2] Handelt es sich bei dem Unternehmen um ein Tochterunternehmen, ist auf den Jahresnettoumsatz abzustellen, der im

---

1) Nr. **17**.
2) Nr. **6**.

vorangegangenen Geschäftsjahr im konsolidierten Abschluss des Mutterunternehmens an der Spitze der Gruppe ausgewiesen ist.

[§ 172a ab 12.8.2022:]

§ 172a Bußgeldvorschriften zur Verordnung (EU) 2021/23. *(1) Ordnungswidrig handelt, wer gegen die Verordnung (EU) 2021/23 des Europäischen Parlaments und des Rates vom 16. Dezember 2020 über einen Rahmen für die Sanierung und Abwicklung zentraler Gegenparteien und zur Änderung der Verordnungen (EU) Nr. 1095/2010, (EU) Nr. 648/2012, (EU) Nr. 600/2014, (EU) Nr. 806/2014 und (EU) 2015/2365 sowie der Richtlinien 2002/47/EG, 2004/25/EG, 2007/36/EG, 2014/59/EU und (EU) 2017/1132 (ABl. L 22 vom 22.1.2021, S. 1) verstößt, indem er vorsätzlich oder fahrlässig*

1. *entgegen Artikel 9 Absatz 1 einen Sanierungsplan nicht oder nicht rechtzeitig erstellt oder nicht oder nicht mindestens einmal jährlich aktualisiert,*
2. *entgegen Artikel 9 Absatz 6 Unterabsatz 2 oder Artikel 70 Absatz 1 eine Mitteilung nicht, nicht richtig, nicht vollständig oder nicht rechtzeitig macht,*
3. *einer vollziehbaren Anordnung nach Artikel 9 Absatz 7 Unterabsatz 2 oder Artikel 13 Absatz 2 zuwiderhandelt,*
4. *entgegen Artikel 13 Absatz 1 Unterabsatz 1 eine Information nicht oder nicht rechtzeitig übermittelt oder*
5. *entgegen Artikel 13 Absatz 3 Satz 1 eine Information nicht oder nicht rechtzeitig austauscht.*

(2) Die Ordnungswidrigkeit kann mit einer Geldbuße bis zu fünf Millionen Euro geahndet werden.

(3) Bei einer juristischen Person oder Personenvereinigung kann die Ordnungswidrigkeit mit einer Geldbuße bis zu 10 Prozent des jährlichen Gesamtumsatzes der juristischen Person oder Personenvereinigung im vorangegangenen Geschäftsjahr geahndet werden.

(4) Die Ordnungswidrigkeit kann über Absatz 2 oder 3 hinaus mit einer Geldbuße bis zum Zweifachen des aus der Zuwiderhandlung gezogenen Nutzens geahndet werden, sofern sich dieser beziffern lässt.

(5) Handelt es sich im Falle von Absatz 3 bei der juristischen Person oder Personenvereinigung um das Tochterunternehmen eines Mutterunternehmens im Sinne von Artikel 2 Nummer 13 der Verordnung (EU) 2021/23, so bezeichnet Gesamtumsatz den Umsatz, der im vorangegangenen Geschäftsjahr im konsolidierten Abschluss des obersten Mutterunternehmens ausgewiesen ist.

§ 173 Zuständige Verwaltungsbehörde. Verwaltungsbehörde im Sinne des § 36 Absatz 1 Nummer 1 des Gesetzes über Ordnungswidrigkeiten ist in den Fällen des § 172 Absatz 1 Nummer 1 bis 4 und 8 ***[ab 12.8.2022:*** *sowie des § 172a Absatz 1 Nummer 1 bis 3]* die Aufsichtsbehörde, im Übrigen die Abwicklungsbehörde.

§ 174 Vorübergehendes Tätigkeitsverbot; Bekanntmachung von Maßnahmen. (1) Bei wiederholter oder fortgesetzter Begehung von Ordnungswidrigkeiten nach § 172 Absatz 1 kann die Aufsichtsbehörde dem Täter die Wahrnehmung von Aufgaben in Instituten oder gruppenangehörigen Unternehmen vorübergehend untersagen.

(2) Die Abwicklungsbehörde soll jede gegen ein Institut oder gruppenangehöriges Unternehmen, gegen einen Geschäftsleiter oder eine Geschäftsleiterin eines Instituts oder gruppenangehörigen Unternehmens oder eine andere Person verhängte und bestandskräftig gewordene Maßnahme, die sie wegen eines Verstoßes gegen dieses Gesetz und die dazu erlassenen Rechtsverordnungen verhängt hat, und jede unanfechtbar gewordene Bußgeldentscheidung nach Maßgabe der Absätze 3 bis 5 unverzüglich auf ihren Internetseiten öffentlich bekannt machen und dabei auch Informationen zu Art und Charakter des Verstoßes mitteilen.

(3) [1] Die Abwicklungsbehörde hat eine bestandskräftig gewordene Maßnahme und eine unanfechtbar gewordene Bußgeldentscheidung auf anonymer Basis bekannt zu machen, wenn eine Bekanntmachung nach Absatz 2

1. das Persönlichkeitsrecht natürlicher Personen verletzt oder eine Bekanntmachung personenbezogener Daten aus sonstigen Gründen unverhältnismäßig wäre,
2. die Stabilität der Finanzmärkte der Bundesrepublik Deutschland oder eines oder mehrerer Mitgliedstaaten des Europäischen Wirtschaftsraums oder den Fortgang einer strafrechtlichen Ermittlung erheblich gefährden würde oder
3. den beteiligten Instituten, gruppenangehörigen Unternehmen oder natürlichen Personen einen unverhältnismäßig großen Schaden zufügen würde.

[2] Abweichend von Satz 1 kann die Abwicklungsbehörde in den Fällen von Satz 1 Nummer 2 und 3 so lange von der Bekanntmachung nach Absatz 2 absehen, bis die Gründe für eine Bekanntmachung auf anonymer Basis weggefallen sind.

(4) [1] Die Maßnahmen und Bußgeldentscheidungen im Sinne des Absatzes 2 sollen für fünf Jahre ab Bestandskraft der Maßnahme oder Unanfechtbarkeit der Bußgeldentscheidung auf den Internetseiten der Abwicklungsbehörde veröffentlicht bleiben. [2] Die Bekanntmachung ist nach fünf Jahren zu löschen.

(5) Die Abwicklungsbehörde informiert die Aufsichtsbehörde und das Bundesministerium der Finanzen über alle bestandskräftig gewordenen Maßnahmen und unanfechtbar gewordenen Bußgeldentscheidungen.

(6) [1] Die Abwicklungsbehörde und die Aufsichtsbehörde informieren die Europäische Bankenaufsichtsbehörde über alle bestandskräftig gewordenen Maßnahmen und unanfechtbar gewordenen Bußgeldentscheidungen; Absatz 4 gilt entsprechend. [2] Die Europäische Bankenaufsichtsbehörde ist befugt, die übermittelten bestandskräftig gewordenen Maßnahmen und eine unanfechtbar gewordene Bußgeldentscheidung zentral in einer Datenbank zu verwalten und zum Zweck des Informationsaustausches anderen Aufsichtsbehörden und Abwicklungsbehörden eines Mitgliedstaats zugänglich zu machen.

§ 175 Beteiligung der Abwicklungsbehörde und Mitteilungen in Strafsachen. (1) [1] Das Gericht, die Strafverfolgungs- oder die Strafvollstreckungsbehörde hat in Strafverfahren gegen Inhaber oder Geschäftsleiter von Instituten, gruppenangehörigen Unternehmen oder Mitglieder der Verwaltungs- oder Aufsichtsorgane von Instituten oder gruppenangehörigen Unternehmen sowie gegen Inhaber bedeutender Beteiligungen an Instituten oder gruppenangehörigen Unternehmen oder deren gesetzliche Vertreter oder persönlich haftende Gesellschafter wegen Verletzung ihrer Berufspflichten oder anderer Straftaten bei oder im Zusammenhang mit der Ausübung eines Gewerbes oder dem Betrieb einer sonstigen wirtschaftlichen Unternehmung im Fall der Erhebung der öffentlichen Klage der Abwicklungsbehörde

1. die Anklageschrift oder eine an ihre Stelle tretende Antragsschrift,
2. den Antrag auf Erlass eines Strafbefehls und
3. die das Verfahren abschließende Entscheidung mit Begründung

zu übermitteln; ist gegen die Entscheidung ein Rechtsmittel eingelegt worden, ist die Entscheidung unter Hinweis auf das eingelegte Rechtsmittel zu übermitteln. [2]In Verfahren wegen fahrlässig begangener Straftaten werden die in Satz 1 Nummer 1 und 2 bestimmten Übermittlungen nur vorgenommen, wenn aus der Sicht der übermittelnden Stelle unverzüglich Entscheidungen oder andere Maßnahmen der Abwicklungsbehörde geboten sind.

(2) [1]Werden sonst in einem Strafverfahren Tatsachen bekannt, die auf Missstände in dem Geschäftsbetrieb eines Instituts oder einem gruppenangehörigen Unternehmen hindeuten, und ist deren Kenntnis aus der Sicht der übermittelnden Stelle für Maßnahmen der Abwicklungsbehörde nach diesem Gesetz erforderlich, soll das Gericht, die Strafverfolgungs- oder die Strafvollstreckungsbehörde diese Tatsachen ebenfalls mitteilen, soweit nicht für die übermittelnde Stelle erkennbar ist, dass schutzwürdige Interessen des Betroffenen überwiegen. [2]Dabei ist zu berücksichtigen, wie gesichert die zu übermittelnden Erkenntnisse sind.

(3) [1]Der Abwicklungsbehörde ist auf Antrag Akteneinsicht zu gewähren, soweit nicht für die Akteneinsicht gewährende Stelle erkennbar ist, dass schutzwürdige Interessen des Betroffenen überwiegen. [2]Absatz 2 Satz 2 gilt entsprechend.

Teil 8. Maßnahmen des Ausschusses

§ 176 Unterstützung bei Untersuchungen; Zwangsmaßnahmen.

(1) Beschließt der Ausschuss, seine Untersuchungsbefugnisse nach den Artikeln 34 bis 36 der Verordnung (EU) Nr. 806/2014[1)] mit Hilfe der Abwicklungsbehörde auszuüben, ist die Abwicklungsbehörde befugt, die zur Unterstützung des Ausschusses erforderlichen Maßnahmen zu treffen, insbesondere

1. die in Artikel 34 Absatz 1 der Verordnung (EU) Nr. 806/2014 genannten Informationen anzufordern und an den Ausschuss weiterzugeben;
2. die in Artikel 35 Absatz 1 der Verordnung (EU) Nr. 806/2014 genannten Untersuchungen durchzuführen;
3. an Prüfungen vor Ort nach Artikel 36 der Verordnung (EU) Nr. 806/2014 nach Maßgabe des § 177 mitzuwirken.

(2) [1]Die Abwicklungsbehörde ist in den Fällen von Artikel 35 Absatz 2 Unterabsatz 2 und Artikel 36 Absatz 5 der Verordnung (EU) Nr. 806/2014 zuständig für die Androhung und Festsetzung der erforderlichen Zwangsmittel sowie für die Durchführung des Verwaltungszwangs. [2]Das Verwaltungsvollstreckungsgesetz gilt entsprechend.

§ 177 Prüfungen vor Ort nach der SRM-Verordnung. [1]Für Prüfungen vor Ort nach Artikel 36 der Verordnung (EU) Nr. 806/2014[1)] durch die dort

---

[1)] Nr. 22.

genannten Bediensteten und Personen gilt § 78 Absatz 2 bis 4 entsprechend. [2]Der Umfang der Prüfung durch das Amtsgericht richtet sich nach Artikel 37 Absatz 2 der Verordnung (EU) Nr. 806/2014.

§ 178 Vollstreckung der vom Ausschuss verhängten Geldbußen und Zwangsgelder. (1) Für die Vollstreckung der durch den Ausschuss nach den Artikeln 38 und 39 der Verordnung (EU) Nr. 806/2014[1)] verhängten Geldbußen und Zwangsgelder gilt vorbehaltlich der Absätze 2 und 3 das Verwaltungs-Vollstreckungsgesetz.

(2) [1]Abweichend von § 3 Absatz 1 und 2 Buchstabe a des Verwaltungs-Vollstreckungsgesetzes ist zur Vollstreckung der vom Ausschuss verhängten Geldbußen oder Zwangsgelder ein Vollstreckungstitel nach Artikel 41 Absatz 3 der Verordnung (EU) Nr. 806/2014 erforderlich. [2]Der Vollstreckungstitel wird von der Abwicklungsbehörde nach einer Prüfung, die sich ausschließlich auf die Echtheit des zu vollstreckenden Beschlusses des Ausschusses beschränkt, ausgestellt. [3]Abweichend von § 3 Absatz 4 des Verwaltungs-Vollstreckungsgesetzes wird die Vollstreckungsanordnung von der Abwicklungsbehörde auf Ersuchen des Ausschusses erlassen.

(3) Abweichend von § 5 des Verwaltungs-Vollstreckungsgesetzes darf die Zwangsvollstreckung nur durch eine Entscheidung des Gerichtshofs ausgesetzt werden.

Teil 9. Rechtsbehelf und Ausschluss anderer Maßnahmen

§ 179 Rechtsschutz. (1) [1]Ein Widerspruchsverfahren gegen eine Abwicklungsmaßnahme wird nicht durchgeführt. [2]Eine Anfechtungsklage gegen Abwicklungsmaßnahmen der Abwicklungsbehörde einschließlich der Androhung und Festsetzung von Zwangsmitteln nach diesem Gesetz hat keine aufschiebende Wirkung.

(1a) Widerspruch und Anfechtungsklage gegen Verwaltungsakte einschließlich der Androhung und Festsetzung von Zwangsmitteln auf der Grundlage von § 1 Absatz 2, der §§ 12, 14, 16, 36 bis 39, 42, 49 bis 54, 59 bis 60a und 152d haben keine aufschiebende Wirkung.

(2) [1]Eine Abwicklungsmaßnahme kann binnen eines Monats nach Bekanntgabe vor dem für den Sitz der Abwicklungsbehörde zuständigen Oberverwaltungsgericht im ersten und letzten Rechtszug angefochten werden. [2]Nebenbestimmungen zu einer Abwicklungsmaßnahme sind nicht isoliert anfechtbar.

(3) [1]Die die Rechtslage gestaltenden Wirkungen der Anordnung bleiben von der Aufhebung einer Abwicklungsmaßnahme unberührt. [2]Die Beseitigung der Vollzugsfolgen kann insoweit nicht verlangt werden. [3]Satz 2 gilt nicht, wenn die Folgenbeseitigung

1. die Abwicklungsziele nicht gefährdet,
2. keine schutzwürdigen Interessen Dritter bedrohen würde und
3. nicht unmöglich ist.

(4) Soweit die Beseitigung der Vollzugsfolgen nach Absatz 3 Satz 2 ausgeschlossen ist, steht den Betroffenen ein Anspruch auf Ausgleich der durch die Abwicklungsmaßnahme entstandenen Nachteile zu.

[1)] Nr. 22.

§ 180 Unterbrechung von gerichtlichen Verfahren in Zivilsachen.

Im Fall des Erlasses einer Abwicklungsmaßnahme der Abwicklungsbehörde gegen ein Institut oder ein gruppenangehöriges Unternehmen mit Sitz im Inland wird ein Verfahren in Zivilsachen, an dem das Institut oder das gruppenangehörige Unternehmen mit Sitz im Inland als Partei oder als Streitgenosse oder Dritter im Sinne des Buches 1 Abschnitt 2 Titel 2 und 3 der Zivilprozessordnung beteiligt ist, unterbrochen, bis die Abwicklungsbehörde die Beendigung der Abwicklungsmaßnahme gemäß § 140 Absatz 6 veröffentlicht hat.

§ 181 Haftungsbeschränkung. [1] Abweichend von § 75 Absatz 1 Satz 1 des Bundesbeamtengesetzes haben Beamtinnen und Beamte, deren Behörden Aufgaben nach diesem Gesetz wahrzunehmen haben, einen Schaden, den sie bei der Wahrnehmung von Aufgaben, die ihrer Behörde nach diesem Gesetz obliegen, verursacht haben, nur dann zu ersetzen, wenn sie die ihnen obliegenden Pflichten vorsätzlich verletzt haben. [2] Satz 1 gilt entsprechend für Amtsträger, die keine Beamtinnen oder Beamten sind, einschließlich der Tarifbeschäftigten.

24. Bürgerliches Gesetzbuch (BGB)[1] [2] [3] [4] [5] [6]

In der Fassung der Bekanntmachung vom 2. Januar 2002[7]
(BGBl. I S. 42, ber. S. 2909 und 2003 I S. 738)

FNA 400-2

zuletzt geänd. durch Art. 2 G zur Herstellung materieller Gerechtigkeit v. 21.12.2021 (BGBl. I S. 5252)

---

[1] **Amtl. Anm.:** Dieses Gesetz dient der Umsetzung folgender Richtlinien:

1. Richtlinie 76/207/EWG des Rates vom 9. Februar 1976 zur Verwirklichung des Grundsatzes der Gleichbehandlung von Männern und Frauen hinsichtlich des Zugangs zur Beschäftigung, zur Berufsbildung und zum beruflichen Aufstieg sowie in Bezug auf die Arbeitsbedingungen (ABl. EG Nr. L 39 S. 40),
2. Richtlinie 77/187/EWG des Rates vom 14. Februar 1977 zur Angleichung der Rechtsvorschriften der Mitgliedstaaten über die Wahrung von Ansprüchen der Arbeitnehmer beim Übergang von Unternehmen, Betrieben oder Betriebsteilen (ABl. EG Nr. L 61 S. 26),
3. Richtlinie 85/577/EWG des Rates vom 20. Dezember 1985 betreffend den Verbraucherschutz im Falle von außerhalb von Geschäftsräumen geschlossenen Verträgen (ABl. EG Nr. L 372 S. 31),
4. Richtlinie 87/102/EWG des Rates zur Angleichung der Rechts- und Verwaltungsvorschriften der Mitgliedstaaten über den Verbraucherkredit (ABl. EG Nr. L 42 S. 48), zuletzt geändert durch die Richtlinie 98/7/EG des Europäischen Parlaments und des Rates vom 16. Februar 1998 zur Änderung der Richtlinie 87/102/EWG zur Angleichung der Rechts- und Verwaltungsvorschriften der Mitgliedstaaten über den Verbraucherkredit (ABl. EG Nr. L 101 S. 17),
5. Richtlinie 90/314/EWG des Europäischen Parlaments und des Rates vom 13. Juni 1990 über Pauschalreisen (ABl. EG Nr. L 158 S. 59),
6. Richtlinie 93/13/EWG des Rates vom 5. April 1993 über missbräuchliche Klauseln in Verbraucherverträgen (ABl. EG Nr. L 95 S. 29),
7. Richtlinie 94/47/EG des Europäischen Parlaments und des Rates vom 26. Oktober 1994 zum Schutz der Erwerber im Hinblick auf bestimmte Aspekte von Verträgen über den Erwerb von Teilzeitnutzungsrechten an Immobilien (ABl. EG Nr. L 280 S. 82),
8. der Richtlinie 97/5/EG des Europäischen Parlaments und des Rates vom 27. Januar 1997 über grenzüberschreitende Überweisungen (ABl. EG Nr. L 43 S. 25),
9. Richtlinie 97/7/EG des Europäischen Parlaments und des Rates vom 20. Mai 1997 über den Verbraucherschutz bei Vertragsabschlüssen im Fernabsatz (ABl. EG Nr. L 144 S. 19),
10. Artikel 3 bis 5 der Richtlinie 98/26/EG des Europäischen Parlaments und des Rates über die Wirksamkeit von Abrechnungen in Zahlungs- und Wertpapierliefer- und -abrechnungssystemen vom 19. Mai 1998 (ABl. EG Nr. L 166 S. 45),
11. Richtlinie 1999/44/EG des Europäischen Parlaments und des Rates vom 25. Mai 1999 zu bestimmten Aspekten des Verbrauchsgüterkaufs und der Garantien für Verbrauchsgüter (ABl. EG Nr. L 171 S. 12),
12. Artikel 10, 11 und 18 der Richtlinie 2000/31/EG des Europäischen Parlaments und des Rates vom 8. Juni 2000 über bestimmte rechtliche Aspekte der Dienste der Informationsgesellschaft, insbesondere des elektronischen Geschäftsverkehrs, im Binnenmarkt („Richtlinie über den elektronischen Geschäftsverkehr", ABl. EG Nr. L 178 S. 1),
13. Richtlinie 2000/35/EG des Europäischen Parlaments und des Rates vom 29. Juni 2000 zur Bekämpfung von Zahlungsverzug im Geschäftsverkehr (ABl. EG Nr. L 200 S. 35).

[2] Wegen der Übergangsregelung zum Inkrafttreten des SchuldrechtsmodernisierungsG beachte Art. 229 §§ 5–7 EGBGB (Nr. **25**).

[3] Die Änderungen durch G v. 4.5.2021 (BGBl. I S. 882) treten erst **mWv 1.1.2023** in Kraft und sind im Text noch nicht berücksichtigt.

[4] Die Änderungen durch G v. 3.6.2021 (BGBl. I S. 1444) treten teilweise erst **mWv 1.1.2023** in Kraft und sind insoweit im Text noch nicht berücksichtigt.

[5] Die Änderungen durch G v. 16.7.2021 (BGBl. I S. 2947) treten erst **mWv 1.7.2023** und **mWv 1.1.2026** in Kraft und sind im Text noch nicht berücksichtigt.

[6] Die Änderungen durch G v. 10.8.2021 (BGBl. I S. 3436) treten teilweise erst **mWv 1.1.2024** in Kraft und sind insoweit im Text noch nicht berücksichtigt.

[7] Neubekanntmachung des BGB v. 18.8.1896 (RGBl. S. 195) in der ab 1.1.2002 geltenden Fassung.

– Auszug –

Buch 2.[1) 2)] Recht der Schuldverhältnisse

Abschnitt 2.[3)] Gestaltung rechtsgeschäftlicher Schuldverhältnisse durch Allgemeine Geschäftsbedingungen[4)]

§ 305 Einbeziehung Allgemeiner Geschäftsbedingungen in den Vertrag. (1) [1] Allgemeine Geschäftsbedingungen sind alle für eine Vielzahl von Verträgen vorformulierten Vertragsbedingungen, die eine Vertragspartei (Verwender) der anderen Vertragspartei bei Abschluss eines Vertrags stellt. [2] Gleichgültig ist, ob die Bestimmungen einen äußerlich gesonderten Bestandteil des Vertrags bilden oder in die Vertragsurkunde selbst aufgenommen werden, welchen Umfang sie haben, in welcher Schriftart sie verfasst sind und welche Form der Vertrag hat. [3] Allgemeine Geschäftsbedingungen liegen nicht vor, soweit die Vertragsbedingungen zwischen den Vertragsparteien im Einzelnen ausgehandelt sind.

(2) Allgemeine Geschäftsbedingungen werden nur dann Bestandteil eines Vertrags, wenn der Verwender bei Vertragsschluss

1. die andere Vertragspartei ausdrücklich oder, wenn ein ausdrücklicher Hinweis wegen der Art des Vertragsschlusses nur unter unverhältnismäßigen Schwierigkeiten möglich ist, durch deutlich sichtbaren Aushang am Orte des Vertragsschlusses auf sie hinweist und
2. der anderen Vertragspartei die Möglichkeit verschafft, in zumutbarer Weise, die auch eine für den Verwender erkennbare körperliche Behinderung der anderen Vertragspartei angemessen berücksichtigt, von ihrem Inhalt Kenntnis zu nehmen,

und wenn die andere Vertragspartei mit ihrer Geltung einverstanden ist.

(3) Die Vertragsparteien können für eine bestimmte Art von Rechtsgeschäften die Geltung bestimmter Allgemeiner Geschäftsbedingungen unter Beachtung der in Absatz 2 bezeichneten Erfordernisse im Voraus vereinbaren.

§ 305a Einbeziehung in besonderen Fällen. Auch ohne Einhaltung der in § 305 Abs. 2 Nr. 1 und 2 bezeichneten Erfordernisse werden einbezogen, wenn die andere Vertragspartei mit ihrer Geltung einverstanden ist,

1. die mit Genehmigung der zuständigen Verkehrsbehörde oder auf Grund von internationalen Übereinkommen erlassenen Tarife und Ausführungsbestimmungen der Eisenbahnen und die nach Maßgabe des Personenbeförderungsgesetzes genehmigten Beförderungsbedingungen der Straßenbahnen, Obusse und Kraftfahrzeuge im Linienverkehr in den Beförderungsvertrag,

---

[1)] Wegen des aufgrund des Gesetzes zur Modernisierung des Schuldrechts geltenden Übergangsrechts zum Recht der Schuldverhältnisse beachte Art. 229 § 5 EGBGB (Nr. **25**).

[2)] Wegen des für das Gebiet der ehem. DDR zum Recht der Schuldverhältnisse geltenden Übergangsrechts beachte Art. 232 EGBGB idF der Bek. v. 21.9.1994 (BGBl. I S. 2494, ber. 1997 S. 1061), zuletzt geänd. durch G v. 21.12.2021 (BGBl. I S. 5252).

[3)] **Amtl. Anm.:** Dieser Abschnitt dient auch der Umsetzung der Richtlinie 93/13/EWG des Rates vom 5. April 1993 über missbräuchliche Klauseln in Verbraucherverträgen (ABl. EG Nr. L 95 S. 29).

[4)] Beachte hierzu auch G über Unterlassungsklagen bei Verbraucherrechts- und anderen Verstößen (Unterlassungsklagengesetz – UKlaG) idF der Bek. v. 27.8.2002 (BGBl. I S. 3422, ber. S. 4346), zuletzt geänd. durch G v. 25.6.2021 (BGBl. I S. 2123).

2. die im Amtsblatt der Bundesnetzagentur für Elektrizität, Gas, Telekommunikation, Post und Eisenbahnen veröffentlichten und in den Geschäftsstellen des Verwenders bereitgehaltenen Allgemeinen Geschäftsbedingungen
   a) in Beförderungsverträge, die außerhalb von Geschäftsräumen durch den Einwurf von Postsendungen in Briefkästen abgeschlossen werden,
   b) in Verträge über Telekommunikations-, Informations- und andere Dienstleistungen, die unmittelbar durch Einsatz von Fernkommunikationsmitteln und während der Erbringung einer Telekommunikationsdienstleistung in einem Mal erbracht werden, wenn die Allgemeinen Geschäftsbedingungen der anderen Vertragspartei nur unter unverhältnismäßigen Schwierigkeiten vor dem Vertragsschluss zugänglich gemacht werden können.

§ 305b Vorrang der Individualabrede. Individuelle Vertragsabreden haben Vorrang vor Allgemeinen Geschäftsbedingungen.

§ 305c Überraschende und mehrdeutige Klauseln. (1) Bestimmungen in Allgemeinen Geschäftsbedingungen, die nach den Umständen, insbesondere nach dem äußeren Erscheinungsbild des Vertrags, so ungewöhnlich sind, dass der Vertragspartner des Verwenders mit ihnen nicht zu rechnen braucht, werden nicht Vertragsbestandteil.

(2) Zweifel bei der Auslegung Allgemeiner Geschäftsbedingungen gehen zu Lasten des Verwenders.

§ 306 Rechtsfolgen bei Nichteinbeziehung und Unwirksamkeit.

(1) Sind Allgemeine Geschäftsbedingungen ganz oder teilweise nicht Vertragsbestandteil geworden oder unwirksam, so bleibt der Vertrag im Übrigen wirksam.

(2) Soweit die Bestimmungen nicht Vertragsbestandteil geworden oder unwirksam sind, richtet sich der Inhalt des Vertrags nach den gesetzlichen Vorschriften.

(3) Der Vertrag ist unwirksam, wenn das Festhalten an ihm auch unter Berücksichtigung der nach Absatz 2 vorgesehenen Änderung eine unzumutbare Härte für eine Vertragspartei darstellen würde.

§ 306a Umgehungsverbot. Die Vorschriften dieses Abschnitts finden auch Anwendung, wenn sie durch anderweitige Gestaltungen umgangen werden.

§ 307 Inhaltskontrolle. (1) [1] Bestimmungen in Allgemeinen Geschäftsbedingungen sind unwirksam, wenn sie den Vertragspartner des Verwenders entgegen den Geboten von Treu und Glauben unangemessen benachteiligen. [2] Eine unangemessene Benachteiligung kann sich auch daraus ergeben, dass die Bestimmung nicht klar und verständlich ist.

(2) Eine unangemessene Benachteiligung ist im Zweifel anzunehmen, wenn eine Bestimmung

1. mit wesentlichen Grundgedanken der gesetzlichen Regelung, von der abgewichen wird, nicht zu vereinbaren ist oder
2. wesentliche Rechte oder Pflichten, die sich aus der Natur des Vertrags ergeben, so einschränkt, dass die Erreichung des Vertragszwecks gefährdet ist.

(3) [1]Die Absätze 1 und 2 sowie die §§ 308 und 309 gelten nur für Bestimmungen in Allgemeinen Geschäftsbedingungen, durch die von Rechtsvorschriften abweichende oder diese ergänzende Regelungen vereinbart werden. [2]Andere Bestimmungen können nach Absatz 1 Satz 2 in Verbindung mit Absatz 1 Satz 1 unwirksam sein.

§ 308[1)] Klauselverbote mit Wertungsmöglichkeit. In Allgemeinen Geschäftsbedingungen ist insbesondere unwirksam

1. (Annahme- und Leistungsfrist)
eine Bestimmung, durch die sich der Verwender unangemessen lange oder nicht hinreichend bestimmte Fristen für die Annahme oder Ablehnung eines Angebots oder die Erbringung einer Leistung vorbehält; ausgenommen hiervon ist der Vorbehalt, erst nach Ablauf der Widerrufsfrist nach § 355 Absatz 1 und 2 zu leisten;

1a. (Zahlungsfrist)
eine Bestimmung, durch die sich der Verwender eine unangemessen lange Zeit für die Erfüllung einer Entgeltforderung des Vertragspartners vorbehält; ist der Verwender kein Verbraucher, ist im Zweifel anzunehmen, dass eine Zeit von mehr als 30 Tagen nach Empfang der Gegenleistung oder, wenn dem Schuldner nach Empfang der Gegenleistung eine Rechnung oder gleichwertige Zahlungsaufstellung zugeht, von mehr als 30 Tagen nach Zugang dieser Rechnung oder Zahlungsaufstellung unangemessen lang ist;

1b. (Überprüfungs- und Abnahmefrist)
eine Bestimmung, durch die sich der Verwender vorbehält, eine Entgeltforderung des Vertragspartners erst nach unangemessen langer Zeit für die Überprüfung oder Abnahme der Gegenleistung zu erfüllen; ist der Verwender kein Verbraucher, ist im Zweifel anzunehmen, dass eine Zeit von mehr als 15 Tagen nach Empfang der Gegenleistung unangemessen lang ist;

2. (Nachfrist)
eine Bestimmung, durch die sich der Verwender für die von ihm zu bewirkende Leistung abweichend von Rechtsvorschriften eine unangemessen lange oder nicht hinreichend bestimmte Nachfrist vorbehält;

3. (Rücktrittsvorbehalt)
die Vereinbarung eines Rechts des Verwenders, sich ohne sachlich gerechtfertigten und im Vertrag angegebenen Grund von seiner Leistungspflicht zu lösen; dies gilt nicht für Dauerschuldverhältnisse;

4. (Änderungsvorbehalt)
die Vereinbarung eines Rechts des Verwenders, die versprochene Leistung zu ändern oder von ihr abzuweichen, wenn nicht die Vereinbarung der Änderung oder Abweichung unter Berücksichtigung der Interessen des Verwenders für den anderen Vertragsteil zumutbar ist;

5. (Fingierte Erklärungen)
eine Bestimmung, wonach eine Erklärung des Vertragspartners des Verwenders bei Vornahme oder Unterlassung einer bestimmten Handlung als von ihm abgegeben oder nicht abgegeben gilt, es sei denn, dass

---

[1)] Beachte hierzu Übergangsvorschrift in Art. 229 § 60 EGBGB idF der Bek. v. 21.9.1994 (BGBl. I S. 2494, ber. 1997 S. 1061), zuletzt geänd. durch G v. 21.12.2021 (BGBl. I S. 5252).

a) dem Vertragspartner eine angemessene Frist zur Abgabe einer ausdrücklichen Erklärung eingeräumt ist und

b) der Verwender sich verpflichtet, den Vertragspartner bei Beginn der Frist auf die vorgesehene Bedeutung seines Verhaltens besonders hinzuweisen;

6. (Fiktion des Zugangs)
eine Bestimmung, die vorsieht, dass eine Erklärung des Verwenders von besonderer Bedeutung dem anderen Vertragsteil als zugegangen gilt;

7. (Abwicklung von Verträgen)
eine Bestimmung, nach der der Verwender für den Fall, dass eine Vertragspartei vom Vertrag zurücktritt oder den Vertrag kündigt,

a) eine unangemessen hohe Vergütung für die Nutzung oder den Gebrauch einer Sache oder eines Rechts oder für erbrachte Leistungen oder

b) einen unangemessen hohen Ersatz von Aufwendungen verlangen kann;

8. (Nichtverfügbarkeit der Leistung)
die nach Nummer 3 zulässige Vereinbarung eines Vorbehalts des Verwenders, sich von der Verpflichtung zur Erfüllung des Vertrags bei Nichtverfügbarkeit der Leistung zu lösen, wenn sich der Verwender nicht verpflichtet,

a) den Vertragspartner unverzüglich über die Nichtverfügbarkeit zu informieren und

b) Gegenleistungen des Vertragspartners unverzüglich zu erstatten;

9. (Abtretungsausschluss)
eine Bestimmung, durch die die Abtretbarkeit ausgeschlossen wird

a) für einen auf Geld gerichteten Anspruch des Vertragspartners gegen den Verwender oder

b) für ein anderes Recht, das der Vertragspartner gegen den Verwender hat, wenn

aa) beim Verwender ein schützenswertes Interesse an dem Abtretungsausschluss nicht besteht oder

bb) berechtigte Belange des Vertragspartners an der Abtretbarkeit des Rechts das schützenswerte Interesse des Verwenders an dem Abtretungsausschluss überwiegen;

Buchstabe a gilt nicht für Ansprüche aus Zahlungsdiensterahmenverträgen und die Buchstaben a und b gelten nicht für Ansprüche auf Versorgungsleistungen im Sinne des Betriebsrentengesetzes.

§ 309[1] **Klauselverbote ohne Wertungsmöglichkeit.** Auch soweit eine Abweichung von den gesetzlichen Vorschriften zulässig ist, ist in Allgemeinen Geschäftsbedingungen unwirksam

1. (Kurzfristige Preiserhöhungen)
eine Bestimmung, welche die Erhöhung des Entgelts für Waren oder Leistungen vorsieht, die innerhalb von vier Monaten nach Vertragsschluss geliefert oder erbracht werden sollen; dies gilt nicht bei Waren oder Leistungen, die im Rahmen von Dauerschuldverhältnissen geliefert oder erbracht werden;

2. (Leistungsverweigerungsrechte)

---

[1] Beachte hierzu Übergangsvorschrift in Art. 229 § 60 EGBGB idF der Bek. v. 21.9.1994 (BGBl. I S. 2494, ber. 1997 S. 1061), zuletzt geänd. durch G v. 21.12.2021 (BGBl. I S. 5252).

eine Bestimmung, durch die

a) das Leistungsverweigerungsrecht, das dem Vertragspartner des Verwenders nach § 320 zusteht, ausgeschlossen oder eingeschränkt wird oder

b) ein dem Vertragspartner des Verwenders zustehendes Zurückbehaltungsrecht, soweit es auf demselben Vertragsverhältnis beruht, ausgeschlossen oder eingeschränkt, insbesondere von der Anerkennung von Mängeln durch den Verwender abhängig gemacht wird;

3. (Aufrechnungsverbot)
eine Bestimmung, durch die dem Vertragspartner des Verwenders die Befugnis genommen wird, mit einer unbestrittenen oder rechtskräftig festgestellten Forderung aufzurechnen;

4. (Mahnung, Fristsetzung)
eine Bestimmung, durch die der Verwender von der gesetzlichen Obliegenheit freigestellt wird, den anderen Vertragsteil zu mahnen oder ihm eine Frist für die Leistung oder Nacherfüllung zu setzen;

5. (Pauschalierung von Schadensersatzansprüchen)
die Vereinbarung eines pauschalierten Anspruchs des Verwenders auf Schadensersatz oder Ersatz einer Wertminderung, wenn

a) die Pauschale den in den geregelten Fällen nach dem gewöhnlichen Lauf der Dinge zu erwartenden Schaden oder die gewöhnlich eintretende Wertminderung übersteigt oder

b) dem anderen Vertragsteil nicht ausdrücklich der Nachweis gestattet wird, ein Schaden oder eine Wertminderung sei überhaupt nicht entstanden oder wesentlich niedriger als die Pauschale;

6. (Vertragsstrafe)
eine Bestimmung, durch die dem Verwender für den Fall der Nichtabnahme oder verspäteten Abnahme der Leistung, des Zahlungsverzugs oder für den Fall, dass der andere Vertragsteil sich vom Vertrag löst, Zahlung einer Vertragsstrafe versprochen wird;

7. (Haftungsausschluss bei Verletzung von Leben, Körper, Gesundheit und bei grobem Verschulden)

a) (Verletzung von Leben, Körper, Gesundheit)
ein Ausschluss oder eine Begrenzung der Haftung für Schäden aus der Verletzung des Lebens, des Körpers oder der Gesundheit, die auf einer fahrlässigen Pflichtverletzung des Verwenders oder einer vorsätzlichen oder fahrlässigen Pflichtverletzung eines gesetzlichen Vertreters oder Erfüllungsgehilfen des Verwenders beruhen;

b) (Grobes Verschulden)
ein Ausschluss oder eine Begrenzung der Haftung für sonstige Schäden, die auf einer grob fahrlässigen Pflichtverletzung des Verwenders oder auf einer vorsätzlichen oder grob fahrlässigen Pflichtverletzung eines gesetzlichen Vertreters oder Erfüllungsgehilfen des Verwenders beruhen;

die Buchstaben a und b gelten nicht für Haftungsbeschränkungen in den nach Maßgabe des Personenbeförderungsgesetzes genehmigten Beförderungsbedingungen und Tarifvorschriften der Straßenbahnen, Obusse und Kraftfahrzeuge im Linienverkehr, soweit sie nicht zum Nachteil des Fahrgasts von der Verordnung über die Allgemeinen Beförderungsbedingungen für den Straßenbahn- und Obusverkehr sowie den Linienverkehr mit Kraftfahrzeugen vom 27. Februar 1970 abweichen; Buchstabe b gilt nicht für

Haftungsbeschränkungen für staatlich genehmigte Lotterie- oder Ausspielverträge;

8. (Sonstige Haftungsausschlüsse bei Pflichtverletzung)
   a) (Ausschluss des Rechts, sich vom Vertrag zu lösen)
      eine Bestimmung, die bei einer vom Verwender zu vertretenden, nicht in einem Mangel der Kaufsache oder des Werkes bestehenden Pflichtverletzung das Recht des anderen Vertragsteils, sich vom Vertrag zu lösen, ausschließt oder einschränkt; dies gilt nicht für die in der Nummer 7 bezeichneten Beförderungsbedingungen und Tarifvorschriften unter den dort genannten Voraussetzungen;
   b) (Mängel)
      eine Bestimmung, durch die bei Verträgen über Lieferungen neu hergestellter Sachen und über Werkleistungen
      aa) (Ausschluss und Verweisung auf Dritte)
          die Ansprüche gegen den Verwender wegen eines Mangels insgesamt oder bezüglich einzelner Teile ausgeschlossen, auf die Einräumung von Ansprüchen gegen Dritte beschränkt oder von der vorherigen gerichtlichen Inanspruchnahme Dritter abhängig gemacht werden;
      bb) (Beschränkung auf Nacherfüllung)
          die Ansprüche gegen den Verwender insgesamt oder bezüglich einzelner Teile auf ein Recht auf Nacherfüllung beschränkt werden, sofern dem anderen Vertragsteil nicht ausdrücklich das Recht vorbehalten wird, bei Fehlschlagen der Nacherfüllung zu mindern oder, wenn nicht eine Bauleistung Gegenstand der Mängelhaftung ist, nach seiner Wahl vom Vertrag zurückzutreten;
      cc) (Aufwendungen bei Nacherfüllung)
          die Verpflichtung des Verwenders ausgeschlossen oder beschränkt wird, die zum Zweck der Nacherfüllung erforderlichen Aufwendungen nach § 439 Absatz 2 und 3 oder § 635 Absatz 2 zu tragen oder zu ersetzen;
      dd) (Vorenthalten der Nacherfüllung)
          der Verwender die Nacherfüllung von der vorherigen Zahlung des vollständigen Entgelts oder eines unter Berücksichtigung des Mangels unverhältnismäßig hohen Teils des Entgelts abhängig macht;
      ee) (Ausschlussfrist für Mängelanzeige)
          der Verwender dem anderen Vertragsteil für die Anzeige nicht offensichtlicher Mängel eine Ausschlussfrist setzt, die kürzer ist als die nach dem Doppelbuchstaben ff zulässige Frist;
      ff) (Erleichterung der Verjährung)
          die Verjährung von Ansprüchen gegen den Verwender wegen eines Mangels in den Fällen des § 438 Abs. 1 Nr. 2 und des § 634a Abs. 1 Nr. 2 erleichtert oder in den sonstigen Fällen eine weniger als ein Jahr betragende Verjährungsfrist ab dem gesetzlichen Verjährungsbeginn erreicht wird;
9. bei einem Vertragsverhältnis, das die regelmäßige Lieferung von Waren oder die regelmäßige Erbringung von Dienst- oder Werkleistungen durch den Verwender zum Gegenstand hat,
   a) eine den anderen Vertragsteil länger als zwei Jahre bindende Laufzeit des Vertrags,

b) eine den anderen Vertragsteil bindende stillschweigende Verlängerung des Vertragsverhältnisses, es sei denn das Vertragsverhältnis wird nur auf unbestimmte Zeit verlängert und dem anderen Vertragsteil wird das Recht eingeräumt, das verlängerte Vertragsverhältnis jederzeit mit einer Frist von höchstens einem Monat zu kündigen, oder

c) eine zu Lasten des anderen Vertragsteils längere Kündigungsfrist als einen Monat vor Ablauf der zunächst vorgesehenen Vertragsdauer;

dies gilt nicht für Verträge über die Lieferung zusammengehörig verkaufter Sachen sowie für Versicherungsverträge;

10. (Wechsel des Vertragspartners)
eine Bestimmung, wonach bei Kauf-, Darlehens-, Dienst- oder Werkverträgen ein Dritter anstelle des Verwenders in die sich aus dem Vertrag ergebenden Rechte und Pflichten eintritt oder eintreten kann, es sei denn, in der Bestimmung wird
a) der Dritte namentlich bezeichnet oder
b) dem anderen Vertragsteil das Recht eingeräumt, sich vom Vertrag zu lösen;

11. (Haftung des Abschlussvertreters)
eine Bestimmung, durch die der Verwender einem Vertreter, der den Vertrag für den anderen Vertragsteil abschließt,
a) ohne hierauf gerichtete ausdrückliche und gesonderte Erklärung eine eigene Haftung oder Einstandspflicht oder
b) im Falle vollmachtsloser Vertretung eine über § 179 hinausgehende Haftung
auferlegt;

12. (Beweislast)
eine Bestimmung, durch die der Verwender die Beweislast zum Nachteil des anderen Vertragsteils ändert, insbesondere indem er
a) diesem die Beweislast für Umstände auferlegt, die im Verantwortungsbereich des Verwenders liegen, oder
b) den anderen Vertragsteil bestimmte Tatsachen bestätigen lässt;
Buchstabe b gilt nicht für Empfangsbekenntnisse, die gesondert unterschrieben oder mit einer gesonderten qualifizierten elektronischen Signatur versehen sind;

13. (Form von Anzeigen und Erklärungen)
eine Bestimmung, durch die Anzeigen oder Erklärungen, die dem Verwender oder einem Dritten gegenüber abzugeben sind, gebunden werden
a) an eine strengere Form als die schriftliche Form in einem Vertrag, für den durch Gesetz notarielle Beurkundung vorgeschrieben ist oder
b) an eine strengere Form als die Textform in anderen als den in Buchstabe a genannten Verträgen oder
c) an besondere Zugangserfordernisse;

14. (Klageverzicht)
eine Bestimmung, wonach der andere Vertragsteil seine Ansprüche gegen den Verwender gerichtlich nur geltend machen darf, nachdem er eine gütliche Einigung in einem Verfahren zur außergerichtlichen Streitbeilegung versucht hat;

15. (Abschlagszahlungen und Sicherheitsleistung)

eine Bestimmung, nach der der Verwender bei einem Werkvertrag

a) für Teilleistungen Abschlagszahlungen vom anderen Vertragsteil verlangen kann, die wesentlich höher sind als die nach § 632a Absatz 1 und § 650m Absatz 1 zu leistenden Abschlagszahlungen, oder

b) die Sicherheitsleistung nach § 650m Absatz 2 nicht oder nur in geringerer Höhe leisten muss.

§ 310[1] **Anwendungsbereich.** (1) [1] § 305 Absatz 2 und 3, § 308 Nummer 1, 2 bis 9 und § 309 finden keine Anwendung auf Allgemeine Geschäftsbedingungen, die gegenüber einem Unternehmer, einer juristischen Person des öffentlichen Rechts oder einem öffentlich-rechtlichen Sondervermögen verwendet werden. [2] § 307 Abs. 1 und 2 findet in den Fällen des Satzes 1 auch insoweit Anwendung, als dies zur Unwirksamkeit von in § 308 Nummer 1, 2 bis 9 und § 309 genannten Vertragsbestimmungen führt; auf die im Handelsverkehr geltenden Gewohnheiten und Gebräuche ist angemessen Rücksicht zu nehmen. [3] In den Fällen des Satzes 1 finden § 307 Absatz 1 und 2 sowie § 308 Nummer 1a und 1b auf Verträge, in die die Vergabe- und Vertragsordnung für Bauleistungen Teil B (VOB/B) in der jeweils zum Zeitpunkt des Vertragsschlusses geltenden Fassung ohne inhaltliche Abweichungen insgesamt einbezogen ist, in Bezug auf eine Inhaltskontrolle einzelner Bestimmungen keine Anwendung.

(2) [1] Die §§ 308 und 309 finden keine Anwendung auf Verträge der Elektrizitäts-, Gas-, Fernwärme- und Wasserversorgungsunternehmen über die Versorgung von Sonderabnehmern mit elektrischer Energie, Gas, Fernwärme und Wasser aus dem Versorgungsnetz, soweit die Versorgungsbedingungen nicht zum Nachteil der Abnehmer von Verordnungen über Allgemeine Bedingungen für die Versorgung von Tarifkunden mit elektrischer Energie, Gas, Fernwärme und Wasser abweichen. [2] Satz 1 gilt entsprechend für Verträge über die Entsorgung von Abwasser.

(3) Bei Verträgen zwischen einem Unternehmer und einem Verbraucher (Verbraucherverträge) finden die Vorschriften dieses Abschnitts mit folgenden Maßgaben Anwendung:

1. Allgemeine Geschäftsbedingungen gelten als vom Unternehmer gestellt, es sei denn, dass sie durch den Verbraucher in den Vertrag eingeführt wurden;
2. § 305c Abs. 2 und die §§ 306 und 307 bis 309 dieses Gesetzes sowie Artikel 46b des Einführungsgesetzes zum Bürgerlichen Gesetzbuche finden auf vorformulierte Vertragsbedingungen auch dann Anwendung, wenn diese nur zur einmaligen Verwendung bestimmt sind und soweit der Verbraucher auf Grund der Vorformulierung auf ihren Inhalt keinen Einfluss nehmen konnte;
3. bei der Beurteilung der unangemessenen Benachteiligung nach § 307 Abs. 1 und 2 sind auch die den Vertragsschluss begleitenden Umstände zu berücksichtigen.

(4) [1] Dieser Abschnitt findet keine Anwendung bei Verträgen auf dem Gebiet des Erb-, Familien- und Gesellschaftsrechts sowie auf Tarifverträge, Betriebs- und Dienstvereinbarungen. [2] Bei der Anwendung auf Arbeitsverträge sind die

---

[1] Beachte hierzu Übergangsvorschrift in Art. 229 § 60 EGBGB idF der Bek. v. 21.9.1994 (BGBl. I S. 2494, ber. 1997 S. 1061), zuletzt geänd. durch G v. 21.12.2021 (BGBl. I S. 5252).

im Arbeitsrecht geltenden Besonderheiten angemessen zu berücksichtigen; § 305 Abs. 2 und 3 ist nicht anzuwenden. [3] Tarifverträge, Betriebs- und Dienstvereinbarungen stehen Rechtsvorschriften im Sinne von § 307 Abs. 3 gleich.

Abschnitt 3. Schuldverhältnisse aus Verträgen

Titel 1. Begründung, Inhalt und Beendigung

Untertitel 2. Grundsätze bei Verbraucherverträgen und besondere Vertriebsformen[1)]

Kapitel 1. Anwendungsbereich und Grundsätze bei Verbraucherverträgen

§ 312 Anwendungsbereich. (1) Die Vorschriften der Kapitel 1 und 2 dieses Untertitels sind auf Verbraucherverträge anzuwenden, bei denen sich der Verbraucher zu der Zahlung eines Preises verpflichtet.

(1a) [1] Die Vorschriften der Kapitel 1 und 2 dieses Untertitels sind auch auf Verbraucherverträge anzuwenden, bei denen der Verbraucher dem Unternehmer personenbezogene Daten bereitstellt oder sich hierzu verpflichtet. [2] Dies gilt nicht, wenn der Unternehmer die vom Verbraucher bereitgestellten personenbezogenen Daten ausschließlich verarbeitet, um seine Leistungspflicht oder an ihn gestellte rechtliche Anforderungen zu erfüllen, und sie zu keinem anderen Zweck verarbeitet.

(2) Von den Vorschriften der Kapitel 1 und 2 dieses Untertitels ist nur § 312a Absatz 1, 3, 4 und 6 auf folgende Verträge anzuwenden:

1. notariell beurkundete Verträge
   a) über Finanzdienstleistungen, die außerhalb von Geschäftsräumen geschlossen werden,
   b) die keine Verträge über Finanzdienstleistungen sind; für Verträge, für die das Gesetz die notarielle Beurkundung des Vertrags oder einer Vertragserklärung nicht vorschreibt, gilt dies nur, wenn der Notar darüber belehrt, dass die Informationspflichten nach § 312d Absatz 1 und das Widerrufsrecht nach § 312g Absatz 1 entfallen,
2. Verträge über die Begründung, den Erwerb oder die Übertragung von Eigentum oder anderen Rechten an Grundstücken,
3. Verbraucherbauverträge nach § 650i Absatz 1,
4. *(aufgehoben)*

[Nr. 5 bis 27.5.2022:]

5. Verträge über die Beförderung von Personen,

[Nr. 5 ab 28.5.2022:]

5. *(aufgehoben)*
6. Verträge über Teilzeit-Wohnrechte, langfristige Urlaubsprodukte, Vermittlungen und Tauschsysteme nach den §§ 481 bis 481b,
7. Behandlungsverträge nach § 630a,
8. Verträge über die Lieferung von Lebensmitteln, Getränken oder sonstigen Haushaltsgegenständen des täglichen Bedarfs, die am Wohnsitz, am Auf-

---

[1)] Beachte hierzu auch G über Unterlassungsklagen bei Verbraucherrechts- und anderen Verstößen (Unterlassungsklagengesetz – UKlaG) idF der Bek. v. 27.8.2002 (BGBl. I S. 3422, ber. S. 4346), zuletzt geänd. durch G v. 25.6.2021 (BGBl. I S. 2123).

enthaltsort oder am Arbeitsplatz eines Verbrauchers von einem Unternehmer im Rahmen häufiger und regelmäßiger Fahrten geliefert werden,
9. Verträge, die unter Verwendung von Warenautomaten und automatisierten Geschäftsräumen geschlossen werden,
10. Verträge, die mit Betreibern von Telekommunikationsmitteln mit Hilfe öffentlicher Münz- und Kartentelefone zu deren Nutzung geschlossen werden,
11. Verträge zur Nutzung einer einzelnen von einem Verbraucher hergestellten Telefon-, Internet- oder Telefaxverbindung,
12. außerhalb von Geschäftsräumen geschlossene Verträge, bei denen die Leistung bei Abschluss der Verhandlungen sofort erbracht und bezahlt wird und das vom Verbraucher zu zahlende Entgelt 40 Euro nicht überschreitet, und
13. Verträge über den Verkauf beweglicher Sachen auf Grund von Zwangsvollstreckungsmaßnahmen oder anderen gerichtlichen Maßnahmen.

(3) Auf Verträge über soziale Dienstleistungen, wie Kinderbetreuung oder Unterstützung von dauerhaft oder vorübergehend hilfsbedürftigen Familien oder Personen, einschließlich Langzeitpflege, sind von den Vorschriften der Kapitel 1 und 2 dieses Untertitels nur folgende anzuwenden:
1. die Definitionen der außerhalb von Geschäftsräumen geschlossenen Verträge und der Fernabsatzverträge nach den §§ 312b und 312c,
2. § 312a Absatz 1 über die Pflicht zur Offenlegung bei Telefonanrufen,
3. § 312a Absatz 3 über die Wirksamkeit der Vereinbarung, die auf eine über das vereinbarte Entgelt für die Hauptleistung hinausgehende Zahlung gerichtet ist,
4. § 312a Absatz 4 über die Wirksamkeit der Vereinbarung eines Entgelts für die Nutzung von Zahlungsmitteln,
5. § 312a Absatz 6,
6. § 312d Absatz 1 in Verbindung mit Artikel 246a § 1 Absatz 2 und 3 des Einführungsgesetzes zum Bürgerlichen Gesetzbuche[1)] über die Pflicht zur Information über das Widerrufsrecht und
7. § 312g über das Widerrufsrecht.

(4) [1] Auf Verträge über die Vermietung von Wohnraum sind von den Vorschriften der Kapitel 1 und 2 dieses Untertitels nur die in Absatz 3 Nummer 1 bis 7 genannten Bestimmungen anzuwenden. [2] Die in Absatz 3 Nummer 1, 6 und 7 genannten Bestimmungen sind jedoch nicht auf die Begründung eines Mietverhältnisses über Wohnraum anzuwenden, wenn der Mieter die Wohnung zuvor besichtigt hat.

(5) [1] Bei Vertragsverhältnissen über Bankdienstleistungen sowie Dienstleistungen im Zusammenhang mit einer Kreditgewährung, Versicherung, Altersversorgung von Einzelpersonen, Geldanlage oder Zahlung (Finanzdienstleistungen), die eine erstmalige Vereinbarung mit daran anschließenden aufeinanderfolgenden Vorgängen oder eine daran anschließende Reihe getrennter, in einem zeitlichen Zusammenhang stehender Vorgänge gleicher Art umfassen, sind die Vorschriften der Kapitel 1 und 2 dieses Untertitels nur auf die erste Vereinbarung anzuwenden. [2] § 312a Absatz 1, 3, 4 und 6 ist daneben auf jeden

---

1) Nr. **25**.

Vorgang anzuwenden. [3] Wenn die in Satz 1 genannten Vorgänge ohne eine solche Vereinbarung aufeinanderfolgen, gelten die Vorschriften über Informationspflichten des Unternehmers nur für den ersten Vorgang. [4] Findet jedoch länger als ein Jahr kein Vorgang der gleichen Art mehr statt, so gilt der nächste Vorgang als der erste Vorgang einer neuen Reihe im Sinne von Satz 3.

(6) Von den Vorschriften der Kapitel 1 und 2 dieses Untertitels ist auf Verträge über Versicherungen sowie auf Verträge über deren Vermittlung nur § 312a Absatz 3, 4 und 6 anzuwenden.

(7) [1] Auf Pauschalreiseverträge nach den §§ 651a und 651c sind von den Vorschriften dieses Untertitels nur § 312a Absatz 3 bis 6, die §§ 312i, 312j Absatz 2 bis 5 und ***[bis 27.5.2022:*** § 312k***][von 28.5.2022 bis 30.6.2022:*** *§ 312l****][ab 1.7.2022:*** *§ 312m****]*** anzuwenden; diese Vorschriften finden auch Anwendung, wenn der Reisende kein Verbraucher ist. [2] Ist der Reisende ein Verbraucher, ist auf Pauschalreiseverträge nach § 651a, die außerhalb von Geschäftsräumen geschlossen worden sind, auch § 312g Absatz 1 anzuwenden, es sei denn, die mündlichen Verhandlungen, auf denen der Vertragsschluss beruht, sind auf vorhergehende Bestellung des Verbrauchers geführt worden.

[Abs. 8 ab 28.5.2022:]

(8) Auf Verträge über die Beförderung von Personen ist von den Vorschriften der Kapitel 1 und 2 dieses Untertitels nur § 312a Absatz 1 und 3 bis 6 anzuwenden.

§ 312a Allgemeine Pflichten und Grundsätze bei Verbraucherverträgen; Grenzen der Vereinbarung von Entgelten. (1) Ruft der Unternehmer oder eine Person, die in seinem Namen oder Auftrag handelt, den Verbraucher an, um mit diesem einen Vertrag zu schließen, hat der Anrufer zu Beginn des Gesprächs seine Identität und gegebenenfalls die Identität der Person, für die er anruft, sowie den geschäftlichen Zweck des Anrufs offenzulegen.

(2) [1] Der Unternehmer ist verpflichtet, den Verbraucher nach Maßgabe des Artikels 246 des Einführungsgesetzes zum Bürgerlichen Gesetzbuche zu informieren. [2] Der Unternehmer kann von dem Verbraucher Fracht-, Liefer- oder Versandkosten und sonstige Kosten nur verlangen, soweit er den Verbraucher über diese Kosten entsprechend den Anforderungen aus Artikel 246 Absatz 1 Nummer 3 des Einführungsgesetzes zum Bürgerlichen Gesetzbuche informiert hat. [3] Die Sätze 1 und 2 sind weder auf außerhalb von Geschäftsräumen geschlossene Verträge noch auf Fernabsatzverträge noch auf Verträge über Finanzdienstleistungen anzuwenden.

(3) [1] Eine Vereinbarung, die auf eine über das vereinbarte Entgelt für die Hauptleistung hinausgehende Zahlung des Verbrauchers gerichtet ist, kann ein Unternehmer mit einem Verbraucher nur ausdrücklich treffen. [2] Schließen der Unternehmer und der Verbraucher einen Vertrag im elektronischen Geschäftsverkehr, wird eine solche Vereinbarung nur Vertragsbestandteil, wenn der Unternehmer die Vereinbarung nicht durch eine Voreinstellung herbeiführt.

(4) Eine Vereinbarung, durch die ein Verbraucher verpflichtet wird, ein Entgelt dafür zu zahlen, dass er für die Erfüllung seiner vertraglichen Pflichten ein bestimmtes Zahlungsmittel nutzt, ist unwirksam, wenn

1. für den Verbraucher keine gängige und zumutbare unentgeltliche Zahlungsmöglichkeit besteht oder
2. das vereinbarte Entgelt über die Kosten hinausgeht, die dem Unternehmer durch die Nutzung des Zahlungsmittels entstehen.

(5) [1] Eine Vereinbarung, durch die ein Verbraucher verpflichtet wird, ein Entgelt dafür zu zahlen, dass der Verbraucher den Unternehmer wegen Fragen oder Erklärungen zu einem zwischen ihnen geschlossenen Vertrag über eine Rufnummer anruft, die der Unternehmer für solche Zwecke bereithält, ist unwirksam, wenn das vereinbarte Entgelt das Entgelt für die bloße Nutzung des Telekommunikationsdienstes übersteigt. [2] Ist eine Vereinbarung nach Satz 1 unwirksam, ist der Verbraucher auch gegenüber dem Anbieter des Telekommunikationsdienstes nicht verpflichtet, ein Entgelt für den Anruf zu zahlen. [3] Der Anbieter des Telekommunikationsdienstes ist berechtigt, das Entgelt für die bloße Nutzung des Telekommunikationsdienstes von dem Unternehmer zu verlangen, der die unwirksame Vereinbarung mit dem Verbraucher geschlossen hat.

(6) Ist eine Vereinbarung nach den Absätzen 3 bis 5 nicht Vertragsbestandteil geworden oder ist sie unwirksam, bleibt der Vertrag im Übrigen wirksam.

Kapitel 2. Außerhalb von Geschäftsräumen geschlossene Verträge und Fernabsatzverträge

§ 312b Außerhalb von Geschäftsräumen geschlossene Verträge.

(1) [1] Außerhalb von Geschäftsräumen geschlossene Verträge sind Verträge,

1. die bei gleichzeitiger körperlicher Anwesenheit des Verbrauchers und des Unternehmers an einem Ort geschlossen werden, der kein Geschäftsraum des Unternehmers ist,
2. für die der Verbraucher unter den in Nummer 1 genannten Umständen ein Angebot abgegeben hat,
3. die in den Geschäftsräumen des Unternehmers oder durch Fernkommunikationsmittel geschlossen werden, bei denen der Verbraucher jedoch unmittelbar zuvor außerhalb der Geschäftsräume des Unternehmers bei gleichzeitiger körperlicher Anwesenheit des Verbrauchers und des Unternehmers persönlich und individuell angesprochen wurde, oder
4. die auf einem Ausflug geschlossen werden, der von dem Unternehmer oder mit seiner Hilfe organisiert wurde, um beim Verbraucher für den Verkauf von Waren oder die Erbringung von Dienstleistungen zu werben und mit ihm entsprechende Verträge abzuschließen.

[2] Dem Unternehmer stehen Personen gleich, die in seinem Namen oder Auftrag handeln.

(2) [1] Geschäftsräume im Sinne des Absatzes 1 sind unbewegliche Gewerberäume, in denen der Unternehmer seine Tätigkeit dauerhaft ausübt, und bewegliche Gewerberäume, in denen der Unternehmer seine Tätigkeit für gewöhnlich ausübt. [2] Gewerberäume, in denen die Person, die im Namen oder Auftrag des Unternehmers handelt, ihre Tätigkeit dauerhaft oder für gewöhnlich ausübt, stehen Räumen des Unternehmers gleich.

§ 312c Fernabsatzverträge. (1) Fernabsatzverträge sind Verträge, bei denen der Unternehmer oder eine in seinem Namen oder Auftrag handelnde Person und der Verbraucher für die Vertragsverhandlungen und den Vertragsschluss ausschließlich Fernkommunikationsmittel verwenden, es sei denn, dass der Vertragsschluss nicht im Rahmen eines für den Fernabsatz organisierten Vertriebs- oder Dienstleistungssystems erfolgt.

(2) Fernkommunikationsmittel im Sinne dieses Gesetzes sind alle Kommunikationsmittel, die zur Anbahnung oder zum Abschluss eines Vertrags eingesetzt werden können, ohne dass die Vertragsparteien gleichzeitig körperlich anwesend sind, wie Briefe, Kataloge, Telefonanrufe, Telekopien, E-Mails, über den Mobilfunkdienst versendete Nachrichten (SMS) sowie Rundfunk und Telemedien.

§ 312d Informationspflichten. (1) [1]Bei außerhalb von Geschäftsräumen geschlossenen Verträgen und bei Fernabsatzverträgen ist der Unternehmer verpflichtet, den Verbraucher nach Maßgabe des Artikels 246a des Einführungsgesetzes zum Bürgerlichen Gesetzbuche zu informieren. [2]Die in Erfüllung dieser Pflicht gemachten Angaben des Unternehmers werden Inhalt des Vertrags, es sei denn, die Vertragsparteien haben ausdrücklich etwas anderes vereinbart.

(2) Bei außerhalb von Geschäftsräumen geschlossenen Verträgen und bei Fernabsatzverträgen über Finanzdienstleistungen ist der Unternehmer abweichend von Absatz 1 verpflichtet, den Verbraucher nach Maßgabe des Artikels 246b des Einführungsgesetzes zum Bürgerlichen Gesetzbuche zu informieren.

§ 312e Verletzung von Informationspflichten über Kosten. Der Unternehmer kann von dem Verbraucher Fracht-, Liefer- oder Versandkosten und sonstige Kosten nur verlangen, soweit er den Verbraucher über diese Kosten entsprechend den Anforderungen aus § 312d Absatz 1 in Verbindung mit Artikel 246a § 1 Absatz 1 Satz 1 ***[bis 27.5.2022:*** Nummer 4***][ab 28.5.2022:*** *Nummer 7]* des Einführungsgesetzes zum Bürgerlichen Gesetzbuche[1)] informiert hat.

§ 312f Abschriften und Bestätigungen. (1) [1]Bei außerhalb von Geschäftsräumen geschlossenen Verträgen ist der Unternehmer verpflichtet, dem Verbraucher alsbald auf Papier zur Verfügung zu stellen

1. eine Abschrift eines Vertragsdokuments, das von den Vertragsschließenden so unterzeichnet wurde, dass ihre Identität erkennbar ist, oder
2. eine Bestätigung des Vertrags, in der der Vertragsinhalt wiedergegeben ist.

[2]Wenn der Verbraucher zustimmt, kann für die Abschrift oder die Bestätigung des Vertrags auch ein anderer dauerhafter Datenträger verwendet werden. [3]Die Bestätigung nach Satz 1 muss die in Artikel 246a des Einführungsgesetzes zum Bürgerlichen Gesetzbuche genannten Angaben nur enthalten, wenn der Unternehmer dem Verbraucher diese Informationen nicht bereits vor Vertragsschluss in Erfüllung seiner Informationspflichten nach § 312d Absatz 1 auf einem dauerhaften Datenträger zur Verfügung gestellt hat.

(2) [1]Bei Fernabsatzverträgen ist der Unternehmer verpflichtet, dem Verbraucher eine Bestätigung des Vertrags, in der der Vertragsinhalt wiedergegeben ist, innerhalb einer angemessenen Frist nach Vertragsschluss, spätestens jedoch bei der Lieferung der Ware oder bevor mit der Ausführung der Dienstleistung begonnen wird, auf einem dauerhaften Datenträger zur Verfügung zu stellen. [2]Die Bestätigung nach Satz 1 muss die in Artikel 246a des Einführungsgesetzes zum Bürgerlichen Gesetzbuche genannten Angaben enthalten, es sei denn, der Unternehmer hat dem Verbraucher diese Informationen bereits vor Vertrags-

---

[1)] Nr. **25**.

schluss in Erfüllung seiner Informationspflichten nach § 312d Absatz 1 auf einem dauerhaften Datenträger zur Verfügung gestellt.

(3) Bei Verträgen über digitale Inhalte (§ 327 Absatz 2 Satz 1), die nicht auf einem körperlichen Datenträger bereitgestellt werden, ist auf der Abschrift oder in der Bestätigung des Vertrags nach den Absätzen 1 und 2 gegebenenfalls auch festzuhalten, dass der Verbraucher vor Ausführung des Vertrags

1. ausdrücklich zugestimmt hat, dass der Unternehmer mit der Ausführung des Vertrags vor Ablauf der Widerrufsfrist beginnt, und
2. seine Kenntnis davon bestätigt hat, dass er durch seine Zustimmung mit Beginn der Ausführung des Vertrags sein Widerrufsrecht verliert.

(4) Diese Vorschrift ist nicht anwendbar auf Verträge über Finanzdienstleistungen.

§ 312g Widerrufsrecht. (1) Dem Verbraucher steht bei außerhalb von Geschäftsräumen geschlossenen Verträgen und bei Fernabsatzverträgen ein Widerrufsrecht gemäß § 355 zu.

(2) Das Widerrufsrecht besteht, soweit die Parteien nichts anderes vereinbart haben, nicht bei folgenden Verträgen:

1. Verträge zur Lieferung von Waren, die nicht vorgefertigt sind und für deren Herstellung eine individuelle Auswahl oder Bestimmung durch den Verbraucher maßgeblich ist oder die eindeutig auf die persönlichen Bedürfnisse des Verbrauchers zugeschnitten sind,
2. Verträge zur Lieferung von Waren, die schnell verderben können oder deren Verfallsdatum schnell überschritten würde,
3. Verträge zur Lieferung versiegelter Waren, die aus Gründen des Gesundheitsschutzes oder der Hygiene nicht zur Rückgabe geeignet sind, wenn ihre Versiegelung nach der Lieferung entfernt wurde,
4. Verträge zur Lieferung von Waren, wenn diese nach der Lieferung auf Grund ihrer Beschaffenheit untrennbar mit anderen Gütern vermischt wurden,
5. Verträge zur Lieferung alkoholischer Getränke, deren Preis bei Vertragsschluss vereinbart wurde, die aber frühestens 30 Tage nach Vertragsschluss geliefert werden können und deren aktueller Wert von Schwankungen auf dem Markt abhängt, auf die der Unternehmer keinen Einfluss hat,
6. Verträge zur Lieferung von Ton- oder Videoaufnahmen oder Computersoftware in einer versiegelten Packung, wenn die Versiegelung nach der Lieferung entfernt wurde,
7. Verträge zur Lieferung von Zeitungen, Zeitschriften oder Illustrierten mit Ausnahme von Abonnement-Verträgen,
8. Verträge zur Lieferung von Waren oder zur Erbringung von Dienstleistungen, einschließlich Finanzdienstleistungen, deren Preis von Schwankungen auf dem Finanzmarkt abhängt, auf die der Unternehmer keinen Einfluss hat und die innerhalb der Widerrufsfrist auftreten können, insbesondere Dienstleistungen im Zusammenhang mit Aktien, mit Anteilen an offenen Investmentvermögen im Sinne von § 1 Absatz 4 des Kapitalanlagegesetzbuchs und mit anderen handelbaren Wertpapieren, Devisen, Derivaten oder Geldmarktinstrumenten,

9. Verträge zur Erbringung von Dienstleistungen in den Bereichen Beherbergung zu anderen Zwecken als zu Wohnzwecken, Beförderung von Waren, Kraftfahrzeugvermietung, Lieferung von Speisen und Getränken sowie zur Erbringung weiterer Dienstleistungen im Zusammenhang mit Freizeitbetätigungen, wenn der Vertrag für die Erbringung einen spezifischen Termin oder Zeitraum vorsieht,
10. Verträge, die im Rahmen einer Vermarktungsform geschlossen werden, bei der der Unternehmer Verbrauchern, die persönlich anwesend sind oder denen diese Möglichkeit gewährt wird, Waren oder Dienstleistungen anbietet, und zwar in einem vom Versteigerer durchgeführten, auf konkurrierenden Geboten basierenden transparenten Verfahren, bei dem der Bieter, der den Zuschlag erhalten hat, zum Erwerb der Waren oder Dienstleistungen verpflichtet ist (öffentlich zugängliche Versteigerung),
11. Verträge, bei denen der Verbraucher den Unternehmer ausdrücklich aufgefordert hat, ihn aufzusuchen, um dringende Reparatur- oder Instandhaltungsarbeiten vorzunehmen; dies gilt nicht hinsichtlich weiterer bei dem Besuch erbrachter Dienstleistungen, die der Verbraucher nicht ausdrücklich verlangt hat, oder hinsichtlich solcher bei dem Besuch gelieferter Waren, die bei der Instandhaltung oder Reparatur nicht unbedingt als Ersatzteile benötigt werden,
12. Verträge zur Erbringung von Wett- und Lotteriedienstleistungen, es sei denn, dass der Verbraucher seine Vertragserklärung telefonisch abgegeben hat oder der Vertrag außerhalb von Geschäftsräumen geschlossen wurde, und
13. notariell beurkundete Verträge; dies gilt für Fernabsatzverträge über Finanzdienstleistungen nur, wenn der Notar bestätigt, dass die Rechte des Verbrauchers aus § 312d Absatz 2 gewahrt sind.

(3) Das Widerrufsrecht besteht ferner nicht bei Verträgen, bei denen dem Verbraucher bereits auf Grund der §§ 495, 506 bis 513 ein Widerrufsrecht nach § 355 zusteht, und nicht bei außerhalb von Geschäftsräumen geschlossenen Verträgen, bei denen dem Verbraucher bereits nach § 305 Absatz 1 bis 6 des Kapitalanlagegesetzbuchs ein Widerrufsrecht zusteht.

§ 312h Kündigung und Vollmacht zur Kündigung. Wird zwischen einem Unternehmer und einem Verbraucher nach diesem Untertitel ein Dauerschuldverhältnis begründet, das ein zwischen dem Verbraucher und einem anderen Unternehmer bestehendes Dauerschuldverhältnis ersetzen soll, und wird anlässlich der Begründung des Dauerschuldverhältnisses von dem Verbraucher

1. die Kündigung des bestehenden Dauerschuldverhältnisses erklärt und der Unternehmer oder ein von ihm beauftragter Dritter zur Übermittlung der Kündigung an den bisherigen Vertragspartner des Verbrauchers beauftragt oder
2. der Unternehmer oder ein von ihm beauftragter Dritter zur Erklärung der Kündigung gegenüber dem bisherigen Vertragspartner des Verbrauchers bevollmächtigt,

bedarf die Kündigung des Verbrauchers oder die Vollmacht zur Kündigung der Textform.

Kapitel 3. Verträge im elektronischen Geschäftsverkehr*[ab 28.5.2022: ; Online-Marktplätze]*

§ 312i Allgemeine Pflichten im elektronischen Geschäftsverkehr.

(1) [1] Bedient sich ein Unternehmer zum Zwecke des Abschlusses eines Vertrags über die Lieferung von Waren oder über die Erbringung von Dienstleistungen der Telemedien (Vertrag im elektronischen Geschäftsverkehr), hat er dem Kunden

1. angemessene, wirksame und zugängliche technische Mittel zur Verfügung zu stellen, mit deren Hilfe der Kunde Eingabefehler vor Abgabe seiner Bestellung erkennen und berichtigen kann,
2. die in Artikel 246c des Einführungsgesetzes zum Bürgerlichen Gesetzbuche bestimmten Informationen rechtzeitig vor Abgabe von dessen Bestellung klar und verständlich mitzuteilen,
3. den Zugang von dessen Bestellung unverzüglich auf elektronischem Wege zu bestätigen und
4. die Möglichkeit zu verschaffen, die Vertragsbestimmungen einschließlich der Allgemeinen Geschäftsbedingungen bei Vertragsschluss abzurufen und in wiedergabefähiger Form zu speichern.

[2] Bestellung und Empfangsbestätigung im Sinne von Satz 1 Nummer 3 gelten als zugegangen, wenn die Parteien, für die sie bestimmt sind, sie unter gewöhnlichen Umständen abrufen können.

(2) [1] Absatz 1 Satz 1 Nummer 1 bis 3 ist nicht anzuwenden, wenn der Vertrag ausschließlich durch individuelle Kommunikation geschlossen wird. [2] Absatz 1 Satz 1 Nummer 1 bis 3 und Satz 2 ist nicht anzuwenden, wenn zwischen Vertragsparteien, die nicht Verbraucher sind, etwas anderes vereinbart wird.

(3) Weitergehende Informationspflichten auf Grund anderer Vorschriften bleiben unberührt.

§ 312j Besondere Pflichten im elektronischen Geschäftsverkehr gegenüber Verbrauchern. (1) Auf Webseiten für den elektronischen Geschäftsverkehr mit Verbrauchern hat der Unternehmer zusätzlich zu den Angaben nach § 312i Absatz 1 spätestens bei Beginn des Bestellvorgangs klar und deutlich anzugeben, ob Lieferbeschränkungen bestehen und welche Zahlungsmittel akzeptiert werden.

(2) Bei einem Verbrauchervertrag im elektronischen Geschäftsverkehr, ***[bis 27.5.2022:*** der eine entgeltliche Leistung des Unternehmers zum Gegenstand hat***][ab 28.5.2022:** der den Verbraucher zur Zahlung verpflichtet**]***, muss der Unternehmer dem Verbraucher die Informationen gemäß ***[bis 27.5.2022:*** Artikel 246a § 1 Absatz 1 Satz 1 Nummer 1, 4, 5, 11 und 12 des Einführungsgesetzes zum Bürgerlichen Gesetzbuche[1)]***][ab 28.5.2022:** Artikel 246a § 1 Absatz 1 Satz 1 Nummer 1, 5 bis 7, 8, 14 und 15 des Einführungsgesetzes zum Bürgerlichen Gesetzbuche[1)]**]***, unmittelbar bevor der Verbraucher seine Bestellung abgibt, klar und verständlich in hervorgehobener Weise zur Verfügung stellen.

(3) [1] Der Unternehmer hat die Bestellsituation bei einem Vertrag nach Absatz 2 so zu gestalten, dass der Verbraucher mit seiner Bestellung ausdrücklich bestätigt, dass er sich zu einer Zahlung verpflichtet. [2] Erfolgt die Bestellung über

---

[1)] Nr. **25**.

eine Schaltfläche, ist die Pflicht des Unternehmers aus Satz 1 nur erfüllt, wenn diese Schaltfläche gut lesbar mit nichts anderem als den Wörtern „zahlungspflichtig bestellen" oder mit einer entsprechenden eindeutigen Formulierung beschriftet ist.

(4) Ein Vertrag nach Absatz 2 kommt nur zustande, wenn der Unternehmer seine Pflicht aus Absatz 3 erfüllt.

(5) [1] Die Absätze 2 bis 4 sind nicht anzuwenden, wenn der Vertrag ausschließlich durch individuelle Kommunikation geschlossen wird. [2] Die Pflichten aus den Absätzen 1 und 2 gelten weder für Webseiten, die Finanzdienstleistungen betreffen, noch für Verträge über Finanzdienstleistungen.

[§ 312k ab 1.7.2022:]

§ 312k[1)] Kündigung von Verbraucherverträgen im elektronischen Geschäftsverkehr. *(1) [1] Wird Verbrauchern über eine Webseite ermöglicht, einen Vertrag im elektronischen Geschäftsverkehr zu schließen, der auf die Begründung eines Dauerschuldverhältnisses gerichtet ist, das einen Unternehmer zu einer entgeltlichen Leistung verpflichtet, so treffen den Unternehmer die Pflichten nach dieser Vorschrift. [2] Dies gilt nicht*

1. für Verträge, für deren Kündigung gesetzlich ausschließlich eine strengere Form als die Textform vorgesehen ist, und

2. in Bezug auf Webseiten, die Finanzdienstleistungen betreffen, oder für Verträge über Finanzdienstleistungen.

(2) [1] Der Unternehmer hat sicherzustellen, dass der Verbraucher auf der Webseite eine Erklärung zur ordentlichen oder außerordentlichen Kündigung eines auf der Webseite abschließbaren Vertrags nach Absatz 1 Satz 1 über eine Kündigungsschaltfläche abgeben kann. [2] Die Kündigungsschaltfläche muss gut lesbar mit nichts anderem als den Wörtern „Verträge hier kündigen" oder mit einer entsprechenden eindeutigen Formulierung beschriftet sein. [3] Sie muss den Verbraucher unmittelbar zu einer Bestätigungsseite führen, die

1. den Verbraucher auffordert und ihm ermöglicht Angaben zu machen
   a) zur Art der Kündigung sowie im Falle der außerordentlichen Kündigung zum Kündigungsgrund,
   b) zu seiner eindeutigen Identifizierbarkeit,
   c) zur eindeutigen Bezeichnung des Vertrags,
   d) zum Zeitpunkt, zu dem die Kündigung das Vertragsverhältnis beenden soll,
   e) zur schnellen elektronischen Übermittlung der Kündigungsbestätigung an ihn und

2. eine Bestätigungsschaltfläche enthält, über deren Betätigung der Verbraucher die Kündigungserklärung abgeben kann und die gut lesbar mit nichts anderem als den Wörtern „jetzt kündigen" oder mit einer entsprechenden eindeutigen Formulierung beschriftet ist.

[4] Die Schaltflächen und die Bestätigungsseite müssen ständig verfügbar sowie unmittelbar und leicht zugänglich sein.

(3) Der Verbraucher muss seine durch das Betätigen der Bestätigungsschaltfläche abgegebene Kündigungserklärung mit dem Datum und der Uhrzeit der Abgabe auf einem dauerhaften Datenträger so speichern können, dass erkennbar ist, dass die Kündigungserklärung durch das Betätigen der Bestätigungsschaltfläche abgegeben wurde.

[1)] Beachte hierzu Übergangsvorschrift in Art. 229 § 60 EGBGB idF der Bek. v. 21.9.1994 (BGBl. I S. 2494, ber. 1997 S. 1061), zuletzt geänd. durch G v. 21.12.2021 (BGBl. I S. 5252).

(4) [1] Der Unternehmer hat dem Verbraucher den Inhalt sowie Datum und Uhrzeit des Zugangs der Kündigungserklärung sowie den Zeitpunkt, zu dem das Vertragsverhältnis durch die Kündigung beendet werden soll, sofort auf elektronischem Wege in Textform zu bestätigen. [2] Es wird vermutet, dass eine durch das Betätigen der Bestätigungsschaltfläche abgegebene Kündigungserklärung dem Unternehmer unmittelbar nach ihrer Abgabe zugegangen ist.

(5) Wenn der Verbraucher bei der Abgabe der Kündigungserklärung keinen Zeitpunkt angibt, zu dem die Kündigung das Vertragsverhältnis beenden soll, wirkt die Kündigung im Zweifel zum frühestmöglichen Zeitpunkt.

(6) [1] Werden die Schaltflächen und die Bestätigungsseite nicht entsprechend den Absätzen 1 und 2 zur Verfügung gestellt, kann ein Verbraucher einen Vertrag, für dessen Kündigung die Schaltflächen und die Bestätigungsseite zur Verfügung zu stellen sind, jederzeit und ohne Einhaltung einer Kündigungsfrist kündigen. [2] Die Möglichkeit des Verbrauchers zur außerordentlichen Kündigung bleibt hiervon unberührt.

[§ 312k ab 28.5.2022:]

§ 312k ***[ab 1.7.2022: § 312l] Allgemeine Informationspflichten für Betreiber von Online-Marktplätzen.*** *(1) Der Betreiber eines Online-Marktplatzes ist verpflichtet, den Verbraucher nach Maßgabe des Artikels 246d des Einführungsgesetzes zum Bürgerlichen Gesetzbuche zu informieren.*

(2) Absatz 1 gilt nicht, soweit auf dem Online-Marktplatz Verträge über Finanzdienstleistungen angeboten werden.

(3) Online-Marktplatz ist ein Dienst, der es Verbrauchern ermöglicht, durch die Verwendung von Software, die vom Unternehmer oder im Namen des Unternehmers betrieben wird, einschließlich einer Webseite, eines Teils einer Webseite oder einer Anwendung, Fernabsatzverträge mit anderen Unternehmern oder Verbrauchern abzuschließen.

(4) Betreiber eines Online-Marktplatzes ist der Unternehmer, der einen Online-Marktplatz für Verbraucher zur Verfügung stellt.

Kapitel 4. Abweichende Vereinbarungen und Beweislast

§ 312k ***[von 28.5.2022 bis 30.6.2022: § 312l] [ab 1.7.2022: § 312m]*** **Abweichende Vereinbarungen und Beweislast.** (1) [1] Von den Vorschriften dieses Untertitels darf, soweit nichts anderes bestimmt ist, nicht zum Nachteil des Verbrauchers oder Kunden abgewichen werden. [2] Die Vorschriften dieses Untertitels finden, soweit nichts anderes bestimmt ist, auch Anwendung, wenn sie durch anderweitige Gestaltungen umgangen werden.

(2) Der Unternehmer trägt gegenüber dem Verbraucher die Beweislast für die Erfüllung der in diesem Untertitel geregelten Informationspflichten.

Titel 5. Rücktritt; Widerrufsrecht bei Verbraucherverträgen

Untertitel 2. Widerrufsrecht bei Verbraucherverträgen

§ 355 Widerrufsrecht bei Verbraucherverträgen. (1) [1] Wird einem Verbraucher durch Gesetz ein Widerrufsrecht nach dieser Vorschrift eingeräumt, so sind der Verbraucher und der Unternehmer an ihre auf den Abschluss des Vertrags gerichteten Willenserklärungen nicht mehr gebunden, wenn der Verbraucher seine Willenserklärung fristgerecht widerrufen hat. [2] Der Widerruf erfolgt durch Erklärung gegenüber dem Unternehmer. [3] Aus der Erklärung muss der Entschluss des Verbrauchers zum Widerruf des Vertrags eindeutig hervorgehen. [4]Der Widerruf muss keine Begründung enthalten. [5]Zur Fristwahrung genügt die rechtzeitige Absendung des Widerrufs.

(2) [1]Die Widerrufsfrist beträgt 14 Tage. [2]Sie beginnt mit Vertragsschluss, soweit nichts anderes bestimmt ist.

(3) [1]Im Falle des Widerrufs sind die empfangenen Leistungen unverzüglich zurückzugewähren. [2]Bestimmt das Gesetz eine Höchstfrist für die Rückgewähr, so beginnt diese für den Unternehmer mit dem Zugang und für den Verbraucher mit der Abgabe der Widerrufserklärung. [3]Ein Verbraucher wahrt diese Frist durch die rechtzeitige Absendung der Waren. [4]Der Unternehmer trägt bei Widerruf die Gefahr der Rücksendung der Waren.

§ 356 Widerrufsrecht bei außerhalb von Geschäftsräumen geschlossenen Verträgen und Fernabsatzverträgen. (1) [1]Der Unternehmer kann dem Verbraucher die Möglichkeit einräumen, das Muster-Widerrufsformular nach Anlage 2 zu Artikel 246a § 1 Absatz 2 Satz 1 Nummer 1 des Einführungsgesetzes zum Bürgerlichen Gesetzbuche[1)] oder eine andere eindeutige Widerrufserklärung auf der Webseite des Unternehmers auszufüllen und zu übermitteln. [2]Macht der Verbraucher von dieser Möglichkeit Gebrauch, muss der Unternehmer dem Verbraucher den Zugang des Widerrufs unverzüglich auf einem dauerhaften Datenträger bestätigen.

(2) Die Widerrufsfrist beginnt

1. bei einem Verbrauchsgüterkauf,
   a) der nicht unter die Buchstaben b bis d fällt, sobald der Verbraucher oder ein von ihm benannter Dritter, der nicht Frachtführer ist, die Waren erhalten hat,
   b) bei dem der Verbraucher mehrere Waren im Rahmen einer einheitlichen Bestellung bestellt hat und die Waren getrennt geliefert werden, sobald der Verbraucher oder ein von ihm benannter Dritter, der nicht Frachtführer ist, die letzte Ware erhalten hat,
   c) bei dem die Ware in mehreren Teilsendungen oder Stücken geliefert wird, sobald der Verbraucher oder ein vom Verbraucher benannter Dritter, der nicht Frachtführer ist, die letzte Teilsendung oder das letzte Stück erhalten hat,
   d) der auf die regelmäßige Lieferung von Waren über einen festgelegten Zeitraum gerichtet ist, sobald der Verbraucher oder ein von ihm benannter Dritter, der nicht Frachtführer ist, die erste Ware erhalten hat,
2. bei einem Vertrag, der die nicht in einem begrenzten Volumen oder in einer bestimmten Menge angebotene Lieferung von Wasser, Gas oder Strom, die Lieferung von Fernwärme oder die Lieferung von nicht auf einem körperlichen Datenträger befindlichen digitalen Inhalten zum Gegenstand hat, mit Vertragsschluss.

(3) [1]Die Widerrufsfrist beginnt nicht, bevor der Unternehmer den Verbraucher entsprechend den Anforderungen des Artikels 246a § 1 Absatz 2 Satz 1 Nummer 1 oder des Artikels 246b § 2 Absatz 1 des Einführungsgesetzes zum Bürgerlichen Gesetzbuche[1)] unterrichtet hat. [2]Das Widerrufsrecht erlischt spätestens zwölf Monate und 14 Tage nach dem in Absatz 2 oder § 355 Absatz 2

[1)] Nr. **25**.

Satz 2 genannten Zeitpunkt. [3]Satz 2 ist auf Verträge über Finanzdienstleistungen nicht anwendbar.

[Abs. 4 bis 27.5.2022:]

(4) [1]Das Widerrufsrecht erlischt bei einem Vertrag zur Erbringung von Dienstleistungen auch dann, wenn der Unternehmer die Dienstleistung vollständig erbracht hat und mit der Ausführung der Dienstleistung erst begonnen hat, nachdem der Verbraucher dazu seine ausdrückliche Zustimmung gegeben hat und gleichzeitig seine Kenntnis davon bestätigt hat, dass er sein Widerrufsrecht bei vollständiger Vertragserfüllung durch den Unternehmer verliert. [2]Bei einem außerhalb von Geschäftsräumen geschlossenen Vertrag muss die Zustimmung des Verbrauchers auf einem dauerhaften Datenträger übermittelt werden. [3]Bei einem Vertrag über die Erbringung von Finanzdienstleistungen erlischt das Widerrufsrecht abweichend von Satz 1, wenn der Vertrag von beiden Seiten auf ausdrücklichen Wunsch des Verbrauchers vollständig erfüllt ist, bevor der Verbraucher sein Widerrufsrecht ausübt.

[Abs. 4 ab 28.5.2022:]

(4) Das Widerrufsrecht erlischt bei Verträgen über die Erbringung von Dienstleistungen auch unter folgenden Voraussetzungen:

1. bei einem Vertrag, der den Verbraucher nicht zur Zahlung eines Preises verpflichtet, wenn der Unternehmer die Dienstleistung vollständig erbracht hat,

2. bei einem Vertrag, der den Verbraucher zur Zahlung eines Preises verpflichtet, mit der vollständigen Erbringung der Dienstleistung, wenn der Verbraucher vor Beginn der Erbringung

   a) ausdrücklich zugestimmt hat, dass der Unternehmer mit der Erbringung der Dienstleistung vor Ablauf der Widerrufsfrist beginnt,

   b) bei einem außerhalb von Geschäftsräumen geschlossenen Vertrag die Zustimmung nach Buchstabe a auf einem dauerhaften Datenträger übermittelt hat und

   c) seine Kenntnis davon bestätigt hat, dass sein Widerrufsrecht mit vollständiger Vertragserfüllung durch den Unternehmer erlischt,

3. bei einem Vertrag, bei dem der Verbraucher den Unternehmer ausdrücklich aufgefordert hat, ihn aufzusuchen, um Reparaturarbeiten auszuführen, mit der vollständigen Erbringung der Dienstleistung, wenn der Verbraucher die in Nummer 2 Buchstabe a und b genannten Voraussetzungen erfüllt hat,

4. bei einem Vertrag über die Erbringung von Finanzdienstleistungen, wenn der Vertrag von beiden Seiten auf ausdrücklichen Wunsch des Verbrauchers vollständig erfüllt ist, bevor der Verbraucher sein Widerrufsrecht ausübt.

[Abs. 5 bis 27.5.2022:]

(5) Das Widerrufsrecht erlischt bei einem Vertrag über die Lieferung von nicht auf einem körperlichen Datenträger befindlichen digitalen Inhalten auch dann, wenn der Unternehmer mit der Ausführung des Vertrags begonnen hat, nachdem der Verbraucher

1. ausdrücklich zugestimmt hat, dass der Unternehmer mit der Ausführung des Vertrags vor Ablauf der Widerrufsfrist beginnt, und

2. seine Kenntnis davon bestätigt hat, dass er durch seine Zustimmung mit Beginn der Ausführung des Vertrags sein Widerrufsrecht verliert.

[Abs. 5 ab 28.5.2022:]

(5) Das Widerrufsrecht erlischt bei Verträgen über die Bereitstellung von nicht auf einem körperlichen Datenträger befindlichen digitalen Inhalten auch unter folgenden Voraussetzungen:

1. bei einem Vertrag, der den Verbraucher nicht zur Zahlung eines Preises verpflichtet, wenn der Unternehmer mit der Vertragserfüllung begonnen hat,

2. bei einem Vertrag, der den Verbraucher zur Zahlung eines Preises verpflichtet, wenn

a) der Verbraucher ausdrücklich zugestimmt hat, dass der Unternehmer mit der Vertragserfüllung vor Ablauf der Widerrufsfrist beginnt,

b) der Verbraucher seine Kenntnis davon bestätigt hat, dass durch seine Zustimmung nach Buchstabe a mit Beginn der Vertragserfüllung sein Widerrufsrecht erlischt, und

c) der Unternehmer dem Verbraucher eine Bestätigung gemäß § 312f zur Verfügung gestellt hat.

§ 356a Widerrufsrecht bei Teilzeit-Wohnrechteverträgen, Verträgen über ein langfristiges Urlaubsprodukt, bei Vermittlungsverträgen und Tauschsystemverträgen. (1) Der Widerruf ist in Textform zu erklären.

(2) [1] Die Widerrufsfrist beginnt mit dem Zeitpunkt des Vertragsschlusses oder des Abschlusses eines Vorvertrags. [2] Erhält der Verbraucher die Vertragsurkunde oder die Abschrift des Vertrags erst nach Vertragsschluss, beginnt die Widerrufsfrist mit dem Zeitpunkt des Erhalts.

(3) [1] Sind dem Verbraucher die in § 482 Absatz 1 bezeichneten vorvertraglichen Informationen oder das in Artikel 242 § 1 Absatz 2 des Einführungsgesetzes zum Bürgerlichen Gesetzbuche[1)] bezeichnete Formblatt vor Vertragsschluss nicht, nicht vollständig oder nicht in der in § 483 Absatz 1 vorgeschriebenen Sprache überlassen worden, so beginnt die Widerrufsfrist abweichend von Absatz 2 erst mit dem vollständigen Erhalt der vorvertraglichen Informationen und des Formblatts in der vorgeschriebenen Sprache. [2] Das Widerrufsrecht erlischt spätestens drei Monate und 14 Tage nach dem in Absatz 2 genannten Zeitpunkt.

(4) [1] Ist dem Verbraucher die in § 482a bezeichnete Widerrufsbelehrung vor Vertragsschluss nicht, nicht vollständig oder nicht in der in § 483 Absatz 1 vorgeschriebenen Sprache überlassen worden, so beginnt die Widerrufsfrist abweichend von Absatz 2 erst mit dem vollständigen Erhalt der Widerrufsbelehrung in der vorgeschriebenen Sprache. [2] Das Widerrufsrecht erlischt gegebenenfalls abweichend von Absatz 3 Satz 2 spätestens zwölf Monate und 14 Tage nach dem in Absatz 2 genannten Zeitpunkt.

(5) [1] Hat der Verbraucher einen Teilzeit-Wohnrechtevertrag und einen Tauschsystemvertrag abgeschlossen und sind ihm diese Verträge zum gleichen Zeitpunkt angeboten worden, so beginnt die Widerrufsfrist für beide Verträge mit dem nach Absatz 2 für den Teilzeit-Wohnrechtevertrag geltenden Zeitpunkt. [2] Die Absätze 3 und 4 gelten entsprechend.

§ 356b Widerrufsrecht bei Verbraucherdarlehensverträgen. (1) Die Widerrufsfrist beginnt auch nicht, bevor der Darlehensgeber dem Darlehensnehmer eine für diesen bestimmte Vertragsurkunde, den schriftlichen Antrag

---

1) Nr. **25**.

des Darlehensnehmers oder eine Abschrift der Vertragsurkunde oder seines Antrags zur Verfügung gestellt hat.

(2) [1] Enthält bei einem Allgemein-Verbraucherdarlehensvertrag die dem Darlehensnehmer nach Absatz 1 zur Verfügung gestellte Urkunde die Pflichtangaben nach § 492 Absatz 2 nicht, beginnt die Frist erst mit Nachholung dieser Angaben gemäß § 492 Absatz 6. [2] Enthält bei einem Immobiliar-Verbraucherdarlehensvertrag die dem Darlehensnehmer nach Absatz 1 zur Verfügung gestellte Urkunde die Pflichtangaben zum Widerrufsrecht nach § 492 Absatz 2 in Verbindung mit Artikel 247 § 6 Absatz 2 des Einführungsgesetzes zum Bürgerlichen Gesetzbuche[1)] nicht, beginnt die Frist erst mit Nachholung dieser Angaben gemäß § 492 Absatz 6. [3] In den Fällen der Sätze 1 und 2 beträgt die Widerrufsfrist einen Monat. [4] Das Widerrufsrecht bei einem Immobiliar-Verbraucherdarlehensvertrag erlischt spätestens zwölf Monate und 14 Tage nach dem Vertragsschluss oder nach dem in Absatz 1 genannten Zeitpunkt, wenn dieser nach dem Vertragsschluss liegt.

(3) Die Widerrufsfrist beginnt im Falle des § 494 Absatz 7 bei einem Allgemein-Verbraucherdarlehensvertrag erst, wenn der Darlehensnehmer die dort bezeichnete Abschrift des Vertrags erhalten hat.

§ 356c Widerrufsrecht bei Ratenlieferungsverträgen. (1) Bei einem Ratenlieferungsvertrag, der weder im Fernabsatz noch außerhalb von Geschäftsräumen geschlossenen wird, beginnt die Widerrufsfrist nicht, bevor der Unternehmer den Verbraucher gemäß Artikel 246 Absatz 3 des Einführungsgesetzes zum Bürgerlichen Gesetzbuche über sein Widerrufsrecht unterrichtet hat.

(2) [1] § 356 Absatz 1 gilt entsprechend. [2] Das Widerrufsrecht erlischt spätestens zwölf Monate und 14 Tage nach dem in § 355 Absatz 2 Satz 2 genannten Zeitpunkt.

§ 356d Widerrufsrecht des Verbrauchers bei unentgeltlichen Darlehensverträgen und unentgeltlichen Finanzierungshilfen. [1] Bei einem Vertrag, durch den ein Unternehmer einem Verbraucher ein unentgeltliches Darlehen oder eine unentgeltliche Finanzierungshilfe gewährt, beginnt die Widerrufsfrist abweichend von § 355 Absatz 2 Satz 2 nicht, bevor der Unternehmer den Verbraucher entsprechend den Anforderungen des § 514 Absatz 2 Satz 3 über dessen Widerrufsrecht unterrichtet hat. [2] Das Widerrufsrecht erlischt spätestens zwölf Monate und 14 Tage nach dem Vertragsschluss oder nach dem in Satz 1 genannten Zeitpunkt, wenn dieser nach dem Vertragsschluss liegt.

§ 356e Widerrufsrecht bei Verbraucherbauverträgen. [1] Bei einem Verbraucherbauvertrag (§ 650i Absatz 1) beginnt die Widerrufsfrist nicht, bevor der Unternehmer den Verbraucher gemäß Artikel 249 § 3 des Einführungsgesetzes zum Bürgerlichen Gesetzbuche[1)] über sein Widerrufsrecht belehrt hat. [2] Das Widerrufsrecht erlischt spätestens zwölf Monate und 14 Tage nach dem in § 355 Absatz 2 Satz 2 genannten Zeitpunkt.

§ 357 Rechtsfolgen des Widerrufs von außerhalb von Geschäftsräumen geschlossenen Verträgen und Fernabsatzverträgen mit Ausnahme

---

1) Nr. 25.

von Verträgen über Finanzdienstleistungen. (1) Die empfangenen Leistungen sind spätestens nach 14 Tagen zurückzugewähren.

(2) [1]Der Unternehmer muss auch etwaige Zahlungen des Verbrauchers für die Lieferung zurückgewähren. [2]Dies gilt nicht, soweit dem Verbraucher zusätzliche Kosten entstanden sind, weil er sich für eine andere Art der Lieferung als die vom Unternehmer angebotene günstigste Standardlieferung entschieden hat.

(3) [1]Für die Rückzahlung muss der Unternehmer dasselbe Zahlungsmittel verwenden, das der Verbraucher bei der Zahlung verwendet hat. [2]Satz 1 gilt nicht, wenn ausdrücklich etwas anderes vereinbart worden ist und dem Verbraucher dadurch keine Kosten entstehen.

(4) [1]Bei einem Verbrauchsgüterkauf kann der Unternehmer die Rückzahlung verweigern, bis er die Waren zurückerhalten hat oder der Verbraucher den Nachweis erbracht hat, dass er die Waren abgesandt hat. [2]Dies gilt nicht, wenn der Unternehmer angeboten hat, die Waren abzuholen.

[Abs. 5 bis 27.5.2022:]

(5) Der Verbraucher ist nicht verpflichtet, die empfangenen Waren zurückzusenden, wenn der Unternehmer angeboten hat, die Waren abzuholen.

[Abs. 5 ab 28.5.2022:]

(5) Der Verbraucher trägt die unmittelbaren Kosten der Rücksendung der Waren, wenn der Unternehmer den Verbraucher nach Artikel 246a § 1 Absatz 2 Satz 1 Nummer 2 des Einführungsgesetzes zum Bürgerlichen Gesetzbuche[1] *von dieser Pflicht unterrichtet hat. Satz 1 gilt nicht, wenn der Unternehmer sich bereit erklärt hat, diese Kosten zu tragen.*

[Abs. 6 bis 27.5.2022:]

(6) [1]Der Verbraucher trägt die unmittelbaren Kosten der Rücksendung der Waren, wenn der Unternehmer den Verbraucher nach Artikel 246a § 1 Absatz 2 Satz 1 Nummer 2 des Einführungsgesetzes zum Bürgerlichen Gesetzbuche[1] von dieser Pflicht unterrichtet hat. [2]Satz 1 gilt nicht, wenn der Unternehmer sich bereit erklärt hat, diese Kosten zu tragen. [3]Bei außerhalb von Geschäftsräumen geschlossenen Verträgen, bei denen die Waren zum Zeitpunkt des Vertragsschlusses zur Wohnung des Verbrauchers geliefert worden sind, ist der Unternehmer verpflichtet, die Waren auf eigene Kosten abzuholen, wenn die Waren so beschaffen sind, dass sie nicht per Post zurückgesandt werden können.

[Abs. 6 ab 28.5.2022:]

(6) Der Verbraucher ist nicht verpflichtet, die Waren zurückzusenden, wenn der Unternehmer angeboten hat, die Waren abzuholen.

[Abs. 7 bis 27.5.2022:]

(7) Der Verbraucher hat Wertersatz für einen Wertverlust der Ware zu leisten, wenn

1. der Wertverlust auf einen Umgang mit den Waren zurückzuführen ist, der zur Prüfung der Beschaffenheit, der Eigenschaften und der Funktionsweise der Waren nicht notwendig war, und

---

[1] Nr. **25**.

2. der Unternehmer den Verbraucher nach Artikel 246a § 1 Absatz 2 Satz 1 Nummer 1 des Einführungsgesetzes zum Bürgerlichen Gesetzbuche[1)] über sein Widerrufsrecht unterrichtet hat.

[Abs. 7 ab 28.5.2022:]

(7) Bei außerhalb von Geschäftsräumen geschlossenen Verträgen, bei denen die Waren zum Zeitpunkt des Vertragsschlusses zur Wohnung des Verbrauchers gebracht worden sind, ist der Unternehmer verpflichtet, die Waren auf eigene Kosten abzuholen, wenn die Waren so beschaffen sind, dass sie nicht per Post zurückgesandt werden können.

[Abs. 8 bis 27.5.2022:]

(8) [1] Widerruft der Verbraucher einen Vertrag über die Erbringung von Dienstleistungen oder über die Lieferung von Wasser, Gas oder Strom in nicht bestimmten Mengen oder nicht begrenztem Volumen oder über die Lieferung von Fernwärme, so schuldet der Verbraucher dem Unternehmer Wertersatz für die bis zum Widerruf erbrachte Leistung, wenn der Verbraucher von dem Unternehmer ausdrücklich verlangt hat, dass dieser mit der Leistung vor Ablauf der Widerrufsfrist beginnt. [2] Der Anspruch aus Satz 1 besteht nur, wenn der Unternehmer den Verbraucher nach Artikel 246a § 1 Absatz 2 Satz 1 Nummer 1 und 3 des Einführungsgesetzes zum Bürgerlichen Gesetzbuche[1)] ordnungsgemäß informiert hat. [3] Bei außerhalb von Geschäftsräumen geschlossenen Verträgen besteht der Anspruch nach Satz 1 nur dann, wenn der Verbraucher sein Verlangen nach Satz 1 auf einem dauerhaften Datenträger übermittelt hat. [4] Bei der Berechnung des Wertersatzes ist der vereinbarte Gesamtpreis zu Grunde zu legen. [5] Ist der vereinbarte Gesamtpreis unverhältnismäßig hoch, ist der Wertersatz auf der Grundlage des Marktwerts der erbrachten Leistung zu berechnen.

[Abs. 8 ab 28.5.2022:]

(8) Für die Rechtsfolgen des Widerrufs von Verträgen über die Bereitstellung digitaler Produkte gilt ferner § 327p entsprechend.

[Abs. 9 bis 27.5.2022:]

(9) Widerruft der Verbraucher einen Vertrag über die Lieferung von nicht auf einem körperlichen Datenträger befindlichen digitalen Inhalten, so hat er keinen Wertersatz zu leisten.

[§ 357a ab 28.5.2022:]

§ 357a Wertersatz als Rechtsfolge des Widerrufs von außerhalb von Geschäftsräumen geschlossenen Verträgen und Fernabsatzverträgen mit Ausnahme von Verträgen über Finanzdienstleistungen. *(1) Der Verbraucher hat Wertersatz für einen Wertverlust der Ware zu leisten, wenn*

1. der Wertverlust auf einen Umgang mit den Waren zurückzuführen ist, der zur Prüfung der Beschaffenheit, der Eigenschaften und der Funktionsweise der Waren nicht notwendig war, und

2. der Unternehmer den Verbraucher nach Artikel 246a § 1 Absatz 2 Satz 1 Nummer 1 des Einführungsgesetzes zum Bürgerlichen Gesetzbuche[1)] über dessen Widerrufsrecht unterrichtet hat.

(2) [1] Der Verbraucher hat Wertersatz für die bis zum Widerruf erbrachten Dienstleistungen, für die der Vertrag die Zahlung eines Preises vorsieht, oder die bis zum

[1)] Nr. **25**.

Widerruf erfolgte Lieferung von Wasser, Gas oder Strom in nicht bestimmten Mengen oder nicht begrenztem Volumen oder von Fernwärme zu leisten, wenn

1. *der Verbraucher von dem Unternehmer ausdrücklich verlangt hat, dass mit der Leistung vor Ablauf der Widerrufsfrist begonnen werden soll,*
2. *bei einem außerhalb von Geschäftsräumen geschlossenen Vertrag der Verbraucher das Verlangen nach Nummer 1 auf einem dauerhaften Datenträger übermittelt hat und*
3. *der Unternehmer den Verbraucher nach Artikel 246a § 1 Absatz 2 Satz 1 Nummer 1 und 3 des Einführungsgesetzes zum Bürgerlichen Gesetzbuche*[1] *ordnungsgemäß informiert hat.*

[2] *Bei der Berechnung des Wertersatzes ist der vereinbarte Gesamtpreis zu Grunde zu legen.* [3] *Ist der vereinbarte Gesamtpreis unverhältnismäßig hoch, so ist der Wertersatz auf der Grundlage des Marktwerts der erbrachten Leistung zu berechnen.*

(3) Widerruft der Verbraucher einen Vertrag über die Bereitstellung von nicht auf einem körperlichen Datenträger befindlichen digitalen Inhalten, so hat er keinen Wertersatz zu leisten.

§ 357a ***[ab 28.5.2022: 357b]*** **Rechtsfolgen des Widerrufs von Verträgen über Finanzdienstleistungen.** (1) Die empfangenen Leistungen sind spätestens nach 30 Tagen zurückzugewähren.

(2) [1] Im Falle des Widerrufs von außerhalb von Geschäftsräumen geschlossenen Verträgen oder Fernabsatzverträgen über Finanzdienstleistungen ist der Verbraucher zur Zahlung von Wertersatz für die vom Unternehmer bis zum Widerruf erbrachte Dienstleistung verpflichtet, wenn er

1. vor Abgabe seiner Vertragserklärung auf diese Rechtsfolge hingewiesen worden ist und
2. ausdrücklich zugestimmt hat, dass der Unternehmer vor Ende der Widerrufsfrist mit der Ausführung der Dienstleistung beginnt.

[2] Im Falle des Widerrufs von Verträgen über eine entgeltliche Finanzierungshilfe, die von der Ausnahme des § 506 Absatz 4 erfasst sind, ***[bis 27.5.2022:*** gilt auch § 357 Absatz 5 bis 8 entsprechend***][ab 28.5.2022:*** *gelten auch § 357 Absatz 5 bis 7 und § 357a Absatz 1 und 2 entsprechend****]***. [3] Ist Gegenstand des Vertrags über die entgeltliche Finanzierungshilfe die Lieferung von nicht auf einem körperlichen Datenträger befindlichen digitalen Inhalten, hat der Verbraucher Wertersatz für die bis zum Widerruf gelieferten digitalen Inhalte zu leisten, wenn er

1. vor Abgabe seiner Vertragserklärung auf diese Rechtsfolge hingewiesen worden ist und
2. ausdrücklich zugestimmt hat, dass der Unternehmer vor Ende der Widerrufsfrist mit der Lieferung der digitalen Inhalte beginnt.

[4] Ist im Vertrag eine Gegenleistung bestimmt, ist sie bei der Berechnung des Wertersatzes zu Grunde zu legen. [5] Ist der vereinbarte Gesamtpreis unverhältnismäßig hoch, ist der Wertersatz auf der Grundlage des Marktwerts der erbrachten Leistung zu berechnen.

(3) [1] Im Falle des Widerrufs von Verbraucherdarlehensverträgen hat der Darlehensnehmer für den Zeitraum zwischen der Auszahlung und der Rück-

---

[1] Nr. **25**.

zahlung des Darlehens den vereinbarten Sollzins zu entrichten. [2] Bei einem Immobiliar-Verbraucherdarlehen kann nachgewiesen werden, dass der Wert des Gebrauchsvorteils niedriger war als der vereinbarte Sollzins. [3] In diesem Fall ist nur der niedrigere Betrag geschuldet. [4] Im Falle des Widerrufs von Verträgen über eine entgeltliche Finanzierungshilfe, die nicht von der Ausnahme des § 506 Absatz 4 erfasst sind, gilt auch Absatz 2 entsprechend mit der Maßgabe, dass an die Stelle der Unterrichtung über das Widerrufsrecht die Pflichtangaben nach Artikel 247 § 12 Absatz 1 in Verbindung mit § 6 Absatz 2 des Einführungsgesetzes zum Bürgerlichen Gesetzbuche[1)], die das Widerrufsrecht betreffen, treten. [5] Darüber hinaus hat der Darlehensnehmer dem Darlehensgeber nur die Aufwendungen zu ersetzen, die der Darlehensgeber gegenüber öffentlichen Stellen erbracht hat und nicht zurückverlangen kann.

§ 357b ***[ab 28.5.2022: § 357c]*** **Rechtsfolgen des Widerrufs von Teilzeit-Wohnrechteverträgen, Verträgen über ein langfristiges Urlaubsprodukt, Vermittlungsverträgen und Tauschsystemverträgen.** (1) [1] Der Verbraucher hat im Falle des Widerrufs keine Kosten zu tragen. [2] Die Kosten des Vertrags, seiner Durchführung und seiner Rückabwicklung hat der Unternehmer dem Verbraucher zu erstatten. [3] Eine Vergütung für geleistete Dienste sowie für die Überlassung von Wohngebäuden zur Nutzung ist ausgeschlossen.

(2) Der Verbraucher hat für einen Wertverlust der Unterkunft im Sinne des § 481 nur Wertersatz zu leisten, soweit der Wertverlust auf einer nicht bestimmungsgemäßen Nutzung der Unterkunft beruht.

§ 357c ***[ab 28.5.2022: 357d]*** **Rechtsfolgen des Widerrufs von weder im Fernabsatz noch außerhalb von Geschäftsräumen geschlossenen Ratenlieferungsverträgen.** [1] Für die Rückgewähr der empfangenen Leistungen gilt ***[bis 27.5.2022:*** § 357 Absatz 1 bis 5***][ab 28.5.2022:*** *§ 357 Absatz 1 bis 4 und 6]* entsprechend. [2] Der Verbraucher trägt die unmittelbaren Kosten der Rücksendung der empfangenen Sachen, es sei denn, der Unternehmer hat sich bereit erklärt, diese Kosten zu tragen. [3] ***[bis 27.5.2022:*** § 357 Absatz 7***][ab 28.5.2022:*** *§ 357a Absatz 1]* ist mit der Maßgabe entsprechend anzuwenden, dass an die Stelle der Unterrichtung nach Artikel 246a § 1 Absatz 2 Satz 1 Nummer 1 des Einführungsgesetzes zum Bürgerlichen Gesetzbuche[1)] die Unterrichtung nach Artikel 246 Absatz 3 des Einführungsgesetzes zum Bürgerlichen Gesetzbuche tritt.

§ 357d ***[ab 28.5.2022: § 357e]*** **Rechtsfolgen des Widerrufs bei Verbraucherbauverträgen.** [1] Ist die Rückgewähr der bis zum Widerruf erbrachten Leistung ihrer Natur nach ausgeschlossen, schuldet der Verbraucher dem Unternehmer Wertersatz. [2] Bei der Berechnung des Wertersatzes ist die vereinbarte Vergütung zugrunde zu legen. [3] Ist die vereinbarte Vergütung unverhältnismäßig hoch, ist der Wertersatz auf der Grundlage des Marktwertes der erbrachten Leistung zu berechnen.

§ 358 Mit dem widerrufenen Vertrag verbundener Vertrag. (1) Hat der Verbraucher seine auf den Abschluss eines Vertrags über die Lieferung einer Ware oder die Erbringung einer anderen Leistung durch einen Unternehmer gerichtete Willenserklärung wirksam widerrufen, so ist er auch an seine auf den

---

[1)] Nr. **25**.

Abschluss eines mit diesem Vertrag verbundenen Darlehensvertrags gerichtete Willenserklärung nicht mehr gebunden.

(2) Hat der Verbraucher seine auf den Abschluss eines Darlehensvertrags gerichtete Willenserklärung auf Grund des § 495 Absatz 1 oder des § 514 Absatz 2 Satz 1 wirksam widerrufen, so ist er auch nicht mehr an diejenige Willenserklärung gebunden, die auf den Abschluss eines mit diesem Darlehensvertrag verbundenen Vertrags über die Lieferung einer Ware oder die Erbringung einer anderen Leistung gerichtet ist.

(3) [1] Ein Vertrag über die Lieferung einer Ware oder über die Erbringung einer anderen Leistung und ein Darlehensvertrag nach den Absätzen 1 oder 2 sind verbunden, wenn das Darlehen ganz oder teilweise der Finanzierung des anderen Vertrags dient und beide Verträge eine wirtschaftliche Einheit bilden. [2] Eine wirtschaftliche Einheit ist insbesondere anzunehmen, wenn der Unternehmer selbst die Gegenleistung des Verbrauchers finanziert, oder im Falle der Finanzierung durch einen Dritten, wenn sich der Darlehensgeber bei der Vorbereitung oder dem Abschluss des Darlehensvertrags der Mitwirkung des Unternehmers bedient. [3] Bei einem finanzierten Erwerb eines Grundstücks oder eines grundstücksgleichen Rechts ist eine wirtschaftliche Einheit nur anzunehmen, wenn der Darlehensgeber selbst dem Verbraucher das Grundstück oder das grundstücksgleiche Recht verschafft oder wenn er über die Zurverfügungstellung von Darlehen hinaus den Erwerb des Grundstücks oder grundstücksgleichen Rechts durch Zusammenwirken mit dem Unternehmer fördert, indem er sich dessen Veräußerungsinteressen ganz oder teilweise zu Eigen macht, bei der Planung, Werbung oder Durchführung des Projekts Funktionen des Veräußerers übernimmt oder den Veräußerer einseitig begünstigt.

(4) [1] Auf die Rückabwicklung des verbundenen Vertrags sind unabhängig von der Vertriebsform § 355 Absatz 3 und, je nach Art des verbundenen Vertrags, die ***[bis 27.5.2022:*** §§ 357 bis 357b***][ab 28.5.2022:*** *§§ 357 bis 357c****]*** entsprechend anzuwenden. [2] Ist der verbundene Vertrag ein Vertrag über die Lieferung von nicht auf einem körperlichen Datenträger befindlichen digitalen Inhalten***[bis 27.5.2022:*** und hat der Unternehmer dem Verbraucher eine Abschrift oder Bestätigung des Vertrags nach § 312f zur Verfügung gestellt***]***, hat der Verbraucher abweichend von ***[bis 27.5.2022:*** § 357 Absatz 9***][ab 28.5.2022:*** *§ 357a Absatz 3****]*** unter den Voraussetzungen des ***[bis 27.5.2022:*** § 356 Absatz 5 zweiter und dritter Halbsatz***][ab 28.5.2022:*** *§ 356 Absatz 5 Nummer 2****]*** Wertersatz für die bis zum Widerruf gelieferten digitalen Inhalte zu leisten. [3] Ist der verbundene Vertrag ein im Fernabsatz oder außerhalb von Geschäftsräumen geschlossener Ratenlieferungsvertrag, ***[bis 27.5.2022:*** ist neben § 355 Absatz 3 auch § 357***][ab 28.5.2022:*** *sind neben § 355 Absatz 3 auch die §§ 357 und 357a****]*** entsprechend anzuwenden; im Übrigen gelten für verbundene Ratenlieferungsverträge § 355 Absatz 3 und § ***[bis 27.5.2022:*** 357c***][ab 28.5.2022:*** *357d****]*** entsprechend. [4] Im Falle des Absatzes 1 sind jedoch Ansprüche auf Zahlung von Zinsen und Kosten aus der Rückabwicklung des Darlehensvertrags gegen den Verbraucher ausgeschlossen. [5] Der Darlehensgeber tritt im Verhältnis zum Verbraucher hinsichtlich der Rechtsfolgen des Widerrufs in die Rechte und Pflichten des Unternehmers aus dem verbundenen Vertrag ein, wenn das Darlehen dem Unternehmer bei Wirksamwerden des Widerrufs bereits zugeflossen ist.

(5) Die Absätze 2 und 4 sind nicht anzuwenden auf Darlehensverträge, die der Finanzierung des Erwerbs von Finanzinstrumenten dienen.

§ 359 Einwendungen bei verbundenen Verträgen. (1) [1]Der Verbraucher kann die Rückzahlung des Darlehens verweigern, soweit Einwendungen aus dem verbundenen Vertrag ihn gegenüber dem Unternehmer, mit dem er den verbundenen Vertrag geschlossen hat, zur Verweigerung seiner Leistung berechtigen würden. [2]Dies gilt nicht bei Einwendungen, die auf einer Vertragsänderung beruhen, welche zwischen diesem Unternehmer und dem Verbraucher nach Abschluss des Darlehensvertrags vereinbart wurde. [3]Kann der Verbraucher Nacherfüllung verlangen, so kann er die Rückzahlung des Darlehens erst verweigern, wenn die Nacherfüllung fehlgeschlagen ist.

(2) Absatz 1 ist nicht anzuwenden auf Darlehensverträge, die der Finanzierung des Erwerbs von Finanzinstrumenten dienen, oder wenn das finanzierte Entgelt weniger als 200 Euro beträgt.

§ 360 Zusammenhängende Verträge. (1) [1]Hat der Verbraucher seine auf den Abschluss eines Vertrags gerichtete Willenserklärung wirksam widerrufen und liegen die Voraussetzungen für einen verbundenen Vertrag nicht vor, so ist er auch an seine auf den Abschluss eines damit zusammenhängenden Vertrags gerichtete Willenserklärung nicht mehr gebunden. [2]Auf die Rückabwicklung des zusammenhängenden Vertrags ist § 358 Absatz 4 Satz 1 bis 3 entsprechend anzuwenden. [3]Widerruft der Verbraucher einen Teilzeit-Wohnrechtevertrag oder einen Vertrag über ein langfristiges Urlaubsprodukt, hat er auch für den zusammenhängenden Vertrag keine Kosten zu tragen; ***[bis 27.5.2022:*** § 357b Absatz 1 Satz 2 und 3***][ab 28.5.2022:*** *§ 357c Absatz 1 Satz 2 und 3****]*** gilt entsprechend.

(2) [1]Ein zusammenhängender Vertrag liegt vor, wenn er einen Bezug zu dem widerrufenen Vertrag aufweist und eine Leistung betrifft, die von dem Unternehmer des widerrufenen Vertrags oder einem Dritten auf der Grundlage einer Vereinbarung zwischen dem Dritten und dem Unternehmer des widerrufenen Vertrags erbracht wird. [2]Ein Darlehensvertrag ist auch dann ein zusammenhängender Vertrag, wenn das Darlehen, das ein Unternehmer einem Verbraucher gewährt, ausschließlich der Finanzierung des widerrufenen Vertrags dient und die Leistung des Unternehmers aus dem widerrufenen Vertrag in dem Darlehensvertrag genau angegeben ist.

§ 361 Weitere Ansprüche, abweichende Vereinbarungen und Beweislast. (1) Über die Vorschriften dieses Untertitels hinaus bestehen keine weiteren Ansprüche gegen den Verbraucher infolge des Widerrufs.

(2) [1]Von den Vorschriften dieses Untertitels darf, soweit nicht ein anderes bestimmt ist, nicht zum Nachteil des Verbrauchers abgewichen werden. [2]Die Vorschriften dieses Untertitels finden, soweit nichts anderes bestimmt ist, auch Anwendung, wenn sie durch anderweitige Gestaltungen umgangen werden.

(3) Ist der Beginn der Widerrufsfrist streitig, so trifft die Beweislast den Unternehmer.

Abschnitt 8. Einzelne Schuldverhältnisse

Titel 3. Darlehensvertrag; Finanzierungshilfen und Ratenlieferungsverträge zwischen einem Unternehmer und einem Verbraucher[1)]

Untertitel 1. Darlehensvertrag

Kapitel 1. Allgemeine Vorschriften

§ 488 Vertragstypische Pflichten beim Darlehensvertrag. (1) [1] Durch den Darlehensvertrag wird der Darlehensgeber verpflichtet, dem Darlehensnehmer einen Geldbetrag in der vereinbarten Höhe zur Verfügung zu stellen. [2] Der Darlehensnehmer ist verpflichtet, einen geschuldeten Zins zu zahlen und bei Fälligkeit das zur Verfügung gestellte Darlehen zurückzuzahlen.

(2) Die vereinbarten Zinsen sind, soweit nicht ein anderes bestimmt ist, nach dem Ablauf je eines Jahres und, wenn das Darlehen vor dem Ablauf eines Jahres zurückzuzahlen ist, bei der Rückzahlung zu entrichten.

(3) [1] Ist für die Rückzahlung des Darlehens eine Zeit nicht bestimmt, so hängt die Fälligkeit davon ab, dass der Darlehensgeber oder der Darlehensnehmer kündigt. [2] Die Kündigungsfrist beträgt drei Monate. [3] Sind Zinsen nicht geschuldet, so ist der Darlehensnehmer auch ohne Kündigung zur Rückzahlung berechtigt.

§ 489 Ordentliches Kündigungsrecht des Darlehensnehmers.

(1) Der Darlehensnehmer kann einen Darlehensvertrag mit gebundenem Sollzinssatz ganz oder teilweise kündigen,

1. wenn die Sollzinsbindung vor der für die Rückzahlung bestimmten Zeit endet und keine neue Vereinbarung über den Sollzinssatz getroffen ist, unter Einhaltung einer Kündigungsfrist von einem Monat frühestens für den Ablauf des Tages, an dem die Sollzinsbindung endet; ist eine Anpassung des Sollzinssatzes in bestimmten Zeiträumen bis zu einem Jahr vereinbart, so kann der Darlehensnehmer jeweils nur für den Ablauf des Tages, an dem die Sollzinsbindung endet, kündigen;
2. in jedem Fall nach Ablauf von zehn Jahren nach dem vollständigen Empfang unter Einhaltung einer Kündigungsfrist von sechs Monaten; wird nach dem Empfang des Darlehens eine neue Vereinbarung über die Zeit der Rückzahlung oder den Sollzinssatz getroffen, so tritt der Zeitpunkt dieser Vereinbarung an die Stelle des Zeitpunkts des Empfangs.

(2) Der Darlehensnehmer kann einen Darlehensvertrag mit veränderlichem Zinssatz jederzeit unter Einhaltung einer Kündigungsfrist von drei Monaten kündigen.

(3) Eine Kündigung des Darlehensnehmers gilt als nicht erfolgt, wenn er den geschuldeten Betrag nicht binnen zwei Wochen nach Wirksamwerden der Kündigung zurückzahlt.

[1)] **Amtl. Anm.:** Dieser Titel dient der Umsetzung der Richtlinie 87/102/EWG des Rates zur Angleichung der Rechts- und Verwaltungsvorschriften der Mitgliedstaaten über den Verbraucherkredit (ABl. EG Nr. L 42 S. 48), zuletzt geändert durch die Richtlinie 98/7/EG des Europäischen Parlaments und des Rates vom 16. Februar 1998 zur Änderung der Richtlinie 87/102/EWG zur Angleichung der Rechts- und Verwaltungsvorschriften der Mitgliedstaaten über den Verbraucherkredit (ABl. EG Nr. L 101 S. 17).

(4) [1] Das Kündigungsrecht des Darlehensnehmers nach den Absätzen 1 und 2 kann nicht durch Vertrag ausgeschlossen oder erschwert werden. [2] Dies gilt nicht bei Darlehen an den Bund, ein Sondervermögen des Bundes, ein Land, eine Gemeinde, einen Gemeindeverband, die Europäischen Gemeinschaften oder ausländische Gebietskörperschaften.

(5) [1] Sollzinssatz ist der gebundene oder veränderliche periodische Prozentsatz, der pro Jahr auf das in Anspruch genommene Darlehen angewendet wird. [2] Der Sollzinssatz ist gebunden, wenn für die gesamte Vertragslaufzeit ein Sollzinssatz oder mehrere Sollzinssätze vereinbart sind, die als feststehende Prozentzahl ausgedrückt werden. [3] Ist für die gesamte Vertragslaufzeit keine Sollzinsbindung vereinbart, gilt der Sollzinssatz nur für diejenigen Zeiträume als gebunden, für die er durch eine feste Prozentzahl bestimmt ist.

§ 490 Außerordentliches Kündigungsrecht. (1) Wenn in den Vermögensverhältnissen des Darlehensnehmers oder in der Werthaltigkeit einer für das Darlehen gestellten Sicherheit eine wesentliche Verschlechterung eintritt oder einzutreten droht, durch die die Rückzahlung des Darlehens, auch unter Verwertung der Sicherheit, gefährdet wird, kann der Darlehensgeber den Darlehensvertrag vor Auszahlung des Darlehens im Zweifel stets, nach Auszahlung nur in der Regel fristlos kündigen.

(2) [1] Der Darlehensnehmer kann einen Darlehensvertrag, bei dem der Sollzinssatz gebunden und das Darlehen durch ein Grund- oder Schiffspfandrecht gesichert ist, unter Einhaltung der Fristen des § 488 Abs. 3 Satz 2 vorzeitig kündigen, wenn seine berechtigten Interessen dies gebieten und seit dem vollständigen Empfang des Darlehens sechs Monate abgelaufen sind. [2] Ein solches Interesse liegt insbesondere vor, wenn der Darlehensnehmer ein Bedürfnis nach einer anderweitigen Verwertung der zur Sicherung des Darlehens beliehenen Sache hat. [3] Der Darlehensnehmer hat dem Darlehensgeber denjenigen Schaden zu ersetzen, der diesem aus der vorzeitigen Kündigung entsteht (Vorfälligkeitsentschädigung).

(3) Die Vorschriften der §§ 313 und 314 bleiben unberührt.

Kapitel 2. Besondere Vorschriften für Verbraucherdarlehensverträge

§ 491[1)] [2)] **Verbraucherdarlehensvertrag.** (1) [1] Die Vorschriften dieses Kapitels gelten für Verbraucherdarlehensverträge, soweit nichts anderes bestimmt ist. [2] Verbraucherdarlehensverträge sind Allgemein-Verbraucherdarlehensverträge und Immobiliar-Verbraucherdarlehensverträge.

(2) [1] Allgemein-Verbraucherdarlehensverträge sind entgeltliche Darlehensverträge zwischen einem Unternehmer als Darlehensgeber und einem Verbraucher als Darlehensnehmer. [2] Keine Allgemein-Verbraucherdarlehensverträge sind Verträge,

1. bei denen der Nettodarlehensbetrag (Artikel 247 § 3 Abs. 2 des Einführungsgesetzes zum Bürgerlichen Gesetzbuche[3)]) weniger als 200 Euro beträgt,
2. bei denen sich die Haftung des Darlehensnehmers auf eine dem Darlehensgeber zum Pfand übergebene Sache beschränkt,

---

1) Beachte hierzu auch Unterlassungsklagengesetz idF der Bek. v. 27.8.2002 (BGBl. I S. 3422, ber. S. 4346), zuletzt geänd. durch G v. 25.6.2021 (BGBl. I S. 2123).

2) Beachte hierzu Überleitungsvorschrift in Art. 229 § 9 EGBGB (Nr. **25**).

3) Nr. **25**.

3. bei denen der Darlehensnehmer das Darlehen binnen drei Monaten zurückzuzahlen hat und nur geringe Kosten vereinbart sind,
4. die von Arbeitgebern mit ihren Arbeitnehmern als Nebenleistung zum Arbeitsvertrag zu einem niedrigeren als dem marktüblichen effektiven Jahreszins (§ 6 der Preisangabenverordnung) abgeschlossen werden und anderen Personen nicht angeboten werden,
5. die nur mit einem begrenzten Personenkreis auf Grund von Rechtsvorschriften in öffentlichem Interesse abgeschlossen werden, wenn im Vertrag für den Darlehensnehmer günstigere als marktübliche Bedingungen und höchstens der marktübliche Sollzinssatz vereinbart sind,
6. bei denen es sich um Immobiliar-Verbraucherdarlehensverträge oder Immobilienverzehrkreditverträge gemäß Absatz 3 handelt.

(3) [1] Immobiliar-Verbraucherdarlehensverträge sind entgeltliche Darlehensverträge zwischen einem Unternehmer als Darlehensgeber und einem Verbraucher als Darlehensnehmer, die

1. durch ein Grundpfandrecht oder eine Reallast besichert sind oder
2. für den Erwerb oder die Erhaltung des Eigentumsrechts an Grundstücken, an bestehenden oder zu errichtenden Gebäuden oder für den Erwerb oder die Erhaltung von grundstücksgleichen Rechten bestimmt sind.

[2] Keine Immobiliar-Verbraucherdarlehensverträge sind Verträge gemäß Absatz 2 Satz 2 Nummer 4. [3] Auf Immobiliar-Verbraucherdarlehensverträge gemäß Absatz 2 Satz 2 Nummer 5 ist nur § 491a Absatz 4 anwendbar. [4] Keine Immobiliar-Verbraucherdarlehensverträge sind Immobilienverzehrkreditverträge, bei denen der Kreditgeber

1. pauschale oder regelmäßige Zahlungen leistet oder andere Formen der Kreditauszahlung vornimmt und im Gegenzug nur einen Betrag aus dem künftigen Erlös des Verkaufs einer Wohnimmobilie erhält oder ein Recht an einer Wohnimmobilie erwirbt und
2. erst nach dem Tod des Verbrauchers eine Rückzahlung fordert, außer der Verbraucher verstößt gegen die Vertragsbestimmungen, was dem Kreditgeber erlaubt, den Vertrag zu kündigen.

(4) § 358 Abs. 2 und 4 sowie die §§ 491a bis 495 und 505a bis 505e sind nicht auf Darlehensverträge anzuwenden, die in ein nach den Vorschriften der Zivilprozessordnung errichtetes gerichtliches Protokoll aufgenommen oder durch einen gerichtlichen Beschluss über das Zustandekommen und den Inhalt eines zwischen den Parteien geschlossenen Vergleichs festgestellt sind, wenn in das Protokoll oder den Beschluss der Sollzinssatz, die bei Abschluss des Vertrags in Rechnung gestellten Kosten des Darlehens sowie die Voraussetzungen aufgenommen worden sind, unter denen der Sollzinssatz oder die Kosten angepasst werden können.

§ 491a Vorvertragliche Informationspflichten bei Verbraucherdarlehensverträgen. (1) Der Darlehensgeber ist verpflichtet, den Darlehensnehmer nach Maßgabe des Artikels 247 des Einführungsgesetzes zum Bürgerlichen Gesetzbuche[1)] zu informieren.

[1)] Nr. **25**.

(2) [1] Der Darlehensnehmer kann vom Darlehensgeber einen Entwurf des Verbraucherdarlehensvertrags verlangen. [2] Dies gilt nicht, solange der Darlehensgeber zum Vertragsabschluss nicht bereit ist. [3] Unterbreitet der Darlehensgeber bei einem Immobiliar-Verbraucherdarlehensvertrag dem Darlehensnehmer ein Angebot oder einen bindenden Vorschlag für bestimmte Vertragsbestimmungen, so muss er dem Darlehensnehmer anbieten, einen Vertragsentwurf auszuhändigen oder zu übermitteln; besteht kein Widerrufsrecht nach § 495, ist der Darlehensgeber dazu verpflichtet, dem Darlehensnehmer einen Vertragsentwurf auszuhändigen oder zu übermitteln.

(3) [1] Der Darlehensgeber ist verpflichtet, dem Darlehensnehmer vor Abschluss eines Verbraucherdarlehensvertrags angemessene Erläuterungen zu geben, damit der Darlehensnehmer in die Lage versetzt wird, zu beurteilen, ob der Vertrag dem von ihm verfolgten Zweck und seinen Vermögensverhältnissen gerecht wird. [2] Hierzu sind gegebenenfalls die vorvertraglichen Informationen gemäß Absatz 1, die Hauptmerkmale der vom Darlehensgeber angebotenen Verträge sowie ihre vertragstypischen Auswirkungen auf den Darlehensnehmer, einschließlich der Folgen bei Zahlungsverzug, zu erläutern. [3] Werden mit einem Immobiliar-Verbraucherdarlehensvertrag Finanzprodukte oder -dienstleistungen im Paket angeboten, so muss dem Darlehensnehmer erläutert werden, ob sie gesondert gekündigt werden können und welche Folgen die Kündigung hat.

(4) [1] Bei einem Immobiliar-Verbraucherdarlehensvertrag entsprechend § 491 Absatz 2 Satz 2 Nummer 5 ist der Darlehensgeber verpflichtet, den Darlehensnehmer rechtzeitig vor Abgabe von dessen Vertragserklärung auf einem dauerhaften Datenträger über die Merkmale gemäß den Abschnitten 3, 4 und 13 des in Artikel 247 § 1 Absatz 2 Satz 2 des Einführungsgesetzes zum Bürgerlichen Gesetzbuche[1)] genannten Musters zu informieren. [2] Artikel 247 § 1 Absatz 2 Satz 6 des Einführungsgesetzes zum Bürgerlichen Gesetzbuche[1)] findet Anwendung.

§ 492[2)] [3)] Schriftform, Vertragsinhalt. (1) [1] Verbraucherdarlehensverträge sind, soweit nicht eine strengere Form vorgeschrieben ist, schriftlich abzuschließen. [2] Der Schriftform ist genügt, wenn Antrag und Annahme durch die Vertragsparteien jeweils getrennt schriftlich erklärt werden. [3] Die Erklärung des Darlehensgebers bedarf keiner Unterzeichnung, wenn sie mit Hilfe einer automatischen Einrichtung erstellt wird.

(2) Der Vertrag muss die für den Verbraucherdarlehensvertrag vorgeschriebenen Angaben nach Artikel 247 §§ 6 bis 13 des Einführungsgesetzes zum Bürgerlichen Gesetzbuche[1)] enthalten.

(3) [1] Nach Vertragsschluss stellt der Darlehensgeber dem Darlehensnehmer eine Abschrift des Vertrags zur Verfügung. [2] Ist ein Zeitpunkt für die Rückzahlung des Darlehens bestimmt, kann der Darlehensnehmer vom Darlehensgeber jederzeit einen Tilgungsplan nach Artikel 247 § 14 des Einführungsgesetzes zum Bürgerlichen Gesetzbuche[1)] verlangen.

[1)] Nr. **25**.

[2)] Beachte hierzu Überleitungsvorschrift in Art. 229 § 9 EGBGB (Nr. **25**).

[3)] Beachte hierzu Übergangsvorschrift in Art. 229 § 38 EGBGB idF der Bek. v. 21.9.1994 (BGBl. I S. 2494, ber. 1997 S. 1061), zuletzt geänd. durch G v. 21.12.2021 (BGBl. I S. 5252).

(4) [1] Die Absätze 1 und 2 gelten auch für die Vollmacht, die ein Darlehensnehmer zum Abschluss eines Verbraucherdarlehensvertrags erteilt. [2] Satz 1 gilt nicht für die Prozessvollmacht und eine Vollmacht, die notariell beurkundet ist.

(5) Erklärungen des Darlehensgebers, die dem Darlehensnehmer gegenüber nach Vertragsabschluss abzugeben sind, müssen auf einem dauerhaften Datenträger erfolgen.

(6) [1] Enthält der Vertrag die Angaben nach Absatz 2 nicht oder nicht vollständig, können sie nach wirksamem Vertragsschluss oder in den Fällen des § 494 Absatz 2 Satz 1 nach Gültigwerden des Vertrags auf einem dauerhaften Datenträger nachgeholt werden. [2] Hat das Fehlen von Angaben nach Absatz 2 zu Änderungen der Vertragsbedingungen gemäß § 494 Absatz 2 Satz 2 bis Absatz 6 geführt, kann die Nachholung der Angaben nur dadurch erfolgen, dass der Darlehensnehmer die nach § 494 Absatz 7 erforderliche Abschrift des Vertrags erhält. [3] In den sonstigen Fällen muss der Darlehensnehmer spätestens im Zeitpunkt der Nachholung der Angaben eine der in § 356b Absatz 1 genannten Unterlagen erhalten. [4] Mit der Nachholung der Angaben nach Absatz 2 ist der Darlehensnehmer auf einem dauerhaften Datenträger darauf hinzuweisen, dass die Widerrufsfrist von einem Monat nach Erhalt der nachgeholten Angaben beginnt.

(7) Die Vereinbarung eines veränderlichen Sollzinssatzes, der sich nach einem Index oder Referenzzinssatz richtet, ist nur wirksam, wenn der Index oder Referenzzinssatz objektiv, eindeutig bestimmt und für Darlehensgeber und Darlehensnehmer verfügbar und überprüfbar ist.

§ 492a Kopplungsgeschäfte bei Immobiliar-Verbraucherdarlehensverträgen. (1) [1] Der Darlehensgeber darf den Abschluss eines Immobiliar-Verbraucherdarlehenvertrags unbeschadet des § 492b nicht davon abhängig machen, dass der Darlehensnehmer oder ein Dritter weitere Finanzprodukte oder -dienstleistungen erwirbt (Kopplungsgeschäft). [2] Ist der Darlehensgeber zum Abschluss des Immobiliar-Verbraucherdarlehensvertrags bereit, ohne dass der Verbraucher weitere Finanzprodukte oder -dienstleistungen erwirbt, liegt ein Kopplungsgeschäft auch dann nicht vor, wenn die Bedingungen für den Immobiliar-Verbraucherdarlehensvertrag von denen abweichen, zu denen er zusammen mit den weiteren Finanzprodukten oder -dienstleistungen angeboten wird.

(2) Soweit ein Kopplungsgeschäft unzulässig ist, sind die mit dem Immobiliar-Verbraucherdarlehensvertrag gekoppelten Geschäfte nichtig; die Wirksamkeit des Immobiliar-Verbraucherdarlehensvertrags bleibt davon unberührt.

§ 492b Zulässige Kopplungsgeschäfte. (1) Ein Kopplungsgeschäft ist zulässig, wenn der Darlehensgeber den Abschluss eines Immobiliar-Verbraucherdarlehensvertrags davon abhängig macht, dass der Darlehensnehmer, ein Familienangehöriger des Darlehensnehmers oder beide zusammen

1. ein Zahlungs- oder ein Sparkonto eröffnen, dessen einziger Zweck die Ansammlung von Kapital ist, um
   a) das Immobiliar-Verbraucherdarlehen zurückzuzahlen oder zu bedienen,
   b) die erforderlichen Mittel für die Gewährung des Darlehens bereitzustellen oder
   c) als zusätzliche Sicherheit für den Darlehensgeber für den Fall eines Zahlungsausfalls zu dienen;

2. ein Anlageprodukt oder ein privates Rentenprodukt erwerben oder behalten, das
   a) in erster Linie als Ruhestandseinkommen dient und
   b) bei Zahlungsausfall als zusätzliche Sicherheit für den Darlehensgeber dient

   oder das der Ansammlung von Kapital dient, um damit das Immobiliar-Verbraucherdarlehen zurückzuzahlen oder zu bedienen oder um damit die erforderlichen Mittel für die Gewährung des Darlehens bereitzustellen;
3. einen weiteren Darlehensvertrag abschließen, bei dem das zurückzuzahlende Kapital auf einem vertraglich festgelegten Prozentsatz des Werts der Immobilie beruht, die diese zum Zeitpunkt der Rückzahlung oder Rückzahlungen des Kapitals (Darlehensvertrag mit Wertbeteiligung) hat.

(2) Ein Kopplungsgeschäft ist zulässig, wenn der Darlehensgeber den Abschluss eines Immobiliar-Verbraucherdarlehensvertrags davon abhängig macht, dass der Darlehensnehmer im Zusammenhang mit dem Immobiliar-Verbraucherdarlehensvertrag eine einschlägige Versicherung abschließt und dem Darlehensnehmer gestattet ist, diese Versicherung auch bei einem anderen als bei dem vom Darlehensgeber bevorzugten Anbieter abzuschließen.

(3) Ein Kopplungsgeschäft ist zulässig, wenn die für den Darlehensgeber zuständige Aufsichtsbehörde die weiteren Finanzprodukte oder -dienstleistungen sowie deren Kopplung mit dem Immobiliar-Verbraucherdarlehensvertrag nach § 18a Absatz 8a des Kreditwesengesetzes[1)] genehmigt hat.

§ 493 Informationen während des Vertragsverhältnisses. (1) [1] Ist in einem Verbraucherdarlehensvertrag der Sollzinssatz gebunden und endet die Sollzinsbindung vor der für die Rückzahlung bestimmten Zeit, unterrichtet der Darlehensgeber den Darlehensnehmer spätestens drei Monate vor Ende der Sollzinsbindung darüber, ob er zu einer neuen Sollzinsbindungsabrede bereit ist. [2] Erklärt sich der Darlehensgeber hierzu bereit, muss die Unterrichtung den zum Zeitpunkt der Unterrichtung vom Darlehensgeber angebotenen Sollzinssatz enthalten.

(2) [1] Der Darlehensgeber unterrichtet den Darlehensnehmer spätestens drei Monate vor Beendigung eines Verbraucherdarlehensvertrags darüber, ob er zur Fortführung des Darlehensverhältnisses bereit ist. [2] Erklärt sich der Darlehensgeber zur Fortführung bereit, muss die Unterrichtung die zum Zeitpunkt der Unterrichtung gültigen Pflichtangaben gemäß § 491a Abs. 1 enthalten.

(3) [1] Die Anpassung des Sollzinssatzes eines Verbraucherdarlehensvertrags mit veränderlichem Sollzinssatz wird erst wirksam, nachdem der Darlehensgeber den Darlehensnehmer über die Einzelheiten unterrichtet hat, die sich aus Artikel 247 § 15 des Einführungsgesetzes zum Bürgerlichen Gesetzbuche[2)] ergeben. [2] Abweichende Vereinbarungen über die Wirksamkeit sind im Rahmen des Artikels 247 § 15 Absatz 2 und 3 des Einführungsgesetzes zum Bürgerlichen Gesetzbuche[2)] zulässig.

(4) [1] Bei einem Vertrag über ein Immobiliar-Verbraucherdarlehen in Fremdwährung gemäß § 503 Absatz 1 Satz 1, auch in Verbindung mit Satz 3, hat der Darlehensgeber den Darlehensnehmer unverzüglich zu informieren, wenn der Wert des noch zu zahlenden Restbetrags oder der Wert der regelmäßigen

---

[1)] Nr. **9**.
[2)] Nr. **25**.

Raten in der Landeswährung des Darlehensnehmers um mehr als 20 Prozent gegenüber dem Wert steigt, der bei Zugrundelegung des Wechselkurses bei Vertragsabschluss gegeben wäre. [2]Die Information

1. ist auf einem dauerhaften Datenträger zu übermitteln,
2. hat die Angabe über die Veränderung des Restbetrags in der Landeswährung des Darlehensnehmers zu enthalten,
3. hat den Hinweis auf die Möglichkeit einer Währungsumstellung aufgrund des § 503 und die hierfür geltenden Bedingungen und gegebenenfalls die Erläuterung weiterer Möglichkeiten zur Begrenzung des Wechselkursrisikos zu enthalten und
4. ist so lange in regelmäßigen Abständen zu erteilen, bis die Differenz von 20 Prozent wieder unterschritten wird.

[3]Die Sätze 1 und 2 sind entsprechend anzuwenden, wenn ein Immobiliar-Verbraucherdarlehensvertrag in der Währung des Mitgliedstaats der Europäischen Union, in dem der Darlehensnehmer bei Vertragsschluss seinen Wohnsitz hat, geschlossen wurde und der Darlehensnehmer zum Zeitpunkt der maßgeblichen Kreditwürdigkeitsprüfung in einer anderen Währung überwiegend sein Einkommen bezieht oder Vermögenswerte hält, aus denen das Darlehen zurückgezahlt werden soll.

(5) [1]Wenn der Darlehensnehmer eines Immobiliar-Verbraucherdarlehensvertrags dem Darlehensgeber mitteilt, dass er eine vorzeitige Rückzahlung des Darlehens beabsichtigt, ist der Darlehensgeber verpflichtet, ihm unverzüglich die für die Prüfung dieser Möglichkeit erforderlichen Informationen auf einem dauerhaften Datenträger zu übermitteln. [2]Diese Informationen müssen insbesondere folgende Angaben enthalten:

1. Auskunft über die Zulässigkeit der vorzeitigen Rückzahlung,
2. im Fall der Zulässigkeit die Höhe des zurückzuzahlenden Betrags und
3. gegebenenfalls die Höhe einer Vorfälligkeitsentschädigung.

[3]Soweit sich die Informationen auf Annahmen stützen, müssen diese nachvollziehbar und sachlich gerechtfertigt sein und als solche dem Darlehensnehmer gegenüber offengelegt werden.

(6) Wurden Forderungen aus dem Darlehensvertrag abgetreten, treffen die Pflichten aus den Absätzen 1 bis 5 auch den neuen Gläubiger, wenn nicht der bisherige Darlehensgeber mit dem neuen Gläubiger vereinbart hat, dass im Verhältnis zum Darlehensnehmer weiterhin allein der bisherige Darlehensgeber auftritt.

§ 494[1)] Rechtsfolgen von Formmängeln. (1) Der Verbraucherdarlehensvertrag und die auf Abschluss eines solchen Vertrags vom Verbraucher erteilte Vollmacht sind nichtig, wenn die Schriftform insgesamt nicht eingehalten ist oder wenn eine der in Artikel 247 §§ 6 und 10 bis 13 des Einführungsgesetzes zum Bürgerlichen Gesetzbuche[2)] für den Verbraucherdarlehensvertrag vorgeschriebenen Angaben fehlt.

(2) [1]Ungeachtet eines Mangels nach Absatz 1 wird der Verbraucherdarlehensvertrag gültig, soweit der Darlehensnehmer das Darlehen empfängt oder in

---

[1)] Beachte hierzu Überleitungsvorschrift in Art. 229 § 9 EGBGB (Nr. **25**).
[2)] Nr. **25**.

Anspruch nimmt. [2]Jedoch ermäßigt sich der dem Verbraucherdarlehensvertrag zugrunde gelegte Sollzinssatz auf den gesetzlichen Zinssatz, wenn die Angabe des Sollzinssatzes, des effektiven Jahreszinses oder des Gesamtbetrags fehlt.

(3) Ist der effektive Jahreszins zu niedrig angegeben, so vermindert sich der dem Verbraucherdarlehensvertrag zugrunde gelegte Sollzinssatz um den Prozentsatz, um den der effektive Jahreszins zu niedrig angegeben ist.

(4) [1] Nicht angegebene Kosten werden vom Darlehensnehmer nicht geschuldet. [2] Ist im Vertrag nicht angegeben, unter welchen Voraussetzungen Kosten oder Zinsen angepasst werden können, so entfällt die Möglichkeit, diese zum Nachteil des Darlehensnehmers anzupassen.

(5) Wurden Teilzahlungen vereinbart, ist deren Höhe vom Darlehensgeber unter Berücksichtigung der verminderten Zinsen oder Kosten neu zu berechnen.

(6) [1] Fehlen im Vertrag Angaben zur Laufzeit oder zum Kündigungsrecht, ist der Darlehensnehmer jederzeit zur Kündigung berechtigt. [2] Fehlen Angaben zu Sicherheiten, so können Sicherheiten nicht gefordert werden; dies gilt nicht bei Allgemein-Verbraucherdarlehensverträgen, wenn der Nettodarlehensbetrag 75 000 Euro übersteigt. [3] Fehlen Angaben zum Umwandlungsrecht bei Immobiliar-Verbraucherdarlehen in Fremdwährung, so kann das Umwandlungsrecht jederzeit ausgeübt werden.

(7) Der Darlehensgeber stellt dem Darlehensnehmer eine Abschrift des Vertrags zur Verfügung, in der die Vertragsänderungen berücksichtigt sind, die sich aus den Absätzen 2 bis 6 ergeben.

§ 495[1)] Widerrufsrecht; Bedenkzeit. (1) Dem Darlehensnehmer steht bei einem Verbraucherdarlehensvertrag ein Widerrufsrecht nach § 355 zu.

(2) Ein Widerrufsrecht besteht nicht bei Darlehensverträgen,

1. die einen Darlehensvertrag, zu dessen Kündigung der Darlehensgeber wegen Zahlungsverzugs des Darlehensnehmers berechtigt ist, durch Rückzahlungsvereinbarungen ergänzen oder ersetzen, wenn dadurch ein gerichtliches Verfahren vermieden wird und wenn der Gesamtbetrag (Artikel 247 § 3 des Einführungsgesetzes zum Bürgerlichen Gesetzbuche[2)]) geringer ist als die Restschuld des ursprünglichen Vertrags,
2. die notariell zu beurkunden sind, wenn der Notar bestätigt, dass die Rechte des Darlehensnehmers aus den §§ 491a und 492 gewahrt sind, oder
3. die § 504 Abs. 2 oder § 505 entsprechen.

(3) [1] Bei Immobiliar-Verbraucherdarlehensverträgen ist dem Darlehensnehmer in den Fällen des Absatzes 2 vor Vertragsschluss eine Bedenkzeit von zumindest sieben Tagen einzuräumen. [2] Während des Laufs der Frist ist der Darlehensgeber an sein Angebot gebunden. [3] Die Bedenkzeit beginnt mit der Aushändigung des Vertragsangebots an den Darlehensnehmer.

§ 496 Einwendungsverzicht, Wechsel- und Scheckverbot. (1) Eine Vereinbarung, durch die der Darlehensnehmer auf das Recht verzichtet, Einwendungen, die ihm gegenüber dem Darlehensgeber zustehen, gemäß § 404 einem Abtretungsgläubiger entgegenzusetzen oder eine ihm gegen den Darlehens-

---

[1)] Beachte hierzu Überleitungsvorschrift in Art. 229 § 9 EGBGB (Nr. **25**).
[2)] Nr. **25**.

geber zustehende Forderung gemäß § 406 auch dem Abtretungsgläubiger gegenüber aufzurechnen, ist unwirksam.

(2) [1] Wird eine Forderung des Darlehensgebers aus einem Verbraucherdarlehensvertrag an einen Dritten abgetreten oder findet in der Person des Darlehensgebers ein Wechsel statt, ist der Darlehensnehmer unverzüglich darüber sowie über die Kontaktdaten des neuen Gläubigers nach Artikel 246b § 1 Absatz 1 Nummer 1, 3 und 4 des Einführungsgesetzes zum Bürgerlichen Gesetzbuche[1)] zu unterrichten. [2] Die Unterrichtung ist bei Abtretungen entbehrlich, wenn der bisherige Darlehensgeber mit dem neuen Gläubiger vereinbart hat, dass im Verhältnis zum Darlehensnehmer weiterhin allein der bisherige Darlehensgeber auftritt. [3] Fallen die Voraussetzungen des Satzes 2 fort, ist die Unterrichtung unverzüglich nachzuholen.

(3) [1] Der Darlehensnehmer darf nicht verpflichtet werden, für die Ansprüche des Darlehensgebers aus dem Verbraucherdarlehensvertrag eine Wechselverbindlichkeit einzugehen. [2] Der Darlehensgeber darf vom Darlehensnehmer zur Sicherung seiner Ansprüche aus dem Verbraucherdarlehensvertrag einen Scheck nicht entgegennehmen. [3] Der Darlehensnehmer kann vom Darlehensgeber jederzeit die Herausgabe eines Wechsels oder Schecks, der entgegen Satz 1 oder 2 begeben worden ist, verlangen. [4] Der Darlehensgeber haftet für jeden Schaden, der dem Darlehensnehmer aus einer solchen Wechsel- oder Scheckbegebung entsteht.

§ 497[2)] Verzug des Darlehensnehmers. (1) [1] Soweit der Darlehensnehmer mit Zahlungen, die er auf Grund des Verbraucherdarlehensvertrags schuldet, in Verzug kommt, hat er den geschuldeten Betrag nach § 288 Abs. 1 zu verzinsen. [2] Im Einzelfall kann der Darlehensgeber einen höheren oder der Darlehensnehmer einen niedrigeren Schaden nachweisen.

(2) [1] Die nach Eintritt des Verzugs anfallenden Zinsen sind auf einem gesonderten Konto zu verbuchen und dürfen nicht in ein Kontokorrent mit dem geschuldeten Betrag oder anderen Forderungen des Darlehensgebers eingestellt werden. [2] Hinsichtlich dieser Zinsen gilt § 289 Satz 2 mit der Maßgabe, dass der Darlehensgeber Schadensersatz nur bis zur Höhe des gesetzlichen Zinssatzes (§ 246) verlangen kann.

(3) [1] Zahlungen des Darlehensnehmers, die zur Tilgung der gesamten fälligen Schuld nicht ausreichen, werden abweichend von § 367 Abs. 1 zunächst auf die Kosten der Rechtsverfolgung, dann auf den übrigen geschuldeten Betrag (Absatz 1) und zuletzt auf die Zinsen (Absatz 2) angerechnet. [2] Der Darlehensgeber darf Teilzahlungen nicht zurückweisen. [3] Die Verjährung der Ansprüche auf Darlehensrückzahlung und Zinsen ist vom Eintritt des Verzugs nach Absatz 1 an bis zu ihrer Feststellung in einer in § 197 Abs. 1 Nr. 3 bis 5 bezeichneten Art gehemmt, jedoch nicht länger als zehn Jahre von ihrer Entstehung an. [4] Auf die Ansprüche auf Zinsen findet § 197 Abs. 2 keine Anwendung. [5] Die Sätze 1 bis 4 finden keine Anwendung, soweit Zahlungen auf Vollstreckungstitel geleistet werden, deren Hauptforderung auf Zinsen lautet.

(4) [1] Bei Immobiliar-Verbraucherdarlehensverträgen beträgt der Verzugszinssatz abweichend von Absatz 1 für das Jahr 2,5 Prozentpunkte über dem

---

[1)] Nr. **25**.
[2)] Beachte hierzu Überleitungsvorschrift in Art. 229 § 9 EGBGB (Nr. **25**).

Basiszinssatz. [2]Die Absätze 2 und 3 Satz 1, 2, 4 und 5 sind auf Immobiliar-Verbraucherdarlehensverträge nicht anzuwenden.

§ 498 Gesamtfälligstellung bei Teilzahlungsdarlehen. (1) [1]Der Darlehensgeber kann den Verbraucherdarlehensvertrag bei einem Darlehen, das in Teilzahlungen zu tilgen ist, wegen Zahlungsverzugs des Darlehensnehmers nur dann kündigen, wenn

1. der Darlehensnehmer
   a) mit mindestens zwei aufeinander folgenden Teilzahlungen ganz oder teilweise in Verzug ist,
   b) bei einer Vertragslaufzeit bis zu drei Jahren mit mindestens 10 Prozent oder bei einer Vertragslaufzeit von mehr als drei Jahren mit mindestens 5 Prozent des Nennbetrags des Darlehens in Verzug ist und
2. der Darlehensgeber dem Darlehensnehmer erfolglos eine zweiwöchige Frist zur Zahlung des rückständigen Betrags mit der Erklärung gesetzt hat, dass er bei Nichtzahlung innerhalb der Frist die gesamte Restschuld verlange.

[2]Der Darlehensgeber soll dem Darlehensnehmer spätestens mit der Fristsetzung ein Gespräch über die Möglichkeiten einer einverständlichen Regelung anbieten.

(2) Bei einem Immobiliar-Verbraucherdarlehensvertrag muss der Darlehensnehmer abweichend von Absatz 1 Satz 1 Nummer 1 Buchstabe b mit mindestens 2,5 Prozent des Nennbetrags des Darlehens in Verzug sein.

§ 499 Kündigungsrecht des Darlehensgebers; Leistungsverweigerung.

(1) In einem Allgemein-Verbraucherdarlehensvertrag ist eine Vereinbarung über ein Kündigungsrecht des Darlehensgebers unwirksam, wenn eine bestimmte Vertragslaufzeit vereinbart wurde oder die Kündigungsfrist zwei Monate unterschreitet.

(2) [1]Der Darlehensgeber ist bei entsprechender Vereinbarung berechtigt, die Auszahlung eines Allgemein-Verbraucherdarlehens, bei dem eine Zeit für die Rückzahlung nicht bestimmt ist, aus einem sachlichen Grund zu verweigern. [2]Beabsichtigt der Darlehensgeber dieses Recht auszuüben, hat er dies dem Darlehensnehmer unverzüglich mitzuteilen und ihn über die Gründe möglichst vor, spätestens jedoch unverzüglich nach der Rechtsausübung zu unterrichten. [3]Die Unterrichtung über die Gründe unterbleibt, soweit hierdurch die öffentliche Sicherheit oder Ordnung gefährdet würde.

(3) [1]Der Darlehensgeber kann einen Verbraucherdarlehensvertrag nicht allein deshalb kündigen, auf andere Weise beenden oder seine Änderung verlangen, weil die vom Darlehensnehmer vor Vertragsschluss gemachten Angaben unvollständig waren oder weil die Kreditwürdigkeitsprüfung des Darlehensnehmers nicht ordnungsgemäß durchgeführt wurde. [2]Satz 1 findet keine Anwendung, soweit der Mangel der Kreditwürdigkeitsprüfung darauf beruht, dass der Darlehensnehmer dem Darlehensgeber für die Kreditwürdigkeitsprüfung relevante Informationen wissentlich vorenthalten oder diese gefälscht hat.

§ 500 Kündigungsrecht des Darlehensnehmers; vorzeitige Rückzahlung. (1) [1]Der Darlehensnehmer kann einen Allgemein-Verbraucherdarlehensvertrag, bei dem eine Zeit für die Rückzahlung nicht bestimmt ist, ganz oder teilweise kündigen, ohne eine Frist einzuhalten. [2] Eine Vereinbarung über eine Kündigungsfrist von mehr als einem Monat ist unwirksam.

(2) [1] Der Darlehensnehmer kann seine Verbindlichkeiten aus einem Verbraucherdarlehensvertrag jederzeit ganz oder teilweise vorzeitig erfüllen. [2] Abweichend von Satz 1 kann der Darlehensnehmer eines Immobiliar-Verbraucherdarlehensvertrags, für den ein gebundener Sollzinssatz vereinbart wurde, seine Verbindlichkeiten im Zeitraum der Sollzinsbindung nur dann ganz oder teilweise vorzeitig erfüllen, wenn hierfür ein berechtigtes Interesse des Darlehensnehmers besteht.

§ 501 Kostenermäßigung bei vorzeitiger Rückzahlung und bei Kündigung. (1) Soweit der Darlehensnehmer seine Verbindlichkeiten aus einem Verbraucherdarlehensvertrag nach § 500 Absatz 2 vorzeitig erfüllt, ermäßigen sich die Gesamtkosten des Kredits um die Zinsen und die Kosten entsprechend der verbleibenden Laufzeit des Vertrags.

(2) Soweit die Restschuld eines Verbraucherdarlehens vor der vereinbarten Zeit durch Kündigung fällig wird, ermäßigen sich die Gesamtkosten des Kredits um die Zinsen und die sonstigen laufzeitabhängigen Kosten, die bei gestaffelter Berechnung auf die Zeit nach der Fälligkeit entfallen.

§ 502 Vorfälligkeitsentschädigung. (1) [1] Der Darlehensgeber kann im Fall der vorzeitigen Rückzahlung eine angemessene Vorfälligkeitsentschädigung für den unmittelbar mit der vorzeitigen Rückzahlung zusammenhängenden Schaden verlangen, wenn der Darlehensnehmer zum Zeitpunkt der Rückzahlung Zinsen zu einem gebundenen Sollzinssatz schuldet. [2] Bei Allgemein-Verbraucherdarlehensverträgen gilt Satz 1 nur, wenn der gebundene Sollzinssatz bei Vertragsabschluss vereinbart wurde.

(2) Der Anspruch auf Vorfälligkeitsentschädigung ist ausgeschlossen, wenn

1. die Rückzahlung aus den Mitteln einer Versicherung bewirkt wird, die auf Grund einer entsprechenden Verpflichtung im Darlehensvertrag abgeschlossen wurde, um die Rückzahlung zu sichern, oder
2. im Vertrag die Angaben über die Laufzeit des Vertrags, das Kündigungsrecht des Darlehensnehmers oder die Berechnung der Vorfälligkeitsentschädigung unzureichend sind.

(3) Bei Allgemein-Verbraucherdarlehensverträgen darf die Vorfälligkeitsentschädigung folgende Beträge jeweils nicht überschreiten:

1. 1 Prozent des vorzeitig zurückgezahlten Betrags oder, wenn der Zeitraum zwischen der vorzeitigen und der vereinbarten Rückzahlung ein Jahr nicht überschreitet, 0,5 Prozent des vorzeitig zurückgezahlten Betrags,
2. den Betrag der Sollzinsen, den der Darlehensnehmer in dem Zeitraum zwischen der vorzeitigen und der vereinbarten Rückzahlung entrichtet hätte.

§ 503 Umwandlung bei Immobiliar-Verbraucherdarlehen in Fremdwährung. (1) [1] Bei einem nicht auf die Währung des Mitgliedstaats der Europäischen Union, in dem der Darlehensnehmer bei Vertragsschluss seinen Wohnsitz hat (Landeswährung des Darlehensnehmers), geschlossenen Immobiliar-Verbraucherdarlehensvertrag (Immobiliar-Verbraucherdarlehensvertrag in Fremdwährung) kann der Darlehensnehmer die Umwandlung des Darlehens in die Landeswährung des Darlehensnehmers verlangen. [2] Das Recht auf Umwandlung besteht dann, wenn der Wert des ausstehenden Restbetrags oder der Wert der regelmäßigen Raten in der Landeswährung des Darlehensnehmers auf Grund der Änderung des Wechselkurses um mehr als 20 Prozent über dem Wert liegt, der bei Zugrundelegung des Wechselkurses bei Vertragsabschluss gegeben wäre. [3] Im Darlehensvertrag kann abweichend von Satz 1 vereinbart werden, dass die Landeswährung des Darlehensnehmers ausschließlich oder ergänzend die Währung ist, in der er zum Zeitpunkt der maßgeblichen Kreditwürdigkeitsprüfung überwiegend sein Einkommen bezieht oder Vermögenswerte hält, aus denen das Darlehen zurückgezahlt werden soll.

(2) [1] Die Umstellung des Darlehens hat zu dem Wechselkurs zu erfolgen, der dem am Tag des Antrags auf Umstellung geltenden Marktwechselkurs entspricht. [2] Satz 1 gilt nur, wenn im Darlehensvertrag nicht etwas anderes vereinbart wurde.

§ 504[1)] Eingeräumte Überziehungsmöglichkeit. (1) [1] Ist ein Verbraucherdarlehen in der Weise gewährt, dass der Darlehensgeber in einem Vertragsverhältnis über ein laufendes Konto dem Darlehensnehmer das Recht einräumt, sein Konto in bestimmter Höhe zu überziehen (Überziehungsmöglichkeit), hat der Darlehensgeber den Darlehensnehmer in regelmäßigen Zeitabständen über die Angaben zu unterrichten, die sich aus Artikel 247 § 16 des Einführungsgesetzes zum Bürgerlichen Gesetzbuche[2)] ergeben. [2] Ein Anspruch auf Vorfälligkeitsentschädigung aus § 502 ist ausgeschlossen. [3] § 493 Abs. 3 ist nur bei einer Erhöhung des Sollzinssatzes anzuwenden und gilt entsprechend bei einer Erhöhung der vereinbarten sonstigen Kosten. [4] § 499 Abs. 1 ist nicht anzuwenden.

(2) [1] Ist in einer Überziehungsmöglichkeit in Form des Allgemein-Verbraucherdarlehensvertrags vereinbart, dass nach der Auszahlung die Laufzeit höchstens drei Monate beträgt oder der Darlehensgeber kündigen kann, ohne eine Frist einzuhalten, sind § 491a Abs. 3, die §§ 495, 499 Abs. 2 und § 500 Abs. 1 Satz 2 nicht anzuwenden. [2] § 492 Abs. 1 ist nicht anzuwenden, wenn außer den Sollzinsen keine weiteren laufenden Kosten vereinbart sind, die Sollzinsen nicht in kürzeren Zeiträumen als drei Monaten fällig werden und der Darlehensgeber dem Darlehensnehmer den Vertragsinhalt spätestens unverzüglich nach Vertragsabschluss auf einem dauerhaften Datenträger mitteilt.

§ 504a[1)] Beratungspflicht bei Inanspruchnahme der Überziehungsmöglichkeit. (1) [1] Der Darlehensgeber hat dem Darlehensnehmer eine Beratung gemäß Absatz 2 anzubieten, wenn der Darlehensnehmer eine ihm eingeräumte Überziehungsmöglichkeit ununterbrochen über einen Zeitraum von sechs Monaten und durchschnittlich in Höhe eines Betrags in Anspruch genommen hat, der 75 Prozent des vereinbarten Höchstbetrags übersteigt. [2] Wenn der Rechnungsabschluss für das laufende Konto vierteljährlich erfolgt, ist der maßgebliche Zeitpunkt für das Vorliegen der Voraussetzungen nach Satz 1 der jeweilige Rechnungsabschluss. [3] Das Beratungsangebot ist dem Darlehensnehmer in Textform auf dem Kommunikationsweg zu unterbreiten,

---

[1)] Beachte hierzu Übergangsvorschrift in Art. 229 § 38 EGBGB idF der Bek. v. 21.9.1994 (BGBl. I S. 2494, ber. 1997 S. 1061), zuletzt geänd. durch G v. 21.12.2021 (BGBl. I S. 5252).

[2)] Nr. **25**.

der für den Kontakt mit dem Darlehensnehmer üblicherweise genutzt wird. [4] Das Beratungsangebot ist zu dokumentieren.

(2) [1] Nimmt der Darlehensnehmer das Angebot an, ist eine Beratung zu möglichen kostengünstigen Alternativen zur Inanspruchnahme der Überziehungsmöglichkeit und zu möglichen Konsequenzen einer weiteren Überziehung des laufenden Kontos durchzuführen sowie gegebenenfalls auf geeignete Beratungseinrichtungen hinzuweisen. [2] Die Beratung hat in Form eines persönlichen Gesprächs zu erfolgen. [3] Für dieses können auch Fernkommunikationsmittel genutzt werden. [4] Der Ort und die Zeit des Beratungsgesprächs sind zu dokumentieren.

(3) [1] Nimmt der Darlehensnehmer das Beratungsangebot nicht an oder wird ein Vertrag über ein geeignetes kostengünstigeres Finanzprodukt nicht geschlossen, hat der Darlehensgeber das Beratungsangebot bei erneutem Vorliegen der Voraussetzungen nach Absatz 1 zu wiederholen. [2] Dies gilt nicht, wenn der Darlehensnehmer ausdrücklich erklärt, keine weiteren entsprechenden Beratungsangebote erhalten zu wollen.

§ 505[1)] Geduldete Überziehung. (1) [1] Vereinbart ein Unternehmer in einem Vertrag mit einem Verbraucher über ein laufendes Konto ohne eingeräumte Überziehungsmöglichkeit ein Entgelt für den Fall, dass er eine Überziehung des Kontos duldet, müssen in diesem Vertrag die Angaben nach Artikel 247 § 17 Abs. 1 des Einführungsgesetzes zum Bürgerlichen Gesetzbuche[2)] auf einem dauerhaften Datenträger enthalten sein und dem Verbraucher in regelmäßigen Zeitabständen auf einem dauerhaften Datenträger mitgeteilt werden. [2] Satz 1 gilt entsprechend, wenn ein Darlehensgeber mit einem Darlehensnehmer in einem Vertrag über ein laufendes Konto mit eingeräumter Überziehungsmöglichkeit ein Entgelt für den Fall vereinbart, dass er eine Überziehung des Kontos über die vertraglich bestimmte Höhe hinaus duldet.

(2) [1] Kommt es im Fall des Absatzes 1 zu einer erheblichen Überziehung von mehr als einem Monat, unterrichtet der Darlehensgeber den Darlehensnehmer unverzüglich auf einem dauerhaften Datenträger über die sich aus Artikel 247 § 17 Abs. 2 des Einführungsgesetzes zum Bürgerlichen Gesetzbuche[2)] ergebenden Einzelheiten. [2] Wenn es im Fall des Absatzes 1 zu einer ununterbrochenen Überziehung von mehr als drei Monaten gekommen ist und der durchschnittliche Überziehungsbetrag die Hälfte des durchschnittlichen monatlichen Geldeingangs innerhalb der letzten drei Monate auf diesem Konto übersteigt, so gilt § 504a entsprechend. [3] Wenn der Rechnungsabschluss für das laufende Konto vierteljährlich erfolgt, ist der maßgebliche Zeitpunkt für das Vorliegen der Voraussetzungen nach Satz 1 der jeweilige Rechnungsabschluss.

(3) Verstößt der Unternehmer gegen Absatz 1 oder Absatz 2, kann der Darlehensgeber über die Rückzahlung des Darlehens hinaus Kosten und Zinsen nicht verlangen.

(4) Die §§ 491a bis 496 und 499 bis 502 sind auf Allgemein-Verbraucherdarlehensverträge, die unter den in Absatz 1 genannten Voraussetzungen zustande kommen, nicht anzuwenden.

[1)] Beachte hierzu Übergangsvorschrift in Art. 229 § 38 EGBGB idF der Bek. v. 21.9.1994 (BGBl. I S. 2494, ber. 1997 S. 1061), zuletzt geänd. durch G v. 21.12.2021 (BGBl. I S. 5252).

[2)] Nr. **25**.

§ 505a Pflicht zur Kreditwürdigkeitsprüfung bei Verbraucherdarlehensverträgen. (1) [1] Der Darlehensgeber hat vor dem Abschluss eines Verbraucherdarlehensvertrags die Kreditwürdigkeit des Darlehensnehmers zu prüfen. [2] Der Darlehensgeber darf den Verbraucherdarlehensvertrag nur abschließen, wenn aus der Kreditwürdigkeitsprüfung hervorgeht, dass bei einem Allgemein-Verbraucherdarlehensvertrag keine erheblichen Zweifel daran bestehen und dass es bei einem Immobiliar-Verbraucherdarlehensvertrag wahrscheinlich ist, dass der Darlehensnehmer seinen Verpflichtungen, die im Zusammenhang mit dem Darlehensvertrag stehen, vertragsgemäß nachkommen wird.

(2) Wird der Nettodarlehensbetrag nach Abschluss des Darlehensvertrags deutlich erhöht, so ist die Kreditwürdigkeit auf aktualisierter Grundlage neu zu prüfen, es sei denn, der Erhöhungsbetrag des Nettodarlehens wurde bereits in die ursprüngliche Kreditwürdigkeitsprüfung einbezogen.

(3) [1] Bei Immobiliar-Verbraucherdarlehensverträgen, die

1. im Anschluss an einen zwischen den Vertragsparteien abgeschlossenen Darlehensvertrag ein neues Kapitalnutzungsrecht zur Erreichung des von dem Darlehensnehmer mit dem vorangegangenen Darlehensvertrag verfolgten Zweckes einräumen oder
2. einen anderen Darlehensvertrag zwischen den Vertragsparteien zur Vermeidung von Kündigungen wegen Zahlungsverzugs des Darlehensnehmers oder zur Vermeidung von Zwangsvollstreckungsmaßnahmen gegen den Darlehensnehmer ersetzen oder ergänzen,

bedarf es einer erneuten Kreditwürdigkeitsprüfung nur unter den Voraussetzungen des Absatzes 2. [2] Ist danach keine Kreditwürdigkeitsprüfung erforderlich, darf der Darlehensgeber den neuen Immobiliar-Verbraucherdarlehensvertrag nicht abschließen, wenn ihm bereits bekannt ist, dass der Darlehensnehmer seinen Verpflichtungen, die im Zusammenhang mit diesem Darlehensvertrag stehen, dauerhaft nicht nachkommen kann. [3] Bei Verstößen gilt § 505d entsprechend.

§ 505b Grundlage der Kreditwürdigkeitsprüfung bei Verbraucherdarlehensverträgen. (1) Bei Allgemein-Verbraucherdarlehensverträgen können Grundlage für die Kreditwürdigkeitsprüfung Auskünfte des Darlehensnehmers und erforderlichenfalls Auskünfte von Stellen sein, die geschäftsmäßig personenbezogene Daten, die zur Bewertung der Kreditwürdigkeit von Verbrauchern genutzt werden dürfen, zum Zweck der Übermittlung erheben, speichern, verändern oder nutzen.

(2) [1] Bei Immobiliar-Verbraucherdarlehensverträgen hat der Darlehensgeber die Kreditwürdigkeit des Darlehensnehmers auf der Grundlage notwendiger, ausreichender und angemessener Informationen zu Einkommen, Ausgaben sowie anderen finanziellen und wirtschaftlichen Umständen des Darlehensnehmers eingehend zu prüfen. [2] Dabei hat der Darlehensgeber die Faktoren angemessen zu berücksichtigen, die für die Einschätzung relevant sind, ob der Darlehensnehmer seinen Verpflichtungen aus dem Darlehensvertrag voraussichtlich nachkommen kann. [3] Die Kreditwürdigkeitsprüfung darf sich nicht hauptsächlich darauf stützen, dass der Wert der Wohnimmobilie den Darlehensbetrag übersteigt, oder auf die Annahme, dass der Wert der Wohnimmobilie zunimmt, es sei denn, der Darlehensvertrag dient zum Bau oder zur Renovierung der Wohnimmobilie.

(3) [1] Der Darlehensgeber ermittelt die gemäß Absatz 2 erforderlichen Informationen aus einschlägigen internen oder externen Quellen, wozu auch Auskünfte des Darlehensnehmers gehören. [2] Der Darlehensgeber berücksichtigt auch die Auskünfte, die einem Darlehensvermittler erteilt wurden. [3] Der Darlehensgeber ist verpflichtet, die Informationen in angemessener Weise zu überprüfen, soweit erforderlich auch durch Einsichtnahme in unabhängig nachprüfbare Unterlagen.

(4) Bei Immobiliar-Verbraucherdarlehensverträgen ist der Darlehensgeber verpflichtet, die Verfahren und Angaben, auf die sich die Kreditwürdigkeitsprüfung stützt, festzulegen, zu dokumentieren und die Dokumentation aufzubewahren.

(5) Die Bestimmungen zum Schutz personenbezogener Daten bleiben unberührt.

§ 505c Weitere Pflichten bei grundpfandrechtlich oder durch Reallast besicherten Immobiliar-Verbraucherdarlehensverträgen. Darlehensgeber, die grundpfandrechtlich oder durch Reallast besicherte Immobiliar-Verbraucherdarlehen vergeben, haben

1. bei der Bewertung von Wohnimmobilien zuverlässige Standards anzuwenden und
2. sicherzustellen, dass interne und externe Gutachter, die Immobilienbewertungen für sie vornehmen, fachlich kompetent und so unabhängig vom Darlehensvergabeprozess sind, dass sie eine objektive Bewertung vornehmen können, und
3. Bewertungen für Immobilien, die als Sicherheit für Immobiliar-Verbraucherdarlehen dienen, auf einem dauerhaften Datenträger zu dokumentieren und aufzubewahren.

§ 505d Verstoß gegen die Pflicht zur Kreditwürdigkeitsprüfung.

(1) [1] Hat der Darlehensgeber gegen die Pflicht zur Kreditwürdigkeitsprüfung verstoßen, so ermäßigt sich

1. ein im Darlehensvertrag vereinbarter gebundener Sollzins auf den marktüblichen Zinssatz am Kapitalmarkt für Anlagen in Hypothekenpfandbriefe und öffentliche Pfandbriefe, deren Laufzeit derjenigen der Sollzinsbindung entspricht und
2. ein im Darlehensvertrag vereinbarter veränderlicher Sollzins auf den marktüblichen Zinssatz, zu dem europäische Banken einander Anleihen in Euro mit einer Laufzeit von drei Monaten gewähren.

[2] Maßgeblicher Zeitpunkt für die Bestimmung des marktüblichen Zinssatzes gemäß Satz 1 ist der Zeitpunkt des Vertragsschlusses sowie gegebenenfalls jeweils der Zeitpunkt vertraglich vereinbarter Zinsanpassungen. [3] Der Darlehensnehmer kann den Darlehensvertrag jederzeit fristlos kündigen; ein Anspruch auf eine Vorfälligkeitsentschädigung besteht nicht. [4] Der Darlehensgeber stellt dem Darlehensnehmer eine Abschrift des Vertrags zur Verfügung, in der die Vertragsänderungen berücksichtigt sind, die sich aus den Sätzen 1 bis 3 ergeben. [5] Die Sätze 1 bis 4 finden keine Anwendung, wenn bei einer ordnungsgemäßen Kreditwürdigkeitsprüfung der Darlehensvertrag hätte geschlossen werden dürfen.

(2) Kann der Darlehensnehmer Pflichten, die im Zusammenhang mit dem Darlehensvertrag stehen, nicht vertragsgemäß erfüllen, so kann der Darlehensgeber keine Ansprüche wegen Pflichtverletzung geltend machen, wenn die Pflichtverletzung auf einem Umstand beruht, der bei ordnungsgemäßer Kreditwürdigkeitsprüfung dazu geführt hätte, dass der Darlehensvertrag nicht hätte geschlossen werden dürfen.

(3) Die Absätze 1 und 2 finden keine Anwendung, soweit der Mangel der Kreditwürdigkeitsprüfung darauf beruht, dass der Darlehensnehmer dem Darlehensgeber vorsätzlich oder grob fahrlässig Informationen im Sinne des § 505b Absatz 1 bis 3 unrichtig erteilt oder vorenthalten hat.

Untertitel 4. Beratungsleistungen bei Immobiliar-Verbraucherdarlehensverträgen

§ 511 Beratungsleistungen bei Immobiliar-Verbraucherdarlehensverträgen. (1) Bevor der Darlehensgeber dem Darlehensnehmer individuelle Empfehlungen zu einem oder mehreren Geschäften erteilt, die im Zusammenhang mit einem Immobiliar-Verbraucherdarlehensvertrag stehen (Beratungsleistungen), hat er den Darlehensnehmer über die sich aus Artikel 247 § 18 des Einführungsgesetzes zum Bürgerlichen Gesetzbuche[1)] ergebenden Einzelheiten in der dort vorgesehenen Form zu informieren.

(2) [1] Vor Erbringung der Beratungsleistung hat sich der Darlehensgeber über den Bedarf, die persönliche und finanzielle Situation sowie über die Präferenzen und Ziele des Darlehensnehmers zu informieren, soweit dies für eine passende Empfehlung eines Darlehensvertrags erforderlich ist. [2] Auf Grundlage dieser aktuellen Informationen und unter Zugrundelegung realistischer Annahmen hinsichtlich der Risiken, die für den Darlehensnehmer während der Laufzeit des Darlehensvertrags zu erwarten sind, hat der Darlehensgeber eine ausreichende Zahl an Darlehensverträgen zumindest aus seiner Produktpalette auf ihre Geeignetheit zu prüfen.

(3) [1] Der Darlehensgeber hat dem Darlehensnehmer auf Grund der Prüfung gemäß Absatz 2 ein geeignetes oder mehrere geeignete Produkte zu empfehlen oder ihn darauf hinzuweisen, dass er kein Produkt empfehlen kann. [2] Die Empfehlung oder der Hinweis ist dem Darlehensnehmer auf einem dauerhaften Datenträger zur Verfügung zu stellen.

Untertitel 5. Unabdingbarkeit, Anwendung auf Existenzgründer

§ 512[2)] Abweichende Vereinbarungen. [1] Von den Vorschriften der §§ 491 bis 511, 514 und 515 darf, soweit nicht ein anderes bestimmt ist, nicht zum Nachteil des Verbrauchers abgewichen werden. [2] Diese Vorschriften finden auch Anwendung, wenn sie durch anderweitige Gestaltungen umgangen werden.

§ 513 Anwendung auf Existenzgründer. Die §§ 491 bis 512 gelten auch für natürliche Personen, die sich ein Darlehen, einen Zahlungsaufschub oder eine sonstige Finanzierungshilfe für die Aufnahme einer gewerblichen oder selbständigen beruflichen Tätigkeit gewähren lassen oder zu diesem Zweck einen Ratenlieferungsvertrag schließen, es sei denn, der Nettodarlehensbetrag

---

[1)] Nr. **25**.

[2)] Beachte hierzu Überleitungsvorschrift in Art. 229 § 9 EGBGB (Nr. **25**).

oder Barzahlungspreis übersteigt 75 000 Euro oder die Verordnung (EU) 2020/1503[1] des Europäischen Parlaments und des Rates vom 7. Oktober 2020 über Europäische Schwarmfinanzierungsdienstleister für Unternehmen und zur Änderung der Verordnung (EU) 2017/1129 und der Richtlinie (EU) 2019/1937 (ABl. L 347 vom 20.10.2020, S. 1) ist anwendbar.

Untertitel 6. Unentgeltliche Darlehensverträge und unentgeltliche Finanzierungshilfen zwischen einem Unternehmer und einem Verbraucher

§ 514 Unentgeltliche Darlehensverträge. (1) [1] § 497 Absatz 1 und 3 sowie § 498 und die §§ 505a bis 505c sowie 505d Absatz 2 und 3 sowie § 505e sind entsprechend auf Verträge anzuwenden, durch die ein Unternehmer einem Verbraucher ein unentgeltliches Darlehen gewährt. [2] Dies gilt nicht in dem in § 491 Absatz 2 Satz 2 Nummer 1 bestimmten Umfang.

(2) [1] Bei unentgeltlichen Darlehensverträgen gemäß Absatz 1 steht dem Verbraucher ein Widerrufsrecht nach § 355 zu. [2] Dies gilt nicht, wenn bereits ein Widerrufsrecht nach § 312g Absatz 1 besteht, und nicht bei Verträgen, die § 495 Absatz 2 Nummer 1 entsprechen. [3] Der Unternehmer hat den Verbraucher rechtzeitig vor der Abgabe von dessen Willenserklärung gemäß Artikel 246 Absatz 3 des Einführungsgesetzes zum Bürgerlichen Gesetzbuche über sein Widerrufsrecht zu unterrichten. [4] Der Unternehmer kann diese Pflicht dadurch erfüllen, dass er dem Verbraucher das in der Anlage 9 zum Einführungsgesetz zum Bürgerlichen Gesetzbuche vorgesehene Muster für die Widerrufsbelehrung ordnungsgemäß ausgefüllt in Textform übermittelt.

§ 515 Unentgeltliche Finanzierungshilfen. § 514 sowie die §§ 358 bis 360 gelten entsprechend, wenn ein Unternehmer einem Verbraucher einen unentgeltlichen Zahlungsaufschub oder eine sonstige unentgeltliche Finanzierungshilfe gewährt.

Titel 12. Auftrag, Geschäftsbesorgungsvertrag und Zahlungsdienste

Untertitel 3. Zahlungsdienste

Kapitel 1. Allgemeine Vorschriften

§ 675c Zahlungsdienste und E-Geld. (1) Auf einen Geschäftsbesorgungsvertrag, der die Erbringung von Zahlungsdiensten zum Gegenstand hat, sind die §§ 663, 665 bis 670 und 672 bis 674 entsprechend anzuwenden, soweit in diesem Untertitel nichts Abweichendes bestimmt ist.

(2) Die Vorschriften dieses Untertitels sind auch auf einen Vertrag über die Ausgabe und Nutzung von E-Geld anzuwenden.

(3) Die Begriffsbestimmungen des Kreditwesengesetzes und des Zahlungsdiensteaufsichtsgesetzes sind anzuwenden.

(4) Die Vorschriften dieses Untertitels sind mit Ausnahme von § 675d Absatz 2 Satz 2 sowie Absatz 3 nicht auf einen Vertrag über die Erbringung von Kontoinformationsdiensten anzuwenden.

§ 675d Unterrichtung bei Zahlungsdiensten. (1) Zahlungsdienstleister haben Zahlungsdienstnutzer bei der Erbringung von Zahlungsdiensten über die in Artikel 248 §§ 1 bis 12, 13 Absatz 1, 3 bis 5 und §§ 14 bis 16 des

---

[1] Nr. **19**.

Einführungsgesetzes zum Bürgerlichen Gesetzbuche[1)] bestimmten Umstände in der dort vorgesehenen Form zu unterrichten.

(2) [1] Zahlungsauslösedienstleister haben Zahler ausschließlich über die in Artikel 248 § 13 Absatz 1 bis 3 und § 13a des Einführungsgesetzes zum Bürgerlichen Gesetzbuche[1)] bestimmten Umstände in der Form zu unterrichten, die in Artikel 248 §§ 2 und 12 des Einführungsgesetzes zum Bürgerlichen Gesetzbuche[1)] vorgesehen ist. [2] Kontoinformationsdienstleister haben Zahlungsdienstnutzer entsprechend den Anforderungen des Artikels 248 §§ 4 und 13 Absatz 1 und 3 des Einführungsgesetzes zum Bürgerlichen Gesetzbuche[1)] zu unterrichten; sie können die Form und den Zeitpunkt der Unterrichtung mit dem Zahlungsdienstnutzer vereinbaren.

(3) Ist die ordnungsgemäße Unterrichtung streitig, so trifft die Beweislast den Zahlungsdienstleister.

(4) [1] Für die Unterrichtung darf der Zahlungsdienstleister mit dem Zahlungsdienstnutzer nur dann ein Entgelt vereinbaren, wenn die Information auf Verlangen des Zahlungsdienstnutzers erbracht wird und der Zahlungsdienstleister

1. diese Information häufiger erbringt, als in Artikel 248 §§ 1 bis 16 des Einführungsgesetzes zum Bürgerlichen Gesetzbuche[1)] vorgesehen,
2. eine Information erbringt, die über die in Artikel 248 §§ 1 bis 16 des Einführungsgesetzes zum Bürgerlichen Gesetzbuche[1)] vorgeschriebenen hinausgeht, oder
3. diese Information mithilfe anderer als der im Zahlungsdiensterahmenvertrag vereinbarten Kommunikationsmittel erbringt.

[2] Das Entgelt muss angemessen und an den tatsächlichen Kosten des Zahlungsdienstleisters ausgerichtet sein.

(5) [1] Zahlungsempfänger, Dienstleister, die Bargeldabhebungsdienste erbringen, und Dritte unterrichten über die in Artikel 248 §§ 17 bis 18 des Einführungsgesetzes zum Bürgerlichen Gesetzbuche[1)] bestimmten Umstände. [2] Der Zahler ist nur dann verpflichtet, die Entgelte gemäß Artikel 248 § 17 Absatz 2 und § 18 des Einführungsgesetzes zum Bürgerlichen Gesetzbuche[1)] zu entrichten, wenn deren volle Höhe vor der Auslösung des Zahlungsvorgangs bekannt gemacht wurde.

(6) [1] Die Absätze 1 bis 5 sind nicht anzuwenden auf

1. die Bestandteile eines Zahlungsvorgangs, die außerhalb des Europäischen Wirtschaftsraums getätigt werden, wenn
   a) der Zahlungsvorgang in der Währung eines Staates außerhalb des Europäischen Wirtschaftsraums erfolgt und sowohl der Zahlungsdienstleister des Zahlers als auch der Zahlungsdienstleister des Zahlungsempfängers innerhalb des Europäischen Wirtschaftsraums belegen ist oder
   b) bei Beteiligung mehrerer Zahlungsdienstleister an dem Zahlungsvorgang von diesen Zahlungsdienstleistern mindestens einer innerhalb und mindestens einer außerhalb des Europäischen Wirtschaftsraums belegen ist;
2. Zahlungsvorgänge, bei denen keiner der beteiligten Zahlungsdienstleister innerhalb des Europäischen Wirtschaftsraums belegen ist.

---

1) Nr. **25**.

[2] In den Fällen des Satzes 1 Nummer 1 sind die Informationspflichten nach Artikel 248 § 4 Absatz 1 Nummer 2 Buchstabe e, § 6 Nummer 1 sowie § 13 Absatz 1 Satz 1 Nummer 2 des Einführungsgesetzes zum Bürgerlichen Gesetzbuche[1)] auch auf die innerhalb des Europäischen Wirtschaftsraums getätigten Bestandteile des Zahlungsvorgangs nicht anzuwenden. [3] Gleiches gilt im Fall des Satzes 1 Nummer 1 Buchstabe b für die Informationspflicht nach Artikel 248 § 4 Absatz 1 Nummer 5 Buchstabe g des Einführungsgesetzes zum Bürgerlichen Gesetzbuche[1)].

§ 675e Abweichende Vereinbarungen. (1) Soweit nichts anderes bestimmt ist, darf von den Vorschriften dieses Untertitels nicht zum Nachteil des Zahlungsdienstnutzers abgewichen werden.

(2) In den Fällen des § 675d Absatz 6 Satz 1 Nummer 1 und 2

1. sind § 675s Absatz 1, § 675t Absatz 2, § 675x Absatz 1, § 675y Absatz 1 bis 4 sowie § 675z Satz 3 nicht anzuwenden;
2. darf im Übrigen zum Nachteil des Zahlungsdienstnutzers von den Vorschriften dieses Untertitels abgewichen werden.

(3) Für Zahlungsvorgänge, die nicht in Euro erfolgen, können der Zahlungsdienstnutzer und sein Zahlungsdienstleister vereinbaren, dass § 675t Abs. 1 Satz 3 und Abs. 2 ganz oder teilweise nicht anzuwenden ist.

(4) Handelt es sich bei dem Zahlungsdienstnutzer nicht um einen Verbraucher, so können die Parteien vereinbaren, dass § 675d Absatz 1 bis 5, § 675f Absatz 5 Satz 2, die §§ 675g, 675h, 675j Absatz 2, die §§ 675p sowie 675v bis 676 ganz oder teilweise nicht anzuwenden sind; sie können auch andere als die in § 676b Absatz 2 und 4 vorgesehenen Fristen vereinbaren.

Kapitel 2. Zahlungsdienstevertrag

§ 675f[2)] Zahlungsdienstevertrag. (1) Durch einen Einzelzahlungsvertrag wird der Zahlungsdienstleister verpflichtet, für die Person, die einen Zahlungsdienst als Zahler, Zahlungsempfänger oder in beiden Eigenschaften in Anspruch nimmt (Zahlungsdienstnutzer), einen Zahlungsvorgang auszuführen.

(2) [1] Durch einen Zahlungsdiensterahmenvertrag wird der Zahlungsdienstleister verpflichtet, für den Zahlungsdienstnutzer einzelne und aufeinander folgende Zahlungsvorgänge auszuführen sowie gegebenenfalls für den Zahlungsdienstnutzer ein auf dessen Namen oder die Namen mehrerer Zahlungsdienstnutzer lautendes Zahlungskonto zu führen. [2] Ein Zahlungsdiensterahmenvertrag kann auch Bestandteil eines sonstigen Vertrags sein oder mit einem anderen Vertrag zusammenhängen.

(3) [1] Der Zahlungsdienstnutzer ist berechtigt, einen Zahlungsauslösedienst oder einen Kontoinformationsdienst zu nutzen, es sei denn, das Zahlungskonto des Zahlungsdienstnutzers ist für diesen nicht online zugänglich. [2] Der kontoführende Zahlungsdienstleister darf die Nutzung dieser Dienste durch den Zahlungsdienstnutzer nicht davon abhängig machen, dass der Zahlungsauslösedienstleister oder der Kontoinformationsdienstleister zu diesem Zweck einen Vertrag mit dem kontoführenden Zahlungsdienstleister abschließt.

---

1) Nr. **25**.

2) Beachte hierzu Übergangsvorschrift in Art. 229 § 45 Abs. 4 EGBGB idF der Bek. v. 21.9.1994 (BGBl. I S. 2494, ber. 1997 S. 1061), zuletzt geänd. durch G v. 21.12.2021 (BGBl. I S. 5252).

(4) [1] Zahlungsvorgang ist jede Bereitstellung, Übermittlung oder Abhebung eines Geldbetrags, unabhängig von der zugrunde liegenden Rechtsbeziehung zwischen Zahler und Zahlungsempfänger. [2] Zahlungsauftrag ist jeder Auftrag, den ein Zahler seinem Zahlungsdienstleister zur Ausführung eines Zahlungsvorgangs entweder unmittelbar oder mittelbar über einen Zahlungsauslösedienstleister oder den Zahlungsempfänger erteilt.

(5) [1] Der Zahlungsdienstnutzer ist verpflichtet, dem Zahlungsdienstleister das für die Erbringung eines Zahlungsdienstes vereinbarte Entgelt zu entrichten. [2] Für die Erfüllung von Nebenpflichten nach diesem Untertitel hat der Zahlungsdienstleister nur dann einen Anspruch auf ein Entgelt, sofern dies zugelassen und zwischen dem Zahlungsdienstnutzer und dem Zahlungsdienstleister vereinbart worden ist; dieses Entgelt muss angemessen und an den tatsächlichen Kosten des Zahlungsdienstleisters ausgerichtet sein.

(6) In einem Zahlungsdiensterahmenvertrag zwischen dem Zahlungsempfänger und seinem Zahlungsdienstleister darf das Recht des Zahlungsempfängers, dem Zahler für die Nutzung eines bestimmten Zahlungsinstruments eine Ermäßigung oder einen anderweitigen Anreiz anzubieten, nicht ausgeschlossen werden.

§ 675g Änderung des Zahlungsdiensterahmenvertrags. (1) Eine Änderung des Zahlungsdiensterahmenvertrags auf Veranlassung des Zahlungsdienstleisters setzt voraus, dass dieser die beabsichtigte Änderung spätestens zwei Monate vor dem vorgeschlagenen Zeitpunkt ihres Wirksamwerdens dem Zahlungsdienstnutzer in der in Artikel 248 §§ 2 und 3 des Einführungsgesetzes zum Bürgerlichen Gesetzbuche[1)] vorgesehenen Form anbietet.

(2) [1] Der Zahlungsdienstleister und der Zahlungsdienstnutzer können vereinbaren, dass die Zustimmung des Zahlungsdienstnutzers zu einer Änderung nach Absatz 1 als erteilt gilt, wenn dieser dem Zahlungsdienstleister seine Ablehnung nicht vor dem vorgeschlagenen Zeitpunkt des Wirksamwerdens der Änderung angezeigt hat. [2] Im Fall einer solchen Vereinbarung ist der Zahlungsdienstnutzer auch berechtigt, den Zahlungsdiensterahmenvertrag vor dem vorgeschlagenen Zeitpunkt des Wirksamwerdens der Änderung fristlos zu kündigen. [3] Der Zahlungsdienstleister ist verpflichtet, den Zahlungsdienstnutzer mit dem Angebot zur Vertragsänderung auf die Folgen seines Schweigens sowie auf das Recht zur kostenfreien und fristlosen Kündigung hinzuweisen.

(3) [1] Änderungen von Zinssätzen oder Wechselkursen werden unmittelbar und ohne vorherige Benachrichtigung wirksam, soweit dies im Zahlungsdiensterahmenvertrag vereinbart wurde und die Änderungen auf den dort vereinbarten Referenzzinssätzen oder Referenzwechselkursen beruhen. [2] Referenzzinssatz ist der Zinssatz, der bei der Zinsberechnung zugrunde gelegt wird und aus einer öffentlich zugänglichen und für beide Parteien eines Zahlungsdienstevertrags überprüfbaren Quelle stammt. [3] Referenzwechselkurs ist der Wechselkurs, der bei jedem Währungsumtausch zugrunde gelegt und vom Zahlungsdienstleister zugänglich gemacht wird oder aus einer öffentlich zugänglichen Quelle stammt.

(4) Der Zahlungsdienstnutzer darf durch Vereinbarungen zur Berechnung nach Absatz 3 nicht benachteiligt werden.

[1)] Nr. **25**.

§ 675h Ordentliche Kündigung eines Zahlungsdiensterahmenvertrags. (1) [1] Der Zahlungsdienstnutzer kann den Zahlungsdiensterahmenvertrag, auch wenn dieser für einen bestimmten Zeitraum geschlossen ist, jederzeit ohne Einhaltung einer Kündigungsfrist kündigen, sofern nicht eine Kündigungsfrist vereinbart wurde. [2] Die Vereinbarung einer Kündigungsfrist von mehr als einem Monat ist unwirksam.

(2) [1] Der Zahlungsdienstleister kann den Zahlungsdiensterahmenvertrag nur kündigen, wenn der Vertrag auf unbestimmte Zeit geschlossen wurde und das Kündigungsrecht vereinbart wurde. [2] Die Kündigungsfrist darf zwei Monate nicht unterschreiten. [3] Die Kündigung ist in der in Artikel 248 §§ 2 und 3 des Einführungsgesetzes zum Bürgerlichen Gesetzbuche[1)] vorgesehenen Form zu erklären.

(3) [1] Im Fall der Kündigung sind regelmäßig erhobene Entgelte nur anteilig bis zum Zeitpunkt der Beendigung des Vertrags zu entrichten. [2] Im Voraus gezahlte Entgelte, die auf die Zeit nach Beendigung des Vertrags fallen, sind anteilig zu erstatten.

(4) Der Zahlungsdienstleister darf mit dem Zahlungsdienstnutzer für die Kündigung des Zahlungsdiensterahmenvertrags kein Entgelt vereinbaren.

§ 675i Ausnahmen für Kleinbetragsinstrumente und E-Geld.

(1) [1] Ein Zahlungsdienstevertrag kann die Überlassung eines Kleinbetragsinstruments an den Zahlungsdienstnutzer vorsehen. [2] Ein Kleinbetragsinstrument ist ein Mittel,

1. mit dem nur einzelne Zahlungsvorgänge bis höchstens 30 Euro ausgelöst werden können,
2. das eine Ausgabenobergrenze von 150 Euro hat oder
3. das Geldbeträge speichert, die zu keiner Zeit 150 Euro übersteigen.

[3] In den Fällen der Nummern 2 und 3 erhöht sich die Betragsgrenze auf 200 Euro, wenn das Kleinbetragsinstrument nur für inländische Zahlungsvorgänge genutzt werden kann.

(2) Im Fall des Absatzes 1 können die Parteien vereinbaren, dass

1. der Zahlungsdienstleister Änderungen der Vertragsbedingungen nicht in der in § 675g Abs. 1 vorgesehenen Form anbieten muss,
2. § 675l Absatz 1 Satz 2, § 675m Absatz 1 Satz 1 Nummer 3 und 5 sowie Satz 2 und § 675v Absatz 5 nicht anzuwenden sind, wenn das Kleinbetragsinstrument nicht gesperrt oder eine weitere Nutzung nicht verhindert werden kann,
3. die §§ 675u, 675v Absatz 1 bis 3 und 5, die §§ 675w und 676 nicht anzuwenden sind, wenn die Nutzung des Kleinbetragsinstruments keinem Zahlungsdienstnutzer zugeordnet werden kann oder der Zahlungsdienstleister aus anderen Gründen, die in dem Kleinbetragsinstrument selbst angelegt sind, nicht nachweisen kann, dass ein Zahlungsvorgang autorisiert war,
4. der Zahlungsdienstleister abweichend von § 675o Abs. 1 nicht verpflichtet ist, den Zahlungsdienstnutzer von einer Ablehnung des Zahlungsauftrags zu unterrichten, wenn die Nichtausführung aus dem Zusammenhang hervorgeht,

---

[1)] Nr. **25**.

5. der Zahler abweichend von § 675p den Zahlungsauftrag nach dessen Übermittlung oder nachdem er dem Zahlungsempfänger seine Zustimmung zum Zahlungsauftrag erteilt hat, nicht widerrufen kann, oder
6. andere als die in § 675s bestimmten Ausführungsfristen gelten.

(3) [1] Die §§ 675u und 675v sind für E-Geld nicht anzuwenden, wenn der Zahlungsdienstleister des Zahlers nicht die Möglichkeit hat, das Zahlungskonto, auf dem das E-Geld gespeichert ist, oder das Kleinbetragsinstrument zu sperren. [2] Satz 1 gilt nur für Zahlungskonten, auf denen das E-Geld gespeichert ist, oder Kleinbetragsinstrumente mit einem Wert von höchstens 200 Euro.

Kapitel 3. Erbringung und Nutzung von Zahlungsdiensten

Unterkapitel 1. Autorisierung von Zahlungsvorgängen; Zahlungsinstrumente; Verweigerung des Zugangs zum Zahlungskonto

§ 675j Zustimmung und Widerruf der Zustimmung. (1) [1] Ein Zahlungsvorgang ist gegenüber dem Zahler nur wirksam, wenn er diesem zugestimmt hat (Autorisierung). [2] Die Zustimmung kann entweder als Einwilligung oder, sofern zwischen dem Zahler und seinem Zahlungsdienstleister zuvor vereinbart, als Genehmigung erteilt werden. [3] Art und Weise der Zustimmung sind zwischen dem Zahler und seinem Zahlungsdienstleister zu vereinbaren. [4] Insbesondere kann vereinbart werden, dass die Zustimmung mittels eines bestimmten Zahlungsinstruments erteilt werden kann.

(2) [1] Die Zustimmung kann vom Zahler durch Erklärung gegenüber dem Zahlungsdienstleister so lange widerrufen werden, wie der Zahlungsauftrag widerruflich ist (§ 675p). [2] Auch die Zustimmung zur Ausführung mehrerer Zahlungsvorgänge kann mit der Folge widerrufen werden, dass jeder nachfolgende Zahlungsvorgang nicht mehr autorisiert ist.

§ 675k Begrenzung der Nutzung eines Zahlungsinstruments; Verweigerung des Zugangs zum Zahlungskonto. (1) In Fällen, in denen die Zustimmung mittels eines Zahlungsinstruments erteilt wird, können der Zahler und der Zahlungsdienstleister Betragsobergrenzen für die Nutzung dieses Zahlungsinstruments vereinbaren.

(2) [1] Zahler und Zahlungsdienstleister können vereinbaren, dass der Zahlungsdienstleister das Recht hat, ein Zahlungsinstrument zu sperren, wenn
1. sachliche Gründe im Zusammenhang mit der Sicherheit des Zahlungsinstruments dies rechtfertigen,
2. der Verdacht einer nicht autorisierten oder einer betrügerischen Verwendung des Zahlungsinstruments besteht oder
3. bei einem Zahlungsinstrument mit Kreditgewährung ein wesentlich erhöhtes Risiko besteht, dass der Zahler seiner Zahlungspflicht nicht nachkommen kann.

[2] In diesem Fall ist der Zahlungsdienstleister verpflichtet, den Zahler über die Sperrung des Zahlungsinstruments möglichst vor, spätestens jedoch unverzüglich nach der Sperrung zu unterrichten. [3] In der Unterrichtung sind die Gründe für die Sperrung anzugeben. [4] Die Angabe von Gründen darf unterbleiben, soweit der Zahlungsdienstleister hierdurch gegen gesetzliche Verpflichtungen verstoßen würde. [5] Der Zahlungsdienstleister ist verpflichtet, das Zahlungsinstrument zu entsperren oder dieses durch ein neues Zahlungsinstrument zu

ersetzen, wenn die Gründe für die Sperrung nicht mehr gegeben sind. [6] Der Zahlungsdienstnutzer ist über eine Entsperrung unverzüglich zu unterrichten.

(3) [1] Hat der kontoführende Zahlungsdienstleister einem Zahlungsauslöse- oder Kontoinformationsdienstleister den Zugang zum Zahlungskonto des Zahlungsdienstnutzers verweigert, ist er verpflichtet, den Zahlungsdienstnutzer in einer im Zahlungsdiensterahmenvertrag zu vereinbarenden Form über die Gründe zu unterrichten. [2] Die Unterrichtung muss möglichst vor, spätestens jedoch unverzüglich nach der Verweigerung des Zugangs erfolgen. [3] Die Angabe von Gründen darf unterbleiben, soweit der kontoführende Zahlungsdienstleister hierdurch gegen gesetzliche Verpflichtungen verstoßen würde.

§ 675l Pflichten des Zahlungsdienstnutzers in Bezug auf Zahlungsinstrumente. (1) [1] Der Zahlungsdienstnutzer ist verpflichtet, unmittelbar nach Erhalt eines Zahlungsinstruments alle zumutbaren Vorkehrungen zu treffen, um die personalisierten Sicherheitsmerkmale vor unbefugtem Zugriff zu schützen. [2] Er hat dem Zahlungsdienstleister oder einer von diesem benannten Stelle den Verlust, den Diebstahl, die missbräuchliche Verwendung oder die sonstige nicht autorisierte Nutzung eines Zahlungsinstruments unverzüglich anzuzeigen, nachdem er hiervon Kenntnis erlangt hat. [3] Für den Ersatz eines verlorenen, gestohlenen, missbräuchlich verwendeten oder sonst nicht autorisiert genutzten Zahlungsinstruments darf der Zahlungsdienstleister mit dem Zahlungsdienstnutzer ein Entgelt vereinbaren, das allenfalls die ausschließlich und unmittelbar mit dem Ersatz verbundenen Kosten abdeckt.

(2) Eine Vereinbarung, durch die sich der Zahlungsdienstnutzer gegenüber dem Zahlungsdienstleister verpflichtet, Bedingungen für die Ausgabe und Nutzung eines Zahlungsinstruments einzuhalten, ist nur insoweit wirksam, als diese Bedingungen sachlich, verhältnismäßig und nicht benachteiligend sind.

§ 675m Pflichten des Zahlungsdienstleisters in Bezug auf Zahlungsinstrumente; Risiko der Versendung. (1) [1] Der Zahlungsdienstleister, der ein Zahlungsinstrument ausgibt, ist verpflichtet,

1. unbeschadet der Pflichten des Zahlungsdienstnutzers gemäß § 675l Absatz 1 sicherzustellen, dass die personalisierten Sicherheitsmerkmale des Zahlungsinstruments nur der zur Nutzung berechtigten Person zugänglich sind,
2. die unaufgeforderte Zusendung von Zahlungsinstrumenten an den Zahlungsdienstnutzer zu unterlassen, es sei denn, ein bereits an den Zahlungsdienstnutzer ausgegebenes Zahlungsinstrument muss ersetzt werden,
3. sicherzustellen, dass der Zahlungsdienstnutzer durch geeignete Mittel jederzeit die Möglichkeit hat, eine Anzeige gemäß § 675l Absatz 1 Satz 2 vorzunehmen oder die Aufhebung der Sperrung gemäß § 675k Absatz 2 Satz 5 zu verlangen,
4. dem Zahlungsdienstnutzer eine Anzeige gemäß § 675l Absatz 1 Satz 2 kostenfrei zu ermöglichen und
5. jede Nutzung des Zahlungsinstruments zu verhindern, sobald eine Anzeige gemäß § 675l Absatz 1 Satz 2 erfolgt ist.

[2] Hat der Zahlungsdienstnutzer den Verlust, den Diebstahl, die missbräuchliche Verwendung oder die sonstige nicht autorisierte Nutzung eines Zahlungsinstruments angezeigt, stellt sein Zahlungsdienstleister ihm auf Anfrage bis mindes-

tens 18 Monate nach dieser Anzeige die Mittel zur Verfügung, mit denen der Zahlungsdienstnutzer beweisen kann, dass eine Anzeige erfolgt ist.

(2) Die Gefahr der Versendung eines Zahlungsinstruments und der Versendung personalisierter Sicherheitsmerkmale des Zahlungsinstruments an den Zahlungsdienstnutzer trägt der Zahlungsdienstleister.

(3) Hat ein Zahlungsdienstleister, der kartengebundene Zahlungsinstrumente ausgibt, den kontoführenden Zahlungsdienstleister des Zahlers um Bestätigung ersucht, dass ein für die Ausführung eines kartengebundenen Zahlungsvorgangs erforderlicher Betrag auf dem Zahlungskonto verfügbar ist, so kann der Zahler von seinem kontoführenden Zahlungsdienstleister verlangen, ihm die Identifizierungsdaten dieses Zahlungsdienstleisters und die erteilte Antwort mitzuteilen.

Unterkapitel 2. Ausführung von Zahlungsvorgängen

§ 675n Zugang von Zahlungsaufträgen. (1) [1]Ein Zahlungsauftrag wird wirksam, wenn er dem Zahlungsdienstleister des Zahlers zugeht. [2]Fällt der Zeitpunkt des Zugangs nicht auf einen Geschäftstag des Zahlungsdienstleisters des Zahlers, gilt der Zahlungsauftrag als am darauf folgenden Geschäftstag zugegangen. [3]Der Zahlungsdienstleister kann festlegen, dass Zahlungsaufträge, die nach einem bestimmten Zeitpunkt nahe am Ende eines Geschäftstags zugehen, für die Zwecke des § 675s Abs. 1 als am darauf folgenden Geschäftstag zugegangen gelten. [4]Geschäftstag ist jeder Tag, an dem der an der Ausführung eines Zahlungsvorgangs beteiligte Zahlungsdienstleister den für die Ausführung von Zahlungsvorgängen erforderlichen Geschäftsbetrieb unterhält.

(2) [1]Vereinbaren der Zahlungsdienstnutzer, der einen Zahlungsvorgang auslöst oder über den ein Zahlungsvorgang ausgelöst wird, und sein Zahlungsdienstleister, dass die Ausführung des Zahlungsauftrags an einem bestimmten Tag oder am Ende eines bestimmten Zeitraums oder an dem Tag, an dem der Zahler dem Zahlungsdienstleister den zur Ausführung erforderlichen Geldbetrag zur Verfügung gestellt hat, beginnen soll, so gilt der vereinbarte Termin für die Zwecke des § 675s Abs. 1 als Zeitpunkt des Zugangs. [2]Fällt der vereinbarte Termin nicht auf einen Geschäftstag des Zahlungsdienstleisters des Zahlers, so gilt für die Zwecke des § 675s Abs. 1 der darauf folgende Geschäftstag als Zeitpunkt des Zugangs.

§ 675o Ablehnung von Zahlungsaufträgen. (1) [1]Lehnt der Zahlungsdienstleister die Ausführung oder Auslösung eines Zahlungsauftrags ab, ist er verpflichtet, den Zahlungsdienstnutzer hierüber unverzüglich, auf jeden Fall aber innerhalb der Fristen gemäß § 675s Abs. 1 zu unterrichten. [2]In der Unterrichtung sind, soweit möglich, die Gründe für die Ablehnung sowie die Möglichkeiten anzugeben, wie Fehler, die zur Ablehnung geführt haben, berichtigt werden können. [3]Die Angabe von Gründen darf unterbleiben, soweit sie gegen sonstige Rechtsvorschriften verstoßen würde. [4]Der Zahlungsdienstleister darf mit dem Zahlungsdienstnutzer im Zahlungsdiensterahmenvertrag ein Entgelt für den Fall vereinbaren, dass er die Ausführung eines Zahlungsauftrags berechtigterweise ablehnt.

(2) Der Zahlungsdienstleister des Zahlers ist nicht berechtigt, die Ausführung eines autorisierten Zahlungsauftrags abzulehnen, wenn die im Zahlungsdiensterahmenvertrag festgelegten Ausführungsbedingungen erfüllt sind und die Ausführung nicht gegen sonstige Rechtsvorschriften verstößt.

(3) Für die Zwecke der §§ 675s, 675y und 675z gilt ein Zahlungsauftrag, dessen Ausführung berechtigterweise abgelehnt wurde, als nicht zugegangen.

§ 675p Unwiderruflichkeit eines Zahlungsauftrags. (1) Der Zahlungsdienstnutzer kann einen Zahlungsauftrag vorbehaltlich der Absätze 2 bis 4 nach dessen Zugang beim Zahlungsdienstleister des Zahlers nicht mehr widerrufen.

(2) [1] Wurde der Zahlungsvorgang über einen Zahlungsauslösedienstleister, vom Zahlungsempfänger oder über diesen ausgelöst, so kann der Zahler den Zahlungsauftrag nicht mehr widerrufen, nachdem er dem Zahlungsauslösedienstleister die Zustimmung zur Auslösung des Zahlungsvorgangs oder dem Zahlungsempfänger die Zustimmung zur Ausführung des Zahlungsvorgangs erteilt hat. [2] Im Fall einer Lastschrift kann der Zahler den Zahlungsauftrag jedoch unbeschadet seiner Rechte gemäß § 675x bis zum Ende des Geschäftstags vor dem vereinbarten Fälligkeitstag widerrufen.

(3) Ist zwischen dem Zahlungsdienstnutzer und seinem Zahlungsdienstleister ein bestimmter Termin für die Ausführung eines Zahlungsauftrags (§ 675n Abs. 2) vereinbart worden, kann der Zahlungsdienstnutzer den Zahlungsauftrag bis zum Ende des Geschäftstags vor dem vereinbarten Tag widerrufen.

(4) [1] Nach den in den Absätzen 1 bis 3 genannten Zeitpunkten kann der Zahlungsauftrag nur widerrufen werden, wenn der Zahlungsdienstnutzer und der jeweilige Zahlungsdienstleister dies vereinbart haben. [2] In den Fällen des Absatzes 2 ist zudem die Zustimmung des Zahlungsempfängers zum Widerruf erforderlich. [3] Der Zahlungsdienstleister darf mit dem Zahlungsdienstnutzer im Zahlungsdiensterahmenvertrag für die Bearbeitung eines solchen Widerrufs ein Entgelt vereinbaren.

(5) Der Teilnehmer an Zahlungsverkehrssystemen kann einen Auftrag zugunsten eines anderen Teilnehmers von dem in den Regeln des Systems bestimmten Zeitpunkt an nicht mehr widerrufen.

§ 675q Entgelte bei Zahlungsvorgängen. (1) Der Zahlungsdienstleister des Zahlers sowie sämtliche an dem Zahlungsvorgang beteiligte zwischengeschaltete Stellen sind verpflichtet, den Betrag, der Gegenstand des Zahlungsvorgangs ist (Zahlungsbetrag), ungekürzt an den Zahlungsdienstleister des Zahlungsempfängers zu übermitteln.

(2) [1] Der Zahlungsdienstleister des Zahlungsempfängers darf ihm zustehende Entgelte vor Erteilung der Gutschrift nur dann von dem übermittelten Betrag abziehen, wenn dies mit dem Zahlungsempfänger vereinbart wurde. [2] In diesem Fall sind der vollständige Betrag des Zahlungsvorgangs und die Entgelte in den Informationen gemäß Artikel 248 §§ 8 und 15 des Einführungsgesetzes zum Bürgerlichen Gesetzbuche[1)] für den Zahlungsempfänger getrennt auszuweisen.

(3) Zahlungsempfänger und Zahler tragen jeweils die von ihrem Zahlungsdienstleister erhobenen Entgelte, wenn sowohl der Zahlungsdienstleister des Zahlers als auch der Zahlungsdienstleister des Zahlungsempfängers innerhalb des Europäischen Wirtschaftsraums belegen ist.

(4) Wenn einer der Fälle des § 675d Absatz 6 Satz 1 Nummer 1 vorliegt,

1. ist § 675q Absatz 1 auf die innerhalb des Europäischen Wirtschaftsraums getätigten Bestandteile des Zahlungsvorgangs nicht anzuwenden und

---

[1)] Nr. **25**.

2. kann von § 675q Absatz 2 für die innerhalb des Europäischen Wirtschaftsraums getätigten Bestandteile des Zahlungsvorgangs abgewichen werden.

§ 675r Ausführung eines Zahlungsvorgangs anhand von Kundenkennungen. (1) [1]Die beteiligten Zahlungsdienstleister sind berechtigt, einen Zahlungsvorgang ausschließlich anhand der von dem Zahlungsdienstnutzer angegebenen Kundenkennung auszuführen. [2]Wird ein Zahlungsauftrag in Übereinstimmung mit dieser Kundenkennung ausgeführt, so gilt er im Hinblick auf den durch die Kundenkennung bezeichneten Zahlungsempfänger als ordnungsgemäß ausgeführt.

(2) Eine Kundenkennung ist eine Abfolge aus Buchstaben, Zahlen oder Symbolen, die dem Zahlungsdienstnutzer vom Zahlungsdienstleister mitgeteilt wird und die der Zahlungsdienstnutzer angeben muss, damit ein anderer am Zahlungsvorgang beteiligter Zahlungsdienstnutzer oder dessen Zahlungskonto für einen Zahlungsvorgang zweifelsfrei ermittelt werden kann.

(3) Ist eine vom Zahler angegebene Kundenkennung für den Zahlungsdienstleister des Zahlers erkennbar keinem Zahlungsempfänger oder keinem Zahlungskonto zuzuordnen, ist dieser verpflichtet, den Zahler unverzüglich hierüber zu unterrichten und ihm gegebenenfalls den Zahlungsbetrag wieder herauszugeben.

§ 675s Ausführungsfrist für Zahlungsvorgänge. (1) [1]Der Zahlungsdienstleister des Zahlers ist verpflichtet sicherzustellen, dass der Zahlungsbetrag spätestens am Ende des auf den Zugangszeitpunkt des Zahlungsauftrags folgenden Geschäftstags beim Zahlungsdienstleister des Zahlungsempfängers eingeht. [2]Für Zahlungsvorgänge innerhalb des Europäischen Wirtschaftsraums, die nicht in Euro erfolgen, können ein Zahler und sein Zahlungsdienstleister eine Frist von maximal vier Geschäftstagen vereinbaren. [3]Für in Papierform ausgelöste Zahlungsvorgänge können die Fristen nach Satz 1 um einen weiteren Geschäftstag verlängert werden.

(2) [1]Bei einem vom oder über den Zahlungsempfänger ausgelösten Zahlungsvorgang ist der Zahlungsdienstleister des Zahlungsempfängers verpflichtet, den Zahlungsauftrag dem Zahlungsdienstleister des Zahlers innerhalb der zwischen dem Zahlungsempfänger und seinem Zahlungsdienstleister vereinbarten Fristen zu übermitteln. [2]Im Fall einer Lastschrift ist der Zahlungsauftrag so rechtzeitig zu übermitteln, dass die Verrechnung an dem vom Zahlungsempfänger mitgeteilten Fälligkeitstag ermöglicht wird.

(3) [1]Wenn einer der Fälle des § 675d Absatz 6 Satz 1 Nummer 1 vorliegt, ist § 675s Absatz 1 Satz 1 und 3 auf die innerhalb des Europäischen Wirtschaftsraums getätigten Bestandteile des Zahlungsvorgangs nicht anzuwenden. [2]Wenn ein Fall des § 675d Absatz 6 Satz 1 Nummer 1 Buchstabe a vorliegt,

1. ist auch § 675s Absatz 1 Satz 2 auf die innerhalb des Europäischen Wirtschaftsraums getätigten Bestandteile des Zahlungsvorgangs nicht anzuwenden und
2. kann von § 675s Absatz 2 für die innerhalb des Europäischen Wirtschaftsraums getätigten Bestandteile des Zahlungsvorgangs abgewichen werden.

§ 675t Wertstellungsdatum und Verfügbarkeit von Geldbeträgen; Sperrung eines verfügbaren Geldbetrags. (1) [1]Der Zahlungsdienstleister des Zahlungsempfängers ist verpflichtet, dem Zahlungsempfänger den Zahlungsbetrag unverzüglich verfügbar zu machen, nachdem der Betrag auf dem Konto des Zahlungsdienstleisters eingegangen ist, wenn dieser

1. keine Währungsumrechnung vornehmen muss oder
2. nur eine Währungsumrechnung zwischen dem Euro und einer Währung eines Vertragsstaates des Abkommens über den Europäischen Wirtschaftsraum oder zwischen den Währungen zweier Vertragsstaaten des Abkommens über den Europäischen Wirtschaftsraum vornehmen muss.

[2] Sofern der Zahlungsbetrag auf einem Zahlungskonto des Zahlungsempfängers gutgeschrieben werden soll, ist die Gutschrift, auch wenn sie nachträglich erfolgt, so vorzunehmen, dass der Zeitpunkt, den der Zahlungsdienstleister für die Berechnung der Zinsen bei Gutschrift oder Belastung eines Betrags auf einem Zahlungskonto zugrunde legt (Wertstellungsdatum), spätestens der Geschäftstag ist, an dem der Zahlungsbetrag auf dem Konto des Zahlungsdienstleisters des Zahlungsempfängers eingegangen ist. [3] Satz 1 gilt auch dann, wenn der Zahlungsempfänger kein Zahlungskonto unterhält.

(2) [1] Zahlt ein Verbraucher Bargeld auf ein Zahlungskonto bei einem Zahlungsdienstleister in der Währung des betreffenden Zahlungskontos ein, so stellt dieser Zahlungsdienstleister sicher, dass der Betrag dem Zahlungsempfänger unverzüglich nach dem Zeitpunkt der Entgegennahme verfügbar gemacht und wertgestellt wird. [2] Ist der Zahlungsdienstnutzer kein Verbraucher, so muss dem Zahlungsempfänger der Geldbetrag spätestens an dem auf die Entgegennahme folgenden Geschäftstag verfügbar gemacht und wertgestellt werden.

(3) [1] Eine Belastung auf dem Zahlungskonto des Zahlers ist so vorzunehmen, dass das Wertstellungsdatum frühestens der Zeitpunkt ist, an dem dieses Zahlungskonto mit dem Zahlungsbetrag belastet wird. [2] Das Zahlungskonto des Zahlers darf nicht belastet werden, bevor der Zahlungsauftrag seinem Zahlungsdienstleister zugegangen ist.

(4) [1] Unbeschadet sonstiger gesetzlicher oder vertraglicher Rechte ist der Zahlungsdienstleister des Zahlers im Fall eines kartengebundenen Zahlungsvorgangs berechtigt, einen verfügbaren Geldbetrag auf dem Zahlungskonto des Zahlers zu sperren, wenn

1. der Zahlungsvorgang vom oder über den Zahlungsempfänger ausgelöst worden ist und
2. der Zahler auch der genauen Höhe des zu sperrenden Geldbetrags zugestimmt hat.

[2] Den gesperrten Geldbetrag gibt der Zahlungsdienstleister des Zahlers unbeschadet sonstiger gesetzlicher oder vertraglicher Rechte unverzüglich frei, nachdem ihm entweder der genaue Zahlungsbetrag mitgeteilt worden oder der Zahlungsauftrag zugegangen ist.

(5) Wenn ein Fall des § 675d Absatz 6 Satz 1 Nummer 1 Buchstabe a vorliegt,

1. kann von § 675t Absatz 1 Satz 3 für die innerhalb des Europäischen Wirtschaftsraums getätigten Bestandteile des Zahlungsvorgangs abgewichen werden und
2. ist § 675t Absatz 2 auf die innerhalb des Europäischen Wirtschaftsraums getätigten Bestandteile des Zahlungsvorgangs nicht anzuwenden.

Unterkapitel 3. Haftung

§ 675u Haftung des Zahlungsdienstleisters für nicht autorisierte Zahlungsvorgänge. [1] Im Fall eines nicht autorisierten Zahlungsvorgangs hat der Zahlungsdienstleister des Zahlers gegen diesen keinen Anspruch auf Erstattung seiner Aufwendungen. [2] Er ist verpflichtet, dem Zahler den Zahlungsbetrag unverzüglich zu erstatten und, sofern der Betrag einem Zahlungskonto belastet worden ist, dieses Zahlungskonto wieder auf den Stand zu bringen, auf dem es sich ohne die Belastung durch den nicht autorisierten Zahlungsvorgang befunden hätte. [3] Diese Verpflichtung ist unverzüglich, spätestens jedoch bis zum Ende des Geschäftstags zu erfüllen, der auf den Tag folgt, an welchem dem Zahlungsdienstleister angezeigt wurde, dass der Zahlungsvorgang nicht autorisiert ist, oder er auf andere Weise davon Kenntnis erhalten hat. [4] Hat der Zahlungsdienstleister einer zuständigen Behörde berechtigte Gründe für den Verdacht, dass ein betrügerisches Verhalten des Zahlers vorliegt, schriftlich mitgeteilt, hat der Zahlungsdienstleister seine Verpflichtung aus Satz 2 unverzüglich zu prüfen und zu erfüllen, wenn sich der Betrugsverdacht nicht bestätigt. [5] Wurde der Zahlungsvorgang über einen Zahlungsauslösedienstleister ausgelöst, so treffen die Pflichten aus den Sätzen 2 bis 4 den kontoführenden Zahlungsdienstleister.

§ 675v Haftung des Zahlers bei missbräuchlicher Nutzung eines Zahlungsinstruments. (1) Beruhen nicht autorisierte Zahlungsvorgänge auf der Nutzung eines verloren gegangenen, gestohlenen oder sonst abhandengekommenen Zahlungsinstruments oder auf der sonstigen missbräuchlichen Verwendung eines Zahlungsinstruments, so kann der Zahlungsdienstleister des Zahlers von diesem den Ersatz des hierdurch entstandenen Schadens bis zu einem Betrag von 50 Euro verlangen.

(2) Der Zahler haftet nicht nach Absatz 1, wenn

1. es ihm nicht möglich gewesen ist, den Verlust, den Diebstahl, das Abhandenkommen oder eine sonstige missbräuchliche Verwendung des Zahlungsinstruments vor dem nicht autorisierten Zahlungsvorgang zu bemerken, oder
2. der Verlust des Zahlungsinstruments durch einen Angestellten, einen Agenten, eine Zweigniederlassung eines Zahlungsdienstleisters oder eine sonstige Stelle, an die Tätigkeiten des Zahlungsdienstleisters ausgelagert wurden, verursacht worden ist.

(3) Abweichend von den Absätzen 1 und 2 ist der Zahler seinem Zahlungsdienstleister zum Ersatz des gesamten Schadens verpflichtet, der infolge eines nicht autorisierten Zahlungsvorgangs entstanden ist, wenn der Zahler

1. in betrügerischer Absicht gehandelt hat oder
2. den Schaden herbeigeführt hat durch vorsätzliche oder grob fahrlässige Verletzung
   a) einer oder mehrerer Pflichten gemäß § 675l Absatz 1 oder
   b) einer oder mehrerer vereinbarter Bedingungen für die Ausgabe und Nutzung des Zahlungsinstruments.

(4) [1] Abweichend von den Absätzen 1 und 3 ist der Zahler seinem Zahlungsdienstleister nicht zum Schadensersatz verpflichtet, wenn

1. der Zahlungsdienstleister des Zahlers eine starke Kundenauthentifizierung im Sinne des § 1 Absatz 24 des Zahlungsdiensteaufsichtsgesetzes[1)] nicht verlangt oder
2. der Zahlungsempfänger oder sein Zahlungsdienstleister eine starke Kundenauthentifizierung im Sinne des § 1 Absatz 24 des Zahlungsdiensteaufsichtsgesetzes nicht akzeptiert.

[2] Satz 1 gilt nicht, wenn der Zahler in betrügerischer Absicht gehandelt hat. [3] Im Fall von Satz 1 Nummer 2 ist derjenige, der eine starke Kundenauthentifizierung nicht akzeptiert, verpflichtet, dem Zahlungsdienstleister des Zahlers den daraus entstehenden Schaden zu ersetzen.

(5) [1] Abweichend von den Absätzen 1 und 3 ist der Zahler nicht zum Ersatz von Schäden verpflichtet, die aus der Nutzung eines nach der Anzeige gemäß § 675l Absatz 1 Satz 2 verwendeten Zahlungsinstruments entstanden sind. [2] Der Zahler ist auch nicht zum Ersatz von Schäden im Sinne des Absatzes 1 verpflichtet, wenn der Zahlungsdienstleister seiner Pflicht gemäß § 675m Abs. 1 Nr. 3 nicht nachgekommen ist. [3] Die Sätze 1 und 2 sind nicht anzuwenden, wenn der Zahler in betrügerischer Absicht gehandelt hat.

§ 675w Nachweis der Authentifizierung. [1] Ist die Autorisierung eines ausgeführten Zahlungsvorgangs streitig, hat der Zahlungsdienstleister nachzuweisen, dass eine Authentifizierung erfolgt ist und der Zahlungsvorgang ordnungsgemäß aufgezeichnet, verbucht sowie nicht durch eine Störung beeinträchtigt wurde. [2] Eine Authentifizierung ist erfolgt, wenn der Zahlungsdienstleister die Nutzung eines bestimmten Zahlungsinstruments, einschließlich seiner personalisierten Sicherheitsmerkmale, mit Hilfe eines Verfahrens überprüft hat. [3] Wurde der Zahlungsvorgang mittels eines Zahlungsinstruments ausgelöst, reicht die Aufzeichnung der Nutzung des Zahlungsinstruments einschließlich der Authentifizierung durch den Zahlungsdienstleister und gegebenenfalls einen Zahlungsauslösedienstleister allein nicht notwendigerweise aus, um nachzuweisen, dass der Zahler

1. den Zahlungsvorgang autorisiert,
2. in betrügerischer Absicht gehandelt,
3. eine oder mehrere Pflichten gemäß § 675l Absatz 1 verletzt oder
4. vorsätzlich oder grob fahrlässig gegen eine oder mehrere Bedingungen für die Ausgabe und Nutzung des Zahlungsinstruments verstoßen

hat. [4] Der Zahlungsdienstleister muss unterstützende Beweismittel vorlegen, um Betrug, Vorsatz oder grobe Fahrlässigkeit des Zahlungsdienstnutzers nachzuweisen.

§ 675x Erstattungsanspruch bei einem vom oder über den Zahlungsempfänger ausgelösten autorisierten Zahlungsvorgang. (1) [1] Der Zahler hat gegen seinen Zahlungsdienstleister einen Anspruch auf Erstattung eines belasteten Zahlungsbetrags, der auf einem autorisierten, vom oder über den Zahlungsempfänger ausgelösten Zahlungsvorgang beruht, wenn

1. bei der Autorisierung der genaue Betrag nicht angegeben wurde und
2. der Zahlungsbetrag den Betrag übersteigt, den der Zahler entsprechend seinem bisherigen Ausgabeverhalten, den Bedingungen des Zahlungsdiens-

---

1) Nr. 12.

terahmenvertrags und den jeweiligen Umständen des Einzelfalls hätte erwarten können; mit einem etwaigen Währungsumtausch zusammenhängende Gründe bleiben außer Betracht, wenn der zwischen den Parteien vereinbarte Referenzwechselkurs zugrunde gelegt wurde.

[2] Ist der Zahlungsbetrag einem Zahlungskonto belastet worden, so ist die Gutschrift des Zahlungsbetrags auf diesem Zahlungskonto so vorzunehmen, dass das Wertstellungsdatum spätestens der Geschäftstag der Belastung ist. [3] Auf Verlangen seines Zahlungsdienstleisters hat der Zahler nachzuweisen, dass die Voraussetzungen des Satzes 1 Nummer 1 und 2 erfüllt sind.

(2) Unbeschadet des Absatzes 3 hat der Zahler bei SEPA-Basislastschriften und SEPA-Firmenlastschriften ohne Angabe von Gründen auch dann einen Anspruch auf Erstattung gegen seinen Zahlungsdienstleister, wenn die Voraussetzungen für eine Erstattung nach Absatz 1 nicht erfüllt sind.

(3) Der Zahler kann mit seinem Zahlungsdienstleister vereinbaren, dass er keinen Anspruch auf Erstattung hat, wenn er seine Zustimmung zur Ausführung des Zahlungsvorgangs direkt seinem Zahlungsdienstleister erteilt hat und er, sofern vereinbart, über den anstehenden Zahlungsvorgang mindestens vier Wochen vor dem Fälligkeitstermin vom Zahlungsdienstleister oder vom Zahlungsempfänger unterrichtet wurde.

(4) Ein Anspruch des Zahlers auf Erstattung ist ausgeschlossen, wenn er ihn nicht innerhalb von acht Wochen ab dem Zeitpunkt der Belastung des betreffenden Zahlungsbetrags gegenüber seinem Zahlungsdienstleister geltend macht.

(5) [1] Der Zahlungsdienstleister ist verpflichtet, innerhalb von zehn Geschäftstagen nach Zugang eines Erstattungsverlangens entweder den vollständigen Betrag des Zahlungsvorgangs zu erstatten oder dem Zahler die Gründe für die Ablehnung der Erstattung mitzuteilen. [2] Im Fall der Ablehnung hat der Zahlungsdienstleister auf die Beschwerdemöglichkeiten gemäß den §§ 60 bis 62 des Zahlungsdiensteaufsichtsgesetzes[1)] und auf die Möglichkeit, eine Schlichtungsstelle gemäß § 14 des Unterlassungsklagengesetzes anzurufen, hinzuweisen. [3] Das Recht des Zahlungsdienstleisters, eine innerhalb der Frist nach Absatz 4 geltend gemachte Erstattung abzulehnen, erstreckt sich nicht auf den Fall nach Absatz 2.

(6) Wenn ein Fall des § 675d Absatz 6 Satz 1 Nummer 1 Buchstabe b vorliegt,

1. ist § 675x Absatz 1 auf die innerhalb des Europäischen Wirtschaftsraums getätigten Bestandteile des Zahlungsvorgangs nicht anzuwenden und
2. kann von § 675x Absatz 2 bis 5 für die innerhalb des Europäischen Wirtschaftsraums getätigten Bestandteile des Zahlungsvorgangs abgewichen werden.

§ 675y Haftung der Zahlungsdienstleister bei nicht erfolgter, fehlerhafter oder verspäteter Ausführung eines Zahlungsauftrags; Nachforschungspflicht. (1) [1] Wird ein Zahlungsvorgang vom Zahler ausgelöst, kann dieser von seinem Zahlungsdienstleister im Fall einer nicht erfolgten oder fehlerhaften Ausführung des Zahlungsauftrags die unverzügliche und ungekürzte Erstattung des Zahlungsbetrags verlangen. [2] Wurde der Betrag einem Zah-

[1)] Nr. 12.

lungskonto des Zahlers belastet, ist dieses Zahlungskonto wieder auf den Stand zu bringen, auf dem es sich ohne den fehlerhaft ausgeführten Zahlungsvorgang befunden hätte. [3] Wird ein Zahlungsvorgang vom Zahler über einen Zahlungsauslösedienstleister ausgelöst, so treffen die Pflichten aus den Sätzen 1 und 2 den kontoführenden Zahlungsdienstleister. [4] Soweit vom Zahlungsbetrag entgegen § 675q Abs. 1 Entgelte abgezogen wurden, hat der Zahlungsdienstleister des Zahlers den abgezogenen Betrag dem Zahlungsempfänger unverzüglich zu übermitteln. [5] Weist der Zahlungsdienstleister des Zahlers nach, dass der Zahlungsbetrag ungekürzt beim Zahlungsdienstleister des Zahlungsempfängers eingegangen ist, entfällt die Haftung nach diesem Absatz.

(2) [1] Wird ein Zahlungsvorgang vom oder über den Zahlungsempfänger ausgelöst, kann dieser im Fall einer nicht erfolgten oder fehlerhaften Ausführung des Zahlungsauftrags verlangen, dass sein Zahlungsdienstleister diesen Zahlungsauftrag unverzüglich, gegebenenfalls erneut, an den Zahlungsdienstleister des Zahlers übermittelt. [2] Weist der Zahlungsdienstleister des Zahlungsempfängers nach, dass er die ihm bei der Ausführung des Zahlungsvorgangs obliegenden Pflichten erfüllt hat, hat der Zahlungsdienstleister des Zahlers dem Zahler gegebenenfalls unverzüglich den ungekürzten Zahlungsbetrag entsprechend Absatz 1 Satz 1 und 2 zu erstatten. [3] Soweit vom Zahlungsbetrag entgegen § 675q Abs. 1 und 2 Entgelte abgezogen wurden, hat der Zahlungsdienstleister des Zahlungsempfängers den abgezogenen Betrag dem Zahlungsempfänger unverzüglich verfügbar zu machen.

(3) [1] Wird ein Zahlungsvorgang vom Zahler ausgelöst, kann dieser im Fall einer verspäteten Ausführung des Zahlungsauftrags verlangen, dass sein Zahlungsdienstleister gegen den Zahlungsdienstleister des Zahlungsempfängers den Anspruch nach Satz 2 geltend macht. [2] Der Zahlungsdienstleister des Zahlers kann vom Zahlungsdienstleister des Zahlungsempfängers verlangen, die Gutschrift des Zahlungsbetrags auf dem Zahlungskonto des Zahlungsempfängers so vorzunehmen, als sei der Zahlungsvorgang ordnungsgemäß ausgeführt worden. [3] Wird ein Zahlungsvorgang vom Zahler über einen Zahlungsauslösedienstleister ausgelöst, so trifft die Pflicht aus Satz 1 den kontoführenden Zahlungsdienstleister. [4] Weist der Zahlungsdienstleister des Zahlers nach, dass der Zahlungsbetrag rechtzeitig beim Zahlungsdienstleister des Zahlungsempfängers eingegangen ist, entfällt die Haftung nach diesem Absatz.

(4) [1] Wird ein Zahlungsvorgang vom oder über den Zahlungsempfänger ausgelöst, kann dieser im Fall einer verspäteten Übermittlung des Zahlungsauftrags verlangen, dass sein Zahlungsdienstleister die Gutschrift des Zahlungsbetrags auf dem Zahlungskonto des Zahlungsempfängers so vornimmt, als sei der Zahlungsvorgang ordnungsgemäß ausgeführt worden. [2] Weist der Zahlungsdienstleister des Zahlungsempfängers nach, dass er den Zahlungsauftrag rechtzeitig an den Zahlungsdienstleister des Zahlers übermittelt hat, ist der Zahlungsdienstleister des Zahlers verpflichtet, dem Zahler gegebenenfalls unverzüglich den ungekürzten Zahlungsbetrag nach Absatz 1 Satz 1 und 2 zu erstatten. [3] Dies gilt nicht, wenn der Zahlungsdienstleister des Zahlers nachweist, dass der Zahlungsbetrag lediglich verspätet beim Zahlungsdienstleister des Zahlungsempfängers eingegangen ist. [4] In diesem Fall ist der Zahlungsdienstleister des Zahlungsempfängers verpflichtet, den Zahlungsbetrag entsprechend Satz 1 auf dem Zahlungskonto des Zahlungsempfängers gutzuschreiben.

(5) [1] Ansprüche des Zahlungsdienstnutzers gegen seinen Zahlungsdienstleister nach Absatz 1 Satz 1 und 2 sowie Absatz 2 Satz 2 bestehen nicht, soweit der

Zahlungsauftrag in Übereinstimmung mit der vom Zahlungsdienstnutzer angegebenen fehlerhaften Kundenkennung ausgeführt wurde. [2] In diesem Fall kann der Zahler von seinem Zahlungsdienstleister jedoch verlangen, dass dieser sich im Rahmen seiner Möglichkeiten darum bemüht, den Zahlungsbetrag wiederzuerlangen. [3] Der Zahlungsdienstleister des Zahlungsempfängers ist verpflichtet, dem Zahlungsdienstleister des Zahlers alle für die Wiedererlangung des Zahlungsbetrags erforderlichen Informationen mitzuteilen. [4] Ist die Wiedererlangung des Zahlungsbetrags nach den Sätzen 2 und 3 nicht möglich, so ist der Zahlungsdienstleister des Zahlers verpflichtet, dem Zahler auf schriftlichen Antrag alle verfügbaren Informationen mitzuteilen, damit der Zahler einen Anspruch auf Erstattung des Zahlungsbetrags geltend machen kann. [5] Der Zahlungsdienstleister kann mit dem Zahlungsdienstnutzer im Zahlungsdiensterahmenvertrag ein Entgelt für Tätigkeiten nach den Sätzen 2 bis 4 vereinbaren.

(6) Ein Zahlungsdienstnutzer kann von seinem Zahlungsdienstleister über die Ansprüche nach den Absätzen 1 und 2 hinaus die Erstattung der Entgelte und Zinsen verlangen, die der Zahlungsdienstleister ihm im Zusammenhang mit der nicht erfolgten oder fehlerhaften Ausführung des Zahlungsvorgangs in Rechnung gestellt oder mit denen er dessen Zahlungskonto belastet hat.

(7) Wurde ein Zahlungsauftrag nicht oder fehlerhaft ausgeführt, hat der Zahlungsdienstleister desjenigen Zahlungsdienstnutzers, der einen Zahlungsvorgang ausgelöst hat oder über den ein Zahlungsvorgang ausgelöst wurde, auf Verlangen seines Zahlungsdienstnutzers den Zahlungsvorgang nachzuvollziehen und seinen Zahlungsdienstnutzer über das Ergebnis zu unterrichten.

(8) Wenn ein Fall des § 675d Absatz 6 Satz 1 Nummer 1 Buchstabe b vorliegt, ist § 675y Absatz 1 bis 4 auf die innerhalb des Europäischen Wirtschaftsraums getätigten Bestandteile des Zahlungsvorgangs nicht anzuwenden.

§ 675z Sonstige Ansprüche bei nicht erfolgter, fehlerhafter oder verspäteter Ausführung eines Zahlungsauftrags oder bei einem nicht autorisierten Zahlungsvorgang. [1] Die §§ 675u und 675y sind hinsichtlich der dort geregelten Ansprüche eines Zahlungsdienstnutzers abschließend. [2] Die Haftung eines Zahlungsdienstleisters gegenüber seinem Zahlungsdienstnutzer für einen wegen nicht erfolgter, fehlerhafter oder verspäteter Ausführung eines Zahlungsauftrags entstandenen Schaden, der nicht bereits von § 675y erfasst ist, kann auf 12 500 Euro begrenzt werden; dies gilt nicht für Vorsatz und grobe Fahrlässigkeit, den Zinsschaden und für Gefahren, die der Zahlungsdienstleister besonders übernommen hat. [3] Zahlungsdienstleister haben hierbei ein Verschulden, das einer zwischengeschalteten Stelle zur Last fällt, wie eigenes Verschulden zu vertreten, es sei denn, dass die wesentliche Ursache bei einer zwischengeschalteten Stelle liegt, die der Zahlungsdienstnutzer vorgegeben hat. [4] In den Fällen von Satz 3 zweiter Halbsatz haftet die von dem Zahlungsdienstnutzer vorgegebene zwischengeschaltete Stelle anstelle des Zahlungsdienstleisters des Zahlungsdienstnutzers. [5] § 675y Absatz 5 Satz 1 ist auf die Haftung eines Zahlungsdienstleisters nach den Sätzen 2 bis 4 entsprechend anzuwenden. [6] Wenn ein Fall des § 675d Absatz 6 Satz 1 Nummer 1 Buchstabe b vorliegt, ist § 675z Satz 3 auf die innerhalb des Europäischen Wirtschaftsraums getätigten Bestandteile des Zahlungsvorgangs nicht anzuwenden.

§ 676 Nachweis der Ausführung von Zahlungsvorgängen. Ist zwischen dem Zahlungsdienstnutzer und seinem Zahlungsdienstleister streitig, ob der Zahlungsvorgang ordnungsgemäß ausgeführt wurde, muss der Zahlungsdienstleister nachweisen, dass der Zahlungsvorgang ordnungsgemäß aufgezeichnet und verbucht sowie nicht durch eine Störung beeinträchtigt wurde.

§ 676a Ausgleichsanspruch. (1) Liegt die Ursache für die Haftung eines Zahlungsdienstleisters gemäß den §§ 675u, 675y und 675z im Verantwortungsbereich eines anderen Zahlungsdienstleisters, eines Zahlungsauslösedienstleisters oder einer zwischengeschalteten Stelle, so kann der Zahlungsdienstleister von dem anderen Zahlungsdienstleister, dem Zahlungsauslösedienstleister oder der zwischengeschalteten Stelle den Ersatz des Schadens verlangen, der ihm aus der Erfüllung der Ansprüche eines Zahlungsdienstnutzers gemäß den §§ 675u, 675y und 675z entsteht.

(2) Ist zwischen dem kontoführenden Zahlungsdienstleister des Zahlers und einem Zahlungsauslösedienstleister streitig, ob ein ausgeführter Zahlungsvorgang autorisiert wurde, muss der Zahlungsauslösedienstleister nachweisen, dass in seinem Verantwortungsbereich eine Authentifizierung erfolgt ist und der Zahlungsvorgang ordnungsgemäß aufgezeichnet sowie nicht durch eine Störung beeinträchtigt wurde.

(3) Ist zwischen dem kontoführenden Zahlungsdienstleister des Zahlers und einem Zahlungsauslösedienstleister streitig, ob ein Zahlungsvorgang ordnungsgemäß ausgeführt wurde, muss der Zahlungsauslösedienstleister nachweisen, dass

1. der Zahlungsauftrag dem kontoführenden Zahlungsdienstleister gemäß § 675n zugegangen ist und
2. der Zahlungsvorgang im Verantwortungsbereich des Zahlungsauslösedienstleisters ordnungsgemäß aufgezeichnet sowie nicht durch eine Störung beeinträchtigt wurde.

§ 676b Anzeige nicht autorisierter oder fehlerhaft ausgeführter Zahlungsvorgänge. (1) Der Zahlungsdienstnutzer hat seinen Zahlungsdienstleister unverzüglich nach Feststellung eines nicht autorisierten oder fehlerhaft ausgeführten Zahlungsvorgangs zu unterrichten.

(2) [1] Ansprüche und Einwendungen des Zahlungsdienstnutzers gegen den Zahlungsdienstleister nach diesem Unterkapitel sind ausgeschlossen, wenn dieser seinen Zahlungsdienstleister nicht spätestens 13 Monate nach dem Tag der Belastung mit einem nicht autorisierten oder fehlerhaft ausgeführten Zahlungsvorgang hiervon unterrichtet hat. [2] Der Lauf der Frist beginnt nur, wenn der Zahlungsdienstleister den Zahlungsdienstnutzer über die den Zahlungsvorgang betreffenden Angaben gemäß Artikel 248 §§ 7, 10 oder § 14 des Einführungsgesetzes zum Bürgerlichen Gesetzbuche[1)] unterrichtet hat; anderenfalls ist für den Fristbeginn der Tag der Unterrichtung maßgeblich.

(3) Für andere als die in § 675z Satz 1 genannten Ansprüche des Zahlungsdienstnutzers gegen seinen Zahlungsdienstleister wegen eines nicht autorisierten oder fehlerhaft ausgeführten Zahlungsvorgangs gilt Absatz 2 mit der Maßgabe, dass der Zahlungsdienstnutzer diese Ansprüche auch nach Ablauf der Frist

---

[1)] Nr. **25**.

geltend machen kann, wenn er ohne Verschulden an der Einhaltung der Frist verhindert war.

(4) [1] Wurde der Zahlungsvorgang über einen Zahlungsauslösedienstleister ausgelöst, sind Ansprüche und Einwendungen des Zahlungsdienstnutzers gegen seinen kontoführenden Zahlungsdienstleister ausgeschlossen, wenn der Zahlungsdienstnutzer den kontoführenden Zahlungsdienstleister nicht spätestens 13 Monate nach dem Tag der Belastung mit einem nicht autorisierten oder fehlerhaften Zahlungsvorgang hiervon unterrichtet hat. [2] Der Lauf der Frist beginnt nur, wenn der kontoführende Zahlungsdienstleister den Zahlungsdienstnutzer über die den Zahlungsvorgang betreffenden Angaben gemäß Artikel 248 §§ 7, 10 oder § 14 des Einführungsgesetzes zum Bürgerlichen Gesetzbuche[1)] unterrichtet hat; anderenfalls ist für den Fristbeginn der Tag der Unterrichtung durch den kontoführenden Zahlungsdienstleister maßgeblich.

(5) Für andere als die in § 675z Satz 1 genannten Ansprüche des Zahlungsdienstnutzers gegen seinen kontoführenden Zahlungsdienstleister oder gegen den Zahlungsauslösedienstleister wegen eines nicht autorisierten oder fehlerhaft ausgeführten Zahlungsvorgangs gilt Absatz 4 mit der Maßgabe, dass

1. die Anzeige an den kontoführenden Zahlungsdienstleister auch zur Erhaltung von Ansprüchen und Einwendungen des Zahlungsdienstnutzers gegen den Zahlungsauslösedienstleister genügt und
2. der Zahlungsdienstnutzer seine Ansprüche gegen den kontoführenden Zahlungsdienstleister oder gegen den Zahlungsauslösedienstleister auch nach Ablauf der Frist geltend machen kann, wenn er ohne Verschulden an der Einhaltung der Frist verhindert war.

§ 676c Haftungsausschluss. Ansprüche nach diesem Kapitel sind ausgeschlossen, wenn die einen Anspruch begründenden Umstände

1. auf einem ungewöhnlichen und unvorhersehbaren Ereignis beruhen, auf das diejenige Partei, die sich auf dieses Ereignis beruft, keinen Einfluss hat, und dessen Folgen trotz Anwendung der gebotenen Sorgfalt nicht hätten vermieden werden können, oder
2. vom Zahlungsdienstleister auf Grund einer gesetzlichen Verpflichtung herbeigeführt wurden.

[1)] Nr. **25**.

25. Einführungsgesetz zum Bürgerlichen Gesetzbuche[1) 2) 3)]

In der Fassung der Bekanntmachung vom 21. September 1994[4)]
(BGBl. I S. 2494, ber. 1997 I S. 1061)

FNA 400-1

zuletzt geänd. durch Art. 3 G zur Herstellung materieller Gerechtigkeit v. 21.12.2021 (BGBl. I S. 5252)

– Auszug –

[Art. 240 bis 30.9.2022:]

Art. 240 Vertragsrechtliche Regelungen aus Anlass der COVID-19-Pandemie

§ 3 Regelungen zum Darlehensrecht. (1) [1] Für Verbraucherdarlehensverträge, die vor dem 15. März 2020 abgeschlossen wurden, gilt, dass Ansprüche des Darlehensgebers auf Rückzahlung, Zins- oder Tilgungsleistungen, die zwischen dem 1. April 2020 und dem 30. Juni 2020 fällig werden, mit Eintritt der Fälligkeit für die Dauer von drei Monaten gestundet werden, wenn der Verbraucher aufgrund der durch Ausbreitung der COVID-19-Pandemie hervorgerufenen außergewöhnlichen Verhältnisse Einnahmeausfälle hat, die dazu führen, dass ihm die Erbringung der geschuldeten Leistung nicht zumutbar ist. [2] Nicht zumutbar ist ihm die Erbringung der Leistung insbesondere dann, wenn sein angemessener Lebensunterhalt oder der angemessene Lebensunterhalt seiner Unterhaltsberechtigten gefährdet ist. [3] Der Verbraucher ist berechtigt, in dem in Satz 1 genannten Zeitraum seine vertraglichen Zahlungen zu den ursprünglich vereinbarten Leistungsterminen weiter zu erbringen. [4] Soweit er die Zahlungen vertragsgemäß weiter leistet, gilt die in Satz 1 geregelte Stundung als nicht erfolgt.

(2) Die Vertragsparteien können von Absatz 1 abweichende Vereinbarungen, insbesondere über mögliche Teilleistungen, Zins- und Tilgungsanpassungen oder Umschuldungen treffen.

(3) [1] Kündigungen des Darlehensgebers wegen Zahlungsverzugs, wegen wesentlicher Verschlechterung der Vermögensverhältnisse des Verbrauchers oder der Werthaltigkeit einer für das Darlehen gestellten Sicherheit sind im Fall des Absatzes 1 bis zum Ablauf der Stundung ausgeschlossen. [2] Hiervon darf nicht zu Lasten des Verbrauchers abgewichen werden.

(4) [1] Der Darlehensgeber soll dem Verbraucher ein Gespräch über die Möglichkeit einer einverständlichen Regelung und über mögliche Unterstützungs-

---

1) Die Änderungen durch G v. 4.5.2021 (BGBl. I S. 882) treten erst **mWv 1.1.2023** in Kraft und sind im Text noch nicht berücksichtigt.

2) Die Änderung durch G v. 16.7.2021 (BGBl. I S. 2947) tritt erst **mWv 1.7.2023** in Kraft und ist im Text noch nicht berücksichtigt.

3) Die Änderungen durch G v. 10.8.2021 (BGBl. I S. 3436) treten erst **mWv 1.1.2024** in Kraft und sind im Text noch nicht berücksichtigt.

4) Neubekanntmachung des EGBGB v. 18.8.1896 (RGBl. S. 604) in der ab 1.10.1994 geltenden Fassung.

maßnahmen anbieten. [2]Für dieses können auch Fernkommunikationsmittel genutzt werden.

(5) [1]Kommt eine einverständliche Regelung für den Zeitraum nach dem 30. Juni 2020 nicht zustande, verlängert sich die Vertragslaufzeit um drei Monate. [2]Die jeweilige Fälligkeit der vertraglichen Leistungen wird um diese Frist hinausgeschoben. [3]Der Darlehensgeber stellt dem Verbraucher eine Abschrift des Vertrags zur Verfügung, in der die vereinbarten Vertragsänderungen oder die sich aus Satz 1 sowie aus Absatz 1 Satz 1 ergebenden Vertragsänderungen berücksichtigt sind.

(6) Die Absätze 1 bis 5 gelten nicht, wenn dem Darlehensgeber die Stundung oder der Ausschluss der Kündigung unter Berücksichtigung aller Umstände des Einzelfalls einschließlich der durch die COVID-19-Pandemie verursachten Veränderungen der allgemeinen Lebensumstände unzumutbar ist.

(7) Die Absätze 1 bis 6 gelten entsprechend für den Ausgleich und den Rückgriff unter Gesamtschuldnern nach § 426 des Bürgerlichen Gesetzbuchs.

(8) Die Bundesregierung wird ermächtigt, durch Rechtsverordnung mit Zustimmung des Bundestages und ohne Zustimmung des Bundesrates den personellen Anwendungsbereich der Absätze 1 bis 7 zu ändern und insbesondere Kleinstunternehmen im Sinne von Artikel 2 Absatz 3 des Anhangs der Empfehlung 2003/361/EG der Kommission vom 6. Mai 2003 betreffend die Definition der Kleinstunternehmen sowie der kleinen und mittleren Unternehmen in den Anwendungsbereich einzubeziehen.

Siebter Teil. Durchführung des Bürgerlichen Gesetzbuchs, Verordnungsermächtigungen, Länderöffnungsklauseln, Informationspflichten

Art. 247 Informationspflichten bei Verbraucherdarlehensverträgen, entgeltlichen Finanzierungshilfen und Darlehensvermittlungsverträgen

§ 1 Vorvertragliche Informationen bei Immobiliar-Verbraucherdarlehensverträgen. (1) [1]Bei einem Immobiliar-Verbraucherdarlehensvertrag muss der Darlehensgeber dem Darlehensnehmer mitteilen, welche Informationen und Nachweise er innerhalb welchen Zeitraums von ihm benötigt, um eine ordnungsgemäße Kreditwürdigkeitsprüfung durchführen zu können. [2]Er hat den Darlehensnehmer darauf hinzuweisen, dass eine Kreditwürdigkeitsprüfung für den Abschluss des Darlehensvertrags zwingend ist und nur durchgeführt werden kann, wenn die hierfür benötigten Informationen und Nachweise richtig sind und vollständig beigebracht werden.

(2) [1]Der Darlehensgeber muss dem Darlehensnehmer die vorvertraglichen Informationen in Textform übermitteln, und zwar unverzüglich nachdem er die Angaben gemäß Absatz 1 erhalten hat und rechtzeitig vor Abgabe der Vertragserklärung des Darlehensnehmers. [2]Dafür muss der Darlehensgeber das entsprechend ausgefüllte Europäische Standardisierte Merkblatt gemäß dem Muster in Anlage 6 (ESIS-Merkblatt) verwenden. [3]Der Darlehensgeber hat das ESIS-Merkblatt auch jedem Vertragsangebot und jedem Vertragsvorschlag, an dessen Bedingungen er sich bindet, beizufügen. [4]Dies gilt nicht, wenn der Darlehensnehmer bereits ein Merkblatt erhalten hat, das über die speziellen Bedingungen des Vertragsangebots oder Vertragsvorschlags informiert. [5]Jeder bindende Vertragsvorschlag ist dem Darlehensnehmer in Textform zur Ver-

fügung zu stellen. [6] Ist der Darlehensvertrag zugleich ein außerhalb von Geschäftsräumen geschlossener Vertrag oder ein Fernabsatzvertrag, gelten mit der Übermittlung des ESIS-Merkblatts auch die Anforderungen des § 312d Absatz 2 des Bürgerlichen Gesetzbuchs[1)] als erfüllt.

(3) [1] Weitere vorvertragliche Informationen sind, soweit nichts anderes bestimmt ist, in einem gesonderten Dokument zu erteilen, das dem ESIS-Merkblatt beigefügt werden kann. [2] Die weiteren vorvertraglichen Informationen müssen auch einen deutlich gestalteten Hinweis darauf enthalten, dass der Darlehensgeber Forderungen aus dem Darlehensvertrag ohne Zustimmung des Darlehensnehmers abtreten und das Vertragsverhältnis auf einen Dritten übertragen darf, soweit nicht die Abtretung im Vertrag ausgeschlossen wird oder der Darlehensnehmer der Übertragung zustimmen muss.

(4) Wenn der Darlehensgeber entscheidet, den Darlehensvertrag nicht abzuschließen, muss er dies dem Darlehensnehmer unverzüglich mitteilen.

§ 2 Form, Zeitpunkt und Muster der vorvertraglichen Informationen bei Allgemein-Verbraucherdarlehensverträgen. (1) [1] Bei einem Allgemein-Verbraucherdarlehensvertrag muss der Darlehensgeber den Darlehensnehmer über die Einzelheiten nach den §§ 3 bis 5 und 8 bis 13 unterrichten, und zwar rechtzeitig vor Abgabe der Vertragserklärung des Darlehensnehmers. [2] Die Unterrichtung erfolgt in Textform.

(2) Für die Unterrichtung nach Absatz 1 ist vorbehaltlich des Absatzes 3 die Europäische Standardinformation für Verbraucherkredite gemäß dem Muster in Anlage 4 zu verwenden.

(3) [1] Soll ein Allgemein-Verbraucherdarlehensvertrag gemäß § 495 Absatz 2 Nummer 1 oder § 504 Absatz 2 des Bürgerlichen Gesetzbuchs[1)] abgeschlossen werden, kann der Darlehensgeber zur Unterrichtung die Europäische Verbraucherkreditinformation gemäß dem Muster in Anlage 5 verwenden. [2] Verwendet der Darlehensgeber das Muster nicht, hat er bei der Unterrichtung alle nach den §§ 3 bis 5 und 8 bis 13 erforderlichen Angaben gleichartig zu gestalten und hervorzuheben.

(4) [1] Die Verpflichtung zur Unterrichtung nach § 491a Abs. 1 des Bürgerlichen Gesetzbuchs[1)] gilt als erfüllt, wenn der Darlehensgeber dem Darlehensnehmer das ordnungsgemäß ausgefüllte Muster in Textform übermittelt hat. [2] Ist der Darlehensvertrag zugleich ein Fernabsatzvertrag oder ein außerhalb von Geschäftsräumen geschlossener Vertrag, gelten mit der Übermittlung des entsprechenden ausgefüllten Musters auch die Anforderungen des § 312d Absatz 2 des Bürgerlichen Gesetzbuchs[1)] als erfüllt. [3] Die in diesem Absatz genannten Verpflichtungen gelten bis 31. Dezember 2010 auch bei Übermittlung des Musters in den Anlagen 4 und 5 in der Fassung des Gesetzes zur Umsetzung der Verbraucherkreditrichtlinie, des zivilrechtlichen Teils der Zahlungsdiensterichtlinie sowie zur Neuordnung der Vorschriften über das Widerrufs- und Rückgaberecht vom 29. Juli 2009 (BGBl. I S. 2355) als erfüllt.

§ 3 Inhalt der vorvertraglichen Information bei Allgemein-Verbraucherdarlehensverträgen. (1) Die Unterrichtung vor Vertragsschluss muss folgende Informationen enthalten:

1. den Namen und die Anschrift des Darlehensgebers,

[1)] Nr. **24**.

2. die Art des Darlehens,
3. den effektiven Jahreszins,
4. den Nettodarlehensbetrag,
5. den Sollzinssatz,
6. die Vertragslaufzeit,
7. Betrag, Zahl und Fälligkeit der einzelnen Teilzahlungen,
8. den Gesamtbetrag,
9. die Auszahlungsbedingungen,
10. alle sonstigen Kosten, insbesondere in Zusammenhang mit der Auszahlung oder der Verwendung eines Zahlungsinstruments, mit dem sowohl Zahlungsvorgänge als auch Abhebungen getätigt werden können, sowie die Bedingungen, unter denen die Kosten angepasst werden können,
11. den Verzugszinssatz und die Art und Weise seiner etwaigen Anpassung sowie gegebenenfalls anfallende Verzugskosten,
12. einen Warnhinweis zu den Folgen ausbleibender Zahlungen,
13. das Bestehen oder Nichtbestehen eines Widerrufsrechts,
14. das Recht des Darlehensnehmers, das Darlehen vorzeitig zurückzuzahlen,
15. die sich aus § 491a Abs. 2 des Bürgerlichen Gesetzbuchs[1] ergebenden Rechte,
16. die sich aus § 29 Abs. 7 des Bundesdatenschutzgesetzes ergebenden Rechte.

(2) [1] Gesamtbetrag ist die Summe aus Nettodarlehensbetrag und Gesamtkosten. [2] Nettodarlehensbetrag ist der Höchstbetrag, auf den der Darlehensnehmer aufgrund des Darlehensvertrags Anspruch hat. [3] Die Gesamtkosten und der effektive Jahreszins sind nach § 6 der Preisangabenverordnung zu berechnen.

(3) [1] Der Gesamtbetrag und der effektive Jahreszins sind anhand eines repräsentativen Beispiels zu erläutern. [2] Dabei sind sämtliche in die Berechnung des effektiven Jahreszinses einfließenden Annahmen anzugeben und die vom Darlehensnehmer genannten Wünsche zu einzelnen Vertragsbedingungen zu berücksichtigen. [3] Der Darlehensgeber hat darauf hinzuweisen, dass sich der effektive Jahreszins unter Umständen erhöht, wenn der Verbraucherdarlehensvertrag mehrere Auszahlungsmöglichkeiten mit unterschiedlichen Kosten oder Sollzinssätzen vorsieht und die Berechnung des effektiven Jahreszinses auf der Vermutung beruht, dass die für die Art des Darlehens übliche Auszahlungsmöglichkeit vereinbart werde.

(4) [1] Die Angabe zum Sollzinssatz muss die Bedingungen und den Zeitraum für seine Anwendung sowie die Art und Weise seiner Anpassung enthalten. [2] Ist der Sollzinssatz von einem Index oder Referenzzinssatz abhängig, sind diese anzugeben. [3] Sieht der Verbraucherdarlehensvertrag mehrere Sollzinssätze vor, sind die Angaben für alle Sollzinssätze zu erteilen. [4] Sind im Fall des Satzes 3 Teilzahlungen vorgesehen, ist anzugeben, in welcher Reihenfolge die ausstehenden Forderungen des Darlehensgebers, für die unterschiedliche Sollzinssätze gelten, durch die Teilzahlungen getilgt werden.

§ 4 Weitere Angaben bei der vorvertraglichen Information bei Allgemein-Verbraucherdarlehensverträgen. (1) Die Unterrichtung muss bei

[1] Nr. **24**.

Allgemein-Verbraucherdarlehensverträgen folgende Angaben enthalten, soweit sie für den in Betracht kommenden Vertragsabschluss erheblich sind:

1. einen Hinweis, dass der Darlehensnehmer infolge des Vertragsabschlusses Notarkosten zu tragen hat,
2. Sicherheiten, die der Darlehensgeber verlangt,
3. den Anspruch auf Vorfälligkeitsentschädigung und dessen Berechnungsmethode, soweit der Darlehensgeber diesen Anspruch geltend macht, falls der Darlehensnehmer das Darlehen vorzeitig zurückzahlt,
4. gegebenenfalls den Zeitraum, für den sich der Darlehensgeber an die übermittelten Informationen bindet.

(2) Weitere Hinweise des Darlehensgebers müssen räumlich getrennt von den Angaben nach Absatz 1 und nach den §§ 3 und 8 bis 13a übermittelt werden.

(3) Wird in einem Allgemein-Verbraucherdarlehensvertrag auf einen Referenzwert im Sinne des Artikels 3 Absatz 1 Nummer 3 der Verordnung (EU) 2016/1011 des Europäischen Parlaments und des Rates vom 8. Juni 2016 über Indizes, die bei Finanzinstrumenten und Finanzkontrakten als Referenzwert oder zur Messung der Wertentwicklung eines Investmentfonds verwendet werden, und zur Änderung der Richtlinien 2008/48/EG und 2014/17/EU sowie der Verordnung (EU) Nr. 596/2014 (ABl. L 171 vom 29.6.2016, S. 1) Bezug genommen, teilt der Darlehensgeber dem Darlehensnehmer in einem gesonderten Dokument, das dem Formular „Europäische Standardinformationen für Verbraucherkredite" beigefügt werden kann, die Bezeichnung des Referenzwerts und den Namen des Administrators sowie die möglichen Auswirkungen auf den Darlehensnehmer mit.

§ 5 Information bei besonderen Kommunikationsmitteln. (1) [1] Wählt der Darlehensnehmer für die Vertragsanbahnung bei Allgemein-Verbraucherdarlehensverträgen Kommunikationsmittel, die die Übermittlung der vorstehenden Informationen in der in § 2 vorgesehenen Form nicht gestatten, ist die vollständige Unterrichtung nach § 2 unverzüglich nachzuholen. [2] Bei Telefongesprächen muss die Beschreibung der wesentlichen Merkmale nach Artikel 246b § 1 Absatz 1 Nummer 5 zumindest die Angaben nach § 3 Abs. 1 Nr. 3 bis 9, Abs. 3 und 4 enthalten.

(2) Bei Telefongesprächen, die sich auf Immobiliar-Verbraucherdarlehensverträge beziehen, muss die Beschreibung der wesentlichen Merkmale nach Artikel 246b § 1 Absatz 1 Nummer 5 zumindest die Angaben nach Teil A Abschnitt 3 bis 6 des ESIS-Merkblatts gemäß dem Muster in Anlage 6 enthalten.

§ 6 Vertragsinhalt. (1) [1] Der Verbraucherdarlehensvertrag muss klar und verständlich folgende Angaben enthalten:

1. die in § 3 Abs. 1 Nr. 1 bis 14 und Abs. 4 genannten Angaben,
2. den Namen und die Anschrift des Darlehensnehmers,
3. die für den Darlehensgeber zuständige Aufsichtsbehörde,
4. einen Hinweis auf den Anspruch des Darlehensnehmers auf einen Tilgungsplan nach § 492 Abs. 3 Satz 2 des Bürgerlichen Gesetzbuchs[1)],

---

[1)] Nr. **24**.

5. das einzuhaltende Verfahren bei der Kündigung des Vertrags,
6. sämtliche weitere Vertragsbedingungen.

[2]Bei einem Immobiliar-Verbraucherdarlehensvertrag sind abweichend von Satz 1 nur die in § 3 Absatz 1 Nummer 1 bis 7, 10 und 13 sowie Absatz 4 genannten Angaben zwingend. [3]Abweichend von § 3 Absatz 1 Nummer 7 ist die Anzahl der Teilzahlungen nicht anzugeben, wenn die Laufzeit des Darlehensvertrags von dem Zeitpunkt der Zuteilung eines Bausparvertrags abhängt.

(2) [1]Besteht ein Widerrufsrecht nach § 495 des Bürgerlichen Gesetzbuchs[1)], müssen im Vertrag Angaben zur Frist und zu anderen Umständen für die Erklärung des Widerrufs sowie ein Hinweis auf die Verpflichtung des Darlehensnehmers enthalten sein, ein bereits ausbezahltes Darlehen zurückzuzahlen und Zinsen zu vergüten. [2]Der pro Tag zu zahlende Zinsbetrag ist anzugeben. [3]Enthält der Verbraucherdarlehensvertrag eine Vertragsklausel in hervorgehobener und deutlich gestalteter Form, die bei Allgemein-Verbraucherdarlehensverträgen dem Muster in Anlage 7 und bei Immobiliar-Verbraucherdarlehensverträgen dem Muster in Anlage 8 entspricht, genügt diese Vertragsklausel den Anforderungen der Sätze 1 und 2. [4]Dies gilt bis zum Ablauf des 4. November 2011 auch bei entsprechender Verwendung dieses Musters in der Fassung des Gesetzes zur Einführung einer Musterwiderrufsinformation für Verbraucherdarlehensverträge, zur Änderung der Vorschriften über das Widerrufsrecht bei Verbraucherdarlehensverträgen und zur Änderung des Darlehensvermittlungsrechts vom 24. Juli 2010 (BGBl. I S. 977). [5]Der Darlehensgeber darf unter Beachtung von Satz 3 in Format und Schriftgröße jeweils von dem Muster abweichen.

(3) Bei Allgemein-Verbraucherdarlehensverträgen hat die Angabe des Gesamtbetrags und des effektiven Jahreszinses unter Angabe der Annahmen zu erfolgen, die zum Zeitpunkt des Abschlusses des Vertrags bekannt sind und die in die Berechnung des effektiven Jahreszinses einfließen.

§ 7 Weitere Angaben im Vertrag. (1) Der Allgemein-Verbraucherdarlehensvertrag muss folgende klar und verständlich formulierte weitere Angaben enthalten, soweit sie für den Vertrag bedeutsam sind:

1. einen Hinweis, dass der Darlehensnehmer Notarkosten zu tragen hat,
2. die vom Darlehensgeber verlangten Sicherheiten und Versicherungen, im Fall von entgeltlichen Finanzierungshilfen insbesondere einen Eigentumsvorbehalt,
3. die Berechnungsmethode des Anspruchs auf Vorfälligkeitsentschädigung, soweit der Darlehensgeber beabsichtigt, diesen Anspruch geltend zu machen, falls der Darlehensnehmer das Darlehen vorzeitig zurückzahlt,
4. den Zugang des Darlehensnehmers zu einem außergerichtlichen Beschwerde- und Rechtsbehelfsverfahren und gegebenenfalls die Voraussetzungen für diesen Zugang.

(2) Der Immobiliar-Verbraucherdarlehensvertrag muss folgende klar und verständlich formulierte weitere Angaben enthalten, soweit sie für den Vertrag bedeutsam sind:

[1)] Nr. **24**.

1. die Voraussetzungen und die Berechnungsmethode für den Anspruch auf Vorfälligkeitsentschädigung, soweit der Darlehensgeber beabsichtigt, diesen Anspruch geltend zu machen, falls der Darlehensnehmer das Darlehen vorzeitig zurückzahlt, und die sich aus § 493 Absatz 5 des Bürgerlichen Gesetzbuchs[1)] ergebenden Pflichten,
2. bei einem Immobiliar-Verbraucherdarlehensvertrag in Fremdwährung auch die sich aus den §§ 503 und 493 Absatz 4 des Bürgerlichen Gesetzbuchs[1)] ergebenden Rechte des Darlehensnehmers.

§ 8 Verträge mit Zusatzleistungen. (1) [1] Verlangt der Darlehensgeber zum Abschluss eines Allgemein-Verbraucherdarlehensvertrags, dass der Darlehensnehmer zusätzliche Leistungen des Darlehensgebers annimmt oder einen weiteren Vertrag abschließt, insbesondere einen Versicherungsvertrag oder Kontoführungsvertrag, hat der Darlehensgeber dies zusammen mit der vorvertraglichen Information anzugeben. [2] In der vorvertraglichen Information sind Kontoführungsgebühren sowie die Bedingungen, unter denen sie angepasst werden können, anzugeben.

(2) Werden im Zusammenhang mit einem Verbraucherdarlehensvertrag Kontoführungsgebühren erhoben, so sind diese sowie die Bedingungen, unter denen die Gebühren angepasst werden können, im Vertrag anzugeben.

(3) [1] Dienen die vom Darlehensnehmer geleisteten Zahlungen nicht der unmittelbaren Darlehenstilgung, sind die Zeiträume und Bedingungen für die Zahlung der Sollzinsen und der damit verbundenen wiederkehrenden und nicht wiederkehrenden Kosten im Verbraucherdarlehensvertrag aufzustellen. [2] Verpflichtet sich der Darlehensnehmer mit dem Abschluss eines Verbraucherdarlehensvertrags auch zur Vermögensbildung, muss aus der vorvertraglichen Information und aus dem Verbraucherdarlehensvertrag klar und verständlich hervorgehen, dass weder die während der Vertragslaufzeit fälligen Zahlungsverpflichtungen noch die Ansprüche, die der Darlehensnehmer aus der Vermögensbildung erwirbt, die Tilgung des Darlehens gewährleisten, es sei denn, dies wird vertraglich vereinbart.

§ 9 *(aufgehoben)*

§ 10 Abweichende Mitteilungspflichten bei Überziehungsmöglichkeiten gemäß § 504 Abs. 2 des Bürgerlichen Gesetzbuchs[1)]. (1) Bei Überziehungsmöglichkeiten im Sinne des § 504 Abs. 2 des Bürgerlichen Gesetzbuchs[1)] sind abweichend von den §§ 3, 4 und 6 nur anzugeben:

1. in der vorvertraglichen Information
   a) die Angaben nach § 3 Absatz 1 Nummer 1 bis 6, 10, 11 und 16, Absatz 3 und 4 sowie gegebenenfalls nach § 4 Abs. 1 Nr. 4,
   b) die Bedingungen zur Beendigung des Darlehensverhältnisses und
   c) der Hinweis, dass der Darlehensnehmer jederzeit zur Rückzahlung des gesamten Darlehensbetrags aufgefordert werden kann, falls ein entsprechendes Kündigungsrecht für den Darlehensgeber vereinbart werden soll;
2. im Vertrag

---

1) Nr. **24**.

a) die Angaben nach § 6 Abs. 1 Nr. 1 in Verbindung mit § 3 Abs. 1 Nr. 1 bis 6, 9 und 10, Abs. 4,

b) die Angaben nach § 6 Abs. 1 Nr. 2 und 5,

c) die Gesamtkosten sowie

d) gegebenenfalls der Hinweis nach Nummer 1 Buchstabe c.

(2) In den Fällen des § 5 Absatz 1 muss die Beschreibung der wesentlichen Merkmale nach Artikel 246b § 1 Absatz 1 Nummer 5 zumindest die Angaben nach § 3 Absatz 1 Nummer 3 bis 5, 10, Absatz 3 und 4 sowie nach Absatz 1 Nr. 1 Buchstabe c enthalten.

(3) Die Angabe des effektiven Jahreszinses ist entbehrlich, wenn der Darlehensgeber außer den Sollzinsen keine weiteren Kosten verlangt und die Sollzinsen nicht in kürzeren Zeiträumen als drei Monaten fällig werden.

§ 11 Abweichende Mitteilungspflichten bei Allgemein-Verbraucherdarlehensverträgen zur Umschuldung gemäß § 495 Absatz 2 Nummer 1 des Bürgerlichen Gesetzbuchs[1).] (1) Bei Allgemein-Verbraucherdarlehensverträgen zur Umschuldung gemäß § 495 Absatz 2 Nummer 1 des Bürgerlichen Gesetzbuchs[1)] sind abweichend von den §§ 3, 4 und 6 nur anzugeben:

1. in der vorvertraglichen Information

   a) die Angaben nach § 3 Abs. 1 Nr. 1 bis 7, 10, 11, 14 und 16, Abs. 3 und 4,

   b) die Angaben nach § 4 Abs. 1 Nr. 3,

   c) die Angaben nach § 10 Abs. 1 Nr. 1 Buchstabe b sowie

   d) gegebenenfalls die Angaben nach § 4 Abs. 1 Nr. 4;

2. im Vertrag

   a) die Angaben nach § 6 Abs. 1 Nr. 1 in Verbindung mit § 3 Abs. 1 Nr. 1 bis 9, 11 und 14, Abs. 3 und 4 sowie

   b) die Angaben nach § 6 Abs. 1 Nr. 2 bis 4 und 6.

(2) In den Fällen des § 5 Absatz 1 muss die Beschreibung der wesentlichen Merkmale nach Artikel 246b § 1 Absatz 1 Nummer 5 zumindest die Angaben nach § 3 Abs. 1 Nr. 3 bis 6, 10 sowie Abs. 3 und 4 enthalten.

(3) [1] Wird ein Verbraucherdarlehensvertrag gemäß § 495 Absatz 2 Nummer 1 des Bürgerlichen Gesetzbuchs[1)] als Überziehungsmöglichkeit im Sinne des § 504 Abs. 2 Satz 1 des Bürgerlichen Gesetzbuchs[1)] abgeschlossen, gilt § 10. [2] Die Absätze 1 und 2 sind nicht anzuwenden.

§ 12 Verbundene Verträge und entgeltliche Finanzierungshilfen.

(1) [1] Die §§ 1 bis 11 gelten entsprechend für die in § 506 Absatz 1 des Bürgerlichen Gesetzbuchs bezeichneten Verträge über entgeltliche Finanzierungshilfen. [2] Bei diesen Verträgen oder Verbraucherdarlehensverträgen, die mit einem anderen Vertrag gemäß § 358 des Bürgerlichen Gesetzbuchs[1)] verbunden sind oder in denen eine Ware oder Leistung gemäß § 360 Absatz 2 Satz 2 des Bürgerlichen Gesetzbuchs[1)] angegeben ist, muss enthalten:

1. die vorvertragliche Information, auch in den Fällen des § 5, den Gegenstand und den Barzahlungspreis,

2. der Vertrag

[1)] Nr. **24**.

a) den Gegenstand und den Barzahlungspreis sowie

b) Informationen über die sich aus den §§ 358 und 359 oder § 360 des Bürgerlichen Gesetzbuchs[1)] ergebenden Rechte und über die Bedingungen für die Ausübung dieser Rechte.

[3]Enthält der Verbraucherdarlehensvertrag eine Vertragsklausel in hervorgehobener und deutlich gestalteter Form, die bei Allgemein-Verbraucherdarlehensverträgen dem Muster in Anlage 7 und bei Immobiliar-Verbraucherdarlehensverträgen dem Muster in Anlage 8 entspricht, genügt diese Vertragsklausel bei verbundenen Verträgen sowie Geschäften gemäß § 360 Absatz 2 Satz 2 des Bürgerlichen Gesetzbuchs[1)] den in Satz 2 Nummer 2 Buchstabe b gestellten Anforderungen. [4]Dies gilt bis zum Ablauf des 4. November 2011 auch bei entsprechender Verwendung dieses Musters in der Fassung des Gesetzes zur Einführung einer Musterwiderrufsinformation für Verbraucherdarlehensverträge, zur Änderung der Vorschriften über das Widerrufsrecht bei Verbraucherdarlehensverträgen und zur Änderung des Darlehensvermittlungsrechts vom 24. Juli 2010 (BGBl. I S. 977). [5]Bei Verträgen über eine entgeltliche Finanzierungshilfe treten diese Rechtsfolgen nur ein, wenn die Informationen dem im Einzelfall vorliegenden Vertragstyp angepasst sind. [6]Der Darlehensgeber darf unter Beachtung von Satz 3 in Format und Schriftgröße von dem Muster abweichen.

(2) [1]Bei Verträgen gemäß § 506 Absatz 2 Satz 1 Nummer 3 des Bürgerlichen Gesetzbuchs sind die Angaben nach § 3 Abs. 1 Nr. 14, § 4 Abs. 1 Nr. 3 und § 7 Nummer 3 entbehrlich. [2]§ 14 Abs. 1 Satz 2 ist nicht anzuwenden. [3]Hat der Unternehmer den Gegenstand für den Verbraucher erworben, tritt an die Stelle des Barzahlungspreises der Anschaffungspreis.

§ 13 Darlehensvermittler bei Verbraucherdarlehensverträgen.

(1) Ist bei der Anbahnung oder beim Abschluss eines Verbraucherdarlehensvertrags oder eines Vertrags über eine entgeltliche Finanzierungshilfe ein Darlehensvermittler beteiligt, so ist der Vertragsinhalt nach § 6 Abs. 1 um den Namen und die Anschrift des beteiligten Darlehensvermittlers zu ergänzen.

(2) [1]Wird der Darlehensvermittlungsvertrag im Sinne des § 655a des Bürgerlichen Gesetzbuchs mit einem Verbraucher abgeschlossen, so hat der Darlehensvermittler den Verbraucher rechtzeitig vor Abschluss des Darlehensvermittlungsvertrags auf einem dauerhaften Datenträger zu unterrichten über

1. die Höhe einer vom Verbraucher verlangten Vergütung,
2. die Tatsache, ob er für die Vermittlung von einem Dritten ein Entgelt oder sonstige Anreize erhält sowie gegebenenfalls die Höhe,
3. den Umfang seiner Befugnisse, insbesondere, ob er ausschließlich für einen oder mehrere bestimmte Darlehensgeber oder unabhängig tätig wird, und
4. gegebenenfalls weitere vom Verbraucher verlangte Nebenentgelte sowie deren Höhe, soweit diese zum Zeitpunkt der Unterrichtung bekannt ist, andernfalls einen Höchstbetrag.

[2]Wird der Darlehensvermittlungsvertrag im Sinne des § 655a des Bürgerlichen Gesetzbuchs ausschließlich mit einem Dritten abgeschlossen, so hat der Darlehensvermittler den Verbraucher rechtzeitig vor Abschluss eines vermittelten

---

[1)] Nr. **24**.

Vertrags im Sinne von Absatz 1 auf einem dauerhaften Datenträger über die Einzelheiten gemäß Satz 1 Nummer 2 und 3 zu unterrichten.

(3) [1]Der Darlehensvermittler hat dem Darlehensgeber die Höhe der von ihm verlangten Vergütung vor der Annahme des Auftrags mitzuteilen. [2]Darlehensvermittler und Darlehensgeber haben sicherzustellen, dass die andere Partei eine Abschrift des Vertrags im Sinne von Absatz 1 erhält.

(4) Wirbt der Darlehensvermittler gegenüber einem Verbraucher für den Abschluss eines Verbraucherdarlehensvertrags oder eines Vertrags über eine entgeltliche Finanzierungshilfe, so hat er hierbei die Angaben nach Absatz 2 Satz 1 Nummer 3 einzubeziehen.

§ 13a Besondere Regelungen für Darlehensvermittler bei Allgemein-Verbraucherdarlehensverträgen. Ist bei der Anbahnung oder beim Abschluss eines Allgemein-Verbraucherdarlehensvertrags oder eines Vertrags über eine entsprechende entgeltliche Finanzierungshilfe ein Darlehensvermittler beteiligt, so sind die vorvertraglichen Informationen nach § 3 Absatz 1 Nummer 1 um den Namen und die Anschrift des beteiligten Darlehensvermittlers zu ergänzen.

§ 13b Besondere Regelungen für Darlehensvermittler bei Immobiliar-Verbraucherdarlehensverträgen. (1) [1]Bei der Vermittlung von Immobiliar-Verbraucherdarlehensverträgen muss der Darlehensvermittler mit der Unterrichtung nach § 13 Absatz 2 Folgendes zusätzlich mitteilen:

1. seine Identität und Anschrift,
2. in welches Register er eingetragen wurde, gegebenenfalls die Registrierungsnummer, und auf welche Weise der Registereintrag eingesehen werden kann,
3. ob er an einen oder mehrere Darlehensgeber gemäß § 655a Absatz 3 Satz 3 des Bürgerlichen Gesetzbuchs gebunden oder ausschließlich für einen oder mehrere Darlehensgeber tätig ist, und wenn ja, die Namen der Darlehensgeber,
4. ob er Beratungsleistungen anbietet,
5. die Methode, nach der seine Vergütung berechnet wird, falls die Höhe noch nicht genau benannt werden kann,
6. welche interne Verfahren für Beschwerden von Verbrauchern oder anderen interessierten Parteien über Darlehensvermittler zur Verfügung stehen sowie einen möglichen Zugang des Verbrauchers zu einem außergerichtlichen Beschwerde- und Rechtsbehelfsverfahren,
7. ob ihm für seine im Zusammenhang mit dem Darlehensvertrag stehende Dienstleistung Provisionen oder sonstige Anreize von einem Dritten gewährt werden, und wenn ja, in welcher Höhe; ist die Höhe noch nicht bekannt, so ist mitzuteilen, dass der tatsächliche Betrag zu einem späteren Zeitpunkt im ESIS-Merkblatt angegeben wird.

[2]Beginnt der Darlehensvermittler seine Vermittlungstätigkeit vor Abschluss des Vermittlungsvertrags, so sind die Informationspflichten gemäß Satz 1 rechtzeitig vor Ausübung der Vermittlungstätigkeit zu erteilen.

(2) Bei Immobiliar-Verbraucherdarlehensverträgen hat der Darlehensvermittler dem Darlehensgeber die Informationen gemäß § 1 Absatz 1, die er von

dem Darlehensnehmer erhalten hat, zum Zweck der Kreditwürdigkeitsprüfung richtig und vollständig zu übermitteln.

(3) Bietet der Darlehensvermittler im Zusammenhang mit der Vermittlung eines Immobiliar-Verbraucherdarlehensvertrags Beratungsleistungen an, gilt § 18 entsprechend.

§ 14 Tilgungsplan. (1) [1] Verlangt der Darlehensnehmer nach § 492 Abs. 3 Satz 2 des Bürgerlichen Gesetzbuchs[1)] einen Tilgungsplan, muss aus diesem hervorgehen, welche Zahlungen in welchen Zeitabständen zu leisten sind und welche Bedingungen für diese Zahlungen gelten. [2] Dabei ist aufzuschlüsseln, in welcher Höhe die Teilzahlungen auf das Darlehen, die nach dem Sollzinssatz berechneten Zinsen und die sonstigen Kosten angerechnet werden.

(2) Ist der Sollzinssatz nicht gebunden oder können die sonstigen Kosten angepasst werden, ist in dem Tilgungsplan in klarer und verständlicher Form anzugeben, dass die Daten des Tilgungsplans nur bis zur nächsten Anpassung des Sollzinssatzes oder der sonstigen Kosten gelten.

(3) [1] Der Tilgungsplan ist dem Darlehensnehmer auf einem dauerhaften Datenträger zur Verfügung zu stellen. [2] Der Anspruch erlischt nicht, solange das Vertragsverhältnis besteht.

§ 15 Unterrichtungen bei Zinsanpassungen. (1) Eine Zinsanpassung in einem Verbraucherdarlehensvertrag oder einem Vertrag über eine entgeltliche Finanzierungshilfe wird erst wirksam, nachdem der Darlehensgeber den Darlehensnehmer über

1. den angepassten Sollzinssatz,
2. die angepasste Höhe der Teilzahlungen und
3. die Zahl und die Fälligkeit der Teilzahlungen, sofern sich diese ändern,

unterrichtet hat.

(2) [1] Geht die Anpassung des Sollzinssatzes auf die Änderung eines Referenzzinssatzes zurück, können die Vertragsparteien einen von Absatz 1 abweichenden Zeitpunkt für die Wirksamkeit der Zinsanpassung vereinbaren. [2] In diesen Fällen muss der Vertrag eine Pflicht des Darlehensgebers vorsehen, den Darlehensnehmer nach Absatz 1 in regelmäßigen Zeitabständen zu unterrichten. [3] Bei einem Immobiliar-Verbraucherdarlehensvertrag muss der Vertrag ferner die Pflicht vorsehen, auch über den neuen Referenzzinssatz zu unterrichten. [4] Außerdem muss der Darlehensnehmer die Höhe des Referenzzinssatzes in den Geschäftsräumen des Darlehensgebers einsehen können.

(3) Werden bei einem Immobiliar-Verbraucherdarlehensvertrag Änderungen des Sollzinssatzes im Wege der Versteigerung auf den Kapitalmärkten festgelegt und kann der Darlehensgeber den Darlehensnehmer daher nicht vor dem Wirksamwerden der Änderung über diese in Kenntnis setzen, so hat der Darlehensgeber den Darlehensnehmer abweichend von Absatz 1 rechtzeitig vor der Versteigerung über das bevorstehende Verfahren zu unterrichten und darauf hinzuweisen, wie sich die Versteigerung auf den Sollzinssatz auswirken könnte.

[1)] Nr. **24**.

§ 16 Unterrichtung bei Überziehungsmöglichkeiten. Die Unterrichtung nach § 504 Abs. 1 Satz 1 des Bürgerlichen Gesetzbuchs[1)] muss folgende Angaben enthalten:
1. den genauen Zeitraum, auf den sie sich bezieht,
2. Datum und Höhe der an den Darlehensnehmer ausbezahlten Beträge,
3. Saldo und Datum der vorangegangenen Unterrichtung,
4. den neuen Saldo,
5. Datum und Höhe der Rückzahlungen des Darlehensnehmers,
6. den angewendeten Sollzinssatz,
7. die erhobenen Kosten und
8. den gegebenenfalls zurückzuzahlenden Mindestbetrag.

§ 17 Angaben bei geduldeten Überziehungen. (1) Die Unterrichtung nach § 505 Abs. 1 des Bürgerlichen Gesetzbuchs[1)] muss folgende Angaben enthalten:
1. den Sollzinssatz, die Bedingungen für seine Anwendung und, soweit vorhanden, Indizes oder Referenzzinssätze, auf die sich der Sollzinssatz bezieht,
2. sämtliche Kosten, die ab dem Zeitpunkt der Überziehung anfallen, sowie die Bedingungen, unter denen die Kosten angepasst werden können.

(2) Die Unterrichtung nach § 505 Abs. 2 des Bürgerlichen Gesetzbuchs[1)] muss folgende Angaben enthalten:
1. das Vorliegen einer Überziehung,
2. den Betrag der Überziehung,
3. den Sollzinssatz und
4. etwaige Vertragsstrafen, Kosten und Verzugszinsen.

§ 18 Vorvertragliche Informationen bei Beratungsleistungen für Immobiliar-Verbraucherdarlehensverträge. (1) [1]Bevor der Darlehensgeber Beratungsleistungen für einen Immobiliar-Verbraucherdarlehensvertrag erbringt oder einen entsprechenden Beratungsvertrag schließt, hat er den Darlehensnehmer darüber zu informieren,
1. wie hoch das Entgelt ist, sofern ein solches für die Beratungsleistungen verlangt wird,
2. ob der Darlehensgeber seiner Empfehlung
   a) nur oder im Wesentlichen eigene Produkte zugrunde legt oder
   b) neben eigenen Produkten auch eine größere Anzahl von Produkten anderer Anbieter zugrunde legt.

[2]Lässt sich die Höhe des Entgelts nach Satz 1 Nummer 1 noch nicht bestimmen, ist über die Methode zu informieren, die für die Berechnung verwendet wird.

(2) Die Informationen sind auf einem dauerhaften Datenträger zu übermitteln; sie können in der gleichen Art und Weise wie weitere vorvertragliche Informationen gemäß § 1 Absatz 3 Satz 1 erteilt werden.

---

1) Nr. **24**.

Art. 247a Allgemeine Informationspflichten bei Verbraucherdarlehensverträgen, Verträgen über entgeltliche Finanzierungshilfen und deren Vermittlung

§ 1 Allgemeine Informationspflichten bei Immobiliar-Verbraucherdarlehensverträgen und entsprechenden Finanzierungshilfen. (1) Unternehmer, die den Abschluss von Immobiliar-Verbraucherdarlehensverträgen oder deren Vermittlung durch gebundene Darlehensvermittler gemäß § 655a Absatz 3 Satz 3 des Bürgerlichen Gesetzbuchs anbieten, stellen für Standardgeschäfte nach § 675a des Bürgerlichen Gesetzbuchs schriftlich, in geeigneten Fällen auch elektronisch, unentgeltlich Informationen über Entgelte und Auslagen der Geschäftsbesorgung zur Verfügung, soweit nicht eine Preisfestsetzung nach § 315 des Bürgerlichen Gesetzbuchs erfolgt oder die Entgelte und Auslagen gesetzlich verbindlich geregelt sind.

(2) [1] Die Informationen nach Absatz 1 müssen zumindest folgende Angaben enthalten:

1. die Identität und Anschrift des Darlehensgebers oder Darlehensvermittlers,
2. die Zwecke, für die das Darlehen verwendet werden kann,
3. die möglichen Formen von Sicherheiten, gegebenenfalls einschließlich eines Hinweises darauf, dass die Grundstücke oder grundstücksgleichen Rechte, an denen die Sicherheiten bestellt werden, in einem anderen Mitgliedstaat der Europäischen Union belegen sein dürfen,
4. die möglichen Laufzeiten der Darlehensverträge,
5. die angebotenen Arten von Sollzinssätzen, jeweils mit dem Hinweis, ob diese als feste oder veränderliche Zinssätze oder in beiden Varianten angeboten werden; die Merkmale eines festen und eines veränderlichen Zinssatzes, einschließlich der sich hieraus ergebenden Konsequenzen für den Darlehensnehmer, sind kurz darzustellen,
6. ein repräsentatives Beispiel des Nettodarlehensbetrags, der Gesamtkosten, des Gesamtbetrags und des effektiven Jahreszinses,
7. einen Hinweis auf mögliche weitere, im Zusammenhang mit einem Darlehensvertrag anfallende Kosten, die nicht in den Gesamtkosten des Darlehens enthalten sind,
8. die verschiedenen möglichen Optionen zur Rückzahlung des Darlehens einschließlich der Anzahl, Häufigkeit und Höhe der regelmäßigen Rückzahlungsraten,
9. gegebenenfalls einen klaren und prägnanten Hinweis darauf, dass die Einhaltung der Bedingungen des Darlehensvertrags nicht in jedem Fall gewährleistet, dass damit der in Anspruch genommene Darlehensbetrag vollständig zurückgezahlt werden wird,
10. die Bedingungen, die für eine vorzeitige Rückzahlung gelten,
11. Auskunft darüber, ob für den Vertragsschluss eine Bewertung des Werts des belasteten Grundstücks oder des Werts des zu erwerbenden oder zu erhaltenden Grundstücks, Gebäudes oder grundstücksgleichen Rechts erforderlich ist und, falls ja, wer dafür verantwortlich ist, dass die Bewertung durchgeführt wird, sowie Informationen darüber, ob dem Darlehensnehmer hierdurch Kosten entstehen,
12. Auskunft über die Nebenleistungen, die der Darlehensnehmer erwerben muss, damit ihm das Darlehen überhaupt oder nach den vorgesehenen

Vertragsbedingungen gewährt wird, und gegebenenfalls einen Hinweis darauf, dass die Nebenleistungen von einem anderen Anbieter als dem Darlehensgeber erworben werden können,

13. eine allgemeine Warnung vor möglichen Konsequenzen für den Fall, dass der Darlehensnehmer die mit dem Darlehensvertrag eingegangenen Verpflichtungen nicht einhält, und
14. falls Verträge angeboten werden, in denen auf einen Referenzwert im Sinne des Artikels 3 Absatz 1 Nummer 3 der Verordnung (EU) 2016/1011 Bezug genommen wird, die Bezeichnungen der Referenzwerte und die Namen der Administratoren sowie die möglichen Auswirkungen auf den Darlehensnehmer.

[2] Werden Verträge in einer anderen Währung als der Landeswährung des Darlehensnehmers nach § 503 Absatz 1 Satz 1 des Bürgerlichen Gesetzbuchs[1)] angeboten, so sind die in Betracht kommenden ausländischen Währungen anzugeben sowie die möglichen Konsequenzen eines Darlehens in Fremdwährung für den Darlehensnehmer zu erläutern.

(3) Die Absätze 1 und 2 gelten entsprechend, wenn der Abschluss von Verträgen über entgeltliche Finanzierungshilfen gemäß § 506 Absatz 1 Satz 2 und 3 des Bürgerlichen Gesetzbuchs oder deren Vermittlung durch gebundene Darlehensvermittler gemäß § 655a Absatz 3 Satz 3 des Bürgerlichen Gesetzbuchs angeboten wird.

§ 2 Allgemeine Informationspflichten bei Überziehungsmöglichkeiten und Entgeltvereinbarungen für die Duldung einer Überziehung.

(1) Unternehmer, die den Abschluss von Verträgen über die Einräumung von Überziehungsmöglichkeiten gemäß § 504 des Bürgerlichen Gesetzbuchs[1)] oder deren Vermittlung durch gebundene Darlehensvermittler gemäß § 655a Absatz 3 Satz 3 des Bürgerlichen Gesetzbuchs anbieten, stellen für Standardgeschäfte nach § 675a des Bürgerlichen Gesetzbuchs schriftlich, in geeigneten Fällen auch elektronisch, unentgeltlich Informationen über Entgelte und Auslagen der Geschäftsbesorgung zur Verfügung, soweit nicht eine Preisfestsetzung nach § 315 des Bürgerlichen Gesetzbuchs erfolgt oder die Entgelte und Auslagen gesetzlich verbindlich geregelt sind.

(2) [1] Der Sollzinssatz, der für die Überziehungsmöglichkeit berechnet wird, ist in den nach Absatz 1 zur Verfügung zu stellenden Informationen klar, eindeutig und in auffallender Weise anzugeben. [2] Verfügt derjenige, der gemäß Absatz 1 Informationen bereitzustellen hat, über einen Internetauftritt, so ist der Sollzinssatz in entsprechender Weise auch dort anzugeben.

(3) Die Absätze 1 und 2 gelten entsprechend für Unternehmer, die den Abschluss von Entgeltvereinbarungen für die Duldung von Überziehungen gemäß § 505 des Bürgerlichen Gesetzbuchs[1)] anbieten.

[1)] Nr. **24**.

Art. 248 Informationspflichten bei der Erbringung von Zahlungsdienstleistungen.

Abschnitt 1. Allgemeine Vorschriften

§ 1 Konkurrierende Informationspflichten. [1] Ist der Zahlungsdienstevertrag zugleich ein Fernabsatzvertrag oder ein außerhalb von Geschäftsräumen geschlossener Vertrag, so werden die Informationspflichten nach Artikel 246b § 1 Absatz 1 durch die Informationspflichten nach den §§ 2 bis 13 und 14 bis 16 ersetzt. [2] Dies gilt bei Fernabsatzverträgen nicht für die in Artikel 246b § 1 Absatz 1 Nummer 7 bis 12, 15 und 19 und bei außerhalb von Geschäftsräumen geschlossenen Verträgen nicht für die in Artikel 246b § 1 Absatz 1 Nummer 12 genannten Informationspflichten.

§ 2 Allgemeine Form. Die Informationen und Vertragsbedingungen sind in einer Amtssprache des Mitgliedstaats der Europäischen Union oder des Vertragsstaats des Abkommens über den Europäischen Wirtschaftsraum, in dem der Zahlungsdienst angeboten wird, oder in einer anderen zwischen den Parteien vereinbarten Sprache in leicht verständlichen Worten und in klarer und verständlicher Form abzufassen.

Abschnitt 2. Zahlungsdiensterahmenverträge

§ 3 Besondere Form. Bei Zahlungsdiensterahmenverträgen (§ 675f Abs. 2 des Bürgerlichen Gesetzbuchs[1]) hat der Zahlungsdienstleister dem Zahlungsdienstnutzer die in den §§ 4 bis 9 genannten Informationen und Vertragsbedingungen auf einem dauerhaften Datenträger mitzuteilen.

§ 4 Vorvertragliche Informationen. (1) Die folgenden vorvertraglichen Informationen und Vertragsbedingungen müssen rechtzeitig vor Abgabe der Vertragserklärung des Zahlungsdienstnutzers mitgeteilt werden:

1. zum Zahlungsdienstleister
   a) den Namen, die ladungsfähige Anschrift seiner Hauptverwaltung und gegebenenfalls seines Agenten oder seiner Zweigniederlassung in dem Mitgliedstaat, in dem der Zahlungsdienst angeboten wird, sowie alle anderen Anschriften einschließlich E-Mail-Adresse, die für die Kommunikation mit dem Zahlungsdienstleister von Belang sind, und
   b) die für den Zahlungsdienstleister zuständigen Aufsichtsbehörden und das bei der Bundesanstalt für Finanzdienstleistungsaufsicht geführte Register oder jedes andere relevante öffentliche Register, in das der Zahlungsdienstleister als zugelassen eingetragen ist, sowie seine Registernummer oder eine gleichwertige in diesem Register verwendete Kennung,
2. zur Nutzung des Zahlungsdienstes
   a) eine Beschreibung der wesentlichen Merkmale des zu erbringenden Zahlungsdienstes,
   b) Informationen oder Kundenkennungen, die für die ordnungsgemäße Auslösung oder Ausführung eines Zahlungsauftrags erforderlich sind,
   c) die Art und Weise der Zustimmung zur Auslösung eines Zahlungsauftrags oder zur Ausführung eines Zahlungsvorgangs und des Widerrufs eines

---

[1] Nr. **24**.

Zahlungsauftrags gemäß den §§ 675j und 675p des Bürgerlichen Gesetzbuchs[1)],

d) den Zeitpunkt, ab dem ein Zahlungsauftrag gemäß § 675n Abs. 1 des Bürgerlichen Gesetzbuchs[1)] als zugegangen gilt, und gegebenenfalls den vom Zahlungsdienstleister gemäß § 675n Abs. 1 Satz 3 festgelegten Zeitpunkt,

e) die maximale Ausführungsfrist für die zu erbringenden Zahlungsdienste,

f) die Angabe, ob die Möglichkeit besteht, Betragsobergrenzen für die Nutzung eines Zahlungsinstruments gemäß § 675k Abs. 1 des Bürgerlichen Gesetzbuchs[1)] zu vereinbaren, und

g) im Falle von kartengebundenen Zahlungsinstrumenten, die mehrere Zahlungsmarken tragen, die Rechte des Zahlungsdienstnutzers gemäß Artikel 8 der Verordnung (EU) 2015/751 des Europäischen Parlaments und des Rates vom 29. April 2015 über Interbankenentgelte für kartengebundene Zahlungsvorgänge (ABl. L 123 vom 19.5.2015, S. 1),

3. zu Entgelten, Zinsen und Wechselkursen

a) alle Entgelte, die der Zahlungsdienstnutzer an den Zahlungsdienstleister zu entrichten hat, einschließlich derjenigen, die sich danach richten, wie und wie oft über die geforderten Informationen zu unterrichten ist, sowie gegebenenfalls eine Aufschlüsselung dieser Entgelte,

b) gegebenenfalls die zugrunde gelegten Zinssätze und Wechselkurse oder, bei Anwendung von Referenzzinssätzen und -wechselkursen, die Methode für die Berechnung der tatsächlichen Zinsen sowie der maßgebliche Stichtag und der Index oder die Grundlage für die Bestimmung des Referenzzinssatzes oder -wechselkurses, und

c) soweit vereinbart, das unmittelbare Wirksamwerden von Änderungen des Referenzzinssatzes oder -wechselkurses gemäß § 675g Absatz 3 des Bürgerlichen Gesetzbuchs[1)],

4. zur Kommunikation

a) die Kommunikationsmittel, deren Nutzung zwischen den Parteien für die Informationsübermittlung und Anzeigepflichten vereinbart wird, einschließlich der technischen Anforderungen an die Ausstattung und die Software des Zahlungsdienstnutzers,

b) Angaben dazu, wie und wie oft die nach diesem Artikel geforderten Informationen mitzuteilen oder zugänglich zu machen sind,

c) die Sprache oder Sprachen, in der oder in denen der Vertrag zu schließen ist und in der oder in denen die Kommunikation für die Dauer des Vertragsverhältnisses erfolgen soll, und

d) einen Hinweis auf das Recht des Zahlungsdienstnutzers gemäß § 5, Informationen und Vertragsbedingungen in einer Urkunde zu erhalten,

5. zu den Schutz- und Abhilfemaßnahmen

a) gegebenenfalls eine Beschreibung, wie der Zahlungsdienstnutzer ein Zahlungsinstrument sicher aufbewahrt und wie er seine Anzeigepflicht gegenüber dem Zahlungsdienstleister gemäß § 675l Absatz 1 Satz 2 des Bürgerlichen Gesetzbuchs[1)] erfüllt,

---

[1)] Nr. **24**.

b) eine Beschreibung des sicheren Verfahrens zur Unterrichtung des Zahlungsdienstnutzers durch den Zahlungsdienstleister im Falle vermuteten oder tatsächlichen Betrugs oder bei Sicherheitsrisiken,

c) soweit vereinbart, die Bedingungen, unter denen sich der Zahlungsdienstleister das Recht vorbehält, ein Zahlungsinstrument gemäß § 675k Abs. 2 des Bürgerlichen Gesetzbuchs[1] zu sperren,

d) Informationen zur Haftung des Zahlers gemäß § 675v des Bürgerlichen Gesetzbuchs[1] einschließlich Angaben zum Höchstbetrag,

e) Angaben dazu, wie und innerhalb welcher Frist der Zahlungsdienstnutzer dem Zahlungsdienstleister nicht autorisierte oder fehlerhaft ausgelöste oder ausgeführte Zahlungsvorgänge gemäß § 676b des Bürgerlichen Gesetzbuchs[1] anzeigen muss, sowie Informationen über die Haftung des Zahlungsdienstleisters bei nicht autorisierten Zahlungsvorgängen gemäß § 675u des Bürgerlichen Gesetzbuchs[1],

f) Informationen über die Haftung des Zahlungsdienstleisters bei der Auslösung oder Ausführung von Zahlungsvorgängen gemäß § 675y des Bürgerlichen Gesetzbuchs[1] und

g) die Bedingungen für Erstattungen gemäß § 675x des Bürgerlichen Gesetzbuchs[1],

6. zu Änderungen der Bedingungen und Kündigung des Zahlungsdiensterahmenvertrags

a) soweit vereinbart, die Angabe, dass die Zustimmung des Zahlungsdienstnutzers zu einer Änderung der Vertragsbedingungen gemäß § 675g des Bürgerlichen Gesetzbuchs[1] als erteilt gilt, wenn er dem Zahlungsdienstleister seine Ablehnung nicht vor dem Zeitpunkt angezeigt hat, zu dem die geänderten Vertragsbedingungen in Kraft treten sollen,

b) die Laufzeit des Zahlungsdiensterahmenvertrags und

c) einen Hinweis auf das Recht des Zahlungsdienstnutzers, den Vertrag zu kündigen, sowie auf sonstige kündigungsrelevante Vereinbarungen gemäß § 675g Abs. 2 und § 675h des Bürgerlichen Gesetzbuchs[1],

7. die Vertragsklauseln über das auf den Zahlungsdiensterahmenvertrag anwendbare Recht oder über das zuständige Gericht und

8. einen Hinweis auf die Beschwerdeverfahren gemäß den §§ 60 bis 62 des Zahlungsdiensteaufsichtsgesetzes[2] sowie auf das außergerichtliche Rechtsbehelfsverfahren gemäß § 14 des Unterlassungsklagengesetzes.

(2) Wenn auf Verlangen des Zahlungsdienstnutzers der Zahlungsdiensterahmenvertrag unter Verwendung eines Fernkommunikationsmittels geschlossen wird, das dem Zahlungsdienstleister die Mitteilung der in Absatz 1 bestimmten Informationen und Vertragsbedingungen auf einem dauerhaften Datenträger nicht gestattet, hat der Zahlungsdienstleister dem Zahlungsdienstnutzer diese unverzüglich nach Abschluss des Vertrags in der in den §§ 2 und 3 vorgesehenen Form mitzuteilen.

(3) Die Pflichten gemäß Absatz 1 können auch erfüllt werden, indem eine Abschrift des Vertragsentwurfs übermittelt wird, die die nach Absatz 1 erforderlichen Informationen und Vertragsbedingungen enthält.

---

[1] Nr. **24**.
[2] Nr. **12**.

§ 5 Zugang zu Vertragsbedingungen und vorvertraglichen Informationen während der Vertragslaufzeit. Während der Vertragslaufzeit kann der Zahlungsdienstnutzer jederzeit die Übermittlung der Vertragsbedingungen sowie der in § 4 genannten Informationen in Papierform oder auf einem anderen dauerhaften Datenträger verlangen.

§ 6 Informationen vor Ausführung einzelner Zahlungsvorgänge. Vor Ausführung eines einzelnen vom Zahler ausgelösten Zahlungsvorgangs teilt der Zahlungsdienstleister auf Verlangen des Zahlers Folgendes mit:

1. die maximale Ausführungsfrist,
2. die dem Zahler in Rechnung zu stellenden Entgelte und
3. gegebenenfalls die Aufschlüsselung der Entgelte nach Nummer 2.

§ 7 Informationen an den Zahler bei einzelnen Zahlungsvorgängen. Nach Belastung des Kontos des Zahlers mit dem Zahlungsbetrag eines einzelnen Zahlungsvorgangs oder, falls der Zahler kein Zahlungskonto verwendet, nach Zugang des Zahlungsauftrags teilt der Zahlungsdienstleister des Zahlers diesem unverzüglich die folgenden Informationen mit:

1. eine dem Zahlungsvorgang zugeordnete Kennung, die dem Zahler die Identifizierung des betreffenden Zahlungsvorgangs ermöglicht, sowie gegebenenfalls Angaben zum Zahlungsempfänger,
2. den Zahlungsbetrag in der Währung, in der das Zahlungskonto des Zahlers belastet wird, oder in der Währung, die im Zahlungsauftrag verwendet wird,
3. die für den Zahlungsvorgang zu entrichtenden Entgelte und gegebenenfalls eine Aufschlüsselung der Beträge dieser Entgelte oder die vom Zahler zu entrichtenden Zinsen,
4. gegebenenfalls den Wechselkurs, den der Zahlungsdienstleister des Zahlers dem Zahlungsvorgang zugrunde gelegt hat, und den Betrag, der nach dieser Währungsumrechnung Gegenstand des Zahlungsvorgangs ist, und
5. das Wertstellungsdatum der Belastung oder das Datum des Zugangs des Zahlungsauftrags.

§ 8 Informationen an den Zahlungsempfänger bei einzelnen Zahlungsvorgängen. Nach Ausführung eines einzelnen Zahlungsvorgangs teilt der Zahlungsdienstleister des Zahlungsempfängers diesem unverzüglich die folgenden Informationen mit:

1. eine dem Zahlungsvorgang zugeordnete Kennung, die dem Zahlungsempfänger die Identifizierung des Zahlungsvorgangs und des Zahlers ermöglicht, sowie alle weiteren mit dem Zahlungsvorgang übermittelten Angaben,
2. den Zahlungsbetrag in der Währung, in der dieser Betrag auf dem Zahlungskonto des Zahlungsempfängers gutgeschrieben wird,
3. den Betrag der für den Zahlungsvorgang zu entrichtenden Entgelte und gegebenenfalls deren Aufschlüsselung oder der vom Zahlungsempfänger zu entrichtenden Zinsen,
4. gegebenenfalls den Wechselkurs, den der Zahlungsdienstleister des Zahlungsempfängers dem Zahlungsvorgang zugrunde gelegt hat, und den Betrag, der vor dieser Währungsumrechnung Gegenstand des Zahlungsvorgangs war, und

5. das Wertstellungsdatum der Gutschrift.

§ 9 Sonstige Informationen während des Vertragsverhältnisses. Während des Vertragsverhältnisses ist der Zahlungsdienstleister verpflichtet, den Zahlungsdienstnutzer unverzüglich zu unterrichten, wenn

1. sich Umstände, über die gemäß § 4 Abs. 1 Nr. 1 unterrichtet wurde, ändern oder
2. zum Nachteil des Zahlungsdienstnutzers Änderungen von Zinssätzen wirksam geworden sind.

§ 10 Abweichende Vereinbarungen. [1] Für die in den §§ 7, 8 und 9 Nr. 2 genannten Informationen können Zahlungsdienstleister und Zahlungsdienstnutzer eine andere Häufigkeit und eine von § 3 abweichende Form oder ein abweichendes Verfahren vereinbaren. [2] Über die in den §§ 7 und 8 genannten Informationen hat der Zahlungsdienstleister jedoch mindestens einmal monatlich so zu unterrichten, dass der Zahlungsdienstnutzer die Informationen unverändert aufbewahren und wiedergeben kann.

§ 11 Ausnahmen für Kleinbetragsinstrumente und E-Geld. (1) [1] Bei Zahlungsdiensteverträgen über die Überlassung eines Kleinbetragsinstruments (§ 675i Abs. 1 des Bürgerlichen Gesetzbuchs[1)]) teilt der Zahlungsdienstleister dem Zahlungsdienstnutzer abweichend von den §§ 4 und 6 nur Folgendes mit:

1. die wesentlichen Merkmale des Zahlungsdienstes, einschließlich der Nutzungsmöglichkeiten des Kleinbetragsinstruments,
2. Haftungshinweise,
3. die anfallenden Entgelte und
4. die anderen für den Zahlungsdienstnutzer wesentlichen Vertragsinformationen.

[2] Ferner gibt der Zahlungsdienstleister an, wo die weiteren gemäß § 4 vorgeschriebenen Informationen und Vertragsbedingungen in leicht zugänglicher Form zur Verfügung gestellt sind.

(2) Bei Verträgen nach Absatz 1 können die Vertragsparteien abweichend von den §§ 7 und 8 vereinbaren, dass der Zahlungsdienstleister dem Zahlungsdienstnutzer nach Ausführung eines Zahlungsvorgangs

1. nur eine dem Zahlungsvorgang zugeordnete Kennung mitteilen oder zur Verfügung stellen muss, die es ermöglicht, den betreffenden Zahlungsvorgang, seinen Betrag sowie die erhobenen Entgelte zu identifizieren, und im Fall mehrerer gleichartiger Zahlungsvorgänge an den selben Zahlungsempfänger eine Information, die den Gesamtbetrag und die erhobenen Entgelte für diese Zahlungsvorgänge enthält,
2. die unter Nummer 1 genannten Informationen nicht mitteilen oder zur Verfügung stellen muss, wenn die Nutzung des Kleinbetragsinstruments keinem Zahlungsdienstnutzer zugeordnet werden kann oder wenn der Zahlungsdienstleister auf andere Weise technisch nicht in der Lage ist, diese Informationen mitzuteilen; in diesem Fall hat der Zahlungsdienstleister dem

---

[1)] Nr. 24.

Zahlungsdienstnutzer eine Möglichkeit anzubieten, die gespeicherten Beträge zu überprüfen.

Abschnitt 3. Einzelzahlungsverträge

§ 12 Besondere Form. [1] Bei einem Einzelzahlungsvertrag, der nicht Gegenstand eines Zahlungsdiensterahmenvertrags ist, hat der Zahlungsdienstleister dem Zahlungsdienstnutzer die in § 13 genannten Informationen und Vertragsbedingungen hinsichtlich der von ihm zu erbringenden Zahlungsdienste in leicht zugänglicher Form zur Verfügung zu stellen. [2] Auf Verlangen des Zahlungsdienstnutzers stellt ihm der Zahlungsdienstleister die Informationen und Vertragsbedingungen in Papierform oder auf einem anderen dauerhaften Datenträger zur Verfügung.

§ 13 Vorvertragliche Informationen. (1) Die folgenden vorvertraglichen Informationen und Vertragsbedingungen sind rechtzeitig vor Abgabe der Vertragserklärung des Zahlungsdienstnutzers zur Verfügung zu stellen:
1. die vom Zahlungsdienstnutzer mitzuteilenden Informationen oder Kundenkennungen, die für die ordnungsgemäße Auslösung oder Ausführung eines Zahlungsauftrags erforderlich sind,
2. die maximale Ausführungsfrist für den zu erbringenden Zahlungsdienst,
3. alle Entgelte, die der Zahlungsdienstnutzer an den Zahlungsdienstleister zu entrichten hat, und gegebenenfalls ihre Aufschlüsselung,
4. gegebenenfalls der dem Zahlungsvorgang zugrunde zu legende tatsächliche Wechselkurs oder Referenzwechselkurs.

(2) Ein Zahlungsauslösedienstleister hat dem Zahler rechtzeitig vor der Auslösung des Zahlungsvorgangs auch die folgenden Informationen zur Verfügung zu stellen:
1. den Namen des Zahlungsauslösedienstleisters, die Anschrift seiner Hauptverwaltung und gegebenenfalls die Anschrift seines Agenten oder seiner Zweigniederlassung in dem Mitgliedstaat, in dem der Zahlungsauslösedienst angeboten wird, sowie alle anderen Kontaktdaten einschließlich der E-Mail-Adresse, die für die Kommunikation mit dem Zahlungsauslösedienstleister von Belang sind, und
2. die Kontaktdaten der zuständigen Behörde.

(3) Die anderen in § 4 Absatz 1 genannten Informationen sind, soweit sie für den Einzelzahlungsvertrag erheblich sind, dem Zahlungsdienstnutzer ebenfalls zur Verfügung zu stellen.

(4) Wenn auf Verlangen des Zahlungsdienstnutzers der Einzelzahlungsvertrag unter Verwendung eines Fernkommunikationsmittels geschlossen wird, das dem Zahlungsdienstleister die Informationsunterrichtung nach Absatz 1 nicht gestattet, hat der Zahlungsdienstleister den Zahlungsdienstnutzer unverzüglich nach Ausführung des Zahlungsvorgangs in der Form zu unterrichten, die in den §§ 2 und 12 vorgesehen ist.

(5) Die Pflichten gemäß Absatz 1 können auch erfüllt werden, indem eine Abschrift des Vertragsentwurfs übermittelt wird, die die nach Absatz 1 erforderlichen Informationen und Vertragsbedingungen enthält.

§ 13a Informationen an den Zahler und den Zahlungsempfänger nach Auslösung des Zahlungsauftrags über einen Zahlungsauslösedienstleister. Ein Zahlungsauslösedienstleister unterrichtet den Zahler und gegebenenfalls den Zahlungsempfänger unmittelbar nach der Auslösung des Zahlungsauftrags über

1. die erfolgreiche Auslösung des Zahlungsauftrags beim kontoführenden Zahlungsdienstleister des Zahlers,
2. die dem Zahlungsvorgang zugeordnete Kennung, die dem Zahler und dem Zahlungsempfänger die Identifizierung des Zahlungsvorgangs und dem Zahlungsempfänger gegebenenfalls die Identifizierung des Zahlers ermöglicht, sowie jede weitere mit dem Zahlungsvorgang übermittelte Angabe,
3. den Zahlungsbetrag,
4. gegebenenfalls die Höhe aller an den Zahlungsauslösedienstleister für den Zahlungsvorgang zu entrichtenden Entgelte sowie gegebenenfalls deren Aufschlüsselung.

§ 14 Informationen an den Zahler nach Zugang des Zahlungsauftrags. Nach Zugang des Zahlungsauftrags unterrichtet der Zahlungsdienstleister des Zahlers diesen hinsichtlich der von ihm zu erbringenden Zahlungsdienste unverzüglich über

1. die dem Zahlungsvorgang zugeordnete Kennung, die dem Zahler die Identifizierung des betreffenden Zahlungsvorgangs ermöglicht, sowie gegebenenfalls Angaben zum Zahlungsempfänger,
2. den Zahlungsbetrag in der im Zahlungsauftrag verwendeten Währung,
3. die Höhe der vom Zahler für den Zahlungsvorgang zu entrichtenden Entgelte und gegebenenfalls deren Aufschlüsselung,
4. gegebenenfalls den Wechselkurs, den der Zahlungsdienstleister des Zahlers dem Zahlungsvorgang zugrunde gelegt hat, oder einen Verweis darauf, sofern dieser Kurs von dem in § 13 Abs. 1 Nr. 4 genannten Kurs abweicht, und den Betrag, der nach dieser Währungsumrechnung Gegenstand des Zahlungsvorgangs ist, und
5. das Datum des Zugangs des Zahlungsauftrags.

§ 15 Informationen an den Zahlungsempfänger nach Ausführung des Zahlungsvorgangs. Nach Ausführung des Zahlungsvorgangs unterrichtet der Zahlungsdienstleister des Zahlungsempfängers diesen hinsichtlich der von ihm erbrachten Zahlungsdienste unverzüglich über

1. die dem Zahlungsvorgang zugeordnete Kennung, die dem Zahlungsempfänger die Identifizierung des betreffenden Zahlungsvorgangs und gegebenenfalls des Zahlers ermöglicht, sowie jede weitere mit dem Zahlungsvorgang übermittelte Angabe,
2. den Zahlungsbetrag in der Währung, in der er dem Zahlungsempfänger zur Verfügung steht,
3. die Höhe aller vom Zahlungsempfänger für den Zahlungsvorgang zu entrichtenden Entgelte und gegebenenfalls deren Aufschlüsselung,
4. gegebenenfalls den Wechselkurs, den der Zahlungsdienstleister des Zahlungsempfängers dem Zahlungsvorgang zugrunde gelegt hat, und den Betrag, der

vor dieser Währungsumrechnung Gegenstand des Zahlungsvorgangs war, und

5. das Wertstellungsdatum der Gutschrift.

§ 16 Informationen bei Einzelzahlung mittels rahmenvertraglich geregelten Zahlungsinstruments. Wird ein Zahlungsauftrag für eine Einzelzahlung über ein rahmenvertraglich geregeltes Zahlungsinstrument übermittelt, so ist nur der Zahlungsdienstleister, der Partei des Zahlungsdiensterahmenvertrags ist, verpflichtet, den Zahlungsdienstnutzer nach Maßgabe des Abschnitts 2 zu unterrichten.

Abschnitt 4. Informationspflichten von Zahlungsempfängern, Bargeldabhebungsdienstleistern und Dritten

§ 17 Informationspflichten des Zahlungsempfängers. (1) Sollen Zahlungen mittels eines Zahlungsinstruments in einer anderen Währung als Euro erfolgen und wird vor der Auslösung des Zahlungsvorgangs vom Zahlungsempfänger eine Währungsumrechnung angeboten, muss der Zahlungsempfänger dem Zahler alle damit verbundenen Entgelte sowie den der Währungsumrechnung zugrunde gelegten Wechselkurs offenlegen.

(2) Verlangt der Zahlungsempfänger für die Nutzung eines bestimmten Zahlungsinstruments ein Entgelt oder bietet er eine Ermäßigung an, so teilt er dies dem Zahler vor Auslösung des Zahlungsvorgangs mit.

§ 17a Informationspflichten des Bargeldabhebungsdienstleisters.

Ein Dienstleister, der Bargeldabhebungsdienste erbringt, ist verpflichtet, den Kunden über alle Entgelte für eine Geldabhebung entsprechend § 13 Absatz 1 und 3, den §§ 14, 15 sowie 17 Absatz 1 sowohl vor der Abhebung als auch auf der Quittung nach dem Erhalt des Bargeldes zu unterrichten.

§ 18 Informationspflichten Dritter. Verlangt ein Dritter, über welchen ein Zahlungsdienstnutzer einen Zahlungsvorgang auslösen kann, von diesem für die Nutzung eines bestimmten Zahlungsinstruments ein Entgelt, so teilt er dies dem Zahlungsdienstnutzer vor der Auslösung des Zahlungsvorgangs mit.

§ 19 Abweichende Vereinbarungen. Handelt es sich bei dem Zahlungsdienstnutzer nicht um einen Verbraucher, so können die Parteien vereinbaren, dass die §§ 17 und 18 ganz oder teilweise nicht anzuwenden sind.

26. Scheckgesetz[1)]

Vom 14. August 1933

(RGBl. I S. 597)

BGBl. III/FNA 4132-1

zuletzt geänd. durch Art. 200 Zehnte ZuständigkeitsanpassungsVO v. 31.8.2015 (BGBl. I S. 1474)

Nichtamtliche Inhaltsübersicht

[1)] Mit Ausnahme der Art. 37 und 38 in Kraft getreten am 1.4.1934 gem. VO v. 28.11.1933 (RGBl. I S. 1019).

Erster Abschnitt. Ausstellung und Form des Schecks

Art. 1 [Bestandteile] Der Scheck enthält:

1. die Bezeichnung als Scheck im Texte der Urkunde, und zwar in der Sprache, in der sie ausgestellt ist;
2. die unbedingte Anweisung, eine bestimmte Geldsumme zu zahlen;
3. den Namen dessen, der zahlen soll (Bezogener);
4. die Angabe des Zahlungsortes;
5. die Angabe des Tages und des Ortes der Ausstellung;
6. die Unterschrift des Ausstellers.

Art. 2 [Fehlen von Bestandteilen] (1) Eine Urkunde, in der einer der im vorstehenden Artikel bezeichneten Bestandteile fehlt, gilt nicht als Scheck, vorbehaltlich der in den folgenden Absätzen bezeichneten Fälle.

(2) [1] Mangels einer besonderen Angabe gilt der bei dem Namen des Bezogenen angegebene Ort als Zahlungsort. [2] Sind mehrere Orte bei dem Namen des Bezogenen angegeben, so ist der Scheck an dem an erster Stelle angegebenen Orte zahlbar.

(3) Fehlt eine solche und jede andere Angabe, so ist der Scheck an dem Orte zahlbar, an dem der Bezogene seine Hauptniederlassung hat.

(4) Ein Scheck ohne Angabe des Ausstellungsortes gilt als ausgestellt an dem Orte, der bei dem Namen des Ausstellers angegeben ist.

Art. 3 [Bezogener] [1] Der Scheck darf nur auf einen Bankier gezogen werden, bei dem der Aussteller ein Guthaben hat, und gemäß einer ausdrücklichen oder stillschweigenden Vereinbarung, wonach der Aussteller das Recht hat, über dieses Guthaben mittels Schecks zu verfügen. [2] Die Gültigkeit der Urkunde als Scheck wird jedoch durch die Nichtbeachtung dieser Vorschriften nicht berührt.

Art. 4 [Keine Annahme] [1] Der Scheck kann nicht angenommen werden. [2] Ein auf den Scheck gesetzter Annahmevermerk gilt als nicht geschrieben.

Art. 5 [Zahlungsempfänger] (1) Der Scheck kann zahlbar gestellt werden:
an eine bestimmte Person, mit oder ohne den ausdrücklichen Vermerk „an Order";
an eine bestimmte Person, mit dem Vermerk „nicht an Order" oder mit einem gleichbedeutenden Vermerk;
an den Inhaber.

(2) Ist im Scheck eine bestimmte Person mit dem Zusatz „oder Überbringer" oder mit einem gleichbedeutenden Vermerk als Zahlungsempfänger bezeichnet, so gilt der Scheck als auf den Inhaber gestellt.

(3) Ein Scheck ohne Angabe des Nehmers gilt als zahlbar an den Inhaber.

Art. 6 [Besondere Scheckarten] (1) Der Scheck kann an die eigene Order des Ausstellers lauten.

(2) Der Scheck kann für Rechnung eines Dritten gezogen werden.

(3) Der Scheck kann nicht auf den Aussteller selbst gezogen werden, es sei denn, daß es sich um einen Scheck handelt, der von einer Niederlassung auf eine andere Niederlassung des Ausstellers gezogen wird.

Art. 7 [Zinsvermerk] Ein in den Scheck aufgenommener Zinsvermerk gilt als nicht geschrieben.

Art. 8 [Zahlungsort] Der Scheck kann bei einem Dritten, am Wohnort des Bezogenen oder an einem anderen Orte, zahlbar gestellt werden, sofern der Dritte Bankier ist.

Art. 9 [Schecksumme] (1) Ist die Schecksumme in Buchstaben und in Ziffern angegeben, so gilt bei Abweichungen die in Buchstaben angegebene Summe.

(2) Ist die Schecksumme mehrmals in Buchstaben oder mehrmals in Ziffern angegeben, so gilt bei Abweichungen die geringste Summe.

Art. 10 [Ungültige Unterschriften] Trägt ein Scheck Unterschriften von Personen, die eine Scheckverbindlichkeit nicht eingehen können, gefälschte Unterschriften, Unterschriften erdichteter Personen oder Unterschriften, die aus irgendeinem anderen Grunde für die Personen, die unterschrieben haben oder mit deren Namen unterschrieben worden ist, keine Verbindlichkeit begründen, so hat dies auf die Gültigkeit der übrigen Unterschriften keinen Einfluß.

Art. 11 [Vertreter ohne Vertretungsmacht] [1] Wer auf einen Scheck seine Unterschrift als Vertreter eines anderen setzt, ohne hierzu ermächtigt zu sein, haftet selbst scheckmäßig und hat, wenn er den Scheck einlöst, dieselben Rechte, die der angeblich Vertretene haben würde. [2] Das gleiche gilt von einem Vertreter, der seine Vertretungsbefugnis überschritten hat.

Art. 12 [Haftung des Ausstellers] [1] Der Aussteller haftet für die Zahlung des Schecks. [2] Jeder Vermerk, durch den er diese Haftung ausschließt, gilt als nicht geschrieben.

Art. 13 [Blankoscheck] Wenn ein Scheck, der bei der Begebung unvollständig war, den getroffenen Vereinbarungen zuwider ausgefüllt worden ist, so kann die Nichteinhaltung dieser Vereinbarungen dem Inhaber nicht entgegengesetzt werden, es sei denn, daß er den Scheck in bösem Glauben erworben hat oder ihm beim Erwerb eine grobe Fahrlässigkeit zur Last fällt.

Zweiter Abschnitt. Übertragung

Art. 14 [Zulässigkeit des Indossaments] (1) Der auf eine bestimmte Person zahlbar gestellte Scheck mit oder ohne den ausdrücklichen Vermerk „an Order" kann durch Indossament übertragen werden.

(2) Der auf eine bestimmte Person zahlbar gestellte Scheck mit dem Vermerk „nicht an Order" oder mit einem gleichbedeutenden Vermerk kann nur in der Form und mit den Wirkungen einer gewöhnlichen Abtretung übertragen werden.

(3) [1] Das Indossament kann auch auf den Aussteller oder jeden anderen Scheckverpflichteten lauten. [2] Diese Personen können den Scheck weiter indossieren.

Art. 15 [Bedingungsfeindlichkeit; Teilindossament; Indossament an den Inhaber oder Bezogenen] (1) [1] Das Indossament muß unbedingt sein. [2] Bedingungen, von denen es abhängig gemacht wird, gelten als nicht geschrieben.

(2) Ein Teilindossament ist nichtig.

(3) Ebenso ist ein Indossament des Bezogenen nichtig.

(4) Ein Indossament an den Inhaber gilt als Blankoindossament.

(5) Das Indossament an den Bezogenen gilt nur als Quittung, es sei denn, daß der Bezogene mehrere Niederlassungen hat und das Indossament auf eine andere Niederlassung lautet als diejenige, auf die der Scheck gezogen worden ist.

Art. 16 [Form; Blankoindossament] (1) [1] Das Indossament muß auf den Scheck oder ein mit dem Scheck verbundenes Blatt (Anhang) gesetzt werden. [2] Es muß von dem Indossanten unterschrieben werden.

(2) [1] Das Indossament braucht den Indossatar nicht zu bezeichnen und kann selbst in der bloßen Unterschrift des Indossanten bestehen (Blankoindos-

sament). [2] In diesem letzteren Falle muß das Indossament, um gültig zu sein, auf die Rückseite des Schecks oder auf den Anhang gesetzt werden.

Art. 17 [Transportfunktion] (1) Das Indossament überträgt alle Rechte aus dem Scheck.

(2) Ist es ein Blankoindossament, so kann der Inhaber

1. das Indossament mit seinem Namen oder mit dem Namen eines anderen ausfüllen;
2. den Scheck durch ein Blankoindossament oder an eine bestimmte Person weiter indossieren;
3. den Scheck weiterbegeben, ohne das Blankoindossament auszufüllen und ohne ihn zu indossieren.

Art. 18 [Garantiefunktion] (1) Der Indossant haftet mangels eines entgegenstehenden Vermerks für die Zahlung.

(2) Er kann untersagen, daß der Scheck weiter indossiert wird; in diesem Falle haftet er denen nicht, an die der Scheck weiter indossiert wird.

Art. 19 [Scheckvermutung] [1] Wer einen durch Indossament übertragbaren Scheck in Händen hat, gilt als rechtmäßiger Inhaber, sofern er sein Recht durch eine ununterbrochene Reihe von Indossamenten nachweist, und zwar auch dann, wenn das letzte ein Blankoindossament ist. [2] Ausgestrichene Indossamente gelten hierbei als nicht geschrieben. [3] Folgt auf ein Blankoindossament ein weiteres Indossament, so wird angenommen, daß der Aussteller dieses Indossaments den Scheck durch das Blankoindossament erworben hat.

Art. 20 [Indossament auf Inhaberscheck] Ein Indossament auf einem Inhaberscheck macht den Indossanten nach den Vorschriften über den Rückgriff haftbar, ohne aber die Urkunde in einen Orderscheck umzuwandeln.

Art. 21 [Gutgläubiger Erwerb] Ist der Scheck einem früheren Inhaber irgendwie abhanden gekommen, so ist der Inhaber, in dessen Hände der Scheck gelangt ist – sei es, daß es sich um einen Inhaberscheck handelt, sei es, daß es sich um einen durch Indossament übertragbaren Scheck handelt und der Inhaber sein Recht gemäß Artikel 19 nachweist –, zur Herausgabe des Schecks nur verpflichtet, wenn er ihn in bösem Glauben erworben hat oder ihm beim Erwerb eine grobe Fahrlässigkeit zur Last fällt.

Art. 22 [Einwendungen des Scheckverpflichteten] Wer aus dem Scheck in Anspruch genommen wird, kann dem Inhaber keine Einwendungen entgegensetzen, die sich auf seine unmittelbaren Beziehungen zu dem Aussteller oder zu einem früheren Inhaber gründen, es sei denn, daß der Inhaber beim Erwerb des Schecks bewußt zum Nachteil des Schuldners gehandelt hat.

Art. 23 [Vollmachtsindossament] (1) Enthält das Indossament den Vermerk „Wert zur Einziehung", „zum Inkasso", „in Prokura" oder einen anderen nur eine Bevollmächtigung ausdrückenden Vermerk, so kann der Inhaber alle Rechte aus dem Scheck geltend machen; aber er kann ihn nur durch ein weiteres Vollmachtsindossament übertragen.

(2) Die Scheckverpflichteten können in diesem Falle dem Inhaber nur solche Einwendungen entgegensetzen, die ihnen gegen den Indossanten zustehen.

(3) Die in dem Vollmachtsindossament enthaltene Vollmacht erlischt weder mit dem Tode noch mit dem Eintritt der Handlungsunfähigkeit des Vollmachtgebers.

Art. 24 [Indossament nach Protest oder Fristablauf] (1) Ein Indossament, das nach Erhebung des Protestes oder nach Vornahme einer gleichbedeutenden Feststellung oder nach Ablauf der Vorlegungsfrist auf den Scheck gesetzt wird, hat nur die Wirkungen einer gewöhnlichen Abtretung.

(2) Bis zum Beweis des Gegenteils wird vermutet, daß ein nicht datiertes Indossament vor Erhebung des Protestes oder vor der Vornahme einer gleichbedeutenden Feststellung oder vor Ablauf der Vorlegungsfrist auf den Scheck gesetzt worden ist.

Dritter Abschnitt. Scheckbürgschaft

Art. 25 [Zulässigkeit] (1) Die Zahlung der Schecksumme kann ganz oder teilweise durch Scheckbürgschaft gesichert werden.

(2) Diese Sicherheit kann von einem Dritten, mit Ausnahme des Bezogenen, oder auch von einer Person geleistet werden, deren Unterschrift sich schon auf dem Scheck befindet.

Art. 26 [Form] (1) Die Bürgschaftserklärung wird auf den Scheck oder auf einen Anhang gesetzt.

(2) Sie wird durch die Worte „als Bürge" oder einen gleichbedeutenden Vermerk ausgedrückt; sie ist von dem Scheckbürgen zu unterschreiben.

(3) Die bloße Unterschrift auf der Vorderseite des Schecks gilt als Bürgschaftserklärung, soweit es sich nicht um die Unterschrift des Ausstellers handelt.

(4) In der Erklärung ist anzugeben, für wen die Bürgschaft geleistet wird; mangels einer solchen Angabe gilt sie für den Aussteller.

Art. 27 [Haftung des Scheckbürgen] (1) Der Scheckbürge haftet in der gleichen Weise wie derjenige, für den er sich verbürgt hat.

(2) Seine Verpflichtungserklärung ist auch gültig, wenn die Verbindlichkeit, für die er sich verbürgt hat, aus einem anderen Grunde als wegen eines Formfehlers nichtig ist.

(3) Der Scheckbürge, der den Scheck bezahlt, erwirbt die Rechte aus dem Scheck gegen denjenigen, für den er sich verbürgt hat, und gegen alle, die diesem scheckmäßig haften.

Vierter Abschnitt. Vorlegung und Zahlung

Art. 28 [Fälligkeit] (1) [1]Der Scheck ist bei Sicht zahlbar. [2]Jede gegenteilige Angabe gilt als nicht geschrieben.

(2) Ein Scheck, der vor Eintritt des auf ihm angegebenen Ausstellungstages zur Zahlung vorgelegt wird, ist am Tage der Vorlegung zahlbar.

Art. 29 [Vorlegungsfristen] (1) Ein Scheck, der in dem Lande der Ausstellung zahlbar ist, muß binnen acht Tagen zur Zahlung vorgelegt werden.

(2) Ein Scheck, der in einem anderen Lande als dem der Ausstellung zahlbar ist, muß binnen zwanzig Tagen vorgelegt werden, wenn Ausstellungsort und Zahlungsort sich in demselben Erdteil befinden, und binnen siebzig Tagen, wenn Ausstellungsort und Zahlungsort sich in verschiedenen Erdteilen befinden.

(3) Hierbei gelten die in einem Lande Europas ausgestellten und in einem an das Mittelmeer grenzenden Lande zahlbaren Schecks ebenso wie die in einem an das Mittelmeer grenzenden Lande ausgestellten und in einem Lande Europas zahlbaren Schecks als Schecks, die in demselben Erdteile ausgestellt und zahlbar sind.

(4) Die vorstehend erwähnten Fristen beginnen an dem Tage zu laufen, der in dem Scheck als Ausstellungstag angegeben ist.

Art. 30 [Kalenderverschiedenheit] Ist ein Scheck auf einen Ort gezogen, dessen Kalender von dem des Ausstellungsortes abweicht, so wird der Tag der Ausstellung in den nach dem Kalender des Zahlungsortes entsprechenden Tag umgerechnet.

Art. 31 [Abrechnungsstelle] (1) Die Einlieferung in eine Abrechnungsstelle steht der Vorlegung zur Zahlung gleich.

(2) Das Bundesministerium der Justiz und für Verbraucherschutz bestimmt,[1] welche Einrichtungen als Abrechnungsstellen anzusehen sind und unter welchen Voraussetzungen die Einlieferung erfolgen kann.

Art. 32 [Widerruf des Schecks] (1) Ein Widerruf des Schecks ist erst nach Ablauf der Vorlegungsfrist wirksam.

(2) Wenn der Scheck nicht widerrufen ist, kann der Bezogene auch nach Ablauf der Vorlegungsfrist Zahlung leisten.

Art. 33 [Tod des Ausstellers] Auf die Wirksamkeit des Schecks ist es ohne Einfluß, wenn der Aussteller nach der Begebung des Schecks stirbt oder handlungsunfähig wird.

Art. 34 [Aushändigung des quittierten Schecks; Teilzahlung] (1) Der Bezogene kann vom Inhaber gegen Zahlung die Aushändigung des quittierten Schecks verlangen.

(2) Der Inhaber darf eine Teilzahlung nicht zurückweisen.

(3) Im Falle der Teilzahlung kann der Bezogene verlangen, daß sie auf dem Scheck vermerkt und ihm eine Quittung erteilt wird.

Art. 35 [Prüfungspflicht des Bezogenen] Der Bezogene, der einen durch Indossament übertragbaren Scheck einlöst, ist verpflichtet, die Ordnungsmäßigkeit der Reihe der Indossamente, aber nicht die Unterschriften der Indossanten zu prüfen.

Art. 36 [Fremde Währung] (1) [1] Lautet der Scheck auf eine Währung, die am Zahlungsorte nicht gilt, so kann die Schecksumme in der Landeswährung

---

[1] Siehe die VO über Abrechnungsstellen im Scheckverkehr (Nr. **26a**).

nach dem Werte gezahlt werden, den sie am Tage der Vorlegung besitzt. [2] Wenn die Zahlung bei Vorlegung nicht erfolgt ist, so kann der Inhaber wählen, ob die Schecksumme nach dem Kurs des Vorlegungstages oder nach dem Kurs des Zahlungstages in die Landeswährung umgerechnet werden soll.

(2) [1] Der Wert der fremden Währung bestimmt sich nach den Handelsgebräuchen des Zahlungsortes. [2] Der Aussteller kann jedoch im Scheck für die zu zahlende Summe einen Umrechnungskurs bestimmen.

(3) Die Vorschriften der beiden ersten Absätze finden keine Anwendung, wenn der Aussteller die Zahlung in einer bestimmten Währung vorgeschrieben hat (Effektivvermerk).

(4) Lautet der Scheck auf eine Geldsorte, die im Lande der Ausstellung dieselbe Bezeichnung, aber einen anderen Wert hat als in dem der Zahlung, so wird vermutet, daß die Geldsorte des Zahlungsortes gemeint ist.

Fünfter Abschnitt. Gekreuzter Scheck und Verrechnungsscheck

Art. 37[1)] **[*Gekreuzter Scheck*]** (1) *Der Aussteller sowie jeder Inhaber können den Scheck mit den in Artikel 38 vorgesehenen Wirkungen kreuzen.*

(2) [1] *Die Kreuzung erfolgt durch zwei gleichlaufende Striche auf der Vorderseite des Schecks.* [2] *Die Kreuzung kann allgemein oder besonders sein.*

(3) *Die Kreuzung ist allgemein, wenn zwischen den beiden Strichen keine Angabe oder die Bezeichnung „Bankier" oder ein gleichbedeutender Vermerk steht; sie ist eine besondere, wenn der Name eines Bankiers zwischen die beiden Striche gesetzt ist.*

(4) *Die allgemeine Kreuzung kann in eine besondere, nicht aber die besondere Kreuzung in eine allgemeine umgewandelt werden.*

(5) *Die Streichung der Kreuzung oder des Namens des bezeichneten Bankiers gilt als nicht erfolgt.*

Art. 38[1)] **[*Wirkung der Kreuzung*]** (1) *Ein allgemein gekreuzter Scheck darf vom Bezogenen nur an einen Bankier oder an einen Kunden des Bezogenen bezahlt werden.*

(2) [1] *Ein besonders gekreuzter Scheck darf vom Bezogenen nur an den bezeichneten Bankier oder, wenn dieser selbst der Bezogene ist, an dessen Kunden bezahlt werden.* [2] *Immerhin kann der bezeichnete Bankier einen anderen Bankier mit der Einziehung des Schecks betrauen.*

(3) [1] *Ein Bankier darf einen gekreuzten Scheck nur von einem seiner Kunden oder von einem anderen Bankier erwerben.* [2] *Auch darf er ihn nicht für Rechnung anderer als der vorgenannten Personen einziehen.*

(4) *Befinden sich auf einem Scheck mehrere besondere Kreuzungen, so darf der Scheck vom Bezogenen nur dann bezahlt werden, wenn nicht mehr als zwei Kreuzungen vorliegen und die eine zum Zwecke der Einziehung durch Einlieferung in eine Abrechnungsstelle erfolgt ist.*

(5) *Der Bezogene oder der Bankier, der den vorstehenden Vorschriften zuwiderhandelt, haftet für den entstandenen Schaden, jedoch nur bis zur Höhe der Schecksumme.*

[1)] Art. 37 und 38 sind gem. Art. 1 Abs. 1 Satz 2 EGScheckG v. 14.8.1933 (RGBl. I S. 605), aufgeh. durch G v. 19.4.2006 (BGBl. I S. 866) iVm VO v. 28.11.1933 (RGBl. I S. 1019) nicht in Kraft getreten.

Art. 38a [Im Ausland ausgestellte gekreuzte Schecks] Im Ausland ausgestellte gekreuzte Schecks werden im Inland als Verrechnungsschecks behandelt.

Art. 39 [Verrechnungsscheck] (1) Der Aussteller sowie jeder Inhaber eines Schecks kann durch den quer über die Vorderseite gesetzten Vermerk „nur zur Verrechnung" oder durch einen gleichbedeutenden Vermerk untersagen, daß der Scheck bar bezahlt wird.

(2) [1] Der Bezogene darf in diesem Falle den Scheck nur im Wege der Gutschrift einlösen (Verrechnung, Überweisung, Ausgleichung). [2] Die Gutschrift gilt als Zahlung.

(3) Die Streichung des Vermerks „nur zur Verrechnung" gilt als nicht erfolgt.

(4) Der Bezogene, der den vorstehenden Vorschriften zuwiderhandelt, haftet für den entstandenen Schaden, jedoch nur bis zur Höhe der Schecksumme.

Sechster Abschnitt. Rückgriff mangels Zahlung

Art. 40 [Voraussetzungen] Der Inhaber kann gegen die Indossanten, den Aussteller und die anderen Scheckverpflichteten Rückgriff nehmen, wenn der rechtzeitig vorgelegte Scheck nicht eingelöst und die Verweigerung der Zahlung festgestellt worden ist:

1. durch eine öffentliche Urkunde (Protest) oder
2. durch eine schriftliche, datierte Erklärung des Bezogenen auf dem Scheck, die den Tag der Vorlegung angibt, oder
3. durch eine datierte Erklärung einer Abrechnungsstelle, daß der Scheck rechtzeitig eingeliefert und nicht bezahlt worden ist.

Art. 41 [Zeit des Protestes] (1) Der Protest oder die gleichbedeutende Feststellung muß vor Ablauf der Vorlegungsfrist vorgenommen werden.

(2) Ist die Vorlegung am letzten Tage der Frist erfolgt, so kann der Protest oder die gleichbedeutende Feststellung auch noch an dem folgenden Werktage vorgenommen werden.

Art. 42 [Benachrichtigungen] (1) [1] Der Inhaber muß seinen unmittelbaren Vormann und den Aussteller von dem Unterbleiben der Zahlung innerhalb der vier Werktage benachrichtigen, die auf den Tag der Protesterhebung oder der Vornahme der gleichbedeutenden Feststellung oder, im Falle des Vermerks „ohne Kosten", auf den Tag der Vorlegung folgen. [2] Jeder Indossant muß innerhalb zweier Werktage nach Empfang der Nachricht seinem unmittelbaren Vormanne von der Nachricht, die er erhalten hat, Kenntnis geben und ihm die Namen und Adressen derjenigen mitteilen, die vorher Nachricht gegeben haben, und so weiter in der Reihenfolge bis zum Aussteller. [3] Die Fristen laufen vom Empfang der vorhergehenden Nachricht.

(2) Wird nach Maßgabe des vorhergehenden Absatzes einer Person, deren Unterschrift sich auf dem Scheck befindet, Nachricht gegeben, so muß die gleiche Nachricht in derselben Frist ihrem Scheckbürgen gegeben werden.

(3) Hat ein Indossant seine Adresse nicht oder in unleserlicher Form angegeben, so genügt es, daß sein unmittelbarer Vormann benachrichtigt wird.

(4) Die Nachricht kann in jeder Form gegeben werden, auch durch die bloße Rücksendung des Schecks.

(5) [1] Der zur Benachrichtigung Verpflichtete hat zu beweisen, daß er in der vorgeschriebenen Frist benachrichtigt hat. [2] Die Frist gilt als eingehalten, wenn ein Schreiben, das die Benachrichtigung enthält, innerhalb der Frist zur Post gegeben worden ist.

(6) Wer die rechtzeitige Benachrichtigung versäumt, verliert nicht den Rückgriff; er haftet für den etwa durch seine Nachlässigkeit entstandenen Schaden, jedoch nur bis zur Höhe der Schecksumme.

Art. 43 [Erlass des Protestes] (1) Der Aussteller sowie jeder Indossant oder Scheckbürge kann durch den Vermerk „ohne Kosten", „ohne Protest" oder einen gleichbedeutenden auf den Scheck gesetzten und unterzeichneten Vermerk den Inhaber von der Verpflichtung befreien, zum Zwecke der Ausübung des Rückgriffs Protest erheben oder eine gleichbedeutende Feststellung vornehmen zu lassen.

(2) [1] Der Vermerk befreit den Inhaber nicht von der Verpflichtung, den Scheck rechtzeitig vorzulegen und die erforderlichen Nachrichten zu geben. [2] Der Beweis, daß die Frist nicht eingehalten worden ist, liegt demjenigen ob, der sich dem Inhaber gegenüber darauf beruft.

(3) [1] Ist der Vermerk vom Aussteller beigefügt, so wirkt er gegenüber allen Scheckverpflichteten; ist er von einem Indossanten oder einem Scheckbürgen beigefügt, so wirkt er nur diesen gegenüber. [2] Läßt der Inhaber ungeachtet des vom Aussteller beigefügten Vermerks Protest erheben oder eine gleichbedeutende Feststellung vornehmen, so fallen ihm die Kosten zur Last. [3] Ist der Vermerk von einem Indossanten oder einem Scheckbürgen beigefügt, so sind alle Scheckverpflichteten zum Ersatz der Kosten eines dennoch erhobenen Protestes oder einer gleichbedeutenden Feststellung verpflichtet.

Art. 44 [Haftung der Scheckverpflichteten] (1) Alle Scheckverpflichteten haften dem Inhaber als Gesamtschuldner.

(2) Der Inhaber kann jeden einzeln oder mehrere oder alle zusammen in Anspruch nehmen, ohne an die Reihenfolge gebunden zu sein, in der sie sich verpflichtet haben.

(3) Das gleiche Recht steht jedem Scheckverpflichteten zu, der den Scheck eingelöst hat.

(4) Durch die Geltendmachung des Anspruchs gegen einen Scheckverpflichteten verliert der Inhaber nicht seine Rechte gegen die anderen Scheckverpflichteten, auch nicht gegen die Nachmänner desjenigen, der zuerst in Anspruch genommen worden ist.

Art. 45 [Rückgriff des Protestanten] Der Inhaber kann im Wege des Rückgriffs verlangen:

1. die Schecksumme, soweit der Scheck nicht eingelöst worden ist;
2. Zinsen zu sechs vom Hundert seit dem Tage der Vorlegung. Bei einem Scheck, der im Inland sowohl ausgestellt als auch zahlbar ist, beträgt der

Zinssatz zwei vom Hundert über dem jeweiligen Basiszinssatz nach § 247 des Bürgerlichen Gesetzbuchs[1], mindestens aber sechs vom Hundert

3. die Kosten des Protestes[2] oder der gleichbedeutenden Feststellung und der Nachrichten sowie die anderen Auslagen;
4. eine Vergütung, die mangels besonderer Vereinbarung ein Drittel vom Hundert der Hauptsumme des Schecks beträgt und diesen Satz keinesfalls überschreiten darf.

Art. 46 [Rückgriff des Einlösers] Wer den Scheck eingelöst hat, kann von seinen Vormännern verlangen:

1. den vollen Betrag, den er gezahlt hat;
2. die Zinsen dieses Betrages zu sechs vom Hundert seit dem Tage der Einlösung. Bei einem Scheck, der im Inland sowohl ausgestellt als auch zahlbar ist, beträgt der Zinssatz zwei vom Hundert über dem jeweiligen Basiszinssatz nach § 247 des Bürgerlichen Gesetzbuchs[1], mindestens aber sechs vom Hundert;
3. seine Auslagen;
4. eine Vergütung, die nach den Vorschriften des Artikels 45 Nr. 4 berechnet wird.

Art. 47 [Aushändigung der Scheckpapiere] (1) Jeder Scheckverpflichtete, gegen den Rückgriff genommen wird oder genommen werden kann, ist berechtigt, zu verlangen, daß ihm gegen Entrichtung der Rückgriffssumme der Scheck mit dem Protest oder der gleichbedeutenden Feststellung und eine quittierte Rechnung ausgehändigt werden.

(2) Jeder Indossant, der den Scheck eingelöst hat, kann sein Indossament und die Indossamente seiner Nachmänner ausstreichen.

Art. 48 [Fristversäumung wegen höherer Gewalt] (1) Steht der rechtzeitigen Vorlegung des Schecks oder der rechtzeitigen Erhebung des Protestes oder der Vornahme einer gleichbedeutenden Feststellung ein unüberwindliches Hindernis entgegen (gesetzliche Vorschrift eines Staates oder ein anderer Fall höherer Gewalt), so werden die für diese Handlungen bestimmten Fristen verlängert.

(2) Der Inhaber ist verpflichtet, seinen unmittelbaren Vormann von dem Fall der höheren Gewalt unverzüglich zu benachrichtigen und die Benachrichtigung unter Beifügung des Tages und Ortes sowie seiner Unterschrift auf dem Scheck oder einem Anhang zu vermerken; im übrigen finden die Vorschriften des Artikels 42 Anwendung.

(3) Fällt die höhere Gewalt weg, so muß der Inhaber den Scheck unverzüglich zur Zahlung vorlegen und gegebenenfalls Protest erheben oder eine gleichbedeutende Feststellung vornehmen lassen.

(4) Dauert die höhere Gewalt länger als fünfzehn Tage seit dem Tage, an dem der Inhaber, selbst vor Ablauf der Vorlegungsfrist, seinen Vormann von dem Falle der höheren Gewalt benachrichtigt hat, so kann Rückgriff genom-

---

[1] Nr. **24**.

[2] Siehe § 51 KostenO v. 26.7.1957 (BGBl. I S. 861, 960), zuletzt geänd. durch G v. 10.10.2013 (BGBl. I S. 3799).

men werden, ohne daß es der Vorlegung oder der Protesterhebung oder einer gleichbedeutenden Feststellung bedarf.

(5) Tatsachen, die rein persönlich den Inhaber oder denjenigen betreffen, den er mit der Vorlegung des Schecks oder mit der Erhebung des Protestes oder mit der Herbeiführung einer gleichbedeutenden Feststellung beauftragt hat, gelten nicht als Fälle höherer Gewalt.

Siebenter Abschnitt. Ausfertigung mehrerer Stücke eines Schecks

Art. 49 [Zulässigkeit] [1] Schecks, die nicht auf den Inhaber gestellt sind und in einem anderen Lande als dem der Ausstellung oder in einem überseeischen Gebiet des Landes der Ausstellung zahlbar sind, und umgekehrt, oder in dem überseeischen Gebiet eines Landes ausgestellt und zahlbar sind oder in dem überseeischen Gebiet eines Landes ausgestellt und in einem anderen überseeischen Gebiet desselben Landes zahlbar sind, können in mehreren gleichen Ausfertigungen ausgestellt werden. [2] Diese Ausfertigungen müssen im Text der Urkunde mit fortlaufenden Nummern versehen sein; andernfalls gilt jede Ausfertigung als besonderer Scheck.

Art. 50 [Zahlung; Haftung] (1) Wird eine Ausfertigung bezahlt, so erlöschen die Rechte aus allen Ausfertigungen, auch wenn diese nicht den Vermerk tragen, daß durch die Zahlung auf eine Ausfertigung die anderen ihre Gültigkeit verlieren.

(2) Hat ein Indossant die Ausfertigungen an verschiedene Personen übertragen, so haften er und seine Nachmänner aus allen Ausfertigungen, die ihre Unterschrift tragen und nicht herausgegeben worden sind.

Achter Abschnitt. Änderungen

Art. 51 [Änderungen] Wird der Text eines Schecks geändert, so haften diejenigen, die ihre Unterschrift nach der Änderung auf den Scheck gesetzt haben, entsprechend dem geänderten Text; wer früher unterschrieben hat, haftet nach dem ursprünglichen Text.

Neunter Abschnitt. Verjährung

Art. 52 [Verjährungsfrist] (1) Die Rückgriffsansprüche des Inhabers gegen die Indossanten, den Aussteller und die anderen Scheckverpflichteten verjähren in sechs Monaten vom Ablauf der Vorlegungsfrist.

(2) Die Rückgriffsansprüche eines Verpflichteten gegen einen anderen Scheckverpflichteten verjähren in sechs Monaten von dem Tage, an dem der Scheck von dem Verpflichteten eingelöst oder ihm gegenüber gerichtlich geltend gemacht worden ist.

Art. 53 [Unterbrechung] Der Neubeginn der Verjährung und ihre Hemmung nach § 204 des Bürgerlichen Gesetzbuchs[1] wirken nur gegen den Scheckverpflichteten, in Ansehung dessen die Tatsache eingetreten ist, welche den Neubeginn oder die Hemmung bewirkt.

[1] Nr. **24**.

Zehnter Abschnitt. Allgemeine Vorschriften

Art. 54 [Begriff des Bankiers] Als Bankiers im Sinne dieses Gesetzes sind anzusehen:

1. diejenigen Anstalten des öffentlichen Rechtes, diejenigen unter staatlicher Aufsicht stehenden Anstalten sowie diejenigen in das Genossenschaftsregister eingetragenen Genossenschaften, die sich nach den für ihren Geschäftsbetrieb maßgebenden Bestimmungen mit der Annahme von Geld und der Leistung von Zahlungen für fremde Rechnung befassen, ferner die unter amtlicher Aufsicht stehenden Sparkassen, wenn sie die nach Landesrecht für sie geltenden Aufsichtsbestimmungen erfüllen;
2. die in das Handelsregister eingetragenen Firmen, die gewerbsmäßig Bankiergeschäfte betreiben.

Art. 55 [Feiertage; Samstage] (1) Die Vorlegung und der Protest eines Schecks können nur an einem Werktage, jedoch nicht an einem Sonnabend, stattfinden.

(2) [1] Fällt der letzte Tag einer Frist, innerhalb derer eine auf den Scheck bezügliche Handlung, insbesondere die Vorlegung, der Protest oder eine gleichbedeutende Feststellung vorgenommen werden muß, auf einen gesetzlichen Feiertag oder einen Sonnabend, so wird die Frist bis zum nächsten Werktage verlängert. [2] Feiertage, die in den Lauf einer Frist fallen, werden bei der Berechnung der Frist mitgezählt.

(3) Im übrigen finden auf die Vorlegung des Schecks und den Protest die Vorschriften der Artikel 79 bis 87 des Wechselgesetzes[1)] entsprechende Anwendung.

Art. 56 [Berechnung der Fristen] Bei der Berechnung der in diesem Gesetz vorgesehenen Fristen wird der Tag, an dem sie zu laufen beginnen, nicht mitgezählt.

Art. 57 [Keine Respekttage] Weder gesetzliche noch richterliche Respekttage werden anerkannt.

Elfter Abschnitt. Ergänzende Vorschriften

Art. 58 [Bereicherung] (1) Der Aussteller, dessen Rückgriffsverbindlichkeit durch Unterlassung rechtzeitiger Vorlegung oder Verjährung erloschen ist, bleibt dem Inhaber des Schecks so weit verpflichtet, als er sich mit dessen Schaden bereichern würde.

(2) Der Anspruch verjährt in einem Jahre seit der Ausstellung des Schecks.

Art. 59 [Abhanden gekommene Schecks und Protesturkunden]

(1) [1] Ein abhanden gekommener oder vernichteter Scheck kann im Wege des Aufgebotsverfahrens für kraftlos erklärt werden. [2] Die Aufgebotsfrist muß mindestens zwei Monate betragen. [3] Nach Einleitung des Aufgebotsverfahrens kann der Berechtigte, falls der Scheck rechtzeitig zur Zahlung vorgelegt, von

---

[1)] Nr. **27**.

dem Bezogenen aber nicht eingelöst worden war, von dem Aussteller Zahlung fordern, wenn er bis zur Kraftloserklärung Sicherheit leistet.

(2) [1] Eine abhanden gekommene oder vernichtete Protesturkunde kann durch ein Zeugnis über die Protesterhebung ersetzt werden, das von der die beglaubigte Abschrift der Urkunde verwahrenden Stelle zu erteilen ist. [2] In dem Zeugnis muß der Inhalt des Protestes und des gemäß Artikel 55 Abs. 3 in Verbindung mit Artikel 85 Abs. 2 des Wechselgesetzes[1)] aufgenommenen Vermerks angegeben sein.

Zwölfter Abschnitt. Geltungsbereich der Gesetze

Art. 60 [Scheckfähigkeit] (1) [1] Die Fähigkeit einer Person, eine Scheckverbindlichkeit einzugehen, bestimmt sich nach dem Recht des Landes, dem sie angehört. [2] Erklärt dieses Recht das Recht eines anderen Landes für maßgebend, so ist das letztere Recht anzuwenden.

(2) [1] Wer nach dem in vorstehendem Absatz bezeichneten Recht eine Scheckverbindlichkeit nicht eingehen kann, wird gleichwohl gültig verpflichtet, wenn die Unterschrift in dem Gebiet eines Landes abgegeben worden ist, nach dessen Recht er scheckfähig wäre. [2] Diese Vorschrift findet keine Anwendung, wenn die Verbindlichkeit von einem Inländer im Ausland übernommen worden ist.

Art. 61 [Bezogene] (1) Das Recht des Landes, in dem der Scheck zahlbar ist, bestimmt die Personen, auf die ein Scheck gezogen werden kann.

(2) Ist nach diesem Recht der Scheck im Hinblick auf die Person des Bezogenen nichtig, so sind gleichwohl die Verpflichtungen aus Unterschriften gültig, die in Ländern auf den Scheck gesetzt worden sind, deren Recht die Nichtigkeit aus einem solchen Grunde nicht vorsieht.

Art. 62 [Form der Scheckerklärung] (1) [1] Die Form einer Scheckerklärung bestimmt sich nach dem Recht des Landes, in dessen Gebiete die Erklärung unterschrieben worden ist. [2] Es genügt jedoch die Beobachtung der Form, die das Recht des Zahlungsortes vorschreibt.

(2) Wenn eine Scheckerklärung, die nach den Vorschriften des vorstehenden Absatzes ungültig ist, dem Recht des Landes entspricht, in dessen Gebiet eine spätere Scheckerklärung unterschrieben worden ist, so wird durch Mängel in der Form der ersten Scheckerklärung die Gültigkeit der späteren Scheckerklärung nicht berührt.

(3) Eine Scheckerklärung, die ein Inländer im Ausland abgegeben hat, ist im Inland gegenüber anderen Inländern gültig, wenn die Erklärung den Formerfordernissen des inländischen Rechts genügt.

Art. 63 [Wirkung der Scheckerklärungen] Die Wirkungen der Scheckerklärungen bestimmen sich nach dem Recht des Landes, in dessen Gebiete die Erklärungen unterschrieben worden sind.

[1)] Nr. **27**.

Art. 64 [Fristen für Rückgriff] Die Fristen für die Ausübung der Rückgriffsrechte werden für alle Scheckverpflichteten durch das Recht des Ortes bestimmt, an dem der Scheck ausgestellt worden ist.

Art. 65 [Einlösung des Schecks u.Ä.] Das Recht des Landes, in dessen Gebiete der Scheck zahlbar ist, bestimmt:

1. ob der Scheck notwendigerweise bei Sicht zahlbar ist oder ob er auf eine bestimmte Zeit nach Sicht gezogen werden kann und welches die Wirkungen sind, wenn auf dem Scheck ein späterer als der wirkliche Ausstellungstag angegeben worden ist;
2. die Vorlegungsfrist;
3. ob ein Scheck angenommen, zertifiziert, bestätigt oder mit einem Visum versehen werden kann und welches die Wirkungen dieser Vermerke sind;
4. ob der Inhaber eine Teilzahlung verlangen kann und ob er eine solche annehmen muß;
5. ob ein Scheck gekreuzt oder mit dem Vermerk „nur zur Verrechnung" oder mit einem gleichbedeutenden Vermerk versehen werden kann und welches die Wirkungen der Kreuzung oder des Verrechnungsvermerks oder eines gleichbedeutenden Vermerks sind;
6. ob der Inhaber besondere Rechte auf die Deckung hat und welches der Inhalt dieser Rechte ist;
7. ob der Aussteller den Scheck widerrufen oder gegen die Einlösung des Schecks Widerspruch erheben kann;
8. die Maßnahmen, die im Falle des Verlustes oder des Diebstahls des Schecks zu ergreifen sind;
9. ob ein Protest oder eine gleichbedeutende Feststellung zur Erhaltung des Rückgriffs gegen die Indossanten, den Aussteller und die anderen Scheckverpflichteten notwendig ist.

Art. 66 [Form des Protestes] Die Form des Protestes und die Fristen für die Protesterhebung sowie die Form der übrigen Handlungen, die zur Ausübung oder Erhaltung der Scheckrechte erforderlich sind, bestimmen sich nach dem Recht des Landes, in dessen Gebiete der Protest zu erheben oder die Handlung vorzunehmen ist.

26a. Verordnung über Abrechnungsstellen im Scheckverkehr (Abrechnungsstellenverordnung – AbrStV)

Vom 5. Oktober 2005
(BGBl. I S. 2926)

FNA 4132-6

Auf Grund des Artikels 31 Abs. 2 des Scheckgesetzes[1] in der im Bundesgesetzblatt Teil III, Gliederungsnummer 4132-1, veröffentlichten bereinigten Fassung in Verbindung mit Artikel 129 Abs. 1 des Grundgesetzes für die Bundesrepublik Deutschland verordnet das Bundesministerium der Justiz:

§ 1 [Abrechnungsstelle] Die Deutsche Bundesbank ist Abrechnungsstelle im Sinne des Artikels 31 Abs. 1 des Scheckgesetzes[1].

§ 2 [Schecks] (1) Schecks können in die Abrechnungsstelle eingeliefert werden, wenn der Einlieferer sowie der Bezogene oder der Dritte, bei dem der Scheck zahlbar gestellt worden ist, am Abrechnungsverkehr der Abrechnungsstelle teilnehmen oder durch einen Teilnehmer vertreten werden.

(2) Die Einlieferung von Schecks im Wege der elektronischen Datenfernübertragung setzt voraus, dass der Abrechnungsstelle nach ihren Vorgaben ein elektronisches Bild des Schecks, das die Urkunde vollständig abbildet, übermittelt wird.

§ 3 [Inkrafttreten] [1] Diese Verordnung tritt am Tage nach der Verkündung[2] in Kraft. [2] Gleichzeitig tritt die Verordnung über Abrechnungsstellen im Wechsel- und Scheckverkehr in der im Bundesgesetzblatt Teil III, Gliederungsnummer 4132-4, veröffentlichten bereinigten Fassung außer Kraft.

---

1) Nr. **26**.
2) Verkündet am 12 10. 2005.

27. Wechselgesetz[1)]

Vom 21. Juni 1933
(RGBl. I S. 399)

BGBl. III/FNA 4133-1

zuletzt geänd. durch Art. 201 Zehnte ZuständigkeitsanpassungsVO v. 31.8.2015 (BGBl. I S. 1474)

Nichtamtliche Inhaltsübersicht

Erster Teil. Gezogener Wechsel

Erster Abschnitt. Ausstellung und Form des gezogenen Wechsels

Art. 1 [Bestandteile] Der gezogene Wechsel enthält:

1. die Bezeichnung als Wechsel im Texte der Urkunde, und zwar in der Sprache, in der sie ausgestellt ist;
2. die unbedingte Anweisung, eine bestimmte Geldsumme zu zahlen;
3. den Namen dessen, der zahlen soll (Bezogener);
4. die Angabe der Verfallzeit;
5. die Angabe des Zahlungsortes;
6. den Namen dessen, an den oder an dessen Order gezahlt werden soll;
7. die Angabe des Tages und des Ortes der Ausstellung;
8. die Unterschrift des Ausstellers.

[1)] In Kraft getreten am 1.4.1934 gem. VO v. 28.11.1933 (RGBl. S. 1019).

Art. 2 [Fehlen von Bestandteilen] (1) Eine Urkunde, der einer der in vorstehendem Artikel bezeichneten Bestandteile fehlt, gilt nicht als gezogener Wechsel, vorbehaltlich der in den folgenden Absätzen bezeichneten Fälle.

(2) Ein Wechsel ohne Angabe der Verfallzeit gilt als Sichtwechsel.

(3) Mangels einer besonderen Angabe gilt der bei dem Namen des Bezogenen angegebene Ort als Zahlungsort und zugleich als Wohnort des Bezogenen.

(4) Ein Wechsel ohne Angabe des Ausstellungsortes gilt als ausgestellt an dem Orte, der bei dem Namen des Ausstellers angegeben ist.

Art. 3 [Eigene Order; trassiert-eigener Wechsel; gezogener Wechsel]

(1) Der Wechsel kann an die eigene Order des Ausstellers lauten.

(2) Er kann auf den Aussteller selbst gezogen werden.

(3) Er kann für Rechnung eines Dritten gezogen werden.

Art. 4 [Zahlungsort] Der Wechsel kann bei einem Dritten, am Wohnort des Bezogenen oder an einem anderen Orte, zahlbar gestellt werden.

Art. 5 [Zinsen] (1) [1] In einem Wechsel, der auf Sicht oder auf eine bestimmte Zeit nach Sicht lautet, kann der Aussteller bestimmen, daß die Wechselsumme zu verzinsen ist. [2] Bei jedem anderen Wechsel gilt der Zinsvermerk als nicht geschrieben.

(2) Der Zinsfuß ist im Wechsel anzugeben; fehlt diese Angabe, so gilt der Zinsvermerk als nicht geschrieben.

(3) Die Zinsen laufen vom Tage der Ausstellung des Wechsels, sofern nicht ein anderer Tag bestimmt ist.

Art. 6 [Wechselsumme] (1) Ist die Wechselsumme in Buchstaben und in Ziffern angegeben, so gilt bei Abweichungen die in Buchstaben angegebene Summe.

(2) Ist die Wechselsumme mehrmals in Buchstaben oder mehrmals in Ziffern angegeben, so gilt bei Abweichungen die geringste Summe.

Art. 7 [Ungültige Unterschriften] Trägt ein Wechsel Unterschriften von Personen, die eine Wechselverbindlichkeit nicht eingehen können, gefälschte Unterschriften, Unterschriften erdichteter Personen oder Unterschriften, die aus irgendeinem anderen Grunde für die Personen, die unterschrieben haben oder mit deren Namen unterschrieben worden ist, keine Verbindlichkeit begründen, so hat dies auf die Gültigkeit der übrigen Unterschriften keinen Einfluß.

Art. 8 [Vertreter ohne Vertretungsmacht] [1] Wer auf einen Wechsel seine Unterschrift als Vertreter eines anderen setzt, ohne hierzu ermächtigt zu sein, haftet selbst wechselmäßig und hat, wenn er den Wechsel einlöst, dieselben Rechte, die der angeblich Vertretene haben würde. [2] Das gleiche gilt von einem Vertreter, der seine Vertretungsbefugnis überschritten hat.

Art. 9 [Haftung des Ausstellers] (1) Der Aussteller haftet für die Annahme und die Zahlung des Wechsels.

(2) Er kann die Haftung für die Annahme ausschließen; jeder Vermerk, durch den er die Haftung für die Zahlung ausschließt, gilt als nicht geschrieben.

Art. 10 [Blankowechsel] Wenn ein Wechsel, der bei der Begebung unvollständig war, den getroffenen Vereinbarungen zuwider ausgefüllt worden ist, so kann die Nichteinhaltung dieser Vereinbarungen dem Inhaber nicht entgegengesetzt werden, es sei denn, daß er den Wechsel in bösem Glauben erworben hat oder ihm beim Erwerb eine grobe Fahrlässigkeit zur Last fällt.

Zweiter Abschnitt. Indossament

Art. 11 [Übertragung des Wechsels] (1) Jeder Wechsel kann durch Indossament übertragen werden, auch wenn er nicht ausdrücklich an Order lautet.

(2) Hat der Aussteller in den Wechsel die Worte „nicht an Order" oder einen gleichbedeutenden Vermerk aufgenommen, so kann der Wechsel nur in der Form und mit den Wirkungen einer gewöhnlichen Abtretung übertragen werden.

(3) [1]Das Indossament kann auch auf den Bezogenen, gleichviel ob er den Wechsel angenommen hat oder nicht, auf den Aussteller oder auf jeden anderen Wechselverpflichteten lauten. [2]Diese Personen können den Wechsel weiter indossieren.

Art. 12 [Bedingungsfeindlichkeit; Teilindossament; Indossament an den Inhaber] (1) [1]Das Indossament muß unbedingt sein. [2]Bedingungen, von denen es abhängig gemacht wird, gelten als nicht geschrieben.

(2) Ein Teilindossament ist nichtig.

(3) Ein Indossament an den Inhaber gilt als Blankoindossament.

Art. 13 [Form; Blankoindossament] (1) [1]Das Indossament muß auf den Wechsel oder auf ein mit dem Wechsel verbundenes Blatt (Anhang) gesetzt werden. [2]Es muß von dem Indossanten unterschrieben werden.

(2) [1]Das Indossament braucht den Indossatar nicht zu bezeichnen und kann selbst in der bloßen Unterschrift des Indossanten bestehen (Blankoindossament). [2]In diesem letzteren Falle muß das Indossament, um gültig zu sein, auf die Rückseite des Wechsels oder auf den Anhang gesetzt werden.

Art. 14 [Transportfunktion] (1) Das Indossament überträgt alle Rechte aus dem Wechsel.

(2) Ist es ein Blankoindossament, so kann der Inhaber

1. das Indossament mit seinem Namen oder mit dem Namen eines anderen ausfüllen;
2. den Wechsel durch ein Blankoindossament oder an eine bestimmte Person weiter indossieren;
3. den Wechsel weiterbegeben, ohne das Blankoindossament auszufüllen und ohne ihn zu indossieren.

Art. 15 [Garantiefunktion] (1) Der Indossant haftet mangels eines entgegenstehenden Vermerks für die Annahme und die Zahlung.

(2) Er kann untersagen, daß der Wechsel weiter indossiert wird; in diesem Falle haftet er denen nicht, an die der Wechsel weiter indossiert wird.

Art. 16 [Wechselvermutung] (1) [1]Wer den Wechsel in Händen hat, gilt als rechtmäßiger Inhaber, sofern er sein Recht durch eine ununterbrochene Reihe von Indossamenten nachweist, und zwar auch dann, wenn das letzte ein Blankoindossament ist. [2]Ausgestrichene Indossamente gelten hierbei als nicht geschrieben. [3]Folgt auf ein Blankoindossament ein weiteres Indossament, so wird angenommen, daß der Aussteller dieses Indossaments den Wechsel durch das Blankoindossament erworben hat.

(2) Ist der Wechsel einem früheren Inhaber irgendwie abhanden gekommen, so ist der neue Inhaber, der sein Recht nach den Vorschriften des vorstehenden Absatzes nachweist, zur Herausgabe des Wechsels nur verpflichtet, wenn er ihn in bösem Glauben erworben hat oder ihm beim Erwerb eine grobe Fahrlässigkeit zur Last fällt.

Art. 17 [Einwendungen des Wechselschuldners] Wer aus dem Wechsel in Anspruch genommen wird, kann dem Inhaber keine Einwendungen entgegensetzen, die sich auf seine unmittelbaren Beziehungen zu dem Aussteller oder zu einem früheren Inhaber gründen, es sei denn, daß der Inhaber bei dem Erwerb des Wechsels bewußt zum Nachteil des Schuldners gehandelt hat.

Art. 18 [Vollmachtsindossament] (1) Enthält das Indossament den Vermerk „Wert zur Einziehung", „zum Inkasso", „in Prokura" oder einen anderen nur eine Bevollmächtigung ausdrückenden Vermerk, so kann der Inhaber alle Rechte aus dem Wechsel geltend machen; aber er kann ihn nur durch ein weiteres Vollmachtsindossament übertragen.

(2) Die Wechselverpflichteten können in diesem Falle dem Inhaber nur solche Einwendungen entgegensetzen, die ihnen gegen den Indossanten zustehen.

(3) Die in dem Vollmachtsindossament enthaltene Vollmacht erlischt weder mit dem Tode noch mit dem Eintritt der Handlungsunfähigkeit des Vollmachtgebers.

Art. 19 [Pfandindossament] (1) Enthält das Indossament den Vermerk „Wert zur Sicherheit", „Wert zum Pfande" oder einen anderen eine Verpfändung ausdrückenden Vermerk, so kann der Inhaber alle Rechte aus dem Wechsel geltend machen; ein von ihm ausgestelltes Indossament hat aber nur die Wirkung eines Vollmachtsindossaments.

(2) Die Wechselverpflichteten können dem Inhaber keine Einwendungen entgegensetzen, die sich auf ihre unmittelbaren Beziehungen zu dem Indossanten gründen, es sei denn, daß der Inhaber bei dem Erwerb des Wechsels bewußt zum Nachteil des Schuldners gehandelt hat.

Art. 20 [Indossament nach Verfall] (1) [1]Ein Indossament nach Verfall hat dieselben Wirkungen wie ein Indossament vor Verfall. [2]Ist jedoch der Wechsel erst nach Erhebung des Protestes mangels Zahlung oder nach Ablauf der hierfür bestimmten Frist indossiert worden, so hat das Indossament nur die Wirkungen einer gewöhnlichen Abtretung.

(2) Bis zum Beweis des Gegenteils wird vermutet, daß ein nicht datiertes Indossament vor Ablauf der für die Erhebung des Protestes bestimmten Frist auf den Wechsel gesetzt worden ist.

Dritter Abschnitt. Annahme

Art. 21 [Vorlegung zur Annahme] Der Wechsel kann von dem Inhaber oder von jedem, der den Wechsel auch nur in Händen hat, bis zum Verfall dem Bezogenen an seinem Wohnort zur Annahme vorgelegt werden.

Art. 22 [Vorlegungsgebot und Vorlegungsverbot] (1) Der Aussteller kann in jedem Wechsel mit oder ohne Bestimmung einer Frist vorschreiben, daß der Wechsel zur Annahme vorgelegt werden muß.

(2) Er kann im Wechsel die Vorlegung zur Annahme untersagen, wenn es sich nicht um einen Wechsel handelt, der bei einem Dritten oder an einem von dem Wohnort des Bezogenen verschiedenen Ort zahlbar ist oder der auf eine bestimmte Zeit nach Sicht lautet.

(3) Er kann auch vorschreiben, daß der Wechsel nicht vor einem bestimmten Tag zur Annahme vorgelegt werden darf.

(4) Jeder Indossant kann, wenn nicht der Aussteller die Vorlegung zur Annahme untersagt hat, mit oder ohne Bestimmung einer Frist vorschreiben, daß der Wechsel zur Annahme vorgelegt werden muß.

Art. 23 [Vorlegungsfrist] (1) Wechsel, die auf eine bestimmte Zeit nach Sicht lauten, müssen binnen einem Jahr nach dem Tag der Ausstellung zur Annahme vorgelegt werden.

(2) Der Aussteller kann eine kürzere oder eine längere Frist bestimmen.

(3) Die Indossanten können die Vorlegungsfristen abkürzen.

Art. 24 [Nochmalige Vorlegung] (1) [1] Der Bezogene kann verlangen, daß ihm der Wechsel am Tag nach der ersten Vorlegung nochmals vorgelegt wird. [2] Die Beteiligten können sich darauf, daß diesem Verlangen nicht entsprochen worden ist, nur berufen, wenn das Verlangen im Protest vermerkt ist.

(2) Der Inhaber ist nicht verpflichtet, den zur Annahme vorgelegten Wechsel in der Hand des Bezogenen zu lassen.

Art. 25 [Annahmeerklärung] (1) [1] Die Annahmeerklärung wird auf den Wechsel gesetzt. [2] Sie wird durch das Wort „angenommen„ oder ein gleichbedeutendes Wort ausgedrückt; sie ist vom Bezogenen zu unterschreiben. [3] Die bloße Unterschrift des Bezogenen auf der Vorderseite des Wechsels gilt als Annahme.

(2) [1] Lautet der Wechsel auf eine bestimmte Zeit nach Sicht oder ist er infolge eines besonderen Vermerks innerhalb einer bestimmten Frist zur Annahme vorzulegen, so muß die Annahmeerklärung den Tag bezeichnen, an dem sie erfolgt ist, sofern nicht der Inhaber die Angabe des Tages der Vorlegung verlangt. [2] Ist kein Tag angegeben, so muß der Inhaber, um seine Rückgriffsrechte gegen die Indossanten und den Aussteller zu wahren, diese Unterlassung rechtzeitig durch einen Protest feststellen lassen.

Art. 26 [Eingeschränkte Annahme] (1) Die Annahme muß unbedingt sein; der Bezogene kann sie aber auf einen Teil der Wechselsumme beschränken.

(2) [1] Wenn die Annahmeerklärung irgendeine andere Abweichung von den Bestimmungen des Wechsels enthält, so gilt die Annahme als verweigert. [2] Der Annehmende haftet jedoch nach dem Inhalt seiner Annahmeerklärung.

Art. 27 [Domizilwechsel; Zahlstellenwechsel] (1) [1] Hat der Aussteller im Wechsel einen von dem Wohnort des Bezogenen verschiedenen Zahlungsort angegeben, ohne einen Dritten zu bezeichnen, bei dem die Zahlung geleistet werden soll, so kann der Bezogene bei der Annahmeerklärung einen Dritten bezeichnen. [2] Mangels einer solchen Bezeichnung wird angenommen, daß sich der Annehmer verpflichtet hat, selbst am Zahlungsort zu zahlen.

(2) Ist der Wechsel beim Bezogenen selbst zahlbar, so kann dieser in der Annahmeerklärung eine am Zahlungsort befindliche Stelle bezeichnen, wo die Zahlung geleistet werden soll.

Art. 28 [Wirkung der Annahme] (1) Der Bezogene wird durch die Annahme verpflichtet, den Wechsel bei Verfall zu bezahlen.

(2) Mangels Zahlung hat der Inhaber, auch wenn er der Aussteller ist, gegen den Annehmer einen unmittelbaren Anspruch aus dem Wechsel auf alles, was auf Grund der Artikel 48 und 49 gefordert werden kann.

Art. 29 [Widerruf der Annahme] (1) [1] Hat der Bezogene die auf den Wechsel gesetzte Annahmeerklärung vor der Rückgabe des Wechsels gestrichen, so gilt die Annahme als verweigert. [2] Bis zum Beweis des Gegenteils wird vermutet, daß die Streichung vor der Rückgabe des Wechsels erfolgt ist.

(2) Hat der Bezogene jedoch dem Inhaber oder einer Person, deren Unterschrift sich auf dem Wechsel befindet, die Annahme schriftlich mitgeteilt, so haftet er diesen nach dem Inhalt seiner Annahmeerklärung.

Vierter Abschnitt. Wechselbürgschaft

Art. 30 [Zulässigkeit] (1) Die Zahlung der Wechselsumme kann ganz oder teilweise durch Wechselbürgschaft gesichert werden.

(2) Diese Sicherheit kann von einem Dritten oder auch von einer Person geleistet werden, deren Unterschrift sich schon auf dem Wechsel befindet.

Art. 31 [Form] (1) Die Bürgschaftserklärung wird auf den Wechsel oder auf einen Anhang gesetzt.

(2) Sie wird durch die Worte „als Bürge" oder einen gleichbedeutenden Vermerk ausgedrückt; sie ist von dem Wechselbürgen zu unterschreiben.

(3) Die bloße Unterschrift auf der Vorderseite des Wechsels gilt als Bürgschaftserklärung, soweit es sich nicht um die Unterschrift des Bezogenen oder des Ausstellers handelt.

(4) In der Erklärung ist anzugeben, für wen die Bürgschaft geleistet wird; mangels einer solchen Angabe gilt sie für den Aussteller.

Art. 32 [Haftung des Wechselbürgen] (1) Der Wechselbürge haftet in der gleichen Weise wie derjenige, für den er sich verbürgt hat.

(2) Seine Verpflichtungserklärung ist auch gültig, wenn die Verbindlichkeit, für die er sich verbürgt hat, aus einem anderen Grund als wegen eines Formfehlers nichtig ist.

(3) Der Wechselbürge, der den Wechsel bezahlt, erwirbt die Rechte aus dem Wechsel gegen denjenigen, für den er sich verbürgt hat, und gegen alle, die diesem wechselmäßig haften.

Fünfter Abschnitt. Verfall

Art. 33 [Verfallzeiten] (1) Ein Wechsel kann gezogen werden

auf Sicht;

auf eine bestimmte Zeit nach Sicht;

auf eine bestimmte Zeit nach der Ausstellung;

auf einen bestimmten Tag.

(2) Wechsel mit anderen oder mit mehreren aufeinanderfolgenden Verfallzeiten sind nichtig.

Art. 34 [Sichtwechsel] (1) [1] Der Sichtwechsel ist bei der Vorlegung fällig. [2] Er muß binnen einem Jahr nach der Ausstellung zur Zahlung vorgelegt werden. [3] Der Aussteller kann eine kürzere oder eine längere Frist bestimmen. [4] Die Indossanten können die Vorlegungsfristen abkürzen.

(2) [1] Der Aussteller kann vorschreiben, daß der Sichtwechsel nicht vor einem bestimmten Tag zur Zahlung vorgelegt werden darf. [2] In diesem Falle beginnt die Vorlegungsfrist mit diesem Tag.

Art. 35 [Nachsichtwechsel] (1) Der Verfall eines Wechsels, der auf eine bestimmte Zeit nach Sicht lautet, richtet sich nach dem in der Annahmeerklärung angegebenen Tag oder nach dem Tag des Protestes.

(2) Ist in der Annahmeerklärung ein Tag nicht angegeben und ein Protest nicht erhoben worden, so gilt dem Annehmer gegenüber der Wechsel als am letzten Tag der für die Vorlegung zur Annahme vorgesehenen Frist angenommen.

Art. 36 [Auslegungsregeln] (1) [1] Ein Wechsel, der auf einen oder mehrere Monate nach der Ausstellung oder nach Sicht lautet, verfällt an dem entsprechenden Tag des Zahlungsmonats. [2] Fehlt dieser Tag, so ist der Wechsel am letzten Tag des Monats fällig.

(2) Lautet der Wechsel auf einen oder mehrere Monate und einen halben Monat nach der Ausstellung oder nach Sicht, so werden die ganzen Monate zuerst gezählt.

(3) Ist als Verfallzeit der Anfang, die Mitte oder das Ende eines Monats angegeben, so ist darunter der erste, der fünfzehnte oder der letzte Tag des Monats zu verstehen.

(4) Die Ausdrücke „acht Tage" oder „fünfzehn Tage" bedeuten nicht eine oder zwei Wochen, sondern volle acht oder fünfzehn Tage.

(5) Der Ausdruck „halber Monat" bedeutet fünfzehn Tage.

Art. 37 [Kalenderverschiedenheit] (1) Ist ein Wechsel an einem bestimmten Tag an einem Ort zahlbar, dessen Kalender von dem des Ausstellungsorts abweicht, so ist für den Verfalltag der Kalender des Zahlungsorts maßgebend.

(2) Ist ein zwischen zwei Orten mit verschiedenem Kalender gezogener Wechsel eine bestimmte Zeit nach der Ausstellung zahlbar, so wird der Tag der Ausstellung in den nach dem Kalender des Zahlungsorts entsprechenden Tag umgerechnet und hiernach der Verfalltag ermittelt.

(3) Auf die Berechnung der Fristen für die Vorlegung von Wechseln findet die Vorschrift des vorstehenden Absatzes entsprechende Anwendung.

(4) Die Vorschriften dieses Artikels finden keine Anwendung, wenn sich aus einem Vermerk im Wechsel oder sonst aus dessen Inhalt ergibt, daß etwas anderes beabsichtigt war.

Sechster Abschnitt. Zahlung

Art. 38 [Vorlegung zur Zahlung] (1) Der Inhaber eines Wechsels, der an einem bestimmten Tag oder bestimmte Zeit nach der Ausstellung oder nach Sicht zahlbar ist, hat den Wechsel am Zahlungstag oder an einem der beiden folgenden Werktage zur Zahlung vorzulegen.

(2) Die Einlieferung in eine Abrechnungsstelle steht der Vorlegung zur Zahlung gleich.

(3) Das Bundesministerium der Justiz und für Verbraucherschutz bestimmt, welche Einrichtungen als Abrechnungsstellen anzusehen sind und unter welchen Voraussetzungen die Einlieferung erfolgen kann.

Art. 39 [Aushändigung des quittierten Wechsels; Teilzahlung] (1) Der Bezogene kann vom Inhaber gegen Zahlung die Aushändigung des quittierten Wechsels verlangen.

(2) Der Inhaber darf eine Teilzahlung nicht zurückweisen.

(3) Im Falle der Teilzahlung kann der Bezogene verlangen, daß sie auf dem Wechsel vermerkt und ihm eine Quittung erteilt wird.

Art. 40 [Zahlung vor und bei Verfall] (1) Der Inhaber des Wechsels ist nicht verpflichtet, die Zahlung vor Verfall anzunehmen.

(2) Der Bezogene, der vor Verfall zahlt, handelt auf eigene Gefahr.

(3) [1] Wer bei Verfall zahlt, wird von seiner Verbindlichkeit befreit, wenn ihm nicht Arglist oder grobe Fahrlässigkeit zur Last fällt. [2] Er ist verpflichtet, die Ordnungsmäßigkeit der Reihe der Indossamente, aber nicht die Unterschriften der Indossanten zu prüfen.

Art. 41 [Fremde Währung] (1) [1] Lautet der Wechsel auf eine Währung, die am Zahlungsort nicht gilt, so kann die Wechselsumme in der Landeswährung nach dem Wert gezahlt werden, den sie am Verfalltag besitzt. [2] Wenn der Schuldner die Zahlung verzögert, so kann der Inhaber wählen, ob die Wechselsumme nach dem Kurs des Verfalltages oder nach dem Kurs des Zahlungstages in die Landeswährung umgerechnet werden soll.

(2) [1] Der Wert der fremden Währung bestimmt sich nach den Handelsgebräuchen des Zahlungsortes. [2] Der Aussteller kann jedoch im Wechsel für die zu zahlende Summe einen Umrechnungskurs bestimmen.

(3) Die Vorschriften der beiden ersten Absätze finden keine Anwendung, wenn der Aussteller die Zahlung in einer bestimmten Währung vorgeschrieben hat (Effektivvermerk).

(4) Lautet der Wechsel auf eine Geldsorte, die im Lande der Ausstellung dieselbe Bezeichnung, aber einen anderen Wert hat als in dem der Zahlung, so wird vermutet, daß die Geldsorte des Zahlungsortes gemeint ist.

Art. 42 [Hinterlegung] Wird der Wechsel nicht innerhalb der in Artikel 38 bestimmten Frist zur Zahlung vorgelegt, so kann der Schuldner die Wechselsumme bei der zuständigen Behörde auf Gefahr und Kosten des Inhabers hinterlegen.[1)]

[1)] Vgl. die HinterlegungsO v. 10.3.1937 (RGBl. I S. 285), aufgeh. durch G v. 23.11.2007 (BGBl. I S. 2614).

Siebenter Abschnitt. Rückgriff mangels Annahme und mangels Zahlung

Art. 43 [Rückgriff mangels Zahlung] (1) Der Inhaber kann gegen die Indossanten, den Aussteller und die anderen Wechselverpflichteten bei Verfall des Wechsels Rückgriff nehmen, wenn der Wechsel nicht bezahlt worden ist.

(2) Das gleiche Recht steht dem Inhaber schon vor Verfall zu,

1. wenn die Annahme ganz oder teilweise verweigert worden ist;
2. wenn über das Vermögen des Bezogenen, gleichviel ob er den Wechsel angenommen hat oder nicht, das Insolvenzverfahren eröffnet worden ist oder wenn der Bezogene auch nur seine Zahlungen eingestellt hat oder wenn eine Zwangsvollstreckung in sein Vermögen fruchtlos verlaufen ist;
3. wenn über das Vermögen des Ausstellers eines Wechsels, dessen Vorlegung zur Annahme untersagt ist, das Insolvenzverfahren eröffnet worden ist.

Art. 44[1)] [Protest] (1) Die Verweigerung der Annahme oder der Zahlung muß durch eine öffentliche Urkunde (Protest mangels Annahme oder mangels Zahlung) festgestellt werden.

(2) [1] Der Protest mangels Annahme muß innerhalb der Frist erhoben werden, die für die Vorlegung zur Annahme gilt. [2] Ist im Fall des Artikels 24 Abs. 1 der Wechsel am letzten Tage der Frist zum ersten Mal vorgelegt worden, so kann der Protest noch am folgenden Tag erhoben werden.

(3) [1] Der Protest mangels Zahlung muß bei einem Wechsel, der an einem bestimmten Tag oder bestimmte Zeit nach der Ausstellung oder nach Sicht zahlbar ist, an einem der beiden auf den Zahlungstag folgenden Werktage erhoben werden. [2] Bei einem Sichtwechsel muß der Protest mangels Zahlung in den gleichen Fristen erhoben werden, wie sie im vorhergehenden Absatz für den Protest mangels Annahme vorgesehen sind.

(4) Ist Protest mangels Annahme erhoben worden, so bedarf es weder der Vorlegung zur Zahlung noch des Protestes mangels Zahlung.

(5) Hat der Bezogene, gleichviel ob er den Wechsel angenommen hat oder nicht, seine Zahlungen eingestellt, oder ist eine Zwangsvollstreckung in sein Vermögen fruchtlos verlaufen, so kann der Inhaber nur Rückgriff nehmen, nachdem der Wechsel dem Bezogenen zur Zahlung vorgelegt und Protest erhoben worden ist.

(6) [1] Ist über das Vermögen des Bezogenen, gleichviel ob er den Wechsel angenommen hat oder nicht, oder über das Vermögen des Ausstellers eines Wechsels, dessen Vorlegung zur Annahme untersagt ist, das Insolvenzverfahren eröffnet worden, so genügt es zur Ausübung des Rückgriffsrechts, daß der gerichtliche Beschluß über die Eröffnung des Insolvenzverfahrens vorgelegt wird. [2] Die Vorlegung der Bekanntmachung des gerichtlichen Beschlusses im Internet oder der Veröffentlichung nach § 9 Absatz 2 Satz 1 der Insolvenzordnung ist der Vorlegung des gerichtlichen Beschlusses gleichzuachten.

Art. 45 [Benachrichtigungen] (1) [1] Der Inhaber muß seinen unmittelbaren Vormann und den Aussteller von dem Unterbleiben der Annahme oder der Zahlung innerhalb der vier Werktage benachrichtigen, die auf den Tag der Protesterhebung oder, im Fall des Vermerks „ohne Kosten“, auf den Tag der Vor-

---

1) Vgl. hierzu Art. 79ff.

legung folgen. [2] Jeder Indossant muß innerhalb zweier Werktage nach Empfang der Nachricht seinem unmittelbaren Vormann von der Nachricht, die er erhalten hat, Kenntnis geben und ihm die Namen und Adressen derjenigen mitteilen, die vorher Nachricht gegeben haben, und so weiter in der Reihenfolge, bis zum Aussteller. [3] Die Fristen laufen vom Empfang der vorhergehenden Nachricht.

(2) Wird nach Maßgabe des vorhergehenden Absatzes einer Person, deren Unterschrift sich auf dem Wechsel befindet, Nachricht gegeben, so muß die gleiche Nachricht in derselben Frist ihrem Wechselbürgen gegeben werden.

(3) Hat ein Indossant seine Adresse nicht oder in unleserlicher Form angegeben, so genügt es, daß sein unmittelbarer Vormann benachrichtigt wird.

(4) Die Nachricht kann in jeder Form gegeben werden, auch durch die bloße Rücksendung des Wechsels.

(5) [1] Der zur Benachrichtigung Verpflichtete hat zu beweisen, daß er in der vorgeschriebenen Frist benachrichtigt hat. [2] Die Frist gilt als eingehalten, wenn ein Schreiben, das die Benachrichtigung enthält, innerhalb der Frist zur Post gegeben worden ist.

(6) Wer die rechtzeitige Benachrichtigung versäumt, verliert nicht den Rückgriff; er haftet für den etwa durch seine Nachlässigkeit entstandenen Schaden, jedoch nur bis zur Höhe der Wechselsumme.

Art. 46 [Erlass des Protestes] (1) Der Aussteller sowie jeder Indossant oder Wechselbürge kann durch den Vermerk „ohne Kosten", „ohne Protest" oder einen gleichbedeutenden auf den Wechsel gesetzten und unterzeichneten Vermerk den Inhaber von der Verpflichtung befreien, zum Zwecke der Ausübung des Rückgriffs Protest mangels Annahme oder mangels Zahlung erheben zu lassen.

(2) [1] Der Vermerk befreit den Inhaber nicht von der Verpflichtung, den Wechsel rechtzeitig vorzulegen und die erforderlichen Nachrichten zu geben. [2] Der Beweis, daß die Frist nicht eingehalten worden ist, liegt demjenigen ob, der sich dem Inhaber gegenüber darauf beruft.

(3) [1] Ist der Vermerk vom Aussteller beigefügt, so wirkt er gegenüber allen Wechselverpflichteten; ist er von einem Indossanten oder einem Wechselbürgen beigefügt, so wirkt er nur diesen gegenüber. [2] Läßt der Inhaber ungeachtet des vom Aussteller beigefügten Vermerks Protest erheben, so fallen ihm die Kosten zur Last. [3] Ist der Vermerk von einem Indossanten oder einem Wechselbürgen beigefügt, so sind alle Wechselverpflichteten zum Ersatz der Kosten eines dennoch erhobenen Protestes verpflichtet.

Art. 47 [Haftung der Wechselschuldner] (1) Alle, die einen Wechsel ausgestellt, angenommen, indossiert oder mit einer Bürgschaftserklärung versehen haben, haften dem Inhaber als Gesamtschuldner.

(2) Der Inhaber kann jeden einzeln oder mehrere oder alle zusammen in Anspruch nehmen, ohne an die Reihenfolge gebunden zu sein, in der sie sich verpflichtet haben.

(3) Das gleiche Recht steht jedem Wechselverpflichteten zu, der den Wechsel eingelöst hat.

(4) Durch die Geltendmachung des Anspruchs gegen einen Wechselverpflichteten verliert der Inhaber nicht seine Rechte gegen die anderen Wechselverpflich-

teten, auch nicht gegen die Nachmänner desjenigen, der zuerst in Anspruch genommen worden ist.

Art. 48 [Rückgriff des Protestanten] (1) Der Inhaber kann im Wege des Rückgriffs verlangen:

1. die Wechselsumme, soweit der Wechsel nicht angenommen oder nicht eingelöst worden ist, mit den etwa bedungenen Zinsen;
2. Zinsen zu sechs vom Hundert seit dem Verfalltag. Bei einem Wechsel, der im Inland sowohl ausgestellt als auch zahlbar ist, beträgt der Zinssatz zwei vom Hundert über dem jeweiligen Basiszinssatz nach § 247 des Bürgerlichen Gesetzbuchs[1)], mindestens aber sechs vom Hundert;
3. die Kosten des Protestes und der Nachrichten sowie die anderen Auslagen;
4. eine Vergütung, die mangels besonderer Vereinbarung ein Drittel vom Hundert der Hauptsumme des Wechsels beträgt und diesen Satz keinesfalls überschreiten darf.

(2) [1] Wird der Rückgriff vor Verfall genommen, so werden von der Wechselsumme Zinsen abgezogen. [2] Diese Zinsen werden auf Grund des öffentlich bekanntgemachten Diskontsatzes (Satz der Zentralnotenbank) berechnet, der am Tag des Rückgriffs am Wohnort des Inhabers gilt.

Art. 49 [Rückgriff des Einlösers] Wer den Wechsel eingelöst hat, kann von seinen Vormännern verlangen:

1. den vollen Betrag, den er gezahlt hat;
2. die Zinsen dieses Betrags zu sechs vom Hundert seit dem Tag der Einlösung. Bei einem Wechsel, der im Inland sowohl ausgestellt als auch zahlbar ist, beträgt der Zinssatz zwei vom Hundert über dem jeweiligen Basiszinssatz nach § 247 des Bürgerlichen Gesetzbuchs[1)], mindestens aber sechs vom Hundert;
3. seine Auslagen;
4. eine Vergütung, die nach den Vorschriften des Artikels 48 Abs. 1 Nr. 4 berechnet wird.

Art. 50 [Aushändigung der Wechselpapiere] (1) Jeder Wechselverpflichtete, gegen den Rückgriff genommen wird oder genommen werden kann, ist berechtigt, zu verlangen, daß ihm gegen Entrichtung der Rückgriffssumme der Wechsel mit dem Protest und eine quittierte Rechnung ausgehändigt werden.

(2) Jeder Indossant, der den Wechsel eingelöst hat, kann sein Indossament und die Indossamente seiner Nachmänner ausstreichen.

Art. 51 [Rückgriff nach Teilannahme] [1] Bei dem Rückgriff nach einer Teilannahme kann derjenige, der den nicht angenommenen Teil der Wechselsumme entrichtet, verlangen, daß dies auf dem Wechsel vermerkt und ihm darüber Quittung erteilt wird. [2] Der Inhaber muß ihm ferner eine beglaubigte Abschrift des Wechsels und den Protest aushändigen, um den weiteren Rückgriff zu ermöglichen.

Art. 52 [Rückwechsel] (1) Wer zum Rückgriff berechtigt ist, kann mangels eines entgegenstehenden Vermerkes den Rückgriff dadurch nehmen, daß er auf

---

[1)] Nr. 24.

einen seiner Vormänner einen neuen Wechsel (Rückwechsel) zieht, der auf Sicht lautet und am Wohnort dieses Vormannes zahlbar ist.

(2) Der Rückwechsel umfaßt, außer den in den Artikeln 48 und 49 angegebenen Beträgen, die Mäklergebühr und die Stempelsteuer für den Rückwechsel.

(3) [1] Wird der Rückwechsel vom Inhaber gezogen, so richtet sich die Höhe der Wechselsumme nach dem Kurse, den ein vom Zahlungsort des ursprünglichen Wechsels auf den Wohnort des Vormannes gezogener Sichtwechsel hat. [2] Wird der Rückwechsel von einem Indossanten gezogen, so richtet sich die Höhe der Wechselsumme nach dem Kurse, den ein vom Wohnort des Ausstellers des Rückwechsels auf den Wohnort des Vormannes gezogener Sichtwechsel hat.

Art. 53 [Rechtsverlust bei Fristversäumung] (1) Mit der Versäumung der Fristen

für die Vorlegung eines Wechsels, der auf Sicht oder auf eine bestimmte Zeit nach Sicht lautet,

für die Erhebung des Protestes mangels Annahme oder mangels Zahlung,

für die Vorlegung zur Zahlung im Falle des Vermerkes „ohne Kosten"

verliert der Inhaber seine Rechte gegen die Indossanten, den Aussteller und alle anderen Wechselverpflichteten, mit Ausnahme des Annehmers.

(2) Versäumt der Inhaber die vom Aussteller für die Vorlegung zur Annahme vorgeschriebene Frist, so verliert er das Recht, mangels Annahme und mangels Zahlung Rückgriff zu nehmen, sofern nicht der Wortlaut des Vermerkes ergibt, daß der Aussteller nur die Haftung für die Annahme hat ausschließen wollen.

(3) Ist die Frist für die Vorlegung in einem Indossament enthalten, so kann sich nur der Indossant darauf berufen.

Art. 54 [Fristversäumung wegen höherer Gewalt] (1) Steht der rechtzeitigen Vorlegung des Wechsels oder der rechtzeitigen Erhebung des Protestes ein unüberwindliches Hindernis entgegen (gesetzliche Vorschrift eines Staates oder ein anderer Fall höherer Gewalt), so werden die für diese Handlungen bestimmten Fristen verlängert.

(2) Der Inhaber ist verpflichtet, seinen unmittelbaren Vormann von dem Falle der höheren Gewalt unverzüglich zu benachrichtigen und die Benachrichtigung unter Beifügung des Tages und Ortes sowie seiner Unterschrift auf dem Wechsel oder einem Anhang zu vermerken; im übrigen finden die Vorschriften des Artikels 45 Anwendung.

(3) Fällt die höhere Gewalt weg, so muß der Inhaber den Wechsel unverzüglich zur Annahme oder zur Zahlung vorlegen und gegebenenfalls Protest erheben lassen.

(4) Dauert die höhere Gewalt länger als dreißig Tage nach Verfall, so kann Rückgriff genommen werden, ohne daß es der Vorlegung oder der Protesterhebung bedarf.

(5) [1] Bei Wechseln, die auf Sicht oder auf eine bestimmte Zeit nach Sicht lauten, läuft die dreißigtägige Frist von dem Tage, an dem der Inhaber seinen Vormann von dem Fall der höheren Gewalt benachrichtigt hat; diese Nachricht kann schon vor Ablauf der Vorlegungsfrist gegeben werden. [2] Bei Wechseln, die auf bestimmte Zeit nach Sicht lauten, verlängert sich die dreißigtägige Frist um die im Wechsel angegebene Nachsichtfrist.

(6) Tatsachen, die rein persönlich den Inhaber oder denjenigen betreffen, den er mit der Vorlegung des Wechsels oder mit der Protesterhebung beauftragt hat, gelten nicht als Fälle höherer Gewalt.

Achter Abschnitt. Ehreneintritt

1. Allgemeine Vorschriften

Art. 55 [Notadresse; Ehrenannahme oder -zahlung] (1) Der Aussteller sowie jeder Indossant oder Wechselbürge kann eine Person angeben, die im Notfall annehmen oder zahlen soll.

(2) Der Wechsel kann unter den nachstehend bezeichneten Voraussetzungen zu Ehren eines jeden Wechselverpflichteten, gegen den Rückgriff genommen werden kann, angenommen oder bezahlt werden.

(3) Jeder Dritte, auch der Bezogene, sowie jeder aus dem Wechsel bereits Verpflichtete, mit Ausnahme des Annehmers, kann einen Wechsel zu Ehren annehmen oder bezahlen.

(4) [1] Wer zu Ehren annimmt oder zahlt, ist verpflichtet, den Wechselverpflichteten, für den er eintritt, innerhalb zweier Werktage hiervon zu benachrichtigen. [2] Hält er die Frist nicht ein, so haftet er für den etwa durch seine Nachlässigkeit entstandenen Schaden, jedoch nur bis zur Höhe der Wechselsumme.

2. Ehrenannahme

Art. 56 [Zulässigkeit; Rückgriff] (1) Die Ehrenannahme ist in allen Fällen zulässig, in denen der Inhaber vor Verfall Rückgriff nehmen kann, es sei denn, daß es sich um einen Wechsel handelt, dessen Vorlegung zur Annahme untersagt ist.

(2) Ist auf dem Wechsel eine Person angegeben, die im Notfall am Zahlungsort annehmen oder zahlen soll, so kann der Inhaber vor Verfall gegen denjenigen, der die Notadresse beigefügt hat, und gegen seine Nachmänner nur Rückgriff nehmen, wenn er den Wechsel der in der Notadresse bezeichneten Person vorgelegt hat und im Falle der Verweigerung der Ehrenannahme die Verweigerung durch einen Protest hat feststellen lassen.

(3) [1] In den anderen Fällen des Ehreneintritts kann der Inhaber die Ehrenannahme zurückweisen. [2] Läßt er sie aber zu, so verliert er den Rückgriff vor Verfall gegen denjenigen, zu dessen Ehren die Annahme erklärt worden ist, und gegen dessen Nachmänner.

Art. 57 [Form] [1] Die Ehrenannahme wird auf dem Wechsel vermerkt; sie ist von demjenigen, der zu Ehren annimmt, zu unterschreiben. [2] In der Annahmeerklärung ist anzugeben, für wen die Ehrenannahme stattfindet; mangels einer solchen Angabe gilt sie für den Aussteller.

Art. 58 [Haftung des Ehrenannehmers] (1) Wer zu Ehren annimmt, haftet dem Inhaber und den Nachmännern desjenigen, für den er eingetreten ist, in der gleichen Weise wie dieser selbst.

(2) Trotz der Ehrenannahme können der Wechselverpflichtete, zu dessen Ehren der Wechsel angenommen worden ist, und seine Vormänner vom Inhaber gegen Erstattung des in Artikel 48 angegebenen Betrags die Aushändigung des Wechsels und gegebenenfalls des erhobenen Protestes sowie einer quittierten Rechnung verlangen.

3. Ehrenzahlung

Art. 59 [Zulässigkeit] (1) Die Ehrenzahlung ist in allen Fällen zulässig, in denen der Inhaber bei Verfall oder vor Verfall Rückgriff nehmen kann.

(2) Die Ehrenzahlung muß den vollen Betrag umfassen, den der Wechselverpflichtete, für den sie stattfindet, zahlen müßte.

(3) Sie muß spätestens am Tage nach Ablauf der Frist für die Erhebung des Protestes mangels Zahlung stattfinden.

Art. 60 [Protest mangels Ehrenzahlung] (1) Ist der Wechsel von Personen zu Ehren angenommen, die ihren Wohnsitz am Zahlungsort haben, oder sind am Zahlungsort wohnende Personen angegeben, die im Notfall zahlen sollen, so muß der Inhaber spätestens am Tage nach Ablauf der Frist für die Erhebung des Protestes mangels Zahlung den Wechsel allen diesen Personen vorlegen und gegebenenfalls Protest wegen unterbliebener Ehrenzahlung erheben lassen.

(2) Wird der Protest nicht rechtzeitig erhoben, so werden derjenige, der die Notadresse angegeben hat oder zu dessen Ehren der Wechsel angenommen worden ist, und die Nachmänner frei.

Art. 61 [Zurückweisung der Ehrenzahlung] Weist der Inhaber die Ehrenzahlung zurück, so verliert er den Rückgriff gegen diejenigen, die frei geworden wären.

Art. 62 [Quittung und Herausgabe der Papiere] (1) [1] Über die Ehrenzahlung ist auf dem Wechsel eine Quittung auszustellen, die denjenigen bezeichnet, für den gezahlt wird. [2] Fehlt die Bezeichnung, so gilt die Zahlung für den Aussteller.

(2) Der Wechsel und der etwa erhobene Protest sind dem Ehrenzahler auszuhändigen.

Art. 63 [Rechte des Ehrenzahlers] (1) [1] Der Ehrenzahler erwirbt die Rechte aus dem Wechsel gegen den Wechselverpflichteten, für den er gezahlt hat, und gegen die Personen, die diesem aus dem Wechsel haften. [2] Er kann jedoch den Wechsel nicht weiter indossieren.

(2) Die Nachmänner des Wechselverpflichteten, für den gezahlt worden ist, werden frei.

(3) [1] Sind mehrere Ehrenzahlungen angeboten, so gebührt derjenigen der Vorzug, durch welche die meisten Wechselverpflichteten frei werden. [2] Wer entgegen dieser Vorschrift in Kenntnis der Sachlage zu Ehren zahlt, verliert den Rückgriff gegen diejenigen, die sonst frei geworden wären.

Neunter Abschnitt. Ausfertigung mehrerer Stücke eines Wechsels; Wechselabschriften

1. Ausfertigungen

Art. 64 [Ausstellung und Form] (1) Der Wechsel kann in mehreren gleichen Ausfertigungen ausgestellt werden.

(2) Diese Ausfertigungen müssen im Texte der Urkunde mit fortlaufenden Nummern versehen sein; andernfalls gilt jede Ausfertigung als besonderer Wechsel.

(3) [1] Jeder Inhaber eines Wechsels kann auf seine Kosten die Übergabe mehrerer Ausfertigungen verlangen, sofern nicht aus dem Wechsel zu ersehen ist, daß er in einer einzigen Ausfertigung ausgestellt worden ist. [2] Zu diesem Zwecke hat sich der Inhaber an seinen unmittelbaren Vormann zu wenden, der wieder an seinen Vormann zurückgehen muß, und so weiter in der Reihenfolge bis zum Aussteller. [3] Die Indossanten sind verpflichtet, ihre Indossamente auf den neuen Ausfertigungen zu wiederholen.

Art. 65 [Zahlung; Haftung] (1) [1] Wird eine Ausfertigung bezahlt, so erlöschen die Rechte aus allen Ausfertigungen, auch wenn diese nicht den Vermerk tragen, daß durch die Zahlung auf eine Ausfertigung die anderen ihre Gültigkeit verlieren. [2] Jedoch bleibt der Bezogene aus jeder angenommenen Ausfertigung, die ihm nicht zurückgegeben worden ist, verpflichtet.

(2) Hat ein Indossant die Ausfertigungen an verschiedene Personen übertragen, so haften er und seine Nachmänner aus allen Ausfertigungen, die ihre Unterschrift tragen und nicht herausgegeben worden sind.

Art. 66 [Verwahrungsvermerk; Protest] (1) [1] Wer eine Ausfertigung zur Annahme versendet, hat auf den anderen Ausfertigungen den Namen dessen anzugeben, bei dem sich die versendete Ausfertigung befindet. [2] Dieser ist verpflichtet, sie dem rechtmäßigen Inhaber einer anderen Ausfertigung auszuhändigen.

(2) Wird die Aushändigung verweigert, so kann der Inhaber nur Rückgriff nehmen, nachdem er durch einen Protest hat feststellen lassen:

1. daß ihm die zur Annahme versendete Ausfertigung auf sein Verlangen nicht ausgehändigt worden ist;
2. daß die Annahme oder die Zahlung auch nicht auf eine andere Ausfertigung zu erlangen war.

2. Abschriften

Art. 67 [Zulässigkeit; Form und Inhalt] (1) Jeder Inhaber eines Wechsels ist befugt, Abschriften davon herzustellen.

(2) [1] Die Abschrift muß die Urschrift mit den Indossamenten und allen anderen darauf befindlichen Vermerken genau wiedergeben. [2] Es muß angegeben sein, wie weit die Abschrift reicht.

(3) Die Abschrift kann auf dieselbe Weise und mit denselben Wirkungen indossiert und mit einer Bürgschaftserklärung versehen werden wie die Urschrift.

Art. 68 [Vermerke; Protest] (1) [1] In der Abschrift ist der Verwahrer der Urschrift zu bezeichnen. [2] Dieser ist verpflichtet, die Urschrift dem rechtmäßigen Inhaber der Abschrift auszuhändigen.

(2) Wird die Aushändigung verweigert, so kann der Inhaber gegen die Indossanten der Abschrift und gegen diejenigen, die eine Bürgschaftserklärung auf die Abschrift gesetzt haben, nur Rückgriff nehmen, nachdem er durch einen Protest hat feststellen lassen, daß ihm die Urschrift auf sein Verlangen nicht ausgehändigt worden ist.

(3) Enthält die Urschrift nach dem letzten, vor Anfertigung der Abschrift daraufgesetzten Indossament den Vermerk „von hier ab gelten Indossamente nur noch auf der Abschrift“ oder einen gleichbedeutenden Vermerk, so ist ein später auf die Urschrift gesetztes Indossament nichtig.

Zehnter Abschnitt. Änderungen

Art. 69 [Haftung der Unterzeichner] Wird der Text eines Wechsels geändert, so haften diejenigen, die nach der Änderung ihre Unterschrift auf den Wechsel gesetzt haben, entsprechend dem geänderten Texte; wer früher unterschrieben hat, haftet nach dem ursprünglichen Texte.

Elfter Abschnitt. Verjährung

Art. 70 [Verjährungsfrist] (1) Die wechselmäßigen Ansprüche gegen den Annehmer verjähren in drei Jahren vom Verfalltage.

(2) Die Ansprüche des Inhabers gegen die Indossanten und gegen den Aussteller verjähren in einem Jahre vom Tage des rechtzeitig erhobenen Protestes oder im Falle des Vermerkes „ohne Kosten" vom Verfalltage.

(3) Die Ansprüche eines Indossanten gegen andere Indossanten und gegen den Aussteller verjähren in sechs Monaten von dem Tage, an dem der Wechsel vom Indossanten eingelöst oder ihm gegenüber gerichtlich geltend gemacht worden ist.

Art. 71 [Unterbrechung] Der Neubeginn der Verjährung und ihre Hemmung nach § 204 des Bürgerlichen Gesetzbuchs[1] wirken nur gegen den Wechselverpflichteten, in Ansehung dessen die Tatsache eingetreten ist, welche den Neubeginn oder die Hemmung bewirkt.

Zwölfter Abschnitt. Allgemeine Vorschriften

Art. 72 [Feiertage; Samstage] (1) [1] Verfällt der Wechsel an einem gesetzlichen Feiertage oder einem Sonnabend, so kann die Zahlung erst am nächsten Werktage verlangt werden. [2] Auch alle anderen auf den Wechsel bezüglichen Handlungen, insbesondere die Vorlegung zur Annahme und die Protesterhebung, können nur an einem Werktage, jedoch nicht an einem Sonnabend, stattfinden.

(2) [1] Fällt der letzte Tag einer Frist, innerhalb deren eine dieser Handlungen vorgenommen werden muß, auf einen gesetzlichen Feiertag oder einen Sonnabend, so wird die Frist bis zum nächsten Werktage verlängert. [2] Feiertage, die in den Lauf einer Frist fallen, werden bei der Berechnung der Frist mitgezählt.

Art. 73 [Berechnung der Fristen] Bei der Berechnung der gesetzlichen oder im Wechsel bestimmten Fristen wird der Tag, von dem sie zu laufen beginnen, nicht mitgezählt.

Art. 74 [Keine Respekttage] Weder gesetzliche noch richterliche Respekttage werden anerkannt.

Zweiter Teil. Eigener Wechsel

Art. 75 [Bestandteile] Der eigene Wechsel enthält:

1. die Bezeichnung als Wechsel im Texte der Urkunde, und zwar in der Sprache, in der sie ausgestellt ist;
2. das unbedingte Versprechen, eine bestimmte Geldsumme zu zahlen;

---

[1] Nr. 24.

3. die Angabe der Verfallzeit;
4. die Angabe des Zahlungsortes;
5. den Namen dessen, an den oder an dessen Order gezahlt werden soll;
6. die Angabe des Tages und des Ortes der Ausstellung;
7. die Unterschrift des Ausstellers.

Art. 76 [Fehlen von Bestandteilen] (1) Eine Urkunde, der einer der im vorstehenden Artikel bezeichneten Bestandteile fehlt, gilt nicht als eigener Wechsel, vorbehaltlich der in den folgenden Absätzen bezeichneten Fälle.

(2) Ein eigener Wechsel ohne Angabe der Verfallzeit gilt als Sichtwechsel.

(3) Mangels einer besonderen Angabe gilt der Ausstellungsort als Zahlungsort und zugleich als Wohnort des Ausstellers.

(4) Ein eigener Wechsel ohne Angabe des Ausstellungsortes gilt als ausgestellt an dem Orte, der bei dem Namen des Ausstellers angegeben ist.

Art. 77 [Anzuwendende Vorschriften] (1) Für den eigenen Wechsel gelten, soweit sie nicht mit seinem Wesen in Widerspruch stehen, die für den gezogenen Wechsel gegebenen Vorschriften über
das Indossament (Artikel 11 bis 20),
den Verfall (Artikel 33 bis 37),
die Zahlung (Artikel 38 bis 42),
den Rückgriff mangels Zahlung (Artikel 43 bis 50, 52 bis 54),
die Ehrenzahlung (Artikel 55, 59 bis 63),
die Abschriften (Artikel 67 und 68),
die Änderungen (Artikel 69),
die Verjährung (Artikel 70 und 71),
die Feiertage, die Fristenberechnung und das Verbot der Respekttage (Artikel 72 bis 74).

(2) Ferner gelten für den eigenen Wechsel die Vorschriften über gezogene Wechsel, die bei einem Dritten oder an einem von dem Wohnort des Bezogenen verschiedenen Ort zahlbar sind (Artikel 4 und 27), über den Zinsvermerk (Artikel 5), über die Abweichungen bei der Angabe der Wechselsumme (Artikel 6), über die Folgen einer ungültigen Unterschrift (Artikel 7) oder die Unterschrift einer Person, die ohne Vertretungsbefugnis handelt oder ihre Vertretungsbefugnis überschreitet (Artikel 8), und über den Blankowechsel (Artikel 10).

(3) Ebenso finden auf den eigenen Wechsel die Vorschriften über die Wechselbürgschaft Anwendung (Artikel 30 bis 32); im Falle des Artikels 31 Abs. 4 gilt die Wechselbürgschaft, wenn die Erklärung nicht angibt, für wen sie geleistet wird, für den Aussteller des eigenen Wechsels.

Art. 78 [Haftung des Ausstellers; Nachsichtwechsel] (1) Der Aussteller eines eigenen Wechsels haftet in der gleichen Weise wie der Annehmer eines gezogenen Wechsels.

(2) [1] Eigene Wechsel, die auf eine bestimmte Zeit nach Sicht lauten, müssen dem Aussteller innerhalb der in Artikel 23 bezeichneten Fristen zur Sicht vorgelegt werden. [2] Die Sicht ist von dem Aussteller auf dem Wechsel unter Angabe des Tages und Beifügung der Unterschrift zu bestätigen. [3] Die Nachsichtfrist läuft vom Tage des Sichtvermerkes. [4] Weigert sich der Aussteller, die Sicht unter

Angabe des Tages zu bestätigen, so ist dies durch einen Protest festzustellen (Artikel 25); die Nachsichtfrist läuft dann vom Tage des Protestes.

Dritter Teil. Ergänzende Vorschriften

Erster Abschnitt. Protest

Art. 79 [Protestpersonen] (1) Jeder Protest muß durch einen Notar oder Gerichtsbeamten aufgenommen werden.

(2) *(aufgehoben)*

Art. 80 [Inhalt des Protestes] (1) In dem Protest ist aufzunehmen:

1. der Name dessen, für den protestiert wird, sowie der Name dessen, gegen den protestiert wird;
2. die Angabe, daß derjenige, gegen den protestiert wird, ohne Erfolg zur Vornahme der wechselrechtlichen Leistung aufgefordert worden oder nicht anzutreffen gewesen ist oder daß seine Geschäftsräume oder seine Wohnung sich nicht haben ermitteln lassen;
3. die Angabe des Ortes und des Tages, an dem die Aufforderung geschehen oder ohne Erfolg versucht worden ist.

(2) Verlangt der Bezogene, dem ein Wechsel zur Annahme vorgelegt wird, die nochmalige Vorlegung am nächsten Tage, so ist dies im Protest zu vermerken.

(3) Der Protest ist von dem Protestbeamten zu unterschreiben und mit dem Amtssiegel oder dem Amtsstempel zu versehen.

Art. 81 [Form des Protestes] (1) Der Protest ist auf den Wechsel oder auf ein mit dem Wechsel zu verbindendes Blatt zu setzen.

(2) Er soll unmittelbar hinter den letzten auf der Rückseite des Wechsels befindlichen Vermerk, in Ermangelung eines solchen unmittelbar an einen Rand der Rückseite gesetzt werden.

(3) [1] Wird der Protest auf ein Blatt gesetzt, das mit dem Wechsel verbunden wird, so soll die Verbindungsstelle mit dem Amtssiegel oder dem Amtsstempel versehen werden. [2] Ist dies geschehen, so braucht der Unterschrift des Protestbeamten ein Siegel oder Stempel nicht beigefügt zu werden.

(4) [1] Wird der Protest unter Vorlegung mehrerer Ausfertigungen desselben Wechsels oder unter Vorlegung der Urschrift und einer Abschrift erhoben, so genügt die Beurkundung auf einer der Ausfertigungen oder auf der Urschrift. [2] Auf den anderen Ausfertigungen oder auf der Abschrift ist zu vermerken, auf welche Ausfertigung der Protest gesetzt worden ist oder daß er sich auf der Urschrift befindet. [3] Auf den Vermerk finden die Vorschriften des Absatzes 2 und des Absatzes 3 Satz 1 entsprechende Anwendung. [4] Der Protestbeamte hat den Vermerk zu unterschreiben.

Art. 82 [Protest des Inhabers einer Abschrift und bei Teilannahme]

(1) Der Protest, den der Inhaber einer Abschrift nach Artikel 68 Abs. 2 gegen den Verwahrer der Urschrift erheben läßt, ist auf die Abschrift oder auf ein damit zu verbindendes Blatt zu setzen.

(2) [1] Wird Protest erhoben, weil die Annahme auf einen Teil der Wechselsumme beschränkt worden ist, so ist eine Abschrift des Wechsels anzufertigen und der Protest auf diese Abschrift oder auf ein damit zu verbindendes Blatt zu setzen.

[2]Die Abschrift hat auch die auf dem Wechsel befindlichen Indossamente und anderen Vermerke zu enthalten.

(3) Die Vorschriften des Artikels 81 Abs. 2 und Abs. 3 finden entsprechende Anwendung.

Art. 83 [Mehrfache Aufforderung] Muß eine wechselrechtliche Leistung von mehreren Personen oder von derselben Person mehrfach verlangt werden, so ist über die mehrfache Aufforderung nur eine Protesturkunde erforderlich.

Art. 84 [Zahlung an Protestbeamte] [1]Der Wechsel kann an den Protestbeamten bezahlt werden. [2]Die Befugnis des Protestbeamten zur Annahme der Zahlung kann nicht ausgeschlossen werden.

Art. 85 [Berichtigung; Abschriften; Vermerke] (1) [1]Schreibfehler, Auslassungen und sonstige Mängel der Protesturkunde können bis zur Aushändigung der Urkunde an denjenigen, für den der Protest erhoben worden ist, von dem Protestbeamten berichtigt werden. [2]Die Berichtigung ist als solche unter Beifügung der Unterschrift kenntlich zu machen.

(2) [1]Von dem Protest ist eine beglaubigte Abschrift zurückzubehalten. [2]Über den Inhalt des Wechsels oder der Wechselabschrift ist ein Vermerk aufzunehmen. [3]Der Vermerk hat zu enthalten:

1. den Betrag des Wechsels;
2. die Verfallzeit;
3. den Ort und den Tag der Ausstellung;
4. den Namen des Ausstellers, den Namen dessen, an den oder an dessen Order gezahlt werden soll, und den Namen des Bezogenen;
5. falls eine vom Bezogenen oder bei eigenen Wechseln vom Aussteller verschiedene Person angegeben ist, bei der die Zahlung geleistet werden soll, den Namen dieser Person sowie die Namen der etwaigen Notadressen und derjenigen, die den Wechsel zu Ehren angenommen haben.

(3) Die Abschriften und Vermerke sind geordnet aufzubewahren.

Art. 86 [Protestzeit] Proteste sollen in der Zeit von neun Uhr vormittags bis sechs Uhr abends erhoben werden, außerhalb dieser Zeit nur dann, wenn derjenige, gegen den protestiert wird, ausdrücklich einwilligt.

Art. 87 [Proteststelle] (1) [1]Die Vorlegung zur Annahme oder Zahlung, die Protesterhebung, die Abforderung einer Ausfertigung sowie alle sonstigen bei einer bestimmten Person vorzunehmenden Handlungen müssen in deren Geschäftsräumen oder, wenn sich solche nicht ermitteln lassen, in deren Wohnung vorgenommen werden. [2]An einer anderen Stelle, insbesondere an der Börse, kann dies nur mit beiderseitigem Einverständnis geschehen.

(2) Ist in dem Protest vermerkt, daß sich die Geschäftsräume oder die Wohnung nicht haben ermitteln lassen, so ist der Protest nicht deshalb unwirksam, weil die Ermittlung möglich war.

(3) [1]Die Verantwortlichkeit des Protestbeamten, der es unterläßt, geeignete Ermittlungen anzustellen, wird durch die Vorschrift des zweiten Absatzes nicht berührt. [2]Ist eine Nachfrage bei der Polizeibehörde des Ortes ohne Erfolg geblieben, so ist der Protestbeamte zu weiteren Nachforschungen nicht verpflichtet.

Art. 88 *(aufgehoben)*

Zweiter Abschnitt. Bereicherung

Art. 89 [Anspruch auf Herausgabe] (1) [1] Ist die wechselmäßige Verbindlichkeit des Ausstellers oder des Annehmers durch Verjährung oder dadurch erloschen, daß eine zur Erhaltung des Wechselrechts notwendige Handlung versäumt worden ist, so bleiben sie dem Inhaber des Wechsels so weit verpflichtet, als sie sich mit dessen Schaden bereichern würden. [2] Der Anspruch auf Herausgabe der Bereicherung verjährt in drei Jahren nach dem Erlöschen der wechselmäßigen Verbindlichkeit.

(2) Gegen die Indossanten, deren wechselmäßige Verbindlichkeit erloschen ist, findet ein solcher Anspruch nicht statt.

Dritter Abschnitt. Abhanden gekommene Wechsel und Protesturkunden

Art. 90 [Kraftloserklärung; Zeugnis über die Protesterhebung] (1) [1] Ein abhanden gekommener oder vernichteter Wechsel kann im Wege des Aufgebotsverfahrens für kraftlos erklärt werden. [2] Nach Einleitung des Verfahrens kann der Berechtigte von dem Annehmer des gezogenen oder dem Aussteller des eigenen Wechsels bei der Fälligkeit Zahlung fordern, wenn er bis zur Kraftloserklärung Sicherheit leistet.

(2) [1] Eine abhanden gekommene oder vernichtete Protesturkunde kann durch ein Zeugnis über die Protesterhebung ersetzt werden, das von der die beglaubigte Abschrift der Urkunde verwahrenden Stelle zu erteilen ist. [2] In dem Zeugnis muß der Inhalt des Protestes und des gemäß Artikel 85 Abs. 2 aufgenommenen Vermerks angegeben sein.

Vierter Teil. Geltungsbereich der Gesetze

Art. 91 [Wechselfähigkeit] (1) [1] Die Fähigkeit einer Person, eine Wechselverbindlichkeit einzugehen, bestimmt sich nach dem Recht des Landes, dem sie angehört. [2] Erklärt dieses Recht das Recht eines anderen Landes für maßgebend, so ist das letztere Recht anzuwenden.

(2) [1] Wer nach dem in vorstehendem Absatz bezeichneten Recht nicht wechselfähig ist, wird gleichwohl gültig verpflichtet, wenn die Unterschrift in dem Gebiet eines Landes abgegeben worden ist, nach dessen Recht er wechselfähig wäre. [2] Diese Vorschrift findet keine Anwendung, wenn die Verbindlichkeit von einem Inländer im Ausland übernommen worden ist.

Art. 92 [Form der Wechselerklärung] (1) Die Form einer Wechselerklärung bestimmt sich nach dem Recht des Landes, in dessen Gebiet die Erklärung unterschrieben worden ist.

(2) Wenn jedoch eine Wechselerklärung, die nach den Vorschriften des vorstehenden Absatzes ungültig ist, dem Recht des Landes entspricht, in dessen Gebiet eine spätere Wechselerklärung unterschrieben worden ist, so wird durch Mängel in der Form der ersten Wechselerklärung die Gültigkeit der späteren Wechselerklärung nicht berührt.

(3) Eine Wechselerklärung, die ein Inländer im Ausland abgegeben hat, ist im Inland gegenüber anderen Inländern gültig, wenn die Erklärung den Formerfordernissen des inländischen Rechts genügt.

Art. 93 [Wirkung der Wechselerklärungen] (1) Die Wirkungen der Verpflichtungserklärungen des Annehmers eines gezogenen Wechsels und des Ausstellers eines eigenen Wechsels bestimmen sich nach dem Recht des Zahlungsortes.

(2) Die Wirkungen der übrigen Wechselerklärungen bestimmen sich nach dem Recht des Landes, in dessen Gebiet die Erklärungen unterschrieben worden sind.

Art. 94 [Fristen für Rückgriff] Die Fristen für die Ausübung der Rückgriffsrechte werden für alle Wechselverpflichteten durch das Recht des Ortes bestimmt, an dem der Wechsel ausgestellt worden ist.

Art. 95 [Forderung aus dem Grundgeschäft] Das Recht des Ausstellungsortes bestimmt, ob der Inhaber eines gezogenen Wechsels die seiner Ausstellung zugrunde liegende Forderung erwirbt.

Art. 96 [Teilannahme und Teilzahlung] (1) Das Recht des Zahlungsortes bestimmt, ob die Annahme eines gezogenen Wechsels auf einen Teil der Summe beschränkt werden kann und ob der Inhaber verpflichtet oder nicht verpflichtet ist, eine Teilzahlung anzunehmen.

(2) Dasselbe gilt für die Zahlung bei einem eigenen Wechsel.

Art. 97 [Form des Protestes] Die Form des Protestes und die Fristen für die Protesterhebung sowie die Form der übrigen Handlungen, die zur Ausübung oder Erhaltung der Wechselrechte erforderlich sind, bestimmen sich nach dem Recht des Landes, in dessen Gebiet der Protest zu erheben oder die Handlung vorzunehmen ist.

Art. 98 [Verlust oder Diebstahl des Wechsels] Das Recht des Zahlungsortes bestimmt die Maßnahmen, die bei Verlust oder Diebstahl eines Wechsels zu ergreifen sind.

28. Allgemeine Geschäftsbedingungen der privaten Banken

Fassung Juni 2021

Grundregeln für die Beziehung zwischen Kunde und Bank

1. Geltungsbereich und Änderungen dieser Geschäftsbedingungen und der Sonderbedingungen für einzelne Geschäftsbeziehungen

(1) **Geltungsbereich.** [1] Die Allgemeinen Geschäftsbedingungen gelten für die gesamte Geschäftsverbindung zwischen dem Kunden und den inländischen Geschäftsstellen der Deutsche Bank AG, einschließlich deren Niederlassungen „Postbank – eine Niederlassung der Deutsche Bank AG" und „DSL Bank – eine Niederlassung der Deutsche Bank AG" (nachfolgend insgesamt „Bank" genannt). [2] Daneben gelten für einzelne Geschäftsbeziehungen (zum Beispiel für das Wertpapiergeschäft, den Zahlungsverkehr und für den Sparverkehr) Sonderbedingungen, die Abweichungen oder Ergänzungen zu diesen Allgemeinen Geschäftsbedingungen enthalten; sie werden bei der Kontoeröffnung oder bei Erteilung eines Auftrages mit dem Kunden vereinbart. [3] Unterhält der Kunde auch Geschäftsverbindungen zu ausländischen Geschäftsstellen, sichert das Pfandrecht der Bank (Nummer 14 dieser Geschäftsbedingungen) auch die Ansprüche dieser ausländischen Geschäftsstellen.

(2) **Änderungen im Geschäft mit Kunden, die keine Verbraucher sind.** [1] Änderungen dieser Geschäftsbedingungen und der Sonderbedingungen werden dem Kunden, der kein Verbraucher ist, spätestens zwei Monate vor dem vorgeschlagenen Zeitpunkt ihres Wirksamwerdens in Textform angeboten. [2] Hat der Kunde, der kein Verbraucher ist, mit der Bank im Rahmen der Geschäftsbeziehung einen elektronischen Kommunikationsweg vereinbart (z.B. das Online-Banking), können die Änderungen auch auf diesem Wege angeboten werden. [3] Der Kunde, der kein Verbraucher ist, kann den Änderungen vor dem vorgeschlagenen Zeitpunkt ihres Wirksamwerdens entweder zustimmen oder sie ablehnen. [4] Die Zustimmung des Kunden, der kein Verbraucher ist, gilt als erteilt, wenn er seine Ablehnung nicht vor dem vorgeschlagenen Zeitpunkt des Wirksamwerdens der Änderungen angezeigt hat. [5] Auf diese Genehmigungswirkung wird ihn die Bank in ihrem Angebot besonders hinweisen. [6] Werden dem Kunden, der kein Verbraucher ist, Änderungen von Bedingungen zu Zahlungsdiensten (z.B. Überweisungsbedingungen) angeboten, kann er den von der Änderung betroffenen Zahlungsdiensterahmenvertrag vor dem vorgeschlagenen Zeitpunkt des Wirksamwerdens der Änderungen auch fristlos und kostenfrei kündigen. [7] Auf dieses Kündigungsrecht wird ihn die Bank in ihrem Angebot besonders hinweisen.

2. Bankgeheimnis und Bankauskunft

(1) **Bankgeheimnis.** [1] Die Bank ist zur Verschwiegenheit über alle kundenbezogenen Tatsachen und Wertungen verpflichtet, von denen sie Kenntnis erlangt (Bankgeheimnis). [2] Informationen über den Kunden darf die Bank nur weitergeben, wenn gesetzliche Bestimmungen dies gebieten oder der Kunde eingewilligt hat oder die Bank zur Erteilung einer Bankauskunft befugt ist.

(2) **Bankauskunft.** Eine Bankauskunft enthält allgemein gehaltene Feststellungen und Bemerkungen über die wirtschaftlichen Verhältnisse des Kunden,

seine Kreditwürdigkeit und Zahlungsfähigkeit; betragsmäßige Angaben über Kontostände, Sparguthaben, Depot- oder sonstige der Bank anvertraute Vermögenswerte sowie Angaben über die Höhe von Kreditinanspruchnahmen werden nicht gemacht.

(3) **Voraussetzungen für die Erteilung einer Bankauskunft.** [1]Die Bank ist befugt, über juristische Personen und im Handelsregister eingetragene Kaufleute Bankauskünfte zu erteilen, sofern sich die Anfrage auf ihre geschäftliche Tätigkeit bezieht. [2]Die Bank erteilt jedoch keine Auskünfte, wenn ihr eine anders lautende Weisung des Kunden vorliegt. [3]Bankauskünfte über andere Personen, insbesondere über Privatkunden und Vereinigungen, erteilt die Bank nur dann, wenn diese generell oder im Einzelfall ausdrücklich zugestimmt haben. [4]Eine Bankauskunft wird nur erteilt, wenn der Anfragende ein berechtigtes Interesse an der gewünschten Auskunft glaubhaft dargelegt hat und kein Grund zu der Annahme besteht, dass schutzwürdige Belange des Kunden der Auskunftserteilung entgegenstehen.

(4) **Empfänger von Bankauskünften.** Bankauskünfte erteilt die Bank nur eigenen Kunden sowie anderen Kreditinstituten für deren Zwecke oder die ihrer Kunden.

3. Haftung der Bank; Mitverschulden des Kunden

(1) **Haftungsgrundsätze.** [1]Die Bank haftet bei der Erfüllung ihrer Verpflichtungen für jedes Verschulden ihrer Mitarbeiter und der Personen, die sie zur Erfüllung ihrer Verpflichtungen hinzuzieht. [2]Soweit die Sonderbedingungen für einzelne Geschäftsbeziehungen oder sonstige Vereinbarungen etwas Abweichendes regeln, gehen diese Regelungen vor. [3]Hat der Kunde durch ein schuldhaftes Verhalten (zum Beispiel durch Verletzung der in Nr. 11 dieser Geschäftsbedingungen aufgeführten Mitwirkungspflichten) zu der Entstehung eines Schadens beigetragen, bestimmt sich nach den Grundsätzen des Mitverschuldens, in welchem Umfang Bank und Kunde den Schaden zu tragen haben.

(2) **Weitergeleitete Aufträge.** [1]Wenn ein Auftrag seinem Inhalt nach typischerweise in der Form ausgeführt wird, dass die Bank einen Dritten mit der weiteren Erledigung betraut, erfüllt die Bank den Auftrag dadurch, dass sie ihn im eigenen Namen an den Dritten weiterleitet (weitergeleiteter Auftrag). [2]Dies betrifft zum Beispiel die Einholung von Bankauskünften bei anderen Kreditinstituten oder die Verwahrung und Verwaltung von Wertpapieren im Ausland. [3]In diesen Fällen beschränkt sich die Haftung der Bank auf die sorgfältige Auswahl und Unterweisung des Dritten.

(3) **Störung des Betriebs.** Die Bank haftet nicht für Schäden, die durch höhere Gewalt, Aufruhr, Kriegs- und Naturereignisse oder durch sonstige von ihr nicht zu vertretende Vorkommnisse (zum Beispiel Streik, Aussperrung, Verkehrsstörung, Verfügungen von hoher Hand im In- oder Ausland) eintreten.

4. Grenzen der Aufrechnungsbefugnis des Kunden, der kein Verbraucher ist

[1]Ein Kunde, der kein Verbraucher ist, kann gegen Forderungen der Bank nur aufrechnen, wenn seine Forderungen unbestritten oder rechtskräftig festgestellt sind. [2]Diese Aufrechnungsbeschränkung gilt nicht für eine vom Kun-

den zur Aufrechnung gestellte Forderung, die ihren Rechtsgrund in einem Darlehen oder einer Finanzierungshilfe gemäß §§ 513, 491 bis 512 BGB[1] hat.

5. Verfügungsberechtigung nach dem Tod des Kunden

[1] Nach dem Tod des Kunden hat derjenige, der sich gegenüber der Bank auf die Rechtsnachfolge des Kunden beruft, der Bank seine erbrechtliche Berechtigung in geeigneter Weise nachzuweisen. [2] Wird der Bank eine Ausfertigung oder eine beglaubigte Abschrift der letztwilligen Verfügung (Testament, Erbvertrag) nebst zugehöriger Eröffnungsniederschrift vorgelegt, darf die Bank denjenigen, der darin als Erbe oder Testamentsvollstrecker bezeichnet ist, als Berechtigten ansehen, ihn verfügen lassen und insbesondere mit befreiender Wirkung an ihn leisten. [3] Dies gilt nicht, wenn der Bank bekannt ist, dass der dort Genannte (zum Beispiel nach Anfechtung oder wegen Nichtigkeit des Testaments) nicht verfügungsberechtigt ist oder wenn ihr dies infolge Fahrlässigkeit nicht bekannt geworden ist.

6. Maßgebliches Recht und Gerichtsstand bei kaufmännischen und öffentlich-rechtlichen Kunden

(1) **Geltung deutschen Rechts.** Für die Geschäftsverbindung zwischen dem Kunden und der Bank gilt deutsches Recht.

(2) **Gerichtsstand für Inlandskunden.** [1] Ist der Kunde ein Kaufmann und ist die streitige Geschäftsbeziehung dem Betriebe seines Handelsgewerbes zuzurechnen, so kann die Bank diesen Kunden an dem für die kontoführende Stelle zuständigen Gericht oder bei einem anderen zuständigen Gericht verklagen; dasselbe gilt für eine juristische Person des öffentlichen Rechts und für öffentlich-rechtliche Sondervermögen. [2] Die Bank selbst kann von diesen Kunden nur an dem für die kontoführende Stelle zuständigen Gericht verklagt werden.

(3) **Gerichtsstand für Auslandskunden.** Die Gerichtsstandsvereinbarung gilt auch für Kunden, die im Ausland eine vergleichbare gewerbliche Tätigkeit ausüben, sowie für ausländische Institutionen, die mit inländischen juristischen Personen des öffentlichen Rechts oder mit einem inländischen öffentlich-rechtlichen Sondervermögen vergleichbar sind.

Kontoführung

7. Rechnungsabschlüsse bei Kontokorrentkonten (Konten in laufender Rechnung)

(1) **Erteilung der Rechnungsabschlüsse.** [1] Die Bank erteilt bei einem Kontokorrentkonto, sofern nicht etwas anderes vereinbart ist, jeweils zum Ende eines Kalenderquartals einen Rechnungsabschluss; dabei werden die in diesem Zeitraum entstandenen beiderseitigen Ansprüche (einschließlich der Zinsen und Entgelte der Bank) verrechnet. [2] Die Bank kann auf den Saldo, der sich aus der Verrechnung ergibt, nach Nummer 12 dieser Geschäftsbedingungen oder nach der mit dem Kunden anderweitig getroffenen Vereinbarung Zinsen berechnen.

(2) **Frist für Einwendungen; Genehmigung durch Schweigen.** [1] Einwendungen wegen Unrichtigkeit oder Unvollständigkeit eines Rechnungsabschlusses hat der Kunde spätestens vor Ablauf von sechs Wochen nach dessen

[1] Nr. **24**.

Zugang zu erheben; macht er seine Einwendungen in Textform geltend, genügt die Absendung innerhalb der Sechs-Wochen-Frist. [2]Das Unterlassen rechtzeitiger Einwendungen gilt als Genehmigung. [3]Auf diese Folge wird die Bank bei Erteilung des Rechnungsabschlusses besonders hinweisen. [4]Der Kunde kann auch nach Fristablauf eine Berichtigung des Rechnungsabschlusses verlangen, muss dann aber beweisen, dass zu Unrecht sein Konto belastet oder eine ihm zustehende Gutschrift nicht erteilt wurde.

8. Storno- und Berichtigungsbuchungen der Bank

(1) **Vor Rechnungsabschluss.** Fehlerhafte Gutschriften auf Kontokorrentkonten (zum Beispiel wegen einer falschen Kontonummer) darf die Bank bis zum nächsten Rechnungsabschluss durch eine Belastungsbuchung rückgängig machen, soweit ihr ein Rückzahlungsanspruch gegen den Kunden zusteht (Stornobuchung); der Kunde kann in diesem Fall gegen die Belastungsbuchung nicht einwenden, dass er in Höhe der Gutschrift bereits verfügt hat.

(2) **Nach Rechnungsabschluss.** Stellt die Bank eine fehlerhafte Gutschrift erst nach einem Rechnungsabschluss fest und steht ihr ein Rückzahlungsanspruch gegen den Kunden zu, so wird sie in Höhe ihres Anspruchs sein Konto belasten (Berichtigungsbuchung). Erhebt der Kunde gegen die Berichtigungsbuchung Einwendungen, so wird die Bank den Betrag dem Konto wieder gutschreiben und ihren Rückzahlungsanspruch gesondert geltend machen.

(3) **Information des Kunden; Zinsberechnung.** [1]Über Storno- und Berichtigungsbuchungen wird die Bank den Kunden unverzüglich unterrichten. [2]Die Buchungen nimmt die Bank hinsichtlich der Zinsberechnung rückwirkend zu dem Tag vor, an dem die fehlerhafte Buchung durchgeführt wurde.

9. Einzugsaufträge

(1) **Erteilung von Vorbehaltsgutschriften bei der Einreichung.** [1]Schreibt die Bank den Gegenwert von Schecks und Lastschriften schon vor ihrer Einlösung gut, geschieht dies unter dem Vorbehalt ihrer Einlösung, und zwar auch dann, wenn diese bei der Bank selbst zahlbar sind. [2]Reicht der Kunde andere Papiere mit dem Auftrag ein, von einem Zahlungspflichtigen einen Forderungsbetrag zu beschaffen (zum Beispiel Zinsscheine), und erteilt die Bank über den Betrag eine Gutschrift, so steht diese unter dem Vorbehalt, dass die Bank den Betrag erhält. [3]Der Vorbehalt gilt auch dann, wenn die Schecks, Lastschriften und anderen Papiere bei der Bank selbst zahlbar sind. [4]Werden Schecks oder Lastschriften nicht eingelöst oder erhält die Bank den Betrag aus dem Einzugsauftrag nicht, macht die Bank die Vorbehaltsgutschrift rückgängig. [5]Dies geschieht unabhängig davon, ob in der Zwischenzeit ein Rechnungsabschluss erteilt wurde.

(2) **Einlösung von Lastschriften und vom Kunden ausgestellter Schecks.** [1]Lastschriften sowie Schecks sind eingelöst, wenn die Belastungsbuchung nicht spätestens am zweiten Bankarbeitstag – bei SEPA-Firmenlastschriften nicht spätestens am dritten Bankarbeitstag[1)] – nach ihrer Vornahme rückgängig gemacht wird. [2]Barschecks sind bereits mit Zahlung an den Scheckvorleger eingelöst. [3]Schecks sind auch schon dann eingelöst, wenn die Bank im Einzelfall eine Bezahltmeldung absendet. [4]Schecks, die über die Abrechnungsstelle der Bundesbank vorgelegt werden, sind eingelöst, wenn sie

[1)] **Amtl. Anm.:** Bankarbeitstage sind alle Werktage außer: Sonnabende, 24. und 31. Dezember,

nicht bis zu dem von der Bundesbank festgesetzten Zeitpunkt zurückgegeben werden.

10. Fremdwährungsgeschäfte und Risiken bei Fremdwährungskonten

(1) **Auftragsausführung bei Fremdwährungskonten.** [1] Fremdwährungskonten des Kunden dienen dazu, Zahlungen an den Kunden und Verfügungen des Kunden in fremder Währung bargeldlos abzuwickeln. [2] Verfügungen über Guthaben auf Fremdwährungskonten (zum Beispiel durch Überweisungen zu Lasten des Fremdwährungsguthabens) werden unter Einschaltung von Banken im Heimatland der Währung abgewickelt, wenn sie die Bank nicht vollständig innerhalb des eigenen Hauses ausführt.

(2) **Gutschriften bei Fremdwährungsgeschäften mit dem Kunden.** Schließt die Bank mit dem Kunden ein Geschäft (zum Beispiel ein Devisentermingeschäft) ab, aus dem sie die Verschaffung eines Betrages in fremder Währung schuldet, wird sie ihre Fremdwährungsverbindlichkeit durch Gutschrift auf dem Konto des Kunden in dieser Währung erfüllen, sofern nicht etwas anderes vereinbart ist.

(3) **Vorübergehende Beschränkung der Leistung durch die Bank.** [1] Die Verpflichtung der Bank zur Ausführung einer Verfügung zu Lasten eines Fremdwährungsguthabens (Absatz 1) oder zur Erfüllung einer Fremdwährungsverbindlichkeit (Absatz 2) ist in dem Umfang und so lange ausgesetzt, wie die Bank in der Währung, auf die das Fremdwährungsguthaben oder die Verbindlichkeit lautet, wegen politisch bedingter Maßnahmen oder Ereignisse im Lande dieser Währung nicht oder nur eingeschränkt verfügen kann. [2] In dem Umfang und solange diese Maßnahmen oder Ereignisse andauern, ist die Bank auch nicht zu einer Erfüllung an einem anderen Ort außerhalb des Landes der Währung, in einer anderen Währung (auch nicht in Euro) oder durch Anschaffung von Bargeld verpflichtet. [3] Die Verpflichtung der Bank zur Ausführung einer Verfügung zu Lasten eines Fremdwährungsguthabens ist dagegen nicht ausgesetzt, wenn sie die Bank vollständig im eigenen Haus ausführen kann. [4] Das Recht des Kunden und der Bank, fällige gegenseitige Forderungen in derselben Währung miteinander zu verrechnen, bleibt von den vorstehenden Regelungen unberührt.

(4) **Wechselkurs.** [1] Die Bestimmung des Wechselkurses bei Fremdwährungsgeschäften ergibt sich aus dem „Preis- und Leistungsverzeichnis". [2] Bei Zahlungsdiensten gilt ergänzend der Zahlungsdiensterahmenvertrag.

Mitwirkungspflichten des Kunden

11. Mitwirkungspflichten des Kunden

(1) **Mitteilung von Änderungen.** [1] Zur ordnungsgemäßen Abwicklung des Geschäftsverkehrs ist es erforderlich, dass der Kunde der Bank Änderungen seines Namens und seiner Anschrift sowie das Erlöschen oder die Änderung einer gegenüber der Bank erteilten Vertretungsmacht (insbesondere einer Vollmacht) unverzüglich mitteilt. [2] Diese Mitteilungspflicht besteht auch dann, wenn die Vertretungsmacht in ein öffentliches Register (zum Beispiel in das Handelsregister) eingetragen ist und ihr Erlöschen oder ihre Änderung in dieses Register eingetragen wird. [3] Darüber hinaus können sich weitergehende gesetzliche Mitteilungspflichten, insbesondere aus dem Geldwäschegesetz[1)], ergeben.

[1)] Nr. **18**.

(2) **Klarheit von Aufträgen.** [1]Aufträge müssen ihren Inhalt zweifelsfrei erkennen lassen. [2]Nicht eindeutig formulierte Aufträge können Rückfragen zur Folge haben, die zu Verzögerungen führen können. [3]Vor allem hat der Kunde bei Aufträgen auf die Richtigkeit und Vollständigkeit seiner Angaben, insbesondere der Kontonummer und Bankleitzahl oder IBAN[1)] und BIC[2)] sowie der Währung zu achten. [4]Änderungen, Bestätigungen oder Wiederholungen von Aufträgen müssen als solche gekennzeichnet sein.

(3) **Besonderer Hinweis bei Eilbedürftigkeit der Ausführung eines Auftrags.** [1]Hält der Kunde bei der Ausführung eines Auftrags besondere Eile für nötig, hat er dies der Bank gesondert mitzuteilen. [2]Bei formularmäßig erteilten Aufträgen muss dies außerhalb des Formulars erfolgen.

(4) **Prüfung und Einwendungen bei Mitteilungen der Bank.** Der Kunde hat Kontoauszüge, Wertpapierabrechnungen, Depot- und Erträgnisaufstellungen, sonstige Abrechnungen, Anzeigen über die Ausführung von Aufträgen sowie Informationen über erwartete Zahlungen und Sendungen (Avise) auf ihre Richtigkeit und Vollständigkeit unverzüglich zu überprüfen und etwaige Einwendungen unverzüglich zu erheben.

(5) **Benachrichtigung der Bank bei Ausbleiben von Mitteilungen.** [1]Falls Rechnungsabschlüsse und Depotaufstellungen dem Kunden nicht zugehen, muss er die Bank unverzüglich benachrichtigen. [2]Die Benachrichtigungspflicht besteht auch beim Ausbleiben anderer Mitteilungen, deren Eingang der Kunde erwartet (Wertpapierabrechnungen, Kontoauszüge nach der Ausführung von Aufträgen des Kunden oder über Zahlungen, die der Kunde erwartet).

Kosten der Bankdienstleistungen

12. Zinsen, Entgelte und Aufwendungen

(1) **Zinsen und Entgelte im Geschäft mit Verbrauchern.** [1]Die Höhe der Zinsen und Entgelte für die üblichen Bankleistungen, die die Bank gegenüber Verbrauchern erbringt, einschließlich der Höhe von Zahlungen, die über die für die Hauptleistung vereinbarten Entgelte hinausgehen, ergeben sich aus dem „Preisaushang – Regelsätze im standardisierten Privatkundengeschäft" und aus dem „Preis- und Leistungsverzeichnis". [2]Wenn ein Verbraucher eine dort aufgeführte Hauptleistung in Anspruch nimmt und dabei keine abweichende Vereinbarung getroffen wurde, gelten die zu diesem Zeitpunkt im Preisaushang oder Preis- und Leistungsverzeichnis angegebenen Zinsen und Entgelte. [3]Eine Vereinbarung, die auf eine über das vereinbarte Entgelt für die Hauptleistung hinausgehende Zahlung des Verbrauchers gerichtet ist, kann die Bank mit dem Verbraucher nur ausdrücklich treffen, auch wenn sie im Preisaushang oder im Preis- und Leistungsverzeichnis ausgewiesen ist. [4]Für die Vergütung der nicht im Preisaushang oder im Preis- und Leistungsverzeichnis aufgeführten Leistungen, die im Auftrag des Verbrauchers erbracht werden und die, nach den Umständen zu urteilen, nur gegen eine Vergütung zu erwarten sind, gelten, soweit keine andere Vereinbarung getroffen wurde, die gesetzlichen Vorschriften.

[1)] **Amtl. Anm.:** International Bank Account Number (Internationale Bankkontonummer)
[2)] **Amtl. Anm.:** Bank Identifier Code (Bank-Identifizierungs-Code)

(2) **Zinsen und Entgelte im Geschäft mit Kunden, die keine Verbraucher sind.** [1]Die Höhe der Zinsen und Entgelte für die üblichen Bankleistungen, die die Bank gegenüber Kunden, die keine Verbraucher sind, erbringt, ergeben sich aus dem „Preisaushang – Regelsätze im standardisierten Privatkundengeschäft" und aus dem „Preis- und Leistungsverzeichnis", soweit der Preisaushang und das Preis- und Leistungsverzeichnis übliche Bankleistungen gegenüber Kunden, die keine Verbraucher sind (zum Beispiel Geschäftskunden), ausweisen. [2]Wenn ein Kunde, der kein Verbraucher ist, eine dort aufgeführte Bankleistung in Anspruch nimmt und dabei keine abweichende Vereinbarung getroffen wurde, gelten die zu diesem Zeitpunkt im Preisaushang oder Preis- und Leistungsverzeichnis angegebenen Zinsen und Entgelte. [3]Im Übrigen bestimmt die Bank, sofern keine andere Vereinbarung getroffen wurde und gesetzliche Bestimmungen dem nicht entgegenstehen, die Höhe von Zinsen und Entgelten nach billigem Ermessen (§ 315 des Bürgerlichen Gesetzbuchs[1)]).

(3) **Nicht entgeltfähige Leistung.** Für eine Leistung, zu deren Erbringung die Bank kraft Gesetzes oder aufgrund einer vertraglichen Nebenpflicht verpflichtet ist oder die sie im eigenen Interesse wahrnimmt, wird die Bank kein Entgelt berechnen, es sei denn, es ist gesetzlich zulässig und wird nach Maßgabe der gesetzlichen Regelung erhoben.

(4) **Änderung von Zinsen; Kündigungsrecht des Kunden bei Erhöhung.** [1]Die Änderung der Zinsen bei Krediten mit einem veränderlichen Zinssatz erfolgt aufgrund der jeweiligen Kreditvereinbarungen mit dem Kunden. [2]Die Bank wird dem Kunden Änderungen von Zinsen mitteilen. [3]Bei einer Erhöhung kann der Kunde, sofern nichts anderes vereinbart ist, die davon betroffene Kreditvereinbarung innerhalb von sechs Wochen nach der Bekanntgabe der Änderung mit sofortiger Wirkung kündigen. [4]Kündigt der Kunde, so werden die erhöhten Zinsen für die gekündigte Kreditvereinbarung nicht zugrunde gelegt. [5]Die Bank wird zur Abwicklung eine angemessene Frist einräumen.

(5) **Änderung von Entgelten bei typischerweise dauerhaft in Anspruch genommenen Leistungen im Geschäft mit Kunden, die keine Verbraucher sind.** [1]Änderungen von Entgelten für Bankdienstleistungen, die vom Kunden im Rahmen der Geschäftsverbindung typischerweise dauerhaft in Anspruch genommen werden (zum Beispiel Konto- und Depotführung), werden dem Kunden, der kein Verbraucher ist, spätestens zwei Monate vor dem vorgeschlagenen Zeitpunkt ihres Wirksamwerdens in Textform angeboten. [2]Hat der Kunde, der kein Verbraucher ist, mit der Bank im Rahmen der Geschäftsbeziehung einen elektronischen Kommunikationsweg vereinbart (z.B. das Online-Banking), können die Änderungen auch auf diesem Wege angeboten werden. [3]Der Kunde, der kein Verbraucher ist, kann den Änderungen vor dem vorgeschlagenen Zeitpunkt ihres Wirksamwerdens entweder zustimmen oder sie ablehnen. [4]Die Zustimmung des Kunden, der kein Verbraucher ist, gilt als erteilt, wenn er seine Ablehnung nicht vor dem vorgeschlagenen Zeitpunkt des Wirksamwerdens der Änderung angezeigt hat. [5]Auf diese Genehmigungswirkung wird ihn die Bank in ihrem Angebot besonders hinweisen. [6]Werden dem Kunden, der kein Verbraucher ist, die Änderungen angeboten, kann er den von der Änderung betroffenen Vertrag vor dem vorgeschlagenen Zeitpunkt

---

[1)] Nr. **24**.

des Wirksamwerdens der Änderungen auch fristlos und kostenfrei kündigen. [7] Auf dieses Kündigungsrecht wird ihn die Bank in ihrem Angebot besonders hinweisen. [8] Kündigt der Kunde, wird das geänderte Entgelt für die gekündigte Geschäftsbeziehung nicht zugrunde gelegt.

(6) **Ersatz von Aufwendungen.** Ein möglicher Anspruch der Bank auf Ersatz von Aufwendungen richtet sich nach den gesetzlichen Vorschriften.

(7) **Besonderheiten bei Verbraucherdarlehensverträgen und Zahlungsdiensteverträgen mit Verbrauchern für Zahlungen.** Bei Verbraucherdarlehensverträgen und Zahlungsdiensteverträgen mit Verbrauchern für Zahlungen richten sich die Zinsen und die Kosten (Entgelte und Auslagen) nach den jeweiligen vertraglichen Vereinbarungen und Sonderbedingungen sowie ergänzend nach den gesetzlichen Vorschriften.

Sicherheiten für die Ansprüche der Bank gegen den Kunden

13. Bestellung oder Verstärkung von Sicherheiten

(1) **Anspruch der Bank auf Bestellung von Sicherheiten.** [1] Die Bank kann für alle Ansprüche aus der bankmäßigen Geschäftsverbindung die Bestellung bankmäßiger Sicherheiten verlangen, und zwar auch dann, wenn die Ansprüche bedingt sind (zum Beispiel Aufwendungsersatzanspruch wegen der Inanspruchnahme aus einer für den Kunden übernommenen Bürgschaft). [2] Hat der Kunde gegenüber der Bank eine Haftung für Verbindlichkeiten eines anderen Kunden der Bank übernommen (zum Beispiel als Bürge), so besteht für die Bank ein Anspruch auf Bestellung oder Verstärkung von Sicherheiten im Hinblick auf die aus der Haftungsübernahme folgende Schuld jedoch erst ab ihrer Fälligkeit.

(2) **Veränderungen des Risikos.** [1] Hat die Bank bei der Entstehung von Ansprüchen gegen den Kunden zunächst ganz oder teilweise davon abgesehen, die Bestellung oder Verstärkung von Sicherheiten zu verlangen, kann sie auch später noch eine Besicherung fordern. [2] Voraussetzung hierfür ist jedoch, dass Umstände eintreten oder bekannt werden, die eine erhöhte Risikobewertung der Ansprüche gegen den Kunden rechtfertigen. [3] Dies kann insbesondere der Fall sein, wenn

– sich die wirtschaftlichen Verhältnisse des Kunden nachteilig verändert haben oder sich zu verändern drohen, oder
– sich die vorhandenen Sicherheiten wertmäßig verschlechtert haben oder zu verschlechtern drohen.

[4] Der Besicherungsanspruch der Bank besteht nicht, wenn ausdrücklich vereinbart ist, dass der Kunde keine oder ausschließlich im Einzelnen benannte Sicherheiten zu bestellen hat. [5] Bei Verbraucherdarlehensverträgen besteht ein Anspruch auf die Bestellung oder Verstärkung von Sicherheiten nur, soweit die Sicherheiten im Kreditvertrag angegeben sind. [6] Übersteigt der Nettodarlehensbetrag 75.000 Euro, besteht der Anspruch auf Bestellung oder Verstärkung auch dann, wenn in einem vor dem 21. März 2016 abgeschlossenen Verbraucherdarlehensvertrag oder in einem ab dem 21. März 2016 abgeschlossenen Allgemein-Verbraucherdarlehensvertrag im Sinne von § 491 Abs. 2 BGB[1)] keine oder keine abschließenden Angaben über Sicherheiten enthalten sind.

[1)] Nr. **24**.

(3) **Fristsetzung für die Bestellung oder Verstärkung von Sicherheiten.** [1] Für die Bestellung oder Verstärkung von Sicherheiten wird die Bank eine angemessene Frist einräumen. [2] Beabsichtigt die Bank, von ihrem Recht zur fristlosen Kündigung nach Nr. 19 Absatz 3 dieser Geschäftsbedingungen Gebrauch zu machen, falls der Kunde seiner Verpflichtung zur Bestellung oder Verstärkung von Sicherheiten nicht fristgerecht nachkommt, wird sie ihn zuvor hierauf hinweisen.

14. Vereinbarung eines Pfandrechts zu Gunsten der Bank

(1) **Einigung über das Pfandrecht.** [1] Der Kunde und die Bank sind sich darüber einig, dass die Bank ein Pfandrecht an den Wertpapieren und Sachen erwirbt, an denen eine inländische Geschäftsstelle im bankmäßigen Geschäftsverkehr Besitz erlangt hat oder noch erlangen wird. [2] Die Bank erwirbt ein Pfandrecht auch an den Ansprüchen, die dem Kunden gegen die Bank aus der bankmäßigen Geschäftsverbindung zustehen oder künftig zustehen werden (zum Beispiel Kontoguthaben).

(2) **Gesicherte Ansprüche.** [1] Das Pfandrecht dient der Sicherung aller bestehenden, künftigen und bedingten Ansprüche, die der Bank mit ihren sämtlichen in- und ausländischen Geschäftsstellen aus der bankmäßigen Geschäftsverbindung gegen den Kunden zustehen. [2] Hat der Kunde gegenüber der Bank eine Haftung für Verbindlichkeiten eines anderen Kunden der Bank übernommen (zum Beispiel als Bürge), so sichert das Pfandrecht die aus der Haftungsübernahme folgende Schuld jedoch erst ab ihrer Fälligkeit.

(3) **Ausnahmen vom Pfandrecht.** [1] Gelangen Gelder oder andere Werte mit der Maßgabe in die Verfügungsgewalt der Bank, dass sie nur für einen bestimmten Zweck verwendet werden dürfen (zum Beispiel Bargeldeinzahlung zur Einlösung eines Wechsels), erstreckt sich das Pfandrecht der Bank nicht auf diese Werte. [2] Dasselbe gilt für die von der Bank selbst ausgegebenen Aktien (eigene Aktien) und für die Wertpapiere, die die Bank im Ausland für den Kunden verwahrt. [3] Außerdem erstreckt sich das Pfandrecht nicht auf die von einer zum Deutsche Bank Konzern gehörenden Gesellschaft selbst ausgegebenen eigenen Genussrechte/Genussscheine und nicht auf die verbrieften und nicht verbrieften nachrangigen Verbindlichkeiten einer zum Deutsche Bank Konzern gehörenden Gesellschaft.

(4) **Zins- und Gewinnanteilscheine.** Unterliegen dem Pfandrecht der Bank Wertpapiere, ist der Kunde nicht berechtigt, die Herausgabe der zu diesen Papieren gehörenden Zins- und Gewinnanteilscheine zu verlangen.

15. Sicherungsrechte bei Einzugspapieren und diskontierten Wechseln

(1) **Sicherungsübereignung.** [1] Die Bank erwirbt an den ihr zum Einzug eingereichten Schecks und Wechseln im Zeitpunkt der Einreichung Sicherungseigentum. [2] An diskontierten Wechseln erwirbt die Bank im Zeitpunkt des Wechselankaufs uneingeschränktes Eigentum; belastet sie diskontierte Wechsel dem Konto zurück, so verbleibt ihr das Sicherungseigentum an diesen Wechseln.

(2) **Sicherungsabtretung.** Mit dem Erwerb des Eigentums an Schecks und Wechseln gehen auch die zu Grunde liegenden Forderungen auf die Bank über; ein Forderungsübergang findet ferner statt, wenn andere Papiere zum Einzug eingereicht werden (zum Beispiel Lastschriften, kaufmännische Handelspapiere).

(3) **Zweckgebundene Einzugspapiere.** Werden der Bank Einzugspapiere mit der Maßgabe eingereicht, dass ihr Gegenwert nur für einen bestimmten Zweck verwendet werden darf, erstrecken sich die Sicherungsübereignung und die Sicherungsabtretung nicht auf diese Papiere.

(4) **Gesicherte Ansprüche der Bank.** [1] Das Sicherungseigentum und die Sicherungsabtretung dienen der Sicherung aller Ansprüche, die der Bank gegen den Kunden bei Einreichung von Einzugspapieren aus seinen Kontokorrentkonten zustehen oder die infolge der Rückbelastung nicht eingelöster Einzugspapiere oder diskontierter Wechsel entstehen. [2] Auf Anforderung des Kunden nimmt die Bank eine Rückübertragung des Sicherungseigentums an den Papieren und der auf sie übergegangenen Forderungen an den Kunden vor, falls ihr im Zeitpunkt der Anforderung keine zu sichernden Ansprüche gegen den Kunden zustehen oder sie ihn über den Gegenwert der Papiere vor deren endgültiger Bezahlung nicht verfügen lässt.

16. Begrenzung des Besicherungsanspruchs und Freigabeverpflichtung

(1) **Deckungsgrenze.** Die Bank kann ihren Anspruch auf Bestellung oder Verstärkung von Sicherheiten so lange geltend machen, bis der realisierbare Wert aller Sicherheiten dem Gesamtbetrag aller Ansprüche aus der bankmäßigen Geschäftsverbindung (Deckungsgrenze) entspricht.

(2) **Freigabe.** [1] Falls der realisierbare Wert aller Sicherheiten die Deckungsgrenze nicht nur vorübergehend übersteigt, hat die Bank auf Verlangen des Kunden Sicherheiten nach ihrer Wahl freizugeben, und zwar in Höhe des die Deckungsgrenze übersteigenden Betrages; sie wird bei der Auswahl der freizugebenden Sicherheiten auf die berechtigten Belange des Kunden und eines dritten Sicherungsgebers, der für die Verbindlichkeiten des Kunden Sicherheiten bestellt hat, Rücksicht nehmen. [2] In diesem Rahmen ist die Bank auch verpflichtet, Aufträge des Kunden über die dem Pfandrecht unterliegenden Werte auszuführen (zum Beispiel Verkauf von Wertpapieren, Bargeldauszahlung von Sparguthaben).

(3) **Sondervereinbarungen.** Ist für eine bestimmte Sicherheit ein anderer Bewertungsmaßstab als der realisierbare Wert oder ist eine andere Deckungsgrenze oder ist eine andere Grenze für die Freigabe von Sicherheiten vereinbart, so sind diese maßgeblich.

17. Verwertung von Sicherheiten

(1) **Wahlrecht der Bank.** [1] Wenn die Bank verwertet, hat sie unter mehreren Sicherheiten die Wahl. [2] Sie wird bei der Verwertung und bei der Auswahl der zu verwertenden Sicherheiten auf die berechtigten Belange des Kunden und eines dritten Sicherungsgebers, der für die Verbindlichkeiten des Kunden Sicherheiten bestellt hat, Rücksicht nehmen.

(2) **Erlösgutschrift nach dem Umsatzsteuerrecht.** Wenn der Verwertungsvorgang der Umsatzsteuer unterliegt, wird die Bank dem Kunden über den Erlös eine Gutschrift erteilen, die als Rechnung für die Lieferung der als Sicherheit dienenden Sache gilt und den Voraussetzungen des Umsatzsteuerrechts entspricht.

Kündigung

18. Kündigungsrechte des Kunden

(1) **Jederzeitiges Kündigungsrecht.** Der Kunde kann die gesamte Geschäftsverbindung oder einzelne Geschäftsbeziehungen (zum Beispiel den Scheckvertrag), für die weder eine Laufzeit noch eine abweichende Kündigungsregelung vereinbart ist, jederzeit ohne Einhaltung einer Kündigungsfrist kündigen.

(2) **Kündigung aus wichtigem Grund.** Ist für eine Geschäftsbeziehung eine Laufzeit oder eine abweichende Kündigungsregelung vereinbart, kann eine fristlose Kündigung nur dann ausgesprochen werden, wenn hierfür ein wichtiger Grund vorliegt, der es dem Kunden, auch unter Berücksichtigung der berechtigten Belange der Bank, unzumutbar werden lässt, die Geschäftsbeziehung fortzusetzen.

(3) **Gesetzliche Kündigungsrechte.** Gesetzliche Kündigungsrechte bleiben unberührt.

19. Kündigungsrechte der Bank

(1) **Kündigung unter Einhaltung einer Kündigungsfrist.** [1]Die Bank kann die gesamte Geschäftsverbindung oder einzelne Geschäftsbeziehungen, für die weder eine Laufzeit noch eine abweichende Kündigungsregelung vereinbart ist, jederzeit unter Einhaltung einer angemessenen Kündigungsfrist kündigen (zum Beispiel den Scheckvertrag, der zur Nutzung von Scheckvordrucken berechtigt). [2]Bei der Bemessung der Kündigungsfrist wird die Bank auf die berechtigten Belange des Kunden Rücksicht nehmen. [3]Für die Kündigung eines Zahlungsdiensterahmenvertrages (z.B. laufendes Konto oder Debitkartenvertrag) und eines Depots beträgt die Kündigungsfrist mindestens zwei Monate.

(2) **Kündigung unbefristeter Kredite.** [1]Kredite und Kreditzusagen, für die weder eine Laufzeit noch eine abweichende Kündigungsregelung vereinbart ist, kann die Bank jederzeit ohne Einhaltung einer Kündigungsfrist kündigen. [2]Die Bank wird bei der Ausübung dieses Kündigungsrechts auf die berechtigten Belange des Kunden Rücksicht nehmen.
[3]Soweit das Bürgerliche Gesetzbuch Sonderregelungen für die Kündigung eines Verbraucherdarlehensvertrages vorsieht, kann die Bank nur nach Maßgabe dieser Regelungen kündigen.

(3) **Kündigung aus wichtigem Grund ohne Einhaltung einer Kündigungsfrist.** [1]Eine fristlose Kündigung der gesamten Geschäftsverbindung oder einzelner Geschäftsbeziehungen ist zulässig, wenn ein wichtiger Grund vorliegt, der der Bank, deren Fortsetzung auch unter Berücksichtigung der berechtigten Belange des Kunden unzumutbar werden lässt. [2]Ein wichtiger Grund liegt insbesondere vor,

- wenn der Kunde unrichtige Angaben über seine Vermögensverhältnisse gemacht hat, die für die Entscheidung der Bank über eine Kreditgewährung oder über andere mit Risiken für die Bank verbundene Geschäfte (zum Beispiel Ausgabe einer Debitkarte oder Kreditkarte) von erheblicher Bedeutung waren; bei Verbraucherdarlehen gilt dies nur, wenn der Kunde für die Kreditwürdigkeitsprüfung relevante Informationen wissentlich vorenthalten oder diese gefälscht hat und dies zu einem Mangel der Kreditwürdigkeitsprüfung geführt hat, oder

– wenn eine wesentliche Verschlechterung der Vermögensverhältnisse des Kunden oder der Werthaltigkeit einer Sicherheit eintritt oder einzutreten droht und dadurch die Rückzahlung des Darlehens oder die Erfüllung einer sonstigen Verbindlichkeit gegenüber der Bank – auch unter Verwertung einer hierfür bestehenden Sicherheit – gefährdet ist, oder
– wenn der Kunde seiner Verpflichtung zur Bestellung oder Verstärkung von Sicherheiten nach Nummer 13 Absatz 2 dieser Geschäftsbedingungen oder aufgrund einer sonstigen Vereinbarung nicht innerhalb der von der Bank gesetzten angemessenen Frist nachkommt.

[3] Besteht der wichtige Grund in der Verletzung einer vertraglichen Pflicht, ist die Kündigung erst nach erfolglosem Ablauf einer zur Abhilfe bestimmten angemessenen Frist oder nach erfolgloser Abmahnung zulässig, es sei denn, dies ist wegen der Besonderheiten des Einzelfalles (§ 323 Absätze 2 und 3 des Bürgerlichen Gesetzbuches[1)]) entbehrlich.

(4) **Kündigung von Verbraucherdarlehensverträgen bei Verzug.** Soweit das Bürgerliche Gesetzbuch Sonderregelungen für die Kündigung wegen Verzuges mit der Rückzahlung eines Verbraucherdarlehensvertrages vorsieht, kann die Bank nur nach Maßgabe dieser Regelungen kündigen.

(5) **Kündigung eines Basiskontovertrages.** Einen Basiskontovertrag kann die Bank nur nach den zwischen der Bank und dem Kunden auf Grundlage des Zahlungskontengesetzes[2)] getroffenen Vereinbarungen und den Bestimmungen des Zahlungskontengesetzes kündigen.

(6) **Abwicklung nach einer Kündigung.** Im Falle einer Kündigung ohne Kündigungsfrist wird die Bank dem Kunden für die Abwicklung (insbesondere für die Rückzahlung eines Kredits) eine angemessene Frist einräumen, soweit nicht eine sofortige Erledigung erforderlich ist (zum Beispiel bei der Kündigung des Scheckvertrages die Rückgabe der Scheckvordrucke).

Schutz der Einlagen

20. Einlagensicherungsfonds

(1) **Schutzumfang.** [1] Die Bank ist dem Einlagensicherungsfonds des Bundesverbandes deutscher Banken e.V. angeschlossen. [2] Der Einlagensicherungsfonds sichert gemäß seinem Statut – vorbehaltlich der darin vorgesehenen Ausnahmen – Einlagen, d.h. Guthaben, die sich im Rahmen von Bankgeschäften aus Beträgen, die auf einem Konto verblieben sind, oder aus Zwischenpositionen ergeben und die nach den geltenden Bedingungen von der Bank zurückzuzahlen sind.
[3] Nicht gesichert werden unter anderem die zu den Eigenmitteln der Bank zählenden Einlagen, Verbindlichkeiten aus Inhaber- und Orderschuldverschreibungen sowie Einlagen von Kreditinstituten im Sinne des Art. 4 Abs. 1 Nr. 1 der Verordnung (EU) Nr. 575/2013[3)], Finanzinstituten im Sinne des Art. 4 Abs. 1 Nr. 26 der Verordnung (EU) Nr. 575/2013, Wertpapierfirmen im Sinne des Art. 4 Abs. 1 Nr. 1 der Richtlinie 2004/39/EG und Gebietskörperschaften.
[4] Einlagen von anderen Gläubigern als natürlichen Personen und rechtsfähigen Stiftungen werden nur geschützt, wenn

---

1) Nr. **24**.
2) Nr. **16**.
3) Nr. **6**.

(i) es sich bei der Einlage um keine Verbindlichkeit aus einer Namensschuldverschreibung oder einem Schuldscheindarlehen handelt und

(ii) die Laufzeit der Einlage nicht mehr als 18 Monate beträgt. Auf Einlagen, die bereits vor dem 1. Januar 2020 bestanden haben, findet die Laufzeitbeschränkung keine Anwendung. Nach dem 31. Dezember 2019 entfällt der Bestandsschutz nach vorstehendem Satz, sobald die betreffende Einlage fällig wird, gekündigt werden kann oder anderweitig zurückgefordert werden kann, oder wenn die Einlage im Wege einer Einzel- oder Gesamtrechtsnachfolge übergeht.

[5] Verbindlichkeiten der Banken, die bereits vor dem 1. Oktober 2017 bestanden haben, werden nach Maßgabe und unter den Voraussetzungen der bis zum 1. Oktober 2017 geltenden Regelungen des Statuts des Einlagensicherungsfonds gesichert. [6] Nach dem 30. September 2017 entfällt der Bestandsschutz nach dem vorstehenden Satz, sobald die betreffende Verbindlichkeit fällig wird, gekündigt oder anderweitig zurückgefordert werden kann, oder wenn die Verbindlichkeit im Wege einer Einzel- oder Gesamtrechtsnachfolge übergeht.

(2) **Sicherungsgrenzen.** [1] Die Sicherungsgrenze je Gläubiger beträgt bis zum 31. Dezember 2019 20 %, bis zum 31. Dezember 2024 15 % und ab dem 1. Januar 2025 8,75 % der für die Einlagensicherung maßgeblichen Eigenmittel der Bank im Sinne von Art. 72 der Verordnung (EU) Nr. 575/2013. [2] Für Einlagen, die nach dem 31. Dezember 2011 begründet oder prolongiert werden, gelten, unabhängig vom Zeitpunkt der Begründung der Einlage, die jeweils neuen Sicherungsgrenzen ab den vorgenannten Stichtagen. [3] Für Einlagen, die vor dem 31. Dezember 2011 begründet wurden, gelten die alten Sicherungsgrenzen bis zur Fälligkeit der Einlage oder bis zum nächstmöglichen Kündigungstermin.
[4] Diese Sicherungsgrenze wird dem Kunden von der Bank auf Verlangen bekannt gegeben. [5] Sie kann auch im Internet unter www.bankenverband.de abgefragt werden.

(3) **Geltung des Statuts des Einlagensicherungsfonds.** Wegen weiterer Einzelheiten der Sicherung wird auf § 6 des Statuts des Einlagensicherungsfonds verwiesen, das auf Verlangen zur Verfügung gestellt wird.

(4) **Forderungsübergang.** Soweit der Einlagensicherungsfonds oder ein von ihm Beauftragter Zahlungen an einen Kunden leistet, gehen dessen Forderungen gegen die Bank in entsprechender Höhe mit allen Nebenrechten Zug um Zug auf den Einlagensicherungsfonds über.

(5) **Auskunftserteilung.** Die Bank ist befugt, dem Einlagensicherungsfonds oder einem von ihm Beauftragten alle in diesem Zusammenhang erforderlichen Auskünfte zu erteilen und Unterlagen zur Verfügung zu stellen.

Ombudsmannverfahren

21. Beschwerde- und Alternative Streitbeilegungsverfahren

Der Kunde hat folgende außergerichtliche Möglichkeiten:

- Der Kunde kann sich mit einer Beschwerde an die im „Preis- und Leistungsverzeichnis" genannte Kontaktstelle der Bank wenden. Die Bank wird Beschwerden in geeigneter Weise beantworten, bei Zahlungsdiensteverträgen erfolgt dies in Textform (z.B. mittels Brief, Telefax oder E-Mail).

– Die Bank nimmt am Streitbeilegungsverfahren der Verbraucherschlichtungsstelle „Ombudsmann der privaten Banken" (www.bankenombudsmann.de) teil. Dort hat der Verbraucher die Möglichkeit, zur Beilegung einer Streitigkeit mit der Bank den Ombudsmann der privaten Banken anzurufen. Betrifft der Beschwerdegegenstand eine Streitigkeit über einen Zahlungsdienstevertrag (§ 675 f des Bürgerlichen Gesetzbuches[1]), können auch Kunden, die keine Verbraucher sind, den Ombudsmann der privaten Banken anrufen. Näheres regelt die „Verfahrensordnung des Ombudsmanns der privaten Banken", die auf Wunsch zur Verfügung gestellt wird oder auf der Internetseite des Bundesverbandes deutscher Banken e.V. unter www.bankenverband.de eingesehen werden kann. Die Beschwerde ist in Textform (z.B. mittels Brief, Telefax oder E-Mail) an die Schlichtungsstelle beim Bundesverband deutscher Banken e.V., Postfach 040307, 10062 Berlin, Fax: (030) 1663-3169, E-Mail: ombudsmann@bdb.de, zu richten.
– Ferner besteht für den Kunden die Möglichkeit, sich jederzeit schriftlich oder zur dortigen Niederschrift bei der Bundesanstalt für Finanzdienstleistungsaufsicht, Graurheindorfer Straße 108, 53117 Bonn, über Verstöße der Bank gegen das Zahlungsdiensteaufsichtsgesetz (ZAG)[2], die §§ 675c bis 676c des Bürgerlichen Gesetzbuches (BGB) oder gegen Artikel 248 des Einführungsgesetzes zum Bürgerlichen Gesetzbuch (EGBGB)[3] zu beschweren.
– Die Europäische Kommission hat unter http://ec.europa.eu/consumers/odr/ eine europäische Online-Streitbeilegungsplattform (OS-Plattform) errichtet. Die OS-Plattform kann ein Verbraucher für die außergerichtliche Beilegung einer Streitigkeit aus Online-Verträgen mit einem in der EU niedergelassenen Unternehmen nutzen.

---

[1] Nr. 24.
[2] Nr. 12.
[3] Nr. 25.

29. Allgemeine Geschäftsbedingungen der Sparkassen

Grundlagen der Geschäftsbeziehung zwischen Kunde und Sparkasse

Fassung September 2021

Inhaltsverzeichnis nebst Hinweis auf die Schlichtungsstelle und die Europäische Online-Streitbeilegungsplattform

Allgemeines

Nr. 1. Grundlagen der Geschäftsbeziehung

(1) **Geschäftsbeziehung als Vertrauensverhältnis.** [1] Die Geschäftsbeziehung zwischen dem Kunden und der Sparkasse ist durch die Besonderheiten des Bankgeschäfts und ein besonderes Vertrauensverhältnis geprägt. [2] Der Kunde kann sich darauf verlassen, dass die Sparkasse seine Aufträge mit der Sorgfalt eines ordentlichen Kaufmanns ausführt und das Bankgeheimnis wahrt.

(2) **Allgemeine und besondere Geschäftsbedingungen.** [1] Für die Geschäftsbeziehung gelten ergänzend zu den einzelvertraglichen Vereinbarungen diese Allgemeinen Geschäftsbedingungen (AGB). [2] Für einzelne Geschäftszweige gelten ergänzend oder abweichend besondere Bedingungen, z.B. für die Bereiche des Zahlungsverkehrs, des Sparverkehrs und der Wertpapiergeschäfte;

diese werden beim Vertragsabschluss (etwa bei der Kontoeröffnung) oder bei der Erteilung von Aufträgen mit dem Kunden vereinbart.

Nr. 2. Änderungen

(1) **Änderungsangebot.** [1] Änderungen dieser Allgemeinen Geschäftsbedingungen und der besonderen Bedingungen werden dem Kunden spätestens zwei Monate vor dem vorgeschlagenen Zeitpunkt ihres Wirksamwerdens in Textform angeboten. [2] Hat der Kunde mit der Sparkasse im Rahmen der Geschäftsbeziehung einen elektronischen Kommunikationsweg vereinbart (z.B. das Elektronische Postfach), können die Änderungen auch auf diesem Wege angeboten werden.

(2) **Annahme durch den Kunden.** Die von der Sparkasse angebotenen Änderungen werden nur wirksam, wenn der Kunde diese annimmt, gegebenenfalls im Wege der nachfolgend geregelten Zustimmungsfiktion.

(3) **Annahme durch den Kunden im Wege der Zustimmungsfiktion.** [1] Das Schweigen des Kunden gilt nur dann als Annahme des Änderungsangebotes (Zustimmungsfiktion), wenn

a) das Änderungsangebot der Sparkasse erfolgt, um die Übereinstimmung der vertraglichen Bestimmungen mit einer veränderten Rechtslage wiederherzustellen, weil eine Bestimmung der Allgemeinen Geschäftsbedingungen oder der besonderen Bedingungen
   - aufgrund einer Änderung von Gesetzen, einschließlich unmittelbar geltender Rechtsvorschriften der Europäischen Union, nicht mehr der Rechtslage entspricht oder
   - durch eine rechtskräftige gerichtliche Entscheidung, auch durch ein Gericht erster Instanz, unwirksam wird oder nicht mehr verwendet werden darf oder
   - aufgrund einer verbindlichen Verfügung einer für die Sparkasse zuständigen nationalen oder internationalen Behörde (z.B. der Bundesanstalt für Finanzdienstleistungsaufsicht oder der Europäischen Zentralbank) nicht mehr mit den aufsichtsrechtlichen Verpflichtungen der Sparkasse in Einklang zu bringen ist

und

b) der Kunde das Änderungsangebot der Sparkasse nicht vor dem vorgeschlagenen Zeitpunkt des Wirksamwerdens der Änderungen abgelehnt hat.

[2] Die Sparkasse wird den Kunden im Änderungsangebot auf die Folgen seines Schweigens hinweisen.

(4) **Ausschluss der Zustimmungsfiktion.** [1] Die Zustimmungsfiktion findet keine Anwendung

- bei Änderungen der Nummern 2 und 17 Abs. 6 der Allgemeinen Geschäftsbedingungen und der entsprechenden Regelungen in den besonderen Bedingungen oder
- bei Änderungen, die die Hauptleistungspflichten des Vertrages und die Entgelte für Hauptleistungen betreffen, oder
- bei Änderungen von Entgelten, die auf eine über das vereinbarte Entgelt für die Hauptleistung hinausgehende Zahlung des Verbrauchers gerichtet sind, oder

– bei Änderungen, die dem Abschluss eines neuen Vertrages gleichkommen, oder

– bei Änderungen, die das bisher vereinbarte Verhältnis von Leistung und Gegenleistung erheblich zugunsten der Sparkasse verschieben würden.

[2] In diesen Fällen wird die Sparkasse die Zustimmung des Kunden zu den Änderungen auf andere Weise einholen.

(5) **Kündigungsrecht des Kunden bei der Zustimmungsfiktion.** [1] Macht die Sparkasse von der Zustimmungsfiktion Gebrauch, kann der Kunde den von der Änderung betroffenen Vertrag vor dem vorgeschlagenen Zeitpunkt des Wirksamwerdens der Änderungen auch fristlos und kostenfrei kündigen. [2] Auf dieses Kündigungsrecht wird die Sparkasse den Kunden in ihrem Änderungsangebot besonders hinweisen.

Nr. 3. Bankauskünfte

(1) **Inhalt von Bankauskünften.** [1] Bankauskünfte sind allgemein gehaltene Feststellungen und Bemerkungen über die wirtschaftlichen Verhältnisse von Kunden, deren Kreditwürdigkeit und Zahlungsfähigkeit. [2] Betragsmäßige Angaben über Kontostände, Sparguthaben, Depot- oder sonstige der Sparkasse anvertraute Vermögenswerte sowie Kreditinanspruchnahmen werden nicht gemacht.

(2) **Voraussetzungen für die Auskunftserteilung.** [1] Die Sparkasse darf Bankauskünfte über juristische Personen und im Handelsregister eingetragene Kaufleute erteilen, sofern sich die Anfrage auf deren geschäftliche Tätigkeit bezieht und der Sparkasse keine anders lautende Weisung des Kunden vorliegt. [2] In allen anderen Fällen darf die Sparkasse Bankauskünfte nur erteilen, wenn der Kunde dem allgemein oder im Einzelfall ausdrücklich zugestimmt hat. [3] Bankauskünfte erhalten nur eigene Kunden sowie andere Kreditinstitute für deren eigene Zwecke und die ihrer Kunden; sie werden nur erteilt, wenn der Anfragende ein berechtigtes Interesse an der gewünschten Auskunft glaubhaft darlegt.

(3) **Schriftliche Bestätigung.** Bei mündlichen Auskünften über Kreditwürdigkeit und Zahlungsfähigkeit behält sich die Sparkasse eine unverzügliche schriftliche Bestätigung vor, deren Inhalt von diesem Zeitpunkt an maßgeblich ist.

Nr. 4. Vertretungs- und Verfügungsbefugnisse

(1) **Bekanntgabe.** [1] Der Sparkasse bekannt gegebene Vertretungs- oder Verfügungsbefugnisse gelten, bis ihr eine Mitteilung über das Erlöschen oder eine Änderung zugeht, es sei denn, diese Umstände sind der Sparkasse bekannt oder infolge Fahrlässigkeit nicht bekannt. [2] Dies gilt auch, wenn die Befugnisse in einem öffentlichen Register eingetragen sind und eine Änderung veröffentlicht ist.

(2) **Mangel in der Geschäftsfähigkeit des Vertreters.** Der Kunde trägt den Schaden, der daraus entstehen sollte, dass die Sparkasse von einem eintretenden Mangel in der Geschäftsfähigkeit seines Vertreters unverschuldet keine Kenntnis erlangt.

Nr. 5. Legitimationsurkunden

(1) **Erbnachweis.** Nach dem Tod des Kunden hat derjenige, der sich gegenüber der Sparkasse auf die Rechtsnachfolge des Kunden beruft, der Sparkasse seine erbrechtliche Berechtigung nachzuweisen.

(2) **Leistungsbefugnis der Sparkasse.** [1] Werden der Sparkasse eine Ausfertigung oder eine beglaubigte Abschrift der letztwilligen Verfügung (Testament, Erbvertrag) sowie der Niederschrift über die zugehörige Eröffnungsverhandlung vorgelegt, darf die Sparkasse denjenigen, der darin als Erbe oder Testamentsvollstrecker bezeichnet ist, als Berechtigten ansehen, ihn verfügen lassen und insbesondere mit befreiender Wirkung an ihn leisten. [2] Dies gilt nicht, wenn der Sparkasse die Unrichtigkeit oder Unwirksamkeit dieser Urkunden bekannt oder infolge Fahrlässigkeit nicht bekannt geworden ist.

(3) **Sonstige ausländische Urkunden.** [1] Werden der Sparkasse ausländische Urkunden als Ausweis der Person oder zum Nachweis einer Berechtigung vorgelegt, so wird sie prüfen, ob die Urkunden zum Nachweis geeignet sind. [2] Sie haftet jedoch für deren Eignung, Wirksamkeit und Vollständigkeit sowie für deren richtige Übersetzung und Auslegung nur bei Fahrlässigkeit oder wenn die Urkunde insgesamt gefälscht ist. [3] Im vorstehenden Rahmen kann die Sparkasse die in den Urkunden als Berechtigte bezeichneten Personen als berechtigt ansehen, insbesondere sie verfügen lassen und mit befreiender Wirkung an sie leisten.

Nr. 6. Rechtswahl, Gerichtsstand, Erfüllungsort

(1) **Deutsches Recht.** Auf die Geschäftsbeziehung findet deutsches Recht Anwendung, sofern dem nicht zwingende gesetzliche Regelungen entgegenstehen.

(2) **Erfüllungsort.** Erfüllungsort für die Sparkasse und den Kunden ist der Sitz der Sparkasse.

(3) **Gerichtsstand.** Ist der Kunde ein Kaufmann, eine juristische Person des öffentlichen Rechts oder ein öffentlich-rechtliches Sondervermögen, kann die Sparkasse an ihrem allgemeinen Gerichtsstand klagen und nur an diesem Gerichtsstand verklagt werden.

Kontokorrentkonten und andere Geschäfte

Nr. 7. Kontokorrent, Rechnungsabschluss

(1) **Kontokorrent.** Die Sparkasse führt ein Konto zur Abwicklung des laufenden Geschäfts- und Zahlungsverkehrs (Girokonto) als Kontokorrent im Sinne des § 355 des Handelsgesetzbuches (Konto in laufender Rechnung).

(2) **Rechnungsabschluss.** [1] Soweit nichts anderes vereinbart ist, erteilt die Sparkasse jeweils zum Ende eines Kalenderquartals einen Rechnungsabschluss. [2] Bei Vorliegen eines berechtigten Interesses einer der Vertragsparteien wird der Rechnungsabschluss auch zu sonstigen Terminen erteilt.

(3) **Einwendungen gegen den Rechnungsabschluss.** [1] Einwendungen gegen Rechnungsabschlüsse müssen der Sparkasse zugehen. [2] Unbeschadet der Verpflichtung, Einwendungen gegen Rechnungsabschlüsse unverzüglich zu erheben (Nr. 20 Absatz 1 Buchst. g), gelten diese als genehmigt, wenn ihnen nicht vor Ablauf von sechs Wochen nach Zugang des Rechnungsabschlusses widersprochen wird. [3] Zur Wahrung der Frist genügt die rechtzeitige Absendung. [4] Die Sparkasse wird den Kunden bei Erteilung des Rechnungsabschlus-

ses auf diese Folgen besonders hinweisen. [5] Stellt sich nachträglich die Unrichtigkeit heraus, so können sowohl der Kunde als auch die Sparkasse eine Richtigstellung aufgrund gesetzlicher Ansprüche verlangen.

Nr. 8. Korrektur fehlerhafter Gutschriften

(1) **Stornobuchung vor Rechnungsabschluss.** Gutschriften, die ohne einen verpflichtenden Auftrag gebucht werden (z.B. wegen Irrtums, Schreibfehlers), darf die Sparkasse bis zum nächsten Rechnungsabschluss durch einfache Buchung rückgängig machen (Stornobuchung), soweit ihr ein Rückforderungsanspruch gegen den Kunden zusteht.

(2) **Korrekturbuchung nach Rechnungsabschluss.** [1] Den Rückforderungsanspruch nach Absatz 1 kann die Sparkasse auch noch nach Rechnungsabschluss durch Korrekturbuchung geltend machen, wenn sie die fehlerhafte Gutschrift nicht mehr rechtzeitig vor diesem Zeitpunkt festgestellt hat. [2] Bei Widerspruch des Kunden wird die Sparkasse die Korrekturbuchung rückgängig und ihren Anspruch anderweitig geltend machen.

(3) **Kennzeichnung.** Storno- und Korrekturbuchungen werden im Kontoauszug gekennzeichnet.

Nr. 9. Gutschriften und Einlösung von Einzugspapieren

(1) **Gutschriften „Eingang vorbehalten".** [1] Schreibt die Sparkasse den Gegenwert von Schecks, Lastschriften oder anderen Einzugspapieren schon vor ihrer Einlösung gut, so geschieht dies unter dem Vorbehalt der Einlösung und des Einganges des Gegenwertes (E.v.-Gutschrift). [2] Das gilt auch dann, wenn die Schecks, Lastschriften oder anderen Einzugspapiere bei der Sparkasse selbst zahlbar sind. [3] Werden Schecks oder Lastschriften nicht eingelöst oder geht der Sparkasse der Gegenwert aus einem Einzugspapier nicht zu, so macht sie die Gutschrift gemäß Nr. 23 Absatz 2 dieser AGB rückgängig, und zwar auch nach einem zwischenzeitlich erfolgten Rechnungsabschluss.

(2) **Einlösung.** [1] Schecks und andere Einzugspapiere sind erst eingelöst, wenn die Belastungsbuchung nicht bis zum Ablauf des übernächsten Bankarbeitstages[1)] rückgängig gemacht wird. [2] Sie sind auch eingelöst, wenn die Sparkasse ihren Einlösungswillen schon vorher Dritten gegenüber erkennbar bekundet hat (z.B. durch Bezahltmeldung). [3] Für Lastschriften gelten die Einlösungsregeln in den hierfür vereinbarten besonderen Bedingungen. [4] Über die Abrechnungsstelle der Deutschen Bundesbank eingezogene Schecks sind eingelöst, wenn sie nach deren Geschäftsbedingungen nicht mehr zurückgegeben werden können. [5] Barschecks sind mit Zahlung an den Scheckvorleger eingelöst.

Nr. 10. Auftragsbestätigung vor Ausführung

Bei telefonischen oder auf anderen technischen Wegen erteilten sowie bei nicht unterschriebenen Aufträgen behält sich die Sparkasse die unverzügliche Einholung einer Bestätigung vor Auftragsausführung vor.

Nr. 11. Aufrechnung durch den Kunden

[1] Ist der Kunde kein Verbraucher, kann er gegen Forderungen der Sparkasse nur aufrechnen, wenn seine Forderungen unbestritten oder rechtskräftig fest-

---

[1)] **Amtl. Anm.:** Bankarbeitstage sind alle Werktage, außer Sonnabende und 24. und 31. Dezember.

gestellt sind. [2]Satz 1 gilt nicht, wenn die Voraussetzungen des § 513 BGB[1)] (Existenzgründer) vorliegen. [3]Gesetzliche Aufrechnungsverbote bleiben unberührt.

Nr. 12. Konten in ausländischer Währung

Konten in ausländischer Währung dienen ausschließlich zur bargeldlosen Abwicklung von Zahlungen an den Kunden und von Verfügungen des Kunden in ausländischer Währung.

Nr. 13. Leistungsbefreiung bei Geschäften in ausländischer Währung

[1]Die Verpflichtung der Sparkasse zur Ausführung einer Verfügung zulasten eines Guthabens in ausländischer Währung oder zur Erfüllung einer Verbindlichkeit in ausländischer Währung ist in dem Umfang und solange ausgesetzt, wie die Sparkasse in der Währung, auf die das Guthaben oder die Verbindlichkeit lautet, wegen politisch bedingter Maßnahmen oder Ereignisse im Lande dieser Währung nicht oder nur eingeschränkt verfügen kann. [2]In dem Umfang und solange diese Maßnahmen oder Ereignisse andauern, ist die Sparkasse auch nicht zu einer Erfüllung an einem anderen Ort außerhalb des Landes der Währung, in einer anderen Währung (auch nicht in Euro) oder durch Anschaffung von Bargeld verpflichtet. [3]Die Verpflichtung der Sparkasse zur Ausführung einer Verfügung zulasten eines Guthabens in ausländischer Währung ist dagegen nicht ausgesetzt, wenn die Sparkasse diese vollständig im eigenen Haus ausführen kann. [4]Das Recht des Kunden und der Sparkasse, fällige gegenseitige Forderungen in derselben Währung miteinander zu verrechnen, bleibt von den vorstehenden Regelungen unberührt.

Nr. 14. Geldeingang in ausländischer Währung

Geldbeträge in ausländischer Währung darf die Sparkasse mangels ausdrücklicher gegenteiliger Weisung des Kunden in Euro gutschreiben, sofern sie nicht für den Kunden ein Konto in der betreffenden Währung führt.

Nr. 15. Wechselkurs

[1]Die Bestimmung des Wechselkurses bei Geschäften in ausländischer Währung ergibt sich aus dem Preis- und Leistungsverzeichnis. [2]Bei Zahlungsdiensten gilt ergänzend der Zahlungsdiensterahmenvertrag.

Nr. 16. Einlagengeschäft

[1]Mangels abweichender Vereinbarungen sind Einlagen ohne Kündigung fällig (täglich fällige Gelder). [2]Die jeweils gültigen Zinssätze für täglich fällige Gelder werden durch Aushang bekannt gemacht. [3]Für die Zinsberechnung bei Einlagen wird jeder Monat zu 30 Tagen gerechnet.

Entgelte und Aufwendungen

Nr. 17. Zinsen und Entgelte

(1) **Zinsen und Entgelte im Geschäftsverkehr mit Verbrauchern.** [1]Die Höhe der Zinsen und Entgelte für die im Geschäftsverkehr mit Verbrauchern üblichen Kredite und Leistungen ergibt sich aus dem Preisaushang und ergänzend aus dem Preis- und Leistungsverzeichnis. [2]Wenn ein Verbraucher einen dort aufgeführten Kredit oder eine dort aufgeführte Leistung in Anspruch

---

[1)] Nr. **24**.

nimmt und dabei keine abweichende Vereinbarung getroffen wurde, gelten die zu diesem Zeitpunkt im Preisaushang oder Preis- und Leistungsverzeichnis angegebenen Zinsen und Entgelte.

(2) **Zinsen und Entgelte außerhalb des Geschäftsverkehrs mit Verbrauchern.** Außerhalb des Geschäftsverkehrs mit Verbrauchern bestimmen sich die Zinsen und Entgelte für in Anspruch genommene Kredite und Leistungen nach der getroffenen Vereinbarung, ergänzend nach dem Preis- und Leistungsverzeichnis in der zum Zeitpunkt der Inanspruchnahme geltenden Fassung.

(3) **Entgelte für sonstige Leistungen.** Für Leistungen, die nicht Gegenstand einer Vereinbarung oder im Preisaushang bzw. im Preis- und Leistungsverzeichnis aufgeführt sind und die im Auftrag des Kunden oder in dessen mutmaßlichem Interesse erbracht werden und die, nach den Umständen zu urteilen, nur gegen eine Vergütung zu erwarten sind, kann die Sparkasse ein nach Maßgabe der gesetzlichen Bestimmungen angemessenes Entgelt verlangen.

(4) **Nicht entgeltpflichtige Tätigkeiten.** Für Tätigkeiten, zu deren Erbringung die Sparkasse bereits gesetzlich oder aufgrund einer vertraglichen Nebenpflicht verpflichtet ist oder die sie im eigenen Interesse erbringt, wird die Sparkasse kein Entgelt berechnen, es sei denn, es ist gesetzlich zulässig und wird nach Maßgabe der gesetzlichen Regelungen erhoben.

(5) **Änderung von Zinsen, Kündigungsrecht des Kunden bei Erhöhung.** [1] Die Änderung der Zinsen bei Krediten mit einem veränderlichen Zinssatz erfolgt aufgrund der jeweiligen Kreditvereinbarungen mit dem Kunden. [2] Die Sparkasse wird dem Kunden Änderungen von Zinsen mitteilen. [3] Bei einer Erhöhung kann der Kunde, sofern nichts anderes vereinbart ist, die davon betroffene Kreditvereinbarung innerhalb von sechs Wochen nach der Bekanntgabe der Änderung mit sofortiger Wirkung kündigen. [4] Kündigt der Kunde, so werden die erhöhten Zinsen für die gekündigte Kreditvereinbarung nicht zugrunde gelegt. [5] Eine Kündigung des Kunden gilt als nicht erfolgt, wenn er den geschuldeten Betrag nicht binnen zweier Wochen nach Wirksamwerden der Kündigung zurückzahlt.

(6) **Änderung von Entgelten bei typischerweise dauerhaft in Anspruch genommenen Leistungen.** [1] Änderungen von Entgelten für Bankleistungen, die von Kunden im Rahmen der Geschäftsbeziehung typischerweise dauerhaft in Anspruch genommen werden (z.B. Konto- und Depotführung), werden dem Kunden spätestens zwei Monate vor dem vorgeschlagenen Zeitpunkt ihres Wirksamwerdens in Textform angeboten.
[2] Hat der Kunde mit der Sparkasse im Rahmen der Geschäftsbeziehung einen elektronischen Kommunikationsweg vereinbart (z.B. das Elektronische Postfach), können die Änderungen auch auf diesem Wege angeboten werden.
[3] Die von der Sparkasse angebotenen Änderungen werden nur wirksam, wenn der Kunde diese annimmt.
[4] Eine Vereinbarung über die Änderung eines Entgelts, das auf eine über die Hauptleistung hinausgehende Zahlung eines Verbrauchers gerichtet ist, kann die Sparkasse mit dem Verbraucher nur ausdrücklich treffen.

(7) **Besonderheiten bei Verbraucherdarlehensverträgen.** Bei Verbraucherdarlehensverträgen richten sich die Zinsen und Entgelte nach den jeweili-

gen vertraglichen Vereinbarungen sowie ergänzend nach den gesetzlichen Vorschriften.

(8) **Besonderheiten bei Zahlungsdiensteverträgen mit Verbrauchern.** [1] Bei Zahlungsdiensteverträgen mit Verbrauchern richten sich die Entgelte nach den jeweiligen vertraglichen Vereinbarungen und besonderen Bedingungen. [2] Soweit dort keine Regelung getroffen ist, gelten die Absätze 1 und 4 sowie – für die Änderung jeglicher Entgelte bei Zahlungsdiensterahmenverträgen (z.B. Girovertrag) – Absatz 6.

Nr. 18. Ersatz von Aufwendungen

Der Ersatz von Aufwendungen der Sparkasse richtet sich nach den gesetzlichen Vorschriften.

Pflichten und Haftung von Sparkasse und Kunde

Nr. 19. Haftung der Sparkasse

(1) **Haftung für Verschulden.** [1] Die Sparkasse haftet für eigenes Verschulden sowie das Verschulden von Personen, derer sie sich zur Erfüllung ihrer Verpflichtung gegenüber dem Kunden bedient, soweit sich nicht aus den folgenden Absätzen, den besonderen Bedingungen oder aus einzelvertraglichen Regelungen etwas Abweichendes ergibt. [2] Haftet die Sparkasse und ist ein Schaden nicht ausschließlich von der Sparkasse verursacht oder verschuldet, so richtet sich die Verpflichtung zum Schadensersatz nach den Grundsätzen des Mitverschuldens, § 254 Bürgerliches Gesetzbuch[1)].

(2) **Haftung für Dritte.** [1] Die Sparkasse darf Aufträge bei Fehlen einer gegenteiligen Weisung ganz oder teilweise auf Dritte zur selbstständigen Erledigung übertragen, soweit dies unter Berücksichtigung der Art des Auftrages und der Interessen von Sparkasse und Kunde erforderlich erscheint. [2] In diesen Fällen beschränken sich die Verpflichtung und Haftung der Sparkasse auf die Weiterleitung des Auftrags einschließlich sorgfältiger Auswahl und Unterweisung des Dritten.

(3) **Haftung bei höherer Gewalt.** Die Sparkasse haftet nicht für Schäden, die durch Störung ihres Betriebs (z.B. Bombendrohung, Banküberfall), insbesondere infolge von höherer Gewalt (z.B. von Kriegs- und Naturereignissen) sowie infolge von sonstigen, von ihr nicht zu vertretenden Vorkommnissen (z.B. Streik, Aussperrung, Verkehrsstörung) verursacht sind oder die durch Verfügungen von hoher Hand des In- und Auslands eintreten.

Nr. 20. Mitwirkungs- und Sorgfaltspflichten des Kunden

(1) **Grundsatz.** [1] Die Sparkasse führt die Aufträge des Kunden mit der Sorgfalt eines ordentlichen Kaufmanns aus. [2] Für den Kunden bestehen seinerseits besondere Mitwirkungs- und sonstige Sorgfaltspflichten, insbesondere folgende Pflichten:

a) Mitteilung wesentlicher Angaben und Änderungen
Der Sparkasse sind unverzüglich alle für die Geschäftsbeziehung wesentlichen Tatsachen anzuzeigen, insbesondere Änderungen des Namens, der Anschrift, des Personenstandes, der Verfügungs- oder Verpflichtungsfähigkeit des Kunden (z.B. Eheschließung, Eingehung einer Lebenspartnerschaft, Änderung des Güterstandes) oder der für ihn zeichnungsberechtigten Personen (z.B.

---

1) Nr. **24**.

nachträglich eingetretene Geschäftsunfähigkeit eines Vertreters oder Bevollmächtigten) sowie Änderungen des wirtschaftlich Berechtigten oder der der Sparkasse bekannt gegebenen Vertretungs- oder Verfügungsbefugnisse (z.B. Vollmachten, Prokura). Die Anzeigepflicht besteht auch dann, wenn die Tatsachen in öffentlichen Registern eingetragen und veröffentlicht werden. Die Namen der für den Kunden vertretungs- oder verfügungsbefugten Personen sind der Sparkasse mit eigenhändigen Unterschriftsproben auf den Vordrucken der Sparkasse bekannt zu geben. Darüber hinaus können sich weitergehende gesetzliche Mitteilungspflichten, insbesondere aus dem Geldwäschegesetz[1] ergeben.

b) Eindeutige Angaben bei Aufträgen und Weisungen
Aufträge und Weisungen jeder Art müssen den Inhalt des Geschäfts zweifelsfrei erkennen lassen. Abänderungen und Bestätigungen müssen als solche gekennzeichnet sein. Bei Zahlungsaufträgen hat der Kunde insbesondere auf richtige, vollständige, unmissverständliche und leserliche Angaben, vor allem der Kontonummer und Bankleitzahl oder IBAN[2] und BIC[3] zu achten.

c) Sorgfalt bei besonderer Auftragsübermittlung
Bei telefonischen oder auf anderen technischen Wegen erteilten Aufträgen oder Weisungen hat der Kunde dafür zu sorgen, dass sich keine Übermittlungsfehler, Missverständnisse, Missbräuche und Irrtümer ergeben.

d) weggefallen

e) Ausdrücklicher Hinweis bei besonderer Weisung
Besondere Weisungen für die Ausführung von Aufträgen hat der Kunde der Sparkasse gesondert mitzuteilen, bei formularmäßig erteilten Aufträgen außerhalb des Formulars. Dies gilt insbesondere, wenn Zahlungen auf bestimmte Forderungen der Sparkasse verrechnet werden sollen.

f) Hinweis auf Fristen und Termine
Der Kunde hat entsprechend Buchst. e) besonders darauf hinzuweisen, wenn Aufträge innerhalb bestimmter Fristen oder zu bestimmten Terminen ausgeführt sein sollen oder wenn bei nicht ordnungsgemäßer, insbesondere nicht fristgemäßer Ausführung von Aufträgen außergewöhnliche Schäden drohen. Auf die besondere Hinweispflicht bei knappen Scheckvorlegungsfristen nach Nr. 24 wird verwiesen.

g) Unverzügliche Reklamation
Einwendungen gegen Rechnungsabschlüsse, Lastschriften, Kontoauszüge, Wertpapieraufstellungen oder sonstige Mitteilungen der Sparkasse sowie Einwendungen gegen die Ordnungsmäßigkeit von der Sparkasse gelieferter Wertpapiere oder sonstiger Werte müssen unverzüglich erhoben werden. Falls Rechnungsabschlüsse oder Depotaufstellungen dem Kunden nicht zugehen, muss er die Sparkasse unverzüglich benachrichtigen. Die Benachrichtigungspflicht besteht auch beim Ausbleiben anderer Anzeigen, Mitteilungen oder Sendungen, deren Eingang der Kunde erwarten oder mit deren Eingang er rechnen muss.

h) Kontrolle von Bestätigungen der Sparkasse
Soweit Bestätigungen der Sparkasse von Aufträgen oder Weisungen des Kunden abweichen, hat er dies unverzüglich zu beanstanden.

---

[1] Nr. **18**.
[2] **Amtl. Anm.:** International Bank Account Number (Internationale Bankkontonummer).
[3] **Amtl. Anm.:** Business Identifier Code (Bank-Identifizierungs-Code).

(2) **Haftung bei Pflichtverletzungen.** [1]Schäden und Nachteile aus einer schuldhaften Verletzung von Mitwirkungs- und sonstigen Sorgfaltspflichten gehen zulasten des Kunden. [2]Bei schuldhafter Mitverursachung des Schadens durch die Sparkasse richtet sich die Haftung nach den Grundsätzen des Mitverschuldens, § 254 Bürgerliches Gesetzbuch[1)].

AGB-Pfandrecht, Nachsicherung, Sicherheitenfreigabe

Nr. 21. Pfandrecht, Sicherungsabtretung

(1) **Umfang.** [1]Der Kunde räumt hiermit der Sparkasse ein Pfandrecht ein an Werten jeder Art, die im bankmäßigen Geschäftsverkehr durch den Kunden oder durch Dritte für seine Rechnung in ihren Besitz oder ihre sonstige Verfügungsmacht gelangen. [2]Zu den erfassten Werten zählen sämtliche Sachen und Rechte jeder Art (Beispiele: Waren, Devisen, Wertpapiere einschließlich der Zins-, Renten- und Gewinnanteilscheine, Sammeldepotanteile, Bezugsrechte, Schecks, Wechsel, Konnossemente, Lager- und Ladescheine). [3]Erfasst werden auch Ansprüche des Kunden gegen die Sparkasse (z.B. aus Guthaben). [4]Forderungen des Kunden gegen Dritte sind an die Sparkasse abgetreten, wenn über die Forderungen ausgestellte Urkunden im bankmäßigen Geschäftsverkehr in die Verfügungsmacht der Sparkasse gelangen.

(2) **Ausnahmen.** [1]Gelangen Gelder oder andere Werte mit der ausdrücklichen Zweckbestimmung für eine bestimmte Verwendung in die Verfügungsmacht der Sparkasse (z.B. Bareinzahlung zur Einlösung eines Schecks, Wechsels oder Ausführung einer bestimmten Überweisung), so erstreckt sich das Pfandrecht der Sparkasse nicht auf diese Werte. [2]Im Ausland verwahrte Wertpapiere unterliegen – vorbehaltlich anderweitiger Vereinbarung – nicht dem Pfandrecht. [3]Dasselbe gilt für die von der Sparkasse selbst ausgegebenen Genussrechte/Genussscheine und für Ansprüche des Kunden aus nachrangigem Haftkapital (z.B. nachrangig haftende Inhaberschuldverschreibung).

(3) **Gesicherte Ansprüche.** [1]Das Pfandrecht sichert alle bestehenden und künftigen, auch bedingten oder befristeten, auch gesetzlichen Ansprüche der Sparkasse gegen den Kunden, die sie im Zusammenhang mit der Geschäftsverbindung erwirbt. [2]Ansprüche gegen Kunden aus von diesen für Dritte übernommenen Bürgschaften werden erst ab deren Fälligkeit gesichert.

(4) **Geltendmachung des Pfandrechts.** [1]Die Sparkasse darf die dem AGB-Pfandrecht unterliegenden Werte nur bei einem berechtigten Sicherungsinteresse zurückhalten. [2]Ein solches besteht insbesondere unter den Voraussetzungen des Nachsicherungsrechts gemäß Nr. 22.

(5) **Verwertung.** [1]Die Sparkasse ist zur Verwertung dieser Werte berechtigt, wenn der Kunde seinen Verbindlichkeiten bei Fälligkeit und trotz Mahnung mit angemessener Nachfrist und einer Androhung der Verwertung entsprechend § 1234 Absatz 1 Bürgerliches Gesetzbuch[1)] nicht nachkommt. [2]Unter mehreren Sicherheiten hat die Sparkasse die Wahl. [3]Bei der Auswahl und Verwertung wird die Sparkasse auf die berechtigten Belange des Kunden Rücksicht nehmen. [4]Die Sparkasse hat das Recht, Verwertungserlöse, die nicht zur Befriedigung sämtlicher Forderungen ausreichen, nach ihrem billigen Ermessen zu verrechnen. [5]Die Sparkasse wird dem Kunden erteilte Gutschriften über

---

[1)] Nr. **24**.

Verwertungserlöse so gestalten, dass sie als Rechnungen im Sinne des Umsatzsteuerrechts anzusehen sind.

Nr. 22. Nachsicherung und Freigabe

(1) **Nachsicherungsrecht.** [1]Die Sparkasse kann vom Kunden die Bestellung oder Verstärkung von Sicherheiten für seine Verbindlichkeiten verlangen, wenn sich aufgrund nachträglich eingetretener oder bekannt gewordener Umstände, z.B. aufgrund einer Verschlechterung oder drohenden Verschlechterung der wirtschaftlichen Verhältnisse des Kunden, eines Mithaftenden oder Bürgen oder des Werts bestehender Sicherheiten, eine Veränderung der Risikolage ergibt.
[2]Bei Verbraucherdarlehensverträgen besteht ein Anspruch auf die Bestellung oder Verstärkung von Sicherheiten nur, soweit die Sicherheiten im Kreditvertrag angegeben sind. [3]Übersteigt der Nettodarlehensbetrag 75.000 Euro, besteht der Anspruch auf Bestellung oder Verstärkung auch dann, wenn in einem vor dem 21. März 2016 abgeschlossenen Verbraucherdarlehensvertrag oder in einem ab dem 21. März 2016 abgeschlossenen Allgemein-Verbraucherdarlehensvertrag im Sinne von § 491 Abs. 2 BGB[1)] keine oder keine abschließenden Angaben über Sicherheiten enthalten sind.

(2) **Freigabe-Verpflichtung.** [1]Die Sparkasse ist auf Verlangen zur Freigabe von Sicherheiten nach ihrer Wahl verpflichtet, soweit der realisierbare Wert aller Sicherheiten den Gesamtbetrag aller Forderungen der Sparkasse nicht nur vorübergehend um mehr als 10 v.H. übersteigt. [2]Diese Deckungsgrenze erhöht sich um den jeweils aktuellen Umsatzsteuersatz, soweit die Sparkasse im Verwertungsfall mit der Abführung der Umsatzsteuer aus Verwertungserlösen belastet ist. [3]Die Sparkasse wird bei der Auswahl der freizugebenden Sicherheiten auf die berechtigten Belange des Kunden Rücksicht nehmen.

Einzugspapiere

Nr. 23. Inkasso im Einzugsgeschäft

(1) **Inkasso-Vereinbarung.** Schecks, Wechsel, Lastschriften oder sonstige Einzugspapiere werden von der Sparkasse nur zum Einzug (Inkasso) hereingenommen, soweit nichts anderes vereinbart ist.

(2) **Rückbelastung.** [1]Hat die Sparkasse den Gegenwert von Einzugspapieren schon vor Eingang gutgeschrieben, so kann sie den Gegenwert bei Nichteinlösung der Papiere rückbelasten, und zwar auch nach einem zwischenzeitlichen Rechnungsabschluss. [2]Das Gleiche gilt, wenn

- ihr der Gegenwert nicht zugeht oder
- die freie Verfügung über den Gegenwert durch Gesetz oder behördliche Maßnahmen beschränkt ist oder
- die Papiere infolge unüberwindlicher Hindernisse nicht oder nicht rechtzeitig vorgelegt werden können oder
- der Einzug mit im Zeitpunkt der Hereinnahme nicht bekannten unverhältnismäßigen Schwierigkeiten verbunden ist oder
- in dem Land, in dem die Papiere einzulösen sind, ein Moratorium ergangen ist.

---

1) Nr. **24**.

[3]Unter den gleichen Voraussetzungen kann die Sparkasse Einzugspapiere auch schon vor Fälligkeit zurückgeben. [4]Die Rückbelastung ist auch zulässig, wenn die Papiere nicht zurückgegeben werden können. [5]Ist dies von der Sparkasse zu vertreten, so trägt sie einen sich hieraus ergebenden Schaden des Kunden.

Nr. 24. Vorlegungsfrist, Eilmittel

Wenn Schecks, die am Bankplatz der Sparkasse zahlbar sind, nicht spätestens am dritten Geschäftstag, Schecks auf auswärtige Bankplätze nicht spätestens am vierten Geschäftstag vor Ablauf der Vorlegungsfrist (Artikel 29 Scheckgesetz[1)]) eingereicht werden bzw. bei Übersendung nicht innerhalb dieser Fristen vor Geschäftsschluss bei der Sparkasse eingehen, so hat der Kunde auf den Ablauf der Vorlegungsfrist und die eventuelle Anwendung von Eilmitteln gesondert hinzuweisen.

Nr. 25. Sicherungsrechte im Einzugsgeschäft

(1) **Sicherungseigentum.** [1]Mit der Einreichung von Schecks und Wechseln zum Einzug überträgt der Kunde der Sparkasse das Sicherungseigentum an den Papieren für den Fall, dass das Einzugspapier nicht eingelöst wird und der Sparkasse aufgrund von Vorausverfügungen des Kunden im Hinblick auf das Einzugsgeschäft Ansprüche gegen den Kunden zustehen, und zwar bis zum Ausgleich dieser Ansprüche. [2]Mit dem Erwerb des Sicherungseigentums gehen auch die zugrunde liegenden Forderungen auf die Sparkasse über.

(2) **Sicherungsabtretung.** Werden andere Papiere zum Einzug eingereicht (z.B. Lastschriften, kaufmännische Handelspapiere), so gehen die zugrunde liegenden Forderungen unter den Voraussetzungen des Absatzes 1 auf die Sparkasse über.

Auflösung der Geschäftsbeziehung

Nr. 26. Kündigungsrecht

(1) **Ordentliche Kündigung.** [1]Soweit weder eine Laufzeit noch eine abweichende Kündigungsregelung vereinbart sind, können der Kunde und bei Vorliegen eines sachgerechten Grundes auch die Sparkasse die gesamte Geschäftsbeziehung oder einzelne Geschäftszweige jederzeit ohne Einhaltung einer Kündigungsfrist kündigen. [2]Kündigt die Sparkasse, so wird sie den berechtigten Belangen des Kunden angemessen Rechnung tragen, insbesondere nicht zur Unzeit kündigen.
[3]Für die Kündigung eines Zahlungsdiensterahmenvertrages (z.B. Girovertrag oder Kartenvertrag) durch die Sparkasse beträgt die Kündigungsfrist mindestens zwei Monate.

(2) **Kündigung aus wichtigem Grund.** [1]Ungeachtet anderweitiger Vereinbarungen können sowohl der Kunde als auch die Sparkasse die gesamte Geschäftsbeziehung oder einzelne Geschäftszweige jederzeit fristlos kündigen, wenn ein wichtiger Grund vorliegt, aufgrund dessen dem Kündigenden die Fortsetzung der Geschäftsbeziehung nicht zugemutet werden kann. [2]Dabei sind die berechtigten Belange des anderen Vertragspartners zu berücksichtigen. [3]Für die Sparkasse ist ein solcher Kündigungsgrund insbesondere gegeben, wenn aufgrund der nachfolgend beispielhaft aufgeführten Umstände die Einhaltung der Zahlungsverpflichtungen des Kunden oder die Durchsetzbarkeit der An-

---

1) Nr. **26**.

sprüche der Sparkasse – auch unter Verwertung etwaiger Sicherheiten – gefährdet wird:

a) wenn eine wesentliche Verschlechterung oder eine erhebliche Gefährdung der Vermögensverhältnisse des Kunden oder in der Werthaltigkeit der für ein Darlehen gestellten Sicherheiten eintritt, insbesondere wenn der Kunde die Zahlungen einstellt oder erklärt, sie einstellen zu wollen, oder wenn von dem Kunden angenommene Wechsel zu Protest gehen;

b) wenn der Kunde seiner Verpflichtung zur Bestellung oder zur Verstärkung von Sicherheiten (Nr. 22 Absatz 1) nach Aufforderung durch die Sparkasse nicht innerhalb angemessener Frist nachkommt;

c) wenn der Kunde unrichtige Angaben über seine Vermögensverhältnisse gemacht hat;

d) wenn gegen den Kunden eine Zwangsvollstreckung eingeleitet wird;

e) wenn sich die Vermögensverhältnisse eines Mitverpflichteten oder des persönlich haftenden Gesellschafters wesentlich verschlechtert haben oder erheblich gefährdet sind, sowie bei Tod oder Wechsel des persönlich haftenden Gesellschafters.

[4] Besteht der wichtige Grund in der Verletzung einer Pflicht aus dem Vertrag, ist die Kündigung erst nach erfolglosem Ablauf einer zur Abhilfe bestimmten Frist oder nach erfolgloser Abmahnung zulässig. [5] Etwas anderes gilt nur, wenn der Kunde die Leistung ernsthaft und endgültig verweigert, er die Leistung zu einem im Vertrag bestimmten Termin oder innerhalb einer bestimmten Frist nicht bewirkt, obwohl die Sparkasse den Fortbestand ihres Leistungsinteresses vertraglich an die Rechtzeitigkeit der Leistung gebunden hat, oder wenn besondere Umstände vorliegen, die unter Abwägung der beiderseitigen Interessen eine sofortige Kündigung rechtfertigen.

(3) **Kündigung bei Verbraucherdarlehensverträgen.** Soweit das Bürgerliche Gesetzbuch zwingende Sonderregelungen für die Kündigung von Verbraucherdarlehensverträgen vorsieht, kann die Sparkasse nur nach Maßgabe dieser Regelungen kündigen.

(4) **Rechtsfolgen bei Kündigung.** [1] Mit der Auflösung der gesamten Geschäftsbeziehung oder einzelner Geschäftszweige werden die auf den betroffenen Konten geschuldeten Beträge sofort fällig. [2] Der Kunde ist außerdem verpflichtet, die Sparkasse insoweit von allen für ihn oder in seinem Auftrag übernommenen Verpflichtungen zu befreien.

[3] Die Sparkasse ist berechtigt, die für den Kunden oder in seinem Auftrag übernommenen Verpflichtungen zu kündigen und sonstige Verpflichtungen, insbesondere solche in fremder Währung, mit Wirkung gegen den Kunden auszugleichen sowie hereingenommene Wechsel und Schecks sofort zurückzubelasten; die wechsel- oder scheckrechtlichen Ansprüche gegen den Kunden und jeden aus dem Papier Verpflichteten auf Zahlung des vollen Betrages der Wechsel und Schecks mit Nebenforderungen verbleiben der Sparkasse jedoch bis zur Abdeckung eines etwaigen Schuldsaldos.

Nr. 27. Weitergeltung der Allgemeinen Geschäftsbedingungen

Auch nach Auflösung der gesamten Geschäftsbeziehung oder einzelner Geschäftszweige gelten für die Abwicklung und in dem Abwicklungsverhältnis entsprechenden Umfange die Allgemeinen Geschäftsbedingungen weiter.

Nr. 28. Schutz der Einlagen durch anerkanntes Einlagensicherungssystem

(1) **Freiwillige Institutssicherung.** [1]Die Sparkasse gehört dem institutsbezogenen Sicherungssystem der Deutschen Sparkassen-Finanzgruppe (Sicherungssystem) an. [2]Primäre Zielsetzung des Sicherungssystems ist es, die angehörenden Institute selbst zu schützen und bei diesen drohende oder bestehende wirtschaftliche Schwierigkeiten abzuwenden. [3]Auf diese Weise schützt die Institutssicherung auch die Einlagen der Kunden. [4]Hierzu zählen im Wesentlichen Spareinlagen, Sparkassenbriefe, Termineinlagen, Sichteinlagen und Schuldverschreibungen.

(2) **Gesetzliche Einlagensicherung.** [1]Das Sicherungssystem ist als Einlagensicherungssystem nach dem Einlagensicherungsgesetz (EinSiG)[1)] amtlich anerkannt. [2]Sollte entgegen Absatz 1 ausnahmsweise die Institutssicherung nicht greifen, hat der Kunde gegen das Sicherungssystem einen Anspruch auf Erstattung seiner Einlagen im Sinne des § 2 Absätze 3 bis 5 EinSiG bis zu den Obergrenzen des § 8 EinSiG.
[3]Nicht entschädigungsfähig nach § 6 EinSiG sind unter anderem Einlagen, die im Zusammenhang mit Geldwäschetransaktionen entstanden sind, sowie Inhaberschuldverschreibungen der Sparkasse und Verbindlichkeiten aus eigenen Akzepten und Solawechseln.

(3) **Informationsbefugnisse.** Die Sparkasse ist befugt, dem Sicherungssystem oder einem von ihm Beauftragten alle in diesem Zusammenhang erforderlichen Auskünfte zu erteilen und Unterlagen zur Verfügung zu stellen.

(4) **Forderungsübergang.** Soweit das Sicherungssystem oder ein von ihm Beauftragter Zahlungen an den Kunden leistet, gehen dessen Forderungen gegen die Sparkasse in entsprechender Höhe mit allen Nebenrechten Zug um Zug auf das Sicherungssystem über.

[1)] Nr. **15**.

30. Sonderbedingungen für Wertpapiergeschäfte

Fassung Januar 2018

Vom 1. Januar 2018

Diese Sonderbedingungen gelten für den Kauf oder Verkauf sowie für die Verwahrung von Wertpapieren, und zwar auch dann, wenn die Rechte nicht in Urkunden verbrieft sind (nachstehend: „Wertpapiere").

A. Geschäfte in Wertpapieren

1. Formen des Wertpapiergeschäfts

1.1. Kommissions-/Festpreisgeschäfte

Bank und Kunde schließen Wertpapiergeschäfte in Form von Kommissionsgeschäften (2) oder Festpreisgeschäften (3) ab.

1.2. Kommissionsgeschäfte

Führt die Bank Aufträge ihres Kunden zum Kauf oder Verkauf von Wertpapieren als Kommissionärin aus, schließt sie für Rechnung des Kunden mit einem anderen Marktteilnehmer oder einer Zentralen Gegenpartei ein Kauf- oder Verkaufsgeschäft (Ausführungsgeschäft) ab, oder sie beauftragt einen anderen Kommissionär (Zwischenkommissionär), ein Ausführungsgeschäft abzuschließen. Im Rahmen des elektronischen Handels an einer Börse kann der Auftrag des Kunden auch gegen die Bank oder den Zwischenkommissionär unmittelbar ausgeführt werden, wenn die Bedingungen des Börsenhandels dies zulassen.

1.3. Festpreisgeschäfte

Vereinbaren Bank und Kunde miteinander für das einzelne Geschäft einen festen oder bestimmbaren Preis (Festpreisgeschäft), so kommt ein Kaufvertrag zustande; dementsprechend übernimmt die Bank vom Kunden die Wertpapiere als Käuferin, oder sie liefert die Wertpapiere an ihn als Verkäuferin. Die Bank berechnet dem Kunden den vereinbarten Preis, bei verzinslichen Schuldverschreibungen zuzüglich aufgelaufener Zinsen (Stückzinsen).

2. Ausführungsgrundsätze für Wertpapiergeschäfte

Die Bank führt Wertpapiergeschäfte nach ihren jeweils geltenden Ausführungsgrundsätzen[1] aus. Die Ausführungsgrundsätze sind Bestandteil der Sonderbedingungen. Die Bank ist berechtigt, die Ausführungsgrundsätze entsprechend den aufsichtsrechtlichen Vorgaben zu ändern. Über die Änderungen der Ausführungsgrundsätze wird die Bank den Kunden jeweils informieren.

B. Besondere Regelungen für das Kommissionsgeschäft

3. Usancen/Unterrichtung/Preis

3.1. Geltung von Rechtsvorschriften/Usancen/Geschäftsbedingungen

Die Ausführungsgeschäfte unterliegen den für den Wertpapierhandel am Ausführungsplatz geltenden Rechtsvorschriften und Geschäftsbedingungen

---

[1] **Amtl. Anm.:** Ausführungsgrundsätze für Geschäfte in Finanzinstrumenten

(Usancen); daneben gelten die Allgemeinen Geschäftsbedingungen des Vertragspartners der Bank.

3.2. Unterrichtung

Über die Ausführung des Auftrags wird die Bank den Kunden unverzüglich unterrichten. Wurde der Auftrag des Kunden im elektronischen Handel an einer Börse gegen die Bank oder den Zwischenkommissionär unmittelbar ausgeführt, bedarf es keiner gesonderten Benachrichtigung.

3.3. Preis des Ausführungsgeschäfts/Entgelt/Aufwendungen

Die Bank rechnet gegenüber dem Kunden den Preis des Ausführungsgeschäfts ab; sie ist berechtigt, ihr Entgelt in Rechnung zu stellen. Ein möglicher Anspruch der Bank auf Ersatz von Aufwendungen richtet sich nach den gesetzlichen Vorschriften.

4. Erfordernis eines ausreichenden Kontoguthabens/Depotbestandes

Die Bank ist zur Ausführung von Aufträgen oder zur Ausübung von Bezugsrechten nur insoweit verpflichtet, als das Guthaben des Kunden, ein für Wertpapiergeschäfte nutzbarer Kredit oder der Depotbestand des Kunden zur Ausführung ausreichen. Führt die Bank den Auftrag ganz oder teilweise nicht aus, so wird sie den Kunden unverzüglich unterrichten.

5. Festsetzung von Preisgrenzen

Der Kunde kann der Bank bei der Erteilung von Aufträgen Preisgrenzen für das Ausführungsgeschäft vorgeben (preislich limitierte Aufträge).

6. Gültigkeitsdauer von unbefristeten Kundenaufträgen

6.1. Preislich unlimitierte Aufträge

Ein preislich unlimitierter Auftrag gilt entsprechend den Ausführungsgrundsätzen (Nr. 2) nur für einen Handelstag; ist der Auftrag für eine gleichtägige Ausführung nicht so rechtzeitig eingegangen, dass seine Berücksichtigung im Rahmen des ordnungsgemäßen Arbeitsablaufs möglich ist, so wird er für den nächsten Handelstag vorgemerkt. Wird der Auftrag nicht ausgeführt, so wird die Bank den Kunden hiervon unverzüglich benachrichtigen.

6.2. Preislich limitierte Aufträge

Ein preislich limitierter Auftrag ist bis zum letzten Handelstag des laufenden Monats gültig (Monats-Ultimo). Ein am letzten Handelstag eines Monats eingehender Auftrag wird, sofern er nicht am selben Tag ausgeführt wird, entsprechend den Ausführungsgrundsätzen (Nr. 2) für den nächsten Monat vorgemerkt. Die Bank wird den Kunden über die Gültigkeitsdauer seines Auftrags unverzüglich unterrichten.

7. Gültigkeitsdauer von Aufträgen zum Kauf oder Verkauf von Bezugsrechten

Preislich unlimitierte Aufträge zum Kauf oder Verkauf von Bezugsrechten sind für die Dauer des Bezugsrechtshandels gültig. Preislich limitierte Aufträge zum Kauf oder Verkauf von Bezugsrechten erlöschen mit Ablauf des vorletzten Tages des Bezugsrechtshandels. Die Gültigkeitsdauer von Aufträgen zum Kauf oder Verkauf ausländischer Bezugsrechte bestimmt sich nach den maßgeblichen ausländischen Usancen. Für die Behandlung von Bezugsrechten, die am letzten

Tag des Bezugsrechtshandels zum Depotbestand des Kunden gehören, gilt Nr. 15 Abs. 1.

8. Erlöschen laufender Aufträge

8.1. Dividendenzahlungen, sonstige Ausschüttungen, Einräumung von Bezugsrechten, Kapitalerhöhung aus Gesellschaftsmitteln

Preislich limitierte Aufträge zum Kauf oder Verkauf von Aktien an inländischen Ausführungsplätzen erlöschen bei Dividendenzahlung, sonstigen Ausschüttungen, der Einräumung von Bezugsrechten oder einer Kapitalerhöhung aus Gesellschaftsmitteln mit Ablauf des Handelstages, an dem die Aktien letztmalig einschließlich der vorgenannten Rechte gehandelt werden, sofern die jeweiligen Regelungen des Ausführungsplatzes ein Erlöschen vorsehen. Bei Veränderung der Einzahlungsquote teileingezahlter Aktien oder des Nennwertes von Aktien und im Falle des Aktien-splittings erlöschen preislich limitierte Aufträge mit Ablauf des Handelstages vor dem Tag, an dem die Aktien mit erhöhter Einzahlungsquote bzw. mit dem veränderten Nennwert bzw. gesplittet notiert werden.

8.2. Kursaussetzung

Wenn an einem inländischen Ausführungsplatz die Preisfeststellung wegen besonderer Umstände im Bereich des Emittenten unterbleibt (Kursaussetzung), erlöschen sämtliche an diesem Ausführungsplatz auszuführenden Kundenaufträge für die betreffenden Wertpapiere, sofern die Bedingungen des Ausführungsplatzes dies vorsehen.

8.3. Ausführung von Kundenaufträgen an ausländischen Ausführungsplätzen

Bei der Ausführung von Kundenaufträgen an ausländischen Ausführungsplätzen gelten insoweit die Usancen der ausländischen Ausführungsplätze.

8.4. Benachrichtigung

Von dem Erlöschen eines Kundenauftrags wird die Bank den Kunden unverzüglich benachrichtigen.

9. Haftung der Bank bei Kommissionsgeschäften

Die Bank haftet für die ordnungsgemäße Erfüllung des Ausführungsgeschäfts durch ihren Vertragspartner oder den Vertragspartner des Zwischenkommissionärs. Bis zum Abschluss eines Ausführungsgeschäfts haftet die Bank bei der Beauftragung eines Zwischenkommissionärs nur für dessen sorgfältige Auswahl und Unterweisung.

C. Erfüllung der Wertpapiergeschäfte

10. Erfüllung im Inland als Regelfall

Die Bank erfüllt Wertpapiergeschäfte im Inland, soweit nicht die nachfolgenden Bedingungen oder eine anderweitige Vereinbarung die Anschaffung im Ausland vorsehen.

11. Anschaffung im Inland

Bei der Erfüllung im Inland verschafft die Bank dem Kunden, sofern die Wertpapiere zur Girosammelverwahrung bei der deutschen Wertpapiersammelbank (Clearstream Banking AG) zugelassen sind, Miteigentum an diesem Sammelbestand – Girosammel-Depotgutschrift (GS-Gutschrift). Soweit Wertpapiere nicht zur Girosammelverwahrung zugelassen sind, wird dem Kunden Alleineigentum an Wertpapieren verschafft. Diese Wertpapiere verwahrt die Bank für den Kunden gesondert von ihren eigenen Beständen und von denen Dritter (Streifbandverwahrung).

12. Anschaffung im Ausland

12.1. Anschaffungsvereinbarung

Die Bank schafft Wertpapiere im Ausland an, wenn sie als Kommissionärin Kaufaufträge in in- oder ausländischen Wertpapieren im Ausland ausführt, oder – sie dem Kunden im Wege eines Festpreisgeschäftes ausländische Wertpapiere verkauft, die im Inland weder börslich noch außerbörslich gehandelt werden oder – sie als Kommissionärin Kaufaufträge in ausländischen Wertpapieren ausführt oder dem Kunden ausländische Wertpapiere im Wege eines Festpreisgeschäftes verkauft, die zwar im Inland börslich oder außerbörslich gehandelt, üblicherweise aber im Ausland angeschafft werden.

12.2. Einschaltung von Zwischenverwahrern

Die Bank wird die im Ausland angeschafften Wertpapiere im Ausland verwahren lassen. Hiermit wird sie einen anderen in- oder ausländischen Verwahrer (z.B. Clearstream Banking AG) beauftragen oder eine eigene ausländische Geschäftsstelle damit betrauen. Die Verwahrung der Wertpapiere unterliegt den Rechtsvorschriften und Usancen des Verwahrungsorts und den für den oder die ausländischen Verwahrer geltenden Allgemeinen Geschäftsbedingungen.

12.3. Gutschrift in Wertpapierrechnung

Die Bank wird sich nach pflichtgemäßem Ermessen unter Wahrung der Interessen des Kunden das Eigentum oder Miteigentum an den Wertpapieren oder eine andere im Lagerland übliche, gleichwertige Rechtsstellung verschaffen und diese Rechtsstellung treuhänderisch für den Kunden halten. Hierüber erteilt sie dem Kunden Gutschrift in Wertpapierrechnung (WR-Gutschrift) unter Angabe des ausländischen Staates, in dem sich die Wertpapiere befinden (Lagerland).

12.4. Deckungsbestand

Die Bank braucht die Auslieferungsansprüche des Kunden aus der ihm erteilten WR-Gutschrift nur aus dem von ihr im Ausland unterhaltenen Deckungsbestand zu erfüllen. Der Deckungsbestand besteht aus den im Lagerland für die Kunden und für die Bank verwahrten Wertpapieren derselben Gattung. Ein Kunde, dem eine WR-Gutschrift erteilt worden ist, trägt daher anteilig alle wirtschaftlichen und rechtlichen Nachteile und Schäden, die den Deckungsbestand als Folge von höherer Gewalt, Aufruhr, Kriegs- und Naturereignissen oder durch sonstige von der Bank nicht zu vertretende Zugriffe Dritter im Ausland oder im Zusammenhang mit Verfügungen von hoher Hand des In- oder Auslands treffen sollten.

12.5. Behandlung der Gegenleistung

Hat ein Kunde nach Absatz 4 Nachteile und Schäden am Deckungsbestand zu tragen, so ist die Bank nicht verpflichtet, dem Kunden den Kaufpreis zurückzuerstatten.

D. Die Dienstleistungen im Rahmen der Verwahrung

13. Depotauszug

Die Bank erteilt mindestens einmal jährlich einen Depotauszug.

14. Einlösung von Wertpapieren/Bogenerneuerung

14.1. Inlandsverwahrte Wertpapiere

Bei im Inland verwahrten Wertpapieren sorgt die Bank für die Einlösung von Zins-, Gewinnanteil- und Ertragscheinen sowie von rückzahlbaren Wertpapieren bei deren Fälligkeit. Der Gegenwert von Zins-, Gewinnanteil- und Ertragscheinen sowie von fälligen Wertpapieren jeder Art wird unter dem Vorbehalt gutgeschrieben, dass die Bank den Betrag erhält, und zwar auch dann, wenn die Papiere bei der Bank selbst zahlbar sind. Die Bank besorgt neue Zins-, Gewinnanteil- und Ertragscheinbogen (Bogenerneuerung).

14.2. Auslandsverwahrte Wertpapiere

Diese Pflichten obliegen bei im Ausland verwahrten Wertpapieren dem ausländischen Verwahrer.

14.3. Auslosung und Kündigung von Schuldverschreibungen

Bei im Inland verwahrten Schuldverschreibungen überwacht die Bank den Zeitpunkt der Rückzahlung infolge Auslosung und Kündigung anhand der Veröffentlichungen in den „Wertpapier-Mitteilungen". Bei einer Auslosung von im Ausland verwahrten rückzahlbaren Schuldverschreibungen, die anhand deren Urkundennummern erfolgt (Nummernauslosung), wird die Bank nach ihrer Wahl den Kunden für die ihm in Wertpapierrechnung gutgeschriebenen Wertpapiere entweder Urkundennummern für die Auslosungszwecke zuordnen oder in einer internen Auslosung die Aufteilung des auf den Deckungsbestand entfallenden Betrages auf die Kunden vornehmen. Diese interne Auslosung wird unter Aufsicht einer neutralen Prüfungsstelle vorgenommen; sie kann stattdessen unter Einsatz einer elektronischen Datenverarbeitungsanlage durchgeführt werden, sofern eine neutrale Auslosung gewährleistet ist.

14.4. Einlösung in fremder Währung

Werden Zins-, Gewinnanteil- und Ertragscheine sowie fällige Wertpapiere in ausländischer Währung oder Rechnungseinheiten eingelöst, wird die Bank den Einlösungsbetrag auf dem Konto des Kunden in dieser Währung gutschreiben, sofern der Kunde ein Konto in dieser Währung unterhält. Andernfalls wird sie dem Kunden hierüber eine Gutschrift in Euro erteilen, soweit nicht etwas anderes vereinbart ist.

15. Behandlung von Bezugsrechten/Optionsscheinen/Wandelschuldverschreibungen

15.1. Bezugsrechte

Über die Einräumung von Bezugsrechten wird die Bank den Kunden benachrichtigen, wenn hierüber eine Bekanntmachung in den „Wertpapier-Mitteilungen" erschienen ist. Soweit die Bank bis zum Ablauf des vorletzten Tages des Bezugsrechtshandels keine andere Weisung des Kunden erhalten hat, wird sie sämtliche zum Depotbestand des Kunden gehörenden inländischen Bezugsrechte bestens verkaufen; ausländische Bezugsrechte darf die Bank gemäß den im Ausland geltenden Usancen bestens verwerten lassen.

15.2. Options- und Wandlungsrechte

Über den Verfall von Rechten aus Optionsscheinen oder Wandlungsrechten aus Wandelschuldverschreibungen wird die Bank den Kunden mit der Bitte um Weisung benachrichtigen, wenn auf den Verfalltag in den „Wertpapier-Mitteilungen" hingewiesen worden ist.

16. Weitergabe von Nachrichten

Werden in den „Wertpapier-Mitteilungen" Informationen veröffentlicht, die die Wertpapiere des Kunden betreffen, oder werden der Bank solche Informationen vom Emittenten oder von ihrem ausländischen Verwahrer/Zwischenverwahrer übermittelt, so wird die Bank dem Kunden diese Informationen zur Kenntnis geben, soweit sich diese auf die Rechtsposition des Kunden erheblich auswirken können und die Benachrichtigung des Kunden zur Wahrung seiner Interessen erforderlich ist. So wird sie insbesondere Informationen über

– gesetzliche Abfindungs- und Umtauschangebote,
– freiwillige Kauf- und Umtauschangebote,
– Sanierungsverfahren

zur Kenntnis geben. Eine Benachrichtigung kann unterbleiben, wenn die Information bei der Bank nicht rechtzeitig eingegangen ist oder die vom Kunden zu ergreifenden Maßnahmen wirtschaftlich nicht zu vertreten sind, weil die anfallenden Kosten in einem Missverhältnis zu den möglichen Ansprüchen des Kunden stehen.

17. Prüfungspflicht der Bank

Die Bank prüft anhand der Bekanntmachungen in den „Wertpapier-Mitteilungen" einmalig bei der Einlieferung von Wertpapierurkunden, ob diese von Verlustmeldungen (Opposition), Zahlungssperren und dergleichen betroffen sind. Die Überprüfung auf Aufgebotsverfahren zur Kraftloserklärung von Wertpapierurkunden erfolgt auch nach Einlieferung.

18. Umtausch sowie Ausbuchung und Vernichtung von Urkunden

18.1. Urkundenumtausch

Die Bank darf ohne vorherige Benachrichtigung des Kunden einer in den „Wertpapier-Mitteilungen" bekannt gemachten Aufforderung zur Einreichung von Wertpapierurkunden Folge leisten, wenn diese Einreichung offensichtlich im Kundeninteresse liegt und damit auch keine Anlageentscheidung verbunden ist (wie z.B. nach der Fusion der Emittentin mit einer anderen Gesellschaft oder bei inhaltlicher Unrichtigkeit der Wertpapierurkunden). Der Kunde wird hierüber unterrichtet.

18.2. Ausbuchung und Vernichtung nach Verlust der Wertpapiereigenschaft

Verlieren die für den Kunden verwahrten Wertpapierurkunden ihre Wertpapiereigenschaft durch Erlöschen der darin verbrieften Rechte, so können sie zum Zwecke der Vernichtung aus dem Depot des Kunden ausgebucht werden. Im Inland verwahrte Urkunden werden soweit möglich dem Kunden auf Verlangen zur Verfügung gestellt. Der Kunde wird über die Ausbuchung, die Möglichkeit der Auslieferung und die mögliche Vernichtung unterrichtet. Erteilt er keine Weisung, so kann die Bank die Urkunden nach Ablauf einer

Frist von zwei Monaten nach Absendung der Mitteilung an den Kunden vernichten.

19. Haftung

19.1. Inlandsverwahrung

Bei der Verwahrung von Wertpapieren im Inland haftet die Bank für jedes Verschulden ihrer Mitarbeiter und der Personen, die sie zur Erfüllung ihrer Verpflichtungen hinzuzieht. Soweit dem Kunden eine GS-Gutschrift erteilt wird, haftet die Bank auch für die Erfüllung der Pflichten der Clearstream Banking AG.

19.2. Auslandsverwahrung

Bei der Verwahrung von Wertpapieren im Ausland beschränkt sich die Haftung der Bank auf die sorgfältige Auswahl und Unterweisung des von ihr beauftragten ausländischen Verwahrers oder Zwischenverwahrers. Bei einer Zwischenverwahrung durch die Clearstream Banking AG oder einen anderen inländischen Zwischenverwahrer sowie einer Verwahrung durch eine eigene ausländische Geschäftsstelle haftet die Bank für deren Verschulden.

20. Sonstiges

20.1. Auskunftsersuchen

Ausländische Wertpapiere, die im Ausland angeschafft oder veräußert werden oder die ein Kunde von der Bank im Inland oder im Ausland verwahren lässt, unterliegen regelmäßig einer ausländischen Rechtsordnung. Rechte und Pflichten der Bank oder des Kunden bestimmen sich daher auch nach dieser Rechtsordnung, die auch die Offenlegung des Namens des Kunden vorsehen kann. Die Bank wird entsprechende Auskünfte an ausländische Stellen erteilen, soweit sie hierzu verpflichtet ist; sie wird den Kunden hierüber benachrichtigen.

20.2. Einlieferung/Überträge

Diese Sonderbedingungen gelten auch, wenn der Kunde der Bank in- oder ausländische Wertpapiere zur Verwahrung effektiv einliefert oder Depotguthaben von einem anderen Verwahrer übertragen lässt. Verlangt der Kunde die Verwahrung im Ausland, wird ihm eine WR-Gutschrift nach Maßgabe dieser Sonderbedingungenerteilt.

20.3. Spitzenregulierung

Bei der Durchführung von Kapitalmaßnahmen (z.B. Zusammenfassung mehrerer Aktien zu einer Aktie oder Umtausch von Aktien) können im Depot des Kunden Bruchstücke von Wertpapieren entstehen. Sofern eine Verwertung möglich ist, wird die Bank die Bruchstücke aller betroffenen Kunden zusammenfassen und für diese gemäß den Ausführungsgrundsätzen für Geschäfte in Finanzinstrumenten veräußern. Ausgenommen hiervon sind Bruchstücke von Fondsanteilen, soweit es sich nicht um Anteile an Exchange Traded Funds (ETF) handelt. Den Erlösanteil wird die Bank nach Abzug des vereinbarten Entgelts gutschreiben. Soweit Bruchstücke von Wertpapieren nicht verwertbar sind, kann das zugrundeliegende Depot nur nach Erteilung eines Auftrags zur Ausbuchung von Wertpapieren durch den Kunden in Bezug auf diese Bruchstücke geschlossen werden.

31. Sonderbedingungen für Termingeschäfte

Vom 1. Juli 2018

Diese Sonderbedingungen gelten für Geschäfte an Terminbörsen sowie für außerbörsliche Termingeschäfte in Devisen und Edelmetallen (im folgenden „Geschäfte"). Sie gelten nicht für solche außerbörslichen Geschäfte, für die die Anwendung des Rahmenvertrags für Finanztermingeschäfte oder eines anderen Rahmenvertrags vereinbart ist, der alle unter ihm dokumentierten Geschäfte zu einem einheitlichen Vertrag verbindet. Für Geschäfte, bei denen die Rechte in Urkunden verbrieft sind (z.B. bei Optionsscheinen), gelten die Sonderbedingungen für Wertpapiergeschäfte.

Geschäfte an Terminbörsen

1. Ausführung der Geschäfte

(1) Geschäfte in Kontrakten der Eurex Deutschland

Die Bank wird alle Aufträge, die sich auf die zum Handel an der Eurex Deutschland zugelassenen Options- und Futureskontrakte beziehen, als Kommissionärin im eigenen Namen für Rechnung des Kunden an der Eurex Deutschland ausführen. Die Bank kann auch einen anderen Kommissionär (Zwischenkommissionär) mit der Ausführung des Auftrags beauftragen. Mit dem Zustandekommen des Geschäfts an der Eurex Deutschland (Ausführungsgeschäft) kommt gleichzeitig ein entsprechendes Geschäft zwischen dem Kunden und der Bank zustande. Für sämtliche Geschäfte mit dem Kunden in Kontrakten, die zum Handel an der Eurex Deutschland zugelassen sind, gelten die Handelsund Clearingbedingungen sowie die Börsenordnung der Eurex Deutschland.

(2) Geschäfte an ausländischen Terminbörsen

Aufträge zum Abschluss von Geschäften an ausländischen Terminbörsen führt die Bank als Kommissionärin im eigenen Namen für Rechnung des Kunden aus. Die Bank kann auch einen Zwischenkommissionär beauftragen, das Ausführungsgeschäft abzuschließen. Sie haftet nur für die sorgfältige Auswahl der im Ausland in die Ausführung des Kundenauftrages eingeschalteten Stellen; sie wird dem Kunden bei Leistungsstörungen ihre Ansprüche gegen die eingeschalteten Stellen abtreten.

Die Ausführungsgeschäfte in Kontrakten, die an ausländischen Terminbörsen gehandelt werden, unterliegen den dort geltenden Rechtsvorschriften und Geschäftsbedingungen (Usancen); daneben gelten die Allgemeinen Geschäftsbedingungen des Vertragspartners der Bank. Dies gilt auch für den Inhalt und die Abwicklung der Ausführungsgeschäfte, z.B. hinsichtlich des Ausübungszeitpunktes, der Laufzeit oder der Anforderung von Sicherheiten, aber auch der Aussetzung oder Einstellung der Geschäftsabwicklung durch die an der Börse bestehenden Clearingstellen und durch die sonstigen von der Bank in die Durchführung des Kundenauftrages eingeschalteten Stellen.

2. Preis des Geschäfts/Entgelt/Aufwendungen

Die Bank rechnet gegenüber dem Kunden den Preis des Ausführungsgeschäfts ab; sie ist berechtigt ihr Entgelt in Rechnung zu stellen. Ein möglicher

Anspruch der Bank auf Ersatz von Aufwendungen richtet sich nach den gesetzlichen Vorschriften.

3. Wahl des Ausführungsgeschäfts

Sind Aufträge an verschiedenen Börsen ausführbar, so bestimmt die Bank mangels anderweitiger Weisung den Ausführungsplatz unter Wahrung der Interessen des Kunden und wird ihn über den Ausführungsplatz unverzüglich unterrichten.

4. Festsetzung von Preisgrenzen

Der Kunde kann der Bank bei der Erteilung von Aufträgen Preisgrenzen für das Ausführungsgeschäft vorgeben (preislich limitierte Aufträge).

5. Gültigkeitsdauer von unbefristeten Aufträgen

Ein ohne ausdrückliche Bestimmung der Gültigkeitsdauer erteilter Auftrag zum Abschluss von Geschäften an Terminbörsen gilt nur für den Tag der Auftragserteilung.

6. Aussetzung des Handels

Wird an einer Terminbörse auf Veranlassung der Börsengeschäftsführung der Handel in bestimmten Geschäften ganz oder teilweise ausgesetzt und werden daraufhin alle Aufträge in diesen Geschäften gelöscht, erlöschen sämtliche an dieser Börse auszuführenden Kundenaufträge für die betreffenden Geschäfte; die Bank wird den Kunden hiervon unverzüglich benachrichtigen.

Außerbörsliche Geschäfte

7. Eigenhändlergeschäft

(1) Ausführung der Geschäfte

Bei außerbörslichen Geschäften in Devisen und Edelmetallen schließt die Bank das Geschäft mit dem Kunden als Eigenhändlerin im eigenen Namen und auf eigene Rechnung ab.

(2) Preis der Geschäfte

Die Bank kann die Höhe des Preises nach billigem Ermessen bestimmen (§ 315 des Bürgerlichen Gesetzbuchs[1]), soweit nicht ein fester Preis vereinbart ist.

Bestimmungen für börsliche und außerbörsliche Geschäfte

8. Nichtausführung mangels Deckung

Die Bank ist berechtigt, von der Ausführung des Auftrags abzusehen, soweit das Guthaben des Kunden oder ein für Termingeschäfte nutzbarer Kredit (eingeräumte Kontoüberziehung) zur Ausführung nicht ausreichen. Führt die Bank den Auftrag ganz oder teilweise nicht aus, so wird sie den Kunden unverzüglich unterrichten.

9. Sicherheiten

(1) AGB-Pfandrecht

Die dem Pfandrecht der Bank nach Nr. 14 ihrer Allgemeinen Geschäftsbedingungen (AGB-Pfandrecht) unterliegenden Wertpapiere, Sachen und An-

[1] Nr. 24.

sprüche des Kunden gegen die Bank sichern uneingeschränkt auch alle bestehenden und künftigen – auch bedingten oder befristeten – Ansprüche der Bank gegen den Kunden aus den Geschäften. Sind Sicherheiten gesondert vereinbart worden, werden die Ansprüche der Bank hierdurch gesichert, soweit die Sicherungszweckerklärung auch die Geschäfte erfasst (sonstige Sicherheiten).

(2) Unterhaltung ausreichender Vermögenswerte als Sicherheit

Die Bank kann verlangen, dass der Kunde bei ihr Vermögenswerte unterhält, die ihr im Rahmen des AGB-Pfandrechtes und sonstiger Sicherheiten zugleich als Sicherheit für alle Ansprüche aus den Geschäften dienen. Sicherheiten müssen jeweils in der Höhe bestellt werden, die die Bank nach ihrer Einschätzung der Zins-, Kurs- und Preisänderungsrisiken (Verlustrisiken) aus den Geschäften mit dem Kunden für erforderlich hält. Ändert sich die Risikoeinschätzung oder der Wert der vorhandenen Vermögenswerte, so kann die Bank jederzeit innerhalb angemessener Frist, die im Hinblick auf die Besonderheiten der Geschäfte sehr kurz, gegebenenfalls auch nach Stunden, bemessen sein kann, verlangen, dass der Kunde weitere Vermögenswerte als Sicherheit stellt bzw. für bislang unbesicherte Risiken erstmals Sicherheiten stellt.

(3) Separierung oder gesonderte Buchung der Vermögenswerte

Die Bank darf jederzeit Vermögenwerte des Kunden im Hinblick auf die Verlustrisiken aus den Geschäften getrennt buchen oder anderweitig separieren. Das AGB-Pfandrecht der Bank an diesen und den sonstigen Vermögenswerten des Kunden wird hierduch nicht berührt. Sämtliche Vermögenswerte haften daher unverändert sowohl für Ansprüche aus den Geschäften als auch für sonstige Ansprüche aus der bankmäßigen Geschäftsverbindung. Über die getrennt gebuchten oder anderweitig separierten Vermögenswerte kann der Kunde nur mit Zustimmung der Bank verfügen[1)].

(4) Sicherheiten bei Geschäften an der Eurex Deutschland

Bei allen Auftägen zum Abschluss von Geschäften an der Eurex Deutschland sind Sicherheiten mindestens in der Höhe zu stellen, die sich nach der Berechnungsmethode der Eurex Deutschland ergibt.

(5) Zwischenzeitliche Gutschriften oder Belastungen bei laufenden Geschäften

Werden vorläufige Gewinne aus der täglichen Bewertung von Geschäften vor deren endgültiger Abwicklung oder Glattstellung von der Bank gutgeschrieben – gegebenenfalls auf einem gesonderten Konto –, kann über sie nur mit Zustimmung der Bank verfügt[1)] werden. Ergeben sich aus einer solchen Bewertung Verluste, so wird die Bank den Kunden entsprechend belasten. Die Bank wird den Kunden in regelmäßigen Abständen über die Buchungen unterrichten. Die Bank ist berechtigt, zum Ausgleich derartiger Belastungsbuchungen das Kontokorrentkonto des Kunden zu belasten, auch wenn hierduch Kredit (eine eingeräumte oder geduldete Kontoüberziehung) in Anspruch ge nommen wird.

[1)] **Amtl. Anm.:** Der Begriff kann u.a. die relevanten Zahlungskontendienste „Bargeldauszahlung" und „Überweisung" umfassen.

10. Folgen bei Ausbleiben von Sicherheiten; Insolvenz; Ausgleichsansprüche

(1) Vorzeitige Beendigung und Glattstellung

Verlangt die Bank zusätzliche Sicherheiten und werden diese innerhalb der von ihr gesetzten Frist nicht gestellt oder wird die Stellung zusätzlicher Sicherheiten abgelehnt, so kann die Bank – sofern sie dies angedroht hat – die den offenen Positionen zugrundeliegenden Geschäfte und Auftragsverhältnisse ohne Fristsetzung ganz oder teilweise beenden bzw. die aus solchen Geschäften resultierenden offenen Positionen ganz oder teilweise durch ein Gegengeschäft glattstellen. Das gleiche gilt, wenn der Kunde seiner Verpflichtung zum Ausgleich von vorläufigen Verlusten, die sich aus der täglichen Bewertung der Geschäfte ergeben, nicht nachkommt.

(2) Vorzeitige Beendigung im Insolvenzfall

Im Insolvenzfall enden alle Geschäfte der Bank mit dem Kunden und die Auftragsverhältnisse, die den für den Kunden abgeschlossenen Geschäften zugrunde liegen, ohne Kündigung. Der Insolvenzfall ist gegeben, wenn das Konkurs- oder ein sonstiges Insolvenzverfahren über das Vermögen einer Partei beantragt wird und diese Partei entweder den Antrag selbst gestellt hat oder zahlungsunfähig oder sonst in einer Lage ist, die die Erröffnung eines solchen Verfahrens rechtfertigt.

(3) Ausgleichsansprüche

Wenn die Bank nach Abs. 1 Geschäfte glattgestellt oder beendet hat, oder Geschäfte wegen Insolvenz nach Abs. 2 beendet wurden, können statt Erfüllung nur Forderungen wegen Nichterfüllung geltend gemacht werden. Diese Forderungen richten sich auf den Unterschied zwischen den vereinbarten Preisen und den Markt- oder Börsenpreisen, die am Tage der Beendigung oder Glattstellung für ein Geschäft mit der vereinbarten Erfüllungszeit maßgeblich sind und sind stets auf Euro gerichtet.

11. Ausübung von Optionen durch den Kunden

(1) Spätester Ausübungszeitpunkt

Die Erklärung des Kunden, eine Option auszuüben, muss der Bank spätestens bis zu dem Zeitpunkt zugehen, den sie dem Kunden bekanntgegeben hat. Erklärungen des Kunden, die der Bank nach diesem Zeitpunkt zugehen, werden für den nächsten Bankarbeitstag berücksichtigt, sofern die Option dann noch ausgeübt werden kann.

(2) Vorverlegung des Zeitpunktes bei Umtauschund Abfindungsangeboten

Findet bei Umtausch-, Abfindungs- oder Kaufangeboten oder bei der Aufforderung zur Abgabe derartiger Angebote usancegemäß eine Verkürzung der Laufzeit der Option statt, so muss die Ausübungserklärung des Kunden der Bank bis zu dem in der Mitteilung über die Verkürzung der Laufzeit angegebenen vorverlegten Zeitpunkt zugegangen sein.

(3) Keine gesonderten Hinweispflichteng

Darüber hinaus ist die Bank nicht verpflichtet, den Kunden auf den bevorstehenden Ablauf der Option und seine Erklärungsfrist aufmerksam zu machen.

12. Ausübung von Optionsrechten durch die Bank gegenüber dem Kunden

(1) Bevollmächtigung der Bank

Durch den Verkauf einer Option (Eingehen einer Stillhalterposition) erteilt der Kunde der Bank unter Befreiung von den Beschränkungen des § 181 BGB[1] unwiderruflich Vollmacht, die Erklärung der Bank über die Ausübung der Option für ihn entgegenzunehmen. Die Bank unterrichtet den Kunden unverzüglich über die Ausübung.

(2) Belastung des Kundendepots; Beschaffung der Basiswerte, Kosten, Schadenersatz

Bei Ausübung einer Kaufoption gegenüber dem Kunden ist die Bank berechtigt, den im Depot oder auf dem Konto des Kunden nicht verfügbaren Teil der für die Belieferung benötigten Basiswerte (z.B. Wertpapiere, Devisen, Edelmetalle) zu seinen Lasten anzuschaffen. Sofern es der Bank nicht möglich ist, die Basiswerte im Rahmen eines Anschaffungsgeschäfts bis zu dem Termin zu beschaffen, an dem sie selbst aufgrund der Inanspruchnahme aus einer im Kundenauftrag eingegangenen Stillhalterposition zur Lieferung verpflichtet ist, kann die Bank sich die benötigten Basiswerte anderweitig, z.B. im Wege des Wertpapierdarlehens, besorgen, um die Dauer der Lieferschwierigkeiten zu überbrücken. Die Kosten hierfür sowie für einen weitergehenden Verzugsschaden trägt ebenfalls der Kunde.

13. Auslosung bei Zuteilung von Optionsausübungen

Die Bank wird die auf sie nach einem Zufallsprinzip entfallenden Zuteilungen von Optionsausübungen durch eine interne neutrale Auslosung auf ihre Stillhalter-Kunden verteilen.

14. Abwicklung von belieferbaren Futures-Kontrakten

Der Kunde kann bei Futures-Kontrakten, die durch Lieferung zu erfüllen sind, die Lieferung oder die Abnahme der Basiswerte verlangen, sofern er die Kontrakte nicht durch ein Gegengeschäft glattgestellt hat. Die Weisung, dass die Bank die Lieferung herbeiführen soll, muss bei der Bank spätestens bis zu dem von der Bank dem Kunden bekanntgegebenen Zeitpunkt vorliegen. Sofern die Bank keine rechtzeitige Weisung erhält oder der Kunde die für die Lieferung erforderlichen Wertpapiere bzw. Mittel bis zu diesem Zeitpunkt nicht angeschafft hat, wird sie sich bemühen, den Futures-Kontrakt unverzüglich auf Rechnung des Kunden glattzustellen, um eine Abwicklung durch Lieferung zu vermeiden.

15. Abwicklung von Devisentermingeschäften

(1) Mitwirkungspflicht des Kunden

Bei Devisentermingeschäften muss der Kunde der Bank bis zu einem ihm bekanntgegebenen Zeitpunkt (in der Regel bis zum zweiten Bankarbeitstag vor Fälligkeit) mitteilen, dass die von ihm anzuschaffende Währung (Euro oder Fremdwährung) am Fälligkeitstag wie vereinbart zur Verfügung stehen wird. Die Mitteilung ist entbehrlich, wenn der Kunde zu dem nach Satz 1 maßgeblichen Zeitpunkt auf einem seiner Konten bei der Bank über ein entsprechendes Guthaben verfügt.

---

[1] Nr. **24**.

(2) Unterbleiben der Mitteilung

Unterbleibt die fristgerechte Mitteilung und ist der geschuldete Euro- oder Fremdwährungsbetrag zu dem nach Satz 1 maßgeblichen Zeitpunkt nicht auf einem Konto des Kunden bei der Bank verfügbar, ist die Bank berechtigt, die vom Kunden zu liefernde Währung zu dessen Lasten an einem Devisen- oder Freiverkehrsmarkt zum Fälligkeitstag interessewahrend anzuschaffen bzw. die dem Kunden zu liefernde Währung an einem Devisen- oder Freiverkehrsmarkt interessewahrend zu verkaufen.

32. Bedingungen für den Überweisungsverkehr

Fassung Juni 2018

Vom 1. Juni 2018

Für die Ausführung von Überweisungsaufträgen von Kunden gelten die folgenden Bedingungen.

1. Allgemein

1.1. Wesentliche Merkmale der Überweisung einschließlich des Dauerauftrags

Der Kunde kann die Sparkasse beauftragen, durch eine Überweisung Geldbeträge bargeldlos zugunsten eines Zahlungsempfängers an den Zahlungsdienstleister des Zahlungsempfängers zu übermitteln. Der Kunde kann die Sparkasse auch beauftragen, jeweils zu einem bestimmten wiederkehrenden Termin einen gleichbleibenden Geldbetrag an das gleiche Konto des Zahlungsempfängers zu überweisen (Dauerauftrag).

1.2. Kundenkennungen

Für das Verfahren hat der Kunde folgende Kundenkennung zu verwenden. Die für die Ausführung der Überweisung erforderlichen Angaben ergeben sich aus den Nummern 2.1, 3.1.1 und 3.2.1.

Zielgebiet	**Währung**	**Kundenkennung des Zahlungsempfängers**
Inland	Euro	IBAN[1]
Grenzüberschreitend innerhalb des Europäischen Wirtschaftsraums[2] (EWR)	Euro	IBAN
Inland oder innerhalb des Europäischen Wirtschaftsraums	Andere Währung als Euro	– IBAN und BIC[3] oder – Kontonummer und BIC
Außerhalb des Europäischen Wirtschaftsraums (Drittstaaten[4])	Euro oder andere Währung	– IBAN und BIC oder – Kontonummer und BIC

1.3. Erteilung des Überweisungsauftrags und Autorisierung

(1) Der Kunde erteilt der Sparkasse einen Überweisungsauftrag mittels eines von der Sparkasse zugelassenen Vordrucks oder in der mit der Sparkasse

[1] **Amtl. Anm.:** International Bank Account Number (Internationale Bankkontonummer).

[2] **Amtl. Anm.:** Zum Europäischen Wirtschaftsraum (EWR) gehören derzeit: Belgien, Bulgarien, Dänemark, Deutschland, Estland, Finnland, Frankreich (einschließlich Französisch-Guayana, Guadeloupe, Martinique, Mayotte, Réunion), Griechenland, Irland, Island, Italien, Kroatien, Lettland, Liechtenstein, Litauen, Luxemburg, Malta, Niederlande, Norwegen, Österreich, Polen, Portugal, Rumänien, Schweden, Slowakei, Slowenien, Spanien, Tschechische Republik, Ungarn, Vereinigtes Königreich von Großbritannien und Nordirland sowie Zypern.

[3] **Amtl. Anm.:** Business Identifier Code (Internationale Bankleitzahl).

[4] **Amtl. Anm.:** Drittstaaten sind alle Staaten außerhalb des Europäischen Wirtschaftsraumes.

anderweitig vereinbarten Art und Weise (z.B. per Online-Banking) mit den erforderlichen Angaben gemäß Nummer 2.1 bzw. Nummer 3.1.1 oder 3.2.1. Der Kunde hat auf Leserlichkeit, Vollständigkeit und Richtigkeit der Angaben zu achten. Unleserliche, unvollständige oder fehlerhafte Angaben können zu Verzögerungen und zu Fehlleitungen von Überweisungen führen; daraus können Schäden für den Kunden entstehen. Bei unleserlichen, unvollständigen oder fehlerhaften Angaben kann die Sparkasse die Ausführung ablehnen (siehe auch Nummer 1.7). Hält der Kunde bei der Ausführung der Überweisung besondere Eile für nötig, hat er dies der Sparkasse gesondert mitzuteilen. Bei formularmäßig erteilten Überweisungsaufträgen muss dies außerhalb des Formulars erfolgen, falls das Formular selbst keine entsprechende Angabe vorsieht.

(2) Der Kunde autorisiert den Überweisungsauftrag durch Unterschrift oder in der anderweitig mit der Sparkasse vereinbarten Art und Weise (z.B. PIN/TAN). In dieser Autorisierung ist zugleich die ausdrückliche Zustimmung enthalten, dass die Sparkasse die für die Ausführung der Überweisung notwendigen personenbezogenen Daten des Kunden abruft (aus ihrem Datenbestand), verarbeitet, übermittelt und speichert.

(3) Auf Verlangen des Kunden teilt die Sparkasse vor Ausführung eines einzelnen Überweisungsauftrags die maximale Ausführungsfrist für diesen Zahlungsvorgang sowie die in Rechnung zu stellenden Entgelte und gegebenenfalls deren Aufschlüsselung mit.

(4) Der Kunde ist berechtigt, für die Erteilung des Überweisungsauftrages an die Sparkasse auch einen Zahlungsauslösedienst gemäß § 1 Absatz 33 Zahlungsdiensteaufsichtsgesetz[1] zu nutzen, es sei denn, das Zahlungskonto des Kunden ist für ihn nicht online zugänglich.

1.4. Zugang des Überweisungsauftrags bei der Sparkasse

(1) Der Überweisungsauftrag wird wirksam, wenn er der Sparkasse zugeht. Das gilt auch, wenn der Überweisungsauftrag über einen Zahlungsauslösedienstleister erteilt wird. Der Zugang erfolgt durch den Eingang des Auftrags in den dafür vorgesehenen Empfangsvorrichtungen der Sparkasse (z.B. mit Abgabe in den Geschäftsräumen oder Eingang auf dem Online-Banking-Server der Sparkasse).

(2) Fällt der Zeitpunkt des Eingangs des Überweisungsauftrags nach Absatz 1 Satz 3 nicht auf einen Geschäftstag der Sparkasse gemäß „Preis- und Leistungsverzeichnis", so gilt der Überweisungsauftrag erst am darauffolgenden Geschäftstag als zugegangen.

(3) Geht der Überweisungsauftrag nach dem an der Empfangsvorrichtung der Sparkasse oder im „Preis- und Leistungsverzeichnis" angegebenen Annahmezeitpunkt ein, so gilt der Überweisungsauftrag im Hinblick auf die Bestimmung der Ausführungsfrist (siehe Nummer 2.2.2) erst als am darauffolgenden Geschäftstag zugegangen.

1.5. Widerruf des Überweisungsauftrags

(1) Bis zum Zugang des Überweisungsauftrags bei der Sparkasse (siehe Nummer 1.4 Absätze 1 und 2) kann der Kunde diesen durch Erklärung gegenüber der Sparkasse widerrufen. Nach dem Zugang des Überweisungsauftrags ist vorbehaltlich der Absätze 2 und 3 ein Widerruf nicht mehr möglich. Nutzt der

---

[1] Nr. **12**.

Kunde für die Erteilung seines Überweisungsauftrags einen Zahlungsauslösedienstleister, so kann er den Überweisungsauftrag abweichend von Satz 1 nicht mehr gegenüber der Sparkasse widerrufen, nachdem er dem Zahlungsauslösedienstleister die Zustimmung zur Auslösung der Überweisung erteilt hat.

(2) Haben Sparkasse und Kunde einen bestimmten Termin für die Ausführung der Überweisung vereinbart (siehe Nummer 2.2.2 Absatz 2), kann der Kunde den Überweisungsauftrag bzw. den Dauerauftrag (siehe Nummer 1.1) bis zum Ende des vor dem vereinbarten Tag liegenden Geschäftstags der Sparkasse widerrufen. Der Widerruf muss der Sparkasse in Textform oder, wenn im Rahmen der Geschäftsbeziehung der elektronische Kommunikationsweg vereinbart wurde (z.B. Online-Banking), auf diesem Wege zugehen. Die Geschäftstage der Sparkasse ergeben sich aus dem „Preis- und Leistungsverzeichnis“. Nach dem rechtzeitigen Zugang des Widerrufs eines Dauerauftrags bei der Sparkasse werden keine weiteren Überweisungen mehr aufgrund des bisherigen Dauerauftrags ausgeführt.

(3) Nach den in Absätzen 1 und 2 genannten Zeitpunkten kann der Überweisungsauftrag nur widerrufen werden, wenn Kunde und Sparkasse dies vereinbart haben. Die Vereinbarung wird wirksam, wenn es der Sparkasse gelingt, die Ausführung zu verhindern oder den Überweisungsbetrag zurückzuerlangen. Nutzt der Kunde für die Erteilung seines Überweisungsauftrags einen Zahlungsauslösedienstleister, bedarf es ergänzend der Zustimmung des Zahlungsauslösedienstleisters und des Zahlungsempfängers. Für die Bearbeitung eines solchen Widerrufs des Kunden berechnet die Sparkasse das im „Preis- und Leistungsverzeichnis“ ausgewiesene Entgelt.

1.6. Ausführung des Überweisungsauftrags

(1) Die Sparkasse führt den Überweisungsauftrag des Kunden aus, wenn die zur Ausführung erforderlichen Angaben (siehe Nummer 2.1, 3.1.1 und 3.2.1) in der vereinbarten Art und Weise (siehe Nummer 1.3 Absatz 1) vorliegen, dieser vom Kunden autorisiert ist (siehe Nummer 1.3 Absatz 2) und ein zur Ausführung der Überweisung ausreichendes Guthaben in der Auftragswährung vorhanden oder ein ausreichender Kredit eingeräumt ist (Ausführungsbedingungen).

(2) Die Sparkasse und die weiteren an der Ausführung der Überweisung beteiligten Zahlungsdienstleister sind berechtigt, die Überweisung ausschließlich anhand der vom Kunden angegebenen Kundenkennung des Zahlungsempfängers (siehe Nummer 1.2) auszuführen.

(3) Die Sparkasse unterrichtet den Kunden mindestens einmal monatlich über die Ausführung von Überweisungen auf dem für Kontoinformationen vereinbarten Weg. Mit Kunden, die keine Verbraucher sind, kann die Art und Weise sowie die zeitliche Folge der Unterrichtung gesondert vereinbart werden.

1.7. Ablehnung der Ausführung

(1) Sind die Ausführungsbedingungen (siehe Nummer 1.6 Absatz 1) nicht erfüllt, kann die Sparkasse die Ausführung des Überweisungsauftrags ablehnen. Hierüber wird die Sparkasse den Kunden unverzüglich, auf jeden Fall aber innerhalb der in Nummer 2.2.1 bzw. 3.1.2 und 3.2.2 vereinbarten Frist, unterrichten. Dies kann auch auf dem für Kontoinformationen vereinbarten Weg geschehen. Dabei wird die Sparkasse, soweit möglich, die Gründe der Ableh-

nung sowie die Möglichkeiten angeben, wie Fehler, die zur Ablehnung geführt haben, berichtigt werden können.

(2) Ist eine vom Kunden angegebene Kundenkennung für die Sparkasse erkennbar keinem Zahlungsempfänger, keinem Zahlungskonto oder keinem Zahlungsdienstleister des Zahlungsempfängers zuzuordnen, wird die Sparkasse dem Kunden hierüber unverzüglich eine Information zur Verfügung stellen und ihm gegebenenfalls den Überweisungsbetrag wieder herausgeben.

(3) Für die berechtigte Ablehnung der Ausführung eines autorisierten Überweisungsauftrags berechnet die Sparkasse das im „Preis- und Leistungsverzeichnis" ausgewiesene Entgelt.

1.8. Übermittlung der Überweisungsdaten

Im Rahmen der Ausführung der Überweisung übermittelt die Sparkasse die in der Überweisung enthaltenen Daten (Überweisungsdaten) unmittelbar oder unter Beteiligung zwischengeschalteter Stellen an den Zahlungsdienstleister des Zahlungsempfängers. Der Zahlungsdienstleister des Zahlungsempfängers kann dem Zahlungsempfänger die Überweisungsdaten, zu denen auch die IBAN des Zahlers gehört, ganz oder teilweise zur Verfügung stellen.

Bei grenzüberschreitenden Überweisungen und bei Eilüberweisungen im Inland können die Überweisungsdaten auch über das Nachrichtenübermittlungssystem Society for Worldwide Interbank Financial Telecommunication (SWIFT) mit Sitz in Belgien an den Zahlungsdienstleister des Zahlungsempfängers weitergeleitet werden. Aus Gründen der Systemsicherheit speichert SWIFT die Überweisungsdaten vorübergehend in seinen Rechenzentren in der Europäischen Union, in der Schweiz und in den USA.

1.9. Anzeige nicht autorisierter oder fehlerhaft ausgeführter Überweisungsaufträge

Der Kunde hat die Sparkasse unverzüglich nach Feststellung eines nicht autorisierten oder fehlerhaft ausgeführten Überweisungsauftrags zu unterrichten. Dies gilt auch im Fall der Beteiligung eines Zahlungsauslösedienstleisters.

1.10. Entgelte und deren Änderung

1.10.1. Entgelte für Verbraucher

Die Entgelte im Überweisungsverkehr ergeben sich aus dem „Preis- und Leistungsverzeichnis".

Änderungen der Entgelte im Überweisungsverkehr werden dem Kunden spätestens zwei Monate vor dem Zeitpunkt ihres Wirksamwerdens in Textform angeboten. Hat der Kunde mit der Sparkasse im Rahmen der Geschäftsbeziehung einen elektronischen Kommunikationsweg vereinbart, können die Änderungen auch auf diesem Wege angeboten werden. Die Zustimmung des Kunden gilt als erteilt, wenn er seine Ablehnung nicht vor dem vorgeschlagenen Zeitpunkt des Wirksamwerdens der Änderungen angezeigt hat. Auf diese Genehmigungswirkung wird ihn die Sparkasse in ihrem Angebot besonders hinweisen.

Werden dem Kunden Änderungen der Entgelte angeboten, kann er die Geschäftsbeziehung vor dem vorgeschlagenen Zeitpunkt des Wirksamwerdens der Änderungen auch fristlos und kostenfrei kündigen. Auf dieses Kündigungsrecht wird ihn die Sparkasse in ihrem Angebot besonders hinweisen. Die Änderung von Entgelten für den Zahlungsdiensterahmenvertrag (Girovertrag) richtet sich nach Nummer 17 Absatz 6 AGB-Sparkassen.

1.10.2. Entgelte für Kunden, die keine Verbraucher sind

Bei Entgelten und deren Änderung für Überweisungen von Kunden, die keine Verbraucher sind, verbleibt es bei den Regelungen in Nummer 17 Absätze 2 bis 6 AGB-Sparkassen.

1.11. Wechselkurs

Erteilt der Kunde einen Überweisungsauftrag in einer anderen Währung als der Kontowährung, wird das Konto gleichwohl in der Kontowährung belastet. Die Bestimmung des Wechselkurses bei solchen Überweisungen ergibt sich aus der Umrechnungsregelung im „Preis- und Leistungsverzeichnis".
Eine Änderung des in der Umrechnungsregelung genannten Referenzwechselkurses wird unmittelbar und ohne vorherige Benachrichtigung des Kunden wirksam. Der Referenzwechselkurs wird von der Sparkasse zugänglich gemacht oder stammt aus einer öffentlich zugänglichen Quelle.

1.12. Meldepflichten nach Außenwirtschaftsrecht

Der Kunde hat etwaige Meldepflichten nach dem Außenwirtschaftsrecht zu beachten.

1.13. Außergerichtliche Streitschlichtung und sonstige Beschwerdemöglichkeit

Für die Beilegung von Streitigkeiten mit der Sparkasse kann sich der Kunde an die im „Preis- und Leistungsverzeichnis" näher bezeichneten Streitschlichtungs- oder Beschwerdestellen wenden.

2. Überweisungen innerhalb Deutschlands und in andere Staaten des Europäischen Wirtschaftsraums[1] (EWR) in Euro oder in anderen EWR-Währungen[2]

2.1. Erforderliche Angaben

Der Kunde muss im Überweisungsauftrag folgende Angaben machen:
- Name des Zahlungsempfängers,
- Kundenkennung des Zahlungsempfängers (siehe Nummer 1.2),
- Währung (gegebenenfalls in Kurzform gemäß Anlage),
- Überweisungsbetrag,
- Name des Kunden,
- IBAN des Kunden.

---

[1] **Amtl. Anm.:** Zum Europäischen Wirtschaftsraum (EWR) gehören derzeit: Belgien, Bulgarien, Dänemark, Deutschland, Estland, Finnland, Frankreich (einschließlich Französisch-Guayana, Guadeloupe, Martinique, Mayotte, Réunion), Griechenland, Irland, Island, Italien, Kroatien, Lettland, Liechtenstein, Litauen, Luxemburg, Malta, Niederlande, Norwegen, Österreich, Polen, Portugal, Rumänien, Schweden, Slowakei, Slowenien, Spanien, Tschechische Republik, Ungarn, Vereinigtes Königreich von Großbritannien und Nordirland sowie Zypern.

[2] **Amtl. Anm.:** Zu den EWR-Währungen gehören derzeit: Euro, Britisches Pfund Sterling, Bulgarischer Lew, Dänische Krone, Isländische Krone, Kroatische Kuna, Norwegische Krone, Polnischer Zloty, Rumänischer Leu, Schwedische Krone, Schweizer Franken (nur grenzüberschreitende Zahlungen mit Liechtenstein), Tschechische Krone, Ungarischer Forint.

2.2. Maximale Ausführungsfrist

2.2.1. Fristlänge

Die Sparkasse ist verpflichtet, sicherzustellen, dass der Überweisungsbetrag spätestens innerhalb der im „Preis- und Leistungsverzeichnis" angegebenen Ausführungsfrist beim Zahlungsdienstleister des Zahlungsempfängers eingeht.

2.2.2. Beginn der Ausführungsfrist

(1) Die Ausführungsfrist beginnt mit dem Zeitpunkt des Zugangs des Überweisungsauftrags des Kunden bei der Sparkasse (siehe Nummer 1.4).

(2) Vereinbaren die Sparkasse und der Kunde, dass die Ausführung der Überweisung an einem bestimmten Tag oder am Ende eines bestimmten Zeitraums oder an dem Tag, an dem der Kunde der Sparkasse den zur Ausführung erforderlichen Geldbetrag in der Auftragswährung zur Verfügung gestellt hat, beginnen soll, so ist der im Auftrag angegebene oder anderweitig vereinbarte Termin für den Beginn der Ausführungsfrist maßgeblich. Fällt der vereinbarte Termin nicht auf einen Geschäftstag der Sparkasse, so beginnt am darauffolgenden Geschäftstag die Ausführungsfrist. Die Geschäftstage der Sparkasse ergeben sich aus dem „Preis- und Leistungsverzeichnis".

(3) Bei Überweisungsaufträgen in einer vom Konto des Kunden abweichenden Währung beginnt die Ausführungsfrist erst an dem Tag, an dem der Überweisungsbetrag in der Auftragswährung vorliegt.

2.3. Erstattungs-, Berichtigungs- und Schadensersatzansprüche des Kunden

2.3.1. Erstattung bei einer nicht autorisierten Überweisung

Im Falle einer nicht autorisierten Überweisung (siehe Nummer 1.3 Absatz 2) hat die Sparkasse gegen den Kunden keinen Anspruch auf Erstattung ihrer Aufwendungen. Sie ist verpflichtet, dem Kunden den Überweisungsbetrag zu erstatten und, sofern der Betrag einem Konto des Kunden belastet worden ist, dieses Konto wieder auf den Stand zu bringen, auf dem es sich ohne die Belastung durch die nicht autorisierte Überweisung befunden hätte. Diese Verpflichtung ist spätestens bis zum Ende des Geschäftstags gemäß „Preis- und Leistungsverzeichnis" zu erfüllen, der auf den Tag folgt, an welchem der Sparkasse angezeigt wurde, dass die Überweisung nicht autorisiert ist, oder die Sparkasse auf andere Weise davon Kenntnis erhalten hat. Hat die Sparkasse einer zuständigen Behörde berechtigte Gründe für den Verdacht, dass ein betrügerisches Verhalten des Kunden vorliegt, schriftlich mitgeteilt, hat die Sparkasse ihre Verpflichtung aus Satz 2 unverzüglich zu prüfen und zu erfüllen, wenn sich der Betrugsverdacht nicht bestätigt. Wurde die Überweisung über einen Zahlungsauslösedienstleister ausgelöst, so treffen die Pflichten aus den Sätzen 2 bis 4 die Sparkasse.

2.3.2. Ansprüche bei nicht erfolgter, fehlerhafter oder verspäteter Ausführung einer autorisierten Überweisung

(1) Im Falle einer nicht erfolgten oder fehlerhaften Ausführung einer autorisierten Überweisung kann der Kunde von der Sparkasse die unverzügliche und ungekürzte Erstattung des Überweisungsbetrages insoweit verlangen, als die Zahlung nicht erfolgt oder fehlerhaft war. Wurde der Betrag dem Konto des Kunden belastet, bringt die Sparkasse dieses wieder auf den Stand, auf dem es sich ohne den nicht erfolgten oder fehlerhaft ausgeführten Zahlungsvorgang

befunden hätte. Wird eine Überweisung vom Kunden über einen Zahlungsauslösedienstleister ausgelöst, so treffen die Pflichten aus den Sätzen 1 und 2 die Sparkasse. Soweit vom Überweisungsbetrag von der Sparkasse oder zwischengeschalteten Stellen Entgelte abgezogen worden sein sollten, übermittelt die Sparkasse zugunsten des Zahlungsempfängers unverzüglich den abgezogenen Betrag.

(2) Der Kunde kann über den Absatz 1 hinaus von der Sparkasse die Erstattung derjenigen Entgelte und Zinsen insoweit verlangen, als ihm diese im Zusammenhang mit der nicht erfolgten oder fehlerhaften Ausführung der Überweisung in Rechnung gestellt oder auf seinem Konto belastet wurden.

(3) Im Falle einer verspäteten Ausführung einer autorisierten Überweisung kann der Kunde von der Sparkasse fordern, dass die Sparkasse vom Zahlungsdienstleister des Zahlungsempfängers verlangt, die Gutschrift des Überweisungsbetrags auf dem Zahlungskonto des Zahlungsempfängers so vorzunehmen, als sei die Überweisung ordnungsgemäß ausgeführt worden. Die Pflicht aus Satz 1 gilt auch, wenn die Überweisung vom Kunden über einen Zahlungsauslösedienstleister ausgelöst wird. Weist die Sparkasse nach, dass der Überweisungsbetrag rechtzeitig beim Zahlungsdienstleister des Zahlungsempfängers eingegangen ist, entfällt diese Pflicht. Die Pflicht nach Satz 1 gilt nicht, wenn der Kunde kein Verbraucher ist.

(4) Wurde eine Überweisung nicht oder fehlerhaft ausgeführt, wird die Sparkasse auf Verlangen des Kunden den Zahlungsvorgang nachvollziehen und den Kunden über das Ergebnis unterrichten.

2.3.3. Schadensersatz wegen Pflichtverletzung

(1) Bei nicht erfolgter, fehlerhafter oder verspäteter Ausführung einer autorisierten Überweisung oder bei einer nicht autorisierten Überweisung kann der Kunde von der Sparkasse einen Schaden, der nicht bereits von den Nummern 2.3.1 und 2.3.2 erfasst ist, ersetzt verlangen. Dies gilt nicht, wenn die Sparkasse die Pflichtverletzung nicht zu vertreten hat. Die Sparkasse hat hierbei ein Verschulden, das einer zwischengeschalteten Stelle zur Last fällt, wie eigenes Verschulden zu vertreten, es sei denn, dass die wesentliche Ursache bei einer zwischengeschalteten Stelle liegt, die der Kunde vorgegeben hat. Hat der Kunde durch ein schuldhaftes Verhalten zur Entstehung eines Schadens beigetragen, bestimmt sich nach den Grundsätzen des Mitverschuldens, in welchem Umfang Sparkasse und Kunde den Schaden zu tragen haben.

(2) Die Haftung nach Absatz 1 ist auf 12.500 Euro je Überweisung begrenzt. Diese betragsmäßige Haftungsgrenze gilt nicht
- für nicht autorisierte Überweisungen,
- bei Vorsatz oder grober Fahrlässigkeit der Sparkasse,
- für Gefahren, die die Sparkasse besonders übernommen hat, und
- für den Zinsschaden, wenn der Kunde Verbraucher ist.

2.3.4. Ansprüche von Kunden, die keine Verbraucher sind

Abweichend von den Ansprüchen in Nummer 2.3.2 und in Nummer 2.3.3 haben Kunden, die keine Verbraucher sind, bei einer nicht erfolgten, fehlerhaft oder verspätet ausgeführten autorisierten Überweisung oder bei einer nicht autorisierten Überweisung neben etwaigen Ansprüchen aus Auftragsrecht nach

§ 667 des Bürgerlichen Gesetzbuches[1] (BGB) und ungerechtfertigter Bereicherung nach §§ 812 ff. BGB lediglich Schadensersatzansprüche nach Maßgabe folgender Regelungen:

– Die Sparkasse haftet für eigenes Verschulden. Hat der Kunde durch ein schuldhaftes Verhalten zu der Entstehung eines Schadens beigetragen, bestimmt sich nach den Grundsätzen des Mitverschuldens, in welchem Umfang Sparkasse und Kunde den Schaden zu tragen haben.
– Für das Verschulden von der Sparkasse zwischengeschalteten Stellen haftet die Sparkasse nicht. In diesen Fällen beschränkt sich die Haftung der Sparkasse auf die sorgfältige Auswahl und Unterweisung der ersten zwischengeschalteten Stelle (weitergeleiteter Auftrag).
– Schadensersatzansprüche des Kunden sind der Höhe nach auf den Überweisungsbetrag zuzüglich der von der Sparkasse in Rechnung gestellten Entgelte und Zinsen begrenzt. Soweit es sich hierbei um die Geltendmachung von Folgeschäden handelt, ist der Anspruch auf höchstens 12.500 Euro je Überweisung begrenzt. Diese Beschränkungen gelten nicht für Vorsatz oder grobe Fahrlässigkeit der Sparkasse und für Gefahren, die die Sparkasse besonders übernommen hat, sowie für nicht autorisierte Überweisungen.

2.3.5. Haftungs- und Einwendungsausschluss

(1) Eine Haftung der Sparkasse nach den Nummern 2.3.2, 2.3.3 und 2.3.4 ist in folgenden Fällen ausgeschlossen:

– Die Sparkasse weist gegenüber dem Kunden nach, dass der Überweisungsbetrag rechtzeitig und ungekürzt beim Zahlungsdienstleister des Zahlungsempfängers eingegangen ist.
– Die Überweisung wurde in Übereinstimmung mit der vom Kunden angegebenen fehlerhaften Kundenkennung des Zahlungsempfängers (siehe Nummer 1.2) ausgeführt. In diesem Fall kann der Kunde von der Sparkasse jedoch verlangen, dass sie sich im Rahmen ihrer Möglichkeiten darum bemüht, den Überweisungsbetrag wiederzuerlangen. Ist die Wiedererlangung des Überweisungsbetrags nicht möglich, so ist die Sparkasse verpflichtet, dem Kunden auf schriftlichen Antrag alle verfügbaren Informationen mitzuteilen, damit der Kunde gegen den tatsächlichen Empfänger der Überweisung einen Anspruch auf Erstattung des Überweisungsbetrags geltend machen kann. Für die Tätigkeiten der Sparkasse nach den Sätzen 2 und 3 dieses Unterpunkts berechnet die Sparkasse das im „Preis- und Leistungsverzeichnis" ausgewiesene Entgelt.

(2) Ansprüche des Kunden nach den Nummern 2.3.1 bis 2.3.4 und Einwendungen des Kunden gegen die Sparkasse aufgrund nicht oder fehlerhaft ausgeführter Überweisungen oder aufgrund nicht autorisierter Überweisungen sind ausgeschlossen, wenn der Kunde die Sparkasse nicht spätestens 13 Monate nach dem Tag der Belastung mit einer nicht autorisierten oder fehlerhaft ausgeführten Überweisung hiervon unterrichtet hat. Der Lauf der Frist beginnt nur, wenn die Sparkasse den Kunden über die Belastungsbuchung der Überweisung entsprechend dem für Kontoinformationen vereinbarten Weg spätestens innerhalb eines Monats nach der Belastungsbuchung unterrichtet hat; anderenfalls ist für den Fristbeginn der Tag der Unterrichtung maßgeblich.

[1] Nr. **24**.

Schadensersatzansprüche nach Nummer 2.3.3 kann der Kunde auch nach Ablauf der Frist in Satz 1 geltend machen, wenn er ohne Verschulden an der Einhaltung dieser Frist verhindert war. Die Sätze 1 bis 3 gelten auch dann, wenn der Kunde die Überweisung über einen Zahlungsauslösedienstleister auslöst.

(3) Ansprüche des Kunden sind ausgeschlossen, wenn die einen Anspruch begründenden Umstände

– auf einem ungewöhnlichen und unvorhersehbaren Ereignis beruhen, auf das die Sparkasse keinen Einfluss hat, und dessen Folgen trotz Anwendung der gebotenen Sorgfalt nicht hätten vermieden werden können oder

– von der Sparkasse aufgrund einer gesetzlichen Verpflichtung herbeigeführt wurden.

3. Überweisungen innerhalb Deutschlands und in andere Staaten des Europäischen Wirtschaftsraums[1] (EWR) in Währungen eines Staates außerhalb des EWR (Drittstaatenwährung[2]) sowie Überweisungen in Staaten außerhalb des EWR (Drittstaaten[3])

3.1. Überweisungen innerhalb Deutschlands und in andere Staaten des Europäischen Wirtschaftsraums (EWR) in Währungen eines Staates außerhalb des EWR (Drittstaatenwährung)

3.1.1. Erforderliche Angaben

Der Kunde muss für die Ausführung der Überweisung folgende Angaben machen:

– Name und gegebenenfalls Adresse des Zahlungsempfängers,

– Kundenkennung des Zahlungsempfängers (siehe Nummer 1.2); ist bei grenzüberschreitenden Überweisungen der BIC unbekannt, ist stattdessen der vollständige Name und die Adresse des Zahlungsdienstleisters des Zahlungsempfängers anzugeben,

– Zielland (gegebenenfalls in Kurzform gemäß Anlage),

– Währung (gegebenenfalls in Kurzform gemäß Anlage),

– Überweisungsbetrag,

– Name des Kunden,

– Kontonummer und Bankleitzahl oder IBAN des Kunden.

3.1.2. Ausführungsfrist

Die Überweisungen werden baldmöglichst bewirkt.

---

[1] **Amtl. Anm.:** Zum Europäischen Wirtschaftsraum (EWR) gehören derzeit: Belgien, Bulgarien, Dänemark, Deutschland, Estland, Finnland, Frankreich (einschließlich Französisch-Guayana, Guadeloupe, Martinique, Mayotte, Réunion), Griechenland, Irland, Island, Italien, Kroatien, Lettland, Liechtenstein, Litauen, Luxemburg, Malta, Niederlande, Norwegen, Österreich, Polen, Portugal, Rumänien, Schweden, Slowakei, Slowenien, Spanien, Tschechische Republik, Ungarn, Vereinigtes Königreich von Großbritannien und Nordirland sowie Zypern.

[2] **Amtl. Anm.:** Z.B. US-Dollar.

[3] **Amtl. Anm.:** Drittstaaten sind alle Staaten außerhalb des Europäischen Wirtschaftsraumes.

3.1.3. Erstattungs-, Berichtigungs- und Schadensersatzansprüche des Kunden

3.1.3.1. Erstattung bei einer nicht autorisierten Überweisung

Im Falle einer nicht autorisierten Überweisung (siehe Nummer 1.3 Absatz 2) hat die Sparkasse gegen den Kunden keinen Anspruch auf Erstattung ihrer Aufwendungen. Sie ist verpflichtet, dem Kunden den Überweisungsbetrag zu erstatten und, sofern der Betrag einem Konto des Kunden belastet worden ist, dieses Konto wieder auf den Stand zu bringen, auf dem es sich ohne die Belastung durch die nicht autorisierte Überweisung befunden hätte. Diese Verpflichtung ist spätestens bis zum Ende des Geschäftstags gemäß „Preis- und Leistungsverzeichnis" zu erfüllen, der auf den Tag folgt, an welchem der Sparkasse angezeigt wurde, dass die Überweisung nicht autorisiert ist, oder die Sparkasse auf andere Weise davon Kenntnis erhalten hat. Hat die Sparkasse einer zuständigen Behörde berechtigte Gründe für den Verdacht, dass ein betrügerisches Verhalten des Kunden vorliegt, schriftlich mitgeteilt, hat die Sparkasse ihre Verpflichtung aus Satz 2 unverzüglich zu prüfen und zu erfüllen, wenn sich der Betrugsverdacht nicht bestätigt. Wurde die Überweisung über einen Zahlungsauslösedienstleister ausgelöst, so treffen die Pflichten aus den Sätzen 2 bis 4 die Sparkasse.

3.1.3.2. Ansprüche bei nicht erfolgter, fehlerhafter oder verspäteter Ausführung einer autorisierten Überweisung

(1) Im Falle einer nicht erfolgten oder fehlerhaften Ausführung einer autorisierten Überweisung kann der Kunde von der Sparkasse die unverzügliche und ungekürzte Erstattung des Überweisungsbetrages insoweit verlangen, als die Zahlung nicht erfolgt oder fehlerhaft war. Wurde der Betrag dem Konto des Kunden belastet, bringt die Sparkasse dieses wieder auf den Stand, auf dem es sich ohne den nicht erfolgten oder fehlerhaft ausgeführten Zahlungsvorgang befunden hätte. Wird eine Überweisung vom Kunden über einen Zahlungsauslösedienstleister ausgelöst, so treffen die Pflichten aus den Sätzen 1 und 2 die Sparkasse. Soweit vom Überweisungsbetrag von der Sparkasse oder zwischengeschalteten Stellen Entgelte abgezogen worden sein sollten, übermittelt die Sparkasse zugunsten des Zahlungsempfängers unverzüglich den abgezogenen Betrag.

(2) Der Kunde kann über den Absatz 1 hinaus von der Sparkasse die Erstattung derjenigen Entgelte und Zinsen insoweit verlangen, als ihm diese im Zusammenhang mit der nicht erfolgten oder fehlerhaften Ausführung der Überweisung in Rechnung gestellt oder auf seinem Konto belastet wurden.

(3) Im Falle einer verspäteten Ausführung einer autorisierten Überweisung kann der Kunde von der Sparkasse fordern, dass die Sparkasse vom Zahlungsdienstleister des Zahlungsempfängers verlangt, die Gutschrift des Überweisungsbetrags auf dem Zahlungskonto des Zahlungsempfängers so vorzunehmen, als sei die Überweisung ordnungsgemäß ausgeführt worden. Die Pflicht aus Satz 1 gilt auch, wenn die Überweisung vom Kunden über einen Zahlungsauslösedienstleister ausgelöst wird. Weist die Sparkasse nach, dass der Überweisungsbetrag rechtzeitig beim Zahlungsdienstleister des Zahlungsempfängers eingegangen ist, entfällt diese Pflicht. Die Pflicht nach Satz 1 gilt nicht, wenn der Kunde kein Verbraucher ist.

(4) Wurde eine Überweisung nicht oder fehlerhaft ausgeführt, wird die Sparkasse auf Verlangen des Kunden den Zahlungsvorgang nachvollziehen und den Kunden über das Ergebnis unterrichten.

3.1.3.3. Schadensersatz wegen Pflichtverletzung

(1) Bei nicht erfolgter, fehlerhafter oder verspäteter Ausführung einer autorisierten Überweisung oder bei einer nicht autorisierten Überweisung kann der Kunde von der Sparkasse einen Schaden, der nicht bereits von Nummer 3.1.3.1 oder 3.1.3.2 erfasst ist, ersetzt verlangen. Dies gilt nicht, wenn die Sparkasse die Pflichtverletzung nicht zu vertreten hat. Die Sparkasse hat hierbei ein Verschulden, das einer zwischengeschalteten Stelle zur Last fällt, wie eigenes Verschulden zu vertreten, es sei denn, dass die wesentliche Ursache bei einer zwischengeschalteten Stelle liegt, die der Kunde vorgegeben hat. Hat der Kunde durch ein schuldhaftes Verhalten zu der Entstehung eines Schadens beigetragen, bestimmt sich nach den Grundsätzen des Mitverschuldens, in welchem Umfang Sparkasse und Kunde den Schaden zu tragen haben.

(2) Die Haftung nach Absatz 1 ist auf 12.500 Euro je Überweisung begrenzt. Diese betragsmäßige Haftungsgrenze gilt nicht

– für nicht autorisierte Überweisungen,
– bei Vorsatz oder grober Fahrlässigkeit der Sparkasse,
– für Gefahren, die die Sparkasse besonders übernommen hat, und
– für den Zinsschaden, wenn der Kunde Verbraucher ist.

3.1.3.4. Sonderregelung für die außerhalb des EWR getätigten Bestandteile der Überweisung

Für die außerhalb des EWR getätigten Bestandteile der Überweisung bestehen abweichend von den Ansprüchen in den Nummern 3.1.3.2 und 3.1.3.3 bei einer nicht erfolgten, fehlerhaft oder verspätet ausgeführten autorisierten Überweisung neben etwaigen Ansprüchen aus Auftragsrecht nach § 667 BGB[1] und ungerechtfertigter Bereicherung nach §§ 812 ff. BGB lediglich Schadensersatzansprüche nach Maßgabe folgender Regelungen:

– Die Sparkasse haftet für eigenes Verschulden. Hat der Kunde durch ein schuldhaftes Verhalten zu der Entstehung eines Schadens beigetragen, bestimmt sich nach den Grundsätzen des Mitverschuldens, in welchem Umfang Sparkasse und Kunde den Schaden zu tragen haben.
– Für das Verschulden der von der Sparkasse zwischengeschalteten Stellen haftet die Sparkasse nicht. In diesen Fällen beschränkt sich die Haftung der Sparkasse auf die sorgfältige Auswahl und Unterweisung der ersten zwischengeschalteten Stelle (weitergeleiteter Auftrag).
– Die Haftung der Sparkasse ist auf höchstens 12.500 Euro je Überweisung begrenzt. Diese Haftungsbeschränkung gilt nicht für Vorsatz oder grobe Fahrlässigkeit der Sparkasse und für Gefahren, die die Sparkasse besonders übernommen hat.

3.1.3.5. Ansprüche von Kunden, die keine Verbraucher sind

Abweichend von den Ansprüchen in den Nummern 3.1.3.2 und 3.1.3.3 haben Kunden, die keine Verbraucher sind, bei einer nicht erfolgten, fehlerhaft oder verspätet ausgeführten autorisierten Überweisung oder bei einer nicht

[1] Nr. **24.**

autorisierten Überweisung neben etwaigen Ansprüchen aus Auftragsrecht nach § 667 BGB[1)] und ungerechtfertigter Bereicherung nach §§ 812 ff. BGB lediglich Schadensersatzansprüche nach Maßgabe folgender Regelungen:

- Die Sparkasse haftet für eigenes Verschulden. Hat der Kunde durch ein schuldhaftes Verhalten zu der Entstehung eines Schadens beigetragen, bestimmt sich nach den Grundsätzen des Mitverschuldens, in welchem Umfang Sparkasse und Kunde den Schaden zu tragen haben.
- Für das Verschulden der von der Sparkasse zwischengeschalteten Stellen haftet die Sparkasse nicht. In diesen Fällen beschränkt sich die Haftung der Sparkasse auf die sorgfältige Auswahl und Unterweisung der ersten zwischengeschalteten Stelle (weitergeleiteter Auftrag).
- Ein Schadensersatzspruch des Kunden ist der Höhe nach auf den Überweisungsbetrag zuzüglich der von der Sparkasse in Rechnung gestellten Entgelte und Zinsen begrenzt. Soweit es sich hierbei um die Geltendmachung von Folgeschäden handelt, ist der Anspruch auf höchstens 12.500 Euro je Überweisung begrenzt. Diese Haftungsbeschränkungen gelten nicht für Vorsatz oder grobe Fahrlässigkeit der Sparkasse und für Gefahren, die die Sparkasse besonders übernommen hat, sowie für nicht autorisierte Überweisungen.

3.1.3.6. Haftungs- und Einwendungsausschluss

(1) Eine Haftung der Sparkasse nach Nummer 3.1.3.2 bis 3.1.3.5 ist in folgenden Fällen ausgeschlossen:

- Die Sparkasse weist gegenüber dem Kunden nach, dass der Überweisungsbetrag ordnungsgemäß beim Zahlungsdienstleister des Zahlungsempfängers eingegangen ist.
- Die Überweisung wurde in Übereinstimmung mit der vom Kunden angegebenen fehlerhaften Kundenkennung des Zahlungsempfängers (siehe Nummer 1.2) ausgeführt. In diesem Fall kann der Kunde von der Sparkasse jedoch verlangen, dass sie sich im Rahmen ihrer Möglichkeiten darum bemüht, den Überweisungsbetrag wiederzuerlangen. Ist die Wiedererlangung des Überweisungsbetrags nach Satz 2 nicht möglich, so ist die Sparkasse verpflichtet, dem Kunden auf schriftlichen Antrag alle verfügbaren Informationen mitzuteilen, damit der Kunde gegen den tatsächlichen Empfänger der Überweisung einen Anspruch auf Erstattung des Überweisungsbetrags geltend machen kann. Für die Tätigkeiten nach den Sätzen 2 bis 3 dieses Unterpunkts berechnet die Sparkasse das im „Preis- und Leistungsverzeichnis" ausgewiesene Entgelt.

(2) Ansprüche des Kunden nach Nummer 3.1.3.1 bis 3.1.3.5 und Einwendungen des Kunden gegen die Sparkasse aufgrund nicht oder fehlerhaft ausgeführter Überweisungen oder aufgrund nicht autorisierter Überweisungen sind ausgeschlossen, wenn der Kunde die Sparkasse nicht spätestens 13 Monate nach dem Tag der Belastung mit einer nicht autorisierten oder fehlerhaft ausgeführten Überweisung hiervon unterrichtet hat. Der Lauf der Frist beginnt nur, wenn die Sparkasse den Kunden über die Belastungsbuchung der Überweisung entsprechend dem für Kontoinformationen vereinbarten Weg spätestens innerhalb eines Monats nach der Belastungsbuchung unterrichtet hat; anderenfalls ist für den Fristbeginn der Tag der Unterrichtung maßgeblich.

[1)] Nr. **24**.

Schadensersatzansprüche nach Nummer 3.1.3.3 kann der Kunde auch nach Ablauf der Frist in Satz 1 geltend machen, wenn er ohne Verschulden an der Einhaltung dieser Frist verhindert war. Die Sätze 1 bis 3 gelten auch dann, wenn der Kunde die Überweisung über einen Zahlungsauslösedienstleister auslöst.

(3) Ansprüche des Kunden sind ausgeschlossen, wenn die einen Anspruch begründenden Umstände

- auf einem ungewöhnlichen und unvorhersehbaren Ereignis beruhen, auf das die Sparkasse keinen Einfluss hat, und dessen Folgen trotz Anwendung der gebotenen Sorgfalt nicht hätten vermieden werden können, oder
- von der Sparkasse aufgrund einer gesetzlichen Verpflichtung herbeigeführt wurden.

3.2. Überweisungen in Staaten außerhalb des EWR (Drittstaaten)

3.2.1. Erforderliche Angaben

Der Kunde muss für die Ausführung der Überweisung folgende Angaben machen:

- Name des Zahlungsempfängers,
- Kundenkennung des Zahlungsempfängers (siehe Nummer 1.2); ist bei grenzüberschreitenden Überweisungen der BIC unbekannt, ist stattdessen der vollständige Name und die Adresse des Zahlungsdienstleisters des Zahlungsempfängers anzugeben,
- Zielland (gegebenenfalls in Kurzform gemäß Anlage),
- Währung (gegebenenfalls in Kurzform gemäß Anlage),
- Überweisungsbetrag,
- Name des Kunden,
- Kontonummer und Bankleitzahl oder IBAN des Kunden.

3.2.2. Ausführungsfrist

Die Überweisungen werden baldmöglichst bewirkt.

3.2.3. Erstattungs- und Schadensersatzansprüche des Kunden

3.2.3.1. Erstattung bei einer nicht autorisierten Überweisung

(1) Im Falle einer nicht autorisierten Überweisung (siehe Nummer 1.3 Absatz 2) hat die Sparkasse gegen den Kunden keinen Anspruch auf Erstattung ihrer Aufwendungen. Sie ist verpflichtet, dem Kunden den Überweisungsbetrag zu erstatten und, sofern der Betrag einem Konto des Kunden belastet worden ist, dieses Konto wieder auf den Stand zu bringen, auf dem es sich ohne die Belastung durch die nicht autorisierte Überweisung befunden hätte. Diese Verpflichtung ist spätestens bis zum Ende des Geschäftstags gemäß „Preis- und Leistungsverzeichnis" zu erfüllen, der auf den Tag folgt, an welchem der Sparkasse angezeigt wurde, dass die Überweisung nicht autorisiert ist, oder die Sparkasse auf andere Weise davon Kenntnis erhalten hat. Hat die Sparkasse einer zuständigen Behörde berechtigte Gründe für den Verdacht, dass ein betrügerisches Verhalten des Kunden vorliegt, schriftlich mitgeteilt, hat die Sparkasse ihre Verpflichtung aus Satz 2 unverzüglich zu prüfen und zu erfüllen, wenn sich der Betrugsverdacht nicht bestätigt. Wurde die Überweisung über einen Zahlungsauslösedienstleister ausgelöst, so treffen die Pflichten aus den Sätzen 2 bis 4 die Sparkasse.

(2) Bei sonstigen Schäden, die aus einer nicht autorisierten Überweisung resultieren, haftet die Sparkasse für eigenes Verschulden. Hat der Kunde durch ein schuldhaftes Verhalten zu der Entstehung eines Schadens beigetragen, bestimmt sich nach den Grundsätzen des Mitverschuldens, in welchem Umfang Sparkasse und Kunde den Schaden zu tragen haben.

3.2.3.2. Haftung bei nicht erfolgter, fehlerhafter oder verspäteter Ausführung einer autorisierten Überweisung

Bei nicht erfolgten, fehlerhaft oder verspätet ausgeführten autorisierten Überweisungen hat der Kunde neben etwaigen Ansprüchen aus Auftragsrecht nach § 667 BGB[1] und ungerechtfertigter Bereicherung nach §§ 812 ff. BGB Schadensersatzansprüche nach Maßgabe der folgenden Regelungen:

– Die Sparkasse haftet für eigenes Verschulden. Hat der Kunde durch ein schuldhaftes Verhalten zu der Entstehung eines Schadens beigetragen, bestimmt sich nach den Grundsätzen des Mitverschuldens, in welchem Umfang Sparkasse und Kunde den Schaden zu tragen haben.
– Für das Verschulden zwischengeschalteter Stellen haftet die Sparkasse nicht. In diesen Fällen beschränkt sich die Haftung der Sparkasse auf die sorgfältige Auswahl und Unterweisung der ersten zwischengeschalteten Stelle (weitergeleiteter Auftrag).
– Die Haftung der Sparkasse ist auf höchstens 12.500 Euro je Überweisung begrenzt. Diese Haftungsbeschränkung gilt nicht für Vorsatz oder grobe Fahrlässigkeit der Sparkasse und für Gefahren, die die Sparkasse besonders übernommen hat.

3.2.3.3. Haftungs- und Einwendungsausschluss

(1) Eine Haftung der Sparkasse nach den Nummern 3.2.3.2 ist in folgenden Fällen ausgeschlossen:

– Die Sparkasse weist gegenüber dem Kunden nach, dass der Überweisungsbetrag ordnungsgemäß beim Zahlungsdienstleister des Zahlungsempfängers eingegangen ist.
– Die Überweisung wurde in Übereinstimmung mit der vom Kunden angegebenen fehlerhaften Kundenkennung des Zahlungsempfängers (siehe Nummer 1.2) ausgeführt. In diesem Fall kann der Kunde von der Sparkasse jedoch verlangen, dass sie sich im Rahmen ihrer Möglichkeiten darum bemüht, den Überweisungsbetrag wiederzuerlangen. Für die Tätigkeiten der Sparkasse nach Satz 2 dieses Unterpunkts berechnet die Sparkasse das im „Preis- und Leistungsverzeichnis“ ausgewiesene Entgelt.

(2) Ansprüche des Kunden nach den Nummern 3.2.3.1 und 3.2.3.2 und Einwendungen des Kunden gegen die Sparkasse aufgrund nicht oder fehlerhaft ausgeführter Überweisungen oder aufgrund nicht autorisierter Überweisungen sind ausgeschlossen, wenn der Kunde die Sparkasse nicht spätestens 13 Monate nach dem Tag der Belastung mit einer nicht autorisierten oder fehlerhaft ausgeführten Überweisung hiervon in Textform unterrichtet hat. Der Lauf der Frist beginnt nur, wenn die Sparkasse den Kunden über die Belastungsbuchung der Überweisung entsprechend dem für Kontoinformationen vereinbarten Weg spätestens innerhalb eines Monats nach der Belastungsbuchung unterrichtet hat;

---

[1] Nr. **24**.

anderenfalls ist für den Fristbeginn der Tag der Unterrichtung maßgeblich. Schadensersatzansprüche kann der Kunde auch nach Ablauf der Frist in Satz 1 geltend machen, wenn er ohne Verschulden an der Einhaltung dieser Frist verhindert war. Die Sätze 1 bis 3 gelten auch dann, wenn der Kunde die Überweisung über einen Zahlungsauslösedienstleister auslöst.

(3) Ansprüche des Kunden sind ausgeschlossen, wenn die einen Anspruch begründenden Umstände

– auf einem ungewöhnlichen und unvorhersehbaren Ereignis beruhen, auf das die Sparkasse keinen Einfluss hat, und dessen Folgen trotz Anwendung der gebotenen Sorgfalt nicht hätten vermieden werden können oder
– von der Sparkasse aufgrund einer gesetzlichen Verpflichtung herbeigeführt wurden.

Anlage:

Verzeichnis der Kurzformen für Zielland und Währung

Zielland	Kurzform	Währung	Kurzform
Belgien	BE	Euro	EUR
Bulgarien	BG	Bulgarischer Lew	BGN
Dänemark	DK	Dänische Krone	DKK
Deutschland	DE	Euro	EUR
Estland	EE	Euro	EUR
Finnland	FI	Euro	EUR
Frankreich	FR	Euro	EUR
Griechenland	GR	Euro	EUR
Irland	IE	Euro	EUR
Island	IS	Isländische Krone	ISK
Italien	IT	Euro	EUR
Japan	JP	Japanischer Yen	JPY
Kanada	CA	Kanadischer Dollar	CAD
Kroatien	HR	Kroatische Kuna	HRK
Lettland	LV	Euro	EUR
Liechtenstein	LI	Schweizer Franken[1]	CHF
Litauen	LT	Euro	EUR
Luxemburg	LU	Euro	EUR
Malta	MT	Euro	EUR
Niederlande	NL	Euro	EUR
Norwegen	NO	Norwegische Krone	NOK
Österreich	AT	Euro	EUR
Polen	PL	Polnischer Zloty	PLN
Portugal	PT	Euro	EUR
Rumänien	RO	Rumänischer Leu	RON
Russische Föderation	RU	Russischer Rubel	RUB
Schweden	SE	Schwedische Krone	SEK
Schweiz	CH	Schweizer Franken	CHF
Slowakei	SK	Euro	EUR
Slowenien	SI	Euro	EUR
Spanien	ES	Euro	EUR
Tschechische Republik	CZ	Tschechische Krone	CZK

[1] **Amtl. Anm.:** Schweizer Franken als gesetzliches Zahlungsmittel in Liechtenstein.

Zielland	Kurzform	Währung	Kurzform
Türkei	TR	Türkische Lira	TRY
Ungarn	HU	Ungarischer Forint	HUF
USA	US	US-Dollar	USD
Vereinigtes Königreich von Großbritannien und Nordirland	GB	Britisches Pfund Sterling	GBP
Zypern	CY	Euro	EUR

33. Bedingungen für Zahlungen mittels Lastschrift im SEPA-Basis-Lastschriftverfahren

Vom 1. März 2019

Für Zahlungen des Kunden an Zahlungsempfänger mittels SEPA-Basis-Lastschrift über sein Konto bei der Sparkasse gelten folgende Bedingungen.

1. Allgemein

1.1. Begriffsbestimmung

Eine Lastschrift ist ein vom Zahlungsempfänger ausgelöster Zahlungsvorgang zulasten des Kontos des Kunden, bei dem die Höhe des jeweiligen Zahlungsbetrages vom Zahlungsempfänger angegeben wird.

1.2. Entgelte und deren Änderung

1.2.1. Entgelte für Verbraucher

Die Entgelte im Lastschriftverkehr ergeben sich aus dem „Preis- und Leistungsverzeichnis".
Änderungen der Entgelte im Lastschriftverkehr werden dem Kunden spätestens zwei Monate vor dem Zeitpunkt ihres Wirksamwerdens in Textform angeboten. Hat der Kunde mit der Sparkasse im Rahmen der Geschäftsbeziehung einen elektronischen Kommunikationsweg vereinbart, können die Änderungen auch auf diesem Wege angeboten werden. Die Zustimmung des Kunden gilt als erteilt, wenn er seine Ablehnung nicht vor dem vorgeschlagenen Zeitpunkt des Wirksamwerdens der Änderungen angezeigt hat. Auf diese Genehmigungswirkung wird ihn die Sparkasse in ihrem Angebot besonders hinweisen.
Werden dem Kunden Änderungen der Entgelte angeboten, kann er diese Geschäftsbeziehung vor dem vorgeschlagenen Zeitpunkt des Wirksamwerdens der Änderungen auch fristlos und kostenfrei kündigen. Auf dieses Kündigungsrecht wird ihn die Sparkasse in ihrem Angebot besonders hinweisen.
Die Änderung von Entgelten für den Zahlungsdiensterahmenvertrag (Girovertrag) richtet sich nach Nummer 17 Absatz 6 AGB-Sparkassen.

1.2.2. Entgelte für Kunden, die keine Verbraucher sind

Für Entgelte und deren Änderung für Zahlungen von Kunden, die keine Verbraucher sind, verbleibt es bei den Regelungen in Nummer 17 Absätze 2 bis 6 AGB-Sparkassen.

1.3. Meldepflichten nach Außenwirtschaftsrecht

Der Kunde hat etwaige Meldepflichten nach dem Außenwirtschaftsrecht zu beachten.

1.4. Außergerichtliche Streitschlichtung und sonstige Beschwerdemöglichkeit

Für die Beilegung von Streitigkeiten mit der Sparkasse kann sich der Kunde an die im „Preis- und Leistungsverzeichnis" näher bezeichneten Streitschlichtungs- oder Beschwerdestellen wenden.

2. SEPA-Basis-Lastschrift

2.1. Allgemein

2.1.1. Wesentliche Merkmale des SEPA-Basis-Lastschriftverfahrens

Mit dem SEPA-Basis-Lastschriftverfahren kann der Kunde über die Sparkasse an den Zahlungsempfänger Zahlungen in Euro innerhalb des Gebiets des einheitlichen Euro-Zahlungsverkehrsraums („Single Euro Payments Area", SEPA) bewirken. Zur SEPA gehören die in der Anlage genannten Staaten und Gebiete.
Für die Ausführung von Zahlungen mittels SEPA-Basis-Lastschriften muss

- der Zahlungsempfänger und dessen Zahlungsdienstleister das SEPA-Basis-Lastschriftverfahren nutzen und
- der Kunde vor dem Zahlungsvorgang dem Zahlungsempfänger das SEPA-Lastschriftmandat erteilen.

Der Zahlungsempfänger löst den jeweiligen Zahlungsvorgang aus, indem er über seinen Zahlungsdienstleister der Sparkasse die Lastschriften vorlegt.
Der Kunde kann bei einer autorisierten Zahlung aufgrund einer SEPA-Basis-Lastschrift binnen einer Frist von acht Wochen ab dem Zeitpunkt der Belastungsbuchung auf seinem Konto von der Sparkasse die Erstattung des belasteten Lastschriftbetrages verlangen.

2.1.2. Kundenkennungen

Für das Verfahren hat der Kunde die ihm mitgeteilte IBAN[1] und bei grenzüberschreitenden Zahlungen außerhalb des Europäischen Wirtschaftsraums[2] (EWR) zusätzlich den BIC[3] der Sparkasse als seine Kundenkennung gegenüber dem Zahlungsempfänger zu verwenden, da die Sparkasse berechtigt ist, die Zahlung aufgrund der SEPA-Basis-Lastschrift ausschließlich auf der Grundlage der ihr übermittelten Kundenkennung auszuführen. Die Sparkasse und die weiteren beteiligten Stellen führen die Zahlung an den Zahlungsempfänger anhand der im Lastschriftdatensatz vom Zahlungsempfänger als dessen Kundenkennung angegebenen IBAN und bei grenzüberschreitenden Zahlungen außerhalb des EWR zusätzlich angegebenen BIC aus.

2.1.3. Übermittlung von Lastschriftdaten

Bei SEPA-Basis-Lastschriften können die Lastschriftdaten auch über das Nachrichtenübermittlungssystem der Society for Worldwide Interbank Financial Telecommunication (SWIFT) mit Sitz in Belgien und Rechenzentren in der Europäischen Union, in der Schweiz und in den USA weitergeleitet werden.

2.2. SEPA-Lastschriftmandat

2.2.1. Erteilung des SEPA-Lastschriftmandats (SEPA Direct Debit Mandate)

Der Kunde erteilt dem Zahlungsempfänger ein SEPA-Lastschriftmandat. Damit autorisiert er gegenüber seiner Sparkasse die Einlösung von SEPA-Basis-Lastschriften des Zahlungsempfängers. Das Mandat ist schriftlich oder in der mit seiner Sparkasse vereinbarten Art und Weise zu erteilen.
In dieser Autorisierung ist zugleich die ausdrückliche Zustimmung enthalten, dass die am Lastschrifteinzug beteiligten Zahlungsdienstleister und etwaige zwischen-

---

[1] **Amtl. Anm.:** International Bank Account Number (Internationale Bankkontonummer).
[2] **Amtl. Anm.:** Für die Mitgliedstaaten des EWR siehe Nummer 1 der Anlage.
[3] **Amtl. Anm.:** Business Identifier Code (Internationale Bankleitzahl).

geschaltete Stellen die für die Ausführung der Lastschrift notwendigen personenbezogenen Daten des Kunden abrufen, verarbeiten, übermitteln und speichern.
In dem SEPA-Lastschriftmandat müssen die folgenden Erklärungen des Kunden enthalten sein:

- Ermächtigung des Zahlungsempfängers, Zahlungen vom Konto des Kunden mittels SEPA-Basis-Lastschrift einzuziehen, und
- Weisung an die Sparkasse, die vom Zahlungsempfänger auf sein Konto gezogenen SEPA-Basis-Lastschriften einzulösen.

Das SEPA-Lastschriftmandat muss folgende Angaben (Autorisierungsdaten) enthalten:

- Bezeichnung des Zahlungsempfängers,
- eine Gläubiger-Identifikationsnummer,
- Kennzeichnung als einmalige oder wiederkehrende Zahlung,
- Name des Kunden (sofern verfügbar) und
- seine Kundenkennung (siehe Nummer 2.1.2).

Über die Autorisierungsdaten hinaus kann das Lastschriftmandat zusätzliche Angaben enthalten.
Mit dem Einzug der letzten Lastschrift teilt der Zahlungsempfänger der Sparkasse des Kunden die Erledigung des SEPA-Lastschriftmandates mit.

2.2.2. Einzugsermächtigung als SEPA-Lastschriftmandat

Hat der Kunde dem Zahlungsempfänger eine Einzugsermächtigung erteilt, mit der er den Zahlungsempfänger ermächtigt, Zahlungen von seinem Konto mittels Lastschrift einzuziehen, weist er zugleich damit die Sparkasse an, die vom Zahlungsempfänger auf sein Konto gezogenen Lastschriften einzulösen. Mit der Einzugsermächtigung autorisiert der Kunde gegenüber seiner Sparkasse die Einlösung von Lastschriften des Zahlungsempfängers. Diese Einzugsermächtigung gilt als SEPA-Lastschriftmandat. Sätze 1 bis 3 gelten auch für vom Kunden vor dem Inkrafttreten dieser Bedingungen erteilte Einzugsermächtigungen.
Die Einzugsermächtigung muss folgende Autorisierungsdaten enthalten:

- Bezeichnung des Zahlungsempfängers,
- Name des Kunden,
- Kundenkennung nach Nummer 2.1.2 oder Kontonummer und Bankleitzahl des Kunden.

Über die Autorisierungsdaten hinaus kann die Einzugsermächtigung zusätzliche Angaben enthalten.

2.2.3. Widerruf des SEPA-Lastschriftmandats

Das SEPA-Lastschriftmandat kann vom Kunden durch Erklärung gegenüber dem Zahlungsempfänger oder seiner Sparkasse – möglichst schriftlich – mit der Folge widerrufen werden, dass nachfolgende Zahlungsvorgänge nicht mehr autorisiert sind. Erfolgt der Widerruf gegenüber der Sparkasse, wird er ab dem auf den Eingang des Widerrufs folgenden Geschäftstag gemäß „Preis- und Leistungsverzeichnis" wirksam. Zusätzlich sollte der Widerruf auch gegenüber dem Zahlungsempfänger erklärt werden, damit dieser keine weiteren Lastschriften einzieht.

2.2.4. Begrenzung und Nichtzulassung von SEPA-Basis-Lastschriften

Der Kunde kann der Sparkasse gesondert die Weisung erteilen, Zahlungen aus SEPA-Basis-Lastschriften zu begrenzen oder nicht zuzulassen. Diese Weisung muss der Sparkasse bis spätestens zum Ende des Geschäftstages gemäß „Preis- und Leistungsverzeichnis" vor dem im Datensatz der Lastschrift angegebenen Fälligkeitstag möglichst schriftlich oder, wenn im Rahmen der Geschäftsbeziehung der elektronische Kommunikationsweg vereinbart wurde (z.B. Online-Banking), auf diesem Wege zugehen. Diese Weisung sollte zusätzlich auch gegenüber dem Zahlungsempfänger erklärt werden.

2.3. Einzug der SEPA-Basis-Lastschrift auf Grundlage des SEPA-Lastschriftmandats durch den Zahlungsempfänger

(1) Das vom Kunden erteilte SEPA-Lastschriftmandat verbleibt beim Zahlungsempfänger. Dieser übernimmt die Autorisierungsdaten und setzt etwaige zusätzliche Angaben in den Datensatz zur Einziehung von SEPA-Basis-Lastschriften. Der jeweilige Lastschriftbetrag wird vom Zahlungsempfänger angegeben.

(2) Der Zahlungsempfänger übermittelt elektronisch den Datensatz zur Einziehung der SEPA-Basis-Lastschrift unter Einschaltung seines Zahlungsdienstleisters an die Sparkasse als Zahlstelle. Dieser Datensatz verkörpert auch die im SEPA-Lastschriftmandat enthaltene Weisung des Kunden an die Sparkasse zur Einlösung der jeweiligen SEPA-Basis-Lastschrift (siehe Nummer 2.2.1 Satz 2 und Satz 4 bzw. Nummer 2.2.2 Satz 2). Für den Zugang dieser Weisung verzichtet die Sparkasse auf die für die Erteilung des Mandats vereinbarte Form (siehe Nummer 2.2.1 Satz 3).

2.4. Zahlungsvorgang aufgrund der SEPA-Basis-Lastschrift

2.4.1. Belastung des Kontos des Kunden mit dem Lastschriftbetrag

(1) Eingehende SEPA-Basis-Lastschriften des Zahlungsempfängers werden am im Datensatz angegebenen Fälligkeitstag mit dem vom Zahlungsempfänger angegebenen Lastschriftbetrag dem Konto des Kunden belastet. Fällt der Fälligkeitstag nicht auf einen im „Preis- und Leistungsverzeichnis" ausgewiesenen Geschäftstag der Sparkasse, erfolgt die Kontobelastung am nächsten Geschäftstag.

(2) Eine Kontobelastung erfolgt nicht oder wird spätestens am zweiten Geschäftstag gemäß „Preis- und Leistungsverzeichnis" nach ihrer Vornahme rückgängig gemacht, wenn

– der Sparkasse ein Widerruf des SEPA-Lastschriftmandats gemäß Nummer 2.2.3 zugegangen ist,
– der Kunde über kein für die Einlösung der Lastschrift ausreichendes Guthaben auf seinem Konto oder über keinen ausreichenden Kredit verfügt (fehlende Kontodeckung); Teileinlösungen nimmt die Sparkasse nicht vor,
– die im Lastschriftdatensatz angegebene IBAN des Zahlungspflichtigen keinem Konto des Kunden bei der Sparkasse zuzuordnen ist oder
– die Lastschrift nicht von der Sparkasse verarbeitbar ist, da im Lastschriftdatensatz
  • eine Gläubiger-Identifikationsnummer fehlt oder für die Sparkasse erkennbar fehlerhaft ist,
  • eine Mandatsreferenz fehlt,
  • ein Ausstellungsdatum des Mandats fehlt oder
  • kein Fälligkeitstag angegeben ist.

(3) Darüber hinaus erfolgt eine Kontobelastung nicht oder wird spätestens am zweiten Geschäftstag nach ihrer Vornahme rückgängig gemacht (siehe Nummer 2.4.2), wenn dieser SEPA-Basis-Lastschrift eine gesonderte Weisung des Kunden gemäß Nummer 2.2.4 entgegensteht.

2.4.2. Einlösung von SEPA-Basis-Lastschriften

SEPA-Basis-Lastschriften sind eingelöst, wenn die Belastungsbuchung auf dem Konto des Kunden nicht spätestens gemäß Nummer 2.4.1 Absatz 2 rückgängig gemacht wird.

2.4.3. Unterrichtung über die Nichtausführung oder Rückgängigmachung der Belastungsbuchung oder Ablehnung der Einlösung

Über die Nichtausführung oder Rückgängigmachung der Belastungsbuchung (siehe Nummer 2.4.1 Absatz 2) oder die Ablehnung der Einlösung einer SEPA-Basis-Lastschrift (siehe Nummer 2.4.2) wird die Sparkasse den Kunden unverzüglich, spätestens bis zu der gemäß Nummer 2.4.4 vereinbarten Frist, unterrichten. Dies kann auch auf dem für Kontoinformationen vereinbarten Weg geschehen. Dabei wird die Sparkasse, soweit möglich, die Gründe sowie die Möglichkeiten angeben, wie Fehler, die zur Nichtausführung, Rückgängigmachung oder Ablehnung geführt haben, berichtigt werden können.
Für die berechtigte Ablehnung der Einlösung einer autorisierten SEPA-Basis-Lastschrift wegen fehlender Kontodeckung (siehe Nummer 2.4.1 Absatz 2, zweiter Spiegelstrich) berechnet die Sparkasse das im „Preis- und Leistungsverzeichnis" ausgewiesene Entgelt.

2.4.4. Ausführung der Zahlung

(1) Die Sparkasse ist verpflichtet sicherzustellen, dass der von ihr dem Konto des Kunden aufgrund der SEPA-Basis-Lastschrift des Zahlungsempfängers belastete Lastschriftbetrag spätestens innerhalb der im „Preis- und Leistungsverzeichnis" angegebenen Ausführungsfrist beim Zahlungsdienstleister des Zahlungsempfängers eingeht.

(2) Die Ausführungsfrist beginnt an dem im Lastschriftdatensatz angegebenen Fälligkeitstag. Fällt dieser Tag nicht auf einen Geschäftstag gemäß „Preis- und Leistungsverzeichnis" der Sparkasse, so beginnt die Ausführungsfrist am darauffolgenden Geschäftstag.

(3) Die Sparkasse unterrichtet den Kunden über die Ausführung der Zahlung auf dem für Kontoinformationen vereinbarten Weg und in der vereinbarten Häufigkeit.

2.5. Erstattungsanspruch des Kunden bei einer autorisierten Zahlung

(1) Der Kunde kann bei einer autorisierten Zahlung aufgrund einer SEPA-Basis-Lastschrift binnen einer Frist von acht Wochen ab dem Zeitpunkt der Belastungsbuchung auf seinem Konto von der Sparkasse ohne Angabe von Gründen die Erstattung des belasteten Lastschriftbetrages verlangen. Dabei bringt die Sparkasse das Konto wieder auf den Stand, auf dem es sich ohne die Belastung durch die Zahlung befunden hätte.
Etwaige Zahlungsansprüche des Zahlungsempfängers gegen den Kunden bleiben hiervon unberührt.

(2) Der Erstattungsanspruch nach Absatz 1 ist ausgeschlossen, sobald der jeweilige Betrag der Lastschriftbelastungsbuchung durch eine ausdrückliche Genehmigung des Kunden unmittelbar gegenüber der Sparkasse autorisiert worden ist.

(3) Erstattungsansprüche des Kunden bei einer nicht erfolgten oder fehlerhaft ausgeführten autorisierten Zahlung richten sich nach Nummer 2.6.2.

2.6. Erstattungs-, Berichtigungs- und Schadensersatzansprüche des Kunden

2.6.1. Erstattung bei einer nicht autorisierten Zahlung

Im Falle einer vom Kunden nicht autorisierten Zahlung hat die Sparkasse gegen den Kunden keinen Anspruch auf Erstattung ihrer Aufwendungen. Sie ist verpflichtet, dem Kunden den von seinem Konto abgebuchten Lastschriftbetrag zu erstatten. Dabei bringt sie das Konto wieder auf den Stand, auf dem es sich ohne die Belastung durch die nicht autorisierte Zahlung befunden hätte. Diese Verpflichtung ist spätestens bis zum Ende des Geschäftstags gemäß „Preis- und Leistungsverzeichnis" zu erfüllen, der auf den Tag folgt, an welchem der Sparkasse angezeigt wurde, dass die Zahlung nicht autorisiert ist, oder die Sparkasse auf andere Weise davon Kenntnis erhalten hat. Hat die Sparkasse einer zuständigen Behörde berechtigte Gründe für den Verdacht, dass ein betrügerisches Verhalten des Kunden vorliegt, schriftlich mitgeteilt, hat die Sparkasse ihre Verpflichtung aus Satz 2 unverzüglich zu prüfen und zu erfüllen, wenn sich der Betrugsverdacht nicht bestätigt.

2.6.2. Ansprüche bei nicht erfolgter, fehlerhafter oder verspäteter Ausführung von autorisierten Zahlungen

(1) Im Falle einer nicht erfolgten oder fehlerhaften Ausführung einer autorisierten Zahlung kann der Kunde von der Sparkasse die unverzügliche und ungekürzte Erstattung des Lastschriftbetrages insoweit verlangen, als die Zahlung nicht erfolgt oder fehlerhaft war. Wurde der Betrag dem Konto des Kunden belastet, bringt die Sparkasse dieses wieder auf den Stand, auf dem es sich ohne den nicht erfolgten oder fehlerhaft ausgeführten Zahlungsvorgang befunden hätte.

(2) Der Kunde kann über den Anspruch nach Absatz 1 hinaus von der Sparkasse die Erstattung derjenigen Entgelte und Zinsen verlangen, die die Sparkasse ihm im Zusammenhang mit der nicht erfolgten oder fehlerhaften Ausführung der Zahlung in Rechnung gestellt oder mit denen sie das Konto des Kunden belastet hat.

(3) Geht der Lastschriftbetrag beim Zahlungsdienstleister des Zahlungsempfängers erst nach Ablauf der Ausführungsfrist in Nummer 2.4.4 Absatz 2 ein (Verspätung), kann der Zahlungsempfänger von seinem Zahlungsdienstleister verlangen, dass dieser die Gutschrift des Lastschriftbetrags auf dem Konto des Zahlungsempfängers so vornimmt, als sei die Zahlung ordnungsgemäß ausgeführt worden.

(4) Wurde ein Zahlungsvorgang nicht oder fehlerhaft ausgeführt, wird die Sparkasse auf Verlangen des Kunden den Zahlungsvorgang nachvollziehen und den Kunden über das Ergebnis unterrichten.

2.6.3. Schadensersatz wegen Pflichtverletzung

(1) Bei nicht erfolgter, fehlerhafter oder verspäteter Ausführung einer autorisierten Zahlung oder bei einer nicht autorisierten Zahlung kann der Kunde von der Sparkasse einen Schaden, der nicht bereits von den Nummern 2.6.1 und 2.6.2 erfasst ist, ersetzt verlangen. Dies gilt nicht, wenn die Sparkasse die Pflichtverletzung nicht zu vertreten hat. Die Sparkasse hat hierbei ein Verschulden, das einer von ihr zwischengeschalteten Stelle zur Last fällt, wie eigenes Verschulden zu

vertreten. Hat der Kunde durch ein schuldhaftes Verhalten zu der Entstehung eines Schadens beigetragen, bestimmt sich nach den Grundsätzen des Mitverschuldens, in welchem Umfang Sparkasse und Kunde den Schaden zu tragen haben.

(2) Die Haftung nach Absatz 1 ist auf 12.500 Euro je Zahlung begrenzt. Diese betragsmäßige Haftungsgrenze gilt nicht
- für nicht autorisierte Zahlungen,
- bei Vorsatz oder grober Fahrlässigkeit der Sparkasse,
- für Gefahren, die die Sparkasse besonders übernommen hat, und
- für den dem Kunden entstandenen Zinsschaden, wenn der Kunde Verbraucher ist.

2.6.4. Ansprüche von Kunden, die keine Verbraucher sind

Abweichend von den Ansprüchen in Nummer 2.6.2 und in Nummer 2.6.3 haben Kunden, die keine Verbraucher sind, bei einer nicht erfolgten, fehlerhaft oder verspätet ausgeführten autorisierten Zahlung oder bei einer nicht autorisierten Zahlung neben etwaigen Ansprüchen aus Auftragsrecht nach § 667 Bürgerliches Gesetzbuch (BGB)[1] und ungerechtfertigter Bereicherung nach §§ 812 ff. BGB lediglich Schadensersatzansprüche nach Maßgabe folgender Regelungen:
- Die Sparkasse haftet für eigenes Verschulden. Hat der Kunde durch ein schuldhaftes Verhalten zu der Entstehung eines Schadens beigetragen, bestimmt sich nach den Grundsätzen des Mitverschuldens, in welchem Umfang Sparkasse und Kunde den Schaden zu tragen haben.
- Für das Verschulden der von der Sparkasse zwischengeschalteten Stellen haftet die Sparkasse nicht. In diesen Fällen beschränkt sich die Haftung der Sparkasse auf die sorgfältige Auswahl und Unterweisung der ersten zwischengeschalteten Stelle.
- Ein Schadensersatzanspruch des Kunden ist der Höhe nach auf den Lastschriftbetrag zuzüglich der von der Sparkasse in Rechnung gestellten Entgelte und Zinsen begrenzt. Soweit es sich hierbei um die Geltendmachung von Folgeschäden handelt, ist der Anspruch auf höchstens 12.500 Euro je Zahlung begrenzt. Diese Haftungsbeschränkungen gelten nicht für Vorsatz oder grobe Fahrlässigkeit der Sparkasse und für Gefahren, die die Sparkasse besonders übernommen hat, sowie für nicht autorisierte Zahlungen.

2.6.5. Haftungs- und Einwendungsausschluss

(1) Eine Haftung der Sparkasse nach den Nummern 2.6.2 bis 2.6.4 ist in folgenden Fällen ausgeschlossen:
- Die Sparkasse weist gegenüber dem Kunden nach, dass der Lastschriftbetrag rechtzeitig und ungekürzt beim Zahlungsdienstleister des Zahlungsempfängers eingegangen ist.
- Die Zahlung wurde in Übereinstimmung mit der vom Zahlungsempfänger angegebenen fehlerhaften Kundenkennung des Zahlungsempfängers ausgeführt. In diesem Fall kann der Kunde von der Sparkasse jedoch verlangen, dass sie sich im Rahmen ihrer Möglichkeiten darum bemüht, den Lastschriftbetrag wiederzuerlangen. Ist die Wiedererlangung des Lastschriftbetrags nach Satz 2 dieses Unterpunkts nicht möglich, so ist die Sparkasse verpflichtet, dem Kunden auf

---

[1] Nr. **24**.

schriftlichen Antrag alle verfügbaren Informationen mitzuteilen, damit der Kunde einen Anspruch auf Erstattung des Lastschriftbetrags geltend machen kann. Für die Tätigkeiten nach den Sätzen 2 und 3 dieses Unterpunkts berechnet die Sparkasse das im „Preis- und Leistungsverzeichnis" ausgewiesene Entgelt.

(2) Ansprüche des Kunden nach den Nummern 2.6.1 bis 2.6.4 und Einwendungen des Kunden gegen die Sparkasse aufgrund nicht oder fehlerhaft ausgeführter Zahlungen oder aufgrund nicht autorisierter Zahlungen sind ausgeschlossen, wenn der Kunde die Sparkasse nicht spätestens 13 Monate nach dem Tag der Belastung mit einer nicht autorisierten oder fehlerhaft ausgeführten Zahlung hiervon unterrichtet hat. Der Lauf der Frist beginnt nur, wenn die Sparkasse den Kunden über die Belastungsbuchung der Zahlung entsprechend dem für Kontoinformationen vereinbarten Weg spätestens innerhalb eines Monats nach der Belastungsbuchung unterrichtet hat; anderenfalls ist für den Fristbeginn der Tag der Unterrichtung maßgeblich. Schadensersatzansprüche nach Nummer 2.6.3 kann der Kunde auch nach Ablauf der Frist in Satz 1 geltend machen, wenn er ohne Verschulden an der Einhaltung dieser Frist verhindert war.

(3) Ansprüche des Kunden sind ausgeschlossen, wenn die einen Anspruch begründenden Umstände

– auf einem ungewöhnlichen und unvorhersehbaren Ereignis beruhen, auf das die Sparkasse keinen Einfluss hat, und dessen Folgen trotz Anwendung der gebotenen Sorgfalt nicht hätten vermieden werden können, oder
– von der Sparkasse aufgrund einer gesetzlichen Verpflichtung herbeigeführt wurden.

Anlage:

Liste der zu SEPA gehörenden Staaten und Gebiete

1. Staaten des Europäischen Wirtschaftsraums (EWR)

1.1. Mitgliedstaaten der Europäischen Union

Belgien, Bulgarien, Dänemark, Deutschland, Estland, Finnland, Frankreich (einschließlich Französisch-Guayana, Guadeloupe, Martinique, Mayotte, Réunion), Griechenland, Irland, Italien, Kroatien, Lettland, Litauen, Luxemburg, Malta, Niederlande, Österreich, Polen, Portugal, Rumänien, Schweden, Slowakei, Slowenien, Spanien, Tschechische Republik, Ungarn, Vereinigtes Königreich von Großbritannien und Nordirland sowie Zypern.

1.2. Weitere Staaten

Island, Liechtenstein und Norwegen.

2. Sonstige Staaten und Gebiete

Andorra, Guernsey, Isle of Man, Jersey, Monaco, San Marino, Schweiz, St. Pierre und Miquelon, Vatikanstadt.

34. Bedingungen für Zahlungen mittels Lastschrift im SEPA-Firmen-Lastschriftverfahren

Fassung März 2019

Für Zahlungen des Kunden, der kein Verbraucher ist, an Zahlungsempfänger mittels SEPA-Firmen-Lastschrift über sein Konto bei der Sparkasse gelten folgende Bedingungen.

1. Allgemein

1.1. Begriffsbestimmung

Eine Lastschrift ist ein vom Zahlungsempfänger ausgelöster Zahlungsvorgang zulasten des Kontos des Kunden, bei dem die Höhe des jeweiligen Zahlungsbetrages vom Zahlungsempfänger angegeben wird.

1.2. Entgelte

Bei Entgelten und deren Änderung sind die Regelungen in Nummer 17 Absätze 2 bis 6 AGB-Sparkassen maßgeblich.

1.3. Meldepflichten nach Außenwirtschaftsrecht

Der Kunde hat etwaige Meldepflichten nach dem Außenwirtschaftsrecht zu beachten.

1.4. Außergerichtliche Streitschlichtung und sonstige Beschwerdemöglichkeit

Für die Beilegung von Streitigkeiten mit der Sparkasse kann sich der Kunde an die im „Preis- und Leistungsverzeichnis" näher bezeichneten Streitschlichtungs- oder Beschwerdestellen wenden.

2. SEPA-Firmen-Lastschrift

2.1. Allgemein

2.1.1. Wesentliche Merkmale des SEPA-Firmen-Lastschriftverfahrens

Das SEPA-Firmen-Lastschriftverfahren kann nur von Kunden genutzt werden, die keine Verbraucher sind.
Mit dem SEPA-Firmen-Lastschriftverfahren kann der Kunde über die Sparkasse an einen Zahlungsempfänger Zahlungen in Euro innerhalb des Gebiets des einheitlichen Euro-Zahlungsverkehrsraums („Single Euro Payments Area", SEPA) bewirken. Zur SEPA gehören die in der Anlage genannten Staaten und Gebiete.
Für die Ausführung von Zahlungen mittels SEPA-Firmen-Lastschrift muss

- der Zahlungsempfänger und dessen Zahlungsdienstleister das SEPA-Firmen-Lastschriftverfahren nutzen,
- der Kunde vor dem Zahlungsvorgang dem Zahlungsempfänger das SEPA-Firmenlastschrift-Mandat erteilen und
- der Kunde der Sparkasse die Erteilung des SEPA-Firmenlastschrift-Mandats bestätigen (siehe Nummer 2.2.2).

Der Zahlungsempfänger löst den jeweiligen Zahlungsvorgang aus, indem er über seinen Zahlungsdienstleister der Sparkasse die Lastschriften vorlegt.

Der Kunde kann bei einer autorisierten Zahlung aufgrund einer SEPA-Firmen-Lastschrift von der Sparkasse keine Erstattung des seinem Konto belasteten Lastschriftbetrages verlangen.

2.1.2. Kundenkennungen

Für das Verfahren hat der Kunde die ihm mitgeteilte IBAN[1] und bei grenzüberschreitenden Zahlungen außerhalb des Europäischen Wirtschaftsraums[2] (EWR) zusätzlich den BIC[3] der Sparkasse als seine Kundenkennung gegenüber dem Zahlungsempfänger zu verwenden, da die Sparkasse berechtigt ist, die Zahlung aufgrund der SEPA-Firmen-Lastschrift ausschließlich auf der Grundlage der ihr übermittelten Kundenkennung auszuführen. Die Sparkasse und die weiteren beteiligten Stellen führen die Zahlung an den Zahlungsempfänger anhand der im Lastschriftdatensatz vom Zahlungsempfänger als dessen Kundenkennung angegebenen IBAN und bei grenzüberschreitenden Zahlungen außerhalb des EWR zusätzlich angegebenen BIC aus.

2.1.3. Übermittlung von Lastschriftdaten

Bei SEPA-Firmen-Lastschriften können die Lastschriftdaten auch über das Nachrichtenübermittlungssystem der Society for Worldwide Interbank Financial Telecommunication (SWIFT) mit Sitz in Belgien und Rechenzentren in der Europäischen Union, in der Schweiz und in den USA weitergeleitet werden.

2.2. SEPA-Firmenlastschrift-Mandat

2.2.1. Erteilung des SEPA-Firmenlastschrift-Mandats (SEPA Business-to-Business Direct Debit Mandate)

Der Kunde erteilt dem Zahlungsempfänger ein SEPA-Firmenlastschrift-Mandat. Damit autorisiert er gegenüber seiner Sparkasse die Einlösung von SEPA-Firmen-Lastschriften des Zahlungsempfängers. Das Mandat ist schriftlich oder in der mit seiner Sparkasse vereinbarten Art und Weise zu erteilen.
In dieser Autorisierung ist zugleich die ausdrückliche Zustimmung enthalten, dass die am Lastschrifteinzug beteiligten Zahlungsdienstleister und etwaige zwischengeschaltete Stellen die für die Ausführung der Lastschrift notwendigen personenbezogenen Daten des Kunden abrufen, verarbeiten, übermitteln und speichern.
In dem SEPA-Firmenlastschrift-Mandat müssen die folgenden Erklärungen des Kunden enthalten sein:

- Ermächtigung des Zahlungsempfängers, Zahlungen vom Konto des Kunden mittels SEPA-Firmen-Lastschrift einzuziehen, und
- Weisung an die Sparkasse, die vom Zahlungsempfänger auf sein Konto gezogenen SEPA-Firmen-Lastschriften einzulösen.

Das SEPA-Firmenlastschrift-Mandat muss folgende Angaben (Autorisierungsdaten) enthalten:

- Bezeichnung des Zahlungsempfängers,
- eine Gläubiger-Identifikationsnummer,
- Kennzeichnung einer einmaligen Zahlung oder wiederkehrender Zahlungen,

---

[1] **Amtl. Anm.:** International Bank Account Number (Internationale Bankkontonummer).
[2] **Amtl. Anm.:** Für die Mitgliedstaaten des EWR siehe Nummer 1 der Anlage.
[3] **Amtl. Anm.:** Business Identifier Code (Internationale Bankleitzahl).

– Name des Kunden und
– seine Kundenkennung (siehe Nummer 2.1.2).

Über die Autorisierungsdaten hinaus kann das Lastschriftmandat zusätzliche Angaben enthalten.

2.2.2. Bestätigung der Erteilung eines SEPA-Firmenlastschrift-Mandats

Der Kunde hat seiner Sparkasse die Autorisierung nach Nummer 2.2.1 unverzüglich zu bestätigen, indem er der Sparkasse folgende Daten in der vereinbarten Art und Weise aus dem dem Zahlungsempfänger erteilten SEPA-Firmenlastschrift-Mandat übermittelt und diese Mitteilung unterzeichnet oder in der vereinbarten Art und Weise authentifiziert:
– Bezeichnung des Zahlungsempfängers,
– Gläubiger-Identifikationsnummer des Zahlungsempfängers,
– Mandatsreferenz,
– Kennzeichnung einer einmaligen Zahlung oder wiederkehrender Zahlungen und
– Datum auf dem Mandat.

Hierzu kann der Kunde der Sparkasse auch eine unterschriebene Kopie des SEPA-Firmenlastschrift-Mandats übermitteln.
Ohne diese Mitteilung an die Sparkasse wird diese keine Zahlungsvorgänge aufgrund SEPA-Firmen-Lastschriften des Zahlungsempfängers einlösen.
Über Änderungen oder die Aufhebung des SEPA-Firmenlastschrift-Mandats gegenüber dem Zahlungsempfänger hat der Kunde die Sparkasse unverzüglich schriftlich zu informieren.

2.2.3. Widerruf des SEPA-Firmenlastschrift-Mandats

Das SEPA-Firmenlastschrift-Mandat kann vom Kunden durch Erklärung gegenüber seiner Sparkasse widerrufen werden. Der Widerruf muss der Sparkasse schriftlich oder, wenn im Rahmen der Geschäftsbeziehung der elektronische Kommunikationsweg vereinbart wurde (z.B. Online-Banking), auf diesem Wege zugehen. Der Widerruf wird ab dem auf den Eingang des Widerrufs folgenden Geschäftstag gemäß „Preis- und Leistungsverzeichnis" wirksam. Der Widerruf muss zusätzlich auch gegenüber dem Zahlungsempfänger erklärt werden. Der Widerruf des SEPA-Firmenlastschrift-Mandats erfasst bereits dem Konto des Kunden belastete SEPA-Firmen-Lastschriften nicht. Für diese gilt Nummer 2.2.4 Absätze 2 und 3.

2.2.4. Zurückweisung einzelner Lastschriften

(1) Der Kunde kann der Sparkasse gesondert die Weisung erteilen, Zahlungen aus bestimmten SEPA-Firmen-Lastschriften des Zahlungsempfängers nicht zu bewirken. Diese Weisung muss der Sparkasse bis spätestens zum Ende des Geschäftstages gemäß „Preis- und Leistungsverzeichnis" vor dem im Datensatz der Lastschrift angegebenen Fälligkeitstag schriftlich oder, wenn im Rahmen der Geschäftsbeziehung der elektronische Kommunikationsweg vereinbart wurde (z.B. Online-Banking), auf diesem Wege zugehen. Diese Weisung muss zusätzlich auch gegenüber dem Zahlungsempfänger erklärt werden.

(2) Am Tag der Belastungsbuchung der SEPA-Firmen-Lastschrift kann diese nur noch zurückgewiesen werden, wenn Kunde und Sparkasse dies vereinbart haben. Die Vereinbarung wird wirksam, wenn es der Sparkasse gelingt, den

Lastschriftbetrag endgültig zurückzuerlangen. Für die Bearbeitung eines solchen Widerrufs des Kunden berechnet die Sparkasse das im „Preis- und Leistungsverzeichnis“ ausgewiesene Entgelt.

(3) Nach dem Tag der Belastungsbuchung der SEPA-Firmen-Lastschrift kann der Kunde diese nicht mehr zurückweisen.

2.3. Einzug der SEPA-Firmen-Lastschrift auf Grundlage des SEPA-Firmenlastschrift-Mandats durch den Zahlungsempfänger

(1) Das vom Kunden erteilte SEPA-Firmenlastschrift-Mandat verbleibt beim Zahlungsempfänger. Dieser übernimmt die Autorisierungsdaten und etwaige zusätzliche Angaben in den Datensatz zur Einziehung von SEPA-Firmen-Lastschriften. Der jeweilige Lastschriftbetrag wird vom Zahlungsempfänger angegeben.

(2) Der Zahlungsempfänger übermittelt elektronisch den Datensatz zur Einziehung der SEPA-Firmen-Lastschrift unter Einschaltung seines Zahlungsdienstleisters an die Sparkasse als Zahlstelle. Dieser Datensatz verkörpert auch die im SEPA-Firmenlastschrift-Mandat enthaltene Weisung des Kunden an die Sparkasse zur Einlösung der jeweiligen SEPA-Firmen-Lastschrift (siehe Nummer 2.2.1 Sätze 2 und 4). Für den Zugang dieser Weisung verzichtet die Sparkasse auf die für die Erteilung des Mandats vereinbarte Form (siehe Nummer 2.2.1 Satz 3).

2.4. Zahlungsvorgang aufgrund der SEPA-Firmen-Lastschrift

2.4.1. Belastung des Kontos des Kunden mit dem Lastschriftbetrag

(1) Eingehende SEPA-Firmen-Lastschriften des Zahlungsempfängers werden am im Datensatz angegebenen Fälligkeitstag mit dem vom Zahlungsempfänger angegebenen Lastschriftbetrag dem Konto des Kunden belastet. Fällt der Fälligkeitstag nicht auf einen im „Preis- und Leistungsverzeichnis“ ausgewiesenen Geschäftstag der Sparkasse, erfolgt die Kontobelastung am nächsten Geschäftstag.

(2) Eine Kontobelastung erfolgt nicht oder wird spätestens am zweiten Geschäftstag gemäß „Preis- und Leistungsverzeichnis“ nach ihrer Vornahme rückgängig gemacht, wenn

– der Sparkasse keine Bestätigung des Kunden gemäß Nummer 2.2.2 vorliegt,
– der Sparkasse ein Widerruf des Firmenlastschrift-Mandats gemäß Nummer 2.2.3 zugegangen ist,
– der Sparkasse eine Zurückweisung der Lastschrift des Kunden gemäß Nummer 2.2.4 zugegangen ist,
– der Kunde über kein für die Einlösung der Lastschrift ausreichendes Guthaben auf seinem Konto oder über keinen ausreichenden Kredit verfügt (fehlende Kontodeckung); Teileinlösungen nimmt die Sparkasse nicht vor,
– die im Lastschriftdatensatz angegebene IBAN des Zahlungspflichtigen keinem Konto des Kunden bei der Sparkasse zuzuordnen ist oder
– die Lastschrift nicht von der Sparkasse verarbeitbar ist, da im Lastschriftdatensatz
  • die Gläubiger-Identifikationsnummer fehlt oder für die Sparkasse erkennbar fehlerhaft ist,
  • die Mandatsreferenz fehlt,
  • das Ausstellungsdatum des Mandats fehlt oder

• kein Fälligkeitstag angegeben ist.

2.4.2. Einlösung von SEPA-Firmen-Lastschriften

SEPA-Firmen-Lastschriften sind eingelöst, wenn die Belastungsbuchung auf dem Konto des Kunden nicht spätestens gemäß Nummer 2.4.1 Absatz 2 rückgängig gemacht wird.

2.4.3. Unterrichtung über die Nichtausführung oder Rückgängigmachung der Belastungsbuchung oder Ablehnung der Einlösung

Über die Nichtausführung oder Rückgängigmachung der Belastungsbuchung (siehe Nummer 2.4.1 Absatz 2) oder die Ablehnung der Einlösung einer SEPA-Firmen-Lastschrift (siehe Nummer 2.4.2) wird die Sparkasse den Kunden unverzüglich, spätestens bis zu der gemäß Nummer 2.4.4 vereinbarten Frist unterrichten. Dies kann auch auf dem für Kontoinformationen vereinbarten Weg geschehen. Dabei wird die Sparkasse, soweit möglich, die Gründe sowie die Möglichkeiten angeben, wie Fehler, die zur Nichtausführung, Rückgängigmachung oder Ablehnung geführt haben, berichtigt werden können. Für die berechtigte Ablehnung berechnet die Sparkasse das im „Preis- und Leistungsverzeichnis" ausgewiesene Entgelt.

2.4.4. Ausführung der Zahlung

(1) Die Sparkasse ist verpflichtet sicherzustellen, dass der von ihr dem Konto des Kunden aufgrund der SEPA-Firmen-Lastschrift des Zahlungsempfängers belastete Lastschriftbetrag spätestens innerhalb der im „Preis- und Leistungsverzeichnis" angegebenen Ausführungsfrist beim Zahlungsdienstleister des Zahlungsempfängers eingeht.

(2) Die Ausführungsfrist beginnt an dem im Lastschriftdatensatz angegebenen Fälligkeitstag. Fällt dieser Tag nicht auf einen Geschäftstag gemäß „Preis- und Leistungsverzeichnis" der Sparkasse, so beginnt die Ausführungsfrist am darauffolgenden Geschäftstag.

(3) Die Sparkasse unterrichtet den Kunden über die Ausführung der Zahlung auf dem für Kontoinformationen vereinbarten Weg und in der vereinbarten Häufigkeit.

2.5. Ausschluss des Erstattungsanspruchs bei einer autorisierten Zahlung

Der Kunde kann bei einer autorisierten Zahlung aufgrund einer SEPA-Firmen-Lastschrift von der Sparkasse keine Erstattung des seinem Konto belasteten Lastschriftbetrages verlangen. Ansprüche aus § 675x des Bürgerlichen Gesetzbuches[1] (BGB) sind ausgeschlossen. Erstattungsansprüche des Kunden bei einer nicht erfolgten oder fehlerhaft ausgeführten autorisierten Zahlung richten sich nach Nummer 2.6.2.

2.6. Erstattungs- und Schadensersatzansprüche des Kunden

2.6.1. Erstattung bei einer nicht autorisierten Zahlung

Im Falle einer vom Kunden nicht autorisierten Zahlung hat die Sparkasse gegen den Kunden keinen Anspruch auf Erstattung ihrer Aufwendungen. Sie ist verpflichtet, dem Kunden den von seinem Konto abgebuchten Lastschriftbetrag zu erstatten. Dabei bringt sie das Konto wieder auf den Stand, auf dem

---

[1] Nr. **24**.

es sich ohne die Belastung durch die nicht autorisierte Zahlung befunden hätte. Diese Verpflichtung ist spätestens bis zum Ende des Geschäftstags gemäß „Preis- und Leistungsverzeichnis" zu erfüllen, der auf den Tag folgt, an welchem der Sparkasse angezeigt wurde, dass die Zahlung nicht autorisiert ist oder die Sparkasse auf andere Weise davon Kenntnis erhalten hat. Hat die Sparkasse einer zuständigen Behörde berechtigte Gründe für den Verdacht, dass ein betrügerisches Verhalten des Kunden vorliegt, schriftlich mitgeteilt, hat die Sparkasse ihre Verpflichtung aus Satz 2 unverzüglich zu prüfen und zu erfüllen, wenn sich der Betrugsverdacht nicht bestätigt.

2.6.2. Schadensersatz wegen Pflichtverletzung

Bei nicht erfolgten autorisierten Zahlungen, fehlerhaft oder verspätet ausgeführten autorisierten Zahlungen oder bei nicht autorisierten Zahlungen kann der Kunde von der Sparkasse neben etwaigen Ansprüchen aus Auftragsrecht nach § 667 BGB[1] und ungerechtfertigter Bereicherung nach §§ 812 ff. BGB den Ersatz eines hierdurch entstehenden Schadens nach Maßgabe folgender Regelungen verlangen:

- Die Sparkasse haftet für eigenes Verschulden. Hat der Kunde durch ein schuldhaftes Verhalten zu der Entstehung eines Schadens beigetragen, bestimmt sich nach den Grundsätzen des Mitverschuldens, in welchem Umfang Sparkasse und Kunde den Schaden zu tragen haben.
- Für das Verschulden der von der Sparkasse zwischengeschalteten Stellen haftet die Sparkasse nicht. In diesen Fällen beschränkt sich die Haftung der Sparkasse auf die sorgfältige Auswahl und Unterweisung der ersten zwischengeschalteten Stelle.
- Die Haftung der Sparkasse für Schäden ist der Höhe nach auf den Lastschriftbetrag zuzüglich der von der Sparkasse in Rechnung gestellten Entgelte und Zinsen begrenzt. Soweit es sich hierbei um Folgeschäden handelt, ist die Haftung zusätzlich auf höchstens 12.500 Euro je Zahlung begrenzt. Diese Haftungsbeschränkungen gelten nicht für Vorsatz oder grobe Fahrlässigkeit der Sparkasse und für Gefahren, die die Sparkasse besonders übernommen hat, sowie für nicht autorisierte Zahlungen.

Ansprüche aus § 675y BGB sind ausgeschlossen.

2.6.3. Haftungs- und Einwendungsausschluss

(1) Eine Haftung der Sparkasse nach Nummer 2.6.2 ist in folgenden Fällen ausgeschlossen:

- Die Sparkasse weist gegenüber dem Kunden nach, dass der Lastschriftbetrag rechtzeitig und ungekürzt beim Zahlungsdienstleister des Zahlungsempfängers eingegangen ist.
- Die Zahlung wurde in Übereinstimmung mit der vom Zahlungsempfänger angegebenen fehlerhaften Kundenkennung des Zahlungsempfängers ausgeführt. In diesem Fall kann der Kunde von der Sparkasse jedoch verlangen, dass sie sich im Rahmen ihrer Möglichkeiten darum bemüht, den Lastschriftbetrag wiederzuerlangen. Ist die Wiedererlangung des Lastschriftbetrags nach Satz 2 dieses Unterpunkts nicht möglich, so ist die Sparkasse verpflichtet, dem Kunden auf schriftlichen Antrag alle verfügbaren Informationen mitzuteilen, damit der Kunde einen Anspruch auf Erstattung des Lastschrift-

[1] Nr. **24**.

betrags geltend machen kann. Für die Tätigkeiten nach den Sätzen 2 und 3 dieses Unterpunkts berechnet die Sparkasse das im „Preis- und Leistungsverzeichnis“ ausgewiesene Entgelt.

(2) Ansprüche des Kunden nach den Nummern 2.6.1 und 2.6.2 und Einwendungen des Kunden gegen die Sparkasse aufgrund nicht oder fehlerhaft ausgeführter Zahlungen oder aufgrund nicht autorisierter Zahlungen sind ausgeschlossen, wenn der Kunde die Sparkasse nicht spätestens 13 Monate nach dem Tag der Belastung mit einer nicht autorisierten oder fehlerhaft ausgeführten Zahlung hiervon unterrichtet hat. Der Lauf der Frist beginnt nur, wenn die Sparkasse den Kunden über die Belastungsbuchung der Zahlung entsprechend dem für Kontoinformationen vereinbarten Weg spätestens innerhalb eines Monats nach der Belastungsbuchung unterrichtet hat; anderenfalls ist für den Fristbeginn der Tag der Unterrichtung maßgeblich. Schadensersatzansprüche aus einer verschuldensabhängigen Haftung der Sparkasse nach Nummer 2.6.2 kann der Kunde auch nach Ablauf der Frist in Satz 1 geltend machen, wenn er ohne Verschulden an der Einhaltung dieser Frist verhindert war.

(3) Ansprüche des Kunden sind ausgeschlossen, wenn die einen Anspruch begründenden Umstände

– auf einem ungewöhnlichen und unvorhersehbaren Ereignis beruhen, auf das die Sparkasse keinen Einfluss hat, und dessen Folgen trotz Anwendung der gebotenen Sorgfalt nicht hätten vermieden werden können oder
– von der Sparkasse aufgrund einer gesetzlichen Verpflichtung herbeigeführt wurden.

Anlage:

Liste der zu SEPA gehörenden Staaten und Gebiete

1. Staaten des Europäischen Wirtschaftsraums (EWR)

1.1. Mitgliedstaaten der Europäischen Union

Belgien, Bulgarien, Dänemark, Deutschland, Estland, Finnland, Frankreich (einschließlich Französisch-Guayana, Guadeloupe, Martinique, Mayotte, Réunion), Griechenland, Irland, Italien, Kroatien, Lettland, Litauen, Luxemburg, Malta, Niederlande, Österreich, Polen, Portugal, Rumänien, Schweden, Slowakei, Slowenien, Spanien, Tschechische Republik, Ungarn, Vereinigtes Königreich von Großbritannien und Nordirland sowie Zypern.

1.2. Weitere Staaten

Island, Liechtenstein und Norwegen.

2. Sonstige Staaten und Gebiete

Andorra, Guernsey, Isle of Man, Jersey, Monaco, San Marino, Schweiz, St. Pierre und Miquelon, Vatikanstadt.

Sachverzeichnis

Die fetten Zahlen bezeichnen die Nummer eines Textes in dieser Ausgabe; die mageren Zahlen bezeichnen die jeweiligen Paragraphen oder Artikel.

Geldanlage und Banken

BankR · Bankrecht
Textausgabe
TOPTITEL
NEU
49. Aufl. 2022. Rd. 2150 S.
ca. € 27,90. dtv 5021
Neu im März 2022

Enthält die SSM-VO (VO (EU) Nr. 1024/2013) sowie GeldwäscheG, KreditwesenG, PfandbriefG, KapitaladäquanzVO (CRR), SolvabilitätsVO, ScheckG, WechselG, aktualisierte AGB Banken/Sparkassen, und SEPA-Lastschriftverfahren u. a.

Diwald
Anleihen verstehen
Grundlagen verzinslicher Wertpapiere und weiterführende Produkte
Wirtschaftsberater
2012. 509 S.
€ 24,90. dtv 50931
Auch als **ebook** erhältlich.

Uszczapowski
Optionen und Futures verstehen
Grundlagen und neue Entwicklungen.
Wirtschaftsberater
7. Aufl. 2012. 412 S.
€ 16,90. dtv 5808
Auch als **ebook** erhältlich.

KapMR · Kapitalmarktrecht
Textausgabe
TOPTITEL
NEU
9. Aufl. 2022. Rd. 1700 S.
ca. € 21,90. dtv 5783
Neu im März 2022

Enthält zusätzlich die Delegierten VO (EU) 2019/979 und 2019/980, außerdem die MiFiD II, PRIIP-VO, VO (EU) 600/2014 über Märkte für Finanzinstrumente, EU-Prospekt-VO, die Delegierten VO (EU) 2017/565 und (EU) 2017/568, die Wertpapierdienstleistungs-PrüfungsVO sowie die EU-MarktmissbrauchsVO, das Kapitalanlagegesetzbuch (KAGB) mit Verordnungen; außerdem alle weiteren kapitalmarktrechtlichen Gesetze und Verordnungen.

Bestmann
Börsen- und Finanzlexikon
Rund 4000 Begriffe für Studium und Praxis.
Wirtschaftsberater
6. Aufl. 2013. 814 S.
€ 24,90. dtv 5803
Auch als **ebook** erhältlich.

Bergdolt
Meine Rechte als Anleger
Rechte, Pflichten, Haftung und Ansprüche bei Vermögensverlusten.
Rechtsberater
2010. 119 S.
€ 14,90. dtv 50704